60∞
120∞
180∞
Glacial Arctique
(É.-U.)
Iénisseï
Lena
Sibérie
Ob
RUSSIE
Mer de Béring
Mer d'Okhotsk
Îles Aléoutiennes (É.-U.)
L. Baïkal
Amour
Astana
KAZAKHSTAN
L. Balkhach
Mer d'Aral
Mer Caspienne
Oulan-Bator
MONGOLIE
Kouriles (Russie)
OUZBÉKISTAN
Bichkek
Tachkent
KIRGHIZISTAN
TADJIKISTAN
TURKMÉNISTAN
Achgabat
Douchanbe
AZERB.
CHINE
Pékin
CORÉE DU NORD
Pyongyang
Séoul
CORÉE DU SUD
JAPON
Tokyo
Téhéran
Kaboul
AFGHANISTAN
Islamabad
IRAN
Indus
Tibet
Huang He
Shanghai
Yangzi Jiang
Mer de Chine orientale
Midway (É.-U.)
KOWEÏT
PAKISTAN
Gange
NÉPAL
BHOUT.
New Delhi
BAHR.
QATAR
É.A.U.
Dacca
BANGLADESH
Mékong
Taipei
TAIWAN
Mascate
Calcutta
INDE
BIRMANIE
LAOS
Hanoi
Mer de Chine méridionale
Mariannes du Nord (É.-U.)
Wake (É.-U.)
OMAN
Bombay
Vientiane
Rangoon
Mer d'Oman
Golfe du Bengale
THAÏLANDE
VIÊT NAM
Mer des Philippines
Manille
YÉMEN
Bangkok
CAMBODGE
Phnom Penh
PHILIPPINES
Guam (É.-U.)
Socotra (Y.)
SRI LANKA
Colombo
ÉTATS FÉDÉRÉS DE MICRONÉSIE
MARSHALL
PALAOS
Muqdisho
MALDIVES
BRUNEI
Kuala Lumpur
MALAISIE
Mer de Célèbes
Océan Pacifique
SINGAPOUR
NAURU
KIRIBATI
SEYCHELLES
Océan Indien
INDONÉSIE
Jakarta
PAPOUASIE-NLLE-GUINÉE
Port Moresby
ÎLES SALOMON
Honiara
TUVALU
Îles Cocos (Austr.)
Î. Christmas (Austr.)
Wallis-et-Futuna (Fr.)
Mer de Corail
SAMOA
Antananarivo
MAURICE
VANUATU
Port-Vila
FIDJI
Suva
Réunion (Fr.)
Nlle-Calédonie (Fr.)
AUSTRALIE
Darling
Amsterdam (Fr.)
St-Paul (Fr.)
Sydney
Canberra
Murray
Îles Kermadec (N.-Z.)
Mer de Tasman
Îles Crozet (Fr.)
Tasmanie
NOUVELLE-ZÉLANDE
Kerguelen (Fr.)
Wellington
Île Heard (Austr.)
Îles Chatham (N.-Z.)
Î. Bounty (N.-Z.)
Î. Antipodes (N.-Z.)
Î. Macquarie (Austr.)
Î. Auckland (N.-Z.)
Î. Campbell (N.-Z.)
60∞
120∞
180∞

LE PETIT
Larousse
GRAND FORMAT

EN COULEURS

87 000 articles
4 600 illustrations
292 cartes

DOSSIERS EXCLUSIFS
Atlas géographique
drapeaux du Monde commentés

100 planches visuelles

LAROUSSE
21, RUE DU MONTPARNASSE 75283 PARIS CEDEX 06
www.larousse.net

Distributeur exclusif au Canada : Messageries ADP, 1751 Richardson, Montréal (Québec)

ISBN 2-03-530402-4

Aux lecteurs

En 2002, les Éditions Larousse ont cent cinquante ans. C'est en 1852 que Pierre Larousse et Pierre Augustin Boyer créèrent à Paris la « Librairie Larousse et Boyer ». Dès 1856, Pierre Larousse publiait son *Nouveau Dictionnaire de la langue française* avec une partie consacrée à la langue et une partie consacrée aux noms propres, séparées par des pages roses. L'ouvrage portait, en exergue, la formule de Voltaire : « Un dictionnaire sans exemples est un squelette. » Le *Petit Larousse* est l'héritier de cet ouvrage populaire qui connut un immense succès. Lancé en 1905, il avait été conçu par Claude Augé avec la vocation d'être « à la fois le plus complet, le mieux informé et le plus attrayant des dictionnaires manuels ». Il est aujourd'hui ce qu'il fut dès l'origine dans sa conception, son organisation, sa volonté de « présenter l'utilité du dictionnaire en même temps que l'agrément du livre de lecture », d'« être bien proportionné dans toutes ses parties » et de « devoir donner satisfaction à tous ceux qui veulent avoir sous la main un dictionnaire véritablement pratique ». Il a changé au fil du temps, comme changent les mots de la langue et les façons de dire qu'il explique, ainsi que le monde qu'il décrit et raconte.

L'organisation du Petit Larousse

Le *Petit Larousse* comporte trois parties : les mots de la langue, couramment appelés noms communs, en début d'ouvrage, les noms propres en fin d'ouvrage, et, entre les deux, les célèbres pages roses, où citations latines, grecques et étrangères, proverbes, sentences et maximes, mots historiques constituent un florilège de notre mémoire collective. En fait, le *Petit Larousse*, unique en son genre, est tout à la fois un dictionnaire de la langue française, un dictionnaire encyclopédique et un dictionnaire visuel comportant images isolées et planches thématiques, illustration abondante et diverse dont Claude Augé écrivait qu'« elle constitue, du commencement à la fin, une leçon de choses, et l'on constatera que les tableaux sont autant de synthèses en images, dont la portée éducative et la valeur suggestive sont incontestables ». La vocation encyclopédique du *Petit Larousse* n'est pas limitée aux seuls noms propres. Dans la première partie du dictionnaire, les rédacteurs, pour tous les mots qui s'y prêtent, décrivent à la fois les faits de langue et les choses que la langue désigne, objets réels ou représentations de l'esprit. Le développement des sciences et des techniques implique en outre que de nombreux articles sont exclusivement terminologiques et donc encyclopédiques. Ceux-ci portent sur des mots qui n'auraient pas leur place dans un simple dictionnaire de la langue française, mais qui doivent être compris par un esprit curieux de son temps. Certains articles, enfin, font l'objet de développements encyclopédiques particuliers, leçons de mots et leçons de choses étant ici réunies pour que le dictionnaire soit un lieu de découverte du monde ou de la représentation qu'en a une large communauté langagière, qui est également culturelle.

La langue française

Nous sommes restés fidèles à l'esprit du *Petit Larousse* originel mais nous nous sommes donné des exigences nouvelles, servies par l'expérience des lexicographes et les moyens de la technique. La langue française appartient à ceux qui la parlent, l'écrivent et l'enrichissent de par le monde, dans les provinces de France, en Suisse, en Belgique, au Luxembourg, au Québec, aux Antilles, en Océanie, dans l'océan Indien, en Afrique noire, dans de nombreux pays arabes... Il y a moins un français central qu'une langue française riche de son unité mais aussi de ses variantes régionales. Nous avons consacré à ces variantes une place telle que chacun, où qu'il soit, ait une relation de complicité avec son *Petit Larousse.* Il nous est parfois reproché d'être indulgents à l'égard de néologismes qui dénatureraient notre langue. Nous privilégions l'usage, lorsqu'il est avéré. Un mot, une façon de dire, un emploi nouveaux ont leur place dans le *Petit Larousse* lorsqu'ils sont utilisés de façon répétitive, sous des plumes différentes et qu'un lecteur peut légitimement nous poser la question : comment s'écrit ce mot et que signifie-t-il ? Nous avons été sensibles aux demandes de nombreux amateurs de jeux de lettres et avons rétabli pour eux certains mots supprimés au cours des dernières années. Enfin nous avons veillé à n'employer aucun mot qui ne fasse lui-même l'objet d'une définition. Dans le dictionnaire nul ne doit se perdre.

L'illustration

Le *Petit Larousse* a toujours été un livre des mots mais aussi un livre d'images. La partie consacrée aux noms propres comporte des photographies et des cartes : il s'agit de montrer et de situer. La partie consacrée aux mots de la langue comporte certes des photographies, mais surtout des schémas et des dessins pour la clarté de la représentation. À l'occasion du cent cinquantième anniversaire des Éditions Larousse, le *Petit Larousse 2002* propose en outre cent pages illustrées exceptionnelles : en tête d'ouvrage, une histoire succincte de Larousse puis un cahier de planches documentaires empruntées aux collections anciennes de la maison ; une visite guidée de l'histoire du langage ; trente mille ans d'aventure de l'image, au gré des trouvailles techniques qui ont donné des outils au génie de l'œil et de la main ; une chronologie universelle de l'histoire, des arts, des lettres et des sciences.

Aujourd'hui comme hier, le *Petit Larousse* propose à ceux qui ont la langue française en partage un savoir citoyen. C'est par la langue et à travers la mémoire collective que nous appartenons à une cité dans laquelle les mots ne sont ni abscons ni assassins, où l'on peut donner le meilleur de soi-même, recevoir sans méfiance la parole de l'autre et construire ensemble l'avenir.

ONT COLLABORÉ AU PETIT LAROUSSE 2002

direction éditoriale
Michel Legrain et Yves Garnier.

coordination générale
Mady Vinciguerra.

rédaction

Langue française :
Bruno Durand
Hélène Houssemaine-Florent, Christine Ouvrard.
Pour les noms communs, les belgicismes ont bénéficié de la contribution de Jean-Marie Klinkenberg, professeur à l'université de Liège. Les helvétismes ont été sélectionnés à partir d'une liste établie par Jean-Marie Vodoz. Nous remercions les auteurs et l'éditeur du *Dictionnaire suisse romand* (Zoé, Genève, 1997), qui nous ont permis de bénéficier de leurs recherches lexicologiques. La liste des québécismes a été établie en tenant compte de certaines propositions de l'Office de la langue française du Québec, d'une part, d'avis de Claude Poirier, professeur à l'Université Laval, d'autre part. Pour le domaine africain, l'*Inventaire du français d'Afrique*, établi par l'AUPELF, a fourni une précieuse documentation.

Encyclopédie :
Mady Vinciguerra, Françoise Delacroix.
Jacques Florent, Philippe de La Cotardière, Michel Margotin.
Nous remercions pour leur précieuse contribution : Charles Baladier, Georges Barthélemy, Jean-Paul Brighelli, Jean Collet, Gilles Costaz, Marie-Thérèse Eudes, Denis Fortier, François Géré, Michel Grenié, Frédéric Laupies, Nathalie Lecomte, Véra Lemaire, Philippe Margotin, Eric Mathivet, Pierre Morvan, Claude Perrichet, Alain Poirier, Dominique Saffar, Jean-Pierre Sanfourche, Marc Watin-Augouard, Sylvain Zalkind.
Pour les noms propres, nous avons bénéficié de la collaboration de François Gross pour la Suisse, de Jean-Marie Klinkenberg pour la Belgique, de Denis Vaugeois, historien, pour le Canada.

Cahiers thématiques :
Philippe de La Cotardière, Jérôme Léon, Jean-Marie Lhôte, Michel Margotin, Maurice Meuleau.
Coordination : Elsa Courson, assistée de Marie-Pierre Belleteste.

structuration informatique (SGML)
Claude Nimmo, assistée de Willemine Jaspars, Sharareh Maljaei, Marianne Mouchot et Marie-Noëlle Tilliette.

lecture-correction
Annick Valade, assistée de Chantal Barbot, Madeleine Biaujeaud, Henri Goldszal, Françoise Mousnier, Julien Ringuet, Édith Zha.

direction artistique et maquette
Frédérique Longuépée.
Mise à jour de la maquette : Guy Calka.
Couverture et cahiers thématiques : Patrice Caumon.

documentation iconographique
Nathalie Bocher-Lenoir.
Photos : Laure Bacchetta, Catherine Claudot, Nane Dujour, Nanon Gardin, Marie-Annick Réveillon, Laurence Vacher, Christine Varin.
Dessins : Marie Vorobieff.

dessin
Jacqueline Pajouès.
Isabelle Arslanian, Chantal Beaumont, Laurent Blondel, Noël Blotti, Paul Bontemps, Vincent Boulanger, Franck Bouttevin, Fabrice Dadoun, Bruno David, David Ducros, Virginie Fréchuret, Christian Godard, Jean-Luc Guérin, Xavier Hüe, Catherine Huerta, Serge Langlois, Laurence Lebot, Marc Legrand, Daniel Lordey, Gilbert Macé, François Martin, Emmanuel Mercier, Patrick Morin, Jean-Marc Pariselle, Claude Poppé, François Poulain, Bernard Rocamora, Dominique Roussel, Richard Roussel, Dominique Sablons, Michel Saemann, Tom Sam You, Jean-Claude Sénée, Léonie Schlosser, Danièle Schulthess, Patrick Taëron, Jacques Toutain, Amélie Veaux. Archives Larousse.

cartographie
Nadine Martrès.
Cartes de géographie des pays et continents : Bartholomew (groupe HarperCollins) pour Larousse ; cartes des anciennes républiques soviétiques et yougoslaves : AFDEC ; cartes Slovaquie et République tchèque et cartes spéciales de fin d'ouvrage (France, Belgique, Canada et Suisse) : Krystyna Mazoyer-Dzieniszewska ; cartes des Régions et des départements français : K. Mazoyer-Dzieniszewska, Michel Mazoyer, Nathalie Cottrel, Léonie Schlosser et Victoire Zalacain.
Cartes de l'atlas du monde (Petit Larousse « Grand Format ») : Bartholomew.

informatique éditoriale
Giuseppe Pascale.
Gabino Alonso, Dalila Abdelkader, Serge Boucher, Aziz Ndao, Marion Pépin.

direction de la production
Antoine Giard.
André Doucet, Martine Toudert.

1852 2002 LES CENT CINQUANTE ANS DE LAROUSSE

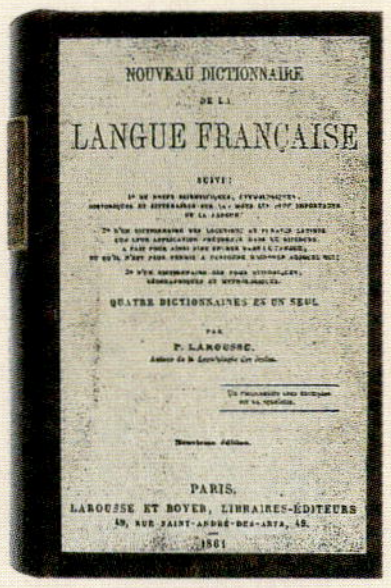

Le Nouveau Dictionnaire de la langue française

Augustin Boyer à 71 ans

Moustache, le chien de Pierre Larousse

Le Grand Dictionnaire universel du XIXe siècle

1852 - Une autorisation de « vente ou location de livres » est accordée à Pierre Larousse, qui crée avec Pierre Augustin Boyer la « Librairie Larousse et Boyer ». Pierre Athanase Larousse était né en 1817 à Toucy, dans l'Yonne, d'un père charron-forgeron et d'une mère aubergiste. Titulaire du brevet supérieur, il avait été nommé instituteur en 1838 dans son bourg natal mais avait donné sa démission deux ans plus tard et s'était installé à Paris. Boyer, son associé, lui aussi originaire de l'Yonne, avait été son condisciple à l'école normale de Versailles. Le premier ouvrage de la librairie est la *Petite Grammaire lexicologique du premier âge*, extraite de la *Lexicologie des écoles primaires* que Pierre Larousse avait éditée à compte d'auteur en 1849. Dès l'année suivante, Pierre Larousse publiera sa *Petite Encyclopédie du jeune âge*, guide de l'élève.

1856 - Pierre Larousse publie son *Nouveau Dictionnaire de la langue française*, petit volume sans illustrations, de neuf centimètres sur quatorze, à la typographie serrée, qui se vendra à plus de 5 millions d'exemplaires. Il est constitué d'une partie « Langue » et d'une partie « Noms propres », séparées par des pages roses. Il porte en exergue la formule de Voltaire : « Un dictionnaire sans exemples est un squelette. » C'est l'ancêtre du *Petit Larousse*.

1863 - Alors qu'Émile Littré avait commencé à publier la même année chez Hachette son *Dictionnaire de la langue française*, la « Librairie Larousse et Boyer » livre les premiers fascicules du monumental *Grand Dictionnaire universel du XIXe siècle*. Celui-ci fera l'objet de 524 livraisons de 1863 à 1876 et comprendra dans sa version reliée 15 volumes, totalisant 483 millions de caractères typographiques en 20 700 pages sur quatre colonnes, et deux suppléments.

1869 - Larousse et Boyer décident de se séparer. Pierre Larousse s'installe comme auteur-éditeur et imprimeur ; Pierre Augustin Boyer reste son diffuseur. Il travaille avec acharnement au *Grand Dictionnaire* avec une armée de collaborateurs tout en rédigeant et publiant nombre d'ouvrages pédagogiques. En 1872,

Pierre Larousse à 40 ans

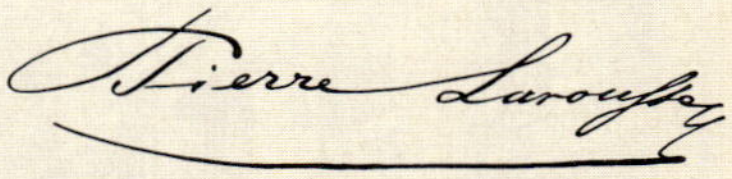

Toucy (Yonne) [v. 1910]

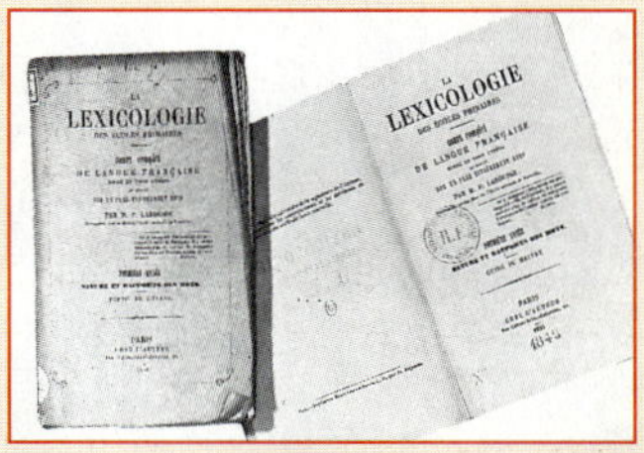

La Lexicologie des écoles primaires

La façade de l'imprimerie

Piles d'arrivage de l'imprimerie (v. 1900)

Vitrail de la semeuse (maison Claude Augé)

13-19, rue du Montparnasse (début du XXe siècle)

après deux attaques cérébrales, et se sentant menacé, il épouse sa compagne Suzanne Pauline Caubel. Il meurt le 2 janvier 1875, à 57 ans.

1876 - le pissenlit

1875 - Suzanne Larousse et Jules Edmond Hollier, neveu de Pierre Larousse, fondent la société Vve P. Larousse et Cie. L'année suivante, Émile Reiber, architecte et décorateur français, crée une image pour symboliser la marque : c'est une dent-de-lion, nom usuel du pissenlit. L'artiste l'orne de la devise « Je sème à tout vent ».

1890 - la « semeuse »

1885 - L'activité scolaire de la société est menacée par le dynamisme de nouveaux concurrents : Delagrave en 1865, Armand Colin en 1870, Vuibert en 1878, Hatier en 1880, Fernand Nathan en 1881. Les familles Larousse et Boyer se rapprochent et renforcent l'entreprise avec l'arrivée de Claude Augé, petit-neveu par alliance de Suzanne Larousse, et des deux frères Moreau, Georges et Émile, neveux d'Augustin Boyer.

1897

Claude Augé et ses collaborateurs

1890 - Eugène Grasset, artiste français d'origine suisse, précurseur de l'Art nouveau, créateur d'affiches, d'illustrations, de cartons de vitraux, d'un type de caractères d'imprimerie, réalise la première « semeuse », avec la devise de Reiber. Un nouveau modèle orne en 1897 la couverture du *Nouveau Larousse illustré*. Le sein de la jeune femme se voile pour le premier *Petit Larousse* de 1905.

1953

1897 - 1904 - Le *Nouveau Larousse illustré* en 7 volumes et un supplément (1907), publié sous la direction de Claude Augé, est le premier des cinq grands dictionnaires encyclopédiques illustrés réalisés par Larousse au XXe siècle. Il sera suivi par le *Larousse du XXe siècle*, publié en 6 volumes de 1928 à 1933 sous la direction de Paul Augé avec un supplément (1953), le *Grand Larousse encyclopédique*, publié de 1960 à 1964 en 10 volumes sous la direction d'Étienne Gillon avec deux suppléments (1968 et 1975), la *Grande Encyclopédie alphabétique* (1971-1976) en 20 volumes et

Le Nouveau Larousse illustré

1955

8 000 grands articles, le *Grand Dictionnaire encyclopédique Larousse* en 10 volumes (1982), enfin, devenu le *Grand Larousse universel* en 15 volumes, vendu par courtage. Les ouvrages sont plus concis, et de consultation plus pratique que le *Grand Dictionnaire*. L'illustration, abondante et soignée, en fait de véritables musées iconographiques.

1905 (29 juillet) - Le premier *Petit Larousse illustré*, sous la direction de Claude Augé, est daté de l'année qui suit sa sortie. Il a sensiblement la même structure que le petit dictionnaire de Pierre Larousse. Il fait l'objet de six tirages et est vendu à 200 000 exemplaires dès la première année.

1909 - Larousse publie les premiers volumes d'une nouvelle collection, « Livres roses pour la jeunesse », qui durera plus de trente ans et comptera 719 titres. C'est le début d'une tradition d'édition de jeunesse qui ne s'est pas démentie jusqu'à aujourd'hui.

1912 - La maison publie le premier *Larousse de poche*, sur papier bible, et le *Pequeño Larousse ilustrado*, adaptation espagnole du *Petit Larousse illustré*. Le *Petit Larousse* fait des émules en portugais (1927), en grec (1961), en anglais (1968), en américain (1972). Lénine lui-même recommande en 1921 de réaliser sur ce modèle un dictionnaire abrégé de la langue russe, « de la langue correcte, moderne, avec la nouvelle orthographe ». La maison lance le *Larousse médical*, premier d'une série de grands ouvrages thématiques, qui comprendra le *Larousse agricole illustré* (1922), en 2 volumes, le *Larousse ménager illustré* (1926) et le *Larousse gastronomique* (1938).

1922 - La maison fonde *les Nouvelles littéraires, artistiques et scientifiques*, hebdomadaire sous la direction de Jacques Guenne et Maurice Martin du Gard. Elle publiera de nombreuses revues, dont *Vie et Langage* (1952), *Langages* (1966), *Langue française* (1966), *Littérature* (1971) ; les trois dernières sont toujours vivantes.

1927 - Larousse propose, avec le *Dictionnaire français-espagnol, espagnol-français*, le premier ouvrage de sa gamme de dictionnaires bilingues (anglais, allemand, espagnol, italien, portugais, russe, hébreu, arabe).

1933 - La maison innove avec les *Classiques Larousse*, mettant les grands textes entre les mains des élèves, avec des notes et un appareil pédagogique.

1936 - Le *Dictionnaire analogique* est le premier titre d'une collection d'ouvrages spécialisés sur la langue française, maintenue et développée jusqu'à aujourd'hui.

Pequeño Larousse ilustrado

Un des « Livres roses pour la jeunesse »

Marque-page

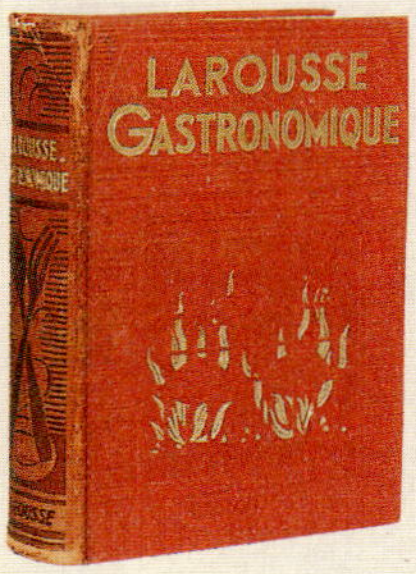

Le Larousse gastronomique

Publicité Larousse

Le Larousse du XXe siècle

Petit calendrier en « trompe-l'œil »

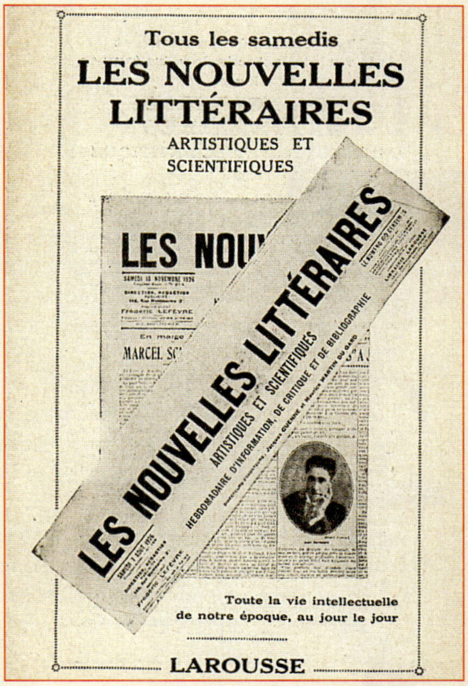

Publicité pour les Nouvelles littéraires

Buvard de collection

Les Petits Classiques

LES CENT CINQUANTE ANS DE LAROUSSE

1933

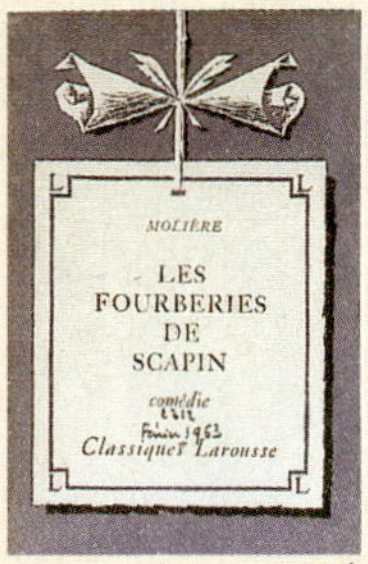

1954

1965

1985

1990

1998

1953 - La maison publie *Mon premier Larousse en couleurs*, premier de ses dictionnaires illustrés pour jeunes enfants, qui sera suivi jusqu'à aujourd'hui par plusieurs dictionnaires pédagogiques de large diffusion pour l'école primaire et le collège.

1955 - Après l'existence éphémère d'une « semeuse » anonyme (1953), une nouvelle « semeuse » est confiée à Jean Picart Le Doux, pour remplacer la « femme au pissenlit » de Grasset. Une semeuse modernisée et allégée sera dessinée par Yann Pennor's en 1993.

1967 - Le *Journal de l'année* fait l'objet d'une édition par an jusqu'à aujourd'hui. Il renouvelle l'idée d'une publication encyclopédique périodique développée de 1907 à 1957 avec le *Larousse mensuel*.

1970 - Larousse publie en kiosques *Découvrir les animaux*, sa première série en fascicules. La maison éditera ensuite d'autres séries sur la nature, sur l'apprentissage des langues, sur la découverte des grands sites naturels et culturels du monde entier.

1990 - L'entreprise diversifie sa production en proposant notamment de nombreux ouvrages consacrés à l'histoire de France, à l'histoire du monde, aux beaux-arts.

1996 - La maison lance l'*Encyclopédie des jeunes* en 15 volumes, qui sera traduite dans de nombreuses langues, notamment en chinois, en arabe, en serbe et en russe.

1999 - Larousse, éditeur de livres, est également éditeur électronique et publie l'*Encyclopédie Larousse multimédia Kléio*. La même année, le dernier *Petit Larousse* du XXe siècle se vend à plus d'un million d'exemplaires.

XXIe siècle - Larousse est présent en 41 langues dans le monde entier. Après s'être adressé à des diffuseurs locaux hors de France, il crée en 1951 « Editorial Larousse Buenos Aires ». L'implantation de filiales se poursuit dans de nombreux pays, mais avec une vigueur toute particulière au Canada, en Espagne, au Mexique et au Brésil. Larousse répond aujourd'hui comme naguère à sa vocation de décrire la langue et d'ordonner le savoir avec clarté puisqu'il s'adresse, comme le souhaitait son fondateur, à « cette classe innombrable de lecteurs qui s'appelle tout le monde ».

Catalogues étrennes par Jean Carlu

Affiche de Jean-Michel Folon (1973)

Encyclopédie des jeunes : éditions en chinois et en bulgare

PRONONCIATION DU FRANÇAIS

Ont été indiquées dans cet ouvrage les prononciations des mots français qui présentent une difficulté. Afin que nos lecteurs étrangers puissent, aussi bien que les lecteurs français, lire ces prononciations, nous avons suivi le tableau des sons du français de l'Association phonétique internationale, en le simplifiant.

consonnes

[p]	*p*	dans pas, dépasser, cap
[t]	*t*	dans tu, étaler, lutte
[k]	*c, k, qu*	dans caste, accueillir, képi, que
[b]	*b*	dans beau, abîmer, club
[d]	*d*	dans dur, broder, bled
[g]	*g*	dans gare, vague, zigzag
[f]	*f*	dans fou, affreux, chef
[v]	*v*	dans vite, ouvrir
[s]	*s*	dans souffler, chasse, hélas !
[z]	*z* ou *s*	dans zone, gaz, raison
[ʃ]	*ch*	dans cheval, mâcher, Auch
[ʒ]	*j* ou g	dans jambe, âgé, page
[l]	*l*	dans large, mollesse, mal
[r]	*r*	dans rude, mari, ouvrir
[m]	*m*	dans maison, amener, blême
[n]	*n*	dans nourrir, fanal, dolmen
[ɲ]	*gn*	dans agneau, baigner
[x]	*j*	espagnol dans jota
[ŋ]	*ng*	anglais dans planning, ring

voyelles orales

[i]	*i*	dans il, habit, dîner
[e]	*é*	dans thé, dé
[ɛ]	*è*	dans être, procès, dais
[a]	*a*	dans avoir, Paris, patte
[ɑ]	*a*	dans âne, pâte, mât
[ɔ]	*o*	dans or, robe
[o]	*o*	dans dos, chevaux
[u]	*ou*	dans ouvrir, couvert, loup
[y]	*u*	dans user, tu, sûr
[œ]	*eu*	dans cœur, peur, neuf
[ø]	*eu*	dans feu, jeu, peu
[ə]	*e*	dans le, premier

voyelles nasales

[ɛ̃]	*in*	dans intérêt, pain, sein
[œ̃]	*un*	dans alun, parfum
[ɑ̃]	*an, en*	dans blanc, entrer
[ɔ̃]	*on*	dans ondée, bon, honte

semi-voyelles ou semi-consonnes

[j]	*y*	+ voyelle dans yeux, lieu
[ɥ]	*u*	+ voyelle dans huile, lui
[w]	*ou*	+ voyelle dans oui, Louis

REM. Le *h* initial dit « aspiré » empêche les liaisons. Il est précédé d'un astérisque [*] dans le dictionnaire.

NOTICE SUR LES SIGNES SPÉCIAUX

Nombre de pays ont adopté l'alphabet latin. Certains y ont adjoint des lettres supplémentaires affectées de signes spéciaux appelés « signes diacritiques ». Plutôt que d'utiliser des transcriptions fondées sur des à-peu-près phonétiques et manquant de rigueur scientifique, nous avons jugé bon d'indiquer dans la partie noms propres les signes diacritiques pour tous les alphabets latins. Ainsi le lecteur connaîtra-t-il l'orthographe réelle de chaque nom.
Pour les langues qui ne se servent pas de l'alphabet latin, nous avons utilisé des systèmes de transcription ou de translittération cohérents, mais qui ne bouleversent pas trop les traditions solidement implantées en France. Le lecteur pourra, s'il le désire, consulter dans la partie langue les alphabets arabe, hébreu, grec et cyrillique (russe, bulgare, serbe).
Pour l'écriture chinoise, le système de transcription adopté est le « pinyin ». L'écriture pinyin, créée par les Chinois eux-mêmes, est, en effet, internationale et maintenant utilisée couramment dans les quotidiens français.
Afin de faciliter la recherche, nous avons multiplié les renvois, qui conduiront des diverses graphies approximatives d'un nom propre à son orthographe exacte. Dans le cas où la tradition a imposé solidement une habitude de transcription, nous avons suivi l'usage, mais en précisant en second lieu la graphie exacte.
Dans la partie langue, l'orthographe des entrées d'origine étrangère est conforme aux traditions graphiques françaises. S'il y a lieu, l'orthographe usitée dans les éditions érudites est donnée dans le corps de l'article après la mention *Graphie savante.*

Principaux signes diacritiques des alphabets latins

lettre	*langue*	*prononciation approximative*
ä	allemand, suédois et finnois	*è* dans père
ä	slovaque	intermédiaire entre *a* et *ê*
á	hongrois et tchèque	*a* dans patte (mais long)
ã	portugais	*en* dans encore
â	roumain	intermédiaire entre *u* et *i*
å	danois, norvégien, suédois	*ô* dans hôte
ă	roumain	*eu* dans feu
ą	polonais	*on* dans oncle
ç	turc et albanais	*tch* dans tchèque
ć	serbo-croate	*t* (mouillé) dans tiare
ć	polonais	*tch* (mouillé)
č	serbo-croate et tchèque	*tch* dans tchèque
ď	tchèque	*d* (mouillé) dans diable
ë	albanais	*eu* dans feu
ě	tchèque	*iè* dans bielle
ẽ	portugais	*é* fermé nasal
ę	polonais	*in* dans fin
ğ	turc	*gh* (faible) ou y (devant les voyelles *e, i, ö, ü*)
í	tchèque et hongrois	*i* long
ı	turc	entre *i* et *é*
î	roumain	intermédiaire entre *u* et *i*
ł	polonais	*l* vélaire dans l'anglais *well*
ń	polonais	*gn* dans agneau
ñ	espagnol	*gn* dans agneau

lettre	*langue*	*prononciation approximative*
ň	tchèque	*gn* dans agneau
ö	allemand, finnois, hongrois, turc	*œu* dans œuvre
ö	allemand, suédois	*eu* dans feu ou peu
ő	hongrois	*eu* long et fermé dans jeu
ó	hongrois et tchèque	*ô* dans nôtre
ó	polonais	*ou* dans fou
õ	portugais	*on* dans oncle
ø	danois et norvégien	*eu* dans feu ou peut
ř	tchèque	*rj* dans bourgeon *rch* dans perche
š	serbo-croate et tchèque	*ch* dans cheval
ş	turc et roumain	*ch* dans cheval
ś	polonais	*ch* (mouillé) dans chien
ť	tchèque	*t* (mouillé) dans tien
ţ	roumain	*ts* dans tsar
ü	allemand, hongrois et turc	*u* dans tu
ű	hongrois	*u* dans bûche
ú	hongrois et slovaque	*ou* long
ů	tchèque	*ou* long
ý	tchèque	*i* dans ville (mais long)
ź	polonais	*g* (mouillé) dans gîte
ż	polonais	*g* dans gêne
ž	serbo-croate et tchèque	*j* dans jambe

TABLEAU DES CONJUGAISONS

	1 avoir	**2 être**	**3 chanter**	**4 arguer** (1)	**5 copier**
Ind. présent	j'ai	je suis	je chante	j'argue	je copie
Ind. présent	tu as	tu es	tu chantes	tu argues	tu copies
Ind. présent	il, elle a	il, elle est	il, elle chante	il, elle argue	il, elle copie
Ind. présent	nous avons	nous sommes	nous chantons	nous arguons	nous copions
Ind. présent	vous avez	vous êtes	vous chantez	vous arguez	vous copiez
Ind. présent	ils, elles ont	ils, elles sont	ils, elles chantent	ils, elles arguent	ils, elles copient
Ind. imparfait	il, elle avait	il, elle était	il, elle chantait	il, elle arguait	il, elle copiait
Ind. passé s.	il, elle eut	il, elle fut	il, elle chanta	il, elle argua	il, elle copia
Ind. passé s.	ils, elles eurent	ils, elles furent	ils, elles chantèrent	ils, elles arguèrent	ils, elles copièrent
Ind. futur	j'aurai	je serai	je chanterai	j'arguerai	je copierai
Ind. futur	il, elle aura	il, elle sera	il, elle chantera	il, elle arguera	il, elle copiera
Cond. présent	j'aurais	je serais	je chanterais	j'arguerais	je copierais
Cond. présent	il, elle aurait	il, elle serait	il, elle chanterait	il, elle arguerait	il, elle copierait
Subj. présent	que j'aie	que je sois	que je chante	que j'argue	que je copie
Subj. présent	qu'il, elle ait	qu'il, elle soit	qu'il, elle chante	qu'il, elle argue	qu'il, elle copie
Subj. présent	que nous ayons	que nous soyons	que nous chantions	que nous arguions	que nous copiions
Subj. présent	qu'ils, elles aient	qu'ils, elles soient	qu'ils, elles chantent	qu'ils, elles arguent	qu'ils, elles copient
Subj. imparfait	qu'il, elle eût	qu'il, elle fût	qu'il, elle chantât	qu'il, elle arguât	qu'il, elle copiât
Subj. imparfait	qu'ils, elles eussent	qu'ils, elles fussent	qu'ils, elles chantassent	qu'ils, elles arguassent	qu'ils, elles copiassent
Impératif	aie	sois	chante	argue	copie
Impératif	ayons	soyons	chantons	arguons	copions
Impératif	ayez	soyez	chantez	arguez	copiez
Part. présent	ayant	étant	chantant	arguant	copiant
Part. passé	eu, eue	été	chanté, e	argué, e	copié, e

(1) Certains auteurs mettent un tréma sur le *e* ou sur le *i (j'arguë, nous arguïons).*

	6 payer (1)		**7 essuyer**	**8 créer**	**9 avancer**
Ind. présent	je paie	je paye	j'essuie	je crée	j'avance
Ind. présent	tu paies	tu payes	tu essuies	tu crées	tu avances
Ind. présent	il, elle paie	il, elle paye	il, elle essuie	il, elle crée	il, elle avance
Ind. présent	nous payons	nous payons	nous essuyons	nous créons	nous avançons
Ind. présent	vous payez	vous payez	vous essuyez	vous créez	vous avancez
Ind. présent	ils, elles paient	ils, elles payent	ils, elles essuient	ils, elles créent	ils, elles avancent
Ind. imparfait	il, elle payait	il, elle payait	il, elle essuyait	il, elle créait	il, elle avançait
Ind. passé s.	il, elle paya	il, elle paya	il, elle essuya	il, elle créa	il, elle avança
Ind. passé s.	ils, elles payèrent	ils, elles payèrent	ils, elles essuyèrent	ils, elles créèrent	ils, elles avancèrent
Ind. futur	je paierai	je payerai	j'essuierai	je créerai	j'avancerai
Ind. futur	il, elle paiera	il, elle payera	il, elle essuiera	il, elle créera	il, elle avancera
Cond. présent	je paierais	je payerais	j'essuierais	je créerais	j'avancerais
Cond. présent	il, elle paierait	il, elle payerait	il, elle essuierait	il, elle créerait	il, elle avancerait
Subj. présent	que je paie	que je paye	que j'essuie	que je crée	que j'avance
Subj. présent	qu'il, elle paie	qu'il, elle paye	qu'il, elle essuie	qu'il, elle crée	qu'il, elle avance
Subj. présent	que nous payions	que nous payions	que nous essuyions	que nous créions	que nous avancions
Subj. présent	qu'ils, elles paient	qu'ils, elles payent	qu'ils, elles essuient	qu'ils, elles créent	qu'ils, elles avancent
Subj. imparfait	qu'il, elle payât	qu'il, elle payât	qu'il, elle essuyât	qu'il, elle créât	qu'il, elle avançât
Subj. imparfait	qu'ils, elles payassent	qu'ils, elles payassent	qu'ils, elles essuyassent	qu'ils, elles créassent	qu'ils, elles avançassent
Impératif	paie	paye	essuie	crée	avance
Impératif	payons	payons	essuyons	créons	avançons
Impératif	payez	payez	essuyez	créez	avancez
Part. présent	payant	payant	essuyant	créant	avançant
Part. passé	payé, e	payé, e	essuyé, e	créé, e	avancé, e

(1) Pour certains grammairiens, le verbe *rayer* (et ses composés) garde le *y* dans toute sa conjugaison.

	10 manger	**11 céder** (1)	**12 semer**	**13 rapiécer** (1)	**14 acquiescer**
Ind. présent	je mange	je cède	je sème	je rapièce	j'acquiesce
Ind. présent	tu manges	tu cèdes	tu sèmes	tu rapièces	tu acquiesces
Ind. présent	il, elle mange	il, elle cède	il, elle sème	il, elle rapièce	il, elle acquiesce
Ind. présent	nous mangeons	nous cédons	nous semons	nous rapiéçons	nous acquiesçons
Ind. présent	vous mangez	vous cédez	vous semez	vous rapiécez	vous acquiescez
Ind. présent	ils, elles mangent	ils, elles cèdent	ils, elles sèment	ils, elles rapiècent	ils, elles acquiescent
Ind. imparfait	il, elle mangeait	il, elle cédait	il, elle semait	il, elle rapiéçait	il, elle acquiesçait
Ind. passé s.	il, elle mangea	il, elle céda	il, elle sema	il, elle rapiéça	il, elle acquiesça
Ind. passé s.	ils, elles mangèrent	ils, elles cédèrent	ils, elles semèrent	ils, elles rapiécèrent	ils, elles acquiescèrent
Ind. futur	je mangerai	je céderai	je sèmerai	je rapiécerai	j'acquiescerai
Ind. futur	il, elle mangera	il, elle cédera	il, elle sèmera	il, elle rapiécera	il, elle acquiescera
Cond. présent	je mangerais	je céderais	je sèmerais	je rapiécerais	j'acquiescerais
Cond. présent	il, elle mangerait	il, elle céderait	il, elle sèmerait	il, elle rapiécerait	il, elle acquiescerait
Subj. présent	que je mange	que je cède	que je sème	que je rapièce	que j'acquiesce
Subj. présent	qu'il, elle mange	qu'il, elle cède	qu'il, elle sème	qu'il, elle rapièce	qu'il, elle acquiesce
Subj. présent	que nous mangions	que nous cédions	que nous semions	que nous rapiécions	que nous acquiescions
Subj. présent	qu'ils, elles mangent	qu'ils, elles cèdent	qu'ils, elles sèment	qu'ils, elles rapiècent	qu'ils, elles acquiescent
Subj. imparfait	qu'il, elle mangeât	qu'il, elle cédât	qu'il, elle semât	qu'il, elle rapiéçât	qu'il, elle acquiesçât
Subj. imparfait	qu'ils, elles mangeassent	qu'ils, elles cédassent	qu'ils, elles semassent	qu'ils, elles rapiéçassent	qu'ils, elles acquiesçassent
Impératif	mange	cède	sème	rapièce	acquiesce
Impératif	mangeons	cédons	semons	rapiéçons	acquiesçons
Impératif	mangez	cédez	semez	rapiécez	acquiescez
Part. présent	mangeant	cédant	semant	rapiéçant	acquiesçant
Part. passé	mangé, e	cédé, e	semé, e	rapiécé, e	acquiescé

(1) Dans la 9e édition de son dictionnaire (1992), l'Académie écrit au futur et au conditionnel *je cèderai, je cèderais ; je rapiècerai, je rapiècerais.*

	15 **siéger** (1 et 2)	16 **appeler**	17 **interpeller**	18 **dépecer**	19 **envoyer**
Ind. présent	je siège	j'appelle	j'interpelle	je dépèce	j'envoie
Ind. présent	tu sièges	tu appelles	tu interpelles	tu dépèces	tu envoies
Ind. présent	il, elle siège	il, elle appelle	il, elle interpelle	il, elle dépèce	il, elle envoie
Ind. présent	nous siégeons	nous appelons	nous interpellons	nous dépeçons	nous envoyons
Ind. présent	vous siégez	vous appelez	vous interpellez	vous dépecez	vous envoyez
Ind. présent	ils, elles siègent	ils, elles appellent	ils, elles interpellent	ils, elles dépècent	ils, elles envoient
Ind. imparfait	il, elle siégeait	il, elle appelait	il, elle interpellait	il, elle dépeçait	il, elle envoyait
Ind. passé s.	il, elle siégea	il, elle appela	il, elle interpella	il, elle dépeça	il, elle envoya
Ind. passé s.	ils, elles siégèrent	ils, elles appelèrent	ils, elles interpellèrent	ils, elles dépecèrent	ils, elles envoyèrent
Ind. futur	je siégerai	j'appellerai	j'interpellerai	je dépècerai	j'enverrai
Ind. futur	il, elle siégera	il, elle appellera	il, elle interpellera	il, elle dépècera	il, elle enverra
Cond. présent	je siégerais	j'appellerais	j'interpellerais	je dépècerais	j'enverrais
Cond. présent	il, elle siégerait	il, elle appellerait	il, elle interpellerait	il, elle dépècerait	il, elle enverrait
Subj. présent	que je siège	que j'appelle	que j'interpelle	que je dépèce	que j'envoie
Subj. présent	qu'il, elle siège	qu'il, elle appelle	qu'il, elle interpelle	qu'il, elle dépèce	qu'il, elle envoie
Subj. présent	que nous siégions	que nous appelions	que nous interpellions	que nous dépecions	que nous envoyions
Subj. présent	qu'ils, elles siègent	qu'ils, elles appellent	qu'ils, elles interpellent	qu'ils, elles dépècent	qu'ils, elles envoient
Subj. imparfait	qu'il, elle siégeât	qu'il, elle appelât	qu'il, elle interpellât	qu'il, elle dépeçât	qu'il, elle envoyât
Subj. imparfait	qu'ils, elles siégeassent	qu'ils, elles appelassent	qu'ils, elles interpellassent	qu'ils, elles dépeçassent	qu'ils, elles envoyassent
Impératif	siège	appelle	interpelle	dépèce	envoie
Impératif	siégeons	appelons	interpellons	dépeçons	envoyons
Impératif	siégez	appelez	interpellez	dépecez	envoyez
Part. présent	siégeant	appelant	interpellant	dépeçant	envoyant
Part. passé	siégé	appelé, e	interpellé, e	dépecé, e	envoyé, e

(1) Dans la 9e édition de son dictionnaire (1992), l'Académie écrit au futur et au conditionnel *je siègerai, je siègerais*.
(2) *Assiéger* se conjugue comme *siéger*, mais son participe passé est variable.

	20 **aller** (1)	21 **finir** (2)	22 **haïr**	23 **ouvrir**	24 **fuir**
Ind. présent	je vais	je finis	je hais	j'ouvre	je fuis
Ind. présent	tu vas	tu finis	tu hais	tu ouvres	tu fuis
Ind. présent	il, elle va	il, elle finit	il, elle hait	il, elle ouvre	il, elle fuit
Ind. présent	nous allons	nous finissons	nous haïssons	nous ouvrons	nous fuyons
Ind. présent	vous allez	vous finissez	vous haïssez	vous ouvrez	vous fuyez
Ind. présent	ils, elles vont	ils, elles finissent	ils, elles haïssent	ils, elles ouvrent	ils, elles fuient
Ind. imparfait	il, elle allait	il, elle finissait	il, elle haïssait	il, elle ouvrait	il, elle fuyait
Ind. passé s.	il, elle alla	il, elle finit	il, elle haït	il, elle ouvrit	il, elle fuit
Ind. passé s.	ils, elles allèrent	ils, elles finirent	ils, elles haïrent	ils, elles ouvrirent	ils, elles fuirent
Ind. futur	j'irai	je finirai	je haïrai	j'ouvrirai	je fuirai
Ind. futur	il, elle ira	il, elle finira	il, elle haïra	il, elle ouvrira	il, elle fuira
Cond. présent	j'irais	je finirais	je haïrais	j'ouvrirais	je fuirais
Cond. présent	il, elle irait	il, elle finirait	il, elle haïrait	il, elle ouvrirait	il, elle fuirait
Subj. présent	que j'aille	que je finisse	que je haïsse	que j'ouvre	que je fuie
Subj. présent	qu'il, elle aille	qu'il, elle finisse	qu'il, elle haïsse	qu'il, elle ouvre	qu'il, elle fuie
Subj. présent	que nous allions	que nous finissions	que nous haïssions	que nous ouvrions	que nous fuyions
Subj. présent	qu'ils, elles aillent	qu'ils, elles finissent	qu'ils, elles haïssent	qu'ils, elles ouvrent	qu'ils, elles fuient
Subj. imparfait	qu'il, elle allât	qu'il, elle finît	qu'il, elle haït	qu'il, elle ouvrît	qu'il, elle fuît
Subj. imparfait	qu'ils, elles allassent	qu'ils, elles finissent	qu'ils, elles haïssent	qu'ils, elles ouvrissent	qu'ils, elles fuissent
Impératif	va	finis	hais	ouvre	fuis
Impératif	allons	finissons	haïssons	ouvrons	fuyons
Impératif	allez	finissez	haïssez	ouvrez	fuyez
Part. présent	allant	finissant	haïssant	ouvrant	fuyant
Part. passé	allé, e	fini, e	haï, e	ouvert, e	fui, e

(1) *Aller* fait à l'impér. *vas* dans *vas-y*. *S'en aller* fait à l'impér. *va-t'en, allons-nous-en, allez-vous-en*. Aux temps composés, le verbe *être* peut se substituer au verbe *aller* : *avoir été, j'ai été*, etc. Aux temps composés du pronominal *s'en aller, en* se place normalement avant l'auxiliaire : *je m'en suis allé(e)*, mais la langue courante dit de plus en plus *je me suis en allé(e)*. – (2) *Maudire* (tableau 84) et *bruire* (tableau 85) se conjuguent sur *finir*, mais le participe passé de *maudire* est *maudit, maudite*, et *bruire* est défectif.

	25 **dormir** (1)	26 **mentir** (2)	27 **acquérir**	28 **venir**	29 **cueillir**
Ind. présent	je dors	je mens	j'acquiers	je viens	je cueille
Ind. présent	tu dors	tu mens	tu acquiers	tu viens	tu cueilles
Ind. présent	il, elle dort	il, elle ment	il, elle acquiert	il, elle vient	il, elle cueille
Ind. présent	nous dormons	nous mentons	nous acquérons	nous venons	nous cueillons
Ind. présent	vous dormez	vous mentez	vous acquérez	vous venez	vous cueillez
Ind. présent	ils, elles dorment	ils, elles mentent	ils, elles acquièrent	ils, elles viennent	ils, elles cueillent
Ind. imparfait	il, elle dormait	il, elle mentait	il, elle acquérait	il, elle venait	il, elle cueillait
Ind. passé s.	il, elle dormit	il, elle mentit	il, elle acquit	il, elle vint	il, elle cueillit
Ind. passé s.	ils, elles dormirent	ils, elles mentirent	ils, elles acquirent	ils, elles vinrent	ils, elles cueillirent
Ind. futur	je dormirai	je mentirai	j'acquerrai	je viendrai	je cueillerai
Ind. futur	il, elle dormira	il, elle mentira	il, elle acquerra	il, elle viendra	il, elle cueillera
Cond. présent	je dormirais	je mentirais	j'acquerrais	je viendrais	je cueillerais
Cond. présent	il, elle dormirait	il, elle mentirait	il, elle acquerrait	il, elle viendrait	il, elle cueillerait
Subj. présent	que je dorme	que je mente	que j'acquière	que je vienne	que je cueille
Subj. présent	qu'il, elle dorme	qu'il, elle mente	qu'il, elle acquière	qu'il, elle vienne	qu'il, elle cueille
Subj. présent	que nous dormions	que nous mentions	que nous acquérions	que nous venions	que nous cueillions
Subj. présent	qu'ils, elles dorment	qu'ils, elles mentent	qu'ils, elles acquièrent	qu'ils, elles viennent	qu'ils, elles cueillent
Subj. imparfait	qu'il, elle dormît	qu'il, elle mentît	qu'il, elle acquît	qu'il, elle vînt	qu'il, elle cueillît
Subj. imparfait	qu'ils, elles dormissent	qu'ils, elles mentissent	qu'ils, elles acquissent	qu'ils, elles vinssent	qu'ils, elles cueillissent
Impératif	dors	mens	acquiers	viens	cueille
Impératif	dormons	mentons	acquérons	venons	cueillons
Impératif	dormez	mentez	acquérez	venez	cueillez
Part. présent	dormant	mentant	acquérant	venant	cueillant
Part. passé	dormi	menti	acquis, e	venu, e	cueilli, e

(1) *Endormir* se conjugue comme *dormir*, mais son participe passé est variable.
(2) *Démentir* se conjugue comme *mentir*, mais son participe passé est variable.

	30 **mourir**	31 **partir**	32 **revêtir**	33 **courir**	34 **faillir** (1)
Ind. présent	je meurs	je pars	je revêts	je cours	je faillis, faux
Ind. présent	tu meurs	tu pars	tu revêts	tu cours	tu faillis, faux
Ind. présent	il, elle meurt	il, elle part	il, elle revêt	il, elle court	il, elle faillit, faut
Ind. présent	nous mourons	nous partons	nous revêtons	nous courons	nous faillissons, faillons
Ind. présent	vous mourez	vous partez	vous revêtez	vous courez	vous faillissez, faillez
Ind. présent	ils, elles meurent	ils, elles partent	ils, elles revêtent	ils, elles courent	ils, elles faillissent, faillent
Ind. imparfait	il, elle mourait	il, elle partait	il, elle revêtait	il, elle courait	il, elle faillissait, faillait
Ind. passé s.	il, elle mourut	il, elle partit	il, elle revêtit	il, elle courut	il, elle faillit
Ind. passé s.	ils, elles moururent	ils, elles partirent	ils, elles revêtirent	ils, elles coururent	ils, elles faillirent
Ind. futur	je mourrai	je partirai	je revêtirai	je courrai	je faillirai, faudrai
Ind. futur	il, elle mourra	il, elle partira	il, elle revêtira	il, elle courra	il, elle faillira, faudra
Cond. présent	je mourrais	je partirais	je revêtirais	je courrais	je faillirais, faudrais
Cond. présent	il, elle mourrait	il, elle partirait	il, elle revêtirait	il, elle courrait	il, elle faillirait, faudrait
Subj. présent	que je meure	que je parte	que je revête	que je coure	que je faillisse, faille
Subj. présent	qu'il, elle meure	qu'il, elle parte	qu'il, elle revête	qu'il, elle coure	qu'il, elle faillisse, faille
Subj. présent	que nous mourions	que nous partions	que nous revêtions	que nous courions	que nous faillissions, faillions
Subj. présent	qu'ils, elles meurent	qu'ils, elles partent	qu'ils, elles revêtent	qu'ils, elles courent	qu'ils, elles faillissent, faillent
Subj. imparfait	qu'il, elle mourût	qu'il, elle partît	qu'il, elle revêtît	qu'il, elle courût	qu'il, elle faillît
Subj. imparfait	qu'ils, elles mourussent	qu'ils, elles partissent	qu'ils, elles revêtissent	qu'ils, elles courussent	qu'ils, elles faillissent
Impératif	meurs	pars	revêts	cours	faillis, faux
Impératif	mourons	partons	revêtons	courons	faillissons, faillons
Impératif	mourez	partez	revêtez	courez	faillissez, faillez
Part. présent	mourant	partant	revêtant	courant	faillissant, faillant
Part. passé	mort, e	parti, e	revêtu, e	couru, e	failli

(1) La conjugaison de *faillir* la plus employée est celle qui a été refaite sur *finir*. Les formes conjuguées de ce verbe sont rares.

	35 **défaillir** (1)	36 **bouillir**	37 **saillir** (2)	38 **ouïr** (3)	39 **recevoir**
Ind. présent	je défaille	je bous		j'ouïs, ois	je reçois
Ind. présent	tu défailles	tu bous		tu ouïs, ois	tu reçois
Ind. présent	il, elle défaille	il, elle bout	il, elle saille	il, elle ouït, oit	il, elle reçoit
Ind. présent	nous défaillons	nous bouillons		nous ouïssons, oyons	nous recevons
Ind. présent	vous défaillez	vous bouillez		vous ouïssez, oyez	vous recevez
Ind. présent	ils, elles défaillent	ils, elles bouillent	ils, elles saillent	ils, elles ouïssent, oient	ils, elles reçoivent
Ind. imparfait	il, elle défaillait	il, elle bouillait	il, elle saillait	il, elle ouïssait, oyait	il, elle recevait
Ind. passé s.	il, elle défaillit	il, elle bouillit	il, elle saillit	il, elle ouït	il, elle reçut
Ind. passé s.	ils, elles défaillirent	ils, elles bouillirent	ils, elles saillirent	ils, elles ouïrent	ils, elles reçurent
Ind. futur	je défaillirai	je bouillirai		j'ouïrai, orrai	je recevrai
Ind. futur	il, elle défaillira	il, elle bouillira	il, elle saillera	il, elle ouïra, orra	il, elle recevra
Cond. présent	je défaillirais	je bouillirais		j'ouïrais, orrais	je recevrais
Cond. présent	il, elle défaillirait	il, elle bouillirait	il, elle saillerait	il, elle ouïrait, orrait	il, elle recevrait
Subj. présent	que je défaille	que je bouille		que j'ouïsse, oie	que je reçoive
Subj. présent	qu'il, elle défaille	qu'il, elle bouille	qu'il, elle saille	qu'il, elle ouïsse, oie	qu'il, elle reçoive
Subj. présent	que nous défaillions	que nous bouillions		que nous ouïssions, oyions	que nous recevions
Subj. présent	qu'ils, elles défaillent	qu'ils, elles bouillent	qu'ils, elles saillent	qu'ils, elles ouïssent, oient	qu'ils, elles reçoivent
Subj. imparfait	qu'il, elle défaillît	qu'il, elle bouillît	qu'il, elle saillît	qu'il, elle ouït	qu'il, elle reçût
Subj. imparfait	qu'ils, elles défaillissent	qu'ils, elles bouillissent	qu'ils, elles saillissent	qu'ils, elles ouïssent	qu'ils, elles reçussent
Impératif	défaille	bous	*inusité*	ouïs, ois	reçois
Impératif	défaillons	bouillons		ouïssons, oyons	recevons
Impératif	défaillez	bouillez		ouïssez, oyez	recevez
Part. présent	défaillant	bouillant	saillant	oyant	recevant
Part. passé	défailli	bouilli, e	sailli	ouï, e	reçu, e

(1) On trouve aussi *je défaillerai, tu défailleras*, etc., pour le futur, et *je défaillerais, tu défaillerais*, etc., pour le conditionnel.
(2) Il s'agit ici du verbe *1. saillir.* (V. à son ordre alphabétique.)
(3) V. REM. au verbe à son ordre alphabétique.

	40 **devoir**	41 **mouvoir**	42 **émouvoir**	43 **vouloir**	44 **pouvoir** (1)
Ind. présent	je dois	je meus	j'émeus	je veux	je peux, puis
Ind. présent	tu dois	tu meus	tu émeus	tu veux	tu peux
Ind. présent	il, elle doit	il, elle meut	il, elle émeut	il, elle veut	il, elle peut
Ind. présent	nous devons	nous mouvons	nous émouvons	nous voulons	nous pouvons
Ind. présent	vous devez	vous mouvez	vous émouvez	vous voulez	vous pouvez
Ind. présent	ils, elles doivent	ils, elles meuvent	ils, elles émeuvent	ils, elles veulent	ils, elles peuvent
Ind. imparfait	il, elle devait	il, elle mouvait	il, elle émouvait	il, elle voulait	il, elle pouvait
Ind. passé s.	il, elle dut	il, elle mut	il, elle émut	il, elle voulut	il, elle put
Ind. passé s.	ils, elles durent	ils, elles murent	ils, elles émurent	ils, elles voulurent	ils, elles purent
Ind. futur	je devrai	je mouvrai	j'émouvrai	je voudrai	je pourrai
Ind. futur	il, elle devra	il, elle mouvra	il, elle émouvra	il, elle voudra	il, elle pourra
Cond. présent	je devrais	je mouvrais	j'émouvrais	je voudrais	je pourrais
Cond. présent	il, elle devrait	il, elle mouvrait	il, elle émouvrait	il, elle voudrait	il, elle pourrait
Subj. présent	que je doive	que je meuve	que j'émeuve	que je veuille	que je puisse
Subj. présent	qu'il, elle doive	qu'il, elle meuve	qu'il, elle émeuve	qu'il, elle veuille	qu'il, elle puisse
Subj. présent	que nous devions	que nous mouvions	que nous émouvions	que nous voulions	que nous puissions
Subj. présent	qu'ils, elles doivent	qu'ils, elles meuvent	qu'ils, elles émeuvent	qu'ils, elles veuillent	qu'ils, elles puissent
Subj. imparfait	qu'il, elle dût	qu'il, elle mût	qu'il, elle émût	qu'il, elle voulût	qu'il, elle pût
Subj. imparfait	qu'ils, elles dussent	qu'ils, elles mussent	qu'ils, elles émussent	qu'ils, elles voulussent	qu'ils, elles pussent
Impératif	dois	meus	émeus	veux, veuille	*inusité*
Impératif	devons	mouvons	émouvons	voulons, veuillons	
Impératif	devez	mouvez	émouvez	voulez, veuillez	
Part. présent	devant	mouvant	émouvant	voulant	pouvant
Part. passé	dû, due, dus, dues	mû, mue, mus, mues	ému, e	voulu, e	pu

(1) À la forme interrogative, avec inversion du sujet, on a seulement *puis-je ?*

	45 savoir	**46 valoir**	**47 prévaloir**	**48 voir**	**49 prévoir**
Ind. présent	je sais	je vaux	je prévaux	je vois	je prévois
Ind. présent	tu sais	tu vaux	tu prévaux	tu vois	tu prévois
Ind. présent	il, elle sait	il, elle vaut	il, elle prévaut	il, elle voit	il, elle prévoit
Ind. présent	nous savons	nous valons	nous prévalons	nous voyons	nous prévoyons
Ind. présent	vous savez	vous valez	vous prévalez	vous voyez	vous prévoyez
Ind. présent	ils, elles savent	ils, elles valent	ils, elles prévalent	ils, elles voient	ils, elles prévoient
Ind. imparfait	il, elle savait	il, elle valait	il, elle prévalait	il, elle voyait	il, elle prévoyait
Ind. passé s.	il, elle sut	il, elle valut	il, elle prévalut	il, elle vit	il, elle prévit
Ind. passé s.	ils, elles surent	ils, elles valurent	ils, elles prévalurent	ils, elles virent	ils, elles prévirent
Ind. futur	je saurai	je vaudrai	je prévaudrai	je verrai	je prévoirai
Ind. futur	il, elle saura	il, elle vaudra	il, elle prévaudra	il, elle verra	il, elle prévoira
Cond. présent	je saurais	je vaudrais	je prévaudrais	je verrais	je prévoirais
Cond. présent	il, elle saurait	il, elle vaudrait	il, elle prévaudrait	il, elle verrait	il, elle prévoirait
Subj. présent	que je sache	que je vaille	que je prévale	que je voie	que je prévoie
Subj. présent	qu'il, elle sache	qu'il, elle vaille	qu'il, elle prévale	qu'il, elle voie	qu'il, elle prévoie
Subj. présent	que nous sachions	que nous valions	que nous prévalions	que nous voyions	que nous prévoyions
Subj. présent	qu'ils, elles sachent	qu'ils, elles vaillent	qu'ils, elles prévalent	qu'ils, elles voient	qu'ils, elles prévoient
Subj. imparfait	qu'il, elle sût	qu'il, elle valût	qu'il, elle prévalût	qu'il, elle vît	qu'il, elle prévît
Subj. imparfait	qu'ils, elles sussent	qu'ils, elles valussent	qu'ils, elles prévalussent	qu'ils, elles vissent	qu'ils, elles prévissent
Impératif	sache	vaux	prévaux	vois	prévois
Impératif	sachons	valons	prévalons	voyons	prévoyons
Impératif	sachez	valez	prévalez	voyez	prévoyez
Part. présent	sachant	valant	prévalant	voyant	prévoyant
Part. passé	su, e	valu, e	prévalu, e	vu, e	prévu, e

	50 pourvoir	**51 asseoir** (1)		**52 surseoir**	**53 seoir** (2)
Ind. présent	je pourvois	j'assieds	j'assois	je sursois	
Ind. présent	tu pourvois	tu assieds	tu assois	tu sursois	
Ind. présent	il, elle pourvoit	il, elle assied	il, elle assoit	il, elle sursoit	il, elle sied
Ind. présent	nous pourvoyons	nous asseyons	nous assoyons	nous sursoyons	
Ind. présent	vous pourvoyez	vous asseyez	vous assoyez	vous sursoyez	
Ind. présent	ils, elles pourvoient	ils, elles asseyent	ils, elles assoient	ils, elles sursoient	ils, elles siéent
Ind. imparfait	il, elle pourvoyait	il, elle asseyait	il, elle assoyait	il, elle sursoyait	il, elle seyait
Ind. passé s.	il, elle pourvut	il, elle assit	il, elle assit	il, elle sursit	*inusité*
Ind. passé s.	ils, elles pourvurent	ils, elles assirent	ils, elles assirent	ils, elles sursirent	
Ind. futur	je pourvoirai	j'assiérai	j'assoirai	je surseoirai	
Ind. futur	il, elle pourvoira	il, elle assiéra	il, elle assoira	il, elle surseoira	il, elle siéra
Cond. présent	je pourvoirais	j'assiérais	j'assoirais	je surseoirais	
Cond. présent	il, elle pourvoirait	il, elle assiérait	il, elle assoirait	il, elle surseoirait	il, elle siérait
Subj. présent	que je pourvoie	que j'asseye	que j'assoie	que je sursoie	
Subj. présent	qu'il, elle pourvoie	qu'il, elle asseye	qu'il, elle assoie	qu'il, elle sursoie	qu'il, elle siée
Subj. présent	que nous pourvoyions	que nous asseyions	que nous assoyions	que nous sursoyions	
Subj. présent	qu'ils, elles pourvoient	qu'ils, elles asseyent	qu'ils, elles assoient	qu'ils, elles sursoient	qu'ils, elles siéent
Subj. imparfait	qu'il, elle pourvût	qu'il, elle assît	qu'il, elle assît	qu'il, elle sursît	*inusité*
Subj. imparfait	qu'ils, elles pourvussent	qu'ils, elles assissent	qu'ils, elles assissent	qu'ils, elles sursissent	
Impératif	pourvois	assieds	assois	sursois	*inusité*
Impératif	pourvoyons	asseyons	assoyons	sursoyons	
Impératif	pourvoyez	asseyez	assoyez	sursoyez	
Part. présent	pourvoyant	asseyant	assoyant	sursoyant	seyant
Part. passé	pourvu, e	assis, e	assis, e	sursis	*inusité*

(1) L'usage tend à écrire avec *-eoi-* les formes avec *oi* : *j'asseois, il, elle asseoira, que tu asseoies, ils, elles asseoiraient.*
(2) *Seoir* a ici le sens de « convenir ». Aux sens de « être situé », « siéger », *seoir* a seulement un participe présent *(séant)* et un participe passé *(sis, e).*

	54 pleuvoir (1)	**55 falloir**	**56 échoir**	**57 déchoir**	**58 choir**
Ind. présent				je déchois	je chois
Ind. présent				tu déchois	tu chois
Ind. présent	il pleut	il faut	il, elle échoit	il, elle déchoit	il, elle choit
Ind. présent				nous déchoyons	*inusité*
Ind. présent				vous déchoyez	*inusité*
Ind. présent			ils, elles échoient	ils, elles déchoient	ils, elles choient
Ind. imparfait	il pleuvait	il fallait	il, elle échoyait	*inusité*	*inusité*
Ind. passé s.	il plut	il fallut	il, elle échut	il, elle déchut	il, elle chut
Ind. passé s.			ils, elles échurent	ils, elles déchurent	ils, elles churent
Ind. futur				je déchoirai	je choirai, cherrai
Ind. futur	il pleuvra	il faudra	il, elle échoira, écherra	il, elle déchoira	il, elle choira, cherra
Cond. présent				je déchoirais	je choirais, cherrais
Cond. présent	il pleuvrait	il faudrait	il, elle échoirait, écherrait	il, elle déchoirait	il, elle choirait, cherrait
Subj. présent				que je déchoie	*inusité*
Subj. présent	qu'il pleuve	qu'il faille	qu'il, elle échoie	qu'il, elle déchoie	
Subj. présent				que nous déchoyions	
Subj. présent			qu'ils, elles échoient	qu'ils, elles déchoient	
Subj. imparfait	qu'il plût	qu'il fallût	qu'il, elle échût	qu'il, elle déchût	qu'il, elle chût
Subj. imparfait			qu'ils, elles échussent	qu'ils, elles déchussent	*inusité*
Impératif	*inusité*	*inusité*	*inusité*	*inusité*	*inusité*
Impératif					
Impératif					
Part. présent	pleuvant	*inusité*	échéant	*inusité*	*inusité*
Part. passé	plu	fallu	échu, e	déchu, e	chu, e

(1) *Pleuvoir* connaît au figuré une troisième personne du pluriel : *les injures pleuvent, pleuvaient, pleuvront, plurent, pleuvraient...*

	59 vendre	**60 rompre**	**61 prendre**	**62 craindre**	**63 battre**
Ind. présent	je vends	je romps	je prends	je crains	je bats
Ind. présent	tu vends	tu romps	tu prends	tu crains	tu bats
Ind. présent	il, elle vend	il, elle rompt	il, elle prend	il, elle craint	il, elle bat
Ind. présent	nous vendons	nous rompons	nous prenons	nous craignons	nous battons
Ind. présent	vous vendez	vous rompez	vous prenez	vous craignez	vous battez
Ind. présent	ils, elles vendent	ils, elles rompent	ils, elles prennent	ils, elles craignent	ils, elles battent
Ind. imparfait	il, elle vendait	il, elle rompait	il, elle prenait	il, elle craignait	il, elle battait
Ind. passé s.	il, elle vendit	il, elle rompit	il, elle prit	il, elle craignit	il, elle battit
Ind. passé s.	ils, elles vendirent	ils, elles rompirent	ils, elles prirent	ils, elles craignirent	ils, elles battirent
Ind. futur	je vendrai	je romprai	je prendrai	je craindrai	je battrai
Ind. futur	il, elle vendra	il, elle rompra	il, elle prendra	il, elle craindra	il, elle battra
Cond. présent	je vendrais	je romprais	je prendrais	je craindrais	je battrais
Cond. présent	il, elle vendrait	il, elle romprait	il, elle prendrait	il, elle craindrait	il, elle battrait
Subj. présent	que je vende	que je rompe	que je prenne	que je craigne	que je batte
Subj. présent	qu'il, elle vende	qu'il, elle rompe	qu'il, elle prenne	qu'il, elle craigne	qu'il, elle batte
Subj. présent	que nous vendions	que nous rompions	que nous prenions	que nous craignions	que nous battions
Subj. présent	qu'ils, elles vendent	qu'ils, elles rompent	qu'ils, elles prennent	qu'ils, elles craignent	qu'ils, elles battent
Subj. imparfait	qu'il, elle vendît	qu'il, elle rompît	qu'il, elle prît	qu'il, elle craignît	qu'il, elle battît
Subj. imparfait	qu'ils, elles vendissent	qu'ils, elles rompissent	qu'ils, elles prissent	qu'ils, elles craignissent	qu'ils, elles battissent
Impératif	vends	romps	prends	crains	bats
Impératif	vendons	rompons	prenons	craignons	battons
Impératif	vendez	rompez	prenez	craignez	battez
Part. présent	vendant	rompant	prenant	craignant	battant
Part. passé	vendu, e	rompu, e	pris, e	craint, e	battu, e

	64 mettre	**65 moudre**	**66 coudre**	**67 absoudre** (1)	**68 résoudre** (2)
Ind. présent	je mets	je mouds	je couds	j'absous	je résous
Ind. présent	tu mets	tu mouds	tu couds	tu absous	tu résous
Ind. présent	il, elle met	il, elle moud	il, elle coud	il, elle absout	il, elle résout
Ind. présent	nous mettons	nous moulons	nous cousons	nous absolvons	nous résolvons
Ind. présent	vous mettez	vous moulez	vous cousez	vous absolvez	vous résolvez
Ind. présent	ils, elles mettent	ils, elles moulent	ils, elles cousent	ils, elles absolvent	ils, elles résolvent
Ind. imparfait	il, elle mettait	il, elle moulait	il, elle cousait	il, elle absolvait	il, elle résolvait
Ind. passé s.	il, elle mit	il, elle moulut	il, elle cousit	il, elle absolut	il, elle résolut
Ind. passé s.	ils, elles mirent	ils, elles moulurent	ils, elles cousirent	ils, elles absolurent	ils, elles résolurent
Ind. futur	je mettrai	je moudrai	je coudrai	j'absoudrai	je résoudrai
Ind. futur	il, elle mettra	il, elle moudra	il, elle coudra	il, elle absoudra	il, elle résoudra
Cond. présent	je mettrais	je moudrais	je coudrais	j'absoudrais	je résoudrais
Cond. présent	il, elle mettrait	il, elle moudrait	il, elle coudrait	il, elle absoudrait	il, elle résoudrait
Subj. présent	que je mette	que je moule	que je couse	que j'absolve	que je résolve
Subj. présent	qu'il, elle mette	qu'il, elle moule	qu'il, elle couse	qu'il, elle absolve	qu'il, elle résolve
Subj. présent	que nous mettions	que nous moulions	que nous cousions	que nous absolvions	que nous résolvions
Subj. présent	qu'ils, elles mettent	qu'ils, elles moulent	qu'ils, elles cousent	qu'ils, elles absolvent	qu'ils, elles résolvent
Subj. imparfait	qu'il, elle mît	qu'il, elle moulût	qu'il, elle cousît	qu'il, elle absolût	qu'il, elle résolût
Subj. imparfait	qu'ils, elles missent	qu'ils, elles moulussent	qu'ils, elles cousissent	qu'ils, elles absolussent	qu'ils, elles résolussent
Impératif	mets	mouds	couds	absous	résous
Impératif	mettons	moulons	cousons	absolvons	résolvons
Impératif	mettez	moulez	cousez	absolvez	résolvez
Part. présent	mettant	moulant	cousant	absolvant	résolvant
Part. passé	mis, e	moulu, e	cousu, e	absous, oute	résolu, e

(1) Le passé simple et le subjonctif imparfait, admis par Littré, sont rares.
(2) Il existe un participe passé *résous, résoute* (rare), avec le sens de « transformé » *(Un brouillard résous en pluie).*

	69 suivre	**70 vivre** (1)	**71 paraître**	**72 naître**	**73 croître**
Ind. présent	je suis	je vis	je parais	je nais	je croîs
Ind. présent	tu suis	tu vis	tu parais	tu nais	tu croîs
Ind. présent	il, elle suit	il, elle vit	il, elle paraît	il, elle naît	il, elle croît
Ind. présent	nous suivons	nous vivons	nous paraissons	nous naissons	nous croissons
Ind. présent	vous suivez	vous vivez	vous paraissez	vous naissez	vous croissez
Ind. présent	ils, elles suivent	ils, elles vivent	ils, elles paraissent	ils, elles naissent	ils, elles croissent
Ind. imparfait	il, elle suivait	il, elle vivait	il, elle paraissait	il, elle naissait	il, elle croissait
Ind. passé s.	il, elle suivit	il, elle vécut	il, elle parut	il, elle naquit	il, elle crût
Ind. passé s.	ils, elles suivirent	ils, elles vécurent	ils, elles parurent	ils, elles naquirent	ils, elles crûrent
Ind. futur	je suivrai	je vivrai	je paraîtrai	je naîtrai	je croîtrai
Ind. futur	il, elle suivra	il, elle vivra	il, elle paraîtra	il, elle naîtra	il, elle croîtra
Cond. présent	je suivrais	je vivrais	je paraîtrais	je naîtrais	je croîtrais
Cond. présent	il, elle suivrait	il, elle vivrait	il, elle paraîtrait	il, elle naîtrait	il, elle croîtrait
Subj. présent	que je suive	que je vive	que je paraisse	que je naisse	que je croisse
Subj. présent	qu'il, elle suive	qu'il, elle vive	qu'il, elle paraisse	qu'il, elle naisse	qu'il, elle croisse
Subj. présent	que nous suivions	que nous vivions	que nous paraissions	que nous naissions	que nous croissions
Subj. présent	qu'ils, elles suivent	qu'ils, elles vivent	qu'ils, elles paraissent	qu'ils, elles naissent	qu'ils, elles croissent
Subj. imparfait	qu'il, elle suivît	qu'il, elle vécût	qu'il, elle parût	qu'il, elle naquît	qu'il, elle crût
Subj. imparfait	qu'ils, elles suivissent	qu'ils, elles vécussent	qu'ils, elles parussent	qu'ils, elles naquissent	qu'ils, elles crûssent
Impératif	suis	vis	parais	nais	croîs
Impératif	suivons	vivons	paraissons	naissons	croissons
Impératif	suivez	vivez	paraissez	naissez	croissez
Part. présent	suivant	vivant	paraissant	naissant	croissant
Part. passé	suivi, e	vécu, e	paru, e	né, e	crû

(1) *Survivre* se conjugue comme *vivre*, mais son participe passé est toujours invariable.

	74 **accroître** (1)	75 **rire**	76 **conclure** (2)	77 **nuire** (3)
Ind. présent	j'accrois	je ris	je conclus	je nuis
Ind. présent	tu accrois	tu ris	tu conclus	tu nuis
Ind. présent	il, elle accroît	il, elle rit	il, elle conclut	il, elle nuit
Ind. présent	nous accroissons	nous rions	nous concluons	nous nuisons
Ind. présent	vous accroissez	vous riez	vous concluez	vous nuisez
Ind. présent	ils, elles accroissent	ils, elles rient	ils, elles concluent	ils, elles nuisent
Ind. imparfait	il, elle accroissait	il, elle riait	il, elle concluait	il, elle nuisait
Ind. passé s.	il, elle accrut	il, elle rit	il, elle conclut	il, elle nuisit
Ind. passé s.	ils, elles accrurent	ils, elles rirent	ils, elles conclurent	ils, elles nuisirent
Ind. futur	j'accroîtrai	je rirai	je conclurai	je nuirai
Ind. futur	il, elle accroîtra	il, elle rira	il, elle conclura	il, elle nuira
Cond. présent	j'accroîtrais	je rirais	je conclurais	je nuirais
Cond. présent	il, elle accroîtrait	il, elle rirait	il, elle conclurait	il, elle nuirait
Subj. présent	que j'accroisse	que je rie	que je conclue	que je nuise
Subj. présent	qu'il, elle accroisse	qu'il, elle rie	qu'il, elle conclue	qu'il, elle nuise
Subj. présent	que nous accroissions	que nous riions	que nous concluions	que nous nuisions
Subj. présent	qu'ils, elles accroissent	qu'ils, elles rient	qu'ils, elles concluent	qu'ils, elles nuisent
Subj. imparfait	qu'il, elle accrût	qu'il, elle rît	qu'il, elle conclût	qu'il, elle nuisît
Subj. imparfait	qu'ils, elles accrussent	qu'ils, elles rissent	qu'ils, elles conclussent	qu'ils, elles nuisissent
Impératif	accrois	ris	conclus	nuis
Impératif	accroissons	rions	concluons	nuisons
Impératif	accroissez	riez	concluez	nuisez
Part. présent	accroissant	riant	concluant	nuisant
Part. passé	accru, e	ri	conclu, e	nui

(1) *Décroître* et *recroître* se conjuguent comme *accroître*, mais le participe passé de *recroître* est *recrû*.
(2) *Inclure* se conjugue comme *conclure*, mais son participe passé est *inclus, incluse.*
(3) *Luire* et *reluire* connaissent une autre forme de passé simple : *je luis, je reluis*, etc.

	78 **conduire**	79 **écrire**	80 **suffire**	81 **confire** (1)
Ind. présent	je conduis	j'écris	je suffis	je confis
Ind. présent	tu conduis	tu écris	tu suffis	tu confis
Ind. présent	il, elle conduit	il, elle écrit	il, elle suffit	il, elle confit
Ind. présent	nous conduisons	nous écrivons	nous suffisons	nous confisons
Ind. présent	vous conduisez	vous écrivez	vous suffisez	vous confisez
Ind. présent	ils, elles conduisent	ils, elles écrivent	ils, elles suffisent	ils, elles confisent
Ind. imparfait	il, elle conduisait	il, elle écrivait	il, elle suffisait	il, elle confisait
Ind. passé s.	il, elle conduisit	il, elle écrivit	il, elle suffit	il, elle confit
Ind. passé s.	ils, elles conduisirent	ils, elles écrivirent	ils, elles suffirent	ils, elles confirent
Ind. futur	je conduirai	j'écrirai	je suffirai	je confirai
Ind. futur	il, elle conduira	il, elle écrira	il, elle suffira	il, elle confira
Cond. présent	je conduirais	j'écrirais	je suffirais	je confirais
Cond. présent	il, elle conduirait	il, elle écrirait	il, elle suffirait	il, elle confirait
Subj. présent	que je conduise	que j'écrive	que je suffise	que je confise
Subj. présent	qu'il, elle conduise	qu'il, elle écrive	qu'il, elle suffise	qu'il, elle confise
Subj. présent	que nous conduisions	que nous écrivions	que nous suffisions	que nous confisions
Subj. présent	qu'ils, elles conduisent	qu'ils, elles écrivent	qu'ils, elles suffisent	qu'ils, elles confisent
Subj. imparfait	qu'il, elle conduisît	qu'il, elle écrivît	qu'il, elle suffît	qu'il, elle confît
Subj. imparfait	qu'ils, elles conduisissent	qu'ils, elles écrivissent	qu'ils, elles suffissent	qu'ils, elles confissent
Impératif	conduis	écris	suffis	confis
Impératif	conduisons	écrivons	suffisons	confisons
Impératif	conduisez	écrivez	suffisez	confisez
Part. présent	conduisant	écrivant	suffisant	confisant
Part. passé	conduit, e	écrit, e	suffi	confit, e

(1) *Circoncire* se conjugue comme *confire*, mais son participe passé est *circoncis, circoncise*.

	82 **dire**	83 **contredire**	84 **maudire**	85 **bruire** (1)
Ind. présent	je dis	je contredis	je maudis	je bruis
Ind. présent	tu dis	tu contredis	tu maudis	tu bruis
Ind. présent	il, elle dit	il, elle contredit	il, elle maudit	il, elle bruit
Ind. présent	nous disons	nous contredisons	nous maudissons	*inusité*
Ind. présent	vous dites	vous contredisez	vous maudissez	
Ind. présent	ils, elles disent	ils, elles contredisent	ils, elles maudissent	
Ind. imparfait	il, elle disait	il, elle contredisait	il, elle maudissait	il, elle bruyait
Ind. passé s.	il, elle dit	il, elle contredit	il, elle maudit	*inusité*
Ind. passé s.	ils, elles dirent	ils, elles contredirent	ils, elles maudirent	
Ind. futur	je dirai	je contredirai	je maudirai	je bruirai
Ind. futur	il, elle dira	il, elle contredira	il, elle maudira	il, elle bruira
Cond. présent	je dirais	je contredirais	je maudirais	je bruirais
Cond. présent	il, elle dirait	il, elle contredirait	il, elle maudirait	il, elle bruirait
Subj. présent	que je dise	que je contredise	que je maudisse	*inusité*
Subj. présent	qu'il, elle dise	qu'il, elle contredise	qu'il, elle maudisse	
Subj. présent	que nous disions	que nous contredisions	que nous maudissions	
Subj. présent	qu'ils, elles disent	qu'ils, elles contredisent	qu'ils, elles maudissent	
Subj. imparfait	qu'il, elle dît	qu'il, elle contredît	qu'il, elle maudît	*inusité*
Subj. imparfait	qu'ils, elles dissent	qu'ils, elles contredissent	qu'ils, elles maudissent	
Impératif	dis	contredis	maudis	*inusité*
Impératif	disons	contredisons	maudissons	
Impératif	dites	contredisez	maudissez	
Part. présent	disant	contredisant	maudissant	*inusité*
Part. passé	dit, e	contredit, e	maudit, e	bruit

(1) Traditionnellement, *bruire* ne connaît que les formes de l'indicatif présent, imparfait (*je bruyais, tu bruyais*, etc.), futur, et les formes du conditionnel ; *bruisser* (conjugaison 3) tend de plus en plus à supplanter *bruire*, en particulier dans toutes les formes défectives.

	86 lire	87 croire	88 boire	89 faire
Ind. présent	je lis	je crois	je bois	je fais
Ind. présent	tu lis	tu crois	tu bois	tu fais
Ind. présent	il, elle lit	il, elle croit	il, elle boit	il, elle fait
Ind. présent	nous lisons	nous croyons	nous buvons	nous faisons
Ind. présent	vous lisez	vous croyez	vous buvez	vous faites
Ind. présent	ils, elles lisent	ils, elles croient	ils, elles boivent	ils, elles font
Ind. imparfait	il, elle lisait	il, elle croyait	il, elle buvait	il, elle faisait
Ind. passé s.	il, elle lut	il, elle crut	il, elle but	il, elle fit
Ind. passé s.	ils, elles lurent	ils, elles crurent	ils, elles burent	ils, elles firent
Ind. futur	je lirai	je croirai	je boirai	je ferai
Ind. futur	il, elle lira	il, elle croira	il, elle boira	il, elle fera
Cond. présent	je lirais	je croirais	je boirais	je ferais
Cond. présent	il, elle lirait	il, elle croirait	il, elle boirait	il, elle ferait
Subj. présent	que je lise	que je croie	que je boive	que je fasse
Subj. présent	qu'il, elle lise	qu'il, elle croie	qu'il, elle boive	qu'il, elle fasse
Subj. présent	que nous lisions	que nous croyions	que nous buvions	que nous fassions
Subj. présent	qu'ils, elles lisent	qu'ils, elles croient	qu'ils, elles boivent	qu'ils, elles fassent
Subj. imparfait	qu'il, elle lût	qu'il, elle crût	qu'il, elle bût	qu'il, elle fît
Subj. imparfait	qu'ils, elles lussent	qu'ils, elles crussent	qu'ils, elles bussent	qu'ils, elles fissent
Impératif	lis	crois	bois	fais
Impératif	lisons	croyons	buvons	faisons
Impératif	lisez	croyez	buvez	faites
Part. présent	lisant	croyant	buvant	faisant
Part. passé	lu, e	cru, e	bu, e	fait, e

	90 plaire	91 taire	92 extraire	93 clore (1)
Ind. présent	je plais	je tais	j'extrais	je clos
Ind. présent	tu plais	tu tais	tu extrais	tu clos
Ind. présent	il, elle plaît	il, elle tait	il, elle extrait	il, elle clôt
Ind. présent	nous plaisons	nous taisons	nous extrayons	nous closons
Ind. présent	vous plaisez	vous taisez	vous extrayez	vous closez
Ind. présent	ils, elles plaisent	ils, elles taisent	ils, elles extraient	ils, elles closent
Ind. imparfait	il, elle plaisait	il, elle taisait	il, elle extrayait	*inusité*
Ind. passé s.	il, elle plut	il, elle tut	*inusité*	*inusité*
Ind. passé s.	ils, elles plurent	ils, elles turent		
Ind. futur	je plairai	je tairai	j'extrairai	je clorai
Ind. futur	il, elle plaira	il, elle taira	il, elle extraira	il, elle clora
Cond. présent	je plairais	je tairais	j'extrairais	je clorais
Cond. présent	il, elle plairait	il, elle tairait	il, elle extrairait	il, elle clorait
Subj. présent	que je plaise	que je taise	que j'extraie	que je close
Subj. présent	qu'il, elle plaise	qu'il, elle taise	qu'il, elle extraie	qu'il, elle close
Subj. présent	que nous plaisions	que nous taisions	que nous extrayions	que nous closions
Subj. présent	qu'ils, elles plaisent	qu'ils, elles taisent	qu'ils, elles extraient	qu'ils, elles closent
Subj. imparfait	qu'il, elle plût	qu'il, elle tût	*inusité*	*inusité*
Subj. imparfait	qu'ils, elles plussent	qu'ils, elles tussent		
Impératif	plais	tais	extrais	clos
Impératif	plaisons	taisons	extrayons	*inusité*
Impératif	plaisez	taisez	extrayez	
Part. présent	plaisant	taisant	extrayant	closant
Part. passé	plu	tu, e	extrait, e	clos, e

(1) Le verbe *enclore* possède les formes *nous enclosons, vous enclosez* et *enclosons, enclosez.*

	94 vaincre	95 frire
Ind. présent	je vaincs	je fris
Ind. présent	tu vaincs	tu fris
Ind. présent	il, elle vainc	il, elle frit
Ind. présent	nous vainquons	*inusité*
Ind. présent	vous vainquez	
Ind. présent	ils, elles vainquent	
Ind. imparfait	il, elle vainquait	*inusité*
Ind. passé s.	il, elle vainquit	*inusité*
Ind. passé s.	ils, elles vainquirent	
Ind. futur	je vaincrai	je frirai
Ind. futur	il, elle vaincra	il, elle frira
Cond. présent	je vaincrais	je frirais
Cond. présent	il, elle vaincrait	il, elle frirait
Subj. présent	que je vainque	*inusité*
Subj. présent	qu'il, elle vainque	
Subj. présent	que nous vainquions	
Subj. présent	qu'ils, elles vainquent	
Subj. imparfait	qu'il, elle vainquît	*inusité*
Subj. imparfait	qu'ils, elles vainquissent	
Impératif	vaincs	fris
Impératif	vainquons	*inusité*
Impératif	vainquez	
Part. présent	vainquant	*inusité*
Part. passé	vaincu, e	frit, e

PLURIEL DES NOMS

Le pluriel des noms communs

RÈGLE GÉNÉRALE : le pluriel des noms communs se forme en ajoutant un *s* au singulier.

Un *ennui,* des *ennuis.*
Un *lit,* des *lits.*

Le pluriel et le singulier sont semblables dans les noms terminés par *-s, -x, -z.*

Un *bois,* des *bois.*
Une *noix,* des *noix.*
Un *nez,* des *nez.*

Les noms en -AL ont le pluriel en -AUX. Mais *bal, cal, carnaval, cérémonial, chacal, choral, étal, festival, narval, nopal, pal, récital, régal, rorqual, santal,* etc., suivent la règle générale.

Un *journal,* des *journaux.*
Un *chacal* des *chacals.*

Le pluriel des noms terminés en -EAU, -AU, -EU se forme en ajoutant un *x* au singulier. Font notamment exception : *grau, landau, sarrau, bleu* et ses composés, *émeu, enfeu, feu* (adj.), *lieu* (le poisson), *pneu* et ses composés, *richelieu* qui prennent un *s* au pluriel.

Un *veau,* des *veaux.*
Un *étau,* des *étaux.*
Un *pieu,* des *pieux.*
Un *pneu,* des *pneus.*

Le pluriel des noms terminés par -OU est en général en -OUS. Font exception : *bijou, caillou, chou, genou, hibou, joujou, pou,* qui prennent un *x* au pluriel.

Un *cou,* des *cous.*
Un *chou,* des *choux.*

Les noms terminés au singulier par -AIL ont un pluriel régulier en -AILS. Font exception : *bail, corail, émail, soupirail, travail, vantail, ventail, vitrail,* qui ont le pluriel en -AUX.

Un *rail,* des *rails.*
Un *émail,* des *émaux.*

Les noms AÏEUL, CIEL et ŒIL ont des pluriels irréguliers ; mais on dit BISAÏEULS, TRISAÏEULS et AÏEULS dans le sens de « grands-parents », CIELS dans CIELS DE LIT et ŒILS dans ŒILS-DE-BŒUF, etc.

L'*aïeul,* les *aïeux.*
Le *ciel,* les *cieux.*
L'*œil,* les *yeux.*

Le pluriel des noms composés

1. Les noms composés ÉCRITS EN UN SEUL MOT forment leur pluriel comme des noms simples.

Un *entresol,* des *entresols.*
Un *gendarme,* des *gendarmes.*

Font exception : *gentilshommes, bonshommes, messieurs, mesdames, mesdemoiselles, messeigneurs,* pluriels de *gentilhomme, bonhomme, monsieur, madame, mademoiselle, monseigneur.*

2. Les noms composés ÉCRITS EN PLUSIEURS MOTS :

a) S'ils sont formés d'UN ADJECTIF et d'UN NOM, tous deux prennent la marque du pluriel.

Un *coffre-fort,* des *coffres-forts.*
Une *basse-cour,* des *basses-cours.*

b) S'ils sont formés de DEUX NOMS EN APPOSITION, tous deux prennent la marque du pluriel.

Un *chou-fleur,* des *choux-fleurs.*
Un *chef-lieu,* des *chefs-lieux.*

c) S'ils sont formés d'UN NOM et de son COMPLÉMENT introduit ou non par une préposition, le premier nom seul prend la marque du pluriel.

Un *chef-d'œuvre,* des *chefs-d'œuvre.*
Un *timbre-poste,* des *timbres-poste.*

d) S'ils sont formés d'UN MOT INVARIABLE et d'UN NOM, le nom seul prend la marque du pluriel.

Un *avant-poste,* des *avant-postes.*
Un *en-tête,* des *en-têtes.*

e) S'ils sont formés de DEUX VERBES ou d'UNE EXPRESSION, tous les mots restent invariables.

Un *va-et-vient,* des *va-et-vient.*
Un *tête-à-tête,* des *tête-à-tête.*

f) S'ils sont composés d'UN VERBE et de son COMPLÉMENT, le verbe reste invariable, le nom conserve en général la même forme qu'au singulier.
Toutefois, dans un certain nombre de noms composés de cette sorte, le nom prend la marque du pluriel.

Un *abat-jour,* des *abat-jour.*
Un *presse-purée,* des *presse-purée.*
Un *chauffe-bain,* des *chauffe-bains.*
Un *tire-bouchon,* des *tire-bouchons.*

g) Dans les noms composés avec le mot GARDE, celui-ci peut être un *nom* ou un *verbe.* S'il est un NOM, il prend la marque du pluriel ; s'il est un VERBE, il reste invariable. Dans les deux cas, le nom qui suit peut prendre ou non la marque du pluriel.

Un *garde-voie,* des *gardes-voie*[*s*].
(*Garde* est un nom qui désigne la personne chargée de la garde de la voie.)
Un *garde-boue,* des *garde-boue.*
(Ici *garde* est un verbe. Objet qui garde, protège de la boue.)

h) Dans les noms composés avec l'adjectif GRAND, celui-ci reste ou non invariable s'il accompagne un nom féminin.
Exception : une GRANDE-DUCHESSE, des GRANDES-DUCHESSES.

Une *grand-mère,* des *grand-mères* ou des *grands-mères.*
Un *grand-père,* des *grands-pères.*

Le pluriel des noms communs étrangers

Le pluriel des NOMS ÉTRANGERS est formé comme le pluriel des noms communs.

Une *pizzeria,* des *pizzerias.*

Certains de ces noms ont conservé le PLURIEL D'ORIGINE ÉTRANGÈRE à côté du PLURIEL FRANÇAIS ; toutefois, ce dernier tend à devenir le plus fréquent.

Un *match,* des *matchs* ou des *matches.*

Le pluriel des noms propres

Le pluriel des NOMS GÉOGRAPHIQUES est formé comme celui des noms communs.

Une *Antille,* les *Antilles.*

Les NOMS DE PEUPLES prennent la marque du pluriel quand ces noms ont été assimilés par le français.

Les *Aztèques,* les *Hottentots.*

Ils tendent à rester invariables quand ils proviennent de langues ayant d'autres règles de formation du pluriel.

Les *Rom,* les *Wolof.*

Les NOMS DE PERSONNE prennent régulièrement la marque du pluriel :
quand ils désignent les FAMILLES ROYALES ou ILLUSTRES FRANÇAISES ;

Les *Condés,* les *Bourbons.*

quand ils sont pris comme MODÈLES ou TYPES.

Les *Hugos,* les *Pasteurs.*

Ils restent invariables quand ils sont pris dans un sens emphatique, grandiloquent et précédés de l'article.

Les *Molière* et les *Racine* sont l'image de leur temps

Quand ils désignent les ŒUVRES ARTISTIQUES par le nom de l'auteur, ils restent invariables ou prennent la marque du pluriel.

Des *Watteau,* des *Renoirs.*

PRÉFIXES

I Préfixes d'origine grecque ou mots grecs entrant dans la composition de mots français

préfixes	*sens*	*exemples*
a- ou an-	privation	acéphale ; athée ; analphabète ; anarchie
acanth(o)-	épine	acanthacée ; acanthe
acro-	élevé	acrobate ; acrostiche
actino-	rayon	actinique ; actinométrie
adéno-	glande	adénoïde
aéro-	air	aéronaute ; aérophagie
agro-	champ	agronome
allo-	autre	allopathie ; allotropie
amphi-	1. autour 2. doublement	amphithéâtre amphibie ; amphibologie
ana-	1. de bas en haut 2. en arrière, à rebours	anastrophe anachronisme
andro-	homme	androgyne
anémo-	vent	anémomètre
angi(o)-	vaisseau ; capsule	angiome ; angiosperme
anth(o)-	fleur	anthémis ; anthologie
anthrac(o)-	charbon	anthracite
anthropo-	homme	anthropologie ; anthropophage
anti-	contre	antialcoolique ; antireligieux
ap(o)-	hors de ; à partir de ; loin de	apostasie ; apostrophe ; apogée ; aphélie
archéo-	ancien	archéologie
arch(i)-	1. au plus haut degré 2. qui commande, qui est au-dessus	archicube archevêque ; archidiacre
arithm(o)-	nombre	arithmétique
artério-	artère	artériosclérose
arthr(o)-	articulation	arthrite ; arthropode
astér(o)-, astr(o)-	astre, étoile	astérisque ; astronaute
auto-	de soi-même	autobiographie ; autodidacte
bactéri(o)-	bâton	bactéricide ; bactériologie
baro-	pesant	baromètre
bary-	lourd	barycentre ; baryum
biblio-	livre	bibliographie ; bibliothèque
bio-	vie	biographie ; biologie
blasto-	germe	blastoderme
bléphar(o)-	paupière	blépharite
brachy-	court	brachycéphale
brady-	lent	bradycardie ; bradypsychie
brom(o)-	puanteur	brome ; bromure
bronch(o)-	bronches	broncho-pneumonie
bryo-	mousse	bryophyte
butyr(o)-	beurre	butyrique
caco-, cach-	mauvais	cacophonie ; cachexie
calli-	beau	calligraphie
carcin(o)-	cancer	carcinome ; carcinologie
cardi(o)-	cœur	cardiaque ; cardiogramme
cata-	1. de haut en bas 2. en dessous	catabatique catatonie
cén(o)-	commun	cénobite ; cénesthésie
céphal(o)-	tête	céphalalgie ; céphalopode
chalco-	cuivre	chalcographie
chéir(o)-, chir(o)-	main	chéiroptère ; chiromancie
chlor(o)-	vert	chlorate ; chlorhydrique
chol(é)-	bile	cholagogue ; cholédoque
chondr(o)-	cartilage	chondrome
chromat(o)-, chrom(o)-	couleur	chromatique ; chromosome
chron(o)-	temps	chronologie ; chronomètre
chrys(o)-	or	chrysanthème ; chrysolite
cinémat(o)-, ciné-, cinét(o)-	mouvement	cinématographe ; cinétique
cœl(o)-	creux	cœlacanthe ; cœlomate
cœli(o)-	ventre	cœlioscopie ; cœliaque
conch(o)-	coquille	conchoïde
copro-	excrément	coprolithe ; coprophage
cosm(o)-	monde	cosmogonie ; cosmopolite
cryo-	froid	cryoclastie ; cryogénie
crypt(o)-	caché	cryptogame
cyan(o)-	bleu	cyanure
cyber-	gouvernement	cybernétique
cycl(o)-	cercle	cyclique ; cyclone
cyto-	cellule	cytologie
dactyl(o)-	doigt	dactylographie
déca-	dix	décamètre
dém(o)-	peuple	démocrate ; démographie
derm(o)-, dermato-	peau	derme ; dermatologie
di(a)-	séparé de ; à travers	diaphane ; diorama

préfixes	*sens*	*exemples*
didact-	enseigner	didactique
diplo-	double	diplocoque
dodéca-	douze	dodécagone
dolicho-	long	dolichocéphale
dynam(o)-	force	dynamite ; dynamomètre
dys-	1. difficulté 2. mauvais état	dyspepsie dysfonctionnement
échin(o)-	hérisson	échinoderme
ecto-	en dehors	ectoplasme
électr(o)-	ambre jaune	électrochoc
embryo-	fœtus	embryologie
en-	dans	encéphale ; endémie
encéphal(o)-	cerveau	encéphalogramme
end(o)-	à l'intérieur	endocarde ; endocrine
entér(o)-	entrailles	entérite
entomo-	insecte	entomologiste
éo-	aurore	éocène
épi-	sur	épiderme ; épitaphe
erg(o)-	action ; travail	ergatif ; ergonomie
ethn(o)-	peuple	ethnie ; ethnologie
étho-	caractère	éthogramme ; éthologie
eu-	bien	euphémisme ; euphonie
exo-	au-dehors	exotisme
galact(o)-	lait	galactose ; galaxie
gam(o)-	mariage	gamète
gastro-	ventre	gastropode ; gastronome
gé(o)-	terre	géographie ; géologie
géront(o)-	vieillard	gérontocratie
gloss(o)-	langue	glossaire
gluc(o)-, glyc(o)-, glycér(o)-	doux, sucré	glucose ; glycogène ; glycérine
graph(o)-	écrire	graphologie
gyn(éco)-	femme	gynécée ; gynécologie
gyro-	cercle	gyroscope
hapl(o)-	simple	haploïde ; haplologie
hect(o)-	cent	hectomètre ; hectare
héli(o)-	soleil	héliothérapie
hémat(o)-, hémo-	sang	hématose ; hémorragie
hémi-	demi, moitié	hémicycle ; hémisphère
hépat(o)-	foie	hépatique
hept(a)-	sept	heptaèdre
hétéro-	autre	hétérogène
hex(a)-	six	hexagone ; hexose
hiér(o)-	sacré	hiéroglyphe
hipp(o)-	cheval	hippodrome
hist(o)-	tissu	histologie
holo-	entier	holoprotéine
homéo-, hom(o)-	semblable	homéopathie ; homologue
hor(o)-	heure	horoscope
hydr(o)-	eau	hydravion ; hydrologie
hygro-	humide	hygromètre ; hygroscope
hyper-	1. sur, au-dessus 2. excès	hypermétrope hypertrophie, hypertension
hypn(o)-	sommeil	hypnose ; hypnotisme
hypo-	sous ; insuffisance	hypogée ; hypotension
hystér(o)-	utérus	hystérographie
icon(o)-	image	icône ; iconoclaste
idé(o)-	idée	idéogramme ; idéologie
idi(o)-	particulier	idiome ; idiotisme
iso-	égal	isomorphe ; isotherme
kilo-	mille	kilogramme
laryng(o)-	gorge	laryngologie
leuco-	blanc	leucocyte
litho-	pierre	lithographique
log(o)-	discours, science	logomachie
macro-	grand	macrocéphale ; macrocosme
méga-, mégalo-	grand	mégalithe ; mégalomane
mél(o)-	chant	mélodique ; mélodrame
més(o)-	milieu	mésosphère
méta-	1. changement 2. après	métamorphose métaphysique
métr(o)-	mesure	métrique ; métronome
micro-	petit	microbe ; microcosme
mis(o)-	haine	misanthrope ; misogyne
mném(o)-	mémoire	mnémotechnique
mon(o)-	seul	monogramme ; monolithe
morpho-	forme	morphologie
my(o)-	muscle	myalgie ; myopathie
myco-	champignon	mycologie

préfixes	sens	exemples
myél(o)-	moelle	myéline ; myélocyte
myri(a)-	dix mille	myriade
myth(o)-	légende	mythologie
nécro-	mort	nécrologie ; nécropole
néo-	nouveau	néologisme ; néophyte
néphr(o)-	rein	néphrite
neur(o)-,	nerf	neurologie ;
névr(o)-		névralgie
noso-	maladie	nosologie
octa-, octo-	huit	octaèdre ; octogone
odont(o)-	dent	odontologie
olig(o)-	peu nombreux	oligarchie
onir(o)-	songe	oniromancie
ophtalm(o)-	œil	ophtalmologie
ornitho-	oiseau	ornithologiste
oro-	montagne	orographie
ortho-	droit	orthographe ; orthopédie
osté(o)-	os	ostéite ; ostéomyélite
ot(o)-	oreille	oto-rhino-laryngologie ; otite
oxy-	aigu, acide	oxyton ; oxygène
pachy-	épais	pachyderme
paléo-	ancien	paléographie ; paléolithique
pan-,	tout	panthéisme ;
pant(o)-		pantographe
par(a)-	1. voisin de	paralangage ; paratyphoïde
	2. protection contre	parapluie ; parachute
path(o)-	souffrance	pathogène ; pathologie
péd(o)-	enfant	pédiatrie ; pédophile
penta-	cinq	pentagone
péri-	autour	périphérie ; périphrase
phago-	manger	phagocyte
pharmac(o)-	médicament	pharmaceutique ;
		pharmacopée
pharyng(o)-	gosier	pharyngite
phén(o)-	apparaître ; briller	phénotype ; phénol
phil(o)-	aimer	philanthrope ; philatélie
phon(o)-	voix, son	phonographe ; phonologie
photo-	lumière	photographe
phyllo-	feuille	phylloxéra
phys(io)-	nature	physiocrate ; physique
phyt(o)-	plante	phytophage
pleur(o)-	côté	pleurite
plouto-	richesse	ploutocratie
pneumato-,	poumon	pneumatophore ;
pneumo-		pneumonie

préfixes	sens	exemples
pod(o)-	pied	podomètre
poly-	nombreux	polyèdre ; polygone
pro-	1. devant	prognathe
	2. pour ; partisan de	pro-occidental
	3. à la place de	proconsul
prot(o)-	premier	prototype
pseud(o)-	faux	pseudonyme
psych(o)-	âme	psychologue
ptéro-	aile	ptérodactyle
pyo-	pus	pyogène
pyr(o)-	feu	pyrotechnie
rhéo-	couler	rhéologie ; rhéostat
rhino-	nez	rhinocéros
rhizo-	racine	rhizome ; rhizopode
rhodo-	rose	rhododendron
sarco-	chair	sarcophage
saur(o)-	lézard	saurien
schizo-	fendre	schizophrénie
séma-	signe	sémaphore
sémio-	signe, signal	sémiotique
sidér(o)-	fer	sidérurgique
solén(o)-	tuyau	solénoïde
somat(o)-	corps	somatique
spélé(o)-	caverne	spéléologie
sphér(o)-	globe	sphérique ; sphéroïde
stéré(o)-	solide	stéréoscope
stomat(o)-	bouche	stomatologie
syn-, sym-	avec, ensemble	synthèse ; sympathie
tachy-	rapide	tachymètre
tauto-	le même	tautologie
taxi-	arrangement	taxidermie ; taxinomie
techn(o)-	art, science	technique ; technologie
télé-	de loin, à distance	télépathie ; téléphone
tétra-	quatre	tétragone
thalasso-	mer	thalassothérapie
théo-	dieu	théocratie ; théologie
therm(o)-	chaleur	thermomètre
top(o)-	lieu	topographie ; toponymie
typo-	caractère	typographie ; typologie
urano-	ciel	uranoscope
ur(o)-	urine	urémie
xén(o)-	étranger	xénophobe
xér(o)-	sec	xérophile
xylo-	bois	xylophone
zoo-	animal	zoologie

II Préfixes d'origine latine ou mots latins entrant dans la composition de mots français

préfixes	sens	exemples
ab-, abs-	loin de ; séparation	abduction ; abstinence
ad-	vers ; ajouté à	adhérence ; adventice
ambi-	de part et d'autre	ambidextre ; ambivalence
anté-	avant ; antériorité	antédiluvien ; antépénultième
bi-, bis-	deux	bipède ; biplace
centi-	centième partie	centimètre
circon-,	autour	circonlocution ;
circum-		circumnavigation
co-, col-,	avec	coadjuteur ; collection ;
com-, con-,		compère ; concitoyen ;
cor-		corrélatif
cupr(o)-	cuivre	cuproalliage
dé-	cessation	dépolitiser
déci-	dixième partie	décimale ; décimètre
dis-	séparé de	disjoindre ; dissymétrie
équi-	égal	équidistant
ex-	1. hors de	expatrier ; exporter
	2. qui a cessé d'être	ex-député ; ex-ministre
extra-	1. extrêmement	extra-dry ; extrafin
	2. hors de	extraordinaire ;
		extraterritorial
in-, im-	dans	infiltrer ; immerger
il-, im-,	privé de	illettré ; impropre ; inexact ;
in-, ir-		irresponsable
inter-	entre	interallié ; interligne ;
		international
intra-	au-dedans	intramusculaire
juxta-	auprès de	juxtalinéaire ; juxtaposer
mi-	(à) moitié	mi-temps

préfixes	sens	exemples
milli-	division par mille	millimètre, millibar
multi-	nombreux	multicolore ; multiforme
octa-, octo-	huit	octaèdre ; octosyllabe
omni-	tout	omniscient ; omnivore
pén(é)-	presque	pénéplaine ; pénultième
pluri-	plusieurs	pluridisciplinaire
post-	après ; postériorité	postdater ; postscolaire
pré-	devant ; antériorité	préétabli ; préhistoire
pro-	en avant	projeter ; prolonger
quadr(i)-,	quatre	quadrilatère ;
quadru-		quadrupède
quasi-	presque	quasi-contrat
quinqu-	cinq	quinquagénaire, quinquennal
radio-	rayon	radiographie ; radiologie
r(e)-, ré-	de nouveau	rouvrir ; réargenter
rétro-	en retour ; en arrière	rétroactif ; rétrograder
semi-	à demi ;	semi-aride
	partiellement	
simili-	semblable	similigravure ; similicuir
sub-	sous	subalterne, subdéléguer ;
		subdiviser
super-,	au-dessus	superstructure ;
supra-		supranational
sus-	au-dessus	susnommé
trans-	au-delà de ; à travers	transformer ; transhumant
tri-	trois	tripartite ; trisaïeul
ultra-	au-delà de	ultrason ; ultraviolet
uni-	un	uniforme
vice-	à la place de	vice-amiral ; vice-consul

SUFFIXES

I Suffixes d'origine grecque

suffixes	*sens*	*exemples*
-algie	douleur	névralgie
-archie	commandement	hiérarchie
-arque	qui commande	monarque
-bare	pression	isobare
-blaste	germe	endoblaste
-bole	qui lance	discobole
-carpe	fruit	péricarpe
-cène	récent	éocène
-céphale	tête	dolichocéphale
-coque	graine	gonocoque
-cosme	monde	macrocosme
-crate, -cratie	pouvoir, force	aristocrate ; ploutocratie
-cycle	roue	tricycle
-cyte	cellule	leucocyte
-dactyle	qui a des doigts	ptérodactyle
-doxe	opinion	paradoxe
-drome	course	hippodrome
-èdre	face, base	dodécaèdre
-émie	sang	urémie
-game	qui engendre	cryptogame
-gamie	mariage, union	polygamie
-gène	qui engendre	hydrogène ; pathogène
-gone	angle	polygone
-gramme	un écrit	télégramme
-graphe	qui écrit	dactylographe
-graphie	art d'écrire	sténographie
-gyne	femme	misogyne
-hydre	eau	anhydre
-iatre	qui soigne	pédiatre
-lâtrie	adoration	idolâtrie
-lithe, -lite	pierre	monolithe ; chrysolite
-logie	science, étude	psychologie
-logue	qui étudie, spécialiste	astrologue
-mancie	divination	cartomancie
-mane	qui a la passion, la manie de	kleptomane
-manie	passion, obsession	anglomanie
-mètre, -métrie	mesure	centimètre ; audiométrie
-nome	qui règle ; loi	économe
-nomie	art de mesurer	astronomie
-oïde	qui a la forme	sinusoïde
-ome	maladie, tumeur	angiome ; fibrome
-onyme	qui porte le nom	patronyme
-pathe, -pathie	malade de ; maladie	névropathe ; myopathie
-pédie	éducation	encyclopédie
-phage, -phagie	manger	anthropophage ; aérophagie
-phane	qui brille	diaphane
-phile, -philie	aimer	russophile ; francophilie
-phobe, -phobie	craindre	anglophobe ; agoraphobie
-phone, -phonie	voix, son	microphone ; électrophone ; radiophonie ; téléphonie
-phore	qui porte	sémaphore
-pithèque	singe	anthropopithèque
-pode	pied	myriapode
-pole	ville	métropole
-pole	vendre	monopole
-ptère	aile	hélicoptère
-saure	lézard	dinosaure
-scope, -scopie	voir ; vision	télescope ; radioscopie
-sphère	globe	stratosphère
-taphe	tombeau	cénotaphe
-technie	science, art	pyrotechnie
-thèque	armoire, boîte	bibliothèque
-thérapie	traitement médical	héliothérapie ; radiothérapie
-therme, -thermie	chaleur	isotherme ; géothermie
-tomie	action de couper	trachéotomie
-type, -typie	impression	linotype ; phototypie
-urie	urine	albuminurie

II Suffixes d'origine latine

suffixes	*sens*	*exemples*
-cide	qui tue	infanticide
-cole	1. relatif à la culture 2. qui habite	vinicole ; viticole cavernicole
-culteur, -culture	cultiver	agriculteur ; horticulture
-fère	qui porte	mammifère
-fique	qui produit	frigorifique
-forme	qui a la forme de	cunéiforme ; filiforme
-fuge	qui fuit ou fait fuir	transfuge ; vermifuge
-grade	qui marche	plantigrade
-lingue	langue	bilingue
-pare	qui enfante	ovipare
-pède	pied	bipède ; quadrupède
-vore	qui se nourrit	carnivore ; herbivore

III Dérivation suffixale en français

Suffixes servant à former des noms

suffixes	*sens*	*exemples*
-ace, -asse	péjoratif	populace ; fillasse
-ade	action ; collectif	bravade ; citronnade
-age	action ; collectif	balayage ; pelage
-aie	plantation de végétaux	pineraie ; roseraie
-ail	instrument	éventail ; soupirail
-aille	péjoratif collectif	ferraille ; mangeaille
-ain, -aine	origine	romain ; thébain
-aine	collectif	centaine ; dizaine
-aire	agent	commissionnaire ; incendiaire
-aison, -ion, -tion, -ation, -sion, -ison	action	livraison ; production ; augmentation ; guérison
-ance	résultat de l'action	appartenance ; croyance ; espérance
-ard	péjoratif	chauffard ; fuyard
-at	profession, état	internat ; rectorat
-âtre	péjoratif	bellâtre ; marâtre
-ature, -ure	action ; instrument	armature ; peinture
-aud	péjoratif	lourdaud ; maraud
-cule, -ule	diminutif	animalcule ; globule
-eau, -elle, -ille	diminutif	chevreau ; radicelle ; brindille
-ée	contenu	assiettée ; maisonnée
-ement, -ment	action	renouvellement ; stationnement
-er, -ier, -ière	agent	boucher ; épicier ; pâtissier
-erie	local ; qualité, etc.	charcuterie ; épicerie ; pruderie
-esse	défaut ; qualité	maladresse ; sagesse
-et, -ette	diminutif	garçonnet ; fillette
-eté, -té, -ité	qualité	propreté ; générosité ; humanité
-eur, -ateur	agent	rôdeur ; dessinateur
-ie	état	maladie ; jalousie
-ien, -en	1. profession 2. origine	chirurgien parisien
-is	résultat d'une action, état	fouillis ; gâchis ; hachis ; taillis
-ise	défaut ; qualité	gourmandise ; franchise
-isme	doctrine, école	communisme ; existentialisme
-iste	1. qui exerce un métier 2. adepte d'une doctrine	bouquiniste ; dentiste ; chauffagiste existentialiste ; socialiste
-ite	état maladif	gastrite ; méningite
-itude	qualité	exactitude ; servitude
-oir, -oire	instrument	perchoir ; baignoire
-ole	diminutif	bestiole ; carriole
-on, -eron, -illon	diminutif	aiglon ; chaton ; moucheron ; aiguillon
-ot	diminutif	chariot ; îlot

Suffixes servant à former des adjectifs

suffixes	sens	exemples
-able, -ible, -uble	possibilité	aimable ; audible ; soluble
-ain, -ien	habitant	africain ; indien
-ais, -ois	habitant	japonais ; chinois
-al	qualité	glacial ; vital
-an	origine	birman ; persan
-ard	péjoratif	richard ; vantard
-asse	péjoratif	blondasse ; fadasse
-âtre	péjoratif	bleuâtre ; douceâtre ; rougeâtre
-aud	péjoratif	noiraud ; rustaud
-é	état	bosselé ; dentelé
-el	qui cause	accidentel ; mortel
-esque	qualité	pédantesque ; romanesque
-et, -elet	diminutif	propret ; aigrelet
-eux	dérivé du nom	peureux ; valeureux
-ier	qualité	altier ; hospitalier
-if	qualité	maladif ; oisif
-ile	capable d'être	fissile ; rétractile
-in	diminutif ou péjoratif	blondin ; libertin
-ique	qui a rapport à	chimique ; ironique
-iste	qui se rapporte à	égoïste ; réaliste
-ot	diminutif ; péjoratif	pâlot ; vieillot
-u	qualité	barbu ; charnu

Suffixes servant à former des verbes

suffixes	sens	exemples
-ailler	péjoratif	rimailler ; tournailler
-asser	péjoratif	bavasser ; rêvasser
-eler	dérivé du nom	écarteler ; renouveler
-er	dérivé du nom	destiner ; exploiter
-eter	diminutif	tacheter ; voleter
-ifier	qui rend ; cause	bêtifier ; pétrifier
-iller	diminutif	fendiller ; mordiller
-iner	mouvement répété et rapide	piétiner ; trottiner
-ir	dérivé d'adjectif	grandir ; noircir ; rougir ; verdir
-iser	qui rend	angliciser ; ridiculiser
-ocher	souvent péjoratif	effilocher ; rabibocher
-onner	diminutif	chantonner ; mâchonner
-oter	péjoratif	vivoter
-ouiller	diminutif ; péjoratif	mâchouiller
-oyer	devenir	nettoyer ; poudroyer

ABRÉVIATIONS ET SIGNES CONVENTIONNELS

abrév.	abréviation
absol.	absolument (signale un verbe transitif employé sans complément d'objet direct : *manger trop vite*)
abusif	emploi abusif ; abusivement
adj.	adjectif ; adjective
adv.	adverbe ; adverbial
affl.	affluent
all.	allemand
altér.	altération
amér.	américain
anc.	ancien ; anciennement (signale un mot dont l'emploi n'est ni vieux ni vieilli, mais qui désigne une réalité aujourd'hui disparue ou devenue rare : *aumônière*)
anc. fr.	ancien français
angl.	anglais
anglic.	anglicisme
anglo-amér.	anglo-américain
appos.	apposition
apr. J.-C.	après Jésus-Christ
ar.	arabe
arg.	argot ; argotique
arrond.	arrondissement
art.	article
auj.	aujourd'hui
autref.	autrefois
auxil.	auxiliaire
av. J.-C.	avant Jésus-Christ
brit.	britannique
cant.	canton
cap.	capitale
ch.-l.	chef-lieu
chin.	chinois
coll.	collection
collab.	collaboration
comm.	commune
conj.	conjonction ; conjonctif
CONTR.	contraire
cour.	courant ; couramment
déf.	défini
dém.	démonstratif
dép.	département
dial.	dialecte ; dialectal
didact.	didactique (mot employé le plus fréquemment dans des situations de communication impliquant la transmission d'un savoir : *dual*)
dimin.	diminutif
ecclés.	ecclésiastique
éd.	édition
ellipt.	elliptique ; elliptiquement (signale une locution ou une construction réduite à l'un de ses éléments et conservant le même sens : *une américaine* pour *une cigarette américaine* ou *une voiture américaine*)
en partic.	en particulier
env.	environ
esp.	espagnol
ex.	exemple
exclam.	exclamation ; exclamatif
f., fém.	féminin
fam.	familier ; familièrement
fig.	figuré ; au figuré
fl.	fleuve
fr.	français
gaul.	gaulois
génér.	généralement
germ.	germanique
gr.	grec
hab.	habitants
haut.	hauteur
hébr.	hébreu
hongr.	hongrois
id.	idem
ill., illustr.	illustration
impér.	impératif (mode)
impers.	impersonnel (verbe)
ind.	indirect ; en construction indirecte
indéf.	indéfini
indic.	indicatif (mode)
inf.	infinitif
infl.	influence
injur.	injurieux (mot employé pour blesser ou pour nuire à la réputation de qqn : *vendu, e*)
interj.	interjection ; interjectif
interr.	interrogation ; interrogatif
inv.	invariable
iron.	ironique ; ironiquement
ital.	italien
jap.	japonais
lat.	latin
lat. pop.	latin populaire
litt.	littéraire (mot que l'on rencontre surtout dans les textes écrits : *brasiller*)
loc.	locution
long.	longueur
m.	mort
m., masc.	masculin
max.	maximal
médiév.	médiéval
mil.	militaire
mod.	moderne
myth.	mythologie ; mythologique
n.	nom
néerl.	néerlandais
norv.	norvégien
notamm.	notamment
n.pr.	nom propre

num.	numéral
onomat.	onomatopée ; onomatopéique
ord.	ordinal
orig.	origine
orig. incert.	origine incertaine
p.	participe ; page ; pour
par anal.	par analogie
par ex.	par exemple
par exagér.	par exagération
par ext.	par extension
par oppos.	par opposition à
par plais.	par plaisanterie
partic.	particulièrement
p.-ê.	peut-être
péjor.	péjoratif ; péjorativement (mot qui indique le mépris dans lequel est tenu qqn ou qqch : *clientélisme*)
pers.	personne ; personnel
pl.	pluriel
poét.	poétique
polon.	polonais
pop.	populaire
port.	portugais
poss.	possessif
p.p. adj.	participe passé adjectivé
p. passé	participe passé
p. présent	participe présent
préf.	préfixe ; préfecture
prép.	préposition ; prépositive
princ.	principal
princip.	principalement
pron.	pronom ; pronominal
prov.	proverbe ; province
provenç.	provençal
qqch	quelque chose
qqn	quelqu'un
r. dr.	rive droite
recomm. off.	recommandation officielle
région.	régional
relat.	relatif
relig.	religion
REM.	remarque
r. g.	rive gauche
riv.	rivière
s.	siècle
sanskr.	sanskrit
sc.	scientifique
scand.	scandinave
scol.	scolaire
seulem.	seulement
sing.	singulier
sout.	soutenu (mot employé dans des relations sociales réglées par des conventions et produisant un effet de sérieux ou d'élégance : *superfétatoire*)
spécial.	spécialement
subj.	subjonctif (mode)
suff.	suffixe
suppl.	supplément
symb.	symbole
SYN.	synonyme
tch.	tchèque
très fam.	très familier ; très familièrement (mot grossier, parfois injurieux : *conneau*)
v.	verbe ; voir ; vers ; ville
var.	variante
v.i.	verbe intransitif
vieilli	vieilli (mot qui tend à sortir de l'usage, mais qui reste compris de la plupart des locuteurs : *indéfrisable*). Voir *anc.* et *vx.*
v.pr.	verbe pronominal
v.t.	verbe transitif
v.t. ind.	verbe transitif indirect
vulg.	vulgaire ; vulgairement (signale un mot renvoyant à une réalité frappée de tabou, le plus souvent d'ordre sexuel ou excrémentiel : *chaude-pisse*)
vx	vieux (mot qui n'est généralement plus compris ni employé : *accordailles*). Voir *anc.* et *vieilli.*
*	se reporter au terme précédé de l'étoile
→	voir

RUBRIQUES

ACOUST.	Acoustique
ACUPUNCT.	Acupuncture
ADMIN.	Administration
AÉRON.	Aéronautique
AÉROST.	Aérostation
AGRIC.	Agriculture
AGROALIM.	Agroalimentaire
ALCHIM.	Alchimie
ALGÈBRE	Terme particulier au vocabulaire de l'algèbre
ALP.	Alpinisme
ANAT.	Anatomie
ANESTH.	Anesthésiologie
ANTHROP.	Anthropologie sociale
ANTIQ.	Antiquité
ANTIQ. GR.	Antiquité grecque
ANTIQ. GR. ET ROM.	Antiquité grecque et romaine
ANTIQ. ROM.	Antiquité romaine
APIC.	Apiculture
ARBOR.	Arboriculture
ARCHÉOL.	Archéologie
ARCHIT.	Architecture
ARITHM.	Arithmétique
ARM.	Armement
ART MOD.	Art moderne et contemporain
ARTS APPL.	Arts décoratifs et appliqués
ARTS GRAPH.	Arts graphiques
ASSAIN.	Assainissement
ASTROL.	Astrologie
ASTRON.	Astronomie
ASTRONAUT.	Astronautique
ASTROPHYS.	Astrophysique
AUDIOVIS.	Audiovisuel
AUTOM.	Automobile
AVIAT.	Aviation
AVIC.	Aviculture
BANQUE	Terme particulier au vocabulaire de la banque
BIJOUT.	Bijouterie, joaillerie
BIOCHIM.	Biochimie
BIOL.	Biologie
BIOL. CELL.	Biologie cellulaire
BOIS	Industrie du bois
BOISSONS	Terme particulier au vocabulaire des boissons
BOT.	Botanique
BOUCH.	Boucherie
BOUDDH.	Bouddhisme
BOURRELL.	Bourrellerie
BOURSE	Terme particulier au vocabulaire de la Bourse
BOXE	Terme particulier au vocabulaire de la boxe
BROD.	Broderie, dentelle
BX-ARTS	Beaux-arts
CAOUTCH.	Caoutchouc
CARTOGR.	Cartographie
CATH.	Catholicisme
CÉRAM.	Céramique
CÉRAM. INDUSTR.	Céramique industrielle
CHANS.	Chanson
CHASSE	Terme particulier au vocabulaire de la chasse
CH. DE F.	Chemin de fer
CHIM.	Chimie
CHIM. INDUSTR.	Chimie industrielle
CHIM. MINÉR.	Chimie minérale
CHIM. ORG.	Chimie organique
CHIRURG.	Chirurgie
CHRIST.	Christianisme
CINÉMA	Terme particulier au vocabulaire du cinéma
CIRQUE	Terme particulier au vocabulaire du cirque
CLIMATOL.	Climatologie
COIFF.	Coiffure
COMM.	Commerce ; commercial
COMPTAB.	Comptabilité
CONSTR.	Construction
CORDES	Industrie des cordes
CORDONN.	Cordonnerie
COST.	Histoire du costume
COUT.	Couture
CRISTALLOGR.	Cristallographie
CUIRS	Industrie des cuirs
CUIS.	Cuisine
CYCL.	Cycles et motocycles
DANSE	Terme particulier au vocabulaire de la danse
DÉMOGR.	Démographie
DESS.	Dessin artistique
DESS. INDUSTR.	Dessin industriel
DR.	Droit
DR. ADMIN.	Droit administratif
DR. CANON	Droit canon
DR. CIV.	Droit civil
DR. COMM.	Droit commercial
DR. CONSTIT.	Droit constitutionnel

DR. FISC.	Droit fiscal
DR. INTERN.	Droit international
DR. MAR.	Droit maritime
DR. PÉN.	Droit pénal
ÉCOL.	Écologie
ÉCON.	Économie
ÉDIT.	Édition
ÉLECTR.	Électricité
ÉLECTROACOUST.	Électroacoustique
ÉLECTROMAGN.	Électromagnétisme
ÉLECTRON.	Électronique
ÉLECTROTECHN.	Électrotechnique
ÉLEV.	Élevage
EMBALL.	Emballage et conditionnement
EMBRYOL.	Embryologie
ÉNERG.	Énergie
ENSEIGN.	Enseignement
ENTOMOL.	Entomologie
ÉPISTÉMOL.	Épistémologie
ÉQUIT.	Équitation
ETHNOL.	Ethnologie
ÉTHOL.	Éthologie
FAUCONN.	Fauconnerie
FÉOD.	Féodalité
FIN.	Finances publiques, institutions financières
FORTIF.	Fortification
FR.-MAÇONN.	Franc-maçonnerie
GÉNÉT.	Génétique
GÉOGR.	Géographie
GÉOL.	Géologie
GÉOMÉTR.	Géométrie
GÉOMORPH.	Géomorphologie
GÉOPHYS.	Géophysique
GLACIOL.	Glaciologie
GRAMM.	Grammaire
GRAV.	Gravure, lithographie, estampe
HABILL.	Habillement
HÉRALD.	Héraldique
HIND.	Hindouisme
HIPPOL.	Hippologie
HIST.	Histoire
HISTOL.	Histologie
HOMÉOPATH.	Homéopathie
HORLOG.	Horlogerie
HORTIC.	Horticulture
HYDROL.	Hydrologie
HYG.	Hygiène
ICHTYOL.	Ichtyologie
ICON.	Iconographie, symbolique
IMAG. MÉD.	Imagerie médicale
IMMUNOL.	Immunologie
IMPRIM.	Imprimerie
INDUSTR.	Industrie
INDUSTR. GRAPH.	Industries graphiques
INFORM.	Informatique
INSTR. MUS.	Instruments de musique
ISL.	Islam
JARD.	Art des jardins
JAZZ	Terme particulier au vocabulaire du jazz
JEUX	Terme particulier au vocabulaire des jeux
LING.	Linguistique
LITTÉR.	Littérature
LOG.	Logique
MANUT.	Manutention et stockage
MAR.	Marine ; maritime
MAR. ANC.	Marine ancienne
MAROQ.	Maroquinerie
MATÉR.	Matériaux
MATH.	Mathématiques
MÉCAN.	Mécanique
MÉCAN. INDUSTR.	Mécanique industrielle
MÉD.	Médecine
MÉDIAS	Terme particulier au vocabulaire des médias
MÉNAG.	Équipement ménager, économie domestique
MENUIS.	Menuiserie
MÉTALL.	Métallurgie
MÉTÉOROL.	Météorologie
MÉTRIQ.	Métrique
MÉTROL.	Métrologie
MICROBIOL.	Microbiologie
MIL.	Langage militaire
MIN.	Mines
MINÉRALOG.	Minéralogie
MOBIL.	Mobilier, luminaire, décoration intérieure
MONN.	Monnaie
MUS.	Musique
MUSIC-H.	Music-hall
MYCOL.	Mycologie
MYTH.	Mythologie
MYTH. GR.	Mythologie grecque
MYTH. GR. ET ROM.	Mythologie grecque et romaine
MYTH. ROM.	Mythologie romaine
NAVIG.	Navigation intérieure
NEUROL.	Neurologie
NUCL.	Génie nucléaire
NUMISM.	Numismatique
OCCULT.	Occultisme
OCÉANOL.	Océanologie
ŒNOL.	Œnologie
OPT.	Optique
ORFÈVR.	Orfèvrerie
ORNITH.	Ornithologie
OUTILL.	Outillage
PALÉOGR.	Paléographie
PALÉONT.	Paléontologie
PAPET.	Industrie du papier, papeterie
PARAPSYCHOL.	Parapsychologie
PARFUM.	Parfumerie
PÊCHE	Terme particulier au vocabulaire de la pêche
PÉDAG.	Pédagogie
PÉDOL.	Pédologie
PEINT.	Peinture artistique
PEINT. INDUSTR.	Peinture industrielle
PÉTROL.	Pétrologie
PÉTROLE	Industrie du pétrole
PHARM.	Pharmacie
PHILAT.	Philatélie
PHILOS.	Philosophie
PHON.	Phonétique
PHOTOGR.	Photographie
PHYS.	Physique
PHYS. NUCL.	Physique nucléaire
PHYSIOL.	Physiologie
PLAST.	Plastiques
POLIT.	Politique
PRÉHIST.	Préhistoire
PRESSE	Terme particulier au vocabulaire de la presse
PROBAB.	Probabilités
PROCÉD.	Procédure
PROT.	Protestantisme
PSYCHAN.	Psychanalyse
PSYCHIATR.	Psychiatrie
PSYCHOL.	Psychologie
PSYCHOPATHOL.	Psychopathologie
PSYCHOTHÉRAP.	Psychothérapie
PUBL.	Publicité
PYROTECHN.	Pyrotechnie
RADIODIFF.	Radiodiffusion
REL.	Reliure
RELIG.	Religion
RHÉT.	Rhétorique
ROCK	Terme particulier au vocabulaire du rock
SAP.-POMP.	Sapeurs-pompiers
SAVONN.	Savonnerie
SC. DE LA V.	Sciences de la vie
SCULPT.	Sculpture
SERRUR.	Serrurerie
SEXOL.	Sexologie
SOCIOL.	Sociologie
SPECT.	Spectacles
SPÉLÉOL.	Spéléologie
SPORTS	Terme du vocabulaire sportif
STAT.	Statistique
STYL.	Stylistique
SYLVIC.	Sylviculture
TECHN.	Technique
TECHNOL.	Technologie
TÉLÉCOMM.	Télécommunications
TÉLÉV.	Télévision
TEXT.	Textiles
THÉÂTRE	Terme particulier au vocabulaire du théâtre
THÉOL. CATH.	Théologie catholique
THÉOL. CHRÉT.	Théologie chrétienne
THÉRAP.	Thérapeutique
THERM.	Thermique (chauffage, industrie du froid)
THERMODYN.	Thermodynamique
TISS.	Tissus anciens
TONNELL.	Tonnellerie
TOPOGR.	Topographie
TOPOL.	Topologie
TOUR.	Tourisme
TRAD. POP.	Traditions populaires
TRANSP.	Transports
TRAV. PUBL.	Travaux publics
TURF	Terme du vocabulaire hippique
URBAN.	Urbanisme, mobilier urbain
VANN.	Vannerie
VÉNER.	Vénerie
VERR.	Verrerie, cristallerie
VERR. INDUSTR.	Verrerie industrielle
VERSIF.	Versification
VÉTÉR.	Médecine et chirurgie vétérinaires
VITIC.	Viticulture
ZOOL.	Zoologie
ZOOTECHN.	Zootechnie

LES PLANCHES
ILLUSTRÉES DU PETIT LAROUSSE 2002

PAGE 192

PLANCHES ANCIENNES

Les seize planches anciennes, reproduites dans le Petit Larousse 2002, sont extraites de collections encyclopédiques Larousse du début du XXe siècle, notamment du Nouveau Larousse illustré (1898-1904), du Larousse mensuel (1907-1957) et du Larousse du XXe siècle (1928-1933).

PAGE 480

LE LANGAGE
L'ÉCRITURE ET LES LANGUES

PAGE 768

LES ARTS DE L'IMAGE

PAGE 1404

CHRONOLOGIE
UNIVERSELLE

Caractère Antique

A n.m. inv. **1.** Première lettre de l'alphabet et la première des voyelles. ◇ *Prouver par a + b,* rigoureusement. **2.** A : symbole de l'ampère. **3.** MUS. A : *la,* dans le système de notation en usage dans les pays anglo-saxons et germaniques. **4.** *A4 :* format normalisé de papier de dimension 21 × 29,7 cm. – *A3 :* format normalisé de papier de dimension 29,7 × 42 cm. **5.** *Bombe A :* bombe nucléaire de fission.

À prép. (lat. *ad,* vers). **1.** Exprime un rapport de lieu, de temps, de destination, de possession, de moyen, de manière, de prix. *Être à Paris. Partir à sept heures. Aboutir à un échec. Ce stylo est à moi. Pêcher à la ligne. Marcher à reculons. Une glace à deux euros.* **2.** Introduit un complément d'objet indirect ou un complément d'attribution, un complément du nom ou de l'adjectif. *Participer à un jeu. Prêter de l'argent à un ami. Appartenance à un parti. Difficile à faire.*

AA [aa] n.m. inv. Coulée de lave, à Hawaii, présentant une surface constituée de blocs chaotiques.

ABACA n.m. (esp. *abacá*). Bananier des Philippines, dont les feuilles fournissent une matière textile, le chanvre de Manille. (Famille des musacées.)

ABAISSABLE adj. Que l'on peut abaisser.

ABAISSANT, E adj. Qui abaisse moralement ; dégradant.

ABAISSE n.f. Morceau de pâte aminci au rouleau servant à foncer un moule, en pâtisserie, en cuisine.

ABAISSE-LANGUE n.m. (pl. *abaisse-langue[s]*). Petite plaque avec laquelle on appuie sur la langue pour examiner la bouche et la gorge.

ABAISSEMENT n.m. **1.** Action d'abaisser ; baisse, diminution. **2.** Fait de s'abaisser.

ABAISSER v.t. (de *baisser*). **1.** Faire descendre, mettre à un niveau plus bas. *Abaisser une manette.* ◇ *Abaisser une perpendiculaire :* tracer une perpendiculaire à une droite passant par un point extérieur à cette droite. **2.** Diminuer l'importance, la valeur de ; baisser. *Abaisser ses prix.* ◆ **s'abaisser** v.pr. (à). *Litt.* Perdre sa dignité, se compromettre.

ABAISSEUR adj.m. *Muscle abaisseur,* ou *abaisseur,* n.m., qui abaisse une partie du corps.

ABAJOUE n.f. Poche de la joue de certains mammifères (notamm. le hamster, certains singes), servant de réserve à aliments.

ABANDON n.m. (anc. fr. *à bandon,* au pouvoir de). **1.** Action d'abandonner, de quitter, de cesser d'occuper. *Abandon de poste. Abandon du domicile conjugal.* – SPORTS. Fait de renoncer à poursuivre une compétition. **2.** Fait de s'abandonner, de renoncer à toute réserve, à toute retenue. **3.** Fait d'être délaissé, négligé. ◇ *À l'abandon :* laissé sans soin, en désordre.

ABANDONNER v.t. **1.** Se retirer définitivement d'un lieu ; cesser d'occuper ; quitter. *Abandonner sa maison, son poste.* **2.** Cesser volontairement ; renoncer à. *Abandonner ses études, la lutte.* ◇ Absol. *Le boxeur a abandonné au premier round.* **3.** Confier un bien, un droit à qqn ; céder. *Abandonner aux autres le soin de décider pour soi.* **4.** Faire défaut à qqn. *Ses forces l'ont abandonné.* ◆ **s'abandonner** v.pr. (à). Se laisser aller à. *S'abandonner aux confidences, au désespoir.*

ABANDONNIQUE adj. et n. PSYCHOL. Qui vit dans la crainte d'être abandonné. *Enfant abandonnique.*

ABAQUE n.m. (gr. *abax,* table à calcul). **1.** Diagramme, graphique donnant par simple lecture la solution approchée d'un problème numérique. **2.** ARCHIT. Tablette surmontant le corps d'un chapiteau. SYN. : *tailloir.*

ABASOURDIR [abazurdir] v.t. (anc. fr. *basourdir,* tuer). **1.** Étourdir par un grand bruit. **2.** Jeter dans la stupéfaction ; dérouter.

ABASOURDISSANT, E adj. Qui abasourdit.

ABASOURDISSEMENT n.m. Fait d'être abasourdi ; stupéfaction.

ABAT n.m. Vx. *Pluie d'abat :* averse violente et abondante.

ABATAGE n.m. → **ABATTAGE.**

ABÂTARDIR v.t. **1.** Faire perdre les qualités de sa race à. **2.** Faire perdre ses qualités originelles, sa vigueur ; faire dégénérer.

ABÂTARDISSEMENT n.m. Fait d'être abâtardi.

ABATÉE n.f. → **ABATTÉE.**

ABATIS n.m. Québec. Terrain qui n'est pas encore complètement essouché.

ABAT-JOUR n.m. inv. Dispositif fixé autour d'une lampe et destiné à diriger la lumière tout en protégeant les yeux de l'éblouissement.

ABATS n.m. pl. Celles des parties comestibles des animaux de boucherie qui ne consistent pas en chair, en muscles (rognons, foie, mou, langue, pieds, etc.).

ABAT-SON ou **ABAT-SONS** n.m. (pl. *abat-sons*). Ensemble des lames obliques posées dans les baies des clochers pour renvoyer vers le sol le son des cloches.

ABATTABLE adj. Qui peut être abattu.

ABATTAGE ou, vx, **ABATAGE** n.m. **1.** Action d'abattre. *Abattage des arbres.* **2.** Action de tuer un animal de boucherie. **3.** Action de détacher le charbon, le minerai d'un gisement. **4.** *Avoir de l'abattage,* de l'allant, de l'entrain. **5.** *Vente à l'abattage,* par grandes quantités, avec un bénéfice unitaire réduit.

ABATTANT n.m. Tablette mobile d'un meuble, qu'on peut abaisser ou relever.

ABATTÉE ou, vx, **ABATÉE** n.f. **1. a.** Mouvement d'un navire qui change de route. **b.** Mouvement d'un voilier dont l'axe s'écarte du lit du vent. **2.** Piqué brusque d'un avion, survenant à la suite d'une perte de vitesse.

ABATTEMENT n.m. **1.** Fait d'être abattu ; affaiblissement physique ou moral ; épuisement, accablement. *Être dans un état de grand abattement.* **2.** Déduction faite sur une somme à payer. – Fraction de la base imposable soustraite de son montant pour le calcul de l'impôt.

ABATTEUR n.m. **1.** Personne qui abat des arbres, des animaux. **2.** *Fam.* Personne qui abat de la besogne, du travail.

ABATTIS n.m. Coupe faite dans un bois. ◆ pl. **1.** Abats de volaille. **2.** *Fam.* Bras, mains, pieds, jambes.

ABATTOIR n.m. Établissement où l'on abat et où l'on prépare les animaux destinés à la consommation.

ABATTRE v.t. [63] (bas lat. *abbatuere*). **1.** Faire tomber ; renverser, démolir. *Abattre un arbre, un mur.* ◇ *Abattre de la besogne, du travail :* exécuter rapidement, efficacement, des tâches nombreuses. **2.** Tuer un animal. – Tuer qqn avec une arme à feu. **3.** Ôter ses forces physiques ou morales à ; épuiser, anéantir. *La fièvre l'a abattu. Se laisser abattre.* **4.** *Abattre ses cartes, son jeu :* déposer ses cartes en les montrant, étaler son jeu ; *fig.,* dévoiler à l'adversaire son plan, ses moyens d'action. ◆ v.i. MAR. S'écarter du lit du vent (par oppos. à *lofer*). ◆ **s'abattre** v.pr. Tomber brusquement ; se laisser tomber. *La grêle s'est abattue sur la région. L'aigle s'abat sur sa proie.*

1. ABATTU, E adj. Sans force physique ou morale ; découragé, prostré.

2. ABATTU n.m. Position du chien d'un fusil désarmé.

ABAT-VENT n.m. inv. Appareil placé sur une cheminée, à l'extrémité du conduit, pour faciliter le tirage.

ABBASSIDE adj. et n. Qui se rapporte aux Abbassides, fait partie de cette dynastie.

ABBATIAL, E, AUX [-sjal, o] adj. Relatif à une abbaye. – De l'abbé ou de l'abbesse.

ABBATIALE [-sjal] n.f. Église d'une abbaye.

ABBAYE [abei] n.f. **1.** CHRIST. Communauté de moines ou de moniales gouvernée par un abbé ou une abbesse. **2.** CHRIST. Ensemble des bâtiments abritant ces moines ou moniales. **3.** Suisse. Confrérie de tireurs ; fête organisée par cette confrérie.

ABBÉ n.m. (lat. *abbas, -atis*). **1.** Supérieur d'une abbaye. **2.** Prêtre séculier. – Afrique. Prêtre d'origine africaine (par oppos. à *père*).

ABBESSE n.f. Supérieure d'une abbaye.

ABC [abese] n.m. inv. Base d'un art, d'une science. *L'abc du métier.*

ABCÉDER (S') v.pr. [11]. MÉD. Devenir le siège d'un abcès.

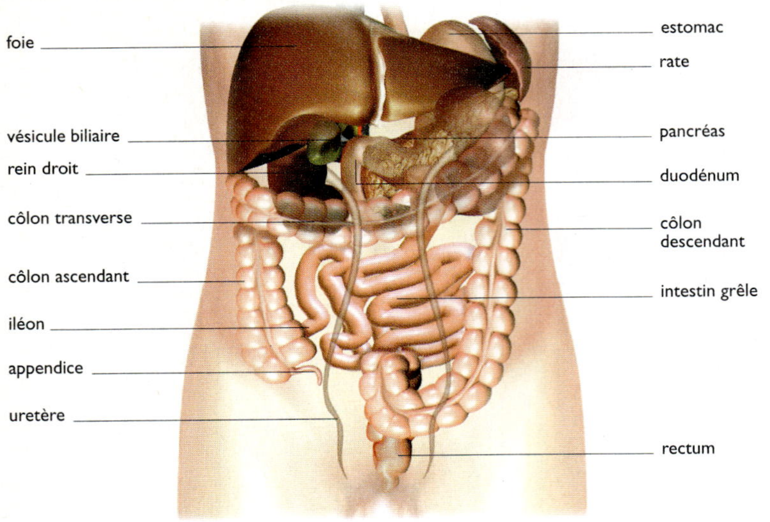

■ **ABDOMEN.** Les principaux organes de l'abdomen.

A

ABCÈS [apsɛ] n.m. (lat. *abcessus,* corruption). **1.** Collection de pus, bien délimitée, dans un tissu, un organe. ◇ *Abcès chaud :* abcès fréquent, donnant les signes de l'inflammation aiguë. – *Abcès froid :* abcès très rare, sans inflammation aiguë, et généralement tuberculeux. **2.** *Crever, vider l'abcès :* dénouer brusquement, résoudre, souvent avec une certaine violence, une situation critique, dangereuse. **3.** *Abcès de fixation :* abcès provoqué artificiellement pour localiser une infection générale (procédé auj. abandonné) ; *fig.,* ce qui permet de circonscrire un phénomène néfaste ou dangereux, de limiter son extension.

ABDICATAIRE adj. et n. Qui a abdiqué.

ABDICATION n.f. Action d'abdiquer.

ABDIQUER v.t. (lat. *abdicare*). Renoncer à une fonction, un pouvoir. – *Spécial.* Renoncer à l'autorité souveraine. *Abdiquer la couronne.* ◇ Absol. *Le roi a abdiqué.* ◆ v.i. Renoncer à agir ; abandonner. *Abdiquer devant les difficultés.*

ABDOMEN [-mɛn] n.m. (mot lat.). **1.** Région inférieure du tronc de l'homme et des mammifères, séparée du thorax par le diaphragme, s'ouvrant en bas sur le petit bassin, et contenant la plus grande partie de l'appareil digestif et de l'appareil urinaire. **2.** Partie postérieure du corps des arthropodes, notamment des insectes, située à l'arrière du thorax, où sont localisées la plupart des fonctions physiologiques (respiration, excrétion, reproduction).

ABDOMINAL, E, AUX adj. De l'abdomen.

ABDOMINAUX n.m. pl. **1.** Muscles constituant les parois antérieures et latérales de l'abdomen. **2.** Exercices de gymnastique destinés à renforcer ces muscles. *Faire des abdominaux.*

ABDUCTEUR adj.m. (du lat. *abductus,* qui s'écarte). **1.** ANAT. *Muscle abducteur,* ou *abducteur,* n.m., qui produit l'abduction. **2.** CHIM. *Tube abducteur,* qui recueille les gaz dans une réaction chimique.

ABDUCTION n.f. PHYSIOL. Mouvement par lequel un membre ou un segment de membre (pouce) s'écarte sur le côté.

ABÉCÉDAIRE n.m. (de *abcd*). Vieilli. Livre illustré pour l'apprentissage de l'alphabet, de la lecture.

ABEILLE n.f. (lat. *apicula*). **1.** Insecte social vivant dans une ruche et produisant le miel et la cire. (L'abeille est, avec le ver à soie, le seul insecte domestiqué par l'homme. Genre *Apis ;* ordre des hyménoptères.) ◇ *Abeille charpentière :* xylocope. **2.** TEXT. *Nid-d'abeilles :* v. à son ordre alphabétique.

ENCYCL. Une ruche comporte trois types d'individus. La *reine,* unique femelle féconde, de grande taille, vit jusqu'à 5 ans et pond 2 500 œufs par jour. Quelques centaines de mâles, ou *faux bourdons,* ne vivent que quelques jours et jouent seulement un rôle reproducteur. Plusieurs dizaines de milliers de femelles stériles, les *ouvrières,* dont l'espérance de vie n'excède pas 5 semaines, assurent diverses tâches : récolte sur les fleurs du pollen et du nectar ; élaboration du miel destiné à nourrir la colonie et les larves ; construction des rayons de cire, composés d'alvéoles, dans lesquelles sont élevées les larves ; défense de la colonie grâce à l'aiguillon venimeux terminant leur abdomen. L'abeille domestique fournit le miel, la cire, le pollen et la gelée royale.

ABÉLIEN, ENNE adj. (de Niels *Abel,* n.pr.). Commutatif.

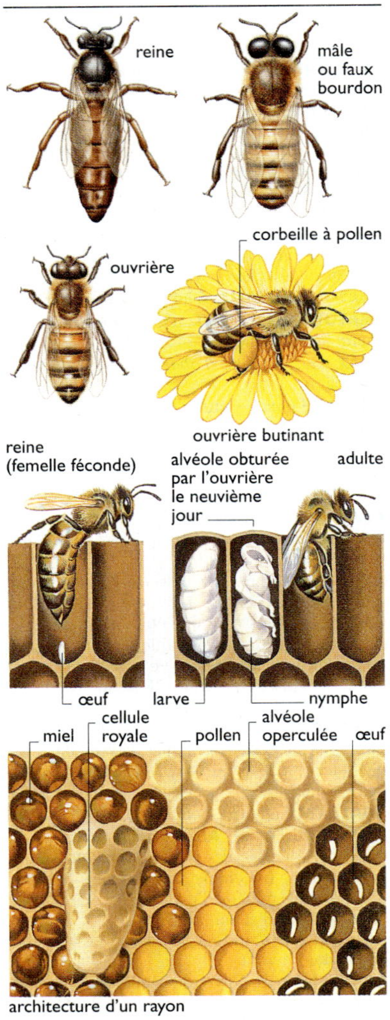

architecture d'un rayon

■ **ABEILLE**

ABER [abɛr] n.m. (mot celtique). Vallée fluviale envahie par la mer, formant un estuaire profond et découpé, en Bretagne. SYN. : *ria.*

ABERDEEN-ANGUS [abərdinɑ̃gys] n. inv. et adj. inv. Bovin d'une race de boucherie à robe noire, dépourvue de cornes, originaire d'Écosse.

ABERRANCE n.f. STAT. Singularité présentée dans une série statistique par une grandeur qui s'écarte nettement de la valeur moyenne.

ABERRANT, E adj. (lat. *aberrare,* s'écarter). Qui s'écarte du bon sens, des règles, des normes. *Une idée aberrante.*

ABERRATION n.f. **1.** Erreur de jugement ; absurdité. **2.** ASTRON. Écart entre la direction apparente d'un astre et sa direction réelle, dû aux mouvements de la Terre et à la vitesse finie de la lumière. **3.** OPT. **a.** Défaut de l'image donnée par un système optique, dû à la constitution même de ce système. **b.** *Aberration géométrique :* aberration d'un système due au caractère astigmatique de celui-ci. **c.** *Aberration chromatique :* aberration d'un système dioptrique due à la dispersion d'une lumière complexe qui entraîne l'existence d'une distance focale particulière pour chaque longueur d'onde. **4.** GÉNÉT. *Aberration chromosomique :* anomalie génétique d'un ou de plusieurs chromosomes, portant sur le nombre (trisomie, par ex.) ou la structure (délétion, translocation, etc.), atteignant un groupe de cellules (cellules cancéreuses), ou bien l'individu entier.

ABÊTIR v.t. (de *bête*). Rendre bête, stupide ; abrutir. ◆ **s'abêtir** v.pr. Devenir stupide.

ABÊTISSANT, E adj. Qui abêtit.

ABÊTISSEMENT n.m. Action d'abêtir, fait de s'abêtir ; état qui en résulte.

ABHORRER v.t. (lat. *abhorrere*). *Litt.* Avoir en horreur ; détester, exécrer.

ABIÉTACÉE ou **ABIÉTINÉE** n.f. BOT. Pinacée.

ABÎME n.m. (du gr. *abussos,* sans fond). **1.** Gouffre très profond. **2.** *Fig.* Ce qui divise, sépare profondément. *Il y a un abîme entre ces deux générations.* **3.** *Être au bord de l'abîme,* dans une situation quasi désespérée. **4.** *En abîme* → **abyme.**

ABÎMÉ, E adj. En mauvais état.

ABÎMER v.t. Mettre en mauvais état ; détériorer, endommager. *L'humidité a abîmé le papier peint.* ◆ **s'abîmer** v.pr. **1.** Subir des détériorations ; s'endommager, se gâter. **2.** *Litt.* Sombrer, s'engloutir. *Le navire s'abîma dans la mer.* **3.** *Sout. S'abîmer dans ses pensées :* être totalement absorbé par ses pensées.

AB INTESTAT [abɛ̃tɛsta] loc. adv. et loc. adj. inv. (lat. juridique *abintestato,* de *ab,* de la part de, et *intestatus,* sans testament). DR. *Succession ab intestat,* dont les biens sont attribués aux héritiers selon les règles légales, en l'absence de testament.

ABIOTIQUE adj. ÉCOL. Se dit d'un facteur écologique indépendant des êtres vivants (par oppos. à *biotique*).

ABJECT, E [abʒɛkt] adj. (lat. *abjectus,* rejeté). Qui suscite le mépris par sa bassesse ; ignoble.

ABJECTEMENT adv. Avec abjection.

ABJECTION n.f. Abaissement moral ; infamie.

ABJURATION n.f. Action d'abjurer.

ABJURER v.t. (lat. *abjurare,* nier par serment). Renoncer solennellement à une religion, une opinion.

ABLATIF n.m. (lat. *ablativus*). LING. Cas des langues à déclinaison exprimant la séparation, l'éloignement, l'origine et, en latin, l'agent et l'instrument.

ABLATION n.f. (lat. *ablatus,* enlevé). **1.** CHIRURG. Action d'enlever totalement ou partiellement un organe, un tissu ou un corps étranger. SYN. : *exérèse.* **2.** ASTRON., ASTRONAUT. Décomposition, fusion, sublimation, etc., de la surface d'un matériau soumis à un flux de chaleur intense. **3.** GÉOMORPH. Perte de matériaux subie par un relief.

ABLERET ou **ABLIER** n.m. Carrelet (filet).

ABLETTE n.f. (lat. *albulus,* blanchâtre). Poisson d'eau douce comestible, à dos vert métallique et à ventre argenté, abondant dans les cours d'eau et les lacs européens. (Long. 15 cm ; genre *Alburnus,* famille des cyprinidés.)

ABLUTION n.f. (lat. *abluere,* laver). **1.** RELIG. Acte rituel de purification du corps par l'eau. – Rite de purification du calice, au cours de la messe catholique. **2.** *Fam. Faire ses ablutions,* sa toilette.

ABNÉGATION n.f. (lat. *abnegatio,* renoncement). Sacrifice de soi au bénéfice d'autrui.

ABOI n.m. (de *aboyer*). VÉNER. Cri du chien courant devant l'animal arrêté. ◆ pl. VÉNER. *Bête aux abois,* réduite à faire face aux chiens qui aboient. – *Cour. Être aux abois,* dans une situation désespérée.

ABOIEMENT n.m. Cri du chien.

ABOLIR v.t. (lat. *abolere*). Abroger une loi, une coutume ; annuler. *Abolir la peine de mort.*

ABOLITION n.f. Action d'abolir ; annulation.

ABOLITIONNISME n.m. Doctrine tendant à l'abolition d'une loi, d'un usage (notamm. de l'esclavage, autrefois, et de la peine de mort, de nos jours).

ABOLITIONNISTE adj. et n. Relatif à l'abolitionnisme ; qui en est partisan.

ABOMINABLE adj. **1.** Qui provoque l'aversion, l'horreur. *Un crime abominable.* **2.** Très mauvais ; détestable. *Quel temps abominable !*

ABOMINABLEMENT adv. **1.** De façon abominable. *Chanter abominablement.* **2.** À un très haut degré ; très, horriblement. *Coûter abominablement cher.*

ABOMINATION n.f. **1.** *Litt.* Irrésistible dégoût, horreur qu'inspire qqch, qqn. **2.** Ce qui inspire le dégoût, l'horreur. *Dire des abominations.*

ABOMINER v.t. (lat. *abominare*). *Litt.* Avoir en horreur ; détester.

ABONDAMMENT adv. Avec abondance ; copieusement.

1. ABONDANCE n.f. **1.** Grande quantité. *L'abondance des légumes sur le marché.* **2.** Ressources considérables, supérieures au nécessaire. *Vivre dans l'abondance. Société d'abondance.* **3.** *Litt. Parler d'abondance,* avec aisance et longuement.

2. ABONDANCE n. Bovin d'une race laitière à robe pie rouge, originaire de Haute-Savoie.

ABONDANT, E adj. Qui existe en grande quantité. *Pluie, récolte abondante.*

ABONDEMENT n.m. (de *abonder*). Versement complémentaire effectué par une entreprise à un organisme, dans le cadre d'un plan d'épargne d'entreprise ou de l'actionnariat des salariés.

ABONDER v.i. (lat. *abundare,* affluer). **1.** Exister en grande quantité. *Le gibier abonde ici.* ◇ *Abonder en :* posséder, produire en grande quantité ; regorger de. *La région abonde en fruits.* **2.** *Abonder dans le sens de qqn,* approuver pleinement ses paroles.

ABONNÉ, E adj. et n. **1.** Titulaire d'un abonnement. **2.** *Fam.* Coutumier de qqch. *Élève abonné à la dernière place.*

ABONNEMENT n.m. **1.** Convention ou marché, souvent à forfait, pour la fourniture régulière d'un produit ou l'usage habituel d'un service. *Abonnement à un journal. Abonnement au téléphone.* **2.** DR. Procédé de recouvrement de certains impôts portant sur un même objet et qui permet au contribuable de se libérer contre un paiement global à termes réguliers.

ABONNER v.t. (du gaul. *bonne,* borne). Prendre un abonnement pour qqn. *Abonner un ami à une revue.* ◆ **s'abonner** v.pr. Souscrire un abonnement pour soi-même.

ABONNIR v.t. (de *1. bon*). Rare. Rendre bon, rendre meilleur. *Abonnir le vin.* ◆ **s'abonnir** v.pr. Devenir meilleur.

ABONNISSEMENT n.m. Rare. Fait de s'abonnir ; état de ce qui est abonni.

ABORD n.m. **1.** Action d'arriver à un lieu, d'y accéder. **2.** Manière d'aborder ou d'accueillir qqn. *Être d'un abord facile.* **3.** *Au premier abord,* ou, *litt., de prime abord :* à première vue. – *D'abord, tout d'abord :* avant tout, pour commencer. ◆ pl. **1.** Accès immédiats ; environs. *Encombrements aux abords de Paris.* **2.** Masses graisseuses sous-cutanées, dont le maniement permet d'apprécier l'état d'engraissement des bovins.

■ **ABLETTE**

ABORDABLE adj. **1.** Où l'on peut aborder. *Rivage difficilement abordable.* **2.** Se dit d'une personne d'un abord facile. **3.** Que l'on peut payer, dont le montant n'est pas trop élevé.

ABORDAGE n.m. MAR. **1.** Assaut donné d'un navire à un autre. *Monter à l'abordage.* **2.** Collision accidentelle entre deux bateaux. **3.** Action d'atteindre un rivage, d'aborder.

ABORDER v.i. (de *bord*). Arriver au rivage, atteindre la terre. ◆ v.t. **1.** S'approcher de qqn et lui parler. **2.** Atteindre un lieu, un passage que l'on doit emprunter. *Aborder un virage.* ◇ *Aborder un problème, une question,* en venir à les traiter. **3. a.** Accoster un navire pour lui donner l'assaut. **b.** Heurter un navire par accident.

ABORIGÈNE adj. et n. (lat. *aborigenes,* de *origo, -inis,* origine). **1.** Qui habite depuis les origines le pays où il vit ; autochtone. **2.** (Avec une majuscule.) Autochtone de l'Australie. ◆ adj. Originaire du pays où il se trouve. *Plante aborigène.*

ABORTIF, IVE adj. **1.** Se dit d'un produit, d'un procédé qui provoque l'avortement. **2.** Qui s'arrête avant le terme de son évolution normale. *Éruption abortive.* ◆ n.m. Produit abortif.

ABOUCHEMENT n.m. Action d'aboucher.

ABOUCHER v.t. **1.** Appliquer l'un contre l'autre des conduits par leurs ouvertures. *Aboucher deux tuyaux.* **2.** Mettre en rapport des personnes. ◆ **s'aboucher** v.pr. **(avec).** *Péjor.* Se mettre en rapport avec. *S'aboucher avec un personnage peu recommandable.*

ABOULER v.t. (de *boule*). *Fam.* Donner, remettre. *Aboule le fric.* ◆ **s'abouler** v.pr. *Fam.,* vx. Venir, arriver.

ABOULIE n.f. (gr. *aboulia*). Trouble psychique caractérisé par une difficulté à agir, à prendre une décision.

ABOULIQUE adj. et n. Atteint d'aboulie.

ABOUT n.m. Extrémité d'une pièce préparée en vue de certains assemblages.

ABOUTAGE n.m. Assemblage de courtes pièces de bois dans le sens de leur longueur.

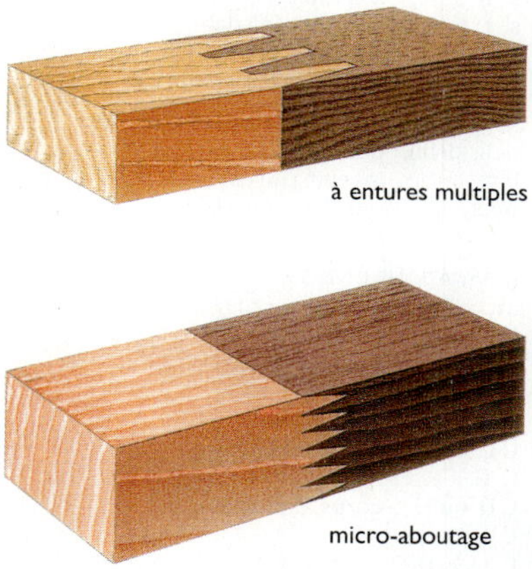

■ **ABOUTAGES**

ABOUTEMENT n.m. Action d'abouter.

ABOUTER v.t. (de *bout*). Joindre par les bouts. *Abouter deux tuyaux.*

ABOUTI, E adj. Qui a été mené à bien. *Un projet abouti.*

ABOUTIR v.t. ind. **[à]** (de *bout*). **1.** Toucher par une extrémité à. *Cette rue aboutit à la Seine.* **2.** Avoir pour résultat, pour conséquence. *Sa démarche a abouti à un échec.* ◆ v.i. Avoir une issue favorable ; réussir. *Les pourparlers ont abouti.*

ABOUTISSANT n.m. *Les tenants et les aboutissants* ⟶ **tenant.**

ABOUTISSEMENT n.m. Fait d'aboutir ; résultat, point final. *Quel est l'aboutissement de vos démarches ?*

ABOYER [abwaje] v.i. [7] (lat. pop. *abbaudiare*). **1.** Pousser son cri, en parlant du chien. **2.** *Fam.* Crier, hurler, en parlant de qqn. ◆ v.t. ind. **(à, après, contre).** Manifester violemment son mécontentement sous forme d'invectives. *Aboyer après qqn.*

ABOYEUR, EUSE adj. ZOOL. Qui aboie. ◆ n. Personne dont le métier exige qu'elle parle en criant.

ABRACADABRA n.m. OCCULT. Mot qui servait à construire des pentacles à valeur thérapeutique ou, en alchimie, symbolique.

ABRACADABRANT, E adj. (lat. cabalistique *abracadabra*). Difficile à croire ; bizarre, extravagant. *Une histoire abracadabrante.*

ABRASER v.t. (de *abrasion*). MÉCAN. INDUSTR. User par frottement à l'aide d'abrasifs.

ABRASIF, IVE adj. et n.m. Se dit d'une substance susceptible d'user, de polir par frottement. *Poudre abrasive.*

ABRASIMÈTRE n.m. Appareil servant à déterminer la résistance d'un matériau à l'abrasion.

ABRASION n.f. (lat. *abrasio,* de *abradere,* racler). Action, fait d'abraser.

ABRÉACTION n.f. PSYCHAN. Décharge émotionnelle par laquelle un sujet se libère d'un événement oublié qui l'avait traumatisé.

ABRÉGÉ n.m. **1.** Forme réduite d'un texte plus long. ◇ *En abrégé :* en peu de mots ; en employant des abréviations. **2.** Ouvrage contenant le résumé d'une science, d'une technique, etc. *Un abrégé d'histoire.*

ABRÈGEMENT n.m. Action d'abréger ; fait d'être abrégé.

ABRÉGER v.t. [15] (du lat. *brevis,* bref). **1.** Diminuer la durée de. **2.** Diminuer la longueur d'un texte, d'un récit, etc. **3.** Raccourcir un mot par suppression d'une partie des lettres ou des syllabes. ◇ v.pr. *« Télévision » s'abrège en « télé ».*

A

ABREUVEMENT n.m. Action d'abreuver les animaux.

ABREUVER v.t. (lat. pop. *abbiberare,* du lat. class. *bibere,* boire). **1.** Faire boire un animal domestique. **2.** *Abreuver de :* donner à satiété qqch à qqn ; accabler de. *Abreuver qqn de louanges, d'injures.* **3.** Mouiller abondamment, imbiber. *Terre abreuvée d'eau.* ◆ **s'abreuver** v.pr. Boire, en parlant d'un animal. – *Fam.* Boire abondamment, en parlant d'une personne.

ABREUVOIR n.m. Lieu ou installation (auge, par ex.) où boivent les animaux domestiques.

ABRÉVIATIF, IVE adj. Qui sert à noter une abréviation. *Signes abréviatifs.*

ABRÉVIATION n.f. Réduction d'un mot ou d'une suite de mots ; mot ou suite de lettres qui en résulte. *(V. tableau page suivante).*

ABRI n.m. (du lat. *apricari,* se chauffer au soleil). **1.** Lieu où l'on peut se mettre à couvert des intempéries, du soleil, du danger, etc. ; installation construite à cet effet. *Un abri souterrain.* ◇ *À l'abri (de) :* à couvert (de) ; hors d'atteinte (de). **2.** DR. *Abri fiscal :* placement encouragé par les pouvoirs publics et donnant droit à une réduction d'impôts. **3.** *Abri météorologique :* construction légère destinée à accueillir des capteurs et des instruments de mesures météorologiques et à les protéger des effets parasites de l'environnement.

■ **ABRI** météorologique.

ABRIBUS [-bys] n.m. (nom déposé). Abri implanté à une station d'autobus, comportant génér. des panneaux publicitaires et, souvent, un téléphone public. Recomm. off. : *aubette.*

ABRICOT n.m. (catalan *abercoc,* de l'ar.). Fruit de l'abricotier, à noyau lisse, à peau et chair jaune orangé. ◆ adj. inv. D'une couleur tirant sur le jaune orangé.

ABRICOTÉ, E adj. Qui tient de l'abricot. *Pêche abricotée.*

ABRÉVIATIONS

TITRES

D.	Dom
Dr	docteur
Esq.	Esquire (1)
F.	Frère
FF.	Frères
LL. AA.	Leurs Altesses
LL. AA. II.	Leurs Altesses Impériales
LL. AA. RR.	Leurs Altesses Royales
LL. EE.	Leurs Excellences
LL. EEm.	Leurs Éminences
LL. GGr.	Leurs Grâces
M.	Monsieur
Me	Maître
Mlle	Mademoiselle
Mgr	Monseigneur
Mme	Madame
MM.	Messieurs
N. S.-P.	Notre Saint-Père
N. T. C. F.	Notre très cher frère
P.	Père
Pr	professeur
R. P.	Révérend Père
RR. PP.	Révérends Pères
S. A.	Son Altesse
S. A. I.	Son Altesse Impériale
S. A. R.	Son Altesse Royale
S. A. S.	Son Altesse Sérénissime
S. E. ou S. Exc.	Son Excellence
S. Em.	Son Éminence
S. Gr.	Sa Grâce
S. M.	Sa Majesté
S. M. R.	Sa Majesté Royale
S. S.	Sa Sainteté
S. T. G. M.	Sa Très Gracieuse Majesté

ABRÉVIATIONS RELIGIEUSES

A. M. D. G.	ad majorem Dei gloriam (pour la plus grande gloire de Dieu)
A. T.	Ancien Testament
I. H. S.	Iesus Hominum Salvator (« Jésus sauveur des hommes »)
I. N. R. I.	Iesus Nazarenus Rex Iudaeorum (« Jésus, le Nazaréen, roi des Juifs »)
N.-S.	Notre-Seigneur
N.-S. J.-C.	Notre-Seigneur Jésus-Christ
N. T.	Nouveau Testament
O. F. M.	ordre des Frères mineurs (franciscains)
O. P.	ordre des Prêcheurs (dominicains)
O. S.-B.	ordre de Saint-Benoît (bénédictins)
S. J.	Compagnie ou Société de Jésus (jésuites)

DIVISIONS ET SUBDIVISIONS D'OUVRAGES

append.	appendice
ch.	chant
chap.	chapitre
fasc.	fascicule
f., ff.	feuillet, feuillets
f/, ffos	folio, folios
liv.	livre
p.	page, pages
part.	partie
pl.	planche
r/	recto
sc.	scène
sect.	section
suppl.	supplément
t.	tome
v/	verso

INDICATIONS BIBLIOGRAPHIQUES

c.	circa (vers)
cf. ou conf.	confer (se rapporter à)
coll.	collection
et al.	et alii (et d'autres)
et seq.	et sequens (et [pages] suivantes)
ibid.	ibidem (là même, au même endroit)
id.	idem (le même)
i. e.	id est (c'est-à-dire)
i. h. l.	in hoc loco (en ce lieu)
in-4/, in-8/	in-quarto (« en quatre »), in-octavo (« en huit »)
loc. cit.	loco citato (endroit cité)
ms. mss.	manuscrit(s)
N. D. L. R.	note de la rédaction
op. cit.	opere citato (ouvrage cité)
q. v.	quod vide (auquel se référer)
pass.	passim (en divers endroits)
rel.	relié
sq., sqq.	sequens, sequentes (suivant, suivants)
var.	variante, variable

(1) terme honorifique anglais

INDICATIONS DE TEMPS

A. D.	Anno Domini (apr. J.-C.)
apr. J.-C.	après Jésus-Christ
av. J.-C.	avant Jésus-Christ
a. m.	ante meridiem (avant midi)
p. m.	post meridiem (après midi)

ABRÉVIATIONS COMMERCIALES

B P ou B. P.	boîte postale
B. P. F.	bon pour francs
c/o	care of (aux bons soins de)
fco	franco
H. T.	hors taxes
N. B.	nota bene
P. C. C.	pour copie conforme
P. C. V.	à PerCeVoir
p. i.	par intérim
p. o.	par ordre
p. p. c.	pour prendre congé
P.-S.	post-scriptum
R. S. V. P.	répondez s'il vous plaît
s. d.	sans date
S. F.	sans frais
S. G. D. G.	sans garantie du gouvernement
s. l.	sans lieu
s. l. n. d.	sans lieu ni date
S. V. P.	s'il vous plaît
T. T. C.	toutes taxes comprises

ABRÉVIATIONS UTILISÉES PAR LES GRAVEURS

del., delin.	delineavit (a dessiné)
inv.	invenit (inventé par)
pinx.	pinxit (peint par)
sculp., sc.	sculpsit (gravé par)

ABRÉVIATIONS DIVERSES

av.	avenue
bd	boulevard
B O ou B. O.	Bulletin officiel
c.-à-d.	c'est-à-dire
C C ou C. C.	corps consulaire
C D ou C. D.	corps diplomatique
C. Q. F. D.	ce qu'il fallait démontrer
E. V.	en ville
faub., fg	faubourg
HMS	Her (ou His) Majesty's Ship
HP	horse power
H. S.	hors service
J O ou J. O.	Journal officiel
N. ou R. N.	(route) nationale
Q. G.	Quartier général
R. A. S.	rien à signaler
S I	Système international (d'unités)
SS	Steamship
T. I. R.	transit international par route
V F ou V. F.	version française
V O ou V. O.	version originale

SIGNES SPÉCIAUX

@	arobase
©	copyright
®	registered
TM	trade mark
&	et
†	décédé (à, en...)
§	paragraphe(s)

■ ABRICOTIER

ABRICOTIER n.m. Arbre à fleurs blanches ou roses paraissant avant les feuilles, cultivé pour son fruit, l'abricot. (Famille des rosacées.)

ABRICOTINE n.f. Suisse. Eau-de-vie d'abricot.

ABRI-SOUS-ROCHE n.m. (pl. *abris-sous-roche*). Emplacement situé sous un surplomb rocheux et ayant servi d'habitation à l'époque préhistorique.

ABRITÉ, E adj. Qui est à l'abri du vent. *Une vallée bien abritée.*

ABRITER v.t. **1.** Mettre à l'abri ; protéger du soleil, des intempéries, d'un danger. ◇ v.pr. *S'abriter de la pluie.* **2.** Avoir comme occupant ; héberger. *Foyer qui abrite deux cents jeunes.*

ABRIVENT n.m. Palissade protégeant les cultures du vent.

ABROGATIF, IVE ou **ABROGATOIRE** adj. DR. Qui a pour effet d'abroger, qui abroge.

ABROGATION n.f. DR. Action d'abroger une loi, un décret, etc. ; annulation, abolition.

ABROGEABLE adj. DR. Qui peut être abrogé.

ABROGER v.t. [10] (lat. *abrogare*). DR. Annuler, abolir une loi, un décret, etc.

1. ABRUPT, E [abrypt] adj. (lat. *abruptus*). **1.** Dont la pente est raide, escarpée. **2.** Rude et entier, en parlant de qqn, de son comportement.

2. ABRUPT [abrypt] n.m. Pente très raide ; à-pic.

ABRUPTEMENT adv. De façon abrupte.

ABRUTI, E adj. et n. *(Souvent injur.)*. Qui a des difficultés à comprendre ; idiot. *Espèce de grand abruti !*

ABRUTIR v.t. (de *brute*). Fatiguer au point de rendre abruti, stupide ; accabler, écraser. *Abrutir un élève de travail.*

ABRUTISSANT, E adj. Qui abrutit.

ABRUTISSEMENT n.m. Action d'abrutir ; état qui en résulte.

ABS [abeɛs] n.m. (sigle de l'all. *Antiblockiersystem*). AUTOM. Système antiblocage. – REM. Ce mot est fréquemment utilisé, de façon redondante, en apposition dans l'expression *système ABS.*

ABSCISSE [apsis] n.f. (lat. *abscissa,* coupée). GÉOMÉTR. Coordonnée *x* caractérisant un point M d'un axe muni d'un repère $(O,\vec{i})$ et telle que $\overrightarrow{OM} = x\vec{i}$. – Première coordonnée d'un point, d'un espace affine muni d'un repère cartésien.

ABSCONS, E [apskɔ̃, ɔ̃s] adj. (lat. *absconsus*). *Litt.* Difficile à comprendre ; obscur. *Langage abscons.*

ABSENCE n.f. **1.** Fait de n'être pas présent, de manquer. *Signaler l'absence d'un élève. Absence de goût.* **2.** État juridique d'une personne dont l'existence est rendue incertaine par sa disparition ou le manque de nouvelles. **3. a.** Moment d'inattention, brève perte de mémoire. **b.** MÉD. Crise d'épilepsie caractérisée par une perte de conscience et une immobilité de quelques secondes, sans chute ni convulsions. ◆ pl. MÉD. Forme d'épilepsie, classée dans le petit mal épileptique, constituée de la répétition des crises d'absence.

ABSENT, E [apsɑ̃, ɑ̃t] adj. et n. (lat. *absens*). Qui n'est pas présent. – DR. Dont l'existence est juridiquement incertaine. ◆ adj. Qui manifeste de la distraction. *Avoir l'air absent.*

ABSENTÉISME n.m. Fait d'être fréquemment absent d'un lieu, notamm. du lieu de travail, de ne pas participer à une activité, etc. *L'absentéisme scolaire. Taux d'absentéisme.*

ABSENTÉISTE adj. et n. Qui est fréquemment absent, qui pratique l'absentéisme.

ABSENTER (S') v.pr. **1.** S'éloigner momentanément, sortir d'un lieu. *S'absenter de Paris.* **2.** Absol. Être absent de son lieu de travail.

ABSIDAL, E, AUX ou **ABSIDIAL, E, AUX** adj. De l'abside. *Chapelle absidale.*

ABSIDE [apsid] n.f. (gr. *apsis, -idos,* voûte). Espace de plan cintré ou polygonal formant l'extrémité du chœur de nombreuses églises, ou constituant l'annexe d'une pièce quelconque.

ABSIDIOLE n.f. Chacune des petites chapelles s'ouvrant sur l'abside, voire sur le transept.

ABSINTHE [apsɛ̃t] n.f. (gr. *apsinthion*). **1.** Plante aromatique des lieux incultes, contenant une essence amère et toxique dont on faisait autrefois une liqueur. (Haut. 50 cm env. ; famille des composées.) **2.** Liqueur alcoolique aromatisée avec cette plante.

■ **ABSINTHE**

1. ABSOLU, E adj. (lat. *absolutus,* achevé). **1.** Sans réserve ; total, complet. *Confiance absolue.* **2.** Sans nuances ni concessions. *Jugement, caractère absolu.* **3.** Qui tient de soi-même sa propre justification ; sans limitation. *Pouvoir, monarque absolu.* **4.** MATH. ***Valeur absolue d'un nombre réel*** **a** : valeur positive correspondant à ce nombre, indépendamment de son signe. (Notée $|a|$, elle s'identifie à a si ce nombre est positif, à son opposé s'il est négatif.) **5.** GÉOL. ***Âge absolu :*** datation d'un site géologique obtenue directement par un ou plusieurs marqueurs géochimiques (isotopes radioactifs). **6.** CHIM. ORG. ***Alcool absolu,*** presque pur (moins de 1 % d'eau). **7.** GRAMM. ***Au sens absolu :*** se dit d'un verbe transitif employé sans complément d'objet direct.

2. ABSOLU n.m. **1.** Ce qui existe indépendamment de toute condition, de toute représentation (par oppos. à *relatif*). **2.** ***L'absolu :*** être existant par lui-même, parfait (tel Dieu) ; principe fondateur. **3.** Réalité supposée, échappant à toute limitation, toute contrainte ; valeur suprême. *Soif de l'absolu.*

ABSOLUITÉ n.f. Caractère de ce qui est absolu.

ABSOLUMENT adv. **1.** (Devant un adj.) À un très haut degré ; très, totalement. *C'est absolument faux.* **2.** Sans restriction ni réserve ; nécessairement. *Je dois absolument partir.* **3.** GRAMM. ***Verbe transitif employé absolument,*** sans complément.

ABSOLUTION n.f. **1.** CHRIST. Pardon, rémission des péchés, accordés par un prêtre. *Donner l'absolution.* **2.** DR. Action d'absoudre l'auteur d'une infraction, l'exemptant de toute sanction pénale.

ABSOLUTISME n.m. Régime politique dans lequel tous les pouvoirs sont sous l'autorité du seul chef de l'État.

ABSOLUTISTE adj. et n. Qui relève de l'absolutisme ; qui en est partisan.

ABSORBABLE adj. Qui peut être absorbé.

ABSORBANT, E adj. **1.** Qui absorbe un liquide ; perméable. *Tissu absorbant.* **2.** Qui occupe entièrement l'esprit. *Travail absorbant.*

ABSORBER v.t. (lat. *absorbere,* avaler). **1.** Laisser pénétrer par imprégnation et retenir. *L'éponge absorbe l'eau.* **2.** Ingérer une boisson, un aliment, un médicament, etc. *Absorber une forte dose d'alcool.* **3.** Faire disparaître en neutralisant. *Le noir absorbe la lumière.* **4.** Intégrer une entreprise par absorption. **5.** Occuper tout le temps de qqn. ◆ **s'absorber** v.pr. **(dans).** Être occupé entièrement par. *S'absorber dans la lecture d'un roman.*

ABSORBEUR n.m. Dispositif, appareil ou élément de machine dont la fonction est d'absorber un rayonnement, un gaz, des particules, etc.

ABSORPTIOMÉTRIE n.f. Examen de radiologie mesurant, à l'aide d'un ordinateur, l'absorption de rayonnements X par les tissus, en partic. pour le diagnostic d'ostéoporose.

ABSORPTION n.f. **1.** Action d'absorber ; son résultat. **2.** PHYS. Phénomène par lequel une partie de l'énergie de rayonnements électromagnétiques ou corpusculaires est dissipée dans un milieu matériel. **3.** DR. Procédé de regroupement des sociétés consistant pour une société à faire apport de son actif et de son passif à une autre société avant d'être dissoute. **4.** PHYSIOL. Pénétration d'une substance venant de l'extérieur dans un organisme vivant. ◇ ***Absorption intestinale :*** passage des substances nutritives de l'intestin dans le sang. **5.** CHIM., PHYS. Propriété présentée par les solides ou les liquides de retenir certains gaz ou liquides dans la totalité de leur volume.

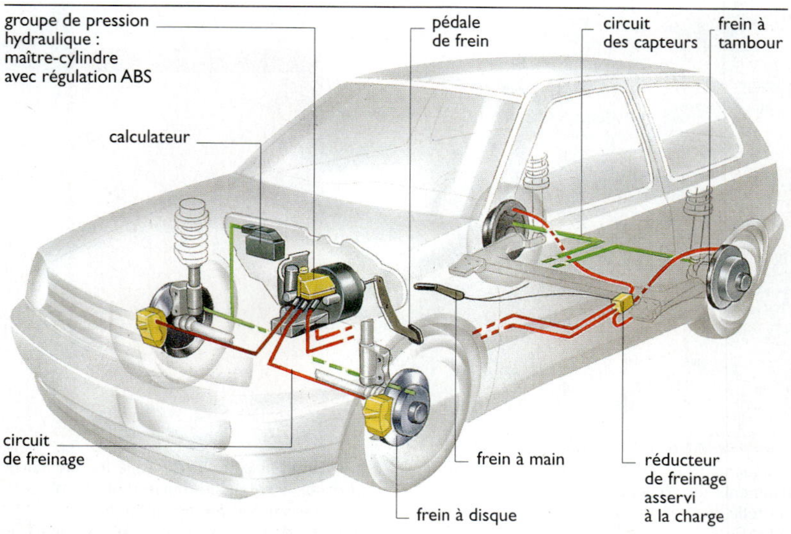

■ **ABS**

ABSORPTIVITÉ n.f. PHYS. Pouvoir d'absorption d'un corps.

ABSOUDRE v.t. [67] (lat. *absolvere*). **1.** CHRIST. Remettre ses péchés à un pénitent par le sacrement de pénitence. **2.** DR. Exempter de sa peine l'auteur d'une infraction.

ABSOUTE n.f. CHRIST. Ensemble de prières dites autour du cercueil, après l'office des morts.

ABSTÈME adj. et n. *Didact.* Qui s'abstient de boissons alcooliques pour des raisons religieuses, morales ou médicales.

ABSTENIR (S') v.pr. [28] (lat. *abstinere*). **1. (de).** Renoncer délibérément à ; s'interdire. *S'abstenir de parler.* **2. (de).** Se priver volontairement de. *S'abstenir d'alcool.* **3.** Renoncer à agir. *Dans le doute, abstiens-toi.* **4.** Ne pas prendre part à un vote.

ABSTENTION n.f. Action de s'abstenir de faire qqch. – *Spécial.* Fait de ne pas participer à un vote.

ABSTENTIONNISME n.m. Attitude de ceux qui, délibérément ou non, s'abstiennent de voter.

ABSTENTIONNISTE adj. et n. Qui relève de l'abstentionnisme ; qui en est partisan.

ABSTINENCE n.f. Action de s'interdire certains aliments, certains plaisirs. – *Spécial.* Continence, chasteté.

ABSTINENT, E adj. et n. Qui pratique l'abstinence, notamm. en ce qui concerne l'alcool.

ABSTRACT n.m. (mot angl.). Résumé d'un texte scientifique, d'un article de revue.

ABSTRACTION n.f. **1.** Action d'abstraire ; résultat de cette action. ◇ ***Faire abstraction de qqch,*** ne pas en tenir compte. **2.** Idée abstraite. **3.** ***L'abstraction :*** l'art abstrait.

ABSTRAIRE [apstrɛr] v.t. [92] (lat. *abstrahere,* détourner). Isoler, séparer mentalement un élément, une propriété d'un objet afin de les considérer à part. ◆ **s'abstraire** v.pr. S'isoler mentalement pour réfléchir, méditer, etc.

ABSTRAIT, E adj. **1.** Qui résulte d'une abstraction. *Idée abstraite.* CONTR. : *concret.* **2.** Privé de réalité concrète ou de références à des éléments matériels. *Une explication trop abstraite.* **3.** Qui ne cherche pas à représenter la réalité tangible ; non figuratif. *Art abstrait.* ◆ n.m. **1.** Ce qui est abstrait. *Se perdre dans l'abstrait.* **2.** ***L'abstrait :*** l'art abstrait. – ***Un abstrait :*** un peintre abstrait.

ENCYCL. De tout temps, peintres et sculpteurs ont connu et utilisé le pouvoir que possèdent les lignes, les volumes, les couleurs de constituer des ensembles ordonnés, capables d'agir par eux-mêmes sur la sensibilité et la pensée. Mais ils n'estimaient pas possible de dissocier ce pouvoir d'une évocation, plus ou moins ressemblante, du monde visible (à l'exception, partielle, des artistes islamiques). Ce n'est qu'à partir de 1910 - 1914 que certains peintres, en Occident, renoncent à la représentation. Kandinsky, le premier, définit un courant lyrique et romantique de l'abstraction, projection du monde intérieur et de la vision imaginaire de l'artiste ; c'est au contraire dans la construction géométrique la plus épurée que Malevitch, Tatline (initiateur du *constructivisme) ou Mondrian trouvent le lieu de rencontre de leur sens cosmique et de leur volonté rationnelle. À partir des deux pôles ainsi définis se ramifieront, notamment à partir de 1945, bien des variantes : art concret (géométrique), *expressionnisme abstrait (fondé sur le geste ou sur l'irradiation chromatique), art informel, tachisme, matiérisme, non-figuration, art *cinétique, art *minimal, etc. *(V. ill. page suivante).*

ABSTRAITEMENT adv. De façon abstraite.

ABSTRUS, E [apstry, yz] adj. (lat. *abstrusus*). *Litt.* Difficile à comprendre ; abscons, obscur.

ABSURDE adj. (lat. *absurdus,* discordant). Contraire à la logique, à la raison. – PHILOS. Caractérisé par l'absence de sens préétabli, de finalité donnée, chez les existentialistes. ◆ n.m. **1.** Ce qui est absurde. **2.** ***Raisonnement par l'absurde,*** qui valide une proposition en montrant que sa négation conduit à une contradiction. **3.** PHILOS., LITTÉR. ***L'absurde :*** l'absurdité du monde et de la condition humaine, qui n'apparaît justifiée par rien. *Philosophie, théâtre de l'absurde.*

ENCYCL. La conscience de l'absurde, déjà présente chez Schopenhauer dont elle nourrit le pessimisme, est au cœur de l'existentialisme français (Camus, Sartre), qui en explore les dimensions éthique et esthétique.

■ L'ART ABSTRAIT

Dès les années 1850, Delacroix écrivait que, si la couleur avait été bien employée dans un tableau, on devait pouvoir ressentir l'expression de ce tableau uniquement par son effet chromatique, en le regardant de loin, sans en identifier le sujet. Il était inévitable qu'un jour les artistes se demandent s'il était vraiment nécessaire d'avoir un sujet : c'est ainsi que nombre d'entre eux en sont venus au XXe s. à s'exprimer uniquement par secteurs colorés et lignes non représentatives.

Vassily Kandinsky. *Improvisation n° 35* (1914). Quelques années avant cette toile, en observant un de ses paysages par hasard retourné, où le motif n'était plus reconnaissable, le peintre avait eu le pressentiment d'un univers inédit et merveilleux. (Kunstmuseum, Bâle.)

A

Kazimir Malevitch. *Suprématisme* (1915). Refusant toute fonction de représentation, l'artiste compose un espace géométrisé dont les accords de rythme sont comparables à ceux que la musique organise dans le temps. (Stedelijk Museum, Amsterdam.)

Georges Vantongerloo. *Construction* $y = ax^2 + bx + 18$ (1930). Laiton laqué noir. Où une inspiration fondée sur les mathématiques se concrétise, chez ce membre du groupe De Stijl, dans une forme pure et impérieuse. (Coll. Max Bill, Zurich.)

Pierre Soulages. Peinture sur papier, 1959 (sans titre). Vigueur gestuelle et monumentalité, associées au clair-obscur, caractérisent le travail de cet artiste, qu'a inspiré la rigueur de l'architecture romane. (MNAM, Paris.)

Maria Elena Vieira da Silva. *Landgrave* (1966). L'animation, le puzzle chatoyant des taches et des linéaments de couleur lointainement issus du monde visible rattachent une telle œuvre au courant européen de la non-figuration. (Fondation Gulbenkian, Lisbonne.)

Louis Cane. *Peinture 1972.* Toile tendue sur le mur et sur le sol, cette œuvre d'un membre du groupe Support/Surface affirme sa matérialité dans l'espace réel. (MNAM, Paris.)

Sous le nom de *théâtre de l'absurde*, on regroupe les œuvres de certains auteurs dramatiques (Beckett, Ionesco, Adamov) qui, dans les années 1950, ont porté à la scène cette vision du monde.

ABSURDEMENT adv. De façon absurde.

ABSURDITÉ n.f. **1.** Caractère de ce qui est absurde, contraire au sens commun. **2.** Action ou parole absurde.

ABUS [aby] n.m. (lat. *abusus,* utilisation). **1.** Usage injustifié ou excessif de qqch ; mauvais usage. *L'abus d'alcool, de tabac.* ◇ *Fam. Il y a de l'abus :* c'est exagéré, cela passe les bornes. **2.** DR. Usage excessif d'un droit, d'un pouvoir, d'une fonction par son titulaire. *Abus de pouvoir, d'autorité.* ◇ ***Abus de confiance :*** délit consistant à tromper la confiance d'autrui, et notamm. à détourner des objets ou des valeurs confiés à titre précaire. – ***Abus de biens sociaux :*** délit consistant dans l'usage des biens d'une société par un dirigeant ou un actionnaire, contrairement à l'intérêt de la société. – ***Abus de droit :*** opération conclue sous la forme d'un contrat ou d'un acte juridique quelconque dans le but d'éluder l'impôt.

ABUSER v.t. ind. **(de). 1.** Faire un usage mauvais ou excessif de. *Abuser du tabac.* **2.** Absol. Exagérer, dépasser la mesure. *Il ne faut pas abuser !* **3.** *Abuser d'une personne,* la violer. ◆ v.t. *Litt.* Tromper qqn en profitant de sa complaisance ou de sa crédulité. *Il l'a abusé par ses promesses.* ◆ **s'abuser** v.pr. *Litt.* Se tromper soi-même ; s'illusionner. ◇ ***Si je ne m'abuse :*** si je ne me trompe pas.

ABUSIF, IVE adj. **1.** Qui constitue un abus. **2.** Qui profite abusivement de son rôle. *Mère abusive.* **3.** Se dit de l'emploi d'un mot dans un sens qu'il n'a pas selon la norme ou dans une discipline.

ABUSIVEMENT adv. De façon abusive.

ABUSUS [abyzys] n.m. DR. CIV. Droit de disposer de la chose dont on est propriétaire (par oppos. à *usus*).

ABYME n.m. (du gr. *abussos,* sans fond). *En abyme :* se dit d'une œuvre citée et emboîtée à l'intérieur d'une autre (récit à l'intérieur d'un récit ; petite image intégrée dans une grande, semblable ; etc.). *Mise en abyme.* (On écrit aussi *en abîme.*)

ABYSSAL, E, AUX adj. Relatif aux abysses ; qui fréquente les abysses.

ABYSSE n.m. (gr. *abussos,* sans fond). Fond océanique situé à plus de 2 000 m de profondeur.

1. ABYSSIN, E ou **ABYSSINIEN, ENNE** adj. et n. De l'Abyssinie.

2. ABYSSIN n.m. et adj.m. Chat d'une race à la tête triangulaire, au corps svelte, au pelage fauve.

■ **ABYSSIN**

■ **ACADÉMISME.** *Le Combat de coqs* (1846), par Jean Léon Gérôme. (Louvre, Paris.)

ABZYME n.f. Anticorps produit en réponse à un antigène de structure proche de la disposition des atomes dans une réaction chimique, et servant à le catalyser.

ACABIT [akabi] n.m. (provenç. *cabir*). *Péjor. De cet acabit, de tout acabit, du même acabit :* de cette sorte, de toute sorte, de même sorte.

ACACIA [akasja] n.m. **1.** Arbre ou arbrisseau souvent épineux des régions tropicales, à feuilles réduites au pétiole simplement élargi, dont un grand nombre d'espèces sont cultivées sous le nom impropre de *mimosa,* pour leurs fleurs jaunes odorantes réunies en petites têtes sphériques. (Famille des mimosacées.) **2.** *Cour.,* abusif en botanique. ***Robinier faux acacia :*** arbre épineux, à fleurs en grappes blanches et odorantes.

ACADÉMICIEN, ENNE n. Membre d'une académie. – *Spécial.* Membre de l'Académie française.

ACADÉMIE n.f. (ital. *accademia,* mot gr.). **1.** Société de gens de lettres, de savants ou d'artistes. *L'Académie des sciences morales et politiques.* ◇ *L'Académie : v. partie n.pr.* Académie française. **2.** Circonscription administrative de l'enseignement, en France. **3.** Lieu où l'on s'exerce à la pratique d'un art, d'un jeu, etc. *Une académie de dessin, de danse, de billard.* **4.** BX-ARTS. Figure dessinée, peinte ou sculptée d'après un modèle vivant et nu. *Une académie d'homme.*

ACADÉMIQUE adj. **1.** D'une académie. **2.** *Péjor.* Conventionnel, sans originalité. **3.** Belgique, Suisse. Universitaire. – Québec. (Emploi critiqué). Relatif au collège ou à l'université.

ACADÉMIQUEMENT adv. De façon académique, conventionnelle.

ACADÉMISME n.m. **1.** Observation des règles prônées par les académies. **2.** Tendance chez un artiste, en partic. du XVIIe au XIXe s., à observer les enseignements formels des académies, à mouler sa production dans des cadres esthétiques traditionnels ; caractère des œuvres qui en résultent. (→ *classicisme*). – *Par ext.* Absence d'originalité.

ACADIEN, ENNE adj. et n. De l'Acadie. ◆ n.m. Variété de français parlée dans l'est du Canada.

ACAJOU n.m. (port. *acaju*). **1.** Arbre des régions tropicales dont il existe plusieurs espèces appartenant à des genres différents, en Afrique *(Khaya)* et en Amérique *(Swietenia).* [Famille des méliacées.] ◇ ***Acajou de Ceylan :*** melia. **2.** Bois de cet arbre, d'une teinte rougeâtre, très employé en menuiserie et en ébénisterie. ◆ adj. inv. D'une couleur brun rougeâtre.

ACALCULIE n.f. (de *calcul*). MÉD. Trouble neurologique caractérisé par une perturbation de l'utilisation des chiffres.

ACALÈPHE n.m. Scyphozoaire.

ACALORIQUE adj. Sans calories. *Régime acalorique.*

ACANTHACÉE n.f. Plante tropicale ou méditerranéenne, herbacée ou arbustive, dont certaines espèces telles que l'acanthe sont ornementales. (Les acanthacées forment une famille de dicotylédones.)

ACANTHE n.f. (gr. *akantha,* épine). **1.** Plante ornementale des régions méditerranéennes, à feuilles longues (50 cm env.), très découpées, recourbées, d'un beau vert. (Famille des acanthacées.) **2.** *Feuille d'acanthe,* ou *acanthe :* ornement d'architecture imité de la feuille de cette plante et caractéristique du chapiteau corinthien.

A

■ **ACANTHES** ornementales ; art grec.

■ **ACANTHE**

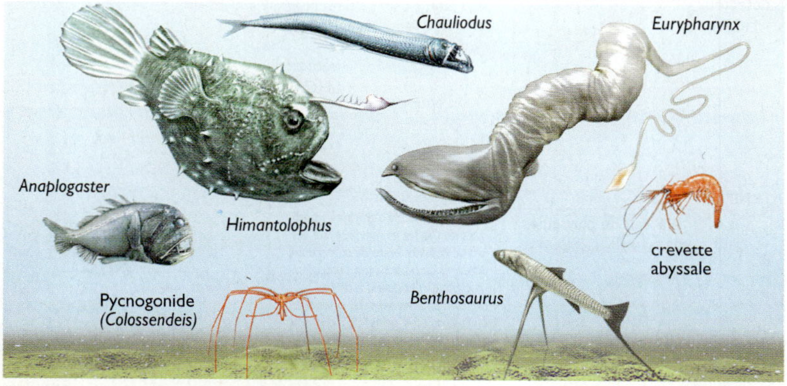

■ **ABYSSE.** Quelques représentants de la faune des abysses.

ACANTHOCÉPHALE n.m. Animal vermiforme parasite de l'intestin des vertébrés, possédant une trompe protractile hérissée de crochets. (Long. 1 à 10 cm selon l'espèce ; les acanthocéphales forment un minuscule embranchement.)

■ ACANTHOCÉPHALE

A CAPPELLA [akapela] loc. adv. (loc. ital., *à chapelle*). MUS. *Chanter a cappella,* sans accompagnement instrumental, en parlant d'un soliste ou d'un chœur. ◆ loc. adj. inv. Se dit d'œuvres musicales religieuses de style polyphonique, exécutées dans les chapelles, n'admettant pas les instruments.

ACARIÂTRE adj. (de saint *Acaire,* évêque de Noyon, qui passait au VIIe s. pour guérir les fous). D'une humeur difficile à supporter ; hargneux, grincheux.

ACARICIDE adj. et n.m. Se dit d'un produit qui détruit les acariens.

ACARIEN n.m. Arthropode génér. de très petite taille (quelques millimètres au plus), représenté par de nombreuses espèces dont certaines, comme le sarcopte de la gale, le trombidion, la tique, sont parasites. (Les acariens forment un ordre de la classe des arachnides.)

ACCABLANT, E adj. Qui accable.

ACCABLEMENT n.m. État d'une personne accablée, très abattue, physiquement ou moralement.

ACCABLER v.t. (normand *cabler,* abattre). **1.** Imposer à qqn qqch de pénible, de difficile à supporter. *Accabler qqn de travail, de reproches.* **2.** Mettre dans un état d'abattement. *Chaleur, nouvelle qui accable.* **3.** Prouver la culpabilité de. *Ce témoignage l'accable.*

ACCALMIE n.f. **1.** Calme momentané du vent ou de la mer. **2.** Diminution ou cessation momentanée d'une activité particulièrement intense.

ACCAPARANT, E adj. Qui occupe complètement ; absorbant.

ACCAPAREMENT n.m. Action, fait d'accaparer.

ACCAPARER v.t. (ital. *accaparrare*). **1.** Vx. Amasser une denrée afin d'en provoquer la rareté et de la vendre au plus haut prix. **2.** S'emparer de qqch à son seul profit, s'en réserver l'usage. *Accaparer le pouvoir, la conversation.* – Retenir qqn près de soi, s'en réserver la compagnie. **3.** Occuper complètement le temps, la pensée de qqn, le détourner de toute autre activité. *Son travail l'accapare.*

ACCAPAREUR, EUSE n. et adj. Personne qui accapare.

ACCASTILLAGE n.m. (esp. *castillo,* château). **1.** Ensemble des superstructures d'un navire. **2.** Ensemble des accessoires de pont (taquets, winchs, etc.) que l'on trouve sur un navire de faible tonnage.

ACCASTILLER v.t. Garnir un navire de son accastillage.

ACCÉDANT, E n. *Accédant à :* personne qui accède à. *Les accédants à la propriété.*

ACCÉDER v.t. ind. **(à)** [11]. **1.** Avoir accès à un lieu, y pénétrer. *On accède au jardin par la cuisine.* **2.** Atteindre un état, une situation, etc. ; parvenir à. *Accéder à de hautes fonctions.* **3.** Consentir à un désir, une demande, etc. ; acquiescer.

ACCELERANDO [akselerɑ̃do] adv. (mot ital.). MUS. Avec accélération du tempo. ◆ **accélérando** n.m. Passage exécuté dans le tempo accelerando.

1. ACCÉLÉRATEUR, TRICE adj. Se dit d'une force, d'un dispositif qui accélère qqch.

2. ACCÉLÉRATEUR n.m. **1.** Organe (génér. pédale ou poignée) commandant l'admission du mélange gazeux dans le moteur d'un véhicule et qui permet de faire varier la vitesse de celui-ci. **2.** CHIM. Substance qui augmente la vitesse d'une réaction. **3.** Adjuvant destiné à réduire la durée de prise du béton, du plâtre. **4.** PHYS. *Accélérateur de particules,* ou *accélérateur :* appareil permettant de communiquer de l'énergie à des particules chargées, destiné à l'étude des structures de la matière.

ACCÉLÉRATION n.f. **1.** Accroissement de la vitesse, à un moment donné ou pendant un temps donné, d'un corps en mouvement. **2.** MÉCAN. Variation, positive ou négative, de la vitesse d'un mobile par unité de temps. **3.** Rapidité accrue d'exécution. *Accélération des travaux.* **4.** ÉCON. *Principe d'accélération :* principe selon lequel de faibles changements dans la demande de biens de consommation provoquent des variations beaucoup plus importantes dans la demande de biens de production.

ACCÉLÉRÉ n.m. CINÉMA. Effet spécial, réalisé le plus souvent à la prise de vues, donnant l'illusion de mouvements plus rapides que dans la réalité.

ACCÉLÉRER v.t. [11] (lat. *accelerare*). Accroître la vitesse de. *Accélérer l'allure.* ◆ v.i. Aller plus vite. *Le train accélère.* ◆ **s'accélérer** v.pr. Devenir plus rapide. *Son pouls s'accélère.*

ACCÉLÉROMÈTRE n.m. Appareil servant à mesurer l'accélération d'un mouvement.

ACCENT n.m. (lat. *accentus,* intonation). **1.** Prononciation, intonation, rythme propres à l'élocution dans une région, un milieu. *L'accent du Midi. Accent faubourien.* **2.** PHON. Mise en relief d'une syllabe, d'un mot ou d'un groupe de mots dans la chaîne parlée. *Accent tonique. Accent de hauteur, d'intensité.* ◇ *Mettre l'accent sur :* mettre en relief ; attirer l'attention sur. **3.** Inflexion, intonation expressive de la voix. *Un accent de sincérité.* **4.** Signe graphique placé sur une voyelle pour noter un fait phonétique ou grammatical. *Accent aigu* (´), *grave* (`), *circonflexe* (^).

ACCENTEUR n.m. Oiseau passereau chanteur d'Europe et d'Asie qui vit d'insectes et de graines. (Famille des prunellidés.)

ACCENTUATION n.f. **1.** Fait d'accentuer, de s'accentuer ; son résultat. **2.** PHON. Action d'accentuer une syllabe ou un mot. **3.** Action d'affecter un accent à certaines voyelles.

ACCENTUÉ, E adj. **1.** Fortement marqué. *Visage aux traits accentués.* **2.** Qui porte un accent. *Syllabe accentuée.*

ACCENTUEL, ELLE adj. PHON. Qui porte l'accent ; relatif à l'accent.

ACCENTUER v.t. **1.** Rendre plus marqué, plus significatif ; renforcer, intensifier. *Accentuer un effort, une ressemblance.* **2.** Prononcer une syllabe, un mot en les marquant d'un accent. **3.** Placer un accent sur une voyelle. ◆ **s'accentuer** v.pr. Devenir plus intense, plus fort. *Le froid s'est accentué.*

ACCEPTABILITÉ n.f. LING. Fait pour un énoncé, pour une phrase, d'être accepté, compris ou naturellement émis par les locuteurs d'une langue. *Degré d'acceptabilité d'un énoncé.*

ACCEPTABLE adj. **1.** Qui peut être accepté, toléré. *Offre acceptable.* **2.** LING. Caractérisé par l'acceptabilité. *Énoncé acceptable.*

ACCEPTANT, E adj. et n. DR. Qui donne son consentement à une offre de contrat.

ACCEPTATION n.f. Fait d'accepter qqch, d'y consentir. *Acceptation d'un don.*

ACCEPTER v.t. (lat. *acceptare*). Consentir à prendre, à recevoir ; admettre. *Accepter un cadeau, des responsabilités.* ◇ DR. *Accepter une lettre de change, une traite,* s'engager à la payer à l'échéance, génér. en apposant sa signature sur l'acte.

ACCEPTEUR n.m. CHIM. Atome ou groupe d'atomes qui attire les électrons de liaison. CONTR. : *donneur.*

ACCEPTION n.f. **1.** Sens particulier dans lequel un mot est employé. *Les différentes acceptions du mot* pierre. **2.** *Litt. Sans acception de :* sans tenir compte de, sans accorder de préférence à. *Sans acception de personne.*

ACCÈS [aksɛ] n.m. (lat. *accessus,* arrivée). **1.** Ce qui permet d'accéder à un lieu, une situation, etc. ; moyen d'y parvenir, d'en approcher. *Île d'accès difficile.* **2.** INFORM. Procédure de recherche ou d'enregistrement d'une donnée dans une mémoire d'ordinateur. **3.** Manifestation intense et de courte durée d'une affection, d'un sentiment. *Accès de fièvre, de délire, de colère.*

ACCESSIBILITÉ n.f. Caractère de ce qui est accessible.

ACCESSIBLE adj. **1.** Qui peut être atteint, abordé, dont on peut s'approcher. *Sommet accessible aux randonneurs.* **2.** Que l'on peut comprendre ; intelligible. *Exposé accessible à tous.*

ACCESSION n.f. **1.** Action d'accéder à qqch. *Accession à la propriété.* **2.** DR. CIV. Extension du droit de propriété par suite du rattachement d'une chose accessoire à la chose principale. **3.** DR. INTERN. Adhésion à une convention internationale d'États n'ayant pas participé à l'élaboration de celle-ci.

ACCESSIT [aksesit] n.m. (mot lat., *il s'est approché*). Distinction honorifique accordée à ceux qui sont les plus proches des lauréats d'un prix. *Obtenir un accessit de géographie.*

1. ACCESSOIRE adj. (du lat. *accedere,* ajouter). **1.** Qui suit ou qui accompagne une chose princi-

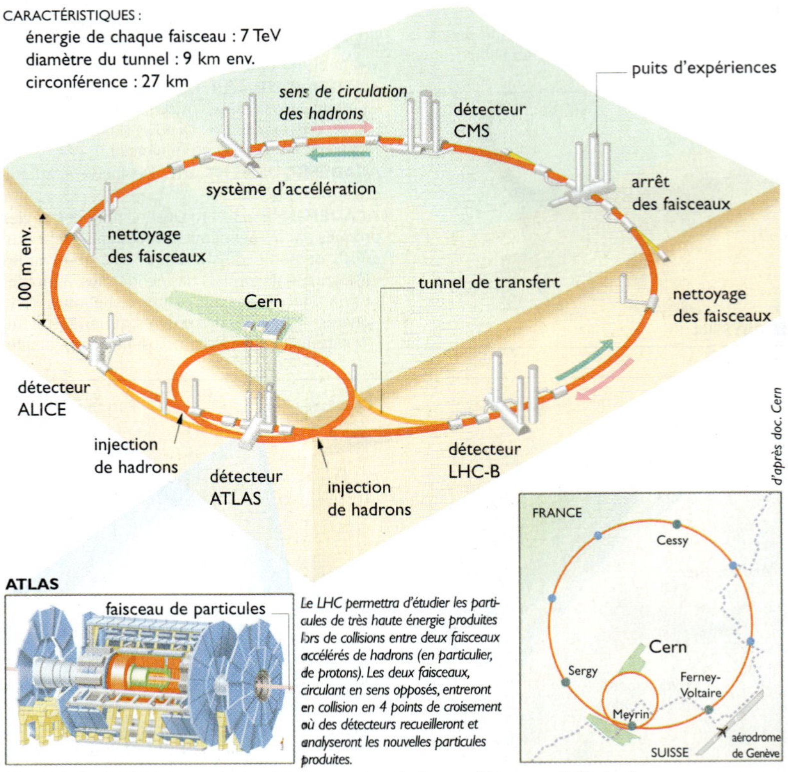

■ **ACCÉLÉRATEUR** de particules. Principe et site du futur collisionneur LHC du Cern.

pale ; secondaire. *Des frais accessoires.* **2.** *Minéraux accessoires* : minéraux (olivine, pyroxène, amphibole, etc.) des roches magmatiques dont les proportions, peu importantes, ne sont pas prises en compte dans la classification de ces roches. ◆ n.m. Ce qui est accessoire. *Distinguer l'accessoire de l'essentiel.*

2. ACCESSOIRE n.m. (Souvent pl.) **1.** Pièce destinée à compléter un élément principal ou à aider à son fonctionnement. *Accessoires d'automobile, de robot électrique.* **2.** Élément qui s'ajoute à la toilette (sac, ceinture, etc.) et qui s'harmonise à celle-ci par la couleur, la matière, etc. **3.** Objet, élément du décor, des costumes, dans la mise en scène d'une pièce de théâtre, d'un film.

ACCESSOIREMENT adv. De façon accessoire.

ACCESSOIRISER v.t. Agrémenter une toilette, un costume avec un ou des accessoires.

ACCESSOIRISTE n. **1.** Personne qui s'occupe des accessoires, dans un théâtre, un studio de cinéma ou de télévision. **2.** Commerçant assurant la vente au détail des accessoires d'automobile et de motocyclette.

ACCIDENT n.m. (lat. *accidens,* survenant). **1.** Événement imprévu malheureux ou dommageable. *Accident de chemin de fer.* ◇ *Accident vasculaire cérébral* : affection soudaine du cerveau, d'origine artérielle, correspondant soit à une hémorragie, soit à un infarctus d'une région cérébrale. – DR. *Accident du travail,* qui survient pendant le travail ou à cause du travail. – *Accident de trajet,* qui survient sur le trajet entre le domicile et le lieu de travail. **2.** Événement fortuit qui modifie ou interrompt le cours de qqch. *Les accidents d'une longue carrière.* ◇ *Par accident* : par hasard. – *Accident de parcours* : événement imprévu sans réelle gravité, simple péripétie qui ne remet pas en cause une évolution favorable. **3.** MUS. Altération (dièse, bémol ou bécarre) étrangère à la tonalité. **4.** *Accident de terrain* : inégalité du relief. **5.** PHILOS. Attribut non nécessaire, relative et contingente (par oppos. à *essence, substance*).

ACCIDENTÉ, E adj. Qui présente des inégalités du relief. *Terrain accidenté.* ◆ adj. et n. Qui a subi un accident. *Voiture accidentée. Les accidentés du travail.*

ACCIDENTEL, ELLE adj. **1.** Dû à un accident. *Mort accidentelle.* **2.** Dû au hasard ; fortuit. *Une rencontre accidentelle.* **3.** PHILOS. Relatif à un accident, non nécessaire (par oppos. à *essentiel, substantiel*).

ACCIDENTELLEMENT adv. De façon accidentelle.

ACCIDENTER v.t. **1.** Causer un accident, un dommage à. **2.** *Litt.* Rompre dans son uniformité le déroulement de. *Bien des péripéties ont accidenté ce voyage.*

ACCIDENTOLOGIE n.f. Étude scientifique des accidents, notamm. des accidents mettant en jeu des véhicules automobiles, et de leurs conséquences corporelles.

ACCISE [aksiz] n.f. Canada. Taxe spéciale sur les bijoux, l'alcool et le tabac. ◆ pl. Belgique. Vieilli. Impôt indirect portant sur certaines marchandises, en partic. les alcools.

ACCLAMATION n.f. Cri de joie ou d'enthousiasme collectif. *Acclamations de la foule.* ◇ *Par acclamation* : unanimement ou massivement, sans recourir à un scrutin. *Être élu par acclamation.*

ACCLAMER v.t. (lat. *clamare,* crier). Saluer par des cris d'enthousiasme ; ovationner.

ACCLIMATABLE adj. Qui peut être acclimaté.

ACCLIMATATION n.f. Action d'acclimater un être vivant à un nouveau milieu ; son résultat.

ACCLIMATEMENT n.m. Adaptation d'un être vivant à un nouvel environnement, à un nouveau climat, etc. *L'acclimatement à l'altitude.*

ACCLIMATER v.t. **1.** Adapter un animal, un végétal à un nouveau climat. **2.** *Fig.* Habituer qqn à un nouveau milieu. ◆ **s'acclimater** v.pr. S'adapter à un nouveau milieu. *Ces oiseaux ne se sont pas acclimatés en France. Il a du mal à s'acclimater à la ville.*

ACCOINTANCES n.f. pl. (du lat. *accognitus,* connu). *Péjor.* Relations, fréquentations jugées peu recommandables.

ACCOINTER (S') v.pr. **(avec).** *Fam., péjor.* Se lier avec qqn.

ACCOLADE n.f. **1.** Action de serrer qqn entre ses bras en signe d'affection, d'amitié ou lors d'une remise de décoration. *Donner, recevoir l'accolade.* **2.** Signe typographique ({) servant à réunir des mots, des lignes, etc. **3.** ARCHIT. Arc formé de deux courbes symétriques alternativement convexes et concaves, et qui évoque une accolade horizontale.

ACCOLAGE n.m. Fixation de rameaux d'arbres fruitiers, de sarments à des piquets ou à des fils de palissage.

ACCOLEMENT n.m. Action d'accoler, de réunir.

ACCOLER v.t. (de *cou*). **1.** Réunir par un trait, par une accolade. *Accoler deux paragraphes.* **2.** Faire figurer une chose à côté d'une autre ; adjoindre. *Accoler une particule à son nom.* **3.** Pratiquer l'accolage.

ACCOMMODANT, E adj. Avec qui on peut trouver un accord ; conciliant, arrangeant.

ACCOMMODAT n.m. ÉCOL. Caractère adaptatif nouveau acquis par un être vivant hors de son milieu habituel, qui ne peut être transmis à sa descendance.

ACCOMMODATION n.f. **1.** Action d'accommoder qqch à un usage, à une fin ; fait de s'accommoder ; adaptation. **2.** ÉCOL. Adaptation à un nouveau milieu par acquisition d'accommodats. **3.** MÉD. Augmentation de la courbure du cristallin de l'œil, qui permet de maintenir l'image sur la rétine quand un objet se rapproche. **4.** PSYCHOL. Chez Piaget, transformation des schèmes d'action et de pensée.

ACCOMMODEMENT n.m. Arrangement à l'amiable ; compromis.

ACCOMMODER v.t. (lat. *commodus,* convenable). **1.** Apprêter un mets. *Accommoder la salade.* **2.** Mettre en accord ; adapter. *Accommoder ses paroles aux circonstances.* ◆ v.i. Réaliser l'accommodation, en parlant de l'œil. ◆ **s'accommoder** v.pr. **1. (à, avec).** Se mettre en accord, d'accord ; s'adapter, s'accorder. *S'accommoder à qqch, avec qqn.* **2. (de).** Accepter ce qui se présente ; se contenter de, se satisfaire de. *S'accommoder de tout.*

ACCOMPAGNATEUR, TRICE n. **1.** MUS. Personne qui accompagne la partie principale avec un instrument ou avec la voix. **2.** Personne qui accompagne et guide un groupe (de touristes, de voyageurs, etc.) ou une autre personne (enfant, infirme, notamm.).

ACCOMPAGNEMENT n.m. **1.** Action, fait d'accompagner. **2.** Ce qui accompagne. *Poisson servi avec un accompagnement de riz.* **3.** MUS. Partie, ensemble des parties vocales ou instrumentales secondaires soutenant la partie principale. **4.** Ensemble d'actions et d'attitudes médicales et paramédicales, visant à guérir ou soulager une personne atteinte d'une maladie grave de longue durée.

ACCOMPAGNER v.t. **1.** Aller quelque part avec qqn ; conduire, escorter. *Il l'a accompagnée à la gare.* **2.** Mettre en place des mesures visant à atténuer les effets négatifs de qqch ; assister, aider. **3.** MUS. Soutenir par un accompagnement musical. *Accompagner au piano un chanteur, un violoniste.* **4.** Faire en même temps ; ajouter à, joindre à. *Accompagner ses paroles d'un geste de menace.* **5.** Aller avec, être joint à. *Une lettre accompagne le paquet.*

1. ACCOMPLI, E adj. **1.** Qui est arrivé à son terme ; achevé, révolu. *Dix ans accomplis.* ◇ *Le fait accompli* : ce sur quoi il n'est plus possible de revenir. *Mettre qqn devant le fait accompli.* **2.** Parfait dans son genre. *Une cuisinière accomplie.*

2. ACCOMPLI n.m. GRAMM. Forme verbale ou ensemble de formes verbales indiquant une action achevée. SYN. : *parfait, perfectif.*

ACCOMPLIR v.t. (lat. *complere,* remplir). **1.** Faire, exécuter. *Accomplir son devoir.* **2.** Réaliser entièrement, achever. *Accomplir son mandat.* ◆ **s'accomplir** v.pr. **1.** Trouver sa réalisation ; se produire, avoir lieu. **2.** Trouver son plein épanouissement dans qqch ; se réaliser. *S'accomplir dans son travail.*

ACCOMPLISSEMENT n.m. Action d'accomplir ; fait d'être accompli ; réalisation, achèvement.

ACCON ou **ACON** n.m. (mot poitevin). Chaland à fond plat servant au chargement et au déchargement des navires.

ACCONAGE ou **ACONAGE** n.m. Manutention des marchandises à bord des navires.

ACCONIER ou **ACONIER** n.m. Entrepreneur en acconage.

ACCORD n.m. **1.** Entente, harmonie entre des personnes proches par leurs idées, leurs sentiments. **2.** Consentement donné à une action ; assentiment, acceptation. *Donner son accord.* ◇ *D'accord* : oui, entendu. – *D'un commun accord* : avec le consentement de tous. – *Se mettre d'accord* : parvenir à s'entendre. **3.** Arrangement, règlement, convention entre plusieurs parties. *Accord entre deux grandes puissances. Accord interprofessionnel.* ◇ *Accord d'association* : accord conclu entre l'Union européenne et un ou plusieurs États tiers ou organisations internationales, qui formalise l'adhésion de ces derniers à des objectifs communautaires. – *Accord de coopération* : accord conclu entre l'Union européenne et un ou plusieurs États tiers ou organisations internationales, en vue de développer les relations commerciales et la coopération économique et financière. **4.** MUS. **a.** Ensemble d'au moins trois sons musicaux émis simultanément. *Accord consonant.* ◇ *Accord parfait,* superposant la tonique, la médiante et la dominante. – *Accord parfait majeur,* dont la tierce est majeure et la quinte juste. – *Accord parfait mineur,* dont la tierce est mineure et la quinte juste. (→ *dominante*). **b.** Action d'accorder un instrument ; son résultat. *Accord d'un violon en sol, ré, la, mi.* **5.** LING. Rapport entre des mots, des formes dont l'un régit l'autre ou les autres. *Accord en genre de l'adjectif avec le nom qualifié.* **6.** Correspondance, harmonie entre plusieurs choses. *Des accords de couleurs inattendus.*

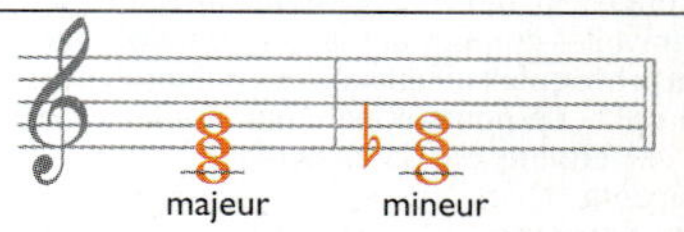

■ **ACCORD.** Accords parfaits.

ACCORDAILLES n.f. pl. Vx. Conventions préliminaires à un mariage ; fiançailles.

ACCORD-CADRE n.m. (pl. *accords-cadres*). Accord entre partenaires sociaux, servant de modèle à des accords ultérieurs plus détaillés.

ACCORDÉ, E n. Vx ou dial. Fiancé, fiancée.

ACCORDÉON n.m. (all. *Akkordion*). Instrument de musique portatif, à touches ou à boutons, dont les anches de métal sont mises en vibration par un soufflet.

ACCORDÉONISTE n. Instrumentiste qui joue de l'accordéon.

ACCORDER v.t. (lat. pop. *accordare,* de *cor,* cœur). **1.** Consentir à donner, à octroyer à qqn. *Je t'accorde une heure.* **2.** MUS. **a.** Régler la justesse d'un instrument de musique. **b.** Mettre des instruments au même diapason. **3.** LING. Appliquer à un mot les règles de l'accord. **4.** Mettre en harmonie. *Accorder ses actes à ses principes. Accorder des couleurs.* ◆ **s'accorder** v.pr. **1.** Être ou se mettre d'accord ; s'entendre. *Tous s'accordent à la regretter. Ils se sont accordés pour l'accuser.* **2.** Être en accord, en harmonie. **3.** LING. Être en accord grammatical avec un autre mot. *L'adjectif s'accorde avec le nom.*

ACCORDEUR, EUSE n. Personne qui accorde certains instruments de musique. *Accordeur de pianos.*

ACCORDOIR n.m. MUS. Outil, clé à accorder. *Accordoir pour clavecins.*

ACCORE n.f. (néerl. *schore,* étai). Pièce de bois qui étaie un navire pendant sa construction.

ACCORT, E adj. (ital. *accorto,* avisé). *Litt.* (Génér. au fém.) Gracieux, avenant. *Une accorte servante.*

ACCOSTAGE n.m. Action d'accoster ; son résultat. ◇ *Ouvrage d'accostage* : ouvrage réalisé pour permettre aux navires de s'amarrer et de séjourner dans un port (quai, ponton, duc-d'Albe, etc.).

ACCOSTER v.t. (anc. fr. *coste,* côte). **1.** S'approcher de, se ranger bord à bord, en parlant d'un navire. *Accoster le quai, un autre navire.* **2.** Aborder qqn d'une façon familière ou importune.

ACCOT [ako] n.m. Adossement de paille, de feuilles mortes, etc., pour protéger de jeunes plants contre le gel.

ACCOTEMENT n.m. **1.** Partie d'une route comprise entre la chaussée et le fossé. **2.** Partie d'une voie de chemin de fer comprise entre le rail et la crête voisine de la couche de ballast.

A

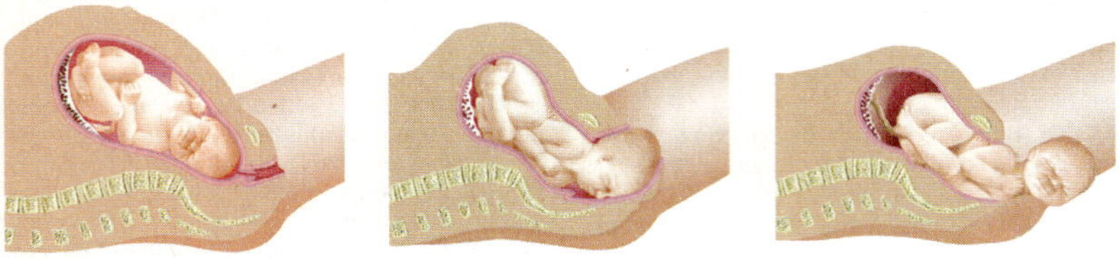

■ **ACCOUCHEMENT**

A

ACCOTER v.t. (lat. *cubitus,* coude). Appuyer qqch d'un côté. ◆ **s'accoter** v.pr. S'appuyer quelque part. *S'accoter à un mur, contre un mur.*

ACCOTOIR n.m. Appui pour les bras sur les côtés d'un siège.

ACCOUCHÉE n.f. Femme venant d'accoucher.

ACCOUCHEMENT n.m. Ensemble des phénomènes (contractions utérines, par ex.) qui aboutissent à l'expulsion du fœtus et du placenta, à la fin de la grossesse. ◇ *Accouchement psychoprophylactique,* ou, *cour., accouchement sans douleur,* auquel la femme a été préparée par un entraînement destiné à atténuer les sensations pénibles et à permettre une relaxation maximale pendant le travail. – *Accouchement prématuré,* qui a lieu trop tôt, avant le 270ᵉ jour d'absence de règles, mais après le 180ᵉ jour.
ENCYCL. L'accouchement à terme se produit au bout de 280 jours en moyenne. Il commence par le travail – comportant des contractions utérines qui provoquent un effacement puis une dilatation du col –, se poursuit par l'expulsion de l'enfant et se termine par la délivrance, expulsion du placenta.

ACCOUCHER v.i. ou v.t. ind. (de *couche*). **1.** Mettre un enfant au monde. *Accoucher d'une fille.* **2.** *Fam. Accouche ! :* parle, explique-toi. ◆ v.t. Aider une femme à mettre au monde un enfant.

ACCOUCHEUR, EUSE n. Médecin qui pratique des accouchements.

ACCOUDEMENT n.m. Fait de s'accouder.

ACCOUDER (S') v.pr. S'appuyer sur un coude, sur les coudes. *S'accouder à, sur qqch.*

ACCOUDOIR n.m. **1.** Partie horizontale ménagée en haut du dossier d'un siège, sur laquelle une personne peut s'accouder (cas d'un prie-Dieu, notamm.). **2.** *Cour.* Accotoir, bras de fauteuil.

ACCOUPLE n.f. Lien pour attacher ensemble les chiens de chasse.

ACCOUPLEMENT n.m. **1.** Fait de s'accoupler. **2.** ZOOL. Rapprochement physique de deux individus de même espèce et de sexe opposé, assurant la reproduction. ◇ *Accouplement raisonné :* choix de deux reproducteurs à accoupler en vue de l'amélioration génétique d'un troupeau, d'une race. **3.** Jonction, liaison de deux ou de plusieurs éléments mécaniques ; dispositif assurant une telle liaison. **4.** ÉLECTROTECHN. Couplage.

ACCOUPLER v.t. **1.** Rendre solidaire dans le fonctionnement. *Accoupler des roues.* **2. a.** Réunir des animaux par deux. *Accoupler des bœufs.* **b.** ZOOL. Unir pour la reproduction le mâle et la femelle d'une même espèce. **3.** ÉLECTROTECHN. Coupler. ◆ **s'accoupler** v.pr. ZOOL. S'unir pour la reproduction.

ACCOURCIR v.t. Vx. Rendre plus court.

ACCOURCISSEMENT n.m. Vx. Diminution de longueur ou de durée.

ACCOURIR v.i. [33] [auxil. *avoir* ou, plus souvent, *être*] (lat. *accurere*). Venir en hâte. *Ils sont accourus. Elles ont accouru.*

ACCOUTREMENT n.m. Habillement bizarre ou ridicule.

ACCOUTRER v.t. (lat. *consutura,* couture). Habiller d'une manière bizarre ou ridicule. ◇ v.pr. *Regarde un peu comme tu t'es accoutrée !*

ACCOUTUMANCE n.f. Fait de s'accoutumer, de s'habituer progressivement à qqch. *Accoutumance au bruit, à la douleur.* – MÉD. Tolérance.

ACCOUTUMÉ, E adj. Dont on a l'habitude ; ordinaire, habituel. *Se retrouver à l'heure accoutumée.* ◇ *Sout. À l'accoutumée :* à l'ordinaire, d'habitude.

ACCOUTUMER v.t. Disposer qqn à supporter, à faire ; habituer. ◆ **s'accoutumer** v.pr. (à). Prendre l'habitude de.

ACCOUVAGE n.m. Technique de l'incubation et de l'éclosion des œufs au moyen de couveuses artificielles.

ACCOUVEUR, EUSE n. Personne qui pratique l'accouvage.

ACCRÉDITATION n.f. Action d'accréditer ; fait d'être accrédité.

ACCRÉDITER v.t. (de *crédit*). **1.** Rendre croyable, vraisemblable. *Plusieurs incidents de frontière tendent à accréditer les rumeurs de guerre.* **2.** BANQUE. Ouvrir un crédit au moyen d'un accréditif. **3.** Donner l'autorité nécessaire en tant que représentant d'un pays à qqn. *Accréditer un ambassadeur.* **4.** Pour une administration, une institution, délivrer une autorisation d'accès à un journaliste, un photographe, etc. ◆ **s'accréditer** v.pr. Devenir crédible.

ACCRÉDITIF, IVE adj. Qui accrédite. ◆ n.m. BANQUE. Document remis par une banque à un client pour permettre à celui-ci d'obtenir un crédit auprès d'une banque d'une autre place.

ACCRESCENT, E [akrɛsɑ̃, ɑ̃t] adj. BOT. Qui continue à croître après la fécondation, en parlant d'une partie de la fleur autre que l'ovaire.

ACCRÉTER v.t. [11]. ASTRON. Capturer par accrétion.

ACCRÉTION n.f. **1.** ASTRON. Capture de matière par un astre sous l'effet de la gravitation. **2.** GÉOL. Accroissement d'une région continentale ou océanique par apport de matériaux.

ACCRO adj. et n. *Fam.* **1.** Dépendant d'une drogue ; toxicomane. **2.** Qui est passionné pour qqch. *Un accro du jazz.*

ACCROC [akro] n.m. (de *accrocher*). **1.** Déchirure faite dans un tissu par un objet qui accroche. *Faire un accroc à sa jupe.* **2.** *Fig.* Incident malheureux. *Un voyage sans accroc.*

ACCROCHAGE n.m. **1.** Action d'accrocher qqch. *L'accrochage d'un tableau. Circulation ralentie par un accrochage entre deux véhicules.* **2.** *Fam.* Action de s'accrocher, de se disputer. *Ils ont parfois de sérieux accrochages.* **3.** MIL. Bref engagement entre détachements adverses de faible effectif.

ACCROCHE n.f. Partie d'un texte publicitaire spécialement conçue pour attirer l'attention.

ACCROCHE-CŒUR n.m. (pl. *accroche-cœur[s]*). Mèche de cheveux aplatie en boucle sur le front ou la tempe. SYN. : *guiche*

ACCROCHE-PLAT n.m. (pl. *accroche-plat[s]*). Dispositif muni de griffes pour accrocher une assiette ou un plat au mur.

ACCROCHER v.t. (de *croc*). **1.** Suspendre à un crochet, à un clou, etc. *Accrocher un tableau au mur.* **2.** Faire un accroc à. *Accrocher un bas.* **3.** Heurter légèrement, en parlant d'un véhicule ou de son conducteur. *Il a accroché un cycliste.* **4.** *Fam.* Réussir à obtenir, à saisir. *Accrocher une commande.* **5.** *Fam.* Aborder qqn en l'arrêtant dans sa marche. ◆ v.i. *Fam.* Avoir un bon contact avec qqn. *Je n'accroche pas avec elle.* ◆ **s'accrocher** v.pr. **1.** Se retenir avec force ; se cramponner. *S'accrocher à la vie.* **2.** *Fam.* Être tenace ; persévérer. *Il va falloir s'accrocher.* **3.** *Fam.* Se disputer. **4.** MIL. Engager brièvement le combat. **5.** *Très fam. Tu peux te l'accrocher ! :* tu peux être sûr que tu ne l'auras pas.

ACCROCHEUR, EUSE adj. *Fam.* **1.** Qui retient l'attention. *Titre accrocheur.* **2.** Qui montre de la ténacité ; opiniâtre, combatif.

ACCROIRE v.t. [Usité seulem. à l'inf., avec les v. *faire* et *laisser*] (lat. *accredere*). *Litt. En faire accroire à qqn,* le tromper, l'abuser.

ACCROISSEMENT n.m. **1.** Fait d'accroître, de s'accroître ; augmentation. **2.** DÉMOGR. *Accroissement naturel :* différence entre les taux de natalité et de mortalité.

ACCROÎTRE v.t. [74] (lat. *accrescere*). Augmenter l'importance, l'intensité de. *Accroître la richesse d'un pays. Cela ne fait qu'accroître son anxiété.* ◆ **s'accroître** v.pr. Devenir plus étendu, plus important ; augmenter.

ACCROUPIR (S') v.pr. S'asseoir sur ses talons.

ACCROUPISSEMENT n.m. Position d'une personne accroupie.

ACCRU, E adj. Plus grand. *Des charges accrues.*

ACCRUE n.f. **1.** Augmentation de la surface d'un terrain par le retrait des eaux. **2.** Augmentation de la surface d'une forêt par extension sur un terrain voisin. – Parcelle abandonnée par la culture et qui s'est couverte naturellement de végétation forestière.

ACCU n.m. (abrév.). *Fam.* Accumulateur électrique. ◇ *Fam. Recharger ses accus :* reconstituer ses forces.

ACCUEIL n.m. **1.** Action, manière d'accueillir. *Un accueil très chaleureux.* **2.** Lieu où, dans une administration, une entreprise, on accueille les visiteurs. ◇ *Centre d'accueil,* destiné à recevoir des sinistrés, des réfugiés, etc.

ACCUEILLANT, E adj. Qui fait bon accueil ; hospitalier. *Une famille accueillante.*

ACCUEILLIR v.t. [29]. **1.** Recevoir qqn qui arrive, qui se présente ; lui réserver un certain accueil. *Aller accueillir un ami à la gare. Accueillir qqn à bras ouverts, froidement.* **2.** Donner l'hospitalité à qqn ; recevoir. **3.** Avoir telle réaction face à qqch ; prendre, accepter. *Comment a-t-elle accueilli la nouvelle ?*

ACCULER v.t. **1.** Pousser contre un obstacle qui empêche de reculer ou dans un lieu sans issue. *Ils l'avaient acculé au fond de l'impasse.* **2.** Mettre dans l'impossibilité de se soustraire à une situation fâcheuse ; réduire à telle extrémité. *Ses créanciers l'ont acculée à la faillite.*

ACCULTURATION n.f. ETHNOL. Processus par lequel un individu, un groupe social ou une société entre en contact avec une culture différente de la sienne et l'assimile en partie.

ACCULTURÉ, E adj. Qui a subi un processus d'acculturation.

ACCUMULATEUR n.m. **1.** ÉNERG. Tout dispositif susceptible d'emmagasiner de l'énergie et de la restituer. ◇ *Accumulateur électrique :* dispositif électrolytique emmagasinant de l'énergie sous forme chimique pour la restituer sous la forme d'un courant électrique continu. *Accumulateur, batterie d'accumulateurs d'une automobile.* – *Accumulateur hydraulique :* appareil qui emmagasine de l'énergie sous forme de pression d'un fluide. – *Accumulateur de chaleur,* ou *accumulateur thermique :* appareil capable d'emmagasiner et de restituer de la chaleur. **2.** INFORM. Registre de l'unité centrale d'un ordinateur où sont enregistrés les résultats des opérations effectuées.

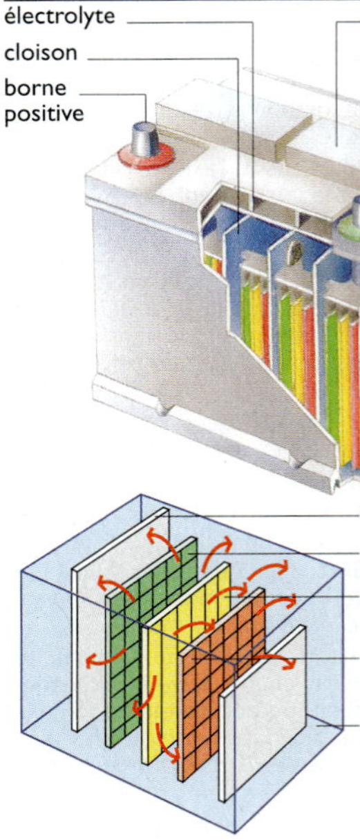

■ **ACCUMULATEUR.** Batterie d'accumulateurs d'automobile.

ACCUMULATION n.f. **1.** Action d'accumuler ; son résultat. ◇ *Chauffage à* ou *par accumulation :* dispositif de chauffage électrique utilisant le courant pendant les heures creuses et restituant à la demande, pendant les heures de pointe, la chaleur ainsi accumulée. **2.** GÉOMORPH. Entassement de matériaux détritiques sous l'action des eaux courantes, des glaciers, du vent, de la mer, etc. **3.** *Accumulation du capital :* dans une société capitaliste, reproduction élargie du capital par incorporation croissante de plus-value.

ACCUMULER v.t. (lat. *accumulare*). Mettre ensemble en grande quantité ; entasser, réunir. *Accumuler des marchandises, des témoignages.* ◆ **s'accumuler** v.pr. Se mettre en tas ; s'ajouter les uns aux autres. *La neige poussée par le vent s'accumule en congères. Les difficultés s'accumulent.*

ACCUSATEUR, TRICE adj. et n. Qui accuse. *Un regard accusateur.* ◆ n.m. HIST. *Accusateur public :* membre du ministère public auprès du tribunal criminel, pendant la Révolution française.

ACCUSATIF n.m. LING. Cas des langues à déclinaison exprimant la relation entre le verbe et le complément le plus directement affecté par l'action verbale.

ACCUSATION n.f. **1.** Action d'accuser, de présenter comme coupable ; son résultat. **2.** DR. Fait de déférer devant la cour d'assises la connaissance d'un crime. ◇ *L'accusation :* le ministère public, par oppos. à la *défense*.
ENCYCL. La chambre d'accusation a été supprimée en 2000. Certaines de ses attributions sont reprises par la chambre de l'*instruction.

ACCUSATOIRE adj. DR. *Système accusatoire :* système procédural dans lequel le rôle assigné au juge est celui d'un arbitre entre l'accusation et la défense (par oppos. au *système inquisitoire,* dans lequel le juge joue un rôle prépondérant dans la conduite de l'instance et la recherche des preuves).

ACCUSÉ, E n. **1.** Personne à qui l'on impute une infraction. **2.** DR. Personne à qui est imputé un crime ; prévenu, en cour d'assises. ◆ n.m. *Accusé de réception :* avis informant l'expéditeur que l'objet envoyé a été reçu par le destinataire.

ACCUSER v.t. (lat. *accusare*). **1.** Présenter qqn comme coupable. *Accuser qqn de meurtre. On l'a accusé de négligence, de malhonnêteté.* — DR. Déférer qqn devant la cour d'assises pour une infraction de nature criminelle. **2.** Mettre en évidence, en relief ; accentuer. *Un maquillage qui accuse les traits.* **3.** Laisser apparaître ; montrer. *Son visage accuse la fatigue.* ◇ *Fam. Accuser le coup :* laisser voir qu'on est affecté, touché. **4.** *Accuser réception :* faire savoir qu'on a reçu un envoi.

ACE [ɛs] n.m. (mot angl., *as*). Balle de service que l'adversaire ne parvient pas à toucher, au tennis.

ACÉPHALE adj. (du gr. *kephalê*, tête). Se dit d'une statue, d'une figure sans tête.

ACÉRACÉE n.f. (du lat. *acer,* érable). Arbre à grandes feuilles opposées, à fruits composés de deux samares ailées, tel que l'érable. (Les acéracées forment une famille de dicotylédones.)

ACERBE adj. (lat. *acerbus*). Qui a une intention blessante ; agressif, mordant. *Des paroles acerbes.*

ACERBITÉ n.f. Rare. Caractère de ce qui est acerbe.

ACÉRÉ, E adj. **1.** Dont la pointe, le tranchant sont aiguisés. *Griffes acérées.* **2.** *Fig.* D'une vivacité blessante ; caustique, mordant. *Critique acérée.*

ACÉRER v.t. [11]. Rare. Rendre tranchant.

ACÉRICULTEUR, TRICE n. Québec. Personne qui exploite une érablière.

ACÉRICULTURE n.f. (du lat. *acer,* érable). Québec. Exploitation industrielle d'une érablière pour produire du sirop d'érable.

ACESCENCE [asɛsɑ̃s] n.f. Tendance à devenir acide, pour une boisson fermentée.

ACESCENT, E adj. Qui devient acide. *Bière acescente.*

ACÉTABULAIRE n.f. Petite algue verte unicellulaire de la Méditerranée, formée d'un disque porté par un long pédicelle. (Long. de 5 à 8 cm ; classe des chlorophycées.)

ACETABULUM [asetabylɔm] n.m. ANAT. Cavité articulaire de l'os iliaque, recevant la tête du fémur. SYN. : *cavité cotyloïde.*

ACÉTAL n.m. (pl. *acétals*). CHIM. ORG. Corps obtenu par addition des alcools sur les aldéhydes (nom générique).

ACÉTALDÉHYDE n.m. CHIM. ORG. Éthanal.

ACÉTAMIDE n.m. Amide de l'acide acétique (CH_3CONH_2).

ACÉTATE n.m. (lat. *acetum,* vinaigre). CHIM. ORG. Sel ou ester de l'acide acétique. ◇ *Acétate de cellulose,* ou *acétate :* ester acétique de la cellulose, constituant de fibres textiles, de matières plastiques, de films, etc.

ACÉTIFICATION n.f. Fait d'être acétifié ; transformation en vinaigre.

ACÉTIFIER v.t. [5]. Convertir du vin en vinaigre, de l'alcool éthylique en acide acétique.

ACÉTIQUE adj. *Acide acétique :* acide (CH_3CO_2H), produit d'oxydation de l'éthanol auquel le vinaigre doit sa saveur. SYN. : *acide éthanoïque.* — *Fermentation acétique :* fermentation qui donne naissance au vinaigre.

ACÉTOBACTER [-tɛr] n.m. Bactérie responsable de la transformation de l'alcool en acide acétique.

ACÉTONE n.f. Liquide incolore (CH_3COCH_3), volatil et inflammable, utilisé comme solvant.

ACÉTONÉMIE n.f. MÉD. Augmentation de la concentration de corps cétoniques dans le sang.

ACÉTONÉMIQUE adj. Relatif à l'acétonémie.

ACÉTONURIE n.f. MÉD. Augmentation de la concentration de corps cétoniques dans les urines.

ACÉTYLCHOLINE [-kɔ-] n.f. Substance formée à partir d'acide acétique et de choline, faisant partie des neurotransmetteurs. (L'acétylcholine est présente dans l'encéphale, les nerfs somatiques et les nerfs végétatifs.)

ACÉTYLCOENZYME A n.f. Substance associant l'acide acétique et une coenzyme, jouant un rôle capital dans le métabolisme des cellules.

ACÉTYLE n.m. Radical univalent (CH_3CO—) dérivant de l'acide acétique.

ACÉTYLÈNE n.m. Hydrocarbure non saturé (alcyne) gazeux ($HC{\equiv}CH$), produit notamm. en traitant le carbure de calcium par l'eau.

ACÉTYLÉNIQUE adj. Qui dérive de l'acétylène.

ACÉTYLSALICYLIQUE adj. *Acide acétylsalicylique :* aspirine.

ACÉTYLURE n.m. Dérivé métallique de l'acétylène.

ACHAINE n.m. → **AKÈNE.**

ACHALANDAGE n.m. Vieilli. Ensemble des marchandises que l'on trouve chez un commerçant.

ACHALANDÉ, E adj. (de *chaland,* acheteur). **1.** (Emploi critiqué mais cour.) Fourni en marchandises, approvisionné. *Boutique bien achalandée.* **2.** Vx. Qui a des clients.

ACHALANDER v.t. **1.** Fournir un magasin en marchandises ; approvisionner. **2.** Vx. Faire venir des clients dans un magasin.

ACHALASIE [akalazi] n.f. (du gr. *khalasis,* relâchement). MÉD. Perte de la coordination des mouvements du tube digestif, entraînant un arrêt du transit et une dilatation en amont.

ACHARDS [aʃar] n.m. pl. (mot malais). Condiment d'origine indienne composé de fruits et de légumes macérés dans du vinaigre.

ACHARISME n.m. Doctrine du théologien musulman Achari (v. 873 - v. 935) et de son école.

ACHARNÉ, E adj. Qui manifeste une ardeur opiniâtre. *Une lutte acharnée. Une travailleuse acharnée.*

ACHARNEMENT n.m. Fait de s'acharner ; ténacité, obstination. *S'entraîner avec acharnement.* ◇ *Acharnement thérapeutique :* comportement d'un médecin cherchant à maintenir en vie un malade, génér. par les techniques modernes de réanimation, alors que la majorité du corps médical jugerait le décès de ce malade inévitable.

ACHARNER (S') v.pr. (de l'anc. fr. *charn,* chair). **1.** (sur, contre). Poursuivre qqn, qqch avec violence, hostilité. *S'acharner sur sa proie. Le sort s'acharne contre cette famille.* **2.** Mettre beaucoup de ténacité, de fougue dans ce qu'on entreprend ; employer toute son énergie pour obtenir qqch. *Il n'a pas encore réussi, mais il s'acharne.*

ACHAT n.m. **1.** Action d'acheter. *L'achat d'une sculpture.* **2.** Ce qui est acheté. *Déballer ses achats.*

ACHE n.f. (lat. *apium*). Plante à feuilles découpées et à petites fleurs blanches en ombelles, dont une espèce cultivée est le céleri. (Famille des ombellifères.)

ACHEB [akɛb] n.m. (mot ar.). Formation végétale du Sahara, constituée de plantes éphémères qui se développent après une averse.

ACHÉEN, ENNE [-ke-] adj. Des Achéens.

ACHÉMÉNIDE [-ke-] adj. Des Achéménides.

ACHEMINEMENT n.m. Action d'acheminer, de s'acheminer. *L'acheminement du courrier.*

ACHEMINER v.t. Transporter vers un lieu. *Acheminer du ravitaillement par avion.* ◆ **s'acheminer** v.pr. **1.** Se diriger vers un lieu. **2.** Avancer, progresser vers l'aboutissement de qqch. *S'acheminer vers un résultat.*

ACHETABLE adj. Qui peut être acheté.

ACHÈTE [akɛt] n.m. ZOOL. Hirudinée.

ACHETER v.t. [12] (lat. *ad* et *captare,* saisir). **1.** Obtenir, se procurer qqch en payant. *Acheter du pain.* **2.** Payer la complicité, la bienveillance de qqn. *Acheter un témoin.* **3.** *Fig.* Obtenir avec effort, avec beaucoup de peine. *Acheter très cher sa liberté.*

ACHETEUR, EUSE n. **1.** Personne qui achète qqch pour son compte personnel. **2.** Personne chargée de faire les achats de marchandises pour une entreprise (grand magasin, en partic.).

ACHEULÉEN [aʃøleɛ̃] n.m. (de *Saint-Acheul,* dans la Somme). Faciès culturel du paléolithique caractérisé par des industries à bifaces. (Il apparaît en Afrique il y a 1 000 000 d'années, et se répand en Europe vers 500 000 av. J.-C.) ◆ **acheuléen, enne** adj. Relatif à l'acheuléen.

A

ACHEVÉ, E adj. Parfait en son genre. *C'est le type achevé de l'élégante. C'est d'un ridicule achevé.*

ACHÈVEMENT n.m. Action d'achever ; exécution complète. *L'achèvement des travaux.*

ACHEVER v.t. [12] (de l'anc. fr. *chef,* bout). **1.** Finir, terminer ce qui est commencé. **2.** Donner le dernier coup qui tue. *Achever un cheval blessé.* **3.** Finir d'accabler ; perdre complètement qqn. *Ce dernier malheur l'a achevé.*

ACHIGAN [aʃigɑ̃] n.m. (mot amérindien). Québec. Black-bass (poisson).

ACHILLÉE [akile] n.f. Plante à feuilles très découpées, à fleurs jaunes ou blanchâtres, dont l'espèce la plus commune est la mille-feuille. (Famille des composées.)

ACHOLIE [akɔli] n.f. MÉD. Arrêt de la sécrétion de la bile par le foie, entraînant une décoloration des selles et une jaunisse.

ACHONDROPLASIE [akɔ̃droplazi] n.f. Maladie héréditaire caractérisée par une ossification trop précoce des cartilages de conjugaison, provoquant un nanisme marqué surtout aux membres.

ACHOPPEMENT n.m. *Pierre d'achoppement :* obstacle, difficulté qui peut être une cause d'échec.

ACHOPPER v.i. **1.** *Litt.* Buter du pied contre qqch. **2.** Être arrêté par une difficulté. *Achopper sur un mot difficile à prononcer.*

ACHOURA [aʃura] n.f. (ar. *'Āchūrā'*). Fête religieuse musulmane qui a lieu le 10e jour de la nouvelle année. (Les chiites commémorent ce jour-là la mort de Husayn.)

ACHROMAT [akrɔma] n.m. OPT. Combinaison de lentilles constituant un système achromatique.

ACHROMATIQUE [-krɔ-] adj. (du gr. *khrôma,* couleur). **1.** OPT. Qui laisse passer la lumière blanche sans la décomposer, sans produire d'irisations. **2.** Se dit d'un constituant cellulaire qui ne prend pas les colorants.

ACHROMATISER [-krɔ-] v.t. OPT. Remédier à l'aberration chromatique d'un système optique, le plus souvent en associant des lentilles de pouvoirs dispersifs différents.

ACHROMATISME [-krɔ-] n.m. Propriété d'un système optique achromatique.

ACHROMATOPSIE [-krɔ-] n.f. Affection de l'œil empêchant de distinguer les couleurs.

ACHROME [akrom] adj. PHOTOGR. En noir et blanc.

ACHROMIE [-krɔ-] n.f. MÉD. Leucodermie.

ACHYLIE [aʃili] n.f. Anomalie du suc gastrique qui ne contient ni pepsine ni acide chlorhydrique.

ACICULAIRE adj. MINÉRALOG. Qui cristallise en fines aiguilles.

1. ACIDE adj. (lat. *acidus*). **1.** Qui a une saveur aigre, piquante. *Boisson trop acide.* **2.** *Fig.* Désagréable, blessant. *Paroles acides.* **3.** CHIM. Qui a les propriétés d'un acide. ◇ PÉDOL. *Sol acide,* dont le pH est inférieur à 6,5. **4.** PÉTROL. *Roche acide :*

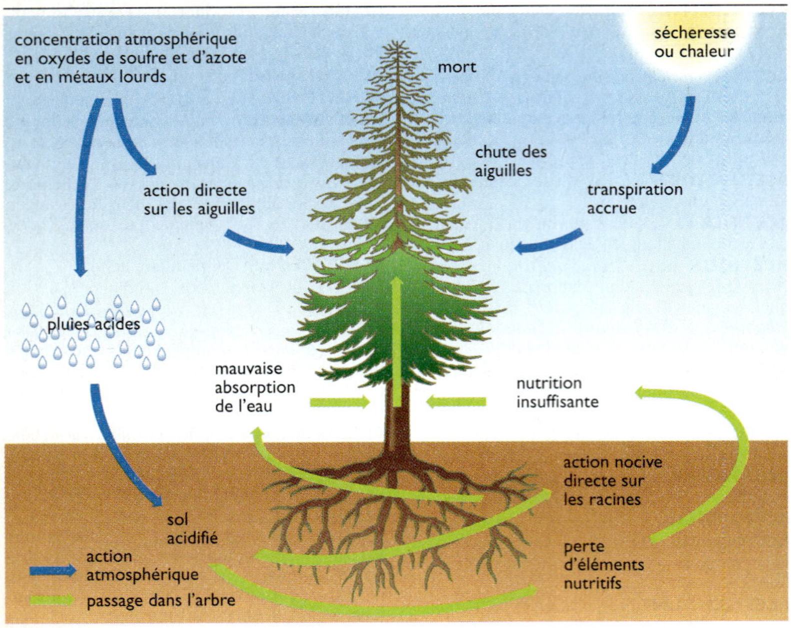

■ **ACIDE.** Les pluies acides et leur action sur l'environnement.

roche magmatique contenant plus de 65 % de silice. (La rhyolite est une roche acide.) **5.** ÉCOL. Se dit de précipitations (pluies, brouillards, etc.) polluées par les fumées industrielles et contenant de l'acide sulfurique et de l'acide nitrique, très nuisibles à la végétation, en partic. aux forêts.

2. ACIDE n.m. **1.** CHIM. Nom générique des corps capables de donner des protons, notamm. ceux dont la solution dans l'eau fournit des ions H_3O^+, et qui agissent sur les bases et les métaux en formant des sels. **2.** *Fam.* LSD.

ACIDE-ALCOOL n.m. (pl. *acides-alcools*). Composé organique renfermant des fonctions acide et des fonctions alcool (nom générique).

ACIDIFIABLE adj. Qui peut être converti en acide.

ACIDIFIANT, E adj. et n.m. Se dit d'une substance qui a la propriété de transformer en acide, de rendre acide.

ACIDIFICATION n.f. CHIM. Fait de transformer ou d'être transformé en acide.

ACIDIFIER v.t. [5]. CHIM. Transformer en acide.

ACIDIMÈTRE n.m. **1.** Appareil pour doser les acides. **2.** Appareil pour déterminer l'acidité du lait et du vin.

ACIDIMÉTRIE n.f. Mesure de la concentration d'un acide.

ACIDIPHILE ou **ACIDOPHILE** adj. **1.** BOT. Se dit d'une plante qui se développe bien sur les sols acides (bruyère, ajonc, etc.). **2.** HISTOL. Se dit d'un élément cellulaire ou tissulaire qui fixe les colorants acides comme l'éosine.

ACIDITÉ n.f. **1.** Saveur acide, aigre. **2.** CHIM. Caractère acide d'un corps. **3.** *Fig.* Caractère mordant, causticité. *Des paroles pleines d'acidité.*

ACID JAZZ n.m. Musique apparue en Grande-Bretagne à la fin des années 1980, associant, par échantillonnage, le rap au jazz, à la soul ou au funk.

ACIDO-ALCALIMÉTRIE n.f. (pl. *acido-alcalimétries*). Mesure de l'acidité ou de la basicité d'un milieu, grâce à la détermination de son pH.

ACIDO-BASIQUE adj. (pl. *acido-basiques*). *Équilibre acido-basique :* rapport constant entre les acides et les bases présents dans l'organisme, qui se traduit par la stabilité du pH sanguin.

ACIDOCÉTOSE n.f. MÉD. Acidose avec excès de corps cétoniques dans le sang, observée notamment au cours du jeûne, du diabète.

ACIDOPHILE adj. → **ACIDIPHILE.**

ACIDOSE n.f. MÉD. Concentration excessive d'acide dans le plasma sanguin et les liquides interstitiels. *Acidose respiratoire.*

ACIDULÉ, E adj. De saveur légèrement acide. *Bonbon acidulé.*

ACIDULER v.t. Rendre un plat légèrement acide par adjonction de vinaigre ou de citron.

ACIER n.m. (lat. *acies,* pointe). **1.** Alliage principalement de fer et de carbone (moins de 1,8 %), susceptible d'acquérir par traitement mécanique et thermique des propriétés très variées. ◇ *Acier allié :* acier dont les constituants (nickel, cuivre, chrome, etc.) sont en proportions notables. – *Acier inoxydable :* acier allié à base de nickel et de chrome résistant aux divers agents de corrosion à température ambiante ou modérée (300 °C). – *Acier moulé :* acier dur, obtenu par moulage de fonderie. – *Acier au creuset :* acier élaboré par fusion des éléments d'alliage dans un creuset. – *Acier à l'oxygène,* obtenu par l'un des procédés d'aciérie de convertissage de la fonte en acier. – *Acier rapide :* acier allié très dur, employé pour la fabrication des outils de coupe à grande vitesse. – *Acier maraging :* alliage de fer et de nickel, à basse teneur en carbone, qui présente des caractéristiques mécaniques élevées, mises à profit notamm. dans l'industrie aéronautique. **2.** *Avoir des nerfs d'acier,* très solides.

ACIÉRÉ, E adj. Recouvert d'acier.

ACIÉRER v.t. [11]. GRAV. *Aciérer un cuivre,* le recouvrir, après gravure, d'une mince couche d'acier pour le rendre plus résistant.

ACIÉRIE n.f. Usine où l'on produit de l'acier.

ACIÉRISTE n. Spécialiste de la fabrication de l'acier.

ACINÉSIE n.f. → **AKINÉSIE.**

ACINEUSE adj.f. HISTOL. *Glande acineuse :* glande, telle que les glandes mammaires, dont les parties sécrétrices sont des acini.

ACINUS [asinys] n.m. (pl. *acini*). HISTOL. Masse arrondie de quelques cellules sécrétrices, à l'extrémité des canaux de certaines glandes.

ACMÉ n.m. ou n.f. (gr. *akmê,* sommet). *Litt.* Point culminant ; apogée. *L'acmé de la vie.*

ACMÉISME n.m. École littéraire russe apparue vers 1912, qui réagit contre le symbolisme par la célébration de la vie et la simplicité du style. (Principaux représentants : N. Goumilev, A. Akhmatova, O. Mandelstam.)

ACNÉ n.f. (gr. *akmê,* pointe). Dermatose due à une inflammation des follicules pilo-sébacés, caractérisée par des boutons (comédons, papules, nodules, pustules), siégeant principalement sur le visage.

ACNÉIQUE adj. Relatif à l'acné.

ACŒLOMATE [aselɔmat] n.m. ZOOL. Animal sans cœlome. (Les cnidaires, les vers plats, les nématodes sont des acœlomates.)

ACOLYTAT n.m. CATH. Le plus élevé des quatre ordres mineurs, maintenu par la réforme de 1972.

ACOLYTE n.m. (gr. *akolouthos,* serviteur). **1.** *Péjor.* Compagnon, complice d'une mauvaise action. **2.** CATH. Servant du prêtre à l'autel.

ACOMPTE n.m. Paiement partiel à valoir sur le montant d'une somme à payer.

ACON n.m. → **ACCON.**

ACONAGE n.m. → **ACCONAGE.**

ACONIER n.m. → **ACCONIER.**

ACONIT [akɔnit] n.m. (gr. *akoniton*). Plante vénéneuse des régions montagneuses d'Europe et d'Asie centrale, à feuilles vert sombre et à fleurs bleues ou violettes possédant un pétale supérieur

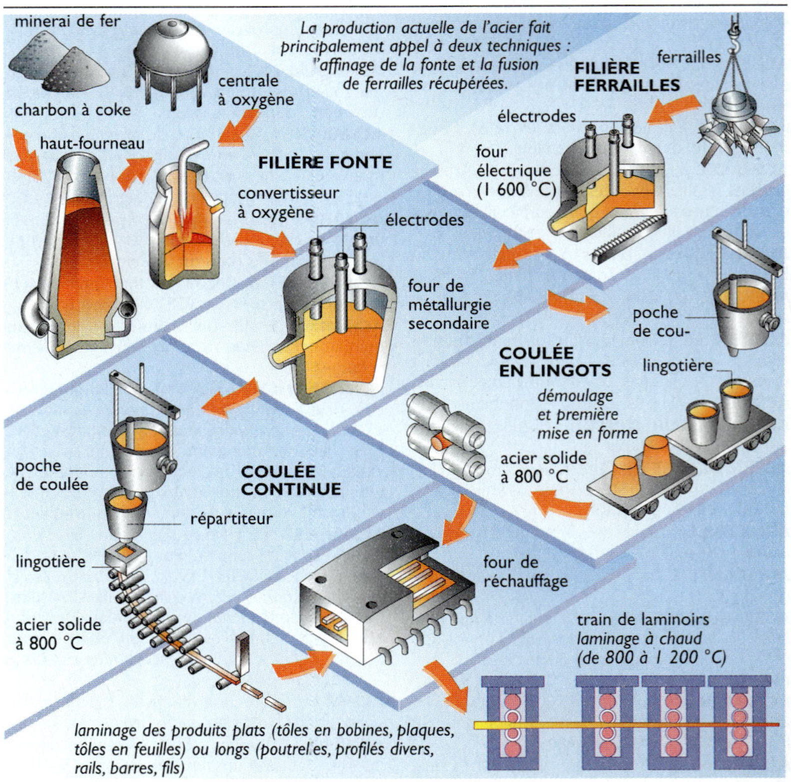

■ **ACIER.** Élaboration de l'acier.

en forme de casque, cultivée comme plante d'ornement. (Haut. 1 m env. ; famille des renonculacées.)

ACONITINE n.f. Alcaloïde toxique extrait de la racine de l'aconit napel.

A CONTRARIO loc. adv. et adj. inv. (mots lat.). Se dit d'un raisonnement dont la forme est identique à celle d'un autre, mais dont l'hypothèse et, par conséquent, la conclusion sont inverses.

ACOQUINEMENT n.m. *Péjor.* Liaison, association à caractère douteux.

ACOQUINER (S') v.pr. *Péjor.* Se lier avec une ou plusieurs personnes peu recommandables.

ACORE n.m. Plante des marais originaire d'Asie du Sud-Est et de l'Inde, aussi appelée *roseau aromatique*. (Famille des aracées.)

À-CÔTÉ n.m. (pl. *à-côtés*). Ce qui est accessoire, en supplément. *Les à-côtés d'une question. Les petits à-côtés imprévus.*

À-COUP n.m. (pl. *à-coups*). Arrêt brusque immédiatement suivi d'une reprise ; rupture dans la continuité d'un mouvement ; saccade. ◇ *Par à-coups* : de façon intermittente, irrégulière.

ACOUPHÈNE n.m. (du gr. *akouein*, entendre, et *phainein*, apparaître). MÉD. Sensation auditive (bourdonnement, sifflement, etc.) perçue en l'absence de tout son extérieur.

ACOUSTICIEN, ENNE n. Spécialiste de l'acoustique.

ACOUSTIQUE adj. (du gr. *akouein*, entendre). Relatif à la perception des sons. ◆ n.f. **1.** Partie de la physique qui étudie les sons. **2.** Qualité d'un lieu du point de vue de la propagation des sons.

ACQUÉREUR n.m. Personne qui acquiert un bien ; acheteur.

ACQUÉRIR v.t. [27] (lat. *acquirere*). **1.** Devenir propriétaire d'un bien, d'un droit par achat, échange, succession. *Acquérir une terre par héritage.* **2.** Arriver à avoir, obtenir grâce à un effort, à l'expérience, au temps. *Acquérir de l'habileté.* **3.** Faire avoir ; procurer, valoir. *Cela lui a acquis une solide réputation.*

ACQUÊT [akɛ] n.m. DR. Bien acquis par les époux, ensemble ou séparément, durant le mariage, à titre onéreux, et qui entre dans la masse commune, dans le régime de la communauté légale (par oppos. à *bien propre*).

ACQUIESCEMENT n.m. Fait d'acquiescer ; adhésion, consentement, accord.

ACQUIESCER [akjese] v.i. ou v.t. ind. **(à)** [14] (lat. *acquiescere*, se reposer). *Litt.* Dire oui ; consentir. *Acquiescer d'un signe de tête. Acquiescer à un désir.*

ACQUIS, E adj. (de *acquérir*). **1.** Que l'on a acquis, obtenu (par oppos. à *inné*, *héréditaire*). *Caractères acquis.* **2.** Qui a été obtenu, reconnu une fois pour toutes et ne peut être contesté. *Fait acquis. Droits, avantages acquis.* **3.** Entièrement gagné, dévoué à une idée, à qqn ; partisan de. *Être acquis à une cause. Je vous suis tout acquis.* ◆ n.m. Ce qui est acquis ; ensemble de connaissances, d'avantages, de droits, etc., déjà obtenus par une action. *C'est un acquis considérable.*

ACQUISITIF, IVE adj. DR. Relatif à une acquisition ; qui équivaut à une acquisition.

ACQUISITION n.f. **1.** Action d'acquérir. *Faire l'acquisition d'un domaine. L'acquisition du langage.* **2.** Ce que l'on a acquis. *Montre-moi ta dernière acquisition.*

ACQUIT n.m. (de *acquitter*). **1.** Reconnaissance écrite d'un paiement. ◇ *Pour acquit* : formule apposée au verso d'un chèque, au bas d'un billet, pour certifier qu'ils ont été payés. **2.** *Par acquit de conscience* : pour être sûr ; pour éviter ensuite un regret ou un remords.

ACQUIT-À-CAUTION n.m. (pl. *acquits-à-caution*). Document administratif, contresigné par une caution, qui permet à un redevable de faire circuler certaines marchandises soumises à l'impôt indirect sans paiement préalable.

ACQUITTÉ, E n. Accusé déclaré non coupable par la cour d'assises.

ACQUITTEMENT n.m. **1.** Fait d'acquitter ce qu'on doit ; paiement, remboursement. *Acquittement d'une dette.* **2.** Action d'acquitter un accusé par une décision judiciaire.

ACQUITTER v.t. (de *quitte*). **1.** Payer ce qu'on doit. *Acquitter ses impôts, une facture.* **2.** Déclarer non coupable. *Acquitter un accusé.* ◆ **s'acquitter** v.pr. **(de).** Faire ce qu'on doit. *S'acquitter d'une dette, d'une promesse, d'une tâche.*

ACRA n.m. Boulette composée de morue pilée ou d'éléments divers, enrobée de pâte à beignet et frite à l'huile bouillante. (Cuisine antillaise.)

ACRE n.f. (mot anglo-normand). Ancienne mesure agraire, variable d'un pays à l'autre. (Elle valait en France 52 ares env.)

ÂCRE adj. (lat. *acer*). Irritant au goût, à l'odorat ; piquant. *L'odeur âcre de la fumée.*

ÂCRETÉ n.f. Caractère de ce qui est âcre.

ACRIDIDÉ ou **ACRIDIEN** n.m. Insecte orthoptère sauteur à antennes courtes, tel que le criquet et la locuste. (Les acrididés, ou acridiens, forment une famille.)

ACRIMONIE n.f. (lat. *acrimonia*). *Litt.* Mauvaise humeur qui se manifeste par un ton, des propos acerbes, mordants.

ACRIMONIEUX, EUSE adj. *Litt.* Qui manifeste de l'acrimonie.

ACROBATE n. (du gr. *akrobatein*, marcher sur la pointe des pieds). **1.** Artiste qui exécute des exercices d'agilité, d'adresse ou de force dans un cirque, un music-hall, etc. **2.** *Fig.* Personne habile qui recourt à des procédés compliqués, souvent fantaisistes ou périlleux. *Un acrobate de la finance.*

ACROBATIE [-si] n.f. **1.** Art de l'acrobate ; exercice exécuté par un acrobate. ◇ *Acrobatie aérienne* : voltige. **2.** *Fig.* Comportement, procédé habile et ingénieux, mais souvent dangereux ou discutable.

ACROBATIQUE adj. Qui tient de l'acrobatie. *Un numéro de clowns acrobatique. Un redressement financier acrobatique.*

ACROCÉPHALIE n.f. (gr. *akros*, extrême, et *kephalê*, tête). MÉD. Malformation du crâne, dont la hauteur exagérée donne une forme en pain de sucre.

ACROCYANOSE [akrɔsjanoz] n.f. (gr. *akros*, extrémité, et *kuanos*, bleu). MÉD. Trouble vasomoteur des extrémités (mains, pieds) caractérisé par une cyanose permanente.

ACRODYNIE n.f. (gr. *akros*, extrémité, et *odunê*, douleur). Maladie infantile touchant les extrémités (mains, pieds, nez), qui sont tuméfiées, douloureuses, cyanosées (bleues), et provoquant des troubles nerveux et circulatoires.

ACROLÉINE n.f. (du lat. *acer, acris*, âcre, et *olere*, sentir). CHIM. ORG. Aldéhyde éthylénique ($CH_2{=}CH{-}CH{=}O$), liquide volatil suffocant, obtenu par oxydation ménagée du propylène.

ACROMÉGALIE n.f. (gr. *akros*, élevé, et *megas, megalos*, grand). MÉD. Hypertrophie des os de la face et des extrémités des membres, due à un excès de sécrétion d'hormone somatotrope.

ACROMION n.m. (gr. *akros*, extrême, et *ômos*, épaule). ANAT. Apophyse de l'omoplate en forme de spatule.

ACRONYME n.m. Sigle prononcé comme un mot ordinaire (ex. : *CAPES* ou *C.A.P.E.S.* [kapɛs]).

ACROPOLE n.f. (gr. *akros*, élevé, et *polis*, ville). **1.** Partie la plus élevée des cités grecques, servant de citadelle. ◇ *L'Acropole* : *v. partie n.pr.* **2.** *Par ext.* Cité protohistorique fortifiée située sur une hauteur.

ACROSPORT n.m. Sport consistant en des enchaînements acrobatiques, gymniques et chorégraphiques présentés en groupe sur un fond musical.

ACROSTICHE n.m. (gr. *akros*, extrême, et *stikhos*, vers). Pièce de vers composée de telle sorte qu'en lisant dans le sens vertical la première lettre de chaque vers on trouve le mot pris pour thème, le nom de l'auteur ou celui du dédicataire.

ACROTÈRE n.m. (gr. *akroterion*, extrémité). ARCHIT. Socle parfois disposé à chacune des extrémités et au sommet d'un fronton ou d'un pignon, et portant en général un ornement ; cet ornement.

1. ACRYLIQUE adj. *Acide acrylique* : acide ($H_2C{=}CH{-}CO_2H$) aux esters polymérisables en résines acryliques, transparentes et thermoplastiques. — *Peinture acrylique*, ou *acrylique*, n.f. : peinture-émulsion obtenue par la dispersion de pigments, broyés à l'eau, dans un latex dû à la polymérisation du méthacrylate de méthyle.

2. ACRYLIQUE adj. et n.m. Se dit d'une fibre textile synthétique, polymère de l'acrylonitrile.

ACRYLONITRILE n.m. CHIM. ORG. Composé ($H_2C{=}CH{-}C{\equiv}N$) obtenu à partir du propylène, l'un des principaux monomères industriels. SYN. : *nitrile acrylique.*

ACTANCIEL, ELLE adj. LITTÉR. *Schéma actanciel* : analyse d'une œuvre narrative qui fait l'économie de la notion de personnage pour dégager les fonctions occupées par les différents actants du récit.

ACTANT n.m. **1.** LING. Auteur de l'action exprimée par le verbe. SYN. : *sujet, agent.* **2.** LITTÉR. Terme qui définit le personnage d'une œuvre narrative en tenant compte de la fonction qu'il occupe dans le système du récit (sujet, objet, destinataire, destinateur, opposant, adjuvant).

1. ACTE n.m. (lat. *actum*, chose faite). **1.** Toute action humaine adaptée à une fin, de caractère volontaire ou involontaire, et considérée comme un fait objectif et accompli. *Acte instinctif, volontaire. Acte de bonté, de bravoure.* ◇ *Faire acte de* : donner la preuve de, témoigner de. *Faire acte de bonne volonté.* — PSYCHOL., PSYCHAN. *Passage à l'acte* : réalisation d'une tendance, d'un désir impulsif jusque-là contenu. SYN. : *acting-out.* — PSYCHAN. *Acte manqué* : conduite socialement inadaptée qui réalise un désir inconscient. — PHILOS. *En acte* : qui s'accomplit ou est déjà réalisé (par oppos. à *en puissance*). — DR. *Acte juridique* : décision, opération destinée à produire un effet de droit. **2.** DR. Écrit constatant une opération ou une situation juridique. *Actes de l'état civil. Acte de vente.* ◇ *Prendre acte de* : faire constater un fait ; noter. — *Dont acte* : bonne note est prise.

ENCYCL. Les actes peuvent être *authentiques* (établis par un officier public [notaire, officier de l'état civil...] et obligatoires dans certains cas [contrat de mariage, vente d'immeuble...]) ou *sous seing privé* (établis et signés par les parties elles-mêmes et en principe non soumis à des conditions de forme particulières).

2. ACTE n.m. (lat. *actus*, représentation scénique). Chacune des principales divisions d'une pièce de théâtre ou d'un opéra.

ACTÉE n.f. (gr. *aktaion*, qui vit près du bord). Plante malodorante des forêts de montagne, cour. appelée *cimicaire*. (Famille des renonculacées.)

ACTER v.t. Belgique. Prendre acte de.

ACTEUR, TRICE n. **1.** Artiste qui joue dans une pièce de théâtre, un opéra ou un film ; comédien. **2.** Personne qui prend une part déterminante dans une action.

ACTH [aseteaʃ] n.f. inv. (sigle de l'angl. *adreno-cortico-trophic-hormone*). Corticostimuline.

■ **ACROSPORT.** Groupe effectuant une figure.

1. ACTIF, IVE adj. **1.** Qui agit, qui manifeste de l'activité, de l'énergie ; qui implique de l'activité. *Rester actif malgré l'âge. Des recherches actives.* **2.** Qui joue un rôle effectif ; qui est en exercice, en activité. *Secteur actif. Membre actif.* ◇ ***Citoyen actif,*** qui a le droit de vote, notamm. lors d'un suffrage censitaire (par oppos. à *citoyen passif*). – ***Population active :*** ensemble des personnes qui exercent une activité professionnelle ou recherchent un emploi. – ***Vie active :*** période de la vie où l'on exerce une activité professionnelle. – ***Armée active :*** ensemble des forces armées présentes sous les drapeaux en temps de paix. **3.** Qui agit efficacement ; énergique, fort. *Remède actif.* **4.** LING., GRAMM. ***Forme, voix active,*** dans laquelle le sujet du verbe est l'agent. CONTR. : *passif.* **5.** INFORM. ***Élément actif :*** dans une application micro-informatique à interface graphique, élément (document, fenêtre, icône, etc.) sur lequel agit l'utilisateur et qui apparaît génér. de façon contrastée sur l'écran. **6.** INFORM. Se dit d'un dispositif logiciel ou matériel en cours d'utilisation au moment considéré.

2. ACTIF n.m. **1.** COMPTAB. Ce qui, dans un bilan, figure l'ensemble des biens matériels et immatériels détenus par une entreprise (par oppos. à *passif*). ◇ ***Avoir qqch à son actif,*** pouvoir s'en prévaloir. **2.** Personne appartenant à la population active. **3.** GRAMM. Forme, voix active.

A

ACTING-OUT [aktiŋaut] n.m. inv. (mot angl.). PSYCHOL., PSYCHAN. Passage à l'*acte.

ACTINIDE n.m. Élément chimique radioactif, naturel ou artificiel, de numéro atomique compris entre 89 et 103.

ACTINIDIA n.m. Arbuste grimpant, sarmenteux, ornemental, dont une espèce est cultivée dans les régions tempérées pour son fruit, le kiwi. (Famille des dilléniacées.)

■ ACTINIDIA

ACTINIE n.f. (du gr. *aktis, -inos,* rayon). ZOOL. Polype solitaire, dépourvu de squelette externe calcaire, doté de nombreux tentacules, vivant fixé aux rochers littoraux, appelé cour. *anémone de mer.* (Embranchement des cnidaires ; classe des anthozoaires.)

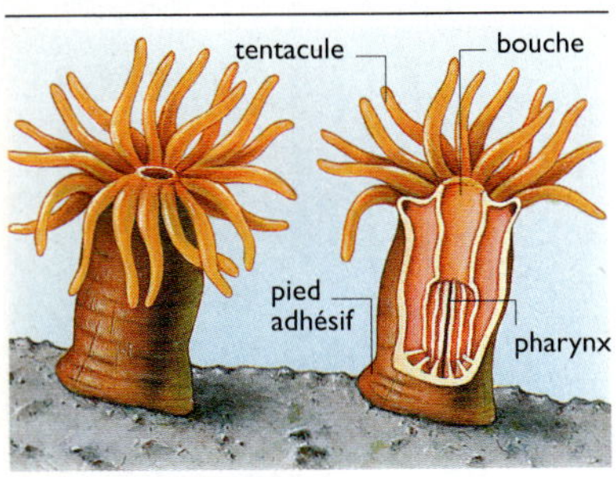

■ ACTINIES

ACTINIQUE adj. **1.** Se dit des radiations qui exercent une action chimique. (Les rayons ultraviolets sont actiniques.) **2.** MÉD. Provoqué par une exposition exagérée au rayonnement solaire.

ACTINISME n.m. Propriété des radiations actiniques.

ACTINITE n.f. Lucite.

ACTINIUM [aktinjɔm] n.m. **1.** Métal radioactif. **2.** Élément chimique (Ac), de numéro atomique 89.

ACTINOMÉTRIE n.f. Mesure de l'intensité des radiations, et notamm. des radiations solaires.

ACTINOMYCÈTE n.m. Bactérie du sol formant des filaments ramifiés. (Les actinomycètes jouent un rôle important dans la formation de l'humus ; certains fournissent des antibiotiques.)

ACTINOTE n.f. Amphibole calcique, magnésienne et ferreuse, de couleur verte. (Lorsqu'elle est fibreuse, c'est de l'amiante.)

1. ACTION n.f. (lat. *actio*). **1.** Fait, faculté d'agir, de manifester sa volonté en accomplissant qqch (par oppos. à la pensée, à la réflexion). *Être porté à l'action. Passer à l'action. Homme d'action.* ◇ ***Mettre en action :*** réaliser. **2.** Ce que l'on fait, manifestation concrète de la volonté de qqn, d'un groupe ; acte. *Mobile d'une action. Action d'éclat.* – PHILOS. Acte envisagé du point de vue de sa valeur morale. ◇ GRAMM. ***Verbe d'action,*** exprimant une action (par oppos. à *verbe d'état*). – CHRIST. ***Action de grâce(s) :*** remerciement adressé à Dieu, pour un bienfait. **3.** Effet produit par qqch ou qqn agissant d'une manière déterminée ; manière d'agir. *L'action de l'acide sur le métal. L'action du gouvernement sur les prix. Un remède à action lente.* – MÉCAN. Grandeur, ayant les dimensions d'une énergie multipliée par un temps, permettant à l'aide du calcul différentiel d'exprimer les lois du mouvement. ◇ ***Principe de moindre action :*** principe selon lequel, dans le mouvement réel d'un système entre deux positions, l'action est minimale. **4.** Mouvement collectif organisé en vue d'un effet particulier. *Action revendicative.* – Engagement militaire, combat, coup de main. ◇ ***Action directe :*** méthode d'activité syndicale ou politique qui s'exprime par le recours à la violence. **5.** Ensemble des événements d'un récit, d'un drame, considérés dans leur progression ; intrigue ; mouvement, rythme de cette intrigue. *Unité d'action.* **6.** Exercice d'un droit en justice. *Intenter une action.* **7.** ART MOD. Performance. **8.** Suisse. Vente promotionnelle.

2. ACTION n.f. (orig. obscure, p.-ê. de *1. action,* avec influence de *2. actif*). Titre de propriété représentant une part du capital dans certaines sociétés.

ACTIONNAIRE n. Personne qui possède des actions d'une société.

ACTIONNARIAT n.m. **1.** Division en actions du capital d'une entreprise. **2.** Fait d'être actionnaire. *Actionnariat des salariés, actionnariat ouvrier.* **3.** Ensemble des actionnaires.

ACTIONNER v.t. **1.** Faire fonctionner, mettre en mouvement, en partic. une machine, un mécanisme. **2.** DR. Intenter une action en justice contre qqn.

ACTIONNEUR n.m. TECHN. Dispositif mécanique, électrique, pneumatique ou hydraulique permettant d'agir sur une machine, un système, pour modifier son fonctionnement ou son état.

ACTIONNISME n.m. Courant de la sociologie qui fonde l'explication des faits sociaux sur les actions produites par les individus.

ACTION RESEARCH [akʃənrizərtʃ] n.f. (pl. *action researches*). Anglic. déconseillé. Recherche-action.

ACTIVATEUR, TRICE adj. et n.m. Se dit d'une substance qui augmente l'activité de qqch.

ACTIVATION n.f. **1.** Action d'activer ; accélération. **2.** CHIM. Augmentation de la réactivité d'un corps, notamm. par absorption de radiations. ◇ ***Activation nucléaire :*** opération consistant à rendre radioactif un élément chimique en l'exposant à des radiations (génér. un flux de neutrons).

ACTIVE n.f. Armée active. ◇ ***Officier, sous-officier d'active,*** de carrière.

ACTIVÉ, E adj. CHIM. Rendu plus apte à agir par un procédé d'activation. *Charbon activé.*

ACTIVEMENT adv. De façon active.

ACTIVER v.t. **1.** Rendre plus vif, plus actif. *Activer le feu.* – CHIM. Soumettre à l'activation. **2.** Rendre plus rapide ; hâter. *Activer le mouvement. Activer des préparatifs.* **3.** INFORM. Rendre actif un élément logiciel ou matériel. ◆ **s'activer** v.pr. Être très actif ; s'affairer, se hâter.

ACTIVISME n.m. **1.** Attitude politique qui préconise l'action directe. **2.** Attitude morale qui insiste sur les nécessités de la vie et de l'action, plus que sur les principes.

ACTIVISTE adj. et n. Relatif à l'activisme ; qui en est partisan.

ACTIVITÉ n.f. **1.** Ensemble des phénomènes par lesquels se manifestent certaines formes de vie, un processus, un fonctionnement. *Activité réflexe, intellectuelle. Volcan en activité.* ◇ ***Activité solaire :*** ensemble de phénomènes (taches, éruptions, sursauts, etc.) qui affectent certaines régions du Soleil, suivant un cycle d'environ onze ans. – PHYS. NUCL. Nombre de désintégrations nucléaires spontanées qu'une source radioactive subit par unité de temps. **2.** Vivacité et énergie dans l'action de qqn ; dynamisme, animation constatés quelque part. *Période d'intense activité.* **3.** Action d'une personne, d'une entreprise, d'une nation dans un domaine défini ; domaine dans lequel s'exerce cette action ; occupation. *Avoir de nombreuses activités. Activité professionnelle. Usine qui étend son activité à de nouveaux secteurs.* **4.** ***En activité.*** **a.** En exercice, en service (par oppos. à *en retraite, en disponibilité*). **b.** En fonctionnement. *Usine en activité, en pleine activité.*

ACTUAIRE n. (angl. *actuary,* du lat.). FIN. Spécialiste de l'application de la statistique, notamm. du calcul des probabilités, aux opérations de finance et d'assurance.

ACTUALISATION n.f. **1.** Action d'actualiser. **2.** PHILOS. Passage de la virtualité à la réalité, de la puissance à l'acte. **3.** PSYCHOL. Processus de mobilisation des potentialités personnelles aboutissant à une conduite.

ACTUALISER v.t. **1.** Rendre actuel, adapter à l'époque présente ; mettre à jour. *Actualiser les programmes scolaires.* **2.** ÉCON. Calculer la valeur actuelle d'un bien, d'une somme d'argent disponible dans l'avenir.

ACTUALISME n.m. GÉOL. Doctrine selon laquelle les phénomènes du passé s'expliquent de la même manière que ceux qui sont actuellement observables.

ACTUALITÉ n.f. **1.** Caractère de ce qui est actuel. *L'actualité d'un roman. Un sujet d'actualité.* **2.** Ensemble des événements récents. *L'actualité médicale, littéraire.* ◆ pl. Informations, nouvelles récentes, surtout à la télévision, à la radio et, anc., au cinéma.

ACTUARIAT n.m. **1.** Technique appliquée par les actuaires. **2.** Fonction d'actuaire.

ACTUARIEL, ELLE adj. *Calculs actuariels,* effectués par des actuaires. – ***Taux actuariel :*** taux de rendement produit par un capital dont les intérêts et le remboursement sont assurés par une série de versements échelonnés dans le temps.

ACTUEL, ELLE adj. **1.** Qui existe dans le moment présent, l'époque présente. *Le régime actuel.* **2.** Qui concerne, intéresse l'époque présente. *Un sujet très actuel.* **3.** PHILOS. Qui existe en acte, conçu comme réel, effectif (par oppos. à *virtuel*).

ACTUELLEMENT adv. En ce moment.

ACUITÉ n.f. (du lat. *acutus,* aigu). **1.** Caractère de ce qui est aigu. *Acuité d'un son, d'une douleur.* **2.** Pouvoir de discrimination d'un organe des sens ; puissance de pénétration. *Acuité visuelle. Intelligence d'une grande acuité.*

ACUL [aky] n.m. Fond d'un parc à huîtres, du côté de la mer.

ACULÉATE n.m. (du lat. *aculeus,* aiguillon). Insecte hyménoptère social portant un aiguillon venimeux à l'extrémité de l'abdomen, tel que l'abeille, la fourmi, la guêpe.

ACUMINÉ, E adj. BOT. Qui se termine en une pointe fine et allongée. *Feuille acuminée.*

ACUPUNCTEUR, TRICE [-pɔ̃k-] ou **ACUPONCTEUR, TRICE** n. Médecin exerçant l'acupuncture.

ACUPUNCTURE [-pɔ̃k-] ou **ACUPONCTURE** n.f. Discipline médicale d'origine chinoise, qui consiste à piquer certains points du corps, situés le long des méridiens, avec des aiguilles spéciales.

ACUTANGLE adj. *Triangle acutangle,* à trois angles aigus.

ACYCLIQUE adj. **1.** Se dit d'un phénomène qui n'est pas soumis à un cycle. **2.** CHIM. ORG. *Composé acyclique :* composé organique à chaîne ouverte.

ACYLATION n.f. Fixation d'un radical acyle sur une molécule.

ACYLE n.m. Radical organique monovalent RCO–.

ADA n.m. inv. INFORM. Langage de programmation évolué permettant les traitements numériques et le contrôle des temps d'exécution.

ADAC ou **A.D.A.C.** [adak] n.m. (acronyme). Avion à décollage et atterrissage courts.

1. ADAGE n.m. (lat. *adagium*). Maxime ancienne et populaire empruntée au droit coutumier ou écrit. (Ex. : *Nul n'est censé ignorer la loi.*)

2. ADAGE n.m. (ital. *adagio*). DANSE. **1.** Ensemble d'exercices lents destiné à parfaire l'équilibre des danseurs et la ligne de leurs mouvements. **2.** Première partie d'un pas de deux.

ADAGIO [adadʒjo] adv. (mot ital.). MUS. Selon un tempo lent. ◆ n.m. Morceau de musique exécuté dans le tempo adagio.

ADAMANTIN, E adj. (gr. *adamantinos,* dur). **1.** *Litt.* Qui a la dureté, l'éclat du diamant. **2.** HISTOL. *Cellules adamantines,* qui produisent l'émail des dents.

ADAMISME n.m. Doctrine de certains hérétiques chrétiens du IIe s. qui paraissaient nus dans les assemblées pour exprimer l'état d'innocence d'Adam au moment de la Création.

ADAPTABILITÉ n.f. Caractère de ce qui est adaptable.

ADAPTABLE adj. Qui peut être adapté.

1. ADAPTATEUR n.m. **1.** Instrument, dispositif permettant d'adapter un objet à une utilisation pour laquelle ses caractéristiques le rendaient impropre. *Adaptateur pour prises de courant.* **2.** Dispositif matériel conçu pour faire fonctionner deux équipements.

2. ADAPTATEUR, TRICE n. Personne qui adapte une œuvre littéraire au cinéma, au théâtre, etc.

ADAPTATIF, IVE adj. ÉCOL. Qui réalise ou concerne une adaptation.

ADAPTATION n.f. **1.** Action d'adapter, fait de s'adapter ; état qui en résulte. **2.** Transposition d'une œuvre littéraire dans un autre mode d'expression ; l'œuvre ainsi réalisée. **3.** ÉCOL. Ajustement d'une espèce aux conditions du milieu.

ADAPTER v.t. (lat. *adaptare*). **1.** Appliquer, ajuster ; mettre en accord ; approprier. *Adapter un robinet à un tuyau. Adapter les moyens au but.* **2.** Arranger une œuvre littéraire pour qu'elle convienne à un nouveau public ; la transposer dans un autre mode d'expression (théâtre, cinéma, radio, télévision, etc.). ◆ **s'adapter** v.pr. **(à).** Se mettre en harmonie avec ; se plier, se conformer à. *S'adapter aux circonstances.*

ADAV ou **A.D.A.V.** [adav] n.m. (acronyme). Avion à décollage et atterrissage verticaux.

ADDAX [adaks] n.m. Antilope gris clair des confins sahariens, aux cornes spiralées.

■ ADDAX

ADDENDA [adɛ̃da] n.m. inv. (mot lat., *choses à ajouter*). Ajout d'articles, de notes, etc., fait à un ouvrage pour le compléter.

ADDICTIF, IVE adj. MÉD. Relatif à l'addiction. ◇ *Conduite addictive :* comportement répétitif plus ou moins incoercible et nuisible à la santé (toxicomanie, alcoolisme, tabagisme, boulimie, anorexie).

ADDICTION n.f. (mot angl.). Rare. Conduite addictive ; toxicomanie.

ADDISON (MALADIE BRONZÉE D') : insuffisance de sécrétion des glandes surrénales, qui se traduit par une grande fatigue et une couleur brune de la peau.

1. ADDITIF, IVE adj. PHYS. *Grandeur additive,* qui peut faire l'objet d'une opération d'addition. (Une longueur, une masse sont des grandeurs additives.)

2. ADDITIF n.m. **1.** Produit qu'on ajoute à un autre pour en améliorer les caractéristiques, les propriétés. (Pour les adhésifs ou les produits pétroliers, on dit aussi *adjuvant.*) **2.** Addition faite à un texte.

ADDITION n.f. (lat. *additio,* de *addere,* ajouter). **1.** Action d'ajouter ; ce qu'on ajoute. **2.** ARITHM. Opération, symbolisée par le signe +, qui permet de trouver la somme de deux ou plusieurs nombres. **3.** Note de dépenses au café, au restaurant, etc. **4.** CHIM. *Réaction d'addition,* dans laquelle plusieurs molécules s'unissent pour en donner une nouvelle.

ADDITIONNEL, ELLE adj. Qui est ajouté. *Article additionnel d'une loi.*

ADDITIONNER v.t. **1.** Réunir en un seul nombre des unités ou des fractions d'unités ; en calculer le total par l'opération de l'addition. **2.** Ajouter une chose à une autre. *Additionner son vin d'un peu d'eau.*

ADDITIONNEUR n.m. INFORM. Organe de calcul analogique ou numérique permettant d'effectuer la somme de deux nombres.

ADDITIVÉ, E adj. *Carburant additivé,* contenant des additifs qui accroissent l'indice d'octane.

ADDUCTEUR adj.m. **1.** ANAT. *Muscle adducteur,* ou *adducteur,* n.m., qui produit l'adduction. **2.** *Canal adducteur,* qui amène les eaux à un réservoir, à une usine.

ADDUCTION n.f. (du lat. *adducere,* amener). **1.** PHYSIOL. Mouvement par lequel un membre ou un segment de membre (pouce), qui était écarté sur le côté, se remet dans sa position de repos. **2.** Conduite d'un fluide (eau, gaz) vers des installations de traitement puis de distribution.

ADDUIT n.m. CHIM. Résultat d'une réaction d'addition. (L'acroléine est un adduit d'eau et d'acétylène.)

ADÉNINE n.f. Substance biochimique, dérivée de la purine, faisant partie des bases azotées.

ADÉNITE n.f. (du gr. *adên,* glande). Inflammation d'un ganglion lymphatique.

ADÉNOCARCINOME n.m. Tumeur maligne développée à partir d'un tissu glandulaire. SYN. : *carcinome glandulaire.*

ADÉNOGRAMME n.m. MÉD. Examen au microscope des cellules d'un ganglion lymphatique, prélevées par ponction.

ADÉNOÏDE adj. **1.** Qui se rapporte au tissu glandulaire. ◇ *Végétations adénoïdes* → **végétation.** **2.** Du tissu lymphoïde, constituant notamm. les ganglions lymphatiques.

ADÉNOÏDECTOMIE n.f. Ablation chirurgicale des végétations adénoïdes.

ADÉNOME n.m. Tumeur bénigne qui se développe à partir d'un tissu glandulaire.

ADÉNOPATHIE n.f. Affection des ganglions lymphatiques.

ADÉNOSINE n.f. GÉNÉT. Nucléoside, formé d'adénine et de ribose, dont les dérivés phosphorés (nucléotides) jouent un rôle important dans la fourniture d'énergie aux cellules (*adénosine triphosphate* ou ATP), dans la transmission du message hormonal (*adénosine monophosphate cyclique* ou AMP cyclique) et dans la synthèse de l'ARN.

ADÉNOVIRUS [-rys] n.m. Virus dont le patrimoine génétique est constitué d'une molécule d'ADN (par oppos. à *rétrovirus*).

ADENT n.m. MENUIS. Entaille oblique destinée à l'assemblage d'une pièce de bois.

ADEPTE n. (lat. *adeptus,* qui a obtenu). **1.** Membre d'un mouvement, d'un groupement demandant un engagement personnel. *Adeptes d'une secte.* **2.** Partisan convaincu d'une doctrine ou de son promoteur. **3.** Personne qui pratique une certaine activité. *Un adepte du ski.*

ADÉQUAT, E [adekwa, at] adj. (lat. *adaequatus,* rendu égal). Qui correspond parfaitement à son objet ; approprié. *Trouver l'expression adéquate.*

ADÉQUATEMENT adv. De façon adéquate.

ADÉQUATION [-kwa-] n.f. Adaptation parfaite.

ADHÉRENCE n.f. **1.** État d'une chose qui tient à une autre par un contact étroit, qui est fortement attachée, collée. *La bonne adhérence d'un pneu. Adhérence d'un matériau.* **2.** MÉD. Accolement anormal de deux organes ou tissus par du tissu fibreux (brides).

1. ADHÉRENT, E adj. Fortement attaché à. *Branche adhérente au tronc.*

2. ADHÉRENT, E n. Membre d'une association, d'un parti politique, etc.

ADHÉRER v.t. ind. **(à)** [11] (lat. *adhaerere*). **1.** Coller, être fortement attaché à. *Papier qui adhère mal au mur.* **2.** *Fig.* Souscrire à une idée, une opinion ; s'inscrire à un parti, une association ; s'affilier à.

ADHÉSIF, IVE adj. Se dit d'un papier, d'une toile, d'un ruban dont une des faces est enduite d'une substance qui permet l'adhérence à une surface. ◆ n.m. **1.** Substance synthétique capable de fixer deux surfaces entre elles ; colle. **2.** Ruban, papier adhésif.

ADHÉSION n.f. **1.** Action de souscrire à une idée ou à une doctrine, de s'inscrire à un parti, à une association. **2.** DR. INTERN. Déclaration par laquelle un État s'engage à respecter les termes d'une convention dont il n'a pas été initialement signataire. ◇ *Contrat d'adhésion,* dont toutes les clauses sont imposées à l'avance par l'un des contractants, sans pouvoir être discutées par l'autre (abonnement au gaz, au téléphone, transports, etc.).

ADHÉSIVITÉ n.f. Aptitude d'un matériau à adhérer à un autre.

AD HOC [adɔk] loc. adj. inv. (mots lat., *pour cela*). Qui convient à la situation, au sujet.

AD HOMINEM [adɔminɛm] loc. adj. inv. (mots lat.). *Argument ad hominem :* argument dirigé contre la personne même de l'adversaire.

ADIABATIQUE adj. (du gr. *diabainein,* traverser). THERMODYN. *Transformation adiabatique,* sans échange de chaleur avec l'extérieur.

ADIANTUM [adjɑ̃tɔm] ou **ADIANTE** n.m. (gr. *adiantos,* non sec). Fougère d'origine tropicale cultivée en appartement ou en serre, dite aussi *capillaire de Montpellier* ou *cheveu-de-Vénus* à cause de ses fins pétioles noirs. (Haut. 30 cm env. ; famille des polypodiacées.)

ADIEU interj. et n.m. (de *à* et *Dieu*). S'emploie pour saluer qqn que l'on ne reverra pas de longtemps ou que l'on ne reverra plus. *Tout est fini entre nous, adieu ! Des adieux déchirants.* ◇ *Dire adieu à qqch,* y renoncer. ◆ interj. Région. (Midi). Au revoir ; bonjour. *Adieu ! Comment vas-tu ?*

ADIPEUX, EUSE adj. (du lat. *adeps, adipis,* graisse). **1.** Qui a les caractères de la graisse ; qui renferme de la graisse. ◇ *Tissu adipeux :* tissu conjonctif comportant une importante proportion de vacuoles graisseuses. **2.** Bouffi de graisse. *Homme adipeux.*

ADIPIQUE adj. CHIM. ORG. *Acide adipique :* acide carboxylique double utilisé dans la fabrication du Nylon.

ADIPOSITÉ n.f. Accumulation de graisse dans un tissu, une région du corps.

ADIPOSO-GÉNITAL, E, AUX adj. *Syndrome adiposo-génital,* associant une obésité et des troubles génitaux.

ADJACENT, E adj. (lat. *adjacens,* situé auprès). Qui est voisin ; attenant. *Terres adjacentes.* ◇ *Angles adjacents :* angles ayant même sommet, un côté commun, et situés de part et d'autre de ce côté.

1. ADJECTIF n.m. (lat. *adjectivum*). Mot qui qualifie ou détermine le substantif auquel il est joint. ◇ *Adjectif verbal :* adjectif issu du participe présent du verbe. (Il s'accorde en genre et en nombre : *des enfants obéissants,* alors que le participe présent est invariable : *des enfants obéissant à leurs parents.*)

2. ADJECTIF, IVE ou **ADJECTIVAL, E, AUX** adj. Qui a le caractère de l'adjectif. *Locution adjective.*

ADJECTIVEMENT adv. Avec la valeur d'un adjectif.

ADJECTIVER ou **ADJECTIVISER** v.t. Transformer en adjectif ; utiliser comme adjectif.

ADJOINDRE v.t. [62] (lat. *adjungere*). Associer une personne, une chose à une autre. ◆ **s'adjoindre** v.pr. S'associer qqn. *S'adjoindre un collaborateur.*

ADJOINT, E n. et adj. Personne associée à une autre pour la seconder. ◇ *Adjoint au maire,* ou *adjoint,* n. : en France, conseiller municipal auquel le maire peut déléguer une partie de ses fonctions.

ADJONCTION n.f. Action, fait d'adjoindre ; ce qu'on adjoint.

ADJUDANT n.m. (esp. *ayudante*). Sous-officier d'un grade intermédiaire entre ceux de sergent-chef et d'adjudant-chef (→ *grade*). – Suisse. Sous-officier supérieur.

ADJUDANT-CHEF n.m. (pl. *adjudants-chefs*). Sous-officier d'un grade intermédiaire entre ceux d'adjudant et de major (→ *grade*).

ADJUDICATAIRE n. Bénéficiaire d'une adjudication.

ADJUDICATEUR, TRICE n. Personne qui met en adjudication.

ADJUDICATION n.f. DR. Attribution d'un marché public ou, dans une vente aux enchères, d'un bien à celui qui offre le meilleur prix.

ADJUGER v.t. [10] (lat. *adjudicare*). **1.** Concéder par adjudication. **2.** Attribuer un avantage, une récompense. ◆ **s'adjuger** v.pr. Faire sien ; s'approprier. *S'adjuger la meilleure part.*

ADJURATION n.f. *Sout.* Action d'adjurer.

ADJURER v.t. (lat. *adjurare*). *Sout.* Prier instamment ; supplier. *Je vous adjure de dire la vérité.*

ADJUVANT, E adj. et n.m. Se dit d'un traitement d'importance secondaire, ajouté à un traitement principal pour renforcer son action ou limiter ses effets indésirables. *Médicament adjuvant.* ◆ n.m. Produit que l'on ajoute à un autre pour en améliorer les caractéristiques. (Pour les adhésifs ou les produits pétroliers, on dit aussi *additif.*)

AD LIBITUM [adlibitɔm] loc. adv. (mots lat.). À volonté ; au choix. Abrév. : *ad lib.*

AD LITEM [adlitɛm] loc. adj. inv. (mots lat.). DR. Limité au seul procès en cause. *Acte, procuration, mandat ad litem.*

ADMETTRE v.t. [64] (lat. *admittere*). **1.** Laisser entrer dans un lieu, un groupe, etc. *Ne pas admettre les chiens dans un magasin. Admettre un malade à l'hôpital.* **2.** Accepter qqn qui a satisfait à certaines exigences ; recevoir. *Admettre un candidat à un concours, à un emploi.* **3.** Laisser la possibilité d'exister à ; supporter, souffrir. *Affaire qui n'admet aucun retard.* **4.** Reconnaître pour vrai. *Admettre le bien-fondé d'une remarque.*

ADMINICULE n.m. DR. Élément de preuve.

ADMINISTRATEUR, TRICE n. **1.** Personne qui gère les biens, les affaires d'un particulier, d'une société, de l'État. ◇ ***Administrateur de biens*** : mandataire effectuant des opérations d'administration et de gestion et des transactions sur des biens immobiliers. – ***Administrateur civil*** : haut fonctionnaire chargé, au sein de l'administration centrale d'un ministère, des fonctions de conception et de direction. – ***Administrateur judiciaire*** : mandataire chargé par décision de justice, dans le redressement judiciaire d'une entreprise, de surveiller, d'assister ou de remplacer le débiteur et de proposer au tribunal un projet de plan de redressement. **2.** Membre d'un conseil d'administration. **3.** INFORM. ***Administrateur de site*** ou ***de serveur*** : personne responsable de la maintenance et du suivi d'un site ou d'un serveur, sur Internet. SYN. : *webmestre.*

ADMINISTRATIF, IVE adj. Relatif à l'administration. ◆ n. Personne ou entité relevant de l'administration.

ADMINISTRATION n.f. **1.** Action d'administrer. ◇ ***Acte d'administration*** : opération juridique commandée par la gestion courante d'un patrimoine ou d'un bien. – ***Administration légale*** : régime selon lequel sont régis les biens d'un mineur. (On distingue l'administration légale pure et simple quand les deux parents exercent en commun l'autorité parentale, et l'administration légale sous contrôle judiciaire, lorsqu'un seul parent exerce l'autorité parentale ou lorsque le mineur est un enfant naturel.) **2.** Service public. *L'administration des Douanes.* ◇ *Spécial.* ***L'Administration*** : l'ensemble des services de l'État.

ADMINISTRATIVEMENT adv. Par la voie administrative ; du point de vue de l'administration.

ADMINISTRÉ, E n. Personne relevant d'une administration.

ADMINISTRER v.t. (lat. *administrare,* servir). **1.** Gérer les affaires publiques ou privées ; gouverner, diriger. *Administrer un pays.* **2.** Fournir à qqn ce dont il a besoin. **3.** *Sout.* Infliger. *Administrer une correction, des coups.* **4.** MÉD. ***Administrer un médicament,*** le faire absorber, l'introduire dans l'organisme. **5.** CHRIST. ***Administrer les sacrements,*** les conférer. **6.** DR. ***Administrer une preuve,*** la produire en justice.

ADMIRABLE adj. Digne d'admiration.

ADMIRABLEMENT adv. De façon admirable.

ADMIRATEUR, TRICE n. Personne qui admire.

ADMIRATIF, IVE adj. Qui manifeste de l'admiration. *Regard admiratif. Un lecteur admiratif lui a écrit.*

ADMIRATION n.f. **1.** Sentiment de satisfaction, de joie, éprouvé à l'égard de qqch ou de qqn qui réalise un certain idéal de grandeur, de noblesse, de beauté, etc. **2.** Vieilli. Objet d'admiration.

ADMIRATIVEMENT adv. Avec admiration.

ADMIRER v.t. (lat. *admirari*). **1.** Éprouver un sentiment d'admiration à l'égard de qqn, de qqch. **2.** Vieilli. Considérer avec étonnement ou stupeur. *J'admire son culot.*

ADMIS, E adj. et n. Accepté à un examen, un concours.

ADMISSIBILITÉ n.f. Fait d'être admissible à un examen, un concours.

ADMISSIBLE adj. (du lat. *admissus,* admis). Considéré comme possible ; acceptable, valable. *Excuse admissible.* ◆ adj. et n. Qui est admis à se présenter aux épreuves orales d'un examen, d'un concours après en avoir subi les épreuves écrites avec succès.

ADMISSION n.f. **1.** Action d'admettre ; son résultat. *L'admission à un concours, à un emploi.* **2.** ***Admission à la cote*** : introduction à la Bourse de valeurs mobilières. **3.** Entrée des gaz dans le cylindre ou dans la chambre de combustion d'un moteur. *Soupape d'admission.*

ADMITTANCE n.f. PHYS. Inverse de l'impédance.

ADMONESTATION n.f. *Litt.* Réprimande sévère, avertissement solennel.

ADMONESTER v.t. (lat. *admonere,* avertir). *Litt.* Faire une sévère remontrance à ; réprimander.

ADMONITION n.f. *Litt.* Avertissement. *Les admonitions maternelles.*

ADN ou **A.D.N.** [adeɛn] n.m. (sigle). Acide désoxyribonucléique, acide nucléique caractéristique des chromosomes, constitué de deux brins enroulés en double hélice et formés chacun d'une succession de nucléotides. (Porteur de l'information génétique, l'ADN assure le contrôle de l'activité des cellules.)

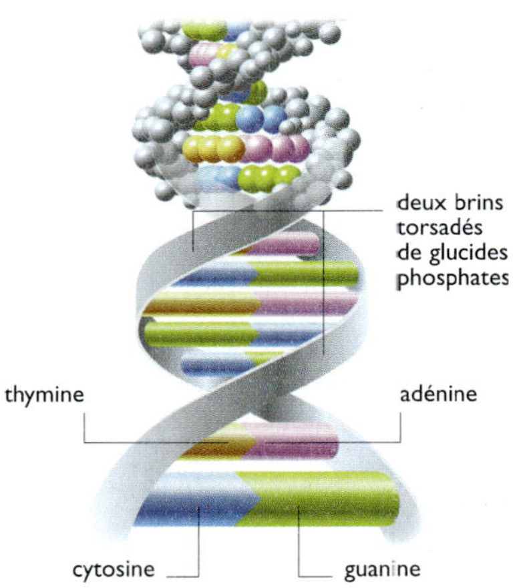

■ **ADN.** Structure en double hélice de l'ADN.

AD NUTUM [adnytɔm] loc. adv. (mots lat., *au moindre signe de la tête*). DR. De façon instantanée et en usant d'un pouvoir discrétionnaire.

ADO n. (abrév.). *Fam.* Adolescent.

ADOBE [adɔb] n.m. (mot esp.). Brique rudimentaire mêlée de paille et séchée au soleil.

ADOLESCENCE n.f. Période de la vie entre l'enfance et l'âge adulte, pendant laquelle se produit la puberté.

ADOLESCENT, E n. et adj. (lat. *adolescens*). Personne qui est dans l'adolescence. Abrév. *(fam.)* : *ado.*

1. ADONIS [adɔnis] n.m. (de *Adonis,* n.pr.). *Litt.* Jeune homme d'une beauté remarquable.

2. ADONIS [adɔnis] n.f. Plante d'Europe et d'Asie à feuilles très divisées et à larges fleurs rouges ou jaunes. (Famille des renonculacées.)

ADONNER v. impers. Québec. ***Ça adonne bien*** : ça convient bien, ça tombe bien. ◆ **s'adonner** v.pr. **1.** (à). Se livrer, s'attacher entièrement à qqch ; se laisser aller à un penchant néfaste. *S'adonner au plaisir.* **2.** Québec. S'entendre, s'accorder.

ADOPTABLE adj. Qui peut être adopté.

ADOPTANT, E adj. et n. Qui adopte.

ADOPTÉ, E adj. et n. Qui a fait l'objet d'une adoption.

ADOPTER v.t. (lat. *adoptare,* choisir). **1.** ***Adopter un enfant,*** le prendre légalement pour fils ou pour fille, et créer un lien de filiation légale. **2.** Faire sien, admettre ou prendre par choix, par décision. *J'ai adopté votre point de vue. Adopter des mesures exceptionnelles.* ◇ ***Adopter un projet, une proposition de loi, un texte, etc.,*** l'approuver par un vote.

ADOPTIANISME [adɔpsjanism] n.m. Hérésie chrétienne de la fin du IIe s., professant que le Christ n'est pas Fils de Dieu de toute éternité, mais qu'il le devient lors de son baptême, où il est adopté par Dieu.

ADOPTIF, IVE adj. **1.** Qui a été adopté. *Fille adoptive.* **2.** Qui adopte. *Père adoptif.* **3.** Relatif à l'adoption. *À titre adoptif.*

ADOPTION n.f. Action d'adopter ; son résultat. *Adoption d'un enfant, d'une loi.* ◇ ***Adoption plénière,*** dans laquelle l'enfant adopté s'intègre complètement à la famille de l'adoptant et perd tout lien avec sa famille d'origine. – ***Adoption simple,*** où les liens avec la famille d'origine ne sont pas rompus. – ***Patrie, pays, famille, etc., d'adoption,*** que l'on a choisis.

ADORABLE adj. **1.** Dont le charme, l'agrément est extrême. *Habiter une adorable maison.* **2.** Très gentil. *Un enfant adorable.*

ADORABLEMENT adv. De façon adorable, exquise.

ADORATEUR, TRICE n. **1.** Personne qui rend un culte à une divinité, à un objet divinisé. *Les adorateurs du Soleil, de l'argent.* **2.** Personne qui éprouve une grande affection, une grande admiration pour qqn. *Femme entourée de ses adorateurs.*

ADORATION n.f. **1.** Action d'adorer. **2.** Amour ardent pour qqn.

ADORER v.t. (lat. *adorare,* prier). **1.** RELIG. Rendre un culte à un dieu, à un objet divinisé. **2.** Aimer passionnément. *Elle adore son mari.* **3.** *Fam.* Apprécier beaucoup. *Adorer le chocolat.*

ADOS [ado] n.m. (de *dos*). Talus pour protéger les plantes des intempéries.

ADOSSÉ, E adj. HÉRALD. Représenté dos à dos. CONTR. : *affronté.*

ADOSSEMENT n.m. État de ce qui est adossé ; fait d'être adossé.

ADOSSER v.t. Appuyer contre un support en faisant porter le dos ou la face arrière. *Adosser un bâtiment à, contre un mur.* ◆ **s'adosser** v.pr. **(à, contre)**. S'appuyer, être appuyé le dos contre qqch.

ADOUBEMENT n.m. **1.** Au Moyen Âge, cérémonie au cours de laquelle un homme était armé chevalier. **2.** *Fig.* Action d'adouber ; son résultat.

■ **ADOUBEMENT.** Cérémonie d'adoubement du chevalier. Détail d'une miniature française du XIVe s. (BNF, Paris.)

ADOUBER v.t. (du germ.). **1.** Armer chevalier par l'adoubement. **2.** *Fig.* Élever au rang de ; reconnaître, consacrer. *Chef d'orchestre adoubé par ses pairs.*

ADOUCIR v.t. **1.** Rendre plus doux à la vue, au toucher, etc. **2.** ***Adoucir un acier,*** réduire, par oxydation, sa teneur en carbone. **3.** ***Adoucir l'eau,*** en éliminer les sels de calcium et de magnésium. **4.** *Fig.* Rendre moins pénible, moins rude. *Adoucir une peine trop sévère. Adoucir le caractère.* ◆ **s'adoucir** v.pr. Devenir plus doux.

ADOUCISSANT, E adj. et n.m. **1.** Se dit d'un produit qui calme les irritations de la peau, ou qui rend la peau plus douce. *Lait adoucissant.* **2.** Se dit d'un produit qui adoucit l'eau. ◆ n.m. Produit de lavage qui conserve aux textiles leur moelleux.

ADOUCISSEMENT n.m. **1.** Action d'adoucir ; fait de s'adoucir. *Adoucissement de la température.* **2.** ARCHIT. Élément décoratif ou structurel placé entre deux surfaces et comblant un angle.

ADOUCISSEUR n.m. Appareil servant à adoucir l'eau.

AD PATRES [adpatrɛs] loc. adv. (mots lat., *vers les ancêtres*). *Fam. Aller ad patres :* mourir. – *Fam. Envoyer ad patres :* tuer.

ADRAGANTE adj.f. (du gr. *tragakantha,* de *tragos,* bouc, et *akantha,* épine). *Gomme adragante :* substance mucilagineuse qui exsude du tronc d'arbrisseaux du genre *Astragale,* et qui sert de colle dans la préparation des étoffes, des papiers, des cuirs. (Elle est aussi utilisée en pharmacie et en pâtisserie.)

ADRÉNALINE n.f. (du lat. *ad,* auprès de, et *ren,* rein). Substance jouant un rôle d'hormone et de neurotransmetteur, sécrétée par les nerfs végétatifs sympathiques et surtout par la glande médullosurrénale. (L'adrénaline accélère le rythme cardiaque, augmente la pression artérielle, dilate les bronches et les pupilles, élève la glycémie.)

ADRÉNERGIQUE adj. Se dit d'un élément (neurone, récepteur d'un neurone) qui agit grâce à l'adrénaline ou à la noradrénaline. ◆ adj. et n.m. Se dit d'une substance qui agit de la même façon que l'adrénaline ou la noradrénaline. SYN. : *sympathomimétique.* CONTR. : *adrénolytique.*

ADRÉNOLYTIQUE adj. et n.m. Se dit d'une substance qui s'oppose à l'action de l'adrénaline et de la noradrénaline au niveau des cellules nerveuses ou musculaires. SYN. : *sympatholytique.* CONTR. : *adrénergique.*

ADRESSAGE n.m. INFORM. Action d'adresser.

1. ADRESSE n.f. **1.** Indication précise du domicile de qqn. *Donner son adresse. Carnet d'adresses.* **2.** Réponse faite par les représentants de la nation au discours du trône, dans une monarchie constitutionnelle. **3.** INFORM. **a.** Localisation codée d'une information dans une mémoire électronique. **b.** *Adresse électronique :* désignation conventionnelle qui identifie un utilisateur de courrier électronique et permet d'acheminer les messages qui lui sont destinés. (On emploie aussi les abrév. anglo-amér. *e-mail* [imɛl] et fr. *mél.*)

2. ADRESSE n.f. Habileté physique ou intellectuelle. *Ce jeu exige de l'adresse. Éluder une question avec adresse.*

ADRESSER v.t. (de *dresser*). **1.** Faire parvenir à qqn ; envoyer. *Adresser une lettre à son fils.* **2.** Dire, proférer à l'intention de qqn. *Adresser des compliments, des reproches à qqn.* ◇ *Adresser la parole à qqn,* lui parler. **3.** INFORM. Pourvoir une information d'une adresse. ◆ **s'adresser** v.pr. (à). **1.** Adresser la parole à. **2.** Avoir recours à qqn. *Elles se sont adressées au directeur.* **3.** Être destiné à qqn. *Cette remarque ne s'adresse pas à vous.*

ADRET [adrɛ] n.m. (mot du Sud-Est). Versant d'une vallée de montagne exposé au soleil. SYN. : *endroit.* CONTR. : *ubac.*

ADROIT, E adj. (de *droit*). **1.** Qui manifeste de l'adresse, de l'habileté et de la précision ; habile. *Un artisan adroit. Un geste adroit.* **2.** Qui fait preuve d'intelligence, d'habileté pour parvenir à un résultat ; astucieux. *Une politique adroite.*

ADROITEMENT adv. Avec adresse, habileté.

ADSL n.m. (sigle de l'angl. *asymmetric digital subscriber line,* ligne d'abonné numérique asymétrique). Réseau large bande sur ligne de téléphone, dédié à la transmission de données multimédias et audiovisuelles.

ADSORBANT, E adj. et n.m. CHIM., PHYS. Se dit d'un corps qui adsorbe.

ADSORBER v.t. (du lat. *ad* et *sorbere,* avaler). CHIM., PHYS. Fixer par adsorption.

ADSORPTION n.f. CHIM., PHYS. Phénomène par lequel des solides ou des solutions retiennent à leur surface des molécules, des ions en phase gazeuse ou liquide.

ADSTRAT n.m. (du lat. *ad,* près de, et de *substrat*). LING. Ensemble de faits concordants qui apparaissent dans des langues différentes mais en contact géographique, politique ou culturel.

ADULAIRE n.f. Pierre fine, variété d'orthose, translucide et incolore. SYN. : *pierre de lune.*

ADULATEUR, TRICE n. *Litt.* Personne qui adule, qui flatte bassement.

ADULATION n.f. *Litt.* Flatterie, admiration excessive.

ADULER v.t. (lat. *adulari*). *Litt.* Témoigner une admiration passionnée à qqn. *Une vedette que le public adule.*

ADULTE adj. (lat. *adultus,* qui a grandi). Parvenu au terme de sa croissance, de sa formation. *Plante adulte.* ◆ n. Personne parvenue à sa maturité physique, intellectuelle et psychologique.

ADULTÉRATION n.f. Vieilli. Action d'adultérer ; falsification.

1. ADULTÈRE adj. Qui se livre à l'adultère ; infidèle. ◆ n. *Litt.* Personne adultère.

2. ADULTÈRE n.m. (lat. *adulterium*). Fait pour un époux d'avoir des relations sexuelles avec une personne autre que son conjoint.

ADULTÉRER v.t. [11] (lat. *adulterare,* falsifier). Vieilli. Modifier en falsifiant ; altérer. *Adultérer une monnaie.*

ADULTÉRIN, E adj. et n. *Enfant adultérin,* né de l'adultère.

AD VALOREM [advalɔrɛm] loc. adj. inv. (mots lat., *selon la valeur*). *Taxes, impôts ad valorem,* fondés sur la valeur d'un produit (par oppos. à *spécifique*).

ADVECTION n.f. (lat. *advectio,* transport). MÉTÉOROL. Déplacement d'une masse d'air dans le sens horizontal ou proche de l'horizontale. CONTR. : *convection.*

ADVENIR v.i. [28] [auxil. *être ;* usité seulem. aux 3es pers., au p. passé et à l'inf.] (lat. *advenire*). Arriver par accident ; survenir. *Quoi qu'il advienne.* ◇ *Advienne que pourra :* peu importent les conséquences.

ADVENTICE [advɑ̃tis] adj. (lat. *adventicius,* supplémentaire). **1.** Qui s'ajoute accessoirement, incidemment. *Remarques adventices.* **2.** AGRIC. Qui croît sur un terrain cultivé sans avoir été semé. (Le chiendent, l'ivraie, la cuscute sont des plantes adventices.) **3.** PHILOS. *Idée adventice :* chez Descartes, idée qui vient des sens (par oppos. à *idée innée, idée factice*).

ADVENTIF, IVE adj. (du lat. *adventicius*). **1.** BOT. Se dit d'un organe qui se développe en un endroit différent de son lieu de croissance ordinaire, et notamm. d'une racine qui pousse le long d'une tige. **2.** GÉOL. *Cône adventif :* petit cône volcanique annexe édifié par une éruption.

ADVENTISTE n. et adj. (angl. *adventist*). Membre d'un mouvement religieux protestant, né aux États-Unis au XIXe s., qui attend un second avènement du Messie.

ADVERBE n.m. (du lat. *ad,* auprès de, et *verbum,* verbe). Mot invariable dont la fonction est de modifier le sens d'un verbe, d'un adjectif ou d'un autre adverbe.

ADVERBIAL, E, AUX adj. Qui a le caractère de l'adverbe. *Locution adverbiale.*

ADVERBIALEMENT adv. Avec la valeur d'un adverbe.

ADVERSAIRE n. **1.** Personne, groupe qu'on affronte dans un conflit, un combat, un jeu. **2.** Personne opposée à une doctrine, une idée, etc. *Les adversaires du libéralisme.*

ADVERSATIF, IVE adj. GRAMM. *Conjonction adversative,* qui marque une opposition (par ex. : *mais, cependant*).

ADVERSE adj. (lat. *adversus,* qui est en face). Qui s'oppose à ; contraire, opposé, hostile. ◇ DR. *Partie adverse,* contre laquelle on plaide.

ADVERSITÉ n.f. *Litt.* Situation où le sort est contraire ; infortune.

ADYNAMIE n.f. (du gr. *dunamis,* force). MÉD. Diminution de la mobilité par faiblesse musculaire, accompagnant certaines maladies.

AÈDE n.m. (gr. *aoidos,* chanteur). Poète grec de l'époque primitive, qui chantait ou récitait en s'accompagnant sur la lyre.

ÆGAGROPILE [egagrɔpil] ou **ÉGAGROPILE** n.m. (gr. *aix, aigos,* chèvre, *agros,* champ, et *pilas,* laine foulée). Concrétion formée de poils et de débris non digestibles que l'on trouve dans l'estomac des ruminants.

ÆGYRINE [eʒirin] n.f. Silicate de fer et de sodium, de la famille des pyroxènes.

ÆPYORNIS [epjɔrnis] ou **ÉPYORNIS** n.m. (gr. *aipus,* élevé, et *ornis,* oiseau). Grand oiseau fossile de Madagascar, voisin de l'autruche, disparu au XVe s. (Haut. 3 m.)

AÉRAGE n.m. Ventilation forcée dans les galeries d'une mine.

AÉRATEUR n.m. Appareil, dispositif permettant l'aération d'une pièce.

AÉRATION n.f. Action d'aérer ; fait d'être aéré.

AÉRAULIQUE n.f. Partie de la physique qui étudie l'écoulement naturel de l'air, des gaz dans les conduits. ◆ adj. Relatif à l'aéraulique.

AÉRÉ, E adj. **1.** Dont l'air est renouvelé ; ventilé. *Un local bien aéré.* **2.** *Centre aéré :* organisme qui propose pour les enfants scolarisés des activités de plein air à la journée, pendant les vacances. **3.** Qui n'est pas trop chargé en texte, en images, etc. *Mise en page aérée.*

AÉRER v.t. [11] (du lat. *aer,* air). **1.** Renouveler l'air dans un espace clos ; ventiler. **2.** Exposer à l'air. *Aérer des draps, du linge.* **3.** Rendre moins massif, moins dense, moins lourd. *Aérer un texte en espaçant les paragraphes.*

AÉRIEN, ENNE adj. **1.** Qui se trouve dans l'air, à l'air. *Câble aérien.* **2.** Relatif à l'air. *Courants aériens de l'atmosphère.* **3.** Relatif aux avions, à l'aviation. *Attaque aérienne. Ligne aérienne.* ◇ *Droit aérien,* régissant l'usage de l'espace aérien. **4.** Qui semble léger, insaisissable comme l'air ; éthéré. *Une grâce aérienne.*

AÉROBIC n.f. (anglo-amér. *aerobics*). Gymnastique qui active la respiration et l'oxygénation des tissus par des mouvements rapides, exécutés en musique.

AÉROBIE adj. (gr. *aêr,* air, et *bios,* vie). **1.** MICROBIOL. Se dit de micro-organismes qui ne peuvent vivre qu'en présence d'oxygène. CONTR. : *anaérobie.* **2.** Se dit d'un phénomène qui nécessite, qui consomme de l'oxygène. *Exercice musculaire aérobie.* CONTR. : *anaérobie.* **3.** TECHN. Se dit d'un moteur qui fait appel à l'oxygène de l'air pour alimenter la réaction de combustion développant l'énergie utilisable.

AÉROBIOSE n.f. MICROBIOL. Condition de vie, de fonctionnement d'un micro-organisme, d'un phénomène aérobie. CONTR. : *anaérobiose.*

AÉRO-CLUB n.m. (pl. *aéro-clubs*). Club dont les membres pratiquent en amateurs des activités aéronautiques, et notamm. le vol à moteur et le vol à voile.

AÉROCOLIE n.f. MÉD. Accumulation de gaz dans le côlon.

AÉROCONDENSEUR n.m. Condenseur à air.

AÉRODROME n.m. Terrain pourvu des installations et des équipements nécessaires pour le décollage et l'atterrissage des avions, et pour assurer la maintenance de ceux-ci.

AÉRODYNAMIQUE adj. **1.** Qui est spécialement conçu, dessiné pour offrir peu de résistance à l'air. *Carrosserie aérodynamique.* **2.** Qui a trait à la résistance de l'air. – Relatif à l'aérodynamique, à ses applications. ◆ n.f. Partie de la physique qui traite des phénomènes liés au mouvement relatif des solides par rapport à l'air.

AÉRODYNAMISME n.m. Caractère aérodynamique d'un véhicule.

AÉRODYNE n.m. Tout appareil de navigation aérienne qui n'est pas un aérostat.

AÉROFREIN n.m. Frein aérodynamique.

AÉROGARE n.f. **1.** Ensemble des bâtiments d'un aéroport réservés aux voyageurs et aux marchandises. **2.** Lieu de départ et d'arrivée des services d'autocars assurant la liaison avec l'aéroport ou les aéroports, dans une ville.

AÉROGASTRIE n.f. MÉD. Accumulation d'air dans l'estomac.

AÉROGEL n.m. CHIM. INDUSTR. Gel rempli d'air, ou d'un gaz, formant des structures tridimensionnelles d'une grande légèreté.

AÉROGÉNÉRATEUR n.m. Générateur de courant électrique utilisant l'énergie du vent.

AÉROGLISSEUR n.m. Véhicule de transport dont la sustentation est assurée par un coussin d'air de faible hauteur injecté sous lui. SYN. : *hovercraft.*

AÉROGRAMME n.m. Papier pour la correspondance vendu affranchi à un tarif forfaitaire permettant de l'envoyer par avion dans n'importe quel pays du monde et qui, rabattu sur lui-même, forme un pli ne nécessitant pas d'enveloppe.

AÉROGRAPHE n.m. Pulvérisateur projetant des couleurs liquides sous la pression d'air comprimé.

AÉROLOGIE n.f. Branche de la météorologie qui étudie les propriétés des hautes couches de l'atmosphère.

AÉROLOGIQUE adj. Relatif à l'aérologie.

AÉROMOBILE adj. Susceptible d'aéromobilité.

AÉROMOBILITÉ n.f. Aptitude d'une formation militaire à s'affranchir des servitudes du terrain en utilisant l'espace aérien.

AÉROMODÉLISME n.m. Technique de la construction et de l'utilisation des modèles réduits d'avions.

AÉRONAUTE n. (gr. *aêr,* air, et *nautês,* matelot). Pilote ou passager d'un aérostat.

AÉRONAUTIQUE n.f. Science de la navigation aérienne ; technique de la construction des appareils de locomotion aérienne. ◇ ***L'aéronautique navale*** : les forces aériennes d'une marine militaire. ◆ adj. Qui a rapport à la navigation aérienne.

AÉRONAVAL, E, ALS adj. Relatif à la fois à la marine et à l'aviation. ◆ n.f. ***L'aéronavale*** : l'aéronautique navale, en France

AÉRONEF n.m. Tout appareil capable de s'élever ou de circuler dans l'atmosphère.

AÉRONOMIE n.f. Science qui étudie la physique et la chimie de la haute atmosphère.

AÉROPHAGIE n.f. MÉD. Déglutition d'air entraînant une aérogastrie lorsqu'elle est excessive.

AÉROPLANE n.m. Vieilli ou *par plais.* Avion.

AÉROPORT n.m. Ensemble des bâtiments et des équipements nécessaires au trafic aérien, desservant génér. une ville ; organisme qui administre, gère un tel ensemble.

AÉROPORTÉ, E adj. Transporté par voie aérienne et parachuté sur l'objectif. *Troupes aéroportées* (à distinguer des ***troupes *aérotransportées***).

A

AÉROPORTUAIRE adj. Relatif à un aéroport. *Trafic aéroportuaire.*

AÉROPOSTAL, E, AUX adj. Relatif à la poste aérienne.

AÉROSCOPE n.m. Appareil mesurant la quantité de poussières contenues dans l'air.

AÉROSOL n.m. **1.** Suspension de particules très fines, solides ou, plus souvent, liquides, dans un gaz. **2.** Conditionnement permettant de projeter cette suspension ; bombe.

AÉROSPATIAL, E, AUX [-sjal, o] adj. Relatif à la fois à l'aéronautique et à l'astronautique. ◆ n.f. ***L'aérospatiale*** : la construction, les techniques aérospatiales.

AÉROSTAT [aerɔsta] n.m. (gr. *aêr,* air, et *statos,* qui se tient). Tout appareil dont la sustentation est assurée par un gaz plus léger que l'air ambiant (ballon, dirigeable, etc.).

AÉROSTATION n.f. Technique de la construction ou de la manœuvre des aérostats.

AÉROSTATIQUE n.f. Partie de la physique qui traite des lois régissant l'équilibre des gaz à l'état de repos. SYN. : ***statique des gaz.***

AÉROSTIER n.m. Pilote d'un aérostat.

AÉROTECHNIQUE n.f. Ensemble des techniques ayant pour objet l'application de l'aérodynamique à l'étude et à la mise au point des aéronefs ou des engins spatiaux. ◆ adj. Qui concerne l'aérotechnique.

AÉROTERRESTRE adj. MIL. Se dit d'une formation composée d'éléments des armées de terre et de l'air, ou d'opérations les mettant en jeu.

AÉROTHERMIQUE adj. Se dit de phénomènes à la fois thermiques et aérodynamiques provoqués par l'écoulement de l'air aux très grandes vitesses.

AÉROTRAIN n.m. (nom déposé). Véhicule expérimental à coussin d'air, glissant à grande vitesse sur une voie monorail.

AÉROTRANSPORTÉ, E adj. Transporté par voie aérienne et déposé au sol. *Troupes aérotransportées* (à distinguer des ***troupes *aéroportées***).

ÆSCHNE [ɛskn] n.f. Grande libellule à vol très rapide, à abdomen sombre rayé de bleu ou de jaune. (Envergure 7,5 cm.)

ÆTHUSE [etyz] ou **ÉTHUSE** n.f. (du gr. *aithussein,* enflammer). Plante très toxique, appelée aussi ***petite ciguë.*** (Famille des ombellifères.)

AFAT ou **A.F.A.T.** [afat] n.f. [pl. *afats, a.f.a.t.*] (acronyme). Auxiliaire féminine de l'armée de terre.

AFFABILITÉ n.f. Qualité, attitude d'une personne affable ; courtoisie, politesse.

AFFABLE adj. (lat. *affabilis,* d'un abord facile). *Sout.* Courtois et bienveillant ; aimable.

AFFABLEMENT adv. *Sout.* Avec affabilité.

AFFABULATION n.f. **1.** Arrangement de faits imaginaires, invention plus ou moins mensongère. **2.** Trame, organisation des événements intervenant dans une œuvre de fiction.

AFFABULER v.i. Se livrer à une affabulation.

■ **AÉROPORT.** L'aéroport international de Kansai, construit sur un polder, dans la baie d'Osaka (Japon), et inauguré en 1994. (Agence Renzo Piano, Paris.)

AFFACTURAGE n.m. Transfert de créances commerciales de leur titulaire à un organisme (le *factor*) qui se charge, contre rémunération, de leur recouvrement et en garantit la bonne fin.

AFFADIR v.t. (de *fade*). Rendre fade, faire perdre sa saveur à. *Affadir une sauce, un récit.*

AFFADISSANT, E adj. Qui affadit.

AFFADISSEMENT n.m. Fait de devenir fade, sans saveur.

AFFAIBLI, E adj. Devenu faible. *Un malade affaibli.*

AFFAIBLIR v.t. Rendre faible, faire perdre de sa vigueur, de sa force. *La maladie l'a beaucoup affaibli.* ◆ **s'affaiblir** v.pr. Devenir faible. *Sa vue s'affaiblit. Le sens de ce mot s'est affaibli.*

AFFAIBLISSANT, E adj. Qui affaiblit.

AFFAIBLISSEMENT n.m. Fait de s'affaiblir ; perte de force, d'intensité.

AFFAIRE n.f. (de *faire*). **1.** Ce que l'on a à faire ; occupation, obligation. *Vaquer à ses affaires.* ◇ *Fam.* ***Être à son affaire*** : se plaire à ce qu'on fait. **2.** Entreprise. *Une affaire de textiles.* **3.** Vx. Querelle engageant l'honneur ; duel. ◇ ***Avoir affaire à qqn,*** l'avoir comme adversaire ; être en rapport avec lui. **4.** Litige, procès. *Plaider une affaire.* **5.** Ensemble de faits, souvent à caractère plus ou moins délictueux, qui vient à la connaissance du public ; scandale. *Une affaire de fausses factures.* **6.** Situation périlleuse, embarrassante. *Se tirer, être hors d'affaire.* **7.** Suite d'opérations financières, commerciales. *Traiter une affaire.* – Marché. *Affaire conclue.* ◇ ***Faire l'affaire*** : convenir. **8.** Chose qui concerne qqn en particulier ; intérêt personnel. *C'est son affaire, pas la mienne.* ◇ ***Faire son affaire de qqch,*** s'en charger personnellement et y veiller avec une attention toute particulière. **9.** Situation indéfinie impliquant plusieurs personnes ; histoire. *Une affaire délicate.* **10.** Ce dont il est question, ce dont il s'agit. *Racontez-moi votre affaire. Voilà l'affaire.* ◇ *Fam.* ***La belle affaire !*** : qu'est-ce que cela peut faire ? – ***Affaire de*** : question de. *Affaire de goût.* ◆ pl. **1.** Effets, objets personnels. *Mettez vos affaires dans cette penderie.* **2.** Ensemble des activités financières, commerciales, industrielles ; milieu où elles se pratiquent. *Elle est dans les affaires.* ◇ ***Administration des Affaires maritimes,*** qui gère tout ce qui a trait à la marine non militaire.

AFFAIRÉ, E adj. Qui a beaucoup à faire, qui est très occupé.

AFFAIREMENT n.m. Fait d'être affairé.

AFFAIRER (S') v.pr. **(auprès de).** S'occuper activement ; s'empresser, s'activer.

AFFAIRISME n.m. Activités, comportement des affairistes.

AFFAIRISTE n. Personne qui a la passion des affaires, qui subordonne tout à la spéculation, fût-elle malhonnête.

AFFAISSEMENT n.m. Fait de s'affaisser, d'être affaissé ; tassement. *Affaissement de terrain. Affaissement des traits du visage.*

AFFAISSER v.t. (de *faix*). Rare. Faire fléchir, baisser sous le poids ; provoquer l'effondrement de. *La pluie a affaissé la route.* ◆ **s'affaisser** v.pr. **1.** Fléchir, s'enfoncer sous un poids ; se tasser, s'effondrer. **2.** Ne plus tenir debout, tomber sans force sous son propre poids, en parlant d'une personne. **3.** Tomber comme sous l'effet d'une force ; se relâcher. *Traits qui s'affaissent.*

AFFAITAGE ou **AFFAITEMENT** n.m. Dressage d'un oiseau de proie.

AFFALEMENT n.m. Fait de s'affaler, d'être affalé.

AFFALER v.t. (néerl. *afhalen*). MAR. Faire descendre. *Affaler un chalut, une voile.* ◆ **s'affaler** v.pr. Se laisser tomber lourdement. *S'affaler dans un fauteuil.*

AFFAMÉ, E adj. et n. Qui a une très grande faim. ◆ adj. ***Affamé de*** : avide de. *Être affamé d'honneurs.*

AFFAMER v.t. (lat. pop. *affamare,* de *fames,* faim). Faire souffrir de la faim ; priver de nourriture.

AFFAMEUR, EUSE n. Personne, groupe qui affame autrui, notamm. en créant une situation de disette.

AFFECT [afɛkt] n.m. **1.** PSYCHOL. Impression élémentaire d'attraction ou de répulsion qui est à la base de l'affectivité. **2.** PSYCHAN. Émotion, charge émotive liée à la satisfaction d'une pulsion qui, lorsqu'elle est refoulée, se convertit en angoisse ou détermine un symptôme névrotique.

1. AFFECTATION n.f. **1.** Destination à un usage déterminé. *Affectation d'une salle à une réunion, d'une somme à une dépense.* **2.** Désignation à une fonction, à un poste, à une formation militaire.

2. AFFECTATION n.f. Manque de naturel dans la manière d'agir, de parler.

AFFECTÉ, E adj. Qui manque de naturel, qui est trop recherché. *Langage affecté.*

1. AFFECTER v.t. (anc. fr. *afaitier,* préparer). **1.** Destiner à un usage déterminé. *Affecter des fonds à une dépense.* **2.** Attacher qqn à un service, à une formation militaire, nommer à un poste, etc.

2. AFFECTER v.t. (lat. *affectare,* feindre). **1.** Montrer avec ostentation une manière d'être qui n'est pas naturelle ; feindre des sentiments. **2.** Avoir, prendre telle ou telle forme. *Affecter la forme d'un cône.*

3. AFFECTER v.t. (du lat. *affectus,* disposé). **1.** Causer une douleur morale, toucher profondément. *Cette nouvelle l'a beaucoup affecté.* **2.** Atteindre en causant une altération physique ; toucher. *Cette maladie affecte surtout les reins.* ◆ **s'affecter** v.pr. **(de).** *Sout.* S'affliger de.

AFFECTIF, IVE adj. Qui relève des affects, de la sensibilité, des sentiments en général. *Réaction affective.*

AFFECTION n.f. (lat. *affectio*). **1.** Attachement que l'on éprouve pour qqn ; tendresse. *Donner à qqn des marques d'affection.* **2.** MÉD. Altération de la santé ; maladie. *Une affection nerveuse.*

AFFECTIONNÉ, E adj. Qui a de l'affection, dévoué. « *Votre neveu affectionné...* » (suivi de la signature, à la fin d'une lettre).

AFFECTIONNER v.t. Avoir un goût particulier pour qqch, de l'affection pour qqn.

AFFECTIVITÉ n.f. PSYCHOL. Ensemble des phénomènes affectifs (émotions, sentiments, passions, etc.).

AFFECTUEUSEMENT adv. De façon affectueuse ; tendrement.

■ L'ART DE L'AFFICHE

L'affiche moderne, de grand format et à grand tirage, naît vers 1865-1870 en France grâce à J. Chéret, qui met à profit les progrès apportés en Angleterre à la chromolithographie. Après le papillotement joyeux de Chéret, elle apprend à concentrer ses effets grâce à la leçon des estampes japonaises et de Gauguin, et adopte souvent l'arabesque de l'Art nouveau (Mucha, Cappiello...). Malgré sa spécificité publicitaire, l'affiche ne cesse par la suite d'emprunter aux avant-gardes artistiques, du constructivisme au surréalisme, au pop art, etc.

Cassandre. Affiche (1927) pour le service de chemin de fer *Étoile du Nord.* Cette épure volontairement adaptée à la communication de masse reflète la confiance de l'époque en la machine et les techniques modernes, traduite dans un langage plastique qui emprunte au purisme, au constructivisme ou à l'art abstrait contemporains.

William Bradley. Affiche (1894) de l'artiste américain pour la revue *The Chap-Book.* Une version géométrisée de l'Art nouveau par l'un des meilleurs graphistes américains qui se soient révélés à la fin du XIXe s., inspiré notamment par l'Anglais Beardsley.

Toulouse-Lautrec. Affiche (1895) annonçant une exposition d'affiches à Paris ; l'artiste réutilise ici une de ses lithographies *(Promenade en yacht)*, d'un style délicat. Dès les années 1880, l'art publicitaire a attiré des collectionneurs passionnés.

Jan Lenica. Affiche (v. 1960) ▷ de l'artiste polonais pour une production du ballet *le Lac des cygnes* au Grand Théâtre de Varsovie. Les affichistes polonais cultivent un design d'esprit tour à tour fantastique, humoristique ou surréalisant, dans une féerie chromatique d'ascendance slave.

Grapus. Affiche (1976) du ▷ groupe français Grapus. Liberté plastique et technique dans le travail de cet atelier collectif français : enluminure colorée (imprimée en sérigraphie) sur une photo monochrome (en offset).

◁ **Paul Colin.** Affiche réalisée pendant la « drôle de guerre » (1940). Force d'impact de ce message par l'utilisation de moyens picturaux sobres : c'est l'art de la génération française des Cassandre, Carlu, Colin, Loupot.

AFFECTUEUX, EUSE adj. Qui manifeste de l'affection ; tendre.

AFFÉRENT, E adj. (lat. *afferens,* qui apporte). **1.** Qui revient à qqn. *La part afférer te à un héritier.* **2.** Se dit d'un vaisseau sanguin, d'un nerf qui arrive à un organe, à un centre nerveux. CONTR. : *efférent.*

AFFERMAGE n.m. Action d'affermer un bien rural.

AFFERMER v.t. Donner ou prendre un bien rural à bail.

AFFERMIR v.t. (du lat. *firmus,* ferme). Rendre ferme, solide, stable ; consolider, renforcer.

AFFERMISSEMENT n.m. Action d'affermir.

AFFÉTÉ, E adj. Vx. Qui est plein d'afféterie ; maniéré.

AFFÉTERIE ou **AFFÈTERIE** (selon l'Académie) n.f. *Litt.* Affectation, recherche excessive ou prétentieuse dans les manières, le langage ; minauderie.

AFFICHAGE n.m. **1.** Action d'afficher ; son résultat. **2.** Visualisation de données, de mesures par des procédés mécaniques ou électroniques. *Affichage numérique, analogique.*

AFFICHE n.f. Feuille imprimée, souvent illustrée, portant un avis officiel, publicitaire, etc., placardée dans un lieu public. <> ***Mettre, être à l'affiche*** : annoncer, être annoncé par des affiches, en parlant d'un spectacle. – ***Tenir l'affiche*** : être représenté longtemps, en parlant d'un spectacle. *Cette pièce a tenu l'affiche un an. (V. ill. page précédente).*

AFFICHER v.t. (de *ficher*). **1.** Placarder, apposer un écrit, une affiche sur un support. *Défense d'afficher.* **2. a.** Annoncer par voie d'affiche. *Afficher une vente publique.* **b.** Annoncer au moyen d'un panneau d'affichage, d'un écran cathodique, etc. *Afficher des résultats, un score.* **3.** Montrer avec ostentation un sentiment, une opinion, etc. ; étaler. *Afficher son mépris.* ◆ **s'afficher** v.pr. Se montrer ostensiblement avec qqn.

AFFICHETTE n.f. Petite affiche.

1. **AFFICHEUR, EUSE** n. **1.** Personne qui pose des affiches. **2.** Professionnel qui fait poser des affiches publicitaires ; annonceur qui utilise l'affiche comme support.

2. **AFFICHEUR** n.m. Organe d'affichage d'un appareil horaire, d'un appareil électronique, etc.

AFFICHISTE n. Artiste spécialisé dans la création d'affiches.

AFFIDAVIT [-vit] n.m. (mot lat., *il affirma*). Déclaration faite sous serment, devant une autorité, par les porteurs étrangers de certaines valeurs mobilières pour obtenir l'exonération d'impôt touchant ces valeurs, déjà taxées dans leur pays d'origine ; certificat authentifiant cette déclaration.

AFFIDÉ, E n. et adj. (du lat. *affidare,* promettre). *Litt.* **1.** Personne à qui l'on se fie pour commettre une action répréhensible. **2.** Membre d'une société secrète, d'un complot.

AFFILAGE n.m. Action d'affiler.

AFFILÉ, E adj. *Avoir la langue bien affilée* : avoir de la repartie ; être bavard et médisant.

AFFILÉE (D') loc. adv. Sans arrêt, sans interruption.

AFFILER v.t. (du lat. *filum,* fil). Donner du fil à un outil tranchant préalablement affûté, afin de réaliser une arête sans bavure ni morfil.

AFFILIATION n.f. Action d'affilier, de s'affilier ; fait d'être affilié.

AFFILIÉ, E adj. et n. Qui appartient à une association, à un organisme, etc. ; adhérent.

AFFILIER v.t. [5] (lat. *affiliare,* de *filius,* fils). Faire entrer qqn dans un parti, un groupement, etc. ◆ **s'affilier** v.pr. **(à).** Adhérer, s'inscrire en tant que membre dans une organisation.

AFFILOIR n.m. Instrument qui sert à affiler.

AFFINAGE n.m. Action d'affiner ; opération par laquelle on affine. *L'affinage de l'acier, du fromage.*

AFFINE adj. **1.** Rare. Qui présente une, des affinités. **2.** MATH. *Fonction affine* : fonction réelle de la variable réelle x de la forme $x \longrightarrow f(x) = ax + b$, a et b étant réels. – ***Géométrie affine*** : géométrie des propriétés invariantes par des transformations du premier degré. – ***Repère affine,*** formé, sur une droite, par deux points distincts ; dans un plan, par trois points non alignés ; dans l'espace, par quatre points non coplanaires.

AFFINEMENT n.m. Fait de s'affiner.

AFFINER v.t. (de *2. fin*). **1.** Rendre plus pur en éliminant les impuretés, les éléments non désirés. *Affiner des métaux.* **2. a.** Rendre plus fin ; faire paraître plus fin. *Coiffure qui affine le visage.* **b.** Rendre plus précis ou plus subtil. *Affiner une méthode de calcul. Affiner le goût.* **3.** ***Affiner du fromage,*** lui faire achever sa maturation ◆ **s'affiner** v.pr. **1.** Devenir plus fin. *Sa taille s'est affinée.* **2.** Achever sa maturation. *Le fromage s'affine.*

AFFINERIE n.f. Établissement industriel où l'on affine les métaux.

AFFINEUR, EUSE n. Personne qui conduit une opération d'affinage.

AFFINITÉ n.f. (lat. *affinitas,* voisinage). **1.** Ressemblance entre deux choses ; analogie, lien. *Affinité entre deux langues.* – BIOL. Ensemble de ressemblances entre deux espèces ou deux groupes, suggérant une proximité dans la classification. **2.** Harmonie naturelle de goûts de sentiments entre personnes ; accord, concordance. *Affinité de caractères.* **3.** GÉOMÉTR. ***Affinité d'axe et de direction*** : dans un plan, transformation ponctuelle conservant l'abscisse et multipliant l'ordonnée par un coefficient constant (l'axe étant l'*axe des abscisses,* et la direction l'*axe des ordonnées*). **4.** CHIM. Aptitude ou tendance d'un ou de plusieurs corps à se combiner avec un ou plusieurs autres.

AFFINS n.m. pl. ANTHROP. *Les affins* : les parents par alliance.

AFFIQUET n.m. (de l'anc. fr. *affiche,* agrafe). Petit bijou qui s'agrafait à un vêtement, au chapeau.

AFFIRMATIF, IVE adj. **1.** Qui affirme, contient une affirmation. *Un ton affirmatif.* **2.** Qui affirme, soutient qqch. *Il s'est montré tout à fait affirmatif.* ◆ adv. Oui, dans les transmissions. *« Me recevez-vous ? – Affirmatif ! »*

AFFIRMATION n.f. **1.** Action d'affirmer. **2.** Énoncé par lequel on affirme. – DR. Déclaration solennelle par laquelle on proclame la vérité d'un fait, l'exactitude d'un acte.

AFFIRMATIVE n.f. Réponse affirmative, positive ; approbation. *Répondre par l'affirmative.* <> ***Dans l'affirmative*** : dans le cas d'une réponse affirmative.

AFFIRMATIVEMENT adv. De façon affirmative. *Répondre affirmativement.*

AFFIRMER v.t. (lat. *affirmare*). **1.** Assurer qu'une chose est vraie ; soutenir. *J'affirme que j'ignore tout de l'affaire.* **2.** Manifester clairement. *Affirmer sa personnalité.* ◆ **s'affirmer** v.pr. Montrer, imposer sa personnalité.

AFFIXAL, E, AUX adj. LING. Relatif à un affixe, aux affixes.

1. **AFFIXE** n.m. (lat. *affixus,* attaché). LING. Élément qui se met au commencement (préfixe), à l'intérieur (infixe) ou à la fin (suffixe) d'un mot pour en modifier le sens ou la valeur grammaticale. (Ex. : dans *enterrement, en-* et *-ment* sont des affixes, *terre* est la racine.)

2. **AFFIXE** n.f. MATH. Nombre complexe z tel que $z = x + iy$, associé au point M du plan, de coordonnées (x, y).

AFFIXÉ, E adj. LING. Ajouté comme affixe.

AFFLEUREMENT n.m. **1.** Action d'affleurer. **2.** GÉOL. Site où la roche constituant le sous-sol apparaît à la surface.

AFFLEURER v.t. (de *à fleur de*). **1.** Mettre de niveau, par rabotage ou ponçage, deux pièces de bois. *Affleurer les battants d'une porte.* **2.** Arriver au niveau d'une surface, d'un point ; arriver à toucher. *La rivière affleure les quais.* ◆ v.i. Apparaître à la surface. *Filon qui affleure.*

AFFLICTIF, IVE adj. DR. *Peine afflictive et infamante* ⟶ **peine.**

AFFLICTION n.f. (du lat. *affligere,* abattre). *Sout.* Grand chagrin, douleur profonde.

AFFLIGEANT, E adj. Qui cause de l'affliction.

AFFLIGER v.t. [10] (lat. *affligere,* abattre). Causer une profonde douleur morale, un grand chagrin à. *Sa mort m'afflige.* ◆ **s'affliger** v.pr. **(de).** Éprouver un grand chagrin, de l'affliction du fait de.

AFFLUENCE n.f. Arrivée ou présence de nombreuses personnes en un même lieu. *Prendre le métro aux heures d'affluence.*

AFFLUENT, E adj. et n.m. Se dit d'un cours d'eau qui se jette dans un autre. *L'Allier est un affluent de la Loire. Rivière affluente.*

AFFLUER v.i. (lat. *affluere*). **1.** Couler abondamment vers. *Le sang afflue au cerveau.* **2.** Arriver en grand nombre en un lieu. *Les manifestants affluaient sur la place.*

AFFLUX [afly] n.m. **1.** Mouvement d'un fluide vers un point. *L'afflux du pétrole dans un pipeline.* <> ***Afflux de sang*** : congestion. *Afflux de sang à la tête.* **2.** Arrivée en un même lieu d'un grand nombre de personnes. *Un afflux de touristes.*

AFFOLANT, E adj. **1.** Qui affole, provoque une vive émotion. *Nouvelle affolante.* **2.** Très inquiétant ; alarmant. *L'augmentation du chômage est affolante.*

AFFOLÉ, E adj. **1.** Qui manifeste une émotion violente (passion, terreur), un grand trouble. **2.** Se dit d'une aiguille aimantée qui montre des déviations subites et irrégulières sous l'action des perturbations du champ magnétique.

AFFOLEMENT n.m. **1.** Fait de s'affoler ; état d'une personne affolée. **2.** État d'une aiguille aimantée affolée.

AFFOLER v.t. (de *fou*). **1.** Faire perdre son sang-froid à, rendre comme fou ; bouleverser. **2.** Inquiéter au plus haut point. *Sa conduite m'affole.* ◆ **s'affoler** v.pr. Perdre son sang-froid.

AFFOUAGE n.m. (de l'anc. fr. *affouer,* chauffer). Droit de prendre du bois ou de participer au produit de l'exploitation du bois dans les forêts appartenant aux communes ; la part de ce bois revenant à chaque personne.

AFFOUAGÉ, E ou **AFFOUAGISTE** n. Personne qui jouit du droit d'affouage.

AFFOUAGER v.t. [10]. DR. **1.** Dresser la liste des habitants d'une commune qui jouissent du droit d'affouage. **2.** Dans une forêt, déterminer les coupes dont les produits seront partagés en vertu du droit d'affouage.

AFFOUILLEMENT n.m. Enlèvement localisé de la matière meuble d'une berge ou d'une côte sous l'effet du courant, des remous, du ressac.

AFFOUILLER v.t. Causer l'affouillement de.

AFFOURAGEMENT n.m. Action d'affourager.

AFFOURAGER v.t. [10]. Distribuer du fourrage au bétail.

AFFOURCHER v.t. MAR. Mouiller sur deux ancres dont les chaînes forment un V.

AFFRANCHI, E adj. et n. **1.** HIST. Libéré de la servitude. *Esclave affranchi.* **2.** *Arg.* Qui vit en marge des lois. ◆ adj. Libéré de tout préjugé, détaché de toute convention intellectuelle, sociale ou morale. *Esprit affranchi.*

AFFRANCHIR v.t. (de *2. franc*). **1.** Rendre libre, indépendant. *Affranchir de la domination, de la misère, de la crainte.* **2.** HIST. Donner la liberté à un esclave, à un serf. **3.** Exempter d'une charge, d'une hypothèque, de taxes. **4.** ***Affranchir une lettre, un paquet,*** en acquitter le port. **5.** *Arg.* Renseigner, informer d'un secret. ◆ **s'affranchir** v.pr. **(de).** Se rendre libre, se défaire de ; se débarrasser. *S'affranchir de sa timidité.*

AFFRANCHISSABLE adj. Qui peut être affranchi.

AFFRANCHISSEMENT n.m. Action d'affranchir ; son résultat.

AFFRES n.f. pl. *Litt.* Angoisse, tourment, torture. *Les affres de la mort, du doute.*

AFFRÈTEMENT n.m. Louage d'un navire, d'un avion.

AFFRÉTER v.t. [11] (de *fret*). Prendre un navire, un avion en louage.

AFFRÉTEUR n.m. Personne qui loue un navire, un avion (par oppos. au *fréteur,* qui le donne à bail).

AFFREUSEMENT adv. **1.** De façon affreuse. **2.** À un très haut degré ; très, extrêmement. *Je me suis couché affreusement tard.*

AFFREUX, EUSE adj. (de *affres*). **1.** Qui provoque la peur, la douleur, le dégoût ; horrible, atroce. *Un spectacle affreux, un affreux personnage.* **2.** Très laid ; hideux, repoussant. **3.** Qui cause un vif désagrément. *Quel temps affreux !*

AFFRIANDER v.t. Vx. Attirer en flattant le goût ; allécher.

AFFRIOLANT, E adj. **1.** Qui tente ; attirant. *Des promesses affriolantes.* **2.** Qui excite le désir ; séduisant. *Un décolleté affriolant.*

AFFRIOLER v.t. (de l'anc. fr. *friolet,* gourmand). Rare. **1.** Attirer, allécher. *Être affriolé par la bonne chère.* **2.** Exciter le désir.

AFFRIQUÉE adj.f. et n.f. (du lat. *fricare,* frotter). PHON. Se dit d'une consonne occlusive au début de son émission et constrictive à la fin. (Ex. : [ts].)

AFFRONT n.m. **1.** Marque publique de mépris ; offense, injure. *Faire un affront à qqn.* **2.** Honte, déshonneur résultant d'un outrage public.

AFFRONTÉ, E adj. HÉRALD. Se dit de deux animaux représentés face à face. *Léopards affrontés.* CONTR. : *adossé.*

AFFRONTEMENT n.m. Action d'affronter ; fait de s'affronter. *L'affrontement de deux idéologies.*

AFFRONTER v.t. (de *front*). **1.** Aborder résolument, de front ; aller avec courage au-devant d'un adversaire, d'un danger, d'une difficulté. *Affronter l'ennemi, un grave problème.* **2.** Mettre de front, de niveau. *Affronter deux panneaux.* ◆ **s'affronter** v.pr. **1.** Être en compétition ; s'opposer. *Les deux thèses s'affrontent.* **2.** Aborder une difficulté.

AFFRUITER v.i. ARBOR. Porter, produire des fruits.

AFFUBLEMENT n.m. Rare. Habillement bizarre, ridicule ; accoutrement.

AFFUBLER v.t. (lat. *affibulare,* de *fibula,* agrafe). **1.** Vêtir d'une manière bizarre, ridicule. **2.** Pourvoir d'un nom, d'une caractéristique ridicule. *On l'avait affublé d'un sobriquet méprisant.* ◆ **s'affubler** v.pr. (**de**). S'habiller bizarrement.

AFFÛT n.m. (de *affûter*). **1.** Support du canon d'une bouche à feu, qui sert à la pointer, à la déplacer (par oppos. à *tube*). **2.** Endroit où l'on se poste pour guetter le gibier. ◇ *Être à l'affût de :* guetter l'occasion, le moment favorable pour.

AFFÛTAGE n.m. Action d'affûter, d'aiguiser.

AFFÛTER v.t. (de *fût*). Rendre tranchantes les arêtes d'un outil de coupe.

AFFÛTEUSE n.f. Machine à affûter.

AFFÛTIAUX [afytjo] n.m. pl. *Fam.,* VX. Objets de parure sans valeur ; bagatelles.

AFGHAN, E [afgɑ̃, an] adj. et n. **1.** De l'Afghanistan, de ses habitants. **2.** *Lévrier afghan :* lévrier d'une race à poil long, élevé comme chien d'agrément, originaire d'Afghanistan, où il sert pour la chasse et la garde. ◆ n.m. Pachto.

AFGHANI n.m. Unité monétaire principale de l'Afghanistan.

AFIBRINOGÉNÉMIE n.f. MÉD. Absence de fibrinogène dans le plasma sanguin.

AFICIONADO [-sjɔ-] n.m. (mot esp.). Amateur de courses de taureaux. – *Par ext.* Passionné. *Les aficionados du football.*

AFIN DE loc. prép., **AFIN QUE** loc. conj. (de *1. fin*). Marque l'intention, le but. *Afin de savoir. Afin que vous sachiez.*

AFOCAL, E, AUX adj. Se dit d'un système optique dont les foyers sont rejetés à l'infini.

À-FONDS n.m. pl. Suisse. *Faire les à-fonds :* faire les grands nettoyages de printemps.

A FORTIORI [afɔrsjɔri] loc. adv. (mots lat.). À plus forte raison.

AFRICAIN, E adj. et n. De l'Afrique.

AFRICANISATION n.f. Action d'africaniser ; fait d'acquérir un caractère africain.

AFRICANISER v.t. **1.** Rendre africain ; donner un caractère spécifiquement africain à. **2.** Remplacer les cadres européens par des cadres africains, dans les pays d'Afrique noire.

AFRICANISME n.m. Tournure, expression propre au français parlé en Afrique noire.

AFRICANISTE n. Spécialiste des langues et des civilisations africaines.

AFRIKAANS [-kɑ̃s] n.m. Langue néerlandaise parlée en Afrique du Sud.

AFRIKANER [afrikanɛr] ou **AFRIKAANDER** [afrikɑ̃dɛr] adj. et n. Se dit des habitants de l'Afrique du Sud, le plus souvent de souche néerlandaise, parlant l'afrikaans.

AFRO adj. inv. Se dit d'une coiffure où les cheveux, frisés et non coupés, forment une masse volumineuse autour du visage.

AFRO-AMÉRICAIN, E adj. et n. (pl. *afro-américains, es*). Qui est d'origine africaine, aux États-Unis. *Le jazz, musique afro-américaine.*

AFRO-ASIATIQUE adj. (pl. *afro-asiatiques*). Qui concerne à la fois l'Afrique et l'Asie, du point de vue politique, notamment.

AFRO-BRÉSILIEN, ENNE adj. et n. (pl. *afro-brésiliens, ennes*). Qui est d'origine africaine, au Brésil.

AFRO-CUBAIN, E adj. et n. (pl. *afro-cubains, es*). Qui est d'origine africaine, à Cuba. *Musique afro-cubaine.*

AFRO-ROCK n.m. (pl. *afro-rocks*). Style musical né de la rencontre des traditions musicales africaines et d'une instrumentation électrifiée. (Apparu v. 1960, l'afro-rock a atteint dans les années 1980 les pays d'immigration africaine.)

AFTER-SHAVE [aftœrʃɛv] n.m. inv. (mot angl.). Lotion adoucissante, légèrement alcoolisée, que les hommes utilisent en application après s'être rasés. SYN. : *lotion après-rasage.*

AGAÇANT, E adj. Qui agace, irrite.

AGACE ou **AGASSE** n.f. Vx ou région. (Nord). Pie.

AGACEMENT n.m. Sentiment d'impatience ; énervement, irritation.

AGACER v.t. [9] (du lat. *acies,* tranchant). **1.** Causer de l'irritation à ; énerver. *Bruit continuel qui agace.* – Taquiner, provoquer par jeu. **2.** Produire une sensation désagréable sur. *Amertume qui agace la langue.*

AGACERIE n.f. (Surtout pl.) Mine, parole, regard destinés à provoquer, à aguicher.

AGALACTIE ou **AGALAXIE** n.f. MÉD. Absence ou cessation de la sécrétion lactée.

AGAME n.m. Lézard terrestre ou arboricole, répandu en Afrique et sur le pourtour de la Méditerranée orientale. (Famille des agamidés.)

AGAMI n.m. (mot caraïbe). Oiseau d'Amérique du Sud, de la taille d'un coq, à plumage noir aux reflets métalliques bleu et vert, appelé aussi *oiseau-trompette* à cause du cri éclatant du mâle. (Genre *Psophia ;* ordre des gruiformes.)

■ AGAMI

AGAMIDÉ n.m. Lézard des régions chaudes de l'Ancien Monde, tel que les agames, le moloch et le fouette-queue. (Les agamidés forment une famille.)

AGAMMAGLOBULINÉMIE n.f. IMMUNOL. Déficit profond ou absence de gammaglobulines, et donc d'anticorps, dans le plasma sanguin.

AGAPANTHE n.f. (du gr. *agapan,* aimer). Plante vivace à inflorescence en ombelle, originaire d'Afrique du Sud, dont plusieurs espèces sont cultivées pour leurs longues feuilles semblables à celles de l'iris et leurs fleurs blanches ou bleues. (Famille des amaryllidacées ou des liliacées.)

AGAPE n.f. (gr. *agapê,* amour). Repas pris en commun par les premiers chrétiens. ◆ pl. Repas copieux et joyeux entre amis.

AGAR-AGAR n.m. (pl. *agars-agars*). Mucilage obtenu à partir d'une algue des mers extrême-orientales, utilisé en bactériologie comme milieu de culture, dans l'industrie comme produit d'encollage, et en cuisine pour la préparation des gelées. SYN. : *gélose.*

AGARIC n.m. (gr. *agarikon*). Champignon à chapeau génér. blanc et à lamelles roses ou brunes, dont plusieurs espèces, tel le champignon de couche, sont comestibles. (Classe des basidiomycètes.)

AGARICALE n.f. Champignon basidiomycète tel que l'agaric, l'amanite, le cortinaire, le tricholome. (Les agaricales forment un ordre.)

AGASSE n.f. → **AGACE.**

AGASSIN n.m. Bourgeon le plus bas d'une branche de vigne, qui ne donne pas de fruits.

AGATE n.f. (du gr. *Akhatês,* n. d'une rivière de Sicile). Silice, variété de calcédoine, divisée en zones concentriques de colorations diverses.

AGAVACÉE n.f. Plante monocotylédone des régions tropicales, arbustive ou arborescente, telle que l'agave, le yucca, le dragonnier. (Les agavacées forment une famille.)

AGAVE n.m. (du gr. *agauê,* admirable). Plante originaire du Mexique, très ornementale, dont les feuilles fournissent des fibres textiles (sisal) et la sève diverses boissons alcooliques (pulque, tequila). [L'agave ne fleurit qu'une seule fois, parfois au bout de plusieurs dizaines d'années, en produisant une inflorescence haute de 10 m ; famille des agavacées.]

AGE [aʒ] n.m. (du francique). Pièce maîtresse longitudinale de la charrue, sur laquelle se fixent le soc et toutes les autres pièces.

ÂGE n.m. (lat. *aetas*). **1.** Durée écoulée depuis la naissance. *Cacher son âge.* ◇ *Âge légal :* âge fixé par la loi pour l'exercice de certains droits civils ou politiques. – *Âge mental :* niveau de développement intellectuel d'un enfant tel qu'il est mesuré par certains tests ; *par ext.,* niveau de maturité intellectuelle d'une personne, quel que soit son âge. – *Classe d'âge :* groupe d'individus dont l'âge se situe dans les mêmes limites. **2.** Période de la vie correspondant à une phase de l'évolution de l'être humain. *Un sport praticable à tout âge.* ◇ *Bas âge :* petite enfance. – *Entre deux âges :* entre la jeunesse et la vieillesse, ni jeune ni vieux. – *Troisième âge :* période qui suit la cessation des activités professionnelles ; la retraite. – *Quatrième âge :* période suivant le troisième âge, où la plupart des activités deviennent impossibles, et qui correspond à la sénescence. **3.** *L'âge :* la vieillesse ; le vieillissement. *Les effets de l'âge.* **4.** Période de l'évolution du monde, de l'humanité. *L'âge du bronze.*

ÂGÉ, E adj. **1.** *Âgé de :* qui a tel âge. *Âgé de 20 ans.* **2.** D'un certain âge ; vieux. *Les personnes âgées.*

AGENCE n.f. (ital. *agenzia*). **1.** Entreprise commerciale proposant en général des services d'intermédiaire entre les professionnels d'une branche d'activité et leurs clients. *Agence de voyages. Agence de presse. Agence de publicité.* **2.** Organisme administratif chargé d'une mission d'information et de coordination dans un domaine déterminé. *Agence nationale pour l'emploi.* **3.** Succursale d'une banque. **4.** Ensemble des bureaux, des locaux occupés par une agence.

AGENCEMENT n.m. Action ou manière d'agencer ; disposition, aménagement. *L'agencement d'un appartement.*

AGENCER v.t. [9] (de l'anc. fr. *gent,* beau). Disposer selon un ordre, déterminer les éléments de ; arranger, combiner. *Agencer des rayonnages.*

AGENDA [-ʒɛ̃-] n.m. (mot lat., *ce qui doit être fait*). **1.** Carnet prédaté permettant d'inscrire jour par jour son emploi du temps. ◇ *Agenda électronique :* ordinateur de poche muni des fonctions d'agenda et de carnet d'adresses. SYN. : *organiseur.* **2.** *Fig.* Ensemble de choses à traiter dans une période donnée ; emploi du temps. *Avoir un agenda chargé.*

AGENDER [aʒɛ̃de] ou [aʒɑ̃de] v.t. Suisse. Inscrire dans un agenda ; fixer une date.

AGÉNÉSIE n.f. (du gr. *genesis,* formation). Absence totale de développement d'un tissu, d'un organe survenue avant la naissance.

AGENOUILLEMENT n.m. Action, fait de s'agenouiller.

AGENOUILLER (S') v.pr. Se mettre à genoux.

AGENOUILLOIR n.m. Petit banc de bois sur lequel on s'agenouille pour prier.

■ AGAVE

A

AGENT n.m. (lat. *agens*, de *agere*, agir). **1.** Tout ce qui agit, opère. *Les agents d'érosion. Agents pathogènes.* ◇ *Agent atmosphérique* ou *météorique* : chacun des phénomènes (précipitations, vents, températures, etc.) qui participent à l'érosion. **2.** GRAMM. Être ou objet qui accomplit l'action exprimée par le verbe. SYN. : *sujet, actant.* ◇ *Complément d'agent* : complément d'un verbe passif, introduit par les prép. *par* ou *de*, et représentant le sujet de la phrase active correspondante. (Ex. : dans *la souris a été mangée par le chat, le chat* est complément d'agent.). **3.** Personne chargée de gérer, d'administrer pour le compte d'autrui. *Agent d'une compagnie maritime.* ◇ *Agent d'assurances* : personne représentant une ou plusieurs compagnies d'assurances, pour le compte de qui elle fait souscrire des contrats. – *Agent d'affaires* : commerçant qui se charge de gérer en tant qu'intermédiaire les affaires d'autrui. – *Agent de change* : officier ministériel chargé de la négociation des valeurs mobilières. (De 1988 à 1996, cette charge a appartenu en France aux *sociétés de Bourse ; depuis 1996, elle relève des prestataires de services d'investissement.) – *Agent littéraire* : intermédiaire entre les éditeurs et les auteurs ou traducteurs. **4.** *Agent économique* : personne ou groupement participant à l'activité économique. **5.** *Agent de maîtrise* : salarié se situant entre l'ouvrier et le cadre. **6.** *Agent de police* : fonctionnaire subalterne, génér. en uniforme, chargé de la police de la voie publique. – *Agent secret* : membre d'un service de renseignements. **7.** *Agent public* : personne qui, par son travail ou son action, participe à une mission de service public. **8.** PARAPSYCHOL. Personne qui transmet à une autre (le percipient) une information télépathique.

AGERATUM [aʒeratɔm] ou **AGÉRATE** n.m. (gr. *agêraton*). Plante ornementale des jardins, aux fleurs bleues. (Famille des composées.)

AGGIORNAMENTO [adʒjɔrnamɛnto] n.m. (mot ital., *mise à jour*). Terme appliqué par le pape Jean XXIII au renouvellement de l'Église romaine mis en œuvre par le deuxième concile du Vatican.

AGGLO n.m. (abrév.). *Fam.* Aggloméré.

AGGLOMÉRANT n.m. Substance, liant servant à agglomérer.

AGGLOMÉRAT n.m. **1.** Dépôt détritique, peu ou non cimenté, d'éléments de plus de 2 mm. **2.** Assemblage de personnes ou de choses, plus ou moins hétéroclites ou disparates.

AGGLOMÉRATION n.f. **1.** Action d'agglomérer. **2.** Ensemble urbain formé par une ville et sa banlieue. *L'agglomération parisienne.* – Groupe d'habitations.

AGGLOMÉRÉ n.m. **1.** Bois reconstitué, obtenu par l'agglomération sous forte pression de copeaux, de sciure, etc., mêlés de colle. Abrév. *(fam.)* : *agglo.* **2.** Matériau de construction moulé, fait du mélange d'un liant et de matériaux inertes. **3.** Combustible fait de poussier de houille mélangé à un liant et comprimé en boulets ou en briquettes.

AGGLOMÉRER v.t. [11] (lat. *agglomerare*). Réunir en une seule masse des éléments auparavant distincts. *Agglomérer du sable et du ciment.* ◇ *Population agglomérée* : population groupée dans des villes, des bourgs ou des gros villages. ◆ **s'agglomérer** v.pr. Se réunir en un tas, une masse compacte.

AGGLUTINANT, E adj. et n.m. Qui agglutine, qui réunit en collant. ◆ adj. LING. *Langue agglutinante* : langue qui exprime les rapports syntaxiques par l'agglutination, comme le turc, le finnois.

AGGLUTINATION n.f. **1.** Action d'agglutiner, fait de s'agglutiner ; son résultat. – IMMUNOL. Phénomène grâce auquel le système immunitaire défend un organisme vivant contre les cellules étrangères, en groupant celles-ci en petites masses, par l'intermédiaire d'agglutinines. **2.** LING. **a.** Juxtaposition au radical d'affixes distincts pour exprimer les rapports syntaxiques, caractéristique des langues agglutinantes. **b.** Formation d'un mot par la réunion de deux ou plusieurs mots distincts à l'origine (ex. : *au jour d'hui* devenu *aujourd'hui*).

AGGLUTINER v.t. (lat. *agglutinare*). Joindre en collant, en formant une masse ; unir. *L'humidité a agglutiné les bonbons dans le sachet.* ◆ **s'agglutiner** v.pr. (à). Former une masse compacte ; se coller. *Les curieux s'agglutinaient aux grilles, devant les grilles.*

AGGLUTININE n.f. IMMUNOL. Anticorps, présent dans le sérum sanguin, se fixant sur un antigène particulier (agglutinogène) porté par des cellules étrangères, et provoquant l'agglutination de celles-ci.

AGGLUTINOGÈNE n.m. IMMUNOL. Antigène correspondant à une agglutinine.

AGGRAVANT, E adj. Qui aggrave. *Circonstances aggravantes.*

AGGRAVATION n.f. Fait de s'aggraver. *L'aggravation d'une maladie, d'un conflit.*

AGGRAVÉE n.f. (de *gravier*). VÉTÉR. Inflammation du pied d'un animal qui a marché ou couru longtemps sur un sol dur et caillouteux.

AGGRAVER v.t. Rendre plus grave, plus difficile à supporter. *Aggraver ses torts. Aggraver la peine de qqn.* ◆ **s'aggraver** v.pr. Devenir plus grave ; empirer. *La situation s'est aggravée.*

AGHA n.m. (mot turc). Anc. **1.** Officier de la cour du sultan, dans l'Empire ottoman. **2.** Chef au-dessus du caïd, en Algérie.

AGILE adj. (lat. *agilis*). **1.** Qui manifeste de l'aisance, de la souplesse ; souple, alerte. *Marcher d'un pas agile.* **2.** Qui manifeste de la vivacité intellectuelle ; vif, alerte. *Esprit agile.*

AGILEMENT adv. Avec agilité.

AGILITÉ n.f. Caractère de ce qui est agile ; souplesse. *Agilité d'un danseur. Agilité d'esprit.*

AGIO [aʒjo] n.m. (mot ital.). [Surtout au pl.] Ensemble des frais qui grèvent une opération bancaire.

A GIORNO [adʒjɔrno] loc. adj. inv. et loc. adv. (mots ital.). *Éclairage a giorno,* comparable à la lumière du jour.

AGIOTAGE n.m. BOURSE. Spéculation frauduleuse sur les fonds publics, les changes, les valeurs mobilières.

AGIR v.i. (lat. *agere*). **1.** Entrer ou être en action ; faire qqch. *Ne restez pas là à rien faire, agissez.* **2.** Produire un effet, exercer une influence. *Le médicament n'a pas agi. Agir sur qqn.* **3.** Adopter telle attitude ; se comporter, se conduire. *Agir en homme d'honneur. Vous avez mal agi.* ◆ v.t. *Litt.* ou *didact.* Faire agir ; animer. *La passion qui l'agit.* ◆ **s'agir** v.pr. impers. (de). Être en question ; présenter un caractère nécessaire. *De quoi s'agit-il ? Maintenant, il s'agirait de réfléchir*

ÂGISME n.m. Discrimination ou ségrégation à l'encontre de personnes du fait de leur âge.

AGISSANT, E adj. Qui agit pleinement ; efficace, actif. *Les minorités agissantes.*

AGISSEMENT n.m. (Surtout pl.) Comportement, manœuvre blâmables.

1. AGITATEUR, TRICE n. Personne qui provoque ou entretient des troubles sociaux, politiques, qui suscite l'agitation.

2. AGITATEUR n.m. CHIM. Dispositif, instrument servant à remuer un mélange lors d'une réaction. (L'*agitateur magnétique* permet un mélange permanent.)

AGITATION n.f. **1.** État de ce qui est animé de mouvements continuels et irréguliers. *L'agitation de la mer.* **2.** État de trouble et d'anxiété, se traduisant souvent par des mouvements désordonnés et sans but ; ces mouvements. *Calmer l'agitation d'un malade.* **3.** État de mécontentement d'ordre politique ou social, se traduisant par l'expression de revendications, par des manifestations, des troubles publics, etc.

AGITÉ, E adj. Qui manifeste de l'agitation. ◆ adj. et n. Qui est en proie à l'agitation. *Malade agité.*

AGITER v.t. (lat. *agitare*, pousser). **1.** Secouer vivement en tous sens. *Agiter un liquide.* **2.** *Agiter une question,* l'examiner, en débattre avec d'autres. **3.** Causer une vive émotion à ; troubler, exciter. *Une violente colère l'agitait.* ◆ **s'agiter** v.pr. Remuer vivement en tous sens

AGIT-PROP [aʒitprɔp] n.f. inv. (abrév. d'*agitation-propagande,* par le russe). Technique de diffusion des idées révolutionnaires, notamm. sur les lieux de travail, qui a été utilisée en Russie soviétique et en URSS après la révolution de 1917.

AGLOSSA n.m. (gr. *glossa*, langue). Papillon voisin de la pyrale, dont la chenille, appelée à tort *teigne de la graisse,* se nourrit de débris végétaux. (Ordre des lépidoptères.)

AGNAT, E [agna, at] n. et adj. (lat. *agnatus,* de *agnasci,* naître à côté de). Parent par agnation.

AGNATHE [agnat] n.m. Vertébré aquatique à respiration branchiale, dépourvu de mâchoires. (Les agnathes forment un sous-embranchement comprenant de nombreuses formes fossiles et dont les représentants actuels, lamproies et myxines, sont rassemblés dans le groupe des cyclostomes.)

AGNATION [agnasjɔ̃] n.f. Parenté par les hommes uniquement (dite aussi *parenté civile,* seule reconnue par le droit romain, par oppos. à la *parenté naturelle,* ou *cognation*).

AGNATIQUE [agnatik] adj. Relatif à l'agnation ; par agnation.

AGNEAU n.m. (lat. *agnellus*). **1. a.** Petit de la brebis. *Agneau femelle* ou *agnelle.* ◇ *Doux comme un agneau* : d'une douceur extrême. **b.** Chair d'agneau. *De l'agneau rôti.* **c.** Fourrure, cuir d'agneau. **2.** *Agneau pascal* : agneau immolé chaque année par les juifs pour commémorer la sortie d'Égypte. **3.** *L'Agneau de Dieu* : Jésus-Christ.

■ AGNEAU

AGNELAGE n.m. Mise bas, chez la brebis ; époque de l'année où elle se produit.

AGNELÉE n.f. Portée d'une brebis.

AGNELER v.i. [16]. Mettre bas, en parlant de la brebis.

AGNELET n.m. Petit agneau.

AGNELINE n.f. et adj.f. Laine courte, soyeuse et frisée, provenant de la première tonte de l'agneau.

AGNELLE n.f. Agneau femelle.

AGNOSIE [agnɔzi] n.f. (du gr. *gnôsis,* connaissance). MÉD. Affection neurologique, due à une lésion du cortex cérébral, caractérisée par une perturbation de la reconnaissance des informations sensitives.

AGNOSIQUE adj. Relatif à l'agnosie. ◆ adj. et n. Atteint d'agnosie.

AGNOSTICISME [agnɔstisism] n.m. Doctrine philosophique qui déclare l'absolu inaccessible à l'esprit humain et professe une complète ignorance touchant la nature intime, l'origine et la destinée des choses.

AGNOSTIQUE [agnɔstik] adj. Relatif à l'agnosticisme. ◆ n. Personne qui professe l'agnosticisme.

AGNUS-CASTUS [agnyskastys] ou [agnus-] n.m. BOT. Gattilier.

AGNUS DEI [agnysdei] ou [agnus-] n.m. inv. (mots lat.). CATH. Prière de la messe commençant par ces mots. ◆ **agnus-Dei** n.m. inv. Médaillon de cire blanche portant l'image d'un agneau, bénit par le pape.

AGONIE n.f. (gr. *agônia,* combat). **1.** État d'affaiblissement progressif des fonctions vitales et de la conscience qui, dans certains cas, précède immédiatement la mort. ◇ *Être à l'agonie,* sur le point de mourir. **2.** *Fig.* Disparition progressive ; déclin. *L'agonie d'un régime politique.*

AGONIR v.t. [21]. *Agonir qqn d'injures,* l'accabler d'injures.

AGONISANT, E adj. et n. Qui est à l'agonie.

AGONISER v.i. (lat. ecclés. *agonizare,* lutter). Être à l'agonie.

AGONISTE adj. et n.m. **1.** Se dit d'un muscle qui produit le mouvement considéré (par oppos. à *antagoniste*). **2.** Se dit d'une substance qui a la même action qu'une autre substance (par oppos. à *antagoniste*). *Agoniste de l'adrénaline.*

AGORA n.f. **1.** ANTIQ. GR. Place bordée d'édifices publics, centre de la vie politique, religieuse et économique de la cité. **2.** Dans un ensemble urbain moderne, large espace piétonnier en général couvert.

AGORAPHOBE adj. Relatif à l'agoraphobie. ◆ adj. et n. Atteint d'agoraphobie.

AGORAPHOBIE n.f. (gr. *agora,* place publique, et *phobos,* crainte). Phobie caractérisée par la peur des espaces découverts et de la foule.

AGOUTI n.m. (mot guarani). Gros rongeur au corps trapu, haut sur pattes, des forêts humides de l'Amérique du Sud et des Antilles. (Long. 50 cm env. ; famille des dasyproctidés.)

■ **AGOUTI**

AGRAFAGE n.m. Action d'agrafer ; son résultat.

AGRAFE n.f. (de l'anc. fr. *grafe,* crochet). **1.** Pièce de métal servant à attacher ensemble plusieurs papiers. *Agrafe de bureau.* **2. a.** Crochet servant à réunir les bords opposés d'un vêtement. **b.** Languette destinée à accrocher un stylo au rebord d'une poche. **3.** CHIRURG. Petite lame de métal à deux pointes servant à fermer les plaies. **4. a.** Crampon plat ou coudé utilisé en maçonnerie pour solidariser les pierres d'un mur, un placage et la structure qui le supporte, etc. **b.** ARCHIT. Clef d'un arc traitée en bossage mouluré ou sculpté (console, mascaron...).

AGRAFER v.t. **1.** Attacher avec une agrafe ; assembler à l'aide d'agrafes. **2.** *Fam.* **a.** Retenir qqn pour lui parler. *Agrafer un voisin au passage.* **b.** Arrêter, appréhender. *Les gendarmes l'ont agrafé.*

AGRAFEUSE n.f. Appareil, machine à poser des agrafes métalliques.

AGRAINER v.t. Pourvoir, nourrir de grain des oiseaux d'élevage. — Appâter le gibier avec du grain.

AGRAIRE adj. (lat. *agrarius*). **1.** Relatif aux terres cultivées, à l'agriculture, à la propriété agricole. *Surfaces et mesures agraires. Civilisation agraire.* **2.** *Réforme agraire,* visant à modifier la répartition des terres en faveur des non-possédants et des petits propriétaires. — ANTIQ. ROM. *Lois agraires,* admettant les plébéiens au partage de l'*ager publicus* (terres appartenant à l'État).

AGRAMMATICAL, E, AUX adj. LING. Qui ne répond pas aux critères de la grammaticalité. *Phrase agrammaticale.*

AGRAMMATISME n.m. (du gr. *grammata,* lettres). MÉD. Trouble neurologique, observé dans les aphasies, au cours duquel le malade utilise un langage de style télégraphique.

AGRANDIR v.t. **1.** Rendre plus grand ou plus important. *Agrandir une maison. Agrandir une photo.* **2.** Faire paraître plus grand. *Ce papier peint agrandit la pièce.* ◆ **s'agrandir** v.pr. Devenir plus grand ; s'étendre. *Ville qui s'agrandit.* — *Spécial.* Agrandir son logement ou en prendre un plus grand.

AGRANDISSEMENT n.m. Action d'agrandir, de s'agrandir. — PHOTOGR. Opération qui consiste à tirer une épreuve agrandie d'une photographie ; épreuve ainsi obtenue.

AGRANDISSEUR n.m. PHOTOGR. Appareil pour exécuter les agrandissements.

AGRANULOCYTOSE n.f. MÉD. Diminution extrême (neutropénie) ou disparition de certains globules blancs (granulocytes) du sang.

AGRAPHIE n.f. (du gr. *graphein,* écrire). MÉD. Trouble neurologique caractérisé par une perturbation du langage écrit, observé dans les aphasies et les apraxies.

AGRARIEN, ENNE n. et adj. Partisan de la défense des intérêts des grands propriétaires (Allemagne, fin du XIXe s.) ou de ceux de l'ensemble de la paysannerie.

AGRÉABLE adj. (du lat. *gratus*). **1.** Qui procure du plaisir ; charmant, attrayant. **2.** Avec qui on a plaisir à se retrouver ; charmant, gentil.

AGRÉABLEMENT adv. De façon agréable.

AGRÉATION n.f. Belgique. Action d'agréer, de ratifier.

AGRÉÉ, E adj. Qui a reçu l'agrément d'une autorité.

AGRÉER [agree] v.t. [8] (de *gré*). Recevoir favorablement ; accepter, approuver. *Agréer une demande. Veuillez agréer mes salutations distinguées.* ◆ v.t. ind. (à). *Litt.* Plaire. *Le projet agréait à tous.*

AGRÉGAT n.m. **1.** Substance, masse formée d'éléments primitivement distincts, unis intimement et solidement entre eux. *Le sol est un agrégat de particules minérales et de ciments colloïdaux.* **2.** ÉCON. Grandeur synthétique obtenue en combinant divers postes de la comptabilité nationale et caractérisant l'activité économique d'un pays (PIB, masse monétaire, etc.). **3.** MUS. Superposition libre de sons, ne répondant pas aux procédés d'analyse de l'harmonie classique.

AGRÉGATIF, IVE n. Personne qui prépare le concours de l'agrégation.

AGRÉGATION n.f. **1.** Action d'agréger, de réunir des éléments distincts pour former un tout homogène ; fait de s'assembler ; son résultat. **2.** SOCIOL. Processus par lequel une multitude d'actions individuelles séparées produisent en se combinant un phénomène social, dont l'émergence peut n'être ni prévue ni désirée par les individus. **3.** Concours auquel se présentent en France les candidats au titre d'agrégé ; ce titre. *Passer l'agrégation. Agrégation d'anglais, de philosophie.*

AGRÉGÉ, E n. et adj. Personne reçue à l'agrégation et pouvant de ce fait exercer les fonctions de professeur titulaire en lycée ainsi que dans certaines disciplines de l'enseignement supérieur (droit, sciences économiques, médecine, pharmacie).

AGRÉGER v.t. [15] (lat. *aggregare,* réunir). **1.** Réunir en un tout des éléments distincts. *La chaleur a agrégé les morceaux de métal.* **2.** Admettre qqn dans un groupe constitué. ◆ **s'agréger** v.pr. (à). Se joindre à un groupe, s'y associer.

AGRÉMENT n.m. (de *agréer*). **1. a.** Fait d'agréer, de consentir à qqch. *Décider avec, sans l'agrément de ses supérieurs.* **b.** Acceptation, reconnaissance par une autorité, génér. officielle. *Agrément d'un projet, d'une nomination.* **2.** Qualité par laquelle qqn ou qqch plaît, est agréable. *Compagnie pleine d'agrément.* ◇ ***D'agrément*** : destiné au seul plaisir, sans destination utilitaire. *Jardin, voyage d'agrément.* — Vx. ***Art d'agrément,*** pratiqué en amateur. **3.** MUS. Formule d'ornementation mélodique, dans la musique ancienne.

AGRÉMENTER v.t. Rendre plus attrayant, plus agréable par des éléments ajoutés. *Agrémenter un récit de détails piquants.*

AGRÈS n.m. (du scand. *greida,* équiper). Chacun des appareils utilisés en gymnastique sportive (anneaux, barres, poutre, etc.), en éducation physique (corde à grimper), au cirque (trapèze). ◆ pl. Vx ou *litt.* Éléments du gréement d'un navire (poulies, voiles, vergues, cordages, etc.).

AGRESSER v.t. (du lat. *aggredi,* attaquer). **1.** Commettre une agression sur qqn ; attaquer. *Agresser un passant.* **2.** Provoquer qqn par ses paroles ou son comportement. **3.** Constituer une agression, une nuisance pour. *Pluies acides agressant la couverture forestière.*

AGRESSEUR adj.m. et n.m. Qui commet une agression ; qui attaque sans avoir été provoqué. *Pays agresseur. Il n'a pas identifié ses agresseurs.*

AGRESSIF, IVE adj. **1.** Qui manifeste de l'hostilité, de l'agressivité ; querelleur, violent. *Interlocuteur agressif.* — Qui a un caractère d'agression. *Mesures agressives.* **2.** *Fig.* Qui choque par trop de vivacité, de brutalité. *Publicité, couleur agressive.*

AGRESSION n.f. **1.** Attaque non provoquée et brutale. *Être victime d'une agression.* **2.** Affrontement entre deux ou plusieurs animaux de la même espèce ou d'espèces différentes. (L'agression est un élément fondamental des relations sociales au sein d'une espèce.) **3.** Atteinte à l'intégrité psychologique ou physiologique des personnes, due à l'environnement visuel, sonore, etc. *Les agressions de la vie urbaine.*

AGRESSIVEMENT adv. De façon agressive.

AGRESSIVITÉ n.f. Disposition à être agressif ; caractère agressif de qqn, de qqch.

AGRESTE adj. (lat. *agrestis*). *Litt.* Rustique, champêtre. *Site agreste.*

AGRICOLE adj. (du lat. *agricola,* laboureur). **1.** Qui concerne l'agriculture. *Enseignement agricole.* **2.** Qui se consacre à l'agriculture. *Population agricole.*

AGRICULTEUR, TRICE n. Personne qui cultive la terre ; personne dont l'activité professionnelle a pour objet de mettre en valeur une exploitation agricole.

AGRICULTURE n.f. Activité économique ayant pour objet la transformation et la mise en valeur du milieu naturel afin d'obtenir les produits végétaux et animaux utiles à l'homme, en partic. ceux qui sont destinés à son alimentation.

AGRIFFER (S') v.pr. (de *griffe*). *Litt.*, rare. S'agripper avec les mains, les ongles.

AGRILE n.m. (du lat. *ager,* champ). Bupreste vert métallique d'Europe occidentale vivant sur le chêne et le peuplier. (Ordre des coléoptères.)

AGRION n.m. (gr. *agrios,* sauvage). Insecte du groupe des demoiselles, à reflets métalliques, bleu, bronzé ou vert. (Ordre des odonates.)

AGRIOTE n.m. (du gr. *agrios,* sauvage). Insecte coléoptère *(taupin des moissons)* dont la larve souterraine *(ver fil de fer)* attaque les racines des plantes céréalières et de la betterave. (Famille des élatéridés.)

AGRIPAUME n.f. Plante vivace à fleurs roses, autref. cultivée pour ses prétendues vertus antirabiques ou pour calmer les douleurs de l'accouchement. (Haut. 1 m env. ; famille des labiées.) SYN. : *cardiaque.*

AGRIPPEMENT n.m. Action d'agripper, de s'agripper. ◇ MÉD. ***Réflexe d'agrippement*** : réflexe par lequel la main saisit un objet qui frotte la paume, observé chez le nouveau-né et dans certaines affections neurologiques.

AGRIPPER v.t. (de l'anc. fr. *grippe,* vol). Prendre, saisir vivement en serrant avec les doigts, en s'accrochant. ◆ **s'agripper** v.pr. (à). S'accrocher fermement ; se cramponner.

AGRITOURISME n.m. Ensemble des activités développées à l'intention des touristes dans les exploitations agricoles (gîtes ruraux, chambres d'hôte, campings, etc.).

AGROALIMENTAIRE adj. Relatif à l'élaboration, à la transformation et au conditionnement des produits d'origine principalement agricole destinés à la consommation humaine et animale. *Industries agroalimentaires.* ◆ n.m. *L'agroalimentaire* : l'ensemble des industries agroalimentaires.

AGROCHIMIE n.f. Ensemble des activités de l'industrie chimique fournissant des produits pour l'agriculture, engrais et pesticides notamm.

AGROCHIMIQUE adj. Relatif à l'agrochimie.

AGROCHIMISTE n. Spécialiste d'agrochimie.

AGROCLIMATOLOGIE n.f. Application de la climatologie à l'agriculture.

AGRO-INDUSTRIE n.f. (pl. *agro-industries*). Ensemble des industries dont l'agriculture est le débouché (matériel agricole, engrais, etc.) ou le fournisseur (agroalimentaire).

AGRO-INDUSTRIEL, ELLE adj. (pl. *agro-industriels, elles*). Relatif à l'agro-industrie.

AGROLOGIE n.f. Partie de l'agronomie qui a pour objet l'étude des terres cultivables.

AGRONOME n. (du gr. *agros,* champ, et *nomos,* loi). Spécialiste de l'agronomie. ◇ ***Ingénieur agronome,*** diplômé d'une école nationale supérieure d'agronomie.

AGRONOMIE n.f. Étude scientifique des relations entre les plantes cultivées, le milieu (sol, climat) et les techniques agricoles.

AGRONOMIQUE adj. Relatif à l'agronomie.

AGROPASTORAL, E, AUX adj. Qui concerne à la fois l'agriculture et l'élevage. *Civilisations agropastorales.*

AGROSTIS [-tis] ou **AGROSTIDE** n.f. Herbe vivace, abondante dans les prés et les pelouses. (Famille des graminées.)

AGROTIS [-tis] n.m. Papillon nocturne à ailes brunâtres, dont la chenille s'attaque aux céréales et aux betteraves. (Famille des noctuidés.)

AGRUME n.m. (ital. *agruma*). **1.** Arbre, génér. du genre *Citrus,* cultivé pour ses fruits dans les régions tropicales et méditerranéennes. *L'oranger est un agrume.* **2.** (Surtout au pl.) Fruit d'un arbre de ce genre (citron, orange, mandarine, pamplemousse, etc.) et des genres *Fortunella* (kumquat) et *Poncirus.*

AGRUMICULTURE n.f. Culture des agrumes.

AGUARDIENTE [agwardjɛ̃t] ou [-djɛnte] n.f. (mot esp.). Eau-de-vie, dans les pays de langue espagnole, en partic. les pays d'Amérique du Sud.

AGUERRIR v.t. (de *guerre*). Habituer aux fatigues, aux périls de la guerre. *Aguerrir des troupes.* — *Fig.* Accoutumer à des situations pénibles. *Être aguerri au froid.* ◆ **s'aguerrir** v.pr. Développer des résistances ; s'endurcir. *Elle s'est aguerrie à, contre la douleur.*

AGUETS n.m. pl. (de l'anc. fr. *à guet,* en guettant). ***Être aux aguets*** : guetter, épier.

A

AGUEUSIE n.f. (du gr. *geusis,* goût). Diminution marquée ou perte totale du sens gustatif.

AGUI n.m. MAR. Vieilli. *Nœud d'agui :* boucle formée par un nœud de chaise.

AGUICHANT, E adj. Qui aguiche.

AGUICHE n.f. Accroche publicitaire sans mention de produit ou de marque, destinée à intriguer et à retenir l'attention du public jusqu'à la campagne proprement dite. SYN. : *teaser.*

AGUICHER v.t. (de *guiche,* accroche-cœur). Chercher à séduire qqn par la coquetterie, l'artifice ; provoquer.

AGUICHEUR, EUSE adj. et n. Qui aguiche.

AH interj. **1.** Accentue l'expression d'un sentiment, d'une idée, etc. *Ah ! que c'est beau !* **2.** Redoublé, sert à transcrire le rire. *Ah ! Ah ! Que c'est drôle !*

AHA ou **A.H.A.** [aaʃa] n.m. (sigle de *alpha-hydroxy-acide*). Substance à base d'acides de fruits utilisée en cosmétique.

AHAN [aɑ̃] n.m. *Litt.,* vx. Souffle bruyant marquant un effort pénible, la fatigue.

AHANER [aane] v.i. *Litt.* Faire entendre des ahans ; peiner.

AHURI, E adj. et n. (de *hure*). Étonné au point d'en paraître stupide ; abasourdi, interdit.

AHURIR v.t. Rare. Abasourdir, étourdir ; rendre ahuri.

AHURISSANT, E adj. Qui provoque l'ahurissement ; incroyable, stupéfiant.

AHURISSEMENT n.m. État d'une personne ahurie ; saisissement, stupéfaction.

AÏ [ai] n.m. (mot tupi-guarani). Mammifère arboricole de l'Amérique du Sud que ses mouvements très lents ont également fait nommer *paresseux.* (Long. 60 cm env. ; ordre des xénarthres.) SYN. : *bradype.*

AICHE, ÈCHE ou **ESCHE** [ɛʃ] n.f. (lat. *esca*). PÊCHE. Appât accroché à l'hameçon.

AICHER, ÉCHER [11] ou **ESCHER** [ɛʃe] v.t. Garnir d'une aiche. *Aicher un hameçon.*

1. AIDE n.f. **1.** Soutien, secours apporté par qqn ou par qqch ; action d'aider qqn. ◇ *À l'aide de :* grâce à, au moyen de. *Marcher à l'aide d'une canne.* **2.** *Spécial.* Secours financier ; subvention. *Aide à la reconversion des entreprises. Aide au cinéma, au développement.* ◇ *Aide juridique :* aide, accordée aux personnes démunies, qui comprend, en France, l'aide à l'accès au droit et l'aide juridictionnelle, permettant de prendre en charge les frais d'un procès en demande ou en défense devant toute juridiction. – *Aide sociale :* en France, système de secours matériel ou financier accordé par les collectivités publiques à certaines catégories de personnes en difficulté. **3.** INFORM. Assistance intégrée associée à un logiciel, sous forme de pages de documentation à visualiser organisées dans un ordre thématique ou alphabétique. ◇ *Aide en ligne :* aide relative au logiciel en cours d'utilisation, qui peut être activée sans quitter ce dernier. **4.** HIST. Service militaire, ou à titre exceptionnel financier, dû par le vassal au seigneur. ◆ pl. **1.** ÉQUIT. Moyens dont dispose le cavalier pour guider le cheval. ◇ *Aides naturelles :* assiette, jambes, mains. – *Aides artificielles :* rênes, éperons cravache, etc. **2.** HIST. Dans la France d'Ancien Régime, impôts indirects. ◇ *Cour des aides :* cour qui jugeait des procès relatifs aux tailles, aux aides et aux gabelles.

2. AIDE n. Personne qui aide, qui seconde qqn dans un travail, une fonction. ◇ *Aide de camp :* officier attaché à la personne d'un chef d'État, d'un général, etc. ◆ n.f. *Aide familiale :* en France, personne, diplômée de l'État, envoyée dans certaines familles défavorisées moyennant un paiement tarifé en fonction des ressources de la famille. SYN. : *travailleuse familiale.* – *Aide maternelle :* en France, personne, diplômée de l'État, qui s'occupe des jeunes enfants dans les crèches, les collectivités ou les familles. – *Aide ménagère :* en France, travailleuse sociale déléguée par les centres d'aide sociale pour s'occuper des personnes âgées.

AIDE-ÉDUCATEUR, TRICE n. (pl. *aides-éducateurs, trices*). En France, personne chargée par l'Éducation nationale de renforcer l'action des enseignants, d'assister les élèves et de contribuer à la prévention de la violence dans les établissements.

AÏD-EL-FITR ou **AÏD-EL-SÉGHIR** n.f. inv. (ar. *'Īd al-fiṭr, 'Īd al-ṣaghīr*). Fête religieuse musulmane marquant la fin du ramadan.

AÏD-EL-KÉBIR ou **AÏD-EL-ADHA** n.f. inv. (ar. *'Īd al-kabīr, 'Īd al-aḍḥā*). Fête religieuse musulmane commémorant le sacrifice d'Abraham, célébrée à l'époque du pèlerinage annuel à La Mecque et marquée notamm. par l'immolation de moutons.

AIDE-MÉMOIRE n.m. inv. Recueil de dates, de formules, abrégé de l'essentiel d'une matière, d'un programme d'examen, etc.

AIDER v.t. (lat. *adjutare*). Fournir un secours, une assistance à. *Aider qqn dans son travail.* ◆ v.t. ind. (à). Rendre plus aisé ; contribuer à, faciliter. *Aider au succès d'une entreprise.* ◆ **s'aider** v.pr. (de). Tirer parti de ; se servir de. *S'aider d'une échelle.*

AIDE-SOIGNANT, E n. (pl. *aides-soignants, es*). Auxiliaire médical chargé de donner les soins courants aux malades.

AÏE [aj] interj. Exprime la douleur, l'inquiétude, etc. *Aïe ! Ça fait mal !*

AÏEUL, E [ajœl] n. [pl. *aïeuls, aïeules*] (lat. *avus*). *Litt.* Grand-père, grand-mère.

AÏEUX [ajø] n.m. pl. *Litt.* Ancêtres.

1. AIGLE n.m. (lat. *aquila*). **1.** Grand oiseau rapace diurne de l'hémisphère Nord, qui construit son aire en haute montagne *(aigle royal)* ou dans les plaines boisées *(aigle impérial).* [Envergure 2,50 m env. ; cri : l'aigle glatit, trompette. Le petit est l'aiglon ; ordre des falconiformes.] ◇ *Fam. Ce n'est pas un aigle :* il n'est guère brillant, guère intelligent. – *Yeux, regard d'aigle,* vifs, perçants. **2.** Lutrin dont le pupitre est porté par une figure d'aigle (attribut de saint Jean l'Évangéliste). **3.** *Aigle pêcheur :* balbuzard, pygargue. **4.** *Aigle de mer :* raie de grande taille, à aiguillon venimeux. (Envergure de 1,50 m à 2,60 m ; famille des myliobatidés.)

■ **AIGLE.** Aigle royal.

2. AIGLE n.f. **1.** Femelle de l'oiseau rapace. **2.** HÉRALD. Figure représentant un aigle. **3.** MIL. Enseigne nationale ou militaire figurant un aigle. *Les aigles romaines.*

AIGLEFIN n.m. → **ÉGLEFIN.**

AIGLON, ONNE n. Petit de l'aigle. ◇ HIST. *L'Aiglon :* Napoléon II.

AIGRE adj. (lat. *acer,* piquant). **1.** Qui a une acidité désagréable au goût ; piquant. *Des fruits aigres.* **2.** *Fig.* Désagréable à l'oreille ; criard, aigu. *Une voix aigre.* **3.** *Fig.* Qui manifeste de l'amertume ou de la rancœur ; acerbe. *Une remarque aigre.* ◆ n.m. **1.** Goût, odeur aigre. **2.** *Tourner à l'aigre :* devenir aigre, s'envenimer, en parlant d'une discussion, d'un débat, etc.

AIGRE-DOUX, -DOUCE adj. (pl. *aigres-doux, -douces*). **1.** D'un goût à la fois acide et sucré. *Cornichons aigres-doux.* **2.** *Fig.* Désagréable ou blessant, en dépit d'une apparente douceur. *Réflexions aigres-douces. Propos aigres-doux.*

AIGREFIN n.m. Personne qui vit de procédés indélicats ; escroc.

AIGRELET, ETTE adj. Légèrement aigre.

AIGREMENT adv. Avec aigreur.

AIGREMOINE n.f. Plante herbacée des prés et des bois, à fleurs jaunes et à fruits crochus. (Famille des rosacées.)

AIGRETTE n.f. (du provenç. *aigron,* héron). **1.** Faisceau de plumes qui surmonte la tête de certains oiseaux (héron, hibou). **2.** Faisceau de poils porté par divers fruits et graines, et qui favorise leur dispersion par le vent. **3.** COST. Ornement d'un casque, d'un dais, en forme de plumet rigide en plumes ou en crin. **4.** Ornement, bijou fait de gemmes ou de perles montées en faisceau. **5.** Grand héron blanc et gris perle des régions tropicales et méditerranéennes, portant, au moment de la reproduction, de longues plumes autrefois recherchées pour la parure. (Ordre des ciconiiformes ; famille des ardéidés.)

AIGREUR n.f. **1.** Fait d'être aigre ; caractère de ce qui est aigre. *L'aigreur des fruits verts. L'aigreur d'une réflexion.* **2.** (Surtout pl.) Sensation aigre ou amère dans la bouche ou l'estomac.

AIGRI, E adj. et n. Rendu amer et irritable par des déceptions, des échecs, des épreuves.

AIGRIR v.t. **1.** Rendre aigre. **2.** *Fig.* Rendre amer et irritable. *Les déceptions ont aigri son caractère.* ◆ v.i. Devenir aigre. *Le lait a aigri.* SYN. : *surir.* ◇ v.pr. *Il s'est aigri avec l'âge.*

AIGRISSEMENT n.m. *Litt.* Fait de s'aigrir.

AIGU, UË [egy] adj. (lat. *acutus,* pointu). **1.** Terminé en pointe ; tranchant, effilé. *Lame aiguë d'un poignard.* **2.** *Angle aigu,* plus petit que l'angle droit. **3.** Se dit d'un son, d'une voix, etc., d'une fréquence élevée. ◇ *Accent aigu,* montant de gauche à droite (par oppos. à *accent grave*). **4.** D'une grande acuité ; vif, pénétrant. *Un regard aigu. Une intelligence aiguë.* ◇ *Avoir un sens aigu de :* être très conscient, très lucide quant à. **5.** Qui s'élève d'un coup à son paroxysme. *Douleur aiguë. Conflit aigu.* ◇ *Maladie aiguë,* qui évolue rapidement. CONTR. : *chronique.* ◆ n.m. Son aigu ; ensemble des sons aigus, registre aigu. *Amplificateur qui rend bien les aigus. Chanteuse à l'aise dans l'aigu.*

AIGUAIL [ɛgaj] n.m. (mot poitevin). *Litt.* ou région. Rosée sur les feuilles.

AIGUE-MARINE n.f. [pl. *aigues-marines*] (mot provenç.). Pierre fine, variété de béryl, dont la transparence et la couleur bleu clair nuancé de vert évoquent l'eau de mer.

■ **AIGUIÈRE** en étain ; XVIe-XVIIe s. (Louvre, Paris.)

AIGUIÈRE [ɛgjɛr] n.f. (provenç. *aiguiera*). Anc. Vase à pied, muni d'un bec et d'une anse, destiné à contenir de l'eau.

AIGUILLAGE [egɥijaʒ] n.m. **1.** CH. DE F. Partie mobile d'un branchement de voie, constituée par deux lames mobiles solidaires l'une de l'autre. **2.** CH. DE F. Manœuvre d'un tel dispositif. *Poste d'aiguillage.* **3.** *Fig.* Action d'orienter une personne ou une action. ◇ *Erreur d'aiguillage :* mauvaise orientation.

AIGUILLAT [egɥija] n.m. Requin vivipare comestible, pourvu d'aiguillons venimeux, cour. appelé *chien de mer.* (Long. 1,20 m ; famille des squalidés.)

AIGUILLE [egɥij] n.f. (du lat. *acus,* pointe). **1.** Petite tige d'acier trempé et poli, dont une extrémité est pointue et l'autre percée d'un trou (chas) pour passer le fil. *Aiguilles à coudre, à broder.* ◇ *De fil*

■ **AIGRETTE**

■ **AIGUILLE.** L'aiguille du Dru, dans le groupe de l'aiguille Verte, massif du Mont-Blanc (France).

en aiguille : en passant progressivement d'une idée, d'une parole, d'un acte à l'autre. – *Talon aiguille* : talon de forme très effilée vers le bas. **2.** *Aiguille à tricoter* : mince tige plus ou moins rigide servant à tricoter. **3.** Tige métallique servant à divers usages. *L'aiguille d'une seringue.* **4.** Tige rigide qui indique les heures *(petite aiguille)*, les minutes *(grande aiguille)*, les secondes *(trotteuse)* sur un cadran de montre, d'horloge. **5.** CH. DE F. Portion de rail mobile d'un aiguillage. **6.** GÉOGR. Sommet effilé d'une montagne. **7.** ARCHIT. Élément vertical et effilé d'un bâtiment (pinacle, flèche, etc.). **8.** BOT. Feuille rigide et aiguë des conifères. *Aiguilles de pin.* **9.** ZOOL. Nom commun à plusieurs espèces de poissons minces et longs (orphies, syngnathidés, etc.).

AIGUILLÉE n.f. Longueur de fil enfilée sur une aiguille.

AIGUILLER [egɥije] v.t. **1.** Vieilli. Diriger un véhicule ferroviaire, un train, en manœuvrant un aiguillage. **2.** *Fig.* Orienter, diriger dans une direction précise. *Aiguiller un élève vers les sciences.*

AIGUILLETAGE n.m. Technique de fabrication d'étoffes consistant à entremêler des fibres textiles disposées en nappes à l'aide d'aiguilles crochetées.

AIGUILLETÉ, E adj. Fabriqué selon la technique de l'aiguilletage. *Moquette aiguilletée.*

AIGUILLETER v.t. [16]. Procéder à l'aiguilletage de.

AIGUILLETTE n.f. **1.** Anc. Cordon ferré aux deux bouts qui servait à fermer ou à garnir les vêtements. ◇ *Nouer l'aiguillette* : dans la tradition populaire, faire un maléfice propre à rendre un homme impuissant. **2.** MIL. Ornement d'uniforme fait de cordons tressés. **3. a.** Partie du rumsteck. **b.** Mince tranche de chair prélevée sur le ventre d'une volaille, canard surtout, de chaque côté du bréchet. **4.** ZOOL. Orphie.

AIGUILLEUR n.m. **1.** Agent du chemin de fer chargé de la manœuvre des aiguillages et des signaux. **2.** *Aiguilleur du ciel* : contrôleur de la navigation aérienne.

AIGUILLIER [egɥije] n.m. Étui à aiguilles.

AIGUILLON [egɥijɔ̃] n.m. **1.** ENTOMOL. Dard de certains insectes hyménoptères (abeilles, guêpes, etc.). **2. a.** Anc. Bâton muni d'une pointe de fer, utilisé pour conduire les bœufs. **b.** *Fig., litt.* Ce qui stimule, excite. *L'aiguillon de la jalousie.*

AIGUILLONNER v.t. **1.** Anc. Piquer un bœuf avec l'aiguillon. **2.** *Fig., litt.* Exciter, stimuler. *La faim les aiguillonnait.*

AIGUILLOT n.m. MAR. Ferrure de gouvernail, pièce mâle qui constitue avec le femelot (pièce femelle) l'axe de pivotement du safran.

AIGUISAGE ou **AIGUISEMENT** n.m. Action d'aiguiser.

AIGUISE-CRAYON n.m. (pl. *aiguise-crayons*). Québec. *Fam.* Taille-crayon.

AIGUISER [egize] v.t. **1.** Rendre tranchant ; affûter. **2.** *Fig.* Rendre plus vif ; exciter, activer. *La marche avait aiguisé son appétit.*

AIGUISOIR n.m. Instrument servant à aiguiser.

AÏKIDO [aikido] n.m. (mot jap.). Art martial défensif d'origine japonaise, pratiqué à mains nues et fondé sur la neutralisation de l'adversaire par des mouvements de rotation et d'esquive, et l'utilisation de clés aux articulations.

AIL [aj] n.m. (lat. *allium*). Plante potagère à bulbe dont les gousses, à l'odeur forte et au goût piquant, sont utilisées en cuisine. (Famille des liliacées.) ◇ *Ail d'Espagne* : rocambole. – REM. Pl. anc. *aulx.*

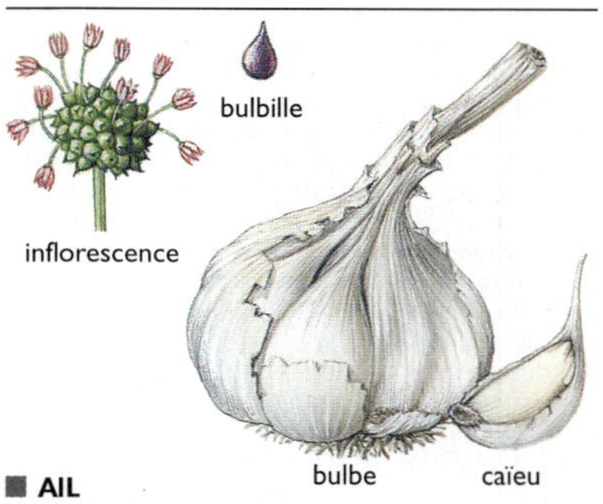

■ **AIL**

AILANTE n.m. (d'un mot malais, *arbre du ciel*). Arbre des régions tropicales, à feuilles composées pennées, planté sur les voies publiques et connu sous le nom de *vernis du Japon.* (Haut. 20 - 30 m ; famille des simarubacées.)

AILE n.f. (lat. *ala*). **1.** Membre mobile (chez les oiseaux, les chauves-souris) ou appendice (chez les insectes) assurant le vol. ◇ *Aile bâtarde* : alule. – *Avoir des ailes* : se sentir léger, insouciant ; se mouvoir facilement. – *D'un coup d'aile* : sans s'arrêter, rapidement. – *Voler de ses propres ailes* : agir seul, sans l'aide d'autrui. – *Battre de l'aile* : être en difficulté, aller mal. **2.** Morceau de volaille cuite comprenant l'aile et la chair qui s'y attache. **3.** Chacun des principaux plans de sustentation d'un avion. ◇ *Aile libre* : engin servant au vol libre et constitué essentiellement d'une carcasse légère tendue d'une voilure et d'un harnais auquel on se suspend. – *Aile volante* : avion dont le fuselage est plus ou moins intégré dans l'épaisseur de l'aile. **4.** *Ailes d'un moulin à vent* : châssis mobiles garnis de toile qui meuvent le mécanisme, entraînant les meules. **5.** Partie latérale du nez. **6.** Partie de la carrosserie d'une automobile qui recouvre et entoure la roue.

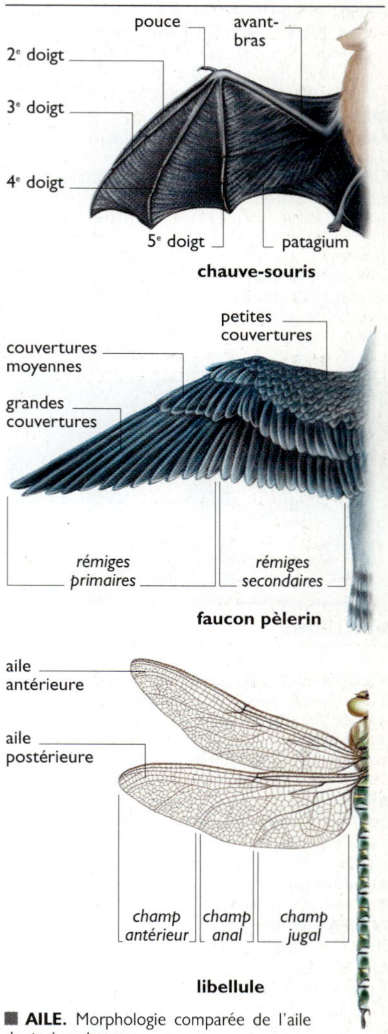

■ **AILE.** Morphologie comparée de l'aile de trois animaux.

■ **AILE.** Vol en aile libre (deltaplane).

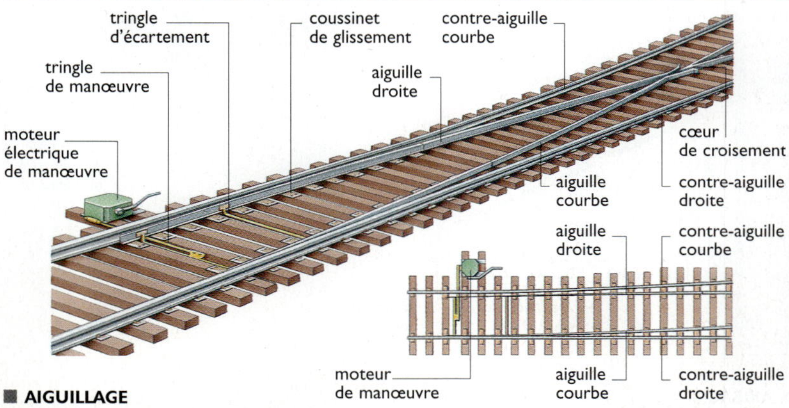

■ **AIGUILLAGE**

7. Courant qui manifeste une orientation particulière, dans un groupe, une formation politique. *Aile radicale, conservatrice d'un parti.* **8.** ARCHIT. Corps de bâtiment complémentaire, construit à l'alignement du bâtiment principal ou formant retour. **9.** MIL. Partie latérale d'une armée terrestre ou navale rangée en ordre de bataille. – SPORTS. Extrémité de la ligne d'attaque d une équipe de football, de rugby, etc. **10.** BOT. Chacun des deux pétales latéraux de la corolle des papilionacées ; expansion membraneuse de certains organes (tiges, fruits, graines, etc.). **11.** Bord d'un plat, d'une assiette, séparé du fond par le marli.

AILÉ, E adj. Pourvu d'ailes.

AILERON n.m. **1.** Nageoire triangulaire des poissons de grande taille (requin, espadon). – *Par ext.* Nageoire dorsale de certains mammifères cétacés. **2.** Extrémité de l'aile d'une volaille. **3.** AVIAT. Volet articulé placé à l'arrière d'une aile d'avion, et dont la manœuvre permet à celui-ci de virer. **4.** ARCHIT. Chacune des deux consoles renversées pouvant jouer le rôle d'adoucissement de part et d'autre d'une lucarne ou de la partie supérieure d'une façade (églises des XVIIe - XVIIIe s.).

■ **AILERONS**

AILETTE n.f. **1.** Élément stabilisateur de l'empennage arrière de certains projectiles. *Bombe à ailettes.* **2.** Élément (plaquette, lamelle, etc.) destiné à améliorer la transmission de la chaleur irradiée par un appareil de chauffage, un cylindre de moteur, etc. **3.** Aube du rotor d'une turbine.

AILIER n.m. **1.** Joueur(euse) qui se trouve placé(e) aux extrémités de la ligne d'attaque d'une équipe de football, de rugby, etc. **2.** AVIAT. Équipier extérieur d'une patrouille de chasse.

AILLADE [ajad] n.f. Croûton de pain frotté d'ail et arrosé d'huile d'olive.

AILLER [aje] v.t. Garnir ou frotter d'ail. *Ailler un gigot.*

AILLEURS adv. (lat. pop. *in aliore loco,* dans un autre lieu). En un autre lieu. *Allons ailleurs. Venir d'ailleurs.* ◇ ***Être ailleurs, avoir la tête ailleurs*** : être distrait. ◆ n.m. *Litt.* Ce qui est ailleurs, différent ou lointain. *La quête d'un ailleurs.* ◆ loc. adv. **1.** *D'ailleurs* : de plus, pour une autre raison. *D'ailleurs, il faut reconnaître que.* **2.** *Par ailleurs* : d'un autre côté, d'autre part ; en outre.

AILLOLI n.m. → **AÏOLI.**

AIMABLE adj. Qui manifeste une volonté de faire plaisir, d'être agréable. *Un homme aimable. Des paroles aimables.*

AIMABLEMENT adv. Avec amabilité.

1. AIMANT n.m. (du gr. *adamas,* diamant). **1.** Minéral, oxyde de fer et de titane qui attire naturellement le fer et quelques autres métaux. **2.** Matériau, dispositif qui, comme l'aimant naturel, produit un champ magnétique extérieur.

2. AIMANT, E adj. Porté à aimer ; affectueux.

AIMANTATION n.f. Action d'aimanter ; fait d'être aimanté.

AIMANTER v.t. Communiquer à un corps la propriété de l'aimant.

AIMER v.t. (lat. *amare*). **1.** Éprouver pour qqn une profonde affection, un attachement très vif. *Aimer ses enfants.* **2.** Éprouver pour qqn une inclination très vive fondée à la fois sur la tendresse et l'attirance physique ; être amoureux de. *Il l'a follement aimée.* **3.** Avoir un penchant, du goût, de l'intérêt pour qqch. *Aimer la danse, la lecture. Aimer danser, lire. Elle aime qu'on la flatte.* **4.** *Aimer mieux* : préférer. *J'aime mieux la voiture que le train.* **5.** Se développer, croître particulièrement bien dans tel lieu, tel sol, en parlant des plantes. *La betterave aime les terres profondes.* ◆ **s'aimer** v.pr. Éprouver une affection ou un amour mutuels.

1. AINE n.f. (orig. incertaine). Baguette sur laquelle on enfile par la tête les harengs à fumer.

2. AINE n.f. (du lat. *inguen*). Partie antérieure de la hanche, située entre la cuisse et l'abdomen. ◇ *Pli de l'aine* : pli de flexion de la cuisse sur l'abdomen.

AÎNÉ, E n. et adj. (de l'anc. fr. *ainz,* avant, et *né*). **1.** Premier-né, dans une fratrie. *Fille aînée.* **2.** Frère ou sœur né avant d'autres, au sein d'un tel groupe. *L'aînée des sœurs.* **3.** Personne plus âgée qu'une autre. *Il est mon aîné de trois ans.*

AÎNESSE n.f. Priorité d'âge entre frères et sœurs. ◇ *Droit d'aînesse* : droit qu'avait l'aîné de prendre dans la succession des parents plus que les autres enfants.

AINSI adv. (de *si,* lat. *sic*). **1.** De cette façon. *Ainsi va le monde.* ◇ ***Ainsi soit-il*** : formule qui termine ordinairement les prières chrétiennes ; amen. **2.** *Litt.* De même. *Comme un navire qui s'échoue, ainsi finit cette lamentable équipée.* **3.** Par conséquent. *Ainsi, je conclus que.* ◆ **ainsi que** loc. conj. **1.** De la manière que ; comme. *Ainsi que je l'ai expliqué.* **2.** Et, et aussi. *Elle parle l'italien ainsi que le russe.*

AÏOLI ou **AILLOLI** [ajɔli] n.m. (mot provenç.). Mayonnaise à base d'ail pilé et d'huile d'olive. – Plat de morue et de légumes pochés servi avec cette sauce. (Cuisine provençale.)

1. AIR n.m. (lat. *aer,* mot gr.). **1.** Mélange gazeux contenant principalement de l'azote et de l'oxygène, et qui forme l'atmosphère. ◇ ***Air comprimé,*** dont on réduit le volume par compression en vue d'utiliser l'énergie de la détente. – ***Air liquide,*** liquéfié par détentes et compressions successives, et utilisé dans l'industrie (trempe métallurgique, préparation de l'oxygène ou de l'azote liquide, etc.). **2. a.** Ce mélange gazeux, en tant que milieu de vie. *Le bon air.* ◇ *Donner de l'air* : aérer. – ***Prendre l'air, le grand air*** : se promener dans la nature. – *Fam. Ne pas manquer d'air* : avoir de l'audace, de l'impudence. **b.** Vent léger, souffle. *Le soir, il y a un peu d'air. Courant d'air.* **3. a.** Espace qu'occupe l'air ; atmosphère. *Oiseau qui s'élève dans l'air, dans les airs.* ◇ *Prendre l'air* : s'envoler, en parlant d'un avion, d'un aérostat, etc. – *C'est dans l'air* : on en parle, on évoque cela, on y fait souvent allusion. – *L'air du temps* : ce qui est d actualité, qui détermine ou influence les opinions, les comportements. *L'air du temps est à la prudence.* **b.** *En l'air* : en haut, au-dessus de la tête ; *fig.,* sans fondement. *Paroles en l'air.* – ***Être, mettre en l'air,*** en désordre. **4.** *L'air* : l'aviation, l'aéronautique, les transports aériens. *Hôtesse de l'air. Armée de l'air.*

ENCYCL. L'air pur est constitué, en volume, de 21 % d'oxygène et de 78 % d'azote ; il renferme en outre de l'argon (environ 1 %) et des traces d'autres gaz (néon, krypton, xénon, hélium). L'oxygène a une température d'ébullition de − 183 °C et l'argon de − 185 °C ; cela permet de séparer par distillation l'azote, dont la température d'ébullition est de − 196 °C. La masse volumique de l'air pur à 0 °C et sous la pression normale est de 1,293 kg/m³. La pression exercée par l'air est appelée *pression atmosphérique.* L'air ordinaire contient aussi, en proportions variables, de la vapeur d'eau, du gaz carbonique, des traces d'ozone, et tient en suspension des aérosols minéraux ou organiques (poussières, micro-organismes, etc.).

2. AIR n.m. **1.** Manière d'être, apparence d'une personne. *Un air modeste, hautain.* ◇ ***Avoir un air de famille*** : présenter une certaine ressemblance, en parlant de personnes ou de choses. – ***Prendre des airs, de grands airs*** : affecter la supériorité. **2.** *Avoir l'air* : paraître. (L'accord de l'adj. attribut se fait avec le sujet quand il s'agit de noms de choses. [Ex. : *Cette poire a l'air bonne.*] S'il s'agit de personnes, l'accord se fait avec le sujet ou avec le mot *air.* [Ex. : *Cette femme a l'air intelligente* ou *intelligent.*].) – *N'avoir l'air de rien* : donner l'impression fausse d'être insignifiant, facile ou sans valeur.

3. AIR n.m. (ital. *aria*). **1.** Mélodie instrumentale. *Un air de flûte.* **2.** Pièce musicale chantée ; chanson. *Air à boire. Air d'opéra.*

AIRAIN n.m. (du lat. *aes, aeris*). Vx. Alliage à base de cuivre ; bronze. ◇ *Litt. D'airain* : dur, impitoyable.

AIRBAG n.m. Coussin destiné à protéger les passagers avant d'un véhicule automobile lors d'un choc, en se gonflant subitement de gaz. Recomm. off. : *coussin gonflable.*

AIRE n.f. (lat. *area,* surface unie). **1.** Terrain où l'on bat le grain, en partic. le blé. **2.** Nid des oiseaux de proie ou surface plane sur laquelle ils le construisent. **3.** Terrain délimité et aménagé pour une activité, une fonction. *Aire de jeu, de stationnement, d'atterrissage, de lancement.* **4.** GÉOMÉTR. Nombre mesurant une surface. – Mesure d'une surface. **5.** PHYSIOL. Région anatomique ayant un rôle déterminé. *Aires cérébrales.* **6.** Zone, secteur où se produit un fait observable ; domaine. *Aire d'influence, d'activité. Aire linguistique.* **7.** MAR. *Aire de vent* : trente-deuxième partie de la rose des vents. SYN. : *rhumb.*

AIREDALE [ɛrdɛl] ou **AIREDALE-TERRIER** [ɛrdɛltɛrje] n.m. [pl. *airedales, airedale-terriers*] (mots angl.). Grand terrier anglais à poil dur, très robuste, élevé comme chien de chasse et d'agrément.

AIRELLE n.f. (cévenol *airelo*). **1.** Sous-arbrisseau montagnard à baies rouges ou noires rafraîchissantes. (Haut. de 20 à 50 cm ; genre *Vaccinium ;* famille des éricacées.) **2.** Fruit de cet arbrisseau. **3.** *Airelle canneberge* : canneberge.

AIRER v.i. FAUCONN. Faire son nid, en parlant d'un oiseau de proie.

AIS [ɛ] n.m. (lat. *axis*). Planchette ou plaque d'une matière rigide, utilisée dans différentes opérations de reliure.

AISANCE n.f. (du lat. *adjacentia,* environs). **1.** Facilité, air de liberté et de naturel dans les actions, les manières, le langage. *S'exprimer avec aisance.* **2.** Situation de fortune qui permet le bien-être. *Vivre dans l'aisance.* ◆ pl. Vieilli. ***Lieux, cabinets d'aisances*** : local destiné à la satisfaction des besoins naturels.

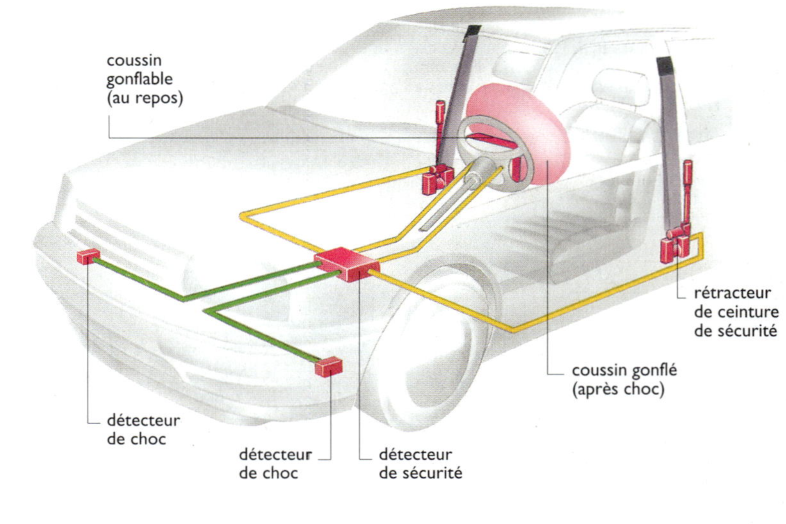

■ **AIRBAG**

1. AISE n.f. (du lat. *adjacens,* situé auprès). **1.** *À l'aise, à mon (ton, son, etc.) aise.* **a.** Dans une position, un vêtement confortables ; sans gêne physique. *Mettez-vous à l'aise.* **b.** Sans embarras ou appréhension ; sans gêne morale. *Quand il est devant son ordinateur, il est à son aise.* – *Fam. À l'aise ! :* facilement. – *En parler à son aise,* sans reconnaître tous les problèmes, toutes les difficultés. – *En prendre à son aise :* agir avec désinvolture. **2.** *Litt.* Contentement, joie. *Vous me comblez d'aise.* ◆ pl. *Aimer ses aises,* le bien-être, le confort. – *Prendre ses aises :* s'installer confortablement sans se soucier de gêner les autres.

2. AISE adj. *Litt. Être bien aise de, que :* être content de, que.

AISÉ, E adj. **1.** Qui se fait sans peine ; facile. *Appareil d'une utilisation aisée.* **2.** Qui a une certaine fortune. *Bourgeois aisé.*

AISÉMENT adv. Avec aisance ; facilement.

AISSEAU n.m. (de *ais*). CONSTR. Bardeau.

AISSELLE n.f. (lat. *axilla*). **1.** Partie inférieure de l'épaule, formant le creux à la jonction du bras et du thorax. **2.** BOT. Partie située au-dessus de l'insertion d'une feuille sur le rameau qui la porte.

AISY [ɛzi] n.m. (mot dial. du Jura). Liquide acide obtenu par l'action de ferments lactiques sur le lactosérum, dans la fabrication du gruyère.

AIXOIS, E adj. et n. D'Aix-en-Provence ; d'Aix-les-Bains, etc.

AJOINTER v.t. Joindre bout à bout.

AJONC [aʒɔ̃] n.m. (d'un mot dial. de l'Ouest). Arbrisseau à feuilles épineuses et à fleurs jaunes, croissant dans les landes sur les sols siliceux. (Haut. de 1 à 4 m ; genre *Ulex,* famille des papilionacées.)

AJOUR n.m. BROD. Jour.

AJOURÉ, E adj. Percé, orné de jours. *Nappe ajourée.*

AJOURER v.t. Pratiquer des jours, des ouvertures dans. *Ajourer un napperon, un garde-corps.*

AJOURNÉ, E n. et adj. Candidat à un examen renvoyé à une session ultérieure.

AJOURNEMENT n.m. Renvoi à une date ultérieure.

AJOURNER v.t. **1.** Renvoyer à un autre jour ; différer, reporter. *Ajourner un rendez-vous.* **2.** *Ajourner un candidat,* le renvoyer à une autre session d'examen.

AJOUT n.m. Ce qui est ajouté.

AJOUTE n.f. Belgique. Ajout, addition, annexe.

AJOUTER v.t. (du lat. *juxta,* auprès de). **1.** Joindre une chose à une autre ; mettre en plus. *Ajouter une rallonge à une table. Ajouter du sel aux légumes.* **2.** Dire en plus. *Ajouter quelques mots.* **3.** *Sout. Ajouter foi à qqch,* y croire. ◆ **s'ajouter** v.pr. **(à)**. Venir en plus de.

AJUSTAGE n.m. Opération consistant à donner à une pièce mécanique la dimension exacte nécessaire pour qu'elle s'assemble correctement avec une autre.

AJUSTÉ, E adj. Serré au buste et à la taille par des pinces. *Chemisier ajusté.*

AJUSTEMENT n.m. **1.** Action d'ajuster ; son résultat. *Ajustement des tarifs, d'un vêtement.* **2.** MÉCAN. INDUSTR. Degré de liberté ou de serrage entre deux pièces assemblées. **3.** *Ajustement structurel :* mesure de politique économique prônée par certaines organisations monétaires internationales aux pays en développement rencontrant des problèmes d'endettement. (Ces mesures visent, par une transformation progressive des structures, à rétablir les grands équilibres financiers et à créer les conditions d'une croissance saine.)

AJUSTER v.t. (du lat. *justus,* juste). **1.** Adapter parfaitement une chose à une autre ; façonner, faire qqch de façon à réaliser un assemblage parfait. *Ajuster un vêtement, un couvercle de boîte.* – MÉCAN. INDUSTR. Procéder à l'ajustage de. **2.** Rendre juste, conforme à une norme. *Ajuster une balance, les prix.* **3.** Rendre précis. *Ajuster un tir.* **4.** Prendre pour cible. *Ajuster un lièvre.* **5.** Arranger de façon appropriée. *Ajuster sa cravate.*

AJUSTEUR, EUSE n. Personne qui procède à l'ajustage de pièces mécaniques.

AJUTAGE n.m. (de *ajuster*). TECHN. Orifice percé dans la paroi d'un réservoir ou d'une canalisation pour permettre l'écoulement d'un fluide.

AKÈNE ou **ACHAINE** [akɛn] n.m. (du gr. *khainein,* ouvrir). BOT. Fruit sec indéhiscent, à une seule graine (gland, noisette).

AKINÉSIE ou **ACINÉSIE** n.f. (du gr. *kinêsis,* mouvement). MÉD. Symptôme neurologique, typique de la maladie de Parkinson, consistant en une difficulté à réaliser les mouvements volontaires.

AKKADIEN, ENNE adj. et n. D'Akkad. ◆ n.m. Langue sémitique de la Mésopotamie ancienne, écrite en caractères cunéiformes.

AKVAVIT n.m. → **AQUAVIT.**

AL, abrév. de *année de lumière.

ALACRITÉ n.f. (lat. *alacritas*). *Litt.* Vivacité entraînante ; enjouement.

ALAIRE adj. *Didact.* De l'aile, des ailes. *Surface alaire d'un avion.*

ALAISE ou **ALÈSE** n.f. (du lat. *latus,* large). Pièce de tissu que l'on place sous le drap de dessous pour protéger le matelas.

ALAISÉ, E adj. → **ALÉSÉ.**

ALAMBIC n.m. (ar. *al-anbīq*). Appareil pour distiller, en partic. l'alcool. *Alambic de bouilleur de cru.*

ALAMBIQUÉ, E adj. Raffiné jusqu'à être obscur, très compliqué. *Phrase alambiquée.*

ALANDIER n.m. Foyer d'un four de céramiste.

ALANGUI, E adj. Qui manifeste un état de langueur amoureuse. *Regard alangui.*

ALANGUIR v.t. Enlever de son énergie à ; affaiblir. *Cette chaleur m'alanguit.* ◆ **s'alanguir** v.pr. Perdre de son énergie.

ALANGUISSEMENT n.m. État de langueur.

ALANINE n.f. (de *aldéhyde*). Acide aminé des organismes vivants, notamm. présent au sein des protéines.

ALARMANT, E adj. Qui alarme, effraie, inquiète.

ALARME n.f. (ital. *all'arme !,* aux armes !) **1.** Appareil, dispositif destiné à prévenir d'un danger. *Alarme automatique.* ◇ *Donner, sonner l'alarme :* prévenir d'un danger ; alerter, alarmer. **2.** *Sout.* Émotion, frayeur due à un danger, réel ou supposé. *L'alarme fut chaude.*

ALARMER v.t. Effrayer, inquiéter par l'annonce d'une menace, d'un danger, etc. *Alarmer l'opinion.* ◇ v.pr. *Inutile de s'alarmer.*

ALARMISME n.m. Tendance à être alarmiste.

ALARMISTE n. Personne qui répand des propos, des bruits alarmants, souvent imaginaires. ◆ adj. De nature à alarmer. *Nouvelles alarmistes.*

ALBANAIS, E adj. et n. De l'Albanie, de ses habitants. ◆ n.m. Langue indo-européenne parlée en Albanie.

ALBANOPHONE adj. et n. De langue albanaise.

ALBÂTRE n.m. (lat. *alabaster*). **1.** *Albâtre calcaire,* ou *albâtre :* variété de calcaire translucide, de teinte variable. – *Albâtre gypseux,* ou *albâtre :* variété de gypse très finement cristallisé, blanc, utilisé en sculpture. **2.** Objet, sculpture d'albâtre. ◇ *D'albâtre :* qui a la blancheur éclatante de l'albâtre gypseux. *Un teint d'albâtre.*

ALBATROS [albatros] n.m. (port. *alcatraz*). Grand oiseau palmipède des mers australes et du Pacifique nord, excellent voilier. (Envergure 3 m env. ; genre *Diomedea ;* ordre des procellariiformes, famille des diomédéidés.)

■ **ALBATROS.** Albatros hurleur.

ALBÉDO n.m. (du lat. *albus,* blanc). ASTRON. Fraction de la lumière et de l'énergie reçues que réfléchit ou diffuse un corps non lumineux.

ALBIGEOIS, E adj. et n. D'Albi. ◇ HIST. *Les albigeois :* les cathares et les vaudois du pays d'Oc. – *La croisade des *albigeois : v. partie n.pr.*

ALBINISME n.m. (du lat. *albus,* blanc). Anomalie héréditaire de l'homme et de certains animaux, due au défaut d'un pigment, la mélanine, et caractérisée par une peau très blanche, des cheveux blancs ou blond paille, ou un pelage blanc, un iris rosé.

ALBINOS [albinos] adj. et n. Atteint d'albinisme.

ALBITE n.f. Feldspath alcalin, silicate d'aluminium et de sodium.

ALBRAQUE n.f. Ensemble de galeries rassemblant les venues d'eau d'une mine avant leur pompage.

■ **ALAMBIC**

ALBUGINÉE n.f. ANAT. Membrane enveloppant certains organes, partic. le testicule.

ALBUGO n.m. (mot lat., *tache blanche*). MÉD. Tache blanche qui se forme sur la cornée ou sur un ongle.

ALBUM [albɔm] n.m. (mot all., du lat.). **1.** Cahier cartonné destiné à recevoir des photographies, des dessins, etc. *Album de timbres.* **2.** Livre dans lequel l'illustration, l'image dominent ; recueil de documents iconographiques. *Un album de bandes dessinées.* **3.** Disque de variétés comportant plusieurs morceaux.

ALBUMEN [albymɛn] n.m. **1.** Blanc d'œuf. **2.** BOT. Tissu riche en réserves nutritives, qui avoisine la plantule dans certaines graines.

ALBUMINE n.f. **1.** Substance organique protéique, visqueuse à l'état pur, soluble dans l'eau, coagulable par la chaleur, contenue dans le blanc d'œuf, le plasma sanguin, le lait, etc. **2.** *Cour. Avoir de l'albumine :* être atteint d'une protéinurie ; avoir une maladie des reins.

ALBUMINÉ, E adj. BOT. Se dit d'une graine pourvue d'albumen.

ALBUMINURIE n.f. Vieilli. Protéinurie.

ALCADE n.m. (esp. *alcalde,* ar. *al-qāḍī,* le juge). **1.** Anc. Juge, en Espagne et en Amérique latine. **2.** Mod. Maire, en Espagne et en Amérique latine.

ALCALI n.m. (ar. *al-qily,* la soude). CHIM. Vx. Hydroxyde dont la solution aqueuse est basique.

ALCALIFIANT, E adj. Qui a la propriété d'alcaliniser.

ALCALIMÈTRE n.m. CHIM. Appareil servant à déterminer la masse d'anhydride carbonique dans les substances carbonatées.

ALCALIMÉTRIE n.f. Détermination du titre d'une solution basique.

ALCALIN, E adj. (de *alcali*). CHIM. MINÉR. **1.** Se dit d'un métal de la première colonne de la classification périodique, qui décompose l'eau à froid en produisant un hydroxyde (base forte). **2.** Qui contient une base ou qui en a les propriétés.

ALCALINISER v.t. Rendre alcalin.

ALCALINITÉ n.f. Basicité.

ALCALINO-TERREUX, EUSE adj. (pl. *alcalino-terreux, euses*). *Métaux alcalino-terreux :* calcium, strontium, baryum et radium.

ALCALOÏDE [alkalɔid] n.m. (de *alcali*). CHIM. ORG., PHARM. Composé organique azoté et basique tiré d'un végétal (nom générique). [La morphine, la quinine, la strychnine sont des alcaloïdes.]

ALCALOSE n.f. Caractère basique excessif du plasma sanguin.

ALCANE n.m. CHIM. ORG. Hydrocarbure saturé acyclique, de formule générale C_nH_{2n+2} (nom générique).

ALCARAZAS [alkarazas] n.m. (esp. *alcarraza*, mot ar.). Cruche ou vase de terre poreuse où l'eau se rafraîchit par évaporation.

■ **ALCARAZAS** (Espagne).

ALCAZAR n.m. (mot esp., de l'ar.). Palais fortifié des souverains maures d'Espagne ou de leurs successeurs chrétiens.

ALCÈNE n.m. CHIM. ORG. Hydrocarbure acyclique à double liaison, de formule générale C_nH_{2n} (nom générique). SYN. : *oléfine*.

ALCHÉMILLE [alkemij] n.f. Plante poussant en touffes dans les lieux incultes. (Famille des rosacées.)

ALCHIMIE n.f. (ar. *al-kīmiyā'*). **1.** Science occulte centrée sur la recherche d'inspiration spirituelle, ésotérique, d'un remède universel (élixir, panacée, pierre philosophale) capable d'opérer une transmutation de l'être, de la matière (et, notamm., la transmutation en or des métaux vils). **2.** *Fig.* Suite complexe de réactions et de transformations. *La mystérieuse alchimie de la vie.*
ENCYCL. L'alchimie occidentale, née à Alexandrie et transmise à l'Europe par les Arabes, prospéra du XIIe au XVIIe s. (avec Albert le Grand, Roger Bacon, Nicolas Flamel, etc.). L'essor de la science moderne n'a pas éteint la tradition (représentée notamm., en France, par F. Jollivet-Castelot au XIXe s., Fulcanelli et A. Barbault au XXe s.).

ALCHIMIQUE adj. Relatif à l'alchimie.

ALCHIMISTE n.m. Personne qui s'occupe d'alchimie.

ALCOOL [alkɔl] n.m. (ar. *al-kuhl*, antimoine pulvérisé). **1.** CHIM. ORG. Tout composé organique oxygéné de formule ROH, où R est une chaîne ou un cycle hydrocarboné. **2.** *Alcool éthylique*, ou *alcool* : liquide incolore, C_2H_5OH, qui bout à 78 °C et se solidifie à - 112 °C. (L'alcool éthylique est obtenu par la distillation de jus sucrés fermentés [raisin, par ex.] ou de matières amylacées [grains, fécules, etc.] transformées en glucose.) SYN. : *éthanol*. **3.** Toute boisson contenant de l'alcool. – *Spécial.* Boisson à fort titre en alcool. *Alcool de prune.*

ALCOOLAT n.m. Liquide obtenu par distillation de l'alcool sur une substance aromatique. (L'eau de Cologne est un alcoolat.)

ALCOOLATURE n.f. Produit obtenu par macération d'une plante dans l'alcool.

ALCOOLÉMIE n.f. Concentration d'alcool dans le sang. (L'alcoolémie, pour les conducteurs, ne doit pas excéder, en France, 0,50 g/l.)

ALCOOLIFICATION n.f. Transformation d'une substance en alcool par fermentation. SYN. : *alcoolisation*.

ALCOOLIQUE adj. **1.** Qui contient de l'alcool. *Solution alcoolique.* **2.** Relatif à l'alcool, partic. à l'alcool éthylique. *Fermentation alcoolique.* **3.** Qui résulte de l'alcoolisme. *Délire alcoolique.* ◆ adj. et n. Qui est atteint d'alcoolisme chronique. *Un alcoolique.*

ALCOOLISABLE adj. Qui peut être converti en alcool.

ALCOOLISATION n.f. **1.** Action d'alcooliser qqch ; son résultat. **2.** MÉD. Injection locale d'alcool, en général autour d'un nerf, dans un but antalgique. **3.** Alcoolification.

ALCOOLISÉ, E adj. Qui contient de l'alcool ; à quoi l'on a ajouté de l'alcool.

ALCOOLISER v.t. **1.** Ajouter de l'alcool à. **2.** CHIM. ORG. Transformer en alcool.

ALCOOLISME n.m. Abus de boissons alcooliques ; maladie liée à un abus chronique de boissons alcooliques, avec dépendance à l'alcool. SYN. : *éthylisme*.
ENCYCL. L'alcoolisme chronique commence par un stade où le malade est appelé *buveur excessif* avant que s'installe la dépendance, similaire à une toxicomanie. Le malade peut boire quotidiennement, sans ivresse, ou bien par crises menant à l'ivresse. En cas d'interruption brusque de la consommation, il se produit parfois un syndrome de sevrage, voire un delirium tremens. La cirrhose, l'ulcère, les troubles psychiques sont autant de complications. Le traitement consiste en un sevrage, aidé par les médicaments et la psychothérapie.

ALCOOLOGIE n.f. Discipline médicale qui étudie l'alcoolisme et sa prévention.

ALCOOLOGUE n. Spécialiste d'alcoologie.

ALCOOMÈTRE n.m. Densimètre pour mesurer la teneur en alcool des vins, des liqueurs, etc. SYN. : *pèse-alcool*.

ALCOOMÉTRIE n.f. Ensemble des procédés employés pour la détermination de la richesse en alcool des vins, des liqueurs, etc.

ALCOTEST ou **ALCOOTEST** n.m. (nom déposé). Appareil portatif permettant de déceler et d'évaluer l'alcoolémie d'une personne par la mesure de la teneur en alcool de l'air expiré. (On dit aussi *éthylotest* ou *éthylomètre*.)

ALCÔVE n.f. (esp. *alcoba*, mot ar.). **1.** Renfoncement ménagé dans une chambre pour recevoir un, des lits. **2.** *D'alcôve* : relatif à la vie intime, amoureuse. *Secret d'alcôve.*

ALCOYLATION [-kɔi-] n.f. Fixation d'un radical alcoyle sur une molécule. SYN. : *alkylation*.

ALCOYLE [-kɔil] n.m. Radical univalent de formule générale $-C_nH_{2n+1}$, obtenu par soustraction d'un atome d'hydrogène à un alcane. SYN. : *alkyle*.

ALCYNE [alsin] n.m. CHIM. ORG. Hydrocarbure acyclique à triple liaison de formule générale C_nH_{2n-2} (nom générique).

ALCYON [alsjɔ̃] n.m. (gr. *alkuôn*). **1.** MYTH. GR. Oiseau fabuleux qui passait pour ne faire son nid que sur une mer calme et dont la rencontre était tenue pour un heureux présage. **2.** Polype s'abritant dans une loge squelettique calcaire, vivant en colonies importantes sur les fonds rocheux. (Sous-classe des alcyonaires.)

ALCYONAIRE n.m. Invertébré de l'embranchement des cnidaires, représenté par un polype à huit tentacules, vivant génér. en colonies arborescentes, tel que le corail et l'alcyon. (Les alcyonaires forment une sous-classe d'anthozoaires.) SYN. : *octocoralliaire*.

ALDÉHYDE n.m. (de *alcool dehydrogenatum*). **1.** Nom usuel de l'*éthanal* (CH_3CHO), liquide volatil formé par déshydrogénation ou par oxydation de l'éthanol. **2.** Composé organique contenant un groupe $-CH{=}O$ (nom générique).

ALDÉHYDIQUE adj. CHIM. ORG. Relatif aux aldéhydes.

AL DENTE [aldɛnte] loc. adj. inv. et loc. adv. (mots ital., *à la dent*). Se dit d'aliments, notamm. des pâtes, cuits de manière à rester fermes sous la dent.

ALDIN, E adj. *Caractères aldins* : caractères d'imprimerie dus à Alde Manuce.

ALDOL n.m. Produit de condensation entre un anion énolate et un dérivé carbonylé, aldéhyde ou cétone.

ALDOSE n.m. Ose à fonction aldéhyde.

ALDOSTÉRONE n.f. Hormone corticosurrénale qui agit au niveau du rein, provoquant la rétention du sodium et de l'eau, et favorisant l'élimination du potassium.

ALE [ɛl] n.f. (mot néerl.). Bière anglaise légère, fabriquée avec du malt torréfié.

ALÉA n.m. (lat. *alea*, coup de dés). **1.** (Surtout pl.) Risque d'incidents défavorables, d'inconvénients. *Cette affaire présente bien des aléas.* **2.** *Aléa thérapeutique* : risque d'effets indésirables inhérent à un traitement, même en l'absence de faute de la part du médecin.

ALÉATOIRE adj. **1.** Qui relève du hasard ; qui dépend d'un événement incertain ; hasardeux, problématique. *Bénéfices aléatoires.* **2.** PROBAB. *Variable aléatoire* : application d'un ensemble appelé *univers* et muni d'une probabilité dans l'ensemble des nombres réels. **3.** ART MOD. *Œuvre aléatoire* : œuvre plastique (notamm. cinétique) ou littéraire dans laquelle l'auteur introduit des éléments de hasard selon un code préétabli. – *Musique aléatoire*, dont la forme ou l'exécution inclut une part d'indétermination.
ENCYCL. L'expression *musique aléatoire* est née dans les années 1950, en liaison avec des expériences de John Cage, puis de Karlheinz Stockhausen et de Pierre Boulez. La musique aléatoire est apparue par réaction contre le sérialisme intégral.

ALÉATOIREMENT adv. De façon aléatoire.

ALÉMANIQUE adj. et n. Qui appartient à la Suisse de langue allemande. ◆ adj. et n.m. Se dit des dialectes parlés en Suisse allemande et en Alsace.

ALÊNE n.f. (du germ.). Poinçon servant à percer le cuir.

ALÉNOIS adj.m. (altér. de *orlenois*, orléanais). *Cresson alénois* : cresson cultivé dans les jardins et utilisé comme condiment.

ALENTOUR adv. (de *à l'entour*). Aux environs ; tout autour. *Un château et les bois alentour.* ◇ *D'alentour* : des environs.

ALENTOURS n.m. pl. **1.** Lieux qui environnent un espace, un endroit considéré comme centre. *Les alentours d'une ville.* ◇ *Aux alentours* : aux environs. – *Aux alentours de* : environ. *Il était aux alentours de 20 heures.* **2.** Fond décoratif de tapisserie, entourant le sujet central (au XVIIIe s., notamm.).

ALEPH [alɛf] n.m. inv. Première lettre de l'alphabet hébreu. – ALGÈBRE. Symbole utilisé par G. Cantor pour désigner les cardinaux des ensembles infinis bien ordonnés.

ALÉPINE n.f. (de *Alep*, ville de Syrie). Étoffe dont la chaîne est de soie et la trame de laine.

ALÉRION n.m. HÉRALD. Petite aigle sans bec ni pattes.

1. ALERTE n.f. (ital. *all'erta*, sur la hauteur). **1.** Appel, signal qui prévient de la menace d'un danger, invite à prendre les mesures pour y faire face. *Alerte aérienne. Alerte à la bombe, au feu.* **2.** Menace soudaine d'un danger. *Il s'inquiète à la moindre alerte.* **3.** *En état d'alerte, en alerte* : prêt à intervenir. ◆ interj. *Alerte !* : sert à prévenir de l'imminence d'un danger.

2. ALERTE adj. Plein de vivacité. *Vieillard alerte. Esprit alerte.*

ALERTEMENT adv. De façon alerte.

ALERTER v.t. **1.** Prévenir qqn d'un danger ; inviter à se tenir prêt à l'action. **2.** Mettre en éveil, attirer l'attention de. *Le bruit m'a alertée.*

ALÉSAGE n.m. MÉCAN. INDUSTR. Usinage très précis de la surface intérieure d'une pièce, amenant celle-ci à la cote prévue. ◇ *Alésage d'un cylindre de moteur*, son diamètre intérieur.

ALÈSE n.f. → **ALAISE**.

ALÉSÉ, E, ALÉZÉ, E ou **ALAISÉ, E** adj. HÉRALD. Se dit d'une pièce raccourcie qui ne touche pas les bords de l'écu.

ALÉSER v.t. [11] (anc. fr. *alaisier*, élargir). Procéder à l'alésage de.

ALÉSEUSE n.f. Machine à aléser.

ALÉSOIR n.m. Outil pour aléser.

ALÉTHIQUE adj. (du gr. *alêthês*, vrai). LOG. Se dit d'une proposition ou d'une modalité qui ne concerne que le vrai, le faux et l'indéterminé (par oppos. à *déontique*).

ALEURITE [alørit] n.m. (du gr. *aleuron*, farine). Arbre d'Extrême-Orient représenté par plusieurs espèces, notamm. l'*arbre à huile*, dont les graines fournissent une huile siccative (huile de bois de Chine), et le *bancoulier*, qui donne une huile purgative. (Famille des euphorbiacées.)

ALEURODE n.m. Puceron blanchâtre, dont diverses espèces attaquent le chou, le chêne, etc. (Ordre des homoptères.)

ALEURONE n.f. Substance protéique de réserve qui forme des grains microscopiques dans les cotylédons ou l'albumen de certaines graines.

ALEVIN [alvɛ̃] n.m. (du lat. *allevare*, élever). Très jeune poisson servant à repeupler les étangs, les rivières, ou à débuter un élevage.

ALEVINAGE n.m. Action d'aleviner.

ALEVINER v.t. Peupler un étang, une rivière, etc., d'alevins.

ALEVINIER n.m. ou **ALEVINIÈRE** n.f. Étang où l'on élève les alevins.

ALEXANDRA n.m. Cocktail composé de cognac, de crème fraîche et de crème de cacao.

1. ALEXANDRIN, E adj. et n. D'Alexandrie (Égypte). ◆ adj. *Art alexandrin :* art hellénistique dont Alexandrie fut le foyer principal à partir du IIIe s. av. J.-C. – *Poésie alexandrine :* poésie érudite et raffinée, qui eut pour principaux représentants Callimaque, Apollonios de Rhodes, Lycophron, Théocrite.

2. ALEXANDRIN n.m. (du *Roman d'Alexandre,* poème du XIIe s.). Vers français de douze syllabes, utilisé en poésie.

ALEXANDRITE n.f. Pierre fine constituée par du chrysobéryl, verte à la lumière du jour et rouge à la lumière électrique.

ALEXIE n.f. (du gr. *lexis,* lecture). Trouble neurologique caractérisé par une perturbation de la capacité à lire. SYN. : *cécité verbale.*

ALEXITHYMIE n.f. PSYCHOL. Déficit de verbalisation des émotions.

ALEZAN, E [alzɑ̃, an] adj. et n.m. (esp. *alazán,* mot ar.). Se dit d'un cheval dont la robe et les crins sont jaune rougeâtre. *Jument alezane. Un alezan.*

ALÉZÉ, E adj. → **ALÉSÉ.**

ALFA n.m. (ar. *ḥalfā'*). Herbe d'Afrique du Nord et d'Espagne, appelée aussi *spart* ou *sparte,* employée à la fabrication de sparterie, de cordages, d'espadrilles, de tissus grossiers, de papier d'imprimerie, etc. (Famille des graminées.)

ALFATIER, ÈRE adj. Relatif à l'alfa. *Plaine alfatière.*

ALGARADE n.f. (esp. *algarada,* escarmouche, mot ar.). Querelle, altercation survenant inopinément.

ALGAZELLE n.f. (ar. *al-ghazāl*). Antilope du Sahara, à cornes longues et fines, légèrement recourbées vers l'arrière. (Haut. au garrot 1 m ; groupe des oryx.)

ALGÈBRE n.f. (ar. *al-djabr*). **1.** Branche des mathématiques qui, dans sa partie classique, se consacre à la résolution des équations par des formules explicites, ainsi qu'à la théorie des nombres réels et complexes, et, dans sa partie moderne, étudie des structures telles que les groupes. **2.** LOG. *Algèbre de Boole,* ou *algèbre de la logique :* structure algébrique appliquée à l'étude des relations logiques. (Les opérations de réunion, d'intersection et de complémentation y expriment respectivement la disjonction, la conjonction, la négation logiques.) **3.** *Fig., fam.* Chose difficile à comprendre. *C'est de l'algèbre pour moi.*

ALGÉBRIQUE adj. **1.** Qui a rapport à l'algèbre. ◇ *Équation algébrique :* équation de la forme $P(x) = 0$, où P est un polynôme. – *Nombre algébrique :* nombre racine d'une équation algébrique à coefficients entiers. **2.** Affecté d'un signe. *Mesure algébrique d'un vecteur.*

ALGÉBRIQUEMENT adv. Suivant les règles de l'algèbre.

ALGÉBRISTE n. Spécialiste de l'algèbre.

ALGÉRIEN, ENNE adj. et n. De l'Algérie, de ses habitants.

ALGÉROIS, E adj. et n. D'Alger.

ALGIDE adj. (lat. *algidus,* glacé). Caractérisé par une algidité. *Période algide d'une affection.*

ALGIDITÉ n.f. MÉD. Refroidissement de la peau avec sensation de froid.

ALGIE n.f. MÉD. Douleur physique.

ALGINATE n.m. Sel de l'acide alginique, utilisé notamm. dans les industries pharmaceutique, alimentaire et textile.

ALGINE n.f. (de *algue*). Substance glaireuse formée au contact de l'eau par le mucilage de certaines algues brunes.

ALGINIQUE adj. *Acide alginique :* substance macromoléculaire, principal constituant de l'algine.

ALGIQUE adj. Qui concerne la douleur.

ALGOCULTURE n.f. Culture d'algues marines à usage industriel ou alimentaire.

ALGOL n.m. (mot angl., abrév. de *algorithmic language*). INFORM. Langage de programmation conçu pour des applications scientifiques.

ALGONQUIEN, ENNE adj. et n.m. Se dit d'une famille de langues amérindiennes (comprenant notamm. celles des Cris, des Ojibwa et des Algonquins). – *Par ext.* Se dit des peuples qui parlent les langues algonquiennes.

ALGORITHME n.m. (ar. *al-Khārezmī,* nom d'un mathématicien arabe). MATH. Ensemble de règles opératoires dont l'application permet de résoudre un problème énoncé au moyen d'un nombre fini d'opérations.

ALGORITHMIQUE adj. Qui peut être exprimé par un algorithme. ◆ n.f. Science des algorithmes, utilisée notamm. en informatique.

ALGOTHÉRAPIE n.f. Partie de la phytothérapie qui utilise les algues marines.

ALGUE n.f. (lat. *alga*). **1.** Organisme végétal, génér. aquatique, pratiquant la photosynthèse, tel que les fucus (algues pluricellulaires) et les diatomées (algues unicellulaires). ◇ *Algue brune :* phéophycée. – *Algue rouge :* rhodophycée. – *Algue verte :* chlorophycée. **2.** MICROBIOL. *Algue bleue :* cyanobactérie.

ALIAS [aljas] adv. (mot lat.). Autrement dit, nommé. *Jean-Baptiste Poquelin, alias Molière.*

ALIBI n.m. (mot lat., *ailleurs*). **1.** Moyen de défense par lequel un suspect, un accusé prouve sa présence, au moment d'un crime, d'un délit, en un autre lieu que celui où ils ont été commis. **2.** *Fig.* Ce qui sert de prétexte, d'excuse.

ALIBOUFIER n.m. BOT. Styrax.

ALICAMENT n.m. (de *aliment* et *médicament*). Aliment considéré comme partic. bénéfique pour la santé (produits laitiers ou à base de céréales, par ex.).

ALICANTE n.m. **1.** Vin liquoreux produit dans la province d'Alicante, en Espagne. **2.** *Alicante Bouschet :* cépage teinturier du midi de la France, à raisin rouge.

■ **ALGUES**

ALIDADE n.f. (ar. *al-'idāda*). **1.** Règle graduée portant un instrument de visée permettant de mesurer les angles verticaux, utilisée pour tracer les directions sur une carte. **2.** Partie mobile d'un théodolite.

ALIÉNABILITÉ n.f. DR. Caractère de ce qui peut être aliéné.

ALIÉNABLE adj. DR. Qui peut être aliéné.

ALIÉNANT, E adj. Qui soumet à des contraintes, qui rend esclave ; asservissant.

ALIÉNATION n.f. **1.** DR. Transmission à autrui d'un bien ou d'un droit. *Aliénation d'une propriété.* **2.** DR. Abandon ou perte d'un droit naturel. **3.** PHILOS. État de l'individu dépossédé de lui-même par la soumission de son existence à un ordre de choses auquel il participe mais qui le domine. (Notion développée par Hegel dans le cadre de sa philosophie de l'esprit, puis par Marx dans celui de son analyse matérialiste de la société.) **4.** Vieilli. *Aliénation mentale,* ou *aliénation :* nom donné aux troubles psychiatriques qui nécessitaient l'hospitalisation permanente du malade.

ALIÉNÉ, E n. Vieilli. Malade mental dont l'état justifiait l'internement.

ALIÉNER v.t. [11] (lat. *alienare*). **1.** DR. Transmettre à autrui la propriété d'un bien, d'un droit. *Aliéner une terre.* **2.** Renoncer à un droit naturel. *Aliéner son indépendance.* **3.** Éloigner, rendre une personne hostile à qqn. *Cette manière d'agir lui a aliéné tout le monde.* **4.** PHILOS. Entraîner l'aliénation de. ◆ **s'aliéner** v.pr. Détourner de soi. *Par son attitude, il s'est aliéné toutes les sympathies.*

ALIÉNISTE n. et adj. Vx. Psychiatre.

ALIGNÉ, E adj. *Points alignés,* qui appartiennent à une même droite.

ALIGNEMENT n.m. **1.** Action d'aligner, de s'aligner. **2.** Ensemble de choses alignées, rangées. – PRÉHIST. Ensemble de pierres levées (menhirs) disposées en lignes parallèles. *Les alignements de Carnac.* **3.** DR. Détermination, par l'autorité administrative, des limites d'une voie publique ; servitude qui en résulte pour les riverains. *Maison frappée d'alignement.*

ALIGNER v.t. **1.** Ranger, présenter sur une ligne droite. *Aligner des élèves.* **2.** *Aligner des arguments, des chiffres, des faits, etc.,* les produire dans un ordre cohérent. **3.** Faire coïncider, mettre en conformité une chose avec une autre. ◆ **s'aligner** v.pr. **1.** Se ranger, être rangé sur une même ligne. **2.** (**sur**). Se conformer à qqch ; imiter qqn.

ALIGOT n.m. Purée de pommes de terre additionnée de tomme fraîche. (Cuisine auvergnate.)

ALIGOTÉ n.m. et adj.m. Cépage blanc de Bourgogne ; vin issu de ce cépage.

ALIMENT n.m. (du lat. *alere,* nourrir). **1.** Ce qui sert de nourriture à un être vivant. *Digestion des aliments. Les aliments du bétail.* **2.** *Fig.* Ce qui sert à entretenir, à fortifier qqch. *Une lecture substantielle qui est un aliment pour l'esprit.* ◆ pl. DR. Ce qui est nécessaire à l'entretien d'une personne (logement, nourriture, etc.).

ALIMENTAIRE adj. **1.** Propre à servir d'aliment. **2.** Relatif à l'alimentation. *Industrie alimentaire.* **3.** *Travail alimentaire,* fait dans un but purement lucratif. **4.** DR. *Obligation alimentaire :* obligation légale de fournir les aliments aux proches parents, de subvenir à leurs besoins essentiels. – *Pension alimentaire,* versée en exécution d'une obligation alimentaire. ◆ n.m. *L'alimentaire :* le secteur économique de l'alimentation.

ALIMENTATION n.f. **1.** Action d'alimenter, de s'alimenter. **2.** Produits servant à alimenter ; commerce de ces produits. **3.** Approvisionnement d'une arme à feu en munitions, d'un moteur en combustible, etc. **4.** Dispositif fournissant l'énergie nécessaire au fonctionnement d'un circuit électrique ou électronique.

ALIMENTER v.t. **1.** Fournir des aliments à ; nourrir. *Alimenter un malade avec du bouillon.* **2.** Approvisionner. *Le barrage alimente la ville en eau.* **3.** *Alimenter la conversation,* l'entretenir. ◆ **s'alimenter** v.pr. Se nourrir. *Le malade refuse de s'alimenter.*

ALINÉA n.m. (du lat. *ad lineam,* à la ligne). Retrait d'une ligne annonçant un nouveau paragraphe, dans un texte ; passage compris entre deux retraits.

ALIOS [aljɔs] n.m. (mot gascon). Grès imperméable rougeâtre ou noirâtre, constitué par des grains de sable agglutinés sous une couverture sableuse, présent notamm. dans la forêt landaise.

ALIPHATIQUE adj. (du gr. *aleiphar, -atos,* graisse). CHIM. ORG. *Composé aliphatique :* composé organique acyclique.
ALIQUOTE [alikɔt] adj. et n.f. ARITHM. Vx. *Partie aliquote d'un nombre,* diviseur de ce nombre autre que lui-même.
ALISE ou **ALIZE** n.f. (du germ.). Fruit rouge de l'alisier, aigrelet mais d'un goût agréable.
ALISIER ou **ALIZIER** [alizje] n.m. Arbre du groupe des sorbiers, à feuilles lobées et à fleurs blanches, dont le bois est utilisé en ébénisterie. (Haut. 10 - 20 m ; famille des rosacées.)

■ ALISIER

ALISMA ou **ALISME** n.m. Plantain d'eau.
ALISMATACÉE n.f. Plante herbacée vivace des eaux douces, à fleurs génér. blanches, telle que le plantain d'eau, la sagittaire. (Les alismatacées forment une famille de monocotylédones.)
ALITEMENT n.m. Action de s'aliter ; fait d'être alité.
ALITER v.t. (de *lit*). Faire garder le lit à. *Aliter un malade.* ◆ **s'aliter** v.pr. Se mettre au lit, garder le lit par suite de maladie, de fatigue, etc.
ALIZARINE n.f. (ar. *al-'uṣāra,* le jus). Matière colorante rouge extraite autrefois de la racine de la garance, obtenue aujourd'hui par synthèse.
ALIZE n.f. ⟶ **ALISE.**
ALIZÉ n.m. et adj.m. (esp. *alisios*). Vent régulier qui souffle des hautes pressions subtropicales vers les basses pressions équatoriales. (L'alizé de l'hémisphère Nord souffle du nord-est vers le sud-ouest ; l'alizé de l'hémisphère Sud, du sud-est vers le nord-ouest.)
ALIZIER n.m. ⟶ **ALISIER.**
ALKÉKENGE [alkekɑ̃ʒ] n.f. (persan *kākunadj*). BOT. Physalis.
ALKYLATION n.f. Alcoylation.
ALKYLE n.m. Alcoyle.
ALLAITEMENT n.m. Action d'allaiter.
ALLAITER v.t. Nourrir de lait, de son lait.
1. **ALLANT, E** adj. *Litt.* Qui a de l'entrain.
2. **ALLANT** n.m. *Sout.* Entrain, ardeur. *Perdre son allant.*
ALLANTOÏDE [alɑ̃tɔid] n.f. EMBRYOL. Annexe embryonnaire à rôle nourricier, présente chez les reptiles, les oiseaux et les mammifères.
ALLANTOÏDIEN, ENNE adj. Relatif à l'allantoïde.
ALLANTOÏNE n.f. Substance d'élimination de déchets azotés, chez les mammifères non humains, provenant de la transformation de l'acide urique et entrant dans la confection de produits cosmétiques.
ALLÉCHANT, E adj. 1. Qui fait envie ; appétissant. *Un dessert alléchant.* 2. *Fig.* Qui attire, qui séduit par le plaisir qu'on en attend. *Une proposition alléchante.*
ALLÉCHER v.t. [11] (lat. *allectare*). 1. Attirer, faire envie en flattant le goût, l'odorat. 2. *Fig.* Attirer par l'espérance de qqch d'agréable, de profitable. *Allécher qqn par de belles promesses.*
ALLÉE n.f. (de *aller*). 1. Voie bordée d'arbres, de haies, de plates-bandes. 2. Passage entre des rangées de chaises, de bancs. ◇ *Allée couverte :* construction mégalithique en forme de couloir, constituée d'orthostates et de dalles de couverture, utilisée comme sépulture collective. 3. *Allées et venues :* déplacements de personnes qui vont et viennent ; trajets, démarches d'une personne.
ALLÉGATION n.f. (lat. *allegatio*). Énoncé d'un fait ; affirmation, assertion. *Des allégations mensongères.*
ALLÈGE n.f. (de *alléger*). 1. CONSTR. Pan de mur fermant l'embrasure d'une fenêtre entre le sol et l'appui. 2. MAR. Embarcation employée pour le chargement ou le déchargement des navires.
ALLÉGÉ, E adj. et n.m. Se dit d'un produit alimentaire débarrassé de tout ou partie de ses graisses ou de ses sucres.
1. **ALLÉGEANCE** n.f. (angl. *allegiance*). 1. HIST. Obligation de fidélité et d'obéissance à un souverain, à une nation. 2. *Fig.* Manifestation de soutien, de soumission.
2. **ALLÉGEANCE** n.f. (de *alléger*). SPORTS. Handicap en temps, rendu par un yacht à un autre, dans une régate ou une course-croisière.
ALLÉGEMENT ou **ALLÈGEMENT** (selon l'Académie) n.m. Diminution de poids, de charge. – SPORTS. Mouvement déchargeant les skis du poids du corps pour permettre un déplacement latéral.
ALLÉGER v.t. [15] (du lat. *levis,* léger). Rendre moins lourd. *Alléger les programmes scolaires, les impôts.*
ALLÉGORIE n.f. (gr. *allegoria*). 1. Représentation, expression d'une idée par une figure dotée d'attributs symboliques (dans l'art) ou par le développement continu et rigoureux d'une métaphore (dans la littérature). 2. Œuvre utilisant cette forme d'expression.
ALLÉGORIQUE adj. Qui relève de l'allégorie.
ALLÉGORIQUEMENT adv. De façon allégorique.
ALLÈGRE adj. (du lat. *alacer,* vif). Plein d'un entrain joyeux.
ALLÈGREMENT adv. De façon allègre.
ALLÉGRESSE n.f. Joie très vive qui se manifeste souvent par des démonstrations collectives.
ALLEGRETTO [alegreto] adv. (mot ital.). MUS. Selon un tempo moins rapide qu'allegro. ◆ **allégretto** n.m. Morceau de musique exécuté dans le tempo allegretto.
ALLEGRO [alegro] adv. (mot ital.). MUS. Selon un tempo rapide évoquant la gaieté. ◆ **allégro** n.m. Morceau de musique exécuté dans le tempo allegro ; en partic., premier mouvement de la forme sonate.
ALLÉGUER v.t. [11] (lat. *allegare*). Mettre en avant pour servir d'excuse ; prétexter.
ALLÈLE adj. et n.m. (gr. *allêlos,* l'un l'autre). Se dit d'une variante d'un gène, résultant d'une mutation et héréditaire, assurant la même fonction que le gène initial mais selon ses modalités propres. (Tout gène peut avoir plusieurs allèles, qui déterminent souvent l'apparition de caractères héréditaires différents.)
ALLÉLUIA [aleluja] interj. (mot hébreu, *louez Dieu*). Acclamation d'allégresse, dans la liturgie juive et chrétienne. ◆ n.m. 1. RELIG. Chant d'allégresse succédant au graduel au cours de la messe. – *Litt.* Cri de joie. 2. Plante herbacée du genre *Oxalis,* qui fleurit vers Pâques. (Famille des oxalidacées.)
ALLEMAND, E adj. et n. De l'Allemagne, de ses habitants. ◆ n.m. Langue indo-européenne du groupe germanique, parlée principalement en Allemagne, en Autriche et en Suisse.
ALLEMANDE n.f. 1. Danse d'origine germanique, exécutée en couples et pratiquée sous plusieurs formes en France entre le XVIe et le XIXe s. 2. Composition instrumentale de tempo modéré et de rythme binaire, génér. en deux parties avec reprises, ouvrant souvent une suite.
ALLÈNE n.m. Hydrocarbure ($H_2C{=}C{=}CH_2$) possédant deux liaisons éthyléniques. SYN. : *propadiène.*
1. **ALLER** v.i. [20] [auxil. *être*] (lat. *ambulare,* se promener, *vadere* et *ire,* aller). 1. Se déplacer d'un lieu à un autre. *Aller à Paris. Aller à pied.* 2. Conduire, mener d'un lieu à un autre. *Ce chemin va au village.* 3. Agir, se comporter. *Aller vite dans son travail.* 4. Être dans tel état de santé ; se porter. *Comment allez-vous ?* 5. Convenir, être adapté à. *Cette robe vous va bien.* 6. En parlant d'un mécanisme, d'affaires, etc., marcher, fonctionner. *Les affaires vont mal.* 7. ***Aller de soi, aller sans dire :*** être évident. – ***Aller sur tel âge :*** être sur le point d'avoir. *Il va sur ses treize ans.* – ***Allons !, Allez !, Va ! :*** interjections que l'on emploie pour encourager, presser ou stimuler qqn. – ***Allons donc ! :*** marque l'incrédulité, l'impatience. – ***Il y va de qqch :*** il s'agit de. *Il y va de mon bonheur.* – ***Se laisser aller à :*** s'abandonner à. *Se laisser aller à la colère.* – *Fam.* ***Y aller fort :*** exagérer. 8. *Aller* (+ inf.) : être sur le point de. *Je vais partir.* ◆ **s'en aller** v.pr. 1. Quitter un lieu ; partir. 2. a. *Litt.* Mourir. b. En parlant d'une chose, disparaître, s'effacer. *La tache s'en va au lavage.* – REM. *Aller* fait à l'impératif *vas* dans *vas-y. S'en aller* fait à l'impératif *va-t'en, allons-nous-en, allez-vous-en.*
2. **ALLER** n.m. 1. Trajet d'un endroit à un autre. *À l'aller et au retour.* 2. Billet qui permet de faire ce trajet. *Un aller simple pour Paris.* ◇ *Aller et retour* ⟶ **aller-retour.**
ALLERGÈNE n.m. IMMUNOL. Antigène responsable d'une allergie.
ALLERGIE n.f. (gr. *allos,* autre, et *ergon,* réaction). 1. État d'un organisme vivant dont le système immunitaire réagit d'une manière spécifique, inhabituelle et excessive à une substance chimique étrangère (allergène) avec laquelle il a été une première fois en contact (sensibilisation). 2. *Fig.* Incapacité à supporter qqn ou qqch ; aversion, hostilité instinctive. *L'allergie à toute nouveauté.*
ALLERGIQUE adj. 1. Qui relève de l'allergie. 2. *Fig.* Qui supporte mal qqn, qui est réfractaire à qqch.
ALLERGISANT, E adj. Susceptible de provoquer une allergie.
ALLERGOLOGIE n.f. Discipline médicale qui étudie les mécanismes de l'allergie et les maladies allergiques.
ALLERGOLOGISTE ou **ALLERGOLOGUE** n. Médecin spécialiste d'allergologie.
ALLER-RETOUR n.m. (pl. *allers-retours*). Trajet effectué dans les deux sens ; titre de transport correspondant. (On dit aussi *aller et retour* [pl. *allers et retours*].)
ALLEU n.m. (du francique *al-ôd*). HIST. Terre libre ne relevant d'aucun seigneur et exempte de toute redevance.
ALLEUTIER n.m. Propriétaire d'un alleu.
ALLIACÉ, E adj. Qui contient de l'ail ; qui en a le goût, l'odeur. *Odeur, saveur alliacée.*
ALLIAGE n.m. Produit de caractère métallique résultant de l'incorporation d'un ou de plusieurs éléments, métalliques ou non, à un métal. (Les alliages les plus courants sont ceux du fer [aciers alliés], du cuivre [bronze, laiton, cupronickel, maillechort], du plomb [antifriction], du nickel, du chrome, du titane, de l'aluminium [Duralumin, Alpax], du zinc [Zamak]. Les alliages légers sont surtout à base d'aluminium et de magnésium.)
ALLIAIRE n.f. Plante à fleurs blanches, à odeur d'ail et à saveur piquante. (Haut. 1 m ; famille des crucifères.)
ALLIANCE n.f. 1. Union contractée entre souverains, entre États. *L'Alliance atlantique.* 2. Accord entre des personnes, des groupes. *Il a fait alliance avec mes pires ennemis.* 3. Lien juridique existant entre un homme et une femme, et leurs familles, par l'effet du mariage. 4. Anneau de mariage. 5. Combinaison de choses différentes. *Une alliance d'autorité et de douceur.* ◇ RHÉT. *Alliance de mots :* rapprochement de deux mots qui semblent contradictoires. (Ex. : *un silence éloquent.*) SYN. : *oxymore, oxymoron.* 6. RELIG. (Avec une majuscule.) Pacte conclu, selon la Bible, entre Dieu et le peuple hébreu. (C'est pour les chrétiens *l'Ancienne Alliance.*) ◇ *La Nouvelle Alliance,* celle qui lie Dieu à l'ensemble des chrétiens. 7. ANTHROP. Système dans lequel le mariage se transmet de génération en génération et se répète entre les mêmes groupes (notamm. chez les Dravidiens et les aborigènes d'Australie).
ALLIÉ, E adj. et n. 1. Uni par traité. *Les pays alliés. L'armée des alliés.* ◇ *Spécial. Les Alliés :* l'ensemble des pays qui luttèrent contre l'Allemagne

pendant les deux guerres mondiales. **2.** Uni par alliance. *Parents et alliés.* **3.** Qui aide, appuie.

ALLIER v.t. [5] (lat. *alligare*). **1.** Réaliser un alliage. **2.** *Fig.* Associer une chose abstraite à une autre. ◆ **s'allier** v.pr. (à, avec). **1.** S'unir par un traité, le mariage, etc. **2.** En parlant de choses, s'associer, se combiner.

ALLIGATOR n.m. (mot angl., de l'esp.). Reptile de l'Amérique et de la Chine, voisin du crocodile. (Les alligators forment avec les caïmans la famille des alligatoridés ; long. jusqu'à 5 m.)

ALLITÉRATION n.f. (lat. *ad* et *littera,* lettre). Répétition d'une consonne ou d'un groupe de consonnes, dans des mots qui se suivent, produisant un effet d'harmonie imitative ou suggestive. (Ex. : *Pour qui sont ces serpents qui sifflent sur vos têtes ?* [Racine].)

ALLÔ interj. Sert conventionnellement d'appel dans les conversations téléphoniques. *Allô ! Qui est à l'appareil ?*

ALLOC n.f. (abrév.). *Fam.* Allocation ; somme allouée.

ALLOCATAIRE n. **1.** Personne qui perçoit une allocation. **2.** Personne à qui est reconnu, en France, le droit aux prestations familiales.

ALLOCATION n.f. **1.** Action d'allouer qqch à qqn. *L'allocation de devises aux voyageurs.* **2.** Somme, chose allouée. ◇ *Allocations familiales :* prestation assurée aux familles ayant au moins deux enfants à charge.

ALLOCENTRISME n.m. PSYCHOL. Tendance à centrer son attention ou ses activités sur autrui plutôt que sur soi-même (par oppos. à *égocentrisme*).

ALLOCHTONE [alɔktɔn] adj. et n.m. GÉOL. Se dit des terrains sédimentaires ayant subi un important déplacement horizontal et qui reposent sur des terrains autochtones. ◆ adj. ÉCOL. Se dit d'une espèce introduite récemment dans la région considérée.

ALLOCUTAIRE n. LING. Personne à qui s'adresse le locuteur.

ALLOCUTION n.f. Discours assez court mais de caractère officiel. *L'allocution télévisée du chef de l'État.*

ALLOGAMIE n.f. BOT. Pollinisation d'une fleur par le pollen d'une autre fleur, provenant ou non de la même plante.

ALLOGÈNE adj. et n. Se dit d'une population d'arrivée récente dans un lieu, un pays. CONTR. : *autochtone, indigène, aborigène.*

ALLOGREFFE n.f. Homogreffe.

ALLONGE n.f. **1.** Crochet de boucherie. **2.** SPORTS. Longueur des bras d'un boxeur.

ALLONGÉ, E adj. **1.** Étendu de tout son long ; couché. *Rester allongé.* **2.** Étiré, étendu en longueur. *Une écriture allongée.* **3.** *Mine, figure allongée,* qui exprime la déconvenue. **4.** *Café allongé,* additionné d'eau (par oppos. à *serré*).

ALLONGEMENT n.m. Action d'augmenter en longueur ou en durée ; résultat de cette action. *Allongement des vacances. Mesurer l'allongement d'un ressort.*

ALLONGER v.t. [10]. **1. a.** Rendre plus long. *Allonger une robe, un texte.* **b.** Faire paraître plus long. *Un vêtement qui allonge la silhouette.* **2.** *Allonger son corps, ses bras, ses jambes,* les déployer, les étendre. **3.** *Allonger le pas :* se hâter en marchant. **4.** *Fam. Allonger un coup,* l'asséner. **5.** *Allonger une sauce, une boisson,* y ajouter du liquide. **6.** *Fam. Allonger une somme,* la verser. ◆ v.i. *Les jours, les nuits allongent,* leur durée s'accroît. ◆ **s'allonger** v.pr. **1.** S'étendre de tout son long. *S'allonger par terre.* **2.** Devenir ou paraître plus long. *Son visage s'est allongé avec la maladie.*

ALLOPATHIE n.f. (gr. *allos,* autre, et *pathos,* maladie). Nom que les médecins homéopathes donnent à la médecine officielle moderne (par oppos. à *homéopathie*).

ALLOPATHIQUE adj. Relatif à l'allopathie.

ALLOPHONE adj. et n. Se dit d'une personne dont la langue maternelle n'est pas celle de la communauté dans laquelle elle se trouve.

ALLOSAURE n.m. Reptile dinosaurien carnivore du jurassique de l'Amérique du Nord, l'un des plus grands prédateurs terrestres de cette période. (Long. 10 m ; groupe des saurischiens.)

ALLOSOME n.m. Rare. Hétérochromosome.

ALLOSTÉRIE n.f. (gr. *allos,* autre, et *stereon,* relief). BIOCHIM. Propriété qu'ont certaines enzymes d'être activées ou inhibées par la fixation d'un ion ou d'une coenzyme.

ALLOSTÉRIQUE adj. Relatif à l'allostérie.

ALLOTIR v.t. Répartir, diviser en lots des biens destinés à être partagés, vendus.

Le rôle du circuit d'allumage est de produire une étincelle, fournie par les bougies et destinée à enflammer le mélange air/essence. La bobine transforme le courant basse tension de la batterie en courant haute tension ; le condensateur emmagasine des charges électriques et l'allumeur distribue le courant haute tension aux différentes bougies.

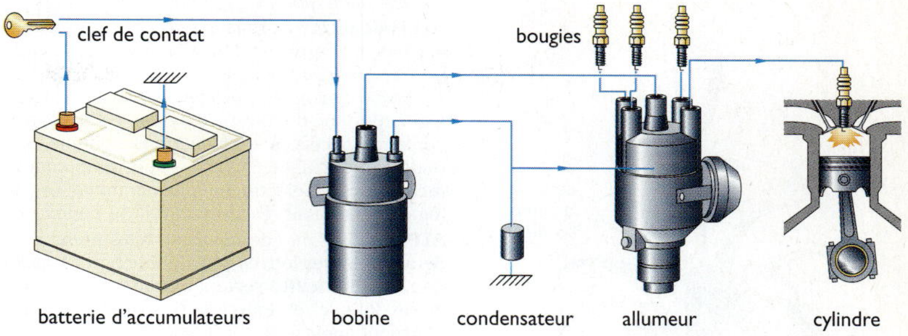

■ **ALLUMAGE.** Système d'allumage classique d'un moteur à explosion.

ALLOTROPIE n.f. (gr. *allos,* autre, et *tropos,* manière d'être). Propriété de certains corps (carbone, phosphore, soufre) d'exister sous plusieurs formes physiques. (Les fullerènes sont des variétés allotropiques du carbone.)

ALLOTROPIQUE adj. Relatif à l'allotropie.

ALLOUER v.t. (du lat. *locare,* louer). Accorder, attribuer. *Allouer une indemnité, des crédits.*

ALLUMAGE n.m. **1.** Action d'allumer ; fait de s'allumer. *L'allumage d'une lampe, du chauffage.* **2. a.** Inflammation du mélange gazeux dans un moteur à explosion. **b.** Dispositif assurant cette inflammation. *Panne d'allumage.* ◇ *Avance, retard à l'allumage :* inflammation du mélange combustible d'un moteur à explosion avant, après le moment où le piston est au bout de sa course de compression.

ALLUMÉ, E adj. et n. *Fam.* **1.** Extravagant, un peu fou. **2.** Qui est passionné pour qqch. *Un allumé de l'informatique.*

ALLUME-CIGARE ou **ALLUME-CIGARES** n.m. (pl. *allume-cigares*). Dispositif pour allumer les cigarettes, les cigares.

ALLUME-FEU n.m. (pl. *allume-feu[x]*). Ce qui sert à allumer le feu (préparation très inflammable, petit bois, etc.).

ALLUME-GAZ n.m. inv. Petit appareil pour allumer le gaz par échauffement d'un filament ou par production d'étincelles.

ALLUMER v.t. (du lat. *luminare,* éclairer). **1.** Produire un feu, mettre le feu à ; enflammer. *Allumer un incendie. Allumer un briquet, une cigarette, des bûches.* **2.** Rendre lumineux ; éclairer. *Allumer le salon. Sa chambre est allumée.* **3.** *Allumer le chauffage, la télévision, la radio,* les faire fonctionner. **4.** *Fam.* **a.** Provoquer le désir de qqn. **b.** Critiquer qqn violemment. **5.** *Litt. Allumer la guerre, les passions,* les provoquer. — *Litt. Allumer le désir, l'imagination,* les susciter. ◆ **s'allumer** v.pr. **1.** Prendre feu. **2.** Devenir lumineux. ◇ *Ses yeux s'allument,* deviennent brillants.

ALLUMETTE n.f. **1.** Petit brin de bois, de carton, dont l'une des extrémités est imprégnée d'une composition inflammable par frottement. *Craquer une allumette.* **2.** Gâteau feuilleté long et mince, couvert ou non d'une garniture. *Allumette aux anchois.*

ALLUMEUR n.m. **1.** Dispositif qui provoque la déflagration d'une charge explosive. **2.** Anc. *Allumeur de réverbères :* préposé à l'allumage et à l'extinction des appareils d'éclairage public.

ALLUMEUSE n.f. *Fam., péjor.* Femme qui cherche à aguicher les hommes.

ALLURE n.f. (de *aller*). **1.** Façon plus ou moins rapide de se déplacer, de se mouvoir. *Il est parti à toute allure. Les principales allures d'un cheval sont le pas, le trot, le galop.* **2.** MAR. Direction que suit un bateau à voiles par rapport au vent. **3. a.** Manière de marcher, de se conduire, de se présenter. *Une allure digne. Une drôle d'allure.* ◇ *Avoir de l'allure :* avoir un air de distinction, d'élégance. **b.** Aspect de qqch. *Une devanture de belle allure.*

ALLURÉ, E adj. *Fam.* Qui a, qui donne de l'allure, de l'élégance. *Un vêtement alluré.*

ALLUSIF, IVE adj. Dont l'expression contient une allusion, procède par allusion.

ALLUSION n.f. (du lat. *alludere,* badiner). Propos qui évoque une personne, une chose sans en faire expressément mention. *À quoi fait-il allusion ?*

ALLUSIVEMENT adv. De façon allusive.

ALLUVIAL, E, AUX adj. Produit, constitué par des alluvions.

ALLUVION n.f. (lat. *ad,* vers, et *luere,* laver). [Surtout pl.] Dépôts de sédiments (boues, sables, graviers, galets) abandonnés par un cours d'eau quand la pente ou le débit sont devenus insuffisants.

ALLUVIONNAIRE adj. Relatif aux alluvions.

ALLUVIONNEMENT n.m. Formation, apport d'alluvions.

ALLYLE n.m. (du lat. *allium,* ail). Radical ($—CH_2—CH{=}CH_2$) de l'alcool allylique, dont certains composés existent dans l'essence d'ail.

ALLYLIQUE adj. *Alcool allylique :* alcool éthylénique ($HO—CH_2—CH{=}CH_2$), préparé à partir des pétroles et servant à la synthèse de la glycérine.

ALMA MATER [almamatɛr] n.f. sing. (mots lat.). Belgique, Québec, Suisse. Université.

ALMANACH [almana] n.m. (ar. *al-manākh*). Calendrier, souvent illustré, comportant des indications astronomiques, météorologiques, ainsi que des renseignements d'ordre varié (médecine, cuisine, astrologie, etc.).

ALMANDIN n.m. MINÉRALOG. Grenat alumino-ferreux brun-rouge, recherché comme gemme.

ALMICANTARAT n.m. (ar. *al-muqanṭara,* l'astrolabe). ASTRON. Cercle parallèle à l'horizon sur la sphère céleste. SYN. : *cercle de hauteur, parallèle de hauteur.*

ALOÈS [alɔɛs] n.m. (gr. *aloê*). Plante originaire de l'Afrique du Sud, cultivée aussi en Asie et en Amérique, et dont les feuilles charnues fournissent une résine amère, employée comme purgatif et en teinturerie. (Famille des liliacées.) *[V. ill. page suivante].*

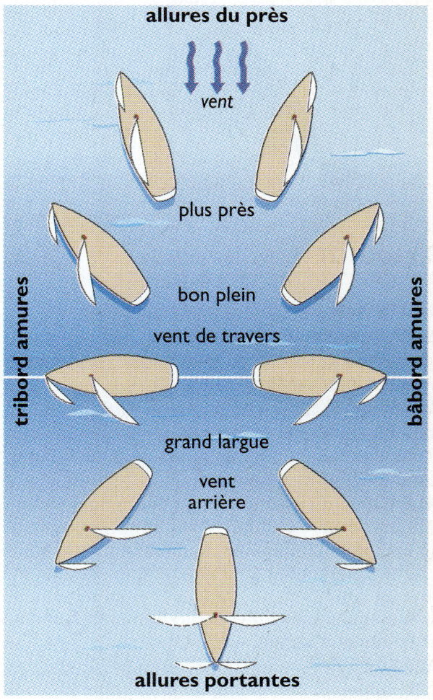

■ **ALLURES** d'un voilier.

■ **ALOÈS**

ALOGIQUE adj. Qui ne répond pas aux lois de la logique.

ALOI n.m. (de l'anc. fr. *aloier,* faire un alliage). *De bon, de mauvais aloi :* de bonne, de mauvaise qualité ; qui mérite, ou non, l'estime. *Un succès de bon aloi. Une plaisanterie de mauvais aloi.*

ALOPÉCIE n.f. Chute ou absence, partielle ou généralisée, des cheveux ou des poils.

ALORS adv. (de *lors*). **1.** À ce moment-là. *Je l'ai rencontré, il avait alors vingt ans.* **2.** En conséquence. *Il était hésitant, alors j'ai insisté.* **3.** *Fam.* Marque l'interrogation, l'impatience, l'indignation, l'indifférence. *Alors, tu viens ? Ça alors !* ◆ **alors que** loc. conj. **a.** Marque la simultanéité. *Je l'ai connu alors que j'étais étudiant.* **b.** Marque l'opposition. *Elle est sortie alors que je le lui avais défendu.*

ALOSE [aloz] n.f. (lat. *alausa,* mot gaul.). Poisson voisin de la sardine, à chair estimée, se développant dans la mer et venant pondre dans les cours d'eau au printemps. (Long. max. 80 cm ; famille des clupéidés.)

ALOUATE n.m. (mot de la Guyane). ZOOL. Autre nom du *hurleur,* ou *singe hurleur.*

ALOUETTE n.f. (du lat. *alauda,* mot gaul.). Oiseau passereau insectivore d'Europe, d'Asie et d'Afrique du Nord, à plumage brunâtre, commun dans les champs et nichant au sol. (Cri : l'alouette grisolle ; long. 18 cm ; famille des alaudidés.)

■ **ALOUETTE**

ALOURDIR v.t. Rendre lourd, plus lourd.

ALOURDISSEMENT n.m. État de qqn, de qqch qui est rendu plus lourd, plus pesant. *Une sensation d'alourdissement.*

ALOYAU [alwajo] n.m. (du lat. *alauda*). BOUCH. Morceau de bœuf correspondant à la région du rein et de la croupe, et renfermant le filet, le contre-filet et le romsteck.

ALPAGA n.m. (esp. *alpaca,* mot péruvien). **1.** Ruminant voisin du lama, forme domestiquée du guanaco, élevé dans les Andes pour sa longue fourrure laineuse. **2.** Fibre textile douce et soyeuse provenant de l'alpaga. **3.** Tissu en armure toile composée de fibres naturelles ou artificielles et de fibres d'alpaga.

ALPAGE n.m. Pâturage d'été, en haute montagne. SYN. : *alpe.*

ALPAGUER v.t. (de l'arg. *alpague,* veste). *Arg.* Appréhender, arrêter.

ALPAX n.m. (nom déposé). Alliage d'aluminium et de silicium utilisé en fonderie.

ALPE n.f. Alpage.

ALPESTRE adj. (ital. *alpestre*). Propre aux Alpes. *La végétation alpestre.*

ALPHA n.m. inv. **1.** Première lettre de l'alphabet grec (Α, α) correspondant au *a* français. ◇ *L'alpha et l'oméga :* le commencement et la fin. **2.** *Rayonnement* ou *particule alpha :* rayonnement constitué de noyaux d'hélium émis par des corps radioactifs. **3.** *Rythme alpha :* rythme des ondes rapides, régulières et de petites amplitudes, recueillies par l'électroencéphalogramme, et qui témoignent d'une réaction d'éveil du cortex.

ALPHABET n.m. (de *alpha* et *bêta,* **noms des deux premières lettres de l'alphabet grec**). Liste de toutes les lettres servant à transcrire les sons d'une langue et énumérées selon un ordre conventionnel.

ALPHABÉTIQUE adj. **1.** Qui utilise un alphabet. *Écritures alphabétiques et écritures idéographiques.* **2.** Qui suit l'ordre des lettres de l'alphabet. *Index alphabétique.*

ALPHABÉTIQUEMENT adv. Selon l'ordre alphabétique.

ALPHABÉTISATION n.f. Action d'alphabétiser ; son résultat.

ALPHABÉTISÉ, E adj. et n. Se dit de qqn qui a appris à lire et à écrire à l'âge adulte.

ALPHABÉTISER v.t. Apprendre à lire et à écrire à qqn, à un groupe social.

ALPHABÉTISME n.m. Système d'écriture alphabétique.

ALPHANUMÉRIQUE adj. Qui comporte à la fois des chiffres et des caractères alphabétiques. *Clavier alphanumérique.*

ALPIN, E adj. (lat. *alpinus*). **1.** Des Alpes. **2.** De la haute montagne. *Régions alpines. Plantes alpines.* **3.** GÉOL. Relatif à l'orogenèse du cénozoïque et aux formes de relief qu'elle a engendrées. *Chaîne alpine. Plissement alpin.* **4.** Qui concerne l'alpinisme. *Club alpin.* ◇ *Combiné, ski alpin* ⟶ **combiné, ski.** – *Chasseur alpin, troupe alpine :* fantassin, unité spécialisés dans le combat de montagne. **5.** Se dit d'une race de chèvres à robe génér. chamoisée, très répandue, exploitée pour la production de lait.

ALPINISME n.m. Sport des ascensions en montagne.

LES GRANDES DATES DE L'ALPINISME

sommet	situation	première ascension
Mont Blanc	Alpes	1786
Mont Rose (pointe Dufour)	Alpes	1855
Eiger	Alpes	1858
Cervin	Alpes	1865
Kilimandjaro	Afrique	1889
Aconcagua	Andes	1897
Mont McKinley	Alaska	1913
Mont Logan	Canada	1925
Annapurna	Himalaya	1950
Fitz Roy	Andes	1952
Everest	Himalaya	1953
K2	Himalaya	1954
Kangchenjunga	Himalaya	1955

ALPINISTE n. Personne qui pratique l'alpinisme.

ALPISTE n.m. (esp. *alpista*). Graminée cultivée pour ses graines qui servent de nourriture pour les oiseaux en cage.

ALQUIFOUX n.m. CÉRAM. Sulfure de plomb pulvérulent qui servait à vernir les poteries et à les imperméabiliser.

ALSACE n.m. Vin d'Alsace.

ALSACIEN, ENNE adj. et n. De l'Alsace. ◆ n.m. Dialecte germanique alémanique parlé en Alsace.

ALTAÏQUE adj. **1.** De l'Altaï. **2.** *Langues altaïques :* famille de langues turques, mongoles et toungouses.

ALTÉRABILITÉ n.f. Caractère de ce qui peut être altéré.

ALTÉRABLE adj. Qui peut être altéré ; qui peut s'altérer.

ALTÉRANT, E adj. **1.** Qui altère, dénature. **2.** *Litt.* Qui provoque la soif (par oppos. à *désaltérant*).

ALTÉRATION n.f. (lat. *alteratio*). **1.** Action d'altérer, de changer la nature de qqch ou l'état d'une situation. **2.** GÉOL. Modification chimique superficielle d'une roche, due notamm. aux agents atmosphériques. **3.** MUS. Signe conventionnel placé au début d'un morceau musical par lequel un son se trouve élevé ou abaissé d'un ou de deux demi-tons chromatiques. (Le bémol [♭] abaisse la note d'un demi-ton ; le dièse [♯] hausse la note d'un demi-ton ; le bécarre [♮] annule tout dièse ou bémol précédent.)

ALTERCATION n.f. (lat. *altercatio*). Querelle brève et violente.

ALTER EGO [alterego] n.m. inv. (mots lat., *un autre moi*). Personne envers qui on a des sentiments fraternels, à qui on se fie totalement et que l'on charge éventuellement d'agir à sa place.

ALTÉRER v.t. [11] (du lat. *alter,* autre). **1.** Changer, modifier en mal la forme ou la nature de ; détériorer, dégrader, troubler. *Altérer le goût du vin. Cette histoire avait altéré leur vieille amitié. Voix altérée par l'émotion.* **2.** MUS. *Altérer une note,* la hausser ou la baisser d'un ou deux demi-tons chromatiques. **3.** *Litt.* Donner soif à. *Cette course va les altérer.*

ALTÉRITE n.f. Roche due à l'altération d'une autre roche.

ALTÉRITÉ n.f. (du lat. *alter,* autre). Caractère de ce qui est autre.

ALTERNANCE n.f. **1.** Fait d'alterner, de se succéder, régulièrement ou pas, dans le temps, en parlant de deux ou plusieurs choses ; action d'alterner deux ou plusieurs choses dans le temps ou l'espace. *Alternance des saisons. Alternance de lignes bleues et vertes.* ◇ *En alternance :* alternativement, tour à tour. **2.** Succession au pouvoir, dans un cadre démocratique, de deux tendances politiques différentes. **3.** PHYS. Demi-période d'un phénomène alternatif. **4.** LING. Changement subi par une voyelle ou une consonne à l'intérieur d'un système morphologique (ex. : all. *nehmen/nimm/nahm*).

ALTERNANT, E adj. Qui alterne. *Périodes alternantes.*

ALTERNAT n.m. Fait, pour des phénomènes différents, de se succéder régulièrement.

ALTERNATEUR n.m. Générateur de tensions et de courants alternatifs.

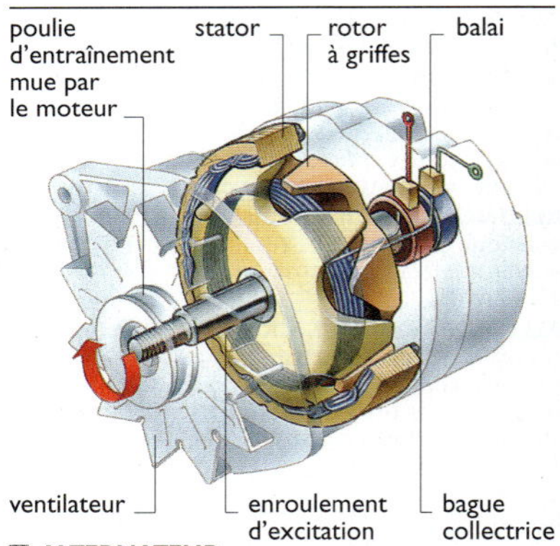

■ **ALTERNATEUR.**
Structure d'un alternateur d'automobile.

ALTERNATIF, IVE adj. **1.** Se dit d'une grandeur électrique périodique et sinusoïdale (par oppos. à *continu*). **2.** Qui propose une alternative, un choix entre deux possibilités. – Qui propose de concevoir autrement le système de production et de consommation. *Mouvement alternatif.*

ALTERNATIVE n.f. **1.** Choix entre deux possibilités ; dilemme. *Se trouver devant une alternative très embarrassante.* **2.** (Calque de l'angl. *alternative*). [Emploi critiqué]. Solution de remplacement. *L'alternative démocratique.* **3.** Succession de phénomènes ou d'états opposés. *Alternatives de chaud et de froid.* **4.** Investiture solennelle conférée à un *matador de novillos* (ou *novillero*) pour l'élever au rang de *matador de toros.*

ALTERNATIVEMENT adv. En alternance, tour à tour.

ALTERNE adj. (lat. *alternus*). **1.** BOT. Disposé un à un, en spirale, le long de la tige, en parlant d'une feuille, d'une fleur. **2.** GÉOMÉTR. Se dit des angles situés de part et d'autre de la sécante coupant deux droites. ◇ *Angles alternes externes,* situés à l'extérieur des deux droites. – *Angles alternes internes,* situés à l'intérieur des deux droites.

ALTERNÉ, E adj. MATH. Se dit d'une application bilinéaire qui change de signe quand on échange les deux variables.

ALTERNER v.i. (lat. *alternare*). Se succéder plus ou moins régulièrement, en parlant de deux ou plusieurs choses qui s'opposent ou forment contraste. *La colère alterne avec l'abattement.* ◆ v.t. Faire se succéder régulièrement. *Alterner le blanc et le noir.*

ALTESSE n.f. (ital. *altezza*). Titre d'honneur donné aux princes, aux princesses.

ALTHÆA [altea] n.m. Plante du genre des guimauves, en partic. la rose trémière. (Famille des malvacées.)

ALTIER, ÈRE adj. (ital. *altiero*). *Litt.* Qui manifeste de l'orgueil, de la fierté. *Un port altier.*

ALTIMÈTRE n.m. (du lat. *altus,* haut). Appareil pour mesurer l'altitude.

ALTIMÉTRIE n.f. Mesure des altitudes.

ALTIPORT n.m. Terrain d'atterrissage aménagé en haute montagne près d'une station de sports d'hiver.

ALTISE n.f. (du gr. *haltikos,* sauteur). Insecte coléoptère sauteur, aux couleurs métalliques, qui s'attaque aux plantes potagères et à la vigne. (Long. 5 mm env. ; famille des chrysomélidés.)

ALTISTE n. Instrumentiste qui joue de l'alto.

ALTITUDE n.f. (lat. *altitudo,* hauteur). **1.** Élévation au-dessus du sol. *Avion qui prend, gagne, perd de l'altitude.* **2.** Élévation verticale d'un point, d'une région au-dessus du niveau moyen de la mer. ◇ *Mal de l'altitude* : mal des montagnes.

ALTO n.m. [pl. *altos*] (mot ital.). **1.** Voix de femme la plus grave, dite aussi *contralto* ; chanteuse qui possède une voix d'alto. **2.** Instrument de musique à quatre cordes frottées à l'aide d'un archet, accordées à la quinte grave du violon, respectivement sur le do, le sol, le ré et le la. **3.** Tout instrument alto. ◆ adj. Se dit d'un instrument de musique dont l'échelle sonore correspond approximativement à celle de la voix d'alto.

ALTOCUMULUS [-lys] n.m. Nuage d'altitude moyenne (vers 4 000 m), formé de gros flocons aux contours assez nets et disposés en groupes ou en files (ciel pommelé).

■ **ALTOCUMULUS**

ALTOSTRATUS [-tys] n.m. Nuage d'altitude moyenne (entre 2 000 m et 6 000 m), de grande étendue (de plusieurs dizaines à plusieurs centaines de kilomètres), qui a la forme d'un voile grisâtre assez foncé.

ALTRUISME n.m. (du lat. *alter,* autre). Disposition de caractère qui pousse à s'intéresser aux autres, à se montrer généreux et désintéressé.

ALTRUISTE adj. et n. Qui manifeste de l'altruisme (par oppos. à *égoïste*).

ALTUGLAS n.m. (nom déposé). Matière synthétique très résistante, translucide ou colorée. *Meubles en Altuglas.*

■ **ALTOSTRATUS**

ALU n.m. (abrév.). *Fam.* Aluminium.

ALUCITE n.f. (lat. *alucita*). Papillon aux ailes gris-jaune, voisin des teignes, dont la chenille cause des dégâts aux céréales. (Envergure 1 cm env.)

ALUETTE n.f. Jeu de cartes par levées, originaire d'Espagne, pratiqué avec 48 cartes spéciales et en utilisant des mimiques codifiées.

ALULE n.f. (du lat. *alula,* petite aile). ORNITH. Ensemble des plumes insérées sur le pouce des oiseaux, intervenant dans la stabilisation du vol. SYN. : *aile bâtarde.*

ALUMINATE n.m. Sel dans lequel l'alumine joue un rôle acide.

ALUMINE n.f. (du lat. *alumen, -inis,* alun). MINÉRALOG. Oxyde d'aluminium (Al_2O_3) qui, sous sa forme cristallisée, constitue le *corindon. (En chimie, l'alumine sert d'absorbant pour la chromatographie et de support catalytique.)

ALUMINER v.t. Recouvrir d'une mince couche d'aluminium.

ALUMINERIE n.f. Usine de fabrication de l'aluminium.

ALUMINEUX, EUSE adj. Qui contient de l'alumine.

ALUMINIAGE n.m. **1.** MÉTALL. Procédé de protection par une mince couche d'aluminium. **2.** Aluminisation.

ALUMINISATION n.f. Opération de dépôt d'aluminium sur le verre des miroirs. SYN. : *aluminiage, aluminure.*

ALUMINIUM [alyminjɔm] n.m. **1.** Métal blanc brillant, léger, de densité 2,7, et qui fond à 660 °C. **2.** Élément chimique (Al), de numéro atomique 13, de masse atomique 26,981 5.

ENCYCL. L'aluminium est un métal ductile et malléable, qui s'altère peu à l'air. Son composé le plus important est son oxyde, l'alumine, obtenu à partir de la bauxite, dont la réduction électrolytique est à la base de la métallurgie de l'aluminium. Il est utilisé pour sa légèreté, pur ou en alliage (Duralumin, Alpax, etc.), dans l'automobile et l'aéronautique ainsi que dans l'industrie électrique, le bâtiment, l'emballage, etc.

ALUMINOSILICATE n.m. Silicate contenant de l'aluminium.

ALUMINOTHERMIE n.f. Production de hautes températures par réaction exothermique d'aluminium en poudre sur divers oxydes métalliques.

ALUMINURE n.f. Aluminisation.

ALUN [alœ̃] n.m. (lat. *alumen*). Sulfate d'aluminium et de potassium, ou composé analogue aux propriétés astringentes. (L'alun aide à fixer les teintures.)

ALUNAGE n.m. Action d'aluner une étoffe.

ALUNER v.t. Imprégner une étoffe d'alun.

ALUNIR v.i. Se poser sur la Lune. (Terme condamné par l'Académie des sciences et par l'Académie française, qui recommandent *atterrir sur la Lune.*)

ALUNISSAGE n.m. Action d'alunir. Recomm. off. : *atterrissage sur la Lune.*

ALVÉOLAIRE adj. **1.** Relatif aux alvéoles. – *Spécial.* Relatif aux alvéoles des dents. ◇ PHON. *Consonne alvéolaire,* ou *alvéolaire,* n.f., articulée avec la pointe de la langue au niveau des alvéoles des dents. **2.** En forme d'alvéole.

ALVÉOLE n.f. [n.m. selon l'Académie] (lat. *alveolus*). **1.** Cavité de section hexagonale, à parois de cire, des rayons façonnés par les abeilles. SYN. : *cellule.* **2.** *Litt.* Cavité où s'encastre qqch ; excavation. **3. a.** Sac microscopique du tissu pulmonaire situé à l'extrémité d'une bronchiole, où s'effectuent les échanges respiratoires. **b.** Cavité des os

A

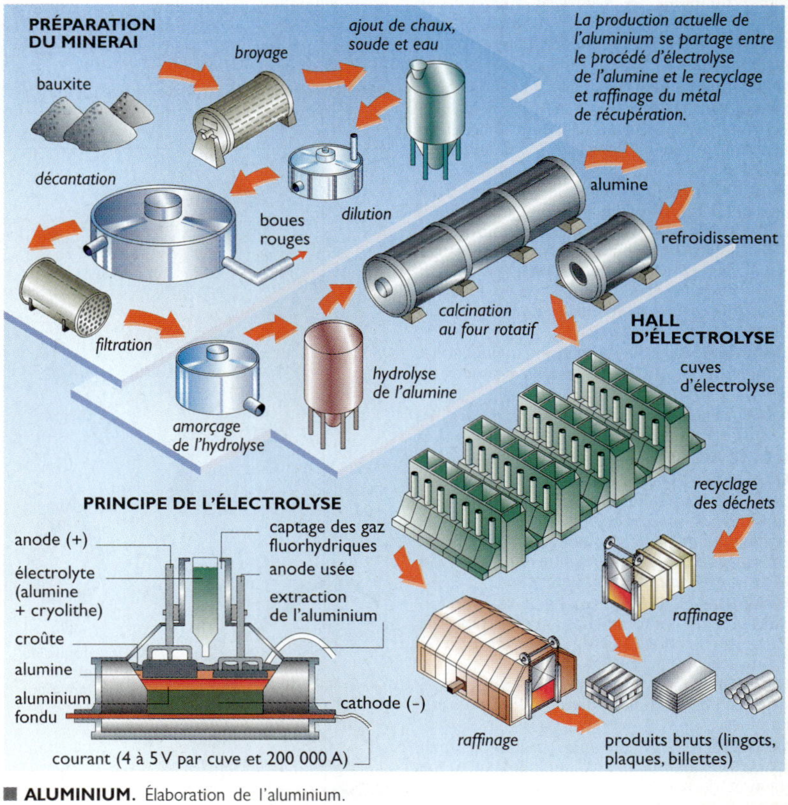

■ **ALUMINIUM.** Élaboration de l'aluminium.

maxillaires où est enchâssée une dent. **4.** GÉOMORPH. Petite cavité dans une roche homogène, due à l'érosion chimique ou mécanique.

ALVÉOLÉ, E adj. Qui présente des alvéoles.

ALVÉOLITE n.f. Inflammation des alvéoles pulmonaires ; inflammation d'une alvéole dentaire.

ALYSSE n.f. ou **ALYSSON** n.m. (gr. *alusson,* **plante salutaire contre la rage**). Plante à fleurs jaunes ou blanches, parfois cultivée comme ornementale. (Haut. 30 cm env. ; famille des crucifères.)

ALYTE n.m. (gr. *alutos,* **qu'on ne peut délier**). Amphibien anoure d'Europe, dit aussi ***crapaud accoucheur.*** (Le mâle aide la femelle à expulser ses œufs, puis les enroule en longs cordons autour de ses pattes postérieures et les humecte de temps en temps jusqu'à l'éclosion ; long. 5 cm env. ; famille des discoglossidés.)

ALZHEIMER [alzajmεr] **(MALADIE D') :** maladie neurologique dégénérative de cause inconnue, présénile, caractérisée par une atrophie diffuse du cortex cérébral provoquant une démence progressive.

ENCYCL. La maladie d'Alzheimer est la cause la plus fréquente de démence. On tend à la regrouper avec les démences séniles sous le terme de *démences de type Alzheimer.* Elle commence souvent d'une manière discrète, par des troubles de la mémoire. Puis, en quelques années, apparaissent le déficit intellectuel, évoluant vers la démence, les troubles du comportement social, du langage (aphasie), de la motricité (apraxie), de la perception (agnosie). Plusieurs traitements sont expérimentés, parfois avec un certain succès.

AMABILITÉ n.f. Caractère d'une personne aimable ; politesse, affabilité. ◆ pl. Paroles aimables. *Échanger des amabilités.*

AMADOU n.m. (mot provenç., ***amoureux***). Substance spongieuse provenant de l'amadouvier du chêne et préparée pour prendre feu facilement. *Briquet à amadou.*

AMADOUER v.t. Rendre plus conciliant en flattant, en se montrant aimable ; adoucir. ◆ **s'amadouer** v.pr. Devenir plus conciliant.

AMADOUVIER n.m. Champignon non comestible, à chapeau blanchâtre épais (10 - 20 cm), vivant sur les troncs des arbres feuillus qu'il parasite et dont on tire l'amadou. (Classe des basidiomycètes.)

AMAIGRI, E adj. Devenu maigre, plus maigre.

AMAIGRIR v.t. Rendre qqn maigre, lui faire perdre du poids. ◆ **s'amaigrir** v.pr. Devenir maigre, perdre du poids.

AMAIGRISSANT, E adj. Qui fait maigrir. *Régime amaigrissant.*

AMAIGRISSEMENT n.m. Fait de maigrir.

AMALGAMATION n.f. **1.** Action d'amalgamer ; son résultat. **2.** CHIM., MIN. Procédé qui permet d'extraire, à l'aide du mercure, l'or et l'argent de leurs gangues.

AMALGAME n.m. (lat. *amalgama,* mot ar.). **1.** Alliage du mercure et d'un autre métal. *Amalgame d'or, de cuivre.* – Alliage de métaux divers (argent, étain) employé pour obturer les cavités dentaires. SYN. *(cour.) : plombage.* **2. a.** Mélange de choses ou de personnes très différentes. **b.** Assimilation abusive à des fins polémiques, notamm. en politique. *Pratiquer l'amalgame.*

AMALGAMER v.t. Rapprocher ou mélanger des éléments divers, disparates. ◆ **s'amalgamer** v.pr. Se fondre en un tout ; s'unir.

AMAN [amã] n.m. (ar. *amān*). ISL. Octroi de la vie sauve à un ennemi vaincu ; sauf-conduit.

AMANDAIE n.f. Lieu planté d'amandiers.

AMANDE n.f. (du lat. *amygdala,* mot gr.). **1.** Graine comestible de l'amandier, riche en substances lipidiques et glucidiques. ◇ *Yeux en amande,* dont la forme oblongue rappelle celle de l'amande. **2.** Graine contenue dans un noyau. **3.** ZOOL. *Amande de mer :* pétoncle.

AMANDIER n.m. Arbre aux fleurs blanches apparaissant tôt au printemps, cultivé pour ses graines ou amandes. (Genre *Amygdalus ;* famille des rosacées.)

AMANDINE n.f. **1.** Tartelette garnie d'une préparation à base d'amandes. **2.** Liqueur aux amandes.

AMANITE n.f. (gr. *amanitês*). Champignon à lamelles, ayant un anneau et une volve, très commun dans les forêts de l'hémisphère Nord et dont certaines espèces sont vénéneuses (*amanite tue-mouches,* ou *fausse oronge*) ou mortelles (*amanite phalloïde*) et d'autres, comestibles (*amanite des Césars,* ou *oronge vraie*). ◇ *Amanite vaginée :* coucoumelle.

■ **AMANITES**

AMANT, E n. (de l'anc. fr. *amer,* aimer). Vx. Personne qui éprouve un amour partagé pour qqn de l'autre sexe. *Mariane, amante de Valère.* ◆ n.m. Homme avec qui une femme a des relations sexuelles en dehors du mariage. – *Spécial.* Partenaire sexuel.

AMARANTACÉE n.f. Plante herbacée, à minuscules fleurs verdâtres, dont certaines espèces sont ornementales, telle l'amarante. (Les amarantacées forment une famille.)

AMARANTE n.f. (lat. *amarantus*). **1.** Plante ornementale aux fleurs rouges groupées en longues grappes, appelée aussi *queue-de-renard,* ou *passe-velours.* (Haut. 1 m env. ; famille des amarantacées.) **2.** *Bois d'amarante :* acajou de Cayenne, rouge vineux. ◆ adj. inv. D'une couleur rouge bordeaux.

AMAREYEUR, EUSE n. (de *marée*). Personne qui travaille sur les parcs à huîtres.

■ **AMANDIER**

AMARIL, E adj. (esp. *amarillo,* jaune). Relatif à la fièvre jaune.

AMARINER v.t. MAR. **1.** Habituer qqn, un équipage à la mer. **2.** Faire occuper par un équipage un navire pris à l'ennemi.

AMARNIEN, ENNE adj. D'Amarna, ville de l'Égypte ancienne.

AMARRAGE n.m. **1.** Action d'amarrer ; son résultat. **2.** ASTRONAUT. Opération au cours de laquelle deux véhicules spatiaux établissent entre eux une liaison rigide.

AMARRE n.f. **1.** Câble, cordage pour maintenir en place un navire. **2.** Acadie. Tout lien (corde, ficelle, câble, etc.). ◇ *Amarre de soulier :* lacet.

AMARRER v.t. (néerl. *aenmarren*). **1.** Maintenir, attacher qqch avec des amarres, des cordes, des câbles, etc. *Amarrer un cargo. Amarrer une malle sur un porte-bagages.* **2.** Acadie. Attacher, nouer. *Amarrer ses lacets.*

AMARYLLIDACÉE n.f. Plante monocotylédone vivace, bulbeuse, telle que l'amaryllis, le perce-neige, le narcisse. (Les amaryllidacées forment une famille.)

AMARYLLIS [amarilis] n.f. Plante bulbeuse originaire d'Afrique du Sud, à grandes fleurs d'un rouge éclatant, d'odeur suave, dite *lis Saint-Jacques.* (Sous-classe des monocotylédones ; famille des amaryllidacées.)

AMAS [amα] n.m. **1.** Accumulation de choses réunies de façon désordonnée ; monceau, tas. *Un amas de ferraille, de paperasses.* **2.** Concentration d'étoiles ou de galaxies liées par la gravitation. ◇ *Amas globulaire :* amas sphérique très concentré de plusieurs centaines de milliers d'étoiles. – *Amas galactique,* ou *amas ouvert :* amas faiblement concentré de quelques centaines d'étoiles.

AMASSER v.t. (de *1. masse*). Réunir en quantité importante ; accumuler, entasser. *Amasser de l'argent, des connaissances.*

AMATEUR n.m. et adj. (lat. *amator*). **1.** Personne qui pratique un sport, qui s'adonne à un art, etc., pour son agrément, sans en faire profession. – *Péjor.* Personne qui manque de zèle et d'application ; dilettante. **2.** Personne qui a du goût, une attirance particulière pour qqch. – *Fam.* Acheteur éventuel, notamm. d'œuvres d'art ; preneur. – REM. Le fém. *amatrice* tend à se répandre, en partic. en Belgique et au Québec.

AMATEURISME n.m. **1.** Situation, statut d'une personne qui pratique un sport, un art, etc., en amateur. **2.** *Péjor.* Manque de sérieux, d'application.

AMAUROSE n.f. (du gr. *amauros,* obscur). Cécité transitoire ou définitive, due à une lésion du nerf optique ou des centres nerveux, sans lésion de l'œil lui-même.

A MAXIMA loc. adj. inv. (mots lat.). DR. *Appel a maxima :* appel formé par le ministère public pour diminuer la peine prononcée.

AMAZONE n.f. (gr. *Amazôn*). **1.** Femme qui monte à cheval. ◇ *Monter en amazone,* en ayant les deux jambes du même côté d'un cheval, d'une moto, etc. **2.** Longue jupe portée par une femme quand elle monte à cheval. **3.** *Arg.* Prostituée en voiture.

AMAZONIEN, ENNE adj. et n. De l'Amazone ; de l'Amazonie.

AMAZONITE n.f. Pierre fine constituée par du feldspath potassique vert clair à vert bleuté, presque opaque.

AMBAGES n.f. pl. (lat. *ambages*). *Litt. Sans ambages :* d'une manière directe, sans détour.

AMBASSADE n.f. (ital. *ambasciata*). **1.** Mission, fonction d'un ambassadeur. **2.** Ensemble du personnel diplomatique, des agents et des services assurant cette mission ; bâtiment qui les abrite.

AMBASSADEUR, DRICE n. **1.** Personne représentant en permanence un État auprès d'un État étranger. **2.** Personne chargée d'une mission, d'un message.

AMBIANCE n.f. **1.** Atmosphère, climat d'un lieu, d'une réunion, etc. *Une mauvaise, une bonne ambiance.* **2.** *Fam.* Gaieté, entrain. *Elle met de l'ambiance partout.*

AMBIANCER v.i. [9]. Afrique. Mettre de l'ambiance, de l'animation.

AMBIANCEUR n.m. Afrique. Homme qui fréquente les bars, les boîtes de nuit ; fêtard.

AMBIANT, E adj. (lat. *ambiens,* entourant). Propre au milieu dans lequel on vit. *Température ambiante.*

AMBIDEXTRE adj. et n. (lat. *ambo,* deux, et *dexter,* droit). Qui se sert avec autant d'habileté de chacune de ses deux mains.

AMBIGU, UË adj. (lat. *ambiguus*). **1.** Dont le sens est équivoque, interprétable de différentes façons. **2.** Difficile à cerner ; énigmatique. *Un personnage ambigu.*

AMBIGUÏTÉ [ɑ̃bigɥite] n.f. **1.** Caractère de ce qui est ambigu ; ce qui est ambigu. *L'ambiguïté d'une situation. S'exprimer sans ambiguïté.* **2.** LOG. Propriété d'un système d'axiomes dont tous les modèles ne sont pas isomorphes.

AMBIGUMENT adv. Rare. De façon ambiguë.

AMBIOPHONIE n.f. Procédé de reproduction électroacoustique du son au moyen de plusieurs haut-parleurs disposés autour de la zone d'écoute.

AMBISEXUÉ, E adj. Rare. Bisexué.

AMBITIEUSEMENT adv. De façon ambitieuse.

AMBITIEUX, EUSE adj. et n. Qui manifeste de l'ambition.

AMBITION n.f. (lat. *ambitio*). **1.** Désir ardent de réussite, de fortune, etc. **2.** Désir profond de qqch. *Sa seule ambition est d'être heureux.*

AMBITIONNER v.t. Désirer vivement qqch ; aspirer à. *Ambitionner les honneurs. Ambitionner d'être une vedette.*

AMBIVALENCE n.f. (du lat. *ambo*, deux, et *valere*, valoir). **1.** Caractère de ce qui a deux aspects radicalement différents ou opposés. **2.** PSYCHOL. Disposition d'un sujet qui éprouve simultanément deux sentiments contradictoires vis-à-vis d'un même objet (amour et haine, par ex.).

AMBIVALENT, E adj. **1.** Qui a un double sens. **2.** Qui manifeste deux sentiments contradictoires.

AMBLE n.m. (provenç. *amblar*, du lat. *ambulare*). Allure d'un cheval, qui, au trot ou au pas, lève en même temps les deux jambes du même côté. *Aller l'amble.* (Considérée auj. comme un défaut chez le cheval, cette allure était autref. recherchée pour sa douceur, notamm. chez les montures destinées aux femmes.) – Allure identique chez d'autres quadrupèdes (chameau, girafe, ours, etc.).

AMBLER v.i. Vx. Aller l'amble.

AMBLEUR, EUSE adj. Qui va l'amble.

AMBLYOPE adj. et n. Atteint d'amblyopie. SYN. *(cour.) : malvoyant.*

AMBLYOPIE n.f. (gr. *amblus*, faible, et *ôps*, vue). Diminution de l'acuité visuelle fonctionnelle sans lésion organique.

AMBLYOSCOPE n.m. Appareil utilisé pour examiner la vision binoculaire.

AMBLYSTOME n.m. → **AMBYSTOME.**

AMBON n.m. (gr. *ambôn*, saillie). Chacune des deux petites tribunes symétriques autrefois placées à l'entrée du chœur de certaines basiliques chrétiennes, pour la lecture de l'épître et de l'évangile.

AMBRE n.m. (ar. *al-'anbar*). **1.** Résine fossile provenant de conifères de l'oligocène, qui poussaient sur l'emplacement de l'actuelle mer Baltique. (Dit aussi *ambre jaune*, ou *succin*, l'ambre se présente sous forme de morceaux durs et cassants, plus ou moins transparents, jaunes ou rougeâtres ; il est utilisé en ébénisterie, en bijouterie, etc.) **2.** *Ambre gris :* concrétion intestinale fournie par le cachalot et entrant dans la composition de parfums. ◆ adj. inv. D'une couleur jaune doré ou rougeâtre.

AMBRÉ, E adj. **1.** Parfumé à l'ambre gris ; qui en a le parfum. **2.** De la couleur de l'ambre jaune. *Vin ambré.*

AMBRER v.t. Parfumer à l'ambre gris.

AMBRETTE n.f. Graine à forte odeur d'ambre et de musc produite par un hibiscus originaire de l'Inde.

AMBROISIE n.f. (gr. *ambrosia*, nourriture des dieux). MYTH. GR. Nourriture à base de miel procurant l'immortalité.

AMBROSIEN, ENNE adj. Qui concerne le rite attribué à saint Ambroise.

AMBULACRAIRE adj. Relatif aux ambulacres.

AMBULACRE n.m. (du lat. *ambulare*, se promener). ZOOL. Zone du test des échinodermes percée de trous (trous ambulacraires) laissant le passage aux ventouses locomotrices, ou podions.

AMBULANCE n.f. **1.** Véhicule pour le transport des malades ou des blessés. ◇ *Fam. Tirer sur l'ambulance :* s'acharner sur une personne affaiblie, en difficulté. **2.** Anc. Hôpital mobile qui suivait les troupes en campagne.

AMBULANCIER, ÈRE n. Auxiliaire médical chargé du transport des malades en ambulance.

AMBULANT, E adj. (lat. *ambulans*, qui marche). Qui se déplace selon les besoins de sa profession ou d'une activité. *Marchand ambulant.*

AMBULATOIRE adj. **1.** Se dit d'un acte médical ou chirurgical qui n'interrompt pas les activités habituelles du malade, ou qui ne nécessite pas d'hospitalisation prolongée. **2.** DR. Vx. Qui n'a pas de siège fixe. *Le parlement fut d'abord ambulatoire.*

AMBYSTOME ou **AMBLYSTOME** n.m. Amphibien urodèle des États-Unis et du Mexique, dont la larve est l'axolotl. (L'ambystome est capable de se reproduire à l'état larvaire [néoténie].)

ÂME n.f. (lat. *anima*, souffle, vie). **1.** Principe de vie et de pensée de l'homme animant son corps. ◇ *Rendre l'âme :* mourir. – Ce principe, conçu comme un être spirituel séparable du corps, immortel et destiné à être jugé. ◇ *Errer comme une âme en peine :* se sentir triste et désemparé. **2.** Individu, du point de vue moral, intellectuel, etc. *Une âme noble, faible.* ◇ *Bonne âme :* personne compatissante ; *iron.*, personne malveillante. **3.** Sens moral personnel, sensibilité. *En votre âme et conscience. Vague à l'âme.* ◇ (Souvent pl.) *État d'âme :* préoccupation morale, parfois excessive ou stérile ; scrupule. *Ne pas avoir d'états d'âme.* – *Avec âme :* avec sentiment. *Chanter avec âme.* **4. a.** Personne qui anime, dirige qqch. *Elle est l'âme du parti.* **b.** *Litt.* Habitant. *Une ville de 900 000 âmes.* **5.** Petite baguette de bois placée dans un instrument à cordes et qui communique les vibrations à toutes les parties. **6.** Partie centrale, médiane, principale d'une pièce ou d'une structure composite. *Âme d'une électrode, d'une poutre, d'un câble.* **7.** SCULPT. Noyau, génér. en bois, d'une sculpture revêtue de feuilles de métal (dans l'art médiéval, notamm.). **8.** ARM. Évidement intérieur d'une bouche à feu.

AMÉLIORABLE adj. Qui peut être amélioré.

AMÉLIORANT, E adj. Se dit d'une plante qui améliore la fertilité du sol.

AMÉLIORATION n.f. Action d'améliorer ; fait de s'améliorer ; son résultat.

AMÉLIORER v.t. (du lat. *melior*, meilleur). Rendre meilleur ; changer en mieux. *Améliorer des résultats.* ◆ **s'améliorer** v.pr. Devenir meilleur.

AMEN [amɛn] n.m. inv. (mot hébreu). Mot signifiant « *ainsi soit-il* » terminant une prière juive ou chrétienne. ◇ *Fam. Dire amen à :* donner son approbation à.

AMÉNAGEABLE adj. Qui peut être aménagé.

AMÉNAGEMENT n.m. Action d'aménager qqch ; son résultat. ◇ *Aménagement du territoire :* politique consistant à rechercher la meilleure répartition géographique des activités économiques en fonction des ressources naturelles et humaines.

AMÉNAGER v.t. [10] (de *ménage*). **1.** Transformer, modifier pour rendre plus pratique, plus agréable, etc. **2.** Régler les coupes d'une forêt.

AMÉNAGEUR, EUSE n. Personne ou organisme spécialisés dans les études d'aménagement du territoire.

AMÉNAGISTE n. Personne qui organise l'aménagement d'une forêt.

1. AMENDABLE adj. Qui peut être amendé.

2. AMENDABLE adj. Suisse. Passible d'une amende.

AMENDE n.f. **1.** Sanction ou peine pécuniaire. ◇ *Mettre qqn à l'amende*, lui infliger par jeu une sanction légère, lui imposer un gage. **2.** *Faire amende honorable :* reconnaître ses torts.

AMENDEMENT n.m. **1.** Modification apportée à un projet ou à une proposition de loi par une assemblée législative ou par le gouvernement, au cours des débats. **2.** Action d'amender un sol ; son résultat. – Substance organique ou minérale incorporée au sol en quantité importante pour le rendre plus fertile.

AMENDER v.t. (lat. *emendare*, châtier). **1.** Modifier un texte par amendement. **2.** Apporter un amendement à un sol. **3.** Suisse. Infliger une amende à qqn. ◆ **s'amender** v.pr. *Sout.* Se corriger, s'améliorer.

AMÈNE adj. (lat. *amœnus*). *Sout.* Qui manifeste une courtoisie aimable ; affable.

AMENÉE n.f. TRAV. PUBL. *Tuyau, canal d'amenée :* partie d'une adduction qui permet d'amener l'eau, un fluide.

AMENER v.t. [12] (de *mener*). **1. a.** Faire venir qqn avec soi. **b.** Porter, transporter vers un lieu. **2. a.** Pousser, entraîner qqn à faire qqch. *Son métier l'amène à voyager beaucoup.* **b.** Être à l'origine de ; occasionner, provoquer. *La grêle amène bien des dégâts.* **3.** MAR. Abaisser. *Amener les voiles.* ◇ *Amener les couleurs :* abaisser le pavillon d'un navire en signe de reddition. ◆ **s'amener** v.pr. *Fam.* Venir. *Tu t'amènes ?*

AMÉNITÉ n.f. (lat. *amœnitas*). *Sout.* Politesse mêlée de douceur ; affabilité. ◇ *Sans aménité :* de façon rude. ◆ pl. *Iron.* Paroles blessantes. *Échanger des aménités.*

AMÉNORRHÉE n.f. (du gr. *mên*, mois, et *rhein*, couler). MÉD. Absence de règles.

AMENUISEMENT n.m. Fait de s'amenuiser ; diminution.

AMENUISER v.t. (du lat. *minutus*, petit). Rendre qqch plus petit. ◆ **s'amenuiser** v.pr. Devenir moins important ; diminuer. *Tes chances de réussir s'amenuisent.*

1. AMER, ÈRE adj. (lat. *amarus*). **1.** Qui a une saveur aigre, rude, parfois désagréable. *Le café est amer.* **2. a.** Qui blesse par sa cruauté. *Reproches amers.* **b.** *Litt.* Qui manifeste ou cause de la tristesse, de l'amertume. *Souvenirs amers.*

2. AMER n.m. Liqueur obtenue par infusion de plantes amères.

3. AMER n.m. (néerl. *merk*, limite). MAR. Objet, bâtiment fixe et visible situé sur une côte et servant de point de repère pour la navigation.

AMÈREMENT adv. Avec amertume, tristesse. *Se plaindre amèrement.*

AMÉRICAIN, E adj. et n. Des États-Unis d'Amérique, de ses habitants. ◆ adj. **1.** De l'Amérique. *Le continent américain.* **2.** *Vedette américaine :* artiste qui passe sur une scène de music-hall juste avant la vedette principale. **3.** CINÉMA. *Nuit américaine :* effet spécial permettant de filmer de jour une scène censée se dérouler la nuit. **4.** *À l'américaine :* avec une sauce à base de tomate fondue, oignon, échalote, ail, vin blanc et cognac. *Homard à l'américaine.* (On dit aussi *à l'armoricaine.*) ◆ n.m. Anglais parlé aux États-Unis, dit aussi *anglo-américain.*

AMÉRICAINE n.f. **1.** *Ellipt.* **a.** Cigarette américaine. *Fumer des américaines.* **b.** Voiture américaine. **c.** Anc. Voiture hippomobile à quatre roues. **2.** Course cycliste sur piste par relais.

AMÉRICANISATION n.f. Action d'américaniser ; fait de s'américaniser.

AMÉRICANISER v.t. Donner un caractère américain à. ◆ **s'américaniser** v.pr. Prendre l'aspect, les manières des Américains du Nord, leur mode de vie.

AMÉRICANISME n.m. **1.** Tournure, mot propres à l'anglais ou à l'espagnol d'Amérique. **2.** Tendance à s'inspirer de ce qui se fait aux États-Unis. **3.** Ensemble des sciences de l'homme et de la nature ayant pour objet le continent américain.

AMÉRICANISTE n. et adj. Spécialiste de l'étude du continent américain. ◆ adj. Relatif à l'américanisme.

AMÉRICIUM [-sjɔm] n.m. Élément chimique (Am), artificiel et radioactif, de numéro atomique 95.

AMÉRINDIANISME n.m. Fait de langue d'origine amérindienne.

AMÉRINDIEN, ENNE adj. Des Amérindiens.

AMERLOQUE, AMERLO ou **AMERLOT** n. *Fam.*, *péjor.* Américain des États-Unis.

AMERRIR v.i. Se poser sur la mer, sur l'eau, en parlant d'un hydravion ou d'un vaisseau spatial.

AMERRISSAGE n.m. Action d'amerrir.

AMERTUME n.f. (lat. *amaritudo*). **1.** Saveur amère. *L'amertume du café.* **2.** *Fig.* Ressentiment mêlé de tristesse et de déception. *Des paroles pleines d'amertume.*

AMÉTABOLE adj. Se dit des insectes primitifs qui se développent sans subir de métamorphoses. (Les collemboles sont des insectes amétaboles.)

AMÉTHYSTE n.f. (gr. *amethustos*, pierre qui préserve de l'ivresse). Pierre fine, variété violette de quartz.

AMÉTROPE adj. et n. Atteint d'amétropie.

AMÉTROPIE n.f. (du gr. *metron*, mesure, et *ôps*, œil). Anomalie de la réfraction oculaire (myopie, hypermétropie, astigmatisme). CONTR. : *emmétropie.*

AMEUBLEMENT n.m. Ensemble des meubles et des objets qui garnissent et décorent une habitation. *Tissu d'ameublement.*

AMEUBLIR v.t. **1.** Rendre une terre plus meuble. **2.** DR. Faire entrer un immeuble dans la communauté. SYN. : *mobiliser.*

AMEUBLISSEMENT n.m. Action d'ameublir la terre ; son résultat.

A

AMEUTER v.t. (de *meute*). **1.** Rassembler en faisant du bruit, du scandale. *Ameuter la foule.* **2.** VÉNER. Mettre des chiens en meute.

AMHARIQUE n.m. Langue sémitique parlée en Éthiopie.

AMI, E n. (lat. *amicus*). **1.** Personne pour laquelle on a de l'amitié, de l'affection, ou avec laquelle on a des affinités. *Un vieil ami. Ils ont peu d'amis.* **2.** *Petit(e) ami(e),* ou *ami(e) :* personne qui est liée à une autre par un sentiment tendre, par l'amour ; amant, maîtresse. **3.** Personne qui a du goût pour qqch. *Les amis de la nature.* ◆ adj. Qui témoigne de dispositions favorables ; accueillant. *Un pays ami.* ◆ n.m. LING. *Faux ami :* terme d'une langue qui présente une ressemblance avec un terme d'une autre langue, mais qui n'a pas le même sens.

AMIABLE adj. (bas lat. *amicabilis*). **1.** Qui concilie des intérêts opposés. *Accord amiable.* ◇ *À l'amiable :* en se mettant d'accord de gré à gré. **2.** DR. *Amiable compositeur :* arbitre autorisé par les parties à trancher un litige dans le cadre d'un compromis.

AMIANTE n.m. (gr. *amiantos,* incorruptible). Silicate hydraté de calcium et de magnésium (amphibole), à texture fibreuse, résistant à l'action du feu. (La fabrication et la vente de produits contenant de l'amiante sont interdites, en France, depuis 1997.)

AMIANTE-CIMENT n.m. (pl. *amiantes-ciments*). Matériau fait d'amiante et de ciment, longtemps utilisé en France dans les secteurs du bâtiment et des travaux publics. (Son emploi est interdit, en France, depuis 1997.)

AMIBE n.f. (du gr. *amoibê,* transformation). Protozoaire des eaux douces ou salées, des sols humides, se déplaçant grâce à des pseudopodes, dont certaines espèces parasitent l'intestin de l'homme. (Taille entre 30 et 500 micromètres ; groupe des rhizopodes.) SYN. : *amibien.*

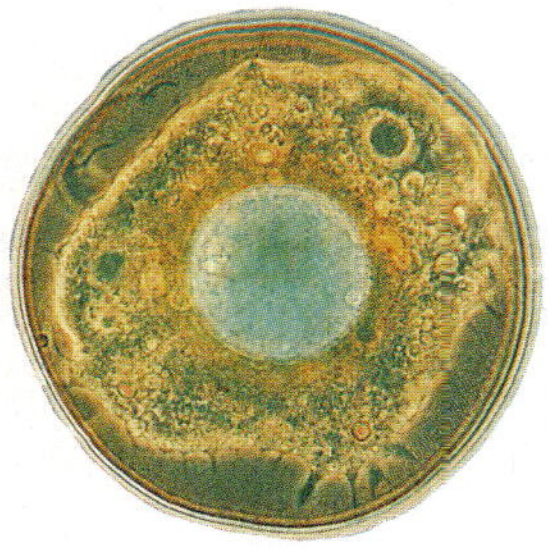

■ AMIBE

AMIBIASE n.f. Infection parasitaire due aux amibes, inapparente ou provoquant des troubles, surtout intestinaux et hépatiques.

AMIBIEN, ENNE adj. Causé par une amibe. *Dysenterie amibienne.* ◆ n.m. Amibe.

AMIBOÏDE adj. Qui se rapporte aux amibes ; qui évoque les amibes.

AMICAL, E, AUX adj. **1.** Qui manifeste de l'amitié. *Un geste très amical. Voisin amical.* **2.** Se dit d'une rencontre sportive qui se déroule en dehors d'un championnat ou d'une compétition.

AMICALE n.f. Association de personnes de la même profession, de la même école, pratiquant le même sport, etc.

AMICALEMENT adv. De façon amicale.

AMIDE n.m. Composé organique ($RCONH_2$) dérivant de l'ammoniac par au moins une acylation et éventuellement des alcoylations (nom générique).

AMIDON n.m. (du lat. *amylum,* fleur de farine, mot gr.). **1.** Substance organique de réserve de nature glucidique qui s'accumule dans certaines parties des végétaux (racines, tubercules, fruits, graines). **2.** Solution colloïdale d'amidon dans l'eau, utilisée pour empeser le linge.

AMIDONNAGE n.m. Action d'amidonner.

AMIDONNER v.t. Enduire, imprégner d'amidon.

AMIDONNERIE n.f. Usine où l'on fabrique l'amidon ; industrie de l'amidon.

1. AMIDONNIER, ÈRE adj. Relatif à l'amidon.

2. AMIDONNIER, ÈRE n. Industriel de l'amidonnerie.

AMIGNE n.f. Vin blanc du Valais.

AMIMIE n.f. Perte plus ou moins complète de l'expression par les gestes, observée dans certaines affections neurologiques.

AMIMIQUE adj. et n. Atteint d'amimie.

AMINCIR v.t. Rendre ou faire paraître plus mince, moins épais. *Ce pull t'amincit.* ◆ **s'amincir** v.pr. Devenir plus mince.

AMINCISSANT, E adj. Qui amincit.

AMINCISSEMENT n.m. Action d'amincir ; fait de s'amincir.

AMINE n.f. Composé organique dérivant de l'ammoniac par substitution à l'hydrogène d'un ou de plusieurs radicaux alcoyles (nom générique). [Les amines se répartissent en trois classes : amines primaires RNH_2, secondaires RR′NH et tertiaires RR′R″N.]

AMINÉ, E adj. *Acide aminé :* aminoacide.

A MINIMA loc. adj. inv. (mots lat.). DR. *Appel a minima :* appel que le ministère public interjette quand il estime la peine insuffisante.

AMINOACIDE n.m. Substance organique ayant une fonction amine sur le même carbone que la fonction acide, constituant fondamental des protéines. SYN. : *acide aminé.*

1. AMIRAL n.m. [pl. *amiraux*] (ar. *amīr al-baḥr,* prince de la mer). **1.** Officier général d'une marine militaire (→ *grade*). **2.** *Amiral de France :* dignité équivalente à celle de maréchal de France (non décernée depuis 1869).

2. AMIRAL, E, AUX adj. **1.** *Bâtiment amiral :* navire ayant à son bord un amiral commandant une force navale. **2.** Se dit d'une entreprise considérée comme le fleuron du groupe auquel elle appartient. *Société amirale.*

AMIRALE n.f. Femme d'un amiral.

AMIRAUTÉ n.f. **1. a.** Corps des amiraux ; haut commandement de la marine militaire. **b.** Siège du commandement d'un amiral. **2.** HIST. *L'Amirauté :* le ministère de la Marine, en Grande-Bretagne.

AMISH [amiʃ] n. inv. et adj. inv. Membre d'un groupe mennonite américain, concentré essentiellement en Pennsylvanie et caractérisé par son austérité et son opposition à la civilisation moderne.

AMITIÉ n.f. (lat. *amicitia*). **1.** Sentiment d'affection, de sympathie qu'une personne éprouve pour une autre ; relation qui en résulte. **2.** *Amitié particulière :* liaison homosexuelle, notamm. entre adolescents. ◆ pl. Témoignages d'affection. *Fais-leur mes amitiés.*

AMITIEUX, EUSE adj. Région. (Normandie, Nord) ; Belgique. *Fam.* Affectueux, gentil.

AMM ou **A.M.M.** [aɛmɛm] n.f. (sigle de *autorisation de mise sur le marché*). Autorisation de commercialiser une nouvelle spécialité pharmaceutique, délivrée par les autorités sanitaires au laboratoire pharmaceutique concerné.

AMMOCÈTE n.f. ZOOL. Larve dulcicole de la lamproie. SYN. : *chatouille.*

AMMODYTE n.f. Vipère à tête triangulaire des Balkans et du Proche-Orient, dite *vipère des sables,* considérée comme le plus venimeux des serpents européens. (Long. 90 cm ; famille des vipéridés.)

AMMONIAC n.m. (lat. *ammoniacum,* du gr.). **1.** Composé gazeux d'azote et d'hydrogène (NH_3), à l'odeur très piquante. (On dit aussi *gaz ammoniac.* C'est l'une des molécules primordiales de l'Univers.) **2.** *Sel ammoniac :* nom commercial du *chlorure d'ammonium.*

AMMONIACAL, E, AUX adj. Qui contient de l'ammoniac ; qui en a les propriétés.

AMMONIAQUE n.f. Solution aqueuse de gaz ammoniac.

■ AMMONITE

AMMONITE n.f. (du lat. *Ammonis cornu,* corne d'Amon). Mollusque fossile à coquille cloisonnée et enroulée, caractéristique de l'ère secondaire. (Classe des céphalopodes.)

AMMONIUM [amɔnjɔm] n.m. Cation NH_4^+, que ses propriétés chimiques apparentent à un cation alcalin, tel que le potassium K^+.

1. AMMOPHILE n.f. (du gr. *ammos,* sable). Guêpe solitaire qui paralyse ses proies (chenilles, araignées) d'un coup d'aiguillon, et les transporte dans un terrier afin de nourrir ses larves. (Long. 20 mm ; famille des sphégidés.)

2. AMMOPHILE n.m. BOT. Oyat.

AMNÉSIE n.f. (gr. *amnêsia*). Trouble neurologique consistant en une diminution ou une perte de la mémoire.

AMNÉSIQUE adj. Relatif à l'amnésie. ◆ adj. et n. Atteint d'amnésie.

AMNIOCENTÈSE [-sɛ̃tɛz] n.f. Ponction de la cavité utérine pendant la grossesse pour prélever du liquide amniotique aux fins d'analyse.

AMNIOS [amnjɔs] n.m. (gr. *amnion*). EMBRYOL. Annexe embryonnaire à rôle protecteur, présente chez les reptiles, les oiseaux et les mammifères.

AMNIOSCOPIE n.f. Examen endoscopique du liquide amniotique à travers le col de l'utérus.

AMNIOTE n.m. Animal vertébré dont l'embryon est enveloppé d'un amnios. (Les reptiles, les oiseaux et les mammifères sont des amniotes.)

AMNIOTIQUE adj. EMBRYOL. Qui appartient à l'amnios ou qui s'y rapporte. ◇ *Liquide amniotique,* qui remplit la poche formée par l'amnios et dans lequel baigne l'embryon.

AMNISTIABLE adj. Qui peut être amnistié.

AMNISTIANT, E adj. Qui entraîne l'amnistie.

AMNISTIE n.f. (gr. *amnêstia,* pardon). Loi qui fait disparaître le caractère délictueux des faits en faisant obstacle aux poursuites pénales, ce qui a pour effet d'effacer la condamnation ; effet juridique d'une telle loi. *Faits couverts par l'amnistie.*

AMNISTIÉ, E adj. et n. Qui est, qui a été l'objet d'une amnistie.

AMNISTIER v.t. [5]. Accorder une amnistie à.

AMOCHER v.t. *Fam.* **1.** Faire subir des dégradations à ; abîmer, détériorer. **2.** Infliger une blessure à qqn ; défigurer.

AMODIATAIRE n. (du lat. *modius,* boisseau). **1.** Preneur à bail de terres cultivables. **2.** Personne à qui la concession d'une mine est amodiée et qui se substitue au concessionnaire pour l'exploitation de celle-ci.

AMODIATEUR, TRICE n. Bailleur de terres cultivables, ou loueur d'une exploitation minière, en vertu d'un contrat d'amodiation.

AMODIATION n.f. Exploitation d'une terre ou d'une mine moyennant une redevance périodique.

AMODIER v.t. [5]. Concéder par amodiation.

AMOINDRIR v.t. Diminuer la force, l'importance de ; affaiblir. *Son accident l'a beaucoup amoindri.* ◆ **s'amoindrir** v.pr. Devenir moindre ; perdre de ses forces.

AMOINDRISSEMENT n.m. Fait d'être amoindri ; diminution, affaiblissement.

AMOK n.m. (du malais *āmuk,* par l'angl.). Accès de folie meurtrière observé chez les Malais.

AMOLLIR v.t. (de *mou*). Rendre mou. ◆ **s'amollir** v.pr. Devenir mou.

AMOLLISSANT, E adj. Qui amollit.

AMOLLISSEMENT n.m. **1.** Action d'amollir ; fait de s'amollir ; état qui en résulte. **2.** Relâchement progressif ; affaiblissement.

AMOME n.m. Plante d'Afrique tropicale voisine du gingembre, dont les graines sont consommées sous le nom de *maniguette,* ou *graine de paradis.* (Famille des zingibéracées.)

AMONCELER v.t. [16]. Réunir en monceau, en tas ; entasser. ◇ v.pr. *Les preuves s'amoncellent.*

AMONCELLEMENT n.m. Action d'amonceler ; entassement.

AMONT n.m. (lat. *ad,* vers, et *mons,* montagne). **1.** Partie d'un cours d'eau qui est du côté de la source, par rapport à un point considéré. CONTR. : *aval.* ◇ *En amont de :* plus près de la source, par rapport à un point considéré. *Sur la Loire, Orléans est en amont de Tours.* **2.** *Fig. À l'amont, en amont :* au début d'un processus quelconque. *Reprendre l'enquête en amont.* ◆ adj. inv. Se dit du ski ou du skieur qui est du côté de la montagne.

AMONTILLADO [amɔntijado] n.m. (mot esp.). Variété de xérès.

AMORAL, E, AUX adj. **1.** Qui manifeste une ignorance ou une indifférence à l'égard de la morale. **2.** Qui manifeste une volonté d'agir contre la morale.

AMORALISME n.m. **1.** Attitude d'une personne amorale. **2.** Philosophie qui nie tout fondement objectif et universel à la morale.

AMORALITÉ n.f. Caractère de ce qui est amoral ; conduite amorale.

AMORÇAGE n.m. **1.** Action d'amorcer qqch. *Amorçage d'une pompe.* – CHIM. ORG. Déclenchement d'une réaction de polymérisation par l'ajout de certaines substances. – ÉLECTROTECHN. Ensemble des phénomènes transitoires précédant l'établissement du régime permanent d'une génératrice autoexcitatrice. **2.** Dispositif destiné à provoquer l'éclatement d'une charge explosive. **3.** INFORM. Opération consistant, pour un ordinateur, à vérifier son environnement (bus, mémoire, périphériques, etc.) et à charger son système d'exploitation, dès sa mise sous tension.

AMORCE n.f. (de l'anc. fr. *amordre*, mordre). **1. a.** Manière de débuter qqch ; commencement, ébauche. *Ce n'est que l'amorce d'un roman.* **b.** Morceau de film ou de bande magnétique utilisé pour mettre en place le dispositif. **2.** Petite masse d'explosif dont la détonation enflamme la charge d'une cartouche ou d'une mine. **3.** Produit jeté dans l'eau pour attirer le poisson. **4.** INFORM. Programme généralement stocké en mémoire morte et destiné à assurer le démarrage d'un ordinateur.

AMORCER v.t. [9]. **1.** Commencer à exécuter, à réaliser qqch. *L'affaire est déjà bien amorcée. Amorcer un virage.* ◇ v.pr. *Le dialogue s'amorce.* **2.** Déclencher un appareil, un dispositif pour le mettre en état de fonctionner. **3.** Jeter l'amorce dans l'eau ; garnir d'un appât. *Amorcer un hameçon.* – Chercher à attirer le poisson en jetant de l'amorce.

AMORÇOIR n.m. Ustensile de pêche pour déposer l'amorce au fond de l'eau.

AMORPHE adj. (du gr. *amorphos*, sans forme). **1.** Qui est ou paraît sans énergie ; mou, inactif. **2.** PHYS. Se dit d'un corps non cristallisé.

AMORTI n.m. **1.** Action de diminuer ou de supprimer le rebond d'une balle, d'un ballon, dans certains sports. **2.** Se dit d'un mouvement vibratoire et oscillatoire qui subit un amortissement.

AMORTIE n.f. Balle résultant d'un amorti.

AMORTIR v.t. (du lat. *mors, mortis*, mort). **1.** Diminuer l'effet, la force de qqch ; affaiblir. *Amortir un choc.* **2.** Rentabiliser un bien en l'utilisant. *Amortir l'achat d'une machine.* **3.** COMPTAB. Rembourser un emprunt à termes échelonnés ; rembourser un capital, une fraction de capital. – Déterminer la perte subie par la valeur d'actif des immobilisations qui se déprécient avec le temps, et l'imputer soit aux coûts de revient, soit aux résultats. ◆ **s'amortir** v.pr. S'affaiblir, diminuer.

AMORTISSABLE adj. COMPTAB. Qui peut être amorti. *Rente amortissable.*

AMORTISSEMENT n.m. **1.** Action d'amortir ou de s'amortir. *Amortissement d'un choc.* **2. a.** COMPTAB. Constatation comptable de la dépréciation subie par un bien par suite de l'usure, du vieillissement ou de l'obsolescence. **b.** BANQUE. Remboursement d'un emprunt par tranches successives. **3.** PHYS. Diminution d'amplitude d'un mouvement oscillatoire et vibratoire. **4.** ARCHIT. Élément décoratif placé au sommet d'un axe ou membre vertical quelconque d'une élévation (pinacle, pot à feu, statue, etc.).

AMORTISSEUR n.m. Dispositif qui amortit la violence d'un choc, les vibrations d'une machine, etc. *Changer les amortisseurs d'une voiture.*

AMOUILLANTE n.f. et adj.f. Vache qui va vêler.

AMOUR n.m. **1.** Sentiment très intense, attachement englobant la tendresse et l'attirance physique, entre deux personnes. *Éprouver de l'amour pour qqn. C'est une belle histoire d'amour.* (Fém. au pl. dans la langue littéraire : *les amours enfantines.*) ◇ *Faire l'amour :* avoir des relations sexuelles avec un, une partenaire. **2.** Mouvement de dévotion, de dévouement qui porte vers une divinité, un idéal, une autre personne, etc. *L'amour de Dieu, de la vérité, du prochain.* **3.** Goût très marqué, passion pour qqch. *L'amour des pierres, des bateaux.* ◇ *Fam. Un amour de :* qqch ou qqn de charmant, d'adorable. *Un amour de lampe.* **4.** Représentation allégorique de l'amour, souvent sous la forme d'un enfant armé d'un arc. **5.** *Amour blanc :* poisson herbivore originaire de Chine, importé en Europe pour nettoyer les voies d'eau envahies par les plantes. (Famille des cyprinidés.) ◆ pl. Suisse. Dernières gouttes d'une bouteille de vin.

AMOURACHER (S') v.pr. **(de).** *Péjor.* Éprouver pour qqn un amour soudain et passager ; s'enticher de.

AMOUR-EN-CAGE n.m. (pl. *amours-en-cage*). BOT. Physalis.

1. AMOURETTE n.f. Amour passager, sans profondeur.

2. AMOURETTE n.f. (lat. *amalusta*, camomille). **1.** Plante telle que la brize. (Désigne parfois aussi le muguet.) **2.** *Bois d'amourette :* bois d'une espèce d'acacia utilisé en marqueterie.

AMOURETTES n.f. pl. (anc. prov. *amoretas*, testicules de coq). Morceau de moelle épinière des animaux de boucherie.

AMOUREUSEMENT adv. Avec amour.

AMOUREUX, EUSE adj. et n. Qui éprouve de l'amour pour qqn, de l'attirance pour qqch. *Être, tomber amoureuse. Un amoureux de la peinture.* ◆ adj. Qui manifeste de l'amour ; qui se rapporte à l'amour. *Des regards amoureux.*

AMOUR-PROPRE n.m. (pl. *amours-propres*). Sentiment de sa propre valeur, de sa dignité. *Il n'a aucun amour-propre.*

AMOVIBILITÉ n.f. Fait d'être amovible.

AMOVIBLE adj. (du lat. *amovere*, déplacer). **1.** Qui peut être enlevé, séparé d'un ensemble. *Roue amovible.* **2.** Qui peut être destitué ou déplacé, en parlant de certains fonctionnaires.

AMP ou **A.M.P.** [aɛmpe] n.m. (sigle). Adénosine monophosphate.

AMPÉLIDACÉE n.f. (gr. *ampelos*, vigne). Plante dicotylédone arbustive, sarmenteuse, munie de vrilles opposées aux feuilles, à fruits ronds, telle que la vigne. (Les ampélidacées forment une famille.) SYN. : *vitacée.*

AMPÉLOGRAPHIE n.f. (gr. *ampelos*, vigne, et *graphein*, décrire). Étude de la vigne.

AMPÉLOPSIS [ɑ̃pelɔpsis] n.m. Arbrisseau grimpant, dont le nom usuel est *vigne vierge.* (Famille des ampélidacées.)

AMPÉRAGE n.m. Intensité d'un courant électrique.

AMPÈRE n.m. (de *Ampère*, n.pr.). PHYS. Unité de mesure d'intensité de courant électrique (symb. A), équivalant à l'intensité d'un courant constant qui, maintenu dans deux conducteurs parallèles, rectilignes, de longueur infinie, de section circulaire négligeable et placés à une distance de 1 mètre l'un de l'autre, dans le vide, produirait entre ces conducteurs une force de 2×10^{-7} newton par mètre de longueur. (L'ampère est l'une des sept unités de base du *système international d'unités.)

AMPÈREMÈTRE n.m. Instrument, gradué en ampères, destiné à mesurer l'intensité d'un courant électrique.

AMPHÉTAMINE n.f. **1.** Substance qui stimule l'activité cérébrale, diminue le sommeil et la faim, et qui n'est presque plus employée comme médicament. **2.** (Abusif). Amphétaminique.

AMPHÉTAMINIQUE adj. et n.m. Se dit d'une substance apparentée à l'amphétamine.

AMPHI n.m. (abrév.). *Fam.* Amphithéâtre.

AMPHIARTHROSE [ɑ̃fiartroz] n.f. (gr. *amphi*, des deux côtés, et *arthrôsis*, articulation). Articulation semi-mobile, permettant seulement des mouvements limités, telle qu'un disque entre deux vertèbres.

AMPHIBIE adj. et n.m. (gr. *amphi*, des deux côtés, et *bios*, vie). **1.** ÉCOL. Qui vit dans le milieu aquatique et dans le milieu terrestre. *La grenouille est un animal amphibie.* **2.** Qui peut se mouvoir sur terre et sur l'eau. *Voiture amphibie.* ◇ *Opération amphibie*, menée conjointement par des forces navales et terrestres, notamm. lors d'un débarquement.

AMPHIBIEN n.m. Vertébré à peau nue, à température variable et à respiration à la fois pulmonaire et cutanée, dont la larve aquatique est munie de branchies. (Les amphibiens forment une classe, divisée en trois superordres : les urodèles, les anoures et les apodes.)

AMPHIBOLE n.f. (gr. *amphibolos*, équivoque). Silicate de fer et de magnésium, noir, brun ou vert, constituant des roches magmatiques et métamorphiques.

AMPHIBOLITE n.f. Roche métamorphique constituée essentiellement d'amphibole.

AMPHIBOLOGIE n.f. (gr. *amphibolos*, équivoque, et *logos*, discours). Double sens présenté par une phrase en raison de sa construction ou du choix de certains mots ; ambiguïté. (Ex. : *Les magistrats jugent les enfants coupables* [= les enfants qui sont coupables ; ou : que les enfants sont coupables].)

A

AMPHIBOLOGIQUE adj. À double sens ; ambigu.

AMPHICTYON n.m. ANTIQ. GR. Député au conseil de l'amphictyonie.

AMPHICTYONIE n.f. (gr. *amphiktuonia*). ANTIQ. GR. Association de cités, puis de peuples autour d'un sanctuaire commun.

AMPHIGOURI n.m. *Litt.* Écrit ou discours inintelligible.

AMPHIGOURIQUE adj. *Litt.* Dont l'expression est embrouillée et obscure ; incompréhensible.

AMPHIMIXIE n.f. (gr. *amphi*, des deux côtés, et *mixis*, mélange). Caryogamie.

AMPHINEURE n.m. ZOOL. Vx. Polyplacophore.

AMPHIOXUS [ɑ̃fjɔksys] n.m. (gr. *amphi*, doublement, et *oxus*, aigu). Animal marin ressemblant à un petit poisson, mais dépourvu notamm. de membres et d'organes visuels. (Genre *Branchiostoma*, groupe des céphalocordés.)

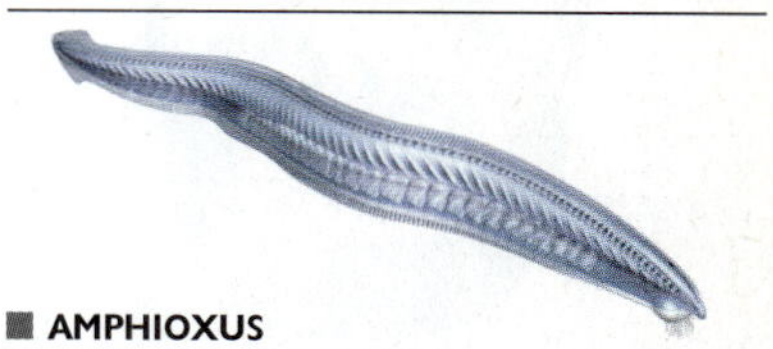

■ **AMPHIOXUS**

AMPHIPHILE adj. CHIM. Se dit de certaines molécules qui ont une partie (tête) hydrophile et une partie (queue) hydrophobe.

AMPHIPODE n.m. Petit crustacé à corps comprimé latéralement, vivant en eau douce (gammare) ou dans la mer (talitre). [Les amphipodes forment un ordre.]

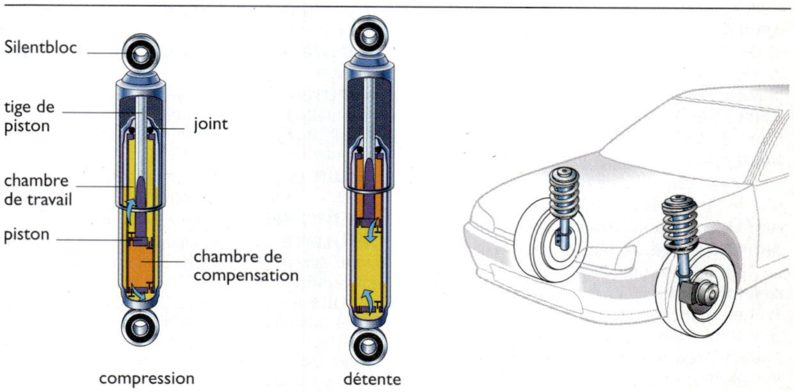

■ **AMORTISSEUR.** Structure et fonctionnement d'un amortisseur d'automobile.

■ **AMPHITHÉÂTRE** romain d'el-Djem (anc. Thysdrus), en Tunisie ; IIIe s. apr. J.-C.

AMPHISBÈNE n.m. (gr. *amphis,* des deux côtés, et *bainein,* marcher). Reptile fouisseur apode des régions tropicales, aux yeux atrophiés, dont la tête et la queue ont le même aspect, et dit *serpent à deux têtes.* (Ordre des lacertiliens.)

A

AMPHITHÉÂTRE n.m. (gr. *amphi,* autour, et *theatron,* théâtre). **1.** ANTIQ. ROM. Vaste édifice à gradins, de plan souvent elliptique, élevé pour les combats de gladiateurs, les chasses, etc. **2.** Grande salle de cours à gradins. *Amphithéâtre de dissection.* **3.** Ensemble des places situées au-dessus des balcons et des galeries, dans un théâtre.

AMPHITRYON n.m. (de *Amphitryon,* n.pr.). *Litt.* Personne chez qui l'on mange ; hôte.

AMPHOLYTE n.m. CHIM. Électrolyte ayant à la fois la fonction acide et la fonction basique.

AMPHORE n.f. (lat. *amphora,* du gr.). ANTIQ. Vase à deux anses symétriques, au col rétréci, avec ou sans pied, servant à conserver et à transporter les aliments.

■ **AMPHORE** grecque décorée ; VIe s. av. J.-C. (Louvre, Paris.)

AMPHOTÈRE adj. Se dit d'une substance, d'un ion qui peut avoir un rôle tantôt acide, tantôt basique.

AMPLE adj. (lat. *amplus*). **1.** De larges dimensions ; vaste. *Cette veste est un peu trop ample.* **2.** Qui donne une impression d'étendue, de puissance. *Une voix ample.*

AMPLEMENT adv. Avec ampleur ; largement. *C'est amplement suffisant.*

AMPLEUR n.f. **1.** Caractère de ce qui est ample, large. **2.** Caractère de ce qui est important, étendu ; portée de qqch. *L'ampleur d'un désastre.*

AMPLI n.m. (abrév.). *Fam.* Amplificateur.

AMPLIATIF, IVE adj. DR. Qui ajoute à ce qui a été dit dans un acte précédent.

AMPLIATION n.f. (du lat. *ampliare,* agrandir). **1.** Copie authentique ayant valeur d'original d'un acte administratif. **2.** Acte ajoutant à ce qui a été dit dans un acte précédent. **3.** PHYSIOL. *Ampliation thoracique :* augmentation du volume de la cage thoracique pendant l'inspiration.

AMPLIFIANT, E adj. Rare. Qui amplifie.

AMPLIFICATEUR, TRICE adj. Qui amplifie, qui exagère l'effet de qqch. ◆ n.m. **1.** Dispositif permettant d'accroître l'amplitude d'une grandeur physique, en partic. un signal électrique, sans introduire de distorsion notable. **2.** *Spécial.* Ce dispositif, avant les haut-parleurs, sur une chaîne électroacoustique. Abrév. *(fam.) : ampli.*

AMPLIFICATION n.f. **1.** Action d'amplifier ; son résultat. **2.** *Péjor.* Exagération oratoire. **3.** *Amplification génique :* technique de laboratoire permettant de multiplier un gène présent initialement en très faible quantité, afin d'en déduire la cellule (bactérie, par ex.) ou la maladie correspondante. SYN. : *PCR.*

AMPLIFIER v.t. [5]. Accroître le volume, l'étendue ou l'importance de. *Amplifier le son de la voix, un scandale.*

AMPLIFORME adj. et n.m. Se dit d'un soutien-gorge dont les bonnets rembourrés font paraître la poitrine plus forte.

AMPLITUDE n.f. **1.** Valeur de l'écart maximal d'une grandeur qui varie périodiquement. **2.** MÉTÉOROL. **a.** *Amplitude journalière :* écart entre les températures minimale et maximale d'une même journée. **b.** *Amplitude thermique annuelle :* écart entre la moyenne de température du mois le plus froid et celle du mois le plus chaud. **3.** Différence entre la plus grande et la plus petite valeur d'une distribution statistique.

AMPLI-TUNER [ɑ̃plitynœr] n.m. (pl *amplis-tuners*). Élément d'une chaîne haute-fidélité regroupant un amplificateur, un préamplificateur et un tuner.

AMPOULE n.f. (lat. *ampulla,* petit flacon). **1.** Dispositif d'éclairage, constitué d'une enveloppe de verre, transparente ou translucide, étanche aux gaz, renfermant un corps lumineux. **2.** Cloque de la peau, pleine de sérosité et due à des frottements trop prolongés. *Se faire des ampoules aux mains.* **3.** Tube de verre effilé aux extrémités, destiné à contenir un médicament liquide ; contenu de ce tube. **4.** HIST. *La sainte ampoule :* vase contenant le saint chrême pour sacrer les rois de France.

AMPOULÉ, E adj. Se dit d'un style, d'un discours prétentieux, emphatique.

AMPUTATION n.f. **1.** Ablation chirurgicale d'un membre ou d'un segment de membre. **2.** Ablation d'un organe ou d'une partie d'organe. *Amputation du rectum.*

AMPUTÉ, E adj. et n. Qui a été amputé d'un membre.

AMPUTER v.t. (lat. *amputare*). **1.** Pratiquer une amputation. *Amputer une main. Amputer un blessé.* **2.** *Fig.* Retrancher une partie d'un tout. *Amputer un article de moitié.*

AMUÏR (S') [amɥir] v.pr. [21]. PHON. Devenir muet, ne plus être prononcé.

AMUÏSSEMENT n.m. PHON. Fait de s'amuïr.

AMULETTE n.f. (lat. *amuletum*). Objet qu'on porte sur soi et auquel on accorde des vertus magiques.

AMURE n.f. MAR. **1.** Anc. Cordage qui retient le point inférieur d'une voile carrée du côté d'où vient le vent. **2.** *Point d'amure :* angle inférieur avant d'une voile trapézoïdale ou triangulaire. **3.** Côté d'où vient le vent. ◇ *Naviguer bâbord* ou *tribord amures,* en recevant le vent par bâbord ou tribord.

AMURER v.t. MAR. Assujettir une voile par le point d'amure.

AMUSANT, E adj. Qui amuse ; divertissant.

AMUSE-BOUCHE n.m. (pl. *amuse-bouche[s]*). Terme utilisé dans les restaurants pour *amuse-gueule.*

AMUSE-GUEULE n.m. (pl. *amuse-gueule[s]*). Petit gâteau salé, canapé, olive, etc., servi avec l'apéritif.

AMUSEMENT n.m. Action d'amuser, fait de s'amuser ; distraction, divertissement.

AMUSER v.t. (de *muser*). **1.** Distraire agréablement ; divertir. *Ce dessin animé m'a bien amusée.* **2.** Retarder ou tromper par des moyens dilatoires, des artifices. *Amuser l'adversaire par une diversion.* ◆ **s'amuser** v.pr. **1.** Passer le temps agréablement ; se distraire. **2.** (à). Prendre plaisir à. **3.** Perdre son temps.

AMUSETTE n.f. *Fam.,* vx. Petit amusement ; bagatelle.

AMUSEUR, EUSE n. Personne qui amuse, divertit.

AMUSIE n.f. MÉD. Incapacité à chanter ou à reconnaître une musique entendue.

AMYGDALE [amidal] n.f. (gr. *amugdalê,* amande). ANAT. Chacun des organes lymphoïdes de la gorge. ◇ *Amygdale palatine,* ou *amygdale,* située au fond de la bouche et sur le côté, sous le palais. – *Amygdale pharyngée,* située sur la paroi postérieure du rhino-pharynx, en arrière des fosses nasales. (Quand elles sont hypertrophiées, les amygdales pharyngées sont dénommées *végétations adénoïdes.*) – *Amygdale linguale,* située à la base de la langue.

AMYGDALECTOMIE n.f. Ablation chirurgicale des amygdales.

AMYGDALITE n.f. Inflammation des amygdales.

AMYLACÉ, E adj. De la nature de l'amidon ; qui contient de l'amidon.

AMYLASE n.f. (lat. *amylum,* amidon). Enzyme du tube digestif provoquant la dégradation par hydrolyse de l'amidon des aliments.

AMYLE n.m. (gr. *amulon,* amidon). CHIM. ORG. Radical $-C_5H_{11}$ entrant dans la constitution des composés amyliques.

AMYLÈNE n.m. Hydrocarbure issu de la déshydratation de l'alcool amylique.

AMYLIQUE adj. Qui renferme un radical amyle. ◇ *Alcool amylique :* alcool $C_5H_{11}OH$, produit notamm. dans la fermentation de la fécule de pomme de terre.

AMYLOSE n.f. Maladie due à l'infiltration des tissus (rein, foie, etc.) par une substance anormale.

AMYOTROPHIE n.f. (gr. *mus,* muscle, et *trophê,* nourriture). Atrophie d'un ou de plusieurs muscles striés squelettiques.

AN n.m. (lat. *annus*). **1.** Période de révolution de la Terre autour du Soleil ; année. – (Précédé d'un adj. num. cardinal.) Indique l'âge. *Jeune fille de vingt ans.* **2.** Intervalle de temps légal compris entre le 1er janvier et le 31 décembre, dans notre calendrier. *L'an dernier* ou *passé, l'an prochain.* ◇ *Le jour de l'An, le Nouvel An, le premier de l'An :* le premier jour de l'année. – *Fam. S'en moquer comme de l'an quarante,* complètement, éperdument. – *Bon an mal an :* compensation faite des bonnes et des mauvaises années.

ANABAPTISME [anabatism] n.m. Doctrine qui dénie toute valeur au baptême des enfants et réclame un second baptême à l'âge adulte. (Sur cette doctrine s'est fondé notamm. le mouvement anabaptiste de T. Müntzer au XVIe s.)

ANABAPTISTE adj. Qui s'inspire de l'anabaptisme. ◆ adj. et n. Qui professe l'anabaptisme.

ANABLEPS [anableps] n.m. Poisson de la mangrove d'Amérique tropicale, aux gros yeux saillants lui permettant de voir dans l'air et sous l'eau. (Famille des cyprinodontidés.)

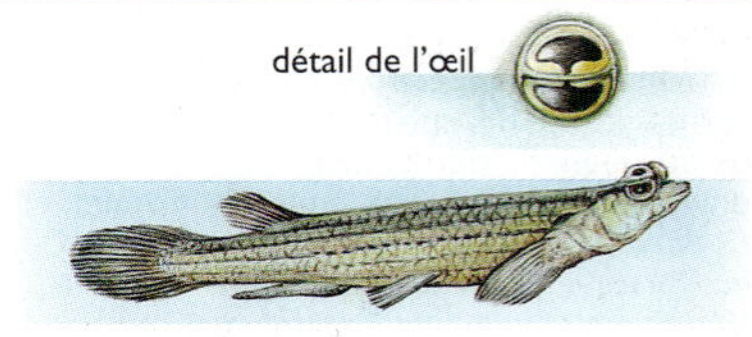

■ **ANABLEPS**

ANABOLISANT, E adj. et n.m. Se dit d'une substance qui favorise l'anabolisme. ◇ *Stéroïdes anabolisants*, utilisés soit comme médicaments, par ex. contre l'ostéoporose, soit comme dopants par les sportifs.

ANABOLISME n.m. BIOCHIM. Ensemble des réactions chimiques des organismes vivants, permettant la synthèse de substances à partir des éléments de base fournis par l'alimentation, et aboutissant à la construction ou au renouvellement des tissus. CONTR. : *catabolisme.*

ANABOLITE n.m. PHYSIOL. Toute substance produite lors de l'anabolisme.

ANACARDE n.m. Fruit de l'anacardier, à graine oléagineuse et comestible. SYN. : *noix de cajou.*

ANACARDIACÉE n.f. Arbre ou arbuste, tropical ou subtropical, dont plusieurs espèces sont cultivées, tel que l'anacardier, le pistachier, le sumac, le manguier. (Les anacardiacées forment une famille.)

ANACARDIER n.m. Arbre de l'Amérique tropicale dont une espèce, appelée *acajou à pommes*, est cultivée pour ses fruits. (Famille des anacardiacées.)

ANACHORÈTE [anakɔrɛt] n.m. (du gr. *anakhôrein*, s'éloigner). **1.** CHRIST. Moine ermite vivant dans la solitude (par oppos. à *cénobite*). **2.** *Litt.* Personne qui mène une vie retirée.

ANACHRONIQUE adj. **1.** Entaché d'anachronisme. **2.** En retard sur son époque ; vieilli, désuet. *Des idées anachroniques.*

ANACHRONISME [-kro-] n.m. (gr. *ana*, en arrière, et *khronos*, temps). **1.** Erreur qui consiste à ne pas situer un événement à sa date ou dans son époque ; confusion entre des époques différentes. **2. a.** Caractère de ce qui est anachronique. **b.** Habitude, manière d'agir surannée.

ANACLINAL, E, AUX adj. GÉOMORPH. **1.** Se dit d'un cours d'eau dont la direction d'écoulement est contraire au pendage. **2.** Se dit d'un versant dont la pente est contraire au pendage.

ANACOLUTHE n.f. (gr. *anakolouthon*, sans liaison). Rupture dans la construction syntaxique d'une phrase. (Ex. : *Rentré chez lui, sa femme était malade.*)

ANACONDA n.m. Grand serpent de l'Amérique du Sud, voisin des boas, se nourrissant d'oiseaux et de mammifères. (Long. 8 m ; sous-ordre des ophidiens.) SYN. : *eunecte.*

ANACRÉONTIQUE adj. Qui rappelle l'œuvre d'Anacréon.

ANACROISÉS n.m. pl. (nom déposé ; de *anagramme* et *mots croisés*). Jeu de mots croisés consistant à reconstituer des mots présentés dans l'ordre alphabétique de leurs lettres.

ANACROUSE n.f. (gr. *ana*, avant, et *krousis*, action de frapper). MUS. Note ou groupe de notes précédant la première barre de mesure et menant au premier temps fort.

ANAÉROBIE adj. et n.m. (gr. *aêr*, air, et *bios*, vie). PHYSIOL. Se dit d'un tissu ou d'un micro-organisme qui peut vivre en l'absence d'oxygène. CONTR. : *aérobie.*

ANAÉROBIOSE n.f. Mode de vie anaérobie.

ANAGLYPHE n.m. (gr. *anagluphos*, ciselé). Photographie ou projection stéréoscopique en deux couleurs complémentaires, restituant l'impression du relief.

ANAGLYPTIQUE adj. et n.f. Se dit d'une écriture ou d'une impression en relief à l'usage des aveugles.

ANAGOGIE n.f. (gr. *ana*, en haut, et *agôgos*, qui conduit). CHRIST. **1.** Élévation de l'âme dans la contemplation mystique. **2.** Interprétation des Écritures par laquelle on s'élève du sens littéral au sens spirituel.

ANAGRAMMATIQUE adj. Qui a le caractère de l'anagramme.

ANAGRAMMATISME n.m. Divination fondée sur la pratique de l'anagramme.

ANAGRAMME n.f. (gr. *anagramma*, renversement de lettres). Mot formé des lettres d'un autre mot disposées dans un ordre différent (ex. : *gare* est l'anagramme de *rage*).

ANAL, E, AUX adj. **1.** De l'anus ; relatif à l'anus. **2.** PSYCHAN. *Stade anal :* stade *sadique-anal.

ANALEPTIQUE adj. et n.m. **1.** Vieilli. Se dit d'une substance qui stimule, redonne des forces. **2.** *Analeptique respiratoire :* médicament qui stimule la respiration.

ANALGÉSIE n.f. (du gr. *algos*, douleur). Disparition de la sensibilité à la douleur.

ANALGÉSIQUE adj. et n.m. Se dit d'une substance, d'un médicament qui produit l'analgésie.

ANALITÉ n.f. PSYCHAN. Ensemble des déterminations psychiques liées au stade *sadique-anal.

ANALOGIE n.f. (gr. *analogia*). **1.** Rapport de ressemblance que présentent deux ou plusieurs choses ou personnes. *Analogie de forme, de goûts.* ◇ *Par analogie :* d'après les rapports de ressemblance constatés entre deux choses. **2.** LING. Apparition dans une langue de nouvelles formes à partir de correspondances qui existent entre des termes d'une même classe.

ANALOGIQUE adj. **1.** Fondé sur l'analogie. *Raisonnement analogique.* **2.** *Dictionnaire analogique*, qui regroupe les mots en fonction des relations sémantiques qu'ils entretiennent entre eux. **3.** TECHN. Qui représente, traite ou transmet des données sous la forme de variations continues d'une grandeur physique. *Signal, calculateur analogique* (par oppos. à *numérique*).

ANALOGIQUEMENT adv. Par analogie.

ANALOGUE adj. Qui offre une ressemblance, des rapports de similitude avec autre chose ; comparable, semblable. *Il a des vues analogues aux vôtres.* ◆ n.m. Objet, produit analogue à un autre.

ANALPHABÈTE adj. et n. Qui n'a jamais appris à lire ni à écrire.

ANALPHABÉTISME n.m. État d'une personne, d'une population analphabète.

ANALYCITÉ ou **ANALYTICITÉ** n.f. LOG. Propriété d'un énoncé analytique.

ANALYSABLE adj. Que l'on peut analyser.

ANALYSANT, E n. Personne qui est en cure psychanalytique. (Terme préférable à celui d'*analysé*, selon J. Lacan.)

ANALYSE n.f. (gr. *analusis*, décomposition). **1.** Étude faite en vue de discerner les différentes parties d'un tout, de déterminer ou d'expliquer les rapports qu'elles entretiennent les unes avec les autres. *Analyse d'une œuvre littéraire.* ◇ *En dernière analyse :* après avoir tout bien examiné, en définitive. **2.** *Analyse chimique :* identification des éléments présents dans un échantillon et détermination quantitative de leurs proportions relatives, ou concentrations. **3.** LING. **a.** *Analyse grammaticale :* étude de la nature et de la fonction des mots dans une proposition. **b.** *Analyse logique :* étude de la nature et de la fonction des propositions dans une phrase. **4.** INFORM. Ensemble des travaux comprenant l'étude détaillée d'un problème, la conception d'une méthode permettant de le résoudre et la définition précise du traitement correspondant sur ordinateur. **5.** ÉCON. *Analyse de la valeur* → **valeur. 6.** TÉLÉV. Décomposition en points des images à transmettre. **7.** MATH. Partie des mathématiques, comprenant la théorie des fonctions, relative aux structures et aux calculs liés aux notions de limite et de continuité. **8.** PSYCHAN. Cure psychanalytique. ◇ *Analyse didactique*, à laquelle doit se soumettre tout futur psychanalyste.

ANALYSÉ, E n. Personne qui a entrepris une cure psychanalytique. (On dit plutôt *analysant.*)

ANALYSER v.t. **1.** Soumettre à une analyse, étudier par l'analyse. *Analyser un corps, des documents.* **2.** Soumettre à une psychanalyse.

ANALYSEUR n.m. Appareil permettant de faire une analyse.

ANALYSTE n. **1.** Spécialiste de l'analyse mathématique, informatique, financière, etc. **2.** Psychanalyste.

ANALYSTE-PROGRAMMEUR, EUSE n. (pl. *analystes-programmeurs, euses*). Informaticien chargé des travaux d'analyse et de la programmation correspondante.

ANALYTICITÉ n.f. → **ANALYCITÉ.**

1. ANALYTIQUE adj. (gr. *analytikos*, qui peut être résolu). **1.** Qui procède par voie d'analyse. *Un esprit analytique.* CONTR. : *synthétique.* **2.** Qui comporte une analyse ; qui en résulte. *Compte-rendu analytique.* **3.** Qui relève de la psychanalyse. **4.** LOG. *Énoncé analytique :* proposition dans laquelle le prédicat est contenu dans le sujet. (Ex. : *Tous les octogénaires ont au moins quatre-vingts ans.*) **5.** *Philosophie analytique :* courant de pensée anglo-saxon du XXe s. qui s'oppose aux vastes synthèses abstraites et propose une analyse des faits reposant sur des bases de la logique issue du cercle de Vienne. (Elle est représentée, notamm., par Austin et Quine.) **6.** *Géométrie analytique :* étude des courbes, surfaces, etc., représentées dans un système de coordonnées au moyen de fonctions numériques des coordonnées de leurs points.

2. ANALYTIQUE n.f. PHILOS. *Analytique transcendantale :* étude des formes a priori de l'entendement, chez Kant.

ANALYTIQUEMENT adv. Par voie d'analyse, d'une manière analytique.

ANAMNÈSE n.f. (gr. *anamnêsis*, souvenir). **1.** Ensemble des renseignements que le médecin recueille en interrogeant un malade sur l'histoire de sa maladie. **2.** CHRIST. Prière de l'office eucharistique qui suit la consécration.

ANAMORPHOSE n.f. (du gr. *anamorphoûn*, transformer). **1.** Image déformée d'un objet donnée par certains systèmes optiques (miroirs courbes, notamm.). **2.** BX-ARTS. Représentation peinte, dessinée, etc., volontairement déformée d'un objet, d'un motif quelconque, dont l'apparence réelle ne peut être perçue qu'en regardant l'image sous un angle particulier ou au moyen d'un miroir courbe.

A

■ **ANAMORPHOSE** à miroir cylindrique. Figure d'Indien, par Elias Baeck, 1740. (Musée des Arts décoratifs, Paris.)

ANANAS [anana] ou [ananas] n.m. Plante herbacée pluriannuelle, basse, cultivée dans les régions tropicales pour son gros fruit, à pulpe sucrée et savoureuse ; ce fruit. (Famille des broméliacées.)

■ **ANANAS**

ANAPHASE n.f. BIOL. CELL. Troisième phase de la division cellulaire.

ANAPHORE n.f. (gr. *anaphora,* action d'élever). **1.** STYL. Reprise d'un mot ou d'un groupe de mots au début de phrases ou de membres de phrases qui se suivent, produisant un effet de renforcement, de symétrie. **2.** LING. Ensemble des procédés de répétition.

ANAPHORÈSE n.f. (gr. *anaphorêsis*). CHIM., PHYS. Migration vers l'anode de particules colloïdales en suspension, dans l'électrophorèse.

ANAPHORIQUE adj. et n.m. LING. Se dit d'un terme qui renvoie à un mot ou à une phrase apparus antérieurement dans le discours.

ANAPHRODISIAQUE adj. et n.m. *Didact.* Se dit d'une substance propre à diminuer le désir sexuel. CONTR. : *aphrodisiaque.*

ANAPHRODISIE n.f. Diminution ou absence de désir sexuel.

ANAPHYLACTIQUE adj. Propre à l'anaphylaxie. *État, choc anaphylactique.*

ANAPHYLAXIE n.f. (gr. *ana,* contraire, et *phulaxis,* protection). IMMUNOL. Forme d'allergie aiguë, dont les symptômes apparaissent immédiatement après le contact avec l'antigène.

ANAPLASIE n.f. (gr. *anaplasis,* reconstitution). MÉD. Perte des caractères morphologiques et fonctionnels spécifiques, différenciés, d'un groupe de cellules, qui s'observe dans les cancers les plus graves.

ANAR n. et adj. (abrév.). *Fam.* Anarchiste.

ANARCHIE n.f. (gr. *anarkhia,* absence de chef). **1.** Anarchisme. **2.** État de trouble, de désordre dû à l'absence d'autorité politique, à la carence des lois. **3.** État de confusion générale. *L'anarchie règne dans ce service.*

ANARCHIQUE adj. Qui tient de l'anarchie ; qui est en proie à l'anarchie.

ANARCHIQUEMENT adv. De façon anarchique.

ANARCHISANT, E adj. et n. Qui tend vers l'anarchisme ; qui a des sympathies pour l'anarchisme.

ANARCHISME n.m. Doctrine politique qui préconise la suppression de l'État et de toute contrainte sociale sur l'individu. SYN. : *anarchie.* ENCYCL. Mouvement très diversifié, l'anarchisme s'est développé en Europe, dans la seconde moitié du XIXe s., comme une alternative aux courants révolutionnaires misant sur la conquête de l'État. Après Proudhon, premier inspirateur, ses théoriciens furent les Russes Bakounine et Kropotkine, l'Allemand Stirner et les Français Élisée Reclus, Jean Grave, et, dans une certaine mesure, Georges Sorel. Après avoir largement inspiré l'action politique et syndicale (attentats contre les représentants de l'autorité, en France, entre 1880 et 1894 ; rôle important dans la guerre civile espagnole [1936 - 1939], etc.), l'anarchisme, sans perdre toute influence, s'est pratiquement effacé du devant de la scène.

ANARCHISTE n. et adj. Partisan de l'anarchisme. Abrév. *(fam.) : anar.* ◆ adj. Qui relève de l'anarchisme.

ANARCHO-SYNDICALISME [anarko-] n.m. Tendance du syndicalisme ouvrier qui réclame pour les syndicats la gestion des affaires économiques sous le contrôle direct des travailleurs.

ANARCHO-SYNDICALISTE n. et adj. (pl. *anarcho-syndicalistes*). Partisan de l'anarcho-syndicalisme. ◆ adj. Qui relève de l'anarcho-syndicalisme.

ANARTHRIE n.f. (gr. *anarthria,* faiblesse d'articulation). PSYCHOL. Incapacité d'articuler les mots à la suite d'une lésion cérébrale.

ANASARQUE n.f. (gr. *ana,* au travers, et *sarx, sarkos,* chair). MÉD. Œdème généralisé.

ANASTOMOSE n.f. (gr. *anastomôsis,* ouverture). ANAT. Réunion bout à bout ou par un segment intermédiaire, naturelle ou chirurgicale, de deux conduits, de deux nerfs.

ANASTOMOSER v.t. CHIRURG. Réunir deux conduits par anastomose chirurgicale. ◆ **s'anastomoser** v.pr. Former une anastomose.

ANASTROPHE n.f. (gr. *anastrophê*). LING. Renversement de l'ordre habituel des mots ; inversion.

ANASTYLOSE n.f. (du gr. *anastellein,* remonter). ARCHÉOL. Reconstruction d'un édifice ruiné, exécutée surtout avec les éléments retrouvés sur place.

ANATEXIE n.f. (gr. *anatêxis,* fonte). GÉOL. Processus ultime du métamorphisme consistant en une fusion partielle ou totale des roches de la croûte continentale, et donnant naissance à un magma.

ANATHÉMATISER v.t. **1.** CATH. Frapper d'anathème. **2.** Rare. Jeter l'anathème sur, blâmer publiquement et solennellement.

ANATHÈME n.m. (gr. *anathêma,* malédiction). **1.** CATH. Excommunication majeure prononcée contre un hérétique. – Personne frappée de cette sentence. **2.** *Fig.* Condamnation publique ; blâme sévère, solennel. *Jeter l'anathème sur qqn.*

ANATIDÉ n.m. Oiseau palmipède au corps massif et au bec aplati bordé de lamelles cornées lui permettant de filtrer la vase, tel que le canard, l'oie, le cygne, l'eider. (Les anatidés forment une famille de l'ordre des ansériformes.)

ANATIFE n.m. (lat. *anas,* canard, et *ferre,* porter). Crustacé marin ressemblant extérieurement à un mollusque en raison de sa coquille calcaire formée de plaques disjointes et vivant fixé aux bois flottants par un fort pédoncule. (Genre *Lepas* ; sous-classe des cirripèdes.) SYN. : *bernacle.*

■ **ANATIFES**

ANATOCISME n.m. (gr. *ana,* de nouveau, et *tokos,* intérêt). Capitalisation des intérêts d'une somme prêtée, calculée sur une période d'au moins une année.

ANATOLIEN, ENNE adj. et n. De l'Anatolie. ◆ n.m. Groupe de langues indo-européennes parlées en Anatolie au IIe et au Ier millénaire av. J.-C.

ANATOMIE n.f. (lat. *anatomia,* du gr. *anatomê,* dissection). **1.** Étude scientifique de la forme, de la disposition et de la structure des organes de l'homme, des animaux et des plantes. *Anatomie humaine. Anatomie végétale.* **2.** Forme, structure analogue. *Anatomie d'une machine, d'un véhicule.* **3.** *Anatomie pathologique :* spécialité médicale qui étudie les modifications de forme ou de structure provoquées par la maladie au sein des organes. **4.** *Fam.* Forme extérieure, aspect du corps humain ; plastique. *Une belle, une triste anatomie.*

ANATOMIQUE adj. **1.** Qui a rapport à l'anatomie. **2.** Qui est spécialement adapté à l'anatomie humaine. *Siège, poignée anatomique.*

ANATOMIQUEMENT adv. Du point de vue de l'anatomie.

ANATOMISTE n. Spécialiste d'anatomie.

ANATOXINE n.f. Substance préparée à partir de la toxine d'un micro-organisme qui a perdu son pouvoir toxique mais conservé son pouvoir immunisant, et utilisée comme vaccin.

ANCESTRAL, E, AUX adj. Des ancêtres.

ANCÊTRE n. (lat. *antecessor,* prédécesseur). **1.** Personne de qui qqn descend ; ascendant plus éloigné que le grand-père, en général. **2.** Initiateur lointain d'une idée, d'une doctrine. ◆ pl. **1.** Ensemble de ceux dont on descend, de l'ascendance lointaine. **2.** Ceux qui ont vécu avant nous ; aïeux.

ANCHE n.f. (francique *ankja,* tuyau). Languette dont les vibrations produisent les sons dans certains instruments à vent (clarinettes hautbois, saxophones...) et dans certains tuyaux de l'orgue. ◆ pl. *Les anches :* les instruments à anche.

ANCHOÏADE [ɑ̃ʃɔjad] n.f. Purée d'anchois mélangée d'huile d'olive.

ANCHOIS n.m. (anc. provenç. *anchoia*). Petit poisson, commun en Méditerranée, qui est le plus souvent conservé dans la saumure ou dans l'huile. (Long. de 15 à 20 cm ; famille des engraulidés.)

1. ANCIEN, ENNE adj. (lat. *ante,* avant). **1.** Qui existe depuis longtemps, qui date de longtemps. *Une tradition très ancienne.* **2.** Qui a existé autrefois, qui appartient à une époque révolue. *Les langues anciennes.* **3.** Qui n'est plus en fonction ; qui n'est plus tel. *Un ancien ministre.* ◆ n.m. Ce qui est ancien, notamm. meubles, objets, constructions. *Se meubler en ancien.*

2. ANCIEN, ENNE n. Personne qui en a précédé d'autres dans une fonction, un travail. ◆ n.m. **1.** (Avec une majuscule.) Personnage ou écrivain de l'Antiquité gréco-romaine. **2.** Afrique. Homme à qui son âge confère le rang d'un notable, dans un village.

ANCIENNEMENT adv. À une époque révolue ; autrefois.

ANCIENNETÉ n.f. **1.** État de ce qui est ancien. *L'ancienneté d'une coutume.* **2.** Temps passé dans une fonction, un emploi, à partir du jour de la nomination. *Avoir dix ans d'ancienneté.*

ANCILLAIRE [ɑ̃silɛr] adj. (lat. *ancillaris,* de *ancilla,* servante). *Litt.* *Amours ancillaires,* avec une, des servantes.

ANCOLIE n.f. (lat. *aquilegus,* qui recueille l'eau). Plante vivace à fleurs bleues, roses ou blanches, dont chacun des 5 pétales est muni d'un éperon recourbé. (Famille des renonculacées.)

ANCRAGE n.m. **1.** Action d'ancrer un bateau. **2.** Action, manière d'ancrer qqch, en partic. un élément de construction (poutre, câble, etc.) à un point fixe ; dispositif assurant une telle fixation. ◇ *Point d'ancrage :* endroit de l'habitacle d'un véhicule où est fixée une ceinture de sécurité ; *fig.,* point, élément fondamental autour duquel s'organise un ensemble. *Le point d'ancrage d'une politique.* **3.** *Fig.* Fait d'être implanté ; enracinement. *L'ancrage d'un parti dans la vie politique.*

ANCRE n.f. (lat. *ancora,* du gr.). **1.** Pièce d'acier ou de fer, en général à deux pattes formant becs, reliée à un câble ou à une chaîne et servant à immobiliser un navire en s'accrochant au fond de l'eau. *Navire qui jette l'ancre* (pour s'immobiliser), *qui lève l'ancre* (pour partir). ◇ *Fam.* *Lever l'ancre :* s'en aller. **2.** CONSTR. Pièce fixée à l'extrémité d'un tirant maintenant un mur ou un élément de charpente. **3.** HORLOG. Pièce de l'échappement qui donne l'impulsion d'entretien à l'ensemble balancier et spiral ou au pendule. **4.** PSYCHOL. Information privilégiée, servant de cadre de référence pour juger et interpréter.

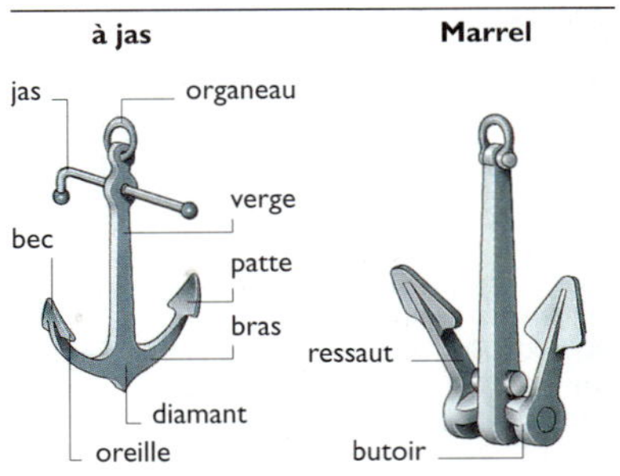

■ **ANCRES** de marine.

ANCRER v.t. **1.** Immobiliser un bateau au moyen d'une ancre. **2.** Assujettir solidement à un point fixe. *Ancrer un câble.* **3.** CONSTR. Consolider à l'aide d'une ancre. *Ancrer un mur.* **4.** Fixer profondément un sentiment, une idée chez qqn ; inculquer. *Qui vous a ancré ces préjugés dans la tête ?* ◆ **s'ancrer** v.pr. S'établir à demeure ; se fixer, s'installer.

ANDAIN n.m. (lat. *ambitus,* pourtour). Alignement de foin, de céréales ou d'autres végétaux fauchés et déposés sur le sol.

ANDALOU, SE adj. et n. De l'Andalousie.

ANDANTE [ɑ̃dɑ̃te] ou [ɑ̃dɑ̃t] adv. (mot ital.). MUS. Selon un tempo modéré. ◆ n.m. Morceau de musique exécuté dans le tempo andante (en partic. deuxième mouvement de la forme sonate).

ANDANTINO [ɑ̃dɑ̃tino] adv. (mot ital.). MUS. Selon un tempo moins lent qu'andante. ◆ n.m. Morceau exécuté dans le tempo andantino.

ANDÉSITE n.f. (de *Andes,* n.pr.). Lave à structure porphyrique, composée essentiellement de phénocristaux zonés de plagioclase *(andésine),* associés à des pyroxènes et à des amphiboles.

ANDIN, E adj. et n. Des Andes.

ANDORRAN, E adj. et n. De la principauté d'Andorre.

ANDOUILLE n.f. (du lat. *inducere,* introduire). **1.** Produit de charcuterie cuite, emballé en boyau noir, constitué principalement du tube digestif des animaux de boucherie, en particulier du porc. **2.** *Fam.* Personne sotte ou maladroite. *Espèce d'andouille !*

ANDOUILLER n.m. (du lat. *ante,* devant, et *oculus,* œil). Ramification des bois du cerf et des autres cervidés.

ANDOUILLETTE n.f. Charcuterie cuite, emballée en boyau, faite principalement d'intestins de porc, parfois de veau.

ANDROCÉE n.m. (gr. *anêr, andros,* homme, et *oikia,* maison). BOT. Ensemble des étamines d'une fleur.

ANDROCÉPHALE adj. (gr. *anêr, andros,* homme, et *kephalê,* tête). Se dit d'une statue d'animal à tête humaine.

ANDROGÈNE adj. et n.m. Se dit d'une hormone naturelle ou médicamenteuse, comme la testostérone, qui provoque le développement des caractères sexuels masculins.

ANDROGENÈSE ou **ANDROGÉNIE** n.f. BIOL. Développement de l'œuf à partir du seul noyau spermatique.

ANDROGYNE adj. (gr. *anêr, andros,* homme, et *gunê,* femme). **1.** Qui tient des deux sexes ; hermaphrodite. **2.** BOT. Monoïque. ◆ n.m. Être androgyne.

ANDROGYNIE n.f. Caractère de l'androgyne ; hermaphrodisme.

ANDROÏDE n. Automate à apparence humaine.

ANDROLOGIE n.f. Discipline médicale qui étudie l'appareil génital masculin.

ANDROPAUSE n.f. Ensemble des troubles parfois observés chez l'homme après 50 ans, équivalent de la ménopause chez la femme.

ÂNE n.m. (lat. *asinus*). **1.** Mammifère voisin du cheval, à longues oreilles et au pelage généralement gris, domestiqué comme bête de somme ou de trait. (Cri : l'âne brait ; famille des équidés.) **2.** Personne ignorante, à l'esprit borné.

■ **ÂNE**

ANÉANTIR v.t. (de *néant*). **1.** Détruire entièrement. *La grêle a anéanti les récoltes.* **2.** Ôter ses forces physiques ou morales à ; abattre. *Ces mauvaises nouvelles l'ont anéantie.* ◆ **s'anéantir** v.pr. Être réduit à néant ; s'effondrer. *Nos espoirs se sont anéantis.*

ANÉANTISSEMENT n.m. Fait d'être anéanti ; destruction, effondrement, ruine.

ANECDOTE n.f. (gr. *anekdota,* choses inédites). Récit succinct d'un fait piquant, curieux ou peu connu.

ANECDOTIER, ÈRE n. *Litt.* Personne qui recueille ou raconte des anecdotes.

ANECDOTIQUE adj. Qui tient de l'anecdote ; qui ne touche pas à l'essentiel. *Détail purement anecdotique.* ◆ n.m. Ce qui est anecdotique.

ANÉLASTICITÉ n.f. Propriété d'un matériau dont l'élasticité imparfaite a pour origine un phénomène de frottement intérieur.

ANÉLASTIQUE adj. Qui possède la propriété d'anélasticité.

ANÉMIE n.f. (gr. *anaimia,* manque de sang). **1.** MÉD. Diminution de la concentration en hémoglobine du sang, quelle qu'en soit la cause (carence en fer, par ex.). ◇ *Anémie falciforme :* drépanocytose. **2.** *Fig.* Affaiblissement. *L'anémie de la production.*

ANÉMIÉ, E adj. Qui tend vers l'anémie ; affaibli.

ANÉMIER v.t. [5]. Rendre anémique.

ANÉMIQUE adj. Relatif à l'anémie. ◆ adj. et n. Atteint d'anémie.

ANÉMOGRAPHE n.m. Anémomètre enregistreur.

ANÉMOMÈTRE n.m. (gr. *anemos,* vent, et *metron,* mesure). Instrument qui sert à mesurer la vitesse d'écoulement d'un fluide gazeux, en partic. la vitesse du vent.

ANÉMONE n.f. (gr. *anemônê*). **1.** Plante herbacée dont plusieurs espèces sont cultivées pour leurs fleurs décoratives. (Famille des renonculacées.) ◇ *Anémone des bois,* dont les fleurs blanches ou roses éclosent au printemps. **2.** ZOOL. *Anémone de mer :* actinie.

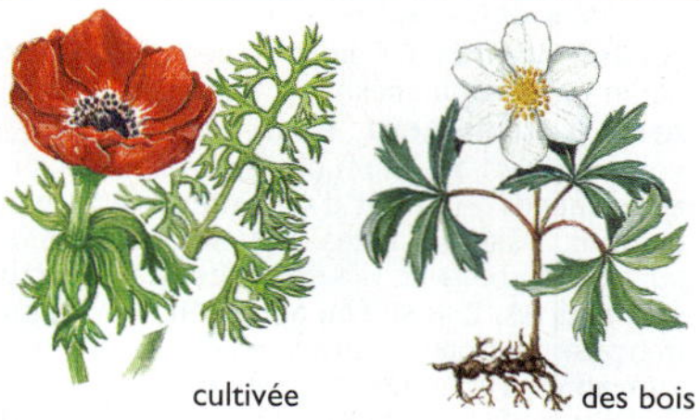

■ **ANÉMONES**

ANÉMOPHILE adj. Se dit d'une plante dont la pollinisation est effectuée par le vent.

ANÉMOPHILIE n.f. BOT. Pollinisation par le vent.

ANENCÉPHALE [anɑ̃sefal] adj. et n. Atteint d'anencéphalie.

ANENCÉPHALIE n.f. Absence d'encéphale.

ANÉPIGRAPHE adj. (gr. *epigraphê,* inscription). ARCHÉOL. Se dit d'un monument, d'une médaille, d'une monnaie dépourvus d'inscription.

ANÉRECTION n.f. MÉD. Absence ou fugacité de l'érection.

ANERGIE n.f. (d'après *allergie*). IMMUNOL. Disparition d'une allergie.

ÂNERIE n.f. (de *âne*). Parole ou acte stupide.

ANÉROÏDE adj. *Baromètre anéroïde,* fonctionnant par déformation élastique d'une capsule ou d'un tube métallique.

ÂNESSE n.f. Femelle de l'âne.

ANESTHÉSIANT, E adj. et n.m. Anesthésique.

ANESTHÉSIE n.f. (gr. *anaisthêsia,* insensibilité). **1.** Perte locale ou générale de la sensibilité, en partic. de la sensibilité à la douleur (analgésie), produite par une maladie du système nerveux ou par un agent anesthésique. ◇ *Anesthésie péridurale* → **péridural. 2.** *Fig.* Insensibilité, indifférence.

ENCYCL. En chirurgie, on a recours à l'*anesthésie générale,* qui agit sur l'ensemble du système nerveux et provoque un sommeil artificiel, ou narcose. Elle est obtenue par inhalation de gaz (protoxyde d'azote, halothane) ou par injection intraveineuse de barbituriques, associée aux médicaments curarisants, anxiolytiques, neuroleptiques, morphiniques. Pour certaines interventions et contre certaines douleurs, une *anesthésie locale* ou *régionale,* par application ou infiltration, avec des anesthésiques locaux (procaïne) peut suffire.

ANESTHÉSIER v.t. [5]. **1.** Pratiquer une anesthésie sur qqn, sur une partie du corps. **2.** *Fig.* Rendre insensible ; endormir. *Anesthésier l'opinion publique.*

ANESTHÉSIOLOGIE n.f. Spécialité médicale qui étudie l'anesthésie et les techniques qui s'y rattachent (réanimation, notamm.).

ANESTHÉSIQUE adj. Qui se rapporte à l'anesthésie. ◆ adj. et n.m. Se dit d'un procédé, d'un agent tel que le froid, d'un médicament utilisé pour produire l'anesthésie. SYN. : *anesthésiant.*

ANESTHÉSISTE n. Médecin ou infirmier qui pratique l'anesthésie.

ANESTHÉSISTE-RÉANIMATEUR, TRICE n. (pl. *anesthésistes-réanimateurs, trices*). Médecin pratiquant l'anesthésie et la réanimation.

ANETH [anɛt] n.m. Ombellifère aromatique à feuilles vert foncé et à fleurs blanches, communément appelée *faux anis, fenouil bâtard.*

ANÉVRYSMAL, E, AUX ou **ANÉVRISMAL, E, AUX** adj. De l'anévrysme.

ANÉVRYSME ou **ANÉVRISME** n.m. (gr. *aneurusma,* dilatation). MÉD. Poche latérale formée par dilatation de la paroi d'une artère ou du cœur.

ANFRACTUOSITÉ n.f. (du bas lat. *anfractuosus,* tortueux). Cavité profonde et irrégulière. *Une anfractuosité de rocher.*

ANGARIE n.f. (gr. *aggareia,* contrainte). DR. Réquisition exercée par un État, en temps de guerre, de véhicules et de navires étrangers se trouvant sur son territoire ou dans ses ports.

1. ANGE n.m. (gr. *aggelos,* messager). **1.** Être spirituel, intermédiaire entre Dieu et l'homme. ◇ *Ange gardien,* attaché à la personne de chaque fidèle pour le protéger, dans diverses confessions chrétiennes, partic. dans le catholicisme. – *Être aux anges :* être dans le ravissement. – *Un ange passe :* se dit lorsqu'une conversation est interrompue par un long silence. – *Une patience d'ange :* une patience exemplaire. **2.** Terme d'affection. *Mon ange, mon petit ange.* **3.** *Fig.* Personne parfaite ou douée d'une éminente qualité. *Un ange de douceur.*

2. ANGE n.m. Grand poisson marin (env. 2 m) du groupe des requins, au corps déprimé rappelant la raie. (Genre *Squatina ;* ordre des squaliformes.)

ANGÉIOLOGIE n.f. → **ANGIOLOGIE.**

ANGÉITE n.f. MÉD. Inflammation des vaisseaux.

1. ANGÉLIQUE adj. **1.** De la nature de l'ange. **2.** Digne d'un ange. *Voix, douceur angélique.*

2. ANGÉLIQUE n.f. **1.** Plante ombellifère aromatique de grande taille (jusqu'à 2 m), cultivée pour ses propriétés médicinales et pour aromatiser des liqueurs. **2.** Tige confite de cette plante.

ANGÉLIQUEMENT adv. De façon angélique.

ANGÉLISME n.m. **1.** Refus des réalités charnelles, matérielles, par désir de pureté extrême. **2.** Refus d'admettre la réalité ; naïveté, candeur.

ANGELOT [ɑ̃ʒlo] n.m. ICON. Petit ange.

ANGÉLUS [ɑ̃ʒelys] n.m. (lat. *angelus,* ange). **1.** CHRIST. (Avec une majuscule.) Prière en latin, commençant par ce mot, récitée ou chantée le matin, à midi et le soir. **2.** Sonnerie de cloche annonçant cette prière.

ANGEVIN, E adj. et n. **1.** D'Angers. **2.** D'Anjou.

ANGIECTASIE [ɑ̃ʒjɛktazi] n.f. MÉD. Rare. Dilatation d'un vaisseau.

ANGINE n.f. (du lat. *angere,* serrer). **1.** Inflammation aiguë du fond de la bouche et du pharynx. **2.** *Angine de poitrine :* syndrome caractérisé par des douleurs aiguës de la poitrine, dû à une insuffisance coronaire, et pouvant évoluer vers l'infarctus. SYN. : *angor.*

ANGINEUX, EUSE adj. Relatif à l'angine de poitrine.

ANGIOCHOLITE [ɑ̃ʒjokɔlit] n.f. Inflammation, en général infectieuse, des voies biliaires (canalicules hépatiques, canal cholédoque).

ANGIOGENÈSE n.f. MÉD. Développement de vaisseaux capillaires à partir de capillaires préexistants. (Ce processus intervient notamm. dans la cicatrisation mais pourrait jouer un rôle dans la formation de cancers.)

ANGIOGRAPHIE n.f. (gr. *angeion,* vaisseau, et *graphein,* écrire). Radiographie des vaisseaux après injection d'une substance opaque aux rayons X.

ANGIOLOGIE ou **ANGÉIOLOGIE** [ɑ̃ʒejɔlɔʒi] n.f. Partie de l'anatomie qui étudie les vaisseaux sanguins et lymphatiques.

ANGIOMATOSE n.f. Maladie caractérisée par des angiomes multiples de la peau et des organes.

ANGIOME [ɑ̃ʒjom] n.m. (gr. *angeion,* vaisseau). Malformation locale constituée de vaisseaux sanguins ou lymphatiques, ressemblant à une tumeur bénigne.

ANGIOPLASTIE n.f. CHIRURG. **1.** *Angioplastie transluminale percutanée :* technique utilisée pour dilater une sténose artérielle grâce à une sonde introduite par piqûre, à travers la peau, dans la lumière de l'artère. **2.** Technique chirurgicale ou semi-chirurgicale de réparation des vaisseaux ou de correction de leur diamètre.

ANGIOSPERME n.f. (gr. *angeion,* vase, boîte, et *sperma,* graine). Végétal phanérogame dont les organes reproducteurs sont condensés en une fleur et dont les graines fécondées sont enfermées dans un fruit. (Les angiospermes, divisées en

A

monocotylédones et dicotylédones, forment un sous-embranchement de plus de 230 000 espèces.) SYN. *(cour.) : plante à fleur.*

ANGIOTENSINE n.f. Substance peptidique formée par action de la rénine, agissant notamm. en stimulant la sécrétion d'aldostérone, et servant à augmenter une pression artérielle trop basse.

ANGLAIS, E adj. et n. De l'Angleterre, de ses habitants. ◆ adj.f. *À l'anglaise.* **a.** Sans prendre congé. *S'en aller, filer à l'anglaise.* **b.** CUIS. Cuit à la vapeur ou à l'eau bouillante. *Pommes à l'anglaise.* ◆ n.m. Langue indo-européenne du groupe germanique, parlée principalement en Grande-Bretagne et aux États-Unis.

ENCYCL. L'anglais est, toutes variantes confondues, la langue maternelle d'environ 320 millions de personnes de par le monde (Grande-Bretagne, États-Unis, ancien Empire britannique) ; de loin la langue la plus étudiée et la plus pratiquée dans les communications internationales, il tend à imposer sa suprématie.

ANGLAISE n.f. **1.** Écriture cursive, penchée à droite. **2.** Boucle de cheveux longue et roulée en spirale. **3.** Cerise d'une variété au goût acidulé.

ANGLE n.m. (lat. *angulus*). **1.** Coin, encoignure. ◇ ***Arrondir les angles*** : concilier les gens, aplanir les difficultés. **2.** GÉOMÉTR. Figure formée par deux demi-droites, ou *côtés,* ou par deux demi-plans, ou *faces,* qui se coupent. ◇ ***Sous l'angle de*** : du point de vue de. **3.** ***Angle de prise de vue(s)*** : espace déterminé par l'objectif d'une caméra ou d'un appareil photographique.

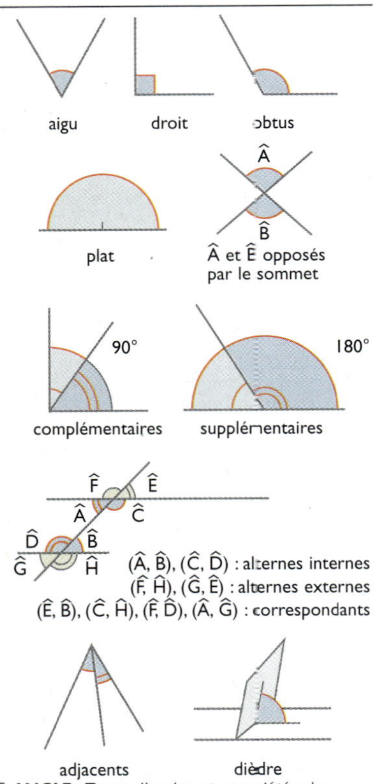

■ **ANGLE.** Types d'angles et propriétés de quelques angles.

ANGLET n.m. ARCHIT. Moulure creuse, de profil angulaire, séparant notamm. des bossages.

ANGLICAN, E adj. et n. (mot angl.). **1.** De l'anglicanisme. **2.** Qui professe cette religion.

ANGLICANISME n.m. Doctrines et institutions de l'Église d'Angleterre depuis sa séparation d'avec Rome au XVIe siècle.

ENCYCL. L'anglicanisme a pour origine un désaccord personnel entre le pape et le roi Henri VIII, qui se proclama, en 1534, chef suprême de l'Église d'Angleterre. La reine Élisabeth Ire donna à celle-ci sa forme propre, celle d'une voie moyenne entre le protestantisme et le catholicisme. La communion anglicane s'est étendue ensuite aux Églises dites *épiscopaliennes* des pays anglophones, notamment aux États-Unis.

ANGLICISATION n.f. Québec. Fait d'opter pour l'anglais, dans le choix de l'école, la langue de travail ou d'affichage ; recours habituel à des mots anglais.

ANGLICISER v.t. Donner un air, un accent anglais. *Angliciser ses manières, un mot.* ◆ **s'angliciser** v.pr. Prendre le caractère anglais, les manières anglaises.

ANGLICISME n.m. **1.** Tournure, locution propre à la langue anglaise. **2.** Emprunt à l'anglais.

ANGLICISTE n. Spécialiste de la langue, de la littérature, de la civilisation anglaises.

ANGLO-AMÉRICAIN, E adj. et n. (pl. *anglo-américains, es*). **1.** Commun à l'Angleterre et aux États-Unis d'Amérique. **2.** Des Américains de souche anglo-saxonne. ◆ n.m. Américain (langue).

ANGLO-ARABE adj. et n.m. (pl. *anglo-arabes*). Se dit d'une race de chevaux qui provient de croisements entre le pur-sang et l'arabe.

ANGLOMANE adj. et n. Qui admire, emprunte exagérément les usages, les termes anglais.

ANGLOMANIE n.f. Comportement, manière de parler des anglomanes.

ANGLO-NORMAND, E adj. et n. (pl. *anglo-normands, es*). **1.** Qui réunit des éléments anglais et normands. – Se dit d'une ancienne race de chevaux, issue des races anglaise et normande, auj. regroupée avec d'autres races dans la race *selle français.* **2.** HIST. Qui appartient à la culture française (normande, angevine) établie en Angleterre après la conquête normande (1066). ◆ n.m. Dialecte de langue d'oïl parlé des deux côtés de la Manche entre 1066 et la fin du XIVe s.

ANGLOPHILE adj. et n. Favorable aux Anglais, à ce qui est anglais.

ANGLOPHILIE n.f. Sympathie pour le peuple anglais, pour ce qui est anglais.

ANGLOPHOBE adj. et n. Qui ressent, manifeste de l'anglophobie.

ANGLOPHOBIE n.f. Aversion pour les Anglais, pour ce qui est anglais.

ANGLOPHONE adj. et n. De langue anglaise.

ANGLO-SAXON, ONNE adj. et n. (pl. *anglo-saxons, onnes*). **1.** De civilisation britannique. **2.** HIST. Des Anglo-Saxons. ◆ n.m. LING. Anglais ancien.

ANGOISSANT, E adj. Qui cause de l'angoisse.

ANGOISSE n.f. (lat. *angustia,* resserrement). **1.** Anxiété, spécial. si elle n'est pas pathologique ou s'il y a des troubles physiques (palpitations, gêne pour respirer, diarrhée, etc.). **2.** Pour l'existentialisme, expérience fondamentale à travers laquelle l'homme peut appréhender le sens de son existence dans le monde et face au néant.

ANGOISSÉ, E adj. et n. Qui manifeste un sentiment d'angoisse. ◆ adj. Qui s'accompagne d'angoisse. *Attente angoissée.*

ANGOISSER v.t. Causer de l'angoisse. ◆ **s'angoisser** v.pr. ou, *fam.,* **angoisser** v.i. S'inquiéter vivement ; éprouver de l'angoisse.

ANGOLAIS, E adj. et n. De l'Angola, de ses habitants.

ANGON n.m. Javelot à fer barbelé, utilisé par les Francs.

ANGOR n.m. MÉD. Angine de poitrine.

ANGORA adj. et n. (de la ville d'*Angora,* auj. Ankara). Se dit de certains animaux (chat, lapin, chèvre) qui présentent des poils longs et soyeux. *Un chat angora.* ◆ adj. et n.m. Se dit d'une fibre textile constituée de poil de chèvre, dite aussi *mohair,* ou de lapin angora (laine angora).

ANGROIS ou **ENGROIS** n.m. (de *engrais*). Petit coin enfoncé à travers l'œil d'un marteau, dans l'extrémité du manche, pour en affermir la fixation.

ANGSTRÖM [ɑ̃gstrøm] n.m. (de *Ångström,* n.pr.). Unité de mesure de longueur d'onde et des dimensions atomiques (symb. Å), valant 10^{-10} m. (Il est recommandé d'employer plutôt le nanomètre. 1 Å = 0,1 nm.)

ANGUIFORME adj. Qui a la forme d'un serpent. SYN. : *serpentiforme.*

ANGUILLE [ɑ̃gij] n.f. (lat. *anguilla,* petit serpent). **1.** Poisson osseux à chair délicate, à corps allongé et à nageoires réduites, à peau glissante, vivant dans les cours d'eau, mais dont la ponte a lieu dans la mer des Sargasses. (Les larves, ou leptocéphales, qui traversent l'Atlantique pour gagner les fleuves d'Europe, s'appellent *civelles,* ou *pibales ;* long. 1 m ; famille des anguillidés.) ◇ ***Il y a anguille sous roche*** : il y a qqch qui se prépare et que l'on cherche à dissimuler. **2.** ***Anguille de mer*** : congre. **3.** ***Anguille électrique*** : gymnote.

ANGUILLÈRE [ɑ̃gijɛr] n.f. Vivier à anguilles.

ANGUILLULE [ɑ̃gilyl] n.f. Petit ver dont plusieurs espèces sont de redoutables parasites des végétaux (blé, betterave), des animaux et de l'homme. (Classe des nématodes.)

ANGULAIRE adj. (lat. *angularis*). **1.** Relatif aux angles ; de la nature des angles. **2.** Situé à un angle. ◇ ***Pierre angulaire*** : pierre d'angle censée assurer la solidité d'un bâtiment ; *fig.,* base, fondement d'une chose.

ANGULEUX, EUSE adj. **1.** Qui présente des angles, des arêtes vives. ◇ ***Visage anguleux,*** dont les traits sont fortement prononcés. **2.** GÉOMÉTR. ***Point anguleux*** : point d'une courbe admettant deux tangentes distinctes.

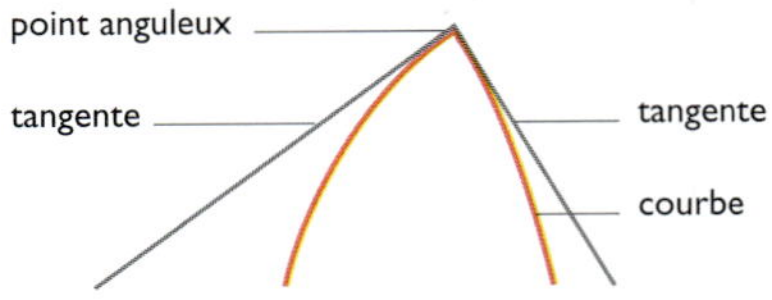

■ **ANGULEUX.** Point anguleux d'une courbe.

ANGUSTURA ou **ANGUSTURE** n.f. (de *Angostura,* anc. n. de ville). **1.** Écorce de certains arbustes d'Amérique du Sud de la famille des rutacées, autref. employée comme fébrifuge et tonique, et actuellement distillée comme amer apéritif. **2.** ***Fausse angusture*** : écorce du vomiquier.

ANHARMONIQUE [anarmɔnik] adj. MATH. Vx. ***Rapport anharmonique*** : birapport.

ANHÉLER v.i. [11] (lat. *anhelare*). *Litt.* Respirer péniblement ; haleter.

ANHIDROSE ou **ANIDROSE** n.f. MÉD. Absence ou diminution sensible de la transpiration.

ANHYDRE adj. (gr. *hudôr,* eau). CHIM. Qui ne contient pas d'eau. *Sel anhydre.*

ANHYDRIDE n.m. Corps qui peut donner naissance à un acide en se combinant avec l'eau.

ANHYDRITE n.f. Sulfate anhydre de calcium, plus dur que le gypse.

ANHYDROBIOSE n.f. SC. DE LA V., ÉCOL. Suspension temporaire des activités vitales, permettant à un organisme végétal ou animal de supporter une longue dessiccation.

ANHYPOTHÉTIQUE adj. Se dit, en métaphysique, de ce qui ne dépend d'aucun principe antérieur, est absolument premier (par ex. l'Idée du Bien, chez Platon).

ANICROCHE n.f. (de *croche*). *Fam.* Petit ennui ou difficulté qui arrête, retarde ; incident.

ANIDROSE n.f. → **ANHIDROSE.**

ÂNIER, ÈRE n. Personne qui conduit un, des ânes.

ANILINE n.f. (port. *anil,* indigo). Amine cyclique (C_6H_5—NH_2), dérivée du benzène, base de nombreux colorants synthétiques.

ANIMADVERSION n.f. (lat. *animadversio,* blâme). *Litt.* Antipathie déclarée ; aversion.

1. ANIMAL n.m. [pl. *animaux*] (lat. *animal*). **1.** Être vivant, généralement capable de se mouvoir, se nourrissant de substances organiques. **2.** Être animé, dépourvu du langage (par oppos. à *homme*). **3.** Personne stupide, grossière ou brutale.

2. ANIMAL, E, AUX adj. (lat. *animalis,* animé). **1.** Propre aux animaux (par oppos. à *végétal*). *Le règne animal.* **2.** Propre à l'animal, aux animaux,

■ **ANGUILLE**

■ LE CINÉMA D'ANIMATION

L'ère du cinéma d'animation s'ouvre avec les inventions du Français Émile Reynaud (Praxinoscope puis Théâtre optique). Mais c'est l'Américain J. Stuart Blackton qui découvre la prise de vues image par image (*l'Hôtel hanté,* 1906). Aux États-Unis, les techniques se perfectionnent, ouvrant la voie aux recherches de Pat Sullivan *(Félix le Chat).* Walt Disney inaugure les longs métrages d'animation. Tex Avery entraîne le dessin animé vers la loufoquerie et le délire. Après la Seconde Guerre mondiale, d'autres créateurs s'imposent : le Canadien Norman McLaren, les marionnettistes tchèques Karel Zeman et Jiří Trnka, les cinéastes de l'école de Zagreb en Yougoslavie avec un monde caustique et allégorique. Aujourd'hui, le développement des méthodes informatiques de traitement et de synthèse de l'image ouvre de nouvelles perspectives.

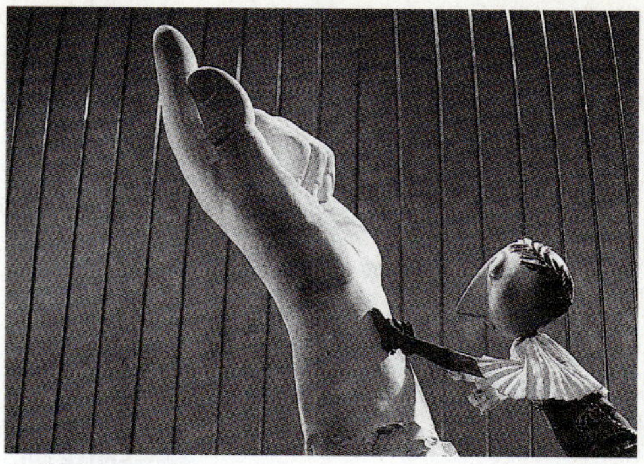

La Main. Le Tchèque Jiří Trnka adapte au cinéma la tradition théâtrale des marionnettes de bois. Dans *la Main* (1965), il traite des relations entre l'artiste et le pouvoir.

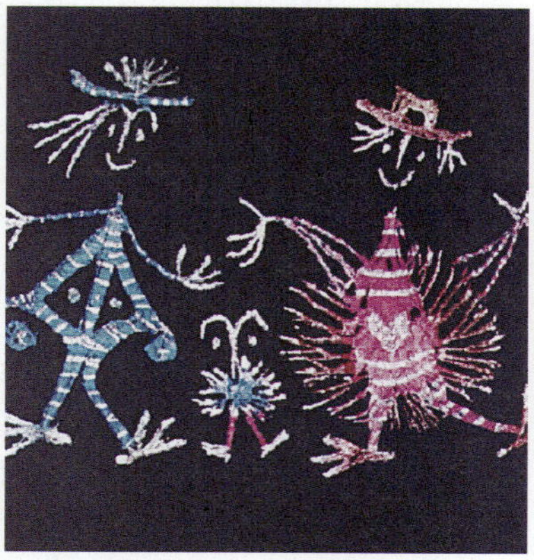

Short and Suite. Dans ce film de 1959, le Canadien Norman McLaren, pionnier du cinéma d'animation moderne, a exploré toutes les techniques avec un égal bonheur.

Le Cauchemar du fantoche. D'abord caricaturiste dans des journaux satiriques, le Français Émile Cohl reprit le procédé de la prise de vues image par image. Il donna au dessin animé ses premiers chefs-d'œuvre, parmi lesquels *Fantasmagorie* (1908), premier film français dessiné, et *le Cauchemar du fantoche* (1908).

Le Conte des contes. Ce chef-d'œuvre de l'animation a été réalisé par le Russe Iouri Norstein en 1979. Inspiré par une berceuse russe, l'auteur mêle nostalgies d'enfance et souvenirs de guerre, dessins de Pouchkine et fantaisies visionnaires sur des musiques de Bach et de Mozart.

Pinocchio. Après avoir inventé Mickey (1928), l'Américain Walt Disney a fait rêver un vaste public avec des créatures anthropomorphes qui imposèrent son style « arrondi ». Perfectionniste, il fit redessiner *Pinocchio* (1940) des dizaines de fois. La permanence de son succès est révélatrice de l'imaginaire du siècle.

L'Étrange Noël de Monsieur Jack. Les Américains Tim Burton et Henry Selick sont à l'origine de cette comédie musicale fantastique, présentée en 1993 avec des figurines animées. Sur une histoire et des personnages de Burton, producteur du film, Selick a réalisé un conte macabre qui mêle les traditions de Noël et de Halloween.

par oppos. à l'homme ; qui évoque un animal. *Chaleur animale.* **3.** *Pôle animal :* pôle dorsal de l'œuf des vertébrés (par oppos. à *pôle végétatif*).

ANIMALCULE n.m. Vieilli. Animal très petit, visible seulement au microscope.

ANIMALERIE n.f. **1.** Lieu où se trouvent, dans un laboratoire, les animaux destinés aux expériences. **2.** Magasin spécialisé dans la vente d'animaux de compagnie.

ANIMALIER, ÈRE adj. **1.** Qui se rapporte à la représentation des animaux. *Sculpture animalière.* **2.** *Parc animalier,* où les animaux vivent en liberté. ◆ n. **1.** Artiste qui représente des animaux. **2.** Personne qui soigne les animaux dans un laboratoire, un zoo.

ANIMALISER v.t. *Litt.* Rendre animal, rabaisser à l'état d'animal.

ANIMALITÉ n.f. Ensemble des caractères propres à l'animal.

ANIMATEUR, TRICE n. **1.** Personne qui anime une réunion, un spectacle, une émission de télévision, etc. – Recomm. off. pour *disc-jockey.* **2.** *Spécial.* Personne chargée d'organiser et d'encadrer des activités dans une collectivité.

ANIMATION n.f. **1.** Fait pour qqn, pour qqch d'animer un groupe, un lieu, de créer ou d'entretenir des relations entre les personnes ; cette action. *Une animation socioculturelle.* **2.** Mouvement, entrain, généralement collectif. *Mettre de l'animation dans un groupe.* **3.** Ardeur, fougue mise dans une action ; vivacité. *Discuter avec animation.* **4.** CINÉMA. Technique consistant à filmer image par image des dessins, des marionnettes, etc., que leur projection à 24 images par seconde fera paraître animés. *Film d'animation. (V. ill. page précédente).*

ANIMÉ, E adj. Plein d'animation. *Une rue animée.* ◆ adj. et n.m. **1.** *Être animé :* être vivant. **2.** LING. Se dit d'un nom désignant un être vivant.

ANIMELLES n.f. pl. (ital. *animella*). Mets composé de testicules d'animal, en partic. de bélier.

ANIMER v.t. (lat. *animare*). **1.** Donner du mouvement, du dynamisme à un lieu, un groupe, etc. **2.** Pousser à agir. *L'idéal qui l'anime.* **3.** *Animer un débat, une émission,* les présenter, les mener. ◆ **s'animer** v.pr. Devenir vivant, plein d'animation.

ANIMISME n.m. (lat. *anima,* âme). Forme de religion qui attribue une âme aux animaux, aux phénomènes et aux objets naturels.

ANIMISTE adj. et n. Qui appartient à l'animisme ; adepte de l'animisme.

ANIMOSITÉ n.f. (du lat. *animosus,* courageux). Hostilité, antipathie à l'égard de qqn ; violence, agressivité.

ANION [anjɔ̃] n.m. Ion de charge électrique négative. CONTR. : *cation.*

ANIONIQUE adj. Relatif aux anions.

ANIS [ani] ou [anis] n.m. (gr. *anison*). Nom commun à la badiane *(anis étoilé)* et à plusieurs ombellifères (pimprenelle, cumin, fenouil) cultivées pour leurs fruits utilisés dans la préparation de tisanes et pour parfumer diverses boissons alcoolisées. ◇ *Faux anis :* aneth.

ANISÉ n.m. Liqueur parfumée à l'anis.

ANISER v.t. Aromatiser avec de l'anis.

ANISETTE n.f. Liqueur composée avec de l'esprit d'anis vert, de l'alcool, de l'eau et du sucre.

ANISOGAMIE n.f. SC. DE LA V. Modalité de fécondation dans laquelle les deux gamètes diffèrent par leur comportement et, éventuellement, par leur morphologie.

ANISOLE n.m. Éther méthylique du phénol ($CH_3O{-}C_6H_5$), bon solvant des composés organiques et intermédiaire industriel.

ANISOTROPE adj. (gr. *isos,* égal, et *tropein,* tourner). PHYS. Relatif aux corps et aux milieux dont les propriétés diffèrent selon la direction considérée.

ANISOTROPIE n.f. Caractère des corps ou des milieux anisotropes.

ANKYLOSAURE n.m. Dinosaure herbivore du crétacé de l'hémisphère Nord, dont le corps et la tête étaient recouverts d'une cuirasse formée de plaques osseuses et dont la queue se terminait en massue. (Long. de 5 à 10 m ; ordre des ornithischiens.)

ANKYLOSE n.f. (gr. *ankulôsis,* courbure). Disparition complète ou partielle des mouvements d'une articulation, due à une maladie ou à un traumatisme articulaire.

ANKYLOSÉ, E adj. **1.** MÉD. Atteint d'ankylose. **2.** *Cour.* Engourdi.

ANKYLOSER v.t. Provoquer l'ankylose de. ◆ **s'ankyloser** v.pr. **1.** Être atteint d'ankylose. **2.** *Fig.* Perdre son dynamisme, sa vivacité ; se scléroser.

ANKYLOSTOME n.m. Ver parasite de l'intestin grêle de l'être humain, fréquent dans les pays chauds, qui provoque une anémie chronique. (Long. 1 cm env. ; classe des nématodes.)

ANNAL, E, AUX adj. Qui dure un an.

ANNALES n.f. pl. Ouvrage qui rapporte les événements année par année. – *Litt.* Histoire. *Les annales du crime.*

ANNALISTE n. Auteur d'annales.

ANNALITÉ n.f. État de ce qui dure un an.

ANNAMITE adj. et n. De l'Annam.

ANNATE n.f. CATH. Redevance équivalant à une année de revenu, que payaient au Saint-Siège ceux qui étaient pourvus d'un bénéfice.

ANNEAU n.m. (lat. *annellus*). **1.** Cercle de matière, génér. dure, auquel on peut attacher ou suspendre qqch. *Anneaux de rideau.* ◇ *Anneau de port :* amarrage fixe, comportant généralement un branchement d'eau potable et d'électricité. **2.** Cercle, souvent de métal précieux, que l'on porte au doigt. *Anneau nuptial.* ◇ *Anneau épiscopal* ou *pastoral,* porté par les évêques. **3.** Ce qui évoque la forme d'un cercle. *Anneau routier.* **4. a.** ALGÈBRE. Ensemble E muni de deux lois de composition interne, notées + (loi additive) et × (loi multiplicative), telles que (E, +) a une structure de groupe commutatif, et que la loi × est associative et distributive par rapport à la loi +. (L'ensemble ℤ des entiers relatifs muni de l'addition et de la multiplication a une structure d'anneau.) **b.** *Anneaux de collisions* ou *de stockage :* dispositif permettant à deux faisceaux de particules d'énergie élevée, circulant en sens inverse, de se croiser. SYN. : *collisionneur.* **c.** ASTRON. Zone circulaire de matière entourant certaines planètes (Jupiter, Saturne, Uranus, Neptune), formée d'une multitude de fragments solides de petites dimensions, se déplaçant chacun avec sa vitesse propre. **d.** ZOOL. Chacune des subdivisions externes d'animaux segmentés, comme les annélides ou les arthropodes. (Chaque anneau peut porter une paire d'appendices.) SYN. : *métamère.* **e.** MYCOL. Membrane entourant le pied de certains champignons, située génér. dans la partie supérieure de celui-ci. ◆ pl. Agrès mobile de gymnastique masculine composé essentiellement de deux cercles métalliques fixés aux extrémités de cordes accrochées à un portique.

ANNÉE n.f. (lat. *annus*). **1. a.** Période de douze mois, correspondant conventionnellement à la durée de la révolution de la Terre autour du Soleil. **b.** Cette période considérée dans sa durée. *Depuis combien d'années travaillez-vous ? Une année favorable aux cultures.* **c.** Cette période, considérée dans sa situation relative par rapport à l'ère chrétienne. *En quelle année êtes-vous né ?* ◇ *Les Années folles :* période allant de 1918 à 1929, et caractérisée par l'influence culturelle nord-américaine et une effervescence artistique dont Paris fut le centre. **d.** *Année civile* ou *calendaire,* du 1er janvier au 31 décembre. – *Année scolaire,* de la rentrée des classes aux vacances d'été. – *Souhaiter la bonne année à qqn,* lui adresser ses vœux le 1er janvier pour le Nouvel An. **2. a.** Période de révolution d'une planète autour du Soleil. *Année vénusienne, martienne.* **b.** *Année sidérale :* période de révolution de la Terre mesurée par rapport aux étoiles. **c.** *Année tropique :* période moyenne séparant deux équinoxes de printemps consécutifs. **3.** *Année de lumière,* ou *année-lumière :* unité de longueur (symb. al) équivalant à la distance parcourue en un an par la lumière dans le vide, soit $9{,}461 \times 10^{12}$ km.

ENCYCL. La date du commencement de l'année a varié selon les peuples et les époques. Chez les Romains, Romulus la fixa au 1er mars (ce qui explique l'étymologie du nom des mois de *septembre, octobre, novembre* et *décembre*), avant que César ne la fixe au 1er janvier. En France, l'usage a longtemps varié selon les provinces. Au XIIe s., l'Église fixa le début de l'année à Pâques, et, en 1564, Charles IX le rétablit au 1er janvier. Sous la Révolution, la Convention nationale fit coïncider l'année civile avec les saisons en décrétant que l'année débuterait le jour de l'équinoxe d'automne (*calendrier républicain).

ANNÉE-LUMIÈRE n.f. (pl. *années-lumière*). Année de lumière.

ANNELÉ, E adj. **1.** ZOOL. Qui présente une succession d'anneaux. **2.** ARCHIT. *Colonne annelée :* colonne baguée.

ANNELER v.t. [16]. **1.** Rare. Disposer en anneaux, en boucles. **2.** *Anneler un taureau, un porc,* passer un anneau dans ses naseaux, son groin, afin de le maintenir immobilisé, de l'empêcher de fouir le sol.

ANNELET n.m. Petit anneau. – ARCHIT. Chacun des trois filets séparant le gorgerin de l'échine, dans le chapiteau dorique.

ANNÉLIDE n.f. Ver annelé, aquatique ou terrestre, au corps constitué d'une succession de segments sans pattes (ou *métamères*), tel que le lombric, la sangsue et les néréis. (Les annélides forment un embranchement.)

■ **ANNÉLIDE.** Annélides polychètes.

ANNEXE adj. (lat. *annexus,* attaché à). Qui se rattache, qui est lié à une chose principale. *Un document annexe.* ◆ n.f. **1.** Bâtiment, service annexe. *Les annexes d'une école.* **2.** ANAT. **a.** *Annexes de l'utérus :* les ovaires et les trompes. **b.** *Annexes embryonnaires :* organes temporaires extérieurs à l'embryon qui le nourrissent et le protègent durant son développement (amnios, placenta, etc.). **3.** COMPTAB. Document compta-

■ **ANNEAU.** Le Biélorusse Vitali Cherbo effectuant un exercice aux anneaux.

ble qui explique, commente et complète les informations du bilan et du compte de résultat.

ANNEXER v.t. Faire entrer dans un groupe, un ensemble ; joindre à. – Faire passer tout ou partie d'un territoire sous la souveraineté d'un autre État. ◆ **s'annexer** v.pr. S'attacher, s'attribuer de façon exclusive.

ANNEXION n.f. Action d'annexer, de rattacher, en partic. un territoire ; le territoire ainsi annexé.

ANNEXIONNISME n.m. Politique visant à l'annexion d'un ou de plusieurs pays à un autre.

ANNEXIONNISTE adj. et n. Qui vise à l'annexion d'un pays à un autre ; partisan d'une politique d'annexion.

ANNEXITE n.f. MÉD. Inflammation des annexes de l'utérus.

ANNIHILATION n.f. **1.** *Sout.* Action d'annihiler ; son résultat. *L'annihilation de ses espoirs.* **2.** PHYS. Réaction entre une particule et son antiparticule, au cours de laquelle celles-ci disparaissent pour se transformer en un ensemble d'autres particules, génér. plus légères.

ANNIHILER v.t. (lat. *ad,* vers, et *nihil,* rien). **1.** Réduire à rien ; détruire, anéantir. **2.** Paralyser la volonté de qqn.

ANNIVERSAIRE adj. (lat. *anniversarius,* qui revient tous les ans). Qui rappelle un événement arrivé à pareil jour une ou plusieurs années auparavant. *Jour anniversaire de l'armistice.* ◆ n.m. Retour annuel d'un jour marqué par un événement, en partic. du jour de la naissance ; la fête, la cérémonie qui accompagne ce jour. *Son anniversaire tombe un vendredi.*

ANNONACÉE ou **ANONACÉE** n.f. Arbuste de l'Amérique tropicale et équatoriale dont plusieurs espèces, tel l'annone, fournissent des fruits réputés. (Les annonacées forment une famille.)

ANNONCE n.f. **1.** Action d'annoncer, de faire connaître. *L'annonce de l'arrivée d'un chef d'État.* ◇ *Effet d'annonce :* impact produit sur l'opinion par le simple fait d'annoncer une mesure, un événement. **2.** Ce qui constitue un signe, un indice, un présage. *L'annonce du printemps.* **3.** Avis, message verbal ou écrit donné à qqn ou au public. ◇ *Petite annonce,* par laquelle un particulier, une société, etc., offre ou demande un emploi, un logement, etc. – Déclaration d'intention faite avant le début du jeu, dans une partie de cartes.

ANNONCÉ, E adj. Se dit d'un événement totalement prévisible. *La défaite annoncée d'un parti politique aux élections.*

ANNONCER v.t. [9] (du lat. *nuntius,* messager). **1.** Faire savoir, rendre public. *Annoncer une bonne, une mauvaise nouvelle.* **2.** Être le signe de, laisser présager. *Silence qui annonce un désaccord.* ◆ **s'annoncer** v.pr. **1.** Commencer de telle ou telle manière. *La saison touristique s'annonce bien.* **2.** Suisse. ADMIN. Se présenter, se faire connaître. *Annoncez-vous au guichet.*

ANNONCEUR, EUSE n. Personne qui présente les programmes à la radio, à la télévision. ◆ n.m. Personne, société qui fait passer une annonce publicitaire dans un journal, à la radio, etc.

ANNONCIATEUR, TRICE adj. Qui annonce, présage. *Signe annonciateur de beau temps.*

ANNONCIATION n.f. **1.** CHRIST. Message de l'ange Gabriel à la Vierge Marie lui annonçant qu'elle mettra le Messie au monde ; fête instituée par l'Église en mémoire de cette annonce. **2.** Représentation artistique de cette annonce.

ANNONCIER, ÈRE n. Personne chargée de la composition et de la mise en pages des annonces et des petites annonces d'un journal.

1. ANNONE n.f. (lat. *annona*). ANTIQ. ROM. Impôt en nature perçu dans l'Empire sur le produit de la récolte annuelle. – Service public assurant l'approvisionnement en céréales, et surtout en blé, de la ville.

2. ANNONE ou **ANONE** n.f. Arbre ou arbrisseau des régions équatoriales, fournissant un fruit sucré comestible (pomme cannelle, corossol) ; ce fruit.

ANNOTATEUR, TRICE n. Personne qui annote.

ANNOTATION n.f. Action d'annoter un ouvrage, un devoir d'élève ; le commentaire, l'appréciation ainsi portés.

ANNOTER v.t. Faire par écrit des remarques, des commentaires sur un texte, un ouvrage.

ANNUAIRE n.m. (du lat. *annuus,* annuel). Ouvrage publié chaque année, donnant la liste des membres d'une profession, des abonnés à un service, etc. *Annuaire du téléphone.*

ANNUALISATION n.f. Action d'annualiser ; son résultat.

ANNUALISER v.t. Donner une périodicité annuelle à qqch.

ANNUALITÉ n.f. Caractère de ce qui est annuel.

ANNUEL, ELLE adj. **1.** Qui dure un an. *Plante annuelle.* **2.** Qui revient chaque année. *Fête annuelle.*

ANNUELLEMENT adv. Par an, chaque année.

ANNUITÉ n.f. DR. **1.** Paiement annuel, au moyen duquel un emprunteur se libère progressivement d'une dette, capital et intérêts. – Fraction des actifs amortie en un an par une entreprise. **2.** Équivalence d'une année de service pour le calcul des droits à une pension, à la retraite, etc.

ANNULABLE adj. Qui peut être annulé.

1. ANNULAIRE adj. (lat. *annulus,* anneau). Qui a la forme d'un anneau. ◇ *Éclipse annulaire de Soleil,* durant laquelle le Soleil déborde autour du disque de la Lune comme un anneau lumineux.

2. ANNULAIRE n.m. Le quatrième doigt de la main, qui porte ordinairement l'anneau de mariage.

ANNULATIF, IVE adj. DR. Qui annule.

ANNULATION n.f. **1.** Action d'annuler ; son résultat. **2.** PSYCHAN. *Annulation rétroactive,* ou *annulation :* processus, caractéristique de la névrose obsessionnelle, par lequel un sujet essaie d'effacer, d'invalider un comportement en produisant un comportement de signification directement opposée.

ANNULER v.t. Rendre, déclarer nul, sans effet ; supprimer. *Annuler une élection.* ◆ **s'annuler** v.pr. Produire un résultat nul en s'opposant. *Forces qui s'annulent.*

ANOBIE n.f. ENTOMOL. Vrillette.

ANOBLI, E adj. et n. Devenu noble, fait noble.

ANOBLIR v.t. (de *noble*). Accorder, conférer un titre de noblesse à. – REM. À distinguer de *ennoblir.*

ANOBLISSEMENT n.m. Action d'anoblir ; fait d'accéder à la noblesse.

ANODE n.f. (gr. *ana,* en haut, et *hodos,* route). **1.** CHIM. Électrode où a lieu la réaction d'oxydation. **2.** ÉLECTR. Électrode reliée à la borne positive du générateur extérieur (pour un électrolyseur, ou un tube électronique) [par oppos. à *cathode*].

ANODIN, E adj. (du gr. *odunê,* douleur). **1.** Sans gravité, sans danger ; inoffensif. *Médicament anodin.* **2.** Sans intérêt ; insignifiant. *Une personne anodine. Des propos anodins.*

ANODIQUE adj. Relatif à l'anode.

ANODISATION n.f. MÉTALL. Oxydation superficielle d'une pièce métallique prise comme anode dans une électrolyse, afin d'en améliorer la résistance à la corrosion et parfois la coloration.

ANODISER v.t. Procéder à l'anodisation de.

ANODONTE n.m. (gr. *odous, odontos,* dent). Grand mollusque bivalve d'eau douce, dont la charnière est dépourvue de dents. (Long. max. 20 cm env.) SYN. : *moule d'étang.*

ANODONTIE [anɔdɔ̃si] n.f. Malformation caractérisée par l'absence totale ou partielle de dents.

ANOMAL, E, AUX adj. (gr. *anômalos*). *Didact.* Qui s'écarte de la norme, de la règle générale.

ANOMALIE n.f. (gr. *anômalia,* désaccord). Écart, irrégularité par rapport à une norme, à un modèle. – BIOL. Déviation du type normal.

ANOMALURE n.m. Rongeur arboricole d'Afrique tropicale, capable de vols planés. (Famille des anomaluridés.)

ANOMIE n.f. (gr. *anomia,* violation de la loi). *Didact.* État de désorganisation, de déstructuration d'un groupe, d'une société, dû à la disparition partielle ou totale des normes et des valeurs communes à ses membres.

ANOMIQUE adj. Relatif à l'anomie.

ANOMOURE n.m. Crustacé décapode marcheur à l'abdomen replié sous le thorax, tel que les pagures. (Les anomoures forment un sous-ordre.)

ÂNON n.m. Petit de l'âne.

ANONACÉE n.f. → **ANNONACÉE.**

ANONE n.f. → **2. ANNONE.**

ÂNONNEMENT n.m. Action d'ânonner.

ÂNONNER v.i. et v.t. (de *ânon*). Lire, parler, réciter avec peine et en hésitant.

ANONYMAT n.m. État de qqn, de qqch qui est anonyme.

ANONYME adj. et n. (gr. *anônumos,* sans nom). **1.** Dont l'auteur est inconnu. *Lettre, don anonyme.* ◇ *Société anonyme* → **société. 2.** Dont le nom est inconnu. *Poètes anonymes de l'Antiquité.* **3.** Sans particularité, sans originalité. *Un appartement anonyme et dépourvu d'âme.* ◆ n. Personne anonyme. *Don d'un généreux anonyme.*

ANONYMEMENT adv. En gardant l'anonymat.

ANOPHÈLE n.m. (gr. *anôphelês,* nuisible). Moustique dont la femelle peut transmettre le paludisme. (Famille des culicidés.)

ANORAK n.m. (mot inuit, de *anoré,* vent). Veste de sport, imperméable et chaude, avec ou sans capuchon.

ANOREXIE n.f. (gr. *orexis,* appétit). MÉD. Perte de l'appétit, organique ou fonctionnelle. ◇ *Anorexie mentale :* affection psychiatrique touchant surtout le nourrisson et l'adolescente, caractérisée par un refus plus ou moins systématique de s'alimenter.

ANOREXIGÈNE adj. Se dit d'une substance qui provoque une diminution de l'appétit.

ANOREXIQUE adj. Propre à l'anorexie. ◆ adj. et n. Atteint d'anorexie.

ANORGANIQUE adj. MÉD. Se dit d'un trouble fonctionnel ou psychologique qui semble indépendant de toute lésion d'organe.

ANORGASMIE n.f. Absence ou insuffisance d'orgasme.

ANORMAL, E, AUX adj. (lat. *anormalis*). Contraire à ou différent de la norme, de la règle générale. *Développement anormal d'un organe. Température anormale.* ◆ adj. et n. Très instable psychologiquement ; déséquilibré.

ANORMALEMENT adv. De façon anormale.

ANORMALITÉ n.f. Caractère de ce qui est anormal.

ANOSMIE n.f. (gr. *osmê,* odeur). Diminution ou perte complète de l'odorat.

ANOURE n.m. (gr. *oura,* queue). Amphibien terrestre ou arboricole au corps trapu dépourvu de queue, aux membres postérieurs adaptés au saut, tel que la grenouille, le crapaud, la rainette. (Les anoures forment un ordre.)

ANOVULATION n.f. Absence, normale ou pathologique, d'ovulation.

ANOVULATOIRE adj. MÉD. **1.** *Cycle anovulatoire,* qui se termine par un saignement utérin, sans avoir été précédé d'une ovulation. **2.** Qui se rapporte à l'anovulation.

ANOXÉMIE n.f. MÉD. Diminution importante de la concentration d'oxygène dans le sang.

ANOXIE n.f. (de *oxygène*). MÉD. Diminution importante de la quantité d'oxygène dans les tissus.

ANSE n.f. (lat. *ansa*). **1.** Partie recourbée en arc, en anneau par laquelle on prend un vase, un panier, etc. ◇ *Fam.,* vx. *Faire danser l'anse du panier :* majorer à son profit le prix de courses faites pour qqn. – ARCHIT. *Arc en anse de panier :* arc surbaissé dessinant un demi-ovale. **2.** GÉOGR. Petite baie peu profonde.

ANSÉ, E adj. Se dit d'un objet dont l'une des extrémités est terminée par un petit anneau qui permet de le saisir. *Bougeoir ansé.* ◇ HÉRALD. *Croix ansée :* dans l'Égypte ancienne, croix suspendue à une anse, dont l'extrémité supérieure se termine par un petit anneau.

ANSÉRIFORME n.m. (du lat. *anser,* oie). Oiseau, génér. palmipède, à l'allure de canard, mais dont certaines espèces sont des échassiers à bec crochu, tel que le kamichi et les anatidés. (Les ansériformes forment un ordre.)

ANSÉRINE n.f. **1.** Chénopode. **2.** Potentille.

ANTABUSE adj. *Effet antabuse :* réaction brusque de l'organisme (bouffée de chaleur, par ex.) en cas d'ingestion d'alcool, chez des sujets prenant certains médicaments.

ANTAGONIQUE adj. En antagonisme, en opposition. *Forces antagoniques.*

ANTAGONISME n.m. **1.** Lutte, opposition entre des personnes, des groupes sociaux, des doctrines, etc. **2.** MÉD. Opposition entre les actions de deux systèmes, de deux organes, de deux substances chimiques, de deux médicaments.

ANTAGONISTE n. et adj. (gr. *antagônistes*). Personne, groupe, etc., en lutte avec un(e) autre, en opposition. ◆ adj. **1.** Qui s'oppose à ; contraire. *Des thèses antagonistes.* **2.** Se dit d'un organe, d'une substance qui s'oppose à l'action d'un autre organe, d'une autre substance (par oppos. à *agoniste*).

ANTALGIE n.f. Abolition ou atténuation des perceptions douloureuses.

A

ANTALGIQUE adj. et n.m. (gr. *anti,* contre, et *algos,* douleur). MÉD. Se dit d'une substance, d'un procédé propre à calmer la douleur sans altérer la conscience. SYN. : *antidouleur.*

ANTAMANIDE n.m. Substance active de l'amanite phalloïde, de la famille des antibiotiques polyéthers.

ANTAN (D') loc. adj. (lat. *ante annum,* l'année d'avant). *Litt.* Du temps passé. *Le Paris d'antan.*

ANTARCTIQUE [ɑ̃tartik] ou [ɑ̃tarktik] adj. Relatif au pôle Sud et aux régions environnantes.

ANTE [ɑ̃t] n.f. (lat. *hasta,* lance). ARCHIT. Pilier ou pilastre cornier.

ANTEBOIS n.m. → **ANTIBOIS.**

ANTÉCÉDENCE n.f. GÉOMORPH. Caractère d'un cours d'eau maintenant son tracé malgré des mouvements tectoniques de soulèvement de l'encaissant.

1. ANTÉCÉDENT, E adj. (lat. *antecedens*). Qui précède ; antérieur. – GÉOMORPH. Qui présente un phénomène d'antécédence.

2. ANTÉCÉDENT n.m. **1.** Fait antérieur, qui précède. – LING. Élément qui précède et auquel se rapporte un pronom relatif. ◇ ALGÈBRE. *Antécédent d'un élément y d'un ensemble B pour une application* φ *d'un ensemble A dans B :* élément *x* de A ayant *y* pour image. – LOG. Le premier des deux termes d'une relation d'implication (le second étant le *conséquent*). **2.** MUS. Première partie du thème du canon, de la fugue ou d'une sonate (suivie de sa réponse, ou *conséquent*). ◆ pl. Actes antérieurs de qqn permettant de comprendre, de juger sa conduite actuelle. *Avoir de bons, de mauvais antécédents.*

ANTÉCHRIST n.m. Adversaire du Christ qui, selon l'Apocalypse de Jean, doit venir quelque temps avant la fin du monde pour s'opposer à l'établissement du Royaume de Dieu.

ANTÉDILUVIEN, ENNE adj. **1.** Qui a précédé le Déluge. **2.** *Fig., par plais.* Très ancien.

ANTÉFIXE n.f. ARCHIT. Chacun des éléments décoratifs, génér. en céramique, pouvant garnir la ligne inférieure d'un versant de toit.

ANTÉHYPOPHYSE n.f. Partie antérieure, glandulaire, de l'hypophyse.

ANTÉISLAMIQUE adj. Antérieur à l'islam. SYN. : *préislamique.*

ANTENAIS, E adj. (lat. *annotinus,* âgé d'un an). Se dit d'un ovin dans sa deuxième année.

ANTÉNATAL, E, ALS adj. MÉD. Qui s'effectue ou se produit avant la naissance. *Diagnostic anténatal.*

ANTENNATE n.m. Arthropode muni d'antennes et de mandibules tel que les insectes, les mille-pattes, les crustacés et les péripates. (Les antennates forment un sous-embranchement.) SYN. : *mandibulate.*

ANTENNE n.f. (lat. *antenna*). **1.** Appendice allongé, pair et mobile, situé en avant de la tête des insectes, des crustacés et de certains annélides, siège de fonctions sensorielles tactiles ou gustatives. **2.** Élément du dispositif d'émission ou de réception des ondes radioélectriques. – Connexion qui permet le passage en direct de qqn, la retransmission directe d'une émission. *Garder, rendre l'antenne.* ◇ *Être à l'antenne :* passer en direct. **3.** Lieu, service dépendant d'un organisme, d'un établissement principal. ◇ *Antenne médicale :* unité mobile ou poste de secours destinés aux interventions de première urgence. **4.** Vergue oblique qui soutient une voile latine. ◆ pl. *Fam.* Moyen d'information plus ou moins secret. *Il a des antennes à la préfecture.* ◇ *Avoir des antennes,* de l'intuition.

ANTENNISTE n. Spécialiste de la pose d'antennes de télévision.

ANTÉPÉNULTIÈME adj. *Didact.* Qui vient immédiatement avant l'avant-dernier. ◆ n.f. Syllabe qui précède l'avant-dernière syllabe d'un mot (*po* dans *napolitain*).

ANTÉPOSER v.t. LING. Placer un élément de la phrase devant un autre.

ANTÉPRÉDICATIF, IVE adj. LOG. Antérieur à toute proposition prédicative. *Expérience antéprédicative.*

ANTÉRIEUR, E adj. (lat. *anterior*). **1.** Qui est avant, en avant, dans le temps ou l'espace ; précédent. *Époque antérieure. La partie antérieure du corps.* CONTR. : *postérieur.* **2.** PHON. Dont l'articulation se situe dans la partie avant de la cavité buccale.

ANTÉRIEUREMENT adv. À une époque antérieure ; avant, auparavant, précédemment.

ANTÉRIORITÉ n.f. Caractère de ce qui est antérieur dans le temps. *Antériorité d'un droit, d'une découverte.*

ANTÉROGRADE adj. (lat. *anterior,* plus avant, et *gradi,* marcher). *Amnésie antérograde,* dans laquelle le malade ne peut plus mémoriser les faits nouveaux.

ANTÉVERSION n.f. ANAT. Inclinaison naturelle en avant de l'axe vertical d'un organe. *Antéversion de l'utérus.*

ANTHÉMIS [ɑ̃temis] n.f. (gr. *anthos,* fleur). Plante herbacée aromatique, dont plusieurs espèces sont appelées abusivement *camomille.* (Famille des composées.)

ANTHÈRE n.f. (gr. *anthêros,* fleuri). Partie supérieure de l'étamine des plantes à fleurs, dans laquelle se forment les grains de pollen, et qui s'ouvre à maturité pour laisser échapper ceux-ci.

ANTHÉRIDIE n.f. BOT. Organe où se forment les anthérozoïdes, chez les végétaux supérieurs.

ANTHÉROZOÏDE n.m. BOT. Gamète mâle, chez les végétaux supérieurs. (Pour certaines plantes, on dit aussi *spermatozoïde.*)

ANTHOLOGIE n.f. (gr. *anthos,* fleur, et *legein,* choisir). Recueil de morceaux choisis d'œuvres littéraires ou musicales.

ANTHONOME n.m. Charançon nuisible aux arbres fruitiers et au cotonnier. (Long. 4 mm env. ; ordre des coléoptères.)

ANTHOZOAIRE n.m. ZOOL. Invertébré de l'embranchement des cnidaires, représenté uniquement par des polypes à cavité gastrique cloisonnée, vivant isolés *(actinies)* ou en colonies *(madrépores, corail).* [Les anthozoaires constituent une classe.]

ANTHRACÈNE n.m. (gr. *anthrax, -akos,* charbon). Hydrocarbure à trois cycles benzéniques.

ANTHRACITE n.m. (gr. *anthrax, -akos,* charbon). Charbon de très faible teneur en matières volatiles (moins de 6 à 8 %) qui brûle sans fumée, en dégageant beaucoup de chaleur. ◆ adj. inv. Gris foncé.

ANTHRACITEUX, EUSE adj. Qui ressemble à l'anthracite ; qui en contient.

ANTHRACNOSE n.f. (gr. *anthrax, -akos,* charbon, et *nosos,* maladie). Maladie cryptogamique de la vigne, du haricot, etc., caractérisée par l'apparition de taches brunes sur les rameaux, les feuilles ou les fruits.

ANTHRACOSE n.f. Maladie professionnelle des mineurs due à la présence de poussières de charbon dans les poumons.

ANTHRAQUINONE [ɑ̃trakinɔn] n.f. Composé dérivé de l'anthracène, servant à préparer des colorants.

ANTHRAX n.m. (gr. *anthrax, -akos,* charbon). MÉD. Réunion de plusieurs furoncles.

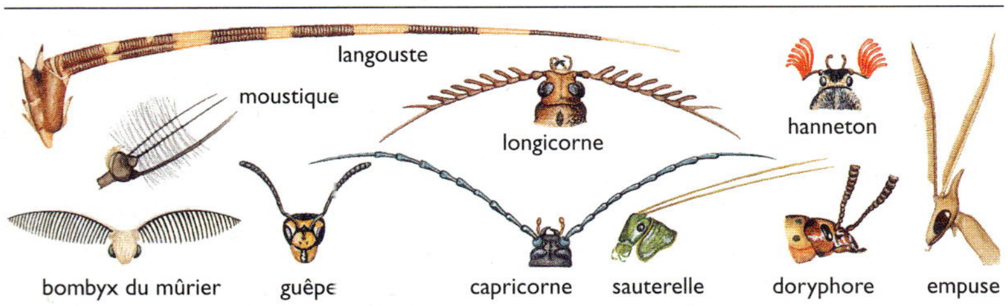

■ **ANTENNE.** Morphologie comparée des antennes de quelques animaux.

ANTHRÈNE n.m. (gr. *anthrênê,* bourdon). Insecte, voisin des dermestes, dont la larve se développe dans des substances animales sèches (poils, plumes, etc.) et nuit aux fourrures, tapis et tissus. (Long. 4 mm env. ; ordre des coléoptères.)

ANTHROPIQUE adj. **1.** Se dit d'un paysage, d'un sol, etc., dont la formation résulte de l'intervention humaine. *Érosion anthropique.* **2.** *Principe anthropique :* principe de la cosmologie moderne selon lequel l'existence de l'homme impose a posteriori des conditions nécessaires à la structure de l'Univers. (Le *principe anthropique faible* pose que seuls certains modèles d'univers sont compatibles avec l'existence d'êtres intelligents ; discuté et souvent récusé, le *principe anthropique fort* postule que l'Univers devait conduire à l'apparition de l'homme.)

ANTHROPOBIOLOGIE n.f. Anthropologie physique et physiologique.

ANTHROPOCENTRIQUE adj. Propre à l'anthropocentrisme.

ANTHROPOCENTRISME n.m. Conception, attitude qui rapporte toute chose de l'Univers à l'homme.

ANTHROPOÏDE n.m. et adj. (gr. *anthrôpos,* homme). Grand singe partageant avec l'homme des caractères tels que l'absence de queue et un volume crânien très important (orang-outan, chimpanzé, gorille et gibbon).

ANTHROPOLOGIE n.f. (du gr. *anthrôpos,* homme, et *logos,* science). Étude de la dimension sociale de l'homme. (Elle s'est constituée au XIXe s. et progressivement institutionnalisée, en Europe et aux États-Unis, au XXe s., pour faire partie des sciences humaines et sociales.)

ENCYCL. L'anthropologie s'intéresse aux pratiques comme aux représentations. Comparative, elle vise à l'intercompréhension des sociétés et des cultures. On y distingue des sous-disciplines. L'*anthropologie sociale et culturelle,* dont les grands noms sont L. H. Morgan, Lévy-Bruhl, M. Mauss, Kroeber, Malinowski, Radcliffe-Brown, Lévi-Strauss, Louis Dumont, etc., étudie toutes les manifestations de la vie en société (lien de parenté, mariage, naissance, initiation, funérailles, et plus généralement modes de vie, coutumes et rites). Elle s'attache à rendre compte des différences entre sociétés particulières. L'*anthropologie culturelle* est parfois distinguée de la précédente, surtout dans la tradition américaine, par un intérêt spécifique pour les modes de vie, les langues, les mythes des peuples. L'*anthropologie économique* étudie les formes de production et de répartition des biens. L'*anthropologie historique* met les formes sociales en relation avec l'histoire particulière de chaque peuple. L'*anthropologie politique* s'attache aux formes d'autorité et de pouvoir, et spécialement à la formation de l'unité politique, voire à celle de l'État. L'*anthropologie religieuse* s'intéresse aux systèmes des rites et mythes, ainsi qu'aux expressions sociales des religions universelles. L'*anthropologie physique* étudie les caractéristiques physiques et physiologiques des peuples. Elle a contribué avec la biologie à vider le concept de race de tout fondement scientifique.

ANTHROPOLOGIQUE adj. Qui relève de l'anthropologie.

ANTHROPOLOGUE n. Spécialiste d'anthropologie. ◇ *Anthropologue social :* ethnologue.

ANTHROPOMÉTRIE n.f. (gr. *anthrôpos,* homme, et *metron,* mesure). **1.** Branche de l'anthropologie physique ayant pour objet tout ce qui, dans l'organisme humain, peut être mesuré (poids des organes, pression artérielle, etc.). **2.** *Anthropométrie judiciaire :* méthode d'identification des criminels fondée essentiellement, de nos jours, sur l'étude des empreintes digitales et génétiques (ADN).

ANTHROPOMÉTRIQUE adj. Qui relève de l'anthropométrie.

ANTHROPOMORPHE adj. Dont la forme rappelle celle de l'homme.

ANTHROPOMORPHIQUE adj. Qui relève de l'anthropomorphisme.

ANTHROPOMORPHISME n.m. (gr. *anthrôpos,* homme, et *morphê,* forme). Tendance à attribuer aux objets naturels, aux animaux et aux créations mythiques des caractères propres à l'homme.

ANTHROPONYME n.m. LING. Nom de personne.

ANTHROPONYMIE n.f. (gr. *anthrôpos,* homme, et *onoma,* nom). Étude des noms de personnes.

ANTHROPOPHAGE adj. et n. (gr. *anthrôpos,* homme, et *phagein,* manger). Qui pratique l'anthropophagie ; cannibale.

ANTHROPOPHAGIE n.f. Pour un homme, fait de manger de la chair humaine. (L'ingestion de chair humaine, chez les peuples qui s'y livrent, obéit à des formes rituelles. Élément d'une cohérence sociale particulière, elle a d'ordinaire des prolongements cosmologiques.)

ANTHROPOPHILE adj. Se dit des animaux et des plantes qui vivent dans un milieu habité ou fréquenté par l'homme.

ANTHROPOSOPHIE n.f. Philosophie fondée par R. Steiner, qui développe une gnose chrétienne et propose un système éducatif encore très vivant dans les pays de langue allemande.

ANTHURIUM [ɑ̃tyrjɔm] n.m. Plante ornementale à belles feuilles et à inflorescence très colorée, originaire d'Amérique tropicale. (Famille des aracées.)

ANTHYLLIS [ɑ̃tilis] ou **ANTHYLLIDE** [ɑ̃tilid] n.f. Plante herbacée dont une espèce, la *vulnéraire,* est cultivée comme fourrage. (Famille des papilionacées.)

ANTIACARIEN, ENNE adj. et n.m. Se dit d'un produit, d'un traitement contre les acariens.

ANTIACIDE adj. Se dit d'un médicament qui compense une trop forte acidité du système digestif, notamm. en cas d'aigreurs d'estomac.

ANTIACRIDIEN, ENNE adj. Relatif à la lutte contre les acridiens.

ANTIADHÉSIF, IVE adj. et n.m. Se dit d'un revêtement qui empêche les adhérences, notamm. sur les récipients destinés à la cuisson.

ANTIAÉRIEN, ENNE adj. Qui s'oppose à l'action des avions ou des engins aériens, protège de leurs effets. *Abri antiaérien.*

ANTIAGRÉGANT n.m. *Antiagrégant plaquettaire :* substance qui s'oppose à l'agrégation des plaquettes dans les vaisseaux sanguins.

ANTIALCOOLIQUE adj. Qui combat l'alcoolisme.

ANTIALLERGIQUE adj. Propre à traiter, à prévenir les allergies. *Propriétés antiallergiques des antihistaminiques.*

ANTIAMÉRICANISME n.m. Hostilité à l'égard des États-Unis, de leur politique ou de leur civilisation.

ANTIANGINEUX ou **ANTIANGOREUX** n.m. Médicament destiné à traiter ou prévenir l'angine de poitrine.

ANTIASTHMATIQUE [ɑ̃tiasmatik] adj. et n.m. Se dit d'un médicament propre à combattre l'asthme.

ANTIATOME n.m. Atome d'antimatière.

ANTIATOMIQUE adj. Qui s'oppose aux effets du rayonnement ou des projectiles atomiques.

ANTIAUTORITAIRE adj. Hostile à toute forme d'oppression, politique ou intellectuelle.

ANTIBÉLIER n.m. Dispositif placé sur une canalisation en vue d'amortir les ondes de choc engendrées par de brusques variations de pression.

ANTIBIOGRAMME n.m. Examen de laboratoire permettant d'apprécier la sensibilité d'une bactérie prélevée chez un malade vis-à-vis de divers antibiotiques.

ANTIBIORÉSISTANCE n.f. Capacité d'une bactérie à résister à l'action d'un antibiotique.

ANTIBIOTHÉRAPIE n.f. MÉD. Traitement par les antibiotiques.

ANTIBIOTIQUE adj. et n.m. Se dit d'une substance naturelle, produite surtout par les champignons inférieurs et par certaines bactéries, ou synthétique qui empêche la croissance des bactéries ou les détruit.

ANTIBLOCAGE adj. AUTOM. Se dit d'un système qui permet de contrôler le freinage pour éviter que les roues d'un véhicule ne se bloquent.

ANTIBOIS ou **ANTEBOIS** [ɑ̃təbwa] n.m. Baguette disposée sur le plancher d'une pièce pour empêcher le contact des meubles avec les murs.

ANTIBROUILLAGE n.m. Procédé visant à faire échec au brouillage des émissions d'ondes électromagnétiques.

ANTIBROUILLARD adj. inv. et n.m. Propre à percer le brouillard. *Phares antibrouillard. Des antibrouillards.*

ANTIBRUIT adj. inv. Destiné à protéger du bruit. *Mur, casque antibruit.*

ANTICABREUR adj.m. Se dit d'un dispositif mécanique qui empêche la partie avant d'un véhicule de se relever au démarrage ou lors d'une accélération brutale.

ANTICALCAIRE adj. et n.m. Qui s'oppose aux dépôts calcaires dans un appareil, un circuit, une canalisation.

ANTICANCÉREUX, EUSE adj. Se dit d'un médicament, d'un procédé employé contre le cancer. ◆ n.m. Médicament anticancéreux.

ANTICAPITALISTE adj. et n. Hostile au système capitaliste.

ANTICATHODE n.f. Plaque métallique qui, dans un tube électronique, reçoit les rayons cathodiques et émet des rayons X.

ANTICHAMBRE n.f. (ital. *anticamera*). Pièce commandant une ou plusieurs autres pièces ; salle d'attente à l'entrée d'un appartement, d'un bureau. ◇ *Faire antichambre :* attendre avant d'être reçu.

ANTICHAR adj. Qui s'oppose à l'action des chars, des blindés.

ANTICHOC adj. Qui permet de protéger des chocs, de les amortir. *Casque antichoc.*

ANTICHOLINERGIQUE [-kɔ-] adj. et n.m. Se dit d'une substance qui inhibe l'acétylcholine de l'organisme, et donc le système nerveux parasympathique. SYN. : *vagolytique, parasympatholytique.*

ANTICHÔMAGE adj. inv. Se dit de ce qui lutte ou contribue à lutter contre le chômage.

ANTICHRÈSE [ɑ̃tikrɛz] n.f. (gr. *anti,* contre, et *khrêsis,* usage). DR. Sûreté réelle permettant au créancier d'entrer en possession d'un immeuble du débiteur (par oppos. à *gage*) et d'en percevoir les fruits jusqu'à extinction de la dette.

ANTICIPATION n.f. **1.** Action d'anticiper. *Anticipation de paiement.* ◇ *Par anticipation :* par avance. **2.** Action de prévoir, d'imaginer des situations, des événements futurs. ◇ *Roman, film, etc., d'anticipation,* dont l'action se passe dans l'avenir, dans un monde futur.

ANTICIPATOIRE adj. *Didact.* Qui anticipe.

ANTICIPÉ, E adj. Qui se fait à l'avance ; qui se produit avant la date prévue. *Remerciements anticipés. Retraite anticipée.*

ANTICIPER v.t. (lat. *anticipare,* devancer). Faire, exécuter avant la date prévue ou fixée. *Anticiper un paiement.* ◆ v.i. ou v.t. ind. **(sur)**. **1.** Disposer de qqch qui n'existe pas encore ; entamer à l'avance. *Anticiper sur ses revenus.* **2.** *N'anticipons pas :* n'allons pas trop vite, respectons le cours normal des événements. ◆ v.t. ou v.t. ind. **(sur)**. Prévoir, supposer ce qui va arriver et y adapter par avance sa conduite. *Anticiper sur l'évolution de la situation. Anticiper un problème.*

ANTICLÉRICAL, E, AUX adj. et n. Opposé à l'influence ou à l'ingérence du clergé dans les affaires publiques.

ANTICLÉRICALISME n.m. Attitude, politique anticléricale.

ANTICLINAL, E, AUX adj. (du gr. *anti,* contre, et *klinein,* faire pencher). GÉOL. *Pli anticlinal,* ou *anticlinal,* n.m. : pli dont la convexité est tournée vers le haut. CONTR. : *synclinal.*

ANTICOAGULANT, E adj. et n.m. MÉD. Se dit d'une substance qui s'oppose à la coagulation du sang.

ANTICOLONIALISME n.m. Opposition au colonialisme.

ANTICOLONIALISTE adj. et n. Relatif à l'anticolonialisme ; qui en est partisan.

ANTICOMMUNISME n.m. Attitude d'hostilité à l'égard du communisme.

ANTICOMMUNISTE adj. et n. Relatif à l'anticommunisme ; qui fait preuve d'anticommunisme.

ANTICONCEPTIONNEL, ELLE adj. Qui empêche la fécondation et la conception d'un enfant.

ANTICONCURRENTIEL, ELLE adj. ÉCON. Qui s'oppose au libre jeu de la concurrence.

ANTICONFORMISME n.m. Opposition aux usages établis, aux traditions ; non-respect de ces usages, des traditions.

ANTICONFORMISTE adj. et n. Qui fait preuve d'anticonformisme.

ANTICONJONCTUREL, ELLE adj. Destiné à redresser une conjoncture économique défavorable.

ANTICONSTITUTIONNEL, ELLE adj. Contraire à la Constitution et à ses principes.

ANTICONSTITUTIONNELLEMENT adv. Contrairement à la Constitution et à ses principes.

ANTICORPS n.m. Substance (immunoglobuline) synthétisée par les cellules du système immunitaire et capable de se fixer spécifiquement sur un antigène.

ANTICORROSION adj. inv. Qui protège les métaux contre la corrosion.

ANTICRYPTOGAMIQUE adj. et n.m. Fongicide.

ANTICYCLONAL, E, AUX ou **ANTICYCLONIQUE** adj. Relatif à un anticyclone.

ANTICYCLONE n.m. MÉTÉOROL. Centre de hautes pressions atmosphériques.

ANTIDATE n.f. (lat. *ante,* avant, et *date*). Date inscrite antérieure à la date réelle.

ANTIDATER v.t. Apposer une antidate sur.

ANTIDÉFLAGRANT, E adj. Se dit du matériel électrique conçu pour fonctionner dans les mines grisouteuses.

ANTIDÉMARRAGE adj. inv. et n.m. Se dit d'un dispositif antivol empêchant le démarrage d'un véhicule.

ANTIDÉMOCRATIQUE adj. Opposé à la démocratie, à ses principes.

ANTIDÉPLACEMENT n.m. GÉOMÉTR. Transformation ponctuelle du plan ou de l'espace conservant les distances sans conserver l'orientation.

ANTIDÉPRESSEUR adj.m. et n.m. MÉD. Se dit d'un médicament psychotrope qui combat la dépression.

ANTIDÉRAPANT, E adj. et n.m. Se dit d'un matériau qui empêche de déraper. *Semelles antidérapantes.*

ANTIDÉTONANT, E adj. et n.m. Se dit d'un produit ajouté au carburant d'un moteur à explosion pour en augmenter l'indice d'octane afin d'empêcher le cliquetis.

ANTIDIPHTÉRIQUE adj. Propre à combattre la diphtérie.

ANTIDIURÉTIQUE adj. et n.m. Se dit d'une substance qui diminue le débit urinaire.

ANTIDOPAGE adj. inv. Qui s'oppose à la pratique du dopage dans les sports.

ANTIDOTE n.m. (gr. *antidotos,* donné contre). **1.** Médicament agissant contre une substance toxique. SYN. *(cour.) : contrepoison.* **2.** Remède contre un mal moral, psychologique.

ANTIDOULEUR adj. inv. **1.** Qui vise à atténuer la souffrance physique. *Consultation, centre antidouleur.* **2.** *Médicament antidouleur,* ou *antidouleur,* n.m. : antalgique.

ANTIÉCONOMIQUE adj. Contraire à une bonne gestion économique.

ANTIEFFRACTION adj. inv. Se dit d'un dispositif destiné à empêcher les effractions. *Portes antieffraction.*

ANTIÉMÉTIQUE adj. et n.m. Se dit d'un médicament propre à combattre les vomissements.

ANTIÉMEUTE adj. inv. Se dit d'un dispositif, de forces de sécurité destinés à combattre les émeutes.

ANTIENNE [ɑ̃tjɛn] n.f. (du gr. *antiphônos,* qui répond). **1.** Verset chanté avant et après un psaume. **2.** *Litt.* Discours répété sans cesse, d'une manière lassante.

ANTIESCLAVAGISTE adj. et n. Opposé à l'esclavage.

ANTIÉTATIQUE adj. Opposé à un trop grand pouvoir de l'État.

ANTIFADING [ɑ̃tifadiŋ] n.m. RADIODIFF. Dispositif limitant l'effet du fading.

ANTIFASCISTE adj. et n. Opposé au fascisme.

ANTIFERROMAGNÉTISME n.m. Propriété de certains cristaux dont les atomes présentent des moments magnétiques orientés alternativement dans un sens et dans l'autre.

ANTIFONGIQUE adj. et n.m. (du lat. *fongus,* champignon). Se dit d'un médicament qui agit contre les mycoses. SYN. : *antimycosique.*

ANTIFRICTION adj. inv. *Alliage antifriction :* alliage dont les propriétés réduisent le frottement et qui est utilisé dans la fabrication d'organes de machines en mouvement.

ANTIFUMÉE adj. inv. et n.m. PÉTROLE. Se dit d'une substance qui produit une combustion plus complète et élimine les fumées d'un combustible liquide.

ANTI-G adj. inv. Se dit d'une combinaison utilisée en vol par les pilotes de chasse ou les spationautes pour atténuer les effets de l'accélération et de la décélération (dont l'intensité s'exprime à l'aide d'une unité symbolisée par *g*).

ANTIGANG [ɑ̃tigɑ̃g] adj. inv. Anc. *Brigade antigang,* ou *antigang,* n.f. : service de police

A

judiciaire constitué spécialement pour la lutte contre la grande criminalité (hold-up, enlèvements, etc.). [Elle a été remplacée par la *brigade de recherche et d'investigation.*]

ANTIGEL n.m. et adj. inv. Substance qui, ajoutée à un liquide, en abaisse notablement le point de congélation.

ANTIGÉLIF n.m. Adjuvant qui garantit le béton durci contre l'altération par le gel.

ANTIGÈNE n.m. IMMUNOL. Substance chimique isolée ou portée par une cellule, un micro-organisme, qui, introduite dans l'organisme, est susceptible de provoquer une réaction spécifique du système immunitaire visant à la détruire ou à la neutraliser.

ANTIGÉNIQUE adj. Relatif aux antigènes.

ANTIGIVRANT, E adj. et n.m. Propre à empêcher la formation de givre. *Dispositifs antigivrants d'un avion.*

ANTIGLISSE adj. inv. *Vêtement antiglisse :* vêtement de ski fait dans un tissu de texture rêche qui accroche la neige et empêche de glisser sur la pente en cas de chute.

ANTIGOUVERNEMENTAL, E, AUX adj. Opposé au gouvernement, à sa politique.

ANTIHALO adj. inv. et n.m. PHOTOGR. Se dit d'une couche qui évite le halo.

ANTIHÉROS n.m. Personnage de fiction ne présentant pas les caractères convenus du héros traditionnel.

ANTIHISTAMINIQUE adj. et n.m. Se dit d'une substance qui s'oppose à l'action de l'histamine de l'organisme. (Les antihistaminiques sont actifs dans l'urticaire et les affections allergiques.)

ANTIHYGIÉNIQUE adj. Contraire à l'hygiène.

ANTI-IMPÉRIALISME n.m. (pl. *anti-impérialismes*). Opposition à l'impérialisme sous toutes ses formes.

ANTI-IMPÉRIALISTE adj. et n. (pl. *anti-impérialistes*). Relatif à l'anti-impérialisme ; qui en est partisan.

ANTI-INFECTIEUX, EUSE adj. et n.m. (pl. *anti-infectieux, euses*). Se dit d'un médicament propre à combattre l'infection.

ANTI-INFLAMMATOIRE adj. et n.m. (pl. *anti-inflammatoires*). MÉD. Se dit d'une substance, d'un procédé propre à combattre l'inflammation.

ANTI-INFLATIONNISTE adj. (pl. *anti-inflationnistes*). Propre à lutter contre l'inflation.

ANTIJEU n.m. Action contraire aux règles ou à l'esprit du jeu.

ANTILLAIS, E adj. et n. Des Antilles.

ANTILOPE n.f. (angl. *antelope*, du gr.). Mammifère ruminant sauvage d'Afrique (gnou, bubale) ou d'Asie (nilgaut), dont la peau souple et légère est utilisée dans la confection de vêtements. (Famille des bovidés.)

■ **ANTILOPE.** Antilope damalisque.

ANTIMATIÈRE n.f. Forme de la matière constituée d'antiparticules.

ANTIMÉRIDIEN n.m. Méridien dont la longitude diffère de 180° de celle du méridien considéré.

ANTIMIGRAINEUX, EUSE adj. et n.m. Se dit d'une substance active contre la migraine.

ANTIMILITARISME n.m. Hostilité de principe à l'égard des institutions et de l'esprit militaires.

ANTIMILITARISTE adj. et n. Relatif à l'antimilitarisme ; qui fait preuve d'antimilitarisme.

ANTIMISSILE adj. MIL. Destiné à neutraliser l'action de missiles assaillants. *Arme, dispositif, mesure antimissile.*

ANTIMITE adj. inv. et n.m. Se dit d'un produit qui protège les lainages, les fourrures, etc., contre les mites et leurs larves. *Boule antimite.*

ANTIMITOTIQUE adj. et n.m. Se dit d une substance qui s'oppose à la division des cellules (mitose), empêchant ainsi leur multiplication. ◆ n.m. Médicament anticancéreux.

ANTIMOINE n.m. (ar. *ithmid*). **1.** Métalloïde d'un blanc d'argent, cassant, fondant vers 630 °C, de densité 6,6, et qui se rapproche de l'arsenic. **2.** Élément chimique (Sb), de numéro atomique 51, de masse atomique 121,757.

ANTIMONARCHISTE adj. et n. Adversaire, détracteur de la monarchie.

ANTIMONIATE n.m. Sel d'un acide oxygéné dérivé de l'antimoine.

ANTIMONIÉ, E adj. Qui contient de l'antimoine.

ANTIMONIURE n.m. Combinaison de l'antimoine avec un corps simple.

ANTIMYCOSIQUE adj. et n.m. Antifongique.

ANTINATALISTE adj. Qui vise à réduire la natalité.

ANTINATIONAL, E, AUX adj. Contraire à l'intérêt national.

ANTINAZI, E n. et adj. Adversaire du nazisme.

ANTINEUTRON n.m. Antiparticule du neutron.

ANTINÉVRALGIQUE adj. et n.m. Se dit d'une substance, d'un procédé actifs contre les névralgies.

ANTINOMIE n.f. (gr. *anti*, contre, et *nomos*, loi). LOG. Contradiction entre deux idées, deux principes, deux propositions. – Contradiction à l'intérieur d'une théorie déductive ; paradoxe.

ANTINOMIQUE adj. Qui forme une antinomie ; contradictoire.

ANTINUCLÉAIRE adj. et n. Hostile à l'emploi de l'énergie et des armes nucléaires.

ANTIONCOGÈNE n.m. Gène suppresseur de tumeur.

ANTIOXYDANT n.m. Agent qui ralentit la dégradation des aliments et de certains matériaux ou composés organiques due aux effets de l'oxydation.

ANTIPALUDÉEN, ENNE ou, rare, **ANTIPALUDIQUE** adj. et n.m. Se dit d'un médicament propre à combattre le paludisme.

ANTIPAPE n.m. HIST. Pape élu irrégulièrement et non reconnu par l'Église romaine.

ANTIPARASITE adj. et n.m. Se dit d'un dispositif qui diminue la production ou l'action des perturbations affectant la réception des émissions radiophoniques et télévisées.

ANTIPARASITER v.t. Munir d'un antiparasite.

ANTIPARLEMENTAIRE adj. et n. Opposé au régime parlementaire.

ANTIPARLEMENTARISME n.m. Opposition au régime parlementaire.

ANTIPARTICULE n.f. Particule (positron, antiproton, antineutron, etc.), de masse égale, mais de propriétés électromagnétiques et de charge baryonique ou leptonique opposées à celles de la particule correspondante.

ANTIPATHIE n.f. (gr. *anti*, contre, et *pathos*, passion). Hostilité instinctive à l'égard de qqn ou de qqch ; aversion, dégoût.

ANTIPATHIQUE adj. Qui inspire de l'antipathie.

ANTIPATRIOTIQUE adj. Contraire au patriotisme.

ANTIPATRIOTISME n.m. Attitude antipatriotique.

ANTIPELLICULAIRE adj. Se dit d'un produit qui agit contre les pellicules. *Lotion antipelliculaire.*

ANTIPERSONNEL adj. inv. *Armes, engins antipersonnel*, destinés à mettre les personnes hors de combat, sans s'attaquer au matériel.

ANTIPERSPIRANT, E adj. et n.m. Antisudoral.

ANTIPHLOGISTIQUE adj. (gr. *anti*, contre, et *phlox, phlogos*, flamme). MÉD. Vx. Qui combat les inflammations.

ANTIPHONAIRE n.m. (gr. *antiphônos*, répondant à). CATH. Livre liturgique contenant l'ensemble des chants exécutés par le chœur à l'office ou à la messe.

ANTIPHRASE n.f. Figure de style qui consiste à dire le contraire de ce qu'on pense, par ironie ou euphémisme.

ANTIPODE n.m. (gr. *anti*, contre, et *pous, podos*, pied). **1.** Lieu de la Terre diamétralement opposé à un autre lieu. *La Nouvelle-Zélande est à l'antipode, aux antipodes de la France.* – Région très lointaine. *Voyager, habiter aux antipodes.* **2.** ***Être à l'antipode, aux antipodes de :*** être très éloigné, très différent, à l'opposé de. *Votre raisonnement est à l'antipode du bon sens.* **3.** BOT. Une des cellules du sac embryonnaire de l'ovule des angiospermes, située à l'opposé de l'oosphère.

ANTIPODISTE n. Acrobate qui, couché sur le dos, exécute des tours d'adresse avec les pieds.

ANTIPOISON adj. inv. *Centre antipoison :* établissement spécialisé dans la prévention et le traitement des intoxications.

ANTIPOLLUTION adj. inv. Destiné à éviter ou à diminuer la pollution.

ANTIPROTÉASE n.f. MÉD. Molécule utilisée dans le traitement du sida qui, en inhibant l'action de la protéase responsable de la maturation du virus, bloque la prolifération de celui-ci.

ANTIPROTECTIONNISTE adj. et n. ÉCON. Opposé au protectionnisme.

ANTIPROTON n.m. Antiparticule du proton, de charge négative.

ANTIPRURIGINEUX, EUSE adj. et n.m. Se dit d'un médicament qui combat le prurit, les démangeaisons.

ANTIPSYCHIATRIE n.f. Mouvement de remise en question de la psychiatrie traditionnelle, selon lequel la société provoque les troubles psychiatriques et se sert des psychiatres pour les contrôler.

ANTIPSYCHOTIQUE adj. et n.m. Se dit d'un médicament psychotrope utilisé contre les psychoses.

ANTIPUTRIDE adj. Qui empêche la putréfaction.

ANTIPYRÉTIQUE adj. et n.m. Se dit d'une substance qui diminue la fièvre. SYN. : *fébrifuge.*

ANTIQUAILLE n.f. *Fam., péjor.* Objet ancien de peu de valeur.

ANTIQUAIRE n. (lat. *antiquarius*). **1.** Commerçant spécialisé dans la vente et l'achat de meubles et d'objets d'art anciens. **2.** Vx. Archéologue.

ANTIQUARK [ɑ̃tikwark] n.m. Antiparticule du quark.

1. ANTIQUE adj. (lat. *antiquus*). **1.** Qui appartient à l'Antiquité. *La mythologie antique.* **2. a.** Qui date d'une époque reculée ; qui existe depuis très longtemps ; ancien. *Une antique croyance.* **b.** *Par plais.* ou *péjor.* Très vieux, passé de mode. *Une antique guimbarde.*

2. ANTIQUE n.m. Art antique ; ensemble des productions artistiques de l'Antiquité. *Copier l'antique.*

3. ANTIQUE n.f. ou n.m. **1.** *Litt.* Objet d'art de l'Antiquité. *Une collection d'antiques.* **2.** Caractère d'imprimerie formé de traits d'égale épaisseur.

ANTIQUISANT, E adj. Qui s'inspire de l'antique.

ANTIQUITÉ n.f. **1.** *L'Antiquité : v. partie n.pr.* **2.** Caractère de ce qui est très ancien. *L'antiquité d'une coutume.* **3.** Temps très ancien. *Remonter à la plus haute antiquité.* **4.** (Souvent pl.) Œuvre d'art de l'Antiquité. *Musée des antiquités.* – Objet ancien. *Magasin d'antiquités.*

ANTIRABIQUE adj. MÉD. Qui est employé contre la rage.

ANTIRACISME n.m. Opposition au racisme.

ANTIRACISTE adj. et n. Relatif à l'antiracisme ; qui fait preuve d'antiracisme.

ANTIRADAR adj. MIL. Destiné à neutraliser les radars ennemis. *Dispositif antiradar.*

ANTIRADIATION adj. Qui protège de certaines radiations, particulièrement de celles des corps radioactifs.

ANTIREFLET adj. inv. Qui supprime la lumière réfléchie sur la surface des verres d'optique, par fluoration. *Traitement, verres antireflet.*

ANTIRÉGLEMENTAIRE adj. Contraire au règlement.

ANTIREJET adj. inv. Se dit d'une substance qui s'oppose au phénomène de rejet de greffe.

ANTIRELIGIEUX, EUSE adj. Opposé à la religion.

ANTIRÉPUBLICAIN, E adj. et n. Opposé au régime républicain.

ANTIRIDES adj. et n.m. Se dit d'un produit de beauté destiné à prévenir les rides ou à les atténuer. *Crème antirides.*

ANTIROI n.m. HIST. Dans le Saint Empire, roi élu en période de crise alors qu'un autre roi ou empereur était en exercice.

ANTIROUILLE adj. inv. et n.m. Se dit d'une substance propre à préserver de la rouille ou à la faire disparaître.

ANTIROULIS adj. Se dit d'un dispositif qui s'oppose à l'apparition du roulis d'un véhicule dans un virage ou qui, sur un bateau, tend à le diminuer.

ANTISALISSURE adj. inv. Se dit de fibres qui ont été traitées de manière à ne pas retenir la saleté et à pouvoir être facilement nettoyées. *Moquette antisalissure.*

ANTISATELLITE adj. inv. MIL. Destiné à neutraliser les satellites ennemis.

ANTISCIENTIFIQUE adj. Opposé à la science ; contraire à l'esprit scientifique.

ANTISÈCHE n.f. *Fam.* Aide-mémoire, feuille sur laquelle un élève a pris des notes, copié des dates, des formules, etc., et qu'il utilise en fraude à un examen.

ANTISÉGRÉGATIONNISTE adj. et n. Hostile à la ségrégation raciale.

ANTISÉMITE adj. et n. Hostile aux Juifs.

ANTISÉMITISME n.m. Doctrine ou attitude d'hostilité systématique à l'égard des Juifs.
ENCYCL. Apparu dans l'Empire romain, l'antisémitisme se développe dans l'Europe chrétienne avec la multiplication des ghettos et des mesures d'exclusion, alimenté par des croyances calomnieuses et une instruction religieuse tendancieuse (les Juifs, peuple déicide). Dans la seconde moitié du XIXe s., l'antisémitisme associe les anciens préjugés religieux et économiques (les Juifs, banquiers et usuriers) aux théories pseudoscientifiques du racisme ; il se manifeste surtout en Allemagne, en France (affaire Dreyfus) et dans l'Est européen (pogroms). De 1940 à 1945, au nom de l'idéologie national-socialiste, entre 5 et 6 millions de Juifs d'Europe sont exterminés.

ANTISEPSIE n.f. (gr. *anti,* contre, et *sêpsis,* putréfaction). Destruction des micro-organismes pathogènes capables de provoquer des infections ; ensemble des méthodes concourant à cet effet.

ANTISEPTIQUE adj. Se dit d'un agent, d'un médicament utilisé pour l'antisepsie. ◆ n.m. Médicament antiseptique.

ANTISÉROTONINERGIQUE adj. Se dit d'une substance qui s'oppose aux effets de la sérotonine de l'organisme.

ANTISISMIQUE adj. Conçu pour résister aux séismes. *Bâtiment antisismique.* SYN. : *parasismique.*

ANTISOCIAL, E, AUX adj. **1.** Qui s'oppose à l'organisation de la société, à l'ordre social. **2.** Contraire au progrès social. *Mesure antisociale.*

ANTI-SOUS-MARIN, E adj. (pl. *anti-sous-marins, es*). Qui détecte, combat les sous-marins. *Lutte anti-sous-marine.*

ANTISOVIÉTIQUE adj. HIST. Hostile à l'URSS.

ANTISPASMODIQUE adj. et n.m. Se dit d'un médicament qui calme les spasmes. SYN. : *spasmolytique.*

ANTISPORTIF, IVE adj. Contraire à l'esprit sportif.

ANTISTATIQUE n.m. et adj. Produit qui empêche ou limite la formation de l'électricité statique.

ANTISTRESS adj. inv. Se dit de ce qui combat le stress.

ANTISTROPHE n.f. Strophe répondant, selon la même construction, à une strophe précédente, dans la poésie grecque ancienne.

ANTISUDORAL, E, AUX adj. et n.m. Qui combat une transpiration excessive. SYN. : *antiperspirant.*

ANTISYMÉTRIQUE adj. ALGÈBRE. Se dit d'une relation binaire entre éléments d'un ensemble telle que, si elle est vérifiée pour un couple (a, b) et pour le couple (b, a), les éléments a et b sont identiques.

ANTISYNDICAL, E, AUX adj. Contraire à l'action des syndicats ou à leurs droits.

ANTISYPHILITIQUE adj. Qui combat la syphilis.

ANTITABAC adj. inv. Qui combat l'usage du tabac. *Campagne antitabac.*

ANTITACHE adj. inv. Se dit d'un produit qui, appliqué sur un tissu, favorise la disparition des taches.

ANTITERRORISTE adj. Relatif à la lutte contre le terrorisme ; qui combat le terrorisme.

ANTITÉTANIQUE adj. Qui combat le tétanos.

ANTITHÈSE n.f. (gr. *antithesis,* opposition). **1.** RHÉT. Figure de style opposant dans un même énoncé deux mots ou expressions contraires afin de souligner une idée par effet de contraste. (Ex. : *grand jusque dans les plus petites choses.*) **2.** *L'antithèse de :* l'opposé de.

ANTITHÉTIQUE adj. Qui constitue une antithèse.

ANTITHYROÏDIEN, ENNE adj. et n.m. MÉD. Qui combat l'hyperthyroïdie.

ANTITOUT adj. inv. *Fam.* Qui est systématiquement hostile à tout ce qu'on lui propose.

ANTITOXINE n.f. Anticorps élaboré par l'organisme et qui neutralise une toxine d'un micro-organisme.

ANTITRUST [ɑ̃titrœst] adj. inv. Qui s'oppose à la création ou à l'extension de trusts. *Loi antitrust.*

ANTITUBERCULEUX, EUSE adj. et n.m. Qui combat la tuberculose.

ANTITUSSIF, IVE adj. et n.m. Se dit d'un médicament qui calme ou supprime la toux.

ANTIULCÉREUX, EUSE adj. et n.m. Se dit d'un médicament prescrit contre les ulcères de l'estomac et du duodénum.

ANTIVARIOLIQUE adj. Qui combat la variole.

ANTIVÉNÉNEUX, EUSE adj. *Rare.* Qui combat les poisons.

ANTIVÉNÉRIEN, ENNE adj. Qui combat les maladies vénériennes.

ANTIVENIMEUX, EUSE adj. Qui combat l'effet toxique des venins.

ANTIVIRAL, E, AUX adj. et n.m. Se dit d'une substance active contre les virus.

ANTIVIRUS n.m. Logiciel utilitaire qui détecte et détruit les virus informatiques s'attaquant à la mémoire d'un ordinateur.

ANTIVOL adj. inv. et n.m. Se dit d'un dispositif de sécurité destiné à empêcher les vols. *Antivol de moto.*

ANTOINISME n.m. Religion théosophique divinisant l'individu et combattant la maladie par l'esprit, fondée par le Belge Louis Antoine (1846 - 1912).

ANTONOMASE n.f. (gr. *antonomasia*). RHÉT. Figure de style par laquelle un individu est désigné par un nom commun (*le Troyen* pour *Énée*), ou par laquelle un nom propre est pris pour un nom commun (*un harpagon* pour *un avare*).

ANTONYME n.m. (du gr. *anti,* contre, et *onuma,* nom). LING. Mot qui a un sens opposé à celui d'un autre ; contraire (ex. : *laideur* et *beauté*).

ANTONYMIE n.f. LING. Relation qui unit des mots antonymes.

ANTRE n.m. (lat. *antrum*). **1.** *Litt.* **a.** Excavation, grotte servant d'abri à un animal sauvage. **b.** Lieu mystérieux et inquiétant. **2.** ANAT. Cavité naturelle. ◇ *Antre pylorique,* qui, dans l'estomac, précède le pylore.

ANTRUSTION [ɑ̃trystjɔ̃] n.m. (du germ. *trust,* fidèle). HIST. Guerrier de l'entourage *(truste)* des rois mérovingiens.

ANURIE n.f. (du gr. *ouron,* urine). Arrêt de la sécrétion urinaire par les reins.

ANUS [anys] n.m. (mot lat.). Orifice extérieur du rectum. ◇ CHIRURG. *Anus artificiel :* orifice cutané créé par intervention chirurgicale, appareillé d'une poche adhésive et faisant fonction d'anus.

ANUSCOPIE n.f. Examen endoscopique de l'anus.

ANXIÉTÉ n.f. (lat. *anxietas*). **1.** Vive inquiétude née de l'incertitude d'une situation, de l'appréhension d'un événement. **2.** PSYCHOL. État émotionnel de tension nerveuse, de peur, fort et souvent chronique. **3.** PSYCHIATR. État psychique caractérisé par l'attente d'un danger imminent, accompagnée de malaise, de peur et de sentiment d'impuissance.

ANXIEUSEMENT adv. Avec anxiété.

ANXIEUX, EUSE adj. et n. Qui manifeste un sentiment d'anxiété, normale ou pathologique. ◆ adj. **1.** *Litt. Anxieux de :* impatient, désireux de. **2.** Qui s'accompagne d'anxiété. *Attente anxieuse.*

ANXIOGÈNE adj. PSYCHOL. Qui suscite l'anxiété ou l'angoisse.

ANXIOLYTIQUE adj. et n.m. Se dit de tout agent, médicamenteux ou non (l'alcool, par ex.), qui apaise l'anxiété.

AOC ou **A.O.C.** [aose] n.f. (sigle). Appellation d'origine contrôlée.

AORISTE n.m. (gr. *aoristos,* indéterminé). LING. Temps de la conjugaison en grec, en sanskrit, etc., exprimant une action en train de se finir, ou de commencer *(aoriste inchoatif),* ou un énoncé général *(aoriste gnomique),* parfois avec une valeur de passé.

AORTE n.f. (gr. *aortê,* veine). Artère qui naît à la base du ventricule gauche du cœur et qui donne naissance à toutes les artères portant le sang oxygéné dans les différentes parties du corps.

AORTIQUE adj. Relatif à l'aorte. ◇ *Arcs aortiques :* arcs osseux et vasculaires de la tête et du thorax des vertébrés.

AORTITE n.f. Inflammation de l'aorte.

AOÛT [u] ou [ut] n.m. (lat. *augustus,* consacré à Auguste). Huitième mois de l'année. ◇ *Le 15 Août :* fête légale de l'Assomption.

AOÛTAT [auta] n.m. Larve d'un acarien, le trombidion, dont la piqûre entraîne de vives démangeaisons. (Long. 1 mm env.)

■ AOÛTAT

AOÛTÉ, E [aute] ou [ute] adj. Se dit d'un rameau fortifié, d'un fruit mûri par la chaleur d'août.

AOÛTEMENT [autmɑ̃] ou [utmɑ̃] n.m. Maturation des fruits ; lignification des rameaux en août.

AOÛTIEN, ENNE [ausjɛ̃, ɛn] n. Personne qui prend ses vacances au mois d'août.

APACHE adj. Des Apaches. ◆ n.m. *Vieilli.* Malfaiteur ; voyou.

APADANA n.f. ARCHÉOL. Salle du trône, hypostyle, dans les palais des rois achéménides.

APAGOGIE n.f. (gr. *apagôgê,* réduction [à l'absurde]). LOG. Raisonnement par lequel on démontre la vérité d'une proposition en prouvant l'absurdité de la proposition contraire.

APAISANT, E adj. Qui apaise.

APAISEMENT n.m. Action d'apaiser ; fait de s'apaiser.

APAISER v.t. (de *paix*). **1.** Ramener au calme, radoucir qqn. **2.** Satisfaire un sentiment, un désir. ◆ **s'apaiser** v.pr. Devenir calme.

APANAGE n.m. (du lat. *apanare,* donner du pain, nourrir). *Litt. Être l'apanage de :* appartenir en propre à, de droit ou naturellement. – *Avoir l'apanage de,* l'exclusivité de. – HIST. Portion du domaine royal dévolue aux frères ou aux fils puînés du roi jusqu'à extinction de sa lignée mâle.

APARTÉ n.m. (lat. *a parte,* à part). **1.** Ce qu'un acteur dit à part soi, et qui, selon les conventions théâtrales, n'est entendu que des spectateurs. **2.** Paroles échangées à l'écart, en présence d'autres personnes. ◇ *En aparté :* seul à seul avec qqn. *Faire des réflexions en aparté.*

APARTHEID [apartɛd] n.m. (mot afrikaans). HIST. Régime de ségrégation systématique des gens de couleur appliqué en Afrique du Sud jusqu'en 1994.

APATHIE n.f. (gr. *apatheia*). État, caractère d'une personne apathique.

APATHIQUE adj. Qui fait preuve d'un manque de réaction, de volonté, d'énergie ; indolent, passif.

APATHIQUEMENT adv. De façon apathique.

APATITE n.f. MINÉRALOG. Phosphate de calcium présent dans de nombreuses roches magmatiques et métamorphiques.

APATOSAURE n.m. PALÉONT. Brontosaure.

APATRIDE adj. et n. (de *patrie*). Sans nationalité légale.

APERCEPTION n.f. PHILOS. Pour l'esprit, acte de prendre conscience de lui-même, de son état intérieur.

APERCEVOIR v.t. [39] (lat. *ad,* vers, et *percipere,* comprendre). Voir, discerner de façon soudaine ou fugitive. ◆ **s'apercevoir** v.pr. (de). Se rendre compte de ; remarquer. *Elle s'est aperçue de votre absence, que vous étiez absent.*

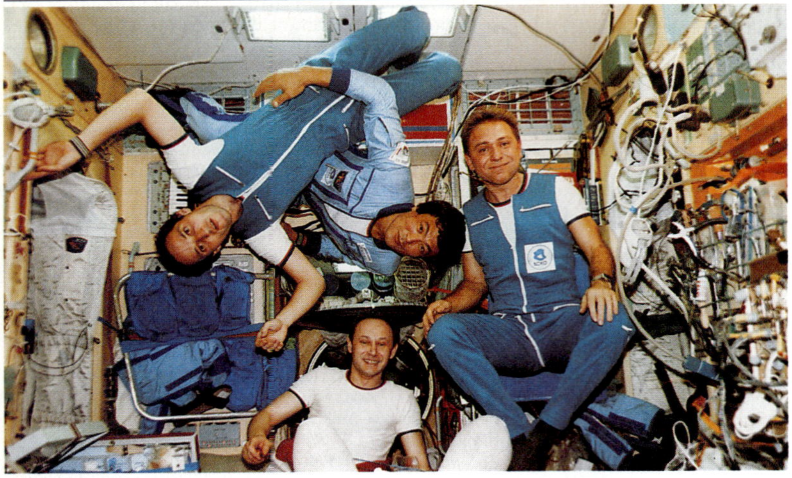

■ **APESANTEUR.** Cosmonautes en apesanteur à l'intérieur de la station orbitale Mir.

A

APERÇU n.m. Vue d'ensemble, souvent sommaire. *Donner un aperçu de la situation.*

APÉRIODIQUE adj. **1.** Qui tend vers une limite sans osciller. *Phénomène apériodique.* **2.** MÉTROL. Se dit d'un appareil de mesure qui atteint sa position de régime sans oscillation.

APÉRITEUR, TRICE adj. et n.m. (du lat. *aperire,* ouvrir). DR. Qui joue le rôle de principal assureur, dans le cas d'assurances multiples.

APÉRITIF, IVE adj. (du lat. *aperire,* ouvrir). *Litt.* Qui ouvre, stimule l'appétit. *Promenade apéritive.* ◆ n.m. **1.** Boisson alcoolisée servie génér. avant les repas. **2.** Réception, cocktail où sont servis des boissons, alcoolisées ou non, des mets, etc.

APÉRO n.m. *Fam.* Apéritif.

APERTURE n.f. PHON. Ouverture plus ou moins grande du canal buccal dans l'articulation d'un phonème.

APESANTEUR n.f. Disparition apparente des effets de la pesanteur terrestre, notamm. à l'intérieur d'un engin spatial. SYN. : *impesanteur.*

APÉTALE adj. BOT. Qui n'a pas de pétales. ◆ n.f. Plante dont les fleurs sont dépourvues de pétales et de sépales (ex. : chêne, gui, saule, ortie, betterave).

À-PEU-PRÈS n.m. inv. Approximation superficielle.

APEURER v.t. Faire peur à qqn ; effrayer.

APEX [apɛks] n.m. (mot lat., *sommet*). **1.** Pointe, sommet d'un organe animal ou végétal. **2.** BIOL. CELL. Pôle sécréteur d'une cellule de glande exocrine. **3.** ASTRON. Point de la sphère céleste situé dans la constellation d'Hercule et vers lequel semblent se diriger le Soleil et le système solaire.

APHASIE n.f. (du gr. *phasis,* parole). Affection neurologique caractérisée par une perturbation de l'expression ou de la compréhension du langage parlé et écrit, à la suite d une lésion du cortex cérébral.

APHASIQUE adj. Relatif à l'aphasie. ◆ adj. et n. Atteint d'aphasie.

APHÉLANDRA n.m. Plante ornementale d'Amérique tropicale, cultivée en serre chaude et en appartement. (Famille des acanthacées.)

APHÉLIE n.m. (gr. *apo,* loin, et *hêlios,* soleil). ASTRON. Point de l'orbite d'un corps gravitant autour du Soleil (planète, comète, etc.) qui est le plus éloigné de celui-ci. CONTR. : *périhélie.*

APHÉRÈSE n.f. (gr. *aphairesis,* enlèvement). PHON. Suppression d'un ou de plusieurs phonèmes au début d'un mot (ex. : *bus* pour *autobus*).

APHIDIEN ou **APHIDÉ** n.m. Insecte piqueur de petite taille, dont plusieurs espèces sont nuisibles aux plantes, tel que le puceron, le phylloxéra et la cochenille. (Les aphidiens forment une famille de l'ordre des homoptères.)

APHONE adj. (du gr. *phonê,* voix). Qui n'a pas ou n'a plus de voix.

APHONIE n.f. Extinction de la voix.

APHORISME n.m. (gr. *aphorismos,* définition). Sentence où s'opposent la concision d'une expression et la richesse d'une pensée, dont l'objectif est moins d'exprimer une vérité que de contraindre à réfléchir.

APHRODISIAQUE adj. et n.m. Se dit d'une substance qui est censée provoquer ou stimuler le désir sexuel. CONTR. : *anaphrodisiaque.*

APHRODITE n.f. Ver annélide marin des fonds vaseux ou sableux, au corps ovale et bombé, recouvert de fines soies rappelant un pelage. (Long. 15 cm ; classe des polychètes.) SYN. : *souris de mer, taupe de mer.*

APHTE [aft] n.m. (du gr. *aptein,* brûler). Ulcération superficielle mais douloureuse de la muqueuse buccale (joues, gencives, langue, lèvres) ou génitale.

APHTEUX, EUSE adj. Caractérisé par la présence d'aphtes. ◇ *Fièvre aphteuse :* maladie épizootique due à un virus et atteignant surtout les ruminants et le porc.

API n.m. *Pomme d'api :* petite pomme sucrée rouge et blanc.

À-PIC n.m. (pl. *à-pics*). Paroi verticale présentant une dénivellation importante.

APICAL, E, AUX adj. (du lat. *apex,* sommet). **1.** HISTOL. Qui se rapporte à l'apex d'un organe, d'une cellule. CONTR. : *basal.* **2.** PHON. *Consonne apicale,* ou *apicale,* n.f., réalisée par une mise en contact de la pointe de la langue *(apex)* avec le palais dur, les alvéoles ou les dents.

APICOLE adj. (du lat. *apis,* abeille, et *colere,* cultiver). Qui concerne l'élevage des abeilles.

APICULTEUR, TRICE n. Personne qui élève des abeilles.

APICULTURE n.f. Élevage des abeilles pour leur miel.

APIDÉ n.m. Insecte hyménoptère végétarien, mellifère, tel que l'abeille, le bourdon, le xylocope. (Les apidés forment une famille.)

APIÉCEUR, EUSE n. Vx. Personne chargée du montage des vêtements.

APIFUGE adj. Qui éloigne les abeilles. *Produit apifuge.*

APIGEONNER v.t. Suisse. Appâter, leurrer.

APION n.m. (mot gr., *poire*). Charançon dont la larve attaque certaines légumineuses. (Long. 4 mm env. ; ordre des coléoptères.)

APIQUAGE n.m. Action d'apiquer.

APIQUER v.t. MAR. Faire pencher ou incliner un espar de haut en bas.

APITOIEMENT n.m. Fait de s'apitoyer ; attendrissement, compassion.

APITOYER v.t. [7] (du lat. *pietas,* piété). Susciter la pitié, la compassion de. ◆ **s'apitoyer** v.pr. **(sur).** Être pris d'un sentiment de pitié pour.

APIVORE adj. et n. (du lat. *apis,* abeille). Se dit d'un animal qui se nourrit d'abeilles ou de couvains d'abeilles.

APLANAT n.m. et adj. PHOTOGR. Objectif aplanétique.

APLANÉTIQUE adj. (du gr. *planê,* aberration). OPT. Qui possède la propriété d'aplanétisme. *Système, lentille aplanétique.*

APLANÉTISME n.m. Qualité d'un système optique qui produit une image nette (sans aberration géométrique) d'un objet.

APLANIR v.t. (de *2. plan*). **1.** Rendre plan, uni, ce qui est inégal, raboteux. **2.** *Fig.* Faire disparaître, rendre moins important ce qui fait obstacle. *Aplanir les difficultés.*

APLANISSEMENT n.m. Action d'aplanir ; fait d'être aplani.

APLASIE n.f. (du gr. *plassein,* façonner). MÉD. **1.** Insuffisance congénitale du développement d'un tissu, d'un organe, dont l'agénésie est la forme grave. **2.** Insuffisance du développement de cellules, d'un tissu, survenant après la naissance et réversible. *Aplasie médullaire.*

1. À-PLAT ou **APLAT** n.m. (pl. *à-plats, aplats*). Surface, plage de couleur uniforme, dans une peinture, une impression, etc.

2. À-PLAT n.m. (pl. *à-plats*). Propriété d'une feuille de papier de se présenter d'une manière plane, sans aucun défaut superficiel.

APLATI, E adj. Rendu plat ; dont la courbure est peu accentuée ou nulle.

APLATIR v.t. **1.** Rendre plat, plus plat ; écraser qqch. **2.** *Fam.* Dominer, humilier qqn. ◆ v.i. Au rugby, poser ou plaquer le ballon dans l'en-but. ◆ **s'aplatir** v.pr. **1.** Prendre une forme aplatie ; s'écraser. **2.** Tomber, s'allonger sur le sol. **3.** *Fam.* Adopter une attitude servile devant qqn.

APLATISSEMENT n.m. Action d'aplatir ; fait de s'aplatir, d'être aplati.

APLATISSEUR n.m. Machine à écraser le grain pour l'alimentation du bétail.

APLITE n.f. PÉTROL. Roche magmatique filonienne dont la taille des minéraux est très petite.

APLOMB n.m. **1.** Verticalité donnée par le fil à plomb. **2.** Stabilité, équilibre de ce qui est d'aplomb. ◇ *D'aplomb :* vertical, équilibré ; *fam.,* en bonne santé. **3.** *Fam.* Confiance en soi ; assurance. ◇ *Avoir de l'aplomb,* une assurance excessive, quelque peu insolente. ◆ pl. Position des membres d'un animal, notamm. d'un cheval, par rapport au sol.

APNÉE n.f. (du gr. *pnein,* respirer). **1.** Suspension, volontaire ou non, de la respiration. *Plonger en apnée.* **2.** *Syndrome des apnées du sommeil :* ensemble de troubles (fatigue, maux de tête) liés à des apnées trop fréquentes pendant le sommeil et compliqués à long terme d'affections cardiovasculaires.

APNÉISTE n. Personne qui pratique la plongée sous-marine en apnée.

APOASTRE n.m. ASTRON. Point de l'orbite d'un astre gravitant autour d'un autre où la distance des deux corps est maximale. CONTR. : *périastre.*

APOCALYPSE n.f. (gr. *apokalupsis,* révélation). **1.** Catastrophe épouvantable ; fin du monde. **2.** Écrit relatif aux mystères de la fin des temps, dans le judaïsme et le christianisme. (Le livre de Daniel et l'Apocalypse de Jean font partie de la Bible catholique et protestante ; les autres apocalypses sont considérées comme apocryphes.) – *Spécial.* (Avec une majuscule.) Apocalypse de Jean (v. partie n.pr.).

APOCALYPTIQUE adj. **1.** Qui a le caractère d'une catastrophe ; épouvantable. **2.** Relatif aux apocalypses, en partic. à celle de Jean.

APOCOPE n.f. (du gr. *apokoptein,* retrancher). PHON. Chute d'un ou de plusieurs phonèmes à la fin d'un mot (ex. : *ciné* pour *cinéma*).

APOCOPÉ, E adj. PHON. Qui a subi une apocope.

APOCRYPHE adj. (gr. *apokruphos,* tenu secret). Non authentique ; douteux, suspect. *Document apocryphe.* ◆ n.m. Livre qui, se présentant comme inspiré par Dieu, ne fait pas partie du canon biblique juif ou chrétien.

APOCYNACÉE [apɔsinase] n.f. (gr. *apo,* loin de, et *kuon, kunos,* chien). Arbrisseau à tiges rampantes, à fleurs bleues, blanches ou pourpres, tel que la pervenche, le laurier-rose et le frangipanier. (Les apocynacées forment une famille.)

APODE adj. (du gr. *pous, podos,* pied). Qui n'a pas de pieds, de pattes, de nageoires. ◆ n.m. Amphibien vermiforme et fouisseur tel que la cécilie. (Les apodes forment un superordre.)

APODICTIQUE adj. (gr. *apodeiktikos,* propre à convaincre). PHILOS. D'une évidence nécessaire, de droit (par oppos. à *assertorique*).

APODOSE n.f. **1.** LING. Proposition principale placée après une proposition subordonnée, ou protase. (Ex. : *si tu veux* [protase], *elle partira* [apodose].) **2.** Phase descendante d'une période oratoire.

APOENZYME n.f. ou n.m. BIOCHIM. Partie protéique de certaines enzymes, qui, associée à une partie non protéique, la coenzyme, forme l'enzyme complète.

APOGAMIE n.f. BOT. Développement d'un embryon végétal à partir d'une cellule végétative, génér. diploïde, sans recours à la fécondation.

APOGÉE n.m. (gr. *apo,* loin de, et *gê,* Terre). ASTRON. Point de l'orbite d'un corps gravitant autour de la Terre qui est le plus éloigné de celle-ci. CONTR. : *périgée.* ◇ *À l'apogée de :* au plus haut degré, au sommet de. *Être à l'apogée de sa gloire.*

APOLIPOPROTÉINE n.f. MÉD. Partie protéique d'une lipoprotéine.

APOLITIQUE adj. et n. Qui se place en dehors de la politique ; qui professe la neutralité en matière politique.

APOLITISME n.m. Caractère de ce qui est apolitique ; attitude d'une personne apolitique.

APOLLINIEN, ENNE adj. **1.** MYTH. GR. Relatif à Apollon. **2.** PHILOS. Chez Nietzsche, équilibré, mesuré, serein (par oppos. à *dionysiaque*).

APOLLON n.m. (de *Apollon,* dieu grec de la Beauté). **1.** ENTOMOL. Parnassien (papillon). **2.** Homme d'une grande beauté.

1. APOLOGÉTIQUE adj. Qui contient une apologie ; qui tient de l'apologie.

2. APOLOGÉTIQUE n.f. Discipline de la théologie visant à montrer l'excellence des croyances et des rites d'un groupe religieux.

APOLOGIE n.f. (gr. *apologia,* défense). Discours ou écrit destiné à convaincre de la justesse de qqch, à assurer la défense de qqn, de qqch.

APOLOGISTE n. Auteur d'une apologie. – CHRIST. Auteur chrétien, spécial. du IIe s., qui élabora une apologie de la foi nouvelle.

APOLOGUE n.m. (gr. *apologos,* récit fictif). Court récit en prose ou en vers, souvent présenté sous forme allégorique et comportant un enseignement ou une morale.

APOMIXIE n.f. SC. DE LA V. Reproduction sexuée sans fécondation, observable notamm. chez certaines plantes supérieures.

APOMORPHE adj. SC. DE LA V. Dans l'analyse cladistique, se dit d'un caractère biologique dérivé par rapport à son état ancestral. CONTR. : *plésiomorphe.*

APOMORPHIE n.f. SC. DE LA V. État apomorphe d'un caractère biologique.

APONÉVROSE n.f. ANAT. Membrane conjonctive qui enveloppe les muscles ou qui fixe les muscles aux os.

APONÉVROTIQUE adj. De l'aponévrose.

APOPHANTIQUE adj. PHILOS. Se dit d'un énoncé qui peut être dit vrai ou faux.

APOPHTEGME [apɔftɛgm] n.m. (gr. *apophthegma,* sentence). *Litt.* Parole mémorable exprimée de façon concise.

APOPHYSAIRE adj. Qui concerne l'apophyse.

APOPHYSE n.f. (gr. *apo,* hors de, et *phusis,* croissance). ANAT. Excroissance naturelle de la surface d'un os.

APOPLECTIQUE adj. Vieilli. Relatif à l'apoplexie.

APOPLEXIE n.f. (gr. *apo,* indiquant l'achèvement, et *plessein,* frapper). Vieilli. Perte de connaissance brutale due génér. à une hémorragie cérébrale.

APOPTOSE n.f. EMBRYOL. Mécanisme de mort cellulaire programmée, intervenant pendant le développement de l'embryon et permettant la différenciation des organes définitifs à partir des structures embryonnaires.

APORÉTIQUE adj. Qui a le caractère d'une aporie.

APORIE n.f. (gr. *aporia,* difficulté). PHILOS. Contradiction insoluble dans un raisonnement.

APOSIOPÈSE n.f. RHÉT. Interruption d'une phrase par un silence brusque.

APOSTASIE n.f. (gr. *apostasis,* abandon). **1.** Abandon public et volontaire d'une religion, partic. de la foi chrétienne. **2.** *Litt.* Abandon d'un parti, d'une doctrine, etc.

APOSTASIER v.t. et v.i. [5]. Faire acte d'apostasie.

APOSTAT, E adj. et n. Qui a apostasié.

APOSTER v.t. (ital. *appostare,* guetter). Vieilli. Mettre qqn en poste pour qu'il guette, surveille.

A POSTERIORI [apɔsterjɔri] loc. adv. et loc. adj. inv. (mots lat., *en partant de ce qui vient après*). En se fondant sur l'expérience, sur les faits constatés. CONTR. : *a priori.*

APOSTILLE n.f. (anc. fr. *postille,* annotation). DR. Mention modificative, complémentaire ou explicative faite en marge d'un acte.

APOSTOLAT n.m. (gr. *apostolos,* apôtre). **1.** Mission d'un ou des apôtres. – Activité de propagation de la foi chrétienne. **2.** Activité à laquelle on se consacre de façon désintéressée.

APOSTOLICITÉ n.f. **1.** Caractère de ce qui est apostolique. **2.** CATH. Le fait, pour l'Église, de rester fidèle à l'Église des apôtres par une suite ininterrompue de pasteurs légitimes.

APOSTOLIQUE adj. **1.** Qui procède de la mission des apôtres, lui est conforme. **2.** CATH. Qui émane du Saint-Siège, le représente. *Nonce apostolique.* ◇ *Lettres apostoliques :* bulles, brefs, motu proprio et signatures du Vatican.

1. APOSTROPHE n.f. (gr. *apostrophê,* action de se retourner). **1.** Interpellation brusque et peu courtoise. **2.** RHÉT. Figure de style par laquelle un locuteur s'adresse directement à une personne, à un animal ou à une chose personnifiée. ◇ *Mot mis en apostrophe,* ou *apostrophe :* fonction grammaticale du mot qui désigne l'être à qui l'on s'adresse (ex. : *toi,* dans *Toi, viens ici !*)

2. APOSTROPHE n.f. (gr. *apostrophos*). Signe (') servant à indiquer une élision (en français, de *a* [l'eau], *e* [j'ai], *i* [s'il], *u* [t'as vu ?]).

APOSTROPHER v.t. S'adresser brusquement ou brutalement à qqn.

APOTHÉCIE n.f. (gr. *apothêkê,* réservoir). MYCOL. Organe reproducteur en forme de coupe où se forment les asques de certains champignons ascomycètes (les discomycètes) et de la plupart des lichens.

APOTHÈME n.m. (gr. *apotithenai,* abaisser). GÉOMÉTR. Segment joignant le centre d'un polygone régulier à l'intersection d'une perpendiculaire abaissée du centre sur un côté.

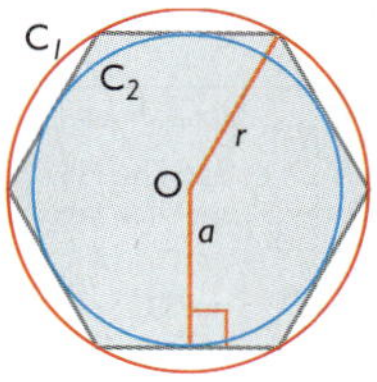

■ **APOTHÈME** d'un polygone régulier.

APOTHÉOSE n.f. (gr. *apotheôsis*). **1.** Dernière partie, la plus brillante, d'une manifestation artistique, sportive, etc. **2.** ANTIQ. GR. ET ROM. Déification d'un héros, d'un souverain après sa mort. **3.** Honneur extraordinaire rendu à qqn ; consécration, triomphe.

APOTHICAIRE n.m. (gr. *apothêkê,* réservoir). Vx. Pharmacien. ◇ *Compte d'apothicaire :* compte compliqué ou mesquin ; compte surévalué.

APÔTRE n.m. (lat. *apostolus,* du gr.). **1. a.** Chacun des douze disciples choisis par Jésus-Christ (Pierre, André, Jacques le Majeur, Jean, Philippe, Barthélemy, Matthieu, Thomas, Jacques le Mineur, Simon, Jude et Judas [remplacé après sa mort par Matthias]). **b.** Un de ceux qui, tels Paul ou Barnabé, ont été les premiers messagers de l'Évangile. *Saint Paul, l'Apôtre des gentils* ou *des païens.* **2.** Propagateur, défenseur d'une doctrine, d'une opinion, etc. *Apôtre du socialisme.* ◇ *Faire le bon apôtre :* contrefaire l'homme de bien.

APPALACHIEN, ENNE adj. Des Appalaches. ◇ *Relief appalachien :* relief d'érosion différentielle résultant d'une reprise d'érosion dans une région de vieilles montagnes plissées, réduites à l'état de pénéplaines.

APPARAÎTRE v.i. [71] [auxil. *être*] (lat. *apparere*). **1.** Se montrer, devenir visible. *Le jour n'apparaît pas encore.* **2.** *Fig.* Se faire jour, devenir manifeste. *Les difficultés de l'entreprise apparaissent maintenant.* **3.** (Suivi d'un adj.) Se présenter à l'esprit de telle manière. *Le projet lui apparaissait impossible.* ◇ *Il apparaît que :* on constate que.

APPARAT n.m. (lat. *apparatus,* préparatif). Éclat, faste qui accompagne certaines cérémonies, certains discours, etc. *Festin d'apparat.*

APPARATCHIK n.m. (mot russe). *Péjor.* Membre de l'appareil d'un parti, partic. d'un parti communiste, d'un syndicat.

APPARAUX n.m. pl. (du lat. *apparare,* préparer). MAR. Matériel d'ancrage, de levage, etc., équipant un navire.

APPAREIL n.m. (du lat. *apparare,* préparer). **1.** Objet, machine, dispositif, formés d'un assemblage de pièces et destinés à produire un certain résultat. *Les appareils ménagers. Appareil de sauvetage.* **2.** Appareil photo. **3.** Téléphone. *Qui est à l'appareil ?* **4.** Avion. *Appareil moyen-courrier.* **5.** ANAT. Ensemble d'organes qui concourent à une même fonction, en général de nature et de structure différentes, mais reliés anatomiquement entre eux (par oppos. à *système*). *L'appareil digestif.* ◇ PSYCHAN. *Appareil psychique :* le psychisme, en tant qu'il est doté de dynamisme et de capacité à transformer les énergies. **6.** MÉD. Pièce, dispositif placés à l'intérieur ou à l'extérieur de l'organisme pour soutenir ou remplacer un organe, une partie du corps, une fonction. ◇ *Appareil dentaire,* ou *appareil :* prothèse dentaire ; dentier. *Porter un appareil.* – *Appareil orthopédique,* utilisé pour soutenir, maintenir le squelette (attelle, orthèse, plâtre, prothèse). **7.** ARCHIT. Type de taille et d'agencement des éléments d'une maçonnerie de pierre ou de brique. *Mur en grand* (ou *moyen,* ou *petit*) *appareil isodome.* **8.** Ensemble des organismes assurant la direction et l'administration d'un parti, d'un syndicat, etc. **9.** SPORTS. Agrès.

A

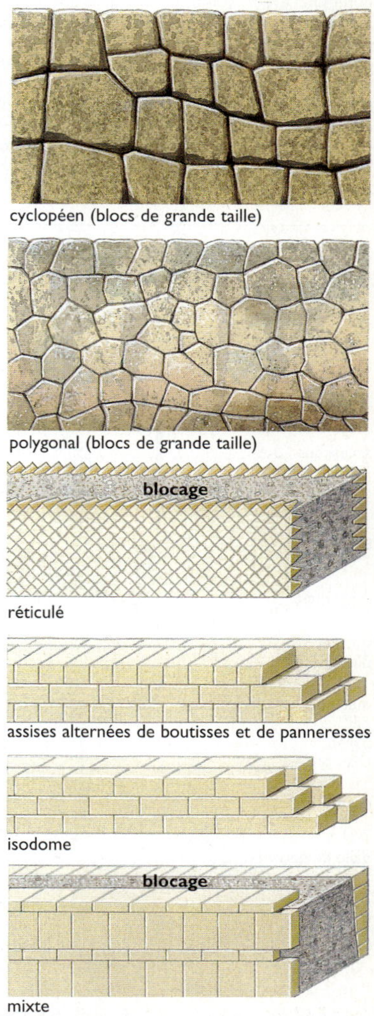

■ **APPAREILS** en architecture.

APPAREILLADE n.f. Appariement des perdrix.

1. **APPAREILLAGE** n.m. **1.** Ensemble d'appareils et d'accessoires. *Appareillage électrique.* **2.** MÉD. Pose, installation d'un appareil. – **Abusif.** L'appareil lui-même.

2. **APPAREILLAGE** n.m. NAVIG. Manœuvre de départ d'un navire ; ce départ.

APPAREILLEMENT n.m. Réunion de deux animaux de trait pour l'exécution d'un travail.

1. **APPAREILLER** v.t. (lat. *apparare*, préparer). **1.** Projeter et réaliser l'appareil d'une façade ou d'un membre d'architecture (colonne, voûte, etc.), dit alors *appareillé.* **2.** MÉD. Munir un malade d'un appareil, en partic. d'une prothèse.

2. **APPAREILLER** v.i. NAVIG. Quitter le port, le mouillage.

3. **APPAREILLER** v.t. (de *pareil*). Mettre ensemble des choses semblables ; assortir.

APPAREMMENT [aparamɑ̃] adv. D'après les apparences.

APPARENCE n.f. (du lat. *apparens*, apparaissant). **1.** Ce qui se présente immédiatement à la vue, à la pensée. *Une maison de belle apparence. Il ne faut pas se fier aux apparences.* ◇ *Contre toute apparence :* contrairement à ce qui a été vu, pensé. – *En apparence :* d'après ce que l'on voit ; extérieurement. – *Sauver les apparences :* ne pas laisser paraître ou dissimuler ce qui pourrait nuire à la réputation, aller contre les convenances. **2.** PHILOS. Aspect sensible, perçu du réel, par oppos. à la réalité en soi.

APPARENT, E adj. **1.** Qui se montre clairement aux yeux ou à l'esprit. *La différence est apparente.* **2.** Qui ne correspond pas à la réalité. *Danger plus apparent que réel.* **3.** ASTRON. Qui caractérise un paramètre physique ou cinématique tel qu'il est observé. *Mouvement apparent. Éclat apparent.*

APPARENTÉ, E adj. **1.** Allié par le mariage. **2.** Lié par un accord électoral. **3.** Qui présente des traits communs avec.

APPARENTEMENT n.m. Faculté offerte, dans certains systèmes électoraux, à des listes de candidats de se grouper pour le décompte des voix, afin de remporter des sièges.

APPARENTER (S') v.pr. **(à). 1.** Avoir des traits communs avec ; ressembler. **2.** S'allier, être allié par mariage. **3.** Pratiquer l'apparentement dans une élection.

APPARIEMENT n.m. Action d'apparier.

APPARIER v.t. [5]. Assortir par paires, par couples. ◆ **s'apparier** v.pr. Se mettre en couple, notamm. en parlant des oiseaux.

APPARITEUR n.m. (lat. *apparitor*). Huissier, dans une université.

APPARITION n.f. (lat. *apparitio*). **1.** Fait d'apparaître, de se manifester à la vue ou à l'esprit. **2.** RELIG. Manifestation d'un être, naturel ou surnaturel ; l'être ainsi apparu.

APPAROIR v. impers. DR. Être apparent. ◇ *Il appert que :* il ressort avec évidence que. – REM. *Apparoir* n'est usité qu'à l'inf. et à la 3e pers. de l'indic. présent.

APPARTEMENT n.m. Ensemble de pièces destiné à l'habitation, dans un immeuble, une grande maison, etc. ◇ *Fam. Achat, vente par appartement(s) :* achat, vente d'un groupe industriel ou financier par secteur d'activité ou par filiale.

APPARTENANCE n.f. **1.** Fait d'appartenir. *L'appartenance à un parti politique.* **2.** ALGÈBRE. Propriété d'être un élément d'un ensemble. (La relation d'appartenance est notée ∈.)

APPARTENIR v.t. ind. [28] (lat. *pertinere*, se rapporter). **1.** Être la propriété de. *Ce livre ne lui appartient pas.* **2.** Se rattacher à ; faire partie, relever de. *Appartenir au corps des fonctionnaires.* ◇ *Il appartient à qqn de,* il est de son devoir de. *Il vous appartient de prendre des mesures* ◆ **s'appartenir** v.pr. *Litt. Ne plus s'appartenir :* ne plus être libre de ses actions.

APPAS n.m. pl. (de *appâter*). *Litt.* Charmes physiques d'une femme, en partic. sa poitrine.

APPÂT n.m. **1.** Nourriture placée dans un piège ou fixée à un hameçon. **2.** *Litt. L'appât de qqch :* ce qui pousse à agir.

APPÂTER v.t. (de l'anc. fr. *past*, nourriture). **1.** Attirer avec un appât ; séduire, attirer par la promesse d'une récompense, d'un gain. **2.** Engraisser la volaille. SYN. : *gaver.*

APPAUVRIR v.t. Rendre pauvre, plus pauvre. ◆ **s'appauvrir** v.pr. Devenir pauvre, plus pauvre.

APPAUVRISSEMENT n.m. Action d'appauvrir ; fait de s'appauvrir.

APPEAU n.m. (de *appel*). Petit instrument avec lequel on imite le cri des animaux pour les attirer. SYN. : *pipeau.*

APPEL n.m. **1.** Action d'inviter à venir, à agir. *Appel au secours, à l'insurrection.* ◇ *Faire appel à :* demander l'aide, l'appui, le concours de. – *Fam. Appel du pied :* invitation implicite. **2.** DR. Recours ; voie de recours contre une décision de justice rendue en première instance. *Faire appel d'un jugement.* ◇ DR. *Faire, interjeter appel :* engager un recours en justice contre une décision rendue en première instance. – *Cour administrative d'appel :* juridiction chargée de juger en appel les décisions des tribunaux administratifs. – *Cour d'appel :* juridiction chargée de juger en appel les décisions des tribunaux judiciaires du premier degré. – *Sans appel :* irrévocable ; de façon irrévocable. **3. a.** Action de nommer successivement les personnes d'un groupe pour s'assurer de leur présence. *Faire l'appel.* **b.** Rassemblement de militaires ; batterie ou sonnerie prescrivant ce rassemblement. **c.** Convocation des jeunes devant accomplir leur *service national. *Appel de la classe 98.* **4.** *Appel téléphonique,* ou *appel :* action d'appeler qqn au téléphone ; fait d'être appelé au téléphone. **5.** *Appel d'air :* dispositif créant une dépression dans un foyer, pour faciliter l'entrée de l'air nécessaire à la combustion. **6. a.** DANSE. Élan pris sur un pied pour amorcer un saut. **b.** SPORTS. Appui qui précède le saut, au terme de la course d'élan. **7.** COMM. *Produit d'appel,* vendu avec une très faible marge bénéficiaire. – *Prix d'appel :* prix pratiqué sur un produit d'appel.

APPELANT, E adj. et n. **1.** DR. Qui fait appel d'une décision juridictionnelle. **2.** Qui appelle par téléphone un organisme, en partic. un service d'assistance.

APPELÉ, E n. Jeune soumis aux obligations de l'appel dans le cadre du *service national.

APPELER v.t. [16] (lat. *appellare*). **1.** Inviter à venir, à prêter attention, à agir, au moyen d'une parole, d'un cri, d'un geste, etc. **2.** Entrer ou chercher à entrer en communication téléphonique avec qqn. *Appelez-moi vers cinq heures.* **3.** Convoquer au service national. *Appeler un contingent.* **4.** Obliger qqn à venir ; convoquer. *Appeler en justice.* ◇ *Appeler qqn à un poste, à une fonction,* l'y nommer, l'y désigner. **5.** Désigner par un nom. *Appeler son fils Pierre.* ◇ *Fam. Se faire appeler Arthur :* se faire réprimander. **6.** INFORM. Commander l'exécution d'une séquence d'instructions considérée comme un sous-ensemble autonome d'un programme. **7.** Rendre souhaitable, nécessaire. *La situation appelle des mesures d'urgence.* ◆ v.t. ind. *En appeler à, auprès de :* solliciter l'arbitrage de, s'en remettre à. ◆ **s'appeler** v.pr. Avoir pour nom.

APPELETTE n.f. (angl. *applet*). Appliquette.

APPELLATIF, IVE n.m. et adj. LING. Terme utilisé pour interpeller l'interlocuteur. *« Monsieur » est un appellatif.*

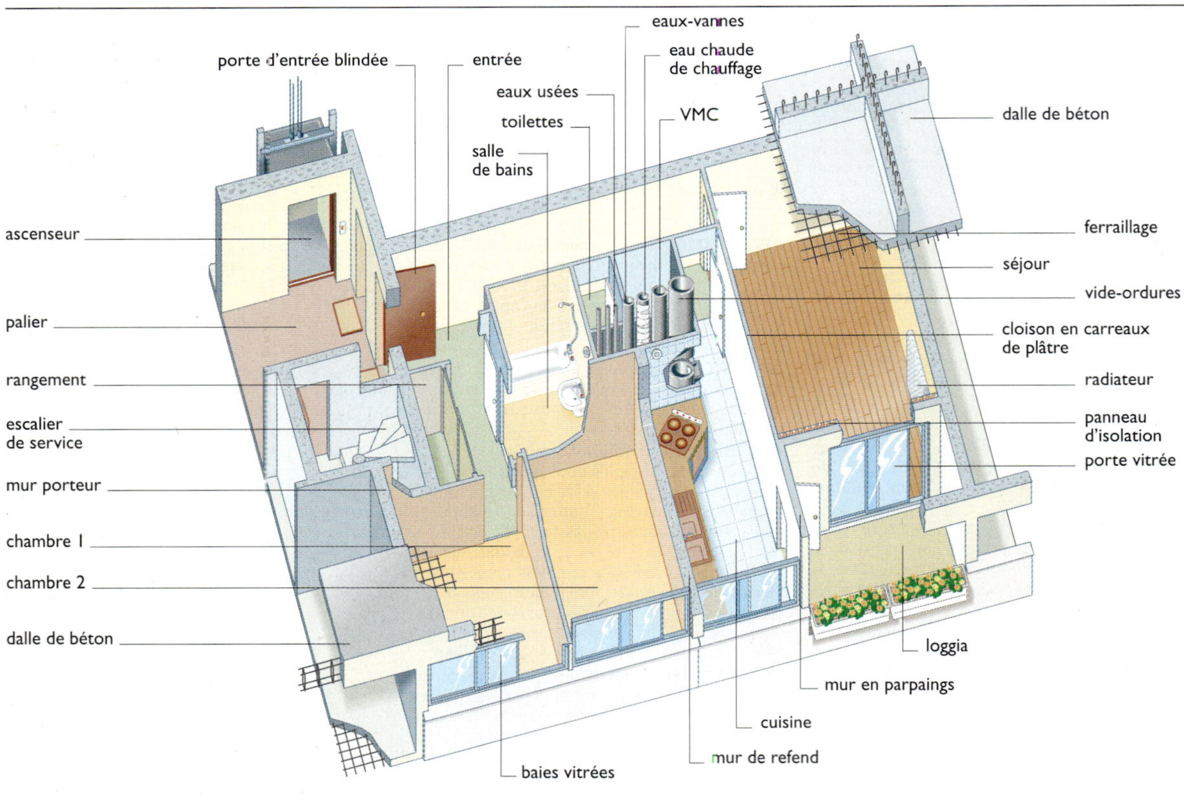

■ **APPARTEMENT.** Organisation d'un appartement.

APPELLATION n.f. (lat. *appellatio*). Façon d'appeler, de nommer. *Une appellation injurieuse.* ◇ *Appellation d'origine :* dénomination garantissant l'origine d'un produit. – *Appellation d'origine contrôlée (AOC) :* détermination légale de certains produits agricoles (vins, fromages), s'appliquant à un milieu géographique délimité et garantissant les caractéristiques et qualités des produits.

APPENDICE [apɛ̃dis] n.m. (du lat. *appendix,* qui est suspendu à). **1.** Partie qui complète, prolonge une partie principale. ◇ ANAT. *Appendice iléo-cæcal* ou *vermiculaire :* diverticule creux, en forme de doigt de gant, abouché au cæcum. – Expansion articulée, génér. paire, du corps des insectes et des crustacés, jouant un rôle dans la détection et le toucher (antennes), la locomotion (pattes), la nutrition (pièces buccales). **2.** Ensemble de notes, de notices, de documents placé à la fin d'un ouvrage.

APPENDICECTOMIE [apɛ̃disɛktɔmi] n.f. CHIRURG. Ablation de l'appendice iléo-cæcal.

APPENDICITE n.f. Inflammation de l'appendice iléo-cæcal.

1. APPENDICULAIRE adj. ANAT. De l'appendice.

2. APPENDICULAIRE n.m. Animal marin du groupe des tuniciers, qui garde toute sa vie un aspect larvaire et constitue une partie du plancton. (Les appendiculaires forment l'un des trois groupes de l'embranchement des urocordés.)

APPENDRE v.t. [59]. *Litt.* Suspendre des drapeaux, des ex-voto, etc.

APPENTIS [apɑ̃ti] n.m. (de *appendre*). **1.** Comble à une seule pente, adossé à une partie d'édifice plus élevée. **2.** Bâtiment, adossé ou non, couvert d'un toit à une seule pente.

APPENZELL [apɛnzɛl] n.m. (de *Appenzell,* n.pr.). Fromage suisse à pâte dure, présenté en meules d'env. 10 kg.

APPERT (IL) → **APPAROIR.**

APPERTISATION n.f. (de N. *Appert,* n.pr.). Procédé de conservation des denrées alimentaires par stérilisation à la chaleur, en vase clos.

APPESANTIR v.t. **1.** Rare. Rendre plus lourd, moins vif. **2.** Rendre plus dur, plus accablant. ◆ **s'appesantir** v.pr. **1.** Se faire plus lourd ; s'alourdir. **2.** *S'appesantir sur qqch,* s'y attarder avec insistance.

APPESANTISSEMENT n.m. Action, fait de s'appesantir.

APPÉTENCE n.f. (lat. *appetentia*). *Sout.* Tendance, pour qqn, à satisfaire ses penchants naturels ; désir, envie.

APPÉTISSANT, E adj. Qui excite l'appétit, les désirs.

APPÉTIT n.m. (lat. *appetitus,* désir). **1.** Désir de manger. *Montrer de l'appétit.* ◇ *Bon appétit ! :* souhait adressé à qqn avant le repas. – *Mettre qqn en appétit,* lui donner le désir de manger ; *fig.,* lui donner l'envie de faire ou d'avoir qqch. **2.** *Appétit sexuel :* manifestation du désir sexuel, de la sexualité. **3.** Vif désir de qqch. *Appétit de connaissance.*

APPLAUDIMÈTRE n.m. Enregistreur, le plus souvent fictif, de l'intensité et de la durée des applaudissements, censé fournir la mesure de la popularité d'un orateur, d'une vedette.

APPLAUDIR v.t. et v.i. (lat. *applaudere*). Marquer son admiration en battant des mains. *Applaudir un orateur. Le public a applaudi à tout rompre.* ◆ v.t. ind. **(à). 1.** Manifester son approbation à qqn. **2.** Approuver entièrement qqch. ◆ **s'applaudir** v.pr. **(de).** *Sout.* Se féliciter de qqch, s'en réjouir.

APPLAUDISSEMENT n.m. (Surtout pl.) Action d'applaudir ; acclamation, approbation.

APPLAUDISSEUR, EUSE n. Personne qui applaudit ; flatteur.

APPLET [aplɛ] n.m. Québec. Appliquette.

APPLICABILITÉ n.f. Caractère de ce qui est applicable.

APPLICABLE adj. Susceptible d'être appliqué.

APPLICAGE n.m. TECHN. Action d'appliquer qqch sur une surface afin de la décorer ou de la rendre plus solide.

APPLICATEUR adj.m. et n.m. Qui sert à étaler un produit sur une surface. *Bouchon applicateur.*

APPLICATION n.f. **1.** Action d'appliquer une chose sur une autre. *L'application d'un enduit sur un mur.* **2.** Mise en œuvre, mise en pratique. *Application d'une théorie.* **3.** Soin, peine que l'on prend à la réalisation d'une tâche. *Travailler avec application.* **4.** BOURSE. Opération d'achat et de vente de titres exécutée chez un même intermédiaire en Bourse et qui, n'étant pas effectuée sur le marché, n'influence pas les cours. **5.** ALGÈBRE. Opération qui consiste à faire correspondre à tout élément d'un ensemble A un élément d'un ensemble B et un seul. **6.** INFORM. Programme, ou ensemble de programmes, destiné à aider l'utilisateur d'un ordinateur pour le traitement d'une tâche précise.

APPLIQUE n.f. **1.** Appareil d'éclairage qui se fixe au mur. **2.** *Décor d'applique, relief d'applique,* ou *applique :* en arts décoratifs et en sculpture, ornement ou motif surajouté se détachant en relief sur un fond.

APPLIQUÉ, E adj. **1.** Qui manifeste un soin méticuleux. *Un élève appliqué. Une écriture appliquée.* **2.** Se dit de tout domaine d'activité scientifique qui a des applications concrètes. **3.** *Arts appliqués :* ensemble des activités visant à la production d'éléments de décor, d'objets, d'usage pratique ou non, ayant une valeur esthétique (ébénisterie, céramique, orfèvrerie, bijouterie, ferronnerie, vitrail, etc.). SYN. : *arts décoratifs.*

APPLIQUER v.t. (lat. *applicare*). **1.** Mettre une chose sur une autre ; plaquer. *Appliquer des couleurs sur une toile. Appliquer de la pommade.* **2.** Mettre en œuvre, en pratique. *Appliquer une théorie, un règlement.* ◆ **s'appliquer** v.pr. **(à). 1.** S'adapter convenablement ; convenir. *Cette réflexion s'applique bien à la situation.* **2.** Apporter beaucoup de soin, d'attention à ; s'employer. *S'appliquer à laisser son bureau en ordre.*

APPLIQUETTE n.f. Petite application interactive que l'utilisateur d'un système informatique charge avec un navigateur, à partir d'une page Web d'un serveur, pour l'exécuter sur sa machine. (Au Québec, on dit *applet* [aplɛ].) SYN. : *appelette.*

APPOGGIATURE [apɔdʒjatyr] n.f. (ital. *appoggiatura*). MUS. Note d'ornement qui précède la note réelle à un intervalle de seconde et qui est écrite en caractères plus petits.

APPOINT n.m. **1.** Complément en petite monnaie d'une somme due. ◇ *Faire l'appoint :* compléter une somme en petite monnaie ; *par ext.,* payer un achat en remettant la somme exacte. **2.** Ce qui s'ajoute à qqch pour le compléter. *Chauffage d'appoint.*

APPOINTAGE n.m. Action de rendre pointu.

APPOINTÉ n.m. Suisse. Soldat de première classe.

APPOINTEMENTS n.m. pl. Rémunération fixe, salaire attaché à un poste, à un emploi.

1. APPOINTER v.t. Verser des appointements à qqn.

2. APPOINTER v.t. Tailler en pointe.

APPONDRE v.t. [59] (lat. *apponere,* ajouter). Région. (Savoie) ; Suisse. Joindre, fixer bout à bout. *Appondre des cordages.*

APPONSE n.f. Suisse. Pièce ajoutée, appondue.

APPONTAGE n.m. AVIAT. Prise de contact d'un avion, d'un hélicoptère avec le pont d'un bâtiment porteur (notamm. porte-aéronefs).

APPONTEMENT n.m. Plate-forme fixe le long de laquelle un navire vient s'amarrer pour le chargement ou le déchargement.

APPONTER v.i. Réaliser un appontage.

APPORT n.m. **1.** Action d'apporter qqch. *L'apport d'alluvions par les eaux.* **2.** DR. Ensemble de biens, de capitaux que l'on apporte à une société en contrepartie de parts sociales ou actions. **3.** *Fig.* Ce qui est apporté ; participation, contribution. *L'apport de la civilisation grecque.*

APPORTER v.t. (lat. *apportare*). **1.** Porter à qqn, porter avec soi en un lieu. *Apportez-moi ce livre. Apportez vos livres.* **2.** Mettre à la disposition de qqn ; donner, fournir. *Il n'apporte aucune preuve.* **3.** Produire un effet, un résultat. *Ces comprimés m'ont apporté un soulagement.*

APPORTEUR n.m. DR. Personne qui fait un apport.

APPOSER v.t. Mettre sur qqch ; appliquer. *Apposer une affiche, une signature.* ◇ DR. *Apposer une clause à un acte,* l'y insérer. – *Apposer les scellés :* appliquer le sceau de justice sur la porte d'un local, sur un meuble, pour qu'on ne puisse soustraire aucun des objets qu'ils renferment.

APPOSITION n.f. (lat. *appositio*). **1.** Action d'apposer qqch. **2.** LING. Procédé par lequel un terme (nom, adj.) ou une proposition qualifient un nom ou un pronom en leur étant juxtaposés ; le mot ou la proposition ainsi juxtaposés. (Ex. : *Paris, capitale de la France.*)

APPRÉCIABILITÉ n.f. Rare. Caractère de ce qui est appréciable.

APPRÉCIABLE adj. **1.** Qui peut être apprécié, évalué. **2.** Dont on peut apprécier la valeur ; sensible, notable. *Il y a eu des changements appréciables.*

APPRÉCIATEUR, TRICE n. Personne qui apprécie, estime la valeur de qqch, qqn.

APPRÉCIATIF, IVE adj. Qui marque l'appréciation.

APPRÉCIATION n.f. **1.** Action d'apprécier ; évaluation. *Faire l'appréciation des marchandises.* **2.** Jugement porté sur qqch, qqn.

APPRÉCIER v.t. [5] (lat. *pretium,* prix). **1.** Déterminer la valeur, l'importance de ; estimer. *Apprécier une distance, les conséquences d'un fait.* **2.** Juger bon, agréable, faire cas de. *Apprécier l'aide de qqn.* ◆ **s'apprécier** v.pr. Prendre de la valeur. *L'euro s'est apprécié par rapport au dollar.*

APPRÉHENDER v.t. (lat. *apprehendere*). **1.** Procéder à l'arrestation de qqn. *Appréhender un malfaiteur.* **2.** Craindre, redouter la venue de qqch de désagréable, de dangereux. *J'appréhende de le revoir.* **3.** *Litt.* Comprendre, saisir intellectuellement. *Appréhender un problème dans toute sa complexité.*

APPRÉHENSIF, IVE adj. Rare. Qui a tendance à appréhender, à craindre.

APPRÉHENSION n.f. **1.** Crainte vague, indéfinie. **2.** PHILOS. Acte par lequel l'esprit saisit un objet de pensée, comprend qqch.

APPRENANT, E n. Personne qui suit un enseignement.

APPRENDRE v.t. [61] (lat. *apprehendere,* saisir). **1.** Acquérir la connaissance, la pratique de. *Apprendre un métier, les mathématiques.* **2.** Faire acquérir la connaissance, la pratique de ; communiquer un savoir, une information. *Apprendre le dessin à un enfant. Il m'a appris la nouvelle.*

APPRENTI, E n. **1.** Personne qui apprend un métier, qui est en apprentissage. **2.** Personne encore peu habile, inexpérimentée. ◇ *Apprenti sorcier :* personne qui met en route un processus qu'elle ne peut contrôler.

APPRENTISSAGE n.m. **1. a.** Situation d'un apprenti ; temps pendant lequel on est apprenti. **b.** Action d'apprendre un métier manuel ; formation professionnelle des apprentis. ◇ *Taxe d'apprentissage :* taxe imposée aux employeurs, qui permet un financement partiel de l'apprentissage. **2.** Action d'apprendre un métier intellectuel, un art, etc. ◇ *Faire l'apprentissage de qqch,* s'y exercer, s'y habituer. **3.** ÉTHOL. Processus d'acquisition, par un animal ou un être humain, de connaissances ou de comportements nouveaux, sous l'effet des interactions avec l'environnement.

APPRÊT n.m. **1.** Traitement que l'on fait subir à certaines matières premières (cuirs, tissus, fils, etc.) avant de les travailler ou de les livrer au commerce ; matière utilisée pour ce traitement. **2.** Préparation, enduit qu'on applique sur une surface à peindre. **3.** Façon de préparer un plat. **4.** En passementerie, tout assemblage de fils retors entrant dans le tissage des franges, galons, macarons, etc. **5.** *Litt.* Affectation, recherche. *Style plein d'apprêt.*

APPRÊTÉ, E adj. *Litt.* Dépourvu de simplicité, de naturel ; affecté. *Un style apprêté.*

APPRÊTER v.t. (du lat. *praesto,* à la portée de). **1.** *Litt.* Disposer pour une utilisation ; préparer. *Apprêter un repas, une chambre.* **2.** TECHN. Donner de l'apprêt. ◆ **s'apprêter** v.pr. **1. (à).** Être sur le point de ; se préparer, se disposer à. *S'apprêter à partir.* **2.** Faire sa toilette ; s'habiller. *S'apprêter pour le bal.*

APPRIVOISABLE adj. Qui peut être apprivoisé.

APPRIVOISEMENT n.m. Action d'apprivoiser ; son résultat.

APPRIVOISER v.t. (du lat. *privatus,* domestique). **1.** Rendre un animal moins sauvage ; domestiquer. **2.** Rendre une personne plus sociable, plus docile. ◆ **s'apprivoiser** v.pr. Devenir moins farouche.

APPROBATEUR, TRICE adj. et n. Qui manifeste une approbation. *Un murmure approbateur.*

APPROBATIF, IVE adj. Qui contient une approbation. *Mention approbative.*

APPROBATION n.f. (lat. *approbatio*). Action d'approuver ; accord.

APPROBATIVEMENT adv. De façon approbative.

APPROCHABLE adj. Que l'on peut approcher ; accessible.

APPROCHANT, E adj. *Quelque chose d'approchant :* quelque chose de ressemblant, d'analogue.

APPROCHE n.f. **1.** Action d'approcher ; mouvement par lequel on approche, on progresse vers

A

qqch, qqn. ◇ *Travaux d'approche* : ensemble de démarches mises en œuvre pour arriver à une fin. **2.** Proximité d'un événement, d'un moment. *L'approche du danger, de la nuit.* **3.** (Calque de l'angl. *approach*). [Emploi critiqué]. Manière d'aborder un sujet. *Une mauvaise approche de la situation.*

APPROCHÉ, E adj. À peu près exact. ◇ *Valeurs approchées d'un réel x* : nombres réels vérifiant $a < x < b$, où a est une valeur approchée par défaut et b est une valeur approchée par excès.

APPROCHER v.t. (bas lat. *appropiare*). **1.** Mettre près ou plus près de qqn, de qqch. *Approcher une chaise.* **2.** Venir près de qqn ; avoir accès auprès de qqn. *C'est un homme qu'on ne peut approcher.* **3.** Établir un contact, un dialogue informel avec qqn, en vue d'une négociation. *Il a été approché par son concurrent.* ◆ v.t. ind. **(de)**. **1.** Venir auprès de ; avancer. *Approcher du rivage.* **2.** Être près d'atteindre un moment, un lieu, un but, etc. *Approcher de la quarantaine. Approcher du succès.* ◆ v.i. Être de plus en plus proche ; venir. *L'hiver approche.* ◆ **s'approcher** v.pr. **(de)**. Aller ou venir près de.

APPROFONDIR v.t. **1.** Examiner plus avant. *Approfondir une question.* **2.** Rare. Creuser, rendre plus profond. *Approfondir un canal.*

APPROFONDISSEMENT n.m. Action d'approfondir ; fait de s'approfondir.

A

APPROPRIATION n.f. Action d'approprier, de s'approprier. *Appropriation des moyens de production par la collectivité.*

APPROPRIÉ, E adj. Qui convient ; juste, adéquat. *Traitement approprié.*

APPROPRIER v.t. [5] (bas lat. *appropriare*). Rendre propre à une destination ; adapter, conformer. *Approprier son discours aux circonstances.* ◆ **s'approprier** v.pr Se donner la propriété de, faire sien ; s'attribuer.

APPROUVABLE adj. Qui peut être approuvé.

APPROUVER v.t. (lat. *approbare*). **1.** Considérer qqch comme juste, louable ; donner raison à qqn. *J'approuve votre prudence. Je vous approuve d'avoir refusé.* **2.** Autoriser par décision administrative. ◇ *Lu et approuvé* : formule dont le signataire fait précéder sa signature au bas d'un acte, pour en approuver les termes.

APPROVISIONNEMENT n.m. Action d'approvisionner ; ensemble des provisions rassemblées.

APPROVISIONNER v.t. **1.** Fournir de provisions, de choses nécessaires. *Approvisionner un marché en fruits.* ◇ *Approvisionner un compte en banque,* y déposer de l'argent. **2.** Placer une cartouche, un chargeur dans le magasin d'une arme à feu.

APPROVISIONNEUR, EUSE n. Personne qui approvisionne.

APPROXIMATIF, IVE adj. **1.** Qui résulte d'une approximation ; approché. **2.** Qui n'approche que de loin la réalité ; inexact. *Une traduction approximative.*

APPROXIMATION n.f. (du lat. *proximus,* très proche). **1.** Évaluation approchée d'une grandeur. ◇ MATH. ***Méthode des approximations successives*** : méthode permettant d'établir une suite indéfinie d'approximations de plus en plus voisines de la solution cherchée. **2.** Approche incorrecte, imprécise de la réalité. *Ce ne sont là que des approximations.*

APPROXIMATIVEMENT adv. De façon approximative ; à peu près.

APPUI n.m. **1.** Ce qui sert à maintenir la stabilité de qqch ; soutien, support. *Barre d'appui.* **2.** ***Appareil d'appui*** : dispositif par l'intermédiaire duquel, dans certains ponts, la partie supérieure (tablier) est supportée par les appuis (piles ou culées). **3.** Aide matérielle ou morale apportée à qqn ; protection. *Je compte sur votre appui.* ◇ *À l'appui* : pour servir de confirmation. *Preuves à l'appui.* **4.** MIL. Aide fournie par une unité, par une arme à une autre. *Appui aérien, naval.*

APPUI-BRAS ou **APPUIE-BRAS** n.m. (pl. *appuis-bras, appuie-bras*). Support pour appuyer le bras, accoudoir d'un siège d'automobile, de véhicule de transports en commun, d'avion.

APPUI-TÊTE ou **APPUIE-TÊTE** n.m. (pl. *appuis-tête, appuie-tête*). Dispositif adapté au dossier d'un siège et destiné à soutenir la tête, à protéger la nuque en cas de choc. SYN. : ***repose-tête***.

APPUYÉ, E adj. Qui insiste, insiste trop. *Une plaisanterie appuyée.*

APPUYER [apɥije] v.t. [7] (du lat. *podium,* base). **1. a.** Placer une chose contre une autre qui lui sert de support. *Appuyer une échelle contre un mur.* **b.** Faire peser une chose sur une autre. *Appuyer son dos contre un arbre.* **2.** *Fig.* Soutenir, encourager. *Appuyer un candidat, une demande.* **3.** MIL. Apporter une aide, un appui à une troupe, une unité, etc. *Les chars appuient l'infanterie.* ◆ v.i. **1.** Peser plus ou moins fortement, exercer une pression sur. *Appuyer sur une pédale.* **2.** Se porter vers. *Appuyer sur la droite.* **3.** Insister sur. *Appuyer sur une circonstance.* ◆ **s'appuyer** v.pr. **1. (à, sur)**. Se servir de qqch, de qqn comme d'un support, d'un soutien. *S'appuyer à une balustrade. S'appuyer sur des témoignages.* **2.** *Fam.* Faire qqch contre son gré. *S'appuyer une corvée.*

APRAGMATIQUE adj. et n. Atteint d'apragmatisme.

APRAGMATISME n.m. (du gr. *pragmateia,* activité). PSYCHOPATHOL. Trouble d'origine psychique se traduisant par l'incapacité de réaliser une action.

APRAXIE n.f. (gr. *praxis,* action). Incapacité d'exécuter des mouvements coordonnés (écriture, marche), sans atteinte de la motricité ni de la sensibilité.

APRAXIQUE adj. et n. Atteint d'apraxie.

ÂPRE adj. (lat. *asper*). **1.** Rude au goût. *Fruit âpre.* **2.** *Sout.* **a.** Pénible à supporter ; désagréable. *Vent âpre.* **b.** Plein d'acharnement ; violent. *Le combat fut âpre.* ◇ *Âpre au gain* : avide.

ÂPREMENT adv. *Sout.* Avec âpreté ; farouchement.

APRÈS prép. et adv. (bas lat. *ad pressum,* auprès de). **1.** Marque la postériorité dans le temps. *Après dîner. Nous en reparlerons après.* ◇ *D'après* : postérieur. *Le jour d'après.* – Belgique. *Après quatre heures* : partie de la journée qui suit le goûter. – *Après quoi* : ensuite. **2.** Marque la postériorité dans l'espace. *Première rue après le carrefour. Elle devant, moi après. Courir après un lièvre.* **3.** Indique une relation, un ordre, une hiérarchie. *Seul maître après Dieu.* **4.** *Fam.* ***Être après qqch, qqn,*** s'en occuper trop, s'acharner sur qqch, harceler qqn. ◆ **après que** loc. conj. (Suivi de l'indic.) Une fois que. *Après qu'elle eut parlé.* ◆ **d'après** loc. prép. **1.** À l'imitation de. *Peindre d'après nature.* **2.** Selon. *D'après lui, tout va bien.*

APRÈS-COUP n.m. (pl. *après-coups*). PSYCHAN. Remaniement ultérieur d'expériences passées en fonction d'expériences nouvelles.

APRÈS-DEMAIN adv. Le second jour après celui où l'on est.

APRÈS-DÎNER n.m. (pl. *après-dîners*). Vx ou région. Temps qui suit le dîner.

APRÈS-GUERRE n.m. ou n.f. (pl. *après-guerres*). Temps qui suit une guerre.

APRÈS-MIDI n.m. inv. ou n.f. inv. Partie de la journée comprise entre midi et le soir.

APRÈS-RASAGE adj. inv. et n.m. [pl. *après-rasages*] (calque de l'angl. *after-shave*). Se dit d'une lotion, d'un baume, etc., que l'on passe sur la peau du visage pour calmer le feu du rasoir.

APRÈS-SKI n.m. (pl. *après-skis*). Chaussure fourrée, bottillon que l'on porte par temps de neige, à la montagne, lorsqu'on ne skie pas.

APRÈS-SOLEIL adj. inv. et n.m. (pl. *après-soleils*). Se dit d'un produit cosmétique hydratant la peau après l'exposition au soleil.

APRÈS-VENTE adj. inv. *Service après-vente* : service d'une entreprise qui effectue un ensemble d'opérations (installation, réparation, formation, etc.) après la vente d'un bien.

ÂPRETÉ n.f. **1.** Caractère de ce qui est âpre. *L'âpreté de l'hiver.* **2.** *Sout.* Attitude violente ; acharnement. *Se défendre avec âpreté.*

A PRIORI loc. adv. et loc. adj. inv. (mots lat., *en partant de ce qui est avant*). En se fondant sur des données admises avant toute expérience. – *Cour.* Au premier abord. CONTR. : *a posteriori.* ◆ n.m. inv. Préjugé qui ne tient pas compte des réalités. *Avoir des a priori.*

APRIORIQUE adj. Fondé sur des a priori.

À-PROPOS n.m. inv. Pertinence de l'acte, du geste ; sens de la repartie. *Faire preuve d'à-propos.*

APS [apeɛs] n.m. (sigle de l'anglo-amér. *advanced photographic system*). Système photographique dans lequel le film photosensible, conditionné en cassette, peut enregistrer diverses informations (date, heure, choix du cadrage, notamm.). [Ce système n'est exploitable que par des appareils eux-mêmes dits *APS.*]

APSARA ou **APSARAS** n.f. (mot hindi). Dans la mythologie hindoue, déesse inférieure, représentée en musicienne ou en danseuse.

APSIDE n.f. (gr. *apsis,* voûte). ASTRON. Apoastre ou périastre d'une orbite. ◇ *Ligne des apsides* : droite joignant l'apoastre au périastre d'une orbite.

APTE adj. (lat. *aptus*). Qui a des dispositions pour, capable de. *Apte à un travail.* ◇ *Être déclaré apte,* bon pour le service militaire.

APTÈRE adj. (du gr. *pteron,* aile). **1.** ZOOL. Dépourvu d'ailes ou doté d'ailes très réduites et inaptes au vol. *La puce est un insecte aptère.* **2.** ANTIQ. GR. *Victoire aptère* : statue de la Victoire représentée sans ailes pour qu'elle reste à Athènes. **3.** ARCHIT. Se dit d'un temple sans portiques à colonnes sur les faces latérales.

APTÉRYGOTE n.m. Insecte primitif, dépourvu d'ailes et se développant sans métamorphoses, tel que le lépisme et les collemboles. (Les aptérygotes forment une sous-classe.)

APTÉRYX n.m. Oiseau ratite de Nouvelle-Zélande plus connu sous le nom de *kiwi.*

■ **APTÉRYX**

APTITUDE n.f. **1.** Disposition naturelle ou acquise de qqn à faire qqch. – *Spécial.* Fait d'être apte au service militaire. **2.** DR. Capacité, habilitation. *Aptitude à recevoir un legs.*

APUREMENT n.m. **1.** Fait d'apurer. **2.** ***Apurement du passif*** : procédure par laquelle un débiteur rembourse tout ou partie de ses dettes.

APURER v.t. (de *pur*). COMPTAB. **1.** Vérifier et arrêter définitivement un compte. **2.** Solder son passif.

APYRE adj. (du gr. *pur,* feu). TECHN. Inaltérable au feu ; peu fusible.

APYRÉTIQUE adj. Qui ne s'accompagne pas de fièvre ; qui n'a pas de fièvre. *Affection apyrétique.*

APYREXIE n.f. (du gr. *pur,* feu). Absence de fièvre.

APYROGÈNE adj. Qui ne provoque pas de fièvre.

AQUACOLE [akwa-] ou **AQUICOLE** [akɥi-] adj. **1.** Qui vit dans l'eau. **2.** Qui a trait à l'aquaculture.

AQUACULTEUR, TRICE ou **AQUICULTEUR, TRICE** n. Professionnel qui pratique l'aquaculture.

AQUACULTURE [akwa-] ou **AQUICULTURE** [akɥi-] n.f. (du lat. *aqua,* eau). Élevage des animaux aquatiques ; culture des plantes aquatiques.

AQUAFORTISTE [akwafɔrtist] n. (ital. *acqua forte,* eau-forte). Graveur à l'eau-forte.

AQUAGYM [akwaʒim] n.f. (nom déposé). Gymnastique aquatique.

AQUAMANILE [akwamanil] n.m. (lat. *aqua,* eau, et *manus,* main). Aiguière pour le lavage des mains, souvent zoomorphe, en usage au Moyen Âge.

■ **AQUAMANILE** en forme de paon, bronze islamique, XIIe s. (Louvre, Paris.)

AQUANAUTE [akwanot] n. OCÉANOL. Personne qui, grâce à un appareillage spécial (submersible, par ex.), effectue des plongées d'une durée relativement longue.

AQUAPLANE [akwaplan] n.m. Sport consistant à se tenir debout sur une planche tirée sur l'eau par un bateau à moteur ; cette planche.
AQUAPLANING [akwaplaniŋ] n.m. (mot angl.). Perte d'adhérence d'un véhicule automobile, due à la présence d'une mince pellicule d'eau entre la chaussée et les pneus. Recomm. off. : *aquaplanage.*
AQUARELLE [akwarɛl] n.f. (ital. *acquarello,* couleur détrempée). **1.** Peinture délayée à l'eau, légère, transparente, appliquée le plus souvent sur du papier blanc. **2.** Œuvre exécutée selon ce procédé.
AQUARELLÉ, E adj. Rehaussé à l'aquarelle. *Dessin aquarellé.*
AQUARELLISTE n. Personne qui peint à l'aquarelle.
AQUARIOPHILE [akwa-] n. Personne qui pratique l'aquariophilie.
AQUARIOPHILIE n.f. Élevage en aquarium de poissons d'ornement.
AQUARIUM [akwarjɔm] n.m. (mot lat., *réservoir*). Réservoir transparent dans lequel on élève des animaux, des plantes aquatiques.
AQUATINTE [akwatɛ̃t] n.f. (ital. *acqua tinta,* eau teinte). Gravure à l'eau-forte imitant le lavis.
AQUATIQUE [akwatik] adj. (lat. *aquaticus*). **1.** Qui croît, qui vit dans l'eau ou près de l'eau. *Plante, insecte aquatique.* **2.** Où il y a de l'eau. *Paysage aquatique.*
AQUATUBULAIRE [akwa-] adj. Se dit d'une chaudière dont la surface de chauffe est constituée essentiellement par des tubes dans lesquels circule l'eau ou le mélange d'eau et de vapeur. SYN. : *multitubulaire.*
AQUAVIT ou **AKVAVIT** [akwa-] n.m. (mot suédois, *eau-de-vie*). Eau-de-vie de grain ou de pomme de terre des pays scandinaves, aromatisée par des substances végétales diverses.
AQUEDUC [akdyk] n.m. (lat. *aquae ductus,* conduite d'eau). **1. a.** Canal d'adduction d'eau, aérien ou souterrain. **b.** Ouvrage d'art supportant ce canal. **2.** ANAT. Nom donné à certains canaux de l'organisme. *Aqueduc de Fallope.*
AQUEUX, EUSE [akø, øz] adj. (lat. *aquosus,* humide). **1.** Qui est de la nature de l'eau. ◇ *Humeur aqueuse :* liquide contenu dans la partie antérieure de l'œil, en avant du cristallin. **2.** Qui contient de l'eau. *Fruit aqueux.* ◇ CHIM. *Solution aqueuse :* solution dont le solvant est l'eau.
À QUIA loc. adv. → **QUIA (À).**
AQUICOLE adj. → **AQUACOLE.**
AQUICULTEUR, TRICE n. → **AQUACULTEUR.**
AQUICULTURE n.f. → **AQUACULTURE.**
AQUIFÈRE [akɥifɛr] n.m. et adj. GÉOL. Formation géologique perméable où s'écoule une nappe d'eau souterraine ; cette nappe d'eau.
AQUILIN [akilɛ̃] adj.m. (de *aquila,* aigle). *Nez aquilin :* nez fin et recourbé en bec d'aigle.
AQUILON [akilɔ̃] n.m. *Poét.* Vent du nord.
AQUITAIN, E [akitɛ̃, ɛn] adj. et n. D'Aquitaine.
AQUOSITÉ [akozite] n.f. Caractère aqueux.
ARA n.m. (mot tupi). Grand perroquet d'Amérique latine, à longue queue et au plumage vivement coloré. (Famille des psittacidés.)
ARABE adj. **1.** Qui se rapporte aux Arabes. **2.** *Chiffres arabes* → **chiffre.** ◆ n.m. Langue sémitique parlée princip. en Afrique du Nord, au Proche-Orient et dans la péninsule arabique.
ENCYCL. L'arabe dialectal diversifié, réservé pour l'essentiel à la pratique orale, est la langue maternelle de quelque 230 millions de personnes ; il est à distinguer de l'arabe littéraire, d'emploi à la fois écrit et oral, qui représente la langue de la religion, de la science et, génér., de la culture.
ARABESQUE n.f. (ital. *arabesco*). **1.** Ornement peint ou sculpté fondé sur la répétition symétrique de motifs végétaux plus ou moins stylisés. **2.** Ligne sinueuse, formée de courbes. **3.** Figure d'équilibre de la danse dans laquelle une jambe est levée en arrière et un bras tendu en avant.
ARABICA n.m. **1.** Caféier originaire d'Arabie, le plus cultivé dans le monde. **2.** Café qu'il produit.
ARABIQUE adj. De l'Arabie. ◇ *Gomme arabique* → **gomme.**
ARABISANT, E n. et adj. Spécialiste de la langue ou de la civilisation arabe.
ARABISATION n.f. Action d'arabiser ; fait d'être arabisé.
ARABISER v.t. Donner un caractère arabe à. *Arabiser l'enseignement.*
ARABISME n.m. **1.** Particularité propre à la civilisation arabe. **2.** Idéologie du nationalisme arabe. **3.** Tournure propre à la langue arabe.

lettres isolées	finales	médianes	initiales	nom	valeur
ا	ـا	ـا	ا	alif	ā
ب	ـب	ـبـ	بـ	bā'	b
ت	ـت	ـتـ	تـ	tā'	t
ث	ـث	ـثـ	ثـ	thā'	th, th *angl. sourd*
ج	ـج	ـجـ	جـ	djīm	dj
ح	ـح	ـحـ	حـ	ḥā'	h
خ	ـخ	ـخـ	خـ	khā'	kh, ch, *all.,* j *esp.*
د	ـد	ـد	د	dāl	d
ذ	ـذ	ـذ	ذ	dhāl	dh, th *angl. sonore*
ر	ـر	ـر	ر	rā'	r *roulé*
ز	ـز	ـز	ز	zāy	z
س	ـس	ـسـ	سـ	sīn	s
ش	ـش	ـشـ	شـ	chīn	ch
ص	ـص	ـصـ	صـ	ṣād	s *emphat.*
ض	ـض	ـضـ	ضـ	ḍād	d *emphat.*
ط	ـط	ـطـ	طـ	ṭā'	t *emphat.*
ظ	ـظ	ـظـ	ظـ	ẓā'	z *emphat.*
ع	ـع	ـعـ	عـ	'ayn	' *laryngale*
غ	ـغ	ـغـ	غـ	ghayn	rh, gh, r, *grasseyé*
ف	ـف	ـفـ	فـ	fā'	f
ق	ـق	ـقـ	قـ	qāf	q
ك	ـك	ـكـ	كـ	kāf	k
ل	ـل	ـلـ	لـ	lām	l
م	ـم	ـمـ	مـ	mīm	m
ن	ـن	ـنـ	نـ	nūn	n
ه	ـه	ـهـ	هـ	hā'	h
و	ـو	ـو	و	wāw	ū, w
ي	ـي	ـيـ	يـ	yā'	ī, y

particularités du persan

lettres isolées	finales	médianes	initiales	nom	valeur
پ	ـپ	ـپـ	پـ	pe	p
چ	ـچ	ـچـ	چـ	tche	tch
ژ	ـژ	ـژ	ژ	zhe	zh
گ	ـگ	ـگـ	گـ	gāf	g

particularités de l'ourdou

lettres isolées	finales	médianes	initiales	nom	valeur
ٹ	ـٹ	ـٹـ	ٹـ	ṭe	t
ڈ	ـڈ	ـڈ	ڈ	ḍal	d
ڑ	ـڑ	ـڑ	ڑ	ṛe	r

■ **ARABE.** Alphabet arabe.

■ **ARABESQUE.** Couvercle à décor polychrome, céramique d'Iznik, milieu du XVIe s. (Louvre, Paris.)

■ **ARABESQUE.** Panneau en marbre provenant d'une église parisienne ; début du XVIe s. (Louvre, Paris.)

ARABLE adj. (du lat. *arare,* labourer). Qui peut être labouré ; cultivable. *Terre arable.*
ARABO-ISLAMIQUE adj. (pl. *arabo-islamiques*). Qui concerne à la fois l'islam et le monde arabe.
ARABOPHONE adj. et n. De langue arabe.
ARAC n.m. → **ARAK.**
ARACÉE n.f. (du gr. *aron,* arum). Plante monocotylédone à l'épi floral enveloppé dans une grande bractée (spathe), telle que l'arum, le philodendron, l'acore et le taro. (Les aracées forment une famille.)
ARACHIDE n.f. (lat. *arachidna,* mot gr.). Légumineuse annuelle cultivée dans les pays chauds, qui enterre ses fruits après la fécondation et dont la graine, la cacahouète, fournit une huile alimentaire ou est consommée après torréfaction. (Famille des papilionacées.)

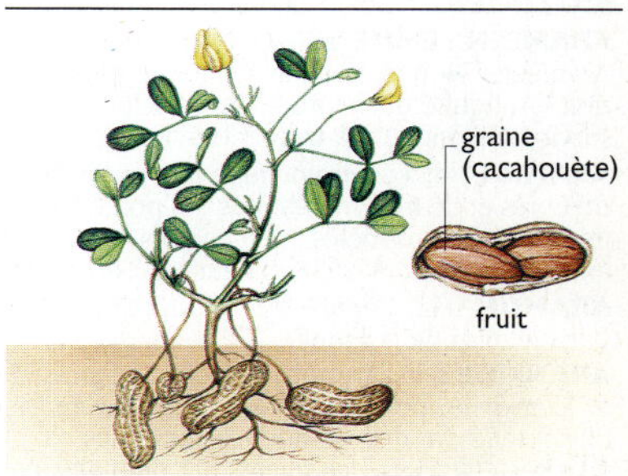

■ **ARACHIDE**

ARACHNÉEN, ENNE [arakneɛ̃, ɛn] adj. **1.** Relatif à l'araignée. **2.** *Litt.* Qui a la légèreté de la toile d'araignée. *Dentelle arachnéenne.*

ARACHNIDE [araknid] n.m. (du gr. *arakhnê,* araignée). Arthropode terrestre dépourvu d'antennes et de mandibules mais possédant des chélicères et 4 paires de pattes locomotrices, tel que les araignées, les scorpions et les acariens. (Les arachnides forment une classe.)

ARACHNOÏDE [araknɔid] n.f. ANAT. Une des trois méninges, située entre la pie-mère et la dure-mère.

ARACK n.m. → **ARAK.**

ARAGONITE n.f. MINÉRALOG. Carbonate de calcium souvent en aiguilles ou en fibres.

ARAIGNÉE n.f. (lat. *aranea*). **1.** Arthropode à quatre paires de pattes et à abdomen non segmenté relié à la région antérieure par un étroit pédicelle. (Classe des arachnides, sous-classe des aranéides.) ◇ *Fam.* ***Avoir une araignée dans le plafond*** : avoir l'esprit dérangé. **2.** ***Araignée de mer*** : crabe maïa. – ***Araignée d'eau*** : hydromètre. **3.** BOUCH. Pièce de bœuf ou de cheval très tendre provenant des muscles tapissant le bassin. **4.** PÊCHE. Grand filet rectangulaire à mailles carrées. **5.** OUTILL. Crochet de fer à plusieurs branches.

ENCYCL. Répandues dans le monde entier et dans tous les milieux, les araignées affectionnent généralement les lieux sombres et humides. Elles se distinguent des autres arachnides par l'organe copulateur dont sont pourvus les pédipalpes des mâles (souvent plus petits que ceux des femelles) et par leurs 4 paires d'yeux simples. La grande majorité chasse à l'affût en tissant des toiles de soie grâce aux 3 paires de filières situées à l'extrémité de l'abdomen. Sur les 35 000 espèces connues, 30 % seulement sont considérées comme venimeuses pour l'homme, et très peu sont réellement dangereuses.

■ **ARAIGNÉE.** Thomise.

ARAIRE n.m. (du provenç., du lat *aratrum,* charrue). Instrument de labour à traction animale, qui rejette la terre de part et d'autre du sillon, à la différence de la charrue, qui la retourne.

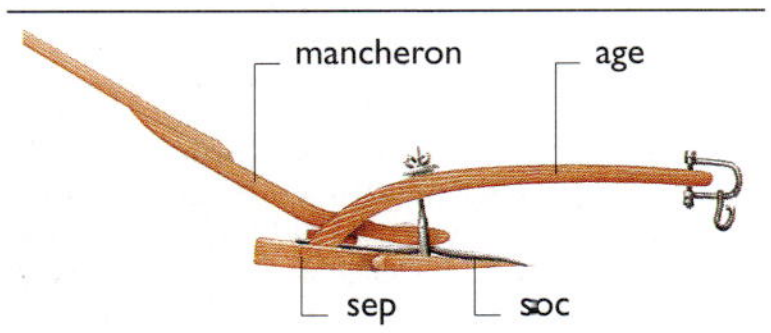

■ **ARAIRE**

ARAK, ARAC ou **ARACK** n.m. (ar. *'araq*). Eau-de-vie tirée de la distillation de différents produits fermentés (riz, canne à sucre, sève palmiste, orge, raisin, dattes).

ARALDITE n.f. (nom déposé). Nom commercial de matières plastiques et de colles à base de résines époxydes.

ARALIA n.m. Arbuste à feuilles persistantes, palmées et brillantes, dont plusieurs espèces sont utilisées comme plantes d'ornement. (Famille des hédéracées.)

ARALIACÉE n.f. BOT. Hédéracée.

ARAMÉEN, ENNE adj. Qui se rapporte aux Araméens. ◆ n.m. Langue sémitique parlée durant l'Antiquité dans tout le Proche-Orient et qui survit localement et à travers le syriaque.

ARAMIDE adj. (de *aromatique* et *amide*). Se dit de fibres et de fils synthétiques qui possèdent de très bonnes propriétés mécaniques et/ou une excellente résistance à la chaleur (ex. : le Kevlar).

ARAMON n.m. Cépage très productif répandu dans le midi de la France.

ARANÉIDE n.m. Arthropode, tel que l'araignée et la mygale, possédant des chélicères en crochets reliés à des glandes venimeuses, 3 ou 4 paires d'yeux et des filières abdominales permettant l'élaboration de toiles. (Les aranéides forment une sous-classe d'arachnides.)

ARASEMENT n.m. **1.** Action d'araser ; état de ce qui est arasé. **2.** CONSTR. Dernière assise d'un mur, parfaitement horizontale.

ARASER v.t. (lat. *radere,* raser). **1.** User un relief jusqu'à disparition des saillies. **2.** Mettre de niveau les assises d'une construction.

ARATOIRE adj. (du lat. *arare,* labourer). Qui concerne le labourage et, plus génér., le travail du sol.

ARAUCARIA n.m. (de *Arauco,* ville du Chili). Grand conifère d'Amérique du Sud et d'Océanie, aux feuilles en écailles triangulaires entourant les rameaux, souvent cultivé dans les parcs européens. (Haut. max. 5 m ; famille des araucariacées.)

■ **ARAUCARIA**

ARAWAK [arawak] n.m. Famille de langues indiennes parlées par les Arawak.

ARBALÈTE n.f. (lat. *arcuballista,* baliste à arc). Arme de trait composée d'un arc monté sur un fût et bandé à la main ou par un mécanisme (cric, moufle).

ARBALÉTRIER n.m. **1.** CONSTR. Pièce inclinée d'une ferme, assemblée au sommet du poinçon et à l'extrémité de l'entrait. **2.** Soldat armé d'une arbalète. **3.** Poisson comestible du groupe des balistes, des eaux côtières de l'Atlantique et de la Méditerranée. (Long. 40 cm.)

ARBITRAGE n.m. **1.** Action d'arbitrer. *L'arbitrage d'un match.* **2. a.** Règlement, éventuellement par anticipation, d'un litige par arbitre, d'un conflit entre nations par des juges non professionnels de leur choix. **b.** Sentence ainsi rendue. **3.** FIN. Opération spéculative consistant à utiliser les différences de cours entre les places boursières.

ARBITRAGISTE n. Opérateur boursier spécialiste des arbitrages.

ARBITRAIRE adj. **1.** Qui dépend de la seule volonté, du libre choix, et non de l'observation d'une loi, d'une règle ; conventionnel. *Choix arbitraire.* **2.** Qui dépend du bon plaisir, aux dépens de la justice ou de la raison. *Mesure, pouvoir arbitraires.* **3.** Qui ne tient pas compte de la réalité ; sans fondement. *Un regroupement arbitraire.* ◆ n.m. **1.** Autorité qui n'a pas d'autre fondement que le bon vouloir de celui qui l'exerce. **2.** LING. ***Arbitraire du signe*** : absence de relation de causalité ou de nécessité entre les deux faces du signe, le signifiant et le signifié. (Notion introduite par F. de Saussure.)

ARBITRAIREMENT adv. De façon arbitraire.

ARBITRAL, E, AUX adj. **1.** Prononcé par voix d'arbitre. **2.** Composé d'arbitres.

ARBITRALEMENT adv. Par l'intermédiaire d'un arbitre.

1. ARBITRE n.m. (lat. *arbiter*). **1.** Personne choisie par les parties intéressées pour trancher un différend. **2.** Personne, groupe possédant un poids suffisant pour imposer son autorité. *Être l'arbitre d'une crise politique.* ◆ n. Personne chargée de diriger une rencontre sportive ou un jeu dans le respect des règlements.

2. ARBITRE n.m. (lat. *arbitrium*). ***Libre arbitre*** : pouvoir de l'homme de se déterminer, d'opérer des choix par sa seule volonté.

ARBITRER v.t. (lat. *arbitrari*). Juger ou contrôler en qualité d'arbitre. *Arbitrer un litige, un match.*

ARBORÉ, E adj. ÉCOL. Planté d'arbres dispersés. *Savane arborée.*

ARBORER v.t. (ital. *arborare,* dresser un mât). **1.** Dresser ou déployer un drapeau, une bannière afin que tout le monde les voie. **2.** Porter avec ostentation. *Arborer un insigne à sa boutonnière.* **3.** Montrer ouvertement ; afficher. *Arborer un sourire, ses opinions.*

ARBORESCENCE [-resɑ̃s] n.f. **1.** État d'un végétal arborescent. **2.** Partie arborescente d'un végétal. **3.** Forme arborescente. *Les arborescences du givre.* **4.** INFORM. Structure hiérarchisée de données, de fichiers.

ARBORESCENT, E [-resɑ̃, ɑ̃t] adj. (lat. *arborescens*). Qui prend, qui a la forme d'un arbre.

ARBORETUM [arbɔretɔm] n.m. Parc planté d'arbres de nombreuses espèces, génér. exotiques, en vue d'étudier leur comportement.

ARBORICOLE adj. **1.** Se dit d'un animal qui vit sur les arbres. **2.** Qui concerne l'arboriculture.

ARBORICULTEUR, TRICE n. Personne qui cultive des arbres, en partic. des arbres fruitiers.

ARBORICULTURE n.f. Culture des arbres et, partic., des arbres fruitiers.

ARBORISATION n.f. Dessin naturel évoquant des ramifications. *Les arborisations du givre, de l'agate.*

ARBORISÉ, E adj. **1.** Qui présente des arborisations. **2.** Suisse. Arboré.

ARBOUSE n.f. (provenç. *arbousso*). Fruit de l'arbousier, dont on fait une liqueur.

ARBOUSIER n.m. Arbrisseau du bassin méditerranéen, à feuilles rappelant celles du laurier, dont le fruit, comestible, est l'arbouse. (Haut. max. 5 m ; genre *Arbutus,* famille des éricacées.)

ARBOVIROSE n.f. Maladie infectieuse due à un arbovirus (dengue, fièvre jaune, par ex.).

ARBOVIRUS n.m. Virus transmis à l'homme par la piqûre d'un arthropode (moustique, tique, etc.) et responsable d'une arbovirose.

ARBRE n.m. (lat. *arbor*). **1.** Grande plante ligneuse vivace dont la tige principale, ou tronc, ne se ramifie en branches qu'à partir d'une certaine hauteur. *Le tronc, le fût de l'arbre.* ◇ Afrique. ***Arbre à palabres,*** sous lequel se réunissent les anciens du village. – ***Arbre de Judée,*** originaire des régions méditerranéennes, souvent cultivé pour ses fleurs ornementales apparaissant avant les feuilles au printemps. (Famille des césalpiniacées.) SYN. : ***gainier.*** **2.** Axe qui transmet un mouvement. *Arbre à cames.* ◇ ***Arbre moteur,*** directement entraîné par la machine motrice. (En marine, on dit ***arbre de couche.***) **3.** ***Arbre généalogique*** : figure arborescente dont les ramifications représentent schématiquement la filiation des membres d'une famille. **4.** LING., INFORM. Représentation hiérarchisée d'une structure syntaxique, logique. **5.** ICON. ***Arbre de Jessé*** : représentation en enluminure, vitrail, bas-relief, etc., de l'arbre généalogique légendaire du Christ, censé descendre de Jessé, père de David.

ARBRE-DE-NOËL n.m. (pl. *arbres-de-Noël*). PÉTROLE. Ensemble des dispositifs (raccords, vannes, etc.) qui constituent la tête d'un puits éruptif en production.

ARBRISSEAU n.m. (lat. *arbuscula*). BOT. Végétal ligneux à tige ramifiée dès la base, qui ne s'élève qu'à une faible hauteur (1 à 4 m). SYN. : ***arbuste.***

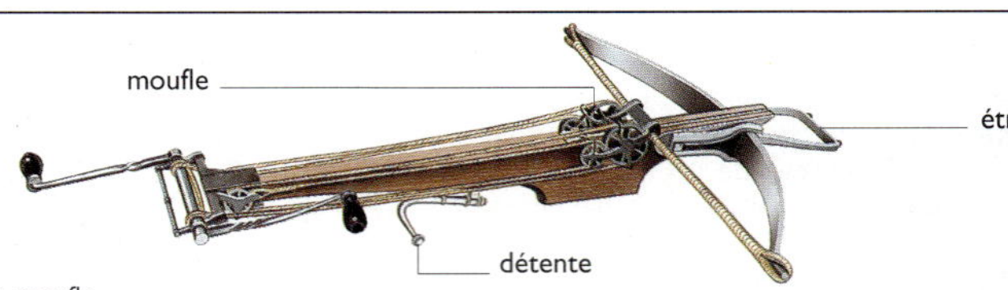

■ **ARBALÈTE** à moufle.

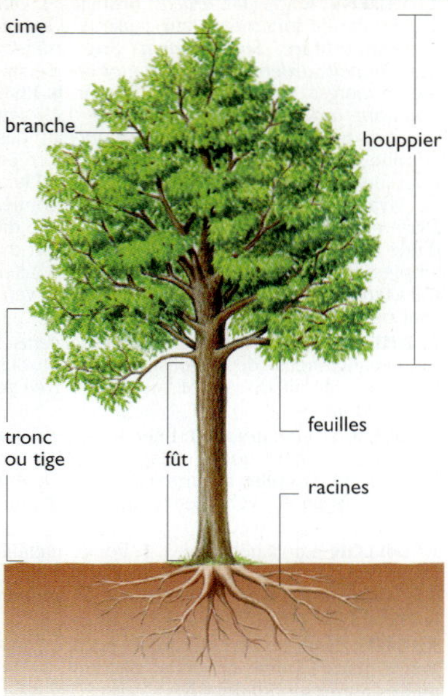

■ **ARBRE.** Les différentes parties de l'arbre.

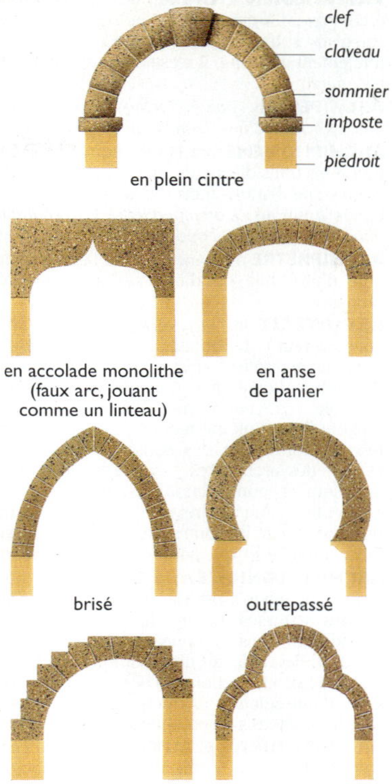

■ **ARCS**

ARBUSTE n.m. (lat. *arbustum*). BOT. Végétal ligneux dont la tige n'est pas ramifiée dès la base et dont la hauteur ne dépasse pas 7 m. SYN. *(cour.) : arbrisseau.*

ARBUSTIF, IVE adj. **1.** Relatif à l'arbuste ; composé d'arbustes. **2.** De la taille d'un arbuste.

ARC n.m. (lat. *arcus*). **1.** Arme formée d'une tige flexible dont les extrémités sont reliées par une corde que l'on tend fortement pour lancer des flèches. *Tir à l'arc. Bander son arc.* ◇ ***Avoir plusieurs cordes*** ou ***plus d'une corde à son arc*** : avoir plus d'une solution ; avoir de multiples ressources pour se tirer d'affaire, réussir. **2.** Objet, forme, ligne dont la courbure rappelle celle d'un arc. *L'arc des sourcils.* **3.** ANAT. Partie courbe de certains organes. *Arc d'une vertèbre.* ◇ PHYSIOL. ***Arc réflexe*** : trajet suivi par le potentiel d'action nerveux, d'un récepteur sensoriel à l'effecteur (en général un muscle), au cours d'un réflexe simple. **4.** ÉLECTR. ***Arc électrique*** : conduction gazeuse qui s'établit entre deux conducteurs, accompagnée d'une température et d'une lumière intenses. *Lampe à arc.* **5.** GÉOMÉTR. ***Arc de cercle*** : ensemble des points d'un cercle situés d'un même côté d'une corde. **6.** ARCHIT. Membre architectonique franchissant un espace en dessinant une ou plusieurs courbes (haut d'une baie, renfort d'une voûte...). [Dans les architectures anciennes, l'arc est fait de claveaux, parfois de briques ou de simple blocage. Il peut comporter des sections de droites au lieu de courbes.] ◇ ***Arc de triomphe*** : monument commémoratif formant une ou plusieurs arches et orné éventuellement d'inscriptions, de sculptures. **7.** GÉOL. ***Arc insulaire*** : guirlande d'îles constituées de volcans avec en marge une fosse océanique. *L'arc insulaire des Petites Antilles.* (Cette disposition résulte de la subduction de la croûte océanique.)

1. ARCADE n.f. (ital. *arcata*). **1.** Baie libre (sans dispositif de fermeture) faite d'un arc reposant sur deux piédroits, des piliers ou des colonnes partant du sol. – (Au pl.) Suite d'arcades, galerie à arcades. *Les arcades de la rue de Rivoli, à Paris.* **2.** ANAT. Organe, partie du corps en forme d'arc. ◇ ***Arcade sourcilière*** : proéminence sur laquelle poussent les sourcils.

2. ARCADE n.f. (angl. *arcade,* galerie marchande). Suisse. Petit local commercial.

ARCADIEN, ENNE adj. et n. **1.** D'Arcadie. **2.** *Litt.* Idyllique, champêtre. ◆ n.m. Dialecte du grec ancien parlé en Arcadie.

ARCANE n.m. (lat. *arcanus,* secret). Opération mystérieuse dont le secret est connu des seuls initiés. ◆ pl. **1.** *Litt.* Secrets, mystères. *Les arcanes de la politique.* **2.** Lames du jeu de tarot.

ARCATURE n.f. ARCHIT. Suite décorative de petites baies surmontées d'un arc, ouvertes ou aveugles.

ARC-BOUTANT n.m. (pl. *arcs-boutants*). Maçonnerie en arc élevée à l'extérieur d'un édifice pour soutenir un mur en reportant la poussée des voûtes sur une culée, caractéristique de l'architecture gothique.

ARC-BOUTEMENT n.m. (pl. *arcs-boutements*). Fait d'arc-bouter, de s'arc-bouter.

ARC-BOUTER v.t. (de *bouter,* pousser). Soutenir au moyen d'un arc-boutant. ◆ **s'arc-bouter** v.pr. (contre, à, sur). Prendre fortement appui sur une partie du corps pour exercer un effort de résistance. *S'arc-bouter contre un arbre.*

ARC-DOUBLEAU n.m. (pl. *arcs-doubleaux*). Doubleau.

ARCEAU n.m. **1.** ARCHIT. Petit arc décoratif, employé en série linéaire. **2.** Objet en forme de petit arc. *Les arceaux du jeu de croquet.*

ARC-EN-CIEL [arkɑ̃sjɛl] n.m. (pl. *arcs-en-ciel*). Arc lumineux coloré parfois visible dans le ciel, à l'opposé du soleil, pendant une averse. ◆ adj. inv. Qui présente les couleurs de l'arc-en-ciel ; multicolore. *Un foulard arc-en-ciel.*

ENCYCL. Observable à l'opposé du soleil, l'arc-en-ciel présente toutes les couleurs du spectre de la lumière blanche du soleil et résulte de la dispersion de cette lumière par réfraction et réflexion dans les gouttelettes d'eau qui se forment lorsqu'un nuage tombe en pluie. Une tradition ancienne, fondée sur la symbolique des nombres, distinguait sept couleurs : rouge, orangé, jaune, vert, bleu, indigo, violet. Aujourd'hui, en optique, on ne prend plus en compte l'indigo ; il reste donc six couleurs conventionnelles.

ARCHAÏQUE [arkaik] adj. **1.** Qui appartient à une époque passée ; qui n'est plus en usage ; désuet. *Tournure archaïque.* – BX-ARTS. Antérieur aux époques classiques. *Un vase grec archaïque.* **2.** ***Époque archaïque*** : en Grèce, époque qui correspond à l'expansion commerciale, à la prospérité et au premier épanouissement artistique (900 - 490 av. J.-C.).

ARCHAÏSANT, E [arkaizɑ̃, ɑ̃t] adj. Qui a ou affecte les caractères de l'archaïsme.

ARCHAÏSME [arkaism] n.m. (gr. *arkhaios,* ancien). **1.** Caractère de ce qui est très ancien, de ce qui est périmé. – *Spécial.* Caractère d'une œuvre d'art, ou d'une partie de celle-ci, qui se rattache par le style à une époque antérieure ; la partie elle-même présentant ce caractère. **2.** Mot, forme, construction qui n'est plus en usage.

ARCHANGE [arkɑ̃ʒ] n.m. (gr. *arkhangelos*). Ange d'un ordre supérieur. *Les archanges Gabriel, Michel et Raphaël.*

1. ARCHE n.f. (lat. *arcus*). **1.** Partie d'un pont formée de la voûte prenant appui sur les deux piles qui la portent. **2.** Arcade d'une certaine profondeur, voûtée. **3.** Four accessoire pour recuire le verre (nom générique).

2. ARCHE n.f. (lat. *arca,* coffre). **1.** ***Arche de Noé*** : selon la Bible, vaisseau que Noé construisit par ordre de Dieu pour sauver du Déluge sa famille et les espèces animales. **2.** ***Arche d'alliance.*** **a.** Anc. Coffre où les Hébreux gardaient les Tables de la Loi. **b.** Mod. Armoire où est enfermé le rouleau de la Torah.

ARCHÉEN [arkeɛ̃] n.m. (gr. *arkhaios,* primitif). GÉOL. Ère la plus ancienne du précambrien (2,5 milliards d'années et plus). ◆ **archéen, enne** adj. De l'archéen.

ARCHÉGONE [arkegɔn] n.m. (gr. *arkhê,* principe, et *gonê,* génération). BOT. Organe microscopique femelle en forme de bouteille, contenant l'oosphère, chez les mousses, les cryptogames vasculaires et les gymnospermes.

ARCHELLE n.f. Belgique. Étagère simple pourvue de crochets pour la suspension de récipients à anse.

ARCHÉOBACTÉRIE [-ke-] n.f. Bactérie vivant dans des milieux particuliers, souvent hostiles (eaux saturées en sel, sources sulfureuses très chaudes, etc.). [D'origine ancienne, les archéobactéries ont évolué différemment des autres bactéries et s'en distinguent par des caractéristiques moléculaires.]

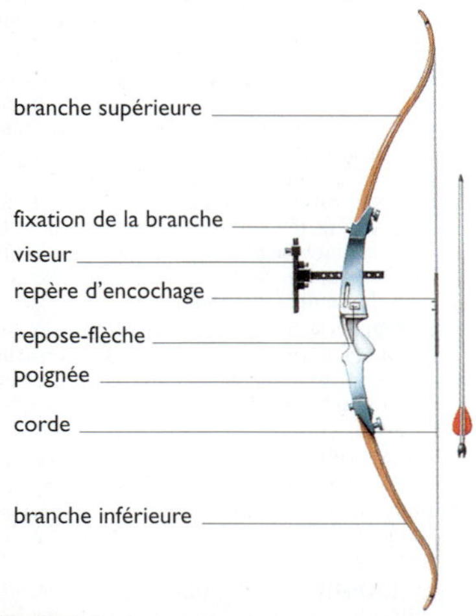

■ **ARC** de tir.

■ **ARCS-BOUTANTS** de l'abbatiale du Mont-Saint-Michel (XVe-XVIe s.).

A

ARCHÉOLOGIE [-ke-] n.f. (gr. *arkhaios,* ancien, et *logos,* science). Science qui, grâce à la mise au jour et à l'analyse des vestiges matériels du passé, permet d'appréhender depuis les temps les plus reculés les activités de l'homme, ses comportements sociaux ou religieux et son environnement.
ARCHÉOLOGIQUE adj. Propre à l'archéologie ; relatif aux époques étudiées par cette science.
ARCHÉOLOGUE n. Spécialiste de l'archéologie.
ARCHÉOMAGNÉTISME [-ke-] n.m. Magnétisme terrestre dans le passé archéologique ; science qui l'étudie.
ARCHÉOPTÉRYX [arkeɔpteriks] n.m. Oiseau fossile du jurassique associant ces caractères d'oiseau et de reptile.

■ **ARCHÉOPTÉRYX.**
Reconstitution probable.

ARCHER n.m. Tireur à l'arc.
ARCHÈRE n.f. FORTIF. Ouverture pratiquée dans une muraille pour tirer à l'arc ou à l'arbalète.
ARCHERIE n.f. **1.** Technique du tir à l'arc. **2.** Matériel de tir à l'arc. **3.** HIST. Troupe d'archers.
ARCHET n.m. (de *arc*). **1.** Baguette souple tendue de crins, qui sert à faire vibrer, par frottement, les cordes de certains instruments (violon, par ex.). **2.** ENTOMOL. Organe de l'appareil stridulant des sauterelles.
ARCHÈTERIE n.f. Fabrication et commerce des archets.
ARCHETIER, ÈRE n. Fabricant d'archets.
ARCHÉTYPAL, E, AUX ou **ARCHÉTYPIQUE** [-ke-] adj. Qui concerne un archétype.
ARCHÉTYPE [-ke-] n.m. (gr. *arkhetupos,* modèle primitif). **1.** Modèle sur lequel sont construits un ouvrage, une œuvre. **2.** PHILOS. **a.** Idée, forme du monde intelligible sur laquelle sont construits les objets du monde sensible, chez Platon. **b.** Idée qui sert de modèle à une autre, pour les empiristes. **3.** PSYCHAN. Chez Jung et ses disciples, contenu de l'inconscient collectif qui apparaît dans les productions culturelles d'un peuple, dans l'imaginaire d'un sujet.
ARCHEVÊCHÉ n.m. Étendue de la juridiction d'un archevêque ; sa résidence. SYN. : *métropole.*
ARCHEVÊQUE n.m. Anc. Évêque à la tête d'une province ecclésiastique. – Mod. Titre honorifique conféré à certains évêques.
ARCHICHANCELIER n.m. Dignitaire de la cour de Napoléon Ier.
ARCHICHLAMYDÉE [-kla-] n.f. Plante dicotylédone à fleurs apétales ou dialypétales. (Les archichlamydées forment une sous-classe des dicotylédones.)
ARCHICONFRÉRIE n.f. CATH. Association pieuse servant de centre à des sociétés affiliées.
ARCHICUBE n.m. *Arg. scol.* Ancien élève de l'École normale supérieure.
ARCHIDIACRE n.m. Prélat responsable de l'administration d'une partie du diocèse, sous l'autorité de l'évêque.
ARCHIDIOCÈSE n.m. Diocèse d'un archevêque.
ARCHIDUC n.m. Prince de la maison d'Autriche.
ARCHIDUCHESSE n.f. **1.** Princesse de la maison d'Autriche. **2.** Femme, fille d'un archiduc.
ARCHIÉPISCOPAL, E, AUX adj. Propre à l'archevêque.
ARCHIÉPISCOPAT n.m. Dignité d'archevêque ; durée de sa fonction.
ARCHIMANDRITE [arʃimɑ̃drit] n.m. (du gr. *mandra,* enclos). Anc. Supérieur de monastère, dans les Églises chrétiennes orientales. – Mod. Titre honorifique conféré à certains moines orthodoxes.
ARCHIMÉDIEN, ENNE adj. ARITHM. Qui satisfait à l'axiome d'Archimède, selon lequel quels que soient $a > 0$ et $b \geqslant 0$, éléments d'un groupe totalement ordonné, il existe un entier naturel k tel que $ka \geqslant b$.
ARCHIPEL n.m. (ital. *arcipelago,* du gr. *pelagos,* mer). Groupe d'îles. *L'archipel des Cyclades.*
ARCHIPHONÈME n.m. PHON. Phonème qui neutralise les traits distinctifs communs à deux phonèmes que d'autres traits différencient dans certaines positions. *L'archiphonème* [P] *neutralise dans* [ɔPty] (obtus) *l'opposition de* [b] *et de* [p].
ARCHIPRÊTRE n.m. Anc. Curé de l'église principale d'une ville ou d'une circonscription du diocèse.
ARCHITECTE n. (gr. *arkhitektōn,* maître constructeur). **1.** Professionnel qui conçoit le parti, la réalisation ainsi qu'éventuellement la décoration d'un édifice, d'un bâtiment, et qui en contrôle l'exécution. (En France, il doit être titulaire d'un diplôme reconnu par l'État et être inscrit auprès d'un des conseils régionaux de l'Ordre des architectes.) ◇ *Architecte naval :* ingénieur en construction navale chargé de la conception d'un navire, d'une plate-forme marine, etc. **2.** *Litt.* Personne qui conçoit un ensemble complexe et qui participe à sa réalisation.
ARCHITECTONIQUE n.f. **1.** Organisation, structure d'une œuvre artistique. **2.** PHILOS. Chez Kant, art des systèmes, théorie de ce qu'il y a de scientifique dans la connaissance en général. ◆ adj. **1.** Relatif à l'art de construire, aux techniques de la construction. **2.** PHILOS. Chez Aristote, se dit d'une science à laquelle sont soumises les fins de sciences subordonnées.
ARCHITECTURAL, E, AUX adj. Relatif à l'architecture ; qui évoque une œuvre d'architecture.
ARCHITECTURE n.f. **1.** Art de concevoir et de construire un bâtiment selon des partis esthétiques et des règles techniques déterminés ; science de l'architecte. Abrév. *(fam.) : archi.* **2.** Structure, organisation. *L'architecture d'un tableau. Architecture d'un système informatique.*
ARCHITECTURER v.t. Construire, agencer une œuvre avec rigueur.
ARCHITRAVE n.f. (ital. *architrave*). ARCHIT. Partie inférieure d'un entablement, linteau ou plate-bande reposant directement sur les supports.
ARCHIVAGE n.m. Action de recueillir, de classer et de conserver des documents.
ARCHIVER v.t. Procéder à l'archivage de.
ARCHIVES n.f. pl. (gr. *arkheia*). **1.** Ensemble des documents relatifs à l'histoire d'une ville, d'une famille, etc., propres à une entreprise, à une administration, etc. **2.** Lieu où sont conservés de tels documents. **3.** *Images d'archives,* ou *archives :* recomm. off. pour *stock-shot.*
ARCHIVISTE n. Personne qui conserve des archives. – Spécialiste de la conservation, du classement, de l'étude des archives, des documents historiques.
ARCHIVISTE-PALÉOGRAPHE n. (pl. *archivistes-paléographes*). Spécialiste d'archivistique et de paléographie (titre réservé en France aux élèves diplômés de l'École nationale des chartes).
ARCHIVISTIQUE n.f. Science des archives.
ARCHIVOLTE n.f. (ital. *archivolto*). ARCHIT. Face verticale moulurée d'un arc.
ARCHONTAT n.m. Dignité d'archonte ; durée de sa charge.
ARCHONTE [arkɔ̃t] n.m. (gr. *arkhôn*). ANTIQ. GR. Haut magistrat, dans diverses cités.
ARÇON n.m. (lat. *arcus,* arc). **1.** Armature de la selle, formée de deux parties cintrées, le pommeau et le troussequin, reliées entre elles. **2.** Sarment de vigne, rameau d'arbre fruitier ayant subi l'arcure.
ARÇONNER v.t. Réaliser une arcure sur un rameau, un sarment.
ARCTIQUE [artik] ou [arktik] adj. (gr. *arktikos,* du nord). Du pôle Nord et des régions environnantes.
ARCURE [arkyr] n.f. AGRIC. Opération qui consiste à courber un sarment de vigne, une branche d'arbre fruitier afin qu'ils produisent plus de fruits.
ARDEMMENT [ardamɑ̃] adv. Avec ardeur, force ; vivement. *Il souhaite ardemment vous rencontrer.*
ARDENNAIS, E adj. et n. Des Ardennes.
1. ARDENT, E adj. (lat. *ardens,* brûlant). **1.** Qui brûle, chauffe fortement ; qui cause une sensation de brûlure. *Soleil ardent. Soif ardente.* **2. a.** *Chapelle ardente :* chambre mortuaire éclairée de cierges, souvent tendue de noir. **b.** HIST. *Chambre ardente :* dans la France d'Ancien Régime, tribunal d'exception qui jugeait des criminels d'État. (Une chambre ardente fut créée pour juger l'affaire des *Poisons.) **3.** *Fig.* **a.** Plein de vivacité, d'ardeur ; vif, fervent, passionné. *Désir ardent. Un ardent révolutionnaire.* **b.** Se dit d'une couleur vive, éclatante. **c.** *Litt. Ardent à :* empressé, acharné à. **4.** MAR. Se dit d'un voilier qui a tendance à présenter son avant face au vent (par oppos. à *mou*).
2. ARDENT n.m. MÉD. Anc. *Mal des ardents :* forme gangreneuse de l'ergotisme, qui sévit sous forme d'épidémie du Xe au XIIe siècle. SYN. : *feu de Saint-Antoine.*
ARDEUR n.f. (lat. *ardor*). **1.** Énergie impétueuse qui pousse à faire qqch ; zèle, empressement. *Montrer de l'ardeur au travail.* **2.** Caractère acharné de qqch ; véhémence. **3.** *Litt.* Chaleur extrême.
ARDILLON n.m. (mot germ.). **1.** Pointe métallique d'une boucle de ceinture, de courroie. **2.** PÊCHE. Partie de l'hameçon qui tient le poisson enferré.
ARDITI n.m. pl. (pl. de l'ital. *ardito,* hardi). Corps francs, dans l'armée italienne, pendant la Première Guerre mondiale.
ARDOISE n.f. (mot gaul.). **1.** Roche schisteuse, gris foncé, se divisant facilement en plaques et servant dans certaines régions à couvrir les toits. **2.** Tablette, naguère faite d'ardoise, sur laquelle on peut écrire, dessiner à la craie ou avec un crayon spécial (dit *crayon d'ardoise*). **3.** *Fam.* Somme due, crédit ouvert chez un commerçant, dans un café, etc.
ARDOISÉ, E adj. De la couleur de l'ardoise.
1. ARDOISIER, ÈRE adj. Relatif à l'ardoise. *Industrie ardoisière.*
2. ARDOISIER n.m. **1.** Personne qui exploite une ardoisière ou qui y travaille. **2.** Belgique. Couvreur.
ARDOISIÈRE n.f. Carrière d'ardoise.
ARDU, E adj. (lat. *arduus*). Difficile à comprendre, à résoudre ; compliqué. *Une question ardue.*
ARE n.m. (lat. *area,* surface). Unité de mesure des surfaces agraires (symb. a), valant 100 mètres carrés.
AREC [arɛk] ou **ARÉQUIER** n.m. (port. *areca*). Palmier à tige élancée des régions chaudes de l'Asie du Sud-Est, dont le fruit (noix d'arec) contient une amande dont on extrait un cachou.
ARÉCACÉE n.f. Plante monocotylédone tropicale à tige ligneuse (stipe), terminée par un bouquet de feuilles larges et découpées, pouvant atteindre 40 m de hauteur, telle que les palmiers. (Les arécacées forment une famille.) SYN. : *palmacée.*
ARÉFLEXIE n.f. MÉD. Absence de réflexes.
ARÉIQUE [areik] adj. (du gr. *rhein,* couler). HYDROL. Se dit d'une région aride, d'un sol privé de l'écoulement régulier des eaux. (17 % des surfaces émergées de la Terre sont aréiques.)
ARÉISME n.m. Caractère d'une région, d'un sol aréiques.
ARELIGIEUX, EUSE adj. Qui n'appartient à aucune religion, refuse toute religion.
ARÉNA n.m. Québec. Établissement comportant une patinoire entourée de gradins.
ARÈNE n.f. (lat. *arena,* sable). **1. a.** ANTIQ. Aire sablée d'un cirque, d'un amphithéâtre où se déroulaient les jeux. **b.** Aire sablée du lieu où se déroulent les courses de taureaux. **c.** *Fig.* Espace public où s'affrontent des partis, des courants d'idées, etc. *L'arène politique.* **2.** PÉTROL. Sable de texture grossière, résultant de la désagrégation de roches cristallines. ◆ pl. Édifice où se déroulaient les jeux, où ont lieu aujourd'hui les courses de taureaux. *Les arènes de Nîmes.*
ARÉNICOLE adj. Se dit d'un animal qui vit dans le sable. ◆ n.f. Ver sédentaire vivant dans un tube en U creusé dans les sables marins. (Long. 20 cm env. ; embranchement des annélides, classe des polychètes.)
ARÉNISATION n.f. PÉTROL. Désagrégation des roches cristallines en arènes.
ARÉNITE n.f. Roche sédimentaire meuble dont la dimension des éléments est comprise entre 62,5 µm et 2 mm.
ARÉOGRAPHIE n.f. (de *Arès,* n. myth., et *graphein,* décrire). ASTRON. Description de la surface de la planète Mars.

ARÉOLAIRE adj. ANAT. Relatif à l'aréole.

ARÉOLE n.f. (lat. *area*, aire). **1.** ANAT. Disque pigmenté qui entoure le mamelon du sein. **2.** MÉD. Zone rougeâtre qui entoure un point inflammatoire.

ARÉOMÈTRE n.m. (du gr. *araios*, peu dense). Densimètre.

ARÉOPAGE n.m. (lat. *areopagus*, du gr. *Areios pagos*, colline d'Arès). **1.** ANTIQ. GR. *L'Aréopage : v. partie n.pr.* **2.** *Litt.* Assemblée de personnes choisies, particulièrement compétentes, savantes.

ARÉQUIER n.m. → **AREC.**

ARÊTE n.f. (lat. *arista*, épi). **1.** Os du squelette des poissons. **2.** BOT. Barbe de l'épi de certaines graminées (orge, seigle, etc.). **3.** ARCHIT. Angle saillant formé par la rencontre de deux surfaces. ◇ *Voûte d'arêtes :* compartiment voûté dont la structure semble résulter, dans le cas le plus simple, de l'intersection à angle droit de deux berceaux de même hauteur. **4.** ANAT. Ligne osseuse saillante. *Arête du nez.* **5.** GÉOGR. Limite aiguë qui sépare les deux versants d'une montagne. **6.** GÉOMÉTR. *Arête d'un polyèdre :* frontière commune à deux faces, constituée par le segment joignant deux sommets.

ARÊTIER n.m. CONSTR. Ligne saillante formée par la rencontre de deux pans de couverture.

ARÊTIÈRE n.f. et adj.f. CONSTR. Tuile recouvrant l'angle des couvertures sur l'arêtier.

AREU interj. Imite les premiers sons émis par un bébé.

ARGANIER n.m. (ar. *arqān*). Arbre épineux du Sud marocain aux feuilles et fruits consommés par les ruminants et à l'amande oléagineuse. (Haut. 10 m ; famille des sapotacées.)

■ **ARGANIER**

ARGENT n.m. (lat. *argentum*). **1.** Métal précieux blanc, brillant, très ductile, fondant à 960 °C, de densité 10,5. **2.** Élément chimique (Ag), de numéro atomique 47, de masse atomique 107,868 2. **3.** Monnaie, en pièces ou en billets ; richesse qu'elle représente. *Peux-tu me prêter de l'argent ? Avoir de l'argent sur son compte en banque.* ◇ *Homme, femme d'argent,* qui aime l'argent, qui sait le faire fructifier. – *Faire de l'argent :* s'enrichir. – *En avoir, en vouloir pour son argent,* en proportion de ce qu'on a déboursé, ou, *fig.*, de l'effort entrepris. **4.** HÉRALD. Un des deux métaux employés comme émail, représenté blanc et uni.
ENCYCL. L'argent natif se rencontre rarement ; il est le plus souvent combiné au soufre ou à l'antimoine. Inoxydable par l'oxygène, il noircit au contact de l'air humide et se dissout dans l'acide nitrique. L'argent est le plus ductile et le plus malléable de tous les métaux après l'or ; c'est le meilleur conducteur de la chaleur et de l'électricité. On l'allie au cuivre pour lui donner plus de dureté.

ARGENTAGE n.m. Action d'argenter.

ARGENTAN ou **ARGENTON** n.m. Alliage de nickel, de cuivre et de zinc, dont la couleur blanche rappelle celle de l'argent.

ARGENTÉ, E adj. **1.** Recouvert d'argent. *Cuillère en métal argenté.* **2.** *Litt.* Qui évoque l'argent, par sa couleur ou son éclat. *Flots argentés.* **3.** *Fam.* Qui a de l'argent ; fortuné.

ARGENTER v.t. **1.** Recouvrir d'argent. **2.** *Litt.* Donner la blancheur, l'éclat de l'argent à.

ARGENTERIE n.f. Vaisselle et accessoires de table en argent ou en métal argenté.

ARGENTIER n.m. **1.** Dans la France du Moyen Âge et de l'Ancien Régime, officier de la maison du roi chargé de l'ameublement et de l'habillement. **2.** *Fam. Grand argentier :* ministre des Finances.

ARGENTIFÈRE adj. Se dit d'un minerai qui renferme de l'argent.

1. ARGENTIN, E adj. *Litt.* Dont le son clair évoque celui de l'argent. *Tintement argentin d'un carillon.*

2. ARGENTIN, E adj. et n. De l'Argentine, de ses habitants.

ARGENTIQUE adj. CHIM. Se dit d'un composé à base d'argent.

ARGENTITE n.f. MINÉRALOG. Sulfure d'argent.

ARGENTON n.m. → **ARGENTAN.**

ARGENTURE n.f. Dépôt d'une couche d'argent à la surface d'une pièce.

ARGIEN, ENNE adj. et n. D'Argos.

ARGILE n.f. (lat. *argilla*). **1.** MINÉRALOG. Silicate hydraté se présentant sous forme de feuillets et, parfois, de fibres. (La kaolinite, la montmorillonite, la chlorite sont des argiles.) **2.** Roche sédimentaire meuble constituée princip. de ces minéraux, imperméable, grasse au toucher et qui, imbibée d'eau, peut être façonnée.

ARGILEUX, EUSE adj. **1.** De la nature de l'argile. **2.** Qui est constitué d'argile, qui en contient.

ARGININE n.f. Acide aminé présent dans les protéines et intervenant dans la formation de l'urée.

ARGIOPE n.f. (gr. *argos*, brillant, et *ôps*, œil). Araignée des régions chaudes ou tempérées, qui tisse sa toile près du sol dans les herbes. (Long. 15 mm.)

ARGON n.m. **1.** Gaz peu réactif, incolore, constituant environ le centième de l'atmosphère terrestre. **2.** Élément chimique (Ar), de numéro atomique 18, de masse atomique 39,948.

ARGONAUTE n.m. (du gr. *Argonautês*, n. myth.). Mollusque possédant 8 tentacules munis de ventouses, dont la femelle fabrique une coquille calcaire blanche pour abriter sa ponte. (Long. 20 cm pour la femelle, 1 cm pour le mâle ; classe des céphalopodes.)

ARGOT n.m. Vocabulaire particulier à un groupe social, à une profession. – *Spécial.* Langage des malfaiteurs, du milieu.

ARGOTIER n.m. Personne qui connaît, qui utilise l'argot.

ARGOTIQUE adj. Propre à l'argot.

ARGOTISME n.m. Mot, expression argotiques.

ARGOTISTE n. Spécialiste de l'étude de l'argot.

ARGOUSIER n.m. BOT. Hippophaé.

ARGOUSIN [arguzɛ̃] n.m. (esp. *alguacil*, agent de police). *Litt.*, vieilli. Agent de police.

ARGUER [argɥe] ou, *cour.*, [arge] v.t. [4] (lat. *arguere*, prouver). **1.** Tirer comme conséquence, déduire. *Que peut-on arguer de ce témoignage ?* **2.** Prendre comme prétexte ; alléguer. *Il a argué qu'il avait oublié l'heure.* ◆ v.t. ind. **(de).** Avancer qqch comme argument, comme prétexte. *Arguer de son ignorance.*

ARGUMENT n.m. (lat. *argumentum*). **1.** Preuve, raison qui appuie une affirmation, une thèse, une demande. **2.** Résumé, trame narrative d'une œuvre littéraire, théâtrale, chorégraphique ou lyrique. **3.** LOG. Proposition ou ensemble de propositions dont on cherche à tirer une conséquence. **4.** MATH. *Argument d'un nombre complexe :* angle formé par l'axe des abscisses et le vecteur représentant ce nombre dans un repère orthonormal.

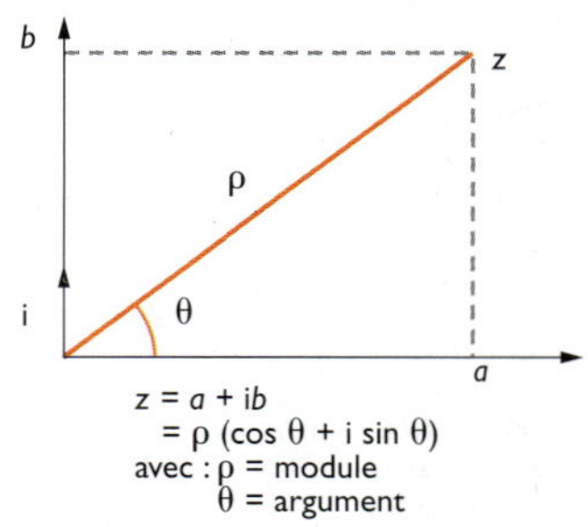

■ **ARGUMENT** d'un nombre complexe.

ARGUMENTAIRE n.m. **1.** Ensemble d'arguments à l'appui d'une opinion. **2.** Liste d'arguments de vente à l'usage du vendeur.

ARGUMENTATEUR, TRICE n. *Sout.* Personne qui aime argumenter.

ARGUMENTATIF, IVE adj. Qui concerne l'argumentation.

ARGUMENTATION n.f. **1.** Action d'argumenter ; ensemble d'arguments. **2.** Ensemble des techniques de communication destinées à provoquer ou à accroître l'adhésion de l'interlocuteur aux thèses qui lui sont présentées.

ARGUMENTER v.i. **1.** Présenter des arguments, une argumentation sur, contre qqn, qqch. **2.** LOG. Tirer des conséquences. ◆ v.t. Justifier, appuyer par des arguments un discours, un exposé, etc.

ARGUS [argys] n.m. (lat. *Argus*, géant aux cent yeux). **1.** Publication spécialisée, donnant des informations précises et chiffrées, notamm. sur certaines transactions. *L'argus de l'automobile.* **2.** *Litt.* Surveillant vigilant, espion. – *Par ext.* Personne très clairvoyante. **3.** Grand oiseau gallinacé voisin du faisan, originaire des forêts de l'Inde et de la Malaisie. (Famille des phasianidés.)

ARGUTIE [argysi] n.f. (lat. *argutia*, subtilité). Raisonnement, argument d'une subtilité excessive.

ARGYRISME n.m. (du gr. *arguros*, argent). MÉD. Intoxication par les sels d'argent.

ARGYRONÈTE n.f. (gr. *arguros*, argent, et *nein*, filet). Araignée aquatique, qui tisse dans l'eau, entre les plantes, une sorte de cloche qu'elle remplit d'air et où elle se tient à l'affût. (Long. 1 cm env.)

1. ARIA [arja] n.m. (anc. fr. *harier*, harceler). Vieilli. Souci, ennui, tracas.

2. ARIA [arja] n.f. (mot ital.). MUS. **1.** Mélodie vocale ou instrumentale, avec accompagnement. **2.** Air chanté par un soliste, dans un opéra.

ARIANISME n.m. Doctrine chrétienne d'Arius et de ses adeptes niant la divinité du Christ. (Condamné par le concile de Nicée [325], l'arianisme survécut parmi les peuples barbares et disparut aux VIe et VIIe s.)

ARIDE adj. (lat. *aridus*). **1.** Privé d'humidité ; sec. *Terre, pays arides.* **2. a.** Difficile et dépourvu d'attrait. *Sujet, travail aride.* **b.** *Litt.* Sans générosité ni imagination ; insensible. *Cœur aride.* **3.** *Climat aride,* caractérisé par des pluies très faibles et irrégulières dans le temps et l'espace. (On en rencontre deux types : le *climat aride chaud,* aux latitudes tropicales, avec des journées très chaudes et des nuits fraîches ; le *climat aride froid,* aux latitudes tempérées, avec des hivers froids et des étés chauds.)

ARIDITÉ n.f. État de ce qui est aride.

ARIEN, ENNE adj. et n. Relatif à l'arianisme ; qui en est partisan.

ARIETTE n.f. (ital. *arietta*). MUS. Courte mélodie de caractère gracieux.

ARILLE [arij] n.m. (lat. *arillus*, grain de raisin). BOT. Tégument charnu entourant la graine de certaines plantes (if, nymphéa, etc.), avec laquelle il constitue un « faux fruit ».

ARIOSO [arjozo] n.m. (mot ital.). MUS. Forme vocale tenant à la fois du récitatif et de l'aria.

ARISER ou **ARRISER** v.t. MAR. Diminuer, en prenant des ris, la surface d'une voile.

ARISTOCRATE n. Membre de l'aristocratie.

ARISTOCRATIE [-si] n.f. (gr. *aristos*, excellent, et *kratos*, pouvoir). **1. a.** Classe des nobles, des privilégiés. **b.** Gouvernement exercé par cette classe. **2.** *Litt.* Élite. *L'aristocratie des lettres.*

ARISTOCRATIQUE adj. **1.** De l'aristocratie. **2.** Digne d'un aristocrate ; distingué, raffiné.

ARISTOCRATIQUEMENT adv. De façon aristocratique.

ARISTOCRATISME n.m. Conception politique élitiste qui réserve le pouvoir aux meilleurs du point de vue de l'intelligence, du rang ou de la fortune.

ARISTOLOCHE n.f. (gr. *aristolokhia*, qui favorise les accouchements). Plante grimpante, à fleurs jaunes en tube évasé, dont certaines espèces sont cultivées pour les tonnelles. (Classe des dicotylédones ; famille des aristolochiacées.)

ARISTOTÉLICIEN, ENNE adj. et n. Propre à l'aristotélisme ; adepte de cette philosophie.

ARISTOTÉLISME n.m. **1.** Philosophie d'Aristote. **2.** Courant, ensemble des courants réactualisant la philosophie d'Aristote ou s'en inspirant, en partic. dans les pensées islamique (Avicenne, Averroès), juive (Maimonide) et chrétienne du Moyen Âge (Albert le Grand, Thomas d'Aquin).

ARITHMÉTICIEN, ENNE n. Spécialiste de l'arithmétique.

ARITHMÉTIQUE n.f. (gr. *arithmêtikê*, **science des nombres**). Branche des mathématiques qui étudie les propriétés élémentaires des nombres entiers et rationnels. ◆ adj. Qui relève de l'arithmétique. *Opération arithmétique.*

ARITHMÉTIQUEMENT adv. De façon arithmétique.

ARITHMOMANCIE n.f. Divination par les nombres.

ARKOSE n.f. Grès feldspathique résultant de la cimentation d'une roche granitique ou gneissique.

ARLEQUIN n.m. (anc. fr. *Hellequin*, n. d'un diable). *Litt. **Habit d'arlequin** :* ensemble composé de parties disparates, évoquant le vêtement bariolé d'Arlequin.

ARLEQUINADE n.f. *Litt.* Bouffonnerie, pitrerie.

ARLÉSIEN, ENNE adj. et n. D'Arles. ◆ n.f. *L'Arlésienne :* personne dont on parle tout le temps et qu'on ne voit jamais (par allusion à l'opéra de Bizet où ce personnage ne paraît pas sur la scène).

ARMADA n.f. (de *l'Invincible Armada*). *Litt.* Grand nombre, grande quantité. *Une armada de camions.*

ARMAGNAC n.m. Eau-de-vie de vin de la région d'Armagnac, obtenue par distillation dans un alambic traditionnel.

ARMAILLI n.m. Suisse. Vacher, partic. dans le canton de Fribourg.

ARMATEUR n.m. Personne qui arme, exploite un navire dont elle est propriétaire ou, moins souvent, locataire.

ARMATURE n.f. (lat. *armatura*). **1.** Assemblage de pièces, génér. métalliques, formant l'ossature, la charpente d'un objet, d'un ouvrage, etc., ou destiné à le renforcer, à le soutenir ou à le maintenir. – Partie rigide qui sous-tend un bonnet de soutien-gorge. **2.** *Fig.* Base d'un projet, d'une organisation ; ce qui soutient, maintient en place. **3.** ÉLECTROTECHN. Chacun des deux conducteurs d'un condensateur séparés par le diélectrique. **4.** MUS. Ensemble des altérations (dièse, bémol) constitutives de la tonalité d'une pièce musicale, placées après la clef et avant le chiffre de mesure. SYN. : *armure.*

ARME n.f. (lat. *arma*, armes). **1.** Objet, appareil, engin servant à attaquer ou à se défendre, par nature ou par usage. *Quelle est l'arme du crime ?* ◇ ***Arme blanche*** *:* arme de main dont l'action résulte d'une partie en métal (poignard, par ex.). – ***Arme à feu***, qui emploie la force explosive de la poudre. – ***Arme de poing*** *:* arme à feu ou courte arme blanche que l'on utilise serrée dans la main (pistolet, poignard). – MIL. ***Arme individuelle***, servie par un seul homme (fusil, par ex.), par oppos. à ***arme collective*** (canon, par ex.). – (Souvent pl.) ***Armes spéciales*** *:* armes nucléaires, biologiques ou chimiques (par oppos. aux ***armes classiques***, ou ***conventionnelles***) – *Fam. **Passer l'arme à gauche*** *:* mourir. **2.** *Fig.* Moyen quelconque d'attaque, de lutte. *Avoir pour seule arme son éloquence.* **3.** Élément de l'armée de terre chargé d'une mission particulière au combat (infanterie, artillerie, blindés). ◆ pl. **1.** ***Les armes*** *:* la carrière militaire. – ***Fait d'armes*** *:* exploit militaire, acte de bravoure. – ***Faire ses premières armes*** *:* débuter dans la carrière militaire ; *fig.*, débuter dans une carrière, une entreprise quelle qu'elle soit. – ***Passer par les armes*** *:* fusiller. – ***Prise d'armes*** *:* cérémonie militaire rassemblant les troupes. **2.** Pratique de l'épée, du fleuret, du sabre ; pratique de l'escrime. *Salle, maître d'armes.* **3.** HÉRALD. Armoiries. *Les armes de Montpellier.*

1. ARMÉ, E adj. **1.** Muni d'une arme. *Des bandes armées.* **2.** Pourvu d'une armature. *Béton, verre armé.*

2. ARMÉ n.m. Position d'une arme prête à tirer.

ARMÉE n.f. **1.** Ensemble des forces militaires d'un État. *L'armée française. Armée de l'air.* **2.** MIL. **a.** Ensemble des hommes réunis sous un commandement militaire unique en vue d'opérations déterminées. *L'armée d'Italie.* ◇ *Armée rouge : v. partie n.pr.* – ***La Grande Armée***, celle commandée par Napoléon Ier de 1805 à 1814. **b.** Grande unité terrestre groupant plusieurs divisions. *Général d'armée.* **3.** Grande quantité de personnes ; foule. *Une armée de supporters.*
ENCYCL. On distingue plusieurs types d'armées, qui ont pu exister simultanément. Dès l'Antiquité, les armées de mercenaires, composées d'étrangers qu'un contrat lie à un État ou à un souverain, participent aux conflits régionaux. Les armées féodales sont la réunion temporaire de vassaux sous l'autorité d'un suzerain (nobles à cheval entourés de gens de pied). L'armée de métier est constituée de volontaires nationaux ou étrangers servant à long terme. Ce type d'armée caractérise les systèmes militaires européens du XIXe s. Dans l'armée nationale, tout citoyen est un soldat en puissance. Les progrès de la tactique et de la technique, la volonté de disposer instantanément d'une force armée (armée permanente) ont conduit les États à instaurer un service militaire actif suivi d'une possibilité d'incorporation dans l'armée de réserve ou dans l'armée territoriale. L'une de ses formes est l'armée de milice, qui a existé dans les républiques communales du Moyen Âge et fonctionne de nos jours dans la Confédération suisse, où le contingent n'est appelé que pour une courte période ; ce système de milices repose sur la mobilisation très rapide des réserves.

ARMEMENT n.m. **1. a.** Action d'armer un soldat, un lieu, etc., de donner les moyens d'attaquer ou de se défendre. **b.** Ensemble des armes dont est équipé qqn, qqch. *Armement d'une compagnie, d'un char.* **c.** (Souvent pl.) Ensemble des moyens dont dispose un État pour assurer sa sécurité. *Course aux armements.* **d.** Étude et technique du fonctionnement des armes. *Cours d'armement.* **2.** MAR. **a.** Action de munir un navire de ce qui est nécessaire à son fonctionnement et à sa sécurité. **b.** Exploitation commerciale d'un navire, à titre de propriétaire ou de locataire ; entreprise d'un armateur.

ARMÉNIEN, ENNE adj. et n. De l'Arménie, qui se rapporte aux Arméniens. ◆ n.m. Langue indo-européenne parlée par les Arméniens. (Elle s'écrit depuis le début du Ve s. à l'aide d'un alphabet propre, et selon trois normes littéraires : classique *[grapar]*, qui eut le monopole de l'écrit jusqu'au XIXe s., occidentale [Turquie et diaspora] et orientale [Arménie et Iran].)

ARMER v.t. (lat. *armare*). **1.** Pourvoir qqn, qqch en armes. *Armer des volontaires.* **2.** Lever et équiper des troupes. *Armer cent mille hommes.* **3.** *Fig.* Donner à qqn les moyens d'affronter une situation, d'y faire face. *Ses études l'ont bien armée pour ce métier.* **4.** Placer une arme à feu en position d'armé. **5.** Procéder à l'armement d'un navire. **6.** Mettre un mécanisme en état de fonctionner, souvent par tension d'un ressort. *Armer un appareil photo.* ◆ **s'armer** v.pr. (**de**). Faire provision de, se munir de. *Armez-vous de patience, il n'est pas encore prêt.*

ARMET n.m. Casque en métal, en usage du XVe au XVIIe s.

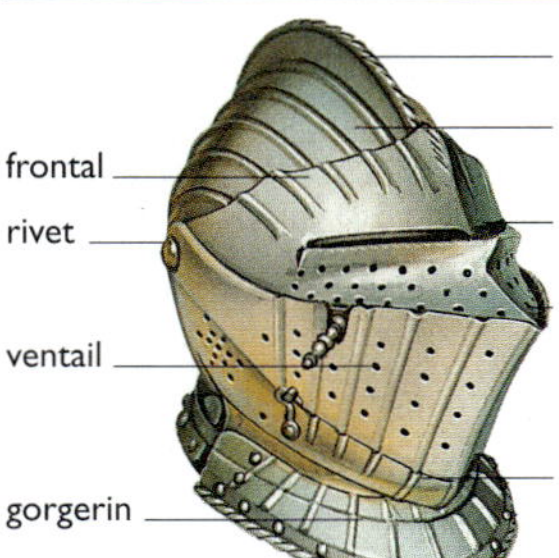

■ **ARMET**

1. ARMILLAIRE [armilɛr] adj. (lat. *armilla*, **bracelet**). ASTRON. ***Sphère armillaire*** *:* assemblage de cercles figurant les mouvements apparents des astres et au centre desquels un globe représente la Terre, utilisé autref. comme instrument pédagogique ou décoratif.

2. ARMILLAIRE [armilɛr] n.m. Champignon parasite des racines des arbres. (Classe des basidiomycètes.)

ARMINIANISME n.m. Doctrine théologique d'Arminius.

ARMINIEN, ENNE adj. et n. Propre à l'arminianisme ; partisan de cette doctrine.

ARMISTICE n.m. (lat. *arma*, armes, et *sistere*, **s'arrêter**). Convention par laquelle des belligérants suspendent les hostilités sans mettre fin à l'état de guerre.

ARMOIRE n.f. (lat. *armarium*). **1.** Meuble de rangement, à tablettes, fermé par des portes. ◇ ***Armoire frigorifique*** *:* enceinte à parois isolantes dans laquelle une machine frigorifique maintient une basse température pour conserver les denrées. **2.** *Fam. **Armoire à glace, armoire normande*** *:* personne de forte carrure.

ARMOIRIES n.f. pl. (de l'anc. fr. *armoyer*, **orner d'armes héraldiques**). HÉRALD. Ensemble des signes, devises et ornements de l'écu d'un État, d'une ville, d'une famille, etc. SYN. : *armes.*

ARMOISE n.f. (de *plante d'Artémis*). Plante aromatique des régions tempérées dont plusieurs espèces sont cultivées (armoise vraie, génépi, absinthe, estragon). [Famille des composées.]

ARMON n.m. (lat. *artemo*). Avant-train d'une voiture hippomobile, sur lequel se fixent les brancards ou le timon.

ARMORIAL, E, AUX adj. Relatif aux armoiries. ◆ n.m. Recueil d'armoiries d'une région, d'un État. *L'armorial de la France.*

ARMORICAIN, E adj. et n. De l'Armorique. ◆ adj. **1.** *Massif armoricain : v. partie n.pr.* **2.** *Homard à l'armoricaine* → **homard.**

ARMORIER v.t. [5]. Orner d'armoiries.

ARMURE n.f. (lat. *armatura*). **1.** Ensemble des pièces protectrices qui recouvraient le corps de l'homme d'armes au Moyen Âge. **2.** *Litt.* Moyen de protection. *Une armure de dédain.* **3.** Mode d'entrecroisement des fils de chaîne et de trame d'un tissu. *Armure toile, sergé.* **4.** MUS. Armature.

ARMURERIE n.f. Atelier, magasin d'armurier.

ARMURIER n.m. **1.** Celui qui fabrique, répare ou vend des armes. **2.** MIL. Celui qui est chargé de l'entretien des armes.

ARN ou **A.R.N.** [aɛrɛn] n.m. (**sigle**). Acide ribonucléique, formé d'une seule chaîne de nucléotides, indispensable à la synthèse des protéines à partir du programme génétique porté par l'ADN. (Il existe trois variétés d'ARN : l'*ARN messager*, l'*ARN de transfert* et l'*ARN ribosomique.*)

ARNAQUE n.f. *Fam.* Escroquerie, tromperie.

ARNAQUER v.t. (du picard *harnacher*, **travestir**). *Fam.* Escroquer, duper. *Arnaquer un client.*

ARNAQUEUR, EUSE n. *Fam.* Personne qui arnaque ; escroc, filou.

ARNICA n.m. ou n.f. (gr. *ptarmika*, **plantes sternutatoires**). **1.** Plante vivace des montagnes, très toxique, à fleurs jaunes ressemblant à des marguerites. (Haut. 50 cm ; famille des composées.) **2.** Teinture extraite de cette plante, utilisée traditionnellement contre les contusions.

AROBASE n.f. (**orig. incert.**). IMPRIM., INFORM. Caractère typographique @, utilisé dans les adresses de courrier électronique.

AROLLE ou **AROLE** n.m. Suisse. Espèce de pin (*Pinus cembro*) qui croît dans les Alpes.

AROMATE [arɔmat] n.m. Substance végétale odoriférante utilisée en médecine, en parfumerie ou en cuisine.

AROMATHÉRAPIE n.f. Partie de la phytothérapie qui utilise les huiles essentielles.

1. AROMATIQUE adj. De la nature des aromates ; qui en a le parfum, le goût ; odoriférant.

2. AROMATIQUE n.m. et adj. CHIM. ORG. Molécule organique dotée d'une grande stabilité due à la circulation d'électrons autour de cycles génér. carbonés. (Le benzène et les hydrocarbures benzéniques, l'azulène sont des molécules aromatiques.)

AROMATISANT, E adj. et n.m. Se dit d'une substance qui sert à aromatiser.

AROMATISATION n.f. **1.** Action d'aromatiser. **2.** CHIM. ORG. Réaction par laquelle un composé organique est transformé par déshydrogénation en composé aromatique.

AROMATISER v.t. Parfumer avec une substance aromatique.

ARÔME n.m. (gr. *arôma*, **parfum**). Émanation qui s'exhale de certaines substances végétales ou animales ; odeur, parfum, goût. *L'arôme du chocolat.*

ARONDE n.f. (lat. *hirundo*). Vx. Hirondelle. ◇ ***À ou en queue d'aronde*** *:* en forme de queue d'hirondelle, plus large à une extrémité qu'à l'autre. – ***Assemblage à queue d'aronde***, dans lequel le tenon et la mortaise ont cette forme.

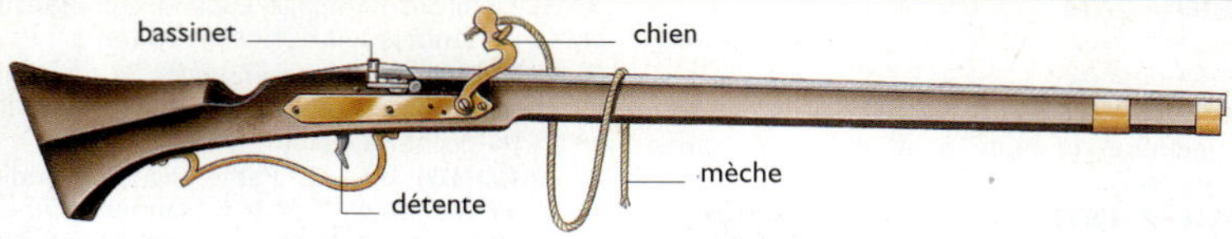

■ **ARQUEBUSE** à mèche (XVIe s.).

ARPÈGE n.m. (ital. *arpeggio*). MUS. Accord exécuté en jouant successivement les notes.

ARPÉGER v.t. [15]. MUS. *Arpéger un accord,* l'exécuter, le jouer en arpège (par oppos. à *plaquer*).

ARPENT n.m. (gaul. *arepennis*). Ancienne mesure agraire divisée en 100 perches et variable suivant les localités (de 35 à 50 ares).

ARPENTAGE n.m. Évaluation de la superficie des terres selon les méthodes de la topographie ; ensemble de ces méthodes.

ARPENTER v.t. **1.** Mesurer la superficie d'une terre. **2.** Parcourir à grands pas. *Il arpentait la cour de long en large.*

ARPENTEUR n.m. Spécialiste des levés de terrain. (Dénomination remplacée par celle de *géomètre topographe.*)

ARPENTEUSE n.f. et adj.f. ENTOMOL. Chenille de la phalène, qui, pour progresser, replie son corps d'une manière telle qu'elle donne l'impression de mesurer le chemin qu'elle parcourt.

ARPÈTE ou **ARPETTE** n. (de l'all. *Arbeiter,* travailleur). *Fam.,* vieilli. Jeune apprenti.

ARPION n.m. *Fam.* Pied.

ARQUÉ, E adj. Courbé en arc. *Jambes arquées.*

ARQUEBUSADE n.f. Décharge d'arquebuse.

ARQUEBUSE n.f. (all. *Hackenbüchse*). Anc. Arme d'épaule, en usage en France de la fin du XVe s. au début du XVIIe s., dont la mise à feu se faisait au moyen d'une mèche ou d'un rouet.

ARQUEBUSIER n.m. Anc. Soldat armé d'une arquebuse.

ARQUER [arke] v.t. (de *arc*). Courber en arc. *Arquer une pièce de bois.* ◆ v.i. *Fam. Ne plus pouvoir arquer :* ne plus pouvoir marcher sous l'effet de la fatigue.

ARRACHAGE n.m. Action d'arracher des herbes, des racines.

ARRACHÉ n.m. Exercice d'haltérophilie consistant à soulever la barre d'un seul mouvement continu au-dessus de la tête au bout d'un ou des deux bras tendus. ◇ ***À l'arraché*** : grâce à un effort violent, et souvent de justesse. *Victoire remportée à l'arraché.*

ARRACHE-CLOU n.m. (pl. *arrache-clous*). Outil servant à arracher les clous.

ARRACHEMENT n.m. **1.** Action d'arracher, de détacher par un effort violent ; son résultat. **2.** Séparation brutale, moralement douloureuse ; déchirement. **3.** Petit glissement de terrain.

ARRACHE-PIED (D') loc. adv. Avec acharnement et persévérance. *Travailler d'arrache-pied.*

ARRACHER v.t. (lat. *eradicare,* déraciner). **1.** Enlever de terre. *Arracher des poireaux.* **2.** Enlever de force. *Il lui arracha son arme.* **3.** Obtenir avec peine, de force ou par ruse. *Arracher un aveu.* **4.** Détacher, séparer, soustraire par la force ou avec peine ; faire sortir brutalement ou par de longs efforts. *Arracher une affiche.* ◆ **s'arracher** v.pr. **1. (de, à).** S'éloigner, quitter à regret ; se soustraire avec peine. *S'arracher d'un lieu.* **2.** Se disputer la présence de qqn. *On se l'arrache.* **3.** *S'arracher les cheveux :* être désespéré.

ARRACHEUR, EUSE n. Personne qui arrache qqch. ◇ *Fam.* ***Mentir comme un arracheur de dents*** : mentir effrontément.

ARRACHEUSE n.f. Machine destinée à l'arrachage des plantes à tubercules (pommes de terre) ou à fortes racines (betteraves).

ARRACHIS n.m. Ensemble des arbres et des souches arrachés sur une parcelle forestière livrée au défrichement.

ARRACHOIR n.m. Outil servant à arracher les plantes, les racines, etc.

ARRAISONNEMENT n.m. Action d'arraisonner un navire, un avion.

ARRAISONNER v.t. (du lat. *ratio,* compte). Arrêter en mer un navire et contrôler son état sanitaire, sa cargaison, l'identité de son équipage, etc. – Contrôler en vol un avion.

ARRANGEABLE adj. Que l'on peut arranger.

ARRANGEANT, E adj. Avec qui on s'arrange facilement ; conciliant, accommodant.

ARRANGEMENT n.m. **1.** Action d'arranger ; manière dont une chose, des choses sont arrangées, disposées, agencées. *Arrangement d'une maison.* **2.** MATH. ***Arrangement de** n **objets pris** p **à** p* : tout groupement de *p* objets pris parmi *n* objets, se distinguant par la nature et l'ordre des objets rassemblés. [Le nombre d'arrangements de *p* éléments est $A_n^p = n(n-1)\ldots(n-p+1)$.] **3.** MUS. Transformation d'une œuvre écrite pour certaines voix, certains instruments ou ensembles, en vue de son exécution par des voix, des instruments ou des ensembles différents. **4.** Accord amiable conclu entre deux parties. *Trouver un arrangement.*

ARRANGER v.t. [10]. **1.** Mettre en ordre, disposer harmonieusement. *Arranger des bouquets sur une table.* **2.** Mettre ou remettre en ordre, en place, en état. *Arranger sa coiffure.* **3.** Modifier pour adapter à sa destination. *Arranger un vêtement. Arranger un texte.* – Procéder à l'arrangement d'une œuvre musicale. **4.** Régler de manière satisfaisante. *Arranger un différend.* **5.** Fixer les modalités de qqch ; organiser, ménager. *Arranger un rendez-vous entre deux personnes.* **6.** Convenir à qqn ; satisfaire. *Ce changement de date m'arrange bien.* **7.** *Fam.* Dire du mal de qqn ; maltraiter. *La critique l'a drôlement arrangé !* ◆ **s'arranger** v.pr. **1.** Se mettre d'accord ; s'entendre. *Il vaut mieux s'arranger que plaider.* **2.** Évoluer favorablement ; bien finir. *Tout peut encore s'arranger.* **3.** Prendre ses dispositions. *S'arranger pour arriver à l'heure.* **4. (de).** Se contenter de qqch, malgré les inconvénients. *La pièce est petite, mais on s'en arrangera.*

ARRANGEUR, EUSE n. Musicien qui fait un arrangement musical.

ARRÉRAGES n.m. pl. (de *arrière*). DR. **1.** Intérêts versés au titulaire d'une rente ou d'une pension. **2.** Ce qui reste dû d'une rente, d'un revenu quelconque.

ARRESTATION n.f. Action d'arrêter qqn par autorité de justice ou de police ; état d'une personne arrêtée.

ARRÊT n.m. **1.** Action d'arrêter, de s'arrêter. *L'arrêt des véhicules au feu rouge.* ◇ ***Sans arrêt*** : continuellement. – ***Coup d'arrêt*** : interruption brutale imposée à un mouvement, à un processus. – ***Chien d'arrêt,*** qui s'immobilise, qui « tombe en arrêt » quand il sent le gibier. – ***Être, tomber en arrêt devant qqch*** : être saisi d'une immobilité témoignant la surprise, l'intérêt, la convoitise, etc. **2.** ***Arrêt de volée*** : au rugby, réception du ballon provenant de l'adversaire par un joueur situé derrière la ligne des 22 m, les deux pieds au sol, qui crie « marque » pour indiquer l'intention d'arrêter le jeu. **3.** Endroit où s'arrête un véhicule de transport public. *Arrêt facultatif.* **4.** ***Arrêt du** (ou **de**) **travail*** : interruption du travail pour les congés ou pour une raison physiologique (maladie, maternité, accident), sociale (grève), technique ou économique (chômage). **5.** Pièce destinée à limiter la course d'un élément mobile. **6.** Décision rendue par une juridiction supérieure. *Arrêt de la Cour de cassation.* **7.** ***Maison d'arrêt*** : prison où sont incarcérés les personnes placées en détention provisoire et les condamnés à une courte peine. ◆ **pl.** Punition infligée à un militaire, l'astreignant à rester en dehors du service en un lieu déterminé. *Mettre aux arrêts.* ◇ MIL. ***Arrêts de rigueur*** : sanction privative de liberté subie en totalité dans un local dit *d'arrêts.*

1. ARRÊTÉ n.m. Décision exécutoire de certaines autorités administratives.

2. ARRÊTÉ, E adj. Qui a été décidé de façon irrévocable. *Avoir une idée bien arrêtée sur une question.*

ARRÊTE-BŒUF n.m. inv. BOT. Bugrane.

ARRÊTER v.t. (lat. *restare,* rester). **1.** Empêcher d'avancer, d'agir ; interrompre le mouvement, la marche, le fonctionnement, le déroulement de. *Arrêter un passant, sa voiture. On n'arrête pas le progrès.* ◇ ***Arrêter son regard, sa pensée sur qqn, qqch,*** s'y attarder, y prêter attention. **2.** Appréhender qqn et le retenir prisonnier. *Arrêter un malfaiteur.* **3.** COUT. Nouer les fils de, maintenir au moyen d'un point ou d'une série de points. *Arrêter une couture, les mailles d'un tricot.* **4.** Décider qqch de façon définitive ; déterminer, fixer. *Arrêter un plan, une date.* ◆ v.i. **1.** Cesser d'avancer, de faire qqch ; stopper. *Demander au chauffeur d'arrêter.* **2.** CHASSE. Se tenir immobile, en parlant d'un chien qui a senti le gibier. ◆ **s'arrêter** v.pr. **1.** Cesser d'avancer, de parler, d'agir, de fonctionner. **2.** Ne pas aller au-delà d'un certain point, se terminer. *Le chemin s'arrête ici.*

ARRÊTISTE n.m. Juriste qui commente des décisions de justice.

ARRHES [ar] n.f. pl. (lat. *arrha,* gage). Somme d'argent qu'une partie verse à la conclusion d'un contrat pour en assurer l'exécution.

ARRIÉRATION n.f. Vieilli. *Arriération intellectuelle* ou *mentale* : déficience intellectuelle importante.

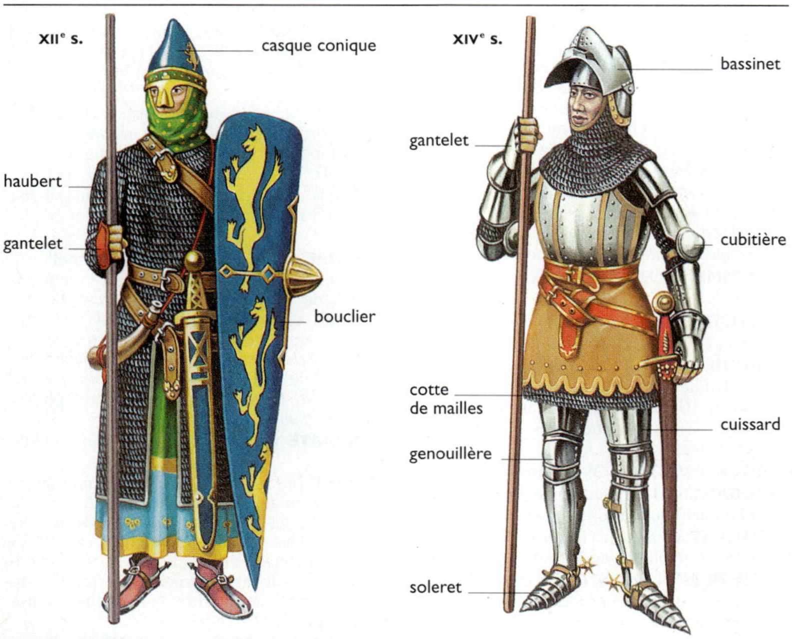

■ **ARMURES** du XIIe et du XIVe s.

1. ARRIÈRE adv. et adj. inv. (lat. *ad retro,* en arrière). **1.** Du côté opposé, en sens contraire. *Faire machine arrière, marche arrière.* **2.** Situé dans la partie postérieure. *Roues arrière d'un véhicule.* ◇ *En arrière.* **a.** Dans le sens opposé à celui vers lequel on regarde ou vers lequel on se dirige. *Regarder en arrière.* **b.** À une certaine distance derrière. *Rester en arrière.* ◆ interj. *Arrière ! :* au loin ! reculez ! *Arrière, circulez !* ◆ **en arrière de** loc. prép. Derrière.

2. ARRIÈRE n.m. **1.** Partie postérieure. *L'arrière d'un véhicule, d'un navire.* **2.** Zone en dehors des combats en temps de guerre. CONTR. : *front.* ◆ pl. **1.** MIL. Zone située derrière la ligne de front et par laquelle une armée assure son ravitaillement et ses communications. **2.** Base sûre à partir de laquelle on développe ses activités. *Assurer, protéger ses arrières.*

3. ARRIÈRE n. SPORTS. Joueur placé près de son but et qui participe notamm. à sa défense, dans les sports d'équipe.

1. ARRIÉRÉ, E adj. **1.** En retard de paiement, demeuré impayé. *Dette arriérée.* **2.** *Péjor.* En retard sur son époque. *Idées arriérées.* — Qui n'a pas été touché, ou fort peu, par le progrès. *Pays arriéré.* ◆ adj. et n. Vx. Qui est atteint d'une arriération intellectuelle ; handicapé mental.

2. ARRIÉRÉ n.m. **1.** Somme qui n'a pas été payée à la date convenue. *Acquitter un arriéré.* **2.** Retard dans un domaine quelconque. *Avoir beaucoup d'arriéré dans sa correspondance.*

ARRIÈRE-BAN n.m. (pl. *arrière-bans*). HIST. Pouvoir de commandement exercé par le suzerain sur ses arrière-vassaux.

ARRIÈRE-BEC n.m. (pl. *arrière-becs*). CONSTR. Saillie d'une pile de pont, du côté de l'aval, destinée à faciliter l'écoulement de l'eau.

ARRIÈRE-BOUTIQUE n.f. (pl. *arrière-boutiques*). Pièce située derrière une boutique.

ARRIÈRE-CHŒUR [-kœr] n.m. (pl. *arrière-chœurs*). Chœur situé derrière le maître-autel où, dans une église conventuelle, les religieux cloîtrés sont isolés des laïques.

ARRIÈRE-CORPS n.m. inv. ARCHIT. Partie d'un bâtiment en retrait de l'alignement principal.

ARRIÈRE-COUR n.f. (pl. *arrière-cours*). Cour située à l'arrière d'un bâtiment et servant de dégagement.

ARRIÈRE-COUSIN, E n. (pl. *arrière-cousins, es*). Cousin à un degré éloigné.

ARRIÈRE-CUISINE n.f. (pl. *arrière-cuisines*). Petite pièce située derrière une cuisine.

ARRIÈRE-FOND n.m. (pl. *arrière-fonds*). Ce qu'il y a de plus profond, de plus secret dans qqch, chez qqn. *L'arrière-fond de la mémoire.*

ARRIÈRE-GARDE n.f. (pl. *arrière-gardes*). **1.** Détachement de sûreté agissant en arrière d'une troupe en marche pour la couvrir et la renseigner. **2.** *Combat d'arrière-garde,* qui vient trop tard ; dépassé, démodé.

ARRIÈRE-GORGE n.f. (pl. *arrière-gorges*). Partie du pharynx située derrière les amygdales. SYN. : *oropharynx.*

ARRIÈRE-GOÛT n.m. (pl. *arrière-goûts*). **1.** Goût que laisse à la bouche un mets, une boisson et qui diffère de ce qu'on avait d'abord senti. **2.** *Fig.* Sentiment qui subsiste après le fait qui l'a provoqué. *Un arrière-goût de regret.*

ARRIÈRE-GRAND-MÈRE n.f. (pl. *arrière-grands-mères*). Mère du grand-père ou de la grand-mère.

ARRIÈRE-GRAND-ONCLE n.m. (pl. *arrière-grands-oncles*). Frère de l'arrière-grand-père ou de l'arrière-grand-mère.

ARRIÈRE-GRAND-PÈRE n.m. (pl. *arrière-grands-pères*). Père du grand-père ou de la grand-mère.

ARRIÈRE-GRANDS-PARENTS n m. pl. Le père et la mère des grands-parents.

ARRIÈRE-GRAND-TANTE n.f. (pl. *arrière-grands-tantes*). Sœur de l'arrière-grand-père ou de l'arrière-grand-mère.

ARRIÈRE-MAIN n.f. (pl. *arrière-mains*). Partie postérieure d'un animal, notamm. du cheval, comprenant la croupe et les membres postérieurs.

ARRIÈRE-NEVEU, ARRIÈRE-NIÈCE n. (pl. *arrière-neveux, arrière-nièces*). Fils, fille du neveu ou de la nièce. SYN. : *petit-neveu, petite-nièce.*

ARRIÈRE-PAYS n.m. inv. Région située en arrière des côtes, à l'intérieur (par oppos. à *littoral*). *L'arrière-pays niçois.*

ARRIÈRE-PENSÉE n.f. (pl. *arrière-pensées*). Pensée, intention qu'on ne manifeste pas. *Agir sans arrière-pensée.*

ARRIÈRE-PETIT-FILS, ARRIÈRE-PETITE-FILLE n. (pl. *arrière-petits-fils, arrière-petites-filles*). Fils, fille du petit-fils ou de la petite-fille.

ARRIÈRE-PETIT-NEVEU, ARRIÈRE-PETITE-NIÈCE n. (pl. *arrière-petits-neveux, arrière-petites-nièces*). Fils, fille d'un petit-neveu, d'une petite-nièce.

ARRIÈRE-PETITS-ENFANTS n.m. pl. Enfants du petit-fils, de la petite-fille.

ARRIÈRE-PLAN n.m. (pl. *arrière-plans*). **1.** Plan le plus reculé dans un paysage, un tableau, une photographie (par oppos. à *premier plan*). **2.** *À l'arrière-plan :* dans une position secondaire. *Reléguer qqn à l'arrière-plan.*

ARRIÈRE-PORT n.m. (pl. *arrière-ports*). Partie d'un port la plus éloignée de l'entrée.

ARRIÈRE-SAISON n.f. (pl. *arrière-saisons*). Période qui termine la belle saison ; fin de l'automne.

ARRIÈRE-SALLE n.f. (pl. *arrière-salles*). Salle située derrière la salle principale.

ARRIÈRE-TRAIN n.m. (pl. *arrière-trains*). **1.** Partie postérieure du corps d'un quadrupède. **2.** Partie d'un véhicule hippomobile à quatre roues portée par les roues arrière.

ARRIÈRE-VASSAL n.m. (pl. *arrière-vassaux*). HIST. Vassal d'un seigneur, lui-même vassal d'un autre seigneur.

ARRIMAGE n.m. Action d'arrimer ; son résultat.

ARRIMER v.t. (du moyen angl. *rimen,* arranger). Disposer méthodiquement et fixer solidement le chargement d'un navire, d'un véhicule, d'un avion.

ARRIMEUR n.m. Docker qui arrime les marchandises à bord des navires.

ARRISER v.t. → **ARISER.**

ARRIVAGE n.m. Arrivée de marchandises, de matériel, par un moyen de transport quelconque ; ces marchandises elles-mêmes.

ARRIVANT, E n. Personne qui arrive quelque part. *Accueillir les nouveaux arrivants.*

ARRIVÉ, E n. Personne qui est arrivée, parvenue quelque part. ◆ adj. Qui a réussi socialement.

ARRIVÉE n.f. **1.** Action d'arriver ; moment ou lieu précis de cette action. **2.** *Arrivée d'air, d'essence, etc. :* alimentation en air, essence, etc. ; canalisation, ouverture par laquelle se fait cette alimentation

ARRIVER v.i. [auxil. *être*] (du lat. *ripa,* rive). **1.** Parvenir à destination, au terme de sa route. *Le train arrive à 16 heures.* **2.** Venir ; approcher, se rapprocher. *Arriver de l'étranger. L'hiver arrive.* **3.** Atteindre une certaine taille, un certain niveau, etc. *Il lui arrive à l'épaule.* **4.** Atteindre, aborder un état, une étape. *Arriver à la conclusion.* ◇ *En arriver à :* se résoudre après réflexion à ; en venir presque à. **5.** Réussir à obtenir qqch ; parvenir enfin à faire qqch. *Je suis arrivée à le convaincre. Arriver à ses fins.* — Réussir socialement. *Vouloir arriver à tout prix.* **6.** Se produire, survenir. *Tout peut arriver.* ◆ v. impers. **1.** Se produire, survenir. *Qu'arrive-t-il ?* **2.** Se produire parfois, être possible. *Il arrive que je sorte. Il m'arrive de sortir.*

ARRIVISME n.m. État d'esprit, comportement de l'arriviste.

ARRIVISTE n. et adj. Personne qui veut réussir à tout prix ; ambitieux sans scrupules.

ARROCHE n.f. (lat. *atriplex,* du gr. *atraphaxus*). Plante à feuilles triangulaires dont une espèce est comestible. (Genre *Atriplex ;* famille des chénopodiacées.) SYN. : *belle-dame.* ◇ *Arroche puante :* vulvaire.

ARROGAMMENT adv. Avec arrogance.

ARROGANCE n.f. Orgueil qui se manifeste par des manières hautaines, méprisantes ; morgue.

ARROGANT, E adj. et n. (lat. *arrogans,* revendiquant). Qui manifeste de l'arrogance ; hautain.

ARROGER (S') v.pr. [10] (lat. *arrogare,* demander pour soi). S'attribuer indûment. *Ils se sont arrogé des pouvoirs excessifs. Les privilèges qu'il s'est arrogés.* — REM. *S'arroger* ne s'accorde qu'avec le complément d'objet.

ARROI n.m. *Litt.* Équipage, appareil entourant un grand personnage. *Arriver en grand arroi.*

1. ARRONDI, E adj. et n.f. PHON. Se dit d'une voyelle ou d'une consonne articulée avec les lèvres poussées en avant.

2. ARRONDI n.m. **1.** Partie, ligne arrondie. *L'arrondi des joues.* **2.** AVIAT. Manœuvre finale d'atterrissage permettant d'amener l'avion tangentiellement au sol. **3.** MATH. Lors d'un calcul, valeur approchée que l'on prend d'un nombre, le plus proche possible de sa valeur exacte selon une précision déterminée (par oppos. à *troncature*). *2,5 est un arrondi de 2,47 au dixième près.*

ARRONDIR v.t. **1.** Donner une forme ronde, courbe à. *Arrondir ses lettres en écrivant.* ◇ *Arrondir un pantalon, une jupe :* dessiner l'ourlet de manière que sa distance au sol soit partout égale. **2.** *Fig.* Augmenter, agrandir. *Arrondir ses terres, sa fortune.* **3.** MATH. Effectuer un arrondi sur une valeur numérique. ◆ **s'arrondir** v.pr. Devenir plus rond, plus plein, plus important. *Ses formes s'arrondissent.*

1. ARRONDISSEMENT n.m. En France, subdivision administrative des départements et de certaines grandes villes.

2. ARRONDISSEMENT n.m. MATH. Fait d'arrondir une somme, un total.

ARRONDISSURE n.f. IMPRIM. Opération consistant à arrondir le dos d'un livre à relier.

ARROSABLE adj. Que l'on peut arroser.

ARROSAGE n.m. Action d'arroser.

ARROSÉ, E adj. **1.** Qui reçoit de l'eau, des précipitations. *La Normandie est une région très arrosée.* — Irrigué par un cours d'eau. *Régions arrosées par la Seine.* **2.** *Fam.* Accompagné de vin, d'alcool. *Repas bien arrosé.* ◇ *Café arrosé,* mêlé d'alcool.

ARROSEMENT n.m. Fait d'arroser une région, en parlant d'un fleuve.

ARROSER v.t. (du lat. *ros, roris,* rosée). **1.** Mouiller en répandant de l'eau ou un liquide ; asperger. *Arroser des plantes, un jardin. Arroser un rôti.* — Couler à travers ; irriguer. *La Loire arrose Tours.* **2.** Répandre abondamment qqch sur ; inonder. *Des projecteurs arrosent le château d'une vive lumière.* — Bombarder longuement et méthodiquement. *Arroser les lignes ennemies.* **3.** Servir avec du vin, de l'alcool. *Arroser un repas.* — Inviter à boire pour fêter un événement. *Arroser sa promotion.* **4.** *Fam.* Verser de l'argent à qqn pour obtenir une faveur. *Arroser un personnage influent.*

ARROSEUR n.m. **1.** Personne qui arrose les rues. ◇ *Fam. L'arroseur arrosé :* celui qui est victime de ses propres machinations. **2.** Appareil utilisé pour irriguer les cultures.

ARROSEUSE n.f. Véhicule destiné à l'arrosage des rues.

ARROSOIR n.m. Récipient portatif servant à l'arrosage des plantes.

ARROW-ROOT [arorut] n.m. [pl. *arrow-roots*] (mot angl., *racine à flèches*). Fécule comestible extraite des rhizomes ou des bulbes de diverses plantes tropicales.

ARROYO [arɔjo] n.m. (mot esp.). GÉOMORPH. Chenal ordinairement à sec, transformé en torrent temporaire après les pluies, dans les pays tropicaux.

ARS [ar] ou [ars] n.m. (lat. *armus,* épaule). Point d'union du membre antérieur du cheval avec le poitrail.

ARSENAL n.m. (ital. *arsenale,* d'un mot ar.). **1. a.** Centre de construction et d'entretien des navires de guerre. *L'arsenal de Brest.* **b.** Anc. Fabrique d'armes et de matériel militaire. **2.** Grande quantité d'armes. *La police a découvert un arsenal clandestin.* **3.** *Fig.* Ensemble de moyens d'action, de lutte. *L'arsenal des lois. Arsenal répressif.* **4.** Équipement, matériel compliqué. *L'arsenal d'un photographe.*

ARSÉNIATE n.m. CHIM. MINÉR. Sel de l'acide arsénique.

ARSENIC [arsənik] n.m. (lat. *arsenicum,* du gr. *arsenikos,* mâle). **1.** Corps simple de couleur grise, à l'éclat métallique, de densité 5,7, se sublimant vers 450 °C en répandant une odeur d'ail. **2.** Élément chimique (As), de numéro atomique 33, de masse atomique 74,921 6. **3.** *Arsenic blanc :* anhydride *arsénieux, utilisé comme poison.

ARSENICAL, E, AUX ou **ARSÉNIÉ, E** adj. Qui contient de l'arsenic.

ARSÉNIEUX adj.m. *Anhydride arsénieux :* oxyde d'arsenic (As_2O_3), très toxique, aussi appelé *arsenic blanc.*

ARSÉNIQUE adj.m. *Anhydride arsénique :* anhydride As_2O_5. – *Acide arsénique :* acide H_3AsO_4.

ARSÉNITE n.m. Sel de l'acide arsénieux.

ARSÉNIURE n.m. Combinaison de l'arsenic avec un corps simple.

ARSINE n.f. CHIM. MINÉR. Corps dérivé de l'arséniure d'hydrogène AsH_3 par substitution de radicaux carbonés à l'hydrogène.

ARSOUILLE n.m. ou n.f. *Fam.,* vieilli. Voyou.

ART n.m. (lat. *ars, artis*). **1.** Aptitude, habileté à faire qqch. *Avoir l'art de plaire, d'émouvoir.* **2.** Ensemble des moyens, des procédés, des règles intéressant une activité, une profession ; activité, conduite considérée comme un ensemble de règles à observer. *Art militaire. Art culinaire.* ◇ *Homme de l'art :* spécialiste d'une discipline. – *Art poétique :* ouvrage ou pièce poétiques proposant des règles ou des préceptes permettant de bien écrire. **3.** Création d'objets ou de mises en scène spécifiques destinés à produire chez l'homme un état de sensibilité et d'éveil plus ou moins lié au plaisir esthétique ; ensemble des œuvres artistiques d'un pays, d'une époque. *Amateur d'art. L'art chinois. L'art roman.* – Manière qui manifeste un goût, une recherche, un sens esthétique. *Disposer un bouquet avec art.* ◇ *L'art pour l'art :* doctrine esthétique qui fait de la perfection formelle le but ultime de l'art (principaux représentants : Th. Gautier, Banville, Leconte de Lisle, Heredia, Sully Prudhomme). – *Art déco,* ou *Arts déco :* style mis en vedette en 1925 par l'« Exposition internationale des arts décoratifs et industriels modernes » de Paris, mais dont les fondements étaient établis dès avant la Première Guerre mondiale. – *Art nouveau :* mouvement de rénovation des arts décoratifs et de l'architecture survenu en Occident dans la dernière décennie du XIXe s. SYN. : *modern style.* **4.** Chacun des domaines où s'exerce la création esthétique, artistique. *L'enluminure, art du Moyen Âge.* ◇ *Septième, huitième, neuvième art* → **septième, huitième, neuvième.** **5.** *Art et essai :* label de qualité décerné, en France, par le Centre national de la cinématographie à des salles de cinéma qui programment des films de valeur reconnue. ◆ pl. Ensemble de disciplines artistiques, notamm. celles qui sont consacrées à la beauté ou à l'expressivité des lignes, des formes, des couleurs, appelées aussi **beaux-arts.* ◇ *Arts plastiques* → **1. plastique.**

ENCYCL. **Art nouveau.** En rupture avec l'éclectisme et l'académisme du XIXe s., le style *Art nouveau* comporte à la fois une inspiration poétique tournée vers l'imitation des formes naturelles (arabesques contournées d'origine végétale) et une rigueur rationaliste qui se manifeste notamm. dans le domaine de l'architecture : Horta en Belgique, Guimard en France sont des techniciens novateurs dans l'emploi du fer, du verre, de la céramique comme dans la liberté fonctionnelle de leurs plans. Préparé par W. Morris en Angleterre, lié au mouvement symboliste, cet art surgit à Bruxelles, à Nancy (Gallé, V. Prouvé, Majorelle, la verrerie Daum, etc.), à Paris (Lalique, le dessinateur de meubles Eugène Gaillard), à Munich *(Jugendstil),* à Barcelone (avec l'œuvre très particulière de Gaudí), etc. Il s'exprime avec plus de retenue à Glasgow (Mackintosh) et à Vienne (*Secession-Stil :* Klimt, J. Hoffmann, etc.) ; bientôt, cubisme et architecture sans ornement, ou compromis du style Art déco, supplanteront les féeries imaginatives de l'Art nouveau.

Art déco. Goût de la ligne droite (par influence, notamm., du cubisme), des couleurs franches, interprétation géométrique des formes de la nature, mais aussi fidélité à une tradition d'élégance, caractérisent le style *Art déco.* En France, les vedettes en sont des décorateurs comme É. Ruhlmann, Louis Süe et André Mare – fondateurs tous deux de la « Compagnie des arts français » en 1919 –, Maurice Dufrêne, Paul Follot, créateurs de meubles aux matières précieuses contrastées. Tous les arts de luxe sont touchés à travers une production soit artisanale, soit semi-industrielle : verrerie et cristallerie Baccarat, Lalique, Daum, orfèvrerie Christofle ou Puiforcat, porcelaine Haviland ou de Sèvres, ainsi que leurs équivalents à l'étranger. Les architectes, quant à eux, adoptent le pan coupé et une stylisation particulière du décor. Mais les années 1920 et 1930 sont aussi celles du mouvement *moderne en architecture, qu'accompagne la création des meubles en tubes de métal. *(V. ill. page suivante).*

■ L'ART NOUVEAU

Le « modern style » cristallise en de nombreux pays, à la fin du XIXe s., une révolte des meilleurs artistes contre le ressassement des styles anciens dans l'art de ce siècle. C'est ainsi qu'aux colonnades à l'antique les architectes substituent des courbes inspirées de la nature; l'angle droit leur succédera...

Louis Comfort Tiffany. Vase « Favrile » en verre soufflé (av. 1896), inspiré des plumes de paon, par le verrier américain L. C. Tiffany. (Metropolitan Museum, New York.)

Koloman Moser. Page de titre d'un calendrier (1912) par le graphiste K. Moser, membre de la « Sécession » viennoise.

René Lalique. Broche (v. 1900) en or et émail avec perle baroque. (Musée des Arts décoratifs, Paris.)

Hector Guimard. La maison Coilliot, à Lille (1898) : l'animation d'une façade de largeur médiocre par l'asymétrie, le retrait central, la diversification des matériaux.

Victor Horta. Vue d'un salon et de l'escalier de la maison Horta à Bruxelles (1898). La ligne sinueuse triomphe dans la ferronnerie et le mobilier, dessinés par l'architecte pour son propre usage.

■ LE STYLE ART DÉCO

Comme les « Années folles » succèdent à la « Belle Époque », l'Art déco succède au modern style (Art nouveau). Après la guerre de 1914-1918, les Français vivent dans l'illusion d'une gloire retrouvée et d'une paix universelle. Leurs classes aisées vont adhérer à un style équivoque et charmant, prolongement du monde facile du début du siècle. À la différence des Allemands, créateurs du design moderne (avec, notamm., le Bauhaus), les décorateurs français, à commencer par les ébénistes, se tournent vers la tradition : aimable, insouciante, leur production démarque l'élégance du style Louis XVI le confort du Louis-Philippe.

Émile Jacques Ruhlmann. Petite armoire (v. 1922) en amarante, avec décor floral en marqueterie d'ébène et d'ivoire. (Musée des Arts décoratifs, Paris.)

A

André Marty. Paravent « Plein Air » en étoffe imprimée (1925) du peintre, dessinateur de mode et illustrateur A. Marty. Fidélité à une tradition picturale que l'artiste stylise pour exprimer la liberté heureuse revendiquée par son époque. (Musée des Arts décoratifs, Paris.)

Raymond Templier. Étui à cigarettes en argent et laque (1930), d'esprit moderniste, par le joaillier R. Templier. (Musée des Arts décoratifs, Paris.)

René Lalique. Pendule « le Jour et la Nuit » (1926), en pâte de verre moulée, au caractéristique décor figuré d'esprit classique. (Coll. Lalique, Paris.)

ARTEFACT ou **ARTÉFACT** [artefakt] n.m. (lat. *artis facta,* effets de l'art). Phénomène d'origine artificielle ou accidentelle, rencontré au cours d'une observation ou d'une expérience.

ARTEL n.m. HIST. Dans l'ex-URSS, association volontaire de travailleurs.

ARTÉMIA n.f. (gr. *artemia,* bonne santé). Crustacé des estuaires et des lagunes, vivant en eau douce comme en eau saumâtre très salée, dont les larves sont utilisées en aquariophilie pour nourrir les poissons et les coraux. (Sous-classe des branchiopodes.)

ARTÈRE n.f. (gr. *artêria*). **1.** Vaisseau qui porte le sang du cœur aux organes. **2.** Importante voie de communication urbaine.

ARTÉRIECTOMIE [arterjɛktɔmi] n.f. Ablation chirurgicale d'un segment d'artère.

ARTÉRIEL, ELLE adj. Des artères. *Pression artérielle.*

ARTÉRIOGRAPHIE n.f. Radiographie des artères et de leurs branches après injection directe d'un produit opaque aux rayons X.

ARTÉRIOLE n.f. ANAT. Petite artère.

ARTÉRIOPATHIE n.f. MÉD. Toute affection des artères.

ARTÉRIOSCLÉREUX, EUSE adj. De l'artériosclérose. ◆ adj. et n. Atteint d'artériosclérose.

ARTÉRIOSCLÉROSE n.f. Maladie dégénérative de la paroi des artères, aboutissant à leur épaississement et à leur durcissement.

ARTÉRIOTOMIE n.f. Incision chirurgicale de la paroi d'une artère.

ARTÉRITE n.f. MÉD. Inflammation d'une artère.

ARTÉRITIQUE adj. Relatif à l'artérite. ◆ adj. et n. Atteint d'artérite.

ARTÉSIEN, ENNE adj. et n. De l'Artois. ◆ adj. *Puits artésien :* sondage ou forage qui donne une eau, un liquide jaillissant naturellement.

ARTHRALGIE n.f. (du gr. *arthron,* articulation). MÉD. Douleur articulaire.

ARTHRITE n.f. Maladie rhumatismale inflammatoire d'une ou plusieurs articulations.

ARTHRITIQUE adj. Relatif à l'arthrite. ◆ adj. et n. Atteint d'arthrite.

ARTHRITISME n.m. MÉD. Vieilli. Ensemble d'affections diverses (goutte, rhumatisme, eczéma, etc.) auxquelles on attribuait naguère une origine commune.

ARTHRODÈSE n.f. Intervention chirurgicale consistant à bloquer définitivement une articulation pour la rendre stable.

ARTHRODIE n.f. ANAT. Articulation mobile dont les deux os ont une surface articulaire plane.

ARTHROGRAPHIE n.f. Radiographie d'une articulation après injection d'un produit opaque aux rayons X.

ARTHROPATHIE n.f. MÉD. Toute maladie d'une ou des articulations.

ARTHROPLASTIE n.f. Intervention chirurgicale sur une articulation pour lui rendre sa mobilité.

ARTHROPODE n.m. (gr. *arthron,* articulation, et *pous, podos,* pied). Animal invertébré, à squelette externe chitineux, dont le corps est segmenté et dont les membres ou appendices sont composés d'articles. (Les arthropodes, représentés par les crustacés, les myriapodes, les insectes, les arachnides, etc., constituent un embranchement renfermant 80 % de toutes les espèces animales.)

ARTHROSCOPIE n.f. MÉD. Examen endoscopique d'une cavité articulaire.

ARTHROSE n.f. Maladie rhumatismale dégénérative, correspondant à la destruction du cartilage d'une ou de plusieurs articulations, et dont la fréquence augmente avec le vieillissement.

ARTICHAUT n.m. (lombard *articiocco,* de l'ar.). **1.** Plante potagère vivace, dont les feuilles forment une volumineuse rosette, cultivée pour ses capitules, ou *têtes.* (Genre *Cynara ;* famille des composées.) **2.** Ce capitule, dont on mange le réceptacle (ou *fond*) et la base des bractées (ou *feuilles*). **3.** *Fam. Avoir un cœur d'artichaut :* être inconstant en amour, volage.

ARTICHAUTIÈRE n.f. Terrain planté d'artichauts.

ARTICLE n.m. (lat. *articulus,* articulation). **1.** DR. Division, partie génér. référencée d'un traité, d'une loi, d'un contrat, d'un compte, d'un chapitre budgétaire, etc. ◇ CHRIST. *Article de foi :* vérité fondamentale de la foi, contenue dans les symboles ou les définitions des conciles ; *par ext.,* opinion, croyance inébranlable. **2.** Écrit formant un tout distinct dans un journal, une publication. – Sujet traité ; point. *Ne pas transiger sur un article.*

3. Objet proposé à la vente. *Article de luxe.* ◇ *Faire l'article :* faire valoir une marchandise ; *fig.,* faire les louanges de qqch, de qqn. **4.** LING. Déterminant du nom, placé avant celui-ci, marquant sa valeur définie ou indéfinie, le nombre et souvent le genre de celui-ci. *Articles définis, indéfinis, partitifs.* **5.** ZOOL. Partie d'un membre, d'un appendice qui s'articule à une autre, chez les arthropodes. **6.** *À l'article de la mort :* sur le point de mourir.

ARTICULAIRE adj. ANAT. **1.** Relatif aux articulations. **2.** *Surface articulaire :* partie d'un os par laquelle s'établit le contact avec un second os, au sein d'une articulation.

ARTICULATEUR n.m. PHON. Organe qui participe à l'émission des sons de la parole (lèvres, langue, palais, etc.).

ARTICULATION n.f. **1.** Jonction entre deux os ; ensemble des éléments qui assurent cette jonction. — ZOOL. Région du tégument des arthropodes où la chitine s'amincit, permettant les mouvements des segments. — MÉCAN. INDUSTR. Assemblage, élément de liaison (axe ou rotule) de deux pièces mécaniques ayant un déplacement angulaire relatif. **2.** Liaison entre les parties d'un discours, d'un livre, etc. ; leur organisation. **3.** DR. Énumération point par point de faits devant être introduits en justice. **4.** PHON. Action, manière d'articuler les sons d'une langue.

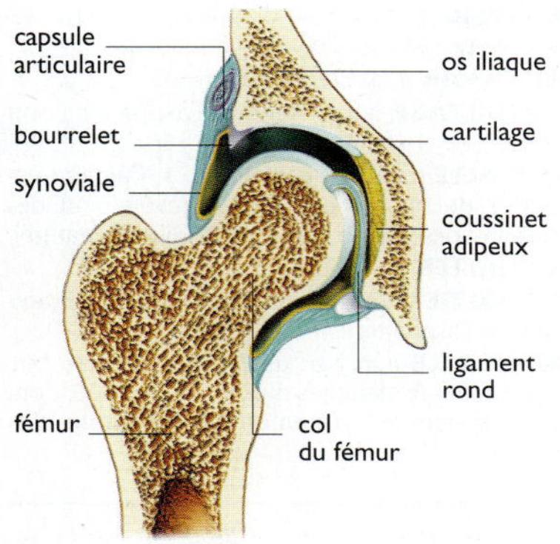

■ **ARTICULATION** de la hanche (coupe).

ARTICULATOIRE adj. PHON. Qui concerne l'articulation des sons du langage.

1. ARTICULÉ, E adj. **1.** Qui comporte une, des articulations. **2.** Énoncé, exprimé nettement. *Mot bien, mal articulé.*

2. ARTICULÉ n.m. **1.** *Articulé dentaire :* position respective des dents du maxillaire supérieur et du maxillaire inférieur. **2.** ZOOL. Vx. Arthropode.

ARTICULER v.t. (lat. *articulare*). **1.** Émettre un, des sons du langage. — Prononcer un, des mots distinctement. **2.** Faire l'articulation d'un discours, d'un livre, etc. **3.** MÉCAN. INDUSTR. Réaliser l'articulation de pièces mécaniques. ◆ **s'articuler** v.pr. **1.** Former une articulation. **2.** Former un ensemble organisé, cohérent.

■ **ARTICHAUT**

ARTIFICE n.m. (lat. *artificium,* art, métier). **1.** *Litt.* Procédé ingénieux, habile pour tromper ; ruse. *User d'artifices.* **2. a.** MIL. *Pièce d'artifice,* ou *artifice :* composition fulminante pouvant déclencher une action explosive. **b.** *Feu d'artifice :* tir détonant à effets lumineux, pour une fête en plein air ; *fig.,* succession rapide de traits d'esprit, de répliques brillantes.

ARTIFICIEL, ELLE adj. **1.** Produit par une technique humaine, et non par la nature ; qui se substitue à un élément naturel. *Membre artificiel.* **2.** Qui relève du procédé ; arbitraire. *Classement artificiel.* — Qui manque d'authenticité ; affecté, factice. *Enjouement artificiel.*

ARTIFICIELLEMENT adv. De façon artificielle.

ARTIFICIER n.m. Personne qui tire des feux d'artifice.

ARTIFICIEUSEMENT adv. *Litt.* Avec artifice, ruse.

ARTIFICIEUX, EUSE adj. *Litt.* Qui use d'artifices ; rusé, hypocrite.

ARTILLERIE n.f. (de *art*). Ensemble des bouches à feu, de leurs munitions et de leur matériel de transport. *Pièce d'artillerie.* — Partie de l'armée affectée à leur service. *Artillerie navale, nucléaire.* ◇ *Grosse artillerie, artillerie lourde :* moyens puissants ; *fig.,* arguments percutants, dénués de finesse.

ARTILLEUR n.m. Militaire qui sert dans l'artillerie.

ARTIMON n.m. (génois *artimone*). MAR. Mât arrière d'un voilier qui en comporte deux ou davantage ; voile que porte ce mât.

ARTIODACTYLE [artjo-] n.m. ZOOL. Ongulé herbivore ayant un nombre pair de doigts à chaque patte. (Les artiodactyles forment un sous-ordre comprenant les ruminants, les porcins et les camélidés.)

ARTISAN, E n. (ital. *artigiano*). **1.** Professionnel qui exerce à son compte un métier manuel, souvent à caractère traditionnel. ◇ *Artisan taxi :* chauffeur exploitant un taxi pour son propre compte. **2.** *Être l'artisan de,* l'auteur, le responsable de.

ARTISANAL, E, AUX adj. **1.** Propre à l'artisan, à l'artisanat (par oppos. à *industriel*). **2.** Qui est fait manuellement ou avec des moyens rudimentaires.

ARTISANALEMENT adv. De manière artisanale.

ARTISANAT n.m. Métier, technique de l'artisan ; ensemble des artisans.

ARTISTE n. **1.** Personne qui pratique un des beaux-arts, un de leurs prolongements contemporains ou un des arts appliqués. ◇ *Travail d'artiste,* très habile. — *Représentation, vue d'artiste :* dessin, schéma fidèle aux spécifications techniques d'un objet, d'un ensemble, etc., dont la fabrication est à l'étude ou en cours. **2.** Interprète d'une œuvre théâtrale, musicale, cinématographique, etc. *Entrée des artistes.* **3.** Personne qui, pratiquant ou non un art, aime les arts, la bohème, le non-conformisme. ◆ adj. Qui a ou manifeste le goût des arts, l'amour du beau.

ARTISTEMENT adv. *Litt.* Avec art, avec un goût artistique certain.

ARTISTIQUE adj. **1.** Relatif à l'art, aux arts. *Les richesses artistiques d'un pays.* **2.** Fait, présenté avec art. *Disposition artistique.*

ARTISTIQUEMENT adv. De façon artistique.

ARTOCARPUS [artokarpys] ou **ARTOCARPE** n.m. (gr. *artos,* pain, et *karpos,* fruit). Arbre d'Océanie et d'Asie tropicale, dont les gros fruits contiennent une chair amylacée que l'on consomme cuite, et appelé pour cette raison *arbre à pain.* (Famille des moracées.)

■ **ARUM**

ARTOTHÈQUE n.f. Organisme de prêt d'œuvres d'art.

ARUM [arɔm] n.m. (gr. *aron*). Plante herbacée monocotylédone dont il existe de nombreuses espèces spontanées (le *pied-de-veau,* à spathe verte et à baies rouges toxiques) ou cultivées (*arum blanc,* à spathe blanche). [Famille des aracées.] SYN. : *gouet.*

ARUSPICE n.m. → **HARUSPICE.**

ARVALE n.m. et adj. ANTIQ. GR. ET ROM. Membre d'un collège consacré au culte d'une divinité agricole, Dea Dia.

ARVINE n.f. Suisse. Vin blanc du Valais.

ARYEN, ENNE adj. et n. **1.** Relatif aux Aryens. **2.** De « race pure » et « supérieure », dans la doctrine nazie.

ARYLAMINE n.f. CHIM. ORG. Amine aromatique formée d'un radical aryle.

ARYLE n.m. CHIM. ORG. Radical carboné dérivé des composés aromatiques (nom générique).

ARYTÉNOÏDE adj. *Cartilage aryténoïde,* ou *aryténoïde,* n.m. : cartilage mobile du larynx, qui tend la corde vocale.

ARYTHMIE n.f. Trouble du rythme du cœur, caractérisé par une irrégularité des contractions.

ARYTHMIQUE adj. Propre à l'arythmie.

AS [as] n.m. (mot lat. désignant une petite unité de poids et de monnaie). **1.** Face du dé, moitié du domino ou carte à jouer, génér. la plus forte, marquée d'un seul point. ◇ *Fam. Être plein aux as :* avoir beaucoup d'argent. — *Fam. Passer à l'as :* être oublié, escamoté. **2.** Le numéro un, au tiercé, au loto, etc. **3.** Personne qui excelle dans une activité. *As du volant.* **4.** NUMISM. Unité monétaire de bronze chez les anciens Romains.

ASA FŒTIDA [azafetida] n.f. inv. Ase fétide.

ASANA n.f. (mot sanskr.). Posture de yoga.

ASBESTOSE [asbɛstoz] n.f. Pneumoconiose due à l'inhalation prolongée de poussières d'amiante.

ASBL ou **A.S.B.L.** n.f. (sigle). Belgique. Association sans but lucratif.

ASCARIDIASE ou **ASCARIDIOSE** n.f. MÉD. Maladie parasitaire provoquée par l'ascaris.

ASCARIS ou **ASCARIDE** n.m. Ver parasite de l'intestin grêle de l'homme, du cheval, du porc, etc. (Long. 15 à 25 cm ; classe des nématodes.)

ASCENDANCE n.f. (du lat. *ascendere,* monter). **1.** Ensemble des ascendants, des générations dont est issue une personne ; ses origines. **2.** MÉTÉOROL. Courant aérien se déplaçant de bas en haut.

1. ASCENDANT, E adj. Qui va en montant, en progressant vers le haut.

2. ASCENDANT n.m. **1.** Autorité, influence morale qu'une personne exerce sur qqn, sur un groupe. **2.** ASTROL. Point de l'écliptique qui se lève à l'horizon au moment de la naissance d'un individu. **3.** (Surtout pl.) Parent dont qqn est issu en ligne directe.

ASCENSEUR n.m. (du lat. *ascendere,* monter). Installation, appareil pour le transport vertical des personnes dans les bâtiments. ◇ *Fam. Renvoyer l'ascenseur :* répondre à une complaisance, un service par une action comparable.

ASCENSION n.f. (lat. *ascensio*). **1.** Fait de s'élever, d'aller vers le haut. *Ascension d'un ballon.* ◇ CHRIST. *L'Ascension :* élévation de Jésus au ciel, quarante jours après Pâques ; fête commémorant cet événement. **2.** Action de monter, de gravir, de progresser vers le haut. *Ascension d'une montagne.* — *Fig.* Fait de s'élever socialement. *Ascension professionnelle.* **3.** ASTRON. *Ascension*

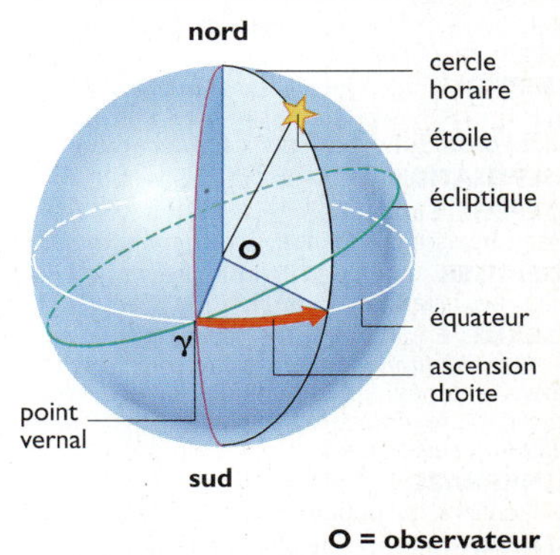

■ **ASCENSION** droite.

A

droite : l'une des deux coordonnées équatoriales permettant de repérer la position d'un point sur la sphère céleste, analogue à la longitude sur la Terre.

ASCENSIONNEL, ELLE adj. Qui tend à monter ou à faire monter. *Vitesse ascensionnelle.* ◇ *Force ascensionnelle,* qui provoque l'ascension.

ASCENSORISTE n. Personne, industriel spécialiste de l'installation et de la maintenance des ascenseurs.

ASCÈSE [asɛz] n.f. (gr. *askêsis,* exercice). Discipline de vie, ensemble d'exercices physiques et moraux pratiqués en vue d'un perfectionnement spirituel.

ASCÈTE [asɛt] n. **1.** Personne qui pratique l'ascèse. **2.** Personne qui soumet sa vie à une discipline stricte, austère.

ASCÉTIQUE adj. D'ascète ; propre à l'ascèse.

ASCÉTISME n.m. **1.** Caractère de ce qui est conforme à l'ascèse. **2.** Pratique de l'ascèse.

ASCIDIE [asidi] n.f. (gr. *askidion,* petite outre). **1.** Animal marin vivant fixé aux rochers, en solitaire ou en colonie. (Les ascidies forment une classe de l'embranchement des tuniciers.) **2.** Organe en forme d'urne prolongeant la feuille de certaines plantes carnivores telles que le népenthès.

ASCII [aski] **(CODE)** [acronyme de l'angl. *american standard code for information interchange*]. Code normalisé utilisé pour l'échange de données informatiques, qui définit les représentations d'un jeu de caractères à l'aide de combinaisons de sept éléments binaires. (Ce code offre 128 combinaisons différentes. Il en existe une version étendue à 8 éléments, offrant 256 combinaisons, mais qui n'est pas normalisée.)

ASCITE [asit] n.f. MÉD. Épanchement d'un liquide séreux dans la cavité péritonéale, provoquant une distension de l'abdomen.

ASCITIQUE adj. Relatif à l'ascite.

ASCLÉPIADACÉE n.f. Plante dicotylédone gamopétale, renfermant un suc âcre et laiteux, toxique, telle que l'asclépiade. (Les asclépiadacées forment une famille.)

ASCLÉPIADE n.f. ou **ASCLÉPIAS** n.m. Plante d'Amérique du Nord et d'Afrique, aussi appelée *dompte-venin,* cultivée pour ses fleurs roses à odeur de vanille et ses fruits surmontés d'une aigrette soyeuse. (Famille des asclépiadacées.)

ASCOMYCÈTE n.m. (gr. *askos,* outre, et *mukês,* champignon). Champignon dont les spores se forment dans des asques, et comprenant notamm. la levure de bière, le pénicillium, la pezize, la morille, la truffe. (Les ascomycètes forment une classe de champignons supérieurs.)

ASCORBIQUE adj. MÉD. *Acide ascorbique :* vitamine C, dont la carence provoque le scorbut.

ASDIC n.m. (acronyme de l'angl. *allied submarine detection investigation committee*). Appareil de détection sous-marine par ultrasons. (Mis au point en Grande-Bretagne dans les années 1920, il est à l'origine du sonar.)

ASE n.f. (gr. *ase,* dégoût). *Ase fétide :* résine malodorante extraite de la férule, autref. utilisée en médecine, appelée aussi *asa fœtida.*

ASÉISMIQUE adj. → **ASISMIQUE**.

ASELLE n.m. Petit crustacé d'eau douce, voisin du cloporte. (Ordre des isopodes.)

ASÉMANTIQUE adj. LING. Se dit d'une phrase qui n'a pas de sens tout en pouvant être grammaticalement correcte.

ASEPSIE n.f. (du gr. *sêpsis,* infection). Absence de micro-organismes dans un milieu ou sur un objet ; ensemble des méthodes permettant de maintenir cet état.

ASEPTIQUE adj. Qui est dans un état d'asepsie (par oppos. à *septique*) ; qui n'est pas dû à un micro-organisme (par oppos. à *infectieux*).

ASEPTISATION n.f. Action d'aseptiser.

ASEPTISÉ, E adj. **1.** Stérilisé. **2.** *Fig.* Privé d'originalité ; impersonnel, neutre. *Un discours aseptisé.*

ASEPTISER v.t. Rare. Rendre aseptique, sans microbes ; stériliser.

ASEXUÉ, E [asɛksɥe] adj. Qui n'a pas de sexe. ◇ BIOL. *Multiplication asexuée,* qui s'effectue sans l'intermédiaire de cellules reproductrices (par bouture, drageon, stolon, etc.). SYN. : *multiplication végétative.*

ASHKÉNAZE [aʃkenaz] adj. et n. Relatif aux Ashkénazes, qui appartient à cette communauté.

ASHRAM [aʃram] n.m. (mot sanskr.). En Inde, lieu de retraite où un gourou dispense un enseignement spirituel à ses adeptes.

ASIAGO [asjago] n.m. Fromage à râper au lait de vache, fabriqué dans la région d'Asiago (Italie).

ASIALIE [asjali] n.f. (du gr. *sialon,* salive). MÉD. Absence de sécrétion de la salive.

ASIATE n. et adj. *Injur., raciste.* Personne originaire d'Asie ; asiatique.

ASIATIQUE adj. et n. D'Asie ; des Asiatiques.

ASIENTO [asjɛnto] n.m. (mot esp., *contrat d'achat*). HIST. Contrat par lequel la Couronne d'Espagne octroyait un monopole commercial, en partic. pour la traite des esclaves.

ASILAIRE adj. *(Souvent péjor.).* Relatif à un asile psychiatrique, aux asiles psychiatriques.

1. ASILE n.m. (gr. *asulon,* refuge sacré). **1. a.** Lieu où l'on peut trouver refuge, protection. *Trouver asile à l'étranger. Donner asile à des réfugiés.* ◇ *Droit d'asile :* protection accordée par un État à un réfugié politique. **b.** Endroit où l'on peut se reposer, trouver le calme. **2.** Vieilli. Hôpital psychiatrique.

2. ASILE n.m. Mouche velue qui capture ses proies en vol. (Type de la famille des asilidés.)

ASINIEN, ENNE [azinjɛ̃, ɛn] adj. (du lat. *asinus,* âne). Propre à l'âne.

ASISMIQUE ou **ASÉISMIQUE** adj. Se dit d'une zone qui ne présente pas d'activité sismique.

ASOCIAL, E, AUX adj. et n. Inadapté aux normes sociales ; qui manifeste le refus de s'y adapter.

ASOMATOGNOSIE [asɔmatognozi] n.f. PSYCHOPATHOL. Trouble du schéma corporel.

ASPARAGINE n.f. Acide aminé dérivé de l'acide aspartique, présent dans les protéines et abondant dans les jeunes pousses d'asperge.

ASPARAGUS [asparagys] n.m. (mot lat.). Plante voisine de l'asperge, ornementale, dont le feuillage finement découpé est utilisé par les fleuristes pour agrémenter les bouquets. (Famille des liliacées.)

ASPARTAME ou **ASPARTAM** [aspartam] n.m. Produit chimique à pouvoir sucrant élevé mais apportant moins de calories que le sucre.

ASPARTIQUE adj. *Acide aspartique :* acide aminé présent dans les protéines et intervenant dans la formation de l'urée et dans la synthèse des acides nucléiques (ADN, ARN).

ASPE ou **ASPLE** n.m. (all. *Haspel*). AGRIC. Dévidoir qui sert à tirer la soie des cocons.

ASPECT [aspɛ] n.m. (lat. *aspectus,* regard). **1.** Manière dont qqn ou qqch se présente à la vue, à l'esprit. *Un château d'un aspect imposant.* — Manière d'envisager une question, un problème. *Ne voir qu'un aspect des choses.* ◇ *À l'aspect de :* à la vue de. **2.** LING. Expression de l'action verbale dans sa durée, son déroulement, son achèvement, etc. ; ensemble des procédés grammaticaux que cette expression met en œuvre. **3.** Distance angulaire entre deux astres, à laquelle l'astrologie attribue une influence particulière sur la destinée.

■ **ASPERGE** et asparagus.

ASPERGE n.f. (lat. *asparagus*). **1.** Plante potagère pérennante, cultivée pour ses pousses, ou *turions,* qui s'élèvent d'une tige souterraine. (Famille des liliacées.) **2.** Pousse de cette plante. **3.** *Fam.* Personne grande et maigre.

ASPERGER v.t. [10] (lat. *aspergere*). **1.** Mouiller légèrement et superficiellement. ◇ v.pr. *Elle s'est aspergée d'eau de toilette.* **2.** Projeter un liquide sur ; éclabousser.

ASPERGÈS [aspɛrʒɛs] n.m. (lat. *asperges,* tu aspergeras). CATH. Moment où le célébrant fait l'aspersion d'eau bénite sur les fidèles, au début d'une messe.

ASPERGILLE [aspɛrʒil] n.f. ou **ASPERGILLUS** [aspɛrʒilys] n.m. Champignon se développant sous la forme d'une moisissure sur les substances sucrées (partic., les confitures) ou en décomposition. (Classe des ascomycètes.)

ASPERGILLOSE n.f. Affection très rare atteignant surtout les poumons, due au champignon aspergille.

ASPÉRITÉ n.f. (lat. *asperitas*). **1.** (Souvent pl.) Saillie, inégalité d'une surface. **2.** État d'une surface inégale, raboteuse au toucher.

ASPERME adj. BOT. Se dit d'un fruit qui ne produit pas de graines.

ASPERMIE n.f. MÉD. Absence de sécrétion du sperme par le testicule.

ASPERSEUR n.m. Petit arroseur rotatif employé dans l'irrigation par aspersion. SYN. : *sprinkler.*

ASPERSION n.f. Action d'asperger. — CATH. Action de projeter de l'eau bénite.

ASPERSOIR n.m. Pomme d'arrosoir.

ASPHALTAGE n.m. Action d'asphalter ; son résultat.

ASPHALTE n.m. (gr. *asphaltos*). **1.** Calcaire imprégné de bitume qui sert au revêtement des trottoirs, des chaussées, etc. **2.** Bitume naturel.

ASPHALTER v.t. Couvrir d'asphalte.

ASPHALTIER n.m. Navire aménagé pour le transport de l'asphalte.

ASPHODÈLE n.m. (gr. *asphodelos*). Plante bulbeuse à fleurs blanches du sud de l'Europe, dont une espèce est ornementale. (Famille des liliacées.)

■ **ASPHODÈLE**

ASPHYXIANT, E adj. Qui asphyxie.

ASPHYXIE n.f. (du gr. *sphuxis,* pouls). **1.** État d'un organisme qui manque d'oxygène, par insuffisance de l'hématose. **2.** *Fig.* Blocage, arrêt d'une activité, d'une fonction essentielle ; paralysie.

ASPHYXIÉ, E adj. et n. Victime d'une asphyxie.

ASPHYXIER v.t. [5]. Causer l'asphyxie. ◆ **s'asphyxier** v.pr. Souffrir d'asphyxie ; mourir d'asphyxie.

1. ASPIC [aspik] n.m. (lat. *aspis,* du gr.). Vipère des lieux secs et pierreux, au museau retroussé, l'une des trois espèces vivant en France. (Long. 75 cm.)

2. ASPIC ou **SPIC** n.m. (provenç. *espic*). Grande lavande fournissant une huile essentielle utilisée en parfumerie.

3. ASPIC n.m. (de *1. aspic*). CUIS. Préparation enrobée de gelée. *Aspic de volaille, de poisson.*

ASPIDISTRA n.m. Plante d'appartement originaire du Japon, cultivée pour ses larges feuilles lisses, vert foncé. (Famille des liliacées.)

1. ASPIRANT, E adj. Qui aspire. *Pompe aspirante.*

2. ASPIRANT n.m. **1.** MIL. Grade précédant celui de sous-lieutenant (→ *grade*). **2.** MAR. Grade précédant celui d'enseigne de vaisseau de deuxième classe (→ *grade*).

ASPIRATEUR n.m. Appareil qui aspire des fluides, des matières pulvérulentes, etc. *Aspirateur de sciure d'une machine à bois.* – *Spécial.* Appareil ménager servant à aspirer les poussières, les menus déchets.

ASPIRATION n.f. **1.** Action d'aspirer. **2.** PHON. Souffle perceptible combiné à un son (ex. : *hop !* en français). **3.** Mouvement, élan vers un idéal, un but. *L'aspiration d'un peuple à l'indépendance.*

ASPIRATOIRE adj. PHYSIOL. Relatif à une aspiration.

ASPIRÉ, E adj. LING. *H aspiré,* marquant l'interdiction d'une liaison, en français. – *Consonne aspirée,* ou *aspirée,* n.f. : consonne qui s'accompagne d'une aspiration.

ASPIRER v.t. (lat. *aspirare,* souffler). **1.** Faire entrer l'air dans ses poumons en respirant. SYN. : *inspirer.* **2.** TECHN. Attirer une substance en créant un vide partiel. ◆ v.t. ind. (à). Porter son désir vers, prétendre à. *Aspirer à de hautes fonctions.*

ASPIRINE n.f. (nom déposé dans certains pays). Médicament utilisé comme antalgique, antipyrétique, antiagrégant plaquettaire et anti-inflammatoire non stéroïdien (acide acétylsalicylique).

ASPIRO-BATTEUR n.m. (pl. *aspiro-batteurs*). Aspirateur-balai pour le dépoussiérage et le battage des tapis, des moquettes.

ASPLE n.m. → **ASPE.**

ASPLÉNIUM [-njɔm] n.m. Fougère dont deux espèces, *Asplenium nidus* et *Asplenium bulbiferum,* sont utilisées comme plantes d'ornement. (Famille des polypodiacées.)

ASQUE n.m. (gr. *askos,* outre). Organe microscopique en forme de sac à l'intérieur duquel se forment les spores des champignons ascomycètes (4 ou 8 selon les espèces).

ASSAGIR v.t. Rendre plus sage ; calmer. ◆ **s'assagir** v.pr. Devenir sage ; se ranger. *Elle s'est assagie avec l'âge.*

ASSAGISSEMENT n.m. Fait de s'assagir.

ASSAI [asaj] adv. (mot ital.). MUS. Très. ◇ *Allegro, lento assai :* très vite, très lentement.

ASSAILLANT, E adj. et n. Qui assaille.

ASSAILLIR v.t. [35] (lat. *assilire*). **1.** Se jeter sur qqn ; attaquer. **2.** *Fig.* Harceler, tourmenter. *On l'assaille de questions.*

ASSAINIR v.t. **1.** Rendre sain ou plus sain. **2.** *Fig.* Ramener à la normale ; purifier. *Assainir une situation.* ◆ **s'assainir** v.pr. Devenir sain ou plus sain.

ASSAINISSEMENT n.m. **1.** Action d'assainir ; son résultat. *Assainissement d'un quartier.* **2.** Ensemble de techniques d'évacuation et de traitement des eaux usées et des boues résiduaires.

ASSAINISSEUR n.m. **1.** Désodorisant. **2.** Appareil pulsant de l'ozone dans un local.

ASSAISONNEMENT n.m. **1.** Mélange d'ingrédients (sel, épices, aromates, vinaigre, huile, etc.) utilisé en faible proportion pour relever le goût d'un mets. **2.** Action d'assaisonner.

ASSAISONNER v.t. (de *saison*). **1.** Incorporer un assaisonnement à un mets. *Assaisonner la salade.* **2.** *Fig.* Rehausser un style, un propos d'éléments vigoureux, crus. **3.** *Fig., fam.* Réprimander, maltraiter qqn.

ASSAMAIS n.m. Langue indo-aryenne parlée en Assam.

1. ASSASSIN n.m. (de l'ar., *fumeur de haschisch*). Auteur d'un meurtre avec préméditation.

2. ASSASSIN, E adj. **1.** *Litt.* Qui a commis un assassinat ; qui a servi à le perpétrer. *Main assassine.* **2.** Plein d'une séduction provocante. *Œillade assassine.* **3.** Qui manifeste l'hostilité, la malveillance. *Insinuation assassine.*

ASSASSINAT n.m. Meurtre commis avec préméditation.

ASSASSINER v.t. **1.** Commettre un assassinat sur, tuer avec préméditation. **2.** *Fam.* Exiger de qqn un paiement excessif.

ASSAUT n.m. (lat. *ad,* vers, et *saltus,* saut). **1. a.** Action d'assaillir, d'organiser une attaque vive et violente ; cette attaque. *Donner l'assaut.* ◇ *Prendre d'assaut :* s'emparer par la force de, envahir. **b.** *Fig.* Attaque verbale, critique exprimée avec vigueur, violence. *Les assauts des journalistes.* ◇ *Faire assaut de :* lutter pour être le meilleur en matière de. **2.** Combat ou exercice d'escrime.

ASSEAU n.m. ou **ASSETTE** n.f. (lat. *ascia,* hache). Marteau de couvreur dont la tête est munie à l'une de ses extrémités d'un tranchant, utilisé pour couper les lattes, les ardoises.

ASSÈCHEMENT n.m. Action d'assécher ; son résultat.

ASSÉCHER v.t. [11] (lat. *siccare,* sécher). Ôter l'eau de, mettre à sec. *Assécher un étang.* ◆ **s'assécher** v.pr. Devenir sec.

ASSEMBLAGE n.m. **1.** Action d'assembler des éléments formant un tout ; ensemble qui en résulte. *Assemblage d'une charpente.* ◇ INFORM. *Langage d'assemblage :* assembleur. **2.** Réunion d'éléments divers ou hétéroclites. *Un assemblage de mots.* – ART MOD. Œuvre à trois dimensions tirant effet de la réunion d'objets divers (depuis le cubisme et dada).

■ **ASSEMBLAGE.** *Construction : mandoline et clarinette,* de Picasso, 1913. Sapin, crayon, peinture. (Musée Picasso, Paris.)

ASSEMBLÉ n.m. ou **ASSEMBLÉE** n.f. DANSE. Saut exécuté en dégageant une jambe, avant réception sur les pieds joints.

ASSEMBLÉE n.f. **1.** Réunion de personnes dans un même lieu ; public, assistance. **2.** Ensemble institutionnel ou statutaire de personnes formant un corps constitué, une société ; lieu, séance qui les réunit. *Assemblée des actionnaires.* **3.** Organe délibérant, élu par le peuple, chargé de le représenter dans la gestion des affaires de l'État (Assemblée nationale, en France). ◇ *La Haute Assemblée :* le Sénat, en France. – *Assemblée fédérale :* nom donné à certains Parlements fédéraux.

ASSEMBLER v.t. (du lat. *simul,* ensemble). Mettre ensemble, réunir, partic. pour former un ensemble cohérent. *Assembler les feuillets d'un livre.* – INFORM. Réunir des éléments, en parlant d'un assembleur. ◆ **s'assembler** v.pr. Se regrouper en un même lieu ; aller bien ensemble. *La foule s'est assemblée. Qui se ressemble s'assemble.*

ASSEMBLEUR n.m. INFORM. **1.** Langage de programmation utilisant des formes mnémoniques et non numériques pour représenter les instructions directement exécutables par un ordinateur. SYN. : *langage d'assemblage.* **2.** Programme traduisant en langage machine un programme écrit en langage d'assemblage. **3.** Société qui vend sous sa marque des ordinateurs construits à partir d'éléments préalablement assemblés par d'autres fabricants.

ASSEMBLEUSE n.f. IMPRIM. Machine effectuant l'assemblage des cahiers ou des feuillets d'un volume.

ASSÉNER [11] ou **ASSENER** [asene] v.t. [12] (de l'anc. fr. *sen,* direction). **1.** *Asséner un coup,* le porter avec violence. **2.** *Fig.* Exprimer avec force une opinion. *Asséner une réplique.*

ASSENTIMENT n.m. (du lat. *assentire,* donner son accord). Acte par lequel on approuve qqch ; consentement, accord.

ASSEOIR [aswar] v.t. [51] (lat. *assidere*). **1.** Installer qqn sur un siège. ◇ *Fam. J'en suis resté assis,* stupéfait, déconcerté. **2.** Poser sur qqch de solide. *Asseoir les fondations d'une maison sur un roc.* **3.** Établir de manière stable. *Asseoir un gouvernement, sa réputation.* **4.** *Asseoir l'impôt,* en établir l'assiette, en fixer la base. ◆ **s'asseoir** v.pr. Se mettre sur un siège, sur son séant. – REM. L'usage tend à écrire avec *-eoi-* les formes avec *-oi- : je m'asseois, il asseoira,* etc.

ASSERMENTATION n.f. Québec, Suisse. Prestation de serment.

ASSERMENTÉ, E adj. et n. Qui a prêté serment devant un tribunal ou pour l'exercice d'une fonction, d'une profession. ◇ *Prêtre, curé, évêque assermenté,* celui qui, en 1790, avait prêté serment à la Constitution civile du clergé (par oppos. à *réfractaire*).

ASSERMENTER v.t. DR. Faire prêter serment à qqn.

ASSERTION n.f. (lat. *assertio*). **1.** Proposition que l'on avance et que l'on soutient comme vraie ; affirmation. **2.** LOG. Opération qui consiste à poser la vérité d'une proposition, génér. symbolisée par le signe ⊢ devant la proposition.

ASSERTORIQUE adj. (du lat. *asserere,* affirmer). PHILOS. *Jugement assertorique,* qui énonce une vérité de fait, sans la poser comme nécessaire (par oppos. à *jugement apodictique*).

ASSERVIR v.t. (de *serf*). **1.** Réduire à un état de dépendance absolue. *Asservir la presse.* **2.** TECHN. Relier deux grandeurs physiques de manière que l'une obéisse aux variations de l'autre.

ASSERVISSANT, E adj. *Sout.* Qui asservit ; aliénant.

ASSERVISSEMENT n.m. **1.** Action d'asservir ; état de celui, de ce qui est asservi. **2.** TECHN. **a.** Action d'asservir une grandeur physique à une autre. **b.** Système automatique dont le fonctionnement tend à annuler l'écart entre une grandeur commandée et une grandeur de commande.

ASSESSEUR n.m. (du lat. *assidere,* s'asseoir auprès). Personne qui siège à côté d'une autre pour l'assister dans ses fonctions.

ASSETTE n.f. → **ASSEAU.**

ASSEZ adv. (lat. *ad* et *satis,* suffisamment). **1.** En quantité suffisante. *Il a assez mangé.* ◇ *En avoir assez de :* ne plus pouvoir supporter, être excédé. – Région. (Nord) ; Belgique. *Assez bien de :* bon nombre de, pas mal de. **2.** Moyennement, plutôt. *C'est assez bon.*

ASSIBILATION n.f. (du lat. *adsibilare,* siffler). PHON. Passage de certaines occlusives à la constrictive [s]. (Il y a eu assibilation du [t] dans *inertie, idiotie,* etc.)

ASSIDU, E adj. (lat. *assiduus*). **1.** Qui fréquente un lieu, qqn avec régularité. *Visiteur assidu aux expositions.* **2.** Qui manifeste de la constance, de l'application à une tâche. *Présence, élève assidus aux cours.*

ASSIDUITÉ n.f. **1.** Présence régulière à un enseignement, un travail, etc. ; ponctualité. **2.** Application constante ; zèle.

ASSIDÛMENT adv. Avec assiduité.

ASSIÉGÉ, E adj. Dont on fait le siège. *Ville assiégée.* ◆ adj. et n. (Surtout pl.) Qui se trouve dans la place au moment d'un siège.

ASSIÉGEANT, E adj. et n. Qui assiège.

ASSIÉGER v.t. [15]. **1.** Faire le siège de. **2.** *Litt.* Harceler qqn de sollicitations, de demandes importunes.

ASSIETTE n.f. (du lat. *assidere,* être assis). **1.** Pièce de vaisselle à fond plat et à bord incliné ; son contenu. ◇ *Assiette anglaise :* assortiment de viandes froides. – Belgique. *Assiette profonde :* assiette creuse. – Vx. *L'assiette au beurre :* la source des profits. **2.** Manière d'être assis à cheval. **3.** Stabilité d'une chose posée sur une autre ; base qui assure cette stabilité. **4.** Vx. Disposition d'esprit. ◇ *Fam. Ne pas être dans son assiette :* être mal à son aise. **5.** DR. Base de calcul d'une cotisation, d'un impôt.

ASSIETTÉE n.f. Contenu d'une assiette.

ASSIGNAT n.m. Papier-monnaie créé sous la Révolution française et dont la valeur était assignée sur les biens nationaux.

ASSIGNATION n.f. **1.** Action d'assigner qqch à qqn. **2.** DR. Citation à comparaître en justice. **3.** DR. *Assignation à résidence :* obligation faite à qqn de résider en un lieu précis.

ASSIGNER v.t. (lat. *assignare*). **1.** Attribuer, prescrire qqch à qqn. *Assigner une tâche à ses collaborateurs.* **2.** DR. Citer qqn en justice. **3.** FIN. Affecter un bien, des fonds en paiement d'une dette, d'une obligation.

ASSIMILABLE adj. Qui peut être assimilé.

ASSIMILATEUR, TRICE adj. **1.** Qui opère l'assimilation. *Fonction assimilatrice.* **2.** *Fig.* Qui assimile facilement. *Esprit assimilateur.*

ASSIMILATION n.f. **1.** Action d'assimiler ; son résultat. **2.** PHON. Modification apportée à l'articulation d'un phonème par les phonèmes environnants (par ex., *sub* devient *sup* dans *supporter*). **3.** PHYSIOL. Processus par lequel les êtres vivants élaborent leur propre substance à partir d'éléments puisés dans le milieu environnant. ◇ Vx. *Assimilation chlorophyllienne :* photosynthèse.

ASSIMILÉ, E n. DR. Personne qui a le statut d'une catégorie donnée sans en avoir le titre. *Fonctionnaires et assimilés.*

ASSIMILER v.t. (lat. *assimilare*). **1.** Rendre semblable, considérer comme semblable. *Assimiler un cas à un autre.* **2.** Fondre des personnes dans un groupe social ; les doter des caractères communs à ce groupe. *Assimiler des immigrants.* **3.** PHYSIOL. Transformer, convertir en sa propre substance. ◇ *Assimiler des connaissances, des idées, etc.,* les comprendre, les intégrer. ◆ **s'assimiler** v.pr. **(à). 1.** Se considérer comme semblable à qqn. **2.** Se fondre dans un groupe social. **3.** Pouvoir être considéré comme semblable à qqch.

ASSIS, E adj. **1.** Installé sur un siège ; appuyé sur son séant. ◇ *Place assise,* où l'on peut s'asseoir. – *Magistrature assise :* ensemble des magistrats qui siègent au tribunal, par oppos. aux magistrats du parquet *(magistrature debout).* **2.** *Fig.* Solidement fondé, établi. *Une situation assise.*

A

ASSISE n.f. (de *asseoir*). **1.** Base qui donne de la stabilité, de la solidité. **2.** Rang d'éléments accolés (pierres, briques), de même hauteur, dans une construction. **3.** BIOL. Ensemble de cellules disposées en une couche uniforme à la base d'un tissu. ◇ BOT. *Assise génératrice,* qui produit les tissus secondaires de la tige et de la racine (liège, liber, bois).

ASSISES n.f. pl. **1.** Séances tenues par des magistrats pour juger les crimes ; lieu où se tiennent ces séances. ◇ *Cour d'assises :* juridiction chargée de juger les crimes. **2.** Congrès d'un mouvement, d'un parti politique, d'un syndicat, etc.

ASSISTANAT n.m. **1.** Fonction d'assistant, partic. dans les industries du spectacle. **2.** *Péjor.* Fait d'être assisté, secouru.

ASSISTANCE n.f. **1.** Action d'assister, d'être présent à une réunion, une cérémonie, etc. *Assistance irrégulière aux cours.* **2.** Ensemble de personnes réunies en un même lieu ; auditoire, public. *L'assistance applaudit.* **3.** Action d'assister qqn, de lui venir en aide, de le seconder. *Prêter assistance à qqn.* ◇ Anc. *Assistance publique :* administration qui était chargée en France de venir en aide aux personnes les plus défavorisées. (On dit auj. *aide sociale,* mais cette dénomination subsiste à Paris et à Marseille, où l'*Assistance publique* est chargée de la gestion des hôpitaux.) – ÉCON. *Assistance technique :* aide internationale apportée à un pays en développement. – *Société d'assistance :* société qui assure par contrat la prestation de certains services, dépannages et secours. – *Assistance médicale à la procréation :* ensemble des méthodes de traitement de la stérilité d'un couple (fécondation in vitro, insémination artificielle, réparation chirurgicale d'un organe, etc.).

1. ASSISTANT, E n. **1.** Personne qui assiste qqn, le seconde. **2.** *Assistant social :* personne chargée de remplir un rôle d'assistance (morale, médicale, juridique ou matérielle) auprès des individus ou des familles. – *Assistante maternelle :* nourrice agréée, en France. ◆ n.m. pl. Personnes présentes en un lieu, qui assistent à qqch ; assistance.

2. ASSISTANT n.m. Logiciel interactif qui aide l'utilisateur d'un système informatique dans l'exécution d'une tâche en le guidant à chaque étape. ◇ *Assistant personnel :* ordinateur de poche qui assure des fonctions de communication, de prise de notes, de gestion d'adresses et de rendez-vous. (On dit aussi *assistant numérique personnel* ou *assistant électronique.*)

1. ASSISTÉ, E n. et adj. *Souvent péjor.* Personne qui bénéficie d'une assistance, notamm. financière.

2. ASSISTÉ, E adj. **1.** AUTOM. Pourvu d'un dispositif destiné à amplifier, réguler ou répartir l'effort exercé par l'utilisateur grâce à un apport extérieur d'énergie. *Direction assistée.* **2.** *Conception, fabrication, publication, etc., assistées par ordinateur,* qui utilisent les ressources de l'informatique.

ASSISTER v.t. (lat. *assistere,* se tenir auprès). Porter aide ou secours à qqn, le seconder. ◆ v.t. ind. **(à). 1.** Être présent à ; participer à. *Assister à un spectacle.* **2.** Être le témoin de ; constater. *On assiste à un renversement de situation.*

ASSOCIATIF, IVE adj. **1.** Relatif à une association. ◇ *Mouvement associatif,* réunissant des personnes à des fins culturelles, sociales, etc., ou pour défendre des intérêts communs. **2.** ALGÈBRE. Se dit d'une loi de composition interne ⊤ définie sur un ensemble E lorsque, pour tout triplet (a, b, c) d'éléments de E, on a $(a \top b) \top c = a \top (b \top c)$. ◆ n. Membre d'un mouvement associatif.

ASSOCIATION n.f. **1.** Action d'associer, fait de s'associer ; son résultat. **2.** Groupement de personnes réunies dans un dessein commun, non lucratif. *Association professionnelle.* **3. a.** *Association d'idées :* processus psychologique par lequel une idée ou une image en évoque une autre. **b.** PSYCHAN. *Association libre :* méthode par laquelle le sujet est invité à exprimer tout ce qui lui vient à l'esprit, sans discrimination. **4.** ÉCOL. *Association végétale :* ensemble des plantes d'espèces différentes vivant dans un même milieu.

ASSOCIATIONNISME n.m. PHILOS. Doctrine qui fait de l'association des idées et des représentations la base de la vie mentale et le principe de la connaissance. (Elle a notamm. été soutenue par Hume et J. Stuart Mill.)

ASSOCIATIVITÉ n.f. ALGÈBRE. Propriété d'une loi de composition interne associative.

ASSOCIÉ, E n. et adj. DR. Personne liée avec d'autres par des intérêts communs.

ASSOCIER v.t. [5] (du lat. *socius,* allié). **1.** Mettre ensemble ; réunir. *Associer des couleurs, des idées.* **2.** Faire participer qqn à qqch. *Il nous a associés à son projet.* ◆ **s'associer** v.pr. **1. (à).** Participer à qqch. *S'associer à une entreprise criminelle.* **2. (à, avec).** S'entendre avec qqn en vue d'une entreprise commune. **3. (à).** Former un ensemble harmonieux avec. *L'élégance s'associe à la beauté.*

ASSOIFFÉ, E adj. **1.** Qui a soif. **2.** *Assoiffé de :* avide de. *Assoiffé de richesses.*

ASSOIFFER v.t. Donner soif.

ASSOLEMENT n.m. AGRIC. Répartition des cultures entre les parcelles d'une exploitation, d'une surface cultivée.

ASSOLER v.t. (de *sole*). Réaliser l'assolement de.

ASSOMBRIR v.t. **1.** Rendre ou faire paraître plus sombre. *Ce papier assombrit la pièce.* **2.** Rendre triste. *La mort de son fils a assombri ses dernières années.* ◆ **s'assombrir** v.pr. Devenir sombre. – *Fig.* Devenir menaçant.

ASSOMBRISSEMENT n.m. Fait d'assombrir, de s'assombrir.

ASSOMMANT, E adj. *Fam.* Ennuyeux à l'excès ; fatigant.

ASSOMMER v.t. (du lat. *somnus,* sommeil). **1.** Frapper d'un coup qui renverse, étourdit, tue. **2.** *Fam.* Ennuyer fortement ; importuner.

ASSOMMEUR, EUSE n. Personne qui assomme.

ASSOMMOIR n.m. Vx. Débit de boissons de dernière catégorie.

ASSOMPTION n.f. (du lat. *adsumere,* prendre avec soi). CATH. Élévation miraculeuse et présence corporelle de la Vierge au ciel après sa mort (dogme défini par Pie XII en 1950) ; jour où l'Église en célèbre la fête (15 août).

ASSOMPTIONNISTE n.m. Religieux d'une congrégation catholique fondée à Nîmes en 1845 par le P. Emmanuel d'Alzon et consacrée aux œuvres de pèlerinage, d'enseignement et de presse (fondation du journal *la Croix*).

ASSONANCE n.f. (du lat. *assonare,* faire écho). **1.** Répétition d'un même son vocalique dans une phrase (par oppos. à *allitération*). **2.** Rime réduite à l'identité de la dernière voyelle accentuée, dans la versification (ex. : *sombre, tondre ; peintre, feindre ; âme, âge*).

ASSONANCÉ, E adj. Caractérisé par l'assonance.

ASSORTI, E adj. **1.** Qui est en accord, en harmonie. *Époux assortis. Cravate assortie.* **2.** *Magasin, rayon bien assorti,* pourvu d'un grand choix d'articles.

ASSORTIMENT n.m. **1.** Série de choses formant un ensemble ; mélange, variété. – CUIS. Présentation d'aliments variés mais appartenant à une même catégorie. *Un assortiment de charcuterie, de crudités.* **2.** Collection de marchandises de même genre, chez un commerçant.

ASSORTIR v.t. (de *sorte*). **1.** Réunir des choses qui se conviennent, s'harmonisent. *Assortir des étoffes, des fleurs.* **2.** Approvisionner en marchandises. *Assortir un magasin.* ◆ **s'assortir** v.pr. **1. (à).** Être en accord, en harmonie avec. *Le manteau s'assortit à la robe.* **2. (de).** S'accompagner de, être complété par. *Traité qui s'assortit d'un préambule.*

ASSOUPI, E adj. **1.** À demi endormi. **2.** *Litt.* Atténué, affaibli. *Des passions assoupies.*

ASSOUPIR v.t. (bas lat. *assopire,* endormir). **1.** Endormir à demi. **2.** *Fig.* Atténuer, calmer. *Assoupir la douleur.* ◆ **s'assoupir** v.pr. **1.** S'endormir doucement, à demi. **2.** *Fig.* Se calmer, s'atténuer.

ASSOUPISSANT, E adj. Qui a la propriété d'assoupir.

ASSOUPISSEMENT n.m. Fait de s'assoupir, d'être assoupi ; demi-sommeil.

ASSOUPLIR v.t. **1.** Rendre plus souple. *Assouplir une étoffe.* **2.** Rendre moins rigoureux. *Assouplir des règlements.* ◆ **s'assouplir** v.pr. Devenir plus souple.

ASSOUPLISSANT ou **ASSOUPLISSEUR** n.m. Produit de rinçage qui évite au linge de devenir rêche après son lavage dans une eau calcaire.

ASSOUPLISSEMENT n.m. Action d'assouplir ; fait de s'assouplir. *Exercices d'assouplissement.*

ASSOURDIR v.t. **1.** Rendre comme sourd par l'excès de bruit. **2.** Rendre moins sonore. *La neige assourdit les bruits.*

ASSOURDISSANT, E adj. Qui assourdit.

ASSOURDISSEMENT n.m. Action d'assourdir.

ASSOUVIR v.t. (bas lat. *assopire,* endormir). Satisfaire, apaiser un besoin, une envie, un sentiment violent. *Assouvir sa faim, sa fureur.*

ASSOUVISSEMENT n.m. Action d'assouvir ; fait d'être assouvi.

ASSUÉTUDE n.f. (lat. *assuetudo,* habitude). MÉD. **1.** Vieilli. Toxicomanie. **2.** Tendance compulsive à réaliser un acte.

ASSUJETTI, E n. et adj. Personne entrant dans le champ d'application d'un impôt ou d'une taxe, ou tenue de s'affilier à un organisme.

ASSUJETTIR v.t. (de *sujet*). **1.** Placer un peuple, une nation sous une domination, une dépendance plus ou moins totale. **2.** DR. Soumettre qqn à une obligation stricte. *Être assujetti à l'impôt.* **3.** Fixer qqch de manière qu'il soit stable ou immobile.

ASSUJETTISSANT, E adj. Qui assujettit, astreint.

ASSUJETTISSEMENT n.m. Action d'assujettir ; fait d'être assujetti.

ASSUMER v.t. (lat. *assumere*). Prendre volontairement sur soi, se charger de ; accepter les conséquences de. *J'assumerai ma tâche, mes responsabilités.* ◇ Absol. *Quand on est adulte, on assume.* ◆ **s'assumer** v.pr. Se prendre en charge, s'accepter tel qu'on est.

ASSURAGE n.m. ALP., SPÉLÉOL. Action d'assurer ; dispositif (corde, baudrier) servant à assurer.

ASSURANCE n.f. **1.** Sentiment d'absolue certitude ; garantie formelle. *J'ai l'assurance que vous réussirez.* **2.** Confiance en soi. *Avoir de l'assurance.* **3.** DR. Garantie accordée par un assureur à un assuré de l'indemniser d'éventuels dommages, moyennant une prime ou une cotisation ; document attestant cette garantie. ◇ *Assurances sociales :* système d'assurance destiné à garantir les personnes contre la maladie, l'invalidité, la vieillesse, etc. (On dit auj., en France, ***Sécurité sociale.***)

ASSURANCE-CRÉDIT n.f. (pl. *assurances-crédits*). Opération d'assurance garantissant un créancier contre le risque de non-paiement de la part de son débiteur.

ASSURANCE-MALADIE n.f. (pl. *assurances-maladie*). Système de protection sociale contre les risques liés à la maladie, accordé à tout cotisant ainsi qu'à sa famille.

ASSURANCE-VIE n.f. (pl. *assurances-vie*). Contrat d'assurance garantissant le versement d'un capital ou d'une rente en faveur du conjoint ou de tout autre ayant droit désigné par l'assuré, au décès de ce dernier.

1. **ASSURÉ, E** adj. 1. Plein d'assurance ; ferme, décidé. *Regard assuré.* 2. Qui ne peut manquer de se produire ; certain. *Succès assuré.*

2. **ASSURÉ, E** n. Personne garantie par un contrat d'assurance. ◇ *Assuré social :* personne affiliée à un régime d'assurances sociales.

ASSURÉMENT adv. De façon certaine ; certainement, sûrement.

ASSURER v.t. (lat. pop. *assecurare*, rendre sûr). 1. Donner comme sûr, certain. *Il m'assure qu'il a dit la vérité. Elle nous a assurés de sa sincérité.* 2. Mettre qqch, un lieu à l'abri ; protéger. *Assurer ses frontières.* 3. Garantir la réalisation ou le bon fonctionnement de. *Assurer le ravitaillement. Assurer son service.* 4. ALP., SPÉLÉOL. Garantir d'une chute par un dispositif approprié (corde, piton, etc.). 5. Garantir, faire garantir par un contrat d'assurance. *Assurer une créance. Assurer une récolte.* ◆ v.i. *Fam.* 1. Maintenir son avantage sans prendre de risques excessifs. 2. Se montrer à la hauteur de sa responsabilité, de sa tâche. *Ce gars-là, il assure un maximum.* ◆ **s'assurer** v.pr. 1. Rechercher la confirmation de qqch. *Nous nous sommes assurés qu'il n'y avait pas de danger.* 2. Se garantir le concours de qqn, l'usage de qqch. *S'assurer des collaborateurs.* 3. Se protéger contre qqch ; passer un contrat d'assurance.

ASSUREUR n.m. Personne qui prend les risques à sa charge dans un contrat d'assurance.

ASSYRIEN, ENNE adj. et n. De l'Assyrie, de ses habitants.

ASSYRIOLOGIE n.f. Étude de la civilisation, des antiquités assyriennes et, plus génér., de l'Orient ancien.

ASSYRIOLOGUE n. Spécialiste d'assyriologie.

ASTACICULTURE n.f. (du lat. *astacus*, écrevisse). Élevage des écrevisses.

ASTATE n.m. (du gr. *astatos*, instable). Élément chimique instable et radioactif (At), de numéro atomique 85, du groupe des halogènes.

ASTATIQUE adj. PHYS. Qui présente un état d'équilibre indifférent. *Système astatique.*

ASTER [astɛr] n.m. (gr. *astêr*, étoile). 1. Plante herbacée souvent cultivée pour ses fleurs décoratives aux coloris variés. (Famille des composées.) SYN. : *vendangeuse.* 2. BIOL. CELL. Ensemble de microtubules disposés autour des centrioles pendant la division cellulaire.

ASTÉRACÉE n.f. BOT. Composée.

ASTÉRÉOGNOSIE [-gnɔzi] n.f. (du gr. *stereos*, solide, et *gnôsis*, connaissance). MÉD. Impossibilité de reconnaître la forme et le volume des objets par le toucher, due à une lésion du cortex cérébral.

ASTÉRIDE n.m. Échinoderme prédateur et mobile muni de bras pourvus de petites ventouses sur la face inférieure. (Les astérides forment une classe.)

ASTÉRIE n.f. Étoile de mer.

ASTÉRISQUE n.m. (gr. *asteriskos*, petite étoile). Signe typographique en forme d'étoile (*), indiquant génér. un renvoi.

ASTÉROÏDE n.m. (gr. *astêr*, étoile, et *eidos*, aspect). Petite planète.

ASTHÉNIE n.f. (du gr. *sthenos*, force). MÉD. Affaiblissement général de l'organisme ; fatigue.

ASTHÉNIQUE adj. Relatif à l'asthénie. ◆ adj. et n. Atteint d'asthénie.

ASTHÉNOSPHÈRE n.f. GÉOL. Couche plastique (à l'échelle des temps géologiques) du manteau supérieur, située sous la lithosphère.

ASTHMATIQUE [asmatik] adj. Relatif à l'asthme. ◆ adj. et n. Atteint d'asthme.

ASTHME [asm] n.m. (gr. *asthma*, respiration difficile). Maladie de cause souvent allergique, caractérisée par des accès de gêne expiratoire, dus à un spasme bronchique.

ASTI n.m. Vin blanc récolté près d'Asti, dont la variété mousseuse, l'*asti spumante*, est réputée.

ASTICOT n.m. Larve de la mouche à viande, utilisée pour la pêche à la ligne.

ASTICOTER v.t. *Fam.* Contrarier qqn pour des bagatelles ; taquiner, harceler.

ASTIGMATE adj. et n. (du gr. *stigma*, point). Atteint d'astigmatisme.

ASTIGMATIQUE adj. OPT. Qui présente un astigmatisme.

ASTIGMATISME n.m. 1. Anomalie de la vision, due à des inégalités de courbure de la cornée ou à un manque d'homogénéité dans la réfringence des milieux transparents de l'œil. 2. Défaut d'un instrument d'optique ne donnant pas d'un point une image ponctuelle. CONTR. : *stigmatisme.*

ASTIQUAGE n.m. Action d'astiquer.

ASTIQUER v.t. (francique *stikjan*, ficher). Faire briller en frottant.

ASTRAGALE n.m. (gr. *astragalos*). 1. Os du tarse qui s'articule avec le tibia et le péroné. 2. ARCHIT. Moulure située à la jonction du fût et du chapiteau d'une colonne, et appartenant selon les cas soit au premier, soit au second. 3. Plante fourragère dont une espèce du Moyen-Orient fournit la gomme adragante. (Famille des légumineuses.)

ASTRAKAN n.m. (de *Astrakhan*, ville de Russie). Fourrure de jeune agneau d'Asie, à poil frisé.

ASTRAL, E, AUX adj. Relatif aux astres.

ASTRE n.m. (lat. *astrum*). 1. Corps céleste naturel. 2. ASTROL. Corps céleste en tant qu'il est supposé influer sur la vie des hommes.

ASTREIGNANT, E adj. Qui astreint ; qui soumet à des contraintes importantes.

ASTREINDRE v.t. [62] (lat. *astringere*, serrer). Soumettre qqn à un devoir strict, à une tâche pénible, ardue. ◆ **s'astreindre** v.pr. (à). Se soumettre volontairement à qqch ; s'obliger à.

ASTREINTE n.f. 1. DR. Obligation faite à un débiteur de payer une somme déterminée par jour de retard. 2. *Litt.* Obligation rigoureuse ; contrainte. 3. *Être d'astreinte :* être tenu de se rendre disponible pour assurer les urgences d'un service.

ASTRINGENCE n.f. MÉD. Qualité de ce qui est astringent.

ASTRINGENT, E adj. et n.m. MÉD. Se dit d'une substance qui resserre et assèche les tissus, et peut faciliter leur cicatrisation.

ASTROBLÈME n.m. (du gr. *blêma*, blessure). GÉOMORPH. Cratère fossile dû à l'impact d'une grosse météorite.

ASTROLABE n.m. (ar. *asṭurlāb*, du gr. *astron*, astre, et *lambanein*, prendre). 1. Anc. Instrument permettant d'obtenir, pour une latitude donnée, une représentation plane simplifiée du ciel à une date quelconque. 2. Mod. Instrument servant à observer l'instant où une étoile atteint une hauteur déterminée.

■ ASTROLABE (XVIe s.).

ASTROLOGIE n.f. Art divinatoire fondé sur l'observation des astres, qui cherche à déterminer leur influence présumée sur les événements terrestres, sur la destinée humaine.
ENCYCL. L'astrologie occidentale, dont l'âge d'or fut le XVIe s. (Cardan, G. Della Porta, Nostradamus, etc.), vient des Chaldéens et, au-delà, des hindous. En usage depuis des millénaires, l'astrologie chinoise repose sur douze signes annuels portant des noms d'animaux. Il y eut aussi une astrologie aztèque très développée.

ASTROLOGIQUE adj. Relatif à l'astrologie.

ASTROLOGUE n. Personne qui pratique l'astrologie.

ASTROMÉTRIE n.f. Partie de l'astronomie ayant pour objet la mesure de la position des astres et la détermination de leurs mouvements. SYN. : *astronomie de position.*

ASTROMÉTRIQUE adj. Relatif à l'astrométrie.

ASTROMÉTRISTE n. Spécialiste d'astrométrie.

ASTRONAUTE n. Occupant d'un vaisseau spatial, dans la terminologie américaine. (→ *cosmonaute, spationaute*).

ASTRONAUTIQUE n.f. (gr. *astron*, astre, et *nautikê*, navigation). Science de la navigation dans l'espace ; ensemble des activités humaines relatives aux vols spatiaux.

ASTRONEF n.m. Véhicule spatial.

ASTRONOME n. Spécialiste d'astronomie.

ASTRONOMIE n.f. (gr. *astron*, astre, et *nomos*, loi). Science qui étudie la position, les mouvements, la structure et l'évolution des corps célestes. ◇ *Astronomie de position :* astrométrie. – *Astronomie fondamentale :* astrométrie et mécanique céleste.

ASTRONOMIQUE adj. 1. Relatif à l'astronomie. *Observation astronomique.* 2. *Fam.* Très élevé ; excessif. *Prix astronomiques.*

ASTRONOMIQUEMENT adv. Suivant les lois de l'astronomie.

ASTROPHOTOGRAPHIE n.f. Photographie des astres.

ASTROPHYSICIEN, ENNE n. Spécialiste d'astrophysique.

ASTROPHYSIQUE n.f. Partie de l'astronomie qui étudie la nature et les propriétés physiques, ainsi que la formation et l'évolution des astres.

ASTUCE n.f. (lat. *astutia*). 1. Manière d'agir, de parler qui dénote de l'habileté, de la finesse. *Faire preuve d'astuce.* 2. Invention pratique et ingénieuse ; trouvaille. 3. *Fam.* Jeu de mots ; plaisanterie. *Lancer une astuce dans la conversation.*

ASTUCIEUSEMENT adv. De façon astucieuse.

ASTUCIEUX, EUSE adj. Qui fait preuve d'astuce, dénote de l'ingéniosité ; habile, ingénieux. *Enfant, procédé astucieux.*

ASYMÉTRIE n.f. Défaut, absence de symétrie.

ASYMÉTRIQUE adj. Qui n'est pas symétrique. *Barres asymétriques.*

ASYMPTOMATIQUE adj. Se dit d'une maladie, d'un trouble qui ne s'accompagne pas de symptômes.

ASYMPTOTE adj. et n.f. (du gr. *sun*, avec, et *piptein*, tomber). GÉOMÉTR. *Droite asymptote à une courbe :* droite telle que la distance d'un point de cette courbe à cette droite tend vers zéro quand le point s'éloigne à l'infini.

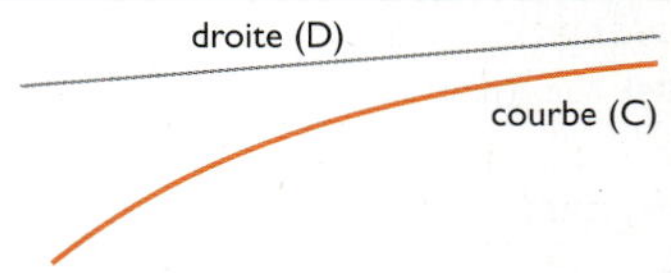

■ **ASYMPTOTE.** Droite (D), asymptote de la courbe (C).

ASYMPTOTIQUE adj. GÉOMÉTR. Relatif à la droite asymptote.

ASYNCHRONE [asẽkrɔn] adj. PHYS. Qui n'est pas synchrone. ◇ *Machine asynchrone :* moteur ou générateur électrique à courants alternatifs dont la fréquence des forces électromotrices induites n'est pas dans un rapport constant avec la vitesse.

ASYNCHRONISME n.m. Manque de synchronisme.

ASYNDÈTE n.f. (gr. *asundeton*, absence de liaison). LING. Suppression, à effet stylistique, des mots de liaison (conjonctions, adverbes) dans une phrase ou entre deux phrases (ex. : *Femme, enfants, parents, il a tout sur les bras*).

ASYNERGIE n.f. Trouble neurologique, dû à une atteinte du cervelet, empêchant le sujet d'associer des mouvements simples dans des actes complexes.

ASYSTOLE n.f. Forme d'arrêt cardiaque dans laquelle le cœur est immobile et sans activité électrique.

ATACA n.m. → **ATOCA.**

ATARAXIE n.f. (gr. *ataraxia*, absence de troubles). PHILOS. Quiétude absolue de l'âme (principe du bonheur selon l'épicurisme et le stoïcisme).

ATAVIQUE adj. Relatif à l'atavisme.

ATAVISME n.m. (du lat. *atavus*, ancêtre). 1. Réapparition, chez un sujet, de certains caractères ancestraux disparus depuis une ou plusieurs générations. 2. *Cour.* Hérédité.

ATAXIE n.f. (gr. *ataxia,* désordre). Absence ou difficulté de coordination des mouvements volontaires, due par ex. à une atteinte de la moelle épinière ou du cervelet.

ATAXIQUE adj. Relatif à l'ataxie. ◆ adj. et n. Atteint d'ataxie.

ATÈLE n.m. (du gr. *atelês,* inachevé). Singe de l'Amérique du Sud, dit *singe-araignée* à cause de la très grande longueur de ses membres. (Famille des cébidés.)

■ **ATÈLE**

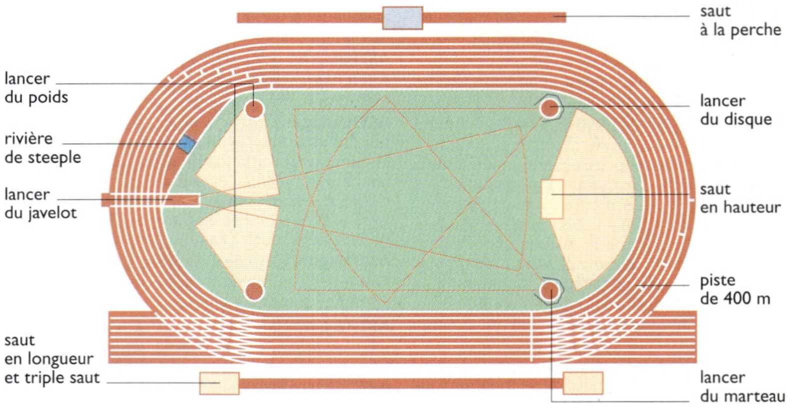

Saut en hauteur : la Cubaine Ioamnet Quintero.

Lancer du poids : le Suisse Werner Günthœr.

Course de demi-fond : l'Algérien Noureddine Morceli.

■ **ATHLÉTISME**

ATÉLECTASIE n.f. Affaissement d'alvéoles pulmonaires, dépourvues d'air à la suite de l'obstruction d'une bronche.

ATELIER n.m. (anc. fr. *astelle,* éclat de bois, du lat. *astula*). **1. a.** Lieu, local où travaillent des artisans, des ouvriers ; ensemble des personnes qui travaillent dans ce lieu. **b.** Groupe de travail. *Atelier d'informatique, de vidéo, d'écriture.* **2.** BX-ARTS. **a.** Local où travaille un artiste peintre, un sculpteur, etc. **b.** Ensemble des élèves ou des collaborateurs d'un même maître. **3.** Loge des francs-maçons ; local où ils se réunissent.

ATELLANES [atɛlan] n.f. pl. (de *Atella,* ville des Osques). ANTIQ. ROM. Pièces de théâtre bouffonnes.

ATÉMI n.m. (mot jap.). Coup frappé avec le tranchant de la main, le coude, le genou ou le pied, dans les arts martiaux japonais.

ATEMPOREL, ELLE adj. *Didact.* Qui n'est pas concerné par le temps.

ATER [atɛr] n. (acronyme de *attaché temporaire d'enseignement et de recherche*). Titulaire d'un doctorat ou doctorant assurant sur contrat un service d'enseignement à l'université, pour une durée limitée et contre engagement à se présenter aux concours de recrutement.

ATÉRIEN n.m. (de *Bir al-Ater,* lieu-dit d'Algérie, au sud de Tbessa). Faciès culturel propre au Maghreb de la fin du paléolithique moyen et du début du paléolithique supérieur (vers - 40 000 à - 30 000) caractérisé par des pointes pédonculées retouchées des deux côtés. ◆ **atérien, enne** adj. Relatif à l'atérien.

ATERMOIEMENT n.m. DR. Délai accordé à un débiteur pour l'exécution de ses engagements. ◆ pl. Action de différer, de remettre à plus tard un choix, une décision ; délais, faux-fuyants. *Chercher des atermoiements.*

ATERMOYER [atɛrmwaje] v.i. [7] (anc. fr. *termoyer,* vendre à terme). Remettre à plus tard, chercher à gagner du temps.

ATHANOR n.m. (ar. *al-tannūr,* le four). Fourneau d'alchimiste.

ATHÉE adj. et n. (du gr. *theos,* dieu). Qui nie l'existence de Dieu, de toute divinité.

ATHÉISME n.m. Attitude, doctrine d'une personne qui nie l'existence de Dieu, de la divinité.

ATHÉMATIQUE adj. Qui n'est pas thématique.

ATHÉNÉE n.m. (gr. *athênaion,* temple d'Athéna). Belgique. Établissement d'enseignement secondaire.

ATHÉNIEN, ENNE adj. et n. D'Athènes.

ATHERMIQUE adj. THERMODYN. Qui ne dégage ni n'absorbe de chaleur. *Réaction athermique.*

ATHÉROME n.m. (gr. *athêrôma,* loupe graisseuse). MÉD. Dépôt de plaques riches en cholestérol sur la paroi interne des artères, finissant par provoquer l'athérosclérose.

ATHÉROSCLÉROSE n.f. Maladie dégénérative des artères, très répandue, due à l'athérome et comportant un épaississement et un durcissement de leur paroi gênant la circulation sanguine.

ATHÉTOSE n.f. (du gr. *athetos,* non fixé). MÉD. Affection neurologique caractérisée par des mouvements involontaires lents et ondulants, prédominant à la tête, aux mains et aux pieds.

ATHÉTOSIQUE adj. Relatif à l'athétose. ◆ adj. et n. Atteint d'athétose.

ATHLÈTE n. (gr. *athlêtês*). **1.** Personne qui pratique un sport, et en partic. l'athlétisme. **2.** Personne ayant une musculature très développée. *Une carrure d'athlète.*

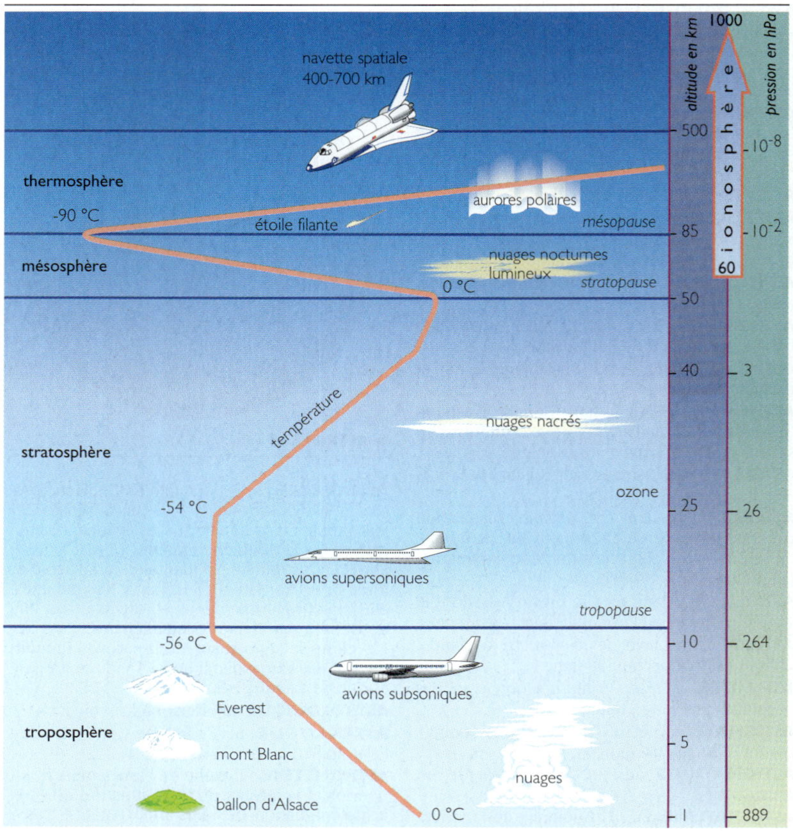

■ **ATMOSPHÈRE.** Structure de l'atmosphère terrestre.

ATHLÉTIQUE adj. Propre à un athlète ; relatif à l'athlétisme.

ATHLÉTISME n.m. Ensemble de disciplines sportives comprenant des courses de plat et d'obstacles, des concours de saut et de lancer et des épreuves de marche.

ATHREPSIE n.f. (du gr. *threpsis,* action de nourrir). MÉD. Forme de cachexie du nourrisson en phase terminale de dénutrition.

ATHYMIE ou **ATHYMHORMIE** [atimɔrmi] n.f. (du gr. *thumos,* cœur, sentiment, et *hormein,* exciter). État d'indifférence affective apparente du schizophrène.

ATLANTE n.m. (ital. *atlante,* du n. du géant *Atlas*). Statue d'homme soutenant un entablement, une corniche, etc. SYN. : *télamon.*

■ **ATLANTE.** L'un des deux atlantes du portail du pavillon de Vendôme à Aix-en-Provence (1665).

ATLANTIQUE adj. De l'océan Atlantique ou des pays qui le bordent.

ATLANTISME n.m. Attitude politique des partisans du pacte de l'Atlantique Nord et, plus génér., de ceux qui s'alignent sur la politique des États-Unis ou privilégient l'Occident plutôt que la nation ou l'Europe.

ATLAS n.m. (de *Atlas,* n. myth.). **1.** Ensemble ordonné, constitué exclusivement ou principalement de cartes géographiques, historiques, etc. **2.** Première vertèbre du cou.

ATMAN [atman] n.m. (mot sanskr.). RELIG. Souffle vital, âme, dans l'hindouisme.

ATMOSPHÈRE n.f. (gr. *atmos,* vapeur, et *sphaira,* sphère). **1.** Air que l'on respire en un lieu. *Atmosphère surchauffée, malsaine.* **2.** *Fig.* Milieu environnant, ambiance particulière à un lieu, et dont on subit l'influence. *Une atmosphère de paix.* **3.** Couche gazeuse constituant l'enveloppe la plus externe de la Terre et d'autres corps célestes. **4.** Couche extérieure d'une étoile d'où provient le rayonnement de celle-ci. **5.** Anc. Unité de pression des gaz, équivalant à $1{,}01 \times 10^5$ pascals.

ATMOSPHÉRIQUE adj. Relatif à l'atmosphère. *Conditions atmosphériques.* ◇ ***Moteur atmosphérique :*** moteur dont les cylindres sont alimentés en air à la pression atmosphérique, sans surpression ni alimentation forcée.

ATOCA ou **ATACA** n.m. (mot amérindien). Québec. Airelle canneberge.

ATOCATIÈRE n.f. Québec. Terrain où pousse, où l'on cultive l'atoca.

ATOLL n.m. (mot des îles Maldives). Île des mers tropicales, formée de récifs coralliens qui entourent une lagune centrale d'eau peu profonde, le *lagon.*

ATOME n.m. (gr. *atomos,* qu'on ne peut diviser). **1.** Constituant élémentaire de la matière, assemblage de particules fondamentales. (Un corps constitué d'atomes identiques est un *corps simple.*) ◇ *Fam.* ***Avoir des atomes crochus avec qqn,*** bien s'entendre avec lui. **2.** Parcelle, très petite quantité de qqch. *Elle n'a plus un atome de bon sens.* **3.** ANTHROP. ***Atome de parenté :*** structure de parenté la plus élémentaire, fondant tous les systèmes de parenté. (Dégagée par C. Lévi-Strauss, elle comporte le plus souvent Ego, le père, la mère et le frère de la mère.)

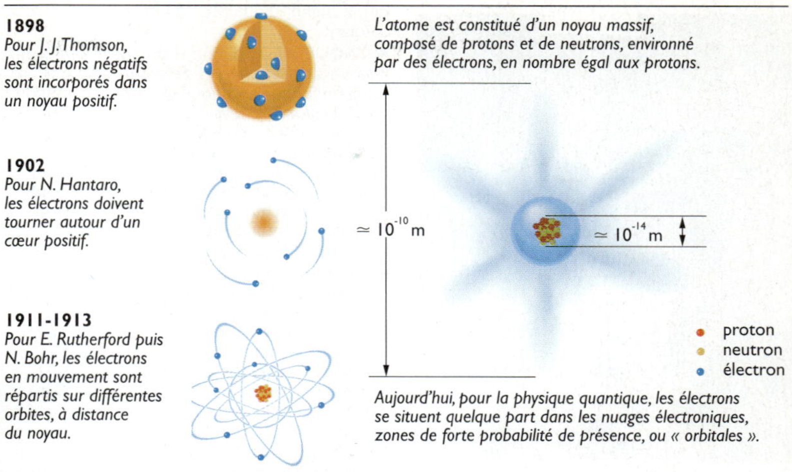

■ **ATOME.** Historique de la représentation de l'atome.

ATOME-GRAMME n.m. (pl. *atomes-grammes*). Masse en grammes d'une mole d'atomes d'un élément chimique.

ATOMICITÉ n.f. **1.** CHIM. Nombre d'atomes contenus dans une molécule. **2.** ÉCON. Caractère de l'offre ou de la demande sur un marché où les vendeurs ou les acheteurs sont suffisamment nombreux pour qu'aucun d'eux ne puisse, par sa seule action, exercer une influence sur le fonctionnement du marché et, par voie de conséquence, sur la détermination du prix.

ATOMIQUE adj. **1.** Relatif aux atomes. **2.** ***Masse atomique :*** rapport de la masse de l'atome d'un élément chimique au douzième de la masse du carbone 12. **3.** ***Numéro*** ou ***nombre atomique :*** numéro d'ordre d'un élément dans la classification périodique, égal au nombre de ses électrons et à celui de ses protons. **4.** Vieilli. ***Énergie atomique :*** énergie nucléaire. **5.** ***Arme atomique :*** arme utilisant les réactions de fission du plutonium ou de l'uranium, employée pour la première fois en 1945. (→ ***nucléaire, thermonucléaire***).

ATOMISATION n.f. Éclatement d'un ensemble en diverses parties ; fractionnement, désagrégation.

ATOMISÉ, E adj. et n. Qui a subi les effets des radiations nucléaires.

ATOMISER v.t. **1.** Détruire avec des armes atomiques. **2.** Réduire un corps en fines particules, à partir de son état liquide. **3.** Désagréger, diviser un groupe, un ensemble cohérent, qqch.

ATOMISEUR n.m. Appareil servant à disperser finement des liquides, solutions ou suspensions.

ATOMISME n.m. PHILOS. Doctrine antique selon laquelle l'univers est formé d'atomes qui se combinent entre eux de façon fortuite et mécanique. (Elle a été exposée principalement par Démocrite et Lucrèce.)

ATOMISTE n. et adj. Partisan de l'atomisme philosophique.

ATONAL, E, ALS ou **AUX** adj. MUS. Écrit suivant les principes de l'atonalité.

ATONALITÉ n.f. Écriture musicale contemporaine, caractérisée en partic. par l'abandon des règles de l'harmonie et de la tonalité classiques, et utilisant les douze degrés de la gamme chromatique. (Les grands représentants de l'atonalité sont Schönberg, Berg, Webern, Boulez, Stockhausen, Xenakis.)

ATONE adj. (gr. *atonos,* relâché). **1.** Qui est ou paraît sans vitalité, sans vigueur ; qui manque de dynamisme. *Un regard atone.* **2.** Se dit d'une voyelle ou d'une syllabe qui ne porte pas d'accent tonique. **3.** Se dit d'un muscle atteint d'une atonie, d'un organe dont la consistance est diminuée. **4.** ***Plaie atone :*** plaie torpide.

ATONIE n.f. **1.** Caractère de ce qui est atone, manque de force, de vitalité. **2.** ***Atonie musculaire :*** hypotonie musculaire.

ATONIQUE adj. Qui a rapport à l'atonie ou qui en résulte.

ATOURS n.m. pl. (de l'anc. fr. *atourner,* disposer). *Litt.* L'ensemble des vêtements, de la parure d'une femme. *Être dans ses plus beaux atours.*

ATOUT n.m. (de *tout*). **1.** Couleur choisie ou prise au hasard et qui l'emporte sur les autres, dans certains jeux de cartes. **2.** *Fig.* Chance de réussir ; avantage. *Avoir de bons atouts.*

ATOXIQUE adj. MÉD. Rare. Dépourvu de toxicité.

ATP ou **A.T.P.** n.m. (sigle). BIOCHIM. Adénosine triphosphate.

ATRABILAIRE adj. et n. *Litt.* Facilement irritable ; coléreux.

ATRABILE n.f. (lat. *bilis atra,* bile noire). Substance hypothétique du corps humain qui passait, dans la médecine ancienne, pour causer la mélancolie et l'hypocondrie. SYN. : ***bile noire.***

ATRACTYLIGÉNINE n.f. Terpène double dont deux dérivés, très toxiques, ont été isolés d'un chardon, *Atractylis gummifera.* (Ces substances inhibent la production d'ATP par les mitochondries. Des dérivés de l'atractyligénine se trouvent aussi dans les plants de café *Coffea arabica* et *Coffea robusta.*)

ÂTRE n.m. (du gr. *ostrakon,* morceau de brique). *Litt.* Partie de la cheminée où l'on fait le feu ; la cheminée elle-même.

ATRÉSIE n.f. (du gr. *tresis,* trou). MÉD. Étroitesse ou occlusion complète d'un orifice ou d'un conduit naturel.

ATRIAU n.m. Suisse. Crépinette ronde.

ATRIUM [atrijɔm] n.m. (mot lat.). **1.** Pièce principale qui commandait la distribution de la maison romaine, avec une ouverture carrée au

■ **ATOLL.** L'île de Bora Bora (Polynésie française), entourée de son atoll.

A

■ **ATRIUM.** Dans une maison d'Herculanum, atrium avec compluvium et impluvium ; fin du IIe s. av. J.-C.

centre du toit pour recueillir les eaux de pluie. **2.** Dans l'architecture contemporaine (hôtelière, commerciale, etc.), grand espace intérieur vitré commandant les autres locaux.

ATROCE adj. (lat. *atrox, -ocis*). **1.** Qui provoque de la répulsion par sa cruauté, sa dureté ou sa laideur ; barbare, odieux. *Un crime atroce.* **2.** Très pénible à endurer ; insupportable. *Des souffrances atroces.* **3.** Très désagréable ; affreux. *Un temps atroce.*

ATROCEMENT adv. De manière atroce.

ATROCITÉ n.f. **1.** Caractère de ce qui est atroce ; cruauté. *L'atrocité de la guerre.* **2.** Action cruelle ; crime. *Ils ont commis des atrocités innommables.* **3.** Imputation déshonorante ; calomnie.

ATROPHIE n.f. (du gr. *trophê*, nourriture). MÉD. Diminution de volume d'une cellule, d'un tissu, d'un organe, survenant après la naissance.

ATROPHIÉ, E adj. Atteint d'atrophie. CONTR. : *hypertrophié.*

ATROPHIER (S') v.pr. [5]. **1.** MÉD. Être atteint d'atrophie. **2.** Perdre de sa vigueur ; s'affaiblir, se dégrader.

ATROPINE n.f. (lat. *atropa*, belladone). MÉD. Alcaloïde extrait de la belladone, l'une des principales substances anticholinergiques.

ATTABLER (S') v.pr. S'asseoir à une table pour manger, travailler, etc.

ATTACHANT, E adj. Qui plaît, émeut, touche la sensibilité ; qui suscite de l'intérêt.

ATTACHE n.f. **1.** Ce qui sert à attacher (lien, courroie, etc.). **2.** Partie du corps où est fixé un muscle, un ligament. **3.** *Port d'attache*, où un navire est immatriculé. ◆ pl. Relations, rapports amicaux ou familiaux. *J'ai toutes mes attaches dans cette ville.*

ATTACHÉ, E n. **1.** Membre d'une ambassade, d'un cabinet ministériel, etc. *Attaché culturel.* **2.** *Attaché de presse :* personne chargée d'assurer les relations avec les médias, dans une entreprise publique ou privée.

ATTACHÉ-CASE [ataʃekɛz] n.m. [pl. *attachés-cases*] (de l'angl.). Mallette plate et rigide servant de porte-documents.

ATTACHEMENT n.m. **1.** Sentiment d'affection ou de sympathie éprouvé pour qqn ou qqch. **2.** Relevé journalier des travaux et des dépenses d'un entrepreneur.

ATTACHER v.t. (anc. fr. *estachier*, fixer). **1.** Fixer à qqch, maintenir à un endroit ou réunir ensemble avec une agrafe, une chaîne, etc. **2.** Lier, associer durablement. *Attacher son nom à un procédé.* **3.** *Attacher de l'importance à qqch*, lui en attribuer. ◆ v.i. Coller au fond d'un récipient pendant la cuisson. *Les pâtes ont attaché.* ◆ **s'attacher** v.pr. (à). **1.** Devenir proche de qqn, l'apprécier ; s'intéresser à qqch. **2.** S'appliquer à qqch.

ATTAGÈNE n.m. (mot gr.). Petit coléoptère dont les larves brunes s'attaquent aux fourrures, aux tapis, etc.

ATTAQUABLE adj. Qui peut être attaqué.

ATTAQUANT, E adj. et n. Qui attaque, engage le combat ; assaillant. ◆ n. Joueur qui fait partie de la ligne d'attaque, dans certains sports d'équipe.

ATTAQUE n.f. **1.** Action d'attaquer ; agression. *Attaque à main armée.* ◇ Fam. *Être d'attaque :* se sentir en forme. **2.** Critique violente ; accusation. *Il ne réagit même plus à ses attaques.* **3.** Action militaire pour conquérir un objectif ou pour détruire des forces ennemies. **4.** SPORTS. Action offensive. – Ensemble des joueurs participant à cette action, dans les sports d'équipe. **5.** MÉD. Accès subit d'une maladie. – *Cour.* Accident vasculaire cérébral (par ex. hémorragie cérébrale). **6.** CHIM. Action à la surface d'un corps.

ATTAQUER v.t. (ital. *attaccare*, attacher, commencer). **1.** Agresser physiquement ; assaillir. *Il l'a attaqué par-derrière. Attaquer un pays.* **2.** Incriminer, critiquer avec une certaine violence, verbalement ou par écrit. *Attaquer les institutions.* – Intenter une action judiciaire. *Il va les attaquer en justice.* **3.** Détruire progressivement une matière ; ronger. *La rouille attaque le fer.* **4.** Commencer l'exécution de qqch ; entreprendre. *Attaquer un morceau de musique.* **5.** *Fam.* Commencer à manger. *On attaque le gâteau ?* ◆ **s'attaquer** v.pr. (à). Affronter sans hésiter. *S'attaquer à plus fort que soi.*

ATTARDÉ, E adj. et n. **1.** Qui s'est mis en retard, est resté en arrière. **2.** Qui est en retard sur son époque. **3.** Dont l'intelligence s'est peu développée. *Un enfant très attardé.*

ATTARDER (S') v.pr. **1.** Rester longtemps quelque part, se mettre en retard. *S'attarder à bavarder chez des amis.* **2.** Prendre son temps pour faire qqch. *Il s'est attardé à réparer sa bicyclette.*

ATTEINDRE v.t. [62] (lat. *attingere*, toucher). **1.** Toucher en blessant, avec un projectile. *Une balle perdue l'avait atteint au genou.* **2.** Avoir un effet nuisible sur qqn ; frapper. **3.** Troubler profondément ; offenser. *Vos paroles l'ont atteint.* **4.** Parvenir à attraper, à toucher qqch. **5.** Parvenir au bout d'un certain temps à un état, une valeur, etc. *Atteindre la retraite.* **6.** Réussir à joindre, à rencontrer. *Il est difficile à atteindre.* ◆ v.t. ind. (à). Parvenir avec effort. *Atteindre à la perfection.*

ATTEINTE n.f. **1.** Action, fait d'atteindre. ◇ *Hors d'atteinte :* qui ne peut être touché. **2.** Préjudice matériel ou moral ; dommage. *Atteinte à la liberté.* **3.** Douleur physique. *Résister aux atteintes du froid.*

ATTELAGE n.m. **1.** Action ou manière d'atteler un ou plusieurs animaux ; ensemble des animaux attelés. **2.** ÉQUIT. Discipline comprenant des épreuves de dressage, d'endurance et de maniabilité pour chevaux attelés à une voiture. **3.** Dispositif d'accrochage de plusieurs véhicules ferroviaires entre eux.

■ **ATTELAGE.** Concours d'attelage au country-show d'Auteuil.

ATTELER v.t. [16] (du lat. *protelum*, attelage de bœufs). **1.** Attacher des animaux à une voiture, à un instrument, à une machine agricole. **2.** *Fam.* Faire entreprendre à qqn une tâche pénible et génér. de longue haleine. **3. a.** CH. DE F. Accrocher des voitures ou des wagons. **b.** Relier une machine agricole, un véhicule à un véhicule moteur pour les tracter. ◆ **s'atteler** v.pr. (à). Entreprendre un travail long et difficile. *Il s'attelle à une thèse de 300 pages.*

ATTELLE n.f. (lat. *astula*, de *assis*, planche). Appareil orthopédique (plaque, gouttière, etc.) fixé contre un membre pour le maintenir, en cas de fracture, de rhumatisme.

ATTENANT, E adj. (lat. *attinens*). Qui jouxte ; contigu, adjacent.

ATTENDRE v.t. et v.i. [59] (lat. *attendere*, prêter attention). **1.** Demeurer, rester quelque part jusqu'à ce qu'arrive qqn, qqch. *Je t'attends depuis une heure. Attendre un taxi.* **2.** Compter sur ; prévoir, espérer. *Attendre une lettre, une réponse.* **3.** Être prêt pour qqn, en parlant d'une chose. *Le dîner nous attend.* **4.** *En attendant.* **a.** Jusqu'à tel moment. **b.** En tout cas. ◆ v.t. ind. (après). Compter sur qqn, qqch avec impatience, en avoir besoin. *Il attend après cette somme.* ◆ **s'attendre** v.pr. (à). Considérer comme probable ; prévoir. *Elle ne s'attend pas à cette réponse.*

ATTENDRIR v.t. **1.** Faire naître un sentiment de compassion ou de tendresse ; émouvoir, toucher. *Elle l'avait attendri.* **2.** Rendre moins dur. *Attendrir de la viande.* ◆ **s'attendrir** v.pr. Être ému.

ATTENDRISSANT, E adj. Qui attendrit, qui émeut.

ATTENDRISSEMENT n.m. Fait de s'attendrir sur qqn ou qqch, d'être attendri.

ATTENDRISSEUR n.m. Appareil pour attendrir la viande.

1. ATTENDU prép. Vu, en raison de. *Attendu les événements.* ◆ **attendu que** loc. conj. Vu que, puisque.

2. ATTENDU n.m. DR. (Surtout au pl.) Alinéa qui énonce les arguments et moyens sur lesquels sont fondés une requête, un jugement, etc.

ATTENTAT n.m. Attaque criminelle ou illégale contre les personnes, les droits, les biens, etc. ◇ DR. *Attentat à la pudeur :* agression sexuelle commise avec violence, contrainte, menace ou surprise.

ATTENTATOIRE adj. DR. Qui porte atteinte à qqch. *Mesure attentatoire à la liberté.*

ATTENTE n.f. **1.** Action d'attendre qqn ou qqch ; temps pendant lequel on attend. **2.** Souhait non formulé ; espérance. *Répondre à l'attente de ses admirateurs.* ◇ *Contre toute attente :* contrairement à ce qu'on attendait.

ATTENTER v.t. ind. **[à]** (lat. *attentare*, attaquer). Commettre une tentative criminelle contre ; porter gravement atteinte à. *Attenter à ses jours, à la vie de qqn.*

ATTENTIF, IVE adj. **1.** Qui prête, porte attention ; qui dénote l'attention. *Un auditoire attentif.* **2.** Qui manifeste de la prévenance, des attentions. *Une mère attentive. Des soins attentifs.*

ATTENTION n.f. (lat. *attentio*). **1.** Action de se concentrer sur, de s'appliquer ; vigilance. *Regarder qqch avec attention.* ◇ *À l'attention de :* formule par laquelle on désigne le destinataire d'une lettre. **2.** Marque d'affection, d'intérêt ; égard. *Une délicate attention de sa part.* ◆ interj. *Attention ! :* prenez garde.

ATTENTIONNÉ, E adj. Plein d'attentions, de gentillesse ; prévenant.

ATTENTISME n.m. Tendance à attendre les événements avant d'agir, de parler ; opportunisme.

ATTENTISTE adj. et n. Qui manifeste de l'attentisme.

ATTENTIVEMENT adv. D'une façon attentive.

ATTÉNUANT, E adj. Qui atténue. ◇ *Circonstances atténuantes* → **circonstance.**

ATTÉNUATEUR n.m. Dispositif qui permet de diminuer l'amplitude d'une grandeur électrique.

ATTÉNUATION n.f. Action d'atténuer, fait de s'atténuer ; diminution, adoucissement.

ATTÉNUER v.t. (lat. *attenuare*, affaiblir). Diminuer la force, l'intensité, la brutalité de qqch. *Atténuer un son, une peine.* ◆ **s'atténuer** v.pr. Devenir moins fort. *Sa douleur s'atténue peu à peu.*

ATTERRAGE n.m. MAR. (Surtout pl.) Approche, voisinage de la terre, d'un port.

ATTERRANT, E adj. Qui provoque la consternation ; accablant, affligeant.

ATTERRER v.t. (de *terre*). Jeter dans la stupéfaction ; consterner, accabler.

ATTERRIR v.i. **1. a.** Prendre contact avec le sol, en parlant d'un avion, d'un engin spatial, etc. **b.** Toucher terre, en parlant d'un navire. **2.** *Fam.* Arriver, se trouver quelque part inopinément. *Comment ce livre a-t-il atterri sur ma table ?*

ATTERRISSAGE n.m. Action d'atterrir ; son résultat.

ATTERRISSEMENT n.m. Amas de terres, de sables apportés par les eaux.

ATTESTATION n.f. Déclaration verbale ou écrite qui témoigne de la véracité d'un fait, certifie.

ATTESTÉ, E adj. Se dit d'un mot, d'une forme connus par un emploi daté.

ATTESTER v.t. (lat. *attestari*, de *testis*, témoin). **1.** Certifier la vérité ou l'authenticité de. *J'atteste que cet homme est innocent.* **2.** Constituer une preuve ou un témoignage. *Cette lettre atteste sa bonne foi.* **3.** *Litt.* Prendre à témoin. *Attester le ciel.*

ATTICISME n.m. (du gr. *attikos*, attique). Style élégant et sobre propre aux artistes de la Grèce antique aux ve et ive s. av. J.-C., notamm. aux écrivains, d'Eschyle à Démosthène.

ATTIÉDIR v.t. *Litt.* Rendre tiède.

ATTIÉDISSEMENT n.m. *Litt.* Action d'attiédir ; son résultat.

ATTIFEMENT n.m. *Fam., péjor.* Action ou manière d'attifer ou de s'attifer.

ATTIFER v.t. (anc. fr. *tifer*, parer). *Fam., péjor.* Habiller, parer avec mauvais goût ou d'une manière un peu ridicule. ◇ v.pr. *Comment t'es-tu attifée aujourd'hui !*

ATTIGER v.i. [10]. *Fam.*, vieilli. Exagérer.

1. ATTIQUE adj. Relatif à l'Attique, à Athènes et à leurs habitants. *L'art attique.* ◆ n.m. Dialecte ionien qui était la langue de l'Athènes antique.

2. ATTIQUE n.m. ARCHIT. Couronnement horizontal décoratif ou petit étage terminal d'une construction, placé au-dessus d'une corniche ou d'une frise importante.

ATTIRABLE adj. Qui peut être attiré.

ATTIRAIL n.m. (de l'anc. fr. *atirier*, disposer). Ensemble d'objets divers, génér. encombrants, destiné à un usage bien précis. *Attirail de pêcheur à la ligne, de photographe.*

ATTIRANCE n.f. Vif intérêt pour qqch ; attrait exercé par qqn. *Éprouver de l'attirance pour un homme.*

ATTIRANT, E adj. Qui attire, séduit.

ATTIRER v.t. (de *tirer*). **1.** Tirer, amener à soi par une action physique. *L'aimant attire le fer.* **2. a.** Faire venir en exerçant un attrait, en éveillant l'intérêt. *Cet homme l'attire beaucoup. Ce spectacle m'attire particulièrement.* **b.** Provoquer en retour ; occasionner. *Son impertinence va lui attirer des ennuis.*

ATTISEMENT n.m. *Litt.* Action d'attiser.

ATTISER v.t. (du lat. *titio*, tison). **1.** Aviver, ranimer le feu, les flammes. *Attiser un feu.* **2.** *Litt.* Exciter, entretenir. *Attiser la haine.*

ATTITRÉ, E adj. **1.** Qui est chargé en titre d'un emploi, d'un rôle. *L'humoriste attitré d'un journal.* **2.** Que l'on se réserve exclusivement ; dont on a l'habitude, que l'on préfère. *Avoir sa place attitrée.*

ATTITUDE n.f. (ital. *attitudine*, posture). **1.** Manière de tenir son corps ; posture. *Attitude avachie.* – DANSE. Figure d'équilibre dans laquelle le buste est droit tandis que l'une des jambes est levée et fléchie. **2.** Manière dont on se comporte avec les autres. *Son attitude a été odieuse.* **3.** En psychologie sociale, disposition profonde, durable et d'intensité variable à produire un comportement donné. ◇ ***Échelle d'attitude*** : technique permettant d'inférer et de mesurer, à partir de comportements observés, l'intensité de l'attitude qui les a produits. **4.** ASTRONAUT. Orientation d'un engin spatial par rapport à trois axes de référence.

ATTITUDINAL, E, AUX adj. Qui concerne l'attitude psychologique de qqn.

ATTO-, préfixe (symbole a) qui multiplie par 10^{-18} l'unité devant laquelle il est placé.

ATTORNEY [atɔrnɛ] n.m. (mot angl., de l'anc. fr. *atorné*, préposé à). Homme de loi, dans les pays anglo-saxons. ◇ ***Attorney général*** : ministre de la Justice, aux États-Unis ; membre du gouvernement qui représente la Couronne auprès des tribunaux, en Grande-Bretagne.

ATTOUCHEMENT n.m. Action de toucher légèrement, en partic. avec la main. – *Spécial.* Caresse abusive. *Enfant victime d'attouchements.*

ATTRACTIF, IVE adj. **1.** Qui a la propriété d'attirer. *La force attractive d'un aimant.* **2.** (Emploi critiqué). Qui présente un avantage ou un attrait ; attrayant. *Des prix particulièrement attractifs.*

ATTRACTION n.f. (lat. *attractio*, de *trahere*, tirer). **1.** Force en vertu de laquelle un corps est attiré par un autre. *L'attraction terrestre.* ◇ ***Loi de l'attraction universelle*** : loi, énoncée par I. Newton, selon laquelle deux masses s'attirent mutuellement, en raison directe de leurs masses, en raison inverse du carré de leurs distances et selon la droite qui les joint. **2.** Vx. Ce qui attire, séduit. *Une secrète attraction le portait vers elle.* **3.** LING. Modification subie par un mot sous l'influence d'un autre mot. **4. a.** Distraction mise à la disposition du public dans certains lieux ou à l'occasion de manifestations, de réjouissances collectives. *Parc d'attractions.* **b.** Numéro de cirque, de variétés qui passe en intermède d'un spectacle plus important. **5.** Objet d'intérêt ou de curiosité.

ATTRACTIVITÉ n.f. Caractère de ce qui est attractif, attrayant.

ATTRAIRE v.t. [92]. DR. *Attraire qqn en justice*, l'assigner ou le citer devant un tribunal.

ATTRAIT n.m. (du lat. *attrahere*, tirer à soi). Qualité par laquelle une personne ou une chose attire, plaît.

ATTRAPADE n.f. *Fam.*, vx. Réprimande.

ATTRAPE n.f. **1.** Objet destiné à tromper par jeu, par plaisanterie. *Magasin de farces et attrapes.* **2.** *Fam.*, vx. Tromperie faite pour plaisanter ; farce.

ATTRAPE-MOUCHE n.m. (pl. *attrape-mouches*). Plante carnivore dont les fleurs ou les feuilles emprisonnent les insectes (dionée, drosera, etc.).

ATTRAPE-NIGAUD n.m. (pl. *attrape-nigauds*). Ruse grossière.

ATTRAPER v.t. (de *trappe*). **1. a.** Saisir, prendre, atteindre qqn ou qqch qui bouge. *Attrape-le, il va s'échapper. Attraper un bus.* **b.** Prendre au piège. *Attraper une souris.* **2.** *Fam.* Contracter une maladie. *Tu as encore attrapé un rhume.* **3.** *Fam.* Faire des reproches à ; réprimander. *Attraper un enfant en retard.* **4.** Tromper par une ruse ; abuser. *Se laisser attraper par des flatteries.*

ATTRAPE-TOUT adj. inv. Se dit d'un parti politique dont le programme peu précis permet d'attirer une grande variété d'électeurs.

ATTRAYANT, E adj. Qui présente de l'attrait ; attirant, séduisant.

ATTRIBUABLE adj. Qui peut être attribué.

ATTRIBUER v.t. (lat. *attribuere*). **1.** Accorder comme avantage ; donner. *Attribuer des fonds à un organisme.* **2.** Considérer qqn comme auteur, qqch comme cause. *On lui attribue tout le succès de ces négociations. Attribuer un échec à la fatigue.* ◆ **s'attribuer** v.pr. Faire sien ; s'approprier. *Il s'est attribué la meilleure part.*

ATTRIBUT n.m. (du lat. *attributum*, qui a été attribué). **1.** Ce qui appartient, ce qui est inhérent à qqn ou à qqch. *Le rire est un attribut de l'homme.* – PHILOS. Propriété d'une substance. **2.** Symbole attaché à une fonction. *La balance est l'attribut de la justice.* **3.** GRAMM. Terme (adjectif, nom, etc.) qualifiant le sujet ou le complément d'objet direct par l'intermédiaire d'un verbe (*être, devenir, paraître*, etc., pour l'attribut du sujet ; *rendre, nommer*, etc., pour l'attribut de l'objet). – LOG. Prédicat.

ATTRIBUTAIRE n. DR. Personne à qui a été attribué qqch.

ATTRIBUTIF, IVE adj. LOG. Qui indique ou énonce un attribut.

ATTRIBUTION n.f. **1.** Action d'attribuer. *Attribution d'un prix.* **2.** GRAMM. ***Complément d'attribution*** : nom ou pronom qui désigne la personne ou la chose à laquelle s'adresse un don, un ordre, un discours, etc., ou à laquelle appartient un être ou une chose. (Ex. : *amie* dans *Donner un livre à une amie.*) [On dit aussi ***complément d'objet secondaire.***] **3.** PSYCHOL. ***Attribution causale***, ou ***attribution*** : fait d'imputer qqch à qqn ou à qqch. ◆ pl. **1.** Pouvoirs qui sont attribués à qqn. *Cela ne rentre pas dans mes attributions.* **2.** DR. Dévolution d'un bien en faveur d'un copartageant.

ATTRISTANT, E adj. Qui rend triste, déçoit.

ATTRISTER v.t. Rendre triste. *Cette mort subite l'a beaucoup attristée.* ◆ **s'attrister** v.pr. (de). Devenir triste à cause de qqch.

ATTRITION n.f. (lat. *attritio*, frottement). **1.** THÉOL. CHRÉT. Regret d'avoir offensé Dieu, causé par la crainte du châtiment éternel. SYN. : *contrition imparfaite.* **2.** MIL. Forme de stratégie par laquelle on recherche l'épuisement des ressources humaines et matérielles de l'adversaire.

ATTROUPEMENT n.m. Rassemblement plus ou moins tumultueux sur la voie publique.

ATTROUPER v.t. Rassembler des personnes ; grouper. ◆ **s'attrouper** v.pr. Se réunir en foule. *Des badauds commençaient à s'attrouper.*

ATYPIE n.f. ou **ATYPISME** n.m. Absence de conformité relativement à un modèle que l'on prend comme référence.

ATYPIQUE adj. Qui diffère du type habituel ; que l'on peut difficilement classer.

AU art. masc. (pl. *aux*). Contraction de *à le* (pl. *à les*).

AUBADE n.f. (provenç. *aubada*). MUS. Concert donné à l'aube, le matin, sous les fenêtres de qqn.

AUBAIN n.m. (lat. *alibi*, ailleurs). HIST. **1.** Dans la France du Moyen Âge, étranger à une seigneurie. **2.** Dans la France d'Ancien Régime, étranger fixé dans le royaume sans être naturalisé.

AUBAINE n.f. (de *aubain*). **1.** Avantage inespéré ; occasion. *Profite de l'aubaine !* **2.** HIST. Droit par lequel la succession d'un aubain décédé sans postérité était attribuée au seigneur ou au roi.

1. AUBE n.f. (du lat. *alba*, blanche). Première lueur du jour qui apparaît à l'horizon. ◇ ***À l'aube, dès l'aube*** : très tôt. – *Sout.* ***À l'aube de*** : au commencement de.

2. AUBE n.f. (du lat. *albus*, blanc). CATH. Longue robe de tissu blanc portée par les célébrants et les clercs pendant les offices liturgiques, ainsi que par les premiers communiants.

3. AUBE n.f. (lat. *alapa*, soufflet). TECHN. Partie d'une roue hydraulique sur laquelle s'exerce l'action du fluide moteur. – Partie d'une turbomachine servant à canaliser un fluide.

AUBÉPINE n.f. (lat. *alba*, blanche, et *épine*). Arbre ou arbrisseau épineux à fleurs blanches ou roses odorantes, à baies rouges comestibles (cenelles). [Genre *Crataegus* ; famille des rosacées.]

AUBÈRE adj. et n.m. (esp. *hobero*, de l'ar.). Se dit d'un cheval dont la robe est composée d'un mélange de poils blancs et alezans.

AUBERGE n.f. (de *héberger*). **1.** Anc. Établissement simple et sans luxe situé à la campagne et offrant le gîte et le couvert pour une somme modique. ◇ *Fam.* ***On n'est pas sortis de l'auberge*** : on est loin d'en avoir fini avec les difficultés. – ***Auberge espagnole*** : lieu où l'on ne trouve que ce qu'on apporte. **2.** Mod. Restaurant ou hôtel-restaurant au cadre intime et chaleureux, génér. situé à la campagne.

AUBERGINE n.f. (catalan *alberginia*, de l'ar.). **1.** Plante potagère annuelle surtout cultivée dans les régions méditerranéennes pour son fruit comestible. (Nom sc. *Solanum melongena*, famille des solanacées.) **2.** Fruit de cette plante, génér. violet, grosse baie charnue de forme ovale, cylindrique. ◆ adj. inv. De la couleur violet sombre de l'aubergine.

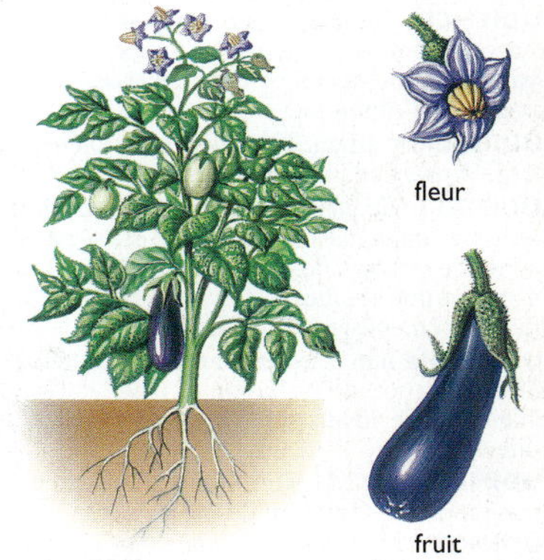

■ **AUBERGINE**

AUBERGISTE n. Personne qui tient une auberge.

AUBETTE n.f. (anc. fr. *hobe*, du francique). **1.** Région. (Nord, Alsace) ; Belgique. **a.** Kiosque à journaux. **b.** Abri pour attendre les transports en commun. **2.** Recomm. off. pour *Abribus.*

AUBIER n.m. (du lat. *albus*, blanc). Partie jeune du tronc et des branches d'un arbre, située à la périphérie, sous l'écorce, constituée par les dernières couches annuelles de bois encore vivant et de teinte plus claire que le cœur (par oppos. à *bois parfait*).

AUBIN n.m. (angl. *hobby*). Allure défectueuse d'un cheval fatigué qui galope avec les antérieurs et trotte avec les postérieurs.

AUBURN [obœrn] adj. inv. (mot angl., de l'anc. fr. *auborne*). Se dit de cheveux d'un brun tirant légèrement sur le roux.

AUCUBA n.m. (jap. *aokiba*). Arbrisseau ornemental venant du Japon, à feuilles coriaces vert et jaune, et à fruits rouge vif. (Haut. 2 m env. ; famille des cornacées.)

AUCUN, E adj. indéf. et pron. indéf. (lat. *aliquis*, quelqu'un, et *unus*, un seul). **1.** Pas un, nul, personne (avec la négation *ne*). *Aucune ne travaille.* **2.** *Litt. D'aucuns :* quelques-uns. – REM. L'adj. indéf. ne s'emploie au pl. que devant un nom sans sing. *Aucuns frais supplémentaires ne sont à prévoir pendant le séjour.*

AUCUNEMENT adv. Pas du tout.

AUDACE n.f. (lat. *audacia*). **1.** Grand courage ; hardiesse. *Manquer d'audace.* **2.** Hardiesse insolente ; effronterie. *Tu as quand même une sacrée audace !*

AUDACIEUSEMENT adv. Avec audace.

AUDACIEUX, EUSE adj. et n. Qui manifeste de l'audace ; décidé, téméraire.

AU-DEDANS (DE) loc. adv. et loc. prép. À l'intérieur (de).

AU-DEHORS (DE) loc. adv. et loc. prép. À l'extérieur (de).

AU-DELÀ (DE) loc. adv. et loc. prép. Plus loin (que). ◆ **au-delà** n.m. inv. *L'au-delà :* ce qui vient après la vie terrestre. *L'angoisse de l'au-delà.*

AU-DESSOUS (DE) loc. adv. et loc. prép. À un point inférieur ; plus bas (que).

AU-DESSUS (DE) loc. adv. et loc. prép. À un point supérieur ; plus haut (que).

AU-DEVANT (DE) loc. adv. et loc. prép. À la rencontre (de).

AUDIBILITÉ n.f. *Didact.* Fait d'être audible.

AUDIBLE adj. (du lat. *audire*, entendre). **1.** Perceptible à l'oreille. **2.** Qui peut être entendu sans difficulté ou sans déplaisir.

AUDIENCE n.f. (lat. *audientia*, action d'écouter). **1.** Entretien accordé par un supérieur, une personnalité. *Solliciter, obtenir une audience. Recevoir qqn en audience.* **2.** DR. Séance au cours de laquelle une juridiction interroge les parties, entend les plaidoiries et rend sa décision (jugement ou arrêt). ◇ *Délit d'audience :* manquement à ses obligations professionnelles commis par un avocat pendant une audience. **3.** Québec. ADMIN. *Audience publique :* séance publique au cours de laquelle une commission d'enquête ou un organisme habilité entend les points de vue des personnes ou des groupes concernés par une question ou un problème déterminés. **4.** Attention, intérêt plus ou moins grand que qqn ou qqch suscite auprès du public. – Nombre, pourcentage de personnes touchées par un média.

AUDIENCIA [odjɛnsja] n.f. (mot esp.). HIST. Cour qui administrait la justice royale, dans les royaumes hispaniques et dans les possessions espagnoles d'Amérique.

AUDIENCIER adj.m. DR. *Huissier audiencier*, chargé du service intérieur des tribunaux.

AUDIMAT [odimat] n.m. (nom déposé ; de *audimètre* et *automatique*). **1.** Audimètre utilisé par les chaînes de radio ou de télévision. **2.** *Par ext.* Taux d'écoute d'une chaîne de télévision ou de radio ; audience. *La course à l'Audimat.*

AUDIMÈTRE n.m. Dispositif adapté à un récepteur de radio ou de télévision et placé dans un échantillon de foyers pour mesurer l'audience d'une émission.

AUDIMÉTRIE n.f. Mesure de l'audience d'une émission de télévision ou de radio.

AUDIMUTITÉ n.f. Mutité congénitale sans surdité, d'origine mal connue, neurologique ou psychique.

AUDIO adj. inv. Qui concerne l'enregistrement ou la transmission des sons.

AUDIOCONFÉRENCE n.f. Téléconférence assurée grâce à des moyens de télécommunication ne permettant que la transmission de la parole, et éventuellement de documents graphiques.

AUDIODISQUE n.m. Disque sur lequel sont enregistrés des sons.

AUDIOFRÉQUENCE n.f. Fréquence correspondant à des sons audibles, utilisée pour la transmission et la reproduction des sons.

AUDIOGRAMME n.m. Courbe représentant l'acuité auditive selon la fréquence des sons.

AUDIOLOGIE n.f. Discipline qui étudie l'audition.

AUDIOMÈTRE n.m. Appareil permettant de mesurer l'acuité auditive.

AUDIOMÉTRIE n.f. Mesure de l'acuité auditive.

AUDIONUMÉRIQUE adj. Se dit d'un support d'enregistrement sur lequel les sons sont enregistrés sous forme de signaux numériques.

AUDIOPHONE n.m. Petit appareil acoustique que certains malentendants portent à l'oreille pour renforcer les sons.

AUDIOPROTHÉSISTE n. Technicien qui délivre, adapte et contrôle les appareils de prothèse auditive.

AUDIOTEX n.m. (nom déposé). Service permettant d'accéder à des informations vocales à partir d'un poste téléphonique.

AUDIOVISUEL, ELLE adj. Qui appartient aux méthodes d'information, de communication ou d'enseignement utilisant l'image et/ou le son. ◆ n.m. Ensemble des méthodes, des techniques utilisant l'image et/ou le son.

AUDIT [odit] n.m. (angl. *internal auditor*). **1.** Procédure de contrôle de la comptabilité et de la gestion d'une entreprise, et de l'exécution de ses objectifs. – *Par ext.* Toute étude systématique des conditions de fonctionnement d'une entreprise (audit fiscal, audit social, etc.). **2.** Personne chargée de cette mission. SYN. : *auditeur.*

AUDITER v.t. Soumettre une entreprise, un compte à un audit.

AUDITEUR, TRICE n. **1.** Personne qui écoute un cours, un concert, une émission radiophonique, etc. **2.** Audit.

AUDITIF, IVE adj. Qui concerne l'ouïe ou l'oreille en tant qu'organe de l'ouïe. *Troubles auditifs.* ◇ *Nerf auditif :* nerf crânien assurant l'audition et l'équilibration.

AUDITION n.f. (lat. *auditio*, de *audire*, entendre). **1.** Fonction qui permet au sens de l'ouïe de s'exercer. *Trouble de l'audition.* **2.** Action d'entendre, d'écouter. *L'audition des témoins.* **3.** Présentation par un artiste de son répertoire ou d'un extrait de son répertoire en vue d'obtenir un engagement. *Passer une audition.*

AUDITIONNER v.t. Faire passer une audition à un acteur, à un chanteur, etc. ◆ v.i. En parlant d'un acteur, d'un chanteur, présenter son répertoire en vue d'obtenir un engagement.

AUDITOIRE n.m. (lat. *auditorium*). **1.** Ensemble des personnes qui écoutent un discours, un cours, etc. ; public. **2.** Belgique, Suisse. Grande salle de cours ou de conférences ; amphithéâtre.

AUDITORIUM [oditɔrjɔm] n.m. (mot lat.). Salle aménagée pour l'audition des œuvres musicales ou théâtrales, pour les émissions de radio ou de télévision et, au cinéma ou à la télévision, pour l'enregistrement de sons après le tournage.

AUDOMAROIS, E adj. et n. De Saint-Omer.

AUDONIEN, ENNE adj. et n. De Saint-Ouen.

AUGE n.f. (lat. *alveus*). **1.** Récipient dans lequel boivent et mangent les animaux domestiques. **2.** Récipient dans lequel les ouvriers du bâtiment délaient le plâtre, le mortier, etc. **3.** Rigole qui conduit l'eau à un réservoir ou à la roue d'un moulin. **4.** Vide entre les branches du maxillaire inférieur des quadrupèdes, notamm. du cheval. **5.** GÉOMORPH. Vallée à fond plat et à versants raides, génér. d'origine glaciaire.

AUGÉE n.f. Vx. Contenu d'une auge.

AUGERON, ONNE adj. et n. Du pays d'Auge.

AUGET n.m. **1.** Petite auge d'une turbine. **2.** Élément d'une turbine Pelton servant à dévier l'écoulement du fluide.

AUGETTE n.f. Petite auge.

AUGMENT n.m. LING. Affixe préposé à la racine verbale dans la conjugaison de certaines formes du passé (en grec, par ex.).

AUGMENTATIF, IVE adj. et n.m. LING. Se dit d'un préfixe (ex. : *archi-*, *super-*) ou d'un suffixe (ex. : *-issime*) servant à renforcer le sens d'un mot.

AUGMENTATION n.f. **1.** Accroissement en quantité, en nombre, en valeur, etc. *Augmentation du nombre des chômeurs. Augmentation des prix.* **2.** Quantité, somme qui vient s'ajouter à une autre. *Donner une augmentation à une employée.* ◇ *Augmentation de capital :* accroissement du capital d'une société par apport en nature ou en numéraire, ou par incorporation des réserves figurant au bilan. **3.** Ajout d'une ou de plusieurs mailles sur un rang de tricot.

AUGMENTER v.t. (bas lat. *augmentare*, du lat. *augere*). **1.** Rendre plus grand, plus important. *Augmenter sa fortune.* **2.** Accroître le prix de. *Augmenter l'essence.* **3.** Faire bénéficier d'une rémunération plus élevée. *Augmenter qqn de dix pour cent.* ◆ v.i. **1.** Devenir plus grand ; croître en quantité, en intensité, etc. *Les prix augmentent. Sa peur augmente.* **2.** Devenir plus cher. *Les légumes augmentent en hiver.*

1. AUGURE n.m. (lat. *augur*). ANTIQ. ROM. Prêtre chargé d'interpréter les présages tirés du vol, du chant des oiseaux, etc.

2. AUGURE n.m. (lat. *augurium*). **1.** ANTIQ. ROM. Présage tiré d'un signe céleste. **2.** Présage, signe qui semble annoncer l'avenir. ◇ *Être de bon, de mauvais augure :* présager une issue heureuse, malheureuse.

AUGURER v.t. *Litt.* Tirer un présage, un pressentiment, une conjecture de. ◇ *Augurer bien, mal de qqch*, prévoir que l'issue en sera favorable ou non.

1. AUGUSTE adj. (lat. *augustus*). *Litt.* Qui inspire le respect, la vénération. ◆ n.m. HIST. Titre des empereurs romains.

2. AUGUSTE n.m. (de *Auguste*, n.pr.). Clown grimé de couleurs violentes, accoutré de façon grotesque, qui exécute des parodies comiques parfois enrichies d'exercices acrobatiques (par oppos. à *clown blanc*).

AUGUSTIN, E n. CHRIST. Religieux, religieuse qui suit les règles spirituelles de saint Augustin.

AUGUSTINIEN, ENNE adj. Qui concerne saint Augustin, sa théologie de la grâce.

AUGUSTINISME n.m. **1.** Doctrine de saint Augustin, en partic. sur la grâce. **2.** Dénomination souvent donnée à la doctrine des jansénistes.

AUJOURD'HUI adv. (de l'anc. fr. *hui*, lat. *hodie*). **1.** Au jour où l'on est ; ce jour. *Il arrive aujourd'hui.* **2.** Au temps où nous vivons ; maintenant. *La France d'aujourd'hui.*

AULA [ola] n.f. (mot lat.). Suisse. Grande salle d'une université, d'un musée, etc.

AULIQUE adj. (du lat. *aula*, cour). HIST. Qui appartient à la cour des rois.

AULNAIE [onɛ] ou **AUNAIE** n.f. Lieu planté d'aulnes.

AULNE [on] ou **AUNE** n.m. (lat. *alnus*). Arbre de l'hémisphère Nord poussant sur les sols humides, dont l'espèce la plus courante est le vergne (ou verne). [Haut. 30 m ; famille des bétulacées.]

■ AULNE

AULOFFÉE ou **AULOFÉE** n.f. (de *au lof*). MAR. Mouvement d'un voilier qui vient dans le lit du vent.

AULX n.m. pl. → **AIL.**

AUMÔNE n.f. (gr. *eleêmosunê*, pitié). Don fait aux pauvres. *Faire, demander l'aumône.* – *Fig.* Ce que l'on accorde avec condescendance ou parcimonie ; faveur, grâce. *Faire, accorder à qqn l'aumône d'un sourire.*

AUMÔNERIE n.f. **1.** Charge d'aumônier. **2.** Lieu où un aumônier reçoit, exerce ses fonctions. *L'aumônerie d'un lycée.*

AUMÔNIER n.m. CHRIST. Ecclésiastique attaché à un corps ou à un établissement pour y assurer le service religieux et l'enseignement.

AUMÔNIÈRE n.f. Anc. Bourse portée à la ceinture.

AUNAIE n.f. → **AULNAIE.**

1. AUNE n.m. → **AULNE.**

2. AUNE n.f. (du francique). **1.** Ancienne mesure de longueur, utilisée surtout pour les étoffes et valant environ 1,20 m. **2.** *À l'aune de :* en prenant pour élément de mesure, de comparaison.

AUNÉE n.f. Inule.

AUPARAVANT adv. (de *au, par* et *avant*). Avant dans le temps ; d'abord.

AUPRÈS DE loc. prép. **1.** Tout près de, à côté de. *Venez auprès de moi.* **2.** En s'adressant à. *Faire une demande auprès du ministre.* **3.** En comparaison de. *Mon mal n'est rien auprès du sien.* **4.** *Sout.* Dans l'esprit, dans l'opinion de. *Il passe pour un goujat auprès d'elle.* ◆ **auprès** adv. *Litt.* Dans le voisinage. *Les maisons bâties auprès.*

AUQUEL pron. relat. et pron. interr. sing. → **LEQUEL.**

AURA n.f. (mot lat.). **1.** *Litt.* Atmosphère spirituelle qui enveloppe un être ou une chose. *Une aura de mystère.* **2.** MÉD. Vx. Symptôme qui annonce une crise d'une maladie telle que l'épilepsie. **3.** Auréole, halo visible aux seuls initiés, dans les sciences occultes.

AURÉLIE n.f. Méduse transparente, teintée de bleu, commune dans les mers tempérées, à l'ombrelle frangée de tentacules. (Classe des scyphozoaires.)

AURÉOLE n.f. (lat. *aureola corona*, couronne d'or). **1.** Cercle brillant dont les peintres, les sculpteurs entourent la tête de Dieu, de la Vierge, des saints. SYN. : *nimbe.* **2.** *Fig.* Gloire, prestige. *L'auréole du martyre.* **3.** Cercle lumineux autour d'un astre, d'un objet ; halo. **4.** Tache en anneau laissée par un liquide, un corps gras sur du papier, du tissu, etc.

AURÉOLER v.t. *Litt.* Entourer d'une auréole. *Sa chevelure auréolait son visage.* ◇ ***Être auréolé de prestige, de gloire, etc.***, en être paré.

AUREUS [oreys] n.m. (mot lat., *pièce d'or*). Monnaie d'or de la Rome antique.

1. AURICULAIRE adj. (du lat. *auricula*, petite oreille). **1.** De l'oreille. ◇ ***Témoin auriculaire***, qui a entendu de ses propres oreilles ce qu'il rapporte. **2.** D'une oreillette, des oreillettes du cœur.

2. AURICULAIRE n.m. Cinquième doigt de la main ; petit doigt.

AURICULE n.f. ANAT. Prolongement des oreillettes du cœur.

AURICULOTHÉRAPIE n.f. Traitement dérivé de l'acupuncture, qui vise à traiter des affections par des piqûres en différents points du pavillon de l'oreille.

AURIFÈRE adj. (du lat. *aurum*, or, et *ferre*, porter). Qui contient de l'or. *Sable aurifère.*

AURIGE n.m. (lat. *auriga*, cocher). ANTIQ. Conducteur de char, dans les courses.

AURIGNACIEN n.m. (de *Aurignac*). Faciès du paléolithique supérieur (– 30 000 à – 25 000), commun à l'ensemble de l'Europe, où apparaissent les premières formes de l'art. ◆ **aurignacien, enne** adj. Relatif à l'aurignacien.

1. AURIQUE adj. (néerl. *oorig*, du lat. *auris*, oreille). MAR. *Voile aurique*, de forme trapézoïdale.

2. AURIQUE adj. (du lat. *aurum*, or). CHIM. Qui contient de l'or. *Sel aurique.*

AUROCHS [ɔrɔk] n.m. (all. *Auerochs*). Bœuf sauvage, noir, de grande taille, dont l'espèce est éteinte depuis 1617. SYN. : *urus, ure.*

AURORAL, E, AUX adj. **1.** *Litt.* De l'aurore. **2.** Relatif à une aurore polaire.

AURORE n.f. (lat. *aurora*). **1.** Lueur qui précède le lever du soleil ; moment où le soleil va se lever. *Partir à l'aurore.* – *Fig., litt.* Commencement. *L'aurore d'une ère nouvelle.* **2.** ***Aurore polaire, boréale*** ou ***australe :*** phénomène lumineux fréquent dans le ciel des régions polaires, luminescence de la haute atmosphère sous l'action de particules électrisées issues du Soleil. ◆ adj. inv. Rare. D'un rose doré.

■ **AURORE.** Aurore polaire près de Fairbanks, en Alaska.

AUSCITAIN, E adj. et n. D'Auch.

AUSCULTATION n.f. (lat. *auscultatio*). Technique diagnostique consistant à écouter les bruits produits par les organes (cœur, poumons), à l'aide d'un stéthoscope.

AUSCULTATOIRE adj. Qui se rapporte à l'auscultation.

AUSCULTER v.t. (lat. *auscultare*, écouter). Pratiquer l'auscultation. *Ausculter un malade. Ausculter le thorax.*

AUSPICE n.m. (lat. *auspicium*, de *avis*, oiseau, et *spicere*, examiner). [Surtout pl.] **1.** ANTIQ. ROM. Présage tiré du vol, du chant, du comportement des oiseaux. *Prendre les auspices.* **2.** *Litt.* Signe, augure. *Sous d'heureux, de funestes auspices.* ◇ *Litt.* ***Sous les auspices de qqn***, sous sa protection, avec son appui.

AUSSI adv. (lat. *aliud*, autre chose, et *sic*, ainsi). **1.** Marque l'égalité. *Elle est aussi grande que toi. Si tu es content, moi aussi.* ◇ ***Aussi bien que :*** de même que. *Ceci vous intéresse aussi bien que moi.* **2.** Introduit un ajout. *Il y avait beaucoup d'enfants et aussi quelques adultes.* **3.** Marque l'intensité. *Aussi surprenant que cela paraisse, c'est pourtant vrai.* ◆ conj. **1.** Marque la conséquence. *Il était très timide, aussi n'osa-t-il rien répondre.* **2.** *Litt. Aussi bien :* d'ailleurs. *Je ne partirai pas, aussi bien est-il trop tard.*

AUSSIÈRE ou ***HAUSSIÈRE** n.f. (lat. *helciaria*, de *helcium*, collier de trait). Gros cordage employé pour l'amarrage, le touage des navires et pour les manœuvres de force.

AUSSITÔT adv. (de *aussi* et *tôt*). Au moment même, sur l'heure ; immédiatement. *Je l'ai appelé et il est accouru aussitôt.* ◇ ***Aussitôt dit, aussitôt fait :*** l'action a suivi immédiatement la décision. ◆ **aussitôt que** loc. conj. Dès que.

AUSTÉNITE n.f. (de *Austen*, n.pr.). MÉTALL. Constituant micrographique des aciers et des fontes.

AUSTÉNITIQUE adj. Qui concerne l'austénite.

AUSTÈRE adj. (lat. *austerus*, âpre au goût). **1.** Qui manifeste de sévères principes moraux, de la rigidité. *Une vie, une éducation, une personne austère.* **2.** Dépouillé de tout ornement. *Une bâtisse austère.*

AUSTÈREMENT adv. De façon austère.

AUSTÉRITÉ n.f. **1.** Sévérité, rigorisme de mœurs, de comportement. ◇ ÉCON. ***Politique d'austérité***, visant à la diminution des dépenses de consommation, des dépenses budgétaires, etc., et au relèvement des recettes. **2.** Absence de tout ornement, de toute fantaisie. *L'austérité d'un style.*

AUSTRAL, E, ALS ou **AUX** adj. (du lat. *auster*, vent du midi). De la moitié sud du globe terrestre, de la sphère céleste ou d'un astre. CONTR. : *boréal.*

AUSTRALIEN, ENNE adj. et n. De l'Australie, de ses habitants.

AUSTRALOPITHÈQUE n.m. Hominidé fossile d'Afrique de l'Est et du Sud, dont plusieurs espèces se sont succédé entre 4,5 et 1,5 million d'années. (Les australopithèques sont les plus anciens représentants de la famille des hominidés ; ils étaient bipèdes mais ne fabriquaient pas d'outils.)

AUSTRO-HONGROIS, E adj. et n. (pl. *austro-hongrois, es*). De l'empire d'Autriche-Hongrie.

AUSTRONÉSIEN, ENNE adj. et n.m. Se dit d'une famille de langues dont le domaine s'étend de Taïwan à la Nouvelle-Zélande et de Madagascar à l'île de Pâques, en exceptant l'Australie et une partie de la Nouvelle-Guinée, et qui comprend notamm. l'indonésien et le polynésien. SYN. : *malayo-polynésien.*

AUTAN n.m. (mot provenç.). Vent du sud-est soufflant sur le haut Languedoc et les régions situées à l'ouest des Corbières et de la Montagne Noire.

AUTANT adv. (lat. *aliud*, autre chose, et *tantum*, tellement). **1.** Marque l'égalité de quantité, de valeur, de nombre, etc. *Elle travaille autant que moi. Il y a ici autant de femmes que d'hommes.* ◇ *D'autant :* dans la même proportion. *Payez un acompte, vous vous libérerez d'autant.* – ***Tout autant :*** aussi bien. **2.** Marque une idée de grande quantité, de degré élevé. *Je n'avais jamais autant couru.* **3.** ***Pour autant :*** malgré cela ; cependant. **4.** Belgique. Tant. *Mettons qu'il gagne autant par mois.* ◆ loc. conj. ***Pour autant que***, ou ***autant que :*** dans la mesure où. *Pour autant que je le sache.* – ***D'autant que :*** vu, attendu que.

AUTARCIE n.f. (gr. *autarkeia*, qui se suffit à soi-même). **1.** Régime économique d'un pays qui tend à se suffire à lui-même. **2.** Doctrine préconisant ce régime.

AUTARCIQUE adj. Fondé sur l'autarcie.

AUTEL n.m. (lat. *altare*). **1.** Table, construction destinée à la réception des offrandes, à la célébration des sacrifices à la divinité. **2.** CHRIST. Table où l'on célèbre l'eucharistie.

AUTEUR n.m. (lat. *auctor*). **1.** Personne qui est à l'origine d'une chose, responsable d'un acte. *L'auteur d'une découverte, d'un accident.* **2.** Créateur d'une œuvre littéraire, artistique, etc. *Un auteur à succès. Un film d'auteur.* ◇ ***Droits d'auteur :*** droits moraux et patrimoniaux d'un auteur sur son œuvre (artistique, littéraire, technique [logiciels], etc.). **3.** DR. Personne de qui une autre (l'*ayant droit*) tient un droit ou une obligation.

AUTHENTICITÉ n.f. Caractère de ce qui est authentique.

AUTHENTIFICATION n.f. Action d'authentifier.

AUTHENTIFIER v.t. [5]. **1.** Certifier la vérité, l'exactitude de qqch. **2.** Rendre authentique ; légaliser. *Authentifier une signature.*

AUTHENTIQUE adj. (gr. *authentikos*, qui agit de sa propre autorité). **1.** Dont l'exactitude, l'origine, l'attribution est incontestable. *Un manuscrit authentique.* **2.** D'une sincérité totale. *Une émotion authentique.* **3.** DR. Revêtu des formes légales.

AUTHENTIQUEMENT adv. De façon authentique.

AUTISME n.m. (du gr. *autos*, soi-même). Trouble psychiatrique caractérisé par un repli pathologique sur soi accompagné de la perte du contact avec le monde extérieur, typique de la schizophrénie chez l'adulte, observé également chez l'enfant.

ENCYCL. L'autisme de l'enfant a une origine discutée, neurologique ou psychique. Il apparaît dès les premières années de la vie et se marque par le désintérêt total à l'égard de l'entourage, le besoin impérieux de se repérer constamment dans l'espace, des gestes stéréotypés, des troubles du langage et l'inadaptation dans la communication : l'enfant ne parle pas ou émet un jargon qui a la mélodie du langage, mais qui n'a aucune signification.

A

AUTISTE adj. et n. Atteint d'autisme.

AUTISTIQUE adj. Relatif à l'autisme.

1. AUTO n.f. (abrév.). Automobile. ◇ *Autos tamponneuses :* petites voitures électriques à deux places qui s'entrechoquent sur une piste, dans les fêtes foraines.

2. AUTO n.m. → **AUTO SACRAMENTAL.**

AUTOACCUSATEUR, TRICE adj. Qui relève de l'autoaccusation.

AUTOACCUSATION n.f. Fait de s'accuser soi-même.

AUTOADHÉSIF, IVE adj. Autocollant.

AUTOALLUMAGE n.m. Inflammation spontanée et accidentelle du mélange carburé dans un moteur à explosion.

AUTOAMORÇAGE n.m. Amorçage spontané d'une machine ou d'une réaction, sans intervention d'un agent extérieur.

AUTOANALYSE n.f. Analyse du sujet par lui-même, recourant aux techniques psychanalytiques de l'association libre et de l'interprétation des rêves.

AUTOANTICORPS n.m. Anticorps anormal, élaboré par un organisme vivant contre lui-même, lors d'une auto-immunité.

AUTOBIOGRAPHE n. Auteur d'une autobiographie.

AUTOBIOGRAPHIE n.f. Biographie d'une personne écrite par elle-même.

A

AUTOBIOGRAPHIQUE adj. Se dit d'un récit qui concerne la vie même de l'auteur.

AUTOBLOQUEUR n.m. ALP., SPÉLÉOL. Appareil employé pour l'ascension ou la descente de passages verticaux par glissements et coincements successifs le long d'une corde.

AUTOBRONZANT, E adj. et n.m. Se dit d'un produit cosmétique permettant de bronzer sans soleil.

AUTOBUS [otobys] n.m. (de *auto* et *bus*, abrév. de *omnibus*). Grand véhicule automobile de transport en commun urbain et suburbain. Abrév. : *bus.*

AUTOCAR n.m. Grand véhicule automobile de transport en commun, routier ou touristique. Abrév. : *car.*

AUTOCARAVANE n.f. Recomm. off. pour *camping-car, motor-home.*

AUTOCARISTE n. Propriétaire d'une compagnie d'autocars ; conducteur d'autocar.

AUTOCASSABLE adj. Se dit d'une ampoule qui peut se casser sans lime.

AUTOCÉLÉBRATION n.f. Action de faire publiquement et avec force son propre éloge. *La cérémonie a tourné à l'autocélébration du service public.*

AUTOCENSURE n.f. Censure effectuée par qqn sur ses propres écrits, ses propres paroles, ses propres actes.

AUTOCENSURER (S') v.pr. Pratiquer une autocensure sur ses œuvres, ses propos, ses actes.

AUTOCENTRÉ, E adj. ÉCON. *Développement autocentré :* développement d'un pays fondé sur ses seules ressources.

AUTOCÉPHALE adj. Se dit des Églises et des évêques métropolitains orthodoxes non soumis à la juridiction d'un patriarche.

AUTOCHENILLE n.f. Automobile montée sur chenilles à l'arrière et sur roues à l'avant.

AUTOCHROME [otokrom] adj. Qui enregistre les couleurs par *synthèse additive. ◆ n.f. Plaque photographique autochrome.

AUTOCHTONE [otoktɔn] adj. et n. (du gr. *khthôn*, terre). Originaire du pays qu'il habite. SYN. : *aborigène, indigène.* ◆ adj. GÉOL. Se dit de couches géologiques sédimentaires qui n'ont pas subi de déplacement et sur lesquelles se sont avancées parfois les nappes de charriage, dites *allochtones.*

AUTOCINÉTISME n.m. PSYCHOL. Illusion de mouvement.

AUTOCLAVE adj. et n.m. (du lat. *clavis*, clef). Se dit d'un récipient à parois épaisses et à fermeture hermétique conçu pour réaliser sous pression soit une réaction industrielle, soit la cuisson ou la stérilisation à la vapeur.

AUTOCOLLANT, E adj. Qui adhère à une surface sans être humecté. SYN. : *autoadhésif.* ◆ n.m. Image, vignette autocollante.

AUTOCOMMUTATEUR n.m. TÉLÉCOMM. Commutateur automatique.

AUTOCONCURRENCE n.f. Concurrence qu'un produit fait à d'autres produits de la même entreprise ou du même groupe d'entreprises.

AUTOCONDUCTION n.f. ÉLECTR. Production de courant dans un corps placé à l'intérieur d'un solénoïde sans être relié à un circuit électrique.

AUTOCONSOMMATION n.f. ÉCON. Consommation de sa propre production.

AUTOCOPIANT, E adj. *Papier autocopiant :* papier servant à obtenir des autocopies.

AUTOCOPIE n.f. Procédé de reproduction d'un original (texte, dessin) par pression localisée, sans papier carbone intercalaire ; épreuve ainsi obtenue.

AUTOCORRECTION n.f. Correction spontanée d'une erreur, d'un défaut.

AUTOCOUCHETTE, AUTOCOUCHETTES ou **AUTOS-COUCHETTES** adj. inv. Se dit d'un train qui permet le transport simultané de voyageurs, en couchettes, et de leurs voitures.

AUTOCRATE n.m. (gr. *autokratês*, qui gouverne lui-même). *Souvent péjor.* Monarque absolu.

AUTOCRATIE [otokrasi] n.f. Système politique dominé par un monarque absolu.

AUTOCRATIQUE adj. Qui relève de l'autocratie.

AUTOCRITIQUE n.f. Critique de sa propre conduite, notamm. dans le domaine politique.

AUTOCUISEUR n.m. Récipient métallique à fermeture hermétique, destiné à la cuisson des aliments à la vapeur sous pression.

AUTODAFÉ n.m. (port. *auto da fé*, acte de foi). **1.** HIST. En Espagne et dans l'Empire espagnol, proclamation solennelle d'un jugement de l'Inquisition ; exécution du coupable, surtout par le feu. **2.** Destruction par le feu. *Un autodafé de livres.*

AUTODÉFENSE n.f. Action de se défendre par ses seuls moyens.

AUTODÉRISION n.f. Dérision aux dépens de soi-même.

AUTODESTRUCTEUR, TRICE adj. Qui vise à se détruire soi-même.

AUTODESTRUCTION n.f. Destruction de soi-même.

AUTODÉTERMINATION n.f. **1.** Libre choix du statut politique d'un pays par ses habitants. **2.** *Didact.* Action de se déterminer par soi-même.

AUTODICTÉE n.f. Exercice scolaire consistant en la retranscription, de mémoire, d'un texte de quelques lignes.

AUTODIDACTE adj. et n. (du gr. *didaskein*, enseigner). Qui s'est instruit lui-même.

AUTODIRECTEUR, TRICE adj. Qui peut se diriger vers son objectif sans intervention extérieure. *Missile autodirecteur.*

AUTODISCIPLINE n.f. Discipline que s'impose volontairement un individu ou un groupe.

AUTO-ÉCOLE n.f. (pl. *auto-écoles*). École où l'on enseigne la conduite automobile.

AUTOÉDITION n.f. Édition d'un ouvrage par son auteur sans autre intermédiaire qu'un imprimeur.

AUTOÉLÉVATEUR, TRICE adj. Se dit d'un engin, d'un dispositif susceptible de modifier une de ses dimensions verticales par coulissement de certains de ses éléments. *Chariot autoélévateur.* ◇ *Plate-forme autoélévatrice :* support de travail en mer prenant appui sur le fond grâce à des piles verticales susceptibles d'être hissées pour permettre le déplacement du support en flottaison.

AUTOÉROTIQUE adj. Qui relève de l'autoérotisme.

AUTOÉROTISME n.m. Recherche d'une satisfaction sexuelle sans recours à un partenaire.

AUTOEXCITATEUR, TRICE adj. Se dit d'une machine électrique dans laquelle le courant continu alimentant les inducteurs est fourni par l'induit.

AUTOFÉCONDATION n.f. SC. DE LA V. Union de gamètes mâle et femelle produits par un même individu, animal ou végétal, permettant à celui-ci d'assurer sa propre fécondation. SYN. : *autogamie.*

AUTOFICTION n.f. LITTÉR. Autobiographie empruntant les formes narratives de la fiction. *« L'Enfant » de Jules Vallès est une autofiction.*

AUTOFINANCEMENT n.m. ÉCON. Technique de financement des investissements d'une entreprise au moyen d'un prélèvement sur les bénéfices réalisés.

AUTOFINANCER (S') v.pr. [9]. Pratiquer l'autofinancement.

AUTOFOCUS [-kys] adj. (mot angl., de *to focus*, mettre au point). Se dit d'un système de mise au point automatique équipant un appareil photo, une caméra, un projecteur, etc. ◆ n.m. Appareil équipé de ce système.

AUTOGAME adj. (du gr. *gamos*, mariage). Capable de se reproduire par autofécondation, surtout en parlant des végétaux.

AUTOGAMIE n.f. Autofécondation.

AUTOGÈNE adj. *Soudage autogène :* soudage de deux pièces d'un même métal sans utilisation d'un métal d'apport.

AUTOGÉRÉ, E adj. Soumis à l'autogestion.

AUTOGESTION n.f. **1.** Gestion d'une entreprise par l'ensemble du personnel ou ses représentants. **2.** Système de gestion collective, en économie socialiste.

AUTOGESTIONNAIRE adj. Qui relève de l'autogestion ; qui prône l'autogestion. *Socialisme autogestionnaire.*

AUTOGIRE n.m. (esp. *autogiro*). Aéronef muni d'un rotor dont le mouvement n'assure que la sustentation de l'appareil, et non sa propulsion (à la différence de l'hélicoptère).

AUTOGRAPHE adj. (du gr. *graphein*, écrire). Écrit de la main même de l'auteur. *Lettre autographe de Napoléon.* ◆ n.m. Écrit ou signature autographe d'un personnage célèbre. *Chasseur d'autographes.*

AUTOGRAPHIE n.f. Procédé de report sur pierre lithographique d'un dessin exécuté à l'encre grasse sur un papier spécial ; lithographie ainsi obtenue.

AUTOGREFFE n.f. MÉD. Greffe à partir d'un greffon prélevé sur le sujet lui-même. SYN. : *autoplastie.*

AUTOGUIDAGE n.m. Procédé permettant à un mobile (aéronef, missile) de diriger lui-même son mouvement vers le but assigné.

AUTOGUIDÉ, E adj. Dirigé par autoguidage. *Projectile autoguidé.*

AUTO-IMMUN, E [otoimœ̃, yn] adj. (pl. *auto-immuns, es*). MÉD. Se dit d'un processus, d'une maladie dus à l'auto-immunité.

AUTO-IMMUNITÉ ou **AUTO-IMMUNISATION** n.f. (pl. *auto-immunités, auto-immunisations*). État d'un organisme vivant qui produit des anticorps (*autoanticorps*) dirigés contre ses propres antigènes, ses propres substances.

AUTO-INDUCTANCE n.f. (pl. *auto-inductances*). ÉLECTROMAGN. Quotient du flux d'induction magnétique à travers un circuit par le courant qui le parcourt. SYN. : *inductance propre, self-inductance.*

AUTO-INDUCTION n.f. (pl. *auto-inductions*). ÉLECTROMAGN. Induction produite dans un circuit électrique par les variations du courant qui le parcourt. SYN. : *self-induction.*

AUTOLIMITATION n.f. Limitation que quelqu'un s'impose lui-même.

AUTOLUBRIFIANT, E adj. MÉCAN. Qui assure sa propre lubrification au contact d'une autre surface.

AUTOLYSE n.f. **1.** BIOL. CELL. Destruction de cellules sous l'action de leurs propres enzymes. (Le blettissement des fruits résulte d'une autolyse.) **2.** PSYCHIATR. Suicide.

AUTOMATE n.m. (gr. *automatos*, qui se meut par lui-même). **1.** Jouet, objet figurant un personnage, un animal, etc., dont il simule les mouvements grâce à un mécanisme. — *Péjor.* Personne dénuée de réflexion ou d'initiative. **2. a.** Dispositif assurant un enchaînement automatique et continu d'opérations arithmétiques et logiques. **b.** Machine, mécanisme automatiques ; robot industriel. **c.** Suisse. Distributeur automatique. **3.** INFORM. *Automate programmable :* type de processeur programmable destiné à des applications industrielles.

AUTOMATICIEN, ENNE n. Spécialiste de l'automatique (science), de l'automatisation.

AUTOMATICITÉ n.f. *Didact.* Caractère de ce qui est automatique.

AUTOMATION n.f. (mot angl.). Automatisation.

1. AUTOMATIQUE adj. **1.** Qui opère, fonctionne sans intervention humaine, par des moyens mécaniques, électriques, électroniques, etc. *Fermeture automatique des portes.* ◇ *Arme automatique :* arme à feu pouvant tirer plusieurs coups sans être rechargée. **2.** Qui ne fait pas intervenir la pensée consciente. *Geste automatique.* ◇ *Écriture automatique :* technique d'écriture spontanée, sans sujet préconçu et sans contrôle rationnel, à la base du surréalisme. **3.** Qui se produit régulièrement ou en vertu de règles préétablies. *Reconduction automatique d'un contrat.*

■ L'AUTOMOBILE

En un siècle, l'automobile s'est très largement démocratisée. Aujourd'hui, l'évolution des modèles se caractérise notamment par une augmentation de la puissance, une diminution de la consommation de carburant et de la pollution, un accroissement du rôle de l'électronique, des progrès dans le confort, la sécurité, la finition et l'équipement. Les carrosseries sont désormais profilées pour offrir le minimum de résistance à l'air.

Coupé Hispano-Suiza J12 (1933). D'origine hispano-suisse, la société Hispano-Suiza a bâti sa renommée, dans la construction automobile, sur la production de voitures de luxe de grande puissance.

Limousine De Dion-Bouton (1912). Albert de Dion et Georges Bouton comptent parmi les pionniers de la construction automobile. Au début du siècle, on ne se souciait pas encore de l'aérodynamisme des carrosseries...

Berline Bugatti T40 (1928). Le nom d'Ettore Bugatti reste associé à la construction d'automobiles de sport, de course ou de luxe.

Cabriolet « Coccinelle » Volkswagen (1979). Créée par Ferdinand Porsche et commercialisée à partir de 1938, la « Coccinelle » a connu un extraordinaire succès populaire et a été vendue à plus de 21 millions d'exemplaires.

2. AUTOMATIQUE n.m. **1.** Réseau téléphonique automatique. **2.** Arme automatique.

3. AUTOMATIQUE n.f. Science et technique de l'automatisation, qui étudient les méthodes et les technologies propres à la conception et à l'utilisation des systèmes automatiques.

AUTOMATIQUEMENT adv. **1.** De façon automatique. **2.** De façon inévitable, systématique.

AUTOMATISATION n.f. Fait d'automatiser l'exécution d'une tâche, d'une suite d'opérations, etc. – Exécution totale ou partielle de tâches techniques par des machines fonctionnant sans intervention humaine. SYN. : *automation.*

AUTOMATISER v.t. Rendre un processus, un fonctionnement automatique.

AUTOMATISME n.m. **1.** Fait d'être automatique. – Mécanisme, système automatique. **2.** Acte, geste accompli sans réfléchir, par habitude ou après apprentissage. **3.** *Automatisme psychologique :* chez Pierre Janet, activité reproductrice inconsciente (par oppos. à *activité créatrice*).

AUTOMÉDICATION n.f. Choix et prise de médicaments sans avis médical.

AUTOMITRAILLEUSE n.f. Véhicule blindé rapide, à roues, armé d'un canon ou de mitrailleuses.

AUTOMNAL, E, AUX adj. De l'automne.

AUTOMNE [otɔn] n.m. (lat. *autumnus*). Saison qui succède à l'été et précède l'hiver, et qui, dans l'hémisphère boréal, commence le 22 ou le 23 septembre et finit le 21 ou le 22 décembre. ◇ *Litt. À l'automne de la vie :* au déclin de la vie.

1. AUTOMOBILE adj. **1.** Se dit d'un véhicule qui possède son propre moteur de propulsion. **2.** Relatif aux automobiles, aux voitures. *Industrie automobile.*

2. AUTOMOBILE ou **AUTO** n.f. Véhicule routier léger, à moteur, génér. à quatre roues, pour le transport des personnes. SYN. : *voiture.*

AUTOMOBILISTE n. Personne qui conduit une automobile.

AUTOMORPHISME n.m. ALGÈBRE. Isomorphisme d'un ensemble sur lui-même.

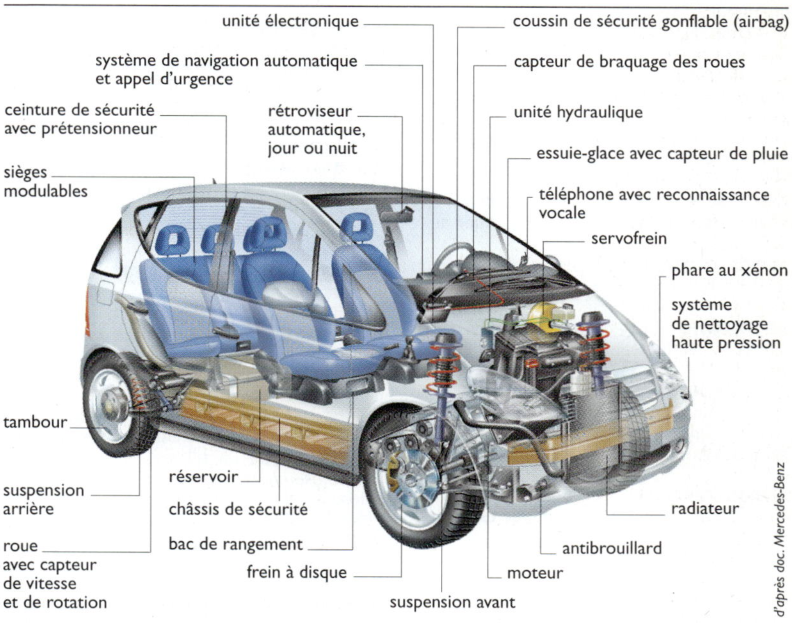

■ **AUTOMOBILE.** Écorché d'une voiture de tourisme.

1. AUTOMOTEUR, TRICE adj. Se dit d'un véhicule, d'un bateau, d'une pièce d'artillerie, etc., capables de se déplacer par leurs propres moyens sans être tractés ou poussés.

2. AUTOMOTEUR n.m. **1.** Bâtiment porteur motorisé pour le transport fluvial. **2.** Pièce d'artillerie sous tourelle montée sur un châssis de char. **3.** Rame automotrice Diesel.

AUTOMOTRICE n.f. Véhicule ferroviaire pour le transport de voyageurs, se déplaçant grâce à son propre moteur.

AUTOMUTILATION n.f. Trouble psychiatrique qui consiste à s'infliger à soi-même des blessures ; blessure ainsi produite.

AUTONEIGE n.f. Québec. Véhicule automobile fermé équipé de chenilles, utilisé pour circuler sur la neige.

AUTONETTOYANT, E adj. Qui assure son nettoyage par son propre fonctionnement. (Le four autonettoyant fonctionne par catalyse ou pyrolyse.)

AUTONOME adj. (du gr. *autos*, soi-même, et *nomos*, loi). Qui jouit de l'autonomie. *Région autonome. Élève autonome.* ◇ *Gestion autonome :* organisation d'une entreprise telle que chaque service, chaque atelier est indépendant des autres. ◆ adj. et n. Se dit de certains contestataires, génér. de la mouvance d'extrême gauche, qui rejettent toute organisation politique.

AUTONOMIE n.f. **1.** Possibilité de décider, pour un organisme, un individu, sans en référer à un pouvoir central, à une hiérarchie, une autorité ; indépendance. *L'autonomie des universités.* ◇ *Autonomie financière :* situation d'un organisme qui administre, gère librement ses propres ressources. **2.** Distance que peut parcourir un véhicule à moteur sans nouvel apport de carburant. – Temps pendant lequel un appareil peut fonctionner sans nouvel apport de carburant, d'énergie ou sans intervention extérieure.

AUTONOMISATION n.f. Fait de devenir autonome. – PSYCHOL. Acquisition par un enfant de son autonomie dans le comportement.

AUTONOMISTE n. et adj. Partisan de l'autonomie politique d'un territoire. *Les autonomistes basques, bretons.*

AUTONYME n.m. et adj. LING. Mot, signe qui se désigne lui-même. *Emploi autonyme.* (Ex. : *chat* dans *chat prend un s au pluriel.*)

AUTONYMIE n.f. LING. Fait d'être autonyme.

AUTOPALPATION n.f. Méthode de dépistage du cancer du sein chez la femme, consistant à palper soi-même ses seins.

AUTOPLASTIE n.f. MÉD. **1.** Réparation d'une région cutanée lésée par autogreffe d'un fragment de peau voisin. **2.** Autogreffe.

AUTOPOMPE n.f. Véhicule à incendie muni d'une pompe.

AUTOPORTANT, E ou **AUTOPORTEUR, EUSE** adj. CONSTR. Dont la stabilité résulte de la seule rigidité de la forme. *Voûte autoportante.*

AUTOPORTRAIT n.m. Portrait d'un artiste par lui-même.

AUTOPROCLAMER (S') v.pr. Se proclamer de sa propre autorité à telle fonction, à telle dignité ; s'octroyer tel statut. *S'autoproclamer État souverain.* ◇ p.p. adj. *Parlement autoproclamé.*

AUTOPROPULSÉ, E adj. Qui assure sa propre propulsion.

AUTOPROPULSEUR n.m. et adj.m. Dispositif assurant l'autopropulsion.

AUTOPROPULSION n.f. Propriété d'un engin de se propulser par ses propres moyens.

AUTOPSIE n.f. (gr. *autopsia*, action de voir de ses propres yeux). Dissection et examen d'un cadavre pour déterminer les causes de la mort ou pour la recherche scientifique.

AUTOPSIER v.t. [5]. Pratiquer une autopsie.

AUTOPUNITIF, IVE adj. Qui relève d'une autopunition. *Conduite autopunitive.*

AUTOPUNITION n.f. PSYCHIATR. Punition qu'un sujet s'inflige à lui-même en réponse à un sentiment de culpabilité.

AUTORADIO n.m. Poste récepteur de radiodiffusion sonore destiné à fonctionner dans une automobile.

AUTORADIOGRAPHIE n.f. Empreinte laissée sur une émulsion photographique par un objet contenant un produit radioactif.

AUTORAIL n.m. Automotrice à moteur thermique.

AUTORÉFÉRENCE n.f. LOG. Caractéristique d'un énoncé dont le contenu sémantique est exclusivement en relation avec cet énoncé.

AUTORÉGLAGE n.m. Propriété d'un appareil de retrouver, après une perturbation, un régime établi.

AUTORÉGULATEUR, TRICE adj. Qui opère sa propre régulation.

AUTORÉGULATION n.f. Régulation d'une fonction, d'une machine par elle-même.

AUTORÉPARABLE adj. Qui, en cas de défaut, peut se réparer automatiquement.

AUTO-REVERSE [-rivers] adj. inv. et n.m. [pl. *auto-reverses*] (mot angl.). Se dit d'un magnétophone, d'un lecteur de cassettes ou d'un magnétoscope muni d'un dispositif permettant le retournement automatique de la bande en fin de course.

AUTORISATION n.f. Action d'autoriser ; permission donnée par qqn ; document qui autorise. ◇ *Autorisation de mise sur le marché* → **AMM.**

AUTORISÉ, E adj. **1.** Qui bénéficie d'une autorisation. *Visite autorisée.* **2.** Qui fait autorité. *Avis autorisé.* ◇ *Personne autorisée,* qui a l'autorité pour déclarer, faire qqch.

AUTORISER v.t. (du lat. *auctor*, garant). **1.** Donner la permission, le pouvoir ou le droit de. *Elle m'a autorisé à m'absenter.* **2.** Rendre possible ou légitime ; permettre. *La situation autorise une hausse des prix.* ◆ **s'autoriser** v.pr. **(de).** *Litt.* S'appuyer sur une autorité, un précédent, etc. ; se prévaloir de. *Il s'autorise de ma confiance.*

AUTORITAIRE adj. Qui impose, fait sentir son autorité d'une manière absolue, sans tolérer la contradiction. *Régime autoritaire. Ton autoritaire.*

AUTORITAIREMENT adv. De façon autoritaire.

AUTORITARISME n.m. Caractère autoritaire.

AUTORITÉ n.f. (lat. *auctoritas*). **1.** Droit, pouvoir de commander, de prendre des décisions, de se faire obéir. *En vertu de l'autorité du chef de l'État.* – Personne, organisme qui exerce cette autorité. *Décision de l'autorité compétente.* ◇ DR. *Autorité de la chose jugée :* effet attribué par la loi aux décisions de justice et qui interdit sous certaines conditions de remettre en discussion ce qui a fait l'objet d'un jugement définitif. – *Autorité parentale,* exercée en commun par les père et mère ou, à défaut, par l'un des deux jusqu'à la majorité ou l'émancipation d'un mineur. **2.** Qualité, ascendant par lesquels qqn se fait obéir. *Avoir de l'autorité. Imposer, perdre son autorité.* ◇ *D'autorité, de sa propre autorité :* sans consulter quiconque ; de manière impérative. **3.** Personne, ouvrage, etc., auxquels on se réfère, qu'on peut invoquer pour justifier qqch. ◇ *Faire autorité :* s'affirmer comme référence indiscutable. ◆ pl. Représentants de la puissance publique ; hauts fonctionnaires. *Les autorités militaires.*

AUTOROUTE n.f. **1.** Route à deux chaussées à sens unique séparées par un terre-plein central, conçue pour une circulation automobile rapide et sûre, aux accès spécialement aménagés et sans croisement à niveau. **2.** *Autoroute électronique* ou *de l'information :* réseau de télécommunication à large bande permettant de transmettre à haut débit, de manière interactive, des textes, des images fixes ou animées, des sons et des données informatiques. SYN. : *inforoute.*

AUTOROUTIER, ÈRE adj. Relatif aux autoroutes.

AUTO SACRAMENTAL [otosakramẽtal] ou **AUTO** n.m. [pl. *autos sacramentals* ou *autos sacramentales, autos*] (mots esp., *drame du saint sacrement*). Représentation dramatique donnée en Espagne, surtout aux XVIe et XVIIe s., le jour de la Fête-Dieu, sur des scènes de théâtre dressées dans les rues.

AUTOSATISFACTION n.f. Contentement de soi.

AUTOSCOPIE n.f. **1.** Technique audiovisuelle de formation, reposant sur l'analyse en groupe de sa propre image filmée. **2.** En parapsychologie, faculté de voir à l'intérieur de son propre corps. **3.** Hallucination rare où l'on se voit soi-même.

AUTOS-COUCHETTES adj. inv. → **AUTOCOUCHETTE.**

AUTOSEXABLE adj. Se dit de races d'oiseaux qui possèdent un caractère particulier, visible dès l'éclosion, permettant de distinguer les mâles des femelles.

AUTOSOME [otozom] n.m. Chromosome quelconque, à l'exception des chromosomes sexuels.

AUTOSOMIQUE adj. **1.** D'un autosome. **2.** *Maladie autosomique,* due à une anomalie d'un autosome, et dont la transmission héréditaire est indépendante du sexe du sujet.

AUTO-STOP n.m. sing. Pratique consistant à faire signe à un automobiliste de s'arrêter pour se faire transporter gratuitement. SYN. *(fam.) : stop.*

AUTO-STOPPEUR, EUSE n. (pl. *auto-stoppeurs, euses*). Personne qui pratique l'auto-stop. SYN. *(fam.) : stoppeur.*

AUTOSUBSISTANCE n.f. Fait pour un groupe social, un pays, de subvenir lui-même à l'essentiel de ses besoins ; autarcie.

AUTOSUFFISANCE n.f. **1.** Caractère d'une personne, d'un pays autosuffisants. **2.** LOG. Caractéristique d'un énoncé autosuffisant.

AUTOSUFFISANT, E adj. **1.** Dont les ressources suffisent à assurer les besoins essentiels, sans appel à une aide extérieure. **2.** LOG. Se dit d'un énoncé qui ne contient aucune contradiction. SYN. : *consistant.*

AUTOSUGGESTION n.f. Fait, pour un sujet, de se persuader lui-même de qqch.

AUTOSURVEILLANCE n.f. Méthode thérapeutique permettant à un diabétique de surveiller lui-même sa glycémie et de fixer les doses d'insuline nécessaires.

AUTOTOMIE n.f. Mutilation réflexe d'une partie du corps (appendices des crustacés, queue des lézards), observée chez certains animaux et leur permettant d'échapper à leurs prédateurs.

AUTOTOUR n.m. Circuit touristique avec location de voiture et nuits d'hôtel réservées par un voyagiste.

AUTOTRACTÉ, E adj. Se dit d'un engin, en partic. d'une tondeuse à gazon, à traction autonome.

AUTOTRANSFUSION n.f. Injection à un sujet, pendant une opération chirurgicale, de son propre sang, recueilli pendant l'opération ou prélevé avant.

AUTOTREMPANT, E adj. MÉTALL. Se dit d'un alliage dont la trempe est produite par un refroidissement normal à l'air.

AUTOTROPHE adj. SC. DE LA V. Se dit d'organismes (les végétaux verts, certaines bactéries) capables de se développer à partir des seuls éléments minéraux (par oppos. à ***hétérotrophe***).

AUTOTROPHIE n.f. Caractère d'un organisme autotrophe.

1\. **AUTOUR** n.m. (du lat. *accipiter*, épervier). Grand rapace diurne à longue queue des régions tempérées de l'hémisphère Nord, très apprécié en fauconnerie. (Envergure 1,10 m env. ; famille des accipitridés.)

2\. **AUTOUR (DE)** adv. et loc. prép. (de *2. tour*). **1.** Dans l'espace environnant. *Tout autour, la forêt brûle. La Terre tourne autour du Soleil.* **2.** Dans le voisinage habituel. *Ceux qui vivent autour de nous.* **3.** *Fam.* Environ, à peu près. *Posséder autour d'un million.*

1\. **AUTRE** adj. et pron. indéf. (lat. *alter*). **1.** Qui n'est pas semblable ; différent, distinct. *C'est un tout autre problème.* ◇ *L'autre jour :* un de ces jours derniers. – *De temps à autre :* quelquefois. – *Autre part :* ailleurs. – *De part et d'autre :* des deux côtés. – *Fam. À d'autres ! :* exprime le doute, l'incrédulité. *Il est acteur ? – À d'autres !* **2.** Qui vient en supplément ; nouveau. *Veux-tu une autre pomme ?* ◇ *D'autre part :* en outre. – Suisse. *Sans autre :* avec simplicité, sans façon.

2\. **AUTRE** n.m. **1.** PHILOS. Catégorie de l'être et de la pensée, qualifiant l'hétérogène, le divers, le multiple. **2.** PSYCHAN. *L'Autre :* chez Lacan, lieu où se situe, au-delà du partenaire imaginaire, ce qui, antérieur et extérieur au sujet, le détermine néanmoins.

AUTREFOIS adv. Dans un passé lointain.

AUTREMENT adv. **1.** Dans le cas contraire ; sinon, sans quoi. *Partez vite, autrement vous serez en retard.* **2.** De façon différente. *Parle-lui autrement !* ◇ *Autrement dit :* en d'autres mots. – *Fam. Autrement plus, moins :* beaucoup plus, moins. – *Fam. Pas autrement :* guère. *Je n'en suis pas autrement surpris.*

AUTRICHIEN, ENNE adj. et n. D'Autriche, de ses habitants.

AUTRUCHE n.f. (lat. *avis*, oiseau, et *struthio*, autruche). **1.** Oiseau de grande taille, d'Afrique et du Proche-Orient, aux longues pattes adaptées à la course et aux ailes inaptes au vol, parfois élevé pour ses plumes ou sa chair. (Haut. 2,60 m

■ **AUTRUCHE** mâle.

env. ; poids 100 kg env. ; sous-classe des ratites.) **2.** Peau tannée de cet oiseau, utilisée en maroquinerie. **3.** *Politique de l'autruche* : refus de prendre en considération un danger, une menace.

AUTRUCHON n.m. Petit de l'autruche.

AUTRUI pron. indéf. inv. *Litt.* L'autre, le prochain par rapport à soi ; les autres en général.

AUTUNITE n.f. (de *Autun,* n.pr.). MINÉRALOG. Phosphate d'uranium et de calcium.

AUVENT n.m. (mot celtique). **1.** Petit toit, génér. en appentis, couvrant un espace à l'air libre devant une baie, une façade. **2.** Abri placé sur un mur pour protéger des espaliers.

AUVERGNAT, E adj. et n. De l'Auvergne, qui se rapporte aux Auvergnats.

AUXILIAIRE n. (lat. *auxilium,* secours). **1.** Personne, chose qui fournit une aide, momentanément ou accessoirement. **2.** Personne recrutée pour un emploi à titre provisoire. – *Spécial.* En France, fonctionnaire non titulaire de l'Administration dont le statut, comme celui des contractuels et des vacataires, offre une moindre garantie de l'emploi. ◇ *Auxiliaire de justice* : homme de loi qui concourt à l'administration de la justice (avocat, expert, huissier, etc.). – *Auxiliaire médical* : personne (infirmier, kinésithérapeute, orthophoniste, etc.) qui traite les malades, par délégation du médecin. ◆ n.m. et adj. GRAMM. Verbe ou locution verbale qui, perdant sa signification particulière, sert à former les temps composés des autres verbes (*j'ai aimé, je suis parti*) ou à exprimer certains aspects de l'action verbale (*il va partir, elle vient de partir*). [Les verbes *avoir, être, faire* et *laisser* servent d'auxiliaires.] ◆ n.m. pl. **1.** MAR. Appareils nécessaires au fonctionnement des machines propulsives, à la sécurité et à la vie à bord d'un navire. **2.** HIST. Troupes étrangères, dans l'armée romaine. ◆ adj. Qui aide, temporairement ou accessoirement. *Maître auxiliaire. Moteur auxiliaire.*

AUXILIARIAT n.m. Fonction de maître auxiliaire, dans l'enseignement secondaire.

AUXINE n.f. BIOCHIM. Hormone végétale qui favorise notamm. la croissance en longueur des plantes.

AUXQUELS, AUXQUELLES pron. relat. et pron. interr. pl. → **LEQUEL.**

AVACHI, E adj. **1.** Se dit d'un vêtement, d'un tissu devenu sans forme, sans tenue par un usage prolongé. **2.** *Fam.* Sans énergie physique ou morale, sans dynamisme ; mou, indolent. *Se sentir tout avachi.*

AVACHIR (S') v.pr. (du francique *waikjan,* rendre mou). **1.** Perdre sa forme, sa fermeté. *Costume qui s'avachit.* **2.** Se laisser aller, par manque d'énergie.

AVACHISSEMENT n.m. Fait de s'avachir.

1. AVAL n.m. [pl. *avals*] (de *val*). Partie d'un cours d'eau comprise entre un point quelconque et l'embouchure ou le confluent. CONTR. : *amont.* ◇ *En aval.* **a.** Plus près de l'embouchure ou du confluent, par rapport à un point considéré. *Sur la Loire, Nantes est en aval de Tours.* **b.** *Fig.* Ce qui, dans un processus quelconque, est plus près du point d'aboutissement. *L'aciérie est en aval du haut-fourneau.* ◆ adj. inv. Se dit du ski ou du skieur qui est du côté du bas de la montagne.

2. AVAL n.m. [pl. *avals*] (ital. *avallo,* mot ar.). **1.** DR. Garantie donnée sur un effet de commerce ou lors de l'octroi d'un prêt par un tiers qui s'engage à en payer le montant s'il n'est pas acquitté par le signataire ou le bénéficiaire. **2.** *Sout.* Soutien, approbation donnés à la réalisation d'une action. *Donner son aval à une dépense.*

AVALANCHE n.f. (mot de la Suisse romande, de *avaler,* descendre). **1.** Importante masse de neige qui dévale les flancs d'une montagne, en entraînant souvent de la boue, des pierres, etc. ◇ *Cône d'avalanche* : zone de débris au débouché d'un couloir d'avalanche. **2.** *Fig.* Grande quantité de choses ; masse. *Une avalanche de dossiers. Une avalanche de compliments, d'ennuis.*

AVALANCHEUX, EUSE adj. *Didact.* Comportant un risque d'avalanche.

AVALANT, E adj. (de *aval*). NAVIG. Se dit d'un bateau qui se dirige vers l'aval d'une voie navigable.

AVALER v.t. (de *aval*). **1.** Faire descendre par la gorge ; absorber. ◇ *Fam. Vouloir tout avaler* : avoir des désirs, des ambitions que rien ne limite ; croire qu'aucun obstacle ne résistera. – *Faire avaler qqch à qqn,* lui faire croire qqch en abusant de sa crédulité. **2.** *Fam.* Admettre, supporter. *C'est dur à avaler.*

AVALEUR, EUSE n. *Avaleur de sabres* : bateleur qui fait pénétrer, réellement ou par simulation, une lame dans son gosier et dans son œsophage.

AVALISER v.t. **1.** DR. Revêtir un effet de commerce d'un aval. **2.** Appuyer en donnant sa caution. *Avaliser une décision.*

À-VALOIR n.m. inv. Somme à imputer sur une créance.

AVALOIRE n.f. ou **AVALOIR** n.m. Pièce du harnais entourant la croupe du cheval attelé, lui permettant de faire reculer le véhicule. SYN. : *reculement.*

AVANCE n.f. **1.** Action d'avancer, de progresser ; gain, partic. de temps ou de distance, acquis par cette action. *Prendre de l'avance dans une course, dans un travail.* ◇ *À l'avance, d'avance, par avance, en avance* : avant l'heure fixée ; par anticipation. *Arriver à l'avance à un rendez-vous.* – Belgique. *Il n'y a pas d'avance* : cela ne sert à rien. **2.** Paiement anticipé de tout ou partie d'une somme due ; prêt consenti dans des conditions déterminées. *Avance en compte courant.* **3.** MÉCAN. INDUSTR. Déplacement relatif d'un outil et de la pièce usinée dans le sens de l'effort de coupe. ◆ pl. Premières démarches faites en vue d'une réconciliation, d'une liaison amicale ou amoureuse. *Faire des avances à qqn.*

AVANCÉ, E adj. **1.** Situé en avant, dans l'espace ou dans le temps. *Position avancée. La journée était avancée.* **2.** Progressiste, d'avant-garde. *Des idées avancées.* **3.** Sur le point de se gâter. *Viande avancée.*

AVANCÉE n.f. **1.** Fait d'avancer ; progrès. *Les avancées de la médecine.* **2.** Partie qui fait saillie. *L'avancée d'un toit.* – Partie terminale d'une ligne de pêche.

AVANCEMENT n.m. **1.** Action d'avancer, de progresser, en parlant de qqch. *L'avancement des travaux.* **2.** Promotion dans une carrière. *Obtenir de l'avancement.*

AVANCER v.t. [9] (du lat. *ab ante,* en avant). **1.** Porter, pousser en avant dans l'espace. *Avancer le bras. Avancez-lui une chaise.* **2.** Effectuer qqch, fixer une date, un événement avant le moment prévu ; faire progresser. *Avancer son départ. Avancer son travail.* **3.** Mettre en avant ; proposer. *Avancer une idée, une hypothèse.* **4.** *Avancer de l'argent,* en prêter. ◆ v.i. **1.** Se déplacer en avant. *Avancer rapidement.* **2.** Faire des progrès ; approcher du terme. *Avancer dans ses études.* **3.** Indiquer une heure plus tardive que l'heure réelle. *Montre qui avance.* **4.** Faire saillie. ◆ **s'avancer** v.pr. **1.** Se porter en avant, progresser. *Il s'avançait à pas de loup.* **2.** *Fig.* Sortir d'une juste réserve, se hasarder à dire, à faire. *Ne t'avance pas trop !*

AVANIE n.f. (ital. *avania*). *Litt.* Affront public ; humiliation. *Essuyer une avanie.*

1. AVANT prép. et adv. (lat. *ab* et *ante,* auparavant). **1.** Indique l'antériorité, dans le temps ou dans l'espace. *Trois cents ans avant Jésus-Christ. Elle est partie avant lui. Arrêtez-vous avant le pont.* ◇ *D'avant* : antérieur, précédent. *L'année d'avant.* – *Avant tout* : d'abord, surtout. – *En avant (de)* : devant. – *Mettre en avant* : alléguer, insister sur. *Mettre en avant son âge.* **2.** Indique un degré supérieur dans une hiérarchie, sur une échelle de valeurs. *Faire passer le bonheur avant la richesse.* ◆ **avant que** loc. conj. ou **avant de** loc. prép. Indique l'antériorité dans le temps. *Avant qu'il (ne) parte. Avant de partir.*

2. AVANT n.m. **1.** Partie antérieure. *L'avant d'un véhicule.* ◇ *D'avant* : situé à l'avant. *Gaillard d'avant.* – *Aller de l'avant* : avancer rapidement ; *fig.,* progresser avec fougue. **2.** SPORTS. Joueur(euse) de la ligne d'attaque, dans de nombreux sports d'équipe. – Au rugby, joueur(euse) participant notamm. aux touches et aux mêlées ordonnées. **3.** Zone de combats, en temps de guerre. ◆ adj. inv. Situé à l'avant, dirigé vers l'avant. *Les roues avant.*

AVANTAGE n.m. (de *avant*). **1.** Ce qui constitue un profit, un gain. *Les horaires souples sont un avantage.* ◇ *Tirer avantage de* : tirer profit de. – *Profiter de son avantage,* de sa supériorité actuelle. **2.** DR. Gain résultant d'un acte juridique ou d'une disposition légale. **3.** Au tennis, point marqué par un des joueurs lorsque la marque est de 40. ◆ pl. *Avantages en nature* : éléments de rémunération fournis par l'employeur à un salarié et qui ne sont pas versés en argent (logement, nourriture, etc.).

AVANTAGER v.t. [10]. **1.** Donner un, des avantages à ; favoriser. *Testament qui avantage un enfant.* **2.** Mettre en valeur. *Cette tenue l'avantage.*

AVANTAGEUSEMENT adv. De façon avantageuse ; favorablement.

AVANTAGEUX, EUSE adj. **1.** Qui procure un avantage, un profit. *Marché avantageux.* – Peu coûteux ; intéressant. *Un article avantageux.* **2.** *Sout.* Sûr de soi ; suffisant. *Air, ton avantageux.* **3.** Qui est à l'avantage de qqn ; flatteur. *Une couleur avantageuse.*

AVANT-BASSIN n.m. (pl. *avant-bassins*). Partie d'un port située avant le bassin principal.

AVANT-BEC n.m. (pl. *avant-becs*). Éperon dont est munie, en amont, la base d'une pile de pont pour diviser l'eau et éloigner les corps flottants.

AVANT-BRAS n.m. inv. **1.** Partie du membre supérieur comprise entre le coude et le poignet. **2.** Région du membre antérieur comprise entre le coude et le genou, chez le cheval.

AVANT-CALE n.f. (pl. *avant-cales*). MAR. Prolongement d'une cale de construction au-dessous du niveau de la mer.

AVANT-CENTRE n. (pl. *avants-centres*). Joueur placé au centre de la ligne d'attaque, notamm. au football.

AVANT-CLOU n.m. (pl. *avant-clous*). Vrille servant à percer un trou avant d'enfoncer le clou.

AVANT-CONTRAT n.m. (pl. *avant-contrats*). DR. Convention conclue provisoirement en vue de la réalisation d'une convention future.

AVANT-CORPS n.m. inv. Partie d'un bâtiment en avancée sur l'alignement principal.

AVANT-COUR n.f. (pl. *avant-cours*). Cour qui précède, du côté de l'entrée, la cour principale d'un édifice.

AVANT-COUREUR adj.m. (pl. *avant-coureurs*). Qui annonce un événement prochain. *Signes avant-coureurs.*

AVANT-DERNIER, ÈRE adj. et n. (pl. *avant-derniers, ères*). Situé immédiatement avant le dernier.

AVANT-GARDE n.f. (pl. *avant-gardes*). **1.** MIL. Détachement de sûreté rapprochée précédant une troupe en marche pour la renseigner et faciliter son engagement. **2.** Groupe, mouvement artistique novateur, souvent en rupture avec ce qui l'a précédé. *Les avant-gardes littéraires.* ◇ *D'avant-garde* : en avance sur son temps par son audace, ses recherches. – *Être à l'avant-garde (de)* : être l'un des premiers à faire qqch ; être à la pointe de qqch.

AVANT-GARDISME n.m. (pl. *avant-gardismes*). *Didact.* Fait d'être d'avant-garde ou de vouloir paraître d'avant-garde.

AVANT-GARDISTE adj. et n. (pl. *avant-gardistes*). Qui se situe à l'avant-garde. ◆ adj. Relatif à l'avant-gardisme.

AVANT-GOÛT n.m. (pl. *avant-goûts*). Première impression que procure l'idée d'un événement à venir.

AVANT-GUERRE n.m. ou n.f. (pl. *avant-guerres*). Période ayant précédé chacune des deux guerres mondiales.

AVANT-HIER [avɑ̃tjɛr] adv. L'avant-veille du jour où l'on est.

AVANT-MAIN n.m. (pl. *avant-mains*). Partie antérieure d'un animal, notamm. d'un cheval, comprenant la tête, l'encolure, le poitrail et les membres antérieurs.

AVANT-MIDI n.m. inv. ou n.f. inv. Belgique, Québec. Matinée.

AVANT-MONT n.m. (pl. *avant-monts*). Relief situé en bordure d'une chaîne montagneuse principale.

AVANT-PAYS n.m. inv. Région peu accidentée qui borde une chaîne de montagnes.

AVANT-PLAN n.m. (pl. *avant-plans*). Belgique. Premier plan.

AVANT-PORT n.m. (pl. *avant-ports*). **1.** Partie d'un port entre la passe d'entrée et les bassins. **2.** Port créé en aval d'un port primitif, génér. sur un estuaire.

AVANT-POSTE n.m. (pl. *avant-postes*). MIL. Détachement de sûreté disposé en avant d'une troupe en station.

AVANT-PREMIÈRE n.f. (pl. *avant-premières*). Présentation d'un spectacle, d'un film avant la première représentation, la première projection publique.

A

■ L'AVIATION CIVILE

En moins d'un siècle, l'aviation est passée du premier vol soutenu, propulsé et contrôlé des frères Wright aux vols long-courriers réguliers. Parmi les grandes dates de l'aviation commerciale figurent celles de l'apparition du turboréacteur (De Havilland 106 Comet, 1949), du long-courrier à grande capacité (Boeing 747, 1969), des commandes de vol entièrement automatiques (Airbus A320, 1988).

Latécoère 28-1 (1928). Monoplan aux lignes racées pour son époque, le Latécoère 28-1 fut utilisé aussi bien pour l'acheminement du courrier que pour le transport de passagers.

ATR 72 (1988). Fruit d'une coopération franco-italienne, l'avion de transport régional ATR 72 est un biturbopropulseur ayant une capacité de 70 passagers.

Lockheed Constellation (1946). Symbole de la renaissance du transport aérien après la Seconde Guerre mondiale, le quadrimoteur Lockheed Constellation fut l'un des plus remarquables avions de ligne à hélices.

Boeing 777 (1995). Plus gros biréacteur du monde, le Boeing 777 peut transporter de 305 à 440 passagers sur des distances allant de 7 340 à 13 670 km selon les versions.

AVANT-PROJET n.m. (pl. *avant-projets*). Étude préparatoire d'un projet.

AVANT-PROPOS n.m. inv. Préface, introduction destinée, notamm., à présenter le livre qui suit.

AVANT-SCÈNE n.f. (pl. *avant-scènes*). **1.** Partie de la scène en avant du rideau. **2.** Loge placée sur le côté de la scène.

AVANT-SOIRÉE n.f. (pl. *avant-soirées*). TÉLÉV. Tranche horaire précédant les émissions du soir et, notamm., le journal télévisé.

AVANT-TEXTE n.m. (pl. *avant-textes*). Ensemble de notes, de brouillons, de manuscrits, etc., rédigé par un écrivain au cours des phases de préparation et de rédaction d'une œuvre.

AVANT-TOIT n.m. (pl. *avant-toits*). Toit faisant saillie sur la façade d'un bâtiment.

AVANT-TRAIN n.m. (pl. *avant-trains*). **1.** Vieilli. Partie avant d'une voiture comprenant la suspension, le mécanisme de direction et, parfois, les organes moteurs et tracteurs. **2.** Anc. Partie avant d'une voiture hippomobile à quatre roues.

AVANT-TROU n.m. (pl. *avant-trous*). Amorce de trou pratiquée pour faciliter le percement d'un trou ou le positionnement de pointes ou de vis.

AVANT-VEILLE n.f. (pl. *avant-veilles*). Le jour qui précède la veille.

AVARE adj. et n. (lat. *avarus,* avide). Qui aime amasser des richesses, de l'argent et craint de dépenser. ◆ adj. *Avare de :* qui ne prodigue pas telle chose ; économe de. *Avare de paroles, de son temps.*

AVARICE n.f. Attachement excessif aux richesses et désir de les accumuler.

AVARICIEUX, EUSE [avarisjø, øz] adj. et n. *Litt.* Qui montre de l'avarice dans les plus petites choses.

AVARIE n.f. (ital. *avaria,* mot ar.). Dommage survenu à un navire, à un véhicule ou à leur cargaison.

AVARIÉ, E adj. Se dit d'un aliment qui n'est plus propre à la consommation.

AVARIER v.t. [5]. Causer des dommages ; gâter. *L'eau a avarié les provisions.*

AVATAR n.m. (sanskrit *avatāra,* descente de Vishnou sur terre). **1.** Chacune des incarnations de Vishnou, dans la religion hindoue. **2.** Changement dans le sort de ; transformation. **3.** Abusif. Événement fâcheux ; accident.

AVE [ave] ou **AVE MARIA** [avemarja] n.m. inv. Prière à la Vierge.

AVEC prép. (lat. *ab hoc,* de là). **1.** Indique un rapport de relation (accompagnement, appartenance, accord, association). *Sortir avec une amie. Un appartement avec balcon. Être avec les bons contre les méchants.* **2.** Indique la manière. *Avancer avec peine.* **3.** Indique le moyen, l'instrument. *Ouvrir avec une clé.* **4.** Indique la cause. *Avec ce temps, je ne peux pas jardiner.* **5.** Indique la simultanéité. *Il se lève avec le jour.* ◆ adv. *Fam.* Indique le moyen, l'accompagnement. *Il a fait sa valise et s'en est allé avec.* ◆ **d'avec** loc. prép. Exprime un rapport de différence, de séparation. *Distinguer l'ami d'avec le flatteur. Divorcer d'avec sa femme.*

AVELINE n.f. (du lat. *nux abellana,* noisette d'Abella). Grosse noisette, fruit de l'avelinier.

AVELINIER n.m. Variété cultivée de noisetier à gros fruits.

AVEN [avɛn] n.m. (mot du Rouergue). Gouffre qui s'ouvre en région calcaire, soit par dissolution, soit par effondrement de la voûte de cavités karstiques.

1. AVENANT n.m. DR. Acte écrit qui modifie les clauses primitives d'un contrat.

2. AVENANT (À L') loc. adv. En accord, en harmonie avec ce qui précède ; pareillement. *De jolis yeux, et un teint à l'avenant.*

3. AVENANT, E adj. (de l'anc. fr. *avenir,* convenir). Qui plaît par son air aimable, sa bonne grâce. *Des manières avenantes.*

AVÈNEMENT n.m. (de l'anc. fr. *avenir,* arriver). **1.** Accession, élévation à une dignité suprême. *Avènement d'une reine. Avènement à la papauté.* **2.** Arrivée, établissement de qqch d'important. *Avènement d'une ère de prospérité.* ◇ RELIG. *L'avènement du Messie,* sa venue sur terre.

AVENIR n.m. (du lat. *advenire,* arriver). **1.** Temps futur ; ce qui adviendra dans les temps futurs. *Se tourner vers l'avenir. Prévoir l'avenir.* ◇ ***À l'avenir :*** à partir de maintenant ; désormais. **2.** Situation, sort, réussite futurs. *Compromettre, assurer son avenir.* ◇ ***D'avenir :*** qui doit se développer, s'imposer dans le futur. *Métiers, techniques d'avenir.* **3.** Les générations futures ; la postérité. *L'avenir lui rendra justice.*

AVENT n.m. (lat. *adventus,* arrivée). CHRIST. Période de quatre semaines de l'année liturgique, qui précède et prépare la fête de Noël.

AVENTURE n.f. (lat. *adventura,* choses qui doivent arriver). **1.** Événement imprévu, surprenant. *Un roman plein d'aventures étranges.* ◇ ***Dire la bonne aventure :*** prédire l'avenir. **2.** Entreprise qui comporte des risques. *Entraîner qqn dans une aventure.* ◇ ***À l'aventure :*** sans dessein, sans but fixé. – *Litt.* ***Par aventure, d'aventure :*** par hasard. **3.** Liaison amoureuse superficielle et passagère.

AVENTURÉ, E adj. Qui est hasardé sans certitude. *Hypothèse aventurée.*

AVENTURER v.t. Exposer à des risques ; hasarder. *Aventurer une somme au jeu.* ◆ **s'aventurer** v.pr. Courir un risque ; se hasarder. *S'aventurer dans des ruelles obscures.*

AVENTUREUX, EUSE adj. **1.** Qui aime l'aventure ; audacieux. *Esprit aventureux.* **2.** Plein d'aventures, de risques ; périlleux. *Existence aventureuse.*

AVENTURIER, ÈRE n. **1.** Personne qui recherche les aventures, qui aime l'aventure. **2.** *Péjor.* Personne sans scrupule ; intrigant.

AVENTURINE n.f. Pierre fine et d'ornementation constituée par du quartz à inclusions de mica lui donnant un aspect pailleté.

AVENTURISME n.m. Tendance à prendre des décisions hâtives et irréfléchies (en politique, notamment).

AVENTURISTE adj. et n. Qui fait preuve d'aventurisme.

AVENU, E adj. (de l'anc. fr. *avenir,* arriver). DR. *Nul et non avenu :* considéré comme sans effet et n'ayant jamais existé.

■ L'AVIATION MILITAIRE

D'abord confinée à des missions d'observation, l'aviation connaîtra au cours de la Première Guerre mondiale un prodigieux développement, aussi bien dans le domaine technologique que dans le domaine des doctrines d'emploi (création de la chasse et de l'aviation de bombardement). La Seconde Guerre mondiale suscitera de nouveaux progrès (radar, propulsion à réaction). Au cours des années 1970-1980, les missions de l'aviation militaire s'organisent autour de trois axes : le combat, le transport et l'appui.

Nieuport Ni 17-C (1916). Chasseur français de la Première Guerre mondiale, le Ni 17-C est ici sous les couleurs de l'aviation italienne en 1917.

Rafale B01. C'est la version biplace de l'avion de combat le plus performant de l'armée française. La sophistication du système d'armes du Rafale le rend apte à toutes les missions de combat (attaque au sol, frappe nucléaire, appui feu). Une version « marine » équipera l'aéronavale française.

Messerschmitt BF 109-F3 (1941). L'un des plus célèbres chasseurs allemands de la Seconde Guerre mondiale, le Messerschmitt combattit sur tous les fronts.

Mig 29 Fulcrum (1983). Appareil de combat monoplace, le Mig 29 Fulcrum équipa la force aérienne soviétique à partir de 1983.

AVENUE n.f. (de l'anc. fr. *avenir,* arriver). **1.** Grande voie urbaine. Abrév. : *av.* **2.** Large allée, voie plantée d'arbres qui conduit à une demeure. **3.** *Fig.* Ce qui conduit à un but. *Les avenues du pouvoir.*

AVÉRÉ, E adj. Reconnu vrai ; authentique. *Fait avéré.*

AVÉRER (S') v.pr. [11] (du lat. *verus,* vrai). Révéler son caractère ; apparaître. *L'entreprise s'avéra difficile.*

AVERS [avɛr] n.m. (lat. *adversus,* qui est en face). Côté face d'une monnaie, d'une médaille, qui contient l'élément principal (par oppos. à *revers*).

AVERSE n.f. (de *à verse*). Pluie subite et abondante, de courte durée.

AVERSION n.f. (lat. *aversio*). Répugnance extrême ; répulsion. *Avoir de l'aversion pour, contre qqn, qqch.* ◇ PSYCHOL. *Thérapie d'aversion,* visant à faire disparaître un comportement inadapté en lui associant un stimulus pénible.

AVERTI, E adj. **1.** Qui possède les informations nécessaires ; instruit, prévenu. *Un homme averti en vaut deux.* **2.** Qui possède les compétences nécessaires ; connaisseur. *Un critique averti.*

AVERTIR v.t. (lat. *advertere*). Attirer l'attention de ; informer, prévenir. *Avertir qqn d'un danger.*

AVERTISSEMENT n.m. **1.** Action d'avertir, de faire savoir. – Imprimé officiel adressé au contribuable pour lui signifier de payer un impôt ou une taxe. **2.** CH. DE F. Signal présentant un feu jaune et annonçant à distance un signal d'arrêt. **3.** Appel à l'attention ou à la prudence. *Un avertissement salutaire.* – Courte préface en tête d'un livre. **4.** Fait de réprimander ; remontrance. *Recevoir un avertissement.*

AVERTISSEUR, EUSE adj. et n.m. Se dit d'un dispositif destiné à donner un signal. *Un avertisseur d'incendie. Panneau avertisseur.*

AVESTIQUE n.m. Langue iranienne de l'Avesta.

AVEU n.m. (de *avouer*). **1.** Déclaration par laquelle on avoue, on révèle ou reconnaît qqch. *Faire l'aveu de ses fautes, de son amour.* ◇ *Passer aux aveux :* avouer sa culpabilité. – *De l'aveu de :* selon le témoignage de. **2.** HIST. Acte juridique par lequel un vassal déclare qu'il tient un bien en fief de son seigneur. ◇ *Litt. Homme sans aveu :* homme sans foi ni loi.

AVEUGLANT, E adj. **1.** Qui aveugle, éblouit. *Une lumière aveuglante.* **2.** Qu'il est impossible de nier ; flagrant. *Une preuve aveuglante.*

AVEUGLE adj. (lat. *ab oculis,* privé des yeux). **1.** Privé de la vue. ◇ PHYSIOL. *Tache aveugle,* ou *point aveugle :* zone du champ visuel où la vision est impossible, correspondant sur la rétine à la naissance du nerf optique. **2.** Privé de clairvoyance, de lucidité sous l'influence d'une passion ; qui suit sa propre impulsion. *La colère rend aveugle. Haine aveugle.* **3.** Qui exclut la réflexion, l'esprit critique. *Confiance aveugle.* **4.** Qui frappe au hasard, sans discernement. *Attentat aveugle.* **5.** Qui ne reçoit pas la lumière du jour. *Pièce, couloir aveugle.* ◇ *Fenêtre, arcade aveugle,* simulée ou obstruée. – *Vallée aveugle,* fermée à l'aval par une contre-pente au pied de laquelle les eaux s'infiltrent. **6.** MÉD. *Essai thérapeutique en aveugle :* méthode d'étude d'un traitement par comparaison avec un traitement connu, dans laquelle soit seuls les malades *(essai en simple aveugle),* soit les malades et les médecins *(essai en double aveugle),* ignorent lequel des deux traitements est donné. ◆ n. Personne privée de la vue ; non-voyant.

AVEUGLEMENT n.m. Manque de discernement dû à la passion ; obstination.

AVEUGLÉMENT adv. Sans discernement, sans réflexion. *Obéir aveuglément.*

AVEUGLE-NÉ, E adj. et n. (pl. *aveugles-nés, -nées*). Qui est aveugle de naissance.

AVEUGLER v.t. **1.** Priver de la vue, rendre aveugle. **2.** Brouiller la vue par éblouissement. *Les phares m'ont aveuglée.* **3.** Priver de discernement, de lucidité. *La colère l'aveugle.* **4.** Boucher, colmater. *Aveugler une fenêtre, une voie d'eau.* ◆ **s'aveugler** v.pr. (sur). Manquer de discernement ; se tromper.

AVEUGLETTE (À L') loc. adv. **1.** À tâtons, sans y voir. *Marcher à l'aveuglette.* **2.** *Fig.* Au hasard. *Agir à l'aveuglette.*

AVEULIR v.t. *Litt.* Rendre veule, sans volonté. ◆ **s'aveulir** v.pr. *Litt.* Devenir veule.

AVEULISSEMENT n.m. *Litt.* Fait d'être aveuli, de s'aveulir.

AVIAIRE adj. (lat. *aviarius,* de *avis,* oiseau). Qui concerne les oiseaux. *La peste aviaire.*

AVIATEUR, TRICE n. Personne qui pilote un avion.

AVIATION n.f. (du lat. *avis,* oiseau). **1.** Ensemble des techniques et des activités relatives à la construction ou à l'utilisation des avions. – Ensemble des avions, des installations et du personnel utilisé pour la navigation aérienne. ◇ *Aviation d'affaires :* secteur de l'aviation concernant la mise en œuvre d'avions par des sociétés pour le transport de passagers et de biens pour raisons d'affaires. – *Aviation commerciale :* ensemble des activités de l'aviation civile comprenant les transports aériens réguliers et non réguliers effectués contre rémunération ou en vertu d'un contrat de location. – *Aviation générale :* ensemble des activités de l'aviation civile autres que l'aviation commerciale (vols d'instruction, d'essai ou d'entraînement, vols d'affaires et vols d'agrément). – *Aviation militaire,* conçue et employée à des fins militaires ; armée de l'air. **2.** Afrique. Aéroport ; aérodrome.

AVICOLE adj. (du lat. *avis,* oiseau). Qui concerne l'aviculture.

AVICULTEUR, TRICE n. Personne qui pratique l'aviculture.

AVICULTURE n.f. Élevage des oiseaux, des volailles.

AVIDE adj. (lat. *avidus*). Qui manifeste un désir ardent et immodéré de qqch. *Avide d'argent. Avide d'apprendre. Des yeux avides.*

AVIDEMENT adv. Avec avidité.

AVIDITÉ n.f. Désir ardent et immodéré de qqch.

AVIFAUNE n.f. ÉCOL. Partie de la faune d'un lieu constituée par les oiseaux.

AVILIR v.t. Abaisser jusqu'à rendre méprisable ; dégrader, déshonorer. ◇ v.pr. *Il s'avilit dans l'alcool.*

AVILISSANT, E adj. Qui avilit, déshonore.

AVILISSEMENT n.m. Action d'avilir, fait de s'avilir ; dégradation.

AVINÉ, E adj. Qui a bu trop de vin ; qui dénote l'ivresse. *Brutes avinées. Voix, haleine avinée.*

AVINER v.t. ŒNOL. Imbiber un tonneau de vin avant de le remplir.

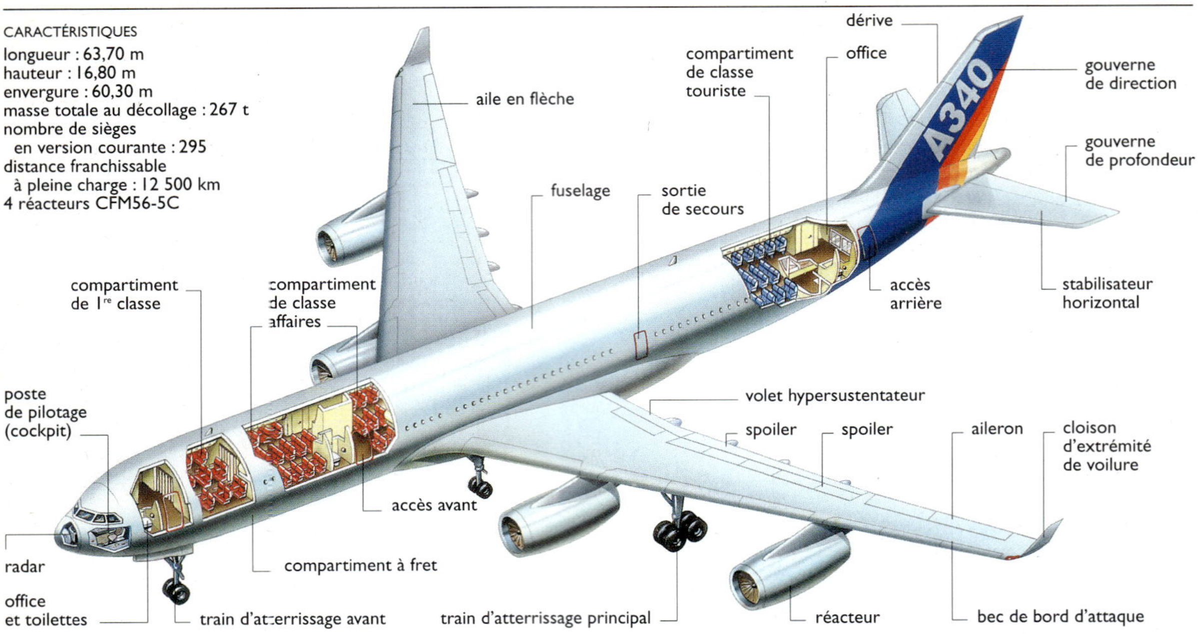

■ **AVION** de transport commercial Airbus A340.

AVION n.m. (nom de l'appareil inventé par Ader, du lat. *avis,* oiseau). Appareil de navigation aérienne plus lourd que l'air se déplaçant dans l'atmosphère à l'aide de moteurs à hélice ou à réaction, et dont la sustentation est assurée par des ailes. ◇ *Avion spatial :* petit véhicule spatial, placé en orbite basse autour de la Terre par une fusée, et qui revient au sol en vol plané hypersonique.

AVION-CARGO n.m. (pl. *avions-cargos*). Avion de gros tonnage destiné uniquement au transport du fret.

AVION-CITERNE n.m. (pl. *avions-citernes*). Avion transporteur de carburant destiné à ravitailler en vol d'autres appareils.

AVION-ÉCOLE n.m. (pl. *avions-écoles*). Avion destiné à la formation des pilotes

AVIONIQUE n.f. **1.** Application des techniques de l'électronique, de l'informatique à l'aviation. **2.** Ensemble des équipements électroniques et informatiques d'un avion, d'un aéronef.

AVIONNERIE n.f. Québec. Usine de construction aéronautique.

AVIONNEUR n.m. Constructeur d'avions, et spécial. de cellules d'avions.

AVIRON n.m. (de l'anc. fr. *viron,* tour, de *virer*). **1.** MAR. Rame. **2.** Canotage pratiqué comme sport, souvent sur des plans d'eau aménagés, à bord d'embarcations spécial. construites.

■ **AVIRON.** Course de skiff.

AVIS n.m. (de l'anc. fr. *ce m'est à vis,* cela me semble bon). **1.** Ce que l'on pense d'un sujet, que l'on exprime dans une discussion ou à la demande de qqn ; opinion, point de vue, sentiment. *Donner son avis. Partager l'avis de qqn.* ◇ *Être d'avis de, que :* penser, estimer que. **2.** Point de vue exprimé officiellement par un organisme, une assemblée, après délibération et n'ayant pas force de décision. *Avis du Conseil d'État.* **3.** Information, nouvelle diffusée auprès du public, notamm. par voie d'affiche. *Avis à la population.* ◇ *Avis au lecteur :* courte préface en tête d'un livre.

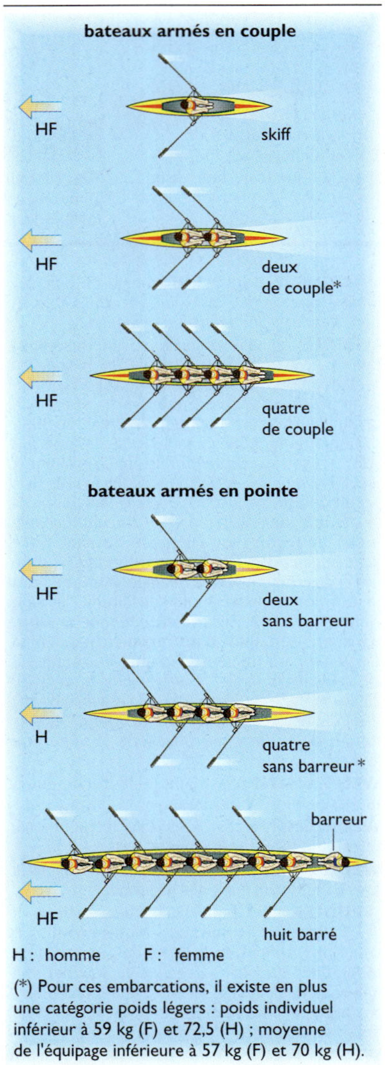

■ **AVIRON.** Catégories olympiques.

AVISÉ, E adj. Qui a un jugement réfléchi et agit avec prudence et sagacité ; sage, habile. *Un conseiller avisé.*

1. AVISER v.t. (de *viser*). *Litt.* Apercevoir. *Aviser qqn dans la foule.* ◆ v.i. Réfléchir pour décider de ce que l'on doit faire. *Je préfère ne pas vous répondre tout de suite, j'aviserai.* ◆ **s'aviser** v.pr. (de). **1.** Prendre conscience de ; s'apercevoir de. *Elle s'est enfin avisée de ma présence.* **2.** Se mettre en tête de ; oser de façon téméraire. *Ne t'avise pas de le déranger !*

2. AVISER v.t. (de *avis*). Donner une information ; avertir. *Aviser qqn de son départ.*

AVISO [-zo] n.m. (de l'esp. *barca de aviso,* barque pour porter des avis). MIL. Bâtiment léger conçu pour les missions lointaines, l'escorte, la protection des côtes et la lutte anti-sous-marine.

AVITAILLEMENT n.m. Action d'avitailler.

AVITAILLER v.t. (de l'anc. fr. *vitaille,* vivres). Approvisionner un navire en vivres, en matériel ; ravitailler un avion en carburant.

AVITAILLEUR n.m. Navire, avion chargé d'avitailler.

AVITAMINOSE n.f. MÉD. Ensemble des troubles dus à une carence en vitamines. *Avitaminose A.*

AVIVAGE n.m. **1.** TEXT. Action d'aviver une couleur. **2.** Polissage très poussé des métaux.

AVIVÉ n.m. Bois ne présentant que des arêtes vives, obtenues par sciage (poutres, madriers, bastaings, planches, chevrons, etc.).

AVIVEMENT n.m. Mise à nu chirurgicale des tissus sains d'une plaie, par ablation des zones nécrosées.

AVIVER v.t. (du lat. *vivus,* ardent). **1.** Donner de l'éclat, de la vivacité à. *Aviver une couleur, le teint.* **2.** *Fig.* Rendre plus vif ; augmenter. *Aviver des regrets.* **3.** CHIRURG. Pratiquer un avivement. *Aviver les bords d'une escarre.* **4.** Couper des pièces de bois à arêtes vives. *Aviver une poutre.* **5.** Décaper et polir, donner du brillant à. *Aviver une pièce métallique, un marbre.*

AVOCAILLON n.m. *Fam., péjor.* Avocat médiocre, sans notoriété.

AVOCASSERIE n.f. Vieilli, *péjor.* Mauvaise chicane d'avocat.

AVOCASSIER, ÈRE adj. Vieilli, *péjor.* Relatif aux avocats.

1. AVOCAT, E n. (lat. *advocatus,* appelé auprès). **1.** Auxiliaire de justice qui conseille, assiste et représente ses clients en justice. ◇ *Ordre des avocats :* ensemble des avocats inscrits à un barreau et représentés par un conseil que préside un bâtonnier. – *Avocat commis d'office,* désigné par le bâtonnier pour défendre une personne dans un procès pénal. – *Avocat général :* membre du ministère public assistant, en France, le procureur général, notamm. auprès de la Cour de cassation et des cours d'appel. **2.** Personne qui intercède pour une autre ; défenseur, champion. *Se faire l'avocat d'une cause, d'un projet.* **3.** *Avocat* *du diable :* officier judiciaire de la foi qui intervient contradictoirement dans un procès de canonisation ; *fig.,* défenseur d'une cause peu défendable.

2. AVOCAT n.m. (mot des Caraïbes). Fruit comestible de l'avocatier, en forme de poire, à pulpe fondante.

AVOCATIER n.m. Arbre originaire d'Amérique centrale, cultivé pour son fruit, l'avocat. (Haut. 5 à 15 m ; genre *Persea,* famille des lauracées.)

■ AVOCATIER

AVOCETTE [avɔsɛt] n.f. (ital. *avocetta*). Oiseau échassier des marais côtiers d'Eurasie, à long bec recourbé vers le haut, au plumage noir et blanc, de la taille d'un faisan. (Haut. 45 cm env. ; genre *Recurvirostra,* ordre des charadriiformes.)

AVODIRÉ n.m. **1.** Arbre d'Afrique tropicale, à bois tendre, blanc et brillant, utilisé en menuiserie légère. (Famille des méliacées.) **2.** Le bois de cet arbre.

AVOGADRO (NOMBRE D') [de *Avogadro,* n. d'un chimiste ital.]. Nombre d'entités élémentaires (atomes, ions ou molécules) contenues dans une mole de matière, dont la valeur actuellement admise est de $6{,}022\,136\,7 \times 10^{23}$ mol^{-1}.

AVOINE n.f. (lat. *avena*). Céréale dont les grains, portés par des grappes lâches, servent surtout à l'alimentation des animaux, en partic. des chevaux. (Famille des graminées.) ◇ *Folle avoine :* avoine sauvage, adventice de nombreuses cultures.

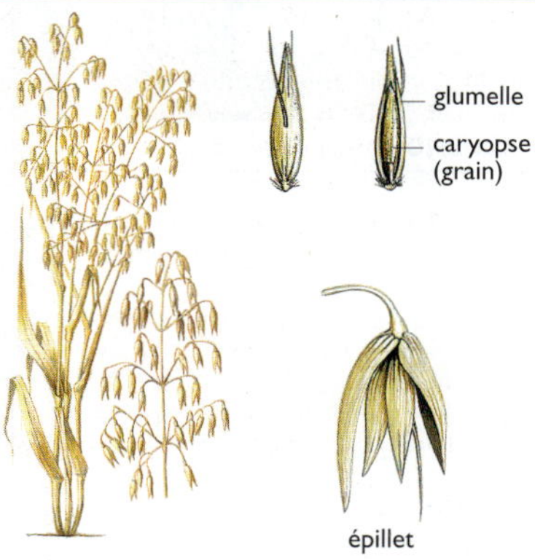

■ AVOINE

1. AVOIR v.t. [1] (lat. *habere*). **1.** Posséder un bien, une qualité ; disposer de. *Avoir une maison. Avoir de la fortune, du mérite.* **2.** Présenter une certaine caractéristique ; comporter. *Avoir les cheveux bruns. Maison qui a un jardin.* **3.** Être dans une relation de parenté, d'amitié, etc., avec qqn. *Avoir des enfants, des amis.* **4.** Être dans tel état, physique, moral ou intellectuel. *Avoir faim, soif. Avoir pitié, peur. Avoir raison.* ◇ *En avoir après, contre :* être irrité contre. – Belgique. *Avoir bon, avoir mauvais :* éprouver du plaisir, se sentir mal à l'aise. – Belgique. *Avoir dur, avoir difficile :* éprouver de la difficulté à faire qqch. **5.** *Fam.* Tromper, duper. *Nous l'avons bien eu.* **6.** *Avoir à :* devoir faire qqch. *J'ai à travailler.* ◆ loc. impers. **1.** *Il y a.* **a.** Il est, il existe. *Il y a des gens dans la rue.* **b.** Depuis. *Il y a une heure qu'il dort.* **2.** *Il n'y a qu'à :* il suffit de. ◆ v. auxiliaire. Sert à former les temps composés des verbes transitifs, des impersonnels et de quelques intransitifs. (Ex. : *J'ai écrit. Il a plu.*)

2. AVOIR n.m. **1.** Ensemble des biens qu'on possède. *Voilà tout mon avoir.* **2.** Partie d'un compte où l'on porte les sommes dues à qqn. CONTR. : *doit.* – Crédit dont un client dispose chez un commerçant. ◇ *Avoir fiscal :* créance sur le Trésor égale à la moitié des dividendes distribués aux associés de certaines sociétés et qui peut être utilisée par ceux-ci pour payer leur impôt. SYN. : *crédit d'impôt.*

AVOIRDUPOIS ou **AVOIRDUPOIDS** n.m. Système de mesures de masses appliqué dans les pays anglo-saxons à toutes les marchandises autres que les métaux précieux, les pierreries et les médicaments.

AVOISINANT, E adj. Qui avoisine ; proche, voisin.

AVOISINER v.t. Être voisin, proche de. *Les dégâts avoisinent le million.*

AVORTÉ, E adj. Qui a échoué avant d'atteindre son plein développement. *Un projet avorté.*

AVORTEMENT n.m. **1.** MÉD. Expulsion spontanée ou provoquée de l'embryon ou du fœtus humain avant qu'il soit viable. **2.** *Fig.* Échec.
ENCYCL. On distingue *l'avortement spontané* (cour. appelé *fausse couche*), dû à une maladie ou sans cause connue, et *l'avortement provoqué,* pratiqué soit pour des raisons thérapeutiques (protection de la vie de la mère), soit pour des raisons non thérapeutiques et appelé alors *interruption volontaire de grossesse (IVG),* lorsqu'il est légal.

AVORTER v.i. (lat. *abortare,* de *ab-* et *ortus,* né). **1.** Expulser un embryon ou un fœtus avant le moment où il devient viable. **2.** Ne pas aboutir ; échouer. *La conspiration a avorté.* ◆ v.t. Provoquer l'avortement chez une femme.

AVORTEUR, EUSE n. Anc., *péjor.* Personne qui pratique un avortement illégal.

AVORTON n.m. **1.** *Péjor.* Être chétif et mal fait. **2.** Plante ou animal qui n'a pas atteint un développement normal.

AVOUABLE adj. Qui peut être avoué sans honte. *Motif avouable.*

AVOUÉ n.m. (lat. *advocatus,* appelé auprès). Officier ministériel seul compétent pour représenter les parties devant les cours d'appel.

AVOUER v.t. (lat. *advocare,* recourir à). **1.** Reconnaître qu'on est l'auteur, le responsable de qqch de blâmable, de regrettable. *Avouer ses fautes, un crime.* – Absol. Reconnaître sa culpabilité. *Le bandit a avoué.* **2.** Reconnaître comme vrai, réel. *Avouer son ignorance. Avouez qu'elle a raison.* ◆ **s'avouer** v.pr. Se reconnaître comme. *S'avouer vaincu.*

AVRIL n.m. (lat. *aprilis*). Le quatrième mois de l'année. ◇ *Poisson d'avril :* farce, plaisanterie traditionnelle du 1er avril.

AVULSION n.f. (du lat. *avulsus,* arraché). CHIRURG. Extraction d'une dent par arrachement.

AVUNCULAIRE [avɔ̃kylɛr] adj. (du lat. *avunculus,* oncle maternel). *Didact.* Relatif à l'oncle, à la tante. *Puissance avunculaire.*

AVUNCULAT [avɔ̃kyla] n.m. ANTHROP. Système d'organisation sociale propre aux sociétés à filiation matrilinéaire, et dans lequel la responsabilité principale de l'enfant est assumée par son oncle maternel.

AWACS [awaks] n.m. (acronyme de l'amér. *airborne warning and control system*). Système de surveillance électronique utilisant des radars embarqués à bord d'avions spécialisés ; avion ainsi équipé.

AWALÉ [awale] ou **WALÉ** [wale] n.m. (d'une langue d'Afrique). Jeu africain consistant à déplacer des pions, souvent constitués par des graines ou des petits cailloux, sur un parcours de douze cases.

AXE n.m. (lat. *axis,* essieu). **1.** MÉCAN. INDUSTR. Pièce autour de laquelle tournent un ou plusieurs éléments. *Axe d'une poulie.* **2.** Ligne réelle ou fictive qui divise qqch en deux parties en principe symétriques. *Axe du corps.* ◇ *Axe du monde :* axe joignant les pôles de la sphère céleste. **3.** GÉOMÉTR. Droite orientée munie d'une origine et d'une unité. ◇ *Axes de référence :* axes définis par un repère cartésien. – *Axe de révolution :* droite fixe autour de laquelle tourne une courbe donnée *(courbe génératrice)* engendrant une surface de révolution. – *Axe d'une rotation :* droite de l'espace dont les points restent invariants dans une rotation. – *Axe d'une symétrie :* droite du plan dont les points restent invariants dans une symétrie axiale. – *Axe de symétrie d'une figure :* axe d'une symétrie dans laquelle la figure est globalement invariante. **4.** *Axe optique d'un milieu :* direction de propagation dans ce milieu d'une onde lumineuse dépourvue de biréfringence. – *Axe optique d'une lentille :* axe joignant les centres de courbure de ses deux faces. **5.** Grande voie de communication. *Les axes routiers, ferroviaires d'un pays.* ◇ *Axe rouge :* grande artère urbaine le long de laquelle le stationnement est interdit pour faciliter la circulation. **6.** Direction générale ; orientation. *L'axe d'une politique.* **7.** Lien politique, économique ou financier qui rend solidaires deux pays, deux groupes, deux systèmes. *L'axe Paris-Bonn. L'axe dollar-yen.* ◇ *L'Axe : v. partie n.pr.* **8.** BOT. Tige d'un végétal (tige principale, rameau ou racine) qui supporte des éléments latéraux. **9.** MÉD. Ensemble d'organes disposés approximativement en ligne et ayant entre eux des relations hiérarchisées, tel l'*axe cérébro-spinal* (ou *système nerveux central*).

AXEL n.m. (du n. du patineur suédois *Axel* Polsen). En patinage artistique, saut dans lequel le patineur effectue une rotation d'un tour et demi en l'air.

AXÉNIQUE ou **AXÈNE** adj. Se dit d'un animal, d'un végétal ou d'une culture de cellules obtenus puis maintenus en milieu stérile, et donc rigoureusement exempts de tout germe contaminant.

AXER v.t. **1.** Orienter suivant un axe. **2.** Organiser autour d'un thème, d'une idée essentiels. *Axer une campagne sur des problèmes sociaux.*

AXÉROPHTOL n.m. Rare. Vitamine A.

AXIAL, E, AUX adj. **1.** Disposé suivant un axe ; relatif à un axe. *Éclairage axial.* **2.** GÉOMÉTR. *Symétrie axiale :* transformation ponctuelle du plan telle que le segment joignant un point quelconque et son image ait pour médiatrice une droite donnée, l'axe de symétrie. SYN. : *symétrie orthogonale.*

AXILLAIRE [aksilɛr] adj. (du lat. *axilla,* aisselle). De l'aisselle. *Pilosité axillaire.* ◇ *Bourgeon axillaire :* bourgeon latéral placé à l'aisselle d'une feuille.

AXIOLOGIE n.f. (gr. *axios,* valable, et *logos,* science). Science, théorie des valeurs morales.

AXIOLOGIQUE adj. Relatif à l'axiologie.

AXIOMATIQUE adj. Qui concerne les axiomes ; qui se fonde sur des axiomes. ◇ *Théorie axiomatique :* forme achevée d'une théorie déductive construite à partir d'axiomes et développée au moyen de règles d'inférence. ◆ n.f. Ensemble de notions premières *(axiomes)* admises sans démonstration et formant la base d'une branche des mathématiques, le contenu de cette branche se déduisant de l'ensemble par le raisonnement.

AXIOMATISATION n.f. Procédé qui consiste à poser en principes indémontrables les propositions primitives dont sont déduits les théorèmes d'une théorie déductive.

AXIOMATISER v.t. Soumettre à une axiomatisation.

AXIOME n.m. (gr. *axiôma,* estimation). **1.** Vérité non démontrable qui s'impose avec évidence. **2.** MATH., LOG. Proposition première, vérité admise sans démonstration et sur laquelle se fonde une science, un raisonnement ; principe posé hypothétiquement à la base d'une théorie déductive.

AXIS [aksis] n.m. (mot lat.). **1.** Deuxième vertèbre cervicale. **2.** Petit cerf de l'Inde au pelage roux tacheté de blanc. (Haut. 90 cm au garrot.)

AXISYMÉTRIQUE adj. Invariant lors d'une symétrie orthogonale par rapport à une droite.

AXOLOTL [aksɔlɔtl] n.m. (mot nahuatl). ZOOL. Forme larvaire de l'ambystome, à respiration branchiale, capable de se reproduire sans avoir pris la forme adulte (phénomène de néoténie).

■ AXOLOTL

A

AXONE n.m. Prolongement du neurone qui conduit le message nerveux de ce neurone vers d'autres cellules.

AXONOMÉTRIE n.f. Mode de représentation graphique d'une figure à trois dimensions, dans lequel les arêtes du trièdre de référence sont le plus souvent projetées suivant des droites faisant entre elles des angles de 120°, les dimensions linéaires restant proportionnelles. (Les droites parallèles restent parallèles dans une telle représentation.)

AXONOMÉTRIQUE adj. Qui se rapporte à l'axonométrie.

AYANT CAUSE n.m. (pl. *ayants cause*). DR. Personne à qui les droits d'une autre personne ont été transmis.

AYANT DROIT n.m. (pl. *ayants droit*). **1.** DR. Personne qui a des droits à qqch. **2.** Personne qui bénéficie d'un régime d'assurance sociale par l'intermédiaire d'une autre personne.

AYATOLLAH n.m. (ar. *āyāt allāh*, signes d'Allāh). **1.** Titre donné aux principaux chefs religieux de l'islam chiite. **2.** *Fam.* Personnage ayant un pouvoir considérable qu'il exerce de manière intransigeante et rétrograde.

AYE-AYE [ajaj] n.m. (pl. *ayes-ayes*). Mammifère primate arboricole et insectivore de Madagascar, à grands yeux, de mœurs nocturnes. (Long., sans la queue, 40 cm env. ; sous-ordre des lémuriens.)

AYUNTAMIENTO [ajuntamjɛnto] n.m. (mot esp.). Conseil municipal, en Espagne.

AZALÉE n.f. (du gr. *azalos*, sec). Arbuste originaire des montagnes d'Asie, voisin du rhododendron, dont on cultive diverses variétés pour la beauté de leurs fleurs. (Famille des éricacées.)

■ AZALÉE

AZÉOTROPE n.m. et adj. (du gr. *zein*, bouillir, et *tropos*, action de tourner). PHYS., CHIM. Mélange de deux liquides qui bout à température constante.

AZERBAÏDJANAIS, E ou **AZÉRI, E** adj. et n. De l'Azerbaïdjan, de ses habitants. ◆ n.m. Langue turque parlée en Azerbaïdjan.

AZEROLE [azrɔl] n.f. (esp. *acerola*, mot ar.). Fruit de l'azerolier, ressemblant à une petite cerise jaune et dont on fait des confitures.

AZEROLIER [azrɔlje] n.m. Grande aubépine cultivée pour son fruit dans les régions méditerranéennes.

AZIDOTHYMIDINE n.f. AZT. SYN : *zidovudine*.

AZILIEN n.m. (du *Mas-d'Azil*, dans l'Ariège). Faciès culturel épipaléolithique ou mésolithique, dans lequel l'outillage lithique tend à se miniaturiser. (Il succède au magdalénien et se répand entre le XIe et le VIIIe millénaire. Il est caractérisé par des galets peints ou gravés de motifs géométriques.) ◆ **azilien, enne** adj. Relatif à l'azilien.

AZIMUT [azimyt] n.m. (ar. *al-samt*, le droit chemin). **1.** Angle que fait le plan vertical passant par un point donné avec le plan méridien du lieu considéré, compté dans le sens des aiguilles d'une montre à partir du sud en astronomie et à partir du nord en géodésie. ◇ *Azimut magnétique* : angle formé par le méridien géographique d'un lieu et le nord magnétique. **2.** *Fam. Tous azimuts* : dans toutes les directions. *Publicité tous azimuts.* – MIL. *Défense tous azimuts* : système de défense capable de s'opposer à toute agression, d'où qu'elle vienne.

AZIMUTAL, E, AUX adj. Qui représente ou qui mesure les azimuts.

AZIMUTÉ, E adj. *Fam.* Fou.

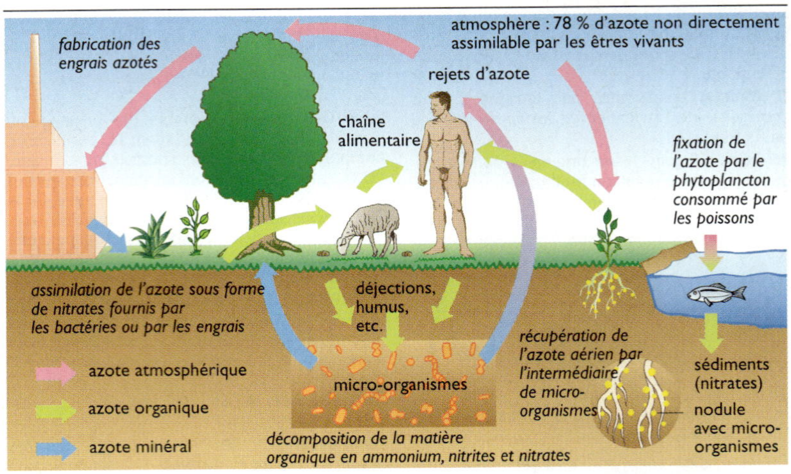

■ **AZOTE.** Cycle de l'azote.

AZOÏQUE adj. et n.m. (de *azote*). Se dit d'un composé organique contenant le radical –N=N–, utilisé dans certains colorants comme l'hélianthine.

AZOLLA n.f. Petite fougère aquatique dont la décomposition fournit un engrais naturel pour la culture du riz. (Embranchement des ptéridophytes ; famille des azollacées.)

AZONAL, E, AUX adj. Qui n'est pas déterminé par les grandes divisions climatiques zonales du globe.

AZOOSPERMIE [azɔɔspɛrmi] n.f. (du gr. *zôon*, animal, et *sperma*, semence). Absence de spermatozoïdes dans le sperme, cause de stérilité.

AZORER v.t. Suisse. Réprimander, gronder.

AZOTE n.m. (du gr. *zôê*, vie). **1.** Corps simple et gazeux (N_2), incolore et inodore. **2.** Élément chimique (N), de numéro atomique 7, de masse atomique 14,006 7.

ENCYCL. L'azote gazeux (N_2), constituant 78 % en poids de l'atmosphère terrestre, est obtenu industriellement par distillation de l'air liquide. Peu réactif à la température ordinaire, il est employé pour la réalisation d'atmosphères neutres ou la protection contre les incendies. À l'état liquide (– 196 °C), on l'utilise pour la congélation rapide des aliments, la conservation du sperme, les systèmes de refroidissement, la cryothérapie. L'atome d'azote entre dans la composition de l'ammoniac, des molécules biologiques (acides aminés, protéines, acides nucléiques, ATP) et de nombreux engrais (nitrates). L'azote atmosphérique n'est assimilé directement que par quelques organismes (bactéries, cyanobactéries ou champignons inférieurs), vivant parfois en symbiose avec certaines plantes (légumineuses, notamm.). Mais l'immense majorité des plantes puise l'azote dans le sol, où il existe sous forme de nitrates issus, par une série de transformations bactériennes, des composés azotés contenus dans les excréments et les cadavres.

AZOTÉ, E adj. CHIM. Qui contient de l'azote.

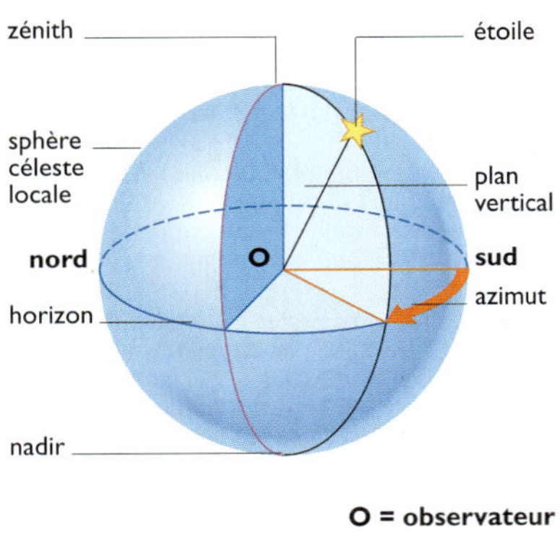

■ **AZIMUT**

AZOTHYDRIQUE adj. *Acide azothydrique* : acide HN_3 (explosif).

AZOTOBACTER [-baktɛr] n.m. Bactérie vivant dans le sol et pouvant fixer l'azote de l'atmosphère.

AZOTURE n.m. Base conjuguée de l'acide azothydrique HN_3.

AZT [azɛdte] n.m. (nom déposé ; sigle de *azidothymidine*). Médicament antiviral utilisé dans le traitement de l'infection par le VIH, partic. du sida.

AZTÈQUE adj. et n. Relatif aux Aztèques, qui se rapportait à ce peuple.

AZULEJO [azulexo] ou [azuleʒo] n.m. (mot esp., de *azul*, bleu). En Espagne, au Portugal, revêtement constitué d'un assemblage de carreaux de faïence portant un décor à dominante bleue ; chacun de ces carreaux.

■ **AZULEJO** (Portugal, XVIIIe s.).

AZULÈNE n.m. Hydrocarbure aromatique à la belle fluorescence bleue, utilisé dans les lessives comme azurant.

AZUR n.m. (ar. *lāzaward*, lapis-lazuli). **1.** Bleu clair et intense, notamm. celui du ciel. – *Litt.* Le ciel lui-même. **2.** ARTS APPL., CÉRAM. Verre ou émail coloré en bleu par l'oxyde de cobalt. SYN. : *smalt*. **3.** HÉRALD. Couleur bleue du blason.

AZURAGE n.m. TECHN. Addition d'azurant au cours du blanchiment d'un tissu, d'un papier, d'un linge, pour en aviver l'éclat.

AZURANT n.m. Colorant bleu ou violet utilisé pour l'azurage.

AZURÉ, E adj. *Litt.* De couleur d'azur.

AZURÉEN, ENNE adj. et n. De la Côte d'Azur. *Le climat azuréen.*

AZURER v.t. Procéder à l'azurage de.

AZURITE n.f. MINÉRALOG. Carbonate de cuivre, de couleur bleue.

AZYGOS [azigɔs] adj. et n.f. (du gr. *zugos*, paire). *Veine azygos* : chacune des trois veines du système des veines caves qui drainent le sang des parois thoracique et abdominale.

AZYME adj. et n.m. (du gr. *zumê*, levain). Se dit du pain qui est cuit sans levain. ◇ *Pain azyme*, utilisé rituellement pour la Pâque juive *(fête des Azymes)* ; chez les catholiques, pain dont on fait les hosties.

Caractère Bodoni

B n.m. inv. **1.** Deuxième lettre de l'alphabet et la première des consonnes. (*B* note la bilabiale sonore.) **2.** MUS. B : *si* bémol, dans le système de notation germanique ; *si* naturel, dans le système anglo-saxon. **3.** *Film de série B :* film médiocre ou à petit budget.

B.A. [bea] n.f. (sigle). *Souvent iron.* Bonne action. *Faire sa B.A.*

B.A.-BA [beaba] n.m. inv. Connaissances élémentaires, premiers rudiments. *Apprendre le b.a.-ba du métier.*

1. BABA adj. *Fam.* Frappé d'étonnement ; stupéfait. *Rester baba.*

2. BABA n.m. (mot polon.). Gâteau fait avec une pâte levée additionnée de raisins secs, et imbibé, après cuisson, de rhum ou de kirsch. *Baba au rhum.*

3. BABA n.m. Réunion. Bébé.

BABA COOL [babakul] ou **BABA** n. [pl. *babas cool, babas*] (du hindi *bābā,* papa, et de l'angl. *cool,* calme). *Fam.* Personne qui, dans les années 1970, adoptait le mode de vie et les thèmes non violents, écologiques, du mouvement hippie.

BABÉLISME n.m. (de la tour de *Babel*). *Didact.* Confusion langagière ; jargon incompréhensible.

BABEURRE n.m. (de *bas* et *beurre*). Résidu liquide de la fabrication du beurre, obtenu après barattage de la crème.

BABIL [babil] n.m. (de *babiller*). **1.** *Litt.* Bavardage continuel, enfantin ou futile. **2.** Vocalisations spontanées émises par les nourrissons. SYN. : *lallation, babillage.*

BABILLAGE n.m. **1.** Action de babiller, de bavarder. **2.** Babil.

1. BABILLARD, E adj. et n. *Litt.,* vx ou Suisse. Qui parle beaucoup ; bavard.

2. BABILLARD n.m. Québec. Tableau d'affichage. *Babillard électronique.*

BABILLARDE n.f. *Arg.,* vx. Lettre.

BABILLER v.i. (onomat.). Parler beaucoup et à propos de rien ; bavarder.

BABINE n.f. (onomat.). Lèvre pendante de certains mammifères (chameau, singe, par ex.). – *Fam.* (Surtout pl.) Lèvres. ◇ *Se lécher, se pourlécher les babines :* se délecter à l'avance de qqch.

BABINSKI (SIGNE DE) : extension réflexe du gros orteil vers le haut en réponse au frottement de la plante du pied, signe d'atteinte du faisceau pyramidal.

BABIOLE n.f. (ital. *babbola,* bêtise). *Fam.* Objet, chose de peu de valeur ; bagatelle.

BABIROUSSA n.m. (malais *babi,* porc, et *rusa,* cerf). Porc sauvage de Célèbes, à canines supérieures très recourbées. (Haut. au garrot 50 cm env. ; famille des suidés.)

BABISME n.m. Doctrine religieuse du Bab.

BABOLER v.i. Suisse. Parler de manière indistincte ; bredouiller.

BÂBORD n.m. (néerl. *bakboord*). Côté gauche d'un navire, en regardant vers l'avant (par oppos. à *tribord*).

BÂBORDAIS n.m. MAR. Membre d'équipage faisant partie de la bordée de bâbord, qui prend le quart en alternance avec les tribordais.

BABOUCHE n.f. (ar. *bābūch,* du persan). Chaussure, pantoufle de cuir sans quartier ni talon.

BABOUCHKA n.f. (mot russe, *grand-mère*). Vieille femme russe.

BABOUIN n.m. (de *babine*). Singe terrestre d'Afrique, au museau allongé comme celui d'un chien (d'où son nom de *cynocéphale*), vivant en société organisée. (Genre *Papio ;* sous-ordre des catarhiniens.)

■ **BABOUIN**

BABOUVISME n.m. Doctrine de Babeuf et de ses disciples, visant à instaurer une sorte de communisme égalitaire.

BABY [bebi] adj. inv. et n.m. [pl. *babys* ou *babies*] (mot angl., *bébé*). Se dit d'une demi-dose de whisky.

BABY-BEEF [bebibif] n.m. inv. (mot angl.). Jeune bovin, génér. mâle et non castré, engraissé pour sa viande, abattu à l'âge de douze à quinze mois.

BABY-BOOM [babibum] ou [bebi-] n.m. [pl. *baby-booms*] (mot angl.). Augmentation soudaine de la natalité.

BABY-BOOMER [babibumœr] n. [pl. *baby-boomers*] (mot angl.). Personne née pendant le baby-boom qui a suivi la Seconde Guerre mondiale.

■ **BABIROUSSA**

BABY-FOOT [babifut] n.m. inv. (mot angl.). Football de table comportant des figurines que l'on actionne à l'aide de tiges mobiles.

BABYLONIEN, ENNE adj. et n. De Babylone ; de Babylonie.

BABY-SITTER [babisitœr] ou [bebi-] n. [pl. *baby-sitters*] (angl. *baby,* bébé, et *to sit,* s'asseoir). Personne payée pour garder occasionnellement un ou des enfants en l'absence de leurs parents.

BABY-SITTING [babisitiŋ] ou [bebi-] n.m. (pl. *baby-sittings*). Activité d'un, d'une baby-sitter.

BABY-TEST [bebitɛst] n.m. [pl. *baby-tests*] (mot angl.). Test permettant d'apprécier le niveau de développement psychomoteur et intellectuel d'un enfant d'âge préscolaire.

1. BAC n.m. (lat. pop. *baccu,* récipient). **1.** Bateau large et plat assurant la traversée d'un cours d'eau, d'un lac, d'un bras de mer, pour les voyageurs, les véhicules, etc. **2.** Récipient, souvent de forme rectangulaire, servant à divers usages. *Bac à légumes. Bac à glace d'un réfrigérateur.* **3.** Présentoir en forme de casier où sont proposés les disques à la vente. **4.** Belgique. Casier à bouteilles. *Bac de bière.*

2. BAC n.m. (abrév.). Baccalauréat. ◇ *Bac + 1, + 2, etc. :* du niveau de formation correspondant à l'accomplissement d'une, deux, etc., années d'études supérieures après le baccalauréat.

BACANTE n.f. → **2. BACCHANTE.**

BACCALAURÉAT n.m. (bas lat. *baccalaureatus,* de *baccalarius,* jeune homme, d'après le lat. *bacca lauri,* baie de laurier). **1.** Le premier des grades universitaires, sanctionné par un diplôme qui marque le terme des études secondaires ; l'examen permettant son obtention. (Il existe actuellement, en France, trois filières pour l'enseignement général, quatre pour l'enseignement technologique, à quoi s'ajoutent les divers baccalauréats professionnels.) Abrév. : *bac.* **2.** Au Québec, diplôme sanctionnant le premier cycle universitaire.

BACCARA n.m. (mot provenç.). Jeu de cartes à un ou deux tableaux pratiqué entre un banquier et des joueurs appelés *pontes.*

BACCARAT n.m. Cristal de la manufacture de Baccarat.

BACCHANALE [bakanal] n.f. (lat. *Bacchanalia,* fête de Bacchus). Vieilli, *litt.* ou Suisse. Fête tournant à la débauche, à l'orgie. ◆ pl. ANTIQ. GR. ET ROM. Fêtes en l'honneur de Bacchus (mystères dionysiaques de l'Italie ou dionysies grecques).

1. BACCHANTE [bakɑ̃t] n.f. (de *Bacchus,* n. myth.). Prêtresse du culte de Bacchus.

2. BACCHANTE ou **BACANTE** n.f. *Fam.* (Surtout pl.) Moustache.

BÂCHAGE n.m. Action de bâcher.

BÂCHE n.f. (lat. *bascauda,* d'orig. celtique). **1.** Toile épaisse et imperméabilisée ; pièce formée de cette toile servant à protéger des intempéries. **2.** Caisse à châssis vitrés abritant de jeunes plantes. **3.** TECHN. Réservoir d'eau pour l'alimentation d'une machine (chaudière, par ex.).

BÂCHÉE n.f. Afrique. Camionnette dont la partie arrière est recouverte d'une bâche amovible.

1. BACHELIER n.m. (lat. *baccalarius*). HIST. Jeune homme, en partic. vassal, n'ayant pas encore reçu de fief.

2. BACHELIER, ÈRE n. (lat. *baccalarius*). Personne qui a obtenu le baccalauréat.

BÂCHER v.t. Couvrir d'une bâche.

BACHI-BOUZOUK n.m. [pl. *bachi-bouzouks*] (mot turc). Soldat irrégulier de l'ancienne armée ottomane.

BACHIQUE adj. **1.** Relatif à Bacchus, à son culte. *Fête bachique.* **2.** *Litt.* Qui évoque une bacchanale ; qui célèbre le vin, l'ivresse. ◇ *Chanson bachique :* chanson à boire.

BACHOT n.m. *Fam.*, vieilli. Baccalauréat.

BACHOTAGE n.m. *Fam.* Action de bachoter.

BACHOTER v.i. *Fam.* Préparer le programme d'un examen (baccalauréat, notamm.) ou d'un concours à un rythme soutenu, hâtif et dans le seul souci d'être reçu.

BACILLAIRE adj. Relatif aux bacilles. ◆ adj. et n. Se dit d'un malade atteint de tuberculose pulmonaire, contagieux par les bacilles contenus dans ses crachats.

BACILLARIOPHYCÉE [basilarjɔfise] n.f. BOT. Diatomée.

BACILLE [basil] n.m. (lat. *bacillus*, bâtonnet). **1.** Bactérie en forme de bâtonnet droit. **2.** Insecte herbivore du midi de la France, ressemblant à une brindille. (Long. 10 cm env. ; ordre des chéleutoptères.)

BACKGAMMON [bakgamɔn] n.m. (mot angl., d'orig. galloise). Jeu de société, pratiqué à l'aide de pions dont le parcours est régi par le jet de deux dés et le choix du joueur.

BACKGROUND [bakgrawnd] n.m. (mot angl., *arrière-plan*). Contexte, cadre d'une action, d'un événement.

BACK-OFFICE n.m. [pl. *back-offices*] (mot angl.). Ensemble des agents chargés de la gestion administrative des opérations d'une salle de marché. Recomm. off. : *post-marché.*

BÂCLAGE n.m. *Fam.* Action de bâcler ; exécution rapide et peu soignée.

BÂCLE n.f. Pièce de bois ou de métal qui maintient une porte fermée.

BÂCLER v.t. (lat. pop. *bacculare*, de *baculum*, bâton). *Fam.* Faire à la hâte et sans soin.

BACON [bekɔn] n.m. (mot angl. du francique *bakko*, jambon). Pièce de carcasse de porc salée et fumée, débitée en tranches minces.

BACTÉRICIDE adj. et n.m. Se dit d'un produit, en partic. antibiotique, qui tue les bactéries.

BACTÉRIE n.f. (gr. *baktēria*, bâton). Micro-organisme dont la cellule ne comporte pas de noyau, présent dans tous les milieux sous des formes très variées, telles que les archéobactéries, les staphylocoques, les actinomycètes et le colibacille. ENCYCL. Formées le plus souvent d'une cellule unique, les bactéries sont les plus petits organismes autonomes (de 1 à 5 micromètres). L'absence de noyau et de tout autre compartiment clos par une membrane distingue la cellule bactérienne ou *procaryote* des cellules dites *eucaryotes* des autres êtres vivants. On classe les bactéries selon leur mode de nutrition, leur morphologie et leurs caractéristiques biochimiques. Très abondantes dans tous les milieux, elles jouent un rôle essentiel dans le recyclage de la matière organique qui compose les êtres vivants. Certaines pratiquent la photosynthèse, d'autres assimilent l'azote de l'air. Les espèces parasites peuvent provoquer des maladies chez les végétaux et les animaux (notamm., chez l'homme, la typhoïde, la peste, le choléra et la diphtérie). Cependant, beaucoup vivent en symbiose avec les organismes qui les abritent ; certaines sont nécessaires à la fabrication des fromages, du vin ou des antibiotiques ; d'autres sont utilisées par les biotechnologies.

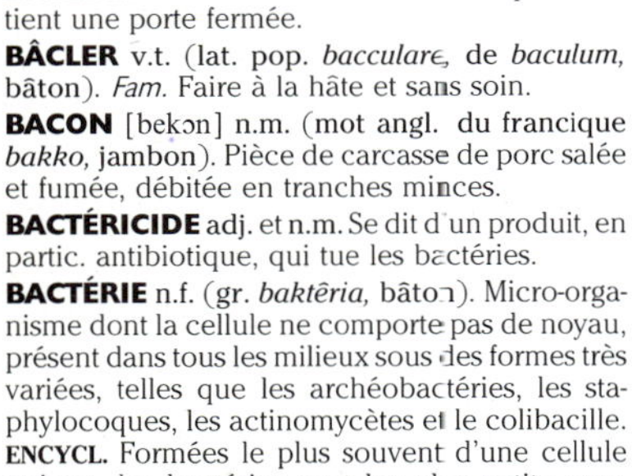

■ **BACTÉRIE** *(Helicobacter pylori)*

BACTÉRIÉMIE n.f. MÉD. Présence de bactéries dans le sang, de courte durée et bénigne (par oppos. à *septicémie*).

BACTÉRIEN, ENNE adj. Relatif aux bactéries.

BACTÉRIOLOGIE n.f. Partie de la microbiologie qui étudie les bactéries.

BACTÉRIOLOGIQUE adj. Relatif à la bactériologie. ◇ *Arme, guerre bactériologique,* qui utilise les bactéries porteuses de maladies contagieuses.

BACTÉRIOLOGISTE n. Spécialiste de bactériologie.

BACTÉRIOPHAGE n.m. et adj. Virus infectant les bactéries. (On dit aussi *phage.*)

BACTÉRIOSTATIQUE adj. et n.m. Se dit d'un produit, en partic. antibiotique, qui empêche la multiplication des bactéries sans les tuer.

BADABOUM interj. Imite le bruit d'une chute. *Badaboum ! je me retrouve par terre.*

BADAMIER n.m. (du persan *bādām*, amande). Arbre ornemental d'Afrique et d'Asie tropicale dont le bois, mi-dur et léger, est employé en menuiserie. (Genre *Terminalia ;* famille des combrétacées.)

BADAUD, E n. et adj. (du provenç. *badar*, regarder bouche bée). Passant, promeneur dont la curiosité est facilement séduite par un spectacle improvisé, un événement plus ou moins important de la rue. (S'emploie rarement au féminin.)

BADERNE n.f. *Fam., péjor. Vieille baderne,* ou *baderne :* homme (spécial. militaire) borné et rétrograde.

BADGE [badʒ] n.m. (mot angl.). **1.** Insigne distinctif muni d'une inscription ou d'un dessin et porté en broche. – INFORM. Document d'identité codé, lisible par des appareils spéciaux *(lecteurs de badge, badgeuses).* **2.** Insigne scout récompensant une compétence particulière dans un domaine donné. *Badge de cuisinier.*

BADGER v.i. Introduire son badge dans un lecteur pour accéder à un local ou en sortir, ou pour enregistrer ses horaires de travail.

BADGEUSE n.f. Machine pour badger.

BADIANE n.f. (persan *bādiān*, anis). Arbuste originaire du Viêt Nam, dont le fruit, appelé *anis étoilé,* contient une essence odorante utilisée pour la fabrication de boissons anisées. (Famille des magnoliacées.)

BADIGEON n.m. Enduit à base de lait de chaux, pour le revêtement et la protection des murs.

BADIGEONNAGE n.m. Action de badigeonner.

BADIGEONNER v.t. **1.** Peindre avec du badigeon. **2.** Enduire d'une préparation pharmaceutique liquide. *Badigeonner la gorge.*

BADIGEONNEUR, EUSE n. *Péjor.* Mauvais peintre.

BADIGOINCES n.f. pl. *Fam., par plais.* Lèvres.

1. BADIN, E adj. (mot provenç., *sot*). *Litt.* Qui manifeste une gaieté légère, un caractère enjoué. *Un ton badin.*

2. BADIN n.m. (du nom de l'inventeur). AVIAT. Appareil pour mesurer la vitesse relative d'un avion par rapport à l'air ambiant.

BADINAGE n.m. *Litt.*, vieilli. Action de badiner ; propos badin, attitude badine. *Un badinage galant.*

BADINE n.f. (p.-ê. de *badiner*). Baguette mince et flexible que l'on tient à la main.

BADINER v.i. Prendre les choses légèrement ; plaisanter. ◆ v.t. ind. **(avec, sur)**. [Surtout en tournure négative.] Prendre qqch à la légère ; plaisanter sur, avec qqch. *On ne badine pas avec l'amour.*

BADINERIE n.f. *Litt.* Parole ou action divertissante ; plaisanterie.

BAD-LANDS [badlɑ̃ds] n.f. pl. (mot angl., *mauvaises terres*). GÉOMORPH. Terrains érodés par le ruissellement torrentiel en de multiples ravins qui ne laissent entre eux que des crêtes.

BADMINTON [badmintɔn] n.m. (mot angl.). Sport pratiqué sur un court, consistant à se renvoyer un volant avec des raquettes par-dessus un filet tendu entre des poteaux à 1,55 m de hauteur.

BAES, BAESINE [bas, bazin] n. Belgique. Patron de café ; propriétaire d'un logement universitaire.

BAFFE n.f. (onomat.). *Fam.* Gifle.

BAFFLE [bafl] n.m. (mot angl., *écran*). **1.** ÉLECTROACOUST. Écran rigide, monté sur un haut-parleur, limitant les effets d'interférence sonore entre les deux faces de la membrane. **2.** *Cour.* Enceinte acoustique.

BAFOUER v.t. (d'orig. onomat.). Se moquer de, tourner en ridicule ; outrager.

BAFOUILLAGE n.m. *Fam.* Action de bafouiller ; élocution embrouillée, confuse.

BAFOUILLE n.f. *Fam.* Lettre.

BAFOUILLER v.t. et v.i. (d'orig. onomat.). *Fam.* Parler d'une manière inintelligible, embarrassée ; bredouiller.

BAFOUILLEUR, EUSE n. et adj. *Fam.* Personne qui bafouille.

BÂFRER v.t. (de *baf*, onomat.). *Fam.* Manger qqch avidement et avec excès. ◇ Absol. *Il n'arrête pas de bâfrer.*

BÂFREUR, EUSE n. *Fam.* Personne qui aime bâfrer ; glouton.

BAGAD n.m. (mot breton). Formation musicale bretonne comprenant principalement des joueurs de biniou et de bombarde.

BAGAGE n.m. (anc. fr. *bagues*, paquets). **1.** Sac, valise contenant les affaires qu'on emporte avec soi en voyage. *Bagage à main.* ◇ *Plier bagage :* partir. **2.** (Le plus souvent pl.) Ensemble des affaires, des objets que l'on emporte avec soi en voyage. *Préparer ses bagages.* ◇ *Fam. Partir avec armes et bagages,* en emportant tout. **3.** *Fig.* Ensemble des connaissances acquises dans un domaine par une personne jeune. *Bagage littéraire.*

BAGAGISTE n.m. **1.** Employé dans un hôtel, une gare, un aéroport, chargé de porter les bagages. **2.** Industriel fabriquant des bagages.

BAGARRE n.f. (provenç. *bagarro*, rixe). **1.** Querelle violente accompagnée d'échange de coups, entre plusieurs personnes. ◇ *Chercher la bagarre :* aller au-devant des coups ; provoquer. **2.** *Fig.* Vive compétition ; lutte, match. *Bagarre politique.*

BAGARRER v.i. *Fam.* Prendre part à une lutte, une bagarre. *Bagarrer pour une opinion.* ◆ **se bagarrer** v.pr. **1.** Prendre une part active dans une bagarre ; se battre, se quereller. **2.** *Fig.* Lutter énergiquement pour une cause, un objectif.

BAGARREUR, EUSE adj. et n. *Fam.* Qui aime la bagarre ; combatif.

BAGASSE n.f. (esp. *bagazo*, marc). Résidu ligneux de la canne à sucre, restant après l'extraction du jus sucré.

BAGATELLE n.f. (ital. *bagatella*, tour de bateleur). **1.** Chose, objet de peu de valeur ; frivolité, vétille. *Acheter des bagatelles. Être puni pour une bagatelle.* ◇ *La bagatelle de :* la somme de. (Souvent iron., pour parler d'une somme importante.) **2.** *Fam. La bagatelle :* l'amour physique. **3.** MUS. Petit morceau léger, de ton intime, souvent pour le piano.

BAGEL [bagɛl] n.m. (mot angl.). Québec. Petit pain en forme d'anneau.

BAGNARD n.m. Anc. Personne purgeant une peine de bagne ; forçat.

BAGNE n.m. (ital. *bagno*, établissement de bains). **1.** Établissement, lieu où était subie la peine des travaux forcés ou de la relégation ; la peine elle-même. (Les bagnes coloniaux français ont été définitivement supprimés en 1942.) **2.** *Fig.* Lieu où l'on est astreint à un travail, à une activité très pénible.

BAGNES n.m. (de *Val de Bagnes*). Suisse. Fromage du Valais, à pâte dure.

BAGNOLE n.f. *Fam.* Automobile.

BAGOU ou **BAGOUT** n.m. (de l'anc. fr. *bagouler*, parler à tort et à travers). *Fam.* Grande facilité de parole. *Avoir du bagou.*

BAGUAGE n.m. Opération consistant à baguer un oiseau, un axe de machine, à pratiquer une incision annulaire sur un arbre.

BAGUE n.f. (néerl. *bagge*, anneau). **1.** Anneau plus ou moins ouvragé, orné ou non d'une pierre, que l'on porte au doigt. ◇ *Fam. Avoir la bague au doigt :* être marié. **2.** Objet en forme d'anneau. *Bague de cigare.* **3. a.** MAR. Anneau de fer, cordage servant à divers usages. **b.** OUTILL. Pièce annulaire assurant la fixation, le guidage, le serrage, la lubrification, etc., d'éléments de révolution. *Bague de roulement. Bague de collier.* **c.** ORNITH. Anneau fixé sur la patte d'un oiseau, notamm. pour étudier ses déplacements. **d.** MÉD. *Bague tuberculinique :* bague au chaton muni de fines pointes imprégnées de tuberculine, utilisée pour piquer la peau lors du diagnostic de la tuberculose. **e.** ARCHIT. Moulure, ou corps de moulures, pleine, ornementée ou non, ceinturant une colonne.

BAGUÉ, E adj. **1.** Garni d'une bague, d'un anneau. *Doigts bagués d'or.* **2.** ARCHIT. *Colonne baguée,* dont le fût est orné de bagues. SYN. : *annelé.*

BAGUENAUDE n.f. (provenç. *baganaudo,* du lat. *baca,* baie). **1.** Fruit du baguenaudier. **2.** *Fam.,* vieilli. Promenade, flânerie.

BAGUENAUDER (SE) v.pr. ou **BAGUENAUDER** v.i. *Fam.* Se promener sans but ; flâner.

BAGUENAUDIER n.m. Arbuste des régions chaudes et tempérées d'Eurasie, à fleurs jaunes et à gousses renflées en vessie, cultivé pour l'ornementation. (Genre *Colutea ;* famille des papilionacées.) SYN. : *séné d'Europe.*

■ BAGUENAUDIER

1. BAGUER v.t. (anc. fr. *baguer,* attacher). COUT. Maintenir deux épaisseurs de tissu avec des points de bâti allongés, invisibles à l'endroit.

2. BAGUER v.t. **1.** Garnir d'une bague. **2.** Identifier, marquer un oiseau au moyen d'une bague fixée à l'une de ses pattes.

BAGUETTE n.f. (ital. *bacchetta*). **1.** Petit bâton mince, plus ou moins long et flexible (qui pouvait être autrefois l'attribut d'une fonction ministérielle). ◇ *Mener qqn à la baguette,* le diriger avec une autorité intraitable. – *Marcher à la baguette :* obéir sans discussion. **2. a.** Bâton, souvent de coudrier, avec lequel les sourciers, les radiesthésistes prétendent découvrir des sources, des objets perdus ou cachés. **b.** *Baguette magique :* baguette chargée d'un pouvoir magique, avec laquelle les fées et les magiciens opèrent leurs enchantements, dans les contes. – *D'un coup de baguette magique :* comme par enchantement. **3.** *Baguette de fusil,* servant à nettoyer le canon du fusil et, autref., à le charger. **4.** *Baguettes de tambour :* petits bâtons courts à l'extrémité façonnée en forme d'olive, à l'aide desquels on bat du tambour. – *Fam. Cheveux en baguettes de tambour,* raides. **5.** Pain long d'environ 250 g. **6.** ARCHIT., MENUIS. Petite moulure, souvent arrondie, servant à décorer, masquer un joint, etc. **7.** Ornement linéaire et vertical d'un bas, d'une chaussette.

BAGUETTISANT n.m. Sourcier.

BAGUIER n.m. Petit coffret, écrin ou coupe à tige centrale, pour ranger des bagues et autres bijoux.

BAGUIO [bagjo] n.m. Typhon des Philippines.

BAH interj. Exprime le doute, l'indifférence. *Bah ! ne pleure pas, ce n'est rien !*

BAHAÏ ou **BÉHAÏ** adj. et n. Relatif au bahaïsme ; qui en est adepte.

BAHAÏSME ou **BÉHAÏSME** n.m. Mouvement syncrétique religieux, né du babisme, fondé par Bahā' Allāh (1817 - 1892).

BAHT [bat] n.m. Unité monétaire principale de la Thaïlande.

BAHUT n.m. **1. a.** Anc. Coffre de voyage, au Moyen Âge. **b.** Buffet rustique long et bas. **2.** *Fam.* Taxi, automobile, camion. **3.** *Arg. scol.* Lycée. **4.** CONSTR. Mur bas destiné à porter les arcades d'un cloître, une grille, etc.

BAI, E adj. et n.m. (lat. *badius,* brun). Se dit d'un cheval dont la robe est brun roussâtre, et dont les crins et l'extrémité des membres sont noirs.

1. BAIE n.f. (esp. *bahía*). Échancrure du littoral plus ou moins ouverte. *Baie d'Hudson, baie du Mont-Saint-Michel.*

2. BAIE n.f. (lat. *baca*). Fruit charnu à graines ou à pépins, sans noyau, comme le raisin ou la groseille.

3. BAIE n.f. (de *béer*). Ouverture fermée ou non d'une façade (arcade, fenêtre, porte). *Baie vitrée.*

BAIGNADE n.f. **1.** Action de se baigner. *Baignade interdite.* **2.** Endroit d'une rivière, d'un lac où l'on peut se baigner.

BAIGNER v.t. (lat. *balneare*). **1.** Plonger et tenir totalement ou partiellement dans l'eau ou un autre liquide, notamm. pour laver, soigner. *Baigner un enfant. Baigner son doigt dans l'eau salée.* **2.** Mettre en contact avec un liquide ; humecter. *Baigner ses tempes d'eau fraîche.* **3.** *Litt.* Border de ses eaux ; arroser. *Ce fleuve baigne une contrée fertile. La Méditerranée baigne les îles grecques.* **4.** *Fig., litt.* Envelopper, imprégner. *Lumière qui baigne un paysage.* ◆ v.i. **1.** Être immergé dans, être mouillé par un liquide. *Un rôti baignant dans son jus.* ◇ *Fam. Ça baigne (dans l'huile) :* ça va, ça marche bien. **2.** *Fig.* Être enveloppé par, imprégné de. *La vallée baignait dans le crépuscule.* ◆ **se baigner** v.pr. Prendre un bain.

BAIGNEUR, EUSE n. Personne qui se baigne. ◆ n.m. **1.** Poupée figurant un bébé, susceptible d'être baignée. **2.** *Arg.* Postérieur.

BAIGNOIRE n.f. **1.** Appareil sanitaire d'une salle de bains dans lequel on prend des bains. **2.** Loge de rez-de-chaussée, dans un théâtre. **3.** Partie supérieure d'un kiosque de sous-marin, qui sert de passerelle.

BAIL [baj] n.m. [pl. *baux*] (de *bailler*). Convention par laquelle un bailleur donne la jouissance d'un bien meuble ou immeuble pour un prix et un temps déterminés ; contrat qui constate le bail et qui définit les rapports entre le propriétaire et le locataire. ◇ *Donner à bail :* octroyer, concéder contractuellement la location d'un bien. – *Bail commercial :* bail d'un local à usage artisanal, commercial ou industriel. – *Fam. Ça fait un bail :* il y a longtemps.

BAILLE n.f. (bas lat. *bajula,* chose qui porte). *Arg. La baille :* l'eau, la mer. – *Arg. mil. La Baille :* l'École navale.

BÂILLEMENT n.m. **1.** Action de bâiller. **2.** Fait de bâiller, d'être entrouvert ; ouverture d'une chose qui bâille.

BAILLER v.t. (lat. *bajulare,* porter). Vx ou dial. Donner. ◇ *La bailler bonne, la bailler belle à qqn,* lui faire croire une chose fausse.

BÂILLER v.i. (du lat. *batare,* tenir la bouche ouverte). **1.** Ouvrir largement et involontairement la bouche, de sommeil, faim, ennui ou fatigue. **2.** Présenter une ouverture ; être mal fermé, mal ajusté. *Porte qui bâille. Jupe qui bâille.*

BAILLEUR, ERESSE n. DR. Personne qui donne à bail ; loueur (par oppos. à *preneur*). ◆ n.m. *Bailleur de fonds :* personne qui consent un prêt pour un objet déterminé.

BÂILLEUR, EUSE n. Rare. Personne qui bâille.

BAILLI n.m. (de l'anc. fr. *baillir,* administrer). Dans la France du Moyen Âge et de l'Ancien Régime, agent du roi qui était chargé de fonctions administratives et judiciaires. (D'abord chargés de missions temporaires, les baillis, appelés *sénéchaux* dans le Midi, devinrent v. 1260 des officiers sédentaires placés à la tête des bailliages ; à partir du XVe s. leurs pouvoirs s'amenuisèrent.)

BAILLIAGE n.m. HIST. **1.** Circonscription administrative et judiciaire d'un bailli. **2.** Tribunal du bailli.

BÂILLON n.m. (de *bâiller*). Bandeau, tissu, objet qu'on met sur ou dans la bouche de qqn pour l'empêcher de parler ou de crier.

BÂILLONNEMENT n.m. Action de bâillonner.

BÂILLONNER v.t. **1.** Mettre un bâillon à qqn. **2.** *Fig.* Mettre dans l'impossibilité de s'exprimer librement ; museler. *Bâillonner la presse.*

BAIN n.m. (lat. *balneum*). **1.** Action de se baigner, de baigner qqn, qqch. *Prendre un bain.* ◇ *Se mettre dans le bain :* s'initier à un travail, à une affaire. – *Se remettre dans le bain :* reprendre contact avec qqch, un milieu ; se réadapter. **2.** Eau, liquide dans lequel on se baigne, on baigne qqch, une partie du corps, etc. *Bain de mousse, d'eau salée.* ◇ *Bain de bouche :* soins de la bouche pratiqués avec une solution. **3.** *Bain bouillonnant :* baignoire munie d'un équipement qui produit un bouillonnement destiné à masser, à décontracter. **4.** Solution, préparation dans laquelle on immerge qqch pour le soumettre à une opération quelconque ; récipient contenant cette solution. *Bain colorant. Bain de trempe.* **5.** Exposition, immersion dans un milieu quelconque. *Bain de vapeur, de boue.* ◇ *Bain de soleil :* exposition prolongée du corps au soleil. **6.** *Bain de foule :* contact direct avec un grand nombre de personnes. ◆ pl. **1.** Établissement public où l'on prend des bains, des douches. **2.** Vieilli. Station thermale. *Aller aux bains.*

BAIN-MARIE n.m. [pl. *bains-marie*] (de *Marie,* sœur de Moïse, auteur supposé d'un traité d'alchimie). **1.** Eau bouillante dans laquelle on plonge un récipient contenant un aliment, une préparation à chauffer doucement, sans contact direct avec le feu. *Cuisson au bain-marie.* **2.** Récipient à deux compartiments concentriques pour la cuisson au bain-marie.

BAÏONNETTE n.f. (de *Bayonne,* où cette arme fut mise au point). **1.** Lame effilée qui s'adapte au bout d'un fusil. **2.** Dispositif de fixation qui évoque celui d'une baïonnette (ergots engagés dans des crans par rotation). *Douille à baïonnette d'une lampe électrique.*

B

BAÏRAM, BAYRAM [bairam] ou **BEÏRAM** [beiram] n.m. (turc *bayram*). Chacune des deux fêtes musulmanes qui suivent le ramadan, chez les Turcs.

BAISE n.f. **1.** *Vulg.* Amour physique ; relations sexuelles. **2.** Belgique. Baiser.

BAISE-EN-VILLE n.m. inv. *Fam.,* vieilli. Petite valise avec un nécessaire de nuit.

BAISEMAIN n.m. Geste de respect ou de civilité consistant à effleurer d'un baiser la main d'une femme ou d'un souverain.

BAISEMENT n.m. RELIG. Baiser rituel d'un objet sacré.

1. BAISER v.t. (lat. *basiare*). **1.** Donner un baiser, poser ses lèvres sur. **2.** *Vulg.* Avoir des relations sexuelles avec. **3.** *Très fam.* Duper, tromper. ◇ *Très fam. Se faire baiser :* être dupé.

2. BAISER n.m. Action de poser ses lèvres sur ; son résultat. ◇ *Baiser de Judas :* démonstration d'affection hypocrite.

BAISOTER v.t. *Fam.* Donner de petits baisers répétés.

BAISSE n.f. Action, fait de baisser, de descendre. ◇ BOURSE. *Jouer à la baisse :* spéculer sur la baisse des cours, sur le marché à terme.

BAISSER v.t. (lat. *bassus,* bas). **1.** Mettre, faire descendre plus bas. *Baisser un store.* **2.** Incliner, diriger vers le bas une partie du corps. *Baisser la tête, les yeux.* **3.** Diminuer la force, l'intensité, la hauteur, la valeur de qqch. *Baisser la voix, la radio, la lumière.* ◆ v.i. **1.** Descendre à un niveau inférieur ; décroître. *Le niveau de la rivière baisse en été.* **2.** Diminuer de valeur, de prix, d'intensité. *Des actions qui baissent.* **3.** Perdre de sa force ; décliner. *Ses facultés intellectuelles baissent.* ◆ **se baisser** v.pr. S'incliner, se courber.

BAISSIER, ÈRE n. Personne qui, à la Bourse, spécule sur la baisse. ◆ adj. Relatif à la baisse des cours.

BAJOUE n.f. (de *bas* et *joue*). **1.** Partie latérale de la tête de certains animaux (veau, cochon partic.), qui s'étend de l'œil à la mâchoire. **2.** *Fam.* Joue humaine flasque et pendante. **3.** Rare. Abajoue.

BAJOYER [baʒwaje] n.m. (de *joue*). **1.** Mur consolidant les rives d'un cours d'eau de part et d'autre d'un pont pour empêcher le courant d'attaquer les culées. **2.** Paroi latérale d'une chambre d'écluse.

BAKCHICH [bakʃiʃ] n.m. (du persan, par le turc). *Fam.* Pourboire, pot-de-vin.

BAKÉLITE n.f. (nom déposé). Résine synthétique obtenue par condensation d'un phénol avec l'aldéhyde formique et employée comme succédané de l'ambre, de l'écaille, etc.

BAKLAVA n.m. (mot turc). Gâteau oriental de pâte feuilletée, au miel et aux amandes.

BAKUFU [bakufu] n.m. (mot jap.). Au Japon, gouvernement des shoguns, inauguré au XIIe s.

BAL n.m. [pl. *bals*] (de l'anc. fr. *baller,* danser). Réunion où l'on danse ; lieu où se tient cette réunion. ◇ ***Ouvrir le bal :*** être le premier à danser ; *fig.,* être le premier à entreprendre une action ; commencer. – ***Bal de têtes,*** où les danseurs sont grimés ou masqués à la ressemblance de personnages connus.

BALADE n.f. (de *ballade*). *Fam.* Promenade.

BALADER v.t. *Fam.* **1.** Promener. *Balader des enfants.* **2.** Traîner avec soi qqch de lourd ou d'encombrant. ◆ v.i. *Fam.* ***Envoyer balader :*** éconduire vivement ; rejeter. *Envoyer balader qqn, qqch.* ◆ **se balader** v.pr. *Fam.* Se promener.

1. BALADEUR, EUSE adj. **1.** *Fam.* Qui aime à se balader, à se promener. **2.** *Fam.* ***Avoir la main baladeuse :*** faire des caresses indiscrètes. **3.** ***Micro baladeur,*** ou *baladeur,* n.m., muni d'un long fil qui permet de le déplacer.

2. BALADEUR n.m. **1.** HORLOG. Roue montée sur un support pouvant tourner autour d'un axe et prendre deux positions. **2.** Lecteur portatif de cassettes ou de disques compacts, muni d'écouteurs. Recomm. off. pour *Walkman.*

BALADEUSE n.f. Lampe électrique munie d'un long fil qui permet de la déplacer.

BALADIN n.m. (mot provenç.). Anc. Bouffon de comédie, farceur de place publique ; comédien ambulant.

B

BALAFON n.m. (mot malinké). Instrument à percussion de l'Afrique noire, comparable au xylophone.

BALAFRE n.f. (de l'anc. fr. *leffre,* lèvre). Longue entaille faite par une arme ou un instrument tranchant, partic. au visage ; cicatrice qu'elle laisse.

BALAFRÉ, E adj. et n. Qui présente une ou plusieurs balafres.

BALAFRER v.t. Faire une balafre à.

BALAI n.m. (mot d'orig. gaul.). **1.** Ustensile employé pour le nettoyage des sols et composé essentiellement d'un long manche terminé par une brosse ou un faisceau de branchettes, de fibres animales ou végétales, etc. ◇ ***Balai mécanique :*** balai à brosses rotatives montées sur un petit chariot. – ***Balai d'essuie-glace :*** partie active d'un essuie-glace comprenant un support métallique, un jeu de biellettes articulées et une raclette en caoutchouc qui se déplace sur la vitre à nettoyer. – *Fam.* ***Coup de balai :*** renvoi massif du personnel d'une entreprise. – *Fam.* ***Du balai ! :*** dehors, à la porte ! **2.** *Fam.* Dernier métro, dernier train ou dernier autobus d'un réseau circulant en fin de journée. **3.** FAUCONN. Queue des oiseaux de proie. **4.** Pièce conductrice destinée à assurer, par contact glissant, la liaison électrique entre un organe mobile et un contact fixe. **5.** ***Manche à balai.*** **a.** Levier actionnant les organes de commande longitudinale et latérale d'un avion. **b.** Recomm. off. pour *joystick.* **6.** *Fam.* Année d'âge. *Avoir trente balais.*

BALAI-BROSSE n.m. (pl. *balais-brosses*). Brosse très dure montée sur un manche à balai.

BALAIS [balɛ] adj.m. (lat. *balascus,* de l'ar. *balāhs*). ***Rubis balais :*** rubis de couleur rose pâle.

BALAISE adj. et n. → **BALÈZE.**

BALALAÏKA n.f. (mot russe). Instrument de la famille du luth, à caisse triangulaire, à trois cordes, en usage en Russie.

BALANCE n.f. (du lat. *bis,* deux fois, et *lanx,* plateau). **1.** Instrument servant à comparer des masses, par oppos. au *dynamomètre,* qui mesure des forces ou des poids. (Dans sa forme classique [balance de Roberval], elle possède deux plateaux fixés aux extrémités d'un fléau reposant sur un couteau. Les balances électroniques utilisent en fait un dynamomètre.) ◇ ***Balance romaine*** → **1. romaine. 2.** Filet dont la forme évoque un plateau de balance, pour la pêche aux crevettes, aux écrevisses. **3.** Dispositif de réglage de l'équilibre sonore entre les deux voies d'une chaîne stéréophonique, ou de niveau général d'un ensemble de plusieurs sources sonores. **4.** ***La Balance :*** constellation et signe du zodiaque (v. partie n.pr.). – *Par ext.* ***Balance :*** personne née sous ce signe. **5.** Symbole de la Justice, figuré par deux plateaux suspendus à un fléau. **6.** *Fig.* Équilibre ; état d'équilibre. *La balance des forces.* **7.** *Arg.* Dénonciateur, dénonciatrice. **8.** COMPTAB. Montant représentant la différence entre le débit et le crédit d'un compte. SYN. : *solde.* – Tout document comptable présenté de manière à constater l'égalité entre les débits et les crédits. ◇ ***Balance des paiements :*** document comptable retraçant l'ensemble des règlements entre un pays et un autre ou plusieurs autres pays. – ***Balance commerciale :*** document comptable qui fait apparaître le solde des importations et des exportations d'un pays. **9.** ***Mettre en balance :*** peser le pour et le contre ; comparer. – ***Jeter qqch dans la balance :*** faire ou dire qqch de décisif. – ***Faire pencher la balance en faveur, du côté de :*** avantager qqn, faire prévaloir qqch. – ***Tenir la balance égale entre deux personnes, entre deux choses :*** ne privilégier aucune des personnes ou des choses comparées. ◆ pl. ÉCON. Avoirs étrangers en une monnaie donnée. *Balances dollars.*

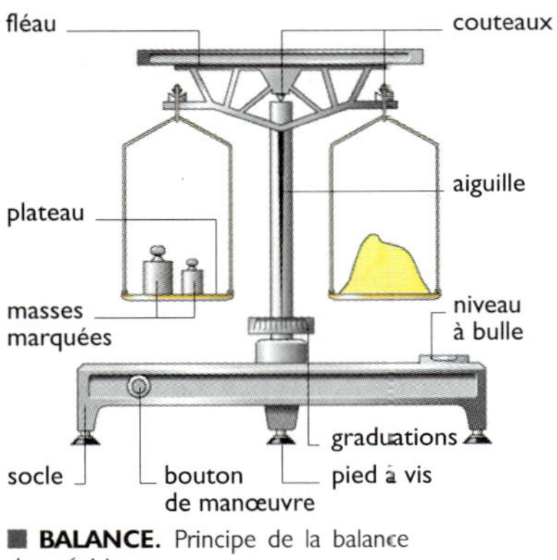

■ **BALANCE.** Principe de la balance de précision.

BALANCÉ, E adj. **1.** Qui dénote l'équilibre ; harmonieux. *Une phrase balancée.* **2.** *Fam.* ***Bien balancé :*** se dit d'une personne dont le corps est harmonieux, bien bâti.

1. BALANCELLE n.f. (de *balancer*). Siège de jardin, à plusieurs places, suspendu à une structure fixe et permettant de se balancer.

2. BALANCELLE n.f. (génois *balanzella*). Anc. Embarcation pointue aux deux extrémités, dont le mât portait une grande voile latine.

BALANCEMENT n.m. **1.** Mouvement par lequel un corps, un objet penche alternativement d'un côté, puis de l'autre de son centre d'équilibre. *Balancement d'une barque.* **2.** État de ce qui paraît harmonieux, en équilibre. *Le balancement d'une phrase.*

BALANCER v.t. [9] (de *balance*). **1.** Mouvoir alternativement d'un côté, puis de l'autre. *Balancer les bras, les jambes.* **2.** *Fam.* Jeter au loin ; se débarrasser de. **3.** *Fam.* ***Balancer un coup, une gifle, etc.,*** les asséner. ◆ v.i. **1.** Avoir un mouvement oscillatoire ; osciller. *Lampe qui balance.* **2.** *Litt.* Être indécis ; hésiter. *Balancer entre deux décisions.* ◆ **se balancer** v.pr. **1.** Se mouvoir d'un côté et de l'autre d'un point fixe. **2.** Faire de la balançoire. **3.** *Fam.* ***S'en balancer :*** s'en moquer.

BALANCIER n.m. **1.** Pièce oscillant autour d'un axe et qui sert à régulariser ou à stabiliser un mouvement. *Balancier d'une horloge.* **2.** Machine utilisée autref. pour frapper les monnaies et, de nos jours, pour la frappe des médailles. **3.** REL. Presse à dorer. **4.** ZOOL. Organe stabilisateur des diptères, qui remplace chez ces insectes les ailes postérieures. **5.** Longue perche de bois ou de métal utilisée par les funambules pour assurer leur équilibre.

BALANCINE n.f. **1.** AVIAT. Roulette placée au bout des ailes d'un avion pour l'équilibrer pendant ses évolutions au sol. **2.** MAR. Cordage soutenant l'extrémité libre d'un espar.

BALANÇOIRE n.f. (de *balancer*). **1.** Siège suspendu par deux cordes à un portique ou à tout autre support et sur lequel on se balance ; escarpolette. **2.** Longue pièce mise en équilibre sur un point d'appui, et sur laquelle basculent alternativement deux personnes assises chacune à un bout ; bascule.

BALANE n.f. Petit crustacé, fixé sur les rochers littoraux ou sur les coquillages, entouré de plaques calcaires blanches formant au centre un opercule. (Taille 1 cm env. ; sous-classe des cirripèdes.)

BALANITE n.f. (du gr. *balanos,* gland). MÉD. Inflammation du gland de la verge.

BALANOGLOSSE n.m. ZOOL. Animal vermiforme fouisseur des plages. (Seul représentant de la classe des entéropneustes ; embranchement des stomocordés.)

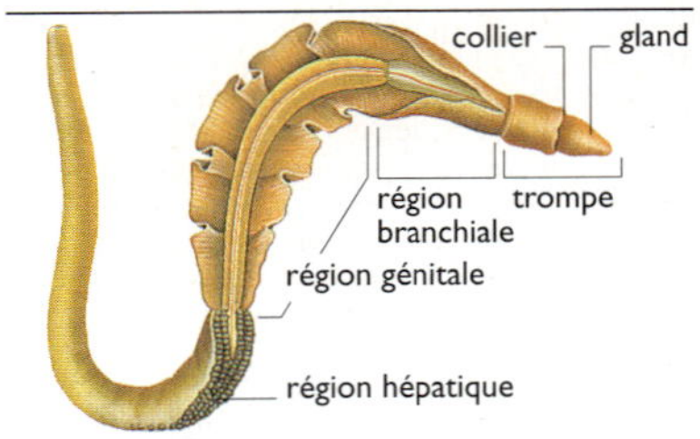

■ **BALANOGLOSSE** (anatomie).

BALANT ou **BALLANT** n.m. (de *balancer*). Suisse. ***Être sur le balant :*** être indécis.

BALAYAGE n.m. **1.** Action de balayer. **2.** Décoloration de fines mèches de cheveux, afin d'éclaircir une partie de la chevelure.

BALAYER [baleje] v.t. [6]. **1.** Nettoyer avec un balai. *Balayer une chambre.* **2. a.** Pousser, écarter au moyen d'un balai. *Balayer la neige, des épluchures.* **b.** *Fig.* Chasser, disperser. *Le vent balaie les nuages.* **3.** Parcourir, explorer un espace, une surface, etc. *Les projecteurs balaient le ciel. Balayer une zone au radar.*

BALAYETTE n.f. Petit balai, petite brosse.

BALAYEUR, EUSE n. Personne préposée au balayage des rues.

BALAYEUSE n.f. Machine à balayer.

BALAYURES [balɛjyr] n.f. pl. Déchets ramassés avec le balai.

BALBOA n.m. Unité monétaire principale de la république de Panamá.

BALBUTIANT, E adj. Qui balbutie.

BALBUTIEMENT n.m. **1.** Action de balbutier ; paroles indistinctes. **2.** *Fig.* (Surtout pl.) Débuts incertains, premiers essais.

BALBUTIER [balbysje] v.i. [5] (lat. *balbutire,* de *balbus,* bègue). **1.** Articuler avec hésitation ; bredouiller. *L'émotion fait balbutier.* **2.** En parlant de qqch, en être seulement à ses débuts. *Vers 1900, le cinéma balbutiait.* ◆ v.t. Prononcer en bredouillant. *Balbutier un compliment.*

BALBUZARD n.m. (angl. *bald,* chauve, et *buzzard,* rapace). Oiseau de proie piscivore qu'on rencontre sur les côtes et les étangs. (Envergure 1,60 m env. ; ordre des falconiformes.)

■ **BALBUZARD**

BALCON n.m. (ital. *balcone,* estrade). **1.** Plateforme de faible largeur munie d'un garde-corps, en saillie sur une façade, devant une ou plusieurs baies. **2.** Chacune des galeries au-dessus de l'orchestre, dans les salles de spectacle. (Le balcon inférieur est aussi appelé *corbeille* ou *mezzanine.*) **3.** MAR. Rambarde de sécurité à l'avant ou à l'arrière d'un yacht.

BALCONNET n.m. Soutien-gorge découvrant le haut de la poitrine.

BALDAQUIN n.m. (ital. *baldacchino,* étoffe de soie de Bagdad). **1.** Ouvrage de tapisserie, tenture dressée au-dessus d'un lit, d'un trône, etc. *Lit à baldaquin.* **2.** ARCHIT. Dais à colonnes au-dessus d'un autel, d'un trône, etc.

■ **BALDAQUIN.** Lit à baldaquin, chambre de Marie-Antoinette au château de Versailles.

BALE n.f. → **2. BALLE.**

BALEINE n.f. (lat. *balaena*). **1.** Mammifère marin, génér. de très grande taille, qui possède des fanons au lieu de dents. (Le petit est le baleineau. Ordre des cétacés ; sous-ordre des mysticètes.) – *Par ext.* Cétacé à dents tel que le cachalot, l'orque, etc. ◇ *Baleine franche :* baleine vraie (par oppos. à *balénoptère*), ainsi désignée parce qu'elle ne coule pas lorsqu'elle est mortellement blessée. (Long. 18 m ; poids 50 t.) – *Baleine à bosse :* mégaptère, jubarte. – *Fam. Rire comme une baleine,* en ouvrant grand la bouche, sans retenue. **2.** Lame ou tige flexible, auj. en métal, en matière plastique, etc. (autref., tirée des fanons de la baleine), pour tendre un tissu, renforcer une armature, etc. *Baleine de parapluie.*

ENCYCL. La baleine se nourrit du plancton (en particulier des petits crustacés constituant le krill) retenu dans les fanons de corne pendant verticalement de sa mâchoire supérieure. Elle peut plonger une demi-heure, puis, en remontant à la surface, elle expire de l'air saturé de vapeur d'eau. De nombreuses espèces de baleines ont été chassées à l'excès pour leur viande et pour leur graisse (jusqu'à 30 t d'huile par animal) et sont devenues très rares. Leur chasse, d'abord réglementée, a été interdite en 1986.

BALEINÉ, E adj. Se dit d'un vêtement, d'un parapluie, etc., muni de baleines.

BALEINEAU n.m. Petit de la baleine.

1. BALEINIER, ÈRE adj. Relatif à la chasse à la baleine.

2. BALEINIER n.m. Navire équipé pour la chasse à la baleine ; marin travaillant sur un tel navire.

BALEINIÈRE n.f. Embarcation légère et pointue aux deux extrémités, servant autref. à la chasse à la baleine. – Mod. Canot léger et étroit.

BALÉNOPTÈRE n.m. Mammifère marin voisin de la baleine, à la gorge marquée de sillons longitudinaux et possédant une nageoire dorsale. (Une espèce, le rorqual bleu, est le plus grand des animaux ; long. max. 33 m ; poids 130 t.)

BALESTRON n.m. MAR. Espar servant à établir certaines voiles auriques.

BALÈVRE n.f. **1.** CONSTR. Saillie d'une pierre sur une autre, dans un mur. **2.** Bavure de ciment ou de mortier à un joint.

BALÈZE ou **BALAISE** adj. et n. (provenç. *balès,* gros). *Fam.* Très fort physiquement ou intellectuellement.

BALINAIS, E adj. et n. De Bali.

BALINT (GROUPE). PSYCHAN. Groupe de discussion et de travail réunissant des médecins et des travailleurs sociaux sous la présidence d'un psychanalyste, pour faire prendre conscience des processus psychiques intervenant dans la relation avec le malade.

BALISAGE n.m. **1.** Action de disposer des balises. **2.** Ensemble des balises et autres signaux disposés pour indiquer des dangers à éviter, la route à suivre. *Balisage d'un port, d'un aérodrome.*

1. BALISE n.f. (port. *baliza,* du lat. *palus,* pieu). **1.** Marque, objet (piquet, perche, etc.) indiquant le tracé d'une voie (canal, chemin de fer, etc.). **2.** Dispositif mécanique, optique, sonore ou radioélectrique destiné à signaler un danger ou à délimiter une voie de circulation maritime ou aérienne. **3.** IMPRIM., INFORM. Dans un système de composition ou de traitement de texte, marque destinée à identifier un élément tout en lui attribuant certaines caractéristiques.

2. BALISE n.f. Fruit du balisier.

BALISER v.t. Munir de balises. ◆ v.i. *Fam.* Avoir peur.

BALISEUR n.m. Navire équipé pour placer ou relever les bouées et ravitailler les phares.

BALISIER n.m. (du caraïbe *baliri*). Plante monocotylédone originaire de l'Inde et cultivée dans les régions chaudes pour son rhizome, riche en féculents et dont certaines espèces ont des fleurs décoratives. (Genre *Canna ;* famille des cannacées.)

1. BALISTE n.f. (lat. *ballista*). Machine de guerre servant à lancer des projectiles, en usage dans l'Antiquité et au Moyen Âge.

2. BALISTE n.m. Poisson des récifs coralliens aux vives couleurs, capable de broyer coquillages et crustacés. (Ordre des tétraodontiformes.)

BALISTICIEN, ENNE n. Spécialiste de la balistique.

■ **BALEINES**

■ **BALISIER**

BALISTIQUE n.f. Science qui étudie les mouvements des corps lancés dans l'espace et plus spécialement ceux des projectiles. ◆ adj. Qui relève de la balistique. ◇ *Trajectoire balistique :* trajectoire d'un projectile soumis à la seule force de la gravitation.

BALIVAGE n.m. Choix et marquage des baliveaux.

BALIVEAU n.m. (de l'anc. fr. *baïf,* qui regarde attentivement). **1.** Arbre réservé dans la coupe d'un taillis pour qu'il puisse croître en futaie. **2.** CONSTR. Perche d'un échafaudage.

BALIVERNE n.f. (Surtout pl.) Propos futile, souvent sans fondement ou erroné. *Dire des balivernes.*

BALKANIQUE adj. Des Balkans.

BALKANISATION n.f. (de *Balkans,* n.pr.). Processus qui aboutit à la fragmentation en de nombreux États de ce qui constituait auparavant une entité territoriale et politique.

BALKANISER v.t. Morceler par balkanisation.

BALLADE n.f. (provenç. *ballada,* danse). **1.** Petit poème lyrique qui apparaît au XIVe s. et se compose de trois strophes suivies d'un envoi ou d'une demi-strophe. **2.** Poème narratif mis à la mode en Allemagne et en Angleterre à la fin du XVIIe s., relatant une tradition historique ou légendaire avec beaucoup de pathétique. **3.** MUS. **a.** Anc. Chanson de danse. **b.** Pièce vocale ou instrumentale inspirée par une ballade littéraire ou qui en reflète l'atmosphère. *Ballades romantiques. Ballade pour piano.*

1. BALLANT, E adj. (de *baller*). Se dit d'une partie du corps qui se balance, qui pend. *Marcher les bras ballants.*

2. BALLANT n.m. **1.** Mouvement d'oscillation, balancement d'un véhicule. **2.** Suisse. *Être sur le ballant* → **balant.**

BALLAST [balast] n.m. (mot angl.). **1.** Couche de pierres concassées qui maintiennent et assujettissent les traverses d'une voie ferrée. – Matériau que constituent ces pierres concassées. **2.** MAR. **a.** Compartiment étanche servant au transport de l'eau douce, à bord d'un navire. **b.** Compartiment servant au lestage et à l'équilibrage d'un navire. **c.** Compartiment dont le remplissage à l'eau de mer permet la plongée d'un sous-marin, et la vidange, sa remontée en surface.

BALLASTAGE n.m. Action de ballaster.

BALLASTER v.t. **1.** Répartir du ballast sur une voie de chemin de fer. **2.** Équilibrer un navire en remplissant ou en vidant ses ballasts.

BALLASTIÈRE n.f. Carrière d'où l'on extrait le ballast.

1. BALLE n.f. (ital. *palla*). **1.** Objet sphérique pouvant rebondir et servant à divers jeux ou sports. *Balle de tennis, de tennis de table.* – Au tennis, service. ◇ *Balle de set, de match :* service pouvant être décisif pour le gain, par l'un ou l'autre des joueurs, d'un set, d'un match. – *Enfant de la balle :* artiste élevé et formé dans le milieu des métiers du spectacle. **2.** *Prendre, saisir la balle au bond :* saisir immédiatement l'occasion. – *Renvoyer la balle :* répliquer, riposter vivement. – *Se renvoyer la balle :* se rejeter mutuellement une responsabilité. **3.** Projectile des armes à feu portatives.

2. BALLE ou **BALE** n.f. (de l'anc. fr. *baller,* vanner). Enveloppe du grain des céréales.

3. BALLE n.f. (francique *balla*). Gros paquet de marchandises.

4. BALLE n.f. (de *1. balle*). *Fam.* Franc. *Donne-moi cent balles.*

BALLER v.i. (anc. fr. *baller,* danser). *Litt.* Osciller, pendre. *Sa tête ballait en arrière.*

BALLERINE n.f. (ital. *ballerina*). **1.** Danseuse de ballet. **2.** Chaussure de femme, légère et plate, qui rappelle un chausson de danse.

BALLET n.m. (ital. *balletto*). **1.** Spectacle de danse ; composition chorégraphique destinée à être représentée. ◇ *Ballet blanc,* ou *ballet romantique :* ballet-pantomime du XIXe s. comportant un ou plusieurs épisodes fantastiques dansés en tutu blanc. – *Ballet de cour :* spectacle conjuguant chant, musique et danse, interprété par le roi et les courtisans, en France, aux XVIe et XVIIe s. **2.** Troupe donnant des spectacles chorégraphiques. (On dit aussi *compagnie de ballet.*) ◇ *Corps de ballet :* ensemble des danseurs d'un théâtre formant une compagnie. **3.** Composition musicale destinée à accompagner un spectacle chorégraphique. **4.** *Fig.* Allées et venues, mouvements, en partic. de diplomates, d'hommes politiques, lors de négociations.

ENCYCL. Le ballet classique occidental trouve ses origines dans les fêtes de cour de la Renaissance italienne et dans les divertissements royaux français du XVIIe s. À la fin du XVIIe s., la danse gagne la scène, se professionnalise, mais ne constitue jusqu'au XVIIIe s. que l'un des éléments d'un ouvrage lyrique ou d'une pièce de théâtre. Le spectacle chorégraphique affirme son autonomie avec l'émergence du ballet-pantomime, qui s'impose vers 1750. Les années 1830 sont marquées par un renouvellement des thèmes et consacrent l'avènement du ballet romantique, alors qu'apparaît l'usage des pointes. Pratiqué dans toute l'Europe, le ballet classique gagne les Amériques au cours du XXe s. et subit de profondes mutations alors qu'un ballet moderne (États-Unis, Europe) et un ballet jazz (États-Unis) naissent et se développent. Quelle que soit sa technique, qu'il soit à thème, à thèse ou narratif, le spectacle de ballet n'est plus conçu comme un simple divertissement mais comme une expression liée aux réalités du monde contemporain. Grâce à la multiplication des compagnies itinérantes internationales, le ballet a gagné un public plus large.

■ **BALLONS** de sport.

BALLETOMANE ou **BALLETTOMANE** n. Rare. Amateur passionné de ballet.

BALLET-PANTOMIME n.m. (pl. *ballets-pantomimes*). Spectacle chorégraphique qui relate une histoire sans intervention chantée ou parlée.

1. BALLON n.m. (ital. *pallone*). **1.** Grosse balle à jouer, ronde ou ovale, génér. gonflée d'air. ◇ *Ballon au poing :* sport opposant deux équipes de six joueurs, pratiqué en Picardie et qui se joue avec un ballon frappé à l'aide du poignet. **2.** Poche de caoutchouc léger gonflée d'air ou de gaz et qui peut s'envoler. *Ballon d'enfant.* **3.** Aérostat de taille variable utilisé à des fins scientifiques, sportives ou militaires. ◇ *Ballon dirigeable* → **dirigeable. 4.** DANSE. *Avoir du ballon :* se dit d'un danseur qui saute haut et rebondit avec souplesse. **5.** CHIM. Vase de verre de forme sphérique. – *Par ext.* Verre à boire de cette forme ; son contenu. *Un ballon de rouge.* **6.** *Ballon d'oxygène :* réservoir contenant de l'oxygène, pour les malades ; *fig.,* ce qui a un effet tonique, bienfaisant. **7.** *Ballon d'essai :* expérience faite dans le but de sonder le terrain, l'opinion. **8.** Bulle de bande dessinée. **9.** *Ballon réchauffeur :* appareil de production d'eau chaude à réservoir, couramment appelé *ballon d'eau chaude.*

■ **BALLON.** Lâcher d'un ballon stratosphérique à Kiruna (Suède).

2. BALLON n.m. (all. *Belchen*). Sommet arrondi, dans le massif des Vosges. *Le ballon d'Alsace.*

BALLONNÉ, E adj. Qui a augmenté de volume ; gonflé, distendu. *Ventre ballonné.*

BALLONNEMENT n.m. Distension, gonflement du ventre par des gaz. SYN. : *météorisme.*

BALLONNER v.t. *Ballonner le ventre, l'estomac,* l'enfler, le distendre par l'accumulation de gaz. ◇ v.pr. *Son ventre se ballonne.*

BALLONNET n.m. Petit ballon.

BALLON-SONDE n.m. (pl. *ballons-sondes*). Ballon muni d'appareils enregistreurs destinés à l'étude météorologique de la haute atmosphère.

■ LE BALLET

La vitalité du ballet se nourrit d'un répertoire chorégraphique qui se perpétue, évolue avec de nouvelles versions ou se renouvelle dans des créations servies par des compagnies de ballet institutionnelles (Bolchoï de Moscou, Royal Ballet de Londres, Opéra de Paris) ou privées (Ballets russes, American Ballet Theatre) ou par des troupes constituées autour d'un chorégraphe (Béjart Ballet Lausanne).

La troisième version du Boléro de Maurice Béjart. Créée en 1979 à Paris sur la musique de Ravel, cette version a la particularité d'être dansée uniquement par des hommes. L'interprète qui évolue sur la table (ici Eric Vu An en 1986) figure la mélodie, menacée et encerclée par le groupe, qui incarne le rythme.

In the Middle, Somewhat Elevated. Ce ballet du chorégraphe américain William Forsythe fut créé en 1987 pour quelques-uns des solistes de la troupe de l'Opéra de Paris.

Decodex. Cette création (1995) de Philippe Decouflé s'inscrit dans la veine ludique, acrobatique et féerique qui a fait le succès du chorégraphe aux jeux Olympiques d'hiver d'Albertville en 1992.

La scène des ombres de la Bayadère. Le ballet de Marius Petipa, représenté pour la première fois à Saint-Pétersbourg en 1877, a inspiré depuis nombre de chorégraphes, parmi lesquels Rudolf Noureïev.

BALLOT n.m. (de *balle,* paquet). **1.** Paquet de marchandises. **2.** *Fam.,* vieilli. Sot, imbécile.

BALLOTE n.f. (lat. *ballota*). Plante des décombres, à odeur fétide et à fleurs mauves, dont l'extrait a des propriétés sédatives. (Famille des labiées.) SYN. : *marrube noir.*

BALLOTIN n.m. Emballage en carton pour les confiseries. *Un ballotin de chocolats.*

BALLOTTAGE n.m. Situation dans laquelle aucun des candidats n'a réuni au premier tour la majorité requise, dans un scrutin majoritaire à deux tours. ◇ *Scrutin de ballottage :* dernier tour du scrutin, pour lequel la majorité relative suffit.

BALLOTTEMENT n.m. Mouvement de ce qui ballotte, est ballotté. *Le ballottement d'un navire.*

BALLOTTER v.t. (anc. fr. *ballotte,* petite balle). Secouer, balancer dans divers sens. *La tempête ballottait les navires.* — *Fig.* (Surtout au passif.) Faire passer qqn d'un sentiment à un autre. *Être ballotté entre la peur et la curiosité.* ◆ v.i. Remuer ou être secoué en tous sens. *Violon qui ballotte dans son étui.*

BALLOTTINE n.f. Petite galantine roulée, composée de volaille et de farce. SYN. : *dodine.*

BALL-TRAP [baltrap] n.m. [pl. *ball-traps*] (mot angl.). Appareil à ressort lançant en l'air des disques d'argile servant de cibles pour le tir au fusil ; tir pratiqué avec cet appareil.

BALLUCHON ou **BALUCHON** n.m. (de *balle,* paquet). *Fam.* Paquet de vêtements, de linge ; petit ballot.

BALNÉAIRE adj. (lat. *balnearis*). Se dit d'un lieu de séjour situé au bord de la mer et généralement aménagé pour l'accueil des vacanciers. *Station balnéaire.*

BALNÉOTHÉRAPIE n.f. Traitement médical par les bains.

BÂLOIS, E adj. et n. De Bâle.

1. BALOURD, E adj. et n. (ital. *balordo*). Dépourvu de finesse, de tact.

2. BALOURD n.m. MÉCAN. INDUSTR. Déséquilibre dans une pièce tournante dont le centre de gravité ne se trouve pas sur l'axe de rotation.

BALOURDISE n.f. Vieilli. **1.** Caractère balourd. **2.** Parole, action sans esprit et mal à propos. *Raconter des balourdises.*

BALSA [balza] n.m. (mot esp.). Arbre d'Amérique tropicale (Équateur) à bois très léger (densité 0,15), utilisé pour l'aviation, les emballages, l'isolation phonique et la construction des modèles réduits. (Famille des bombacacées.)

BALSAMIER [balzamje] ou **BAUMIER** n.m. **1.** Arbre d'Afrique et d'Amérique tropicales, dont l'écorce produit des résines aromatiques avec lesquelles on confectionne des baumes. (Genre *Commiphora ;* famille des burséracées.) **2.** *Par ext.* Nom donné à des arbres (myroxylon, conifères, etc.) produisant des baumes.

BALSAMINE [balza-] n.f. (du lat. *balsamum,* baume). Plante herbacée sauvage ou cultivée, aux fleurs de couleurs vives, appelée aussi *impatiente,* et dont le fruit, à maturité, éclate au moindre contact en projetant des graines. (Famille des balsaminacées.)

BALSAMIQUE [balza-] adj. *Litt.* Qui a les propriétés, en partic. l'odeur, d'un baume. *Senteurs balsamiques.*

1. BALTE adj. et n. De la Baltique ou des pays Baltes.

2. BALTE ou **BALTIQUE** n.m. Groupe de langues indo-européennes comprenant le lituanien et le letton.

BALTHAZAR ou **BALTHASAR** [baltazar] n.m. (de *Balthazar,* dernier roi de Babylone). Grosse bouteille de champagne, d'une contenance de douze litres (seize bouteilles ordinaires).

BALUCHITHÉRIUM [-rjɔm] n.m. Très grand mammifère fossile du tertiaire, proche du rhinocéros mais dépourvu de cornes. (Haut. 5 m ; poids 16 t env.)

BALUCHON n.m. → **BALLUCHON.**

BALUSTRADE n.f. (ital. *balaustrata*). ARCHIT. **1.** Rangée de balustres, portée par un socle et couronnée d'une tablette d'appui. **2.** Clôture ou garde-corps diversement ajouré.

BALUSTRE n.m. (ital. *balaustro*). **1.** Colonnette ou court pilier renflé et mouluré, génér. employés avec d'autres et assemblés avec eux par une tablette pour former une balustrade, un appui, un motif décoratif. **2.** *En balustre :* se dit d'un pied de siège, d'un support d'accotoir, d'un pied de verre, etc., tournés en forme de balustre.

BALZACIEN, ENNE adj. **1.** De Balzac. **2.** Qui rappelle les personnages ou la conception, l'univers romanesques de Balzac.

BALZANE n.f. (ital. *balzano*). Tache de poils blancs sur la partie inférieure des membres de certains chevaux.

BAMBIN n.m. (ital. *bambino*). *Fam.* Petit enfant.

BAMBOCHADE n.f. (de l'ital. *bamboccio,* pantin). Petit tableau représentant un sujet populaire ou pittoresque (scène de corps de garde ou de cabaret, beuverie, rixe de paysans), dans le genre de ceux qu'a peints Van Laer, dit *il Bamboccio.*

BAMBOCHARD, E ou **BAMBOCHEUR, EUSE** adj. et n. *Fam.,* vieilli. Qui aime la bamboche, la fête ; noceur.

BAMBOCHE n.f. (de *bambochade*). *Fam.,* vieilli. Partie de plaisir ; ripaille, noce.

BAMBOCHER v.i. *Fam.,* vieilli. Mener une vie faite de bons repas, de parties de plaisir.

BAMBOCHEUR, EUSE adj. et n. → **BAMBOCHARD.**

BAMBOU n.m. (malais *bambu*). **1.** Plante des régions tropicales ou subtropicales, à tige cylindrique, creuse et ligneuse, aux nœuds proéminents, à croissance très rapide, et qui peut atteindre 40 m de hauteur. (Le bambou est cultivé comme plante d'ornement et sert pour l'ameublement et la construction légère ; ses bourgeons sont comestibles [pousses de bambou] ; famille des graminées.) **2.** Canne faite d'une tige de bambou. **3.** *Fam. Coup de bambou.* **a.** Fatigue extrême et soudaine. **b.** Insolation. **c.** Note à payer d'un montant excessif, en partic. au restaurant, au café.

■ BAMBOU

BAMBOULA n.f. (d'une langue de Guinée, *tambour*). *Fam.,* vieilli. *Faire la bamboula,* la noce, la fête.

1. BAN n.m. (mot d'orig. germ.). **1.** Vx. Proclamation officielle, publique de qqch. **2.** Sonnerie de clairon et roulement de tambour commençant ou clôturant certaines cérémonies militaires. **3.** Applaudissements rythmés en l'honneur de qqn. *Un ban pour l'orateur !* **4.** HIST. Pouvoir de commandement du seigneur sur ses vassaux. ◇ *Convoquer, lever le ban et l'arrière-ban,* tous les membres d'une famille, d'une communauté ; toutes les ressources possibles en hommes. **5.** Vx. Condamnation à l'exil, au bannissement. ◇ *Être en rupture de ban :* enfreindre une telle condamnation ; *fig.,* vivre en état de rupture avec la société, la famille. — *Mettre qqn au ban de la société,* le déclarer indigne, le condamner devant l'opinion publique. **6.** Suisse. *À ban :* interdit d'accès. *Une vigne à ban.* ◆ pl. Annonce de mariage affichée à la mairie, et parfois à l'église. *Publier les bans.*

2. BAN n.m. HIST. Dignitaire, chez les Slaves du Sud et en Valachie ; en particulier, représentant du roi de Hongrie en Croatie.

1. BANAL, E, AUX adj. (de *1. ban*). HIST. Qui bénéficiait du droit de banalité.

2. BANAL, E, ALS adj. (de *1. ban*). Dépourvu d'originalité ; commun, ordinaire. *Un drame banal de la jalousie.*

BANALEMENT adv. Avec banalité.

BANALISATION n.f. Action de banaliser ; fait d'être banalisé.

BANALISER v.t. **1.** Rendre banal, ordinaire, commun. ◇ *Banaliser un véhicule de la police,* en supprimer les signes distinctifs. **2.** CH. DE F. *Banaliser une voie,* l'équiper afin que les trains puissent y circuler dans les deux sens. **3.** Placer des locaux, des bâtiments, etc., sous le droit commun.

BANALITÉ n.f. **1.** Caractère de ce qui est banal ; platitude, surtout langagière. *Dire des banalités.* **2.** HIST. Dans la France du Moyen Âge et de l'Ancien Régime, servitude consistant dans l'usage obligatoire et public d'un bien appartenant au seigneur. *Banalité des moulins, des pressoirs.*

BANANA SPLIT n.m. inv. (angl. *banana,* banane, et *split,* tranche). Dessert composé de banane, de glace à la vanille, de crème Chantilly et d'amandes pilées.

BANANE n.f. (port. *banana,* d'une langue bantoue). **1.** Fruit comestible du bananier, oblong, à peau jaune à maturité, à pulpe riche en amidon. **2.** *Fam.* Butoir de pare-chocs. **3.** *Fam.* Décoration militaire. **4.** *Fam.* Mèche frontale gonflée à la brosse en un mouvement souple d'avant en arrière, dans une coiffure masculine. **5.** ÉLECTR. *Fiche banane :* fiche mâle à lames cintrées. **6.** *Fam.* Grand hélicoptère à deux rotors. **7.** *Sac banane,* ou *banane :* petit sac souple se portant à la taille grâce à une ceinture et dont la forme évoque celle d'une banane.

BANANERAIE n.f. Plantation de bananiers.

1. BANANIER n.m. **1.** Plante à feuilles longues (jusqu'à 2 m), entières, qu'on cultive dans les régions chaudes pour ses fruits, les *bananes,* groupées en régimes. (Famille des musacées.) **2.** Cargo aménagé pour le transport des bananes.

■ BANANIER

2. BANANIER, ÈRE adj. **1.** Qui concerne la culture des bananes. **2.** *République bananière :* État où le pouvoir réel est aux mains de puissances souvent extérieures.

BANAT n.m. (de *2. ban*). HIST. Territoire administré par un ban.

BANC n.m. (mot d'orig. germ.). **1.** Long siège avec ou sans dossier, où peuvent s'asseoir plusieurs personnes ; ce siège, réservé à certaines personnes dans une assemblée, un tribunal, etc. *Banc d'écolier. Être assis au banc des accusés.* ◇ *Banc d'œuvre :* banc d'église autrefois réservé aux marguilliers. **2.** Bâti en bois ou en métal, utilisé par de nombreux corps de métiers. *Banc de tourneur.* **3.** *Banc d'essai.* **a.** Installation permettant de déterminer les caractéristiques d'un moteur, d'une machine. **b.** *Fig.* Ce qui permet d'éprouver les capacités de ; première œuvre d'un artiste, d'un écrivain. **4.** Amas de matière formant un dépôt ou constituant un obstacle, notamm. par élévation du fond de la mer ou d'un cours d'eau. *Banc de sable. Banc de rochers. Banc de brume.* ◇ Québec. *Banc de neige :* congère. **5.** GÉOL. Couche rocheuse, en général dure. *Banc de calcaire.* **6.** *Banc de poissons :* réunion en nombre de poissons d'une même espèce.

BANCABLE ou **BANQUABLE** adj. Se dit d'un effet de commerce susceptible d'être réescompté par une banque centrale.

BANCAIRE adj. Relatif à la banque.

1. BANCAL, E, ALS adj. (anc. provenç. *bancal,* de *banc*). **1.** Qui a les jambes torses, qui boite fortement. **2.** Se dit d'un meuble (chaise, table, etc.) qui a des pieds de hauteur inégale ; instable. **3.** *Fig.* Qui ne repose pas sur des bases solides ; boiteux. *Projet bancal.*

■ LA BANDE DESSINÉE

De *la Famille Fenouillard,* « histoire en images » du pionnier Christophe, à la modernité graphique de *la Femme piège* d'Enki Bilal, la bande dessinée n'a jamais cessé d'évoluer. Mariant avec subtilité le texte et l'image, ouvrant progressivement son champ d'intervention traditionnel de l'humour et de l'aventure à des thématiques plus « adultes », elle s'est imposée comme un formidable moyen d'expression, universel et en phase avec son époque.

La Famille Fenouillard. Imaginée par Georges Colomb – plus connu sous le pseudonyme de Christophe –, cette série familiale et humoristique fut publiée dans le *Petit Français illustré* de 1889 à 1893. Constamment rééditée, *la Famille Fenouillard* s'impose encore aujourd'hui comme l'un des modèles du genre. (© Pierre Horay.)

Buster Brown. Dès 1902, pour le *New York Herald,* Richard F. Outcault met en scène les aventures comiques de Buster Brown, petit garçon farceur, et de son bulldog Tige. (© Pierre Horay.)

Félix le Chat. Félix le Chat est apparu en 1923 dans sa version en bande dessinée, signée Pat Sullivan mais réalisée par Otto Messmer. (© Pierre Horay.)

Achille Talon. Créé en 1963 par Greg dans l'hebdomadaire *Pilote,* ce bourgeois ventripotent et suffisant est célèbre pour ses longues tirades. (© Dargaud.)

Jungle Jim. En 1934, s'aidant des techniques chères aux illustrateurs populaires, Alex Raymond signe *Jungle Jim,* sommet de la bande dessinée réaliste américaine. (© K.F.S.)

La Femme piège. Créée par Enki Bilal en 1986, Jill, « femme piège » belle et tragique, symbolise le renouveau de la bande dessinée contemporaine. (© Les Humanoïdes Associés.)

2. BANCAL n.m. (pl. *bancals*). Sabre à lame courbe.

BANCARISATION n.f. Emprise plus ou moins grande de l'institution bancaire sur une population donnée. ◇ *Taux de bancarisation :* pourcentage des ménages ayant au moins un compte en banque.

BANCHAGE n.m. CONSTR. Opération qui consiste à bancher.

BANCHE n.f. (de *banc*). Panneau de coffrage pour la construction des murs en béton ou en pisé.

BANCHER v.t. CONSTR. **1.** Couler du béton dans des banches. **2.** Mettre en place des banches.

1. BANCO n.m. (mot ital.). *Faire banco :* tenir seul l'enjeu contre le banquier, à certains jeux. – *Fam. Banco ! :* d'accord, allons-y !

2. BANCO n.m. Afrique. Matériau de construction traditionnel, sorte de pisé.

BANCOULIER n.m. (de *Bancoulen,* v. de Sumatra). Arbre d'Asie méridionale, cultivé pour son fruit donnant une huile comestible. (Genre *Aleurites ;* famille des euphorbiacées.)

BANCROCHE adj. *Fam.,* vx. Bancal.

BANC-TITRE n.m. (pl. *bancs-titres*). CINÉMA, TÉLÉV. Dispositif constitué par une caméra fixe et par un plateau perpendiculaire à son axe optique, sur lequel sont placés les documents plans à filmer (génériques, sous-titres, etc.) ; procédé consistant en l'utilisation de ce dispositif.

BANDAGE n.m. **1.** Action de bander une partie du corps ; la ou les bandes ainsi placées. *Resserrer un bandage.* **2.** Cercle métallique ou bande de caoutchouc entourant la jante d'une roue.

BANDANA n.m. (hindi *bandhnu*). Petit carré de coton de couleurs vives, servant génér. de foulard.

1. BANDE n.f. (mot d'orig. francique). **1. a.** Morceau d'étoffe, de papier, etc., long et étroit, pour lier, serrer, couvrir, protéger qqch. *Une bande de papier collant.* **b.** Lanière de linge ou de gaze pour faire un pansement, un bandage. **c.** Ornement plus long que large. *Agrémenter un manteau d'une bande de velours vert.* **d.** ARCHIT. *Bandes lombardes :* jambes faiblement saillantes en répétition sur un mur et reliées à leur sommet par une frise d'arceaux, dans le premier art roman. **2. a.** *Bande magnétique :* ruban servant de support d'enregistrement des sons, des images, des données informatiques, etc. **b.** Anc. *Bande perforée :* bande de papier ou de plastique utilisée pour enregistrer des chiffres et des lettres sous forme de perforations. **3.** *Bande dessinée (BD) :* succession de dessins organisés en séquences, qui suggère le déroulement d'une histoire. **4. a.** Objet, élément long et étroit se détachant d'un ensemble. *Bande de couleur.* **b.** HÉRALD. Pièce honorable qui va de l'angle dextre du chef à l'angle senestre de la pointe. **c.** *Bande d'usure :* partie amovible rapportée sur une pièce soumise à un frottement pour la préserver de l'usure. **d.** *Bande de roulement :* partie d'un pneumatique en contact avec le sol. **5.** Ce qui entoure, borde ou délimite qqch. *Bande de terrain.* – Rebord élastique qui entoure le tapis d'un billard. ◇ *Fam. Par la bande :* indirectement. **6.** Dispositif d'assemblage de cartouches pour alimenter des armes automatiques. **7.** *Bande originale (BO) :* édition en disque ou en cassette de la musique originale d'un film. **8.** TÉLÉCOMM. *Bande de fréquence,* ou *bande :* ensemble des fréquences comprises entre deux limites. – *Bande passante :* intervalle de fréquences dans lequel un système mécanique ou électronique laisse passer un signal sans distorsion notable. (Dans le cas d'une transmission, plus la bande passante est large, plus la quantité d'informations qui peut être véhiculée est importante.) – *Bande publique :* bande de fréquence, autour de 27 MHz, utilisée notamm. par certains automobilistes pour communiquer par radio. Recomm. off. pour *citizen band.* **9.** GÉOMÉTR. Région d'un plan limitée par deux droites parallèles. **10.** PHYS. *Théorie des bandes :* théorie quantique de la physique des solides qui prévoit que les niveaux d'énergie des électrons dans un cristal se répartissent en *bandes permises* séparées par des *bandes interdites.* **11.** ARCHIT. *En bande.* **a.** Se dit d'un grand immeuble moderne de forme allongée. SYN. : *barre.* **b.** Se dit d'une suite de maisons construites ensemble, accolées.

ENCYCL. Le récit en images apparaît en Europe dans la première moitié du XIXe s. Parmi les pionniers figurent le Suisse Rodolphe Toepffer (*Histoire de M. Jacob,* 1833), l'Allemand Wilhelm Busch (*Max und Moritz,* 1865) et le Français Christophe (*la Famille Fenouillard,* 1889). Essentiellement humoristique, la bande dessinée conquiert ses lettres de noblesse aux États-Unis, avec *The Yellow Kid* (1895), de Richard Felton Outcault, et *The Katzenjammer Kids* (1897) [en français, *Pim, Pam, Poum*], de Rudolph Dirks, puis s'oriente vers le fantastique avec *Little Nemo in Slumberland* (1905), de Winsor McCay. En Europe, elle prend tour à tour le sage visage de *Bécassine* (1905) ou celui, plus grimaçant, des *Pieds Nickelés* (1908).
En 1925, le Français Alain Saint-Ogan emploie de manière systématique les bulles (ou phylactères) dans sa série *Zig et Puce,* contribuant ainsi à la modernité du genre. Son œuvre inspire le Belge Rémi (Hergé), créateur, en 1929, des célèbres personnages de *Tintin et Milou.* Au cours des années 1930, la prédominance de la bande dessinée américaine s'exprime à travers le succès des *daily strips* et des premiers super-héros, ou le rayonnement de périodiques comme le *Journal de Mickey* (1934).
Après la Seconde Guerre mondiale, les journaux francophones se multiplient. Dans *Spirou* et *Tintin* (apparus en Belgique en 1938 et 1946), on retrouve des séries comme *Lucky Luke* (1946), *Blake et Mortimer* (1946), *Gaston Lagaffe* (1957) et *les Schtroumpfs* (1958). À partir de 1959, le nouvel hebdomadaire français *Pilote* propose les premières planches d'*Astérix* (1959), du *Grand Duduche* (1962), d'*Achille Talon* (1963), de *Blueberry* (1963), de *Philémon* (1965), de *Valérian* (1967) et de *la Rubrique-à-Brac* (1968). Au tout début des années 1970, le journal ouvre notamment son sommaire à Philippe Druillet, Jacques Tardi et Enki Bilal.
Entre 1969 et 1978, de nouvelles parutions comme *Charlie mensuel, L'Écho des Savanes, Métal Hurlant, Fluide Glacial* et *À Suivre* relaient en France les thèmes de la contre-culture américaine et s'adressent désormais à un lectorat plus adulte, avec, par exemple, les bandes dessinées d'Hugo Pratt. Au cours des années 1980, une nouvelle génération d'artistes apparaît : Frank Margerin, François Bourgeon, Jacques de Loustal, François Schuiten, Art Spiegelman et Katsuhiro Otomo.

2. BANDE n.f. (du germ. *bandwa,* étendard). **1.** Groupe de personnes réunies par affinités ou pour faire qqch ensemble. *Une bande de copains. Faire partie d'une bande.* ◇ *Fam.* ***Faire bande à part*** *:* se tenir à l'écart, ne pas vouloir se mélanger à un groupe. **2.** Québec. ***Bande amérindienne*** ou ***indienne*** *:* subdivision, légalement reconnue, d'une nation amérindienne ou indienne. **3.** Groupe d'animaux se déplaçant ensemble.

3. BANDE n.f. (provenç. *banda,* côté). MAR. Inclinaison que prend un navire sur un bord, sous l'effet du vent ou du poids d'une cargaison mal répartie.

BANDÉ, E adj. HÉRALD. Divisé en un nombre pair de parties égales d'émaux alternés dans le sens de la bande. *Écu bandé.*

BANDE-ANNONCE n.f. (pl. *bandes-annonces*). Montage d'extraits d'un film de long-métrage, projeté à des fins publicitaires avant la sortie de celui-ci.

BANDEAU n.m. **1.** Bande longue et étroite de tissu, de plastique, etc., pour entourer la tête, serrer le front, tenir les cheveux, mettre devant les yeux, etc. ◇ ***Avoir un bandeau sur les yeux*** *:* ne pas voir la réalité telle qu'elle est, s'aveugler volontairement. **2.** Petite frise (texte ou illustration) en tête d'un chapitre ou d'un article. – PRESSE. Titre placé au-dessus de la manchette d'un journal. **3.** ARCHIT. Large moulure plate ou bombée. – Assise en saillie sur un mur, pour écarter les eaux de ruissellement.

BANDELETTE n.f. **1.** Petite bande. **2.** ARCHIT. Petite moulure plate ; réglet, listel.

BANDER v.t. **1.** Entourer et serrer avec une bande. *Bander une blessure.* **2.** Couvrir d'un bandeau. *Bander les yeux de qqn.* **3.** Tendre les muscles pour un effort déterminé. **4.** Raidir en tendant. *Bander un arc.* ◆ v.i. *Vulg.* Avoir une érection.

BANDERA [bɑ̃dera] ou [bandera] n.f. (mot esp.). Unité tactique de divers corps de l'armée espagnole.

BANDERILLE [bɑ̃drij] n.f. (esp. *banderilla*). Dard orné de rubans que le torero plante par paires sur le garrot des taureaux.

BANDERILLERO [bɑ̃derilero] ou [banderijero] n.m. (mot esp.). Torero chargé de planter les banderilles.

BANDEROLE n.f. (ital. *banderuola*). **1.** Bande d'étoffe longue et étroite, attachée à un mât ou à une hampe, et qui porte souvent des dessins ou des inscriptions. **2.** Au Moyen Âge, figuration, dans une peinture, un bas-relief, etc., d'un large ruban portant une inscription, les paroles que prononce un personnage. SYN. : *phylactère.*

BANDE-SON n.f. (pl. *bandes-son*). Ensemble des éléments sonores d'un film ou d'un document audiovisuel.

BANDE-VIDÉO n.f. (pl. *bandes-vidéo*). Bande, en général magnétique, d'enregistrement des signaux d'images et de son. ◇ ***Bande-vidéo promotionnelle*** *:* recomm. off. pour *clip.*

BANDIT n.m. (ital. *bandito*). **1.** Personne qui pratique le vol, l'attaque à main armée. **2.** *Fam.,* vieilli. Personne sans scrupule. **3.** *Fam.* ***Bandit manchot*** *:* machine à sous.

BANDITISME n.m. Ensemble des actions criminelles commises ; criminalité.

BANDONÉON n.m. (du n. de son inventeur, Heinrich *Band*). Petit accordéon hexagonal, utilisé notamm. dans les orchestres de tango.

BANDOTHÈQUE n.f. Collection de bandes magnétiques contenant des programmes informatiques.

BANDOULIÈRE n.f. (esp. *bandolera,* de *banda,* écharpe). Bande de cuir, d'étoffe portée en diagonale sur la poitrine pour soutenir une arme, un objet quelconque (sac, par ex.). ◇ ***En bandoulière*** *:* porté en écharpe de l'épaule à la hanche opposée.

BANG n.m. (onomat.). Bruit violent perceptible lorsqu'un avion franchit le mur du son. ◆ interj. Imite le bruit d'une explosion, d'une déflagration.

BANGIÉE ou **BANGIOPHYCÉE** n.f. Algue rouge primitive, telle que la porphyra. (Les bangiées forment une sous-classe des rhodophycées.)

BANGLADAIS, E ou **BANGLADESHI, E** adj. et n. Du Bangladesh, de ses habitants.

BANIAN n.m. (mot tamoul, *marchand*). Grand figuier de l'Inde aux racines adventives aériennes. (Nom sc. *Ficus benghalensis.*)

■ BANIAN

BANJO [bɑ̃ʒo] ou [bɑ̃dʒo] n.m. (mot anglo-amér.). Instrument de la famille du luth, à caisse ronde, dont la table d'harmonie est formée d'une membrane.

BANJOÏSTE n. Rare. Instrumentiste qui joue du banjo.

BANLIEUE n.f. (de *ban,* juridiction, et *lieue*). Ensemble des localités qui entourent une grande ville et qui, tout en étant administrativement autonomes, sont en relation étroite avec elle. *Petite, grande banlieue.*

BANLIEUSARD, E n. Personne qui habite la banlieue d'une grande ville, notamm. de Paris.

BANNE n.f. (lat. *benna*). **1.** Bâche, toile protégeant des intempéries, au-dessus de la devanture d'un magasin. **2.** Grand panier d'osier.

BANNERET n.m. (de *1. ban*). Seigneur d'un fief ayant suffisamment de vassaux pour les mener se battre sous sa bannière.

BANNETON n.m. Petit panier sans anse, doublé de toile, où l'on met le pain à lever avant la cuisson.

BANNETTE n.f. **1.** VANN. Petite banne. **2.** MAR. Couchette, à bord d'un bateau.

BANNI, E adj. et n. Exilé de sa patrie ; proscrit.

BANNIÈRE n.f. (de *1. ban*). **1.** Étendard d'une confrérie, d'une corporation, etc. ◇ ***Sous la bannière de qqn,*** à ses côtés, avec lui. – *Fam.* ***C'est la croix et la bannière*** *:* c'est difficile, compliqué, ennuyeux à obtenir, à faire. **2.** HIST. Pièce d'étoffe attachée à la hampe d'une lance et portée devant le chevalier qui conduit ses hommes au combat. – L'ensemble de cette troupe.

BANNIR v.t. (du francique *bannjan*). **1.** *Sout.* Exclure, écarter définitivement. *Bannir un mot de son vocabulaire.* **2.** Condamner au bannissement.

BANNISSEMENT n.m. Peine interdisant à un citoyen de séjourner dans son pays. (Le bannissement, temporaire en France [de 5 à 10 ans], est tombé en désuétude.)

BANON n.m. Fromage de chèvre ou de brebis emballé dans une feuille de châtaignier.

BANQUABLE adj. → **BANCABLE.**

BANQUE n.f. (ital. *banca,* table de changeur). **1.** Établissement privé ou public qui facilite les paiements des particuliers et des entreprises, avance et reçoit des fonds, et gère des moyens de paiement ; siège local de cette entreprise. *Succursale d'une banque. Ouvrir, fermer un compte dans une banque.* – Branche de l'activité économique constituée par les banques et les établissements de même nature. *La banque au Moyen Âge.* **2.** ***Banque de dépôt,*** dont l'activité principale est de recevoir des dépôts à vue ou à terme sans investir de montants importants dans des entreprises. (Cette appellation, obsolète sur le plan réglementaire, est encore cour. utilisée.) – ***Banque d'affaires,*** dont l'activité principale est d'investir dans des entreprises existantes ou en formation. – ***Banque d'émission,*** dotée du monopole d'émission des billets de banque. – ***Banque centrale*** *:* banque d'émission qui participe à la politique monétaire du pays, gère les relations entre banques et a pour principal client l'État. **3.** Fonds d'argent remis à celui qui tient le jeu et destiné à payer ceux qui gagnent, à certains jeux. ◇ ***Faire sauter la banque*** *:* gagner tout l'argent que la banque, le banquier a mis en jeu. **4.** MÉD. Organisme qui recueille, conserve et distribue des tissus, des organes (cornées, sang, os, peau, etc.). **5.** INFORM. ***Banque de données*** *:* ensemble de données relatives à un domaine, organisées par traitement informatique, accessibles en ligne et à distance.

B

ENCYCL. Chaque pays possédant son système bancaire propre, la dénomination des établissements change avec la nature des opérations effectuées. On parle ainsi de *banques universelles* pour les établissements qui proposent toute la gamme des opérations bancaires, de *banques commerciales* pour les banques de dépôt et d'affaires, de *banques non commerciales* pour les instituts d'émission ou les banques non inscrites sur une liste officielle, de *banques de groupe* pour celles qui appartiennent à ou qui sont contrôlées par un établissement non financier, industriel ou commercial.

BANQUER v.i. *Fam.* Payer.

BANQUEROUTE n.f. (ital. *banca rotta,* banc rompu, allusion au vieil usage de rompre le banc, ou comptoir, du banqueroutier). **1.** Délit commis par un commerçant qui, à la suite d'agissements irréguliers ou frauduleux, est en état de cessation de paiements. **2.** Échec total. *La banqueroute d'un parti aux élections.*

BANQUEROUTIER, ÈRE n. Personne qui fait banqueroute.

BANQUET n.m. (ital. *banchetto,* petit banc). Grand repas, festin organisé pour fêter un événement important.

BANQUETER v.i. [16]. **1.** Prendre part à un banquet. **2.** Faire bonne chère ; ripailler.

BANQUETTE n.f. (languedocien *banqueta*). **1.** Banc rembourré ou canné. **2.** Siège d'un seul tenant, prenant toute la largeur d'une automobile. *La banquette arrière.* **3.** Siège à dossier en forme de banc, dans le métro, le train, etc. **4.** ARCHIT. Banc de pierre dans l'embrasure d'une fenêtre. **5.** FORTIF. ***Banquette de tir*** *:* partie surélevée du sol d'une tranchée, permettant de tirer par-dessus le parapet. **6.** TRAV. PUBL. Épaulement conservé dans les talus des tranchées ou des remblais pour leur donner plus de stabilité et sur lequel peut être aménagé un chemin.

BANQUIER, ÈRE n. **1.** Personne qui dirige une banque, qui exerce l'activité bancaire. **2.** Personne qui tient la banque, dans un jeu.

■ **BANQUISE.** Dislocation de la banquise en période estivale.

BANQUISE n.f. (scand. *pakis*). Couche de glace formée par congélation de l'eau de mer dans les régions polaires.

BANQUISTE n.m. Homme de cirque ; forain.

BANTOU, E adj. ou **BANTU** [bɑ̃tu] adj. inv. Qui se rapporte aux Bantous, fait partie de cet ensemble de peuples. ◆ n.m. Famille de langues africaines parlées dans toute la moitié sud du continent africain.

BANTOUSTAN n.m. En Afrique du Sud, au temps de l'apartheid, territoire attribué aux différentes ethnies noires, aux Bantous. SYN. : *homeland*. (Constitués à partir des anciennes réserves tribales, ces « foyers nationaux » étaient au nombre de dix, dont quatre « indépendants » [Transkei, Bophuthatswana, Venda, Ciskei]. Ils furent supprimés en 1994.)

BANYULS [baɲuls] n.m. (de *Banyuls-sur-Mer*, n.pr.). Vin doux naturel du Roussillon.

BAOBAB n.m. (ar. *bū ḥibab*). Arbre des régions tropicales de l'Ancien Monde, au tronc pouvant atteindre 25 m de circonférence et aux fruits comestibles. (Genre *Adansonia ;* famille des bombacacées.)

■ **BAOBAB**

BAPTÊME [batɛm] n.m. (du gr. *baptizein*, immerger). **1.** CHRIST. Sacrement qui en effaçant le péché originel, marque l'entrée dans l'Église ; cette cérémonie. ◇ *Nom de baptême :* prénom qu'on reçoit le jour du baptême. **2.** *Baptême d'une cloche, d'un navire, etc.,* leur bénédiction solennelle. **3.** *Baptême de l'air :* premier vol en avion. – *Baptême du feu :* premier combat. – *Baptême de la ligne* ou *des tropiques :* cérémonie burlesque qui a lieu quand on passe l'équateur ou un tropique pour la première fois.

BAPTISÉ, E n. Personne qui a reçu le baptême.

BAPTISER [batize] v.t. (gr. *baptizein*, immerger). **1.** Administrer le sacrement du baptême à qqn. **2.** Donner un nom de baptême à. **3.** *Fam.* Mouiller qqch de neuf avec un liquide. *En renversant du vin, il a baptisé la nappe.* **4.** *Fam. Baptiser du vin, du lait,* y ajouter de l'eau.

BAPTISMAL, E, AUX [batismal, o] adj. Relatif au baptême. *Fonts baptismaux.*

BAPTISME [batism] n.m. Doctrine religieuse protestante du XVIIe s., selon laquelle le baptême ne doit être administré qu'à des adultes professant foi et repentir.

BAPTISTE [batist] adj. et n. Qui se rapporte au baptisme ; adepte du baptisme.

BAPTISTÈRE [batistɛr] n.m. Bâtiment annexe ou chapelle d'une église destinés à l'administration du baptême.

BAQUET n.m. (de *1. bac*). **1.** Petite cuve de bois. **2.** Siège bas d'une voiture de sport.

1. BAR n.m. (néerl. *baers*). Poisson marin à chair estimée, voisin de la perche, appelé aussi *loup*. (Long. 0,50 à 1 m ; famille des serranidés.)

2. BAR n.m. (angl. *bar*, barre). **1.** Débit de boissons, dont une partie est aménagée pour consommer debout ou assis sur des tabourets hauts devant un comptoir. ◇ *Bar à vins,* où l'on peut boire au verre des vins de qualité. – Suisse. *Bar à café :* établissement qui ne sert que des boissons non alcoolisées. **2.** Comptoir où l'on peut consommer. **3.** Meuble où l'on range les verres et les alcools. **4.** Suisse. *Bar à talons :* petite cordonnerie qui exécute immédiatement les réparations.

3. BAR n.m. (du gr. *baros*, pesanteur). Unité de mesure de pression (symb. bar) valant 10^5 pascals, utilisée pour mesurer la pression atmosphérique. (Un bar est presque égal à une atmosphère.)

BARAGOUIN n.m. (breton *bara*, pain, et *gwin*, vin). *Fam.* Langage incompréhensible ; charabia.

BARAGOUINAGE n.m. *Fam.* Manière de parler embrouillée, difficile à comprendre.

BARAGOUINER v.t. et v.i. *Fam.* **1.** Parler mal une langue. *Baragouiner l'anglais.* **2.** Bredouiller.

BARAGOUINEUR, EUSE n. *Fam.* Personne qui baragouine.

BARAKA n.f. (mot ar., *bénédiction*). *Fam.* Chance. *Avoir la baraka.*

BARAQUE n.f. (esp. *barraca*). **1.** Construction légère en planches. **2.** *Fam.* Maison au confort rudimentaire, ou mal tenue. **3.** *Fam. Casser la baraque.* **a.** Remporter un succès fracassant, en parlant d'un spectacle, d'un artiste. **b.** Démolir, faire échouer un plan, une entreprise.

BARAQUÉ, E adj. *Fam.* Qui a une forte et large carrure.

BARAQUEMENT n.m. Construction, ensemble de constructions rudimentaires destinés à l'accueil ou au logement provisoire de personnes.

BARAQUER v.i. (ar. *baraka*, s'accroupir). S'accroupir, en parlant du chameau.

BARATERIE n.f. DR. Préjudice volontaire causé aux armateurs, aux chargeurs ou aux assureurs d'un navire par le capitaine ou un membre de l'équipage.

BARATIN n.m. (de l'anc. fr. *barater*, tromper). *Fam.* Bavardage destiné à séduire ou à tromper. *Arrête ton baratin !*

BARATINER v.i. et v.t. *Fam.* Faire du baratin, raconter des boniments.

BARATINEUR, EUSE adj. et n. *Fam.* Qui sait baratiner.

BARATTAGE n.m. Brassage de la crème du lait pour obtenir le beurre par séparation de la matière grasse et du babeurre.

BARATTE n.f. (anc. fr. *barate*, agitation). Appareil pour faire le barattage.

BARATTER v.t. Faire le barattage de.

BARBACANE n.f. (probablement de l'ar.). **1.** ARCHIT. Ouverture verticale étroite pour aérer et éclairer un local. **2.** FORTIF. Au Moyen Âge, ouvrage fortifié génér. circulaire couvrant une porte de place.

BARBANT, E adj. *Fam.* Ennuyeux.

BARBAQUE n.f. (roumain *berbec*, mouton). *Fam.* Viande. – *Péjor.* Viande de mauvaise qualité.

BARBARE adj. et n. (gr. *barbaros*, étranger). **1.** D'une grande cruauté ; inhumain. *Coutume barbare.* **2.** ANTIQ. Étranger, pour les Grecs et les Romains (v. partie n.pr.). ◆ adj. **1.** Contraire à l'usage ou au bon goût. *Musique barbare.* **2.** Contraire aux normes de la langue, aux habitudes de ses usagers. *Terme barbare.*

BARBARESQUE adj. et n. (ital. *barbaresco*). De l'ancienne Barbarie, l'Afrique du Nord actuelle.

BARBARIE n.f. **1.** Attitude cruelle ; férocité. **2.** Manque de civilisation, d'humanité.

BARBARISME n.m. Faute de langage consistant à employer un mot inexistant ou déformé ; mot ainsi employé.

1. BARBE n.f. (lat. *barba*). **1. a.** Ensemble des poils qui poussent sur le menton, les joues de l'homme. ◇ *À la barbe de qqn,* sous ses yeux, malgré lui. – *Parler dans sa barbe :* parler bas, trop bas, de façon inintelligible. – *Rire dans sa barbe,* pour soi-même. **b.** *Fam.* Ennui. *C'est la barbe, ce travail !* **c.** *Barbe à papa :* confiserie faite de filaments de sucre aromatisé enroulés sur un bâtonnet. **2. a.** Touffe des poils sous la mâchoire de certains animaux. **b.** Chacun des filaments finement ramifiés implantés dans le tuyau d'une plume d'oiseau. **3.** BOT. Pointe des épis de céréales. **4.** Filament (en partic., filament métallique) qui reste attaché au bord d'une découpure peu franche. ◆ interj. *Fam.* Marque l'impatience, l'agacement. *Quelle barbe ! Ah, la barbe !*

2. BARBE n.m. et adj. (ital. *barbero*). Cheval de selle originaire d'Afrique du Nord (anc. appelée *Barbarie*).

BARBEAU n.m. (du lat. *barba*, barbe, à cause des barbillons à la lèvre supérieure du poisson). **1.** Poisson d'eau douce portant deux paires de barbillons, à chair estimée, mais aux œufs toxiques. (Long. 1 m ; genre *Barbus*, famille des cyprinidés.) **2.** BOT. Bleuet. **3.** *Arg.* Souteneur.

■ **BARBEAU**

BARBECUE [barbəkju] n.m. (mot anglo-amér., de l'esp. *barbacoa*, d'orig. amérindienne). Appareil de cuisson à l'air libre, mobile ou fixe, fonctionnant le plus souvent au charbon de bois, pour griller la viande ou le poisson. – *Par ext.* Repas en plein air où l'on utilise un barbecue.

BARBE-DE-CAPUCIN n.f. (pl. *barbes-de-capucin*). Chicorée sauvage amère qu'on mange en salade.

BARBELÉ, E adj. (de *1. barbe*). **1.** *Fil de fer barbelé,* ou *barbelé,* n.m. : fil de fer muni de pointes, servant de clôture ou de moyen de défense. **2.** Garni de dents et de pointes. *Flèche barbelée.*

BARBELURE n.f. Rare. Aspérité disposée en barbe d'épi.

BARBER v.t. *Fam.* Ennuyer.

BARBET, ETTE n. et adj. (de *1. barbe*). Griffon à poil long et frisé.

BARBICHE n.f. Touffe de barbe au menton.

BARBICHETTE n.f. *Fam.* Petite barbiche. ◇ *Fam. Se tenir par la barbichette :* être contraints à l'entente, en raison de compromissions communes ; procéder à un chantage mutuel.

BARBICHU, E adj. et n. *Fam.,* vieilli. Qui porte une petite barbe, une barbiche.

BARBIER n.m. Anc. Personne dont le métier était de faire la barbe, de raser le visage.

BARBIFIER v.t. [5]. *Fam.* **1.** Vx. Raser. **2.** Ennuyer.

BARBILLON n.m. **1.** Filament charnu olfactif ou gustatif, placé des deux côtés de la bouche, chez certains poissons (barbeau, poisson-chat). **2.** ZOOL. Repli de la peau situé sous la langue du bœuf ou du cheval. **3.** Barbeau (poisson) ; petit barbeau.

BARBITURIQUE n.m. Médicament utilisé contre l'épilepsie et, naguère, comme hypnotique.

BARBON n.m. (ital. *barbone*, grande barbe). *Litt., péjor.* Homme d'un âge avancé.

BARBOTAGE n.m. **1.** Action de barboter dans l'eau. **2.** *Fam.* Vol. **3.** CHIM. Passage d'un gaz à travers un liquide.

BARBOTE ou **BARBOTTE** n.f. (de *barboter*). Loche (poisson).

BARBOTER v.i. (de *bourbe*). **1.** S'agiter dans l'eau ou la boue. *Les canards barbotent.* **2.** CHIM. Traverser un liquide, en parlant d'un gaz. *Faire barboter du gaz carbonique dans l'eau de chaux.* ◆ v.t. *Fam.* Voler. *Il a encore barboté un livre.*

BARBOTEUR, EUSE n. *Fam.* Personne qui barbote, qui a l'habitude de voler.

BARBOTEUSE n.f. Vêtement de jeune enfant, d'une seule pièce, formant une culotte courte légèrement bouffante.

BARBOTIN n.m. **1.** MAR. Couronne en acier sur laquelle viennent s'engager les maillons d'une chaîne d'ancre. **2.** Roue dentée reliée au moteur et entraînant la chenille d'un véhicule automoteur chenillé.

BARBOTINE n.f. (de *barboter*). **1.** Pâte délayée utilisée pour les raccords et les décors en céramique, ou pour les pièces obtenues par coulage. **2.** Mélange très fluide de ciment et d'eau, avec éventuellement du sable fin et divers adjuvants.

BARBOTTE n.f. → **BARBOTE.**

BARBOUILLAGE ou **BARBOUILLIS** n.m. Action de barbouiller ; peinture, écriture, dessin ainsi obtenus.

BARBOUILLE n.f. *Fam.* Peinture. — *Péjor.* Mauvaise peinture.

BARBOUILLER v.t. **1.** Salir grossièrement ; tacher. *Barbouiller son visage de chocolat.* **2.** Peindre sans soin. *Barbouiller un mur.* ◇ *Être barbouillé, avoir l'estomac barbouillé :* avoir la nausée. **3.** *Fam. Barbouiller du papier :* rédiger, écrire sans talent.

BARBOUILLEUR, EUSE n. *Péjor.* Personne qui barbouille ; mauvais peintre.

BARBOUZE n.m. ou n.f. (de *1. barbe*). *Fam.* Agent d'un service secret (service de police ou de renseignements).

BARBU, E adj. et n. Qui a de la barbe. ◆ n.m. *Fam., péjor.* Militant islamiste.

BARBUE n.f. (de *barbu*). Poisson marin à chair estimée, voisin du turbot et atteignant 70 cm de longueur. (Genre *Scophtalmus ;* famille des pleuronectidés.)

BARBULE n.f. Crochet des barbes d'une plume d'oiseau.

BARCAROLLE n.f. (de l'ital. *barcarolo*, gondolier). **1.** Chanson des gondoliers vénitiens. **2.** Pièce vocale ou instrumentale au rythme ternaire, en vogue à l'époque romantique.

BARCASSE n.f. Grosse barque. — *Péjor.* Mauvaise barque.

BARCELONAIS, E adj. et n. De Barcelone.

BARDA n.m. (ar. *barda'a*, bât d'âne). **1.** *Arg. mil.* Chargement du soldat. **2.** *Fam.* Bagage, équipement encombrant qu'on emporte avec soi.

BARDAGE n.m. CONSTR. **1.** Système d'éléments de parement qui se fixe sur une ossature secondaire en bois, acier, PVC, etc. (par oppos. à *vêtage*, à *vêture*) **2.** Revêtement en bardeaux. **3.** Transport d'un matériau sur un chantier.

BARDANE n.f. (lyonnais *bardane*, punaise). Plante à fleurs purpurines, commune dans les décombres, et dont les bractées crochues s'accrochent au pelage des animaux. (Haut. 1 m ; genre *Arctium*, famille des composées.)

1. BARDE n.m. (lat. *bardus*, mot gaul.). **1.** Poète et chanteur celte. **2.** Poète lyrique.

2. BARDE n.f. (esp. *barde*, de l'ar. *barda'a*, bât). **1.** Tranche de lard servant à envelopper un morceau de viande ou une volaille. **2.** Armure qui protégeait le poitrail et la croupe du cheval.

1. BARDEAU n.m. (de *2. barde*). CONSTR. **1.** Planchette en forme de tuile, pour couvrir une toiture ou une façade, notamm. en montagne. SYN. : *aisseau.* **2.** Planchette fixée sur les solives et formant une aire pour recevoir un carrelage.

2. BARDEAU n.m. → **BARDOT.**

1. BARDER v.t. (de *2. barde*). **1.** Envelopper un morceau de viande ou une volaille d'une barde. **2.** Couvrir d'une armure. **3.** *Être bardé de,* couvert, abondamment pourvu de. *Être bardé de décorations, de diplômes.*

2. BARDER v. impers. *Fam. Ça barde, ça va barder :* cela devient dangereux ou violent.

BARDIS n.m. Cloison longitudinale qui permet d'empêcher le ripage de la cargaison dans la cale d'un navire.

BARDOLINO n.m. Vin rouge léger italien, produit à l'est du lac de Garde.

BARDOT ou **BARDEAU** n.m. (ital. *bardotto*, bête qui porte le bât). Hybride produit par l'accouplement d'un cheval et d'une ânesse.

BARE-FOOT [bɛrfut] n.m. inv. (mot angl., *pied nu*). Sport comparable au ski nautique, mais qui se pratique pieds nus.

BARÈME n.m. (de *Barrême*, mathématicien du XVIIe s.). Table ou répertoire de données chiffrées. *Barème des intérêts.*

BARÉMIQUE adj. Belgique. Relatif aux barèmes.

BARESTHÉSIE n.f. (gr. *baros*, pression, et *aisthêsis*, sensibilité). Sensibilité qui permet d'évaluer le degré de pression et les différences de poids ou de pression exercés sur le corps.

BARÉTER v.i. [11] (du lat. *barrire*). Barrir.

1. BARGE n.f. (bas lat. *barga*). **1.** Grande péniche largement ouverte sur la partie supérieure pour les transports de vrac. **2.** Bateau à fond plat, gréé d'une voile carrée.

2. BARGE n.f. (du lat. *bardea*). Oiseau échassier des marais et des plages vaseuses d'Europe et d'Asie, plus haut sur pattes que la bécasse. (Long. 40 cm env. ; genre *Limosa*, famille des scolopacidés.)

3. BARGE adj. et n. → **BARJO.**

BARGUIGNER [bargiɲe] v.i. (du francique *borganjan*, emprunter). Vieilli ou *litt. Sans barguigner :* sans hésiter, sans rechigner.

BARDANE

BARIBAL n.m. (pl. *baribals*). Ours noir d'Amérique du Nord, excellent grimpeur, qui se nourrit de fruits et d'insectes. (Famille des ursidés.)

BARIGOULE n.f. (provenç. *barigoulo*). *Artichaut à la barigoule,* braisé et farci. (Cuisine provençale.)

BARIL n.m. (lat. *barriculus*). **1.** Petit tonneau ; son contenu. *Baril de poudre.* — Emballage pour la poudre à laver. **2.** Mesure de capacité (symb. bbl) valant 158,98 l, utilisée pour les produits pétroliers.

BARILLET [barijɛ] n.m. **1.** Magasin cylindrique et mobile d'un revolver, destiné à recevoir les cartouches. **2.** Partie cylindrique d'un bloc de sûreté, dans une serrure. **3.** Ensemble du système moteur, à poids ou à ressort, d'un appareil horaire mécanique.

BARIOLAGE n.m. Assemblage disparate de couleurs. SYN. : *bigarrure.*

BARIOLÉ, E adj. Marqué de taches ou de bandes de couleurs vives et souvent mal assorties.

BARIOLER v.t. (de *barre* et anc. fr. *rioler,* rayer). Peindre de couleurs vives et peu harmonieuses.

BARIOLURE n.f. Mélange de couleurs contrastées. *Bariolures d'une affiche.*

BARJAQUER v.i. Région. (Savoie, Provence) ; Suisse. Bavarder, parler pour ne rien dire.

BARJO, BARJOT ou **BARGE** adj. et n. (verlan de *jobard*). *Fam.* Un peu fou, farfelu.

BARKHANE n.f. (turc *barkan*). Dune mobile en forme de croissant, dont les cornes sont dans le sens du vent, avec une pente douce « au vent » et une pente raide, concave, « sous le vent ».

BARLONG, ONGUE [barlɔ̃, ɔ̃g] adj. (lat. *bis*, deux fois, et *long*). ARCHIT. Se dit d'une pièce, de la voûte d'une travée, de forme allongée et disposée, en principe, perpendiculairement à l'axe du bâtiment.

BARLOTIÈRE n.f. Barre métallique doublée d'un feuillard servant à maintenir les panneaux d'un vitrail.

BARMAID [barmɛd] n.f. (mot angl.). Serveuse de bar.

BARMAN [barman] n.m. [pl. *barmans* ou *barmen*] (mot angl.). Serveur de bar qui sert au comptoir les boissons qu'il prépare.

BAR-MITSVA n.f. inv. (mot hébreu). Cérémonie qui célèbre la majorité religieuse du jeune juif.

BARNABITE n.m. (du cloître de *Saint-Barnabé*, à Milan). Religieux de l'ordre catholique des clercs réguliers de Saint-Paul, fondé en Italie en 1530 par saint Antoine-Marie Zaccaria.

1. BARNACHE n.f. → **BERNACHE.**

2. BARNACHE n.f. → **BERNACLE.**

BAROLO n.m. Vin rouge italien récolté dans le Piémont.

BAROMÈTRE n.m. (gr. *baros*, pesanteur, et *metron*, mesure). **1.** Instrument pour mesurer la pression atmosphérique. **2.** *Fig.* Ce qui est sensible à certaines variations, les exprime. *Les sondages, baromètres de l'opinion publique.*

ENCYCL. Le *baromètre à mercure* est constitué d'un long tube plein de mercure, ouvert à une extrémité, et retourné sur une cuve à mercure. Le mercure descend dans le tube et se stabilise à une hauteur égale à la *pression atmosphérique s'exerçant sur la surface de la cuve. Le *baromètre anéroïde* se compose d'une boîte métallique vide d'air, protégée de l'écrasement par un ressort, et qui se déprime plus ou moins selon les variations

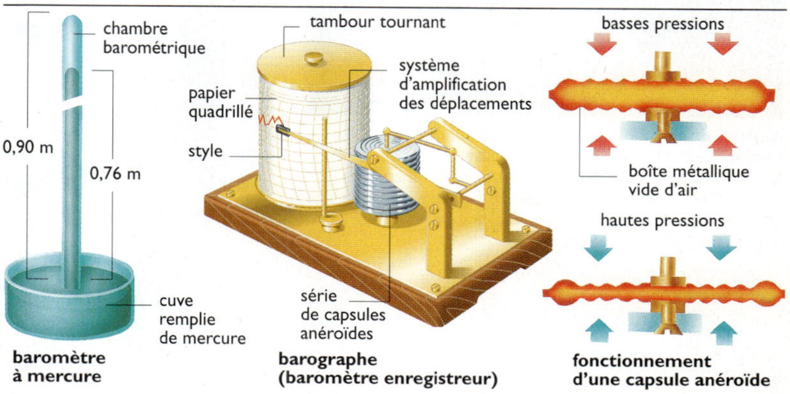

BAROMÈTRES

■ L'ART BAROQUE

Le terme « baroque » a une origine précise : il désignait, en joaillerie, une perle fine irrégulière, ou une pierre mal taillée. Le baroque était donc l'anormal, l'exubérant, voire le décadent. Puis, au début du XXᵉ s., les historiens de l'art en ont fait un concept d'esthétique générale appliquée au style brillant de la période qui s'étend, en Italie d'abord, entre la Renaissance et le néoclassicisme.

Petrus Paulus Rubens. *Le Rapt des filles de Leucippe* (v. 1618), un des chefs-d'œuvre du peintre. Castor et Pollux, fils de Zeus et de Léda, enlèvent les deux filles du roi de Messénie : impétuosité sous-tendue par l'entrecroisement des diagonales qui régissent la composition, sensualité éclatante des corps féminins. (Ancienne Pinacothèque, Munich.)

B

Guarino Guarini. Le palais Carignan à Turin, élevé vers 1680. L'architecte a évité la monotonie d'une longue façade sans recourir à une véritable fragmentation en corps de bâtiments distincts, mais par le simple jeu des courbes et contre-courbes, auquel s'ajoute la fantaisie des encadrements de fenêtres.

Andrea Pozzo. *Le Triomphe de saint Ignace* (v. 1690), fresque exécutée à la voûte de l'église S. Ignazio à Rome. L'espace réel de la nef se trouve prolongé par un trompe-l'œil architectural peuplé de figures volantes. Cet art illusionniste escamote avec une grande virtuosité la consistance physique de la voûte.

La cathédrale de Murcie. Façade, dessinée en 1737 par Jaime Bort (tour du XVIᵉ s.). Le baroque espagnol (comme ceux du Mexique, de Colombie, du Pérou, etc.) aime ces compositions mouvementées comparables à de grands retables.

Giambattista Tiepolo. Fresque (v. 1750), dans la *Kaisersaal* de la Résidence de Würzburg, fastueux palais dû, notamment, à l'architecte J.B. Neumann. Sous ses habits vénitiens, l'œuvre entend représenter le mariage de l'empereur Frédéric Barberousse, célébré au XIIᵉ s. par le prince-évêque de Würzburg.

La bibliothèque de Wiblingen. Statue en bois peint, élément du décor de la bibliothèque de l'abbaye de Wiblingen, près d'Ulm (v. 1760). Beaucoup d'abbayes de Bavière se dotent au XVIIIᵉ s. de nouveaux bâtiments parmi lesquels une abbatiale, et, souvent, une bibliothèque, dotées d'une riche décoration rococo.

L'Aleijadinho. L'église St-François-d'Assise à Ouro Preto, construite et décorée à partir de 1767. Tout le charme, transporté dans le Nouveau Monde, de l'architecture portugaise, avec ses structures principales en pierre se détachant sur fond de crépi blanc, comme au temps du gothique manuélin.

de la pression atmosphérique. Le *baromètre enregistreur* est un baromètre anéroïde dont l'aiguille, munie d'une plume, trace une courbe sur le papier d'un cylindre tournant.

BAROMÉTRIE n.f. Partie de la physique traitant des mesures de la pression atmosphérique.

BAROMÉTRIQUE adj. Qui se rapporte au baromètre, à la barométrie.

1. **BARON, ONNE** n. (francique *baro,* homme libre). **1. a.** HIST. Seigneur féodal relevant directement du roi ou d'un grand feudataire. **b.** En France, noble possédant un titre nobiliaire entre celui de vicomte et celui de chevalier. **2.** *Fig.* Personne très importante dans un domaine quelconque, notamm. économique. *Les barons de la finance.*

2. **BARON** n.m. Morceau de mouton ou d'agneau comprenant les gigots, les selles et les filets.

BARONET ou **BARONNET** n.m. Titre de noblesse créé en 1611 par Jacques Ier, en Angleterre.

BARONNAGE n.m. **1.** Qualité de baron. **2.** Corps des barons.

BARONNIE n.f. HIST. Seigneurie, terre d'un baron.

BAROQUE n.m. (du port. *barroco,* perle irrégulière). Style artistique et littéraire né en Italie à la faveur de la Réforme catholique et qui a régné sur une grande partie de l'Europe et de l'Amérique latine aux XVIIe et XVIIIe s. ◆ adj. **1.** Qui appartient au baroque. *Une église baroque.* **2.** Qui manifeste de l'originalité ou de la bizarrerie ; excentrique. *Une idée, un personnage baroque.*

ENCYCL. Le *théâtre baroque* regroupe un ensemble de dramaturgies (italienne, espagnole, anglaise, française) de la fin du XVIe s. et du début du XVIIe s., ayant en commun leur affranchissement des règles spatio-temporelles, leur goût de l'ambiguïté et du spectaculaire. Il s'oppose au *théâtre *classique.*
En littérature, le baroque, défini d'abord négativement comme l'envers du classicisme, est caractérisé par le goût du pathétique, une composition structurée fondée sur un système d'antithèses, d'analogies et de symétries, l'emploi d'images saisissantes ; les représentants les plus typiques de cette forme d'écriture sont, en France, les poètes de la fin du XVIe s. et du début du XVIIe s. (Maurice Scève, Jean de Sponde, Agrippa d'Aubigné), en Italie, Giambattista Marini, en Espagne, Góngora, en Allemagne, Andreas Gryphius et Grimmelshausen.
En art, le baroque veut étonner, toucher les sens, éblouir, et y parvient par des effets de mouvement et de contraste lumineux, de formes tendues et contrariées jusqu'à suggérer l'éclatement, de perspectives jouant du trompe-l'œil ; architecture, sculpture, peinture tendent à se fondre dans une unité dynamique et spectaculaire. Cet art trouve sa première expression à Rome, chez les architectes chargés de terminer l'œuvre de Michel-Ange, Maderno et Bernin, suivis de Borromini, Pierre de Cortone, etc. Turin, Naples, Gênes, Venise, la Sicile sont touchées, en même temps que le baroque se propage hors d'Italie. En Europe centrale, ses capitales sont Vienne (avec Fischer von Erlach, Hildebrandt), Prague (les Dientzenhofer), Munich (les Asam, Cuvilliés), Würzburg (J. B. Neumann), mais de nombreux châteaux, églises de pèlerinage et abbayes (Melk, Wies...) témoignent aussi de l'allégresse du *rococo germanique. En Espagne, le baroque s'incarne dans les pathétiques statues polychromes des processions, dans la profusion ornementale des retables ainsi que dans le style churrigueresque d'un Pedro de Ribera ; l'Amérique coloniale répercute ces tendances, non sans contagion de caractères indigènes. Terre d'élection pour les jésuites, la Belgique construit au XVIIe s. des églises qui se souviennent de la structure et de l'élan vertical du gothique ; Rubens, le peintre baroque par excellence, y fait claironner ses grands tableaux d'autel. Mis à part l'art éphémère des fêtes de cour, ainsi que le courant *rocaille, la France, elle, se voue plutôt au *classicisme.
En musique, rompant avec le style polyphonique, l'écriture baroque, mélodique et très ornée, favorisa la création de genres nouveaux dont l'opéra, l'oratorio et la cantate, et de formes nouvelles tels la sonate et le concerto. Le style baroque se développa notamment avec C. Monteverdi, H. Purcell, J.-P. Rameau, F. Couperin, A. Vivaldi et jusqu'à J.-S. Bach.

BAROQUEUX, EUSE n. Musicien prônant, à l'origine dans l'interprétation d'une œuvre de la période baroque, le respect des conditions d'exécution de l'époque de composition. (Le mouvement est né dans les années 1960.)

BAROQUISANT, E adj. De tendance baroque.

BAROQUISME n.m. Caractère d'une œuvre baroque, ou qui évoque le baroque.

BAROTRAUMATISME n.m. (du gr. *baros,* pesanteur). MÉD. Lésion provoquée par une brusque variation de pression, par ex. au cours d'une plongée sous-marine. *Barotraumatisme du tympan.*

BAROUD [barud] n.m. (mot ar.). *Arg. mil.* Combat. ◇ *Baroud d'honneur :* combat désespéré livré seulement pour l'honneur.

BAROUDEUR, EUSE n. *Fam.* **1.** Personne qui a beaucoup combattu, qui aime se battre. **2.** Personne dynamique, qui aime les risques ; aventurier.

BAROUF ou **BAROUFE** n.m. (ital. *baruffa,* bagarre). *Fam.* Vacarme, tapage.

BARQUE n.f. (lat. *barca*). Petit bateau mû à la voile, à la rame ou par un moteur. ◇ *Fam. Bien, mal mener sa barque :* bien, mal conduire ses affaires. – *Fam. Charger la barque :* avoir des exigences, des ambitions excessives ; exagérer.

BARQUETTE n.f. **1.** Tartelette en forme de barque. **2.** Récipient léger et rigide utilisé pour le conditionnement des denrées alimentaires.

BARRACUDA [barakuda] n.m. (mot esp.). Grand poisson marin, carnassier, connu pour son agressivité. (Long. max. 2 m ; famille des sphyrénidés.) SYN. : *brochet de mer.*

BARRAGE n.m. (de *barre*). **1.** Action de barrer le passage, de faire obstacle ; l'obstacle lui-même. *Le barrage d'une rue. Un barrage de police.* **2.** *Tir de barrage.* **a.** Tir d'artillerie destiné à briser une offensive ennemie. **b.** *Fig.* Action d'envergure ou série d'actions destinée à faire échouer une initiative qu'on désapprouve. – *Barrage roulant :* rideau de feu établi par l'artillerie devant une formation qui attaque. **3.** SPORTS. *Match de barrage,* ou *barrage,* destiné à départager des équipes ou des concurrents à égalité ou à les qualifier pour les places restantes de la phase finale d'une compétition ou d'un championnat. **4.** PSYCHOL. Soudaine interruption dans le cours de la pensée, dans la réalisation d'un acte. **5.** TRAV. PUBL. Ouvrage artificiel coupant le lit d'un cours d'eau et servant à en assurer la régulation, à pourvoir à l'alimentation des villes en eau ou à l'irrigation des cultures, ou à produire de l'énergie.

ENCYCL. Parmi les principaux types de barrages, dits aussi « barrages-réservoirs », on distingue : les *barrages en maçonnerie* ou *en béton,* qui comprennent le *barrage-poids,* le *barrage-voûte* et le *barrage à contreforts ;* les *barrages en remblai,* parmi lesquels on compte le *barrage en enrochements* (composé d'un massif trapézoïdal et d'un organe d'étanchéité souple), le *barrage en terre homogène* (constitué par de la terre compactée imperméable), le *barrage en terre hétérogène* (formé d'un noyau imperméable compris entre deux massifs d'appui [à l'aval] ou de protection [à l'amont]).

BARRAGE-POIDS n.m. (pl. *barrages-poids*). Barrage en béton, à profil triangulaire, résistant à la poussée de l'eau par son seul poids.

BARRAGE-VOÛTE n.m. (pl. *barrages-voûtes*). Barrage en béton à courbure convexe tournée vers l'amont, et repoussant la poussée de l'eau sur les rives par des effets d'arc.

BARRAGISTE n. SPORTS. Équipe, concurrent disputant un match de barrage.

BARRANCO n.m. (mot esp.). Ravin entaillant les pentes d'un volcan.

BARRE n.f. (mot gaul.). **I.** *Pièce allongée.* **1.** Longue et étroite pièce de bois, de métal, etc., rigide et droite. **2.** Objet de matière quelconque ayant cette forme. *Barre de chocolat.* **3.** Immeuble moderne de grandes dimensions et de forme allongée. *Barres et tours de HLM.* SYN. : *immeuble en bande.* **4.** MÉTALL. Produit rectiligne, de grande longueur, de section simple. **5.** DANSE. Perche horizontale, fixée au mur, servant d'appui aux danseurs lors des exercices. – Ensemble d'exercices pratiqués debout avec l'appui d'une barre fixée au mur. ◇ *Par ext. Barre à terre,* ou *barre au sol :* ensemble d'exercices pratiqués en position assise ou couchée. **6.** SPORTS. **a.** Traverse horizontale fixant le niveau à franchir aux sauts en hauteur et à la perche. – *Fig.* Niveau. *Le dollar est passé sous la barre d'un euro.* ◇ *Placer haut la barre :* donner, se donner des objectifs ambitieux. **b.** *Barre fixe :* agrès de gymnastique masculine formé d'une traverse horizontale soutenue par deux montants verticaux. **c.** *Barres asymétriques :* agrès de gymnastique féminine composé de deux barres fixes parallèles horizontales, reposant chacune sur des montants verticaux de hauteurs différentes. **d.** *Barres parallèles :* agrès de gymnastique masculine composé de deux

■ **BARRE.** Exercice à la barre (Bolchoï, Moscou).

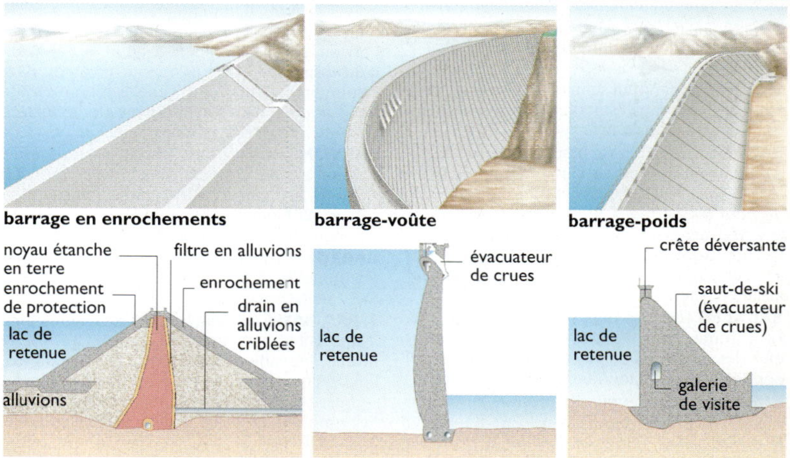

■ **BARRAGES**

■ **BARRE.** Exercice aux barres asymétriques.

barres horizontales fixées parallèlement, à la même hauteur, sur des montants verticaux. **e.** *Barre à disques :* barre d'acier dont les extrémités peuvent recevoir les disques métalliques constituant la charge demandée en haltérophilie. **7.** AUTOM. **a.** *Barre de direction :* barre de liaison entre la direction et la roue. **b.** *Barre de réaction :* pièce qui permet l'application du couple moteur à l'essieu. **c.** *Barre de torsion :* barre élastique qui tient lieu de ressort pour assurer la suspension d'un véhicule. **8.** NUCL. *Barre de commande :* barre faite d'un matériau absorbeur de neutrons destinée au réglage ou à l'arrêt de la réaction en chaîne, dans un réacteur. **II.** *Sens spécialisés.* **1.** MAR. Organe de commande du gouvernail d'un navire. ◇ *Prendre, tenir la barre :* prendre, avoir la direction d'une entreprise. **2.** *Barre de plongée :* organe de commande des gouvernails de profondeur d'un sous-marin. **3.** Barrière d'un tribunal derrière laquelle sont appelés les témoins et où plaident les avocats. **4.** Crête rocheuse verticale. **5. a.** Haut-fond formé à l'embouchure d'un fleuve par le contact des eaux fluviales et marines. **b.** Déferlement violent des vagues sur ces hauts-fonds. **6.** Trait graphique droit. **7.** INFORM. Dans une application à interface graphique, bande rectangulaire sur l'écran, comportant des zones actives (icônes, boutons, etc.) ou des informations. *Barre de défilement, barre de menus, barre d'outils, barre de titre.* ◇ *Code à barres* → **code-barres.** **8.** MUS. *Barre de mesure :* ligne verticale en travers de la portée pour séparer les mesures. **9.** HÉRALD. Pièce honorable qui va de l'angle senestre du chef à l'angle dextre de la pointe. ◆ pl. **1.** Anc. Jeu de course-poursuite entre des joueurs partagés en deux camps. ◇ *Avoir barre(s) sur qqn,* avoir l'avantage sur lui. **2.** ZOOL. Espace entre les incisives et les molaires chez le cheval (où l'on place le mors), le bœuf, le lapin.

B

1. BARRÉ, E adj. **1.** Fermé à la circulation. *Rue barrée.* **2.** *Chèque barré,* rayé en diagonale par un double trait afin de n'être touché que par l'intermédiaire d'un établissement de crédit. **3.** *Dent barrée,* dont la racine déviée rend l'extraction malaisée. **4.** HÉRALD. Divisé en un nombre pair de parties égales d'émaux alternés, dans le sens de la barre. *Écu barré.* **5.** SPORTS. Se dit d'une embarcation comprenant un barreur. *Le quatre barré.*

2. BARRÉ n.m. Appui simultané d'un doigt, plus rarement, de deux, sur plusieurs cordes d'un instrument de musique.

BARREAU n.m. **1.** Petite barre de bois, de métal, etc., qui sert de soutien, de fermeture. *Les barreaux d'une fenêtre, d'une prison.* ◇ *Fam. Être derrière les barreaux,* en prison. **2.** Anc. Place réservée aux avocats dans un prétoire, délimitée par une barre de bois. – *Par ext.* Ensemble des avocats auprès d'un même tribunal de grande instance. *Être inscrit au barreau de Paris.*

BARRENS [barəns] n.m. pl. (angl. *barren,* stérile). Terrain sans végétation ou ne comportant que des arbres rabougris. (C'est un milieu qui correspond à une toundra appauvrie en flore.)

BARRER v.t. **1.** Fermer un passage au moyen d'une barre, d'un obstacle. – *Par ext.* Empêcher le passage dans. *Barrer un chemin.* ◇ *Barrer la route à qqn,* l'empêcher d'arriver à ses fins. **2.** Région. ou Québec. *Fam.* Fermer à clé ; verrouiller. **3.** Marquer d'une ou de plusieurs barres. *Barrer un chèque.* **4.** Rayer d'un trait ; raturer. *Barrer un paragraphe.* **5.** MAR. Tenir la barre d'une embarcation pour gouverner. ◇ *Fam. Être bien, mal barré :* être bien, mal parti ; s'annoncer bien, mal. ◆ **se barrer** v.pr. *Fam.* S'en aller.

1. BARRETTE n.f. (ital. *barretta*). CHRIST. Bonnet carré, à trois ou quatre cornes, des ecclésiastiques, noir pour les prêtres, violet pour les évêques, rouge pour les cardinaux. ◇ *Recevoir la barrette :* être nommé cardinal.

2. BARRETTE n.f. **1.** Épingle à fermoir pour les cheveux. **2.** Broche (bijou) longue et étroite. **3.** Ruban de décoration monté sur un support. *La barrette du Mérite national.*

BARREUR, EUSE n. Personne qui manœuvre la barre d'une embarcation ; personne qui rythme la cadence des avirons.

BARRICADE n.f. (de *barrique*). Obstacle fait de matériaux divers entassés en travers d'une rue pour se protéger lors de combats. ◇ *Être de l'autre côté de la barricade,* du parti adverse. – Suisse. *Monter aux barricades :* monter au créneau.

BARRICADER v.t. **1.** Fermer par des barricades. *Barricader une rue.* **2.** Fermer solidement. *Barricader une porte.* ◆ **se barricader** v.pr. **1.** S'abriter derrière une barricade. **2.** S'enfermer avec soin et détermination dans un lieu.

BARRIÈRE n.f. (de *barre*). **1.** Assemblage de pièces de bois, de métal, etc., qui ferme un passage et forme clôture. *Ouvrir une barrière.* – HIST. Clôture établie à l'entrée d'une ville pour permettre la perception de l'octroi. **2.** Obstacle naturel. *Barrière de feu.* **3.** *Barrière de dégel :* signal routier interdisant aux véhicules lourds de circuler sur une voie donnée pendant le dégel. **4.** NUCL. *Barrière de confinement :* enceinte destinée à empêcher la dissémination des produits radioactifs dans l'environnement d'une installation nucléaire. **5.** *Fig.* Ce qui fait obstacle à la liberté d'échange. *Les barrières douanières.*

BARRIQUE n.f. (gascon *barrico*). Tonneau d'une capacité d'environ 200 l ; son contenu.

BARRIR v.i. (lat. *barrire*). Pousser son cri, en parlant de l'éléphant. SYN. : *baréter.*

BARRISSEMENT n.m. Cri de l'éléphant.

BARROT n.m. (de *barre*). MAR. Chacun des éléments de charpente d'un navire, perpendiculaires à l'axe longitudinal du bateau et fixés aux membrures, qui soutiennent les ponts.

BARTAVELLE n.f. (provenç. *bartavelo*). Perdrix des montagnes d'Eurasie, voisine de la perdrix rouge. (Famille des phasianidés.)

BARTHOLINITE n.f. MÉD. Inflammation des glandes de Bartholin, de part et d'autre de la vulve.

BARYCENTRE n.m. Centre de *gravité.

BARYON n.m. PHYS. Particule soumise aux interactions fortes (hadron de type fermion), ayant un spin demi-entier.

BARYONIQUE adj. Qui se rapporte aux baryons.

BARYTE n.f. CHIM. MINÉR. Hydroxyde de baryum $Ba(OH)_2$.

BARYTINE ou **BARYTITE** n.f. MINÉRALOG. Sulfate de baryum naturel.

BARYTON n.m. (gr. *barutonos,* dont la voix est grave). **1.** Voix d'homme intermédiaire entre le ténor et la basse ; chanteur qui a une voix de baryton. **2.** Tout instrument baryton. ◆ adj. Se dit d'un instrument de musique, et notamm. d'un instrument à vent, dont l'échelle sonore correspond approximativement à celle de la voix de baryton. *Saxophone baryton.*

BARYUM [barjɔm] n.m. (du gr. *barus,* lourd). **1.** Métal alcalino-terreux blanc argenté, qui fond à 850 °C, de densité 3,6, et qui décompose l'eau à froid. **2.** Élément chimique (Ba), de numéro atomique 56, de masse atomique 137,327.

BARZOÏ [barzɔj] n.m. (mot russe). Lévrier de grande taille, à poil long, originaire de Russie. SYN. : *lévrier russe.*

1. BAS, BASSE adj. (lat. *bassus*). **1.** Peu élevé, qui a une faible hauteur. *Chaise basse.* **2.** Dont le niveau, l'altitude est faible. *Basse mer.* ◇ *Ciel bas,* couvert de nuages situés à une faible altitude. – *Basses eaux :* niveau d'un cours d'eau à l'époque de l'année où le débit est le plus faible. **3.** Incliné vers le bas. *Marcher la tête basse.* **4. a.** Qui produit un son grave. *Note basse.* **b.** *Parler, dire qqch à voix basse,* doucement, sans élever la voix. **5.** Qui est faible en valeur. *Bas prix.* **6.** De qualité médiocre. ◇ *Bas morceaux,* les moins chers, en boucherie. **7.** Peu élevé, dans une hiérarchie. *Bas clergé, basse classe.* **8.** Dépourvu d'élévation morale ; vil, méprisable. *Une âme basse.* **9.** Se dit de la partie tardive d'une période historique. *Le Bas-Empire romain.* ◆ **adv.** **1.** À faible hauteur. *Voler bas.* ◇ *Fam. Bas les mains, bas les pattes ! :* ne me touchez pas, lâchez-moi. – *Être (bien, très, etc.) bas,* dans un mauvais état physique ou moral. – *Mettre bas :* mettre au monde des petits, en parlant d'une femelle. – *Mettre bas, jeter bas :* renverser, abattre. – *Mettre bas les armes,* les déposer ; *fig.,* renoncer à lutter. **2.** Avec une faible intensité. *Parler bas.* ◆ **loc. adv.** et **loc. prép.** *En bas :* vers le bas, au-dessous. – *En bas de :* au pied de. – *À bas ! :* cri d'hostilité envers qqn ou qqch.

2. BAS n.m. **1.** Partie inférieure. *Le bas du visage, d'une robe.* **2.** *Fig. Les hauts et les bas :* les périodes heureuses et malheureuses.

3. BAS n.m. (de *bas-de-chausses*). **1.** Pièce de vêtement habillant le pied et la jambe. ◇ *Fam. Bas de laine :* économies. **2.** *Spécial.* Vêtement féminin, en textile à mailles, qui gaine le pied et la jambe jusqu'au haut de la cuisse.

BASAL, E, AUX adj. **1.** Qui constitue la base de qqch ; fondamental. **2.** HISTOL. *Membrane basale,* ou *basale,* n.f. : membrane microscopique située à la base d'un tissu épithélial, tel que l'épiderme. **3.** Situé à la base d'un appendice, d'un organe ou d'une cellule. CONTR. : *apical.*

BASALTE n.m. (lat. *basaltes*). Roche volcanique basique (car pauvre en silice), de couleur sombre, constituée essentiellement de plagioclase, de pyroxène et d'olivine. (Le basalte forme des coulées de lave et présente, lorsqu'il est épais de quelques mètres, une structure prismatique [orgues] ; cette roche magmatique provient de la fusion partielle du manteau supérieur.)

BASALTIQUE adj. Constitué de basalte. *Un plateau basaltique.*

BASANE n.f. (provenç. *bazana,* doublure). **1.** Peau de mouton tannée utilisée en sellerie, maroquinerie, reliure, etc. **2.** Peau souple qui garnit en partie les pantalons des cavaliers.

BASANÉ, E adj. Bronzé par le soleil, le grand air, ou naturellement brun. *Un teint basané.*

BASANER v.t. Donner une couleur brun foncé à la peau.

BAS-BLEU n.m. (pl. *bas-bleus*). Vieilli, *péjor.* Femme pédante à prétentions littéraires.

BAS-CÔTÉ n.m. (pl. *bas-côtés*). **1.** Collatéral d'une église moins élevé que le vaisseau central. **2.** Partie de l'accotement d'une route accessible aux piétons.

BASCULANT, E adj. Qui peut basculer. *Benne basculante.*

BASCULE n.f. (de *basse* et anc. fr. *baculer,* frapper le derrière contre terre). **1.** Appareil de pesée à l'aide duquel on mesure la masse d'une voiture, d'un wagon, de bagages, etc. **2.** Balançoire dont l'une des extrémités s'abaisse quand l'autre s'élève. **3.** Fait de basculer ; alternance de mouvements en sens opposés. ◇ *À bascule :* qui bascule, qui permet de se balancer. *Fauteuil à bascule.* **4.** ÉLECTRON. Dispositif à deux positions d'équilibre, capable de basculer alternativement de l'une à l'autre sous l'action d'excitations successives. SYN. : *multivibrateur.*

BASCULEMENT n.m. Action de basculer ; fait de basculer.

BASCULER v.i. **1.** Perdre son équilibre ; tomber. **2.** Changer brutalement de position, d'orientation. *Les partis du centre ont basculé à droite.* ◆ v.t. **1.** Renverser, culbuter qqch. *Basculer un wagonnet.* **2.** *Fig.* Faire changer de direction, de destination. *Basculer un appel téléphonique d'un poste sur l'autre.*

BASCULEUR n.m. Dispositif mécanique permettant de changer la position angulaire d'un objet par basculement.

BAS-DE-CASSE n.m. inv. Minuscule d'imprimerie.

BAS-DE-CHAUSSES n.m. inv. Partie inférieure des chausses, qui couvrait les jambes. (On trouve parfois la forme *bas-de-chausse.*)

BASE n.f. (gr. *basis*). **1.** Partie inférieure d'un objet sur laquelle il repose ; assise. *La base d'une colonne.* – *Fig.* Ensemble des militants d'un parti, d'un syndicat, par rapport aux dirigeants. *Consulter la base.* **2.** Partie basse. *La base d'une mon-*

tagne. **3. a.** Côté particularisé d'un polygone. *Base d'un triangle, d'un trapèze.* **b.** Face particularisée d'un solide. *Base d'un cône, d'une pyramide.* **4.** Principe fondamental d'un raisonnement, d'un calcul, d'un système, d'une recette. *Base d'un accord, d'une théorie.* **5.** MATH. **a.** ***Base d'un système de numération*** : naturel strictement supérieur à 1, choisi arbitrairement, qui permet d'écrire les entiers, et dont dépend le système de numération. **b.** ***Base d'un espace vectoriel*** : famille de vecteurs linéairement indépendants telle que tout vecteur de l'espace peut être écrit, d'une manière unique, comme combinaison linéaire des vecteurs de la famille. **6.** Distance mesurée sur le terrain et sur laquelle reposent les opérations de triangulation et d'arpentage. **7.** ***Base de vitesse*** : parcours prévu pour les essais de vitesse des navires. **8.** INFORM. ***Base de données*** : ensemble de données, logiquement organisé pour être exploité au moyen d'un logiciel appelé *système de gestion de base de données* (SGBD). – ***Base de connaissances*** : ensemble structuré d'informations représentant les connaissances acquises dans un domaine donné et qui constitue l'un des éléments d'un système expert. **9.** LING. Partie d'un mot considérée comme la plus importante (racine). **10.** Principal composant d'un produit. *Médicament à base de plantes.* **11.** Crème fluide qui s'applique sur le visage avant le maquillage. **12.** MIL. Zone de réunion et de transit des moyens nécessaires à la conduite d'opérations militaires ; organisme chargé de ces missions. ◇ ***Base arrière*** : zone d'organisation et de repli, notamm. dans le cadre d'une activité illégale. **13.** MIL. Lieu de stationnement et d'entretien du personnel et du matériel. *Base navale.* **14.** ASTRONAUT. ***Base de lancement*** : lieu où sont réunies les installations nécessaires à la préparation, au lancement et au contrôle en vol des engins spatiaux. **15.** ÉLECTRON. Électrode de commande d'un transistor, intermédiaire entre l'émetteur et le collecteur. **16.** CHIM. Corps capable de neutraliser les acides en se combinant à eux. ◇ ***Base azotée*** : chacune des cinq espèces de molécules organiques entrant dans la composition des acides nucléiques et dont la séquence détermine l'information génétique. (Ce sont l'adénine et la guanine, dites ***puriques,*** la cytosine, la thymine et [dans l'ARN] l'uracile, dites ***pyrimidiques.***)

BASE-BALL [bɛzbol] n.m. [pl. *base-balls*] (mot angl.). Sport dérivé du cricket, très populaire aux États-Unis.

BASEDOW [bazədo] **(MALADIE DE) :** maladie de la glande thyroïde, d'origine auto-immune, caractérisée par un goitre, une hyperthyroïdie et une exophtalmie.

BASELLE n.f. (d'une langue de l'Inde). Plante herbacée comestible d'Amérique et d'Asie tropicales, cultivée en Chine. (Famille des basellacées.)

BASER v.t. **1.** Choisir comme élément, principe fondamental de ; fonder. *Baser son raisonnement sur une hypothèse.* **2.** Établir une base militaire. *Baser une unité en Bretagne.* ◆ **se baser** v.pr. **(sur).** Se fonder. *Se baser sur des calculs exacts.*

BAS-FOND n.m. (pl. *bas-fonds*). **1.** Fond éloigné de la surface de la mer, d'un cours d'eau. CONTR. : *haut-fond.* **2.** Terrain en contrebas des terrains voisins. ◆ pl. Milieu où règne la misère ; lieux de déchéance.

BASIC [bazik] n.m. (acronyme de l'angl. *beginner's all purpose symbolic instruction code*). INFORM. Langage de programmation évolué, adapté à l'utilisation interactive de micro-ordinateurs.

BASICITÉ n.f. CHIM. **1.** Propriété moléculaire liée à la présence de paires d'électrons disponibles pour la fixation d'un proton H^+, ou d'une autre particule acide. **2.** Qualité d'un milieu aqueux dont le pH est supérieur à 7. SYN. : *alcalinité.*

BASIDE n.f. Expansion microscopique, en forme de massue, portant deux ou quatre spores, chez les champignons basidiomycètes.

BASIDIOMYCÈTE n.m. Champignon dont les spores se forment sur des basides. (Les basidiomycètes forment une classe de champignons supérieurs, qui comprend les formes à chapeau portant des lamelles [amanites, agarics, etc.] ou des tubes [bolets], les formes ligneuses des troncs d'arbre [polypores] et certaines formes microscopiques parasites des végétaux [rouilles, charbons].)

BASILAIRE adj. ANAT. Qui sert de base ; qui appartient à une base. *Os basilaire.*

BASILEUS [baziløs] n.m. (mot gr., *roi*). Titre officiel de l'empereur byzantin après 630.

1. BASILIC n.m. (gr. *basiliskos,* petit roi). **1.** Grand lézard à crête dorsale d'Amérique tropicale, voisin de l'iguane, capable de courir dressé sur ses pattes postérieures. **2.** MYTH. GR. Reptile fabuleux auquel était attribué le pouvoir de tuer par son seul regard.

2. BASILIC n.m. (gr. *basilikon,* plante royale). Plante originaire de l'Inde, employée comme aromate et comme condiment. (Genre *Ocimum* ; famille des labiées.)

■ **BASILIC**

BASILICAL, E, AUX adj. ARCHIT. Relatif à une basilique, à son plan.

1. BASILIQUE n.f. (lat. *basilica*). **1.** ANTIQ. ROM. Édifice rectangulaire, génér. divisé en nefs parallèles et terminé par une abside, qui abritait diverses activités publiques. **2.** Église bâtie sur le plan des basiliques romaines. **3.** Église dotée par le pape d'une dignité particulière. *Basilique du Sacré-Cœur, à Paris.*

2. BASILIQUE adj. (gr. *basilikê,* royale, principale). *Veine basilique,* ou ***basilique,*** n.f. : veine superficielle de la face interne du bras.

BASIN n.m. (anc. fr. *bombasin,* mot ital.). **1.** Tissu damassé présentant des effets de bandes longitudinales. **2.** Étoffe croisée dont la chaîne est de fil et la trame de coton.

1. BASIQUE adj. **1.** CHIM. Qui a les propriétés d'une base. **2.** PÉTROL. ***Roche basique*** : roche magmatique qui contient entre 45 et 52 % de silice, comme le basalte, le gabbro.

2. BASIQUE adj. Qui sert de base ; fondamental. *Français basique.* ◆ n.m. Élément fondamental d'une garde-robe.

BAS-JOINTÉ, E adj. (pl. *bas-jointés, es*). Se dit d'un cheval dont le paturon est très incliné sur l'horizontale.

BASKET [-kɛt] n.f. Chaussure de sport à tige haute, en toile renforcée, munie d'une semelle antidérapante.

BASKET-BALL [baskɛtbol] ou **BASKET** n.m. [pl. *basket-balls, baskets*] (mot angl., *balle au panier*). Sport opposant deux équipes de cinq joueurs qui doivent lancer un ballon dans le panier suspendu de l'équipe adverse.

BASKETTEUR, EUSE n. Joueur de basket-ball.

BAS-MÂT n.m. (pl. *bas-mâts*). MAR. Partie inférieure d'un mât composé.

BASMATI n.m. Riz indien à grain long.

BASOCHE n.f. (du lat. *basilica,* lieu où se tenaient les tribunaux). **1.** Anc. Corps et juridiction des clercs du parlement. **2.** *Fam., péjor.,* vieilli. Ensemble des gens de loi.

BASOPHILE adj. HISTOL. Se dit d'un composant cellulaire ou tissulaire qui fixe les colorants basiques.

BASQUAISE adj.f. Se dit d'une cuisson faite avec une garniture à base d'oignons, de tomates, et de poivrons. *Poulet (à la) basquaise.*

1. BASQUE n.f. (de *baste,* altér. de l'ital. *basta,* retroussis). Chacun des deux pans ouverts de la jaquette. ◇ ***Être toujours aux basques de qqn, être pendu à ses basques,*** le suivre partout.

2. BASQUE adj. et n. Du Pays basque, qui se rapporte aux Basques. ◆ n.m. Langue non indo-européenne parlée par les Basques, qui la dénomment *euskera.*

BASQUINE n.f. (esp. *basquina*). Anc. Corsage féminin à basques, ajusté, lacé très serré, en usage au XVIe s.

BAS-RELIEF n.m. (pl. *bas-reliefs*). Sculpture adhérant à un fond, dont elle se détache avec une faible saillie.

BAS-ROUGE n.m. (pl. *bas-rouges*). Beauceron (chien).

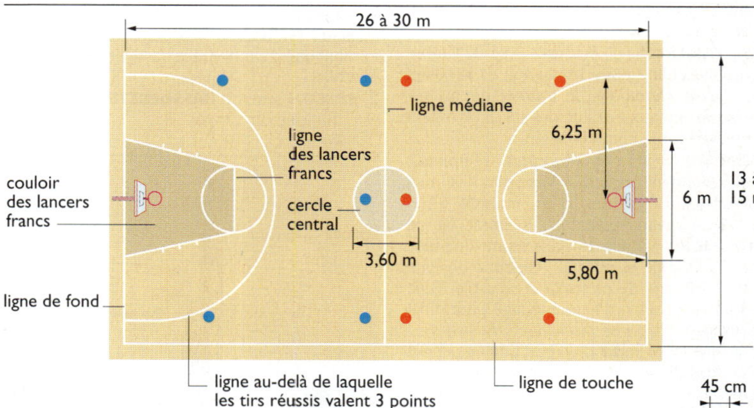

L'Américain Michael Jordan.

La basketteuse slovaque Elena Koudashova.

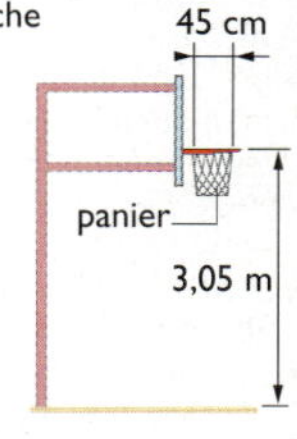

poteau

ballon
circonférence : 75 à 78 cm

■ **BASKET-BALL**

1. BASSE n.f. (ital. *basso*). **1.** Partie la plus grave d'une composition instrumentale ou vocale. **2.** Voix masculine la plus grave, appelée autref. *basse-contre ;* chanteur qui a une voix de basse. ◇ *Basse chantante :* basse-taille. **3.** Celui des instruments d'une famille instrumentale dont l'échelle sonore correspond approximativement à l'échelle sonore de la voix de basse. *Basse de violon,* ou *violoncelle.* **4.** Contrebasse, en jazz. **5.** Son grave. *Haut-parleur qui rend bien les basses.* **6.** MUS. **a.** *Basse continue :* du XVIe au XVIIe s., partie la plus basse d'une composition instrumentale, génér. chiffrée, confiée, tout au long du morceau, à un instrument polyphonique (clavecin, orgue, etc.). SYN. : *continuo.* **b.** *Basse obstinée :* partie la plus basse d'une composition instrumentale répétant le même motif. **c.** *Basse chiffrée :* partie la plus basse d'une composition instrumentale ou vocale, dont certaines notes (notes chiffrées) sont surmontées d'un chiffre qui indique l'accord à exécuter. ◆ adj. Se dit d'une basse (instrument). *Trombone basse.*

2. BASSE n.f. (de *1. bas*). MAR. Fond rocheux situé à faible profondeur.

BASSE-COUR n.f. (pl. *basses-cours*). Cour, bâtiment d'une ferme où l'on élève la volaille et les lapins ; l'ensemble des animaux de cette cour.

B

BASSE-FOSSE n.f. (pl. *basses-fosses*). Cachot souterrain d'un château fort.

BASSEMENT adv. De façon basse, vile.

BASSESSE n.f. **1.** Manque d'élévation morale. **2.** Action vile, déshonorante. *Commettre des bassesses.*

1. BASSET n.m. Chien courant, aux pattes courtes et parfois torses.

■ **BASSET.** Basset artésien normand.

2. BASSET n.m. (ital. *bassetto*). MUS. Vx. *Cor de basset :* clarinette alto.

BASSE-TAILLE n.f. (pl. *basses-tailles*). **1.** Timbre de voix masculine entre le baryton et la basse. SYN. : *basse chantante.* **2.** *Émaux de* ou *sur basse-taille :* émaux translucides sur or ou argent champlevé et finement ciselé.

BASSIN n.m. (lat. pop. *baccinus,* récipient). **1.** Large récipient portatif. – Vase plat destiné à recevoir les déjections d'un malade alité. **2. a.** Pièce d'eau servant d'ornement ou de réservoir. **b.** Réceptacle des eaux d'une fontaine ; vasque. **3.** Piscine et, spécial., chacune des parties d'une piscine de profondeur variable. *Petit, grand bassin.* **4.** Plan d'eau aménagé pour différents usages. *Bassin de pisciculture. Bassin d'essais de carènes.* **5.** Partie d'un port limitée par des quais et des digues. (Dans les mers sans marée, on a des *bassins ouverts,* ou *darses ;* dans les mers à marée, on distingue les *bassins de marée,* qui communiquent librement avec la mer, et les *bassins à flot,* reliés à l'avant-port par une écluse.) **6.** GÉOGR. Région drainée par un fleuve et ses affluents. *Le bassin de la Garonne.* ◇ *Bassin d'emploi :* zone géographique à l'intérieur de laquelle les habitants peuvent travailler sans changer de domicile. **7.** GÉOL. Vaste gisement sédimentaire formant une unité géographique et géologique. *Bassin houiller, minier.* ◇ *Bassin sédimentaire,* ou *bassin :* vaste dépression naturelle qui est ou a été une zone de sédimentation. *Le Bassin parisien.* – *Bassin d'effondrement :* graben (sur les continents) ; rift (génér. sous les océans). – *Bassin océanique :* dépression du fond océanique. **8.** *Bassin d'audience :* ensemble des personnes susceptibles d'être touchées par un média. **9.** ANAT. **a.** Ceinture osseuse fermée à la base du tronc par le sacrum, le coccyx et les deux os iliaques (os du bassin). **b.** Cavité circonscrite par cette ceinture, comprenant, en haut, le *grand bassin,* faisant partie de l'abdomen, et, en bas, le *petit bassin,* ou *pelvis.*

BASSINANT, E adj. *Fam.* Qui bassine, importune ; ennuyeux.

BASSINE n.f. Récipient large et profond à usages domestiques ou industriels ; son contenu.

BASSINER v.t. **1.** Humecter légèrement une partie du corps. **2.** Anc. Chauffer un lit avec une bassinoire. **3.** *Fam.* Ennuyer, importuner qqn par ses propos.

BASSINET n.m. **1.** Petit bassin servant de récipient ; cuvette. ◇ *Fam.,* vieilli. *Cracher au bassinet :* donner de l'argent ; payer. **2.** ANAT. Partie élargie des voies excrétrices du rein, qui fait suite aux grands calices et se continue par l'uretère. **3.** ARM. Casque en usage aux XIIIe et XIVe s. **4.** ARM. Partie de la platine des armes à feu qui recevait la poudre de l'amorce.

BASSINOIRE n.f. Anc. Bassin à long manche et couvercle ajouré que l'on promenait, garni de braises, dans un lit pour le chauffer.

■ **BASSINOIRE** en cuivre. (Musée Perrin-de-Puycousin, Dijon.)

BASSIN-VERSANT n.m. (pl. *bassins-versants*). Bassin hydrologique.

BASSISTE n. **1.** Contrebassiste. **2.** Instrumentiste qui joue de la guitare basse.

1. BASSON n.m. (ital. *bassone*). Instrument de musique en bois, à vent et à anche double, formant dans l'orchestre la basse de la famille des hautbois.

2. BASSON n.m. ou **BASSONISTE** n. Instrumentiste qui joue du basson.

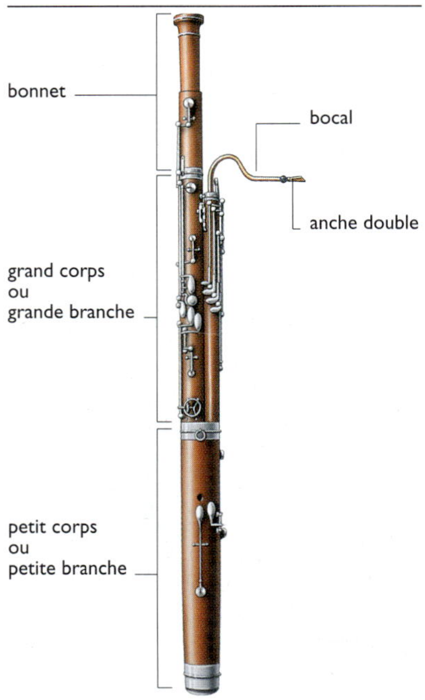

■ **BASSON**

BASTA ou, vx, **BASTE** interj. (ital. *basta*). *Fam. Basta ! :* ça suffit !, c'est assez !

BASTAING [bastɛ̃] n.m. Pièce de bois à arêtes vives de section inférieure à celle du madrier.

BASTAQUE n.f. (anc. angl. *baec,* arrière, et *staeg,* hauban). MAR. Hauban supplémentaire amovible, fixé vers l'arrière.

BASTE interj. → **BASTA.**

BASTER v.i. (de l'ital. *basta,* il suffit). Suisse. Céder, renoncer.

BASTIAIS, E adj. et n. De Bastia.

BASTIDE n.f. (provenç. *bastida,* de *bastir,* bâtir). **1.** Au Moyen Âge, ouvrage de fortification semblable à une bastille ; ville neuve fortifiée, dans le sud-ouest de la France. **2.** Mod. Maison de campagne, en Provence.

BASTIDON n.m. Petite bastide (maison).

BASTILLE n.f. (altér. de *bastide*). **1.** Anc. Au Moyen Âge, ouvrage de défense renforçant un point d'une enceinte, notamm. à l'entrée d'une ville. ◇ HIST. *La Bastille : v. partie n.pr.* **2.** *Fig.* Centre de résistance ; groupe qui défend ses privilèges. *Il reste des bastilles à prendre.*

BASTINGAGE n.m. (du provenç. *bastingo,* toile matelassée). MAR. Garde-corps.

BASTION n.m. (de *bastille*). **1.** FORTIF. À partir du XVIe s., ouvrage pentagonal en saillie sur une enceinte fortifiée. **2.** *Fig.* Ce qui soutient, défend efficacement. *Cette région est un bastion du protestantisme.*

BASTIONNÉ, E adj. FORTIF. Muni de bastions. *Tracé, système bastionné.*

BASTON n.m. ou n.f. *Arg.* Bagarre. *Aimer, chercher le, la baston.*

BASTONNADE n.f. (ital. *bastonata*). Volée de coups de bâton.

BASTONNER (SE) v.pr. *Arg.* Se battre, se bagarrer.

BASTOS [bastos] n.f. (de *Bastos,* n. d'une marque de cigarettes). *Arg.* Balle d'arme à feu.

BASTRINGUE n.m. *Fam.* **1.** Vieilli ou Suisse. Bal populaire, guinguette ; orchestre qui joue une musique populaire bruyante. ◇ *Piano bastringue :* piano désaccordé utilisé dans les cafés, les guinguettes. **2.** Vacarme ; désordre bruyant. **3.** Ensemble d'objets hétéroclites ; bazar.

BAS-VENTRE n.m. (pl. *bas-ventres*). Partie inférieure du ventre.

BAT [beate] n.m. (sigle). IMPRIM. Bon à tirer.

BÂT [bɑ] n.m. (du gr. *bastazein,* porter un fardeau). Appareil en bois placé sur le dos des bêtes de somme pour le transport des fardeaux. ◇ *C'est là que le bât blesse :* c'est sur ce point qu'une difficulté s'élève, qu'un problème se pose.

BATACLAN n.m. (onomat.). *Fam.* Attirail embarrassant. ◇ *Fam. Et tout le bataclan :* et tout le reste.

BATAILLE n.f. (lat. *battualia,* escrime). **1.** Combat important entre deux groupes armés. ◇ *Cheval de bataille* → **cheval.** – *En bataille :* de travers, en désordre. *Cheveux en bataille.* **2.** Lutte, combat réels ou simulés. *Bataille de boules de neige.* **3.** Jeu de cartes par levées, pratiqué à deux avec 32 ou 52 cartes, dans lequel une carte plus forte permet de prendre celle de l'adversaire. **4.** *Bataille navale :* jeu de société dans lequel chacun des deux joueurs, disposant d'un certain nombre de navires placés sur une grille, doit, par approximations, repérer et couler la flotte adverse.

BATAILLER v.i. **1.** Livrer bataille ; se battre. **2.** *Fig.* Lutter avec acharnement contre qqn, qqch.

BATAILLEUR, EUSE adj. et n. Qui manifeste un goût pour la bataille ; querelleur, belliqueux.

BATAILLON n.m. (ital. *battaglione,* escadron). **1.** Anc. ou *litt.* Troupe de soldats composée de plusieurs compagnies. – Mod. Unité militaire composée de plusieurs compagnies. ◇ *Bataillon d'infanterie légère d'Afrique :* bataillon disciplinaire, créé en 1832, où étaient incorporés des délinquants. Abrév. *(arg.) : bat d'Af.* **2.** *Fig.* Groupe composé de nombreuses personnes. *Un bataillon d'experts.* **3.** *Fam. Inconnu au bataillon :* se dit de qqn de totalement inconnu dans un lieu.

1. BÂTARD, E adj. et n. (mot d'orig. germ.). **1.** Né d'une union illégitime. **2.** Se dit d'un animal qui n'est pas de race pure. ◆ adj. Qui tient de deux espèces différentes ou qui n'a pas de caractère tranché. *Une solution bâtarde.*

2. BÂTARD n.m. Pain d'une demi-livre, plus court que la baguette.

BÂTARDE n.f. Écriture intermédiaire entre la ronde et l'anglaise.

BATARDEAU n.m. (de l'anc. fr. *bastart*, digue). Digue, barrage provisoires établis pour assécher la partie où l'on veut exécuter des travaux.

BÂTARDISE n.f. État de bâtard, de ce qui est bâtard.

BATAVE adj. et n. (du lat. *Batavi*). Rare. De la Hollande, de ses habitants.

BATAVIA n.f. (du lat. *Batavi*, Hollandais). Laitue à feuilles dentées et croquantes.

BÂTÉ, E adj. *Âne bâté :* personne sotte ou ignorante.

BATEAU n.m. (anc. angl. *bât*). **1.** *Cour.* Bâtiment de navigation. – Bâtiment naviguant sur les fleuves, les rivières ou les canaux (par oppos. au *navire*, affecté à la navigation maritime). **2.** (En appos.) En forme de bateau. *Décolleté bateau.* **3.** Dépression du trottoir, devant un garage, un passage pour piétons. **4.** *Fam. Monter un bateau à qqn*, ou *mener qqn en bateau*, inventer une histoire, une plaisanterie pour le tromper. ◆ adj. inv. *Fam.* Banal, rebattu. *Une question bateau.*

BATEAU-CITERNE n.m. (pl. *bateaux-citernes*). Bateau aménagé pour le transport des liquides en vrac.

BATEAU-FEU ou **BATEAU-PHARE** n.m. (pl. *bateaux-feux, bateaux-phares*). Bateau muni d'un phare et mouillé près des endroits dangereux.

BATEAU-LAVOIR n.m. (pl. *bateaux-lavoirs*). Ponton arrimé à la berge d'un cours d'eau, où l'on venait laver le linge.

BATEAU-MOUCHE n.m. (pl. *bateaux-mouches*). Bateau qui assure un service de promenade d'agrément sur la Seine, à Paris.

BATEAU-PHARE n.m. → **BATEAU-FEU.**

BATEAU-PILOTE n.m. (pl. *bateaux-pilotes*). Bateau qui transporte le pilote dont un navire peut avoir besoin pour entrer dans un port ou en sortir.

BATEAU-POMPE n.m. (pl. *bateaux-pompes*). Navire léger de lutte contre l'incendie dans les zones portuaires.

BATEAU-PORTE n.m. (pl. *bateaux-portes*). Caisson flottant qui sert de fermeture à un bassin de radoub.

BATÉE n.f. (de *battre*). Récipient peu profond dans lequel on lave les sables aurifères ou diamantifères.

BATELAGE n.m. (de l'anc. fr. *batel*, bateau). **1.** Droit, salaire payé au batelier. **2.** Service de bateaux assurant la liaison entre des navires ou entre un navire et la côte.

BATELET n.m. *Litt.* Petit bateau.

BATELEUR, EUSE n. (de l'anc. fr. *baastel*, tour d'escamoteur). Vieilli. Personne qui fait des tours d'acrobatie, de force, d'adresse sur les places publiques ; saltimbanque.

BATELIER, ÈRE n. Personne dont le métier est de conduire un bateau sur les cours d'eau ; marinier.

BATELLERIE n.f. **1.** Industrie du transport fluvial. **2.** Ensemble des bateaux de navigation intérieure.

BÂTER v.t. Mettre un bât sur une bête de somme.

BAT-FLANC [baflɑ̃] n.m. inv. **1.** Pièce de bois qui sépare deux chevaux dans une écurie ou dans un van, ou deux vaches dans une étable. – Cloison entre deux lits dans un dortoir. **2.** Plate-forme rabattable qui peut servir de lit dans les prisons, les casernes, etc.

BATH [bat] adj. inv. *Fam.*, vieilli. Très beau, très agréable.

BATHOLITE n.m. GÉOL. Massif de roches magmatiques de grandes dimensions (de l'ordre de 10 à 100 km²), en forme de dôme ou de culot, et recoupant les terrains encaissants.

BATHYAL, E, AUX [batjal, o] adj. (du gr. *bathus*, profond). Qui concerne la zone océanique située approximativement entre 300 et 3 000 m de profondeur.

BATHYMÈTRE n.m. Instrument qui sert à mesurer les profondeurs marines.

BATHYMÉTRIE n.f. Mesure, par sondage, des profondeurs marines.

BATHYMÉTRIQUE adj. Relatif à la bathymétrie. *Carte bathymétrique.*

BATHYSCAPHE [-skaf] n.m. (gr. *bathus*, profond, et *skaphê*, barque). Engin de plongée à grande profondeur, autonome et habitable, dont la flottabilité est contrôlée par un système de lest largable. (Le bathyscaphe est aujourd'hui remplacé par des *sous-marins plus maniables [*Nautile, Shinkai*, par ex.].)

1. BÂTI, E adj. **1.** *Propriété, terrain bâtis*, sur lesquels est construit un bâtiment. **2.** *Bien, mal bâti :* se dit d'une personne bien, mal proportionnée. (On écrit aussi *malbâti, e.*)

2. BÂTI n.m. **1.** Assemblage de pièces de menuiserie ou de charpente. **2.** Support sur lequel sont assemblées les diverses pièces d'une machine. **3.** Couture provisoire à grands points.

BATIFOLAGE n.m. *Fam.* Action de batifoler.

BATIFOLER v.i. (de l'ital. *battifolle*, boulevard où l'on s'amuse). *Fam.* S'amuser à des choses futiles, à des jeux folâtres.

BATIFOLEUR, EUSE n. *Fam.* Personne qui aime batifoler.

BATIK n.m. (mot malais). Tissu teint en procédant au préalable à l'application de réserves à la cire ; ce procédé.

BATILLAGE [batijaʒ] n.m. Déferlement des vagues de sillage d'un bateau contre la berge d'un cours d'eau.

BÂTIMENT n.m. (de *bâtir*). **1.** Toute construction destinée à servir d'abri et à isoler. **2.** Ensemble des métiers et industries en rapport avec la construction. **3.** Engin de navigation.

BÂTIR v.t. (du francique *bastjan*). **1.** Élever une construction sur le sol. – *Fig.* Concevoir et établir un ensemble complexe. *Bâtir une théorie.* **2.** Assembler à grands points deux pièces de tissu.

BÂTISSE n.f. Gros bâtiment sans caractère.

BÂTISSEUR, EUSE n. Personne qui bâtit, édifie, fonde qqch. *Les bâtisseurs de cathédrales.*

BATISTE n.f. (du nom de son créateur, *Baptiste de Cambrai*). Toile de lin très fine et très serrée utilisée en lingerie.

BATOILLER v.i. (de *battre*). Suisse. *Fam.* Bavarder.

BÂTON n.m. (lat. *bastum*). **1.** Long morceau de bois rond, qu'on peut tenir à la main et qui sert à s'appuyer, à frapper, etc. – Tige d'acier sur laquelle s'appuie le skieur. ◇ *Bâton de vieillesse :* personne qui est le soutien d'un vieillard. – *Mettre des bâtons dans les roues :* susciter des difficultés, des obstacles. **2.** Objet de matière consistante présenté sous forme de petit bâton. *Bâton de craie, de rouge à lèvres, d'encens.* **3.** Sport de combat, voisin de la canne, se pratiquant avec un bâton tenu des deux mains. **4.** *Bâton de maréchal :* insigne de commandement du maréchal ; *fig.*, réussite suprême. **5.** Trait vertical que font les enfants qui apprennent à écrire, que l'on trace pour compter, etc. **6.** ARCHIT. *Bâtons rompus :* dans l'art roman, ornement courant fait de boudins brisés disposés en zigzag, en frette, etc. **7.** *Parler à bâtons rompus*, de manière décousue, sans suite. **8.** *Arg.* Un million de centimes.

BÂTONNAT n.m. Dignité de bâtonnier ; durée de cette fonction.

BÂTONNER v.t. Rare. Frapper à coups de bâton.

BÂTONNET n.m. **1.** Petit bâton. **2.** HISTOL. *Cellule en bâtonnet*, ou *bâtonnet :* photorécepteur de la rétine, sensible à l'intensité lumineuse, responsable de la vision en faible luminosité et de la discrimination des contrastes.

BÂTONNIER, ÈRE n. Président, élu par ses confrères, du conseil de l'ordre des avocats d'un barreau.

BATOUDE n.f. (ital. *battuta*). Long tremplin utilisé par les acrobates dans les cirques.

BATRACIEN n.m. Vx. Amphibien.

BATTAGE n.m. **1.** Action de battre qqch. *Le battage des tapis.* **2.** AGRIC. Séparation des grains de leurs épis, de leurs gousses. *Le battage du blé, du colza.* **3.** TRAV. PUBL. Enfoncement d'un pieu, d'une palplanche, etc., au moyen d'un engin frappant sur sa tête. *Battage au mouton.* **4.** MÉTALL. *Battage d'or :* martelage manuel de plaques d'or pour les transformer en feuilles. **5.** En tapisserie de lisse, interpénétration de deux ou plusieurs couleurs par des sortes de hachures. **6.** *Fam.* Publicité tapageuse.

1. BATTANT, E adj. **1.** *Pluie battante*, qui tombe avec violence. **2.** *Le cœur battant :* avec une émotion intense. **3.** *Tambour battant* → **tambour.** **4.** *Porte battante*, munie d'un gond permettant l'ouverture dans les deux sens et la fermeture automatique.

2. BATTANT, E n. Personne combative et énergique.

3. BATTANT n.m. **1.** Pièce métallique suspendue à l'intérieur d'une cloche et qui vient en frapper la paroi. **2.** Partie d'une porte, d'une fenêtre, d'un meuble, mobile autour de gonds. SYN. : *vantail.* **3.** MAR. Partie d'un pavillon flottant librement (par oppos. à *guindant*).

BATTE n.f. (de *battre*). **1.** Outil servant à battre, à tasser, à écraser, etc., de forme variable en fonction de sa destination. **2.** Au cricket et au base-ball, sorte de bâton servant à frapper la balle.

BATTELLEMENT n.m. CONSTR. Double épaisseur de tuiles plates ou d'ardoises formant le bord inférieur d'un toit.

BATTEMENT n.m. **1. a.** Choc dont la répétition, rythmée ou non, entraîne un bruit. *Battement d'un volet contre un mur.* **b.** Bruit ainsi produit. **2. a.** Mouvement alternatif rapide. *Battement d'ailes.* **b.** DANSE. Mouvement de va-et-vient d'une jambe, exécuté en l'air, le buste droit et en équilibre sur l'autre jambe. **3.** Pulsation rythmique du cœur et du système circulatoire. *Battement du cœur, du pouls.* **4.** PHYS. Variation périodique de l'amplitude d'une oscillation résultant de la superposition de deux vibrations de fréquences voisines. **5.** Délai, intervalle de temps disponible. *Une heure de battement.* **6.** Petite pièce métallique qui reçoit le choc d'une persienne et sert à l'arrêter.

BATTERIE n.f. (de *battre*). **1.** MIL. **a.** Réunion de pièces d'artillerie et du matériel nécessaire à leur fonctionnement. **b.** Lieu, ouvrage fortifié où sont disposées des pièces d'artillerie. *Batteries côtières.* **c.** Unité élémentaire d'un régiment d'artillerie. **d.** *Mettre une arme en batterie*, la mettre en état de tirer. **2.** ÉLECTR. Groupement de dispositifs de même type (accumulateurs, piles, condensateurs, etc.) couplés de façon à agir simultanément. *Batterie (d'accumulateurs) d'une automobile.* **3.** Réunion d'éléments de même nature destinés à fonctionner ensemble, ou d'éléments qui se complètent. *Batterie de projecteurs. Batterie de cuisine.* ◇ *Batterie de tests :* série, ensemble de tests d'aptitudes. **4.** DANSE. **a.** Croisement rapide ou choc des jambes au cours d'un saut. **b.** Ensemble des sauts exécutés par croisement rapide ou choc des jambes. **5.** MUS. **a.** Ensemble des instruments à percussion d'un orchestre. **b.** Instrument composé de plusieurs percussions joué par un seul musicien et popularisé par le jazz. **c.** Formule rythmique destinée au tambour. ◆ pl. Moyen habile de réussir. *Dresser ses batteries.* ◇ *Démasquer, dévoiler ses batteries :* révéler brusquement ses intentions.

■ **BATTERIE.** Cymbale charleston, cymbales suspendues, caisse claire et grosse caisse composent la batterie de jazz.

1. BATTEUR, EUSE n. **1.** Personne qui effectue le battage du grain, des métaux, etc. **2.** MUS. Joueur d'instruments à percussion, en partic. de batterie. (→ *drummer*). **3.** Au cricket et au base-ball, joueur qui renvoie la balle avec une batte.

B

2. BATTEUR n.m. **1.** Appareil électroménager servant à battre, à mélanger des préparations culinaires diverses. **2.** Dans une batteuse agricole, rouleau muni de battes tournant à grande vitesse.

BATTEUSE n.f. Machine fixe servant à séparer les grains des céréales de leurs épis et de leurs enveloppes.

BATTLE-DRESS [batəldrɛs] n.m. inv. (mot angl., *vêtement de combat*). **1.** Tenue de combat. **2.** Courte veste de toile.

BATTOIR n.m. **1.** Anc. Palette de bois utilisée pour essorer le linge. **2.** *Fam.* Main large et puissante.

BATTRE v.t. [63] (lat. *battuere*). **1.** Donner des coups à une personne, un animal. <> *Battre qqn comme plâtre,* le frapper violemment. **2.** Triompher de qqn ; vaincre. *Battre un ennemi, un adversaire.* **3.** Frapper qqch dans un but précis. *Battre un tapis, le fer.* – AGRIC. Séparer les grains de leurs épis, de leur gousse. <> *Battre le fer pendant qu'il est chaud :* profiter sans tarder d'une occasion favorable. **4.** Heurter fréquemment et violemment qqch. *La mer bat la falaise.* **5.** Agiter pour mélanger. *Battre des œufs.* <> *Battre les cartes,* les mêler. **6.** *Battre les bois, la région, le pays,* les parcourir. – *Battre le pavé :* errer sans but. ◆ v.i. **1.** Frapper à coups répétés contre qqch. *La pluie bat contre les vitres.* **2.** Produire des mouvements rapides et répétés. *Battre des mains.* **3.** *Battre en retraite :* se retirer en combattant ; *fig.*, cesser de soutenir une opinion. ◆ **se battre** v.pr. **1.** (contre, avec). Combattre qqn. *Il s'est battu contre de nombreux ennemis. Il s'est battu avec son frère.* **2.** *Se battre contre qqch, pour qqch :* mettre tout en œuvre, lutter pour obtenir un résultat. *Se battre pour un idéal.* **3.** Combattre l'un contre l'autre. *Ils se sont battus en duel.*

BATTU, E adj. **1.** Qui a reçu de nombreux coups. <> *Avoir l'air d'un chien battu :* avoir l'air humble et craintif. **2.** Vaincu dans une bataille, une compétition. **3.** Foulé, durci par une pression répétée. *Terre battue.* <> *Chemin, sentier battu :* manière banale d'agir, de penser. **4.** *Yeux battus,* marqués par la fatigue, le chagrin, d'un cerne bleuâtre.

BATTUE n.f. Action de battre les bois, les taillis, les champs pour en faire sortir le gibier et le rabattre vers le chasseur, et, par ext., pour rechercher qqn.

BATTURE n.f. Québec. Partie du rivage découverte à marée basse. *Les battures du Saint-Laurent.*

BAU n.m. [pl. *baux*] (du francique *balk,* poutre). Vx. Barrot. <> Mod. *Maître bau :* le plus grand barrot du navire ; l'endroit où le navire est le plus large.

BAUD [bo] n.m. (de *Baudot,* n.pr.). TÉLÉCOMM. Unité de mesure de la rapidité de modulation d'un signal, correspondant au nombre d'états significatifs du signal transmis par seconde.

BAUDELAIRIEN, ENNE adj. Relatif à Baudelaire, à son œuvre.

BAUDET n.m. (de l'anc. fr. *bald,* lascif). **1.** Âne reproducteur. **2.** *Fam.* Âne.

BAUDRIER n.m. (anc. fr. *baldrei*). **1.** Bande de cuir ou d'étoffe portée en écharpe et qui soutient une arme, un tambour, le ceinturon. **2.** Harnais constitué de sangles (ceinture, bretelles, sangles, cuissardes) utilisé par l'alpiniste ou le spéléologue.

BAUDROIE n.f. (provenç. *baudroi*). Poisson commun de l'Atlantique et de la Méditerranée, comestible, à tête énorme couverte d'appendices et d'épines, appelé usuellement *lotte de mer.* (Long. max. 1,50 m ; genre *Lophius,* famille des lophiidés.)

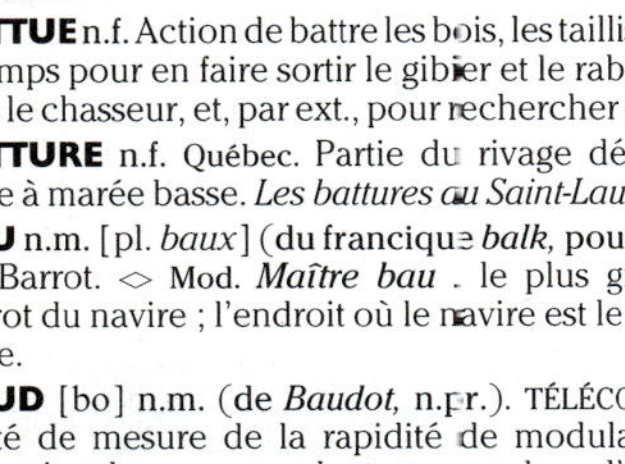

■ **BAUDROIE**

BAUDRUCHE n.f. **1.** Fine membrane faite avec le gros intestin du bœuf ou du mouton et qui servait à fabriquer des ballons. **2.** Pellicule de caoutchouc dont on fait des ballons très légers ; ballon très léger. **3.** Personne sans caractère.

BAUGE n.f. (mot gaul.). Gîte fangeux du sanglier. – *Fig.* Lieu très sale.

BAUME n.m. (lat. *balsamum*). **1.** Substance résineuse odorante sécrétée par certaines plantes et employée autref. en pharmacie ou dans l'industrie. **2.** Anc. Préparation médicamenteuse à application cutanée, en général antalgique ou anti-inflammatoire. <> *Verser, mettre du baume au cœur :* apaiser, consoler.

BAUMIER n.m. → **BALSAMIER.**

BAUQUIÈRE n.f. (de *bau*). MAR. Ceinture intérieure d'un navire, servant à lier les couples entre eux et à soutenir les barrots.

BAUX n.m. pl. → **BAIL** et **BAU.**

BAUXITE n.f. (du nom des *Baux-de-Provence*). Roche sédimentaire rougeâtre, composée surtout d'alumine, avec oxyde de fer et silice, et exploitée comme minerai d'aluminium.

BAVARD, E adj. et n. **1.** Qui parle beaucoup, souvent inutilement ; prolixe. **2.** Qui ne sait pas garder un secret. ◆ n.m. *Arg.* Avocat.

BAVARDAGE n.m. **1.** Action de bavarder. **2.** (Surtout pl.) Propos futiles, médisants ou indiscrets ; ragots. **3.** Québec. INFORM. Chat. (On dit aussi *bavardage-clavier.*)

BAVARDER v.i. (de *bave*). **1.** Parler beaucoup, avec futilité. **2.** Parler de manière indiscrète et médisante. *Bavarder sur le compte de qqn.*

BAVAROIS, E adj. et n. De la Bavière, de ses habitants.

BAVAROISE n.f. ou **BAVAROIS** n.m. Entremets froid constitué d'une crème anglaise additionnée de gélatine.

BAVASSER v.i. *Fam., péjor.* Cancaner, bavarder.

BAVE n.f. (lat. pop. *baba*). **1.** Salive qui s'écoule de la bouche, ou de la gueule d'un animal. **2.** Liquide visqueux sécrété par certains mollusques.

BAVER v.i. **1.** Laisser échapper de la bave. **2.** *Baver de :* manifester sans retenue le trouble causé par un sentiment vif. *Baver d'admiration, de jalousie.* **3.** *Fam. En baver (des ronds de chapeau) :* souffrir ; se donner beaucoup de mal. **4.** *Fam. Baver sur :* dénigrer. **5.** En parlant d'un liquide, s'étaler en produisant des souillures. *Encre qui bave.*

BAVETTE n.f. **1.** Partie du tablier qui couvre la poitrine. **2.** BOUCH. Nom donné à plusieurs morceaux de bœuf découpés dans la partie abdominale. **3.** *Fam. Tailler une bavette avec qqn :* bavarder ; faire la causette.

BAVEUX, EUSE adj. **1.** Qui laisse échapper de la bave. **2.** *Omelette baveuse,* peu cuite et moelleuse.

BAVOIR n.m. Pièce de lingerie protégeant la poitrine des bébés.

BAVOLET n.m. (de *bas* et *volet*). Anc. Volant flottant derrière un chapeau de femme.

BAVURE n.f. **1.** Excédent de métal laissé par les joints d'un moule ou d'une matrice. **2.** Trace d'encre qui empâte les lettres d'un texte. **3. a.** Erreur, faute dans la conduite d'une action ; conséquence fâcheuse qui en découle. *Bavure policière.* **b.** *Fam. Sans bavures :* d'une manière irréprochable.

1. BAYADÈRE n.f. (port. *bailadeira,* danseuse). Danseuse sacrée de l'Inde.

2. BAYADÈRE adj. Se dit d'un tissu qui présente de larges rayures multicolores.

BAYER v.i. (lat. *batare,* bâiller). *Fam. Bayer aux corneilles :* regarder niaisement en l'air, bouche bée ; rêvasser.

BAYOU n.m. (d'un mot amérindien, *petite rivière*). Louisiane. Bras secondaire du Mississippi, ou méandre abandonné.

BAYRAM n.m. → **BAÏRAM.**

BAZAR n.m. (persan *bāzār*). **1.** Marché public en Orient, en Afrique du Nord, en Asie du Sud-Est. **2.** Magasin où l'on vend toutes sortes d'articles. **3.** *Fam.* Lieu où règne le désordre. **4.** *Fam.* Ensemble d'objets hétéroclites de peu de valeur. **5.** *Arg. mil.* Élève officier de deuxième année, à Saint-Cyr.

BAZARDER v.t. *Fam.* **1.** Vendre qqch rapidement et à bas prix. **2.** Se débarrasser de qqch.

BAZOOKA [bazuka] n.m. (mot anglo-amér.). Lance-roquettes antichar portable.

B.C.B.G. [besebeʒe] loc. adj. (abrév.). *Fam.* Bon *chic bon genre. *Une tenue très B.C.B.G.*

BCG ou **B.C.G.** [beseʒe] n.m. (sigle de *[vaccin] bilié de Calmette et Guérin*). Bactérie de la tuberculose bovine, modifiée en laboratoire et entrant dans la composition du vaccin contre la tuberculose.

BD ou **B.D.** [bede] n.f. (sigle). Bande dessinée.

BEACH-VOLLEY [bitʃvɔlɛ] n.m. (pl. *beach-volleys*). Volley-ball de plage opposant deux équipes de deux joueurs.

BEAGLE [bigəl] ou [bigl] n.m. (mot angl.). Chien courant d'origine anglaise, basset à pattes droites.

BÉANCE n.f. **1.** *Litt.* État de ce qui est béant. **2.** MÉD. *Béance du col de l'utérus :* ouverture anormale du col, cause d'accouchement prématuré en cas de grossesse.

BÉANT, E adj. (de *béer*). Largement ouvert. *Plaie béante.*

BÉARNAIS, E adj. et n. **1.** Du Béarn, de ses habitants. <> *Le Béarnais :* Henri IV. **2.** *Sauce béarnaise,* ou *béarnaise,* n.f. : sauce émulsionnée, à base d'échalotes, d'estragon, de beurre et d'œufs.

BEAT [bit] n.m. (mot angl., *battement*). Temps fort de la mesure, dans le jazz, le rock, la pop music.

BÉAT, E adj. (lat. *beatus,* heureux). **1.** Bienheureux et paisible. **2.** Qui manifeste un contentement un peu niais. *Un sourire béat. Être béat d'admiration.*

BÉATEMENT adv. D'un air béat, de façon béate. *Sourire béatement.*

BÉATIFICATION n.f. CATH. Acte solennel par lequel le pape met une personne défunte au rang des bienheureux.

BÉATIFIER v.t. [5] (lat. *beatificare*). Mettre au rang des bienheureux par l'acte de la béatification.

BÉATIFIQUE adj. RELIG. Qui procure la béatitude. <> *Vision béatifique :* contemplation de Dieu que les élus auront au ciel.

BÉATITUDE n.f. (lat. *beatitudo*). **1.** RELIG. Félicité céleste des élus. **2.** Bonheur parfait ; euphorie. ◆ pl. CHRIST. *Les Béatitudes :* les huit sentences de Jésus-Christ qui ouvrent le Sermon sur la montagne et qui commencent dans l'Évangile par le mot *Beati* (« Bienheureux »).

BEATNIK [bitnik] n. (mot anglo-amér., de *beat generation,* de *beat,* foutu). Adepte d'un mouvement social et littéraire américain né dans les années 1950 en réaction contre les valeurs et le mode de vie des États-Unis et la société industrielle moderne.

1. BEAU ou **BEL, BELLE** adj. (lat. *bellus*). **1.** Qui éveille une émotion esthétique, qui suscite un plaisir admiratif. *Un bel homme. Un très beau tableau. Une belle vue.* **2.** Qui suscite le plaisir ; agréable. *Nous avons eu beau temps. Faire un beau voyage.* **3.** Qui témoigne de la noblesse, de la générosité. *Un beau geste.* **4.** Qui est remarquable par son importance ; considérable. *Une belle fortune. Un bel héritage. Un beau gâchis.* **5.** Qui est très satisfaisant, très réussi. *Avoir un beau jeu. Un beau gâteau.* <> *Iron., fam. En faire, en dire, en entendre de belles,* des choses qui attirent la réprobation, qui font scandale. **6.** *Du beau monde :* une société brillante. – *Le bel âge :* la jeunesse. – *Un beau jour, un beau matin :* inopinément. ◆ adv. *Avoir beau* (+ inf.) : s'efforcer en vain de. *J'ai beau essayer, c'est impossible !* – *Bel et bien :* réellement, véritablement. – *De plus belle :* de plus en plus. – *Il fait beau :* le temps est clair, ensoleillé. – *Litt. Il ferait beau voir cela :* il serait incroyable, scandaleux de voir cela. – REM. *Bel,* adj.m., est employé devant un mot masc. sing. commençant par une voyelle ou un h muet.

2. BEAU n.m. **1.** Ce qui fait éprouver un sentiment esthétique d'admiration et de plaisir ; beauté. *Le goût du beau.* <> *Iron. C'est du beau ! :* il n'y a pas de quoi être fier. **2.** *Faire le beau :* en parlant d'un chien, se tenir dressé sur ses pattes de derrière en levant ses pattes de devant ; en parlant de qqn, se pavaner. – *Péjor. Vieux beau :* homme âgé qui cherche encore à plaire.

1. BEAUCERON, ONNE adj. et n. De la Beauce, de ses habitants.

2. BEAUCERON n.m. Chien de berger français, à poil court, appelé aussi *bas-rouge.*

BEAUCOUP adv. (de *beau* et *coup*). **1.** Avec un verbe, exprime la quantité, l'intensité. *Boire, manger beaucoup. J'aime beaucoup ce livre.* **2.** Avec un nom, ou employé nominalement, indique un grand nombre de personnes, une grande quantité de choses. *Beaucoup (de gens) sont d'accord. Avoir beaucoup de charme. Il y aurait beaucoup à dire.* **3.** Renforce les adv. *plus, moins, trop. Il est* *beaucoup plus grand que toi. Tu conduis beaucoup trop vite.* **4.** *De beaucoup :* souligne l'importance d'une différence. *Il est plus âgé de beaucoup.*

BEAUF n.m. (abrév.). *Fam.* **1.** Beau-frère. **2.** *Péjor.* Français moyen aux idées étroites et bornées, se comportant génér. avec vulgarité. ◇ adj. *Il est beauf.*

BEAU-FILS n.m. (pl. *beaux-fils*). **1.** Fils que la personne que l'on épouse a eu d'un autre mariage. **2.** Gendre.

BEAUFORT n.m. (de la ville de *Beaufort*). Fromage voisin du gruyère, fabriqué en Savoie.

BEAUFORT (ÉCHELLE DE) : échelle utilisée pour mesurer la force du vent, graduée de 0 à 12 degrés, due à sir Francis Beaufort.

ÉCHELLE DE BEAUFORT

degré Beaufort	vitesse en km/h	dénomination du vent
0	< 1	calme
1	1-5	très légère brise
2	6-11	légère brise
3	12-19	petite brise
4	20-28	jolie brise
5	29-38	bonne brise
6	39-49	vent frais
7	50-61	grand frais
8	62-74	coup de vent
9	75-88	fort coup de vent
10	89-102	tempête
11	103-117	violente tempête
12	> 117	ouragan

BEAU-FRÈRE n.m. (pl. *beaux-frères*). **1.** Mari de la sœur ou de la belle-sœur. **2.** Frère du conjoint.

BEAUJOLAIS n.m. Vin récolté dans les vignobles du Beaujolais.

BEAU-PARENT n.m. (pl. *beaux-parents*). Dans une famille recomposée, conjoint(e) du père ou de la mère de l'enfant. ◆ pl. Père et mère du conjoint.

BEAU-PÈRE n.m. (pl. *beaux-pères*). **1.** Père du conjoint. **2.** Mari de la mère, pour les enfants issus d'un autre mariage de celle-ci.

BEAUPRÉ n.m. (néerl. *boegspriet*). Mât placé plus ou moins obliquement à l'avant d'un voilier.

BEAUTÉ n.f. **1.** Caractère de ce qui est beau, conforme à un idéal esthétique. *La beauté d'une statue, d'un paysage. La beauté de Venise.* **2.** Qualité d'une personne belle. *Un homme d'une grande beauté.* ◇ *De toute beauté :* très beau ; remarquable. – *Être en beauté :* paraître plus beau que d'habitude. – *Fam. Se faire, se refaire une beauté :* rectifier son maquillage, sa coiffure. – *Soins de beauté :* ensemble des soins qui entretiennent et embellissent le visage et le corps. **3.** *Une beauté :* une personne très belle, séduisante. **4.** Caractère de ce qui est intellectuellement ou moralement digne d'admiration. *La beauté d'un geste désintéressé.* **5.** *En beauté :* d'une manière brillante, avec éclat. *Terminer en beauté.* **6.** PHYS. Saveur du quark b (abrév. de l'angl. *bottom*), l'un des six quarks fondamentaux. ◆ pl. Tout ce qui fait l'attrait d'une région, d'un pays. *Les beautés de la Grèce.*

BEAUX-ARTS [bozar] n.m. pl. Nom donné à l'architecture et aux arts plastiques et graphiques (sculpture, peinture, gravure), parfois à la musique et à la danse.

BEAUX-ENFANTS n.m. pl. Dans une famille recomposée, enfants d'un conjoint nés d'une union antérieure.

BÉBÉ n.m. (onomat.). **1.** Nouveau-né ; nourrisson. **2.** *Fam.* Enfant ou adulte dont la conduite est puérile, qui manque de maturité. **3.** Petit d'un animal. *Bébé phoque.* **4.** *Fam.* Charge, tâche, génér. délicate. *Refiler le bébé à qqn. Hériter du bébé.* **5.** *Fam. Jeter le bébé avec l'eau du bain :* rejeter qqch en totalité sans tenir compte des éléments positifs qu'il contient.

BÉBÉ-ÉPROUVETTE n.m. (pl. *bébés-éprouvette*). Enfant qui est le fruit d'une grossesse obtenue par implantation dans l'utérus maternel d'un ovule fécondé in vitro.

BÉBÊTE adj. *Fam.* Un peu bête ; niais.

BÉBITE n.f. → **BIBITE.**

BE-BOP n.m. → **BOP.**

BEC n.m. (lat. *beccus,* du gaul.). **1.** Organe saillant de la tête des oiseaux, constitué par les deux mâchoires dépourvues de dents et les pièces cornées qui les recouvrent. **2.** *Fam.* Bouche. *Avoir la cigarette au bec.* ◇ *Avoir une prise de bec avec qqn,* une dispute, une altercation. – *Se défendre bec et ongles,* avec acharnement. – *Rester le bec dans l'eau :* être à court d'arguments, ne pas savoir comment se tirer d'affaire. **3.** Québec, Suisse. *Fam.* Baiser. **4.** Extrémité effilée ou en pointe d'un objet, d'un récipient. *Le bec d'une plume, d'une cruche.* **5.** Extrémité effilée en biseau de certains instruments de musique à air, qu'on tient entre les lèvres et à laquelle est assujettie l'anche. *Le bec d'une clarinette.* **6.** Pointe de terre au confluent de deux cours d'eau. *Le bec d'Ambès.* **7.** Partie en saillie qui protège la base des piles d'un pont. **8.** Anc. *Bec de gaz :* lampadaire pour l'éclairage public au gaz. – *Fam. Tomber sur un bec (de gaz) :* rencontrer une difficulté, un obstacle imprévus.

■ **BEC.** Différentes formes de becs.

BÉCANE n.f. (p.-ê. arg. *bécant,* oiseau, de *bec*). *Fam.* **1.** Bicyclette, cyclomoteur ou moto. **2.** Toute machine sur laquelle qqn travaille (machine-outil, micro-ordinateur, etc.).

BÉCARD n.m. (de *bec*). **1.** Saumon mâle adulte dont la mâchoire inférieure est crochue. **2.** Brochet adulte.

BÉCARRE n.m. (ital. *bequadro*). MUS. Signe d'altération qui ramène à sa hauteur première une note précédemment modifiée par un dièse ou un bémol. ◆ adj. inv. Se dit d'une note affectée d'un bécarre.

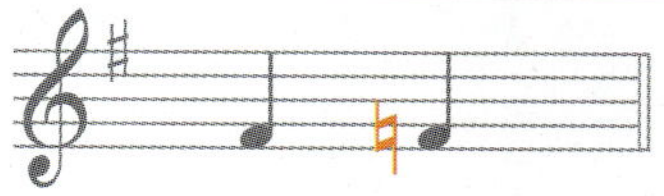

■ **BÉCARRE**

BÉCASSE n.f. (de *bec*). **1.** Oiseau échassier migrateur aux pattes courtes, à bec long, mince et flexible. (Cri : la bécasse croule. Genre *Scolopax ;* famille des scolopacidés.) **2.** *Fam.* Femme, fille sotte.

BÉCASSEAU n.m. **1.** Petit échassier migrateur des rivages, voisin des chevaliers, à bec plus court que la bécasse. (Genre *Calidris ;* famille des scolopacidés.) **2.** Petit de la bécasse.

BÉCASSINE n.f. **1.** Oiseau échassier des régions marécageuses de l'hémisphère Nord, voisin de la bécasse mais plus petit, au bec très long. (Genre *Galinago ;* famille des scolopacidés.) **2.** *Bécassine de mer :* orphie.

BEC-CROISÉ n.m. (pl. *becs-croisés*). Oiseau passereau, à gros bec, se nourrissant de graines, vivant dans les forêts de conifères des montagnes de l'hémisphère Nord. (Long. 18 cm env. ; genre *Loxia,* famille des fringillidés.)

BEC-DE-CANE n.m. (pl. *becs-de-cane*). **1.** Serrure fonctionnant sans clé, au moyen d'une béquille ou d'un bouton. **2.** Poignée de porte d'une telle serrure, dont la forme évoque un bec de cane.

BEC-DE-CORBEAU n.m. (pl. *becs-de-corbeau*). Outil tranchant recourbé à une extrémité.

BEC-DE-LIÈVRE n.m. (pl. *becs-de-lièvre*). Malformation consistant en une fente de la lèvre supérieure, et éventuellement du palais, dans le prolongement d'une narine.

BEC-DE-PERROQUET n.m. (pl. *becs-de-perroquet*). MÉD. Ostéophyte d'une vertèbre.

BECFIGUE n.m. (ital. *beccafico*). Région. (Midi). Passereau à bec fin (tel que la farlouse, le gobe-mouches gris) ainsi nommé en automne, lorsqu'il se nourrit de fruits et qu'on le chasse pour sa chair savoureuse.

BÊCHAGE n.m. Action de bêcher la terre.

BÉCHAMEL n.f. (du nom de son inventeur). Sauce blanche composée à partir d'un roux blanc additionné de lait.

BÊCHE n.f. Outil composé d'une large lame de métal, plate et tranchante, ou d'une fourche à deux dents ou plus, adaptée à un long manche, pour retourner la terre.

B

1. BÊCHER v.t. (lat. *bessicare,* de *bessus,* bêche). Retourner la terre avec une bêche.

2. BÊCHER v.i. et v.t. (dial. *béguer,* attaquer à coups de bec). *Fam.* Se montrer hautain et méprisant.

BÊCHEUR, EUSE n. et adj. *Fam.* Personne prétentieuse, méprisante.

BÊCHEVETER v.t. [16]. Vx. Ranger, placer tête-bêche.

BÉCOT n.m. (de *bec*). *Fam.* Petit baiser.

BÉCOTER v.t. *Fam.* Donner de petits baisers à. ◇ v.pr. *Amoureux qui se bécotent.*

BECQUÉE ou **BÉQUÉE** n.f. Quantité de nourriture qu'un oiseau prend dans son bec pour la donner à ses petits. *Donner la becquée.*

BECQUEREL n.m. (de Henri *Becquerel*). Unité de mesure d'activité d'une source radioactive (symb. Bq), équivalant à l'activité d'une quantité de nucléide radioactif pour laquelle le nombre de transitions nucléaires spontanées par seconde est égal à 1.

BECQUET ou **BÉQUET** n.m. **1.** Petit papier collé sur une copie, une épreuve d'imprimerie pour signaler une modification. **2.** AUTOM. Surface de carrosserie située à l'avant et à l'arrière d'une automobile pour en améliorer l'aérodynamisme.

BECQUETER [16] ou **BÉQUETER** v.t. [12] (de *bec*). Piquer, attraper avec le bec, en parlant d'un oiseau.

BECTANCE n.f. *Très fam.* Nourriture.

BECTER v.t. et v.i. (de *bec*). *Très fam.* Manger.

BEDAINE n.f. (anc. fr. *boudine,* nombril). *Fam.* Gros ventre.

BÉDANE n.m. (de *bec* et de l'anc. fr. *ane,* canard). Ciseau en acier trempé, plus épais que large.

BEDEAU n.m. (mot d'orig. germ.). Employé laïque d'une église, chargé de veiller au bon déroulement des offices, des cérémonies.

BÉDÉGAR n.m. (persan *bâdarvard*). Galle chevelue du rosier, de l'églantier, produite par la piqûre et la ponte d'un insecte hyménoptère parasite, le cynips.

BÉDÉPHILE n. et adj. Amateur de bandes dessinées.

BEDON n.m. *Fam.* Ventre rebondi ; bedaine.

BEDONNANT, E adj. *Fam.* Qui a du ventre.

■ **BÉCASSE**

BEDONNER v.i. *Fam.* Prendre du ventre.

BÉDOUIN, E adj. et n. Qui se rapporte aux Bédouins, fait partie de ce peuple.

BÉE adj.f. *Être, rester bouche bée :* être, rester frappé d'admiration, d'étonnement, de stupeur.

BÉER v.i. [8] (lat. pop. *batare,* bâiller). *Litt.* Être grand ouvert.

BEFFROI n.m. (haut all. *bergfrid*). **1.** Tour de guet, dans une ville, qui servait autref. à sonner l'alarme, et qui symbolise le pouvoir municipal. **2.** Tour en bois montée sur roues, qui servait autref. à l'attaque des remparts.

■ **BEFFROI** de la ville de Gand (XIVe s.).

BÉGAIEMENT n.m. Trouble de la parole caractérisé par le fait de répéter involontairement ou de ne pas pouvoir prononcer certaines syllabes ; perturbation occasionnelle de l'élocution ressemblant à ce trouble.

BÉGARD n.m. Membre d'une société chrétienne prônant le renouveau spirituel, de tendance souvent hétérodoxe (XIIIe s.).

BÉGAYANT, E adj. Qui bégaie.

BÉGAYER [begɛje] v.i. [6] (de *bègue*). Être atteint d'un bégaiement ; parler avec un bégaiement. ◆ v.t. Balbutier, exprimer qqch avec embarras. *Bégayer des excuses.*

BÉGONIA n.m. (de *Bégon,* intendant général de Saint-Domingue). Plante originaire de l'Amérique et de l'Asie méridionales, cultivée pour son feuillage décoratif et ses fleurs vivement colorées. (Type de la famille des bégoniacées.)

BÉGU, UË adj. **1.** Situé en avant des incisives inférieures (par oppos. à *grignard*), en parlant des incisives supérieures d'un quadrupède. **2.** Se dit d'un cheval chez qui la dépression centrale des incisives s'use tardivement avec l'âge.

BÈGUE adj. et n. (de l'anc. fr. *béguer,* bégayer, mot néerl.). Atteint de bégaiement.

BÉGUEULE adj. et n. (de *bée* et *gueule*). *Fam.* Qui témoigne d'une pruderie excessive ou affectée.

1. BÉGUIN n.m. (de *embéguiner,* se mettre qqch dans la tête). *Fam.,* vieilli. Penchant amoureux passager, passion sans lendemain. *Avoir le béguin pour qqn.* – Personne qui en est l'objet.

2. BÉGUIN n.m. (de *béguine*). **1.** Coiffe à capuchon portée par les béguines. **2.** Anc. Bonnet de nourrisson, souvent en dentelle, noué sous le menton.

BÉGUINAGE n.m. Communauté de béguines ; ensemble des bâtiments abritant cette communauté.

BÉGUINE n.f. Femme d'une communauté religieuse chrétienne où l'on entre sans prononcer de vœux perpétuels, notamm. aux Pays-Bas et en Belgique.

BÉGUM [begɔm] n.f. (de l'ourdou *begam,* princesse, par l'angl.). En Inde, titre d'honneur donné aux princesses.

BÉHAÏ adj. et n. → **BAHAÏ.**

BÉHAÏSME n.m. → **BAHAÏSME.**

BÉHAVIORISME ou **BEHAVIORISME** [bievjɔ-] n.m. (de l'amér. *behavior,* comportement). Conception selon laquelle la psychologie se réduit à la science du comportement, et repose sur l'observation, à l'exclusion des données de l'introspection. SYN. : *comportementalisme.*

ENCYCL. Né vers le début du XXe s. aux États-Unis (J. B. Watson), le béhaviorisme a permis à la psychologie, élevée au rang de science objective, de s'institutionnaliser comme discipline universitaire autonome, grâce notamment à Clark Hull, Edward Tolman et Burrhus Skinner.

BÉHAVIORISTE ou **BEHAVIORISTE** [bievjɔ-] adj. et n. Relatif au béhaviorisme ; partisan du béhaviorisme.

BEIGE n.m. et adj. Brun lavé, très pâle.

BEIGEASSE ou **BEIGEÂTRE** adj. *Péjor.* Pas tout à fait beige ; beige sale.

1. BEIGNE n.f. (anc. fr. *bugne,* bosse, du celtique). *Fam.* Coup, gifle.

2. BEIGNE n.m. Québec. Anneau de pâte sucrée frite.

BEIGNET n.m. Préparation composée d'une pâte plus épaisse que la pâte à crêpe, enrobant un fruit, un morceau de viande, de poisson, etc., et que l'on fait frire.

BEÏRAM n.m. → **BAÏRAM.**

BÉJAUNE n.m. **1.** Jeune oiseau dont la partie membraneuse du bec est encore jaune. **2.** *Litt.,* vieilli. Jeune homme inexpérimenté, sot.

BÉKÉ n. Antilles. Créole martiniquais ou guadeloupéen descendant d'immigrés blancs.

1. BEL adj.m. sing.→ **1. BEAU.**

2. BEL n.m. (de Graham *Bell*). Unité sans dimension (symb. B) utilisée essentiellement pour exprimer le rapport des valeurs de deux puissances, en partic. sonores. (Le logarithme décimal de ce rapport est, par définition, l'écart en bels entre les deux puissances. Il exprime un niveau d'intensité du son, dans le cas de deux puissances sonores dont l'une, prise comme référence, est égale à 10^{-12} W.)

BÊLANT, E adj. **1.** Se dit d'un animal qui bêle. **2.** *Péjor.* Qui évoque le bêlement. *Voix bêlante.*

BEL CANTO [bɛlkɑ̃to] n.m. inv. (mot ital.). Style de chant fondé sur la beauté du son et la recherche de la virtuosité.

BÊLEMENT n.m. **1.** Cri des moutons et des chèvres. **2.** *Péjor.* Cri geignard.

BÉLEMNITE n.f. (gr. *belemnitês,* pierre en forme de flèche). Mollusque fossile, caractéristique de l'ère secondaire, voisin des calmars actuels, et dont on retrouve surtout le rostre. (Classe des céphalopodes.)

■ **BÉGONIA**

BÊLER v.i. (lat. *belare*). **1.** Pousser son cri, en parlant du mouton, de la chèvre. SYN. : *chevroter.* **2.** *Péjor.* Parler d'une voix tremblotante et geignarde.

BELETTE n.f. (de *belle*). Petit mammifère carnivore d'Eurasie et d'Afrique du Nord, au pelage fauve sur le dos et au ventre blanc. (Long. 17 cm env. ; genre *Mustela,* famille des mustélidés.)

■ **BELETTE**

BELGE adj. et n. De la Belgique, de ses habitants.

BELGICISME n.m. Mot, tournure propre au français de Belgique.

BÉLIER n.m. (du néerl. *belhamel*). **1.** Mouton mâle. *Le bélier blatère.* **2.** Dans l'Antiquité et au Moyen Âge, machine de guerre, forte poutre terminée par une masse métallique souvent façonnée en tête de bélier, pour défoncer les murs, les portes d'un lieu assiégé. ◇ *Coup de bélier :* choc, effort violent exercé contre un obstacle. **3.** *Bélier hydraulique :* dispositif pour faire remonter une masse liquide dans une conduite en utilisant le seul effet dynamique du liquide amont. – *Coup de bélier :* onde de pression provoquée dans une conduite d'eau par la manœuvre brutale d'une vanne. **4.** *Le Bélier :* constellation et signe du zodiaque (v. partie n.pr.). – *Par ext. Bélier :* personne née sous ce signe.

■ **BÉLIER** (mérinos).

BÉLIÈRE n.f. Sonnette attachée au cou du bélier de tête d'un troupeau.

BÉLINOGRAMME n.m. Document transmis par bélinographe.

BÉLINOGRAPHE n.m. (de Édouard *Belin,* l'inventeur). Appareil de télécopie à cylindre utilisant, à la réception, un procédé photographique.

BÉLÎTRE n.m. (du néerl. *bedelare,* mendiant). Vx, *injur.* Homme de rien ; coquin.

BELLADONE n.f. (ital. *belladonna,* belle dame). Plante herbacée des taillis et décombres, à baies noires de la taille d'une cerise, très vénéneuse, dont certains alcaloïdes, tels que l'atropine, ont

■ **BELLADONE**

B

un intérêt médical. (Famille des solanacées.) SYN. : *belle-dame.*

BELLÂTRE n.m. (de *1. bel*). *Péjor.*, vieilli. Homme d'une beauté fade, imbu de sa personne.

1. BELLE adj.f. → **I. BEAU.**

2. BELLE n.f. **1.** Femme, fille qui est belle. *La Belle au bois dormant.* – La femme aimée. *Il a rendez-vous avec sa belle.* **2.** Partie qui départage deux joueurs, deux équipes à égalité. **3.** *Arg. Faire la belle :* s'évader de prison, d'un lieu clos. **4.** *Belle de Fontenay :* pomme de terre d'une variété assez petite et à chair blanche.

BELLE-DAME n.f. (pl. *belles-dames*). **1.** Arroche ; belladone. **2.** Papillon du groupe des vanesses.

BELLE-DE-JOUR n.f. (pl. *belles-de-jour*). Liseron des champs dont les fleurs ne s'épanouissent que le jour. (Famille des convolvulacées.)

BELLE-DE-NUIT n.f. (pl. *belles-de-nuit*). Mirabilis.

BELLE-DOCHE n.f. (pl. *belles-doches*). *Fam.* Belle-mère.

BELLE-FAMILLE n.f. (pl. *belles-familles*). Famille du conjoint.

BELLE-FILLE n.f. (pl. *belles-filles*). **1.** Fille que la personne que l'on épouse a eue d'un autre mariage. **2.** Épouse du fils ; bru.

BELLEMENT adv. *Litt.* ou vx. De belle façon.

BELLE-MÈRE n.f. (pl. *belles-mères*). **1.** Mère du conjoint. **2.** Épouse du père pour les enfants d'un autre mariage de celui-ci.

BELLES-LETTRES n.f. pl. Ensemble des arts littéraire, rhétorique et poétique.

BELLE-SŒUR n.f. (pl. *belles-sœurs*). **1.** Épouse du frère ou du beau-frère. **2.** Sœur du conjoint.

BELLÉTRIEN, ENNE n. Suisse. Membre de la société d'étudiants de Belles-Lettres. ◆ adj. Suisse. *Esprit bellétrien,* artiste, frondeur.

BELLICISME n.m. (lat. *bellicus*). Tendance à préconiser l'emploi de la force pour résoudre un litige, notamm. dans les relations internationales.

BELLICISTE n. et adj. Partisan du bellicisme.

BELLIFONTAIN, E adj. et n. De Fontainebleau.

BELLIGÉRANCE n.f. Situation d'un pays, d'un peuple, etc., en état de guerre.

BELLIGÉRANT, E adj. (du lat. *bellum,* guerre, et *gerere,* faire). En état de guerre, qui participe à une guerre (par oppos. à ceux qui restent neutres). ◆ n.m. pl. Nations en état de guerre.

BELLIQUEUX, EUSE adj. (lat. *bellicosus*). **1.** Qui aime la guerre, qui cherche à la provoquer, à l'encourager. **2.** Qui manifeste un goût pour la querelle ; agressif, batailleur. *Humeur belliqueuse.*

BELLOT, OTTE adj. et n. Région. Dont la beauté est attendrissante ; mignon.

BELLUAIRE n.m. (lat. *bellua,* bête). ANTIQ. ROM. Gladiateur qui combattait les bêtes féroces. SYN. : *bestiaire.*

BELON n.f. (de *Belon,* fleuve breton). Huître plate et de forme arrondie, indigène en Europe de l'Ouest. (Espèce *Ostrea edulis.*)

BELOTE n.f. (de *Belot,* qui a perfectionné ce jeu). Jeu de cartes par levées et combinaisons, joué avec 32 cartes. *Belote sans atout* ou *tout atout.*

BÉLUGA [beluga] ou **BÉLOUGA** n.m. (russe *bieluha*). **1.** Mammifère marin proche du narval, de couleur blanche, habitant les mers arctiques. (Long. 3 à 4 m env. ; genre *Delphinapterus,* ordre des cétacés.) **2.** Région. (Bretagne). Dauphin ou gros poisson (thon, requin). **3.** Espèce d'esturgeon de la mer Caspienne, réputée pour son caviar.

BELVÉDÈRE n.m. (ital. *belvedere,* de *bello,* beau, et *vedere,* voir). Pavillon ou terrasse au sommet d'un édifice ou sur un tertre, d'où l'on peut voir au loin.

BÉMOL n.m. (ital. *bemolle*). **1.** MUS. Altération qui baisse d'un demi-ton la note qu'elle précède. *Le double bémol baisse la note d'un ton entier.* **2.** *Fam. Mettre un bémol :* parler moins haut ; atténuer la violence, l'ampleur de qqch. ◆ adj. inv. Se dit d'une note affectée d'un bémol. *Mi bémol.*

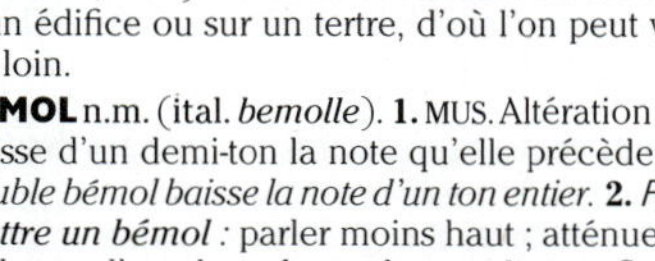

■ BÉMOL

BÉMOLISER v.t. *Fam.* Adoucir ses propos, les atténuer.

BEN [bɛ̃] adv. (de *1. bien*). *Fam.* Eh bien. *Ben quoi, vous n'avez pas ?*

BÉNARD, E adj. (de *Bernard*). Se dit d'une serrure, d'un verrou s'actionnant des deux côtés par une clé à tige pleine, dite *clé bénarde.*

BÉNARDE n.f. Serrure bénarde.

BENDIR [bɛndir] n.m. Grand tambour sur cadre d'Afrique du Nord, au timbre nasillard produit par une membrane sous laquelle sont placées des cordes de tension rudimentaires, que l'on frappe des mains.

BÉNÉDICITÉ n.m. (lat. *benedicite,* bénissez). CATH. Prière qui se récite avant le repas et dont le premier mot, en latin, est *Benedicite.*

BÉNÉDICTIN, E n. et adj. (du lat. *Benedictus,* Benoît). Religieux de l'ordre fondé, v. 529, par saint Benoît de Nursie et dont le monastère du Mont-Cassin, en Italie, fut le berceau. ◇ *Travail de bénédictin,* long et minutieux, qui exige de la patience.

ENCYCL. La famille monastique qui s'inspire de la règle de saint Benoît, et qui met l'accent sur la liturgie, le travail manuel, les exercices spirituels et la vie communautaire, en est venue à se diversifier en plusieurs branches : clunisiens, cisterciens (dont les trappistes), camaldules, célestins, etc. Réformé à plusieurs reprises, l'ordre bénédictin proprement dit a connu un essor considérable avec la fondation, en 910, de l'abbaye de Cluny. Il s'est épanoui de nouveau au XVIIe s. dans les congrégations de Saint-Vanne et de Saint-Maur, pépinières d'érudits, puis au XIXe s., dans le domaine de la liturgie, à l'abbaye de Solesmes. Réorganisé en 1893 par Léon XIII, l'ordre forme une union de 15 congrégations ayant à sa tête un abbé primat.

BÉNÉDICTINE n.f. (nom déposé). Liqueur préparée à l'origine par des bénédictins, à partir de plantes macérées dans l'alcool.

BÉNÉDICTION n.f. Prière, cérémonie par laquelle un religieux bénit qqn, qqch. ◇ *C'est une bénédiction,* un bienfait, qqch qui arrive au bon moment.

BÉNEF n.m. *Fam.* Bénéfice.

BÉNÉFICE n.m. (lat. *beneficium,* bienfait). **1.** Profit financier réalisé par une entreprise, un commerce, etc., grâce à son activité. *Accroissement des bénéfices.* **2.** *Fig.* Avantage, bienfait tiré de qqch. *Bénéfice de l'âge.* **3.** DR. *Bénéfice de discussion :* possibilité pour une caution d'exiger d'un créancier qu'il poursuive d'abord le débiteur sur ses biens. – *Bénéfice de division :* possibilité, en cas de pluralité de cautions, d'obliger le créancier à fractionner son action en paiement entre toutes les cautions solvables au jour des poursuites. – *Bénéfice d'inventaire :* prérogative accordée par la loi permettant à l'héritier de ne payer les dettes successorales qu'à concurrence de l'actif qu'il recueille. *Accepter une succession sous bénéfice d'inventaire.* – *Cour. Sous bénéfice d'inventaire :* sous réserve de vérification. **4.** HIST. **a.** Revenu attaché à un office ecclésiastique. **b.** Terre concédée par le suzerain à un vassal en échange de certains devoirs. **5.** PSYCHAN. Avantage inconscient qu'un sujet tire de la formation de symptômes, sous forme de réduction des tensions issues d'une situation conflictuelle.

BÉNÉFICIAIRE adj. et n. Qui profite d'un bénéfice, d'un avantage, etc. ◆ adj. Qui concerne le bénéfice ; qui produit un bénéfice. *Marge bénéficiaire.*

1. BÉNÉFICIER n.m. CHRIST. Personne jouissant d'un bénéfice ecclésiastique.

2. BÉNÉFICIER v.t. ind. [5]. **1. (de).** Tirer un profit, un avantage de. **2. (de).** Obtenir le bénéfice, l'avantage de. *Bénéficier de circonstances atténuantes.* **3. (à).** Apporter un profit, un avantage à. *La croissance ne bénéficie pas à tous.* ◆ v.i. Afrique. Faire des bénéfices.

BÉNÉFIQUE adj. Qui a un effet positif, salutaire ; bienfaisant.

BENÊT adj.m. et n.m. (lat. *benedictus,* béni). Un peu bête ; niais, sot, nigaud. *Un grand benêt.*

BÉNÉVOLAT n.m. Situation d'une personne qui accomplit un travail bénévole.

BÉNÉVOLE adj. et n. (lat. *benevolus,* de *bene,* bien, et *volo,* je veux). Qui fait qqch sans être rémunéré, sans y être tenu. *Animateur bénévole.* ◆ adj. Fait sans obligation, à titre gracieux. *Secours bénévole.*

BÉNÉVOLEMENT adv. De façon bénévole.

1. BENGALI [bɛ̃gali] n.m. Petit passereau à plumage brun taché de couleurs vives, originaire de l'Afrique tropicale, souvent élevé en volière. (Famille des plocéidés.)

■ BENGALI de l'Inde.

2. BENGALI, E [bɛ̃gali] adj. et n. Du Bengale, qui se rapporte aux Bengalis. ◆ n.m. Langue indo-aryenne parlée au Bengale.

BÉNICHON n.f. (de *bénédiction*). Suisse. Fête populaire marquant, dans le canton de Fribourg, la fin de l'été et la descente de l'alpage.

BÉNIGNITÉ [beniɲite] n.f. Caractère de ce qui est bénin.

BÉNIN, IGNE adj. (lat. *benignus*). Sans conséquence grave. *Accident bénin. Maladie bénigne.*

BENIOFF (PLAN DE) [du nom du sismologue amér. Hugo *Benioff* (1899 - 1968)]. Zone peu épaisse, inclinée de 15 à 75°, définie par les foyers des séismes et qui s'enfonce sous une marge continentale ou un arc insulaire. (Cette zone traduit la subduction de la plaque océanique « dense » sous la plaque continentale « légère ».)

BÉNI-OUI-OUI n.m. inv. (de l'ar. *ben,* fils de). *Fam., péjor.* Personne approuvant systématiquement les paroles, les actes d'une autorité, d'un pouvoir.

BÉNIR v.t. (lat. *benedicere,* de *bene,* bien, et *dicere,* dire). **1.** Appeler la protection de Dieu sur. **2.** Louer qqn ; se féliciter de, applaudir à qqch.

BÉNISSEUR, EUSE adj. et n. *Fam.* Qui bénit, prodigue des approbations, des compliments.

BÉNIT, E adj. Qui a été rituellement sanctifié. *Eau bénite. Pain bénit.* ◇ *Fam. C'est pain bénit :* c'est une aubaine, c'est tout profit.

BÉNITIER n.m. (anc. fr. *eaubenoitier*). **1.** Vase, bassin à eau bénite dans une église. **2.** Mollusque lamellibranche, parfois de très grande taille (60 à 120 cm) et dont chacune des valves était autref. utilisée comme bénitier. SYN. : *tridacne.*

BENJAMIN, E [bɛ̃ʒamɛ̃, in] n. (de *Benjamin,* dernier fils de Jacob). Le plus jeune enfant d'une famille, la plus jeune personne d'un groupe. ◆ n. et adj. Jeune sportif appartenant à une tranche d'âge dont les limites, variables selon les sports, se situent autour de 12 ans.

BENJOIN [bɛ̃ʒwɛ̃] n.m. (lat. *benzoe,* mot ar.). Résine aromatique tirée du tronc d'un styrax de l'Asie méridionale, et utilisée traditionnellement comme antiseptique.

BENNE n.f. (lat. *benna,* chariot). **1.** Caisson intégré ou non à un camion, un chariot, pour le transport. *Camion à benne basculante.* **2.** Appareil génér. dépendant d'une grue, pour la préhension et le déplacement des matériaux.

BENOÎT, E adj. (lat. *benedictus,* béni). *Litt.* Qui affecte un air doucereux.

BENOÎTE n.f. (fém. de *benoît*). Plante herbacée des lieux ombragés ou des montagnes, à fleurs jaunes. (Famille des rosacées.)

BENOÎTEMENT adv. *Litt.* De façon benoîte.

BENTHIQUE [bɛ̃-] adj. Du fond des océans, des mers, des lacs. *Dépôt benthique.*

BENTHOS [bɛ̃tos] n.m. (mot gr., *profondeur*). ÉCOL. Ensemble des organismes vivant au fond ou à proximité du fond des mers ou des eaux douces.

BENTONITE [bɛ̃-] n.f. (d'un n.pr.). Argile à fort pouvoir adsorbant et décolorant.

BENZÈNE [bɛ̃zɛn] n.m. (du lat. *benzoe,* benjoin, mot ar.). Prototype des hydrocarbures aromatiques et premier terme (C_6H_6) de la série des hydrocarbures benzéniques.

BENZÉNIQUE n.m. et adj. Hydrocarbure dérivé du benzène et formant une sous-classe des hydrocarbures aromatiques.

BENZIDINE n.f. Arylamine servant à la préparation de colorants azoïques.

BENZINE n.f. Mélange d'hydrocarbures provenant de la rectification du benzol utilisé comme solvant et détachant.

BENZOATE n.m. Sel ou ester de l'acide benzoïque.

BENZODIAZÉPINE n.f. Médicament utilisé contre l'anxiété, l'insomnie, l'épilepsie et les convulsions.

BENZOÏQUE adj.m. *Acide benzoïque :* acide aromatique $C_6H_5CO_2H$, que l'on prépare industriellement à partir du toluène.

BENZOL n.m. Mélange de benzène et de toluène, extrait des goudrons de houille.

BENZOPYRÈNE n.m. Hydrocarbure aromatique à cinq cycles. (Le 3,4-benzopyrène, cancérogène, se rencontre notamm. dans les goudrons produits lors d'une cuisson au barbecue.)

BENZOYLE [bɛ̃zɔil] n.m. Radical aromatique univalent C_6H_5CO–, dérivé de l'acide benzoïque.

BENZYLE n.m. Radical aromatique univalent $C_6H_5CH_2$–.

BENZYLIQUE adj. Qui contient le radical benzyle. (Ex. : *alcool benzylique* $C_6H_5CH_2OH$.)

BÉOTIEN, ENNE [beɔsjɛ̃, ɛn] adj. et n. **1.** De Béotie. **2.** Qui manque de goût, qui est peu ouvert aux beaux-arts, à la littérature, etc.

BÉOTISME n.m. *Didact.* Caractère du béotien.

BEP ou **B.E.P.** [beəpe] n.m. (sigle de *brevet d'études professionnelles*). Diplôme d'ouvrier ou d'employé qualifié sanctionnant une formation de deux années en lycée professionnel.

BÉQUÉE n.f. → **BECQUÉE.**

BÉQUET n.m. → **BECQUET.**

BÉQUETER v.t. → **BECQUETER.**

BÉQUILLARD, E adj. et n. *Fam.* Qui a des béquilles, qui marche avec des béquilles.

BÉQUILLE n.f. (de *bec*). **1.** Bâton surmonté d'une petite traverse s'appuyant dans le creux de l'aisselle, utilisé par les personnes infirmes ou blessées pour marcher. **2. a.** Support pour maintenir à l'arrêt un véhicule à deux roues. **b.** Étai, pièce de bois, de métal, etc., pour maintenir vertical un navire échoué. **c.** Organe de manœuvre d'une serrure.

BÉQUILLER v.t. Étayer, caler un navire avec une ou plusieurs béquilles.

BER [bɛr] n.m. (lat. *bercium*, mot gaul.). Charpente sur laquelle repose un navire de faible tonnage en construction, en réparation, etc., et qui épouse la forme de la coque. SYN. : *berceau.*

BERBÈRE adj. (lat. *barbarus*). Des Berbères. ◆ n.m. Langue chamito-sémitique parlée par les Berbères, et dénommée de façon générale *tamazight* par ces derniers.

BERBÉRIDACÉE n.f. Arbuste ou plante herbacée de l'hémisphère Nord, à feuilles épineuses, tels l'épine-vinette et le mahonia. (Les berbéridacées forment une famille de dicotylédones.)

BERBÉROPHONE adj. et n. De langue berbère.

BERCAIL n.m. sing. (du lat. *berbex*, brebis). *Fam.* Maison paternelle ; foyer familial. *Rentrer au bercail.*

BERÇANTE ou **BERCEUSE** n.f. et adj.f. Québec. Chaise ou fauteuil à bascule. *Chaise berçante.*

BERCE n.f. (all. *Bartsch*). Plante commune dans les lieux humides, à grandes ombelles portant des fleurs blanches, également appelée *patte d'ours.* (Haut. jusqu'à 2 m ; famille des ombellifères.)

BERCEAU n.m. (de *ber*). **1.** Lit d'un tout jeune enfant, souvent conçu de façon à pouvoir l'y bercer. ◇ *Au berceau, dès le berceau :* dès la petite enfance. – *Fig.* Lieu de naissance, d'origine. *La Grèce, berceau de la civilisation occidentale.* **2.** ARCHIT. *Voûte en berceau,* ou *berceau :* voûte dont la forme résulte de la translation d'un arc selon une droite ou une courbe. *Berceau plein cintre, brisé.* – *En berceau :* en forme de voûte. *Treillage en berceau.* **3. a.** MAR. Ber. **b.** AVIAT. Support d'un moteur d'avion. **4.** JARD. *Berceau de treillage, de verdure :* voûte de végétation, supportée ou non par une armature de treillage.

BERCEMENT n.m. Action de bercer ; mouvement qui berce.

BERCER v.t. [9] (mot d'orig. gaul.). **1.** Balancer d'un mouvement doux et régulier. **2.** Ramener au calme ; apaiser, endormir. **3.** *Être bercé de :* se dérouler dans des conditions agréables. *Son enfance a été bercée de contes.* **4.** *Litt.* Tromper par des apparences illusoires, des paroles vaines ; leurrer. *Il nous berce de promesses.* ◆ **se bercer** v.pr. **(de).** S'illusionner, se tromper soi-même avec. *Se bercer d'illusions.*

BERCEUR, EUSE adj. Qui berce, apaise.

1. BERCEUSE n.f. Chanson au rythme lent, pour endormir les enfants ; pièce musicale dans le même style.

2. BERCEUSE n.f. et adj.f. → **BERÇANTE.**

BÉRET n.m. (béarnais *berret*). Coiffure souple, sans visière ni bords, dont la calotte ronde et plate est resserrée autour de la tête sur une lisière intérieure.

BERGAMASQUE n.f. Danse folklorique de la région de Bergame, exécutée en deux rondes avant formation des couples et pratiquée du XVe au XVIIIe s.

BERGAMOTE n.f. (ital. *bergamotta,* d'un mot turc). **1.** Fruit du bergamotier, dont la peau fournit une essence utilisée notamm. pour fabriquer les eaux de Cologne. **2.** Bonbon parfumé à la bergamote.

BERGAMOTIER n.m. Agrume cultivé pour ses fruits, les bergamotes.

1. BERGE n.f. (mot gaul.). Bord d'un cours d'eau.

2. BERGE n.f. (mot tsigane). *Fam.* Année d'âge. *Il a cinquante berges.*

1. BERGER, ÈRE n. (du lat. *berbex,* brebis). Personne qui garde un troupeau de moutons, qui le soigne. ◇ *Litt. Bon, mauvais berger :* bon, mauvais guide, conseiller. – *Étoile du berger :* la planète Vénus.

■ **BERGER.** Berger allemand.

■ **BERCEAU.** Voûte en berceau plein cintre de l'église Sainte-Foy à Conques (XIe s.).

2. BERGER n.m. Chien de berger. *Berger allemand. Berger des Pyrénées.*

BERGÈRE n.f. Large fauteuil à joues pleines, dossier rembourré et coussin sur le siège.

BERGERIE n.f. **1.** Bâtiment pour abriter les moutons, pour la traite des brebis, les soins. **2.** Comptoir de vente de forme circulaire, dans un magasin. **3.** Anc. **a.** Poème, souvent galant, qui évoque des amours pastorales. **b.** Tableau, tapisserie à sujet pastoral et galant.

BERGERONNETTE n.f. (de *bergère*). Oiseau passereau insectivore d'Europe, d'Asie et d'Afrique du Nord, vivant à proximité des cours d'eau, à la longue queue toujours en mouvement. (Long. 15 à 20 cm ; genre *Motacilla.*) SYN. : *hochequeue, lavandière.*

■ **BERGERONNETTE**

BÉRIBÉRI n.m. (d'une langue de l'Inde). Maladie due à une carence en vitamine B1, caractérisée par une insuffisance cardiaque compliquée d'œdèmes, ou par des troubles neurologiques.

BÉRIMBAU [berimbo] n.m. (pl. *bérimbaus*). Instrument de musique d'origine brésilienne, dont l'unique corde est tendue entre les extrémités d'un arc et frappée avec une tige de bois.

BERK ou **BEURK** interj. *Fam.* Exprime le dégoût, l'écœurement. *Beurk ! C'est dégoûtant, ce truc-là !*

BERKÉLIUM [bɛrkeljɔm] n.m. (de *Berkeley,* v. des États-Unis). Élément chimique radioactif artificiel (Bk), de numéro atomique 97.

BERLINE n.f. (de *Berlin,* lieu de première origine). **1.** Automobile carrossée en conduite intérieure, à quatre portes et quatre glaces latérales. **2.** Voiture hippomobile fermée, à suspension et à quatre roues. **3.** Wagonnet de mine.

BERLINGOT n.m. (ital. *berlingozzo,* gâteau). **1.** Bonbon aromatisé de forme tétraédrique, aux minces filets colorés. **2.** Emballage commercial de forme tétraédrique, pour les liquides.

BERLINOIS, E adj. et n. De Berlin.

BERLUE n.f. (de l'anc. fr. *belluer,* éblouir). *Fam. Avoir la berlue :* avoir une mauvaise vue, une vue trouble ; *fig.,* être le jouet d'une illusion, d'une erreur de jugement.

BERME n.f. (néerl. *baerm,* talus). **1.** Espace étroit ménagé entre un canal ou un fossé et la levée de terre qui le borde pour éviter les éboulements et servir de chemin. **2.** Belgique, Suisse. Terre-plein séparant les deux chaussées d'une voie rapide ou d'une autoroute.

BERMUDA n.m. (mot anglo-amér.). Short long s'arrêtant un peu au-dessus du genou.

BERMUDIEN, ENNE adj. (des *Bermudes*). MAR. *Gréement bermudien,* à voile trapézoïdale enverguée sur une corne courte et légère hissée avec une seule drisse.

BERNACHE ou **BARNACHE** n.f. Oie sauvage d'Amérique et d'Europe septentrionales hivernant en Europe occidentale. (Famille des anatidés.)

BERNACLE, BERNACHE ou **BARNACHE** n.f. (irlandais *bairneach*). ZOOL. Anatife.

BERNARDIN, E n. Religieux, religieuse cisterciens.

BERNARD-L'ERMITE ou **BERNARD-L'HERMITE** n.m. inv. (mot languedocien). Pagure.

BERNE n.f. (p.-ê. du néerl. *berm,* repli). *Drapeau, pavillon en berne,* hissé à mi-drisse en signe de deuil.

BERNER v.t. (de l'anc. fr. *brener,* vanner le blé). Tromper, leurrer, jouer un mauvais tour à.

1. BERNIQUE ou **BERNICLE** n.f. (breton *bernic*). Patelle.

2. BERNIQUE interj. (du normand *emberniquer,* salir). Vieilli. Marque la déception ou appuie un refus. *On m'avait promis une augmentation, mais bernique, rien n'est venu !*

BERNOIS, E adj. et n. De Berne.

BERRICHON, ONNE adj. et n. Du Berry, des Berrichons.

BERRUYER, ÈRE adj. et n. De Bourges.

BERSAGLIER [bɛrsaljɛ] n.m. (ital. *bersagliere*). Soldat de l'infanterie légère, dans l'armée italienne.

BERTHE n.f. Sorte de volant, souvent en dentelle, qui agrémentait le large décolleté des robes de femmes, très en vogue entre 1830 et 1860.

BÉRYL n.m. Gemme constituée de silicate d'aluminium et de béryllium. ◇ *Béryl rose :* morganite. – *Béryl jaune :* héliodore. – *Béryl vert :* émeraude. – *Béryl bleu-vert :* aigue-marine.

BÉRYLLIUM [beriljɔm] n.m. **1.** Métal léger, gris, qui fond à 1 280 °C, de densité 1,85. **2.** Élément chimique (Be), de numéro atomique 4, de masse atomique 9,012 2. (Le béryllium est utilisé en alliage ou comme modérateur de neutrons dans les réacteurs nucléaires. Ses composés sont très toxiques.)

BERZINGUE (À TOUT ou **À TOUTE)** loc. adv. *Fam.* À toute allure, à toute vitesse ; à fond.

BESACE n.f. (du lat. *bis,* deux fois, et *saccus,* sac). **1.** Long sac s'ouvrant en son milieu et dont les extrémités forment des poches. **2.** Rencontre de deux pans de maçonnerie dont les éléments sont liés d'une assise à l'autre.

BESANT n.m. (lat. *byzantium,* monnaie de Byzance). **1.** ARCHIT. Chacun des disques saillants employés en nombre pour orner des bandeaux ou des archivoltes dans l'art roman. **2.** HÉRALD. Petit meuble circulaire, d'or ou d'argent. **3.** NUMISM. Monnaie d'or de l'Empire byzantin.

BÉSEF ou **BÉZEF** adv. (mot ar.). *Fam. Pas bésef :* pas beaucoup.

BÉSICLES [be-] ou **BESICLES** [bəzikl] n.f. pl. (de *béryl,* pierre fine dont on faisait des loupes). Vx ou *par plais.* Lunettes. *Chausser ses bésicles.*

BÉSIGUE n.m. Jeu de cartes par levées et combinaisons, pratiqué à deux avec 2 jeux mélangés de 32 cartes, et dans lequel la combinaison de la dame de pique et du valet de carreau est appelée *bésigue.*

BESOGNE n.f. (anc. fém. de *besoin*). Travail imposé à qqn par sa profession ou par des circonstances particulières ; tâche, ouvrage. *Abattre de la besogne.* ◇ *Aller vite en besogne :* travailler rapidement ; *fig.,* brûler les étapes.

BESOGNER v.i. *Péjor.,* vieilli. Faire un travail difficile, pénible, pour un maigre résultat.

BESOGNEUX, EUSE adj. et n. **1.** Vx. Qui fait un travail pénible et mal rétribué. **2.** *Péjor.* Qui travaille scrupuleusement mais médiocrement.

BESOIN n.m. (du francique *bisunnia*). **1. a.** Désir, envie, naturels ou pas ; état d'insatisfaction dû à un sentiment de manque. *Besoin de boire, de manger. J'ai besoin de savoir.* **b.** Ce qui est nécessaire ou indispensable. *Le cinéma est devenu pour elle un besoin.* ◇ *Au besoin :* si nécessaire. – *S'il en est besoin, si besoin est :* s'il est nécessaire. – *Avoir besoin de* (+ inf.), *avoir besoin que* (+ subj.) : être dans la nécessité de. – *Avoir besoin de qqn, qqch,* en sentir la nécessité, l'utilité. **2.** *Être dans le besoin :* manquer d'argent. ◆ pl. **1.** Fait d'uriner, de déféquer. *Faire ses besoins.* **2.** *Pour les besoins de la cause :* dans le seul but de démontrer ce que l'on dit.

BESSEMER [bɛsmɛr] n.m. (du n. de l'inventeur). Convertisseur pour transformer la fonte en acier par insufflation d'air sous pression.

BESSON, ONNE n. (du lat. *bis,* deux fois). Dial. Jumeau, jumelle, en parlant d'agneaux.

BESSONNIÈRE n.f. Dial. Brebis ayant mis bas des jumeaux.

1. BESTIAIRE n.m. (lat. *bestiarius,* de *bestia,* bête). ANTIQ. ROM. Belluaire.

2. BESTIAIRE n.m. (lat. *bestiarium*). **1.** Traité ou recueil d'images inventoriant des animaux réels ou imaginaires, au Moyen Âge. *Un bestiaire illustré.* – Iconographie animalière d'une œuvre ou d'un ensemble d'œuvres (médiévales, notamm.) ; le type de vision qu'elle comporte. **2.** Recueil de poèmes ou de fables sur les animaux.

BESTIAL, E, AUX adj. (lat. *bestialis*). Qui manifeste une ressemblance avec la bête. *Comportement, individu bestial.*

BESTIALEMENT adv. De façon bestiale.

BESTIALITÉ n.f. **1.** Caractère d'une personne qui se conduit bestialement. **2.** Vieilli. Zoophilie.

BESTIAU n.m. [pl. *bestiaux*] (anc. fr. *bestial*). *Fam.* Animal quelconque. ◆ pl. Bétail.

BESTIOLE n.f. (lat. *bestiola*). Petite bête.

BEST OF [bɛstɔf] n.m. inv. (mots angl., *[le] meilleur de*). Sélection des meilleurs passages d'une œuvre ; anthologie, compilation, florilège.

BEST-SELLER [bɛstsɛlœr] n.m. [pl. *best-sellers*] (mot angl., *le mieux vendu*). **1.** Grand succès de librairie ; livre à gros tirage. **2.** *Par ext.* Grand succès commercial.

1. BÊTA n.m. inv. Deuxième lettre de l'alphabet grec (Β, β), correspondant au *b* français. ◇ *Rayons bêta :* flux d'électrons ou de positrons émis par certains éléments radioactifs.

2. BÊTA, ASSE adj. et n. *Fam.* Sot, sotte.

BÊTABLOQUANT, E adj. et n.m. MÉD. Se dit d'une substance qui inhibe les récepteurs dits *bêta* des neurones du système nerveux sympathique, et qui peut être employée contre l'hypertension de l'angor.

BÉTAIL n.m. sing. (de *bête*). *Le bétail :* les animaux d'élevage d'une ferme, élevés en troupeaux, à l'exception des volailles, des lapins. SYN. : *bestiaux, bêtes.* – *Gros bétail :* chevaux, ânes, mulets, bovins. – *Petit bétail :* moutons, chèvres, porcs. – *Traiter qqn comme du bétail,* sans ménagement.

BÉTAILLÈRE n.f. Véhicule, remorque pour le transport du bétail.

BÊTASTIMULANT, E adj. et n.m. MÉD. Se dit d'une substance qui stimule les récepteurs dits *bêta* des neurones du système nerveux sympathique, et qui peut être employée contre l'asthme.

BÊTATHÉRAPIE n.f. Traitement par les rayons bêta.

BÊTATRON n.m. Accélérateur de particules servant à produire des électrons de haute énergie.

1. BÊTE n.f. (lat. *bestia*). **1.** Tout animal autre que l'homme. *Un ami des bêtes.* – (Souvent pl.) S'emploie pour désigner les insectes, les vers, etc. *Avoir peur des bêtes.* ◇ *Bête à bon Dieu :* coccinelle. – *Fam. Chercher la petite bête,* un détail insignifiant, un défaut sans importance. – *Malade comme une bête :* très malade. **2.** CHASSE. Gibier poursuivi. *Traquer la bête.* ◇ CHASSE. *Bête noire :* sanglier. – *La bête noire de qqn :* personne, chose qui inspire un tracas continuel, une antipathie profonde. **3.** CHRIST. *La bête :* symbole du mal dans l'Apocalypse de Jean. **4.** L'animalité de l'homme, ses instincts. *La bête humaine.* ◇ *Méchante, sale bête :* personne dangereuse, vile. – *Bonne, brave bête :* personne sotte, niaise et dénuée de malice. **5.** *Fam. Bête à concours :* personne qui réussit brillamment dans ses études, souvent plus par sa ténacité et sa capacité de travail que par son intelligence. **6.** *Fam. Bête de scène, de télévision, etc. :* personne, artiste très doué pour la scène, le spectacle, la télévision, etc., et qui s'y donne à fond. ◆ pl. Le bétail. *Soigner les bêtes.* SYN. : *bestiaux.*

2. BÊTE adj. **1.** Sans intelligence ; sot. *Air bête.* ◇ *Fam. Bête comme ses pieds :* très bête. – *Fam. Bête comme chou :* facile à comprendre ou à faire. **2.** Qui désole, qui est regrettable. *C'est bête, ce qui nous arrive.* ◇ *Bête à pleurer :* complètement stupide, désolant. **3.** Se dit de qqn dont le comportement est étourdi ; distrait, irréfléchi. *Que je suis bête !* **4.** *Rester tout bête,* interdit, sans réaction.

BÉTEL n.m. (port. *betel*). **1.** Poivrier grimpant originaire de Malaisie, dont les feuilles séchées ont des vertus toniques et astringentes. (Famille des pipéracées.) **2.** Feuille de cette plante, que l'on chique, mélangée à de la chaux et de la noix d'arec (en Inde, Extrême-Orient, Asie du Sud-Est, Mélanésie).

BÊTEMENT adv. De manière bête. ◇ *Tout bêtement :* sans y chercher finesse ; tout simplement.

BÊTIFIANT, E adj. *Fam.* Qui bêtifie. *Propos bêtifiants.*

BÊTIFIER v.i. [5]. *Fam.* Affecter la niaiserie, s'exprimer d'une façon puérile.

BÊTISE n.f. (de *bête*). **1.** Manque d'intelligence, de jugement ; stupidité. *Il est d'une bêtise insondable.* **2.** Parole dénuée d'intelligence ; sottise. *Dire des bêtises.* **3.** Action irréfléchie, imprudente ou répréhensible. *Faire des bêtises.* **4.** Objet sans importance ; bagatelle. *Se disputer pour une bêtise. Acheter des bêtises.* **5.** Berlingot à la menthe, spécialité de la ville de Cambrai.

BÊTISIER n.m. **1.** Recueil plaisant de bêtises ; sottisier. **2.** Compilation de scènes plaisantes, de maladresses réalisées lors d'un tournage.

BÉTOINE n.f. (lat. *bettonica*). Plante des prés et des haies à fleurs mauves et à feuilles crénelées. (Famille des labiées.)

BÉTON n.m. (du lat. *bitumen,* bitume). **1.** Matériau de construction obtenu par agrégation de granulats au moyen d'un liant, et, spécial., par un mélange de graviers, de sable, de ciment, d'adjuvants et d'eau. ◇ *Fam. C'est du béton, en béton* ou *béton :* c'est très solide, très sûr, inattaquable. *Alibi en béton. Argument béton.* **2.** Regroupement d'un maximum de joueurs en défense, au football. *Faire, jouer le béton.*

ENCYCL. Dans l'architecture et le génie civil, on fait appel à deux techniques particulièrement importantes : le *béton armé,* qui est coulé sur une armature métallique, et le *béton précontraint,* béton armé dans lequel sont tendus des câbles ou des tiges d'acier, qui, une fois relâchés, mettent le matériau en compression. Le béton ordinaire pour ouvrages d'art contient environ 0,65 % de mortier en volume. Outre les bétons ordinaires, on utilise des types de béton particuliers : le *béton aéré* (dans lequel on a laissé des bulles d'air qui le rendent moins dense et améliorent son ouvrabilité et sa résistance au gel), le *béton léger* (béton caverneux, béton cellulaire, béton à base de fibres de bois), le *béton lourd* (à base de plomb), etc. Dans les années 1980 ont été développés les *bétons à hautes performances (BHP),* employés dans la construction d'immeubles de grande hauteur et dans les grands ouvrages de génie civil.

■ **BÉTON.** Structure en béton de la gare TGV de Satolas, près de Lyon, conçue par l'architecte espagnol Santiago Calatrava.

BÉTONNAGE n.m. Action de bétonner ; maçonnerie faite avec du béton.

BÉTONNÉ, E adj. *Fam.* Conçu ou réalisé de manière à ne laisser prise à aucune contestation, à aucune critique ; inattaquable. *Un dossier bétonné.*

BÉTONNER v.t. Construire avec du béton. ◆ v.i. Jouer le béton, au football.

BÉTONNEUSE n.f. (Emploi critiqué). Bétonnière.

BÉTONNIÈRE n.f. Machine employée pour le malaxage du béton, dont la partie essentielle est une cuve tournante recevant le mélange.

BETTE ou **BLETTE** n.f. (lat. *beta*). Plante potagère de la même espèce que la betterave, cultivée pour ses feuilles et ses pétioles aplatis, appelés *côtes.* (Famille des chénopodiacées.) ◇ *Bette à carde :* poirée.

BETTERAVE n.f. (de *bette* et *rave*). Plante bisannuelle cultivée pour sa racine charnue. (Genre

■ **BETTERAVES**

B

Beta.) ◇ *Betterave sucrière,* dont la racine, très riche en saccharose, sert à fabriquer du sucre. – *Betterave fourragère,* cultivée pour l'alimentation des animaux. – *Betterave potagère,* cultivée pour l'alimentation humaine et comme source de colorant biologique *(betterave rouge).*

1. BETTERAVIER, ÈRE adj. Qui se rapporte à la production ou à l'utilisation de la betterave.

2. BETTERAVIER n.m. Producteur de betteraves.

BÉTULACÉE ou, VX, **BÉTULINÉE** n.f. Arbre ou arbuste à feuilles caduques, aux fleurs disposées en chatons, de l'hémisphère Nord, tel que le bouleau, l'aulne, le charme, le noisetier. (Les bétulacées forment une famille.)

BÉTYLE n.m. (gr. *baitulos,* maison du Seigneur). ARCHÉOL. Pierre levée, symbole de la divinité dans les civilisations du Moyen-Orient.

BEUGLANT n.m. *Fam.,* vieilli. Café-concert populaire, à la fin du XIXe s.

BEUGLANTE n.f. *Fam.* Chanson braillée à tue-tête. ◇ *Pousser une beuglante :* faire des reproches bruyants à qqn.

BEUGLEMENT n.m. Cri du bœuf, de la vache et du taureau. SYN. : *meuglement.*

BEUGLER v.i. (du lat. *buculus,* jeune taureau). **1.** Pousser des beuglements. **2.** *Fam.* Hurler. *La radio beugle.* ◆ v.t. *Fam.* Hurler qqch, crier à tue-tête.

BEUR n. (déformation du verlan *rebeu,* arabe). *Fam.* Jeune d'origine maghrébine né en France de parents immigrés. (On rencontre le fém. *beurette.*) ◆ adj. *Fam.* Relatif aux beurs. *La culture beur.*

BEURK interj. → **BERK.**

BEURRE n.m. (lat. *butyrum,* du grec). **1.** Matière grasse alimentaire fabriquée à partir de la crème de lait de vache. ◇ *Fam. Faire son beurre :* réussir dans les affaires ; s'enrichir. – *Fam. Mettre du beurre dans les épinards :* améliorer ses revenus. – *Fam. Compter pour du beurre :* être considéré comme quantité négligeable. – Belgique. *Fam. Battre le beurre :* s'embrouiller. **2. a.** *Beurre noir, noisette,* formant une sauce brun-noir, par cuisson. – *Fam. Œil au beurre noir,* meurtri par un coup. **b.** *Beurre blanc :* sauce à base de vinaigre et d'échalotes, à laquelle on incorpore du beurre. **3. a.** Purée d'aliments écrasés dans du beurre. *Beurre d'anchois, d'écrevisse.* **b.** Matière grasse alimentaire extraite d'un végétal. *Beurre de cacao. Beurre d'arachide.*

1. BEURRÉ, E adj. **1.** Couvert de beurre. **2.** *Fam.* Ivre.

2. BEURRÉ n.m. Poire d'une variété à chair fondante.

BEURRÉE n.f. Région. ou Québec. Tartine de beurre, de confiture, etc.

BEURRER v.t. Couvrir de beurre.

BEURRERIE n.f. **1.** Industrie du beurre. **2.** Fabrique de beurre.

BEURRIER n.m. Récipient dans lequel on conserve, on sert du beurre.

BEUVERIE n.f. Réunion où l'on boit beaucoup, jusqu'à l'ivresse.

BÉVUE n.f. (préf. péjor. *bé-* et *vue*). Erreur grossière faite par méprise ; impair. *Commettre une bévue.*

BEY [bɛ] n.m. (mot turc). HIST. **1.** Souverain vassal du sultan. *Le bey de Tunis.* **2.** Haut fonctionnaire, officier supérieur, dans l'Empire ottoman.

BEYLICAL, E, AUX adj. Du bey.

BEYLICAT n.m. Pouvoir d'un bey ; région soumise à son autorité.

BEYLISME n.m. (de Henri *Beyle,* dit Stendhal). Attitude des héros de Stendhal (conscience de soi, énergie, recherche du bonheur).

BÉZEF adv. → **BÉSEF.**

BÉZOARD n.m. Concrétion de l'estomac et des intestins des herbivores, à laquelle on attribuait autref. une valeur d'antidote.

BIACIDE n.m. Diacide.

1. BIAIS, E [bjɛ, ɛz] adj. (anc. provenç. *biais,* du gr. *epikarsios,* oblique). Qui est oblique par rapport à une direction principale.

2. BIAIS n.m. **1.** Ligne, direction oblique. *Biais d'un mur.* ◇ *De biais, en biais :* obliquement, de travers. – *Regarder de biais,* sans montrer qu'on regarde. **2.** Moyen détourné, habile. *Trouver un biais.* ◇ *Par le biais de :* par le moyen indirect de. **3.** COUT. Diagonale d'un tissu par rapport à ses deux droits-fils. **4.** STAT. Distorsion systématique d'une évaluation ou d'un échantillon statistique choisi de façon défectueuse.

BIAISÉ, E adj. Légèrement faussé par rapport à la réalité. *Résultat biaisé.*

BIAISER v.i. **1.** *Fam.* User de moyens détournés. *Biaiser pour persuader qqn.* **2.** Être de biais, aller en biais. *Ce mur biaise un peu.* ◆ v.t. STAT. Introduire un biais dans. *Écart qui biaise les résultats d'une étude.*

BIARROT, E adj. et n. De Biarritz.

BIATHLÈTE n. Sportif pratiquant le biathlon.

BIATHLON [biatlɔ̃] n.m. Épreuve de ski nordique comportant une course de fond entrecoupée de tirs au fusil.

BIAXE [biaks] adj. OPT., MINÉRALOG. Se dit des milieux qui comportent deux axes optiques.

BIBANDE adj. et n.m. Se dit d'un téléphone portable apte à fonctionner sur deux bandes de fréquences correspondant à deux réseaux téléphoniques distincts, pour capter automatiquement le meilleur signal.

BIBASIQUE adj. CHIM. Dibasique.

BIBELOT n.m. (de *bib,* onomat.). Petit objet décoratif.

BIBERON n.m. (du lat. *bibere,* boire). Petite bouteille munie d'une tétine et servant à l'allaitement artificiel des nouveau-nés ; son contenu.

BIBERONNER v.i. et v.t. *Fam.* Boire souvent et avec excès, en partic. des boissons alcoolisées.

1. BIBI n.m. *Fam.,* vieilli. Petit chapeau de femme.

2. BIBI pron. pers. *Fam.* Moi. *C'est bibi qui a fait ça.*

BIBINE n.f. *Fam.* Boisson alcoolisée, en partic. bière de mauvaise qualité.

BIBITE ou **BÉBITE** n.f. (de *1. bête*). Québec. *Fam.* **1.** Insecte, moustique. ◇ *Bibite à patate :* doryphore. **2.** Tout animal. *Une grosse bibite.* **3.** Être étrange, inconnu ; individu suspect. **4.** *Fig.* Problème. ◇ *Chercher des bibites,* des problèmes là où il n'y en a pas.

BIBLE n.f. (lat. *biblia,* livres sacrés, du gr.). **1.** *La Bible : v. partie n.pr.* **2.** Exemplaire de la Bible. ◇ *Papier bible :* papier d'imprimerie à la fois mince, léger et opaque. **3.** *Fig.* Ouvrage qui fait autorité dans un domaine, sur un sujet, etc.

BIBLIOBUS [biblijɔbys] n.m. Bibliothèque itinérante installée dans un véhicule automobile.

BIBLIOGRAPHE n. (du gr. *biblion,* livre, et *graphein,* écrire). **1.** Spécialiste du livre en tant qu'objet éditorial ou documentaire. **2.** Auteur d'une bibliographie.

BIBLIOGRAPHIE n.f. Liste des ouvrages cités ou utilisés dans un livre ; répertoire des écrits (livres, articles) traitant d'une question, concernant un auteur.

BIBLIOGRAPHIQUE adj. Relatif à la bibliographie.

BIBLIOLOGIE n.f. Ensemble des disciplines qui ont le livre pour centre d'intérêt (bibliographie, histoire du livre, psychologie de la lecture, etc.).

BIBLIOPHILE n. (gr. *biblion,* livre, et *philos,* ami). Amateur de livres rares et précieux.

BIBLIOPHILIE n.f. Amour des livres ; art et science du bibliophile.

BIBLIOTHÉCAIRE n. Personne responsable de la conservation et de la mise à disposition du public d'une collection d'ouvrages.

BIBLIOTHÈQUE n.f. (gr. *biblion,* livre, et *thêkê,* armoire). **1. a.** Lieu, pièce ou établissement, public ou privé, où une collection de livres, d'imprimés, de manuscrits, etc., est conservée, consultée ou prêtée. ◇ *Bibliothèque de gare :* kiosque où sont en vente des livres, des journaux, etc., dans une gare. **b.** Meuble à tablettes pour ranger les livres. **2.** Collection de livres, d'imprimés, de logiciels, de programmes informatiques, etc.

BIBLIQUE adj. Relatif à la Bible.

BIBLISTE n. Spécialiste des études bibliques.

BIC n.m. (nom déposé). Stylo à bille de la marque de ce nom. – (Abusif). Tout stylo à bille, quelle que soit sa marque.

BICAMÉRAL, E, AUX adj. Relatif au bicamérisme.

BICAMÉRISME ou **BICAMÉRALISME** n.m. (*bi-* et lat. *camera,* chambre). Système politique comportant deux assemblées législatives.

BICARBONATE n.m. **1.** CHIM. MINÉR. **a.** Hydrogénocarbonate. **b.** Carbonate acide d'un métal alcalin. **2.** *Bicarbonate de sodium :* sel basique de sodium présent dans l'organisme, utilisé par ailleurs pour le traitement de l'acidose et, parfois, des douleurs d'estomac.

BICARBONATÉ, E adj. Qui contient un bicarbonate, partic. du bicarbonate de sodium.

BICARBURATION n.f. Système permettant l'usage alterné de deux carburants (GPL et essence), dans un véhicule.

BICARRÉ, E adj. ALGÈBRE. Se dit d'une équation du quatrième degré de forme générale $ax^4 + bx^2 + c = 0$, dont la résolution s'obtient en remplaçant x^2 par la variable y.

BICATÉNAIRE adj. BIOCHIM. Se dit d'une macromolécule formée par l'association de deux chaînes polymères, telle que la molécule d'ADN.

1. BICENTENAIRE adj. Deux fois centenaire. *Un arbre bicentenaire.*

2. BICENTENAIRE n.m. Commémoration d'un événement qui a eu lieu deux cents ans auparavant.

BICÉPHALE adj. (du gr. *kephalê,* tête). Qui a deux têtes.

BICEPS [bisɛps] adj.m. (mot lat., *à deux têtes*). ANAT. *Muscle biceps,* ou *biceps,* n.m. : muscle dont une extrémité se divise en deux corps musculaires distincts ayant chacun un tendon. – *Cour.* Muscle qui fléchit l'avant-bras sur le bras.

BICHE n.f. (du lat. *bestia,* bête). **1.** Femelle du cerf et des cervidés. – Afrique. Gazelle ou antilope. **2.** *Fam.* S'emploie comme terme d'affection. *Ma biche.*

■ **BICHE**

BICHER v.i. *Fam.,* vieilli. Se réjouir. ◇ *Fam.,* vieilli. *Ça biche :* ça va bien.

BICHETTE n.f. *Fam.* S'emploie comme terme d'affection. *Ma bichette.*

BICHLAMAR [biʃlamar] n.m. (port. *bicho do mar*). Langue mixte à base d'anglais et de mélanésien utilisée pour le commerce, dans les îles du Pacifique sud.

BICHOF, BISCHOF ou **BISHOP** n.m. (all. *Bischof*). Infusion, macération d'orange ou de citron dans du vin.

BICHON, ONNE n. (de *barbichon,* chien barbet). Petit chien d'agrément à poil long.

BICHONNAGE n.m. *Fam.* Action de bichonner, fait de se bichonner.

BICHONNER v.t. (de *bichon*). *Fam.* Arranger, parer avec soin et recherche ; choyer, entourer qqn de soins attentifs. ◆ **se bichonner** v.pr. *Fam.* Faire sa toilette, se préparer avec recherche et coquetterie.

BICHROMATE [bikrɔmat] n.m. Sel de l'anhydride chromique ; partic., sel de potassium, jaune orangé, de formule $K_2Cr_2O_7$.

BICHROMIE [bikrɔmi] n.f. IMPRIM. Impression en deux couleurs.

BICIPITAL, E, AUX adj. Relatif au biceps.

BICKFORD [bikfɔrd] n.m. (du n. de son inventeur). Cordeau de matière fusante, dit aussi *cordeau Bickford,* pour l'allumage des explosifs. SYN. : *mèche lente.*

BICOLORE adj. Qui comporte deux couleurs.

BICONCAVE adj. Qui présente deux faces concaves opposées. *Lentille biconcave.*

BICONVEXE adj. Qui présente deux faces convexes opposées.

BICOQUE n.f. (ital. *bicocca,* petit fort). *Fam.* **1.** *Péjor.* Maison de médiocre apparence, mal entretenue. **2.** Toute maison. *Une jolie bicoque.*

BICORNE n.m. (lat. *bicornis,* à deux cornes). Chapeau d'uniforme à deux pointes.

BICOT n.m. *Fam.* Chevreau.

BICOURANT adj. inv. CH. DE F. Se dit d'une locomotive qui fonctionne sur courants alternatif et continu.

BICROSS n.m. **1.** Vélo proche du VTT, aux roues plus petites et sans changement de vitesse. **2.** Sport pratiqué avec ce vélo.

BICULTURALISME n.m. Coexistence officielle, institutionnelle, de deux cultures, notamm. de deux langues dans un même pays (Belgique, Canada, etc.).

BICULTUREL, ELLE adj. Qui comporte deux cultures.

BICUSPIDE adj. ANAT. Qui comporte deux pointes. *Valvule bicuspide.*

BICYCLE n.m. Québec. *Fam.* Bicyclette ou motocyclette.

BICYCLETTE n.f. Engin de locomotion formé d'un cadre portant à l'avant une roue directrice commandée par un guidon et, à l'arrière, une roue motrice entraînée par un pédalier.

BIDASSE n.m. *Fam.* Simple soldat.

BIDE n.m. (de *bidon*). *Fam.* **1.** Ventre. **2.** Échec, ratage.

BIDET n.m. (de l'anc. fr. *bider,* trotter). **1.** Petit cheval de selle ou de trait léger. – *Péjor.* Cheval. **2.** Appareil sanitaire bas, fixe ou mobile, dont la cuvette sert aux ablutions intimes.

BIDIMENSIONNEL, ELLE adj. Qui est développé suivant deux dimensions de l'espace.

BIDOCHE n.f. *Fam.* Viande.

BIDON n.m. (p.-ê. du scand. *bida,* vase). **1.** Récipient qu'on peut fermer, pour le transport d'un liquide. *Bidon d'huile.* **2.** *Fam.* Ventre. ◇ *Fam. C'est du bidon :* c'est un mensonge. ◆ adj. inv. *Fam.* **1.** Faux, truqué. *Élections bidon.* **2.** Se dit de qqn qui n'est pas ce qu'il prétend être.

BIDONNAGE n.m. *Fam.* Action de bidonner, de truquer. *Bidonnage d'un questionnaire.*

BIDONNANT, E adj. *Fam.* Très amusant.

1. BIDONNER v.t. *Fam.* Truquer, maquiller, falsifier.

2. BIDONNER (SE) v.pr. *Fam.* Rire.

BIDONVILLE n.m. Agglomération d'abris de fortune, de constructions sommaires réalisés à partir de matériaux de récupération (bidons, tôles, etc.) et dont les habitants vivent dans des conditions difficiles, notamm. à la périphérie des grandes villes.

BIDOUILLAGE n.m. *Fam.* Action de bidouiller ; bricolage.

BIDOUILLER v.t. *Fam.* Bricoler. *Bidouiller un appareil.*

BIDOUILLEUR, EUSE n. *Fam.* Personne qui bidouille.

BIDULE n.m. *Fam.* Truc, machin.

BIEF [bjɛf] n.m. (mot d'orig. gaul.). **1.** Section d'un canal ou d'un cours d'eau comprise entre deux écluses ou entre deux chutes, deux rapides. **2.** Canal de dérivation amenant l'eau à une machine hydraulique.

BIELLE [bjɛl] n.f. Barre rectiligne destinée à transmettre un mouvement entre deux pièces articulées à ses extrémités suivant des axes parallèles.

BIELLETTE n.f. Petite bielle.

BIÉLORUSSE adj. et n. De la Biélorussie, de ses habitants. ◆ n.m. Langue slave orientale parlée en Biélorussie.

1. BIEN adv. (lat. *bene*). **1.** Conformément à l'idée qu'on se fait du bien, de la perfection ; de manière satisfaisante, excellente. *Travailler bien. L'affaire tourne bien.* ◇ *Faire bien :* faire bon effet. – *Faire bien de :* avoir raison de. – *C'est bien fait :* c'est mérité, c'est une juste punition. – *Être bien fait :* être joli, beau, en parlant de qqn. – *Aller bien :* être en bonne santé, physique ou morale. – *Être bien avec qqn,* en bons termes avec lui. – *Tant bien que mal :* laborieusement, médiocrement. – *Eh bien ! :* marque l'étonnement, la surprise, une hésitation dans la réponse. *Eh bien ! Pour tout dire.* – Belgique. *Moi bien :* moi oui, moi si. *Vous ne le croyez pas ? Moi bien.* **2.** Beaucoup, très. *Merci bien. C'est bien joli.* ◇ *Bien des :* beaucoup de. *Bien des gens.* **3.** Assurément, réellement. *Elle habite bien ici. Je pense bien.* ◇ *Vouloir bien :* accepter de. – *Il faut (fallait...) bien :* c'est (c'était...) nécessaire. **4.** Au moins ; approximativement. *Il y a bien trois mois qu'on ne l'a vu.* ◆ loc. conj. *Bien que* (+ subj.) : quoique, encore que. – *Si bien que* (+ indic.) : de sorte que.

2. BIEN adj. inv. **1.** Conforme à l'idée qu'on se fait du bien, de la perfection ; satisfaisant, correct. *C'est bien, très bien.* – Exprime l'approbation. *Bien. Très bien. Fort bien.* ◇ *Nous voilà bien,* dans une situation difficile. **2.** Beau, agréable. *Bien de sa personne.* – Distingué, chic. *Une femme bien. Les gens bien.* **3.** Qui a des qualités morales. *Un type bien.* **4.** En bonne santé, en forme. *Tu n'es pas bien ?*

3. BIEN n.m. **1.** Ce qui est conforme à un idéal, à la morale, à la justice. *Faire le bien.* CONTR. : *mal.* ◇ *Homme de bien,* bon, altruiste. – *En tout bien tout honneur :* sans intentions autres que morales. **2.** PHILOS. **a.** *Le bien :* ce qui fonde en valeur toute chose, toute action. – *Voir tout en bien :* être optimiste. **b.** *Le souverain bien,* bon par lui-même, sans rien au-dessus, devant être visé par-dessus tout. **3.** Ce qui est utile, avantageux pour, correspond à l'intérêt de qqn. *Elle vous veut du bien.* ◇ *Dire du bien, parler en bien,* de façon favorable. – *Cela fait du bien :* cela a un effet heureux ; bon pour la santé. – *Grand bien vous fasse ! :* s'emploie de manière iron. pour contester l'intérêt de qqch. – *Le bien commun :* l'intérêt général. **4.** (Souvent pl.) **a.** Ce qu'on possède. – DR. Chose matérielle ou droit dont une personne dispose et qui lui appartient. *Biens meubles et immeubles.* ◇ *Avoir du bien :* posséder un patrimoine consistant. **b.** ÉCON. Toute chose créée par le travail et correspondant à un besoin individuel ou collectif. *Les biens et les services. Biens de consommation et biens de production.* **5.** HIST. *Biens nationaux :* ensemble des biens confisqués par l'État pendant la Révolution française et revendus à de nouveaux propriétaires. (La vente des biens nationaux aboutit à un transfert massif des propriétés de la noblesse vers la bourgeoisie.)

BIEN-AIMÉ, E adj. (pl. *bien-aimés, es*). *Litt.* Qui est aimé d'une tendre affection. ◆ n. *Litt.* Personne aimée d'amour. *Son bien-aimé, sa bien-aimée.*

BIEN-DIRE n.m. inv. *Sout.* Art, action de s'exprimer avec éloquence, talent.

BIÉNERGIE [bienɛrʒi] n.f. Système de chauffage permettant l'usage alterné de deux énergies.

BIEN-ÊTRE n.m. inv. **1.** Fait d'être bien, satisfait dans ses besoins, ou exempt de besoins, d'inquiétudes ; sentiment agréable qui en résulte. **2.** Aisance matérielle ou financière. ◇ *Économie de bien-être,* dans laquelle l'objectif visé est la répartition optimale du revenu national, selon certaines théories économiques. **3.** Québec. *Bien-être social :* nom cour. donné aux allocations versées par l'État aux personnes défavorisées.

BIENFACTURE n.f. Suisse. Bonne qualité d'un objet, d'un travail.

BIENFAISANCE [bjɛ̃fəzɑ̃s] n.f. *De bienfaisance :* dont l'objet est de faire du bien, notamm. d'un point de vue social. *Œuvre de bienfaisance.*

BIENFAISANT, E [bjɛ̃fəzɑ̃, ɑ̃t] adj. (de *bien* et *faire*). Qui a un effet positif ; salutaire, bénéfique. *Pluie bienfaisante.*

BIENFAIT n.m. **1.** Vx ou *litt.* Acte de générosité ; faveur. *Combler qqn de bienfaits.* **2.** Conséquence salutaire, bénéfique de qqch.

BIENFAITEUR, TRICE n. **1.** Personne qui apporte son soutien, son aide, sa protection à qqn. **2.** Personne qui laisse une œuvre bénéfique. *Les bienfaiteurs de l'humanité.* **3.** *Membre bienfaiteur,* qui apporte son soutien financier à une association.

BIEN-FONDÉ n.m. (pl. *bien-fondés*). Conformité au droit ; légitimité. *Le bien-fondé d'une demande.*

BIEN-FONDS n.m. (pl. *biens-fonds*). DR. CIV. Immeuble, terre ou maison.

1. BIENHEUREUX, EUSE adj. *Litt.* **1.** Qui jouit d'un grand bonheur, est rempli de bonheur. **2.** Qui rend heureux. *Un bienheureux hasard.*

2. BIENHEUREUX, EUSE n. CATH. Personne dont l'Église a reconnu les mérites et les vertus par la béatification et qu'elle a admise à un culte plus restreint que celui réservé aux saints canonisés.

BIEN-JUGÉ n.m. (pl. *bien-jugés*). Décision judiciaire rendue conformément au droit.

BIENNAL, E, AUX adj. (lat. *biennalis,* de *annus,* année). **1.** Bisannuel. **2.** Qui dure deux ans. *Charge biennale.* ◆ n.f. Exposition, festival organisés tous les deux ans.

BIEN-PENSANT, E adj. et n. (pl. *bien-pensants, es*). *Péjor.* Dont les convictions sont jugées traditionnelles et conservatrices ; conformiste.

BIENSÉANCE n.f. **1.** *Litt.* Ce qu'il convient de dire ou de faire ; savoir-vivre. – Caractère de ce qui est conforme à la bienséance ; décence. **2.** Terme de la critique classique désignant l'ensemble des règles que l'écrivain doit respecter dans son œuvre de façon à ne pas choquer le goût de son public.

BIENSÉANT, E adj. (de *bien* et *seoir*). *Litt.* Conforme à la bienséance.

BIENTÔT adv. (de *bien* et *tôt*). **1.** Dans un avenir proche, dans peu de temps. **2.** *À bientôt ! :* s'emploie pour prendre congé.

BIENVEILLAMMENT adv. *Litt.* Avec bienveillance.

BIENVEILLANCE n.f. Disposition favorable envers qqn ; indulgence.

BIENVEILLANT, E adj. (de *bien* et anc. fr. *veuillant,* voulant). Qui manifeste de la bienveillance. *Se montrer bienveillant envers qqn. Sourire bienveillant.*

BIENVENIR v.i. *Litt. Se faire bienvenir :* être bien reçu, bien accueilli. (Usité seulem. à l'inf.)

BIENVENU, E adj. Qui arrive à point nommé, à propos. *Une augmentation serait bienvenue.* ◆ n. Personne qu'on accueille avec plaisir. *Soyez le bienvenu.*

BIENVENUE n.f. **1.** S'emploie comme formule de courtoisie pour exprimer que qqn est bienvenu. *Bienvenue à bord.* **2.** Bon accueil. *Souhaiter la bienvenue à qqn. Cadeau de bienvenue.*

1. BIÈRE n.f. (néerl. *bier*). Boisson fermentée légèrement alcoolisée, préparée à partir de céréales germées, principalement de l'orge, et parfumée avec du houblon. *(V. ill. page suivante).* ◇ *Fam. Ce n'est pas de la petite bière :* c'est une chose considérable, une personne importante.

2. BIÈRE n.f. (francique *bera*). Cercueil. *Mise en bière.*

BIERGOL n.m. Diergol.

BIERMER [birmɛr] **(MALADIE DE) :** maladie due à une carence en vitamine B12, comprenant une anémie et des troubles digestifs et neurologiques.

BIÈVRE n.m. (du gaul.). ZOOL. **1.** Harle du Grand Nord. (Famille des anatidés.) **2.** Vx. Castor.

BIFACE n.m. PRÉHIST. Outil de pierre taillé sur ses deux faces.

BIFFAGE ou **BIFFEMENT** n.m. Action de biffer ; son résultat.

BIFFE n.f. *Arg. mil. La biffe :* l'infanterie.

BIFFER v.t. (de l'anc. fr. *biffe,* étoffe rayée). Rayer ce qui est écrit ; barrer.

BIFFIN n.m. **1.** *Arg. mil.* Fantassin. **2.** *Arg.* Chiffonnier.

BIFFURE n.f. Trait par lequel on biffe un mot, des lettres.

BIFIDE adj. (du lat. *findere,* fendre). Fendu en deux parties. *Langue bifide des serpents.*

BIFIDUS [bifidys] n.m. Bactérie utilisée comme ferment dans certains produits laitiers.

BIFLÈCHE adj. *Affût biflèche d'un canon,* formé de deux flèches s'ouvrant en V.

BIFOCAL, E, AUX adj. OPT. Qui a deux distances focales. ◇ *Verres bifocaux d'une paire de lunettes,* taillés en deux parties de distances focales différentes, l'une pour la vision à distance, l'autre pour la vision rapprochée.

BIFTECK [biftɛk] n.m. (de l'angl. *beef,* bœuf, et *steak,* tranche). Tranche de bœuf à griller. SYN. : *steak.*

BIFURCATION n.f. **1.** Division en deux branches, en deux voies ; point où elles se divisent. **2.** *Fig.* Fait de bifurquer, de prendre une autre orientation.

BIFURQUER v.i. (du lat. *bifurcus,* fourchu). Se diviser en deux branches. ◆ v.t. ind. (sur, vers). **1.** Prendre une autre direction. *Bifurquer sur une voie de garage.* **2.** *Fig.* Prendre une autre orientation. *Bifurquer vers la politique.*

BIGAME adj. et n. (du gr. *gamos,* mariage). DR. CIV. Marié à deux personnes en même temps.

BIGAMIE n.f. État d'une personne bigame.

BIGARADE n.f. (provenç. *bigarrado,* bigarré). Orange amère utilisée en confiserie, en confiturerie et dans la fabrication du curaçao.

BIGARADIER n.m. Agrume qui produit la bigarade et dont les fleurs fournissent une essence parfumée, l'essence de néroli, et l'eau de fleur d'oranger.

BIGARRÉ, E adj. (de l'anc. fr. *garre,* bigarré, d'orig. inconnue). **1.** Aux couleurs variées. *Une étoffe bigarrée.* **2.** *Litt.* Disparate, hétérogène. *Société bigarrée.*

BIGARREAU n.m. (de *bigarré*). Cerise rouge, rose ou blanche, à chair très ferme et sucrée.

BIGARRER v.t. *Litt.* Marquer de bigarrures.

BIGARRURE n.f. **1.** Assemblage de couleurs et de dessins très variés ; bariolage. **2.** *Litt.* Réunion d'éléments disparates.

BIG BAND [bigbɑ̃d] n.m. (pl. *big bands*). Grand orchestre de jazz (par oppos. à *combo*). *Les big bands de Count Basie, de Duke Ellington.*

B

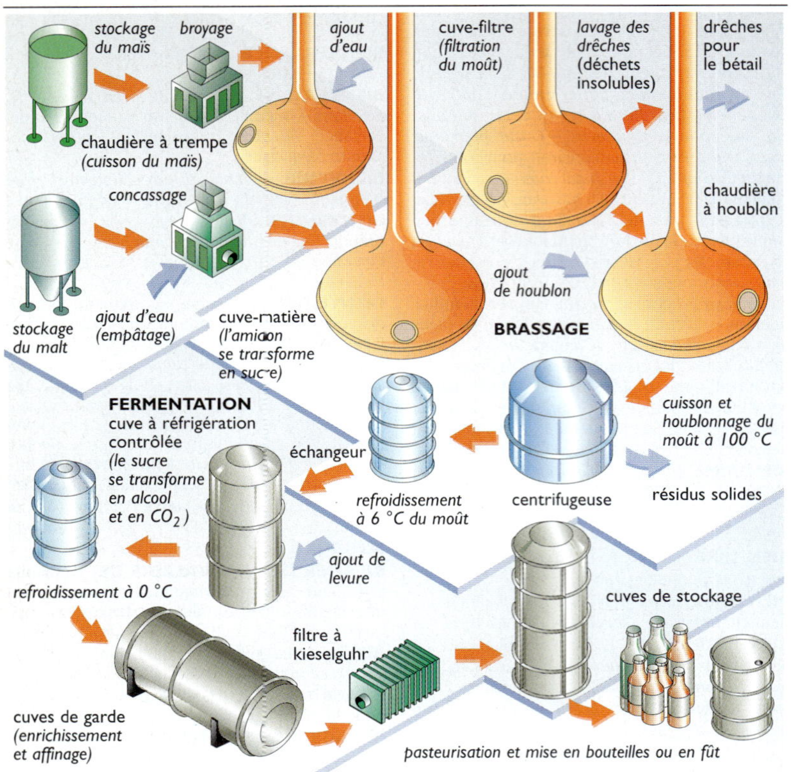

■ **BIÈRE.** Élaboration de la bière.

BIG BANG ou **BIG-BANG** [bigbɔ̃g] n.m. sing. (mot anglo-amér.). Événement assimilable à une gigantesque explosion, qui serait à l'origine de l'expansion de l'Univers ; théorie cosmologique décrivant l'évolution de l'Univers consécutive à cet événement.
ENCYCL. La plupart des cosmologistes admettent aujourd'hui l'hypothèse selon laquelle l'Univers, primitivement très chaud et très condensé, serait brutalement entré en expansion il y a 15 milliards d'années environ, ne cessant depuis lors de se dilater et de se refroidir. Son évolution dans les premiers instants qui suivirent le big bang est retracée sur la base des acquis de la physique des particules. L'Univers primordial était un gaz formé de particules et d'antiparticules animées de mouvements désordonnés à des vitesses proches de celle de la lumière. Au gré d'incessantes collisions, certaines particules s'annihilèrent, tandis que d'autres apparurent. Les protons et les neutrons commencèrent à se combiner une seconde après le big bang. Dans les minutes suivantes, une intense activité nucléaire permit la formation de noyaux atomiques légers (hydrogène et hélium, principalement). Cette étape dura moins d'un quart d'heure. À ces premières minutes exceptionnellement mouvementées succéda une longue période tranquille. Ce n'est que 300 000 à 400 000 ans plus tard, lorsque la température s'abaissa au-dessous de 3 000 K, que le rayonnement put enfin se propager librement. Les premières galaxies se seraient formées un milliard d'années environ après le big bang, selon un processus encore mal élucidé.
BIGLE adj. et n. *Fam.*, vieilli. Bigleux.
BIGLER v.i. (lat. *bisoculare,* loucher). *Fam.* Avoir les yeux de travers ; loucher. ◆ v.t. *Fam.* Regarder, loucher sur.
BIGLEUX, EUSE adj. et n. *Fam.* Qui a la vue basse ; qui louche.
BIGNONIA [biɲɔnja] n.m. ou **BIGNONE** n.f. (de *Bignon,* n.pr.). Arbrisseau lianescent, originaire d'Amérique ou d'Asie, cultivé pour ses longues fleurs orangées en doigt de gant. (Type de la famille des bignoniacées.)
BIGNONIACÉE [biɲɔ-] n.f. Arbre, arbuste ou liane d'Amérique tropicale, aux fleurs très décoratives, tels que le bignonia, le catalpa, le jacaranda. (Les bignoniacées forment une famille de dicotylédones.)
BIGOPHONE n.m. **1.** *Fam.* Téléphone. **2.** Sorte de mirliton.
BIGOPHONER v.i. *Fam.* Téléphoner.
BIGORNE n.f. (mot provenç., du lat. *bicornis,* à deux cornes). **1.** Petite enclume d'orfèvre. **2.** *Fam.,* vieilli. *La bigorne :* la bagarre.
BIGORNEAU n.m. (de *bigorne,* petite enclume). Mollusque gastéropode comestible, appelé aussi *vigneau* ou *escargot de mer.* (Genre *Littorina.*)
BIGORNER v.t. *Fam.* **1.** Endommager, casser qqch. **2.** Donner des coups à qqn. ◆ **se bigorner** v.pr. *Fam.* Se battre.
BIGOT, E adj. et n. Qui fait preuve de bigoterie.
BIGOTERIE n.f. ou **BIGOTISME** n.m. Pratique étroite et bornée de la dévotion, préoccupée des seules formes extérieures du culte.
BIGOUDEN [bigudɛ̃] (au fém. [bigudɛn]) adj. et n. (mot breton). De la région de Pont-l'Abbé (Finistère).
BIGOUDI n.m. Petit rouleau sur lequel on enroule les mèches de cheveux pour les boucler.
BIGOURDAN, E adj. et n. De la Bigorre.
BIGRE interj. (de *bougre*). Exprime l'étonnement, la surprise. *Bigre ! L'affaire est d'importance !*
BIGREMENT adv. *Fam.* Beaucoup, très. *Il fait bigrement froid.*
BIGUE n.f. (provenç. *biga,* poutre). MANUT. Appareil de levage formé d'un montant ou d'un bâti articulé en pied, d'inclinaison variable, portant un palan à son extrémité supérieure.
BIGUINE [bigin] n.f. **1.** Danse récréative des Antilles exécutée en couple, opposant le balancement des hanches à l'immobilité des épaules, et introduite en France métropolitaine dans les années 1920. **2.** Musique originaire des Antilles françaises, fréquemment improvisée, accompagnant la danse du même nom.

■ **BIGNONIA**

BIHEBDOMADAIRE adj. Qui a lieu, qui paraît deux fois par semaine.
BIHOREAU n.m. Oiseau échassier d'Europe centrale et méridionale, proche du héron, à plumage vert foncé sur le dos. (Long. 60 cm env. ; genre *Nycticorax,* famille des ardéidés.)

■ **BIHOREAU**

BIJECTIF, IVE adj. ALGÈBRE. *Application bijective :* application à la fois injective et surjective qui établit entre les éléments de deux ensembles une correspondance telle que tout élément de l'un a un correspondant et un seul dans l'autre. SYN. : *bijection.*
BIJECTION n.f. ALGÈBRE. Application bijective.
BIJOU n.m. [pl. *bijoux*] (breton *bizou,* anneau). **1.** Objet de parure, d'une matière et/ou d'un travail précieux. **2.** Ce qui est petit et joli, et d'une facture, d'une finition particulièrement soignée. *Ce studio est un bijou.*
BIJOUTERIE n.f. **1.** Fabrication et commerce des bijoux. **2.** Magasin, boutique où l'on vend des bijoux. **3.** Ensemble des articles fabriqués et/ou vendus par le bijoutier.
BIJOUTIER, ÈRE n. Personne qui fabrique ou vend des bijoux. ◇ *Bijoutier-joaillier :* joaillier.
BIKINI n.m. (nom déposé). Maillot de bain formé d'un slip et d'un soutien-gorge de dimensions très réduites.
BILABIAL, E, AUX adj. PHON. *Consonne bilabiale,* ou *bilabiale,* n.f. : consonne labiale réalisée avec la participation des deux lèvres *(p, b, m).*
BILAME n.m. OUTILL. Bande métallique double, formée de deux lames minces et étroites de métaux inégalement dilatables, soudées par laminage, et qui s'incurve sous l'effet d'une variation de température. *Bilame d'un thermostat, d'un disjoncteur.*
BILAN n.m. (ital. *bilancio*). **1.** Tableau représentant l'actif et le passif d'une entreprise à une date donnée. ◇ *Bilan social :* document qui récapitule en chiffres la politique sociale et salariale d'une entreprise. **2.** Résultat positif ou négatif d'une opération quelconque. *Faire le bilan d'une campagne de publicité.* **3.** *Bilan de santé :* examen de santé. SYN. (anglic. déconseillé) : *check-up.* **4.** *Bilan psychologique :* synthèse effectuée par un psychologue au terme de l'examen approfondi d'un sujet. (On dit aussi *profil psychologique.*)
BILATÉRAL, E, AUX adj. (du lat. *latus, lateris,* côté). **1.** Qui a deux côtés, se rapporte aux deux côtés, aux deux faces d'une chose, d'un organisme. **2.** Qui engage les deux parties contractantes. *Convention bilatérale.*
BILATÉRALEMENT adv. De façon bilatérale.
BILATÉRALITÉ n.f. Caractère de ce qui est bilatéral.
BILBOQUET n.m. (de l'anc. fr. *biller,* jouer à la bille, et *bouquet,* petit bouc). **1.** Jouet composé d'un petit bâton pointu relié par une cordelette à une boule percée d'un trou. (Le jeu consiste à enfiler la boule sur l'extrémité pointue du bâton.) **2.** IMPRIM. Travail d'impression de peu d'importance (affiche, faire-part, etc.), par oppos. aux travaux dits *de labeur* ou *de presse.* SYN. : *travaux de ville.*
BILE n.f. (lat. *bilis*). Liquide jaune verdâtre sécrété par le foie, accumulé dans la vésicule biliaire et déversé dans le duodénum pour permettre la digestion des lipides. ◇ *Fam. Se faire de la bile :* s'inquiéter. – *Litt.,* vieilli. *Échauffer la bile à qqn,* le mettre en colère.
BILER (SE) v.pr. *Fam.* S'inquiéter.
BILEUX, EUSE adj. *Fam.* Qui se fait de la bile, s'inquiète facilement.
BILHARZIE ou **BILHARZIA** n.f. Ver parasite du système circulatoire de l'homme, responsable de

la bilharziose. (Long. 2 cm env. ; classe des trématodes.)

BILHARZIOSE n.f. Infection parasitaire due aux bilharzies, atteignant l'intestin, le rectum, le foie ou l'appareil urinaire. SYN. : *schistosomiase.*

BILIAIRE adj. Relatif à la bile. ◇ ***Vésicule biliaire*** : réservoir situé sous le foie, où la bile s'accumule entre les repas.

BILIÉ, E adj. Qui contient de la bile. (Le BCG est un vaccin bilié.)

BILIEUX, EUSE adj. et n. **1.** Se dit d'un teint pâle et cireux. **2.** Enclin à la colère, à la mauvaise humeur ; irascible.

BILINÉAIRE adj. **1.** ALGÈBRE. Se dit d'une application de deux variables réelles dans ℝ qui, pour chaque valeur d'une des variables, est une application linéaire de l'autre variable. **2.** ANTHROP. *Filiation bilinéaire,* dans laquelle les droits et les devoirs sont déterminés à la fois par l'ascendance agnatique (patrilinéaire) et par l'ascendance utérine (matrilinéaire).

BILINGUE adj. (du lat. *lingua,* langue). **1.** Qui est en deux langues. *Inscription bilingue.* **2.** Où l'on parle deux langues. *Pays bilingue.* ◆ adj. et n. Qui parle, connaît deux langues. *Secrétaire bilingue.*

BILINGUISME [bilɛ̃gɥism] n.m. Pratique de deux langues par un individu ou une collectivité.

BILIRUBINE n.f. Pigment de la bile dont l'accumulation dans l'organisme produit la jaunisse.

BILL [bil] n.m. (mot angl.). **1.** Projet de loi soumis au Parlement, en Grande-Bretagne. **2.** *Par ext.* La loi votée (dite *act*).

BILLAGE n.m. MÉTALL. Grenaillage.

BILLARD n.m. **1.** Jeu qui se pratique avec trois boules que l'on pousse avec un bâton droit, appelé *queue,* sur une table spéciale. ◇ ***Billard américain*** : jeu pratiqué à l'aide de 15 boules de couleurs différentes et d'une boule blanche utilisée pour envoyer les autres boules dans les 6 trous du billard. **2. a.** Table rectangulaire, à rebords (ou *bandes*) élastiques, recouverte d'un tapis vert, servant au jeu de billard. ◇ ***Billard électrique*** : flipper. **b.** Lieu, salle où l'on joue au billard. **3.** *Fam.* Table d'opération chirurgicale. *Passer sur le billard.* **4.** *Fam. C'est du billard* : c'est très facile.

BILLBERGIA [bilbɛrʒja] n.m. Plante ornementale d'intérieur, originaire d'Amérique du Sud, aux feuilles en gouttières et aux fleurs verdâtres bordées de bractées aux couleurs vives. (Famille des broméliacées.)

1. BILLE n.f. (du francique *bikkil,* dé). **1.** Petite boule en pierre, en verre, etc., utilisée dans des jeux d'enfants. *Jouer aux billes.* ◇ *Fam.* ***Reprendre, retirer ses billes*** : se retirer d'une affaire, d'une entreprise. **2.** Boule d'ivoire avec laquelle on joue au billard. ◇ *Fam.* ***Bille en tête*** : en allant droit au but ; carrément. **3.** OUTILL. Sphère d'acier très dur utilisée dans les organes de liaison (butées, paliers, glissières, roulements, etc.). **4.** ***Stylo, crayon (à) bille,*** dans lequel une petite sphère métallique dépose en roulant sur le papier l'encre grasse contenue dans un réservoir. **5.** *Fam.* Visage.

2. BILLE n.f. (lat. *bilia,* mot gaul.). SYLVIC. Tronçon découpé dans une grume.

BILLER v.t. MÉTALL. **1.** Grenailler. **2.** Mesurer la dureté d'une pièce métallique par l'enfoncement d'une bille.

BILLET n.m. (anc. fr. *billette*). **1.** Bref écrit que l'on adresse à qqn. *Billet d'invitation.* ◇ ***Billet doux*** : lettre d'amour. **2.** Imprimé ou écrit constatant un droit ou une convention. *Billet de spectacle, de chemin de fer, de loterie.* ◇ ***Billet de banque,*** ou ***billet*** : monnaie en papier. – ***Billet à ordre*** : billet où le souscripteur s'engage à payer une somme d'argent déterminée à une date donnée, au bénéficiaire ou à son ordre. – ***Billets de trésorerie*** : titres émis par des entreprises non bancaires et qui, placés sur le marché des capitaux à court terme, leur permettent de faire face à leurs obligations de trésorerie. – MIL. Vx. ***Billet de logement*** : document autorisant un militaire à loger chez un particulier. – *Fam.* ***Je vous fiche mon billet que*** : je vous certifie que. **3.** Petit article de journal, souvent polémique ou satirique.

BILLETÉ, E adj. HÉRALD. Semé de billettes.

BILLETTE n.f. (de *2. bille*). **1.** Morceau de bois fendu pour le chauffage. **2.** Petit lingot d'acier laminé. **3.** ARCHIT. Tronçon de tore constituant, par sa répétition, un motif décoratif dans l'art roman. **4.** HÉRALD. Petit rectangle, génér. employé en nombre.

BILLETTERIE n.f. **1.** Ensemble des opérations ayant trait à l'émission et à la délivrance de billets, dans le domaine des transports, des spectacles, etc. ; lieu où les billets sont délivrés. **2.** Distributeur automatique de billets de banque ou de titres de transport. (→ *guichet automatique*).

BILLETTISTE n. **1.** Personne qui, dans une agence, délivre les billets de voyage ou de spectacle. **2.** Auteur d'un billet de presse.

BILLEVESÉE [bilvəze] n.f. *Litt.* (Souvent pl.) Propos vide de sens ; sottise. *Dire, écrire des billevesées.*

BILLION [biljɔ̃] n.m. (de *million*). Un million de millions (10^{12}).

1. BILLON [bijɔ̃] n.m. (de *2. bille*). AGRIC. Exhaussement de terre obtenu par certaines formes de labour qui adossent les bandes de terre retournées.

2. BILLON [bijɔ̃] n.m. (de *2. bille,* au sens ancien de « lingot »). Anc. Toute pièce de monnaie faite d'un alliage pauvre en métal précieux. *Du billon, de la monnaie de billon.*

BILLONNAGE n.m. Labourage en billons.

BILLOT n.m. **1.** Tronc de bois gros et court sur lequel on coupe la viande, le bois, etc., ou sur lequel travaillent certains artisans. – *Par ext.* Plan de travail. **2.** Pièce de bois sur laquelle on décapitait les condamnés.

BILOBÉ, E adj. Partagé en deux lobes.

BIMANE adj. et n. ZOOL. Qui a deux mains à pouces opposables.

BIMBELOTERIE n.f. **1.** Fabrication ou commerce de bibelots. **2.** Ensemble de bibelots.

BIMBELOTIER, ÈRE n. Personne qui fabrique ou qui vend des bibelots.

BIMENSUEL, ELLE adj. (du lat. *mensis,* mois). Qui se produit, paraît deux fois par mois. ◆ n.m. Périodique bimensuel.

BIMESTRE n.m. Durée de deux mois.

BIMESTRIEL, ELLE adj. Qui se produit, paraît tous les deux mois. ◆ n.m. Périodique bimestriel.

BIMÉTAL n.m. (nom déposé). Ensemble métallique monobloc formé de deux métaux ou alliages différents adhérant l'un à l'autre.

BIMÉTALLIQUE adj. Composé de deux métaux disposés en couche.

BIMÉTALLISME n.m. Système monétaire établi sur un double étalon (or et argent) [par oppos. à *monométallisme*].

BIMILLÉNAIRE adj. Qui a deux mille ans. ◆ n.m. Commémoration d'un événement qui a eu lieu deux mille ans auparavant.

BIMOTEUR adj.m. et n.m. Se dit d'un avion qui a deux moteurs.

BINAGE n.m. Action de biner le sol.

1. BINAIRE adj. (lat. *binarius,* de *bini,* deux par deux). **1.** Qui met en jeu deux éléments. *Division binaire.* ◇ ***Couleur binaire,*** complémentaire. **2.** Qui procède de façon simpliste, manichéenne. *Un raisonnement binaire.* **3.** MATH. **a.** ***Numération binaire,*** qui a pour base le nombre deux, et n'a que deux chiffres, le zéro et l'unité. **b.** Se dit d'une relation reliant deux éléments d'un ensemble. **4.** CHIM. ***Composé binaire,*** formé de deux éléments. **5.** MUS. ***Mesure binaire,*** dont chaque temps est divisible par deux. – ***Coupe binaire*** : division d'un morceau de musique en deux parties.

2. BINAIRE n.f. ASTRON. Étoile double physique.

BINATIONAL, E, AUX adj. et n. Qui a une double nationalité. ◆ adj. Qui relève de deux États.

1. BINER v.t. (provenç. *binar,* lat. *binare,* de *bini,* deux par deux). AGRIC. **1.** Vx. Faire un deuxième labour avant les semailles d'automne. **2.** Ameublir le sol avec un instrument aratoire entre les rangs d'une culture.

2. BINER v.i. (du lat. *bini,* deux fois). CATH. Dire deux fois la messe dans une même journée.

BINET-SIMON (TEST ou **ÉCHELLE DE)** : test psychologique portant sur le niveau de l'intelligence, de l'attention, de la mémoire, etc.

BINETTE n.f. **1.** Outil de jardinier servant au binage ou au sarclage. **2.** *Fam.* Visage. **3.** Québec. Recomm. off. pour *smiley.*

BINEUR n.m. ou **BINEUSE** n.f. Machine agricole pour le binage.

BINGO [bingo] n.m. (mot anglo-amér.). Jeu de hasard d'origine américaine, proche du loto. ◆ interj. C'est gagné !

BINIOU n.m. (mot breton). Cornemuse bretonne.

BINOCLARD, E adj. et n. *Fam., péjor.* Qui porte des lunettes.

BINOCLE n.m. (du lat. *oculus,* œil). Anc. Paire de lunettes sans branches se fixant sur le nez. ◆ pl. *Fam.* Lunettes.

BINOCULAIRE adj. **1.** Relatif aux deux yeux. *Vision binoculaire.* **2.** Se dit d'un système optique à deux oculaires. *Loupe, télescope binoculaires.*

BINÔME n.m. (du gr. *nomos,* part). **1.** ALGÈBRE. Polynôme composé de deux termes, ceux-ci étant des monômes de degrés ou de variables différents. **2.** *Fam.* Ensemble de deux éléments, de deux personnes. *Éducateurs travaillant en binôme.* – *Arg. scol.* Condisciple avec lequel on effectue une recherche, un exposé.

BINOMIAL, E, AUX adj. ALGÈBRE. Relatif au binôme. ◇ ***Loi binomiale*** : loi de probabilité d'une variable aléatoire discrète X pouvant prendre toute valeur entière de 0 à n, la probabilité que X soit égal à k étant, $C_n^k p^k q^{n-k}$, avec $0 < p < 1$, $q = 1 - p$, $C_n^k = \dfrac{n!}{k!\,(n-k)!}$ (n et p paramètres de la loi). – ***Coefficient binomial*** : chacun des entiers naturels C_n^p $(0 \leqslant p \leqslant n)$ coefficients des binômes $x^p y^{n-p}$ du développement de $(x + y)^n$.

BINOMINAL, E, AUX adj. BIOL. Qui utilise une suite de deux mots (un nom suivi d'un adjectif ou d'un autre nom) pour désigner une espèce, selon le système créé par Linné. (*Homo sapiens* désigne l'homme, *Rattus rattus* le rat noir, etc.)

BIN'S [bins] ou **BINZ** [binz] n.m. (abrév. de *cabinets*). *Fam.* Grand désordre ; situation confuse.

BINTJE [bintʃ] ou [binʒ] n.f. Pomme de terre d'une variété à chair peu ferme.

BIO adj. inv. (abrév. de *biologique*). *Fam.* Sans engrais ni pesticides de synthèse ; naturel. *Des produits bio.* ◆ n.m. *Fam. Le bio* : l'agriculture, l'alimentation bio.

BIOASTRONOMIE n.f. **1.** Exobiologie. **2.** Partie de l'astronomie qui contribue à la recherche et à l'étude de la vie extraterrestre.

BIOBIBLIOGRAPHIE n.f. Étude de la vie et des œuvres d'un écrivain.

BIOCARBURANT n.m. Carburant obtenu à partir de végétaux (oléagineux, céréales, canne à sucre, etc.).

BIOCÉNOSE ou **BIOCŒNOSE** [biosenoz] n.f. (du gr. *bios,* vie, et *koinos,* commun). ÉCOL. Ensemble des êtres vivants (animaux, végétaux, micro-organismes) présents dans un même milieu ou *biotope.*

BIOCHIMIE n.f. Étude des substances chimiques et des réactions chimiques (notamm. métaboliques) des organismes vivants. SYN. : *chimie biologique.*

BIOCHIMIQUE adj. Relatif à la biochimie ; relatif aux réactions chimiques de l'organisme.

BIOCHIMISTE n. Spécialiste de biochimie.

BIOCIDE adj. et n.m. Se dit d'un produit qui détruit les micro-organismes.

BIOCLIMATIQUE adj. Relatif à la bioclimatologie.

BIOCLIMATOLOGIE n.f. Étude de l'influence des facteurs du climat sur les êtres vivants, en partic. sur la santé humaine.

BIOCŒNOSE n.f. → **BIOCÉNOSE.**

BIOCOMPATIBLE adj. Se dit d'une substance, d'une matière tolérée par l'organisme et donc implantable.

BIOCONVERSION n.f. BIOL. Transformation d'une substance organique en une ou plusieurs autres par l'action des micro-organismes.

BIODÉGRADABILITÉ n.f. Qualité d'une substance biodégradable.

BIODÉGRADABLE adj. Qui peut être décomposé sous l'action des champignons et des micro-organismes présents dans le milieu. *Emballage, lessive biodégradables.*

BIODÉGRADATION n.f. Décomposition d'un produit biodégradable.

BIODIVERSITÉ n.f. Diversité des espèces vivantes et de leurs caractères génétiques.

ENCYCL. La *biodiversité spécifique* (diversité des espèces) est maximale dans les forêts tropicales (en milieu terrestre) et dans les récifs coralliens (en milieu marin). Si plus de 1,4 million d'espèces animales et végétales sont déjà connues, le nombre réel des espèces est très difficile à évaluer,

B

BIODIVERSITÉ : LES GRANDS GROUPES D'ÊTRES VIVANTS EN CHIFFRES

groupes	nombre d'espèces décrites	nombre d'espèces probable
VIRUS	2 000	30 000 ?
PROCARYOTES		
bactéries et cyanobactéries	4 000	500 000 à 5 millions
EUCARYOTES		
PLANTES		
champignons et lichens	69 000	plus de 100 000
algues	27 000	30 000
plantes supérieures	280 000	plus de 350 000
dont bryophytes *(mousses)*	24 000	
dont ptéridophytes *(fougères, prêles, etc.)*	11 000	
dont gymnospermes *(conifères, etc.)*	700	
dont angiospermes *(plantes à fleurs)*	245 000	
Total règne végétal	**376 000 espèces**	
ANIMAUX		
protozoaires	31 000	100 000 ?
éponges	5 000	plus de 5 000
cnidaires et cténaires *(méduses, coraux, etc.)*	9 000	plus de 10 000
plathelminthes *(vers plats)*	12 000	20 000 ?
némathelminthes *(vers ronds)*	12 000	1 million ?
annélides *(lombrics, sangsues, etc.)*	12 000	15 000
mollusques	55 000	120 000
arthropodes	875 000	
dont insectes	750 000	3 à 15 millions
dont crustacés	40 000	50 000
dont arachnides *(araignées, scorpions, etc.)*	75 000	plus de 100 000
autres	10 000	
échinodermes	6 000	plus de 6 000
groupes mineurs *(brachiopodes, rotifères, onychophores, hémicordés, etc.)*	9 000	50 000 ?
cordés	44 000	50 000
dont vertébrés	42 500	
dont agnathes	63	
poissons	19 000	25 000
amphibiens	4 200	4 500
reptiles	6 300	6 500
oiseaux	9 000	9 500
mammifères	4 000	4 500
Total règne animal	**1 070 000 espèces**	
Total général environ	**1 450 000 espèces**	**entre 5,5 et 20 millions**

allant de 5,5 à 20 millions d'espèces selon les estimations. La *biodiversité génétique* (diversité au sein des espèces) comprend l'ensemble des variétés de plantes et d'animaux, sauvages ou issues de la culture et de la domestication. Il existe par exemple, dans le monde, plusieurs centaines de variétés de maïs, plusieurs milliers de caféiers, et 115 races bovines pour la seule Europe. Les biodiversités spécifique et génétique sont très menacées. Des tentatives de recensement des espèces sauvages et de conservation du patrimoine génétique des espèces domestiquées ou cultivées (grâce à la constitution de « collections ») sont en cours.

BIOÉLECTRIQUE adj. Se dit des phénomènes électriques produits par les êtres vivants.

BIOÉLÉMENT n.m. Élément constitutif des tissus vivants.

BIOÉNERGIE n.f. **1.** Énergie renouvelable obtenue par transformation chimique de la biomasse. **2.** PSYCHOL. Thérapeutique inspirée des théories de W. Reich et visant à restaurer l'équilibre psychosomatique par la libération des flux énergétiques.

BIOÉTHIQUE n.f. Éthique médicale.

BIOGENÈSE n.f. **1.** Première étape de l'évolution du vivant, des premières molécules douées de propriétés biologiques jusqu'à la cellule eucaryote. **2.** Apparition de la vie sur la Terre.

BIOGÉOGRAPHIE n.f. Étude scientifique de la répartition des espèces vivantes végétales et animales.

BIOGRAPHE n. Auteur d'une biographie.

BIOGRAPHIE n.f. (du gr. *bios*, vie, et *graphein*, écrire). Histoire écrite de la vie de qqn.

BIOGRAPHIQUE adj. Relatif à la biographie.

BIO-INDUSTRIE n.f. (pl. *bio-industries*). Exploitation industrielle des techniques de bioconversion à des fins alimentaires, pharmaceutiques, énergétiques, etc.

BIOLOGIE n.f. (du gr. *bios*, vie, et *logos*, science). **1.** Science qui étudie la forme, le fonctionnement, la reproduction, la diversité des êtres vivants, actuels ou fossiles, ainsi que les relations qu'ils établissent entre eux et avec l'environnement. – *Spécial.* Étude du cycle reproductif des espèces vivantes. *Biologie animale, végétale.* ◇ *Biologie moléculaire* : étude des êtres vivants à partir des propriétés et des structures des macromolécules constitutives de leurs cellules. – *Biologie cellulaire* : cytologie. **2.** MÉD. *Biologie médicale.* **a.** Ensemble de disciplines médicales de base à caractère scientifique (comme, par ex., l'embryologie humaine). **b.** Spécialité médicale qui s'occupe de l'identification et de l'analyse des substances et des micro-organismes, en partic. dans le sang.

ENCYCL. Dans son acception la plus large, la biologie se confond avec les « sciences naturelles ». La zoologie et la botanique en sont les deux branches maîtresses, qui se divisent elles-mêmes en de nombreuses disciplines, étudiant les êtres vivants d'après leur forme *(morphologie)*, leur organisation *(anatomie)*, leurs tissus *(histologie)*, leurs cellules *(cytologie)*, leur fonctionnement *(physiologie)*, leurs maladies *(pathologie)*, leur comportement *(éthologie)*, leurs relations avec l'environnement *(écologie)*, etc. D'autres disciplines de la biologie étudient aussi le développement des êtres vivants *(embryologie)*, les formes fossiles *(paléontologie)*, les caractéristiques de leur patrimoine héréditaire *(génétique)*, ou s'intéressent à des problèmes généraux tels que l'apparition de la vie, l'évolution des espèces, la classification des êtres vivants *(systématique, taxinomie)*. Certains êtres vivants font l'objet d'études particulières, tels les organismes microscopiques *(microbiologie)*. Plus récemment, biologie et biochimie ont convergé pour donner naissance à la *biologie moléculaire.*

BIOLOGIQUE adj. **1.** Relatif à la biologie. **2.** Qui ne contient ni engrais ni pesticides de synthèse. *Agriculture biologique.* Abrév. *(fam.)* : *bio.* **3.** *Arme biologique,* utilisant des organismes vivants ou des toxines.

BIOLOGISANT, E adj. Qui prétend rendre compte de phénomènes psychiques ou sociaux par des explications biologiques. *Théorie biologisante.*

BIOLOGISTE n. Spécialiste de biologie.

BIOLUMINESCENCE n.f. Émission de lumière par certaines espèces animales (insectes comme le ver luisant et la luciole, mollusques comme la pholade, divers céphalopodes et poissons) ou par des micro-organismes, utile à la capture des proies ou à la rencontre des deux sexes.

BIOLUMINESCENT, E adj. Relatif à la bioluminescence ; dont l'émission de lumière est d'origine biologique.

BIOMAGNÉTISME n.m. Sensibilité et réactivité des êtres vivants aux champs magnétiques.

BIOMASSE n.f. Masse totale des êtres vivants mesurée par unité de surface en milieu terrestre et par unité de volume dans le milieu aquatique. (La biomasse animale représente génér. moins de 1 % de celle des végétaux.)

BIOMATÉRIAU n.m. MÉD. Substance, matière biocompatible telle que le silicone.

BIOME [bjom] n.m. ÉCOL. Chacun des grands milieux de la planète (océan, forêt, prairie, ensemble des eaux douces, etc.).

BIOMÉCANIQUE n.f. Application des lois de la mécanique aux problèmes de biologie ou de médecine.

BIOMÉDICAL, E, AUX adj. Qui concerne la biologie médicale.

BIOMÉTRIE n.f. **1.** Étude statistique des dimensions et de la croissance des êtres vivants. **2.** Mesure des dimensions du corps humain, d'un organe.

BIOMOLÉCULAIRE adj. Relatif aux molécules biologiques, à la biologie moléculaire et à ses applications. *Génie biomoléculaire.*

BIOMORPHIQUE adj. Se dit d'une œuvre d'art moderne qui évoque des formes organiques.

BIOMORPHISME n.m. Caractère biomorphique que peut prendre une œuvre plastique ou graphique (abstraite, surréaliste, etc.).

BIONIQUE n.f. (anglo-amér. *bionics*, de *biology* et *electronics*). Étude de certains processus biologiques en vue d'appliquer des processus analogues à des fins militaires ou industrielles. ◆ adj. Relatif à la bionique.

BIOPHYSIQUE n.f. Étude des phénomènes biologiques, en particulier des processus de transformation d'énergie, par les méthodes de la physique.

BIOPSIE n.f. Prélèvement d'un fragment de tissu ou d'organe sur un être vivant pour l'examen au microscope.

BIOPUCE n.f. Petite plaque de verre, de silicium ou d'un autre matériau inerte, sur laquelle ont été greffés des brins d'ADN de cellules ou de micro-organismes, permettant d'en révéler la présence dans le milieu en contact avec la plaque. (Ses applications concernent le diagnostic médical, la recherche pharmaceutique, le contrôle agroalimentaire, les sciences de l'environnement, etc.) SYN. : *puce à ADN.*

BIORYTHME n.m. Rythme biologique.

BIOSCIENCES n.f. pl. Ensemble des sciences de la vie.

BIOSPHÈRE n.f. Ensemble des écosystèmes de la planète, comprenant tous les êtres vivants et leurs milieux. (La biosphère correspond à la mince couche [20 km max.] comprenant les portions de l'atmosphère, de l'hydrosphère et de la lithosphère où la vie est présente.)

BIOSTASIE n.f. GÉOMORPH. Phase de stabilité dans l'évolution du relief, où l'absence d'érosion est liée à une couverture végétale continue. CONTR. : *rhexistasie.*

BIOSYNTHÈSE n.f. BIOL. Synthèse.

BIOTECHNOLOGIE ou **BIOTECHNIQUE** n.f. SC. DE LA V. Technique produisant par manipulations génétiques des molécules biologiques ou des organismes transgéniques, en vue d'applications industrielles (agroalimentaire, pharmacie, chimie, etc.).

BIOTECHNOLOGIQUE ou **BIOTECHNIQUE** adj. Relatif à la biotechnologie.

BIOTHÉRAPIE n.f. Méthode qui vise à soigner les maladies par des micro-organismes (par ex. des levures) ou des substances biologiques (par ex. la bile).

BIOTINE n.f. BIOCHIM. Vitamine B8, aussi appelée *vitamine H*.

BIOTIQUE adj. Se dit d'un facteur écologique lié aux êtres vivants (par oppos. à *abiotique*).

BIOTITE n.f. (de *Biot,* n.pr.). MINÉRALOG. Mica noir, parfois abondant dans certaines roches magmatiques et métamorphiques.

BIOTOPE n.m. ÉCOL. Aire géographique de dimensions variables, souvent très petites, offrant des conditions constantes ou cycliques aux espèces constituant la biocénose.

BIOTYPE n.m. Élément de la biotypologie ; type physique d'être humain.

BIOTYPOLOGIE n.f. Classification des êtres humains en types physiques.

BIOXYDE [bjɔksid] n.m. Vieilli. Dioxyde.

BIP n.m. (onomat.). **1.** Signal sonore bref, parfois répété, émis par certains appareils (répondeur téléphonique, récepteur de radiomessagerie, etc.). SYN. : *bip-bip.* **2.** Appareil de radiomessagerie émettant ce signal.

BIPALE adj. Qui a deux pales.

BIPARE adj. BOT. *Cyme bipare,* dans laquelle deux rameaux floraux prennent naissance sur celui qui les précède (par oppos. à *cyme unipare*). *[V. ill. p. 545].*

BIPARTI, E ou **BIPARTITE** adj. **1.** BOT. Composé de deux éléments. *Feuille bipartite.* **2.** Constitué par l'association de deux partis politiques. *Gouvernement biparti.*

BIPARTISME n.m. Organisation de la vie politique d'un État en fonction de deux partis ou de deux coalitions de partis qui alternent au pouvoir.

BIPARTITE n.f. Belgique. Coalition gouvernementale formée de deux partis.

BIPARTITION n.f. Division en deux parties.

BIPASSE n.m. ou **BY-PASS** [bajpas] n.m. inv. (angl. *by-pass*). HYDROL. Circuit de dérivation réalisé sur le trajet d'un fluide et servant à éviter ou à isoler un appareil.

BIP-BIP n.m. (pl. *bips-bips*). Bip.

BIPÈDE n. et adj. (du lat. *pes, pedis,* pied). **1.** Animal qui marche sur deux pieds. **2.** *Fam., par plais.* Personne, individu. ◆ n.m. Ensemble de deux membres, chez un cheval.

BIPÉDIE n.f. État d'un être bipède.

BIPENNE ou **BIPENNÉ, E** adj. (du lat. *penna,* plume). BIOL. Se dit d'organes végétaux (feuilles) ou animaux (antennes, tentacules) dont l'axe porte deux rangées symétriques d'éléments identiques, courts et serrés.

BIPER v.t. Appeler, prévenir qqn au moyen d'un bip.

BIPHASÉ, E adj. ÉLECTROTECHN. Se dit d'un système polyphasé sinusoïdal dont les deux phases fournissent des tensions égales et de signe contraire.

BIPHÉNYLE n.m. Diphényle.

BIPIED n.m. Support du canon d'une arme à feu reposant sur le sol par deux pieds en V renversé.

BIPLACE adj. et n.m. Se dit d'un véhicule et surtout d'un avion à deux places.

BIPLAN n.m. Avion utilisant deux plans de sustentation placés l'un au-dessus de l'autre.

BIPOINT n.m. GÉOMÉTR. Couple de deux points.

BIPOLAIRE adj. Qui a deux pôles. ◇ GÉOMÉTR. *Coordonnées bipolaires :* système de coordonnées dans lequel un point est déterminé par ses distances à deux points fixes.

BIPOLARISATION n.f. Situation dans laquelle la vie politique tend à s'articuler en fonction de deux partis ou de deux coalitions de partis.

BIPOLARISÉ, E adj. Caractérisé par la bipolarisation ou la bipolarité.

BIPOLARITÉ n.f. État de ce qui est bipolaire.

BIPOUTRE adj. Qui comporte deux poutres parallèles. ◆ adj. et n.m. Se dit d'un avion dont l'empennage est relié au reste de la cellule par deux poutres.

BIQUE n.f. (de *biche*). *Fam.* **1.** Chèvre. **2.** *Péjor. Vieille bique :* vieille femme méchante.

BIQUET, ETTE n. *Fam.* **1.** Chevreau. **2.** Terme d'affection. ◆ adj. Suisse. Mignon.

BIQUOTIDIEN, ENNE adj. Qui a lieu deux fois par jour.

BIRAPPORT n.m. *Birapport de quatre nombres* a, b, c, d, *deux à deux distincts :* le quotient $\frac{c-a}{c-b} : \frac{d-a}{d-b}$.

BIRBE n.m. (ital. *birba,* canaille). *Péjor. Vieux birbe :* vieillard rétrograde.

BIRÉACTEUR n.m. Avion à deux turboréacteurs.

BIRÉFRINGENCE n.f. OPT. Propriété qu'ont certains milieux de dédoubler un rayon lumineux qui les traverse.

BIRÉFRINGENT, E adj. OPT. Qui produit une double réfraction.

BIRÈME n.f. ANTIQ. ROM. Galère à deux rangs de rames.

BIRIBI n.m. (ital. *biribisso*). *Arg. mil.* Anciennes compagnies disciplinaires d'Afrique du Nord.

BIRMAN, E adj. et n. De la Birmanie, de ses habitants. ◆ n.m. Langue de la famille sino-tibétaine, parlée en Birmanie et dans le sud-est de l'Assam.

BIROTOR n.m. et adj. Aéronef équipé de deux rotors.

BIROUTE n.f. *Arg. mil.* Manche à air, sur un aérodrome.

BIRR n.m. Unité monétaire principale de l'Éthiopie.

1. BIS, E [bi, biz] adj. (orig. inconnue). Gris brunâtre. *Toile bise.* ◇ *Pain bis,* qui contient du son.

2. BIS [bis] adv. (mot lat., *deux fois*). Une seconde fois. *Numéro 20 bis.* ◆ interj. Cri que l'on adresse à un interprète, un auteur, etc., à la fin d'un spectacle pour demander la répétition de ce qu'on vient d'entendre ou de voir.

BISAÏEUL, E [bizajœl] n. (pl. *bisaïeuls, bisaïeules*). Père, mère d'un aïeul.

BISANNUEL, ELLE adj. **1.** Qui revient tous les deux ans. SYN. : *biennal.* **2.** *Plante bisannuelle,* dont le cycle vital est de deux ans.

BISBILLE [bisbij] n.f. (ital. *bisbiglio,* murmure). *Fam. Être en bisbille avec qqn,* être en désaccord, être brouillé avec lui pour un motif futile.

BISBROUILLE n.f. Belgique. Fâcherie, brouille.

1. BISCAÏEN, ENNE ou **BISCAYEN, ENNE** [biskajɛ̃, ɛn] adj. et n. De la Biscaye.

2. BISCAÏEN ou **BISCAYEN** n.m. Anc. **1.** Mousquet de gros calibre, à longue portée. **2.** Balle de ce fusil.

BISCHOF n.m. → **BICHOF.**

BISCÔME n.m. Suisse. Gâteau proche du pain d'épice.

BISCORNU, E adj. **1.** De forme irrégulière. *Chapeau biscornu.* **2.** *Fam.* Bizarre, extravagant. *Des idées biscornues.*

BISCOTEAU ou **BISCOTO** n.m. *Fam.* Biceps.

BISCOTTE n.f. (de l'ital. *biscotto,* biscuit). Tranche de pain de mie grillée au four industriellement.

BISCOTTERIE n.f. Fabrique de biscottes.

BISCUIT n.m. (de *bis,* deux fois, et *cuit*). **1.** Gâteau sec fait de farine, d'œufs, et éventuellement de sucre, pouvant se conserver longtemps, tel que boudoir, croquet, galette, etc. **2.** *Biscuit de marin, de soldat :* galette très dure constituant autref. un aliment de réserve pour les troupes. **3.** Gâteau à pâte levée. *Biscuit de Savoie. Biscuit meringué. Biscuit roulé.* **4.** Pâte céramique, notamm. porcelaine cuite et non émaillée, imitant le marbre. — Objet (figurine, statuette, etc.) fait en cette matière.

■ **BISCUIT.** *La Nourrice,* biscuit en porcelaine dure de Louis Simon Boizot ; fin du XVIIIe s. (Musée national de Céramique, Sèvres.)

BISCUITER v.t. Amener la faïence, la porcelaine à l'état de biscuit.

BISCUITERIE n.f. **1.** Fabrication de biscuits ; industrie de la fabrication des biscuits. **2.** Fabrique de biscuits.

BISCUITIER n.m. Industriel de la biscuiterie.

1. BISE n.f. (mot francique). Vent froid soufflant du nord ou du nord-est.

2. BISE n.f. (de *biser*). *Fam.* Baiser.

BISEAU n.m. (du lat. *bis,* deux fois). Bord taillé obliquement. ◇ *En biseau :* taillé obliquement.

BISEAUTAGE n.m. Action de biseauter ; son résultat.

BISEAUTER v.t. **1.** Tailler en biseau. **2.** Marquer des cartes à jouer sur la tranche pour pouvoir les reconnaître et tricher.

BISER v.t. *Fam.,* vx. Donner une bise à ; embrasser.

BISET n.m. (de *bis,* gris). Pigeon sauvage, gris bleuté, dont sont issus les pigeons domestiques et les pigeons de ville.

BISEXUALITÉ n.f. **1.** Caractère des plantes et des animaux bisexués. **2.** PSYCHAN. Coexistence, dans le psychisme, de deux potentialités sexuelles, l'une féminine et l'autre masculine. **3.** Pratique sexuelle indifféremment homosexuelle ou hétérosexuelle.

BISEXUÉ, E adj. Hermaphrodite.

BISEXUEL, ELLE adj. et n. Qui pratique la bisexualité.

BISHOP n.m. → **BICHOF.**

BISMUTH n.m. (all. *Wismut*). **1.** Métal d'un blanc jaunâtre, fondant à 271,3 °C, de densité 9,8, cassant et facile à réduire en poudre. **2.** Élément chimique (Bi), de numéro atomique 83, de masse atomique 208,980 4.

BISON n.m. (mot lat.). Grand bovidé sauvage, aux cornes courtes, caractérisé par son encolure massive et bossue, et son grand collier de fourrure laineuse. (Le *bison d'Amérique* [haut. au garrot 1,80 m ; masse 900 kg] et le *bison d'Europe,* un peu plus petit, ne subsistent plus que dans les réserves ou en captivité.)

■ **BISONS**

BISONTIN, E adj. et n. (lat. *Bisontium,* autre forme de *Vesontio*). De Besançon.

BISOU ou **BIZOU** n.m. *Fam.* Baiser.

BISQUE n.f. Potage fait d'un coulis de crustacés. *Bisque d'écrevisses, de homard.*

BISQUER v.i. *Fam. Faire bisquer qqn,* lui faire éprouver du dépit, le faire enrager.

BISSE n.m. Suisse. Petit canal d'irrigation, dans le Valais.

BISSECTEUR adj.m. GÉOMÉTR. *Plan bissecteur :* demi-plan mené par l'arête d'un angle dièdre et divisant cet angle en deux angles dièdres égaux.

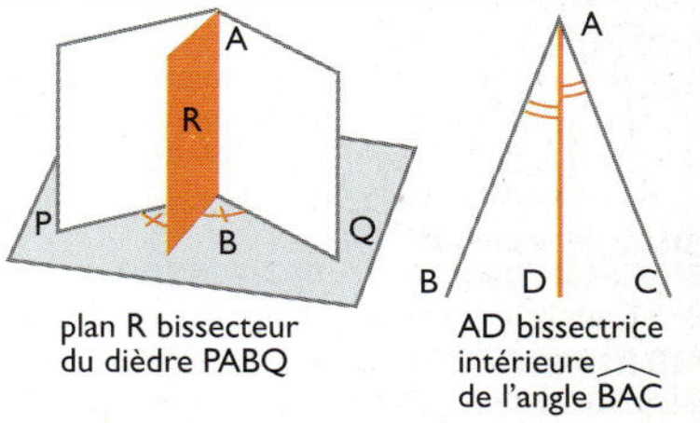

■ **BISSECTEUR.** Plan bissecteur et bissectrice.

BISSECTION n.f. GÉOMÉTR. Partage d'un secteur du plan ou de l'espace en deux secteurs isométriques.

BISSECTRICE n.f. GÉOMÉTR. Demi-droite issue du sommet d'un angle et le divisant en deux angles égaux.

BISSEL n.m. (de *Bissel,* n.pr.). Essieu porteur de locomotive qui peut se déplacer par rapport à la machine pour faciliter sa capacité d'évolution dans les courbes.

BISSER v.t. Répéter ou faire répéter. *Bisser un refrain, un artiste.*

BISSEXTILE adj.f. (du lat. *bis sextus,* deux fois six jours). *Année bissextile :* année qui comporte un jour de plus en février, soit 366 jours, et qui revient tous les quatre ans.

ENCYCL. Pour être bissextile, une année doit avoir son millésime divisible par 4. Toutefois, celles dont le millésime est divisible par 100 ne sont bissextiles que si leur millésime est aussi divisible par 400 : 2000 était bissextile ; 1700, 1800 et 1900 ne l'ont pas été.

BISTORTE n.f. (du lat. *bis torta,* deux fois tordue). Plante des prés humides de montagne, à fleurs roses, dont le rhizome est tordu en S. (Famille des polygonacées.)

BISTOUILLE n.f. Région. (Nord) ; Belgique. Café mêlé d'eau-de-vie.

B

BISTOURI n.m. Instrument chirurgical à lame courte servant à faire des incisions dans les tissus. ◇ *Bistouri électrique :* petit instrument à pointe utilisant la chaleur produite par les courants de haute fréquence, et servant à inciser des tissus ou à coaguler des petits vaisseaux.

BISTOURNAGE n.m. Castration (du taureau, princip.) par torsion sous-cutanée du cordon testiculaire.

BISTOURNER v.t. Castrer par bistournage.

BISTRE n.m. Couleur brun jaunâtre préparée à partir de la suie et utilisée jadis en lavis. ◆ adj. inv. D'un brun jaunâtre.

BISTRÉ, E adj. Qui tire sur le bistre.

BISTROT ou **BISTRO** n.m. (orig. obscure). **1.** *Fam.* Débit de boissons ; café. ◇ *Style bistrot :* style de meubles, d'objets des bistrots du début du siècle, remis à la mode à partir des années 1960. **2.** *Fam.,* vieilli. Patron de café.

BISTROTIER, ÈRE n. *Fam.* Personne qui tient un bistrot.

BISULFATE n.m. Sulfate acide $MHSO_4$, où M est un métal alcalin.

BISULFITE n.m. Sulfite acide $MHSO_3$, où M est un métal alcalin.

BISULFURE n.m. Disulfure.

BIT [bit] n.m. (mot angl., de *binary digit,* élément discret binaire). INFORM. Unité élémentaire d'information ne pouvant prendre que deux valeurs distinctes (notées 1 et 0).

BITE ou **BITTE** n.f. (orig. incert.). *Vulg.* Pénis.

BITENSION n.f. Caractère d'un appareil électrique pouvant être utilisé sous deux tensions différentes.

BITERROIS, E adj. et n. (lat. *Biterro*). De Béziers.

BITONAL, E, ALS ou **AUX** adj. MUS. Qui utilise simultanément deux tonalités différentes.

BITONIAU n.m. *Fam.* Petit objet, et, en partic., petite partie d'un dispositif mécanique (bouton, vis, petite boule, etc.).

BITORD n.m. MAR. Cordage composé de deux ou trois fils simples retordus ensemble.

BITOS [bitos] n.m. *Arg.* Chapeau

1. BITTE n.f. (scand. *biti*). **1.** Pièce de bois ou d'acier, cylindrique, fixée verticalement sur le pont d'un navire pour enrouler les amarres. **2.** *Bitte d'amarrage,* ou *bitte :* gros fût cylindrique, en acier ou en béton, à tête renflée, fixé sur un quai pour l'amarrage des navires. SYN. : *bollard.*

2. BITTE n.f. → **BITE.**

BITTER [bitɛr] n.m. (néerl. *bitter,* amer). Boisson apéritive, génér. non alcoolisée, parfumée avec des extraits de plantes et des substances amères (gentiane, quinquina, etc.).

BITTURE n.f. → **BITURE.**

BITTURER (SE) v.pr. → **BITURER (SE).**

BITUMAGE n.m. Action de bitumer ; son résultat.

BITUME n.m. (lat. *bitumen*). **1.** Matière organique naturelle ou provenant de la distillation du pétrole, à base d'hydrocarbures, brun-noir ou noire, très visqueuse ou solide, utilisée dans le bâtiment et les travaux publics (revêtement des routes, par ex.). **2.** Couleur brun foncé, brillante, qui fut utilisée, notamm. au XIXe s., par les peintres.

BITUMER v.t. Enduire, recouvrir de bitume.

BITUMEUX, EUSE ou **BITUMINEUX, EUSE** adj. Qui contient du bitume ou du goudron.

BITURBINE adj. Se dit d'un avion ou d'un hélicoptère doté de deux turbines à gaz.

BITURE ou **BITTURE** n.f. *Fam.* **1.** *À toute biture :* à toute allure. **2.** *Prendre une biture :* s'enivrer.

BITURER (SE) ou **BITTURER (SE)** v.pr. *Fam.* S'enivrer.

BIUNIVOQUE [biynivɔk] adj. ALGÈBRE. *Correspondance biunivoque :* application bijective.

BIVALENCE n.f. Caractère de ce qui est bivalent.

BIVALENT, E adj. **1.** Qui a deux rôles, deux fonctions. **2.** CHIM. Se dit d'un corps qui possède la valence 2. SYN. : *divalent.* **3.** *Logique bivalente :* logique qui ne considère que deux valeurs de vérité, le vrai et le faux (par oppos. à *logique plurivalente*).

BIVALVE adj. Qui a deux valves. *Une coquille bivalve.* ◆ n.m. Lamellibranche.

BIVITELLIN, E adj. Dizygote. CONTR. : *monozygote, univitellin.*

BIVOUAC [bivwak] n.m. (alémanique *Biwacht*). **1.** Campement léger et provisoire en plein air. **2.** Lieu de ce campement.

BIVOUAQUER v.i. Installer un bivouac ; camper en plein air.

BIWA [biwa] n.m. Luth à frettes d'origine japonaise, dont les quatre (ou cinq) cordes sont pincées ou frappées par un médiator d'os ou de bois en forme d'éventail ouvert.

BIZARRE adj. (ital. *bizzarro,* emporté). **1.** Qui sort de l'ordinaire ; étrange, déconcertant. *Un goût, un individu bizarre.* **2.** Qui n'est pas dans son état normal. *Il est bizarre, ce matin.*

BIZARREMENT adv. De façon bizarre.

BIZARRERIE n.f. **1.** Caractère de ce qui est bizarre, étrange. **2.** Chose ou action bizarre, surprenante. *Encore une de ses bizarreries !*

BIZARROÏDE adj. *Fam.* Qui surprend par son aspect insolite.

BIZET n.m. Mouton d'Auvergne d'une race très rustique, à laine grise.

BIZINGUE (DE) loc. adv. Suisse. *Fam.* De travers.

BIZOU n.m. → **BISOU.**

BIZUT ou **BIZUTH** [bizy] n.m. *Arg. scol.* Élève de première année, notamm. dans une grande école et dans les classes des lycées qui y préparent. – *Par ext.* Novice, débutant.

BIZUTAGE n.m. *Arg. scol.* Action de bizuter.

BIZUTER v.t. *Arg. scol.* Faire subir à un bizut des épreuves d'initiation pouvant constituer un délit en cas de brimades ou de violences.

BLA-BLA ou **BLA-BLA-BLA** n.m. inv. (onomat.). *Fam.* Propos sans intérêt ; boniment, verbiage.

BLACK n. et adj. *Fam.* Personne de peau noire. (Le nom prend une majuscule.)

BLACK-BASS n.m. inv. (mot angl., *perche noire*). Perche noire américaine introduite en France au XIXe s. et que l'on élève dans les étangs. (Genre *Micropterus ;* famille des centrarchidés.) [Au Québec, on dit *achigan.*]

BLACKBOULAGE n.m. *Fam.* Action de blackbouler ; son résultat.

BLACKBOULER v.t. (angl. *to blackball,* rejeter avec une boule noire). **1.** *Fam.* Infliger un échec à qqn ; rejeter, évincer. **2.** Vieilli. Repousser par un vote.

BLACK JACK [blakʒak] n.m. (pl. *black jacks*). Jeu de cartes d'origine américaine, issu du jeu de vingt-et-un, pratiqué par sept joueurs au maximum.

BLACK-OUT [blakawt] n.m. inv. (angl. *blackout,* obscurcissement). Mesure de défense antiaérienne qui consiste à plonger une ville, un local, un lieu, dans l'obscurité totale. ◇ *Faire le black-out sur :* faire le silence complet sur un sujet.

BLACK-ROT [blakrɔt] n.m. [pl. *black-rots*] (mot angl., *pourriture noire*). Maladie de la vigne due à un champignon microscopique, formant des taches noires sur les feuilles et flétrissant les grains de raisin.

BLAFARD, E adj. (all. *bleichvar*). D'un blanc terne ; pâle. *Un teint blafard.*

BLAFF n.m. Plat fait de poissons coupés en morceaux et cuits dans un court-bouillon très épicé. (Cuisine antillaise.)

BLAGUE n.f. (du néerl. *blagen,* se gonfler). **1.** *Fam.* **a.** Histoire imaginée pour faire rire ou pour tromper ; farce, plaisanterie. **b.** Faute commise par légèreté, par distraction. *Ne nous fais pas de blagues !* ◇ *Fam. Blague à part :* sérieusement. **2.** Petit sac à tabac.

BLAGUER v.i. *Fam.* Dire des blagues ; plaisanter. ◆ v.t. *Fam.* Railler qqn sans méchanceté. *On l'a un peu blaguée sur son nouveau chapeau.*

BLAGUEUR, EUSE adj. et n. *Fam.* Qui aime blaguer, plaisanter.

BLAIR n.m. *Arg.* Nez.

BLAIREAU n.m. (anc. fr. *blaire,* du francique). **1.** Mammifère carnivore plantigrade de l'hémisphère Nord, au corps allongé et bas sur pattes. (Long. 70 cm ; genre *Meles,* famille des mustélidés.) **2.** Gros pinceau pour savonner la barbe, à l'origine en poils de blaireau. **3.** *Fam.* Individu antipathique, conformiste et borné.

■ BLAIREAU

BLAIRER v.t. *Fam. Ne pas pouvoir blairer qqn,* éprouver à son égard une grande antipathie, ne pas pouvoir le sentir, le supporter.

BLÂMABLE adj. Qui mérite le blâme ; condamnable.

BLÂME n.m. **1.** Sanction disciplinaire ; réprimande. *Fonctionnaire qui reçoit un blâme.* **2.** Jugement défavorable que l'on porte sur le comportement ou les paroles de qqn ; désapprobation, critique, reproche. *Une attitude qui mérite le blâme.*

BLÂMER v.t. (gr. *blasphêmein,* outrager). **1.** Exprimer sa réprobation à l'égard de qqn ou de son comportement ; condamner, réprouver. **2.** Infliger un blâme à qqn. *Blâmer un élève.*

1. BLANC, BLANCHE adj. (germ. *blank*). **1.** De la couleur de la neige, du lait, etc. (résultant de la combinaison de toutes les couleurs du spectre solaire). *Des fleurs blanches.* **2.** D'une couleur proche du blanc, peu coloré, pâle. *Raisin blanc.* ◇ *Bois blanc :* bois léger (sapin, peuplier, hêtre) utilisé pour faire des meubles à bon marché. *Une table en bois blanc.* – *Lumière blanche :* lumière dont la composition spectrale est telle qu'elle donne une sensation voisine de celle de la lumière solaire vers midi. – *Sauce blanche,* préparée à partir d'un roux mouillé avec de l'eau. – *Substance blanche :* tissu du système nerveux central (cerveau, moelle) contenant des fibres nerveuses myélinisées, et servant à conduire les messages. – *Vin blanc :* vin peu coloré, jaune très pâle à jaune ambré. **3.** Propre, sans tache. *Ce rideau n'est plus très blanc.* **4.** Sur quoi rien n'est tracé ; vierge. *Page blanche. Papier blanc.* ◇ *Bulletin blanc :* bulletin de vote qui ne porte aucune inscription, aucun nom. **5.** *Fig.* Qui n'a commis aucune faute morale ; innocent, pur. *Blanc comme neige.* **6.** Qui n'est marqué par aucun profit ou perte notable ; qui n'est suivi d'aucun effet. *Opération blanche.* ◇ *Examen blanc, bac blanc,* que l'on passe avant l'épreuve officielle, à titre de préparation. – *Mariage blanc,* qui n'est pas consommé charnellement. **7.** Relatif aux Blancs. *Population blanche.* **8.** *Voix blanche,* sans timbre. **9.** *Nuit blanche :* nuit passée sans dormir.

2. BLANC, BLANCHE n. **1.** (Avec une majuscule.) Personne leucoderme, ayant la peau blanche. (Le terme s'emploie par opposition à *Noir, Jaune.*) **2.** HIST. Adversaire du régime communiste, après 1917, en Russie. **3.** Insurgé vendéen, pendant la Révolution française.

3. BLANC n.m. **1.** Couleur résultant de la combinaison de toutes les radiations du spectre solaire. *Un blanc mat.* **2.** Matière colorante blanche. *Un tube de blanc.* ◇ *Blanc de chaux :* dissolution de chaux éteinte dans de l'eau, qui sert à badigeonner les murs. – *Blanc d'Espagne*, ou *blanc de Meudon* : variété de calcite très pure utilisée dans des produits d'entretien ou dans des peintures. – *Blanc de baleine* : substance huileuse contenue dans la tête du cachalot, et utilisée en cosmétique. SYN. : *spermaceti*. – *Blanc de cuisson* : mélange d'eau, de farine et de jus de citron dans lequel on fait cuire certains aliments (abats, légumes) pour leur conserver leur couleur blanche. **3.** Partie d'une page où rien n'est écrit ni imprimé. *Laisser un blanc entre deux paragraphes*. ◇ *Signer en blanc* : apposer sa signature sur un papier en laissant la place pour écrire qqch dont on assume par avance la responsabilité. **4.** Silence dans un débat, une conversation, etc. ; lacune dans un récit. **5. a.** Partie blanche de qqch. *Blanc de poireau*. ◇ *Blanc de l'œil* : région antérieure de la sclérotique. – *Blanc d'œuf* : l'un des constituants de l'œuf, visqueux et transparent, riche en albumine. SYN. : *albumen*. – *Blanc de champignon* : mycélium du champignon de couche servant à sa multiplication dans les champignonnières. **b.** Chair blanche tenant à la poitrine d'une volaille. *Blanc de poulet*. **6.** Linge de maison. *Exposition de blanc*. **7.** Vin blanc. ◇ *Blanc de blancs* : vin blanc provenant de raisins blancs. **8.** *Maladie du blanc*, ou *blanc* : maladie cryptogamique attaquant le pommier, le rosier. **9. a.** *À blanc* : de manière à rendre ou à devenir blanc ; *fig.*, très fort, intensément. *Chauffer à blanc*. – *Saigner qqn à blanc*, l'épuiser, lui ôter ses dernières ressources. **b.** *Tir à blanc, cartouche à blanc*, sans projectile.

BLANC-BEC n.m. (pl. *blancs-becs*). *Fam., péjor.* Jeune homme sans expérience et prétentieux.

BLANC-ÉTOC [blɑ̃ketɔk] ou **BLANC-ESTOC** [-ɛs-] n.m. (pl. *blancs-étocs, blancs-estocs*). SYLVIC. Coupe dans laquelle on abat tous les arbres.

BLANCHAILLE n.f. Menus poissons blancs (ablette, gardon, etc.) que l'on pêche à la ligne ou qui servent d'appât.

BLANCHÂTRE adj. D'une couleur qui tire sur le blanc.

BLANCHE n.f. MUS. Note valant la moitié d'une ronde, ou deux noires, ou quatre croches.

BLANCHET n.m. IMPRIM. Pièce de caoutchouc toilé, enroulée sur un cylindre (dit *de blanchet*), qui permet, dans l'impression offset, le transfert de l'encre de l'élément imprimant sur le papier.

BLANCHEUR n.f. État de ce qui est blanc.

BLANCHIMENT n.m. **1.** Action de blanchir, de rendre blanc ; son résultat. *Blanchiment d'une paroi*. **2.** Action de décolorer certaines matières (pâte à papier, fibres textiles, etc.) en utilisant des solutions chimiques. **3.** *Fig.* Action de blanchir de l'argent.

BLANCHIR v.t. **1.** Rendre blanc ; recouvrir d'une matière blanche. *Blanchir un mur à la chaux*. **2.** Laver ; rendre propre. **3.** Précuire quelques minutes un aliment dans de l'eau en ébullition. *Blanchir des légumes*. **4.** Démontrer l'innocence de qqn ; disculper, innocenter. *Le tribunal l'a complètement blanchi*. **5.** *Blanchir de l'argent, des capitaux*, faire disparaître toute preuve de leur origine irrégulière ou frauduleuse. ◆ v.i. Devenir blanc. ◇ *Litt. Blanchir sous le harnois* : vieillir dans un emploi, une activité.

BLANCHISSAGE n.m. **1.** Action de blanchir le linge. **2.** Action de raffiner le sucre.

BLANCHISSANT, E adj. **1.** Qui rend blanc. *Produit blanchissant*. **2.** Qui commence à blanchir.

BLANCHISSEMENT n.m. Fait de blanchir, de devenir blanc.

BLANCHISSERIE n.f. **1.** Entreprise ou magasin qui se charge du lavage et du repassage du linge. **2.** Métier, corporation des blanchisseurs.

BLANCHISSEUR, EUSE n. Personne dont le métier est de laver et de repasser le linge.

BLANCHON n.m. Québec. Petit du phoque, à fourrure blanche.

BLANC-MANGER n.m. (pl. *blancs-mangers*). Entremets froid à base de lait d'amandes.

BLANC-SEING [blɑ̃sɛ̃] n.m. (pl. *blancs-seings*). Titre signé en blanc ; la signature apposée sur un tel document.

BLANDICE n.f. (du lat. *blandus*, caressant). *Litt.* (Surtout pl.) Charme, séduction.

1. BLANQUETTE n.f. (de *blanc*). Plat de viande bouillie (veau, agneau, etc.) servi avec une sauce à base de bouillon liée avec du beurre et de la farine.

2. BLANQUETTE n.f. (provenç. *blanqueto*). Vin blanc mousseux élaboré dans la région de Limoux (Aude).

BLANQUISME n.m. Doctrine politique d'Auguste Blanqui, ayant influencé le mouvement socialiste et le syndicalisme révolutionnaire.

BLAPS [blaps] n.m. Grand coléoptère noir d'Europe et d'Asie centrale, qui vit dans les lieux obscurs. (Long. 25 mm ; famille des ténébrionidés.)

BLASE ou **BLAZE** n.m. *Arg.* **1.** Nom. **2.** Nez.

BLASÉ, E adj. et n. Qui ne s'intéresse plus à rien, ne s'enthousiasme plus pour rien.

BLASER v.t. (du néerl. *blasen*, gonfler). Rendre indifférent, insensible aux émotions, au plaisir, par l'abus qui en a été fait. *Ses nombreux voyages l'ont blasé*.

BLASON n.m. **1.** HÉRALD. **a.** Ensemble des armoiries qui composent un écu. **b.** Science de la composition et de l'explication des armoiries. SYN. : *héraldique*. **2.** LITTÉR. Poésie, en vogue au XVIe s., décrivant de manière très détaillée un être, une partie du corps humain ou un objet sous forme d'éloge ou de satire.

BLASONNER v.t. HÉRALD. Décrire, interpréter des armoiries suivant les règles de la science héraldique.

BLASPHÉMATEUR, TRICE n. et adj. Personne qui blasphème.

BLASPHÉMATOIRE adj. Qui contient ou qui constitue un blasphème.

BLASPHÈME n.m. (gr. *blasphêmia*, parole impie). Parole, discours qui insulte violemment la divinité, la religion et, par ext., qqn ou qqch de respectable.

BLASPHÉMER v.t. et v.i. [11] (gr. *blasphêmein*). Proférer des blasphèmes contre qqn, qqch.

BLASTODERME n.m. (gr. *blastos*, bourgeon, et *derma*, peau). EMBRYOL. Ensemble de cellules embryonnaires constituant les parois de la blastula.

BLASTOGENÈSE n.f. EMBRYOL. Formation du blastoderme.

BLASTOMÈRE n.m. EMBRYOL. Cellule provenant d'une des premières divisions de l'œuf fécondé.

BLASTOPORE n.m. EMBRYOL. Orifice unique de l'embryon des animaux au stade gastrula. (Il devient la bouche des invertébrés, l'anus des vertébrés.)

BLASTULA n.f. EMBRYOL. Stade du développement de l'embryon qui se présente sous la forme d'une sphère creuse à paroi épithéliale. (La *blastula* succède à la *morula* et précède la *gastrula*.)

BLATÉRER v.i. [11] (lat. *blaterare*). Pousser son cri, en parlant du chameau, du bélier.

BLATTE n.f. (lat. *blatta*). Insecte aplati, de mœurs nocturnes, coureur rapide, appelé aussi *cafard, cancrelat* ou *meunier*, dont plusieurs espèces tropicales répandues dans le monde se nourrissent de déchets alimentaires. (Ordre des dictyoptères.)

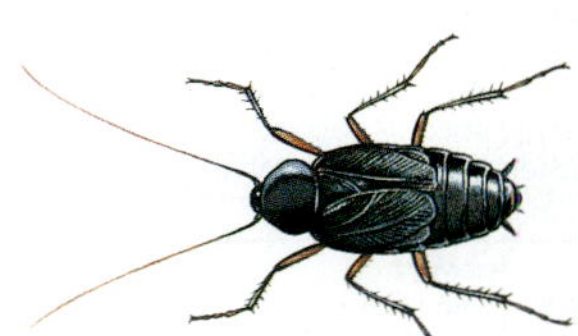

■ BLATTE

BLAZE n.m. → **BLASE.**

BLAZER [blazœr] ou [blazɛr] n.m. (mot angl., de *to blaze*, flamboyer). **1.** Veste croisée ou droite, le plus souvent en tissu bleu marine ou en flanelle grise. **2.** Veste rayée aux couleurs d'un collège anglais.

BLÉ n.m. (francique *blad* ou gaul. *blato*). **1.** Plante herbacée annuelle, cultivée pour son grain dont on tire une farine pour faire notamment le pain et les pâtes alimentaires. (Genre *Triticum* ; famille des graminées.) ◇ *Blé noir* : sarrasin. – Québec. *Blé d'Inde* : maïs. – *Manger son blé en herbe* : dépenser d'avance son revenu. **2.** *Fam.* Argent.

BLED [blɛd] n.m. (ar. *blad*, pays, région). **1.** Intérieur des terres, campagne, en Afrique du Nord. **2.** *Fam.* Village, localité isolés. *Un petit bled perdu dans la montagne*.

BLÊME adj. **1.** Se dit d'un visage, d'un teint très pâle ; livide. *Elle était blême de peur*. **2.** D'un blanc mat et terne ; blafard. *Les petits matins blêmes*.

BLÊMIR v.i. (du scand. *blâmi*, couleur bleuâtre). Devenir blême. *Une histoire à faire blêmir*.

BLÊMISSEMENT n.m. Fait de blêmir.

BLENDE [blɛ̃d] n.f. (mot all.). Sulfure de zinc (ZnS), principal minerai de ce métal.

BLENNIE n.f. (du gr. *blenna*, mucus). Poisson des eaux douces et du littoral, à grosse tête et à corps allongé. (Long. 20 cm env. ; ordre des perciformes.)

BLENNORRAGIE n.f. (gr. *blenna*, mucus, et *rhagê*, éruption). MST due au gonocoque, provoquant l'inflammation de certaines régions de l'appareil uro-génital (urètre, prostate et vessie chez l'homme ; vessie et col de l'utérus chez la femme). SYN. : *gonococcie, gonorrhée*.

BLENNORRAGIQUE adj. Relatif à la blennorragie.

BLÉPHARITE n.f. (du gr. *blepharon*, paupière). Inflammation des paupières.

BLÉSER v.i. [11] (du lat. *blaesus*, bègue). Substituer systématiquement, en parlant, une consonne à une autre.

BLÉSITÉ n.f. ou **BLÈSEMENT** n.m. Défaut de prononciation de la personne qui blèse. (Le zézaiement en est la forme la plus courante.)

BLÉSOIS, E adj. et n. De Blois.

BLESSANT, E adj. Qui blesse moralement ; offensant, injurieux.

BLESSÉ, E adj. et n. Qui a reçu une, des blessures. *Blessé léger*. ◆ adj. Qui a été offensé, atteint dans sa dignité, sa fierté.

BLESSER v.t. (du francique). **1.** Frapper ou percuter en faisant une plaie, une contusion, une fracture, etc. ; atteindre d'une balle. ◇ v.pr. *Elle s'est blessée en tombant*. **2.** Causer une douleur plus ou moins vive à, faire mal à. *Ces chaussures neuves me blessent*. **3.** Causer une sensation désagréable, insupportable. *Sons aigus qui blessent l'oreille*. **4.** Faire souffrir moralement ; offenser. *Elle l'a blessé sans le vouloir*. **5.** *Litt.* Porter préjudice à ; léser. *Cette clause blesse vos intérêts*.

BLESSURE n.f. **1.** Lésion locale du corps due à l'action plus ou moins violente d'un agent extérieur (choc, piqûre accidentelle, etc.). **2.** Souffrance morale ressentie par qqn. *Une blessure d'amour-propre*.

BLET, ETTE [blɛ, ɛt] adj. (francique *blet*, pâle). Atteint par le blettissement.

BLETSE ou **BLETZ** n.m. (alémanique *blätz*). Suisse. Rustine.

BLETTE n.f. → **BETTE.**

BLETTIR v.i. Devenir blet.

BLETTISSEMENT n.m. ou **BLETTISSURE** n.f. Excès de maturité, début de décomposition qui ramollit un fruit.

BLETZ n.m. → **BLETSE.**

1. BLEU, E adj. (francique *blao*). **1.** De la couleur du ciel sans nuages, de l'azur. ◇ *Lumière bleue* : une des six couleurs principales visibles issues de la décomposition du spectre solaire et dont la longueur d'onde moyenne est de 460 nm. **2.** Qui tire sur cette couleur, en parlant de la peau. *Des lèvres bleues de froid*. ◇ *Peur, colère bleue*, très intense, très violente. **3.** Se dit d'une viande grillée

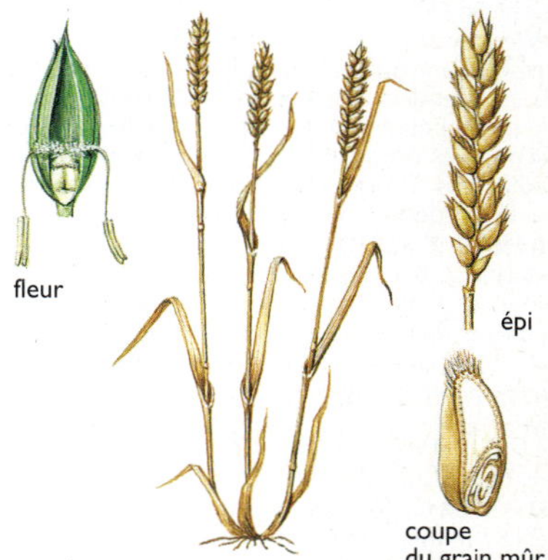

■ BLÉ

B

très peu cuite. *Bifteck bleu.* **4.** *Sang bleu :* sang noble. **5.** *Zone bleue :* zone à stationnement réglementé contrôlé par disque.

2. BLEU n.m. (pl. *bleus*). **1.** Couleur bleue. *Un ciel d'un bleu très pur.* ◇ ***Bleu ardoise,*** tirant sur le gris. – ***Bleu canard :*** bleu-vert. – ***Bleu ciel :*** bleu clair. – ***Bleu électrique :*** bleu vif, très lumineux. – ***Bleu marine,*** très foncé. – ***Bleu outremer,*** tirant sur le violet. – ***Bleu pétrole,*** soutenu, tirant sur le vert. – ***Bleu de Prusse :*** bleu foncé mêlé de vert. – ***Bleu roi :*** bleu soutenu, celui du drapeau français. (On dit aussi ***bleu drapeau.***) – *Fam.* ***N'y voir que du bleu :*** ne rien voir, ne rien comprendre à ce qui se passe. **2.** Matière colorante bleue. *Un tube de bleu.* **3.** *Cour.* Ecchymose. *Un bleu sur le bras.* ◇ *Litt.* ***Des bleus à l'âme :*** les séquelles de blessures psychologiques, d'épreuves morales vécues par qqn, un groupe. **4.** Vêtement de travail en toile bleue. ◇ ***Bleu de chauffe :*** combinaison de chauffeur. **5.** Fromage au lait de vache à moisissures bleues. *Du bleu d'Auvergne.* **6.** ***Cuisson au bleu :*** mode de préparation de certains poissons qui sont jetés vivants dans un court-bouillon. **7.** *Fam.* Jeune soldat ; nouvel élève ; nouveau venu. **8.** HIST. *Les Bleus.* **a.** La faction représentant le parti aristocratique, dans les villes de l'Empire byzantin (par oppos. aux *Verts*). **b.** Pendant la Révolution française, nom que les vendéens donnaient aux soldats de la République (vêtus d'un uniforme bleu).

B

BLEUÂTRE adj. D'une couleur qui tire sur le bleu.

BLEUET n.m. **1.** Centaurée à fleurs bleues, commune dans les champs de blé. (Famille des composées.) SYN. : *barbeau, bluet.* **2.** Petite baie bleue comestible, proche de la myrtille, du bleuetier.

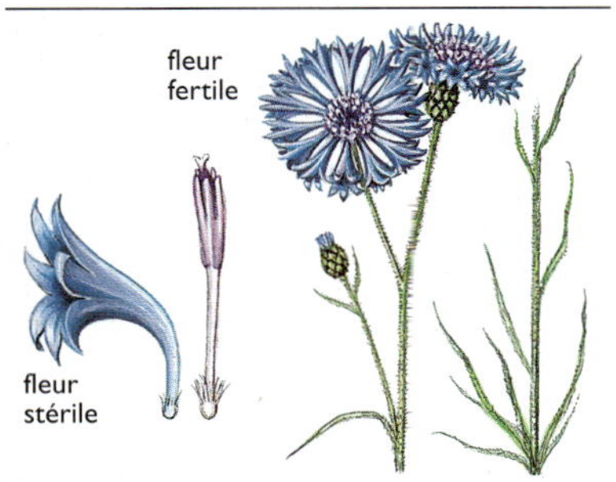

■ **BLEUET**

BLEUETIER [bløɛtje] n.m. Espèce d'airelle d'Amérique du Nord, à feuilles coriaces, qui produit le bleuet. (Famille des éricacées.)

BLEUETIÈRE [bløɛtjɛr] n.f. Québec. Terrain où pousse, où l'on cultive le bleuet.

BLEUIR v.t. Rendre bleu. ◆ v.i. Devenir bleu. *Bleuir de froid.*

BLEUISSEMENT n.m. Fait de devenir bleu.

BLEUSAILLE n.f. *Arg. mil. La bleusaille :* les jeunes soldats, les bleus.

BLEUTÉ, E adj. Légèrement coloré en bleu.

BLIAUD ou **BLIAUT** [blijo] n.m. Longue tunique de dessus portée par les hommes et les femmes, au Moyen Âge.

BLIBLIS n.m. pl. Algérie. Pois chiches grillés.

BLINDAGE n.m. **1.** Action de blinder. **2.** Revêtement protégeant les matériels aériens, navals et terrestres des effets de projectiles divers. **3.** Ensemble des équipements (plaques de métal, par ex.) qui rendent une porte inviolable. **4.** Dispositif de protection contre la propagation des champs électriques ou magnétiques, des rayonnements radioactifs. **5.** TRAV. PUBL. Coffrage en bois, acier ou béton destiné à éviter les éboulements.

BLINDÉ, E adj. **1.** Équipé d'un blindage. *Porte blindée.* **2.** MIL. *Engin blindé,* ou *blindé,* n.m. : véhicule de combat plus ou moins armé pourvu d'un blindage d'acier ou d'aluminium. – ***Arme blindée cavalerie (ABC) :*** arme des forces terrestres, équipée d'engins blindés, chargée de renseigner et de combattre par le feu et par le choc. – ***Division blindée (DB) :*** grande unité composée surtout d'engins blindés.

BLINDER v.t. (de l'all. *blenden,* aveugler). **1.** Protéger par un revêtement des effets des projectiles. *Blinder un navire.* **2.** Protéger un appareil électrique au moyen d'un blindage. **3.** *Blinder une*

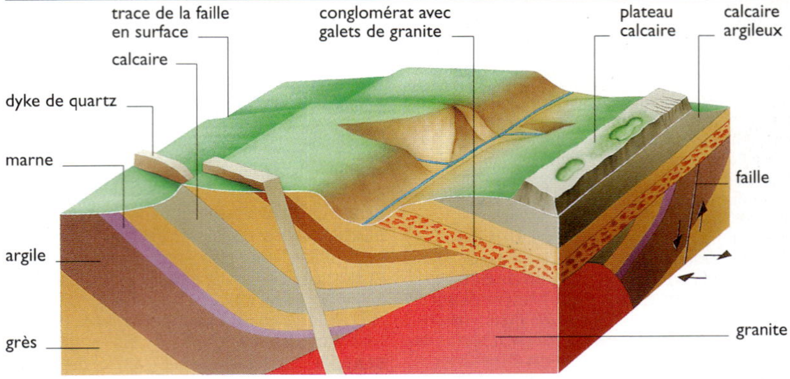

■ **BLOC-DIAGRAMME.** Représentation d'une structure géologique en bloc-diagramme.

porte, la munir d'un blindage. **4.** *Fam.* Rendre moins vulnérable ; endurcir. *Ces déceptions l'ont blindée.*

BLINI n.m. (russe *blin*). Petite crêpe épaisse de blé et de sarrasin, servie avec les œufs de poisson ou le poisson fumé. (Cuisine russe.)

BLINQUER v.i. Belgique. *Fam.* Reluire, briller.

BLISTER [blistɛr] n.m. (mot angl.). Emballage constitué d'une coque de plastique transparent collée sur du carton, pour présenter des marchandises de petite taille.

BLIZZARD n.m. (mot anglo-amér.). Vent glacial du nord, accompagné de tempêtes de neige (Canada, nord des États-Unis).

1. BLOC n.m. (mot néerl., *tronc d'arbre abattu*). **1.** Masse compacte et pesante. *Un bloc de granite.* **2.** Ensemble de feuilles collées les unes aux autres d'un côté et facilement détachables. *Bloc de papier à lettres.* – Bloc-notes. **3.** Union, groupement de partis, d'États, etc., dont les intérêts sont communs. *Le Bloc des gauches.* ◇ ***Faire bloc :*** s'unir étroitement. – BOURSE. ***Bloc de contrôle :*** quantité de titres assurant le contrôle de la société émettrice. – ***Bloc de titres :*** importante quantité de titres négociée par des intermédiaires en dehors d'une séance boursière. **4.** FORTIF. Massif bétonné doté de moyens de feu et d'observation. **5.** *Fam.* Prison ; salle de police. *Se retrouver au bloc.* **6.** ***Bloc opératoire :*** ensemble des installations servant aux opérations chirurgicales. **7.** ***Bloc de sûreté :*** ensemble d'organes qui commandent des mécanismes de fermeture, constitué essentiellement par un dispositif cylindrique mobile à l'intérieur d'une pièce fixe. **8.** ***À bloc :*** à fond. *Serrer à bloc.* – ***En bloc :*** en gros, sans faire le détail. *Elle a tout acheté en bloc.*

2. BLOC n.m. (angl. *block,* obstruction). MÉD. Ralentissement ou blocage de la conduction de l'influx électrique aux cellules nerveuses ou musculaires. ◇ ***Bloc cardiaque :*** trouble de la conduction affectant les cellules (tissu nodal) qui commandent la contraction du cœur. – ***Bloc anesthésique,*** que l'on provoque par infiltration d'un anesthésique local autour des nerfs d'un membre.

BLOCAGE n.m. **1.** Action de bloquer ; son résultat. *Blocage des freins. Blocage des prix, des salaires.* ◇ ***Minorité de blocage :*** nombre d'actions d'une société par actions détenues par une ou plusieurs personnes et qui leur permet de s'opposer à certaines décisions. **2.** PSYCHOL. Impossibilité d'agir ou de réagir intellectuellement dans une situation donnée. **3.** Maçonnerie formée de matériaux divers, irréguliers, jetés dans un mortier, servant notamm. à remplir l'espace entre les deux parements d'un mur.

BLOC-CUISINE n.m. (pl. *blocs-cuisines*). Ensemble d'éléments comprenant en général un évier, une plaque de cuisson et, éventuellement, un four, un réfrigérateur, et servant à équiper un studio.

BLOC-CYLINDRES n.m. (pl. *blocs-cylindres*). Ensemble des cylindres fabriqués en fonderie en un seul bloc.

BLOC-DIAGRAMME n.m. (pl. *blocs-diagrammes*). Représentation en trois dimensions d'un ensemble géologique.

BLOC-EAU n.m. (pl. *blocs-eau*). Gaine de canalisations groupant l'alimentation en eau et la vidange de plusieurs appareils sanitaires.

BLOC-ÉVIER n.m. (pl. *blocs-éviers*). Élément de cuisine préfabriqué comprenant une ou plusieurs cuves, et une ou plusieurs paillasses.

BLOCK n.m. (de l'angl. *to block,* fermer). CH. DE F. Dispositif de signalisation par cantons pour empêcher les collisions de trains circulant sur une même voie.

BLOCKHAUS [blɔkos] n.m. (all. *Block,* bloc, et *Haus,* maison). **1.** Petit ouvrage fortifié, pour la défense d'un point particulier. **2.** Poste de commandement blindé des grands navires militaires modernes. **3.** Pièce ou bâtiment conçu pour stocker des copies ou les négatifs originaux des films dans des conditions de température et d'humidité satisfaisantes.

BLOC-MOTEUR n.m. (pl. *blocs-moteurs*). Ensemble constitué par le moteur, l'embrayage et la boîte de vitesses d'une automobile ou d'un camion.

BLOC-NOTES n.m. (pl. *blocs-notes*). Ensemble de feuilles de papier détachables sur lesquelles on prend des notes. SYN. : *bloc.*

BLOCUS [blɔkys] n.m. (néerl. *blochuus*). Encerclement d'une ville, d'un port, d'un pays tout entier pour l'empêcher de communiquer avec l'extérieur et de se ravitailler. ◇ ***Blocus économique :*** ensemble des mesures prises contre un pays pour le priver de toute relation commerciale.

BLOND, E adj. **1.** D'une couleur intermédiaire entre le châtain clair et le doré. *Barbe blonde.*

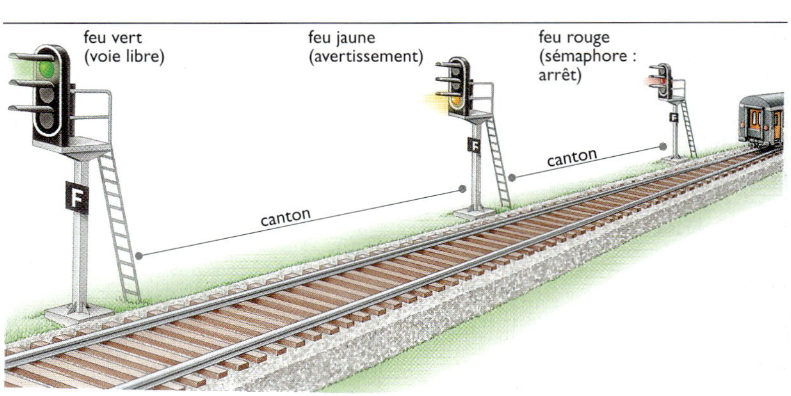

■ **BLOCK** automatique lumineux.

2. *Bière blonde,* fabriquée à partir de malts de couleur claire. – *Tabac blond,* dont la fermentation a été arrêtée au stade du jaunissement de la feuille. ◆ adj. et n. Qui a des cheveux blonds. *Une belle blonde.* ◆ n.m. Couleur blonde.

BLONDASSE adj. *Péjor.* D'un blond fade.

BLONDE n.f. **1. a.** Bière blonde. **b.** Cigarette de tabac blond. **2.** Dentelle aux fuseaux, faite à l'origine en soie écrue. **3.** Québec. *Fam.* Petite amie ; épouse. **4.** *Blonde d'Aquitaine :* race bovine, originaire du sud-ouest de la France, élevée pour sa viande.

BLONDEUR n.f. État de ce qui est blond.

BLONDIN n.m. (de *Blondin,* n.pr.). Appareil de transport aérien comportant un chariot équipé d'une benne ou d'un crochet et qui se déplace sur des câbles tendus entre deux pylônes.

BLONDINET, ETTE ou **BLONDIN, E** adj. et n. Se dit d'un enfant, d'une personne très jeune qui a les cheveux blonds.

BLONDIR v.i. **1.** Devenir blond. **2.** *Faire blondir :* faire rissoler légèrement dans un corps gras. ◆ v.t. Rendre blond.

BLOODY MARY [blœdimeri] n.m. inv. (angl. *Bloody Mary,* Marie la Sanglante). Cocktail à base de vodka et de jus de tomate.

BLOOM [blum] n.m. (mot angl.). MÉTALL. Grosse barre d'acier de section rectangulaire, obtenue en passant plusieurs fois un lingot dans un laminoir.

BLOOMER [blumœr] n.m. (de *Bloomer,* n.pr.). Culotte de bébé bouffante et resserrée en haut des cuisses.

BLOQUER v.t. (de *bloc*). **1.** Empêcher de bouger, de se déplacer, immobiliser complètement. *Bloquer une porte, une roue.* – Serrer au maximum. *Bloquer un écrou.* **2.** Rendre un passage, une voie impraticables ; obstruer. *Bloquer une route.* **3.** *Bloquer le ballon,* l'arrêter dans sa course en l'attrapant, au football, au rugby, etc. **4.** ARCHIT. Remplir ou maçonner avec du blocage. **5.** Regrouper, réunir des éléments distincts. *Bloquer tous ses rendez-vous en début de semaine.* **6.** Suspendre la libre disposition de qqch ; empêcher tout mouvement d'augmentation. *Bloquer les crédits, les salaires.* **7.** Provoquer un blocage psychologique. **8.** Belgique. *Fam.* Bûcher, potasser.

BLOTTIR (SE) v.pr. (de l'all. *blotten,* écraser). Se recroqueviller, se replier sur soi-même ; se réfugier contre. *Se blottir dans un coin.*

BLOUSANT, E adj. Se dit d'un vêtement qui blouse.

BLOUSE n.f. **1.** Vêtement de travail porté pour se protéger, protéger ses vêtements. *Blouse d'infirmière.* ◇ *Les blouses blanches :* le personnel médical. **2.** Corsage de femme de forme ample.

1. BLOUSER v.t. *Fam.* Tromper, abuser.

2. BLOUSER v.i. Avoir de l'ampleur donnée par des fronces, en parlant d'un vêtement.

BLOUSON n.m. (de *blouse*). **1.** Veste d'allure sportive, courte et ample, serrée à la taille. *Un blouson en daim.* **2.** Vieilli. *Blouson noir :* jeune voyou vêtu d'un blouson de cuir noir ; jeune délinquant (de 1955 à 1965, environ).

BLOUSSE n.f. TEXT. Ensemble de déchets de laine, de coton ou d'étoupe recueillis lors du peignage.

BLUE-JEAN [bludʒin] ou **BLUE-JEANS** [bludʒins] n.m. [pl. *blue-jeans*] (mot anglo-amér., *treillis bleu*). Jean.

BLUES [bluz] n.m. (mot anglo-amér., *mélancolie*). **1.** Complainte du folklore noir américain, née dans le sud-est des États-Unis, près du Mississippi, d'abord rurale puis urbaine, caractérisée par une formule harmonique constante et un rythme à quatre temps, dont le style a influencé le jazz et la plupart des formes musicales dérivées du rock. **2.** *Fam.* Mélancolie, cafard. *Avoir le blues.*

BLUET n.m. Bleuet.

BLUETTE n.f. (de l'anc. fr. *belluer,* éblouir). Vx. Petit ouvrage littéraire, historiette sentimentale sans prétention.

BLUFF [blœf] n.m. (mot anglo-amér.). **1.** Procédé pratiqué surtout au poker et qui consiste à miser gros sans avoir un bon jeu, pour que l'adversaire renonce à jouer. **2.** Attitude, parole d'une personne qui veut faire illusion, donner le change.

BLUFFER v.t. et v.i. **1.** Au poker, faire un bluff. **2.** Donner le change en essayant de cacher sa situation réelle ou ses intentions.

BLUFFEUR, EUSE n. et adj. Personne qui bluffe, qui a l'habitude de bluffer.

BLUSH [blœʃ] n.m. (de l'angl. *to blush,* rougir). Fard à joues, applicable au pinceau.

BLUTAGE n.m. Action de bluter ; son résultat.

BLUTER v.t. (moyen néerl. *biutelen*). Faire passer la farine à travers un tamis pour la séparer du son.

BLUTERIE n.f. Anc. Appareil pour bluter la farine.

BLUTOIR n.m. Grand tamis pour bluter la farine.

BO ou **B.O.** [beo] n.f. (abrév.). Bande originale.

BOA n.m. (mot lat., *serpent d'eau*). **1.** Serpent d'Amérique tropicale, non venimeux, mesurant jusqu'à 4 m et se nourrissant d'animaux qu'il étouffe. (Type de la famille des boïdés.) **2.** Rouleau de plumes dont la forme évoque un serpent, que les femmes portaient autour du cou vers 1900.

■ **BOA.** Boa constrictor.

BOAT PEOPLE [botpipœl] n. inv. (mots angl., *gens des bateaux*). Réfugié abandonnant son pays sur une embarcation de fortune.

1. BOB n.m. (dimin. du prénom amér. *Robert*). Chapeau cloche en toile.

2. BOB n.m. (abrév.). Bobsleigh.

BOBARD n.m. *Fam.* Fausse nouvelle, mensonge. *Il ne raconte que des bobards.*

BOBÈCHE n.f. (de *bobine*). Disque de verre, de métal, etc., adapté à un bougeoir, à un chandelier, pour arrêter les coulures de bougie.

BOBET, ETTE adj. et n. Région. (Savoie) ; Suisse. *Fam.* Sot, benêt.

BOBINAGE n.m. **1.** Action de bobiner ; son résultat. **2.** Enroulement de fils conducteurs formant, sur une machine ou un appareil, un même circuit électrique.

BOBINE n.f. (onomat.). **1.** Petit cylindre en bois, en métal ou en plastique, autour duquel on enroule du fil ou de la ficelle, du ruban, une pellicule photographique, etc. – Le cylindre et la matière enroulée. *Une bobine de fil bleu.* **2.** ÉLECTROTECHN. Ensemble de spires conductrices, génér. coaxiales, connectées en série. ◇ *Bobine d'allumage :* petite bobine d'induction servant à allumer le mélange dans un moteur à explosion. **3.** *Fam.* Visage ; expression du visage. *Tu fais une de ces bobines, aujourd'hui !*

BOBINEAU n.m. → **BOBINOT.**

BOBINER v.t. Enrouler qqch sur une bobine.

BOBINETTE n.f. Anc. Petite pièce de bois mobile, qui servait à fermer les portes.

BOBINEUR, EUSE n. TEXT. Personne chargée du bobinage dans une filature.

BOBINEUSE n.f. ÉLECTROTECHN. Machine à bobiner.

BOBINOIR n.m. TEXT. Machine à bobiner.

BOBINOT ou **BOBINEAU** n.m. **1.** Support utilisé pour disposer en bobines les fibres textiles. **2.** Partie centrale d'une bobine de papier pour rotative, qui reste inutilisée. **3.** Film ou bande vidéo en rouleau utilisés dans les studios de télévision.

BOBO n.m. (onomat.). *Fam.* Douleur ou blessure légère, dans le langage enfantin. *Tu as bobo à ton genou ? Ce n'est pas une vraie blessure, à peine un bobo.*

BOBONNE n.f. *Fam., péjor.* Femme uniquement soucieuse des soins du ménage et de ses enfants.

BOBSLEIGH [bɔbslɛg] n.m. (mot angl., de *to bob,* se balancer, et *sleigh,* traîneau). Sorte de traîneau monté sur des patins avec lequel on glisse sur des pistes de glace ; sport pratiqué avec cet engin. Abrév. : *bob.*

BOBTAIL [bɔbtɛl] n.m. Chien de berger, d'origine anglaise, au poil long et abondant.

BOCAGE n.m. (mot normand). Région où les champs et les prés sont enclos par des levées de terre portant des haies ou des rangées d'arbres, et où l'habitat est génér. dispersé en fermes et en hameaux.

BOCAGER, ÈRE adj. Relatif au bocage. *Région bocagère.*

BOCAL n.m. [pl. *bocaux*] (ital. *boccale*). Récipient en verre à large ouverture et à col très court.

BOCARD n.m. Appareil à pilon pour le broyage des minerais ou la production de poudres.

BOCARDER v.t. Broyer au bocard.

BOCHE adj. et n. (arg. *alboche,* allemand). *Péjor.,* vieilli. Allemand.

BOCK n.m. (de l'all. *Bockbier,* bière très forte). **1.** Verre à bière d'une contenance d'un quart de litre. **2.** *Bock à injection,* ou *bock :* récipient muni d'un long tube souple terminé par une canule, utilisé pour les lavements, les injections, etc.

BODHI n.f. (mot *sanskr.*). Stade final de la méditation bouddhique, caractérisé par l'éveil ou l'illumination de la conscience et illustré originellement par l'expérience qu'en fit le Bouddha.

BODHISATTVA [bɔdisatva] n.m. (mot sanskr., *qui est sur la voie de l'éveil*). Sage destiné à devenir bouddha mais qui retarde sa délivrance pour exercer sa compassion envers tous les êtres.

BODY n.m. [pl. *bodys* ou *bodies*] (mot angl., *corps*). Vêtement féminin couvrant le tronc, d'une seule pièce, et fermant par pressions à l'entrejambe.

BODYBOARD [bɔdibɔrd] n.m. (nom déposé angl. *body,* corps, et *board,* planche). Planche courte sur laquelle on surfe couché ou à genoux ; sport pratiqué avec cette planche.

BODYBUILDING ou **BODY-BUILDING** [bɔdibildiŋ] ou [-byldiŋ] n.m. [pl. *body-buildings*] (mot angl., *construction du corps*). Culturisme.

BOETTE, BOËTE, BOUETTE [bwɛt] ou **BOITTE** [bwat] n.f. (breton *boued,* nourriture). Appât que l'on met à l'hameçon ou amorce pour la pêche en mer.

1. BŒUF [bœf] (au pl. [bø]) n.m. (lat. *bos, bovis*). **1.** Animal de l'espèce bovine. **2. a.** Mâle

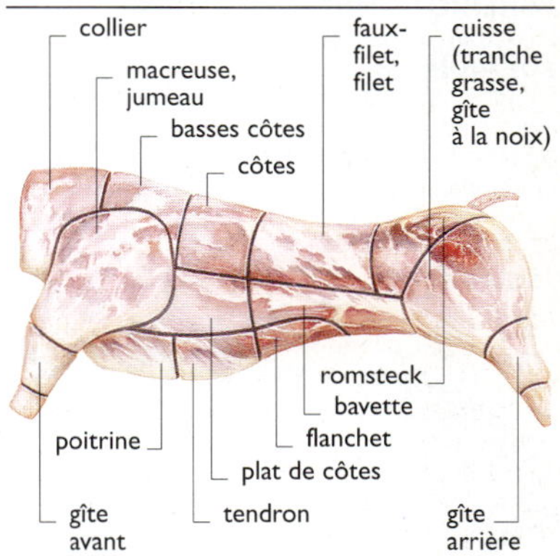

■ **BŒUF.** Les morceaux de boucherie.

■ **BOBSLEIGH.** Course de bobsleigh à deux équipiers (bob à deux).

B

châtré adulte de l'espèce bovine. **b.** Viande de cet animal. **3.** *Bœuf à bosse :* zébu. **4.** *Fam.* Personne douée d'une grande force, d'une grande capacité de travail. **5.** JAZZ. Réunion de musiciens de jazz jouant, parfois en improvisant, pour leur seul plaisir. *Faire un bœuf.*

2. BŒUF adj. inv. *Fam. Un effet, un succès bœuf,* étonnant et considérable.

BOF interj. Exprime le doute, l'indifférence, l'ironie. *Bof ! Ça ne m'étonne pas d'elle.*

BOGHEAD [bɔgɛd] n.m. (du n. d'une localité d'Écosse). Charbon dur, qui brûle en laissant beaucoup de cendres.

BOGHEI, BOGUET [bɔgɛ] ou **BUGGY** [bœgi] n.m. (angl. *buggy*). Anc. Voiture hippomobile découverte, à deux roues.

BOGIE [bɔʒi] ou **BOGGIE** [bɔgi] n.m. (angl. *bogie*). Châssis à deux ou parfois trois essieux portant l'extrémité d'un véhicule ferroviaire et relié au châssis principal par une articulation à pivot.

BOGOMILE n. (du bulgare *Bog,* Dieu, et *mil,* ami). Membre d'une secte chrétienne dualiste bulgare du Xᵉ s., dont la doctrine inspira, notamm., les cathares.

1. BOGUE n.f. (breton *bolc'h*). Enveloppe du marron, de la châtaigne, recouverte de piquants.

2. BOGUE n.m. (angl. *bug,* défaut, avec l'infl. de *1. bogue*). INFORM. Défaut de conception ou de réalisation d'un programme, se manifestant par des anomalies de fonctionnement. SYN. (anglic. déconseillé) : *bug.*

BOGUET n.m. **1.** Suisse. Cyclomoteur. **2.** Boghei.

1. BOHÈME [bɔɛm] adj. et n. (de *Bohême,* n.pr.). Vieilli. Dont les habitudes de vie sont irrégulières ; marginal, non(-)conformiste.

2. BOHÈME [bɔɛm] n.f. (de *Bohême,* n.pr.). Vieilli. *La bohème :* le milieu des artistes, des écrivains, etc., qui menaient une vie au jour le jour, en marge du conformisme social et de la respectabilité ; ce genre de vie.

BOHÊME adj. CHRIST. *Frères bohêmes :* frères *moraves.

BOHÉMIEN, ENNE adj. et n. **1.** De Bohême. **2. a.** Rom. **b.** *Péjor.* Vagabond.

BOHRIUM [bɔrjɔm] n.m. (de N. *Bohr,* n.pr.). Élément chimique artificiel (Bh), de numéro atomique 107, de masse atomique 264,12.

BOILLE [bɔj] ou **BOUILLE** n.f. Suisse. **1.** Grand bidon cylindrique servant à transporter du lait. **2.** Hotte métallique utilisée pour le sulfatage des vignes.

1. BOIRE v.t. [88] (lat. *bibere*). **1.** Avaler un liquide. *Boire du thé. Boire un verre d'eau.* – Absol. Absorber de l'alcool avec excès. ◇ *Fam. Il y a à boire et à manger,* des avantages et des inconvénients ; du vrai et du faux. – *Boire les paroles de qqn,* l'écouter très attentivement, avec admiration. ◇ v.pr. *Ce vin se boit frais.* **2.** Absorber un liquide. *Papier qui boit l'encre.*

2. BOIRE n.m. *Le boire et le manger :* le fait de boire et de manger, les nécessités de la vie. *En oublier, en perdre le boire et le manger.*

BOIS n.m. (bas lat. *boscus,* germ. *bosk*). **1.** Lieu, terrain couvert ou planté d'arbres. *Un bois de châtaigniers. Le bois de Boulogne.* **2.** Matière compacte et fibreuse, plus ou moins dure, formée par les vaisseaux transporteurs de sève, aux parois riches en cellulose et en lignine, et qui constitue le tronc, les racines et les branches des plantes ligneuses. *Bois de menuiserie, de placage, de charpente.* ◇ *Bois de Panamá :* écorce d'une rosacée du Chili, aux propriétés analogues à celles du savon. – *Fam. Avoir la gueule de bois :* avoir mal à la tête et la langue pâteuse après des excès d'alcool. – *Ne pas être de bois :* être vulnérable aux tentations, notamm. d'ordre érotique. – *Toucher du bois :* conjurer le mauvais sort en touchant un objet en bois. **3. a.** Objet ou partie d'un objet en bois. *Bois de raquette.* **b.** Club de golf à tête en bois, destiné aux coups les plus longs. **c.** Gravure obtenue, imprimée à l'aide d'un bois gravé. ◆ pl. **1.** Famille des instruments à vent, en bois (hautbois, clarinette, cor anglais, basse) ou dont le timbre est comparable à celui des instruments en bois (flûte, saxophone). **2.** Cornes caduques des cervidés.

ENCYCL. Matériau naturel traditionnel, le bois possède une excellente rigidité, une bonne résistance aux agents chimiques, des qualités d'isolant thermique et a la capacité d'absorber les efforts brusques. Ses usages sont multiples : il fournit de l'énergie, sert à la construction, à l'ébénisterie, à la tonnellerie, à l'emballage, et à la fabrication du papier et du carton. Une fois débité, le bois doit être traité pour améliorer sa protection et sa conservation.

BOISAGE n.m. MIN. Action de boiser. – Ensemble des éléments de soutènement (en bois ou en métal) des chantiers d'exploitation et des galeries d'une mine.

BOISÉ, E adj. Garni, planté d'arbres. *Pays boisé.*

■ **BOIS.** Différentes formes de bois.

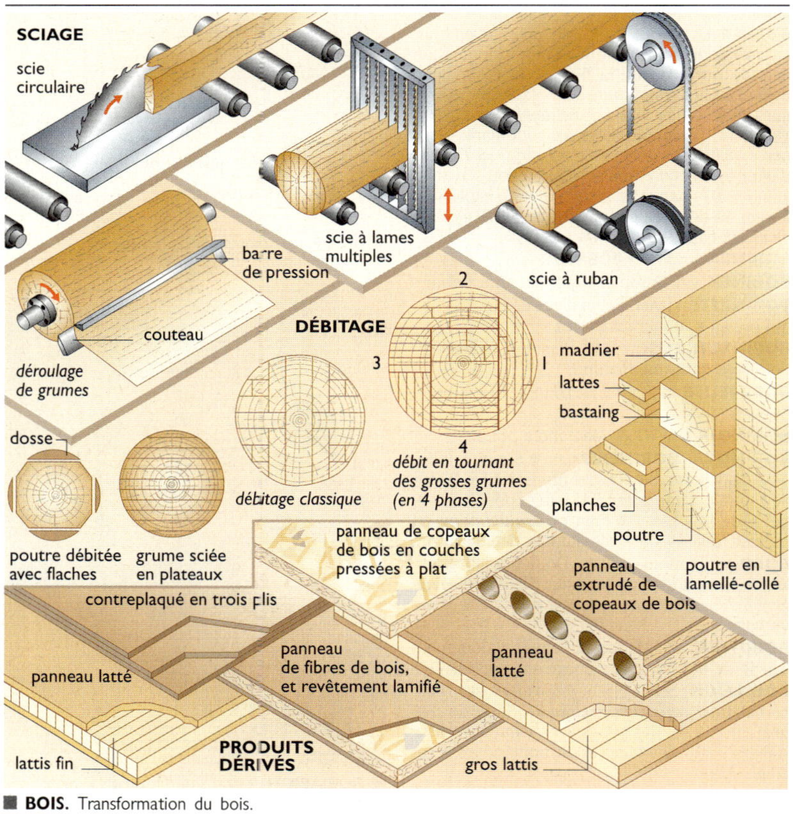

■ **BOIS.** Transformation du bois.

BOISEMENT n.m. Action de boiser un lieu ; plantation d'arbres forestiers.

BOISER v.t. **1.** Planter un lieu, un terrain d'arbres. **2.** MIN. Soutenir par un boisage.

BOISERIE n.f. Ouvrage de menuiserie dont on revêt les murs intérieurs d'une habitation. *Une boiserie en lambris.*

BOISEUR n.m. Ouvrier spécialisé chargé de réaliser le boisage de galeries, de tranchées, etc.

BOISSEAU n.m. (lat. *buxitellum*). **1.** Anc. Mesure de capacité pour les grains et les produits analogues ; récipient dont le contenu équivalait à cette mesure. (Le boisseau de Paris contenait environ 12,8 l.) ◇ *Mettre, garder, cacher qqch sous le boisseau :* dissimuler qqch qui mériterait d'être connu. **2.** Trou conique d'un robinet, dans lequel tourne la clé. **3.** Tuyau court permettant de construire par emboîtage les conduits de fumée, les évacuations sanitaires, etc.

BOISSELIER n.m. Personne qui travaille dans la boissellerie.

BOISSELLERIE n.f. Fabrication et commerce d'objets en bois (bobines, pièces tournées, pinces à linge, portemanteaux, etc.).

BOISSON n.f. (du lat. *bibere,* boire). **1.** Liquide que l'on boit. **2.** Liquide alcoolisé destiné à la consommation. *Impôt sur les boissons.* ◇ *Être pris de boisson :* être ivre. **3.** *La boisson :* l'alcoolisme. *Santé ruinée par la boisson.*

BOÎTE n.f. (lat. *buxida,* du gr. *puxis,* buis). **1.** Contenant en matière rigide (bois, métal, carton, plastique, etc.), avec ou sans couvercle, de forme et de dimensions variables. *Boîte à outils. Boîte d'allumettes.* – Contenu d'une boîte. *Manger une boîte de chocolats.* ◇ *Boîte de conserve :* boîte métallique destinée à contenir des produits alimentaires stérilisés ou des liquides. – *Boîte aux lettres, boîte à lettres,* destinée à recevoir les lettres que l'on expédie par la poste ; en informatique, espace de mémoire de masse réservé à une personne pour y stocker les messages qu'elle envoie ou qu'elle reçoit via un

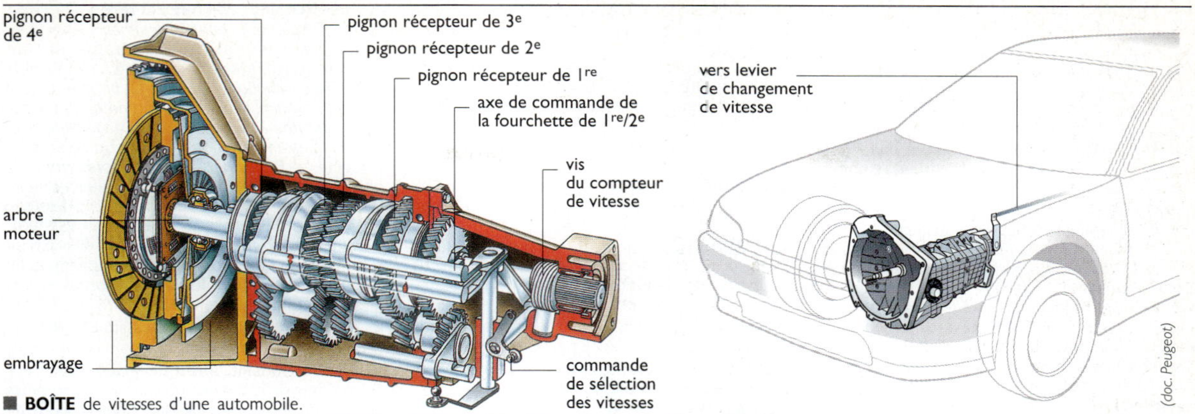

■ **BOÎTE** de vitesses d'une automobile.

service de messagerie électronique. – *Boîte postale (BP) :* boîte aux lettres d'un bureau de poste, où le destinataire se fait adresser son courrier ; cette adresse. – *Boîte vocale* → **vocal.** – *Fam. Mettre qqn en boîte,* le plaisanter, se moquer de lui. **2.** *Boîte à gants :* aménagement situé dans la planche de bord d'une automobile, pour le rangement d'objets divers. – *Boîte de vitesses :* organe renfermant les trains d'engrenages du changement de vitesse d'un véhicule automobile. – *Boîte d'essieu :* dispositif qui reçoit l'extrémité de l'essieu d'un véhicule ferroviaire et qui en assure le graissage sur les paliers. – *Boîte noire :* appareil placé à bord d'un avion, qui permet de conserver, en cas de défaillance en vol ou d'accident, l'enregistrement des paramètres propres au fonctionnement du matériel et les conversations du personnel navigant. **3.** *Boîte à rythmes :* instrument de musique électronique contenant des sons de batterie et de percussions. **4.** *Fam.* Lieu de travail, entreprise ; école. **5.** *Boîte crânienne :* crâne. **6.** *Boîte de nuit,* ou *boîte :* établissement ouvert la nuit, où l'on peut écouter de la musique, danser et boire. **7.** *Boîte de *Pandore : v. partie n.pr.*

BOÎTE-BOISSON n.f. (pl. *boîtes-boissons*). Canette métallique contenant une boisson.

BOITEMENT n.m. Fait de marcher en boitant.

BOITER v.i. (p.-ê. de *pied bot*). **1.** Marcher en inclinant le corps d'un côté plus que de l'autre, à cause d'une infirmité ou d'une gêne momentanée. **2. a.** Manquer d'aplomb, d'équilibre. *Chaise qui boite.* **b.** En parlant d'un raisonnement, manquer de rigueur.

BOITERIE n.f. Irrégularité de la démarche d'une personne, d'un cheval qui boite.

BOITEUX, EUSE adj. et n. Qui boite. ◆ adj. Qui manque de rigueur ou de logique ; bancal.

BOÎTIER n.m. **1.** Boîte, coffre à compartiments. **2.** Boîte renfermant un mécanisme, une pile, etc. *Boîtier de lampe de poche, de montre.* **3.** Corps d'un appareil photographique, sur lequel s'adapte l'objectif.

BOITILLEMENT n.m. Boitement léger.

BOITILLER v.i. Boiter légèrement.

BOITON ou **BOÎTON** n.m. (mot gaul.). Suisse. Porcherie.

BOIT-SANS-SOIF n. inv. *Fam.* Personne qui boit de l'alcool avec excès ; ivrogne.

BOITTE n.f. → **BOETTE.**

1. BOL n.m. (angl. *bowl,* jatte). **1.** Récipient hémisphérique, sans anse, plus ou moins grand, qui sert à contenir certaines boissons ; son contenu. *Un bol de lait.* ◇ *Fam. En avoir ras le bol :* ne plus supporter qqch, être excédé. **2.** *Fam.* Chance. *Avoir du bol. Manquer de bol.*

2. BOL n.m. (gr. *bôlos,* motte). **1.** *Bol alimentaire :* petite masse d'aliments correspondant à une déglutition. **2.** Anc. Grosse gélule médicamenteuse destinée aux chevaux et aux bovins.

BOLCHEVIQUE ou **BOLCHEVIK** adj. et n. (mot russe). HIST. De la fraction du Parti ouvrier social-démocrate russe qui suivit Lénine après la scission (1903) avec les mencheviques ; du Parti communiste de Russie, puis d'URSS.

BOLCHEVISME n.m. Théorie, pratique des bolcheviques.

BOLDO n.m. Arbre originaire du Chili dont les feuilles ont des propriétés médicinales.

BOLDUC n.m. (de *Bois-le-Duc,* v. des Pays-Bas). Ruban utilisé pour ficeler les paquets.

BOLÉE n.f. Contenu d'un bol.

BOLÉRO n.m. (esp. *bolero,* danseur ou air de danse, de *bola,* boule). **1.** Danse d'origine andalouse, exécutée en couple sur un air chanté. (Né au XVIIIe s., le boléro a connu son apogée comme danse professionnelle théâtrale au XIXe s.) **2.** MUS. Pièce instrumentale fondée sur la répétition invariable d'un schéma rythmique. **3.** Veste droite, non boutonnée, s'arrêtant à la taille.

BOLET n.m. (lat. *boletus*). Champignon charnu, dont la face inférieure du chapeau est constituée de tubes serrés, et dont plusieurs espèces, en particulier celles que l'on dénomme *cèpes,* sont comestibles. (Classe des basidiomycètes.)

■ **BOLETS**

BOLETALE [bɔlɛtal] n.f. Champignon basidiomycète à chapeau charnu portant des tubes, cour. appelé *bolet.* (Les boletales forment un ordre.)

BOLIDE n.m. (lat. *bolis, -idis,* trait). **1.** Véhicule très rapide. **2.** Météore partic. brillant offrant l'aspect d'une boule de feu.

BOLIER ou **BOULIER** n.m. Grand filet de pêche en forme de nappe que les bateaux traînent sur le sable le long des côtes.

BOLIVAR n.m. (esp. *bolívar,* de Simón *Bolívar*). **1.** Unité monétaire principale du Venezuela. **2.** Chapeau haut de forme, évasé et à larges bords, en usage au XIXe s.

BOLIVIANO n.m. Unité monétaire principale de la Bolivie.

BOLIVIEN, ENNE adj. et n. De la Bolivie, de ses habitants.

BOLLANDISTE n.m. Membre d'une société catholique, créée au XVIIe s. par le jésuite Jean Bolland, qui assure la publication critique des *Acta sanctorum* (Vies des saints).

BOLLARD n.m. Bitte d'amarrage.

BOLOGNAIS, E adj. *Sauce bolognaise,* à base de tomates et de viande hachée. (Cuisine italienne.)

BOLOMÈTRE n.m. Appareil à résistance électrique servant à mesurer l'énergie rayonnante (infrarouge, visible et ultraviolette).

BOLONAIS, E adj. et n. De Bologne.

1. BOMBAGE n.m. VERR. Cintrage au four des feuilles de verre.

2. BOMBAGE n.m. Action d'écrire, de dessiner avec de la peinture en bombe sur un mur, dans un lieu public ; ce qui est ainsi tracé (tag, graff).

BOMBANCE n.f. (anc. fr. *bobance,* orgueil, avec l'infl. de *bombe*). *Fam.,* vieilli. Repas copieux ; festin, banquet. ◇ *Fam. Faire bombance :* manger beaucoup.

BOMBARDE n.f. **1.** Instrument à vent en bois à anche double, de tonalité grave. **2.** Bouche à feu primitive tirant des boulets de pierre (XIVe - XVIe s.).

■ **BOMBARDE**

BOMBARDEMENT n.m. **1.** Action de bombarder. ◇ *Bombardement stratégique,* visant à détruire le potentiel de guerre et les ressources économiques de l'adversaire. – *Bombardement tactique,* limité à des objectifs purement militaires, à la destruction des forces armées adverses. **2.** PHYS. NUCL. Projection sur une cible de particules émises par une substance radioactive ou accélérées par des appareils spéciaux (cyclotron, notamment).

BOMBARDER v.t. (du lat. *bombus,* bruit sourd). **1.** Attaquer un objectif avec des bombes, des projectiles explosifs. **2.** Lancer en grand nombre des projectiles sur. *On les a bombardées de confettis.* – *Fig.* Accabler, harceler. *Bombarder qqn de questions.* **3.** PHYS. NUCL. Effectuer un bombardement. **4.** *Fam.* Nommer soudainement qqn à un poste, un emploi. *On l'a bombardé préfet.*

BOMBARDIER n.m. **1.** Avion chargé de bombes, en vue d'une mission de bombardement. ◇ *Bom-*

■ **BOMBARDIER** stratégique américain Northrop B-2.

bardier d'eau : avion équipé de réservoirs d'eau, utilisé pour la lutte contre les incendies de forêt. **2.** Membre de l'équipage d'un bombardier chargé du largage des bombes. **3.** Insecte coléoptère d'Europe qui, lorsqu'il est menacé, produit une légère détonation en projetant par l'anus un liquide acide. (Famille des carabidés.)

BOMBARDON n.m. Le plus grave des instruments de la famille des bombardes, employé dans les fanfares.

1. BOMBE n.f. (ital. *bomba*). **1.** Projectile creux chargé de matière explosive ou incendiaire et muni d'un appareil de mise à feu ; tout dispositif explosif. *Attentat à la bombe.* <> ***Bombe nucléaire,*** dont la puissance explosive utilise l'énergie nucléaire. (On distingue les *bombes de fission,* dites *atomiques* ou *A,* et les *bombes de fusion,* dites *thermonucléaires* ou *H* [→ *nucléaire*].) — *Fam. Faire l'effet d'une bombe* : provoquer la stupéfaction, le scandale. — *Bombe à retardement* → **retardement.** — *Bombe volcanique* : morceau de lave projeté lors d'une explosion volcanique et qui se solidifie dans l'air. **2.** Récipient métallique contenant un liquide sous pression (insecticide, désodorisant, etc.) destiné à être vaporisé. *Bombe de laque, de peinture.* **3.** Coiffure hémisphérique rigide, à visière, que portent les cavaliers. **4.** *Bombe glacée* : entremets glacé en forme de demi-sphère ou de cône.

2. BOMBE n.f. (de *bombance*). *Fam. Faire la bombe* : festoyer.

BOMBÉ, E adj. Qui a une forme arrondie ; renflé. <> ***Voûte bombée*** : voûte d'arêtes ou d'ogives dont la clé est plus haute que le sommet des arcs qui l'encadrent.

BOMBEMENT n.m. Fait d'être bombé ; convexité. *Le bombement d'une chaussée.*

1. BOMBER v.t. **1.** Rendre convexe une partie du corps. *Bomber la poitrine, le torse.* **2.** Donner une forme convexe à ; cintrer. *Bomber du verre.* ◆ v.i. **1.** Présenter une convexité. *Mur qui bombe.* **2.** *Fam.* Aller très vite. *On a dû bomber pour arriver à l'heure.*

2. BOMBER v.t. Tracer, dessiner avec de la peinture en bombe. *Bomber un slogan.*

BOMBINETTE n.f. *Fam.* Petite bombe.

BOMBONNE n.f. → **BONBONNE.**

BOMBYX n.m. (gr. *bombux,* ver à soie). Papillon nocturne aux ailes duveteuses, dont une espèce, le *bombyx du mûrier,* a pour chenille le ver à soie. (Famille des bombycidés.)

BÔME n.f. (néerl. *boom,* arbre). MAR. Espar horizontal sur lequel est enverguée la partie basse d'une voile aurique ou triangulaire.

BÔMÉ, E adj. MAR. Muni d'une bôme. *Foc bômé.*

1. BON, BONNE adj. (lat. *bonus*). **1.** Qui convient, qui présente les qualités requises par sa nature, sa fonction, sa destination. *Une bonne terre. Un bon médecin. Ce climat est bon pour lui.* <> *Bon à* (+ inf.), *bon pour* : qui est dans les conditions voulues pour. *Ces fruits sont bons à jeter. Si vous vous garez ici, vous êtes bon pour une contravention.* — *C'est bon* : c'est suffisant ; d'accord. **2.** Qui procure de l'agrément, du plaisir. *Un bon spectacle.* <> *Une bonne (histoire),* amusante, pittoresque. *Je vais vous en raconter une bonne.* — *Fam. En avoir de bonnes* : plaisanter. **3.** Conforme à la norme, à la morale ; qui se distingue par ses qualités propres. *Un bon fils. Une bonne action.* **4.** Qui aime à faire le bien ; généreux, charitable. *Une personne bonne pour les autres.* <> *Fam. Avoir qqn à la bonne,* l'apprécier, le trouver sympathique. **5.** Qui marque un degré important, une intensité élevée. *Une bonne grippe. Deux bons kilomètres. Faire bonne mesure.* **6.** SPORTS. Se dit de la balle, du ballon tombés dans les limites du jeu, notamm. au tennis, au tennis de table, au volley-ball. **7.** *Bon pour...* : mention manuscrite précédant le montant d'une somme d'argent ou le nom d'une opération *(bon pour pouvoir),* apposée encore dans certains cas par le signataire d'un acte sous seing privé au-dessus de sa signature. ◆ n.m. **1.** Ce qui est bon, agréable. *En toutes choses, il y a du bon et du mauvais.* **2.** (Surtout pl.) Personne vertueuse, qui pratique le bien. *Les bons et les méchants.* ◆ adv. *Il fait bon* : le temps est doux, agréable. — *Sentir bon* : avoir une odeur agréable. — *Pour de bon, tout de bon* : réellement, sérieusement. ◆ interj. Exprime une décision, une constatation, etc. *Bon ! je crois qu'elle ne viendra pas aujourd'hui.*

2. BON n.m. **1.** Document qui autorise à recevoir qqch. *Bon d'alimentation.* <> *Bon de caisse* : bon à ordre ou au porteur émis par une entreprise ou un établissement financier en contrepartie d'un prêt, portant intérêts et remboursable à une échéance fixe. — *Bon du Trésor* : titre représentant un emprunt à court terme émis par l'État pour financer sa trésorerie. **2.** IMPRIM. *Bon à composer, bon à graver, bon à tirer (BAT)* : formule d'acceptation portée sur une épreuve, indiquant à l'imprimeur qu'il peut effectuer la composition, la gravure, le tirage.

BONAMIA n.m. Parasite de l'huître plate apparu en 1979 dans les élevages bretons et dont les ravages ont été considérables.

BONAPARTISME n.m. **1.** Attachement à la dynastie de Napoléon Bonaparte. **2.** Forme de gouvernement autoritaire et plébiscitaire, ratifiée par le suffrage universel.

BONAPARTISTE adj. Relatif au bonapartisme. ◆ adj. et n. Partisan du bonapartisme.

BONASSE adj. *Péjor.* Qui manifeste une bonté excessive par faiblesse ou naïveté.

BONASSERIE n.f. Rare. Caractère bonasse.

BONBON n.m. (redoublement de *bon*). **1.** Confiserie, friandise, plus ou moins dure, sucrée et aromatisée. **2.** Belgique. Gâteau sec.

BONBONNE ou **BOMBONNE** n.f. (provenç. *boumbouno*). Bouteille de contenance variable, souvent de forme renflée.

BONBONNIÈRE n.f. Boîte qui contient habituellement des bonbons.

BON-CHRÉTIEN n.m. (pl. *bons-chrétiens*). Poire Williams.

BOND n.m. **1.** Mouvement brusque de détente des membres inférieurs ou arrière par lequel une personne ou un animal s'élance vers l'avant, saute ; progression, déplacement rapide vers l'avant, vers le haut. *Elle a fait un bond de deux mètres.* <> *Faire faux bond à qqn,* manquer à un engagement qu'on a pris envers lui. **2.** Mouvement d'un objet qui rebondit. *Bonds et rebonds d'une balle élastique.* **3.** *Fig.* Progrès brusque et important ; hausse. *Bond en avant de l'industrie.* **4.** MIL. Chacune des étapes successives de la progression d'une formation au combat.

BONDE n.f. (mot gaul.). **1.** Pièce métallique scellée à l'orifice d'écoulement d'un évier, d'un appareil sanitaire. **2.** Trou rond dans une des douves d'un tonneau, pour le remplir ; bouchon qui ferme ce trou. **3.** Fermeture du trou d'écoulement des eaux d'un étang.

BONDÉ, E adj. (de *bonde*). Qui ne peut contenir plus de personnes ; plein. *Train bondé.*

BONDELLE n.f. (du gaul. *bunda,* fond). Poisson du genre corégone, vivant dans le lac de Neuchâtel, considéré comme une sous-espèce du lavaret.

BONDÉRISATION n.f. Transformation chimique d'une surface métallique opérée avant peinture ou vernissage.

BONDÉRISER v.t. (angl. *to bond,* lier). Effectuer une bondérisation.

BONDIEUSERIE n.f. *Fam., péjor.* **1.** Dévotion démonstrative et superficielle. **2.** Objet de piété de mauvais goût.

BONDIR v.i. (du lat. *bombire,* faire du bruit). **1.** Faire un ou plusieurs bonds ; sauter. **2.** *Fig.* Sursauter sous le coup d'une émotion violente. *Bondir d'indignation.* **3.** S'élancer, se précipiter. *Bondir hors de la salle.*

BONDISSEMENT n.m. Rare. Action de bondir.

BONDON n.m. Bouchon de la bonde d'un tonneau.

BONDRÉE n.f. (breton *bondrask*). *Bondrée apivore* : buse à longue queue d'Eurasie et d'Afrique, qui se nourrit principalement de couvains d'abeilles et de guêpes. (Genre *Pernis* ; famille des accipitridés.)

BON ENFANT adj. inv. Plein de bienveillance et de candeur. *Elle est bon enfant.*

BONGO n.m. (mot esp.). Instrument de percussion d'origine latino-américaine, constitué par deux petits tambours fixés l'un à l'autre.

BONHEUR n.m. (de *1. bon* et *heur*). **1.** État de complète satisfaction, de plénitude. **2.** Heureux hasard, chance ; joie, plaisir. *Nous avons eu le bonheur de la rencontrer.* <> *Au petit bonheur (la chance)* : au hasard. — *Avec bonheur* : avec un résultat heureux. — *Par bonheur* : heureusement. — *Porter bonheur* : porter chance. — *Trouver son bonheur* : trouver ce qu'on cherche.

BONHEUR-DU-JOUR n.m. (pl. *bonheurs-du-jour*). Petit bureau de dame portant, en retrait, un gradin à casiers (XVIIIe s.).

BONHOMIE n.f. Caractère d'une personne bonhomme, de ses manières.

1. BONHOMME, BONNE FEMME n. (pl. *bonshommes* [bɔ̃zɔm], *bonnes femmes*). *Fam.* Personne, individu jugé sympathique ou, au contraire, inspirant la réserve ou la méfiance. *C'est une sacrée bonne femme. Ce bonhomme me fait peur.* <> *Fam. Un petit bonhomme, une petite bonne femme* : un petit garçon, une petite fille. — *Fam. Un grand bonhomme* : qqn qu'on admire, respecte. — *Fam. Aller son petit bonhomme de chemin,* tranquillement, sans se hâter. ◆ n.m. Représentation humaine grossièrement dessinée ou façonnée. *Bonhomme de neige.* <> PSYCHOL. *Test du bonhomme,* consistant en un dessin d'un « bonhomme » que l'on demande à un enfant de réaliser afin d'évaluer le stade de son évolution affective et intellectuelle.

2. BONHOMME adj. À la fois simple et bienveillant. *Un air bonhomme.*

BONI n.m. (mot lat., forme de *bonum,* bien). FIN. **1.** Excédent de la dépense prévue sur les sommes réellement dépensées. **2.** Bénéfice. <> *Boni de liquidation* : lors d'une dissolution de société, différence positive entre le montant de l'actif net et le montant des apports effectués à la société dissoute.

BONICHE n.f. → **BONNICHE.**

BONICHON n.m. *Fam.,* vieilli. Petit bonnet.

BONIFICATION n.f. **1.** Avantage, points supplémentaires accordés à un concurrent dans une épreuve sportive. **2.** *Bonification d'intérêts* : subvention versée par l'État à un organisme financier, permettant à ce dernier de réduire le taux d'intérêt des prêts consentis à certains emprunteurs. **3.** BANQUE. Suisse. Versement, crédit. **4.** GÉOGR. Ensemble de travaux destinés à assécher et à assainir des marais.

BONIFIÉ, E adj. **1.** Devenu meilleur. **2.** BANQUE. *Taux bonifié,* inférieur aux taux pratiqués sur le marché.

BONIFIER v.t. [5] (de *1. bon*). **1.** Rendre meilleur. *Bonifier des terres.* **2.** BANQUE. Suisse. Créditer. ◆ **se bonifier** v.pr. Devenir meilleur. *Le vin se bonifie en vieillissant.*

BONIMENT n.m. (de l'arg. *bonir,* parler). *Péjor.* Discours habile et trompeur pour flatter, séduire ou convaincre.

BONIMENTER v.i. Faire du, des boniments.

BONIMENTEUR, EUSE n. Personne qui bonimente, raconte des boniments.

BONITE n.f. (esp. *bonito*). **1.** Poisson comestible de la Méditerranée et de l'Atlantique tropical, voisin du maquereau. (Long. 90 cm ; genre *Sarda,* famille des scombridés.) SYN. : *pélamide.* **2.** Poisson, voisin du thon, des mêmes régions que le précédent. (Genre *Euthynnus* ; famille des thunnidés.)

BONJOUR interj. et n.m. Terme par lequel on salue qqn que l'on rencontre dans la journée. *Bonjour, comment allez-vous ? Dire bonjour.*

BON MARCHÉ adj. inv. Qui n'est pas cher, que l'on peut acquérir pour peu d'argent.

BONNE n.f. *Bonne,* ou, *péjor., bonne à tout faire* : employée de maison logée chez ses employeurs et chargée des travaux de ménage.

BONNE-MAIN n.f. (pl. *bonnes-mains*). Suisse. Pourboire.

BONNE-MAMAN n.f. (pl. *bonnes-mamans*). Grand-mère, dans le langage enfantin.

BONNEMENT adv. *Tout bonnement* : tout simplement.

BONNET n.m. (du germ.). **1.** Coiffure souple et sans bords, qui emboîte la tête. *Bonnet de ski.* <> *Bonnet à poil,* ou *bonnet d'ourson* : coiffure militaire, portée notamm. par la Garde napoléonienne. — *Bonnet de nuit,* porté autref. pour dormir. — *Fam. Avoir la tête près du bonnet* : se mettre facilement en colère. — *Fam. C'est bonnet blanc et blanc bonnet* : c'est la même chose, le résultat est le même. — *Fam. Deux têtes sous un même, sous un seul bonnet* : deux personnes complices, toujours du même avis. — *Fam. Gros bonnet* : personne importante. — *Fam. Prendre sous son bonnet,* sous sa responsabilité. **2.** Chacune des poches d'un soutien-gorge. **3.** ZOOL. Deuxième poche de l'estomac des ruminants.

BONNETEAU n.m. Jeu d'argent dans lequel le parieur doit repérer une des trois cartes que le bonneteur retourne et intervertit rapidement sous ses yeux.

BONNETERIE [bɔnɛtri] n.f. Industrie, commerce des articles d'habillement en étoffe à mailles ; ces articles (bas, collants, chaussettes, slips, etc.).

BONNETEUR n.m. Au bonneteau, personne qui tient les cartes et prend les paris.

BONNETIER, ÈRE n. Fabricant, marchand d'articles de bonneterie.

BONNETIÈRE n.f. Étroite et haute armoire, autref. à coiffes, auj. à linge.

BONNETTE n.f. **1.** PHOTOGR. Lentille dont on coiffe un objectif pour en modifier la distance focale. **2.** MAR. Petite voile carrée supplémentaire, en toile légère, installée au vent arrière de part et d'autre des voiles principales pour augmenter la surface de la voilure.

BONNICHE ou **BONICHE** n.f. *Fam., péjor.* Employée de maison, bonne.

BONOBO n.m. Chimpanzé des forêts de la rive gauche du fleuve Congo, moins corpulent que le chimpanzé commun, mais au comportement social plus affirmé.

BON-PAPA n.m. (pl. *bons-papas*). Grand-père, dans le langage enfantin.

BONSAÏ [bɔ̃zaj] n.m. (mot jap., *arbre en pot*). Arbre nain cultivé en pot, obtenu par la taille des racines et des rameaux, et la ligature des tiges.

BONSOIR interj. et n.m. Terme par lequel on salue qqn que l'on rencontre ou que l'on quitte, le soir. *Bonsoir, rentrez bien. Dire bonsoir.*

BONTÉ n.f. (lat. *bonitas*, de *bonus*, bon). Caractère d'une personne bonne, bienveillante. ◆ pl. Manifestations de bienveillance. *Vos bontés me touchent.*

BONUS [bɔnys] n.m. (mot lat., *bon*). **1.** Réduction de la prime d'assurance automobile accordée par l'assureur aux assurés qui n'ont pas eu d'accident ou qui n'ont pas engagé leur responsabilité lors d'un accident. CONTR. : *malus.* **2.** *Fig.* Ce qui vient en plus ou en mieux, dans un montant, un résultat ; amélioration.

BONZE, ESSE n. (port. *bonzo*, du jap. *bozu*). Religieux ou religieuse bouddhiste. ◆ n.m. *Fam., péjor.* Personne qui parle avec emphase.

BOOGIE-WOOGIE [bugiwugi] n.m. [pl. *boogie-woogies*] (mot anglo-amér.). **1.** Style de jazz, né vers 1930 aux États-Unis, caractérisé par un jeu pianistique qui oppose au rythme régulier et rapide de la main gauche les variations jouées par la main droite. **2.** Danse afro-américaine très rythmée, exécutée sur un accompagnement de piano.

BOOK [buk] n.m. (abrév.). Press-book.

BOOKMAKER [bukmɛkœr] n.m. (mot angl.). Professionnel recevant les paris sur les champs de courses, dont l'activité est soumise en France à une autorisation préalable.

BOOLÉEN, ENNE [buleɛ̃, ɛn] ou **BOOLIEN, ENNE** [buljɛ̃, ɛn] adj. **1.** Relatif aux théories de George Boole. **2.** MATH. *Variable booléenne*, susceptible de prendre deux valeurs s'excluant mutuellement (par ex. 0 et 1).

BOOM [bum] n.m. (mot anglo-amér.). **1.** Hausse soudaine, développement rapide, en partic. des valeurs en Bourse. **2.** Développement soudain et rapide d'un phénomène. *Le boom des naissances après la guerre.*

BOOMER [bumœr] n.m. (mot angl.). Anglic. déconseillé. Haut-parleur de graves.

BOOMERANG [bumrɑ̃g] n.m. (d'une langue d'Australie). **1.** Arme de jet des aborigènes d'Australie, faite d'une lame étroite de bois coudée, capable en tournant sur elle-même de revenir à son point de départ si la cible est manquée. – Engin pour le jeu et le sport analogue à cette arme ; jeu, sport consistant à le lancer. **2.** *Fig.* Acte, parole hostile qui se retourne contre son auteur.

1. BOOSTER [bustœr] n.m. (mot angl.). **1.** ASTRONAUT. Propulseur auxiliaire destiné à accroître la poussée d'une fusée, notamm. au décollage. Recomm. off. : *propulseur auxiliaire, pousseur.* **2.** Amplificateur additionnel destiné à accroître la puissance d'un autoradio et à améliorer la qualité du son fourni. Recomm. off. : *suramplificateur.*

2. BOOSTER [buste] v.t. (angl. *to boost*, augmenter). *Fam.* Stimuler, développer, renforcer. *Booster les ventes.*

BOOTLEGGER [butlegœr] n.m. (mot anglo-amér., de *bootleg*, jambe de botte, la bouteille se cachant dans la botte). HIST. Contrebandier d'alcool, aux États-Unis, pendant la période de la prohibition.

BOOTS [buts] n.m. pl. (mot angl., *bottes*). Bottes courtes s'arrêtant au-dessus des chevilles.

BOP ou **BE-BOP** [bibɔp] n.m. [pl. *bops, be-bops*] (mot anglo-amér., onomat.). Style de jazz, né à New York au début des années 1940, caractérisé par le développement de la section rythmique et la fracture des mélodies par des dissonances et des effets chromatiques. (Parmi les représentants du bop, on peut citer Charlie Parker, Dizzie Gillespie, Bud Powell, Art Blakey, etc.)

BOQUETEAU n.m. Petit bois, bouquet d'arbres isolé.

BORA n.f. (mot slovène). Vent froid et violent du nord-est, qui souffle sur l'Adriatique.

BORAGINACÉE n.f. → **BORRAGINACÉE.**

BORAIN, E adj. et n. → **BORIN.**

BORANE n.m. Composé de bore et d'hydrogène BH_3 existant sous la forme du dimère B_2H_6, et prototype de la famille des boranes.

BORASSUS [bɔrasys] ou **BORASSE** n.m. Palmier d'Inde et d'Afrique, fournissant un bourgeon (cœur de palmier) et des fruits comestibles, et dont la sève sert à préparer une boisson (vin de palme). SYN. : *rônier.*

BORATE n.m. Sel de l'acide borique.

BORATÉ, E adj. Qui contient un borate.

BORAX n.m. (de l'ar. *bawraq*). Borate hydraté de sodium ($Na_2B_4O_7$, $10H_2O$), utilisé notamm. pour la décoration de la porcelaine et la préparation du perborate.

BORBORYGME n.m. (gr. *borborugmos*). **1.** Bruit causé par le déplacement des gaz et des liquides dans le tube digestif ; gargouillement. **2.** (Souvent pl.) Parole incompréhensible, son que l'on ne peut identifier.

BORCHTCH n.m. → **BORTSCH.**

BORD n.m. (mot francique). **1.** Partie qui borde, forme le pourtour, la limite d'une surface, d'un objet. *Bord d'une table, d'un chapeau.* ◇ *À pleins bords* : à flots, sans obstacle. – *Fam. Sur les bords* : légèrement ; un peu. – *Bord d'attaque, de fuite* : partie frontale, postérieure d'une aile d'avion. **2.** Rivage, côte, berge d'une étendue d'eau. *Le bord de mer. Les bords du Rhin.* ◇ *Être au bord de*, sur le point de. *Être au bord des larmes.* **3.** Côté d'un bateau. *Prendre de la gîte sur un bord puis sur l'autre.* ◇ *Virer de bord* : changer d'amure ; *fig.*, changer d'opinion, de parti. – *Fam. Être du bord de qqn, du même bord* : avoir la même opinion, les mêmes idées politiques. **4.** Le bateau lui-même. *Les hommes du bord.* ◇ *Être à bord d'un véhicule*, à l'intérieur. **5.** MAR. Bordée.

BORDE ou **BORDERIE** n.f. HIST. Petite exploitation agricole, dans le sud de la France.

BORDÉ n.m. MAR. Ensemble des planches ou des tôles constituant la coque extérieure d'un navire.

BORDEAUX n.m. Vin d'appellation d'origine contrôlée du département de la Gironde. ◆ adj. inv. D'une couleur rouge foncé tirant sur le violet.

BORDÉE n.f. (de *bord*). **1.** MAR. **a.** Distance parcourue entre deux virements de bord par un navire qui louvoie. *Courir, tirer une bordée.* SYN. : *bord.* ◇ *Fam. Tirer une bordée* : descendre à terre pour boire et s'amuser, en parlant des marins. **b.** Chacune des deux parties d'un équipage organisées en vue du quart. **2. a.** Anc. Ensemble des canons rangés sur chaque bord d'un navire. **b.** Décharge simultanée des canons d'une même batterie. – *Fam.* Grande quantité de. *Une bordée d'injures.* **3.** Québec. *Bordée de neige* : chute de neige très abondante.

BORDEL n.m. (provenç. *bordelou*). **1.** *Vulg.* Maison de prostitution. **2.** *Très fam.* Grand désordre. *Attends une minute, je range un peu mon bordel.* ◆ interj. *Très fam.* Exprime la colère, l'indignation.

BORDELAIS, E adj. et n. De Bordeaux ; de sa région.

BORDELAISE n.f. **1.** Tonneau employé dans le commerce des vins de Bordeaux et qui contient de 225 à 230 litres. **2.** Bouteille, d'une contenance de 68 à 72 centilitres, utilisée notamm. pour les vins de Bordeaux.

BORDÉLIQUE adj. *Très fam.* Où règne un grand désordre ; qui est très désordonné.

BORDER v.t. **1.** Garnir le bord de, faire une bordure à. *Border le col d'une robe de dentelle. Border une pelouse de tulipes.* **2.** *Border un lit, qqn dans son lit* : replier le bord des draps et des couvertures sous le matelas. **3.** Occuper le bord, se tenir sur le bord de. *Tours qui bordent la Seine.* **4.** MAR. **a.** *Border une voile*, en raidir l'écoute ou les écoutes. **b.** Mettre en place le bordé d'un bateau.

BORDEREAU n.m. Document d'enregistrement, état récapitulatif d'opérations financières, commerciales, etc.

BORDERIE n.f. → **BORDE.**

BORDIER, ÈRE adj. (de *bord*). *Mer bordière* : mer située en bordure d'un continent. ◆ adj. et n. Suisse. Riverain.

BORDIGUE ou **BOURDIGUE** n.f. (provenç. *bourdigo*). Enceinte de claies, sur le bord de la mer, pour prendre ou garder du poisson.

BORDURE n.f. **1.** Partie la plus excentrique d'une surface ; bord, lisière. *La bordure d'un bois.* ◇ *En bordure de* : le long de, immédiatement à l'extérieur. *Maison en bordure de route.* – MAR. Lisière inférieure d'une voile. **2.** Ce qui garnit le bord de qqch ; ce qui marque le bord, la limite de qqch. *Bordure de fleurs.* ◇ *Bordure de trottoir* : rangée de pierres longues limitant le bord d'un trottoir.

BORDURETTE n.f. URBAN., TRANSP. Dispositif de séparation placé entre deux voies de circulation et génér. destiné à protéger un couloir d'autobus.

BORE n.m. (de *borax*). **1.** Non-métal solide, extrêmement dur, brun-noir, de densité 2,34, trivalent. **2.** Élément chimique (B), de numéro atomique 5, de masse atomique 10,811.

BORÉAL, E, ALS ou **AUX** adj. (du gr. *boreas*, vent du nord). De la moitié nord du globe terrestre, de la sphère céleste ou d'un astre. *Aurore boréale.* CONTR. : *austral.*

BORÉE n.m. *Litt.* Vent du nord.

BORGNE adj. et n. Qui ne voit que d'un œil. ◆ adj. **1.** À demi bouché. *Fenêtre borgne.* ◇ TECHN. *Trou borgne*, qui ne traverse pas complètement une pièce. **2.** *Hôtel borgne*, mal famé, sordide.

BORIE n.f. (mot provenç.). En Provence, petite habitation construite en pierres sèches.

BORIN, E ou **BORAIN, E** adj. et n. Du Borinage.

BORIQUE adj. *Acide borique* : acide oxygéné dérivé du bore (H_3BO_3).

BORIQUÉ, E adj. Qui contient de l'acide borique.

BORNAGE n.m. DR. Opération qui consiste à mettre en place des bornes délimitant une propriété privée.

BORNE n.f. (lat. *bodina*, mot gaul.). **1.** Pierre, maçonnerie destinée à matérialiser la limite d'un terrain, à marquer un repère, à barrer un passage, etc. *Chaîne tendue entre deux bornes.* ◇ *Borne kilométrique*, indiquant sur les routes les distances entre les localités. – *Fam.* Kilomètre. *Faire cinq bornes à pied.* **2.** Dispositif évoquant par sa forme une borne. *Borne d'incendie. Borne d'alarme.* ◇ *Borne interactive* : appareil équipé d'un écran vidéo et d'un ordinateur spécifique, qui fournit à un utilisateur des informations en fonction de ses demandes. **3.** (Souvent pl.) Point délimitant la fin ; limite. *Les bornes de la connaissance.* ◇ *Sans bornes* : infini, illimité. *Une méchanceté sans bornes.* – *Dépasser, franchir les bornes* : aller au-delà de ce qui est juste, permis, convenable. – MATH. *Borne supérieure* (ou *inférieure*) *d'un ensemble ordonné A* : le plus petit (ou le plus grand), s'il existe, des majorants ou des minorants de A. **4.** ÉLECTROTECHN. Point ou composant d'un circuit destiné à établir une connexion. SYN. : *pôle.* **5.** Siège collectif circulaire, capitonné, à dossier central.

BORNÉ, E adj. **1.** Étroitement limité ; restreint. *Choix borné. Horizon borné.* **2.** Limité intellectuellement ; d'esprit étroit, obtus. **3.** MATH. Se dit d'un ensemble ayant une borne inférieure et une borne supérieure.

BORNE-FONTAINE n.f. (pl. *bornes-fontaines*). **1.** Petite fontaine en forme de borne. **2.** Québec. Borne d'incendie.

BORNER v.t. **1.** Délimiter à l'aide de bornes ; marquer la limite de. *Borner un champ. La place est bornée de vieilles maisons.* **2.** Enfermer dans des limites ; restreindre. *Borner ses recherches à l'essentiel.* ◆ **se borner** v.pr. (**à**). **1.** Se limiter à. *Leurs relations se bornent à la courtoisie.* **2.** Limiter son action à, se contenter de. *Je me borne à vous mettre en garde.*

BORNOYER v.i. [7] (de *borgne*). Viser d'un œil, en fermant l'autre, pour vérifier si une ligne est droite, si une surface est plane. ◆ v.t. Tracer une ligne droite avec des jalons en fermant un œil et en visant de l'autre. *Bornoyer les arbres d'une allée.*

BOROSILICATE n.m. Combinaison d'un borate avec un silicate.

BOROSILICATÉ, E adj. *Verre borosilicaté* : verre à base de borosilicate utilisé pour la verrerie culinaire.

B

BOROUGH [borɔ] n.m. (mot angl.). Circonscription administrative de Londres, de New York.

BORRAGINACÉE ou **BORAGINACÉE** n.f. (du lat. *borrago, -ginis,* bourrache). Plante dicotylédone herbacée, à la tige et aux feuilles velues, telle que la bourrache, le myosotis, l'héliotrope, la pulmonaire. (Les borraginacées forment une famille.)

BORRÉLIOSE n.f. Maladie infectieuse due à une bactérie du type des spirochètes, transmise par les poux ou les tiques, et se manifestant par des poussées fébriles successives.

BORTSCH ou **BORCHTCH** [bɔrtʃ] n.m. (mot russe). Pot-au-feu à base de chou et de betterave, servi avec de la crème aigre. (Cuisine russe.)

BORURATION n.f. MÉTALL. Procédé de cémentation par le bore.

BORURE n.m. Composé de bore et d'un autre corps simple.

BOSCO n.m. MAR. Maître de manœuvre.

BOSCOYO n.m. Louisiane. Racine aérienne du cipre.

BOSKOOP [bɔskɔp] n.f. (d'une ville des Pays-Bas). Pomme d'une variété à chair ferme.

BOSNIAQUE adj. et n. De la Bosnie, de ses habitants. ◆ n.m. Langue slave. (Elle a le statut de langue officielle, avec le croate et le serbe, en Bosnie-Herzégovine.)

BOSON n.m. (de Satyendranath *Bose,* n. d'un physicien). PHYS. **1.** Toute particule qui, obéissant à la statistique de Bose-Einstein (tels les mésons, les photons, etc.), a un spin entier. **2.** *Boson vecteur :* boson véhiculant soit l'interaction électromagnétique (photon) soit l'interaction forte (gluon), soit l'interaction faible (W, Z). – ***Boson intermédiaire*** ***W*** ou ***Z*** *:* particule médiatrice de l'interaction faible.

BOSQUET n.m. (ital. *boschetto*). Groupe d'arbres ou d'arbustes ; petit bois.

BOSS n.m. (mot anglo-amér.). *Fam.* Patron.

BOSSAGE n.m. **1.** ARCHIT. Chacune des saillies en pierre ménagées à dessein sur le nu d'un mur pour recevoir des sculptures ou servir d'ornement. (Nombreux types : *en table* [plat], *arrondi, en pointe de diamant, rustique, vermiculé,* etc.) **2.** MÉCAN. Partie saillante peu élevée d'une pièce.

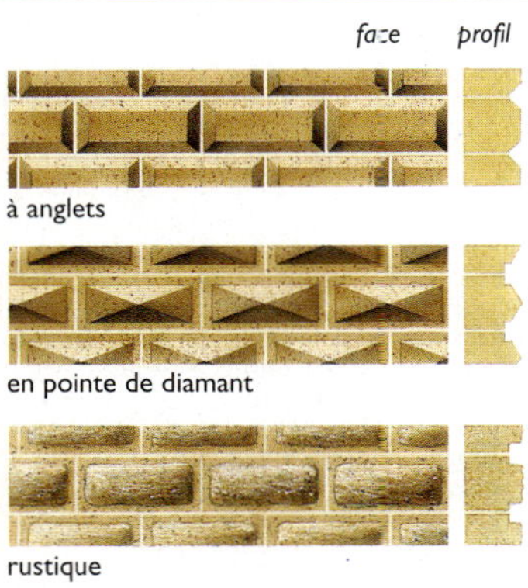

■ **BOSSAGES**

BOSSA-NOVA n.f. [pl. *bossas-novas*] (mot port.). Musique de danse brésilienne proche de la samba ; danse brésilienne récréative.

BOSSE n.f. (du francique *botan,* frapper). **1.** Gonflement qui apparaît à la suite d'un coup, du fait d'un épanchement sanguin. **2.** Saillie arrondie du dos provoquée par une cyphose de la colonne vertébrale. ◇ *Fam.* ***Rouler sa bosse*** *:* mener une vie aventureuse, voyager beaucoup. **3.** Protubérance naturelle sur le dos de certains animaux. *La bosse du dromadaire.* **4.** Relief naturel du crâne humain. ◇ *Fam.* ***Avoir la bosse de*** *:* être singulièrement doué pour. **5.** Élévation, saillie arrondie. *Les creux et les bosses d'un terrain.* **6.** MAR. Cordage, filin court, dont une extrémité est amarrée à un point fixe d'un bateau, et qui sert à divers usages. *Bosse d'amarrage, de remorque. Bosse de ris.* **7.** CH. DE F. *Bosse de débranchement :* portion de voie en dos-d'âne, placée, dans un triage, en tête du faisceau de débranchement, et sur laquelle on pousse par refoulement les trains dont les attelages ont été convenablement coupés. **8.** ARTS APPL. *En bosse, relevé en bosse :* se dit d'un décor exécuté en fort relief.

BOSSELER v.t. [16]. Déformer par des bosses accidentelles.

BOSSELLEMENT n.m. Fait de bosseler ; fait d'être bosselé.

BOSSELURE n.f. Ensemble des bosses d'une surface.

1. BOSSER v.t. MAR. Fixer avec une bosse.

2. BOSSER v.i. et v.t. (de *bosser du dos,* être courbé). *Fam.* Travailler. *Il bosse depuis peu. Bosser un concours.*

BOSSETTE n.f. **1.** Ornement en saillie des deux côtés d'un mors de cheval. **2.** Petit renflement sur la détente d'une arme à feu. **3.** Suisse. Tonneau allongé et monté sur roues pour recevoir le raisin vendangé.

BOSSEUR, EUSE adj. et n. *Fam.* Qui travaille beaucoup.

BOSSOIR n.m. Appareil de levage servant à hisser ou à mettre à l'eau une embarcation, ou à manœuvrer des ancres.

BOSSU, E adj. et n. Qui a une bosse, par suite d'une déformation de la colonne vertébrale. ◇ *Fam.* ***Rire comme un bossu*** *:* se tordre de rire.

BOSSUER v.t. Vx. Déformer par des bosses ; bosseler, cabosser.

BOSTON [bɔstɔ̃] n.m. (de la ville de *Boston*). **1.** Danse d'origine américaine, exécutée en couple, en vogue à la fin du XIXe s. aux États-Unis et en Europe. **2.** Musique de danse, de rythme ternaire, apparentée à la valse lente.

BOSTRYCHE n.m. (gr. *bostrukhos,* boucle de cheveux). Insecte coléoptère xylophage, dont les larves creusent des galeries dans le bois des résineux.

■ **BOSTRYCHE**

BOT, BOTE adj. (germ. *butta,* émoussé). Se dit d'un segment de membre atteint d'une malformation ou d'une déformation acquise. *Pied bot.*

BOTANIQUE n.f. (du gr. *botanon,* plante). Science qui étudie les végétaux. ◆ adj. Relatif à l'étude des végétaux. *Jardin botanique.* ◇ ***Plante botanique*** *:* plante d'ornement vendue sous sa forme sauvage.

BOTANISTE n. Spécialiste de botanique.

BOTHRIOCÉPHALE n.m. (du gr. *bothrion,* petite cavité, et *kephalê,* tête). Ver voisin du ténia, pouvant atteindre 15 m, parasite de l'intestin de l'homme et de quelques mammifères, et dont la larve a pour hôtes certains poissons d'eau douce. (La contamination s'opère par l'absorption de poissons mal cuits. Classe des cestodes.)

BOTRYTIS [-tis] n.m. (du gr. *botrus,* grappe). Champignon parasite, dont une espèce provoque la muscardine sur le ver à soie et une autre la pourriture noble sur la vigne. (Classe des ascomycètes.)

1. BOTTE n.f. (néerl. *bote,* touffe de lin). Assemblage de végétaux de même nature liés ensemble. *Botte de paille. Botte de radis.*

2. BOTTE n.f. (ital. *botta,* coup). **1.** Coup de pointe donné avec le fleuret ou l'épée. **2.** *Fig.* Attaque vive et imprévue propre à déconcerter l'adversaire, l'interlocuteur.

3. BOTTE n.f. (p.-ê. de *bot*). **1.** Chaussure à tige montante qui enferme le pied et la jambe, génér. jusqu'au dessous du genou. *Bottes de caoutchouc. Bottes de cavalier.* ◇ ***Être à la botte de qqn,*** lui être entièrement dévoué ou soumis. – ***Sous la botte*** *:* opprimé militairement. *Pays sous la botte de l'occupant.* **2.** *Arg. scol.* Ensemble des élèves sortis les premiers de l'École polytechnique.

BOTTELAGE n.m. Action de botteler.

BOTTELER v.t. [16]. Assembler en bottes du foin, de la paille.

BOTTELEUSE n.f. Machine à botteler.

BOTTER v.t. **1.** Chausser qqn de bottes. **2.** *Fam.* Donner un coup de pied à, dans. *Se faire botter les fesses.* **3.** Au football ou au rugby, frapper le ballon avec le pied. **4.** *Fam.* Convenir, plaire. *Ça me botte.*

BOTTEUR n.m. Joueur chargé de transformer les essais, de tirer les pénalités, au rugby.

BOTTIER n.m. Artisan qui confectionne des chaussures et des bottes sur mesure.

BOTTILLON n.m. Chaussure à tige montante, génér. fourrée.

BOTTIN n.m. (nom déposé ; de Sébastien *Bottin,* qui publia le premier annuaire en France). **1.** Annuaire téléphonique. **2.** *Bottin mondain :* répertoire des gens du monde, de l'aristocratie.

BOTTINE n.f. Chaussure montante, très ajustée, à boutons ou à lacets.

BOTULIQUE ou **BOTULINIQUE** adj. Relatif au botulisme.

BOTULISME n.m. (du lat. *botulus,* boudin). Toxi-infection alimentaire grave causée par l'ingestion de la toxine d'un bacille, et entraînant des paralysies.

BOUBOU n.m. (mot mandingue). Longue tunique flottante portée en Afrique noire.

BOUC n.m. (gaul. *bucco*). **1.** Mâle de la chèvre. **2.** *Bouc émissaire :* personne rendue responsable de toutes les fautes (par allusion à la coutume biblique qui consistait à charger un bouc de tous les péchés d'Israël et à le chasser dans le désert). **3.** Petite barbe qu'un homme porte au menton.

1. BOUCAN n.m. (du caribe). Viande fumée, chez les Caraïbes.

2. BOUCAN n.m. (ital. *baccano,* tapage). *Fam.* Grand bruit, vacarme.

BOUCANAGE n.m. Action de boucaner.

BOUCANER v.t. (de *1. boucan*). Fumer de la viande, du poisson.

BOUCANIER n.m. **1.** Aventurier qui chassait le bœuf sauvage, aux Antilles, pour boucaner la viande ou faire le commerce des peaux. **2.** Aventurier ; pirate.

BOUCAU n.m. (gascon *bouco,* bouche). Région. (Midi). Entrée d'un port.

BOUCAUD ou **BOUCOT** n.m. Région. Crevette grise.

BOUCHAGE n.m. Action de boucher.

BOUCHAIN n.m. MAR. Partie courbe de la carène d'un navire comprise entre les fonds et la partie verticale de la muraille.

BOUCHARDE n.f. **1.** Marteau de tailleur de pierre, à deux têtes carrées et découpées en pointes de diamant. **2.** Rouleau de métal dont la périphérie est munie d'aspérités régulières pour lisser une surface en mortier.

BOUCHARDER v.t. Travailler la pierre avec une boucharde.

BOUCHE n.f. (lat. *bucca*). **1.** Cavité formant le segment initial du tube digestif de l'homme et de certains animaux, permettant l'ingestion des aliments et participant à la respiration et à la phonation. ◇ ***Bouche cousue, close*** *:* sans parler. – ***De bouche à oreille*** *:* oralement et, souvent, confidentiellement. – ***Fermer la bouche à qqn,*** le faire taire. – ***Pour la bonne bouche*** *:* pour la fin. **2.** Les lèvres. *Bouche fine, charnue.* **3.** Personne aux besoins alimentaires de laquelle on doit subvenir. *Avoir cinq bouches à nourrir.* ◇ ***Métiers, commerces de bouche,*** liés au secteur économique de l'alimentation ou de la restauration. – ***Fine bouche*** *:* gourmet. – ***Faire la fine bouche*** *:* faire le difficile. **4.** Orifice, ouverture d'une cavité, d'un conduit. *Bouche d'un four. Bouche de métro. Bouche d'aération.* ◇ ***Bouche d'incendie*** *:* prise d'eau à l'usage des pompiers. **5.** Partie du canon d'une arme à feu par où sort le projectile. ◇ ***Bouche à feu*** *:* arme à feu non portative. ◆ pl. Embouchure d'un fleuve, d'un golfe, d'un détroit. *Les bouches de l'Amazone. Les bouches de Bonifacio.*

BOUCHÉ, E adj. **1.** Fermé par un obstacle ; obstrué. *Tuyau, lavabo bouché. Horizon, avenir bouché.* ◇ ***Ciel, temps bouché,*** couvert, sans visibilité. **2.** *Cidre bouché :* cidre pétillant conservé dans des bouteilles fermées d'un bouchon de liège et d'un muselet. **3.** *Fam.* Se dit de qqn qui comprend lentement ; obtus.

BOUCHE-À-BOUCHE n.m. inv. Technique de ventilation artificielle, dans laquelle le sauveteur souffle dans la bouche de la victime.

BOUCHE-À-OREILLE n.m. inv. Transmission orale d'une information de personne à personne, de bouche à oreille.

BOUCHÉE n.f. **1.** Quantité d'aliments portée à la bouche en une fois. ◇ ***Mettre les bouchées doubles*** *:* aller plus vite. – ***Ne faire qu'une bouchée de*** *:* vaincre très facilement. – ***Pour une bouchée de pain*** *:* pour presque rien. **2. a.** Croûte en pâte feuilletée garnie de compositions diverses. *Bouchée à la reine.* **b.** Gros bonbon de chocolat fourré.

BOUCHE-PORES n.m. inv. PEINT. Enduit spécial destiné à obturer les pores de la surface du bois avant de le vernir.

1. BOUCHER v.t. (de l'anc. fr. *bousche,* gerbe). **1.** Fermer une ouverture ; obturer. *Boucher une fente. Boucher une bouteille.* **2.** Fermer, barrer l'accès de ; obstruer. *La foule bouchait la rue.* ◇ *Boucher la vue :* faire écran. ◆ **se boucher** v.pr. *Se boucher les oreilles, les yeux :* se refuser à entendre, à voir, à comprendre.

2. BOUCHER, ÈRE n. Personne qui abat le bétail et/ou prépare et vend la viande au détail. ◆ n.m. *Fig.* Homme cruel, sanguinaire. – *Fam.* Chirurgien, dentiste maladroit.

BOUCHÈRE n.f. Suisse. Gerçure des lèvres.

BOUCHERIE n.f. **1.** Commerce de la viande. **2.** Boutique où l'on vend de la viande. **3.** *Fig.* Massacre, carnage. *Envoyer des troupes à la boucherie.*

BOUCHE-TROU n.m. (pl. *bouche-trous*). *Fam.* Personne ou objet qui ne sert qu'à combler une place vide, à figurer, à faire nombre.

BOUCHOLEUR ou **BOUCHOTEUR** n.m. Vieilli. Mytiliculteur.

BOUCHON n.m. (de l'anc. fr. *bousche,* touffe d'herbe). **1.** Objet qui sert à boucher et, notamm., pièce de liège ou d'une autre matière qui se loge dans le goulot d'une bouteille, d'un flacon. *Bouchon de réservoir d'essence. Bouchon de carafe.* **2.** Anc. Jeu de tir consistant à renverser avec un palet un bouchon qui supporte des pièces de monnaie. ◇ *Fam. C'est plus fort que de jouer au bouchon ! :* c'est surprenant, incroyable. – *Fam. Lancer, pousser trop loin le bouchon :* aller trop loin dans ses prétentions ; exagérer. **3.** Flotteur d'une ligne de pêche. **4.** Ce qui obstrue, engorge un conduit ou une voie de circulation. *Bouchon de cérumen. Automobilistes retardés par un bouchon.* **5.** Poignée de paille tortillée servant, notamm., à essuyer et à frictionner un cheval. ◇ *Bouchon de linge :* linge chiffonné, roulé en boule. **6.** Région. (Lyon). Petit restaurant rustique.

BOUCHONNÉ, E adj. *Vin bouchonné,* qui a un goût de bouchon.

BOUCHONNER v.t. **1.** Frotter un animal avec un bouchon de paille pour enlever la sueur ou la saleté. **2.** *Bouchonner du linge,* le mettre en bouchon, le chiffonner. ◆ v.i. Former un embouteillage.

BOUCHONNIER, ÈRE n. Personne qui fabrique ou vend des bouchons.

BOUCHOT n.m. (mot poitevin). Ensemble de pieux alignés et enfoncés dans la vase, sur lesquels se fait l'élevage des moules.

BOUCHOTEUR n.m. → **BOUCHOLEUR.**

BOUCHOYER v.t. [7] (de *2. boucher*). Suisse. Abattre et dépecer un animal, partic. un porc.

BOUCLAGE n.m. **1.** Action de boucler ; son résultat. **2.** Canalisation ou circuit assurant une alimentation de secours entre deux réseaux.

BOUCLE n.f. (lat. *buccula,* de *bucca,* bouche). **1.** Anneau ou rectangle métallique muni d'une traverse avec un ou plusieurs ardillons, servant à assujettir les deux extrémités d'une courroie, d'une ceinture, etc. ; objet d'ornement en forme d'anneau. *Boucle de ceinturon.* ◇ *Boucle d'oreille :* bijou qui se fixe au lobe de l'oreille. **2.** Ce qui s'enroule en forme d'anneau et se ferme sur soi-même. *Faire une boucle avec une corde.* – Méandre accentué d'un cours d'eau. *Les boucles de la Seine.* – Vieilli. Looping. ◇ *Boucle de cheveux :* mèche de cheveux enroulée sur elle-même. **3.** Itinéraire qui ramène au point de départ. – INFORM. Ensemble d'instructions d'un programme dont l'exécution est répétée jusqu'à la vérification d'un critère donné ou l'obtention d'un certain résultat. – TECHN. Suite d'effets telle que le dernier réagit sur le premier. **4.** *Boucle locale radio :* système de télécommunication sans fil, à haut débit, adapté à la fourniture de services de téléphonie et à l'accès au réseau Internet à partir d'un terminal fixe. **5.** *En boucle :* se dit d'un mode de diffusion dans lequel la séquence est répétée plusieurs fois. *Cours de la Bourse qui défilent en boucle.*

BOUCLÉ, E adj. Qui a des boucles. *Cheveux bouclés. Enfant bouclé.*

BOUCLEMENT n.m. Suisse. COMPTAB. Clôture des comptes.

BOUCLER v.t. **1.** Serrer, assujettir avec une boucle. *Boucler sa ceinture.* – *Fam.* Fermer. *Boucler sa porte.* ◇ *Boucler sa valise, ses bagages,* les fermer en vue du départ. – *Fam. La boucler :* se taire. **2.** *Fam.* Enfermer qqn de façon contraignante. **3.** Encercler une zone, pour la contrôler, par des forces militaires ou de police. *Boucler un quartier.* **4.** Donner la forme d'une boucle. *Boucler ses cheveux.* **5.** Accomplir un parcours, une tâche ; terminer, achever. ◇ *Boucler la boucle :* revenir à son point de départ. – *Boucler un journal, une édition,* en terminer la composition ; y insérer le dernier élément pour assurer la fabrication. – *Boucler son budget :* équilibrer les recettes et les dépenses. **6.** ÉLEV. Passer un anneau dans le nez d'un animal (taureau, en partic.). ◆ v.i. **1.** Former des boucles ; onduler. *Ses cheveux bouclent naturellement.* **2.** INFORM. Entrer dans un processus de calcul sans fin, génér. par suite d'une erreur de programmation.

BOUCLETTE n.f. Petite boucle.

BOUCLIER n.m. (de l'anc. fr. *escu bocler,* écu garni d'une boucle). **1.** Arme défensive portée au bras pour parer les coups de l'adversaire. ◇ *Levée de boucliers :* protestation générale contre un projet, une mesure. **2.** Tout dispositif de protection. – Système de protection des opérations de terrassement dans des terrains meubles, lors du percement de cavités. ◇ *Bouclier thermique :* blindage des cabines spatiales ou des ogives de missiles balistiques, pour les protéger contre l'échauffement lors de la rentrée dans l'atmosphère. **3.** *Fig.* Moyen de protection ; défense. *Le bouclier atomique.* ◇ *Bouclier humain :* otage placé sur un site stratégique pour entraver une action militaire adverse. **4.** GÉOL. Vaste surface de terrains très anciens (précambriens) nivelés par l'érosion et formant l'ossature des continents. *Le bouclier canadien.*

BOUCOT n.m. → **BOUCAUD.**

BOUDDHA n.m. **1.** Dans le bouddhisme, celui qui s'éveille à la connaissance parfaite de la vérité. **2.** Statue, statuette représentant un bouddha.

BOUDDHIQUE adj. Relatif au bouddhisme.

BOUDDHISME n.m. Religion et philosophie orientale (Inde, Chine, Japon, etc.), fondée par le Bouddha (Shakyamuni).

ENCYCL. La doctrine bouddhiste se veut une réponse à la douleur, identifiée avec l'existence elle-même. Pour sortir du cycle des naissances et des morts, c'est-à-dire atteindre le nirvana, il faut commencer par se libérer de la cause de la souffrance, le désir, lié intimement à la vie. Il existe deux grands courants bouddhistes : celui du petit véhicule (hinayana) et celui du grand véhicule (mahayana).

BOUDDHISTE adj. et n. Qui appartient au bouddhisme ; adepte du bouddhisme.

BOUDER v.i. (onomat.). Marquer du dépit, de la mauvaise humeur par une attitude renfrognée. ◆ v.t. **1.** Manifester à qqn de façon passive son hostilité, sa rancune. **2.** Se montrer méfiant ou indifférent à l'égard de qqch. *Bouder un spectacle.*

BOUDERIE n.f. Fait de bouder ; mauvaise humeur, fâcherie.

BOUDEUR, EUSE adj. et n. Qui manifeste de la bouderie.

BOUDIN n.m. (de *bod,* onomat. exprimant le gonflement). **1.** Préparation de charcuterie cuite, appelée aussi *boudin noir,* à base de sang et de gras de porc, mise dans un boyau. ◇ *Boudin blanc,* fait avec une farce à base de viande blanche maigre, princip. de volaille. – *Fam. S'en aller, tourner en eau de boudin :* finir par un échec. **2. a.** Tout objet long et cylindrique. *Reliure à boudin.* ◇ *Ressort à boudin,* constitué d'un fil métallique roulé en hélice. **b.** Mèche ou fusée employée pour la mise à feu d'une mine. **c.** ARCHIT. Moulure demi-cylindrique ; tore. **d.** Saillie interne du bandage d'une roue de véhicule ferroviaire, assurant son maintien sur les rails. SYN. : *mentonnet.* **3.** *Fam., péjor.* Fille, femme grosse et sans grâce.

BOUDINAGE n.m. TECHN. Action de boudiner.

BOUDINÉ, E adj. *Fam.* **1.** En forme de boudin. *Des doigts boudinés.* **2.** Serré dans des vêtements étriqués.

BOUDINER v.t. **1.** TECHN. Faire traverser une filière à une matière malléable pour lui donner la forme d'un cylindre. (Pour certaines matières, telles les matières plastiques, on dit *extruder.*) **2.** *Fam.* Serrer de manière à faire saillir des bourrelets. *Cette robe te boudine.*

BOUDINEUSE n.f. Machine servant au boudinage.

BOUDOIR n.m. **1.** Anc. Petit salon de dame. **2.** Biscuit allongé saupoudré de sucre.

BOUE n.f. (gaul. *bawa*). **1.** Terre ou poussière détrempée d'eau. *La boue des chemins.* **2.** GÉOL. Dépôt fin imprégné d'eau. **3.** Dépôt qui se forme au fond d'un récipient. *Boue d'un encrier.* **4.** *Traîner qqn dans la boue, couvrir qqn de boue,* l'accabler de propos infamants.

BOUÉE n.f. (du germ. *baukn*). **1.** Corps flottant constitué le plus souvent d'un anneau gonflable en matière souple (caoutchouc, plastique, etc.), qui sert à maintenir une personne à la surface de l'eau. ◇ *Bouée de sauvetage :* appareil flottant destiné à être jeté à une personne tombée à l'eau ; *fig.,* ce qui peut tirer qqn d'une situation désespérée. **2.** Corps flottant disposé en mer pour repérer un point, marquer un danger, supporter certains appareils de signalisation, etc. *Bouée lumineuse. Bouée à cloche.*

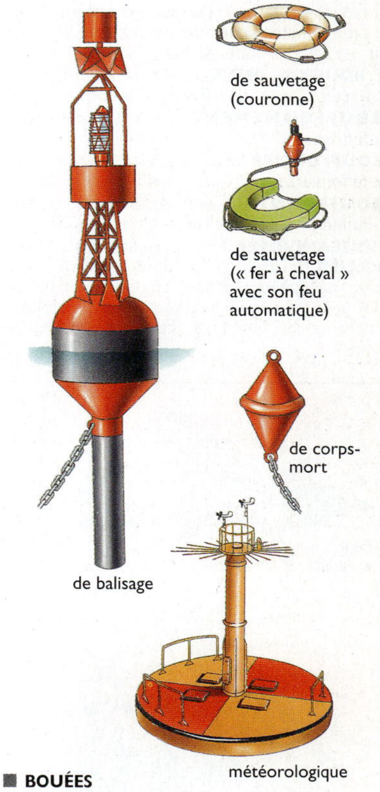

■ **BOUÉES**

BOUÉLER v.i. [11]. Suisse. *Fam.* Crier.

BOUETTE n.f. → **BOETTE.**

1. BOUEUX, EUSE adj. Plein de boue. *Chemin boueux.*

2. BOUEUX n.m. *Fam.* Éboueur.

BOUFFANT, E adj. **1.** Qui bouffe, qui est comme gonflé. *Cheveux bouffants. Manche bouffante.* **2.** *Papier bouffant :* papier sans apprêt, de forte épaisseur.

BOUFFARDE n.f. *Fam.* Grosse pipe.

1. BOUFFE adj. (ital. *opera buffa,* opéra comique). *Opéra(-)bouffe :* v. à son ordre alphabétique.

2. BOUFFE ou **BOUFFETANCE** n.f. *Fam.* Nourriture ; repas.

BOUFFÉE n.f. (de *1. bouffer*). **1.** Exhalaison ou inspiration par la bouche ou par le nez. *Aspirer, souffler une bouffée de tabac.* **2.** Mouvement passager de l'air. *Bouffée d'air frais, de fumée.* **3.** Accès brusque et passager. *Bouffée de fièvre, de colère.* ◇ *Bouffée de chaleur :* sensation brusque et passagère d'échauffement du visage. – PSYCHIATR. *Bouffée délirante :* psychose aiguë du sujet jeune, caractérisée par un délire et des troubles du comportement (agitation, par ex.).

1. BOUFFER v.i. (onomat.). Prendre un certain volume ; se gonfler. *Faire bouffer ses cheveux. Robe qui bouffe.*

2. BOUFFER v.t. (de *1. bouffer*). *Fam.* **1.** Manger. **2.** Consommer. *Une voiture qui bouffe beaucoup d'essence.* **3.** Absorber. *Se laisser bouffer par son travail.* **4.** *Bouffer du curé, du flic, etc.,* tenir sur eux des propos injurieux. – *Je l'aurais bouffé :* j'étais très en colère contre lui. ◆ **se bouffer** v.pr. *Fam. Se bouffer le nez :* se disputer.

BOUFFETANCE n.f. → **BOUFFE.**

BOUFFETTE n.f. Petite touffe de rubans, petite houppe de laine, de soie, employée comme ornement.

BOUFFEUR, EUSE adj. et n. *Fam.* Mangeur.

BOUFFI, E adj. **1.** Gonflé de façon malsaine. *Des yeux bouffis.* ◇ *Bouffi d'orgueil :* d'une grande vanité. **2.** *Hareng bouffi,* ou *bouffi,* n.m. : hareng saur peu fumé.

BOUFFIR v.t. et v.i. (onomat.). Enfler de façon disgracieuse. *Visage qui bouffit.*

BOUFFISSAGE n.m. Préparation des harengs bouffis.

BOUFFISSURE n.f. Gonflement des tissus cutanés et sous-cutanés.

1. BOUFFON n.m. (ital. *buffone*). **1.** Personnage du fou, au théâtre. **2.** Personnage grotesque que les rois entretenaient auprès d'eux pour les divertir. – *Fam.* Personne ridicule.

2. BOUFFON, ONNE adj. Qui prête à rire par son caractère grotesque. *Histoire bouffonne.*

BOUFFONNEMENT adv. De manière bouffonne.

BOUFFONNER v.i. Vx. Faire ou dire des bouffonneries.

BOUFFONNERIE n.f. Action ou parole bouffonne ; caractère de ce qui est bouffon.

BOUGAINVILLÉE [bugɛ̃vile] n.f. ou **BOUGAINVILLIER** [bugɛ̃vilje] n.m. (de *Bougainville,* nom d'un navigateur). Plante grimpante originaire d'Amérique, aux larges bractées rouge violacé, cultivée pour l'ornement. (Famille des nyctaginacées.)

■ **BOUGAINVILLÉE**

BOUGE n.m. (lat. *bulga*). **1.** Partie la plus renflée d'un tonneau. **2.** Convexité transversale des ponts d'un navire. **3.** Logement malpropre ; taudis ; café, bar misérable et mal fréquenté.

BOUGÉ n.m. PHOTOGR. Mouvement de l'appareil photo au moment du déclenchement, qui produit une image floue.

BOUGEOIR n.m. (de *bougie*). Petit plateau ou cuvette munis d'une anse ou d'un manche et comportant au centre une douille où se fixe une bougie.

BOUGEOTTE n.f. *Fam. Avoir la bougeotte :* avoir la manie de bouger sans cesse ; avoir l'envie de se déplacer, de voyager.

BOUGER v.i. [10] (lat. *bullire,* bouillir). **1. a.** Faire un mouvement ; remuer. *Il bouge sans cesse. Que personne ne bouge !* **b.** *Fam.* Sortir de chez soi, d'un lieu. *Je n'ai pas bougé de la journée.* **2.** (En tournure négative.) Changer d'aspect ; se modifier ; s'altérer. *Tissu qui ne bouge pas au lavage.* **3.** Passer à l'action, notamm. pour protester. *Le peuple bouge.* ◆ v.t. Changer de position ; déplacer, transporter. *Bouger les bras et les jambes. Ne bougez rien.* ◆ **se bouger** v.pr. *Fam.* Se remuer, agir. ◇ *Fam. Bouge-toi de là ! :* va-t'en !

BOUGIE n.f. (de *Bougie,* ville d'Algérie d'où l'on exportait beaucoup de cire). **1.** Bâtonnet cylindrique de cire, de paraffine, etc., entourant une mèche et fournissant une flamme qui éclaire. **2.** Pièce d'allumage électrique d'un moteur à explosion. **3.** MÉD. Sonde introduite dans un canal naturel pour le dilater.

BOUGILLON, ONNE adj. et n. Suisse. Qui a la manie de bouger sans cesse.

BOUGNAT n.m. (de *charbougna,* prononciation à l'auvergnate de *charbonnier*). *Fam.,* vieilli. Débitant de boissons et marchand de charbon, souvent d'origine auvergnate.

BOUGON, ONNE adj. et n. (onomat.). *Fam.* Qui manifeste de la mauvaise humeur ; grognon.

BOUGONNEMENT n.m. Attitude, propos de qqn qui bougonne.

BOUGONNER v.t. et v.i. *Fam.* Murmurer, gronder entre ses dents ; ronchonner.

BOUGRE, ESSE n. (bas lat. *bulgarus,* bulgare). *Fam.* **1.** Vieilli. Gaillard, individu. *Ah ! le bougre !* **2.** *Bon bougre :* brave type. – *Il n'est pas mauvais bougre :* il est plutôt gentil. **3.** *Bougre de :* espèce de. *Bougre d'idiot !* ◆ interj. *Fam.,* vieilli. Exprime la surprise, l'admiration. *Bougre ! Quelle belle femme !*

BOUGREMENT adv. *Fam.* Très.

BOUI-BOUI n.m. (pl. *bouis-bouis*). *Fam., souvent péjor.* Petit café, restaurant de quartier.

BOUIF n.m. *Arg.* Cordonnier.

BOUILLABAISSE n.f. (provenç. *bouiabaisso*). Soupe provençale préparée à partir de divers poissons et crustacés, et relevée d'ail, de safran, d'huile d'olive, etc.

BOUILLANT, E adj. **1.** Qui bout. *Huile bouillante.* **2.** Très chaud. **3.** *Fig.* Plein de fougue ; emporté, ardent. *Caractère bouillant.*

BOUILLASSE n.f. *Fam.* Boue.

BOUILLAUD [bujo] **(MALADIE DE) :** rhumatisme articulaire aigu.

1. BOUILLE n.f. (de l'arg. *bouillote,* tête). *Fam.* Visage, expression du visage. *Avoir une bonne bouille.*

2. BOUILLE n.f. → **BOILLE.**

BOUILLEUR n.m. **1.** Rare. Distillateur d'eau-de-vie. ◇ *Cour. Bouilleur de cru :* agriculteur ayant le droit de distiller ou de faire distiller sa propre récolte (vin, cidre, etc.) pour sa consommation personnelle. (Ce privilège n'est plus transmissible depuis 1960.) **2. a.** Cylindre destiné à augmenter la surface de chauffe d'une chaudière. **b.** Élément d'une machine frigorifique à absorption dans lequel la vapeur du frigorigène est extraite par chauffage de l'absorbant pour alimenter le condenseur.

BOUILLI, E adj. Qui a bouilli. ◇ Anc. *Cuir bouilli :* cuir préparé par ébullition pour la confection d'objets moulés. ◆ n.m. Viande bouillie. *Bouilli de bœuf.*

BOUILLIE n.f. **1.** Aliment plus ou moins pâteux composé de farine, de lait ou d'eau bouillis ensemble, notamm. pour les enfants en bas âge. ◇ *En bouillie :* écrasé. – *Fam. C'est de la bouillie pour les chats :* c'est un récit, un texte confus, inintelligible. **2.** Pâte très fluide. ◇ *Bouillie bordelaise :* préparation à base de chaux et de sulfate de cuivre pour traiter les végétaux (vigne notamm.). **3.** *Bouillie explosive :* explosif semi-liquide, qu'on peut injecter dans un trou de mine.

BOUILLIR v.i. [36] (lat. *bullire*). **1.** En parlant d'un liquide, être agité sous l'effet de la chaleur, en dégageant des bulles de vapeur. (L'eau pure bout à 100 °C sous la pression atmosphérique normale.) ◇ *Bouillir de colère, d'impatience, etc. :* être violemment ému par. – *Avoir le sang qui bout dans les veines :* être plein d'énergie, de fougue. **2.** Être chauffé, cuit dans un liquide qui bout. *Les légumes bouillent.* **3.** *Par ext.* Contenir un liquide qui bout. *La casserole bout.* ◇ *Fam. Faire bouillir la marmite :* assurer la subsistance de la maisonnée, de la famille. ◆ v.t. *Fam.* Faire bouillir. *Bouillir du linge.*

BOUILLOIRE n.f. Récipient en métal, génér. avec bec, anse, couvercle, pour faire bouillir de l'eau.

BOUILLON n.m. (de *bouillir*). **1. a.** Potage clair obtenu en faisant bouillir dans l'eau de la viande, des légumes. ◇ *Fam. Boire un bouillon :* avaler de l'eau en nageant ; *fig.,* essuyer un échec, un revers, souvent financier. – *Fam. Bouillon d'onze heures :* breuvage empoisonné. **b.** *Bouillon de culture :* solution nutritive stérilisée, utilisée comme milieu de culture pour les bactéries ; *fig.,* milieu favorable à qqch. **2. a.** (Surtout pl.) Bulle qui s'élève à la surface d'un liquide bouillant. *Cuire à gros bouillons.* **b.** Flot d'un liquide, d'un courant qui s'écoule vivement. **3.** *Fam.* Ensemble des exemplaires invendus d'un journal. **4.** COUT. Pli bouffant d'une étoffe.

BOUILLON-BLANC n.m. [pl. *bouillons-blancs*] (mot gaul.). Molène, plante couverte d'un duvet blanc ou gris, à larges feuilles, à fleurs jaunes, poussant dans les lieux incultes. (Haut. jusqu'à 2 m ; famille des scrofulariacées.)

BOUILLONNANT, E adj. Qui bouillonne.

BOUILLONNÉ n.m. COUT. Bande de tissu froncée en bouillons.

BOUILLONNEMENT n.m. État de ce qui bouillonne ; effervescence. *Le bouillonnement des esprits.*

BOUILLONNER v.i. (de *bouillon*). **1.** Produire des bouillons. *Le torrent bouillonne.* **2.** *Fig.* Être en effervescence, s'agiter. *Mille pensées bouillonnent en lui. Bouillonner de colère.* ◆ v.t. COUT. Faire des bouillons, un bouillonné à.

BOUILLOTTE n.f. **1.** Récipient pouvant contenir de l'eau chaude, ou appareil électrique pour se réchauffer, chauffer un lit. **2.** Vx. Bouilloire.

BOUILLOTTER v.i. Bouillir doucement, à petits bouillons.

BOUKHA n.f. Eau-de-vie de figue fabriquée en Tunisie.

BOULAIE n.f. Terrain planté de bouleaux.

BOULANGE n.f. *Fam.* Métier ou commerce de boulanger.

1. BOULANGER v.i. et v.t. [10] (du picard *boulenc*). Faire du pain.

2. BOULANGER, ÈRE n. Personne qui fait et vend du pain. ◆ adj. Relatif à la boulangerie. ◇ *Pommes boulangères :* pommes de terre en tranches fines cuites au four, souvent avec des oignons.

BOULANGERIE n.f. **1.** Boutique du boulanger. **2.** Profession du boulanger ; secteur économique correspondant.

BOULANGISME n.m. Mouvement politique français qui réunit autour du général Boulanger, entre 1885 et 1889, divers opposants nationalistes et antiparlementaires.

BOULANGISTE adj. et n. Relatif au boulangisme ; qui en est partisan.

BOULE n.f. (lat. *bulla*). **1.** Objet sphérique. *Boule d'ivoire.* – Passoire en forme de boule creuse. *Boule à thé. Boule à riz.* ◇ *Boule de cristal :* verre de forme sphérique servant à la cristallomancie. **2.** Objet sphérique destiné à rouler. *Boule de pétanque.* ◇ *Boule de loto :* jeton, sphère utilisés au jeu du loto. – *Fam. Avoir les yeux en boules de loto,* exorbités. – *La boule :* jeu de casino pratiqué par des parieurs et dans lequel les numéros gagnants sont désignés par une boule lancée dans un plateau en forme de cuvette. **3.** Objet approximativement sphérique. *Boule de neige.* – Miche de pain ronde. ◇ *Boule de gomme :* bonbon rond à base de gomme. – Belgique. Bonbon à sucer. **4.** *En boule :* en forme de boule. – *Fig., fam. Être, se mettre en boule,* en colère. – *Avoir une boule dans la gorge :* étouffer ; être angoissé. – *Faire boule de neige :* grossir, prendre de l'ampleur, comme une boule de neige dévalant une pente. – *Vente à la boule de neige :* vente, prohibée en France, consistant à faire de chaque client éventuel un vendeur bénévole procurant d'autres clients. **5.** GÉOMÉTR. *Boule de centre A et de rayon* r : ensemble des éléments d'un espace métrique dont la distance à A est inférieure à *r.* **6.** *Fam.* Tête. ◇ *Fam. Avoir la boule à zéro :* être tondu. – *Fam. Perdre la boule :* s'affoler ; devenir fou. **7.** INFORM. *Boule roulante :* périphérique de pointage utilisé en micro-informatique, en partic. avec des ordinateurs portables. ◆ pl. **1.** Jeu qui se joue avec des boules (pétanque, boule lyonnaise, etc.). **2.** *Fam. Avoir les boules :* être angoissé, déprimé, ou exaspéré.

BOULÉ n.m. *Au boulé :* se dit d'un sirop de sucre en ébullition lorsque quelques gouttes de ce sirop versées dans de l'eau froide forment une boule molle.

BOULÊ [bulɛ] n.f. (mot gr.). ANTIQ. GR. Haute assemblée d'une cité, et notamm. d'Athènes. (La *boulê* étudiait les projets de loi, qu'elle proposait au vote de l'*ecclésia,* et contrôlait l'administration aussi bien que la politique extérieure.)

BOULEAU n.m. (lat. *betula*). Arbre des pays froids et tempérés, à écorce blanche et à bois blanc, utilisé en menuiserie et en papeterie. (Haut. 30 m env. ; type de la famille des bétulacées.)

■ **BOULEAU**

BOULE-DE-NEIGE n.f. (pl. *boules-de-neige*). BOT. Obier.

BOULEDOGUE [buldɔg] n.m. (angl. *bull-dog*, de *bull*, taureau, et *dog*, chien). Chien d'agrément de petite taille, à la tête carrée très forte, aux oreilles droites.

BOULER v.i. Rare. Rouler sur soi-même, comme une boule. ◇ *Fam. Envoyer bouler :* repousser, éconduire vivement.

BOULET n.m. **1.** Projectile plein, sphérique, de pierre ou de métal dont on chargeait les canons (XIVe - XIXe s.). ◇ *Comme un boulet de canon :* très vite. – *Tirer à boulets rouges sur qqn,* l'attaquer très violemment. **2. a.** Boule de métal fixée à une chaîne qu'on attachait au pied des forçats. **b.** *Fam.* Personne à charge, dont on ne peut se libérer. ◇ *Avoir un boulet au pied :* être entravé par une obligation pénible. **3.** Aggloméré de charbon de forme ovoïde. **4.** Articulation des membres des chevaux ou des ruminants, entre le canon et le paturon.

BOULETAGE n.m. Agglomération en boulettes d'un minerai pulvérisé.

BOULETÉ, E adj. Se dit d'un cheval, d'un bovin dont le boulet est déplacé, porté en avant.

BOULETTE n.f. **1.** Petite boule. – *Spécial.* Préparation culinaire façonnée en forme de petite boule destinée à être frite. **2.** *Fam.* Bévue.

BOULEVARD n.m. (néerl. *bolwere*). **1.** Large rue, génér. plantée d'arbres, à l'origine sur l'emplacement d'anciens remparts. Abrév. : *bd.* ◇ *Fam. Ouvrir un boulevard à :* favoriser, par maladresse ou complaisance, le développement d'un phénomène génér. jugé néfaste. **2.** *Le Boulevard :* milieu qui fréquentait les Grands Boulevards, à Paris (XIXe s.). – *Théâtre de boulevard :* théâtre de caractère léger où dominent le vaudeville et la comédie. ◆ pl. *Les Grands Boulevards :* les boulevards qui vont de la République à la Madeleine, à Paris.

BOULEVARDIER, ÈRE adj. Propre au théâtre de boulevard.

BOULEVERSANT, E adj. Qui bouleverse.

BOULEVERSEMENT n.m. Action, fait de bouleverser ; état, situation, émotion qui en résulte.

BOULEVERSER [bulvɛrse] v.t. (de *bouler* et *verser*). **1.** Mettre en complet désordre, sens dessus dessous. – Renouveler totalement en perturbant. *Cette découverte a bouleversé la science.* **2.** Provoquer une émotion violente, émouvoir fortement.

BOULGOUR n.m. (mot turc). Blé concassé que l'on consomme cuit à l'eau ou à la vapeur. (Cuisine orientale.)

1. BOULIER n.m. Appareil fait de boules coulissant sur des tiges et servant à compter.

2. BOULIER n.m. → **BOLIER.**

BOULIMIE n.f. (gr. *boulimia,* faim de bœuf). **1.** Trouble psychique caractérisé par l'absorption de grandes quantités de nourriture, évoluant par crises. **2.** *Fig.* Fringale, frénésie. *Une boulimie de lecture.*

BOULIMIQUE adj. Relatif à la boulimie. ◆ adj. et n. Atteint de boulimie.

BOULIN n.m. Pièce de bois horizontale d'un échafaudage fixée dans la maçonnerie ; trou laissé par cette pièce après qu'on l'a déposée.

BOULINGRIN n.m. (angl. *bowling-green,* gazon pour jouer aux boules). Parterre de gazon limité par un talus plus ou moins incliné.

BOULISTE n. Joueur de boules.

BOULOCHER v.i. En parlant d'un tricot, d'un tissu, former de petites boules pelucheuses sous l'effet de frottements.

BOULODROME n.m. Terrain pour le jeu de boules.

BOULON n.m. (de *boule*). **1.** Ensemble constitué d'une vis et de l'écrou qui s'y adapte. ◇ *Fam. Serrer les boulons :* resserrer l'application des règlements, la discipline, les dépenses, etc. **2.** TECHN. Tige ancrée dans un terrain pour le consolider.

BOULONNAGE n.m. TECHN. Action de boulonner ; ensemble des boulons d'un assemblage.

BOULONNAIS, E adj. et n. **1.** De Boulogne-Billancourt. **2.** De Boulogne-sur-Mer. **3.** Du Boulonnais. ◆ n.m. Cheval de trait d'une race appréciée pour sa viande.

BOULONNER v.t. TECHN. Maintenir par serrage avec un, des boulons. ◆ v.i. *Fam.* Travailler beaucoup ou durement.

BOULONNERIE n.f. Industrie et commerce des boulons et accessoires ; ces produits.

1. BOULOT, OTTE adj. et n. (de *boule*). *Fam.* Petit et rondelet. *Elle est un peu boulotte.*

2. BOULOT n.m. *Fam.* Travail, emploi. ◇ *Fam. Petit boulot :* emploi précaire et souvent mal rémunéré.

BOULOTTER v.t. *Fam.* **1.** Manger. **2.** *Boulotter de l'argent,* le dépenser, le dilapider.

1. BOUM interj. (onomat.). Exprime le bruit sourd causé par une chute, une explosion, etc. *Boum ! par terre !*

2. BOUM n.m. (onomat.). *Fam. En plein boum :* en pleine activité.

3. BOUM n.f. *Fam.* Surprise-partie ; soirée dansante.

BOUMER v.i. *Fam. Ça boume :* ça va.

1. BOUQUET n.m. (forme picarde du francien *boscet,* petit bois). **1.** Touffe serrée d'arbustes, de fleurs ou d'herbes aromatiques. *Bouquet de roses. Bouquet de persil.* ◇ *Bouquet garni :* assortiment de plantes aromatiques servant en cuisine. **2.** Arôme d'un vin, perçu lorsqu'on le boit. *Ce vin a du bouquet, mais pas de corps.* **3.** Final d'un feu d'artifice. ◇ *Fam. C'est le bouquet ! :* c'est le comble ! **4.** DR. Partie du prix d'achat immédiatement payée au vendeur, dans une vente en viager. **5.** TÉLÉV. *Bouquet de programmes :* ensemble de programmes de télévision diffusés par un satellite de radiodiffusion directe.

2. BOUQUET n.m. (de *bouc*). Grosse crevette rose. (Genre *Palaemon.*)

BOUQUETÉ, E adj. **1.** Parsemé de bouquets d'arbres. **2.** *Vin bouqueté,* qui a beaucoup de bouquet.

BOUQUETIÈRE n.f. **1.** Personne qui compose, vend des bouquets de fleurs. **2.** CUIS. *Bouquetière de légumes :* plat de légumes présentés en bouquet.

■ **BOUQUETIN**

BOUQUETIN n.m. (provenç. *boc estaign*). Chèvre sauvage des montagnes d'Eurasie et d'Afrique, à longues cornes incurvées et annelées. (Famille des bovidés.)

1. BOUQUIN n.m. (de *bouc*). CHASSE. Lièvre ou lapin mâle.

2. BOUQUIN n.m. (néerl. *boeckin,* petit livre). *Fam.* Livre.

BOUQUINER v.i. et v.t. *Fam.* Lire.

BOUQUINEUR, EUSE n. *Fam.* **1.** Vx. Amateur de vieux livres. **2.** Personne qui aime bouquiner, lire.

BOUQUINISTE n. Vendeur de livres d'occasion. *Les bouquinistes des quais de la Seine.*

BOUR ou **BOURE** n.m. (alémanique *buur,* paysan). Suisse. Au jeu de yass, valet d'atout.

BOURBE n.f. (gaul. *borvo*). Boue noire et épaisse qui se dépose au fond des eaux croupissantes (marais, étangs).

BOURBEUX, EUSE adj. Plein de bourbe ou d'une boue qui a la consistance de la bourbe.

BOURBIER n.m. **1.** Lieu très boueux, très bourbeux, où l'on s'enlise. **2.** *Fig.* Situation inextricable.

BOURBILLON n.m. (de *bourbe*). MÉD. Partie centrale blanchâtre d'un furoncle.

BOURBON n.m. (n. d'un comté du Kentucky). Whisky à base de maïs, fabriqué aux États-Unis.

BOURBONIEN, ENNE adj. Relatif aux Bourbons. ◇ *Nez bourbonien,* busqué.

BOURBONNAIS, E adj. et n. Du Bourbonnais.

BOURBOUILLE n.f. Affection cutanée bénigne observée en climat tropical, consistant en une éruption de petits boutons rouges.

BOURDAINE n.f. Arbuste des bois d'Europe occidentale, voisin du nerprun, dont les tiges sont utilisées en vannerie et dont l'écorce est laxative. (Genre *Frangula* ; famille des rhamnacées.)

BOURDE n.f. *Fam.* Erreur grossière ; bévue. *Faire une bourde.*

BOURDIGUE n.f. → **BORDIGUE.**

1. BOURDON n.m. Anc. Long bâton de pèlerin terminé à sa partie supérieure par un ornement en forme de gourde ou de pomme.

2. BOURDON n.m. (onomat.). **1.** Insecte à corps velu et à abdomen marqué de trois larges bandes, voisin de l'abeille, vivant en groupes peu nombreux. (Ordre des hyménoptères ; famille des apidés.) ◇ *Faux bourdon :* abeille mâle. **2.** MUS. **a.** Grosse cloche à son grave. **b.** Jeu de l'orgue, qui fait sonner des tuyaux bouchés rendant une sonorité douce et moelleuse. **3.** *Fam. Avoir le bourdon :* être triste, mélancolique, avoir le cafard.

■ **BOURDON**

3. BOURDON n.m. (de *bourde*). IMPRIM. Omission d'un mot, d'une phrase, d'un passage tout entier d'un texte imprimé.

BOURDONNANT, E adj. Qui bourdonne.

BOURDONNEMENT n.m. **1.** Bruit fait par un, des insectes qui battent des ailes. *Bourdonnement d'une ruche.* **2.** Bruit sourd et continu d'un moteur, d'une foule, etc. **3.** *Bourdonnement d'oreille :* acouphène de tonalité grave et sourde.

BOURDONNER v.i. Faire entendre un bruit sourd et continu. *Une mouche qui bourdonne. Mes oreilles bourdonnent.*

BOURE n.m. → **BOUR.**

BOURG [bur] n.m. (lat. *burgus,* du germ. *burg*). **1.** Village, partic. gros village, qui sert de marché pour les villages voisins. **2.** Agglomération centrale d'une commune, par oppos. aux hameaux périphériques.

BOURGADE n.f. Petit bourg.

BOURGEOIS, E n. (de *bourg*). **1. a.** Personne qui appartient à la bourgeoisie (par oppos. à *ouvrier, paysan,* etc.) ou qui en a les manières. – Personne conformiste et sans idéal, préoccupée de son seul confort matériel. ◇ *En bourgeois :* en civil. – *Épater le bourgeois :* faire impression sur le public. **b.** Au Moyen Âge et sous l'Ancien Régime, habitant d'une ville jouissant des privilèges concédés à cette ville. **2.** Suisse. Personne qui a droit de bourgeoisie. ◆ adj. **1.** Propre aux bourgeois ; propre à la bourgeoisie. *Une éduca-*

B

tion bourgeoise. ◇ ***Cuisine bourgeoise,*** simple et de bon goût. **2.** *Souvent péjor.* Qui adhère aux valeurs de la bourgeoisie (par oppos. à *artiste, ouvrier,* etc.) ; conservateur, bien-pensant. *Préjugés bourgeois. Presse bourgeoise.* **3.** Qui témoigne d'une certaine aisance matérielle. *Immeuble, appartement bourgeois.* **4.** DR. ***Habitation bourgeoise :*** habitation à usage privé, non professionnel. **5.** Suisse. Se dit des partis du centre et de droite.

BOURGEOISE n.f. *Fam.,* vieilli. Épouse.

BOURGEOISEMENT adv. **1.** De façon bourgeoise ; dans l'aisance. **2.** DR. ***Habiter bourgeoisement un immeuble,*** à des fins seulement privées, non professionnelles.

BOURGEOISIAL, E, AUX adj. Suisse. De la bourgeoisie.

BOURGEOISIE n.f. **1.** Ensemble des bourgeois, des personnes qui n'exercent pas un travail manuel et dont les revenus sont relativement élevés et réguliers. *Haute, moyenne et petite bourgeoisie.* – Selon le marxisme, classe sociale détentrice des moyens de production et d'échange dans le régime capitaliste (par oppos. à *prolétariat*). **2.** Suisse. Droit de cité, citoyenneté dans une commune.

BOURGEON n.m. (du lat. *burra,* bourre). **1.** Petite formation végétale pointue, souvent renflée, constituant en un point d'une plante une ébauche d'organes (feuilles ou fleurs) se développant après son éclosion. *Bourgeons à bois,* ou *à feuilles. Bourgeons à fleurs,* ou *à fruits. Bourgeons mixtes.* **2.** MÉD. ***Bourgeon charnu*** ou ***conjonctif :*** petite masse de tissu conjonctif comblant la perte de substance d'une plaie. **3.** HISTOL. ***Bourgeon du goût :*** organe récepteur des saveurs situé sur la langue.

■ **BOURGEONS**

BOURGEONNEMENT n.m. **1.** BOT. Fait de bourgeonner ; apparition des bourgeons. **2.** ZOOL. Mode de reproduction asexuée de certains animaux aquatiques (cnidaires, bryozoaires, ascidies), à partir d'une formation analogue à un bourgeon.

BOURGEONNER v.i. **1.** BOT. En parlant d'une plante, produire des bourgeons. **2.** En parlant de la peau, se couvrir de boutons.

BOURGMESTRE [burgmɛstr] n. (all. *Bürgermeister*). Belgique. Premier magistrat d'une commune. SYN. : *maïeur.*

BOURGOGNE n.m. Vin récolté en Bourgogne.

BOURGUEIL n.m. Vin rouge récolté en Touraine.

BOURGUIGNON, ONNE adj. et n. De la Bourgogne. ◆ adj. ***Bœuf bourguignon,*** ou ***bourguignon,*** n.m. : ragoût de bœuf aux oignons et au vin rouge.

BOURGUIGNONNE n.f. Bouteille utilisée pour les vins de Bourgogne.

BOURLINGUE n.f. *Fam.* Grand voyage souvent périlleux ; vie de voyages, d'aventures.

BOURLINGUER v.i. **1.** MAR. Rouler bord sur bord par suite du mauvais temps, en parlant d'un navire. **2.** *Fam.* Voyager beaucoup ; mener une vie aventureuse.

BOURLINGUEUR, EUSE n. *Fam.* Personne qui bourlingue, qui aime bourlinguer.

BOURONNER v.i. Suisse. Se consumer lentement ; couver sous la cendre.

BOURRACHE n.f. (bas lat. *borrago,* de l'ar. *abū'araq,* père de la sueur). Plante annuelle très velue, à grandes fleurs bleues, fréquente sur les décombres, employée en tisane comme diurétique et sudorifique. (Famille des borraginacées.)

BOURRADE n.f. Coup brusque donné pour pousser qqn ou comme marque d'amitié.

BOURRAGE n.m. (de *1. bourre*). **1.** Action de bourrer. ◇ *Fam.* ***Bourrage de crâne :*** propagande intensive. **2.** Matière servant à bourrer. **3.** Incident de fonctionnement d'une machine, d'un appareil qui bourre.

BOURRASQUE n.f. (ital. *burrasca*). Coup de vent bref et violent.

BOURRATIF, IVE adj. *Fam.* Se dit d'un aliment qui bourre, alourdit l'estomac.

1. BOURRE n.f. (bas lat. *burra,* étoffe grossière). **1.** Amas de poils d'origine animale utilisé en bourrellerie, pour la confection de feutre ou comme matériau isolant ; matière constituée par des poils, des fibres ou des déchets de fibres en vrac. – Ces déchets ou toute autre matière servant à bourrer une pièce de literie, de mobilier. ◇ *Fam.* ***De première bourre :*** d'excellente qualité, très bon. **2.** Tampon de calage d'une charge explosive, dans une cartouche, par ex. **3.** BOT. Duvet d'un bourgeon.

2. BOURRE n.f. (de *bourrer*). *Fam.* ***Être à la bourre :*** être pressé, en retard.

3. BOURRE n.m. *Arg.,* vx. Policier.

BOURRÉ, E adj. *Fam.* **1.** Plein ou trop plein ; comble. **2.** Ivre.

BOURREAU n.m. (de *bourrer,* maltraiter). **1.** Personne qui infligeait les peines corporelles prononcées par une juridiction répressive, notamm. la peine de mort. SYN. : ***exécuteur des hautes œuvres.*** **2.** Personne qui torture qqn, physiquement ou moralement. *Bourreau d'enfants.* ◇ *Fam.* ***Bourreau des cœurs :*** grand séducteur. – *Fam.* ***Bourreau de travail :*** personne qui travaille sans relâche.

1. BOURRÉE n.f. **1.** Danse folklorique du centre de la France, qui, stylisée, fut aussi danse de bal et danse théâtrale à la cour du roi Louis XIV. **2.** Pièce instrumentale de tempo rapide et de rythme binaire.

2. BOURRÉE n.f. Suisse. Grande affluence ; grande quantité. *Une bourrée de fautes.*

BOURRELÉ, E adj. (de *bourreau*). *Sout.* ***Bourrelé de remords :*** hanté, torturé par le remords.

BOURRÈLEMENT n.m. *Sout.* Torture, souffrance morale.

BOURRELET n.m. **1.** Gaine remplie de bourre, de matière élastique, etc., ou bandelette isolante pour protéger des chocs, obstruer une ouverture, etc. **2.** Partie saillante, arrondie, longeant ou faisant le tour de qqch. *Bourrelet d'une cartouche.* **3.** *Fam.* Renflement adipeux à certains endroits du corps. *Avoir des bourrelets à la taille.*

BOURRELIER, ÈRE n. (de l'anc. fr. *bourrel,* bourre). Personne qui fabrique et vend des pièces de harnais pour animaux de trait, et, accessoirement, des articles de cuir (courroies, sacs, etc.).

BOURRELLERIE n.f. Profession, commerce du bourrelier.

BOURRER v.t. (de *1. bourre*). **1.** Garnir de bourre une pièce de literie, de mobilier. **2.** Remplir qqch en tassant. *Bourrer sa pipe.* **3.** Faire manger abondamment ; gaver. *Bourrer un enfant de chocolats.* **4.** Faire acquérir des connaissances trop vite et en trop grande quantité par qqn. *Bourrer des élèves de grec et de latin.* ◇ *Fam.* ***Bourrer le crâne à qqn,*** l'intoxiquer par de la propagande ; lui raconter des histoires. **5.** ***Bourrer qqn de coups,*** le frapper de coups répétés, le battre violemment. ◆ v.i. **1.** *Fam.* Caler, remplir l'estomac. **2.** Tomber en panne par accumulation de matière (papier, film, par ex.) en un point du circuit d'alimentation ou de fonctionnement. *Le photocopieur bourre.* **3.** *Fam.* Aller vite ; se hâter. ◆ **se bourrer** v.pr. **1.** *Fam.* Manger trop, avec excès. **2.** *Très fam.* ***Se bourrer la gueule :*** s'enivrer.

■ **BOURRACHE**

BOURRETTE n.f. Déchets de soie naturelle obtenus pendant la filature de la schappe.

BOURRICHE n.f. Panier allongé, cageot fermé pour le transport du gibier, du poisson, etc. ; son contenu. *Bourriche d'huîtres.*

BOURRICHON n.m. *Fam.* ***Se monter le bourrichon, monter le bourrichon à qqn :*** se bercer d'espoirs, d'illusions ; exciter, exalter qqn en l'illusionnant.

BOURRICOT n.m. (esp. *borrico*). Petit âne.

BOURRIDE n.f. (du provenç. *bourrido,* de *boulido,* ce qu'on fait bouillir). Bouillabaisse liée à l'aïoli et aux jaunes d'œufs. (Spécialité de Sète.)

BOURRIN n.m. *Fam.* Cheval.

BOURRIQUE n.f. (esp. *borrico*). **1.** Âne, ânesse. **2.** *Fam.* Personne têtue, stupide.

BOURRIQUET n.m. *Fam.* Petit âne.

1. BOURRU, E adj. Qui manifeste un caractère brusque et bougon ; revêche, acariâtre.

2. BOURRU, E adj. ***Vin bourru :*** vin en fin de fermentation, encore chargé en gaz carbonique et non clarifié.

1. BOURSE n.f. (gr. *bursa,* outre en cuir). **1.** Petit sac pour mettre de l'argent, de menus objets. ◇ ***Sans bourse délier :*** sans qu'il en coûte rien. **2.** Argent disponible. *Ouvrir sa bourse à qqn.* ◇ ***À la portée de toutes les bourses :*** bon marché. **3.** Pension accordée à un élève, un étudiant ou un chercheur pour l'aider à poursuivre ses études. **4.** ANAT. ***Bourse séreuse :*** poche de liquide, génér. proche d'une articulation, facilitant les glissements des muscles ou des tendons. ◆ pl. Enveloppe en forme de sac entourant les testicules ; scrotum.

2. BOURSE n.f. (de *Van der Burse,* banquiers à Bruges). **1. a.** Édifice, institution où est organisé le marché des valeurs mobilières ; ce marché. *Jouer en Bourse.* ◇ ***Coup de Bourse :*** spéculation réussie. **b.** Milieu des opérateurs en Bourse. *La Bourse s'affole.* **2.** ***Bourse de commerce :*** marché sur lequel sont négociées des marchandises, des matières premières. **3.** ***Bourse du travail :*** lieu de réunion où les divers syndicats centralisent cours professionnels, bibliothèques et services de renseignements.

ENCYCL. De nombreuses *Bourses de valeurs* existent dans le monde, dont les principales sont celles de New York, Tokyo, Londres, Paris, Toronto et Amsterdam. En France, la notion de *marché réglementé,* issue du droit européen, s'est substituée en 1996 à celle de *Bourse des valeurs.* Sont reconnus comme marchés réglementés le **marché officiel* ou *marché principal,* le **MATIF,* le **MONEP,* le *second *marché* et le *nouveau *marché.* Les *Bourses de commerce* ou *de marchandises* sont les marchés où se négocient des matières premières, des produits alimentaires, etc., les négociations se dénouant au comptant par des livraisons effectives ou, le plus souvent, par de simples jeux d'écriture, dans le cadre des marchés à terme comme le MATIF.

BOURSE-À-PASTEUR n.f. (pl. *bourses-à-pasteur*). BOT. Capselle.

BOURSICOTAGE n.m. Action, fait de boursicoter.

BOURSICOTER v.i. (de *boursicot,* petite bourse). Faire de petites opérations en Bourse.

BOURSICOTEUR, EUSE n. Personne qui boursicote.

1. BOURSIER, ÈRE adj. et n. Qui bénéficie d'une bourse d'études. ◆ n. Suisse. Trésorier d'une commune.

2. BOURSIER, ÈRE adj. Relatif à la Bourse. ◆ n. Professionnel qui opère en Bourse.

BOURSOUFLÉ, E adj. **1.** Enflé par endroits. **2.** *Fig.* Vide et emphatique. *Style boursouflé.*

BOURSOUFLEMENT ou **BOURSOUFLAGE** n.m. Fait de se boursoufler ; état qui en résulte.

BOURSOUFLER v.t. Rendre boursouflé ; gonfler. ◆ **se boursoufler** v.pr. Devenir boursouflé ; enfler.

BOURSOUFLURE n.f. **1.** Partie boursouflée de qqch. **2.** *Fig.* Caractère emphatique ; grandiloquence. *Boursouflure du style.*

BOUSCULADE n.f. **1.** Agitation, désordre d'une foule où l'on se bouscule ; poussée qui bouscule. **2.** Précipitation désordonnée.

BOUSCULER v.t. (du moyen fr. *bousser,* heurter, et *culer,* marcher à reculons). **1.** Heurter en renversant ; pousser, écarter violemment des personnes pour s'ouvrir un passage. **2.** Apporter un renouvellement brutal, un changement complet dans. *Bousculer les idées reçues.* **3.** Traiter sans ménagement ; rudoyer. – Inciter à aller plus vite ; presser. ◆ **se bousculer** v.pr. **1.** Se pousser mutuellement ; se presser et s'agiter en se poussant, en parlant de personnes nombreuses. **2.** Se succéder de façon désordonnée. *Mes idées se bousculent.* **3.** *Fam. Se bousculer au portillon :* arriver en grand nombre et en désordre.

BOUSE n.f. Excrément des bovins.

BOUSEUX n.m. *Fam., péjor.* Paysan.

BOUSIER n.m. Coléoptère d'Europe et du Proche-Orient qui façonne des boulettes de bouse pour la nourriture de ses larves (scarabée sacré, par ex.).

BOUSILLAGE n.m. *Fam.* Action de bousiller.

BOUSILLER v.t. (de *bouse*). *Fam.* **1.** Exécuter grossièrement et très vite une tâche ; bâcler un travail. **2.** Détériorer, détruire qqch. **3.** Tuer qqn.

BOUSILLEUR, EUSE n. *Fam.* Personne qui bousille, détruit.

BOUSIN n.m. (de *bouse*). Tourbe de qualité inférieure.

BOUSSOLE n.f. (ital. *bussola,* petite boîte). Appareil, boîte ronde contenant une aiguille aimantée qui pivote librement et indique le nord magnétique. ◇ *Fam. Perdre la boussole :* perdre la tête ; s'affoler.

BOUSTIFAILLE n.f. *Fam.* Nourriture.

BOUSTROPHÉDON n.m. (du gr. *bous,* bœuf, et *strephein,* tourner). Écriture archaïque (grec, étrusque) qu'on lisait alternativement de gauche à droite et de droite à gauche.

BOUT n.m. (de *bouter,* frapper). **1.** Extrémité, partie extrême d'une chose, partic. d'un objet long. ◇ *Bout à bout :* l'un à la suite de l'autre. – *À tout bout de champ :* très fréquemment ; à tout propos. – *Tirer à bout portant,* de très près. – *Par le bon bout :* du bon côté, de la bonne manière. – *Bois de bout :* bois utilisé, notamm. par les graveurs, sous forme de blocs taillés perpendiculairement aux fibres et non pas dans le sens du fil (par oppos. à *bois de fil*). [On dit aussi *bois debout.*] **2. a.** Limite extrême ; terme, fin. *Le bout du chemin. On n'en voit pas le bout.* ◇ *Au bout de :* après une durée de. – *Être à bout de qqch,* ne plus en avoir. *Être à bout d'arguments.* – *Fam. Tenir le bon bout :* être en bonne voie, sur le chemin de la réussite. – *Venir à bout de :* terminer, réussir qqch ; triompher de qqn, de qqch. **b.** Limite des forces, des possibilités de qqn. *Il tiendra jusqu'au bout.* ◇ *Être à bout :* être épuisé ; être sur le point d'éclater en sanglots, de colère. – *Pousser qqn à bout,* provoquer sa colère. **3.** Morceau, fragment de qqch. *Bout de papier. Par petits bouts.* ◇ *Fam. Mettre les bouts :* s'enfuir. – CINÉMA. *Bout d'essai :* séquence tournée pour apprécier un comédien. – *Fam. En connaître un bout :* savoir beaucoup de choses. **4.** *Bout de :* désigne qqch ou qqn de petit. *Bout de jardin. (Petit) bout de femme. Bout de chou.* **5.** MAR. **a.** Cordage. (On prononce [but].) **b.** *Bout au vent :* face au vent.

BOUTADE n.f. (de *bouter*). Mot d'esprit, propos vif et imprévu.

BOUTARGUE n.f. → **POUTARGUE.**

BOUT-DEHORS n.m. (pl. *bouts-dehors*) ou **BOUTE-HORS** n.m. inv. MAR. Pièce de mâture permettant de gréer une voile supplémentaire ; espar horizontal ou légèrement oblique en avant de l'étrave, sur lequel est amuré le foc.

BOUTE-EN-TRAIN n.m. inv. (de *bouter* et *train*). **1.** Personne qui a le don d'animer joyeusement une réunion, une fête. **2.** ÉLEV. Mâle ou femelle traités aux androgènes, utilisés pour détecter les femelles en chaleur (juments, par ex.).

BOUTEFAS n.m. Suisse. Gros saucisson de porc.

BOUTEFEU n.m. **1.** Anc. Bâton muni d'une mèche, servant à enflammer la charge d'une bouche à feu. **2.** *Fam.,* vieilli. Personne qui suscite ou exacerbe les passions et les querelles.

BOUTE-HORS n.m. inv. → **BOUT-DEHORS.**

BOUTEILLE n.f. (du lat. *buttis,* tonneau). **1.** Récipient de forme variable, à goulot étroit, en verre, en plastique, etc., destiné aux liquides, en partic. aux boissons ; son contenu. – *Spécial.* Récipient de 70 à 75 cl, pour le vin d'appellation contrôlée et dont la forme varie selon les régions. ◇ *Bouteille isolante :* contenant à deux parois de verre entre lesquelles on a fait le vide, placé dans une enveloppe renfermant un isolant. – *Fam. C'est la bouteille à l'encre,* une situation confuse, embrouillée. – *Lancer, jeter une bouteille à la mer :* lancer un message en espérant qu'il trouvera un destinataire. **2.** Bouteille de vin ou de toute autre boisson alcoolisée. *Aimer la bouteille.* ◇ *Fam. Avoir, prendre de la bouteille,* de l'expérience ou de l'âge. **3.** ÉLECTR. **a.** *Bouteille de Leyde :* premier condensateur électrique, construit par P. *Van Musschenbroek en 1746. **b.** *Bouteille magnétique :* dispositif à électroaimants permettant de confiner un plasma. **4.** Récipient métallique pour contenir des gaz sous pression. *Bouteille de butane, de propane.*

BOUTEILLER ou **BOUTILLIER** n.m. HIST. Officier chargé de l'intendance du vin à la cour d'un roi, d'un prince, etc.

BOUTEILLERIE n.f. **1.** Usine où l'on fabrique les bouteilles. **2.** Industrie, fabrication, commerce des bouteilles.

BOUTEILLON n.m. (de *Bouthéon,* n. de l'inventeur). Anc. Marmite utilisée par les militaires.

BOUTER v.t. (du germ.). **1.** Vx. *Bouter hors, dehors :* pousser hors, chasser. *Jeanne d'Arc bouta les Anglais hors de France.* **2.** Belgique, Suisse. *Bouter le feu :* mettre le feu ; incendier.

BOUTEROLLE n.f. (de *bouter*). **1.** Outil à tête ronde des orfèvres, des graveurs en pierres fines. **2.** Outil servant à arrondir l'extrémité martelée d'un rivet.

BOUTEUR n.m. Recomm. off. pour *bulldozer.*

BOUTILLIER n.m. → **BOUTEILLER.**

BOUTIQUE n.f. (du gr. *apothêkê,* magasin). **1.** Local où se tient un commerce de détail. **2.** Magasin où un grand couturier vend sous sa griffe des accessoires ou sa ligne de prêt à porter. **3.** *Fam., péjor.* Maison, entreprise, établissement quelconque. ◇ *Fam. Parler boutique :* s'entretenir de sujets professionnels.

BOUTIQUIER, ÈRE n. Personne qui tient une boutique. ◆ adj. *Péjor.* D'un esprit étroit et corporatiste. *Une mentalité boutiquière.*

BOUTISSE n.f. (de *bout*). Élément de construction dont la plus grande dimension est placée dans l'épaisseur d'un mur et qui présente une de ses extrémités en parement (par oppos. à *carreau* et à *panneresse*).

BOUTOIR n.m. (de *bouter*). **1.** Ensemble formé par le groin et les canines du sanglier. ◇ *Coup de boutoir :* attaque violente ; propos brusque et blessant. **2.** Outil tranchant du maréchal-ferrant.

BOUTON n.m. (de *bouter*). **1.** Bourgeon dont l'éclosion donne une fleur. **2.** Petite lésion cutanée. **3.** Petite pièce de matière dure servant à orner ou à fermer un vêtement. **4.** Saillie ronde d'un objet. **5.** Pièce mobile servant à actionner manuellement un mécanisme (serrure, ressort, etc.) ou un appareil électrique. *Bouton de porte. Bouton d'ascenseur.* **6.** INFORM. Élément d'une interface graphique sur lequel l'utilisateur peut cliquer pour déclencher une action.

BOUTON-D'ARGENT n.m. (pl. *boutons-d'argent*). Renoncule à fleurs blanches, poussant surtout dans les endroits humides et ombragés de haute montagne.

BOUTON-D'OR n.m. (pl. *boutons-d'or*). Renoncule à fleurs jaunes, dont il existe plusieurs espèces, notamm. la renoncule âcre.

BOUTONNAGE n.m. Action de boutonner ; manière dont se boutonne un vêtement.

BOUTONNER v.t. Fermer par des boutons. ◆ v.i. BOT. Se couvrir de boutons. ◆ v.i. ou **se boutonner** v.pr. Se fermer par des boutons.

BOUTONNEUX, EUSE adj. Qui est couvert de boutons. *Visage boutonneux.*

BOUTONNIER, ÈRE n. Personne qui fabrique des boutons.

BOUTONNIÈRE n.f. **1.** Fente faite à un vêtement pour y passer un bouton. **2.** Petite incision chirurgicale. **3.** *Arg.* Blessure provoquée par une arme blanche. **4.** GÉOMORPH. Dépression allongée, créée par l'érosion dans un anticlinal.

BOUTON-PRESSION n.m. (pl. *boutons-pression*) ou **PRESSION** n.f. Petit bouton qui entre par pression dans un œillet métallique.

BOUTRE n.m. (de l'ar.). Petit voilier arabe dont l'arrière est surélevé et l'avant effilé.

BOUT-RIMÉ n.m. (pl. *bouts-rimés*). Anc. Pièce de vers composée sur des rimes données.

BOUTURAGE n.m. Multiplication des végétaux par bouture.

BOUTURE n.f. (de *bouter*). Jeune pousse prélevée sur une plante, qui, placée en terre humide, se munit de racines adventives et est à l'origine d'un nouveau pied.

BOUTURER v.t. Reproduire une plante par boutures. ◆ v.i. Pousser des drageons, en parlant d'une plante.

BOUVERIE n.f. (de *bœuf*). Étable à bœufs.

BOUVET n.m. (de *bœuf*). Rabot de menuisier servant à faire des rainures, des languettes.

BOUVETEUSE n.f. Machine à bois servant à faire la rainure et la languette sur les deux côtés des frises pour parquet.

1. BOUVIER, ÈRE n. (de *bœuf*). Personne qui conduit les bœufs et les garde.

2. BOUVIER n.m. *Bouvier des Flandres :* chien de bouvier de haute taille, à poil rêche et hirsute, originaire des Flandres.

BOUVIÈRE n.f. Petit poisson d'Europe centrale et occidentale qui pond ses œufs dans des mollusques bivalves aquatiques. (Long. 8 cm ; famille des cyprinidés.)

BOUVILLON n.m. Jeune bovin castré.

BOUVREUIL n.m. (de *bouvier*). Passereau des bois et des jardins, à tête et à ailes noires, à dos gris et à ventre rose (femelle) ou rouge (mâle), se nourrissant de fruits et de graines. (Long. 18 cm ; genre *Pyrrhula,* famille des fringillidés.)

B

■ **BOUVREUIL** mâle.

BOUZOUKI ou **BUZUKI** [buzuki] n.m. (mot gr.). Instrument de la famille du luth, à long manche et à caisse bombée, utilisé dans la musique grecque moderne.

BOVARYSME n.m. (du n. de l'héroïne du roman de Flaubert *Madame Bovary*). Comportement qui consiste à fuir dans le rêve l'insatisfaction éprouvée dans la vie.

BOVIDÉ n.m. (du lat. *bos, bovis,* bœuf). Mammifère ongulé ruminant, muni génér. de cornes persistantes, tel que l'antilope, le bison et la gazelle, et dont certaines espèces sont domestiquées (bovins, ovins, caprins). [Les bovidés forment une famille.]

BOVIN, E adj. Relatif au bœuf. ◇ *Espèce bovine :* ensemble des animaux de la lignée du taureau domestique et du zébu. – *Regard bovin,* morne, sans intelligence.

BOVINÉ ou **BOVIN** n.m. Mammifère bovidé portant des cornes chez les deux sexes, tel que le bœuf, le buffle, le bison et le yack. (Les bovinés forment une sous-famille.)

BOWLING [buliŋ] ou [boliŋ] n.m. (mot angl.). Jeu de tir d'origine américaine, consistant à lancer des boules de 4 à 7 kg contre des quilles ; lieu où se pratique ce jeu.

BOW-STRING [bostriŋ] n.m. [pl. *bow-strings*] (mot angl., *corde d'arc*). Pont constitué de deux poutres avec tablier inférieur, chaque poutre étant formée d'une membrure supérieure en forme d'arc et d'un tirant inférieur.

BOW-WINDOW [bowindo] n.m. [pl. *bow-windows*] (mot angl.). Oriel.

1. BOX n.m. (mot angl.). **1.** Dans une écurie, stalle pour un cheval non attaché. **2.** Compartiment cloisonné d'une salle commune (dortoir, prétoire, etc.). *Le box des accusés.* **3.** Garage individuel.

2. BOX ou **BOX-CALF** n.m. [pl. *box-calfs*] (mot anglo-amér.). Cuir de veau teint, tanné au chrome et lissé.

BOXE n.f. (de l'angl. *box,* coup). **1.** Sport de combat où deux adversaires s'affrontent à coups de poing, avec des gants spéciaux. (On dit aussi *boxe anglaise.*) **2.** *Boxe française :* sport de combat issu de la savate et de la boxe anglaise. **3.** *Boxe américaine :* sport de combat qui emprunte ses techniques à la fois aux boxes anglaise et française et au karaté, et qui se pratique avec

■ **BOXE.** Boxe anglaise (direct du gauche).

■ **BOXE.** Combat de boxe française.

des protections aux pieds et aux poings. SYN. : *full-contact.* **4.** *Boxe thaïe :* sport de combat proche de la boxe américaine, autorisant les coups de coude et de genou, et se pratiquant pieds nus et avec des gants. (On dit aussi *muay thaï.*)

1. BOXER v.i. Pratiquer la boxe. ◆ v.t. *Fam.* Frapper qqn à coups de poing.

2. BOXER [bɔksɛr] n.m. (mot all.). Chien de garde et d'accompagnement, voisin du dogue allemand et du bouledogue.

■ **BOXER**

BOXER-SHORT [bɔksœrʃɔrt] n.m. [pl. *boxer-shorts*] (mot angl.). Short de sport doublé d'un slip.

BOXEUR, EUSE n. Personne qui pratique la boxe.

BOX-OFFICE n.m. [pl. *box-offices*] (mot angl.). Cote de succès d'un spectacle, d'un acteur, etc., calculée selon le montant des recettes.

BOY [bɔj] n.m. [pl. *boys*] (mot angl., *garçon*). **1.** Anc. Jeune serviteur indigène, dans les pays colonisés. **2.** MUSIC-H. Danseur faisant partie d'une revue.

BOYARD [bɔjar] n.m. (mot russe). HIST. Noble de haut rang dans les pays slaves, partic. en Russie et en Roumanie.

BOYAU [bwajo] n.m. [pl. *boyaux*] (du lat. *botellus,* petite saucisse). **1.** Intestin d'animal.

■ **BOXE.** Combat de boxe thaïe.

◇ *Corde de boyau,* ou *boyau :* corde faite avec l'intestin de certains animaux. **2.** Mince chambre à air placée dans une enveloppe cousue et collée sur la jante d'une bicyclette. **3.** FORTIF. Fossé étroit reliant les positions de combat entre elles et vers les arrières. **4.** Passage, chemin étroit. ◆ pl. *Fam.* Viscères de l'homme.

BOYAUDERIE n.f. Préparation des boyaux, pour l'alimentation, l'industrie ; lieu où on l'effectue.

BOYAUDIER, ÈRE adj. Relatif à la boyauderie.

BOYAUTER (SE) v.pr. *Fam.,* vieilli. Se tordre de rire.

BOYCOTT ou **BOYCOTTAGE** [bɔj-] n.m. Cessation volontaire de toutes relations, en partic. commerciales, avec un individu, un groupe, un pays, afin d'exercer une pression ou par représailles.

BOYCOTTER v.t. (de *Boycott,* premier propriétaire anglais d'Irlande mis à l'index). **1.** Pratiquer le boycott de, mettre en quarantaine. **2.** S'abstenir collectivement de participer à un événement de la vie publique.

BOYCOTTEUR, EUSE adj. et n. Qui boycotte.

BOY-SCOUT [bɔjskut] n.m. [pl. *boy-scouts*] (mot angl., *garçon éclaireur*). Vieilli. Scout.

BP ou **B.P.** n.f. (sigle). Boîte postale.

BRABANÇON, ONNE adj. et n. Du Brabant.

BRABANT n.m. (de *Brabant,* nom de la province où il a été créé). Anc. Charrue à traction animale, génér. réversible, très répandue dans la première moitié du XXe s.

BRACELET n.m. (de *bras*). **1.** Bijou, rigide ou non, qui se porte autour du poignet, du bras, voire de la cheville. **2.** Lanière ou dispositif articulé métallique permettant de porter une montre au poignet. **3.** Pièce de cuir ou d'étoffe que certains travailleurs, ou sportifs, fixent autour du poignet, pour le protéger. **4.** *Bracelet électronique :* dispositif fixé sur un condamné placé en liberté conditionnelle et permettant de contrôler à distance ses déplacements.

BRACELET-MONTRE n.m. (pl. *bracelets-montres*). Montre fixée à un bracelet, qui se porte au poignet. SYN. : *montre-bracelet.*

BRACHIAL, E, AUX [brakjal, o] adj. (du lat. *brachium,* bras). ANAT. Relatif au bras.

BRACHIATION [brakjasjɔ̃] n.f. Mode de déplacement de certains singes, qui se balancent de branche en branche à l'aide des seuls bras.

BRACHIOCÉPHALIQUE [brakjɔsefalik] adj. Relatif au bras et à la tête.

BRACHIOPODE [brakjɔpɔd] n.m. Invertébré marin à coquille bivalve (valves dorsale et ventrale), fixé aux roches par un pédoncule. (Les brachiopodes forment un embranchement de quelque 250 espèces actuelles et de plus de 7 000 espèces fossiles des ères primaire et secondaire.)

BRACHIOSAURE [-kjo-] n.m. Reptile dinosaurien herbivore du jurassique d'Europe, d'Afrique et d'Amérique du Nord, l'un des plus grands dinosaures quadrupèdes. (Long. 25 m, masse 80 t ; genre *Brachiosaurus,* groupe des saurischiens.)

BRACHYCÉPHALE [brakisefal] adj. et n. (gr. *brakhus,* court, et *kephalê,* tête). Qui a le crâne aussi large que long. CONTR. : *dolichocéphale.*

BRACHYCÈRE [brakisɛr] n.m. Insecte diptère au corps trapu et aux antennes courtes, tel que les taons et les mouches. (Les brachycères forment un sous-ordre.)

BRACHYOURE [brakjur] n.m. Crustacé décapode marcheur, à abdomen très court rabattu sous le céphalothorax, tel que les crabes et l'araignée de mer. (Les brachyoures constituent un sous-ordre.)

BRACONNAGE n.m. Action de braconner ; délit constitué par cette action.

BRACONNER v.i. (du provenç. *bracon,* chien de chasse). Chasser ou pêcher sans respecter la loi, les interdictions.

BRACONNIER, ÈRE n. Personne qui braconne.

BRACTÉE n.f. (lat. *bractea,* feuille de métal). BOT. Petite feuille, génér. différente des autres, à la base d'un pédoncule floral.

BRADEL (RELIURE À LA) : reliure dans laquelle le bloc des cahiers cousus est emboîté dans une couverture cartonnée.

BRADER v.t. (néerl. *braden,* gaspiller). Se débarrasser de qqch à bas prix ou à n'importe quel prix.

BRADERIE n.f. Vente publique de soldes, de marchandises d'occasion.

BRADEUR, EUSE n. Personne qui brade.

BRADYCARDIE n.f. (du gr. *bradus,* lent, et *kardia,* cœur). Lenteur du rythme cardiaque, normale ou pathologique.

BRADYPE n.m. (du gr. *bradus,* lent, et *pous, podos,* pied). ZOOL. Aï.

BRADYPSYCHIE [bradipsiʃi] n.f. (du gr. *bradus,* lent, et *psukhê,* esprit). Symptôme psychique constitué d'un ralentissement de la pensée, observé dans différentes affections.

BRAGUETTE n.f. (de l'anc. fr. *brague,* culotte). Ouverture verticale sur le devant d'un pantalon.

BRAHMANE n.m. (sanskr. *brāhmana*). Membre de la caste sacerdotale, la première des castes hindoues.

BRAHMANIQUE adj. Relatif au brahmanisme.

BRAHMANISME n.m. Système religieux et social de l'Inde, apparu à la suite du védisme et avant l'hindouisme, caractérisé par la division de la société en quatre castes héréditaires.

BRAHMI n.f. (mot sanskr.). Ancienne écriture de l'Inde. Graphie savante : *brāhmī.*

BRAI n.m. (mot gaul.). Résidu pâteux de la distillation de la houille ou du pétrole.

BRAIES n.f. pl. (mot gaul.). Pantalon ample des Gaulois, des Germains et de divers peuples de l'Europe septentrionale.

BRAILLARD, E ou **BRAILLEUR, EUSE** adj. et n. *Fam.* Qui braille.

BRAILLE n.m. (de *Braille,* n. de l'inventeur). Écriture en relief à l'usage des aveugles.

BRAILLEMENT n.m. *Fam.* Action de brailler ; cri de celui qui braille.

BRAILLER v.t. et v.i. (de *braire*). *Fam.* **1.** Parler, crier ou pleurer d'une manière assourdissante. **2.** Chanter mal et fort. ◆ v.i. Pousser son cri, en parlant du paon.

BRAIMENT n.m. Cri de l'âne.

BRAINSTORMING [brɛnstɔrmiŋ] n.m. (mot anglo-amér.). Recherche d'idées originales dans un groupe, par la libre expression, sur un sujet donné, de tout ce qui vient à l'esprit de chacun. Recomm. off. : *remue-méninges.*

BRAIN-TRUST [brɛntrœst] n.m. [pl. *brain-trusts*] (mot anglo-amér.). Équipe restreinte d'experts, de techniciens, etc., au service d'une direction, dans une entreprise, un ministère, etc.

BRAIRE v.i. [92] (mot gaul.). Pousser son cri, en parlant de l'âne.

BRAISAGE n.m. Action de braiser ; son résultat.

1. BRAISE n.f. (du germ.). Résidu, ardent ou éteint, de la combustion du bois.

2. BRAISE n.f. *Arg.,* vieilli. Argent.

BRAISER v.t. Faire cuire à four doux, dans un récipient clos.

BRAISETTE n.f. Menue braise.

BRAISIÈRE n.f. **1.** Marmite en fonte dont le couvercle en creux est destiné à recevoir de l'eau pour éviter l'évaporation pendant la cuisson à feu doux. **2.** Récipient destiné à contenir de la braise.

1. BRAME n.f. Ébauche d'acier servant à la fabrication de la tôle.

2. BRAME ou **BRAMEMENT** n.m. Cri de rut du cerf ou du daim.

BRAMER v.i. (provenç. *bramar,* braire). Crier, en parlant du cerf ou du daim. SYN. : *raire.*

BRAN ou **BREN** [brɛ̃] n.m. (lat. pop. *brennus*). Vx ou région. Excrément.

BRANCARD n.m. (du normand *branque,* branche). **1.** Pièce longitudinale d'une brouette, d'une voiture à bras ; chacune des deux pièces qui prolongent une voiture ou une machine agricole et entre lesquelles est attelé un animal de trait. ◇ *Ruer dans les brancards :* regimber, se rebiffer. **2.** Civière formée de deux bras entre lesquels est tendue une toile.

BRANCARDAGE n.m. Ramassage et transport d'un blessé, d'un malade sur un brancard.

BRANCARDER v.t. Effectuer un brancardage.

BRANCARDIER, ÈRE n. Porteur de brancard ; préposé au service des brancards pour blessés.

BRANCHAGE n.m. Ensemble des branches d'un arbre. ◆ pl. Branches coupées.

BRANCHE n.f. (bas lat. *branca,* patte). **1.** Ramification du tronc d'un arbre, d'un arbrisseau ou d'un arbuste. **2.** Ramification ou division d'un élément principal formant axe ou centre. *Branches d'un chandelier.* **3.** Élément mobile de certains objets articulés. *Branche de compas, de lunettes.* **4.** Division d'un arbre généalogique. ◇ *Fam. Avoir de la branche,* de la race, de la distinction. **5.** Division d'une science, d'une discipline, etc. – ÉCON. Ensemble d'entreprises ou d'éléments d'entreprise qui exercent la même activité. **6.** Activité particulière ; spécialité. *Il est fort dans sa branche.* **7.** *Fam. Vieille branche :* camarade, copain.

BRANCHÉ, E adj. et n. *Fam.* Au courant, à la mode, dans le coup.

BRANCHEMENT n.m. **1.** Action de brancher. **2.** Circuit secondaire partant d'une alimentation principale pour aboutir au point d'utilisation. **3.** CH. DE F. Appareil permettant de dédoubler une voie et dont la partie principale est l'aiguillage. (On dit aussi *branchement de voie.*)

BRANCHE-MÈRE n.f. (pl. *branches-mères*). Rivière en amont d'un fleuve et qui en constitue la première partie principale. (Par ex., l'Argoun est la branche-mère de l'Amour.)

BRANCHER v.t. **1.** Raccorder à une canalisation, à une conduite, à un circuit électrique. – *Par ext.* Mettre en marche un appareil. *Brancher un poste de radio.* **2.** *Fam. Ça me branche :* ça m'intéresse, ça me plaît. ◆ **se brancher** v.pr. **1. (sur).** Capter le programme d'une station radiophonique ou d'une chaîne de télévision. **2. (sur).** *Fam.* S'intéresser particulièrement à qqch ; se mettre à participer à une activité. **3.** Québec. *Fam.* Se décider, choisir.

BRANCHETTE n.f. Petite branche.

BRANCHIAL, E, AUX adj. Relatif aux branchies.

BRANCHIE n.f. (gr. *brankhia*). Organe respiratoire de nombreux animaux aquatiques (poissons, têtards, mollusques, crustacés) qui absorbe l'oxygène dissous dans l'eau et y rejette le gaz carbonique.

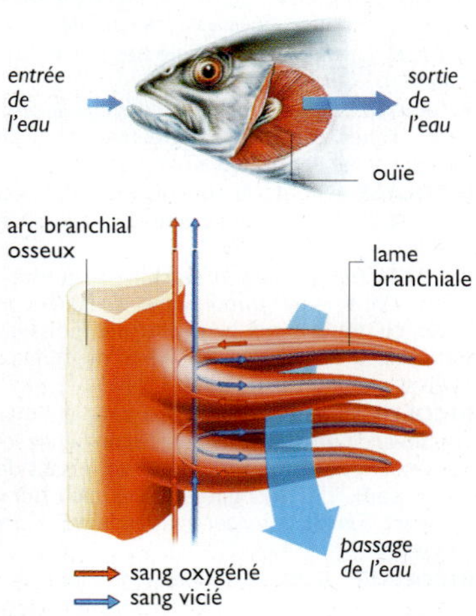

■ **BRANCHIES** de poisson.

BRANCHIOPODE [brɑ̃kjɔpɔd] n.m. (gr. *brankhia,* branchies, et *pous, podos,* pied). Petit crustacé d'eau douce très primitif, tel que la daphnie ou puce d'eau. (Les branchiopodes constituent une sous-classe.)

BRANCHU, E adj. Qui a beaucoup de branches.

BRANDADE n.f. (provenç. *brandado,* de *brandar,* remuer). Préparation de morue à la provençale, pilée avec de l'huile d'olive, de l'ail, etc.

BRANDE n.f. (lat. *branda*). Végétation (bruyères, ajoncs, fougères, genêts) constituant le sous-bois des forêts de pins ; terrain où pousse cette végétation.

BRANDEBOURG n.m. (de *Brandebourg,* n. d'une province all.). Passementerie, galon formant des dessins variés ou entourant les boutonnières, ou en tenant lieu.

BRANDEBOURGEOIS, E adj. et n. De Brandebourg ; du Brandebourg.

BRANDIR v.t. (de l'anc. fr. *brand,* épée). **1.** Lever, une arme par ex., d'un geste menaçant. **2.** Agiter qqch en l'air, pour attirer l'attention. *Brandir un drapeau.* **3.** *Fig.* Agiter la menace de. *Brandir la loi.*

BRANDON n.m. (du germ.). **1.** Débris enflammé. ◇ *Sout. Brandon de discorde :* cause de querelle, de conflit. **2.** Vx. Tortillon de paille servant de torche.

BRANDY n.m. [pl. *brandys* ou *brandies*] (mot angl.). Eau-de-vie, en Angleterre.

BRANLANT, E adj. Qui branle ; instable. *Chaise branlante.*

BRANLE n.m. **1.** Mouvement d'oscillation, de va-et-vient. *Le branle d'une cloche.* **2.** Impulsion initiale. ◇ *Mettre en branle,* en mouvement, en action. **3.** Danse française, exécutée en chaîne, surtout en cercle, et parfois accompagnée d'une chanson, pratiquée dans toute la société du XVe au XVIIe s. **4.** Musique de danse d'origine populaire, de rythme binaire ou ternaire.

BRANLE-BAS n.m. inv. (anc. fr. *branle,* hamac, et *bas*). **1.** Grande agitation, désordre qui précède une action pour laquelle on se prépare. **2.** *Branle-bas de combat :* préparation au combat d'un navire de guerre.

BRANLEMENT n.m. Oscillation, balancement continu.

BRANLER v.i. (de *brandir*). **1.** Être instable, mal fixé ; vaciller. *Une dent qui branle.* **2.** *Fam. Branler dans le manche :* manquer de solidité. ◆ v.t. **1.** *Branler la tête,* la remuer. **2.** *Très fam.* Faire, fabriquer. *Qu'est-ce que tu branles ?* ◆ **se branler** v.pr. **1.** *Vulg.* Se masturber. **2.** *Très fam. S'en branler :* s'en moquer.

BRANLEUR, EUSE n. *Très fam.* Paresseux, bon à rien.

BRANTE n.f. Suisse. Hotte étanche servant à la vendange.

BRAQUAGE n.m. **1.** Action de braquer les roues d'une voiture, les parties orientables d'une machine. ◇ *Angle de braquage :* angle formé par les roues directrices avec l'axe longitudinal d'un véhicule, lorsqu'on tourne à fond le volant. – *Rayon de braquage :* rayon du cercle décrit par les roues directrices d'un véhicule lorsqu'elles sont braquées au maximum. **2.** *Fam.* Attaque à main armée.

1. BRAQUE n.m. (ital. *bracco*). Chien d'arrêt à poil ras et à oreilles pendantes.

2. BRAQUE adj. et n. *Fam.* Un peu fou ; bizarre, fantasque.

BRAQUEMART n.m. (néerl. *breecmes,* couteau). Épée courte et large (XIIIe - XVe s.).

BRAQUEMENT n.m. Vx. Action de braquer.

BRAQUER v.t. (du lat. *bracchium,* bras). **1.** Diriger une arme, un instrument d'optique sur un objectif. *Braquer un fusil.* ◇ *Braquer les yeux sur :* fixer son regard sur. **2.** Orienter les roues directrices d'un véhicule, la gouverne d'un avion, etc., dans la direction voulue. **3.** *Fam.* Menacer avec une arme ; attaquer à main armée. **4.** *Braquer qqn contre,* le rendre hostile, provoquer chez lui une attitude de rejet. *Elle l'a braqué contre nous.* ◆ v.i. Avoir tel rayon de braquage. *Une automobile qui braque bien.* ◆ **se braquer** v.pr. Avoir une attitude d'hostilité, de rejet systématique.

BRAQUET n.m. Rapport de démultiplication entre le pédalier (ou plateau) et le pignon d'une bicyclette. (→ *développement*).

BRAQUEUR, EUSE n. *Fam.* Personne qui effectue une attaque à main armée.

BRAS n.m. (lat. *brachium*). **1.** Partie du membre supérieur de l'homme comprise entre l'épaule et le coude. **2.** *Cour.* Le membre supérieur en entier. ◇ *À bout de bras :* les bras tendus ; *fig.,* par ses seuls efforts. *Tenir qqch à bout de bras.* – *À bras raccourci(s), à tour de bras :* avec une grande violence, en multipliant les coups. – *Bras dessus, bras dessous :* en se donnant le bras. – *Bras de fer :* jeu ou sport dans lequel deux adversaires assis face à face, coudes en appui, mains empoignées, essaient chacun de rabattre le bras de l'autre sur la table ; *fig.,* épreuve de force. – *Bras d'honneur :* geste de mépris, de dérision effectué avec l'avant-bras, qu'on replie en serrant le poing. – *Avoir le bras long :* avoir de l'influence. – *Avoir qqn sur les bras,* à sa charge. – *Baisser les bras :* renoncer. – *Couper bras et jambes :* ôter toute force ; étonner fortement. – *Recevoir à bras ouverts :* accueillir avec joie. – *Se croiser les bras :* ne rien faire. – *Fam. Gros bras :* personne qui étale sa force. – *Fam. Jouer petit bras :* ménager ses efforts ; agir sans conviction. – *Le bras droit de qqn,* son principal assistant. – *Bras armé :* partie d'une organisation chargée de l'exécution de tâches souvent brutales ou illégales. *Le bras armé des indépendantistes.* **3.** ZOOL. **a.** Région du membre antérieur comprise entre l'épaule et le coude, chez le cheval. **b.** Tentacule des céphalopodes. **c.** Pince de certains crustacés. **4.** Objet, partie d'objet dont la forme évoque un bras. *Bras d'un électrophone.* ◇ *Bras de fauteuil :* accotoir. – *Bras de transept :* chacune des deux parties du transept d'une église, de part et d'autre de la croisée. – *Bras de levier :* distance d'une force à son point d'appui, mesurée perpendiculairement à la direction de cette force. **5.** GÉOGR. Division d'un fleuve, d'une mer.

BRASAGE n.m. Opération consistant à assembler deux pièces métalliques par apport d'un métal à l'état liquide.

BRASER v.t. (de *1. braise*). Assembler par brasage.

BRASERO [brazero] n.m. (mot esp.). Récipient métallique transportable, percé de trous et rempli de braise, servant au chauffage.

BRASIER n.m. **1.** Foyer de chaleur d'un feu de charbon, d'un incendie. **2.** *Fig.* Foyer de passions, d'affrontements, etc.

BRASILLER v.i. (de *1. braise*). *Litt.* Scintiller.

BRAS-LE-CORPS (À) loc. adv. **1.** Par le milieu du corps. *Saisir qqn à bras-le-corps.* **2.** *Fig.* Énergiquement. *Prendre un problème à bras-le-corps.*

BRASQUE n.f. (de l'ital.). MÉTALL. Enduit passé sur la surface d'un matériau réfractaire non métallique pour empêcher qu'il ne réagisse avec un métal.

1. BRASSAGE n.m. Action de brasser ; fait de se brasser. *Un brassage de population.*

2. BRASSAGE n.m. MAR. Action de brasser une vergue.

BRASSARD n.m. (de *bras*). Bande d'étoffe, ruban, crêpe, etc., que l'on porte au bras.

BRASSE n.f. (du lat. *brachia,* les bras). **1.** Nage ventrale où bras et jambes agissent symétriquement et donnent l'impulsion en avant par détente simultanée. ◇ *Brasse coulée :* nom parfois donné à la brasse pour signifier qu'elle présente une phase d'immersion. (En compétition, il est interdit d'enchaîner plusieurs mouvements des bras en immersion.) **2.** MAR. Anc. Longueur qui valait 1,66 m. (Les marins britanniques emploient encore la brasse de six pieds [environ 1,83 m].)

BRASSÉE n.f. Ce que peuvent contenir les deux bras. *Une brassée de fleurs.*

1. BRASSER v.t. (de l'anc. fr. *brais,* orge). **1.** *Brasser la bière :* mélanger du malt avec l'eau pour obtenir un moût qui donnera la bière par fermentation. **2.** Mêler en remuant. ◇ *Brasser des affaires,* en traiter beaucoup. ◆ **se brasser** v.pr. Se mêler, se mélanger en un tout.

2. BRASSER v.t. (de *bras*). MAR. Orienter les vergues pour profiter au mieux du vent.

BRASSERIE n.f. **1.** Lieu où l'on fabrique la bière. **2.** Industrie de la fabrication de la bière. **3.** Établissement où l'on sert des boissons, notamm. de la bière, et des repas vite préparés.

1. BRASSEUR, EUSE n. Personne qui fabrique de la bière, en vend en gros. ◇ *Brasseur d'affaires :* homme qui traite de nombreuses affaires.

2. BRASSEUR, EUSE n. Personne qui nage la brasse.

BRASSICOLE adj. Relatif à la bière, à la brasserie.

BRASSIÈRE n.f. (de *bras*). **1.** Chemise en tissu fin ou chandail en laine pour bébé, qui se ferme dans le dos. **2.** Type de soutien-gorge ou de haut moulant qui s'enfile par la tête. **3.** Pull ou tee-shirt couvrant le torse et s'arrêtant sous la poitrine. **4.** *Brassière de sauvetage* → **sauvetage.**

BRASSIN n.m. (de *brasser,* agiter). Ensemble des matières réunies dans la cuve où l'on fabrique le moût qui donnera la bière.

BRASURE n.f. **1.** Assemblage de pièces métalliques obtenu par brasage. **2.** Métal d'apport servant au brasage.

B

BRAVACHE adj. et n.m. (ital. *bravaccio*). Qui affecte la bravoure ; fanfaron. *Un air bravache.*

BRAVADE n.f. (de l'ital. *bravare,* se vanter). Étalage de bravoure ; action, attitude de défi ; fanfaronnade.

BRAVE adj. et n. (ital. *bravo,* du lat. *barbarus,* barbare). **1.** Qui ne craint pas le danger ; courageux. *Femme brave. Se conduire en brave.* **2.** *Mon brave :* s'emploie par condescendance à l'égard d'un inférieur (ou présumé tel). ◆ adj. **1.** Bon et honnête. *De braves gens.* **2.** Gentil, mais peu subtil. *Il est bien brave.*

BRAVEMENT adv. Avec bravoure ; sans hésitation.

BRAVER v.t. **1.** Affronter sans peur. *Braver la mort.* **2.** Transgresser orgueilleusement ; défier. *Braver l'opinion, la loi.*

BRAVISSIMO interj. (mot ital., superlatif de *bravo*). Exprime une vive approbation. *Bravo ! Bravissimo !*

BRAVO interj. (mot ital.). Exclamation pour approuver, applaudir, notamm. un spectacle. *Bravo ! Bis !* ◆ n.m. **1.** Cri d'approbation. **2.** (Souvent pl.) Applaudissements. *La salle croulait sous les bravos.*

BRAVOURE n.f. (ital. *bravura*). Qualité d'une personne brave, notamm. au combat ; courage, vaillance. ◇ *Morceau de bravoure :* morceau à effet, passage brillant d'une œuvre artistique.

1. BREAK [brɛk] n.m. (mot angl.). **1.** Automobile à carrosserie intermédiaire entre la berline et le véhicule utilitaire, comportant à l'arrière une banquette amovible ou articulée et un hayon qui permettent d'utiliser ce véhicule comme une fourgonnette. **2.** ANC. Voiture hippomobile ouverte, à quatre roues, à siège élevé sur le devant et sièges latéraux.

2. BREAK [brɛk] n.m. (de l'angl. *to break,* briser). **1.** JAZZ. Courte interruption du jeu de l'orchestre, pour faire place au soliste. – *Fam.* Moment de répit, de repos ; pause. **2.** SPORTS. **a.** Écart creusé entre deux adversaires, deux équipes. **b.** BOXE. Ordre de l'arbitre pour interrompre un corps-à-corps.

BREAKDANCE [brɛkdɛns] n.f. (mot anglo-amér.). Style de danse au sol né dans les ghettos des États-Unis, dans les années 1970, caractérisé par des mouvements acrobatiques, exécutés autour d'un point de repère, parfois sur un accompagnement de musique rap.

BREAKFAST [brɛkfəst] n.m. (mot angl.). Petit déjeuner à l'anglaise.

BREBIS n.f. (lat. *berbix, -icis*). Mouton femelle.

■ BREBIS

1. BRÈCHE n.f. (haut all. *brecha,* fracture). **1.** Ouverture faite dans un mur, un rempart, une haie. **2.** *Battre en brèche :* attaquer vivement. – *Faire une brèche dans :* endommager, entamer. – *Être toujours sur la brèche,* en action. **3.** Brisure, enlèvement de matière dans le tranchant d'une lame, le rebord d'un verre, d'une assiette, etc.

2. BRÈCHE n.f. (mot d'origine ligure). PÉTROL. Conglomérat formé d'éléments anguleux.

BRÉCHET n.m. (angl. *brisket*). Crête médiane du sternum de la plupart des oiseaux, sur laquelle s'insèrent les muscles des ailes.

BREDOUILLAGE, BREDOUILLEMENT ou **BREDOUILLIS** n.m. Fait de bredouiller ; paroles indistinctes.

BREDOUILLE adj. *Rentrer bredouille,* sans avoir rien pris, sans avoir rien obtenu.

BREDOUILLER v.i. et v.t. (anc. fr. *bredeler,* de *bretonner,* bégayer). Parler, prononcer des paroles de manière confuse. *Bredouiller des excuses.*

BREDOUILLEUR, EUSE adj. et n. Qui bredouille.

BREDOUILLIS n.m. → **BREDOUILLAGE.**

1. BREF, BRÈVE adj. (lat. *brevis*). **1.** De courte durée. *Dans les plus brefs délais.* ◇ PHON. *Syllabe, voyelle brève,* ou *brève,* n.f., dont la durée d'émission est courte (par oppos. à *longue*). **2.** Exprimé en peu de mots. *Discours bref.* **3.** *Être bref :* s'exprimer d'une manière concise. – *Voix brève, ton bref,* secs, tranchants. ◆ adv. En un mot qui tranche la question ; pour conclure. *Bref, je ne veux pas.*

2. BREF n.m. CATH. Lettre du pape, de moindre importance qu'une bulle et ne portant pas le sceau pontifical.

BREGMA [brɛgma] n.m. (mot gr.). ANAT. Fontanelle antérieure, entre les os pariétaux et le frontal.

BRÉHAIGNE adj. Se dit des juments qui possèdent des canines, et qui sont généralement inféconde*s*.

BREITSCHWANZ [brɛtʃvɑ̃ts] n.m. (mot all.). Fourrure d'agneau karakul mort-né ou prématuré.

BRELAN n.m. (haut all. *bretling,* table). Au poker, réunion de trois cartes de même valeur. *Un brelan d'as.*

BRELOQUE n.f. **1.** Petit bijou, colifichet que l'on porte attaché à un bracelet, à une chaîne, etc. **2.** MIL. Sonnerie de clairon, batterie de tambour qui servait à faire rompre les rangs à une troupe rassemblée. ◇ Vieilli. *Battre la breloque :* mal fonctionner ou battre irrégulièrement, en parlant d'un mécanisme ; déraisonner, divaguer, en parlant de qqn.

BRÈME n.f. (mot germ.). Poisson d'eau douce, au corps comprimé et plat. (Long. max. 50 cm ; genre *Abramis,* famille des cyprinidés.)

BREN n.m. → **BRAN.**

BRÉSIL ou **BRÉSILLET** n.m. **1.** Arbre d'Amérique tropicale dont le bois, rouge-orangé, a été utilisé comme teinture avant l'apparition des colorants synthétiques. (Famille des césalpiniacées.) **2.** Cette teinture.

BRÉSILIEN, ENNE adj. et n. Du Brésil, de ses habitants. ◆ n.m. Portugais parlé au Brésil.

BRÉSILLER v.t. *Litt.* Réduire en poudre. ◆ v.i. ou **se brésiller** v.pr. *Litt.* Tomber en poussière.

BRÉSILLET n.m. → **BRÉSIL.**

BRESSAN, E adj. et n. De la Bresse.

BRETÈCHE ou **BRETESSE** n.f. (lat. médiév. *brittisca,* fortification bretonne). FORTIF. Logette rectangulaire en saillie sur une façade, faite pour en renforcer la défense.

BRETELLE n.f. (haut all. *brettil,* rêne). **1.** Courroie passée sur l'épaule pour porter un objet pesant, un sac, un fusil, etc. **2.** Bande de tissu passant sur les épaules et retenant certains vêtements ou sous-vêtements (robe, soutien-gorge). ◇ *Fam. Remonter les bretelles à qqn,* lui faire des remontrances, le rappeler à l'ordre. **3. a.** Raccordement entre une autoroute et le reste du réseau routier. **b.** Ensemble d'appareils permettant la jonction dans les deux sens de deux voies de chemin de fer parallèles contiguës.

BRETESSE n.f. → **BRETÈCHE.**

BRETESSÉ, E adj. HÉRALD. Se dit d'une pièce qui est crénelée symétriquement des deux côtés.

BRETON, ONNE adj. et n. De la Bretagne, qui se rapporte aux Bretons. ◆ n.m. Langue celtique parlée dans l'ouest de la Bretagne.

BRETONNANT, E adj. et n. Qui a conservé la langue et les coutumes bretonnes, en parlant d'une partie de la Bretagne et de certains de ses habitants. *La Bretagne bretonnante.*

BRETTE n.f. (anc. fr. *bret,* breton). Épée de duel, longue et étroite, en usage aux XVIe et XVIIe s.

BRETTEUR n.m. (de *brette*). Vx. Homme qui aime se battre à l'épée.

BRETZEL [brɛtzɛl] n.m. ou n.f. (all. *Brezel*). **1.** Biscuit sec alsacien en forme de huit, saupoudré de sel et de graines de cumin. **2.** Suisse. Sorte de craquelin.

BREUVAGE n.m. (de l'anc. fr. *boivre,* boire, lat. *bibere*). *Litt.* ou *péjor.* Boisson.

BRÈVE n.f. **1.** Voyelle ou syllabe brève. **2.** Courte information, de dernière heure ou peu importante. **3.** Passereau des forêts équatoriales de l'Ancien Monde, aux vives couleurs. (Famille des pittidés.)

BREVET n.m. (de *bref*). **1.** Diplôme ou certificat délivré, après examen, par l'État, sanctionnant certaines études, attestant certaines aptitudes et donnant certains droits. *Brevet de pilote.* – *Spécial.* Examen marquant la fin du premier cycle de l'enseignement secondaire. ◇ *Brevet d'études professionnelles* → **BEP.** – *Brevet de technicien (BT) :* diplôme qui se prépare en trois ans, après la classe de troisième, et qui donne le titre de technicien ou d'agent technique. – *Brevet de technicien supérieur* → **BTS. 2.** *Brevet d'invention :* titre de propriété délivré au déposant d'une invention, qui confère à son titulaire une exclusivité temporaire d'exploitation. **3.** DR. *Acte en brevet :* acte notarié dont l'original est remis à l'intéressé (par oppos. à la *minute,* qui est conservée par le notaire).

BREVETABLE adj. Se dit de ce qui est susceptible de faire l'objet d'un brevet. *Procédé brevetable.*

BREVETÉ, E adj. **1.** Qui est titulaire d'un brevet. **2.** Qui est garanti par un brevet. *Invention brevetée.*

BREVETER v.t. [16]. Protéger par un brevet. *Faire breveter un procédé.*

BRÉVÉTOXINE n.f. Neurotoxine produite par des algues rouges proliférant lors des marées dites « rouges ». (Sa grande toxicité pour les poissons, les cétacés et l'homme vient de ce qu'elle bloque la propagation de l'influx nerveux.)

BRÉVIAIRE n.m. (lat. *breviarium,* de *brevis,* bref). **1.** Livre contenant les prières à lire chaque jour par les prêtres et les religieux catholiques ; l'ensemble de ces prières. **2.** *Litt.* Livre auquel on se réfère souvent et que l'on considère comme un guide, un modèle.

BRÉVILIGNE adj. et n. Se dit de qqn qui a des membres courts et un aspect plutôt trapu. CONTR. : *longiligne.*

1. BRIARD, E adj. et n. De la Brie.

2. BRIARD n.m. Chien de berger français, à poil long.

BRIBE n.f. (onomat.). [Surtout pl.] **1.** Restes d'un repas, petits morceaux d'un aliment. *Des bribes de gâteau.* **2.** Fragment d'un tout. *Saisir des bribes de conversation.*

BRIC-À-BRAC n.m. inv. (onomat.). Amas d'objets divers, usagés ou en mauvais état, entassés n'importe comment.

BRICELET n.m. Suisse. Galette très fine et croustillante.

BRIC ET DE BROC (DE) loc. adv. (onomat.). Avec des éléments de toute provenance. *Maison meublée de bric et de broc.*

1. BRICK n.m. (angl. *brig,* abrév. de *brigantine*). Navire à deux mâts gréés à voiles carrées.

2. BRICK n.m. (de l'ar.). Galette très fine à base de blé dur. (Cuisine tunisienne.)

BRICK-GOÉLETTE n.m. (pl. *bricks-goélettes*). Navire à voiles à deux mâts, à gréement carré au mât de misaine et aurique au grand mât.

BRICOLAGE n.m. **1.** Action de bricoler ; son résultat. **2.** Réparation provisoire. **3.** Travail peu rentable.

BRICOLE n.f. (ital. *briccola,* machine de guerre). **1.** *Fam.* Chose sans importance. **2.** Hameçon double ou triple pour la pêche des poissons carnassiers d'eau douce. **3.** Pièce du harnais placée sur la poitrine du cheval.

BRICOLER v.i. **1.** Faire des petites réparations, des aménagements de ses propres mains, chez soi ou à l'extérieur. **2.** Gagner sa vie en faisant de petits travaux, des besognes variées, peu durables. ◆ v.t. *Fam.* Réparer sommairement. *Bricoler un moteur.*

BRICOLEUR, EUSE n. et adj. Personne qui bricole.

BRIDE n.f. (haut all. *brîdel,* rêne). **1.** Pièce de harnais placée sur la tête du cheval, comprenant notamm. les mors, et d'où partent les rênes. ◇ *À bride abattue, à toute bride :* très vite. – *Avoir la bride sur le cou :* pouvoir agir en toute liberté. – *Lâcher la bride à :* donner toute liberté à. – *Tenir la bride à qqn,* limiter sa liberté. – *Tourner bride :* faire demi-tour. **2.** Suite de points de chaînette formant une boutonnière ou réunissant les parties d'une broderie. **3.** MÉD. Bande de tissu conjonctif fibreux formant une adhérence entre deux organes, deux tissus. *Bride péritonéale.* **4.** OUTILL. Lien en forme de collier ou de demi-collier, pour unir ou consolider deux ou plusieurs pièces.

BRIDÉ, E adj. *Yeux bridés :* yeux aux paupières étirées latéralement.

BRIDER v.t. **1.** Mettre la bride à un cheval, à un âne, etc. **2.** *Fig.* Empêcher de se manifester ; contenir, refréner. *Brider une imagination délirante.* **3.** Limiter la puissance d'un moteur, d'une machine. **4.** Serrer trop. *Cette veste me bride un peu aux épaules.* **5.** *Brider une volaille,* la ficeler pour la faire cuire ; trousser. **6.** MAR. Réunir plusieurs cordages avec un filin. **7.** Fixer deux ou plusieurs objets avec une bride.

1. BRIDGE n.m. (mot angl.). Jeu de cartes par levées, pratiqué entre deux équipes de deux joueurs, avec 52 cartes. *Jouer au bridge. Faire un bridge.*

2. BRIDGE n.m. (mot angl., *pont*). Appareil dentaire remplaçant une ou plusieurs dents contiguës, et fixé à ses extrémités sur deux dents saines.

BRIDGER v.i. [10]. Jouer au bridge.

BRIDGEUR, EUSE n. Personne qui joue au bridge.

BRIDON n.m. Bride simple équipée du seul mors de filet.

BRIE n.m. Fromage au lait de vache, à pâte molle et à croûte moisie, fabriqué dans la Brie.

BRIEFER [brife] v.t. (de *briefing*). *Fam.* Mettre au courant, renseigner par un bref exposé. *Briefer un collaborateur.*

BRIEFING [brifiŋ] n.m. (mot angl.). Réunion d'information avant une mission aérienne pour donner aux équipages les dernières instructions. – Réunion d'un groupe de travail pour définir les objectifs, les méthodes, etc.

BRIÈVEMENT adv. En peu de mots, de manière très succincte.

BRIÈVETÉ n.f. (lat. *brevitas*). Courte durée d'une action, d'un état. *Brièveté d'une visite.*

BRIFFER v.i. et v.t. (onomat.). *Arg.* Manger.

BRIGADE n.f. (ital. *brigata,* troupe). **1.** Groupement de plusieurs régiments de la même arme. *Brigade de chars.* ◇ *Brigade de gendarmerie,* la plus petite unité de cette arme, installée dans chaque chef-lieu de canton. **2.** Service de police ou de gendarmerie spécialisé dans un secteur particulier de délinquance. *Brigade de prévention de la délinquance juvénile. Brigade de répression du proxénétisme. Brigade criminelle.* **3.** Équipe d'ouvriers, d'employés qui travaillent ensemble sous la surveillance d'un chef.

BRIGADIER n.m. **1.** Dans l'arme blindée, le train et l'artillerie, grade équivalent à celui de caporal. **2.** Chef d'une brigade de gendarmerie (→ *grade*). ◇ Suisse. *Colonel brigadier :* commandant d'une brigade. **3.** Bâton servant à frapper les trois coups au théâtre.

BRIGADIER-CHEF n.m. (pl. *brigadiers-chefs*). Grade intermédiaire entre ceux de brigadier et de maréchal des logis (→ *grade*).

BRIGAND n.m. (ital. *brigante,* qui va en troupe). **1.** Vieilli. Personne malhonnête, sans aucun scrupule. **2.** Personne qui vole, qui pille à main armée.

BRIGANDAGE n.m. Vol à main armée commis génér. par des bandes organisées.

BRIGANDER v.t. Suisse. Malmener, maltraiter.

BRIGANTIN n.m. (ital. *brigantino*). Voilier à deux mâts dont seul celui de l'avant est gréé de voiles carrées.

BRIGANTINE n.f. (de *brigantin*). MAR. Voile trapézoïdale enverguée sur la corne d'artimon.

BRIGUE n.f. (ital. *briga,* querelle). *Litt.* Manœuvre, ruse pour triompher d'un concurrent.

BRIGUER v.t. Souhaiter ardemment, chercher à obtenir ; convoiter. *Briguer un poste.*

BRILLAMMENT [brijamɑ̃] adv. De façon brillante. *Être reçu brillamment à un concours.*

BRILLANCE n.f. **1.** Qualité de ce qui brille ; éclat lumineux. **2.** Vx. Luminance.

1. BRILLANT, E adj. **1.** Qui brille, qui est lumineux. *Des cheveux brillants.* **2.** Qui fait vive impression, qui se fait remarquer par son intelligence, son aisance, etc. *Une personne très brillante.* **3.** *Ne pas être brillant :* être médiocre. *Les affaires ne sont pas brillantes.*

2. BRILLANT n.m. **1.** Qualité de ce qui brille ; éclat. *Le brillant des chromes.* **2.** Diamant arrondi taillé à 57 ou 58 facettes pour être monté en bijou.

BRILLANTAGE n.m. Action de brillanter ; son résultat.

BRILLANTER v.t. **1.** Tailler les plus petites facettes d'une pierre de bijouterie, en partic. d'un diamant. **2.** Donner un aspect brillant à une pièce métallique.

BRILLANTEUR n.m. Produit ajouté à un bain de revêtement électrolytique pour brillanter une surface métallique.

BRILLANTINE n.f. Préparation parfumée pour assouplir les cheveux et leur donner du brillant.

BRILLANTINER v.t. Mettre de la brillantine sur les cheveux.

BRILLER v.i. (ital. *brillare,* du lat. *beryllus,* béryl). **1.** Émettre ou réfléchir une vive lumière ; être lumineux. *La mer brille sous le soleil. Le diamant brille.* **2.** Manifester, exprimer avec beaucoup d'intensité. *Des yeux qui brillent de joie, de colère.* **3.** *Fig.* Se faire remarquer par une qualité particulière. *Elle brille par son intelligence.*

BRIMADE n.f. (de *brimer*). **1.** Épreuve plus ou moins brutale ou plaisanterie que les anciens imposent aux nouveaux dans certaines écoles, à l'armée, etc. **2.** Mesure vexatoire et inutile, provenant de qqn qui veut faire sentir son pouvoir, son autorité. *Subir les brimades de son supérieur.*

BRIMBALER v.t. et v.i. → **BRINGUEBALER.**

BRIMBORION n.m. (du lat. *breviarium,* bréviaire, de *brevis,* bref). *Litt.* Petit objet de peu de valeur.

BRIMER v.t. (de *brume*). Soumettre à des brimades. ◇ *Se sentir brimé :* éprouver un sentiment d'injustice, de frustration, fondé ou non.

BRIN n.m. **1.** Petite partie d'une chose mince et allongée ; petite tige. *Un brin de paille, de muguet.* – Petite quantité de, un petit peu de. *Faire un brin de toilette.* ◇ *Fam. Un beau brin de fille :* une fille très belle. **2.** Fil qui, tordu avec d'autres, forme un câble ou un cordage. **3.** Partie d'une courroie ou d'un câble passant sur une poulie ou un tambour, et transmettant le mouvement.

BRINDEZINGUE adj. *Fam.,* vieilli. Ivre. ◆ adj. et n. *Fam.* Un peu fou.

BRINDILLE n.f. (de *brin*). Branche très mince et légère ; morceau de branche sèche. *Un feu de brindilles.*

BRINELL n.m. (de *Brinell,* n.pr.). **1.** Machine qui sert aux essais de dureté des métaux. **2.** Essai de dureté pratiqué avec cette machine.

BRINGÉ, E adj. Se dit d'un animal, de sa robe, marqués de bringeures.

BRINGEURE [brɛ̃ʒyr] n.f. Bande de poils noirs traversant la robe, génér. de tonalité rouge, d'un chien, d'un bovin.

1. BRINGUE n.f. (de l'all. *bring dirs,* porter un toast). *Fam.* **1.** Sortie entre amis pour s'amuser, manger, boire. *Faire la bringue.* **2.** Suisse. **a.** Querelle, chicane. **b.** Rengaine.

2. BRINGUE n.f. (de *brin*). *Fam. Grande bringue :* fille ou femme plutôt grande et maigre, dégingandée.

BRINGUEBALER, BRINQUEBALER ou **BRIMBALER** v.t. et v.i. (de *bribe* et *trimbaler*). *Fam.* Secouer de droite à gauche ; se balancer.

BRINGUER v.i. *Fam.* Faire la bringue, la fête. ◆ v.t. Suisse. *Fam.* Insister exagérément pour obtenir qqch ; harceler.

BRIO n.m. (mot ital.). **1.** Vivacité brillante dans la conversation ; entrain. **2.** Technique, exécution brillante ; virtuosité.

BRIOCHE n.f. (du normand *brier,* broyer). **1.** Pâtisserie légère, à base de farine, de levure, de beurre et d'œufs, le plus souvent en forme de boule surmontée d'une boule plus petite. **2.** *Fam.* Ventre rebondi ; embonpoint.

BRIOCHÉ, E adj. Qui se rapproche de la brioche par son goût et sa consistance. *Pain brioché.*

BRIOCHIN, E adj. et n. De Saint-Brieuc.

BRION n.m. MAR. Partie arrondie de l'avant de la coque d'un navire, faisant la liaison entre l'étrave et la quille.

1. BRIQUE n.f. (néerl. *bricke*). **1.** Matériau de construction à base d'argile, en forme de parallélépipède rectangle, moulé mécaniquement et cuit au four (sauf pour les *briques crues*). *Brique pleine, creuse.* ◇ *Brique de verre :* pavé en verre épais. **2.** Produit présenté sous la forme d'une brique. *Une brique de savon.* **3.** *Fam.* Un million de centimes. ◆ adj. inv. D'une couleur rougeâtre.

2. BRIQUE n.f. (du germ. *brekan,* briser). Suisse. Éclat, fragment, tesson.

BRIQUER v.t. *Fam.* Nettoyer à fond en frottant ; astiquer.

1. BRIQUET n.m. (de *brique,* morceau). **1.** Petit appareil servant à produire du feu. *Briquet à gaz.* **2.** *Sabre briquet :* sabre court utilisé dans l'infanterie aux XVIIIe et XIXe s.

2. BRIQUET n.m. (de *1. braque*). Chien courant de taille moyenne.

BRIQUETAGE n.m. **1.** Action de briqueter. **2.** Maçonnerie de briques. **3.** Enduit auquel on donne l'apparence de la brique.

BRIQUETER v.t. [16]. **1.** Paver avec des briques. **2.** Couvrir de briquetage.

BRIQUETERIE [briketri] ou [briktri] n.f. Usine où l'on fait des briques.

BRIQUETEUR n.m. Ouvrier procédant à l'édification d'ouvrages en brique.

BRIQUETIER n.m. Ouvrier d'une briqueterie ; personne qui la dirige.

BRIQUETTE n.f. **1.** Petite brique. **2.** Petite brique faite avec de la tourbe ou de l'aggloméré, servant de combustible.

BRIS n.m. (de *briser*). DR. Rupture illégale et intentionnelle d'une clôture, d'un scellé.

BRISANCE n.f. Propriété d'un explosif qui le rend plus ou moins apte à rompre des corps résistants.

1. BRISANT, E adj. Qui possède une brisance élevée.

2. BRISANT n.m. Écueil sur lequel les vagues déferlent et se brisent. ◆ pl. Lame qui se brise sur un écueil.

B

BRISCARD ou **BRISQUARD** n.m. (de *brisque*). **1.** MIL. Soldat chevronné. **2.** *Fam. Un vieux briscard :* un homme d'expérience, astucieux et retors.

BRISE n.f. Petit vent frais peu violent. ◇ *Brise de mer,* qui souffle, le jour, de la mer vers la terre. – *Brise de terre,* qui souffle, la nuit, de la terre vers la mer. – *Brise de montagne,* qui souffle, au crépuscule, de la montagne vers la vallée. – *Brise de vallée,* qui souffle, le matin, de la vallée vers les sommets.

BRISÉ, E adj. **1.** *Ligne brisée :* suite de segments de droites qui se succèdent en formant des angles. **2.** Qui peut se replier sur lui-même, en parlant d'un volet ou d'un vantail de porte. **3.** ARCHIT. *Arc brisé :* arc à deux branches concaves se rejoignant en pointe au faîte. – *Fronton brisé,* dont les rampants sont interrompus avant le faîte. – *Comble brisé,* dont le toit présente deux pentes différentes sur le même versant, séparées par une arête saillante horizontale dite *ligne de brisis.* (On dit aussi *comble à la Mansart.*) **4.** *Pâte brisée :* pâte faite d'un mélange de beurre et de farine, utilisée en partic. pour les tartes et les croustades.

BRISE-BÉTON n.m. inv. Appareil pour briser les ouvrages en béton par percussion.

BRISE-BISE n.m. inv. Rideau court garnissant le bas des fenêtres à mi-hauteur.

BRISE-COPEAUX n.m. inv. Partie d'un outil de coupe contre laquelle les copeaux viennent se briser en fragments.

BRISÉES n.f. pl. VÉNER. Branches d'arbres que le veneur rompt pour marquer le passage d'une bête. ◇ *Aller, marcher sur les brisées de qqn,* rivaliser, entrer en concurrence avec lui.

BRISE-FER n. inv. *Fam.* Personne maladroite qui casse les objets les plus solides ; brise-tout.

BRISE-GLACE ou **BRISE-GLACES** n.m. inv. **1.** Navire équipé d'une étrave renforcée pour briser la glace et frayer un passage dans les mers arctiques. **2.** Construction en amont d'une pile de pont pour la protéger des glaces flottantes.

BRISE-JET n.m. inv. Dispositif (tuyau, petite grille, etc.) adapté à un robinet d'eau pour régulariser son débit.

BRISE-LAMES n.m. inv. Ouvrage construit à l'entrée d'un port ou d'une rade pour les protéger contre la houle du large en cas de tempête.

BRISEMENT n.m. Rare. Action de briser, de se briser ou d'être brisé. *Un brisement de cœur.*

BRISE-MOTTES n.m. inv. Rouleau à disques pour écraser les mottes de terre.

BRISER v.t. (mot gaul.). **1.** Mettre en pièces ; casser. *Briser une carafe en cristal.* ◇ *Briser le cœur à qqn,* lui causer une grande peine. **2.** *Fig.* Compromettre définitivement ; détruire, anéantir. *On a brisé sa carrière.* – Faire céder, réussir à vaincre. *Briser l'orgueil de qqn.* **3.** Interrompre assez brutalement. *Briser un entretien.* ◆ v.t. ind. **(avec).** *Sout. Briser avec qqn,* cesser toute relation avec lui, rompre. – Vx ou *par plais.* *Brisons là :* cessons cette discussion. ◆ **se briser** v.pr. Se diviser en heurtant un obstacle, en parlant de la mer, des vagues.

BRISE-SOLEIL n.m. inv. Avancée de façade, en avant des baies vitrées, pour les protéger du soleil en été.

BRISE-TOUT n. inv. *Fam.* Personne maladroite qui casse tout ce qu'elle touche ; brise-fer.

BRISEUR, EUSE n. **1.** *Litt.* Personne qui brise qqch. **2.** *Briseur de grève :* personne qui travaille alors que les autres sont en grève, dans une entreprise.

BRISE-VENT n.m. inv. Rideau d'arbres ou petite haie qui protège les plantes du vent. SYN. : *coupe-vent.*

BRISIS [brizi] n.m. (de *briser*). Partie inférieure, en pente raide, d'un versant de toit brisé.

BRISOLÉE n.f. Suisse. Repas de châtaignes et de fromage, dans le Valais.

BRISQUARD n.m. → **BRISCARD.**

BRISQUE n.f. Vx. Chevron d'un soldat rengagé.

BRISTOL n.m. (de *Bristol,* ville d'Angleterre). **1.** Carton plus ou moins épais, fortement satiné, de qualité supérieure. **2.** Vieilli. Carte de visite.

BRISURE n.f. **1.** *Litt.* Fente, fêlure dans un objet brisé ; fragment d'objet brisé. *Les brisures d'une glace.* **2.** MÉCAN. INDUSTR. Joint articulé de deux parties d'un ouvrage, permettant de les replier l'une sur l'autre. **3.** HÉRALD. Modification apportée aux armoiries d'une famille pour distinguer une branche cadette ou bâtarde de la branche principale ou légitime (lambel, bordure, etc.).

BRITANNIQUE adj. et n. De Grande-Bretagne.

BRITTONIQUE adj. Qui se rapporte aux peuples celtes établis en Grande-Bretagne entre le Ier millénaire et le Ier s. av. J.-C. ◆ n.m. Rameau de la langue celtique comprenant le gallois, le cornique et le breton.

BRIZE n.f. (gr. *briza*). Herbe des prés et des bois, à épillets larges, courts et tremblotants, appelée aussi *amourette.* (Famille des graminées.)

■ **BRIZE**

BROC [bro] n.m. (gr. *brokhis,* pot). Récipient haut, à col resserré et à bec, muni d'une anse latérale, pour transporter les liquides.

BROCANTE n.f. Commerce, métier de brocanteur.

BROCANTER v.i. (du haut all. *brocko,* morceau). Acheter, vendre ou troquer des objets d'occasion.

BROCANTEUR, EUSE n. Commerçant qui achète et revend des objets d'occasion à des particuliers ou à d'autres marchands.

1. BROCARD n.m. (du moyen fr. *broquer,* piquer). *Litt.* (Souvent pl.) Raillerie offensante ; moquerie.

2. BROCARD n.m. (du picard *broque,* broche). Chevreuil mâle âgé de plus d'un an.

BROCARDER v.t. *Litt.* Railler par des brocards.

BROCART n.m. (ital. *broccato,* tissu broché). Étoffe brochée de soie, d'or ou d'argent.

BROCATELLE n.f. (ital. *broccatello*). **1.** Sorte de marbre coquillier. **2.** Étoffe de soie brochée à riches ornements.

BROCCIO [brɔtʃjo] n.m. Fromage au lait de chèvre ou de brebis fabriqué en Corse.

BROCHAGE n.m. **1.** Action de brocher les livres ; son résultat. **2.** Procédé de tissage faisant apparaître sur un tissu de fond certains motifs décoratifs à l'aide de trames supplémentaires. **3.** Utilisation d'une fraise rectiligne, ou *broche,* pour usiner ou calibrer des trous dans du métal.

BROCHANT, E adj. HÉRALD. Se dit d'une pièce qui passe par-dessus une autre. ◇ *Pièce brochant sur le tout,* qui traverse tout l'écu ou qui passe sur deux pièces ou davantage. – *Litt. Et, brochant sur le tout, ... :* et en plus, et pour comble.

BROCHE n.f. (lat. *broccha,* choses pointues). **1.** Bijou muni d'une épingle permettant de le fixer sur un vêtement. **2. a.** Tige de fer pointue sur laquelle on enfile une viande pour la faire rôtir. *Un poulet cuit à la broche.* **b.** Tige métallique recevant une bobine sur un métier à filer ; ensemble mécanique dont elle fait partie. **c.** Tige métallique d'une serrure, qui pénètre dans le trou d'une clef forée. **3.** MÉD. Tige introduite à travers les os pour réduire ou immobiliser une fracture. **4. a.** Arbre d'une machine-outil destiné à recevoir un outillage (fraise, par ex.). **b.** Outil pour calibrer un trou cylindrique ou pour exécuter des rainures. **5.** Partie mâle d'une prise de courant.

BROCHÉ n.m. Étoffe tissée selon le procédé du brochage.

BROCHER v.t. (de *broche*). **1.** Plier, assembler, coudre et couvrir les feuilles sortant de l'imprimerie pour en faire un livre. **2.** Tisser une étoffe de fils d'or, de soie, etc., pour faire apparaître des dessins en relief sur un fond uni. **3.** Usiner, calibrer au moyen d'une broche.

BROCHET n.m. (de *broche*). **1.** Poisson d'eau douce très vorace, aux mâchoires garnies de dents très nombreuses (700 env.), et qui peut dépasser 1 m de long. (Genre *Esox ;* famille des ésocidés.) **2.** *Brochet de mer :* barracuda.

■ **BROCHET**

BROCHETON n.m. Jeune brochet.

BROCHETTE n.f. **1.** Petite broche sur laquelle on enfile des morceaux de viande, de poisson, d'oignon, etc., pour les faire griller. – Ce qui grille sur la brochette. *Manger des brochettes.* **2.** *Fam. Une brochette de :* une rangée, un groupe de.

BROCHEUR, EUSE n. Personne qui broche les livres.

BROCHEUSE n.f. Machine pour brocher les livres.

BROCHURE n.f. **1.** Livre, petit ouvrage broché. **2.** Dessin d'un tissu broché.

BROCOLI n.m. (ital. *broccolo*). Plante potagère de deux types : le *brocoli pommé* (chou-fleur vert) et le *brocoli à jets,* dont on consomme les pousses florales charnues. (Famille des crucifères.)

BRODEQUIN n.m. (p.-ê. normand *brosequin,* esp. *borceguí*). Forte chaussure, à tige montant au-dessus de la cheville, pour le travail ou la marche.

BRODER v.t. (mot d'orig. germ.). **1.** Orner une étoffe de dessins en relief, à l'aiguille ou à la machine. *Broder une nappe, un mouchoir.* **2.** *Fig.* Amplifier un récit en inventant des détails.

BRODERIE n.f. **1.** Art d'exécuter à l'aiguille ou à la machine des motifs ornementaux (dessins, lettres, etc.) sur une étoffe servant de support ; ouvrage ainsi réalisé. **2.** MUS. Note étrangère ornant une note réelle. **3.** *Parterre de broderie :* parterre dont les plantations (buis, fleurs...) dessinent des arabesques.

BRODEUR, EUSE n. Personne qui travaille dans la broderie ou qui en fait pour son plaisir.

BROIEMENT n.m. Broyage.

BROKER [brɔkœr] n.m. (mot angl., *courtier*). Intermédiaire qui effectue les transactions sur les valeurs mobilières, dans les Bourses anglo-saxonnes.

BROL n.m. Belgique. *Fam.* Ensemble d'objets disparates ; désordre.

BROMATE n.m. Sel de l'acide bromique.

1. BROME n.m. (gr. *brômos,* puanteur). **1.** Non-métal liquide rouge foncé, analogue au chlore (famille des halogènes), bouillant à 58,78 °C en donnant des vapeurs rouges et suffocantes. **2.** Élément chimique (Br), de numéro atomique 35, de masse atomique 79,904.

2. BROME n.m. (lat. *bromos,* du gr.). Herbe très commune dans les prés, les bois et les lieux incultes. (Famille des graminées.)

BROMÉ, E adj. CHIM. Qui contient du brome.

BROMÉLIACÉE n.f. Plante monocotylédone d'Amérique tropicale, souvent épiphyte, aux feuilles épineuses, telle que l'ananas, le billbergia, le tillandsia. (Les broméliacées forment une famille.)

BROMHYDRIQUE adj. *Acide bromhydrique :* hydracide (HBr) formé par combinaison du brome et de l'hydrogène.

BROMIQUE adj. *Acide bromique :* acide oxygéné du brome ($HBrO_3$).

BROMURE n.m. **1.** Combinaison du brome avec un corps simple. (Certains bromures étaient utilisés autref. comme sédatifs.) **2.** Papier photographique au bromure d'argent. **3.** Épreuve de photogravure ou de photocomposition sur papier au bromure d'argent.

BRONCA n.f. (mot esp.). Protestation collective ; tollé.

BRONCHE n.f. (gr. *bronkhia*). Conduit par lequel l'air est transféré de la trachée aux bronchioles.

BRONCHECTASIE ou **BRONCHIECTASIE** [brɔ̃ʃɛktazi] n.f. (de *bronche* et gr. *ektasis,* dilatation). Dilatation pathologique des bronches.

BRONCHER v.i. (lat. pop. *bruncare,* trébucher). **1.** (Surtout en tournure négative.) Manifester son désaccord, sa mauvaise humeur par des paroles ou des gestes. *Il a fait son travail sans broncher.* **2.** Faire un faux pas, en parlant d'un cheval.

BRONCHIOLE n.f. Petite bronche aboutissant aux alvéoles pulmonaires.

BRONCHIOLITE n.f. Inflammation des bronchioles.

BRONCHIQUE adj. Des bronches.

BRONCHITE n.f. Inflammation des bronches. ◇ *Bronchite chronique :* maladie respiratoire, souvent due au tabagisme, et évoluant vers l'insuffisance respiratoire.

BRONCHITIQUE adj. Relatif à la bronchite. ◆ adj. et n. Atteint de bronchite.

BRONCHO-PNEUMONIE ou **BRONCHO-PNEUMOPATHIE** [brɔ̃ko-] n.f. (pl. *broncho-pneumonies, broncho-pneumopathies*). Vieilli. Pneumopathie infectieuse disséminée.

BRONCHORRHÉE [brɔ̃kɔre] n.f. Augmentation des sécrétions bronchiques se traduisant par des crachats.

BRONCHOSCOPE [brɔ̃kɔskɔp] n.m. Endoscope utilisé pour pratiquer la bronchoscopie.

BRONCHOSCOPIE [brɔ̃kɔskɔpi] n.f. Examen endoscopique de la trachée et des bronches.

BRONTOSAURE n.m. (du gr. *brontê,* tonnerre, et *saura,* lézard). Reptile dinosaurien herbivore du jurassique d'Amérique du Nord, qui dépassait 20 m de long. (Groupe des saurischiens.) SYN. : *apatosaure.*

BRONZAGE n.m. **1.** Action, fait de bronzer un objet ; son résultat. **2.** Fait de s'exposer au soleil pour bronzer ; coloration brune qui en résulte.

BRONZANT, E adj. Se dit d'un produit qui accélère le bronzage.

BRONZE n.m. (ital. *bronzo*). **1.** Alliage de cuivre et d'étain à forte proportion de cuivre. ◇ *Âge du bronze :* période préhistorique au cours de laquelle s'est diffusée la métallurgie du bronze (IIIe millénaire), précédant l'âge du fer (vers 1000 av. J.-C.). **2.** Sculpture, objet d'art ou accessoire décoratif en bronze.

■ **BRONZE.** Poignards. Âge du bronze nordique, vers 1300 av. J.-C. (Musée de Moesgård, Danemark.)

BRONZÉ, E adj. et n. Qui est basané, hâlé.

BRONZER v.t. **1.** Brunir, hâler la peau. *Le soleil avait bronzé son visage.* **2.** Donner l'aspect ou la couleur du bronze à. ◆ v.i. Devenir brun de peau au soleil ou sous l'effet d'un procédé artificiel. *Elle bronze très vite.*

BRONZETTE n.f. *Fam.* Fait de se faire bronzer.

BRONZIER, ÈRE n. Praticien ou artiste qui pratique la fonte et/ou la ciselure des bronzes.

BROOK [bruk] n.m. (mot angl.). Obstacle de steeple-chase constitué par un fossé rempli d'eau.

BROQUELIN n.m. Débris de feuilles de tabac, incorporés dans la fabrication des cigarettes.

BROSSAGE n.m. Action de brosser ; son résultat.

BROSSE n.f. (lat. pop. *bruscia*). **1.** Ustensile formé d'une monture en bois, en plastique, etc., portant des poils, des filaments plus ou moins souples, et utilisé pour nettoyer, polir, frotter, etc. *Brosse à dents, à habits.* ◇ *Cheveux en brosse* : cheveux coupés courts et droits. **2.** Pinceau plat d'artiste peintre, aux poils d'égale longueur. – Pinceau de peintre en bâtiment, rond et large, en fibres assez grosses et d'égale longueur. **3.** Houppe de poils située à la face interne des tarses postérieurs des abeilles, et qui sert à ramasser le pollen. **4.** Belgique. Balai.

BROSSER v.t. **1.** Frotter avec une brosse pour nettoyer, faire briller, enlever les poils, etc. *Brosser des chaussures, un manteau.* **2.** Ébaucher ou peindre à grands traits une forme, un tableau. *Brosser un paysage.* ◇ *Brosser un tableau* : décrire, exposer qqch sans rentrer dans les détails, dépeindre à grands traits. **3.** Belgique. *Fam.* Ne pas assister à un cours ; sécher. ◆ **se brosser** v.pr. **1.** Frotter ses vêtements avec une brosse. **2.** *Fam.* Devoir se passer de qqch que l'on était sûr d'obtenir. *Il comptait sur une prime, il peut toujours se brosser !*

BROSSERIE n.f. Fabrication, commerce de brosses et d'ustensiles analogues (balais, plumeaux, pinceaux).

BROSSIER, ÈRE n. Personne qui travaille dans la brosserie.

BROU n.m. (de *brout,* pousse verte). Enveloppe verte des fruits à écale, tels que les noix. ◇ *Brou de noix* : teinture brune tirée du brou de la noix.

BROUET n.m. (mot d'orig. germ.). *Litt.* Aliment liquide ; bouillon, potage.

BROUETTAGE n.m. Transport à la brouette.

BROUETTE n.f. (du lat. *birota,* véhicule à deux roues). Petite caisse évasée, montée sur une roue et munie de deux brancards, servant au transport à bras de petites charges.

BROUETTÉE n.f. (de *brouette*). Contenu d'une brouette.

BROUETTER v.t. Transporter dans une brouette.

BROUHAHA n.m. (onomat.). Bruit de voix confus et tumultueux émanant d'une foule.

BROUILLAGE n.m. Trouble apporté à la réception de signaux radioélectriques par la superposition, volontaire ou non, de signaux différents ; action de provoquer ce trouble.

BROUILLAMINI n.m. *Fam.* Désordre, confusion, complication inextricable.

1. BROUILLARD n.m. (de l'anc. fr. *broue,* brouillard). **1.** Concentration, à proximité du sol, de fines gouttelettes d'eau en suspension formant un nuage qui limite la visibilité à moins de 1 km (par oppos. à *brume*). **2.** *Fam. Foncer dans le brouillard* : s'élancer tête baissée dans une action. – *Fam. Être dans le brouillard* : ne pas voir clairement la situation.

2. BROUILLARD n.m. (de *brouiller*). Registre comptable sur lequel on inscrit toute opération commerciale journalière. SYN. : *main courante.*

BROUILLE n.f. Mésentente, souvent passagère, entre des personnes ; désaccord, fâcherie. *Brouille entre deux familles.*

BROUILLÉ, E adj. **1.** *Œufs brouillés* : œufs cuits à feu très doux et dont le jaune est dilué dans le blanc. **2.** *Teint brouillé,* terni, pâle.

BROUILLER v.t. (de l'anc. fr. *brou,* bouillon). **1.** Mêler en agitant ; mélanger. *Brouiller des œufs.* **2.** Rendre trouble. *Parasites qui brouillent l'image.* ◇ *Brouiller une émission de radio,* la perturber par le brouillage. **3.** Rendre confus. *Brouiller des idées.* **4.** Désunir des personnes. *Brouiller deux amis.* **5.** *Fam. Être brouillé avec une science, une technique,* ne pas y comprendre grand-chose. ◆ **se brouiller** v.pr. **1.** Devenir trouble, confus. *Sa vue se brouille.* **2.** Cesser d'être en bons termes avec qqn. *Ils se sont brouillés.* **3.** Devenir gris, pluvieux, en parlant du temps ; se gâter.

BROUILLERIE n.f. (de *brouiller*). *Fam.* Brouille passagère, sans gravité.

BROUILLEUR n.m. Émetteur radioélectrique qui produit un brouillage.

1. BROUILLON, ONNE adj. et n. (de *brouiller*). Qui manifeste un manque d'ordre, de méthode, de clarté. *Esprit brouillon.*

2. BROUILLON n.m. (de *brouiller*). Premier état d'un écrit avant sa remise au net. *Brouillon de lettre.*

BROUILLONNER v.t. Écrire au brouillon, rapidement.

BROUILLY n.m. Vin d'un cru renommé du Beaujolais.

BROUM interj. Imite le bruit de démarrage et le ronflement d'un moteur.

BROUSSAILLE n.f. (de *brosse,* buisson). Végétation formée d'arbustes et de plantes épineuses, caractéristique des sous-bois et des terres incultes. ◇ *Cheveux, barbe, sourcils en broussaille,* hirsutes.

BROUSSAILLEUX, EUSE adj. **1.** Couvert de broussailles. **2.** Touffu et emmêlé. *Barbe, sourcils broussailleux.*

BROUSSARD, E n. Personne qui vit dans la brousse, qui en a l'expérience. – Afrique. *Fam., péjor.* Provincial, péquenot.

BROUSSE n.f. (provenç. *brousso,* broussaille). **1.** Végétation caractéristique des régions tropicales, composée d'arbrisseaux, d'arbustes ; terrain où pousse cette végétation. **2.** Contrée sauvage, à l'écart de toute civilisation. – *Fam.* Campagne isolée.

BROUSSIN n.m. (du lat. *bruscum,* nœud de l'érable). Excroissance ligneuse du tronc de certains arbres. SYN. : *loupe.*

BROUT [bru] n.m. (germ. *brust,* bourgeon). Jeune pousse d'arbre.

BROUTARD n.m. Veau qui a brouté de l'herbe jusqu'au sevrage.

BROUTEMENT n.m. Fonctionnement saccadé ou vibration d'une machine, d'une pièce en cours d'usinage.

BROUTER v.t. (de l'anc. fr. *brost,* pousse). Manger l'herbe ou les jeunes pousses en les prélevant sur place, en parlant du bétail. ◆ v.i. Fonctionner avec des irrégularités, par saccades, en parlant d'une machine, d'un outil en mouvement. *Embrayage qui broute.*

BROUTILLE n.f. (de l'anc. fr. *brost,* pousse). Objet ou fait sans importance ; bagatelle. *Se quereller pour des broutilles.*

BROWNIE [broni] ou [brawni] n.m. Petit gâteau carré au chocolat, garni de noix, notamm. de pacane. (Cuisine des États-Unis.)

BROWNIEN [bronjɛ̃] ou [brawnjɛ̃] adj.m. (du n. du botaniste Robert *Brown*). PHYS. *Mouvement brownien* : mouvement incessant des particules microscopiques en suspension dans un liquide ou dans un gaz, dû à l'agitation thermique des molécules du fluide.

BROWNING [broniŋ] ou [brawniŋ] n.m. (du n. de l'inventeur, J. M. *Browning*). Pistolet automatique de 7,65 mm.

BROYAGE n.m. Action de broyer ; son résultat. SYN. : *broiement.*

BROYAT n.m. Produit obtenu par broyage.

BROYER v.t. [7] (du germ. *brekan,* briser). **1.** Réduire en miettes, écraser par choc ou par pression. *Broyer du poivre, du lin.* ◇ *Broyer du noir* : être déprimé, avoir des idées tristes, moroses. **2.** Écraser par accident. *La presse lui a broyé la main.* **3.** *Fig.* Empêcher de vivre avec plénitude. *Individu broyé par la société moderne.*

BROYEUR, EUSE adj. et n. Qui broie. ◇ *Insecte broyeur,* qui coupe ou broie ses aliments grâce à ses mandibules. ◆ n.m. Machine à broyer.

BRRR interj. Exprime une sensation de froid ou un sentiment de crainte.

BRU n.f. (bas lat. *brutis,* d'orig. gotique). Vieilli ou région. Épouse du fils ; belle-fille.

BRUANT n.m. (de *bruire*). Petit passereau de l'Ancien Monde, dont une espèce est l'ortolan. (Famille des embérizidés.)

BRUCELLA [brysela] n.f. (du n. du médecin australien D. *Bruce*). Bacille, agent des brucelloses (nom générique).

BRUCELLES n.f. pl. (lat. *bercella*). Pince très fine à ressort pour saisir de très petits objets.

BRUCELLOSE n.f. Maladie infectieuse commune à l'homme et à l'animal, due à une bactérie du genre des brucellas. SYN. : *fièvre de Malte, fièvre ondulante, mélitococcie.*

BRUCHE n.f. (lat. *bruchus,* du gr. *broukhos*). Insecte coléoptère aux élytres courts, qui s'attaque aux graines de légumineuses (pois, haricots, lentilles). [Famille des bruchidés.]

BRUCINE n.f. (lat. sc. *brucea,* de J. *Bruce,* n.pr.). Alcaloïde extrait de la noix vomique.

BRUGNON n.m. (provenç. *brugnoun*). Type de pêche à peau lisse et à noyau adhérent.

BRUGNONIER n.m. Type de pêcher produisant les brugnons.

BRUINE n.f. (lat. *pruina,* gelée blanche). Petite pluie très fine.

BRUINER v. impers. Tomber en bruine.

BRUINEUX, EUSE adj. Chargé de bruine. *Un temps bruineux.* ◇ *Pluie bruineuse,* qui tombe sous forme de bruine ou mêlée de bruine.

BRUIRE v.i. [85] (lat. pop. *brugere,* braire, croisé avec *rugire,* rugir). *Litt.* Faire entendre un son, un murmure confus. *Les arbres bruissent sous le vent.* (→ *bruisser*).

BRUISSEMENT n.m. *Litt.* Bruit faible et confus. *Le bruissement du vent, des feuilles.*

BRUISSER v.i. Bruire. – REM. *Bruisser* tend à supplanter *bruire* dans ses formes défectives.

BRUIT n.m. (de *bruire*). **1.** Ensemble des sons produits par des vibrations, perceptibles par l'ouïe. *Des bruits de pas. Le bruit des vagues.* **2.** Ensemble des sons sans harmonie. *Lutter contre le bruit. Faire trop de bruit.* **3.** Nouvelle ou rumeur répandue dans le public. *C'est un bruit qui court.* ◇ *Faux bruit* : nouvelle infondée. **4.** *Faire du bruit* : en parlant d'un événement, avoir un grand retentissement. **5.** INFORM., TÉLÉCOMM. Perturbation indésirable qui se superpose au signal et aux données utiles, dans un canal de transmission ou un système de traitement de l'information.

BRUITAGE n.m. Reconstitution artificielle au théâtre, dans un film, à la radio, etc., des bruits qui accompagnent l'action.

BRUITER v.t. Effectuer le bruitage d'un spectacle, d'un film, d'une émission.

BRUITEUR, EUSE n. Spécialiste du bruitage.

■ **BROUSSE.** Feu de brousse en Tanzanie.

BRÛLAGE n.m. **1.** Destruction par le feu des chaumes, des broussailles, etc. **2.** Action de brûler la pointe des cheveux après une coupe. **3.** Opération consistant à attaquer à la flamme les vieilles peintures.

BRÛLANT, E adj. **1.** Qui est très chaud et donne une sensation de brûlure. *Le café est brûlant. Soleil brûlant.* **2.** Qui éprouve une sensation de forte chaleur, qui est très chaud. *Un enfant brûlant. Avoir les mains brûlantes.* **3.** Qui témoigne de l'ardeur, de la passion. *Amour brûlant.* **4.** Qui est d'actualité et soulève les passions. *Sujet, problème brûlant.*

BRÛLÉ, E adj. **1.** Détruit par le feu. *Odeur de caoutchouc brûlé.* **2.** *Cerveau brûlé, tête brûlée* : personne exaltée prête à tout entreprendre quels que soient les risques. **3.** *Fam.* **a.** Qui n'a plus aucun crédit. *Être brûlé chez ses fournisseurs.* **b.** Se dit d'une personne dont l'activité clandestine, illicite a été découverte ; démasqué. ◆ adj. et n. Qui souffre de brûlures. ◆ n.m. Ce qui est brûlé. *Une odeur de brûlé.* ◇ *Sentir le brûlé* : prendre mauvaise tournure, laisser présager un danger, une issue fâcheuse.

BRÛLE-GUEULE n.m. inv. Pipe à tuyau très court.

BRÛLE-PARFUM ou **BRÛLE-PARFUMS** n.m. (pl. *brûle-parfums*). Vase dans lequel on fait brûler des parfums ; cassolette.

BRÛLE-POURPOINT (À) loc. adv. Brusquement, sans qu'on s'y attende. *Poser une question à brûle-pourpoint.*

BRÛLER v.t. (lat. *ustulare* avec influence de l'anc. fr. *bruir,* brûler). **1.** Détruire par le feu. *Brûler des vieux papiers.* **2.** Endommager, altérer par le feu ou des produits chimiques. *Brûler un vêtement avec une cigarette. Produit acide qui brûle les tissus.* **3.** Causer une sensation de brûlure, de forte chaleur. *La fumée brûle les yeux. Ce plat me brûle les doigts.* **4.** Tuer par le supplice du feu. ◇ *Brûler la cervelle à qqn,* le tuer d'un coup de feu tiré à la tête et de très près. **5.** Utiliser comme source d'énergie pour le chauffage, l'éclairage. *Brûler du charbon, de l'électricité.* **6.** *Litt.* Provoquer chez qqn une excitation intense, un sentiment violent. *La soif de l'aventure le brûlait.* **7.** Dépasser sans s'arrêter un signal d'arrêt. *Brûler un feu rouge.* ◇ *Brûler les étapes* : aller trop vite dans une action, un raisonnement, etc. – *Litt. Brûler la politesse à qqn,* passer devant lui ou le quitter brusquement. ◆ v.i. **1.** Se consumer sous l'action du feu. *Ces brindilles brûlent bien.* **2.** Être détruit, endommagé, altéré par le feu. *La maison brûle. Le rôti a brûlé.* **3.** Dégager des flammes ; flamber. *Feu qui brûle dans la cheminée.* **4.** Se consumer en éclairant. *Laisser brûler l'électricité.* **5.** Être très chaud, brûlant. *Attention, ça brûle !* – Éprouver une sensation de brûlure, de chaleur excessive. *Brûler de fièvre.* **6.** Désirer ardemment, éprouver un sentiment, un désir très vifs. *Brûler d'impatience. Je brûle d'être arrivée.* **7.** Dans certains jeux, notamm. au jeu de cache-tampon, être sur le point de trouver l'objet caché, la solution, etc. ◆ **se brûler** v.pr. Subir les effets du feu, d'une chaleur intense.

BRÛLERIE n.f. **1.** Atelier où l'on torréfie du café. **2.** Distillerie d'eau-de-vie.

BRÛLEUR n.m. Appareil assurant le mélange d'un combustible solide, liquide ou pulvérulent et d'un comburant gazeux afin d'en permettre la combustion.

BRÛLIS n.m. **1.** Partie de forêt incendiée ou de champs dont les végétaux ont été brûlés afin de préparer le sol à la culture. **2.** Action de brûler les végétaux d'un terrain.

BRÛLOIR n.m. Appareil de torréfaction du café.

BRÛLON n.m. Suisse. Odeur de brûlé.

BRÛLOT n.m. (de *brûler*). **1.** MAR. Anc. Petit bâtiment rempli de matières inflammables employé pour incendier les vaisseaux ennemis. **2.** Eau-de-vie flambée avec du sucre. **3.** Journal, tract, article violemment polémiques. **4.** Québec. Moustique dont la piqûre provoque une sensation de brûlure.

BRÛLURE n.f. **1.** Lésion des tissus provoquée par la chaleur, les produits caustiques, l'électricité ou les rayonnements. **2.** Trace, trou fait par qqch qui a brûlé. *Une brûlure de cigarette.* **3.** Sensation de forte chaleur, d'irritation. *Des brûlures d'estomac.*

BRUMAIRE n.m. (de *brume*). Deuxième mois du calendrier républicain, commençant le 22, le 23 ou le 24 octobre et finissant le 20, le 21 ou le 22 novembre.

BRUME n.f. (lat. *bruma,* hiver). **1.** Brouillard léger, laissant une visibilité supérieure à 1 km (par oppos. au **brouillard** proprement dit). **2.** MAR. Brouillard de mer. *Signal de brume.* **3.** *Fig., litt.* État confus, manque de clarté de la pensée. *Les brumes de l'alcool.*

BRUMEUX, EUSE adj. **1.** Couvert de brume. *Landes brumeuses.* **2.** *Litt.* Qui manque de clarté ; obscur. *Pensées brumeuses.*

BRUMISATEUR n.m. (nom déposé). Atomiseur qui projette de l'eau minérale d'Évian en fines gouttelettes, utilisé en partic. pour les soins du visage. – Abusif. Tout atomiseur qui projette de l'eau minérale.

BRUN, E adj. (bas lat. *brunus,* du germ.). **1.** D'une couleur sombre résultant du mélange, par synthèse soustractive, des trois couleurs primaires, avec prédominance du jaune et du rouge ; marron foncé. **2.** Qui est bronzé, hâlé. *Avoir la peau brune.* **3.** Relatif au nazisme ou au néonazisme. *La peste brune.* **4.** **a.** *Sauce brune* : sauce à base d'un roux brun, coloré sur le feu, additionné de bouillon. **b.** *Bière brune* : bière de couleur foncée fabriquée à partir de malts spéciaux. **5.** *Sol brun* : sol fertile des régions tempérées de plaine ou de basse montagne, développé sur de nombreux matériaux, sous couvert forestier. – *Tabac brun,* dont la fermentation a été poussée jusqu'à son terme et qui a été torréfié. ◆ adj. et n. Qui a les cheveux bruns. *Une brune aux yeux bleus.* ◆ n.m. Couleur brune.

BRUNANTE n.f. Québec. *À la brunante* : au crépuscule.

BRUNÂTRE adj. Qui tire sur le brun.

BRUNCH [brœnʃ] n.m. [pl. *brunchs* ou *brunches*] (mot angl., de *breakfast,* petit déjeuner, et *lunch,* déjeuner). Repas tardif pris dans la matinée, tenant lieu de petit déjeuner et de déjeuner.

BRUNE n.f. **1.** Cigarette brune. **2.** Bière brune. **3.** Race bovine laitière à robe grise. **4.** *Litt.* Tombée de la nuit. ◇ *Litt. À la brune* : au crépuscule.

BRUNET, ETTE n. Petit brun, petite brune.

BRUNI n.m. Poli d'un métal, d'une dorure.

BRUNIR v.t. **1.** Rendre brun. *Le soleil brunit la peau.* **2.** Polir la surface des métaux au brunissoir (par oppos. à *matir*). ◆ v.i. Devenir brun de peau, bronzé.

BRUNISSAGE n.m. Action de brunir un métal.

BRUNISSEMENT n.m. Action de brunir la peau ; fait de devenir brun.

BRUNISSOIR n.m. Outil d'orfèvre, de bronzier, de doreur, de graveur pour brunir les métaux et les revêtements métalliques.

BRUNISSURE n.f. Action de donner une teinte brune à une étoffe.

BRUSHING [brœʃiŋ] n.m. (nom déposé ; de l'angl. *to brush,* brosser). Mise en forme des cheveux, mèche après mèche, à l'aide d'un séchoir à main.

BRUSQUE adj. (ital. *brusco*). **1.** Qui manifeste une certaine brutalité, de la rudesse. *Des gestes brusques.* **2.** Qui arrive de façon soudaine, imprévue. *Un brusque accès de fièvre.*

BRUSQUEMENT adv. D'une manière brusque, soudaine, brutale.

BRUSQUER v.t. **1.** Traiter qqn avec rudesse, sans ménagement. *Brusquer un enfant.* **2.** Hâter la fin, précipiter le cours de qqch. *Brusquer un départ.*

BRUSQUERIE n.f. **1.** Comportement, manières brusques. *Agir avec brusquerie.* **2.** Caractère brusque, soudain de qqch. *La brusquerie d'un départ.*

BRUT, E [bryt] adj. (lat. *brutus*). **1.** Qui n'a pas été façonné, poli ; qui n'a pas subi de transformation. *Diamant brut. De la laine brute.* ◇ *Pétrole brut,* non raffiné. – *Fam. Brut de décoffrage* : sans élaboration, tel quel ; sans nuances. *Une opinion publique brute de décoffrage.* **2.** Se dit d'un champagne ou d'un vin mousseux dont la teneur en sucre est très faible (entre 1 et 2 %). **3.** Qui n'a pas subi certaines déductions de frais, taxes ou retenues (par oppos. à *net*). *Rémunération brute.* ◇ *Poids brut* : poids de la marchandise et de son emballage, d'un véhicule avec son chargement. **4.** Qui est brutal, sauvage. *Des manières brutes. La force brute.* **5.** *Art brut* : art spontané pratiqué par des personnes ayant échappé au conditionnement culturel : autodidactes, déviants mentaux ou médiums. (Un musée, issu du Foyer de l'art brut de J. Dubuffet [1947], lui est consacré à Lausanne.) ◆ adv. Sans défalcation de poids ou de frais. *Ce cageot pèse brut 20 kilos. Cette affaire a rapporté brut 1 million.* ◆ n.m. **1.** Salaire brut. **2.** Pétrole brut. **3.** Champagne brut.

BRUTAL, E, AUX adj. et n. (bas lat. *brutalis*). Qui agit avec violence, grossièreté. ◆ adj. **1.** Qui manifeste de la violence. *Un geste brutal.* **2.** Qui arrive de façon soudaine, inattendue. *Une nouvelle trop brutale.*

BRUTALEMENT adv. De façon brutale.

BRUTALISER v.t. Traiter de façon brutale.

BRUTALISME n.m. Tendance architecturale, apparue au milieu des années 1950 en Grande-Bretagne (œuvres de Peter et Alison Smithson), qui privilégiait l'emploi de matériaux bruts, la franchise des structures, la non-dissimulation des dispositifs techniques.

BRUTALITÉ n.f. **1.** Caractère brutal d'une personne, d'une action, d'un événement. **2.** (Souvent pl.) Acte brutal. *Exercer des brutalités sur qqn.*

BRUTE n.f. **1.** Personne grossière, inculte. *Une brute épaisse.* **2.** Personne d'une violence excessive.

BRUTION [-tjɔ̃] n.m. *Arg. scol.* Élève ou ancien élève du Prytanée militaire de La Flèche.

BRUXELLOIS, E [brysɛlwa, az] adj. et n. De Bruxelles.

BRUXOMANIE n.f. ou **BRUXISME** n.m. (du gr. *brukhein,* grincer des dents). Tendance à grincer des dents.

BRUYAMMENT [brɥijamɑ̃] adv. Avec grand bruit.

BRUYANT, E [brɥijɑ̃, ɑ̃t] adj. **1.** Qui fait beaucoup de bruit. *Enfants bruyants.* **2.** Où il y a beaucoup de bruit. *Appartement bruyant.*

BRUYÈRE [bryjɛr] ou [brɥijɛr] n.f. (du lat. *brucus*). **1.** Plante à fleurs violettes ou roses poussant sur les sols siliceux, où elle forme des landes d'aspect caractéristique. (Famille des éricacées.) **2.** *Terre de bruyère,* formée par la décomposition des feuilles de bruyère.

■ **BRUYÈRE**

BRYONE n.f. (gr. *bruônia*). Plante grimpante à fleurs verdâtres, commune dans les haies, dont la racine et les baies sont toxiques. (Famille des cucurbitacées.)

BRYOPHYTE n.f. (gr. *bruon,* mousse, et *phuton,* plante). Végétal, le plus souvent terrestre, sans racines ni vaisseaux, mais génér. pourvu de feuilles, tel que les mousses et les hépatiques. (Les bryophytes forment un embranchement.)

BRYOZOAIRE n.m. (gr. *bruon,* mousse, et *zôon,* animal). Ectoprocte.

BTP ou **B.T.P.** n.m. (sigle). Secteur économique du bâtiment et des travaux publics.

BTS ou **B.T.S.** n.m. (sigle de *brevet de technicien supérieur*). Diplôme du premier cycle de l'enseignement supérieur, préparé en deux ans (dans les sections de techniciens supérieurs [STS], en lycée) par les bacheliers ou les titulaires du brevet de technicien.

BTU (sigle de l'angl. *British thermal unit*). Unité anglo-saxonne de mesure calorifique, équivalant à 1 055,06 joules.

BUANDERIE n.f. (de l'anc. fr. *buer,* faire la lessive). **1.** Local qui, dans les dépendances d'une maison, est réservé à la lessive. **2.** Québec. Blanchisserie.

BUANDIER, ÈRE n. Vx. Personne qui lave le linge.

BUBALE n.m. (gr. *boubalos,* buffle). Antilope africaine à cornes en U ou en lyre. (Haut. au garrot 1,30 m.)

BUBON n.m. (gr. *boubôn*). Inflammation (adénite) d'un ganglion lymphatique de l'aine au cours d'une MST ou de la peste.

BUBONIQUE adj. Caractérisé par la présence de bubons. *Peste bubonique.*

BUCCAL, E, AUX adj. (du lat. *bucca,* bouche). De la bouche.

BUCCIN [byksɛ̃] n.m. (lat. *buccinum*). **1.** Trompette romaine en corne, bois ou airain. **2.** Gros mollusque gastéropode comestible des côtes de l'Atlantique. SYN. : *bulot.*

BUCCINATEUR [byksinatœr] adj.m. *Muscle buccinateur,* ou *buccinateur,* n.m. : muscle de la joue qui tire en arrière la commissure des lèvres.

BUCCO-DENTAIRE adj. (pl. *bucco-dentaires*). Qui se rapporte à la bouche et aux dents.

BUCCO-GÉNITAL, E, AUX adj. Se dit d'un rapport sexuel qui fait intervenir la bouche et les organes génitaux.

BÛCHE n.f. (germ. *busk,* baguette). **1.** Gros morceau de bois de chauffage. ◇ *Bûche de Noël :* gâteau traditionnel composé d'une génoise fourrée de crème au beurre et affectant la forme d'une bûche. **2.** *Fam. Prendre, ramasser une bûche :* tomber.

1. BÛCHER n.m. (de *bûche*). **1.** Lieu où l'on empile le bois à brûler. **2.** Amas de bois sur lequel on brûlait les condamnés au supplice du feu ; ce supplice.

2. BÛCHER v.t. et v.i. **1.** *Fam.* Travailler sans relâche ; étudier avec ardeur. *Bûcher les maths. Il a bûché toute la semaine.* **2.** Québec. Abattre des arbres.

BÛCHERON, ONNE n. (anc. fr. *boscheron,* de *bosc,* bois). Personne qui travaille à l'abattage des arbres en forêt.

BÛCHETTE n.f. Menu morceau de bois sec.

BÛCHEUR, EUSE n. *Fam.* Personne qui travaille, étudie avec ardeur.

BUCOLIQUE adj. (gr. *boukolikos,* de *boukolos,* bouvier). Qui évoque la vie idéalisée des bergers ; pastoral. ◆ n.f. Poème pastoral.

BUCRANE n.m. (gr. *bous,* bœuf, et *kranion,* crâne). ANTIQ. GR. ET ROM. Motif ornemental figurant un crâne de bœuf.

■ **BUCRANE**

BUDDLEIA [bydleja] n.m. (de *Buddle,* n.pr.). Arbuste originaire de Chine, aux petites fleurs en grappes très parfumées attirant de nombreux papillons. (Famille des loganiacées.)

BUDGET n.m. (mot angl., de l'anc. fr. *bougette,* petite bourse). **1.** Ensemble des comptes décrivant les ressources et charges de l'État, des collectivités ou établissements publics pour un exercice annuel. **2.** Ensemble des recettes et des dépenses d'un particulier, d'une famille, d'un groupe ; somme dont on dispose. *Établir un budget. Se fixer un budget pour les vacances.*

BUDGÉTAIRE adj. Qui se rapporte au budget, à un budget. *L'année budgétaire.* ◇ *Contrôle budgétaire :* ensemble des mesures qui, dans une entreprise, visent à établir des prévisions chiffrées, à constater les écarts entre celles-ci et les résultats effectivement obtenus et à décider des moyens propres à atteindre les objectifs fixés.

BUDGÉTISATION n.f. Inscription d'une somme au budget.

BUDGÉTISER [3] ou **BUDGÉTER** v.t. [11]. Inscrire une dépense, une recette au budget.

BUDGÉTIVORE adj. et n. *Fam., péjor.* Qui émarge au budget de l'État ; qui grève le budget.

BUÉE n.f. (de l'anc. fr. *buer,* faire la lessive). Vapeur d'eau, et, spécial., vapeur d'eau condensée en fines gouttelettes.

BUFFET n.m. **1.** Meuble, souvent à deux corps superposés, où l'on range la vaisselle, les couverts, la verrerie, etc. **2.** Table où sont servis les mets, les boissons, dans une réception ; l'ensemble de ces mets et boissons. – Café-restaurant, dans une gare. **3.** Ouvrage décoratif en menuiserie qui renferme le mécanisme d'un orgue et qui met en valeur sa tuyauterie. **4.** SCULPT. *Buffet d'eau :* fontaine adossée à un mur, à vasques ou bassins étagés. **5.** *Fam.* Ventre, estomac.

BUFFETIER, ÈRE [byftje, ɛr] n. Personne qui tient un buffet de gare ou un buffet roulant.

BUFFLE n.m. (ital. *bufalo*). **1.** Mammifère ruminant aux longues cornes arquées, dont il existe plusieurs espèces en Europe méridionale, en Asie et en Afrique. (Cri : le buffle souffle ; famille des bovidés.) **2.** *Buffle domestique :* karbau.

■ **BUFFLE** d'Afrique.

BUFFLETERIE [byflətri] ou [byflɛtri] n.f. Partie de l'équipement militaire individuel, à l'origine en cuir de buffle, servant à soutenir les armes et les cartouches.

BUFFLON ou **BUFFLETIN** n.m. Jeune buffle.

BUFFLONNE ou **BUFFLESSE** n.f. Femelle du buffle.

BUG [bœg] n.m. (mot angl.). INFORM. (Anglic. déconseillé). Bogue.

1. BUGGY n.m. → **BOGHEI.**

2. BUGGY [bœgi] n.m. (mot angl.). Automobile tout-terrain à moteur à l'arrière, à carrosserie simplifiée ouverte, à pneus très larges.

1. BUGLE n.m. (mot angl., du lat. *buculus,* jeune bœuf). Instrument à vent à pistons de la famille des saxhorns, proche du clairon.

2. BUGLE n.f. (lat. *bugula*). Plante herbacée dont une espèce à fleurs bleues est commune dans les bois frais à sols argileux. (Famille des labiées.)

BUGLOSSE n.f. (gr. *bouglôssa,* langue de bœuf). Plante herbacée velue, à fleurs bleu violacé, qui pousse dans les lieux incultes. (Famille des borraginacées.)

BUGNE n.f. (du provenç.). Languette de pâte frite à l'huile et saupoudrée de sucre. (Spécialité lyonnaise.)

BUGRANE n.f. (lat. *bucranium*). Plante épineuse à fleurs roses, appelée aussi *arrête-bœuf,* commune dans les champs. (Famille des papilionacées.)

BUILDING [bildiŋ] ou [byldiŋ] n.m. (mot angl.). Vaste immeuble à nombreux étages.

BUIRE n.f. (du francique *buk,* ventre). ARTS APPL. Nom de diverses cruches anciennes.

BUIS n.m. (lat. *buxus*). Arbuste à feuilles simples, vert foncé, persistantes, souvent utilisé dans les jardins, et dont le bois, très dur, est employé pour le tournage et la sculpture. (Famille des buxacées.) ◇ CATH. *Buis bénit :* branche de buis que l'on bénit le jour des Rameaux.

■ **BUIS**

BUISSON n.m. (de *bois*). **1.** Touffe d'arbrisseaux sauvages et rameux. ◇ *Battre les buissons,* les frapper avec un bâton pour faire lever le gibier. – *Arbre en buisson,* taillé de façon à rester d'une faible hauteur. **2.** CUIS. Plat composé d'éléments dressés en pyramide, dont la disposition évoque un buisson. *Buisson d'écrevisses.*

BUISSON-ARDENT n.m. (pl. *buissons-ardents*). Arbuste méditerranéen épineux, ornemental. (Famille des rosacées.) SYN. : *pyracantha.*

BUISSONNEUX, EUSE adj. Couvert de buissons ou fait de buissons.

BUISSONNIER, ÈRE adj. *Faire l'école buissonnière :* se promener, flâner au lieu d'aller en classe.

BULBAIRE adj. D'un bulbe, et, spécial., du bulbe rachidien.

BULBE n.m. (lat. *bulbus,* oignon). **1.** BOT. Organe végétal souterrain formé par un bourgeon entouré de feuilles rapprochées et charnues, remplies de réserves nutritives permettant à la plante de reformer chaque année ses parties aériennes. *Bulbe de l'oignon, du lis, de la jacinthe.* SYN. : *oignon.* **2.** ANAT. Partie renflée de certains organes. *Bulbe olfactif.* ◇ *Bulbe rachidien,* ou *bulbe :* portion inférieure de l'encéphale, contenant en partic. des centres réflexes respiratoires et cardiaques. **3.** ARCHIT. Dôme, toiture à renflement bulbeux. **4.** ÉLECTR. *Groupe bulbe :* ensemble composé d'une turbine à hélice et d'un alternateur, installé dans un caisson étanche en forme de bulbe, et utilisé dans les centrales hydroélectriques de basse chute et les usines marémotrices. **5.** MAR. **a.** Renflement de la partie inférieure de l'étrave de certains navires, destiné à diminuer la résistance à l'avancement. **b.** Renflement de la partie inférieure de la quille d'un bateau de plaisance.

■ **BULBE** de jacinthe.

BULBEUX, EUSE adj. **1.** BOT. Pourvu ou formé d'un bulbe. **2.** En forme de bulbe.

BULBICULTURE n.f. Culture des bulbes de plantes d'ornement (tulipe, glaïeul, etc.).

BULBILLE n.f. (de *bulbe*). BOT. Petit bulbe se développant sur les organes aériens de certaines plantes (ficaire, ail) et qui s'en détache, s'enracine et donne naissance à une nouvelle plante.

BULGARE adj. et n. De la Bulgarie, de ses habitants. ◆ n.m. Langue slave méridionale parlée en Bulgarie.

BULGE [bœldʒ] n.m. (mot angl., *bosse*). MAR. Compartiment en forme de renflement rapporté, aménagé à l'extérieur de la carène d'un navire de guerre pour éloigner de celle-ci le point d'explosion d'une torpille.

BULL [byl] n.m. *Fam.* Bulldozer.

BULLAIRE n.m. Recueil de bulles pontificales.

BULLDOG [buldɔg] n.m. (angl. *bull,* taureau, et *dog,* chien). Bouledogue anglais, aux oreilles tombantes.

BULLDOZER [byldɔzɛr] ou [buldozœr] n.m. (mot anglo-amér.). **1.** Engin de terrassement sur

■ **BULLDOZER**

tracteur à chenilles, très puissant. Recomm. off. : *bouteur.* **2.** *Fig., fam.* Personne que rien n'arrête, qui va son chemin avec détermination et ténacité. *Cette fille-là, c'est un vrai bulldozer !*

1. BULLE n.f. (lat. médiév. *bulla,* sceau). **1.** HIST. Sceau de métal attaché à un acte pour l'authentifier. **2.** CATH. Lettre apostolique d'intérêt général portant le sceau du pape. **3.** ANTIQ. ROM. Amulette en forme de petite boule, que les garçons de naissance libre portaient autour du cou.

2. BULLE n.f. (lat. *bulla,* bulle d'air). **1.** Globule d'air, de gaz qui s'élève à la surface d'un liquide, d'une matière en fusion. ◇ *Bulle de savon :* globe constitué par une mince pellicule d'eau savonneuse remplie d'air. – *Arg. scol. Une bulle :* un zéro. *Avoir une bulle en math.* **2.** *Fam. Coincer la bulle :* ne rien faire ; paresser. **3.** *Fig.* Espace où l'on se sent protégé, sécurisé, où l'on peut s'épanouir. *La bulle familiale.* **4.** MÉD. Lésion cutanée formée par le soulèvement local de l'épiderme, et remplie d'un liquide clair. SYN. : *ampoule, cloque, phlyctène.* **5.** Élément graphique défini par une ligne fermée, qui sort de la bouche des personnages de bandes dessinées et qui renferme leurs paroles, leurs pensées. SYN. : *phylactère.* **6.** MÉD. Enceinte stérile transparente dans laquelle vivent certains enfants (dits *enfants bulle*) atteints de déficit immunitaire grave. **7.** INFORM. *Bulle magnétique :* petite zone magnétisée dont la création et la circulation sur un support permettent la réalisation de mémoires de grande capacité *(mémoires à bulles).* **8.** ÉCON. *Bulle financière :* zone de marchés financiers caractérisée par des taux de change ou d'actions surévalués en raison d'une forte spéculation. **9.** BOURSE. *Bulle spéculative :* écart anormal, positif ou négatif, entre le prix d'un actif et son cours théorique, susceptible d'entraîner des spéculations.

3. BULLE adj. inv. et n.m. *Papier bulle :* papier grossier et jaunâtre.

BULLÉ, E adj. *Verre bullé,* dans lequel sont enfermées des bulles dans le dessein de produire un effet artistique.

BULLER v.i. **1.** Présenter des cloques, des bulles. *Papier peint qui bulle.* **2.** *Fam.* Rester à ne rien faire ; paresser.

BULLETIN n.m. (de *1. bulle*). **1.** Publication périodique de textes officiels ou d'annonces obligatoires. ◇ *Bulletin d'informations :* résumé des nouvelles de la journée, à la radio, à la télévision. – *Bulletin de santé :* rapport périodique sur l'état de santé d'une personnalité importante. **2.** Rapport périodique des enseignants et de l'administration d'un établissement d'enseignement sur le travail et la conduite d'un élève. **3.** Certificat ou récépissé délivré à un usager. *Bulletin de retard, de bagages.* **4.** *Bulletin de vote :* billet ou feuille servant à exprimer un vote. **5.** *Bulletin de salaire* ou *de paie :* document qui doit accompagner le paiement de la rémunération d'un salarié et comportant un certain nombre de mentions obligatoires (notamm. le montant du salaire et des différentes retenues). **6.** Suisse. *Bulletin de versement,* ou *BVR :* formule postale utilisée pour envoyer de l'argent.

BULLETIN-RÉPONSE n.m. (pl. *bulletins-réponse*). Imprimé à remplir et à renvoyer pour participer à un jeu, à un concours.

BULLEUX, EUSE adj. MÉD. Se dit d'une affection, d'une dermatose qui s'accompagne de bulles.

BULL-FINCH [bulfinʃ] n.m. [pl. *bull-finchs* ou *bull-finches*] (mot angl.). Obstacle de steeple-chase constitué par un talus de terre surmonté d'une haie.

BULLIONISME n.m. (de l'angl. *bullion,* lingot). Courant mercantiliste espagnol du XVIe s. qui recommandait l'enrichissement par les métaux précieux (or, argent).

BULL-TERRIER [bulterje] n.m. (pl. *bull-terriers*). Chien d'agrément anglais à tête conique.

BULOT n.m. Buccin (coquillage).

BUN [bœn] n.m. (mot angl.). Petit pain rond en pâte levée.

BUNA n.m. (nom déposé ; de *butadiène* et *Na,* symbole du sodium). Élastomère de synthèse obtenu par polymérisation du butadiène.

BUNGALOW [bœ̃galo] n.m. (mot angl., du hindi). **1.** Habitation indienne à un étage, entourée de vérandas. **2.** Construction légère servant de résidence de vacances, en partic. à l'intérieur d'un camping, d'un ensemble hôtelier. **3.** Québec. (Anglic. déconseillé). Maison de plain-pied.

1. BUNKER [bunkœr] n.m. (mot all.). Casemate ; réduit fortifié.

2. BUNKER [bœnkœr] n.m. (mot angl.). Au golf, fosse sableuse sur le parcours d'un trou.

BUNRAKU [bunraku] n.m. (mot jap.). Spectacle traditionnel de marionnettes, au Japon.

BUNSEN [bœ̃zɛn] **(BEC)** [de R. W. *Bunsen,* n.pr.]. Brûleur à gaz utilisé autrefois en laboratoire. (À cause de sa flamme nue, on ne l'y emploie plus aujourd'hui.)

BUPRESTE n.m. (gr. *bouprêstis,* qui gonfle les bœufs). Insecte coléoptère de coloration métallique dont la larve vit dans le bois des arbres les plus divers. (Famille des buprestidés.)

BURALISTE n. **1.** Personne préposée à un bureau de paiement, de recette, de poste, etc. **2.** Personne qui tient un bureau de tabac.

1. BURE n.f. (lat. *burra*). **1.** Grosse étoffe de laine brune. **2.** Vêtement fait de bure. *La bure du moine.*

2. BURE n.m. (anc. all. *bur*). MIN. Puits vertical reliant deux ou plusieurs galeries.

BUREAU n.m. (de *1. bure,* étoffe qui recouvrait ce meuble). **1.** Table, munie ou non de tiroirs de rangement, sur laquelle on écrit. (Les variétés *à cylindre* et *en dos d'âne* [ou *en pente,* ou *à dessus brisé*] se présentent comme des meubles qu'il faut ouvrir pour en utiliser la table.) **2. a.** Pièce pour le travail, l'activité intellectuelle, où se trouve notamm. ce meuble. **b.** Son mobilier. **3.** Lieu de travail des employés d'une administration, d'une entreprise. *Se rendre à son bureau.* – Personnel d'un bureau. **4.** Établissement assurant au public des services administratifs, commerciaux, etc. *Bureau de poste, de tabac.* **5.** Service ou organisme chargé d'une fonction particulière. *Bureau commercial. Bureau d'état-major.* ◇ Anc. *Deuxième bureau :* service de renseignements de l'armée. **6.** Organe dirigeant les travaux d'une assemblée délibérante, d'une commission, d'un parti politique, d'un syndicat.

BUREAUCRATE n. *Péjor.* **1.** Fonctionnaire imbu de l'importance de son rôle, dont il abuse auprès du public. **2.** Employé de bureau.

BUREAUCRATIE n.f. **1.** Pouvoir d'un appareil administratif (d'État, d'un parti, d'une entreprise, etc.). **2.** *Péjor.* Ensemble des fonctionnaires, des bureaucrates, envisagé dans sa puissance abusive, routinière.

BUREAUCRATIQUE adj. Propre à la bureaucratie.

BUREAUCRATISATION n.f. Action de bureaucratiser ; son résultat.

BUREAUCRATISER v.t. Soumettre à une bureaucratie ; transformer en bureaucratie.

BUREAUTICIEN, ENNE n. Spécialiste de la bureautique.

BUREAUTIQUE n.f. (nom déposé). Ensemble des techniques informatiques et téléinformatiques visant à l'automatisation des tâches administratives et de secrétariat, des travaux de bureau.

BURELÉ, E adj. HÉRALD. Divisé en burelles.

BURELLE ou **BURÈLE** n.f. (anc. fr. *burel,* étoffe rayée). HÉRALD. Fasce diminuée de largeur, toujours figurée en nombre.

BURETTE n.f. (de l'anc. fr. *buire*). **1.** Petit flacon à goulot long et étroit. *Les burettes d'un huilier.* **2.** CATH. Petit vase contenant l'eau ou le vin de la messe. **3.** Récipient métallique muni d'un tube effilé destiné à injecter de l'huile dans les rouages d'une machine. **4.** CHIM. Tube de verre gradué muni d'un robinet à sa partie inférieure.

BURGAU n.m. **1.** Coquille de divers gros gastéropodes marins, recherchée pour sa nacre. **2.** Burgaudine.

BURGAUDINE n.f. Nacre fournie par le burgau, souvent teintée de vert, très utilisée en incrustation et pour la fabrication de boutons. SYN. : *burgau.*

BURGER [bœrgœr] n.m. (de *hamburger*). Sandwich rond, produit de base de la restauration rapide.

BURGRAVE n.m. (all. *Burg,* forteresse, et *Graf,* comte). Commandant militaire d'une ville ou d'une place forte, dans le Saint Empire.

BURIN n.m. (ital. *burino*). **1.** Ciseau d'acier que l'on pousse à la main pour graver sur les métaux, le bois. **2. a.** Estampe, gravure obtenue au moyen d'une planche métallique gravée au burin. **b.** Ce procédé de gravure en taille douce. **3.** Ciseau percuté par un marteau ou mécaniquement et destiné à couper les métaux, dégrossir les pièces, etc.

BURINAGE n.m. Action de buriner.

BURINÉ, E adj. *Visage, traits burinés,* marqués de sillons, de rides, comme travaillés au burin.

BURINER v.t. **1.** Graver au burin. **2.** Travailler une pièce de métal au burin.

BURINISTE n. Graveur au burin.

BURKINABÉ adj. et n. inv. en genre ou **BURKINAIS, E** adj. et n. Du Burkina, de ses habitants.

BURLAT n.f. Variété de bigarreau.

BURLE n.f. (onomat.). Région. (Massif central). Vent du nord sec et froid, qui souffle en hiver.

BURLESQUE adj. (ital. *burlesco,* du lat. *burla,* farce). **1.** D'un comique extravagant ; ridicule, absurde, bouffon. **2.** Qui relève du burlesque en tant que genre littéraire ou cinématographique. ◆ n.m. **1.** Caractère d'une chose, d'une personne extravagante, ridicule, absurde. **2. a.** Genre littéraire parodique traitant en style bas un sujet noble, spécial. en France au XVIIe s. *Le burlesque de Scarron.* **b.** Genre cinématographique caractérisé par un comique extravagant, plus ou moins absurde, et fondé sur une succession rapide de gags. **3.** Auteur qui pratique le genre burlesque.

BURLESQUEMENT adv. De façon burlesque.

BURLINGUE n.m. *Arg.* Bureau (lieu de travail).

BURNOUS [byrnu] ou [byrnus] n.m. (ar. *burnus*). **1.** Manteau d'homme en laine, à capuchon, porté par les Arabes. **2.** Manteau ou cape à capuchon pour enfants en bas âge.

BURON n.m. (du germ. *bur,* cabane). En Auvergne, petite construction en pierre où l'on fabrique le fromage.

BURSÉRACÉE n.f. Arbre d'Amérique et d'Afrique orientale, qui produit fréquemment des résines aromatiques, tel que le balsamier. (Les burséracées forment une famille de plantes dicotylédones.)

BURUNDAIS, E adj. et n. Du Burundi, de ses habitants.

1. BUS [bys] n.m. (abrév.). Autobus.

2. BUS [bys] n.m. (de l'angl. *omnibus*). INFORM. Dans un ordinateur, ensemble de conducteurs électriques transmettant des données.

BUSARD n.m. (de *1. buse*). Oiseau rapace diurne fréquentant le voisinage des marais d'Europe, d'Afrique et d'Asie. (Long. 50 cm ; genre *Circus,* famille des accipitridés.)

■ **BUSARD**

BUSC [bysk] n.m. (ital. *busco,* bûchette). **1.** COST. Lame de métal, parfois apparente et ouvragée, insérée dans la basquine puis dans le corset. (Le busc apparaît au XVIe s. avec la mode des corsages rigides.) **2.** Coude de la crosse d'un fusil. **3.** Pièce en saillie sur laquelle vient buter le bas des portes d'une écluse.

1. BUSE n.f. (lat. *buteo*). **1.** Rapace diurne aux formes lourdes, au bec et aux serres faibles, se nourrissant de rongeurs, de reptiles, de petits oiseaux. (Long. 50 à 60 cm ; envergure 1,35 m ; genre *Buteo,* famille des accipitridés.) **2.** *Fam., péjor.* Personne ignorante et sotte.

2. BUSE n.f. (p.-ê. du moyen néerl. *buyse,* conduit). **1.** Tuyau, conduite génér. de fort diamètre, assurant l'écoulement d'un fluide. **2.** Pièce raccordant un appareil de chauffage au conduit de fumée. **3.** Tuyau dont l'extrémité étranglée augmente la vitesse de sortie d'un fluide.

3. BUSE n.f. (mot wallon, *chapeau haut de forme*). Belgique. *Fam.* Échec à un examen.

BUSER v.t. Belgique. *Fam.* Faire échouer, recaler.

B

■ BUSE

BUSH [buʃ] n.m. [pl. *bushes*] (mot angl., *broussailles*). Formation végétale adaptée à la sécheresse (Afrique orientale, Madagascar, Australie), constituée d'arbustes serrés et d'arbres bas isolés.

BUSHIDO [buʃido] n.m. (mot jap., *la voie du guerrier*). Code d'honneur des samouraïs.

BUSINESS [biznɛs] n.m. (mot angl., *affaire*). *Fam.* **1.** Activité économique, commerciale ou financière ; affaires. **2.** Affaire compliquée ou louche. *Un sacré business.*

BUSINESSMAN [biznɛsman] n.m. [pl. *businessmans* ou *businessmen*] (mot angl.). Homme d'affaires. — REM. On trouve aussi la forme fém. *businesswoman* [-wuman] (pl. *businesswomans* ou *businesswomen*).

BUSQUÉ, E adj. **1.** COST. Muni d'un busc. *Corsage busqué.* **2.** De courbure convexe. *Nez busqué.*

BUSQUER v.t. Vx. Courber, arquer.

BUSSEROLE n.f. (provenç. *bouisserolo*, de *bouis*, buis). Arbrisseau des montagnes, appelé aussi *raisin d'ours*, à fruits rouges comestibles. (Haut. 30 cm ; famille des éricacées.)

BUSTE n.m. (ital. *busto*, poitrine). **1. a.** Partie supérieure du tronc, de la taille au cou. **b.** Poitrine de la femme. **2.** Représentation, partic. en ronde bosse, de la partie supérieure du corps humain (tête et portion variable du buste).

1. BUSTIER n.m. Pièce de l'habillement féminin ou type de soutien-gorge enserrant étroitement le buste et laissant les épaules nues.

2. BUSTIER, ÈRE n. Sculpteur spécialisé dans l'exécution des bustes.

BUT [by] ou [byt] n.m. **1.** Point matériel que l'on vise. *Mettre sa flèche dans le but.* ◇ *De but en blanc :* sans préparation, brusquement. **2.** Point où l'on doit parvenir. *Le but d'une expédition.* **3.** Dans certains sports, espace délimité que doit franchir le ballon ; franchissement de cet espace et point(s) acquis à cette occasion. *Marquer un but.* ◇ *But en or :* premier but marqué au cours des prolongations d'un match de football, qui donne la victoire à l'équipe qui l'inscrit. (Cette pratique, aussi appelée *but décisif*, permet d'éviter l'épreuve des tirs au but.) **4.** Fin que l'on se propose d'atteindre ; objectif. *Tendre vers un but commun. Poursuivre un but.* ◇ *Dans le but de :* dans l'intention de. (Locution critiquée.) **5.** PSYCHAN. *But pulsionnel :* activité vers laquelle tend la pulsion, produite par elle, et visant à la satisfaction de celle-ci.

BUTADIÈNE n.m. Hydrocarbure diéthylénique $H_2C{=}CH{-}CH{=}CH_2$, utilisé dans la fabrication du caoutchouc synthétique.

BUTANE n.m. Alcane gazeux C_4H_{10}, que l'on emploie, liquéfié sous faible pression, comme combustible.

BUTÉ, E adj. Qui se bute, s'obstine ; têtu.

BUTÉE n.f. (de *1. buter*). **1.** Masse de terre ou de maçonnerie destinée à équilibrer une poussée. **2.** OUTILL. Pièce ou organe destinés à supporter un effort axial.

BUTÈNE ou **BUTYLÈNE** n.m. Alcène C_4H_8.

1. BUTER v.t. ind. (de *but*). **1.** Exercer une pression sur ; appuyer. *L'arc bute contre la voûte.* **2.** Heurter contre un obstacle. *Buter (du pied) contre une pierre.* **3.** *Fig.* Se trouver arrêté par une difficulté. *Il bute sur un problème.* ◆ v.t. Amener qqn à une attitude d'entêtement, de refus systématique. ◆ **se buter** v.pr. S'obstiner dans une attitude ; s'entêter.

2. BUTER v.t. → **2. BUTTER.**

BUTEUR, EUSE n. SPORTS. Joueur qui marque des buts.

BUTIN n.m. (de l'anc. bas all. *bute*, partage). **1.** Ce qu'on enlève à l'ennemi à l'occasion de la guerre. **2.** Produit d'un vol, d'un pillage. **3.** *Litt.* Produit d'une recherche.

BUTINER v.i. et v.t. Aller de fleur en fleur en amassant du pollen ou du nectar, en parlant de certains insectes, et en partic. des abeilles.

BUTINEUR, EUSE adj. et n.f. Qui butine ; dont le rôle est de butiner. *Une abeille butineuse.*

BUTÔ n.m. (abrév. du jap. *ankoku-butô*, danse des ténèbres). Courant chorégraphique contemporain, contestataire et provocateur, apparu au Japon dans les années 1960.

BUTOIR n.m. **1.** Obstacle artificiel placé à l'extrémité d'une voie ferrée. SYN. : *heurtoir.* **2.** OUTILL. Pièce contre laquelle vient buter l'organe mobile d'un mécanisme. **3.** *Fig.* Limite stricte fixée à l'avance. *La fin du mois est le butoir, la date butoir pour la remise de ce rapport.*

BUTOME n.m. (du gr. *boutomos*, qui coupe la langue des bœufs). Plante du bord des eaux, à fleurs roses en ombelles, appelée aussi *jonc fleuri.* (Famille des butomacées.)

BUTOR n.m. (lat. *butio*, butor, et *taurus*, taureau). **1.** Oiseau échassier voisin du héron, à plumage fauve tacheté de noir, nichant dans les roseaux. (Le cri du mâle rappelle le mugissement du taureau ; genre *Botaurus*, famille des ardéidés.) **2.** Homme grossier et stupide.

■ BUTOR

BUTTAGE n.m. AGRIC. Action de butter.

BUTTE n.f. (de *but*). **1.** Légère élévation de terrain ; tertre. ◇ GÉOMORPH. *Butte résiduelle :* hauteur taillée dans une roche tendre auparavant surmontée d'une roche dure. — GÉOGR. *Butte témoin :* relief isolé formé d'une roche dure surmontant des roches tendres et qui témoigne de l'extension ancienne de cette formation. **2.** MIL. Tertre naturel ou artificiel portant la cible. *Butte de tir.* ◇ *Être en butte à qqch :* être exposé à, menacé par qqch. **3.** AGRIC. Masse de terre accumulée au pied d'une plante ou sur un rang de culture.

1. BUTTER v.t. AGRIC. Entourer une plante, un rang de culture d'une butte de terre. SYN. : *chausser.*

2. BUTTER ou **BUTER** v.t. *Arg.* Tuer, assassiner.

BUTTOIR ou **BUTTEUR** n.m. AGRIC. Charrue à double versoir utilisée pour le buttage.

BUTYLE n.m. Radical $-C_4H_9$ dérivé du butane.

BUTYLÈNE n.m. → **BUTÈNE.**

BUTYLIQUE adj. Se dit d'un composé (alcool, aldéhyde, ester, etc.) contenant le radical butyle.

BUTYRATE n.m. Sel de l'acide butyrique.

BUTYREUX, EUSE adj. (du lat. *butyrum*, beurre). Qui a la nature ou l'apparence du beurre. ◇ *Taux butyreux :* quantité de matière grasse contenue dans un kilogramme de lait.

BUTYRINE n.f. Matière grasse que contient le beurre.

BUTYRIQUE adj. **1.** Relatif au beurre. **2.** CHIM. ORG. **a.** *Acide butyrique :* acide organique $H_3C{-}CH_2{-}CH_2{-}COOH$, entrant dans la composition du beurre et d'autres lipides. **b.** *Fermentation butyrique :* transformation de certains corps (sucres, amidon, acide lactique) en acide butyrique et en d'autres substances sous l'action de divers micro-organismes.

BUTYROMÈTRE n.m. Instrument servant à mesurer la teneur du lait en matière grasse.

BUVABLE adj. (de *boire*). Qui peut se boire, qui n'est pas désagréable à boire. — *Fig., fam.* (Surtout en tournure négative.) Acceptable, supportable. *Elle est gentille, mais lui n'est vraiment pas buvable.*

BUVANT n.m. Bord aminci d'un verre à boire.

BUVARD n.m. **1.** Papier non collé propre à absorber l'encre fraîche ; feuille de ce papier. *Un buvard. Du papier buvard.* **2.** Sous-main recouvert d'un buvard.

BUVÉE n.f. Breuvage alimentaire pour les animaux d'élevage, formé de son, de farine, etc., mélangés à de l'eau.

BUVETIER, ÈRE n. Personne qui tient une buvette.

BUVETTE n.f. Petit local, comptoir où l'on sert à boire (dans une gare, un théâtre, etc.).

BUVEUR, EUSE n. **1.** Personne qui boit habituellement et avec excès du vin ou des boissons alcoolisées. **2.** Personne qui boit, qui est en train de boire. **3.** Personne qui a l'habitude de boire qqch. *Un buveur de thé.*

BUZUKI n.m. → **BOUZOUKI.**

BYE-BYE [bajbaj] ou **BYE** [baj] interj. (angl. *good bye*). *Fam.* Au revoir, adieu.

BYLINE n.f. (russe *bylina*). LITTÉR. Chant épique de la vieille Russie.

BY-PASS n.m. inv. → **BIPASSE.**

BYSSUS [bisys] n.m. (gr. *bussos*, lin, coton). Faisceau de filaments, rappelant des fibres textiles, sécrétés par certains mollusques lamellibranches, comme les moules, pour se fixer sur leur support.

BYZANTIN, E adj. et n. De Byzance ; de l'Empire byzantin. ◇ *Discussion byzantine,* oiseuse par ses excès de subtilité évoquant les débats des théologiens byzantins.

BYZANTINISME n.m. Tendance aux discussions byzantines.

BYZANTINISTE ou **BYZANTINOLOGUE** n. Spécialiste de byzantinologie.

BYZANTINOLOGIE n.f. Étude de l'histoire et de la civilisation byzantines.

B

Caractère Caslon

C n.m. inv. **1.** Troisième lettre de l'alphabet et la deuxième des consonnes. (Devant les voyelles *a, o, u,* devant consonne ou en fin de mot, *c* note une gutturale sourde [k] ; marqué d'une cédille *[ç]* ou devant *e, i* et *y,* il note la sifflante sourde [s] : *François, citron, cygne.*) **2.** C : notation de 100 dans la numération romaine. **3.** c : symbole de centi-, de centime. **4.** MATH. ℂ : ensemble des nombres complexes. **5.** MUS. C : *do,* dans le système de notation en usage dans les pays anglo-saxons et germaniques. – C et ₵ : signes de mesure. **6.** INFORM. *Langage C :* langage de programmation utilisé pour l'écriture de systèmes d'exploitation.

CA ou **C.A.** [sea] n.m. (sigle). Chiffre d'affaires.

1. ÇA pron. dém. *Fam.* Cela ; cette chose-là. *Donnez-moi ça.*

2. ÇA n.m. inv. (traduction du pron. neutre all. *Es*). PSYCHAN. Instance psychique constituant le rôle pulsionnel de la personnalité, dans la seconde topique proposée par Freud. (Le *ça,* dont les contenus sont inconscients, est le réservoir premier de l'énergie psychique ; il entre en conflit avec le *moi* et le *surmoi,* qui, du point de vue génétique, en sont des différenciations.)

ÇÀ adv. (lat. *ecce hac*). *Çà et là :* de côté et d'autre. ◆ interj. Marque l'étonnement, l'impatience. *Ah çà ! Je ne m'y attendais pas !*

CAATINGA [kaatinga] n.f. (mot tupi). Formation végétale xérophile de l'intérieur du nord-est du Brésil (sertão), constituée d'arbustes épineux et de cactées.

CAB [kab] n.m. (mot angl.). Voiture hippomobile à deux roues dont le cocher occupait un siège élevé derrière les passagers.

CABALE n.f. **1.** Kabbale. **2.** Vieilli. Science occulte tendant à la communication avec le monde surnaturel. **3. a.** Ensemble de menées secrètes, d'intrigues dirigées contre qqn, qqch. **b.** Groupe des participants à une cabale.

CABALER v.i. *Litt.* Monter une cabale, en faire partie.

CABALISTE n. → **KABBALISTE.**

CABALISTIQUE adj. **1.** Kabbalistique. **2.** Magique, mystérieux. *Signe cabalistique.*

CABAN n.m. (ital. *gabbano,* de l'ar. *qabā*). **1.** Manteau court, avec ou sans capuchon, en gros drap imperméabilisé, en usage dans la marine. **2.** Longue veste de tissu épais.

CABANE n.f. (provenç. *cabana*). **1.** Petite construction rudimentaire faite de matériaux grossiers. – Suisse. Refuge d'alpinisme. **2.** Abri destiné aux animaux. *Cabane à lapins.* **3.** *Arg. En cabane :* en prison. **4.** Québec. *Cabane à sucre :* bâtiment où l'on fabrique le sirop et le sucre d'érable.

CABANER v.t. MAR. Mettre une embarcation la quille en l'air. ◆ v.i. MAR. Chavirer.

CABANON n.m. **1.** Petite cabane. **2.** En Provence, petite maison campagnarde. **3.** Chalet de plage.

CABARET n.m. (néerl. *cabret*). **1.** Vx. Débit de boissons ; taverne. **2.** Établissement de spectacle où l'on peut consommer des boissons, dîner, danser. **3.** Vx. Coffret contenant un service à liqueurs. SYN. (mod.) : *cave.*

CABARETIER, ÈRE n. Vx. Personne qui tenait un cabaret.

CABAS [kabɑ] n.m. (mot provenç.). Sac à provisions souple, en paille tressée ou en tissu.

CABÈCHE n.f. (esp. *cabeza*). *Fam.,* vx. Tête. *Couper cabèche.*

CABERNET n.m. Cépage rouge cultivé dans la Gironde et dans le Val de Loire.

CABESTAN n.m. (mot provenç.). Treuil à axe vertical, employé pour toutes les manœuvres exigeant de gros efforts.

CABIAI [kabjɛ] n.m. (mot tupi). Rongeur d'Amérique du Sud, vivant près des cours d'eau. (C'est le plus gros des rongeurs ; long. max. 1,20 m ; famille des hydrochœridés.) SYN. : *capybara.*

■ CABIAI

CABILLAUD n.m. (néerl. *kabeljauw*). **1.** Morue fraîche. **2.** Nom parfois donné à l'églefin.

CABILLOT n.m. (du provenç). MAR. Cheville en bois ou en métal servant au tournage des manœuvres à bord d'un navire.

CABINE n.f. (de *cabane*). **1.** Petite chambre à bord d'un navire. **2.** Réduit isolé, petite construction à usage déterminé. ◇ *Cabine téléphonique,* mise à la disposition du public pour téléphoner. – *Cabine de bain,* où l'on se change avant ou après le bain, à la plage ou à la piscine. – *Cabine de projection :* local qui abrite les appareils de projection d'une salle de cinéma. **3.** Habitacle d'un ascenseur. **4.** Espace aménagé pour le conducteur sur un camion, un engin de travaux publics, une motrice de chemin de fer *(cabine de conduite)* ou pour l'équipage d'un aéronef ou d'un vaisseau spatial ; sur un avion de transport, partie du fuselage réservée aux passagers.

CABINET n.m. (de *cabine*). **1.** Petite pièce, servant de dépendance ou de complément à une pièce principale. *Cabinet de travail.* ◇ *Cabinet de toilette :* petite salle d'eau attenante à une chambre. – *Cabinet noir :* pièce de débarras sans fenêtre. **2.** Local où s'exerce une profession libérale ; clientèle d'une personne exerçant une telle profession. *Cabinet de médecin, d'avocat.* **3.** Ensemble des membres du gouvernement d'un État ; ensemble des collaborateurs d'un ministre, d'un préfet. *Former un cabinet.* **4.** Type particulier de département d'un musée, d'une bibliothèque (ex. : cabinet des médailles, des dessins, des estampes). – Meuble à compartiments, à tiroirs et à portes, pour ranger des objets précieux. ◆ pl. Lieu réservé aux besoins naturels.

■ CABINET en ébène de style flamand ; milieu du XVIIe s. (Musée des Arts décoratifs, Paris.)

CÂBLAGE n.m. **1.** Action de câbler. **2.** Ensemble des connexions d'un dispositif électrique.

CÂBLE n.m. (mot normand). **1.** Gros cordage en fibres textiles ou synthétiques, ou en fils métalliques. **2.** Faisceau de fils conducteurs protégés par des gaines isolantes, utilisé pour l'alimentation électrique ou dans les réseaux de télécommunications. ◇ *Télévision par câble(s),* ou *câble :* télédistribution.

CÂBLEAU ou **CÂBLOT** n.m. Petit câble.

CÂBLER v.t. (de *câble*). **1.** Tordre ensemble plusieurs éléments pour en faire un câble. **2. a.** Relier un territoire, un immeuble à un réseau de télécommunications audiovisuelles par câble. ◇ p.p. adj. *Réseau câblé.* **b.** Établir les connexions d'un appareil électrique ou électronique. **3.** Transmettre un message par câble.

CÂBLERIE n.f. Entreprise où l'on fabrique des câbles ; fabrication et commerce des câbles.

CÂBLEUR, EUSE n. Spécialiste du câblage.

CÂBLIER n.m. Navire aménagé pour la pose et la réparation des câbles sous-marins.

CÂBLISTE n. Agent qui manœuvre les câbles lors des déplacements d'une caméra, à la télévision.

CÂBLODISTRIBUTEUR n.m. Entreprise qui diffuse des programmes de télévision par câble.
CÂBLODISTRIBUTION n.f. Télédistribution.
CÂBLO-OPÉRATEUR n.m. (pl. *câblo-opérateurs*). Entreprise qui met en place un réseau de télévision par câble.
CÂBLOT n.m. → **CÂBLEAU.**
CABOCHARD, E adj. et n. *Fam.* Qui n'en fait qu'à sa tête ; entêté.
CABOCHE n.f. (lat. *caput,* tête). **1.** *Fam.* Tête. **2.** Clou à tête large et ronde, utilisé notamm. en cordonnerie. **3.** Portion de tige adhérant au pétiole de la feuille de tabac.
CABOCHON n.m. (de *caboche,* tête). **1.** Pierre fine arrondie et polie, non taillée à facettes. **2.** Clou à tête décorative. **3.** Pièce de protection de certains éléments du système optique d'un véhicule. *Cabochon de clignotant.*
1. CABOSSE n.f. Fruit du cacaoyer.
2. CABOSSE n.f. Suisse. Bosse ou creux de ce qui est cabossé.
CABOSSER v.t. (de *bosse*). Emboutir, déformer par des bosses ou des creux. ◇ p.p. adj. *Aile de voiture cabossée.*
1. CABOT n.m. *Fam.* Cabotin.
2. CABOT n.m. (mot normand, *têtard*). **1.** *Fam.* Chien. **2.** Poisson commun en Méditerranée, à chair estimée, du genre muge. (Long. 50 cm env.)
3. CABOT n.m. *Arg. mil.* Caporal.
CABOTAGE n.m. Navigation marchande le long des côtes, et spécial. entre les ports d'un même pays.
CABOTER v.i. (du moyen fr. *cabo,* promontoire). Faire du cabotage ; naviguer à faible distance des côtes.
CABOTEUR n.m. Navire qui pratique le cabotage.
CABOTIN, E n. et adj. (n. d'un comédien du XVIIe s.). **1.** Acteur médiocre qui a une haute opinion de lui-même. **2.** Personne au comportement affecté, théâtral.
CABOTINAGE n.m. Comportement, attitude du cabotin.
CABOTINER v.i. Se faire remarquer, se conduire en cabotin.
CABOULOT n.m. Vieilli, *litt.* ou Antilles. Petit café à clientèle populaire.
CABRER v.t. (du lat. *capra,* chèvre). **1.** Faire dresser un animal, en partic. un cheval, sur les membres postérieurs. ◇ *Cabrer un avion,* relever sa partie antérieure pour qu'il prenne de l'altitude. **2.** *Fig.* Amener qqn à une attitude d'opposition, de révolte. ◆ **se cabrer** v.pr. **1.** Se dresser sur ses membres postérieurs, en partic. en parlant d'un cheval. **2.** *Fig.* S'opposer avec vigueur ou violence ; se révolter.
CABRI n.m. (provenç. *cabrit*). **1.** Chevreau. **2.** Antilles, Réunion. Chèvre.
CABRIOLE n.f. (ital. *capriola,* du lat. *capra,* chèvre). **1.** Demi-tour exécuté en sautant légèrement ; bond agile. – DANSE. Grand saut au cours duquel les jambes tendues battent l'une contre l'autre. **2.** ÉQUIT. Figure de haute école exécutée par un cheval qui se cabre puis rue avant que ses membres antérieurs ne touchent le sol.
CABRIOLER v.i. Faire des cabrioles.
CABRIOLET n.m. (de *cabrioler*). **1. a.** Automobile décapotable. **b.** Anc. Voiture hippomobile légère à deux roues, génér. à capote. **2.** Chaise ou fauteuil à dossier légèrement concave, en usage au milieu du XVIIIe s.
CAB-SIGNAL n.m. (pl. *cab-signaux*). CH. DE F. Système de signalisation en cabine.
CABUS [kaby] n.m. et adj.m. (lat. *caput,* tête). Chou pommé à feuilles lisses.
CAC 40 [kakkarɑ̃t] n.m. inv. (nom déposé ; acronyme de *cotation assistée en continu*). Indice établi à partir du cours des quarante valeurs mobilières les plus actives du marché, servant de référence à la Bourse française.
CACA n.m. *Fam.* Excrément, dans le langage enfantin. ◆ adj. inv. et n.m. inv. *Caca d'oie :* jaune verdâtre.
CACABER v.i. (lat. *cacabare*). Pousser son cri, en parlant de la perdrix.
CACAHOUÈTE ou **CACAHUÈTE** [kakawɛt] n.f. (esp. *cacahuete,* du nahuatl). Fruit ou graine de l'arachide que l'on consomme torréfié, et qui fournit une huile alimentaire et un tourteau.
CACAILLE n.f. Belgique. *Fam.* Objet sans valeur.
CACAO n.m. (mot esp., du nahuatl). Graine (fève) du cacaoyer, riche en matière grasse, d'où l'on tire le beurre de cacao et le cacao en poudre, et qui sert à fabriquer le chocolat.
CACAOTÉ, E adj. Qui contient du cacao.
CACAOUI n.m. (mot algonquien). Québec. Canard sauvage de petite taille, originaire de Terre-Neuve.
CACAOYER ou **CACAOTIER** n.m. Petit arbre de sous-bois, originaire de l'Amérique du Sud, cultivé pour la production du cacao, principalement en Afrique. (Genre *Theobroma ;* famille des sterculiacées.)

■ CACAOYER

CACAOYÈRE ou **CACAOTIÈRE** n.f. Plantation de cacaoyers.
CACARDER v.i. (onomat.). Pousser son cri, en parlant de l'oie.
CACATOÈS n.m. (mot malais). Perroquet d'Océanie et de l'Asie du Sud-Est, au plumage uni et à la huppe érectile très colorée. (Famille des psittacidés.)

■ CACATOÈS.
Cacatoès à huppe jaune.

CACATOIS n.m. (de *cacatoès*). MAR. **1.** Petite voile carrée, placée au-dessus du perroquet. **2.** Mât supportant cette voile.
CACHALOT n.m. (port. *cachalotte,* de *cachola,* caboche). Grand mammifère cétacé odontocète (18 m), aux dents fixées à la mâchoire inférieure, se nourrissant de grands calmars, et capable de plonger à plus de 1 000 m de profondeur. (Son énorme tête fournit le spermaceti, ou blanc de baleine, et son estomac, l'ambre gris.)
1. CACHE n.f. Lieu secret pour cacher qqch ou pour se cacher.
2. CACHE n.m. **1.** Feuille de carton, de papier, etc., destinée à cacher une partie d'une surface. **2.** INFORM. Mémoire cache.
CACHE-BRASSIÈRE n.m. (pl. *cache-brassière[s]*). Corsage en tissu fin que l'on met sur la brassière en tricot d'un bébé.
CACHE-CACHE n.m. inv. Jeu de reconnaissance dans lequel tous les joueurs se cachent, à l'exception d'un seul qui cherche à découvrir les autres.
CACHE-CŒUR n.m. (pl. *cache-cœur[s]*). Vêtement féminin ayant la forme d'un gilet dont les pans se croisent sur la poitrine et se nouent par des liens.
CACHE-COL n.m. (pl. *cache-col[s]*). Écharpe courte et étroite.
CACHECTIQUE [kaʃɛktik] adj. Relatif à la cachexie. ◆ adj. et n. Atteint de cachexie.
CACHE-FLAMME n.m. (pl. *cache-flamme[s]*). Appareil fixé au bout du canon de certaines armes pour dissimuler les lueurs au départ du coup.
CACHEMIRE n.m. **1.** Tissu fin fait avec le poil de chèvres du Cachemire. **2.** Vêtement en cachemire.
CACHE-MISÈRE n.m. inv. *Fam.* Vêtement ample, pour cacher une tenue négligée. – *Par ext.* Ce qui cache les défauts ou masque l'absence de valeur d'une action. *Cette réforme est un cache-misère.*
CACHE-NEZ n.m. inv. Longue écharpe de laine protégeant du froid le cou et le bas du visage.
CACHE-POT n.m. (pl. *cache-pot[s]*). Vase décoratif qui sert à dissimuler un pot de fleurs.
CACHE-POUSSIÈRE n.m. inv. Long pardessus ample et léger porté autref. par les automobilistes.
CACHE-PRISE n.m. (pl. *cache-prise[s]*). Dispositif de sécurité que l'on enfonce dans les alvéoles d'une prise de courant pour en rendre les contacts inaccessibles.
CACHER v.t. (lat. *coactare,* serrer). **1.** Mettre, placer dans un lieu secret, pour soustraire à la vue, aux recherches. *Cacher un trésor.* **2.** Empêcher de comprendre ; masquer. *Cette histoire cache quelque chose.* **3.** Ne pas exprimer ; dissimuler. *Cacher sa joie.* ◇ *Cacher son jeu, ses cartes :* laisser ignorer ses intentions. ◆ **se cacher** v.pr. Se soustraire aux regards, aux recherches. ◇ *Ne pas se cacher de qqch,* en convenir. *Il est impulsif et ne s'en cache pas.* – *Se cacher de qqn,* lui cacher ce qu'on fait. *Se cacher de ses parents.*
CACHE-RADIATEUR n.m. (pl. *cache-radiateur[s]*). Revêtement pour dissimuler un radiateur d'appartement.
CACHÈRE adj. inv. → **KASHER.**
CACHE-SEXE n.m. (pl. *cache-sexe[s]*). Triangle de tissu ou d'une autre matière, couvrant le sexe.
CACHET n.m. (de *cacher*). **1.** Tampon en métal ou en caoutchouc portant en relief le nom, la raison sociale, etc., de son possesseur ; empreinte apposée à l'aide de ce tampon. ◇ *Cachet de la poste,* portant le lieu, l'heure et la date de dépôt d'une lettre, d'un colis, etc. **2.** HIST. Sceau gravé, destiné à imprimer sur la cire les armes, le signe de qqn. ◇ *Lettre de cachet* → **lettre. 3.** Marque distinctive ; originalité. *Cette maison a un cachet, du cachet.* **4.** Anc. Préparation médicamenteuse en poudre contenue dans une enveloppe de pain azyme. **5.** Rétribution perçue pour une collaboration à un spectacle, une émission. ◇ Vieilli. *Courir le cachet :* chercher du travail, pour un artiste, et, autref., des leçons particulières, pour un professeur.
CACHETAGE n.m. **1.** Action de cacheter ; son résultat. **2.** Protection d'un ouvrage en béton avec un ciment à prise rapide.

■ CACHALOT

CACHE-TAMPON n.m. (pl. *cache-tampon[s]*). Jeu de reconnaissance dans lequel un des joueurs cache un objet que les autres doivent trouver.

CACHETÉ, E adj. **1.** Se dit d'une enveloppe fermée. **2.** *Vin cacheté :* vin en bouteille dont le bouchon est recouvert de cire ; vin fin.

CACHETER v.t. [16]. **1.** Fermer une enveloppe en la collant. **2.** Sceller avec de la cire, portant ou non un cachet.

CACHETONNER v.i. *Fam.* Pour un artiste, courir le cachet.

CACHETTE n.f. Lieu propre à cacher ou à se cacher. ◇ *En cachette :* en secret, à la dérobée.

CACHEXIE [kaʃɛksi] n.f. (gr. *kakhexia*, mauvaise constitution physique). État d'affaiblissement et d'amaigrissement extrêmes, lors d'une dénutrition ou de la phase terminale de certaines maladies.

CACHOT n.m. (de *cacher*). Cellule où un prisonnier est mis à l'isolement.

CACHOTTERIE n.f. *Fam.* (Souvent pl.) Secret de peu d'importance. *Faire des cachotteries.*

CACHOTTIER, ÈRE adj. et n. *Fam.* Qui aime faire des cachotteries.

CACHOU n.m. [pl. *cachous*] (port. *cacho*, du tamoul *kāsu*). **1.** Substance extraite de la noix d'arec ; pastille aromatique parfumée avec cette substance. **2.** Substance extraite du bois d'un acacia de l'Inde et employée en tannerie.

CACHUCHA [katʃutʃa] n.f. (mot esp.). **1.** Danse espagnole d'origine andalouse exécutée en solo par un homme ou par une femme. (Elle fut popularisée par la danseuse Fanny Elssler qui en donna sa propre interprétation dans le ballet de Coralli Peracini, *le Diable boiteux* [1836].) **2.** Pièce instrumentale de rythme ternaire, proche du boléro.

CACIQUE n.m. (mot esp., de l'arawak). **1. a.** Notable local, en Espagne et en Amérique espagnole. **b.** Chef de certaines tribus amérindiennes. **2. a.** *Fam., souvent péjor.* Personnalité importante. **b.** *Arg. scol.* Premier au concours d'entrée à l'École normale supérieure et, par ext., à un autre concours.

CACOCHYME [kakɔʃim] adj. et n. (gr. *kakokhumos*, mauvaise humeur). *Litt., souvent par plais.* Se dit de qqn, en partic. d'un vieillard, qui est faible, en mauvaise santé.

CACOGRAPHE n. *Litt.* Personne qui écrit mal, fautivement.

CACOGRAPHIE n.f. (gr. *kakos*, mauvais, et *graphein*, écrire). *Litt.* Mauvaise écriture, du point de vue du style, de l'orthographe ou de la graphie.

CACOPHONIE n.f. (gr. *kakos*, mauvais, et *phônê*, voix). Ensemble de sons, de bruits discordants ou de mots, de syllabes peu harmonieux.

CACOPHONIQUE adj. Qui tient de la cacophonie ; dissonant.

CACOSMIE n.f. (gr. *kakos*, mauvais, et *osmê*, odeur). MÉD. Perception d'une odeur désagréable, réelle ou imaginaire, d'origine infectieuse, neurologique ou hallucinatoire.

CACTACÉE ou **CACTÉE** n.f. Plante dicotylédone originaire des régions arides d'Amérique, adaptée à la sécheresse par ses tiges charnues, gorgées d'eau, par ses feuilles réduites à des aiguillons et par une photosynthèse très particulière. (Les cactacées, tels le cierge, la mamillaire et l'opuntia, forment une famille.)

CACTUS [kaktys] n.m. (gr. *kaktos*, artichaut épineux). Plante de la famille des cactacées ; plante succulente épineuse.

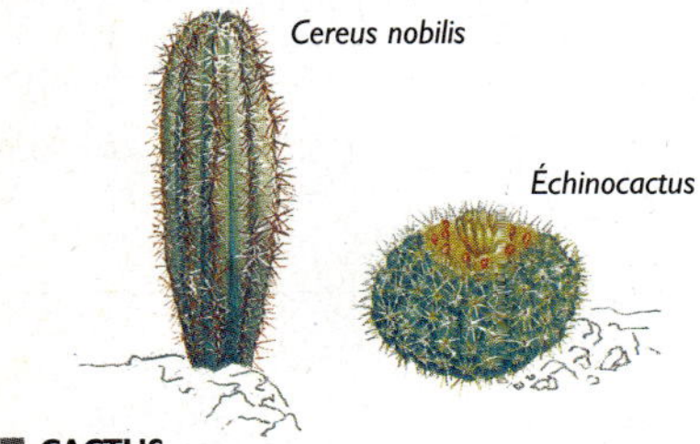

■ CACTUS

CADASTRAL, E, AUX adj. Du cadastre.

CADASTRE n.m. (mot provenç., gr. *katastikhon*). Ensemble des documents sur lesquels sont enregistrés le découpage d'un territoire en propriétés et en cultures ainsi que le nom des propriétaires des différentes parcelles. — En France, administration qui a la charge d'établir et de conserver ces documents.

CADASTRER v.t. Soumettre un territoire aux opérations du cadastre.

CADAVÉREUX, EUSE adj. Qui évoque l'apparence d'un cadavre ; cadavérique. *Teint cadavéreux.*

CADAVÉRIQUE adj. **1.** Propre au cadavre. ◇ *Rigidité cadavérique :* raideur du corps, d'origine musculaire, pouvant persister de la deuxième heure au troisième jour après la mort. **2.** Cadavéreux.

CADAVRE n.m. (lat. *cadaver*). **1.** Corps d'un homme ou d'un animal mort. ◇ *Fam. Cadavre ambulant :* personne très maigre. — *Fam. Avoir un cadavre dans le placard :* avoir un secret honteux, être l'auteur d'une action peu avouable. **2.** *Fam.* Bouteille vide, génér. de vin, d'alcool. **3.** *Cadavre exquis :* jeu collectif consistant à composer des phrases à partir de mots que chacun écrit à son tour en ignorant ce qu'ont écrit les autres joueurs (de *Le cadavre exquis boira le vin nouveau*, une des premières phrases produites par les surréalistes, qui inventèrent ce jeu) ; dessin obtenu par une procédure comparable.

1. CADDIE ou **CADDY** [kadi] n.m. (mot angl., du fr. *cadet*). Personne qui porte les clubs d'un joueur de golf. SYN. : *cadet.*

2. CADDIE [kadi] n.m. (nom déposé). Petit chariot utilisé en libre-service par les clients d'un magasin, les voyageurs d'une gare, etc., pour transporter les achats, les bagages, etc. — Poussette équipée d'un sac, utilisée pour faire le marché.

CADE n.m. (mot provenç.). Genévrier du midi de la France.

CADEAU n.m. (provenç. *capdel*, lettre capitale, lat. *caput*). Chose offerte à qqn ; présent. *Recevoir un cadeau.* ◇ *Fam. Ne pas faire de cadeau à qqn,* n'accepter aucune erreur de sa part, ne rien lui pardonner. — REM. S'emploie en appos. avec ou sans trait d'union. *Papier-cadeau. Des paquets cadeaux.*

CADEAUTER v.t. Afrique. Offrir un cadeau.

CADENAS [kadna] n.m. (provenç. *cadenat*, lat. *catena*, chaîne). Petite serrure mobile, munie d'un arceau métallique destiné à passer dans des pitons fermés, des maillons de chaîne.

CADENASSER v.t. Fermer une porte, un coffre, etc., avec un cadenas.

CADENCE n.f. (ital. *cadenza*). **1.** Rythme régulier et mesuré d'une succession de sons, de mouvements, d'actions, créant souvent un effet de répétition. *Marcher en cadence.* **2.** Rythme d'exécution d'une tâche, d'une fonction. *Cadences de travail d'un atelier.* ◇ *Cadence de tir d'une arme :* nombre de coups tirés à la minute. **3.** MUS. **a.** Enchaînement d'accords lors de la suspension ou de la conclusion d'une phrase musicale. **b.** Passage de virtuosité réservé au soliste d'un concerto (improvisé jusqu'au XIXe s. env.).

CADENCÉ, E adj. *Pas cadencé,* dont le rythme est régulier et marqué.

CADENCER v.t. [9]. Donner un rythme régulier à. *Cadencer son pas. Cadencer ses phrases.*

CADÈNE n.f. MAR. Pièce métallique fixée à la coque et sur laquelle sont ridés les haubans.

CADENETTE n.f. (du seigneur de *Cadenet*, qui mit cette tresse à la mode au XVIIe s.). Au XVIIIe s., tresse de cheveux portée de chaque côté du visage par les militaires de certaines unités.

1. CADET, ETTE n. et adj. (gascon *capdet*). **1.** Enfant qui vient après l'aîné ou qui est plus jeune qu'un ou plusieurs enfants de la même famille. ◇ *Fam. C'est le cadet de mes, ses soucis :* c'est un sujet qui me, le préoccupe peu. **2.** Personne moins âgée et sans relation de parenté. *Ce camarade était mon cadet d'un an.* **3.** Jeune sportif appartenant à une tranche d'âge dont les limites varient, selon les sports, autour de 15 ans. ◆ adj. *Branche cadette :* lignée, famille d'un cadet.

2. CADET n.m. **1.** Anc. Jeune gentilhomme destiné à la carrière militaire. **2.** Élève officier. **3.** Au golf, caddie.

CADI n.m. (ar. *qāḍī*). Juge musulman dont la compétence s'étend aux questions en rapport avec la religion.

CADMIAGE n.m. Opération de revêtement d'une surface métallique par dépôt électrolytique de cadmium.

CADMIER v.t. [5]. Recouvrir de cadmium.

CADMIUM [kadmjɔm] n.m. (all. *Kadmium*, du gr.). **1.** Métal mou, d'un blanc très brillant, de densité 8,6, fondant à 320,9 °C. **2.** Élément chimique (Cd), de numéro atomique 48, de masse atomique 112,411. (Le cadmium est utilisé pour protéger l'acier ; il est aussi employé dans des alliages à bas point de fusion, avec le plomb ou l'étain, et sous forme de sels, qui fournissent notamm. des pigments pour la peinture.)

CADOR n.m. *Arg.* **1.** Chien. **2.** Personne importante dans son domaine ; champion, caïd.

CADRAGE n.m. **1.** Mise en place du sujet dans les limites du cadre du viseur d'un appareil de prise de vue(s). **2.** Détermination des dimensions et de l'échelle de reproduction d'un document sur une épreuve d'imprimerie, de photocomposition. **3.** MIN. Installation des cadres de soutènement.

CADRAN n.m. (lat. *quadrans*, quart). **1.** Surface portant les divisions d'une grandeur (temps, pression, vitesse, etc.) et devant laquelle se déplace une aiguille qui indique la valeur de cette grandeur. *Cadran d'une montre, d'un baromètre.* ◇ *Fam. Faire le tour du cadran :* dormir pendant douze heures. — *Cadran solaire :* surface portant des divisions correspondant aux heures du jour et qui, d'après la projection de l'ombre d'un style éclairé par le Soleil, indique l'heure. **2.** Anc. Dispositif manuel d'appel d'un poste téléphonique.

CADRAT n.m. (lat. *quadratus*, carré). IMPRIM. Élément typographique, utilisé notamm. pour blanchir les lignes creuses.

CADRATIN n.m. IMPRIM. Blanc de composition de même épaisseur que le caractère utilisé et servant à donner le renfoncement des alinéas.

1. CADRE n.m. (ital. *quadro*, carré). **1.** Bordure en bois, en métal, etc., d'une glace, d'un tableau, etc. — Algérie. Tableau, gravure accrochés au mur. **2.** Ce qui borne, limite l'action de qqn, de qqch ; ce qui circonscrit un sujet. *Sortir du cadre de la légalité.* ◇ *Dans le cadre de :* dans les limites de ; dans le contexte de. *Film présenté dans le cadre du Festival de Venise.* **3.** Entourage, milieu dans lequel on vit. **4. a.** Ossature, formée de tubes, d'une bicyclette, d'une motocyclette. **b.** Soutènement principal d'une galerie de mine, trapézoïdal ou cintré. **5. a.** Conteneur de grandes dimensions, à portes ou à toit ouvrant, pour le transport des marchandises. **b.** Châssis de bois placé dans une ruche afin que les abeilles y établissent leurs rayons. **6.** INFORM. Subdivision rectangulaire d'une page HTML qui n'est pas affectée par les modifications des autres.

2. CADRE n. (ital. *quadro*, carré). **1.** Salarié exerçant génér. une fonction de direction, de conception ou de contrôle dans une entreprise et bénéficiant d'un statut particulier. **2.** *Par ext.* Personne qui exerce une fonction d'encadrement dans une organisation, une association. ◆ n.m. MIL. **1.** *Cadre de réserve :* catégorie d'officiers généraux qui, cessant d'être pourvus d'un emploi, restent à la disposition du ministre. **2.** *Cadre noir :* corps des officiers et sous-officiers militaires chargé de l'enseignement de l'équitation, notamm. à Saumur.

CADRER v.i. *Cadrer avec qqch :* être en rapport avec qqch ; concorder. *Ces résultats ne cadrent pas avec nos prévisions.* ◆ v.t. Effectuer un cadrage.

CADREUR, EUSE n. CINÉMA, TÉLÉV. Technicien chargé du maniement d'une caméra et de la détermination du champ de prise de vues pour composer l'image. SYN. : *opérateur de prises de vues,* (anglic. déconseillé) *cameraman.*

CADUC, CADUQUE adj. (lat. *caducus*). **1.** Qui tombe chaque année. *Feuilles caduques du hêtre. Bois caducs du cerf.* **2.** Qui n'a plus cours ; périmé. *Loi caduque.*

CADUCÉE n.m. (lat. *caduceus*). **1.** MYTH. GR. Principal attribut d'Hermès, formé d'une baguette de laurier ou d'olivier surmontée de deux ailes et entourée de deux serpents entrelacés. **2.** Emblème des médecins, composé d'une baguette autour de laquelle s'enroule le serpent d'Asclépios et que surmonte un miroir symbolisant la prudence.

CADUCIFOLIÉ, E adj. (de *caduc*). BOT. Qui perd ses feuilles en hiver ou à la saison sèche dans les régions tropicales ; formé de tels arbres, en parlant d'une forêt. SYN. : *décidu.* CONTR. : *sempervirent.*

CADUCITÉ n.f. DR. Caractère d'un acte juridique qu'un fait postérieur invalide.

CADUQUE n.f. Couche formée par la muqueuse utérine au cours de la grossesse, en périphérie de la poche des eaux, et expulsée au moment de la délivrance.

CADURCIEN, ENNE adj. et n. De Cahors.

CÆCAL, E, AUX [sekal, o] adj. Du cæcum.

CÆCUM [sekɔm] n.m. (lat. *caecus*, aveugle). Partie initiale du gros intestin, portant l'appendice vermiculaire. (Chez les oiseaux et les mammifères herbivores non ruminants, le cæcum est très développé.)

CAENNAIS, E [kanɛ, ɛz] adj. et n. De Caen.

CÆSIUM n.m. → **CÉSIUM.**

CAF [kaf] ou **C.A.F.** [seaɛf] adj. inv. et adv. (sigle de *coût, assurance, fret*). MAR. Se dit d'une vente maritime dont le prix convenu comprend, outre le coût de la marchandise, le transport jusqu'au port de destination, assurance comprise.

1. CAFARD, E n. (ar. *kāfir,* renégat). *Fam.* Personne qui cafarde ; mouchard, rapporteur. (Le fém. est rare.)

2. CAFARD n.m. **1.** Blatte. **2.** *Fam.* Découragement ; idées noires. *Avoir le cafard.*

CAFARDAGE n.m. *Fam.* Action de cafarder, de dénoncer qqn.

CAFARDER v.i. et v.t. *Fam.* Dénoncer qqn ; moucharder. ◆ v.i. *Fam.* Avoir le cafard.

CAFARDEUR, EUSE n. et adj. *Fam.* Dénonciateur, mouchard.

CAFARDEUX, EUSE adj. *Fam.* Qui manifeste ou provoque le cafard, la mélancolie. *Se sentir un peu cafardeux. Temps cafardeux.*

CAFÉ n.m. (ital. *caffè*, ar. *qahwa*). **1.** Graine ou fève du caféier, contenant un alcaloïde *(caféine),* torréfiée pour développer arôme et saveur. **2.** Denrée que constituent les graines torréfiées du caféier. *Un paquet de café.* **3.** Boisson obtenue en versant de l'eau bouillante sur les graines de café torréfiées et moulues ou sur la poudre de grains de café solubilisée ou lyophilisée. *Café au lait. Café décaféiné.* **4.** Établissement où l'on sert des boissons, de la restauration légère, etc. ◇ *Café littéraire :* café qui sert de lieu de rencontre, de réunion à des écrivains, des artistes, des hommes politiques, etc. ◆ adj. inv. Brun presque noir.

CAFÉ-CONCERT n.m. (pl. *cafés-concerts*). Café où l'on pouvait assister, à partir des années 1850, à divers spectacles de variétés. (Le café-concert prendra à partir des années 1920 le nom de *music-hall.*)

CAFÉIER n.m. Arbuste tropical cultivé pour ses drupes contenant les graines (ou fèves) de café. (Genre *Coffea,* famille des rubiacées.)

■ **CAFÉIER**

CAFÉIÈRE n.f. Plantation de caféiers.

CAFÉINE n.f. Alcaloïde du café, présent aussi dans le thé, le cacao et le kola, excitant du système nerveux.

CAFETAN ou **CAFTAN** n.m. (ar. *qafṭān*). Robe d'apparat longue, avec ou sans manches, souvent richement brodée, portée dans les pays musulmans.

CAFÉTÉRIA n.f. (esp. *cafeteria*). Établissement génér. implanté dans un lieu de passage (centre commercial ou administratif, ensemble de bureaux, faculté, etc.), où l'on peut consommer des boissons, se restaurer, souvent en libre-service.

CAFÉ-THÉÂTRE n.m. (pl. *cafés-théâtres*). **1.** Petite salle où se donnent des pièces de théâtre relativement courtes, des spectacles souvent en marge des circuits traditionnels. **2.** Genre théâtral orienté vers un comique souvent facile et dominé par le one-man-show.

CAFETIER [kaftje] n.m. Patron d'un café.

CAFETIÈRE [kaftjɛr] n.f. **1.** Récipient ou appareil ménager pour préparer le café. **2.** *Arg.* Tête.

CAFOUILLAGE ou **CAFOUILLIS** n.m. *Fam.* Fonctionnement défectueux, déroulement confus de qqch.

CAFOUILLER v.i. (mot picard, de *cacher* et *fouiller*). *Fam.* **1.** Mal marcher, mal fonctionner. *Le moteur cafouille.* **2.** Agir d'une manière désordonnée, inefficace et confuse.

CAFOUILLEUR, EUSE n. Personne qui cafouille.

CAFOUILLEUX, EUSE adj. *Fam.* Qui cafouille. *Une affaire cafouilleuse.*

CAFRE adj. et n. (ar. *kāfir,* infidèle). Vx. De la Cafrerie.

CAFTAN n.m. → **CAFETAN.**

CAFTER v.i. et v.t. *Arg. scol.* Moucharder, dénoncer.

CAFTEUR, EUSE n. *Arg. scol.* Personne qui cafte, qui moucharde.

CAGE n.f. (lat. *cavea*). **1.** Espace clos par des barreaux ou du grillage pour enfermer des oiseaux, des animaux, etc. **2.** *Cage thoracique :* ensemble du squelette thoracique (vertèbres dorsales, côtes et sternum), contenant le cœur et les poumons. **3.** *Cage d'escalier, d'ascenseur :* espace ménagé à l'intérieur d'un bâtiment pour recevoir un escalier, un ascenseur ; l'ascenseur lui-même. **4.** *Cage de Faraday :* dispositif à paroi conductrice, permettant d'isoler électriquement les corps placés à l'intérieur. **5.** MÉTALL. Bâti double d'un laminoir. **6.** Dans certains sports (football, hockey, handball), volume délimité par les poteaux, la barre transversale et les filets qui y sont fixés. – Enceinte grillagée ouverte entourant la zone de lancement du disque et du marteau.

CAGEOT n.m. ou **CAGETTE** n.f. Emballage léger, à claire-voie, pour le transport des fruits, des légumes, etc. SYN. : *clayette.*

CAGET n.m. ou **CAGEROTTE** n.f. Natte en paille, en jonc ou en baguettes de bois utilisée pour égoutter et affiner les fromages.

CAGIBI n.m. *Fam.* Réduit, placard.

CAGNA n.f. (annamite *canha,* paillote). *Arg.* Abri, maison.

CAGNARD n.m. **1.** Région. (Midi). Soleil ardent. **2.** Suisse. Petite pièce servant de débarras.

CAGNE n.f. → **KHÂGNE.**

1. CAGNEUX, EUSE adj. et n. (de l'anc. fr. *cagne,* chienne). **1.** Se dit de qqn dont les jambes sont rapprochées à la hauteur des genoux et écartées à la hauteur des pieds ; se dit du genou, du membre ainsi déformé. **2.** Se dit d'un animal, notamm. du cheval, dont les pieds sont tournés en dedans.

2. CAGNEUX, EUSE n. → **KHÂGNEUX.**

CAGNOTTE n.f. (provenç. *cagnotto,* petit cuvier). **1.** Caisse commune des membres d'une association, d'un groupe ; somme recueillie par cette caisse. **2.** Dans certains jeux de hasard, somme d'argent qui s'accumule au fil des tirages et que qqn peut gagner dans sa totalité.

CAGOT, E n. et adj. (mot béarnais, *lépreux blanc*). **1.** *Litt.* Faux dévot ; tartufe. **2.** HIST. Dans la France du Moyen Âge et de l'Ancien Régime, personne mise à l'écart de la société, descendant présumé de lépreux. (Les mesures d'exception qui frappaient les cagots furent abolies à la fin du XVIIe s.)

CAGOU n.m. Oiseau échassier de Nouvelle-Calédonie, à aigrette, à bec et à pattes rouges, devenu rare et protégé. (Ordre des gruiformes.)

CAGOUILLE n.f. Région. Escargot.

CAGOULARD n.m. HIST. Membre de la Cagoule.

CAGOULE n.f. (lat. *cucullus,* capuchon). **1. a.** Coiffure en laine encadrant de très près le visage et couvrant le cou. **b.** Capuchon percé à l'endroit des yeux. **2.** Manteau de moine, sans manches, surmonté d'un capuchon. **3.** HIST. *La Cagoule : v. partie n.pr.*

CAHIER n.m. (du lat. *quaterni,* quatre à quatre). **1.** Assemblage de feuilles de papier cousues ou attachées ensemble, pour écrire, dessiner, etc. *Cahier d'écolier. Cahier de dessins.* **2.** IMPRIM. Grande feuille imprimée, pliée, découpée au format et assemblée, constituant une partie d'un livre, d'un magazine, etc. *Cahier de 16, 24, 32 pages.* **3.** *Cahier des charges.* **a.** Document écrit qui, dans le cadre d'un contrat administratif, détermine les obligations réciproques de l'Administration et de son cocontractant. **b.** Recueil des caractéristiques que doivent présenter un matériel, une réalisation technique à l'étude ou en cours de réalisation. ◆ pl. HIST. *Cahiers de doléances* → **doléance.**

CAHIN-CAHA adv. (onomat.). *Fam.* Tant bien que mal. *Aller, marcher cahin-caha.*

CAHORS n.m. Vin rouge produit dans la région de Cahors.

CAHOT n.m. Rebond, soubresaut que fait un véhicule sur une route inégale.

CAHOTANT, E adj. **1.** Qui cahote. **2.** *Fig.* Qui présente des à-coups, qui est sans régularité ; irrégulier. *Écriture, existence cahotante.*

CAHOTEMENT n.m. TRANSP. Fait de cahoter, d'être cahoté.

CAHOTER v.t. (de l'all. *hotten,* faire balancer). Faire subir des soubresauts ; ballotter, secouer. ◆ v.i. Être secoué, ballotté. *Voiture qui cahote.*

CAHOTEUX, EUSE adj. Qui provoque des cahots par son irrégularité. *Chemin cahoteux.*

CAHUTE n.f. (de *cabane* et *hutte*). Petite cabane ; hutte.

CAÏD n.m. (ar. *qā'id,* chef). **1.** Anc. Chef militaire, dans les pays arabes. **2.** *Fam.* Chef ; chef de bande. *Un caïd de la drogue.*

CAÏDAT n.m. Pouvoir exercé par un caïd, un chef de bande.

CAÏEU ou **CAYEU** n.m. (du lat. *catellus,* petit chien). Petit bulbe secondaire qui se développe sur le côté du bulbe de certaines plantes.

CAILLAGE n.m. → **CAILLEMENT.**

CAILLANT, E adj. Belgique. *Fam.* Très froid. *Il fait caillant.*

CAILLASSAGE n.m. *Fam.* Action de caillasser ; jet de pierres.

CAILLASSE n.f. (de *caillou*). **1.** *Fam.* Cailloux, pierraille. **2.** Pierre dure, d'un gris blanchâtre, pour la construction des murs et l'empierrement.

CAILLASSER v.t. *Fam.* Jeter des pierres sur ; lapider. *Caillasser un bus.*

CAILLE n.f. (du bas lat. *quaccula,* onomat.). Oiseau voisin de la perdrix, migrateur (en France, au printemps et en été), habitant les champs et les prairies des plaines. (Long. 18 cm env. ; cri : la caille margote, carcaille ou courcaille ; le petit est le cailleteau ; genre *Coturnix,* famille des phasianidés.)

■ **CAILLE**

CAILLÉ n.m. **1.** Lait caillé. **2.** Partie du lait obtenue par coagulation et servant à fabriquer le fromage.

CAILLEBOTIS [kajbɔti] n.m. Treillis de bois, de métal, etc., servant de plancher amovible dans les endroits poussiéreux, humides ou boueux.

CAILLEBOTTE n.f. Masse de lait caillé.

CAILLE-LAIT n.m. inv. BOT. Gaillet blanc, dont le suc fait cailler le lait.

CAILLEMENT ou **CAILLAGE** n.m. Action de faire cailler ; fait de se prendre en caillots.

CAILLER v.t. (lat. *coagulare*). Figer, coaguler. *La présure caille le lait.* ◆ v.i. ou **se cailler** v.pr. **1.** Se prendre en caillots. **2.** *Fam.* Avoir froid. ◇ *Fam. Ça caille :* il fait froid.

■ **CAGOU**

CAILLETTE n.f. (du lat. *coagulum,* caillé). Dernière poche de l'estomac des ruminants, qui sécrète le suc gastrique.

CAILLOT n.m. Masse semi-solide provenant d'une substance liquide coagulée. (Le caillot de sang est formé de filaments de fibrine qui retiennent les globules sanguins et laissent s'échapper le sérum.)

CAILLOU n.m. [pl. *cailloux*] (mot gaul.). **1.** Fragment de pierre de petite dimension. ◇ *Fam. Le Caillou :* la Nouvelle-Calédonie. **2.** *Fam.* Crâne, tête.

CAILLOUTAGE n.m. **1.** Action de caillouter ; partie d'un ouvrage garnie de cailloux. **2.** Construction faite de cailloux noyés dans un mortier de ciment. **3.** Poterie à pâte fine, dure et blanche.

CAILLOUTER v.t. Garnir de cailloux. *Caillouter un chemin.*

CAILLOUTEUX, EUSE adj. Plein de cailloux, où les cailloux abondent.

CAILLOUTIS n.m. GÉOL. Accumulation meuble de cailloux.

CAÏMAN n.m. (esp. *caimán,* mot caraïbe). Reptile de l'Amérique centrale et méridionale, voisin du crocodile, à museau court et large et dont le cuir est recherché en maroquinerie. (Long. de la plus grande espèce : 5 m ; famille des alligatoridés.)

C

CAÏQUE n.m. (ital. *caicco,* mot turc). Embarcation longue et étroite des mers du Levant, manœuvrée à l'aviron.

CAIRN [kɛrn] n.m. (mot irlandais). **1.** Couverture de pierres recouvrant les sépultures mégalithiques. **2.** Monticule de pierres édifié par des alpinistes pour marquer un repère, indiquer un passage, etc.

CAIROTE adj. et n. Du Caire.

CAISSE n.f. (lat. *capsa*). **1.** Coffre généralement de bois servant à divers usages, notamm. à l'emballage et au transport des marchandises. *Caisse d'oranges. Caisse à outils.* **2.** Boîte qui renferme un mécanisme ou protège un ensemble délicat. *Caisse d'un piano.* **3.** Carrosserie d'un véhicule. – *Fam.* Automobile. **4.** Cylindre de certains instruments à percussion ; instrument de musique à percussion. ◇ *Grosse caisse :* gros tambour frappé avec une mailloche. – *Caisse claire :* tambour de hauteur moyenne, monté sur pied et frappé avec deux baguettes. **5.** ANAT. *Caisse du tympan* → **tympan. 6.** Meuble, coffre, tiroir, etc., où un commerçant range sa recette ; la recette elle-même. *Caisse enregistreuse. Voler la caisse.* **7.** Comptoir d'un magasin où sont payés les achats ; guichet d'une administration où se font les paiements ; fonds qui y sont déposés. ◇ *Livre de caisse :* registre où sont inscrits les mouvements de fonds. **8. a.** Organisme financier ou administratif qui reçoit des fonds en dépôt pour les administrer. *Caisse des dépôts et consignations.* **b.** Organisme de gestion d'un régime de sécurité sociale, de retraite, etc. *Caisses de sécurité sociale.* **c.** *Caisse des écoles :* établissement public institué dans chaque commune ou arrondissement pour favoriser la fréquentation de l'école publique, et alimenté par des dons et des subventions.

CAISSERIE n.f. Industrie de la fabrication des caisses.

CAISSETTE n.f. Petite caisse.

CAISSIER, ÈRE n. Personne qui tient la caisse d'un établissement.

CAISSON n.m. (de *caisse*). **1.** TRAV. PUBL. Enceinte étanche retenant l'air et permettant de travailler au-dessous du niveau de l'eau. ◇ *Maladie des caissons :* lésion due à la décompression, touchant notamm. plongeurs et astronautes, caractérisée par l'apparition de bulles de gaz dans le sang. **2.** MAR. Compartiment étanche d'un navire faisant partie de la coque et assurant sa flottabilité. **3.** ARCHIT. Chacun des compartiments creux, plus ou moins moulurés et ornés, pouvant structurer ou garnir un plafond, une voûte. **4.** Anc. Voiture servant au transport des munitions. **5.** *Fam. Se faire sauter le caisson :* se tuer d'une balle dans la tête.

CAITYA [ʃaitja] n.m. (mot sanskr.). Pour les bouddhistes, lieu saint, édifice consacré.

CAJOLER v.t. (du lat. *caveola,* cage). Entourer d'attentions affectueuses, de paroles tendres. ◆ v.i. Pousser son cri, en parlant du geai.

CAJOLERIE n.f. (Surtout pl.) Paroles, manières caressantes.

CAJOLEUR, EUSE adj. et n. Qui cajole.

CAJOU n.m. [pl. *cajous*] (mot tupi). *Noix de cajou :* anacarde.

CAJUN [kaʒœ̃] adj. (déformation de *acadien*). Relatif aux Cajuns, qui fait partie de ce peuple.

CAKE [kɛk] n.m. (mot angl.). Gâteau constitué d'une pâte aux œufs levée, dans laquelle on incorpore des fruits confits et des raisins secs imbibés de rhum.

CAKE-WALK [kɛkwɔk] n.m. [pl. *cake-walks*] (mot anglo-amér., *marche du gâteau*). **1.** Danse d'origine afro-américaine, exécutée en couple, qui connut son apogée aux États-Unis et en Europe vers 1900. **2.** Musique de danse, née dans le sud des États-Unis dans les années 1890, inspirée par le ragtime.

CAL n.m. [pl. *cals*] (lat. *callum*). **1.** Callosité. **2.** *Cal osseux,* ou *cal :* substance apparaissant entre deux fragments osseux fracturés et servant à les souder. – *Cal vicieux,* qui se forme alors que les deux fragments sont en mauvaise position. **3.** BOT. **a.** Amas de cellulose gélifiée qui, en hiver, obstrue les vaisseaux de certaines plantes comme la vigne. **b.** Amas de cellules végétales obtenu en culture, pouvant se différencier en tissu fonctionnel.

CALADIUM [kaladjɔm] ou **CALADION** n.m. (du malais). Plante monocotylédone ornementale d'appartement, originaire de l'Amérique du Sud, à feuillage coloré. (Famille des aracées.)

CALAGE n.m. **1.** Action de caler, d'étayer, de fixer dans une certaine position. **2.** Placement de la forme d'impression sur la machine à imprimer.

CALAMAR n.m. → **CALMAR.**

CALAMBAC ou **CALAMBOUR** n.m. (mot malais). Bois d'Insulinde et d'Océanie utilisé en tabletterie.

CALAME n.m. (lat. *calamus*). Roseau taillé utilisé dans l'Antiquité pour écrire.

CALAMINAGE n.m. Fait, pour un métal, de se calaminer.

CALAMINE n.f. (lat. médiév. *calamina*). **1.** Résidu de la combustion d'un carburant qui encrasse les cylindres d'un moteur à explosion. **2.** Oxyde qui apparaît à la surface d'une pièce métallique fortement chauffée.

CALAMINER (SE) v.pr. Se couvrir de calamine.

CALAMISTRÉ, E adj. (lat. *calamistratus,* frisé). *Cheveux calamistrés,* recouverts de brillantine, gominés.

CALAMITE n.f. Arbre fossile de l'ère primaire, ressemblant à une prêle géante, atteignant 30 m de haut. (Embranchement des équisétophytes.)

CALAMITÉ n.f. (lat. *calamitas*). Malheur public ; catastrophe, désastre.

CALAMITEUX, EUSE adj. *Litt.* **1.** Qui abonde en calamités ; qui a le caractère d'une calamité. **2.** Qui semble frappé par une calamité ; pitoyable, misérable.

CALAMUS [kalamys] n.m. ORNITH. Axe creux et rigide d'une plume d'oiseau. SYN. : *tuyau.*

CALANCHER v.i. *Arg.* Mourir.

CALANDRAGE n.m. Opération consistant à calandrer les étoffes, le papier.

1. CALANDRE n.f. (gr. *kulindros,* cylindre). **1.** TECHN. Machine à cylindres pour lisser, lustrer ou glacer les étoffes, le papier, etc. **2.** Garniture, le plus souvent en matière plastique ou en métal, placée devant le radiateur d'une automobile.

2. CALANDRE n.f. (provenç. *calandra*). **1.** Grosse alouette des pourtours de l'Europe méridionale. (Long. 20 cm.) **2.** Charançon dont les larves dévorent les grains de céréales.

CALANDRER v.t. TECHN. Passer à la calandre.

CALANQUE n.f. (provenç. *calanco*). Crique étroite et escarpée, aux parois rocheuses.

CALAO n.m. (du malais). Oiseau des forêts tropicales d'Asie méridionale et d'Afrique, caractérisé par un énorme bec surmonté d'un casque. (Long. 40 à 130 cm ; ordre des coraciiformes.)

CALATHÉA n.m. (gr. *kalathos,* corbeille). Plante ornementale à rhizome, d'origine tropicale, aux feuilles tachetées ou rayées. (Famille des marantacées.)

CALCAIRE adj. (lat. *calcarius*). Qui contient du carbonate de calcium. *Roche, terrain calcaire.* ◆ n.m. Roche sédimentaire formée essentiellement de carbonate de calcium.

CALCANÉUM [kalkaneɔm] n.m. (lat. *calcaneum,* talon). Os du tarse qui forme la saillie du talon.

CALCÉDOINE n.f. (de *Chalcédoine,* ville de Bithynie). Silice translucide cristallisée, très utilisée en joaillerie dans l'Antiquité pour les bijoux et les cachets. (La calcédoine rouge-orangé est la *cornaline,* la brune la *sardoine,* la verte la *chrysoprase,* la verte à taches rouges l'*héliotrope ;* l'*agate* et l'*onyx* sont de plusieurs tons.)

CALCÉMIE n.f. (lat. *calx,* chaux, et gr. *haima,* sang). MÉD. Concentration de calcium dans le sang.

CALCÉOLAIRE n.f. (lat. *calceolus,* petit soulier). Plante ornementale, originaire de l'Amérique du Sud, dont les fleurs globuleuses ressemblent à des sabots. (Famille des scrofulariacées.)

CALCICOLE adj. BOT. Qui prospère sur un sol riche en calcaire. (La betterave, la luzerne sont des plantes calcicoles.)

CALCIF n.m. → **CALECIF.**

CALCIFÉROL n.m. Vitamine D2 synthétisée pour ses propriétés analogues à celles de la vitamine D3. (On appelle parfois *calciférol* la vitamine D3 ou l'ensemble des vitamines D2 et D3.) SYN. : *ergocalciférol.*

CALCIFICATION n.f. Fixation de sels de calcium dans les tissus de l'organisme.

CALCIFIÉ, E adj. Transformé en sels de calcium insolubles ; qui contient ces sels en abondance.

CALCIFUGE adj. BOT. Qui ne se plaît pas en terrain calcaire. (Le châtaignier est calcifuge.)

CALCIN n.m. (de *calciner*). **1.** Croûte qui se forme à la surface des pierres de taille exposées aux intempéries. **2.** Débris de verre broyé destinés à être réintroduits dans le four de fusion.

CALCINATION n.f. Action de calciner ; fait de se calciner.

CALCINER v.t. (du lat. *calx, calcis,* chaux). **1.** Transformer des pierres calcaires en chaux par chauffage intense. **2.** Soumettre à une température très élevée. **3.** Brûler complètement. *Calciner un rôti.* ◇ p.p. adj. *Débris calcinés.*

CALCIOTHERMIE n.f. MÉTALL. Opération de réduction permettant d'obtenir certains métaux (uranium, plutonium, thorium) grâce à la réaction du calcium sur des composés des éléments à extraire (génér. des fluorures).

CALCIQUE adj. Qui contient du calcium ; qui se rapporte au calcium.

CALCITE n.f. Carbonate de calcium ($CaCO_3$), minéral principal des roches calcaires. (Les stalactites et stalagmites sont formées de calcite.)

CALCITONINE n.f. Hormone de la glande thyroïde qui abaisse la concentration sanguine du calcium et empêche le calcium osseux de retourner vers le sang.

CALCIUM [kalsjɔm] n.m. (du lat. *calx, calcis,* chaux). **1.** Métal blanc, mou, de densité 1,55, fondant à 840 °C, obtenu par électrolyse de son chlorure et qui décompose l'eau à la température ordinaire. **2.** Élément chimique (Ca), de numéro atomique 20, de masse atomique 40,078.

ENCYCL. Certains de ses composés, oxydes et hydroxydes (chaux), carbonate (calcite, présente dans les calcaires), sulfate (gypse, ou pierre à plâtre), etc., sont les constituants principaux de matériaux de première utilité.

CALCIURIE [kalsiyri] n.f. MÉD. Concentration urinaire du calcium.

CALCSCHISTE [kalkʃist] n.m. Schiste calcaire.

1. CALCUL n.m. (lat. *calculus,* caillou servant à compter). **1.** Mise en œuvre des règles élémentaires d'opérations (addition, soustraction, multiplication, division) sur les nombres. ◇ *Calcul mental,* effectué de tête. **2.** Transformation d'une

■ CALAO

quantité mathématique en appliquant les règles des techniques opératoires correspondant aux opérations qui interviennent. *Calcul différentiel. Calcul intégral. Calcul matriciel. Calcul vectoriel.* **3.** Action de calculer, d'évaluer la probabilité de qqch. *Faire un bon, un mauvais calcul.* **4.** Ensemble de mesures habilement combinées pour obtenir un résultat ; intention, préméditation intéressée. *Un calcul sournois. Agir par calcul.*

2. CALCUL n.m. (lat. *calculus,* caillou). MÉD. Concrétion pierreuse qui se forme dans un canal (par ex. l'urètre) ou un organe (par ex. la vésicule biliaire), au cours d'une lithiase.

CALCULABILITÉ n.f. Caractère de ce qui est calculable.

CALCULABLE adj. Qui peut être calculé.

1. CALCULATEUR, TRICE adj. et n. **1.** Qui effectue des calculs, qui sait calculer. **2.** *Souvent péjor.* Qui cherche à prévoir, qui combine adroitement, qui agit par calcul. *Un homme ambitieux et calculateur.*

2. CALCULATEUR n.m. Machine de traitement de l'information susceptible d'effectuer automatiquement des opérations numériques, logiques ou analogiques. (Lorsque la machine traite des informations numériques à l'aide d'un programme pouvant être modifié à volonté, on parle plutôt d'*ordinateur.*)

CALCULATOIRE adj. MATH. Relatif au calcul. *Les propriétés calculatoires des vecteurs.*

CALCULATRICE n.f. Petite machine qui effectue de façon automatique des opérations numériques.

CALCULER v.t. **1.** Déterminer par le calcul. *Calculer une distance. Calculer les dépenses de la semaine.* **2.** Évaluer, déterminer par la pensée, le raisonnement, en fonction de certains facteurs ; estimer, apprécier. *Calculer ses chances de succès.* **3.** Combiner en vue d'un but déterminé ; préparer habilement. *Acteur qui calcule ses effets.* ◆ v.i. **1.** Opérer sur des nombres. *L'ordinateur calcule vite.* ◇ *Machine à calculer,* servant à faire automatiquement certains calculs. **2.** Dépenser avec mesure ou parcimonie ; compter.

CALCULETTE n.f. Calculatrice électronique de poche.

CALCULEUX, EUSE adj. MÉD. Relatif aux calculs.

CALDARIUM [kaldarjɔm] n.m. (mot lat.). ANTIQ. ROM. Partie des thermes où se trouvaient les piscines chaudes ; étuve.

CALDEIRA [kaldɛra] n.f. (mot port., *chaudière*). GÉOL. Vaste dépression d'origine volcanique, de forme grossièrement circulaire, causée par l'effondrement de la partie centrale d'un volcan.

CALDOCHE adj. et n. *Fam.* Se dit des Blancs de Nouvelle-Calédonie, de souche coloniale.

1. CALE n.f. (all. *Keil*). Objet que l'on place sous ou contre un autre pour mettre celui-ci d'aplomb ou l'immobiliser.

2. CALE n.f. (du gr. *khalân,* abaisser). **1.** Partie interne d'un navire, destinée à recevoir la cargaison. ◇ *Fam. Être à fond de cale,* sans ressources. **2.** Partie d'un quai en pente douce, prévue pour le chargement, le déchargement, le halage des bateaux. ◇ *Cale de construction :* plan incliné sur lequel on construit les navires. – *Cale sèche,* ou *cale de radoub :* bassin que l'on peut mettre à sec pour y réparer un navire.

CALÉ, E adj. *Fam.* **1.** Instruit, fort, savant. *Calé en histoire.* **2.** Difficile, compliqué. *Un problème calé.*

CALEBASSE [kalbas] n.f. (esp. *calabaza*). **1.** Fruit du calebassier et de la gourde, qui, vidé ou séché, sert de récipient. **2.** *Fam.* Tête.

CALEBASSIER n.m. Arbre de l'Amérique tropicale. (Genre *Crescentia ;* famille des bignoniacées.)

CALÈCHE n.f. (all. *Kalesche*). Anc. Voiture hippomobile découverte, suspendue, à quatre roues, munie à l'avant d'un siège à dossier, à l'arrière d'une capote à soufflet.

CALECIF ou **CALCIF** n.m. *Fam.* Caleçon, slip.

CALEÇON [kalsɔ̃] n.m. (ital. *calzoni,* de *calza,* bas). **1.** Sous-vêtement masculin à jambes longues ou, le plus souvent, courtes. **2.** Pantalon féminin très collant, génér. en maille.

CALEÇONNADE n.f. *Péjor.* Spectacle de boulevard à thèmes scabreux.

CALÉDONIEN, ENNE adj. et n. De Calédonie, qui se rapporte aux Calédoniens. ◆ adj. GÉOL. Relatif à l'orogenèse qui s'est déroulée du cambrien à la fin du silurien, et aux formes de relief qu'elle a engendrées. *Chaîne calédonienne. Plissement calédonien.*

CALE-ÉTALON n.f. (pl. *cales-étalons*). Prisme parallélépipédique en acier trempé rectifié servant dans les ateliers à la vérification des calibres de contrôle.

CALÉFACTION n.f. (du lat. *calefacere,* chauffer). PHYS. Phénomène par lequel une goutte d'eau jetée sur une plaque très chaude reste soutenue par la vapeur qu'elle émet.

CALEMBOUR n.m. Jeu de mots fondé sur la différence de sens entre des mots qui se prononcent de la même façon (ex. : *personnalité* et *personne alitée*).

CALEMBREDAINE n.f. (Souvent pl.) Propos extravagant, futile.

CALENDAIRE adj. Relatif au calendrier. *Année calendaire.*

CALENDES n.f. pl. (lat. *calendae*). Premier jour du mois, chez les Romains. ◇ *Renvoyer aux calendes grecques :* remettre à une époque qui n'arrivera pas, les mois grecs n'ayant pas de calendes.

CALENDOS [kalãdos] n.m. *Fam.* Camembert.

CALENDRIER n.m. (lat. *calendarium,* registre de dettes). **1.** Système de division du temps fondé sur les principaux phénomènes astronomiques (révolution de la Terre autour du Soleil ou de la Lune autour de la Terre). **2.** Tableau des jours de l'année indiquant éventuellement la commémoration des saints, les fêtes liturgiques ou laïques, etc. **3.** Programme précis échelonné dans le temps dont on dispose ; emploi du temps. *Établir un calendrier de travail.*

ENCYCL. Le calendrier actuel d'usage international dérive du calendrier romain réformé en 46 av. J.-C. par Jules César *(calendrier julien).* Celui-ci, en introduisant une année *bissextile tous les 4 ans, aboutit à une durée moyenne de l'année civile de 365,25 j. Or, l'année astronomique des saisons *(année tropique),* fondée sur la révolution de la Terre autour du Soleil, est sensiblement plus courte (365,242 2 j). Au cours des siècles, l'écart n'a donc cessé de se creuser : au XVIe s. il atteignait 10 j, entraînant une dérive correspondante des dates de début des saisons. La réforme opérée en 1582 par le pape Grégoire XIII *(calendrier grégorien)* a rétabli la concordance (le lendemain du jeudi 4 octobre 1582 fut le vendredi 15 octobre) et permis d'éviter une nouvelle dérive trop rapide en supprimant certaines années bissextiles. Ainsi ne subsiste plus désormais qu'une très faible erreur, de l'ordre de 1 jour en 3 000 ans.

Le *calendrier républicain* fut institué par la Convention nationale le 24 octobre 1793 et demeura en usage jusqu'au 1er janvier 1806. L'année commençait à l'équinoxe d'automne (l'an I débuta le 22 sept. 1792) et était partagée en 12 mois de 30 jours chacun, plus 5 ou 6 *jours complémentaires,* qui devaient être consacrés à la célébration des fêtes républicaines. Ces mois étaient : pour l'automne, *vendémiaire, brumaire, frimaire ;* pour l'hiver, *nivôse, pluviôse, ventôse ;* pour le printemps, *germinal, floréal, prairial ;* pour l'été, *messidor, thermidor, fructidor.* Le mois était divisé en trois *décades* de 10 jours nommés : *primidi, duodi, tridi, quartidi, quintidi, sextidi, septidi, octidi, nonidi, décadi.*

CALENDULA [kalɛ̃dyla] n.m. BOT. Souci.

CALE-PIED n.m. (pl. *cale-pieds*). Butoir qui maintient le pied du cycliste sur la pédale.

CALEPIN n.m. (de *Calepino,* auteur ital. d'un dictionnaire). **1.** Petit carnet. **2.** ARCHIT. Ensemble de dessins au 1/20 de l'appareil d'une construction. **3.** Belgique. Cartable.

1. CALER v.t. (de *1. cale*). **1.** Assujettir, immobiliser avec une ou plusieurs cales. *Caler un meuble.* **2.** Bloquer, arrêter brusquement. *Caler son moteur.* **3.** TECHN. Mettre au point, régler le fonctionnement d'un mécanisme, d'une machine. *Caler une soupape. Caler une presse.* ◆ v.i. **1.** S'arrêter brusquement, en parlant d'un moteur, d'un véhicule. **2.** *Fam.* **a.** Céder, reculer, renoncer. *Caler sur un problème.* **b.** Ne pas pouvoir manger davantage, être pleinement rassasié. ◆ **se caler** v.pr. S'installer confortablement. *Se caler dans un fauteuil.*

2. CALER v.t. (provenç. *calar*). MAR. Présenter un certain tirant d'eau maximal, en parlant d'un navire. *Caler 20 pieds.*

CALETER v.i. → **CALTER.**

CALFAT n.m. (gr. *kalaphatês*). Ouvrier qui calfate les navires.

CALFATAGE n.m. Action de calfater.

CALFATER v.t. MAR. Rendre étanche la coque, le pont d'un navire, en bourrant d'étoupe les joints des bordés et en les recouvrant de brai ou de mastic.

CALFEUTRAGE ou **CALFEUTREMENT** n.m. Action de calfeutrer ; son résultat.

CALFEUTRER v.t. (de *calfater* et *feutre*). Boucher les fentes d'une ouverture afin d'empêcher l'air et le froid de pénétrer. ◆ **se calfeutrer** v.pr. Rester enfermé, s'isoler volontairement. *Se calfeutrer chez soi.*

CALIBRAGE n.m. Action de calibrer ; son résultat.

CALIBRATION n.f. ARCHÉOL. Rapprochement entre les courbes de datation obtenues par les méthodes physico-chimiques (carbone 14) et la dendrochronologie, afin d'obtenir la *datation absolue.

CALIBRE n.m. (ar. *qālib,* forme de chaussure). **1.** Diamètre intérieur d'une pièce tubulaire ; diamètre extérieur d'un objet sphérique. **2.** ARM. **a.** Diamètre intérieur de l'âme d'une bouche à feu. **b.** Diamètre d'un projectile. **c.** Rapport entre la longueur du tube et le diamètre de l'âme d'une bouche à feu. **3.** *Arg.* Revolver. *Sortir un calibre.* **4.** TECHN. Instrument matérialisant une longueur et servant de comparaison pour le contrôle des fabrications mécaniques. **5.** *De ce calibre :* de cette importance, de cette nature. *Une erreur de ce calibre sera difficile à rattraper.* **6.** *Fam. Un gros, un petit calibre :* une personne considérée du point de vue de son importance dans un domaine.

CALIBRER v.t. TECHN. **1.** Classer, trier selon le calibre. *Calibrer des fruits.* **2.** IMPRIM. Évaluer le nombre de signes d'un texte. **3.** Mettre au calibre, aux dimensions voulus. *Calibrer un obus.*

CALIBREUR n.m. Machine pour calibrer, trier certains produits agricoles.

CALIBREUSE n.f. Machine pour calibrer au profil des pièces de bois.

CALICE n.m. (gr. *kalux*). **1.** ARCHÉOL. Coupe, vase à boire. **2.** CATH. Vase sacré dans lequel est consacré le vin lors de l'eucharistie. ◇ *Boire le calice jusqu'à la lie* → **lie. 3.** BOT. Ensemble des sépales d'une fleur. **4.** ANAT. Cavité excrétrice du rein. (Les petits calices se réunissent en grands calices, qui aboutissent au bassinet.)

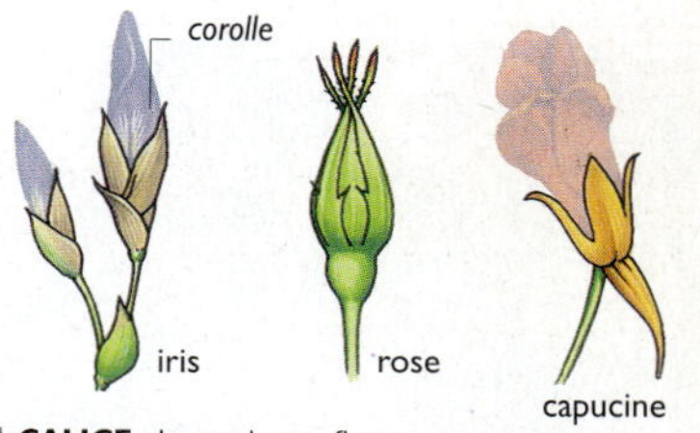

■ **CALICE** de quelques fleurs.

CALICHE n.m. Minerai dont on extrait des nitrates, au Chili.

CALICOT n.m. (de *Calicut,* ville de l'Inde). **1.** Tissu de coton. **2.** Bande d'étoffe portant une inscription ; banderole.

CALICULE n.m. BOT. Ensemble de feuilles semblables à des sépales, doublant ceux-ci à l'extérieur, chez certaines fleurs (œillet, fraisier, etc.).

CALIFAT ou **KHALIFAT** n.m. **1.** Dignité de calife ; durée de son règne. **2.** Territoire soumis à l'autorité d'un calife.

CALIFE ou **KHALIFE** n.m. (ar. *khalīfa*). Chef suprême de la communauté islamique, après la mort de Mahomet.

CALIFORNIEN, ENNE adj. et n. De la Californie, de ses habitants.

CALIFORNIUM [kalifɔrnjɔm] n.m. Élément chimique radioactif (Cf), de numéro atomique 98, obtenu artificiellement.

CALIFOURCHON (À) loc. adv. (breton *kall,* testicules, et fr. *fourche*). Jambe d'un côté, jambe de l'autre, comme si on était à cheval. *S'asseoir à califourchon.*

1. CÂLIN, E adj. et n. Qui manifeste de la tendresse ; affectueux, tendre. *Enfant, geste câlin.*

2. CÂLIN n.m. Geste tendre, caresse affectueuse. *Enfant qui fait un câlin à sa mère.*

CÂLINER v.t. (mot normand, *se reposer à l'ombre,* du lat.). Faire des câlins à ; cajoler. *Câliner un enfant.*

CÂLINERIE n.f. (Surtout pl.) Attitude, manières câlines.

CALIORNE n.f. (du provenç.). MAR. Gros palan à poulies triples.

CALISSON n.m. (provenç. *calissoun,* clayon de pâtissier). Confiserie en forme de losange, faite de pâte d'amandes, au dessus glacé. (Spécialité d'Aix-en-Provence.)

CALLEUX, EUSE adj. **1.** Qui présente des cals, des callosités. *Mains calleuses.* **2.** MÉD. *Corps calleux :* épaisse lame contenant des fibres nerveuses qui font communiquer entre eux les deux hémisphères cérébraux.

CALL-GIRL [kolgœrl] n.f. [pl. *call-girls*] (mots angl., *fille qu'on appelle*). Prostituée que l'on appelle par téléphone.

CALLIGRAMME n.m. (de *Calligrammes,* de Guillaume Apollinaire, de *calligraphie* et *idéogramme*). Texte, le plus souvent poétique, dont la disposition typographique représente le thème ou la figure qu'il évoque.

CALLIGRAPHE n. Artiste qui compose des calligraphies.

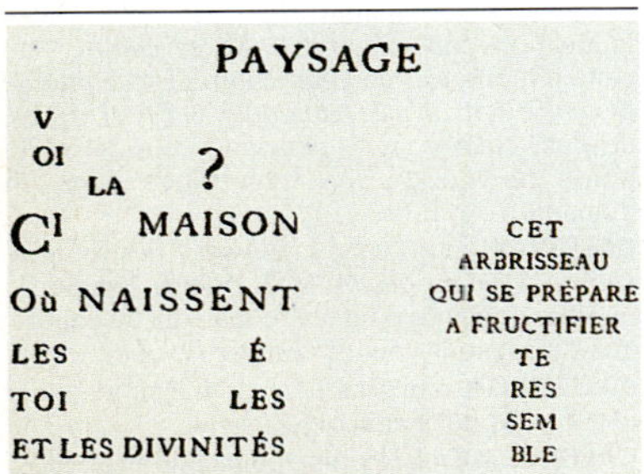
PAYSAGE

V
OI
LA ?
CI MAISON
OÙ NAISSENT
LES É
TOI LES
ET LES DIVINITÉS

CET
ARBRISSEAU
QUI SE PRÉPARE
A FRUCTIFIER
TE
RES
SEM
BLE

■ **CALLIGRAMME.** Fragment du poème « Paysage », extrait du recueil *Calligrammes* d'Apollinaire (1918).

CALLIGRAPHIE n.f. (gr. *kallos,* beauté, et *graphein,* écrire). Art de former d'une façon élégante et ornée les caractères de l'écriture ; écriture ainsi formée.

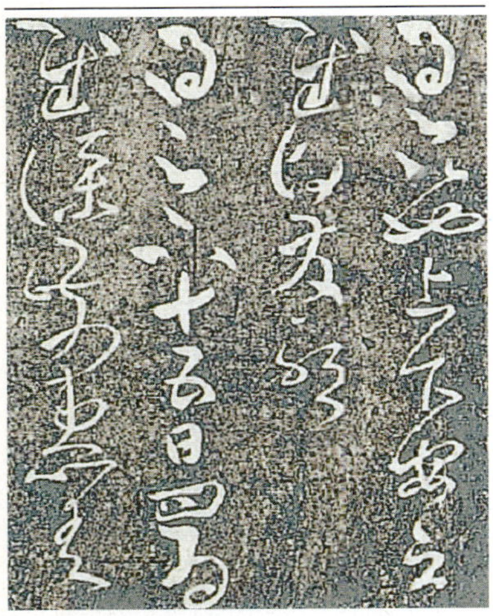

■ **CALLIGRAPHIE** chinoise ; VIIIe s. (Coll. priv.)

CALLIGRAPHIER v.t. et v.i. Écrire en calligraphie. *Calligraphier un texte.*

CALLIGRAPHIQUE adj. Relatif à la calligraphie.

CALLIPYGE adj. (gr. *kallos,* beauté, et *pugê,* fesse). Se dit d'une statue qui a de belles fesses. *Statue de Vénus callipyge.*

CALLOSITÉ n.f. (lat. *callositas*). Petite lésion cutanée épaisse et dure due au frottement, affectant les pieds, les mains, etc. SYN. : *cal.*

CALMANT, E adj. Qui calme. ◆ adj. et n.m. *Cour.* Sédatif.

CALMAR ou **CALAMAR** n.m. (ital. *calamaro*). Mollusque céphalopode marin voisin de la seiche, à coquille interne cornée *(plume),* possédant 10 tentacules, excellent nageur, dont une espèce, l'*encornet,* est très appréciée pour sa chair. (Certaines espèces de calmars des profondeurs dépassent 17 m de long, dont 6 m pour le corps.)

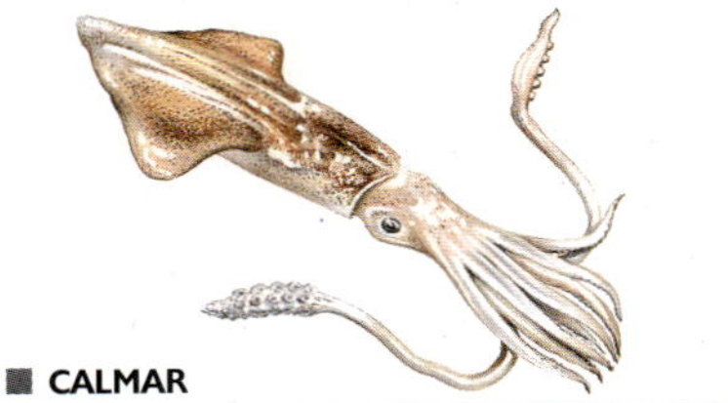

■ **CALMAR**

1. CALME adj. **1.** Sans agitation ; paisible. *Mener une vie calme.* **2.** Qui manifeste de la maîtrise de soi, de la sérénité. *Rester calme. Gestes calmes.* **3.** Qui fait peu de bruit. *Des voisins calmes.* **4.** Qui a une activité réduite. *Les affaires sont calmes.*

2. CALME n.m. (gr. *kauma,* chaleur étouffante). **1.** Absence d'agitation ; tranquillité. *Le calme de la mer.* ◇ *Calmes équatoriaux :* zone de vents faibles correspondant à la région du globe où se produisent d'importants mouvements ascendants. **2.** Maîtrise de soi ; absence de nervosité. *Garder son calme en toutes circonstances.*

CALMEMENT adv. Avec calme.

CALMER v.t. **1.** Faire cesser un état d'agitation ; apaiser. *Calmer une émeute, des mécontents.* **2.** Rendre moins intense ; atténuer. *Calmer une douleur.* ◇ *Fam. Calmer le jeu :* détendre une situation trop tendue, une ambiance trop agressive. ◆ **se calmer** v.pr. **1.** Devenir moins violent, moins agité ; s'apaiser. *La tempête se calme.* **2.** Retrouver son sang-froid.

CALMIR v.i. MAR. Se calmer. *La mer, le vent calmit.*

CALO n.m. (esp. *caló*). Langue parlée par les Gitans d'Espagne, représentant un dialecte du romani.

CALOMNIATEUR, TRICE n. Personne qui calomnie ; diffamateur.

CALOMNIE n.f. (lat. *calumnia*). Fausse accusation qui blesse la réputation, l'honneur.

CALOMNIER v.t. [5]. Atteindre qqn dans sa réputation, dans son honneur, par des calomnies.

CALOMNIEUSEMENT adv. De façon calomnieuse.

CALOMNIEUX, EUSE adj. Qui constitue ou contient une calomnie.

CALOPORTEUR n.m. et adj.m. Fluide chargé d'évacuer la chaleur dans une machine thermique.

CALORIE n.f. (du lat. *calor,* chaleur). **1.** Unité de mesure de la quantité de chaleur (symb. cal), équivalant à la quantité de chaleur nécessaire pour élever de 1 °C la température de 1 gramme d'eau à 15 °C sous la pression atmosphérique normale, et qui vaut 4,185 5 joules. (Cette unité n'est plus légale en France.) **2.** MÉD. Ancienne unité de mesure de la valeur énergétique des aliments.

CALORIFÈRE n.m. Vieilli. Appareil de chauffage des maisons par production d'air chaud.

CALORIFIQUE adj. Qui produit des calories, de la chaleur.

CALORIFUGE adj. et n.m. Qui empêche la déperdition de chaleur.

CALORIFUGEAGE n.m. Action de calorifuger ; son résultat.

CALORIFUGER v.t. [10]. Recouvrir avec un matériau calorifuge.

CALORIMÈTRE n.m. Appareil servant à mesurer les quantités de chaleur fournies ou reçues par un corps.

CALORIMÉTRIE n.f. Partie de la physique qui mesure des quantités de chaleur.

CALORIMÉTRIQUE adj. Relatif à la calorimétrie.

CALORIQUE adj. **1.** THERMODYN. De la chaleur ; relatif à la chaleur. **2.** MÉD. Énergétique.

CALORISATION n.f. Cémentation des métaux par l'aluminium.

1. CALOT n.m. (de *calotte*). Coiffure militaire à deux pointes, sans bords et sans visière.

2. CALOT n.m. (de *écale*). **1.** Grosse bille à jouer. **2.** *Arg.* Œil.

CALOTIN n.m. (de *calotte*). *Fam., péjor.* Partisan du cléricalisme ; bigot.

CALOTTE n.f. (du moyen fr. *cale,* coiffure). **1. a.** Petit bonnet rond ne couvrant que le sommet du crâne. *Calotte de chirurgien.* **b.** Partie du chapeau qui emboîte le crâne. **2.** Coiffure liturgique du clergé catholique. *Calotte blanche du pape, violette des évêques.* ◇ *Fam., péjor. La calotte :* le clergé ; les calotins. **3.** *Fam.* Tape donnée sur la tête, la joue. **4.** ANAT. *Calotte crânienne :* partie supérieure de la boîte crânienne. **5.** *Calotte glaciaire :* masse de glace et de neige recouvrant les régions polaires et le sommet de certaines montagnes. **6.** GÉOMÉTR. *Calotte sphérique :* portion d'une sphère limitée par un plan ne passant pas par le centre de la sphère. **7.** CHIM. *Calotte chauffante :* enveloppe de forme hémisphérique, chauffée par une résistance électrique et dans laquelle vient se loger un ballon.

CALOTTER v.t. *Fam.,* vieilli. Donner une, des calottes à ; gifler.

CALOYER, ÈRE [kalɔje, ɛr] n. (gr. *kalogeros,* beau vieillard). Moine, moniale de l'Église d'Orient, et partic. de l'ordre grec de Saint-Basile.

CALQUAGE n.m. Action de calquer.

CALQUE n.m. (ital. *calco*). **1.** Reproduction d'un dessin obtenue en calquant. **2.** Papier-calque. **3.** Reproduction, représentation fidèle. – Imitation servile. **4.** LING. Transposition d'un mot ou d'une construction d'une langue dans une autre par traduction (ex. : *gratte-ciel,* de l'amér. *skyscraper*).

CALQUER v.t. (lat. *calcare*). **1.** Reproduire un dessin sur un papier-calque qui le recouvre. *Calquer une carte.* **2.** Imiter exactement ou servilement.

CALTER v.i. ou **CALTER (SE)** v.pr. *Fam.* S'en aller rapidement ; s'enfuir. – REM. On écrit aussi *caleter* et *se caleter* qui s'emploient seulem. à l'inf. et au p. passé.

CALUGER v.i. [10] (de *luge*). Suisse. **1.** Se renverser avec une luge. **2.** *Fig.* Échouer.

CALUMET n.m. (forme normande de *chalumeau*). Pipe à long tuyau des Indiens de l'Amérique du Nord, pourvue d'une grande valeur symbolique et utilisée dans divers rituels sociaux (conclusion d'alliances, etc.).

CALVADOS [kalvados] ou, *fam.,* **CALVA** n.m. Eau-de-vie de cidre.

CALVAIRE n.m. (du lat. ecclés. *calvaria,* traduisant le grec *Golgotha,* araméen *gulgotâ,* « crâne », nom de la colline où le Christ fut crucifié). **1. a.** Représentation, notamm. sculptée, de la scène du Calvaire. **b.** Croix en plein air, commémorant la Passion du Christ. **2.** Longue suite de souffrances, longue épreuve. **3.** *Filles du Calvaire :* calvairiennes.

■ **CALVAIRE.** Près de Josselin, le calvaire de Guéhenno (XVIe et XIXe s.).

CALVAIRIENNE n.f. Religieuse appartenant à la congrégation de bénédictines réformées (appelées aussi *filles du Calvaire*) établie à Poitiers par Antoinette d'Orléans et le Père Joseph (1617).

CALVILLE [kalvil] n.f. (de *Calleville,* n. d'un village normand). Nom de nombreuses variétés anciennes de pommes.

CALVINISME n.m. Doctrine religieuse protestante issue de la pensée de Calvin et de la Réforme. (Implanté traditionnellement en France, aux Pays-Bas, en Écosse et en Suisse, le calvinisme s'est développé en Amérique du Nord et dans d'autres continents.)

CALVINISTE adj. et n. Relatif au calvinisme ; qui professe le calvinisme.

CALVITIE [kalvisi] n.f. (du lat. *calvus,* chauve). Perte des cheveux plus ou moins complète, et définitive.

CALYPSO n.m. (de *Calypso,* n. myth.). **1.** Danse originaire de la Jamaïque, avec balancements et ondulations du corps. **2.** Air chanté sur le rythme d'une marche scandée.

CAMAÏEU [kamajø] n.m. (p.-ê. ar. *qamā'il,* bourgeon). **1.** Peinture monochrome, utilisant différents tons d'une même couleur, du clair au foncé. (Un camaïeu gris ou jaunâtre est appelé *grisaille.*) *Peindre en camaïeu.* **2.** Gravure en camaïeu, dite aussi *clair-obscur.*

CAMAIL n.m. [pl. *camails*] (provenç. *capmalh*). **1.** Courte pèlerine portée notamm. par certains ecclésiastiques catholiques. **2.** Ensemble de longues plumes du cou et de la poitrine, chez le coq et les espèces voisines. **3.** Anc. Capuchon de mailles qui se portait sur ou sous le casque.

CAMALDULE n. Moine ermite ou moniale de l'ordre fondé par saint Romuald en 1012 à Camaldoli, en Italie.

CAMARADE n. (esp. *camarada*). **1.** Compagnon avec lequel on partage une activité commune (étude, loisirs, etc.). **2.** Dans les partis de gauche, les syndicats ouvriers, etc., membre du même parti, du même syndicat.

CAMARADERIE n.f. Bonne entente ; solidarité entre camarades.

CAMARD, E adj. et n. (de *camus*). *Litt.* Qui a le nez plat et comme écrasé. ◆ n.f. *Litt. La Camarde :* la Mort.

CAMARGUAIS, E adj. et n. De la Camargue.

CAMARILLA [kamarija] n.f. (mot esp.). **1.** HIST. Coterie influente à la cour d'Espagne. **2.** *Litt.* Ensemble des personnes qui exercent une influence, souvent occulte, sur un chef d'État, un gouvernement.

CAMBER v.t. Suisse. Enjamber.

CAMBIAL, E, AUX ou **CAMBIAIRE** adj. (de l'ital. *cambio,* change). Relatif au change.

CAMBISTE n. (ital. *cambista,* de *cambio,* change). Employé de banque qui effectue des opérations de change.

CAMBIUM [kɑ̃bjɔm] n.m. (mot lat.). BOT. Assise génératrice du bois et du liber secondaires des plantes vivaces.

CAMBODGIEN, ENNE adj. et n. Du Cambodge, de ses habitants. ◆ n.m. Khmer (langue).

CAMBOUIS [kɑ̃bwi] n.m. Huile ou graisse noircie, oxydée par le frottement des roues d'une voiture ou des organes d'une machine.

CAMBRAGE n.m. Action de cambrer un objet.

CAMBRÉ, E adj. **1.** Qui présente une cambrure. **2.** Qui se cambre.

CAMBREMENT n.m. Fait de se cambrer.

CAMBRER v.t. (picard *cambre,* du lat. *camur,* arqué). Courber en forme d'arc. ◆ **se cambrer** v.pr. Creuser les reins, se redresser en bombant le torse.

CAMBRÉSIEN, ENNE adj. et n. De Cambrai ; du Cambrésis.

CAMBRIEN [kɑ̃brijɛ̃] n.m. (de *Cambria,* pays de Galles). GÉOL. Système du paléozoïque. (Le cambrien est la première période de l'ère primaire, de - 540 à - 500 millions d'années, au cours de laquelle sont apparus les trilobites.) ◆ **cambrien, enne** adj. Du cambrien.

CAMBRIOLAGE n.m. Action de cambrioler ; vol commis par effraction, escalade, etc.

CAMBRIOLER [kɑ̃brijɔle] v.t. (du provenç. *cambro,* chambre). Dévaliser une maison, un appartement par effraction, escalade, etc.

CAMBRIOLEUR, EUSE n. Personne qui cambriole.

CAMBROUSSE n.f. *Fam., péjor.* Campagne.

CAMBRURE n.f. **1.** Courbure en arc ; état de ce qui est cambré. *Cambrure des reins, du pied.* **2.** Pièce qui, dans une semelle, soutient la voûte plantaire.

CAMBUSE n.f. (néerl. *kombuis*). **1.** Magasin d'un navire contenant les vivres et le vin. **2.** *Fam.* Chambre, maison sans confort.

CAMBUSIER n.m. Membre de l'équipage d'un navire, chargé de la gestion de la cambuse.

1. CAME n.f. (all. *Kamm,* peigne). Pièce tournante, en général disque non circulaire à saillie ou encoche, servant à transformer un mouvement de rotation en un mouvement de translation. *Arbre à cames.*

2. CAME n.f. (de *camelote*). *Fam.* **1.** Marchandise, camelote. **2.** Drogue.

CAMÉ, E n. et adj. *Fam.* Drogué.

CAMÉE n.m. (ital. *cameo*). Bijou, médaillon de pierre fine ou dure, ciselé d'un motif en relief (par oppos. à *intaille*) tirant éventuellement parti des couches de différentes couleurs du matériau (agate, onyx, etc.).

CAMÉLÉON n.m. (gr. *khamaileôn,* lion nain). **1.** Lézard arboricole insectivore, doué d'homochromie, remarquable par sa queue préhensile, ses yeux indépendants et sa langue visqueuse et protractile, vivant en Afrique et dans une partie de l'Asie. (Long. max. 60 cm ; ordre des lacertiliens.) **2.** *Fig.* Personne versatile, qui change facilement d'opinion.

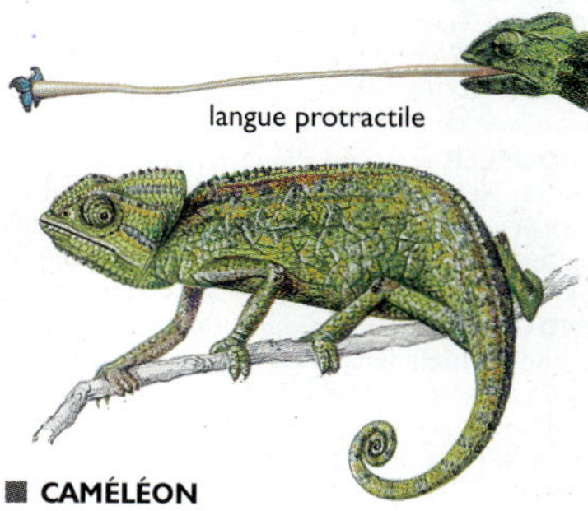

■ CAMÉLÉON

CAMÉLÉONESQUE adj. Rare. Changeant comme un caméléon.

CAMÉLIA ou **CAMELLIA** n.m. (lat. sc. *camellia*). **1.** Arbrisseau d'origine asiatique dont il existe de nombreuses espèces ornementales. (Famille des théacées.) **2.** Grande fleur très décorative de cet arbrisseau.

CAMÉLIDÉ n.m. (du lat. *camelus,* chameau). Mammifère ongulé des régions arides (Afrique du Nord, Asie centrale, Amérique du Sud), sans cornes, doté de canines supérieures et de larges sabots, tel que le chameau, le dromadaire, le lama. (Les camélidés forment une famille.)

CAMELINE ou **CAMÉLINE** n.f. (lat. *chamac melina*). Plante à petites fleurs jaunes et aux graines fournissant autref. une huile siccative. (Famille des crucifères.)

CAMELLE n.f. (provenç. *camello*). Tas de sel extrait d'un marais salant.

CAMELOT n.m. (arg. anc. *coesmelot,* petit mercier). **1.** Marchand forain vendant des objets de pacotille. **2.** HIST. *Camelot du roi :* militant de l'Action française. **3.** Québec. Personne qui distribue les journaux à domicile.

CAMELOTE n.f. *Fam.* Marchandise de qualité inférieure ; pacotille.

CAMEMBERT n.m. (de *Camembert,* village de l'Orne). **1.** Fromage à pâte molle, à croûte moisie, fabriqué à partir du lait de vache, originaire de Normandie. **2.** *Fam.* Graphique rond divisé en secteurs.

CAMER (SE) v.pr. *Fam.* Se droguer.

CAMÉRA n.f. (angl. *movie camera,* du lat. *camera,* chambre). Appareil de prise de vues, pour le cinéma, la télévision ou la vidéo.

CAMERAMAN [kameraman] n.m. (pl. *cameramans* ou *cameramen*). [Anglic. déconseillé]. Cadreur.

C

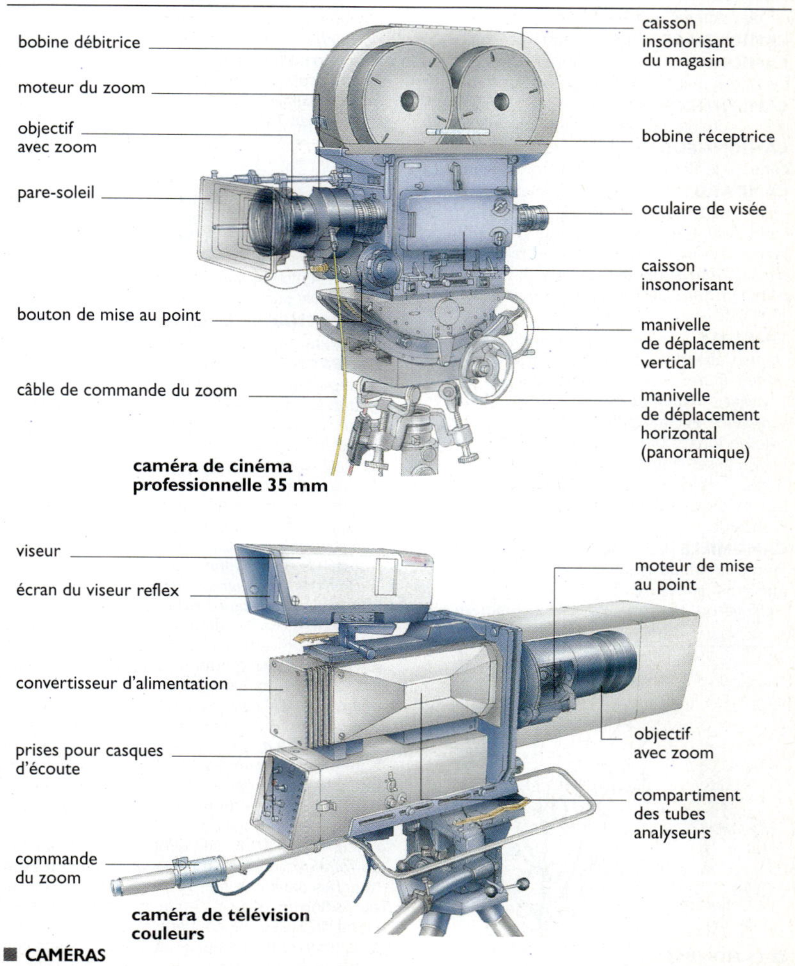

■ CAMÉRAS

■ **CAMÉSCOPE**

CAMÉRIER n.m. (ital. *cameriere*). CATH. Dignitaire ecclésiastique ou laïque attaché à la personne du pape.

CAMÉRISTE n.f. (esp. *camarista*). **1.** HIST. Dame d'honneur des femmes nobles, en Italie, en Espagne. **2.** *Litt.* Femme de chambre.

CAMERLINGUE n.m. (ital. *camerlingo,* du germ. *kamerling,* chambellan). CATH. Cardinal administrateur des biens pontificaux qui, pendant la vacance du Saint-Siège, a la charge de convoquer le conclave.

CAMEROUNAIS, E adj. et n. Du Cameroun, de ses habitants.

CAMÉSCOPE n.m. (nom déposé). Caméra vidéo portative à magnétoscope intégré.

1. **CAMION** n.m. **1.** Gros véhicule automobile pour le transport de lourdes charges. **2.** Seau à peinture, souvent de forme cylindrique.

2. **CAMION** n.m. BROD. Épingle courte et très fine qui maintient l'ouvrage sur le carreau de la dentellière.

CAMION-CITERNE n.m. (pl. *camions-citernes*). Camion servant au transport en vrac de liquides ou de matières pulvérulentes.

CAMIONNAGE n.m. Transport par camion.

CAMIONNER v.t. Transporter des marchandises, des matériaux par camion.

CAMIONNETTE n.f. Petit camion léger et rapide dont la charge utile ne dépasse pas 1 500 kg.

CAMIONNEUR n.m. **1.** Personne qui conduit un camion. **2.** Entrepreneur en camionnage.

CAMISARD n.m. (du languedocien *camiso,* chemise). HIST. Calviniste cévenol en lutte contre l'administration et les armées de Louis XIV après la révocation de l'édit de Nantes (1685). [Dirigée par des chefs populaires, tels J. *Cavalier et Abraham Mazel, la révolte des camisards dura de 1702 à 1710.]

CAMISOLE n.f. (provenç. *camisola,* dimin. de *camisa,* chemise). **1.** Anc. Veste légère en lingerie portée autref. dans l'intimité par les femmes. **2.** Québec. Maillot de corps. – Suisse. Chemisette, sous-vêtement masculin. **3.** PSYCHIATR. Anc. *Camisole de force :* blouse enserrant le thorax et les bras, utilisée autref. pour maîtriser certains malades. – *Péjor. Camisole chimique :* thérapeutique médicamenteuse par psychotropes calmant le malade.

CAMOMILLE [kamɔmij] n.f. (gr. *khamaimêlon*). Plante odorante (famille des composées) dont plusieurs espèces (*camomille romaine, camomille sauvage* ou *matricaire*) sont consommées traditionnellement en infusion pour leurs vertus digestives. ◇ *Camomille puante :* anthémis d'une espèce à odeur fétide. (Nom sc. *Anthemis cotula.*)

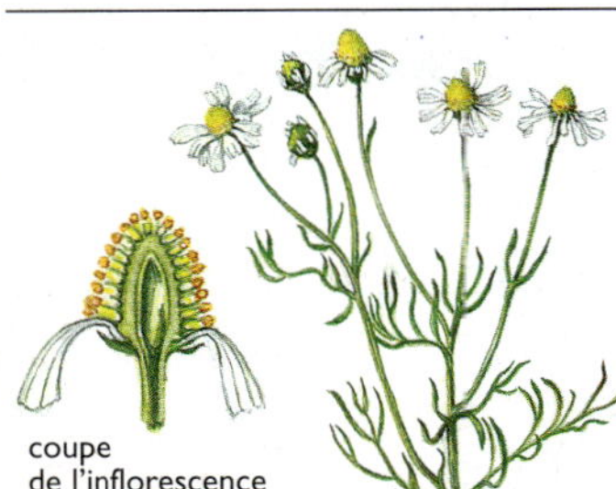

■ **CAMOMILLE**

CAMORRA n.f. (mot ital.). Association secrète de malfaiteurs, équivalent napolitain de la Mafia.

CAMOUFLAGE n.m. **1.** Art de dissimuler du matériel de guerre, des troupes, à l'observation ennemie. **2.** Technique de transmission codée où ne sont chiffrés que les mots et les noms propres essentiels. **3.** *Fig.* Dissimulation, déguisement. *Camouflage de bénéfices.*

CAMOUFLER v.t. (de l'anc. fr. *camouflet,* fumée). **1.** Rendre méconnaissable ou invisible. *Camoufler un tank.* **2.** Dissimuler, déguiser sous une apparence trompeuse. *Camoufler un crime en suicide.* ◆ **se camoufler** v.pr. *Fam.* Se cacher.

CAMOUFLET n.m. (de *chault mouflet,* fumée que l'on souffle malicieusement au nez de qqn, de l'anc. fr. *moufle,* museau). **1.** *Litt.* Affront, humiliation. *Essuyer un camouflet.* **2.** FORTIF. Fourneau de mine destiné à écraser une galerie souterraine adverse.

CAMP n.m. (lat. *campus*). **1.** Lieu aménagé pour le stationnement ou l'instruction d'une formation militaire. ◇ *Camp volant,* provisoire. – *Camp retranché :* portion de terrain où campe une armée, entourée d'une enceinte fortifiée. – *Litt. Lever le camp, fam., ficher le camp,* ou, *très fam., foutre le camp :* s'en aller. **2.** Lieu où l'on campe ; campement. *Camp scout.* **3.** Espace clos et gardé, aménagé afin de regrouper des personnes en grand nombre et d'en disposer au mépris des droits fondamentaux et à l'abri des regards. (De *travail, de *concentration ou d'*extermination, les camps auront été une pièce maîtresse des systèmes totalitaires du XXe siècle.) **4.** Dans certains sports ou jeux, terrain défendu par une équipe ; cette équipe. **5.** Parti opposé à un autre. *Le pays est partagé en deux camps.*

CAMPAGNARD, E adj. et n. Qui est de la campagne ; que l'on rencontre à la campagne.

CAMPAGNE n.f. (forme normande, de l'anc. fr. *champaigne,* vaste étendue de pays plat). **1.** Étendue de pays plat et découvert (par oppos. à *bois,* à *montagne,* etc.). – GÉOGR. Paysage rural caractérisé par l'absence de haies et de clôtures, par la juxtaposition de parcelles souvent allongées, par la division du terroir en quartiers de culture et correspondant génér. à un habitat groupé. SYN. : *champagne, openfield.* **2.** Les régions rurales, les champs, par oppos. à la *ville. Habiter la campagne. Maison de campagne.* ◇ *Battre la campagne,* la parcourir, la fouiller en tous sens pour faire lever le gibier, inquiéter l'ennemi, etc. ; *fig.,* déraisonner, divaguer ou se livrer à des rêveries extravagantes et quelque peu fiévreuses. **3.** Expédition militaire, ensemble d'opérations militaires menées sur un théâtre déterminé. *La campagne d'Italie.* ◇ *Entrer en campagne :* commencer une entreprise quelconque. – *Se mettre en campagne :* commencer à faire des démarches ou des recherches dans une intention précise. **4. a.** Ensemble de travaux ou d'activités coordonnés entrepris avec un but déterminé et d'une durée préalablement calculée. ◇ OCÉANOL., ARCHÉOL., GÉOL. *Campagne de fouilles :* ensemble de travaux effectués par tranches dans une aire géographique ou sur un site, selon un plan technique et financier bien établi. **b.** Ensemble concerté d'actions destinées à exercer une influence sur l'opinion, sur certaines personnes, etc. *Campagne de publicité, de presse. Campagne électorale. Faire campagne pour l'abolition d'une loi.*

CAMPAGNOL n.m. (ital. *campagnolo,* campagnard). Petit rongeur terrestre ou nageur, à queue courte et velue, très nuisible à l'agriculture. (Long. 10 cm env. ; famille des muridés.)

■ **CAMPAGNOL.** Campagnol des champs.

CAMPANE n.f. (bas lat. *campana,* cloche). **1.** Sonnaille pour le bétail. **2.** ARCHIT. Corbeille, en forme de cloche renversée, de certains chapiteaux.

CAMPANIFORME adj. ARCHÉOL. Qui a la forme d'une cloche.

CAMPANILE n.m. (mot ital., de *campana,* cloche). **1.** Clocher consistant en une tour isolée. **2.** Petit clocher, souvent en charpente, sur le faîte d'un bâtiment.

CAMPANULACÉE n.f. Plante dicotylédone à fleurs en cloche, telle que la campanule, la raiponce, la lobélie. (Les campanulacées forment une famille.)

CAMPANULE n.f. (lat. *campanula,* petite cloche). Plante des champs ou des montagnes, dont les fleurs bleu violacé ont la forme d'une cloche. (Famille des campanulacées.)

CAMPÉ, E adj. *Bien campé :* solide et stable, bien bâti.

CAMPÊCHE n.m. (de *Campeche,* ville du Mexique). **1.** Bois lourd et dur, riche en tanin, d'un arbre de l'Amérique tropicale du genre *Hœmatoxylon.* (Famille des césalpiniacées.) **2.** Matière colorante extraite de ce bois.

CAMPEMENT n.m. **1.** Rare. Action d'établir un camp, civil ou militaire. **2.** Lieu équipé d'installations, d'abris provisoires. – Ensemble des personnes vivant dans un tel lieu. **3.** *Fig.* Installation provisoire et rudimentaire.

CAMPER v.i. **1.** Établir un camp militaire ; s'y établir. ◇ *Camper sur ses positions :* ne pas démordre d'une opinion. **2.** S'installer dans un campement provisoire. **3.** Faire du camping. ◆ v.t. **1.** Vx. Installer dans un camp un ou des corps d'armée. **2.** Vieilli. Poser, placer qqch hardiment. *Camper son chapeau sur sa tête.* **3.** Exprimer, représenter avec vigueur, précision un personnage, une scène, etc. ◆ **se camper** v.pr. Prendre une pose solide, fière, décidée. *Se camper sur ses jambes.*

CAMPEUR, EUSE n. Personne qui fait du camping.

CAMPHRE n.m. (ar. *kāfūr*). **1.** Substance aromatique cristallisée extraite du camphrier. **2.** Substance synthétique légèrement antalgique mais toxique, utilisée dans les pommades.

CAMPHRÉ, E adj. Qui contient du camphre.

CAMPHRIER n.m. Laurier d'Asie orientale et d'Océanie, dont on extrait le camphre.

CAMPING [kɑ̃piŋ] n.m. (mot angl., de *to camp,* camper). **1.** Mode de séjour touristique ou sportif consistant à vivre sous la tente, dans une caravane, un camping-car, en utilisant un matériel adapté à la vie en plein air. **2.** Terrain aménagé pour cette activité.

CAMPING-CAR n.m. (pl. *camping-cars*). Fourgonnette aménagée pour faire du camping. Recomm. off. : *autocaravane.*

■ **CAMPING-CAR**

CAMPING-GAZ n.m. inv. (nom déposé). Petit réchaud de camping à gaz butane.

CAMPO ou **CAMPOS** [kɑ̃po] n.m. (lat. scol. *dare campos,* donner congé). *Donner campo à qqn,* lui accorder un moment de liberté, de récréation.

CAMPUS [kɑ̃pys] n.m. (mot anglo-amér., du lat. *campus,* plaine, champ). **1.** Vaste terrain construit de bâtiments universitaires et de résidences étudiantes, aux allures de parc, aux États-Unis et au Canada. **2.** Ensemble universitaire regroupant unités d'enseignement et résidences étudiantes.

CAMUS, E [kamy, yz] adj. (de *museau*). Se dit d'un nez court et plat.

CANADA n.f. Pomme reinette d'une variété à peau jaune ou gris-beige.

CANADAIR n.m. (nom déposé). Bombardier d'eau de la marque de ce nom.

CANADIANISME n.m. Fait de langue, tournure propre au français ou à l'anglais parlés au Canada.

CANADIEN, ENNE adj. et n. Du Canada, de ses habitants.

CANADIENNE n.f. **1.** Veste doublée à col enveloppant et à poches, inspirée de celle des trappeurs canadiens. **2.** Petite tente de camping à deux mâts.

CANAILLE n.f. (ital. *canaglia,* de *cane,* chien). **1.** Individu méprisable, malhonnête. **2.** *Par plais.* Enfant espiègle. *Petite canaille !* ◆ adj. **1.** Dont l'honnêteté est douteuse. **2.** Qui est d'une vulgarité quelque peu complaisante, étudiée. *Prendre des airs canailles.*

CANAILLERIE n.f. *Litt.* **1.** Caractère canaille de qqn, de qqch. **2.** Acte de canaille.

CANAL n.m. [pl. *canaux*] (lat. *canalis,* de *canna,* roseau, tuyau). **1.** Voie d'eau artificielle creusée pour la navigation. ◇ *Canal latéral,* construit le long d'un cours d'eau non navigable. **2.** *Canal d'amenée,* servant à conduire les eaux qui alimentent une ville, une centrale hydroélectrique ou nucléaire. **3.** Bras de mer. *Le canal de Mozambique.* **4.** MÉD. **a.** Conduit naturel permettant l'écoulement de liquides de l'organisme. *Canal cholédoque de la bile.* **b.** Structure anatomique ou microscopique tubulaire. *Canal de Havers des os.* **c.** Zone de passage rétrécie entre deux régions. *Canal carpien du poignet.* **d.** BIOCHIM. *Canal membranaire :* complexe de protéines localisé dans la membrane des cellules, permettant un passage sélectif à travers celle-ci de certains ions (sodium, potassium, calcium, chlorures). [Les canaux ioniques membranaires jouent un rôle essentiel dans la propagation du signal nerveux.] **5. a.** Voie par laquelle transite l'information, moyen de communication entre émetteur et récepteur, dans la théorie de la communication. **b.** COMM. *Canal de distribution :* filière suivie par un produit pour aller du producteur au consommateur. **c.** *Par le canal de :* par l'intermédiaire, par l'entremise de. **6.** *Canal radioélectrique,* ou *canal :* partie du spectre des fréquences radioélectriques destinée à être utilisée par un émetteur de radio ou de télévision. **7.** ARCHIT. Petite moulure creuse, génér. de forme arrondie.

CANALICULE n.m. ANAT. Petit canal. ◇ *Canalicules biliaires :* canaux microscopiques qui recueillent la bile à l'intérieur du foie.

CANALISABLE adj. Qui peut être canalisé.

CANALISATION n.f. **1.** Action de canaliser ; son résultat. **2.** Conduite, tuyauterie assurant la circulation d'un fluide. *Canalisation d'eau, de gaz.* – ÉLECTROTECHN. Ensemble comprenant les conducteurs et leurs éléments de protection et de fixation.

CANALISER v.t. **1.** Rendre navigable en aménageant comme un canal, en régularisant le débit. *Canaliser un cours d'eau.* **2.** Acheminer dans une direction déterminée en empêchant l'éparpillement, la dispersion. *Canaliser la foule. Le sport canalise son énergie.*

CANANÉEN, ENNE adj. et n. Du pays de Canaan. ◆ n.m. Groupe de langues sémitiques comprenant notamm. le phénicien et l'hébreu.

CANAPÉ n.m. (gr. *kônôpeion,* moustiquaire). **1.** Long siège à dossier et accotoirs, pour plusieurs personnes. (L'ottomane, le sofa, etc., représentent diverses variétés de ce meuble apparu au XVIIe s.) **2.** Petite tranche de pain de mie, nature ou grillée, garnie de préparations diverses. – Tranche de pain frite au beurre sur laquelle on dresse certains mets (menu gibier à plume, en partic.). *Bécasses sur canapé.*

CANAPÉ-LIT n.m. (pl. *canapés-lits*). Canapé transformable en lit. SYN. : *convertible.*

CANARD n.m. (de l'anc. fr. *caner,* caqueter). **1.** Oiseau palmipède de la famille des anatidés, bon voilier et migrateur à l'état sauvage, se nourrissant de particules végétales ou de petites proies aquatiques retenues dans son bec filtrant. (Plusieurs espèces : canard colvert, pilet, souchet, fréquemment chassées ; cri : le canard cancane, nasille ; la femelle du canard est la cane ; le petit, le caneton ou canardeau.) ◇ *Canard muet* ou *de Barbarie :* canard domestique de couleur noire panachée de blanc, bronzée ou blanche. – *Fam. Canard boiteux :* personne qui ne suit pas le même chemin que les autres ; affaire, entreprise qu'une mauvaise gestion a mise en difficulté. **2.** Fausse note criarde. **3.** Morceau de sucre trempé dans le café, l'alcool, etc. **4.** Tasse à bec pour faire boire les malades. **5.** AVIAT. *Empennage canard :* empennage horizontal placé à l'avant du fuselage, devant la voilure. **6.** *Fam.* Fausse nouvelle. **7.** *Fam.* Journal.

■ **CANARD.** Canards de Barbarie.

CANARDEAU n.m. Petit du canard. SYN. : *caneton.*

CANARDER v.t. *Fam.* Tirer sur qqn, surtout avec une arme à feu, en étant soi-même à l'abri.

CANARDIÈRE n.f. **1.** Mare pour les canards. **2.** Partie d'un étang aménagée pour prendre au filet les canards sauvages. **3.** Sorte de petit canon placé à l'avant d'une barque, jadis utilisé pour chasser les canards sauvages.

1. CANARI n.m. (esp. *canario*). Serin des îles Canaries, de couleur jaune verdâtre, souche des races domestiques. (Famille des fringillidés.)

2. CANARI n.m. (d'une langue amérindienne de Guyane). Afrique, Antilles. Récipient en terre cuite pour l'eau potable.

CANASSON n.m. *Fam., péjor.* Cheval.

CANASTA n.f. (mot esp. *corbeille*). Jeu de cartes par combinaisons, pratiqué le plus souvent par quatre joueurs avec deux jeux de 52 cartes et 4 jokers, et consistant à réaliser des séries de 7 cartes de même valeur appelées aussi *canastas.*

CANCALE n.f. Huître plate de Cancale.

1. CANCAN n.m. (lat. *quamquam,* quoique). *Fam.* Bavardage malveillant.

2. CANCAN n.m. (de *canard*). **1.** Musique de danse écrite sur un rythme à 2/4 très rapide. **2.** Danse française, variante du quadrille. ◇ *French cancan,* ou *cancan :* danse de scène française, exécutée par des girls dans certains music-halls ou cabarets depuis la fin du XIXe s.

CANCANER v.i. **1.** *Fam.* Faire des commérages ; médire. **2.** Pousser son cri, en parlant du canard.

CANCANIER, ÈRE adj. et n. Qui a l'habitude de se livrer à des commérages, de petites médisances.

CANCER n.m. (mot lat., *crabe*). **1.** Ensemble de cellules indifférenciées qui, échappant au contrôle de l'organisme, se multiplient indéfiniment, envahissent les tissus voisins en les détruisant, et se répandent dans l'organisme en métastases ; la maladie qui en résulte. SYN. : *tumeur maligne.* **2.** *Fig.* Mal insidieux. *Le cancer de la drogue.* **3.** *Le Cancer :* constellation et signe du zodiaque (v. partie n.pr.). – *Par ext. Cancer :* personne née sous ce signe.

ENCYCL. Le cancer peut atteindre tous les organes et tous les tissus. Quelle qu'en soit la localisation, la cellule cancéreuse présente des anomalies caractéristiques, reconnaissables au microscope. Le tissu cancéreux a une structure anarchique profondément modifiée par rapport au tissu d'origine et il envahit les tissus voisins. Il se dissémine à distance par voie sanguine ou lymphatique (métastases). Le facteur déclenchant qui transforme une cellule normale en cellule cancéreuse peut être chimique (constituant de la fumée de cigarette), physique (rayonnement ionisant), biologique (infection virale). Il induit un déséquilibre entre deux sortes de gènes cellulaires, les oncogènes (qui provoquent le cancer) et les gènes suppresseurs de tumeur (qui s'opposent au cancer). Selon l'organe atteint, le cancer se manifeste par une grande variété de signes cliniques, mais un diagnostic de plus en plus précoce, fondé essentiellement sur l'examen d'anatomie pathologique (biopsie), permet d'instituer un traitement plus efficace (chirurgie, radiations, chimiothérapie, immunothérapie).

CANCÉREUX, EUSE adj. De la nature du cancer. *Cellule cancéreuse.* ◆ adj. et n. Atteint d'un cancer.

CANCÉRIGÈNE adj. et n.m. → **CANCÉROGÈNE.**

CANCÉRISATION n.f. Dégénérescence cancéreuse d'un tissu.

CANCÉRISER (SE) v.pr. Subir une cancérisation.

CANCÉROGÈNE ou **CANCÉRIGÈNE** adj. et n.m. Qui peut provoquer ou favoriser l'apparition d'un cancer. *Virus, substance, radiation cancérogènes.* SYN. : *carcinogène, oncogène.*

CANCÉROGENÈSE n.f. Processus de formation du cancer. SYN. : *carcinogenèse.*

CANCÉROLOGIE n.f. Discipline médicale qui étudie et traite le cancer. SYN. : *carcinologie, oncologie.*

CANCÉROLOGIQUE adj. Relatif à la cancérologie.

CANCÉROLOGUE n. Médecin spécialiste du cancer.

CANCÉROPHOBIE n.f. Crainte morbide, injustifiée, du cancer.

CANCHE n.f. **1.** Graminée sauvage dont une espèce est fourragère. **2.** Arbrisseau des montagnes (Alpes), voisin de la myrtille, à baies rouges. (Haut. 10 à 20 cm ; famille des éricacées.)

CANCOILLOTTE [kɑ̃kwajɔt] ou [kɑ̃kɔjɔt] n.f. (de l'anc. fr. *caillote,* lait caillé). Fromage à pâte molle fabriqué en Franche-Comté.

CANCRE n.m. (lat. *cancer,* crabe). *Fam.* Élève paresseux et nul.

CANCRELAT n.m. (néerl. *kakkerlak*). Blatte.

CANDELA [kɑ̃dela] n.f. (mot lat., *chandelle*). Unité de mesure d'intensité lumineuse (symb. cd) équivalant à l'intensité lumineuse, dans une direction donnée, d'une source qui émet un rayonnement monochromatique de fréquence 540×10^{12} hertz et dont l'intensité énergétique dans cette direction est 1/683 watt par stéradian.

CANDÉLABRE n.m. (lat. *candelabrum,* de *candela,* chandelle). **1.** Chandelier ou flambeau à plusieurs branches. **2.** Vx. Lampadaire de voie publique. **3.** Ornement vertical fait de coupes, de vases superposés associés à des arabesques, caractéristique de l'art de la Renaissance.

CANDEUR n.f. (lat. *candor,* blancheur). Ingénuité excessive ; parfaite innocence.

CANDI adj.m. (ar. *qandī,* sucre cristallisé). *Sucre candi,* purifié et cristallisé en gros cristaux. – *Fruit candi,* enrobé de sucre candi.

CANDIDA n.m. (mot lat., *blanche*). Champignon microscopique apparenté aux levures, responsable des candidoses.

CANDIDAT, E n. (lat. *candidatus,* de *candidus,* blanc, parce que les candidats, à Rome, s'habillaient de blanc). **1.** Personne qui aspire à un titre, à une dignité, à une fonction élective. **2.** Personne qui postule un emploi. **3.** Personne qui se présente à un examen, à un concours.

CANDIDATURE n.f. Qualité de candidat ; action de se porter candidat. *Poser sa candidature aux élections.*

CANDIDE adj. (lat. *candidus*). Qui manifeste de la candeur. *Jeune fille, âme, regard candides. Question candide.*

CANDIDEMENT adv. Avec candeur.

CANDIDOSE n.f. Infection mycosique due à un champignon du genre *Candida,* atteignant surtout la peau ou les muqueuses buccales (muguet) ou génitales (vaginite).

CANDIR v.t. Cristalliser du sucre. ◆ **se candir** v.pr. **1.** Se cristalliser, en parlant du sucre. **2.** Se couvrir de sucre cristallisé, en parlant des fruits.

CANDISATION n.f. Action de candir le sucre, les fruits.

C

CANDOMBLÉ n.m. (mot port., d'un mot africain). Culte à prédominance d'éléments africains, comparable au vaudou et pratiqué au Brésil ; lieu, espace où il se célèbre.

CANE n.f. **1.** Canard femelle. **2.** Oiseau aquatique de la famille des anatidés, telle la cane de Guinée, appelée aussi *canard musqué*.

CANÉFICIER n.m. Cassier d'une espèce antillaise ornementale.

CANEPETIÈRE [kanpətjɛr] n.f. Petite outarde à collier blanc d'Europe méridionale, d'Asie et du Nord-Ouest africain.

CANÉPHORE n.f. (gr. *kanêphoros*). ANTIQ. GR. Porteuse d'une corbeille sacrée dans les processions de la Grèce antique ; sa représentation sculptée.

1. CANER v.i. (de *faire la cane,* s'esquiver). *Fam.*, vieilli. Reculer devant le danger, la difficulté.

2. CANER ou **CANNER** v.i. (de l'arg. *canne,* jambe). *Fam.* **1.** Vieilli. S'en aller, s'enfuir. **2.** Mourir.

CANETAGE ou **CANNETAGE** n.m. TEXT. Opération consistant à enrouler sur une canette le fil destiné à constituer la trame d'un tissu.

CANETIÈRE ou **CANNETIÈRE** n.f. TEXT. Machine à enrouler le fil de trame sur une canette.

CANETON [kantɔ̃] n.m. Petit du canard. SYN. : *canardeau*.

1. CANETTE n.f. Petite cane.

2. CANETTE ou **CANNETTE** n.f. (de *canne,* tuyau). **1.** Petite bouteille à bière ; son contenu. **2.** Petite boîte métallique contenant une boisson (bière, soda, etc.) ; son contenu. SYN. : *boîte-boisson.* **3.** TEXT. Cylindre contenu dans la navette autour duquel on enroule le fil de trame sur un métier à tisser et le fil à coudre ou à broder sur une machine à coudre.

CANEVAS [kanva] n.m. (anc. fr. *chenevas,* chanvre). **1.** Grosse toile à tissage peu serré utilisée comme support dans la tapisserie ou la dentelle à l'aiguille. **2.** Ensemble de points géodésiques connus en position, servant à un levé cartographique. **3.** Ensemble des lignes ou des points principaux. *Canevas d'un dessin.* **4.** Plan, schéma d'une œuvre littéraire, d'un exposé ; esquisse.

CANEZOU [kanzu] n.m. COST. Corsage de femme en lingerie ; fichu de mousseline ou de dentelle.

CANGUE n.f. (port. *canga*). En Chine, carcan qui enserrait le cou et les poignets des prisonniers.

CANICHE n.m. (de *cane*). Chien d'agrément très répandu, à l'abondante toison bouclée.

■ CANICHE

CANICULAIRE adj. Relatif à la canicule, à une période de grande chaleur ; torride. *Chaleur caniculaire.*

CANICULE n.f. (lat. *canicula,* petite chienne, nom donné à l'étoile Sirius). **1.** Période de très grande chaleur de l'été ; cette chaleur elle-même. **2.** ASTRON. Époque où l'étoile Sirius se lève et se couche avec le Soleil, et qui marquait jadis le début de l'été (à la latitude du Caire).

CANIDÉ n.m. (du lat. *canis,* chien). Mammifère carnivore digitigrade au museau allongé, au corps élancé, aux pattes hautes et aux griffes non rétractiles, tel que le loup, le chien, le chacal. (Les canidés forment une famille.)

CANIER n.m. Région. (Provence). Lieu où poussent les roseaux.

CANIF n.m. (mot germ.). **1.** Petit couteau de poche à une ou plusieurs lames repliables. ◇ *Fam. Donner un coup de canif au, dans le contrat :* ne pas respecter un engagement ; pour un conjoint, commettre une infidélité. **2.** Tige d'acier emmanchée, à biseau affûté, outil de graveur sur bois de fil.

CANIN, E adj. (du lat. *canis,* chien). Relatif au chien. *Exposition canine.*

CANINE n.f. Dent souvent pointue, située entre les incisives et les prémolaires. (Les canines sont très développées chez les carnivores et les porcins, réduites ou absentes chez les mammifères végétariens.)

CANISSE n.f. → **CANNISSE.**

CANITIE [kanisi] n.f. (lat. *canities*). Décoloration du système pileux, normale ou pathologique.

CANIVEAU n.m. **1.** Canal d'évacuation des eaux, placé de chaque côté d'une chaussée. **2.** Conduit dans lequel on pose les câbles électriques et leurs gaines.

CANNABACÉE ou **CANNABINACÉE** n.f. Plante dicotylédone de l'hémisphère Nord tempéré, telle que le houblon et le chanvre. (Les cannabacées forment une minuscule famille.)

CANNABIQUE adj. Du cannabis ; relatif au cannabis. *Intoxication cannabique.*

CANNABIS [kanabis] n.m. (mot lat., *chanvre*). **1.** Nom scientifique du chanvre, pour toutes ses variétés. **2.** *Cour.* Chanvre indien *(Cannabis sativa).* – *Par ext.* Plante dont on tire une drogue aux propriétés analogues. **3.** Drogue dérivée du chanvre indien, telle que le haschisch ou la marijuana, consommée pour ses propriétés psychotropes et dont l'usage prolongé peut provoquer une dépendance, voire des troubles psychiques.

CANNABISME n.m. Intoxication par le cannabis.

CANNAGE n.m. Action de canner un siège ; la garniture elle-même.

CANNAIE n.f. Lieu planté de cannes, de roseaux.

CANNE n.f. (lat. *canna,* roseau). **1.** Nom usuel de certains roseaux ou bambous. **2.** *Canne à sucre :* plante tropicale haute de 2 à 5 m, cultivée pour le sucre extrait de sa tige. (Genre *Saccharina ;* famille des graminées.) **3.** Long tube servant à souffler le verre. **4.** Bâton sur lequel on s'appuie en marchant. ◇ *Canne anglaise,* munie d'un support pour l'avant-bras et d'une poignée pour la main. SYN. : *canne-béquille.* – *Canne blanche :* canne d'aveugle. **5.** *Canne à pêche :* perche flexible à l'extrémité de laquelle s'attache la ligne. **6.** Sorte d'escrime pratiquée avec une canne de bois tenue d'une main.

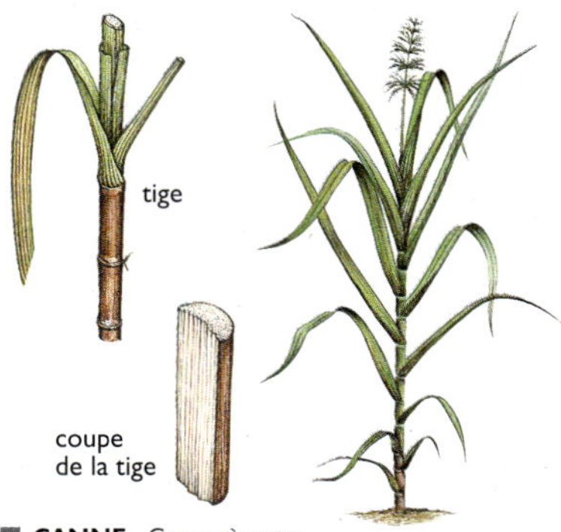

■ **CANNE.** Canne à sucre.

CANNÉ, E adj. Garni de lanières entrelacées de jonc, de rotin, etc. *Siège canné.*

CANNE-BÉQUILLE n.f. (pl. *cannes-béquilles*). Canne anglaise.

CANNEBERGE n.f. Arbrisseau des tourbières des régions froides, à baies comestibles (famille des éricacées) ; cette baie rouge, à goût acidulé. SYN. : *airelle canneberge, atoca.*

CANNE-ÉPÉE n.f. (pl. *cannes-épées*). Canne creuse dissimulant une épée.

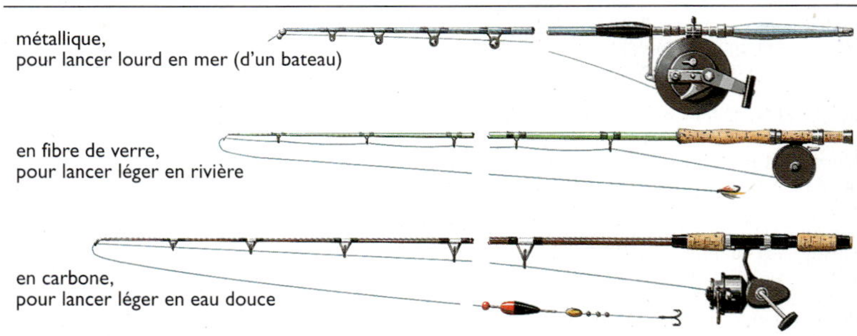

■ **CANNE.** Cannes à pêche.

CANNELÉ, E adj. Orné de cannelures.

CANNELIER n.m. Arbre de l'Inde, de Sri Lanka, de Chine, dont l'écorce fournit la cannelle. (Genre *Cinnamomum ;* famille des lauracées.)

1. CANNELLE n.f. (de *canne*). **1.** Poudre de l'écorce du cannelier, obtenue par raclage et employée comme aromate. **2.** *Pomme cannelle :* fruit comestible d'une espèce d'anone. ◆ adj. inv. De la couleur de la cannelle, brun clair.

2. CANNELLE n.f. (de *canne,* tuyau). TEXT. Bobine réceptrice d'un métier à tisser.

CANNELLONI [kanelɔni] n.m. [pl. *cannelloni(s)*] (mot ital.). Pâte alimentaire roulée en cylindre et farcie. (Cuisine italienne.)

CANNELURE n.f. **1.** ARCHIT. Chacune des moulures verticales ou en hélice creusées sur le fût d'une colonne, le plat d'un pilastre, etc. **2.** BOT. Strie longitudinale sur la tige de certaines plantes. **3.** GÉOMORPH. Sillon rectiligne ou légèrement courbe creusé par l'érosion dans les roches qui affleurent, large de quelques millimètres à plusieurs dizaines de centimètres, long de plusieurs mètres. **4.** MÉCAN. INDUSTR. Rainure longitudinale sur une pièce mécanique de révolution. **5.** Chacune des stries parallèles qui ornementent la tranche d'une pièce de monnaie.

1. CANNER v.t. Garnir d'un treillis de rotin ou d'une autre matière le fond, le dossier d'un siège.

2. CANNER v.i. → **2. CANER.**

CANNETAGE n.m. → **CANETAGE.**

CANNETIÈRE n.f. → **CANETIÈRE.**

CANNETILLE n.f. Fil de métal (or, argent, etc.) enroulé en spirale, que l'on utilise en broderie.

CANNETTE n.f. → **2. CANETTE.**

CANNEUR, EUSE ou **CANNIER, ÈRE** n. Personne qui canne les sièges ; rempailleur.

1. CANNIBALE adj. et n. (esp. *canibal,* de *caribal,* mot caraïbe). Anthropophage. ◆ adj. Qui dévore les animaux de sa propre espèce. *La mante religieuse est cannibale.*

2. CANNIBALE n.m. (de *1. cannibale*). Belgique. Steak tartare servi sur un toast.

CANNIBALESQUE adj. D'une sauvagerie de cannibale.

CANNIBALISATION n.f. Action de cannibaliser ; son résultat.

CANNIBALISER v.t. (angl. *to cannibalize*). **1.** Récupérer les pièces détachées en bon état d'un objet, d'un appareil hors d'usage. **2.** COMM. En parlant d'un produit, concurrencer un autre produit de la même maison, occuper progressivement sa place sur le marché.

CANNIBALISME n.m. Fait pour un homme, un animal de manger ses congénères.

CANNIER, ÈRE n. → **CANNEUR.**

CANNISSE ou **CANISSE** n.f. (mot provenç., de *canne*). Tige de roseau dont l'assemblage en claies sert notamm. de coupe-vent (surtout dans le Midi).

CANOË [kanɔe] n.m. (angl. *canoe,* de l'arawak). Embarcation légère et portative, à fond plat, mue

■ **CANOË** biplace.

à la pagaie simple ; sport pratiqué avec cette embarcation.

CANOÉISTE n. Personne qui pratique le canoë.

CANOË-KAYAK n.m. sing. Ensemble des épreuves disputées en canoë et en kayak.

1. CANON n.m. (ital. *cannone*). **1.** Pièce d'artillerie non portative servant à lancer des projectiles lourds. *Canon antichar, automoteur, de campagne.* **2.** Dans une arme à feu, tube par où passe le projectile. *Canon d'un fusil, d'un revolver.* **3.** *Canon à électrons :* dispositif producteur d'un faisceau intense d'électrons. **4.** *Canon à neige :* appareil utilisé pour projeter de la neige artificielle sur les pistes. **5.** Objet, partie d'objet cylindriques. ◇ MÉCAN. INDUSTR. *Canon de guidage, de perçage :* cylindre creux destiné à guider un foret. **6.** Chez les équidés, les ruminants, partie d'un membre comprise entre le jarret et le boulet (à l'arrière) ou bien entre le genou et le boulet (à l'avant). **7.** Anc. Au XVIIe s., ornement enrubanné qui s'attachait au bas de la culotte.

canon des frères Bureau (XVe s.)

canon Renaissance (XVIe s.)

canon de Gribeauval (XVIIIe s.)

canon de 75 mm (1914)

■ **CANONS**

2. CANON n.m. (de *canon*, n. d'une ancienne mesure de capacité des vins). *Fam.* Verre de vin. *Boire un canon.*

3. CANON n.m. (gr. *kanôn,* règle). **1.** THÉOL. CHRÉT. Décret, règle concernant la foi ou la discipline religieuse. *Les canons de l'Église.* **2.** Ensemble des textes de la Bible tenus pour être d'inspiration divine. **3.** CATH. Partie de la messe qui va de la Préface au Pater. **4.** ANTIQ. Ensemble de règles servant à déterminer les proportions du corps humain selon un idéal esthétique (à l'origine, dans la statuaire grecque) ; cet idéal. **5.** *Litt.* Principe servant de règle ; objet pris comme type idéal. **6.** MUS. Composition à deux ou plusieurs voix répétant à intervalle et à distance fixes le même dessin mélodique. ◆ adj. *Droit canon :* droit ecclésiastique. (Il est régi par un Code promulgué en 1917 et dont la réforme a été achevée en 1983.) SYN. : *droit canonique.*

4. CANON adj. inv. et n.m. (de *3. canon*). *Fam.* Se dit d'une femme au physique très attirant. *Des filles canon.*

CAÑON n.m. → **CANYON.**

CANONIAL, E, AUX adj. **1.** Réglé par les canons de l'Église. **2.** Relatif aux chanoines.

CANONICAT n.m. (du lat. *canonicus,* chanoine). Dignité, office de chanoine.

CANONICITÉ n.f. CHRIST. Caractère de ce qui est canonique.

CANONIQUE adj. **1.** CHRIST. Conforme aux canons de l'Église. ◇ *Âge canonique :* âge minimal de quarante ans imposé aux servantes des ecclésiastiques ; *fig.,* âge respectable. – *Droit canonique :* droit canon. **2.** Qui pose une règle, un ensemble de règles ; qui s'y conforme, y correspond. **3.** MATH. Se dit de la forme naturelle, intrinsèque, principale de certains êtres ou de certaines représentations mathématiques. *Base canonique d'un espace vectoriel. Décomposition canonique d'une application. Injection canonique.*

CANONIQUEMENT adv. CHRIST. De façon canonique.

CANONISABLE adj. Susceptible d'être canonisé.

CANONISATION n.f. CATH. Proclamation solennelle du pape et cérémonie par lesquelles, au terme d'une longue enquête ou *procès,* une personne est officiellement admise au nombre des saints.

CANONISER v.t. (de *3. canon*). Mettre au nombre des saints par un procès de canonisation.

CANONISTE n.m. Spécialiste du droit canon.

CANONNADE n.f. Échange ou succession de coups de canon.

CANONNAGE n.m. Action de canonner.

CANONNER v.t. Tirer au canon sur un objectif.

CANONNIER n.m. Militaire spécialisé dans le service des canons.

CANONNIÈRE n.f. MAR. Bâtiment léger armé de canons et employé sur les fleuves et près des côtes.

CANOPE n.m. (lat. *canopus*). Urne funéraire de l'Égypte pharaonique, au couvercle en forme de tête humaine ou animale, qui renfermait les viscères des morts. – REM. Peut s'employer en appos. : *Vase canope.*

■ **CANOPE.** Vases canopes, Basse Époque ; bois stuqué et peint. (Louvre, Paris.)

CANOPÉE n.f. (angl. *canopy*). ÉCOL. Étage sommital de la forêt tropicale humide, qui abrite la majorité des espèces y vivant.

CANOT n.m. (esp. *canoa,* mot caraïbe). Embarcation non pontée mue à la rame, à la voile ou au moteur. ◇ *Canot pneumatique :* embarcation en toile imperméabilisée, gonflée d'air ou d'un gaz inerte. – *Canot de sauvetage :* embarcation munie de caissons d'insubmersibilité et destinée à porter secours en mer aux passagers des navires en perdition.

CANOTAGE n.m. Action de canoter.

CANOTER v.i. Manœuvrer un canot ; se promener en canot.

CANOTEUR, EUSE n. Personne qui canote.

CANOTIER n.m. **1.** Rameur faisant partie de l'équipage d'un canot. **2.** Chapeau de paille à calotte et bords plats.

CANTABILE [kɑ̃tabile] n.m. (mot ital.). Morceau de musique chanté ou joué, expressif et mélancolique.

CANTAL n.m. (pl. *cantals*). Fromage à pâte pressée fabriqué en Auvergne avec du lait de vache.

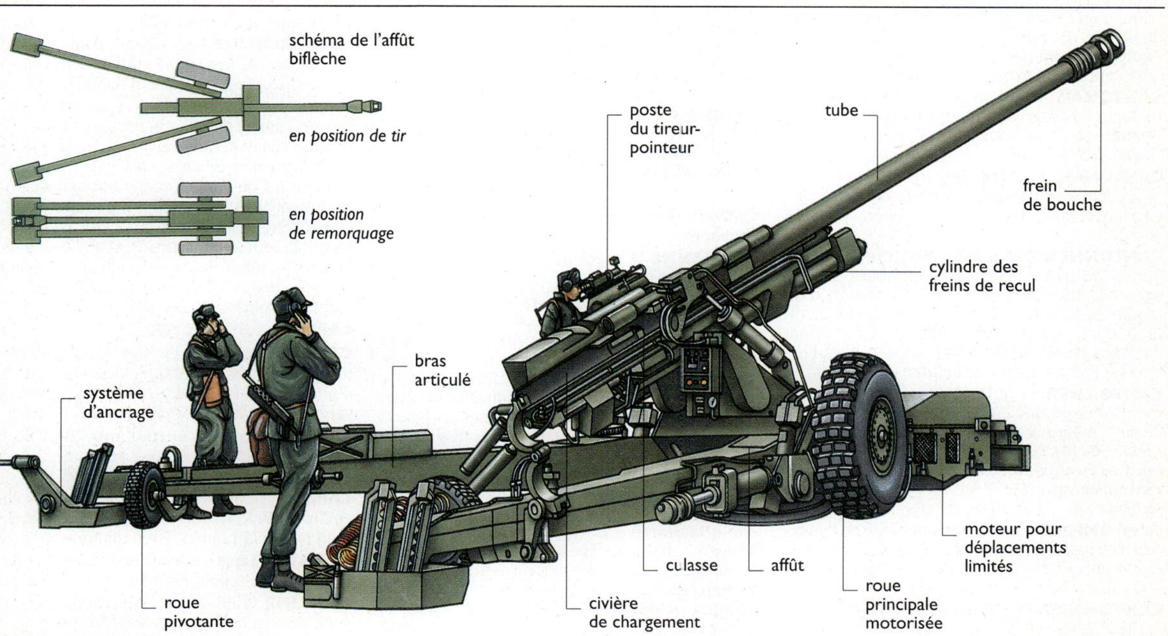

■ **CANON** de 155 mm, tracté.

CANTALOUP n.m. (de *Cantalupo,* villa du pape, près de Rome, où ce melon était cultivé). Melon à peau lisse et à chair orange.

CANTATE n.f. (ital. *cantata,* du lat. *cantare,* chanter). Composition musicale à une ou plusieurs voix avec accompagnement instrumental.

CANTATILLE n.f. Petite cantate de chambre.

CANTATRICE n.f. (lat. *cantatrix*). Chanteuse professionnelle d'opéra ou de chant classique.

CANTER [kɑ̃tɛr] n.m. (mot angl.). Galop d'essai effectué par les chevaux immédiatement avant une course.

CANTHARELLALE n.f. Champignon basidiomycète tel que les chanterelles, les hydnes, les clavaires et la fistuline. (Les cantharellales forment un ordre.)

CANTHARIDE n.f. (gr. *kantharis*). Insecte coléoptère vert doré, long de 2 cm, fréquent sur les frênes. (Les préparations à base de cantharide étaient autref. réputées aphrodisiaques.)

CANTHARIDINE n.f. Substance active toxique extraite des cantharides.

CANTILÈNE n.f. (ital. *cantilena*). Au Moyen Âge, poème chanté à caractère épique, dérivant de séquences en latin. (La *Cantilène de sainte Eulalie* [v. 880] en est le plus ancien exemple.)

CANTILEVER [kɑ̃tilɛvɔr] adj.m. et n.m. (mot angl.). TRAV. PUBL. Se dit d'une structure comportant des consoles sur lesquelles s'appuient en porte à faux des poutres secondaires et, en partic., d'un pont dont les poutres principales sont prolongées de manière à supporter une poutre de portée réduite.

CANTINE n.f. (ital. *cantina,* cave). **1.** Service qui prépare les repas d'une collectivité ; réfectoire où sont pris ces repas. **2.** Petite malle, utilisée en partic. par les militaires. **3.** Suisse. Vaste tente dressée en plein air pour une fête, une manifestation.

CANTINER v.i. *Arg.* Faire des achats à la cantine d'une prison.

CANTINIER, ÈRE n. Personne qui tient une cantine.

CANTINIÈRE n.f. Anc. Femme qui tenait la cantine d'un régiment.

CANTIQUE n.m. (lat. *canticum,* chant). Chant d'action de grâces ; chant religieux en langue vulgaire.

CANTON n.m. (anc. provenç. *canton,* coin). **1.** En France, subdivision territoriale d'un arrondissement. **2.** En Suisse, chacun des États qui composent la Confédération. **3.** Au Luxembourg, chacune des principales divisions administratives. **4.** Québec. Division territoriale de cent milles carrés (25 888 hectares). **5.** *Canton de voie,* ou *canton :* unité de découpage d'une voie ferrée servant de base à la signalisation. **6.** HÉRALD. Pièce honorable de forme carrée, en général dans un coin de l'écu.

CANTONADE n.f. (provenç. *cantonada,* angle d'une construction). Anc. Chacun des côtés de la scène d'un théâtre, où se tenaient les spectateurs privilégiés. ◇ *Parler, crier à la cantonade,* en s'adressant à un personnage qui est en coulisse ; sans paraître s'adresser précisément à qqn.

CANTONAIS, E adj. et n. De Canton. ◆ n.m. Dialecte chinois parlé au Guangdong et au Guangxi, et largement diffusé en Asie et en Océanie. SYN. : *yue.*

CANTONAL, E, AUX adj. Relatif au canton. ◇ *Élections cantonales,* ou *cantonales,* n.f. pl. : en France, élections au conseil général dans les cantons.

CANTONNEMENT n.m. **1.** Établissement temporaire de troupes dans des lieux habités ; lieu où cantonne une troupe. **2.** DR. Délimitation d'un terrain ; terrain ainsi délimité. **3.** DR. Limitation du droit d'un créancier. **4.** Fractionnement d'une ligne ferroviaire en plusieurs cantons, dont l'entrée est protégée par un signal d'arrêt.

CANTONNER v.t. **1.** *Cantonner des troupes,* les installer dans des cantonnements. **2.** Mettre à l'écart ; limiter les activités, les attributions de qqn. **3.** ARCHIT. Garnir dans les angles. ◆ v.i. Pour une troupe, prendre ses quartiers, s'installer. ◆ **se cantonner** v.pr. **(à).** Se tenir à l'écart ; se limiter, se borner à.

CANTONNIER n.m. **1.** Ouvrier chargé de l'entretien des routes et de leurs bordures. **2.** CH. DE F. Agent chargé de l'entretien et des travaux de la voie.

CANTONNIÈRE n.f. **1.** Bande d'étoffe masquant le haut des rideaux au-dessus d'une fenêtre. **2.** Garniture métallique qui renforce les coins d'une malle, d'un coffre, etc.

CANTRE n.m. TEXT. Partie de l'ourdissoir ou du bâti munie de broches pour recevoir les bobines de fil.

CANULAR n.m. *Fam.* Mystification, blague.

CANULARESQUE adj. *Fam.* Qui tient du canular.

CANULE n.f. (lat. *cannula*). Petit tuyau introduit dans un orifice de l'organisme pour permettre le passage d'air ou de liquides.

CANULER v.t. *Fam.,* vieilli. Ennuyer, importuner.

CANUT, USE [kany, yz] n. (de *canne*). Ouvrier spécialisé dans le tissage de la soie, à Lyon. ◇ HIST. *La révolte des *Canuts : v. partie n.pr.*

CANYON ou **CAÑON** [kanjɔn] ou [kanjɔ̃] n.m. (mot esp.). Vallée profonde aux parois verticales, creusée par un cours d'eau. ◇ *Canyon sous-marin :* dépression allongée et étroite, à versants escarpés, des fonds océaniques.

■ **CANYON.** Le canyon de Chelly, en Arizona.

CANYONISME ou **CANYONING** [kanjɔniŋ] n.m. Sport mêlant la randonnée, la nage en eau vive et l'escalade, et consistant à descendre des cours d'eau encaissés au profil accidenté.

CANYONISTE n. Personne qui pratique le canyonisme.

CANZONE [kɑ̃tsɔne] n.f. (mot ital.). **1.** Chanson italienne à plusieurs voix ; (v. 1530) transcription pour orgue ou pour luth de cette chanson ; pièce instrumentale ouvrant la voie à la sonate préclassique. **2.** LITTÉR. En Italie, petit poème lyrique divisé en stances. Pluriel savant : *canzoni.*

CAO ou **C.A.O.** [seao] n.f. (sigle). Conception assistée par ordinateur.

CAODAÏSME n.m. Religion du mouvement Cao Dai, fondée en 1926 au Viêt Nam par Ngô Van Chiêu (1878 - 1926), caractérisée par un syncrétisme où se fondent bouddhisme, confucianisme et christianisme.

CAOUA [kawa] n.m. (ar. *qahwa*). *Fam.* Café (boisson).

CAOUANNE [kawan] n.f. (mot des Caraïbes). Caret (tortue).

CAOUTCHOUC [kautʃu] n.m. (d'une langue de l'Amérique du Sud). **1.** Substance élastique et résistante provenant de la coagulation du latex d'arbres tropicaux, notamm. des hévéas, traitée de façon industrielle par vulcanisation. (Aujourd'hui, outre l'industrie des joints adhésifs et des colles, du matériel électrique [isolants], de la chaussure, de la construction [amortisseurs de vibrations et de bruits], de la pharmacie [préservatifs], du textile ou du jouet, l'industrie des pneumatiques reste la principale consommatrice du caoutchouc naturel.) ◇ *Caoutchouc synthétique :* élastomère de synthèse. – *Caoutchouc Mousse :* marque déposée d'un caoutchouc à faible densité, à alvéoles plus ou moins régulières. **2.** *Fam.* Élastique. **3.** Vêtement, chaussure en caoutchouc ou imperméabilisés au caoutchouc. **4.** Plante grimpante originaire de l'Amérique du Sud, cultivée en appartement. (Nom sc. *Ficus elastica ;* famille des moracées.)

CAOUTCHOUTAGE n.m. Action de caoutchouter ; son résultat.

CAOUTCHOUTER v.t. Enduire de caoutchouc.

CAOUTCHOUTEUX, EUSE adj. Qui a l'élasticité, la consistance ou l'aspect du caoutchouc.

1. CAP n.m. (mot provenç., du lat. *caput,* tête). **1.** Pointe de terre qui s'avance dans la mer. *Le cap Fréhel.* ◇ *Doubler, passer le cap de :* franchir une étape difficile, décisive. **2.** Direction de l'axe d'un navire, de l'arrière à l'avant. ◇ *Mettre le cap sur :* se diriger vers. **3.** *De pied en cap :* des pieds à la tête.

2. CAP ou **C.A.P.** [seape] n.m. (sigle de *certificat d'aptitude professionnelle*). Diplôme décerné à la fin des études de l'enseignement technique court.

CAPABLE adj. (du lat. *capere,* prendre, contenir). **1.** *Capable de :* qui a le pouvoir de faire qqch, de manifester une qualité, de produire un effet. *Capable de comprendre. Capable de dévouement.* – *Capable de tout :* prêt à tout faire, surtout en mauvaise part, pour arriver à ses fins. – Absol. Qui a des aptitudes, des compétences. *Élève capable. Une collaboratrice très capable.* **2.** DR. Qui est légalement apte à exercer certains droits. **3.** GÉOMÉTR. *Arc capable associé à un angle* α *et à deux points* A *et* B : arc de cercle composé de tous les points à partir desquels le segment [AB] est vu sous un angle constant et égal à α.

CAPACIMÈTRE n.m. Appareil servant à la mesure des capacités électriques.

CAPACITAIRE n. Personne qui a obtenu le certificat de capacité en droit.

CAPACITÉ n.f. (lat. *capacitas,* de *capax,* qui peut contenir). **1.** Propriété de contenir qqch ; volume, contenance d'un récipient. ◇ *Capacité pulmonaire vitale :* la plus grande quantité d'air qu'on puisse faire entrer dans les poumons en partant de l'état d'expiration forcée. (Elle est de 3,5 litres en moyenne chez l'adulte.) **2.** ÉLECTROTECHN. **a.** Quantité d'électricité que peut restituer un accumulateur lors de sa décharge. **b.** Quotient de la charge d'un condensateur par la différence de potentiel entre ses armatures. **3.** THERMODYN. *Capacité calorifique* ou *thermique :* quantité de chaleur qu'il faut fournir à un corps pour augmenter sa température de 1 °C. **4.** INFORM. *Capacité d'une mémoire électronique,* quantité d'informations qu'elle peut contenir. **5.** Aptitude à faire, à comprendre qqch ; compétence. **6.** DR. Aptitude légale. ◇ *Capacité civile :* aptitude à avoir des droits et obligations et à pouvoir les exercer. **7.** *Capacité en droit :* diplôme délivré par les facultés de droit aux élèves non bacheliers.

CAPACITIF, IVE adj. ÉLECTR. *Dispositif, circuit capacitif,* dont la grandeur essentielle est la capacité électrique.

CAPARAÇON n.m. (esp. *caparazón,* de *capa,* manteau). Anc. Housse d'ornement pour les chevaux, dans une cérémonie.

CAPARAÇONNER v.t. **1.** Couvrir un cheval d'un caparaçon. **2.** Recouvrir entièrement qqn, une partie du corps, de qqch d'épais, qui protège.

CAPE n.f. (provenç. *capa*). **1.** Manteau ample, sans manches, plus ou moins long, porté sur les épaules, avec ou sans fentes pour passer les bras. ◇ *Roman, film de cape et d'épée :* roman, film d'aventures qui met en scène des héros chevaleresques et batailleurs. – *Rire sous cape,* à part soi, en cachette. **2.** Feuille de tabac qui forme l'enveloppe, la robe d'un cigare. **3.** MAR. *Être, mettre à la cape :* interrompre sa route pour parer le mauvais temps et, pour cela, gréer une petite voile très solide appelée *voile de cape.*

CAPÉER v.i. → **CAPEYER.**

CAPELAGE n.m. MAR. Ensemble des boucles des manœuvres dormantes qui entourent l'extrémité d'une vergue, la tête d'un mât, etc. ; point de la vergue, du mât où s'appliquent ces boucles.

CAPELAN [kaplɑ̃] n.m. (mot provenç.). Poisson osseux de l'Atlantique nord, voisin de l'éperlan. (Long. 25 cm ; famille des osméridés.)

CAPELER [kaple] v.t. [16] (de l'anc. fr. *capel,* coiffure). MAR. **1.** Disposer le capelage sur. **2.** Entourer avec la boucle d'une manœuvre.

CAPELET [kaplɛ] n.m. Tumeur molle qui se développe à la pointe du jarret du cheval.

CAPELINE [kaplin] n.f. (ital. *cappellina*). Chapeau de femme à grands bords souples.

CAPER v.t. *Caper un cigare,* l'enrober d'une cape.

CAPES ou **C.A.P.E.S.** [kapɛs] n.m. (acronyme de *certificat d'aptitude au professorat de l'enseignement du second degré*). Certificat donnant accès aux fonctions de professeur titulaire d'une discipline d'enseignement général, en collège ou en lycée ; concours permettant son obtention.

CAPÉSIEN, ENNE [kapesjɛ̃, ɛn] n. Titulaire du CAPES.

1. **CAPET** n.m. Suisse. Calotte d'armailli, de religieux.

2. **CAPET** ou **C.A.P.E.T.** [kapɛt] n.m. (acronyme de *certificat d'aptitude au professorat de l'enseignement technique*). Certificat et concours homologues au CAPES pour l'enseignement en lycée d'une discipline technologique.

1. **CAPÉTIEN, ENNE** [kapesjɛ̃, ɛn] adj. et n. Relatif à la dynastie des Capétiens.

2. **CAPÉTIEN, ENNE** [kapetjɛ̃, ɛn] n. Titulaire du CAPET.

CAPEYER [kapeje] [7] ou **CAPÉER** v.i. [8]. MAR. Mettre, rester à la cape.

CAPHARNAÜM [kafarnaɔm] n.m. (n. d'une ville de Galilée). Endroit très encombré et en désordre. *Cette chambre est un capharnaüm !*

CAP-HORNIER n.m. (pl. *cap-horniers*). Anc. **1.** Grand voilier qui suivait les routes doublant le cap Horn. **2.** Marin, capitaine qui naviguait sur ces voiliers.

1. **CAPILLAIRE** [kapilɛr] adj. (lat. *capillaris*). **1.** Qui se rapporte aux cheveux. *Soins capillaires.* **2.** Fin comme un cheveu. *Tube capillaire.* **3.** ANAT. *Vaisseau capillaire,* ou *capillaire,* n.m. : vaisseau microscopique à paroi très fine, contenant du sang ou de la lymphe. (Les capillaires sanguins reliant artérioles et veinules apportent l'oxygène aux cellules et évacuent déchets et gaz carbonique.)

2. **CAPILLAIRE** [kapilɛr] n.m. Fougère à pétioles noirs, longs et fins, des fentes de rochers et de murs. (Haut. 10 à 20 cm ; famille des polypodiacées.) ◇ *Capillaire de Montpellier :* adiantum.

CAPILLARITE n.f. Inflammation des vaisseaux capillaires cutanés.

CAPILLARITÉ n.f. Ensemble des phénomènes relatifs au comportement des liquides dans des tubes très fins et à toutes les situations où une surface de séparation entre deux fluides (liquide-gaz, par ex.) rencontre une paroi solide. (La capillarité joue, par ex., un rôle dans la montée de la sève.)

CAPILLICULTEUR, TRICE n. *Didact.* Spécialiste de capilliculture.

CAPILLICULTURE n.f. Science des soins capillaires.

CAPILOTADE n.f. (esp. *capirotada,* ragoût). Vx. Ragoût fait de restes coupés en petits morceaux. ◇ *Fam. Mettre en capilotade :* mettre en pièces, écraser.

CAPITAINE n.m. (lat. *caput, -itis,* tête). **1.** Officier des armées de terre, de l'air et de la gendarmerie dont le grade est situé entre celui de lieutenant et celui de commandant (→ *grade*). **2.** Officier qui commande un navire de commerce. ◇ *Capitaine au long cours :* officier de la marine marchande pouvant assurer le commandement des navires de commerce les plus importants. (Le brevet de capitaine au long cours a cessé d'être délivré en 1981 ; il est remplacé par celui de capitaine de 1re classe de la navigation maritime.) **3.** *Capitaine de corvette, de frégate, de vaisseau :* grades successifs des officiers supérieurs dans la marine militaire française (→ *grade*). **4.** Chef d'une équipe sportive. **5.** Afrique. Poisson osseux des eaux côtières et des fleuves d'Afrique occidentale, très apprécié pour sa chair. (Long. max. 1,80 m ; poids 90 kg ; famille des polynémidés.)

CAPITAINERIE n.f. Bureau d'un capitaine de port.

1. **CAPITAL, E, AUX** adj. (lat. *capitalis,* de *caput,* tête). **1.** Considéré comme essentiel ; qui prime tout le reste par son importance. *C'est capital pour elle d'avoir cet argent.* **2.** *Lettre capitale,* ou *capitale,* n.f. : majuscule. **3.** THÉOL. CHRÉT. *Péchés capitaux :* les sept péchés qui sont le principe des autres péchés (orgueil, avarice, luxure, envie, gourmandise, colère, paresse). **4.** Qui entraîne la mort d'un accusé. *Peine, sentence capitale.*

2. **CAPITAL** n.m. (pl. *capitaux*). **1.** Ensemble des biens, monétaires ou autres, possédés par une personne ou une entreprise, constituant un patrimoine et pouvant rapporter un revenu. *Leur capital n'est pas négligeable.* **2.** Somme d'argent représentant l'élément principal d'une dette et produisant des intérêts. **3.** COMPTAB. *Capital social :* montant des sommes ou des biens apportés à une société et de leur accroissement ou réduction ultérieurs, figurant au passif des bilans. **4.** *Fig.* Ensemble des ressources (intellectuelles, morales, etc.) dont on dispose à un moment donné. *Capital santé. Capital de sympathie.* ◆ pl. Actifs immobilisés ou en circulation dont dispose une entreprise. ◇ *Capitaux flottants* ou *fébriles :* capitaux qui passent rapidement d'une place à une autre pour profiter des variations des taux d'intérêt.

CAPITALE n.f. (ellipse de *ville capitale, lettre capitale,* etc.). **1. a.** Ville où siège le gouvernement d'un État. **b.** Ville devenue un centre très actif d'industries, de services. *Milan, capitale économique de l'Italie.* **2.** IMPRIM. Lettre majuscule. *Composer un titre en capitales.* ◇ *Petite capitale :* lettre majuscule de la hauteur d'une minuscule.

CAPITALISABLE adj. Qui peut être capitalisé.

CAPITALISATION n.f. **1.** Action de capitaliser. *Capitalisation des intérêts.* **2.** Système de financement volontaire des régimes de retraite, sous forme de placements en valeurs mobilières gérés par des *fonds de pension. **3.** *Capitalisation boursière :* valeur d'une société cotée en Bourse calculée en multipliant le cours par le nombre d'actions qui composent le capital.

CAPITALISER v.t. **1.** Ajouter au capital les intérêts qu'il produit. **2.** *Fig.* Accumuler en vue d'un profit ultérieur. *Capitaliser des connaissances.* **3.** Calculer un capital à partir du taux d'intérêt servi. ◆ v.i. Amasser de l'argent ; constituer un capital.

CAPITALISME n.m. Système économique et social fondé sur la propriété privée des moyens de production et d'échange. (Le capitalisme se caractérise par la recherche du profit, l'initiative individuelle, la concurrence entre les entreprises.) – *Spécial.* Régime économique, politique et social qui, selon la théorie marxiste, est régi par la recherche de la plus-value grâce à l'exploitation des travailleurs par ceux qui possèdent les moyens de production et d'échange.

CAPITALISTE n. et adj. **1.** Personne qui possède des capitaux et les investit dans des entreprises. **2.** *Fam., péjor.* Personne très riche. ◆ adj. Qui se rapporte au capitalisme. *Régime capitaliste.*

CAPITALISTIQUE adj. ÉCON. **1.** Relatif au capital. **2.** Se dit d'une activité de production utilisant davantage de capital technique (machines, matières premières) que de main-d'œuvre.

CAPITAL-RISQUE n.m. sing. (angl. *venture capital*). *Société de capital-risque :* société investissant dans une entreprise présentant des risques.

CAPITAL-RISQUEUR n.m. (pl. *capital-risqueurs*). Personne ou société finançant la création ou le développement d'entreprises à risques mais à fort potentiel de croissance, en escomptant une plus-value rapide de leur capital.

CAPITAN n.m. (de *Capitan,* personnage de la comédie italienne). *Litt.,* vieilli. Fanfaron, bravache.

CAPITATION n.f. (lat. *caput, -itis,* tête). HIST. Impôt prélevé sur chaque individu mâle, partic. en France de 1695 à la Révolution.

CAPITE n.f. Suisse. Petite maison isolée ; poste de garde.

CAPITEUX, EUSE adj. (anc. ital. *capitoso*). *Sout.* Qui porte à la tête et enivre. *Parfum, vin capiteux.*

CAPITOLE n.m. (lat. *Capitolium*). ARCHIT. Édifice servant de centre à la vie municipale ou parlementaire, dans certaines grandes villes.

CAPITOLIN, E adj. ANTIQ. ROM. Du Capitole.

CAPITON n.m. (ital. *capitone*). **1.** Capitonnage. **2.** Garniture d'un siège à piqûres losangées et boutons. **3.** MÉD. Épaississement du tissu adipeux sous-cutané.

CAPITONNAGE n.m. **1.** Action de capitonner ; fait d'être capitonné. **2.** Rembourrage protecteur. SYN. : *capiton.*

CAPITONNER v.t. Garnir d'un capiton, d'un rembourrage.

CAPITOUL n.m. (mot languedocien). HIST. Magistrat municipal de Toulouse.

1. **CAPITULAIRE** adj. (du lat. *capitulum,* chapitre). Relatif à un chapitre de chanoines, de religieux. *Salle capitulaire.*

2. **CAPITULAIRE** n.m. Acte législatif des souverains carolingiens.

CAPITULARD, E adj. et n. *Péjor.* Partisan de la capitulation.

CAPITULATION n.f. **1.** Action de capituler, de cesser toute résistance. *Capitulation sans conditions.* **2.** Convention réglant la reddition d'une place, d'une armée ou des forces militaires d'un État. ◆ pl. HIST. Conventions réglant autref. le statut des étrangers, en partic. dans l'Empire ottoman (v. 1569 - 1923).

CAPITULE n.m. (lat. *capitulum,* petite tête). BOT. Inflorescence caractéristique de la famille des composées, formée de petites fleurs serrées les unes contre les autres et insérées sur le pédoncule élargi en plateau. *Les capitules de la marguerite.*

CAPITULER v.i. (du lat. *capitulum,* article, clause). **1.** Renoncer par force ou par raison, se reconnaître vaincu ; céder. *Ce cas est trop difficile, je capitule !* **2.** Se rendre à l'ennemi.

CAPOEIRA [kapoɛra] n.f. (du guarani *caa apuera,* île à l'herbe rase). Art martial du Brésil se pratiquant avec un accompagnement musical. (À la fois lutte et danse, rituel et jeu, la capoeira fut pratiquée à l'origine par les esclaves pour dissimuler un entraînement au combat qui leur était interdit.)

CAPON, ONNE adj. et n. (var. de *chapon*). *Fam.,* vx ou Antilles. Lâche, poltron.

CAPONNIÈRE n.f. (ital. *capponiera*). FORTIF. Petit ouvrage dont les armes flanquent les fossés d'une place forte.

CAPORAL n.m. [pl. *caporaux*] (ital. *caporale,* de *capo,* tête). **1.** Militaire dont le grade est situé entre celui de soldat et celui de caporal-chef (→ *grade*). ◇ *Le Petit Caporal :* surnom donné à Napoléon Ier par ses soldats. **2.** Tabac à fumer fait à partir de feuilles séchées à l'air puis torréfiées.

CAPORAL-CHEF n.m. (pl. *caporaux-chefs*). Militaire dont le grade est situé entre celui de caporal et celui de sergent (→ *grade*).

CAPORALISER v.t. Imposer un régime autoritaire à un peuple, à un groupe.

CAPORALISME n.m. **1.** Régime politique militaire. **2.** Autoritarisme étroit et mesquin.

1. **CAPOT** n.m. (de *cape*). **1. a.** Partie mobile de la carrosserie d'une automobile, recouvrant et protégeant le moteur. *Ouvrir, fermer le capot.* **b.** Couvercle amovible protégeant les parties fragiles, bruyantes ou dangereuses d'un moteur ou d'une machine. **2.** MAR. **a.** Pièce de toile protégeant les objets contre la pluie ou les embruns, sur un navire. **b.** Trou à fermeture étanche par lequel on pénètre dans un sous-marin.

2. **CAPOT** adj. inv. Se dit d'un joueur de cartes qui n'a fait aucune levée.

1. **CAPOTAGE** n.m. Recouvrement d'un moteur ou d'une machine par un capot.

2. **CAPOTAGE** n.m. Fait de capoter, de se renverser, pour un véhicule.

CAPOTE n.f. (de *cape*). **1.** Toit mobile, en matériau souple, d'un cabriolet automobile, d'un landau, etc. **2.** Manteau à capuchon. **3.** Manteau des troupes à pied. **4.** *Fam. Capote anglaise,* ou *capote :* préservatif masculin.

1. **CAPOTER** v.t. Rabattre la capote d'une voiture.

2. **CAPOTER** v.i. (du provenç. *faire cabot,* saluer). **1.** Se retourner complètement, en parlant d'une voiture ou d'un avion. **2.** Échouer, ne pas aboutir, en parlant d'un projet, d'une entreprise. **3.** Québec. *Fam.* Perdre la tête.

CAPPA ou **CAPPA MAGNA** [kapamagna] n.f. inv. (mot ital.). CATH. Chape.

CAPPADOCIEN, ENNE adj. et n. De la Cappadoce.

CAPPELLA (A) loc. adv. → **A CAPPELLA.**

CAPPUCCINO [kaputʃino] n.m. (mot ital.). Café au lait mousseux.

CÂPRE n.f. (gr. *kapparis*). Bouton à fleur du câprier qui se confit dans le vinaigre et sert de condiment.

CAPRICANT, E adj. (du lat. *capra,* chèvre). *Litt.* Fantasque, désordonné.

CAPRICCIO [kapritʃjo] n.m. (mot ital.). MUS. Caprice.

CAPRICE n.m. (ital. *capriccio,* frisson). **1.** Désir, exigence soudains et irréfléchis. *Faire des caprices. Céder aux caprices de qqn.* – Amour très passager, peu sérieux. **2.** Changement soudain, imprévu, auquel sont exposées certaines choses. *Les caprices de la mode.* **3.** Morceau instrumental ou vocal de forme libre. SYN. : *capriccio.* – Œuvre d'imagination, d'une fantaisie très libre, en peinture, gravure ou dessin (XVIIe et XVIIIe s.).

CAPRICIEUSEMENT adv. De façon capricieuse.

CAPRICIEUX, EUSE adj. et n. Qui agit par caprice. ◆ adj. Sujet à des changements brusques, imprévus. *Un temps capricieux.*

CAPRICORNE n.m. (lat. *capricornus*). **1.** Insecte coléoptère au corps étroit et aux longues antennes. (Famille des cérambycidés.) SYN. : *longicorne.* **2.** *Le Capricorne :* constellation et signe du

C

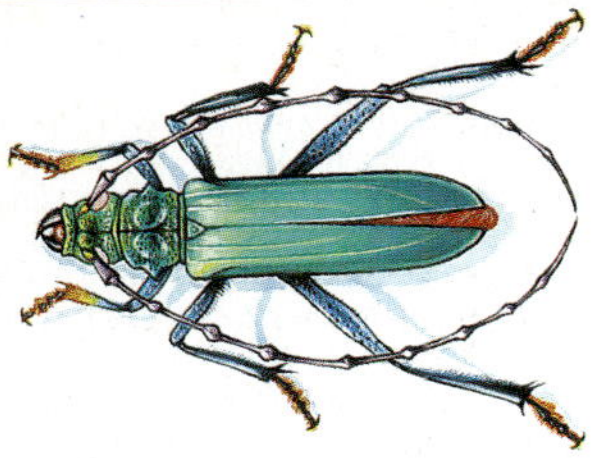

■ **CAPRICORNE**

zodiaque (v. partie n.pr.). – *Par ext. Capricorne :* personne née sous ce signe.

CÂPRIER n.m. Arbuste épineux méditerranéen qui produit les câpres. (Famille des capparidacées.)

CAPRIFICATION n.f. (du lat. *caprificus,* figuier sauvage). AGRIC. Mise en place de figues de figuier sauvage sur les figuiers cultivés pour en favoriser la pollinisation par un insecte.

CAPRIFOLIACÉE n.f. Plante arbustive ou grimpante à fleurs gamopétales, à baies rouges ou noires, telle que le chèvrefeuille, la viorne, le sureau. (Les caprifoliacées forment une famille.)

1. CAPRIN, E adj. (lat. *caprinus,* de *capra,* chèvre). Relatif à la chèvre. *Race caprine.*

2. CAPRIN ou **CAPRINÉ** n.m. Mammifère ruminant doté de cornes rabattues en arrière, tel que la chèvre, le chamois et le bouquetin. (Les caprins, ou caprinés, constituent une sous-famille de bovidés.) SYN. : *oviné.*

CAPRIQUE adj. CHIM. ORG. *Acide caprique :* acide gras présent dans les beurres de chèvre, de vache, de cacao.

CAPROLACTAME n.m. Composé chimique donnant par polycondensation un polyamide utilisé pour fabriquer des fibres synthétiques telles que le Nylon.

CAPRYLIQUE adj. CHIM. *Acide caprylique :* acide gras présent dans le beurre de chèvre et dans de nombreuses matières grasses.

CAPSAGE n.m. Action de placer parallèlement des feuilles de tabac afin de réaliser un bon hachage.

CAPSELLE n.f. (lat. *capsella,* coffret). Plante herbacée, à fruits en forme de cœur aplati, appelée aussi *bourse-à-pasteur.* (Famille des crucifères.)

■ **CAPSELLE**

CAPSIDE n.f. MICROBIOL. Assemblage de protéines entourant le matériel génétique (ADN, ARN) d'un virus.

CAPSIEN n.m. (de *Capsa,* n. antique de Gafsa, en Tunisie). Faciès culturel du paléolithique final et de l'épipaléolithique en Afrique du Nord durant lequel le mode de vie devient sédentaire ou semi-nomade. ◆ **capsien, enne** adj. Relatif au capsien.

CAPSULAGE n.m. Action de capsuler ; son résultat.

CAPSULE n.f. (lat. *capsula,* petite boîte). **1.** Petit couvercle en métal ou en plastique pour boucher une bouteille. **2.** ANAT. Membrane fibreuse enveloppant un organe ou une articulation. *Capsule du rein.* **3.** Enveloppe de certains médicaments qui, en se dissolvant, libère le principe actif. **4.** *Capsule spatiale :* véhicule spatial récupérable ; petit conteneur conçu pour être éjecté d'un engin spatial et récupéré au sol. **5.** BOT. Fruit sec qui s'ouvre par des fentes (œillet) ou des pores (pavot). **6.** CHIM. Petit récipient hémisphérique pour porter les liquides à ébullition. **7.** Alvéole en cuivre contenant la poudre d'amorçage des fusils dits *à capsule* (XIXe s.).

CAPSULE-CONGÉ n.f. (pl. *capsules-congés*). Attestation de paiement de droits sur les vins et alcools, sous forme de capsule à apposer sur chaque bouteille.

CAPSULER v.t. Garnir d'une capsule le goulot d'une bouteille.

CAPTAGE n.m. Action de capter ; son résultat.

CAPTATEUR, TRICE n. DR. Personne qui use de captation.

CAPTATIF, IVE adj. PSYCHOL. Qui a tendance à vouloir concentrer sur soi l'affection de son entourage.

CAPTATION n.f. (de *capter*). DR. *Captation d'héritage :* fait de s'emparer d'une succession ou de soustraire une libéralité à qqn par des manœuvres répréhensibles.

CAPTER v.t. (lat. *captare,* chercher à prendre). **1.** Recevoir au moyen d'appareils radioélectriques. *Capter une émission, un message.* **2.** Recueillir une énergie, un fluide, etc., pour l'utiliser. *Capter le rayonnement solaire.* **3.** Assurer le passage du courant électrique du réseau au moteur d'un véhicule (génér. ferroviaire). **4.** Obtenir, gagner par ruse. *Il a su capter sa confiance.*

CAPTEUR n.m. Dispositif qui délivre, à partir d'une grandeur physique, une autre grandeur, souvent électrique, fonction de la première et directement utilisable pour la mesure ou la commande. SYN. : *détecteur, senseur.* ◇ *Capteur solaire :* dispositif recueillant l'énergie solaire pour la transformer en énergie thermique ou électrique.

CAPTIEUX, EUSE [kapsjø, øz] adj. (lat. *captiosus,* de *captio,* piège). *Litt.* Qui cherche à tromper, à induire en erreur. *Paroles captieuses.*

1. CAPTIF, IVE n. et adj. *Litt.* Prisonnier de guerre.

2. CAPTIF, IVE adj. **1.** AÉROST. *Ballon captif :* aérostat retenu au sol par un câble. **2.** ÉCON. *Marché captif :* marché qui, par nature, est réservé en exclusivité (ou en quasi-exclusivité) à des concurrents en très petit nombre (restaurants d'autoroutes, par ex.).

CAPTIVANT, E adj. Qui captive. *Un personnage captivant.*

CAPTIVER v.t. Retenir l'attention en suscitant un grand intérêt ; passionner. *Ce livre me captive.*

CAPTIVITÉ n.f. État d'une personne détenue dans une prison, un camp, etc. *Sa longue captivité l'a épuisé.*

CAPTURE n.f. **1.** Action de capturer ; fait d'être capturé. **2.** Ce qui est capturé. **3.** HYDROL. Détournement d'une section d'un cours d'eau par une rivière voisine.

CAPTURER v.t. S'emparer par la force de. *Capturer un voleur. Capturer un navire ennemi.*

CAPUCHE n.f. (var. picarde de *capuce,* de *cape*). Capuchon qui descend sur les épaules.

CAPUCHON n.m. (de *cape*). **1.** Partie d'un vêtement en forme de bonnet ample, qui recouvre la tête et peut se rabattre dans le dos. **2.** Bouchon d'un stylo, d'un tube, etc. **3.** ZOOL. Partie élargie du cou des najas en position de combat.

CAPUCHONNÉ, E adj. Qui porte un capuchon.

1. CAPUCIN, E n. (ital. *cappuccino,* petit capuchon). Religieux, religieuse d'une branche réformée de l'ordre des Frères mineurs, créée au XVIe siècle.

2. CAPUCIN n.m. **1.** Petit singe platyrhinien d'Amérique centrale et de Colombie, appelé aussi *saï.* (Genre *Cebus ;* famille des cébidés.) **2.** CHASSE. Lièvre.

CAPUCINADE n.f. *Litt.* Tirade ennuyeuse et moralisante.

CAPUCINE n.f. (de *1. capucin*). Plante ornementale originaire des montagnes d'Amérique du Sud, à feuilles rondes et à fleurs orangées. (Famille des tropéolacées.)

■ **CAPUCINE**

CAPVERDIEN, ENNE adj. et n. Du Cap-Vert, de ses habitants.

CAPYBARA n.m. ZOOL. Cabiai.

CAQUE n.f. (anc. scand. *kaggr,* tonneau). Barrique pour presser et conserver les harengs salés ou fumés.

CAQUELON n.m. Poêlon assez profond en terre ou en fonte.

CAQUER v.t. (néerl. *caken*). Mettre des harengs en caque.

CAQUET n.m. (onomat.). **1.** Cri, gloussement de la poule qui va pondre ou qui a pondu. **2.** Vieilli. Bavardage indiscret. ◇ *Rabattre le caquet à qqn,* le faire taire, le remettre à sa place.

CAQUETAGE ou **CAQUÈTEMENT** n.m. Action de caqueter ; bavardage.

CAQUETANT, E adj. Qui caquette.

CAQUETER [kakte] v.i. [16]. **1.** Pousser son cri, en parlant de la poule sur le point de pondre ou qui a pondu. **2.** Bavarder, parler sans arrêt et de choses futiles, souvent de façon importune, gênante. *Elles caquettent sans cesse.*

1. CAR conj. (lat. *quare,* c'est pourquoi). Introduit l'explication, la raison de la proposition précédente. *Il est parti car il avait un rendez-vous.*

2. CAR n.m. (abrév.). Autocar.

CARABE n.m. (gr. *karabos,* crabe). Insecte coléoptère carnassier, à corps allongé noir ou de couleur métallique. (Nocturnes, les carabes chassent activement vers, limaces et escargots ; long. 2 cm, famille des carabidés.)

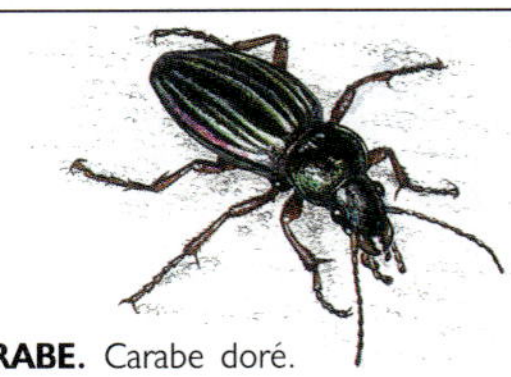

■ **CARABE.** Carabe doré.

CARABIDÉ n.m. Insecte coléoptère prédateur aux élytres souvent soudés, tel que les carabes. (Les carabidés forment une immense famille de 15 000 espèces.)

CARABIN n.m. (anc. fr. *escarabin,* ensevelisseur de pestiférés). *Fam.* Étudiant en médecine.

CARABINE n.f. (de *carabin,* soldat). Fusil léger, souvent court, à canon rayé, utilisé comme arme de guerre, de chasse ou de sport.

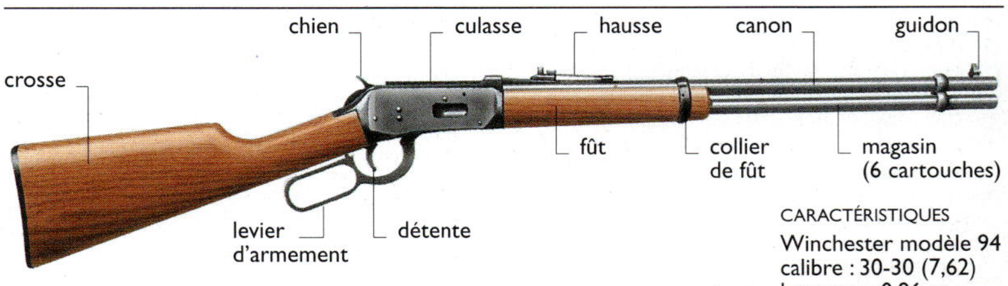

CARACTÉRISTIQUES
Winchester modèle 94
calibre : 30-30 (7,62)
longueur : 0,96 m
masse : 3,00 kg

■ **CARABINE**

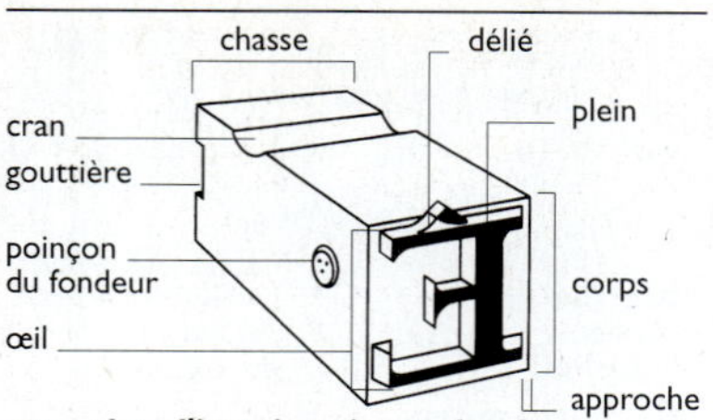

caractère d'imprimerie en plomb

caractère numérisé de photocomposition

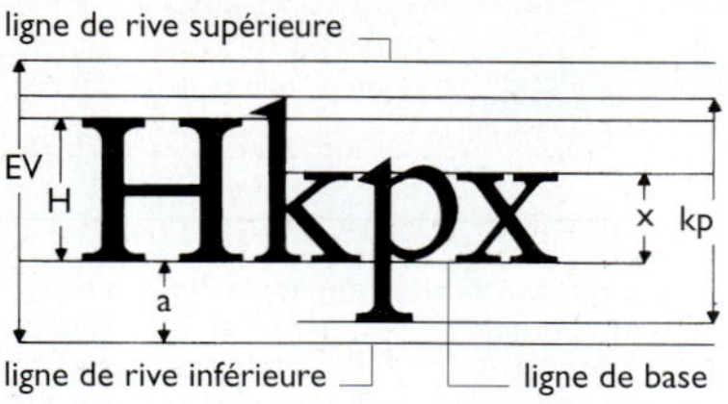

EV : écartement vertical
H : hauteur des majuscules
x : hauteur des minuscules
a : talus
kp : hauteur « kp »

éléments décrivant un caractère

■ **CARACTÈRES** de composition.

CARABINÉ, E adj. *Fam.* Très fort ; intense, violent. *Une fièvre carabinée.*

CARABINIER n.m. **1.** Soldat à cheval ou à pied, armé d'une carabine (XVIIe - XIXe s.). ◇ *Fam. Arriver comme les carabiniers :* arriver trop tard. (Allusion à l'opérette d'Offenbach *les Brigands.*) **2.** En Italie, dénomination des gendarmes *(carabinieri).*

CARABISTOUILLES n.f. pl. Belgique. *Fam.* Bêtises, fariboles.

CARACAL n.m. [pl. *caracals*] (mot esp., du turc *kara kulak,* oreille noire). Lynx d'Afrique et d'Asie du Sud-Ouest, à oreilles noires prolongées par une longue touffe de poils et à robe fauve.

CARACO n.m. **1.** Anc. Corsage droit, à manches et basques, flottant sur la jupe ou cintré, porté autref. par les femmes à la campagne. **2.** Mod. Sous-vêtement féminin droit et court, couvrant le buste, souvent porté avec une culotte assortie.

CARACOLER v.i. (de l'esp. *caracol,* limaçon). **1.** Se mouvoir, évoluer librement, avec vivacité et légèreté. **2.** *Fig.* Occuper une place dominante, sans grand risque d'être concurrencé. *Caracoler en tête du peloton, des sondages.*

CARACTÈRE n.m. (gr. *kharaktêr,* signe gravé). **1.** Manière habituelle de réagir propre à chaque personne ; personnalité. *Il a un caractère très passionné. Caractère flegmatique.* **2.** Aptitude à affirmer sa personnalité ; fermeté, trempe. *Il manque de caractère.* **3.** Ce qui donne à qqch son originalité. *Une construction sans caractère.* **4.** Marque distinctive de qqch ou de qqn ; état ou qualité propre de qqn, de qqch. *Cette lettre a un caractère d'authenticité.* **5.** Chacune des particularités physiques ou biologiques de l'organisme commandées par un ou plusieurs gènes, et dont l'ensemble constitue le phénotype. **6.** Lettre ou signe, ayant un dessin particulier, servant à la composition des textes. *Caractère gras, romain.* **7.** Élément, symbole d'une écriture. *Caractères chinois.* **8.** INFORM. Symbole (lettre, chiffre, etc.) pouvant faire l'objet d'un traitement. – Quantité d'information (6 à 8 bits en général) considérée comme unité d'information à traiter par certains organes d'un ordinateur.

CARACTÉRIEL, ELLE n. et adj. Se dit d'une personne, en partic. d'un enfant, en conflit plus ou moins permanent avec son entourage. ◆ adj. Qui affecte le caractère. *Trouble caractériel.*

CARACTÉRISATION n.f. Action de caractériser ; manière dont qqn ou qqch est défini.

CARACTÉRISÉ, E adj. Qui est nettement marqué ; typique.

CARACTÉRISER v.t. **1.** Définir par un caractère distinctif. **2.** Constituer le caractère essentiel, être le trait dominant de. *L'humour qui te caractérise.* ◆ **se caractériser** v.pr. (par). Avoir pour signe distinctif. *La rougeole se caractérise par une éruption de taches rouges sur la peau.*

1. CARACTÉRISTIQUE adj. Qui caractérise, qui est un des traits dominants. *Un signe caractéristique.*

2. CARACTÉRISTIQUE n.f. **1.** Ce qui constitue la particularité, le caractère distinctif de qqn ou de qqch. *Les caractéristiques d'une nouvelle moto.* **2.** MATH. Partie entière d'un logarithme décimal.

CARACTÉROLOGIE n.f. Étude et classification des types de caractère.

CARACUL n.m. → **KARAKUL.**

CARAFE n.f. (ital. *caraffa,* mot ar.). **1.** Bouteille à base large et à col étroit ; son contenu. *Une carafe en cristal. Une carafe de vin blanc.* **2.** *Fam. Rester en carafe :* attendre vainement. **3.** *Fam.* Tête.

CARAFON n.m. **1.** Petite carafe. **2.** *Fam.* Tête.

CARAÏBE adj. et n. Des Caraïbes.

CARAÏTE adj. et n. → **KARAÏTE.**

CARAMBOLAGE n.m. **1.** Au billard, action de caramboler ; son résultat. **2.** Série de collisions, notamm. entre plusieurs véhicules qui se suivent.

CARAMBOLE n.f. (esp. *carambola,* fruit exotique). **1.** Vx. Au billard, la bille rouge. **2.** Fruit du carambolier, jaune, à côtes saillantes, à pulpe juteuse et acidulée.

CARAMBOLER v.i. Au billard, toucher la bille rouge et la bille de l'adversaire avec sa bille. ◆ v.t. *Fam.* En parlant d'un véhicule automobile, heurter par des chocs désordonnés plusieurs obstacles ou objets, d'autres véhicules. ◇ v.pr. *Plusieurs véhicules se sont carambolés sur l'autoroute.*

CARAMBOLIER n.m. Petit arbre originaire de l'Inde, dont le fruit est la carambole. (Famille des oxalidacées.)

CARAMBOUILLAGE n.m. ou **CARAMBOUILLE** n.f. (esp. *carambola,* tromperie). Escroquerie qui consiste à revendre au comptant une marchandise sans avoir fini de la payer.

CARAMEL n.m. (mot esp.). **1.** Produit résultant de l'action de la chaleur sur du sucre humecté d'eau. **2.** Bonbon fait avec du sucre, un corps gras (crème, lait) et un parfum. ◆ adj. inv. D'une couleur entre le beige et le roux.

CARAMÉLÉ, E adj. **1.** Qui a un goût de caramel. *Une crème caramélée.* **2.** Qui a la couleur ou l'aspect du caramel.

CARAMÉLISATION n.f. Transformation du sucre en caramel sous l'effet de la chaleur.

CARAMÉLISÉ, E adj. Recouvert ou additionné de caramel ; qui a le goût du caramel *Un gâteau caramélisé.*

CARAMÉLISER v.i. Se transformer en caramel, en parlant du sucre. ◆ v.t. Recouvrir de caramel.

CARAPACE n.f. (esp. *carapacho*). **1.** Revêtement squelettique, dur et solide, qui protège le corps de certains animaux (tortues, crustacés, tatous). **2.** *Fig.* Ce qui isole qqn des contacts extérieurs, le met à l'abri des agressions de toutes sortes. **3.** MÉTALL. Moule à paroi mince en sable (additionné de résine thermodurcissable) ou en céramique, utilisé pour couler surtout de petites pièces métalliques avec précision.

CARAPATER (SE) v.pr. (de *se carrer* et *patte*). *Fam.* S'enfuir.

CARAQUE n.f. (ar. *karrāka*). Grand navire à voiles, très élevé sur l'eau, utilisé au Moyen Âge et jusqu'à la fin du XVIe s.

CARASSIN n.m. (all. *Karas,* du tchèque). Poisson d'eau douce voisin de la carpe. (Le carassin doré est aussi appelé *cyprin doré* ou *poisson rouge.*)

CARAT n.m. (ar. *qīrāt,* poids). **1.** Quantité d'or contenue dans un alliage, exprimée en vingt-quatrièmes de la masse totale. (Depuis 1995, en France, l'indication du titre doit s'effectuer exclusivement en millièmes.) ◇ *Fam. Dernier carat :* dernier moment, dernière limite. **2.** *Carat métrique,* ou *carat :* unité de mesure de masse de 2 dg, employée dans le commerce des diamants et des pierres précieuses. **3.** *Fam.* Année d'âge. *Elle a vingt carats à tout casser.*

CARAVAGESQUE ou **CARAVAGISTE** adj. et n. Qui appartient ou se rattache au caravagisme.

CARAVAGISME n.m. Courant pictural issu de l'œuvre du Caravage, caractérisé par son réalisme et, très souvent, par la vigueur des contrastes d'ombre et de lumière.

CARAVANE n.f. (persan *kārawān*). **1.** Remorque de camping aménagée pour plusieurs personnes et tractée par une voiture. **2.** Groupe de voyageurs, de nomades, de marchands qui traversent ensemble un désert, sur des bêtes de somme ou en voiture. **3.** Groupe de personnes qui se déplacent. *Caravane d'alpinistes.*

CARAVANIER, ÈRE n. **1.** Personne qui pratique le caravaning. **2.** Personne conduisant des bêtes de somme dans une caravane, ou faisant partie d'un groupe traversant des régions désertiques.

CARAVANING [karavaniŋ] n.m. (mot angl.). Camping en caravane.

CARAVANSÉRAIL [-vɑ̃-] n.m. (persan *kārawān-sarāy*). Anc. Bâtiments, hôtellerie pour les caravanes, en Orient.

CARAVELLE n.f. (port. *caravela*). Navire rapide et de petit tonnage, gréé de voiles latines (XVe - XVIe s.).

■ **CARAVELLE** (XVe s.).

CARBAMATE n.m. Sel ou ester de l'acide carbamique.

CARBAMIQUE adj. *Acide carbamique :* acide NH_2CO_2H, inconnu à l'état libre, mais isolable par ses sels et ses esters (carbamates).

CARBET n.m. Antilles, Guyane. Petite cabane ou grande case ouverte servant d'abri.

CARBOCATION [-katjɔ̃] n.m. CHIM. ORG. Cation dont la charge positive est portée par un atome de carbone.

CARBOCHIMIE n.f. Chimie industrielle des produits issus de la cokéfaction de la houille à haute température.

CARBONADE n.f. → **CARBONNADE.**

CARBONADO n.m. (mot brésilien, *charbonneux*). Diamant noir utilisé dans les outils de forage des roches.

CARBONARISME n.m. Mouvement politique dont les membres formaient une société secrète qui lutta contre la domination napoléonienne dans le royaume de Naples (1806 - 1815), puis contre les souverains italiens, et qui se développa aussi en France après 1818. SYN. : *charbonnerie.*

CARBONARO n.m. [pl. *carbonaros* ou *carbonari*] (mot ital., *charbonnier*). Partisan du carbonarisme.

CARBONATATION n.f. **1.** Absorption de gaz carbonique par une solution. **2.** Fixation de gaz carbonique par une molécule.

CARBONATE n.m. **1.** Sel ou ester de l'acide carbonique. **2.** Minéral caractérisé par l'ion $(CO_3)^{2-}$, dont les principales variétés sont l'aragonite, la calcite et la dolomite.

CARBONATÉ, E adj. GÉOL. Se dit d'une roche essentiellement formée de carbonate (ex. : calcaire, dolomie).

CARBONATER v.t. Procéder à la carbonatation de.

CARBONE n.m. (lat. *carbo, -onis,* charbon). **1.** Corps simple non métallique, se présentant sous forme cristallisée (diamant, graphite), moléculaire (fullerènes) ou amorphe plus ou moins pure (anthracite, houille, lignite). ◇ *Cycle du carbone :* cycle écologique comprenant l'ensemble des transformations et des combinaisons du carbone. **2.** Élément chimique (C), de numéro atomique 6 et de masse atomique 12,011. ◇ *Carbone 14 (^{14}C ou C14) :* isotope radioactif du carbone prenant naissance dans l'atmosphère et

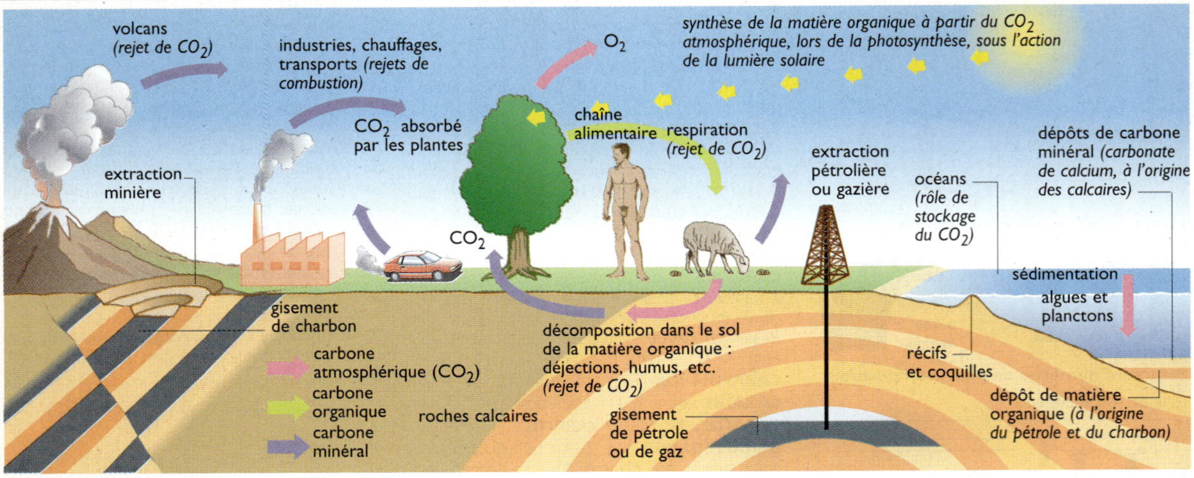

■ **CARBONE.** Cycle du carbone.

permettant la datation d'échantillons d'origine animale ou végétale. SYN. : *radiocarbone.* **3.** *Papier carbone,* ou *carbone :* papier enduit d'une couche pigmentée transférable par pression, utilisé pour obtenir des copies d'un document.
ENCYCL. Le carbone est infusible, bon conducteur de la chaleur et de l'électricité ; il est combustible et réducteur. Il forme de très nombreux composés dits « organiques », dont l'étude et la synthèse constituent la *chimie organique.* Il entre dans la composition de tous les tissus animaux ou végétaux.

CARBONÉ, E adj. Qui contient du carbone. ◇ *Roches carbonées :* roches sédimentaires d'origine organique, essentiellement formées de carbone (charbon, pétrole, etc.).

CARBONIFÈRE n.m. Système du paléozoïque. (Le carbonifère est la période de l'ère primaire, de – 360 à – 295 millions d'années, au cours de laquelle se sont formés les grands dépôts de houille.) ◆ adj. Du carbonifère.

CARBONIQUE adj. *Anhydride* ou *gaz carbonique :* gaz (CO_2) résultant de la combinaison du carbone avec l'oxygène. SYN. : *dioxyde de carbone.*
ENCYCL. Produit notamm. lors de la combustion des matières énergétiques, la fermentation des liquides, la respiration des êtres vivants, etc., le gaz carbonique est incolore, inodore et plus lourd que l'air (d = 1,52). Solidifié (– 78,5 °C), il constitue la neige carbonique. Il est l'un des principaux gaz à effet de serre. Sa concentration croissante dans l'atmosphère fait craindre un réchauffement global de la Terre.

CARBONISAGE n.m. Opération consistant à imprégner la laine d'un acide pour détruire les impuretés végétales qu'elle peut contenir.

CARBONISATION n.f. ÉNERG. Transformation d'un corps en charbon, notamm. par combustion incomplète.

CARBONISER v.t. **1.** ÉNERG. Transformer en charbon par carbonisation. *Carboniser du bois.* **2.** Rôtir une viande à l'excès.

CARBONITRURATION n.f. Procédé thermochimique de cémentation de l'acier par le carbone et l'azote.

CARBONNADE ou **CARBONADE** n.f. (Surtout pl.) Région. (Nord-Est) ; Belgique. Morceaux de bœuf bouillis et cuits à l'étuvée. *Carbonnades flamandes.*

CARBONYLE n.m. *Carbonyle,* ou *radical carbonyle :* radical carboné divalent (—CO—). – *Groupe carbonyle :* groupe C=O caractéristique des cétones et des aldéhydes.

CARBONYLÉ, E adj. Se dit d'un composé qui contient le radical carbonyle.

CARBORANE n.m. Nom générique des composés de bore, de carbone et d'hydrogène. (Leurs molécules ont une forme de cage.)

CARBORUNDUM [karbɔrɔ̃dɔm] n.m. (nom déposé). Carbure de silicium (SiC), utilisé comme abrasif.

CARBOXYHÉMOGLOBINE n.f. Combinaison du monoxyde de carbone avec l'hémoglobine, qui se forme au cours de l'intoxication par le monoxyde de carbone.

CARBOXYLASE n.f. Enzyme qui catalyse la fixation de molécules de gaz carbonique sur divers composés organiques, intervenant dans le métabolisme des glucides et des lipides.

CARBOXYLE n.m. Radical univalent —COOH des acides carboxyliques.

CARBOXYLIQUE adj. *Acide carboxylique :* acide RCOOH qui contient le radical carboxyle.

1. CARBURANT adj.m. (du lat. *carbo,* charbon). Qui contient un hydrocarbure.

2. CARBURANT n.m. **1.** Combustible liquide qui alimente un moteur thermique. **2.** MÉTALL. Produit utilisé pour enrichir en carbone un métal ou un alliage.

CARBURATEUR n.m. Organe d'un moteur à explosion qui réalise le mélange gazeux de carburant et d'air.

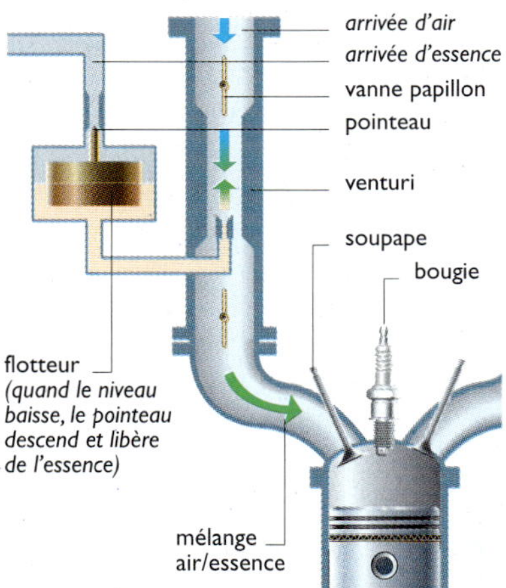

■ CARBURATEUR

CARBURATION n.f. **1.** TECHN. Formation, dans le carburateur, du mélange gazeux combustible. **2.** MÉTALL. Enrichissement en carbone d'un produit métallique.

CARBURE n.m. Combinaison de carbone et d'un autre corps simple. ◇ *Carbure de calcium :* composé (CaC_2), utilisé pour produire de l'acétylène (lampes de mine).

CARBURÉ, E adj. **1.** Qui contient du carbure, du carbone. **2.** Qui résulte du mélange d'air et de carburant. *Mélange carburé.*

CARBURÉACTEUR n.m. AVIAT. Carburant pour moteur à réaction ou turbine à gaz.

CARBURER v.t. **1.** MÉTALL. Enrichir en carbone un métal ou un alliage. **2.** TECHN. Mélanger un carburant à l'air. ◆ v.i. *Fam.* **1.** *Carburer à :* avoir besoin de telle boisson pour travailler, pour vivre. *Elle carbure au café.* **2.** Faire travailler son esprit ; réfléchir. *Carbure un peu, tu trouveras la solution.* **3.** *Ça carbure :* ça va bien, vite, rondement.

CARBUROL n.m. Carburant de substitution produit à partir de charbon, de gaz naturel ou de végétaux.

CARCAILLER ou **COURCAILLER** v.i. (onomat.). Pousser son cri, en parlant de la caille.

CARCAJOU n.m. (mot algonquien). Blaireau d'Amérique du Nord. (Genre *Taxidea ;* famille des mustélidés.)

CARCAN n.m. (lat. *carcanum*). **1.** Anc. Collier de fer qui servait à attacher le criminel au poteau d'exposition. **2.** Ce qui entrave la liberté, qui contraint, asservit. *Le carcan de la discipline, du règlement.*

CARCASSE n.f. **1.** Squelette d'un animal. **2.** BOUCH. Corps d'un animal après abattage, sans les abats ni les issues, destiné à la consommation. – Corps d'une volaille sans les cuisses ni les ailes. *Carcasse de poulet.* **3.** *Fam.* Corps d'une personne. *Sauver sa carcasse.* **4.** Armature de certains objets. *Carcasse d'abat-jour. Pneu à carcasse radiale.*

CARCÉRAL, E, AUX adj. (du lat. *carcer, -eris,* prison). De la prison ; relatif au système pénitentiaire.

CARCINOGÈNE adj. et n.m. Cancérogène.

CARCINOGENÈSE n.f. Cancérogenèse.

CARCINOÏDE adj. et n.m. Se dit d'une variété de tumeur bénigne ou peu maligne atteignant surtout le tube digestif.

CARCINOLOGIE n.f. Cancérologie.

CARCINOMATEUX, EUSE adj. De la nature du carcinome.

CARCINOME n.m. (gr. *karkinôma,* tumeur cancéreuse). Cancer développé à partir d'un tissu épithélial.

CARDAGE n.m. Action de carder ; son résultat.

CARDAMINE n.f. (gr. *kardamon,* cresson). Plante des prés humides à fleurs blanches ou rose pâle, appelée usuellement *cressonnette.* (Famille des crucifères.)

CARDAMOME n.f. (gr. *kardamômon*). Plante d'Asie dont les graines odorantes et de saveur poivrée sont souvent employées, au Proche-Orient, pour parfumer le café. (Famille des zingibéracées.)

CARDAN n.m. (du savant ital. *Cardano*). MÉCAN. INDUSTR. *Joint de cardan,* ou *cardan :* mécanisme permettant à la fois le déplacement angulaire dans toutes les directions de deux arbres dont les axes sont concourants et la transmission du mouvement de rotation de ces arbres. – *Spécial.* En automobile, ce mécanisme, transmettant aux roues motrices et directrices leur mouvement de rotation.

1. CARDE n.f. (provenç. *cardo*). Côte comestible des feuilles de cardon et de bette.

2. CARDE n.f. (picard *carda*). **1.** Tête épineuse de la cardère (ou chardon à foulon), utilisée autref. pour le cardage. **2.** TEXT. **a.** Machine garnie de pointes métalliques pour peigner les matières textiles. **b.** Peigne muni de pointes d'acier pour le cardage à la main.

CARDÉ n.m. **1.** Fil génér. composé de fibres courtes et grossières et n'ayant pas subi l'opération de peignage. **2.** Étoffe réalisée avec du cardé.

CARDER v.t. Peigner, démêler des fibres textiles avec la carde.

CARDÈRE n.f. (lat. *carduus*, chardon). Chardon haut sur tige, commun dans les fossés et les lieux incultes, utilisé autref. dans l'industrie textile et appelé cour. *chardon à foulon.* (Famille des dipsacacées.)

■ **CARDÈRE**

CARDEUR, EUSE n. Ouvrier qui carde.

CARDEUSE n.f. Machine à carder.

CARDIA n.m. (gr. *kardia*, cœur). Orifice supérieur de l'estomac, où se termine l'œsophage.

1. CARDIAL, E, AUX adj. Relatif au cardia.

2. CARDIAL n.m. PRÉHIST. Courant de diffusion du néolithique en Méditerranée (VIIe-Ve millénaire av. notre ère), caractérisé par une poterie décorée par l'impression d'un coquillage, le *cardium.*

CARDIALGIE n.f. Douleur siégeant dans la région du cœur ou du cardia.

CARDIAQUE adj. (gr. *kardiakos*, de *kardia*, cœur). Relatif au cœur. *Nerf cardiaque.* ◆ adj. et n. Atteint d'une maladie chronique du cœur. ◆ n.f. BOT. Agripaume.

CARDIGAN n.m. (mot angl., du comte de *Cardigan*). Veste de tricot sans col, à manches longues, qui se boutonne par-devant.

1. CARDINAL, E, AUX adj. (lat. *cardinalis*, de *cardo, -inis*, pivot). **1.** MATH. Qui exprime la quantité, par oppos. à l'ordre. **2.** *Adjectif numéral cardinal*, ou *cardinal*, n.m. : adjectif qui exprime une quantité précise, le nombre d'éléments d'un ensemble (par oppos. à *ordinal*). **3.** *Points cardinaux* : les quatre points de repère géographiques permettant de s'orienter (nord, est, sud, ouest). **4.** THÉOL. CHRÉT. *Vertus cardinales* : les quatre vertus fondamentales : justice, prudence, tempérance, force.

2. CARDINAL n.m. (pl. *cardinaux*). **1.** MATH. **a.** Nombre des éléments d'un ensemble fini. **b.** Pour un ensemble infini, caractérisation de la multiplicité des éléments. **2.** CATH. Membre du Sacré Collège, électeur et conseiller du pape. ◇ HIST. *Les cardinaux noirs* : les treize cardinaux qui refusèrent d'assister à la bénédiction religieuse du mariage de Napoléon Ier avec Marie-Louise. **3.** Passereau d'Amérique, dont le mâle a un plumage rouge écarlate. (Famille des fringillidés.)

CARDINALAT n.m. CATH. Dignité de cardinal.

CARDINALICE adj. CATH. Relatif aux cardinaux.

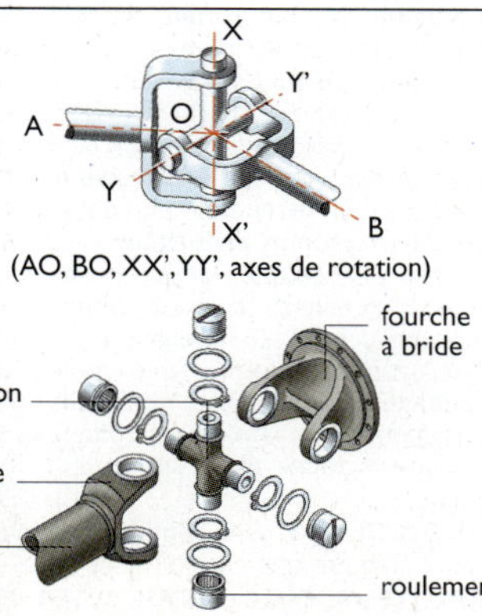

■ **CARDAN.** Transmission à cardan.

CARDIOÏDE n.f. GÉOMÉTR. Courbe en forme de cœur.

CARDIOLOGIE n.f. Spécialité médicale qui traite du cœur et des vaisseaux sanguins, en partic. de leurs maladies.

CARDIOLOGUE n. Médecin spécialiste de cardiologie.

CARDIOMÉGALIE n.f. MÉD. Augmentation de volume du cœur.

CARDIOMYOPATHIE n.f. Myocardiopathie.

CARDIOPATHIE n.f. Toute maladie du cœur.

CARDIO-PULMONAIRE adj. (pl. *cardio-pulmonaires*). Qui concerne le cœur et les poumons.

CARDIOTOMIE n.f. CHIRURG. Ouverture du cœur par incision.

CARDIOTONIQUE adj. et n.m. Se dit d'une substance renforçant les contractions du cœur, en partic. d'un médicament prescrit contre l'insuffisance cardiaque. SYN. : *tonicardiaque.*

CARDIO-TRAINING [-treniŋ] n.m. [pl. *cardio-trainings*] (gr. *kardia*, cœur, et angl. *training*, entraînement). Activité physique, pratiquée en salle sur des appareils électroniques, destinée à entretenir les capacités cardiaques.

CARDIO-VASCULAIRE adj. (pl. *cardio-vasculaires*). Qui concerne le cœur et les vaisseaux. (*L'infarctus du myocarde, l'hypertension artérielle* sont des maladies cardio-vasculaires.)

CARDON n.m. (provenç. *cardoun*). Plante potagère vivace, dont on consomme la base charnue des feuilles (carde) après étiolement. (Genre *Cynara* ; famille des composées.)

CARÊME n.m. (du lat. *quadragesima dies*, le quarantième jour). **1.** CHRIST. Temps de pénitence consacré à la préparation de Pâques et s'étendant du mercredi des Cendres au jeudi saint, soit quarante jours (selon un calcul datant de l'époque où, les dimanches en étant exclus, le carême se prolongeait jusqu'au samedi saint). **2.** CHRIST. Jeûne observé pendant cette période. *Faire carême.* ◇ *Face de carême* : visage pâle, triste et maussade. **3. a.** Antilles. Saison sèche. **b.** Afrique. Jeûne du ramadan.

CARÊME-PRENANT n.m. (pl. *carêmes-prenants*). Vieilli. Les trois jours gras qui précèdent le carême.

1. CARÉNAGE n.m. MAR. Action de caréner un navire ; son résultat.

2. CARÉNAGE n.m. Élément extérieur à la carrosserie d'un véhicule automobile, qui raccorde des surfaces discontinues pour diminuer la résistance de l'air.

CARENCE n.f. (du lat. *carere*, manquer). **1.** ÉCON. Manque de ressources d'un débiteur ; insolvabilité. **2.** Fait pour une personne, une autorité de se dérober devant ses obligations, de manquer à son devoir ; situation qui en résulte. *La carence du pouvoir.* **3. a.** MÉD. Absence ou présence en quantité insuffisante d'une ou de plusieurs substances indispensables à l'organisme (vitamine, oligoélément, etc.). **b.** *Carence affective* : absence ou insuffisance de relations affectives de l'enfant avec sa mère pendant la première enfance. **4.** DR. *Délai de carence* : période légale pendant laquelle une personne, notamm. un assuré social malade, n'est pas indemnisée.

CARENCÉ, E adj. MÉD. Atteint d'une carence.

CARÈNE n.f. (lat. *carina*, coquille de noix). **1.** MAR. Partie immergée de la coque d'un navire comprenant la quille et les œuvres vives. **2.** BOT. Pièce formée par les deux pétales inférieurs soudés, dans la fleur des papilionacées.

CARÉNER v.t. [11]. **1.** Nettoyer, réparer la carène d'un navire. **2.** Donner une forme aérodynamique à une carrosserie ; pourvoir un véhicule d'un carénage.

CARENTIEL, ELLE [-sjɛl] adj. MÉD. Relatif, consécutif à une carence.

CARESSANT, E adj. **1.** Qui manifeste de la tendresse ; câlin, affectueux. **2.** *Fig.* Qui a la douceur d'une caresse. *Une voix caressante.*

CARESSE n.f. Attouchement tendre, affectueux ou sensuel. – *Fig., litt.* Frôlement doux et agréable. *Les caresses de la brise.*

CARESSER v.t. (ital. *carezzare*, chérir). **1.** Faire des caresses à. *Caresser un enfant, ses cheveux.* – *Fig., litt.* Effleurer agréablement. *Un vent chaud qui caresse.* **2.** *Caresser une idée, un rêve, etc.*, en entretenir l'espoir avec complaisance.

1. CARET n.m. (mot des Caraïbes). **1.** Grande tortue répandue dans les mers chaudes et tempérées du globe. (Long. max. 1,30 m ; genre *Caretta.*) SYN. : *caouanne.* **2.** Tortue marine des mers tropicales, chassée pour sa chair et ses écailles. (Long. max. 0,90 m ; genre *Eretmochelys.*)

■ **CARET** : *Eretmochelys.*

2. CARET n.m. (picard *car*, char). Dévidoir utilisé par les cordiers. ◇ *Fil de caret* : fil de fibres naturelles servant à fabriquer les cordages.

CAREX [karɛks] n.m. (mot lat.). Plante monocotylédone des zones humides, à feuilles coupantes et à tige triangulaire, communément appelée *laîche.* (Famille des cypéracées.)

CAR-FERRY n.m. [pl. *car-ferrys* ou *car-ferries*] (mots angl.). Navire qui assure le transport simultané de passagers et de véhicules, motorisés ou non. Recomm. off. : *transbordeur* ou *navire transbordeur.*

CARGAISON n.f. (du provenç. *cargar*, charger). **1.** Ensemble des marchandises transportées par un navire, un avion, un camion, etc. SYN. : *fret.* **2.** *Fam.* Grande quantité.

CARGNEULE n.f. Roche sédimentaire carbonatée d'aspect caverneux, due à la transformation de dolomies par dissolution de la dolomite sous l'action d'eaux sulfatées.

CARGO n.m. (angl. *cargo-boat*, bateau de charge). Navire réservé au transport des marchandises. *(V. ill. page suivante).* ◇ *Cargo mixte* : cargo qui transporte aussi des passagers.

CARGUE n.f. Cordage servant à replier ou à serrer une voile contre la vergue ou le mât.

CARGUER v.t. (provenç. *cargar*, charger). MAR. Replier, serrer une voile autour d'un espar (vergue, bôme, mât) à l'aide de cargues.

CARI n.m. → **CURRY.**

CARIACOU n.m. **1.** Petit cerf d'Amérique du Sud, aux bois courts (12 cm), dont la hauteur au garrot dépasse rarement 60 cm, aussi appelé *mazama rouge.* (Famille des cervidés.) **2.** Cerf de Virginie.

CARIATIDE n.f. → **CARYATIDE.**

CARIBE adj. et n.m. Se dit d'une famille linguistique amérindienne représentée dans tout le nord de l'Amérique latine et qui regroupe des langues issues ou parentes de celle des anciens Carib, ou Caraïbes.

CARIBÉEN, ENNE adj. et n. De la Caraïbe.

CARIBOU n.m. (mot algonquien). **1.** Renne du Canada. **2.** Québec. Boisson traditionnelle faite d'un mélange de vin et d'alcool.

CARICATURAL, E, AUX adj. **1.** Qui tient de la caricature ; burlesque. **2.** Qui déforme la réalité en exagérant certaines caractéristiques ; outré.

CARICATURE n.f. (ital. *caricatura*, du lat. *caricare*, charger). **1.** Dessin, peinture, etc., donnant de qqn, de qqch une image déformée de façon significative, outrée, burlesque. **2.** Description

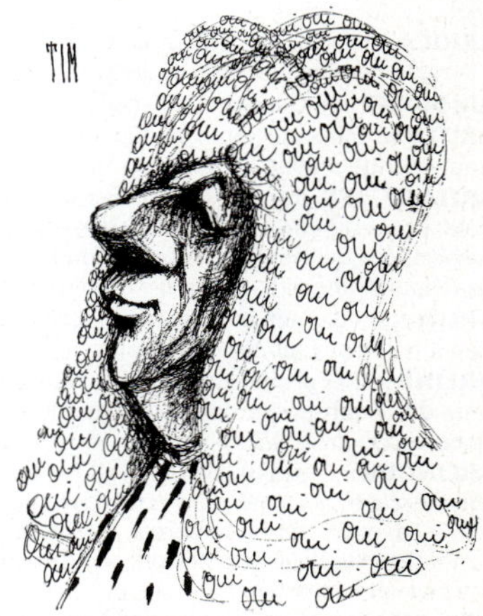

■ **CARICATURE** de De Gaulle par Tim (Louis Mitelberg), à l'occasion du référendum de 1969.

C

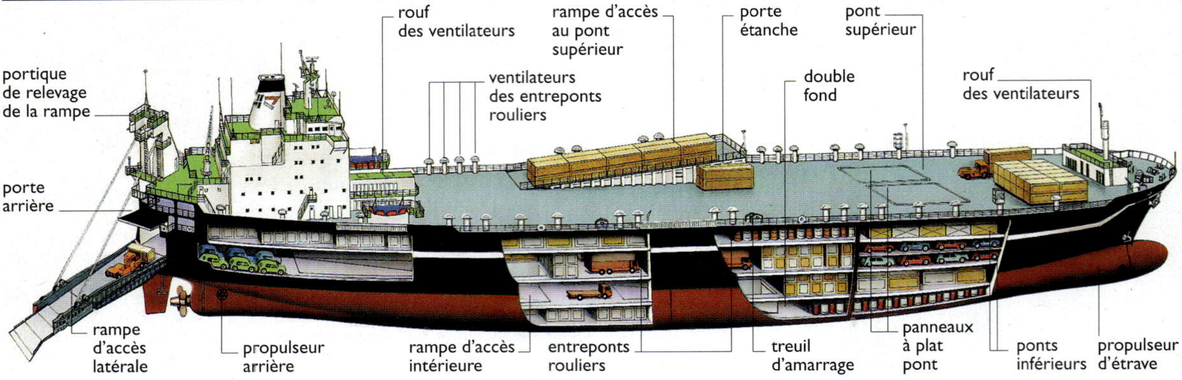

■ **CARGO.** Coupe d'un cargo roulier porte-conteneurs.

comique ou satirique d'une personne, d'une société ; satire. **3.** Représentation infidèle d'une réalité. **4.** Personne laide, ridicule.

CARICATURER v.t. Faire une caricature graphique, plastique ou mimée de qqn, qqch.

CARICATURISTE n. Dessinateur, imitateur qui fait des caricatures.

CARIE n.f. (lat. *caries,* pourriture). **1.** *Carie dentaire :* maladie dentaire due à la destruction progressive de l'émail et de la dentine, aboutissant à la formation d'une cavité grandissante. **2.** Maladie cryptogamique des plantes, notamm. du blé, dont elle attaque le grain.

CARIÉ, E adj. Se dit d'une dent attaquée par la carie.

CARIER v.t. [5]. Gâter par l'effet d'une carie. ◆ **se carier** v.pr. Être attaqué par une carie.

CARILLON n.m. (lat. *quaternio,* groupe de quatre objets). **1.** Série de cloches fixes, frappées de l'extérieur, disposées de manière à fournir une ou plusieurs gammes permettant l'exécution de mélodies. **2.** Sonnerie de cloches, vive et gaie, du carillon. **3.** Horloge sonnant les quarts et les demies, et faisant entendre un air pour marquer les heures. **4.** *Carillon électrique :* sonnerie électrique à deux ou plusieurs tons.

CARILLONNÉ, E adj. *Fête carillonnée :* fête solennelle, annoncée par des carillons.

CARILLONNEMENT n.m. Action de carillonner ; son, mélodie produits par un carillon.

CARILLONNER v.i. **1.** Sonner en carillon. *Les cloches carillonnaient.* **2.** *Fam.* Agiter fortement, longuement une clochette ou appuyer longuement sur une sonnette. *Carillonner à une porte.* ◆ v.t. **1.** Annoncer par un carillon, une sonnerie de cloches. *Carillonner une fête.* **2.** Faire savoir à grand bruit. *Carillonner une nouvelle.*

CARILLONNEUR, EUSE n. Personne chargée du service d'un carillon.

CARINATE n.m. (lat. *carina,* carène). Oiseau dont le sternum est muni d'un bréchet. (Les carinates forment une sous-classe regroupant l'ensemble des oiseaux, manchots et ratites mis à part.)

CARIOCA adj. et n. (de *Carioca,* n. d'une rivière de la région de Rio). De Rio de Janeiro.

CARIOGÈNE adj. Qui favorise la carie dentaire.

CARISTE n. Personne qui conduit un chariot automoteur de manutention.

CARITATIF, IVE adj. (du lat. *caritas,* charité). Relatif à la vertu chrétienne de charité. – Se dit d'associations qui ont pour objet de fournir aux plus démunis une aide matérielle ou morale.

CARLIN n.m. (de l'acteur *Carlo Bertinazzi*). Petit chien à poil ras et au museau aplati.

CARLINE n.f. (provenç. *carlino,* chardon). Plante des lieux secs et des dunes, aux feuilles épineuses. (Famille des composées.)

CARLINGUE n.f. (scand. *kerling*). **1.** Pièce longitudinale placée au fond d'un navire, parallèlement à la quille, pour renforcer la structure. **2.** Partie du fuselage d'un avion occupée par l'équipage et les passagers.

CARLISME n.m. Doctrine et mouvement politique des partisans de don *Carlos (Charles de Bourbon) et de ses descendants, qui tentèrent de s'emparer du trône d'Espagne lors de trois guerres : 1833 - 1839, 1846 - 1849, 1872 - 1876. (Essentiellement traditionaliste, le carlisme représente encore en Espagne une sensibilité politique.)

CARLISTE adj. et n. Relatif au carlisme ; qui en est partisan.

CARMAGNOLE n.f. (de *Carmagnola,* ville italienne). **1.** Veste courte portée pendant la Révolution. **2.** *La Carmagnole : v. partie n.pr.*

CARME n.m. (du mont *Carmel,* en Palestine). Religieux de l'ordre du Carmel, ordre contemplatif institué en Syrie au XIIe s., rangé au XIIIe s. parmi les ordres mendiants. (On distingue les *carmes chaussés,* fidèles aux règles d'origine, des *carmes déchaux,* ou *déchaussés* [pieds nus dans des sandales], adeptes de la réforme instaurée par saint Jean de la Croix, en 1564.)

CARMÉLITE n.f. (de *Carmel*). Religieuse de la branche féminine de l'ordre du Carmel, demeurée contemplative. (Les *carmélites déchaussées* suivent la réforme instituée par sainte Thérèse d'Ávila.)

CARMIN n.m. (ar. *qirmiz*). Matière colorante d'un rouge légèrement violacé, tirée autref. de la femelle de la cochenille ; la couleur correspondante. ◆ adj. inv. De la couleur du carmin.

CARMINÉ, E adj. Qui tire sur le carmin. *Un rose carminé.*

CARNAGE n.m. (du lat. *caro, carnis,* chair). Massacre sanglant de nombreuses personnes ; tuerie de nombreux animaux.

CARNASSIER, ÈRE adj. (mot provenç., du lat. *caro, carnis,* chair). **1.** Se dit d'un animal qui se nourrit exclusivement de proies animales vivantes. **2.** Qui caractérise le mode d'alimentation des animaux carnassiers. ◇ ZOOL. *Dent carnassière,* ou *carnassière,* n.f. : grosse dent coupante des carnivores (4e prémolaire supérieure et 1re molaire inférieure). **3.** Qui aime la viande.

CARNASSIÈRE n.f. (provenç. *carnassiero*). **1.** CHASSE. Sac pour mettre le gibier. **2.** ZOOL. Dent carnassière.

CARNATION n.f. Teint, coloration de la peau.

CARNAVAL n.m. [pl. *carnavals*] (ital. *carnevale,* mardi gras). **1.** Temps de réjouissances profanes, depuis l'Épiphanie jusqu'au mercredi des Cendres. **2.** Réjouissances auxquelles on se livre pendant le carnaval (bals, cortèges, mascarades). **3.** (Avec une majuscule.) Mannequin grotesque personnifiant le carnaval, enterré ou brûlé le mercredi des Cendres. *Sa Majesté Carnaval. Brûler Carnaval.*

CARNAVALESQUE adj. Qui relève du carnaval, qui l'évoque ; grotesque, extravagant.

CARNE n.f. (mot normand, *charogne*). *Fam.* **1.** Viande dure. **2.** Vx. Vieux cheval.

CARNÉ, E adj. (du lat. *caro, carnis,* chair). **1.** Qui est d'une couleur chair. *Œillet carné.* **2.** Qui se compose surtout de viande. *Alimentation carnée.*

CARNEAU n.m. (anc. forme de *créneau*). Ouverture pratiquée dans la voûte d'un four pour le passage des flammes.

CARNET n.m. (bas lat. *quaternio,* groupe de quatre). **1.** Petit cahier de poche servant à inscrire des notes, des comptes, des adresses, etc. **2.** Assemblage d'imprimés, de tickets, de timbres, de billets, etc., détachables. *Carnet de chèques.* **3.** *Carnet de commandes :* ensemble des commandes reçues par une entreprise. **4.** Suisse. *Carnet d'épargne :* livret d'épargne.

CARNIER n.m. (mot provenç., du lat. *caro, carnis,* chair). CHASSE. Petite carnassière.

CARNIVORE adj. et n. (lat. *caro, carnis,* chair, et *vorare,* dévorer). **1.** Qui se nourrit de chair. **2.** Qui aime la viande. ◆ n.m. Mammifère terrestre muni de griffes, de fortes canines (crocs) et de molaires tranchantes (carnassières) adaptées à un régime surtout carné, tel que le loup, l'ours, l'hyène, le blaireau, le lion, etc. (Les carnivores forment un ordre.)

CARNOTZET ou **CARNOTSET** [karnɔtzɛ] n.m. Suisse. Local aménagé pour boire entre amis, situé génér. dans une cave.

CAROLINGIEN, ENNE adj. Relatif aux Carolingiens, à leur dynastie. *La Renaissance carolingienne.*

CAROMS [karɔm] n.m. Jeu de tir consistant à envoyer des pions dans l'un des quatre trous d'un plateau carré, à l'aide d'un palet.

CARONADE n.f. (de *Carron,* v. d'Écosse). Canon gros et court, tirant à mitraille (XVIIIe et XIXe s.).

CARONCULE n.f. (lat. *caruncula*). **1.** ANAT. Excroissance charnue. ◇ *Caroncule lacrymale,* située à l'angle interne des paupières. **2.** Excroissance charnue, rouge, ornant la tête et le cou de certains animaux (dindon, coq, pigeon, casoar).

CAROTÈNE n.m. Pigment orangé du groupe des caroténoïdes, abondant chez les végétaux (carotte) et les animaux. (Le bêta-carotène, présent dans de nombreux végétaux alimentaires, a des propriétés d'antioxydant et d'immunostimulant. Il est utilisé par les cellules ou converti en vitamine A.)

CAROTÉNOÏDE adj. et n.m. Se dit de chacun des pigments colorés (du jaune au rouge) qui abondent chez les végétaux et les animaux herbivores. (Les caroténoïdes sont utilisés comme colorants alimentaires et peuvent être transformés en vitamine A par l'organisme.)

CAROTIDE adj. (gr. *karôtides,* de *karoun,* assoupir). ANAT. *Artère carotide,* ou *carotide,* n.f. : artère latérale du cou conduisant le sang du cœur à la tête.

CAROTIDIEN, ENNE adj. Relatif à la carotide.

CAROTTAGE n.m. **1.** Extraction de carottes de terrain. **2.** *Fam.* Petite escroquerie.

CAROTTE n.f. (lat. *carota,* du gr.). **1.** Plante bisannuelle cultivée pour sa racine pivotante comestible. (Genre *Daucus ;* famille des ombellifères.) **2.** Racine de la carotte, que l'on consomme crue ou cuite. ◇ Suisse. *Carotte rouge :* betterave rouge. – *Fam. Les carottes sont cuites :* le dénouement, le plus souvent fâcheux ou fatal, est proche, inéluctable. – *La carotte et le bâton :* l'alternance de promesses et de menaces. **3.** Feuille de tabac à chiquer roulée en forme de carotte. – Enseigne des bureaux de tabac, évoquant la forme d'une carotte à chiquer. **4.** Échantillon cylindrique de terrain prélevé en profondeur au moyen d'un carottier. ◆ adj. inv. De couleur rouge tirant sur le roux. *Cheveux carotte.*

CAROTTER v.t. **1.** *Fam.* Soutirer qqch à qqn par ruse. **2.** Extraire une carotte de terrain.

CAROTTEUR, EUSE ou **CAROTTIER, ÈRE** adj. et n. *Fam.* Qui carotte, commet de petites escroqueries.

■ CAROTTE

CAROTTIER n.m. Outil placé à l'extrémité d'une tige de forage et destiné à prélever des échantillons du sous-sol appelés *carottes.*

CAROUBE ou **CAROUGE** n.f. (ar. *kharrūba*). Fruit du caroubier, gousse à pulpe sucrée, d'usage alimentaire.

CAROUBIER n.m. Grand arbre méditerranéen à feuilles persistantes. (Haut. max. 12 m ; genre *Ceratonia,* famille des césalpiniacées.)

CARPACCIO [karpatʃjo] n.m. (de *Carpaccio,* n.pr.). Viande de bœuf crue, coupée en fines lamelles nappées d'huile d'olive et de citron ; ce type de préparation avec du poisson cru. *Carpaccio de thon.*

CARPATIQUE adj. Des Carpates.

1. **CARPE** n.f. (lat. *carpa*). Poisson des rivières et des étangs d'Europe et d'Asie, élevé pour sa chair et dont certaines variétés (*carpe cuir, carpe miroir* et *carpe koi,* ou *carpe chinoise*) sont appréciées des aquariophiles. (Long. max. 80 cm ; famille des cyprinidés.) ◇ *Muet comme une carpe :* totalement muet.

■ CARPE

2. **CARPE** n.m. (gr. *karpos,* jointure). ANAT. Ensemble des os du poignet.

CARPEAU n.m. Carpillon.

CARPELLE n.m. (gr. *karpos,* fruit). BOT. Pièce florale portant les ovules et formant, seule ou soudée à d'autres, le pistil des fleurs.

CARPETBAGGER [karpɛtbagœr] n.m. (mot anglo-amér., de *carpetbag,* sac de voyage). HIST. Sobriquet donné par les sudistes aux aventuriers nordistes venus s'installer dans les États du Sud après la guerre de Sécession.

CARPETTE n.f. (angl. *carpet,* de l'anc. fr.). 1. Petit tapis, souvent rectangulaire. *Carpette servant de descente de lit.* 2. *Fam.* Personne servile.

CARPICULTURE n.f. Élevage de la carpe.

CARPIEN, ENNE adj. ANAT. Du carpe. ◇ *Canal carpien :* anneau situé devant le carpe, fermé en avant par un ligament et contenant des tendons et le nerf médian.

CARPILLON n.m. Très jeune carpe. SYN. : *carpeau.*

CARPOCAPSE n.f. (gr. *karpos,* fruit, et *kaptein,* cacher). Papillon, appelé aussi *pyrale des pommes,* dont la chenille, ou *ver des fruits,* se développe dans les pommes et les poires.

CARPOPHORE n.m. Organe massif et sporifère des champignons basidiomycètes, formé génér. d'un chapeau et d'un pied. SYN. (abusif) : *champignon.*

CARQUOIS n.m. (bas lat. *tarcasius,* mot persan). Étui à flèches.

CARRARE n.m. Marbre blanc extrait à Carrare.

CARRE n.f. (de *carrer*). 1. CORDONN. Arête formée par la surface d'une pièce avec sa tranche latérale. 2. Épaisseur d'un objet plat coupé à angle droit. *La carre d'une planche.* 3. Baguette d'acier bordant la semelle d'un ski. 4. Tranchant de l'arête d'un patin à glace. 5. Région. (Savoie) ; Suisse. Violente averse, souvent de courte durée.

1. **CARRÉ, E** adj. (lat. *quadratus*). 1. Qui a la forme d'un carré. 2. a. *Mètre, kilomètre, etc., carré :* aire égale à celle d'un carré dont le côté a un mètre, un kilomètre, etc. b. ALGÈBRE. *Racine carrée d'un nombre* → **racine.** 3. a. Dont les dimensions approchent, rappellent celles d'un carré ; quadrangulaire. *Tour carrée.* b. MAR. *Voile carrée,* rectangulaire, enverguée horizontalement. – *Mât carré,* qui porte ces voiles. – *Trois-mâts carré,* gréé de voiles carrées. 4. Large, aux angles bien marqués. *Épaules carrées.* 5. Qui exprime un avis avec détermination et franchise. *Être carré en affaires.* ◇ *Tête carrée :* personne de jugement solide, ou, *péjor.,* personne obstinée, têtue.

2. **CARRÉ** n.m. 1. Quadrilatère plan dont les quatre côtés ont même longueur et dont les angles sont droits. 2. ARITHM. *Carré d'un nombre :* produit de deux facteurs égaux à ce nombre. – *Carré parfait :* nombre entier qui est le carré d'un entier. 3. Pièce servant de salon, de salle à manger aux officiers d'un navire. 4. MIL. Formation d'une troupe faisant front des quatre faces. 5. Réunion de quatre cartes à jouer de même valeur. *Carré d'as.* 6. COIFF. *Coupe au carré,* ou *carré :* coupe qui consiste à égaliser les cheveux à leur extrémité. 7. *Arg. scol.* Élève (non redoublant) de deuxième année d'une classe préparatoire aux grandes écoles.

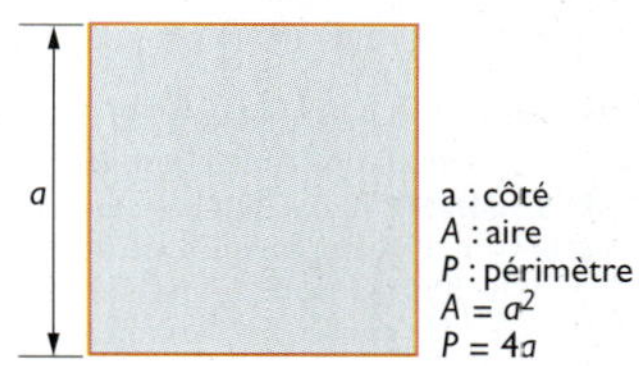

■ CARRÉ

CARREAU n.m. (lat. *quadrus,* carré). 1. Petite plaque, génér. carrée, de céramique, de marbre, etc., utilisée en assemblage pour le pavage des sols, le revêtement des murs ; panneresse. 2. a. Sol pavé de carreaux. ◇ *Fam. Sur le carreau :* à terre, assommé ou tué ; éliminé. b. Anc. *Carreau des Halles :* endroit des Halles de Paris où l'on vendait les fruits et les légumes. c. Terrain regroupant l'ensemble des installations de surface d'une mine. 3. Suisse. Carré de jardin. 4. Plaque de verre garnissant une fenêtre, une porte ; vitre. 5. Anc. Coussin carré. – BROD. Métier de dentellière, constitué par un coussin pouvant affecter diverses formes. 6. Gros fer à repasser de tailleur. 7. Grosse flèche d'arbalète munie d'un fer à quatre faces. 8. Dessin de forme carrée faisant partie d'un quadrillage. *Étoffe à carreaux.* ◇ *Mettre au carreau :* tracer sur un modèle (dessin, carton) un quadrillage qui permettra de le reproduire à une échelle différente. 9. Une des quatre couleurs du jeu de cartes, dont la marque est un losange rouge ; carte de cette couleur. ◇ *Fam. Se tenir à carreau :* être sur ses gardes.

CARRÉE n.f. *Fam.* Chambre.

CARREFOUR [karfur] n.m. (bas lat. *quadrifurcus*). 1. Lieu où se croisent plusieurs routes ou rues. 2. Situation dans laquelle on a le choix entre diverses perspectives. 3. Rencontre organisée en vue d'une confrontation d'idées.

CARRELAGE n.m. Action de carreler ; pavage ou revêtement de carreaux.

CARRELER [karle] v.t. [16]. 1. Revêtir de carreaux. *Carreler un sol, un mur.* 2. Quadriller une surface pour réaliser un dessin.

CARRELET [karlɛ] n.m. 1. Plie. 2. Filet de pêche carré monté sur deux cerceaux croisés suspendus à une perche. SYN. : *ableret.* 3. Grosse aiguille de bourrelier à pointe coupante quadrangulaire. 4. Suisse. Morceau d'un aliment coupé en petits cubes. *Carrelets de lard.*

CARRELEUR n.m. Ouvrier qui pose des carrelages.

CARRÉMENT adv. 1. Sans détour, franchement. *Elle le lui a dit carrément.* 2. *Fam.* Complètement. *C'est carrément nul !*

CARRER (SE) v.pr. S'installer confortablement. *Se carrer dans un fauteuil.*

CARRICK n.m. (angl. *curricle,* du lat. *curriculum,* char de course). Redingote ou manteau à plusieurs collets, à la mode au XIXe s.

CARRIER n.m. Personne qui travaille dans une carrière.

1. **CARRIÈRE** n.f. (du lat. *carrus,* char). 1. Grand manège d'équitation en terrain découvert. ◇ *Litt. Donner carrière à :* donner libre cours à. 2. Profession présentant des étapes, des degrés successifs. *Suivre une carrière.* ◇ *Faire carrière :* gravir les échelons d'une hiérarchie. – *La Carrière :* la diplomatie.

2. **CARRIÈRE** n.f. (du lat. *quadrus,* carré). MIN. Exploitation, souvent à ciel ouvert, de matériaux destinés à la construction. (Les carrières sont à ciel ouvert ou souterraines. Dans le Code minier français, c'est la nature des matériaux exploités qui distingue les *mines* [substances minérales autres que les matériaux de construction] des *carrières.*)

CARRIÉRISME n.m. *Péjor.* Comportement, état d'esprit d'un carriériste.

CARRIÉRISTE n. *Péjor.* Personne qui mène une carrière seulement par ambition personnelle, souvent sans s'embarrasser de scrupules.

CARRIOLE n.f. (mot provenç., du lat. *carrus,* char). 1. Véhicule à deux roues, muni de brancards, parfois recouvert d'une bâche. 2. Québec. Traîneau hippomobile sur patins bas.

CARRON n.m. Suisse. Grosse brique en terre cuite ou en ciment.

CARROSSABLE adj. Se dit d'un lieu où les véhicules peuvent circuler. *Chemin carrossable.*

CARROSSAGE n.m. 1. Action de carrosser un véhicule ; son résultat. 2. Angle que fait l'axe de la fusée d'une roue avec le plan horizontal de la route.

CARROSSE n.m. (ital. *carrozza*). Véhicule hippomobile de grand luxe, à quatre roues, fermé et suspendu. ◇ *La cinquième roue du carrosse :* personne peu utile dans un groupe ou considérée comme telle.

CARROSSER v.t. Munir d'une carrosserie. – Dessiner la carrosserie de.

CARROSSERIE n.f. 1. Habillage du mécanisme roulant d'un véhicule, reposant sur les roues par l'intermédiaire de la suspension. 2. Habillage d'un appareil ménager (réfrigérateur, lave-vaisselle, etc.). 3. Industrie, technique du carrossier. *(V. ill. page suivante).*

CARROSSIER n.m. 1. Professionnel spécialisé dans la tôlerie automobile, qui répare les voitures accidentées. 2. Concepteur, dessinateur de carrosseries automobiles.

CARROUSEL [karuzɛl] n.m. (ital. *carosello*). 1. Parade au cours de laquelle les cavaliers exécutent des figures convenues ; lieu où se tient cette parade. 2. *Fig.* Circulation intense ; succession rapide. 3. Belgique, Suisse. Manège forain.

CARROYAGE n.m. CARTOGR. Quadrillage d'une carte, facilitant le repérage des lieux par un index.

CARROYER [karwaje] v.t. [7]. Appliquer un carroyage sur une carte.

CARRURE n.f. (de *carrer*). 1. Largeur du dos d'une épaule à l'autre. *Homme de forte carrure.* 2. Largeur d'un vêtement entre les épaules. 3. Forte personnalité de qqn ; envergure. *Femme d'une carrure exceptionnelle.*

CARRY n.m. → **CURRY.**

CARTABLE n.m. Sac à plusieurs compartiments pour porter des livres, des cahiers, etc.

CARTE n.f. (lat. *charta,* papier). 1. Feuille de carton mince, plus ou moins flexible, destinée à divers usages. *Carte d'invitation. Carte de boutons.*

■ **CARROSSERIES** d'automobiles.

◇ *Carte postale,* ou *carte :* photo, dessin imprimé sur une carte souple et rectangulaire et dont le verso est destiné à la correspondance ainsi qu'à l'adresse et à l'affranchissement. – *Carte de visite :* petit rectangle de bristol sur lequel sont imprimés ou gravés le nom de qqn ou la raison sociale d'une entreprise, l'adresse, etc. **2.** INFORM. *Carte perforée :* carte sur laquelle des perforations codaient des informations à traiter, en mécanographie. – *Carte à mémoire :* carte en plastique, de format normalisé disposant d'un système de mémorisation des données. *Carte bancaire, carte de téléphone.* (Les *cartes magnétiques,* dotées de pistes magnétiques, sont aujourd'hui remplacées pour des raisons de sécurité par des *cartes à puce,* dotées d'un microprocesseur.) **3.** Petit carton fin et rectangulaire, portant sur une face une figure de couleur, avec lequel on joue à divers jeux. *Jouer aux cartes.* ◇ *Brouiller des cartes,* les battre avant de les donner. – *Brouiller les cartes :* compliquer une situation, semer la confusion. – *Mettre, jouer cartes sur table :* agir à découvert, sans rien dissimuler. – *Carte forcée :* obligation à laquelle on ne peut échapper. – *Jouer sa dernière carte :* mettre en œuvre le dernier moyen dont on dispose. – *Le dessous des cartes :* ce qu'on dissimule d'une affaire, d'un événement, etc. – *Jouer la carte de :* essayer qqch parmi plusieurs possibilités offertes. *Jouer la carte de la compréhension.* **4.** Document, imprimé prouvant l'identité de qqn ou permettant d'exercer certains droits, de bénéficier de certains avantages, etc. *Carte électorale, carte de séjour. Carte d'abonnement, de priorité.* ◇ *Carte grise :* certificat d'immatriculation d'un véhicule automobile, délivré, en France, par la préfecture du domicile du titulaire. – *Donner, laisser carte blanche à qqn,* lui accorder l'autorisation, le pouvoir d'agir à sa guise. **5.** Liste des plats dans un restaurant. ◇ *Repas à la carte,* dont les plats sont choisis librement sur la carte (par oppos. à *menu*). – *À la carte :* selon un libre choix. *Horaires à la carte.* **6.** Représentation conventionnelle, génér. plane, de la répartition dans l'espace de phénomènes concrets ou abstraits. *Carte géographique, géologique.* **7.** GÉNÉT. *Carte génique :* description de la localisation des gènes connus sur les chromosomes d'une espèce et de leur distance les uns par rapport aux autres. **8.** INFORM. Support de montage de circuits électroniques pouvant être inséré dans un micro-ordinateur pour en étendre les capacités dans un domaine donné (numérisation et restitution du son ou des images, télécommunications, etc.). *Carte graphique, carte d'*extension mémoire.* ◇ *Carte mère :* carte qui regroupe les principaux circuits d'un micro-ordinateur ainsi que les connecteurs d'extension et les interfaces pour les périphériques.

CARTEL n.m. (ital. *cartello,* affiche). **1. a.** Entente réalisée entre des entreprises indépendantes d'une même branche industrielle afin de limiter ou de supprimer la concurrence par des accords et une réglementation commune. **b.** Entente réalisée entre des groupements professionnels, syndicaux, politiques, etc., en vue d'une action commune. *Le *Cartel des gauches.* **c.** Entente locale ou régionale de narcotrafiquants. **2.** Plaquette, étiquette sur le cadre d'un tableau, le socle d'une sculpture, portant une inscription qui identifie l'œuvre. **3.** Pendule murale, portée ou non par un socle en cul-de-lampe. (Apparu au XVIIe s., le cartel est de forme chantournée à l'époque Louis XV.)

CARTE-LETTRE n.f. (pl. *cartes-lettres*). Carte mince, pliée en deux, se fermant par des bords gommés, tarifée comme une lettre.

CARTELLISATION n.f. Regroupement d'entreprises en cartel.

CARTELLISER v.t. Organiser des entreprises en cartel.

1. CARTER [kartɛr] n.m. (mot angl., de *Carter,* n. de l'inventeur). Enveloppe protectrice des organes d'un mécanisme ou contenant un fluide. *Carter d'huile. Carter-cylindre.*

2. CARTER v.t. Rare. Présenter qqch sur, autour d'une carte. *Carter du fil.* (On dit plutôt *encarter.*)

CARTE-RÉPONSE n.f. (pl. *cartes-réponse[s]*). Carte, imprimé à remplir pour répondre à un questionnaire, à une demande de renseignements, etc.

CARTERIE n.f. (nom déposé). Établissement, comptoir qui vend des cartes postales.

CARTÉSIANISME n.m. (de *Cartesius,* n. lat. de Descartes). **1.** Philosophie de Descartes. **2.** Tendance, pour un philosophe, une philosophie, à se réclamer de la pensée de Descartes ou à y être rattaché.

ENCYCL. Le cartésianisme ne saurait être assimilé à une école : mis à part ses continuateurs immédiats et plus ou moins fidèles (Cordemoy, La Forge, Regius, Geulincx, etc.), Descartes a surtout influencé des penseurs par ailleurs profondément originaux comme Malebranche, Leibniz ou Spinoza.

CARTÉSIEN, ENNE adj. et n. Relatif à la philosophie de Descartes ; qui en est partisan. ◆ adj. **1.** Méthodique et rationnel. *Esprit cartésien.* **2.** ALGÈBRE. *Produit cartésien de deux ensembles* E *et* F : ensemble, noté E × F, des couples (x, y) où $x \in E$ et $y \in F$. – *Repère cartésien :* triplet $(O, \vec{i}, \vec{j})$ ou quadruplet $(O, \vec{i}, \vec{j}, \vec{k})$ formé d'un point O et d'une base $(\vec{i}, \vec{j})$ ou $(\vec{i}, \vec{j}, \vec{k})$ de vecteurs du plan ou de l'espace. – *Coordonnées cartésiennes d'un point :* composantes, dans la base de vecteurs du repère utilisé, du vecteur ayant pour origine l'origine du repère et pour extrémité le point donné.

CARTHAGINOIS, E adj. et n. De Carthage.

CARTILAGE n.m. (lat. *cartilago*). Constituant des os, qui représente avant la naissance la quasi-totalité du squelette et qui subsiste en petite quantité chez l'adulte, en partic. aux articulations.

CARTILAGINEUX, EUSE adj. De la nature du cartilage. ◇ *Poisson cartilagineux :* chondrichtyen.

CARTISANE n.f. En passementerie, pièce de matière rigide recouverte de fils de soie, d'or, etc., et formant relief dans un tissu.

CARTOGRAPHE n. Spécialiste de cartographie.

CARTOGRAPHIE n.f. **1.** Ensemble des opérations de conception, d'élaboration, de dessin et d'édition des cartes. ◇ *Cartographie automatique :* cartographie assistée par ordinateur, à partir d'un fonds conventionnel numérisé ou d'une base de données. **2.** Représentation d'un phénomène par une carte. ◇ *Cartographie du génome :* ensemble des opérations de localisation et d'isolement des gènes contenus dans l'ADN des chromosomes.

CARTOGRAPHIER v.t. [5]. Dresser la carte d'un pays, d'une région.

CARTOGRAPHIQUE adj. Relatif à la cartographie.

CARTOMANCIE n.f. (du gr. *manteia,* divination). Divination par les cartes à jouer, notamm. par celles du tarot.

CARTOMANCIEN, ENNE n. Personne qui exerce la cartomancie.

CARTON n.m. (ital. *cartone*). **1.** Papier composé de plusieurs couches de matières fibreuses, dont la masse au mètre carré est supérieure à 224 g, et plus rigide que le papier. ◇ *Carton ondulé,* constitué d'un papier cannelé contrecollé sur une ou deux faces avec un papier de couverture. **2.** Emballage fabriqué dans cette matière. *Carton à chaussures.* ◇ *Carton à dessin :* grand portefeuille pour ranger des dessins, des gravures, etc. – *Dans les cartons :* en projet. **3. a.** Modèle à grandeur d'exécution d'une fresque, d'une tapisserie, d'un vitrail, etc., exécuté sur papier, carton ou toile. **b.** Cible pour le tir d'entraînement. ◇ *Fam. Faire un carton :* tirer sur qqn et l'atteindre ; *fig.,* remporter un succès éclatant. **c.** Petite carte complémentaire d'une carte principale, à une échelle différente. **4.** Au football, carte brandie par l'arbitre pour signifier à un joueur qu'il est sanctionné par un avertissement *(carton jaune)* ou par une expulsion *(carton rouge)* ; ces sanctions. – Dans différents sports, score d'un match où une équipe a écrasé l'autre. *Réaliser un carton.* ◇ *Fam. Prendre, ramasser un carton :* subir une défaite sévère, un échec. **5.** CINÉMA. Intertitre.

CARTON-FEUTRE n.m. (pl. *cartons-feutres*). Carton à base de déchets textiles, de texture lâche, et qui, après imprégnation de goudron, sert pour l'isolation et l'étanchéité des toitures légères.

CARTONNAGE n.m. **1.** Fabrication des objets en carton. **2.** Boîte, emballage en carton. **3.** Procédé de reliure dans lequel la couverture, formée de papier ou de carton, est ensuite reliée au corps d'ouvrage par emboîtage.

CARTONNER v.t. Relier un ouvrage par cartonnage. ◆ v.i. *Fam.* Obtenir un vif succès.

CARTONNERIE n.f. **1.** Fabrique de carton. **2.** Fabrication, commerce du carton.

CARTONNEUX, EUSE adj. Qui a la consistance, l'aspect du carton.

1. CARTONNIER, ÈRE n. Personne qui fabrique ou vend du carton, des objets en carton. ◆ adj. *Peintre cartonnier,* spécialisé dans la production de cartons de tapisserie.

2. CARTONNIER n.m. Meuble de bureau à compartiments contenant des boîtes en carton pour le classement de dossiers.

CARTON-PAILLE n.m. (pl. *cartons-pailles*). Carton fabriqué à base de paille mélangée à de vieux papiers ou à des cartons récupérés.

CARTON-PÂTE n.m. (pl. *cartons-pâtes*). Mélange de pâte à papier et de matières plastiques, susceptible d'être moulé. ◇ *En carton-pâte :* factice, comme un décor de théâtre, de cinéma.

CARTOON [kartun] n.m. (mot angl.). Anglic. Chacun des dessins d'une bande dessinée, d'un film d'animation ; cette bande dessinée elle-même ; ce film lui-même.

CARTOPHILE ou **CARTOPHILISTE** n. Collectionneur de cartes postales.

CARTOPHILIE n.f. Occupation, passe-temps du cartophile.

CARTOTHÈQUE n.f. Lieu où sont conservées et classées des cartes géographiques.

1. CARTOUCHE n.f. (ital. *cartuccia,* du lat. *charta,* papier). **1. a.** Munition d'une arme de guerre ou de chasse comprenant, en un seul ensemble, un projectile (balle, obus, plombs) et une charge propulsive incluse dans un étui ou une douille munis d'une amorce. **b.** Charge d'explosif ou de poudre prête au tir. **2. a.** Recharge, d'encre pour un stylo, de gaz pour un briquet, etc., dont la forme évoque une cartouche de fusil. **b.** Emballage groupant plusieurs paquets

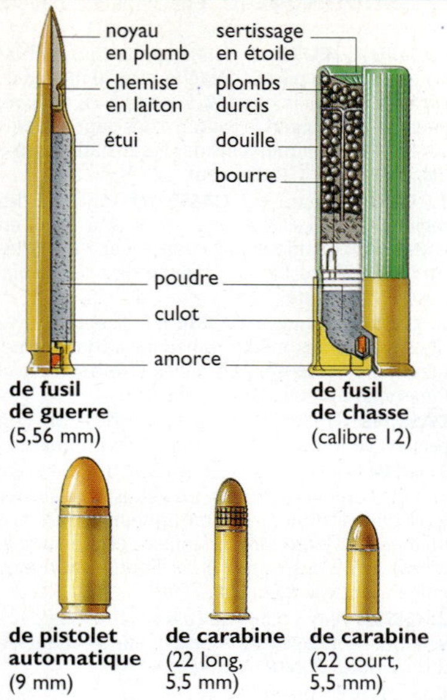

■ **CARTOUCHES**

■ **CARTOUCHE.** À gauche, le cartouche de Ramsès II. (Louqsor.)

de cigarettes, de boîtes d'allumettes, etc. **c.** Boîtier contenant un logiciel vidéo, permettant son chargement dans un appareil de lecture ; ce logiciel.
2. CARTOUCHE n.m. (ital. *cartoccio,* cornet de papier). **1.** Ornement, souvent en forme de feuille de papier à demi déroulée, servant de support et d'encadrement à une inscription. **2.** Emplacement réservé au titre, dans un dessin, une carte géographique, etc. **3.** ARCHÉOL. Boucle ovale qui isole les deux principaux noms du pharaon, dans une inscription hiéroglyphique.
CARTOUCHERIE n.f. Usine, atelier où l'on fabrique des cartouches d'armes légères.
CARTOUCHIÈRE n.f. Ceinture à compartiments pour recevoir les cartouches.
CARTULAIRE n.m. (du lat. *charta,* papier). HIST. Recueil d'actes attestant les titres et privilèges d'une communauté religieuse ou laïque.
CARVI n.m. (ar. *karawīya*). Plante des prairies dont les fruits aromatiques sont utilisés en assaisonnement ; fruit de cette plante. (Genre *Carum* ; famille des ombellifères.)
CARY n.m. → **CURRY.**
CARYATIDE ou **CARIATIDE** n.f. (gr. *karuatidês*). Statue féminine servant de support architectonique vertical.
CARYER n.m. BOT. Hickory.
CARYOCINÈSE n.f. (gr. *karuon,* noyau, et *kinêsis,* mouvement). BIOL. CELL. Division du noyau cellulaire.
CARYOGAMIE n.f. **1.** Fusion des noyaux du gamète mâle et du gamète femelle. SYN. : *amphimixie.* **2.** Fusion des deux noyaux du mycélium secondaire des champignons.
CARYOLYTIQUE adj. et n.m. Se dit d'une substance, d'un médicament qui détruit le noyau des cellules.
CARYOPHYLLACÉE ou **CARYOPHYLLÉE** n.f. (gr. *karuon,* noyau, et *phullon,* feuille). Plante dicotylédone à feuilles opposées et à tige renflée comportant des nœuds, telle que l'œillet, la saponaire, etc. (Les caryophyllacées forment une famille.)
CARYOPSE n.m. (gr. *karuon,* noyau, et *opsis,* apparence). Fruit sec des graminées, indéhiscent, soudé à la graine unique qu'il contient.
CARYOTYPE n.m. (du gr. *karuon,* noyau). GÉNÉT. **1.** Représentation photographique des chromosomes d'une cellule dans leur état de condensation maximum, réunis par paires d'exemplaires identiques et classés par dimension. **2.** Ensemble des chromosomes des cellules d'un être vivant.

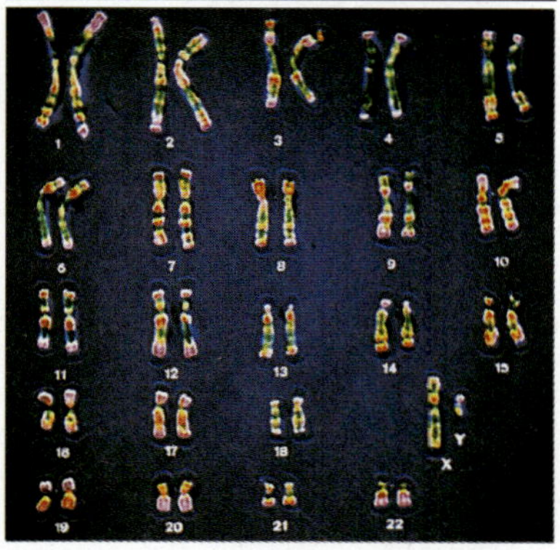

■ **CARYOTYPE** masculin normal (46, XY).

1. CAS n.m. (lat. *casus,* accident). **1.** Situation de qqn ou de qqch ; fait, circonstance. *Que faire en pareil cas ? Son cas est très particulier.* ◇ *Cas de conscience* → **conscience.** – *Cas de figure :* situation envisagée par hypothèse. – *Faire cas, grand cas de :* attacher de l'importance à, prendre en considération. **2.** DR. Situation particulière par rapport à la loi. *Cas de légitime défense.* ◇ *Cas fortuit :* événement imprévisible qui rend impossible l'exécution d'une obligation contractuelle ou délictuelle et dont le débiteur se trouve ainsi libéré. **3.** Manifestation d'une maladie chez qqn. *De nombreux cas de grippe.* **4.** *Auquel cas :* dans ces circonstances. – *En ce cas :* alors, dans ces conditions. – *Fam. En tout cas :* quoi qu'il en soit. – *Au cas, dans le cas où :* à supposer que. *Au cas où vous viendriez.*
2. CAS n.m. (lat. *casus,* terminaison). LING. Forme variable prise par certains mots (noms, adjectifs, pronoms, participes) selon leur fonction dans la phrase, dans les langues à déclinaisons.
CASANIER, ÈRE adj. et n. Qui manifeste le goût de rester chez soi. *Homme casanier. Habitudes casanières.*
CASAQUE n.f. (persan *kazāgand,* jaquette). **1.** TURF. Veste des jockeys. **2.** Veste de femme recouvrant la jupe jusqu'aux hanches. **3.** Manteau porté par les hommes aux XVIe et XVIIe s. ◇ *Fam. Tourner casaque :* changer de parti, d'opinion.

■ **CARYATIDES** de l'Érechthéion, sur l'Acropole d'Athènes ; fin du Ve s. av. J.-C.

CASAQUIN n.m. Anc. Veste courte, peu cintrée, tombant sur les hanches, portée sur les jupes à paniers et les crinolines.
CASBAH [kazba] n.f. (mot ar.). Citadelle ou palais d'un chef, en Afrique du Nord ; quartier entourant ce palais.
CASCABELLE n.f. Ensemble des plaques cornées situées à l'extrémité de la queue des crotales.
CASCADE n.f. (ital. *cascata,* de *cascare,* tomber). **1.** Chute d'eau naturelle ou artificielle. ◇ *En cascade :* en série et rapidement ; en une suite d'événements dont chacun est la conséquence du précédent. **2.** Acrobatie exécutée par un cascadeur.
CASCADEUR, EUSE n. **1.** Acrobate spécialiste des chutes volontaires, des sauts dangereux. **2.** Artiste spécialisé qui double les scènes dangereuses dans les films.
CASCATELLE n.f. *Litt.* Petite cascade.
CASCO n.f. Suisse. Assurance automobile.
1. CASE n.f. (lat. *casa,* hutte). **1.** Habitation en paille, en branches d'arbres, etc., dans les pays tropicaux. **2.** Réunion. Maison.
2. CASE n.f. (esp. *casa*). **1.** Espace délimité par des lignes perpendiculaires sur une surface quelconque (feuille, plateau de jeu, etc.). ◇ *Fam. Revenir, retourner à la case départ :* se retrouver au point de départ. **2.** Compartiment d'un meuble, d'un tiroir, etc. ◇ *Fam. Avoir une case en moins, une case vide :* être un peu fou, avoir un comportement bizarre. **3.** Suisse. Boîte postale. **4.** *Case à équipements :* compartiment d'un lanceur spatial qui rassemble les principaux équipements électriques et permet d'assurer notamm. les fonctions de guidage, de localisation, de pilotage et de sauvegarde.
CASÉEUX, EUSE [kazeø, øz] adj. (du lat. *caseus,* fromage). MÉD. Qui a l'aspect d'une lésion spécifique de la tuberculose. *Nécrose caséeuse.*
CASÉIFICATION ou **CASÉATION** n.f. **1.** Transformation du lait en fromage. **2.** MÉD. Transformation d'un tissu en lésion caséeuse.
CASÉINE [kazein] n.f. (du lat. *caseus,* fromage). Substance protéique constituant la majeure partie des protides du lait. ◇ *Caséine végétale :* protéine extraite des tourteaux.
CASEMATE [kazmat] n.f. (ital. *casamatta,* du gr. *khasma,* gouffre). **1.** Abri enterré d'un fort, destiné à loger les troupes ou à entreposer les munitions. **2.** Petit ouvrage fortifié, élément constitutif de la ligne de défense.
CASER v.t. **1.** Placer dans un espace souvent réduit. *Où caser ces livres ?* **2.** *Fam.* Procurer un emploi, une situation à qqn. ◆ **se caser** v.pr. *Fam.* **1.** Trouver un emploi, une situation. **2.** Se marier.
CASERNE n.f. (provenç. *cazerna,* groupe de quatre personnes). Partie d'un casernement affectée au logement des militaires. – *Par ext.* Ensemble du casernement.
CASERNEMENT n.m. **1.** Action de caserner ; fait d'être caserné. **2.** Ensemble des bâtiments et des locaux affectés à des troupes militaires (caserne, intendance, etc.).
CASERNER v.t. Installer des militaires dans une caserne. SYN. : *encaserner.*
CASETTE ou **CAZETTE** n.f. Étui en terre réfractaire qui protège des flammes les pièces céramiques en cours de cuisson.
CASH [kaʃ] adv. (mot angl.). *Fam.* Comptant. *Payer cash.* ◆ n.m. *Fam.* Argent liquide ; espèces. *Avoir du cash sur soi.*
CASHER adj. inv. → **KASHER.**
CASH-FLOW [kaʃflo] n.m. [pl. *cash-flows*] (angl. *cash,* argent, et *flow,* écoulement). Ensemble constitué par le bénéfice net après impôt, auquel sont ajoutés les amortissements, et les réserves et provisions n'ayant pas le caractère de dettes. (Il représente la capacité d'autofinancement de l'entreprise.) SYN. : *marge brute d'autofinancement.*
CASIER n.m. **1.** Compartiment, case d'un espace de rangement, affecté ou non à des objets spécifiques. **2.** DR. *Casier fiscal :* relevé des impositions et des amendes dont un contribuable a été l'objet. – *Casier judiciaire :* lieu où sont centralisés et classés les bulletins mentionnant les antécédents judiciaires de qqn ; ensemble de ces bulletins. **3.** Nasse pour la pêche des gros crustacés.

C

CASING [keziŋ] n.m. (mot angl.). **1.** PÉTROLE. Tubage. **2.** Caisson étanche et calorifuge enveloppant le faisceau tubulaire des chaudières modernes et constituant la chambre de chauffe.

CASINO n.m. (mot ital., de *casa*, maison). Établissement comprenant une ou plusieurs salles de jeux, un restaurant et, souvent, une salle de spectacle.

CASOAR n.m. (malais *kasouari*). **1.** Oiseau coureur d'Australie et de Nouvelle-Guinée, au plumage semblable à du crin, au casque osseux coloré sur le dessus de la tête et aux pattes armées de fortes griffes. (Haut. 1,50 m env. ; sous-classe des ratites ; ordre des casuariformes.) **2.** Plumet rouge et blanc ornant le shako des saint-cyriens depuis 1855.

■ CASOAR

CASQUE n.m. (esp. *casco*). **1.** Coiffure en métal, cuir, etc., pour protéger la tête. *Casque de moto.* ◇ *Casque bleu* : membre de la force militaire internationale de l'ONU, depuis 1956. **2. a.** Appareil de réception individuel des ondes radiophoniques, téléphoniques, etc., constitué essentiellement de deux écouteurs montés sur un support formant serre-tête. **b.** Appareil électrique sous lequel on s'assied pour se sécher les cheveux par ventilation d'air chaud. **3.** Mollusque gastéropode carnivore des mers chaudes, à coquille épaisse et ventrue. **4.** BOT. Partie supérieure recourbée des fleurs de certaines plantes (orchidées, sauge, etc.), constituée d'un ou de plusieurs pétales (ou sépales).

CASQUÉ, E adj. Coiffé d'un casque.

CASQUER v.t. *Fam.* Payer, génér. une somme importante. *C'est moi qui ai casqué.* ◆ v.i. *Fam.* Faire les frais de qqch.

CASQUETTE n.f. (de *casque*). **1.** Coiffure à calotte plate, munie d'une visière. **2.** *Fam.* Fonction sociale, qui confère autorité pour faire qqch. *Parler sous la double casquette de maire et de ministre.*

CASSABLE adj. Qui peut se casser, être cassé.

CASSAGE n.m. Action de casser.

CASSANDRE n.f. (de *Cassandre,* n. myth.). Personne qui prédit une issue défavorable aux événements, au risque de déplaire ou de ne pas être crue. *Les cassandres* (ou *les Cassandre*) *de l'économie.*

CASSANT, E adj. **1.** Qui se casse facilement. *Ongles cassants.* **2.** Qui manifeste une raideur tranchante, catégorique. *Manières cassantes. Parler d'une voix cassante.* **3.** *Fam. Pas cassant* : pas fatigant.

CASSATE n.f. (ital. *cassata*). Crème glacée faite de tranches diversement parfumées et garnie de fruits confits.

1. CASSATION n.f. (de *casser*). DR. Annulation, par une cour suprême, d'une décision (jugement, arrêt) rendue en dernier ressort par une juridiction inférieure.

2. CASSATION n.f. (ital. *cassazione*). Suite instrumentale composée de morceaux brefs, légers, d'allure volontiers populaire, et qui était exécutée en plein air.

1. CASSE n.f. **1. a.** Action de casser ; fait de se casser ; objets cassés. *Bruit de casse. Payer la casse.* **b.** *Fam. Mettre, envoyer à la casse* : mettre, envoyer chez un ferrailleur, en partic. des voitures dont on ne peut récupérer que le métal et les pièces détachées. **2.** Altération d'origine enzymatique ou physico-chimique qui affecte certains vins. *Casse brune des vins nouveaux.*

2. CASSE n.f. (ital. *cassa*). IMPRIM. Anc. Boîte plate divisée en compartiments de taille inégale, contenant les caractères employés pour la composition typographique. ◇ *Bas de casse* : partie inférieure de la casse des typographes, où se trouvent les lettres minuscules ; ces lettres elles-mêmes. (On écrit aussi *bas-de-casse.*)

3. CASSE n.f. → **1. CASSIER.**

4. CASSE n.m. (de *casser*). *Arg.* Cambriolage avec effraction.

CASSÉ, E adj. **1.** Qui ne fonctionne plus ; brisé, rompu. ◇ *Blanc cassé,* mêlé d'une pointe de gris ou de couleur. **2. a.** Se dit d'une personne, en partic. d'une personne âgée, qui est voûtée, courbée. **b.** *Voix cassée,* éraillée, tremblante.

CASSEAU n.m. IMPRIM. Petite casse contenant les caractères spéciaux qui ne figurent pas dans la casse normale. (Le terme est utilisé, par ext., en photocomposition.)

CASSE-COU adj. et n. inv. Qui manifeste une méconnaissance des risques encourus. *Un enfant, un saut casse-cou.* ◆ n.m. inv. *Crier casse-cou à qqn,* l'avertir d'un danger.

CASSE-CROÛTE n.m. inv. Collation légère absorbée rapidement ; sandwich.

CASSE-CUL adj. inv. *Très fam.* Ennuyeux, assommant.

CASSE-GRAINE n.m. inv. *Fam.* Casse-croûte.

CASSE-GUEULE adj. inv. *Très fam.* Se dit d'un lieu dangereux, d'une entreprise hasardeuse.

CASSEMENT n.m. *Fam.,* vieilli. *Cassement de tête* : souci intellectuel, fatigue causée par un problème à résoudre.

CASSE-NOISETTES n.m. inv. Pince pour casser les noisettes.

CASSE-NOIX n.m. inv. **1.** Instrument (pince, par ex.) pour casser les noix. **2.** Oiseau d'Eurasie, vert et brun moucheté de blanc, qui enterre des graines pour l'hiver. (Genre *Nucifraga ;* famille des corvidés.)

CASSE-PATTES n.m. inv. *Fam.,* vieilli. Eau-de-vie très forte.

CASSE-PIEDS n. inv. et adj. inv. *Fam.* Importun ; gêneur. ◆ adj. inv. *Fam.* Qui excède, ennuie ; assommant. *Quel travail casse-pieds !*

CASSE-PIERRE ou **CASSE-PIERRES** n.m. (pl. *casse-pierre[s]*). Pariétaire.

CASSE-PIPE ou **CASSE-PIPES** n.m. (pl. *casse-pipe[s]*). *Fam. Le casse-pipe* : la guerre ; la zone des combats, le front. *Aller au casse-pipe.*

CASSER v.t. (lat. *quassare,* secouer). **1.** Mettre en morceaux, sous l'action d'un choc, d'un coup ; briser. *Casser un verre.* ◇ *Fam. À tout casser* : extraordinaire, inoubliable ; tout au plus, au maximum, en parlant d'une quantité. – *Fam. Ne rien casser, ne pas casser des briques* : être sans originalité, sans intérêt particulier. **2.** Causer une fracture à un membre, à une articulation, etc. ◇ *Fam. Casser les pieds* : importuner, agacer. – *Fam. Casser la tête, les oreilles* : fatiguer par trop de bruit, de paroles. **3.** Mettre hors d'usage un appareil. **4.** Interrompre le cours de qqch. *Casser des relations.* ◇ *Casser les prix* : baisser fortement les prix de vente. **5.** DR. Annuler une décision juridictionnelle rendue en dernier ressort. **6.** Faire perdre sa situation à qqn. – Destituer un militaire. ◆ v.i. Se briser sous l'action d'un choc ; se rompre. *La corde a cassé.* ◆ **se casser** v.pr. **1.** Se blesser à la suite d'un choc, notamm. par fracture. *Il s'est cassé le bras. Se casser une dent.* **2.** *Fam. Se casser la tête* : se tourmenter pour trouver la solution d'un problème, résoudre une difficulté. **3.** *Fam.* S'en aller. **4.** *Fam. Ne pas se casser* : ne pas se fatiguer, se laisser aller.

CASSEROLE n.f. (de l'anc. fr. *casse,* poêle). **1.** Ustensile de cuisine cylindrique, à fond plat et à manche, qui sert à cuire des aliments. ◇ Belgique. *Casserole à pression* : autocuiseur. – *Fam. Passer à la casserole* : être tué ; subir une épreuve pénible. **2.** *Fam.* Son, voix, instrument de musique discordants, peu mélodieux. *Chanter comme une casserole.* **3.** *Fam.* Événement, action dont les conséquences négatives nuisent à la réputation de qqn. *Traîner une casserole.*

CASSE-TÊTE n.m. inv. **1.** Massue rudimentaire dont une extrémité porte ou forme une protubérance. **2.** Bruit assourdissant, pénible à supporter. **3.** Travail, problème difficile à résoudre. ◇ *Casse-tête (chinois)* : jeu solitaire, manuel ou électronique, de combinaisons, d'emboîtage, etc., d'éléments de formes variées. – Québec. Puzzle.

CASSETIN [kastɛ̃] n.m. Compartiment d'une casse d'imprimerie.

CASSETTE n.f. (de l'anc. fr. *casse,* lat. *capsa,* petit coffre). **1.** Boîtier hermétique contenant une bande magnétique destinée à l'enregistrement, à la reproduction du son, d'images, de données. **2.** Coffret où l'on conserve des objets précieux.

CASSETTOTHÈQUE n.f. Collection de bandes magnétiques en cassettes.

CASSEUR, EUSE n. **1.** Personne qui fait le commerce des pièces détachées et du métal des voitures mises à la casse. **2.** Personne qui se livre, au cours d'une manifestation, à des déprédations sur la voie publique, dans des locaux administratifs, etc. **3.** *Arg.* Cambrioleur.

1. CASSIER n.m. ou **CASSE** n.f. Arbuste des régions chaudes, à fleurs jaunes et à fruits en gousses, dont une espèce est le canéficier des Antilles. (Genre *Cassia ;* famille des césalpiniacées.) SYN. : *séné.*

2. CASSIER n.m. ou **CASSIE** n.f. Acacia cultivé dans les régions méditerranéennes pour ses petites fleurs jaunes très parfumées. (Nom sc. *Acacia farnesiana ;* famille des mimosacées.)

CASSINE n.f. Vx. Petite maison isolée où l'on pouvait se retrancher au cours d'un combat.

1. CASSIS [kasis] n.m. (lat. *cassia*). **1.** Baie noire comestible, produite par un arbuste voisin du groseillier, et dont on fait une liqueur. **2.** L'arbuste lui-même. (Genre *Ribes ;* famille des grossulariacées.) SYN. : *cassissier.* **3.** La liqueur fabriquée grâce à ces baies. **4.** *Fam.* Tête.

2. CASSIS [kasi] n.m. (de *casser*). Brusque dénivellation concave, transversale, sur la chaussée d'une route. CONTR. : *dos-d'âne.*

CASSISSIER n.m. BOT. Cassis.

CASSITÉRITE n.f. (du gr. *kassiteros,* étain). MINÉRALOG. Oxyde d'étain (SnO_2), principal minerai de ce métal.

CASSOLETTE n.f. (provenç. *casoleta*). **1.** Petit récipient pouvant aller au four et dans lequel on sert un hors-d'œuvre pour une personne ; mets préparé en cassolette. *Cassolette d'escargots.* **2.** Vase brûle-parfum.

CASSONADE n.f. (de *casson,* pain de sucre). Sucre roux qui n'a été raffiné qu'une fois.

CASSOULET n.m. (mot du Languedoc, de *cassollo,* n. d'un récipient). Ragoût de haricots blancs et de confit d'oie, de canard, de mouton, de porc. (Cuisine du sud-ouest de la France.)

CASSURE n.f. **1. a.** Endroit où un objet est cassé. **b.** Pli d'un tissu, d'une draperie. **2.** Interruption brutale ; rupture. *Cassure dans une amitié.*

CASTAGNE n.f. (mot gascon, *châtaigne*). *Fam.* Échange de coups ; bagarre. *Aimer, chercher la castagne.*

CASTAGNETTES n.f. pl. (esp. *castañeta,* petite châtaigne). Instrument à percussion typique de la danse flamenca, composé essentiellement de deux petits éléments creusés qu'on fait résonner en les frappant l'un contre l'autre dans la main.

CASTARD adj.m. et n.m. Belgique. Costaud.

CASTE n.f. (port. *casta,* chaste). **1. a.** Groupe social qui se distingue par des privilèges particuliers, un esprit d'exclusive à l'égard des autres. **b.** Groupe social, héréditaire et endogame, composé d'individus partageant un même statut hiérarchique et exerçant génér. une activité professionnelle commune, caractéristique de la société indienne. **2.** ZOOL. Chez les insectes sociaux, ensemble des individus adultes assurant les mêmes fonctions (les soldats chez les termites, les ouvrières chez les abeilles).

ENCYCL. En Inde, le système des castes comprend une multitude de castes et de sous-castes que l'on peut ranger, selon leur statut de pureté décroissante, en cinq grandes catégories : aux quatre « ordres » (*varna*), constitués par les *brahmanes* (prêtres et enseignants), les *kshatriya* (rois et guerriers), les *vaishya* (marchands et agriculteurs) et les *shudra* (artisans et serviteurs), s'ajoutent les *intouchables* (hors *varna*).

CASTEL n.m. (mot provenç.). *Litt.* Petit château, maison ressemblant à un château.

CASTELPERRONIEN n.m. PRÉHIST. Châtelperronien.

CASTILLAN, E adj. et n. De la Castille. ◆ n.m. Dialecte qui, au Moyen Âge, a donné naissance à l'espagnol ; l'espagnol lui-même.

CASTINE n.f. (all. *Kalkstein*). Calcaire utilisé dans l'élaboration de la fonte au haut-fourneau, comme fondant et comme épurateur.

CASTING [kastiŋ] n.m. (mot angl., *distribution*). Sélection des acteurs, des figurants, etc., pour un spectacle. Recomm. off. : *distribution artistique.*

CASTOR n.m. (gr. *kastôr*). **1.** Mammifère rongeur d'Amérique du Nord et d'Europe, à pattes postérieures palmées et à queue aplatie, construisant

■ **CASTOR** d'Amérique.

des digues de branchages dans les cours d'eau. (Famille des castoridés.) **2.** Fourrure de cet animal. **3.** ***Mouvement des castors :*** groupement de personnes construisant en commun leurs maisons (créé en Suède en 1927).

CASTORETTE n.f. Fourrure de lapin ou fourrure synthétique traitées de façon à rappeler celle du castor.

CASTORÉUM [kastɔreɔm] n.m. Sécrétion odorante de la région anale du castor, employée en pharmacie et en parfumerie.

CASTRAMÉTATION n.f. ANTIQ. Art de choisir l'emplacement d'un camp et de l'aménager.

CASTRAT n.m. (ital. *castrato*). **1.** Anc. Chanteur masculin dont la voix d'enfant a été conservée par castration. **2.** Individu mâle qui a subi la castration.

CASTRATEUR, TRICE adj. **1.** PSYCHAN. Qui provoque un complexe de castration. **2.** *Cour.* Très sévère, très autoritaire.

CASTRATION n.f. **1.** Ablation ou destruction d'un organe (testicules ou ovaires) nécessaire à la génération. (Terme employé plus cour. pour les individus mâles.) **2.** PSYCHAN. ***Complexe de castration :*** réponse fantasmatique aux questions que suscite chez le jeune enfant la différence anatomique des sexes.

CASTRER v.t. (lat. *castrare*). Pratiquer la castration sur ; châtrer.

CASTRISME n.m. Doctrine ou pratique politique qui s'inspire des idées de Fidel Castro.

CASTRISTE adj. et n. Relatif au castrisme ; qui est partisan du castrisme.

CASTRUM [kastrɔm] n.m. (mot lat.). ANTIQ. ROM. Camp fortifié, provisoire ou définitif, qui s'apparente à une ville. Pluriel savant : *castra.*

CASUARINA n.m. (mot lat.). Grand arbre originaire d'Océanie et d'Indonésie mais répandu en Afrique, à croissance rapide et à bois très dur. (Seul représentant de l'ordre des casuarinales.)

1. CASUEL, ELLE adj. *Didact.* Qui peut arriver ou non ; éventuel, contingent.

2. CASUEL n.m. (lat. *casus,* événement). Revenu attaché aux fonctions ecclésiastiques.

CASUISTE n.m. (esp. *casuista*). Théologien spécialiste de la casuistique.

CASUISTIQUE [kazɥistik] n.f. **1.** CATH. Partie de la théologie morale qui s'attache à résoudre les cas de conscience. **2.** *Litt.* Tendance à argumenter avec une subtilité excessive, notamm. sur les problèmes de morale.

CASUS BELLI [kazysbɛlli] n.m. inv. (mots lat., *cas de guerre*). Acte de nature à provoquer une déclaration de guerre, à déclencher les hostilités entre deux États.

CATABATIQUE adj. Propre à un vent descendant.

CATABOLISME n.m. BIOCHIM. Ensemble des réactions de dégradation biochimique de substances organiques (par oppos. à *anabolisme*). [Le catabolisme permet d'éliminer des substances ou de produire de l'énergie, et aboutit à la formation de déchets.]

CATABOLITE n.m. BIOCHIM. Substance chimique résultant de la dégradation d'une autre substance.

CATACHRÈSE [katakrɛz] n.f. (gr. *katakhrêsis,* abus). RHÉT. Utilisation, souvent involontaire, d'un mot pour un autre (ex. : confondre *conjoncture* et *conjecture*) ; métaphore passée dans la langue qui emploie un mot au-delà de son sens strict (ex. : *les pieds d'une table, à cheval sur un mur*).

CATACLYSMAL, E, AUX adj. De la nature d'un cataclysme, d'un désastre. SYN. : *cataclysmique.*

CATACLYSME n.m. (gr. *kataklusmos,* inondation). **1.** Grand bouleversement, destruction causés par un phénomène naturel (tremblement de terre, cyclone, etc.) ou de toute autre nature. **2.** Bouleversement dans la situation d'un groupe humain ; désastre.

CATACLYSMIQUE adj. **1.** Cataclysmal. **2.** Qui concerne un cataclysme géologique, météorologique, etc.

CATACOMBE n.f. (du bas lat. *catacumba*). [Surtout pl.] Vaste souterrain ayant servi de sépulture ou d'ossuaire. (Les catacombes romaines étaient creusées comme cimetières ; les catacombes de Paris sont d'anciennes carrières aménagées en ossuaires.)

CATADIOPTRE n.m. Dispositif optique permettant de réfléchir les rayons lumineux vers leur source d'émission, utilisé en circulation routière pour la signalisation.

CATADIOPTRIQUE adj. Relatif à un système optique comprenant des lentilles et un miroir.

CATAFALQUE n.m. (ital. *catafalco*). Estrade décorative élevée pour recevoir un cercueil, réel ou simulé, lors d'une cérémonie funéraire.

CATAIRE ou **CHATAIRE** n.f. (du bas lat. *cattus,* chat). Plante à fleurs blanches, à odeur forte, appelée aussi *herbe-aux-chats,* car elle attire ces animaux. (Genre *Nepeta ;* famille des labiées.)

CATALAN, E adj. et n. De la Catalogne. ◆ n.m. Langue romane parlée en Catalogne, aux îles Baléares et dans le Roussillon.

CATALEPSIE n.f. (gr. *katalêpsis,* attaque). PSYCHIATR. Perte momentanée de l'initiative motrice avec conservation des attitudes, le corps restant figé dans son attitude d'origine.

CATALEPTIQUE adj. De la nature de la catalepsie. ◆ adj. et n. Atteint de catalepsie.

CATALOGAGE n.m. **1.** Action de dresser un catalogue. **2.** *Péjor.* Fait de cataloguer qqn.

CATALOGNE n.f. Québec. Étoffe tissée artisanalement, utilisant en trame des bandes de tissu.

CATALOGUE n.m. (gr. *katalogos*). **1.** Liste énumérative, commentée ou non. *Catalogue d'une bibliothèque. Catalogue des saints.* **2.** Livre, brochure contenant une liste d'articles, de produits proposés à la vente ; fonds constitué par ces articles.

■ **CATALPA**

CATALOGUER v.t. **1.** Inscrire, énumérer, classer selon un certain ordre ; dresser le catalogue de. *Cataloguer des plantes. Cataloguer un musée.* **2.** *Péjor.* Ranger, classer définitivement qqn dans une catégorie, en partic. défavorable.

CATALPA n.m. (mot amérindien). Arbre ornemental à très grandes feuilles et à fleurs en grosses grappes, originaire de l'Amérique du Nord et de l'Asie orientale. (Haut. 15 m ; famille des bignoniacées.)

CATALYSE n.f. (gr. *katalusis,* dissolution). CHIM. Accélération d'une réaction chimique par une substance *(catalyseur)* qui intervient dans la réaction et qui est régénérée à la fin de celle-ci. (La catalyse abaisse la barrière d'énergie que doivent franchir les réactants.)

CATALYSER v.t. **1.** CHIM. Opérer une catalyse. **2.** *Fig.* Provoquer une réaction par sa seule présence. *Catalyser l'enthousiasme.*

CATALYSEUR n.m. **1.** CHIM. Corps qui catalyse. (Un catalyseur est actif à des concentrations très faibles.) **2.** *Fig.* Élément qui provoque une réaction par sa seule présence ou par son intervention.

CATALYTIQUE adj. CHIM. **1.** Relatif à la catalyse. *Pouvoir, action catalytique.* **2.** ***Quantité catalytique :*** quantité très faible d'un ingrédient essentiel à un processus (par oppos. à ***quantité stœchiométrique***).

CATAMARAN n.m. (mot angl., du tamoul *kattu,* lien, et *maram,* bois). Navire à voiles ou à moteur comportant deux coques accouplées.

■ **CATAMARAN.** Le *Charente-Maritime I* (longueur : 25,90 m ; largeur : 13,20 m ; déplacement : 9,9 t).

CATAPHOTE n.m. (nom déposé). Catadioptre.

CATAPLASME n.m. (gr. *kataplasma,* emplâtre). MÉD. Anc. Préparation, de la consistance d'une bouillie, que l'on appliquait naguère, entre deux linges, sur une partie du corps pour combattre une inflammation.

CATAPLECTIQUE adj. Relatif à la cataplexie.

CATAPLEXIE n.f. (gr. *kataplêxis*). NEUROL. Perte brutale mais de courte durée du tonus musculaire, sans perte de conscience, et due à une émotion vive.

CATAPULTAGE n.m. Action de catapulter ; fait d'être catapulté.

■ **CATAPULTAGE** d'un avion *Rafale* sur un porte-avions.

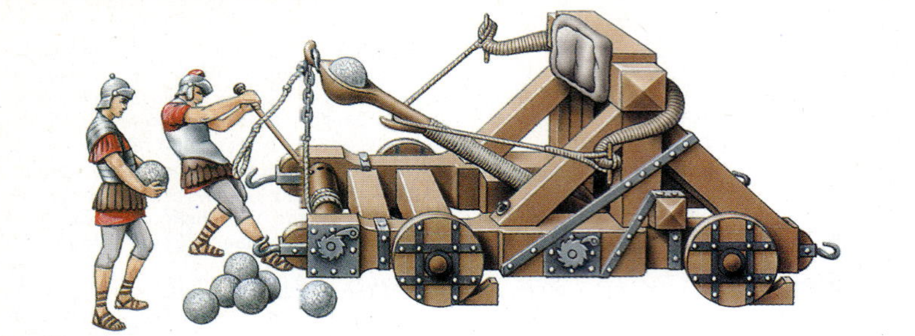

■ **CATAPULTE** romaine.

CATAPULTE n.f. (gr. *katapeltês*). **1.** Anc. Machine de guerre pour lancer des projectiles. **2.** Mod. *Catapulte à vapeur,* ou *catapulte :* dispositif utilisant la force d'expansion de la vapeur pour le lancement des avions, à bord des porte-avions.

CATAPULTER v.t. **1.** Lancer avec une catapulte. *Catapulter un avion.* **2.** Lancer loin et avec force ; projeter. **3.** *Fam.* Placer soudainement qqn à un poste, dans une situation sociale élevés.

CATARACTE n.f. (gr. *kataraktês*). **1.** Chute d'eau importante sur un fleuve. **2.** MÉD. Opacité du cristallin évoluant vers une cécité partielle ou totale.

CATARHINIEN n.m. Singe de l'Ancien Monde, à narines rapprochées, à queue non préhensile, tel que le cercopithèque, le macaque, le babouin. (Les catarhiniens constituent un sous-ordre de primates.)

CATARRHAL, E, AUX adj. Relatif au catarrhe.

CATARRHE n.m. (gr. *katarrhos,* **écoulement**). MÉD. Vieilli. Inflammation aiguë ou chronique des muqueuses, avec excès de leurs sécrétions.

CATASTROPHE n.f. (gr. *katastrophê,* **renversement**). **1.** Événement subit qui cause un bouleversement, pouvant entraîner des destructions, des morts ; désastre. *Catastrophe aérienne. Courir à la catastrophe.* ◇ *En catastrophe :* en dernier recours ; en hâte, d'urgence. – MATH. *Théorie des catastrophes :* théorie mathématique issue des travaux de René Thom (1972), et visant à décrire des phénomènes discontinus à l'aide de modèles continus simples. **2.** THÉÂTRE. Événement décisif qui amène le dénouement d'une tragédie.

CATASTROPHER v.t. *Fam.* Jeter dans un grand abattement ; accabler, consterner.

CATASTROPHIQUE adj. Qui a le caractère d'une catastrophe ; désastreux.

CATASTROPHISME n.m. **1.** Tendance à imaginer des catastrophes, à envisager le pire. **2.** SC. Théorie qui attribuait à des cataclysmes les changements survenus à la surface de la Terre.

CATASTROPHISTE adj. **1.** Relatif au catastrophisme. **2.** *Fam.* Qui est très pessimiste, qui imagine toujours le pire.

CATATONIE n.f. PSYCHIATR. Syndrome de certaines formes de schizophrénie, associant notamm. le négativisme, l'opposition, la catalepsie et les stéréotypies gestuelles.

CATATONIQUE adj. Relatif à la catatonie. ◆ adj. et n. Atteint de catatonie.

CAT-BOAT [katbot] n.m. [pl. *cat-boats*] (mot angl.). Voilier gréé d'un seul mât et d'une seule voile.

CATCH [katʃ] n.m. (angl. *catch as catch can,* **attrape comme tu peux**). Lutte libre, très spectaculaire, admettant presque toutes les prises qui ne sont pas portées à fond.

CATCHER v.i. Pratiquer le catch.

CATCHEUR, EUSE n. Personne qui pratique le catch.

CATÉCHÈSE n.f. (gr. *katêkhêsis*). CHRIST. Instruction religieuse.

CATÉCHISER v.t. (gr. *katêkhizein*). **1.** Enseigner le catéchisme, initier à la religion chrétienne. **2.** *Péjor.* Faire la leçon à qqn ; endoctriner.

CATÉCHISME n.m. **1.** Enseignement de la foi et de la morale chrétiennes ; cours où cet enseignement est dispensé. **2.** Résumé dogmatique des principes fondamentaux d'une doctrine, d'une religion, etc. ; credo, article de foi.

ENCYCL. Impressionnée par le succès des catéchismes protestants, l'Église catholique décida, au concile de Trente, de publier un *Catéchisme romain,* réservé au clergé et approuvé par Pie V. Si bien d'autres catéchismes (diocésains, régionaux ou nationaux) ont été diffusés par la suite, ce n'est qu'en 1998 qu'est parue la version officielle du nouveau *Catéchisme,* destiné à l'ensemble de l'Église.

CATÉCHISTE n. Personne qui enseigne le catéchisme.

CATÉCHOLAMINE [katekolamin] n.f. Substance du groupe des amines, telles l'adrénaline, la noradrénaline ou la dopamine, qui joue le rôle de neurotransmetteur ou d'hormone.

CATÉCHUMÉNAT [katekymena] n.m. État et formation des catéchumènes.

CATÉCHUMÈNE [katekymen] n. (gr. *katêkhoumenos,* **instruit de vive voix**). CHRIST. Personne que l'on instruit pour la disposer à recevoir le baptême.

CATÉGORIE n.f. (gr. *katêgoria,* **attribut**). **1.** Ensemble de personnes ou de choses de même nature. *Catégories socioprofessionnelles. Un boxeur de la catégorie des poids légers. Catégories grammaticales.* **2.** PHILOS. **a.** Chez Aristote, chacun des genres les plus généraux de l'être, irréductibles les uns aux autres (substance, quantité, qualité, relation, lieu, temps, position, avoir, agir, subir). **b.** Chez Kant, chacun des douze concepts fondamentaux de l'entendement pur, servant de forme a priori à la connaissance. **3.** SC. DE LA V. Niveau hiérarchique dans la classification des êtres vivants. (L'espèce, le genre, la tribu, l'ordre, la classe, l'embranchement et le règne sont des catégories.)

CATÉGORIEL, ELLE adj. Qui concerne une ou plusieurs catégories, notamm. socioprofessionnelles. *Revendications catégorielles.*

CATÉGORIQUE adj. **1.** Qui ne laisse aucune possibilité de doute, d'équivoque ; absolu, indiscutable. *Réponse, refus catégoriques.* – Qui exprime un avis, une opinion d'une manière nette et sans réplique ; affirmatif. **2.** PHILOS. Qui ne comporte ni condition, ni alternative. *Jugement, impératif catégorique.* CONTR. : *hypothétique.*

CATÉGORIQUEMENT adv. De façon catégorique. *Refuser catégoriquement.*

CATÉGORISATION n.f. Classement par catégories.

CATÉGORISER v.t. Classer par catégories.

CATELLE n.f. Suisse. Carreau de faïence vernissé revêtant un poêle, le sol ou les parois d'une cuisine, d'une salle de bains.

CATÉNAIRE adj. (du lat. *catena,* chaîne). CH. DE F. *Suspension caténaire,* ou *caténaire,* n.f. : système de suspension du fil d'alimentation en énergie électrique des locomotives ou des tramways (appelé *fil de contact*).

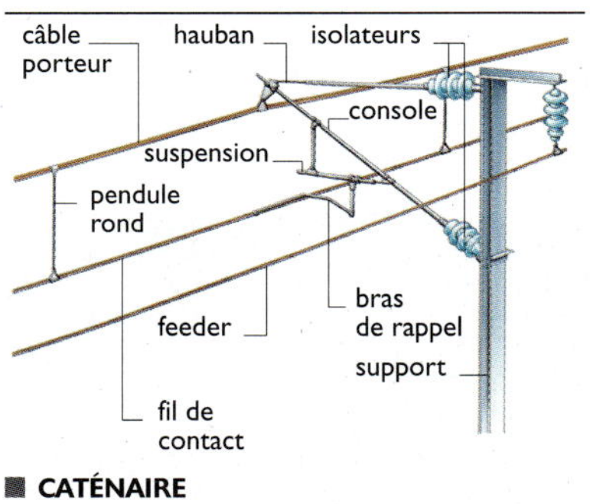

■ **CATÉNAIRE**

CATGUT [katgyt] n.m. (mot angl., *boyau de chat*). CHIRURG. Fil résorbable utilisé pour les sutures et les ligatures.

CATHARE n. et adj. Adepte d'un mouvement religieux du Moyen Âge, d'origine chrétienne. (→ *albigeois*).

ENCYCL. Apparue au XIe s., la doctrine des cathares, ou catharisme, se répand au XIIe s. dans le midi de la France (Toulouse, Carcassonne, Foix et Béziers, notamm.). Dualiste, elle oppose le Bien et le Mal, ce dernier étant identifié à la matière, dont l'homme doit se détacher pour s'unir à Dieu. Prêchant un retour à la pureté originelle du christianisme, les cathares mènent une vie austère et chaste (surtout les « parfaits » qui se distinguent des simples fidèles). Se sentant menacée, l'Église entreprit la croisade des albigeois (1209 - 1244), qui désorganisa le catharisme et contribua à renforcer la dynastie capétienne.

CATHARISME n.m. Doctrine dont s'inspirent les cathares.

CATHARSIS [katarsis] n.f. (mot gr., *purification*). **1.** « Purification » produite chez les spectateurs par une représentation dramatique, selon Aristote. **2.** PSYCHAN. Décharge émotionnelle libératrice, liée à l'extériorisation du souvenir d'événements traumatisants et refoulés.

CATHARTIQUE adj. Relatif à la catharsis. ◇ PSYCHAN. *Méthode cathartique :* méthode psychothérapique reposant sur la recherche de la catharsis chez le patient. (Elle a été pratiquée par Freud avant la mise au point de la méthode psychanalytique proprement dite.)

CATHÉDRAL, E, AUX adj. (du lat. *cathedra,* **siège, chaire épiscopale**). Relatif au siège de l'autorité épiscopale.

1. **CATHÉDRALE** n.f. (de *église cathédrale*). Église épiscopale d'un diocèse. ◇ *À la cathédrale :* se dit d'un style de décor néogothique (fenestrages à arcs brisés) à la mode sous la Restauration et Louis-Philippe, touchant le mobilier, la reliure, etc.

2. **CATHÉDRALE** adj. inv. *Verre cathédrale :* verre translucide à surface inégale.

CATHÈDRE n.f. Chaire.

CATHERINETTE n.f. Jeune fille (et, plus partic., ouvrière de la mode) qui *coiffe sainte Catherine le 25 novembre.

CATHÉTER [kateter] n.m. (gr. *kathetêr,* sonde). MÉD. Sonde creuse que l'on introduit dans un canal naturel.

CATHÉTÉRISME n.m. Introduction d'un cathéter dans un canal naturel à des fins diagnostiques *(cathétérisme cardiaque, urétral)* ou thérapeutiques *(cathétérisme œsophagien, duodénal).*

CATHÉTOMÈTRE n.m. (du gr. *kathetos,* **vertical**). TOPOGR. Instrument servant à mesurer la distance verticale de deux points.

CATHODE n.f. (gr. *kata,* en bas, et *hodos,* **chemin**). **1.** ÉLECTR. Électrode de sortie du courant dans un électrolyseur, ou électrode qui est la source primaire d'électrons dans un tube électronique (par oppos. à *anode*). **2.** CHIM. Électrode où a lieu la réaction de réduction.

CATHODIQUE adj. **1.** Relatif à la cathode. ◇ *Rayons cathodiques :* faisceau d'électrons émis par la cathode d'un tube à vide parcouru par un courant. – *Tube cathodique :* tube à vide dans lequel les rayons cathodiques sont dirigés sur une surface luminescente *(écran cathodique),* où leur impact produit une image visible. **2.** *Fam.* Relatif à la télévision comme moyen de communication.

CATHODOLUMINESCENCE n.f. Luminescence provoquée par l'impact d'un électron rapide. (Les écrans de téléviseur, d'ordinateur, etc., produisent leur lumière par cathodoluminescence.)

CATHOLICISME n.m. Religion des chrétiens qui reconnaissent l'autorité du pape en matière de dogme et de morale. ◇ *Catholicisme libéral :* courant qui, après 1830, vit le progrès de l'Église dans l'acceptation des libertés proclamées par la Révolution française. – *Catholicisme social :* mouvement, né au XIXe s., visant à promouvoir une réforme des structures économiques et sociales dans l'esprit de l'Évangile.

ENCYCL. Le catholicisme repose sur l'Écriture, la Tradition et l'Église, cette dernière étant considérée comme dépositaire et seule interprète des vérités de foi et des règles morales. Cette unité doctrinale est parallèle à l'unité ecclésiale, autour du pape, évêque de Rome et successeur de l'apôtre Pierre. La foi s'alimente aux sept sacrements reconnus par l'Église catholique.

CATHOLICITÉ n.f. **1.** Conformité à la doctrine de l'Église catholique. **2.** Ensemble des catholiques.

CATHOLICOS [-kɔs] n.m. (mot gr.). Chef religieux de certaines Églises chrétiennes orientales.

CATHOLIQUE adj. et n. (gr. *katholikos,* universel). Qui professe le catholicisme. ◆ adj. **1.** Relatif au catholicisme. **2.** *Fam. Pas (très) catholique :* qui inspire la méfiance par son caractère non conventionnel ou malhonnête ; louche. *Une personne, une entreprise pas très catholique.*

CATIMINI (EN) loc. adv. (du gr. *katamênia,* menstrues). En cachette, discrètement.

CATIN n.f. *Fam.,* vx. Prostituée.

CATION [katjɔ̃] n.m. CHIM. Ion de charge électrique positive. CONTR. : *anion.*

CATIONIQUE adj. Qui se rapporte aux cations.

CATIR v.t. TEXT. Donner du lustre à une étoffe en la pressant.

CATISSAGE n.m. Opération consistant à catir.

CATOBLÉPAS [katɔblepas] n.m. (gr. *katôblepon,* antilope d'Afrique). Chez les Anciens, animal fantastique à la tête cornue rattachée au corps par un long cou grêle.

CATOGAN n.m. (du n. du général angl. *Cadogan*). **1.** Nœud retenant les cheveux sur la nuque. **2.** Chignon bas sur la nuque.

CATOPTRIQUE n.f. (du gr. *katoptron,* miroir). Partie de l'optique qui traite de la réflexion de la lumière. ◆ adj. Relatif à la réflexion de la lumière.

CATTLEYA [katleja] n.m. Plante de l'Amérique tropicale, cultivée en serre pour ses très belles fleurs. (Famille des orchidacées.)

1. CAUCASIEN, ENNE adj. et n. Du Caucase, de ses habitants.

2. CAUCASIEN, ENNE ou **CAUCASIQUE** adj. *Langues caucasiennes* ou *caucasiques :* famille de langues de la région du Caucase, à laquelle appartiennent notamm. le géorgien et le tchétchène.

CAUCHEMAR n.m. (de l'anc. fr. *caucher,* fouler, et néerl. *mare,* fantôme). **1.** Rêve pénible, angoissant. **2.** Idée, chose ou personne qui importune, tourmente.

CAUCHEMARDER v.i. *Fam.* Faire des cauchemars.

CAUCHEMARDESQUE ou **CAUCHEMARDEUX, EUSE** adj. Qui produit une impression analogue à celle d'un cauchemar.

CAUCHOIS, E adj. et n. Du pays de Caux.

CAUCUS [-kys] n.m. (mot anglo-amér.). Au Canada et aux États-Unis, réunion à huis clos des dirigeants d'un parti politique ; personnes ainsi réunies.

CAUDAL, E, AUX adj. (du lat. *cauda,* queue). De la queue, de l'extrémité postérieure d'un animal. *Plumes caudales.* ◇ *Nageoire caudale,* ou *caudale,* n.f. : nageoire terminant la queue des cétacés, des poissons, des crustacés nageurs (crevettes).

CAUDATAIRE n.m. Celui qui, dans les cérémonies, porte la traîne du pape, d'un prélat ou d'un roi.

CAUDÉ, E adj. ANAT. En forme de queue. *Le lobe caudé du foie.*

CAUDILLO [kodijo] ou [kaodijo] n.m. (mot esp.). **1.** Au XIXe s., en Espagne et en Amérique latine, général arrivé au pouvoir à la suite d'un pronunciamiento. **2.** Titre porté par le général Franco à partir de 1936.

CAUDRETTE n.f. PÊCHE. Filet en forme de poche, monté sur un cerceau.

CAULERPE n.f. Algue verte originaire des mers tropicales, auj. abondante dans certaines zones de la Méditerranée. (Nom sc. *Caulerpa taxifolia ;* classe des chlorophycées.)

CAULINAIRE adj. BOT. Relatif à la tige d'une plante.

CAURI [kori] ou **CAURIS** [koris] n.m. (mot hindi). Coquillage du groupe des porcelaines, qui a longtemps servi de monnaie en Inde et en Afrique noire.

CAUSAL, E, ALS ou **AUX** adj. (lat. *causalis*). Qui annonce un rapport de cause à effet. ◇ GRAMM. *Proposition causale,* ou *causale,* n.f. : proposition donnant la raison ou le motif de l'action exprimée par le verbe principal.

CAUSALGIE n.f. (gr. *causis,* chaleur, et *algos,* douleur). Douleur permanente donnant l'impression d'une brûlure lancinante exacerbée au moindre contact.

CAUSALITÉ n.f. Rapport qui unit la cause à l'effet. ◇ PHILOS. *Principe de causalité,* selon lequel tout phénomène a une cause, les mêmes causes, dans les mêmes conditions, produisant les mêmes effets.

CAUSANT, E adj. *Fam.* (Surtout en tournure négative.) Qui parle volontiers ; communicatif. *Il n'est guère causant.*

CAUSATIF, IVE adj. et n.m. LING. Factitif.

CAUSE n.f. (lat. *causa*). **1.** Ce qui produit un effet, détermine un phénomène ; ce par quoi qqch existe ; origine, principe. *Trouver la cause d'un accident. La cause de son succès.* ◇ *Être cause de, la cause de :* être responsable de, être la raison de ; causer, occasionner. **2.** Ce pourquoi on fait qqch ; motif, raison. *J'ignore la cause de son départ.* **3.** DR. Raison d'une obligation dans un contrat ; avantage matériel ou moral que propose le contractant. *Cause d'une obligation, d'une convention.* **4.** Affaire pour laquelle qqn comparaît en justice. *Plaider la cause de qqn.* ◇ *La cause est entendue :* l'affaire est jugée. – *Être en cause :* faire l'objet d'un débat, être concerné. – *Mettre en cause :* incriminer. – *En connaissance de cause :* en connaissant les faits. – *En tout état de cause :* de toute manière. **5.** Ensemble d'intérêts, d'idées que l'on se propose de soutenir. *La cause de l'humanité.* ◇ *(Souvent iron.). La bonne cause,* celle que l'on considère comme juste. – *Faire cause commune avec qqn,* unir ses intérêts aux siens. – *Prendre fait et cause pour qqn,* prendre son parti, le soutenir sans réserve. ◆ loc. prép. *À cause de :* en raison de ; en considération de ; par la faute de. – *Pour cause de :* en raison de.

1. CAUSER v.t. Être la cause de qqch ; occasionner, provoquer. *Causer de la peine.*

2. CAUSER v.i. (lat. *causari,* plaider). **1.** S'entretenir familièrement avec qqn. *Causer politique avec une amie.* **2.** *Fam.* Parler trop ou avec malveillance. *On cause beaucoup sur lui dans le quartier.* ◆ v.t. ind. *Fam.* Parler à qqn. *Eh ! J'te cause !*

CAUSERIE n.f. Petite conférence sans prétention.

CAUSETTE n.f. **1.** *Fam. Faire la causette, un brin de causette :* converser familièrement avec qqn. **2.** INFORM. Recomm. off. pour *2. chat.*

CAUSEUR, EUSE n. et adj. Personne qui possède l'art de parler, qui cause volontiers et agréablement.

CAUSEUSE n.f. Petit canapé à deux places.

CAUSSE n.m. (mot provenç., du lat. *calx, -cis,* chaux). Plateau calcaire des régions tempérées, présentant des formes de relief karstique. *Causse Noir. Causse de Sévérac.*

CAUSSENARD, E adj. et n. Des Causses.

CAUSTICITÉ n.f. **1.** Caractère d'une substance caustique. **2.** *Litt.* Caractère mordant, incisif. *La causticité d'un critique, d'une satire.*

1. CAUSTIQUE adj. et n.m. (gr. *kaustikos,* brûlant). Qui altère fortement les tissus de l'organisme. (La soude, la potasse sont des substances caustiques.) ◆ adj. Qui utilise la moquerie, la satire ; mordant, incisif.

2. CAUSTIQUE n.f. OPT. Surface tangente aux rayons lumineux issus d'un même point et ayant traversé un instrument optique imparfait.

CAUTÈLE n.f. (lat. *cautela,* prudence). *Litt.,* vx. Prudence rusée.

CAUTELEUX, EUSE [kotlø, øz] adj. *Litt.* Qui manifeste des manières sournoises et retorses.

CAUTÈRE n.m. (gr. *kautêrion,* brûlure). MÉD. Agent physique (tige métallique chauffée) ou chimique, utilisé pour brûler un tissu en vue de détruire des parties malades ou d'obtenir une action hémostatique. ◇ *Un cautère sur une jambe de bois :* un remède inutile, un moyen inefficace.

CAUTÉRISATION n.f. Action de cautériser ; son résultat.

CAUTÉRISER v.t. Brûler avec un cautère.

CAUTION [kosjɔ̃] n.f. (lat. *cautio,* précaution). **1. a.** Engagement, pris par qqn, de se substituer au débiteur dans le cas où celui-ci ne paierait pas sa dette. **b.** Somme versée pour servir de garantie. **c.** Personne qui s'engage à se substituer au débiteur en cas de non-remboursement. *Se porter caution.* ◇ *Société de caution mutuelle :* société ayant pour objet de cautionner les engagements professionnels de ses membres. **2.** Garantie morale donnée par qqn jouissant d'un grand crédit ; cette personne. ◇ *Sujet à caution :* dont la vérité n'est pas établie ; suspect, douteux.

CAUTIONNEMENT n.m. **1.** Contrat par lequel qqn se porte caution auprès d'un créancier. **2.** Dépôt de fonds exigé par la loi pour la candidature à une élection, la soumission d'une offre de services à l'État, l'exercice d'une profession (comptable public, par ex.).

CAUTIONNER v.t. **1.** Se porter garant de, répondre de qqn, de son action ; appuyer, approuver des idées, une politique, les personnes qui les mettent en œuvre. **2.** DR. Se porter caution pour qqn.

CAVAGE n.m. TRAV. PUBL. Excavation, endroit creusé.

CAVAILLON n.m. (de *Cavaillon,* n.pr.). Bande de terre que la charrue vigneronne n'atteint pas sur la rangée des pieds de vigne. (Ce n'est plus le cas avec la charrue décavaillonneuse.)

CAVALCADE n.f. (ital. *cavalcata*). **1.** Vx. Défilé d'une troupe de cavaliers, notamm. de soldats. **2.** *Fam.* Course agitée et bruyante d'un groupe de personnes.

CAVALCADER v.i. Rare. Courir bruyamment en groupe.

1. CAVALE n.f. (ital. *cavalla*). *Poét.* Jument.

2. CAVALE n.f. *Arg.* Évasion d'une prison. ◇ *En cavale :* en fuite.

CAVALER v.i. *Fam.* **1.** Courir à toutes jambes. **2.** Rechercher les aventures amoureuses. ◆ v.t. *Fam.* Ennuyer qqn, l'importuner. ◆ **se cavaler** v.pr. *Fam.* S'enfuir, s'esquiver.

CAVALERIE n.f. **1.** Corps d'armée constitué à l'origine par des troupes à cheval, auj. motorisées. **2.** Fraude financière consistant à créditer artificiellement un compte bancaire (chèques croisés, effets de complaisance, etc.).

C

CAVALEUR, EUSE adj. et n. *Fam.* Qui cavale, recherche les aventures amoureuses.

1. CAVALIER, ÈRE n. (ital. *cavaliere*). **1.** Personne à cheval. ◇ *Faire cavalier seul :* distancer ses concurrents, dans une course ; *fig.,* agir isolément. **2.** Personne avec laquelle on forme un couple, dans une réception, un bal. ◆ n.m. **1.** Militaire servant dans la cavalerie. **2. a.** Pièce du jeu d'échecs. **b.** Carte du tarot, entre la dame et le valet. **3.** Clou à deux pointes, recourbé en U. SYN. : *crampillon.* **4.** Pièce adaptable servant au repérage de fiches ou de dossiers. **5.** FORTIF. Ouvrage surélevé, à l'intérieur d'un bastion, accroissant la puissance de feu.

2. CAVALIER, ÈRE adj. **1.** Désinvolte jusqu'à la grossièreté ; sans gêne. **2.** *Allée, piste cavalière,* aménagée pour les promenades à cheval.

CAVALIÈREMENT adv. De façon cavalière, désinvolte.

CAVATINE n.f. (ital. *cavatina*). MUS. Pièce vocale pour soliste, dans un opéra.

1. CAVE n.f. (lat. *cava,* fossé). **1.** Local souterrain, souvent voûté ; pièce en sous-sol d'un bâtiment, servant de débarras, de cellier, etc. **2. a.** Local, souterrain ou non, où l'on conserve le vin, pour sa consommation personnelle (bouteilles) ou pour la vente (bouteilles, fûts, cuves). **b.** Réserve de vins. *Avoir une belle cave.* **c.** Meuble où l'on range le vin. ◇ *Cave à cigares, à liqueurs :* coffret à cigares, à bouteilles, notamm. de liqueurs. **3.** Dancing, boîte de nuit en sous-sol.

■ **CAVE.** Cave à liqueurs en orme, avec flacons et verres en cristal taillé. (Musée des Arts décoratifs, Paris.)

2. CAVE n.f. Somme que chaque joueur place devant lui pour payer ses enjeux, partic. au poker.

3. CAVE adj. (lat. *cavus*, creux). *Litt.* Creux. *Joues caves.* ◇ *Veine cave :* chacune des deux grosses veines (*veine cave supérieure* et *veine cave inférieure*) qui collectent tout le sang désoxygéné de la circulation générale et aboutissent à l'oreillette droite du cœur.

4. CAVE n.m. **1.** *Arg.* Personne qui n'est pas du milieu. **2.** *Fam.* Niais, dupe.

CAVEAU n.m. **1.** Construction, fosse aménagée en sépulture sous un édifice, dans un cimetière. **2.** HIST. Cabaret, café littéraire (XVIIIe - XIXe s.). – Mod. Théâtre de chansonniers.

CAVEÇON n.m. (ital. *cavezzone*). Pièce de harnais, voisine du licol, servant à mettre un cheval à la longe.

CAVER v.t. (lat. *cavare*). *Litt.*, vx. Creuser, miner une roche, en parlant de l'eau.

CAVERNE n.f. (lat. *caverna*). **1.** Cavité naturelle assez vaste, dans un rocher, une montagne, sous la terre. ◇ *L'homme des cavernes,* de la préhistoire. **2.** MÉD. Cavité pathologique, en partic. tuberculeuse, creusée dans un organe. *Caverne du poumon.*

CAVERNEUX, EUSE adj. **1.** *Voix caverneuse,* grave, qui semble sortir des entrailles. **2.** MÉD. **a.** Qui se rapporte aux cavernes ; qui contient des cavernes. **b.** *Corps caverneux :* tissu érectile des organes génitaux (clitoris, verge).

C

CAVERNICOLE adj. et n.m. ÉCOL. Se dit d'un animal qui vit dans les milieux souterrains.

CAVET n.m. (ital. *cavetto*). ARCHIT. Moulure creuse dont le profil est proche du quart de cercle.

CAVIAR n.m. (turc *khâviâr*). Mets composé d'œufs d'esturgeon égrenés et salés, préparés en semi-conserve.

CAVIARDAGE n.m. Action de caviarder ; suppression, censure.

CAVIARDER v.t. (de *caviar*, enduit noir dont on recouvrait les articles censurés d'un journal, sous le tsar Nicolas Ier). Supprimer un passage, censurer un texte, un article.

CAVISTE n. Personne ayant la charge d'une cave à vins, chez un producteur, un restaurateur.

CAVITAIRE adj. MÉD. Relatif à une caverne ; qui en est le symptôme.

CAVITATION n.f. Formation de cavités remplies de vapeur ou de gaz au sein d'un liquide en mouvement, lorsque la pression en un point du liquide devient inférieure à la tension de vapeur de celui-ci.

CAVITÉ n.f. (bas lat. *cavitas*). Partie creuse, vide d'un objet matériel, organique. *Cavités d'un rocher. Cavités du cœur.* ◇ ANAT. *Cavité articulaire,* d'une articulation mobile (diarthrose), limitée par la membrane synoviale, et contenant le liquide synovial.

CAYEU n.m. → **CAÏEU.**

CAZETTE n.f. → **CASETTE.**

CB ou **C.B.** [sibi] n.f. (sigle). **1.** Citizen band. **2.** Appareil émetteur-récepteur pour la citizen band.

CCP ou **C.C.P.** n.m. (sigle). Compte chèques postal.

CD n.m. (sigle). Compact Disc.

CDD ou **C.D.D.** n.m. (sigle). Contrat à durée déterminée.

CDI ou **C.D.I.** n.m. (sigle). **1.** Centre de documentation et d'information. **2.** Contrat à durée indéterminée.

CD-I n.m. inv. (sigle). Compact Disc interactif.

CD-ROM ou **CD-Rom** [sederɔm] n.m. inv. (abrév. de l'angl. *compact disc read only memory,* disque compact à mémoire morte). Cédérom.

CDV n.m. (sigle). Compact Disc vidéo.

1. CE pron. dém. inv. (lat. *ecce hoc*). **1.** Indique un objet présent, présent à l'esprit, sa nature. *Qu'est-ce ? Qu'est-ce que c'est ? C'est un chat.* **2.** *Ce faisant :* en faisant cela ; de la sorte. – *Et ce :* rappelle ce qui vient d'être dit. *Il s'est tu, et ce malgré les menaces.* – *Sur ce :* sur ces entrefaites. **3.** *C'est... qui, c'est... que :* s'emploient pour mettre en relief un élément de la phrase. *C'est elle qui est la meilleure.* – *Ce que... :* comme, combien. *Ce qu'on s'amuse !* – REM. S'élide en *c'* devant *e.*

2. CE ou **CET, CETTE** adj. dém. [pl. *ces*] (lat. *ecce iste*). **1.** Détermine un nom désignant un être ou une chose qu'on montre, qui se trouve à proximité ou dont on a parlé. *Ce livre.* **2.** Détermine un nom qui désigne un moment proche. *Il vient ce soir.* – REM. *Cet,* adj. dém. masc., est employé devant un mot masc. commençant par une voyelle ou un *h* muet.

3. CE ou **C.E.** [seə] n.m. (sigle). Cours *élémentaire.

CÉANS adv. (de *çà* et de l'anc. fr. *enz,* dedans, lat. *intus*). Vx. Ici, en ces lieux. ◇ *Litt.* ou *par plais. Le maître de céans :* le maître des lieux.

CÉBIDÉ n.m. Primate américain à queue préhensile, aux narines plates et aux ongles plats, tel que l'alouate, le capucin, l'atèle, le ouistiti. (Les cébidés forment une famille du sous-ordre des platyrhiniens.)

CÉBISTE n. Recomm. off. pour *cibiste.*

CECI [səsi] pron. dém. inv. **1.** Cette chose-ci. **2.** Cette première chose ; cette chose proche (par oppos. à *cela*). ◇ *Parler de ceci et cela,* de choses et d'autres. **3.** *Et ceci :* et ce. *Et ceci, à mon insu !*

CÉCIDIE n.f. *Didact.* Galle des végétaux.

CÉCILIE n.f. Amphibien fouisseur, aveugle et dépourvu de membres, de l'Amérique du Sud. (Type de la famille des céciliidés ; ordre des apodes.)

CÉCITÉ n.f. (lat. *caecitas,* de *caecus,* aveugle). Fait d'être aveugle ; état d'une personne aveugle. ◇ *Cécité psychique :* agnosie visuelle. – *Cécité verbale :* alexie.

CÉDANT, E adj. et n. DR. Qui cède son droit, son bien.

CÉDER v.t. [11] (lat. *cedere,* s'en aller). **1.** Abandonner un droit, un lieu. *Céder sa place. Céder la parole.* ◇ *Céder le pas à qqn,* s'effacer devant lui ; *fig.*, reconnaître sa supériorité. – *Sout. Ne le céder en rien à :* rivaliser avec, être l'égal de. **2.** Vendre un bien, un droit. *Céder un bail, une créance.* ◆ v.t. ind. (**à**). **1.** Se laisser fléchir par qqn, se plier à sa volonté. **2.** Ne pas résister ; succomber à. *Céder à la tentation.* ◆ v.i. **1.** Ne pas résister ; se rompre. *Le câble a cédé sous la charge.* **2.** Perdre du terrain ; disparaître. *La fièvre cède.* – REM. Au futur et au conditionnel, l'Académie écrit *je cèderai, je cèderais,* avec un accent grave.

CÉDÉROM [sederɔm] n.m. Disque compact à lecture laser, à grande capacité de mémoire, et qui stocke à la fois des textes, des images et des sons. (On écrit aussi CD-ROM ou CD-Rom.)

CÉDÉTISTE adj. et n. De la Confédération française démocratique du travail (CFDT).

CEDEX [sedɛks] n.m. (acronyme). Courrier d'entreprise à distribution exceptionnelle.

CEDI n.m. Unité monétaire principale du Ghana.

CÉDILLE n.f. (esp. *cedilla,* petit c). Signe graphique qui se place, en français, sous la lettre *c* devant *a, o, u* pour lui donner le son de *s* [s], comme dans *façade, leçon, reçu.*

CÉDRAIE n.f. Terrain planté de cèdres.

CÉDRAT n.m. (ital. *cedrato*). Fruit du cédratier, de plus grande taille et à peau plus épaisse que le citron, utilisé surtout en pâtisserie, en confiserie et en parfumerie.

CÉDRATIER n.m. Arbre du groupe des agrumes, dont le fruit est le cédrat. (Genre *Citrus ;* famille des rutacées.)

CÈDRE n.m. (gr. *kedros*). **1.** Grand arbre d'Asie et d'Afrique, acclimaté en Europe, à branches étalées horizontalement en plans superposés. (Haut. 40 m env. ; genre *Cedrus,* ordre des conifères.) **2.** Québec. Arbre du genre thuya.

CÉDRIÈRE n.f. Québec. Terrain où poussent, où sont plantés des cèdres (thuyas).

CÉDULE n.f. (bas lat. *schedula,* feuillet). Anc. Catégorie de revenus classée par le fisc (revenu foncier, bénéfice agricole, etc.) et soumise à un régime d'imposition spécifique.

CÉGEP [seʒɛp] n.m. (acronyme). Au Québec, collège d'enseignement général et professionnel, précédant l'université.

CÉGÉPIEN, ENNE n. Au Québec, élève d'un cégep.

CÉGÉTISTE adj. et n. De la Confédération générale du travail (CGT).

CEINDRE v.t. [62] (lat. *cingere*). *Litt.* **1.** Mettre autour de la tête, d'une partie du corps. *Ceindre sa tête d'un bandeau.* **2.** Entourer le corps, la tête, en parlant d'une chose ; enserrer. *Un bandeau ceignait son front.*

CEINTURAGE n.m. SYLVIC. Marquage des arbres à abattre.

CEINTURE n.f. (lat. *cinctura*). **1. a.** Bande de cuir, d'étoffe, etc., portée pour fixer un vêtement autour de la taille ou comme ornement. ◇ *Fam. Se serrer la ceinture :* ne pas manger à sa faim ; renoncer à qqch. – Québec. *Ceinture fléchée :* large ceinture de laine, à motifs en forme de flèches, qui se porte au carnaval. **b.** *Ceinture de sécurité :* bande coulissante, destinée à maintenir une personne sur le siège d'un véhicule, en cas de choc, d'accident. – *Ceinture de sauvetage* → **sauvetage. c.** *Ceinture jaune, verte, noire, etc. :* bande de tissu dont la couleur symbolise un grade, au judo et au karaté ; ce grade ; le titulaire de ce grade. **2.** Partie fixe d'un vêtement qui maintient celui-ci autour de la taille. **3.** Vieilli. Gaine, corset. ◇ *Ceinture orthopédique :* corset destiné à corriger les déviations de la colonne vertébrale. **4. a.** Partie du corps où se place la ceinture ; taille. ◇ *Prise de ceinture :* prise portée à la taille, dans les sports de lutte. **b.** Partie du squelette où s'articulent les membres pairs des vertébrés. **5.** Ce qui entoure un lieu, zone concentrique, qui sert surtout à protéger. *Ceinture de fortifications.* ◇ *Ceinture verte :* espaces verts aménagés autour d'une agglomération. **6.** ARCHIT. Moulure ou corps de moulures enserrant un volume. **7.** ARM. Anneau métallique serti sur le culot d'un projectile et qui se moule dans les rayures d'un canon. **8.** ASTRON. *Ceinture d'astéroïdes :* zone du système solaire comprise entre l'orbite de Mars et celle de Jupiter, dans laquelle se concentrent la plupart des astéroïdes connus. – *Ceinture de rayonnement :* zone de la magnétosphère d'une planète dans laquelle se trouvent piégées des particules chargées de haute énergie. **9.** *Ceinture d'une table, d'un siège :* partie horizontale dans laquelle s'ajustent les pieds. **10.** ZOOL. *Ceinture de Vénus :* invertébré marin en forme de ruban aplati et transparent, carnivore, pouvant atteindre 1,50 m de long. (Embranchement des cténaires.)

CEINTURER v.t. **1.** Entourer d'une ceinture. **2.** Saisir par le milieu du corps en vue de maîtriser. *Ceinturer un adversaire.* **3.** Entourer un lieu, un espace. *Les remparts ceinturent la ville.* **4.** SYLVIC. Réaliser le ceinturage des arbres.

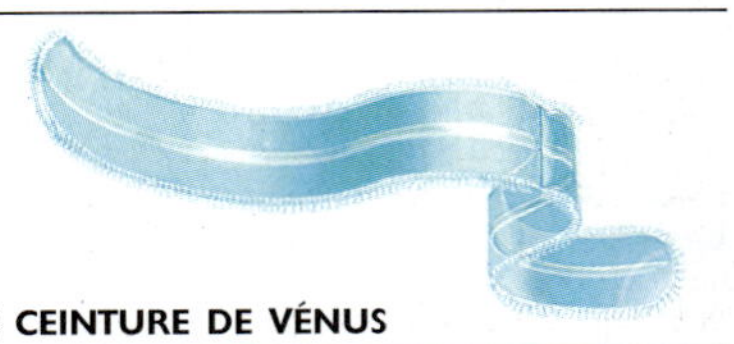

■ **CEINTURE DE VÉNUS**

CEINTURON n.m. Ceinture très solide, partic. d'un uniforme, sur laquelle on peut fixer des accessoires. *Ceinturon de chasseur.*

CELA pron. dém. inv. **1.** Cette chose-là. ◇ *En cela :* dans cet ordre de choses. **2.** Cette autre

■ **CÈDRE.**
Cèdre de l'Atlas (Afrique).

chose ; cette chose plus éloignée (par oppos. à *ceci*).

CÉLADON adj. inv. et n.m. D'une couleur vert pâle. ◆ n.m. Porcelaine d'Extrême-Orient de cette couleur.

■ **CÉLADON.** Pot en céladon, Chine ; époque Song du Nord, x^e-xiiie s. (Musée Guimet, Paris.)

CÉLASTRACÉE n.f. Plante arbustive à fleurs génér. munies d'un anneau nectarifère et disposées en cymes, telle que le fusain. (Les célastracées forment une famille de dicotylédones.)

CÉLÉBRANT n.m. Officiant principal d'une cérémonie religieuse.

CÉLÉBRATION n.f. Action de célébrer un événement, une cérémonie.

CÉLÈBRE adj. (lat. *celeber*). Connu de tous ; illustre.

CÉLÉBRER v.t. [11]. **1.** Marquer une date, un événement par une cérémonie, une fête. *Célébrer un anniversaire.* **2.** Accomplir un office liturgique. *Célébrer un mariage. Célébrer la messe.* **3.** *Litt.* Faire publiquement l'éloge de ; vanter qqn.

CELEBRET [selebrɛt] n.m. inv. (mot lat., *qu'il célèbre*). CATH. Pièce signée de l'autorité ecclésiastique et exigée de tout prêtre qui veut célébrer la messe dans une église où il n'est pas connu.

CÉLÉBRITÉ n.f. **1.** Grand renom ; notoriété. *Acquérir de la célébrité.* **2.** Personne célèbre. *C'est une célébrité locale.*

CELER [səle] v.t. [12] (lat. *celare*). *Litt.* Tenir secret ; cacher, taire.

CÉLERI ou **CÈLERI** n.m. (lombard *seleri*). Plante potagère dont on consomme les côtes des pétioles *(céleri branche)* ou la racine *(céleri-rave)*. [Genre *Apium* ; famille des ombellifères.]

CÉLÉRIFÈRE n.m. (du lat. *celer*, rapide, et *ferre*, porter). Anc. Véhicule à deux roues reliées par une planche, ancêtre de la bicyclette.

CÉLERI-RAVE ou **CÈLERI-RAVE** n.m. (pl. *céleris-raves, cèleris-raves*). Variété de céleri dont on consomme la racine.

CÉLÉRITÉ n.f. (lat. *celeritas*, de *celer*, rapide). **1.** *Litt.* Rapidité, promptitude dans une action, une exécution. **2.** PHYS. Vitesse de propagation d'une onde.

■ **CÉLERI**

CÉLESTA n.m. Instrument à percussion, pourvu d'un clavier actionnant des marteaux qui frappent des lames d'acier et de cuivre.

CÉLESTE adj. (lat. *caelestis*, de *caelum*, ciel). **1.** Du ciel, du firmament. *Corps céleste.* **2.** Relatif au ciel en tant que séjour de la divinité, des bienheureux ; divin. *Les puissances célestes. Bonté céleste.* – *Litt.* Qui cause un ravissement par sa beauté, sa douceur. *Musique céleste.*

CÉLESTIN n.m. Religieux d'un ordre d'ermites fondé en 1251 par le futur pape Célestin V.

CÉLIBAT n.m. (du lat. *caelebs, -libis*, célibataire). État d'une personne en âge d'être mariée et qui ne l'est pas.

CÉLIBATAIRE n. et adj. Personne qui vit dans le célibat.

CELLA [sɛla] n.f. (mot lat.). ANTIQ. Naos (salle).

CELLE pron. dém. fém. → **CELUI.**

CELLÉRIER, ÈRE n. et adj. Économe d'un monastère.

CELLIER n.m. (lat. *cellarium*). Pièce, lieu frais où l'on entrepose le vin et les provisions.

CELLOPHANE n.f. (nom déposé). Pellicule transparente, fabriquée à partir d'hydrate de cellulose et utilisée pour l'emballage.

CELLULAIRE adj. **1.** DR. Relatif aux cellules des prisonniers. ◇ ***Régime cellulaire***, dans lequel les prisonniers sont isolés. – ***Fourgon cellulaire***, pour le transport des prisonniers. **2.** BIOL. Relatif à la cellule ; formé de cellules. *Biologie cellulaire. Membrane cellulaire.* **3.** Se dit de matières plastiques qui contiennent des alvéoles ou des pores et qui sont utilisées dans le bâtiment, l'emballage, etc. **4.** TÉLÉCOMM. Se dit d'un système de radiocommunication qui fonctionne dans une zone divisée en cellules adjacentes contenant chacune un relais radioélectrique. ◆ n.m. Québec. Téléphone portable.

CELLULAR n.m. (mot angl., *cellulaire*). Tissu souple de coton, dont on fait des vêtements de sport.

CELLULASE n.f. Enzyme, propre à certaines bactéries ou certains protozoaires, catalysant la dégradation de la cellulose.

CELLULE n.f. (lat. *cellula*). **1.** Pièce, chambre, génér. individuelle, où l'on vit isolé, partic. dans un monastère, une prison. – Compartiment d'un fourgon cellulaire. **2.** APIC. Alvéole. **3.** BIOL. Élément constitutif fondamental de tout être vivant. **4.** *Fig.* Élément constitutif fondamental d'un ensemble. *Cellule familiale.* **5.** Groupement de base d'un parti politique, notamm. des partis communistes, à partir duquel ceux-ci s'organisent. **6.** Au sein d'un organisme, groupe de travail constitué pour traiter d'un problème particulier. *Cellule de réflexion. Cellule de crise.* **7. a.** Tête de lecture d'un lecteur de disques audio. **b.** ***Cellule solaire*** : photopile. **8.** AVIAT. Ensemble des structures portantes (ailes, empennages, fuselage) d'un avion. **9.** CONSTR. Élément constitutif de base d'un habitat, notamm. en matière de préfabrication.

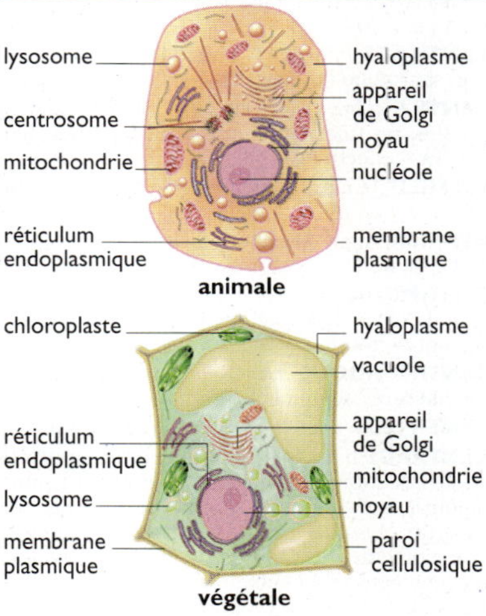

■ **CELLULES** animale et végétale.

ENCYCL. BIOL. Toute cellule est entièrement entourée d'une membrane, la membrane plasmique, et contient un cytoplasme d'apparence souvent granuleuse, du fait des nombreux ribosomes qu'il contient. La cellule des bactéries, dite *procaryote*, ne contient aucun organite, et son unique chromosome n'est pas enfermé dans un noyau. La cellule des autres êtres vivants, dite *eucaryote*, contient de nombreux organites, limités par une ou deux membranes, notamm. un noyau, qui renferme la chromatine. Les protistes sont des eucaryotes unicellulaires. Animaux et plantes sont formés de milliards de cellules diversifiées, mais leur cycle de reproduction sexuée passe par un stade à une seule cellule, l'œuf, ou zygote.

CELLULITE n.f. **1.** *Cour.* Dépôt de graisse sous-cutané, donnant à la peau un aspect capitonné et piqueté (« peau d'orange »), surtout sur les cuisses et les fesses (« culotte de cheval »). **2.** MÉD. Inflammation grave du tissu sous-cutané, d'origine infectieuse.

CELLULITIQUE adj. Relatif à la cellulite. ◆ adj. et n. MÉD. Atteint de cellulite.

CELLULOÏD n.m. (nom déposé). Matière plastique très malléable à chaud et très inflammable, obtenue en plastifiant la nitrocellulose par le camphre.

CELLULOSE n.f. Substance macromoléculaire du groupe des glucides, polymère du glucose, constituant principal et caractéristique de la paroi des cellules végétales, utilisée notamm. pour la fabrication du papier et de textiles.

CELLULOSIQUE adj. Qui est de nature de la cellulose ; qui en contient. *Vernis cellulosique.*

CELSIUS (DEGRÉ) → **DEGRÉ.**

1. CELTIQUE ou **CELTE** adj. et n. Relatif aux Celtes.

2. CELTIQUE n.m. Groupe de langues indo-européennes parlées par les anciens Celtes.

CELUI, CELLE pron. dém. [pl. *ceux, celles*] (lat. *ecce*, voici, et *ille*, celui-là). Désigne la personne ou la chose dont on parle. *Celle qui sort, ceux qui entrent. Cette maison est celle du notaire.*

CELUI-CI, CELLE-CI pron. dém. (pl. *ceux-ci, celles-ci*). **1.** Désigne la personne ou la chose proche et que l'on peut montrer. **2.** Désigne ce ou celui dont on vient de parler (par oppos. à *celui-là*). *Elle voulait voir Anne, mais celle-ci était absente.*

CELUI-LÀ, CELLE-LÀ pron. dém. (pl. *ceux-là, celles-là*). **1.** Désigne la personne ou la chose éloignée que l'on montre. *Mon pinceau est abîmé ; passe-moi celui-là.* **2.** Désigne ce ou celui dont on a d'abord parlé (par oppos. à *celui-ci*). *Elle voulait voir Anne et Odile, mais celle-ci était absente et celle-là sous la douche.*

CÉMENT n.m. (lat. *caementum*). **1.** HISTOL. Tissu dur recouvrant l'ivoire de la racine des dents. **2.** MÉTALL. Matière utilisée dans la cémentation, comme le carbone pour l'acier.

CÉMENTATION n.f. MÉTALL. Chauffage d'une pièce métallique au contact d'un cément qui, en diffusant dans sa masse *(cémentation à cœur)* ou à sa surface *(cémentation superficielle)*, lui permet d'acquérir des propriétés particulières de dureté (après une trempe), de ductilité, etc.

CÉMENTER v.t. Soumettre à la cémentation.

CÉMENTITE n.f. Carbure de fer (Fe_3C), constituant principal des aciers et des fontes blanches.

CÉNACLE n.m. (lat. *cenaculum*, salle à manger). **1.** CHRIST. Salle où eut lieu la Cène, puis où les disciples reçurent le Saint-Esprit. **2.** *Litt.* Cercle restreint de personnes animées par des idées communes. *Cénacle littéraire, politique.*

CENDRE n.f. (lat. *cinis, cineris*). **1.** Résidu solide, souvent pulvérulent, produit par la combustion d'une substance. ◇ ***Couver sous la cendre*** : se développer sourdement avant d'éclater au grand jour. **2.** GÉOL. Fines particules de projections volcaniques ayant une large extension. ◆ pl. **1.** *Litt.* Ruines de ce qui a été brûlé, dévasté. ◇ ***Réduit en cendres*** : anéanti. **2.** Restes des morts. ◇ ***Renaître de ses cendres*** : prendre un nouvel essor, comme le Phénix. **3.** CHRIST. Symbole de la pénitence dans le rite d'imposition des cendres, le mercredi des Cendres.

CENDRÉ, E adj. **1.** Qui a la couleur de la cendre, gris ou gris bleuté. *Cheveux blond cendré.* **2.** *Fromage cendré*, ou *cendré*, n.m. : fromage affiné dans les cendres de bois.

CENDRÉE n.f. Petit plomb pour la chasse du menu gibier.

CENDRER v.t. *Litt.* Donner une couleur cendrée à qqch.

CENDREUX, EUSE adj. **1.** *Litt.* Qui a l'aspect, la couleur de la cendre. **2.** PÉDOL. Se dit d'un horizon qui a la couleur grise et l'aspect de la cendre, comme celui du podzol.

CENDRIER [sɑ̃drije] n.m. **1.** Récipient destiné à recevoir les cendres de tabac. **2.** Partie d'un fourneau, d'un poêle où tombe la cendre.

CENDRILLON n.f. (de *Cendrillon*, n.pr.). **1.** *Litt.* Jeune fille à qui l'on réserve les travaux ménagers rebutants. **2.** Vieilli. Servante pauvre.

CÈNE n.f. (lat. *cena*, repas du soir). CHRIST. **1.** *La Cène* : dernier repas de Jésus-Christ avec ses apôtres, la veille de sa Passion, au cours duquel il institua l'eucharistie. **2.** *La sainte cène* : communion sous les deux espèces (pain et vin), dans le culte protestant.

CENELLE [sənɛl] n.f. Fruit de l'aubépine.

CENELLIER ou **SENELLIER** [sənɛlje] n.m. Région. (Centre) ; Québec. Aubépine.

CÉNESTHÉSIE ou, vx, **CŒNESTHÉSIE** [senɛstezi] n.f. (gr. *koinos,* commun, et *aisthêsis,* sensation). PHYSIOL. Impression globale résultant de l'ensemble des sensations internes.

CÉNESTHÉSIQUE adj. Relatif à la cénesthésie.

CÉNESTHOPATHIE n.f. PSYCHIATR. Trouble de la cénesthésie ; modification pathologique de la représentation mentale du corps dont le malade peut reconnaître le caractère hallucinatoire.

CÉNOBITE n.m. (du gr. *koinobion,* vie en commun). CHRIST. Moine qui vit en communauté (par oppos. à *anachorète*).

CÉNOBITIQUE adj. Relatif aux cénobites.

CÉNOBITISME n.m. État du cénobite.

CÉNOTAPHE n.m. (gr. *kenos,* vide, et *taphos,* tombeau). Monument en forme de tombeau élevé à la mémoire d'un mort, et qui ne contient pas son corps.

CÉNOZOÏQUE n.m. Ère géologique correspondant aux systèmes tertiaire (paléogène et néogène) et quaternaire. (Le cénozoïque a débuté il y a 65 millions d'années ; il a été marqué par le plissement alpin et la diversification des mammifères.) ◆ adj. Relatif au cénozoïque.

C

CENS [sɑ̃s] n.m. (lat. *census*). **1.** DR. Montant, quotité d'imposition nécessaire pour être électeur ou éligible, dans un suffrage censitaire. **2.** HIST. Redevance due par des tenanciers au seigneur du fief. **3.** ANTIQ. ROM. Recensement des citoyens qui servait notamm. au recrutement de l'armée et au recouvrement de l'impôt.

CENSÉ, E adj. (du lat. *censere,* juger). Considéré comme devant être ou devant faire qqch ; supposé. *Nul n'est censé ignorer la loi.* — REM. À distinguer de *sensé.*

CENSÉMENT adv. D'après ce qu'on peut supposer ; en apparence. — REM. À distinguer de *sensément.*

CENSEUR n.m. (lat. *censor*). **1.** ANTIQ. ROM. Sous la République, magistrat curule chargé du cens et de la surveillance des mœurs. **2.** DR. Membre d'une commission de censure. **3.** Anc. Fonctionnaire chargé de la discipline générale dans un lycée. (Auj. : *proviseur adjoint.*) **4.** Personne qui s'érige en juge intransigeant d'autrui.

CENSIER n.m. HIST. Registre foncier d'un seigneur, contenant la liste des tenanciers et de leurs tenures.

CENSITAIRE [sɑ̃sitɛr] adj. *Suffrage censitaire :* système dans lequel le droit de vote est réservé aux contribuables versant un montant minimal *(cens)* d'impôts.

CENSIVE n.f. HIST. Terre assujettie au cens annuel.

CENSORAT n.m. ANTIQ. ROM. Fonction de censeur.

CENSURABLE adj. Qui peut être censuré.

CENSURE n.f. (lat. *censura*). **1.** Contrôle exercé par un gouvernement, une autorité, sur la presse, les spectacles, etc., destinés au public ; examen décidant des autorisations, des interdictions. *Visa de censure d'un film.* ◇ *Commission de censure :* groupe de personnes chargées de cet examen. **2.** Action de censurer, d'interdire tout ou partie d'une communication quelconque. **3. a.** Sanction prononcée contre un officier ministériel, un parlementaire. **b.** DR. CANON. Sanction pénale (excommunication, suspense, interdit) prise à l'encontre d'un chrétien pour l'amener à reconnaître sa faute. **4.** *Motion de censure :* motion émanant, en France, de l'Assemblée nationale, qui met en cause la responsabilité du gouvernement et peut entraîner la démission de celui-ci. **5.** PSYCHAN. Fonction psychique qui empêche l'émergence des désirs inconscients dans la conscience autrement que sous une forme déguisée, notamm. dans le rêve. **6.** DR. Fonction de censeur ; exercice de cette fonction.

CENSURER v.t. **1.** Pratiquer la censure contre ; interdire. **2.** Voter une motion de censure. *Censurer le gouvernement.* **3.** Se comporter en censeur d'autrui, de sa conduite. **4.** PSYCHAN. Refouler.

1. CENT adj. num. et n.m. (lat. *centum*). **1.** Dix fois dix. *Deux cents mètres. Trois cent dix ans. Deux cent mille.* **2.** Un grand nombre de. *Il y a cent moyens d'y arriver.* **3.** Centième. *Page deux cent.* ◆ n.m. **1.** Nombre exprimant la centaine. *Trois fois cent.* ◇ *Pour cent :* pour une quantité de cent unités. *Douze pour cent.* — *Cent pour cent :* entièrement, tout à fait. **2.** Centaine. *Plusieurs cents d'huîtres.*

2. CENT [sɛnt] n.m. Monnaie divisionnaire valant 1/100 de l'unité monétaire principale de nombreux pays anglo-saxons (dollar, rand, shilling, etc.), ainsi que 1/100 de florin et d'euro.

CENTAINE n.f. (lat. *centena*). **1.** Groupe de cent ou d'environ cent unités. **2.** Grand nombre. *Des centaines et des centaines. Par centaines.*

CENTAURE n.m. (gr. *kentauros*). MYTH. GR. Être fabuleux, au buste et au visage d'homme, au corps de cheval.

CENTAURÉE n.f. (gr. *kentauriê,* plante du centaure). **1.** Plante dicotylédone à fleurs en tubes, génér. bleues, roses ou violettes, disposées en capitules, telle que le bleuet et la jacée. (Genre *Centaurea ;* famille des composées.) **2.** *Petite centaurée :* plante à fleurs roses, tubulaires, disposées en inflorescences ramifiées. (Genre *Centaurium ;* famille des gentianacées.)

CENTAVO [sɛntavo] n.m. (mot esp.). Monnaie divisionnaire valant 1/100 de l'unité monétaire principale de nombreux pays de langue espagnole ou portugaise (peso, escudo, etc.).

1. CENTENAIRE adj. et n. (lat. *centenarius*). Qui a cent ans ou plus. ◆ adj. Qui existe depuis au moins cent ans. *Un arbre centenaire.*

2. CENTENAIRE n.m. Commémoration d'un événement qui a eu lieu cent ans auparavant.

CENTENNAL, E, AUX adj. Qui a lieu tous les cent ans.

CENTÉSIMAL, E, AUX adj. (lat. *centesimus*). **1.** Se dit des fractions dont le dénominateur est cent. **2.** MÉTROL. Relatif aux divisions d'une échelle graduée en cent parties égales.

CENT-GARDE n.m. (pl. *cent-gardes*). Cavalier de la garde d'honneur (1854 - 1870) de Napoléon III.

CENTI-, préfixe (symb. c) qui placé devant une unité la divise par 10^2.

CENTIARE n.m. Centième partie de l'are (symb. ca), équivalant à 1 m^2.

CENTIÈME adj. num. ord. et n. (lat. *centesimus*). Qui occupe un rang marqué par le nombre 100. ◇ *Pour la centième fois :* marque l'exaspération ; une fois de plus. ◆ n.m. et adj. Quantité désignant le résultat d'une division par 100.

CENTIGRADE n.m. **1.** Centième partie du grade (unité d'angle) [symb. cgr]. **2.** *Thermomètre centigrade, degré centigrade,* procédant d'une échelle de température à cent degrés (l'échelle Celsius). [Terme abandonné depuis 1948.]

CENTIGRAMME n.m. Centième partie du gramme (symb. cg).

CENTILAGE n.m. STAT. Division d'une distribution statistique en cent classes d'effectifs égaux.

CENTILE n.m. STAT. Chacune des 99 valeurs répartissant une distribution statistique en 100 classes d'effectif égal.

CENTILITRE n.m. Centième partie du litre (symb. cl).

CENTIME n.m. Monnaie divisionnaire valant 1/100 de franc.

CENTIMÈTRE n.m. **1.** Centième partie du mètre (symb. cm). **2.** Ruban divisé en centimètres, servant de mesure. *Centimètre de couturière.*

CENTIMÉTRIQUE adj. Relatif au centimètre, aux mesures auxquelles il sert de base.

CENT-PIEDS n.m. inv. Polynésie. Scolopendre.

CENTRAGE n.m. **1.** Action de centrer un objet. **2.** MÉCAN. INDUSTR. **a.** Détermination du centre d'une face de pièce. **b.** Action de disposer les axes de plusieurs pièces mécaniques pour les faire coïncider. ◇ *Centrage optique :* opération d'alignement des centres de courbure des surfaces de lentilles par rapport à un axe.

1. CENTRAL, E, AUX adj. **1.** Qui est au centre, près du centre ; relatif au centre. *Europe centrale.* ◇ *Force centrale :* force dont le support passe par un point fixe. **2.** Qui constitue le centre, le pivot d'un ensemble organisé ; qui centralise. *Fichier central. Pouvoir central.* ◇ *Maison, prison centrale,* ou *centrale,* n.f. : lieu où sont incarcérés les détenus condamnés à des peines de plus d'un an. **3.** Qui a le plus d'importance ; essentiel. *L'idée centrale du livre.*

2. CENTRAL n.m. **1.** *Central téléphonique :* lieu où aboutissent les lignes du réseau public et où des équipements de commutation permettent leur mise en communication. **2.** *Le central :* le court principal d'un stade de tennis.

CENTRALE n.f. **1.** Usine génératrice d'énergie électrique. *Centrale hydroélectrique, nucléaire, thermique.* ◇ *Centrale à béton :* usine où se fabrique le béton. **2.** Confédération nationale de syndicats de salariés. **3.** *Centrale d'achats :* organisme commercial gérant les commandes d'approvisionnement des magasins qui lui sont affiliés. **4.** Prison centrale.

CENTRALIEN, ENNE n. Élève ou ancien élève de l'École centrale des arts et manufactures.

CENTRALISATEUR, TRICE adj. et n. Qui centralise.

CENTRALISATION n.f. Action de centraliser ; son résultat.

CENTRALISER v.t. **1.** Rassembler en un centre unique. *Centraliser des fonds.* **2.** Faire dépendre d'un organisme, d'un pouvoir central. *Centraliser des services.*

CENTRALISME n.m. Système d'organisation qui entraîne la centralisation des décisions et de l'action. ◇ *Centralisme démocratique :* mode d'organisation propre aux partis communistes, impliquant notamm. la soumission de la minorité à la majorité dans l'application de la ligne politique définie.

CENTRALISTE n. Partisan du centralisme.

CENTRAMÉRICAIN, E adj. et n. De l'Amérique centrale.

CENTRATION n.f. PSYCHOL. *Loi* ou *effet de centration :* surestimation du stimulus sur lequel on porte l'attention, par rapport aux autres stimuli du champ perceptif.

CENTRE n.m. (lat. *centrum,* gr. *kentron,* pointe). **1.** GÉOMÉTR. Point situé à égale distance (le rayon) de tous les points d'un cercle ou d'une sphère. ◇ *Centre de symétrie d'une figure :* point, s'il existe, tel que tous les points de la figure soient deux à deux symétriques par rapport à lui. **2.** Milieu d'un espace quelconque. *Le centre d'une ville.* **3.** Ensemble des membres d'une assemblée politique qui siègent entre la droite et la gauche ; courant politique intermédiaire entre les idées de droite et les idées de gauche. **4.** SPORTS. **a.** Dans certains sports d'équipe, joueur(euse) qui se trouve au milieu de la ligne d'attaque. **b.** Action de centrer. **5.** Point de convergence, de rayonnement de diverses forces. ◇ *Centre optique :* point de l'axe d'une lentille tel qu'à tout rayon lumineux intérieur à la lentille, et passant par ce point, correspondent un rayon incident et un rayon émergent parallèles l'un à l'autre. **6.** Siège, lieu principal ou notable d'une activité. *Un centre ouvrier, industriel, touristique.* — Partie d'une ville où une activité est dominante. *Centre des affaires.* ◇ *Centre commercial :* ensemble regroupant des magasins de détail et divers services (banque, poste, etc.). — *Centre dramatique national :* organisme institué dans certaines villes de France à partir de 1947, pour y promouvoir un théâtre populaire et décentralisé. **7.** Bureau, organisme centralisateur. *Centre de documentation.* **8.** Lieu où sont regroupées, pour une fin commune, des personnes, des activités. *Centre d'apprentissage. Centre hospitalier.* **9.** MÉTÉOROL. *Centre d'action :* anticyclone ou dépression ayant un caractère durable ou permanent, jouant un rôle majeur dans la circulation atmosphérique. **10.** *Fig.* Point principal, essentiel. *Le centre de la question.* **11.** *Fig.* Personne vers laquelle converge l'attention, l'intérêt.

CENTRÉ, E adj. Qui a un centre. ◇ OPT. *Système centré :* ensemble de lentilles ou de miroirs dont les centres de courbure sont alignés sur une même droite, dite *axe optique.* — PROBAB. *Variable aléatoire centrée :* variable ayant une espérance mathématique nulle.

CENTRE-AVANT n. (pl. *centres-avants*). Belgique. Avant-centre.

CENTRER v.t. **1.** Ramener au centre ; placer au milieu. *Centrer un titre dans une page.* **2.** Orienter essentiellement sur ; axer. *Centrer la caméra sur la vedette. La discussion a été centrée sur la violence.* **3.** TECHN. *Centrer une pièce,* la fixer en son centre, en déterminer le centre, faire coïncider son axe avec celui d'un dispositif. **4.** SPORTS. Envoyer le ballon de l'aile vers l'axe du terrain.

CENTRE-VILLE n.m. (pl. *centres-villes*). Quartier central d'une ville, le plus animé ou le plus ancien.

CENTRIFUGATION n.f. Séparation des constituants d'un mélange par la force centrifuge.

CENTRIFUGE adj. Qui tend à éloigner du centre. *Force centrifuge.* CONTR. : *centripète.* ◇ *Pompe centrifuge :* pompe rotative dont le principe est fondé sur l'action de la force centrifuge.

CENTRIFUGER v.t. [10]. Soumettre à l'action de la force centrifuge ; passer à la centrifugeuse.

CENTRIFUGEUSE n.f. ou **CENTRIFUGEUR** n.m. Appareil qui effectue la centrifugation. ◆ n.f. Appareil ménager électrique destiné à produire du jus de fruits ou de légumes.

CENTRIOLE n.m. BIOL. CELL. Corpuscule cylindrique, formé de microtubules, constituant du centrosome et de la base des flagelles.

CENTRIPÈTE adj. Qui tend à rapprocher du centre. CONTR. : *centrifuge.*

CENTRISME n.m. Attitude, conception politique fondée sur le refus des extrêmes.

CENTRISTE adj. et n. Qui se situe politiquement au centre.

CENTROMÈRE n.m. BIOL. CELL. Constriction présente dans chaque chromosome, et qui divise celui-ci en quatre bras formant deux à deux les chromatides.

CENTROSOME n.m. BIOL. CELL. Organite situé près du noyau dans la plupart des cellules, constitué de deux centrioles perpendiculaires entre eux, qui intervient dans la division cellulaire et dans les battements des cils et des flagelles.

CENT-SUISSE n.m. (pl. *cent-suisses*). Soldat suisse appartenant à la compagnie des cent-suisses affectée (1481 - 1792) à la garde des rois de France.

CENTUPLE adj. et n.m. (lat. *centuplus*). Qui vaut cent fois une quantité donnée. ◇ *Au centuple :* cent fois plus ; *fig.,* en quantité beaucoup plus grande.

CENTUPLER v.t. Multiplier par cent. ◆ v.i. Être multiplié par cent.

CENTURIE n.f. (lat. *centuria*). ANTIQ. ROM. Unité politique, administrative et militaire formée, à l'origine, de cent citoyens.

CENTURION n.m. Officier commandant une centurie, dans la légion romaine.

CÉNURE ou **CŒNURE** [senyr] n.m. Ténia parasite de l'intestin grêle du chien, dont la larve, présente dans l'encéphale du mouton, provoque le tournis.

CEP n.m. (lat. *cippus,* pieu). Pied de vigne.

CÉPAGE n.m. Plant de vigne, considéré dans sa spécificité ; variété de vigne.

CÈPE n.m. (gascon *cep,* tronc). Dénomination commune à plusieurs espèces de bolets comestibles. *Cèpe de Bordeaux.*

CÉPÉE n.f. SYLVIC. Touffe de tiges ou rejets de bois sortant de la souche d'un arbre qui a été coupé. SYN. : *trochée.*

CEPENDANT conj. (de *ce* et *pendant*). Marque une opposition, une restriction ; pourtant, néanmoins. ◆ adv. *Litt.* Pendant ce temps. ◆ **cependant que** loc. conj. *Litt.* Pendant que, tandis que.

CÉPHALÉE ou **CÉPHALALGIE** n.f. (du gr. *kephalê,* tête). MÉD. Mal de tête.

CÉPHALIQUE adj. Relatif à la tête.

CÉPHALOCORDÉ n.m. Animal marin proche des vertébrés primitifs, tel que l'amphioxus, dont l'axe squelettique est une corde dorsale.

CÉPHALOPODE n.m. (gr. *kephalê,* tête, et *pous, podos,* pied). Mollusque marin carnivore et chasseur, à la tête portant des tentacules munis de ventouses, au bec corné venimeux, se propulsant en expulsant de l'eau par un siphon. (Les céphalopodes, tels que la seiche, le calmar, la pieuvre, le nautile, forment une classe.)

CÉPHALO-RACHIDIEN, ENNE adj. (pl. *céphalo-rachidiens, ennes*). Qui concerne la tête et la colonne vertébrale ; cérébro-spinal. ◇ *Liquide céphalo-rachidien :* liquide circulant entre les méninges, dans les ventricules de l'encéphale et dans le canal central de la moelle.

CÉPHALOSPORINE n.f. Médicament antibiotique proche des pénicillines.

CÉPHALOTHORAX n.m. Région antérieure du corps de certains invertébrés arthropodes (crustacés, arachnides), chez lesquels la tête et le thorax sont soudés.

CÉPHÉIDE n.f. (de δ *Cephei,* l'une des étoiles de la constellation de Céphée). ASTRON. Étoile variable pulsante à courte ou à moyenne période, de un jour à quelques semaines.

CÉRAMBYCIDÉ n.m. (du gr. *kerambux,* pot à cornes). Insecte coléoptère au long corps et à longues antennes (d'où son nom usuel de *capricorne* ou *longicorne*), et dont les larves creusent des galeries dans les arbres. (La famille des cérambycidés compte plus de 13 000 espèces, surtout tropicales.)

CÉRAME adj. (gr. *keramos*). *Grès cérame :* grès vitrifié dans la masse.

CÉRAMIDE n.m. BIOCHIM. Molécule organique, formée par la combinaison d'un acide gras à chaîne longue et d'un alcool aminé, constituant principal de certains lipides complexes des membranes cellulaires ainsi que de la myéline du système nerveux. (Certains céramides d'origine végétale entrent dans la composition de produits cosmétiques.)

CÉRAMIQUE n.f. (gr. *keramikos*). **1.** Art de fabriquer les poteries et autres objets de terre cuite, de faïence, de porcelaine. **2.** Objet en terre cuite. ◆ adj. Qui concerne la fabrication des poteries et autres pièces de terre cuite, y compris la faïence, le grès, la porcelaine. ◇ *Matériau céramique,* ou *céramique,* n.f. : matériau manufacturé qui n'est ni un métal ni un produit organique. (Les céramiques industrielles, également appelées *céramiques techniques,* se répartissent en deux grandes familles : les oxydes et les non-oxydes. Les verres minéraux, qui sont des combinaisons d'oxydes, se rattachent de ce fait à la première famille.)

CÉRAMISTE n. Personne qui fabrique ou décore de la céramique.

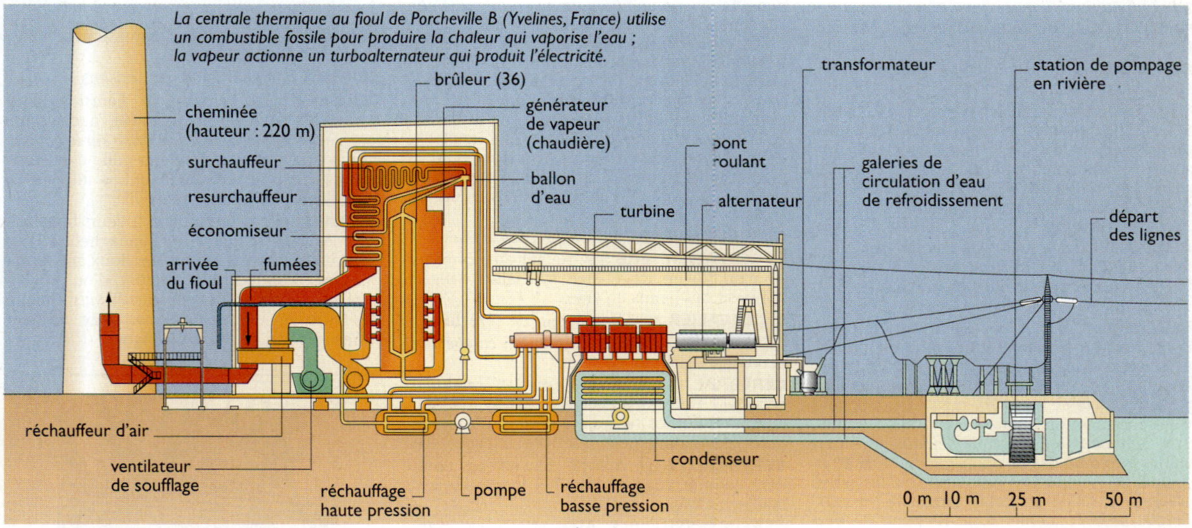

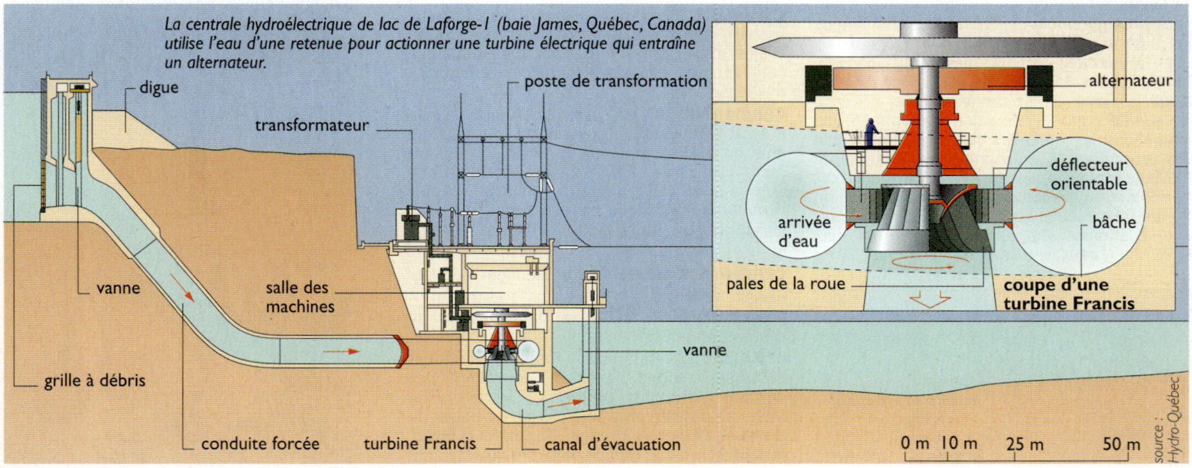

■ **CENTRALES.** Fonctionnement d'une centrale thermique et d'une centrale hydroélectrique.

■ **CÉRAMIQUE.** Porcelaine tendre de Vincennes à fond bleu lapis, v. 1753. (Musée national de la céramique, Sèvres.)

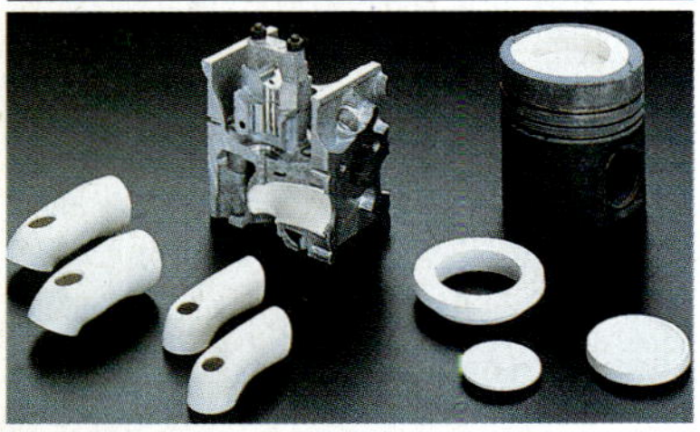

■ **CÉRAMIQUE.** Pièces d'automobile en céramiques industrielles (en blanc).

CÉRAMOLOGUE n. Spécialiste de l'étude de la céramique.

CÉRASTE n.m. (gr. *kerastês,* cornu). Serpent venimeux d'Afrique et d'Asie, dit aussi *vipère à cornes,* à cause des deux pointes situées au-dessus de ses yeux. (Long. 75 cm ; famille des vipéridés.)

CÉRAT n.m. (lat. *ceratum*). Onguent à base de cire et d'huile.

CERBÈRE n.m. (de *Cerbère,* n. myth.). *Litt.* Portier, gardien sévère, intraitable.

CERCAIRE n.f. (du gr. *kerkos,* queue). ZOOL. Larve des douves.

CERCEAU n.m. (du lat. *circus,* cercle). **1.** Cercle léger utilisé dans certains jeux ou sports (gymnastique rythmique). **2.** Cercle ou arceau de bois, de métal, servant d'armature, de support. *Cerceaux d'une robe, d'une bâche.* **3.** Cercle de bois ou de métal servant à maintenir les douves d'un tonneau, d'un baquet.

CERCLAGE n.m. **1.** Action de cercler ; son résultat. **2.** CHIRURG. Opération consistant à serrer un fil, une bande autour d'un organe, d'un canal naturel.

CERCLE n.m. (du lat. *circus*). **1.** Courbe plane dont tous les points sont situés à égale distance d'un point fixe, le centre. **2.** Circonscription administrative, division territoriale dans certains pays. **3.** *Cercle de hauteur :* cercle de la sphère céleste parallèle à l'horizon en un lieu donné. SYN. : *almicantarat, parallèle de hauteur.* – *Cercle horaire d'un astre :* demi-grand cercle de la sphère céleste passant par l'astre et les pôles célestes. **4.** Objet de forme circulaire. ◇ BOT. *Cercle annuel :* cerne. **5. a.** Réunion de personnes, ensemble de choses disposées en rond. ◇ *Cercle de famille :* la proche famille réunie. – *Le premier cercle :* les personnes, les milieux les plus proches d'un pouvoir, du pouvoir. **b.** *Par ext.* Groupement de personnes réunies dans un but particulier ; local où elles se réunissent. *Cercle d'études. Cercle de jeu. Cercle militaire.* ◇ *Cercle de qualité :* groupe de salariés réunis en vue d'améliorer les méthodes de travail et la qualité des produits. **6.** Ce qui constitue l'étendue, la limite de la connaissance, de l'activité, etc. **7.** LOG. *Cercle vicieux :* raisonnement défectueux où l'on donne pour preuve ce qu'il faut démontrer ; *par ext.,* situation dans laquelle on se trouve enfermé. **8.** ÉCON. *Cercle vertueux :* enchaînement de mécanismes qui, par un effet cumulatif, favorisent l'amélioration d'une situation. *Le cercle vertueux de la croissance.*

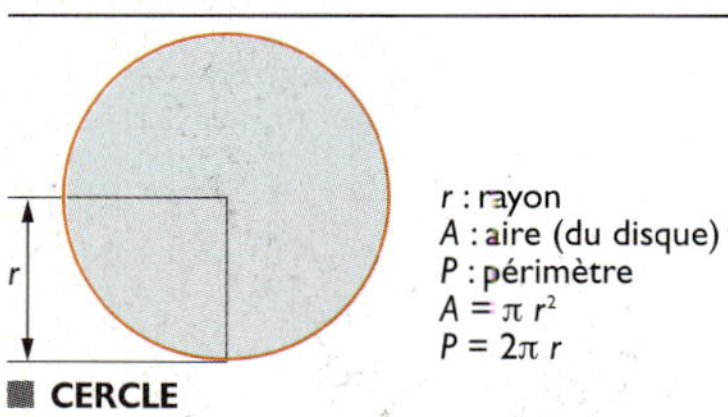

■ **CERCLE**

CERCLER v.t. Garnir, entourer d'un cercle, de cercles. *Cercler un tonneau.*

CERCOPITHÈQUE n.m. (gr. *kerkos,* queue, et *pithêkos,* singe). Singe à longue queue, dont il existe en Afrique plusieurs espèces. (Sous-ordre des catarhiniens.)

■ **CERCOPITHÈQUE**

CERCUEIL [sɛrkœj] n.m. (gr. *sarkophagos,* qui mange la chair). Long coffre dans lequel on enferme le corps d'un mort. SYN. : *bière.*

CERDAN, E ou **CERDAGNOL, E** adj. et n. De Cerdagne.

CÉRÉALE n.f. (de *Cérès,* déesse romaine des Moissons). Plante cultivée, génér. de la famille des graminées, dont les grains, surtout réduits en farine, servent à la nourriture de l'homme et des animaux domestiques, et qui peut aussi être récoltée avant maturité des grains pour servir de fourrage. ◆ pl. Préparation alimentaire à base de blé, de maïs, d'avoine, etc., que l'on consomme génér. avec du lait et du sucre.

ENCYCL. Les céréales (blé, seigle, avoine, orge, riz, maïs, etc.) sont cultivées depuis les origines de l'agriculture. Leurs grains entiers (riz) ou après mouture (blé, maïs, millet) constituent l'une des bases alimentaires essentielles de l'humanité. Les céréales ont une grande importance économique dans l'alimentation humaine – grâce aux très nombreux produits qu'on tire princip. du blé (pain, pâtes alimentaires, pâtisseries, biscuits) –, dans l'alimentation animale – surtout pour la production des volailles et des porcs (blé, avoine, orge, maïs, sorgho) –, et, enfin, dans l'industrie (bière, alcool, amidon).

CÉRÉALICULTURE n.f. Culture des céréales.

1. CÉRÉALIER, ÈRE adj. Relatif aux céréales. ◆ n.m. Navire de charge spécialisé dans le transport des grains en vrac.

2. CÉRÉALIER n.m. Producteur de céréales.

CÉRÉBELLEUX, EUSE adj. (du lat. *cerebellum,* cervelle). Relatif au cervelet.

CÉRÉBRAL, E, AUX adj. (du lat. *cerebrum,* cerveau). **1.** Relatif au cerveau. **2.** Qui concerne l'esprit, la pensée. ◆ adj. et n. Chez qui prédomine le raisonnement, l'activité intellectuelle.

CÉRÉBRALITÉ n.f. Activité du cerveau, considéré comme siège des facultés intellectuelles ; intellectualité.

CÉRÉBRO-SPINAL, E, AUX adj. Qui concerne le cerveau et la moelle épinière.

CÉRÉMONIAL n.m. (pl. *cérémonials*). **1.** Ensemble des règles qui président aux cérémonies civiles, militaires ou religieuses. **2.** CHRIST. Livre contenant les règles liturgiques des cérémonies religieuses.

CÉRÉMONIE n.f. (lat. *caeremonia,* caractère sacré). **1.** Forme extérieure solennelle et régulière d'un culte, d'un moment de la vie sociale. *Les cérémonies du baptême, du 14 Juillet.* **2.** Marque convenue de civilité ; excès de politesse. ◇ *Sans cérémonie :* sans façon, en toute simplicité.

CÉRÉMONIEL, ELLE adj. Relatif à une cérémonie, aux cérémonies.

CÉRÉMONIEUSEMENT adv. De façon cérémonieuse.

CÉRÉMONIEUX, EUSE adj. Qui fait trop de cérémonies ; qui montre une politesse excessive.

CERF [sɛr] n.m. (lat. *cervus*). Ruminant des forêts d'Europe, d'Asie et d'Amérique, atteignant 1,50 m de haut et vivant en troupeau. (L'espèce d'Europe, qui pèse en moyenne 150 kg, est l'objet de la chasse à courre. La femelle du cerf est la biche, le petit est le faon ; le mâle porte des bois d'autant plus développés et ramifiés qu'il est âgé ; à un an, c'est un daguet, vers six ou sept ans, un dix-cors.

■ **CERF** d'Europe.

Cri : le cerf brame, rée, rait. Famille des cervidés.) ◇ *Cerf de Virginie :* cervidé d'Amérique du Nord, de taille plus petite et pesant moins de 100 kg, cour. appelé *chevreuil* au Canada. SYN. : *cariacou.*

CERFEUIL n.m. (gr. *khairephullon*). **1.** Plante aromatique originaire de Russie méridionale, à feuilles d'un vert vif, très découpées, cultivée comme condiment. (Genre *Anthriscus ;* famille des ombellifères.) **2.** Plante vivace de l'Europe tempérée, proche de la précédente, mais génér. toxique, telle que le *cerfeuil doré,* le *cerfeuil tubéreux.* (Genre *Chaerophyllum.*)

CERF-VOLANT [sɛrvɔlɑ̃] n.m. (pl. *cerfs-volants*). **1.** Jouet léger à armature, retenu par une ficelle et conçu pour s'élever dans l'air sous l'action du vent. **2.** Activité sportive pratiquée avec un cerf-volant. **3.** ZOOL. Lucane.

CERF-VOLISTE n. (pl. *cerfs-volistes*). Personne qui pratique le cerf-volant. SYN. : *lucanophile, lucaniste.*

CÉRIFÈRE adj. Se dit d'une plante dont certaines glandes sécrètent de la cire.

CERISAIE n.f. Lieu planté de cerisiers.

CERISE n.f. (lat. *cerasum,* gr. *kerasion*). Fruit comestible du cerisier, à noyau, à chair très juteuse et sucrée. ◇ *Fam. La cerise sur le gâteau :* ce qui vient s'ajouter à un ensemble d'éléments positifs ; ce qui couronne le tout. ◆ adj. inv. De la couleur de la cerise, rouge vif.

CERISIER n.m. Arbre fruitier, à fleurs blanches, dont les variétés cultivées se rattachent à deux espèces : le merisier, ou cerisier doux, qui donne des cerises douces et le griottier, d'où proviennent les cerises acides. (Genre *Prunus ;* famille des rosacées.) ◇ *Cerisier des oiseaux :* merisier. – *Cerisier des Antilles :* malpighie.

■ **CERISIER**

PLANCHES ANCIENNES

DU TRÉSOR LAROUSSE

I Champignons très dangereux II-III Fleurs & Légumes
IV-V Poires & Pommes VI-VII Insectes & Papillons
VIII-IX Plumes X-XI Coiffures & Coiffes
XII-XIII Artillerie & Infanterie
XIV-XV Pompiers & Postes XVI Reptiles

FLEURS

Demoulin F^res Sc.

LÉGUMES

Pomme de terre saucisse
Quarantaine violette
Pomme de terre ronde blanche
Radis rond
Radis long
Topinambour
Betterave à sucre
Betterave fourragère
Carotte fourragère
Carotte ronde
Carotte demi-longue
Panais
Navet long
Navet rond
Navet plat
Fève
Poireau
Salsifis noir
Epinard
Oseille
Salsifis blanc
Betterave à salade
Pois mange-tout
Pois droit
Pois serpette
Haricot blanc
Haricot mange-tout
Lentille
Cresson
Oignon pyramidal
Oignon rond
Oignon plat
Chou d'York
Céleri
Chou-fleur
Chou de Bruxelles
Céleri-rave
Echalote
Chou cœur de bœuf
Chou-rave
Chou de Milan
Asperge
Ail
Chicorée frisée
Romaine
Scarole
Artichaut
Mâche
Piment long
Laitue
Potiron turban
Aubergine longue
Tomate ronde
Piment carré
Melon noir des Carmes
Melon à rames
Melon brodé de Tours
Aubergine ronde
Cornichon
Tomate ordinaire
Potiron - géant
Melon cantaloup
Pastèque
Courge à la moelle
Concombre
Pâtisson
Courge sucrière du Brésil
Millot

POIRES

Bergamote Espéren
Beurré d'Amanlis
Beurré Bachelier
Beurré Hardy
Nouveau Poiteau
Bon chrétien d'Hiver
Curé
Doyenné d'Hiver
Joséphine
de Malines
Doyenné du Comice
Louise-bonne d'Avranches
Duchesse d'Angoulême
M. DESSERTENNE

POMMES

VARIÉTÉS POUR FUSEAUX ET ESPALIERS
Royale d'Angleterre
Calville blanc
Reinette du Canada
VARIÉTÉS DE PLEIN VENT
Belle fleur rouge
Reinette dorée
Reine des reinettes
Reinette de Caux
Reinette de Cuzy
P. de Jaune
Reinette grise de Saintonge
Reinette de Hollande
Châtaignier
M. DESSERTENNE.

INSECTES

INSECTES UTILES
Empuse
Carabe
Mante
Coccinelle
Lampyre
mâle et femelle
Cicindèle
Staphylin
Hoplie
Bombyx
Abeille
Æschne
Ammophile
Ver à soie
Ichneumon
Calosome
Cantharide
Mylabre
Réduve
INSECTES NUISIBLES
Puce
Pou
Œstre
Rhynchite
Phyll. femelle
Phyll. ailé
Attagène
Altise
Punaise
Eumolpe
Phylloxera mâle
Dermeste
Liparis
Frelon
Agrotide
Termites
soldat
ouvrier
Termite mâle
Pyrale
Mouche à viande
Blatte
Termite femelle
Chrysomèle
Criquet
Piéride
Taon
Anthrène
Bostryche
Calandre
Teigne
Cousin
Fourmi
Cécidomyie
Gallerie
Scolyte
Lime-bois
Forficule
Ver blanc
Lucane
Courtilière
Cérambyx
Hanneton

Vanesse Vulcain
Cucullie
Cléopâtre
Vanesse Paon de jour
Callimorphe
Mars
Machaon
Apollon
Hespérie
Argus
Zygène
Catocale
Jolie
Thaïs
Sphinx
Écaille
Smérinthe
Catogramme
Ixias
Argemme
Cupidon
Érasmie
Héliconie
Talicade
Papillon Polycène
Hélicopis
Uranie
Trimène
Eucharie
Piéride
Priam
Mésosémie
Étérusie
Armandie
Papillon de Children
H. Demoulin Sc

PLUMES

H. Demoulin, sc.

PLUMES

PLUMES : 1. Coq phénix ; 2. Canard ; 3. Phaps ; 4. Ménure-lyre ; 5. Momot ; 6. Loddigésie ; 7. Calothorax ; 8. Manucode ; 9. Hocco ; 10. Colin ; 11. Paon ordinaire ; 12. Paon spicifère ; 13. Lophophore ; 14. Pucrasie ; 15. Coq de roche ; 16. Céphaloptère ; 17. Platylophe ; 18. Oxypogon ; 19. Combattant ; 20. Lophornis magnifique ; 21. Lophornis paon ; 22. Lophornis de Gould ; 23. Lophornis reine ; 24. Roi des gobe-mouches ; 25. Ptéridophore ; 26. Faisan doré ; 27. Grue couronnée ; 28. Goura ; 29. Grèbe ; 30. Hausse-col ; 31. Cacatoès ; 32. Sterne ; 33. Ptilinope ; 34. Oiseau-mouche Sapho ; 35. Oiseau-mouche Bonaparte ; 36. Oiseau-mouche Clarisse ; 37. Sélasphore ; 38. Cynanthe bleu ; 39. Grand souimanga ; 40. Petit souimanga ; 41. Guêpier ; 42. Guit-guit ; 43. Calliste ; 44. Barbu ; 45. Foliotocol ; 46. Pie.

COIFFURES

Égypte
Assyrie
Germanie
Grèce
XIVe s.
Grèce
Rome
Gallo-Romaine
XIIIe s.
XIIIe s.
Grèce
Rome
Rome
Byzance
XIIe s.
XVe s.
XVe s.
XIVe s.
XVe s.
XVe s.
1515
1526
1560
1630
1625
1640
1665
1610
1570
1700
1720
1735
1668
1685
1774
1740
1765
1780
1780
1800
Salon de coiffure 1929
1825
1795
1812
1814
1832
1832
1788
1850
1846
1866
1886
1900
1905
1918
1929
HEROUARD

COIFFES

Égypte
Judée
Assyrie
Perse
Phrygie
Grèce
Grèce
Byzance
Les hennins
fin XIV et XVe s.
Étrurie
Rome
XIIe s.
XIIIe s.
XIVe s.
1310
Début du XVIe s.
Début du XVe s.
XVe s.
1450
Atelier de
modiste sous l'Empire
1515
1520
1540
1536
1565
1610
1635
1662
1690
1710
1735
1740
1780
1780
1795
1798
1814
1810
1820
1844
1850
1795
1835
1866
1885
1892
1902
1910
1917
1929
HEROUARD

ARTILLERIE

Canon des frères Bureau (XVe s.)
Coulevrine sur traineau (1400)
Bombarde en position de route (1450)
Bourguignonne (1450)
Canon de campagne (1500)
Les premières bombardes (1340-1500)
Faucon et officier d'artillerie (1600)
Canon de 12 [Royal-bombardier] (1675)
Artillerie de François Ier (1515)
Mortiers (1750)
Obusier de 6, de Gribeauval
1760
1775
1780
1789
1792
Canon de campagne, pièce de 6 du type Gribeauval
1805
artilleur à cheval
Fourgon à munitions
artilleur à pied
Artillerie impériale
Canon rayé de 4 (1859)
Canon de côte de 240 (1800)
Canons de siège
Pièce de côte de 270 (1872)
Mortier (1850)
Canonnier (1859)
Pièce de 240 (1847)
Pièce de 138 (1872)
240 rayé (1859)
1815
1820
à pied
train
Garde royale
à cheval
1830
1856
1865
à pied
à cheval
Garde impériale
1865
1875
1900
Batterie de 90 en position
Lunette de batterie
90 de campagne
Matériel moderne
155 court de siège
120 long sur affût à patins Singoli
Mortier de 270
155 court de campagne
80 de montagne
Bombled

INFANTERIE

Gaulois
ANTIQUITÉ
Franc
Mérovingien
MOYEN AGE
Carolingien
Milice des communes
Xe SIÈCLE
Piéton
XIe SIÈCLE
Croisé
XIIIe SIÈCLE
Homme d'armes
XIVe SIÈCLE
Piquier
Voulgier
MOYEN AGE
Arbalétrier
XVe SIÈCLE
Coulevrinier
Lansquenet
Arquebusier
XVIe SIÈCLE
Hallebardier
HENRI IV
Arquebusiers
LOUIS XIII
Mousquetaire
XVIIe SIÈCLE
Piquier
LOUIS XIV
Fantassin
Ligne
Alpin
LOUIS XV
Marine
Légère
XVIIIe SIÈCLE
Ligne
Chasseur
LOUIS XVI
Garde française
Légère
Chasseur
Ligne
1re RÉPUBLIQUE
Fusilier
Grenadier
Ligne
Voltigeur
Carabinier
Fusilier
Légère
Grenadier
Chasseur
Vieille garde
Fusilier-chasseur
Garde impériale
Fusilier-grenadier
Moyenne garde
1805
Tirailleur
Flanqueur
Jeune garde
PREMIER EMPIRE
Voltigeur
1810
Ligne
Fusilier
Grenadier
1812
1813
1814
1815
Légions départementales
Ligne
Chasseur
Grenadier
de la garde royale
1820
RESTAURATION
1825
Ligne
Fusilier
Ligne
Grenadier
1835
Voltigeur
LOUIS-PHILIPPE
Légère
Chasseur
1853
Ligne
Ligne
Chasseur
SECOND EMPIRE
1865
Zouave
Grenadier
Garde impériale
Voltigeur
Bombled
Ligne
1870
Garde mobile
Ligne en campagne
Ligne
Marine
1875
Chasseur
Légion étrangère
TROISIÈME RÉPUBLIQUE
Zouave
Tirailleur
1880
Ligne
Marine
1900
Chasseur
Alpin
Ligne
1918
Coloniale

POMPIERS : 1. Garde pompier en 1812 : tenue de feu ; 2. Garde pompier en 1812 : grande tenue ; 3. Sapeur-pompier en 1835 : tenue de ville ; 4, 5. sapeur et officier en grande tenue ; 6, 7. Sapeur et officier en tenue de feu ; 8. Sapeur en 1865 ; 9. Sapeur en 1872 ; 10. Sapeur en 1887 ; 11. Sapeur en 1920 ; 12. Sapeur en 1946 : tenue de ville ; 13. Sapeur en 1946 : tenue de feu ; 14. Sapeur en 1946 : grande tenue ; 15. Départ de pompes à bras, 1840 ; 16. Départ de pompe à vapeur, 1910 ; 17. Dévidoir à bobine ; 18. Première voiture automobile, 1897 ; 19. Échelle à crochets ; 20. Side-car de reconnaissance et avertisseur d'incendie ; 21. Autopompe électrique ; 22. Autopompe de premier secours ; 23. Fourgon-pompe ; 24. Équipement de premier secours à pulvérisation ; 25. Insigne des sapeurs-pompiers de Paris ; 26. Grande échelle en batterie ; 27. Châssis porte-échelle pivotante, de 26 à 45 mètres ; 28. Sauvetage d'un asphyxié par respiration artificielle ; 29. Bateau-pompe.

P O S T E S

Postes : 1. Messager en 1650 ; 2. Messager en 1730 ; 3. Facteur en 1830 ; 4. Courrier en 1830 ; 5. Facteur en 1865 ; 6. Rural, 1880 ; 7. De ville, 1848 ; 8. Porteur de pneumatiques, 1900 ; 9. Voiture des Postes, 1796 ; 10. Malle-poste et chaise de poste, 1830 ; 11. Fourgon postal ; 12. Autocar pour le transport du personnel ; 13. Levée d'une boîte ; 14. Transport du courrier ; 15. Porteur de dépêches ; 16. Triporteur pour colis postaux ; 17. Timbrage des lettres au tampon à main, mécanique et électrique ; 18. Poste par pigeon ; 19. Service aéropostal ; 20. Paquebot postal ; 21. Triage des colis postaux ; 22. Triage des lettres ; 23. Intérieur d'un wagon postal ; 24. Boîtes à lettres murales.

Boa
Eunecte
Nasique
Crotale
Cobra
Elaps
Grenouille
Vipère heurtante
Aspic
Couleuvre
Uroplate
Iguane
Reinette
BATRACIENS
Rhacophore
Basilic
Lézard
Caméléon
Grenouille taureau
Varan
Zonure
Moloch
Dragon
Crapaud
Cératophrys
Salamandre terrestre
Scinque
Triton
Protée
Pseudope
Héloderme
T. éléphantine
Tortue chélone
Caïman
Crocodile
T. mauritanique
T. hydromédüse
T. trionyx
T. serpentine
Gavial
T. émyde
T. matamata

CÉRITHE n.m. (lat. *cerithium*). Mollusque gastéropode marin à coquille allongée, très abondant à l'état fossile dans les roches de l'éocène (calcaire grossier parisien).

CÉRIUM [serjɔm] n.m. (de l'astéroïde *Cérès*). **1.** Métal dur, brillant, le plus commun du groupe des lanthanides, et qui, allié au fer (ferrocérium), entre dans la composition des pierres à briquet. **2.** Élément chimique (Ce), de numéro atomique 58, de masse atomique 140,115.

CERMET n.m. (de *céramique* et *métal*). Matériau composite formé de produits céramiques enrobés dans un liant métallique.

CERNE n.m. (lat. *circinus,* cercle). **1.** Cercle bleuâtre autour des yeux, ou autour d'une plaie, d'une contusion, etc. **2.** BOT. Couche concentrique d'accroissement annuel, visible sur la coupe transversale d'un tronc d'arbre. (Le nombre des cernes donne l'âge de l'arbre.) SYN. : *cercle annuel.* **3.** Contour épais, accusé, dans un dessin, une peinture. **4.** Tache en anneau ; auréole.

CERNÉ, E adj. *Yeux cernés,* soulignés d'une zone bleuâtre.

CERNEAU n.m. **1.** Moitié d'amande ou amande entière de noix retirée de sa coque avant maturité complète. **2.** Amande ou demi-amande de noix mûre.

CERNER v.t. (lat. *circinare,* faire un cercle). **1.** Entourer comme d'un cercle. *Cerner une ville.* **2.** Marquer d'un trait appuyé le contour d'une figure, d'une forme. *Cerner une silhouette.* ◇ *Cerner un problème, une question, etc.,* les délimiter nettement. **3.** BOT. *Cerner un arbre,* enlever un anneau d'écorce de son tronc afin de le faire sécher sur pied. **4.** *Cerner une noix,* la séparer de sa coque.

CERQUE n.m. ZOOL. Appendice sensoriel pair porté à l'extrémité de l'abdomen par certains insectes (grillons, éphémères, forficules, etc.).

CERS [sɛrs] n.m. (mot du Languedoc). Vent violent d'ouest ou de sud-ouest, qui souffle sur le bas Languedoc.

CERTAIN, E adj. (du lat. *certus,* sûr). [Après le n.] **1.** Considéré comme vrai, indubitable ; qui ne manquera pas de se produire. *Succès certain.* **2.** Qui n'a aucun doute. *Témoin certain de ce qu'il a vu.* **3.** PROBAB. *Événement certain,* dont la probabilité est égale à l'unité. **4.** DR. **a.** *Corps certain :* telle chose bien déterminée, par opposition à une chose fongible. **b.** *Date certaine :* jour à partir duquel l'existence d'un acte sous seing privé ne peut plus être contestée. ◆ adj. indéf. (Avant le n.) **1.** (Au sing.) Que l'on ne veut pas préciser. *Elle avait une certaine popularité.* **2.** (Au pl.) Quelques, plusieurs. *Certaines personnes le disent.* ◆ pron. indéf. pl. Quelques-uns, plusieurs. *Certains partirent.* ◆ n.m. BOURSE. *Coter le certain :* exprimer en unité monétaire étrangère une unité monétaire nationale (par oppos. à *coter l'incertain*). [L'euro cote au certain.]

CERTAINEMENT adv. Sans aucun doute ; assurément. *Viendrez-vous demain ? – Certainement.*

CERTES adv. (lat. *certo*). **1.** Assurément, bien sûr. **2.** Marque une concession. *C'est difficile, certes, mais il peut le faire.*

CERTIFICAT n.m. (lat. médiév. *certificatum*). **1.** Écrit officiel, ou dûment signé d'une personne compétente, qui atteste un fait. *Un certificat d'arrêt de travail, de nationalité, etc.* ◇ *Certificat de travail :* attestation écrite obligatoire, délivrée par l'employeur au salarié à l'expiration de son contrat de travail. – *Certificat d'urbanisme :* document indiquant dans quelles conditions un terrain est constructible. – *Certificat de dépôt :* titre de créances négociables sur le marché à court terme, émis par les banques et établissements de crédit détenus par les entreprises et OPCVM. – *Certificat d'investissement :* titre comparable à une action mais qui ne confère pas de droit de vote au porteur. **2.** Nom donné à certains diplômes. ◇ *Certificat d'aptitude professionnelle* → **CAP.** – *Certificat d'aptitude au professorat de l'enseignement du second degré* → **CAPES.** – *Certificat d'aptitude au professorat de l'enseignement technique* → **CAPET.** – *Certificat,* ou *certificat d'études :* appellation usuelle du certificat d'études primaires (CEP), supprimé en 1989 en France métropolitaine.

CERTIFICATEUR adj.m. et n.m. DR. Qui garantit en sous-ordre la solvabilité d'une première caution.

CERTIFICATION n.f. DR. **1.** Assurance donnée par écrit. ◇ *Certification d'un chèque :* garantie donnée par le banquier que la provision du compte sur lequel un chèque est tiré est suffisante pour en assurer le paiement. **2.** Attestation de conformité d'une denrée ou d'un produit à des caractéristiques ou à des normes préétablies.

CERTIFIÉ, E n. et adj. Professeur titulaire du CAPES, du CAPET.

CERTIFIER v.t. [5]. Donner pour certain, assurer comme valable ou comme vrai. *Certifier une nouvelle. Certifier un chèque.* ◇ DR. *Copie certifiée conforme :* copie attestée conforme au document original par l'autorité compétente.

CERTITUDE n.f. **1.** Ce qui est certain. *Ce n'est pas une hypothèse, c'est une certitude.* **2.** Assurance pleine et entière que l'on a de la vérité, de la réalité de qqch ; conviction.

CÉRULÉEN, ENNE adj. (du lat. *caeruleus*). *Litt.* Bleu ciel.

CÉRUMEN [serymɛn] n.m. (du lat. *cera,* cire). Substance grasse, jaune-brun, formée dans le conduit auditif externe par les glandes sébacées qui le tapissent.

CÉRUMINEUX, EUSE adj. Relatif au cérumen.

CÉRUSE n.f. (lat. *cerussa*). Carbonate basique de plomb, appelé aussi *blanc de céruse* ou *blanc d'argent,* et qu'on a utilisé en peinture. (La céruse est un poison violent.)

CÉRUSÉ, E adj. *Bois cérusé :* bois ayant subi une finition à l'aide d'un produit qui en souligne le dessin naturel et qui contenait autref. de la céruse.

CERVEAU n.m. (lat. *cerebellum,* cervelle). **1.** MÉD. Partie supérieure de l'encéphale, formée des deux hémisphères cérébraux et du diencéphale. **2.** *Cour.* L'encéphale dans son ensemble. **3.** Siège des facultés mentales. ◇ *C'est un cerveau,* une personne exceptionnellement intelligente. **4.** *Par anal.* Centre de direction, d'organisation ; personne qui a conçu, préparé un coup, une affaire. *Le cerveau d'une entreprise, d'un hold-up.*

CERVELAS [sɛrvəla] n.m. (ital. *cervellato*). Saucisson cuit, dont il existe différentes variétés régionales.

CERVELET n.m. (de *cervelle*). Partie de l'encéphale située sous le cerveau et en arrière du tronc cérébral, intervenant dans le tonus musculaire, le maintien de l'équilibre, les mouvements automatiques et la coordination des mouvements volontaires.

CERVELLE n.f. (lat. *cerebella*). **1.** Substance considérée comme le siège des facultés intellectuelles. ◇ *Sans cervelle :* étourdi. – *Fam. Ça lui trotte dans la cervelle :* ça le préoccupe, l'obsède. **2.** Cerveau de certains animaux (agneau, veau), destiné à la consommation.

CERVICAL, E, AUX adj. (du lat. *cervix, -icis,* cou). **1.** Relatif au cou. *Vertèbre cervicale.* **2.** Relatif à un col (utérus, fémur). *Glaire cervicale.*

CERVICALGIE n.f. Douleur ayant son siège au niveau du cou, de la nuque.

CERVICITE n.f. Inflammation du col de l'utérus.

CERVIDÉ n.m. (du lat. *cervus,* cerf). Mammifère ruminant tel que le cerf, le chevreuil, le daim, l'élan, le renne, portant des cornes pleines, ramifiées, caduques, appelées *bois.* (Les cervidés forment une famille.)

CERVOISE n.f. (gaul. *cervesia*). Bière faite avec de l'orge ou d'autres céréales, et consommée dans l'Antiquité.

CES adj. dém. pl. → **2. CE.**

CÉSALPINIACÉE n.f. Plante légumineuse originaire des régions tropicales, dont de nombreuses espèces sont cultivées, telle que l'arbre de Judée, le caroubier, le cassier, le févier et le gainier. (Les césalpiniacées forment une famille.)

1. CÉSAR n.m. (lat. *Caesar*). **1.** Titre affecté aux successeurs de Jules César, puis, à partir d'Hadrien (117 - 138), à l'héritier de l'Empire. **2.** Empereur, souverain autocrate.

2. CÉSAR n.m. (du n. du sculpteur *César,* qui créa la statuette remise au vainqueur). Distinction honorifique décernée annuellement, en France, dans le domaine du cinéma.

CÉSARIEN, ENNE adj. **1.** ANTIQ. ROM. Relatif à César, aux césars. **2.** Relatif aux régimes politiques de dictature militaire.

CÉSARIENNE n.f. (du lat. *caedere,* couper). Opération chirurgicale qui consiste à extraire le fœtus par incision de la paroi abdominale et de l'utérus, quand l'accouchement est impossible par les voies naturelles.

CÉSARISER v.t. CHIRURG. Pratiquer une césarienne sur.

CÉSARISME n.m. Dictature qui s'appuie ou prétend s'appuyer sur le peuple.

CÉSIUM ou **CÆSIUM** [sezjɔm] n.m. (du lat. *caesius,* bleu). **1.** Métal alcalin, mou, jaune pâle. **2.** Élément chimique (Cs), de numéro atomique 55, de masse atomique 132,905 4.

CESSANT, E adj. *Toute(s) affaire(s) cessante(s) :* avant de rien faire d'autre ; immédiatement.

CESSATION n.f. Action, fait de cesser ; arrêt, suspension. *Cessation de travail.* ◇ *Cessation de*

C

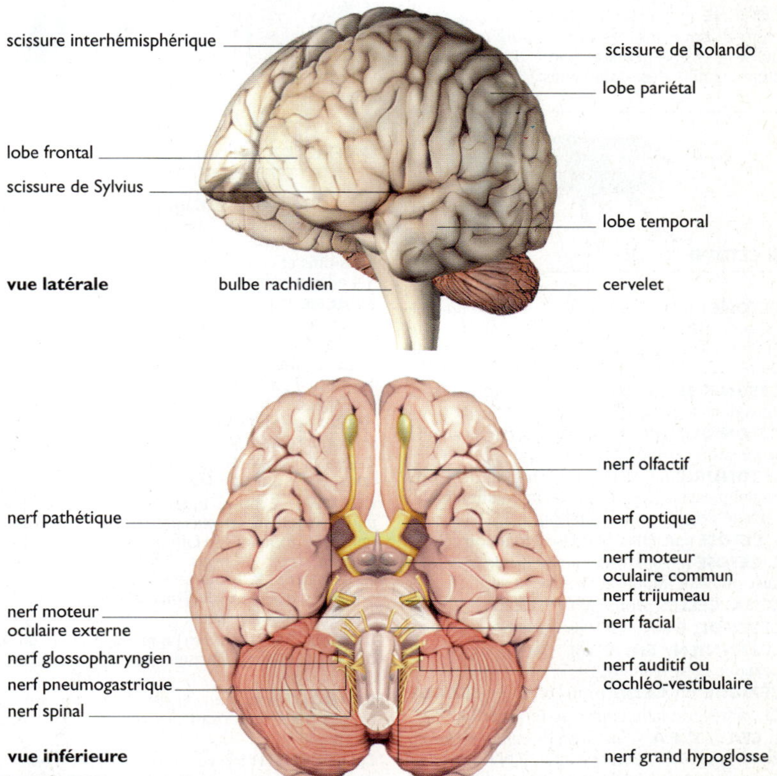

■ **CERVEAU**

paiements : situation d'un commerçant, d'une entreprise qui ne peut faire face à son passif exigible au moyen de son actif disponible, entraînant le dépôt de bilan.

CESSE n.f. *N'avoir (pas) de cesse que* (+ subj.) : être impatient de. *N'avoir de cesse que le travail ne soit fini.* – *Sans cesse :* sans interruption, sans trêve.

CESSER v.t. (lat. *cessare*). Mettre fin à, interrompre. *Cesser le travail. Cesser de parler.* ◆ v.i. Prendre fin. *L'orage a cessé.*

CESSEZ-LE-FEU n.m. inv. Cessation des hostilités.

CESSIBILITÉ n.f. DR. Caractère de ce qui peut être cédé.

CESSIBLE adj. DR. Qui peut ou qui doit être cédé.

CESSION n.f. (du lat. *cedere,* céder). DR. Transmission à un autre de la chose ou du droit dont on est propriétaire ou titulaire.

CESSIONNAIRE n. DR. Bénéficiaire d'une cession.

C'EST-À-DIRE adv. **1.** Introduit une explication, une précision. **2.** Introduit une rectification. Abrév. : *c.-à-d.* ◆ **c'est-à-dire que** loc. conj. Introduit une explication ; sert à atténuer la sécheresse d'un propos.

CESTE n.m. (lat. *caestus,* de *caedere,* frapper). ANTIQ. ROM. Gantelet, parfois garni de plomb, dont se servaient les athlètes pour le pugilat.

CESTODE n.m. (gr. *kestos,* ceinture, et *eidos,* forme). Ver plat, endoparasite des mammifères, tel que le ténia, l'échinocoque et le bothriocéphale. (Les cestodes forment une classe de l'embranchement des plathelminthes.)

CÉSURE n.f. (lat. *caesura,* de *caedere,* couper). VERSIF. Repos ménagé dans un vers après une syllabe accentuée. (La césure coupe l'alexandrin en deux hémistiches.)

CET, CETTE adj. dém. → **CE.**

CÉTACÉ n.m. (du gr. *kêtos,* gros poisson). Mammifère marin, au corps pisciforme, aux membres antérieurs transformés en nageoires, et pourvu d'une puissante nageoire caudale horizontale, tel que la baleine, le cachalot, le dauphin. (Les cétacés forment un ordre.)

CÉTANE n.m. Hexadécane. ◇ *Indice de cétane :* grandeur caractérisant l'aptitude à l'allumage d'un carburant pour moteur Diesel.

CÉTEAU n.m. Petite sole (poisson) allongée.

CÉTÈNE n.m. Molécule $H_2C{=}C{=}O$ ayant deux liaisons doubles adjacentes, prototype d'une famille d'intermédiaires réactifs, les cétènes.

CÉTOINE n.f. (orig. inconnue). Insecte coléoptère au corps trapu, d'un vert doré métallique, qui se nourrit de fleurs, en partic. de roses. (Long. 2 cm ; famille des scarabéidés.)

■ **CÉTOINE.** Cétoine dorée.

CÉTONE n.f. Molécule $RR'C{=}O$ dotée d'un groupement carbonyle $C{=}O$ entre R et R′, deux radicaux hydrocarbonés. (Le terme le plus simple de la série est l'acétone, avec R et R′ = $-CH_3$.)

CÉTONÉMIE n.f. Concentration des corps cétoniques dans le sang.

CÉTONIQUE adj. Qui a trait aux cétones, qui a la fonction cétone.

CÉTONURIE n.f. MÉD. Concentration des corps cétoniques dans les urines ; augmentation pathologique de cette concentration.

1. CÉTOSE n.m. CHIM. ORG. Ose à fonction cétone.

2. CÉTOSE n.f. MÉD. Augmentation de la cétonémie, pouvant aboutir à l'acidocétose.

CEUX, CELLES pron. dém. → **CELUI.**

CÉVENOL, E adj. et n. Des Cévennes.

CÉZANNIEN, ENNE adj. Qui se rapporte à Cézanne, à sa manière.

CÉZIGUE ou **CÉZIG** pron. pers. → **SÉZIGUE.**

Cf., abrév. du latin *confer,* se reporter à.

1. CFA ou **C.F.A.** n.m. (sigle de *centre de formation d'apprentis*). Établissement d'enseignement dispensant aux jeunes sous contrat d'apprentissage une formation générale, associée à une formation technologique et pratique qui complète celle reçue en entreprise.

2. CFA (FRANC) → **FRANC.**

CFAO ou **C.F.A.O.** n.f. (sigle). Conception et fabrication assistées par ordinateur.

1. CFC ou **C.F.C.** n.m. (sigle). Chlorofluorocarbure.

2. CFC ou **C.F.C.** n.m. (sigle). Suisse. Certificat fédéral de capacité, diplôme de fin d'apprentissage.

cgs ou **c.g.s.** (sigle). Ancien système d'unités dont les unités fondamentales sont le centimètre, le gramme, la seconde.

CHABICHOU n.m. Fromage de chèvre du Poitou, à pâte molle et à croûte naturelle.

CHÂBLE n.m. Suisse. Dévaloir.

CHABLER v.t. Région. *Chabler les noix,* les gauler.

1. CHABLIS n.m. Vin blanc sec récolté dans la région de Chablis.

2. CHABLIS n.m. (de *chabler*). Arbre renversé par le vent.

CHABLON n.m. (all. *Schablone*). Suisse. Pochoir.

CHABOT n.m. (provenç. *cabotz,* du lat. pop. *capocius,* qui a une grosse tête). Poisson à grosse tête et à large bouche. (Long. 10 à 30 cm. Une espèce vit dans les eaux douces bien oxygénées, d'autres sur les côtes rocheuses. Famille des cottidés.) SYN. : *cotte.*

CHABRAQUE ou **SCHABRAQUE** n.f. (all. *Schabracke,* du turc). **1.** Anc. Housse, couverture d'un cheval de cavalerie. **2.** Pelage du dos de certains mammifères, lorsque la couleur du poil diffère de celle du reste du corps *(chacal à chabraque, tapir à chabraque).* **3.** *Fam.* ou région. Fille, femme laide ou stupide ; prostituée.

CHABROT ou **CHABROL** n.m. Région. (Sud-Ouest). *Faire chabrot* ou *chabrol :* finir sa soupe en y versant du vin et en buvant à même l'assiette.

CHACAL n.m. [pl. *chacals*] (persan *chagāl*). Mammifère carnassier d'Asie et d'Afrique, qui se nourrit de rongeurs, d'oiseaux, d'insectes et de charognes. (Cri : le chacal jappe ; genre *Canis,* famille des canidés.)

■ **CHACAL** à chabraque.

CHA-CHA-CHA [tʃatʃatʃa] n.m. inv. **1.** Danse d'origine cubaine, dérivée du mambo, exécutée en couple, en vogue dans les années 1950 aux États-Unis et en Europe. **2.** Musique de rythme à 4/4 accompagnant la danse du même nom.

CHACHLIK n.m. (mot russe). Brochette de mouton qui a mariné dans du vinaigre épicé. (Cuisine du Caucase.)

CHACONNE ou **CHACONE** n.f. (esp. *chacona*). **1.** Danse originaire d'Amérique latine, introduite en Espagne (XVIe s.) puis en France (XVIIe s.), où elle fut exécutée sur scène dans les ballets de cour, puis dans les opéras de Lully et de Rameau. **2.** Pièce instrumentale à trois temps et à variations, écrite sur une basse obstinée.

CHACUN, E pron. indéf. (du lat. *unum cata unum,* un à un, et *quisque,* chacun). **1.** Toute personne, toute chose faisant partie d'un groupe. *Chacun d'eux, de nous. Ces livres coûtent cinq euros chacun.* **2.** Toute personne. *Chacun pourra poser des questions.* **3.** *Tout un chacun :* tout le monde, n'importe qui.

CHADBURN [tʃadbœrn] n.m. (mot angl., du n. du constructeur). Transmetteur d'ordres, à bord d'un navire.

CHADOUF n.m. (mot ar.). Balancier utilisé en Égypte pour tirer l'eau des puits et des cours d'eau.

CHÆNICHTHYS [keniktis] n.m. Poisson osseux des mers froides de l'hémisphère Sud, remarquable par son sang dépourvu de globules rouges. (Ordre des perciformes ; famille des chænichthydés.)

CHAFIISME n.m. Une des quatre grandes écoles juridiques de l'islam sunnite, fondée par al-Chafii (767 - 820).

CHAFOUIN, E adj. (de *chat* et *fouin,* masc. de *fouine*). Sournois et rusé. *Visage chafouin.*

1. CHAGRIN, E adj. (de *chat* et *grigner*). *Litt.* **1.** Qui manifeste de la tristesse, du déplaisir. *Un regard chagrin.* **2.** Qui manifeste ordinairement de la morosité, de la mauvaise humeur. *Un esprit chagrin.*

2. CHAGRIN n.m. Souffrance morale, tristesse.

3. CHAGRIN n.m. (turc *çâgri*). **1.** Cuir grenu, en peau de chèvre ou de mouton, utilisé en reliure. **2.** *Une peau de chagrin :* se dit de ce qui rétrécit, diminue sans cesse, par allusion au roman de Balzac.

CHAGRINANT, E adj. Qui chagrine, cause de la peine.

1. CHAGRINER v.t. **1.** Causer du chagrin à ; attrister, peiner. **2.** Causer du déplaisir à ; contrarier, importuner.

2. CHAGRINER v.t. Préparer une peau à la façon du chagrin.

CHAH ou **SHAH** n.m. (mot persan, *roi*). Titre porté par des souverains du Moyen-Orient (Iran), de l'Asie centrale et de l'Inde. Graphies savantes : *chāh, shāh.*

CHAHUT n.m. Agitation, tapage organisés pendant un cours, dans un lieu public, pour gêner ou pour protester contre qqch, qqn.

CHAHUTER v.i. (de *chat-huant*). Faire du chahut. ◆ v.t. Traiter sans ménagement ; malmener.

CHAHUTEUR, EUSE adj. et n. Qui fait du chahut.

CHAI n.m. (gaul. *caio*). Lieu destiné à la vinification et/ou à la conservation des vins et des eaux-de-vie. ◇ *Maître de chai :* personne responsable des soins à donner aux vins et aux eaux-de-vie entreposés dans un chai.

CHAÎNAGE n.m. **1.** CONSTR. Armature métallique destinée à empêcher l'écartement des murs d'une construction en maçonnerie ; mise en place de cette armature. **2.** Action de mesurer à la chaîne d'arpenteur.

CHAÎNE n.f. (lat. *catena*). **I.** *Attache, bijou.* **1.** Succession d'anneaux en métal, en plastique, etc., engagés les uns dans les autres, pour servir de lien, de parure, etc. *Une chaîne d'ancre. Chaîne en or.* **2.** *Chaîne d'arpenteur :* chaîne de 10 mètres pour mesurer les longueurs sur le terrain. **3.** Lien flexible fait de maillons métalliques articulés s'engrenant sur des pignons, et servant à transmettre sans glissement un mouvement de rotation entre deux arbres parallèles. *Chaîne de vélo.* **4.** *Fig., litt.* (Surtout pl.) Lien créant un état de dépendance. **II.** *Ensemble de personnes ou d'activités.* **1.** *Faire la chaîne.* **a.** Se placer à la suite les uns des autres pour se passer qqch. **b.** Algérie. Faire la queue. **2.** *Travail à la chaîne :* organisation du travail dans laquelle le produit à fabriquer se déplace devant les ouvriers, chargés chacun d'une seule et même opération, selon une cadence constante. – *Chaîne de fabrication* ou *de montage :* ensemble de postes de travail conçu pour réduire les temps morts et les manutentions dans la fabrication d'un produit. **3.** *Chaîne du froid :* ensemble des opérations de fabrication, de transport et de distribution des produits congelés ou surgelés. **4.** *Chaîne volontaire :* association de plusieurs entreprises pour organiser en commun les achats, la gestion et la vente. **5.** Ensemble d'établissements commerciaux appartenant à la même organisation. *Une chaîne d'hôtels.* **6.** Figure de danse dans laquelle les danseurs se tiennent, le plus souvent par la main. **7.** ARCHÉOL. *Chaîne opératoire :* processus technologique qui va de la conception à la réalisation d'un produit de l'industrie humaine. **III.** *Série, succession d'éléments.* **1.** Zone terrestre où les sédiments, exondés et plissés, constituent un ensemble allongé de montagnes. *La chaîne des Alpes.* **2.** Ensemble des fils parallèles disposés dans le sens de la longueur d'un tissu, entre lesquels passe la trame. **3.** Système de reproduction du son comprenant une source (tuner, magnétophone, lecteur de cassettes ou de disques compacts, etc.), un élément amplificateur et des éléments reproducteurs (baffles ou enceintes acoustiques). *Chaîne haute-fidélité.* **4.** Réseau d'émetteurs de radiodiffusion ou de télévision diffusant simultanément le même programme. – Organisme responsable de la programmation et du contenu des émissions de radio ou de télévision diffusées sur un canal permanent. **5.** ÉCOL. *Chaîne alimentaire :* relation nutritionnelle entre les êtres vivants d'un même écosystème, telle que chaque espèce se nourrit de la précédente (végétal, herbivore, carnivore). **6.** CHIM. ORG. Suite d'atomes de carbone disposés en chaîne ouverte (série aliphatique) ou en chaîne fermée (série cyclique). **7.** *Réaction en chaîne :* réaction chimique ou nucléaire qui, en se déclenchant, produit les corps ou l'énergie nécessaires à sa propagation ; *fig.*, suite de phénomènes déclenchés les uns par les autres. **8.** LING. *Chaîne parlée :* succession dans le temps d'unités linguistiques formant des énoncés. **9.** Pilier appareillé incorporé à un mur pour lui donner de la solidité. **10.** TECHN. *Chaîne d'asservissement* ou *de régulation :* ensemble d'éléments ayant pour rôle d'assurer l'émission, la transmission et la réception de signaux pour réaliser un asservissement. – *Chaîne d'action :* chaîne d'asservissement qui achemine en sens unique des signaux sur le parcours compris entre un organe de mesure ou un comparateur et l'installation réglée. ◆ pl. Dispositif adapté aux pneus d'une voiture pour rouler sur la neige ou la glace.

CHAÎNER v.t. **1.** Faire le chaînage d'un mur. **2.** Munir les pneus de chaînes. **3.** Mesurer avec la chaîne d'arpenteur.

CHAÎNETIER, ÈRE n. → **CHAÎNISTE.**

CHAÎNETTE n.f. **1.** Petite chaîne servant de lien, de parure. **2.** GÉOMÉTR. Courbe dessinée par un fil homogène pesant, flexible et inextensible, suspendu par ses extrémités à deux points fixes.

CHAÎNEUR, EUSE n. Personne qui mesure avec la chaîne d'arpenteur.

CHAÎNIER n.m. Forgeron travaillant à la fabrication des chaînes.

CHAÎNISTE ou **CHAÎNETIER, ÈRE** n. Spécialiste qui fabrique des chaînes de bijouterie.

CHAÎNON n.m. **1.** Anneau d'une chaîne. SYN. : *maillon.* **2.** *Fig.* Élément d'un tout, d'une série, indispensable pour établir une continuité ou une suite logique. *Le chaînon manquant d'une généalogie.* **3.** Partie d'une chaîne de montagnes.

CHAÏOTE n.f. → **CHAYOTE.**

CHAIR n.f. (lat. *caro, carnis*). **1.** Tissu musculaire et conjonctif du corps humain et animal, recouvert par la peau. ◇ *En chair et en os :* en personne. **2.** Aspect, qualité de la peau. *Avoir une chair bien ferme.* ◇ *Ni chair ni poisson :* sans caractère, indécis. – *Être bien en chair :* être un peu grassouillet. – *Couleur chair :* rose très pâle. **3.** *Litt.* Enveloppe corporelle, charnelle, par oppos. à l'*esprit*, à l'*âme*, au *divin*. *Mortification de la chair.* **4.** *Sout.* Ensemble des désirs, des appétits physiques ; instinct sexuel. *Les plaisirs de la chair. La chair est faible.* **5.** Viande animale hachée servant à la préparation de certains aliments. *Chair à saucisse.* **6.** Pulpe des fruits.

CHAIRE n.f. (lat. *cathedra*). **1.** Tribune, estrade d'où un professeur ou un prédicateur parle à son auditoire. **2.** Poste de professeur d'université. *Elle a obtenu la chaire de poésie américaine.* **3. a.** Siège apostolique, papauté. *La chaire de saint Pierre.* **b.** Siège épiscopal. SYN. : *cathèdre.* **4.** Siège de bois à haut dossier et accotoirs pleins, en usage au Moyen Âge et à la Renaissance.

CHAISE n.f. (lat. *cathedra*). **1.** Siège à dossier, sans bras. ◇ *Chaise longue :* fauteuil, siège, notamm. en toile et pliable, dans lequel on peut s'allonger. – *Être assis entre deux chaises :* être dans une situation incertaine ; hésiter entre deux solutions. – *Politique de la chaise vide :* attitude qui consiste à ne pas venir siéger à une assemblée. – *Par plais. Chaises musicales :* pratique consistant à muter des personnes d'un poste de direction à un autre, au risque de laisser certaines sans attributions (par allusion au jeu du même nom, où le nombre de chaises est inférieur de un au nombre de joueurs). **2.** *Chaise électrique :* instrument constitué d'un siège muni d'électrodes servant pour l'électrocution des condamnés à mort dans certains États des États-Unis. **3.** Anc. *Chaise percée :* siège aménagé pour satisfaire les besoins naturels. **4.** Anc. *Chaise à porteurs :* siège fermé, dans lequel on se faisait porter par deux hommes. – *Mener une vie de bâton de chaise :* vivre de façon agitée, déréglée. **5.** Anc. *Chaise de poste :* voiture à cheval pour le transport rapide du courrier et des voyageurs. **6.** MAR. Planche ou siège pour monter dans la mâture d'un navire. ◇ *Nœud de chaise :* nœud marin utilisé notamm. pour pratiquer une boucle temporaire à l'extrémité d'un cordage.

CHAISIER, ÈRE n. **1.** Personne qui perçoit le prix d'occupation des chaises dans un jardin public, une église, etc. **2.** Professionnel qui fabrique des chaises.

1. CHALAND n.m. (du gr. byzantin *khelandion*). Bateau non ponté, à fond plat, pour transporter les marchandises sur les cours d'eau et dans les rades.

2. CHALAND, E n. (p. présent de l'anc. fr. *chaloir*, importer). Vx. Client d'une boutique.

CHALAND-CITERNE n.m. (pl. *chalands-citernes*). Chaland spécialement conçu pour le transport des liquides en vrac.

CHALANDISE n.f. (de *chaland*, client). *Zone de chalandise :* aire d'attraction commerciale d'un magasin, d'un centre commercial, d'une localité, d'une région, etc.

CHALAZE n.f. (gr. *khalazion*, de *khalaza*, grêle). **1.** ZOOL. Tortillon axial du blanc d'œuf des oiseaux. **2.** BOT. Point où le faisceau vasculaire venu du placenta s'épanouit dans l'ovule d'une fleur.

CHALAZION [ʃalazjɔ̃] n.m. Petit kyste inflammatoire du bord de la paupière.

CHALCOGRAPHIE [kalkɔgrafi] n.f. (du gr. *khalkos*, cuivre). **1.** Art de graver sur cuivre. **2.** Établissement où sont conservées des planches gravées, dont on tire des épreuves.

CHALCOLITHIQUE [kalkɔ-] adj. (gr. *khalkos*, cuivre, et *lithos*, pierre). *Période chalcolithique*, ou *chalcolithique*, n.m. : période de transition entre le néolithique et l'âge du bronze (IVe-IIIe millénaire av. notre ère), où l'on commence à utiliser le cuivre et l'or, et pendant laquelle apparaissent de profonds changements dans l'organisation sociale.

CHALCOPYRITE [kalkɔpirit] n.f. Sulfure de cuivre et de fer.

CHALCOSITE ou **CHALCOSINE** [kalkɔ-] n.f. Sulfure de cuivre.

CHALDÉEN, ENNE [kaldeɛ̃, ɛn] adj. et n. De la Chaldée. ◆ adj. *Rite chaldéen :* rite pratiqué par les Églises orientales nestoriennes ou ralliées à Rome.

CHÂLE n.m. (hindi *shal*, du persan). Grand morceau d'étoffe en laine, en soie, etc., carré ou rectangulaire, que l'on porte sur les épaules.

CHALET n.m. (mot de Suisse romande). **1.** Maison construite princip. en bois, conçue à l'origine pour la montagne. **2.** Québec. Maison de campagne. **3.** Vx ou Antilles. *Chalet de nécessité :* édicule abritant des toilettes publiques.

CHALEUR n.f. (lat. *calor*). **1.** Qualité de ce qui est chaud. – Température élevée d'un corps, d'un lieu, etc. *Quelle chaleur ici !* – Sensation que donne un corps chaud. *Sentir sous ses pieds la chaleur du sable.* **2.** Une des formes de l'énergie qui élève la température, dilate, fait fondre ou décompose les corps, etc. ◇ *Chaleur massique* ou *spécifique :* quantité de chaleur nécessaire pour élever de 1 °C la température d'un corps ayant une masse égale à l'unité. **3.** Ardeur, fougue manifestée dans les sentiments ; enthousiasme. *Dans la chaleur de la discussion.* **4.** *Être en chaleur :* rechercher le mâle, en parlant des femelles d'animaux domestiques. ◆ pl. **1.** Période de l'année où il fait très chaud. *Les premières, les grandes chaleurs.* **2.** Période où les femelles des mammifères sont en chaleur.

CHALEUREUSEMENT adv. De façon chaleureuse.

CHALEUREUX, EUSE adj. Qui manifeste de l'enthousiasme, de la chaleur ; très cordial.

CHALIN n.m. (du lat. *calina*). Acadie. Éclair de chaleur.

CHÂLIT n.m. (lat. pop. *catalectus*, de *lectus*, lit). Bois de lit, ou armature métallique d'un lit.

CHALLENGE [tʃalɛndʒ] ou [ʃalɑ̃ʒ] n.m. (mot angl., *défi*). **1.** Épreuve sportive, tournoi ; la récompense obtenue à cette occasion. **2.** *Fig.* Entreprise difficile dans laquelle on s'engage comme pour relever un défi ; gageure.

CHALLENGER [tʃalɛndʒœr] ou [ʃalɑ̃ʒœr] ou **CHALLENGEUR** n.m. (angl. *challenger*). Athlète défiant officiellement le détenteur d'un titre (souvent opposé à *tenant du titre*).

CHALOIR v. impers. (lat. *calere*, avoir chaud). *Litt. Peu me chaut*, ou *peu m'en chaut :* peu m'importe.

CHALOUPE n.f. (anc. fr. *eschalope*, coquille de noix). Grand canot à rames ou à moteur, embarqué sur les navires pour transporter les passagers jusqu'à la côte ou pour les évacuer en cas de naufrage.

CHALOUPÉ, E adj. *Danse, démarche chaloupée*, très balancée du fait qu'on remue les épaules et les hanches.

CHALOUPER v.i. Marcher ou danser en se balançant beaucoup.

CHALUMEAU n.m. (du lat. *calamus*, roseau). **1.** Appareil produisant une courte flamme très chaude par combustion d'un gaz, et qu'on utilise pour souder et découper les métaux. **2.** Vx. Petit tuyau de paille, de roseau. – Petit tuyau en matière plastique pour aspirer un liquide. SYN. : *paille.* **3.** Anc. Petit instrument à vent, à anche simple, ancêtre de la clarinette.

CHALUT n.m. Filet de pêche en forme de vaste entonnoir, traîné sur le fond de la mer ou entre deux eaux *(chalut pélagique)* par un chalutier.

■ CHALUTIER

CHALUTAGE n.m. Pêche au moyen d'un chalut.

CHALUTIER n.m. **1.** Bateau de pêche qui traîne le chalut. **2.** Pêcheur qui se sert du chalut.

CHAMADE n.f. (ital. *chiamata*, appel). Vx. Dans une ville assiégée, batterie de tambour ou sonnerie qui annonçait l'intention de capituler. ◇ Mod. *Battre la chamade :* en parlant du cœur, battre fort sous l'effet d'une émotion très violente.

CHAMÆROPS n.m. → **CHAMÉROPS.**

CHAMAILLER (SE) v.pr. (de l'anc. fr. *chapeler*, frapper, et *mailler*, de *mail*, marteau). *Fam.* Se disputer pour des raisons futiles.

CHAMAILLERIE ou **CHAMAILLE** n.f. *Fam.* Dispute, querelle peu sérieuse.

CHAMAILLEUR, EUSE adj. et n. *Fam.* Qui aime se chamailler, se quereller.

CHAMAN [ʃaman] n.m. (mot toungouse). Prêtre et guérisseur dans certaines sociétés d'Asie septentrionale, d'Amérique, etc., censé communiquer avec le monde des esprits par le recours à diverses techniques : transe, extase, voyage initiatique.

CHAMANISME n.m. Système de pensée caractérisé par le rôle conféré au chaman ; ensemble des pratiques correspondantes.

CHAMARRER v.t. (de l'esp. *zamarra*, vêtement en peau de mouton). **1.** Orner, charger de galons, de passementeries, etc. *Un uniforme chamarré de décorations.* **2.** Orner de couleurs variées et vives ; barioler.

CHAMARRURE n.f. **1.** Manière de chamarrer. **2.** Ensemble d'ornements voyants et de mauvais goût.

CHAMBARD n.m. *Fam.* Grand désordre accompagné de vacarme ; scandale.

CHAMBARDEMENT n.m. *Fam.* Changement, bouleversement total. ◇ *Le grand chambardement :* la révolution.

CHAMBARDER v.t. (provenç. *chambarda*). *Fam.* **1.** Bouleverser de fond en comble ; saccager. **2.** Introduire du désordre ; déranger.

CHAMBELLAN n.m. (mot d'orig. germ.). Officier qui était chargé de tout ce qui concernait le service intérieur de la chambre d'un souverain. ◇ *Grand chambellan :* le chambellan le plus élevé en dignité.

CHAMBERTIN n.m. Vin rouge de Bourgogne produit dans la commune de Gevrey-Chambertin (Côte-d'Or).

CHAMBOULEMENT n.m. *Fam.* Action de chambouler ; fait d'être chamboulé.

CHAMBOULER v.t. *Fam.* Bouleverser, mettre sens dessus dessous. *Chambouler des projets.*

CHAMBRANLE n.m. (du lat. *camerare,* voûter). Encadrement d'une porte, d'une fenêtre, d'une cheminée.

CHAMBRAY n.m. TEXT. Sorte de fil-à-fil dont le fil de chaîne est souvent bleu.

CHAMBRE n.f. (du lat. *camera,* plafond voûté). **I.** *Pièce.* **1.** Pièce d'habitation, surtout pièce où l'on dort. *Chambre à coucher. Chambre d'hôtel. Chambre d'amis.* ◇ ***Garder la chambre*** : rester chez soi parce qu'on est malade ou fatigué. – ***Travailler en chambre*** : travailler à domicile, en parlant d'un artisan. – Suisse. ***Chambre de bains, chambre à manger, chambre à lessive*** : salle de bains, salle à manger, buanderie. – ***Femme, valet de chambre*** : domestique travaillant pour des particuliers ou dans un hôtel. – ***Musique de chambre,*** écrite pour une petite formation instrumentale. **2.** ***Chambre froide*** ou ***frigorifique*** : local spécialement équipé pour conserver les denrées périssables. **3.** ***Chambre forte*** : pièce blindée où se trouvent les coffres, dans une banque. **4.** ***Chambre à gaz.*** **a.** Local servant aux exécutions capitales par asphyxie, dans certains États des États-Unis. **b.** HIST. Salle alimentée en gaz toxique qui, dans les camps d'extermination créés par le Reich hitlérien, servait à faire mourir par groupes les déportés. **5.** MAR. **a.** ***Chambre de veille, des cartes*** ou ***de navigation*** : local, situé à proximité immédiate de la passerelle de navigation, où sont rassemblés les instruments et les cartes. **b.** ***Chambre de chauffe*** : compartiment d'un navire où sont placés les foyers des chaudières. **6.** ***Chambre noire,*** ou ***chambre*** : local obscur d'un laboratoire pour le traitement et le tirage des photographies. **7.** ***Chambre sourde*** : local spécialement aménagé pour faire des mesures acoustiques. **II.** *Enceinte, cavité.* **1.** ***Chambre à air*** : tube de caoutchouc placé à l'intérieur d'un pneu et gonflé à l'air comprimé. **2.** ***Chambre de combustion*** : enceinte à l'intérieur de laquelle se produit la combustion d'un mélange carburé ou celle d'un combustible solide ou liquide à l'état de poussière ou de gouttelettes. **3.** ***Chambre noire,*** ou ***chambre*** : enceinte obscure d'un appareil photographique, recevant la surface sensible. **4.** ***Chambre claire*** : appareil à prismes ou à miroirs semi-argentés, pour superposer une vue directe et une vue par réflexion. **5.** ***Chambre de Wilson, de Charpak, à bulles, etc.*** : instruments pour observer et matérialiser les trajectoires de particules élémentaires. **6.** Partie du canon d'une arme à feu recevant la cartouche ou la charge. **7.** MIN. Vide créé par l'extraction d'un minerai. **8.** ***Chambres de l'œil*** : cavités de l'œil entre la cornée et le cristallin, occupées par l'humeur aqueuse. (La chambre antérieure est entre la cornée et l'iris, la postérieure, entre l'iris et le cristallin.) **9.** ***Chambre magmatique*** : zone de stockage profond d'un magma, notamm. à l'aplomb de certains volcans. **III.** *Assemblée.* **1.** Assemblée parlementaire. **2.** Organisme qui représente et défend les intérêts d'une profession. *La chambre de commerce et d'industrie.* **3.** Formation particulière d'une juridiction. *Chambre criminelle.* **4.** ***Chambre fédérale*** : assemblée qui, dans les États fédéraux, représente les collectivités territoriales (cantons, États, Républiques, etc.) composant la fédération.

ENCYCL. Dans les régimes bicaméraux, on distingue la *chambre haute* – qui désigne l'assemblée composée de membres nommés, ou de droit, ou élus au suffrage indirect (en France et aux États-Unis, le *Sénat ;* en Grande-Bretagne, la *Chambre des lords*) – de la *chambre basse,* dont les membres, élus au suffrage populaire le plus direct, représentent le peuple. Dans certains Parlements, la chambre basse s'appelle la *Chambre des députés* (aux États-Unis, la *Chambre des représentants ;* en France, l'*Assemblée nationale ;* en Grande-Bretagne, la *Chambre des communes*).

CHAMBRÉE n.f. Ensemble de personnes, plus particulièrement de soldats, couchant dans une même chambre ; cette chambre.

CHAMBRER v.t. **1.** *Chambrer une bouteille de vin,* la faire séjourner quelques heures dans une pièce tempérée pour que le vin soit à sa température idéale de dégustation. **2.** *Fam.* Se moquer de qqn.

CHAMBRETTE n.f. Petite chambre.

CHAMBREUR, EUSE n. Québec. Locataire d'une chambre meublée.

CHAMBRIER n.m. HIST. Grand officier de la chambre du roi.

CHAMBRIÈRE n.f. **1.** Long fouet pour faire travailler les chevaux dans les manèges. **2.** Pièce mobile pour maintenir horizontal un véhicule à deux roues dételé. **3.** *Litt.* Femme de chambre.

CHAMEAU n.m. (gr. *kamêlos*). **1. a.** Mammifère ruminant d'Asie centrale, à deux bosses graisseuses sur le dos, adapté à la vie dans les régions arides, où il sert de monture et d'animal de trait. (Cri : le chameau blatère. Famille des camélidés.) **b.** *Cour.,* abusif en zoologie. Dromadaire. **2.** *Fam.* Personne méchante ou acariâtre. *Quel vieux chameau !*

■ CHAMEAU

CHAMELIER n.m. Conducteur de chameaux ou de dromadaires.

CHAMELLE n.f. Chameau femelle.

CHAMELON n.m. Petit du chameau.

CHAMÉROPS ou **CHAMÆROPS** [kamerɔps] n.m. (gr. *khamarôps,* buisson à terre). Petit palmier du littoral méditerranéen français, formant des touffes basses de feuilles à limbes en éventail. (Famille des arécacées.)

■ CHAMÉROPS

CHAMITO-SÉMITIQUE [ka-] adj. et n.m. (pl. *chamito-sémitiques*). Se dit d'une famille de langues comprenant le sémitique, l'égyptien, le berbère, le couchitique et les langues tchadiennes.

CHAMOIS n.m. (lat. *camox*). **1.** Mammifère ruminant aux cornes droites et recourbées vers l'arrière à leur extrémité, qui vit dans les hautes montagnes d'Europe et du Proche-Orient. (Haut. au garrot 65 cm ; genre *Rubicapra ;* famille des bovidés.) ◇ ***Chamois des Pyrénées*** : isard. **2.** ***Peau de chamois*** : peau chamoisée pour nettoyer les vitres, les chromes, etc. **3.** Épreuve test de niveau à skis consistant en un slalom spécial à effectuer en un temps calculé par rapport au temps de base d'un ouvreur qualifié. ◇ ***Chamois d'or, de vermeil, d'argent, de bronze*** : qualifications sanctionnant le succès à cette épreuve ; personne ayant obtenu une de ces qualifications. ◆ adj. inv. De couleur ocre jaune.

CHAMOISAGE n.m. Tannage des peaux par traitement aux huiles de poisson.

CHAMOISER v.t. Préparer par chamoisage.

■ CHAMOIS

CHAMOISERIE n.f. Industrie, commerce des peaux chamoisées.

CHAMOISETTE n.f. Belgique. Chamoisine.

CHAMOISEUR, EUSE n. Personne qui travaille au chamoisage des peaux.

CHAMOISINE n.f. Tissu à essuyer dont la texture rappelle celle de la véritable peau de chamois.

CHAMONIARD, E adj. et n. De Chamonix, de sa vallée.

CHAMOTTE n.f. Argile cuite et concassée ajoutée à la pâte céramique afin de la rendre moins plastique.

CHAMP n.m. (lat. *campus*). **I.** *Terrain.* **1.** Étendue de terre cultivable. *Champ de blé. Labourer un champ.* ◇ ***À travers champs*** : en traversant les champs, les prés. – *Fam.* ***À tout bout de champ*** → **bout. 2.** ***Champ de courses*** : hippodrome. **3.** ***Champ de mines*** : terrain semé de mines. – ***Champ de tir*** : terrain militaire où sont exécutés les tirs d'exercice ; base de lancement et d'expérimentation de missiles ; zone de l'espace dans laquelle une arme peut tirer. – ***Champ de manœuvre*** : terrain pour l'instruction des troupes. – Anc. *Champ de Mars* : champ de manœuvre. – Vx. ***Champ clos*** : lieu où s'affrontaient des adversaires en combat singulier. – ***Champ de bataille*** : endroit où a lieu une bataille. – *Litt.* ***Champ d'honneur*** : champ de bataille. **II.** *Étendue.* **1.** Portion d'espace qu'embrasse l'œil, un objectif photographique, un instrument d'optique, etc. ◇ ***Champ visuel*** : espace qu'on peut embrasser en gardant les yeux immobiles. – ***Profondeur de champ*** : intervalle entre le point le plus rapproché et le point le plus éloigné de l'appareil de prise de vues, dans lequel l'image a une netteté au moins égale à une limite donnée. – CINÉMA. ***Hors champ*** : recomm. off. pour *off.* – PSYCHOL. ***Effets de champ*** : interaction des éléments simultanément perçus, entraînant une interprétation globale de la perception. **2.** ***Champ opératoire*** : région du corps délimitée sur laquelle porte une intervention chirurgicale ; compresse stérile pour border cette région. **3.** Surface d'un tableau, d'une médaille, etc., sur laquelle se détache un motif, une inscription, etc. **4.** HÉRALD. Surface de l'écu où sont représentés les meubles. **5.** ALGÈBRE. ***Champ de scalaires, de vecteurs, de tenseurs*** : application associant à un point de l'espace un scalaire, un vecteur, un tenseur. **6.** PHYS. Ensemble des valeurs que prend une grandeur physique en tous les points d'un espace déterminé ; cet espace. ◇ ***Vecteur champ électrique*** : vecteur égal au rapport de la force électrique subie par une charge à la valeur de cette charge. – ***Vecteur champ magnétique*** : vecteur lié à l'existence d'un courant électrique ou d'un aimant et servant à déterminer les forces magnétiques. **7.** ÉLECTRON. ***Dispositif à effet de champ*** : dispositif à semi-conducteur où le courant est contrôlé par un champ électrique variable. **8.** INFORM. Dans un enregistrement, emplacement réservé à une catégorie particulière de données. SYN. : *zone.* **9.** LING. Ensemble structuré d'unités lexicales. *Champ sémantique.* **III.** *Domaine, activité.* **1.** ***Champ d'action*** : domaine dans lequel s'exerce l'action de qqn. *Son champ d'action est très limité.* **2.** ***Avoir le champ libre, laisser le champ libre à qqn,*** une complète liberté d'action. *Il lui a laissé le champ libre pour tout organiser.* – ***Prendre du champ*** : prendre du recul. ◆ pl. **1.** Terres cultivées ; pâturages. ◇ ***Champs ouverts*** : parcelles appartenant à plusieurs exploitations, juxtaposées et non séparées par des clôtures. **2.** MIL. ***Aux champs !*** : ordonne de rendre les honneurs militaires par un roulement de tambour ou une sonnerie.

1. CHAMPAGNE n.m. Vin blanc mousseux que l'on prépare en Champagne.

2. CHAMPAGNE n.f. (lat. *campania*). **1.** GÉOGR. Campagne. ◇ ***Fine champagne*** : cognac de qualité supérieure. **2.** HÉRALD. Pièce honorable occupant le tiers inférieur de l'écu.

CHAMPAGNISATION n.f. Fabrication de vin mousseux par assemblage de vins blancs secs, additionnés d'une solution de sucre et de levures pour obtenir une fermentation en bouteille.

CHAMPAGNISER v.t. Préparer un vin à la manière du champagne, afin de le rendre mousseux.

CHAMPART n.m. (de *champ* et *part*). **1.** Mélange de blé, d'orge et de seigle semés ensemble. **2.** HIST. Part prélevée sur les récoltes, qui revenait aux seigneurs de certains fiefs.

CHAMPENOIS, E adj. et n. De la Champagne.

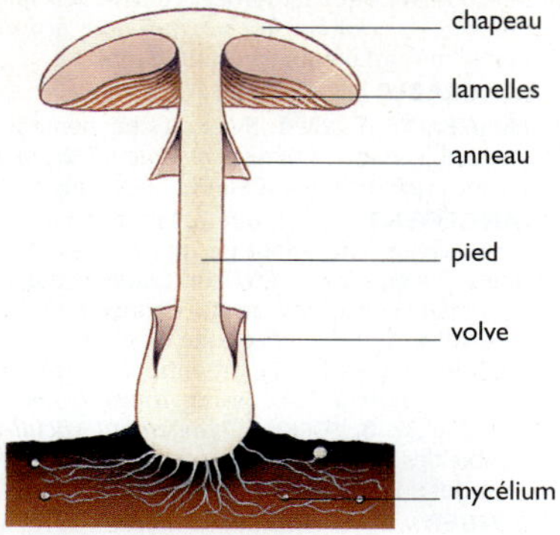

coupe d'un champignon

● **comestible** ● **non comestible, mais non vénéneux** ● **vénéneux, mais non mortel** ● **mortel**

● amanite vireuse

● amanite phalloïde

● cortinaire des montagnes

C

● amanite des Césars (oronge vraie)

● psalliote (champignon de couche)

● géaster hygrométrique

● lycoperdon (vesse-de-loup)

● polypore

● fistuline adulte *(dessin ci-dessus)*
● fistuline jeune

● chanterelle (girolle)

● hydne (pied-de-mouton)

● clavaire dorée

● truffe

● bolet bai

● morille

● ergot du seigle

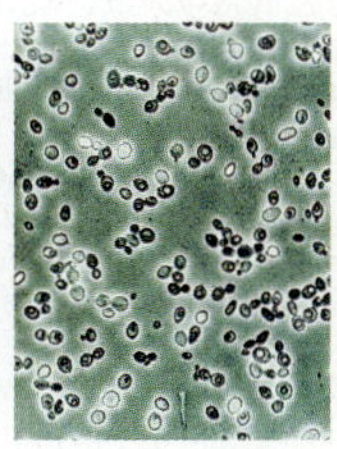

levure

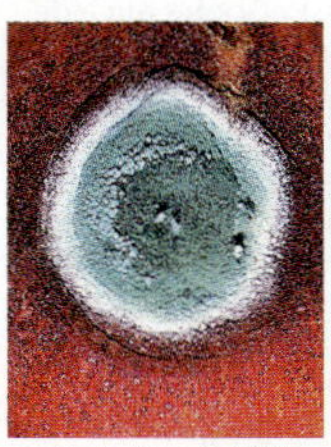

auréole de pénicillium sur la peau d'un fruit

pénicillium (agrandi 250 fois)

champignons microscopiques et moisissures

CHAMPENOISE n.f. Bouteille épaisse utilisée pour les vins de Champagne, qui contient 77,5 cl.

CHAMPÊTRE adj. (lat. *campestris*). *Litt.* Qui se rapporte à la campagne, aux champs ; qui évoque la vie à la campagne. *Un décor champêtre.*

CHAMPI ou **CHAMPIS, ISSE** n. et adj. Vx. Enfant que l'on a trouvé abandonné dans les champs.

CHAMPIGNON n.m. (anc. fr. *champegnuel,* du lat. *campus,* champ). **1.** Cryptogame sans chlorophylle, à croissance rapide dans les lieux humides et dont la reproduction s'effectue génér. par des spores. ◇ ***Champignon imparfait :*** champignon supérieur, à mycélium cloisonné, dépourvu de reproduction sexuée. – ***Champignon de couche,*** ou ***champignon de Paris :*** agaric des champs, cultivé dans les champignonnières. – ***Champignon hallucinogène :*** champignon (psilocybe, amanite tue-mouches) dont l'ingestion peut provoquer des illusions psychosensorielles, voire des hallucinations. – ***Pousser comme un champignon :*** grandir très vite. **2.** *Fam.* Pédale d'accélérateur. *Appuyer sur le champignon.*
ENCYCL. Classés dans un règne distinct du règne végétal, les champignons comptent plus de 50 000 espèces, dont quelques centaines seulement sont comestibles. Certains champignons sont formés d'une cellule unique (levures). La plupart comprennent de nombreuses cellules assemblées en un réseau de filaments, le mycélium. En génér., chez les champignons dits *supérieurs,* le mycélium souterrain se condense pour former des organes aériens portant les spores : ce sont les basidiomycètes (champignons « à chapeau » tels que les bolets et les amanites) et les ascomycètes (tels que les morilles et les truffes). Il existe également de nombreux champignons au mycélium réduit ou microscopique, parmi lesquels des champignons supérieurs, tels que les pénicilliums, et l'ensemble des champignons dits *inférieurs,* comprenant des moisissures et de nombreux parasites des végétaux (mildiou, rouille, charbon), des animaux et de l'homme (mycoses). *[V. ill. page précédente].*

CHAMPIGNONNIÈRE n.f. Cave ou bâtiment équipés pour la culture des champignons.

CHAMPIGNONNISTE n. Personne qui cultive des champignons.

CHAMPION, ONNE n. (mot d'orig. germ.). **1.** Vainqueur d'un championnat, en sports, dans un jeu. *Champion de saut en longueur.* **2.** *Fig.* Personne qui parvient à se distinguer, en bien ou en mal, dans un domaine quelconque. **3.** Personne prenant la défense de qqch avec ardeur. *Se faire le champion d'une cause.* ◆ n.m. HIST. Au Moyen Âge, homme qui combattait en champ clos pour défendre sa cause ou celle d'un autre. ◆ adj. *Fam.* Remarquable, que l'on peut admirer. *Pour les mots croisés, il est champion.* (On dit aussi *elle est champion.*)

CHAMPIONNAT n.m. Compétition officielle à l'issue de laquelle le vainqueur, un individu ou une équipe, reçoit le titre de champion. *Remporter un championnat.*

CHAMPIS, ISSE n. et adj. → **CHAMPI.**

CHAMPLEVER [ʃɑ̃ləve] v.t. [12]. **1.** Creuser une surface unie selon un motif, un dessin. **2.** GRAV. Enlever les parties qui doivent donner les blancs, dans la gravure en relief ou en taille d'*épargne. **3.** En émaillerie, ménager des alvéoles dans une plaque de cuivre pour y mettre la poudre ou la pâte d'émail. (Le résultat de l'opération est un **émail champlevé.*)

CHAMSIN n.m. → **KHAMSIN.**

CHANÇARD, E n. et adj. *Fam.* Personne qui a de la chance ; chanceux.

CHANCE n.f. (du lat. *cadere,* tomber). **1.** Sort favorable ; part d'imprévu heureux inhérente aux événements. *Elle a toujours eu beaucoup de chance.* ◇ ***Porter chance à qqn,*** lui permettre involontairement de réussir. – ***Donner sa chance à qqn,*** lui donner la possibilité de réussir. – ***Tenter sa chance :*** essayer de réussir. – ***Souhaiter bonne chance à qqn,*** lui souhaiter de réussir. **2.** (Surtout pl.) Probabilité que qqch se produise. *Il a toutes les chances de s'en tirer.*

CHANCEL n.m. (lat. *cancellus,* balustrade). Clôture basse en avant du chœur, dans les églises paléochrétiennes.

CHANCELANT, E adj. Qui chancelle.

CHANCELER v.i. [16] (lat. *cancellare,* disposer une grille). **1.** Perdre l'équilibre, menacer de tomber ; vaciller. *Ivre, il chancelle.* **2.** *Fig.* Manquer de solidité, de stabilité ; faiblir. *Courage qui chancelle.*

CHANCELIER n.m. (lat. *cancellarius,* huissier). **1.** Dignitaire qui a la garde des sceaux, dans un consulat, un corps, une administration. **2.** Chef du gouvernement, en Allemagne et en Autriche. **3.** Dans la France d'Ancien Régime, chef suprême de la justice qui, en l'absence du souverain, préside le Conseil du roi.

CHANCELIÈRE n.f. **1.** Femme d'un chancelier. **2.** Vx. Sac fourré destiné à tenir les pieds au chaud.

CHANCELLERIE n.f. **1.** Administration, ensemble des services qui dépendent d'un chancelier. – Vx. Lieu où l'on scelle certains actes avec le sceau du souverain, de l'État. ◇ ***Grande chancellerie de la Légion d'honneur :*** organisme chargé de la direction et de la discipline de l'ordre. **2.** En France, administration centrale du ministère de la Justice.

CHANCEUX, EUSE adj. et n. Qui est favorisé par la chance.

CHANCI n.m. Affection des champignons de couche due à des moisissures.

CHANCIR v.i. (anc. fr. *chanir,* blanchir, du lat. *canere*). Rare ou *litt.* Moisir.

CHANCRE n.m. (lat. *cancer*). **1.** Ulcération de la peau et des muqueuses, due en général à une MST. ◇ ***Chancre induré,*** ou ***chancre syphilitique :*** lésion initiale de la syphilis. – ***Chancre mou :*** MST d'évolution bénigne. SYN. : *chancrelle.* **2.** AGRIC. Plaie des rameaux et du tronc des arbres par où s'introduisent des parasites.

CHANCRELLE n.f. MÉD. Chancre mou.

CHANDAIL n.m. (de *marchand d'ail*). Vêtement en tricot qui s'arrête à la taille ou aux hanches et qu'on enfile par la tête.

CHANDELEUR n.f. (lat. *festa candelarum,* fête des chandelles). CATH. Fête de la Présentation de Jésus au Temple et de la Purification de la Vierge, qui a lieu le 2 février.

CHANDELIER n.m. (lat. *candelabrum*). **1.** Support, spécial. support muni d'une pointe, pour les bougies, les cierges, les chandelles. ◇ ***Chandelier pascal :*** candélabre qui reçoit le cierge pascal. **2.** MAR. Barre métallique verticale et percée de trous pour passer les tringles ou filières d'un garde-corps, sur un navire.

CHANDELLE n.f. (lat. *candela*). **1.** Tige de suif, de résine, etc., entourant une mèche, utilisée autref. pour l'éclairage. ◇ ***Économie de bouts de chandelle :*** économie réalisée sur de trop petites choses pour être vraiment utile. – ***Brûler la chandelle par les deux bouts :*** ne pas être économe de son argent, de sa santé. – ***Devoir une fière chandelle à qqn,*** lui être redevable de qqch de très important. – *Fam.* ***Voir trente-six chandelles :*** être abasourdi, éprouver un éblouissement après un choc violent, un coup. **2.** Figure de voltige aérienne. ◇ ***Monter en chandelle,*** verticalement. **3.** ***Chandelle romaine :*** pièce d'artifice. **4.** CONSTR. Pièce de bois ou de métal servant d'étai.

1. CHANFREIN n.m. (lat. *caput,* tête, et *frenare,* freiner). Partie antérieure de la tête du cheval et de certains mammifères, de la base du front au nez.

2. CHANFREIN n.m. (anc. fr. *chant,* côté, et *fraindre,* briser). Surface oblique obtenue en abattant l'arête d'une pierre, d'une pièce de bois, de métal, etc.

CHANFREINER v.t. Tailler en chanfrein.

CHANGE n.m. (du bas lat. *cambiare,* échanger). **1.** Opération qui consiste à vendre ou à acheter la monnaie d'un pays contre celle d'un autre pays ; taux auquel se fait cette opération. *Le change est très intéressant. Cours des changes.* ◇ ***Contrôle des changes :*** intervention de l'État qui régularise les opérations de change sur les devises étrangères. – ***Marché des changes :*** marché où se font les offres et les demandes de devises. – ***Lettre de change :*** effet de commerce transmissible par lequel un créancier donne l'ordre à son débiteur de payer à une date déterminée la somme qu'il lui doit, à l'ordre de lui-même ou d'un tiers. SYN. : *traite.* **2.** ***Perdre, gagner au change :*** être désavantagé ou avantagé par un échange, un changement. **3.** Action de changer un bébé. ◇ ***Change complet :*** couche entourée d'une feuille de plastique qui tient lieu de culotte et qui se jette après usage. **4.** VÉNER. Ruse d'un animal poursuivi qui détourne les chiens vers une autre proie. ◇ ***Donner le change à qqn,*** arriver à lui cacher parfaitement ses intentions.

CHANGEABLE adj. Qui peut être changé.

CHANGEANT, E adj. **1.** Sujet au changement ; inconstant, variable. *Humeur changeante.* **2.** Dont la couleur varie selon la lumière. *Ciel changeant.*

CHANGEMENT n.m. **1.** Action, fait de changer, de se modifier, en parlant de qqn ou de qqch. *Changement de saison, de décor. Changement de ton. Changement d'attitude.* **2.** ***Changement de vitesse :*** dispositif (levier et boîte de vitesses) qui permet de changer le rapport entre la vitesse de rotation du moteur et celle des roues motrices d'un véhicule. **3.** SOCIOL. ***Changement social :*** ensemble des mécanismes permettant la transformation des sociétés.

CHANGER v.t. [10] (bas lat. *cambiare*). **1.** Remplacer qqn ou qqch par qqn ou qqch d'autre. *Changer l'acteur d'un film. Changer les ampoules.* – Convertir une monnaie en une autre monnaie ; échanger. *Changer cent euros en dollars.* **2.** Rendre différent ; modifier. *Cette rencontre l'a complètement changé.* **3.** Faire passer d'un état à un autre ; transformer. *Le verglas a changé la rue en véritable patinoire.* **4.** ***Changer un bébé,*** lui mettre des couches propres. ◆ v.i. Passer d'un état à un autre. *Le temps est en train de changer.* ◆ v.t. ind. **(de). 1.** Remplacer qqn ou qqch par qqn ou qqch d'autre. *Changer de patron. Changer de voiture.* **2.** ***Changer d'air :*** partir, s'éloigner d'un lieu provisoirement ou définitivement. – *Fam.* ***Changer de disque :*** cesser de répéter la même chose. ◆ **se changer** v.pr. Changer de vêtements, s'habiller avec d'autres vêtements. *Se changer pour sortir le soir.*

CHANGEUR n.m. **1.** Appareil dans lequel on introduit une pièce ou un billet pour avoir de la monnaie ou des jetons. **2.** Commerçant faisant des opérations de change. **3.** Dispositif qui change automatiquement les disques sur un lecteur.

CHANLATE ou **CHANLATTE** n.f. Chevron refendu, posé dans le même sens que les lattes, en bas du versant d'un toit.

CHANNE n.f. (all. *Kanne*). Suisse. Pot d'étain.

CHANOINE n.m. (lat. *canonicus,* du gr. *kanôn,* règle). **1.** Ecclésiastique siégeant au chapitre de la cathédrale ou de la collégiale, ou doté de ce titre à des fins honorifiques. **2.** Religieux de certains ordres. *Les chanoines de l'ordre de Prémontré.*

CHANOINESSE n.f. CATH. Religieuse de certaines communautés. *Les chanoinesses de Saint-Augustin.*

CHANSON n.f. (lat. *cantio*). **1.** Composition musicale divisée en couplets et destinée à être chantée. **2.** Rengaine, propos sans importance, répété sans cesse. *Ça va, on connaît la chanson !* **3.** *Chanson de geste* → **geste.**

CHANSONNETTE n.f. Petite chanson sur un sujet léger.

1. CHANSONNIER, ÈRE n. Artiste qui compose et interprète des textes ou des chansons, surtout satiriques ou humoristiques.

2. CHANSONNIER n.m. Recueil de chansons.

1. CHANT n.m. (de *chanter*). **1.** Action, art de chanter ; technique pour cultiver sa voix. **2.** Suite de sons modulés émis par la voix. – Cris modulés de certains oiseaux mâles. *Le chant du rossignol.* – *Par ext.* Émission sonore de certains animaux (baleine, cigale, etc.). **3.** Division d'un poème épique ou didactique.

2. CHANT n.m. (lat. *canthus,* bord). Côté le plus petit de la section d'une pièce équarrie. ◇ ***De chant, sur chant :*** dans le sens de la longueur et sur la face la plus petite, dans un plan vertical.

CHANTAGE n.m. **1.** Délit qui consiste à obtenir qqch, le plus souvent de l'argent, en menaçant de révélations ou d'imputations diffamatoires. **2.** *Fig.* Procédé pour obtenir de qqn ce qu'on désire en utilisant des moyens de pression psychologiques, en lui faisant peur, en feignant de souffrir beaucoup, etc.

CHANTANT, E adj. **1.** Qui a des intonations mélodieuses, musicales. **2.** Qui se chante et se retient facilement. *Une mélodie très chantante.*

CHANTÉ, E adj. Exprimé, réalisé par le chant.

CHANTEFABLE n.f. LITTÉR. Récit médiéval faisant alterner de la prose récitée et des vers chantés.

CHANTEPLEURE n.f. **1.** ARCHIT. Ouverture verticale pratiquée dans un mur pour l'écoulement des eaux d'infiltration. **2.** Robinet d'un tonneau mis en perce. **3.** Entonnoir à long tuyau percé de trous.

CHANTER v.i. et v.t. (lat. *cantare*). **1.** Produire avec la voix des sons mélodieux, faire entendre une chanson, un chant. *Apprendre à chanter. Chanter faux. Chanter un air.* **2.** Produire des sons modulés, expressifs, harmonieux, en parlant d'oiseaux, d'insectes, d'instruments de musique, etc. **3.** *Faire chanter qqn,* exercer un chantage sur lui. ◆ v.t. **1.** *Fam.* Raconter des sottises ou des choses très étonnantes. *Qu'est-ce que tu me chantes ?* **2.** Célébrer. *Chanter les louanges de qqn.* ◆ v.t. ind. *Fam. Si ça lui chante :* s'il en a envie, si ça lui plaît.

1. CHANTERELLE n.f. (de *chanter*). **1.** Corde la plus aiguë d'un instrument à cordes et à manche. ◇ Vx. *Appuyer sur la chanterelle :* insister sur le point sensible, essentiel. **2.** Appeau servant à appeler les oiseaux en imitant leur chant.

2. CHANTERELLE n.f. (du gr. *cantharos,* coupe). Champignon comestible, à chapeau en entonnoir, et dont les lamelles s'étendent le long du pied, tel que la girolle. (Genre *Cantharellus ;* classe des basidiomycètes.)

CHANTEUR, EUSE n. (lat. *cantor*). **1.** Personne qui chante. *Une chanteuse d'opéra.* ◇ *Chanteur de charme,* qui chante surtout des chansons tendres et sentimentales. SYN. : *crooner.* **2.** *Maître chanteur :* personne qui exerce un chantage sur qqn. ◆ adj. *Oiseau chanteur :* oiseau dont le chant est agréable (merle, rossignol, etc.) ; *par ext.,* tout oiseau du groupe des passereaux.

CHANTIER n.m. (lat. *cantherius,* support). **1.** Lieu, terrain où ont lieu des travaux de construction, de réparation ou d'exploitation. *Chantier forestier. Chantier naval.* **2.** Endroit où sont entassés des matériaux de construction. **3.** *Fig., fam.* Lieu où règne un grand désordre. *Leur appartement est un vrai chantier.* **4.** Travail, projet, en partic. de grande envergure. **5.** *En chantier :* en travaux. – *Mettre qqch en chantier,* en commencer la réalisation.

CHANTIGNOLE ou **CHANTIGNOLLE** n.f. Pièce de bois soutenant les pannes d'une charpente.

CHANTILLY n.f. → **CRÈME.**

CHANTOIR n.m. Belgique. Aven de petite taille.

CHANTONNEMENT n.m. Action de chantonner.

CHANTONNER v.t. et v.i. Chanter à mi-voix ; fredonner.

CHANTOUNG n.m. → **SHANTUNG.**

CHANTOURNEMENT n.m. Action de chantourner.

CHANTOURNER v.t. **1.** Découper une pièce de bois ou de métal suivant un profil donné, notamm. un profil courbe. **2.** ARTS APPL. Donner à un objet, à une pièce un contour complexe de courbes et de contre-courbes.

CHANTRE n.m. (lat. *cantor*). **1.** Personne chargée de chanter aux offices religieux. **2.** *Litt.* Personne qui glorifie, loue qqn ou qqch. **3.** *Herbe aux chantres :* sisymbre.

CHANVRE n.m. (gr. *kannabis*). **1.** Plante annuelle à feuilles palmées, cultivée pour sa tige, qui fournit une excellente fibre textile, et pour ses graines (chènevis), que l'on donne aux oiseaux de cage. (Genre *Cannabis ;* famille des cannabacées.) ◇ *Chanvre indien :* variété de chanvre à partir de laquelle on élabore diverses drogues (haschisch, marijuana, etc.). **2.** Filasse retirée du chanvre par les opérations de rouissage, de broyage et de teillage ; textile fait de cette matière. **3.** *Chanvre d'eau :* eupatoire.

CHAOS [kao] n.m. (gr. *khaos*). **1.** PHILOS. Confusion générale des éléments de la matière, avant la création du monde. – *Fig.* Désordre épouvantable, confusion générale. **2.** GÉOMORPH. Amas de blocs qui se constitue dans certains types de roches (grès, granite) sous l'action de l'érosion. **3.** MATH. *Théorie du chaos :* théorie étudiant les phénomènes dans lesquels intervient le hasard, mais qui présentent des régularités pouvant être décrites mathématiquement. **4.** PHYS. État physique dans lequel on ne perçoit aucun ordre. ◇ *Chaos déterministe :* état désordonné d'un système dynamique résultant de l'action de forces où le hasard n'intervient pas.

CHAOTIQUE adj. Qui tient du chaos.

CHAOUCH [ʃauʃ] n.m. (turc *çavuş*). Huissier, appariteur, en Afrique du Nord et au Moyen-Orient.

CHAOURCE n.m. Fromage cylindrique au lait entier de vache fabriqué dans le sud de la Champagne, consommé frais ou demi-affiné.

CHAPARDAGE n.m. *Fam.* Action de chaparder.

CHAPARDER v.t. (de l'arg. *choper*). *Fam.* Voler des choses sans grande valeur ; chiper.

CHAPARDEUR, EUSE n. et adj. *Fam.* Personne qui chaparde.

CHAPE n.f. (lat. *cappa,* capuchon). **1.** Couche superficielle (ciment, asphalte, etc.) destinée à conférer certaines caractéristiques à un sol. *Chape de roulement, d'étanchéité.* **2.** Partie extérieure d'un pneu, constituant la bande de roulement. **3.** Pièce circulaire recevant l'extrémité d'un essieu ou d'un axe. **4.** CATH. Vêtement liturgique en forme de grande cape. SYN. : *cappa.* **5.** *Chape de plomb :* ce qui paralyse, constitue un fardeau.

CHAPÉ n.m. HÉRALD. Partition en forme d'angle aigu, formée par deux lignes obliques partant du milieu du chef pour aboutir aux deux angles de la pointe de l'écu.

CHAPEAUTÉ, E adj. Coiffé d'un chapeau.

CHAPEAU n.m. (du lat. *cappa,* capuchon). **1.** Coiffure pouvant avoir des formes très variées, avec ou sans bord, que l'on met pour sortir. *Chapeau de paille. Un chapeau de feutre vert.* ◇ *Fam. Travailler du chapeau :* être un peu fou. – *Fam. Porter le chapeau :* être rendu responsable d'un échec. – *Coup de chapeau :* salut donné en soulevant légèrement son chapeau ; *fig.,* témoignage d'admiration, d'estime. – *Fam. Avaler, manger son chapeau :* être contraint de changer d'avis, de se dédire. **2.** *Recevoir le chapeau :* devenir cardinal, en parlant d'un évêque. **3.** Partie supérieure charnue portée par le pied des champignons basidiomycètes. **4.** Courte introduction en tête d'un article de journal ou de revue. **5.** Partie assemblée à l'extrémité de certaines pièces mécaniques. *Chapeau de roulement.* ◇ *Fam. Démarrer, prendre un virage sur les chapeaux de roue,* à très grande vitesse. **6.** *Chapeau chinois :* patelle. ◆ interj. *Chapeau ! :* bravo !

CHAPEAUTER v.t. *Fam.* Avoir une supériorité hiérarchique sur qqn, un groupe, un service administratif, etc. ; coiffer.

CHAPELAIN n.m. (de *chapelle*). Prêtre qui dessert une chapelle privée.

CHAPELET n.m. (dimin. de *chapeau*). **1.** Objet de piété formé d'un collier de grains enfilés, que l'on fait glisser entre les doigts en récitant des prières ; ensemble des prières récitées. **2.** Succession, suite d'objets ou de paroles. *Un chapelet d'îlots. Un chapelet d'injures.* **3.** ARCHIT. Ornement courant fait d'une suite de perles, d'olives et/ou de piécettes.

CHAPELIER, ÈRE n. Personne qui fabrique ou vend des chapeaux.

CHAPELLE n.f. (du lat. *cappa,* capuchon). **1. a.** Édifice religieux comportant génér. un autel et n'ayant pas le titre de paroisse. – Pièce réservée au culte dans un lieu privé (hôpital, château). **b.** Partie annexe d'une église comportant un autel. **2.** *Fig.* Petit groupe très fermé, cercle d'artistes, d'intellectuels, etc. *Chapelle littéraire.*

CHAPELLENIE [ʃapɛlni] n.f. Dignité, bénéfice d'un chapelain.

CHAPELLERIE n.f. Industrie, commerce des chapeaux.

CHAPELURE n.f. Pain séché au four, écrasé ou râpé, dont on enrobe certains aliments avant de les faire frire ou gratiner. SYN. : *panure.*

CHAPERON n.m. (de *chape*). **1.** Anc. Capuchon à longue pointe porté par les hommes du XIIe jusqu'au XVe s., où, drapé, il s'agrémente d'un bourrelet. **2.** Anc. Femme âgée qui accompagnait une jeune fille ou une jeune femme dans le monde. – *Fig.* Personne qui sort avec qqn pour le surveiller. **3.** CONSTR. Couronnement d'un mur, à une ou deux pentes, pour faciliter l'écoulement des eaux de pluie. **4.** Bourrelet circulaire placé sur l'épaule gauche des robes de magistrats, de professeurs d'université, et d'où pend une bande d'étoffe garnie d'hermine. **5.** Petit capuchon dont on coiffe les faucons à la chasse.

CHAPERONNER v.t. Accompagner qqn en qualité de chaperon.

CHAPITEAU n.m. (du lat. *caput, capitis,* tête). **1.** Élément élargi qui forme le sommet d'une colonne, d'un pilier et qui est génér. constitué d'une échine ou d'une corbeille surmontée d'un abaque, ou tailloir. **2.** Tente de cirque. *Monter un chapiteau.* **3.** Partie supérieure d'un alambic.

CHAPITRE n.m. (lat. *capitulum*). **1.** Division d'un livre, d'un traité, d'un code, etc. *Livre en neuf chapitres.* ◇ *Au chapitre de, sur le chapitre de :* en ce qui concerne, à propos de. **2.** *Chapitre du budget :* subdivision du budget de l'État ou d'un organisme public. **3.** Assemblée tenue par des chanoines ou des religieux, des religieuses. ◇ *Avoir voix au chapitre :* avoir le droit de prendre la parole et de donner son avis.

CHAPITRER v.t. Réprimander sévèrement, rappeler à l'ordre.

CHAPKA n.f. (mot russe). Bonnet de fourrure qui protège les oreilles, le front et la nuque.

CHAPON n.m. (lat. *capo, caponis*). Coq castré engraissé pour la consommation.

CHAPONNAGE n.m. Action de chaponner.

CHAPONNER v.t. Castrer un jeune coq.

CHAPSKA ou **SCHAPSKA** [ʃapska] n.m. (polon. *czapka*). Coiffure militaire polonaise adoptée par les lanciers français au XIXe s.

CHAPTALISATION n.f. (de Jean *Chaptal,* n.pr.). Action d'ajouter du sucre au moût de raisin avant la fermentation afin d'augmenter la teneur en alcool du vin.

CHAPTALISER v.t. *Chaptaliser du vin,* le soumettre à la chaptalisation.

CHAQUE adj. indéf. (de *chacun*). **1.** Marque la répétition dans le temps ou dans l'espace, la distribution. *Chaque matin. Chaque maison. Elle a donné des crayons à chaque enfant.* **2.** *Fam.* Chacun. *Combien ça fait ? – Neuf euros chaque.*

1. CHAR n.m. (lat. *carrus*). **1.** ANTIQ. Voiture à deux roues, ouverte à l'arrière et fermée sur le devant, pour les combats, les jeux, etc. ◇ Anc.

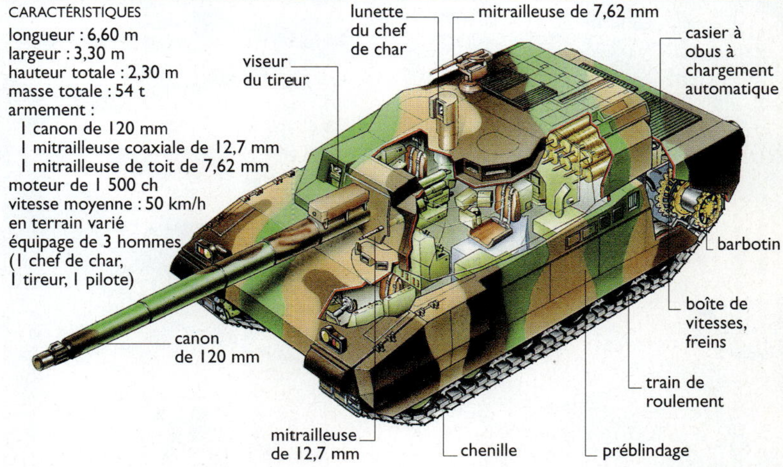

■ **CHAR** français Leclerc AMX (1992).

Char à bancs : véhicule hippomobile à quatre roues, avec des bancs disposés en travers. **2.** *Char de combat, char d'assaut :* véhicule automoteur chenillé et blindé, armé de mitrailleuses, de canons, de missiles, etc. **3.** *Char à voile :* véhicule à roues muni d'une voile et mû par la seule force du vent. **4.** Grande voiture décorée où prennent place des personnages masqués ou symboliques, lors de certaines fêtes publiques. *Les chars fleuris du carnaval de Nice.* **5.** *Litt. Char funèbre :* corbillard. **6.** Québec. *Fam.* Automobile. *Char usagé. Char de police.*

2. CHAR ou **CHARRE** n.m. (de *charrier*). *Arg.* Blague, histoire ; bluff. ◇ *Fam. Arrête ton char ! :* arrête de raconter des histoires.

CHARABIA n.m. (mot provenç., esp. *algarabia,* la langue arabe). *Fam.* Langage inintelligible, style très confus ou incorrect.

CHARADE n.f. (occitan *charrado,* causerie). Devinette où l'on doit retrouver un mot de plusieurs syllabes à partir de la définition d'un homonyme de chacune d'entre elles et de la définition du mot entier.

CHARADRIIDÉ [karadriide] n.m. (du gr. *kharadrios,* pluvier). Oiseau échassier migrateur de taille modeste, tel que le pluvier et le vanneau. (Les charadriidés forment une famille de l'ordre des charadriiformes.)

C

CHARADRIIFORME [ka-] n.m. Oiseau échassier ou palmipède, tel que le pluvier, le goéland, l'avocette, le pingouin et la bécasse. (Les charadriiformes forment un ordre.)

CHARANÇON n.m. Insecte coléoptère à tête prolongée par un long rostre, se nourrissant de végétaux (racines, graines), souvent nuisible aux cultures. (Famille des curculionidés.)

■ **CHARANÇON.** Charançon des noisettes.

CHARANÇONNÉ, E adj. Attaqué par les charançons.

CHARANGO [tʃarãgo] n.m. Petit luth à frettes d'origine andine, dérivé de la guitare, dont la caisse de résonance est constituée d'une carapace de tatou.

CHARBON n.m. (lat. *carbo*). **1.** Matière combustible solide, de couleur noire, d'origine végétale, qui renferme une forte proportion de carbone. ◇ *Être sur des charbons ardents :* être très impatient ou inquiet. — *Fam. Aller au charbon :* s'astreindre à faire qqch de particulièrement pénible. **2.** Poussière de charbon ; escarbille. *Avoir un charbon dans l'œil.* **3.** *Charbon à coke :* charbon qui donne par distillation un coke dur utilisé dans la sidérurgie. **4.** *Charbon de bois :* résidu solide de la carbonisation du bois vers 300 - 400 °C. — *Charbon actif* ou *activé :* charbon obtenu par calcination de matières carbonées. (Un traitement spécial permet d'accroître ses propriétés d'absorption des gaz utilisées dans de multiples applications : médecine, industrie chimique, traitement des eaux, etc.) **5.** DESS. Vx. Fusain. **6.** Maladie infectieuse septicémique, due au bacille charbonneux, atteignant certains animaux domestiques (ruminants, chevaux, porcins) et l'homme. **7.** Maladie cryptogamique des céréales causée par un champignon microscopique (genre *Ustilago*) attaquant leurs organes reproducteurs, qui sont alors remplacés par une poudre noire, les spores du champignon. *Charbon du blé, de l'avoine.*

ENCYCL. Le charbon, caractéristique surtout de la fin du paléozoïque (le carbonifère), englobe l'anthracite, la houille et le lignite, différenciés selon leurs teneurs en carbone et en matières volatiles. À la base de la révolution industrielle, le charbon a été détrôné (après 1950) par le pétrole, mais demeure la deuxième source d'énergie mondiale, assurant moins de 30 % de la consommation.

CHARBONNAGE n.m. (Surtout pl.) Ensemble des mines de charbon exploitées dans une région.

CHARBONNER v.t. Noircir en écrivant ou en dessinant avec du charbon. *Charbonner les murs.* ◆ v.i. Produire une fumée, une suie épaisse. *Le poêle charbonne.*

CHARBONNERIE n.f. Carbonarisme.

CHARBONNEUX, EUSE adj. **1.** Qui est noir comme du charbon ; noirci, sali. **2.** Qui se rapporte à la maladie du charbon.

1. CHARBONNIER, ÈRE n. Personne qui vend et livre du charbon.

2. CHARBONNIER, ÈRE adj. Qui se rapporte à la production ou à la vente du charbon. *L'industrie charbonnière.*

CHARBONNIÈRE n.f. Mésange à tête noire.

CHARCUTAGE n.m. *Fam.* Action de charcuter.

CHARCUTER v.t. (de *charcutier*). *Fam.* **1.** Opérer qqn de façon maladroite, brutale. **2.** *Charcuter un texte :* le remanier profondément en le dénaturant.

CHARCUTERIE n.f. **1.** Produit à base de viande de porc cuite ou crue et salée, comme le jambon, le saucisson, le boudin, etc. *Un plat froid de charcuterie.* **2.** Boutique de charcutier. **3.** Secteur de la fabrication et du commerce des produits fabriqués à partir du porc.

CHARCUTIER, ÈRE n. (de *chair cuite*). Personne qui prépare et vend de la charcuterie et de la viande de porc. ◆ adj. Relatif à la charcuterie. *Industrie charcutière.*

CHARDON n.m. (du lat. *carduus*). **1.** Plante à feuilles et à tiges épineuses, à fleurs minuscules, rouge pourpré, formant des capitules globuleux. (Famille des composées.) ◇ *Chardon bleu :* panicaut. — *Chardon à foulon :* cardère. **2.** Ensemble de pointes de fer courbées destiné à empêcher l'escalade d'un mur ou d'une grille.

■ **CHARBON.** Exploitation de charbon à ciel ouvert en Afrique du Sud.

■ **CHARDON**

CHARDONAY ou **CHARDONNAY** n.m. Cépage blanc de Bourgogne et de Champagne.

CHARDONNERET n.m. (de *chardon*). Oiseau passereau chanteur d'Europe et d'Asie occidentale, à plumage rouge, noir, jaune et blanc, qui se nourrit notamm. de graines de chardon. (Long. 12 cm ; genre *Carduelis,* famille des fringillidés.)

CHARENTAISE n.f. Pantoufle chaude et confortable.

CHARGE n.f. (de *charger*). **I.** *Ce qui pèse matériellement ou moralement sur qqn.* **1.** Dépense, obligation onéreuse. *Charges de copropriété, charges locatives, etc.* ◇ *Être à la charge de qqn,* dépendre totalement de lui pour les besoins matériels. — *Prendre en charge qqn,* s'engager à l'entretenir financièrement. **2.** *Charges sociales :* ensemble des contributions obligatoires incombant à l'employeur et au salarié, pour assurer la protection sociale du salarié et de sa famille. — *Prise en charge :* acceptation par la Sécurité sociale de payer ou de rembourser les frais de traitement de l'assuré. **3.** Ce qui cause une gêne. *Ce travail n'est vraiment pas une charge pour elle.* **4.** Indice ou présomption pouvant faire croire à la culpabilité de qqn. *Ce mensonge constitue une nouvelle charge contre lui.* ◇ *Témoin à charge :* personne qui dépose contre un suspect. **5.** Mission ou responsabilité confiée à qqn. *Elle doit assumer de lourdes charges à ce nouveau poste.* ◇ *Prendre en charge qqch,* s'engager à s'en occuper pendant une durée plus ou moins longue. **6.** Vx. *Femme de charge :* intendante qui s'occupe de toute l'organisation d'une maison. **7.** Fonction publique transmissible exercée dans le cadre d'un office ministériel ; l'office lui-même. *Une charge de notaire.* **8.** *À charge de revanche :* à cette condition qu'on paiera le service rendu par un autre équivalent. **II.** *Poids, quantité.* **1.** Ce que peut porter qqn, un animal, une voiture, un navire, etc. *La charge d'un camion. Charge de 600 kilos.* ◇ *Charge utile.* **a.** TRANSP. Différence entre le poids total en charge et le poids à vide d'un véhicule. **b.** ASTRONAUT. Équipement transporté par un véhicule spatial et destiné à remplir une mission déterminée. — *Charge alaire :* poids théoriquement supporté par chaque mètre carré d'une aile d'avion. — *Charge de rupture :* effort de traction sous lequel se rompt une barre dans les essais de métaux ou de matériaux de construction. **2.** PSYCHOL. *Charge affective :* contenu émotionnel d'une représentation, d'un objet, pouvant déclencher des réactions affectives très fortes chez qqn. **3.** ÉLECTR. Quantité d'électricité portée par un corps. ◇ *Charge d'un accumulateur :* opération consistant à faire passer dans l'accumulateur un courant de sens inverse à celui qu'il débitera. — *Charge d'espace,* ou *charge spatiale :* charge électrique dans une région de l'espace, due à la présence d'électrons ou d'ions. **4.** *Charge d'une machine, d'un réseau,* puissance active ou apparente débitée ou absorbée par cette machine ou ce réseau. **5.** HYDROL. Ensemble des matériaux transportés par un cours d'eau. ◇ *Charge limite :* charge maximale qu'un courant peut transporter par mètre cube d'eau. **6.** TECHN. Substance que l'on ajoute à une matière (soie naturelle, pâte à papier, caoutchouc, matières plastiques) pour lui donner certaines propriétés mécaniques, physiques ou chimiques. **7.** Quantité de poudre, d'explosif contenue dans un projectile ou une mine. *Charge de plastic.* ◇ *Charge creuse :* charge explosive à grande puissance perforante. — *Charge nucléaire :* ensemble des éléments combustibles placés dans un réacteur nucléaire. **III.** *Action de charger.* **1. a.** Attaque d'une troupe contre une autre. *Charge à la baïonnette.* ◇ ***Revenir à la charge*** : insister à plusieurs reprises pour obtenir qqch. – ***Au pas de charge*** : en marchant d'une allure rapide et décidée. **b.** Anc. Batterie de tambour, sonnerie de clairon, de trompette donnant le signal de l'assaut. *Sonner la charge.* **2.** Portrait exagérant certains traits, caricature ; récit critique et le plus souvent comique de qqch. *Ce roman est une charge de la bourgeoisie de province.*

1. CHARGÉ, E n. **1.** ***Chargé de mission*** : fonctionnaire ou membre d'un cabinet ministériel responsable d'une étude déterminée ou d'une activité. **2.** ***Chargé de cours*** : enseignant non titulaire de l'enseignement supérieur. **3.** ***Chargé d'affaires*** : diplomate représentant son gouvernement auprès d'un chef d'État étranger en l'absence ou à défaut d'ambassadeur.

2. CHARGÉ, E adj. **1.** ***Estomac chargé,*** lourd, qui a du mal à digérer. – ***Langue chargée,*** recouverte d'un dépôt blanchâtre. **2.** ***Ciel chargé,*** couvert de nuages. **3.** ***Lettre chargée,*** contenant des valeurs et enregistrée comme telle en payant une certaine taxe. **4.** HÉRALD. ***Pièce chargée*** : pièce sur laquelle figurent une ou plusieurs autres pièces.

CHARGEMENT n.m. **1.** Action de charger un véhicule, un navire, etc. ; ensemble des marchandises chargées. **2.** Action de charger un appareil, une arme, etc. **3.** INFORM. Opération de mise en mémoire vive d'un fichier ou d'un programme, à partir d'une mémoire auxiliaire.

CHARGER v.t. [10] (lat. pop. *carricare,* de *carrus,* char). **1.** Mettre qqch de pesant sur un véhicule, un navire, etc. *Charger les bagages dans la voiture. Charger un colis sur ses épaules.* **2.** Prendre qqn ou qqch en charge pour le transporter. *Taxi qui charge des clients.* **3.** Introduire une cartouche dans la chambre d'une arme. *Charger un revolver.* **4.** Munir un appareil de ce qui est nécessaire à son fonctionnement. *Charger un appareil photographique, un briquet, un stylo.* **5.** Emmagasiner de l'énergie dans. *Charger un accumulateur.* **6.** INFORM. Transférer des données ou un programme d'une mémoire auxiliaire à la mémoire vive d'un ordinateur. **7.** Confier à qqn une responsabilité, une mission. *Il m'a chargé de tout organiser.* **8.** Déposer, témoigner contre qqn. *Charger un suspect.* **9.** Imposer une redevance, une obligation onéreuse. *Charger le pays d'impôts.* **10.** Se précipiter violemment sur ; attaquer. *Un sanglier qui charge les chiens.* ◇ Absol. *Une armée qui charge.* **11.** Couvrir, recouvrir abondamment de qqch. *Un poignet chargé de bracelets.* **12.** Grossir exagérément. *Charger une histoire.* ◆ **se charger** v.pr. **(de).** Prendre sur soi la responsabilité de qqn ou de qqch, accepter d'assumer une tâche difficile. *Elle s'est chargée de toutes les démarches.*

CHARGEUR n.m. **1.** Dispositif pour introduire successivement plusieurs cartouches dans une arme à répétition. **2.** Boîte étanche à la lumière, contenant une certaine quantité de pellicule et permettant de charger en plein jour un appareil de prise de vues. **3.** Appareil pour recharger une batterie d'accumulateurs. **4.** Négociant qui affrète un navire, y fait charger des marchandises et les expédie. **5.** Engin autonome ou machine de chargement. **6.** Servant d'une arme collective.

CHARGEUSE n.f. **1.** MIN. Machine munie d'une pelle pour charger le minerai. **2.** TRAV. PUBL. Engin à godet relevable pour ramasser des matériaux et les poser dans un camion.

CHARGEUSE-PELLETEUSE n.f. (pl. *chargeuses-pelleteuses*). TRAV. PUBL. Engin automoteur comportant, à l'avant, un équipement de chargeuse et, à l'arrière, un équipement de pelleteuse. SYN. : *tractopelle.*

CHARIA n.f. (ar. *charī'a*). Loi canonique islamique régissant la vie religieuse, politique, sociale et individuelle, appliquée de manière stricte dans certains États musulmans.

CHARIOT n.m. (lat. *carrus,* char). **1.** Engin, automoteur ou non, utilisé pour le déplacement et parfois le levage des charges, des matériaux, des bagages sur de faibles distances. *Chariot élévateur.* **2.** CINÉMA. Plate-forme mobile roulant sur des rails et portant la caméra et l'opérateur pour les travellings. **3.** Partie d'une machine à écrire comportant le rouleau pour le papier et se déplaçant à chaque frappe. **4.** MÉCAN. INDUSTR. Pièce mobile d'une machine-outil sur laquelle est fixé l'outil.

CHARIOTAGE n.m. Usinage au tour de façon à exécuter sur une pièce une surface de révolution.

CHARIOTER v.t. Exécuter au tour une opération de chariotage.

CHARISMATIQUE [karismatik] adj. **1.** Qui se rapporte au charisme. ◇ CHRIST. ***Assemblée charismatique*** : assemblée religieuse faisant une part importante à l'inspiration spirituelle des participants et caractérisée par une grande ferveur. – ***Mouvement charismatique*** : courant spirituel qui met l'accent sur la prière, les dons de l'Esprit (ou charisme), le partage des biens, et qui est à l'origine de nouvelles communautés au XXe s. **2.** Se dit d'une personnalité qui sait séduire les foules, qui jouit auprès d'elles d'un grand prestige. *Leader charismatique.*

CHARISME [ka-] n.m. (gr. *kharisma,* grâce, faveur). **1.** ANTHROP. Autorité d'un chef, ressentie comme fondée sur certains dons surnaturels, et reposant sur l'éloquence, la mise en scène, la fascination, etc. (Notion développée par M. Weber.) **2.** Grand prestige d'une personnalité exceptionnelle, ascendant qu'elle exerce sur autrui. **3.** CHRIST. Ensemble des dons spirituels extraordinaires (prophéties, miracles, etc.) octroyés par Dieu à des individus ou à des groupes.

CHARITABLE adj. **1.** Qui fait preuve de charité, manifeste de l'indulgence, de la compassion. **2.** Qui a pour but de porter secours. *Entreprise, œuvre charitable.*

CHARITABLEMENT adv. De façon charitable.

CHARITÉ n.f. (lat. *caritas*). **1.** Vertu qui porte à vouloir et à faire du bien aux autres. **2.** Acte fait dans cet esprit, secours apporté à qqn. *Demander la charité.* ◇ ***Vente de charité*** : vente dont tout le bénéfice est versé à une œuvre. **3.** THÉOL. CHRÉT. Amour de Dieu et du prochain. (La charité est une vertu théologale.)

CHARIVARI n.m. (gr. *karêbaria,* mal de tête). Bruit assourdissant, vacarme.

CHARLATAN n.m. (ital. *ciarlatano,* de *ciarlare,* bavarder). **1.** *Péjor.* Personne qui sait exploiter la crédulité des gens pour s'imposer quelque part ou pour vanter ses produits, sa science, etc. **2.** Anc. Personne qui vendait des drogues sur les places publiques. **3.** Afrique. Devin, guérisseur, sorcier.

CHARLATANESQUE adj. *Péjor.* Qui tient du charlatan ; qui se rapporte au charlatanisme.

CHARLATANISME n.m. ou **CHARLATANERIE** n.f. *Péjor.* Procédé, comportement de charlatan.

CHARLEMAGNE n.m. ***Faire charlemagne*** : se retirer brusquement du jeu après avoir gagné et sans accorder de revanche.

CHARLESTON [ʃarlɛstɔn] n.m. **1.** Danse d'origine afro-américaine, popularisée par un spectacle de Broadway (1923), puis danse de société par excellence de la fin des années 1920, aux États-Unis et en Europe. **2.** Musique au rythme rapide et syncopé accompagnant la danse du même nom.

CHARLOT n.m. (de *Charlot,* n.pr.). *Fam.* Individu peu sérieux ; pitre.

CHARLOTTE n.f. Entremets composé de fruits ou de crème, dont on emplit un moule foncé de tranches de pain de mie, de brioche ou de biscuits.

CHARMANT, E adj. **1.** Qui est plein de charme, de grâce, agréable à regarder. *Un petit coin charmant.* **2.** Qui est très agréable dans ses relations avec autrui. **3.** *Iron.* Extrêmement désagréable. *C'est charmant ! Il pleut !*

1. CHARME n.m. (lat. *carmen*). **1.** Attrait mystérieux exercé sur qqn. *Être sous le charme, subir le charme de qqn. Cette demeure a un charme étrange.* **2.** Qualité de qqn ou de qqch qui plaît. *Elle n'est pas belle, mais elle a du charme.* ◇ ***Faire du charme*** : tout faire pour séduire. – ***Presse, photo de charme,*** qui montre des jeunes femmes plus ou moins dénudées. **3.** *Fam.* ***Se porter comme un charme*** : être en très bonne santé. **4.** Ensorcellement, sortilège. *Jeter un charme.* ◇ ***Rompre le charme*** : faire cesser ce qui ressemble à un ravissement, reprendre conscience de la réalité. **5.** Petit objet magique ; amulette, talisman. **6.** PHYS. Saveur de l'un des six quarks fondamentaux, le quark c.

2. CHARME n.m. (lat. *carpinus*). Arbre des forêts d'Europe et d'Asie Mineure, à fruits entourés par des bractées trilobées, et dont le bois, blanc et dense, est employé comme bois de chauffage et en tournerie. (Haut. max. 25 m ; famille des corylacées.)

CHARMER v.t. (de *1. charme*). **1.** Plaire irrésistiblement à qqn ; séduire. *Son sourire l'avait charmé.* **2.** (Formule de politesse.) ***Être charmé de*** : avoir plaisir à, être heureux de. *Je suis charmé de vous connaître.*

CHARMEUR, EUSE n. Personne qui fait du charme. ◆ adj. Qui manifeste la volonté de séduire. *Un regard charmeur.*

CHARMILLE n.f. (de *2. charme*). Allée, berceau de charmes ou d'autres arbres.

CHARNEL, ELLE adj. (lat. *carnalis,* de *caro, carnis,* chair). Qui se rapporte au corps, à la chair, aux plaisirs des sens. *Liens charnels. Désirs charnels.*

CHARNELLEMENT adv. D'une façon charnelle.

CHARNIER n.m. (du lat. *caro, carnis,* chair). **1.** Fosse où sont entassés des cadavres en grand nombre. **2.** Anc. Lieu couvert où l'on déposait les morts.

CHARNIÈRE n.f. (du lat. *cardo, cardinis,* gond). **1.** Ferrure de rotation composée de deux lames rectangulaires, l'une fixe, l'autre mobile, articulées au moyen d'une broche. **2.** *Fig.* (En appos.) Se dit de ce qui sert de transition ou d'articulation entre deux périodes, deux domaines. *Une œuvre, une époque charnière.* **3.** ANAT. Articulation à la jonction entre deux segments de la colonne vertébrale. *Charnière lombo-sacrée.*

CHARNU, E adj. (du lat. *caro, carnis,* chair). **1.** Bien en chair, qui a une chair abondante. *Des lèvres charnues. Les parties charnues du corps.* **2.** BOT. ***Fruit charnu*** : fruit à pulpe épaisse et consistante, à noyau (drupe) ou à pépins (baie).

CHAROGNARD n.m. **1.** Animal qui se nourrit de charognes, tels les vautours, les hyènes. **2.** *Fam., injur.* Personne peu scrupuleuse qui tire profit du malheur des autres.

CHAROGNE n.f. (lat. *caro, carnis,* chair). **1.** Corps d'un animal mort et déjà en putréfaction. **2.** *Fam., injur.* Individu immonde.

CHAROLAIS, E adj. et n. **1.** Du Charolais. **2.** De la race des charolais. *Vache charolaise, mouton charolais.* ◆ n.m. **1.** Mouton d'une race française réputée pour sa viande. **2.** Bovin d'une race française à robe blanche, fournissant une viande de grande qualité.

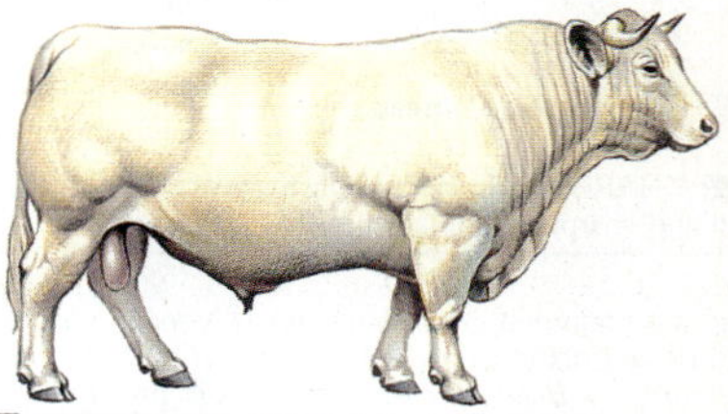

■ **CHAROLAIS.** Taureau de race charolaise.

CHAROPHYTE [ka-] n.m. Végétal d'eau douce présentant des caractères à la fois d'algue verte et de mousse, à tige dressée, aux ramifications dichotomiques régulières. (Les charophytes forment un embranchement.)

CHARPENTAGE n.m. Travail de charpente d'un navire, d'un bâtiment.

CHARPENTE n.f. (lat. *carpentum*). **1.** Assemblage de pièces de bois, de métal, de béton armé,

■ **CHARME**

C

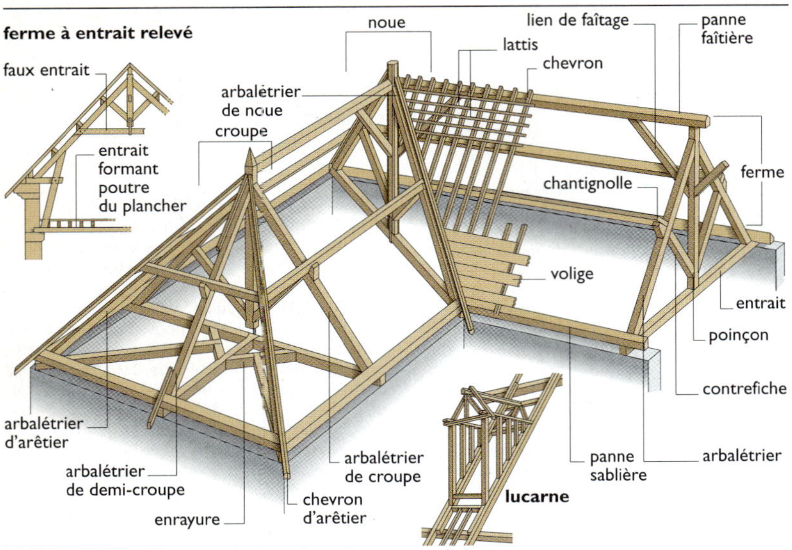

■ **CHARPENTE.** Pièces constitutives d'une charpente en bois.

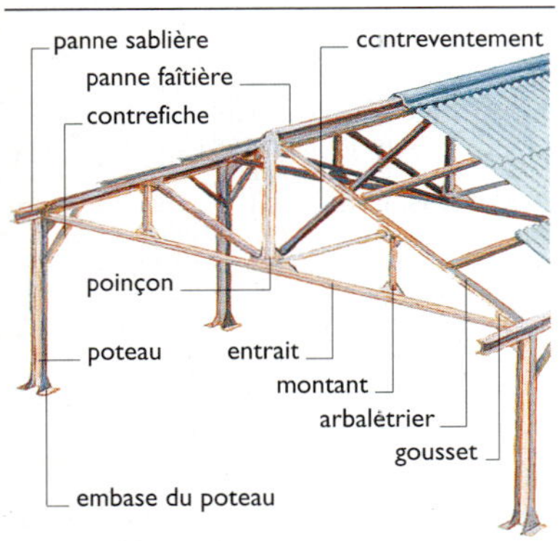

■ **CHARPENTE.** Pièces constitutives d'une charpente métallique.

constituant ou soutenant les diverses parties d'une construction. *La charpente d'un toit, d'un navire.* ◇ ***Bois de charpente*** : bois propre à la construction. **2.** Squelette d'un être vivant. *Une charpente solide.* **3.** Ensemble des branches principales d'un arbre fruitier.

CHARPENTÉ, E adj. **1.** *Un homme bien charpenté,* robuste, qui a une forte charpente osseuse. **2.** *Un roman, une œuvre bien charpentés,* solidement construits, bien structurés.

CHARPENTER v.t. **1.** Tailler des pièces de bois pour faire une charpente. **2.** *Charpenter un texte,* lui donner une structure rigoureuse.

CHARPENTERIE n.f. **1.** Travail, art du charpentier. **2.** Chantier de charpente.

CHARPENTIER n.m. Personne qui effectue des travaux de charpente.

CHARPENTIÈRE adj.f. *Abeille charpentière* : xylocope.

CHARPIE n.f. (de l'anc. fr. *charpir,* déchirer). MÉD. Anc. Produit obtenu par effilage ou râpage de la toile usée, qu'on utilisait autref. pour panser les plaies. ◇ ***Mettre, réduire en charpie*** : déchirer en menus morceaux, déchiqueter.

CHARRE n.m. → **2. CHAR.**

CHARRET n.m. Suisse. Jeu qui se joue avec des pions que l'on dispose sur des lignes tracées en carrés concentriques.

CHARRETÉE [ʃarte] n.f. Contenu d'une charrette.

CHARRETIER, ÈRE n. Personne qui conduit une charrette. ◇ ***Jurer comme un charretier,*** souvent et très grossièrement.

CHARRETON ou **CHARRETIN** n.m. Petite charrette sans ridelles.

CHARRETTE n.f. (de *1. char*). **1.** Véhicule à deux roues, à traction animale, munie d'un brancard simple ou double et de deux ridelles, pour transporter des charges, des bagages. **2.** *Fam.* Ensemble de personnes licenciées d'une entreprise, exclues d'une organisation, expulsées d'un pays. **3.** *Fam.* Travail intensif effectué pour remettre à temps un projet, un ouvrage urgent. ◇ adj. inv. *Être charrette.* ◆ interj. Suisse. *Fam.* Exprime la surprise, l'admiration, l'embarras.

CHARRIAGE n.m. **1.** Action de charrier. *Le charriage des pierres par les torrents.* **2.** GÉOL. Poussée latérale provoquant le déplacement de formations géologiques loin de leur lieu d'origine. ◇ ***Nappe de charriage,*** ou ***charriage*** : les terrains déplacés (allochtones).

CHARRIER v.t. [5] (de *char*). **1.** Entraîner, emporter dans son cours. *Le fleuve charrie des troncs d'arbres.* **2.** Déplacer des terrains par un charriage. **3.** *Fam.* Se moquer de qqn. **4.** Transporter qqch en charrette, en chariot. *Charrier du foin.* ◆ v.i. *Fam.* Aller trop loin ; exagérer. *Là, tu charries !*

CHARROI n.m. Transport par chariot ou par charrette.

CHARRON n.m. (de *1. char*). Personne qui fabrique et répare des chariots, des charrettes, des voitures hippomobiles.

CHARRONNAGE n.m. Ouvrage ou métier de charron.

CHARROYER [ʃarwaje] v.t. [7]. Transporter sur des charrettes, des chariots, etc.

CHARRUE n.f. (lat. *carruca,* char). Instrument agricole pour labourer, qui travaille d'une manière dissymétrique en rejetant et en retournant la terre d'un seul côté. *Charrue à six socs.* ◇ *Fam.* ***Mettre la charrue avant, devant les bœufs*** : commencer par où l'on devrait finir.

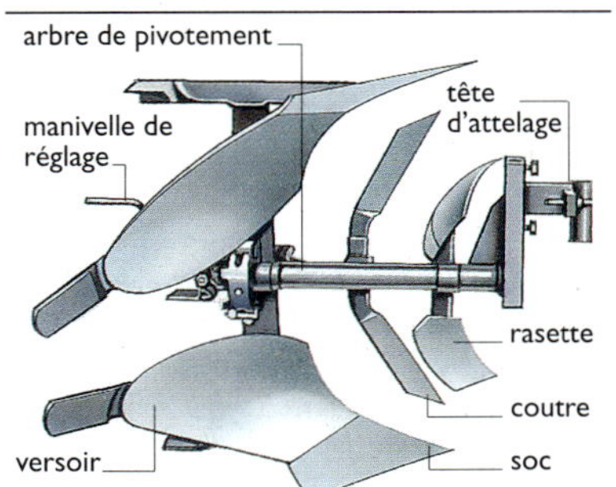

■ **CHARRUE** à soc.

CHARTE ou, vx, **CHARTRE** n.f. (lat. *carta,* papier). **1.** Loi, règle fondamentale. *La charte des droits de l'homme.* **2.** Ensemble des lois constitutionnelles d'un État. *La Grande Charte d'Angleterre de 1215.* **3.** Titre qui consignait des droits, des privilèges, ou qui réglait des intérêts, au Moyen Âge.

CHARTE-PARTIE n.f. (pl. *chartes-parties*). MAR. Écrit constatant l'existence d'un contrat d'affrètement.

CHARTER [ʃartɛr] n.m. (mot angl.). Avion affrété par une compagnie de tourisme ou par un groupe de personnes, sur lequel le prix du billet est très avantageux.

CHARTISME n.m. Mouvement réformiste d'émancipation ouvrière qui anima la vie politique britannique entre 1837 et 1848.

1. CHARTISTE adj. Qui se rapporte au chartisme ; partisan du chartisme.

2. CHARTISTE n. Élève ou ancien élève de l'École nationale des chartes.

3. CHARTISTE n. (angl. *chartist*). Expert dont la tâche est de prévoir les fluctuations des cours de devises ou de certains instruments financiers.

CHARTRAIN, E adj. et n. De Chartres.

CHARTRE n.f. → **CHARTE.**

CHARTREUSE n.f. **1.** Couvent de chartreux. **2.** Liqueur aromatique fabriquée autref. au couvent de la Grande-Chartreuse, auj. à Voiron (Isère).

1. CHARTREUX, EUSE n. (de la *Chartreuse,* n. du massif où saint Bruno fonda en 1084 son premier monastère). Religieux, religieuse de l'ordre contemplatif de Saint-Bruno.

2. CHARTREUX n.m. Chat à poil gris cendré.

■ **CHARTREUX**

CHARTRIER n.m. **1.** Salle où l'on classait et conservait les chartes, les titres. **2.** Recueil de chartes.

CHAS [ʃɑ] n.m. (lat. *capsus,* boîte). Trou d'une aiguille, par où passe le fil.

CHASLES (RELATION DE). MATH. Propriété de l'addition de deux grandeurs orientées (vecteurs, mesures algébriques, angles...). [A, B et C étant trois points d'un axe orienté, $\overline{AB} + \overline{BC} = \overline{AC}$.]

CHASSANT, E adj. MIN. Se dit d'un chantier de mine qui s'éloigne de la galerie principale.

CHASSE n.f. **1.** Action de chasser un animal. *Aller à la chasse. Permis de chasse. Chasse à courre.* ◇ ***Être en chasse*** : poursuivre le gibier, en parlant des chiens ; rechercher le mâle, en parlant des femelles d'animaux domestiques. – ***Chasse photographique*** : approche d'animaux dans leur milieu naturel, pour les photographier. **2.** Espace de terrain réservé pour la chasse. *Chasse gardée.* **3.** Gibier capturé ou tué. **4.** Action de chercher, de poursuivre qqn ou qqch pour s'en emparer. *Chasse à l'homme. Chasse au trésor. Donner la chasse à un voleur.* ◇ ***Prendre en chasse*** : poursuivre. – ANTHROP. ***Chasse aux têtes*** : dans certaines sociétés, pratique consistant à aller tuer un membre d'une communauté voisine et à rapporter sa tête pour l'accomplissement de rituels (de funérailles le plus souvent). **5.** ***Aviation de chasse,*** ou ***chasse*** : corps de l'armée de l'air équipé d'avions rapides, dits *avions de chasse, chasseurs* ou *intercepteurs,* capables de détruire les appareils ennemis en vol. – ***Chasse aérienne*** : action menée par ces avions. **6.** Inclinaison vers l'arrière des pivots des roues directrices d'une voiture, ou de la direction d'une motocyclette ou d'une bicyclette. **7.** IMPRIM. Encombrement latéral d'un caractère typographique. **8.** ***Chasse d'eau*** : appareil à écoulement d'eau rapide pour vidanger une cuvette de W.-C., une canalisation.

CHÂSSE n.f. (lat. *capsa,* boîte). Reliquaire en forme de sarcophage au couvercle à deux pentes ou en forme d'église.

CHASSÉ n.m. Pas de danse dans lequel le pied qui exécute un glissement semble chassé par l'autre qui se rapproche de lui.

CHASSE-CLOU n.m. (pl. *chasse-clous*). Poinçon à pointe plate pour noyer la tête des clous dans le bois.

CHASSÉ-CROISÉ n.m. (pl. *chassés-croisés*). **1.** Final des anciens quadrilles, où les deux danseurs passaient alternativement l'un devant l'autre. **2.** Suite de mouvements, d'échanges n'aboutissant pas toujours à un résultat. *Un chassé-croisé de démarches.* **3.** Mouvement en sens inverse de deux groupes qui se croisent. *Le chassé-croisé des vacanciers.*

CHASSÉEN n.m. (de *Chassey-le-Camp,* en Saône-et-Loire). Faciès culturel du néolithique moyen en France (4000 - 3500 av. notre ère). ◆ **chasséen, enne** adj. Relatif au chasséen.

CHASSE-GOUPILLE n.m. (pl. *chasse-goupilles*). Outil en acier pour faire sortir une goupille de son logement.

CHASSELAS n.m. (nom d'un village de Saône-et-Loire). Cépage blanc surtout cultivé pour produire des raisins de table.

CHASSE-MARÉE n.m. inv. Bateau de pêche breton à trois mâts.

CHASSE-MOUCHES n.m. inv. Anc. Touffe de crins fixée à un manche pour chasser les mouches.

CHASSE-NEIGE n.m. inv. **1.** Engin servant à déblayer la neige sur une voie de circulation. **2.** Position des skis obtenue en écartant les talons, qu'on utilise pour freiner, virer ou s'arrêter ; descente dans cette position.

CHASSE-PIERRES n.m. inv. Appareil fixé à l'avant d'une locomotive pour écarter des rails les pierres ou tout autre objet qui s'y trouvent.

CHASSEPOT n.m. (du n. de l'inventeur, Antoine *Chassepot,* 1832 - 1905). Fusil de guerre en usage dans l'armée française de 1866 à 1874.

CHASSER v.t. (lat. *captare,* **chercher à prendre**). **1.** Guetter, poursuivre, piéger un animal pour le capturer ou le tuer. *Chasser le lièvre. Chasser sans permis.* ◇ ***Chasser sur les terres de qqn :*** braconner ; *fig.,* empiéter sur les droits d'autrui. **2.** Faire partir d'un lieu avec violence ; contraindre à sortir par la force ; congédier. **3.** Repousser, faire disparaître qqch. *Chasser un clou. Le vent chasse les nuages. Chasser des idées noires.* ◆ v.i. **1.** En parlant d'un véhicule, se déporter à droite ou à gauche ; déraper. *Les roues chassent sur le verglas.* **2.** Glisser sur le fond sans mordre, en parlant de l'ancre d'un navire au mouillage. **3.** MIN. S'éloigner de la galerie principale. **4.** Être poussé, entraîné dans une certaine direction. *Les nuages chassent vers l'ouest.* **5.** IMPRIM. Espacer la composition de façon à augmenter le nombre de lignes.

CHASSERESSE n.f. et adj.f. *Poét.* Femme qui chasse. ◆ adj.f. MYTH. ROM. ***Diane chasseresse :*** déesse de la Chasse.

CHASSE-ROUE n.m. (pl. *chasse-roues*). Borne ou arc métallique pour protéger des roues des voitures les murs d'angle d'un portail, d'une porte cochère.

CHÂSSES n.m. pl. (abrév. de *châssis,* fenêtre). *Arg.* Yeux.

CHASSEUR, EUSE n. **1.** Personne qui chasse, qui a l'habitude de chasser le gibier. **2.** ***Chasseur d'images :*** amateur qui recherche des lieux ou des objets originaux qu'il photographie ou filme. – ***Chasseur de têtes.*** **a.** ANTHROP. Personne qui se livre à la chasse aux têtes, dans une société qui entretient cette pratique rituelle. **b.** Professionnel spécialisé dans le recrutement des cadres de haut niveau. ◆ n.m. **1.** Employé en livrée qui fait les courses dans un hôtel, un restaurant, etc. **2.** Soldat de certains corps d'infanterie et de cavalerie. *Chasseurs alpins.* **3.** Appareil de l'aviation de chasse. ◇ ***Chasseur bombardier, d'assaut :*** avion spécialisé dans l'attaque d'objectifs terrestres ou maritimes. **4.** Navire ou véhicule militaire conçu pour une mission particulière. *Chasseur de sous-marins, de chars, de mines.*

CHASSEUR-CUEILLEUR n.m. (pl. *chasseurs-cueilleurs*). ANTHROP. Membre d'une société qui fonde sa subsistance sur la chasse et la cueillette.

CHASSIE n.f. (du lat. *cacare,* déféquer). Substance visqueuse et jaunâtre qui se dépose sur le bord des paupières.

CHASSIEUX, EUSE adj. Qui a de la chassie. *Des yeux chassieux.*

CHÂSSIS n.m. (de *châsse*). **1.** Cadre fixe ou mobile, en bois ou en métal, qui entoure ou supporte qqch. *Le châssis d'une fenêtre.* **2.** Cadre de menuiserie sur lequel est tendue la toile d'un tableau. **3.** Assemblage rectangulaire qui supporte le moteur et la carrosserie d'un véhicule, la caisse d'un wagon ou l'affût de certains canons. **4.** IMPRIM. Cadre métallique dans lequel on place la composition en la bloquant par serrage. **5.** Accessoire permettant le positionnement d'un film ou d'une plaque sensible durant une prise de vue, un tirage ou une projection.

CHÂSSIS-PRESSE n.m. (pl. *châssis-presses*). Châssis utilisé pour le tirage des planches-contacts.

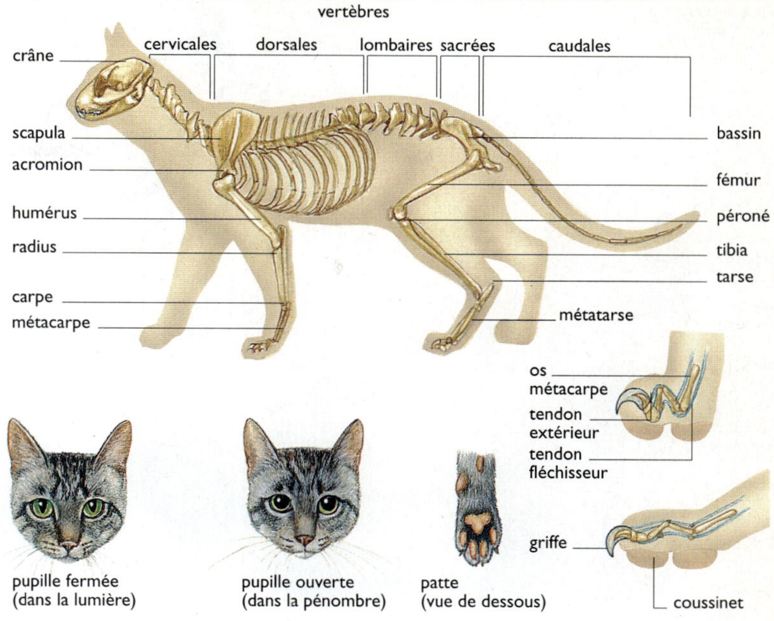

■ **CHAT.** Squelette et détails de la morphologie.

CHASSOIR n.m. Outil pour enfoncer les cercles des tonneaux.

CHASTE adj. (lat. *castus,* pur). **1.** Qui respecte les règles de la pudeur, de la décence. *Un baiser chaste.* **2.** Qui ne se réalise pas physiquement, charnellement. *Un amour chaste.*

CHASTEMENT adv. De façon chaste.

CHASTETÉ n.f. (lat. *castitas,* pureté). Fait de s'abstenir des plaisirs charnels, en partic. par conformité à une morale. *Faire vœu de chasteté.*

CHASUBLE n.f. (lat. *casula,* manteau à capuchon). **1.** Vêtement liturgique ayant la forme d'un manteau sans manches que le prêtre met pour célébrer la messe. **2.** ***Robe chasuble :*** robe échancrée, sans manches, et dont la taille n'est pas marquée.

1. CHAT, CHATTE n. (lat. *cattus*). **1.** Mammifère carnivore au museau court et arrondi, aux griffes rétractiles, dont il existe des espèces domestiques et des espèces sauvages. (Cri : le chat miaule ; famille des félidés.) **2.** *Fam.* ***Il n'y a pas un chat :*** il n'y a personne. – ***Avoir un chat dans la gorge :*** être enroué. – ***Appeler un chat un chat :*** dire les choses telles qu'elles sont. – ***Avoir d'autres chats à fouetter :*** ne pas avoir le temps, avoir autre chose à faire. – ***Donner sa langue au chat :*** renoncer à deviner, s'avouer incapable de répondre à une question. – ***Il n'y a pas de quoi fouetter un chat :*** ça n'est pas très grave. – Vieilli. ***Acheter chat en poche :*** acheter sans regarder la marchandise. **3.** ***Jouer à chat :*** jouer à un jeu de poursuite dans lequel un des joueurs, le chat, poursuit et touche un autre joueur qui devient chat à son tour. – ***Jouer au chat et à la souris :*** se dit de deux personnes dont l'une cherche vainement à joindre l'autre, qui lui échappe sans cesse. **4.** Anc. ***Chat à neuf queues :*** fouet à neuf lanières, garnies de pointes de fer.

2. CHAT [tʃat] n.m. (mot angl., *bavardage*). INFORM. Communication informelle entre plusieurs personnes sur le réseau Internet, par échange de messages électroniques. Recomm. off. : *causette.* (Au Québec, on dit *bavardage* ou *bavardage-clavier.*)

CHÂTAIGNE n.f. (lat. *castanea*). **1.** Fruit du châtaignier, riche en amidon, à l'amande divisée, aussi appelé *marron,* spécial. chez certaines variétés cultivées dont l'amande est entière. **2.** ***Châtaigne d'eau :*** fruit de la macre, dont l'amande est comestible. – ***Châtaigne de mer :*** oursin. **3.** *Fam.* Coup de poing.

CHÂTAIGNERAIE n.f. Terrain planté de châtaigniers.

CHÂTAIGNIER n.m. Arbre des régions tempérées de l'hémisphère Nord, à feuilles longues et dentelées, à fleurs en chatons, dont les fruits *(châtaignes),* entourés d'une cupule épineuse *(bogue),* sont comestibles, et dont le bois est utilisé pour les charpentes et les parquets. (Jusqu'à 35 m de haut ; genre *Castanea,* famille des fagacées. Certaines variétés de châtaignier sont cultivées pour leurs fruits.)

CHÂTAIN adj. et n.m. (de *châtaigne*). Se dit de cheveux brun clair. *Des cheveux châtains, châtain clair.*

CHATAIRE n.f. → **CATAIRE.**

CHÂTEAU n.m. (lat. *castellum*). **1.** Demeure féodale fortifiée, au Moyen Âge, également appelée *château fort.* *(V. ill. page suivante).* **2.** Demeure seigneuriale ou royale, avec ses dépendances, ses jardins, son parc. *Les châteaux de la Renaissance. Le château de Versailles.* ◇ *Fam.* ***Le Château :*** le lieu abritant les instances suprêmes d'un organisme ; *spécial.,* en France, le palais de l'Élysée. **3.** À partir du XIXe s., grande et belle demeure de campagne. ◇ ***Une vie de château :*** une existence passée dans le luxe et l'oisiveté. – ***Bâtir des châteaux en Espagne :*** faire des projets irréalisables, avoir des espoirs chimériques. – ***Château de cartes :*** construction qu'on fait avec des cartes à jouer ; *fig.,* chose précaire, fragile. **4.** ***Château d'eau :*** réservoir d'eau exhaussé. **5.** Superstructure placée au milieu d'un navire, sur toute sa largeur, pour le logement des passagers et de l'équipage.

CHATEAUBRIAND ou **CHÂTEAUBRIANT** n.m. Épaisse tranche de filet de bœuf grillé ou poêlé.

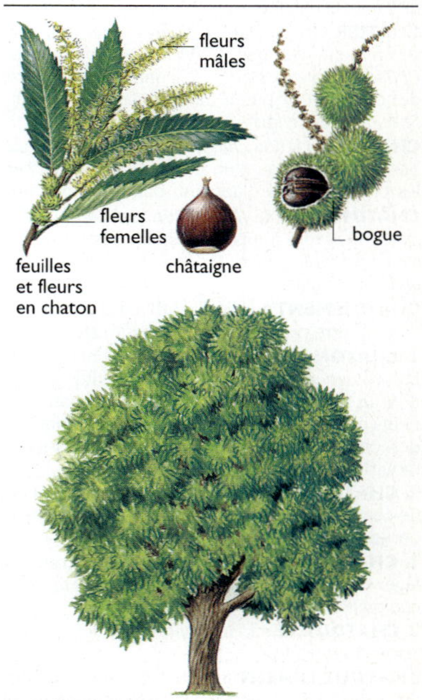

■ **CHÂTAIGNIER**

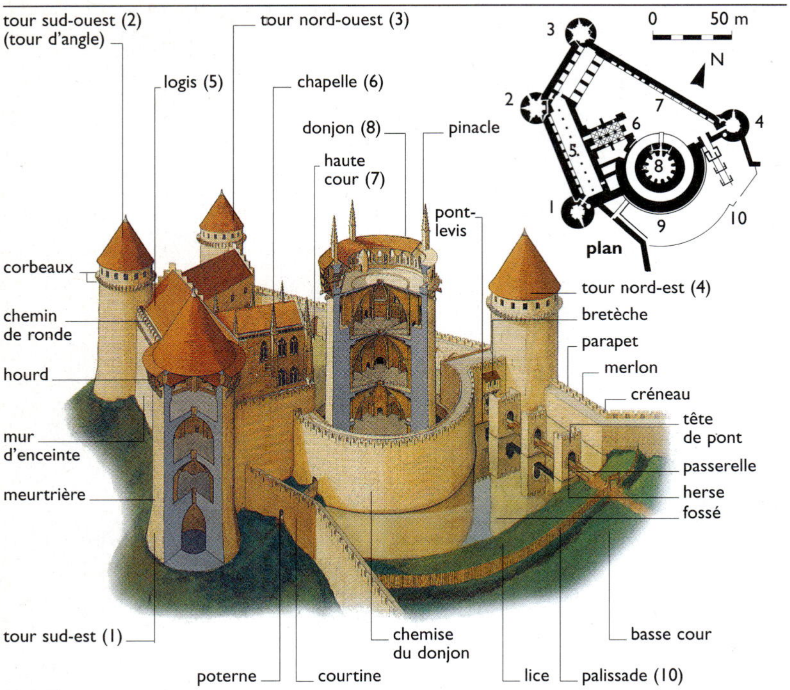

■ **CHÂTEAU.** Reconstitution du château fort de Coucy (XIIIe-XVe s.).

CHÂTELAIN, E n. (lat. *castellanus*). **1.** HIST. Seigneur qui possédait un château et les terres qui en dépendaient. **2.** Propriétaire ou locataire d'un château.

CHÂTELAINE n.f. Chaîne portée en ceinture par les femmes (fin du XVIIIe s., époque romantique), à laquelle étaient suspendus de petits objets utiles.

CHÂTELET n.m. Au Moyen Âge, petit château fort commandant le passage sur une voie de communication (pont, route, etc.).

CHÂTELLENIE [ʃatɛlni] n.f. HIST. Seigneurie et juridiction d'un châtelain.

CHÂTELPERRONIEN n.m. (de *Châtelperron,* dans l'Allier). Premier faciès culturel du paléolithique supérieur en France, correspondant au périgordien ancien (de 35 000 à 30 000 av. notre ère) et contemporain des derniers néandertaliens. SYN. : *castelperronien.* ◆ **châtelperronien, enne** adj. Du châtelperronien.

CHAT-HUANT n.m. (pl. *chats-huants*). Hulotte. (Cri : le chat-huant hue.) – REM. Même au pl., l'*h* de *huant* est aspiré.

CHÂTIER v.t. [5] (lat. *castigare*). *Sout.* **1.** Punir sévèrement, corriger. *Châtier les responsables. Châtier l'insolence de qqn.* **2.** Donner le maximum de correction, de pureté à son langage. ◇ p.p. adj. *Style, langage châtié.*

CHATIÈRE n.f. (de *chat*). **1.** Petite ouverture au bas d'une porte ou d'un mur pour laisser passer les chats. **2.** Trou d'aération dans les combles.

CHÂTIMENT n.m. Action de châtier ; peine, sanction sévère frappant un coupable ou punissant une faute grave. *Infliger un châtiment. Un châtiment injuste.*

CHATOIEMENT n.m. Reflet brillant et changeant d'une pierre précieuse, d'une étoffe, etc.

1. CHATON n.m. (de *chat*). **1.** Jeune chat. **2.** BOT. Inflorescence composée de très petites fleurs, dont la forme rappelle la queue d'un chat. (Les fleurs mâles du châtaignier, du noisetier forment des chatons.) **3.** Amas laineux de poussière ; mouton.

2. CHATON n.m. (francique *kasto,* caisse). Partie centrale d'une bague, où est sertie une pierre ou une perle.

1. CHATOUILLE n.f. *Fam.* (Surtout pl.) Toucher léger et répété provoquant génér. le rire. *Faire des chatouilles à qqn.*

2. CHATOUILLE n.f. (lat. *septocula,* à sept yeux). ZOOL. Ammocète.

CHATOUILLEMENT n.m. **1.** Action de chatouiller ; sensation qui en résulte. **2.** Léger picotement en certaines parties du corps.

CHATOUILLER v.t. **1.** Causer, par un attouchement léger et répété de la peau, une réaction de rire ou d'agacement. *Chatouiller qqn dans le cou.* **2.** *Fam.* Exciter, énerver pour provoquer des réactions. *Chatouiller l'adversaire.* **3.** Flatter agréablement. *Chatouiller l'amour-propre de qqn.*

CHATOUILLEUX, EUSE adj. **1.** Sensible au chatouillement. **2.** *Fig.* Qui est très susceptible, qui se vexe ou s'irrite facilement. *Être très chatouilleux sur ses prérogatives.*

CHATOUILLIS n.m. *Fam.* Léger chatouillement.

CHATOYANT, E adj. **1.** Qui chatoie. *Une étoffe chatoyante.* **2.** *Style chatoyant,* orné d'images brillantes.

CHATOYER [ʃatwaje] v.i. [7] (de *chat,* à cause des yeux changeants de l'animal). Avoir des reflets qui changent suivant les jeux de la lumière, en parlant de pierres précieuses, d'étoffes brillantes, etc.

CHÂTRER v.t. (lat. *castrare*). Enlever ou détruire les organes génitaux d'un animal pour l'empêcher de se reproduire ou pour en obtenir un meilleur rendement dans le travail (bœuf) ou dans la production de viande (porc, chapon) ; rendre stérile. *Châtrer un chat.* SYN. : *castrer.*

CHATTE n.f. → **CHAT.**

CHATTEMITE n.f. (de *chatte* et lat. *mitis,* doux). *Litt.,* vieilli. ***Faire la chattemite*** : prendre un air modeste, doux, pour mieux tromper ou séduire.

CHATTERIE n.f. **1.** Friandise très délicate. **2.** (Surtout pl.) Caresse câline, insinuante et hypocrite. *Faire des chatteries à qqn.*

CHATTERTON [ʃatɛrtɔn] n.m. (du n. de son inventeur). Ruban adhésif, employé en électricité pour isoler les fils conducteurs.

CHAT-TIGRE n.m. (pl. *chats-tigres*). Chat sauvage. (Nom sc. *Felis sylvestris.*)

1. CHAUD, E adj. (lat. *calidus*). **1.** Qui a ou donne de la chaleur, qui produit une sensation de chaleur, qui est d'une température élevée par rapport à celle du corps humain. *Le soleil est très chaud à midi. Boire un café chaud.* **2.** Qui est passionné, ardent, enthousiaste. *C'est un chaud partisan de la paix.* ◇ ***Avoir la tête chaude*** : s'emporter ou se battre facilement. **3.** Marqué par une forte agitation. *Une chaude alerte. Le printemps sera chaud, on s'attend à des grèves.* ◇ ***Point chaud*** : zone volcanique qui résulte de l'émergence, à la surface d'une plaque lithosphérique, d'une montée de magma provenant du manteau terrestre ; *fig.,* ce qui provoque une violente contestation ; lieu sur lequel il risque de se produire un conflit. **4.** ***Couleurs chaudes*** : couleurs du spectre dont la longueur d'onde est plus proche du rouge et du jaune que du bleu. ◆ adv. *Manger, boire chaud,* un plat chaud, une boisson chaude.

2. CHAUD n.m. **1.** Chaleur. *Elle endure mieux le chaud que le froid.* ◇ ***Au chaud*** : dans un lieu où la chaleur est suffisante pour que qqch ne refroidisse pas, que qqn n'ait pas froid. *Elle est malade, elle doit rester au chaud.* – *Fam.* ***J'ai eu chaud*** : j'ai eu peur, je l'ai échappé belle. – ***Cela ne me fait ni chaud ni froid*** : cela m'est indifférent. **2.** ***Un chaud et froid*** : un refroidissement soudain qui peut provoquer un rhume ou une bronchite. **3.** ***À chaud*** : en état de crise, au moment où vient d'avoir lieu un événement important. *Il a répondu à chaud aux journalistes.* – ***Opérer à chaud*** : en pleine crise, ou juste après un accident.

CHAUDE n.f. **1.** Vx. Feu vif pour se chauffer rapidement. **2.** Opération qui consiste à chauffer fortement et localement une pièce de métal à souder ou à marteler.

CHAUDEAU n.m. Boisson faite de lait bouillant, sucré, aromatisé, qu'on verse sur des œufs crus.

CHAUDEMENT adv. **1.** De manière à avoir ou à donner chaud. *Habille-toi chaudement, il fait froid !* **2.** Avec vivacité, ardeur. *Ils l'ont chaudement encouragée.*

CHAUDE-PISSE n.f. (pl. *chaudes-pisses*). *Vulg.* Blennorragie.

CHAUD-FROID n.m. (pl. *chauds-froids*). Viande ou poisson, entier ou en morceaux, cuit et nappé d'une sauce blanche, qui se gélifie en refroidissant.

CHAUDIÈRE n.f. (lat. *caldaria,* étuve). Générateur de vapeur d'eau ou d'eau chaude (parfois d'un autre fluide), servant au chauffage, à la production d'énergie. *Chaudière de chauffage central. Chaudière à gaz.*

CHAUDRON n.m. **1.** Récipient cylindrique profond, en cuivre ou en fonte, à anse mobile. **2.** *Fig.* Lieu clos où règne une activité génér. menaçante. *Le chaudron des cités.*

CHAUDRONNERIE n.f. **1.** Profession, marchandises, usine du chaudronnier. **2.** Travail de façonnage de métaux en feuilles.

CHAUDRONNIER, ÈRE n. **1.** Artisan qui fabrique, vend, répare des chaudrons, des objets en cuivre. **2.** Personne qui travaille les métaux en feuilles.

CHAUFFAGE n.m. (de *chauffer*). **1.** Action de chauffer, de se chauffer ; manière de chauffer. ◇ ***Bois de chauffage*** : bois destiné à être brûlé pour le chauffage. **2.** Appareil, installation servant à chauffer. *Un chauffage électrique.* ◇ ***Chauffage central*** : distribution de chaleur dans les appartements d'un immeuble ou dans les pièces d'une maison à partir d'une source unique. – ***Chauffage urbain*** : chauffage des immeubles à partir de centrales qui alimentent, par un réseau de canalisations, des zones urbaines entières.

CHAUFFAGISTE n.m. Spécialiste de l'installation et de l'entretien du chauffage central.

CHAUFFANT, E adj. Qui produit de la chaleur. *Plaques chauffantes.*

CHAUFFARD n.m. *Fam.* Conducteur d'automobile très imprudent ou maladroit.

CHAUFFE n.f. **1.** Opération qui consiste à produire par combustion la chaleur nécessaire à un chauffage industriel ou domestique, et à conduire cette combustion ; durée de cette opération. **2.** ***Surface de chauffe*** : surface de transmission de la chaleur d'un appareil de chauffage industriel ou domestique.

CHAUFFE-ASSIETTE ou **CHAUFFE-ASSIETTES** n.m. (pl. *chauffe-assiettes*). Appareil électrique pour chauffer les assiettes.

CHAUFFE-BAIN n.m. (pl. *chauffe-bains*). Appareil pour la production instantanée d'eau chaude pour la salle de bains.

CHAUFFE-BIBERON n.m. (pl. *chauffe-biberons*). Appareil électrique pour chauffer les biberons au bain-marie.

CHAUFFE-EAU n.m. inv. Appareil produisant de l'eau chaude sanitaire à partir du gaz, de l'électricité, de l'énergie solaire, etc.

CHAUFFE-PIEDS n.m. inv. Chaufferette.

CHAUFFE-PLAT n.m. (pl. *chauffe-plats*). Réchaud pour tenir les plats au chaud sur la table.

CHAUFFER v.t. (lat. *calefacere*). **1.** Rendre chaud ou plus chaud. *Chauffer de l'eau. Ce petit radiateur chauffe toute la pièce.* **2.** *Fig.* Provoquer les réactions d'enthousiasme d'une salle, d'un public ; animer. *Elle a eu du mal à chauffer son* *public, ce soir.* ◆ v.i. **1.** Devenir chaud. *Le moteur chauffe.* – Produire de la chaleur. *Il est 10 heures et le soleil chauffe déjà.* **2.** *Fam.* *Ça chauffe, ça va chauffer* : il y a, il va y avoir une dispute, du désordre. ◆ **se chauffer** v.pr. **1.** S'exposer à une source de chaleur. *Va te chauffer près du feu !* **2.** Chauffer l'endroit où l'on vit. *Se chauffer au gaz.* ◇ *Montrer de quel bois on se chauffe* : montrer de quoi on est capable ; traiter qqn sans ménagement.

CHAUFFERETTE n.f. **1.** Anc. Boîte à couvercle percé de trous, contenant de la braise, pour se chauffer les pieds. SYN. : *chauffe-pieds.* **2.** Mod. Appareil pour se chauffer les mains ou les pieds (appareil électrique, réservoir d'eau chaude, etc.). – Québec. Dispositif de chauffage des véhicules.

CHAUFFERIE n.f. Local renfermant les appareils de production de chaleur, dans un immeuble, une usine, un navire, etc.

CHAUFFEUR n.m. **1.** Conducteur professionnel d'une automobile ou d'un camion. *Chauffeur de taxi.* **2.** Personne chargée de la conduite et de la surveillance d'un feu, d'un four, d'une chaudière.

CHAUFFEUSE n.f. **1.** Siège rembourré bas et confortable, sans bras. **2.** Anc. Chaise basse pour s'asseoir auprès du feu.

CHAULAGE n.m. Action de chauler ; son résultat.

CHAULER v.t. **1.** Amender un sol avec de la chaux, pour en réduire l'acidité. **2.** Passer au lait de chaux les murs, le sol, les arbres, etc., pour détruire les parasites.

CHAUMARD n.m. MAR. Pièce en acier ou en fonte fixée sur le pont d'un navire pour guider les amarres.

CHAUME n.m. (lat. *calamus*). **1.** Tige creuse des graminées. **2.** Partie de la tige des céréales qui reste enracinée après la moisson. **3.** Champ après la moisson. **4.** Paille longue dont on a enlevé le grain, utilisée jadis pour recouvrir les habitations dans certaines régions. *Des toits de chaume.*

CHAUMER v.t. et v.i. Récolter le chaume après la moisson.

CHAUMIÈRE n.f. Maison couverte d'un toit de chaume.

CHAUMINE n.f. Vx. Chaumière misérable.

CHAUSSANT, E adj. Qui chausse bien le pied. ◇ *Article chaussant,* qui sert à chausser.

CHAUSSÉ n.m. HÉRALD. Partition en forme d'angle aigu, formée par deux lignes obliques partant de la pointe de l'écu pour aboutir aux deux angles du chef.

CHAUSSÉE n.f. (lat. *calciata via,* chemin couvert de chaux). **1.** Partie d'une rue ou d'une route réservée à la circulation des véhicules (par opp. à *trottoir,* à *bas-côté*). *Attention, la chaussée est glissante.* **2.** Écueil allongé et dépassant légèrement le niveau de la mer. *La chaussée des Géants, en Irlande du Nord.* **3.** Élévation de terre pour retenir l'eau d'une rivière, d'un étang, ou pour servir de chemin.

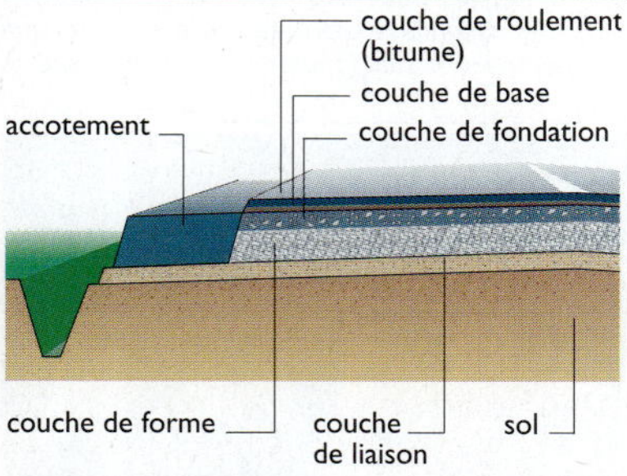

■ **CHAUSSÉE.** Coupe d'une chaussée de route.

CHAUSSE-PIED n.m. (pl. *chausse-pieds*). Lame incurvée en corne, en matière plastique ou en métal, dont on se sert pour entrer le pied dans une chaussure.

CHAUSSER v.t. (lat. *calceare,* de *calceus,* chaussure). **1. a.** Mettre des chaussures, des skis, etc., à ses pieds. **b.** Fournir en chaussures. *Ce magasin chausse toute la famille.* **c.** *Chausser les étriers* : enfoncer les pieds dans les étriers. **2.** Vieilli. *Chausser ses lunettes,* les ajuster sur son nez. **3.** Garnir de pneus les roues d'une voiture, d'une bicyclette. **4.** AGRIC. *Chausser une plante,* la butter. **5.** S'adapter au pied de. *Ces chaussures vous chaussent très bien.* ◆ v.i. Avoir telle pointure. *Chausser du 39.*

CHAUSSES n.f. pl. Vêtement médiéval, d'abord porté par les deux sexes, couvrant les jambes par deux parties indépendantes, qui, au XIVe s., sont réunies et deviennent une sorte de caleçon long *(bas-de-chausses)* ou une culotte courte *(haut-de-chausses),* portée jusqu'au XVIIe s.

CHAUSSE-TRAPE ou **CHAUSSE-TRAPPE** n.f. [pl. *chausse-trap(p)es*] (anc. fr. *chaucier,* fouler, et *traper,* sauter, ou de *trappe*). **1.** Piège à renard et autres animaux. – *Fig.* Piège, ruse pour tromper qqn. **2.** FORTIF. Moyen de défense constitué par un pieu camouflé au fond d'un trou ou un assemblage de pointes de fer.

CHAUSSETTE n.f. (de *chausses*). Pièce d'habillement tricotée qui monte jusqu'à mi-mollet ou jusqu'au genou.

CHAUSSEUR n.m. Fabricant, marchand de chaussures.

CHAUSSON n.m. (de *chausses*). **1. a.** Chaussure d'intérieur à talon bas ou sans talon, en étoffe ou en cuir souple. **b.** Chaussure de danse. **2.** Pâtisserie faite de pâte feuilletée repliée et garnie de compote de pommes, de poires, etc.

CHAUSSURE n.f. **1.** Article d'habillement ou de protection, en cuir ou en matières synthétiques, qui recouvre le pied. *Des chaussures à talons, de marche, de ski.* ◇ *Fam. Trouver chaussure à son pied* : trouver la personne ou la chose qui convient exactement. **2.** Industrie, commerce de la chaussure.

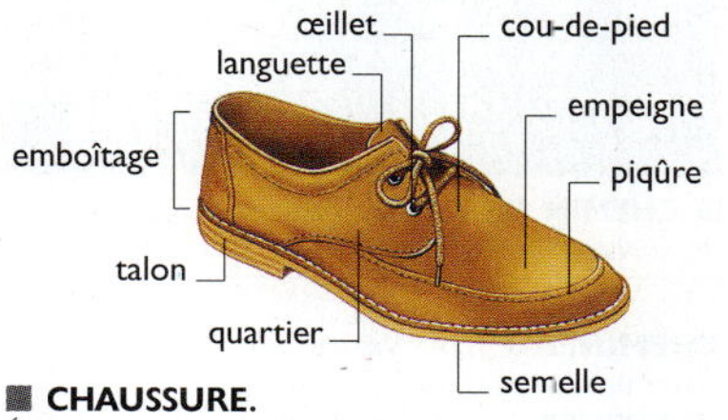

■ **CHAUSSURE.**
Éléments constitutifs d'une chaussure.

CHAUT → **CHALOIR.**

CHAUVE adj. et n. (lat. *calvus*). Qui n'a plus ou presque plus de cheveux. *Un crâne complètement chauve.* ◆ adj. *Litt.* Sans végétation, dénudé. *Des monts chauves.*

CHAUVE-SOURIS n.f. (pl. *chauves-souris*). Mammifère volant, le plus souvent insectivore, de l'ordre des chiroptères, qui se dirige par écholocation, et se repose ou hiverne dans des lieux sombres et humides, tel que la noctule, la roussette et le vampire.

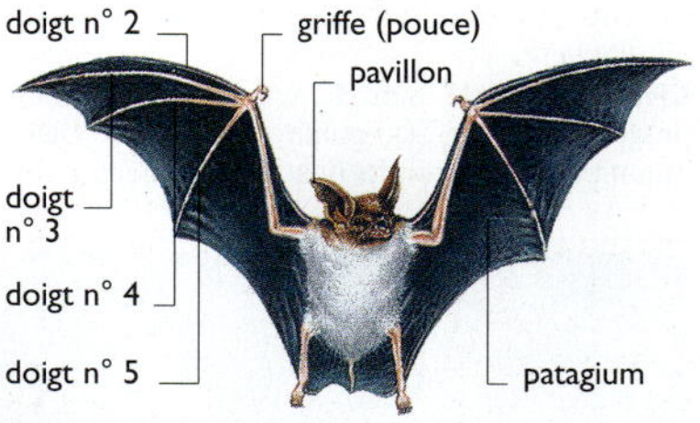

■ **CHAUVE-SOURIS**

CHAUVIN, E adj. et n. (de *Chauvin,* type de soldat enthousiaste du premier Empire). Qui éprouve ou qui manifeste un patriotisme excessif, souvent agressif ; qui admire de façon exagérée, trop exclusive, sa ville ou sa région.

CHAUVINISME n.m. Patriotisme, nationalisme exagéré et souvent agressif.

CHAUX n.f. (lat. *calx, calcis,* pierre). Nom donné à l'oxyde de calcium (CaO). ◇ *Chaux vive* : oxyde de calcium anhydre, obtenu par calcination de calcaire. – *Chaux éteinte* : chaux hydratée $Ca(OH)_2$, obtenue par action de l'eau sur la chaux vive. – *Eau de chaux* : solution de chaux. – *Lait de chaux* : suspension de chaux éteinte dans de l'eau, utilisée surtout comme badigeon. – *Sout. Bâti à chaux et à sable* : très solide, très robuste.

CHAVIREMENT ou **CHAVIRAGE** n.m. Fait de chavirer.

CHAVIRER v.i. (provenç. *capvira,* tourner la tête en bas). Se renverser, se retourner, en parlant d'un bateau. ◆ v.t. **1.** Vieilli. Renverser, retourner un navire. **2.** *Fig. Être chaviré par* : être ému, bouleversé par. *Visage chaviré par la douleur.*

CHAYOTE ou **CHAÏOTE** [ʃajɔt] n.f. AGRIC. Plante grimpante originaire du Mexique, cultivée en Europe pour son fruit charnu en forme de grosse poire rugueuse ; ce fruit. (Genre *Sechium* ; famille des cucurbitacées.)

CHEBEC ou **CHEBEK** [ʃebɛk] n.m. (ar. *chabbāk*). Trois-mâts de la Méditerranée, très fin, naviguant à la voile ou à l'aviron, utilisé autref. par les pirates barbaresques.

CHÈCHE n.m. (de l'ar. *chāchīya*). Au Sahara, longue écharpe que l'on enroule autour de la tête.

CHÉCHIA [ʃeʃja] n.f. (ar. *chāchīya*). Coiffure cylindrique ou tronconique de certaines populations d'Afrique musulmane.

CHECK-LIST [ʃɛklist] ou [tʃɛklist] n.f. [pl. *check-lists*] (mot angl.). ASTRONAUT., AVIAT. Liste d'opérations permettant de vérifier le fonctionnement de tous les organes et dispositifs d'un avion, d'une fusée avant son envol. Recomm. off. : *liste de vérification.*

CHECK-UP [ʃɛkœp] ou [tʃɛkœp] n.m. inv. (mot angl.). **1.** Examen, bilan de santé. **2.** Bilan complet du fonctionnement de qqch. *Check-up d'une voiture.*

CHÉDAIL n.m. Suisse. Ensemble du matériel d'exploitation d'une ferme.

CHEDDAR [ʃedar] n.m. Fromage anglais ou américain, au lait de vache, à pâte dure et colorée.

CHEDDITE n.f. (de *Chedde,* en Haute-Savoie). Explosif à base de chlorate de potassium ou de sodium et de dinitrotoluène.

CHEESEBURGER [tʃizbœrgœr] ou [-burgœr] n.m. (mot anglo-amér.). Hamburger auquel on ajoute du fromage.

CHEF n.m. (du lat. *caput,* tête). **1. a.** Personne qui commande, qui exerce une autorité, une direction, une influence déterminante. *Chef de famille. Chef d'entreprise.* **b.** S'emploie dans la dénomination de divers grades militaires, administratifs ou privés. *Chef de bataillon. Chef de service.* ◇ *Chef cuisinier,* ou *chef* : personne qui est à la tête de la cuisine d'un restaurant. – *Chef de gare,* chargé de la gestion d'une gare et de la coordination de ses différents services. – *Chef d'orchestre* : musicien qui dirige l'exécution d'une œuvre. – *Chef de chœur* : musicien qui dirige un groupe de chanteurs. – *Chef de musique* : musicien qui dirige une fanfare ou une harmonie civile ou militaire. – *Chef de produit* : dans une entreprise, responsable d'un produit ou d'une famille de produits, notamm. de leur vente. – *Chef de projet* : responsable chargé de lancer des produits, des procédés nouveaux. – CINÉMA, TÉLÉV. *Chef opérateur* : directeur de la *photographie. **c.** *En chef* : en qualité de chef. (Peut s'employer en appos. : *médecin-chef.*) **2.** Personne qui possède au plus haut degré l'aptitude au commandement. *Avoir les qualités d'un chef.* **3.** Personne qui détient, selon des modalités très variables, une autorité particulière au sein de diverses sociétés (africaines, amérindiennes, océaniennes, etc.). *Chef indien. Chef coutumier.* **4.** *Fam.* As, champion. *Elle s'est débrouillée comme un chef.* **5.** *De son chef, de son propre chef* : de sa propre autorité. **6.** DR. Point capital sur lequel porte l'accusation. *Chef d'accusation.* ◇ *Au premier chef* : au plus haut point ; avant tout. **7.** HÉRALD. Pièce honorable qui occupe le tiers supérieur de l'écu. – REM. Aux sens 1 et 2, le fém. *la chef* se rencontre dans la langue familière.

CHEF-D'ŒUVRE [ʃedœvr] n.m. (pl. *chefs-d'œuvre*). **1.** Ouvrage que doit réaliser tout compagnon aspirant à la maîtrise dans sa corporation. **2.** La plus belle œuvre d'un écrivain, d'un artiste. *Phèdre passe pour le chef-d'œuvre de Racine.* **3.** Œuvre d'art particulièrement accomplie. *Chefs-d'œuvre de la musique.* – Ce qui est parfait en son genre. *Un chef-d'œuvre d'ironie.*

CHEFFERIE [ʃɛfri] n.f. **1.** Système social fondé sur l'autorité et le statut supérieur d'un chef coutumier, notamm. en Afrique et chez les Kanak. **2.** Territoire régi par un chef coutumier. **3.** Québec. Direction d'un parti politique.

CHEF-LIEU n.m. (pl. *chefs-lieux*). En France, centre d'une division administrative. ◇ *Chef-lieu de département* : en France, préfecture.

C

CHEFTAINE n.f. (mot angl., de l'anc. fr. *chevetain,* capitaine). Responsable féminine d'un groupe chez les Guides de France et, anc., dans d'autres mouvements de scoutisme.

CHEIKH ou **CHEIK** [ʃɛk] n.m. (ar. *chaikh,* vieillard). **1.** Chef de tribu arabe. **2.** Titre donné à tout musulman respectable par son âge, sa fonction, etc.

CHÉILITE [keilit] n.f. (du gr. *kheilos,* lèvre). Inflammation des lèvres.

CHEIRE [ʃɛr] n.f. (mot auvergnat). En Auvergne, coulée volcanique dont la surface est rugueuse et chaotique.

CHÉIROPTÈRE n.m. → **CHIROPTÈRE.**

CHÉLATE [kelat] n.m. (du gr. *khêlê,* pince). Composé dans lequel un atome métallique est pris « en pince » entre des atomes électronégatifs liés à un radical organique.

CHÉLATEUR [kelatœr] n.m. MÉD. Substance formant avec certains poisons (métaux) un chélate éliminé dans les urines, et utilisée comme antidote en cas d'intoxication.

CHELEM ou **SCHELEM** [ʃlɛm] n.m. (angl. *slam,* écrasement). Au whist, au bridge, au tarot, réunion de toutes les levées dans un camp. (On dit aussi *grand chelem.*) ◇ *Petit chelem :* toutes les levées moins une. – *Grand chelem :* dans divers sports (rugby, tennis, etc.), fait de remporter la totalité des victoires pour une série définie de compétitions.

CHÉLEUTOPTÈRE [ke-] n.m. Insecte phytophage au long corps ressemblant à une brindille ou à une feuille, tel que les phasmes. (Les chéleutoptères forment un ordre d'insectes ptérygotes.)

CHÉLICÉRATE [ke-] n.m. Arthropode doté de chélicères et dépourvu d'antennes, tel que les arachnides, les mérostomes (limules) et les pycnogonides. (Les chélicérates constituent un sous-embranchement.)

CHÉLICÈRE [kelisɛr] n.m. Appendice pair venimeux, en forme de crochet, situé à l'avant du corps des chélicérates.

CHÉLIDOINE [kelidwan] n.f. (du gr. *khelidôn,* hirondelle). Plante à fleurs jaunes, à latex orangé très toxique, commune au pied des vieux murs, appelée aussi *grande éclaire* et *herbe aux verrues.* (Famille des papavéracées.)

■ **CHÉLIDOINE**

CHÉLOÏDE [kelɔid] n.f. et adj. (du gr. *khêlê,* pince). MÉD. Cicatrice cutanée formant un bourrelet fibreux rouge.

CHÉLONIEN [kelɔnjɛ̃] n.m. (du gr. *khelônê,* tortue). Reptile couramment appelé *tortue.* (Les chéloniens forment un ordre.)

CHEMIN n.m. (lat. pop. *camminus,* mot gaul.). **1.** Voie, génér. de terre, aménagée pour aller d'un point à un autre. *Chemin vicinal.* ◇ FORTIF. *Chemin de ronde :* passage aménagé au sommet d'une muraille fortifiée. **2.** Direction à suivre pour aller quelque part. *Demander son chemin.* ◇ *Chemin de croix :* suite de quatorze tableaux représentant les scènes de la Passion du Christ. – *Chemin de Damas :* lieu où saint Paul se convertit. **3.** Distance à parcourir pour aller d'un point à un autre ; parcours, trajet, itinéraire. *La ligne droite est le plus court chemin d'un point à un autre.* ◇ *Faire du chemin :* parcourir un long trajet ; *fig.,* progresser. – *Faire son chemin :* réussir dans la vie. **4.** Progression qui mène d'un point à un autre. *Être en chemin.* **5.** Ligne de conduite, voie qui mène à un but. *Prendre le chemin qui mène à la réussite.* ◇ *Ouvrir, montrer, tracer le chemin :* donner l'exemple. **6.** Longue bande décorative ou protectrice. *Chemin de table, d'escalier.*

CHEMIN DE FER n.m. [pl. *chemins de fer*] (calque de l'angl. *railway*). **1.** Vx. Voie ferrée constituée de deux rails parallèles sur lesquels roulent les trains. **2.** Moyen de transport utilisant la voie ferrée. *Voyager par chemin de fer.* **3.** (Souvent pl.) Entreprise, administration qui gère l'exploitation de ce moyen de transport. *Employé des chemins de fer.* **4.** Baccara à un seul tableau.

■ **CHEMIN DE FER.** La gare de triage de Gevrey (Côte-d'Or).

CHEMINEAU n.m. Vx ou *litt.* Vagabond qui parcourt les chemins.

CHEMINÉE n.f. (du lat. *caminus,* four). **1.** Ouvrage, génér. de maçonnerie, permettant de faire du feu, comprenant un foyer et un conduit par où s'échappe la fumée. **2.** Encadrement du foyer qui fait saillie dans une pièce. *Cheminée de marbre.* **3.** Conduit par où s'échappe la fumée ; extrémité de ce conduit visible au-dessus d'un toit. *Ramonage des cheminées. Cheminées d'usines.* **4.** Conduit pour la ventilation, l'aération. *Cheminée d'aération.* **5.** GÉOMORPH. *Cheminée de fée :* colonne dégagée par les eaux de ruissellement dans une roche meuble et coiffée par un bloc résistant protecteur. SYN. : *demoiselle, demoiselle coiffée.* **6.** GÉOL. Zone d'un volcan où montent les laves et les projections volcaniques. **7.** ALP. Couloir étroit, presque vertical, dans un mur rocheux ou glaciaire.

CHEMINEMENT n.m. **1.** Action de cheminer ; progression lente et régulière. **2.** TOPOGR. Détermination sur le terrain des coordonnées d'une ligne polygonale reliant deux points de coordonnées connues.

CHEMINER v.i. **1.** Suivre un chemin souvent long, lentement et régulièrement. *Cheminer sur une petite route.* **2.** *Sout.* Avoir un certain tracé. *Sentier qui chemine dans la montagne.* **3.** *Fig.* Pour une chose, progresser lentement. *Laisser une idée cheminer dans les esprits.* **4.** TOPOGR. Faire un cheminement.

CHEMINOT n.m. Employé des chemins de fer.

CHEMISAGE n.m. TECHN. Opération consistant à garnir d'une chemise, d'un revêtement protecteur.

CHEMISE n.f. (bas lat. *camisia*). **1.** Vêtement masculin qui couvre le buste et les bras, comportant le plus souvent un col et un boutonnage devant. *Chemise à manches courtes, longues.* **2.** Vieilli. Sous-vêtement en tissu fin porté à même la peau. ◇ *Chemise américaine :* sous-vêtement en maille comportant des bretelles plus ou moins larges ou parfois des manches courtes ou longues, et dont l'encolure est dégagée et dépourvue de boutonnage. – *Chemise de nuit :* vêtement de nuit en forme de robe plus ou moins longue. **3.** HIST. *Chemises brunes :* membres du Parti national-socialiste allemand, et plus partic. des SA. – *Chemises noires :* groupements fascistes italiens. (Les premières furent créées en 1919.) – *Chemises rouges :* volontaires qui combattirent aux côtés de Garibaldi puis, lors de la guerre franco-allemande (1870 - 1871), aux côtés de la France. **4.** Dossier fait d'un cartonnage léger plié en deux, servant à classer des papiers. **5.** Enveloppe intérieure ou extérieure d'une pièce mécanique. – ARM. Revêtement métallique d'un projectile. **6.** CONSTR. Revêtement en maçonnerie.

CHEMISER v.t. TECHN. Effectuer le chemisage de. *Chemiser un cylindre, un obus.*

CHEMISERIE n.f. Fabrique, magasin de chemises (vêtement).

CHEMISETTE n.f. Chemise légère à manches courtes.

1. CHEMISIER, ÈRE n. Personne qui fait ou vend des chemises (vêtement).

2. CHEMISIER n.m. Corsage dont la coupe s'inspire de la chemise d'homme.

CHÉMOCEPTEUR, TRICE ou **CHÉMORÉCEPTEUR, TRICE** [ke-] adj. et n.m. Qui est sensible aux stimulations chimiques.

CHÊNAIE n.f. Terrain planté de chênes.

CHENAL n.m. [pl. *chenaux*] (lat. *canalis*). **1.** MAR. Passage resserré, naturel ou artificiel, permettant la navigation entre des îles, des écueils, des bancs, et donnant accès à un port ou à la haute mer. *Balisage des chenaux.* **2.** Courant d'eau aménagé pour le service d'un moulin, d'une usine.

CHENAPAN n.m. (all. *Schnapphahn,* maraudeur). Enfant malicieux et indiscipliné ; vaurien, garnement.

CHÊNE n.m. (gaul. *cassanus*). Grand arbre de l'hémisphère Nord tempéré, à l'écorce crevassée, aux branches noueuses, aux feuilles lobées, et aux fruits *(glands)* logés dans une cupule, tel que le chêne pédonculé (rouvre), le chêne sessile, le

■ **CHEMINÉES DE FÉE,** dans la vallée de Paşa Dağ en Cappadoce, Turquie.

■ **CHÊNE**

chêne pubescent, le chêne-liège. (Le chêne fournit un bois aux multiples usages ; haut. max. 45 m ; longévité 600 ans ; genre *Quercus,* famille des fagacées.) ◇ ***Chêne vert :*** chêne d'une espèce à feuillage persistant très touffu des régions méditerranéennes. SYN. : ***yeuse.***

CHENEAU n.f. Suisse. Chéneau.

CHÉNEAU n.m. (de *chenal*). CONSTR. Rigole ménagée à la base d'un toit et conduisant les eaux de pluie au tuyau de descente.

CHÊNE-LIÈGE n.m. (pl. *chênes-lièges*). Chêne des régions méditerranéennes, au feuillage persistant, dont l'écorce fournit le liège, que l'on détache par larges plaques tous les dix ans environ.

CHENET [ʃənɛ] n.m. (de *chien*). Chacun des deux supports métalliques sur lesquels on place les bûches dans le foyer d'une cheminée.

CHÈNEVIÈRE n.f. Champ de chanvre.

CHÈNEVIS [ʃɛnvi] n.m. (anc. fr. *cheneve,* chanvre). Graine de chanvre, donnée comme nourriture aux oiseaux de cage.

CHENI, CHENIL, CHENIS ou **CHENIT** [ʃni] n.m. Suisse. *Fam.* Désordre ; ensemble d'objets sans valeur.

CHENIL [ʃənil] ou [ʃəni] n.m. (de *chien*). **1.** Local destiné à loger les chiens. – Établissement qui pratique l'élevage, la vente et le gardiennage des chiens. **2.** *Fig.* Logement malpropre et en désordre.

CHENILLE n.f. (lat. *canicula,* petite chienne). **1.** Larve de papillon, au corps mou formé d'anneaux et génér. velu, se nourrissant de végétaux, et, de ce fait, souvent très nuisible. (Une seule espèce est domestiquée : le ver à soie, chenille du bombyx du mûrier.) **2.** Bande, faite de patins articulés, interposée entre le sol et les roues d'un véhicule, lui permettant de se déplacer sur tous les terrains. **3.** Passementerie veloutée en forme de chenille. **4.** Fil de laine ou de coton auquel sont mêlés des brins de soie, donnant au tricot l'aspect du velours. *Pull (en) chenille.*

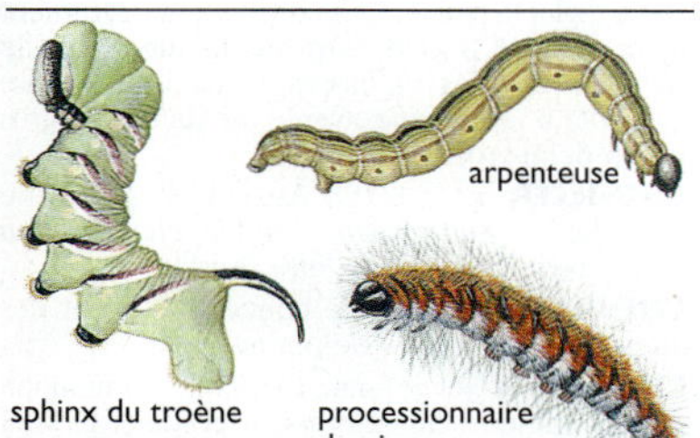

■ **CHENILLES**

CHENILLÉ, E adj. Se dit d'un véhicule équipé de chenilles.

CHENILLETTE n.f. **1.** MIL. Petit véhicule chenillé, faiblement blindé. **2.** Engin à chenilles conçu pour le damage des pistes enneigées.

CHENIS ou **CHENIT** n.m. → **CHENI.**

CHÉNOPODE [kenɔpɔd] n.m. (gr. *khênopous,* patte d'oie). Plante herbacée couramment appelée *ansérine,* à feuilles triangulaires, commune dans les cultures et les décombres. (Type de la famille des chénopodiacées.)

CHÉNOPODIACÉE [kenɔpɔdjase] n.f. Plante dicotylédone apétale à petites fleurs verdâtres, telle que l'arroche, le chénopode, l'épinard, la betterave. (Les chénopodiacées forment une famille.)

CHENU, E adj. (lat. *canus,* blanc). *Litt.* Blanchi, marqué par l'âge. *Un vieillard chenu.*

CHEPTEL [ʃɛptɛl] n.m. (lat. *capitale,* le principal d'un bien). Ensemble du bétail d'une exploitation agricole, d'une région, d'un pays. (On dit aussi *cheptel vif.*) *Le cheptel ovin français.* ◇ ***Bail à cheptel :*** contrat par lequel on remet du bétail à garder et à nourrir selon des conditions convenues à l'avance. – ***Cheptel mort :*** ensemble du matériel d'une exploitation agricole.

CHÈQUE n.m. (angl. *cheque,* de *exchequer bill,* billet du Trésor). Ordre de paiement écrit par lequel une personne, titulaire d'un compte dans un établissement de crédit, effectue, à son profit ou au profit d'un tiers, le retrait ou le virement de tout ou partie des fonds portés à son crédit. *Chèque bancaire, postal.* ◇ ***Chèque certifié :*** chèque certifiant, par le visa de l'établissement où les fonds sont déposés, qu'il est dûment provisionné et que son montant est bloqué au bénéfice du porteur de ce chèque. – ***Chèque documentaire,*** qui ne peut être payé qu'accompagné d'un certain document (facture, police d'assurance, etc.). – ***Chèque au porteur,*** ne comportant pas le nom du bénéficiaire, payable au porteur. – ***Chèque à ordre,*** comportant le nom du bénéficiaire, transmissible par endossement. – ***Chèque en blanc,*** signé par le tireur, sans indication de somme. – *Fig.* ***Donner un chèque en blanc à qqn,*** le laisser agir à sa guise. – ***Chèque sans provision,*** ou, *fam.,* ***chèque en bois,*** qui ne peut être payé faute d'un dépôt suffisant. – ***Chèque de voyage :*** chèque à l'usage des touristes, émis par une banque et payable par l'un quelconque de ses correspondants. SYN. : ***traveller's cheque.***

CHÈQUE-SERVICE n.m. (pl. *chèques-service*). Mode simplifié de règlement de certaines prestations de services (emploi à domicile, par ex.), utilisable en France par les employeurs personnes physiques, grâce à des formules de chèque mises à disposition par leur banque qui prélève directement sur leur compte les cotisations sociales correspondantes. (On dit aussi *chèque emploi-service.*)

CHÉQUIER n.m. Carnet de chèques.

CHER, CHÈRE adj. (lat. *carus*). **1.** Qui est l'objet d'une vive affection ; aimé, chéri. *Pleurer un être cher.* **2.** Auquel on attache du prix, de l'importance ; précieux. *C'est une idée qui lui est chère.* **3.** Avant le n., s'emploie comme formule de politesse ou comme terme d'amitié ou de familiarité. *Chère Madame. Mes chers amis.* **4.** D'un prix élevé ; qui exige de fortes dépenses. *Un tissu cher. Lutter contre la vie chère.* **5.** Qui vend à des prix élevés. *Magasin, commerçant chers.* ◆ adv. **1.** À haut prix. *Ces denrées se vendent cher.* **2.** Au prix de grands sacrifices. *Payer cher sa liberté.* **3.** ***Ne pas valoir cher :*** être méprisable, en parlant de qqn.

CHERCHE-MIDI n.m. inv. Pyrrhocoris.

CHERCHER v.t. (lat. *circare,* aller autour). **1.** S'efforcer de trouver, de retrouver, de découvrir. *Chercher un objet qu'on a égaré. Chercher qqn dans la foule. Chercher la solution d'une énigme.* **2.** S'efforcer de se procurer ; viser à, avoir en vue. *Ne chercher que son intérêt.* – Tout faire pour ; s'efforcer, tâcher de. *Chercher à plaire.* **3.** S'exposer volontairement ou imprudemment ; susciter, provoquer. *Chercher les ennuis. Chercher querelle à qqn.* – *Fam.* Agacer, irriter qqn par des provocations continuelles ; provoquer. *Tu me cherches ?* **4.** ***Aller, venir chercher :*** aller, venir pour prendre et ramener qqn ou emporter qqch. **5.** *Fam.* ***Aller chercher :*** atteindre un chiffre, un prix. *Ça va chercher dans les cent euros.* ◆ v.t. ind. *Fam.* ou Belgique. ***Chercher après qqn :*** chercher qqn.

1. CHERCHEUR, EUSE n. Personne qui cherche qqch. *Chercheur d'or.* ◆ n.m. Personne qui se consacre à la recherche scientifique. *Les chercheurs du CNRS.* ◆ adj. Qui effectue une recherche. *Tête chercheuse d'un engin.*

2. CHERCHEUR n.m. ASTRON. Petite lunette à courte focale et à grand champ montée sur un télescope afin de le diriger plus aisément sur un astre ou sur la région du ciel qu'on veut observer.

CHÈRE n.f. (du gr. *kara,* visage). *Litt.* Nourriture. *Aimer la bonne chère.* (À distinguer de *chair.*)

CHÈREMENT adv. **1.** Au prix de gros sacrifices. *Victoire chèrement payée.* ◇ ***Vendre chèrement sa vie :*** se défendre vaillamment jusqu'à la mort. **2.** *Litt.* Tendrement. *Aimer chèrement qqn.*

CHERGUI n.m. Vent d'est, au Maroc.

CHÉRI, E adj. et n. Tendrement aimé. *Enfant chéri. Ma chérie.* ◆ adj. Auquel on attache du prix, de l'importance ; précieux. *Liberté chérie.*

CHÉRIF n.m. (ar. *charīf*). Prince musulman descendant de Mahomet par Ali et Fatima.

CHÉRIFIEN, ENNE adj. **1.** D'un chérif. **2.** Du Maroc, où la dynastie régnante est d'origine chérifienne. *L'État chérifien.*

CHÉRIR v.t. (de *cher*). **1.** Aimer tendrement. *Chérir ses enfants.* **2.** Être profondément attaché à. *Chérir une idée.*

CHERMÈS [kɛrmɛs] n.m. Puceron provoquant une galle sur l'épicéa et le sapin. (Ordre des homoptères.)

CHÉROT adj. inv. *Fam.* Cher, coûteux.

CHERRY [ʃeri] n.m. [pl. *cherrys* ou *cherries*] (mot angl., *cerise*). Liqueur de cerise.

CHERTÉ n.f. Fait d'être cher, coût élevé de qqch. *La cherté de la vie.*

CHÉRUBIN n.m. (hébr. *keroûbîm,* anges). **1.** RELIG. Catégorie d'anges dans les traditions juive et chrétienne. – ICON. Tête ou buste d'enfant porté par deux ailes. **2.** *Fam.* Enfant gracieux.

CHESTER [ʃɛstɛr] n.m. Fromage anglais, au lait de vache, à pâte dure.

CHÉTIF, IVE adj. (du lat. *captivus*). **1.** De faible constitution ; malingre. **2.** *Litt.* Qui manque d'ampleur ; insuffisant, pauvre. *Une chétive récolte.*

CHÉTOGNATHE [ke-] n.m. Petit invertébré marin planctonique, carnassier, à corps fusiforme. (Les chétognathes forment un minuscule embranchement.)

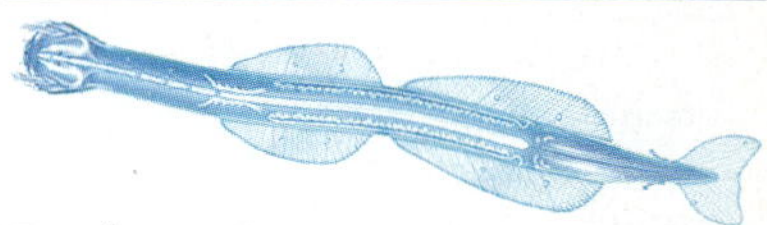

■ **CHÉTOGNATHE**

CHEVAINE, CHEVESNE ou **CHEVENNE** [ʃəvɛn] n.m. (du lat. *caput,* tête). Poisson d'eau douce à dos brun verdâtre et à ventre argenté, appelé aussi *meunier.* (Long. entre 30 et 50 cm ; genre *Leuciscus,* famille des cyprinidés.)

CHEVAL n.m. [pl. *chevaux*] (lat. *caballus,* rosse). **I.** *Animal.* **1.** Grand mammifère ongulé domestique caractérisé par de longs membres reposant sur un seul doigt, qui font de lui un coureur remarquable et une monture d'usage presque universel. (Longévité : jusqu'à 30 ans. Cri : le cheval hennit. La femelle est la jument ; son petit est le poulain. Ordre des périssodactyles ; famille des équidés.) *[V. ill. page suivante].* ◇ ***À cheval sur qqch,*** à califourchon dessus. – ***Être à cheval sur qqch,*** s'y tenir strictement. – ***Fièvre de cheval :*** forte fièvre. – ***Remède de cheval :*** remède très énergique. – ***Monter sur ses grands chevaux :*** s'emporter. – ***Cheval de bataille :*** argument, thème favori. – ***Cheval marin :*** hippocampe. – *Fam.* ***Cheval de retour :*** récidiviste. – *Fam.* ***Ne pas être un mauvais cheval :*** être plutôt gentil. **2.** Art de monter à cheval ; équitation. *Faire du cheval.* **3.** Viande de cheval. ◇ ***Avoir mangé du cheval :*** faire preuve d'une énergie inaccoutumée. **4.** ***Cheval de bois :*** jouet d'enfant figurant un cheval, en usage autref. – ***Chevaux de bois :*** manège. **5.** *Fig., fam.* Personne endurante à l'ouvrage. ◇ *Fam.* ***Grand cheval :*** grande femme d'allure peu féminine. **II.** *Sens spécialisés.* **1.** SPORTS. ***Cheval de saut :*** agrès sur lequel les gymnastes prennent appui, après une course d'élan, pour effectuer un saut. (Il est placé dans le sens de la longueur pour les hommes et en travers pour les femmes.) **2.** FORTIF. ***Cheval de frise :*** pièce de bois munie de croisillons appointés et garnis de barbelés. **3.** ***Petits chevaux :*** jeu de société pratiqué avec des figurines ayant une tête de cheval, dont le déplacement sur un circuit est régi par le jet de dés. **4.** ***Cheval de *Troie.*** **a.** *v. partie n.pr.* **b.** *Fig.* Ce qui permet de pénétrer insidieusement dans un milieu et de s'en rendre maître. **5.** ***Cheval fiscal (CV) :*** unité de mesure de cylindrée par laquelle on détermine notamm. le montant de la vignette et des primes d'assurance pour les véhicules automobiles. *Version 7 CV d'un modèle.*

C

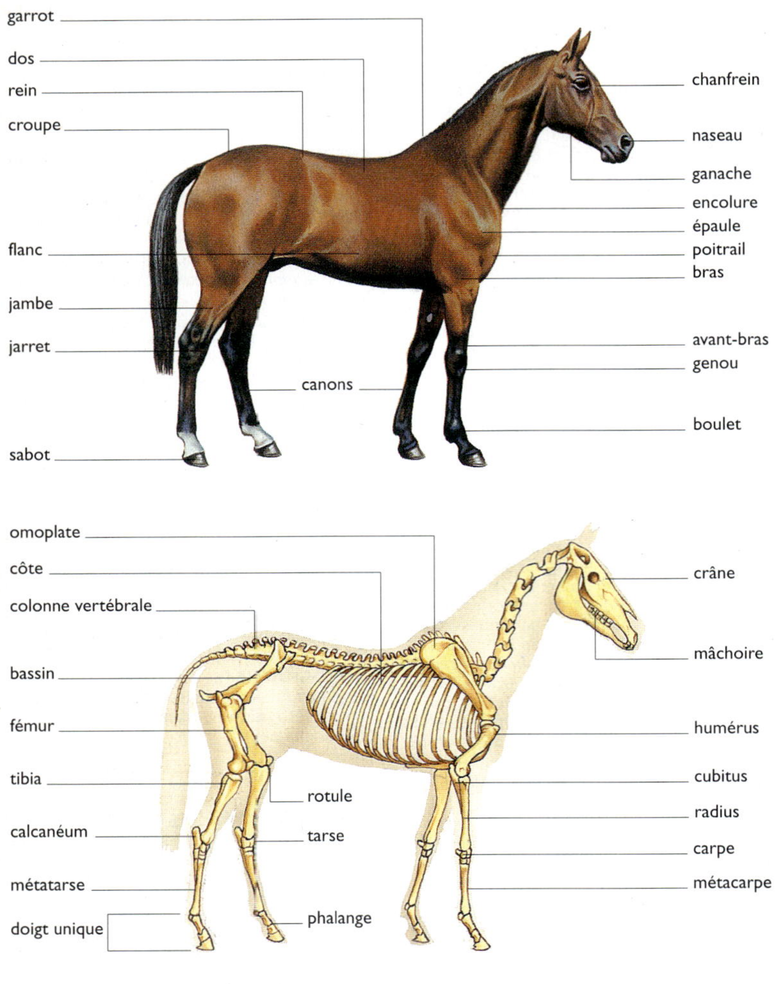

■ **CHEVAL.** Morphologie et squelette.

CHEVAL-D'ARÇONS n.m. (pl. *chevaux-d'arçons* ou *cheval-d'arçons*) ou **CHEVAL-ARÇONS** n.m. inv. Agrès de gymnastique artistique masculine reposant sur des pieds et muni de deux arceaux permettant la voltige.

CHEVALEMENT n.m. **1.** CONSTR. Assemblage de poutres pour soutenir un mur repris en sous-œuvre. **2.** MIN. Grande charpente supportant un dispositif d'extraction, au-dessus d'un puits de mine.

CHEVALER v.t. CONSTR. Étayer avec des chevalements.

CHEVALERESQUE adj. (ital. *cavalleresco*). Qui fait preuve de chevalerie, évoque l'idéal du chevalier.

CHEVALERIE n.f. **1.** Institution féodale, qui, au Moyen Âge, rassemblait les combattants à cheval, puis les nobles. **2.** Hardiesse généreuse et romanesque. *Faire preuve de chevalerie.* **3.** *Ordre de chevalerie.* **a.** HIST. Au Moyen Âge, ordre de chevaliers chargés, à l'origine, de la défense des Lieux saints. **b.** Mod. Ordre honorifique.

ENCYCL. On accédait à la chevalerie par la cérémonie de l'adoubement. Les chevaliers entraient au service d'un seigneur, qui leur concédait un fief en échange de leur aide militaire. L'Église, dans la seconde moitié du XIe s., imposa les règles religieuses et morales du code chevaleresque : protection des pauvres, des orphelins et des veuves, loyauté, fidélité, vaillance. À la fin du Moyen Âge, la chevalerie n'était plus qu'un degré de la noblesse.

CHEVALET n.m. **1. a.** Support permettant de maintenir un objet sur lequel on travaille. **b.** Support sur lequel on pose un tableau (peinture) en cours d'exécution ou en exposition. **2.** Support des cordes d'un instrument de musique transmettant leurs vibrations à la table d'harmonie. **3.** CONSTR. Étai.

CHEVALIER n.m. **1.** Au Moyen Âge, combattant à cheval, puis noble ; membre d'un ordre de chevalerie. ◇ *Chevalier errant :* chevalier que la tradition héroïque médiévale représente allant de pays en pays pour chercher des aventures et redresser les torts. – *Litt., péjor. Chevalier d'industrie :* individu sans scrupules, qui vit d'escroqueries. **2.** Noble dont le titre est inférieur à celui de baron. – Auj. Premier grade de certains ordres honorifiques. *Chevalier de la Légion d'honneur.* **3.** ANTIQ. Citoyen romain du second ordre, l'ordre équestre. **4.** ÉCON. *Chevalier blanc :* dans le cadre d'une OPA hostile, personne ou société qui s'allie aux dirigeants d'une entreprise en en rachetant des titres pour faire échouer l'offre du raider. **5.** Oiseau échassier migrateur d'Europe et d'Asie, voisin du bécasseau, commun en été près des étangs et des côtes. (Long. 20 à 35 cm ; famille des scolopacidés.)

CHEVALIÈRE n.f. (de *bague à la chevalière*). Bague dont le dessus en plateau s'orne habituellement d'initiales ou d'armoiries gravées.

CHEVALIN, E adj. **1.** Relatif au cheval. *L'amélioration de la race chevaline.* SYN. : *équin.* ◇ *Boucherie chevaline,* où l'on vend de la viande de cheval. SYN. : *boucherie hippophagique.* **2.** Qui évoque un cheval. *Figure chevaline.*

CHEVAL-VAPEUR n.m. (pl. *chevaux-vapeur*). Ancienne unité de puissance valant environ 736 watts (symb. ch).

CHEVAUCHANT, E adj. Se dit des parties d'un assemblage qui chevauchent l'une sur l'autre. *Tuile chevauchante.*

CHEVAUCHÉE n.f. Course, randonnée, expédition à cheval, souvent rapide.

CHEVAUCHEMENT n.m. Fait de se chevaucher ; empiétement.

CHEVAUCHER v.t. **1.** Être à califourchon sur qqch. **2.** Se superposer en partie à qqch. *Chaque tuile chevauche la suivante.* ◆ v.i. Faire une chevauchée. ◆ **se chevaucher** v.pr. Se superposer en partie ; empiéter l'un sur l'autre.

CHEVAU-LÉGER n.m. (pl. *chevau-légers*). Soldat d'un corps de cavalerie légère organisé en France du XVIe au XIXe s.

CHEVÊCHE n.f. (de *1. chouette*). Chouette de petite taille, commune dans les bois d'Europe, d'Asie et d'Afrique du Nord. (Long. 25 cm ; famille des strigidés.)

CHEVELU, E adj. **1.** Qui a des cheveux, en partic. beaucoup de cheveux ou de longs cheveux. ◇ *Cuir chevelu :* ensemble des tissus, cutanés et sous-cutanés, qui recouvrent le crâne et dans lesquels sont implantés les cheveux. **2.** Qui évoque une chevelure. *Un épi chevelu.*

CHEVELURE n.f. **1.** Ensemble des cheveux. **2.** ASTRON. Nébulosité entourant le noyau d'une comète, formée de gaz et de poussières éjectés par ce noyau au voisinage du Soleil.

CHEVENNE ou **CHEVESNE** n.m. → **CHEVAINE.**

CHEVET n.m. (du lat. *caput, capitis,* tête). **1.** Partie du lit du côté de laquelle on pose la tête. ◇ *Être au chevet de qqn :* soigner, veiller une personne alitée. – *Livre de chevet :* livre que l'on aime particulièrement, auquel on se réfère constamment. **2.** ARCHIT. Partie postérieure, externe, du chœur d'une église.

CHEVÊTRE n.m. Élément de charpente qui réunit des éléments porteurs (pieux, colonnes, etc.) ou qui supporte un tablier de pont.

CHEVEU n.m. [pl. *cheveux*] (lat. *capillus*). **1.** Poil qui pousse sur la tête de l'homme. ◇ *Avoir un cheveu sur la langue :* zozoter. – *Fam. Avoir mal aux cheveux :* avoir mal à la tête au lendemain d'une beuverie. – *Fam. Comme un cheveu sur la soupe :* mal à propos. – *Couper les cheveux en quatre :* se livrer à des subtilités excessives. – *Faire dresser les cheveux :* faire peur, horreur. – *Ne tenir qu'à un cheveu :* dépendre de très peu de chose. – *Saisir l'occasion aux, par les cheveux,* au moment propice, dès qu'elle se présente. – *Fam. Se faire des cheveux (blancs) :* se faire du souci. – *Se prendre aux cheveux :* se quereller, se battre. – *Fam. Tiré par les cheveux :* d'une subtilité suspecte, d'une logique forcée. **2.** *Cheveu d'ange.* **a.** Fine guirlande d'arbre de Noël. **b.** Vermicelle très fin.

CHEVEU-DE-VÉNUS n.m. (pl. *cheveux-de-Vénus*). BOT. Adiantum.

CHEVILLARD n.m. Commerçant qui vend de la viande en gros.

CHEVILLE n.f. (lat. *clavicula,* petite clé). **1.** Partie du membre inférieur unissant la jambe au pied et formée par l'articulation tibio-tarsienne et les tissus qui l'entourent. ◇ *Fam. Ne pas arriver à la cheville de qqn,* lui être très inférieur. – *Fam. Avoir les chevilles qui enflent :* se dit de qqn qui tire trop de fierté d'un succès. **2.** Pièce de bois fixant un assemblage de charpentes, de menuiserie. ◇ *Cheville ouvrière :* grosse cheville qui joint le train avant au reste d'un véhicule hippomobile et qui sert de pivot pour l'avant-train ; *fig.,* personne jouant un rôle essentiel dans une affaire, un organisme. – *Fam. Être en cheville avec qqn,* être de connivence avec lui, lui être associé. **3.** Petite pièce qui consolide un assemblage ou la fixation d'une vis dans un trou. SYN. : *tampon.* **4.** Mot de remplissage qui ne sert que pour la rime ou la mesure, dans un poème. **5.** Petite pièce qui sert à régler la tension des cordes d'un instrument de musique. **6.** BOUCH. Barre métallique à laquelle on accroche les carcasses, dans un abattoir. ◇ *Vente à la cheville :* vente de viande en gros ou en demi-gros.

CHEVILLER v.t. TECHN. Assembler avec une cheville. ◇ *Avoir l'âme, la vie chevillée au corps :* avoir la vie dure, être résistant.

CHEVILLETTE n.f. Petite cheville, élément des anciennes fermetures de porte.

CHEVILLIER [ʃəvije] n.m. Extrémité du manche des instruments de musique à cordes, où sont enfoncées les chevilles.

CHEVIOTTE [ʃəvjɔt] n.f. (angl. *cheviot,* mouton des *Cheviot* Hills). Laine abondante et fine d'une race de mouton d'orig. écossaise ; étoffe faite avec cette laine.

CHÈVRE n.f. (lat. *capra*). **1.** Petit ruminant à cornes arquées en arrière, aux nombreuses races sauvages et domestiques, que l'on élève princip. pour la production de lait. (Cri : la chèvre bêle, chevrote ; ordre des ongulés ; sous-ordre des artiodactyles.) – *Cour.* Femelle adulte de cette espèce (par oppos. à *bouc,* à *chevreau*). ◇ *Ména-*

■ CHÈVRE

ger la chèvre et le chou :* ne pas prendre position entre deux partis adverses. – *Fam. Devenir chèvre :* s'énerver, s'impatienter. **2.** Femelle du chevreuil ou du chamois. **3. a.** Appareil rustique de levage. **b.** Support pour débiter les pièces de bois. ◆ n.m. Fromage au lait de chèvre.

CHEVREAU n.m. **1.** Petit de la chèvre. SYN. : *cabri.* **2.** Peau tannée de chèvre ou de chevreau.

CHÈVREFEUILLE n.m. (lat. *caprifolium*). Plante grimpante aux fleurs blanc crème odorantes, dont plusieurs espèces sont ornementales. (Famille des caprifoliacées.)

■ CHÈVREFEUILLE

CHEVRER v.i. [12]. Suisse. *Faire chevrer qqn,* le faire enrager.

CHEVRETTE n.f. **1.** Petite chèvre. **2.** Femelle du chevreuil. **3.** Réunion. Petite crevette d'eau douce.

CHEVREUIL n.m. (lat. *capreolus,* de *capra,* chèvre). **1.** Ruminant sauvage des forêts d'Europe et d'Asie, dont les bois, verticaux, n'ont que deux cors. (Cri : le chevreuil brame, rait. La femelle est la chèvre ou la chevrette ; le petit, mâle ou femelle, est le faon de sa naissance à 6 mois, et le chevrillard de 6 mois à un an. Haut. au garrot 70 cm ; longévité 15 ans ; famille des cervidés.) **2.** Québec. Cerf de Virginie.

■ CHEVREUIL

1. CHEVRIER, ÈRE n. Personne qui garde, qui élève des chèvres.

2. CHEVRIER n.m. Flageolet vert.

CHEVRILLARD n.m. Jeune chevreuil entre 6 mois et un an.

CHEVRON n.m. **1.** Chacune des longues pièces reposant sur les pannes d'une charpente dans le sens de la pente du toit et recevant le lattis ou la volige de couverture. – Longue pièce de bois de charpente. **2. a.** ARCHIT. Motif décoratif en forme de V, formant avec d'autres un zigzag (art roman, notamm.). **b.** Galon en V renversé placé sur la manche d'un uniforme et indiquant l'ancienneté. **c.** HÉRALD. Pièce honorable en forme de V, formée par la combinaison partielle de la bande et de la barre, se rencontrant à angle aigu près du bord supérieur de l'écu. **d.** *Tissu à chevrons,* ou *chevron :* tissu croisé présentant des côtes en zigzag.

CHEVRONNÉ, E adj. **1.** Qui a de l'expérience. *Ouvrier chevronné.* **2.** HÉRALD. Couvert de chevrons.

CHEVROTAGE n.m. Action de mettre bas, en parlant de la chèvre.

CHEVROTAIN n.m. Petit ruminant sans bois, d'Afrique et d'Asie. (Haut. au garrot 35 cm env. ; famille des tragulidés.)

CHEVROTANT, E adj. *Voix chevrotante,* qui chevrote, a des chevrotements.

CHEVROTEMENT n.m. Tremblement dans la voix.

CHEVROTER v.i. **1.** Mettre bas, en parlant de la chèvre. **2.** Bêler. **3.** Chanter, parler avec des chevrotements dans la voix.

CHEVROTIN n.m. **1.** Petit du chevreuil, avant qu'il devienne chevrillard. **2.** Nom donné à divers fromages au lait de chèvre.

CHEVROTINE n.f. Gros plomb pour la chasse au gros gibier.

CHEWING-GUM [ʃwiŋgɔm] n.m. [pl. *chewing-gums*] (mot angl., de *to chew,* mâcher, et *gum,* gomme). Pâte à mâcher à base de gomme chicle, aromatisée.

CHEZ [ʃe] prép. (du lat. *casa,* maison). **1.** Dans le lieu, le milieu, l'époque, etc., où vit qqn. ◇ *Fam. Bien de chez nous :* représentatif, typique du pays, du milieu auquel on appartient. **2.** Dans l'œuvre d'un auteur, d'un artiste. *Chez Proust.* **3.** Dans le caractère, l'espèce, la classe d'un être animé. *Chez les abeilles.*

CHEZ-SOI, CHEZ-MOI, CHEZ-TOI n.m. inv. *Fam.* Domicile personnel. *Aimer son petit chez-soi.*

CHIADER v.i. *Arg. scol.* Travailler beaucoup une matière, une discipline, l'approfondir. ◆ v.t. *Fam.* Fignoler un travail.

CHIALER v.i. *Fam.* Pleurer ; se plaindre.

CHIALEUR, EUSE adj. et n. *Fam.* Qui chiale facilement.

CHIANT, E adj. *Très fam.* Très ennuyeux ; contrariant.

CHIANTI [kjɑ̃ti] n.m. Vin rouge produit en Toscane, génér. destiné à être consommé jeune.

CHIARD n.m. *Très fam.* **1.** Môme, enfant. **2.** Suisse. Poltron.

CHIASMA [kjasma] n.m. (gr. *khiasma,* croisement). MÉD. Croisement de fibres formant un X. ◇ *Chiasma optique :* croisement en X entre une partie des fibres du nerf optique droit et une partie des fibres du nerf optique gauche, situé à la base du cerveau.

CHIASME [kjasm] n.m. (gr. *khiasma,* croisement). **1.** RHÉT. Procédé qui consiste à placer les éléments de deux groupes formant une antithèse dans l'ordre inverse de celui que laisse attendre la symétrie. (Ex. : *Un roi chantait en bas, en haut mourait un dieu.* [Victor Hugo].) **2.** SCULPT. Dissymétrie dynamique des parties du corps, des membres d'une statue, dans la statuaire classique grecque.

CHIASSE [ʃjas] n.f. (du lat. *cacare,* déféquer). **1.** *Vulg.* Diarrhée. **2.** Belgique, Suisse. Peur.

CHIBOUQUE n.f. ou **CHIBOUK** n.m. Pipe à long tuyau, en Turquie.

CHIC n.m. **1.** *Souvent iron. Avoir le chic de, pour :* réussir pleinement à. **2.** Allure élégante ; prestance. ◇ *Bon chic bon genre :* conforme à une tradition bourgeoise ; classique, de bon ton. Abrév. : *B.C.B.G.* **3.** Vx. *De chic :* sans préparation, à l'inspiration. *Dessiner de chic.* ◆ adj. inv. en genre. **1.** Élégant, distingué. *Un milieu chic.* **2.** *Fam.,* vieilli. Beau, agréable. *Chic soirée.* **3.** *Fam.* Sympathique, généreux. *Chic type.* ◆ interj. Exprime le contentement. *Chic ! On part !*

CHICANE n.f. **1.** Querelle de mauvaise foi, sur des détails. *Chercher chicane à qqn.* **2.** Artifice dans une procédure. ◇ *Litt. La chicane :* la procédure, dans ce qu'elle a de compliqué ; les arguties. **3.** Passage en zigzag à travers une série d'obstacles ; ces obstacles. ◇ *En chicane :* en zigzag ; en oblique. **4.** CHIM., TECHN. Dispositif qui contrarie le cheminement naturel d'un fluide en mouvement.

CHICANER v.i. Se livrer à des chicanes ; ergoter. *Il chicane sur tout.* ◆ v.t. Faire des reproches mal fondés à qqn ; contester qqch avec mauvaise foi.

CHICANERIE n.f. Vieilli. Difficulté suscitée par esprit de chicane.

CHICANEUR, EUSE ou, vx, **CHICANIER, ÈRE** adj. et n. Qui manifeste du goût pour les chicanes.

CHICANO [tʃi-] n. et adj. (de l'esp. d'Amérique *mexicano,* mexicain). *Fam.* Mexicain émigré aux États-Unis.

1. CHICHE adj. (lat. *ciccum,* chose de peu de valeur). Qui répugne à dépenser, avare ; qui témoigne de cet esprit.

2. CHICHE adj.m. (lat. *cicer,* pois). *Pois chiche :* gros pois gris.

3. CHICHE interj. *Fam.* **1.** Exprime un défi. *Chiche que je bois tout !* **2.** En réponse, exprime qu'on prend qqn au mot. *Tu n'iras pas ! – Chiche !* ◆ adj. *Fam. Être chiche de :* être capable de, assez hardi pour.

CHICHE-KEBAB n.m. [pl. *chiches-kebabs*] (turc *şişkebap*). Plat à base de brochettes de mouton ; ces brochettes. (Cuisine orientale.)

CHICHEMENT adv. De façon chiche, parcimonieuse, mesquine.

CHICHETÉ n.f. Vx ou Antilles. Avarice.

CHICHI n.m. (onomat.). *Fam.* (Surtout pl.) Façons maniérées ; simagrées. *Faire des chichis.*

CHICHITEUX, EUSE adj. et n. *Fam.* Qui fait des chichis.

CHICLE [tʃikle] ou [ʃikle] n.m. (mot d'orig. mexicaine). Latex qui s'écoule du sapotier et qui sert à la fabrication du chewing-gum. (On écrit aussi *chiclé.*)

CHICON n.m. **1.** Pomme de la laitue romaine. **2.** Bourgeon de la chicorée de Bruxelles (witloof) ou endive.

CHICORÉE n.f. (gr. *kikhorion*). **1.** Plante herbacée annuelle ou bisannuelle, à feuilles en rosette, dont on cultive plusieurs variétés, issues de l'espèce *Cichorium intybus* (chicorée frisée, chicorée scarole, chicorée witloof, chicorée à café, chicorée rouge de Trévise) ou de *C. endivia* (endive). [Famille des composées.] **2.** Racine torréfiée et moulue d'une espèce de chicorée que l'on mélange parfois au café.

■ **CHICORÉE.** Différentes variétés.

CHICOT n.m. (d'un radical *tchik-,* petit). **1.** Souche d'un arbre coupé ou rompu ; reste d'une branche coupée ou brisée. SYN. : *moignon.* **2.** *Fam.* Reste d'une dent cassée ou cariée.

CHICOTE ou **CHICOTTE** n.f. (port. *chicote*). Afrique. Fouet, baguette servant à appliquer des châtiments corporels.

CHICOTIN n.m. (de *socotrin,* aloès de Socotra). Vieilli. *Amer comme chicotin :* très amer.

CHIÉE n.f. *Très fam.* Grande quantité de qqch.

CHIEN, CHIENNE n. (lat. *canis*). **I.** *Animal.* **1.** Mammifère domestique, doté d'un excellent odorat et d'une course rapide, dont il existe plus de 340 races plus ou moins liées à une fonction spécifique : chasse, garde, agrément, trait. (Cri :

C

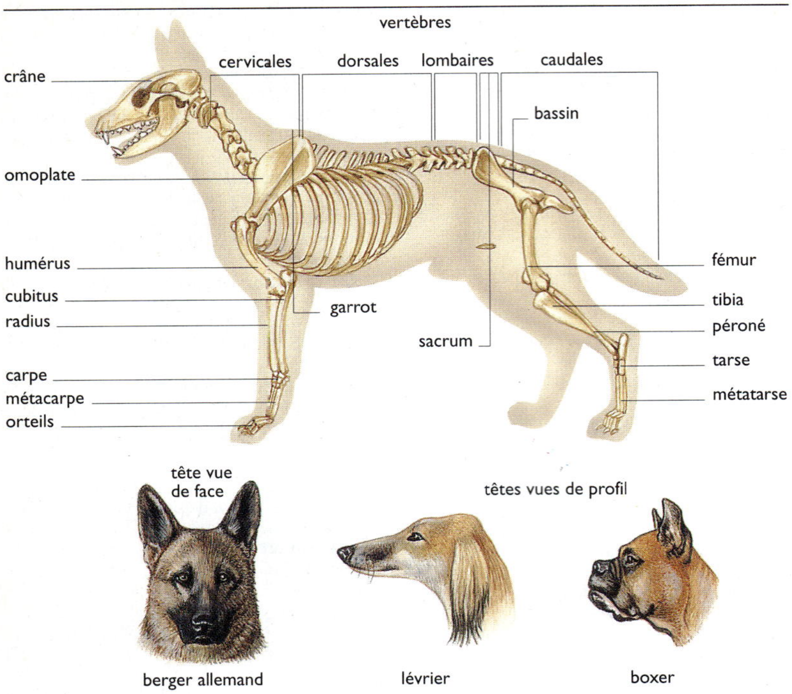

■ **CHIEN.** Anatomie du squelette et morphologie de la tête.

le chien aboie, jappe, hurle. Le petit est le chiot. Famille des canidés.) **2.** *Arriver comme un chien dans un jeu de quilles,* inopportunément. – *Avoir un mal de chien (pour, à),* beaucoup de mal. – *Coiffé à la chien,* avec une frange sur le front. – *Entre chien et loup :* à la tombée de la nuit. – *Fam. Garder à qqn un chien de sa chienne,* lui garder rancune et déclarer qu'on se vengera. – *Malade comme un chien :* très malade. – *Litt. Rompre les chiens :* interrompre une conversation embarrassante. – *Se regarder en chiens de faïence,* avec hostilité. **3.** *Fam. Chiens écrasés :* faits divers formant la matière d'articles de journaux, génér. confiés à un journaliste débutant. **4.** Personne servile, dont le rôle évoque celui du chien de garde. **5.** *Chien de mer :* aiguillat, émissole. **6.** *Chien de prairie :* rongeur d'Amérique du Nord voisin des marmottes, construisant des réseaux de terriers réunis en villages, et dont le cri rappelle l'aboiement du chien. **II.** *Sens spécialisés.* **1.** *Avoir du chien :* avoir de la distinction, un aspect attrayant, surtout en parlant d'une femme. **2.** Pièce d'une arme à feu qui, autref., portait le silex ; dans certains fusils modernes, masse additionnelle renforçant l'action du percuteur. ◇ *Couché en chien de fusil,* sur le côté, en repliant les jambes. **3.** Au tarot, talon. **4.** MAR. *Coup de chien :* coup de vent. **5.** *Nom d'un chien ! :* juron de dépit, de surprise. ◆ adj. et n. *Fam.* **1.** Âpre, dur, méprisable. **2.** (Inv. en genre.) Avare. *Elle est chien.* **3.** *Chien, chienne de, de chien :* très pénible, dur ; désagréable, mauvais. *Chienne de vie. Vie de chien. Caractère de chien.*

CHIEN-ASSIS n.m. (pl. *chiens-assis*). Petite lucarne en charpente servant à aérer et à éclairer un comble.

CHIENDENT n.m. (de *chien* et *dent*). Petite plante herbacée à rhizomes, vivace et très nuisible aux cultures, dont il existe plusieurs genres (*Agropyrum, Cynodon,* etc.). [Famille des graminées.] ◇ *Brosse de, en chiendent,* faite avec la racine séchée du chiendent.

CHIENLIT [ʃjɑ̃li] n.m. ou n.f. Vx. Masque de carnaval. ◆ n.f. **1.** Vx. Mascarade, déguisement. **2.** *Litt.* Désordre, pagaille, confusion.

CHIEN-LOUP n.m. (pl. *chiens-loups*). Berger allemand.

CHIENNE n.f. → **CHIEN.**

CHIENNERIE n.f. *Fam.* **1.** (Souvent exclam.) *Chiennerie de :* chienne de. *Chiennerie de vie !* **2.** Vieilli. Caractère chien, mauvais de qqn, qqch.

CHIER v.i. et v.t. [5]. *Vulg.* Déféquer. ◇ *Très fam. Ça va chier :* ça va faire du bruit, du scandale. – *Très fam. Faire chier :* importuner vivement. – *Très fam. Se faire chier :* s'ennuyer ; peiner sur, à. – *Très fam. À chier :* sans aucune valeur.

CHIEUR, EUSE n. *Très fam.* Personne ennuyeuse, désagréable.

CHIFFE n.f. (anc. fr. *chipe,* chiffon, de l'anc. angl. *chip,* petit morceau). *Chiffe molle :* personne sans énergie.

CHIFFON n.m. **1.** Lambeau de vieux linge, de tissu servant en partic. à nettoyer, à essuyer. ◇ *En chiffon :* froissé, disposé sans soin. **2.** *Chiffon de papier :* papier froissé ; bout de papier. – Contrat, document sans valeur. ◆ pl. Vx. Toilette, vêtements. ◇ *Parler chiffons :* parler de mode, de vêtements, de toilettes.

CHIFFONNADE n.f. CUIS. Feuilles d'oseille, de laitue, etc., ciselées en fines lamelles, employées en garniture, crues ou fondues au beurre.

CHIFFONNAGE ou **CHIFFONNEMENT** n.m. Action de chiffonner ; état de ce qui est chiffonné.

CHIFFONNE n.f. Petite branche chargée de boutons à fleurs, chez les arbres fruitiers à noyau.

CHIFFONNÉ, E adj. *Visage chiffonné,* fatigué, aux traits tirés.

CHIFFONNER v.t. **1.** Froisser une étoffe, du papier ; mettre en chiffon. **2.** *Fam.* En parlant d'une chose, contrarier, préoccuper qqn. *Cette nouvelle me chiffonne.*

1. CHIFFONNIER, ÈRE n. Personne qui ramasse les chiffons ou les vieux objets pour les revendre. ◇ *Fam. Se battre, se disputer comme des chiffonniers,* avec acharnement.

2. CHIFFONNIER n.m. Petit meuble étroit et haut à tiroirs superposés.

CHIFFRABLE adj. Qui peut être chiffré.

CHIFFRAGE n.m. Action de chiffrer ; son résultat. – MUS. Ensemble des chiffres d'une basse chiffrée.

CHIFFRE n.m. (ital. *cifra,* ar. *ṣifr,* zéro). **1.** Chacun des symboles servant à écrire les nombres dans un système de numération. ◇ *Chiffres arabes :* les dix signes de la numération usuelle (0, 1, 2, 3, 4, 5, 6, 7, 8, 9). – *Chiffres romains :* lettres I, V, X, L, C, D, M servant de symboles pour la numération romaine et représentant respectivement 1, 5, 10, 50, 100, 500 et 1 000. **2.** Montant d'une somme, total d'une évaluation. *Chiffre de la population.* ◇ *Chiffre d'affaires :* montant des ventes de biens et services cumulées entre deux bilans. – *Fam. Faire du chiffre :* effectuer un chiffre d'affaires important. **3. a.** Code secret. ◇ *Service du chiffre :* service dépendant d'un ministère, affecté à la correspondance par cryptogrammes. **b.** Combinaison d'une serrure, d'un coffre, etc. **4.** Entrelacs formé des initiales d'un ou de plusieurs noms. *Linge brodé à son chiffre.*

CHIFFRÉ, E adj. **1.** Qui utilise un code secret. *Langage chiffré.* **2.** MUS. *Basse chiffrée* → **1. basse.**

CHIFFREMENT n.m. Opération qui consiste à transformer un texte clair en cryptogramme.

CHIFFRER v.t. **1.** Numéroter des pages. **2.** Évaluer le chiffre, le montant d'une opération, d'un ensemble quantifiable. **3.** Transcrire un message en langage chiffré. **4.** MUS. Coder des harmonies par des chiffres. *Chiffrer une basse, un accord.* **5.** Orner du chiffre de qqn du linge, des couverts, etc. ◆ v.i. *Fam.* Atteindre un montant important. *Ces réparations commencent à chiffrer.* ◆ **se chiffrer** v.pr. **1. (à).** Atteindre le montant de. **2. (par, en).** Se compter en. *Se chiffrer par, en millions.*

CHIFFREUR, EUSE n. Personne attachée au service du chiffre.

CHIFFRIER n.m. Registre comptable faisant la preuve de la concordance entre le journal et le grand-livre.

CHIGNOLE n.f. (lat. *ciconia,* cigogne). **1.** Perceuse portative, à main ou électrique. **2.** *Fam.* Mauvaise voiture.

CHIGNON n.m. (du lat. *catena,* chaîne). Coiffure féminine, chevelure rassemblée et torsadée au sommet de la tête ou sur la nuque.

CHIHUAHUA [ʃiwawa] n.m. (n. d'une ville du Mexique). Très petit chien d'agrément à poil ras.

CHIISME [ʃiism] n.m. (de l'ar. *chīa,* parti). Courant de l'islam né du schisme des partisans d'Ali à propos de la désignation du successeur du Prophète ; ensemble doctrinal commun aux différentes religions qui en dérivèrent.
ENCYCL. Opposé à ce que la qualité de calife ou d'imam soit conférée à tout autre qu'à un descendant d'Ali, le chiisme se distingue du sunnisme, courant majoritaire de l'islam (à 90 % auj.), par le rôle assigné aux imams, par une interprétation souvent mystique du Coran, par ses propres lieux saints et par des croyances ou dévotions spécifiques (Passion de Husayn, fils d'Ali ; retour de l'imam « caché »).

CHIITE adj. et n. Se dit d'un musulman qui appartient à l'une des branches du chiisme (druze, alawite, ismaélien, duodécimain, zaydite, par ex.).

CHILI [ʃi-] ou [tʃi-] n.m. [pl. *chiles*] (mot esp.). Petit piment rouge d'origine mexicaine. ◇ *Chili con carne :* plat mexicain très épicé à base de viande hachée et de haricots rouges.

CHILIEN, ENNE adj. et n. Du Chili, de ses habitants.

CHILOM ou **SHILOM** [ʃilɔm] n.m. (persan *chilam*). Pipe dont le fourneau, en forme d'entonnoir, est dans le prolongement du tuyau, et qui est utilisée pour fumer le haschisch.

CHIMÈRE n.f. (lat. *chimaera,* gr. *khimaira,* chèvre). **1.** MYTH. GR. Monstre fabuleux, ayant la tête et le poitrail d'un lion, le ventre d'une chèvre et la queue d'un dragon, et crachant des flammes. ◇ *Spécial. La Chimère,* celle qui terrorisa la Carie et fut tuée par Bellérophon. **2.** Vaine imagination, illusion ; projet irréalisable, utopie. **3.** BIOL. Organisme composé de deux (ou, rarement, de plusieurs) variétés de cellules ayant des origines génétiques différentes. **4.** Poisson marin cartilagineux vivant en eau profonde. (Long. 1 m ; ordre des holocéphales.)

■ **CHIMÈRE** d'Arezzo ; bronze étrusque, IVe s. av. J.-C. (Musée archéologique, Florence.)

CHIMÉRIQUE adj. **1.** Qui se complaît dans les chimères, les rêves. *Esprit chimérique.* **2.** Qui a le caractère irréel d'une chimère ; illusoire, utopique. *Projet chimérique.*

CHIMIE n.f. (de *alchimie*). **1.** Science qui étudie la constitution atomique et moléculaire des corps, ainsi que leurs interactions. ◇ *Chimie*

biologique : biochimie. **2.** *Chimie d'un élément,* étude chimique de cet élément. *Chimie du carbone, du brome.*
ENCYCL. La chimie est à la base d'un puissant secteur industriel qui commercialise aujourd'hui le plus grand nombre de produits, transformés ou de synthèse, différents. Le XXe s. a vu la chimie se diversifier en un ensemble de disciplines de plus en plus spécialisées.
La *chimie physique* étudie les interfaces entre la physique et la chimie. Elle comprend, principalement : la *thermodynamique chimique,* étude des équilibres ; la *cinétique chimique,* étude de la vitesse des réactions ; la *thermochimie,* étude des quantités de chaleur mises en jeu au cours des réactions ; la *chimie théorique,* application de la mécanique quantique ; la *photochimie,* étude de l'interaction matière-rayonnement ; l'*électrochimie,* étude de l'interaction matière-électricité. La *chimie nucléaire,* ou *radiochimie,* traite des composés des éléments radioactifs. La *chimie analytique,* enfin, perfectionne les méthodes de l'analyse immédiate et de l'analyse élémentaire.
La *chimie organique* est la chimie du carbone et de ses composés. La *biochimie,* qui entretient d'étroites relations avec celle-ci, étudie les réactions chimiques dans les cellules et les tissus des êtres vivants. La *chimie macromoléculaire* traite de la synthèse et des propriétés des macromolécules (ou polymères), majoritairement d'origine organique. La *chimie minérale,* discipline qui traite des corps tirés du règne minéral (par opposition à la chimie organique), concerne l'étude de l'état naturel, de la préparation, des propriétés et des réactions des corps purs et de leurs composés, ainsi que la rationalisation et l'interprétation des phénomènes.
La *chimie appliquée* comprend : la *chimie industrielle* (dont la *pétrochimie* et la *carbochimie*) ; le *génie chimique,* mise au point des procédés de l'industrie chimique ; la *chimie agricole,* étude des sols, des engrais et de la protection des récoltes ; la *chimie pharmaceutique,* conception et fabrication des médicaments ; enfin, toutes les branches spécialisées dans l'élaboration et la fabrication de divers produits (parfums, cosmétiques, colorants, etc.).
Le chimiste procède par analyse et synthèse. Après isolement d'une substance, purifiée par chromatographie, la structure de celle-ci — c'est-à-dire la disposition des atomes les uns par rapport aux autres — s'établit au moyen des techniques de la spectroscopie : principalement, la spectrométrie de masse, où la molécule est cassée en morceaux, et où la masse des fragments moléculaires ionisés est déterminée ; et la résonance magnétique nucléaire, où des noyaux d'atomes absorbent un rayonnement micro-ondes. Cette détermination de la structure est le préalable à la synthèse — à partir de matières premières plus simples — de cette molécule et/ou de molécules analogues, différant de celle-ci par quelques menus détails, et qui pourront être testées elles aussi, par exemple pour leur activité physiologique.

CHIMILUMINESCENCE n.f. Luminescence provoquée par un apport d'énergie chimique.

CHIMIORÉSISTANCE n.f. Caractère d'une tumeur ou d'un micro-organisme résistant à la chimiothérapie.

CHIMIOSYNTHÈSE n.f. BIOCHIM. Synthèse de substances organiques utilisant l'énergie chimique de molécules minérales ou organiques (par oppos. à *photosynthèse*).

CHIMIOTACTISME n.m. Propriété de certaines cellules ou de certains organismes d'orienter leurs déplacements en fonction de substances chimiques.

CHIMIOTHÈQUE n.f. Ensemble de produits chimiques apparentés, synthétisés en série à des fins d'essais biologiques.

CHIMIOTHÉRAPIE n.f. MÉD. Traitement par des substances chimiques, en partic. en cancérologie.

CHIMIOTHÉRAPIQUE adj. Relatif à la chimiothérapie.

CHIMIQUE adj. **1.** Relatif à la chimie, aux phénomènes qu'elle étudie. **2.** Qui procède d'une application de la chimie ou qui en résulte. *Industrie chimique. Arme chimique.*

CHIMIQUEMENT adv. D'après les lois, les procédés de la chimie.

CHIMIQUIER n.m. Cargo conçu pour le transport de produits chimiques.

CHIMISTE n. Spécialiste de la chimie.

■ **CHIMPANZÉ** commun.

CHIMPANZÉ n.m. (mot d'une langue d'Afrique). Singe anthropoïde de l'Afrique équatoriale, au mode de vie arboricole et terrestre, sociable, doté d'importantes capacités d'apprentissage, et dont il existe deux espèces, le chimpanzé commun *(Pan troglodytes)* et le chimpanzé « nain » ou bonobo *(Pan paniscus).* [Haut. du chimpanzé commun 1,40 m ; poids 75 kg ; longévité jusqu'à 50 ans.]

CHINAGE n.m. TEXT. Action de chiner un tissu.

CHINCHARD n.m. (de l'anc. fr. *chinche,* punaise). Poisson marin ressemblant au maquereau mais à la chair moins fine. (Genre *Trachurus ;* famille des carangidés.)

CHINCHILLA [ʃɛ̃ʃila] n.m. (mot esp.). **1.** Rongeur de l'Amérique du Sud, élevé pour sa fourrure gris perle. (Long. 25 cm sans la queue ; famille des chinchillidés.) **2.** Fourrure du chinchilla. *Une toque de chinchilla.*

CHINDER v.i. → **SCHINDER.**

1. CHINE n.m. Porcelaine de Chine.

2. CHINE n.f. *Fam.* Métier, milieu des brocanteurs.

CHINÉ, E adj. De plusieurs couleurs mélangées. *Laine chinée.*

1. CHINER v.t. TEXT. Teindre de couleurs différentes les fils d'un tissu.

2. CHINER v.i. (de *s'échiner*). *Fam.* **1.** Brocanter. **2.** Chercher des occasions chez les brocanteurs, les antiquaires, etc. ◆ v.t. Vieilli. Railler, plaisanter qqn.

CHINETOQUE n. et adj. *Injur., raciste.* Chinois.

CHINEUR, EUSE n. *Fam.* Personne qui aime chiner.

1. CHINOIS, E adj. et n. De la Chine, de ses habitants. ◆ adj. *Fam.* Qui aime la complication, les subtilités excessives. ◆ n.m. Langue de la famille sino-tibétaine parlée par les Chinois, aux nombreuses formes dialectales qui s'écrivent grâce à un même système idéographique. ◇ *Fam. C'est du chinois :* c'est incompréhensible (par allusion à la difficulté supposée de la langue chinoise).
ENCYCL. La Chine se décompose en sept zones dialectales : une au Nord, celle du « mandarin », dont les divers dialectes, à partir desquels a été tirée la langue standard, ou *putonghua,* sont parlés par 70 % de la population totale du pays ; trois au centre (*wu, gan* et *xiang*) et trois au Sud (*min, hakka* et *yue*). La communauté d'écriture (caractères) compense cette diversité dialectale.

2. CHINOIS n.m. Petite passoire fine, à fond pointu.

CHINOISER v.i. *Fam.* Ergoter, chicaner.

CHINOISERIE n.f. **1.** Bibelot, objet de luxe ou de fantaisie venu de Chine ou de goût chinois, mis à la mode à partir du XVIIIe s. — Motif ornemental, décor, œuvre d'art d'inspiration chinoise. **2.** *Fam.* Manie de chinoiser. ◆ pl. *Fam.* Exigences inutiles et compliquées. *Chinoiseries administratives.*

CHINOOK [ʃinuk] n.m. (mot amérindien). Vent chaud et sec qui descend des montagnes Rocheuses.

CHINTZ [ʃints] n.m. Toile de coton teinte ou imprimée, d'aspect brillant et glacé.

CHINURE n.f. Aspect de ce qui est chiné.

CHIOT n.m. (lat. *catellus*). Jeune chien.

CHIOTTE n.f. *Très fam.* Automobile. ◆ pl. *Vulg.* Cabinets d'aisances.

CHIOURME n.f. (ital. *ciurma*). HIST. **1.** Ensemble des rameurs d'une galère. **2.** Ensemble des condamnés d'un bagne.

CHIPER v.t. (de l'anc. fr. *chipe,* chiffon). *Fam.* Dérober.

CHIPEUR, EUSE adj. et n. *Fam.* Qui aime chiper.

CHIPIE n.f. *Fam.* Femme, fille au caractère insupportable et susceptible de jouer des tours.

CHIPOLATA n.f. (de l'ital. *cipolla,* oignon). Fine saucisse de porc dans un boyau de mouton.

CHIPOTAGE n.m. *Fam.* Action de chipoter.

CHIPOTER v.i. (de l'anc. fr. *chipe,* chiffon). *Fam.* Faire des difficultés pour peu de chose. — *Spécial.* Faire le difficile pour manger. ◆ v.t. et v.i. Belgique. Tripoter qqch ; fouiller dans qqch.

CHIPOTEUR, EUSE adj. et n. *Fam.* Personne qui chipote.

CHIPPENDALE [ʃipɛndal] adj. inv. (n. de l'ébéniste *Chippendale*). Se dit d'un style anglais de mobilier, d'un meuble, souvent en acajou, dans le goût de T. Chippendale.

CHIPS [ʃips] n.f. (mot angl., *copeaux*). Pomme de terre, coupée en très fines rondelles, frite et salée. (On dit aussi *pomme chips.*)

CHIQUE n.f. **1.** Morceau de tabac à mâcher. ◇ *Fam. Mou comme une chique :* sans énergie. — *Fam. Couper la chique à qqn,* l'interrompre brutalement ou l'étonner vivement ; le stupéfier. — *Fam.,* VX. *Avaler sa chique :* mourir. **2.** *Fam.* Gonflement de la joue. ◇ *Avoir la chique :* avoir une rage de dent. **3.** Belgique. Bonbon à sucer ou à mâcher. **4.** Puce des pays tropicaux qui s'introduit sous la peau, y causant de graves démangeaisons. (Ordre des homoptères.)

CHIQUÉ n.m. *Fam.* Attitude affectée et prétentieuse. ◇ *C'est du chiqué,* du bluff pour en imposer.

CHIQUENAUDE n.f. (provenç. *chicanaudo*). Coup appliqué avec un doigt plié et raidi contre le pouce et détendu brusquement ; pichenette.

CHIQUER v.t. Mâcher du tabac. ◆ v.i. *Fam.,* VX. *Y a pas à chiquer :* il n'y a pas à hésiter.

CHIQUEUR, EUSE n. Personne qui chique.

CHIRAL, E, AUX [kiral, o] adj. Doté de chiralité. ◇ *Fonds chiral :* ensemble des substances naturelles présentant une chiralité, abondantes et bon marché, dans lequel les chimistes trouvent la matière première pour la synthèse de molécules complexes, comme celles de médicaments. (La quinine, le limonène sont des molécules du fonds chiral.)

CHIRALITÉ [kiralite] n.f. CHIM., PHYS. Propriété de tout objet qui n'est pas superposable à son image dans un miroir. (Un objet chiral est dénué de plan de symétrie. Une main, un tire-bouchon, un dé à jouer et la plupart des molécules du vivant sont des objets chiraux.)

CHIROGRAPHAIRE [kirɔgrafɛr] adj. (gr. *kheir,* main, et *graphein,* écrire). DR. Se dit d'une créance qui n'est garantie par aucun privilège (hypothèque, caution, etc.). ◆ n. Titulaire de cette créance.

CHIROMANCIE [kirɔmɑ̃si] n.f. (gr. *kheir,* main, et *manteia,* divination). Procédé de divination fondé sur l'étude de la main (forme, lignes, etc.).

CHIROMANCIEN, ENNE [kirɔmɑ̃sjɛ̃, ɛn] n. Personne qui exerce la chiromancie.

CHIRONOME [kirɔnɔm] n.m. Petit moustique dont la larve, dite *ver de vase,* est abondante au fond des mares. (Ordre des diptères.)

CHIROPRACTEUR [kirɔpraktœr] n.m. Personne qui exerce la chiropractie. Recomm. off. : *chiropraticien.*

CHIROPRACTIE ou **CHIROPRAXIE** [kirɔpraksi] n.f. (gr. *kheir,* main, et *praktikos,* mis en action). MÉD. Méthode thérapeutique visant à soigner différentes affections par manipulations des vertèbres.

CHIROPRATICIEN, ENNE [ki-] n. Recomm. off. pour *chiropracteur.*

CHIROPRATIQUE [ki-] n.f. Québec. Chiropractie.

CHIROPTÈRE [ki-] ou **CHÉIROPTÈRE** [kei-] n.m. (gr. *kheir,* main, et *pteron,* aile). Mammifère communément appelé *chauve-souris,* adapté au vol grâce à des membranes alaires tendues entre quatre doigts et fixées sur les flancs, se dirigeant ou chassant par écholocation, le plus souvent insectivore mais parfois frugivore ou hématophage. (Les chiroptères forment un ordre.)

CHIROUBLES n.m. Cru renommé du Beaujolais.

CHIRURGICAL, E, AUX adj. Relatif à la chirurgie.

CHIRURGIE n.f. (gr. *kheirourgia,* opération manuelle). Spécialité médicale réalisant les traitements des maladies et des accidents par intervention manuelle et instrumentale sur l'organisme, notamm. sur ses parties internes. ◇ *Chirurgie dentaire :* odontostomatologie. — *Chirurgie esthétique* → **esthétique.**

■ **CHIRURGIE.** Bloc opératoire.

C

ENCYCL. La chirurgie moderne a de nombreuses indications : réparation des traumatismes, traitement des infections (des abcès, par ex.), lutte contre les conséquences des affections (ablation d'une glande hormonale trop active, etc.), correction de malformations, remplacement par greffe d'organes déficients.

CHIRURGIEN, ENNE n. (Rare au fém.) Médecin spécialiste en chirurgie.

CHIRURGIEN-DENTISTE n.m. (pl. *chirurgiens-dentistes*). Praticien diplômé spécialisé dans les soins de la bouche et des dents.

CHISTERA [ʃistera] n.m. (mot basque). Accessoire en osier, long et recourbé, fixé au poignet pour envoyer la balle contre le fronton, à la pelote basque.

CHITINE [kitin] n.f. (gr. *khitôn*, tunique). Substance organique macromoléculaire, constituant principal de la cuticule des arthropodes et des tissus de certains champignons.

CHITINEUX, EUSE [ki-] adj. Contenant de la chitine ; formé de chitine.

1. **CHITON** [kitɔ̃] n.m. (mot gr.). COST. Tunique fine et plissée portée par les femmes dans la Grèce antique.

2. **CHITON** [kitɔ̃] n.m. Mollusque marin des rochers littoraux, dont la coquille est formée de huit plaques articulées, et appelé aussi *oscabrion*. (Long. 5 cm env. ; classe des polyplacophores.)

CHIURE n.f. Excrément de mouche, d'insecte.

CHLAMYDE [klamid] n.f. (mot gr.). COST. Pièce de laine drapée, attachée sur l'épaule par une fibule et servant de manteau court, dans la Grèce antique.

CHLAMYDIA [klamidja] n.f. (pl. *chlamydiae* ou *chlamydias*). MÉD. Genre de bactérie responsable d'infections contagieuses courantes chez l'homme (MST, trachome, psittacose, ornithose).

CHLAMYDOMONAS [klamidɔmɔnas] n.f. Algue verte unicellulaire, mobile grâce à deux flagelles.

CHLEUH, E adj. et n. [pl. *chleuhs es*] (de *Chleuh*, Berbère du Maroc). *Injur., péjor.* Allemand.

CHLINGUER ou **SCHLINGUER** v.i. *Très fam.* Sentir mauvais.

CHLOASMA [klɔasma] n.m. (mot gr.). Ensemble de taches brunes sur la peau du visage, apparaissant notamm. au cours de la grossesse et formant le « masque de grossesse ».

CHLORAGE [klɔraʒ] n.m. Opération consistant à soumettre une matière textile à l'action du chlore.

CHLORATE n.m. Sel de l'acide chlorique.

CHLORATION n.f. 1. Assainissement de l'eau par le chlore. 2. CHIM. MINÉR. Addition ou substitution d'un atome de chlore à un atome d'hydrogène.

CHLORE [klɔr] n.m. (du gr. *khlôros*, vert). 1. Gaz (Cl_2) toxique, jaune verdâtre, d'odeur suffocante. 2. Élément chimique (Cl), de numéro atomique 17, de masse atomique 35,452 7 (famille des halogènes).

ENCYCL. On prépare le chlore par électrolyse du chlorure de sodium. Gazeux ou dissous dans l'eau, le chlore a une grande activité chimique. Par son affinité pour l'hydrogène, il agit comme un oxydant et détruit la partie colorante des matières organiques. L'industrie l'emploie comme décolorant pour le blanchiment des tissus et du papier (on cherche auj. des substituts moins polluants), dans la fabrication des hypochlorites (présents dans l'eau de Javel), des chlorates (employés en pyrotechnie), etc. ; c'est un désinfectant puissant utilisé dans des produits à usage médical.

CHLORÉ, E adj. CHIM. Qui contient du chlore comme élément constituant.

CHLORELLE [klɔrɛl] n.f. Algue verte unicellulaire d'eau douce ou terrestre, dont certaines espèces vivent en symbiose avec des protozoaires ciliés ou avec des animaux invertébrés (hydres, éponges).

CHLORHYDRATE n.m. Sel de l'acide chlorhydrique et d'une base azotée.

CHLORHYDRIQUE adj. *Gaz chlorhydrique* : chlorure d'hydrogène (HCl), gaz incolore d'odeur piquante. – *Acide chlorhydrique* : solution acide de gaz chlorhydrique dans l'eau, utilisée dans le traitement des métaux, la production de PVC, etc.

CHLORIQUE adj. *Acide chlorique* : acide $HClO_3$.

1. **CHLORITE** n.m. CHIM. MINÉR. Sel de l'acide chloreux $HClO_2$.

2. **CHLORITE** n.f. MINÉRALOG. Aluminosilicate de fer et de magnésium hydraté, d'origine métamorphique, de couleur verte.

CHLOROFIBRE n.f. Fibre synthétique quasi ininflammable, fabriquée à partir de polychlorure de vinyle pur.

CHLOROFLUOROCARBURE n.m. CHIM. ORG. Organochloré gazeux (CFC) utilisé notamm. dans les bombes aérosols, les isolants, les réfrigérants. (Il provoque la dissociation des molécules d'*ozone de la stratosphère.)

CHLOROFORME n.m. (de *chlore* et *acide formique*). CHIM. ORG. Liquide incolore ($CHCl_3$), d'une odeur éthérée, résultant de l'action du chlore sur l'alcool, et utilisé jadis comme anesthésique.

CHLOROMÉTRIE n.f. Dosage du chlore contenu dans une solution.

CHLORO-ORGANIQUE adj. (pl. *chloro-organiques*). *Composé chloro-organique* : molécule organique ayant au moins un atome de chlore. (De nombreux composés chloro-organiques possèdent une activité biologique, soit bénéfique *[chloramphénicol]*, soit toxique [DDT, PCB, dioxine...].)

CHLOROPHÈNE n.m. Produit chloré servant de désinfectant, en milieu hospitalier.

CHLOROPHYCÉE [klɔrɔfise] n.f. Algue dont le pigment principal est la chlorophylle, telle que la spirogyre, l'ulve, la caulerpe. (Les chlorophycées forment une classe.) SYN. : *algue verte.*

CHLOROPHYLLE [klɔrɔfil] n.f. (gr. *khlôros*, vert, et *phullon*, feuille). Pigment de nature protéique, responsable de la coloration verte des végétaux et jouant un rôle essentiel dans la photosynthèse.

CHLOROPHYLLIEN, ENNE adj. Relatif à la chlorophylle ; qui renferme de la chlorophylle.

CHLOROPHYTUM [klɔrɔfitɔm] n.m. Phalangère.

CHLOROPLASTE [klɔrɔ-] n.m. Organite des cellules végétales contenant des pigments récepteurs de l'énergie solaire, notamm. de la chlorophylle, et siège de la photosynthèse.

CHLOROSE [klɔroz] n.f. (du gr. *khlôros*, vert). 1. Disparition partielle de la chlorophylle dans les feuilles d'un végétal, entraînant leur jaunissement. 2. MÉD. Vx. Nom donné autrefois à l'anémie par carence en fer chez la jeune fille.

CHLORURE [klɔryr] n.m. Combinaison du chlore avec un corps autre que l'oxygène ; en partic., sel de l'acide chlorhydrique.

CHLORURÉ, E adj. Qui contient un chlorure.

CHLORURER v.t. Combiner avec le chlore, transformer un corps en chlorure.

CHNOQUE adj. et n. → **SCHNOCK.**

CHNOUF n.f. → **SCHNOUFF.**

CHOANE [kɔan] n.f. (gr. *khoanê*, entonnoir). Orifice postérieur d'une fosse nasale, qui la fait communiquer avec la partie supérieure du pharynx (rhino-pharynx).

CHOC n.m. (de *choquer*). 1. Rencontre, heurt entre des corps. 2. *Choc en retour.* a. MÉTÉOROL. Effet produit par la foudre en un lieu qu'elle ne frappe pas directement. b. OCCULT. Retournement d'un envoûtement maléfique contre l'envoûteur. c. *Fig.* Contrecoup, conséquence indirecte d'un événement. 3. Affrontement entre deux armées. ◇ *Troupes de choc,* affectées au combat en première ligne. – MIL. *Unité de choc* : formation spécialisée dans les opérations difficiles à objectif limité. (→ *commando*). 4. *Fig.* Affrontement, confrontation. *Le choc des idées, des opinions.* 5. Émotion violente et brusque, blessure morale. *Ce décès a été pour elle un véritable choc.* – Événement qui produit un bouleversement. *Choc pétrolier.* 6. (En appos., avec ou sans trait d'union.) Qui produit un vif effet, est d'une grande portée. *Une photo choc. Des mesures-chocs.* 7. MÉD. *État de choc* : état aigu et grave correspondant à une insuffisance circulatoire due notamm. à un accident, une hémorragie. – *Choc anaphylactique,* dû à une allergie. – *Choc opératoire, anesthésique,* consécutif à une opération, à l'anesthésie elle-même. – PSYCHIATR. *Traitement de choc* : traitement des états psychotiques ou dépressifs graves par une violente perturbation organique (électrochoc, par ex.).

CHOCARD ou **CHOQUARD** n.m. Oiseau des hautes montagnes d'Eurasie, noir, à pattes rouges et bec jaune. (Genre *Pyrrhocorax* ; famille des corvidés.)

CHOCHOTTE [ʃɔʃɔt] n.f. *Fam., péjor.* Personne excessivement maniérée.

CHOCOLAT n.m. (esp. *chocolate*, du nahuatl). Mélange de pâte de cacao et de sucre, additionné ou non de beurre de cacao et d'autres produits (lait, noisettes, par ex.) et consommé sous diverses formes (tablette, bonbons, boisson, etc.). ◆ adj. inv. 1. De couleur brun-rouge foncé. 2. *Fam. Être chocolat* : être déçu, dupé ou bredouille.

CHOCOLATÉ, E adj. Qui contient du chocolat.

CHOCOLATERIE n.f. 1. Industrie, production du chocolat. 2. Fabrique de chocolat ou magasin du chocolatier.

CHOCOLATIER, ÈRE n. Personne qui fabrique, vend du chocolat.

CHOCOLATIÈRE n.f. Récipient à anse et à long bec verseur pour servir le chocolat liquide.

CHOCOTTES n.f. pl. *Fam. Avoir les chocottes* : avoir peur.

CHOÉPHORE [kɔefɔr] n.f. (gr. *khoê*, libation, et *phoros*, qui porte). ANTIQ. GR. Personne qui portait les offrandes aux morts.

CHŒUR [kœr] n.m. (lat. *chorus*, gr. *koros*). 1. ANTIQ. GR., THÉÂTRE. Ensemble des acteurs *(choreutes)* qui chantaient ou déclamaient un fragment lyrique, commentant l'action ; ce fragment, ponctuant l'action dans le théâtre classique. 2. a. Groupe de personnes chantant des chants liturgiques, des polyphonies profanes. *Les chœurs de l'Opéra.* b. Morceau de musique polyphonique. 3. *Fig.* Ensemble de personnes ayant le même but, la même attitude. *Le chœur des mécontents.* ◇ *En chœur* : unanimement, ensemble. 4. Partie d'une église réservée au clergé et aux chanteurs. (Dans les églises en croix latine, c'est l'espace compris entre la croisée, d'une part, et le déambulatoire ou le fond de l'abside, d'autre part.) ◇ CATH. *Enfant de chœur* : enfant qui sert la messe, assiste le prêtre. — *Fam. Ce n'est pas un enfant de chœur :* ce n'est pas un naïf, il connaît la vie.

CHOIR v.i. [58] (lat. *cadere*, tomber). *Litt.* Tomber. ◇ *Fam. Laisser choir :* abandonner qqn, un projet.

CHOISI, E adj. **1.** Qui dénote une certaine recherche. *Expressions choisies.* **2.** Qui a été sélectionné parmi d'autres. *Morceaux choisis.* **3.** Distingué. *Société choisie.*

CHOISIR v.t. (gotique *kausjan*, goûter). **1.** Adopter par préférence ; sélectionner, élire. ◇ *Choisir son moment :* trouver le moment opportun ; *iron.*, agir en un très mauvais moment. **2.** *Choisir de :* se déterminer à faire qqch. *Elle a choisi de rester.*

CHOIX n.m. **1.** Action de choisir ; son résultat. *Un bon, un mauvais choix.* — Ensemble d'éléments sélectionnés. *Un choix de poèmes.* ◇ *De choix :* de qualité. **2.** Possibilité de choisir. *Avoir le choix.* — Ensemble de choses, de solutions offrant cette possibilité. *Un choix de cravates.* ◇ *N'avoir que l'embarras du choix :* avoir de nombreuses possibilités de choisir. — *Au choix :* avec liberté de choisir. **3.** PSYCHAN. *Choix d'objet :* mode par lequel le sujet élit une personne sur laquelle se porte son amour.

CHOKE [tʃɔk] n.m. (mot angl.). Suisse. Starter d'automobile.

CHOKE-BORE [tʃɔkbɔr] ou **CHOKE** n.m. [pl. *choke-bores, chokes*] (angl. *to choke*, étrangler, et *to bore*, forer). CHASSE. Rétrécissement de la bouche d'une arme de chasse à canon lisse, qui concentre la gerbe de plomb, au tir.

CHOLAGOGUE [kɔ-] adj. et n.m. (gr. *kholê*, bile, et *agein*, conduire). Se dit d'une substance qui facilite l'évacuation de la bile vers l'intestin.

CHOLÉCALCIFÉROL [kɔ-] n.m. MÉD. Vitamine D présente dans l'alimentation mais surtout synthétisée dans la peau à partir du cholestérol sous l'action du soleil. (Sa carence provoque le rachitisme chez l'enfant et l'ostéomalacie chez l'adulte.) SYN. : *calciférol, vitamine D3.*

CHOLÉCYSTECTOMIE [kɔ-] n.f. (gr. *kholê*, bile, *kustis*, vessie, et *ektomê*, ablation). Ablation chirurgicale de la vésicule biliaire.

CHOLÉCYSTITE [kɔlesistit] n.f. (gr. *kholê*, bile, et *kustis*, vessie). Inflammation de la vésicule biliaire.

CHOLÉDOQUE [kɔledɔk] adj.m. (gr. *kholê*, bile, et *dekhesthai*, recevoir). *Canal cholédoque*, ou *cholédoque*, n.m. : canal issu de la réunion du canal hépatique et du canal cystique, et qui conduit la bile au duodénum.

CHOLÉRA [kɔlera] n.m. (gr. *kholera*). **1.** Maladie infectieuse épidémique produite par une bactérie, le vibrion cholérique, caractérisée par des selles très fréquentes, des vomissements, un amaigrissement rapide, un abattement profond avec abaissement de la température, et pouvant se terminer par la mort. **2.** *Fam.*, vieilli. Personne méchante.

CHOLÉRÉTIQUE [kɔ-] adj. et n.m. Se dit d'une substance qui augmente la sécrétion de la bile.

CHOLÉRIFORME adj. Qui évoque le choléra, tout en étant dû à une autre cause. *Diarrhée cholériforme.*

CHOLÉRIQUE adj. Relatif au choléra. ◆ adj. et n. Atteint du choléra.

CHOLESTÉROL [kɔlɛsterɔl] n.m. (gr. *kholê*, bile, et *steros*, solide). MÉD. Stérol d'origine alimentaire ou synthétisé dans l'organisme, constituant des cellules et intervenant dans la synthèse des hormones stéroïdes. (Le cholestérol est transporté dans le sang en étant lié à des protéines [lipoprotéines]. Selon leur densité, celles-ci déposent le cholestérol sur les parois des artères [« mauvais cholestérol »], ou l'en enlèvent [« bon cholestérol »].) ◇ *Fam. Avoir du cholestérol*, une forte concentration sanguine de cholestérol.

CHOLESTÉROLÉMIE n.f. Concentration sanguine du cholestérol.

CHOLINE [kɔlin] n.f. BIOCHIM. Substance azotée de l'organisme, présente surtout sous forme d'esters tels que l'acétylcholine.

CHOLINERGIQUE [kɔ-] adj. MÉD. Se dit d'un élément (neurone, récepteur d'un neurone) qui agit au niveau du système nerveux ou des muscles grâce à l'acétylcholine. ◆ adj. et n.m. Se dit d'une substance qui reproduit les effets les plus caractéristiques de l'acétylcholine. SYN. : *parasympathomimétique.* CONTR. : *anticholinergique.*

CHOLINESTÉRASE [kɔ-] n.f. PHYSIOL. Enzyme qui inhibe l'excès d'activité de l'acétylcholine au niveau des synapses neuromusculaires.

CHÔMABLE adj. Se dit d'un jour qui peut être chômé.

CHÔMAGE n.m. **1.** Cessation contrainte de l'activité professionnelle d'une personne (le plus souvent après un licenciement), d'une entreprise ; période, situation résultant de cet arrêt. *Chômage partiel. Être au chômage.* ◇ *Chômage technique*, dû au manque d'approvisionnement en fournitures nécessaires à l'activité d'une entreprise, d'une chaîne ou à un sinistre (incendie, par ex.). **2.** Fait économique, social constitué par la population active inemployée ; nombre de chômeurs. *Le chômage a augmenté.* ◇ *Allocations de chômage :* allocations versées par un organisme (les ASSEDIC, en France) à un chômeur. — *Assurance chômage :* cotisations versées par les employeurs et les travailleurs salariés à l'organisme qui finance les allocations de chômage. **3.** Vx. Arrêt du travail, les jours chômés.

CHÔMÉ, E adj. Se dit d'un jour où le travail est légalement suspendu. (Le 1er mai est chômé.)

CHÔMER v.i. (bas lat. *caumare*, se reposer pendant la chaleur). Ne pas travailler, en partic. par manque d'ouvrage, d'emploi. ◇ *Ne pas chômer :* être très actif ; vieilli, en parlant d'une chose, être productif, ne pas ralentir. ◆ v.t. Célébrer une fête par le repos, en ne travaillant pas. *Chômer le 1er mai.*

CHÔMEUR, EUSE n. Personne au chômage. — *Terme administratif.* Demandeur d'emploi.

CHONDRE [kɔ̃dr] n.m. Petit corps globuleux formé notamm. de pyroxènes et d'olivine, constituant des chondrites.

CHONDRICHTYEN [kɔ̃driktjɛ̃] n.m. Poisson dont le squelette reste cartilagineux chez l'adulte, tel que les requins, les raies et les chimères. (Les chondrichtyens forment une classe.)

CHONDRIOME [kɔ̃drijom] n.m. (gr. *khondrion*, petit grain). BIOL. CELL. Ensemble des mitochondries d'une cellule.

CHONDRITE n.f. Météorite pierreuse contenant des chondres.

CHONDROCALCINOSE [kɔ̃-] n.f. Maladie articulaire métabolique, se manifestant par des crises ressemblant aux crises de goutte.

CHONDRODYSTROPHIE [kɔ̃-] n.f. Ensemble d'affections héréditaires des os réalisant un nanisme.

CHONDROMATOSE n.f. Affection des os caractérisée par la présence de nombreux chondromes.

CHONDROME [kɔ̃-] n.m. Tumeur bénigne constituée à partir de tissu cartilagineux.

CHONDROSARCOME [kɔ̃-] n.m. Tumeur maligne constituée à partir de tissu cartilagineux.

CHONDROSTÉEN [kɔ̃drɔsteɛ̃] n.m. Poisson osseux (ostéichtyen) primitif, au squelette peu ossifié et à la peau nue ou recouverte d'écailles très épaisses, tel l'esturgeon. (Les chondrostéens forment un superordre.)

CHOPE n.f. (alsacien *schoppe*). Grand gobelet, grand verre à anse pour boire de la bière ; son contenu.

CHOPER v.t. *Fam.* **1.** Attraper, prendre. *La police l'a chopé sans papiers. Se faire choper.* **2.** Attraper, contracter une maladie. *Choper un rhume.* **3.** Voler, dérober.

CHOPINE n.f. (moyen bas all. *schôpen*). **1.** Anc. Ancienne mesure de capacité, variant suivant les localités (à Paris : 0,466 l). — Québec. Anc. Demipinte (0,568 l). **2.** *Fam.* Bouteille.

1. CHOPPER [ʃɔpœr] n.m. (mot angl., *hachoir*). PRÉHIST. Outil très fruste obtenu par éclatement d'un galet sur une seule face (dit *galet aménagé*).

2. CHOPPER [ʃɔpœr] n.m. (mot amér.). Moto allongée à guidon haut, conçue pour un pilotage en position inclinée vers l'arrière.

CHOPPING-TOOL [tʃɔpiŋtul] n.m. [pl. *chopping-tools*] (mot angl.). PRÉHIST. Outil très fruste obtenu par éclatement d'un galet sur les deux côtés (dit *galet aménagé*).

CHOP SUEY [ʃɔpsju] ou [-syɛ] n.m. [pl. *chop sueys*] (mot chin.). Plat de légumes variés, émincés et sautés, souvent accompagné de poulet ou de porc en lamelles. (Cuisine chinoise.)

CHOQUANT, E adj. Qui heurte la sensibilité ; offensant.

CHOQUARD n.m. → **CHOCARD.**

CHOQUER v.t. **1.** *Litt.* Faire subir un choc à ; heurter. ◇ *Fam.*, vieilli. *Choquer les verres :* trinquer. **2.** Contrarier qqn, un groupe, en heurtant ses habitudes, ses goûts ; offenser gravement qqn dans ses sentiments, ses principes. — Bouleverser qqn. **3.** MAR. Mollir un cordage, une écoute (par oppos. à *border*).

1. CHORAL, E, AUX ou **ALS** [kɔral, o] adj. (du lat. *chorus*, chœur). Du chœur, d'un chœur. *Chant choral.*

2. CHORAL [kɔral] n.m. (pl. *chorals*). Chant religieux, conçu à l'origine pour être chanté en chœur par les fidèles des cultes protestants. — Pièce instrumentale, en partic. composition pour orgue procédant de la mélodie d'un choral. *Les chorals de Bach.*

CHORALE [kɔral] n.f. Association, groupe de personnes interprétant des chants écrits pour chœur.

CHORDE n.f. → **2. CORDE.**

CHORDÉ n.m. → **2. CORDÉ.**

CHORÉE [kɔre] n.f. (gr. *khoreia*, danse). MÉD. Syndrome neurologique caractérisé par des mouvements brusques, saccadés et involontaires, commun à plusieurs affections aiguës (danse de Saint-Guy) ou chroniques.

CHORÈGE [kɔrɛʒ] n.m. (gr. *khorêgos*). ANTIQ. GR. Citoyen qui organisait à ses frais les chœurs des concours dramatiques et musicaux.

CHORÉGIE n.f. Fonction de chorège. ◆ pl. Réunion de chorales en vue de festivités. *Les Chorégies d'Orange.*

CHORÉGRAPHE [kɔregraf] n. Personne qui compose des spectacles dansés.

CHORÉGRAPHIE n.f. Art de composer et de régler un spectacle dansé ; ensemble des pas et des figures composant une danse ou un ballet.

CHORÉGRAPHIER v.t. [5]. Composer la chorégraphie d'un spectacle dansé.

CHORÉGRAPHIQUE adj. Relatif à la chorégraphie.

CHORÉIQUE adj. Relatif à la chorée. ◆ adj. et n. Atteint de chorée.

CHOREUTE [kɔrøt] n.m. (gr. *khoreutês*). ANTIQ. GR., THÉÂTRE. Acteur du chœur.

CHORIO-ÉPITHÉLIOME [kɔ-] n.m. (pl. *chorio-épithéliomes*). MÉD. Tumeur maligne se formant à partir d'une dégénérescence du placenta, la môle.

CHORION [kɔrjɔ̃] n.m. (gr. *khorion*, membrane). EMBRYOL. Annexe embryonnaire externe, chez les reptiles, les oiseaux et les mammifères.

CHORISTE [kɔrist] n. Personne qui chante dans un chœur.

CHORIZO [tʃɔrizo] ou [ʃɔrizo] n.m. (mot esp.). Saucisson espagnol demi-sec, assaisonné au piment rouge, dont il tire sa coloration.

CHOROÏDE [kɔrɔid] n.f. (gr. *khorion*, membrane, et *eidos*, aspect). ANAT. Membrane de l'œil comprise entre la rétine et la sclérotique.

CHOROÏDIEN, ENNE adj. De la choroïde.

CHORUS [kɔrys] n.m. (mot lat., *chœur*). **1.** JAZZ. Ensemble des mesures d'un thème fournissant aux improvisations leur trame harmonique ; improvisation d'un instrumentiste sur cette trame. *Prendre un chorus. Chorus de trompette.* **2.** *Faire chorus :* manifester en chœur, approuver bruyamment ce qui vient d'être dit.

CHOSE n.f. (lat. *causa*). **1.** Être, objet inanimé, par oppos. à ce qui est vivant. **2. a.** (Surtout pl.) Être, objet de la réalité (par oppos. aux *mots*). ◇ *Appeler les choses par leur nom :* parler franchement, crûment. **b.** La réalité. *Le Créateur de toutes choses.* **c.** PHILOS. *Chose en soi :* chez Kant, la réalité telle qu'en elle-même, hors de la représentation humaine, donc inconnaissable. **3.** DR. Bien susceptible d'appropriation. *Chose léguée.* **4.** Ensemble d'événements, situation ; affaire. *Voir les choses en face. Elle a bien pris la chose.* ◇ *Litt. La chose publique :* les affaires publiques, l'État. **5.** Ce qui a lieu. *La nature des choses.* — Ce qui a trait à un domaine. *Les choses de la religion, de la vie.* ◇ *Faire bien les choses :* se montrer généreux, ne pas hésiter à dépenser largement pour assurer une réussite, un succès. **6.** Ceci, cela. *Je vous dirai une chose. La chose dont je parle.* **7.** Quelque chose. *Une chose étrange. Une chose incroyable.* ◇ *C'est peu de chose :* c'est sans importance. ◆ adj. *Fam. Être, se sentir tout chose*, bizarre, gêné, mal à l'aise.

CHOSIFICATION n.f. Fait de chosifier ; réification.

C

CHOSIFIER v.t. [5]. Traiter comme une chose une idée, une personne ; réifier.

CHOTT [ʃɔt] n.m. (ar. *chaṭṭ*). Dépression fermée des régions arides, souvent d'origine éolienne et dont le fond est occupé par une sebkra.

CHOTTE n.f. Suisse. Abri. ◇ Suisse. *À la chotte :* à l'abri de la pluie.

1. CHOU n.m. [pl. *choux*] (lat. *caulis*). **1.** Plante vivace dont il existe un grand nombre de variétés pour l'alimentation de l'homme (chou pommé [ex. chou cabus], chou rouge, chou de Bruxelles, brocoli, chou-fleur, etc.) et des animaux (choux fourragers). [Nom sc. *Brassica oleracea ;* famille des crucifères.] ◇ *Chou marin :* crambe. – *Chou palmiste :* bourgeon comestible de certains palmiers (arec, cocotier, dattier). **2.** *Fam. Aller planter ses choux :* se retirer à la campagne. – *Fam. Bête comme chou :* facile à comprendre. – *Fam. Faire chou blanc :* ne pas réussir. – *Fam. Être dans les choux :* être complètement distancé. – *Fam. En faire ses choux gras :* en faire son profit, son régal. – *Fam. Bout de chou :* petit enfant. **3.** Pâtisserie soufflée très légère, arrondie comme un chou. ◇ *Pâte à choux,* à base de beurre et d'eau auxquels on incorpore de la farine et des œufs. **4.** Touffe de larges rubans, en forme de chou.

■ CHOUX

2. CHOU adj. inv. *Fam.* Gentil, mignon. *Elle est chou, sa robe.*

3. CHOU, CHOUTE n. *Fam.* Terme d'affection, de tendresse. *Mon chou. La pauvre choute.*

CHOUAN n.m. (de Jean *Cottereau,* dit Jean *Chouan,* chef des insurgés). Insurgé royaliste des provinces de l'Ouest (Bretagne, Maine), pendant la Révolution française.

CHOUANNERIE n.f. *La chouannerie : v. partie n.pr.*

CHOUCAS [ʃuka] n.m. (onomat.). Petite corneille noire à nuque grise, d'Europe et du Moyen-Orient, vivant en colonies dans des anfractuosités. (Long. 35 cm env. ; genre *Corvus,* famille des corvidés.)

■ CHOUCAS

CHOUCHEN [ʃuʃɛn] n.m. (mot breton). Région. (Bretagne). Hydromel.

1. CHOUCHOU, OUTE n. *Fam.* Enfant, élève préféré, favori. *Elle est son chouchou, sa chouchoute.*

2. CHOUCHOU n.m. Anneau de tissu froncé par un élastique et servant à tenir les cheveux.

CHOUCHOUTAGE n.m. *Fam.* Action de chouchouter ; favoritisme.

CHOUCHOUTER v.t. *Fam.* Gâter, dorloter ; avoir pour chouchou.

CHOUCROUTE n.f. (alsacien *sûrkrût,* herbe aigre). **1.** Chou blanc finement haché, fermenté dans de la saumure aromatisée de baies de genièvre. **2.** *Choucroute garnie,* ou *choucroute :* plat préparé avec ce chou accompagnée de charcuterie, de viande de porc et de pommes de terre.

1. CHOUETTE n.f. **1.** Oiseau rapace nocturne à la tête ronde, à la face aplatie, dont il existe de nombreuses espèces en France (chevêche, effraie, hulotte). [Cri : la chouette chuinte ; famille des strigidés.] **2.** *Fam. Vieille chouette :* femme méchante, désagréable.

■ CHOUETTE

2. CHOUETTE adj. *Fam.* **1.** Sympathique. *Un type très chouette.* **2.** Joli, agréable. *Un chouette costume. De chouettes vacances.* ◆ interj. Exprime la satisfaction. *Chouette ! Chouette alors !*

CHOUETTEMENT adv. *Fam.,* vieilli. Bien, agréablement.

CHOU-FLEUR n.m. (pl. *choux-fleurs*). Variété de chou dont on mange la pomme, qui résulte de l'hypertrophie de l'inflorescence charnue.

CHOUIA [ʃuja] n.m. (ar. *chuwayya*). *Fam. Un chouia :* une petite quantité, un petit peu. – *Fam. Pas chouia :* pas beaucoup.

CHOUINER v.i. *Fam.* Pleurnicher, geindre, en parlant d'un enfant.

CHOULEUR n.m. MANUT. Chargeuse équipée d'une benne articulée sur un double bras à vérins.

CHOU-NAVET n.m. (pl. *choux-navets*). Rutabaga.

CHOUQUETTE n.f. Petit chou pâtissier recouvert de grains de sucre.

CHOU-RAVE n.m. (pl. *choux-raves*). Chou dont on mange la tige, renflée et charnue.

CHOURAVER ou **CHOURER** v.t. (romani *tchorav*). *Fam.* Voler, dérober.

CHOURINER v.t. → **SURINER.**

CHOW-CHOW [ʃoʃo] n.m. (pl. *chows-chows*). Chien d'agrément d'une race d'origine chinoise.

CHOYER [ʃwaje] v.t. [7]. **1.** Entourer qqn de soins, d'affection. **2.** *Sout.* Cultiver, chérir, entretenir un sentiment, une idée.

CHRÊME [krɛm] n.m. (gr. *khrisma,* huile). CHRIST. Huile bénite mêlée de baume, utilisée pour les consécrations et l'administration de certains sacrements.

CHRESTOMATHIE [krɛstɔmati] ou [-si] n.f. (gr. *khrêstomatheia,* recueil de textes utiles). *Didact.* Recueil de textes choisis destinés à l'enseignement.

CHRÉTIEN, ENNE [kretjɛ̃, ɛn] adj. et n. (lat. *christianus*). Qui appartient à l'une des religions issues de la prédication du Christ.

CHRÉTIEN-DÉMOCRATE, CHRÉTIENNE-DÉMOCRATE adj. et n. (pl. *chrétiens-démocrates, chrétiennes-démocrates*). Qui appartient à certains partis démocrates-chrétiens (Allemagne et Europe du Nord).

CHRÉTIENNEMENT adv. Conformément à la religion chrétienne. *Mourir chrétiennement.*

CHRÉTIENTÉ n.f. Ensemble des pays ou des peuples chrétiens ; communauté universelle des chrétiens.

CHRIS-CRAFT [kriskraft] n.m. inv. (nom déposé). Canot automobile de la marque de ce nom, au moteur génér. fixé à l'intérieur de la coque. – Abusif. Canot dont le moteur est fixé à demeure à l'intérieur de la coque (par oppos. à *hors-bord*).

CHRISME [krism] n.m. Monogramme du Christ, formé des lettres grecques khi (X) et rhô (P) majuscules.

CHRIST [krist] n.m. (gr. *khristos,* oint). **1.** *Le Christ : v. partie n.pr.* Jésus. **2.** Représentation du Christ, notamm. sur la Croix ; crucifix. *Un christ d'ivoire.*

CHRISTIANIA [kristjanja] n.m. (de l'anc. nom d'Oslo). Mouvement de virage et d'arrêt par changement de direction des skis, qui restent parallèles.

CHRISTIANISATION n.f. Action de christianiser ; son résultat.

CHRISTIANISER v.t. Convertir à la religion chrétienne.

CHRISTIANISME n.m. (de *Christ*). Ensemble des religions fondées sur la personne et l'enseignement de Jésus-Christ.

ENCYCL. Le christianisme se fonde sur la Révélation divine inaugurée par l'Ancien Testament et pleinement manifestée dans l'enseignement (la Bonne Nouvelle) de Jésus-Christ, Fils de Dieu et Sauveur du monde. Progressivement, le christianisme élabore une foi commune centrée sur la Trinité, l'Incarnation et la Rédemption. Agité par de nombreuses crises doctrinales aux IVe - Ve s., il connaît de profondes divisions quand les Églises orientales (XIe s.) puis protestantes (XVIe s.) se détachent de l'Église romaine. Le XXe s. est au contraire marqué par un mouvement en faveur de l'union des chrétiens (œcuménisme).

CHRISTIQUE adj. Qui concerne la personne du Christ.

CHRISTOLOGIE n.f. Partie de la théologie consacrée à la personne et à l'œuvre du Christ.

CHROMAGE n.m. Dépôt d'une couche mince résistante de chrome par électrolyse. ◇ *Chromage thermique :* chromisation.

CHROMATE [kro-] n.m. Sel de l'acide chromique.

CHROMATIDE [kro-] n.f. BIOL. CELL. Chacune des deux parties homologues d'un chromosome, réunies par le centromère avant de se séparer lors de la division cellulaire.

CHROMATINE [kro-] n.f. Substance localisée dans le noyau des cellules, constituée d'ADN et de protéines, qui s'organise en chromosomes lors de la division cellulaire.

CHROMATIQUE [kro-] adj. (du gr. *khrôma,* couleur). **1.** MUS. *Gamme chromatique,* formée d'une succession de demi-tons (intervalles chromatiques) représentant un douzième d'une octave tempérée (par oppos. à *diatonique*). **2.** *Didact.* Relatif aux couleurs.

CHROMATISME [kro-] n.m. **1.** *Didact.* Coloration de qqch. **2.** OPT. Type d'aberration chromatique. **3.** MUS. Écriture chromatique ; caractère de ce qui est chromatique.

CHROMATOGRAMME n.m. CHIM. Diagramme d'un mélange, obtenu par chromatographie.

CHROMATOGRAPHIE [kro-] n.f. CHIM. Méthode d'analyse (identification ou dosage) des constituants d'un mélange, fondée sur leur adsorption sélective par des solides pulvérulents ou leur partage en présence de phases liquides ou gazeuses.

CHROMATOPHORE [kro-] n.m. Cellule pigmentaire du derme permettant à la peau de changer de couleur, de façon rapide et sensible, chez certains animaux (caméléon, seiche).

CHROMATOPSIE [kro-] n.f. MÉD. Perception visuelle des couleurs.

CHROME [krom] n.m. (gr. *khrôma,* couleur). **1.** Métal blanc légèrement bleuté, dur et inoxydable, employé comme revêtement protecteur et dans certains alliages. **2.** Élément chimique (Cr), de numéro atomique 24, de masse atomique 51,996 1. ◆ pl. Accessoires chromés d'une voiture, d'une bicyclette, etc.

CHROMER v.t. Recouvrir par chromage.

CHROMEUX, EUSE [kro-] adj. Qui contient du chrome divalent.

CHROMINANCE [kro-] n.f. TÉLÉV. *Signal de chrominance :* signal contenant les informations de couleur.

CHROMIQUE adj. Relatif aux composés du chrome trivalent, tels l'anhydride chromique (CrO_3) et l'acide chromique.

CHROMISATION n.f. Cémentation par le chrome. (On dit aussi *chromage thermique.*)

CHROMISER v.t. Traiter une pièce métallique par chromisation.

CHROMITE n.f. Minéral du groupe des spinelles, principal minerai de chrome.

CHROMO n.f. (abrév.). Chromolithographie. ◆ n.m. Image en couleurs, de mauvais goût.

CHROMODYNAMIQUE n.f. *Chromodynamique quantique* : théorie quantique qui rend compte des interactions fortes au moyen de particules (les gluons) considérées comme quanta d'un champ dit *champ de couleur.*

CHROMOGÈNE [kro-] adj. Qui produit des substances colorées.

CHROMOLITHOGRAPHIE n.f. ANC. **1.** Procédé lithographique de reproduction d'images en couleurs par impressions successives. **2.** Image obtenue par ce procédé. Abrév. : *chromo.*

CHROMOSOME [kromozom] n.m. (gr. *khrôma,* couleur, et *sôma,* corps). Élément du noyau des cellules, formé d'une longue molécule d'ADN associée à des protéines. ◇ *Chromosome sexuel :* hétérochromosome.

ENCYCL. Diffus, sous la forme de chromatine, pendant l'interphase, les chromosomes s'individualisent et se condensent fortement lors de la division cellulaire. Dans les cellules diploïdes, ils sont présents par paires de chromosomes homologues (23 paires chez l'homme, par ex.).

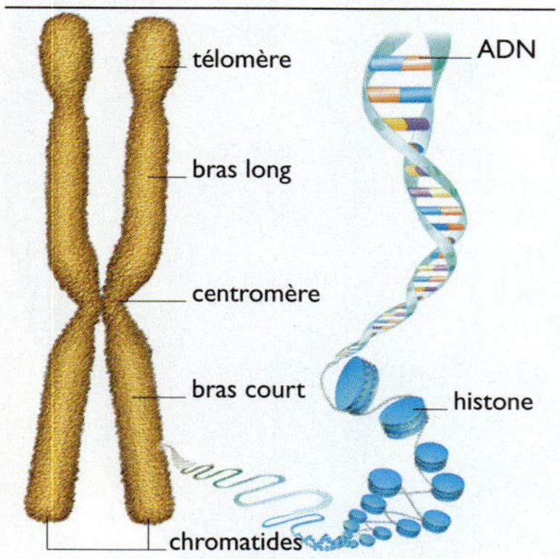

■ **CHROMOSOME** (structure).

CHROMOSOMIQUE adj. Relatif aux chromosomes.

CHROMOSPHÈRE [kro-] n.f. Région de l'atmosphère d'une étoile, en partic. du Soleil, intermédiaire entre la photosphère et la couronne.

CHRONICISER (SE) v.pr. MÉD. Devenir chronique.

CHRONICITÉ n.f. *Didact.* État, caractère de ce qui est chronique.

1. CHRONIQUE [krɔnik] n.f. (gr. *khronos,* temps). **1.** Recueil de faits consignés dans l'ordre chronologique. **2.** Ensemble de nouvelles, de bruits qui circulent. *Défrayer la chronique locale.* **3.** Rubrique de presse (journal, revue, etc.), consacrée à l'actualité dans un domaine particulier. *Chronique politique, sportive.* **4.** STAT. Ensemble des valeurs qu'une variable prend à différentes époques successives.

2. CHRONIQUE [krɔnik] adj. **1.** MÉD. Se dit d'une maladie qui évolue lentement et se prolonge. CONTR. : *aigu.* **2.** Qui dure longtemps ; persistant. *Chômage chronique.*

CHRONIQUEMENT adv. De façon chronique.

CHRONIQUEUR, EUSE [krɔnikœr, øz] n. **1.** Personne qui tient une chronique dans un journal, un périodique. *Chroniqueur littéraire, dramatique, sportif.* **2.** HIST. Auteur de chroniques. *Les chroniqueurs du Moyen Âge.*

CHRONO n.m. (abrév.). *Fam.* **1.** Chronomètre. **2.** *Faire du 120, du 130, etc. (km/h) chrono,* en mesurant la vitesse au chronomètre et non au compteur du véhicule.

CHRONOBIOLOGIE [krɔ-] n.f. Étude scientifique des rythmes biologiques.

CHRONOGRAMME [krɔ-] n.m. STAT. Représentation graphique des valeurs d'un caractère statistique (axe des ordonnées) se succédant dans le temps (axe des abscisses).

CHRONOGRAPHE [krɔ-] n.m. MÉTROL. Montre ou appareil horaire de précision comportant deux dispositifs indépendants, dont l'un indique l'heure et l'autre permet de mesurer directement la durée d'un phénomène grâce à des compteurs enclenchés et arrêtés sur commande.

CHRONOLOGIE [krɔ-] n.f. (gr. *khronos,* temps, et *logos,* science). **1.** Science qui vise à établir les dates des faits historiques. (→ *ère*). **2.** Succession dans le temps des événements historiques ou d'événements pertinents relatifs à un individu, à une famille, à un mouvement, etc.

CHRONOLOGIQUE adj. Relatif à la chronologie ; conforme à la chronologie.

CHRONOLOGIQUEMENT adv. D'après la chronologie ; par ordre de dates.

CHRONOMÉTRAGE n.m. Action de chronométrer.

CHRONOMÈTRE [krɔ-] n.m. (gr. *khronos,* temps, et *metron,* mesure). **1.** Montre de précision dont un laboratoire officiel a contrôlé la marche dans différentes positions et sous des températures variées. **2.** *Cour.* Chronographe. Abrév. *(fam.) : chrono.*

CHRONOMÉTRER v.t. [11]. Relever exactement le temps dans lequel s'accomplit une action telle qu'une épreuve sportive ou une opération industrielle.

CHRONOMÉTREUR, EUSE n. Personne chargée de chronométrer.

CHRONOMÉTRIE n.f. MÉTROL. Mesure précise du temps.

CHRONOMÉTRIQUE adj. Relatif à la chronométrie.

CHRONOPHOTOGRAPHIE [krɔ-] n.f. Procédé d'analyse du mouvement par des photographies successives.

CHRONOSTRATIGRAPHIE [krɔ-] n.f. Séquence culturelle archéologique intégrant données stratigraphiques et datation absolue.

CHRONOTACHYGRAPHE [krɔnotakigraf] n.m. Instrument de mesure et d'enregistrement dont l'usage est obligatoire sur les poids lourds pour contrôler la vitesse, l'horaire et la distance parcourue.

CHRYSALIDE [krizalid] n.f. (du gr. *khrusos,* or). Nymphe des lépidoptères, entre le stade chenille et le stade papillon. (La chrysalide est souvent enfermée dans un cocon de soie.)

CHRYSANTHÈME [krizɑ̃tɛm] n.m. (gr. *khrusos,* or, et *anthemon,* fleur). Plante ornementale des jardins, qui fleurit au début de l'hiver et dont il existe de nombreuses variétés. (Famille des composées.)

CHRYSANTHÉMIQUE [kri-] adj. *Acide chrysanthémique :* insecticide naturel produit par les plantes de la famille des composées.

CHRYSÉLÉPHANTIN, E [kri-] adj. (gr. *khrusos,* or, et *elephas,* ivoire). Se dit d'une sculpture dont certaines parties sont d'or et d'ivoire.

CHRYSOBÉRYL [kri-] n.m. Aluminate de béryllium, constituant des pierres fines de couleur jaune vieil or à vert.

CHRYSOCOLLE [krizɔkɔl] n.f. Silicate hydraté de cuivre, de couleur vert bleuâtre.

CHRYSOLITE [kri-] n.f. (gr. *khrusos,* or, et *lithos,* pierre). Pierre fine d'un vert jaunâtre, variété de péridot.

CHRYSOMÈLE n.f. Insecte coléoptère brillamment coloré, dont les nombreuses espèces vivent sur diverses plantes.

CHRYSOMÉLIDÉ [kri-] n.m. Insecte coléoptère végétarien tel que les chrysomèles, le doryphore, le criocère, la donacie. (Les chrysomélidés forment une famille.)

CHRYSOPHYCÉE [kri-] n.f. Algue d'eau douce ou marine, le plus souvent unicellulaire. (Les chrysophycées forment une classe apparentée aux algues brunes.)

CHRYSOPRASE [kri-] n.f. (gr. *khrusos,* or, et *prason,* poireau). Calcédoine d'une variété vert pomme.

CHS ou **C.H.S.** [seaʃɛs] n.m. (sigle). Centre hospitalier spécialisé. (Désignation officielle de l'hôpital psychiatrique.)

CH'TIMI adj. et n. *Fam.* Originaire du nord de la France. Abrév. *(fam.) : chti.*

CHTONIEN, ENNE ou **CHTHONIEN, ENNE** [ktɔnjɛ̃, ɛn] adj. (du gr. *khthôn,* terre). MYTH. GR. ET ROM. *Divinités chtoniennes,* de la terre, du monde souterrain.

CHU ou **C.H.U.** [seaʃy] n.m. (sigle). Centre *hospitalo-universitaire.

CHUCHOTEMENT ou **CHUCHOTIS** n.m. Bruit de voix qui chuchotent.

CHUCHOTER v.t. et v.i. (onomat.). Prononcer, parler à voix basse. *Chuchoter quelques mots à l'oreille.*

CHUCHOTERIE n.f. *Fam., péjor.* Bavardage à voix basse, souvent médisant.

CHUCHOTEUR, EUSE n. Personne qui chuchote, qui aime chuchoter.

CHUCHOTIS n.m. → **CHUCHOTEMENT.**

CHUINTANT, E adj. Qui chuinte. ◇ *Consonne chuintante,* ou *chuintante,* n.f. : consonne fricative telle que le [ʃ] de *chou* et le [ʒ] de *joue.*

CHUINTEMENT n.m. Fait de chuinter ; bruit d'une chose qui chuinte.

CHUINTER v.i. (onomat.). **1.** Pousser son cri, en parlant de la chouette. **2.** Prononcer un son chuintant ; substituer, dans la prononciation, une chuintante à une sifflante. **3.** Faire entendre un sifflement sourd. *Bouilloire qui chuinte.*

CHUM [tʃɔm] n. (mot angl.). Québec. *Fam.* Ami, copain, copine. *Sortir avec ses chums.* ◆ n.m. Québec. *Fam.* Petit ami, amoureux ; conjoint. *Un nouveau chum.*

CHURINGA [ʃyrɛ̃ga] n.m. (d'une langue australienne). ANTHROP. Objet rituel, réceptacle de l'âme des morts ou des vivants à venir, pour les aborigènes d'Australie.

CHURRIGUERESQUE adj. (de *Churriguera,* n.pr.). D'un baroquisme exacerbé, s'agissant de l'architecture et de la sculpture décorative espagnoles de la première moitié du XVIIIe s. (œuvres de P. de Ribera, notamm.).

CHUT [ʃyt] interj. (onomat.). Se dit pour obtenir le silence.

CHUTE n.f. (de *chu,* p. passé de *choir*). **1.** Fait de tomber, de se détacher de son support. *Faire une chute. Chute des cheveux.* ◇ *Angle de chute* ou *d'impact :* angle que fait la trajectoire d'un projectile avec le terrain au point d'impact. – *Point de chute :* point, lieu où qqch tombe, s'abat ; *fig.,* lieu d'arrivée. – *Chute d'eau :* masse d'eau qui tombe d'une certaine hauteur et qui est intermédiaire entre la cascade et la cataracte. **2.** *Fig.* **a.** Fait de s'écrouler ; ruine, effondrement. *La chute d'un gouvernement.* **b.** *Litt.* Fait de commettre une faute, de tomber dans la déchéance. ◇ CHRIST. *La chute :* le péché originel. **3.** Ce par quoi une chose qui s'abaisse se termine. ◇ *La chute des reins :* le bas du dos. – *Chute d'une voile,* sa hauteur, quand elle est étarquée. – *Chute d'un toit,* sa pente. – ARTS APPL. *Chute d'ornements, de festons :* guirlande pendante de fleurs ou de fruits. **4.** STYL. Trait d'esprit par lequel un texte s'achève. **5.** Ce qui reste d'une matière (papier, tissu, bois, etc.) après une coupe. **6.** Aux cartes, ensemble des levées annoncées qui n'ont pas été faites.

CHUTER v.i. **1.** *Fam.* Tomber. **2.** *Fig.* Baisser notablement. *Les ventes ont chuté.* **3.** Aux cartes, ne pas effectuer le nombre de levées prévu.

CHUTEUR n.m. *Chuteur opérationnel :* parachutiste militaire employant pour des missions spéciales un parachute à ouverture retardée.

CHUTNEY [ʃœtnɛ] n.m. (mot angl., du hindi). Condiment aigre-doux fait de fruits ou de légumes cuits avec du vinaigre, du sucre et des épices.

CHYLE [ʃil] n.m. (gr. *khulos,* suc). Liquide riche en lipides provenant de la digestion, circulant dans des canaux lymphatiques (chylifères) de l'intestin grêle au canal thoracique.

CHYLIFÈRE adj. Se dit des vaisseaux qui transportent le chyle.

CHYME [ʃim] n.m. (gr. *khumos,* humeur). Produit de la digestion gastrique à son entrée dans le duodénum.

CHYPRIOTE adj. et n. → **CYPRIOTE.**

1. CI adv. (lat. *ecce hic,* voici ici). **1.** Marque la proximité dans l'espace ou dans le temps. *Cet homme-ci. Ces jours-ci. Ci-joint, ci-inclus. Ci-dessus. Ceux-ci.* **2.** *Par-ci par-là :* en divers endroits. – *De-ci de-là :* de côté et d'autre.

2. CI pron. dém. (abrév. de *ceci*). *Fam.* Ceci. *Exiger ci et ça.* ◇ *Fam. Comme ci comme ça :* plus ou moins bien.

CIAO interj. → **TCHAO.**

CI-APRÈS adv. Plus loin dans le texte.

CIBICHE n.f. *Fam.,* vieilli. Cigarette.

CIBISTE n. Utilisateur de la citizen band (ou CB). Recomm. off. : *cébiste.*

CIBLE n.f. (alémanique *schîbe,* disque). **1.** Objet (plaque de bois, de métal, etc.) que l'on vise dans les exercices de tir. **2. a.** Ce qui est visé, qui est l'objet d'une attaque. *Être la cible des plaisanteries de qqn.* **b.** But, objectif qu'une campagne publicitaire ou une étude de marché cherche à atteindre ou à identifier ; population visée. **3.** PHYS. Substance soumise à un bombardement par un faisceau de particules. **4.** *Langue cible :* langue dans laquelle doit être donnée la traduction d'un texte (par oppos. à *langue source*).

CIBLÉ, E adj. Destiné à une catégorie précise de personnes ; mis en place pour atteindre un objectif précis. *Produit bien ciblé. Relance budgétaire ciblée.*

CIBLER v.t. Définir précisément la cible, la clientèle de.

CIBOIRE n.m. (lat. *ciborium*). CHRIST. Vase sacré, à couvercle, où l'on conserve les hosties consacrées.

CIBORIUM [sibɔrjɔm] n.m. (mot lat.). Baldaquin surmontant un autel, dans les églises du haut Moyen Âge.

CIBOULE n.f. (lat. *caepula,* oignon). Plante cultivée, voisine de l'ail, originaire de Sibérie, dont les feuilles ventrues servent de condiment. (Genre *Allium ;* famille des liliacées.) SYN. : *cive.*

CIBOULETTE n.f. Plante alpine cultivée pour ses feuilles creuses et cylindriques servant de condiment. (Genre *Allium ;* famille des liliacées.) SYN. : *civette.*

CIBOULOT n.m. *Fam.* Tête, considérée comme le siège de la pensée.

CICATRICE n.f. (lat. *cicatrix, -icis*). **1.** Marque laissée par une plaie, une maladie, après guérison. *Visage couvert de cicatrices.* **2.** *Fig.* Trace laissée par une blessure morale.

C

CICATRICIEL, ELLE adj. Relatif aux cicatrices.

CICATRICULE n.f. EMBRYOL. Petit disque qui renferme le noyau femelle, puis l'embryon de l'œuf (reptiles, oiseaux).

CICATRISANT, E adj. et n.m. Se dit d'une substance qui est censée favoriser la cicatrisation. *Pommade cicatrisante.*

CICATRISATION n.f. Réparation spontanée d'un tissu de l'organisme atteint d'une lésion, aboutissant génér. à une cicatrice.

CICATRISER v.t. (lat. *cicatricare*). **1.** Fermer une plaie. **2.** *Fig.* Apaiser, calmer une douleur. ◆ v.i. ou **se cicatriser** v.pr. Se fermer, en parlant d'une plaie.

CICÉRONE [siserɔn] n.m. (ital. *cicerone*). *Litt.* Guide appointé des touristes étrangers dans un monument, une ville, un pays. – *Par ext.* Personne qui en guide une autre, d'autres.

CICINDÈLE n.f. (lat. *cicindela,* ver luisant). Insecte coléoptère à élytres verts ou bruns tachetés de jaune, qui détruit larves et limaces. (Long. 1 cm ; famille des carabidés.)

■ **CICINDÈLE**

CICLÉE n.f. → **SICLÉE.**

CICLER v.i. → **SICLER.**

CICLOSPORINE ou **CYCLOSPORINE** n.f. Médicament utilisé comme immunodépresseur lors des transplantations et des greffes, pour éviter une réaction de rejet.

CICONIIDÉ [sikɔniide] n.m. (du lat. *ciconia,* cigogne). Grand oiseau échassier aux pattes et au bec très allongés, tel que la cigogne, le marabout, l'ombrette. (Les ciconiidés forment une famille de l'ordre des ciconiiformes.)

CICONIIFORME [-nii-] n.m. Grand oiseau échassier des régions tropicales et tempérées, tel que la cigogne, le héron, le flamant, l'ibis. (Les ciconiiformes forment un ordre.)

CI-CONTRE adv. En regard, vis-à-vis.

CICUTINE n.f. (du lat. *cicuta,* ciguë). Alcaloïde de la grande ciguë, très toxique. SYN. : *conicine.*

CI-DESSOUS adv. Plus bas dans le texte ; en bas de la page. SYN. : *infra.*

CI-DESSUS adv. Plus haut dans le texte ; en haut de la page. SYN. : *supra.*

CI-DEVANT n. inv. (de l'anc. adv. *ci-devant,* précédemment). Noble déchu de ses titres et de ses privilèges sous la Révolution française.

CIDRE n.m. (gr. *sikera,* boisson enivrante). Boisson obtenue par fermentation du jus de pomme. ◇ Suisse. *Cidre doux,* sans alcool, non fermenté.

CIDRERIE n.f. Usine, local où l'on fabrique le cidre.

Cie, abréviation écrite de *compagnie* utilisée dans la raison sociale de certaines sociétés pour désigner les associés qui ne sont pas expressément nommés. *Martin, Durand et Cie.*

CIEL n.m. (lat. *caelum*). **1.** (pl. *cieux*). Espace visible au-dessus de nos têtes, que limite l'horizon. ◇ *Litt. Le feu du ciel :* la foudre. – *Entre ciel et terre :* en l'air. – *À ciel ouvert :* à l'air libre. – *Sous d'autres cieux :* dans un autre pays. – *Tomber du ciel :* arriver à l'improviste et au bon moment ; être surpris, stupéfait. – *Remuer ciel et terre :* mettre tout en œuvre pour réussir. **2.** (pl. *ciels*). État, aspect du ciel. *Ciel bas, sans nuages,*

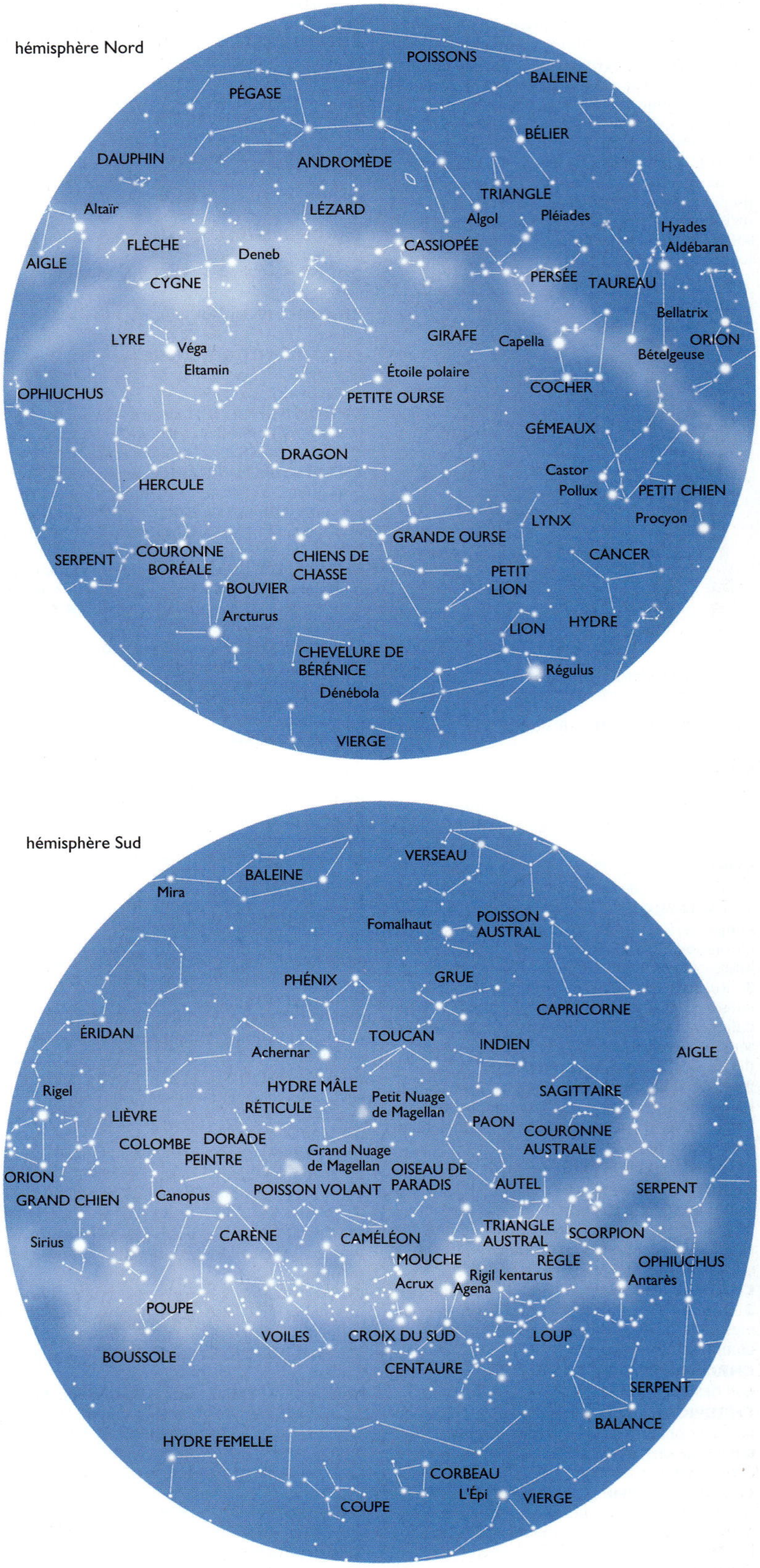

■ **CIEL.** Principales constellations, avec les étoiles les plus brillantes.

chargé. **3.** (pl. *cieux*). Fond sur lequel on observe les astres. **4.** (pl. *ciels*). L'ensemble des astres et leur influence supposée sur la destinée. **5.** (pl. *cieux*). Séjour de la Divinité, des âmes des justes après leur mort. **6.** (pl. *cieux*). Dieu, la puissance divine. *Invoquer le ciel.* **7.** (pl. *ciels*). *Ciel de lit :* dais, baldaquin placé au-dessus d'un lit et auquel on suspend des rideaux. ◆ **interj.** *Litt. Ciel !, ô ciel ! :* exprime la surprise, l'étonnement, la douleur.

CIERGE n.m. (du lat. *cera,* cire). **1.** Longue chandelle de cire que l'on brûle dans les églises. ◇ CHRIST. *Cierge pascal :* grand cierge bénit que l'on allume pendant tout le temps pascal aux offices solennels. – ***Brûler un cierge à qqn,*** lui témoigner sa reconnaissance. **2.** Plante grasse épineuse des régions arides d'Amérique, dont certaines espèces ont l'aspect de colonnes ou de candélabres pouvant atteindre 15 m. (Famille des cactacées.)

■ **CIERGE.** Cactus cierge.

CIGALE n.f. (provenç. *cigala,* lat. *cicada*). Insecte homoptère, abondant dans la région méditerranéenne et vivant sur les arbres, dont il puise la sève. (Long. 5 cm ; la cigale produit un bruit strident et monotone : elle craquette, stridule ; genre *Tibicen,* famille des cicadidés.)

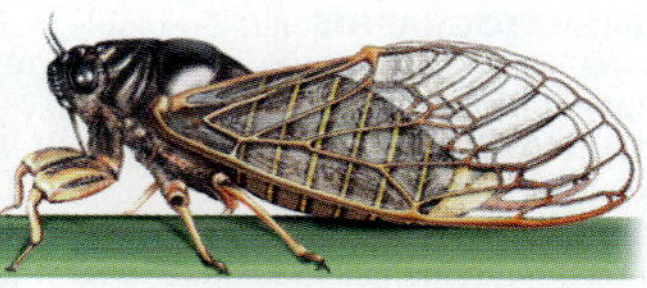

■ **CIGALE**

CIGARE n.m. (esp. *cigarro*). **1.** Petit rouleau de feuilles et de fragments de tabac, que l'on fume. **2.** *Fam.* Tête. *Recevoir un coup sur le cigare.*

CIGARETTE n.f. **1.** Cylindre de tabac haché, enveloppé dans du papier fin. **2.** *Pantalon cigarette :* pantalon étroit de coupe droite.

CIGARETTIER n.m. Fabricant de cigarettes.

CIGARIER, ÈRE n. Personne qui confectionne des cigares.

CIGARILLO [sigarijo] n.m. (esp. *cigarrillo*). Petit cigare.

CI-GÎT adv. (de *gésir*). Ici est enterré. (Formule ordinaire des épitaphes, précédant le nom du mort.)

CIGOGNE n.f. (provenç. *cegonha,* lat. *ciconia*). Oiseau échassier migrateur, dont l'espèce la plus connue, la cigogne blanche à ailes noires, atteint plus d'un mètre de hauteur. (Cri : la cigogne claquette ou craquette ; famille des ciconiidés.)

CIGOGNEAU n.m. Petit de la cigogne.

CIGUË [sigy] n.f. (lat. *cicuta*). **1.** Plante des décombres et des chemins, à feuilles pennées, qui renferme un alcaloïde toxique, la cicutine. (Haut. jusqu'à 2 m pour la grande ciguë ; famille des ombellifères.) ◇ *Petite ciguë :* æthuse. **2.** Poison extrait de la grande ciguë.

CI-INCLUS, E adj. Contenu dans cet envoi. – REM. *Ci-inclus* est inv. avant le nom, variable après le nom. (Ex. : *Vous trouverez la quittance ci-incluse. Vous trouverez ci-inclus la quittance.*)

CI-JOINT, E adj. Joint à cet envoi. – REM. *Ci-joint* est inv. avant le nom, variable après le nom. (Ex. : *Vous trouverez la quittance ci-jointe. Vous trouverez ci-joint la quittance.*)

CIL n.m. (lat. *cilium*). **1.** Poil qui garnit le bord des paupières de l'homme et des singes. **2.** BIOL. Flagelle court.

CILIAIRE adj. Relatif aux cils. ◇ *Corps ciliaire :* anneau situé entre l'iris et la choroïde de l'œil, réglant la courbure du cristallin et sécrétant l'humeur aqueuse.

CILICE n.m. (lat. *cilicium,* étoffe en poil de chèvre de Cilicie). Anc. Chemise ou large ceinture de crin portée sur la peau par pénitence.

CILIÉ, E adj. BIOL. Garni de cils. ◆ n.m. Protozoaire porteur de nombreux flagelles courts appelés *cils,* tel que la paramécie et la vorticelle. (Les ciliés contiennent un gros noyau et un petit, qui peut être échangé entre deux partenaires par conjugaison.)

CILLEMENT n.m. Action de ciller.

CILLER [sije] v.i. (de *cil*). **1.** Fermer et rouvrir rapidement les paupières, les yeux. **2.** *Ne pas ciller :* rester immobile, impassible.

CIMAISE ou **CYMAISE** n.f. (gr. *kumation,* petite vague). **1.** ARCHIT. Corps de moulures comprenant un talon ou une doucine et formant partie supérieure de corniche, corniche entière, ou bien, le long d'un mur, cordon de lambris à hauteur d'appui. **2.** Mur d'une salle d'exposition dans une galerie, un musée, etc.

CIME n.f. (gr. *kuma*). Extrémité supérieure, effilée, d'une montagne, d'un arbre, etc.

CIMENT n.m. (lat. *caementum,* pierre non taillée). **1.** Matière pulvérulente formant avec l'eau une pâte plastique liante, capable d'agglomérer, en durcissant, des substances variées. (Le *ciment Portland artificiel,* le plus usuel, est obtenu en cuisant à haute température un mélange, homogénéisé et dosé, de calcaire et d'argile, et en broyant finement avec du gypse le *clinker* ainsi obtenu. Le ciment est l'un des constituants de base des bétons.) **2.** Toute substance interposée entre deux corps durs pour les lier. – *Fig., litt.* Lien, moyen d'union. **3.** GÉOL. Matière qui soude entre eux les éléments d'une roche.

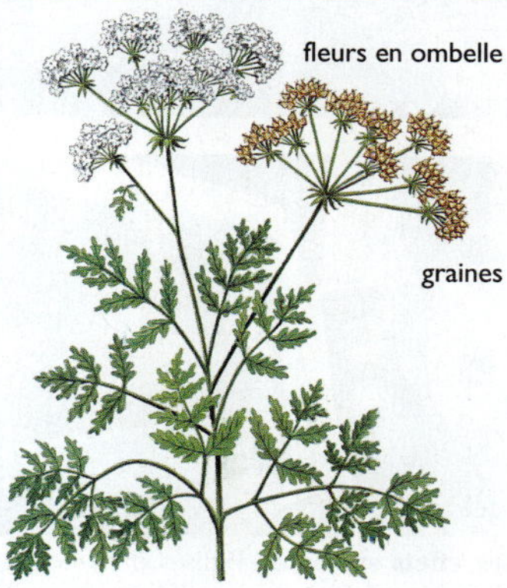

■ **CIGUË.** Grande ciguë.

■ **CIGOGNE.** Cigogne blanche.

CIMENTATION n.f. Action de lier avec du ciment.

CIMENTER v.t. **1.** Lier, garnir avec du ciment. **2.** *Fig., litt.* Affermir, consolider. *Le pacte a cimenté leur union.*

CIMENTERIE n.f. Fabrique de ciment.

CIMENTIER n.m. Fabricant de ciment.

CIMETERRE n.m. (ital. *scimitarra,* du turc). Sabre oriental à lame courbe qui va s'élargissant vers l'extrémité.

CIMETIÈRE n.m. (lat. *coemeterium,* lieu de repos, mot gr.). Lieu où l'on regroupe les restes des morts. ◇ *Cimetière de voitures :* lieu où sont rassemblées des carcasses de voitures hors d'usage.

CIMICAIRE n.f. BOT. Actée.

CIMIER n.m. (de *cime*). **1.** Ornement qui forme la partie supérieure d'un casque. **2.** HÉRALD. Ornement posé au-dessus du casque qui surmonte l'écu des armoiries.

CINABRE n.m. (gr. *kinnabari*). **1.** Sulfure de mercure (HgS), de couleur rouge. **2.** Couleur rouge vermillon.

CINCLE [sɛ̃kl] n.m. (gr. *kigklos*). Passereau à plumage gris-brun d'Europe et d'Asie Mineure, vivant près des cours d'eau rapides, où il plonge et marche sur le fond à la recherche de sa nourriture. (Long. env. 20 cm ; genre *Cinclus,* famille des turdidés.) SYN. : *merle d'eau.*

CINDYNIQUE n.f. Ensemble des sciences et des techniques qui étudient les risques (naturels, technologiques) et leurs préventions. – REM. Le mot est également utilisé au pluriel.

CINÉ n.m. (abrév.). *Fam.* Cinéma.

CINÉASTE n. Auteur ou réalisateur de films.

CINÉ-CLUB n.m. (pl. *ciné-clubs*). Association visant à promouvoir la culture cinématographique.

CINÉMA n.m. (abrév. de *cinématographe*). **1.** Art de composer et de réaliser des films. ◇ *Fam. C'est du cinéma,* de la comédie, de la frime. – *Fam. Faire du cinéma, tout un cinéma,* des manières, des complications. **2.** Industrie cinématographique. *Travailler dans le cinéma.* **3.** Ensemble des œuvres cinématographiques d'un pays, d'un auteur, etc. *Le cinéma français, italien.* **4.** Salle de spectacle destinée à la projection de films.

ENCYCL. Depuis qu'il crée des images, l'homme a inventé des procédés techniques pour fixer aussi bien ses rêves que la réalité : chambre noire, *camera oscura,* lanterne magique, etc. La fin du XIXe s. voit, avec la naissance du cinématographe, l'alliance d'une technique encore récente, la *photographie (qui associe la chimie – les surfaces sensibles – à l'optique – les objectifs), et d'un système permettant d'enregistrer puis de restituer de façon satisfaisante l'analyse d'un mouvement réel. Celle-ci ne pouvait intervenir avant l'apparition de plaques photographiques suffisamment sensibles, vers 1870 - 1880. T. *Edison tourne sur des films de Celluloïd des courts métrages que le spectateur ne peut observer qu'individuellement grâce au Kinetoscope (1891), appareil forain à défilement continu. Les frères A. et L. *Lumière sont donc les premiers à mettre au point l'appareil qui assure convenablement l'enregistrement puis la projection de films. C'est le 28 décembre 1895 qu'a lieu leur première projection publique payante, considérée comme l'acte de baptême de l'industrie cinématographique. Simple curiosité scientifique à l'origine, puis divertissement de foire, le Cinématographe Lumière va rapidement révéler d'immenses possibilités, tant artistiques et expressives que commerciales et industrielles. Dès 1896, G. *Méliès, en tournant ses fictions en studio, invente les premiers truquages. Grâce à des poètes magiciens comme lui, le passage d'une réalité enregistrée (qu'elle soit de fiction ou documentaire) à une imagerie créée de toutes pièces est rapide ; en quelques années, les principes de base des effets spéciaux sont trouvés. Les brevets techniques se multiplient (*Gaumont, *Pathé, etc.). Au début du XXe s., les appareils prennent leur allure définitive : la caméra est désormais distincte du projecteur. Les apports techniques ultérieurs ne sont que des améliorations du dispositif initial destinées à mieux donner l'illusion de la réalité. Très vite on a l'idée de colorier les films, d'abord à la main, puis mécaniquement ; mais ce n'est qu'en 1932 - 1934, avec l'adoption du Technicolor (procédé soustractif trichrome), que commence

C

■ LE CINÉMA

La réalisation d'un film, avant sa distribution et sa sortie en salles, se déroule en plusieurs étapes : écriture du synopsis et du scénario, recherche de financement par le ou les producteurs, choix des acteurs, repérage, tournage (3 à 10 semaines environ pour un long-métrage), montage, enregistrements, mixage (en auditorium, report sur une bande-son unique du contenu – paroles, musique, etc. – des différentes bandes sonores, en équilibrant les volumes).

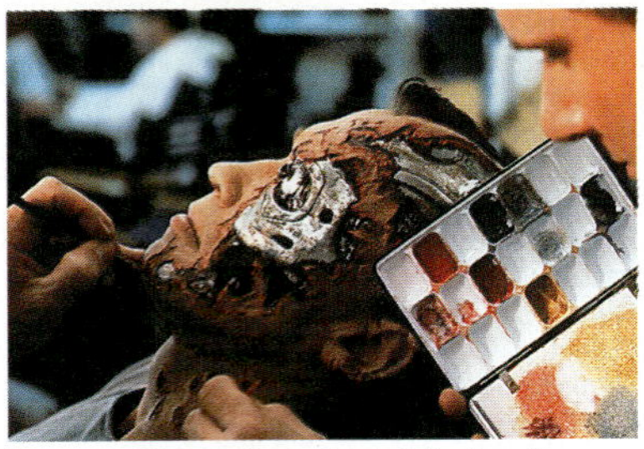

Le maquillage. Il est destiné à obtenir un rendu satisfaisant de la peau à l'écran, mais surtout, dans ce film de science-fiction (*Terminator 2* de James Cameron, 1991), à créer le visage du rôle.

Tournage en studio. Préparé par le *scénario*, qui décrit chaque scène et formule les dialogues, puis par le choix des acteurs *(casting)*, le tournage peut exiger d'importants moyens matériels (travellings, grues, praticables, etc.).

Tournage d'un film à petit budget. Depuis 1945, le cinéma européen produit de nombreux films d'auteur, à petits budgets, tournés en décors naturels. Ici, *le Silence de la mer* (1949) de Jean-Pierre Melville.

Le montage. Pour assembler et raccorder les plans, la monteuse fait défiler synchroniquement les images sur l'écran et les bandes-son (dialogues, bruits), restituées par haut-parleurs.

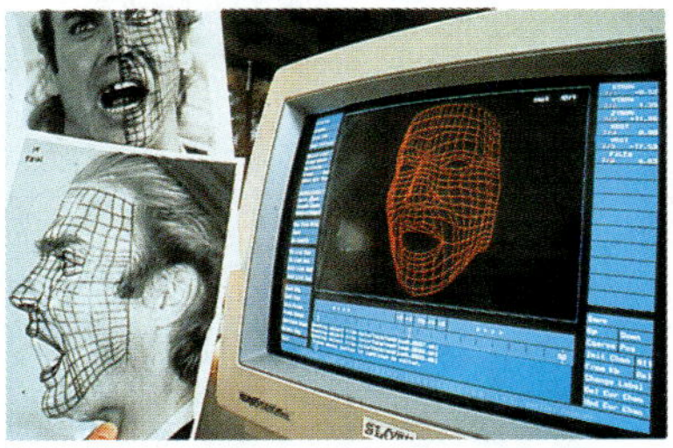

Les effets spéciaux. Utilisés dans certains films, les effets spéciaux réalisés en studio ou en laboratoire font de plus en plus appel à la vidéo et aux images virtuelles.

L'enregistrement. Les dernières étapes de la *postproduction* se déroulent en auditorium : en même temps qu'on projette le film (ici, *Lolita*, de S. Kubrick, avec Sue Lyon), on enregistre certains bruitages, puis la musique, avant de procéder au *mixage*.

l'essor du cinéma en couleurs. De même, si le cinéma des origines est muet, il n'en est pas moins sonore, les projections se déroulant avec un accompagnement musical (piano ou orchestre). Cependant, en 1927, le succès remporté par *le Chanteur de jazz*, présenté comme le premier long métrage « parlant », impose un nouveau type de spectacle. Une fois « parlant » et « en couleurs », le cinéma cherche encore à s'affranchir de la planéité de son image, mais le coût élevé des techniques de restitution du relief oriente son évolution vers les procédés optiques d'agrandissement et d'élargissement de l'image, comme le CinémaScope (conçu à l'origine en 1953 pour lutter contre le succès de la télévision), le panoramique ou les différents formats larges ou sphériques, ou vers des procédés sonores, comme le Dolby Stéréo ou la quadriphonie. À partir des années 1970, la télévision apporte au cinéma la spécificité des techniques de la vidéo et l'ordinateur ouvre au réalisateur le champ infini des images calculées. Par ailleurs, de nouvelles salles de projection bénéficient de la combinaison de ces techniques : les systèmes Imax 2D ou 3D installent le spectateur dans l'image, avec, pour le 3D, restitution du relief par une technique de vision stéréoscopique. Des installations qui jouent de façon plus accentuée encore avec les techniques numériques tirent, notamment dans certains parcs de loisirs, le cinéma vers la simulation, avec la mise en œuvre des technologies de réalité virtuelle, en même temps qu'elles le replacent du côté de l'attraction foraine.

CINÉMASCOPE n.m. (nom déposé). Procédé cinématographique de projection sur un écran large par rétablissement de l'image préalablement déformée à la prise de vues.

CINÉMATHÈQUE n.f. Organisme chargé de conserver et d'entretenir un patrimoine cinématographique et de promouvoir la culture cinématographique.

CINÉMATIQUE n.f. (gr. *kinêma, -atos,* mouvement). Partie de la mécanique qui étudie les mouvements des corps en fonction du temps, abstraction faite des forces qui les produisent. ◆ adj. Relatif au mouvement.

CINÉMATOGRAPHE n.m. (gr. *kinêma, -atos,* mouvement, et *graphein,* écrire). **1.** (Avec une majuscule.) Anc. Appareil d'enregistrement et de projection sur un écran de vues animées. *Le Cinématographe Lumière.* **2.** Vx. Art de composer des films ; cinéma.

CINÉMATOGRAPHIE n.f. Ensemble des procédés et des techniques mis en œuvre pour reproduire le mouvement par le film.

CINÉMATOGRAPHIQUE adj. Relatif au cinéma.

CINÉMATOGRAPHIQUEMENT adv. D'un point de vue cinématographique ; par les moyens du cinéma.

CINÉMA-VÉRITÉ n.m. inv. Cinéma *direct.

CINÉMOGRAPHE n.m. Instrument qui détermine et enregistre les vitesses.

CINÉMOMÈTRE n.m. Appareil servant à mesurer la vitesse linéaire d'un mobile.

CINÉ-PARC n.m. (pl. *ciné-parcs*). Québec. Cinéma en plein air où le spectateur assiste à la projection depuis son automobile.

CINÉPHILE n. Amateur de cinéma.

CINÉPHILIE n.f. Intérêt passionné pour le cinéma.

1. CINÉRAIRE adj. (du lat. *cinis, cineris,* cendre). Qui renferme les cendres d'un corps incinéré. *Urne cinéraire.*

2. CINÉRAIRE n.f. Séneçon au feuillage cendré, aux fleurs pourprées, cultivé comme plante ornementale.

CINÉRITE n.f. GÉOL. Dépôt stratifié de cendres volcaniques.

CINÈSE n.f. ÉTHOL. Déplacement d'un animal provoqué par un agent externe et dont la vitesse varie selon l'intensité du stimulus.

CINESTHÉSIE n.f. → **KINESTHÉSIE.**

CINESTHÉSIQUE adj. → **KINESTHÉSIQUE.**

CINÉTHÉODOLITE n.m. Appareil destiné à la poursuite optique et à la photographie d'engins balistiques ou de lanceurs spatiaux.

CINÉTIQUE adj. (gr. *kinêtikos,* mobile). Qui a le mouvement pour origine. ◇ *Énergie cinétique :* énergie d'un corps en mouvement. (Pour un solide en translation, l'énergie cinétique est le demi-produit de sa masse par le carré de sa vitesse.) – *Art cinétique* : forme d'art abstrait contemporain issue du constructivisme et fondée sur l'illusion optique (*op art), le caractère changeant de l'œuvre, son mouvement virtuel ou réel. (Principaux « cinétistes » : les Français d'origine hongroise Vasarely et Nicolas Schöffer [1912 - 1992], le Belge Bury, le Vénézuélien Jesús Rafael Soto, l'Israélien Yaacov Agam.) ◆ n.f. **1.** Théorie expliquant un ensemble de phénomènes à partir des seuls mouvements des particules matérielles. **2.** Étude de la vitesse des réactions chimiques.

CINÉTISME n.m. Caractère de l'art cinétique ; cet art lui-même.

CINGHALAIS, E adj. et n. Du Sri Lanka, de ses habitants. ◆ n.m. Langue indo-aryenne parlée au Sri Lanka.

CINGLANT, E adj. Qui cingle, qui fouette. *Pluie cinglante. Remarque cinglante.*

CINGLÉ, E adj. et n. *Fam.* Fou.

1. CINGLER v.i. (scand. *sigla*). Faire voile, naviguer vers un point déterminé.

2. CINGLER v.t. (de *sangler*). **1.** Frapper avec qqch de mince et de flexible. *Cingler un cheval d'un coup de fouet.* – *Fig.* Atteindre qqn par des mots blessants. *Cingler qqn d'une remarque, d'une insulte.* **2.** Frapper de coups vifs et nombreux, surtout en parlant de la pluie, de la grêle, du vent, etc. **3.** Forger, corroyer le fer. **4.** Tracer une droite avec une cordelette frottée de craie.

CINNAMIQUE adj. *Acides cinnamiques* : acides de formule C_6H_5—CH═CH—COOH dont les dérivés ont l'odeur de cannelle.

CINNAMOME n.m. (gr. *kinnamon*). Genre d'arbustes aromatiques originaires des régions chaudes de l'Asie, tels le cannelier, le camphrier.

CINOCHE n.m. *Fam.* Cinéma.

CINOQUE adj. et n. → **SINOQUE.**

CINQ [sɛ̃k] ([sɛ̃] devant une consonne) adj. num. et n.m. inv. (lat. *quinque*). **1.** Nombre qui suit quatre dans la suite des entiers naturels. ◇ *Fam. Recevoir, entendre qqn cinq sur cinq*, l'entendre parfaitement. **2.** Cinquième. *Tome cinq.*

CINQUANTAINE n.f. **1.** Nombre de cinquante ou environ. **2.** Cinquante ans ; environ cinquante ans.

CINQUANTE adj. num. et n.m. inv. (lat. *quinquaginta*). **1.** Cinq fois dix. **2.** Cinquantième. *Page cinquante.*

CINQUANTENAIRE adj. Qui a entre cinquante et soixante ans. (Pour une personne, on dit *quinquagénaire.*) ◆ n.m. Cinquantième anniversaire.

CINQUANTIÈME adj. num. ord. et n. Qui occupe un rang marqué par le nombre cinquante. ◆ n.m. et adj. Quantité désignant le résultat d'une division par cinquante.

CINQUIÈME adj. num. ord. et n. Qui occupe un rang marqué par le nombre cinq. ◇ *Cinquième maladie* : maladie infectieuse éruptive, virale et bénigne de l'enfance. SYN. : *mégalérythème épidémique.* ◆ n.m. et adj. Quantité désignant le résultat d'une division par cinq. ◆ n.f. Deuxième année du premier cycle de l'enseignement du second degré.

CINQUIÈMEMENT adv. En cinquième lieu.

CINTRAGE n.m. Action de cintrer ; son résultat.

CINTRE n.m. (de *cintrer*). **1.** Courbure intérieure d'un arc ou d'une voûte. ◇ *Plein cintre* : cintre de courbe circulaire, habituellement un demi-cercle. **2.** Charpente courbe servant de plancher et d'échafaudage pendant la construction d'une voûte. **3.** (Génér. au pl.) Partie d'un théâtre située au-dessus de la scène, où l'on remonte les décors. **4.** Support incurvé, à crochet, permettant de suspendre les vêtements à une tringle.

CINTRÉ, E adj. *Fam.*, vieilli. Fou.

CINTRER v.t. (du lat. *cinctura*, ceinture). **1.** Donner une courbure à. *Cintrer une barre de fer.* **2.** Ajuster un vêtement à la taille, au buste, par des pinces.

CINTREUSE n.f. Machine servant à cintrer des pièces de bois ou des tubes métalliques.

CIPAYE [sipaj] n.m. (mot port., du persan *sipāhi*, soldat). MIL. Soldat indien engagé au service des Français, des Portugais ou des Britanniques aux XVIIIe et XIXe s.

CIPOLIN n.m. (ital. *cipollino*, de *cipolla*, oignon). Calcaire métamorphique constitué de cristaux de calcite et donnant souvent des marbres de teintes claires.

CIPPE n.m. (lat. *cippus*). ARCHÉOL. Petite stèle funéraire ou votive, en forme de colonne courte ou de pilier quadrangulaire, toujours ornée d'une inscription.

CIPRE n.m. Louisiane. Cyprès chauve, arbre qui pousse dans l'eau.

CIPRIÈRE n.f. Louisiane. Marécage où poussent des cipres.

CIRAGE n.m. **1.** Action de cirer. **2.** Produit destiné à l'entretien et au lustrage des cuirs. ◇ *Fam. Être dans le cirage* : ne rien voir ; *par ext.*, avoir l'esprit confus, brouillé.

CIRCADIEN, ENNE adj. (lat. *circa*, environ, et *dies*, jour). ÉCOL. *Rythme circadien* : rythme biologique dont la périodicité est d'environ 24 heures (21 à 27 heures).

CIRCAÈTE [sirkaɛt] n.m. (gr. *kirkos*, faucon, et *aetos*, aigle). Oiseau rapace diurne de grande taille (envergure 160 à 180 cm), dont une espèce, le *circaète jean-le-blanc*, habite les régions boisées du centre et du sud de la France, se nourrissant principalement de serpents. (Famille des accipitridés.)

CIRCASSIEN, ENNE adj. et n. **1.** De la Circassie. **2.** Des Tcherkesses (v. partie n.pr.).

CIRCONCIRE v.t. [81] (lat. *circumcidere*, couper autour). Pratiquer la circoncision sur.

CIRCONCIS, E adj. et n.m. Qui a subi la circoncision.

CIRCONCISION n.f. (lat. *circumcisio*). Excision totale ou partielle du prépuce. – *Spécial.* Excision rituelle du prépuce chez les juifs, les musulmans et divers peuples.

CIRCONFÉRENCE n.f. (du lat. *circumferre*, faire le tour). **1.** Périmètre d'un cercle. (Sa longueur est égale à $2\pi R$ [R = rayon].) **2.** Pourtour d'un espace plan (d'une ville, d'un champ).

CIRCONFLEXE adj. (lat. *circumflexus*, fléchi autour). *Accent circonflexe* : signe diacritique (ˆ) servant en français à indiquer une voyelle longue (*pâté*) ou à distinguer des homonymes (*dû*) ; signe d'accentuation grec (˜) notant, sur la même voyelle, une intonation aiguë suivie d'une intonation grave.

CIRCONLOCUTION n.f. (lat. *circum*, autour, et *locutio*, parole). Manière de parler dans laquelle on exprime sa pensée d'une façon indirecte ; périphrase.

CIRCONSCRIPTION n.f. (de *circonscrire*). Division administrative, militaire ou religieuse d'un territoire. *Circonscription électorale.*

CIRCONSCRIRE v.t. [79] (lat. *circumscribere*). **1.** Tracer une ligne autour de qqch. *Circonscrire un espace.* ◇ GÉOMÉTR. *Circonscrire un polygone à un cercle* ou *un cercle à un polygone* : tracer un polygone dont les côtés sont tangents au cercle ou un cercle passant par les sommets du polygone. **2.** Limiter la propagation, l'extension d'une épidémie, d'un incendie. **3.** Délimiter nettement ; cerner. *Circonscrire un sujet.*

CIRCONSPECT, E [sirkɔ̃spɛ, ɛkt] ou [sirkɔ̃spɛkt] adj. (lat. *circumspectus*). Qui manifeste de la circonspection.

CIRCONSPECTION n.f. Prudence, réserve en actes et en paroles.

CIRCONSTANCE n.f. (du lat. *circumstare*, se tenir autour). **1.** Fait particulier qui accompagne un événement. *Les circonstances de son départ.* **2.** DR. *Circonstances aggravantes, atténuantes* : éléments qui augmentent ou diminuent la gravité d'une infraction et la peine applicable. **3.** (Au pl.) Situation générale. *Dans les circonstances actuelles.* **4.** Occasion particulière, moment. *Mettre une cravate pour la circonstance.* ◇ *De circonstance* : adapté à une situation précise.

CIRCONSTANCIÉ, E adj. Très détaillé, complet. *Un rapport circonstancié.*

CIRCONSTANCIEL, ELLE adj. **1.** *Sout.* Qui est lié aux circonstances. *Une déclaration circonstancielle.* **2.** GRAMM. Qui indique les circonstances de l'action verbale. *Complément circonstanciel de temps, de lieu, de cause. Subordonnée circonstancielle.*

CIRCONVALLATION n.f. (du lat. *circumvallare*, entourer d'un retranchement). Fortification établie par l'assiégeant d'une place pour se garder contre une armée se portant au secours des assiégés.

CIRCONVENIR v.t. [28] (lat. *circumvenire*, venir autour). Manœuvrer qqn pour obtenir qqch. *Circonvenir un témoin.*

CIRCONVOISIN, E adj. *Litt.* Situé autour.

CIRCONVOLUTION n.f. (du lat. *circumvolvere*, rouler autour). **1.** Enroulement autour d'un axe central. *Un escalier à double circonvolution.* **2.** ANAT. *Circonvolutions cérébrales* : longues saillies sinueuses à la surface du cortex cérébral des mammifères.

CIRCUIT n.m. (du lat. *circuire*, faire le tour). **1.** Trajet que représente le tour d'un lieu. *Le circuit d'une ville.* **2.** Itinéraire compliqué. *J'ai fait un long circuit pour arriver ici.* **3.** Parcours touristique ou sportif en boucle. *Faire le circuit des châteaux de la Loire. Le circuit du Mans.* ◇ *Hors circuit* : qui n'a plus cours, en parlant de qqch ; qui a été évincé, en parlant de qqn. – *Fam. Ne plus être dans le circuit* : ne plus être en activité ; ne plus être au courant. – *Remettre dans le circuit* : remettre en circulation. **4.** Parcours fermé, constitué d'éléments emboîtables, sur lequel on peut faire circuler des jouets (trains, voitures). **5.** ÉLECTR., ÉLECTRON. Suite de conducteurs électriques reliés entre eux. *Circuit fermé.* ◇ *Circuit imprimé* : dépôt métallique conducteur placé sur un support isolant. – *Circuit intégré* : circuit de faibles dimensions comportant un grand nombre de composants actifs et passifs, réalisé sur une mince plaquette de silicium. – *Circuit logique* : circuit intégré remplissant une fonction logique de base (NON, ET, OU). **6.** Ensemble de tuyauteries assurant l'écoulement d'un fluide. **7.** Ensemble de salles de cinéma relevant de la même société ou du même programmateur. **8.** Ensemble de compétitions dont les résultats sont pris en compte pour un classement, dans certains sports (tennis et golf, notamm.). **9.** *Circuit économique* : représentation des faits économiques comme résultat d'enchaînements d'opérations interdépendantes et non séparées.

1. CIRCULAIRE adj. **1.** Qui a ou rappelle la forme d'un cercle ou d'un arc de cercle. *Piste circulaire.* – Qui décrit un cercle. *Mouvement circulaire.* **2.** MATH. **a.** *Fonctions circulaires* : fonctions trigonométriques (sinus, cosinus, tangente). **b.** *Permutation circulaire* : permutation associant à une suite finie d'éléments la suite constituée des mêmes éléments, décalés d'un ou de plusieurs rangs (ex. : 1, 2, 3, 4, 5 → 3, 4, 5, 1, 2). **3.** Qui, à la manière d'un cercle, revient à son point de départ. *Voyage, raisonnement circulaire.*

2. CIRCULAIRE n.f. Lettre, avis administratifs, professionnels ou diplomatiques, tirés à plusieurs exemplaires pour communiquer une même information à plusieurs personnes.

CIRCULAIREMENT adv. En décrivant un cercle.

CIRCULANT, E adj. Se dit des actifs d'un bilan dont la durée d'immobilisation est très courte.

CIRCULARISER v.t. Rendre circulaire.

CIRCULARITÉ n.f. Caractère de ce qui est circulaire ; fait de revenir au point de départ.

CIRCULATION n.f. **1.** Mouvement d'un liquide. ◇ *Circulation du sang* : mouvement du sang que le cœur envoie par les artères vers les organes, et

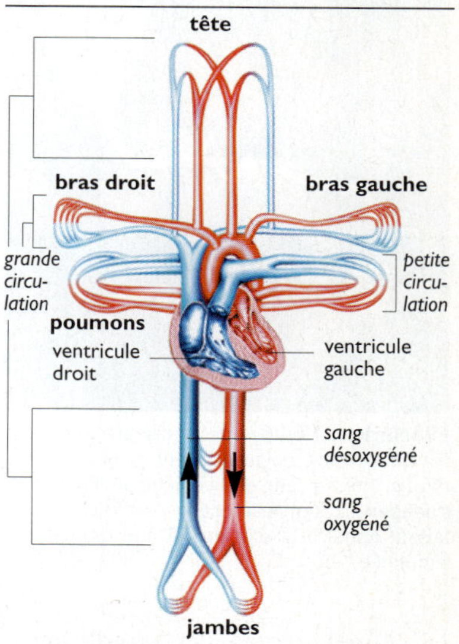

■ **CIRCULATION** du sang.

qui revient, par les veines, des organes vers le cœur, après être passé par les capillaires. (On distingue une circulation générale, ou *grande circulation,* et une circulation pulmonaire, ou *petite circulation.*) – *Circulation atmosphérique :* mouvement des grandes masses d'air dans la troposphère. **2.** Déplacement de personnes, de véhicules sur une ou plusieurs voies ; trafic. *Route à grande circulation.* **3.** Échanges économiques, ensemble de transactions. ◇ *Circulation monétaire :* mouvement de la masse monétaire en un temps donné.

CIRCULATOIRE adj. Relatif à la circulation du sang. *Troubles circulatoires.* ◇ *Appareil circulatoire :* ensemble des vaisseaux assurant la circulation du sang.

CIRCULER v.i. (lat. *circulare,* de *circulus,* cercle). **1.** Se mouvoir en circuit fermé. – *Spécial.* Se déplacer dans les vaisseaux, en parlant du sang. **2.** Se déplacer sur des voies de communication. *On circule mal dans Paris. Circulez !* **3.** Passer de main en main. **4.** Se répandre, être propagé. *L'information circule.*

CIRCUMAMBULATION [-kɔm-] n.f. Pratique magico-religieuse qui consiste à faire le tour d'un emplacement, d'un objet, d'une personne.

CIRCUMDUCTION [-kɔm-] n.f. PHYSIOL. **1.** Mouvement de l'épaule ou de la hanche, amenant la main ou le pied à décrire un cercle. **2.** Mouvement presque circulaire que peut décrire la mâchoire inférieure chez les mammifères ruminants, l'éléphant et les primates supérieurs.

CIRCUMNAVIGATION [-kɔm-] n.f. *Didact.* Voyage maritime autour d'une vaste étendue de terre ou autour du globe.

CIRCUMPOLAIRE [-kɔm-] adj. *Didact.* Qui est ou qui se fait autour d'un pôle. ◇ *Étoile circumpolaire :* étoile assez voisine du pôle céleste pour rester toujours au-dessus de l'horizon en un lieu donné.

CIRCUMTERRESTRE [-kɔm-] adj. ASTRON., ASTRONAUT. Qui entoure la Terre ; qui se fait autour d'elle.

C

CIRE n.f. (lat. *cera*). **1.** *Cire d'abeille :* substance grasse et fusible, de couleur jaune, sécrétée par les glandes cirières des abeilles ouvrières, qui en font les rayons de leur ruche. **2.** Substance végétale analogue, au rôle imperméabilisant, pour les feuilles et les fruits. ◇ *Arbre à cire :* cirier. **3.** Préparation à base de cire d'abeille ou de cire végétale et de solvants utilisée pour l'entretien du bois. **4.** *Cire à cacheter :* mélange à base de gomme-laque, utilisé pour cacheter les lettres, les bouteilles. **5.** *Musée de cire, cabinet de cire :* musée où sont exposées des reproductions en cire de personnages célèbres, de scènes mémorables. **6.** *Fam. Une cire molle :* une personne influençable. **7.** Membrane qui recouvre la base du bec de certains oiseaux tels que les pigeons.

1. CIRÉ, E adj. *Toile cirée :* toile enduite d'une composition vernissée qui la rend brillante et imperméable.

2. CIRÉ n.m. Vêtement imperméable en tissu huilé ou plastifié.

CIRER v.t. Enduire de cire ou de cirage. ◇ *Fam. N'en avoir rien à cirer :* s'en moquer complètement.

CIREUR, EUSE n. Personne qui a pour profession de cirer les chaussures. – Personne qui cire. *Cireur de parquets.*

CIREUSE n.f. Appareil ménager, le plus souvent électrique, qui cire les parquets.

CIREUX, EUSE adj. Qui a la couleur jaunâtre de la cire. *Teint cireux.*

CIRIER, ÈRE adj. Se dit d'un arbre ou d'un insecte qui produit de la cire. ◇ *Abeille cirière,* ou *cirière,* n.f. : abeille qui sécrète la cire. – *Arbre cirier,* ou *cirier,* n.m. : arbre cérifère d'Asie et d'Amérique tropicales, appelé aussi *arbre à cire.* (Genre *Myrica ;* famille des myricacées.)

CIRON n.m. (francique *seuro*). **1.** Acarien considéré, avant l'invention du microscope, comme le plus petit animal existant. – *Spécial.* Acarien du fromage. **2.** Suisse. Ver à bois.

CIRONNÉ, E adj. Suisse. Attaqué par le ciron ; vermoulu.

CIRQUE n.m. (lat. *circus*). **1.** Enceinte à gradins où se disputaient les courses de chars, les combats de gladiateurs, dans la Rome antique ; arène. **2.** Enceinte circulaire où se donnent des spectacles équestres, acrobatiques, etc. ; entreprise qui assure ce spectacle. – *Fig., fam.* Désordre, agitation. *Quel cirque !* **3.** GÉOGR. *Cirque glaciaire :* dépression semi-circulaire, à bords raides, due à l'érosion glaciaire, à l'amont d'un glacier. *Le cirque de Gavarnie.* – Réunion. GÉOL. Caldeira. *Le cirque de Cilaos.* – Grand cratère météoritique, aux remparts montagneux, à la surface de la Lune.

ENCYCL. Le créateur du cirque est l'Anglais Philip Astley (1742 - 1814), qui ouvrit une succursale à Paris dès 1783. Le Vénitien Antonio Franconi (1737 - 1836) et ses fils prirent sa suite à la Révolution. On doit à Louis Dejean (1792 - 1870) la construction du cirque Napoléon, l'actuel cirque d'Hiver, inauguré en 1852 et dirigé depuis 1934 par la famille Bouglione.
Aujourd'hui, la plupart des cirques sont devenus des sociétés et les raisons sociales les plus importantes sont Amar, Pinder, Alexis Gruss et Arlette Gruss en France, Knie en Suisse, Roncalli et Krone en Allemagne, Ringling Bros and Barnum Bailey et The Big Apple Circus aux États-Unis. Il existe également des collectifs d'artistes dans les républiques de l'ex-URSS et de multiples troupes de théâtre acrobatique en Chine.
Depuis le début des années 1980 se développe un « nouveau cirque », qui utilise les codes traditionnels du spectacle classique pour tenter de créer des formes différentes ; les cirques Plume, Archaos et Baroque en France, le cirque du Soleil au Canada, les cirques Gosch ou O en Allemagne et en Suisse en sont les représentants les plus significatifs.

CIRRE ou **CIRRHE** n.m. (lat. *cirrus,* filament). **1.** ZOOL. Appendice ou prolongement en forme de fouet rameux ou de petit tentacule, aux fonctions variées, présent chez divers invertébrés. **2.** BOT. Vrille des plantes grimpantes.

CIRRHOSE n.f. (du gr. *kirrhos,* roux). Maladie du foie, souvent due à l'alcoolisme, caractérisée par une altération des cellules (hépatocytes), une sclérose et des nodules de régénération.

■ LE CIRQUE

Hérité de l'Antiquité, le mot *cirque* apparaît pour la première fois au fronton d'un établissement français en 1807. Il désigne alors autant un espace qu'un spectacle. La notion de prouesse physique va se fondre désormais dans un ensemble de techniques, dont l'acrobatie est le trait d'union.

Fildeferiste. Héritiers des danseurs de corde, les fildeféristes, en investissant la piste de cirque, ont vu leur espace rétrécir. Pour s'adapter, ils ont réaménagé l'exploit en faisant appel à la danse et à une dramaturgie simplifiée.

Dompteur. Les numéros de cirque où figurent les grands fauves sont parmi les plus impressionnants. L'un des animaux le plus couramment dressé est le tigre, dont la force et la souplesse permettent l'exécution de numéros spectaculaires.

Écuyère, clown et cheval. Support vivant d'exercices acrobatiques, animal du quotidien magnifié par ses passages sur la piste, le cheval a accompagné la naissance du cirque moderne, comme le clown et l'écuyère.

Clowns. L'art du clown est une des rares disciplines nées de la piste. Le duo clownesque est apparu vers 1865 avec l'auguste et la codification des entrées comiques. Musique et maquillage jouent un rôle essentiel dans la caractérisation des personnages.

CIRRHOTIQUE adj. Relatif à la cirrhose. ◆ adj. et n. Atteint de cirrhose.

CIRRIPÈDE n.m. (lat. *cirrus,* filament, et *pes, pedis,* pied). Crustacé inférieur marin fixé, comme l'anatife et la balane, ou parasite, comme la sacculine. (Les cirripèdes constituent une sous-classe.)

CIRROCUMULUS [sirokymylys] n.m. Nuage de la famille des cirrus formé par des groupes de petits flocons blancs séparés (ciel moutonné).

■ CIRROCUMULUS

CIRROSTRATUS [sirostratys] n.m. Nuage de la famille des cirrus qui forme un voile blanchâtre transparent produisant un halo autour de la Lune ou du Soleil.

■ CIRROSTRATUS

CIRRUS [sirys] n.m. (lat. *cirrus,* filament). Nuage blanc se formant entre 6 et 10 km d'altitude en bandes ou filaments isolés et qui apparaît à l'avant d'une dépression.

■ CIRRUS

CIRSE n.m. (lat. *cirsium*). Chardon très épineux des terrains incultes et des lieux humides, aux fruits dotés d'aigrettes plumeuses. (Famille des composées.)

CISAILLE n.f. (du lat. *caedere,* couper). [Souvent pl.] Outil en forme de pince coupante ou de gros ciseaux, servant à couper les métaux, à élaguer les arbres.

CISAILLEMENT n.m. **1.** Action de cisailler ; son résultat. **2.** Entaillage d'une pièce métallique par une pièce contiguë en mouvement transversal. *Cisaillement d'un boulon.* **3.** TRANSF. Croisement sous un angle faible de deux courants de circulation qui vont dans le même sens.

CISAILLER v.t. **1.** Couper avec des cisailles ou avec un instrument tranchant. **2.** Rompre une pièce par cisaillement.

CISALPIN, E adj. Situé en deçà des Alpes par rapport à Rome. *Gaule Cisalpine et Gaule Transalpine.*

CISEAU n.m. (du lat. *caedere,* couper). **1.** Outil formé d'une lame ou d'une tige d'acier biseautée à l'une de ses extrémités, servant à travailler le bois, le fer, la pierre. **2.** SPORTS. Prise de lutte, de catch qui consiste à croiser les jambes autour de l'adversaire. ◆ pl. **1.** Instrument en acier à deux branches mobiles croisées sur un axe et tranchantes sur leur partie intérieure. **2.** Mouvement des jambes évoquant un coup de ciseaux ; technique de saut en hauteur utilisant ce mouvement. *Sauter en ciseaux.*

CISÈLEMENT ou **CISELAGE** n.m. **1.** Action de ciseler ; son résultat. **2.** Action de débarrasser une grappe de raisin des grains défectueux.

CISELER [sizəle] v.t. [12] (de *ciseau*). **1.** Travailler finement un ouvrage de métal, de pierre ou de toute autre matière dure à l'aide d'un ciseau, d'un ciselet. *Ciseler un bronze, ciseler un flambeau.* **2.** Découper au moyen de ciseaux des motifs décoratifs dans une étoffe. **3.** CUIS. Faire des incisions peu profondes sur certains aliments (poisson principalement) pour en faciliter la cuisson ; détailler des fines herbes en menus morceaux. **4.** VITIC. Pratiquer le cisèlement.

CISELET n.m. Petit ciseau ou pointe à l'usage des bronziers, des orfèvres, des graveurs.

CISELEUR, EUSE n. Artiste, artisan qui cisèle.

CISELURE n.f. **1.** Action et art de ciseler. **2.** Décor ciselé.

1. **CISTE** n.m. (gr. *kisthos*). Arbrisseau méditerranéen à fleurs blanches ou roses ornementales, dont une espèce fournit le labdanum. (Famille des cistacées.)

2. **CISTE** n.f. (gr. *kistê*). ANTIQ. Corbeille, coffret portés notamm. lors des mystères de Déméter, de Dionysos, de Cybèle et contenant les objets du culte.

CISTERCIEN, ENNE adj. et n. Relatif à l'ordre de Cîteaux.

ENCYCL. Les cisterciens constituent une branche monastique issue de l'abbaye bénédictine de Cîteaux, près de Dijon, et dont le fondateur fut en 1098 Robert de Molesmes. Sous l'impulsion de Bernard de Clairvaux, l'ordre connaît un essor extraordinaire en Europe. Il se caractérise par un retour strict à la règle de saint Benoît, par une plus grande austérité et par l'exercice du travail manuel. À la fin du XVIIe s., A. de Rancé, abbé de la Trappe, crée une branche réformée de cisterciens, les trappistes.

CISTRE n.m. Instrument de musique à long manche, à cordes pincées et à fond plat (XVIe - XVIIe s.).

CISTRON n.m. (de *cis-* et de *trans-*). GÉNÉT. Gène, considéré sous l'angle de son fonctionnement, aboutissant à la synthèse d'une protéine.

CISTUDE n.f. (lat. *cistudo*). Tortue d'eau douce de l'Europe tempérée. (Long. max. 35 cm ; genre *Emys,* famille des émydidés.)

■ CISTUDE

CITADELLE n.f. (ital. *cittadella,* du lat. *civitas,* cité). **1.** Fort ou forteresse protégeant et contrôlant l'accès d'une ville. **2.** *Fig.* Centre de résistance. – Lieu où l'on défend, maintient certaines idées.

CITADIN, E adj. (ital. *cittadino,* du lat. *civitas,* cité). Relatif à la ville. ◆ n. Personne habitant une ville.

CITADINE n.f. Automobile particulièrement adaptée à la conduite en ville.

CITATION n.f. (lat. *citatio*). **1.** Passage d'un auteur, d'un texte rapporté exactement et signalé comme tel. **2.** DR. Assignation à comparaître en justice en tant que défendeur ou témoin. **3.** MIL. Mise à l'ordre du jour, pour une action d'éclat, d'une personne, d'une unité.

CITÉ n.f. (lat. *civitas*). **1.** Dans l'Antiquité et au Moyen Âge, unité politique et économique constituée par une ville et son territoire. ◇ *Droit de cité :* droit d'être admis au nombre des citoyens, avec l'ensemble de leurs prérogatives ; fait pour qqch d'être admis, toléré. **2.** *Sout.* Ville. ◇ *Cité sainte :* ville particulièrement vénérée par les fidèles d'une religion. – *La cité céleste :* le paradis. **3.** (Avec une majuscule.) Partie la plus ancienne de certaines villes. *L'île de la Cité, à Paris.* **4.** Groupe d'immeubles ayant même destination. *Cité universitaire. Cité ouvrière.* – Ensemble de logements à loyer modéré. *La rénovation des cités.*

CITÉ-DORTOIR n.f. (pl. *cités-dortoirs*). Agglomération suburbaine essentiellement destinée au logement. SYN. : *ville-dortoir.*

CITÉ-JARDIN n.f. (pl. *cités-jardins*). Ville ou zone résidentielle largement pourvue d'espaces verts.

CITER v.t. (lat. *citare*). **1.** Reproduire exactement un texte, les paroles de qqn ; rapporter. **2.** Désigner avec précision ; mentionner. *Citez-moi quelques comédies de Molière.* **3.** Assigner qqn en justice. **4.** MIL. Faire de qqn l'objet d'une citation.

CITERNE n.f. (lat. *cisterna,* de *cista,* coffre). **1.** Réservoir où l'on recueille et conserve les eaux de pluie. **2.** Cuve fermée destinée à emmagasiner des liquides (vin, produits pétroliers, etc.). **3.** Véhicule pour le transport des liquides.

CITHARE n.f. (gr. *kithara*). **1.** Lyre munie d'une grande caisse de résonance. **2.** Tout instrument à cordes tendues sur une caisse de résonance dépourvue de manche.

CITHARÈDE n. ANTIQ. GR. Personne qui chantait en s'accompagnant de la cithare.

CITHARISTE n. Instrumentiste qui joue de la cithare.

CITIZEN BAND [sitizənbɑ̃d] n.f. [pl. *citizen bands*] (angl. *citizen's band*). RADIODIFF. Bande de fréquence autour de 27 MHz utilisée pour les communications entre particuliers, notamm. à bord de leurs véhicules. Recomm. off. : *bande publique.* Abrév. : *CB.*

CITOYEN, ENNE n. (de *cité*). **1.** Dans l'Antiquité, personne qui jouissait du droit de cité. **2.** Membre d'un État considéré du point de vue de ses devoirs et de ses droits civils et politiques. **3.** Sous la Révolution française, titre substitué à « monsieur », « madame ». **4.** *Fam., péjor.* Individu. *Un drôle de citoyen.* ◆ adj. Relatif à la citoyenneté et aux conditions de son exercice. *Une exigence citoyenne.*

CITOYENNETÉ n.f. Qualité de citoyen. – Situation positive créée par la pleine reconnaissance aux personnes de leur statut de citoyen.

CITRATE n.m. (lat. *citrus,* citron). Sel de l'acide citrique.

CITRINE n.f. Quartz jaune appelé aussi *fausse topaze.*

CITRIQUE adj. *Acide citrique :* acide carboxylique extrait du citron, des groseilles, de divers fruits.

CITRON n.m. (lat. *citrus*). **1.** Fruit du citronnier, ovoïde, de couleur jaune et renfermant un jus acide riche en vitamine C. ◇ *Citron de mer :* ximenia. **2.** *Fam.* Tête. ◆ adj. inv. De la couleur du citron.

CITRONNADE n.f. Boisson préparée avec du jus ou du sirop de citron et de l'eau sucrée.

CITRONNÉ, E adj. **1.** Qui sent le citron. **2.** Où l'on a mis du jus de citron.

CITRONNELLE n.f. **1.** Graminée aromatique des régions tropicales cultivée pour son huile essentielle. **2.** Plante contenant une huile essentielle à odeur citronnée, telle que l'armoise citronnelle, la mélisse, la verveine odorante.

CITRONNIER n.m. **1.** Arbre du groupe des agrumes, cultivé dans les régions méditerranéennes et subtropicales, et produisant les citrons. (Genre *Citrus ;* famille des rutacées.) **2.** Bois de cet arbre, utilisé en ébénisterie. *(V. ill. page suivante).*

C

■ **CITRONNIER**

CITROUILLE n.f. (ital. *citruolo,* du lat. *citrus,* citron). Variété cultivée de courge, dont le fruit allongé, volumineux, peut atteindre 50 kg ; ce fruit. (Nom sc. *Cucurbita pepo ;* famille des cucurbitacées.)

■ **CITROUILLE**

CITRUS [sitrys] n.m. Arbre ou arbuste d'origine tropicale, dont plusieurs espèces ont été sélectionnées et croisées pour donner les divers agrumes (citron, orange, lime, cédrat, mandarine, clémentine, pomelo, etc.). [Groupe des aurantiées ; famille des rutacées.]

ÇIVAÏSME n.m. → **SHIVAÏSME.**

CIVE n.f. (lat. *caepa,* oignon). Ciboule.

CIVELLE n.f. (du lat. *caecus,* aveugle). Jeune anguille au moment de sa montée dans les cours d'eau. (Long. 8 cm.)

CIVET n.m. (de *cive,* ragoût préparé avec des cives). Ragoût de lièvre, de lapin ou d'autre gibier, mariné au vin rouge et cuit dans une sauce liée au sang.

1. **CIVETTE** n.f. (ital. *zibetto,* mot ar.). **1.** Mammifère carnivore d'Asie du Sud-Est, à pelage gris orné de bandes et de taches noirâtres, à griffes rétractiles (civette vraie) ou semi-rétractiles (civette palmiste). [Long. 50 à 80 cm ; famille des viverridés.] **2.** Sécrétion de la poche anale de cet animal, employée en parfumerie.

2. **CIVETTE** n.f. (de *cive*). Ciboulette.

CIVIÈRE n.f. (du lat. *cibarius,* qui sert au transport des provisions). Appareil servant à porter des blessés, des malades, des fardeaux, etc.

1. **CIVIL, E** adj. (lat. *civilis*). **1.** Qui concerne les citoyens, leur collectivité, leurs rapports sociaux. ◇ *Guerre civile,* entre citoyens d'un même pays. – *État civil* → **état.** – *Droits civils,* garantis par la loi à tous les citoyens d'un État considérés comme personnes privées (par oppos. à *droits politiques*). – *Code civil :* ouvrage qui réunit la législation relative à l'état et à la capacité des personnes, à la famille, au patrimoine et à sa transmission, aux contrats, obligations et sûretés. – *Partie civile :* personne qui intente une action devant une juridiction pénale pour obtenir réparation du préjudice subi par suite d'une infraction. **2.** Relatif aux rapports juridiques entre particuliers. *Droit civil* (par oppos. à *pénal*). **3.** Dépourvu de caractère militaire ou religieux. *Emploi, vêtement, mariage civil.* **4.** *Société civile* → **société. 5.** *Sout.* Respectueux de la politesse, des bonnes manières ; courtois.

2. **CIVIL** n.m. **1.** Personne dont les fonctions professionnelles ne s'exercent ni dans le domaine militaire ni dans le domaine religieux. ◇ *En civil :* vêtu d'un vêtement autre qu'un uniforme. **2.** État, condition du civil. *Dans le civil.* **3.** DR. Ce qui concerne les rapports juridiques entre les particuliers ; la procédure, les juridictions civiles. *Plaider au civil* (par oppos. à *pénal*).

CIVILEMENT adv. **1.** En matière civile, selon le droit civil (par oppos. aux juridictions pénales ou aux autorités religieuses). *Être civilement responsable. Se marier civilement.* **2.** *Sout.* Avec politesse.

CIVILISATEUR, TRICE adj. et n. Qui développe, propage la civilisation.

CIVILISATION n.f. **1.** Action de civiliser ; fait de se civiliser. **2.** Ensemble cohérent de sociétés ou de cultures ; ensemble des caractères sociaux, culturels, etc., qu'elles partagent. *Civilisation africaine, chinoise, européenne.* **3.** Période de rayonnement, de particulière richesse culturelle d'une ou de plusieurs sociétés, cultures, etc. ; ensemble de traits correspondants. *La civilisation grecque à son apogée.* **4.** Ensemble des comportements, des valeurs supposés témoigner du progrès humain, de l'évolution positive des sociétés (par oppos. à *barbarie*).

CIVILISÉ, E adj. et n. Doté d'une civilisation ; évolué, policé (par oppos. à *primitif, sauvage, rustre*).

CIVILISER v.t. **1.** Amener une société, un peuple d'un état jugé primitif ou inférieur à un état estimé supérieur d'évolution culturelle et matérielle. – Imposer ses traits caractéristiques à des sociétés particulières, hétérogènes, en parlant d'une civilisation donnée. **2.** *Fam.* Adoucir, polir le caractère, les manières de qqn. **3.** DR. Transformer en procès civil une affaire pénale.

CIVILISTE n. Spécialiste du droit civil.

CIVILITÉ n.f. (lat. *civilitas*). *Sout.* Respect des bienséances. ◆ pl. *Sout.* Paroles de politesse, compliments d'usage.

CIVIQUE adj. (du lat. *civis,* citoyen). **1.** Qui concerne le citoyen et son rôle dans la vie politique. ◇ *Droits civiques,* légalement conférés aux citoyens. – *Éducation* ou *instruction civique :* discipline enseignée à l'école primaire et au collège, destinée à préparer les élèves à leur rôle de citoyen. **2.** Propre au bon citoyen. ◇ *Sens civique :* dévouement envers la collectivité, l'État ; civisme.

CIVISME n.m. Sens civique.

CLABAUD n.m. (anc. fr. *clabet,* crécelle). VÉNER. Chien courant qui clabaude.

CLABAUDAGE n.m. **1.** Cri du chien qui clabaude. **2.** Vieilli. Criaillerie.

CLABAUDER v.i. **1.** VÉNER. Aboyer hors des voies, en parlant du chien courant. **2.** Vieilli. Criailler pour ameuter contre qqn.

CLABAUDERIE n.f. Vieilli. Médisance, criaillerie intempestive.

CLABOT n.m. → **CRABOT.**

CLABOTAGE n.m. → **CRABOTAGE.**

1. **CLABOTER** v.i. *Fam.,* vieilli. Mourir.

2. **CLABOTER** v.t. → **CRABOTER.**

CLAC interj. (onomat.). Exprime un bruit sec, un claquement bref, un événement soudain.

CLADE n.m. (gr. *klados,* rameau). BIOL. Grand groupe d'animaux ou de plantes caractérisé par une origine évolutive probablement commune, tel que les cordés, les plantes vasculaires.

1. **CLADISTIQUE** n.f. ou **CLADISME** n.m. Méthode de classification des êtres vivants selon leur parenté évolutive, fondée sur la recherche des caractères propres aux différents groupes.

2. **CLADISTIQUE** adj. Relatif à la cladistique. *Méthode cladistique.*

CLADOCÈRE n.m. Crustacé marin ou d'eau douce, souvent pourvu d'une carapace bivalve, nageant à l'aide d'une paire de longues antennes rameuses et dont le type est la daphnie. (Les cladocères forment un ordre.)

CLADOGRAMME n.m. SC. DE LA V. Schéma exprimant les relations de parenté probables entre plusieurs espèces ou groupes d'espèces, à partir d'une analyse cladistique des caractères apomorphes qu'ils partagent deux à deux.

CLADONIE n.f. Lichen foliacé à l'aspect de petit buisson, dont une espèce des régions arctiques est un véritable fourrage pour les rennes durant l'hiver.

CLAFOUTIS n.m. Gâteau cuit au four, constitué par un mélange de pâte et de fruits, notamm. de cerises. (Spécialité du Limousin.)

CLAIE [klɛ] n.f. (mot gaul.). **1.** Treillis d'osier, de fil métallique, etc., à claire-voie. **2.** Clôture à claire-voie en bois ou en métal.

CLAIM [klɛm] n.m. (mot angl.). Concession minière de métaux ou de minéraux précieux.

1. **CLAIR, E** adj. (lat. *clarus*). **1.** Qui répand de la lumière, en a l'éclat. *Une flamme claire.* **2.** Qui reçoit beaucoup de lumière. *Une salle claire.* **3.** Qui laisse passer la lumière ; transparent, pur. *Une source claire.* **4.** Peu consistant. *Une soupe claire.* **5.** De couleur peu foncée. *Une étoffe rose clair.* **6.** Se dit d'un son net, cristallin. *Voix claire.* **7.** Facilement intelligible. *Un exposé clair.* **8.** Sans équivoque ; évident, manifeste. *Il est clair qu'il ne viendra pas.* **9.** Qui comprend facilement ; qui se fait aisément comprendre. *Esprit clair.* ◆ adv. **1.** *Il fait clair :* il fait grand jour. **2.** *Voir clair, y voir clair :* distinguer nettement ; *fig.,* juger pertinemment. **3.** *Parler clair,* distinctement ; *fig.,* avec netteté et franchise.

2. **CLAIR** n.m. **1.** Clarté répandue par un astre. *Clair de lune.* **2.** *Le plus clair de :* la majeure partie de. *Le plus clair du temps.* **3.** *Mettre au clair :* rendre intelligible en ordonnant. *Mettre ses idées au clair.* – *Tirer au clair :* éclaircir, élucider ce qui est embrouillé, obscur. – *En clair :* non chiffré et non codé. *Message en clair.* **4.** (Surtout pl.) Partie éclairée dans un tableau. *Les ombres et les clairs.* SYN. : *lumière.*

CLAIRANCE n.f. PHYSIOL., MÉD. Rapport entre le débit d'élimination d'une substance chimique par un organe (foie, rein) et la concentration de la substance dans le sang, reflétant le fonctionnement de l'organe.

CLAIRE n.f. Bassin d'eau saumâtre, peu profond, où l'on affine les huîtres. ◇ *Fine de claire,* ou *claire :* huître n'ayant séjourné en claire que quelques semaines (par oppos. à *spéciale*).

CLAIREMENT adv. De façon claire.

CLAIRET, ETTE adj. (de *clair*). **1.** *Vin clairet,* ou *clairet,* n.m. : vin rouge très léger. **2.** Peu épais. *Bouillon clairet.*

CLAIRETTE n.f. Vin blanc, mousseux ou non, du Midi ; cépage blanc cultivé dans le Midi.

CLAIRE-VOIE n.f. (pl. *claires-voies*). **1.** Clôture faite d'un entrecroisement de lattes, laissant passer la lumière. ◇ *À claire-voie :* ajouré. **2.** ARCHIT. **a.** Suite de baies contiguës ajourant un niveau d'un bâtiment sur la longueur de plusieurs travées. (Le terme désigne le plus souvent les fenêtres hautes d'une nef d'église.) **b.** Garde-corps ou clôture ajourés.

CLAIRIÈRE n.f. **1.** Endroit dégarni d'arbres, dans un bois, une forêt. **2.** TEXT. Endroit d'une étoffe où elle est moins serrée.

CLAIR-OBSCUR n.m. (pl. *clairs-obscurs*). **1.** PEINT., DESS. Procédé consistant à moduler la lumière sur un fond d'ombre, de manière à suggérer le relief et la profondeur. – GRAV. Camaïeu. **2.** Lumière douce, tamisée.

CLAIRON n.m. (de *clair*). **1.** Instrument de musique à vent, sans clé ni piston, en usage surtout dans l'armée. **2.** Instrumentiste qui sonne du clairon.

CLAIRONNANT, E adj. Qui résonne puissamment ; qui s'affirme avec éclat. *Une voix claironnante. Une joie claironnante.*

CLAIRONNER v.i. **1.** Rare. Jouer du clairon. **2.** Parler d'une voix forte et claire. ◆ v.t. Proclamer avec éclat. *Claironner une nouvelle.*

CLAIRSEMÉ, E adj. **1.** Planté de-ci de-là. *Gazon clairsemé.* **2.** *Fig.* Peu nombreux et dispersés ; épars. *Applaudissements clairsemés.*

CLAIRVOYANCE n.f. **1.** Faculté de l'esprit à juger avec clarté ; perspicacité. **2.** En parapsychologie, perception extrasensorielle, ou sixième sens.

CLAIRVOYANT, E adj. **1.** Vx. Qui voit (par oppos. à *aveugle*). **2.** Qui juge avec clarté ; perspicace.

CLAM [klam] n.m. (angl. *to clam,* serrer). Mollusque marin bivalve de l'Atlantique, voisin de la praire, comestible. (Genre *Mercenaria ;* famille des vénéridés.)

CLAMECER v.i. → **CLAMSER.**

CLAMER v.t. (lat. *clamare*). Exprimer en termes violents ou par des cris. *Clamer son innocence.*

CLAMEUR n.f. (lat. *clamor*). Cri collectif confus et tumultueux.

CLAMP [klɑ̃p] n.m. (mot angl., du néerl. *klamp*, crampon). Instrument chirurgical servant à pincer les vaisseaux pour empêcher l'hémorragie.

CLAMSER [klamse] [3] ou **CLAMECER** v.i. [9]. *Fam.* Mourir.

CLAN n.m. (mot irlandais, *descendant*). **1.** Formation sociale écossaise ou irlandaise, regroupant un certain nombre de familles. **2.** ANTHROP. Unité sociale exogame, de filiation unilinéaire, se reconnaissant un ancêtre commun. **3.** *Péjor.* Groupe fermé de personnes réunies par une communauté d'intérêt ou d'opinions ; coterie.

CLANDÉ n.m. *Arg.* Maison de prostitution ; maison de jeu clandestine.

CLANDESTIN, E adj. (lat. *clandestinus*, de *clam*, en secret). Qui se fait en cachette, dans le secret. *Réunion clandestine.* ◇ *Passager clandestin*, embarqué à bord d'un navire, d'un avion à l'insu de l'équipage et qui reste caché pendant la durée de la traversée, du voyage. ◆ n. Immigré ou travailleur clandestin.

CLANDESTINEMENT adv. De façon clandestine ; secrètement.

CLANDESTINITÉ n.f. **1.** Caractère de ce qui est clandestin. **2.** Situation de ceux qui mènent une existence clandestine. *Entrer dans la clandestinité.*

CLANIQUE adj. Relatif au clan.

CLANISME n.m. SOCIOL. Comportement de personnes qui recherchent leur intérêt commun en dehors des règles sociales et des lois.

CLAP n.m. (mot angl., *claquement*). CINÉMA. Instrument formé de deux plaquettes réunies par une charnière et qui sert au repère sonore et visuel lors du montage, grâce aux références du plan filmé qui y sont notées. SYN. : *claquette.*

CLAPET n.m. (de l'anc. fr. *claper*, frapper). **1.** Partie mobile d'une soupape. **2.** *Fam.* Bouche, langue d'une personne bavarde. *Ferme ton clapet !*

CLAPIER n.m. (anc. provenç. *clapier*, de *clap*, tas de pierres). **1.** Cabane où l'on élève les lapins. **2.** *Fam.* Logis sale et exigu.

CLAPIR v.i. Pousser son cri, en parlant du lapin.

CLAPOTAGE ou **CLAPOTEMENT** n.m. → **CLAPOTIS.**

CLAPOTER v.i. (onomat.). Produire un clapotis, en parlant de l'eau, des vaguelettes qui agitent sa surface.

CLAPOTEUX, EUSE ou **CLAPOTANT, E** adj. Qui clapote.

CLAPOTIS, CLAPOTEMENT ou **CLAPOTAGE** n.m. Agitation légère de l'eau, produisant un petit bruit ; ce bruit.

CLAPPEMENT n.m. (onomat.). Bruit sec que fait la langue en se détachant du palais.

CLAPPER v.i. Produire un clappement. *Clapper de la langue.*

CLAQUAGE n.m. **1.** Rupture partielle, accidentelle d'un muscle. **2.** ÉLECTROTECHN. Processus, dû à un champ électrique, qui transforme brusquement tout ou partie d'un milieu isolant en un milieu conducteur.

CLAQUANT, E adj. *Fam.* Très fatigant ; exténuant, épuisant.

1. CLAQUE n.f. (de *claquer*). **1.** Coup donné du plat de la main, en partic. au visage. ◇ *Fam. Tête à claques :* personne antipathique, désagréable. **2.** *La claque :* groupe de personnes payées pour applaudir un spectacle. **3. a.** Partie de la tige d'une chaussure qui couvre l'empeigne et le cou-de-pied. **b.** Québec. Enveloppe en caoutchouc à semelle adhérente, protégeant les chaussures contre la pluie et la neige. **4.** *Fam. En avoir sa claque (de) :* être excédé (de), ne plus pouvoir supporter.

2. CLAQUE n.m. Chapeau haut de forme, à ressort, qui peut s'aplatir. (On dit aussi *chapeau claque* ou *gibus*.)

3. CLAQUE n.m. *Vulg.* Maison de prostitution.

CLAQUEMENT n.m. Fait de claquer ; bruit de ce qui claque.

CLAQUEMURER v.t. (de l'anc. fr. *à claquemur*, en un lieu si étroit que le mur claque). Enfermer étroitement. *Claquemurer des prisonniers.* ◆ **se claquemurer** v.pr. S'enfermer chez soi.

CLAQUER v.i. (onomat.). **1.** Produire un bruit sec. *Faire claquer un fouet.* ◇ *Fam. Claquer des dents, claquer de froid :* avoir très froid. **2.** *Fam.* Se casser, céder. *Verre, ficelle qui claque.* ◇ *Fam. Claquer dans les doigts, dans les mains de qqn :* échouer, en parlant d'une affaire. **3.** *Fam.* Mourir. ◆ v.t. **1.** Appliquer, fermer qqch avec un bruit sec, violemment. *Claquer une porte.* **2.** Donner une claque, des claques ; gifler. **3.** *Fam.* Épuiser, éreinter. *Ce travail m'a claqué.* **4.** *Fam.* Dépenser, dilapider. *Claquer ses économies.* ◆ **se claquer** v.pr. **1.** *Fam.* S'épuiser. **2.** *Se claquer un muscle, un tendon :* se faire un claquage lors d'un effort violent.

CLAQUETER v.i. [16]. Pousser son cri, en parlant de la cigogne. SYN. : *craqueter.*

CLAQUETTE n.f. **1.** Instrument formé de deux planchettes que l'on fait claquer pour donner un signal ; claquoir. **2.** Clap. ◆ pl. *Danse à claquettes*, ou *claquettes* → **danse.**

CLAQUOIR n.m. Claquette.

CLARAIN n.m. Constituant le plus fréquent du charbon, d'apparence homogène et brillante.

CLARIFICATION n.f. Action de clarifier ; fait de devenir clair.

CLARIFIER v.t. [5]. **1.** Rendre clair ; purifier, épurer. *Clarifier un liquide trouble. Clarifier du beurre fondu.* **2.** Rendre plus simple à comprendre ; éclaircir, élucider. *Clarifier la situation.*

CLARINE n.f. (de *clair*). Clochette qu'on pend au cou des animaux (vaches, surtout) à l'alpage.

CLARINETTE n.f. (de l'anc. adj. *clarin*, qui sonne clair [fort]). Instrument à vent, à clés et à anche simple, de la catégorie des bois.

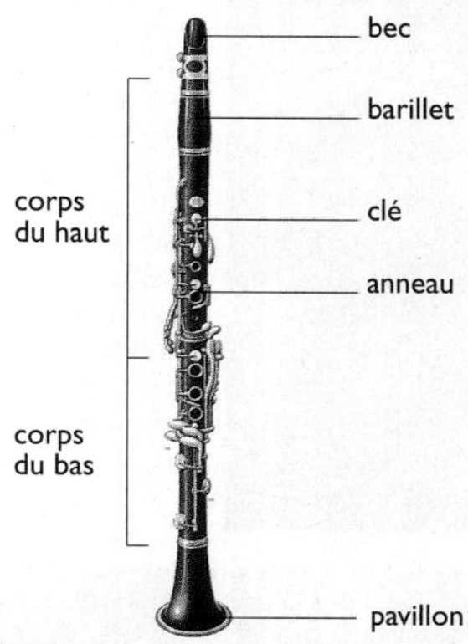

■ **CLARINETTE**

CLARINETTISTE n. Instrumentiste qui joue de la clarinette.

CLARISSE n.f. Religieuse de l'ordre contemplatif fondé par sainte Claire (1212) sur le modèle de la règle franciscaine.

CLARTÉ n.f. (lat. *claritas*). **1.** Lumière, éclairage répandus par qqch de lumineux. *La lampe répand une douce clarté.* **2.** État, caractère de ce qui est clair, lumineux, transparent, limpide. *La clarté d'un appartement. La clarté d'un verre.* **3.** Caractère de ce qui est facile à comprendre, net, précis. *La clarté d'un raisonnement. S'exprimer avec clarté.* **4.** Dans un instrument d'optique, rapport des éclairements de la rétine mesurés avec et sans l'instrument. ◆ pl. Vieilli. Connaissances, notions générales. *Avoir des clartés sur tout.*

CLASH [klaʃ] n.m. [pl. *clashs* ou *clashes*] (mot angl.). *Fam.* Rupture, conflit, désaccord brutaux et violents.

CLASSABLE adj. Qui peut être classé.

1. CLASSE n.f. (lat. *classis*). **I.** *Catégorie.* **1.** Groupe, ensemble de choses, de personnes ayant des traits communs ; catégorie. *S'adresser à une certaine classe de lecteurs. Classes grammaticales.* ◇ *Classe politique :* ensemble des hommes politiques d'un pays. — BIOL. Grande division d'un embranchement d'êtres vivants, elle-même subdivisée en ordres. *Classe des oiseaux, des insectes.* — LOG. Ensemble. ◇ ALGÈBRE. *Classe d'équivalence :* partie d'un ensemble, sur lequel on a défini une relation d'équivalence, qui comprend tous les éléments équivalents à l'un d'entre eux. — STAT. Chacun des intervalles disjoints en lesquels on divise l'ensemble des valeurs prises par un caractère quantitatif. **2.** Ensemble d'individus défini en fonction d'un critère économique, historique, sociologique. *Classe bourgeoise, ouvrière.* **3.** Catégorie, rang attribué à qqn, à qqch selon un ordre d'importance, de valeur, de qualité. *Hôtel de première classe. Athlète de classe internationale.* **4.** Valeur, qualité exceptionnelle ; élégance naturelle, distinction. *Cet homme a beaucoup de classe.* ◇ *Fam. La classe ! :* l'élégance, la distinction, la réussite. **II.** *Enseignement.* **1.** Chacun des degrés de l'enseignement primaire et secondaire. **2.** Division, au sein d'un même degré, constituée par un certain nombre d'élèves ; l'ensemble de ces élèves. *Il est le plus âgé de sa classe.* ◇ *Classe verte*, ou *classe de nature, classe de neige, classe de mer :* séjour à la campagne, à la montagne ou à la mer d'une classe qui partage ses activités entre les études et le sport ou la découverte de la nature. **3.** Salle occupée par les élèves d'une division. **4.** Enseignement donné dans les écoles, collèges et lycées ; cours. *Livres de classe. Faire la classe.* ◇ *En classe :* à l'école. *Aller en classe.* **5.** Section d'un enseignement artistique. *Classe de solfège.* **6.** MIL. Ensemble des jeunes recensés la même année, à partir de l'âge de 16 ans. ◇ *Faire ses classes :* recevoir l'instruction militaire de base au début du service militaire ; *fig.*, acquérir de l'expérience dans une matière.

2. CLASSE adj. inv. *Fam.* Qui a de la classe ; distingué, chic.

CLASSEMENT n.m. **1.** Action de classer ; manière de classer. **2.** Rang dans lequel une personne est classée. *Obtenir un bon classement.*

CLASSER v.t. **1.** Ranger, répartir par classes, par catégories ou dans un ordre déterminé. *Classer des documents.* **2.** Assigner une place dans une classe, une catégorie. *On classe la baleine parmi les mammifères.* — *Péjor.* Juger définitivement qqn ; cataloguer. *Il a vite fait de classer les gens.* **3.** *Classer un site, un monument, un objet*, les déclarer d'intérêt historique ou esthétique et placer leur sauvegarde sous le contrôle de l'État. (→ *monument*). **4.** *Classer une affaire.* **a.** DR. Clore une instruction par un non-lieu. **b.** Considérer une affaire comme réglée, en ranger le dossier. ◆ **se classer** v.pr. Obtenir un certain rang. *Se classer dans les premiers.*

CLASSEUR n.m. Meuble à compartiments, boîte de rangement ou chemise rigide où l'on classe des documents.

CLASSICISME n.m. (du lat. *classicus*, de première classe). **1.** Caractère de ce qui est classique, conforme à une certaine tradition, notamm. en matière littéraire ou artistique. **2.** Doctrine littéraire et artistique se signalant par une recherche de l'équilibre, de la clarté, du naturel. — Ensemble de tendances et de théories qui se manifestent en France au XVIIe s. et qui s'expriment dans des œuvres littéraires et artistiques considérées comme des modèles.

ENCYCL. Dans l'histoire littéraire de la France, le classicisme est incarné par la génération de 1660-1680 (La Fontaine, Molière, Mme de La Fayette, Racine, Boileau, Bossuet, La Bruyère), qui rassemble des écrivains liés non par une doctrine, mais par une communauté de goûts : la codification par Boileau des principes de l'esthétique classique (imitation des Anciens, recherche du naturel et du vraisemblable, goût de la mesure, finesse dans l'analyse morale et psychologique, clarté du style) n'interviendra qu'après les grandes œuvres qui l'illustrent.

En art, les premiers maîtres classiques sont les grands Italiens de la seconde *Renaissance, notamment les architectes Bramante et A. da Sangallo l'Ancien, puis Palladio, le peintre Raphaël et aussi Titien, suivis, après la phase du *maniérisme*, par les Carrache et leurs élèves, créateurs de l'*académisme* pictural. Dans la seconde moitié du XVIIIe s., une meilleure connaissance de l'Antiquité suscite le *néoclassicisme*. Entre ces deux époques, l'influence de la seconde Renaissance italienne aboutit, alors que l'Italie même se voue à l'impulsion contraire du *baroque*, au classicisme de divers pays d'Europe du Nord, dont l'Angleterre, la Hollande et plus encore la France, où il s'impose en même temps que l'ordre monarchique absolu. Lescot et Delorme annoncent dès le XVIe s. ce classicisme, qu'expriment pleinement F. Mansart ainsi que Poussin et le Lorrain, établis à Rome ; l'effort de coordination mené par Le Brun, par les Académies royales et par Colbert va l'ériger en doctrine officielle à partir de 1660. L'un de ses manifestes est la « colonnade » du Louvre, attribuée à Claude Perrault (1667). À Versailles, les jardins de Le Nôtre reçoivent, sous la direction de Girardon, une grande partie de leur statuaire, et J.H.-Mansart entreprend, en 1678, sa grande campagne d'agrandissement et

■ LE CLASSICISME FRANÇAIS

La France, particulièrement sous le règne de Louis XIV, est un foyer majeur du classicisme. Mais ses artistes ne se sont jamais qualifiés eux-mêmes de *classiques.* Ils ont le sentiment d'œuvrer vers la perfection ; leur foi en un idéal d'équilibre et de beauté a pour solides soutiens l'étude de l'Antiquité (surtout romaine) et l'observation de la nature, chargées de se corriger et de se justifier l'une l'autre.

Pierre Lescot. Détail de la façade du nouveau ▷ Louvre (Paris) sur la cour Carrée, construite à partir de 1546. Ordres corinthien et composite fidèles aux modèles antiques, mais recherche de la variété décorative plutôt que d'une monumentalité à l'italienne.

◁ **Nicolas Poussin.** *Les Bergers d'Arcadie* (v. 1638). Quatre personnages méditent devant un tombeau dans cette peinture dont l'eurythmie souveraine est mise au service d'un thème humaniste : si l'Arcadie est le séjour traditionnel du bonheur, la mort, cependant, ne l'épargne pas. (Louvre, Paris.)

Thomas Regnaudin. *L'Été* ▷ (personnifié par Cérès), groupe en plomb (1674) de T. Regnaudin (un élève de F. Anguier) d'après un dessin de Lebrun ; bassin de l'Été, dans les jardins de Versailles. Accoudée auprès d'un amour sur des gerbes aux épis gonflés, Cérès, corps opulent légèrement renversé en arrière, se laisse baigner par le soleil fécondateur.

Jules Hardouin-Mansart. La chapelle du château de Versailles, commencée en 1699 par J. H.-Mansart, achevée en 1710 par R. de Cotte. Couronnement de l'art versaillais du « Grand Siècle », le sanctuaire frappe par sa noblesse, son unité, sa force, conséquence de l'harmonie des proportions et d'une savante distribution de la lumière. Le décor, allégé par rapport aux conceptions de Le Brun, appartient déjà au XVIIIe s. (Au cul-de-four, Résurrection du Christ par La Fosse.)

de régularisation du château. Par-delà l'époque *rocaille,* le classicisme architectural français atteindra à partir de 1750, avec J. A. Gabriel, sa plus haute expression de mesure et d'harmonie.
En musique, la notion de classicisme s'applique à la création de la fin du XVIIIe s. (notamm. J. Haydn, W. A. Mozart et les premières œuvres de L. van Beethoven).

CLASSIFICATEUR, TRICE adj. et n. Qui classifie.

CLASSIFICATION n.f. **1.** Distribution par classes, par catégories, selon un certain ordre et une certaine méthode ; son résultat. ◇ *Classification décimale universelle :* répartition bibliographique des connaissances humaines fondée sur la numérotation décimale. – *Classification périodique universelle* ⟶ **périodique. 2.** MAR. *Société de classification :* société qui certifie qu'un navire est construit et entretenu conformément aux normes de sécurité en lui délivrant une cote.

CLASSIFICATOIRE adj. **1.** Qui constitue une classification. **2.** ETHNOL. *Parenté classificatoire,* qui n'est pas biologique mais reconnue selon des critères sociaux.

CLASSIFIER v.t. [5]. Procéder à la classification d'un ensemble de données.

1. CLASSIQUE adj. (lat. *classicus,* de première classe). **1. a.** Qui appartient à l'Antiquité gréco-romaine. **b.** *Spécial.* Se dit des auteurs, des artistes et des œuvres qui, à partir du XVe s., s'inspirent, même très indirectement, des modèles esthétiques de l'Antiquité. – Qui comporte l'enseignement de la langue et de la littérature grecques et latines. *Études classiques.* ◇ *Théâtre classique :* théâtre des auteurs du XVIIe s. français (Racine, Corneille, Molière) qui s'inspirent de la dramaturgie gréco-latine et obéissent aux règles de la vraisemblance et de la division des genres, par oppos. au *théâtre *baroque.* (⟶ *classicisme*). **2.** *Musique classique,* des grands compositeurs occidentaux, par oppos. au jazz, aux variétés. (⟶ *classicisme*). **3.** Se dit d'une époque, dans l'évolution artistique d'une civilisation, où s'allient équilibre et qualité technique (v. 490-338 av. J.-C. en Grèce ; v. 250 à 950 apr. J.-C. chez les Mayas). **4.** Qui est un modèle du genre, qui fait autorité dans son domaine. *Ouvrage classique.* **5.** Qui est conforme à l'usage, à la tradition. – *Fam.* Qui ne surprend pas ; habituel. *C'est le coup classique.* ◇ *Armes classiques,* autres que les armes nucléaires, biologiques et chimiques. SYN. : *conventionnel.* – ÉCON. *École classique :* ensemble de doctrines économiques développées en Angleterre entre 1776 et 1848 par les économistes libéraux (A. Smith, D. Ricardo). **6.** *Logique classique :* logique bivalente comprenant obligatoirement certaines lois, notamm. celle du tiers exclu et celle de la non-contradiction. – *Logiques non classiques :* ensemble des logiques modales, plurivalentes et affaiblies.

2. CLASSIQUE n.m. **1.** Écrivain ou artiste de l'Antiquité ou qui s'est inspiré de l'Antiquité (notamm. en France, au XVIIe s.). **2.** Auteur, ouvrage, œuvre qui peuvent servir de modèle, dont la valeur est universellement reconnue. **3.** La musique classique. (⟶ *classicisme*). **4.** Ce qui est conforme au goût traditionnel. *S'habiller en classique.* ◆ n. Partisan du classicisme.

3. CLASSIQUE n.f. Épreuve sportive consacrée par la tradition. – En cyclisme, grande course sur route disputée en une seule journée.

CLASSIQUEMENT adv. **1.** De façon classique, selon les normes classiques. **2.** *Sout.* Habituellement.

CLASTIQUE adj. (gr. *klastos,* brisé). PSYCHIATR. *Crise clastique,* caractérisée par des actes violents et imprévisibles.

CLAUDICANT, E adj. (du lat. *claudicare,* boiter). *Litt.* Se dit d'une personne qui boite, de sa démarche. ◇ *Des arguments claudicants,* qui manquent de solidité, de conviction.

CLAUDICATION n.f. *Litt.* Action de boiter. – *Spécial.* Altération pathologique de la marche.

CLAUDIQUER v.i. *Litt.* Être atteint de claudication ; boiter.

CLAUSE n.f. DR. Disposition particulière d'un acte juridique. ◇ *Clause de style :* clause commune aux actes juridiques de même nature ; *par ext., cour.,* formule consacrée et sans importance. – *Clause compromissoire :* clause qui prévoit l'arbitrage en cas de litige. – *Clause pénale,* qui fixe le montant de l'indemnité à payer en cas d'inexécution ou de mauvaise exécution du contrat. – *Clause résolutoire,* qui prévoit la résolution automatique de l'acte si l'une des parties ne remplit pas ses engagements ou si survient un événement imprévisible indépendant de la volonté des parties.

CLAUSTRA [klostra] n.m. [pl. *claustras*] (mot lat.). ARCHIT. Paroi à appareil ajouré qui clôture une baie, un espace.

CLAUSTRAL, E, AUX adj. (du lat. *claustrum*, clôture). Relatif au cloître. – *Fig., litt.* Qui rappelle l'austérité du cloître.

CLAUSTRATION n.f. **1.** Action de claustrer ; son résultat. – *Par ext.* Séjour prolongé dans un lieu clos, à l'écart du monde. **2.** PSYCHIATR. Vieilli. Nom donné autref. à la réclusion volontaire d'une personne à son domicile.

CLAUSTRER v.t. Vx. Enfermer qqn dans un cloître ; cloîtrer. – *Par ext.* Enfermer qqn dans un endroit clos et isolé.

CLAUSTROPHOBE adj. Relatif à la claustrophobie. ◆ adj. et n. Atteint de claustrophobie.

CLAUSTROPHOBIE n.f. (de *claustrer* et gr. *phobos*, peur). PSYCHIATR. Crainte morbide de se trouver dans un espace clos.

CLAUSULE n.f. (lat. *clausula*, de *claudere*, terminer). RHÉT. Dernier membre d'une période oratoire, d'un vers, d'une strophe.

CLAVAIRE n.f. (lat. *clava*, massue). Champignon des bois, en touffes jaunes ou blanchâtres. (Classe des basidiomycètes.)

CLAVEAU n.m. (lat. *clavellus*, petit clou). ARCHIT. Chacune des pierres en forme de coin qui, s'appuyant les unes contre les autres, constituent une plate-bande, un arc, une voûte. SYN. : *voussoir*.

CLAVECIN n.m. (lat. *clavis*, clef, et *cymbalum*, cymbale). Instrument de musique à cordes métalliques pincées, à un ou deux claviers.

■ **CLAVECIN** (entre 1697 et 1789).

CLAVECINISTE n. Instrumentiste qui joue du clavecin.

CLAVELÉ, E ou **CLAVELEUX, EUSE** adj. VÉTÉR. Atteint de clavelée.

CLAVELÉE n.f. (lat. *clavus*, clou). VÉTÉR. Maladie contagieuse du mouton, analogue à la variole.

CLAVER v.t. **1.** ARCHIT. Construire à claveaux ; poser la clef d'une voûte. **2.** MIN. Mettre en serrage un soutènement ou un remblai contre le toit de la couche.

CLAVETAGE n.m. **1.** MÉCAN. INDUSTR. Opération qui consiste à rendre solidaires ou à bloquer deux pièces mécaniques par une clavette. **2.** IMPRIM. Saisie de textes à composer.

CLAVETER v.t. [16]. Assembler au moyen d'une clavette.

CLAVETTE n.f. (lat. *clavis*, clef). Petite pièce métallique disposée longitudinalement ou transversalement à deux pièces coaxiales afin de réaliser leur liaison.

CLAVICORDE n.m. Instrument à cordes frappées et à clavier, ancêtre du piano.

CLAVICULE n.f. (lat. *clavicula*, petite clef). Os antérieur de l'épaule, allongé horizontalement, s'étendant du sternum à l'omoplate.

CLAVIER n.m. (lat. *clavis*, clef). **1.** Ensemble des touches de certains instruments de musique (piano, orgue, accordéon, etc.), d'une machine à écrire, d'un terminal informatique, etc. *Poste téléphonique à clavier.* **2.** *Fig.* Ensemble des possibilités dont on dispose dans un domaine donné. *Le clavier des sensations. Poète qui a un riche clavier.* ◆ pl. Ensemble d'instruments électroniques à clavier dirigés par un même musicien.

CLAVIÉRISTE n. Instrumentiste utilisant des claviers électroniques.

CLAVISTE n. IMPRIM. Personne qui effectue la saisie ou la composition de textes.

CLAYÈRE [klejɛr] n.f. (de *claie*). Parc à huîtres.

CLAYETTE [klejɛt] n.f. **1.** Étagère amovible à claire-voie. *Clayettes d'un réfrigérateur.* **2.** Cageot.

CLAYMORE [klemɔr] n.f. (mot angl.). Grande épée que les guerriers écossais maniaient à deux mains (XIVe au XVIe s.).

CLAYON [klejɔ̃] n.m. Petite claie servant à faire égoutter les fromages, à faire sécher les fruits, etc.

CLAYONNAGE n.m. Assemblage de pieux et de branchages pour soutenir des terres.

CLAYONNER v.t. Garnir de clayonnages. *Clayonner un talus, une route.*

CLÉ n.f. → **CLEF.**

CLEAN [klin] adj. inv. (mot angl., *propre*). *Fam.*, anglic. Se dit notamm. d'un style de décoration, d'un genre d'élégance vestimentaire nets, sans surcharge.

CLEARANCE [klirɑ̃s] n.f. (mot angl., *enlèvement*). PHYSIOL. (Anglic. déconseillé). Clairance.

CLEARING [kliriŋ] n.m. (mot angl., *compensation*). Compensation d'opérations financières ou commerciales. ◇ *Accord de clearing :* accord entre deux pays aux termes duquel le produit d'exportations est affecté au règlement d'importations.

CLÉBARD ou **CLEBS** [klɛps] n.m. (ar. *kalb*, chien). *Fam.* Chien.

CLÉDAR n.m. Suisse. Porte à claire-voie d'un pâturage, d'un jardin.

CLEF ou **CLÉ** n.f. (lat. *clavis*). **1.** Pièce métallique servant à ouvrir ou à fermer une serrure. *Fermer une porte à clef.* ◇ *Sous clef :* en un endroit fermé à clef. – *Mettre la clef sous la porte :* partir furtivement. – *Clefs en main :* se dit d'une usine, d'un logement, d'une voiture entièrement terminés, prêts à être utilisés. – *La clef des champs :* la liberté. **2.** *Fig.* Point, position stratégique qui commande un accès. *Gibraltar est la clef de la Méditerranée.* – (En appos., avec ou sans trait d'union.) Se dit de ce qui joue un rôle capital, essentiel. *Industrie-clef. Rôle clef.* **3.** Ce qui permet l'accès à qqch. *La ténacité est la clef de la réussite.* ◇ *À la clef :* avec, à la fin de l'opération. **4.** Ce qui permet de comprendre ; solution. *La clef d'un mystère.* ◇ *Livre à clef :* ouvrage, le plus souvent romanesque, où des personnages et des faits réels sont travestis mais restent reconnaissables. **5.** MUS. Signe placé en début de portée et qui identifie les notes. ◇ *Clef d'ut*, identifiant comme un *ut* la note placée sur la ligne qui passe dans le renfoncement médian de la clef. – *Clef de sol*, identifiant comme un *sol* la note placée sur la ligne qui coupe la spirale de la clef. – *Clef de fa*, identifiant comme un *fa* la note placée sur la ligne qui passe entre les deux points. **6.** Pièce mobile qui ouvre ou bouche les trous d'un instrument à vent. **7.** Dispositif servant à ouvrir ou à fermer ; outil servant à serrer ou à desserrer, à monter ou à démonter. *Clef plate. Clef anglaise, à molette.* **8.** INFORM., TÉLÉCOMM. Code servant au chiffrement et au déchiffrement d'un message codé. ◇ *Clef électronique* ou *de protection :* dispositif physique connecté au port d'un ordinateur pour assurer la protection d'un logiciel contre la copie. **9.** ARCHIT. Claveau central d'un arc, d'une voûte, qui bloque les autres pierres dans la position voulue. ◇ *Clef de voûte :* ce dont dépend l'équilibre d'un système, d'un raisonnement. **10.** SPORTS. Prise de lutte, de judo portée avec le bras et immobilisant l'adversaire.

■ **CLEFS** en musique.

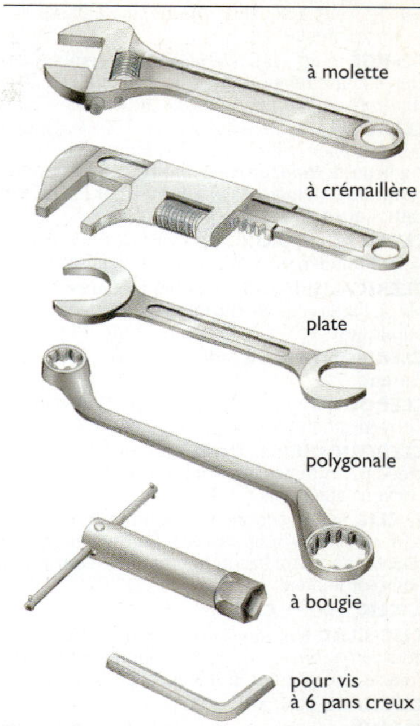

■ **CLEFS** de mécanique.

CLÉMATITE n.f. (lat. *clematitis*, du gr. *klêma*, sarment). Plante ligneuse grimpante, très commune dans les haies, qui conserve tout l'hiver son fruit, surmonté d'une aigrette duveteuse. (On cultive des variétés ornementales, aux sépales très développés. Famille des renonculacées.)

■ **CLÉMATITES**

CLÉMENCE n.f. (lat. *clementia*). **1.** Disposition qui porte à épargner un coupable ou à atténuer son châtiment. **2.** Douceur du climat.

CLÉMENT, E adj. (lat. *clemens*). **1.** Qui manifeste de la clémence. **2.** Peu rigoureux ; doux. *Hiver clément. Ciel clément.*

CLÉMENTINE n.f. (du nom de P. *Clément*, qui obtint le fruit en 1902). Mandarine d'une variété à peau fine, fruit du clémentinier.

CLÉMENTINIER n.m. Arbuste hybride du bigaradier et du mandarinier, qui produit les clémentines. (Famille des rutacées.)

CLENCHE [klɛ̃ʃ] ou [klɑ̃ʃ] n.f. (francique *klinka*). Levier oscillant autour de l'axe du loquet d'une porte. – Belgique. Poignée de porte.

CLEPHTE n.m. → **KLEPHTE.**

CLEPSYDRE [klɛpsidr] n.f. (gr. *klepsudra*). Horloge antique, d'origine égyptienne, mesurant le temps par un écoulement d'eau dans un récipient gradué.

CLEPTOMANE n. → **KLEPTOMANE.**

CLEPTOMANIE n.f. → **KLEPTOMANIE.**

CLERC [klɛr] n.m. (lat. *clericus*, du gr. *klêros*). **1.** Celui qui est entré dans l'état ecclésiastique, se consacrant ainsi au service d'une Église. **2.** *Litt.*, vieilli. Lettré, savant. ◇ *Être grand clerc en qqch*, être versé dans ce domaine. **3.** Employé d'une étude d'officier public ou ministériel. *Clerc de* notaire. ◇ *Pas de clerc :* bévue, maladresse due à l'inexpérience.

CLERGÉ n.m. (lat. *clericatus*). Ensemble des clercs d'une religion, d'un pays, d'une ville, etc. *Le clergé catholique. Le clergé de France.*

CLERGYMAN [klɛrdʒiman] n.m. [pl. *clergymans* ou *clergymen*] (mot angl.). **1.** Ministre du culte anglican. **2.** *Habit de clergyman :* tenue se rapprochant de la tenue civile, adoptée par les prêtres catholiques depuis 1963.

CLÉRICAL, E, AUX adj. et n. (lat. *clericalis*). Relatif au clergé ; partisan du cléricalisme.

CLÉRICALISME n.m. Opinion, tendance favorable à l'intervention du clergé dans les affaires publiques.

CLERMONTOIS, E adj. et n. De Clermont-Ferrand.

CLÉROUQUE n.m. (gr. *klêros*, part). ANTIQ. GR. Citoyen athénien envoyé dans une clérouquie.

CLÉROUQUIE n.f. ANTIQ. GR. Colonie militaire créée par Athènes et dont les membres restaient citoyens athéniens.

1. CLIC interj. (onomat.). Exprime le bruit sec d'un déclic. ◆ n.m. INFORM. Enfoncement puis relâchement rapides du bouton de la souris d'un micro-ordinateur.

2. CLIC n.m. → **CLICK.**

CLIC-CLAC n.m. inv. (nom déposé). Canapé-lit dont on rabat le dossier à l'horizontale avec l'assise pour former le matelas de couchage.

C

CLICHAGE n.m. IMPRIM. Action de clicher.

CLICHÉ n.m. **1.** Image photographique négative. – IMPRIM. Plaque en métal ou en plastique photopolymère portant en relief l'empreinte d'une composition typographique, en vue de l'impression. **2.** *Fig., péjor.* Idée trop souvent répétée ; lieu commun, banalité.

CLICHER v.t. IMPRIM. Préparer un cliché.

CLICHERIE n.f. IMPRIM. Atelier de clichage.

CLICHEUR, EUSE n. Personne qui procède aux opérations de clichage.

CLICK ou **CLIC** n.m. (onomat.). PHON. Consonne caractéristique de certaines langues d'Afrique du Sud et produite par une double occlusion dans le conduit vocal.

1. CLIENT, E n. (lat. *cliens*). **1.** Personne qui reçoit de qqn, contre paiement, des fournitures commerciales ou des services. **2.** ANTIQ. ROM. Citoyen, famille qui se plaçait sous la protection d'un patricien, appelé en ce cas *patron.*

2. CLIENT n.m. INFORM. **1.** Programme qui sollicite les services d'un autre programme pour exécuter une tâche. **2.** Poste à partir duquel l'utilisateur d'un réseau fait appel aux services d'un serveur distant.

CLIENTÈLE n.f. **1.** Ensemble des clients d'une personne, d'un établissement, d'un pays. *Avoir une grosse clientèle.* – Fait d'être client, et notamm. client fidèle. *Accorder, retirer sa clientèle.* **2.** ANTIQ. ROM. Ensemble des clients protégés par un patron. **3.** Ensemble des partisans, des électeurs d'un parti, d'un homme politique.

CLIENTÉLISME n.m. *Péjor.* Fait, pour un homme politique ou un parti, de chercher à augmenter son pouvoir en s'appuyant sur une clientèle gagnée et entretenue à l'aide de procédés démagogiques, d'attribution d'avantages.

CLIENTÉLISTE adj. Relatif au clientélisme.

CLIENT-SERVEUR n.m. inv. INFORM. *Architecture client-serveur :* architecture logicielle dans laquelle les programmes d'application, dits *clients,* font appel, dans le cadre d'un réseau, à des services génériques distants fournis par des ordinateurs appelés *serveurs.*

CLIGNEMENT n.m. Action de cligner.

CLIGNER v.t. (lat. *cludere*, fermer). Fermer à demi les yeux sous l'effet de la lumière, du vent, etc., ou pour mieux distinguer. *Les myopes clignent les yeux pour accommoder* ◆ v.i. Fermer et ouvrir les paupières rapidement, de manière réflexe ; battre des paupières. ◇ *Cligner de l'œil :* faire un clin d'œil à qqn.

CLIGNOTANT, E adj. Qui clignote. ◆ n.m. **1.** Avertisseur lumineux à intermittence. **2.** Signe indicateur d'une évolution alarmante ; indicateur économique (inflation, balance commerciale, taux de chômage).

CLIGNOTEMENT n.m. Fait de clignoter.

CLIGNOTER v.i. (de *cligner*). **1.** Se fermer et s'ouvrir rapidement et de façon involontaire, en parlant des yeux, des paupières. *Une lumière trop vive fait clignoter les yeux.* **2.** S'allumer et s'éteindre par intermittence. *Lumière qui clignote.*

CLIGNOTEUR n.m. Belgique. Clignotant.

CLIMAT n.m. (lat. *clima,* inclinaison, mot gr.). **1.** Ensemble des phénomènes météorologiques (température, humidité, ensoleillement, pression, vent, précipitations) qui caractérisent l'état moyen de l'atmosphère en un lieu donné. **2.** Ensemble des circonstances dans lesquelles on vit ; ambiance.

CLIMATÉRIQUE adj. (lat. *climatericus,* qui va par échelons, du gr.). *Année climatérique,* ou *climatérique,* n.f. : chacune des années de la vie multiples de 7 ou de 9, que les Anciens disaient critiques, surtout la soixante-troisième *(grande climatérique),* produit de 7 par 9.

CLIMATIQUE adj. Relatif au climat. ◇ *Station climatique,* réputée pour l'action bienfaisante de son climat.

CLIMATISATION n.f. Création ou maintien de conditions déterminées de température et d'humidité dans une enceinte ou un local ; ensemble des moyens visant à ce but.

CLIMATISER v.t. Assurer la climatisation de.

CLIMATISEUR n.m. Appareil de climatisation.

CLIMATOLOGIE n.f. **1.** Science de l'atmosphère dont l'objet est l'étude des climats. **2.** *Climatologie médicale,* ou *bioclimatologie humaine :* discipline qui étudie les effets néfastes ou bienfaisants du climat sur l'homme sain ou malade. ENCYCL. Entretenant des relations fortes avec la météorologie et ses techniques d'étude de l'atmosphère, la climatologie recouvre aussi bien des aspects fondamentaux (climatologie analytique, prospective, etc.) que des aspects appliqués (agroclimatologie, bioclimatologie, etc.). Un de ses domaines en plein essor concerne la reconstitution des climats des temps géologiques (paléoclimatologie).

CLIMATOLOGIQUE adj. Relatif à la climatologie.

CLIMATOLOGUE n. Spécialiste de climatologie.

CLIMAX n.m. (gr. *klimax,* échelle). **1.** ÉCOL. État idéal d'équilibre atteint par l'ensemble sol-végétation d'un milieu naturel donné. (La biomasse y est théoriquement maximale.) **2.** Scène ou moment le plus intense dans un récit, une pièce de théâtre ou un scénario.

CLIN n.m. (du lat. *clinare,* pencher). MAR. *Construction à clin,* dans laquelle les planches, les tôles se recouvrent à la manière d'ardoises.

CLINAMEN [-mɛn] n.m. (mot lat., *inclinaison*). Chez Épicure et ses disciples, déviation spontanée des atomes, qui entraîne leur agglomération et la formation des corps, et permet de comprendre la liberté humaine.

CLIN D'ŒIL n.m. (pl. *clins d'œil*). Battement de paupière adressé en signe de connivence ou comme appel discret. ◇ *En un clin d'œil :* très vite.

CLINFOC n.m. (all. *klein Fock,* petit foc). MAR. Foc très léger.

CLINICIEN, ENNE n. Médecin qui étudie les maladies par l'examen direct des malades.

1. CLINIQUE adj. (lat. *clinicus,* du gr. *klinê,* lit). **1.** Qui se fait au chevet du malade, d'après l'examen direct du malade. *Diagnostic clinique.* ◇ *Signe clinique :* signe, symptôme que le médecin décèle par un simple examen (par oppos. aux *signes biologiques* ou *radiologiques*). **2.** *Psychologie clinique :* branche de la psychologie qui procède à l'investigation approfondie de cas individuels.

2. CLINIQUE n.f. **1.** Établissement de soins privé. *Clinique chirurgicale.* **2.** Enseignement médical donné en présence des malades ; connaissances ainsi dispensées.

CLINIQUEMENT adv. D'après les signes cliniques. *Cliniquement mort.*

CLINKER [klinkœr] n.m. (mot angl.). Produit de la cuisson des constituants du ciment à la sortie du four, avant broyage.

CLINOMÈTRE n.m. (gr. *klinê,* lit, et *metron,* mesure). TOPOGR. Appareil, souvent associé à une boussole, qui sert à mesurer la pente d'un terrain ou le pendage d'une couche géologique. SYN. : *inclinomètre.*

1. CLINQUANT n.m. (de l'anc. fr. *clinquer,* faire du bruit). **1.** Lamelle brillante d'or, d'argent, etc., utilisée pour rehausser une broderie, une parure. **2.** *Fig.* Faux brillant, éclat trompeur. *Le clinquant d'une conversation.*

2. CLINQUANT, E adj. Qui a trop d'éclat ; qui a du brillant mais peu de valeur.

1. CLIP n.m. (mot angl., *pince*). Pince à ressort sur laquelle est monté un bijou (boucle d'oreille, broche) ; le bijou lui-même.

2. CLIP n.m. (mot angl., *extrait*). Court-métrage cinématographique ou vidéo qui illustre une chanson, qui présente le travail d'un artiste. SYN. : *vidéo-clip.* Recomm. off. : *bande-vidéo promotionnelle, bande promo* ou *promo.*

CLIPART n.m. (mot angl.). INFORM. Collection d'images numériques ou de dessins prêts à être insérés dans des documents multimédias.

1. CLIPPER [klipœr] n.m. (mot angl.). Anc. Voilier rapide, destiné au transport de marchandises.

2. CLIPPER [klipe] v.t. (angl. *to clip,* fixer). Fixer avec un clip, une pince à ressort.

CLIQUE n.f. (de l'anc. fr. *cliquer,* résonner). **1.** *Péjor.* Groupe de personnes qui s'unissent pour intriguer ou nuire. **2.** Ensemble des clairons et tambours d'une musique militaire. **3.** SOCIOL. Groupe primaire dont les membres sont liés par des obligations réciproques.

CLIQUER v.i. INFORM. Actionner la souris d'un micro-ordinateur.

CLIQUES n.f. pl. (de l'onomat. *clic clac*). *Fam. Prendre ses cliques et ses claques :* s'en aller en emportant tout ce qu'on a.

CLIQUET [klikɛ] n.m. (de *clique*). Petit levier qui empêche une roue dentée de tourner dans le sens contraire à son mouvement normal.

CLIQUETANT, E adj. Qui produit un cliquetis.

CLIQUETER v.i. [16] (anc. fr. *cliquer,* faire du bruit). Faire entendre un cliquetis.

CLIQUETIS [klikti], **CLIQUÈTEMENT** ou **CLIQUETTEMENT** n.m. Succession de bruits légers, sonores, produits par des corps qui s'entrechoquent. *Cliquetis d'épées, d'un trousseau de clés qu'on agite.* – Bruit anormal du moteur d'une automobile, dû au phénomène de détonation.

CLIQUETTE n.f. Anc. Instrument fait de deux ou trois lamelles de bois, d'os, de métal, etc., que l'on entrechoquait pour attirer l'attention, signaler sa présence. *La cliquette des lépreux.*

CLISSE n.f. (de *claie* et *éclisse*). **1.** Claie pour égoutter les fromages. **2.** Enveloppe d'osier, de jonc pour bouteilles.

CLISSER v.t. Garnir d'une clisse. ◇ p.p. adj. *Bouteille clissée.*

CLITOCYBE n.m. (gr. *klitos,* incliné, et *kubê,* tête). Champignon à lamelles et à chapeau déprimé, génér. comestible, parfois toxique (clitocybe de l'olivier). [Classe des basidiomycètes ; ordre des agaricales.]

CLITORIDECTOMIE n.f. Ablation chirurgicale du clitoris.

CLITORIDIEN, ENNE adj. Relatif au clitoris.

CLITORIS [klitɔris] n.m. (gr. *kleitoris*). Petit organe érectile situé à la partie antérieure de la vulve.

CLIVABLE adj. Qui peut être clivé.

CLIVAGE n.m. **1.** Fracture affectant les minéraux suivant des plans définis. **2.** *Fig.* Distinction entre deux groupes selon un certain critère. *Clivages sociaux.* **3.** PSYCHAN. *Clivage du moi :* coexistence au sein du moi de deux potentialités contradictoires, l'une prédisposant à tenir compte de la réalité, l'autre déniant cette réalité.

CLIVER v.t. (néerl. *klieven*). MINÉRALOG. Effectuer un clivage. ◆ **se cliver** v.pr. **1.** MINÉRALOG. Se séparer selon des plans de clivage. **2.** Se scinder, être scindé, divisé en parties distinctes.

CLOACAL, E, AUX [klɔakal, o] adj. ZOOL. Relatif au cloaque.

CLOAQUE [klɔak] n.m. (lat. *cloaca,* égout). **1.** Réceptacle des eaux sales, des immondices ; masse d'eau croupie et infecte ; lieu très sale. **2.** *Fig., litt.* Foyer de corruption morale ou intellectuelle. **3.** ZOOL. Orifice commun des voies urinaires, intestinales et génitales de certains vertébrés, notamm. des reptiles et des oiseaux.

1. CLOCHARD, E n. (du v. *clocher*). Personne qui, en milieu urbain, est sans travail ni domicile et vit de mendicité, d'expédients.

2. CLOCHARD n.f. Pomme reinette d'une variété à peau jaune.

CLOCHARDISATION n.f. Fait de se clochardiser.

CLOCHARDISER v.t. Réduire une personne, une population aux conditions de vie les plus misérables. ◆ **se clochardiser** v.pr. Se trouver privé de ressources, de domicile et peu à peu marginalisé par le chômage, la misère.

1. CLOCHE n.f. (bas lat. *clocca,* d'un mot celtique). **1.** Instrument en métal, en forme de coupe renversée, dont on tire des sons au moyen d'un battant ou d'un marteau. ◇ *Fam. Son de cloche :* opinion d'une ou de plusieurs personnes. – *Fam. Déménager à la cloche de bois,* en cachette et sans payer. – *Fam. Se taper la cloche :* faire un bon repas. **2.** SPORTS. *Sonnerie de cloche :* sonnerie annonçant le dernier tour d'une course pédestre ou cycliste. **3.** Couvercle en verre, en métal, etc., affectant la forme d'une cloche. *Cloche à melon. Cloche à fromage.* ◇ *Cloche à plongeur :* appareil en forme de cloche, permettant de travailler sous l'eau. **4.** PROBAB., STAT. *Courbe en cloche :* courbe rappelant la forme d'une cloche, représentant la loi de Laplace-Gauss. **5.** CHIM. Vase de verre cylindrique servant à recueillir les gaz, à isoler un corps dans une atmosphère gazeuse, etc. **6.** (En appos.) **a.** *Chapeau cloche,* ou *cloche,* n.f. : chapeau à bords rabattus. **b.** *Jupe cloche,* qui va en s'évasant.

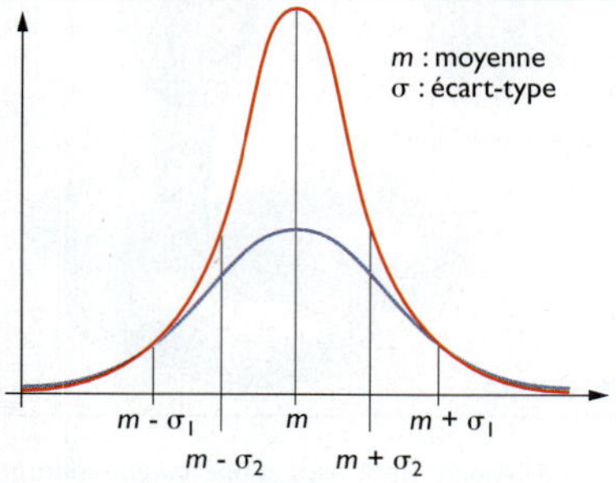

Deux exemples de courbes en cloche, représentant, en théorie des probabilités, la densité de la loi normale, qui décrit la distribution de variables aléatoires continues telles que la taille des individus d'une population.

■ **CLOCHE.** Courbes en cloche.

2. CLOCHE n.f. *Fam. La cloche :* l'ensemble des clochards.

3. CLOCHE adj. et n.f. (du v. *clocher*). *Fam.* Qui fait preuve de maladresse ; stupide, incapable. *Il est vraiment cloche ! Quelle cloche !* ◆ adj. *Fam.* **1.** De médiocre qualité ; ridicule. *Ce qu'elle peut être cloche, sa coiffure !* **2.** Désagréable, regrettable. *C'est cloche que tu ne puisses pas venir.*

CLOCHE-PIED (À) loc. adv. (du v. *clocher*). *Avancer, sauter à cloche-pied,* sur un pied.

1. CLOCHER n.m. **1.** Ouvrage (tour, mur percé de baies, campanile, etc.) destiné à recevoir des cloches. **2.** Paroisse, village, pays natal ou d'élection. ◇ *Esprit de clocher :* attachement étroit au petit cercle où l'on vit. – *Querelles, rivalités de clocher,* qui opposent des gens du même pays, souvent pour peu de chose.

2. CLOCHER v.i. (du lat. pop. *cloppus,* boiteux). *Fam.* Présenter un défaut ; aller de travers. *Cette comparaison cloche.*

CLOCHETON n.m. ARCHIT. Amortissement en forme de petit clocher.

CLOCHETTE n.f. **1.** Petite cloche. **2.** Corolle de certaines fleurs, en forme de cloche. *Les clochettes du muguet.*

CLODO n. *Fam.* Clochard.

CLOISON n.f. (du lat. *clausus,* clos). **1.** Paroi légère servant à former les divisions intérieures, non portantes, d'un bâtiment. **2. a.** Paroi qui divise un objet en compartiments. *Cloisons d'un casier, d'un tiroir.* **b.** Paroi qui isole un lieu, le protège. *Cloison d'incendie.* **3.** Paroi séparant les différents compartiments d'un navire. **4.** ANAT. Structure membraneuse, osseuse qui sépare des cavités anatomiques. *Cloison nasale.* SYN. : *septum.* – BOT. Fin tissu qui divise en loges l'intérieur de certains fruits. **5.** *Fig.* Ce qui divise, sépare, empêche de communiquer.

CLOISONNAGE n.m. CONSTR. Réalisation de cloisons. SYN. : *cloisonnement.*

CLOISONNÉ, E adj. **1.** Divisé par des cloisons. **2.** *Émail cloisonné,* ou *cloisonné,* n.m. : émail dont les motifs sont délimités par de minces cloisons de métal retenant la matière vitrifiée.

CLOISONNEMENT n.m. **1.** CONSTR. Cloisonnage. **2.** Ouverture de passages facilitant la gestion des peuplements forestiers.

CLOISONNER v.t. **1.** Séparer par des cloisons. *Cloisonner une salle.* **2.** Diviser un groupe, un domaine en entités différentes et séparées. *Cloisonner une entreprise.*

CLOISONNISME n.m. PEINT. Synthétisme.

CLOÎTRE n.m. (lat. *claustrum,* clôture). **1.** Partie d'un monastère, d'une cathédrale, d'une collégiale formée de galeries ouvertes entourant une cour ou un jardin. **2.** Partie d'un monastère ou d'un couvent réservée aux religieux. **3.** *Fig.* La vie monastique, conventuelle.

CLOÎTRÉ, E adj. **1.** Qui vit dans un cloître ; qui ne sort pas du cloître. *Religieux cloîtré.* **2.** Qui vit retiré, séparé du monde.

CLOÎTRER v.t. **1.** Enfermer qqn dans un cloître. **2.** Tenir qqn enfermé dans une pièce, un lieu clos. ◆ **se cloîtrer** v.pr. **1.** Vivre retiré, séparé du monde. **2.** *Fig.* S'enfermer dans une attitude, se borner à une occupation. *Se cloîtrer dans le silence, dans l'étude.*

CLONAGE n.m. **1.** SC. DE LA V. Obtention, par des manipulations biologiques, d'une série de molécules identiques (acides nucléiques) ou d'êtres unicellulaires (bactéries) ou pluricellulaires (amphibiens, mammifères, etc.), dotés d'un patrimoine génétique identique. **2.** GÉNÉT. *Clonage de gènes :* ensemble de méthodes du génie génétique permettant l'isolement et la multiplication des gènes.

ENCYCL. Certains phénomènes naturels peuvent être assimilés à des clonages (vrais jumeaux, parthénogenèse, etc.). La culture de tissus cellulaires représente la technique de clonage la plus ancienne. On sait aussi cloner des plantes adultes depuis de nombreuses années, par micropropagation. La naissance de la brebis *Dolly,* premier clone d'un mammifère adulte (1996), offre des perspectives économiques et médicales considérables, mais soulève aussi des questions d'éthique fondamentales, dès lors qu'il devient techniquement possible de reproduire à l'identique un être humain adulte.

CLONE n.m. (gr. *klôn,* jeune pousse). **1.** SC. DE LA V. Individu ou population d'individus provenant de la reproduction végétative ou asexuée d'un individu unique. **2.** BIOL. **a.** Ensemble des cellules résultant des divisions successives d'une cellule unique. **b.** Molécule biologique, cellule ou être vivant obtenus par clonage. **3.** *Fig.* **a.** Individu qui serait la réplique d'un autre individu. **b.** Copie conforme, imitation bon marché. **4.** INFORM. Ordinateur ou micro-ordinateur totalement compatible (matériel et logiciel) avec un modèle donné.

CLONER v.t. SC. DE LA V. Pratiquer le clonage de.

CLONIE n.f. MÉD. Contraction brève et involontaire d'un muscle.

CLONIQUE adj. (du gr. *klonos,* agitation). MÉD. Relatif au clonus ou à la clonie.

CLONUS [klɔnys] n.m. MÉD. Contraction répétée d'un muscle provoquée par son étirement et entraînant une trépidation du segment de membre intéressé.

CLOPE n.m. ou n.f. *Fam.* Bout de cigarette ; cigarette.

CLOPET n.m. Suisse. Petit somme.

CLOPIN-CLOPANT adv. (anc. fr. *clopin,* boiteux, et *cloper,* boiter). *Fam.* En boitant, en traînant la jambe ; avec irrégularité.

CLOPINER v.i. (de l'anc. fr. *clopin,* boiteux). *Fam.* Marcher en boitant un peu.

CLOPINETTES n.f. pl. (de *clope*). *Fam. Des clopinettes :* rien ; presque rien.

CLOPORTE n.m. (de *clore* et *porte*). **1.** Crustacé terrestre atteignant 2 cm de long, vivant sous les pierres et dans les lieux sombres et humides. (Ordre des isopodes.) **2.** *Fam., péjor.* Individu vil, détestable.

■ **CLOPORTE**

CLOQUE n.f. (mot celtique). **1.** Bulle de la peau, causée par une brûlure, un frottement, une maladie ; ampoule, phlyctène. ◇ *Fam. Être en cloque :* être enceinte. **2.** Maladie cryptogamique des végétaux, notamm. du pêcher, qui se manifeste par des boursouflures sur les feuilles. **3.** Boursouflure dans une couche de peinture, sur une surface, etc.

CLOQUÉ, E adj. Qui présente des cloques. ◇ *Étoffe cloquée :* étoffe de coton ou de soie gaufrée.

CLOQUER v.i. Former des cloques. *Peinture qui cloque.*

CLORE v.t. [93] (lat. *claudere*). *Litt.* **1.** Interdire l'accès de ; fermer. *Clore un passage.* **2.** Entourer d'une clôture. *Clore un champ de haies.* **3.** Mettre un terme à ; finir. *Clore un compte, une discussion.*

1. CLOS, E adj. **1.** Fermé. *Trouver porte close.* ◇ *Maison close :* maison de prostitution. – *En vase clos :* sans contact avec l'extérieur. **2.** Entouré d'une clôture. **3.** Dont il ne doit plus être question ; terminé ; achevé. *L'incident est clos.* ◇ *Litt. À la nuit close :* à la nuit tombée.

2. CLOS n.m. (de *clore*). Terrain cultivé, en partic. vignoble, fermé de murs, de haies ou de fossés.

CLOSEAU n.m. ou **CLOSERIE** n.f. Petit clos, petite propriété entourés de murs ou de haies et possédant une maison d'habitation.

CLOSE-COMBAT n.m. [pl. *close-combats*] (mot angl.). Combat rapproché, à mains nues.

CLOSTRIDIUM [klɔstridjɔm] n.m. (gr. *klostridion,* petit fuseau). Bactérie dont la toxine est responsable chez l'homme de maladies non contagieuses (tétanos, botulisme, gangrène gazeuse, etc.).

CLÔTURE n.f. (lat. *clausura*). **1.** Ouvrage, barrière qui délimite un espace, clôt un terrain. **2.** Enceinte d'un monastère définissant l'espace réservé aux seuls religieux de la communauté et inaccessible aux visiteurs ; loi canonique interdisant l'entrée et la sortie de cette enceinte. **3.** Action de terminer, de mettre fin à. *Clôture d'un inventaire, d'un scrutin.*

CLÔTURER v.t. **1.** Entourer, fermer d'une clôture. *Clôturer un jardin.* **2.** Mettre fin à ; arrêter. *Clôturer la discussion, un compte.* ◆ v.i. BOURSE. Atteindre tel taux à la fin d'une séance, en parlant d'une valeur, d'un indice.

CLOU n.m. (lat. *clavus*). **1.** Morceau de métal pointu à un bout, avec ou sans tête à l'autre et servant à fixer ou à suspendre qqch. ◇ *Fam. Enfoncer le clou :* revenir avec insistance sur un point embarrassant. **2.** *Fam. Vieux clou :* vieille bicyclette, vieille voiture. **3.** *Fam.,* vx. *Le clou :* le mont-de-piété. *Mettre sa montre au clou.* **4.** Principale attraction d'un spectacle, d'une exposition, etc. *Le clou de la fête.* **5.** *Clou de girofle :* bouton du giroflier, employé comme épice. **6.** *Fam.* Furoncle. ◆ pl. **1.** *Les clous :* passage *clouté. **2.** *Fam. Des clous ! :* rien !, non !

CLOUAGE n.m. Action ou manière de clouer.

CLOUER v.t. **1.** Fixer avec des clous. **2.** *Fam.* Immobiliser qqn. *La maladie l'a cloué au lit.* **3.** *Fam. Clouer le bec à qqn,* le réduire au silence.

CLOUTAGE n.m. Action de clouter ; son résultat.

CLOUTÉ, E adj. *Passage clouté :* passage autref. limité par des rangées de clous transversales par rapport à la chaussée. (Auj. remplacé par des bandes peintes, on l'appelle *passage pour piétons.*) SYN. : *clous.*

CLOUTER v.t. Garnir de clous.

CLOUTERIE n.f. Industrie de la fabrication des clous.

CLOVISSE n.f. (provenç. *clauvisso,* de *claus,* qui se ferme). Mollusque bivalve comestible, appelé aussi *palourde.* (Genres *Tapes* et *Venerupis ;* famille des vénéridés.)

CLOWN [klun] n.m. (mot angl.). **1.** Personnage maquillé en blanc, vêtu le plus souvent d'un costume pailleté (sac ou robe), qui en duo avec l'auguste donne de courtes saynètes comiques (entrées). – *Par ext.* Tout personnage comique qui, dans un cirque, exécute des pantomimes bouffonnes ou acrobatiques. **2.** *Fig.* Personne qui se fait remarquer par ses pitreries.

CLOWNERIE [klunri] n.f. Facétie de clown ; pitrerie.

CLOWNESQUE [klunɛsk] adj. Propre au clown ; digne d'un clown.

1. CLUB [klœb] n.m. (mot angl.). **1.** Société, association politique, culturelle, sportive. ◇ *Club d'investissement :* groupement d'épargnants formé pour gérer en commun un portefeuille de valeurs mobilières. **2.** Cercle où l'on se réunit pour lire, parler, jouer. **3.** *Fauteuil club :* fauteuil de cuir rembourré des années 1930, d'allure massive. – REM. Au Québec, on prononce [klyb].

2. CLUB [klœb] n.m. (mot angl., *massue*). Crosse de golf.

CLUNISIEN, ENNE adj. et n. De l'ordre de Cluny.

CLUPÉIDÉ n.m. (du lat. *clupea,* alose). Poisson osseux au corps fuselé et aux reflets argentés, s'assemblant en bancs énormes, tel que le ha-

C

reng, la sardine et le sprat. (Les clupéidés forment une famille d'ostéichtyens.)

CLUSE n.f. (lat. *clusa,* endroit fermé). GÉOMORPH. Gorge transversale dans un anticlinal (par oppos. à *combe*).

CLUSIACÉE n.f. Plante à fleurs, essentiellement tropicale, dont les divers organes sécrètent un latex coloré, telle que le mangoustanier et le millepertuis. (Les clusiacées forment une famille de l'ordre des guttifères.) SYN. : *guttiféracée.*

CLUSTER [klystɛr] ou [klœstœr] n.m. (mot angl., *agglomérat*). MUS. Attaque simultanée, au hasard ou non, de plusieurs notes sur un clavier, un instrument à cordes, etc.

CLYSTÈRE n.m. (lat. *clyster,* du gr. *kluzein,* laver). MÉD. Vx. Lavement.

CM ou **C.M.** n.m. (sigle). Cours *moyen.

CMU ou **C.M.U.** n.f. (sigle). Couverture maladie universelle.

CND ou **C.N.D.** n.m. inv. (sigle). Contrôle non destructif.

CNÉMIDE n.f. (gr. *knêmis*). Jambière en cuir ou en métal des soldats de la Grèce ancienne.

CNIDAIRE n.m. Invertébré aquatique, diploblastique, à symétrie radiaire, aux tentacules dotés de cellules urticantes (cnidoblastes), menant alternativement une vie errante (forme méduse) et une vie fixée (forme polype). [L'embranchement des cnidaires comprend trois classes : hydrozoaires (hydre et physalie), anthozoaires (anémone de mer, coraux) et scyphozoaires (méduses).]

CNIDOBLASTE n.m. Cellule spécialisée, urticante, des tissus des cnidaires. SYN. : *nématoblaste.*

CNIDOCYSTE n.m. Nématocyste

COACCUSÉ, E n. Personne accusée avec une ou plusieurs autres.

COACERVAT n.m. BIOL. Structure macromoléculaire fluide à plusieurs phases superposées, de concentrations différentes. (Les coacervats sont parfois utilisés comme modèle pour expliquer la formation des premiers êtres vivants.)

COACH [kotʃ] n.m. [pl. *coachs* ou *coaches*] (mot angl.). **1.** Automobile fermée à deux portes et quatre glaces, dont les dossiers des sièges avant se rabattent pour donner accès aux places arrière. **2.** Personne qui entraîne une équipe, un sportif de haut niveau.

COACQUÉREUR n.m. Personne avec qui une autre acquiert qqch en commun.

COADJUTEUR n.m. CATH. Évêque adjoint à un évêque ou à un archevêque, avec ou sans droit de succession.

COAGULABLE adj. Susceptible de coaguler.

COAGULANT, E adj. et n.m. Se dit d'une substance qui a la propriété de faire coaguler.

COAGULATION n.f. Phénomène par lequel un tissu ou un liquide organique (sang, lymphe, lait) se prend en une masse solide ou semi-solide telle qu'un caillot.

COAGULER v.t. (lat. *coagulare*). Transformer un tissu, un liquide organique en une masse solide, en caillot. ◆ v.i. ou **se coaguler** v.pr. Se prendre en une masse solide ; se figer, former un caillot.

COAGULUM [kɔagylɔm] n.m. (mot lat.). Rare. Caillot.

COALESCENCE n.f. (du lat. *coalescere,* se souder). **1.** CHIM. INDUSTR. Union des granules d'une solution colloïdale ou des gouttelettes d'une émulsion. **2.** HISTOL. Soudure de deux surfaces tissulaires voisines. **3.** PHON. Contraction de deux unités phoniques contiguës en une seule. **4.** MÉTALL. Concentration, par traitement thermique, d'un constituant structural sous une forme globulaire.

COALESCENT, E adj. *Didact.* Qui est soudé, réuni à un élément proche mais distinct.

COALESCER [kɔalese] v.t. [9]. MÉTALL. Traiter un alliage pour obtenir la coalescence d'un constituant.

COALISÉ, E adj. et n. Qui participe à une coalition.

COALISER v.t. (de *coalition*). Unir en vue d'une action commune. ◆ **se coaliser** v.pr. Faire alliance, s'unir pour défendre un intérêt commun, s'opposer à un adversaire commun.

COALITION n.f. (mot angl., du lat. *coalescere,* s'unir). **1.** Entente circonstancielle entre puissances, partis, personnes, etc., pour une action commune. **2.** Alliance militaire et politique de peuples, d'États contre un adversaire commun. **3.** Anc. Entente entre ouvriers, patrons, commerçants, industriels pour s'octroyer des avantages économiques, professionnels.

COALTAR [kɔltar] ou [koltar] n.m. (mot angl., de *coal,* charbon, et *tar,* goudron). Goudron de houille. ◇ *Fam. Être dans le coaltar,* dans la confusion, l'hébétude, etc.

COAPTATION n.f. BIOL. Ajustement immédiat et parfait de deux organes d'un même individu formés séparément ou de deux individus de sexe opposé (organes sexuels notamm.).

COAPTEUR n.m. CHIRURG. Dispositif (plaque, appareil) employé dans l'ostéosynthèse pour maintenir les fragments d'os fracturés en contact.

COARCTATION n.f. (lat. *coarctatio*). MÉD. Rétrécissement de l'aorte.

COASSEMENT n.m. Cri de la grenouille.

COASSER v.i. (lat. *coaxare,* du gr. *koax*). Pousser son cri, en parlant de la grenouille, du crapaud.

COASSOCIÉ, E n. Personne associée avec d'autres.

COASSURANCE n.f. Assurance simultanée d'un même risque par plusieurs assureurs, dans la limite de la valeur du bien garanti.

COATI n.m. (mot indigène du Brésil). Mammifère carnivore de l'Amérique du Sud, à corps et à museau allongés, chassant lézards et insectes. (Long. env. 45 cm sans la queue ; genre *Nasua,* famille des procyonidés.)

■ COATI

COAUTEUR n.m. **1.** Auteur qui travaille avec un autre à une même œuvre, notamm. littéraire. **2.** DR. Celui qui a commis une infraction en participation directe et principale avec d'autres individus, à la différence du *complice.*

COAXIAL, E, AUX adj. Qui a le même axe qu'un autre corps. ◇ *Câble coaxial,* ou *coaxial,* n.m. : câble constitué par deux conducteurs circulaires concentriques, séparés par un isolant. – *Hélices coaxiales :* hélices montées sur des arbres moteurs concentriques et tournant en sens inverse l'une de l'autre.

1. COB n.m. (mot angl.). Cheval d'une race française de trait léger élevée principalement dans la Manche.

2. COB n.m. → **KOB.**

COBÆA n.m. → **COBÉE.**

COBALT n.m. (all. *Kobalt*). **1.** Métal blanc d'argent, malléable, de densité 8,9, fondant à 1 495 °C. **2.** Élément chimique (Co), de numéro atomique 27, de masse atomique 58,933 2. (Le cobalt est employé comme élément d'alliage dans des aciers devant résister à l'usure et à la corrosion ; ses sels entrent dans la préparation de certains pigments bleus.) ◇ Abusif. *Bombe au cobalt :* générateur de rayons β et γ utilisé pour la cobaltothérapie. – *Cobalt 60, cobalt radioactif :* radiocobalt.

COBALTITE ou **COBALTINE** n.f. MINÉRALOG. Sulfure d'arsenic et de cobalt.

COBALTOTHÉRAPIE ou **COBALTHÉRAPIE** n.f. Radiothérapie par les rayons β et γ émis par le cobalt 60.

COBAYE [kɔbaj] n.m. (mot amérindien). **1.** Mammifère rongeur d'Amérique du Sud, élevé surtout comme animal de laboratoire et appelé aussi *cochon d'Inde.* (Genre *Cavia ;* famille des caviidés.) **2.** *Fam.* Sujet d'expérience. *Servir de cobaye.*

COBÉE, COBÉA ou **COBÆA** [kɔbea] n.m. (du n. du missionnaire *Cobo*). Liane originaire du Mexique, cultivée pour ses grandes fleurs bleues en cloche. (Famille des polémoniacées.)

COBELLIGÉRANT, E adj. et n. *Pays cobelligérant, nation cobelligérante,* qui est en guerre en même temps que d'autres contre un ennemi commun.

COBOL n.m. (acronyme de la loc. angl. *common business oriented language*). INFORM. Langage de programmation utilisé pour résoudre les problèmes de gestion.

COBRA n.m. (mot port., lat. *colobra*). Serpent venimeux, membre de la famille des élapidés, dont certaines espèces dépassent 4 m de long. (Un cobra des Indes est aussi appelé ***serpent à lunettes*** à cause du dessin visible sur le capuchon lorsque l'animal, inquiété, dilate celui-ci ; genre *Naja.*)

■ COBRA

1. COCA n.m. (mot esp., d'une langue amérindienne). Arbuste originaire du Pérou dont les feuilles ont une action stimulante et servent à l'élaboration de la cocaïne. (Famille des érythroxylacées.) SYN. : *cocaïer.*

2. COCA n.f. Substance à mâcher ayant pour base les feuilles du coca.

■ COCA

COCA-COLA ou, *fam.,* **COCA** n.m. inv. (nom déposé). Boisson gazeuse de la marque de ce nom.

COCAGNE n.f. (provenç. *coucagno,* boule de pastel). *Mât de cocagne :* mât glissant au sommet duquel sont suspendus des objets ou de la nourriture qu'il faut tenter de décrocher. – *Pays de cocagne :* pays d'abondance, d'insouciance. – *Vie de cocagne :* vie de plaisirs.

COCAÏER n.m. Coca (arbuste).

■ COBAYE (cochon d'Inde).

COCAÏNE n.f. (de *coca*). Alcaloïde naturel (feuilles de coca) ou synthétique, excitant du système nerveux, dont l'usage prolongé peut aboutir à une toxicomanie.
COCAÏNOMANE n. Toxicomane à la cocaïne.
COCAÏNOMANIE n.f. ou **COCAÏNISME** n.m. Toxicomanie à la cocaïne.
COCARCINOGÈNE adj. et n.m. Se dit de facteurs qui, lorsqu'ils sont associés, peuvent favoriser l'apparition d'un cancer.
COCARDE n.f. (de l'anc. fr. *coquart,* vaniteux). **1.** Insigne circulaire aux couleurs d'une nation, d'un parti, porté autref. fixé à la coiffure. **2.** Insigne aux couleurs nationales fixé ou peint sur un véhicule, un avion, etc. **3.** Rosace de ruban, de perles, etc.
COCARDIER, ÈRE adj. et n. *Péjor.* Qui manifeste un patriotisme chauvin.
COCASSE adj. (anc. fr. *coquart,* sot). D'une bizarrerie drôle. *Une aventure cocasse.*
COCASSERIE n.f. Caractère de ce qui est cocasse ; chose cocasse.
COCCI [kɔksi] n.m. pl. (lat. *coccum,* grain, du gr.). Bactéries de forme sphérique, telles que les streptocoques et les staphylocoques. (Le singulier *coccus* est peu employé.)
COCCIDIE [kɔksidi] n.f. (gr. *kokkos,* grain, et *eidos,* apparence). Protozoaire parasite des cellules épithéliales de vertébrés et d'invertébrés. (Les coccidies font partie du groupe des sporozoaires.)
COCCIDIOSE [kɔksidjoz] n.f. Maladie grave et très commune du bétail, du lapin et des volailles, dont l'agent est une coccidie.
COCCINELLE [kɔksinɛl] n.f. (du lat. *coccinus,* écarlate). Petit insecte coléoptère aux élytres orangés ou rouges ornés de points noirs, appelé aussi *bête à bon Dieu,* qui se nourrit de pucerons. (Famille des coccinellidés.)

■ COCCINELLE

COCCOLITE n.f. Plaque calcaire microscopique fossile de la coquille des coccolithophoracées. (Leur accumulation durant l'ère secondaire, au crétacé, a fourni la craie.)
COCCOLITHOPHORACÉE n.f. Protiste chlorophyllien marin couvert de plaques calcaires (coccolites).
COCCYGIEN, ENNE adj. Du coccyx.
COCCYX [kɔksis] n.m. (gr *kokkux,* coucou). ANAT. Os situé sous le sacrum et formé par la soudure de plusieurs vertèbres atrophiées.
1. COCHE n.m. (hongr. *kocsi,* de *Kocs,* nom d'un relais de poste). Anc. Grande voiture, ancêtre de la diligence, pour le service des voyageurs. ◇ *Fam. Rater, louper le coche :* perdre une occasion favorable. – *Mouche du coche :* personne qui montre un zèle intempestif et stérile, par allusion à la fable de La Fontaine.
2. COCHE n.f. (lat. pop. *cocca*). Entaille faite à un corps solide ; marque servant de repère.
COCHENILLE [kɔʃnij] n.f. (esp. *cochinilla,* cloporte). **1.** Insecte hémiptère se nourrissant de la sève des plantes et dont une espèce mexicaine fournit une teinture rouge, le carmin. (Long. 2 mm ; famille des coccidés.) **2.** Cette teinture.
1. COCHER n.m. (de *1. coche*). Conducteur d'une voiture à cheval.
2. COCHER v.t. (de *2. coche*). Marquer d'une entaille, d'un trait. *Cocher un nom sur une liste.*
CÔCHER v.t. (anc. fr. *caucher,* lat. *calcare,* presser). Couvrir la femelle, en parlant d'un oiseau de basse-cour.
COCHÈRE adj.f. *Porte cochère :* grande porte permettant le passage des voitures dans la cour d'un bâtiment.
COCHET n.m. Jeune coq.
COCHETTE n.f. (de *coche,* truie). Jeune truie.
COCHEVIS [kɔʃvi] n.m. Alouette portant une huppe, répandue en Europe et en Asie Mineure. (Long. 17 cm ; famille des alaudidés.)

1. COCHLÉAIRE [kɔkleɛr] adj. (du lat. *cochlear,* cuillère). ANAT. Qui se rapporte à la cochlée.
2. COCHLÉAIRE [kɔkleɛr] n.f. (du lat. *cochlear,* cuiller, à cause de la forme des feuilles). Plante du littoral ou des lieux humides, très riche en vitamine C et consommée autref. pour prévenir le scorbut. (Famille des crucifères.) SYN. : *cranson.*
COCHLÉE [kɔkle] n.f. ANAT. Partie de l'oreille interne où se trouve l'organe récepteur de l'audition (organe de Corti). SYN. : *limaçon.*
1. COCHON n.m. **1.** Mammifère domestique élevé pour sa chair. (Cri : le cochon grogne ; famille des suidés.) SYN. : *porc domestique.* ◇ *Cochon de lait :* jeune cochon qui tète encore. – *Fam. Tour de cochon :* action méchante commise au préjudice de qqn. **2.** Viande de cochon. *Manger du cochon.* **3. a.** *Cochon d'Inde :* cobaye. **b.** *Cochon de mer :* marsouin.
2. COCHON, ONNE adj. et n. *Fam.* **1.** Sale, dégoûtant. **2.** Malfaisant, déloyal. **3.** Égrillard, obscène. ◆ adj. *Fam. Film, spectacle cochon,* pornographique.
COCHONCETÉ n.f. *Fam.* (Surtout pl.) Obscénité ; cochonnerie.
COCHONNAILLE n.f. *Fam.* (Surtout pl.) Viande de porc ; charcuterie.
1. COCHONNER v.i. Mettre bas, en parlant de la truie.
2. COCHONNER v.t. *Fam.* Exécuter salement ; souiller, salir.
COCHONNERIE n.f. *Fam.* **1.** Malpropreté. **2.** Chose mal faite, sans valeur ; chose désagréable. **3.** Action déloyale. **4.** Propos, geste égrillard, obscène.
COCHONNET n.m. **1.** Jeune cochon. **2.** Petite boule servant de but au jeu de boules.
COCHYLIS [kɔkilis] ou **CONCHYLIS** [kɔ̃kilis] n.m. ou n.f. (gr. *kogkhulion,* coquille). Papillon de nuit dont la chenille attaque les grappes de la vigne. (Famille des tortricidés.)
COCKER [kɔkɛr] n.m. (de l'angl. *cocking,* chasse à la bécasse). Chien de chasse à poil long, à oreilles très longues et tombantes.

■ COCKER

COCKNEY n. et adj. (mot angl.). Londonien caractérisé par son parler populaire. ◆ n.m. Parler populaire de Londres.
COCKPIT [kɔkpit] n.m. (mot angl.). **1.** MAR. Creux dans le pont d'un bateau de plaisance où se tient le barreur. **2.** AVIAT. Habitacle réservé au pilote, à l'équipage de vol d'un avion.
COCKTAIL [kɔktɛl] n.m. (mot anglo-amér.). **1.** Mélange de boissons alcooliques additionnées ou non de sirop, de jus de fruits, de soda, de fruits confits, etc. **2.** Réception mondaine avec buffet. **3.** *Fig.* Mélange. *Un cocktail de tradition et de modernisme.* **4.** *Cocktail Molotov :* projectile incendiaire à base d'essence.
1. COCO n.m. (mot port.). **1.** Fruit du cocotier, appelé aussi *noix de coco.* (La noix de coco fournit l'eau [ou lait] de coco, albumen liquide et blanc qui, dans le fruit mûr, forme l'amande, ou coprah.) ◇ *Huile de coco,* employée dans l'alimentation et en savonnerie. (On dit aussi *huile de coprah.*) – *Fibre de noix de coco :* coir. **2.** Anc. Boisson à base de jus de réglisse et d'eau.
2. COCO n.m. *Fam.* **1.** Œuf, dans le langage enfantin. **2.** Terme d'affection. *Écoute, coco...* ◆ pl. Haricots d'une variété à écosser, blancs, au grain en forme d'œuf.
3. COCO n.m. *Fam., péjor.* Individu suspect et étrange. ◇ *Un joli coco, un drôle de coco :* un individu peu recommandable.
4. COCO n. (abrév.). *Fam., péjor.* Communiste.
5. COCO n.f. *Fam.,* vieilli. Cocaïne.
COCOLER v.t. Suisse. *Fam.* Choyer, dorloter.

COCON n.m. (provenç. *coucoun,* de *coco,* coque). **1.** Enveloppe abritant une phase immobile de la vie de certains animaux (chrysalides, pontes d'araignées, protoptère). *Cocon du ver à soie.* **2.** *Fig.* Lieu protecteur et agréable. *Vivre dans un cocon.*
COCONISATION n.f. Procédé de protection de marchandises ou de matériel par enrobage dans une enveloppe plastique avec un pistolet spécial.
COCONTRACTANT, E n. DR. Chacune des personnes qui sont parties à un contrat.
COCOONING [kɔkuniŋ] n.m. (de l'anglo-amér. *cocoon,* cocon). Anglic. Situation de qqn qui recherche un confort douillet.
COCORICO n.m. (onomat.). **1.** Cri du coq. **2.** Symbolise l'expression du chauvinisme français. *Les cocoricos qui ont salué la victoire de l'équipe de France.*
COCOTER v.i. → **COCOTTER.**
COCOTERAIE n.f. Lieu planté de cocotiers.
COCOTIER n.m. **1.** Palmier des régions tropicales, atteignant 25 m de haut et dont le fruit est la noix de coco. (Nom sc. *Cocos nucifera.*) **2.** *Fam. Secouer le cocotier :* écarter les personnes les plus âgées ou les moins utiles ; bousculer les habitudes, la routine.
1. COCOTTE n.f. (lat. *cucuma,* casserole). Marmite en fonte.
2. COCOTTE n.f. (onomat.). **1.** *Fam.* Poule, dans le langage enfantin. **2.** Papier plié figurant vaguement une poule. **3.** *Fam.* Terme d'affection adressé à une femme, une petite fille. **4.** *Fam.* Cheval. *Hue, cocotte !* **5.** *Fam.,* vieilli. Femme de mœurs légères. **6.** Région. Fièvre aphteuse.
COCOTTE-MINUTE n.f. (nom déposé). Autocuiseur de la marque de ce nom.
COCOTTER ou **COCOTER** v.i. *Fam.* Puer.
COCU, E adj. et n. (de *coucou*). *Fam.* Trompé par son conjoint, son amant, sa maîtresse.
COCUAGE n.m. *Fam.* État d'une personne cocue.
COCUFIER v.t. [5]. *Fam.* Rendre cocu ; tromper.
COCYCLIQUE adj. GÉOMÉTR. Se dit de points situés sur un même cercle.
COD ou **C.O.D.** [seode] n.m. (sigle). Complément d'*objet direct.
CODA n.f. (mot ital., *queue*). **1.** Section conclusive d'un morceau de musique. **2.** Final d'un ballet classique ; dernière partie d'un *pas de deux.
CODAGE n.m. Action d'appliquer un code pour transformer un message, des données en vue de leur transmission ou de leur traitement. SYN. : *encodage.*
CODE n.m. (lat. *codex*). **1.** Ensemble des lois et dispositions réglementaires qui régissent une matière déterminée ; recueil de ces lois. *Code pénal. Code général des impôts.* **2.** Ensemble de préceptes qui font loi dans un domaine (morale, goût, art, etc.). **3.** Système de symboles permettant d'interpréter, de transmettre un message, de représenter une information, des données. *Code de signaux. Code informatique.* ◇ *Code à barres :* code-barres. – *Code postal :* ensemble de chiffres (ou, dans certains pays, de lettres) suivi éventuellement du nom d'une localité, devant figurer sur toute adresse postale pour permettre le tri automatique. **4.** Système conventionnel, rigoureusement structuré, de symboles ou de signes et de

■ COCOTIER

règles combinatoires intégré dans le processus de la communication. *Code gestuel. Code de la langue.* **5.** Combinaison alphanumérique qui, composée sur un clavier électronique, autorise un accès. **6.** ***Code génétique*** : ensemble des correspondances entre les substances (bases puriques et pyrimidiques) constituant un gène et les substances (acides aminés) constituant la protéine synthétisée grâce à ce gène. (Le code est matérialisé par une liste indiquant pour chaque groupe de trois bases successives, ou codon, l'acide aminé correspondant.) ◆ pl. Feux de croisement.

CODÉ, E adj. Exprimé, mis en code. *Langage codé. Message codé.*

CODE-BARRES n.m. (pl. *codes-barres*). Code utilisant des barres verticales, imprimé sur l'emballage d'un article et qui, lu par un lecteur optique, permet l'identification de l'article, l'affichage de son prix, la gestion informatisée du stock. (On dit aussi *code à barres.*)

CODÉBITEUR, TRICE n. DR. Personne qui doit exécuter une obligation, notamm. le paiement d'une somme d'argent, conjointement avec une ou plusieurs autres. SYN. : *coobligé.*

CODÉCISION n.f. Procédure législative communautaire qui confère au Parlement européen le pouvoir d'arrêter les actes conjointement avec le Conseil des ministres.

C

CODÉINE n.f. (gr. *kôdeia,* tête de pavot). MÉD. Alcaloïde de l'opium, utilisé comme antitussif et antalgique. (Son emploi excessif peut aboutir à une toxicomanie.)

CODER v.t. Procéder au codage d'un message, d'une information, de données. SYN. : *encoder.* ◆ v.t. ind. **(pour).** GÉNÉT. En parlant d'un gène, contenir l'information propre à la synthèse d'une protéine donnée.

CODÉTENTEUR, TRICE n. DR. Personne qui détient une chose, un bien, un record, etc., conjointement avec une ou plusieurs autres personnes.

CODÉTENU, E n. Personne détenue avec une ou plusieurs autres.

1. **CODEUR, EUSE** n. INFORM. Professionnel qui code des données.

2. **CODEUR** n.m. INFORM., TÉLÉCOMM. Dispositif réalisant automatiquement la transcription d'une information selon un code.

CODEX n.m. (mot lat.). **1.** Vieilli. Pharmacopée. **2.** Manuscrit des Indiens de Méso-Amérique. (Les plus célèbres datent d'avant la conquête espagnole.) **3.** Livre formé de pages reliées, apparu au IVᵉ s.

CODICILLAIRE [-silɛr] adj. DR. Établi par un codicille. *Clause codicillaire.*

CODICILLE [-sil] n.m. (lat. *codicillus,* de *codex, -icis,* code). DR. Acte postérieur ajouté à un testament pour le modifier.

CODIFICATEUR, TRICE adj. et n. Qui codifie.

CODIFICATION n.f. Action de codifier ; son résultat.

CODIFIER v.t. [5]. **1.** Réunir dans un code des dispositions législatives ou réglementaires. **2.** Ériger en système organisé, rationnel ; normaliser. *Codifier l'usage de la langue.*

CODIRECTEUR, TRICE n. Personne qui dirige avec une ou plusieurs autres.

CODIRECTION n.f. Direction exercée en commun par deux personnes ou davantage.

CODOMINANCE n.f. GÉNÉT. Propriété d'un gène allèle codominant.

CODOMINANT, E adj. **1.** GÉNÉT. Se dit de deux allèles d'un gène d'un individu hétérozygote qui s'expriment simultanément sans que l'un soit dominant par rapport à l'autre. **2.** ÉCOL. Se dit de deux ou plusieurs espèces dominant ensemble, par le nombre d'individus, une communauté biologique.

CODON n.m. GÉNÉT. Unité formée par trois nucléotides successifs de la molécule d'ARN, qui détermine l'intégration d'un acide aminé précis dans une protéine en cours de synthèse, ou l'arrêt de cette synthèse *(codon-stop).*

CODONATAIRE adj. et n. DR. Qui reçoit une donation conjointement avec d'autres.

CODONATEUR, TRICE adj. et n. DR. Qui fait une donation conjointement avec d'autres.

COÉDITER v.t. Éditer un ouvrage en collaboration avec un ou plusieurs éditeurs.

COÉDITEUR, TRICE n. et adj. Personne ou société qui coédite un ouvrage.

COÉDITION n.f. Édition d'un ouvrage par plusieurs éditeurs.

COEFFICIENT n.m. **1.** ALGÈBRE. Nombre qui multiplie une variable ou ses puissances dans un monôme ou dans un polynôme. <> ***Coefficient directeur d'une droite*** : nombre réel m défini par l'équation $y = mx + p$ de la droite dans un repère cartésien. **2.** PHYS. Nombre caractérisant certaines propriétés d'une substance. *Coefficient de dilatation.* **3.** Facteur appliqué à une grandeur quelconque ; pourcentage. – Nombre par lequel on multiplie, dans chaque discipline, les notes d'un candidat à un examen.

CŒLACANTHE [se-] n.m. (gr. *koilos,* creux, et *akantha,* épine). Poisson marin aux nageoires charnues et au corps massif (long. 1,50 m), vivant au large des Comores et de Célèbes. (Il constitue une espèce relique du groupe des crossoptérygiens, surtout connu par des fossiles ; genre *Latimeria.*)

■ CŒLACANTHE

CŒLENTÉRÉ [se-] n.m. (gr. *koilos,* creux, et *enteron,* intestin). Ancien embranchement regroupant les cnidaires et les cténaires.

CŒLIAQUE [se-] adj. (du gr. *koilia,* ventre). **1.** ANAT. Qui se rapporte à la cavité abdominale. <> *Tronc cœliaque* : grosse branche de l'aorte qui irrigue les viscères abdominaux. – ***Région cœliaque*** : partie supérieure et médiane de l'abdomen, où se trouve le tronc cœliaque, entouré du plexus solaire. **2.** MÉD. *Maladie cœliaque* : trouble de l'absorption intestinale par intolérance au gluten, observé chez le nourrisson.

CŒLIOSCOPIE [se-] n.f. Examen endoscopique de la cavité abdominale au travers d'une petite incision de la paroi de l'abdomen. (Des interventions chirurgicales [cholécystectomie, appendicectomie] peuvent être réalisées par cœlioscopie.) SYN. : *laparoscopie.*

CŒLOMATE [se-] n.m. Animal pourvu d'un cœlome.

CŒLOME [se-] n.m. ZOOL. Cavité du corps de la plupart des animaux triploblastiques, comprise entre le tube digestif et la paroi du corps. (Le cœlome se forme au cours de la vie embryonnaire.)

CŒLOMIQUE [se-] adj. Relatif au cœlome.

CŒNESTHÉSIE n.f. → **CÉNESTHÉSIE.**

COENTREPRISE n.f. Recomm. off. pour *joint-venture.*

CŒNURE n.m. → **CÉNURE.**

COENZYME n.f. ou n.m. BIOCHIM. Partie non protéique de certaines enzymes, constituée en général d'un oligoélément ou d'une vitamine.

COÉPOUSE n.f. Afrique. L'une des femmes d'un polygame par rapport à ses autres épouses.

COÉQUIPIER, ÈRE n. Personne qui fait partie d'une équipe avec d'autres.

COERCIBLE adj. (du lat. *coercere,* contraindre). Rare. Qui peut être réprimé. *Envie de rire difficilement coercible.*

COERCITIF, IVE adj. Qui a un pouvoir de coercition ; qui contraint.

COERCITION [kɔɛrsisjɔ̃] n.f. (lat. *coercitio*). Action de contraindre ; pression.

CŒUR n.m. (lat. *cor, cordis*). **I.** *Organe.* **1.** Organe thoracique, creux et musculaire, de forme pyramidale, moteur central de la circulation du sang. <> ***Opération à cœur ouvert,*** dans laquelle on dévie la circulation dans un appareil, dit *cœur-poumon artificiel,* avant d'ouvrir les cavités cardiaques. **2.** Poitrine. *Serrer qqn sur son cœur.* **3.** Estomac. <> ***Avoir mal au cœur, avoir le cœur au bord des lèvres*** : avoir la nausée. **II.** *Sens spécialisés.* **1.** Ce qui a ou évoque la forme d'un cœur (bijou, fromage, etc.). **2.** Une des quatre couleurs du jeu de cartes, dont la marque est un cœur rouge stylisé ; carte de cette couleur. **3.** Partie centrale, la plus profonde de qqch. *Cœur d'une laitue. Fromage fait à cœur.* – Partie centrale d'un tronc d'arbre, où le bois est le plus dur. *Poutre en cœur de chêne.* **4.** ***Cœur de palmier*** : palmite. **5.** Siège de l'activité principale de qqch. *Le cœur d'un réacteur.* **6.** Point essentiel. *Le cœur du problème.* **III.** *Symbole de l'affectivité.* **1. a.** Siège des sentiments profonds. *Aimer qqn de tout son cœur.* <> ***Aller droit au cœur*** : toucher, émouvoir. – ***Ne pas porter qqn dans son cœur,*** avoir de l'antipathie à son égard. – ***Avoir le cœur gros*** : être très affligé. – ***Avoir le cœur serré*** : éprouver du chagrin, de l'angoisse. **b.** Siège des pensées intimes. *Ouvrir son cœur.* <> ***À cœur ouvert, cœur à cœur*** : franchement, avec abandon. – ***De bon cœur, de tout cœur, avec cœur*** : volontiers ; avec zèle. – ***En avoir le cœur net*** : s'assurer de la vérité de qqch. **c.** Siège des élans vers une chose, une action. <> ***Prendre une chose à cœur,*** s'y intéresser vivement. – ***Ça lui tient à cœur,*** il y attache un grand intérêt. **2.** Amour. *Peines de cœur.* **3.** Bonté ; bienveillance. *Avoir du cœur, bon cœur.* <> ***Être de tout cœur avec qqn,*** s'associer à sa peine. **4.** Courage. *Redonner du cœur à qqn.* <> ***Faire contre mauvaise fortune bon cœur*** : supporter la malchance avec courage. **5.** ***Par cœur*** : de mémoire.

ENCYCL. Le cœur est constitué par un muscle, le *myocarde,* dont la face interne est tapissée par une mince membrane, l'*endocarde,* et la face externe recouverte par une enveloppe séreuse, le *péricarde.* Il est divisé en quatre cavités : l'oreillette et le ventricule droits, qui contiennent le sang non oxygéné ; l'oreillette et le ventricule gauches, contenant le sang oxygéné. Il n'y a pas de communication directe entre les cavités

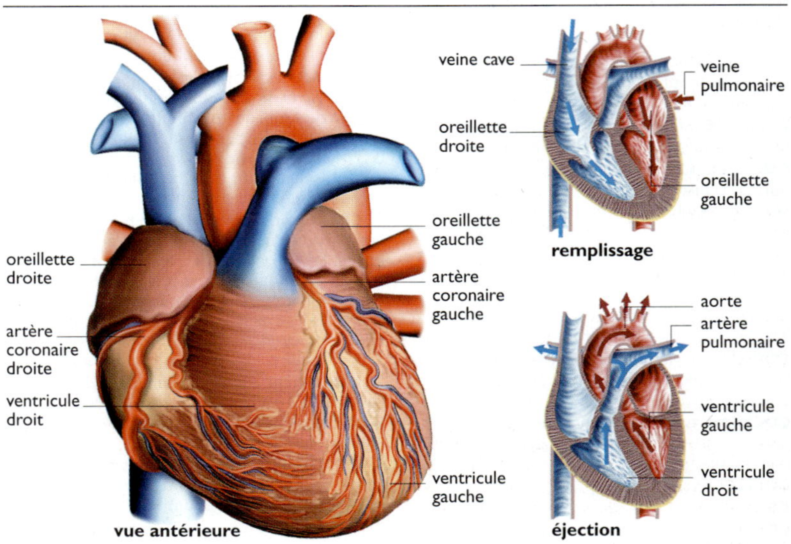

■ CŒUR et cycle cardiaque.

droites et les cavités gauches. Une oreillette et un ventricule du même côté communiquent l'une avec l'autre par un orifice muni d'une valvule : valvule mitrale à gauche, valvule tricuspide à droite. Les oreillettes reçoivent les veines pulmonaires à gauche, les veines caves à droite. Du ventricule gauche naît l'aorte, du ventricule droit naît l'artère pulmonaire. La vascularisation du cœur est assurée par les artères coronaires. Le cœur est l'organe propulseur du sang dans l'organisme. Il agit grâce à ses contractions autonomes.

CŒUR-DE-PIGEON n.m. (pl. *cœurs-de-pigeon*). Cerise d'une variété à chair ferme.

COÉVOLUTION n.f. Évolution parallèle de deux espèces en étroite interaction (par ex., les plantes à fleurs et les insectes qui en assurent la pollinisation).

COEXISTENCE n.f. **1.** Existence simultanée. **2.** *Coexistence pacifique :* maintien des relations pacifiques entre États ou blocs d'États soumis à des systèmes politiques différents.

COEXISTER v.i. Exister en même temps.

COEXTENSIF, IVE adj. LOG. Se dit d'un concept, d'un terme susceptible d'avoir la même extension qu'un autre.

COFACTEUR n.m. Facteur qui exerce une action conjointement avec d'autres.

COFFRAGE n.m. **1.** Charpente en bois ou en fer destinée à prévenir les éboulements dans les puits, les tranchées, les galeries de mine. **2.** Forme destinée au moulage et à la prise du béton ; pose de cette forme.

COFFRE n.m. (gr. *kophinos,* corbeille). **1.** Meuble de rangement parallélépipédique, très usité au Moyen Âge, dont la face supérieure est un couvercle mobile. – *Fig., fam.* Poitrine, poumons, voix. ◇ *Avoir du coffre :* avoir du souffle, une voix forte ; *fig., fam.,* avoir de l'audace. **2.** Compartiment d'un coffre-fort loué par une banque à ses clients. **3.** Espace pour le rangement des bagages à l'arrière ou à l'avant d'une voiture. **4.** Caisson métallique flottant servant à l'amarrage des navires. **5.** Poisson téléostéen des mers chaudes, au corps recouvert de plaques osseuses formant une carapace rigide, les nageoires étant seules mobiles. (Famille des ostracionidés.)

COFFRE-FORT n.m. (pl. *coffres-forts*). Armoire d'acier, à serrure de sûreté, pour enfermer de l'argent, des valeurs.

COFFRER v.t. **1.** Poser un coffrage. **2.** *Fam.* Mettre en prison.

COFFRET n.m. **1.** Petit coffre ou boîte de confection soignée. **2.** Ensemble de disques, de cassettes, de livres vendus dans un emballage cartonné.

COFFREUR n.m. Ouvrier spécialiste du coffrage à béton.

COFINANCEMENT n.m. Financement réalisé par un établissement prêteur associé à un ou à plusieurs autres.

COFINANCER v.t. [9]. Financer par un cofinancement.

COFONDATEUR, TRICE n. Personne qui fonde ou a fondé qqch avec une autre, avec d'autres.

COGÉRANCE n.f. Gérance exercée en commun avec une ou plusieurs autres personnes.

COGÉRANT, E n. Personne exerçant une cogérance.

COGÉRER v.t. [11]. Gérer, administrer en commun une entreprise, un service, etc.

COGESTION n.f. **1.** Gestion en commun d'un organisme. **2.** Gestion exercée par le chef d'entreprise avec la participation des travailleurs.

COGITATION n.f. *Fam., iron.* (Surtout pl.) Pensée, réflexion.

COGITER v.i. et v.t. (lat. *cogitare*). *Fam., iron.* Penser, réfléchir, concevoir.

COGITO [kɔʒito] n.m. inv. (abrév. de la formule de Descartes : *Cogito, ergo sum,* Je pense, donc je suis). PHILOS. Argument faisant éprouver l'évidence de l'existence du sujet pensant, certitude première de la philosophie cartésienne ; le sujet pensant, conscient de soi.

COGNAC n.m. Eau-de-vie produite à partir de vins récoltés et distillés dans la région de Cognac.

COGNASSIER n.m. (de *coing*). **1.** Arbre fruitier et ornemental (grandes fleurs blanches) originaire d'Asie Mineure, produisant les coings. (Genre *Cydonia ;* famille des rosacées.) **2.** *Cognassier du Japon :* arbuste ornemental à fleurs rouges, voisin du cognassier.

COGNAT [kɔgna] n.m. (lat. *cum,* avec, et *gnatus,* parent). ANTHROP. Parent par cognation.

COGNATION [kɔgnasjɔ̃] n.f. ANTHROP. Parenté par les hommes et les femmes indifféremment (dite aussi *parenté naturelle,* reconnue par le droit canon, par oppos. à la *parenté civile,* ou *agnation*).

COGNATIQUE [kɔgnatik] adj. Relatif à la cognation ; par cognation.

COGNE n.m. *Arg.,* vx. Agent de police, gendarme.

COGNÉE n.f. (du lat. pop. *cuneata,* en forme de coin). Hache à fer étroit, à long manche, qui sert à abattre les arbres, à dégrossir des pièces de bois, etc. ◇ *Jeter le manche après la cognée :* tout abandonner par découragement.

COGNEMENT n.m. **1.** Action de cogner. **2.** Ensemble de bruits sourds produits par un moteur à explosion dont l'allumage est déréglé ou dont une bielle a pris du jeu.

COGNER v.i. (du lat. *cuneus,* coin). **1.** Donner un coup, des coups. *Cogner à la fenêtre.* **2.** Faire entendre un cognement, en parlant d'un moteur. ◆ v.t. Heurter qqch. – *Fam.* Frapper qqn. ◆ **se cogner** v.pr. Se heurter à qqch.

COGNITICIEN, ENNE [kɔgni-] n. Ingénieur spécialiste de l'intelligence artificielle.

COGNITIF, IVE [kɔgni-] adj. (lat. *cognitus,* connu). **1.** PHILOS. Qui permet de connaître ; qui concerne la connaissance. ◇ *Sciences cognitives :* ensemble des sciences qui portent sur la cognition (psychologie, linguistique, intelligence artificielle, etc.). **2.** PSYCHOL. Qui se rapporte aux processus par lesquels un être vivant acquiert des informations sur son environnement.

COGNITION [kɔgni-] n.f. **1.** PHILOS. Faculté de connaître. **2.** PSYCHOL. **a.** Ensemble des grandes fonctions permettant à l'organisme d'interagir avec le milieu (perception, mémoire, intelligence, etc.) ; psychisme. **b.** Science de la vie mentale ou de l'esprit.

COGNITIVISME n.m. **1.** Ensemble de conceptions psychologiques dont l'objet est la modélisation des processus d'acquisition des connaissances, de recherche et de traitement de l'information. **2.** Modèle explicatif fondant les croyances sur des raisons, en sociologie de la connaissance.

COGNITIVISTE adj. et n. Relatif au cognitivisme ; qui en est partisan.

COHABITATION n.f. **1.** Fait de cohabiter. **2.** DR. Présence simultanée d'un gouvernement, d'une majorité parlementaire et d'un chef de l'État de tendances politiques opposées.

COHABITATIONNISTE adj. et n. Relatif à la cohabitation politique ; qui en est partisan.

COHABITER v.i. **1.** Habiter ensemble sous le même toit ou sur un même territoire. **2.** Coexister au sein d'un ensemble.

COHÉRENCE n.f. (lat. *cohaerentia*). **1.** Liaison étroite des divers éléments d'un corps matériel. **2.** Harmonie logique entre les divers éléments d'un ensemble d'idées ou de faits. **3.** PHYS. Caractère d'un ensemble de vibrations qui présentent entre elles une différence de phase constante dans le temps.

COHÉRENT, E adj. (lat. *cohaerens*). **1.** Qui présente des parties en rapport logique et harmonieux, dont toutes les parties se tiennent et s'organisent logiquement. **2.** PHYS. Se dit de vibrations qui ont la propriété de cohérence.

COHÉRITER v.i. Recueillir une succession avec une ou plusieurs autres personnes.

COHÉRITIER, ÈRE n. Bénéficiaire d'une succession avec une ou plusieurs autres personnes.

COHÉSIF, IVE adj. *Didact.* Qui joint, unit, crée une cohésion. *Force cohésive.*

COHÉSION n.f. **1.** Propriété d'un ensemble dont toutes les parties sont intimement unies. *La cohésion d'un groupe.* **2.** Organisation logique. *La cohésion d'un exposé.* **3.** PHYS., CHIM. Force qui unit les particules d'un liquide ou d'un solide.

COHORTE n.f. (lat. *cohors*). **1.** Unité tactique de base, formant le dixième d'une légion romaine (env. 600 hommes), ou corps de troupes auxiliaires. **2.** *Fam.* Groupe de personnes. **3.** DÉMOGR. Groupe de personnes ayant vécu un même événement pendant la même période.

COHUE [kɔy] n.f. (breton *koc'hu,* halle). Foule tumultueuse ; désordre, confusion.

1. COI, COITE [kwa, kwat] adj. (lat. *quietus,* tranquille). *Rester, demeurer, se tenir coi :* rester sans bouger ni parler. – *En rester coi :* rester muet de stupeur.

2. COI ou **C.O.I.** [seoi] n.m. (sigle). Complément d'*objet indirect.

COIFFAGE n.m. (de *coiffer*). **1.** Action de coiffer ; son résultat. **2.** Pose d'un revêtement protecteur sur la pulpe dentaire lésée par une carie.

COIFFANT, E adj. Qui coiffe bien, qui sied au visage. *Chapeau coiffant.*

COIFFE n.f. (germ. *kufia,* casque). **1.** Coiffure féminine en dentelle ou en tissu dont l'usage autref. répandu se limite auj. à des variétés régionales et à l'habit religieux. **2.** Doublure d'un chapeau, d'un casque. **3.** Fragment de la poche des eaux qui recouvre parfois la tête de l'enfant à la naissance. **4.** BOT. Enveloppe protectrice de la racine des végétaux. **5.** ASTRONAUT. Partie supérieure d'une fusée, contenant la charge utile et la protégeant lors du lancement. **6.** REL. Rebord en peau recouvrant le haut et le bas du dos d'un livre relié.

COIFFÉ, E adj. **1.** Qui porte une coiffure. **2.** Dont les cheveux sont disposés en ordre. **3.** Vx. *Être coiffé de qqn,* en être entiché, épris. – *Être né coiffé :* avoir de la chance.

COIFFER v.t. **1.** Couvrir la tête de qqn d'une coiffure, d'un chapeau. **2.** Mettre sur sa tête. *Coiffer une toque.* ◇ *Coiffer sainte Catherine :* être encore célibataire à 25 ans, pour une femme. **3.** Arranger la chevelure de qqn. **4.** *Coiffer au poteau un concurrent,* le dépasser, passer en tête sur la ligne d'arrivée, dans une course ; *fig.,* devancer. **5.** Être à la tête de ; chapeauter, contrôler. *Coiffer plusieurs services.*

COIFFEUR, EUSE n. Professionnel qui coupe et coiffe les cheveux.

COIFFEUSE n.f. Petite table de toilette munie de tiroirs et d'une glace, devant laquelle les femmes se coiffent et se maquillent.

COIFFURE n.f. **1.** Tout ce qui couvre ou qui orne la tête. **2.** Coupe ou arrangement des cheveux. *Coiffure courte, bouclée.* **3.** Action, art de coiffer. *Salon de coiffure.* – Profession des coiffeurs. *Travailler dans la coiffure.*

COIN n.m. (lat. *cuneus,* coin à fendre). **1.** Angle saillant ou rentrant, formé par deux lignes, deux plans qui se coupent. *Le coin d'une pièce, d'une table. Le coin d'une rue.* ◇ *Le coin d'un bois :* l'intersection entre un bois et une route, l'orée d'un bois. – *Coin fenêtre, coin couloir :* place d'une voiture de chemin de fer placée près de la fenêtre, du couloir. – *Au coin du feu :* à côté de la cheminée. – Vieilli. *Envoyer un enfant au coin,* à l'angle d'une pièce, pour le punir. – *Le coin de la bouche, de l'œil :* les commissures. – *Répondre du coin des lèvres,* avec réticence. – *Regard en coin, regarder du coin de l'œil,* à la dérobée. – *Sourire en coin,* furtif, discret ou ironique. – *Dans tous les coins, aux quatre coins :* partout. – *Fam. En boucher un coin à qqn,* l'étonner, l'épater. – *Fam. Du coin :* qui est à proximité. *Le tabac du coin.* **2.** Parcelle. *Un coin de terre, de ciel bleu.* – (En appos., avec ou sans trait d'union.) Espace aménagé. *Le coin-cuisine. Le coin poupées dans une classe de petits. Le coin des affaires dans les grands magasins.* **3.** Endroit retiré ou hors de vue. *Elle habite un coin tranquille. Caché dans un coin.* ◇ *Connaître dans les coins,* parfaitement. – *Fam. Le(s) petit(s) coin(s) :* les toilettes. **4.** OUTILL. Pièce en forme de prisme ou de biseau, en bois ou en métal, servant à fendre, à caler, à serrer, etc. **5.** Matrice en acier pour la frappe des monnaies, des médailles. **6.** Troisième incisive du cheval.

COINÇAGE n.m. Action de coincer.

COINCÉ, E adj. *Fam.* Mal à l'aise ; inhibé.

COINCEMENT n.m. État de ce qui est coincé, bloqué. *Un coincement de vertèbre.*

COINCER v.t. [9] (de *coin*). **1.** Fixer avec des coins ; caler. *Coincer des rails.* **2.** Empêcher de bouger en maintenant entre deux objets. *Coincer un bébé entre deux coussins. Coincer un dossier entre des livres.* **3.** Immobiliser, bloquer qqch de mobile. *J'ai coincé la clé dans la serrure.* **4.** *Fam.* Retenir qqn en un lieu contre sa volonté. *Elle m'a coincé dans le couloir pour me parler.* **5.** *Fig., fam.* Mettre en difficulté en questionnant. *Coincer un candidat à un examen.* **6.** *Fam.* Prendre en faute, sur le fait. *On l'a coincé à la douane.* ◆ **se coincer** v.pr. Se bloquer en empêchant un mouvement. *La serrure s'est coincée. Elle s'est coincé une vertèbre.*

COÏNCIDENCE [kɔɛ̃sidɑ̃s] n.f. **1.** Simultanéité de faits ; rencontre fortuite de circonstances. **2.** GÉOMÉTR. État de deux figures, de deux éléments isométriques qui se superposent point par point.

C

COÏNCIDENT, E [kɔɛ̃sidɑ̃, ɑ̃t] adj. GÉOMÉTR. Qui coïncide. *Des triangles coïncidents.*

COÏNCIDER [kɔɛ̃side] v.i. (lat. *coincidere,* tomber ensemble). **1.** Se produire en même temps ; correspondre exactement. *Les dates coïncident, les témoignages aussi.* **2. a.** GÉOMÉTR. En parlant de deux surfaces, de deux objets, pouvoir se superposer point par point. **b.** ALGÈBRE. Pour deux fonctions *f* et *g* définies sur un même ensemble A, vérifier l'égalité $f(x) = g(x)$ pour tout *x* de A.

COIN-COIN interj. et n.m. inv. (onomat.). Imite le cri du canard.

COÏNCULPÉ, E [kɔɛ̃-] n. Personne mise en examen avec une ou plusieurs autres pour la même infraction.

COING [kwɛ̃] n.m. (lat. *cotoneum,* mot gr.). Fruit jaune du cognassier, piriforme, dont on fait des gelées et des pâtes.

COIR n.m. Fibre de noix de coco utilisée en corderie, en sparterie.

COÏT [kɔit] n.m. (du lat. *coire,* aller ensemble). Accouplement du mâle et de la femelle dans l'espèce humaine ou chez les animaux. SYN. : *copulation.* ◇ SEXOL. *Coït interrompu :* méthode contraceptive qui consiste à interrompre le coït avant l'éjaculation.

COITE adj.f. → **COI.**

COÏTER [kɔite] v.i. (de *coït*). Accomplir le coït ; s'accoupler.

C

COITRON n.m. Suisse. Petite limace.

1. COKE [kɔk] n.m. (mot angl.). Combustible obtenu par distillation de la houille et ne contenant qu'une très faible fraction de matières volatiles. ◇ *Coke métallurgique :* coke en gros morceaux, très résistant à la compression, utilisé princip. dans les hauts-fourneaux.

2. COKE [kok] n.f. *Fam.* Cocaïne.

COKÉFACTION n.f. **1.** Transformation de la houille en coke. **2.** Transformation par craquage thermique des résidus lourds du pétrole en coke, ainsi qu'en gaz, essence, gazole, etc.

COKÉFIABLE adj. Transformable en coke.

COKÉFIER v.t. [5]. Transformer en coke.

COKERIE n.f. Usine qui fabrique du coke destiné à l'industrie, aux hauts-fourneaux.

COL n.m. (lat. *collum*). **1.** Partie du vêtement qui entoure le cou. *Col d'une chemise, d'une veste.* ◇ *Col châle :* col arrondi, croisé, large sur les épaules. – *Col chemisier :* col à pointes, rapporté à l'encolure par un pied de col. – *Col Claudine,* rond et plat. – *Col officier,* composé d'une bande de tissu étroite, non rabattue, fixé à une encolure ronde et dit aussi *col Mao.* – *Faux col :* col glacé, amovible, qui s'adapte à une chemise ; *fam.,* mousse blanche au-dessus de la bière versée dans un verre. *Un demi sans faux col.* – *Fam.,* vieilli. *Col blanc :* employé de bureau (par oppos. à *col bleu,* ouvrier). **2.** Vx. Cou. ◇ *Fam. Se hausser, se pousser du col :* prendre des airs importants, chercher à se faire valoir. **3.** Partie rétrécie de certains objets, de certains organes. *Col d'une bouteille. Col du fémur.* **4.** Dépression d'une crête montagneuse, formant passage.

COLA n.m. → **KOLA.**

COLBACK [kɔlbak] n.m. (turc *kalpak,* bonnet de fourrure). **1.** Ancienne coiffure militaire, bonnet de fourrure en forme de cône tronqué renversé et fermé par une poche conique en drap. **2.** *Fam.* Cou, collet. *Attraper qqn par le colback.*

COLBERTISME n.m. (de *Colbert,* qui fut en France le théoricien de ce système). Système économique mercantiliste qui postule à l'origine que la puissance d'un pays dépend de ses disponibilités en métaux précieux. (Celles-ci doivent être accrues par le commerce et l'industrie, grâce à un strict protectionnisme et à l'intervention de l'État dans tous les domaines.)

COL-BLEU n.m. (pl. *cols-bleus*). *Fam.* Marin de la Marine nationale, en France.

COLCHICINE [kɔlʃisin] n.f. MÉD. Alcaloïde toxique extrait des graines de colchique, inhibiteur des divisions cellulaires et utilisé dans le traitement de la goutte.

COLCHIQUE [kɔlʃik] n.m. (lat. *colchicum*). Plante des prés humides fleurissant en automne, à fleurs roses, blanches ou violettes, vénéneuse par la colchicine qu'elle contient. (Famille des liliacées.) SYN. : *safran des prés, tue-chien.*

COLCOTAR n.m. (ar. *qulqutār*). Oxyde ferrique employé pour polir les verres optiques.

COLÉE n.f. (de *col*). HIST. Coup donné par le parrain sur la nuque de celui qui était fait chevalier, lors de la cérémonie de l'adoubement. SYN. : *paumée.*

COLÉGATAIRE n. DR. Légataire avec une ou plusieurs autres personnes.

COLÉOPTÈRE n.m. (gr. *koleos,* étui, et *pteron,* aile). Insecte à métamorphose complète, pourvu de pièces buccales broyeuses et d'ailes postérieures membraneuses protégées au repos par une paire d'élytres rigides, tel que le hanneton, le charançon, le carabe, la coccinelle. (Les coléoptères forment un ordre comprenant plus de 300 000 espèces.)

COLÈRE n.f. (lat. *cholera,* du gr. *kholê,* bile). État violent et passager résultant du sentiment d'avoir été agressé ou offensé.

COLÉREUX, EUSE ou, vieilli, **COLÉRIQUE** adj. et n. Porté à la colère. *Il est très coléreux. Tempérament colérique.*

COLÉUS [kɔleys] n.m. (lat. *coleus,* du grec *koleos,* gaine). Plante d'ornement, originaire de Java, aux feuilles panachées de coloris très variés et aux inflorescences mauves. (Famille des labiées.)

COLIBACILLE n.m. (gr. *kôlon,* gros intestin, et *bacille*). Bactérie en forme de bacille, très répandue, vivant normalement dans l'intestin mais pouvant contaminer l'environnement, parfois source d'infection (gastro-entérites, infections urinaires, etc.) et utilisée cour. par la recherche biologique et médicale. (Nom sc. *Escherichia coli.*)

COLIBACILLOSE n.f. Infection due au colibacille.

COLIBRI n.m. (mot caraïbe). Très petit oiseau passereau des régions tropicales de l'Amérique, au plumage éclatant, au long bec avec lequel il aspire, en vol stationnaire, le nectar des fleurs. (Long. 6 cm ; famille des trochilidés.) SYN. : *oiseau-mouche.*

■ COLIBRI

COLICITANT, E n. et adj. DR. Chacun des cohéritiers ou des copropriétaires au profit desquels se fait une vente par licitation.

COLIFICHET n.m. (anc. fr. *coeffichier,* ornement d'une coiffe). Petit objet, petit bijou sans grande valeur.

COLIMAÇON n.m. (normand *colimachon*). Vieilli. Escargot. ◇ *Escalier, rampe en colimaçon,* en spirale.

1. COLIN n.m. (néerl. *colfish*). **1.** Poisson marin commun sur les côtes de l'Atlantique et de la Manche. (Long. 1,3 m ; genre *Polliachius,* famille des gadidés.) SYN. : *lieu* ou *lieu noir.* **2.** Appellation régionale du merlu. (Genre *Merluccius ;* famille des gadidés.) SYN. : *saumon blanc.*

2. COLIN n.m. (de *Colin,* n.pr.). Oiseau d'Amérique du Nord, voisin de la caille, introduit en France en 1959. (Ordre des galliformes ; genre *Colinus,* famille des phasianidés.)

COLINÉAIRE adj. GÉOMÉTR. *Vecteurs colinéaires :* vecteurs d'un espace vectoriel tels que l'un est le produit de l'autre par un scalaire non nul.

■ COLCHIQUE

COLIN-MAILLARD n.m. (pl. *colin-maillards*). Jeu dans lequel l'un des joueurs, qui a les yeux bandés, doit poursuivre les autres à tâtons et identifier celui qu'il a attrapé.

COLINOT ou **COLINEAU** n.m. Petit colin (poisson).

COLIN-TAMPON n.m. inv. *Fam.,* vieilli. *Se soucier de qqch comme de colin-tampon,* n'y prêter aucune attention, s'en moquer.

1. COLIQUE n.f. (du gr. *kôlon,* gros intestin). **1.** MÉD. Violente douleur abdominale. – *Spécial.* Violente douleur causée par la migration d'un calcul dans les voies biliaires, urinaires, etc. *Colique hépatique, néphrétique.* **2.** *Fam.* Diarrhée. *Avoir la colique.*

2. COLIQUE adj. Relatif au côlon.

COLIS n.m. (ital. *colli,* charges sur le cou). Paquet d'objets, de marchandises destiné à être transporté. *Remettre un colis à son destinataire. Expédier un colis. Colis postal.*

COLISTIER, ÈRE n. Chacun des candidats à une élection inscrits sur une même liste électorale.

COLITE n.f. MÉD. Inflammation du côlon. – *Cour.* Colopathie bénigne, sans inflammation.

COLLABO n. *Fam., péjor.* Collaborateur, sous l'Occupation.

COLLABORATEUR, TRICE n. **1.** Personne qui travaille avec une autre, d'autres. **2.** HIST. Personne qui pratiquait la collaboration avec l'occupant allemand. Abrév. *(fam.) : collabo.*

COLLABORATION n.f. **1.** Action de collaborer avec qqn, à qqch. **2.** HIST. Politique de coopération d'un État ou d'un individu avec l'occupant allemand entre 1939 et 1945.

COLLABORATIONNISTE adj. et n. HIST. Partisan d'une politique de collaboration active.

COLLABORER v.t. ind. ou v.i. (lat. *cum,* avec, et *laborare,* travailler). **1.** Travailler avec d'autres à une œuvre commune. **2.** HIST. Pratiquer la politique de collaboration.

COLLAGE n.m. **1.** Action de coller ; son résultat. **2.** Addition de colle. ◇ *Collage du papier,* traitement pour le rendre imperméable à l'encre. – *Collage du vin,* ajout d'une substance (colle) pour le clarifier. **3.** *Fam.* Liaison qui dure ; concubinage. **4.** Procédé de composition (plastique, musicale, littéraire) consistant à introduire dans une œuvre des éléments préexistants hétérogènes, créateurs de contrastes inattendus ; l'œuvre ainsi obtenue.

COLLAGÈNE n.m. HISTOL. Protéine, constituant des fibres entre les cellules du tissu conjonctif.

COLLAGÉNOSE n.f. Maladie due à une atteinte diffuse du collagène. SYN. : *connectivite.*

1. COLLANT, E adj. **1.** Qui colle, qui est enduit de colle. *Papier collant.* **2.** Très ajusté ; moulant. *Pantalon collant.* **3.** *Fam.* Importun, dont on ne peut se débarrasser.

2. COLLANT n.m. Vêtement de tissu extensible couvrant le corps de la taille aux pieds. *Collant de danse.* – Sous-vêtement féminin associant le slip et les bas en une seule pièce.

COLLANTE n.f. *Arg. scol.* Convocation à un examen.

COLLAPSUS [kɔlapsys] n.m. (mot lat., *tombé*). MÉD. **1.** Diminution rapide de la pression artérielle. **2.** Aplatissement d'un organe creux, notamm. du poumon au cours du pneumothorax.

COLLATÉRAL, E, AUX adj. (lat. *cum,* avec, et *latus, lateris,* côté). **1.** Qui est placé de part et d'autre d'une structure. *Le boulevard et les rues collatérales.* ◇ *Par euphémisme. Dégâts, dommages collatéraux :* conséquences annexes d'une opération militaire, touchant des biens ou des victimes civils. **2.** ANAT. Se dit d'une branche naissant sur le côté d'un nerf ou d'un vaisseau (par oppos. à *terminal*). **3.** GÉOGR. *Points collatéraux :* points intermédiaires entre les points cardinaux (N.-E., N.-O., S.-E., S.-O.). **4.** Qui est hors de la ligne directe de parenté. *Parents collatéraux.* ◆ n.m. **1.** Parent collatéral. **2.** ARCHIT. Vaisseau latéral ou bas-côté d'une nef d'église.

1. COLLATION n.f. (lat. *collatio,* de *conferre,* fournir, rassembler). **1.** Action de conférer un bénéfice ecclésiastique, un titre, un grade universitaire, etc. **2.** Action de comparer entre eux des textes, des documents.

2. COLLATION n.f. (lat. *collatio,* réunion). Léger repas.

COLLATIONNEMENT n.m. Vérification faite en collationnant un texte avec un autre.

COLLATIONNER v.t. **1.** Comparer entre eux des textes pour les vérifier. **2.** REL. Procéder à la collationnure.

COLLATIONNURE n.f. REL. Vérification, après assemblage, du bon ordre des cahiers et des hors-texte d'un livre.

COLLE n.f. (gr. *kolla*). **1.** Substance, préparation susceptible de maintenir ensemble, par adhérence durable, des matériaux en contact ; adhésif. **2.** *Arg. scol.* **a.** Interrogation de contrôle, orale ou écrite. **b.** Consigne (punition). **3.** *Fam.* Question embarrassante ; problème difficile à résoudre. *Poser une colle.*

COLLECTAGE n.m. Action de collecter.

COLLECTE n.f. (lat. *collatio,* de *colligere,* réunir). **1.** Action de réunir, de recueillir, notamm., des fonds, des dons, des signatures, des données. **2.** Action de regrouper ; ramassage. *Collecte de lait chez les producteurs. Collecte des déchets.*

COLLECTER v.t. **1.** Recueillir par une collecte ; rassembler. **2.** Rassembler, recueillir des produits. *Collecter du lait.* ◆ **se collecter** v.pr. MÉD. Former une collection.

1. COLLECTEUR, TRICE adj. Qui collecte. ◆ n. Personne qui fait une collecte.

2. COLLECTEUR n.m. **1.** Canalisation qui reçoit les ramifications des conduites secondaires, notamm. dans les égouts. *Collecteur d'eaux pluviales.* ◇ *Collecteur d'échappement :* tuyauterie qui rassemble, dans un même conduit, les gaz d'échappement des différents cylindres d'un moteur avant leur évacuation. **2.** ÉLECTRON. Électrode de sortie d'un transistor.

COLLECTIF, IVE adj. (lat. *collectivus,* de *colligere,* réunir). Qui concerne un ensemble de personnes, un groupe. *Équipements collectifs. Jeu collectif.* ◇ LING. *Nom collectif,* ou *collectif,* n.m. : nom qui, au singulier, désigne un ensemble d'êtres ou de choses. *« Foule », « amas », « multitude » sont des collectifs.* ◆ n.m. **1.** Groupe de personnes qui assurent une tâche politique, sociale, etc., de manière concertée. **2.** *Collectif budgétaire,* ou *collectif :* en France, appellation courante des lois de finances rectificatives.

COLLECTION n.f. (lat. *collectio,* de *colligere,* réunir). **1.** Réunion d'objets choisis pour leur beauté, leur rareté, leur caractère curieux, leur valeur documentaire ou leur prix. *Collection de timbres, de monnaies, de chapeaux, de bijoux, de tableaux.* — *Fam.* Ensemble de personnes caractérisées par un trait particulier. *C'est une belle collection d'imbéciles !* **2.** Ensemble d'ouvrages, de publications présentant une unité. *Collection reliée d'un périodique.* **3.** Ensemble de modèles créés et présentés à chaque saison par une maison de haute couture, par certaines maisons de prêt-à-porter. *Présentation des collections d'hiver.* **4.** MÉD. Amas de liquide, de gaz dans une cavité normale ou pathologique.

COLLECTIONNER v.t. **1.** Réunir en collection. **2.** *Fam.* Accumuler. *Collectionner les gaffes.*

COLLECTIONNEUR, EUSE n. Personne qui se plaît à collectionner, qui fait une, des collections.

COLLECTIONNISME n.m. Besoin pathologique d'acquérir des objets hétéroclites et inutiles.

COLLECTIONNITE n.f. *Fam.* Manie d'entreprendre des collections de toute sorte.

COLLECTIVEMENT adv. De façon collective.

COLLECTIVISATION n.f. Action de collectiviser ; son résultat.

COLLECTIVISER v.t. Transmettre la propriété des moyens de production et d'échange des individus aux mains de la collectivité.

COLLECTIVISME n.m. Système économique fondé sur la propriété collective des moyens de production.

COLLECTIVISTE adj. et n. Relatif au collectivisme ; partisan du collectivisme.

COLLECTIVITÉ n.f. **1.** Ensemble de personnes liées par une organisation commune, des intérêts communs. **2.** *Collectivité locale* ou *territoriale.* **a.** En France, circonscription administrative ayant la personnalité morale (les communes, les départements, les Régions, la Corse, les DOM-TOM, Mayotte, Saint-Pierre-et-Miquelon). **b.** Partie du territoire d'un État jouissant d'une certaine autonomie (État fédéré). **3.** *Collectivités publiques :* l'État, les collectivités locales, les établissements publics.

COLLECTOR n.m. (mot angl.). Objet recherché par les collectionneurs pour son originalité ou sa rareté.

COLLÈGE n.m. (lat. *collegium*). **1.** Établissement du premier cycle de l'enseignement secondaire. **2.** Belgique. Établissement scolaire du niveau secondaire, dans l'enseignement libre. **3.** Réunion de personnes revêtues de la même dignité ou ayant la même fonction. *Collège des cardinaux.* **4.** *Collège électoral :* ensemble des électeurs appelés à participer à une élection déterminée.

COLLÉGIAL, E, AUX adj. **1.** Réuni en collège ; exercé par un collège. *Direction collégiale.* **2.** *Chapitre collégial :* collège de chanoines établi dans une église qui n'a pas le titre de cathédrale. — *Église collégiale,* ou *collégiale,* n.f., qui possède un chapitre collégial. **3.** Québec. *Enseignement collégial,* dispensé dans un collège d'enseignement général et professionnel (cégep) ou un établissement assimilé.

COLLÉGIALE n.f. Église collégiale.

COLLÉGIALEMENT adv. De façon collégiale.

COLLÉGIALITÉ n.f. Caractère de ce qui est organisé ou décidé en collège. *La collégialité d'une décision.*

COLLÉGIEN, ENNE n. Élève d'un collège.

COLLÈGUE n. (lat. *collega*). Personne qui remplit la même fonction ou qui fait partie du même établissement, de la même entreprise qu'une autre.

COLLEMBOLE n.m. Très petit insecte (0,5 à 5 mm), primitif, sans ailes ni métamorphoses, qui pullule dans tous les sols végétaux. (Les collemboles forment un ordre d'insectes aptérygotes.)

COLLENCHYME [kɔlɑ̃ʃim] n.m. (gr. *kolla,* colle, et *enkhuma,* épanchement). BOT. Tissu de soutien des végétaux supérieurs, formé presque uniquement de cellulose.

COLLER v.t. **1.** Faire adhérer avec de la colle ou une autre substance. *Coller une affiche.* ◇ *Coller du vin,* le clarifier à l'aide de blanc d'œuf, de colle de poisson ou de bentonite. **2.** Appliquer étroitement, appuyer, placer contre. *Coller son oreille à la porte.* **3.** *Fam.* Ne pas quitter au point d'importuner. *Cesse de me coller !* **4.** *Fam.* Mettre, placer d'autorité ou sans précaution. *Il a collé mes affaires au grenier.* **5.** *Fam.* Donner, imposer, transmettre qqch de désagréable ou d'indésirable. *Coller une punition à qqn. Ce chien va nous coller des puces.* **6.** *Fam.* Mettre dans l'incapacité de répondre à une question ; coincer. *Il est difficile de la coller en histoire.* — *Fam.* Ne pas recevoir à un examen. *Se faire coller au bac.* **7.** *Fam.* Punir d'une colle ; consigner. ◆ v.i. ou v.t. ind. (à). **1.** S'appliquer contre ; adhérer. *Ce timbre ne colle pas. Son maillot colle à la poitrine.* **2.** Suivre de très près. *Cycliste qui colle à la roue d'un concurrent.* **3.** *Fam.* S'adapter étroitement. *Coller à la réalité.* ◆ v.i. *Fam.* Bien marcher, aller au mieux ; convenir. *Ça colle.* ◆ **se coller** v.pr. *Fam. Se coller à qqch, s'y coller :* commencer qqch, s'y mettre.

COLLERETTE n.f. **1.** Volant plissé ou froncé porté en tour de cou, ou garnissant le bord d'une encolure, d'un décolleté. **2.** Objet en forme de couronne, d'anneau. **3.** Anneau fixe entourant la partie supérieure du pied de nombreux champignons. **4.** MÉCAN. INDUSTR. Bord rabattu d'une pièce, servant à son assemblage avec une autre.

COLLET n.m. (de *col*). **1.** Nom donné au col entre le XIVe et le XIXe s., qu'il soit fixe ou mobile. ◇ *Prendre, saisir au collet :* arrêter. — *Collet monté :* guindé, affecté ou prude. **2.** Nœud coulant pour piéger les oiseaux, les lièvres, etc. **3.** Ligne de séparation entre la racine d'une dent et sa couronne. — BOT. Zone de transition entre la tige d'une plante et sa racine. **4.** CONSTR. Élargissement pratiqué à l'extrémité d'un tuyau de façon à y fixer une bride.

COLLETAILLER (SE) v.pr. Québec. Se colleter.

COLLETER (SE) v.pr. [16]. **1.** Vieilli. Se battre, s'empoigner. *Se colleter avec des voyous.* **2.** *Fig.* Affronter une situation difficile, lutter contre. *Se colleter avec de nombreuses difficultés.*

COLLEUR, EUSE n. *Colleur d'affiches :* personne qui colle des affiches.

COLLEUSE n.f. Machine à coller. — CINÉMA. Appareil servant à raccorder des fragments de films lors du montage.

COLLEY [kɔlɛ] n.m. (mot angl.). Chien de berger écossais à tête fine et museau long, à poil long et fourrure abondante.

COLLIER n.m. (lat. *collarium*). **1.** Bijou, parure qui se porte autour du cou. *Collier de perles.* — Chaîne ouvragée des hauts dignitaires de certains ordres. **2.** Courroie de cuir ou cercle de métal mis au cou de certains animaux domestiques pour les tenir à l'attache. — Pièce rembourrée du harnais qui entoure l'encolure du cheval et à laquelle s'attachent les traits. ◇ *Donner un coup de collier :* fournir un effort intense. — *Reprendre le collier :* se remettre au travail après une période de repos. **3.** Partie du plumage ou de la robe autour du cou de certains animaux dont la couleur diffère de celle du reste du corps. **4.** Barbe courte et étroite qui rejoint les tempes en passant sous le menton. **5.** BOUCH. Partie de la carcasse du veau et du mouton qui comprend le cou et la naissance des épaules. **6.** Anneau plat servant à fixer un tuyau, une conduite. ◇ *Collier de serrage :* collier réglable par un dispositif à vis ou cranté.

COLLIGER v.t. [10] (lat. *colligere,* recueillir). *Didact., litt.* **1.** Réunir en recueil. *Colliger des lois.* **2.** Relier des observations, des abstractions en une notion synthétique.

COLLIMATEUR n.m. (du lat. savant *collimare,* pour *collineare,* viser). **1.** OPT. Appareil permettant d'obtenir un faisceau de rayons lumineux parallèles. **2.** ARM. Appareil de visée pour le tir. ◇ *Fam. Avoir qqn dans le collimateur,* le surveiller de près, se préparer à l'attaquer ou à le contrer.

COLLIMATION n.f. OPT. Action de viser, d'orienter une lunette dans une direction déterminée.

COLLINE n.f. (lat. *collis*). Relief de faible hauteur, de forme arrondie.

COLLISION n.f. (lat. *collisio*). **1.** Choc de deux corps en mouvement. *Véhicules qui entrent en collision.* — PHYS. Interaction entre des corps, des particules, qui modifie leurs mouvements. **2.** Rencontre violente entre deux groupes opposés ; échauffourée. — *Fig.* Opposition, conflit. *Collision d'intérêts, d'idées.*

COLLISIONNEUR n.m. PHYS. Anneau de collisions.

COLLOCATION n.f. (lat. *collocatio*). **1.** DR. Classement des créanciers selon l'ordre dans lequel ils doivent être payés, en vertu d'une décision de justice. **2.** LING. Association habituelle d'un mot à un autre au sein de l'énoncé (par ex., *pain* est souvent en collocation avec *frais, sec, blanc,* etc.). — REM. À distinguer de *colocation.*

COLLODION n.m. (du gr. *kollôdês,* collant). Solution de nitrocellulose dans un mélange d'alcool et d'éther, employée en photographie, en pharmacie, etc.

COLLOÏDAL, E, AUX adj. De la nature des colloïdes. ◇ *État colloïdal :* état de dispersion de la matière au sein d'un fluide, caractérisé par des granules de dimension moyenne comprise entre 0,2 et 0,002 micromètre.

COLLOÏDE n.m. (angl. *colloid,* du gr. *kolla,* colle). CHIM. Système dans lequel des particules très petites sont en suspension dans un fluide.

COLLOQUE n.m. (lat. *colloquium,* entretien). **1.** *Sout.* Entretien entre deux ou plusieurs personnes. **2.** Réunion organisée entre spécialistes de questions scientifiques, politiques, économiques, etc.

COLLURE n.f. Tout joint réalisé par collage. — CINÉMA. Raccord entre deux bandes cinématographiques réalisé par collage lors du montage.

COLLUSION n.f. (du lat. *colludere,* jouer ensemble). DR. Entente secrète en vue de tromper ou de causer un préjudice. — *Fig.* Connivence, complicité.

COLLUSOIRE adj. DR. Fait par collusion.

COLLUTOIRE n.m. (du lat. *colluere,* laver). Préparation médicamenteuse destinée à être appliquée sur les muqueuses de la cavité buccale.

COLLUVION n.f. (de *alluvion*). GÉOL. Dépôt résultant d'un transport à faible distance de produits d'érosion sur un versant.

COLLYRE n.m. (gr. *kollurion,* onguent). Préparation médicamenteuse liquide qu'on instille dans l'œil.

COLMATAGE n.m. Action de colmater.

COLMATER v.t. (ital. *colmata,* de *colmare,* combler). **1.** Boucher, fermer plus ou moins complètement un orifice, une fente. *Colmater une fuite.* — MIL. Rétablir la continuité d'un front après une percée de l'ennemi. *Colmater une brèche.* **2.** *Fig.* Arranger, tant bien que mal, en comblant les manques. *Colmater un déficit.* **3.** AGRIC. Exhausser et fertiliser des terrains bas ou stériles au moyen de dépôts vaseux formés par les fleuves ou les mers.

COLO n.f. (abrév.). *Fam.* Colonie de vacances.

COLOBE n.m. (gr. *kolobos,* tronqué). Singe d'Afrique équatoriale, au pouce réduit, au pelage long et soyeux, voisin des semnopithèques. (On distingue les colobes vrais [genre *Procolobus*] et

C

les guérézas [genre *Colobus*] ; famille des colobidés.)

COLOCALISATION n.f. Regroupement de satellites géostationnaires en une même position orbitale.

COLOCASE n.f. Plante tropicale cultivée en Polynésie pour son rhizome riche en féculents. (Famille des aracées.)

COLOCATAIRE n. Locataire d'une habitation avec d'autres personnes.

COLOCATION n.f. Location en commun. – REM. À distinguer de *collocation*.

COLOGARITHME n.m. Logarithme de l'inverse du nombre considéré :
$\text{coln}\ x = \ln(1/x) = -\ln x.$

COLOMBAGE n.m. (du lat. *columna*, colonne). Pan de bois, type de mur ou de cloison dont les vides sont remplis par une maçonnerie légère. – *Par ext.* La charpente apparente.

■ COLOMBAGE

COLOMBE n.f. (lat. *columba*). **1.** Nom donné à certains pigeons et tourterelles, en partic. aux variétés à plumage blanc. **2.** *Poét.* Pigeon, et spécial. pigeon blanc, considéré comme l'emblème de la douceur, de la pureté, de la paix. **3.** Partisan d'une politique de paix (par oppos. à *faucon*). **4.** *Litt.* Jeune fille pure, innocente.

COLOMBIEN, ENNE adj. et n. De la Colombie, de ses habitants.

COLOMBIER n.m. (de *colombe*). Pigeonnier en forme de tour circulaire.

1. COLOMBIN n.m. **1.** Pigeon d'Europe, d'Asie occidentale et du Maroc, voisin du ramier. (Famille des columbidés.) [On dit aussi *pigeon colombin*.] **2.** Columbiforme.

2. COLOMBIN n.m. **1.** Rouleau d'argile molle servant à confectionner des vases sans l'emploi du tour. **2.** *Fam.* Étron.

COLOMBINE n.f. Fiente des pigeons et des oiseaux de basse-cour, servant d'engrais.

1. COLOMBO n.m. (bantou *kalumb*). Racine d'une plante de l'Afrique tropicale aux propriétés astringentes et apéritives.

2. COLOMBO n.m. (de *Colombo*, n.pr.). Mélange d'épices d'origine indienne, composé de coriandre, ail, piment, curcuma, cannelle, etc. – Ragoût de viande ou de poisson, épicé avec ce mélange. (Cuisine antillaise.)

COLOMBOPHILE n. et adj. Personne qui élève ou emploie des pigeons voyageurs.

COLOMBOPHILIE n.f. Élevage des pigeons voyageurs.

1. COLON n.m. (lat. *colonus*). **1.** Habitant d'une colonie, originaire du pays colonisateur. **2.** Membre d'une colonie, d'un groupe de même origine fixé dans un autre lieu, un autre pays. **3.** ANTIQ. ROM. Sous le Bas-Empire, personne de condition libre mais attachée héréditairement au sol qu'elle cultive. **4.** Enfant d'une colonie de vacances. **5.** DR. *Colon partiaire :* métayer.

2. COLON [kɔlɔn] n.m. (esp. *colón*). Unité monétaire principale du Costa Rica et du Salvador.

CÔLON n.m. (gr. *kôlon*, intestin). Partie de l'intestin comprise entre l'intestin grêle et le rectum. (On le divise en *côlon ascendant, côlon transverse, côlon descendant* et *côlon sigmoïde*.) SYN. : *gros intestin*.

COLONAGE ou **COLONAT** n.m. DR. *Colonage* ou *colonat partiaire :* métayage.

COLONAT n.m. ANTIQ. ROM. État de colon.

COLONEL n.m. (ital. *colonnello*, de *colonna*, troupe en colonne). Officier supérieur du grade le plus élevé, dans les armées de terre, de l'air et de la gendarmerie (→ *grade*).

COLONELLE n.f. *Fam.* Épouse d'un colonel.

COLONIAL, E, AUX adj. Qui concerne les colonies. ◇ *Artillerie, infanterie, troupes coloniales :* nom donné de 1900 à 1958 à l'artillerie, à l'infanterie, aux troupes de marine. ◆ n. et adj. Personne qui a vécu aux colonies.

COLONIALISME n.m. **1.** Doctrine qui vise à légitimer l'occupation d'un territoire ou d'un État, sa domination politique et son exploitation économique par un État étranger ; mise en application de cette doctrine. **2.** *Cour.* Ensemble de comportements adoptés à l'encontre de la population d'un pays, d'une région officiellement ou non colonisés.

COLONIALISTE adj. et n. Qui appartient au colonialisme ; qui en est partisan, en fait preuve.

COLONIE n.f. (lat. *colonia*, de *colere*, cultiver). **1.** Territoire occupé et administré par une nation étrangère, et dont il dépend sur les plans politique, économique, culturel, etc. **2.** Groupe d'expatriés ou de descendants d'expatriés installés dans un autre pays pour y fonder une cité, y exploiter des terres, etc. ; leur implantation. *Colonies grecques de l'Antiquité. Colonies allemandes dispersées en Amérique latine.* **3.** Ensemble de personnes d'un même pays, d'une même région résidant dans un pays étranger, dans une autre région. *La colonie française de Lima. Colonie bretonne de Paris.* **4.** Groupe d'animaux de la même espèce, ayant une vie collective, égalitaire ou hiérarchisée. *Colonie d'abeilles, de manchots.* **5.** *Colonie de vacances :* groupe d'enfants réunis dans un centre d'accueil pour des séjours de vacances sous la conduite de moniteurs ; ce centre.

COLONISABLE adj. Qui peut être colonisé.

COLONISATEUR, TRICE adj. et n. Qui colonise, qui fonde et exploite une colonie.

COLONISATION n.f. Action de coloniser ; situation qui en résulte.

ENCYCL. L'expansion des peuples et des États de l'Europe se développe à partir du XVIe s. en trois étapes. XVIe - XVIIIe s. : conquêtes portugaises (comptoirs en Afrique et en Inde, Brésil), espagnoles (Amérique centrale et méridionale), anglaises et françaises (Amérique du Nord), néer-

LA COLONISATION EN 1939

Empire britannique (dominions et colonies) · Empire français · Empire espagnol · Empire portugais · Empire néerlandais · Empire italien · Empire belge · Mandats de la S.D.N.

landaises (Insulinde). 1783 - 1826 : les États-Unis et les colonies espagnoles et portugaises accèdent à l'indépendance. 1830 - 1914 : constitution de l'Empire colonial français (12 millions de km²) et de l'Empire britannique (35 millions de km²), acquisition de colonies par la Belgique, l'Allemagne et l'Italie. 1945 - 1975 : effondrement des empires coloniaux.

COLONISÉ, E adj. et n. Qui subit la colonisation.

COLONISER v.t. **1.** Transformer un pays en colonie. **2.** Peupler de colons. *Les Anglais ont colonisé l'Australie.* **3.** *Fam.* Envahir, occuper un lieu.

COLONNADE n.f. (ital. *colonnato*). File de colonnes et ce qui la surmonte, entablement ou arcs.

COLONNE n.f. (lat. *columna*). **1.** Support architectural vertical composé d'un fût, dont la section est soit un cercle, soit un polygone régulier à plus de quatre côtés, et, génér., d'une base et d'un chapiteau. (La colonne peut être *adossée, engagée, jumelée* avec une autre.) *Colonne dorique, ionique.* **2.** Support, montant cylindrique. *Lit à colonnes.* **3.** Monument en forme de colonne isolée. *Colonne commémorative. La colonne Vendôme, à Paris.* **4.** Masse d'un fluide contenue dans un tube vertical. **5.** Masse de fluide affectant une forme cylindrique d'axe vertical. *Colonne de fumée, d'air.* **6.** Chacune des sections verticales qui divisent une page. *Ne rien inscrire dans cette colonne.* **7.** Série d'annotations, de chiffres disposés verticalement les uns au-dessous des autres. *Colonne des unités, des dizaines.* – ALGÈBRE. Dans un tableau à double entrée (matrice, déterminant, etc.), ensemble des éléments se trouvant sur une même verticale. **8.** *Colonne vertébrale :* ensemble des vertèbres (chez l'homme, les vertébrés), formant un axe osseux qui commence sous la base du crâne et se termine au niveau du bassin. SYN. : *rachis.* – *La colonne vertébrale de qqch :* ce qui constitue l'axe d'un organisme, la clef de voûte d'une institution, d'un régime, etc. **9.** *Colonne montante :* canalisation principale d'eau, de gaz ou d'électricité desservant, dans un immeuble, les différentes pièces. **10.** File de personnes placées les unes derrière les autres. **11.** MIL. Formation dont les éléments sont disposés sur un front étroit et en profondeur. ◇ *Cinquième colonne :* élément travaillant sur un territoire au profit de l'adversaire. (C'est sous ce nom que furent désignés en 1940 les agents des services secrets allemands opérant en France.)

12. *Colonne à distiller :* colonne cylindrique contenant des plateaux superposés où, lors d'une distillation, les molécules d'un gaz viennent se condenser, ce qui permet la séparation d'un mélange ou la purification d'un corps.

COLONNETTE n.f. Colonne petite ou mince.

COLONOSCOPIE n.f. → **COLOSCOPIE.**

COLOPATHIE n.f. MÉD. Toute affection du côlon.

COLOPHANE n.f. (gr. *kolophônia,* résine de *Colophon,* ville d'Asie Mineure). Résine solide, résidu de la distillation de la térébenthine, utilisée notamm. par les musiciens sur les crins des archets.

COLOQUINTE n.f. (gr. *kolokunthis*). Plante voisine de la pastèque, dont les fruits, à pulpe amère et purgative, sont ornementaux. (Genre *Citrullus ;* famille des cucurbitacées.)

■ **COLOQUINTES**

COLORANT, E adj. Qui colore. ◆ n.m. Substance colorée naturelle ou synthétique, utilisée pour donner à un support ou à un matériau une coloration durable. (L'opération qui conduit à ce résultat est appelée, suivant le cas, *teinture, impression, enduction, peinture* ou *coloration dans la masse.*) – AGROALIM. Substance employée pour colorer certains aliments.

COLORATION n.f. Action de colorer ; état de ce qui est coloré. *La coloration de la peau.*

COLORATURE n.f. (all. *Koloratur,* vocalise). Passage musical faisant appel à la virtuosité vocale. – *Par ext.* Voix de femme apte à exécuter des vocalises aiguës.

COLORÉ, E adj. **1.** Qui a une couleur, notamm. une couleur vive. *Teint coloré.* **2.** *Fig.* Qui a de l'éclat, de l'originalité ; pittoresque. *Style coloré.*

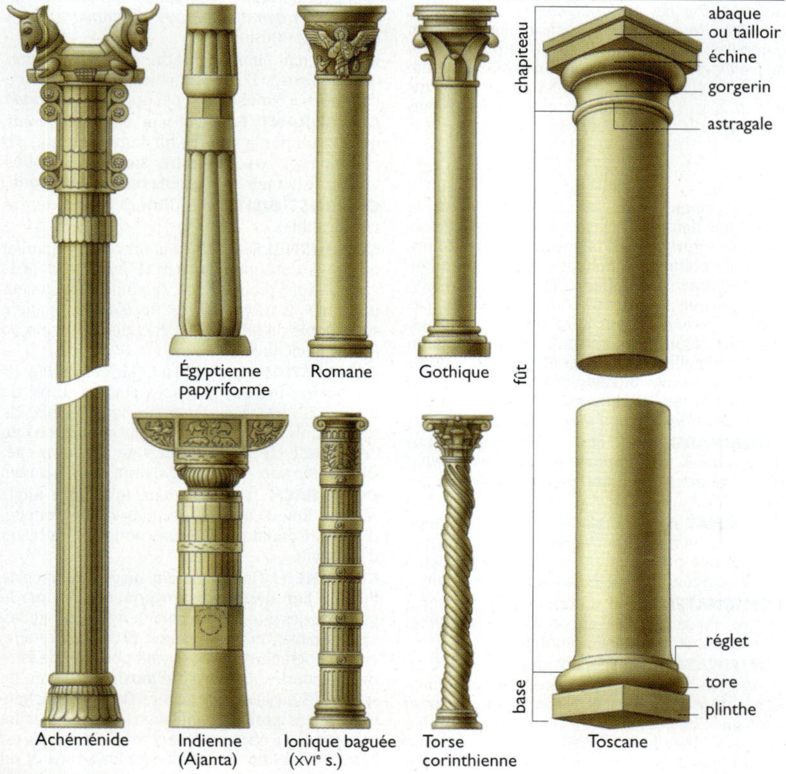

■ **COLONNES**

COLORER v.t. (lat. *colorare*). **1.** Donner une certaine couleur, une couleur plus vive à. *L'émotion colora ses joues.* **2.** *Fig., litt.* Apporter une teinte, une note particulière à ; teinter. *Il colorait ses reproches d'une légère ironie.*

COLORIAGE n.m. **1.** Action de colorier ; son résultat. **2.** (Surtout pl.) Dessin à colorier.

COLORIER v.t. [5]. Appliquer des couleurs sur un dessin, un plan, etc.

COLORIMÈTRE n.m. Appareil servant à définir une couleur par comparaison avec un étalon.

COLORIMÉTRIE n.f. **1.** Ensemble des techniques qui permettent de définir et de cataloguer les couleurs. **2.** CHIM. Méthode d'analyse quantitative fondée sur la mesure des couleurs.

COLORIS n.m. (ital. *colorito*). **1.** Effet qui résulte du choix et de l'usage des couleurs. *Le coloris d'un peintre. Tissus aux riches coloris.* **2.** Éclat et teinte du visage, des fleurs, des fruits. **3.** *Fig., litt.* Éclat d'un style expressif, imagé.

COLORISATION n.f. Mise en couleurs, par un procédé électronique, des images en noir et blanc d'un film, notamm. d'un film ancien.

COLORISER v.t. Effectuer la colorisation d'un film.

COLORISTE n. **1.** Peintre qui privilégie l'expression par la couleur, qui excelle dans le coloris, le chromatisme. **2.** Spécialiste de la réalisation de mélanges colorés servant à la production ou à la reproduction de couleurs (impression, teinture, peinture, etc.). **3.** Stylicien spécialiste de la mise en couleur des bâtiments. **4.** Spécialiste de la coloration des cheveux, dans un salon de coiffure.

COLOSCOPIE ou, rare, **COLONOSCOPIE** n.f. Examen endoscopique du côlon.

COLOSSAL, E, AUX adj. **1.** Extrêmement grand. *Taille colossale.* ◇ SCULPT. *Statue colossale :* représentation statuaire plus grande que nature. – *Ordre colossal :* composition architecturale dans laquelle colonnes ou pilastres s'élèvent sur deux étages ou plus. **2.** Qui dépasse de beaucoup la normale ; énorme, considérable. *Puissance, richesse colossale.*

COLOSSALEMENT adv. De façon colossale ; énormément.

COLOSSE n.m. (lat. *colossus,* du gr.). **1.** Statue colossale (d'une échelle supérieure à 1). **2.** Homme d'une taille, d'une force extraordinaire.

COLOSTOMIE n.f. Abouchement chirurgical du côlon à la peau pour créer un anus artificiel.

COLOSTRUM [kɔlɔstrɔm] n.m. (mot lat.). Liquide jaunâtre et opaque sécrété par la glande mammaire durant les premiers jours qui suivent l'accouchement.

COLOURED [kɔlɔrd] n. (mot angl., *de couleur*). Habitant d'Afrique du Sud ayant des ascendants mixtes parmi les Africains, les Européens, les Asiatiques.

COLPOCÈLE n.f. MÉD. Affaissement des parois du vagin, entraînant un début de prolapsus de celui-ci.

COLPORTAGE n.m. **1.** Action, fait de colporter. **2.** Métier de colporteur. ◇ *Littérature de colportage :* ouvrages populaires de petit format, très divers (almanachs, ouvrages pieux, contes de fées, romans sentimentaux, guides pratiques d'agriculture, etc.), qui étaient vendus par des marchands ambulants entre le XVIe et le XIXe s.

COLPORTER v.t. (lat. *comportare,* transporter). **1.** Vieilli. Transporter de petites marchandises de place en place pour les vendre. **2.** *Fig.* Répandre, propager des bruits, des nouvelles.

COLPORTEUR, EUSE n. **1.** Marchand ambulant. **2.** *Fig.* (Suivi d'un complément.) Personne qui propage de fausses nouvelles.

COLPOSCOPIE n.f. (du gr. *kolpos,* vagin). MÉD. Examen du col de l'utérus avec un appareil optique placé dans le vagin.

COLT [kɔlt] n.m. **1.** Pistolet à barillet appelé aussi *revolver,* inventé par l'Américain S. Colt en 1835. **2.** Pistolet automatique de 11,43 mm doté d'un chargeur de 7 cartouches, réalisé par les usines Colt et mis en service en 1911.

COLTINAGE n.m. Action de coltiner.

COLTINER v.t. (de *coltin,* gilet des forts des Halles, couvrant la tête et les épaules). Porter des fardeaux sur les épaules ; porter de lourdes charges. ◆ **se coltiner** v.pr. *Fam.* Se charger d'une tâche pénible ou désagréable.

C

COLUBRIDÉ n.m. (du lat. *coluber, -bris,* couleuvre). Serpent dont les crochets venimeux sont absents ou implantés au fond de la bouche, tel que la couleuvre et la coronelle. (Les colubridés forment une famille comprenant 80 % des ophidiens.)

COLUMBARIUM [kɔlɔ̃barjɔm] n.m. (mot lat., *colombier*). Bâtiment pourvu de niches où sont placées les urnes cinéraires, dans une nécropole, un cimetière.

COLUMBIDÉ [kɔlɔ̃-] n.m. Oiseau de taille moyenne, à tête petite et à bec grêle, au corps trapu, émettant des sons roucoulants, tel que le pigeon et la tourterelle. (Les columbidés forment une famille.)

COLUMBIFORME [kɔlɔ̃-] n.m. Oiseau au corps massif, végétarien, tel que le pigeon, dont certaines espèces insulaires inaptes au vol *(dodos),* ont été exterminées par l'homme. (Les columbiformes constituent un ordre.) SYN. : *colombin.*

COLUMELLE n.f. (lat. *columella,* petite colonne). ZOOL. Axe solide médian, notamm. d'une coquille de gastéropode ou d'un polypier.

COLVERT n.m. Canard sauvage très commun de l'hémisphère Nord, dont le mâle présente un capuchon vert, en période nuptiale. (Long. 60 cm ; famille des anatidés.)

■ COLVERT

COLZA n.m. (néerl. *koolzaad,* semence de chou). Plante annuelle voisine du chou, à fleurs jaunes, cultivée pour ses graines fournissant une huile comestible et un tourteau utilisé dans l'alimentation du bétail. (Genre *Brassica* ; famille des crucifères.)

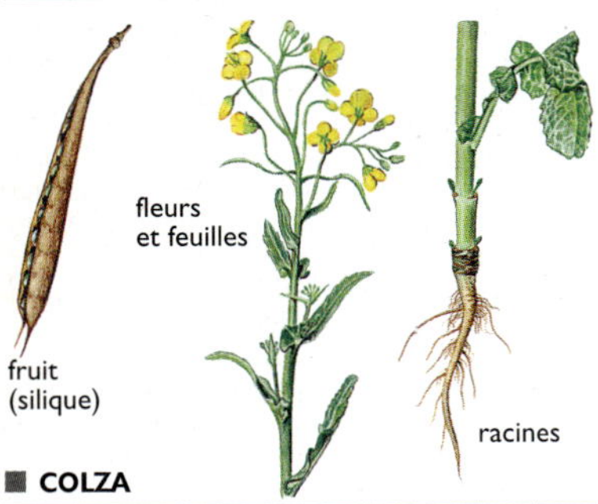

■ COLZA

COMA n.m. (gr. *kôma,* sommeil profond). État caractérisé par la perte des fonctions de relation (conscience, mobilité, sensibilité) avec conservation de la vie végétative (respiration, circulation). ◇ *Coma dépassé :* coma profond, au cours duquel une survie n'est possible que par les moyens de la réanimation.

COMANDANT [ko-] n.m. DR. Personne qui, avec une ou plusieurs autres, donne un mandat.

COMANDATAIRE [ko-] n. DR. Personne qui est chargée d'un mandat avec une ou plusieurs autres.

COMATEUX, EUSE adj. Relatif au coma. ◆ adj. et n. Qui est dans le coma.

COMBAT n.m. **1.** Fait de se battre avec un ou plusieurs adversaires. **2.** *Spécial.* **a.** Engagement militaire limité dans l'espace et dans le temps. ◇ *Hors de combat :* dans l'incapacité de poursuivre la lutte ; dans l'impossibilité de faire face. **b.** Rencontre opposant deux adversaires, en lutte, en escrime, en boxe ou dans les arts martiaux. ◇ *Sport de combat :* sport dans lequel deux adversaires s'affrontent dans un combat. **3.** *Fig.* Lutte menée contre des éléments hostiles, des difficultés. *La vie est un combat.* – Opposition de forces antagonistes. *Combat du Bien et du Mal.* ◇ *Littérature de combat :* littérature engagée.

COMBATIF, IVE adj. Qui aime le combat, la lutte, la compétition.

COMBATIVITÉ n.f. Disposition à se battre, à combattre.

1. COMBATTANT, E adj. Qui combat. ◆ n. Personne, soldat qui prend part directement à un combat, à une guerre, à une rixe.

2. COMBATTANT n.m. **1.** Oiseau échassier d'Europe et d'Afrique voisin du chevalier, dont les mâles, au printemps, se livrent des combats furieux, mais peu dangereux. (Long. 30 cm ; famille des scolopacidés.) **2.** Petit poisson d'ornement, de couleurs vives, originaire de Thaïlande, et dont les mâles se livrent des combats souvent mortels. (Genre *Betta* ; famille des anabantidés.)

COMBATTRE v.t. [63] (lat. *cum,* avec, et *battuere,* battre). **1.** Faire la guerre à qqn. *Combattre l'ennemi.* **2.** S'opposer fortement à qqn, qqch ; s'élever contre. *Combattre ses détracteurs, l'inflation.* ◆ v.i. **1.** Livrer combat ; faire la guerre. **2.** Œuvrer pour soutenir, défendre une cause, un point de vue.

COMBAVA n.m. Réunion. Variété de citron à peau verruqueuse, très parfumé, utilisé dans les currys, les rougails et les préparations alcoolisées.

COMBE n.f. (du gaul.). GÉOMORPH. Vallée longitudinale ouverte dans un anticlinal (par oppos. à *cluse*) et dominée, par inversion du relief, par deux escarpements, les crêts.

COMBIEN adv. interr. (anc. fr. *com,* comment, et *bien*). Sert à interroger sur une quantité, une grandeur, un nombre, un prix. *Combien mesure-t-elle ? Combien as-tu payé ?* ◆ adv. exclam. **1.** Sert à indiquer un grand nombre, une grande quantité. *Combien de fois ne l'ai-je pas mis en garde !* **2.** *Litt.* En incise, exprime une valeur intensive ; beaucoup, extrêmement. *Un individu antipathique, ô combien !* ◆ n.m. inv. *Fam.* Précédé de l'article, indique la date, le rang, la fréquence. *Le combien serons-nous demain ? Vous viendrez tous les combien ?*

COMBIENTIÈME adj. et n. *Fam.* Qui est à quel rang, à quel ordre ? *Tu étais combientième au classement ? Le combientième du mois viendrez-vous ?* – REM. Emploi incorrect pour *combien, le quantième.*

COMBINABLE adj. Qui peut être combiné.

COMBINAISON n.f. **1.** Assemblage, arrangement selon une disposition, une proportion. *Combinaison de mots, de couleurs.* **2.** *Spécial.* **a.** CHIM. Réunion de corps simples dans un composé ; ce composé. **b.** MATH. *Combinaison de* p *éléments d'un ensemble à* n *éléments :* toute partie à p éléments d'un ensemble à n éléments $0 < p \leqslant n$. (Le nombre de combinaisons sans répétition de p éléments pris n à n est :

$$C_n^p = \frac{n\,!}{p\,!\,(n-p)\,!}\cdot)$$

c. Agencement d'une serrure ou d'une clé de sûreté qui, dans une position déterminée, déclenche l'ouverture ; sur certaines serrures de coffres, lettres ou chiffres permettant ce déclenchement. **3.** *Fig., souvent péjor.* Calcul fait, mesures prises pour assurer le succès d'une entreprise. *Les minables combinaisons d'un arriviste.* **4.** Sous-vêtement féminin d'une seule pièce, maintenu par des bretelles aux épaules et habillant le corps jusqu'aux genoux. **5.** Vêtement d'une seule pièce couvrant la totalité du corps, pour le travail, le sport, etc. *Combinaison de plongée sous-marine.*

COMBINARD, E adj. et n. *Fam., péjor.* Qui use de combines, qui emploie des moyens souvent plus ingénieux qu'honnêtes pour arriver à ses fins.

COMBINAT n.m. Dans l'ex-URSS, groupement, dans une même région économique et en une organisation administrative unique, de plusieurs établissements industriels aux activités solidaires.

COMBINATEUR n.m. Commutateur servant à mettre en service les appareils d'éclairage et d'avertissement d'une automobile.

COMBINATOIRE adj. Relatif aux combinaisons. ◇ *Analyse combinatoire :* branche des mathématiques dont le but est de dénombrer les dispositions que l'on peut former à l'aide d'un ensemble fini. ◆ n.f. Branche des mathématiques qui étudie les configurations d'éléments discrets et les opérations faites sur ces configurations. (Elle est issue de l'*analyse combinatoire* et elle l'englobe.)

COMBINE n.f. *Fam.* Moyen habile et peu scrupuleux pour parvenir à ses fins.

1. COMBINÉ, E adj. Qui procède d'une combinaison, d'une organisation. – MIL. Se dit d'opérations qui intéressent, mettent en jeu simultanément plusieurs éléments des armées de terre, de mer ou de l'air.

2. COMBINÉ n.m. **1.** Partie d'un poste téléphonique réunissant l'écouteur et le microphone. **2.** Gaine et soutien-gorge en une pièce. **3.** AVIAT. Appareil combinant les caractéristiques de l'avion et de l'hélicoptère. **4.** Compétition sportive associant des épreuves de nature différente. ◇ *Combiné alpin :* en ski alpin, compétition associant une descente et un slalom. – *Combiné nordique :* en ski nordique, compétition associant une épreuve de saut et une épreuve de ski de fond de 15 km.

COMBINER v.t. (bas lat. *combinare*). **1.** Disposer des choses, des éléments en formant une combinaison. *Combiner des couleurs.* – CHIM. Produire la combinaison de plusieurs corps chimiques. **2.** Organiser, préparer une combinaison, ses détails. *Combiner une évasion.* ◆ **se combiner** v.pr. Former un ensemble ordonné ; s'harmoniser. *Couleur qui se combine à, avec une autre.*

COMBI-SHORT n.m. (pl. *combi-shorts*). Vêtement de sport féminin, d'une seule pièce, très collant, couvrant le tronc et le haut des cuisses.

COMBLANCHIEN n.m. (de *Comblanchien,* commune de Côte-d'Or). Calcaire très dur et résistant, prenant le poli, utilisé pour faire des revêtements et des dallages.

1. COMBLE n.m. (lat. *cumulus*). **1.** (Souvent pl.) Faîte d'un bâtiment, comportant charpente et toit ; espace intérieur correspondant. ◇ *De fond en comble :* de la cave au grenier, du haut en bas ; entièrement. **2.** Point culminant, degré extrême. *Être au comble de la joie. Le comble de ses malheurs.* ◇ *C'est un comble ! :* cela dépasse la mesure.

2. COMBLE adj. (de *combler*). Se dit d'un local plein de monde. *Salle, train comble.* ◇ *Faire salle comble :* en parlant d'un spectacle, d'un artiste, d'un conférencier, etc., attirer un très nombreux public. – *La mesure est comble :* cela dépasse les bornes.

COMBLEMENT n.m. **1.** Action de combler. **2.** Fait d'être comblé.

COMBLER v.t. (lat. *cumulare*). **1.** Remplir entièrement qqch de creux. *Combler un fossé.* **2.** Faire disparaître un manque. *Combler une lacune, un retard.* **3.** Satisfaire pleinement qqn, ses désirs. ◇ *Combler qqn de bienfaits, d'honneurs,* les lui donner à profusion.

COMBO n.m. (mot angl., abrév. de *combination,* combinaison). Petite formation de jazz n'excédant pas 6 à 8 musiciens (par oppos. à *big band*).

COMBURANT, E adj. et n.m. (lat. *comburens,* qui détruit par le feu). Se dit d'un corps qui, par combinaison avec un autre, amène la combustion de ce dernier. (L'oxygène est un comburant.)

COMBUSTIBILITÉ n.f. Propriété des corps combustibles.

COMBUSTIBLE adj. Qui a la propriété de brûler ou de se consumer. ◆ n.m. **1.** Matière dont la combustion produit une quantité de chaleur utilisable. **2.** *Combustible nucléaire :* matière susceptible de fournir de l'énergie par fission ou fusion nucléaire.

COMBUSTION [kɔ̃bystjɔ̃] n.f. (lat. *combustio,* de *comburere,* brûler). **1.** Fait, pour un corps, de brûler. **2.** CHIM. Fait, pour un combustible, de s'unir à un comburant (souvent l'oxygène) en dégageant de la chaleur ; ce phénomène. ◇ *Combustion lente :* oxydation sans flamme.

COME-BACK [kɔmbak] n.m. inv. (mot angl., *retour*). Retour au premier plan d'une vedette, d'une personnalité, après une période d'oubli ou d'inactivité.

COMÉDIE n.f. (lat. *comoedia,* du gr.). **1.** Pièce de théâtre, film destinés à provoquer le rire par la peinture des mœurs, des caractères, ou la succession de situations inattendues. **2.** Genre littéraire, cinématographique, etc., ayant pour but de faire rire ou sourire. ◇ *Comédie musicale :* genre de spectacle où alternent scènes dansées et chantées, texte parlés et musique ; spectacle, film appartenant à ce genre. (La comédie musicale est apparue à la fin du XIXe s. aux États-Unis et en Grande-Bretagne.) **3.** **a.** Simulation hypocrite de sentiments. *Jouer la comédie.* **b.** Agissements insupportables ; caprice. *Cessez cette comédie !* **c.** Manœuvres compliquées et ennuyeuses, imposées par les circonstances. *Quelle comédie pour arriver ici !*

COMÉDIEN, ENNE n. **1.** Professionnel qui joue au théâtre, au cinéma, à la télévision. **2.** Personne qui aime se donner en spectacle ; cabotin. ◆ adj. Se dit d'une personne qui aime simuler ou se donner en spectacle. *Enfant très comédien.*

COMÉDON n.m. (du lat. *comedere,* manger). Petit bouton contenant du sébum, au sommet blanc (point blanc) ou noir (point noir).

COMESTIBILITÉ n.f. Caractère de ce qui est comestible.

COMESTIBLE adj. (du lat. *comestus,* mangé). Qui peut servir de nourriture à l'homme. ◆ n.m. (Surtout au pl.) Produit alimentaire.

COMÉTAIRE adj. ASTRON. Relatif aux comètes.

COMÈTE n.f. (lat. *cometa,* du gr. *komêtês,* chevelu). **1.** Astre du système solaire formé d'un noyau solide rocheux et glacé, qui, au voisinage du Soleil, éjecte une atmosphère passagère de gaz et de poussières à l'aspect de chevelure diffuse, s'étirant dans la direction opposée au Soleil en une queue parfois spectaculaire. ◇ *Tirer des plans sur la comète :* faire des projets à partir d'éléments chimériques. **2.** REL. Tranchefile ne comportant qu'un bourrelet aplati.

ENCYCL. ASTRON. Loin du Soleil, une comète se réduit à un *noyau* irrégulier, de dimensions kilométriques, en rotation sur lui-même, constitué d'un mélange de glaces, de fragments rocheux et de poussières. Lorsque la comète se rapproche du Soleil, les glaces se subliment ; des gaz s'échappent, entraînant des fragments rocheux et des poussières, et il se forme une nébulosité diffuse, la *chevelure,* rendue lumineuse par la lumière solaire, diffusée par les poussières, et sa fluorescence au contact des gaz. La chevelure est entourée d'une vaste enveloppe d'hydrogène, décelable dans l'ultraviolet. Repoussés par le vent *solaire, les ions formés dans la chevelure engendrent dans la direction opposée à celle du Soleil une longue queue bleutée rectiligne, dite *queue de gaz* (ou *de plasma*), qui peut s'étirer sur plusieurs centaines de millions de kilomètres. Les poussières éjectées du noyau, repoussées par la pression du rayonnement solaire, forment elles-mêmes une *queue de poussières* jaunâtre, plus large, plus diffuse et incurvée. Environ 1 200 apparitions de comètes ont été recensées depuis l'Antiquité, et l'on découvre ou retrouve chaque année une vingtaine de comètes. Mais il en existerait près de mille milliards, réparties dans un vaste halo, aux confins du système solaire.

■ **COMÈTE.** La comète périodique Brörsen-Metcalf photographiée le 4 sept. 1989.

COMÉTIQUE n.m. Québec. Vx ou *litt.* Traîneau tiré par des chiens.

1. COMICE n.m. (lat. *comitium*). HIST. **1.** Assemblée, association. **2.** *Comice(s) agricole(s) :* association privée de notables ruraux dont le but était le développement de l'agriculture (2ᵉ moitié du XIXᵉ s. et début du XXᵉ s.) ; concours organisés par ces associations. ◆ pl. ANTIQ. ROM. Sous la République, assemblée des citoyens regroupés en curies *(comices curiates),* centuries *(comices centuriates)* et tribus *(comices tributes),* aux attributions politiques, judiciaires ou religieuses. (Longtemps détenteurs de tous les pouvoirs législatifs et électifs, les comices centuriates furent supplantés [fin du IIIᵉ s. av. J.-C.] par les comices tributes qui votaient les lois et élisaient les magistrats inférieurs.)

2. COMICE n.f. Poire d'une variété à chair fondante et sucrée.

COMICS [kɔmiks] n.m. pl. (mot angl.). Bandes dessinées. *Lire des comics.*

COMIQUE adj. (lat. *comicus*). **1.** Qui appartient à la comédie. *Auteur comique.* **2.** Qui fait rire ; amusant. *Aventure comique.* ◆ n.m. **1.** Le caractère comique de ; ce qui est comique. *Le comique d'un quiproquo.* **2.** *Le comique :* le genre comique. *Comique de situation.* **3.** *Litt.* (Surtout pl.) Auteur comique. **4.** Anc. *Comique troupier :* chanteur de café-concert qui interprétait en costume militaire un répertoire fondé sur la vie de caserne ; genre comique, souvent semé de sous-entendus grivois, de ce répertoire. ◆ n. **1.** Acteur ou chanteur comique. **2.** *Fam., péjor.* Personne peu sérieuse, à qui l'on ne peut se fier.

COMIQUEMENT adv. De façon comique.

COMITÉ n.m. (angl. *committee*). Assemblée restreinte ayant reçu mission pour une affaire particulière ; groupe délégué ; petite association. *Comité des fêtes.* ◇ *En petit comité, en comité restreint :* entre amis ; en particulier. – *Comité d'entreprise (CE) :* en France, organe de l'entreprise composé des représentants élus du personnel et présidé par le chef d'entreprise, qui a des attributions consultatives ou de contrôle en matière professionnelle, économique et sociale. – *Comité d'hygiène, de sécurité et des conditions de travail (CHSCT) :* en France, organisme consultatif réunissant l'employeur, des salariés, parfois des techniciens, et dont le rôle est de veiller au respect des règles sur la sécurité, la prévention des accidents du travail et des maladies professionnelles, et de contribuer à l'amélioration des conditions de travail. – *Comité de lecture :* groupe de personnes chargées de la sélection des manuscrits, dans une maison d'édition.

COMITIAL, E, AUX [kɔmisjal, o] adj. MÉD. Relatif à l'épilepsie.

COMITIALITÉ [-sja-] n.f. MÉD. Épilepsie.

COMMA n.m. (du gr. *koptein,* couper). MUS. Fraction de ton théorique et imperceptible (1/8 ou 1/9 selon la gamme envisagée, par ex. entre *ré* dièse et *mi* bémol).

COMMAND [kɔmɑ̃] n.m. DR. *Déclaration de command :* acte par lequel l'acquéreur ou l'adjudicataire se substitue une autre personne en cas de vente, amiable ou judiciaire.

COMMANDANT n.m. **1.** Premier grade de la hiérarchie des officiers supérieurs dans les armées de terre ou de l'air, intermédiaire entre celui de capitaine et celui de lieutenant-colonel (→ *grade*). **2. a.** Tout officier qui commande un bâtiment de la marine de guerre, quel que soit son grade. **b.** *Commandant de bord :* celui qui commande à bord d'un avion de ligne ou d'un vaisseau spatial. **3.** Afrique. Personne qui détient l'autorité administrative.

COMMANDE n.f. **1.** Ordre par lequel on demande à un fournisseur la livraison d'une marchandise, l'exécution d'un service, etc. ; cette fourniture ou cette prestation. *Passer commande. Commande livrée.* ◇ *Sur commande :* sur la demande du client ; *fig.,* sans spontanéité. *Rire sur commande.* – *De commande :* qui n'est pas sincère ; qui est fait par calcul. *Un chagrin de commande.* **2.** Direction, contrôle exercés sur l'évolution d'une machine, d'une installation, au moyen des organes qui en assurent la mise en route, le réglage, l'arrêt ; chacun des dispositifs (boutons, leviers, etc.) déclenchant ces organes. ◇ *Tenir les commandes :* contrôler, diriger. – *Prendre les commandes :* assumer la direction.

COMMANDEMENT n.m. **1.** Action, fait de commander ; ordre donné. *À mon commandement... partez !* – DR. Acte d'huissier enjoignant d'exécuter une obligation avant de procéder aux voies d'exécution forcée (saisie, par ex.). **2.** Loi morale émanant de Dieu, d'une Église. ◇ *Les dix commandements :* le décalogue. **3.** Pouvoir, responsabilité de celui qui commande ; sa fonction. ◇ *Commandement militaire :* ensemble des instances supérieures des armées.

COMMANDER v.t. (lat. *commendare,* recommander). **1.** Ordonner à qqn, en vertu de l'autorité que l'on détient, de faire qqch. *Je lui ai commandé de partir.* **2.** Exercer une autorité sur qqn, sur un groupe de personnes. *Commander un régiment.* **3.** Provoquer un sentiment ; rendre un comportement nécessaire. *Ce geste commande le respect. La situation commande la prudence.* **4.** Contrôler l'accès à un lieu. *Le fort commande la ville. Porte qui commande l'accès à la cave.* **5.** Passer commande d'une fourniture, d'une prestation à un fournisseur. **6.** Déclencher, faire fonctionner un mécanisme relié à une commande. *Le palonnier commande la gouverne de direction de l'avion.* ◆ v.t. ind. (à). *Litt.* **1.** Imposer sa loi, sa volonté à qqch. *Commander aux événements.* **2.** Exercer un contrôle sur des sentiments, des passions ; dominer. ◆ v.i. Être le chef. *C'est elle qui commande, ici.* ◆ **se commander** v.pr. **1.** *Ne pas se commander :* être indépendant de la volonté, en parlant d'un sentiment. *L'amitié, ça ne se commande pas.* **2.** Communiquer, en parlant des pièces d'un appartement, d'une maison.

COMMANDERIE n.f. **1.** Bénéfice accordé à un dignitaire des ordres religieux hospitaliers. **2.** Résidence du commandeur d'un ordre religieux hospitalier.

COMMANDEUR n.m. **1.** Personne dont le grade est supérieur à celui d'officier, dans les ordres de chevalerie ou les ordres honorifiques. **2.** HIST. Chevalier pourvu d'une commanderie. **3.** HIST. *Commandeur des croyants :* titre protocolaire des califes.

C

COMMANDITAIRE n. et adj. **1.** Personne qui commandite. **2.** DR. Associé d'une société en commandite qui apporte des fonds. **3.** Recomm. off. pour *sponsor.*

COMMANDITE n.f. (ital. *accomandita,* dépôt). **1.** DR. *Société en commandite :* société commerciale dans laquelle les associés sont tenus des dettes sociales (les *commandités*) ou tenus dans les limites de leur apport *(commanditaires).* – Fonds versés par chaque associé d'une société en commandite. **2.** Québec. Soutien matériel apporté à une personne, une organisation, etc., par un commanditaire ; parrainage.

COMMANDITÉ, E n. Associé d'une société en commandite tenu des dettes sociales.

COMMANDITER v.t. **1.** Avancer des fonds à une entreprise commerciale. **2.** Recomm. off. pour *sponsoriser.* **3.** Organiser, financer un crime, un délit.

COMMANDO n.m. (port. *comando*). Formation militaire de faible effectif, chargée de missions spéciales et opérant isolément.

COMME conj. (lat. *quomodo*). **1. a.** Exprime la comparaison. *Il est coléreux comme son frère.* **b.** Introduit un exemple. *Un animal comme le chat.* ◇ *Fam. C'est tout comme :* cela revient au même. **c.** Introduit une comparaison. *Blanc comme neige.* ◇ *Comme tout :* au plus haut point. *Jolie comme tout.* **2.** Indique la manière. *Faites comme il vous plaira.* ◇ *Fam. Comme ça :* ainsi ; de cette manière. *Va la voir, comme ça, elle sera rassurée.* **3.** Exprime la cause. *Comme il était pressé, il n'est pas resté longtemps.* **4.** Exprime la simultanéité. *Comme j'allais m'endormir, le téléphone a sonné.* ◆ adv. exclam. **1.** Exprime l'intensité. *Comme c'est pénible !* **2.** Exprime la manière. *Comme il nous traite !*

COMMEDIA DELL'ARTE [kɔmedjadɛlarte] n.f. (loc. ital.). Genre théâtral pratiqué à travers toute l'Europe, du milieu du XVIᵉ s. à la fin du XVIIIᵉ s., par des troupes italiennes spécialisées, et auj. adopté par des troupes revendiquant l'invention artistique et l'impertinence populaire des premiers interprètes d'Arlequin.

ENCYCL. La commedia dell'arte est fondée sur le développement d'un canevas dramatique à partir de l'art de l'improvisation, et sur l'emploi des masques. Le jeu repose sur plusieurs personnages types : les amoureux (Isabelle, Lelio) ; les valets ou *zannis* (Arlequin, Polichinelle) ; les vieillards (Pantalon, le Docteur).

COMMÉMORAISON n.f. CATH. Mention que l'Église fait d'un saint le jour où l'on célèbre une autre fête plus solennelle.

COMMÉMORATIF, IVE adj. Qui sert à commémorer. *Plaque commémorative.*

COMMÉMORATION n.f. Action, fait de commémorer un événement, une personne ; cérémonie faite à cette occasion.

COMMÉMORER v.t. (lat. *commemorare*). Célébrer le souvenir d'une personne, d'un événement, avec plus ou moins de solennité.

COMMENÇANT, E n. Personne qui débute dans une discipline ; débutant.

COMMENCEMENT n.m. **1.** Ce par quoi qqch commence ; début. **2.** *Litt.* Cause première de qqch ; origine. *La peur du gendarme est le commencement de la sagesse.*

COMMENCER v.t. [9] (lat. *cum* et *initiare,* commencer). **1.** Entreprendre la première phase d'une action ; se mettre à faire qqch. *Ils commenceront les travaux demain. Le pianiste commence à jouer.* **2.** Prendre l'initiative de qqch. *Commencer la guerre.* ◇ Absol. *Fam. C'est lui qui a commencé.* **3.** Être au début, constituer le début de qqch. *Le mot qui commence la phrase.* **4.** Être au début d'une évolution, d'un état ; entreprendre une action. *On commençait à s'ennuyer. Écrivain qui a commencé à écrire,* ou, *litt., d'écrire à 50 ans. Les élèves commencent l'anglais en 6ᵉ.* ◆ v.i. Avoir son origine à un endroit, une date ; débuter. *L'été commence le 21 juin.* ◇ *Iron. Ça commence bien :* ça se présente mal.

COMMENDATAIRE adj. et n. HIST. Pourvu d'une commende.

COMMENDE n.f. (du lat. *commendare,* confier). HIST. Collation d'un bénéfice ecclésiastique (évêché, abbaye) à un clerc ou à un laïque qui n'était pas tenu d'observer les obligations inhérentes à sa charge.

COMMENSAL, E, AUX n. (du lat. *cum,* avec, et *mensa,* table). *Litt.* Personne qui mange à la même table qu'une autre. ◆ adj. et n. BIOL. Se dit d'une espèce animale qui vit au contact d'une autre en profitant des résidus de sa nourriture, mais sans la parasiter, telle que le crabe pinnothère, qui vit dans les moules.

COMMENSALISME n.m. BIOL. Manière de vivre des espèces commensales.

COMMENSURABLE adj. (lat. *cum,* avec, et *mensurabilis,* qui peut être mesuré). *Didact.* Se dit de grandeurs qui sont chacune des multiples entiers d'une autre grandeur.

COMMENT adv. interr. (de *comme*). Sert à interroger sur le moyen, la manière. *Comment fait-elle ?* ◆ adv. exclam. Sert à exprimer la surprise, l'indignation. *Comment ! Vous êtes encore en retard !* ◇ *Fam. Et comment ! :* évidemment ; énormément. *« Tu veux encore du gâteau ? – Et comment ! » « C'était drôle ? – Et comment ! » – (Parfois iron.). Mais comment donc ! :* certainement, bien sûr. *« Puis-je m'asseoir ici ? – Mais comment donc ! »* ◆ n.m. inv. Manière dont une chose se fait ou s'est faite. *Chercher à connaître le pourquoi et le comment d'un incident.*

COMMENTAIRE n.m. (lat. *commentarius*). **1.** Remarque, exposé qui explique, interprète, apprécie un texte, une œuvre, partic. en littérature. **2.** Ensemble d'observations, de remarques sur un événement ou une série d'événements, dans la presse, les médias. **3.** (Surtout pl.) Propos désobligeants, médisants. *Épargnez-nous vos commentaires !*

COMMENTATEUR, TRICE n. **1.** Personne qui fait un, des commentaires, spécial. à la radio, à la télévision. **2.** Auteur d'un commentaire sur un texte historique, littéraire, etc. *Les commentateurs de la Bible.*

COMMENTER v.t. (lat. *commentari,* réfléchir). Faire un, des commentaires, sur un texte, des événements.

COMMÉRAGE n.m. *Fam.* (Surtout pl.) Bavardage, propos médisants de commères.

COMMERÇANT, E n. Personne qui, par profession, accomplit habituellement des actes de commerce. ◆ adj. **1.** Où il se fait du commerce. *Quartier commerçant.* **2.** Qui s'y prend intelligemment pour vendre des articles ou des services. *Un hôtelier très commerçant.*

COMMERCE n.m. (lat. *commercium,* de *merx, mercis,* marchandise). **1.** Activité qui consiste en l'achat, la vente, l'échange de marchandises, de denrées, de valeurs, ou en la vente de services. *Faire du commerce.* ◇ *Commerce électronique :* mode de distribution de produits et de services par l'intermédiaire du site Web des entreprises. (On dit aussi *commerce, vente en ligne.*) **2.** Établissement commercial ; fonds de commerce. **3.** DR. *Acte de commerce :* acte régi par un ensemble de lois *(Code de commerce),* dont l'application et l'interprétation relèvent d'une juridiction particulière *(tribunal de commerce).* – *Livre(s) de commerce :* registre(s) de comptabilité. **4.** Secteur de la vente, de la distribution des produits finis. **5.** *Litt.* Rapport, relation avec qqn ; fréquentation. *Le commerce des honnêtes gens. Être d'un commerce agréable.* **6.** *Litt.* Relations charnelles.

COMMERCER v.t. ind. **(avec)** [9]. Faire du commerce avec qqn, une entreprise, un pays.

COMMERCIAL, E, AUX adj. **1.** Relatif au commerce ; qui s'en occupe. *Entreprise commerciale. Service commercial d'une société.* **2.** Qui procède du commerce ; qui fait vendre, est vendeur. *Argument commercial.* – *Péjor.* Qui vise le public le plus large, au détriment de la qualité. *Film commercial.* ◆ n. Personne appartenant aux services commerciaux d'une entreprise. ◆ n.m. *Le commercial :* l'ensemble des services commerciaux d'une entreprise.

COMMERCIALE n.f. Voiture automobile facilement aménageable pour le transport de marchandises (type break, par ex.).

COMMERCIALEMENT adv. Du point de vue du commerce, de la vente.

COMMERCIALISABLE adj. Qui peut être commercialisé.

COMMERCIALISATION n.f. Action de commercialiser.

COMMERCIALISER v.t. Mettre sur le marché ; lancer, développer la diffusion commerciale de. *Commercialiser un produit.*

COMMÈRE n.f. (lat. *commater,* marraine, de *cum,* avec, et *mater,* mère). Femme bavarde, qui colporte les nouvelles.

COMMÉRER v.i. [11]. *Fam.,* vieilli. Colporter des nouvelles, faire des commérages.

COMMETTAGE n.m. MAR. Assemblage de fils, de torons tordus ensemble pour former un cordage ; manière dont cette torsion est opérée.

COMMETTANT n.m. DR. COMM. Personne qui en charge une autre (le *commissionnaire*) d'exécuter certains actes pour son compte.

COMMETTRE v.t. [64] (lat. *committere*). **1.** Se rendre coupable d'un acte répréhensible, malencontreux. *Commettre une imprudence.* **2.** *Fam.* Être l'auteur d'un ouvrage, d'un article irrespectueux ou critiquable. **3.** DR. Désigner, nommer qqn à une fonction ou pour une tâche déterminée. *Avocat commis d'office à la défense d'un accusé.* ◆ **se commettre** v.pr. **(avec).** *Litt.* Afficher, entretenir des relations compromettantes ou déshonorantes avec.

COMMINATOIRE adj. (du lat. *comminari,* menacer). **1.** *Litt.* Qui comporte une, des menaces, en a le caractère. *Un ton comminatoire.* **2.** DR. Qui est destiné à faire pression sur le débiteur. *Mesure comminatoire.*

COMMINUTIF, IVE adj. (du lat. *comminuere,* mettre en pièces). MÉD. *Fracture comminutive,* qui est caractérisée par plusieurs fragments osseux.

COMMIS n.m. (de *commettre*). **1.** Employé subalterne dans un bureau, une maison de commerce ; ouvrier, aide, dans certains commerces (boucherie, notamm.). – Anc. Valet de ferme. **2.** Vieilli. *Commis voyageur :* représentant de commerce. **3.** *Grand commis de l'État :* haut fonctionnaire.

COMMISÉRATION [kɔmizerasjɔ̃] n.f. (lat. *commiseratio*). *Sout.* Sentiment de compassion à l'égard des malheurs d'autrui ; pitié.

COMMISSAIRE n. (du lat. *committere,* préposer). **1.** Personne chargée d'une mission temporaire. *Les commissaires d'une commémoration.* ◇ *Commissaire aux comptes :* personne nommée par les actionnaires ou les associés pour contrôler les comptes d'une société commerciale. **2.** SPORTS. Personne qui vérifie la régularité d'une épreuve. **3.** Membre d'une administration en charge de certaines tâches. ◇ *Commissaire du gouvernement :* en France, fonctionnaire d'une juridiction administrative, chargé en toute indépendance de présenter des conclusions pour éclairer le juge. – *Commissaire de police :* fonctionnaire de la police nationale encadrant des officiers de police et des gardiens de la paix. **4.** Membre d'une commission. ◇ *Commissaire européen :* membre de la *Commission européenne exerçant, au sein d'un collège, les compétences attribuées par les traités à cette dernière. **5.** Personne chargée d'organiser une exposition artistique. ◆ n.m. **1.** MIL. *Commissaire de l'armée de terre, de l'air, de la marine,* officier chargé de l'administration et de la gestion dans ces armées. **2.** HIST. *Commissaire du peuple :* fonctionnaire ayant un rôle de ministre, au début de l'histoire de la Russie soviétique puis de l'URSS (1917 - 1946).

COMMISSAIRE-PRISEUR n.m. (pl. *commissaires-priseurs*). Officier ministériel chargé de l'estimation et de la vente d'objets mobiliers dans les ventes aux enchères publiques.

COMMISSARIAT n.m. **1.** Ensemble des locaux où sont installés les services d'un commissaire de police. **2.** Qualité, fonction de commissaire. **3.** MIL. Service de l'armée de terre, de l'air et de la marine chargé de missions de logistique (administration, gestion).

COMMISSION n.f. (du lat. *committere,* préposer). **1.** DR. ADMIN. Attribution d'une charge, d'une fonction par une autorité, une administration. ◇ DR. *Commission rogatoire :* acte par lequel un juge d'instruction charge un autre juge ou un officier de police judiciaire de procéder en son nom à certaines mesures d'instruction. – *Commission d'office :* désignation d'un avocat, par le bâtonnier ou le président du tribunal, pour défendre une personne mise en examen. **2.** DR. COMM. **a.** Mission, définie par contrat, donnée par un commettant à un commissionnaire ; ce contrat. **b.** *Cour.* Pourcentage qu'on laisse à un intermédiaire dans une transaction qu'il a aidé à conclure. **c.** Coût d'une opération de banque. **3.** Message que l'on confie à qqn ; service que l'on rend. *Je lui ferai la commission. Se charger d'une commission.* ◇ *Les commissions :* les achats quotidiens, les courses. **4.** Ensemble de personnes désignées par une assemblée, une autorité, pour étudier un projet, opérer une mission de contrôle, etc. ◇ *Commission parlementaire,* spécialisée dans un domaine et chargée d'assurer la préparation des décisions des assemblées *(commission permanente)* ou d'instruire une question particulière *(commission spéciale).* **5.** DR. Fait de commettre volontairement un acte répréhensible.

COMMISSIONNAIRE n. **1.** Personne, et spécial. intermédiaire commercial, qui agit pour le compte de son client, le commettant. **2.** *Commissionnaire en douane :* intermédiaire qui accomplit pour son client les formalités de douane.

COMMISSIONNER v.t. **1.** Donner une commission à qqn, et spécial. une charge, un mandat. **2.** Donner commission à un commissionnaire pour vendre, acheter, etc.

COMMISSOIRE adj. (lat. *commissorius*). DR. *Pacte commissoire :* contrat dont une clause prévoit la résolution de plein droit en cas d'inexécution.

COMMISSURAL, E, AUX adj. Relatif à une commissure.

COMMISSURE n.f. (lat. *commissura,* jointure). Région où se joignent deux parties d'un organe, d'un élément anatomique. *Commissure des lèvres, d'une valvule cardiaque.*

COMMISSUROTOMIE n.f. Agrandissement chirurgical de la valvule mitrale par section des commissures entre ses valves.

COMMODAT n.m. (lat. *commodatum*). DR. Prêt à usage dans lequel l'objet doit être restitué en nature.

1. COMMODE adj. (lat. *commodus*). **1.** Approprié à l'usage qu'on veut en faire ; pratique. *Outil commode.* **2.** *Pas commode,* ou *peu commode :* se dit de qqn qui a un caractère difficile, qui est sévère. **3.** Qui n'offre pas de difficulté, d'obstacle ; facile. *Il est très commode de classer les fiches avec ce système.* ◇ *Fam. Ce serait trop commode :* c'est une solution de facilité.

2. COMMODE n.f. (de *armoire commode*). Meuble bas de rangement, à tiroirs superposés. (Création du XVIIᵉ s.)

■ **COMMODE** (1745) par A.R. Gaudreaux, en bois violet, avec bronzes ciselés et dorés et dessus en marbre. (Château de Versailles.)

COMMODÉMENT adv. De façon agréable ou confortable. *Commodément installé.*

COMMODITÉ n.f. Qualité de ce qui est commode, pratique, agréable. *La commodité d'une maison.* ◆ pl. *Litt.* **1.** Ce qui rend la vie plus facile ; éléments de confort. *Disposer de toutes les commodités.* **2.** Vieilli. Lieux d'aisances.

COMMODORE n.m. (mot angl.). Officier de certaines marines étrangères, d'un rang supérieur à celui de capitaine de vaisseau.

COMMOTION n.f. (lat. *commotio,* mouvement). **1.** Violent ébranlement physique ; perturbation d'un organe, consécutive à un choc, sans atteinte irréversible. *Commotion cérébrale.* **2.** Bouleversement dû à une émotion violente. **3.** *Fig., litt.* Secousse très violente. *Les commotions sociales.*

COMMOTIONNER v.t. Frapper de commotion ; traumatiser, bouleverser.

COMMUABLE adj. Qui peut être commué.

COMMUER v.t. (lat. *commutare*). DR. PÉN. Changer une peine en une peine moindre.

1. COMMUN, E adj. (lat. *communis*). **1.** Qui appartient à plusieurs, à tous ; qui concerne tout le monde, le plus grand nombre. *Cour commune. Salle commune. Intérêt commun.* ◇ *Lieu commun :* banalité, idée rebattue. — *Sans commune mesure :* sans comparaison possible. **2.** Qui est fait conjointement, à plusieurs. *Œuvre commune.* ◇ *En commun :* ensemble, en société. **3.** Qui est ordinaire ; qui se trouve couramment. *Expression peu commune. Une variété de fraises des plus communes.* **4.** Dépourvu d'élégance, de distinction ; vulgaire. *Des manières communes.* **5.** GRAMM. *Nom commun,* qui s'applique à un être, une chose considérés comme appartenant à une catégorie générale (par oppos. à *nom propre*).

2. COMMUN n.m. **1.** Vieilli. *Le commun :* le plus grand nombre. *Le commun des spectateurs apprécie ses films.* — *Le commun des mortels :* la très grande majorité ; tout homme, n'importe qui. **2.** Vx, *péjor.* Le bas peuple. *Homme du commun.* ◆ pl. Ensemble des bâtiments, des dépendances d'une grande propriété, d'un château, réservés au service (cuisine, écuries, etc.).

COMMUNAL, E, AUX adj. **1.** Qui appartient à une commune, qui la concerne. ◇ Vieilli. *École communale :* école primaire. **2.** Belgique. *Conseil communal :* conseil municipal. — *Maison communale :* mairie.

COMMUNALE n.f. *Fam.,* vieilli. *La communale :* l'école communale.

COMMUNALISER v.t. Mettre sous la dépendance de la commune.

COMMUNARD, E n. et adj. HIST. Partisan, acteur de la Commune de Paris, en 1871.

COMMUNAUTAIRE adj. **1.** Qui relève d'une communauté ; qui concerne une communauté linguistique, culturelle. **2.** Qui a trait au Marché commun, à la Communauté européenne, à l'Union européenne. ◆ n. Citoyen de l'Union européenne.

COMMUNAUTARISATION n.f. DR. Gestion en commun par plusieurs États des espaces maritimes qui les bordent et des ressources qu'ils contiennent.

COMMUNAUTARISME n.m. **1.** Tendance du multiculturalisme américain qui met l'accent sur la fonction sociale des organisations communautaires (ethniques, religieuses, sexuelles, etc.). **2.** Toute conception faisant prévaloir l'organisation de la société en communautés sur l'exigence d'assimilation des individus selon des règles et un modèle équivalents pour tous.

COMMUNAUTÉ n.f. (de *communal*). **1.** État, caractère de ce qui est commun ; similitude, identité. *Communauté de sentiments.* **2.** DR. Régime matrimonial légal des époux mariés sans contrat ; ensemble des biens acquis pendant le mariage. **3.** Groupe social ayant des caractères, des intérêts communs ; ensemble des habitants d'un même lieu, d'un même État. *La communauté nationale.* ◇ *Communauté urbaine :* en France, groupement de communes d'une même agglomération en vue de l'exécution de missions d'intérêt local. — *Communauté de communes :* établissement public regroupant plusieurs communes en milieu rural, destiné à en aménager l'espace et à en assurer le développement. **4.** Ensemble de pays unis par des liens économiques, politiques, etc. **5.** ÉCOL. Biocénose. **6. a.** Groupe de personnes vivant ensemble et poursuivant des buts communs. **b.** Société de religieux soumis à une règle commune. **c.** PSYCHIATR. *Communauté thérapeutique :* institution psychiatrique qui privilégie l'intensification des relations entre soignants et soignés comme principal instrument thérapeutique. **7.** *Communauté autonome :* division administrative de l'Espagne, correspondant approximativement aux anciennes régions historiques.

COMMUNAUX n.m. pl. Terrains appartenant à une commune.

COMMUNE n.f. (lat. *communia,* choses communes). **1.** Collectivité territoriale administrée par un maire assisté d'un conseil municipal. **2.** HIST. Association des bourgeois d'une même ville, d'un même bourg, jouissant d'une certaine autonomie. **3.** *Chambre des *communes,* ou *Communes : v. partie n.pr.* **4.** *Commune populaire :* organisme de la Chine populaire, créé en 1958, qui regroupait plusieurs villages en vue d'exploiter collectivement les terres. (Après 1978, le retour à l'exploitation familiale du sol a entraîné le démantèlement des communes, remplacées par des cantons.) **5.** *La Commune de Paris : v. partie n.pr.*

COMMUNÉMENT adv. Ordinairement, généralement.

COMMUNIANT, E n. CHRIST. Personne qui communie ou qui fait sa première communion.

COMMUNICABLE adj. Qui peut être communiqué, transmis.

1. COMMUNICANT, E adj. Se dit d'une chose qui communique avec une autre. *Vases communicants.*

2. COMMUNICANT, E n. Communicateur.

COMMUNICATEUR, TRICE n. Personne douée pour la communication médiatique. SYN. : *communicant.*

COMMUNICATIF, IVE adj. **1.** Qui se communique facilement aux autres. *Rire communicatif.* **2.** Qui communique, exprime volontiers ses pensées, ses sentiments ; expansif. *Vous n'êtes pas très communicative ce matin.*

COMMUNICATION n.f. **1.** Action, fait de communiquer, d'établir une relation avec autrui. *Être en communication avec qqn.* ◇ *Communication téléphonique,* ou *communication :* liaison et conversation par téléphone. *Prendre, recevoir une communication.* **2.** Action de communiquer, de transmettre qqch à qqn ; son résultat. *Communication d'une nouvelle.* ◇ *Communication de masse :* ensemble des moyens et des techniques permettant la diffusion de messages écrits ou audiovisuels auprès d'un public plus ou moins vaste et hétérogène. (Équivaut à l'anglic. *mass media.*) **3.** Fait pour qqn, une entreprise, d'informer et de promouvoir son activité auprès du public, d'entretenir son image, par tout procédé médiatique. **4.** Ce qui permet de joindre deux choses, deux lieux, de les faire communiquer. *Porte de communication. Les communications ont été coupées.*

COMMUNICATIONNEL, ELLE adj. *Didact.* Qui concerne la communication, les communications de masse.

COMMUNIER v.i. [5] (lat. *communicare,* s'associer à). **1.** CHRIST. Recevoir la communion, le sacrement de l'eucharistie. **2.** Être en parfait accord d'idées ou de sentiments. *Elles communient dans le même idéal de justice.*

COMMUNION n.f. (lat. *communio*). **1.** Union de plusieurs personnes dans une même foi. *La communion des fidèles.* ◇ *Communion des saints :* communauté spirituelle de tous les chrétiens vivants et morts. **2.** Parfait accord d'idées, de sentiments, etc. *Être en communion avec qqn.* **3.** CHRIST. **a.** Réception du sacrement de l'eucharistie. **b.** Partie de la messe où l'on communie ; antienne chantée à ce moment. ◇ CATH. Vieilli. *Communion solennelle :* profession de foi.

COMMUNIQUÉ n.m. Avis, notification transmis par voie officielle ; information émanant d'une instance, d'une autorité, et diffusée par les médias.

COMMUNIQUER v.t. (lat. *communicare*). **1.** Faire passer qqch d'un objet à un autre, d'une personne à une autre ; transmettre. *Le Soleil communique sa chaleur à la Terre. Communiquer son sens civique à ses enfants.* **2.** Donner connaissance, faire partager à qqn. *Communiquer une nouvelle importante, sa joie.* ◆ v.i. **1.** Être en communication, être relié par un passage, une ouverture. *La chambre communique avec le salon.* **2.** Être en relation, en rapport, en correspondance avec qqn. **3.** *Communiquer sur qqch,* le faire connaître au public par l'intermédiaire des médias.

COMMUNISANT, E adj. et n. Qui sympathise plus ou moins avec le mouvement, le Parti communiste.

COMMUNISME n.m. (de *commun*). **1.** Doctrine prônant l'abolition de la propriété privée au profit de la propriété collective, et notamm., la collectivisation des moyens de production et la répartition des biens de consommation selon les besoins de chacun ; état correspondant de la société. **2.** *Communisme primitif :* état des sociétés primitives, caractérisé par l'absence de propriété privée, selon le marxisme.

ENCYCL. Les premières conceptions communistes apparaissent chez Platon, en Occident (Ve s. av. J.-C.), et Mencius, en Chine. La doctrine est développée au XVIIIe s., en France, par Morelly et surtout Babeuf. Au XIXe s., les théories communistes abondent (Flora Tristan, Pierre Leroux, Wilhelm Weitling) et ne diffèrent que par des nuances des théories socialistes, jusqu'à Marx et Engels. Ces derniers établissent une distinction longtemps acceptée entre communisme et socialisme, et sont à l'origine du mouvement internationaliste (→ *marxisme*). [V. partie n.pr. Internationale].

COMMUNISTE adj. et n. Relatif au communisme ; qui en est partisan ; membre d'un parti communiste.

COMMUTABLE adj. MATH. Se dit de deux éléments qui commutent.

COMMUTATEUR n.m. Appareil servant à modifier les connexions d'un ou de plusieurs circuits électriques. — TÉLÉCOMM. Dispositif permettant d'établir une liaison temporaire entre des lignes d'abonnés au téléphone.

COMMUTATIF, IVE adj. **1.** ALGÈBRE. Se dit d'une opération mathématique portant sur deux ou plusieurs termes et dont le résultat ne change pas si l'on change l'ordre de ses termes. SYN. : *abélien.* **2.** LING. Relatif à une commutation. **3.** PHILOS. *Justice commutative :* échange de droits et de devoirs fondé sur l'égalité des personnes (par oppos. à *justice distributive*).

COMMUTATION n.f. **1.** Action de commuter ou de commuer ; son résultat. **2.** LING. Remplacement d'un élément linguistique par un autre de même niveau (phonique, morphologique) afin de dégager des distinctions pertinentes. **3.** TÉLÉCOMM. Établissement d'une connexion temporaire entre des voies de transmission, en partic. des lignes téléphoniques.

COMMUTATIVITÉ n.f. Propriété d'une opération mathématique commutative.

COMMUTATRICE n.f. ÉLECTROTECHN. Anc. Machine qui servait à transformer du courant alternatif en courant continu, ou inversement.

COMMUTER v.i. (lat. *commutare,* changer). **1.** MATH. Pour deux éléments d'un ensemble sur lequel a été définie une loi de composition interne (notée ⊤), vérifier la relation : $a \top b = b \top a$. **2.** LING. En parlant d'éléments linguistiques, opérer une commutation. ◆ v.t. **1.** Modifier par substitution, par transfert. **2.** ÉLECTROTECHN. *Commuter un circuit,* transférer un courant électrique de ce circuit à un autre.

COMORIEN, ENNE adj. et n. Des Comores, de leurs habitants.

COMOURANTS n.m. pl. DR. Personnes décédées dans un même accident alors qu'elles étaient susceptibles de se succéder réciproquement.

COMPACITÉ n.f. Qualité de ce qui est compact.

COMPACT, E [kɔ̃pakt] adj. (lat. *compactus,* resserré). **1.** Dont les parties sont étroitement serrées, fortement liées. *Bois compact. Pâte compacte.* **2.** Dont les éléments sont très rapprochés ; dense, serré. *Foule compacte.* **3.** (D'apr. l'angl. *compact*). Qui est d'un faible encombrement. *Appareil de photo compact.* ◇ *Disque compact,* ou *compact,* n.m. : disque à lecture laser, de faible diamètre mais de grande capacité, sur lequel sont enregistrés sous forme numérique des sons (*disque audionumérique* ou *audio*), des images (*disque vidéo*) et des textes (*CD-ROM* ou *disque optique compact*). — *Ski compact,* ou *compact,* n.m. : ski court (1,50 à 2 m), assez large et très maniable. ◆ n.m. **1.** Ski compact. **2.** Disque compact. **3.** Appareil de photo compact.

C

COMPACTAGE n.m. **1.** TRAV. PUBL. Opération qui a pour but de tasser un sol et d'en accroître la densité. **2.** Compression maximale des ordures ménagères mises en décharge. **3.** INFORM. Réduction par codage de la longueur de données sans perte d'information.

COMPACT DISC n.m. [pl. *Compact Discs*] (nom déposé). Disque numérique de 12 cm de diamètre à lecture par laser. (On dit aussi communément *disque compact, compact* ou, par abrév., *CD.*) ◇ *Compact Disc vidéo (CDV) :* disque compact sur lequel sont enregistrés des films restituables sur un téléviseur. – *Compact Disc interactif (CD-I) :* disque conçu pour l'exploitation interactive des informations (sons, images, textes) et destiné à être lu sur un téléviseur.

COMPACTER v.t. Soumettre à un compactage.

COMPACTEUR n.m. Engin de travaux publics utilisé pour compacter un sol.

■ **COMPACTEUR** à rouleau.

COMPAGNE n.f. → **2. COMPAGNON.**

COMPAGNIE n.f. (lat. pop. *compania*). **1.** Présence, séjour d'une personne, d'un animal auprès de qqn. *Aimer la compagnie de son chien.* ◇ *Dame, demoiselle de compagnie :* personne (génér. rétribuée) qui tient compagnie à une autre. – *En compagnie de :* auprès de, avec. – *Fausser compagnie à qqn,* le quitter brusquement, et génér. sans le prévenir. – *Tenir compagnie à qqn,* rester auprès de lui. **2.** Réunion de personnes. *Être en joyeuse compagnie. Salut la compagnie !* ◇ *De bonne, de mauvaise compagnie :* dont la présence est agréable, désagréable. **3.** Association de personnes réunies pour une œuvre commune ou liées par des statuts communs. *Compagnie théâtrale, compagnie de ballet.* **4.** Société commerciale. *Compagnie d'assurances.* ◇ *... et compagnie :* s'ajoute à une raison sociale après l'énumération des associés nommés. Abrév. : *et Cie.* **5.** Anc. Troupe de gens armés. **6.** Unité élémentaire de l'infanterie et des armes autref. à pied, commandée en principe par un capitaine. **7.** *Compagnies républicaines de sécurité (CRS) :* forces mobiles de police créées en 1945 et chargées du maintien de l'ordre. **8.** Bande non organisée d'animaux de même espèce. *Compagnie de sangliers, de perdreaux.*

1. COMPAGNON n.m. **1.** Membre d'un compagnonnage. **2.** Dans certains métiers, ouvrier qui a terminé son apprentissage et travaille pour un maître, ou patron, avant de devenir maître à son tour.

2. COMPAGNON, COMPAGNE n. (du lat. *cum,* avec, et *panis,* pain). Personne qui accompagne qqn, vit en sa compagnie. ◇ *Compagnon de route :* personne proche du Parti communiste sans en être membre.

COMPAGNONNAGE n.m. **1.** Association entre ouvriers d'une même profession à des fins d'instruction professionnelle et d'assistance mutuelle ; ensemble de ces associations. **2.** Anc. Temps pendant lequel l'ouvrier sorti d'apprentissage travaillait comme compagnon chez son patron.
ENCYCL. Le compagnonnage, nommé *Devoir* jusqu'au XVIIe siècle, remonte au Moyen Âge. Il eut une histoire mouvementée, marquée par des scissions (entre *dévorants* et *gavots* notamment). Quels que fussent l'organisation et le rituel d'initiation appliqué, le compagnon, reçu après avoir présenté son chef-d'œuvre, effectuait un *tour de France.* Le compagnonnage subsiste, représenté à travers diverses associations, entretenant des savoirs et défendant une morale de l'excellence ouvrière.

COMPAGNONNIQUE adj. Relatif au compagnonnage, à ses traditions.

COMPARABILITÉ n.f. *Didact.* Caractère de ce qui est comparable.

COMPARABLE adj. **1.** Qui peut être comparé à ; qui rivalise avec. **2.** Peu différent ; analogue, voisin.

COMPARAISON n.f. **1.** Action de comparer, de noter les ressemblances et les dissemblances entre deux ou plusieurs personnes ou choses. **2.** RHÉT. Figure de style établissant de manière explicite une relation de similitude entre deux objets (le *comparant* et le *comparé*). ◇ *En comparaison de :* relativement à ; par rapport à. – *Par comparaison :* si l'on compare à autre chose ; d'une manière relative.

COMPARAÎTRE v.i. [71] (lat. *comparere*). Se présenter sur convocation devant un juge ou un tribunal.

COMPARATEUR n.m. MÉTROL. Instrument de précision utilisé pour comparer la dimension d'une pièce à celle d'un étalon.

COMPARATIF, IVE adj. Qui établit une comparaison. *Publicité comparative.* ◆ n.m. GRAMM. Degré de comparaison des adjectifs et des adverbes, qui exprime une qualité égale, supérieure ou inférieure. *« Mieux » est le comparatif de « bien ».*

COMPARATISME n.m. Système, méthode, ensemble de recherches portant sur la grammaire ou la littérature comparée.

COMPARATISTE adj. et n. Relatif au comparatisme ; qui en est spécialiste.

COMPARATIVEMENT adv. Par comparaison.

COMPARÉ, E adj. Qui est fondé sur la comparaison. ◇ *Grammaire, linguistique comparée :* branche de la linguistique qui étudie les rapports des langues entre elles. – *Littérature comparée :* branche de l'histoire littéraire qui étudie les relations entre des littératures de différentes aires linguistiques et culturelles ; études littéraires dégageant les évolutions d'un genre, d'un thème ou d'un mythe.

COMPARER v.t. (lat. *comparare*). **1.** Examiner deux ou plusieurs objets pour en établir les ressemblances et les différences. *Comparer une copie avec l'original.* **2.** Faire valoir une ressemblance, une analogie entre deux êtres ou deux choses. *Comparer le cœur à une pompe.*

COMPARSE n. (ital. *comparsa*). **1.** THÉÂTRE. Comédien, comédienne, qui joue un rôle muet ou de peu d'importance. **2.** Personne qui joue un rôle mineur dans une affaire, notamm. une affaire délictueuse.

COMPARTIMENT n.m. (ital. *compartimento,* de *compartire,* partager). **1.** Division d'une surface par des lignes symétriques. **2.** Division à l'intérieur d'un objet (meuble, tiroir, etc.) ; case. **3.** Partie d'une voiture de chemin de fer que l'on a divisée par des cloisons.

COMPARTIMENTAGE n.m. ou **COMPARTIMENTATION** n.f. Action de compartimenter ; son résultat.

COMPARTIMENTER v.t. **1.** Diviser en compartiments. *Compartimenter une mallette.* **2.** *Fig.* Diviser en catégories ; cloisonner. *Compartimenter les secteurs de la production.*

COMPARUTION n.f. DR. Action, fait de comparaître en justice.

COMPAS n.m. (de *compasser,* mesurer avec exactitude, du lat. *passus,* pas). **1.** Instrument de tracé ou de mesure composé de deux branches articulées à une extrémité. ◇ *Compas d'épaisseur :* instrument permettant de mesurer l'épaisseur d'un corps ou la dimension d'un évidement. – *Fam. Avoir le compas dans l'œil :* évaluer correctement à l'œil une mesure, une distance. **2.** MAR. Instrument qui indique la direction du nord magnétique. ◇ *Compas gyroscopique :* gyrocompas.

COMPASSÉ, E adj. Qui manque de spontanéité et de naturel ; affecté, guindé.

COMPASSION n.f. (lat. *compassio,* de *pati,* souffrir). Sentiment qui rend sensible aux souffrances d'autrui ; pitié, commisération.

COMPASSIONNEL, ELLE adj. **1.** Accordé à qqn par compassion. *Prescription compassionnelle.* **2.** Destiné à produire un sentiment de compassion. *Émission compassionnelle.*

COMPATIBILITÉ n.f. Qualité, état de ce qui est compatible. *Compatibilité sanguine, tissulaire. Compatibilité d'un matériel informatique.*

COMPATIBLE adj. (lat. médiév. *compatibilis*). **1.** Qui peut s'accorder ou coexister avec autre chose. **2.** MÉD. Qui provoque peu ou pas de rejet immunitaire de la part du sujet receveur, en parlant d'un tissu, d'un organe ou de celui chez qui ils sont prélevés. *Donneur compatible.* **3.** TECHN. *Matériel (appareillage, installation, ordinateur, etc.) compatible,* qui peut être connecté, sans avoir à ajouter d'interfaces, avec du matériel de nature différente ou obéissant à des spécifications différentes. **4.** STAT., PROBAB. *Événements compatibles :* événements pouvant se produire simultanément. ◆ n.m. Ordinateur compatible.

COMPATIR v.t. ind. **[à]** (lat. *compati*). S'associer par un sentiment de pitié à la douleur, au deuil de qqn.

COMPATISSANT, E adj. Qui manifeste de la compassion.

COMPATRIOTE n. Personne du même pays, de la même région qu'une autre.

COMPENDIEUSEMENT adv. Vx. Brièvement, succinctement.

COMPENDIEUX, EUSE adj. (lat. *compendiosus,* abrégé). Vx. Qui s'exprime en peu de mots ; bref, concis.

COMPENDIUM [kɔ̃pɛ̃djɔm] n.m. (mot lat.). Vx. Abrégé, résumé (de l'ensemble d'une science, par ex.).

COMPENSABLE adj. **1.** Qui peut être compensé. **2.** *Chèque compensable,* susceptible de passer par une chambre de compensation.

COMPENSATEUR, TRICE adj. **1.** Qui fournit une compensation. **2.** *Balancier compensateur,* qui conserve une période constante malgré les variations de température.

COMPENSATION n.f. **1.** Action de compenser, de contrebalancer ; ce qui compense. **2.** Dédommagement matériel ou moral. **3.** BANQUE. **a.** Opération dans laquelle achats et ventes se règlent au moyen de virements réciproques. ◇ *Chambre de compensation :* lieu où s'échangent les effets et chèques de banque à banque. **b.** Système de règlement des échanges internationaux se caractérisant par des paiements en nature et non en devises. **4.** DR. Mode d'extinction de deux obligations réciproques. **5.** MÉD. Phénomène par lequel un organe ou l'organisme tout entier amortit les conséquences d'un trouble, d'une maladie. **6.** PSYCHOL. Action de compenser un sentiment de manque, de frustration.

COMPENSATOIRE adj. Qui constitue une compensation.

COMPENSÉ, E adj. **1.** *Semelles compensées,* formant un seul bloc avec le talon. **2.** MÉD. Se dit d'une lésion, de troubles partiellement et temporairement neutralisés grâce à un traitement ou à une réaction de l'organisme. *Insuffisance cardiaque compensée.*

COMPENSER v.t. (lat. *compensare*). **1.** Équilibrer un effet par un autre ; neutraliser un inconvénient par un avantage. **2.** MAR. *Compenser un compas,* réduire sa déviation aux différents caps. **3.** DR. *Compenser les dépens :* mettre à la charge

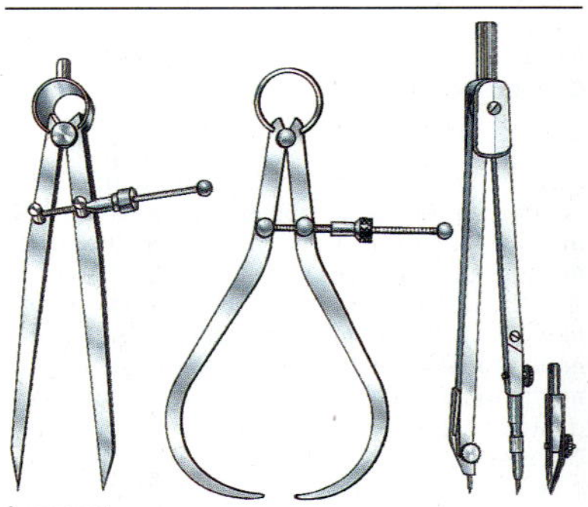

à ressort à pointes sèches — d'épaisseur — de dessin

■ **COMPAS**

de chaque partie les frais de procédure lui incombant.

COMPÉRAGE n.m. *Litt.* Entente secrète entre deux ou plusieurs personnes visant à en tromper d'autres ; connivence.

COMPÈRE n.m. (lat. *compater,* parrain, de *cum,* avec, et *pater,* père). **1.** Complice en astuces, en supercheries ; acolyte. **2.** *Fam.,* vieilli. Camarade, compagnon.

COMPÈRE-LORIOT n.m. (pl. *compères-loriots*). *Cour.* Orgelet.

COMPÉTENCE n.f. (lat. *competentia,* juste rapport). **1.** Capacité reconnue en telle ou telle matière, et qui donne le droit d'en juger. **2.** DR. Aptitude d'une autorité à effectuer certains actes, d'une juridiction à connaître d'une affaire, à la juger. *Compétence d'un tribunal.* ◇ *Compétence liée,* celle qui, pour l'Administration, s'exerce dans les limites de la loi, qui en fixe le contenu et la nécessité (par oppos. à *compétence discrétionnaire*). **3.** LING. Système de règles intériorisé par les sujets parlant une langue. **4.** HYDROL. Aptitude d'un cours d'eau à déplacer des éléments d'une taille donnée.

COMPÉTENT, E adj. (lat. *competens*). **1.** Qui a des connaissances approfondies dans une matière, qui est capable d'en bien juger. *Expert compétent.* **2.** DR. **a.** Qui a la compétence voulue pour juger d'une affaire. *Juge compétent.* **b.** Qui a l'aptitude à effectuer certains actes. *Autorité compétente.*

COMPÉTITEUR, TRICE n. (lat. *competitor*). **1.** Personne qui, en même temps que d'autres, revendique une charge, une dignité, un emploi, etc. **2.** Personne qui dispute un prix ; concurrent dans une épreuve (sportive, notamm.).

COMPÉTITIF, IVE adj. **1.** Susceptible, grâce à ses qualités, à ses caractéristiques, de supporter la concurrence. *Prix compétitif. Entreprise compétitive.* **2.** Où la concurrence est possible. *Marché compétitif.*

COMPÉTITION n.f. (angl. *competition,* du lat. *competitio*). **1.** Recherche simultanée, par deux ou plusieurs personnes, d'un même poste, d'un même titre, etc., ou d'un même avantage. ◇ *En compétition :* en concurrence. **2.** Épreuve sportive opposant plusieurs équipes ou concurrents.

COMPÉTITIVITÉ n.f. Caractère de ce qui est compétitif.

COMPIL n.f. (abrév.). *Fam.* Compilation.

1. COMPILATEUR, TRICE n. Personne qui compile.

2. COMPILATEUR n.m. INFORM. Programme d'ordinateur traduisant en langage machine un programme établi en langage évolué.

COMPILATION n.f. **1.** Action de compiler ; ouvrage qui en résulte. **2.** Disque, cassette présentant un choix de grands succès. Abrév. *(fam.) : compil.* **3.** *Péjor.* Livre démarqué d'autres livres ; plagiat. **4.** INFORM. Traduction d'un programme par un compilateur.

COMPILER v.t. (lat. *compilare,* piller). **1.** Réunir des morceaux d'œuvres littéraires ou musicales pour en tirer un ouvrage, un disque, etc. **2.** *Péjor. Compiler des textes, des auteurs,* les démarquer, les plagier. **3.** INFORM. Traduire en langage machine un programme établi en langage évolué.

COMPISSER v.t. Vx ou *par plais.* Arroser de son urine.

COMPLAINTE n.f. (du lat. *plangere,* plaindre). **1.** Chanson populaire de caractère plaintif sur un sujet tragique. **2.** DR. Action tendant à faire cesser un trouble de possession.

COMPLAIRE v.t. ind. **(à)** [90] (lat. *complacere*). *Litt.* Se rendre agréable à qqn en s'accommodant à son goût, à son humeur, à ses sentiments, etc. ◆ **se complaire** v.pr. **(à, dans).** Trouver durablement du plaisir, de la satisfaction dans tel ou tel état, telle ou telle activité.

COMPLAISAMMENT adv. Avec complaisance.

COMPLAISANCE n.f. **1.** Volonté d'être agréable, de rendre service ; obligeance, amabilité. ◇ *De complaisance :* fait par politesse mais sans réelle sincérité. — *Certificat, attestation, etc., de complaisance,* délivrés par obligeance à qqn qui n'y a pas droit. — *Pavillon de complaisance :* nationalité fictive donnée par un armateur à un navire pour échapper au fisc de son pays. **2.** Acte fait en vue de plaire, de flatter. *Avoir des complaisances pour qqn. Montrer de la complaisance à l'égard de qqn.* **3.** Indulgence excessive. *Complaisance d'un père à l'égard des caprices de ses enfants.* **4.** Plaisir que l'on éprouve à faire qqch en s'y attardant ; satisfaction de soi. *S'écouter parler avec complaisance.*

COMPLAISANT, E adj. **1.** Qui manifeste le goût de faire plaisir, de rendre service. *Un ami très complaisant. Un geste complaisant.* **2.** Qui fait preuve d'une indulgence excessive. *Mari complaisant.* **3.** Qui dénote la satisfaction personnelle. *Prêter une oreille complaisante aux éloges.*

COMPLANTER v.t. AGRIC. Planter un terrain d'espèces différentes ; couvrir un terrain de plantations.

COMPLÉMENT n.m. (lat. *complementum*). **1.** Ce qu'il faut ajouter à une chose pour la rendre complète. *Le complément d'une somme. Un complément d'information.* **2.** LING. Mot ou proposition qui dépend d'un autre mot ou proposition et en complète le sens. **3.** IMMUNOL. Ensemble de protéines du plasma sanguin et des tissus intervenant dans les réactions immunitaires non spécifiques.

COMPLÉMENTAIRE adj. **1.** Qui constitue un complément, vient compléter une chose de même nature. *Somme complémentaire.* **2.** GÉOMÉTR. *Arcs* ou *angles complémentaires :* arcs ou angles, au nombre de deux, dont la somme des mesures est $\pi/2$. **3.** OPT. *Couleurs complémentaires :* ensemble d'une couleur primaire et d'une couleur dérivée dont le mélange optique produit le blanc. (Le vert est la couleur complémentaire du rouge ; le violet, du jaune ; l'orangé, du bleu.) SYN. : *binaire.* ◆ n.m. ALGÈBRE. *Complémentaire d'une partie $\bar{A}$ dans un ensemble E :* partie $\bar{A}$ formée par les éléments de E qui n'appartiennent pas à A. (On a : $A \cup \bar{A} = E$ et $A \cap \bar{A} = \varnothing$.)

COMPLÉMENTARITÉ n.f. Caractère de ce qui est complémentaire.

COMPLÉMENTATION n.f. ALGÈBRE. Bijection de $\mathcal{P}(E)$, ensemble des parties de E, sur lui-même qui, à une partie A de E, associe son complémentaire $\bar{A}$.

1. COMPLET, ÈTE adj. (lat. *completus,* achevé). **1.** À quoi ne manque aucun élément constitutif. *Équipage complet.* ◇ *Au complet, au grand complet :* sans rien qui manque ; en totalité. **2.** Qui est entièrement réalisé ; total, absolu. *Échec complet.* ◇ *Fam. C'est complet ! :* se dit quand un ultime ennui vient s'ajouter à une série de désagréments. **3.** Où il n'y a plus de place ; plein, bondé. *Autobus complet.* **4.** Qui a toutes les qualités de son genre, de son état. *Athlète complet.*

2. COMPLET n.m. Costume de ville masculin composé d'un veston, d'un pantalon et, souvent, d'un gilet coupés dans la même étoffe.

1. COMPLÈTEMENT adv. **1.** Dans sa totalité ; entièrement. *La maison est complètement détruite.* **2.** Tout à fait. *Complètement fou.*

2. COMPLÈTEMENT n.m. Action de compléter. ◇ PSYCHOL. *Méthode, test de complètement :* méthode, test projectifs consistant à faire compléter une phrase, un dessin, etc., inachevés.

COMPLÉTER v.t. [11]. Rendre complet en ajoutant ce qui manque. ◆ **se compléter** v.pr. **1.** Devenir complet. *Le dossier se complète peu à peu.* **2.** Former un tout harmonieux en s'associant. *Caractères qui se complètent.*

COMPLÉTIF, IVE adj. GRAMM. *Proposition complétive,* ou *complétive,* n.f. : subordonnée, conjonctive ou infinitive, qui joue le rôle de complément d'objet, de sujet ou d'attribut de la proposition principale (ex. : *je vois que tout va bien*).

COMPLÉTION [kɔ̃plesjɔ̃] n.f. PÉTROLE. Ensemble des opérations qui précèdent et permettent la mise en production d'un puits de pétrole.

COMPLÉTUDE n.f. LOG. Propriété d'une théorie déductive consistante où toute formule est décidable.

1. COMPLEXE adj. (lat. *complexus,* qui contient). **1.** Qui se compose d'éléments différents, combinés d'une manière qui n'est pas immédiatement saisissable. **2.** ALGÈBRE. *Nombre complexe :* nombre pouvant s'écrire $x + iy$, où x et y sont des nombres réels et i un nombre imaginaire tel que $i^2 = -1$ (x est la partie réelle, y la partie imaginaire). [L'ensemble $\mathbb{C}$ des nombres complexes, doté d'une loi d'addition et d'une loi de multiplication, a une structure de corps commutatif.] — *Fonction complexe,* qui prend ses valeurs dans le corps $\mathbb{C}$.

2. COMPLEXE n.m. **1.** Ce qui est complexe, composé d'éléments différents. **2. a.** Ensemble d'industries concourant à une production particulière. *Complexe sidérurgique.* **b.** Ensemble d'installations groupées en fonction de leur utilisation. *Complexe touristique.* **3.** CHIM. Composé formé d'un ou de plusieurs atomes ou d'un ion central, génér. métallique, lié à un certain nombre d'ions ou de molécules. **4.** (Par l'all. *Komplex*). PSYCHAN. Ensemble de sentiments et de représentations partiellement ou totalement inconscients, pourvus d'une puissance affective qui organise la personnalité de chacun. *Complexe d'Œdipe, de castration.* **5.** *Cour.* (Surtout pl.) Sentiment d'infériorité qui génère une conduite timide, inhibée. *Avoir des complexes. Être sans complexes.*

COMPLEXÉ, E adj. et n. Qui a des complexes ; timide, inhibé.

COMPLEXER v.t. Donner des complexes à qqn ; intimider.

COMPLEXIFICATION n.f. **1.** Fait de devenir complexe, plus complexe. **2.** BIOL. Apparition successive, dans l'Univers, de structures de plus en plus complexes : particules, atomes, molécules, êtres vivants.

COMPLEXIFIER v.t. [5]. Rendre plus complexe, plus compliqué.

COMPLEXION n.f. (lat. *complexio*). *Litt.* Constitution physique de qqn.

COMPLEXITÉ n.f. Caractère de ce qui est complexe. *La complexité des problèmes économiques.*

COMPLICATION n.f. **1.** État de ce qui est compliqué ; ensemble compliqué. **2.** Élément nouveau qui entrave le déroulement normal de qqch. *Complications sentimentales.* **3.** MÉD. Tout phénomène pathologique provoqué par une première affection, une blessure, etc.

COMPLICE adj. et n. (lat. *complex, -icis*). **1.** DR. Qui participe au délit, au crime d'un autre, à la différence du *coauteur. Être complice d'un vol.* **2.** Qui manifeste une connivence avec qqn. *Sourire complice.*

COMPLICITÉ n.f. **1.** Participation à un crime, à un délit. **2.** Entente secrète ; connivence.

COMPLIES n.f. pl. (du lat. *completa hora,* heure qui rend complet l'office). CHRIST. Dernière partie de l'office divin de la journée.

COMPLIMENT n.m. (esp. *cumplimiento*). **1.** Paroles élogieuses que l'on adresse à qqn pour le féliciter. **2.** Petit discours adressé à une personne à l'occasion d'une fête, d'un anniversaire. **3.** *Avec les compliments de :* formule de politesse qui accompagne un envoi.

COMPLIMENTER v.t. Adresser à qqn des compliments, des félicitations.

COMPLIMENTEUR, EUSE adj. et n. Qui fait trop de compliments ; flatteur.

COMPLIQUÉ, E adj. **1.** Composé d'un grand nombre d'éléments ; complexe. **2.** Difficile à comprendre, à exécuter. ◆ adj. et n. Qui manque de simplicité dans ses rapports avec autrui, dans la pensée ; qui cherche la complication.

COMPLIQUER v.t. (lat. *complicare,* lier ensemble). Rendre difficile à comprendre ; complexifier, embrouiller. ◆ **se compliquer** v.pr. **1.** Devenir plus difficile, obscur, confus. *L'affaire se complique.* **2.** Prendre un caractère plus inquiétant ; s'aggraver. *Sa maladie se complique.*

COMPLOT n.m. Dessein concerté secrètement entre plusieurs personnes et dirigé contre un individu, une institution, partic. contre un gouvernement, un régime. *Complot contre la sûreté de l'État.*

COMPLOTER v.t. et v.i. **1.** Former un complot, le complot de. *Comploter de renverser l'État. Comploter contre qqn.* **2.** Préparer secrètement et de concert. *Elles complotent notre ruine.*

COMPLOTEUR, EUSE n. Personne qui complote, qui fomente un, des complots.

COMPLUVIUM [kɔ̃plyvjɔm] n.m. (mot lat.). ANTIQ. ROM. Ouverture carrée, au milieu du toit de l'atrium, par où les eaux de pluie se déversaient dans l'impluvium.

COMPOGRAVEUR n.m. Entreprise ou personne qui fait de la compogravure.

COMPOGRAVURE n.f. IMPRIM. Activité regroupant la composition et la photogravure.

COMPONCTION n.f. (du lat. *compungere,* affecter). **1.** THÉOL. CHRÉT. Regret d'avoir offensé Dieu. **2.** *Litt.* Air de gravité affectée.

COMPONÉ, E adj. HÉRALD. *Bordure, pièces componées,* divisées en segments d'émaux alternés.

COMPORTE n.f. (du provenç.). Cuve de bois servant au transport de la vendange.

COMPORTEMENT n.m. **1.** Manière de se comporter, de se conduire ; ensemble des réactions d'un individu ; conduite. **2.** ÉTHOL. Ensemble des réactions, observables objectivement, d'un organisme qui agit en réponse aux stimulations venues de son milieu intérieur ou du milieu extérieur.

COMPORTEMENTAL, E, AUX adj. PSYCHOL. Relatif au comportement. *Thérapie comportementale.*

COMPORTEMENTALISME n.m. Béhaviorisme.

COMPORTER v.t. (lat. *comportare,* transporter). Comprendre, renfermer qqch, par nature. *L'appartement comporte trois pièces.* ◆ **se comporter** v.pr. **1.** Se conduire d'une certaine manière. *Se comporter en honnête homme.* **2.** Fonctionner, réagir d'une certaine façon, dans des conditions données. *Cette voiture se comporte bien dans les virages.*

C

COMPOSANT, E adj. Qui entre dans la composition de qqch. *Matières composantes d'un mélange.* ◆ n.m. **1.** Élément constitutif. **2.** CHIM. Élément qui, combiné avec un ou plusieurs autres, forme un corps composé. **3.** TECHN. Constituant élémentaire d'une machine, d'un appareil ou d'un circuit électrique ou électronique.

COMPOSANTE n.f. **1.** Élément constitutif. *Le chômage est une composante de la crise.* **2.** ASTRON. Chacune des étoiles d'un système double ou multiple. **3.** MÉCAN. Chacune des forces qui interviennent dans la formation d'une résultante. **4.** ALGÈBRE. Mesure algébrique de la projection sur un axe du vecteur représentant une grandeur vectorielle. ◇ *Composantes d'un vecteur :* coordonnées d'un vecteur dans une base.

COMPOSÉ, E adj. **1.** CHIM. *Corps composé :* corps formé par la combinaison de plusieurs éléments. **2.** MUS. *Mesure composée :* mesure ternaire. **3.** GRAMM. **a.** *Mot composé,* ou *composé,* n.m. : mot constitué de plusieurs mots ou éléments et formant une unité significative (ex. : *chef-lieu, arc-en-ciel*). **b.** *Temps composé :* forme verbale constituée d'un participe passé précédé d'un auxiliaire (*être* ou *avoir*), par oppos. à *temps simple.* **4.** BOT. Se dit d'une feuille dont le limbe est divisé en folioles. ◆ n.m. **1.** Ensemble formé par plusieurs éléments, plusieurs parties. **2.** ALGÈBRE. Dans un ensemble muni d'une loi de composition T, élément z, noté x T y, résultant de la composition des deux éléments x et y.

COMPOSÉE n.f. **1.** Plante herbacée aux petites fleurs nombreuses, réunies en capitules serrés ressemblant parfois à des fleurs simples, telle que la pâquerette, le pissenlit, la camomille, le chardon, le bleuet. (Les composées forment la plus grande famille de dicotylédones.) SYN. : *astéracée.* **2.** MATH. *Composée de deux fonctions :* pour une fonction f de E dans F et une fonction g de F dans G, fonction, notée $g \circ f$, définie de E dans G par $x \rightarrow g\ [f(x)]$.

COMPOSER v.t. (lat. *componere*). **1.** Former un tout en assemblant différentes parties. *Composer un bouquet.* **2.** Entrer dans un tout comme élément constitutif. *Les pommes de terre composent l'essentiel de leur alimentation.* **3.** Former un numéro, un code sur un cadran, un clavier. **4.** IMPRIM. Procéder à la composition d'un texte à imprimer. **5.** Élaborer une œuvre, et, spécial., écrire de la musique. **6.** *Litt.* Étudier ses attitudes, ses expressions suivant certaines intentions. *Composer son visage.* **7.** PHYS. *Composer des forces,* en faire la somme vectorielle. ◆ v.i. **1.** Faire un exercice scolaire en classe à des fins de contrôle, d'examen. *Composer en mathématiques.* **2.** *Composer avec qqn, qqch :* se prêter à un arrangement, à un accommodement ; transiger. *Composer avec ses adversaires.*

COMPOSEUR n.m. *Composeur de numéros :* dispositif qui compose automatiquement les numéros de téléphone.

COMPOSEUSE n.f. IMPRIM. Machine à composer.

COMPOSITE adj. (lat. *compositus*). **1.** Formé d'éléments très divers ; hétéroclite. **2.** *Ordre composite,* ou *composite,* n.m. : ordre architectural, d'origine romaine, dont le chapiteau combine les volutes de l'ionique et les feuilles d'acanthe du corinthien. **3.** *Matériau composite,* ou *composite,* n.m. : matériau formé de plusieurs composants distincts dont l'association confère à l'ensemble des propriétés qu'aucun des composants pris séparément ne possède.
ENCYCL. Les composites sont très recherchés pour leur légèreté et leur robustesse. Ils trouvent aujourd'hui de nombreuses applications en construction aéronautique (dérives, tronçons d'ailes d'avions) et aérospatiale, navale (mâts et coques de navire), automobile (carrosseries, pare-chocs), dans les industries mécaniques et électriques, pour la fabrication d'articles de sport (skis, raquettes de tennis, planches à voile), etc. Les plus répandus comportent une matrice en résine organique (époxydes, polyesters, polycarbonates, polyéthylènes, etc.) renforcée par une armature de fibres (verre, carbone, bore, polyamides, etc.). Pour les applications à hautes températures, on fait appel à des composites carbone-carbone (fibres et matrice de carbone) ou céramique-céramique.

COMPOSITEUR, TRICE n. **1.** Musicien qui compose des œuvres musicales. **2.** IMPRIM. Entreprise ou personne qui fait de la composition de textes.

COMPOSITION n.f. **1.** Action ou manière de composer un tout en assemblant les parties ; combinaison, structure. *Composition d'un plat. La composition de l'Assemblée nationale.* **2.** CHIM. Proportion des éléments qui entrent dans une combinaison chimique. **3.** IMPRIM. Ensemble des opérations nécessaires pour reproduire un texte avant qu'il ne soit imprimé. (Auj., on utilise essentiellement des *photocomposeuses.*) **4.** ALGÈBRE. *Loi de composition interne sur un ensemble* E : application d'une partie A de E × E dans E. [À tout couple (x, y) d'éléments de A, on associe un élément unique z de E.] **5.** Action de composer une œuvre de l'esprit, et, spécial., une œuvre musicale ; cette œuvre. **6.** Arrangement des parties, ordonnance d'une œuvre littéraire ou artistique ; œuvre picturale d'une certaine ambition. **7.** Vieilli ou Suisse. Exercice scolaire fait en classe (en vue, notamm., d'un classement). **8.** *Rôle de composition :* représentation par un comédien d'un personnage très typé qui nécessite une transformation et un travail de l'expression, de l'attitude, du physique. **9.** *Amener qqn à composition,* l'amener à transiger. — *Être de bonne, de mauvaise composition :* être, ne pas être accommodant. **10.** DR. *Composition pénale :* décision validée par le président du tribunal de grande instance, par laquelle le procureur de la République impose à un délinquant certaines obligations (travail d'intérêt général, réparation, etc.).

COMPOST [kɔ̃pɔst] n.m. (mot angl., de l'anc. fr. *compost,* composé). Mélange fermenté de résidus organiques et minéraux, utilisé pour l'amendement des terres agricoles.

1. COMPOSTAGE n.m. Marquage au composteur.

2. COMPOSTAGE n.m. Préparation du compost, consistant à laisser fermenter des résidus agricoles ou urbains (ordures ménagères) avant leur incorporation au sol.

1. COMPOSTER v.t. Marquer ou valider au composteur.

2. COMPOSTER v.t. Amender une terre avec du compost.

COMPOSTEUR n.m. (ital. *compositore*). **1.** Appareil à lettres ou à chiffres mobiles servant à marquer ou à dater des documents. **2.** Appareil mis à la disposition des voyageurs, dans les gares ou les autobus, pour valider leurs titres de transport. **3.** Règle pourvue d'un rebord sur deux de ses côtés, sur laquelle le typographe assemblait les caractères.

COMPOTE n.f. (du lat. *compositus,* mélangé). Préparation de fruits frais ou secs cuits avec un peu d'eau et du sucre. *Une compote de pommes.* ◇ *Fam. En compote :* meurtri ; en piteux état.

COMPOTIER n.m. Plat creux, coupe à pied dans lesquels on sert des compotes, des fruits, etc.

COMPOUND [kɔ̃pund] adj. inv. (mot angl., *composé*). **1.** Se dit d'appareils, d'organes associés. **2.** *Machine compound :* machine où la vapeur agit successivement dans deux étages de cylindres à des pressions différentes.

COMPRADOR n.m. [pl. *compradors* ou *compradores*] (mot port., *acheteur*). Dans les pays en développement, membre de la bourgeoisie autochtone enrichi dans le commerce avec les étrangers. ◆ **comprador, e** adj. Relatif aux compradors.

COMPRÉHENSIBILITÉ n.f. Qualité de ce qui est compréhensible.

COMPRÉHENSIBLE adj. **1.** Que l'on peut comprendre ; intelligible. **2.** Que l'on peut admettre ; excusable.

COMPRÉHENSIF, IVE adj. **1.** Qui manifeste de la compréhension envers autrui ; bienveillant, indulgent. **2.** LOG. Relatif à la compréhension.

COMPRÉHENSION n.f. (lat. *comprehensio*). **1.** Aptitude à comprendre ; intelligence. *Rapidité de compréhension.* **2.** Aptitude à comprendre autrui ; bienveillance, indulgence. **3.** Possibilité d'être compris, en parlant d'une chose. *Texte de compréhension difficile.* **4.** LOG. Totalité des caractères renfermés dans un concept (par oppos. à *extension*).

COMPRENDRE v.t. [61] (lat. *comprehendere*). **1.** Concevoir ; saisir le sens de. *Comprendre la pensée de qqn.* **2.** Admettre avec plus ou moins d'indulgence les mobiles de qqn, les raisons de qqch. **3.** Mettre dans un tout ; inclure. *Le prix indiqué comprend toutes les taxes.* **4.** Avoir en soi comme constituants, être formé de. *Paris comprend vingt arrondissements.*

COMPRENETTE n.f. *Fam.* Faculté de comprendre. *Avoir la comprenette lente.*

COMPRESSE n.f. (de l'anc. fr. *compresser,* accabler). Pièce de gaze hydrophile qui sert pour le pansement des plaies, ou au cours d'une intervention chirurgicale.

COMPRESSER v.t. Serrer dans un espace restreint ; tasser. *Compresser des bagages dans un coffre de voiture.*

COMPRESSEUR n.m. Appareil servant à comprimer un fluide à une pression voulue. ◇ *Compresseur frigorifique :* organe d'une installation frigorifique qui, par un processus mécanique, aspire le frigorigène gazeux formé dans l'évaporateur et le refoule à une pression plus élevée vers le condenseur. ◆ adj.m. *Rouleau compresseur* → **rouleau.**

COMPRESSIBILITÉ n.f. **1.** Aptitude d'un corps à diminuer de volume sous l'effet d'une augmentation de pression. **2.** *Fig.* Caractère de ce qui peut être diminué, réduit. *La compressibilité des dépenses publiques.*

COMPRESSIBLE adj. Qui peut être comprimé ou compressé.

COMPRESSIF, IVE adj. MÉD. Qui sert à comprimer. *Bandage compressif.*

COMPRESSION n.f. (du lat. *compressus,* comprimé). **1.** Action de comprimer ; effet de cette action. **2.** Deuxième temps du cycle d'un moteur à explosion, où le mouvement du piston réduit le volume de la chambre afin d'augmenter la pression du mélange détonant avant son allumage. CONTR. : *détente.* **3.** *Fig.* Réduction de personnel ou de dépenses. **4.** TECHN. *Compression numérique :* technique de réduction du volume des signaux numérisés, en vue d'optimiser leur transmission ou leur stockage.

COMPRIMABLE adj. Qui peut être comprimé.

1. COMPRIMÉ, E adj. Dont le volume a été réduit par pression.

2. COMPRIMÉ n.m. Préparation médicamenteuse solide obtenue par agglomération, génér. destinée à être absorbée par voie orale.

COMPRIMER v.t. (lat. *comprimere*). **1.** Agir sur un corps de manière à en réduire le volume. **2.** Faire baisser des effectifs, des frais ; réduire. *Comprimer les dépenses.* **3.** Empêcher un sentiment, une émotion de se manifester. *Comprimer sa colère.*

COMPRIS, E adj. **1.** *Bien, mal compris :* bien, mal saisi, assimilé. **2.** Qui fait partie de qqch ; inclus. *Service compris. Boissons non comprises.* ◇ *Y compris, non compris :* en incluant, sans inclure qqch ou qqn. (Inv. avant le n. : *Cent euros, TVA non comprise* ou *non compris la TVA.*)

COMPROMETTANT, E adj. Qui peut causer un préjudice à qqn, nuire à sa réputation. *Lettres compromettantes.*

COMPROMETTRE v.t. [64] (lat. *compromittere*). **1.** Exposer qqn à un préjudice moral ; nuire à sa réputation. **2.** Exposer qqch à une atteinte, à un dommage. *Compromettre sa santé.* ◆ **se compromettre** v.pr. Engager, risquer sa réputation.

COMPROMIS n.m. (lat. *compromissum*). **1.** Accord obtenu par des concessions réciproques ; arrangement. **2.** DR. **a.** Convention par laquelle les parties décident de soumettre un litige à un arbitre. **b.** *Compromis de vente :* convention provisoire sur les conditions d'une vente, avant la signature du contrat définitif. **3.** *Litt.* Moyen terme entre deux choses opposées. **4.** PSYCHAN. *Formation de compromis :* moyen par lequel le refoulé fait irruption dans la conscience, où il ne peut faire retour qu'à condition de ne pas être reconnu (rêve, symptôme névrotique, etc.).

COMPROMISSION n.f. Action de compromettre ou de se compromettre ; concession faite par lâcheté ou par intérêt.

COMPROMISSOIRE adj. DR. Qui concerne un compromis. *Clause compromissoire.*

COMPTABILISATION [kɔ̃ta-] n.f. Action de comptabiliser ; son résultat.

COMPTABILISER [kɔ̃ta-] v.t. **1.** Inscrire dans la comptabilité, dans un compte. **2.** Compter, enregistrer comme pour une comptabilité. *Je ne comptabilise pas tes mérites.*

COMPTABILITÉ [kɔ̃ta-] n.f. **1.** Technique de mesure de l'activité d'un agent économique. ◇ *Comptabilité à* (ou *en*) *partie double :* enregistrement symétrique d'une opération commerciale par le débit d'un ou plusieurs comptes recevant les flux et le crédit d'un ou plusieurs comptes d'où émanent les flux. – *Comptabilité analytique,* permettant aux entreprises d'évaluer leur prix de revient sans intervention de la comptabilité générale qui enregistre tous les mouvements de valeurs impliqués par l'activité de l'entreprise. **2.** Ensemble des comptes d'une personne physique ou morale. ◇ *Comptabilité matières :* comptabilité portant sur les matières premières, les produits semi-finis et les produits fabriqués. **3.** Service chargé des comptes.

1. COMPTABLE [kɔ̃tabl] adj. **1.** Qui concerne la comptabilité. *Pièce comptable.* **2.** *Fig.* Moralement responsable. *Être comptable de ses actions envers qqn.* **3.** LING. Se dit des noms quand ils peuvent être comptés, s'employer au singulier et au pluriel. (Ex. : « *pain* » est comptable dans *trois pains* et non comptable dans *je mange du pain.*)

2. COMPTABLE [kɔ̃tabl] n. Personne qui tient les comptes. ◇ *Comptable agréé :* comptable exerçant une profession libérale réglementée par la loi – réservée en France aux titulaires du brevet professionnel comptable ou du diplôme d'expert-comptable – et érigée en ordre.

COMPTAGE [kɔ̃taʒ] n.m. Action de compter.

COMPTANT [kɔ̃tɑ̃] adj.m. Payé sur l'heure et en espèces. ◇ *Prendre qqch pour argent comptant :* croire naïvement ce qui est dit ou promis. ◆ n.m. *Au comptant :* moyennant paiement immédiat. *Acheter, vendre au comptant.* ◆ adv. En réglant l'intégralité de la somme. *Acheter, payer comptant.*

COMPTE [kɔ̃t] n.m. **1.** Calcul d'un nombre ; évaluation d'une quantité. *Faire le compte de ses dépenses.* ◇ *À bon compte :* à faible prix ; *fig.,* sans trop de mal. *Tu t'en tires à bon compte.* – *À ce compte-là :* dans ces conditions. – *Au bout du compte, en fin de compte, tout compte fait :* tout bien considéré. – *Fam. Avoir son compte :* être à bout de forces, hors de combat ; être tué ; être ivre. – *Être loin du compte :* se tromper de beaucoup. **2.** État de ce qui est dû ou reçu. *Vérifier ses comptes.* ◇ *Compte courant :* compte ouvert par un banquier à un client, permettant un mode de règlement simplifié des créances. – *Compte de dépôt :* compte ouvert par un banquier à un client et alimenté par les versements de ce dernier. – *Compte de résultat :* compte synthétique faisant apparaître les profits ou les pertes engendrés par l'ensemble des opérations (d'exploitation, financières ou exceptionnelles) réalisées par une entreprise au cours d'un exercice. – *À compte d'auteur :* se dit d'un contrat par lequel l'auteur verse à l'éditeur une rémunération forfaitaire, à charge pour ce dernier d'assurer la publication et la diffusion de l'ouvrage faisant l'objet du contrat. – *De compte à demi :* en partageant les bénéfices et les charges, pour certains contrats d'édition. – *Être en compte avec qqn,* être son créancier ou son débiteur. **3.** *Donner son compte à qqn,* lui payer son salaire et le renvoyer. – *Mettre qqch sur le compte de qqn,* le rendre responsable de cette chose. – *Prendre à son compte :* assumer. – *Régler un compte :* s'acquitter de qqch ; se venger. – *Fam. Régler son compte à qqn,* le punir pour se venger de lui ; le tuer. – *Rendre compte de :* rapporter, relater ; expliquer, analyser. *Rendre compte d'un événement, d'un livre.* – *Se rendre compte de :* apprécier par soi-même ; s'apercevoir de. – *Se rendre compte que :* comprendre, saisir. – *Sur le compte de qqn,* à son sujet. – *Tenir compte de :* prendre en considération. – *Trouver son compte à qqch,* y trouver son avantage.

COMPTE CHÈQUES ou **COMPTE-CHÈQUES** n.m. (pl. *comptes[-]chèques*). Compte bancaire ou postal fonctionnant au moyen de chèques.

COMPTE-FILS n.m. inv. Petite loupe de fort grossissement montée sur charnière, qui sert à compter les fils d'un tissu, à examiner un dessin, un négatif, etc.

COMPTE-GOUTTES n.m. inv. Petit tube de verre effilé, coiffé d'un capuchon (de caoutchouc, de plastique) et servant à compter les gouttes d'un liquide. ◇ *Fam. Au compte-gouttes :* avec parcimonie.

COMPTER [kɔ̃te] v.t. (lat. *computare*). **1.** Déterminer le nombre, en procédant à un calcul. *Compter des élèves, des livres.* **2.** Faire entrer dans un total, dans un ensemble. *Le garçon ne m'a pas compté le café dans l'addition.* **3.** Évaluer à un certain prix. *On m'a compté 500 F pour la réparation.* **4.** Estimer que qqch nécessitera tant de temps, telle quantité de. *Il faut compter une heure de marche. Comptez cent grammes par personne.* **5.** Être constitué de ; comporter. *Ville qui compte deux millions d'habitants.* **6.** Avoir parmi d'autres, mettre au nombre de. *Je le compte parmi mes amis.* **7.** (Avec l'inf.) Avoir l'intention de ; se proposer de. *Je compte partir demain.* ◆ v.i. **1.** Faire des calculs. *Apprendre à compter.* **2.** Entrer dans un calcul, un compte. *Syllabe qui ne compte pas dans un vers.* ◇ *Compter pour :* avoir telle valeur, telle importance. – *Compter pour rien :* n'avoir aucune valeur. **3.** Effectuer un calcul ; énoncer la suite des nombres. *Compter sur ses doigts.* ◇ *Sans compter :* avec générosité ou prodigalité. *Dépenser sans compter.* **4.** *Compter avec, sans :* tenir, ne pas tenir compte de. **5.** *Compter sur :* se fier à.

COMPTE RENDU ou **COMPTE-RENDU** n.m. (pl. *comptes [-]rendus*). Rapport fait sur un événement, une situation, un ouvrage, etc. *Le compte rendu d'une séance de l'Assemblée.*

COMPTE-TOURS n.m. inv. Appareil servant à compter le nombre de tours d'un arbre en rotation pendant un temps donné.

COMPTEUR n.m. Appareil servant à compter des impulsions ou à mesurer et à enregistrer certaines grandeurs (distance parcourue, volume de fluides consommé, etc.). *Compteur de vitesse. Compteur d'eau, de gaz, d'électricité.* ◇ *Fam. Remettre les compteurs à zéro :* repartir sur de nouvelles bases. – PHYS. *Compteur Geiger,* ou *compteur à scintillations :* instrument servant à détecter et à compter des rayonnements ou des particules, comme ceux émis par un corps radioactif.

COMPTINE [kɔ̃tin] n.f. (de *compter*). Chanson que chantent les enfants pour désigner, en comptant les syllabes, celui qui devra sortir du jeu, courir après les autres, etc. (*Am stram gram Pic et Pic et colegram* sont des paroles de comptine.)

COMPTOIR [kɔ̃twar] n.m. **1. a.** Table longue sur laquelle les marchands étalent ou débitent leurs marchandises. **b.** Table élevée et étroite sur laquelle on sert les consommations dans un café. *Prendre un demi au comptoir.* **2.** Agence de commerce fondée jadis par une nation en pays étranger. *Les comptoirs des Indes.* **3.** Établissement commercial et financier. **4.** Cartel de vente qui se substitue à ses adhérents dans les rapports avec la clientèle. **5.** Suisse. Foire-exposition.

COMPULSER v.t. (lat. *compulsare*). Examiner, consulter des écrits. *Compulser des notes.*

COMPULSIF, IVE adj. Relatif à la compulsion ; qui est de la nature des compulsions. *Trouble compulsif.*

COMPULSION n.f. (lat. *compulsio*). PSYCHIATR. Force intérieure par laquelle le sujet est amené à accomplir certains actes et à laquelle il ne peut résister sans angoisse (cette résistance faisant la différence avec l'*impulsion*).

COMPULSIONNEL, ELLE adj. De la nature de la compulsion.

COMPUT [kɔ̃pyt] n.m. (lat. *computus*). RELIG. Calcul déterminant le calendrier des fêtes mobiles pour les usages ecclésiastiques, et partic. la date de Pâques.

COMTAT [kɔ̃ta] n.m. Région. (Provence). Comté. *Le Comtat Venaissin.*

COMTE n.m. (lat. *comes, -itis,* compagnon). **1.** Titre de noblesse, entre ceux de marquis et de vicomte. **2.** Dignitaire du Bas-Empire romain. **3.** Au Moyen Âge, agent du roi, chargé de missions civiles et militaires, puis titre héréditaire, qui devint honorifique au XVe s.

1. COMTÉ n.m. **1.** HIST. Domaine qui conférait le titre de comte. **2.** Division administrative au Canada, aux États-Unis, en Grande-Bretagne, en Irlande et dans la plupart des États du Commonwealth.

2. COMTÉ n.m. Fromage de gruyère, d'une variété fabriquée dans une partie de la Franche-Comté (Jura et Doubs), ainsi que dans certaines communes de l'Ain, de la Saône-et-Loire et de la Haute-Savoie.

COMTESSE n.f. Femme qui possédait un comté ; épouse d'un comte.

COMTOIS, E adj. et n. Franc-comtois.

COMTOISE n.f. Horloge rustique de parquet, notamm. d'origine franc-comtoise.

1. CON n.m. (lat. *cunnus*). *Vulg.* Sexe de la femme.

2. CON, CONNE adj. et n. *Très fam.* Stupide, inepte. ◆ adj. *Très fam.* Stupide, regrettable. *C'est con, ce qui t'arrive.*

CONARD, E ou **CONNARD, E** adj. et n. *Très fam.* Imbécile, crétin.

CONASSE ou **CONNASSE** n.f. *Très fam.* Femme stupide et, souvent, désagréable.

CONATUS [kɔnatys] n.m. (mot lat.). PHILOS. Chez Spinoza, effort de toute chose pour persévérer dans son être.

CONCASSAGE n.m. Action de concasser.

CONCASSER v.t. (lat. *conquassare*). Réduire une substance en fragments plus ou moins gros. *Concasser un minerai. Concasser du poivre.*

CONCASSEUR n.m. et adj.m. Appareil pour concasser.

CONCATÉNATION n.f. (du lat. *cum,* avec, et *catena,* chaîne). **1.** *Didact.* Enchaînement des causes et des effets, des éléments constitutifs d'une phrase, etc. **2.** INFORM. Enchaînement de deux chaînes de caractères ou de deux fichiers mis bout à bout.

CONCAVE adj. (lat. *concavus*). Dont la surface présente un arrondi intérieur, un renfoncement. CONTR. : *convexe.*

CONCAVITÉ n.f. État de ce qui est concave ; partie concave de qqch.

CONCÉDER v.t. [11] (lat. *concedere*). **1.** Accorder comme une faveur un droit, un privilège. *Concéder l'exploitation d'un service public.* **2.** *Concéder qqch à qqn,* dans une discussion, admettre son point de vue. *Je vous concède volontiers que vous aviez raison.* **3.** SPORTS. *Concéder un but, un point :* laisser l'adversaire marquer un but, un point.

CONCÉLÉBRATION n.f. Célébration d'un service religieux par plusieurs ministres du culte.

CONCÉLÉBRER v.t. [11]. Célébrer à plusieurs un service religieux.

CONCENTRATEUR n.m. **1.** INFORM. Appareil qui regroupe les données provenant de plusieurs terminaux et les achemine sur une seule voie vers l'unité centrale. **2.** TÉLÉCOMM. Dispositif de commutation permettant de desservir de nombreux postes téléphoniques grâce à un petit nombre de circuits.

CONCENTRATION n.f. **1.** Action de concentrer, de se concentrer ; son résultat. **2.** ÉCON. Processus de regroupement d'activités industrielles par prise de contrôle des stades successifs d'une même filière de production (*concentration verticale* ou *intégration*) ou par regroupement d'entreprises fabricant le même produit *(concentration horizontale).* **3.** CHIM. Masse d'un corps dissoute dans l'unité de volume d'une solution. ◇ *Concentration massique :* rapport de la masse d'un corps dissous au volume de la solution. – *Concentration molaire :* rapport de la quantité de matière dissoute (en moles) au volume de la solution. **4.** HIST. *Camp de concentration :* camp dans lequel sont rassemblés, sous surveillance militaire ou policière, soit des populations civiles de nationalité ennemie, soit des prisonniers ou des détenus politiques, soit des groupes ethniques, sociaux ou religieux.

CONCENTRATIONNAIRE adj. Relatif aux camps de concentration ou qui les rappelle.

CONCENTRÉ, E adj. **1.** Dont la concentration est forte. *Acide concentré.* ◇ *Lait concentré,* obtenu

C

par élimination d'une partie de son eau. – *Lait concentré sucré :* lait condensé. **2.** *Fig.* **a.** Dont la concentration renforce la puissance. *Énergie concentrée.* **b.** Absorbé dans une activité intellectuelle. *Élève concentré sur son devoir.* ◆ n.m. **1.** Produit obtenu par élimination d'eau ou de certains constituants. *Concentré de tomate. Concentré de protéines.* **2.** *Fig.* Accumulation sous une forme condensée. *Un concentré d'inepties.*

CONCENTRER v.t. (de *centre*). **1.** Faire converger ; rassembler, réunir dans un même lieu. *Concentrer des troupes.* – *Fig.* Réunir des choses abstraites jusqu'alors dispersées. *Concentrer des pouvoirs dans une même main.* **2.** Fixer son attention, son regard, etc., sur qqn, qqch. **3.** CHIM. *Concentrer une solution,* en augmenter la concentration. ◆ **se concentrer** v.pr. **1.** Se rassembler en un point. **2.** Faire un effort intense d'attention, de réflexion. *Se concentrer sur un problème. Ne pas parvenir à se concentrer.*

CONCENTRIQUE adj. **1.** GÉOMÉTR. *Cercles, disques, sphères concentriques,* qui ont un même centre. **2.** Qui tend à se rapprocher du centre. *Mouvement concentrique.*

CONCEPT [kɔ̃sɛpt] n.m. (lat. *conceptus,* saisi). **1.** Représentation générale et abstraite d'un objet, d'un ensemble d'objets. *Le concept de justice.* (Un concept se définit selon sa *compréhension* et selon son *extension.*) **2.** Définition des caractères spécifiques d'un projet, d'un produit, par rapport à l'objectif ciblé. *Un journal élaboré selon un nouveau concept.*

CONCEPTACLE n.m. (lat. *conceptaculum*). BOT. Petite cavité où se forment les organes reproducteurs, chez certaines algues brunes comme le fucus.

CONCEPTEUR, TRICE n. Personne chargée de la conception de projets, de produits, d'idées, etc., dans une entreprise, une agence de publicité.

CONCEPTION [kɔ̃sɛpsjɔ̃] n.f. **1.** Fait, pour un être vivant sexué, pour un enfant, d'être conçu, de recevoir l'existence. **2.** Action d'élaborer qqch dans son esprit ; résultat de cette action. *La conception d'un projet.* **3.** Manière particulière de se représenter, d'envisager qqch ; idée, notion, opinion. *Une conception originale de la vie.* **4.** *Conception assistée par ordinateur (CAO) :* ensemble des techniques informatiques utilisées pour la conception d'un produit nouveau. – *Conception et fabrication assistées par ordinateur (CFAO) :* extension de la CAO à la fabrication des produits conçus par celle-ci, en utilisant les données ainsi fournies.

■ **CONCEPTION** assistée par ordinateur de véhicules automobiles.

CONCEPTISME n.m. Dans la littérature espagnole, style caractérisé par un excès de recherche, de raffinement dans le jeu des idées.

CONCEPTUALISATION n.f. Action de conceptualiser ; son résultat.

CONCEPTUALISER v.t. Former des concepts à partir de qqch, pour se le représenter, l'organiser mentalement. *Conceptualiser son vécu.*

CONCEPTUALISME n.m. PHILOS. Doctrine scolastique suivant laquelle le concept a une réalité distincte du mot qui l'exprime, mais sans rien qui lui corresponde hors de l'esprit.

■ ART **CONCEPTUEL.** *One and Three Chairs* (« *Une et trois chaises* »), installation de Joseph Kosuth avec chaise, photographie et définition de dictionnaire ; 1965. (MNAM, Paris.)

CONCEPTUEL, ELLE adj. **1.** PHILOS. Qui est de l'ordre du concept. **2.** *Art conceptuel :* tendance de l'art contemporain qui fait primer l'idée sur la réalité matérielle de l'œuvre. (Il est représenté depuis la fin des années 60 par les Américains Joseph Kosuth et Lawrence Weiner, le Britannique Victor Burgin, l'Allemande Hanne Darboven et autres « conceptuels ».)

CONCERNANT prép. À propos de, au sujet de.

CONCERNER v.t. (lat. scolastique *concernere*). Avoir rapport à ; intéresser, toucher. *Cela concerne vos intérêts. Vous n'êtes pas concerné par ce problème.* ◇ *En ce qui concerne :* quant à, pour ce qui est de.

CONCERT n.m. (ital. *concerto*). **1.** Séance où sont interprétées des œuvres musicales. *Aller au concert.* **2.** MUS. Composition pour ensemble instrumental. **3.** Ensemble de bruits simultanés. *Un concert d'avertisseurs.* **4.** *Litt.* Accord, harmonie entre des personnes, des groupes. *Le concert des nations.* ◇ *Concert d'éloges, de lamentations, etc. :* unanimité dans les éloges, les lamentations, etc. – *De concert :* avec entente ; conjointement.

CONCERTANT, E adj. Se dit d'un style de musique fondé sur le principe du dialogue entre plusieurs solistes ou plusieurs groupes de voix ou d'instruments, ou entre un soliste et un ensemble vocal ou instrumental.

CONCERTATION n.f. Action, fait de se concerter, en partic. dans le domaine politique et social.

CONCERTÉ, E adj. Qui résulte d'une entente ou d'un calcul. *Un plan concerté.*

CONCERTER v.t. (ital. *concertare*). Préparer une action en commun. *Concerter un projet, un mauvais coup avec qqn.* ◆ **se concerter** v.pr. S'entendre pour agir ensemble.

CONCERTINO n.m. (mot ital.). MUS. **1.** Petit concerto. **2.** Groupe des solistes dans un concerto grosso.

CONCERTISTE n. Instrumentiste qui joue en concert.

CONCERTO n.m. (mot ital.). MUS. Composition instrumentale pour un ou plusieurs solistes et orchestre. ◇ *Concerto grosso :* forme instrumentale ancienne opposant un groupe de solistes *(concertino)* à l'orchestre d'accompagnement *(ripieno).*

CONCESSIF, IVE adj. GRAMM. *Proposition concessive,* ou *concessive,* n.f. : proposition introduite par *quoique, bien que,* qui indique une opposition, une restriction à l'action exprimée par la principale.

CONCESSION n.f. (lat. *concessio*). **1.** Abandon d'un avantage, d'un droit, d'une prétention. **2.** Avantage accordé à un adversaire dans une discussion. *Débat sans concession.* **3.** GRAMM. *Proposition de concession :* proposition concessive. **4.** DR. Contrat par lequel l'Administration autorise une personne privée, moyennant une redevance, à réaliser un ouvrage public ou à occuper de manière privative le domaine public. *Concession de travaux publics. Concession de voirie, de sépulture.* **5.** Droit exclusif de vente accordé à un intermédiaire par un producteur dans une région donnée, en vertu d'un acte juridique. **6.** Afrique. **a.** Terrain à usage d'habitation regroupant dans une enceinte des maisons aux fonctions diversifiées (habitation, réunion, etc.). **b.** Terrain, le plus souvent clos, regroupant autour d'une cour un ensemble d'habitations occupées par une famille.

CONCESSIONNAIRE n. et adj. **1.** Titulaire d'un contrat de concession. **2.** Intermédiaire qui a reçu d'un producteur un droit exclusif de vente dans une région donnée.

CONCETTI [kɔntʃeti] n.m. pl. (mot ital.). *Litt.* Traits d'esprit trop recherchés.

CONCEVABLE adj. Qui peut se concevoir.

CONCEVOIR v.t. [39] (lat. *concipere,* prendre). **1.** Se représenter par la pensée ; comprendre. *Je ne conçois pas comment vous avez pu vous tromper.* **2.** Former, élaborer dans son esprit, son imagination. *Concevoir un projet.* ◇ *Bien, mal conçu :* bien, mal organisé, agencé. *Appartement bien conçu.* – *Ainsi conçu :* écrit, rédigé de cette manière. **3.** *Sout.* Éprouver un sentiment. *Concevoir de l'amitié pour qqn.* **4.** *Litt. Concevoir un enfant,* le former en soi, en parlant d'une femme ; le former par le rapprochement sexuel, en parlant d'un couple.

CONCHOÏDAL, E, AUX [kɔ̃kɔidal, o] adj. **1.** *Didact.* Qui a la forme d'une coquille. **2.** *Cassure conchoïdale :* cassure d'une roche ou d'un minéral se présentant de façon nette et brillante, et dont la surface est onduleuse.

CONCHOÏDE [kɔ̃kɔid] n.f. (du gr. *konkhê,* coquille). GÉOMÉTR. *Conchoïde d'une courbe* C : courbe C′ formée des points M′ alignés avec O et M, M point de C, et tels que MM′ = h, h étant constant.

CONCHYLICULTEUR, TRICE [kɔ̃ki-] n. Personne qui pratique la conchyliculture.

CONCHYLICULTURE [kɔ̃ki-] n.f. (du gr. *konkhulion,* coquillage). Élevage des huîtres, moules et autres coquillages.

CONCHYLIS n.m. ou n.f. → **COCHYLIS.**

CONCIERGE n. (du lat. *conservus,* compagnon d'esclavage). **1.** Personne préposée à la garde d'un hôtel, d'un immeuble, etc. SYN. : *gardien.* **2.** *Fam.* Personne bavarde, qui colporte des commérages.

CONCIERGERIE n.f. **1.** Local qu'occupe le concierge d'un bâtiment administratif ou d'un château. **2.** Service d'un grand hôtel chargé de l'accueil des clients et de ce qui s'y rattache (courrier, bagages, etc.). **3.** Vx. Fonction de concierge.

CONCILE n.m. (lat. *concilium,* assemblée). CATH. Assemblée d'évêques et de théologiens, qui décide des questions de doctrine et de discipline ecclésiastique.

CONCILIABLE adj. Qui peut se concilier avec une autre chose.

CONCILIABULE n.m. (lat. *conciliabulum*). Suite d'entretiens, de discussions plus ou moins secrètes.

CONCILIAIRE adj. **1.** Qui a rapport à un concile. **2.** Qui participe à un concile.

CONCILIANT, E adj. Qui manifeste des dispositions à la conciliation. *Un homme conciliant. Des paroles conciliantes.*

CONCILIATEUR, TRICE adj. et n. Qui a pour but de concilier. ◆ n. Personne dont la mission est de susciter le règlement amiable des conflits privés.

CONCILIATION n.f. **1.** Action qui vise à rétablir la bonne entente entre des personnes qui s'opposent ; résultat de cette action. **2.** DR. **a.** Intervention d'un juge ou d'un conciliateur auprès de personnes en litige. **b.** Procédure de règlement amiable des conflits collectifs du travail. **c.** Mode de résolution pacifique des conflits internationaux. **3.** Action de rendre les choses compatibles ; son résultat.

CONCILIATOIRE adj. Propre à concilier.

CONCILIER v.t. [5] (lat. *conciliare*). **1.** Rendre compatibles des choses diverses, des intérêts contraires ; harmoniser. **2.** *Litt.* Mettre d'accord, réconcilier des personnes. *Concilier deux adversaires.* **3.** *Sout.* Disposer favorablement qqn en faveur d'une personne. *Cette mesure lui a concilié les paysans.* ◆ **se concilier** v.pr. **1.** Disposer en sa faveur. *Se concilier les bonnes grâces de qqn.* **2.** Être compatible avec autre chose.

CONCIS, E adj. (lat. *concisus*, tranché). Qui exprime beaucoup de choses en peu de mots. *Style concis.*

CONCISION n.f. Qualité de ce qui est concis, bref et dense.

CONCITOYEN, ENNE n. Personne qui est de la même ville, du même pays qu'une autre.

CONCLAVE n.m. (lat. *conclave*, chambre fermée à clé). CATH. Lieu où s'assemblent les cardinaux pour élire un pape ; l'assemblée elle-même.

CONCLUANT, E adj. Qui établit irréfutablement une conclusion. *Expérience concluante.*

CONCLURE v.t. [76] (lat. *concludere*). **1.** Achever, régler par un accord. *Conclure une affaire.* **2.** Donner une conclusion à un discours, un écrit. ◆ v.t. ou v.t. ind. (**à**). Déduire comme conséquence. *Il a conclu de mon silence que j'étais d'accord. Les experts ont conclu à la folie.* ◆ v.i. *Sout.* Être probant, concluant. *Les témoignages concluent contre lui, concluent en sa faveur.*

CONCLUSIF, IVE adj. Qui conclut. *Paragraphe conclusif.*

CONCLUSION n.f. (lat. *conclusio*). **1.** Action de conclure, de clore, de réaliser complètement. *Conclusion d'un traité.* **2.** Partie qui termine un discours, un écrit. **3.** Conséquence logique ; proposition qui clôt un raisonnement. ◇ *En conclusion :* en conséquence, pour conclure. ◆ pl. DR. **1.** Prétentions respectives de chacune des parties dans un procès ; écrit exposant ces prétentions. **2.** Rapport, exposant la solution d'un litige, que le commissaire du gouvernement est chargé de présenter devant une juridiction administrative.

CONCOCTER v.t. *Fam.* Élaborer minutieusement. *Concocter une lettre de démission.*

CONCOMBRE n.m. (anc. provenç. *cocombre*). **1.** Plante potagère cultivée pour son fruit allongé, cylindrique, que l'on consomme en salade ; ce fruit. (Genre *Cucumis ;* famille des cucurbitacées.) **2.** ZOOL. *Concombre de mer :* holothurie.

■ **CONCOMBRE**

CONCOMITANCE n.f. Simultanéité de deux ou de plusieurs faits.

CONCOMITANT, E adj. (du lat. *concomitari*, accompagner). Se dit d'un fait qui se produit en même temps qu'un autre.

CONCORDANCE n.f. **1.** Conformité de deux ou plusieurs choses entre elles ; correspondance, accord. *Concordance de témoignages.* **2.** GÉOL. Disposition parallèle des couches sédimentaires, témoignant d'une continuité de leur dépôt. **3.** PHYS. *Concordance de phases :* état de plusieurs vibrations sinusoïdales synchrones dont la différence de phase est nulle. **4.** GRAMM. *Concordance des temps :* ensemble des règles de syntaxe suivant lesquelles le temps du verbe d'une subordonnée dépend de celui du verbe de la principale. **5.** *Concordance biblique :* index alphabétique systématique des mots employés dans les livres bibliques avec l'indication, pour chaque terme cité, des passages où on le rencontre.

CONCORDANT, E adj. **1.** Qui s'accorde, converge. *Témoignages concordants.* **2.** GÉOL. *Couches concordantes,* qui reposent en concordance sur des couches plus anciennes.

CONCORDAT n.m. (lat. *concordatum*). **1.** CATH. Convention entre le Saint-Siège et un État souverain, réglant les rapports de l'Église et de l'État. ◇ *Le Concordat : v. partie n.pr.* **2.** Suisse. Accord entre plusieurs cantons ; ensemble formé par plusieurs institutions.

CONCORDATAIRE adj. HIST. Relatif à un concordat et, spécial., à celui de 1801.

CONCORDE n.f. *Sout.* Bon accord, bonne entente entre les personnes.

CONCORDER v.i. (lat. *concordare*). Avoir des rapports de similitude, de correspondance ; coïncider. *Les dates concordent.*

CONCOURANT, E adj. Qui converge vers un même point, tend vers un même but. *Droites concourantes. Efforts concourants.*

CONCOURIR v.t. ind. (**à**) [33] (lat. *concurrere*). Tendre à un même effet, à un même but ; aider à. *Concourir au succès d'une affaire.* ◆ v.i. Entrer en concurrence, en compétition avec d'autres ; participer à un concours.

CONCOURS n.m. (lat. *concursus*). **1.** Action de coopérer, d'aider. *Offrir son concours.* **2.** DR. Compétition de personnes ayant les mêmes droits. **3.** Ensemble d'épreuves mettant en compétition des candidats, pour un nombre de places fixé d'avance. *Concours d'agrégation, d'entrée aux grandes écoles.* ◇ *Concours général :* concours annuel auquel les meilleurs élèves des classes supérieures des lycées de France sont conviés à participer. **4.** Compétition organisée dans les domaines culturel, sportif, etc. *Concours de danse. Concours hippique.* – Ensemble des sauts et des lancers, en athlétisme. ◇ *Concours complet :* compétition hippique comprenant une épreuve de dressage, une épreuve de fond et une épreuve de saut d'obstacles. **5.** *Concours de circonstances :* coïncidence d'événements.

CONCRET, ÈTE adj. (lat. *concretus*). **1.** Qui se rapporte à la réalité, à ce qui est matériel (par oppos. à *hypothétique,* à *théorique*). **2.** Qui désigne un être ou un objet réel. *Mot, terme concret.* ◇ PSYCHOL. *Opérations concrètes de la pensée :* activité de la pensée qui porte sur des objets manipulables et non sur des entités abstraites. (Leur acquisition correspond, selon J. Piaget, à un stade dans le développement de l'enfant.) **3.** Perceptible par les sens. *Objet concret.* **4.** Tiré de l'expérience. *Morale concrète.* **5.** Qui a le sens des réalités. *Esprit concret.* **6.** MUS. *Musique concrète,* construite à partir de matériaux sonores préexistants, enregistrés puis soumis à diverses transformations. ◆ n.m. Ce qui est concret ; ensemble des choses concrètes. *Aller du concret à l'abstrait.*

CONCRÈTEMENT adv. De façon concrète.

CONCRÉTION n.f. (de *concret*). **1.** MINÉRALOG. Masse minérale formée par précipitation autour d'un fragment de matériau. **2.** MÉD. Agrégation solide, telle qu'un calcul, qui se constitue dans les tissus vivants.

CONCRÉTISATION n.f. Action de concrétiser ; fait de se concrétiser.

CONCRÉTISER v.t. Faire passer du projet à la réalisation ; matérialiser. *Concrétiser une idée, un avantage.* ◆ **se concrétiser** v.pr. Devenir réel, manifeste.

CONCUBIN, E n. (lat. *concubina*). Personne qui vit en concubinage.

CONCUBINAGE n.m. Union de fait entre deux personnes célibataires, de même sexe ou de sexe différent, vivant ensemble de manière stable et continue. (On dit aussi *union libre* ou *civile.*)

CONCUPISCENCE n.f. (du lat. *concupiscere,* désirer). **1.** THÉOL. CHRÉT. Penchant à jouir des biens terrestres. **2.** *Litt.* Désir des plaisirs sensuels.

CONCUPISCENT, E adj. *Litt.* Qui manifeste de la concupiscence. *Regards concupiscents.*

CONCURREMMENT [kɔ̃kyramɑ̃] adv. **1.** En même temps. **2.** En conjuguant son action avec celle d'un autre ; conjointement, de concert. *Agir concurremment avec qqn.*

CONCURRENCE n.f. **1.** Rivalité d'intérêts provoquant une compétition entre plusieurs personnes, en partic. entre commerçants ou industriels qui tentent d'attirer à eux la clientèle par les meilleures conditions de prix, de qualité, etc. ◇ *Régime de libre concurrence :* système économique qui ne comporte aucune intervention de l'État en vue de limiter la liberté de l'industrie et du commerce, et qui considère les coalitions de producteurs comme des délits. – *La concurrence :* les concurrents. **2.** *Jusqu'à concurrence de,* ou *à concurrence de :* jusqu'à la somme de.

CONCURRENCER v.t. [9]. Faire concurrence à.

CONCURRENT, E n. et adj. (du lat. *concurrere,* courir avec). **1.** Personne qui participe à un concours, à une compétition. *Les concurrents ont pris le départ de la course.* **2.** Personne qui est en rivalité d'intérêts avec une autre, en partic. dans le domaine commercial et industriel. ◆ adj. Vx. Qui participe à une action commune.

CONCURRENTIEL, ELLE adj. **1.** Capable d'entrer en concurrence ; compétitif. *Prix concurrentiels.* **2.** Où joue la concurrence. *Marché concurrentiel.*

CONCUSSION n.f. (lat. *concussio,* secousse). Délit commis dans l'exercice d'une fonction publique, consistant à exiger ou à percevoir sciemment une somme qui n'est pas due.

CONCUSSIONNAIRE adj. et n. Coupable de concussion.

CONDAMNABLE adj. Qui mérite d'être condamné.

CONDAMNATION [kɔ̃danasjɔ̃] n.f. (lat. *condemnatio*). **1.** Action de blâmer sévèrement, de réprouver ; acte, fait, écrit portant témoignage contre qqn, qqch. *Cet échec est la condamnation d'une politique.* **2.** DR. **a.** Décision d'un tribunal imposant à l'une des parties de s'incliner devant les prétentions de son adversaire, par ex. en lui versant une somme d'argent. **b.** Décision d'une juridiction prononçant une peine contre l'auteur d'une infraction ; la peine infligée.

CONDAMNÉ, E n. et adj. **1.** DR. Personne qui a fait l'objet d'une condamnation définitive. **2.** Personne atteinte d'une maladie mortelle incurable.

CONDAMNER [kɔ̃dane] v.t. (lat. *condemnare*). **1.** Prononcer une peine par jugement contre la personne jugée coupable d'une infraction. *Condamner un criminel.* **2.** Astreindre, contraindre à qqch de pénible. *Condamner au silence, à l'immobilité.* **3.** Déclarer répréhensible ; interdire. *Condamner une opinion, un usage.* **4.** *Condamner une porte, une ouverture, etc.,* en interdire l'accès, en rendre l'usage impossible.

CONDÉ n.m. *Arg.* **1.** Fonctionnaire de police. **2.** Entente avec la police. *Donner, avoir le condé.*

CONDENSABLE adj. Qui peut être condensé, réduit à un moindre volume.

CONDENSATEUR n.m. ÉLECTR. Appareil constitué par deux armatures conductrices séparées par un milieu isolant, qui emmagasine des charges électriques.

CONDENSATION n.f. **1.** Passage d'une vapeur à l'état liquide ou solide. **2.** Assemblage de plusieurs molécules chimiques, avec élimination de molécules souvent simples (eau, chlorure d'hydrogène, etc.). **3.** PSYCHAN. Fusion d'éléments provenant d'associations différentes en une représentation unique (dans le rêve, en partic.).

1. CONDENSÉ n.m. Résumé succinct ; abrégé.

2. CONDENSÉ, E adj. *Lait condensé :* lait concentré rendu sirupeux par adjonction de sucre.

CONDENSER v.t. (lat. *condensare,* rendre épais). **1.** Rendre plus dense, réduire à un moindre volume. **2.** Liquéfier ou solidifier une vapeur.

3. *Fig.* Réduire à l'essentiel l'expression de la pensée. *Condenser sa réponse, un récit.* ◆ **se condenser** v.pr. Passer de l'état de vapeur à l'état de solide ou de liquide.

CONDENSEUR n.m. **1.** Appareil d'une machine thermique servant à condenser une vapeur. – Échangeur de chaleur d'une installation frigorifique, refroidi par air ou par eau, dans lequel le frigorigène gazeux préalablement comprimé se liquéfie. **2.** Système optique convergent servant à concentrer un flux lumineux sur une surface ou dans une direction déterminée. (Dans le microscope, il sert à éclairer l'objet examiné.)

CONDESCENDANCE n.f. Attitude hautaine et plus ou moins méprisante d'une personne qui accorde une faveur en faisant sentir qu'elle pourrait la refuser.

CONDESCENDANT, E adj. Qui marque de la condescendance. *Un ton condescendant.*

CONDESCENDRE v.t. ind. **(à)** [59] (lat. *condescendere,* **se mettre au niveau de**). Consentir de mauvais gré à qqch en faisant sentir qu'on s'abaisse à agir ainsi ; daigner.

CONDIMENT n.m. (lat. *condimentum*). Substance ou préparation ajoutée aux aliments crus ou cuits pour en relever la saveur.

CONDISCIPLE n. (lat. *condiscipulus*). Camarade d'études.

CONDITION n.f. (lat. *condicio,* de *condicere,* fixer par accord). **1.** Situation d'un être vivant, de l'homme dans le monde. *La condition humaine.* **2.** *Litt.* Situation sociale, rang dans la société. *Inégalité des conditions. La condition des femmes.* **3.** État général physique ou moral *Être en bonne condition physique.* ◇ *Mettre en condition :* soumettre qqn à une propagande intensive. **4.** Circonstance extérieure à laquelle sont soumises les personnes et les choses. *Conditions politiques, sociales.* ◇ *À condition de :* à charge de, sous réserve de. – *À (la) condition que :* pourvu que, si. – *Dans ces conditions :* dans cet état de choses. **5.** *Conditions normales de température et de pression :* valeurs de référence de température et de pression (0 °C et 1 013 hPa). **6.** Chose, circonstance à laquelle est subordonné l'accomplissement d'une action, ou soumise la production d'un phénomène. *Le travail est la condition du succès.* **7.** DR. Clause, convention dont dépend la validité d'un acte. ◇ *Sous condition :* en respectant certaines obligations. **8.** MATH. Relation imposée par l'énoncé d'un problème entre les données et l'inconnue. ◇ *Condition nécessaire :* proposition dont la vérité est impliquée par la vérité d'une autre proposition. – *Condition suffisante :* proposition dont la vérité implique la vérité d'une autre proposition. – *Condition nécessaire et suffisante :* proposition dont la vérité équivaut logiquement à celle d'une autre proposition.

CONDITIONNÉ, E adj. **1.** Soumis à certaines conditions. *Contrat conditionné.* **2.** Qui a subi un conditionnement. *Produits conditionnés.* **3.** *Air conditionné :* air auquel on a donné une température et un degré hygrométrique déterminés. **4.** PSYCHOL. Déterminé à agir de telle ou telle façon par des stimulus, des pressions extérieures. *Consommateur conditionné par la publicité.* ◇ *Réflexe conditionné :* réflexe conditionnel.

CONDITIONNEL, ELLE adj. **1.** Qui dépend de certaines conditions. *Promesse conditionnelle.* **2.** PSYCHOL. **a.** *Réflexe conditionnel,* ou *réaction conditionnelle :* réflexe ou réaction acquis à la suite d'un conditionnement. SYN. : *réflexe conditionné.* **b.** *Stimulus conditionnel :* signal qui provoque un réflexe conditionnel ou une réaction conditionnelle. **3.** GRAMM. **a.** *Mode conditionnel,* ou *conditionnel,* n.m. : mode du verbe qui présente l'action comme une éventualité ou comme la conséquence d'une condition. (On distingue le conditionnel présent : *j'aimerais,* et le conditionnel passé : *j'aurais aimé* ou *j'eusse aimé.*) **b.** *Subordonnée conditionnelle,* ou *conditionnelle,* n.f. : subordonnée exprimant une condition dont dépend la principale. **4.** LOG. *Proposition conditionnelle,* liée à une autre par implication.

CONDITIONNELLEMENT adv. De façon conditionnelle, sous certaines conditions.

CONDITIONNEMENT n.m. **1.** Action de conditionner ; fait d'être conditionné. **2.** Emballage de présentation et de vente d'une marchandise. **3.** PSYCHOL. **a.** Élaboration d'un réflexe conditionnel chez l'homme ou l'animal. **b.** Procédure par laquelle on établit un comportement nouveau chez un être vivant en créant un ensemble plus ou moins systématique de réflexes conditionnels. **4.** *Conditionnement d'air :* opération consistant à conditionner l'air introduit dans un local, ou l'ambiance intérieure de celui-ci, quelles que soient les conditions extérieures.

CONDITIONNER v.t. **1.** Être la condition de. *Son acceptation conditionne la mienne.* **2. a.** Établir un comportement nouveau chez un être vivant par des méthodes spécifiques. **b.** Déterminer qqn, un groupe à agir de telle ou telle manière, à penser de telle ou telle façon (par l'éducation, la propagande, la publicité, etc.). **3.** Réaliser le conditionnement d'un article, d'une marchandise. – Emballer un produit alimentaire de façon à assurer sa protection mécanique, chimique et biologique, en vue de sa mise sur le marché. **4.** Assurer et maintenir des conditions définies de température et d'hygrométrie dans un local.

CONDITIONNEUR n.m. **1.** Appareil servant à effectuer le conditionnement des denrées alimentaires. **2.** Appareil fournissant de l'air conditionné.

CONDOLÉANCES n.f. pl. (de l'anc. fr. *condouloir,* s'affliger avec qqn). Témoignage de regrets, de sympathie devant la douleur d'autrui, en partic. à l'occasion d'un deuil.

CONDOM [kɔ̃dɔm] n.m. (de *Condom,* n. de l'inventeur). Vieilli. Préservatif masculin.

CONDOMINIUM [kɔ̃dɔminjɔm] n.m. (mot angl., du lat. *dominium,* souveraineté). DR. INTERN. Droit de souveraineté exercé en commun par plusieurs puissances sur un pays. *Le condominium franco-britannique des Nouvelles-Hébrides.*

CONDOR n.m. (mot esp., du quechua). Grand vautour américain de 3 m d'envergure, dont une espèce vit dans les Andes et l'autre dans les montagnes du sud de la Californie. (Famille des cathartidés.)

■ **CONDOR.** Condor des Andes.

CONDOTTIERE [kɔ̃dɔtjɛr] n.m. (mot ital.). **1.** HIST. Chef de soldats mercenaires, en Italie, au Moyen Âge et pendant la Renaissance. **2.** *Par ext.* Aventurier sans scrupule. Pluriel savant : *condottieri.*

CONDUCTANCE n.f. ÉLECTR. Inverse mathématique de la résistance.

1. CONDUCTEUR, TRICE n. (lat. *conductor*). **1.** Personne qui conduit un véhicule. *Le conducteur d'un autobus.* **2.** TECHN. Personne chargée de la conduite d'une machine. **3.** *Conducteur de travaux :* personne qui, sur un chantier, dirige les travaux et gère le personnel.

2. CONDUCTEUR, TRICE adj. Qui conduit. ◇ *Fil, principe conducteur :* hypothèse, principe qui guide dans une recherche. ◆ n.m. **1.** Tout corps capable de transmettre la chaleur, l'électricité. **2.** Câble ou fil utilisé pour transporter un courant électrique.

CONDUCTIBILITÉ n.f. (du lat. *conductus,* conduit). **1.** PHYS. Propriété que possèdent les corps de transmettre la chaleur, l'électricité ou certaines vibrations. **2.** PHYSIOL. Propriété qu'ont les fibres nerveuses de propager l'influx nerveux.

CONDUCTIBLE adj. PHYS. Qui est doué de conductibilité.

CONDUCTION n.f. **1.** PHYS. Action de transmettre de proche en proche la chaleur, l'électricité. **2.** PHYSIOL. Transmission du potentiel d'action, le long d'un neurone ou d'une cellule musculaire.

CONDUCTIVITÉ n.f. PHYS. Grandeur caractérisant la capacité de conduction (électrique, thermique, etc.) d'une substance.

CONDUIRE v.t. [78] (lat. *conducere*). **1.** Mener qqn d'un lieu à un autre. *Conduire une personne chez elle, un enfant à l'école.* **2.** Assurer la direction, la manœuvre de. *Conduire une voiture.* **3.** Avoir la direction, le gouvernement de. *Conduire une affaire.* **4.** Pousser à certains actes ; amener à certains sentiments. *Conduire au désespoir.* **5.** Avoir pour conséquence. *Politique qui conduit à l'inflation.* ◆ **se conduire** v.pr. Se comporter, agir de telle ou telle façon.

CONDUIT n.m. (de *conduire*). **1.** Canalisation guidant l'écoulement d'un fluide. *Conduit de fumée.* **2.** ANAT. *Conduit auditif externe :* canal de l'oreille externe, par lequel les sons parviennent au tympan. – *Conduit auditif interne :* canal creusé dans le rocher de l'os temporal, faisant suite à l'oreille interne, et contenant le nerf auditif.

CONDUITE n.f. **1.** Action, manière de conduire, de diriger. *Conduite d'un véhicule, d'un État, d'une entreprise.* **2.** Manière d'agir, de se comporter. ◇ *Fam. S'acheter une conduite :* mener une vie plus rangée. **3.** Pilotage d'une machine, d'une installation complexe. – CH. DE F. Service assuré par les conducteurs de trains. **4.** TECHN. Tuyau de section variable parcouru par un fluide.

CONDYLE n.m. (gr. *kondulos,* articulation). ANAT. Surface articulaire ovoïde.

CONDYLIEN, ENNE adj. Relatif à un condyle.

CONDYLOME n.m. MÉD. Tumeur bénigne, virale, sexuellement transmissible, touchant la peau ou les muqueuses des régions anale et génitale. SYN. *(cour.) : crête-de-coq.*

CÔNE n.m. (lat. *conus,* gr. *kônos*). **1.** GÉOMÉTR. Surface engendrée par une droite mobile *(génératrice)* passant par un point fixe *(sommet)* et s'appuyant sur une courbe fixe *(directrice) ;* solide déterminé par une telle surface coupée par un plan. ◇ *Cône de révolution,* ou *cône droit :* cône dont la directrice est un cercle et dont le sommet est sur l'axe de ce cercle. **2.** ASTRON. *Cône d'ombre :* ombre en forme de cône projetée par une planète dans la direction opposée à celle du Soleil. **3.** GÉOL. *Cône volcanique :* relief formé par l'accumulation des produits émis par un volcan (laves, projections) autour de la cheminée. **4.** HISTOL. Élément en forme de cône, caractéristique de certaines cellules de la rétine ; *par ext.,* la cellule elle-même, responsable de l'acuité visuelle et de la vision des couleurs. **5.** BOT. **a.** Fruit des conifères (pin, sapin, notamm.). **b.** Inflorescence du houblon. **6.** ZOOL. Mollusque gastéropode à coquille conique, carnivore, pourvu d'un organe venimeux. (Famille des conidés.) **7.** TECHN. *Embrayage à cônes :* mécanisme à friction formé de deux cônes dont l'un pénètre dans l'autre, s'y coince et provoque l'embrayage. **8.** Crème glacée dans un cornet en biscuit, fabriquée industriellement.

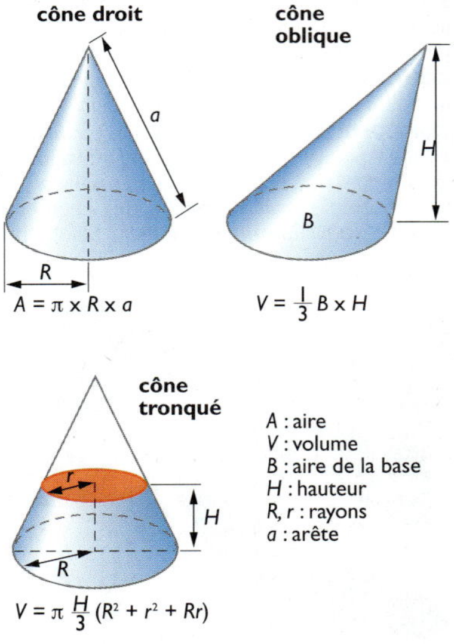

■ **CÔNES** à base circulaire.

■ **CÔNE** (coquillage).

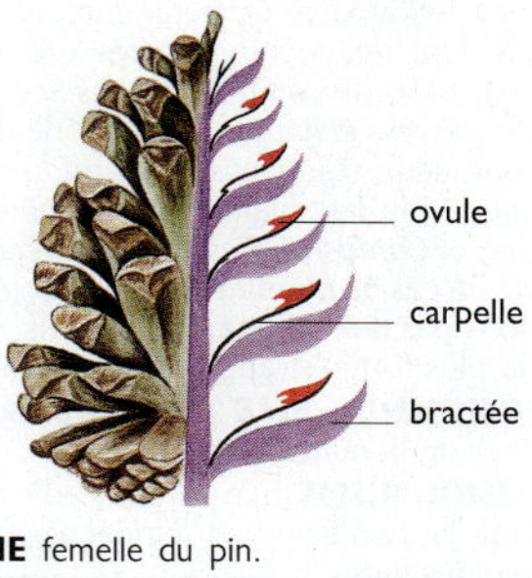

■ **CÔNE** femelle du pin.

CONFECTION n.f. (lat. *confectio*). **1.** Action de faire, de confectionner. **2.** COUT. Fabrication en série de pièces d'habillement. *Vêtements de confection.* **3.** Prêt-à-porter. *Magasin de confection.*

CONFECTIONNER v.t. Exécuter complètement ; fabriquer, préparer. *Confectionner un gâteau, un vêtement.*

CONFECTIONNEUR, EUSE n. Industriel qui fabrique des vêtements de confection.

CONFÉDÉRAL, E, AUX adj. Relatif à une confédération. *Congrès confédéral.*

CONFÉDÉRATION n.f. (lat. *confoederatio*, de *foedus, foederis,* traité). **1.** Association d'États souverains qui ont délégué certaines compétences à des organes communs. **2.** Réunion de fédérations syndicales. *La Confédération générale du travail (CGT).* **3.** Groupement de diverses associations de caractère sportif, professionnel, etc.

CONFÉDÉRÉ, E adj. et n. Uni par confédération. ◆ n. Suisse. Membre de l'ancienne Confédération ; concitoyen.

CONFÉDÉRER v.t. [11]. Réunir en confédération.

CONFÉDÉRÉS n.m. pl. Aux États-Unis, citoyens des États du Sud ligués contre le gouvernement fédéral pendant la guerre de Sécession (1861 - 1865).

CONFER [kɔ̃fɛr] (mot lat., *comparez*). Indication par laquelle on renvoie le lecteur à un passage, à un ouvrage à consulter. Abrév. : *conf.* ou *cf.*

CONFÉRENCE n.f. (du lat. *conferre,* réunir). **1.** Échange de vues entre deux ou plusieurs personnes ; réunion. *Être en conférence.* ◇ *Conférence de presse :* réunion au cours de laquelle une ou plusieurs personnalités répondent aux questions des journalistes. **2.** Réunion de représentants de plusieurs États (diplomates, chefs de gouvernement, ministres, etc.) en vue de régler une question d'ordre international. **3.** Exposé oral, public, où l'on traite de questions littéraires, religieuses, scientifiques, politiques, etc. **4.** Poire d'une variété de taille moyenne, de forme allongée, de couleur verte tachetée de brun clair.

1. CONFÉRENCIER, ÈRE n. Personne qui fait une conférence.

2. CONFÉRENCIER n.m. Pochette en cuir, en plastique, à deux rabats, dans laquelle on range un bloc de papier, un stylo et des dossiers pour une conférence, une réunion.

CONFÉRER v.i. [11] (lat. *conferre,* réunir). S'entretenir d'une affaire ; discuter. *Conférer avec son avocat.* ◆ v.t. Accorder, donner, en vertu de l'autorité qu'on a pour le faire. *Conférer le baptême, une décoration.*

CONFESSE n.f. CHRIST. Confession. *Aller à confesse. Revenir de confesse.* – REM. Ne s'emploie qu'avec les prép. *à* et *de,* et sans article.

CONFESSER v.t. (lat. *confiteri,* avouer). **1.** CATH. **a.** Déclarer ses péchés à un prêtre ; avouer ses fautes. **b.** Entendre en confession. *Confesser un pénitent.* **2.** *Sout.* Déclarer publiquement ses croyances. *Confesser sa foi.* **3.** *Fam.* Obtenir de qqn des aveux, un secret. **4.** Avouer, reconnaître ce qu'on aurait voulu garder secret. *Confesser son ignorance.* ◆ **se confesser** v.pr. **1.** CATH. Déclarer ses péchés. **2.** Avouer spontanément ses fautes.

CONFESSEUR n.m. **1. a.** Prêtre qui entend les confessions. **b.** Chrétien qui, à l'époque des persécutions, proclamait publiquement sa foi. **c.** Saint qui n'est ni apôtre ni martyr. **2.** Personne à qui l'on se confie volontiers.

CONFESSION n.f. (lat. *confessio*). **1.** CATH. Acte par lequel on avoue ses péchés à un prêtre pour en obtenir le pardon. **2.** *Par anal.* Aveu d'un fait, d'une faute, etc. **3.** Déclaration publique que l'on fait de sa foi. **4.** Appartenance à telle ou telle religion. *Il est de confession israélite.* **5.** (Avec une majuscule.) Résumé des articles qui contiennent la déclaration de foi d'une Église. *La Confession d'Augsbourg.* **6.** ARCHIT. Petite crypte où l'on plaçait le tombeau d'un martyr.

CONFESSIONNAL n.m. [pl. *confessionnaux*] (ital. *confessionale*). CATH. **1.** Meuble en forme d'isoloir où le prêtre entend la confession du pénitent. **2.** *Les secrets du confessionnal,* de la confession.

CONFESSIONNALISME n.m. Système politique du Liban qui répartissait entre les diverses confessions (maronites, sunnites, chiites, druzes, orthodoxes...) les sièges au Parlement et les postes dans les grandes fonctions publiques.

CONFESSIONNEL, ELLE adj. Relatif à la religion. ◇ *Établissement confessionnel :* école privée qui se réfère à une confession religieuse.

CONFETTI n.m. (mot ital.). Rondelle de papier coloré qu'on lance par poignées dans les fêtes.

CONFIANCE n.f. (lat. *confidentia*). **1.** Sentiment de sécurité d'une personne qui se fie à qqn, à qqch. *Perdre confiance. Avoir confiance en l'avenir.* ◇ *Avoir confiance en soi :* être assuré de ses possibilités. – *De confiance :* sans hésiter, en toute sûreté. – *En (toute) confiance :* sans crainte d'être trompé. – *Faire confiance à :* se fier à. – *Homme, femme de confiance,* à qui l'on peut se fier. – *Poste de confiance,* que l'on réserve à qqn de sûr. **2.** Approbation donnée, en France, à la politique du gouvernement par la majorité de l'Assemblée nationale. *Voter la confiance.*

CONFIANT, E adj. **1.** Qui manifeste de la confiance en qqn, dans les qualités, le bon déroulement de qqch. **2.** Qui fait preuve de confiance en soi.

CONFIDENCE n.f. (lat. *confidentia*). Déclaration faite en secret à qqn. *Faire des confidences.* ◇ *En confidence :* en secret.

CONFIDENT, E n. (ital. *confidente,* du lat. *confidens*). **1.** Personne à qui l'on confie ses plus secrètes pensées. **2.** THÉÂTRE. Personnage de la tragédie classique qui reçoit les confidences d'un des personnages principaux. ◆ n.m. Double fauteuil en forme d'S, offrant deux places de sens inverse (XIXe s.). SYN. : *vis-à-vis.*

CONFIDENTIALITÉ n.f. Caractère confidentiel d'une information.

CONFIDENTIEL, ELLE adj. **1.** Qui se dit, se fait en confidence ; qui contient des informations secrètes. *Entretien confidentiel. Dossier confidentiel.* **2.** Qui concerne un petit nombre de personnes. *Une diffusion confidentielle.*

CONFIDENTIELLEMENT adv. De façon confidentielle.

CONFIER v.t. [5] (lat. *confidere*). **1.** Remettre aux soins, à la garde de. *Confier ses clés au gardien.* **2.** Dire sur le mode confidentiel. *Confier ses peines.* ◆ **se confier** v.pr. (à). Faire des confidences à qqn. *Elle s'est confiée à sa mère.*

CONFIGURATION n.f. (lat. *configuratio*). **1.** Forme générale, aspect d'ensemble. *Configuration d'un pays.* **2.** INFORM. Système de matériels et de logiciels fonctionnant ensemble. **3.** CHIM. Notation, pour un centre chiral, de son caractère gauche S (du lat. *sinister*) ou droit R (du lat. *rectus*), suivant le sens (rétrograde ou direct) dans lequel trois groupements portés par ce centre se rangent par priorité décroissante.

CONFINÉ, E adj. **1.** *Air confiné,* non renouvelé. **2.** *Vivre, être confiné chez soi,* reclus, cloîtré.

CONFINEMENT n.m. **1.** Action de confiner ; fait de se confiner, d'être confiné. – Situation d'une population animale resserrée en grand nombre dans un espace étroit. **2.** NUCL. Ensemble des précautions prises pour empêcher la dissémination des produits radioactifs, dans l'environnement d'une installation nucléaire. ◇ *Enceinte de confinement :* bâtiment étanche entourant un réacteur nucléaire.

CONFINER v.t. ind. **[à]** (de *confins*). **1.** Toucher aux confins d'un pays. *La Suisse confine à la France.* **2.** *Fig.* Être à la limite de. *Cet acte confine à la folie.* ◆ v.t. Tenir enfermé, resserré dans un espace étroit. ◆ **se confiner** v.pr. **1.** Se tenir enfermé, se cloîtrer. *Se confiner dans sa chambre.* **2.** Se limiter à une occupation, une activité.

CONFINS n.m. pl. (lat. *confines*). Limites, extrémités d'un pays, d'un territoire, d'un domaine. *Ville située aux confins de deux départements.*

CONFIRE v.t. [81] (lat. *conficere,* achever). Conserver les aliments dans une substance (graisse, vinaigre, sirop) qui en empêche l'altération. *Confire de l'oie, des pêches.* ◆ **se confire** v.pr. *Litt.* Se pénétrer avec exagération d'une attitude, d'un sentiment. *Se confire en dévotion.*

CONFIRMAND, E n. CHRIST. Personne qui se prépare à recevoir ou à accomplir sa confirmation.

CONFIRMATIF, IVE adj. DR. Qui confirme.

CONFIRMATION n.f. (lat. *confirmatio*). **1.** Action de confirmer ; déclaration, écrit qui en résulte. **2.** CHRIST. **a.** Chez les catholiques et les orthodoxes, sacrement, administré habituellement par l'évêque, qui affermit dans la grâce du baptême. **b.** Chez les protestants, acte qui n'a pas valeur sacramentelle et par lequel on confirme publiquement les vœux du baptême avant d'être admis à la cène. **3.** DR. Acte unilatéral tendant à reconnaître la validité d'un acte dont on pourrait demander la nullité.

CONFIRMER v.t. (lat. *confirmare*). **1.** Rendre qqn plus ferme, plus assuré dans ses opinions, ses croyances. **2.** Rendre qqch plus sûr ; en assurer l'authenticité. *Confirmer une nouvelle, un témoignage.* **3.** CHRIST. Conférer le sacrement de la confirmation.

CONFISCABLE adj. Qui peut être confisqué.

CONFISCATION n.f. (lat. *confiscatio*). Action de confisquer ; fait d'être confisqué. – DR. Transfert à l'État ou à un établissement public des biens d'un particulier à la suite d'une condamnation pénale ou d'une sanction fiscale.

CONFISCATOIRE adj. Qui a tous les caractères d'une confiscation. *Mesure confiscatoire.*

CONFISERIE n.f. **1.** Travail, commerce du confiseur. **2.** Magasin de confiseur. **3.** Ensemble des produits que fabrique et vend le confiseur ; sucreries.

CONFISEUR, EUSE n. Personne qui fabrique et vend des fruits confits, des bonbons, des sucreries, etc.

CONFISQUER v.t. (lat. *confiscare,* de *fiscus,* fisc). **1.** Déposséder par un acte d'autorité ; procéder à une confiscation. *Confisquer un jouet à un enfant. Confisquer des marchandises.* **2.** Ne pas laisser qqn jouir d'un droit, d'un progrès social, etc., l'en priver. *Confisquer les libertés.*

CONFIT, E adj. **1.** Conservé dans du sucre, du vinaigre, de la graisse, etc. *Fruits confits. Cornichons confits.* **2.** *Mine, figure confite,* mièvre, doucereuse. ◆ n.m. Morceau de viande cuit et conservé dans sa graisse. *Confit d'oie, de canard.*

CONFITEOR [kɔ̃fiteɔr] n.m. inv. (mot lat., *je confesse*). Prière catholique commençant par ce mot et par laquelle on se reconnaît pécheur.

CONFITURE n.f. (de *confire*). Préparation de fruits frais et de sucre cuits ensemble et dont le sucre assure la conservation.

CONFITURERIE n.f. **1.** Ensemble des techniques, industrie de la confiture. **2.** Atelier, usine où l'on fabrique des confitures.

1. CONFITURIER, ÈRE n. Entreprise ou personne qui fabrique ou vend des confitures.

2. CONFITURIER n.m. Récipient destiné à contenir les confitures.

CONFLAGRATION n.f. (lat. *conflagratio*). **1.** Vx. Incendie. **2.** Conflit international de grande envergure pouvant aboutir à la guerre.

CONFLICTUEL, ELLE adj. Relatif à un conflit, à un antagonisme personnel, social, etc.

CONFLIT n.m. (du lat. *confligere,* heurter). **1.** Antagonisme, opposition de sentiments, d'opinions entre des personnes ou des groupes. *Le conflit des générations.* **2.** PSYCHOL. Antagonisme, opposition de motivations ou de conceptions contradictoires chez une même personne ou au sein d'un groupe. *Être en situation de conflit.* – PSYCHAN. Expression d'exigences internes inconciliables, telles que désirs et représentations opposés, et plus spécial. de forces pulsionnelles antagonistes. (Le conflit psychique peut être manifeste ou latent.) **3.** Opposition pouvant aller jusqu'à la lutte armée, entre deux ou plusieurs États. *Un conflit mondial.* **4.** DR. Opposition entre une juridiction administrative et une juridiction judiciaire qui se déclarent ensemble compétentes ou incompétentes pour régler un litige. **5.** *Conflit collectif du travail :* litige opposant un ensemble de salariés, pour la défense de leurs intérêts, à un employeur.

CONFLUENCE n.f. Confluent.

CONFLUENT n.m. (lat. *confluens*). Lieu de rencontre de deux cours d'eau. SYN. : *confluence.*

CONFLUER v.i. (lat. *confluere*). Se rejoindre, se réunir, en parlant de deux cours d'eau. *La Saône et le Rhône confluent à Lyon.*

CONFONDANT, E adj. Qui déconcerte profondément. *Une telle naïveté est confondante.*

CONFONDRE v.t. [59] (lat. *confundere*). **1.** Prendre une chose, une personne pour une autre ; faire une confusion. *Confondre deux jumeaux.* **2.** *Litt.* Mêler plusieurs choses en un tout où on ne peut plus les distinguer. **3.** Réduire qqn au silence en prouvant publiquement qu'il a commis une faute ; démasquer. *Confondre un accusé, un menteur.* **4.** *Sout.* Troubler, décontenancer. *Il est resté confondu quelques secondes par tant de compliments.* ◆ **se confondre** v.pr. **1.** Se mêler, se mélanger ou se ressembler au point de ne plus pouvoir être distingué. *Avec la fatigue, les dates se confondaient dans son esprit. Leurs deux écritures se confondent facilement.* **2.** *Sout. Se confondre en remerciements, en excuses,* les multiplier.

CONFORMATEUR n.m. Instrument à lattes mobiles utilisé par les chapeliers pour prendre la mesure et la forme de la tête.

CONFORMATION n.f. (lat. *conformatio*). **1.** Manière dont sont organisées, structurées les différentes parties du corps humain ou animal, ou celles d'un organe. *La conformation du squelette.* ◇ *Vice de conformation :* défaut physique congénital. **2.** CHIM. Géométrie d'une molécule. (Le cyclohexane a, notamm., une conformation dite « chaise » pour sa ressemblance avec une chaise longue.) ◇ *Conformation native :* conformation adoptée spontanément par une protéine, allant de pair avec son activité biologique.

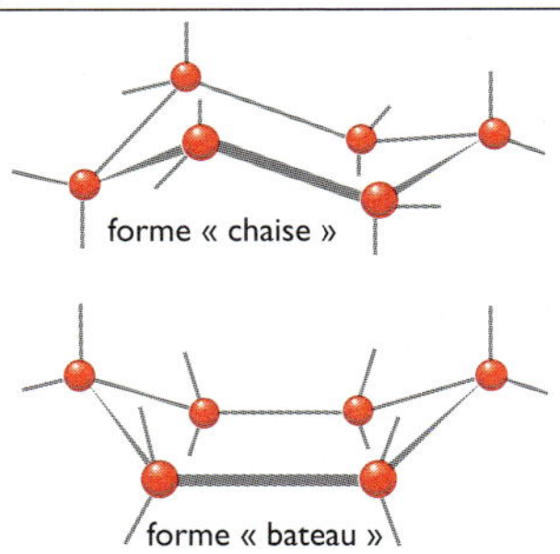

■ **CONFORMATION.** Les deux principales conformations du cyclohexane.

CONFORMATIONNEL, ELLE adj. CHIM. *Analyse conformationnelle :* étude de la structure et de la réactivité des molécules organiques sur la base de leur forme géométrique dans l'espace à trois dimensions. (L'introduction de cette méthodologie valut le prix Nobel à O. Hassel et D.H.R. Barton.)

CONFORME adj. (lat. *conformis*). **1.** Qui correspond parfaitement à la forme d'un objet pris comme modèle. ◇ *Pour copie conforme (P.C.C.) :* formule attestant qu'une copie reproduit exactement l'original. **2.** Qui s'accorde bien avec d'autres choses. *Il a trouvé un mode de vie tout à fait conforme à ses besoins.* **3.** Qui répond aux exigences d'une règle, d'une norme. *Des opinions peu conformes.* **4.** MATH. *Représentation* ou *transformation conforme :* transformation ponctuelle qui conserve les angles orientés. **5.** CARTOGR. *Projection conforme :* type de projection qui conserve les angles, et donc les contours, mais ne respecte pas les surfaces.

CONFORMÉ, E adj. *Bien, mal conformé :* qui a telle ou telle conformation naturelle, en parlant d'un être vivant.

CONFORMÉMENT À loc. prép. En conformité avec. *J'ai agi conformément à vos ordres.*

CONFORMER v.t. (lat. *conformare*). Mettre en accord avec ; adapter. *Conformer ses propos à la situation.* ◆ **se conformer** v.pr. (**à**). Adapter sa conduite à un modèle, se régler sur qqch. *Se conformer au goût du jour.*

CONFORMISME n.m. Respect étroit de la norme, de la tradition, des usages établis, de la morale en usage.

CONFORMISTE adj. et n. (angl. *conformist*). Qui fait preuve de conformisme. ◆ n. En Angleterre, personne ou communauté qui professe la religion établie (anglicanisme).

CONFORMITÉ n.f. (lat. *conformitas*). **1.** Caractère de ce qui est conforme. **2.** État de deux ou de plusieurs choses qui se ressemblent ou qui s'accordent bien ensemble. *Conformité de vues, de goûts.*

1. CONFORT n.m. (angl. *comfort,* de l'anc. fr. *confort,* aide). **1.** Ensemble des commodités qui rendent la vie quotidienne plus agréable, plus facile ; bien-être matériel qui en résulte. *Hôtel qui a tout le confort. Ils ne pourront jamais renoncer à leur confort.* **2.** *Confort d'écoute, de lecture :* caractéristique d'un appareil audiovisuel, d'un ouvrage imprimé considérés du point de vue de la qualité des sons émis, de la lisibilité.

2. CONFORT n.m. (de *conforter*). MÉD. *Médicament de confort :* médicament réputé peu actif, ou prescrit contre un trouble jugé bénin. – REM. Cet emploi est souvent rapproché abusivement de *1. confort.*

CONFORTABLE adj. **1.** Qui procure le confort, contribue au bien-être. *Un fauteuil confortable.* **2.** Se dit de ce qui, étant assez important, procure une certaine aisance. *Il a des revenus confortables.* **3.** *Fig.* Qui assure la tranquillité de l'esprit. *Être dans une situation peu confortable.*

CONFORTABLEMENT adv. De façon confortable. *S'installer confortablement.*

CONFORTER v.t. (du lat. *fortis,* fort). Renforcer, rendre plus solide ; raffermir. *Ceci m'a conforté dans mon opinion.*

CONFRATERNEL, ELLE adj. Propre aux relations entre confrères.

CONFRATERNITÉ n.f. Lien de solidarité entre confrères.

CONFRÈRE n.m. Personne appartenant à la même profession libérale, à la même société littéraire, etc., que d'autres. *Un médecin estimé de ses confrères.* (Pour une femme, on dit *consœur.*)

CONFRÉRIE n.f. **1.** Association de laïques fondée sur des principes religieux. **2.** Dans l'islam, organisation religieuse regroupant des fidèles, génér. laïques, qui effectuent des exercices spirituels sous la direction d'un guide, initiateur d'une « voie mystique ». **3.** Suisse. Association corporative. *La Confrérie des vignerons.*

CONFRÉRIQUE adj. Organisé en confréries. *L'islam confrérique.*

CONFRONTATION n.f. **1.** Action de confronter des personnes ou des choses. **2.** Conflit entre deux groupes, deux pays.

CONFRONTER v.t. (lat. *confrontare,* de *frons,* front). **1.** Mettre des personnes en présence pour comparer ou vérifier leurs affirmations. *Confronter des accusés.* ◇ *Être confronté à un problème :* être en présence d'un problème auquel on doit faire face. **2.** Examiner en même temps des textes, des idées, etc., pour les comparer. *Confronter différents points de vue.*

CONFUCÉEN, ENNE ou **CONFUCIANISTE** adj. et n. Qui appartient au confucianisme ; qui en est adepte.

CONFUCIANISME n.m. Philosophie de Confucius et de ses disciples.

ENCYCL. Sagesse attentive à l'importance de la bonté et de l'esprit rituel, la doctrine de Confucius s'est développée sous l'influence de ses disciples, notamm. Mencius. Elle s'est ainsi enrichie de spéculations sur la nature humaine, la vertu, l'éducation et l'idéal politique.

CONFUS, E adj. (lat. *confusus*). **1.** Qui n'est pas clair ; embrouillé, vague. *Avoir les idées confuses. Un souvenir très confus.* **2.** Dont on ne perçoit pas nettement les éléments ; brouillé, indistinct. *Une masse confuse. Un murmure confus.* **3.** Qui est troublé par le sentiment de sa faute ou par l'excès de bonté qu'on lui témoigne ; embarrassé. *Je suis vraiment confus pour ce retard.*

CONFUSÉMENT adv. De façon confuse, indistincte ; obscurément.

CONFUSION n.f. (lat. *confusio*). **1.** Action de confondre, de prendre qqn ou qqch pour qqn ou qqch d'autre. *Il y a une confusion dans les dates.* **2.** État de ce qui n'est pas clair, pas bien défini par la pensée. *Jeter la confusion dans les esprits. Exposé d'une grande confusion.* ◇ *Confusion mentale :* trouble psychique, de cause génér. somatique, caractérisé par une désorientation dans le temps et l'espace, des troubles de la mémoire, de l'anxiété et, fréquemment, un onirisme. **3.** État de ce qui est très désordonné, indistinct ; désordre, agitation. *Dans la confusion générale, il a pu s'échapper.* **4.** DR. Mode d'extinction d'une dette résultant du fait qu'une même personne réunit les qualités de créancier et de débiteur. ◇ *Confusion des peines :* règle selon laquelle, en cas de condamnation pour plusieurs infractions par des tribunaux différents, seule la peine la plus forte est appliquée au condamné.

CONFUSIONNEL, ELLE adj. Qui présente les caractères de la confusion mentale.

CONFUSIONNISME n.m. Attitude d'esprit qui entretient la confusion et empêche l'analyse objective des faits.

CONGA n.f. (mot esp.). **1.** Tambour d'origine afro-cubaine, de près de un mètre de hauteur, au fût plus étroit à la base que dans la partie supérieure, que le musicien utilise le plus souvent seul en le frappant avec les mains. **2.** Danse de société d'origine cubaine caractérisée par un déhanchement sec et dans laquelle les danseurs forment une file sinueuse en se tenant par la taille. (Elle fut en vogue aux États-Unis à la fin des années 1930.) **3.** Musique de danse à quatre temps, rythmée par la conga, parfois chantée et accompagnant la danse du même nom.

■ Joueur de **CONGA.**

CONGAÏ ou **CONGAYE** [kɔ̃gaj] n.f. (mot annamite). Femme ou jeune fille, au Viêt Nam.

CONGE n.m. (lat. *congius,* mesure pour les liquides). Récipient dans lequel on fait le mélange pour la préparation des liqueurs.

1. CONGÉ n.m. (lat. *commeatus,* permission d'aller et de venir). **1.** Autorisation accordée à un salarié de cesser son travail ; cette période. *Congé de maternité, de maladie. Il a demandé un congé pour le mariage de sa sœur. Congé formation.* – Position d'un fonctionnaire ou d'un parlementaire autorisé à ne pas exercer ses fonctions pendant une certaine période. **2.** Interruption de travail pour les élèves, les salariés, le plus souvent à l'occasion d'une fête. *Les congés de février.* ◇ *Congés payés :* période de vacances payées que la loi accorde à tous les salariés. **3.** Résiliation d'un contrat de travail ou de location. *Donner son congé à un locataire.* **4.** *Prendre congé de qqn,* le quitter, lui dire au revoir. **5.** Autorisation de transporter une marchandise, notamm. les alcools, après paiement du droit de circulation. **6.** MAR. Document attestant le paiement du droit de sortie des navires, délivré par l'administration des Douanes.

2. CONGÉ n.m. (lat. *commeatus,* passage). ARCHIT., ARTS APPL. Adoucissement à l'extrémité d'une moulure, d'une cannelure ; cavet servant d'adoucissement à la rencontre de deux surfaces.

CONGÉDIEMENT n.m. **1.** Action de congédier. **2.** Octroi ou réception d'un congé.

CONGÉDIER v.t. [5] (ital. *congedare,* du fr. *congé*). Renvoyer, mettre dehors. *Congédier un salarié, un locataire.*

CONGELABLE adj. Qui peut être congelé.

CONGÉLATEUR n.m. Appareil frigorifique permettant de congeler rapidement des aliments à - 30 °C et de les conserver pour une longue durée à - 18 °C.

CONGÉLATION n.f. (lat. *congelatio*). **1.** Action de congeler une denrée alimentaire. **2.** Action de geler un terrain gorgé d'eau pour y effectuer des travaux. **3.** PHYS. Solidification.

CONGELER v.t. [12] (lat. *congelare*). **1.** Soumettre des denrées alimentaires à l'action du froid pour les conserver. *Congeler de la viande, des fruits.* **2.** Donner une consistance épaisse à certains liquides ; coaguler. *Congeler un sirop.* ◆ **se congeler** v.pr. Devenir solide sous l'action du froid, en parlant d'un liquide.

CONGÉNÈRE n. (lat. *congener*). **1.** SC. DE LA V. Animal qui appartient à la même espèce, au même genre qu'un autre. **2.** *Péjor.* Personne semblable à une autre, de même sorte qu'une autre. *Cet individu et ses congénères ne m'inspirent aucune sympathie.*

CONGÉNITAL, E, AUX adj. (lat. *congenitus,* né avec). Qui existe, est présent à la naissance.

CONGÉNITALEMENT adv. D'une manière congénitale.

CONGÈRE n.f. (lat. *congeries,* amas). Amas de neige entassée par le vent.

CONGESTIF, IVE adj. Qui se rapporte à la congestion.

CONGESTION n.f. (lat. *congestio,* amas). Accumulation anormale de sang dans les vaisseaux d'un organe, d'une partie du corps. SYN. : *hyperhémie.*

CONGESTIONNER v.t. **1.** Provoquer une congestion dans une partie du corps. ◇ p.p. adj. *Avoir le visage congestionné.* **2.** Encombrer un lieu. *Des dizaines de voitures congestionnaient la place.*

CONGIAIRE n.m. (lat. *congiarium*). ANTIQ. ROM. Distribution d'huile, de vin, d'argent au peuple, lors des fêtes, des triomphes, etc.

CONGLOMÉRAT n.m. **1.** Roche sédimentaire détritique, formée de galets (poudingues) ou de fragments anguleux (brèches) d'autres roches. **2.** ÉCON. Ensemble d'entreprises regroupant, sous forme de filiales et de participations, des activités variées.

CONGLOMÉRATION n.f. *Didact.* Action de conglomérer ; son résultat.

CONGLOMÉRER v.t. [11] (lat. *conglomerare,* de *glomus,* pelote). Réunir en une seule masse.

1. CONGOLAIS, E adj. et n. Du Congo ou de la République démocratique du Congo ; de leurs habitants.

2. CONGOLAIS n.m. Petit gâteau à la noix de coco.

CONGRATULATIONS n.f. pl. *Litt.* Félicitations, compliments un peu exagérés que l'on se fait réciproquement.

CONGRATULER v.t. (lat. *congratulari*). *Litt.* Féliciter chaleureusement qqn à l'occasion d'un événement heureux.

CONGRE n.m. (gr. *gongros*). Poisson marin gris-bleu foncé, très vorace, appelé aussi ***anguille de mer,*** qui vit dans les creux des rochers. (Long. 2 à 3 m ; genre *Conger,* famille des anguillidés.)

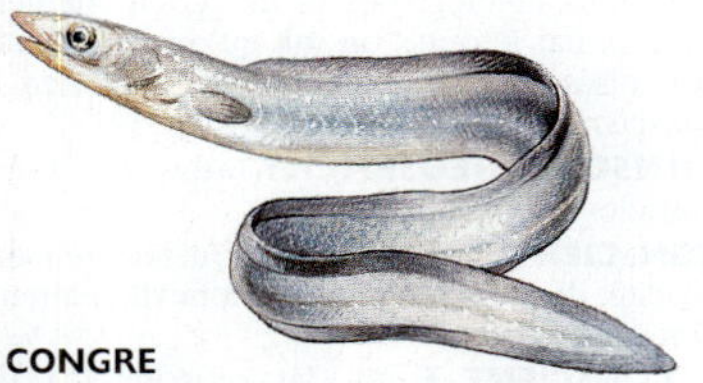

■ CONGRE

CONGRÉER v.t. MAR. Entourer un cordage avec des brins peu épais, pour faire disparaître les interstices entre les torons.

CONGRÉGANISTE adj. et n. Qui fait partie d'une congrégation. ◆ adj. *École congréganiste :* école dirigée par une congrégation religieuse.

CONGRÉGATION n.f. (du lat. *grex, gregis,* troupeau). **1.** CATH. Association de religieux ou de religieuses liés par des vœux simples ou une simple promesse d'obéissance. *La congrégation de l'Oratoire.* **2.** Association de laïques fondée sur des principes religieux. ◇ HIST. *La Congrégation :* association religieuse qui, sous la Restauration, regroupa de nombreux membres de la classe dirigeante et qui fut dissoute en 1830. **3.** CATH. Assemblée permanente de prélats chargés d'examiner certaines affaires en cour de Rome.

CONGRÉGATIONALISME n.m. Dans le protestantisme, système ecclésiastique qui revendique l'autonomie des églises locales.

CONGRÉGATIONALISTE adj. et n. Qui appartient au congrégationalisme.

CONGRÈS n.m. (lat. *congressus*). **1.** Réunion de personnes qui délibèrent sur des recherches, des études communes ou des intérêts communs en différents domaines. *Un congrès international de cardiologie.* **2.** Assemblée, conférence de chefs d'État, d'ambassadeurs, de délégués de divers pays pour traiter d'intérêts politiques. *Le congrès de Vienne.* **3.** *Le Congrès.* **a.** Réunion des membres des deux chambres d'un Parlement. *Le Congrès de Versailles.* **b.** HIST. Assemblée constituante belge en 1830 - 1831.

CONGRESSISTE n. Membre d'un congrès.

CONGRU, E adj. (lat. *congruus*). **1.** ARITHM. *Nombres congrus, modulo* n : nombres entiers qui ont le même reste dans une division par le même nombre donné *n.* **2.** *Portion congrue :* quantité de nourriture à peine suffisante pour vivre ; revenu insuffisant. *Être réduit à la portion congrue.*

CONGRUENCE n.f. ARITHM. Relation qui associe deux nombres entiers congrus.

CONGRÛMENT adv. *Litt.* Convenablement, correctement.

CONICINE n.f. Cicutine.

CONIDIE n.f. (lat. *conidium,* du gr. *konis, -idos,* poussière). BOT. Spore assurant la reproduction asexuée de certains champignons.

CONIFÈRE n.m. (lat. *conus,* cône, et *ferre,* porter). Plante arborescente souvent résineuse, à feuillage génér. persistant et en aiguilles, aux organes reproducteurs en cône, tels les pins, les sapins, les cèdres, les mélèzes et les épicéas. (Les conifères forment un ordre de gymnospermes.)

CONIQUE adj. Qui a la forme d'un cône. *Un fruit conique.* ◇ GÉOMÉTR. *Section conique,* ou *conique,* n.f. : intersection d'un cône du second degré avec un plan ne contenant pas le sommet. (Une conique est le lieu des points d'un plan dont le rapport des distances à un point [foyer] et à une droite [directrice] de ce plan a une valeur donnée [excentricité] ; l'ellipse, la parabole, l'hyperbole sont des coniques.)

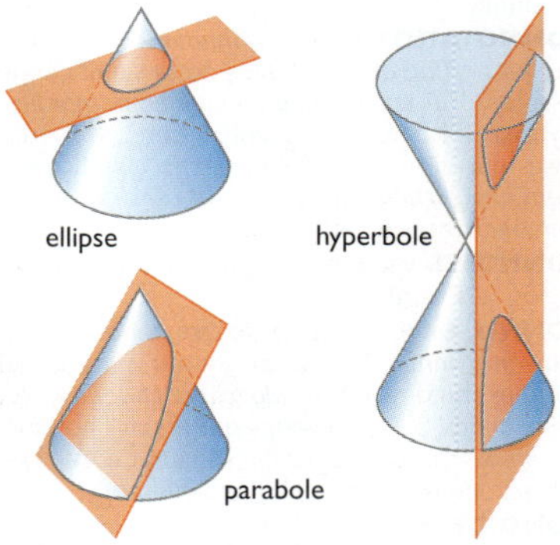

■ **CONIQUE.** Les trois familles de coniques et leur obtention par intersection d'un cône et d'un plan.

CONJECTURAL, E, AUX adj. Qui repose sur des conjectures ; incertain.

CONJECTURALEMENT adv. Par conjecture.

CONJECTURE n.f. **1.** Simple supposition, hypothèse fondée sur des apparences, sur des probabilités. *Se livrer à des conjectures. Se perdre en conjectures.* **2.** MATH. Hypothèse formulée sur l'exactitude ou l'inexactitude d'un énoncé dont on ne connaît pas encore de démonstration (par ex., la conjecture de *Goldbach). — REM. À distinguer de *conjoncture.*

CONJECTURER v.t. (bas lat. *conjecturare*). *Sout.* Juger par conjecture ; présumer, supposer. *Conjecturer l'issue d'un événement.*

1. CONJOINT, E adj. **1.** DR. Uni par la même obligation. ◇ *Note conjointe :* note qui accompagne un texte. **2.** MUS. *Intervalle conjoint :* intervalle qui sépare deux notes se suivant dans la gamme, de *do* à *ré,* par ex. (par oppos. à *intervalle disjoint*).

2. CONJOINT, E n. Chacun des époux considéré par rapport à l'autre.

CONJOINTEMENT adv. Ensemble et en même temps qu'une autre chose ou qu'une autre personne. *Agir conjointement avec qqn.*

CONJONCTEUR n.m. **1.** ÉLECTROTECHN. Interrupteur fermant automatiquement un circuit dans des conditions prédéterminées. **2.** TÉLÉCOMM. Prise murale reliée à une ligne d'abonné et à laquelle on peut brancher un poste téléphonique.

CONJONCTEUR-DISJONCTEUR n.m. (pl. *conjoncteurs-disjoncteurs*). Interrupteur possédant à la fois les caractéristiques du conjoncteur et celles du disjoncteur.

CONJONCTIF, IVE adj. **1.** HISTOL. *Tissu conjonctif :* tissu formé de cellules dispersées dans une matrice contenant des fibres protéiques (collagène) et qui joue un rôle de remplissage, de soutien et de nutrition. **2.** GRAMM. *Locution conjonctive :* groupe de mots jouant le rôle d'une conjonction, comme *parce que, afin que.* — *Proposition conjonctive,* ou *conjonctive,* n.f. : proposition subordonnée commençant par une conjonction de subordination ou une locution conjonctive.

CONJONCTION n.f. (lat. *conjunctio*). **1.** GRAMM. Mot invariable qui sert à réunir deux mots, deux groupes de mots ou des propositions de même nature *(conjonction de coordination),* ou à relier une proposition subordonnée à une principale *(conjonction de subordination).* **2.** *Litt.* Réunion, rencontre. *Une conjonction de talents.* **3.** ASTRON. Rapprochement apparent de deux ou plusieurs astres dans le ciel. **4.** LOG. Liaison de deux propositions par « et », notée ∧.

CONJONCTIVAL, E, AUX adj. ANAT. Qui se rapporte à la conjonctive.

CONJONCTIVE n.f. **1.** ANAT. Membrane recouvrant la face postérieure des paupières et la face antérieure de la sclère (blanc de l'œil). **2.** GRAMM. Proposition conjonctive.

CONJONCTIVITE n.f. ANAT. Inflammation de la conjonctive.

CONJONCTURE n.f. (lat. *conjunctus,* conjoint). **1.** Situation qui résulte d'un concours de circonstances ; occasion. *Une conjoncture très favorable.* **2.** Ensemble des éléments qui déterminent la situation économique, sociale, politique ou démographique à un moment donné. *Dans la conjoncture actuelle.* — REM. À distinguer de *conjecture.*

CONJONCTUREL, ELLE adj. Qui se rapporte à la conjoncture.

CONJONCTURISTE n. Économiste spécialiste des problèmes de conjoncture.

CONJUGABLE adj. Qui peut être conjugué.

CONJUGAISON n.f. (lat. *conjugatio*). **1.** Action de conjuguer un verbe. **2.** GRAMM. Ensemble des formes que prennent les verbes selon les personnes, les temps, les modes, les voix, etc. *Apprendre la conjugaison des verbes irréguliers.* — Ensemble de verbes présentant le même paradigme de formes. *Il y a en français trois conjugaisons.* **3.** *Sout.* Action d'unir en vue d'un résultat. *La conjugaison de plusieurs forces.* **4.** SC. DE LA V. Mode de reproduction sexuée par contact direct des cellules, propre aux protozoaires ciliés (par ex., la paramécie) et à certaines algues unicellulaires. **5.** MÉD. *Cartilage de conjugaison :* cartilage assurant la croissance en longueur d'un os long. — *Trou de conjugaison :* orifice compris entre les pédicules de deux vertèbres voisines et livrant passage à un nerf rachidien. **6.** MICROBIOL. Transfert de matériel génétique d'une bactérie à une autre.

CONJUGAL, E, AUX adj. Qui se rapporte aux relations entre époux. *Quitter le domicile conjugal. Devoir conjugal.*

CONJUGALEMENT adv. En tant que mari et femme. *Vivre conjugalement.*

CONJUGALITÉ n.f. État de conjoint ; vie conjugale.

CONJUGATEUR n.m. Logiciel fournissant la conjugaison des verbes.

CONJUGUÉ, E adj. **1.** Associé, réuni en vue d'un résultat. *Ils ont gagné grâce à leurs efforts conju-*

gués. ◇ MÉCAN. INDUSTR. *Organes conjugués,* qui concourent à une action commune. **2.** OPT. *Points conjugués :* système formé par un point objet et son image. **3.** ALGÈBRE. *Nombre complexe conjugué d'un nombre complexe* z = x + iy : nombre *x* - i*y*, noté *z̄*.

CONJUGUÉE n.f. Algue verte unicellulaire d'eau douce se reproduisant par conjugaison. (Les conjuguées forment un ordre de la classe des chlorophycées.) SYN. : *zygophycée.*

CONJUGUER v.t. (lat. *conjugare,* unir). **1.** Énumérer les formes de la conjugaison d'un verbe. *Conjuguer le verbe « aller » au futur.* **2.** Unir, joindre ensemble en vue d'un résultat. *Conjuguons nos efforts.*

CONJURATION n.f. (lat. *conjuratio*). **1.** Complot, conspiration pour renverser le pouvoir établi. *La conjuration de Catilina.* **2.** Action d'éloigner qqch de dangereux. *La conjuration d'un danger.* **3.** Action de conjurer, d'écarter les effets d'une influence maléfique à l'aide de rites et de formules magiques. – (Au pl.) Ces formules elles-mêmes.

CONJURATOIRE adj. Qui est destiné à conjurer le mauvais sort. *Formule conjuratoire.*

CONJURÉ, E n. Personne qui participe à une conjuration.

CONJURER v.t. (lat. *conjurare,* jurer ensemble). **1.** Prier avec insistance ; supplier, adjurer. *Calmez-vous, je vous en conjure !* **2.** Écarter par des pratiques magiques ou religieuses. *Conjurer les démons.* **3.** Éviter, détourner par un moyen quelconque. *Conjurer une crise.* **4.** *Litt.* S'engager avec d'autres à réaliser un dessein funeste. *Conjurer la perte de l'ennemi.*

CONNAISSABLE adj. Qui peut être connu.

CONNAISSANCE n.f. (de *connaître*). **1.** Faculté de connaître, de se représenter ; manière de comprendre, de percevoir. *Les voies de la connaissance. Avoir une connaissance intuitive de qqch.* – Ce que l'on a acquis par l'étude ou la pratique. *La connaissance de l'italien.* ◇ *À ma connaissance :* d'après ce que je sais. – *En connaissance de cause :* en connaissant les faits. – *Prendre connaissance de qqch,* en être informé. **2.** PHILOS. *Théorie de la connaissance :* théorie visant à rendre compte du processus selon lequel le sujet connaissant se rapporte à l'objet qu'il connaît, et, par conséquence, de la nature des connaissances et du statut à leur accorder. **3.** Conscience de soi. *Malade qui n'a plus toute sa connaissance.* ◇ *Perdre connaissance :* tomber dans le coma ; s'évanouir. – *Sans connaissance :* évanoui. **4.** DR. Compétence pour juger. **5.** Personne qu'on connaît ; relation. *C'est une vieille connaissance.* ◇ *Faire connaissance :* entrer en rapport avec qqn. – *Être, se trouver en pays de connaissance,* en présence de personnes ou de choses qu'on connaît bien. ◆ pl. **1.** Ensemble des choses acquises par l'étude ; savoir. *Elle a des connaissances très étendues en histoire de l'art.* **2.** VÉNER. Signe particulier qui permet de distinguer un animal des autres du même âge.

CONNAISSEMENT n.m. MAR. Déclaration contenant un état des marchandises chargées sur un navire.

CONNAISSEUR, EUSE adj. et n. Qui s'y connaît en qqch ; expert. *Un connaisseur en meubles anciens.*

CONNAÎTRE v.t. [71] (lat. *cognoscere*). **1.** Avoir une idée plus ou moins juste, savoir de façon plus ou moins précise. *Je ne connais pas son nom, mais je l'ai déjà vu quelque part. On connaît mal leur histoire.* ◇ *Se faire connaître :* dire son nom ; acquérir une certaine réputation. **2.** Être renseigné sur l'existence et la valeur de. *Connaître un bon restaurant, un bon chirurgien.* **3.** Avoir acquis des connaissances et de la pratique dans un domaine particulier. *Il connaît bien l'anglais, son métier.* **4.** *Ne connaître que :* ne prendre en considération que. *Ne connaître que son devoir.* **5.** Être en relation avec qqn. *Il est nouveau dans l'immeuble et ne connaît pas encore grand monde.* ◇ *Ne connaître qqn ni d'Ève ni d'Adam,* ne pas le connaître du tout, n'avoir jamais entendu parler de lui. **6.** En parlant de qqch, être ou faire l'objet de ; avoir. *Sa pièce connaît un grand succès.* **7.** En parlant de qqn, faire l'expérience de ; ressentir. *Connaître la faim, l'humiliation.* ◆ v.t. ind. **(de)**. DR. Être compétent pour juger. *Le tribunal de commerce ne connaît pas des causes civiles.* ◆ **se connaître** v.pr. **1.** Avoir une idée juste de soi-même, de ses possibilités. *Il se connaît, il s'arrêtera à temps !* ◇ *Ne plus se connaître :* être hors de soi, furieux. **2.** *S'y connaître en qqch :* être très habile, expert en qqch. *Elle s'y connaît assez bien en restauration de tableaux.*

CONNARD, E adj. et n. → **CONARD.**

CONNASSE n.f. → **CONASSE.**

CONNEAU n.m. *Très fam.* Idiot, imbécile.

CONNECTABLE adj. Qui peut être connecté.

CONNECTER v.t. (lat. *connectere,* lier). Unir, lier des choses entre elles ; relier. – TECHN. Établir une liaison électrique, hydraulique, etc., entre divers organes ou machines. ◆ **se connecter** v.pr. Établir une liaison avec un réseau informatique.

CONNECTEUR n.m. **1.** Appareil ou composant passif qui permet d'établir à volonté une liaison électrique avec un autre appareil ou composant. **2.** LOG., LING. Mot permettant de composer une proposition complexe à partir d'une ou de plusieurs propositions simples, la valeur de vérité de la proposition complexe étant fonction des valeurs de vérité des propositions simples.

CONNECTIF n.m. BOT. Partie du filet de l'étamine qui se soude à l'anthère.

CONNECTIQUE n.f. Ensemble des technologies utilisées en électronique et en microélectronique pour établir des liaisons fonctionnelles entre composants.

CONNECTIVITE n.f. Vieilli. Collagénose.

CONNERIE n.f. *Très fam.* Stupidité.

CONNÉTABLE n.m. (lat. *comes stabuli,* comte de l'écurie). MIL. Commandant suprême de l'armée française du XIIe s. à 1627.

CONNEXE adj. (lat. *connexus*). **1.** *Litt.* Qui a des rapports de similitude ou de dépendance avec qqch. *Question connexe.* **2.** TOPOL. *Composante connexe d'un graphe :* sous-graphe formé par un ensemble de sommets du graphe pouvant être reliés par une chaîne. – *Espace connexe :* espace topologique dont il n'existe aucune partition en deux parties fermées (ou ouvertes) non vides.

CONNEXION n.f. (lat. *connexio,* de *connectere,* lier). **1.** Action de rendre connexe ; fait d'être connexe ; enchaînement, liaison. *Une connexion d'idées, de faits.* **2.** Liaison électrique entre deux ou plusieurs systèmes conducteurs.

CONNEXITÉ n.f. *Didact.* Rapport étroit, liaison entre deux ou plusieurs choses.

CONNIVENCE n.f. (du lat. *conivere,* fermer les yeux). Complicité, entente secrète. *Agir, être de connivence avec qqn.*

CONNIVENT, E adj. *Didact.* Qui tend à se rapprocher. ◇ ANAT. *Valvule connivente :* épaississement interne de la paroi intestinale, chez l'homme.

CONNOTATION n.f. (lat. *connotatio*). **1.** Valeur que prend une chose en plus de sa signification première. *Ce texte a des connotations morales.* **2.** LING. Ensemble de significations secondes prises par un mot en dehors de sa signification première (ou *dénotation*). *Le mot « destrier » a une connotation poétique.*

CONNOTER v.t. Exprimer par connotation (par oppos. à *dénoter*).

CONNU, E adj. **1.** Qui est célèbre, renommé. *Un écrivain connu.* **2.** Qui est su du plus grand nombre ; notoire. *Ces sondages sont truqués, c'est bien connu !* **3.** Découvert, exploré par l'homme. *Les limites du monde connu.* ◆ n.m. Ce que l'on connaît, ce dont on a fait l'expérience.

CONOÏDE adj. (gr. *kônos,* cône, et *eidos,* forme). **1.** SC. DE LA V. Qui affecte la forme d'un cône. *Coquille conoïde.* **2.** MATH. *Surface conoïde,* ou *conoïde,* n.m. : surface engendrée par une droite parallèle à un plan fixe, rencontrant une droite fixe et s'appuyant sur une courbe fixe (la directrice).

CONOPÉE n.m. (lat. *conopeum,* du gr. *kônôpeion,* moustiquaire). CHRIST. Voile qui enveloppe le tabernacle.

CONQUE n.f. (lat. *concha,* du gr. *konkhê*). **1.** ZOOL. **a.** Coquille en spirale de certains grands mollusques gastéropodes, comme le triton. **b.** Grande coquille concave de certains mollusques bivalves marins. **2.** ANAT. Dépression centrale du pavillon de l'oreille. **3.** ARCHIT. Vieilli. Cul-de-four.

CONQUÉRANT, E adj. et n. **1.** Qui fait ou a fait des conquêtes par les armes. *Alexandre de Macédoine fut un grand conquérant.* **2.** Qui veut s'imposer, gagner. *Il a un esprit conquérant.* ◆ adj. Qui est présomptueux, fier. *Prendre un air conquérant.*

CONQUÉRIR v.t. [27] (du lat. *conquirere,* rassembler). **1.** Prendre, soumettre par la force, par les armes. *Conquérir un pays.* **2.** Gagner, acquérir au prix d'efforts ou de sacrifices. *Conquérir un marché, des privilèges.* **3.** Gagner l'estime ou l'affection de ; séduire. *Conquérir le cœur de qqn.*

CONQUÊTE n.f. (lat. pop. *conquaesitum*). **1.** Action de conquérir. **2.** Pays conquis ou chose dont on s'est rendu maître. *Napoléon perdit toutes ses conquêtes. Une conquête importante pour les salariés.* **3.** *Fam.* Personne que l'on a séduite. *As-tu rencontré sa dernière conquête ?*

CONQUIS, E adj. **1.** Qui a subi une conquête par les armes ; vaincu. *Une ville conquise.* ◇ *Fam. Se conduire comme en pays conquis :* manquer absolument de savoir-vivre chez qqn, s'approprier l'espace, les choses, les personnes. **2.** Gagné moralement ; séduit. *Nous étions tous conquis par sa beauté.*

CONQUISTADOR [kɔ̃kistadɔr] n.m. [pl. *conquistadors* ou *conquistadores*] (mot esp.). Aventurier espagnol qui, au XVIe s., partit conquérir l'Amérique.

CONSACRÉ, E adj. **1.** Qui est sanctionné, ratifié par l'usage. *Une expression consacrée.* **2.** Qui a reçu la consécration religieuse. *Hostie consacrée.*

CONSACRER v.t. (lat. *consecrare*). **1.** Employer totalement en vue de qqch, vouer qqch à. *Il consacre tous ses loisirs à la peinture.* **2.** Faire une règle habituelle d'une pratique, d'une expression ; ratifier. *Terme que l'usage a consacré.* **3.** CHRIST. Vouer à Dieu ; accomplir l'acte de consécration eucharistique. ◆ **se consacrer** v.pr. **(à)**. Employer tout son temps à. *Elle se consacre à son métier.*

CONSANGUIN, E adj. et n. (lat. *consanguineus*). **1.** Qui est lié à d'autres individus par des relations de consanguinité. ◇ *Union consanguine :* union entre personnes issues plus ou moins directement d'un même parent. **2.** Qui est issu du même père mais non de la même mère (par oppos. à *utérin*). **3.** ANTHROP. Qui est lié par la parenté agnatique, par les hommes.

CONSANGUINITÉ [kɔ̃sɑ̃gɥinite] ou [-gi-] n.f. **1.** Parenté par le sang de personnes ayant un ancêtre commun (parenté cognatique). **2.** Lien unissant les enfants issus d'un même père. **3.** ANTHROP. Parenté agnatique, par les hommes.

CONSCIEMMENT [-sjamɑ̃] adv. De façon consciente.

CONSCIENCE n.f. (lat. *conscientia*). **1.** Perception, connaissance plus ou moins claire que chacun peut avoir du monde extérieur et de soi-même. *Prendre conscience, avoir conscience de qqch.* ◇ *Perdre, reprendre conscience :* s'évanouir, revenir à soi. **2.** Sentiment intérieur qui pousse à porter un jugement de valeur sur ses propres actes ; sens du bien et du mal. ◇ *Avoir bonne, mauvaise conscience :* n'avoir rien, avoir qqch à se reprocher ; ne pas se sentir, se sentir coupable de qqch. – *Avoir qqch sur la conscience :* avoir qqch de grave à se reprocher. – *Cas de conscience :* situation délicate, problème moral très difficile à résoudre. – *Conscience professionnelle :* soin avec lequel on exerce son métier. – *En conscience :* honnêtement, franchement. – *En mon âme et conscience :* très sincèrement. – *Conscience de classe :* chez les marxistes, ensemble des représentations idéologiques et des comportements sociaux par lesquels on sait qu'on appartient à une classe sociale déterminée. – *Liberté de conscience* → **liberté.**

CONSCIENCIEUSEMENT adv. De façon consciencieuse, scrupuleuse.

CONSCIENCIEUX, EUSE adj. Qui fait preuve de probité, de conscience professionnelle ; sérieux. *Travail consciencieux.*

1. CONSCIENT, E adj. (lat. *consciens*). **1.** Qui manifeste la pleine conscience de ses actes. *Être conscient de ses responsabilités. Être conscient du danger.* **2.** Qui a conscience de ce qui lui arrive. *Le malade est-il conscient ?*

2. CONSCIENT n.m. Ensemble des faits psychiques dont on a conscience. (En psychanalyse, s'oppose à *inconscient* et à *préconscient,* dans la première topique proposée par Freud.)

CONSCIENTISER v.t. *Didact.* Faire prendre conscience à qqn de la réalité, notamm. dans le domaine politique.

C

CONSCRIPTION n.f. (lat. *conscriptio,* enrôlement). Système de recrutement militaire fondé sur l'appel annuel du contingent.

CONSCRIT n.m. (du lat. *conscriptus,* enrôlé). Recrue appelée suivant le système de la conscription. ◆ adj.m. *Pères conscrits* : sénateurs romains.

CONSÉCRATION n.f. **1.** Action de consacrer ; rite par lequel on consacre. *Consécration d'une église.* **2.** *Spécial.* Acte du prêtre catholique qui, pendant la messe, consacre le pain et le vin qui deviennent le « corps et le sang de Jésus-Christ ». – Moment de ce rite, dans la messe. **3.** Approbation, reconnaissance publique qui confère la notoriété. *Consécration d'une œuvre, d'un auteur.* **4.** Ordination, chez les protestants.

CONSÉCUTIF, IVE adj. (lat. *consecutus,* suivi). **1.** Qui se suit immédiatement dans le temps, dans l'espace ou dans l'ordre numérique ; successif. *Avoir la fièvre trois jours consécutifs.* **2.** *Consécutif à* : qui résulte de. *Fatigue consécutive à une longue marche.* **3.** GRAMM. *Proposition subordonnée consécutive,* ou *consécutive,* n.f., qui exprime le résultat, l'effet, la conséquence. SYN. : *proposition de conséquence.*

CONSÉCUTIVEMENT adv. Immédiatement après ; sans interruption. ◆ **consécutivement à** loc. prép. Par suite de ; suite à.

CONSEIL n.m. (lat. *consilium*). **1.** Avis sur ce qu'il convient de faire ; recommandation. *Donner, demander un conseil. Prendre conseil de qqn.* **2.** Assemblée de personnes chargées de fonctions consultatives, délibératives, administratives, juridictionnelles, etc. ◇ *Conseil des ministres* : réunion des ministres sous la présidence du président de la République. – *Conseil de cabinet* : réunion des ministres sous la présidence du chef du gouvernement mais en l'absence du chef de l'État. – *Conseil régional* : en France, assemblée élue, organe exécutif d'une Région, qui délibère sur les affaires régionales. – *Conseil général* : en France, assemblée élue, organe exécutif du département, qui délibère sur les affaires départementales. – *Conseil municipal* : en France, assemblée élective présidée par le maire et chargée de délibérer sur les affaires de la commune. – *Conseil du roi* : dans la France d'Ancien Régime, principal organe du gouvernement. – *Conseil d'État.* **a.** Tribunal administratif dans certains pays, notamm. en Belgique, en France, en Grèce, en Italie. **b.** Organe de gouvernement, notamm. en Suisse (gouvernement cantonal). – *Conseil fédéral* : gouvernement d'une confédération, notamm. en Suisse. – *Conseil de sécurité, conseil de tutelle* : organes de l'*ONU (v. partie n.pr.). – *Conseil de guerre* : ancienne dénomination, jusqu'en 1928, du tribunal militaire. – *Conseil de révision,* chargé, jusqu'en 1971, de juger l'aptitude des jeunes gens au service militaire. – *Conseil des prises* : organisme chargé de statuer sur la validité des prises maritimes. – *Conseil d'administration* : réunion d'actionnaires désignés par les statuts ou par l'assemblée générale d'une société anonyme pour gérer les affaires de la société. – *Conseil de surveillance* : organisme chargé de contrôler et de surveiller les sociétés à directoire. – *Conseil de prud'hommes* : juridiction instituée en France pour juger les conflits individuels du travail. – *Conseil de discipline* : organisme consultatif chargé de donner un avis sur l'opportunité d'une sanction disciplinaire. – ENSEIGN. *Conseil de classe* : réunion trimestrielle, dans les lycées et collèges, des professeurs de la classe, des délégués des parents et des délégués des élèves sous la présidence du chef d'établissement. – *Conseil d'établissement* : organisme chargé, dans les lycées et collèges, d'assister le chef d'établissement, qui le préside. – *Conseil de discipline* : conseil d'établissement d'un lycée ou d'un collège qui siège en formation disciplinaire. – *Conseil des professeurs,* formé de l'ensemble des professeurs d'une même discipline ou d'une même classe, dans un collège ou un lycée. – *Conseil de famille* : assemblée des parents, présidée par le juge des tutelles, pour délibérer sur les intérêts d'un mineur ou d'un majeur en tutelle. **3.** Personne qui, à titre professionnel, guide, conseille autrui dans la conduite de ses affaires, notamm. en matière juridique. *Prendre l'avis de son conseil.* (Souvent en appos. *Ingénieur-conseil.*) ◇ *Conseil juridique* : spécialiste qui donne des consultations, rédige des actes sous seing privé, assiste ou représente ses clients devant les administrations et juridictions, etc. (En France, cette profession a fusionné avec celle d'avocat en 1992.)

1. CONSEILLER v.t. **1.** Indiquer à titre de conseil ; recommander. *Je te conseille la prudence. Le médecin m'a conseillé d'aller à la montagne.* **2.** Guider par des conseils. *Conseiller un étudiant dans la poursuite de ses études.*

2. CONSEILLER, ÈRE n. **1.** Personne qui donne des conseils. – *Spécial.* Personne dont la fonction est d'orienter, de donner des conseils dans des domaines spécifiques. *Conseiller technique, juridique.* ◇ *Conseiller principal d'éducation* : fonctionnaire qui exerce dans un collège ou un lycée des tâches éducatives et contrôle le personnel de surveillance. **2.** Chose qui influe sur le comportement de qqn. *La colère est mauvaise conseillère.* **3. a.** Magistrat ayant une position hiérarchique élevée. *Conseiller à la Cour de cassation.* **b.** Membre de certaines juridictions. *Conseiller du tribunal administratif.*

CONSEILLEUR, EUSE n. *Litt., péjor.* Personne qui a la manie de donner des conseils. *Les conseilleurs ne sont pas les payeurs.*

CONSENSUEL, ELLE adj. **1.** Qui repose sur un consensus. *Politique consensuelle.* **2.** DR. *Accord consensuel,* formé par le seul consentement des parties.

CONSENSUS [kɔ̃sɛ̃sys] n.m. (mot lat.). Accord entre plusieurs personnes. – *Spécial.* Accord et consentement du plus grand nombre, de l'ensemble ou d'une large majorité de l'opinion publique. *Consensus social.*

CONSENTANT, E adj. Qui consent.

CONSENTEMENT n.m. Action de consentir ; accord, acceptation. *Donner son consentement.*

CONSENTIR v.t. ind. **(à)** [26] (lat. *consentire*). Accepter que qqch se fasse. *La direction consent à ce que les salaires soient augmentés.* ◇ *Qui ne dit mot consent* : celui qui n'exprime pas ses idées est supposé être d'accord. ◆ v.t. *Sout.* Accorder, autoriser. *Consentir un prêt, un délai.*

CONSÉQUEMMENT [-kamɑ̃] adv. *Litt.* En conséquence, par suite.

CONSÉQUENCE n.f. (lat. *consequentia*). **1.** Suite logique entraînée par un fait qui en est la cause. *Le chômage est la conséquence de la crise.* ◇ *En conséquence* : comme il convient. *J'ai reçu votre lettre, j'agirai en conséquence.* – *En conséquence (de quoi)* : pour cette raison, par suite. – *Sans conséquence* : sans suite fâcheuse, sans importance. – *Sout. De conséquence* : grave, sérieux. *Une affaire de conséquence.* – *Ne pas tirer, ne pas porter à conséquence* : ne pas comporter de suites graves, n'être guère important. **2.** GRAMM. *Proposition de conséquence* : proposition consécutive.

1. CONSÉQUENT, E adj. (lat. *consequens*). **1.** Qui agit avec esprit de suite, avec logique. *Homme conséquent dans sa conduite.* **2.** Emploi critiqué. Important, considérable. *Salaire conséquent.* ◆ **par conséquent** loc. adv. Comme suite logique ; donc.

2. CONSÉQUENT n.m. **1.** LOG. Le second des deux termes d'une relation d'implication (le premier étant l'*antécédent*). **2.** MUS. Seconde partie d'une phrase ou d'un sujet de fugue qui imite la première.

1. CONSERVATEUR, TRICE adj. et n. (lat. *conservator*). Qui manifeste le goût de conserver les objets. ◆ adj. **1.** Qui a trait au conservatisme politique, qui en est partisan. *Journal conservateur.* ◇ *Spécial. Parti *conservateur* : v. partie n.pr. **2.** *Agent conservateur,* ou *conservateur,* n.m. : substance ajoutée à une denrée alimentaire pour assurer sa conservation. ◆ n. **1.** Personne qui a la charge des collections d'un musée, d'une bibliothèque. **2.** *Conservateur des hypothèques* : fonctionnaire assurant l'inscription et la publication des hypothèques et des actes translatifs de propriété.

2. CONSERVATEUR n.m. **1.** Agent conservateur. **2.** Appareil frigorifique destiné à conserver à – 18 °C, pour une longue durée, des denrées alimentaires.

CONSERVATION n.f. (lat. *conservatio*). Action de conserver, de maintenir intact, dans le même état ; état dans lequel une chose subsiste. *La conservation du patrimoine.* – AGROALIM. Action de conserver des denrées alimentaires par divers procédés. ◇ ÉTHOL. *Instinct de conservation* : instinct qui pousse un être, un animal à sauver son existence quand elle est menacée. – PHYS. *Loi de conservation* : loi aux termes de laquelle, sous certaines conditions, certaines grandeurs physiques restent invariantes dans l'évolution d'un système donné.

CONSERVATISME n.m. État d'esprit, tendance de ceux qui sont hostiles aux innovations politiques et sociales.

1. CONSERVATOIRE adj. DR. Qui a pour but de conserver un droit. *Mesure conservatoire.*

2. CONSERVATOIRE n.m. **1.** Établissement destiné à conserver des traditions, des collections. **2.** Lieu destiné à la conservation, en dehors de leur habitat naturel, d'espèces vivantes rares ou menacées. **3.** Établissement où l'on enseigne les disciplines musicales, la danse, l'art dramatique.

1. CONSERVE n.f. (de *conserver*). AGROALIM. Aliment conservé par différents procédés. – Aliment stérilisé et conservé dans un bocal ou une boîte en fer-blanc. *Une conserve de carottes.* – *Par ext.* La boîte, le bocal. *Ouvrir une conserve.* ◇ *En conserve* : en boîte.

2. CONSERVE (DE) loc. adv. (de *conserver,* naviguer en gardant à vue). MAR. *Naviguer de conserve* : suivre la même route. – *Litt. De conserve* : conjointement, ensemble.

CONSERVÉ, E adj. *Bien conservé* : se dit de qqn qui, malgré son âge, paraît encore jeune.

CONSERVER v.t. (lat. *conservare*). **1.** Maintenir en bon état, préserver de l'altération. *Conserver du poisson.* – Absol. Garder en bonne santé. *Le sport, ça conserve.* **2.** Garder par-devers soi ; ne pas se séparer de. *Je conserve tout mon courrier.* ◆ **se conserver** v.pr. Se garder, être gardé dans son état. *Cette sauce se conserve au froid.*

CONSERVERIE n.f. **1.** Ensemble des techniques et procédés de fabrication des conserves alimentaires. **2.** Usine où sont fabriquées des conserves alimentaires.

CONSERVEUR n.m. Industriel de la conserverie.

CONSIDÉRABLE adj. (de *considérer*). Dont l'importance est grande ; notable. *Problème, dépense considérable.*

CONSIDÉRABLEMENT adv. Beaucoup, en grande quantité ; notablement.

CONSIDÉRANT n.m. DR. Chacun des alinéas qui motive les arrêts d'une cour ou les décisions d'une juridiction administrative. – *Par ext.* Motif invoqué pour appuyer une décision.

CONSIDÉRATION n.f. **1.** Action d'examiner qqch avec attention. ◇ *Prendre qqch en considération,* l'examiner, en tenir compte. – *Mériter considération* : être assez important pour qu'on y réfléchisse. **2.** Estime, égard que l'on accorde à qqn. *Traiter un invité avec considération.* ◆ pl. *Péjor.* Remarques, réflexions plus ou moins oiseuses. *Se perdre en considérations.*

CONSIDÉRER v.t. [11] (lat. *considerare*). **1.** Regarder longtemps et attentivement. *Considérer qqn de la tête aux pieds.* – *Spécial.* Examiner de manière critique. *Considérer les avantages et les inconvénients.* ◇ *Tout bien considéré* : après mûre réflexion. **2.** Être d'avis ; croire, estimer. *Je considère qu'il est trop tard.*

CONSIGNATAIRE n. **1.** DR. Personne qui est chargée de garder des marchandises en dépôt ou de les vendre. **2.** DR. MAR. Négociant mandataire d'un armateur qui est chargé de la cargaison.

CONSIGNATION n.f. **1.** DR. Action de mettre qqch en dépôt, à titre de garantie ; résultat de cette action. **2.** Facturation provisoire d'un emballage. SYN. : *consigne.*

CONSIGNE n.f. **1.** Instruction formelle donnée à qqn qui est chargé de l'exécuter. **2.** MIL. Mesure de sécurité maintenant les militaires dans la caserne. – *Par ext.* Punition infligée à un militaire, à un élève, et qui consiste à le priver de sortie. **3.** Service d'une gare, d'un aéroport, d'un lieu public qui garde les bagages déposés ; local où sont remisés ces bagages. ◇ *Consigne automatique* : casier métallique où l'on dépose des bagages et dont la fermeture est commandée par l'insertion de pièces de monnaie. **4.** Somme perçue en garantie du retour d'un emballage ; consignation.

CONSIGNER v.t. (lat. *consignare,* sceller). **1.** Mettre en dépôt, à titre de garantie. *Consigner un bijou chez un notaire.* **2.** Facturer un emballage sous garantie de remboursement. *Consigner une bouteille.* **3.** Rapporter, inscrire dans un acte, un

C

écrit. *Consigner un fait.* **4.** Priver de sortie un militaire, un élève pour un motif déterminé (indiscipline, mesure d'ordre).

CONSISTANCE n.f. (du lat. *consistere,* se tenir ensemble). **1.** État d'un corps considéré du point de vue de la cohésion de ses parties. *L'argile séchée a une consistance dure.* ◇ *Prendre de la consistance :* devenir épais, solide. **2.** *Fig.* Caractère de ce qui est ferme, solide, sérieux ; solidité, force. *Cet argument manque de consistance.* ◇ *Personne sans consistance,* qui manque de caractère, de personnalité. **3.** LOG. Non-contradiction.

CONSISTANT, E adj. **1.** Se dit d'un corps, d'une substance qui a de la consistance, de la fermeté. *Une pâte consistante.* **2.** Se dit d'un aliment, d'un repas copieux, nourrissant. *Un petit déjeuner consistant.* **3.** Qui est solidement établi ; sûr, fondé. *Une information consistante.* **4.** LOG. Autosuffisant.

CONSISTER v.t. ind. (lat. *consistere*). **1. (en, dans).** Reposer sur qqch, résider en qqch. *En quoi consiste mon erreur ?* **2. (en).** Être composé de. *Le mobilier consistait en trois chaises et une table.* **3. (à).** Avoir comme caractère essentiel. *Son programme consiste à aider les déshérités.*

CONSISTOIRE n.m. (lat. *consistorium*). RELIG. **1.** CATH. Assemblée des cardinaux sous la présidence du pape. **2.** Assemblée de pasteurs ou du conseil de synagogue qui dirige une communauté protestante ou israélite.

CONSISTORIAL, E, AUX adj. Du consistoire.

CONSŒUR n.f. Femme appartenant à la même profession libérale, à la même société littéraire, etc., que d'autres. (Pour un homme, on dit *confrère.*)

CONSOL n.m. (du n. de l'inventeur). TECHN. Ancien système de radionavigation maritime ou aérienne.

CONSOLABLE adj. Qui peut être consolé.

CONSOLANT, E adj. Qui est propre à consoler.

CONSOLATEUR, TRICE adj. et n. Qui apporte une consolation, un apaisement.

CONSOLATION n.f. (lat. *consolatio*). **1.** Réconfort, soulagement apporté à la peine de qqn, à qqn. ◇ *Lot de consolation :* lot de moindre importance attribué à des candidats malchanceux. **2.** Personne, chose qui console. *Son fils est sa seule consolation dans ce malheur.*

CONSOLE n.f. (de *consoler,* avec infl. de *consolider*). **1.** ARCHIT. Organe en saillie sur un mur, plus haut que large et souvent profilé en talon ou en volute, génér. destiné à porter une charge (balcon, par ex.). [La console peut également jouer un rôle purement décoratif.] **2.** Table étroite appliquée contre un mur, à deux ou à quatre pieds. **3.** *Console d'orgue :* meuble, intégré au soubassement de l'orgue ou séparé, qui groupe les commandes de l'instrument (claviers, pédalier, boutons de registre et de combinaison, etc.). **4.** INFORM. Périphérique ou terminal d'un ordinateur permettant la communication directe avec l'unité centrale. ◇ *Console graphique* ou *de visualisation,* possédant un écran cathodique pour l'affichage ou le tracé des résultats d'un traitement. – *Console de jeux :* micro-ordinateur spécialisé, réservé à la pratique de jeux vidéo.

■ **CONSOLE** en bois doré à dessus de marbre, France, v. 1715. (Louvre, Paris.)

CONSOLER v.t. (lat. *consolari*). **1.** Soulager qqn qui a de la peine ; réconforter. **2.** Apaiser, mettre un terme à un sentiment douloureux. *Consoler un chagrin.* ◆ **se consoler** v.pr. Cesser de souffrir, recevoir un apaisement.

CONSOLIDATION n.f. **1.** Action de consolider ; fait d'être consolidé. ◇ *Consolidation d'une blessure :* stabilisation définitive d'une blessure, sans possibilité d'amélioration ni d'aggravation. **2.** FIN. *Consolidation de rentes :* conversion de titres remboursables à court ou à moyen terme en titres à long terme ou perpétuels. **3.** COMPTAB. Technique comptable consistant à agréger les comptes des sociétés appartenant à un même groupe, et permettant de présenter les résultats et la situation financière d'ensemble de ce groupe.

CONSOLIDÉ, E adj. COMPTAB. *Résultats consolidés :* résultats, présentés de manière synthétique (selon la technique de la consolidation), des entreprises d'un même groupe.

CONSOLIDER v.t. (lat. *consolidare*). **1.** Rendre plus solide, plus résistant, plus fort ; affermir. *Consolider un mur. Consolider le pouvoir politique.* **2.** COMPTAB. Procéder à la consolidation des comptes d'un groupe d'entreprises.

CONSOMMABLE adj. **1.** Que l'on peut consommer. **2.** ASTRONAUT. Qui ne sert qu'une fois (par oppos. à *réutilisable*). *Lanceur consommable.* ◆ n.m. (Surtout pl.) Objet, produit qu'on renouvelle régulièrement dans une photocopieuse, un ordinateur (papier, disquette, par ex.), dans un laboratoire (flacon, pipette, par ex.).

CONSOMMATEUR, TRICE n. **1.** Personne qui consomme, qui achète pour son usage des denrées, des marchandises. *Association de consommateurs.* **2.** Personne qui boit ou mange dans un café, un restaurant, etc. **3.** ÉCOL. Organisme vivant se nourrissant d'autres organismes ou, plus génér., de matière organique préexistante. ◆ adj. Qui consomme, achète des produits (par oppos. à *producteur*). *Pays consommateurs de pétrole.*

CONSOMMATION n.f. **1.** Action de consommer, de faire usage de qqch. ◇ *Société de consommation :* société d'un pays industriel avancé où l'économie, pour fonctionner, s'efforce de créer sans cesse de nouveaux besoins et où les jouissances de la consommation sont érigées en impératif au détriment de toute exigence humaine d'un autre ordre. **2.** Ce qui est consommé dans un café, un bar, etc. ; boisson. *Renouveler les consommations toutes les heures.* **3.** *Litt.* Action de consommer, de mener à son terme. *La consommation d'un forfait.* ◇ *Consommation du mariage :* union charnelle des époux. – *Litt. Jusqu'à la consommation des siècles :* jusqu'à la fin des temps.

1. **CONSOMMÉ, E** adj. Qui est d'une grande qualité ; parfait, accompli. *Art consommé.*

2. **CONSOMMÉ** n.m. Bouillon de viande.

CONSOMMER v.t. (lat. *consummare*). **1.** Faire usage de qqch pour sa subsistance. *Consommer des aliments.* **2.** Acheter un produit, une marchandise pour en faire usage. **3.** Utiliser comme source d'énergie ou comme matière première. *Consommer de l'électricité.* **4.** *Litt.* Mener à son terme ; achever. ◇ *Consommer le mariage :* s'unir charnellement avec la personne qu'on a épousée. ◆ v.i. Prendre une consommation dans un café, un restaurant, etc. ◆ **se consommer** v.pr. Se manger. *Cette préparation se consomme froide.*

CONSOMPTIBLE adj. DR. Dont on ne peut se servir sans le détruire. *Biens consomptibles.*

CONSOMPTION [kɔ̃sɔ̃psjɔ̃] n.f. (lat. *consumptio*). Vieilli. Dépérissement progressif.

CONSONANCE n.f. (lat. *consonantia*). **1.** MUS. Rapport entre deux ou plusieurs sons d'où résulte la tendance à une certaine fusion en unité de perception harmonique. **2.** RHÉT. Uniformité du son dans les terminaisons des mots ou des phrases. **3.** Suite, ensemble de sons. *Un nom aux consonances harmonieuses.*

CONSONANT, E adj. (lat. *consonans*). Qui produit une consonance. *Accord consonant. Phrases consonantes.*

CONSONANTIQUE adj. PHON. Relatif aux consonnes.

CONSONANTISME n.m. PHON. Ensemble des consonnes d'une langue, de leurs caractéristiques (par oppos. à *vocalisme*).

CONSONNE n.f. (lat. *consona*). **1.** Son du langage caractérisé par la présence d'un obstacle dans le conduit vocal et qui, d'un point de vue fonctionnel, forme la marge de la syllabe (par oppos. à la *voyelle,* qui en constitue le noyau). **2.** Lettre de l'alphabet transcrivant une consonne. ENCYCL. Selon l'importance de l'obstacle au flux d'air phonatoire, on distingue les consonnes occlusives (fermeture totale), les constrictives ou fricatives (fermeture partielle), les affriquées, les nasales, les latérales, les vibrantes. On classe en outre les consonnes, selon l'emplacement de l'obstacle, en labiales, dentales, alvéolaires, palatales, vélaires, uvulaires, pharyngales et glottales.

CONSORT adj.m. (lat. *consors,* qui partage le sort). *Prince consort :* mari de la reine, notamm. en Grande-Bretagne et aux Pays-Bas. ◆ n.m. pl. Personnes qui ont des intérêts communs, notamm. dans une même procédure. ◇ *Péjor. Et consorts :* et ceux qui sont de la même espèce.

CONSORTAGE n.m. Suisse. Association de copropriétaires ou d'exploitants.

CONSORTIAL, E, AUX [kɔ̃sɔrsjal, o] adj. ÉCON. Relatif à un consortium.

CONSORTIUM [kɔ̃sɔrsjɔm] n.m. (mot lat., *association*). ÉCON. Groupement d'entreprises, de banques, en vue d'opérations communes.

CONSOUDE n.f. (du lat. *consolidare,* affermir). Plante des lieux humides, à fleurs en cloche, mesurant jusqu'à 1 m de haut. (Genre *Symphytum ;* famille des borraginacées.)

CONSPIRATEUR, TRICE n. Personne qui prend part à une conspiration.

CONSPIRATION n.f. Action de conspirer ; complot.

CONSPIRER v.i. (lat. *conspirare*). **1.** S'entendre à plusieurs, se mettre d'accord pour renverser un dirigeant, un régime politique ; organiser une conspiration, un complot. *Conspirer contre l'État.* **2.** *Litt.* **a.** *Conspirer à :* concourir à. **b.** *Conspirer pour :* s'entendre pour.

CONSPUER v.t. (lat. *conspuere,* cracher sur). Manifester bruyamment et publiquement contre ; huer. *Conspuer un orateur.*

CONSTABLE n.m. (mot angl., de l'anc. fr. *conestable*). Officier de police, dans les pays anglo-saxons.

CONSTAMMENT adv. D'une manière constante, continue.

CONSTANCE n.f. (lat. *constantia*). **1.** Qualité d'une personne qui persévère dans son action, dans ses sentiments ou ses opinions. *Travailler avec constance. La constance d'une amitié.* **2.** *Litt.* Force morale de qqn qui ne se laisse abattre par rien. *Souffrir avec constance.* **3.** Qualité de ce qui dure, de ce qui est stable, de ce qui se reproduit. *Constance d'un phénomène.* ◇ PSYCHOL. *Constance perceptive :* permanence dans la perception de certaines caractéristiques de l'objet en dépit des modifications du champ sensoriel.

CONSTANT, E adj. (lat. *constans*). **1.** Résolu, persévérant dans ses actes, ses sentiments, etc. **2.** Qui dure ou se répète de façon identique ; continuel, permanent. *Bonheur constant.* ◇ *Litt. Il est constant que :* il est évident que. **3.** MATH. *Fonction constante,* qui donne la même image de tous les éléments de son ensemble de définition. **4.** *Franc constant, monnaie constante :* franc ou monnaie fictifs calculés en tenant compte des effets de l'érosion monétaire entre deux dates.

CONSTANTAN n.m. Alliage de cuivre et de nickel (génér. 40 %), dont la résistance électrique est pratiquement indépendante de la température.

CONSTANTE n.f. **1.** (Souvent pl.) Tendance, orientation générale durable, permanente. *Les constantes du roman moderne.* **2.** MATH. Quantité qui conserve toujours la même valeur. **3.** ALGÈBRE. Nombre indépendant des variables, dans un polynôme ou une équation. **4.** PHYS., CHIM. Valeur numérique de certaines grandeurs (température de fusion ou d'ébullition, masse volumique, etc.), permettant de caractériser un corps pur ou un mélange. ◇ *Constante fondamentale :* grandeur particulière dont la valeur est fixe (masse et charge de l'électron, constante de Planck, par ex.) et qui joue un rôle central dans les théories physiques.

CONSTANTINIEN, ENNE adj. Relatif à l'empereur romain Constantin Ier le Grand.

CONSTAT n.m. **1.** Procès-verbal par lequel une personne assermentée procède à l'enregistrement de certains faits matériels. ◇ *Constat amiable :* déclaration d'accident remplie par les conducteurs de deux ou plusieurs véhicules. **2.** Analyse, examen d'une situation, d'une période, etc. ◇ *Constat d'échec :* bilan négatif.

CONSTATABLE adj. Que l'on peut constater.

CONSTATATION n.f. Action de constater ; fait constaté.

CONSTATER v.t. (du lat. *constat,* il est certain). **1.** Établir la réalité d'un fait ; se rendre compte de. *Constater une absence.* **2.** Consigner par écrit. *Constater un décès.*

CONSTELLATION n.f. (du lat. *stella,* étoile). **1.** Groupe d'étoiles voisines sur la sphère céleste, présentant une figure conventionnelle déterminée, à laquelle on a donné un nom particulier. *Constellation d'Orion.* **2.** Région du ciel conventionnellement délimitée qui inclut ce groupe d'étoiles. **3.** ASTRONAUT. Ensemble de satellites de télécommunications placés sur des orbites polaires circulaires, dans des plans différents, de manière à couvrir l'ensemble du globe.

CONSTELLER v.t. **1.** Couvrir, parsemer d'astres, d'étoiles. *Les étoiles constellent le ciel.* **2.** Couvrir, parsemer qqch de. *Robe constellée de taches.*

CONSTERNANT, E adj. Qui consterne.

CONSTERNATION n.f. Stupéfaction, abattement causés par un événement malheureux.

CONSTERNER v.t. (lat. *consternare,* abattre). Jeter dans la consternation ; accabler, désoler.

CONSTIPANT, E adj. Qui constipe.

CONSTIPATION n.f. (lat. *constipatio*). Rareté ou difficulté de l'évacuation des matières fécales.

CONSTIPÉ, E adj. et n. **1.** Qui souffre de constipation. **2.** *Fam.* Mal à l'aise ; embarrassé.

CONSTIPER v.t. (lat. *constipare,* serrer). Provoquer la constipation.

1. CONSTITUANT, E adj. et n.m. Qui entre dans la constitution, la composition de qqch. *Parties constituantes d'une roche. Les constituants mécaniques et les constituants électriques d'une machine.* ◆ adj. *Assemblée constituante,* qui a le droit et le pouvoir d'établir ou de modifier la Constitution d'un État. ◆ n.m. Membre d'une assemblée constituante.

2. CONSTITUANT n.m. LING. Élément résultant de la décomposition syntaxique d'une phrase.

CONSTITUÉ, E adj. **1.** De telle ou telle constitution physique. *Personne bien, mal constituée.* **2.** Instauré, établi par la loi, la Constitution. *Corps constitués.*

CONSTITUER v.t. (lat. *constituere*). **1.** Choisir, regrouper des éléments afin de former un tout. *Constituer une collection, un gouvernement.* **2.** Former l'essence, la base de qqch. *Présence qui constitue une menace.* **3.** Former un tout avec d'autres éléments. *Timbres qui constituent une collection rare.* **4.** *Constituer avocat* ou *avoué :* charger un avocat d'une affaire (un avoué, pour la représentation en cour d'appel) dans le cadre d'un procès. ◆ **se constituer** v.pr. *Se constituer prisonnier :* se livrer aux autorités ; se rendre.

CONSTITUTIF, IVE adj. **1.** Qui entre dans la composition de ; constituant. **2.** Qui établit juridiquement un droit.

CONSTITUTION n.f. (lat. *constitutio*). **1.** Action de constituer qqch ; ce qui en résulte. *Constitution d'un dossier, d'un gouvernement.* **2.** Ensemble des caractéristiques physiques, physiologiques et psychologiques d'un individu ; santé, caractère. *Avoir une robuste constitution.* **3.** Manière dont qqch est constitué ; ensemble des éléments qui le composent ; composition. *Constitution de l'air.* **4.** Acte par lequel qqch est établi, constitué. *Constitution d'une dot, d'une rente.* **5.** DR. Désignation, mandat. *Constitution d'avocat, d'avoué.* ◇ *Constitution de partie civile :* demande de réparation formée devant un tribunal pénal par une personne qui se prétend victime d'une infraction. **6.** (Avec une majuscule.) Ensemble des textes fondamentaux qui établissent la forme d'un gouvernement, règlent les rapports entre gouvernants et gouvernés, et déterminent l'organisation des pouvoirs publics.

CONSTITUTIONNALISER v.t. Rendre qqch constitutionnel, conforme à la Constitution d'un pays.

CONSTITUTIONNALISTE n. Juriste spécialiste de droit constitutionnel.

CONSTITUTIONNALITÉ n.f. Qualité de ce qui est conforme à la Constitution d'un pays.

CONSTITUTIONNEL, ELLE adj. **1.** Conforme aux principes protégés par la Constitution d'un pays. *Procédure constitutionnelle.* **2.** Relatif à la Constitution d'un État. *Droit constitutionnel.* **3.** Soumis à la Constitution. *Monarchie constitutionnelle.* **4.** Relatif à la constitution physique d'un individu. *Faiblesse constitutionnelle.* ◆ adj. et n. HIST. Se dit des prêtres ou des évêques qui, sous la Révolution française, avaient adhéré à la Constitution civile du clergé de 1790.

CONSTITUTIONNELLEMENT adv. De façon conforme à la Constitution d'un État.

CONSTRICTEUR adj.m. (du lat. *constrictus,* serré). **1.** ANAT. *Muscle constricteur,* ou *constricteur,* n.m. : muscle qui a pour fonction de resserrer circulairement certains canaux ou orifices. CONTR. : *dilatateur.* **2.** ZOOL. Qui étouffe ses proies par constriction, en s'enroulant autour d'elles. *Boa, serpent constricteur.* SYN. : *constrictor.*

CONSTRICTIF, IVE adj. MÉD. Qui produit une constriction, donne une sensation de constriction. *Douleur constrictive de l'infarctus.*

CONSTRICTION n.f. (lat. *constrictio*). Pression, resserrement circulaire.

CONSTRICTIVE n.f. Consonne caractérisée par un bruit de friction provoqué par la constriction du conduit vocal (par ex. [f], [s], [ʃ], [ʒ]). SYN. : *fricative.*

CONSTRICTOR adj.m. ZOOL. Constricteur.

CONSTRUCTEUR, TRICE adj. et n. Qui construit. ◆ adj. ZOOL. *Polypiers constructeurs,* ceux qui édifient des récifs ou des atolls.

CONSTRUCTIBLE adj. Où l'on peut construire.

CONSTRUCTIF, IVE adj. Efficace d'un point de vue pratique ; positif. *Attitude constructive.*

CONSTRUCTION n.f. (lat. *constructio*). **1.** Action de construire. *La construction d'une maison, d'un barrage.* ◇ *La construction :* le secteur d'activité dont l'objet est de bâtir ; l'ensemble des industries du bâtiment. **2.** Édifice construit. *Une belle construction en béton.* **3.** Ensemble des industries fabricant du matériel, des véhicules, des appareils, etc. *La construction électrique, aéronautique, navale.* **4.** LING. Suite d'éléments dont le groupement obéit à un schéma syntaxique ou morphologique.

CONSTRUCTIVISME n.m. Courant artistique du XXe s. qui privilégie une construction plus ou moins géométrique des formes.

■ LE CONSTRUCTIVISME

Dans le constructivisme selon Tatline, l'artiste devient un ingénieur-producteur ayant la fonction sociale de participer à la transformation du monde. D'où l'audace de la tour à la IIIe Internationale, d'où la richesse du design soviétique des années 1920, en matière de scénographie comme d'objets usuels. Quant à l'architecture de Rietveld, elle illustre les tendances du Mouvement moderne.

◁ **Vladimir Tatline.** Maquette en bois (1920) du *Monument à la IIIe Internationale* projeté par Tatline : une tour à éléments mobiles de 400 m de haut (photographie ancienne).

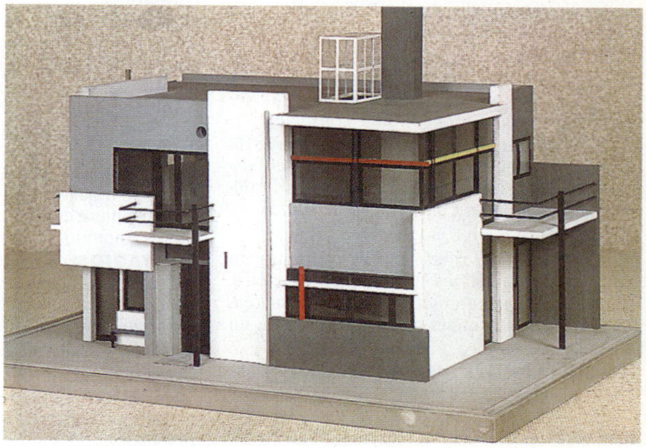

Gerrit Thomas Rietveld. Maquette de maison construite à Utrecht, en 1924, pour Mme Schröder-Schräder : concrétisation, en architecture, des théories du groupe De Stijl. (Stedelijk Museum, Amsterdam.)

Alexandra Exter. Projet de scénographie ▷ (1924). Cette artiste russe, liée à toutes les avant-gardes, a notamment bouleversé à partir de 1916 l'art du décor de théâtre. (Coll. priv.)

Antoine Pevsner. *Projection dans l'espace* (1927), bronze. Des lignes en tension dynamique, au lieu de la masse et du plein de la sculpture traditionnelle. (Museum of Art, Baltimore.)

ENCYCL. Russe à l'origine, le constructivisme est de nature spirituelle et esthétique chez les frères Gabo et Pevsner, auteurs du *Manifeste réaliste* de 1920, ainsi que chez Malevitch à la même époque, tous trois recherchant dans des constructions sculpturales ou picturales de lignes et de plans l'expression d'une essence de l'univers. Le mouvement est, au contraire, tourné vers des réalisations pratiques chez Tatline (qui l'avait inauguré avec ses « reliefs picturaux », assemblages de 1914), rejoint vers 1923 par Malevitch et Lissitzky dans un même souci d'application à l'architecture, au design, aux arts graphiques. En Occident, des mouvements comme De *Stijl relèvent du constructivisme, au sens large, de même que la sculpture abstraite de tendance géométrique ; l'art cinétique en est issu.

CONSTRUCTIVISTE adj. et n. Relatif au constructivisme ; qui appartient, se rattache au constructivisme.

CONSTRUIRE v.t. [78] (lat. *construere*). **1. a.** Bâtir, édifier selon un plan. *Construire un pont, un immeuble.* **b.** Assembler les différentes parties d'une machine, d'un appareil, etc. *Construire un voilier.* **2.** Élaborer, concevoir qqch, dans le domaine intellectuel. *Construire une théorie.* **3.** Disposer une phrase, un texte dans un certain ordre.

CONSUBSTANTIALITÉ n.f. THÉOL. CHRÉT. Unité et identité de substance des trois personnes de la Trinité divine.

C

CONSUBSTANTIATION n.f. THÉOL. CHRÉT. Doctrine luthérienne de la présence du Christ dans l'eucharistie (par oppos. à *transsubstantiation*). SYN. : *impanation*.

CONSUBSTANTIEL, ELLE adj. (lat. *cum,* avec, et *substantia,* substance). THÉOL. CHRÉT. D'une seule et même substance.

CONSUL n.m. (lat. *consul*). **1.** Agent officiel d'un État, chargé de protéger à l'étranger la personne et les intérêts des ressortissants de celui-ci. **2.** HIST. **a.** ANTIQ. ROM. Magistrat qui assurait le pouvoir suprême civil et militaire. (Deux consuls étaient élus chaque année.) **b.** Au Moyen Âge et sous l'Ancien Régime, magistrat municipal, notamm. dans le midi de la France. **c.** Chacun des trois chefs du pouvoir exécutif sous le Consulat. ◇ *Le Premier consul :* Bonaparte.

CONSULAIRE adj. **1.** Relatif à un consul, à sa charge, ou à un consulat. *Charge consulaire.* **2.** Relatif aux membres d'un tribunal de commerce ou à ce tribunal. *Juge consulaire.*

CONSULAT n.m. (lat. *consulatus*). **1.** Charge de consul ; résidence d'un consul ; bureaux consulaires. **2.** HIST. **a.** Charge de consul, dans l'Antiquité romaine. **b.** *Le Consulat : v. partie n.pr.*

CONSULTABLE adj. Qui peut être consulté.

CONSULTANT, E n. et adj. **1.** Personne qui donne des consultations, des avis circonstanciés. *Un consultant en gestion. Médecin consultant.* **2.** Vieilli. Personne qui consulte un médecin, un avocat, etc.

CONSULTATIF, IVE adj. Que l'on consulte ; qui émet un, des avis sur qqch. *Comité consultatif. Commission consultative.* ◇ ***Avoir voix consultative :*** avoir le droit de donner son avis, non celui de voter (par oppos. à ***voix délibérative***).

CONSULTATION n.f. **1. a.** Action de consulter, de prendre l'avis de qqn. **b.** Action de chercher des renseignements dans un ouvrage, notamm. un dictionnaire. **2. a.** Action de donner un avis sur qqn, qqch, spécial. en parlant d'un avocat, d'un juriste, d'un médecin. **b.** Examen d'un malade par un médecin, dans un cabinet médical.

CONSULTE n.f. **1.** DR. Assemblée réunie pour traiter une affaire, une question précise, en Corse. **2.** HIST. Ancienne assemblée, cour de justice, en Italie et dans quelques cantons suisses.

CONSULTER v.t. (lat. *consultare*). **1.** Se faire examiner par un médecin. **2.** Prendre avis, conseil de qqn, et spécial. d'un expert, d'un avocat, etc. **3.** Chercher des renseignements dans qqch. *Consulter les astres, un atlas.* **4.** ***Ne consulter que son intérêt, son devoir, etc. :*** prendre pour seul guide son intérêt, son devoir, etc. ◆ v.i. Donner des consultations, recevoir des malades. *Médecin qui consulte en fin d'après-midi.*

CONSULTEUR n.m. CATH. Théologien chargé de donner son avis sur des questions précises ou d'en préparer l'examen.

CONSUMER v.t. (lat. *consumere*). **1.** Détruire, anéantir, partic. par le feu. **2.** *Litt.* Épuiser, ronger. *Les soucis le consument.* ◆ **se consumer** v.pr. *Litt.* S'épuiser, dépérir. *Se consumer en vains espoirs.*

CONSUMÉRISME n.m. (angl. *consumerism*). Tendance pour les consommateurs à se réunir en mouvements ou en associations dans le dessein de défendre leurs intérêts (droit à l'information, à la sécurité, etc.).

CONSUMÉRISTE adj. et n. Relatif au consumérisme ; partisan du consumérisme.

CONTACT n.m. (lat. *contactus*). **1.** État ou position de deux corps ou de deux substances qui se touchent. *Contact des mains. Au contact de l'air.* **2.** Rapport de connaissance avec des personnes ; relation. *Avoir de multiples contacts dans les milieux du théâtre.* ◇ ***Prendre contact avec qqn,*** entrer en rapport avec lui. – ***Prise de contact :*** première rencontre ; MIL., action destinée à préciser sur le terrain la situation de l'ennemi. – ***Rompre le contact :*** casser le rapport, la relation ; MIL., se dérober au contact de l'ennemi. SYN. : *décrocher.* **3.** Personne avec qui un agent doit rester en rapport, dans une mission de renseignement. **4.** Comportement vis-à-vis d'autrui. *Personne d'un contact facile, difficile.* **5.** GÉOMÉTR. ***Point de contact :*** point commun à une courbe et à sa tangente, à une surface et à son plan tangent, à deux courbes tangentes, etc. **6.** ÉLECTROTECHN. Surface commune à deux pièces conductrices qui se touchent, pour assurer le passage d'un courant ; chacune de ces pièces. ◇ ***Ligne, fil de contact :*** fil conducteur sous lequel frotte le pantographe d'une locomotive ou le trolley d'un tramway ou d'un trolleybus. **7.** ***Verres de contact :*** verres correcteurs de la vue que l'on applique directement sur la cornée. (On distingue le *verre de contact scléral* et la *lentille cornéenne.*) **8.** ***Fermeture contact :*** fermeture constituée de deux rubans dont l'un comporte des éléments en forme de crochets et l'autre de fines boucles dans lesquelles se prennent ces crochets quand on presse les deux rubans l'un contre l'autre. **9.** Limite entre deux formations géologiques très différentes.

CONTACTER v.t. Entrer en rapport, en relation avec qqn, avec un organisme.

CONTACTEUR n.m. Appareil destiné à l'ouverture ou à la fermeture d'un circuit électrique, et dont la position de repos correspond à l'ouverture.

CONTACTOLOGIE n.f. Branche de l'ophtalmologie qui s'occupe des verres et lentilles de contact, de leurs indications et contre-indications.

CONTAGE n.m. (lat. *contagium*). MÉD. Contact d'une personne avec un sujet atteint d'une infection contagieuse, susceptible de transmettre cette infection. *Un contage tuberculeux récent.*

CONTAGIEUX, EUSE adj. (lat. *contagiosus*). **1.** Qui se transmet par contagion. **2.** Se dit d'un malade atteint d'une maladie contagieuse. **3.** *Fig.* Qui se communique facilement. *Rire contagieux.*

CONTAGION n.f. (lat. *contagio,* contact). **1.** Transmission d'une maladie infectieuse d'un sujet malade à un sujet sain. **2.** *Fig.* Propagation, communication involontaire.

CONTAGIOSITÉ n.f. Caractère de ce qui est contagieux.

CONTAINER n.m. → **CONTENEUR.**

CONTAINÉRISATION n.f. → **CONTENEURISATION.**

CONTAINÉRISER v.t. → **CONTENEURISER.**

CONTAMINATION n.f. **1.** Introduction ou présence de micro-organismes indésirables dans un milieu, dans le corps humain. **2.** ***Contamination radioactive :*** présence indésirable d'une substance radioactive sur une surface ou dans un milieu, dans un organisme, en partic. dans l'organisme humain.

CONTAMINER v.t. (lat. *contaminare,* souiller). Provoquer une contamination.

CONTE n.m. (de *conter*). **1.** Récit, souvent assez court, de faits, d'aventures imaginaires. ◇ ***Conte de fées :*** récit merveilleux dans lequel interviennent les fées. **2.** *Péjor.* Discours qui laisse incrédule, récit mensonger. *Conte à dormir debout.*

CONTEMPLATEUR, TRICE n. Personne qui contemple.

CONTEMPLATIF, IVE adj. et n. **1.** Qui manifeste des dispositions à la contemplation. **2.** ***Ordre contemplatif :*** ordre religieux dont les membres vivent cloîtrés et se consacrent à la méditation.

CONTEMPLATION n.f. **1.** Action de contempler. *Être, rester en contemplation devant un Picasso.* **2.** Application profonde de l'esprit à un objet intellectuel ou esthétique. – Méditation, notamm. de nature religieuse.

CONTEMPLER v.t. (lat. *contemplari*). Regarder longuement, attentivement et avec admiration.

CONTEMPORAIN, E adj. et n. (lat. *contemporaneus*). **1.** Qui est du même temps, de la même époque. *Hugo et Rimbaud étaient contemporains.* **2.** Qui est du temps présent ; actuel. *Problèmes contemporains.* **3.** ***Histoire contemporaine,*** celle dont l'objet se situe après 1789.

CONTEMPORANÉITÉ n.f. *Didact.* Caractère de ce qui est contemporain.

CONTEMPTEUR, TRICE [kɔ̃tɑ̃ptœr, tris] n. (lat. *contemptor*). *Litt.* Personne qui méprise, dénigre. *Les contempteurs de l'art moderne.*

CONTENANCE n.f. (de *contenir*). **1. a.** Quantité que peut contenir qqch ; capacité. **b.** Vx. Étendue, superficie. **2.** Façon de se tenir ; attitude, maintien. *Contenance embarrassée.* ◇ ***Se donner une contenance :*** adopter tel ou tel comportement de façon à dissimuler sa gêne, son trouble, etc. – ***Faire bonne, mauvaise contenance :*** conserver, perdre son calme, la maîtrise de soi, dans une situation difficile. – ***Perdre contenance :*** perdre son sang-froid, se troubler.

CONTENANT n.m. Ce qui contient, peut contenir qqch.

CONTENEUR ou **CONTAINER** [kɔ̃tɛnɛr] n.m. **1.** Caisse de dimensions normalisées pour le stockage, la manutention, le transport de matières, de lots d'objets, de marchandises, pour le parachutage d'armes ou de vivres. **2.** Récipient transportable permettant de pratiquer des cultures hors sol. **3.** Récipient destiné à recevoir des ordures ou des déchets triés (verre, papier, carton, etc.).

CONTENEURISATION ou **CONTAINÉRISATION** n.f. Action de mettre en conteneurs.

CONTENEURISER ou **CONTAINÉRISER** v.t. Mettre des marchandises dans des conteneurs.

CONTENIR v.t. [28] (lat. *continere*). **1.** Comprendre dans sa capacité, son étendue, sa substance. *Le décalitre contient dix litres.* **2.** Renfermer, avoir en soi. *Enveloppe qui contient deux feuilles.* **3.** Retenir dans certaines limites ; empêcher de se répandre, de se manifester. *Contenir la foule. Contenir sa colère.* ◆ **se contenir** v.pr. Maîtriser la violence d'un sentiment (en partic. la colère) ; empêcher sa manifestation.

1. CONTENT, E adj. (lat. *contentus*). **1.** Qui éprouve de la joie en raison de circonstances agréables ; joyeux, heureux. *Je suis content de vous voir.* **2.** ***Content de :*** satisfait par. *Il est content de sa nouvelle voiture. Je suis contente de votre travail.* – ***Être content de soi :*** avoir une bonne opinion de soi-même.

2. CONTENT n.m. ... ***(tout) son content :*** de façon à être comblé ; suffisamment. *Dormir, manger tout son content.* – *Iron.* ***Avoir (tout) son content de qqch :*** avoir assez, plus qu'assez de qqch.

CONTENTEMENT n.m. Action de contenter ; état qui en résulte. ◇ ***Contentement de soi :*** vive satisfaction éprouvée à juger sa propre action.

CONTENTER v.t. Rendre content, satisfait. *Contenter la clientèle.* ◆ **se contenter** v.pr. **(de).** Limiter ses désirs à ; se borner à, ne faire que. *Se contenter de peu. Il se contenta de jeter un coup d'œil.*

CONTENTIEUX, EUSE [-sjø, øz] adj. (lat. *contentiosus*). DR. Qui est l'objet d'un contentieux, d'un litige. *Affaire contentieuse.* ◇ ***Juridiction contentieuse,*** exercée par les tribunaux (par oppos. à ***juridiction gracieuse***). ◆ n.m. Ensemble des litiges ou des conflits non résolus entre deux parties et susceptibles d'être portés devant le juge ; bureau, service s'occupant de ces affaires.

1. CONTENTION n.f. (lat. *contentio,* lutte). *Litt.* Tension forte et prolongée des facultés intellectuelles.

2. CONTENTION n.f. (de *contenir*). MÉD. Appareil ou procédé destiné à immobiliser soit un animal, soit une partie ou la totalité du corps humain, dans un but thérapeutique. *Orthèse de contention.* ◇ ***Contention souple,*** réalisée avec des bandelettes adhésives, en général pour soulager une articulation. SYN. : *strapping.*

1. CONTENU, E adj. Se dit d'un sentiment maîtrisé, réfréné. *Colère contenue.*

2. CONTENU n.m. **1.** Ce qui est dans un contenant, un récipient. *Contenu d'un flacon, d'une assiette.* **2.** Ce qui est exprimé dans un écrit, un discours ; signification. ◇ LING. ***Analyse de***

contenu : caractérisation, classification et dénombrement des éléments qui constituent la signification d'un texte, d'une image fixe, d'un film, etc.

CONTER v.t. (lat. *computare,* calculer). **1.** Vieilli. Rapporter un fait, un événement, en faire le récit ; raconter. ◇ ***En conter de belles :*** rapporter des faits extraordinaires, incroyables. – ***En conter à qqn,*** le tromper, l'abuser. – (Surtout en tournure négative.) ***S'en laisser conter :*** se laisser tromper, abuser. *Ne t'en laisse pas conter.* **2.** Relater un conte à un auditoire.

CONTESTABLE adj. Qui peut être contesté.

CONTESTATAIRE adj. et n. Qui manifeste un esprit de contestation, de remise en cause de l'ordre social. ◆ adj. Relatif à la contestation sociale. *Discours contestataire.*

CONTESTATEUR, TRICE adj. Qui conteste, exprime une contestation. *Ton contestateur.*

CONTESTATION n.f. **1.** Action de contester qqch. – Discussion, désaccord sur le bien-fondé d'un fait, d'un droit ; différend. **2.** Remise en question systématique de l'ordre, des conceptions dominantes au sein d'un groupe, de la société.

CONTESTE (SANS) loc. adv. Incontestablement.

CONTESTER v.t. (lat. *contestari*). **1.** Refuser de reconnaître comme fondé, exact, valable. *Contester une succession. Elle conteste cette version des faits.* **2.** Remettre en question les institutions, la société, etc.

CONTEUR, EUSE n. **1.** Personne qui conte, qui se plaît à conter ; narrateur. **2.** Auteur de contes.

CONTEXTE n.m. (du lat. *contexere,* tisser ensemble). **1. a.** Texte à l'intérieur duquel se situe un élément linguistique (phonème, mot, phrase, etc.) et dont celui-ci tire sa signification ou sa valeur. **b.** Ensemble des conditions d'élocution d'un discours, oral ou écrit. **2.** Ensemble des circonstances, situation globale où se situe un événement. *Replacer un fait dans son contexte historique.*

CONTEXTUALISATION n.f. Action de contextualiser.

CONTEXTUALISER v.t. Mettre en relation une action, un fait avec les circonstances historiques, sociales, artistiques, etc., dans lesquelles ils se sont produits.

CONTEXTUEL, ELLE adj. Relatif au contexte.

CONTEXTURE n.f. (de *contexte*). *Didact.* Façon dont sont assemblées les différentes parties d'un tout ; structure.

CONTIGU, UË [kɔ̃tigy] adj. (lat. *contiguus*). **1.** Se dit d'un lieu, d'un espace qui touche à un autre ; voisin, attenant. *Pièce contiguë à une autre. Chambres contiguës.* **2.** Rare. Proche, semblable ; en contact avec. *Périodes historiques contiguës.*

CONTIGUÏTÉ [kɔ̃tigɥite] n.f. État de deux ou plusieurs choses contiguës.

CONTINENCE n.f. **1.** Abstinence des plaisirs sexuels. **2.** MÉD. Absence d'incontinence.

1. CONTINENT, E adj. (lat. *continens,* qui retient). **1.** Qui pratique la continence. **2.** Qui n'est pas ou plus atteint d'incontinence.

2. CONTINENT n.m. (de *terre continente,* terre continue). Vaste étendue de terre émergée. ◇ ***L'Ancien Continent :*** l'Europe, l'Asie et l'Afrique. – ***Le Nouveau Continent :*** l'Amérique.

CONTINENTAL, E, AUX adj. Relatif aux continents, à l'intérieur des continents (par oppos. à *côtier*). ◇ ***Climat continental :*** climat *tempéré froid. ◆ n. Personne qui habite le continent (par oppos. à *insulaire*).

CONTINENTALITÉ n.f. CLIMATOL. Caractère climatique dû à l'affaiblissement des influences maritimes lorsqu'on avance vers l'intérieur d'un continent.

CONTINGENCE n.f. (du lat. *contingere,* arriver par hasard). Caractère de ce qui est contingent. ◆ pl. Événements imprévisibles, circonstances fortuites.

1. CONTINGENT, E adj. Qui peut se produire ou non, être ou ne pas être (par oppos. à *nécessaire*).

2. CONTINGENT n.m. **1.** Ensemble des jeunes appelés au service national actif au cours d'une même année civile. **2. a.** Quantité que qqn doit fournir ou recevoir. **b.** Quantité maximale de marchandises qui peuvent être importées ou exportées au cours d'une période donnée.

CONTINGENTEMENT n.m. Action de contingenter ; limitation, répartition.

CONTINGENTER v.t. Fixer un contingent.

CONTINU, E adj. (lat. *continuus*). **1.** Sans interruption, dans le temps ou dans l'espace ; incessant, constant. *Bruit continu.* ◇ ***Journée continue :*** horaire journalier de travail ne comportant qu'une brève interruption pour le repas. **2.** MATH. ***Fonction continue en un point*** x_0 : fonction telle que $f(x)$ a pour limite $f(x_0)$ quand x tend vers x_0. **3.** Se dit d'une grandeur (courant, tension, etc.) indépendante du temps ou dont la composante indépendante du temps est primordiale (par oppos. à *alternatif*). ◆ n.m. **1.** *Didact.* Ce qui est sans intervalles. ◇ ***En continu :*** sans interruption. *Émettre en continu.* **2.** ALGÈBRE. ***Puissance du continu :*** cardinal de l'ensemble des nombres réels $\mathbb{R}$. (C'est aussi le cardinal du segment [0, 1] et de l'espace réel $\mathbb{R}^2$.)

CONTINUATEUR, TRICE n. Personne qui continue ce qu'une autre a commencé.

CONTINUATION n.f. (lat. *continuatio*). Action de continuer, de poursuivre ; résultat de cette action ; suite, prolongement. *La continuation d'une route, d'une grève.*

CONTINUEL, ELLE adj. (du lat. *continuus*). Qui dure sans interruption, qui se renouvelle constamment. *Pannes continuelles.*

CONTINUELLEMENT adv. De façon continuelle ; constamment.

CONTINUER v.t. (lat. *continuare*). Poursuivre ce qui est commencé, ce qui a été interrompu. *Continuer son travail.* ◆ v.i. **1.** Ne pas cesser ; se poursuivre. *La séance continue. Le chemin continue jusqu'au bois.* **2.** Persister dans une manière d'être ; répéter une même action. *Continuer à mentir,* ou, *litt., de mentir.* ◆ **se continuer** v.pr. Avoir telle suite. *L'opération va se continuer par la section de l'artère.*

CONTINUITÉ n.f. Caractère de ce qui est continu. ◇ ***Solution de continuité :*** interruption qui se présente dans l'étendue d'un corps, d'un ouvrage, dans le déroulement d'un phénomène.

CONTINÛMENT adv. *Litt.* De façon continue.

CONTINUO n.m. (mot ital.). MUS. Basse continue.

CONTINUUM [kɔ̃tinɥɔm] n.m. (mot lat.). Ensemble d'éléments tels que l'on puisse passer de l'un à l'autre de façon continue. ◇ ***Continuum spatio-temporel :*** espace à quatre dimensions dont la quatrième est le temps, dans les théories relativistes.

CONTONDANT, E adj. (du lat. *contundere,* frapper). Se dit d'un objet qui meurtrit par écrasement, sans couper. *Arme contondante.*

CONTORSION n.f. (bas lat. *contorsio,* de *torquere,* tordre). Mouvement acrobatique ou forcé qui donne au corps ou à une partie du corps une posture étrange ou grotesque.

CONTORSIONNER (SE) v.pr. Faire des contorsions.

CONTORSIONNISTE n. Acrobate spécialiste des contorsions.

CONTOUR n.m. (ital. *contorno*). **1.** Ligne ou surface qui marque la limite d'un corps. *Le contour d'un vase, d'un visage. Contours arrondis, harmonieux.* **2.** Ligne sinueuse ; courbe. *Contours d'une route, d'une rivière.* **3.** GÉOMÉTR. ***Contour apparent :*** limite d'une figure vue en perspective ou en projection cylindrique.

CONTOURNÉ, E adj. **1.** Qui présente un contour compliqué, de nombreuses lignes courbes. **2.** Peu naturel ; maniéré. *Style contourné.*

CONTOURNEMENT n.m. Action de contourner ; manière d'être contourné.

CONTOURNER v.t. (ital. *contornare*). **1.** Faire le tour de qqch, de qqn, pour l'éviter. *La route contourne la ville.* **2.** Trouver un biais permettant d'éviter qqch. *Contourner la loi, une difficulté.*

CONTRA n.m. HIST. Guérillero hostile au régime socialiste mis en place après la chute du président Somoza, au Nicaragua.

CONTRACEPTIF, IVE adj. (angl. *contraceptive*). Relatif à la contraception ; utilisé dans la contraception. ◆ n.m. Moyen, produit destiné à la contraception.

CONTRACEPTION n.f. Ensemble des méthodes visant à éviter, de façon réversible et temporaire, la fécondation ; chacune de ces méthodes.

ENCYCL. La méthode de contraception la plus employée et la plus efficace est la « pilule », qui contient un œstrogène et un progestatif. Le stérilet est un petit appareil introduit dans la cavité de l'utérus, et laissé en place plusieurs années. Le préservatif masculin, satisfaisant au point de vue contraceptif, est de plus un moyen sûr de prévention contre les MST.

CONTRACTANT, E adj. et n. DR. Qui passe contrat. *Parties contractantes.*

CONTRACTE adj. GRAMM. En grammaire grecque, se dit d'un mot caractérisé par la contraction de deux voyelles en une seule ; se dit aussi de cette voyelle.

CONTRACTÉ, E adj. **1.** Tendu, nerveux. **2.** GRAMM. Se dit d'un mot formé de deux éléments réunis en un seul (par ex., *du* pour *de le*).

1. CONTRACTER v.t. (du lat. *contractus,* resserré). **1.** Diminuer qqch en volume, en longueur. *Le froid contracte les corps.* **2.** Rendre nerveux ; crisper. *La discussion l'a contracté.* **3.** Serrer, raidir un muscle. *Contracter son biceps.* ◆ **se contracter** v.pr. **1.** Diminuer de volume, de longueur. **2.** Devenir dur ; se durcir, se raidir. *Sa mâchoire se contracte.* **3.** Devenir nerveux ; se crisper.

2. CONTRACTER v.t. (du lat. *contractus,* convention). **1.** S'engager juridiquement ou moralement. *Contracter une alliance, des obligations.* ◇ Absol. *Contracter à de bonnes conditions.* ***Contracter mariage :*** se marier. – ***Contracter des dettes :*** s'endetter. **2.** Acquérir une attitude, prendre une manière d'être souvent fâcheuse. *Contracter une manie.* **3.** Attraper une maladie.

CONTRACTILE adj. Se dit d'un muscle, d'un organe capable de se contracter.

CONTRACTILITÉ n.f. Propriété que possèdent certaines cellules, certains tissus, notamm. musculaires, de se contracter.

CONTRACTION n.f. (lat. *contractio*). **1.** Fait de se contracter, d'être contracté. **2.** MÉD. **a.** ***Contraction musculaire :*** diminution de la longueur ou du volume d'un muscle entraînant un mouvement ou une mise sous tension. **b.** (Surtout pl.) ***Contraction utérine,*** ou ***contraction,*** celle du muscle utérin pendant l'accouchement. **3.** DANSE. Principe fondamental de la technique de Martha *Graham, consistant à contracter, tout en expirant, les muscles profonds au niveau pelvien.

CONTRACTUALISATION n.f. Action de contractualiser.

CONTRACTUALISER v.t. Donner à qqn le statut d'agent contractuel.

CONTRACTUEL, ELLE adj. **1.** Stipulé par un contrat. **2.** ***Agent contractuel,*** ou ***contractuel, elle,*** n. : en France, agent public n'ayant pas le statut

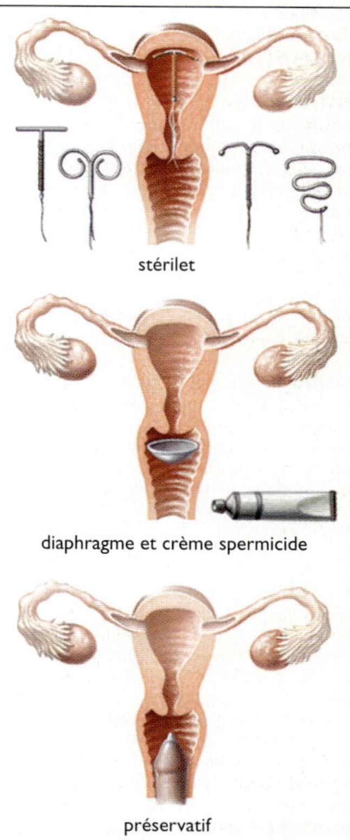

■ **CONTRACEPTION** locale.

C

de fonctionnaire, auxiliaire de police chargé d'appliquer notamm. les règlements de stationnement.

CONTRACTUELLEMENT adv. Par contrat.

CONTRACTURE n.f. (lat. *contractura*). MÉD. Contraction durable et involontaire d'un muscle, accompagnée de raideur.

CONTRACTURER v.t. Causer une contracture.

CONTRADICTEUR n.m. (lat. *contradictor*). Personne qui contredit, qui aime à apporter la contradiction.

CONTRADICTION n.f. (lat. *contradictio*). **1.** Action de contredire, de contester, de s'opposer à. *Apporter la contradiction.* ◇ ***Esprit de contradiction*** : disposition à contredire. **2.** Action, fait de se contredire. *Les contradictions d'un témoignage.* **3. a.** LOG. Proposition fausse quelle que soit la valeur de ses variables. **b.** PHILOS. Opposition de deux termes, de deux thèses au sein d'un mouvement dialectique. ◇ ***Principe de contradiction*** ou ***de non-contradiction,*** selon lequel, de deux propositions contradictoires, l'une est vraie, l'autre fausse.

CONTRADICTOIRE adj. **1.** Qui contredit, s'oppose, implique une contradiction. *Opinions contradictoires.* **2.** DR. ***Jugement contradictoire,*** non susceptible d'opposition, les parties intéressées ayant été présentes ou représentées. **3.** LOG., MATH. ***Théorie contradictoire,*** qui admet une relation à la fois vraie et fausse. – ***Propositions contradictoires*** : propositions opposées, telles que la fausseté de l'une entraîne la vérité de l'autre.

CONTRADICTOIREMENT adv. **1.** De façon contradictoire. **2.** DR. En présence des deux parties.

CONTRAGESTIF, IVE adj. et n.m. Rare. Abortif.

CONTRAIGNABLE adj. Qui peut être contraint.

CONTRAIGNANT, E adj. Qui contraint, qui astreint à qqch de pénible. *Des horaires contraignants.*

CONTRAINDRE v.t. [62] (lat. *constringere*). **1.** Obliger qqn à faire qqch ; forcer. *On l'a contraint à partir. On l'a contrainte au silence.* **2.** *Litt.* Empêcher qqn de donner libre cours à un penchant naturel ; restreindre, limiter en exerçant une opposition. *Contraindre qqn dans ses désirs. Contraindre la liberté de qqn.* **3.** MATH., INFORM. ***Contraindre un modèle*** : renforcer les paramètres initiaux d'un modèle numérique par des données, en général issues de l'observation, le rapprochant de l'objet à modéliser. *Contraindre le modèle de l'océan planétaire par les échanges océan-atmosphère.*

CONTRAINT, E adj. Mal à l'aise, peu naturel. *Air contraint.*

CONTRAINTE n.f. **1.** Pression morale ou physique exercée sur qqn ou qqch. *Obtenir qqch par contrainte.* – Obligation créée par les règles en usage dans un milieu, par une nécessité, etc. **2.** DR. Poursuite à l'encontre d'un redevable du fisc, de la Sécurité sociale. ◇ ***Contrainte par corps*** : emprisonnement d'un débiteur pour l'amener à payer ses dettes. **3.** Gêne qu'éprouve qqn qui subit une pression, à qui on impose une attitude contraire à sa volonté. *Vivre sous la contrainte.* **4.** Effort exercé sur un corps, dû soit à une force extérieure, soit à des tensions internes à ce corps.

CONTRAIRE adj. (lat. *contrarius*). **1.** Qui s'oppose radicalement à qqch. *Une opinion contraire à la logique.* **2.** Qui va dans un sens opposé ; inverse. ◇ ***Vent contraire,*** qui souffle de face. **3.** Qui est incompatible avec, qui va à l'encontre de. *Cette décision est contraire au règlement.* **4.** Qui est défavorable, nuisible à. *Le café est contraire aux insomniaques.* **5. a.** LOG. ***Propositions contraires*** : propositions de sens opposés et qui peuvent être simultanément fausses. **b.** STAT., PROBAB. ***Événements contraires*** : événements qui ne peuvent se produire simultanément et dont la somme des probabilités est 1. ◆ n.m. **1.** Personne ou chose qui s'oppose totalement à une autre. **2.** Mot qui a un sens opposé à celui d'un autre ; antonyme. **3.** ***Le contraire*** : ce qui est dans le sens, dans l'ordre opposé ; inverse. *Faire le contraire de ce que l'on dit.* – ***Au contraire*** : d'une manière opposée ; loin de là. *Il s'amusait bien ; moi, au contraire, je m'ennuyais.* – ***Au contraire de*** : à l'inverse de.

CONTRAIREMENT À loc. prép. D'une manière opposée à. *Il s'est levé tard, contrairement à son habitude.*

CONTRALTO n.m. (mot ital.). MUS. Voix de femme la plus grave. SYN. : *alto.* ◆ n.m. ou n.f. Chanteuse qui possède une voix de contralto.

CONTRAPUNTIQUE [-pɔ̃-] adj. MUS. Relatif au contrepoint ; qui utilise les règles du contrepoint.

CONTRAPUNTISTE [kɔ̃trapɔ̃tist], **CONTRAPONTISTE** ou **CONTREPOINTISTE** n. MUS. Compositeur qui utilise les règles du contrepoint.

CONTRARIANT, E adj. Qui contrarie ; ennuyeux, fâcheux.

CONTRARIÉ, E adj. **1.** Qui éprouve de la contrariété ; déçu. **2.** Qui fait l'objet d'une opposition, qui rencontre des obstacles. *Un amour contrarié.*

CONTRARIER v.t. [5] (lat. *contrariare*). **1.** Causer du mécontentement à qqn en s'opposant à ses désirs ; ennuyer. *Ce départ imprévu l'a contrariée.* **2.** *Litt.* Faire obstacle à qqch, s'opposer à un acte, à un projet. *Contrarier un dessein.* **3.** Grouper par opposition pour produire un effet esthétique. *Contrarier des couleurs.*

CONTRARIÉTÉ n.f. **1.** Mécontentement, dépit causé par l'opposition que l'on rencontre. *Éprouver une vive contrariété.* **2.** Ce qui contrarie qqn, l'attriste. *Toutes ces contrariétés l'ont rendu malade.* **3.** LOG. Relation logique entre deux propositions contraires.

CONTRARIO (A) loc. adv. → **A CONTRARIO.**

CONTRAROTATIF, IVE adj. MÉCAN. INDUSTR. Se dit de pièces, d'organes qui tournent en sens inverse l'un de l'autre.

CONTRASTANT, E adj. Qui contraste.

CONTRASTE n.m. (ital. *contrasto,* lutte). Opposition entre deux choses qui sont mises en valeur par leur juxtaposition. ◇ ***En contraste, par contraste avec*** : par opposition à. – IMAG. MÉD. ***Produit de contraste*** : substance ingérée ou injectée pour rendre certains organes opaques aux rayons X.

CONTRASTÉ, E adj. Dont les contrastes sont très marqués, accusés. *Une photographie contrastée.*

CONTRASTER v.i. ou v.t. ind. **(avec).** S'opposer de manière frappante, être en contraste avec. *Cette église moderne contraste avec les vieilles maisons.* ◆ v.t. Mettre en contraste, dans une œuvre artistique ou littéraire. *Dans son tableau, elle a su contraster les figures.* ◇ ***Contraster une photographie, une image*** : accentuer les oppositions entre les parties claires et les parties foncées.

CONTRAT n.m. (bas lat. *contractus*). **1.** Convention juridique par laquelle une ou plusieurs personnes s'engagent envers d'autres personnes à faire ou à ne pas faire qqch. ◇ ***Contrat bilatéral*** ou ***synallagmatique*** : contrat en vertu duquel les contractants s'engagent réciproquement, les uns envers les autres (par oppos. à *contrat unilatéral,* où seule une partie s'engage envers l'autre). – ***Contrat de mariage*** : contrat qui précise le régime des biens des époux pendant le mariage et leur sort à la dissolution. – ***Contrat de travail*** : convention par laquelle un salarié met son activité au service d'un employeur en échange d'un salaire. – ***Contrat administratif,*** conclu par une personne publique et qui relève de la juridiction administrative. – ***Remplir, réaliser son contrat*** : s'acquitter des obligations que l'on avait contractées, faire ce que l'on avait promis. **2.** Document officiel qui constate cette convention. *Rédiger, signer un contrat.* **3.** ***Contrat social*** : convention entre les individus, expresse ou tacite, de l'ordre du fait ou de l'hypothèse, que de nombreux philosophes et penseurs du droit ont placée au fondement de la société politique. (Déjà avancée par les anciens Grecs, la notion est omniprésente dans la pensée politique européenne de la fin du XVe s. à la fin du XVIIIe s. ; des formulations diverses sont proposées, entre autres, par Grotius, Hobbes, Spinoza et Rousseau, auteur du *Contrat social.*) **4.** Au bridge, à la manille, au tarot, enchère la plus élevée, déterminant le nombre de levées ou de points à réaliser.

CONTRAVENTION n.f. (lat. *contra,* contre, et *venire,* venir). **1.** Infraction qui relève des tribunaux de police et qui est sanctionnée par une peine d'amende ; cette amende. *Payer une contravention.* **2.** Procès-verbal qui constate cette infraction. *Dresser une contravention.*

CONTRAVIS n.m. Avis contraire à un avis précédent.

1. CONTRE prép. (lat. *contra*). **1.** Juxtaposé à, tout près de, sur. *Sa maison est contre la mienne. Serrer son enfant contre soi.* **2.** En opposition avec, hostile à. *Ils sont tous contre moi.* – Dans le sens contraire à. *Nager contre le courant.* **3.** En échange de, pour. *Il a cédé sa fortune contre ce tableau.* ◇ *Parier dix contre un* : être convaincu que l'on a raison, que l'on gagnera. ◆ adv. *Être contre, voter contre* : s'opposer à qqch, à qqn, à faire qqch. ◆ loc. adv. *Par contre* : en revanche. – REM. La locution *par contre* a longtemps été critiquée.

2. CONTRE n.m. **1.** *Le pour et le contre* → **pour. 2.** SPORTS. Contre-attaque. – Au volley-ball, opposition à un smash adverse consistant pour un ou plusieurs joueurs à sauter près du filet, bras levés. **3.** Au bridge, à la manille, au tarot, déclaration d'une équipe prétendant que l'équipe adverse ne fera pas son contrat.

CONTRE-ALLÉE n.f. (pl. *contre-allées*). Allée latérale, parallèle à une voie principale.

CONTRE-AMIRAL n.m. (pl. *contre-amiraux*). Premier grade des officiers généraux de la marine (→ *grade*).

CONTRE-APPEL n.m. (pl. *contre-appels*). Appel supplémentaire fait inopinément pour vérifier le premier.

CONTRE-ARC n.m. (pl. *contre-arcs*). MAR. Courbure que prend la coque d'un navire lorsque les couples du milieu s'affaissent par rapport aux couples des extrémités.

CONTRE-ASSURANCE n.f. (pl. *contre-assurances*). DR. Assurance accessoire souscrite pour compléter les garanties d'une assurance principale ou pour en assurer l'exécution.

CONTRE-ATTAQUE n.f. (pl. *contre-attaques*). MIL., SPORTS. Attaque lancée pour neutraliser une offensive adverse.

CONTRE-ATTAQUER v.t. Lancer une contre-attaque contre qqn, qqch. ◆ v.i. Passer de la défensive à l'offensive.

CONTREBALANCER v.t. [9]. Faire équilibre à ; compenser. ◆ **se contrebalancer** v.pr. *Fam.* ***Se contrebalancer de qqch,*** s'en moquer.

CONTREBANDE n.f. (ital. *contrabbando*). Commerce clandestin de marchandises prohibées ou pour lesquelles on n'a pas acquitté les droits de douane ; ces marchandises.

CONTREBANDIER, ÈRE n. Personne qui se livre à la contrebande.

CONTREBAS (EN) loc. adv. et loc. prép. À un niveau inférieur par rapport à autre chose. *Regarder en contrebas, en contrebas de la route.*

1. CONTREBASSE n.f. (ital. *contrabbasso*). **1.** Instrument de musique à 4 ou 5 cordes frottées à l'aide d'un archet, accordées en quartes sur, respectivement, le *mi,* le *la,* le *ré,* le *sol.* (La cinquième corde, lorsqu'elle existe, est accordée sur le *do* grave.) **2.** Le plus grave des instruments d'une famille instrumentale. *Contrebasse de bombarde.* ◆ adj. Se dit d'un instrument de musique qui est la contrebasse d'une famille instrumentale. *Saxhorn contrebasse.*

2. CONTREBASSE n.f. ou **CONTREBASSISTE** n. Instrumentiste qui joue de la contrebasse. SYN. : *bassiste.*

CONTREBASSON n.m. Instrument à vent en bois, à anche double, dont le pavillon est plus grand que celui du basson et qui sonne à l'octave inférieure.

CONTREBATTERIE n.f. MIL. Tir d'artillerie qui vise à neutraliser les batteries de l'ennemi.

CONTRE-BRAQUER v.t. et v.i. Braquer les roues avant d'un véhicule dans la direction opposée à celle qu'il tend à prendre.

CONTREBUTEMENT n.m. Action de contrebuter ; dispositif qui permet de contrebuter.

CONTREBUTER v.t. CONSTR. Neutraliser la poussée d'une voûte, d'un mur, en construisant un organe (par ex. un arc-boutant) qui lui oppose une poussée de sens contraire.

CONTRECARRER v.t. (de l'anc. fr. *contrecarre,* résistance). S'opposer à qqn, à qqch ; neutraliser, contrarier. *Contrecarrer les desseins de qqn.*

CONTRECHAMP n.m. CINÉMA. Prise de vues effectuée dans la direction exactement opposée à celle de la précédente.

CONTRE-CHANT n.m. (pl. *contre-chants*). MUS. Contrepoint composé sur les harmonies du thème principal et qui l'accompagne.

CONTRE-CHOC n.m. (pl. *contre-chocs*). Choc en retour.

1. CONTRECŒUR n.m. **1.** Paroi qui forme le fond d'un foyer de cheminée. **2.** Plaque, génér.

de fonte et ornée en bas relief, qui recouvre cette paroi. SYN. : *contre-feu, taque.*

2. CONTRECŒUR (À) loc. adv. Avec répugnance, malgré soi.

CONTRECOLLÉ, E adj. *Tissu contrecollé* : tissu dont l'envers est collé, lors de la fabrication, à de la mousse synthétique qui lui constitue une doublure.

CONTRECOUP n.m. **1.** Répercussion d'un choc moral ou physique. **2.** Conséquence indirecte d'un acte, d'un événement. ◇ *Par contrecoup* : par une conséquence indirecte.

CONTRE-COURANT n.m. (pl. *contre-courants*). **1.** OCÉANOL. Courant en sens contraire du courant principal. ◇ *À contre-courant* : dans le sens opposé au courant principal ; *fig.*, dans le sens contraire à la tendance générale. *Nager à contre-courant. Aller à contre-courant de la mode.* **2.** CHIM. Procédé qui consiste à donner à deux corps (liquide, gaz) devant agir l'un sur l'autre des mouvements en sens inverses.

CONTRE-COURBE n.f. (pl. *contre-courbes*). **1.** BX-ARTS, ARTS APPL. Courbe inversée par rapport à une autre, qu'elle prolonge. **2.** Portion d'une voie ferrée courbe qui suit une autre portion de voie d'incurvation inverse.

CONTRE-CULTURE n.f. (pl. *contre-cultures*). Ensemble des manifestations culturelles hostiles ou étrangères aux formes de la culture dominante.

CONTREDANSE n.f. (angl. *country dance,* danse de la campagne). **1.** Danse d'origine anglaise, exécutée en couples disposés en ligne ou en carré, qui s'imposa dans toute l'Europe aux XVIIIe et XIXe s. — Musique de danse d'origine populaire et de tempo rapide. **2.** *Fam.* Contravention.

CONTRE-DIGUE n.f. (pl. *contre-digues*). Ouvrage destiné à consolider une digue principale.

CONTREDIRE v.t. [83]. **1.** Soutenir le contraire de ce que dit qqn. *Contredire un témoin, un témoignage.* **2.** Être en contradiction avec qqch. *Ses actes contredisent sa pensée.* ◆ **se contredire** v.pr. **1.** Être en contradiction avec soi-même. **2.** Être en contradiction l'un par rapport à l'autre. *Ses deux aveux se contredisent.*

CONTREDIT (SANS) loc. adv. *Litt.* Sans contestation possible ; indiscutablement, sans conteste.

CONTRÉE n.f. (lat. *regio contrata,* pays situé en face). *Sout.* Étendue de pays ; région. *Contrée fertile.*

CONTRE-ÉCROU n.m. (pl. *contre-écrous*). Écrou vissé et bloqué derrière un autre écrou pour éviter que celui-ci ne se desserre.

CONTRE-ÉLECTROMOTRICE adj.f. (pl. *contre-électromotrices*). ÉLECTR. *Force contre-électromotrice (f.c.é.m.)* : force électromotrice qui s'oppose au passage du courant dans les récepteurs électriques.

CONTRE-EMPLOI n.m. (pl. *contre-emplois*). Rôle ne correspondant pas au physique, au tempérament d'un comédien.

CONTRE-EMPREINTE n.f. (pl. *contre-empreintes*). TECHN. Empreinte prise sur une première empreinte.

CONTRE-ENQUÊTE n.f. (pl. *contre-enquêtes*). Enquête destinée à contrôler les résultats d'une enquête précédente.

CONTRE-ÉPREUVE n.f. (pl. *contre-épreuves*). **1.** Seconde épreuve permettant de vérifier l'exactitude d'une épreuve précédente. — Dans une assemblée délibérante, vérification d'un scrutin qui consiste à compter les voix qui s'opposent à la proposition après avoir compté les voix favorables. **2.** GRAV. Épreuve inversée d'une gravure, obtenue à partir d'une épreuve qui vient d'être tirée, à l'encre encore fraîche.

CONTRE-ESPALIER n.m. (pl. *contre-espaliers*). Rangée d'arbres fruitiers palissés sur des fils de fer tendus entre des poteaux (et non contre un mur, comme dans l'espalier).

CONTRE-ESPIONNAGE n.m. (pl. *contre-espionnages*). **1.** Activité qui vise à déceler et à réprimer l'activité des espions étrangers, tant à l'intérieur qu'à l'extérieur du territoire national. **2.** Le service chargé de cette activité.

CONTRE-ESSAI n.m. (pl. *contre-essais*). Second essai pour contrôler le premier.

CONTRE-EXEMPLE n.m. (pl. *contre-exemples*). Exemple qui contredit une affirmation, une règle.

CONTRE-EXPERTISE n.f. (pl. *contre-expertises*). **1.** Seconde expertise destinée à vérifier les conclusions d'une première expertise. **2.** Les conclusions, le rapport de cette seconde expertise.

CONTRE-EXTENSION n.f. (pl. *contre-extensions*). MÉD. Immobilisation de la partie supérieure d'un membre associée à une traction sur sa partie inférieure, pour réduire une luxation, une fracture.

CONTREFAÇON n.f. (de *contrefaire*). Reproduction frauduleuse d'une œuvre littéraire, artistique, d'un produit manufacturé, d'une monnaie, etc.

CONTREFACTEUR, TRICE n. Personne qui commet une contrefaçon ; faussaire.

CONTREFAIRE v.t. [89] (lat. *contrafacere,* imiter). **1.** Imiter en déformant, reproduire de façon ridicule. **2.** Imiter frauduleusement, effectuer une contrefaçon. *Contrefaire une signature.* **3.** Déformer ou simuler pour tromper. *Contrefaire sa voix. Contrefaire la folie.*

CONTREFAIT, E adj. **1.** Modifié, déformé avec une intention frauduleuse. *Une écriture contrefaite.* **2.** Qui présente une difformité, en parlant d'une personne, de son corps.

CONTRE-FENÊTRE n.f. (pl. *contre-fenêtres*). Partie intérieure d'une double-fenêtre.

CONTRE-FER n.m. (pl. *contre-fers*). MENUIS. Pièce métallique ajustée contre le fer de certains outils (rabot, varlope) pour obtenir un bon corroyage et l'évacuation des copeaux.

CONTRE-FEU n.m. (pl. *contre-feux*). **1.** Feu volontairement allumé en avant d'un incendie pour créer un vide et en arrêter ainsi la propagation. **2.** *Fig.* Action de diversion entreprise pour mettre en échec un projet jugé menaçant. **3.** MOBIL. Contrecœur.

CONTREFICHE n.f. CONSTR. **1.** Étai oblique qui soutient un mur. **2.** Pièce de charpente placée obliquement et qui réunit deux autres pièces, l'une verticale, l'autre horizontale. SYN. : *jambe de force.*

CONTREFICHER (SE) v.pr. *Fam.* Se moquer complètement de qqch.

CONTRE-FIL n.m. (pl. *contre-fils*). Sens opposé au sens normal. — Orientation des fibres du bois différente, dans une partie, de celle des parties voisines. ◇ *À contre-fil* : à rebours du fil, dans le sens contraire au fil.

CONTRE-FILET n.m. (pl. *contre-filets*). BOUCH. Morceau de bœuf correspondant à la région du rein. SYN. : *faux-filet.*

CONTREFORT n.m. **1.** ARCHIT. Massif de maçonnerie élevé en saillie contre un mur ou un support pour l'épauler. **2.** Pièce de cuir qui sert à renforcer la partie arrière d'une chaussure, au-dessus du talon. **3.** GÉOGR. Montagne moins élevée bordant la chaîne principale.

CONTREFOUTRE (SE) v.pr. *Très fam.* Se moquer complètement de qqch.

CONTRE-FUGUE n.f. (pl. *contre-fugues*). MUS. Fugue dans laquelle l'imitation reprend le sujet à contresens.

CONTRE-HAUT (EN) loc. adv. et loc. prép. À un niveau supérieur. *La tour est située en contre-haut. Suivre un chemin en contre-haut de la rivière.*

CONTRE-HERMINE n.f. (pl. *contre-hermines*). HÉRALD. Fourrure à mouchetures d'argent semées sur un champ de sable.

CONTRE-INDICATION n.f. (pl. *contre-indications*). MÉD. Circonstance, trouble, état particulier de l'organisme qui s'oppose à la réalisation d'un acte médical.

CONTRE-INDIQUÉ, E adj. (pl. *contre-indiqués, es*). Qui est l'objet d'une contre-indication. *Médicament contre-indiqué.*

CONTRE-INDIQUER v.t. Constituer une contre-indication, notamm. à un traitement par un médicament. *Son état actuel contre-indique toute opération.*

CONTRE-INTERROGATOIRE n.m. (pl. *contre-interrogatoires*). Interrogatoire mené par la partie adverse.

CONTRE-JOUR n.m. (pl. *contre-jours*). Lumière qui éclaire un objet du côté opposé à celui par lequel on le regarde. ◇ *À contre-jour* : dans le sens opposé à celui d'où vient la lumière.

CONTRE-LA-MONTRE n.m. inv. SPORTS. Épreuve cycliste contre la montre.

CONTRE-LETTRE n.f. (pl. *contre-lettres*). DR. Acte secret qui annule ou modifie les dispositions d'un acte apparent.

CONTREMAÎTRE, ESSE n. Personne qualifiée responsable d'une équipe d'ouvriers.

CONTRE-MANIFESTANT, E n. (pl. *contre-manifestants, es*). Personne qui participe à une contre-manifestation.

CONTRE-MANIFESTATION n.f. (pl. *contre-manifestations*). Manifestation qui s'oppose à une autre.

CONTRE-MANIFESTER v.i. Manifester en opposition à d'autres manifestants.

CONTREMARCHE n.f. **1.** MIL. Marche d'une armée faite dans le sens opposé à la direction précédemment suivie. **2.** CONSTR. Face verticale d'une marche d'escalier.

CONTREMARQUE n.f. **1.** Ticket ou jeton délivré à des spectateurs qui sortent momentanément d'une salle de spectacle. **2.** Document individuel qui témoigne d'un billet de passage collectif. **3.** DR. Seconde marque apposée sur qqch.

CONTREMARQUER v.t. DR. Apposer une seconde marque sur.

CONTRE-MESURE n.f. (pl. *contre-mesures*). Mesure qui s'oppose à une mesure jugée néfaste. *Prendre des contre-mesures pour éviter la spéculation.* — *Spécial.* Dans le domaine militaire, mesure destinée à rendre inefficaces les armements ennemis.

CONTRE-MINE n.f. (pl. *contre-mines*). FORTIF. Anc. Galerie souterraine établie préventivement par l'assiégé pour se protéger d'une attaque à la mine de l'assiégeant.

CONTRE-OFFENSIVE n.f. (pl. *contre-offensives*). Offensive répondant à une offensive de l'adversaire.

CONTREPARTIE n.f. **1.** Ce qui sert à compenser, à équilibrer ; ce qui est fourni en échange, en dédommagement. *Un métier pénible qui a pour contrepartie de longues vacances.* ◇ *En contrepartie* : en compensation, en échange, en revanche. **2.** Opinion contraire. *Soutenir la contrepartie d'une thèse.* **3.** BOURSE. Opération consistant, pour un intermédiaire, à acheter ou à vendre pour son propre compte les valeurs qu'il a été chargé de négocier pour son client. *Faire de la contrepartie.*

CONTRE-PASSATION n.f. (pl. *contre-passations*). COMPTAB. Annulation d'une écriture erronée par une écriture contraire.

CONTRE-PASSER v.t. Faire une contre-passation.

CONTRE-PENTE n.f. (pl. *contre-pentes*). GÉOGR. Pente opposée à une autre pente.

CONTRE-PERFORMANCE n.f. (pl. *contre-performances*). Échec subi par qqn, notamm. un sportif, dont on attendait la victoire, le succès.

CONTREPET n.m. Art d'inventer les contrepèteries ou de les résoudre.

CONTREPÈTERIE n.f. (de l'anc. fr. *contrepéter,* imiter par dérision). Interversion plaisante de lettres ou de syllabes dans un groupe de mots. (Ex. : *trompez, sonnettes,* pour *sonnez, trompettes.*)

CONTRE-PIED n.m. (pl. *contre-pieds*). **1.** Ce qui est diamétralement opposé à une opinion, à une attitude. ◇ *Prendre le contre-pied de qqch* : s'appliquer à faire, à soutenir le contraire. **2.** SPORTS. Action d'envoyer la balle ou de se diriger du côté opposé à l'attente de l'adversaire. **3.** VÉNER. *Prendre le contre-pied* : suivre à rebours les voies d'un animal, en parlant des chiens.

CONTREPLACAGE n.m. Application, sur les deux faces d'un panneau de bois, de feuilles de placage dont les fibres sont croisées avec celles du panneau.

CONTREPLAQUÉ n.m. Matériau obtenu par collage sous pression d'un nombre impair de minces feuilles de bois dont les fils sont croisés selon des angles déterminés.

CONTREPLAQUER v.t. Procéder au contreplacage de.

CONTRE-PLONGÉE n.f. (pl. *contre-plongées*). CINÉMA, PHOTOGR. Prise de vue(s) dirigée de bas en haut.

CONTREPOIDS n.m. **1.** Poids servant à équilibrer une force, un autre poids. *Les contrepoids*

C

d'une horloge. **2.** *Fig.* Ce qui compense, neutralise un effet. *Sa gentillesse fait contrepoids à sa sévérité.*

CONTRE-POIL (À) loc. adv. Dans le sens contraire à celui du poil ; à rebrousse-poil. *Caresser un chat à contre-poil.* ◇ *Fam. Prendre qqn à contre-poil,* le heurter, l'irriter.

CONTREPOINT n.m. **1.** MUS. Technique de composition consistant à superposer plusieurs lignes mélodiques ; composition écrite selon les règles de cette technique. **2.** *Fig.* Thème secondaire qui se superpose au thème principal. ◇ *En contrepoint :* parallèlement, simultanément.

CONTRE-POINTE n.f. (pl. *contre-pointes*). MÉCAN. INDUSTR. Pointe opposée au mandrin qui, sur un tour, sert d'appui d'extrémité à la pièce qu'on usine.

CONTREPOINTISTE n. → **CONTRAPUNTISTE.**

CONTREPOISON n.m. *Cour.* Antidote.

CONTRE-PORTE n.f. (pl. *contre-portes*). **1.** Porte capitonnée placée devant une autre pour améliorer l'isolation. **2.** Face interne d'une porte aménagée avec des alvéoles de rangement.

CONTRE-POUVOIR n.m. (pl. *contre-pouvoirs*). Pouvoir qui s'organise pour faire échec à une autorité établie, contrebalancer son influence.

CONTRE-PRESTATION n.f. (pl. *contre-prestations*). ETHNOL. Biens offerts en contrepartie de biens reçus. (Le potlatch est une des formes que peut revêtir un système de contre-prestations.)

C

CONTRE-PRODUCTIF, IVE adj. (pl. *contre-productifs, ives*). Qui produit le contraire de l'effet escompté.

CONTRE-PROJET n.m. (pl. *contre-projets*). Projet opposé à un autre.

CONTRE-PROPAGANDE n.f. (pl. *contre-propagandes*). Propagande visant à neutraliser les effets d'une autre propagande.

CONTRE-PROPOSITION n.f. (pl. *contre-propositions*). Proposition différente d'une autre et souvent opposée.

CONTRE-PUBLICITÉ n.f. (pl. *contre-publicités*). **1.** Publicité qui a un effet contraire à l'effet souhaité. **2.** Publicité destinée à lutter contre les effets d'une autre publicité.

CONTRER v.t. **1.** À certains jeux de cartes (bridge, manille, tarot, etc.), faire un contre. **2.** S'opposer efficacement à l'action de qqn, à qqch.

CONTRE-RAIL n.m. (pl. *contre-rails*). Rail placé à l'intérieur de la voie pour guider les boudins des roues dans la traversée des aiguilles, des passages à niveau, etc.

CONTRE-REJET n.m. (pl. *contre-rejets*). VERSIF. Procédé consistant à placer en fin de vers un mot ou un groupe de mots appartenant, par la construction et le sens, au vers suivant.

CONTRE-RÉVOLUTION n.f. (pl. *contre-révolutions*). Mouvement politique et social visant à combattre une révolution, à ruiner ses effets.

CONTRE-RÉVOLUTIONNAIRE adj. et n. (pl. *contre-révolutionnaires*). Relatif à une contre-révolution ; qui en est partisan.

ENCYCL. Traditionaliste, nourrie d'une hostilité irréductible à la Révolution française, la pensée contre-révolutionnaire a eu pour principaux doctrinaires Edmund Burke, Louis de Bonald et Joseph de Maistre. Elle a inspiré, tout au long du XIXe s. et au-delà, un courant minoritaire mais significatif de dénonciation de la société moderne et de sa croyance au progrès.

CONTRESCARPE [kɔ̃trɛskarp] n.f. FORTIF. Talus extérieur du fossé d'un ouvrage fortifié.

CONTRESEING [kɔ̃trəsɛ̃] n.m. Signature apposée à côté d'une autre pour l'authentifier. – Signature d'un ministre apposée à côté de celle du chef de l'État, engageant ainsi la responsabilité du gouvernement.

CONTRESENS [kɔ̃trəsɑ̃s] n.m. **1.** Interprétation erronée d'un texte, opposée à sa signification véritable. *Version latine pleine de contresens.* **2.** *Fig.* Action, attitude, situation opposée à la logique, au bon sens. *La politique pétrolière de ce pays est un contresens.* **3.** Sens contraire au sens normal. *Contresens d'une étoffe.* ◇ *À contresens :* contrairement au sens normal ; *fig.,* contrairement au bon sens. *Prendre une rue à contresens. Aller à contresens des intérêts du pays.*

CONTRESIGNATAIRE adj. et n. Qui appose un contreseing.

CONTRESIGNER v.t. Apposer un contreseing.

CONTRE-SOCIÉTÉ n.f. (pl. *contre-sociétés*). Groupe se prévalant d'une idéologie opposée aux valeurs dominantes de la société dont il émane.

CONTRE-SUJET n.m. (pl. *contre-sujets*). MUS. Phrase musicale qui accompagne l'entrée d'un thème, notamm. dans la fugue.

CONTRE-TAILLE n.f. (pl. *contre-tailles*). GRAV. Chacune des tailles qui croisent les premières tailles.

CONTRETEMPS n.m. **1.** Circonstance, événement imprévus qui vont à l'encontre de ce qu'on projetait ; empêchement, ennui, incident. *Un contretemps fâcheux.* ◇ *À contretemps :* mal à propos, d'une manière inopportune. **2.** MUS. Procédé rythmique consistant à attaquer un son sur un temps faible et à le faire suivre d'un silence sur le temps fort.

CONTRE-TERRORISME n.m. (pl. *contre-terrorismes*). Ensemble d'actions ripostant au terrorisme par des moyens analogues.

CONTRE-TERRORISTE adj. et n. (pl. *contre-terroristes*). Relatif au contre-terrorisme ; qui y prend une part active.

CONTRE-TIMBRE n.m. (pl. *contre-timbres*). DR. Empreinte apposée sur les papiers timbrés pour modifier la valeur du premier timbre.

CONTRE-TORPILLEUR n.m. (pl. *contre-torpilleurs*). Bâtiment de guerre conçu à l'origine pour combattre les torpilleurs. SYN. : *destroyer.*

CONTRE-TRANSFERT n.m. (pl. *contre-transferts*). PSYCHAN. Ensemble des réactions affectives conscientes ou inconscientes de l'analyste envers son patient.

CONTRETYPE n.m. Fac-similé d'un phototype, négatif ou positif.

CONTRETYPER v.t. Faire un contretype.

CONTRE-UT [kɔ̃tryt] n.m. inv. MUS. *Ut* plus élevé d'une octave que l'*ut* supérieur du registre normal.

CONTRE-VAIR n.m. (pl. *contre-vairs*). HÉRALD. Fourrure constituée par des cloches d'azur et d'argent, réunies deux à deux par leur base.

CONTRE-VALEUR n.f. (pl. *contre-valeurs*). Valeur commerciale donnée en échange d'une autre.

CONTREVALLATION n.f. (de *contre* et lat. *vallatio,* retranchement). FORTIF. Ligne établie par l'assiégeant pour se garder des sorties des assiégés.

CONTREVENANT, E n. Personne qui contrevient à un règlement, à une loi.

CONTREVENIR v.t. ind. **(à)** [28] [auxil. *avoir*]. DR. Agir contrairement à une prescription, à une obligation ; enfreindre, transgresser.

CONTREVENT n.m. Volet extérieur en bois.

CONTREVENTEMENT n.m. Élément de construction destiné à protéger celle-ci contre le renversement et les déformations dues à des efforts horizontaux.

CONTREVENTER v.t. CONSTR. Renforcer à l'aide d'un contreventement.

CONTREVÉRITÉ n.f. Affirmation contraire à la vérité.

CONTRE-VISITE n.f. (pl. *contre-visites*). Visite médicale destinée à contrôler les résultats d'une autre.

CONTRE-VOIE n.f. (pl. *contre-voies*). *À contre-voie :* du côté opposé à celui du quai. *Monter, descendre à contre-voie.*

CONTRIBUABLE n. Personne assujettie au paiement de l'impôt.

CONTRIBUER v.t. ind. **[à]** (lat. *contribuere*). Participer à un résultat par sa présence, par une action, par un apport d'argent. *Invention qui contribue au progrès. Contribuer à l'entretien d'une maison.*

CONTRIBUTEUR, TRICE n. Personne, groupe qui prend part à la réalisation d'un projet, d'une entreprise.

CONTRIBUTION n.f. **1.** Aide que chacun apporte à une œuvre commune ; concours. ◇ *Mettre qqn à contribution,* avoir recours à ses services. **2.** (Surtout pl.) Part que chacun apporte à une dépense commune et, en partic., aux dépenses de l'État ou des collectivités publiques ; impôt. ◇ *Contribution sociale généralisée (CSG) :* prélèvement obligatoire sur tous les revenus, destiné à faciliter l'équilibre financier des organismes de la Sécurité sociale, en France. – *Contribution pour le remboursement de la dette sociale* (*CRDS,* souvent abrégé en *RDS*) : prélèvements effectués en France sur différentes catégories de revenus (salaires, produits de placement, etc.) et destinés à combler le déficit de la Sécurité sociale.

CONTRISTER v.t. *Litt.* Plonger dans une profonde tristesse ; affliger.

CONTRIT, E adj. (lat. *contritus,* broyé). Pénétré du regret de ses actes ; repentant. *Air contrit.*

CONTRITION n.f. THÉOL. CHRÉT. Regret sincère d'une faute, d'un péché ; repentir. ◇ *Contrition imparfaite :* attrition.

CONTRÔLABILITÉ n.f. Caractère de ce qui est contrôlable.

CONTRÔLABLE adj. Qui peut être contrôlé, vérifié.

CONTROLATÉRAL, E, AUX adj. MÉD. Dont l'effet se manifeste du côté opposé au côté atteint. *Lésion, paralysie controlatérales.*

CONTRÔLE n.m. (anc. fr. *contrerole,* registre tenu en double). **1.** Vérification, inspection attentive de la régularité d'un acte, de la validité d'une pièce. *Contrôle des billets. Contrôle d'une comptabilité.* – Vérification du titre des ouvrages en métaux précieux ; apposition du poinçon de l'État attestant cette vérification. ◇ INDUSTR., TECHN. *Contrôle non destructif (CND) :* procédé permettant d'évaluer la qualité de composants industriels sans les endommager. **2.** Service chargé de vérifier, de contrôler. – Lieu où s'effectue une vérification. *Se présenter au contrôle.* **3.** Action de contrôler, de surveiller qqch, qqn ; examen minutieux. *Contrôle d'identité. Contrôle médical.* ◇ *Contrôle judiciaire :* mesure relevant du juge d'instruction qui permet de laisser une personne mise en examen ou un inculpé en liberté, en les soumettant au respect de certaines obligations. **4.** Exercice scolaire fait en classe et destiné à contrôler les progrès de l'élève, son niveau. ◇ *Contrôle continu des connaissances :* vérification du niveau des connaissances des étudiants par des interrogations et des travaux répartis sur toute l'année. **5.** Action, fait de contrôler qqch, un pays, un groupe, son comportement ; fait d'avoir sur eux un pouvoir, une maîtrise. *Perdre le contrôle de son véhicule. Avoir le contrôle d'un territoire.* ◇ *Contrôle des naissances :* limitation du nombre de naissances par la contraception. **6.** Action, fait de se contrôler, de se dominer ; maîtrise de soi. **7.** État nominatif des personnes appartenant à un corps. *Officier rayé des contrôles de l'armée.* ◇ *Contrôle général des armées :* corps de hauts fonctionnaires militaires chargé directement par le ministre de vérifier, dans les formations ou établissements relevant de son autorité, l'observation des lois et règlements, notamm. en matière financière.

CONTRÔLER v.t. **1.** Soumettre à un contrôle, à une vérification. *Contrôler les dépenses. Contrôler les affirmations de qqn.* **2.** Avoir la maîtrise de la situation dans un secteur ; exercer une autorité, un pouvoir (politique, militaire, financier, etc.). *Les troupes contrôlent cette zone.* ◇ *Contrôler une société,* en détenir, directement ou indirectement, un nombre d'actions ou de parts sociales suffisant pour influer sur sa gestion. **3.** Être maître de ses sentiments, de ses réactions ; maîtriser, dominer. *Contrôler ses nerfs, ses passions.* ◆ **se contrôler** v.pr. Avoir la maîtrise de soi.

1. CONTRÔLEUR, EUSE n. Personne chargée d'exercer un contrôle. ◇ *Contrôleur de la navigation aérienne :* professionnel chargé de suivre et de contrôler les mouvements des aéronefs afin d'éviter les risques de collision, partic. dans les zones terminales entourant les aéroports. SYN. : *aiguilleur du ciel.* – *Contrôleur de gestion :* personne chargée de surveiller la marche d'une entreprise, d'en évaluer les méthodes, l'organisation, les résultats.

2. CONTRÔLEUR n.m. Appareil de contrôle.

CONTRORDRE n.m. Annulation d'un ordre donné précédemment.

CONTROUVÉ, E adj. *Litt.* Inventé de toutes pièces ; mensonger.

CONTROVERSABLE adj. Qui peut être controversé.

CONTROVERSE n.f. (lat. *controversia*). Discussion suivie sur une question, motivée par des opinions ou des interprétations divergentes ; polémique.

CONTROVERSÉ, E adj. Qui est l'objet d'une controverse ; contesté, discuté. *Une explication très controversée.*

CONTROVERSER v.t. Rare. Mettre en discussion ; contester.

CONTROVERSISTE n. Personne qui se livre à la controverse, notamm. religieuse.

CONTUMACE n.f. (lat. *contumacia*, orgueil). État d'un accusé qui se soustrait à l'obligation de comparaître en justice. *Être condamné par contumace.* ◇ ***Purger sa contumace*** : se présenter devant le juge après avoir été condamné par contumace.

CONTUMAX adj. et n. Qui est en état de contumace.

CONTUS, E adj. MÉD. **1.** Atteint de contusions. **2.** Dû à une contusion, ou qui s'accompagne d'une contusion. *Plaie contuse.*

CONTUSION n.f. (lat. *contusio*). Meurtrissure sans déchirure de la peau ni fracture des os.

CONTUSIONNER v.t. Blesser par contusion ; meurtrir.

CONURBATION n.f. (du lat. *cum*, avec, et *urbs*, ville). Agglomération formée de plusieurs villes voisines dont les banlieues se sont rejointes.

CONVAINCANT, E adj. Propre à convaincre ; probant. *Raisonnement convaincant.*

CONVAINCRE v.t. [94] (lat. *convincere*). **1.** Amener qqn, par raisonnement ou par preuves, à reconnaître la vérité, l'exactitude d'un fait ou sa nécessité ; persuader. *Convaincre une incrédule.* **2.** *Convaincre qqn de qqch,* apporter des preuves certaines de sa culpabilité en fait de. *Convaincre qqn de mensonge.*

CONVAINCU, E adj. **1.** Qui adhère fermement à une opinion, à une croyance ; persuadé. *Partisan convaincu.* **2.** ***Être convaincu de*** : être accusé, avec des preuves évidentes, de. *Être convaincu de meurtre.* ◆ n. Personne intimement persuadée de la justesse de ses idées. *Prêcher un convaincu.*

CONVALESCENCE n.f. (du lat. *convalescere*, reprendre des forces). Retour progressif à la santé après une maladie.

CONVALESCENT, E adj. et n. Qui relève de maladie, qui est en convalescence.

CONVECTEUR n.m. Appareil de chauffage dans lequel l'air est chauffé par convection au contact de surfaces métalliques.

CONVECTION ou **CONVEXION** n.f. (lat. *convectio*, de *convehere*, charrier). Mouvement d'un fluide, avec transport de chaleur, sous l'influence de différences de température. – MÉTÉOROL. Mouvement vertical de l'air, d'origine souvent thermique ou orographique. CONTR. : *advection.*

CONVENABLE adj. **1.** Qui convient, qui est approprié à son objet, à un usage, à une situation. *Moment convenable.* **2.** Qui respecte les bienséances, qui est conforme à la morale. *Tenue convenable.* **3.** Qui a les qualités requises, sans plus ; passable. *Un logement convenable.*

CONVENABLEMENT adv. De façon convenable.

CONVENANCE n.f. *Litt.* Caractère de ce qui convient à son objet, qui y est approprié. *Convenance d'humeur, de mœurs.* ◇ ***Mariage de convenance***, conclu en fonction des rapports de fortune, de position sociale, etc., des conjoints. – ***Pour convenance(s) personnelle(s)*** : pour des motifs relevant de la vie personnelle, privée, et sans autre justification. *Congé pour convenance personnelle.* ◆ pl. Règles du bon usage, bienséances sociales. *Respecter les convenances.*

CONVENIR v.t. ind. [28] (lat. *convenire*). **1. (de).** [auxil. *avoir* ou, *litt.*, *être*]. Faire un accord, s'arranger à l'amiable. *Ils ont convenu, sont convenus de se réunir.* **2. (de).** Reconnaître comme vrai ; avouer. *Elle convient de sa méprise.* **3. (à).** [auxil. *avoir*]. Être approprié à ; plaire à qqn. *Cet emploi lui convient.* **4.** ***Il convient de, que*** : il faut, il est souhaitable de, que. *Il voudrait savoir ce qu'il convient de faire.*

CONVENT n.m. (mot angl., du lat. *conventus*, convention). Assemblée générale de francs-maçons.

CONVENTION n.f. (lat. *conventio*, pacte). **1.** Accord officiel passé entre des individus, des groupes sociaux ou politiques, des États ; écrit qui témoigne de la réalité de cet accord. *Convention signée entre le patronat et les syndicats.* ◇ ***Convention collective du travail***, conclue, en France, entre syndicats représentatifs des salariés et employeurs pour régler les conditions d'emploi et de travail. – ***Convention de conversion*** : convention conclue, en France, entre l'entreprise qui envisage de procéder à un licenciement économique et les ASSEDIC en vue de faciliter le reclassement de la personne licenciée. **2.** Règle résultant d'un commun accord, tacite ou explicite. *La langue est un système de conventions.* ◇ ***De convention*** : admis par convention, qui manque de naturel, de spontanéité ; convenu. **3.** Assemblée nationale réunie exceptionnellement pour établir ou modifier une constitution. ◇ ***La Convention*** : période de l'histoire de France (1792 - 1795) durant laquelle la *Convention nationale exerça le pouvoir. **4.** Aux États-Unis, congrès d'un parti réuni en vue de désigner un candidat à la présidence. **5.** Manifestation périodique regroupant les membres d'une profession, d'un parti politique, les spécialistes d'un domaine ; congrès. ◆ pl. Règles de la vie en société, de la bienséance qu'il est convenu de respecter.

CONVENTIONNALISME n.m. **1.** *Didact.* Caractère de ce qui est conventionnel ; tendance au conformisme social. **2.** PHILOS. Doctrine selon laquelle les théories scientifiques ou philosophiques reposent sur des conventions libres, mais non arbitraires, établies en fonction de leur utilité. (Le conventionnalisme a été soutenu par H. Poincaré.)

CONVENTIONNÉ, E adj. Se dit d'un médecin, d'un établissement lié à la Sécurité sociale par une convention portant, notamm., sur les tarifs pratiqués.

1. CONVENTIONNEL, ELLE adj. **1.** Qui résulte d'une convention. *Signe conventionnel.* **2.** Conforme aux conventions sociales ; qui manque de naturel, de vérité ou d'originalité. *Morale conventionnelle. Un éloge conventionnel.* **3.** Relatif aux conventions collectives. **4.** Se dit des armements autres que nucléaires, biologiques et chimiques. SYN. : *classique.* **5.** Se dit des méthodes ou des connaissances médicales plus anciennes que d'autres mais encore en usage. *La chirurgie conventionnelle.*

2. CONVENTIONNEL n.m. HIST. Membre de la Convention nationale.

CONVENTIONNELLEMENT adv. Par convention.

CONVENTIONNEMENT n.m. Action de conventionner ; son résultat.

CONVENTIONNER v.t. Lier à la Sécurité sociale par une convention.

CONVENTUEL, ELLE adj. (lat. *conventualis*, de *conventus*, couvent). Relatif à une communauté religieuse, à un couvent. ◇ ***Frères mineurs conventuels***, ou ***conventuels***, n.m. pl. : branche des franciscains n'ayant pas suivi la réforme des observants, au XIIIe s.

CONVENU, E adj. **1.** Établi par une convention, un accord. *Somme convenue.* ◇ ***Comme convenu*** : conformément à un accord précédent. **2.** *Péjor.* Étroitement soumis aux conventions sociales, littéraires, etc. *Un style très convenu.*

CONVERGENCE n.f. **1.** Fait de converger. *Convergence de rayons lumineux.* – OPT. Vergence positive d'un système optique centré. ◇ ***Convergence des méridiens*** : angle que fait, sur une carte, le nord géographique (direction du méridien) avec le nord cartographique. **2.** Action de tendre vers un même but. *Convergence des idées, des efforts.* – BIOL. Tendance évolutive, liée à la vie dans un même milieu, de divers organismes pouvant appartenir à des groupes très différents vers des formes, des structures ou des fonctionnements semblables. **3.** NEUROL. Organisation pyramidale de certaines régions du système nerveux central, telle que chaque neurone d'un niveau donné se trouve connecté à un grand nombre de neurones du niveau sous-jacent. **4.** MATH. Propriété d'une suite, d'une série, d'être convergente. **5.** *Convergence intertropicale* → **zone de convergence intertropicale.**

CONVERGENT, E adj. **1.** Qui tend au même but, au même résultat. *Des efforts convergents. Des opinions convergentes.* **2.** MATH. Qui tend vers une limite finie quand la variable tend vers l'infini. **3.** OPT. Qui fait converger un faisceau de rayons lumineux. *Lentille convergente.*

CONVERGER v.i. [10] (lat. *cum*, avec, et *vergere*, incliner vers). **1.** Aboutir au même point ou au même résultat. *Les voies ferrées convergent sur Paris.* **2.** MATH. En parlant d'une suite, d'une série, être convergente.

CONVERS, E adj. (lat. *conversus*, converti). CHRIST. ***Frère convers, sœur converse*** : religieux, religieuse employés aux services domestiques d'un couvent.

CONVERSATION n.f. **1.** Échange de propos, sur un ton génér. familier. *Prendre part à la conversation.* **2.** Manière de parler ; art de converser. *Je n'aime pas sa conversation.* ◇ ***Avoir de la conversation*** : savoir soutenir et animer une conversation. **3.** (Surtout pl.) Entretien entre des responsables ayant un objet précis ; pourparlers. *Conversations diplomatiques.*

CONVERSATIONNEL, ELLE adj. INFORM. Interactif.

CONVERSER v.i. (lat. *conversari*). S'entretenir familièrement avec qqn ; bavarder.

CONVERSION n.f. (lat. *conversio*). **1.** Action de se convertir à une croyance, et partic. d'abandonner une religion pour une autre ; passage de l'incroyance à la foi religieuse. **2.** Passage à une conviction, à une opinion, à une conduite nouvelle. **3.** Action de tourner ; mouvement tournant. *La Terre opère un mouvement de conversion autour de son axe.* **4.** SPORTS. Demi-tour effectué sur place, à skis. **5.** MIL. Évolution tactique qui amène une armée à changer la direction de son front. **6.** Changement d'une chose en une autre ; mutation. *L'alchimie cherchait la conversion des métaux en or.* **7.** Action d'exprimer une grandeur à l'aide d'une autre unité, un nombre dans un autre système de numération. *Conversion de degrés Celsius en degrés Fahrenheit.* **8.** DR. Changement d'un acte, d'une procédure en une autre. *Conversion d'un procès civil en procès criminel.* **9.** BOURSE. Changement du taux d'intérêt d'un emprunt, génér. pour un taux d'intérêt moindre. (La conversion est très utilisée dans la gestion de la dette publique.) **10.** PSYCHIATR. Traduction d'un conflit psychique en symptômes somatiques, en partic. au cours de certaines hystéries.

CONVERTI, E adj. et n. **1.** Amené ou ramené à la religion. ◇ ***Prêcher un converti*** : chercher à convaincre qqn qui est déjà convaincu. **2.** Qui a radicalement changé de conduite ou d'opinion.

CONVERTIBILITÉ n.f. Caractère de ce qui est convertible. *Convertibilité d'une monnaie.*

CONVERTIBLE adj. **1.** Qui peut s'échanger contre d'autres titres, d'autres valeurs. ◇ ***Obligation convertible***, qui peut être échangée contre une, des actions selon les conditions fixées à l'émission. **2.** Qui peut être transformé pour un autre usage. ◇ ***Canapé convertible***, ou ***convertible***, n.m. : canapé-lit. – ***Avion convertible***, ou ***convertible***, n.m. : avion doté d'hélices basculantes qui permettent d'assurer aussi bien la sustentation au décollage et à l'atterrissage que la propulsion en vol.

CONVERTIR v.t. (lat. *convertere*). **1.** Amener qqn à la foi religieuse ; faire changer qqn de religion, d'opinion, de conduite. *Convertir des païens. Elle l'a converti à la course à pied.* **2.** Changer une chose en une autre ; adapter à un usage différent. *Les alchimistes cherchaient à convertir les métaux en or. Convertir un cinéma désaffecté en salle de concerts.* **3.** Exprimer une grandeur à l'aide d'une autre unité. *Convertir des heures en minutes.* **4.** Réaliser sous forme d'argent des biens, des valeurs mobilières ; échanger une monnaie contre une autre.

CONVERTISSAGE n.m. MÉTALL. Opération effectuée au convertisseur et consistant notamm. à transformer la fonte en acier par oxydation.

CONVERTISSEUR n.m. **1.** *(Souvent par plais.).* Celui qui convertit les âmes. **2.** MÉTALL. Appareil utilisé pour le convertissage. **3.** Dispositif assurant une conversion d'énergie, l'une de ces énergies, au moins, étant de nature électrique. – Machine permettant de faire varier de façon continue, entre des limites déterminées, la valeur d'un couple moteur. **4.** INFORM. Machine qui transcrit une information d'un support sur un autre, d'une forme à une autre. **5.** ***Convertisseur (de monnaie)*** : appareil (disque, réglette, calculette) opérant les conversions entre l'euro et les anciennes monnaies nationales des pays de l'Union européenne.

CONVEXE adj. (lat. *convexus*, voûté). **1.** Courbé et saillant à l'extérieur. *Miroir convexe.* CONTR. : *concave.* **2.** GÉOMÉTR. Se dit d'une partie du plan ou de l'espace telle que tout segment ayant ses extrémités dans cette partie y est inclus tout entier.

CONVEXION n.f. → **CONVECTION.**

CONVEXITÉ n.f. Courbure saillante d'un corps ; rondeur. *La convexité de la Terre.*

CONVICTION n.f. (du lat. *convictus*, convaincu). **1.** Fait d'être convaincu de qqch ;

C

sentiment de qqn qui croit fermement en ce qu'il pense, dit ou fait ; certitude. *J'ai la conviction qu'il ment. Intime conviction du juge.* ◇ *Sans conviction* : sans enthousiasme. – PSYCHIATR. *Conviction délirante* : certitude absolue caractéristique des délires. **2.** (Surtout pl.) Opinion, principe auxquels on croit fermement. *Convictions politiques, religieuses.*

CONVIER v.t. [5] (lat. *cum,* avec, et *invitare,* inviter). **1.** Inviter à un repas, à une fête. **2.** Engager, inciter, inviter à qqch, à faire qqch. *Le beau temps convie à la promenade.*

CONVIVE n. (lat. *conviva*). Personne qui prend part à un repas avec d'autres.

CONVIVIAL, E, AUX adj. **1.** Relatif à la convivialité ; qui la favorise. **2.** INFORM. Se dit d'un matériel facilement utilisable par un public non spécialisé.

CONVIVIALITÉ n.f. (angl. *conviviality,* du lat.). **1.** Capacité d'une société à favoriser la tolérance et les échanges réciproques entre les personnes et les groupes qui la composent ; ensemble de rapports favorables entre les membres d'un groupe. **2.** Goût des réunions joyeuses, des repas pris en commun. **3.** INFORM. Caractère d'un matériel convivial.

CONVOCABLE adj. Qui peut ou doit être convoqué.

CONVOCATION n.f. Action de convoquer ; avis invitant à se présenter. *Convocation d'une assemblée. Lancer une convocation.*

C

CONVOI n.m. (de *convoyer*). **1.** Suite de véhicules transportant des personnes ou des choses vers une même destination. *Un convoi de blindés. Un convoi de réfugiés.* **2.** Suite de voitures de chemin de fer entraînées par une seule machine. SYN. *(cour.)* : *train.* **3.** Cortège accompagnant le corps d'un défunt à une cérémonie de funérailles.

CONVOIEMENT ou **CONVOYAGE** n.m. Action de convoyer.

CONVOITER v.t. (anc. fr. *coveitier,* du lat. *cupiditas,* désir). Désirer avidement.

CONVOITISE n.f. Désir immodéré de possession ; avidité, cupidité.

CONVOLER v.i. (lat. *convolare,* voler avec). Vieilli ou *par plais.* Se marier. *Convoler en justes noces.*

CONVOLUTÉ, E adj. (lat. *convolutus,* de *convoluere,* enrouler). BOT. Enroulé sur soi-même. *Feuille convolutée.*

CONVOLVULACÉE n.f. Plante volubile aux pétales entièrement soudés, telle que le liseron ou l'ipomée. (Les convolvulacées forment une famille de dicotylédones.)

CONVOQUER v.t. (lat. *convocare*). **1.** Appeler à se réunir. *Convoquer l'Assemblée nationale.* **2.** Faire venir auprès de soi de façon impérative. *La directrice m'a convoqué dans son bureau.*

CONVOYAGE n.m. → **CONVOIEMENT.**

CONVOYER v.t. [7] (du lat. *via,* chemin). Accompagner pour protéger ou surveiller des véhicules, des personnes, des biens ; escorter.

1. CONVOYEUR, EUSE n. et adj. Personne qui accompagne pour protéger, surveiller. *Convoyeur de fonds.*

2. CONVOYEUR n.m. **1.** MAR. Escorteur. **2.** MANUT. Engin de transport continu en circuit fermé, pour des charges ou des matériaux.

CONVULSER v.t. (du lat. *convellere,* arracher). Contracter brusquement, tordre par des convulsions. *La peur convulsait son visage.* ◆ v.i. Être victime de convulsions.

CONVULSIF, IVE adj. Caractérisé par des convulsions ; nerveux, saccadé. *Rire convulsif.*

CONVULSION n.f. (lat. *convulsio*). **1.** Contraction spasmodique de la musculature du corps. **2.** *Fig.* Agitation violente ; soubresaut. *Convulsion politique.*

CONVULSIONNAIRE n. HIST. *Les convulsionnaires* : illuminés du début du XVIIIe s. qui se livraient à des manifestations d'hystérie collective autour de la tombe de F. de Pâris, diacre janséniste, au cimetière Saint-Médard, à Paris.

CONVULSIONNER v.t. (Surtout au p. passé.) Déformer par une agitation violente. *Visage convulsionné.*

CONVULSIVEMENT adv. De façon convulsive.

CONVULSIVOTHÉRAPIE n.f. PSYCHIATR. Traitement utilisant les crises convulsives provoquées, notamm. par électrochoc.

COOBLIGÉ, E adj. et n. DR. Codébiteur.

COOCCUPANT, E n. Personne qui occupe un lieu avec une ou plusieurs autres.

COOCCURRENCE n.f. LING. Apparition d'une unité linguistique en même temps qu'une autre dans un énoncé ; relation existant entre ces unités.

COOKIE [kuki] n.m. (mot anglo-amér., du néerl. *koekjes*). **1.** Petit gâteau sec comportant des éclats de chocolat, de fruits confits, etc. **2.** INFORM. Petit bloc de données transmis par un site web, à l'insu de l'utilisateur d'un système informatique, pour être stocké sur la machine et récupéré par le serveur à la connexion suivante.

COOL [kul] adj. inv. (mot angl., *frais*). **1.** Anglic., *fam.* Calme, décontracté. *Elle est très cool.* **2.** *Jazz cool,* ou *cool,* n.m. inv. : style de jazz apparu à la fin des années 1940, en réaction au bop, et caractérisé par des rythmes moins complexes et des sonorités plus douces et feutrées. (Parmi les représentants du jazz cool, on peut citer M. Davis.)

COOLIE [kuli] n.m. (mot angl., du hindi). Travailleur, porteur en Extrême-Orient.

COOPÉRANT, E n. Jeune effectuant son service national actif dans le service de la coopération.

COOPÉRATEUR, TRICE n. **1.** Membre d'une société coopérative. **2.** Personne qui participe, aide à une action commune.

COOPÉRATIF, IVE adj. **1.** Qui a pour but une coopération. **2.** Qui participe volontiers à une action commune. *Se montrer coopératif.*

COOPÉRATION n.f. **1.** Action de coopérer ; collaboration. **2.** *Coopération internationale* : politique d'aide économique, technique et financière à certains pays en développement. – *Service de la coopération* : forme du service national applicable depuis 1965 aux jeunes volontaires pour accomplir une mission culturelle ou technique au titre de la coopération internationale. **3.** ÉCON. Méthode d'action par laquelle des personnes ayant des intérêts communs constituent une entreprise où les droits de chacun à la gestion sont égaux et où l'excédent de gestion ou d'exploitation est réparti entre les seuls associés, au prorata de leur activité.

COOPÉRATISME n.m. Théorie qui voit dans la coopération la solution du problème social.

COOPÉRATIVE n.f. Groupement d'acheteurs, de commerçants ou de producteurs (agriculteurs, notamm.) pratiquant la coopération.

COOPÉRER v.t. ind. **(à)** [11]. Agir conjointement avec qqn. *Coopérer à un travail.*

COOPTATION n.f. (lat. *cooptatio*). Désignation d'un membre nouveau d'une assemblée, d'un corps constitué, d'un groupe, par les membres qui en font déjà partie.

COOPTER v.t. Admettre par cooptation.

COORDINATEUR, TRICE ou **COORDONNATEUR, TRICE** adj. et n. Qui coordonne. – REM. *Coordonnateur, trice* est un terme administratif.

COORDINATION n.f. (du lat. *ordinatio,* mise en ordre). **1.** Action de coordonner ; agencement de choses, d'activités diverses dans un but déterminé. ◇ GRAMM. *Conjonction de coordination,* reliant des mots ou des propositions ayant le même statut dans la phrase. – CHIM. Atome envisagé avec son environnement de plus proches voisins. ◇ *Complexe de coordination* : entité dans laquelle un atome métallique est entouré de groupements d'atomes (ou *coordinats*) en un nombre et en une géométrie bien définis. **2.** POLIT. Ensemble de représentants élus, en marge des organisations syndicales, par des grévistes, des manifestants, pour coordonner leurs actions.

COORDINENCE n.f. Nombre de plus proches voisins pour un atome donné.

COORDONNANT n.m. LING. Mot (conjonction, adverbe) ou locution qui assure une coordination entre des mots ou des propositions.

COORDONNATEUR, TRICE adj. et n. → **COORDINATEUR.**

COORDONNÉ, E adj. **1.** Organisé, associé en vue d'obtenir un résultat déterminé, un ensemble cohérent. **2.** En harmonie ; assorti. *Drap et taies d'oreiller coordonnés.* **3.** LING. Relié par un coordonnant.

COORDONNÉE n.f. GÉOMÉTR. Chacun des nombres servant à déterminer la position d'un point sur une surface ou dans l'espace par rapport à un système de référence. *Coordonnées cartésiennes, cylindriques, sphériques.* ◇ *Coordonnées d'un vecteur dans une base,* scalaires tels que ce vecteur s'exprime de façon unique comme la somme des produits de ces scalaires par les vecteurs de la base. ◆ pl. **1.** *Coordonnées géographiques* : couple de coordonnées (longitude et latitude) permettant de repérer un point à la surface du globe à partir d'un méridien origine et de l'équateur. **2.** Indications (adresse, téléphone, etc.) permettant de joindre qqn.

COORDONNER v.t. Agencer des éléments en vue d'obtenir un ensemble cohérent, un résultat déterminé. *Coordonner des mouvements, des efforts.*

COORDONNÉS n.m. pl. COMM. Éléments différents assortis entre eux et constituant un ensemble harmonieux, dans le domaine de l'habillement, de la décoration.

COPAHU [kɔpay] n.m. (mot tupi). Sécrétion résineuse du copaïer, autref. utilisée en thérapeutique (baume de copahu).

COPAÏER ou **COPAYER** [kɔpaje] n.m. (de *copahu*). Arbre résineux de l'Amérique tropicale qui produit le copahu. (Genre *Copaïa* ; famille des césalpiniacées.)

COPAIN, COPINE n. (du lat. *cum,* avec, et *panis,* pain). *Fam.* **1.** Camarade de classe, de travail, de loisirs, etc. **2.** *(Petit) copain, (petite) copine* : personne avec qui on entretient des relations amoureuses.

COPAL n.m. [pl. *copals*] (mot esp., du nahuatl). Résine produite par divers arbres tropicaux (conifères ou césalpiniacées) et utilisée dans la fabrication des vernis.

COPARTAGE n.m. DR. Partage entre plusieurs personnes.

COPARTAGEANT, E adj. et n. DR. Se dit de qqn qui partage avec d'autres.

COPARTICIPANT, E adj. et n. Qui participe avec d'autres à une entreprise, à une association.

COPARTICIPATION n.f. Participation commune de plusieurs personnes.

COPATERNITÉ n.f. DR. Paternité assumée dans ses conséquences légales par deux ou plusieurs hommes. (Le terme est employé, dans le droit de la filiation, en cas de possibilité de plusieurs pères naturels d'un même enfant, pouvant être solidairement tenus à une obligation alimentaire.)

COPAYER n.m. → **COPAÏER.**

COPEAU n.m. (du lat. *cuspis,* fer d'une lance). Parcelle de bois, de métal, etc., enlevée avec un instrument tranchant, rabot notamment.

COPÉPODE n.m. (gr. *kopê,* rame, et *pous, podos,* pied). Petit crustacé marin ou d'eau douce, libre (tel le cyclope) ou parasite, qui représente 60 % du plancton animal. (Les copépodes forment un ordre.)

COPERMUTER v.t. Échanger, troquer. *Copermuter des droits.*

COPERNICIEN, ENNE adj. Relatif à Copernic, à son système. ◇ *Révolution copernicienne,* celle qu'opéra le système héliocentrique de Copernic dans la représentation du monde ; *par ext.,* tout changement radical entraîné dans les mentalités par une conception nouvelle.

COPIAGE n.m. **1.** Action de copier frauduleusement, d'imiter servilement. **2.** Fabrication automatique sur une machine-outil d'une pièce identique à un modèle donné.

COPIE n.f. (lat. *copia,* abondance). **1.** Reproduction exacte d'un écrit, du contenu d'un texte, d'une bande magnétique ; double, duplicata. *Copie d'un acte.* – CINÉMA. Film positif destiné à la projection. **2.** Reproduction d'une œuvre d'art, d'un objet d'art, en principe par les mêmes techniques que celles de l'original ; réplique. *Copie d'un tableau, d'un meuble ancien.* **3.** Imitation, calque. *L'art n'est pas une copie de la nature.* **4.** Devoir, travail scolaire rédigé sur des feuilles volantes. *Corriger des copies.* – *Fam.* Dossier, étude dont on a la charge. *Rendre, revoir, réviser sa copie.* **5.** Feuille double de format standard. *Acheter un paquet de copies.* **6.** IMPRIM. Texte manuscrit ou dactylographié destiné à la composition. ◇ *Fam. Être en mal de copie* : manquer de sujet d'article, pour un journaliste.

COPIER v.t. [5]. **1.** Reproduire à un ou à plusieurs exemplaires ; établir une copie. *Peux-tu me copier cette recette de cuisine ?* **2.** Reproduire une œuvre originale, chercher à imiter. *Copier les grands maîtres.* **3.** *Péjor.* Imiter servilement, sans originalité. *Copier les manières de qqn.* ◆ v.t. ind. **(sur).** Tricher en classe ou à un examen en s'inspirant de notes de cours ou du travail d'autrui. *Copier* *la solution sur son voisin.* ◇ Absol. *Vous êtes un tricheur, vous avez copié.*

1. COPIEUR, EUSE n. **1.** Personne qui imite servilement. **2.** Élève qui copie frauduleusement.

2. COPIEUR n.m. **1.** Photocopieur. **2.** MÉCAN. INDUSTR. Dispositif permettant le copiage d'une pièce.

COPIEUSEMENT adv. De façon copieuse.

COPIEUX, EUSE adj. (lat. *copiosus*). Qui est en grande quantité ; abondant. *Un repas copieux.*

COPILOTE n. Pilote auxiliaire.

COPINAGE n.m. *Fam., péjor.* Entente, entraide parmi un petit nombre de personnes qui échangent des services intéressés.

COPINE n.f. → **COPAIN.**

COPINER v.i. *Fam.* Avoir des relations de camaraderie avec qqn.

COPINERIE n.f. *Fam.* Relations entre copains.

COPING [kɔpiŋ] n.m. (mot angl.). PSYCHOL. Stratégie développée par l'individu pour faire face au stress.

COPION n.m. Belgique. *Arg. scol.* Antisèche.

COPISTE n. **1.** Personne qui copiait, notamm. des manuscrits, de la musique. **2.** IMPRIM. Personne qui effectue la copie de clichés sur une forme d'impression.

COPLA n.f. (mot esp.). Dans la musique flamenca, courte strophe chantée, transmise par la tradition orale mais laissant place à l'improvisation.

COPLANAIRE adj. GÉOMÉTR. *Points, droites coplanaires,* appartenant à un même plan.

COPOLYMÈRE n.m. CHIM. ORG. Composé formé de macromolécules renfermant des motifs monomères différents.

COPOLYMÉRISATION n.f. CHIM. ORG. Synthèse d'une chaîne macromoléculaire à partir de monomères différents.

COPPA n.f. (mot ital.). Charcuterie d'origine italienne, constituée d'échine de porc désossée, salée et fumée.

COPRAH ou **COPRA** n.m. (mot angl., du tamoul). Amande de coco débarrassée de sa coque, desséchée et prête à être moulue pour l'extraction de l'huile.

COPRÉSIDENCE n.f. Présidence exercée par deux ou plusieurs présidents.

COPRÉSIDENT, E n. Personne qui partage la présidence avec une ou plusieurs autres.

COPRIN n.m. (du gr. *kopros,* excrément). Champignon blanc, à chapeau rabattu contre le pied, dont certaines espèces sont comestibles à l'état jeune. (Classe des basidiomycètes.)

■ **COPRIN.** Coprin chevelu (comestible).

COPROCESSEUR n.m. INFORM. Processeur spécialisé dans l'exécution très rapide de calculs spécifiques (traitement d'image ou de signal) afin d'alléger le travail du microprocesseur central.

COPROCULTURE n.f. MÉD. Culture des selles en laboratoire, dans le but d'isoler et d'identifier des micro-organismes.

COPRODUCTION n.f. Production d'un film ou d'un téléfilm assurée en commun par plusieurs producteurs ; film, téléfilm réalisé en coproduction.

COPRODUIRE v.t. [78]. Produire en association avec d'autres. *Coproduire un film.*

COPROLALIE n.f. (gr. *kopros,* excrément, et *lalein,* parler). PSYCHIATR. Tendance pathologique à proférer des mots orduriers.

COPROLITHE n.m. **1.** PALÉONT. Excrément fossile. **2.** MÉD. Concrétion calcaire dans les selles.

COPROLOGIE n.f. (du gr. *kopros,* excrément). MÉD. Étude des selles en laboratoire.

COPROLOGIQUE adj. Relatif à la coprologie. ◇ *Examen coprologique :* identification et dosage des substances chimiques contenues dans les selles, à des fins diagnostiques.

COPROPHAGE adj. et n. **1.** SC. DE LA V. Qui se nourrit d'excréments. **2.** PSYCHIATR. Atteint de coprophagie.

COPROPHAGIE n.f. (gr. *kopros,* excrément, et *phagein,* manger). PSYCHIATR. Ingestion de matières fécales.

COPROPHILE adj. et n. **1.** ZOOL. Qui vit dans les excréments. **2.** PSYCHIATR. Atteint de coprophilie.

COPROPHILIE n.f. (gr. *kopros,* excrément, et *philia,* amour). PSYCHIATR. Plaisir de manipuler, de toucher, de sentir les produits excrémentiels.

COPROPRIÉTAIRE n. Personne qui est propriétaire avec d'autres d'un immeuble, d'une terre. *Réunion de copropriétaires.*

COPROPRIÉTÉ n.f. Droit de propriété de plusieurs personnes sur les parties communes d'un même bien. – Ensemble des copropriétaires.

COPS [kɔps] n.m. (mot angl.). Enroulement de fil, de forme cylindrique ou cylindro-conique. – Tube sur lequel est effectué cet enroulement.

COPTE adj. et n. (du gr. *aiguptos,* égyptien). Qui se rapporte aux Coptes, fait partie de cette communauté. ◆ n.m. Langue chamito-sémitique issue de l'égyptien ancien, écrite en un alphabet dérivé du grec et servant de langue liturgique à l'Église copte.

COPULATEUR adj.m. BIOL. *Organe copulateur,* servant à la copulation.

COPULATIF, IVE adj. LING., LOG. Qui établit une liaison entre des termes.

COPULATION n.f. (lat. *copulatio,* union). ZOOL. Accouplement d'un mâle et d'une femelle. SYN. : *coït.*

COPULE n.f. (lat. *copula*). LING. Mot qui lie l'attribut au sujet d'une proposition. (Le verbe *être* est la copule la plus fréquente.)

COPULER v.i. *Fam.* S'accoupler.

COPYRIGHT [kɔpirajt] n.m. (mot angl.). **1.** Droit exclusif pour un auteur ou son éditeur d'exploiter pendant plusieurs années une œuvre littéraire, artistique ou scientifique. **2.** Marque de ce droit, symbolisé par le signe ©, qui est imprimée, dans un livre, au verso de la page de titre et qui est suivie du nom du titulaire du droit d'auteur et de l'indication de l'année de première publication.

1. COQ n.m. (onomat.). **1.** Oiseau domestique, mâle de la poule, gallinacé originaire de l'Inde. (Genre *Gallus ;* ordre des galliformes, famille des phasianidés.) ◇ *Au chant du coq :* au point du jour. – *Être comme un coq en pâte :* être choyé, à l'aise, sans souci. – *Être fier comme un coq,* très fier. – *Passer du coq à l'âne :* passer sans raison d'un sujet à un autre. **2.** *Coq au vin :* plat préparé à partir de ce volatile cuit avec du vin rouge. **3.** *Coq gaulois :* un des emblèmes de la nation française. **4.** *Coq de village :* homme le plus admiré des femmes dans une localité, séducteur fanfaron et hâbleur. **5.** Catégorie de poids, dans certains sports de combat ; sportif appartenant à cette catégorie. *Poids coq.* **6.** Mâle des oiseaux (surtout des gallinacés). *Coq faisan.* **7.** *Coq de bruyère :* oiseau gallinacé de grande taille d'Europe centrale et septentrionale, vivant également dans les Alpes françaises, appelé aussi *grand tétras.* (Genre *Tetras ;* famille des tétraonidés.) – *Coq des bouleaux :* tétras-lyre. **8.** *Coq de roche :* oiseau passereau de l'Amérique du Sud, appelé aussi *rupicole,* dont le mâle est doté d'un plumage orangé éclatant. (Famille des cotingidés.)

■ **COQ** et poule.

2. COQ n.m. (néerl. *kok,* cuisinier). Cuisinier, à bord d'un navire.

COQ-À-L'ÂNE n.m. inv. Fait de passer brusquement d'un sujet à un autre n'ayant aucun rapport, dans une conversation.

COQUART ou **COQUARD** n.m. (de *coque*). *Fam.* Trace de coup, ecchymose à l'œil.

COQUE n.f. (lat. *coccum,* excroissance). **1.** *Œuf coque, à la coque,* cuit à l'eau bouillante dans sa coquille de façon que le jaune reste fluide. **2.** BOT. Coquille ligneuse de certaines graines. *Coque de noix, de noisette, d'amande.* **3.** ZOOL. Mollusque bivalve comestible de l'Atlantique et de la Méditerranée, à coquille ornée de côtes parallèles. (Genre *Cardium.*) **4.** Partie extérieure d'un navire, revêtement assemblé à la membrure, qui assure la flottaison et supporte les équipements. – Partie inférieure du fuselage d'un hydravion. **5.** AUTOM. Bâti métallique rigide qui tient lieu de châssis et de carrosserie sur certains modèles. **6.** CONSTR. Structure continue, mince, à surface courbe, rendue rigide par sa forme et par la nature de ses constituants (ciment armé, plastique, etc.), utilisée comme couverture ou comme enveloppe.

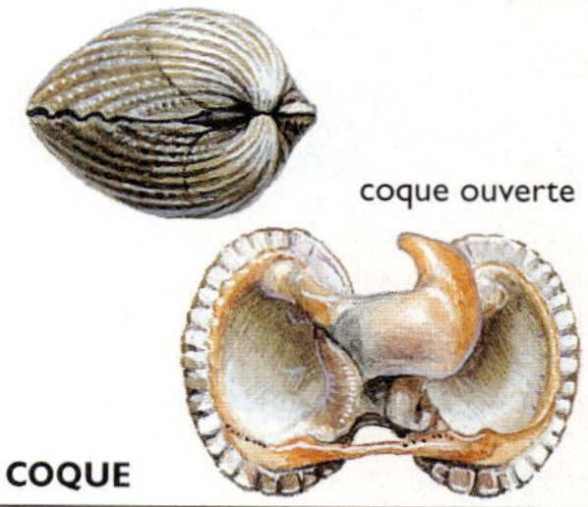

■ **COQUE**

COQUECIGRUE n.f. (de *coq, cigogne* et *grue*). *Litt.,* vx. **1.** Animal imaginaire et burlesque. **2.** Chimère, absurdité.

COQUELET n.m. **1.** Jeune coq. **2.** Poulet d'élevage abattu jeune.

COQUELEUX, EUSE n. Région. (Nord). Personne qui élève des coqs de combat.

COQUELICOT n.m. (onomat.). Plante herbacée, voisine du pavot, à fleurs rouges, aux sépales caducs, commune dans les champs de céréales. (Famille des papavéracées.)

■ **COQUELICOT**

COQUELUCHE n.f. **1.** Maladie infectieuse contagieuse, due à une bactérie, caractérisée par de violentes quintes de toux suivies d'une inspiration bruyante (« chant du coq »). **2.** *Fam. Être la coqueluche de :* faire l'objet d'un engouement général chez. *Ce chanteur est la coqueluche des jeunes.*

COQUELUCHEUX, EUSE adj. Relatif à la coqueluche. ◆ adj. et n. Atteint de coqueluche.

COQUERELLE n.f. Québec. Blatte (insecte).

COQUERET n.m. BOT. Physalis.

COQUERIE n.f. MAR. Cuisine à bord ou à terre.

COQUERON n.m. (de l'angl. *cook-room*). **1.** MAR. Compartiment étanche, en poupe ou en proue, qu'on peut remplir d'eau pour améliorer l'assiette d'un navire. **2.** Québec. *Fam.* Logement exigu.

COQUET, ETTE adj. et n. (de *1. coq*). **1.** Bien mis, élégant ; qui cherche à plaire. **2.** Vieilli. Qui aime séduire, exercer son charme. ◆ n.f. THÉÂTRE. Rôle de jeune femme séduisante. *Jouer une coquette.* ◆ adj. **1.** Arrangé avec un soin où se devine l'aisance ; élégant, soigné. *Un appartement coquet.* **2.** *Fam.* Se dit d'une somme d'argent assez considérable ; important, confortable.

COQUETEL n.m. Québec. Cocktail.

COQUETER v.i. [16]. *Litt.*, vieilli. Faire le coquet, la coquette.

COQUETIER n.m. (de *coque*). Petit godet, petit support pour servir un œuf à la coque.

COQUETIÈRE n.f. Œufrier.

COQUETTEMENT adv. De façon coquette.

COQUETTERIE n.f. Caractère, attitude d'une personne coquette ; désir de plaire. ◇ *Fam. Avoir une coquetterie dans l'œil :* loucher légèrement.

COQUILLAGE n.m. Mollusque pourvu d'une coquille ; la coquille elle-même.

COQUILLARD n.m. *Fam.*, vieilli. Œil. ◇ *Fam. S'en tamponner le coquillard :* s'en moquer.

COQUILLART n.m. Pierre à bâtir renfermant des coquilles.

C

COQUILLE n.f. (lat. *conchylium*). **1.** Enveloppe dure, calcaire, constituant le squelette externe de la plupart des mollusques et des brachiopodes. (Elle est sécrétée par une partie du tégument, le *manteau*.) ◇ *Rentrer dans sa coquille :* se replier sur soi, éviter les autres. – *Coquille Saint-Jacques :* mollusque marin bivalve de l'Atlantique, comestible réputé, capable de se propulser en refermant ses valves. (Long. 10 cm ; genre *Pecten* [peigne].) **2.** Enveloppe calcaire de l'œuf des oiseaux. ◇ *Coquille d'œuf :* couleur blanc cassé, à peine teinté de beige ou d'ocre. **3.** Enveloppe ligneuse de certains fruits. ◇ *Fam. Coquille de noix :* petite embarcation fragile. **4.** ARTS APPL. Ornement en forme de coquille de mollusque, notamm. dans les styles Louis XIV et rocaille. **5.** Appareil de protection des organes génitaux, utilisé dans certains sports de combat. **6.** Expansion inférieure de la garde d'une arme blanche, pour protéger la main. **7.** Plâtre amovible pour le traitement des affections de la colonne vertébrale. **8.** Faute typographique (inversion, transposition, substitution de lettres).

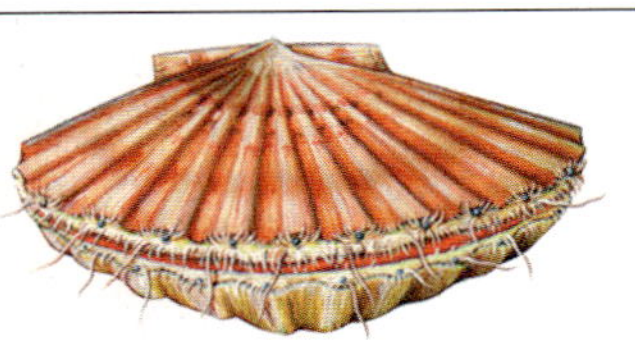

■ **COQUILLE.** Coquille Saint-Jacques.

COQUILLETTE n.f. Pâte alimentaire en forme de petit tube cintré.

COQUILLIER, ÈRE adj. *Sable, calcaire coquillier,* formé en grande partie de débris de coquilles fossiles.

COQUIN, E adj. et n. (p.-ê. de *1. coq*). Se dit d'un enfant espiègle, malicieux. ◆ adj. **1.** Fait pour séduire ; canaille. *Regard coquin.* **2.** Qui considère avec humour les choses du sexe ; grivois, égrillard. *Une histoire coquine.* ◆ n. Vieilli. Individu malhonnête, sans scrupule.

COQUINERIE n.f. *Litt.* Acte, geste de coquin.

1. COR n.m. (lat. *cornu,* corne). **1.** Instrument de musique à vent, en cuivre ou en laiton, composé d'une embouchure et d'un tube conique enroulé sur lui-même et terminé par un pavillon évasé. ◇ *Cor chromatique :* cor d'orchestre, équipé d'un système de pistons permettant de jouer les gammes chromatiques. – *Cor de chasse :* trompe utilisée dans les chasses à courre. – *À cor et à cri :* à grand bruit, avec insistance. **2.** *Cor anglais :* hautbois alto. **3.** Vx. *Cor de basset :* clarinette alto. **4.** Chacune des branches adventices du bois d'un cerf. ◇ *Cerf dix cors,* ou *dix-cors,* n.m. : cerf âgé de six à sept ans.

2. COR n.m. (lat. *cornu,* corne). Callosité douloureuse sur les orteils.

CORACIIFORME n.m. Oiseau des régions tempérées et subtropicales de l'Ancien Monde, au plumage très coloré, tel que le calao, le guêpier, la huppe, le martin-pêcheur. (Les coraciiformes constituent un ordre.)

CORACOÏDE adj. (gr. *korax, -akos,* corbeau, et *eidos,* forme). ANAT. **1.** *Apophyse coracoïde,* ou *coracoïde,* n.f. : apophyse du bord supérieur de l'omoplate. **2.** *Os coracoïde,* ou *coracoïde,* n.m. : os de la ceinture scapulaire des vertébrés, soudé à l'omoplate chez les mammifères.

CORAIL n.m. [pl. *coraux*] (lat. *corallium,* du gr.). **1.** Petit polype des mers chaudes, vivant en colonies, dont le squelette calcaire, génér. rouge, forme avec d'autres des polypiers pouvant constituer des récifs. (Embranchement des cnidaires ; ordre des octocoralliaires.) **2.** Matière constituant les polypiers, exploitée en bijouterie pour ses teintes variées, du blanc au rouge. **3.** (Surtout pl.) Tout polypier qui, comme le corail, forme des récifs en s'amassant avec d'autres (ex. : madrépores, hydrocoralliaires). **4.** CUIS. Partie rouge de la coquille Saint-Jacques, de certains crustacés. **5.** *Serpent corail :* serpent très venimeux des régions chaudes, dont le corps est annelé de rouge et de noir. (Genre *Micrurus ;* famille des élapidés.) ◆ adj. inv. et n.m. inv. D'un rouge orangé.

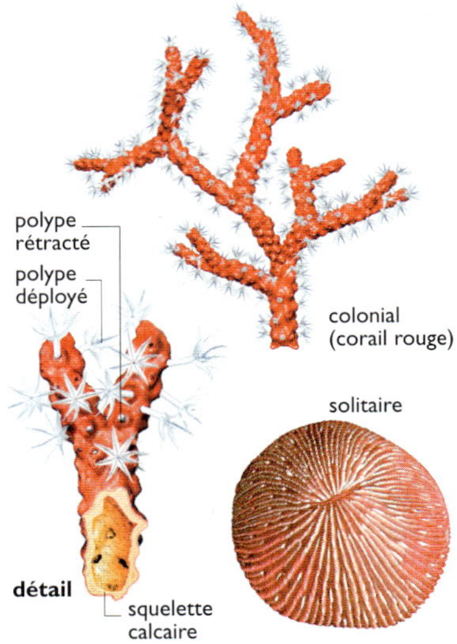

■ **CORAIL**

CORAILLEUR, EUSE n. Personne qui pêche ou qui travaille le corail.

CORALLIEN, ENNE adj. Formé de coraux. *Récif corallien.*

CORALLIFÈRE adj. Qui porte des coraux. *Atolls corallifères.*

CORALLINE n.f. Algue marine rouge, évoquant le corail par son aspect ramifié et par sa rigidité.

CORAN n.m. (ar. *al-Qur'ān,* la lecture). **1.** *Le Coran :* livre sacré des musulmans (v. partie n.pr.). **2.** Exemplaire du Coran.

CORANIQUE adj. Relatif au Coran. ◇ *École coranique,* où l'on étudie le Coran.

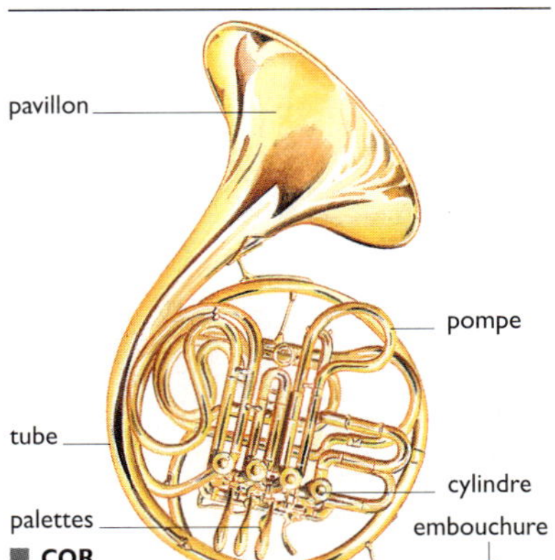

■ **COR** chromatique.

CORBEAU n.m. (lat. *corvus*). **1.** ZOOL. **a.** *Grand corbeau,* ou *corbeau :* oiseau passereau de l'hémisphère Nord, au plumage noir et au bec puissant, qui se nourrit de charognes, de petits animaux et de fruits. (Envergure jusqu'à 1,2 m ; genre *Corvus ;* ordre des passériformes, famille des corvidés.) **b.** *Cour.* Petit corvidé à plumage noir, omnivore, tel que le freux, le choucas, le crave, etc. (Cri : le corbeau croasse.) **2.** *Fam.* Auteur de lettres ou de coups de téléphone anonymes et comportant des menaces. **3.** Élément encastré en saillie sur un mur, pour supporter une poutre ou toute autre charge.

■ **CORBEAU**

CORBEILLE n.f. (bas lat. *corbicula,* de *corbis,* panier). **1.** Panier en osier, en métal ou de toute autre matière, avec ou sans anse ; son contenu. *Corbeille à papier. Offrir une corbeille de fruits.* ◇ *Corbeille de mariage :* ce que reçoit la jeune mariée, soit en dot, soit en cadeaux. **2.** Balcon au-dessus de l'orchestre, dans un théâtre ; mezzanine. **3.** Espace circulaire entouré d'une balustrade, autour de laquelle se font, dans certains pays, les offres et les demandes de valeurs boursières. **4.** Parterre circulaire ou ovale couvert de fleurs. **5.** ARCHIT. Corps de certains chapiteaux (corinthiens surtout), entre astragale et abaque.

CORBEILLE-D'ARGENT n.f. (pl. *corbeilles-d'argent*). Plante ornementale au feuillage argenté, aux fleurs blanches, jaunes ou bleues, selon l'espèce. (Genres *Alyssum* et *Iberis ;* famille des crucifères.)

CORBIÈRES n.m. Vin rouge récolté dans les Corbières.

CORBILLARD n.m. (de *corbillat,* voiture faisant le service de Paris à Corbeil). Voiture dans laquelle on transporte les morts.

CORBILLON n.m. (de *corbeille*). Jeu de société où chacun doit, sous peine de recevoir un gage, répondre par un mot en *on* à la question : « *Dans mon corbillon, qu'y met-on ?* »

CORBLEU interj. (altér. de *corps de Dieu*). Vx. Juron soulignant un propos. *Corbleu ! ne me fâchez pas !*

CORDAGE n.m. **1.** MAR. Nom générique des câbles, cordes, filins. **2.** Action de corder une raquette de tennis ; son résultat.

1. CORDE n.f. (lat. *chorda,* gr. *khordê,* boyau). **I.** *Lien.* **1.** Assemblage de fils textiles, synthétiques ou naturels, tordus ou tressés ensemble pour former un câble de faible section ; cet assemblage lui-même. *Échelle de corde. Corde à linge.* ◇ *Corde lisse, corde à nœuds :* agrès de culture physique. – *Corde à sauter :* corde que l'on fait tourner par ses extrémités, souvent munies de poignées, et par-dessus laquelle, à chaque passage au sol, la ou les personnes placées au centre sautent. – *Il pleut, il tombe des cordes :* il pleut très fort, à verse. – *Sur la corde raide :* dans une situation délicate. **2.** Lien servant à tendre un arc. ◇ *Avoir plusieurs cordes à son arc :* ne pas manquer de ressources pour réagir, faire face. – *Tirer sur la corde :* abuser d'une situation, de libéralités. **3.** Lien utilisé pour la pendaison ; supplice de la pendaison. *Mériter la corde.* **4.** Trame d'un tissu. ◇ *Usé jusqu'à la corde :* très usé ; éculé, rebattu. **5.** GÉOMÉTR. Segment qui a pour extrémités deux points d'une courbe. **II.** *Sens spécialisés.* **1.** Limite intérieure d'une piste de course (autref. matérialisée par une corde, dans les hippodromes). ◇ *Tenir la corde :* se trouver le plus près possible de la limite intérieure d'une piste ; *par ext.,* être bien placé, avoir l'avantage. – *Prendre un virage à la corde,* au plus court. **2.** Fil de boyau, de soie, d'acier, parfois simple ficelle, tendu sur la table d'harmonie d'un instrument de musique. (On distingue les instruments à *cordes pincées* [guitare], *frappées* [piano], *frottées* [violon].) ◇ ***La corde sensible :*** ce qui, chez qqn, est vulnérable, source d'émotions. **3.** ANAT. *Cordes vocales :* épaississements musculo-membraneux du larynx, formant deux petits cordons horizontaux qui limitent entre eux la glotte et assurent la phonation par leurs vibrations. – *Fam.* ***Ce n'est pas dans mes cordes :*** ce n'est pas de ma compétence. **4.** Anc. ou région. Mesure de bois valant génér. 4 stères. ◆ pl. **1.** Instruments à cordes frottées (violon, alto, violoncelle, contrebasse) de l'orchestre symphonique. **2.** Enceinte de corde qui sert de garde-corps autour d'un ring de boxe, de catch. **3.** Tamis d'une raquette de tennis.

2. CORDE ou **CHORDE** [kɔrd] n.f. ZOOL. *Corde dorsale :* axe cylindrique dorsal des embryons du groupe des cordés, qui persiste au stade adulte chez les procordés. (Chez les vertébrés, elle est remplacée par la colonne vertébrale.)

1. CORDÉ, E adj. (du lat. *cor, cordis,* cœur). Qui a la forme d'un cœur, d'un cœur de carte à jouer.

2. CORDÉ ou **CHORDÉ** [kɔrde] n.m. ZOOL. Animal présentant, au moins aux premiers stades de sa vie, une corde dorsale. (Le groupe des cordés comprend les vertébrés, les céphalocordés et les tuniciers.)

CORDEAU n.m. **1.** Petite corde que l'on tend entre deux points pour tracer une ligne droite, aligner. ◇ ***Tiré au cordeau :*** fait, exécuté impeccablement. **2.** Ligne de fond pour la pêche en rivière. **3.** MIN. *Cordeau détonant :* dispositif de mise à feu formé d'une gaine remplie d'explosif. – *Cordeau Bickford* ⟶ **bickford.**

CORDÉE n.f. **1.** Groupe d'alpinistes reliés les uns aux autres par une corde de sécurité. **2.** Ligne de fond pour la pêche en mer.

CORDELETTE n.f. Corde fine.

CORDELIER n.m. (de l'anc. fr. *cordelle,* petite corde). *Les cordeliers :* nom donné aux franciscains jusqu'à la Révolution.

CORDELIÈRE n.f. **1.** Corde ronde tressée employée dans l'ameublement et, comme ceinture, dans l'habillement. **2.** Corde à trois nœuds (symbole des vœux de pauvreté, de chasteté et d'obéissance) portée en ceinture par les franciscains.

CORDER v.t. **1.** Mettre en corde des fibres textiles. **2.** *Litt.* Lier avec une corde. *Corder une malle.* **3.** Garnir de cordes, de boyaux une raquette de tennis.

CORDERIE n.f. **1.** Métier, commerce du cordier. **2.** Fabrique industrielle de cordes et de cordages.

1. CORDIAL, E, AUX adj. (lat. *cordialis*). Qui manifeste de la cordialité ; chaleureux. *Invitation cordiale.*

2. CORDIAL n.m. Potion, boisson fortifiante.

CORDIALEMENT adv. **1.** Avec cordialité. **2.** Du fond du cœur. *Elles se détestent cordialement.*

CORDIALITÉ n.f. (du lat. *cor, cordis,* cœur). Bienveillance qui part du cœur ; sympathie.

1. CORDIER, ÈRE n. Personne qui fait, qui vend des cordes.

2. CORDIER n.m. Pièce du violon où se fixent les cordes, à l'opposé du chevillier.

CORDIÉRITE n.f. (de *Cordier,* n.pr.). MINÉRALOG. Silicate d'aluminium, de magnésium et de fer. (Minéral caractéristique des roches métamorphiques.)

CORDIFORME adj. *Didact.* Qui a la forme d'un cœur.

CORDILLÈRE n.f. (esp. *cordillera*). Chaîne de montagnes allongée et étroite. *La cordillère des Andes.*

CORDITE n.f. (mot angl.). Explosif très brisant, à base de nitrocellulose et de nitroglycérine.

CORDOBA n.m. (esp. *córdoba*). Unité monétaire principale du Nicaragua.

CORDON n.m. **1.** Petite corde tressée. *Cordon de rideau.* – Anc. Corde au moyen de laquelle le concierge ouvrait la porte d'une maison. **2.** Large ruban servant d'insigne aux dignitaires de certains ordres. **3.** ÉLECTROTECHN. *Cordon d'alimentation :* ensemble de conducteurs souples isolés. **4.** Série, ligne de personnes rangées. *Cordon de troupes, de police.* ◇ ***Cordon sanitaire :*** ensemble de postes de surveillance contrôlant les entrées et sorties d'une région atteinte par une épidémie. **5.** ARCHIT. Moulure ou corps de moulure quelconque, décoré ou non, saillant horizontalement sur un mur. **6.** GÉOMORPH. *Cordon littoral :* remblai de sables, de galets accumulés par un courant côtier en une bande parallèle à la côte. (Il peut être appuyé à la côte ou libre [*flèche* barrant une baie, isolant une lagune].) **7.** ANAT. *Cordon ombilical :* cordon contenant des vaisseaux et unissant le fœtus au placenta. – *Couper le cordon (ombilical) :* se séparer de qqn, d'un groupe auquel on est fortement attaché ; se rendre indépendant de ses parents.

CORDON-BLEU n.m. (pl. *cordons-bleus*). Cuisinier, cuisinière très habile.

CORDONNER v.t. Tordre en cordon.

CORDONNERIE n.f. Métier, commerce du cordonnier.

CORDONNET n.m. **1.** Petit cordon de fil, de soie, d'or ou d'argent, en broderie, en passementerie. **2.** Fil de soie torse. **3.** Ganse ferrée à un bout.

CORDONNIER, ÈRE n. (de l'anc. fr. *cordoan,* cuir de Cordoue). Personne qui répare les chaussures.

1. CORDOUAN, E adj. et n. De Cordoue.

2. CORDOUAN n.m. Cuir de chèvre à fleur fine, travaillé à l'origine à Cordoue.

CORÉ n.f. ⟶ **KORÊ.**

CORÉEN, ENNE adj. et n. De la Corée, de ses habitants. ◆ n.m. Langue parlée en Corée, transcrite grâce à un alphabet original (le *hangul*).

CORÉGONE n.m. (du gr. *korê,* pupille de l'œil, et *gonia,* angle). Poisson des lacs d'Europe dont il existe plusieurs sous-espèces régionales, telles que le lavaret, la féra et la bondelle. (Famille des salmonidés.)

CORELIGIONNAIRE n. Personne qui professe la même religion qu'une autre.

CORÉOPSIS [kɔreɔpsis] n.m. (gr. *koris,* punaise, et *opsis,* apparence). Plante herbacée à usage ornemental, originaire d'Afrique tropicale et d'Amérique du Nord. (Famille des composées.)

CORESPONSABLE adj. et n. Qui partage des responsabilités avec un ou plusieurs autres.

CORIACE adj. (bas lat. *coriaceus,* de *corium,* cuir). **1.** Se dit d'une viande dure comme du cuir. **2.** *Fig.* Dont on peut difficilement vaincre la résistance, l'obstination ; dur, tenace, entêté. *Il est coriace en affaires.*

CORIANDRE n.f. (gr. *koriandron*). Plante méditerranéenne, dont le fruit aromatique sert de condiment et dont on tire une huile essentielle utilisée en parfumerie. (Famille des ombellifères.)

CORICIDE n.m. Substance propre à détruire les cors aux pieds.

CORINDON n.m. (d'un mot tamoul). MINÉRALOG. Oxyde d'aluminium (Al_2O_3), minéral le plus dur après le diamant. (Certaines variétés, comme le rubis [rouge] ou le saphir [bleu], sont des pierres précieuses. La variété granulée, ou alumine artificielle, est utilisée comme abrasif [toile émeri, par ex.].)

1. CORINTHIEN, ENNE adj. et n. De Corinthe.

2. CORINTHIEN, ENNE adj. *Ordre corinthien,* ou *corinthien,* n.m. : ordre d'architecture de la Grèce antique (apparu vers le milieu du Ve s. av. J.-C.), caractérisé par un chapiteau dont la corbeille est ornée de deux rangées de feuilles d'acanthe et par un entablement richement décoré.

CORIOLIS (FORCE DE) [de G. *Coriolis,* n.pr.]. Force, due à la rotation de la Terre, qui a pour effet de dévier tout objet en mouvement vers sa droite dans l'hémisphère Nord, et vers sa gauche dans l'hémisphère Sud.

CORME n.f. (mot gaul.). Fruit du cormier.

CORMIER n.m. Sorbier domestique de bois très dur, utilisé pour fabriquer des manches d'outils, et au fruit comestible. (Haut. 5 à 10 m.)

CORMOPHYTE n.m. (du gr. *kormos,* tronc). Plante possédant une tige (par oppos. à *thallophyte*).

CORMORAN n.m. (anc. fr. *corp,* corbeau, et *marenc,* marin). Oiseau palmipède au long bec effilé, au plumage génér. sombre, excellent plongeur, répandu sur les côtes. (Long. 60 à 80 cm ; genre *Phalacrocorax,* ordre des pélécaniformes.)

CORNAC [kɔrnak] n.m. (port. *cornaca,* d'orig. indienne). Celui qui est chargé de soigner et de conduire un éléphant.

CORNACÉE n.f. Arbre ou arbuste de l'hémisphère Nord tempéré, à fleurs dialypétales, tel que le cornouiller, l'aucuba. (Les cornacées forment une famille.)

CORNAGE n.m. (de *1. corner*). **1.** Bruit de respiration difficile chez le cheval, le mulet ou l'âne, dans certaines maladies. SYN. : *sifflage.* **2.** Respiration sifflante chez l'homme atteint de laryngite.

CORNALINE n.f. (de *corne*). Calcédoine rouge-orangé, employée en bijouterie.

CORNAQUER v.t. (de *cornac*). *Fam.* Conduire qqn, lui servir de guide.

CORNARD n.m. *Fam.,* vieilli. Mari trompé.

CORNE n.f. (lat. pop. *corna*). **1.** Organe pair, dur, souvent pointu, poussant sur la tête de beaucoup de mammifères ruminants. (Les cornes sont creuses chez les bovidés, ramifiées et caduques chez les cervidés [bois].) ◇ *Fam.* ***Faire les cornes à qqn :*** pointer deux doigts évoquant des cornes dans un geste moqueur, souvent enfantin. – ***Prendre le taureau par les cornes :*** faire front résolument à une difficulté. – *Fam.* Attribut que l'on prête aux maris trompés. *Porter des cornes.* **2.** Organe corné poussant sur le museau du rhinocéros. **3.** Organe pair dont la forme évoque une corne (antenne des insectes, par ex.). *Cornes d'escargot.* **4.** Trompe sonore faite d'une corne d'animal dont on a enlevé la pointe. ◇ MAR. *Corne de brume :* instrument émettant des signaux sonores, utilisé par temps de brume. **5.** *Corne d'abondance :* motif ornemental représentant une corne remplie de fruits et de fleurs,

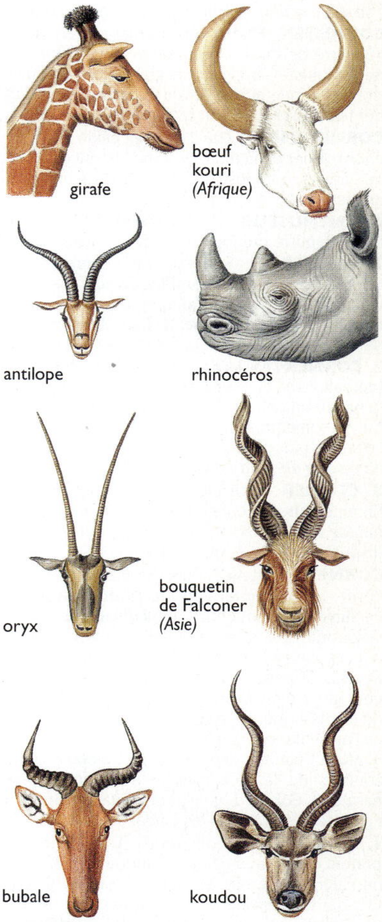

■ **CORNES** de mammifères.

■ **CORMORAN.** Grand cormoran.

emblème de l'abondance. **6.** Substance produite par l'épiderme, constituant les cornes des animaux et qu'on emploie dans l'industrie. *Peigne de corne.* ◇ *Corne à chaussure :* chausse-pied (en corne à l'origine). **7.** Substance dure constituant l'ongle du pied des ongulés. **8.** Callosité saillante de la peau. **9.** Partie saillante, pointue d'une chose. *Cornes de la lune.* **10.** Pli, repère fait au coin d'une page, d'une carte de visite. **11.** MAR. Vergue placée obliquement et portant une voile aurique ou un pavillon. ◇ *Corne de charge :* espar incliné pivotant sur un mât et utilisé pour charger ou décharger un navire. **12.** *Cornes de gazelle :* gâteau oriental en forme de corne.

CORNÉ, E adj. (lat. *corneus*). **1.** De la nature de la corne. **2.** Plié dans le coin. *Page cornée.*

CORNED-BEEF [kɔrnɛdbif] n.m. inv. (mot angl., *bœuf salé*). Conserve de viande de bœuf salée.

CORNÉE n.f. (lat. *cornea tunica,* tunique cornée). Partie antérieure transparente du globe oculaire, située dans le prolongement de la sclère et devant l'iris.

CORNÉEN, ENNE adj. Relatif à la cornée. ◇ *Lentille cornéenne* → **lentille.**

CORNÉENNE n.f. Roche compacte, à grain très fin, résultant du métamorphisme de contact.

CORNEILLE n.f. (lat. *cornicula*). Oiseau passereau d'Europe et d'Asie septentrionale, voisin des corbeaux mais plus petit, au plumage noir, qui se nourrit d'insectes et de petits rongeurs. (Cri : la corneille craille, graille ; famille des corvidés.)

CORNÉLIEN, ENNE adj. **1.** Relatif à l'œuvre, à l'écriture de Corneille. **2.** Se dit d'une situation dans laquelle s'opposent la grandeur d'une passion et l'honneur d'un devoir. **3.** *Héros cornélien,* qui fait passer le devoir avant tout.

CORNEMUSE n.f. (de *1. corner* et de l'anc. fr. *muser,* jouer de la musette). Instrument de musique à vent, composé d'une outre et de tuyaux à anches.

CORNEMUSEUR ou **CORNEMUSEUX** n.m. Instrumentiste qui joue de la cornemuse.

1. CORNER v.i. Sonner d'une corne, d'une trompe. ◇ *Corner aux oreilles de qqn,* lui parler très fort. ◆ v.t. **1.** Plier qqch en forme de corne. *Corner une carte de visite.* **2.** *Fam.* Répéter qqch partout et sans cesse. *Corner une nouvelle.*

2. CORNER [kɔrnɛr] n.m. (mot angl., *coin*). Au football, faute commise par un joueur qui envoie le ballon en dehors du but et derrière la ligne de but de son équipe ; coup franc botté du coin du terrain le plus proche à cette occasion. Recomm. off. : *coup de pied de coin.*

3. CORNER [kɔrnɛr] n.m. (mot anglo-amér.). Entente entre spéculateurs visant à provoquer la hausse des cours en acquérant tout le stock disponible d'une marchandise.

CORNET n.m. **1.** Anc. Petite trompe proche de la corne. ◇ Mod. *Cornet à pistons :* instrument à vent en cuivre, à embouchure, muni de pistons et dont la sonorité douce est intermédiaire entre celle du cor et celle de la trompette. **2.** Cornettiste. **3.** Emballage de papier roulé en forme de cône ; son contenu. *Cornet de frites.* — Suisse. Sac en papier ou en plastique. **4.** Gaufrette conique sur laquelle on présente une ou plusieurs boules glacées. **5.** ANAT. Chacune des trois saillies osseuses horizontales de la face externe de chaque fosse nasale. **6.** *Cornet à dés :* gobelet dans lequel on agite les dés avant de les lancer sur le tapis.

1. CORNETTE n.f. (de *corne*). **1.** Coiffure que portent certaines religieuses catholiques. **2.** Type de chicorée scarole, à feuilles enroulées. **3.** Anc. Étendard de cavalerie. **4.** Long pavillon de marine, à deux pointes appelées *cornes.* ◆ pl. Suisse. Pâtes alimentaires de forme courte et arrondie.

2. CORNETTE n.m. Porte-étendard, puis sous-lieutenant de cavalerie (XVIe - XVIIIe s.).

CORNETTISTE n. Instrumentiste qui joue du cornet. SYN. : *cornet.*

CORN FLAKES [kɔrnflɛks] n.m. pl. (anglo-amér. *cornflakes,* de *corn,* maïs, et *flake,* flocon). Aliment présenté sous forme de flocons grillés, préparé à partir de semoule de maïs.

CORNIAUD ou **CORNIOT** n.m. **1.** Chien bâtard. **2.** *Fam.* Homme stupide, imbécile.

CORNICHE n.f. (ital. *cornice,* du gr. *korônis*). **1.** Ensemble de moulures en surplomb les unes sur les autres, qui constituent le couronnement d'un entablement, d'une façade, d'un piédestal,

■ CORNICHE

d'un meuble. **2.** GÉOGR. Versant, portion de versant verticaux ou en pente abrupte. **3.** *Arg. scol.* Classe préparatoire à l'École spéciale militaire de Saint-Cyr.

CORNICHON n.m. (de *corne*). **1.** Concombre d'un type cultivé pour ses fruits, mis en conserve, jeunes ou très jeunes, dans le vinaigre ou la saumure ; le fruit lui-même, consommé comme condiment. **2.** *Fam.* Niais, imbécile. **3.** *Arg. scol.* Élève de corniche.

1. CORNIER n.m. et adj.m. (de *corne,* angle). Arbre qui marque le coin d'une coupe en forêt.

2. CORNIER, ÈRE adj. Se dit d'un poteau, d'un pilastre, etc., qui est à l'angle d'un bâtiment.

CORNIÈRE n.f. **1.** Barre métallique composée de deux lames (ailes) assemblées en T, en L ou en V. **2.** Chéneau de tuiles disposé à la jointure de deux pentes d'un toit pour l'écoulement des eaux. **3.** ARCHIT. Portique formant passage couvert au rez-de-chaussée des maisons, autour de la place principale d'une bastide. SYN. : *couvert.*

CORNIOT n.m. → **CORNIAUD.**

CORNIQUE adj. De la Cornouailles anglaise. ◆ n.m. Langue celtique qui était parlée en Cornouailles anglaise.

CORNISTE n. Instrumentiste qui joue du cor.

CORNOUILLE n.f. Fruit du cornouiller.

CORNOUILLER n.m. (de *corne*). Petit arbre commun des bois ou des haies, au bois dur. (Genre *Cornus ;* famille des cornacées.)

■ CORNOUILLER

CORN-PICKER [kɔrnpikœr] n.m. [pl. *corn-pickers*] (mot angl.). Machine à récolter le maïs, qui cueille les épis et les dépouille de leurs enveloppes.

CORN-SHELLER [kɔrnʃɛlœr] n.m. [pl. *corn-shellers*] (mot angl.). Machine à récolter le maïs qui cueille et égrène les épis.

CORNU, E adj. (lat. *cornutus*). **1.** Qui a des cornes, des appendices en forme de corne. *Bête cornue.* **2.** Qui a la forme d'une corne. *Bec cornu.*

CORNUE n.f. (de *cornu*). Vase à col étroit et courbé, autref. utilisé pour la distillation.

COROLLAIRE n.m. (lat. *corollarium,* petite couronne). Conséquence nécessaire et évidente. — MATH., LOG. Proposition qui se déduit immédiatement d'une proposition déjà démontrée.

COROLLE n.f. (lat. *corolla*). BOT. Ensemble des pétales d'une fleur, souvent colorés.

CORON n.m. (mot picard, anc. fr. *cor,* angle). Groupe d'habitations ouvrières en pays minier.

CORONAIRE adj. (lat. *coronarius*). **1.** *Artère coronaire,* ou *coronaire,* n.f. : chacune des deux artères qui naissent de l'aorte et apportent au muscle cardiaque le sang nécessaire à son fonctionnement. (L'oblitération des coronaires entraîne les douleurs de l'angine de poitrine et aboutit à l'infarctus du myocarde.) **2.** Coronarien.

CORONAL, E, AUX adj. ASTRON. Qui concerne la couronne d'une étoile, en partic. du Soleil.

CORONARIEN, ENNE adj. Relatif aux artères coronaires. SYN. : *coronaire.*

CORONARITE n.f. Vieilli. Athérosclérose des artères coronaires.

CORONAROGRAPHIE ou **CORONOGRAPHIE** n.f. Radiographie des artères coronaires avec un produit de contraste.

CORONAROPATHIE n.f. Toute affection des artères coronaires.

CORONELLE n.f. Petite couleuvre vivipare inoffensive, dont il existe deux espèces en Europe. (Long. 80 cm ; genre *Coronella,* famille des colubridés.)

CORONER [kɔrɔnœr] n.m. (mot angl.). Officier de police judiciaire, dans les pays anglo-saxons.

CORONILLE n.f. (esp. *coronilla*). Herbe vivace ou arbuste à fleurs jaunes, parfois cultivé comme plante ornementale. (Famille des papilionacées.)

CORONOGRAPHE n.m. ASTRON. Lunette pour l'étude et la photographie de la couronne solaire en dehors des éclipses totales de Soleil.

CORONOGRAPHIE n.f. → **CORONAROGRAPHIE.**

COROSSOL n.m. Gros fruit comestible du corossolier, à l'enveloppe hérissée de pointes, renfermant une pulpe rafraîchissante.

COROSSOLIER n.m. (mot créole). Petit arbre des régions tropicales dont le fruit est le corossol. (Genre *Anona ;* famille des anonacées.)

COROZO n.m. (mot esp.). Substance très dure, blanche, formant l'albumen des graines d'un palmier d'Amérique tropicale *(Phytéléphas)* et dont on fait notamm. des boutons. SYN. : *ivoire végétal.*

CORPORAL n.m. [pl. *corporaux*] (lat. *corporale,* de *corpus,* corps). CATH. Linge sacré, placé sur l'autel, où le prêtre pose l'hostie et le calice.

CORPORATIF, IVE adj. Relatif à une corporation.

CORPORATION n.f. (mot angl., du lat. *corporari,* se former en corps). **1.** Ensemble des personnes exerçant la même profession, le même métier. **2.** HIST. Dans la France du Moyen Âge et de l'Ancien Régime, association qui groupait les membres d'une profession, maîtres, compagnons et apprentis. (Les corporations, dénommées *métiers* jusqu'au XVIIIe s., furent supprimées en 1791.)

CORPORATISME n.m. **1.** Défense exclusive des intérêts professionnels d'une catégorie déterminée de travailleurs. **2.** Doctrine économique et sociale qui prône la création d'institutions professionnelles corporatives représentées auprès des pouvoirs publics.

CORPORATISTE adj. et n. Qui concerne ou soutient le corporatisme.

CORPOREL, ELLE adj. **1.** Relatif au corps humain ; physique, charnel ; PSYCHOL. *Schéma corporel :* image que chacun se fait de son propre corps. **2.** (Calque de l'anglais *body art*). *Art corporel :* forme d'art contemporain dans lequel l'artiste prend pour matériau son propre corps. (À partir de 1969 - 1970 : performances de Vito Acconci aux États-Unis, de Gina Pane en France, qu'avaient précédées celles des « actionnistes » viennois, tel Hermann Nitsch.) **3.** DR. *Bien corporel :* bien qui a une existence matérielle (par oppos. au *bien incorporel,* par ex. un droit d'auteur).

CORPORELLEMENT adv. *Litt., didact.* En ce qui concerne le corps ; physiquement, matériellement.

CORPS n.m. (lat. *corpus*). **I.** *Organisme.* **1.** Organisme de l'homme, de l'animal ; partie matérielle de l'être humain (par oppos. à *âme,* à *esprit*). ◇ *Corps et âme :* tout entier, sans réserve. – *Corps à corps :* directement aux prises avec l'adversaire ; avec acharnement. – *À corps perdu :* sans se ménager, dans un élan étourdissant. – Cadavre. *Faire don de son corps à la science.* **2.** Tronc (par oppos. aux *membres*). *Bras le long du corps.* – Ce qui habille le tronc, le torse. *Corps de robe. Corps de cuirasse.* **3.** Vx. Homme, individu. ◇ *À son corps défendant :* malgré soi. **4.** DR. Personne. *Séparation de corps et de biens.* **II.** *Partie principale.* **1.** Partie principale, essentielle. *Corps d'un meuble. Corps d'un article, d'un ouvrage.* ◇ MOBIL. *Buffet, bibliothèque à deux corps,* à deux parties superposées. – REL. *Corps d'ouvrage :* ensemble des cahiers cousus et/ou collés, prêts pour la reliure. – ARCHIT. *Corps de bâtiment :* partie d'un édifice, du sol à la couverture, présentant une certaine autonomie. – *Corps de logis :* corps de bâtiment servant à l'habitation. **2.** MAR. **a.** Rare. Coque d'un navire. **b.** L'ensemble des éléments fixes d'un navire (par oppos. aux *marchandises*). ◇ *Perdu corps et biens :* se dit d'un navire qui a sombré avec son équipage, ses passagers ; *fig.,* en totalité. **III.** *Groupe.* **1.** Ensemble de personnes appartenant à une même catégorie, à une même profession. *Corps électoral. Corps médical.* ◇ *Esprit de corps :* solidarité qui unit les membres d'un même corps, d'un même groupe. – *Faire corps :* former un ensemble indissoluble ; faire un avec. **2.** Organe de l'État dont les membres ne sont pas élus (Administration, justice). *Corps constitués. Grands corps de l'État (Conseil d'État, Cour des comptes, etc.).* ◇ *Corps diplomatique (CD) :* ensemble des représentants des puissances étrangères auprès du gouvernement. **3.** MIL. Unité autonome. *Corps de troupe. Chef de corps. Corps de garde.* ◇ *Corps d'armée :* grande unité capable de mener une action stratégique. – *Corps expéditionnaire :* corps constitué spécialement pour mener une expédition lointaine. – *Corps franc :* groupe de volontaires affecté à une mission spéciale. **4.** Ensemble de parties formant une unité organique, notamm. d'ouvrages ou de textes appartenant au même domaine. *Corps de doctrine.* **5.** ALGÈBRE. Ensemble muni de deux lois de composition interne, dont la première lui confère la structure de groupe commutatif, la seconde conférant aux éléments non nuls la structure de groupe, et la seconde loi étant distributive par rapport à la première. **6.** ARTS APPL. *Corps de moulures :* ensemble de moulures accolées, de profil complexe. **IV.** *Substance, objet.* **1.** Tout objet matériel occupant une portion d'espace et présentant des propriétés particulières. *Corps solide. Chute des corps.* – CHIM. Nom générique désignant une classe de composés chimiques. *Corps gras.* – ANAT. Partie anatomique des animaux et de l'homme, désignée par son aspect, par la propriété de son tissu. *Corps calleux. Corps caverneux.* ◇ *Prendre corps :* se matérialiser ; se préciser. **2.** Épaisseur, consistance d'une étoffe, d'un papier ; vigueur, plénitude en bouche d'un vin. *Avoir du corps.* **3.** IMPRIM. Espace vertical occupé par une ligne de *caractères, placée sans interligne entre deux autres.

CORPS-À-CORPS n.m. inv. Mêlée violente, acharnée ; lutte de front.

CORPS-MORT n.m. (pl. *corps-morts*). Dispositif coulé ou ancré au fond de l'eau et relié par une chaîne à une bouée ou à un coffre, destiné à fournir aux navires un mouillage fixe.

CORPULENCE n.f. **1.** Ampleur, volume du corps. *Un homme de forte corpulence.* **2.** Conformation d'une personne forte, grosse ; embonpoint. *Sa corpulence la handicape.*

CORPULENT, E adj. (lat. *corpulentus*). Qui a une forte corpulence.

CORPUS [kɔrpys] n.m. (mot lat., *corps*). *Didact.* Ensemble de textes, de documents fournis par une tradition ou rassemblés pour une étude, en partic. pour une étude linguistique.

CORPUSCULAIRE adj. Relatif aux corpuscules, aux atomes. ◇ *Théorie corpusculaire,* qui suppose une discontinuité de la matière, de l'électricité, de la lumière, etc. (par oppos. à *ondulatoire*).

CORPUSCULE n.m. (lat. *corpusculum*). **1.** Très petit élément de la matière ; corps minuscule. – PHYS. Vx. Particule. **2.** SC. DE LA V. Organe globuleux et de taille réduite. **3.** HISTOL. Récepteur sensoriel de la peau, sensible aux modifications de pression ou de température.

CORRAL n.m. [pl. *corrals*] (mot esp.). **1.** Enclos de taille réduite pour marquer, vacciner le bétail, en Amérique latine. **2.** Petit enclos, sous les galeries d'une arène, où les taureaux sont présentés aux spectateurs.

CORRASION n.f. (du lat. *corradere,* racler). GÉOMORPH. Érosion due au vent chargé de sable.

CORRECT, E adj. (lat. *correctus*). **1.** Qui respecte les règles, le bon goût, les convenances. *Style correct. Tenue correcte.* **2.** D'une qualité moyenne ; acceptable. *Devoir correct, sans plus.* **3.** *Fam.* À qui l'on peut faire confiance. *Un type correct.* **4.** (Calque de l'anglo-amér. *politically correct*). *Politiquement correct :* se dit d'un discours, d'un comportement prétendant bannir ou contrer tout ce qui pourrait blesser les membres des catégories et des groupes jugés victimes de l'ordre dominant ; *par ext., péjor.,* se dit d'un discours ou d'un comportement d'un progressisme convenu et intolérant.

CORRECTEMENT adv. De façon correcte, exacte, convenable.

CORRECTEUR, TRICE adj. Dont l'effet est de corriger. *Verres correcteurs.* ◆ n. **1.** Personne qui corrige des copies, spécialement pour un examen, un concours. **2.** Professionnel qui corrige des épreuves d'imprimerie. ◆ n.m. *Correcteur orthographique :* logiciel d'aide à la vérification et à la correction d'un texte établi sur traitement de texte. SYN. : *vérificateur orthographique.*

CORRECTIF, IVE adj. Qui vise à corriger, à redresser. *Gymnastique corrective.* ◆ n.m. Remarque, propos qui tempèrent une affirmation ; mise au point qui rectifie un énoncé maladroit. *J'apporterai un correctif à ce qui précède.*

CORRECTION n.f. (lat. *correctio*). **1.** Action de corriger un devoir, une copie d'élève ou d'étudiant. **2.** Châtiment corporel ; volée de coups. *Infliger, recevoir une correction.* – *Fam.* Sévère défaite. **3.** Caractère de ce qui est correct ; qualité d'une personne correcte. *Conduite d'une parfaite correction.* **4.** Contrôle de la composition d'un texte destiné à l'impression, avec indication et rectification des erreurs ; chacune des indications, des rectifications apportées lors d'un tel contrôle. **5.** Compensation artificiellement apportée à une déficience physique (déficience de la vision, en partic.). *Correction de la myopie par des verres.*

CORRECTIONNALISER v.t. DR. Rendre un crime justiciable des tribunaux correctionnels, en le qualifiant de délit, par voie légale ou judiciaire.

CORRECTIONNEL, ELLE adj. DR. Relatif aux délits, par oppos. aux *contraventions* et aux *crimes.* ◇ *Tribunal correctionnel,* ou *correctionnelle,* n.f., qui juge les délits, en France.

CORREGIDOR [kɔreʒidɔr] n.m. (mot esp.). Anc. Premier officier de justice d'une ville espagnole.

CORRÉLAT n.m. *Didact.* Élément en corrélation avec un autre.

CORRÉLATIF, IVE adj. Qui est en relation avec un autre élément. ◆ adj. et n.m. LING. Se dit de deux termes qui articulent deux membres d'une phrase interdépendants (ex. : *tel... que, trop... pour,* etc.).

CORRÉLATION n.f. (lat. *correlatio*). Dépendance réciproque de deux phénomènes qui varient simultanément, qui sont fonction l'un de l'autre, qui évoquent ou manifestent un lien de cause à effet. ◇ STAT., PROBAB. *Coefficient de corrélation :* indice mesurant le degré de liaison entre deux variables. (C'est le quotient de la covariance par le produit des écarts-types.) – LOG. Liaison logique.

CORRÉLATIONNEL, ELLE adj. Qui concerne une corrélation.

CORRÉLATIVEMENT adv. De façon corrélative.

CORRÉLER v.t. [11]. *Didact.* Mettre en corrélation.

CORRESPONDANCE n.f. **1.** Rapport de conformité, de symétrie, d'harmonie, de concordance. *Correspondance d'idées.* **2.** Échange de lettres ; les lettres elles-mêmes. *Entretenir une correspondance avec qqn. Lire sa correspondance.* **3.** Concordance d'horaires entre deux moyens de transport ; moyen de transport dont le service est établi en liaison avec un autre. *Attendre la correspondance.* **4.** ALGÈBRE. Relation générale entre deux ensembles.

1. CORRESPONDANT, E adj. Qui correspond à qqch, à qqn ; qui est en relation de correspondance.

2. CORRESPONDANT, E n. **1.** Personne avec laquelle on entretient une communication épistolaire, téléphonique. **2.** Jeune étranger avec qui on échange lettres et séjours linguistiques. **3.** Journaliste qui ne travaille pas au siège d'un journal et qui transmet, du lieu où il se trouve (province, étranger), des informations ou des articles. **4.** Membre d'une société savante en rapport épistolaire avec celle-ci. *Correspondant de l'Académie des sciences.* **5.** Personne chargée de veiller sur un élève interne lors de ses sorties.

CORRESPONDRE v.i. [59] (lat. *cum,* avec, et *respondere,* répondre). Entretenir des relations épistolaires ou téléphoniques. *Correspondre avec ses amis.* ◆ v.t. ind. **(à).** **1.** Être conforme à un état de fait. *Cela correspond à la vérité.* **2.** Être dans un rapport de symétrie, d'équivalence, de similitude ; être en relation avec. *Le grade de lieutenant de vaisseau correspond à celui de capitaine dans l'armée de terre.*

CORRIDA n.f. (mot esp.). **1.** Spectacle tauromachique au cours duquel des taureaux sont mis à mort. SYN. : *course de taureaux.* ◇ *Corrida pédestre :* course de fond qui se déroule dans les rues d'une ville. **2.** *Fig., fam.* Suite de difficultés entraînant agitation ou précipitation.

CORRIDOR n.m. (ital. *corridore*). **1.** Vieilli. Couloir. **2.** Territoire resserré entre deux États et qui sert de débouché à un autre territoire. *Le corridor de Dantzig* (entre 1918 et 1939).

CORRIGÉ n.m. Solution type d'un devoir, d'un exercice.

CORRIGER v.t. [10] (lat. *corrigere*). **1.** Faire disparaître les défauts, les erreurs de ; réviser, revoir pour rendre correct, pour améliorer. *Corriger une épreuve d'imprimerie.* **2.** Rectifier une erreur, un défaut. *Corriger une faute d'orthographe. Corriger la myopie.* **3.** *Corriger un devoir, une copie, etc.,* les noter après avoir relevé les fautes. **4.** Atténuer un trait excessif. *Corriger la sévérité d'une remarque par un sourire.* **5.** Infliger une correction à qqn. ◆ **se corriger** v.pr. **(de).** Se défaire de. *Se corriger d'un défaut.*

CORRIGIBLE adj. Qui peut être corrigé.

CORROBORATION n.f. Rare. Fait de corroborer ; confirmation.

CORROBORER v.t. (lat. *corroborare,* de *robur, roboris,* force). *Didact.* Servir de preuve, de confirmation à un propos, à un fait. *Le récit du témoin corrobore les déclarations de la victime.*

CORRODER v.t. (lat. *corrodere*). *Litt.* Provoquer la corrosion d'un corps solide, d'une surface, etc.

CORROIERIE [kɔrwari] n.f. Préparation des cuirs après le tannage.

CORROMPRE v.t. [60] (lat. *corrumpere*). **1.** Rendre mauvais ; dénaturer qqch. *Corrompre le jugement.* – Dépraver, pervertir qqn. *Corrompre la jeunesse.* **2.** Engager une personne investie d'une autorité à agir contre les devoirs de sa charge ; soudoyer. *Corrompre un juge.* **3.** Vieilli. Provoquer le pourrissement d'une substance ; altérer, gâter. *La chaleur corrompt la viande.*

CORROMPU, E adj. **1.** Perverti, dépravé. *Mœurs corrompues.* **2.** Vx. Pourri. ◆ adj. et n. Qui se laisse corrompre, soudoyer. *Un juge corrompu.*

CORROSIF, IVE adj. et n.m. Qui corrode, ronge. ◆ adj. Qui est mordant, caustique. *Ironie corrosive. Pamphlétaire corrosif.*

CORROSION n.f. (lat. *corrosio*). Destruction progressive, lente désagrégation, effritement d'une substance, d'une surface par effet chimique.

CORROYAGE [kɔrwajaʒ] n.m. **1.** Ensemble des opérations par lesquelles le cuir tanné est amené à l'état de cuir fini. **2.** MÉTALL. Action de déformer à chaud un métal ou un alliage. **3.** MENUIS. Dégrossissage d'une pièce de bois sciée et avivée en vue de son usinage définitif.

CORROYER [kɔrwaje] v.t. [7] (lat. pop. *corredare,* d'un mot germ.). **1.** Soumettre les cuirs au corroyage. **2.** MÉTALL. Déformer un métal ou un alliage à chaud. **3.** MENUIS. Effectuer un corroyage.

CORROYEUR, EUSE [kɔrwajœr, øz] n. Personne qui procède au corroyage du cuir.

CORRUPTEUR, TRICE adj. et n. Qui corrompt.

C

CORRUPTIBLE adj. **1.** Qu'on peut corrompre, soudoyer. **2.** Sujet à la corruption, au pourrissement.

CORRUPTION n.f. (lat. *corruptio*). **1.** Vx. Pourrissement. **2.** *Litt.* Fait d'être corrompu, dépravé ou perverti. *Corruption des mœurs.* **3.** Action de corrompre qqn en le soudoyant pour qu'il agisse contre son devoir ; fait d'être corrompu. *Tentative de corruption.*

CORSAGE n.m. (de *corps*). **1.** Vêtement féminin de tissu léger qui recouvre le buste. **2.** COUT. Haut de robe d'un seul tenant.

CORSAIRE n.m. (ital. *corsaro*). **1.** HIST. Navire rapide armé par un équipage habilité par son gouvernement à capturer des bâtiments de commerce ennemis (XVe - XIXe s.). – Capitaine ou marin d'un tel navire (à distinguer de *pirate*). **2.** Pantalon moulant s'arrêtant à mi-mollet.

CORSE adj. et n. De Corse. ◆ n.m. Langue parlée en Corse, dont les formes septentrionales sont proches du toscan et les formes méridionales, des dialectes du sud de l'Italie.

CORSÉ, E adj. **1.** Qui a un goût relevé. *Vin corsé.* **2.** Qui contient des détails scabreux. *Histoire corsée.* **3.** Qui est d'importance ; fort, excessif. *La réprimande était corsée.*

CORSELET n.m. (de *corps*). Anc. **1.** Corps de cuirasse. **2.** Vêtement féminin qui se laçait pardessus un corsage.

C

CORSER v.t. (de *corps*). **1.** *Corser un vin,* lui donner du corps en l'additionnant d'alcool. **2.** Épicer davantage une sauce. **3.** *Fig.* Donner de la vigueur à, renforcer l'intérêt de (un propos, une intrigue, etc.). *Corser un récit de quelques détails savoureux.* **4.** *Corser la note, l'addition,* en gonfler le total. ◆ **se corser** v.pr. Prendre un tour plus complexe, plus délicat. *L'affaire se corse.*

CORSET n.m. (de *corps*). Sous-vêtement, surtout féminin, destiné à maintenir la taille et le ventre. ◇ *Corset orthopédique :* appareil utilisé dans le traitement des déviations et des fractures de la colonne vertébrale.

CORSETER v.t. [12]. Serrer dans un corset.

CORSETIER, ÈRE n. et adj. Personne qui fait ou vend des corsets.

CORSO n.m. (mot ital., *promenade publique*). *Corso fleuri :* défilé de chars fleuris au cours de certaines fêtes en plein air.

CORTÈGE n.m. (ital. *corteggio*). **1.** Groupe de personnes qui en suivent une autre pour lui faire honneur ; défilé, procession. *Cortège nuptial.* **2.** *Fig., litt.* Ce qui suit, accompagne. *La guerre et son cortège de misères.*

CORTES [kɔrtɛs] n.f. pl. (mot esp.). Parlement bicaméral espagnol.

CORTEX n.m. (mot lat., *écorce*). **1.** BIOL. Partie externe qui forme l'enveloppe d'un organe animal ou végétal ; écorce. **2.** MÉD. Partie périphérique de certains organes (glandes surrénales, rein, etc.) [par oppos. à *médulla*]. **3.** MÉD. *Cortex cérébral,* ou *cortex :* couche de substance grise située à la surface des hémisphères cérébraux, contenant les corps cellulaires de neurones et responsable des fonctions les plus élevées du cerveau.

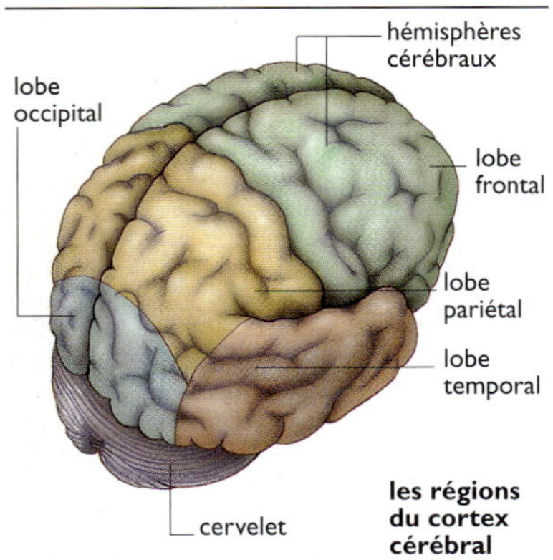

les régions du cortex cérébral

■ CORTEX

CORTI (ORGANE DE) : organe de l'audition situé dans la cochlée.

CORTICAL, E, AUX adj. (du lat. *cortex, -icis,* écorce). BIOL., MÉD. **1.** Relatif au cortex d'un organe, à l'écorce d'une plante. **2.** *Aire corticale :* zone du cortex cérébral jouant un rôle spécifique (commande des mouvements, perception sensitive consciente, utilisation du langage, etc.).

CORTICALE n.f. (Abusif). Cortex.

CORTICOÏDE ou **CORTICOSTÉROÏDE** adj. et n.m. Se dit des hormones de la glande corticosurrénale et de leurs dérivés synthétiques.

CORTICOSTIMULINE n.f. Hormone de l'hypophyse qui stimule la sécrétion de la glande corticosurrénale. SYN. : *ACTH.*

CORTICOSURRÉNAL, E, AUX adj. *Glande corticosurrénale,* ou *corticosurrénale,* n.f. : région périphérique de la glande surrénale, qui sécrète les hormones corticoïdes.

CORTICOTHÉRAPIE n.f. Traitement par les corticoïdes.

CORTINAIRE n.m. Champignon à lamelles dont le bord du chapeau reste attaché au pied par une cortine. (Parmi les quelque 400 espèces, beaucoup sont comestibles, d'autres, vénéneuses, voire mortelles ; classe des basidiomycètes.)

cortinaire couleur de rocou *Cortinarius orellanus* **mortel**

cortinaire de Berkeley *Cortinarius praestans* **comestible**

■ CORTINAIRES

CORTINE n.f. (lat. *cortina,* chaudron). Ensemble de filaments réunissant le bord du chapeau de certains champignons à la partie supérieure du pied.

CORTISOL n.m. Principale hormone du groupe des glucocorticoïdes. SYN. : *hydrocortisone.*

CORTISONE n.f. Hormone du groupe des glucocorticoïdes.

CORTON n.m. Grand vin rouge de Bourgogne récolté dans la commune d'Aloxe-Corton (Côte-d'Or).

CORUSCANT, E adj. (lat. *coruscans*). *Litt.,* rare. Qui brille d'un vif éclat ; étincelant.

CORVÉABLE adj. et n. HIST. Assujetti à la corvée. ◇ *Taillable et corvéable à merci* → **taillable.**

CORVÉE n.f. (du lat. *corrogare,* convoquer). **1.** HIST. Travail gratuit qui était dû par le paysan au seigneur ou au roi. **2.** Travail pénible ou rebutant imposé à qqn. **3.** Travail dans l'intérêt commun exécuté à tour de rôle par les membres d'une communauté (militaires, notamm.). *Corvée de pluches.*

CORVETTE n.f. (moyen néerl. *corver*). **1.** Anc. Bâtiment de guerre, intermédiaire entre la frégate et le brick. **2.** Mod. Bâtiment de moyen tonnage armé pour la lutte anti-sous-marine.

CORVIDÉ n.m. (lat. *corvus,* corbeau). Oiseau passereau de taille moyenne, tel que le corbeau, la corneille, le geai et la pie. (Les corvidés forment une famille.)

CORYBANTE n.m. (gr. *korubas, korubantos*). ANTIQ. GR. Prêtre du culte de Cybèle.

CORYMBE n.m. (gr. *korumbos*). BOT. Inflorescence où les pédoncules sont de longueur inégale, mais où toutes les fleurs sont sur un même plan (fleur de pommier, par ex.).

CORYPHÉE n.m. (gr. *koruphaios*). **1.** ANTIQ. GR. Chef du chœur. **2.** Deuxième des cinq échelons, dans la hiérarchie du ballet de l'Opéra de Paris ; danseur possédant ce grade.

CORYZA n.m. (gr. *koruza,* écoulement nasal). **1.** Rhume de cerveau. **2.** *Coryza spasmodique :* rhume des foins.

1. COS ou **C.O.S.** [kɔs] n.m. (acronyme de *coefficient d'occupation des sols*). Coefficient qui détermine, en France, pour chaque nature de construction, dans le cadre d'un POS, la densité de construction autorisée.

2. COS ou **C.O.S.** [seoɛs] n.m. (sigle). Complément d'*objet second.

COSAQUE adj. et n. (russe *kazak*). Qui se rapporte aux Cosaques, appartient à cette population.

COSIGNATAIRE n. et adj. Personne qui a signé avec une ou plusieurs autres.

COSIGNER v.t. Signer un texte avec une ou plusieurs personnes.

COSINUS [kɔsinys] n.m. MATH. Fonction associant à un arc de cercle $\widehat{AM}$, ou à l'angle au centre $\widehat{AOM}$ correspondant, le quotient des mesures algébriques de OP et de OA, où P est le projeté orthogonal de M sur la droite OA (symb. cos).

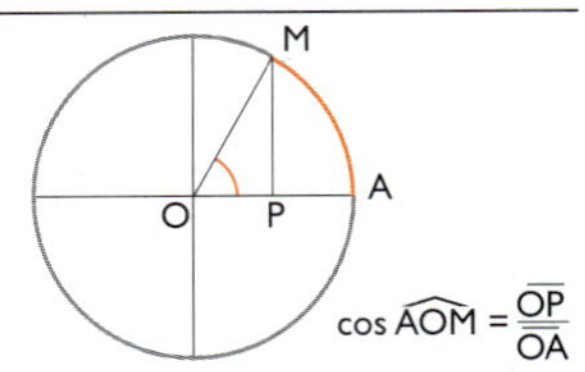

■ COSINUS

COSMÉTIQUE adj. et n.m. (gr. *kosmêtikos,* de *kosmos,* parure). Se dit de toute préparation non médicamenteuse destinée aux soins du corps, à la toilette, à la beauté. ◆ adj. Se dit de ce qui ne modifie que les apparences, ne va pas à l'essentiel ; superficiel. *Une réforme cosmétique.*

COSMÉTOLOGIE n.f. Étude de la préparation et de l'usage des cosmétiques.

COSMÉTOLOGUE n. Spécialiste de cosmétologie.

COSMIQUE adj. (du gr. *kosmos,* univers). **1.** Relatif au cosmos, à l'Univers, à l'ordre du monde ; infini, vertigineux. *Lois cosmiques.* **2.** Relatif à l'espace intersidéral. ◇ ASTROPHYS. *Rayons cosmiques :* flux de particules chargées de haute énergie d'origine solaire, galactique ou extragalactique, produisant des phénomènes d'ionisation dans la haute atmosphère.

COSMODROME n.m. Base de lancement d'engins spatiaux, dans les pays de l'ex-URSS. *Le cosmodrome de Baïkonour.*

COSMOGONIE n.f. (gr. *kosmos,* univers, et *gonos,* génération). **1.** Récit mythique de la formation de l'univers et, souvent, de l'émergence des sociétés. **2.** Science de la formation des objets célestes (planètes, étoiles, galaxies, etc.).

COSMOGONIQUE adj. Relatif à une cosmogonie mythique ou à la cosmogonie scientifique.

COSMOGRAPHIE n.f. Description des systèmes astronomiques de l'Univers.

COSMOGRAPHIQUE adj. Relatif à la cosmographie.

COSMOLOGIE n.f. Science qui étudie la structure et l'évolution de l'Univers considéré dans son ensemble.

COSMOLOGIQUE adj. Relatif à la cosmologie.

COSMOLOGISTE ou **COSMOLOGUE** n. Spécialiste de cosmologie.

COSMONAUTE n. Occupant d'un vaisseau spatial, dans la terminologie russe. (→ *astronaute, spationaute*).

COSMOPOLITE adj. (gr. *kosmopolitês,* citoyen du monde). **1.** Habité, fréquenté par des citoyens du monde entier. *Ville cosmopolite.* **2.** Ouvert à toutes les civilisations, à toutes les coutumes. *Goûts cosmopolites.* **3.** ÉCOL. Se dit d'une espèce vivante répandue dans toutes les régions du monde où son habitat existe (par oppos. à *endémique*). SYN. : *ubiquiste.*

COSMOPOLITISME n.m. **1.** Caractère de ce qui est cosmopolite ; disposition d'esprit cosmopolite. **2.** ÉCOL. Caractère des animaux, des plantes et des micro-organismes cosmopolites (par oppos. à *endémisme*).

COSMOS [kɔsmos] n.m. (mot gr.). **1.** L'Univers considéré dans son ensemble. **2.** Espace extra-atmosphérique. **3.** PHILOS. Dans la pensée grecque, le monde, l'Univers conçu comme un tout ordonné et hiérarchisé.

COSSARD, E adj. et n. *Fam.* Paresseux.

1. COSSE n.f. (lat. *cochlea,* coquille). Enveloppe de certains légumes. *Cosse de pois.*

2. COSSE n.f. (néerl. *kous*). **1.** Garniture métallique de l'extrémité d'un conducteur électrique. **2.** Œillet fixé à l'extrémité d'un cordage.

3. COSSE n.f. (de *cossard*). *Fam.* Grande paresse.

COSSER v.i. (ital. *cozzare*). Se heurter mutuellement la tête, en parlant des béliers.

COSSETTE n.f. Fragment de betterave à sucre, de racine de chicorée coupée en lamelles.

COSSU, E adj. (de *1. cosse*). **1.** Qui dénote la richesse. *Maison cossue.* **2.** Qui vit dans l'aisance. *Un monsieur cossu.*

COSSUS [kɔsys] n.m. (mot du lat. sc.). Papillon nocturne à ailes brun clair, de 6 à 9 cm d'envergure, dont une espèce est appelée en France *gâte-bois* en raison des profondes galeries que sa chenille creuse dans les arbres. (Famille des cossidés.)

COSTAL, E, AUX adj. (du lat. *costa,* côte). ANAT. Des côtes.

COSTARD ou **COSTAR** n.m. *Fam.* Costume d'homme ; complet.

COSTARICAIN, E adj. et n. Du Costa Rica, de ses habitants.

COSTAUD, E adj. et n. *Fam.* Fort, vigoureux. (Le fém. *costaude* est rare, on emploie plus souvent la forme *costaud.*)

COSTIÈRE n.f. Rainure dans le plateau d'un théâtre pour la manœuvre et l'installation de décors.

COSTUME n.m. (mot ital., *coutume*). **1.** Ensemble des différentes pièces d'un habillement. *Costume de scène.* **2.** Vêtement d'homme comportant un pantalon, un veston et éventuellement un gilet ; complet. **3.** Vêtement typique d'un pays, d'une région ou d'une époque. *Costume grec, écossais. (V. ill. p. 268 - 269).* **4.** Suisse. *Costume de bain :* maillot de bain.

COSTUMÉ, E adj. *Bal costumé,* où les danseurs sont travestis.

COSTUMER v.t. Revêtir d'un costume.

COSTUMIER, ÈRE n. **1.** Personne qui fait, vend ou loue des costumes de théâtre, de cinéma, etc. **2.** Technicien qui s'occupe des costumes d'un spectacle.

1. COSY adj. inv. (mot angl.). Confortable, agréable. *Un décor cosy.*

2. COSY ou **COSY-CORNER** [kozikɔrnœr] n.m. [pl. *cosys* ou *cosies, cosy-corners*] (mot angl.). Vieilli. Ensemble formé par un divan encastré dans un meuble d'angle à étagères.

COTABLE adj. Susceptible d'être coté en Bourse.

COTANGENTE n.f. MATH. Inverse de la tangente d'un angle (symb. cotg ou cotan).

COTATION n.f. BOURSE. Action de coter ; son résultat. – Cours d'un titre ou prix d'une marchandise.

COTE [kɔt] n.f. (lat. *quota pars,* quote-part). **1.** Marque pour classer, repérer les éléments d'une collection, les livres d'une bibliothèque, etc. **2.** Nombre porté sur un dessin, un plan, une carte, indiquant une dimension, un niveau, une coordonnée, etc. **3.** Belgique. Note scolaire. **4.** Altitude d'un point par rapport à une surface de référence. ◇ *Cote d'alerte :* niveau d'un cours d'eau au-dessus duquel il y a inondation ; *fig.,* point critique. **5.** GÉOMÉTR. Troisième coordonnée d'un point d'un espace affine muni d'un repère cartésien. **6.** Constatation officielle des cours des titres, des monnaies, des marchandises, partic. en Bourse ; tableau, feuille périodique reproduisant ces cours. **7.** Cours officieux de certaines marchandises (voitures d'occasion, par ex.). **8.** Estimation des chances de succès d'un cheval de course ; taux des paris. **9.** Degré d'estime pour qqn ou qqch. *Avoir une bonne cote.* ◇ *Fam. Avoir la cote :* être très estimé. – *Cote d'amour :* appréciation fondée sur la valeur morale, sociale de qqn. **10.** DR. Part d'impôt que chacun doit payer. ◇ *Cote mal taillée :* compromis.

CÔTE [kot] n.f. (lat. *costa*). **I.** *Partie du corps.* **1.** Chacun des os allongés et courbes faisant partie de la cage thoracique. ◇ *Côtes flottantes :* les deux dernières côtes, non rattachées au sternum. – *Fam. Se tenir les côtes :* rire beaucoup. – *Côte à côte :* l'un à côté de l'autre. **2.** Partie supérieure de la côte d'un animal de boucherie et de la vertèbre qui la supporte, avec les muscles qui y adhèrent. *Une côte de bœuf.* **3.** Partie saillante, allongée. *Étoffe à côtes.* ◇ *Point de côtes :* point de tricot constitué par l'alternance régulière, sur un même rang, de points à l'endroit et de points à l'envers. **4.** BOT. **a.** Division naturelle marquée, sur certains fruits. *Côtes de melon.* **b.** Pétiole charnu de certaines plantes. *Côtes de bette.* **II.** *Relief.* **1.** Partie en pente d'un chemin, d'une route. **2.** Pente d'une colline. **3.** GÉOMORPH. *Relief de côte,* ou *côte :* cuesta. **4.** Rivage de la mer. *La côte landaise.* ◇ MAR. *Faire côte, aller à la côte :* s'échouer devant le rivage.

COTÉ, E adj. **1.** Qui a une bonne cote ; estimé, apprécié. **2.** Admis à la cotation en Bourse.

CÔTÉ n.m. (lat. pop. *costatum,* côté du corps, de *costa,* côte). **1.** Partie latérale du tronc ; flanc. *Couché sur le côté.* ◇ *Être au côté, aux côtés de qqn,* lui apporter son soutien. – *De côté :* de biais, obliquement ; furtivement ; avec embarras. *Regarder de côté.* **2.** Partie latérale, limite extérieure d'une chose. *Le côté droit de la rue.* ◇ *À côté :* auprès, non loin ; en dehors. – *Laisser de côté :* négliger, abandonner. – *Mettre de côté,* en réserve. **3.** GÉOMÉTR. Chacun des segments qui composent un polygone ; longueur, mesure de ce segment. **4.** Partie, endroit quelconque par opposition à d'autres. *De l'autre côté du parc.* ◇ *De tous côtés, de tout côté :* de toutes parts ; partout. **5.** Aspect sous lequel se présente qqch ; manière dont on l'envisage. *Les bons côtés d'une affaire.* **6.** Ligne de parenté. *Le côté paternel. Il n'a plus aucun parent du côté de sa mère.* **7.** *À côté de :* auprès de ; en comparaison de. **8.** *Du côté de.* **a.** Dans la direction de ; aux environs de. *Il habite du côté de Chartres.* **b.** *Fam., ellipt.* Relativement à, sur le plan de, en ce qui concerne. *Côté argent, ça va.* – *De mon côté :* quant à moi.

COTEAU n.m. (de *côte*). **1.** Petite colline. *Les coteaux du Médoc.* **2.** Versant d'une colline, d'un plateau ; partic., côte plantée de vignes. *Vin de coteau.*

CÔTELÉ, E adj. Se dit d'un tissu qui présente des côtes parallèles. *Velours côtelé.*

CÔTELETTE n.f. Côte des petits animaux de boucherie (mouton, veau, etc.).

COTER v.t. (de *cote*). **1.** Marquer d'une cote un document, une pièce, un livre, etc. **2.** BOURSE. Inscrire à la cote ; fixer le cours d'une monnaie, d'une valeur, d'une marchandise. **3.** Porter, reporter les cotes d'un objet ou d'éléments représentés (courbes de niveau, par ex.) sur une carte, un plan, un dessin. ◆ v.i. BOURSE. Avoir telle cotation, en parlant d'une valeur, d'une monnaie, d'une marchandise. *L'or a coté en baisse.*

COTERIE n.f. (anc. fr. *cotier,* association de paysans). *Péjor.* Petit groupe de personnes qui se soutiennent pour faire prévaloir leurs intérêts.

CÔTES-DU-RHÔNE n.m. inv. Vin des coteaux de la vallée du Rhône, au sud de Lyon, entre Vienne et Avignon.

COTEUR n.m. Employé qui, à la Bourse, inscrit les cours des valeurs négociées.

COTHURNE n.m. (lat. *cothurnus,* du gr.). ANTIQ. GR. Chaussure à semelle épaisse des acteurs tragiques.

COTICE n.f. HÉRALD. Bande diminuée de largeur.

COTIDAL, E, AUX adj. (de l'angl. *tide,* marée). OCÉANOL. *Ligne cotidale,* passant par tous les points où la pleine mer a lieu à la même heure.

CÔTIER, ÈRE adj. Des côtes ; qui se fait le long des côtes. *Navigation côtière.* ◇ *Fleuve côtier,* qui a sa source près des côtes.

COTIGNAC n.m. (lat. *cotoneum,* coing). Pâte de coings très sucrée. (Spécialité d'Orléans.)

COTILLON n.m. (de *2. cotte*). **1.** Vx. Jupon. **2.** Farandole ou sarabande joyeuse qui termine une soirée dansante. ◇ *Accessoires de cotillon,* ou *cotillons,* n.m. pl. : confettis, serpentins, etc., utilisés au cours d'une fête, d'un bal ou d'un banquet.

COTISANT, E adj. et n. Qui verse une cotisation.

COTISATION n.f. **1.** Action de cotiser ou de se cotiser. **2.** Somme versée par chacun pour contribuer à une dépense commune. **3.** Versement effectué en vue de bénéficier d'une assurance.

COTISER v.i. **1.** Payer sa quote-part d'une dépense commune. **2.** Verser régulièrement de l'argent à un organisme, à une association, etc. *Cotiser à une mutuelle.* ◆ **se cotiser** v.pr. Se mettre à plusieurs pour réunir une certaine somme d'argent.

CÔTOIEMENT n.m. *Sout.* Action de côtoyer qqn ; fréquentation.

COTON n.m. (ital. *cotone,* de l'ar. *qutun*). **1.** Fibre textile naturelle recouvrant les graines du cotonnier. ◇ *Fam. Filer un mauvais coton :* être très malade ; se trouver dans une situation très difficile. **2.** Fil ou étoffe que l'on fabrique avec cette fibre. *Des chaussettes en coton.* **3.** Morceau d'ouate, de coton hydrophile. *Un coton imbibé d'alcool.* ◇ *Élever un enfant dans du coton,* le protéger de façon excessive. ◆ adj. inv. *Fam.* Difficile. *Des problèmes coton.*

COTONÉASTER [kɔtɔneastɛr] n.m. Arbuste ornemental, à petites feuilles, à fleurs blanches ou roses. (Famille des rosacées.)

COTONNADE n.f. Étoffe de coton, pur ou mélangé.

COTONNER (SE) v.pr. Se couvrir d'un duvet ressemblant à du coton, en parlant d'une étoffe.

COTONNERIE n.f. **1.** Culture du coton. **2.** Lieu où se travaille le coton. **3.** Terrain planté de cotonniers.

COTONNEUX, EUSE adj. **1.** Qui rappelle le coton par son aspect. *Un ciel cotonneux.* **2.** Se dit d'un végétal, d'un fruit recouvert de duvet. **3.** Se dit d'un fruit dont la pulpe est fade, spongieuse. *Poire cotonneuse.*

1. COTONNIER, ÈRE adj. Qui se rapporte au coton, au cotonnier.

2. COTONNIER n.m. Plante herbacée ou arbuste originaires de l'Inde, à fleurs jaunes ou roses, cultivés dans les régions chaudes pour le coton qui entoure les graines et pour l'huile contenue dans celles-ci. (Haut. 0,50 à 1,50 m ; genre *Gossypium,* famille des malvacées.)

■ COTONNIER

COTON-POUDRE n.m. (pl. *cotons-poudres*). Coton nitré (nitrocellulose) ayant des propriétés explosives.

COTON-TIGE n.m. (nom déposé). Bâtonnet dont les deux bouts sont munis d'un morceau de coton pour nettoyer les oreilles ou le nez.

CÔTOYER v.t. [7] (de *côté*). **1.** Vivre près de qqn ; fréquenter. *Elle côtoie vraiment de drôles de gens.* **2.** Aller, se trouver le long de. *La route côtoie une rivière.* **3.** *Fig.* Être tout proche de ; frôler. *Côtoyer le ridicule.*

COTRE n.m. (angl. *cutter*). Voilier à un seul mât, avec grand-voile, foc et trinquette.

COTRIADE n.f. Soupe à base de poissons, de pommes de terre et d'oignons. (Cuisine bretonne.)

COTTAGE [kɔtɛdʒ] ou [kɔtaʒ] n.m. (mot angl.). Maison de campagne simple et élégante. *Passer ses week-ends dans un cottage en Normandie.*

1. COTTE n.m. (gr. *kottos*). ZOOL. Chabot.

2. COTTE n.f. (mot germ.). **1.** Salopette en tissu génér. bleu, pour travailler. *Une cotte de mécanicien.* **2.** Anc. Tunique commune aux deux sexes portée au Moyen Âge entre la chemise et le surcot. ◇ *Cotte de mailles :* longue chemise formée de mailles métalliques unies et rivées sans armatures. – *Cotte d'armes :* vêtement ample porté sur l'armure.

COTUTEUR, TRICE n. Personne qui exerce avec une ou plusieurs autres le rôle de tuteur, de tutrice.

COTYLE n.m. (gr. *kotulê,* cavité). ANAT. Cavité cotyloïde de l'os iliaque.

COTYLÉDON n.m. (gr. *kotulêdôn,* creux d'une tasse). **1.** BOT. Feuille primordiale charnue ou foliacée qui s'insère dans la graine sur l'axe de la plantule et constitue une réserve pour le développement de celle-ci. **2.** EMBRYOL. Lobe du placenta.

COTYLOÏDE [kɔtilɔid] adj. ANAT. *Cavité cotyloïde :* acetabulum.

C

XIIIe siècle — XIVe siècle — XVe siècle — fin XVe siècle

début XVIe homme — début XVIe femme — Henri II — Henri III — Marie de Médicis

1660 — 1730 — 1778 — fin XVIIIe siècle

Ier Empire — 1830 — 1860 — 1875 — 1880

■ **COSTUMES MILITAIRES**

COU n.m. (lat. *collum*). **1.** Partie du corps de l'homme et de certains vertébrés qui joint la tête au tronc. *Un cou épais. Avoir mal au cou.* ◇ *Se casser, se rompre le cou :* se tuer. – ***Se jeter, sauter au cou de qqn,*** l'embrasser avec effusion. – ***Tendre le cou :*** s'offrir en victime sans se défendre, sans réagir. **2.** Rare. Partie longue et étroite d'un récipient. SYN. *(cour.) : col.*

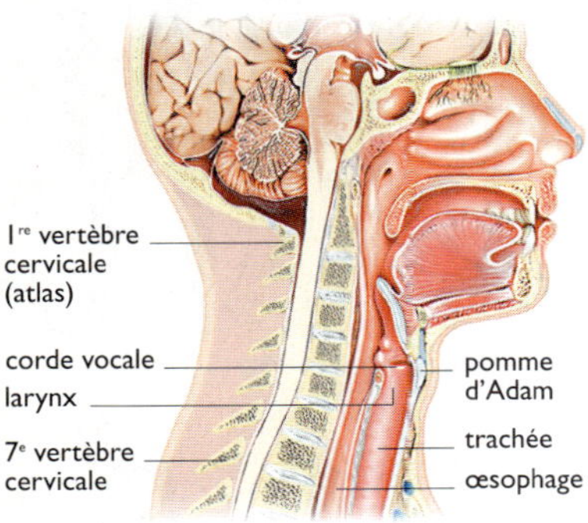

■ **COU**

COUAC n.m. (onomat.). **1.** Son faux et discordant produit par la voix ou par un instrument de musique. **2.** *Fam.* Acte ou propos qui révèlent un manquement à la cohésion générale ou à l'unité d'un groupe ; fausse note.

COUARD, E adj. et n. (du lat. *cauda,* queue). *Litt.* Qui manque de courage ; lâche, poltron.

COUARDISE n.f. *Litt.* Poltronnerie, lâcheté.

COUCHAGE n.m. **1.** Action de coucher, de se coucher. *Organiser le couchage d'une troupe.* **2.** Matériel dont on se sert pour se coucher (matelas, draps, couverture, etc.). ◇ ***Sac de couchage :*** sac de toile tenant lieu de draps, ou sac garni de matière isolante (duvet, par ex.) utilisé par les campeurs, les soldats, etc., pour dormir. **3.** PAPET. Opération destinée à couvrir le papier ou le carton d'un enduit spécial qui les rend plus opaques et plus imperméables, et qui leur donne une meilleure aptitude à l'impression.

COUCHAILLER v.i. *Fam., péjor.* Avoir des aventures sexuelles épisodiques.

1. COUCHANT, E adj. **1.** *Soleil couchant :* soleil près de disparaître à l'horizon ; moment correspondant de la journée. **2.** *Chien couchant :* chien d'arrêt qui se couche en arrêtant le gibier (par oppos. à ***chien courant***).

2. COUCHANT n.m. **1.** Soleil couchant ; aspect du ciel à ce moment du jour. **2.** *Litt.* Côté de l'horizon où le soleil se couche ; ouest, occident.

COUCHE n.f. (de *coucher*). **1.** Étendue uniforme d'une substance appliquée ou déposée sur une surface. *Il faudra deux couches de peinture sur le plafond.* ◇ *Fam. En tenir, en avoir une couche :* être stupide, borné. **2.** Disposition d'éléments en niveaux superposés ; chacun de ces niveaux. *Les différentes couches de l'atmosphère.* – GÉOL. Niveau sédimentaire de nature lithologique homogène situé entre deux niveaux sédimentaires concordants, mais au faciès différent. **3.** Amas de fumier ou de matières organiques en voie de décomposition libérant de la chaleur et destiné à protéger les jeunes plants du froid, de la gelée. – Amas de compost sur lequel on cultive le champignon de Paris, ou *champignon de couche.* **4.** Catégorie, classe sociale. *Les couches défavorisées de la société.* **5.** PHYS. *Couche limite :* mince pellicule qui entoure un corps en mouvement dans un fluide et qui est le siège de phénomènes aérodynamiques et thermiques affectant le comportement de ce corps. **6.** Linge absorbant ou garniture à usage unique placés entre les jambes d'un bébé, maintenus par une pointe ou une culotte. **7.** *Litt.* Lit. *Être étendu sur sa couche.* **8.** *Fausse couche :* avortement spontané. **9.** PHYS., CHIM. Ensemble des états électroniques d'un atome caractérisés par un même nombre quantique principal. ◆ pl. **1.** État d'une femme qui accouche ou vient d'accoucher. *Une femme en couches, qui relève de couches.* ◇ *Retour de couches :* première menstruation après l'accouchement. **2.** ANAT. Vx. *Couches optiques :* thalamus.

COUCHÉ, E adj. **1.** Penché. *Une écriture couchée.* **2.** *Papier couché,* ou *couché,* n.m. : papier très lisse ayant subi l'opération de couchage.

COUCHE-CULOTTE n.f. (pl. *couches-culottes*). Couche jetable en forme de culotte maintenue par des bandes adhésives.

1. COUCHER v.t. (lat. *collocare*). **1.** Mettre au lit. *Coucher un enfant.* **2.** Étendre qqn sur le sol ou sur une surface plane. *Coucher un blessé sur un brancard.* **3.** Mettre qqch à l'horizontale. *Coucher des bouteilles de vin.* ◇ ***Coucher un fusil en joue,*** l'ajuster pour tirer. **4.** Incliner vers l'horizontale ; courber. *Vent qui couche les blés.* **5.** Étendre en couche. *Coucher un enduit.* **6.** Consigner par écrit ; inscrire. *Coucher qqn sur son testament.* ◆ v.i. **1.** Passer la nuit ; dormir. *Elles ne savent pas où coucher ce soir.* ◇ *Fam. Nom à coucher dehors :* nom difficile à prononcer, à retenir. **2.** *Fam. Coucher avec qqn,* avoir un rapport sexuel avec lui. **3.** MAR. S'incliner. *Navire qui couche.* ◆ **se coucher** v.pr. **1.** Se mettre au lit pour dormir. *Elle s'est couchée à minuit.* **2.** Se mettre dans la position horizontale ; s'allonger, s'étendre. *Se coucher sur le côté.* – Se courber, s'incliner. *Un poteau qui s'est couché en travers de la route.* **3.** Disparaître à l'horizon, en parlant d'un astre.

2. COUCHER n.m. **1.** Action de coucher qqn ou de se coucher. **2.** Moment où un astre disparaît sous l'horizon. *Le coucher du soleil.*

COUCHERIE n.f. *Fam., péjor.* Fait de coucher avec qqn, d'avoir des relations sexuelles sans amour.

COUCHE-TARD n. inv. *Fam.* Personne qui se couche habituellement à une heure tardive.

COUCHE-TÔT n. inv. *Fam.* Personne qui se couche habituellement de bonne heure.

COUCHETTE n.f. **1.** Banquette ou lit escamotable pour dormir, dans un compartiment de chemin de fer. *Louer une couchette.* **2.** Lit aménagé dans une cabine de navire.

COUCHEUR, EUSE n. *Fam. Mauvais coucheur :* personne au caractère difficile, peu sociable.

COUCHEUSE n.f. PAPET. Machine servant au couchage.

COUCHIS n.m. CONSTR. Assise intermédiaire d'un plancher, d'un revêtement de sol.

COUCHITIQUE adj. et n.m. (de *Couch,* anc. n. de l'Éthiopie). Se dit de langues de la famille chamito-sémitique parlées en Éthiopie et en Somalie.

COUCHOIR n.m. Cône de bois utilisé pour fabriquer des cordages.

COUCI-COUÇA adv. (ital. *così così,* ainsi ainsi). *Fam.* Comme ci, comme ça ; ni bien ni mal. *Ça va ? – Couci-couça.*

COUCOU n.m. (onomat.). **1.** Oiseau d'Eurasie et d'Afrique à dos gris et à ventre blanc rayé de brun, insectivore, qui pond dans le nid d'autres oiseaux afin qu'ils élèvent sa progéniture. (Long. 32 cm ; ordre des cuculiformes.) **2.** Plante à fleurs jaunes fleurissant au printemps (nom commun à la primevère officinale et au narcisse des bois). **3.** *Fam.* Avion vétuste, démodé. **4.** Horloge à poids munie d'un système imitant le chant du coucou. ◆ interj. S'emploie pour signaler l'arrivée inopinée de qqn ou pour manifester sa présence. *Coucou, c'est moi !*

■ **COUCOU.** Coucou gris.

COUCOUMELLE n.f. (provenç. *coucoumèlo*). Champignon comestible à chapeau gris ou jaunâtre, appelé aussi ***amanite vaginée.***

COUDE n.m. (lat. *cubitus*). **1. a.** Partie du membre supérieur située à la jonction du bras et de l'avant-bras. ◇ *Coude à coude :* en étant très solidaire. *Travailler coude à coude.* – *Au *coude-à-coude :* v. à son ordre alphabétique. – *Fam. Jouer des coudes :* se frayer un chemin dans la foule en écartant les gens avec les coudes ; *fig.,* agir sans scrupules pour arriver à ses fins. – *Fam. Lever le coude :* être porté sur la boisson. – *Se serrer, se tenir les coudes :* s'entraider. – *Sous le coude :* en attente, en suspens. **b.** Partie correspondante de la manche d'un vêtement. *Ton pull est troué aux coudes.* **2.** Jonction entre l'humérus et le radius du membre antérieur du cheval. **3.** Courbure en arc de cercle ; angle saillant. *Le coude d'un tuyau, d'un mur.*

COUDÉ, E adj. En forme de coude, courbé en arc de cercle.

COUDE-À-COUDE (AU) loc. adv. **1.** À proximité immédiate, côte à côte. **2.** Avec solidarité ; fraternellement.

COUDÉE n.f. Anc. Mesure de longueur équivalant à la distance qui sépare le coude de l'extrémité du médius (50 cm env.). ◇ ***Avoir les coudées franches :*** pouvoir agir en toute liberté. – ***Être à cent coudées au-dessus de qqn,*** lui être très supérieur.

COU-DE-PIED n.m. (pl. *cous-de-pied*). Partie antérieure de la cheville.

COUDER v.t. Plier en coude, en arc de cercle.

COUDIÈRE n.f. Protection matelassée du coude, utilisée dans certains sports.

COUDOIEMENT n.m. *Sout.* Action de coudoyer ; fréquentation quotidienne, habituelle.

COUDOYER v.t. [7]. Fréquenter de façon constante, être souvent en contact avec ; côtoyer. *Il coudoie beaucoup d'artistes.*

COUDRAIE n.f. Lieu planté de coudriers.

COUDRE v.t. [66] (lat. *consuere*). Assembler, attacher au moyen de points faits avec un fil et une aiguille, à la main ou à la machine. *Coudre un ourlet, des boutons. Machine à coudre.*

COUDRIER n.m. (lat. pop. *colurus*). Noisetier.

COUÉ (MÉTHODE) : méthode visant à soigner des troubles par autosuggestion, inventée par Émile Coué (1857 - 1926), pharmacien français.

COUENNE [kwan] n.f. (lat. *cutis,* peau). **1.** Peau de porc rendue dure par flambage et échaudage. **2.** Suisse. Croûte du fromage.

1. COUETTE n.f. (lat. *culcita,* oreiller). **1.** Édredon garni de plume, de duvet ou de fibres synthétiques, recouvert d'une housse amovible et servant à la fois de couverture et de drap. **2.** MAR. Pièce de bois qui guide un navire pendant les opérations de lancement.

2. COUETTE n.f. (de *coue,* anc. forme de *queue*). *Fam.* Touffe de cheveux rassemblés par un lien sur la nuque ou de chaque côté de la tête.

COUFFIN n.m. (provenç. *coufo,* d'un mot ar.). Grand cabas en paille tressée. – *Spécial.* Grand panier de vannerie souple, à anses, garni intérieurement et servant de berceau portatif.

COUFIQUE ou **KUFIQUE** n.m. et adj. (du n. de la ville de *Kufa*). Écriture arabe la plus ancienne, rigide et angulaire, tracée sur une même ligne de base et utilisée pour la calligraphie du Coran.

COUGOUAR [kugwar] ou **COUGUAR** [kugar] n.m. (brésilien *cuguacuara*). ZOOL. Puma.

COUIC interj. (onomat.). Évoque un cri étranglé et le geste consistant à tordre le cou à qqn, à un animal.

COUILLE n.f. (lat. *coleus,* p.-ê. de *culleus,* sac de cuir). *Vulg.* Testicule.

COUILLON n.m. et adj.m. *Très fam.* Imbécile, sot.

COUILLONNADE n.f. *Très fam.* **1.** Erreur, sottise. **2.** Tromperie, duperie. **3.** Affaire peu sérieuse dont il n'y a rien à attendre de bon. *C'est une vaste couillonnade.*

COUILLONNER v.t. *Très fam.* Tromper, duper.

COUILLU, E adj. *Très fam.* Courageux, audacieux. *Un pari couillu.*

COUINEMENT n.m. **1.** Cri du lièvre, du lapin ou d'autres animaux (porc, par ex.). **2.** Grincement aigu. *Le couinement d'un frein.*

COUINER [kwine] v.i. (mot dial., onomat.). **1.** ZOOL. Faire entendre un couinement. **2.** *Fam.* Gémir, pleurnicher. *Arrête de couiner !* **3.** *Fam.* Grincer. *Un volet qui couine.*

COULABILITÉ n.f. MÉTALL. Aptitude d'un métal ou d'un alliage à remplir un moule lorsqu'on l'y verse à l'état liquide.

COULAGE n.m. **1.** Action de faire couler un liquide, une matière en fusion ou un matériau pâteux. *Le coulage du bronze, du béton.* **2.** Perte de marchandises due au vol ou au gaspillage.

1. COULANT, E adj. **1.** Qui coule, qui est fluide. *Une pâte coulante.* **2.** Qui donne l'impression d'être fait sans effort ; aisé. *Une prose coulante.* **3.** *Fam.* Qui se montre indulgent, conciliant. *Il est très coulant en affaires.*

2. COULANT n.m. Anneau qui glisse le long d'une courroie pour la resserrer et la bloquer, ou qui maintient rabattue l'extrémité d'un bracelet, d'une ceinture, etc. ; passant.

1. COULE n.f. (lat. *cucullus*). Vêtement à capuchon de certains moines.

2. COULE (À LA) loc. adv. (de *couler*). *Fam. Être à la coule :* être très habile ; être au courant de tout ce qui peut aider à faire des petits profits.

COULÉ n.m. MUS. Passage lié d'une note à une autre.

COULÉE n.f. **1.** Masse de matière plus ou moins liquide ou en fusion qui s'écoule, se répand. *Une coulée de peinture. Une coulée de neige.* ◇ ***Coulée de lave :*** masse de lave en fusion qui s'épanche d'un volcan ; cette masse de lave une fois solidifiée. **2.** Action de verser du métal en fusion dans un moule ; masse de métal ainsi versée. ◇ ***Coulée continue,*** qui permet d'obtenir directement un produit semi-fini (barre, tube, bande, etc.). – Action de verser du verre en fusion sur une table en fonte. **3.** MÉTÉOROL. Déplacement méridien d'une masse d'air perpendiculairement aux flux zonaux de la circulation atmosphérique générale. **4.** Petit sentier, chemin tracé par le passage du gibier. **5.** URBAN. ***Coulée verte :*** espace vert linéaire traversant une partie de ville.

COULEMELLE n.f. (lat. *columella*). Champignon comestible à lamelles, à chapeau squameux et à anneau coulissant, appelé aussi ***lépiote élevée.***

COULER v.i. (lat. *colare*). **1. a.** Se déplacer d'un mouvement continu, se répandre, en parlant d'un liquide, d'une pâte, d'une matière pulvérulente. *Les larmes coulaient sur son visage. Le sable coule dans le sablier. La bougie coule.* ◇ ***Faire couler de l'encre, de la salive :*** faire beaucoup écrire ou parler. – ***Couler de source :*** être évident. **b.** Passer à tel endroit, en parlant d'un cours d'eau. *La Seine coule à Paris.* **c.** Laisser échapper un liquide ; fuir. *Ferme bien le robinet, il coule.* **2.** *Litt.* Passer, s'écouler, en parlant du temps. *Les années qui coulent.* **3.** Tomber au fond de l'eau ; sombrer, s'engloutir. *Le bateau a coulé à pic.* ◆ v.t. **1.** Verser une matière en fusion, une substance pâteuse ou liquide. *Couler de l'acier, du béton.* **2.** Fabriquer un objet en métal fondu. *Couler une cloche.* **3.** Vieilli. Introduire en faisant glisser adroitement. *Elle a coulé un billet dans sa poche.* **4.** ***Couler des jours heureux, une existence paisible :*** mener une vie tranquille, sans incident. **5.** ***Couler une bielle :*** détériorer un moteur par fusion du métal antifriction de la tête de bielle, due à un manque de graissage. **6.** Envoyer au fond de l'eau. *Couler une barque.* **7.** *Fig.* Discréditer qqn ; ruiner une entreprise. *Ce scandale l'a complètement coulé.* ◆ **se couler** v.pr. **1.** Se glisser, s'introduire adroitement. *Se couler dans des draps tout propres.* **2.** *Fam.* ***Se la couler douce :*** mener une vie agréable et dépourvue de tout souci.

COULEUR n.f. (lat. *color*). **1.** OPT., SC. DE LA V. Sensation que produisent sur l'œil les radiations de la lumière, telles qu'elles sont absorbées ou réfléchies par les corps. *Les couleurs de l'arc-en-ciel. Couleurs complémentaires.* (→ *spectre, synthèse*). ◇ *Fam.* ***En voir de toutes les couleurs :*** subir des épreuves ou des affronts. – *Fam.* ***Ne pas voir la couleur de qqch :*** être privé de qqch qui était dû ou promis. **2.** Ce qui s'oppose au blanc, au gris et au noir. *Du linge de couleur.* ◇ CINÉMA, PHOTOGR. ***La couleur,*** par oppos. au ***noir et blanc.*** *L'avènement du parlant, puis de la couleur.* **3.** Matière, substance colorante. *Un tube de couleur. Boîte de couleurs.* **4.** (Souvent pl.) Coloration, carnation de la peau. *Prendre des couleurs.* ◇ ***Homme, femme de couleur,*** qui ne sont pas blancs de peau. – ***Changer de couleur :*** pâlir ou rougir sous l'effet d'une émotion. **5.** Chacune des quatre marques du jeu de cartes (cœur, carreau, trèfle, pique). ◇ ***Annoncer la couleur :*** indiquer la couleur d'atout, aux cartes ; *fig.,* faire connaître clairement ses intentions. **6.** Brillant, éclat d'un événement, d'une situation, etc. *Une description pleine de couleur.* **7.** Apparence, aspect. *Peindre l'avenir sous de belles couleurs.* ◇ ***Sous couleur de :*** sous prétexte de. **8.** Opinion politique de qqn, d'un groupe. *Quelle est la couleur de ce journal ?* **9.** PHYS. Propriété physique caractérisant la réponse d'une particule aux interactions fortes. (Les gluons sont porteurs de couleur.) ◆ pl. **1.** Marque distinctive d'un État, de ses drapeaux, de ses pavillons. *Hisser les couleurs.* **2.** HÉRALD. Émaux autres que les métaux et les fourrures.

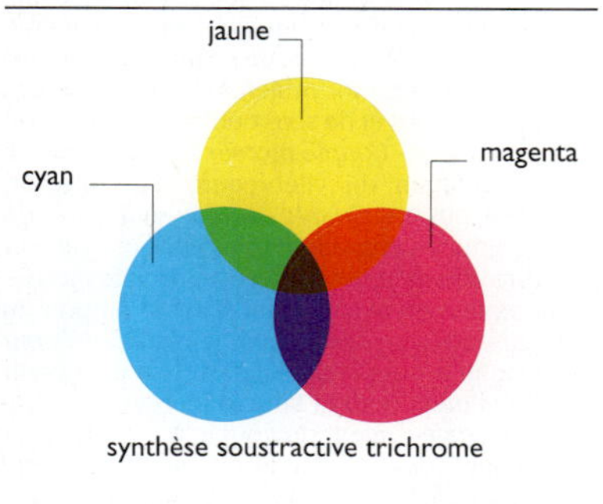

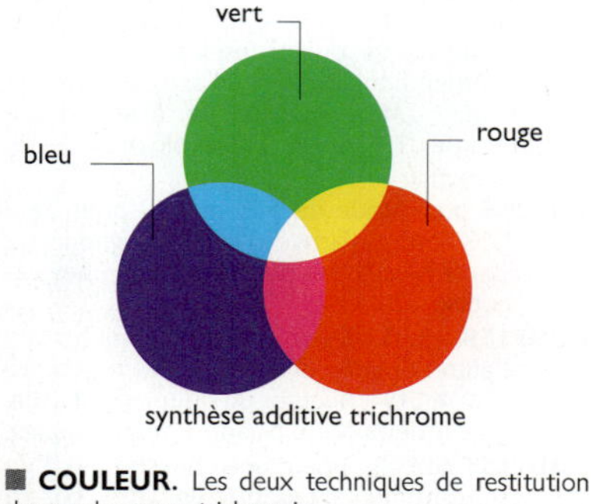

■ **COULEUR.** Les deux techniques de restitution des couleurs en trichromie.

COULEUVRE n.f. (lat. *colubra*). Serpent ovipare, non venimeux. – *Spécial.* Serpent appartenant à la famille des colubridés. (La *couleuvre à collier* atteint 2 m de long et fréquente les lieux humides.) ◇ *Fam.* ***Avaler des couleuvres :*** subir des affronts sans réagir ; être très crédule.

COULEUVREAU n.m. Petit de la couleuvre.

■ **COULEUVRE.** Couleuvre à collier.

■ **COULEUVRINE** (XVIe s.).

COULEUVRINE n.f. Bouche à feu, fine et longue (XVe - XVIIe s.).

1. COULIS n.m. (de *couler*). **1.** Sauce réalisée à partir de substances alimentaires diverses réduites en purée. *Coulis de tomates. Coulis de framboises.* **2.** Mortier fluide que l'on fait pénétrer dans les joints d'un ouvrage en maçonnerie.

2. COULIS adj.m. *Vent coulis :* vent qui se glisse à travers une fente.

COULISSANT, E adj. Qui glisse sur des coulisses. *Porte coulissante.*

COULISSE n.f. (de *porte coulisse,* qui glisse). **1.** MENUIS. Pièce comportant une rainure dans laquelle on fait glisser une partie mobile (le *coulisseau*). *Un volet à coulisse.* **2.** Ourlet dans lequel passe un cordon pour serrer ou desserrer. **3.** (Surtout pl.) Partie d'un théâtre située de chaque côté et en arrière de la scène, derrière les décors et hors de la vue du public. ◇ ***Dans la coulisse :*** caché. – ***Regard en coulisse :*** regard de côté, en coin. **4.** (Au pl.) *Fig.* Côté secret d'un domaine, ou peu connu du grand public. *Les coulisses de la politique.* **5.** Vx. Marché non officiel, à la Bourse, où se négociaient des valeurs mobilières.

COULISSEAU n.m. **1.** MENUIS. Partie mobile qui se déplace dans une coulisse. **2.** Petite pièce mobile qui se déplace dans une coulisse.

COULISSEMENT n.m. Fait de coulisser.

COULISSER v.t. **1.** MENUIS. Munir de coulisses. *Coulisser un tiroir.* **2.** Faire glisser un tissu sur un fil ou sur un cordon de coulisse. *Coulisser des fronces.* ◆ v.i. Glisser sur des coulisses. *Cette porte coulisse bien.*

COULOIR n.m. (de *couler*). **1.** Passage ou dégagement en longueur dans un appartement, une maison, un lieu public, une voiture de chemin de fer, etc. ◇ ***Bruits, conversations de couloirs,*** officieux, confidentiels. **2.** Passage étroit entre deux régions, deux pays. *Le couloir rhodanien.* **3.** Zone d'une piste d'athlétisme (délimitée par deux lignes parallèles) ou d'un bassin de natation (délimitée par deux lignes de flotteurs) dans laquelle doit rester chaque concurrent. – Partie latérale d'un terrain de tennis, utilisée exclusivement pour les doubles. **4.** ***Couloir aérien :*** itinéraire que doivent suivre les avions. **5.** ***Couloir d'autobus :*** portion de la chaussée exclusivement réservée aux autobus, aux taxis et aux voitures de secours (pompiers, ambulances, etc.). **6.** ***Couloir d'avalanche :*** ravin qui entaille un versant montagneux et qui est souvent le lieu de passage des avalanches.

COULOMB [kulɔ̃] n.m. (du n. du physicien *Coulomb*). Unité de quantité d'électricité et de charge électrique (symb. C), équivalant à la quantité d'électricité transportée en 1 seconde par un courant de 1 ampère.

COULOMMIERS n.m. (de *Coulommiers,* n.pr.). Fromage au lait de vache à pâte molle et à croûte fleurie.

COULPE n.f. (lat. *culpa,* faute). Confession publique des manquements à la règle, dans certains ordres religieux. ◇ *Litt.* ***Battre sa coulpe :*** exprimer son regret, son repentir.

COULURE n.f. **1.** Trace laissée sur une surface par une matière qui a coulé. *Des coulures de peinture blanche.* **2.** Métal qui s'échappe à travers les joints du moule au moment de la coulée. **3.** ARBOR. Chute des fleurs ou des jeunes fruits par un manque de fécondation et de développement des fruits, dû à des causes climatiques ou génétiques. *La coulure de la vigne.*

COUMARINE n.f. Substance naturelle aromatique oxygénée, dont les dérivés sont utilisés en médecine comme anticoagulants.

COUNTRY [kawntri] adj. inv. (mot angl., *campagne*). *Musique country, country music,* ou *country,* n.m. inv. ou n.f. inv. : style de musique populaire apparu vers 1920 dans le sud-est des États-Unis et issu des folklores écossais, gallois ou irlandais. (Le genre s'est modernisé dans les années 1960 sous la forme du *country rock,* qui est devenu partie intégrante de la musique pop.)

COUP n.m. (lat. *colaphus,* du gr. *kolaphos,* soufflet). **I.** *Choc.* **1.** Choc rapide et plus ou moins violent d'un corps en mouvement qui vient en frapper un autre. *Un coup de marteau. Donner des coups de poing sur la table. Un coup de bâton, de fouet.* **2. a.** Action de faire du mal à qqn ou à un animal en le frappant avec une partie du corps ou un objet. *Il l'a roué de coups de pied. Attention aux coups de matraque !* ◇ ***Coup de pied de l'âne :*** insulte faite par qqn de faible à qqn qui ne peut plus se défendre. **b.** Résultat du choc ; meurtrissure. *Être noir de coups.* ◇ ***Marquer le coup :*** accuser un coup reçu, en boxe ; *fig.,* faire comprendre, par son comportement, l'importance d'un événement. **c.** (Au pl.) Voies de fait. *En venir aux coups. Coups et blessures.* **3.** Choc moral causé par une nouvelle, un événement, etc. *Cette mort a été un coup terrible pour elle.* ◇ ***Coup dur :*** épreuve, danger. – *Fam.* ***En prendre un coup :*** être très affecté par qqch. **4.** Décharge d'une arme à feu ; la munition elle-même. *Tirer trois coups de feu en l'air.* ◇ ***Tir coup par coup :*** tir exécuté une cartouche à la fois (par oppos. à ***tir par rafales***). **5.** Bruit produit par un choc, une vibration. *Coup de sonnette. Au douzième coup de minuit.* **II.** *Geste, événement.* **1.** Geste ou mouvement rapide que l'on fait avec une partie du corps. *Un coup de langue, de coude.* ◇ ***Coup d'œil :*** regard rapide. – *Fam.* ***Coup de pouce :*** aide légère apportée à qqn, souvent de façon frauduleuse. – ***Coup de main :*** aide, soutien apportés à qqn qui traverse un moment difficile. **2.** Mouvement rapide et momentané pour utiliser un objet. *Se*

C

donner un coup de peigne. ◇ ***Coup de téléphone,*** ou, *fam.*, ***coup de fil*** : appel téléphonique. **3.** Changement, modification de l'état physique ou psychique. ◇ *Fam.* ***Coup de barre, de pompe*** : fatigue soudaine. – ***Coup de cœur*** : enthousiasme subit pour qqch. – ***Coup de chaleur*** : malaise souvent grave dû à une exposition à une chaleur excessive. – ***Coup de sang.* a.** Vx. Hémorragie cérébrale. **b.** *Fig.* Violent accès de colère. – ***Coup de soleil*** : brûlure de la peau par le soleil. **4.** Mouvement soudain des éléments. *Un coup de roulis. Coup de tonnerre.* ◇ ***Coup de mer*** : gros paquet de mer ; brusque embardée qu'il cause. – ***Coup de foudre*** : amour soudain et irrésistible. – *Fam.* ***Passer en coup de vent,*** très vite, sans s'arrêter. **5.** Événement soudain qui semble dû au hasard. *C'est un coup de chance incroyable.* ◇ ***Coup du ciel*** : événement heureux et inattendu. – ***Coup de théâtre*** : événement imprévu qui bouleverse une situation dramatique ; changement subit dans une situation. **6.** *Fam.* Quantité de liquide bue en une fois, en partic. boisson alcoolisée. *Tu viens boire un coup ?* ◇ *Fam.* ***Avoir un coup dans le nez*** : être ivre. **III.** *Acte.* **1.** Acte décisif d'une personne ou d'un groupe, comportant certains risques. *Méditer un mauvais coup.* ◇ ***Coup de main*** : opération militaire locale, menée par surprise sur un objectif limité. – ***Coup d'éclat*** : exploit. – ***Coup de maître*** : action habilement concertée et exécutée. – ***Coup de tête*** : décision irréfléchie. – *Fam.* ***Être aux cent coups*** : être très inquiet. – *Fam.* ***Être, mettre dans le coup*** : participer ou faire participer qqn à une affaire ; être, mettre au courant de qqch. – *Fam.* ***Expliquer le coup*** : mettre au courant. – ***Faire les cent coups, les quatre cents coups*** : mener une vie très désordonnée. – ***Manquer son coup*** : ne pas réussir. – *Fam.* ***Tenir le coup*** : résister. – *Fam.* ***Tenter le coup*** : essayer, risquer qqch. – *Fam.* ***Valoir le coup*** : valoir la peine. **2.** Façon d'agir ou d'attaquer, dans certains sports. *Presque tous les coups sont permis au catch.* ◇ ***Coup bas*** : coup porté au-dessous de la ceinture, en boxe ; *fig.*, procédé déloyal. – ***Coup d'envoi.* a.** Mise en jeu du ballon marquant le début d'une partie ; engagement. **b.** Début d'une réalisation. – ***Coup franc*** : sanction contre une équipe, au football, au rugby. – ***Coup de pied de coin*** : recomm. off. pour *corner.* – ***Coup d'essai*** : tentative. – ***Coup de Jarnac*** : coup décisif mais peu loyal. **3.** Action ou combinaison d'un joueur, à certains jeux. *Perdre, gagner à tous les coups. Il a réussi un très beau coup de poker. Un coup de dés.* **IV.** *Expressions.* **1.** Fois. *Du premier coup. D'un seul coup.* ◇ ***Tout d'un coup*** : en une seule fois. – ***À tout coup*** : à chaque fois. **2.** ***À coup sûr*** : sûrement. – ***Après coup*** : après les faits ; quand ce n'est plus le moment. – ***Au coup par coup*** : par des actions spécifiques et différentes à chaque fois. – ***Coup sur coup*** : de manière répétée. – *Fam.* ***Pour le coup*** : en ce qui concerne cet événement. – ***Sous le coup de*** : sous l'effet de. – ***Sur le coup*** : tout de suite, au moment des faits. – ***Tout à coup*** : soudainement.

COUPABLE adj. et n. (lat. *culpabilis,* de *culpa,* faute). Qui est responsable d'un crime, d'un délit, qui est à l'origine d'une faute, d'un mal. *Être coupable d'un meurtre. Plaider coupable, non coupable. Une faiblesse coupable.* ◆ adj. Qui doit être blâmé, condamné. *De coupables pensées.*

COUPAGE n.m. **1.** Action de couper, de trancher. **2.** Action de mélanger des vins ou des eaux-de-vie de forces différentes.

COUPAILLER v.t. *Fam.* Couper mal, irrégulièrement.

1. COUPANT, E adj. **1.** Qui coupe ou tranche bien. *Des ciseaux coupants.* **2.** *Fig.* Qui n'admet pas de réplique ; brutal, tranchant. *Un ton coupant.*

2. COUPANT n.m. Fil d'un instrument tranchant.

COUP-DE-POING n.m. (pl. *coups-de-poing*). ***Coup-de-poing américain*** : arme de main constituée d'une masse de métal percée de trous pour les doigts.

1. COUPE n.f. (lat. *cuppa*). **1.** Verre à boire, plus large que profond ; son contenu. *Une coupe à champagne en cristal.* ◇ ***La coupe est pleine*** : la mesure est à son comble. **2.** Récipient avec ou sans pied, large et peu profond, à usages divers. *Une coupe à fruits.* **3.** Trophée attribué au vainqueur ou à l'équipe victorieuse d'une épreuve sportive ; la compétition elle-même.

2. COUPE n.f. **1. a.** Action, manière de couper qqch. *Coupe de cheveux. Coupe au rasoir, aux ciseaux.* **b.** Ce qui a été coupé. *Une coupe de bois.* ◇ SC. DE LA V. ***Coupe histologique*** : tranche mince d'un tissu animal ou végétal préparée pour l'observation au microscope. – CINÉMA. ***Coupe sèche*** : recomm. off. pour *montage *cut.* **2.** Action de couper une étoffe, de tailler un vêtement d'après un patron ; la pièce d'étoffe coupée. *Leçons de coupe. Une coupe de drap.* **3.** Opération par laquelle un outil possédant une arête enlève, sous forme de copeaux, de la matière d'une pièce à usiner. **4.** Action d'abattre des arbres forestiers ; étendue de bois destinée à être coupée. ◇ ***Coupe claire*** : coupe partielle éliminant de nombreux arbres ; *fig.*, réduction importante d'un budget, d'un effectif, etc. – ***Coupe sombre*** : coupe partielle éliminant un petit nombre d'arbres ; *fig.*, réduction importante (emploi critiqué). – *Litt.* ***Mettre en coupe réglée*** : exploiter une personne ou un groupe de façon abusive et sans scrupule. **5.** Représentation graphique de la structure d'un bâtiment, d'un objet selon une section verticale. *Un moteur vu en coupe.* ◇ ***Coupe géologique*** : profil établi suivant un tracé linéaire d'après une carte topographique et les indications de la carte géologique qui y correspond. **6.** Séparation d'un jeu de cartes en deux paquets. ◇ *Fam.* ***Être sous la coupe de qqn,*** être totalement dépendant de lui, subir son influence. **7.** Pause, arrêt dans une phrase, un vers.

1. COUPÉ, E adj. HÉRALD. ***Écu coupé, pièce coupée,*** ou ***coupé,*** n.m. : écu, pièce partagés horizontalement en deux parties égales.

2. COUPÉ n.m. **1.** Voiture fermée à deux places et à deux portes. **2.** Véhicule hippomobile fermé à quatre roues et deux places.

COUPE-CHOU ou **COUPE-CHOUX** n.m. (pl. *coupe-choux*). Anc. Sabre court de fantassin.

COUPE-CIGARE ou **COUPE-CIGARES** n.m. (pl. *coupe-cigares*). Instrument pour couper le bout des cigares.

COUPE-CIRCUIT n.m. (pl. *coupe-circuit[s]*). Appareil destiné à couper le circuit électrique dans lequel il est inséré, quand le courant qui le parcourt dépasse, pendant un temps déterminé, une certaine valeur.

COUPE-COUPE n.m. inv. Sabre d'abattis.

COUPÉE n.f. Ouverture ménagée dans le flanc d'un navire pour y entrer ou en sortir. *Échelle de coupée.*

COUPE-FAIM n.m. inv. **1.** Petite quantité d'aliment (fruit, biscuit, etc.) prise pour calmer momentanément la faim. **2.** *Cour.* Médicament, produit anorexigène.

COUPE-FEU adj. inv. Se dit d'un élément de construction fixe ou d'un dispositif mobile destiné à empêcher la propagation des incendies. *Une porte coupe-feu.* ◆ n.m. inv. Espace, bande de terrain déboisés destinés à arrêter la propagation des incendies. SYN. : *pare-feu.*

COUPE-FILE n.m. (pl. *coupe-files*). Carte officielle donnant certaines priorités de circulation.

COUPE-GORGE n.m. inv. Endroit désert, peu éclairé, où l'on risque de se faire attaquer. *Cette impasse est un coupe-gorge.*

COUPE-JAMBON n.m. inv. Couteau mécanique ou électrique pour débiter en tranches le jambon désossé.

COUPE-JARRET n.m. (pl. *coupe-jarrets*). *Litt.* Brigand, assassin.

COUPE-LÉGUMES n.m. inv. Instrument pour couper les légumes.

COUPELLATION n.f. MÉTALL. Opération qui consiste à séparer par oxydation, à partir d'un mélange liquide, un ou plusieurs éléments ayant une affinité différente pour l'oxygène.

COUPELLE n.f. **1.** Petite coupe. **2.** Petit creuset utilisé dans les laboratoires.

COUPE-ONGLES n.m. inv. Instrument (pince, ciseaux à lames courtes et incurvées) pour couper les ongles.

COUPE-PAPIER n.m. (pl. *coupe-papier[s]*). Couteau à bord peu tranchant en bois, en métal, en os, etc., pour couper le papier, les feuillets d'un livre, etc.

COUPER v.t. (de *coup*). **1.** Diviser avec un instrument tranchant. *Couper du pain. Couper les cheveux.* ◇ *Fam.* ***À couper au couteau*** : très épais. *Un brouillard à couper au couteau.* **2.** Faire une entaille ; blesser. *L'éclat de verre lui a un peu coupé le doigt.* – *Fig.* Produire une sensation de coupure. *Vent glacial qui coupe le visage.* **3.** Retrancher pour faire disparaître. *Couper un passage dans un roman.* **4.** Amputer un membre ; enlever un organe. *Couper un bras.* ◇ ***Couper les jambes*** : causer une fatigue extrême. **5.** Tailler d'après un patron. *Couper un manteau.* **6.** Châtrer. *Couper un chat.* **7.** Donner de l'effet à une balle au tennis, au tennis de table. **8.** Interrompre, rompre une continuité. *Couper une communication téléphonique. Couper l'eau.* ◇ ***Couper la parole à qqn,*** l'interrompre. – ***Couper les vivres à qqn,*** arrêter de l'entretenir, ne plus lui donner d'argent. **9.** Faire cesser, interrompre une sensation, un phénomène. *Un médicament qui coupe la faim, la fièvre. Couper l'appétit.* **10.** Passer au travers de. *Une route qui en coupe une autre.* **11.** Mettre à l'écart de ; isoler, séparer. *Il l'a coupée de tous ses anciens amis.* **12.** Mélanger un liquide avec un autre. *Couper du vin.* ◆ v.i. **1.** Être tranchant. *Ce couteau coupe bien.* **2.** Aller directement. *Couper à travers champs.* ◆ v.t. et v.i. Faire deux paquets d'un jeu de cartes. *C'est à toi de couper.* – Prendre avec un atout une carte de son adversaire. ◆ v.t. ind. (à). *Fam.* Échapper à qqch. ◆ **se couper** v.pr. **1.** Se blesser par une coupure. **2.** Se croiser. *Deux droites qui se coupent.* **3.** *Fam.* Se contredire. *Il s'est coupé dans ses réponses.* **4.** S'isoler, se retrancher. *Se couper du monde.*

COUPE-RACINE ou **COUPE-RACINES** n.m. (pl. *coupe-racines*). Machine pour débiter les racines ou les tubercules en lanières ou en cossettes.

COUPER-COLLER n.m. inv. INFORM. Fonction d'un logiciel de traitement de texte qui supprime la portion sélectionnée d'un document pour la stocker provisoirement dans le presse-papiers et l'insérer ensuite dans un autre document ou à une autre place.

COUPERET n.m. **1.** Couteau de boucherie large et court. **2.** Couteau de la guillotine.

COUPEROSE n.f. (lat. *cupri rosa,* rose de cuivre). MÉD. Coloration rouge du visage, due à une dilatation des vaisseaux capillaires.

COUPEUR, EUSE n. Personne spécialisée dans la coupe des vêtements.

COUPE-VENT n.m. inv. **1.** Vêtement dont la texture s'oppose au passage de l'air. **2.** Brise-vent.

COUPLAGE n.m. **1.** Action de coupler deux choses. **2.** ÉLECTROTECHN. Liaison de deux circuits, séparés par ailleurs, permettant le transfert réciproque de leur énergie électrique. SYN. : *accouplement.* **3.** Accouplement de pièces mécaniques lorsque leur mouvement est synchrone.

1. COUPLE n.f. (lat. *copula*). Vx, *litt.* ou Québec. Ensemble de deux choses de même espèce. *Une couple d'heures.*

2. COUPLE n.m. (de *1. couple*). **1. a.** Homme et femme unis par le mariage ou par des liens affectifs. *Un jeune couple avec un bébé.* **b.** Réunion de deux personnes. *Un couple de patineurs.* ◇ SPORTS. ***En couple, de couple*** : avec un aviron dans chacune des mains des rameurs. *Embarcation armée en couple. Le quatre de couple.* **c.** Rapprochement de deux personnes liées par l'amitié, une certaine affinité, des intérêts communs, etc. *Un couple d'amis.* **2.** ZOOL. Mâle et femelle d'animaux ; réunion de deux animaux pour un même travail. *Un couple d'aigles, de chamois. Un couple de bœufs.* **3.** MÉCAN. Système de deux forces égales, parallèles et de sens contraires ; valeur de leur moment. ◇ ***Couple moteur*** : couple produisant la rotation du vilebrequin d'un moteur. **4.** MÉCAN. INDUSTR. ***Couple conique*** : ensemble de deux pignons s'engrenant et montés chacun sur un arbre afin de renvoyer à angle droit le rapport du mouvement moteur en le modifiant selon le rapport du diamètre des pignons. – ***Couple résistant*** : pour une machine, couple que doit exercer un moteur d'entraînement pour la faire fonctionner. – ***Couple de serrage*** : valeur du couple à appliquer sur un outillage, déterminant le serrage d'un organe mécanique. **5.** ÉLECTR. ***Couple thermoélectrique*** : thermocouple. **6.** Pièce de construction de la coque d'un navire ou du fuselage d'un avion, placée perpendiculairement à l'axe du navire ou de l'avion. ◇ ***Maître-couple*** : v. à son ordre alphabétique. **7.** ALGÈBRE. Ensemble ordonné de deux éléments.

COUPLÉ n.m. Mode de pari mutuel pour désigner, dans l'ordre d'arrivée ***(couplé gagnant)*** ou non ***(couplé placé),*** les deux premiers chevaux d'une course.

COUPLER v.t. **1.** Relier, assembler qqch avec qqch d'autre. *Coupler des pièces, des machines.* **2.** ÉLECTROTECHN. Effectuer un couplage. **3.** Attacher deux à deux. ◇ p.p. adj. *Chiens couplés.*

COUPLET n.m. Strophe d'une chanson, ou d'un morceau instrumental (rondo), encadrée par un refrain.

COUPLEUR n.m. Dispositif permettant le couplage de deux véhicules, de deux machines, de deux circuits électriques.

COUPOLE n.f. (ital. *cupola*). **1.** ARCHIT. Voûte en forme de vase retourné, de profil semi-circulaire, parabolique, etc., et de plan circulaire, elliptique ou polygonal *(coupole à pans)*, parfois exhaussée par un tambour ; couverture de cette voûte ; dôme. *Les coupoles de Saint-Marc de Venise.* **2.** *La Coupole :* l'Institut de France, à Paris ; l'Académie française. – *Être reçu sous la Coupole :* devenir académicien. **3.** MIL. Partie supérieure et bombée d'un blindage.

■ **COUPOLE** sur pendentifs encadrée de deux demi-coupoles dans la mosquée Süleymaniye (XVIe s.) à Istanbul.

■ **COUPOLE** sur tambour de la basilique de Superga, près de Turin, élevée par F. Juvarra (1715 - 1718).

COUPON n.m. (de *couper*). **1.** Métrage d'étoffe restant d'une pièce de tissu et génér. soldé. *Un coupon de satin.* **2.** Billet attestant l'acquittement d'un droit. **3.** Titre d'intérêt joint à une valeur mobilière, détaché à chaque échéance et donnant droit à un paiement. (La dématérialisation des titres a fait disparaître le coupon, mais le terme subsiste pour désigner le droit à paiement.)

COUPONNAGE n.m. Technique de vente par correspondance utilisant des coupons-réponse.

COUPON-RÉPONSE n.m. (pl. *coupons-réponse*). **1.** Partie d'une annonce publicitaire qui se détache et qu'on renvoie pour avoir de la documentation sur le produit dont il est question. **2.** Coupon permettant à un correspondant étranger d'obtenir un timbre pour affranchir sa réponse.

COUPURE n.f. **1.** Incision, blessure produite par un instrument tranchant. *Une petite coupure au doigt.* **2.** Suppression de certains passages dans un film, un roman, etc. *Sa pièce est bonne mais il faudra faire quelques coupures.* **3.** Interruption de l'alimentation en électricité, en gaz, etc. *Il y aura des coupures d'eau demain matin.* **4.** Interruption dans une suite d'événements ; rupture, séparation. *Une coupure entre deux courants de l'opposition.* **5.** *Coupure de journal, de presse :* article découpé dans un journal. **6.** Billet de banque. *Il veut être payé en petites coupures.*

COUQUE n.f. (mot wallon, du néerl. *kock*, gâteau). Région. (Nord) ; Belgique. Pain d'épice ; brioche flamande.

COUR n.f. (lat. *cohors, cohortis*). **I.** *Lieu.* **1.** Espace découvert, limité par des bâtiments ou des murs, qui est rattaché à une habitation, à un établissement public, etc. *La cour d'un immeuble, d'une ferme. Une cour de récréation.* ◇ *Cour anglaise :* fossé maçonné sur lequel prennent jour les fenêtres d'un sous-sol. – HIST. *Cour des Miracles :* lieu jouissant du droit d'asile où se rassemblaient les mendiants et les malfaiteurs dans les grandes villes ; auj., lieu sordide et malfamé. – *Fam. La cour des grands :* le cercle restreint de ceux qui occupent une position prédominante dans un domaine. *Entrer, jouer dans la cour des grands.* – *Côté cour :* partie de la scène d'un théâtre située à la droite des spectateurs (par oppos. à *côté jardin*). **2.** Belgique. Toilettes, W.-C. **II.** *Institution.* **1.** Tribunal d'ordre supérieur. *Arrêt rendu par une cour. Cour d'appel, d'assises. La Cour des comptes.* – Ensemble des magistrats qui composent chacun de ces tribunaux. *Messieurs, la cour !* **2.** Résidence d'un souverain. *Vivre à la cour.* **3.** Ensemble des personnes qui constituent l'entourage d'un souverain ; ses ministres. ◇ *Être bien, mal en cour :* jouir ou non de la faveur d'un supérieur. – *Litt. La cour du roi Pétaud :* endroit où chacun commande et où règne le désordre ; pétaudière. – *Cour du roi* → **curia regis.** **4.** Ensemble de personnes qui s'empressent autour d'une femme ou qui cherchent à plaire à qqn d'important pour en obtenir une faveur. *Elle a une cour de jeunes admirateurs.* ◇ *Faire la cour à qqn,* lui exprimer son admiration, chercher à lui plaire, à le conquérir.

COURAGE n.m. (de *cœur*). **1.** Force de caractère, fermeté que l'on a devant le danger, la souffrance ou dans toute situation difficile à affronter. *Cette femme a beaucoup de courage.* ◇ *Fam. Prendre son courage à deux mains :* faire appel à toute sa volonté, son énergie pour surmonter ses appréhensions, pour oser faire qqch. **2.** Ardeur, zèle pour entreprendre qqch ; envie de faire qqch. *Il n'a pas eu le courage de se lever si tôt.* **3.** *Ne pas avoir le courage de faire qqch,* être incapable de le faire, par sensibilité. *Je n'ai pas eu le courage de lui annoncer la terrible nouvelle.* **4.** *Avoir le courage de ses opinions,* ne pas hésiter à les manifester, à s'y conformer.

COURAGEUSEMENT adv. Avec courage.

COURAGEUX, EUSE adj. et n. Qui manifeste du courage ; brave, vaillant.

COURAILLER v.i. Vx. Avoir de nombreuses aventures galantes, multiplier les conquêtes faciles.

COURAMMENT adv. **1.** Sans difficulté, avec naturel ; facilement, rapidement. *Il sait déjà lire couramment.* **2.** D'une façon habituelle, ordinaire. *Expression qui s'emploie couramment.*

1. COURANT, E adj. (de *courir*). **1.** Qui est habituel ; ordinaire, banal. *Les dépenses courantes. C'est un mot tellement courant ! Un modèle courant.* **2.** Qui a cours. *Monnaie courante. Franc courant.* ◇ *C'est monnaie courante :* c'est habituel, cela se produit très souvent. *Ces pratiques sont monnaie courante.* **3.** Qui est en cours, qui n'est pas terminé au moment où l'on parle. *Le mois courant. Les intérêts courants.* **4.** *Eau courante :* eau qui coule continûment ; eau qui est distribuée par des canalisations dans une habitation. **5.** *Chien courant :* chien dressé à poursuivre le gibier (par oppos. à *chien couchant*). **6.** MAR. *Manœuvres courantes :* cordages qui glissent dans des poulies et qui servent à orienter les vergues ou à serrer les voiles (par oppos. à *manœuvres dormantes, fixes*).

2. COURANT n.m. **1.** Mouvement, déplacement d'une masse d'eau dans tel ou tel sens. *Le courant*

C

■ **COURANT.** Les principaux courants océaniques (courants, contre-courants et dérives).

d'un fleuve. Nager contre le courant. ◇ ***Courant de marée*** *:* courant provoqué par les mouvements de la marée près des côtes et dans les détroits. – ***Courants océaniques*** *:* déplacements de l'eau de mer caractérisés par une extension régionale ou planétaire, une direction relativement stable, une vitesse modérée et un débit élevé. – ***Remonter le courant*** *:* faire face à des difficultés avec succès, redresser une situation un moment compromise. **2.** Mouvement de l'air dans une direction. *Courant d'air. Les planeurs utilisent les courants ascendants.* **3.** Déplacement de charges électriques dans un conducteur. ◇ ***Courant alternatif*** *:* courant périodique dont la valeur moyenne dans le temps est nulle. (Le courant alternatif le plus fréquemment utilisé varie de façon sinusoïdale.) – ***Courant continu*** *:* courant constant dans le temps. – ***Courant d'induction*** *:* courant produit par induction électromagnétique. – ***Courants de Foucault*** *:* courants induits dans les masses métalliques. (Les courants de Foucault sont mis à profit dans le freinage électromagnétique des camions.) – *Fam.* ***Le courant passe*** *:* une entente s'établit entre des personnes. **4.** Écoulement d'une période donnée ; cours du temps. *Dans le courant du mois, de la semaine.* **5.** Mouvement ininterrompu de personnes ou de choses dans une même direction. *Un important courant d'immigration.* **6.** Mouvement d'idées, de sentiments ou esthétique. *Un courant d'opinion en sa faveur. Un courant de sympathie. Un courant pictural.* **7.** Tendance au sein d'un parti politique, d'une organisation. **8.** ***Au courant (de)*** *:* renseigné (sur), informé (de). *Si vous changez d'avis, tenez-moi au courant. Mettre qqn au courant d'une situation.* **9.** ***Au courant de la plume*** *:* en écrivant avec facilité, aisance.

3. COURANT prép. Pendant, durant, au cours de. *Courant novembre.*

COURANTE n.f. **1.** Anc. Danse française exécutée en couple, pratiquée sous plusieurs formes du XVIe au XVIIIe s., notamm. comme danse de cour sous le règne de Louis XIV. **2.** Pièce instrumentale de tempo rapide, de coupe binaire à reprises et de rythme ternaire, appartenant à une suite. **3.** *Vulg.* Diarrhée.

COURANT-JET [kurɑ̃dʒɛt] n.m. (pl. *courants-jets*). Vent puissant circulant dans l'atmosphère à plus de 6 km d'altitude, dont les variations de trajectoire et d'intensité ont des répercussions importantes sur le temps à la surface de la planète. SYN. : *jet-stream*.

COURATE n.f. (de *courir*). Suisse. Jeu de poursuite. ◇ ***Jouer à la courate*** *:* jouer à chat.

COURBATU, E adj. (de *1. court* et *battu*). Qui souffre de courbatures ; courbaturé.

COURBATURE n.f. Douleur musculaire, contracture, due à la fatigue ou à une maladie. *Être plein de courbatures.*

COURBATURÉ, E adj. Courbatu.

COURBATURER v.t. Provoquer, causer une courbature ou une sensation de grande fatigue.

1. COURBE adj. (lat. *curvus*). **1.** Qui s'infléchit en forme d'arc. ◇ ***Ligne courbe*** *:* ligne qui s'infléchit sans contenir aucune portion de ligne droite. **2.** ***Tir courbe*** *:* tir exécuté avec un angle au niveau supérieur à 45°. SYN. : *tir vertical*.

2. COURBE n.f. **1.** Ligne, forme courbe. *La courbe des sourcils.* – Virage d'une route. **2.** Graphique représentant les variations d'un phénomène. *La courbe de température. La courbe des prix.* **3.** GÉOMÉTR. Ensemble des points du plan ou de l'espace dont les coordonnées sont des fonctions continues de la variable réelle. **4.** ***Courbe de niveau*** → **niveau.**

COURBEMENT n.m. Action de courber ; fait de se courber.

COURBER v.t. **1.** Rendre courbe ; plier, incurver. *Courber un bâton.* **2.** Pencher, incliner en avant, notamm. en signe de soumission. *L'âge courbe la taille. Courber la tête, les épaules.* **3.** Suisse. *Fam.* ***Courber l'école*** *:* faire l'école buissonnière. ◆ v.i. Devenir courbe ; ployer, plier. *Courber sous le poids.* ◆ **se courber** v.pr. **1.** Être, devenir courbe. **2.** Incliner le corps en avant. *Se courber pour passer sous une porte.*

COURBETTE n.f. **1.** *Fam.* Révérence, politesse exagérée, obséquieuse. ◇ ***Faire des courbettes à, devant qqn,*** lui prodiguer des marques exagérées de déférence, de politesse. **2.** ÉQUIT. Exercice de haute école dans lequel le cheval se cabre un peu en pliant les membres antérieurs.

COURBURE n.f. **1.** Forme courbe d'un objet. *La courbure d'une voûte.* ◇ ***Double courbure*** *:* courbure en S. **2.** Partie courbe de qqch. **3.** GÉOMÉTR. ***Rayon de courbure en un point,*** rayon du cercle osculateur en ce point.

COURCAILLER v.i. → **CARCAILLER.**

COURCAILLET n.m. (onomat.). **1.** Cri de la caille. **2.** Appeau avec lequel on imite ce cri.

COURÇON n.m. → **COURSON.**

COURÉE n.f. Impasse, petite cour commune à plusieurs habitations, dans les villes du nord de la France.

COURETTE n.f. Petite cour.

1. COUREUR, EUSE n. **1.** Personne qui participe à une course. *Coureur de fond. Coureur cycliste.* – Personne ou animal qui court bien, rapidement. *Un bon coureur.* **2.** Personne qui recherche les aventures amoureuses. *Un coureur de jupons.* **3.** Québec. ***Coureur de*** ou ***des bois.*** **a.** Anc. ou *litt.* En Nouvelle-France, aventurier se livrant au trafic de pelleteries avec les Amérindiens. **b.** Chasseur expérimenté adapté à la vie en forêt.

2. COUREUR n.m. Vieilli. Ratite.

COURGE n.f. (lat. *cucurbita*). Plante annuelle aux tiges traînantes, dont on cultive de nombreuses espèces aux fruits volumineux (potiron, courgette, citrouille, giraumon, etc.), souvent consommés comme légumes. (Nom sc. *Cucurbita pepo* ; famille des cucurbitacées.)

COURGETTE n.f. Courge d'une variété à fruit allongé ; ce fruit, que l'on consomme à l'état jeune.

■ **COURGETTE**

COURIR v.i. [33] (lat. *currere*). **1.** Se déplacer d'un lieu à un autre en faisant mouvoir rapidement et alternativement ses jambes, ou ses pattes pour un animal. *Cours vite, l'autobus arrive ! Courir à toutes jambes. Ce chien a besoin de courir.* **2.** Participer à une épreuve de course à pied ou à une épreuve de vitesse quelconque. *Courir à moto. Ce cheval ne court pas aujourd'hui.* **3.** Aller de tous côtés pour trouver qqch ; se presser, se dépêcher. *J'ai couru partout pour trouver ce livre.* ◇ *Fam.* ***Tu peux courir*** *:* tes efforts ne servent à rien, tu n'obtiendras rien. – ***En courant*** *:* à la hâte. **4.** *Fam.* Se précipiter vers. *Ce spectacle a fait courir tout Paris.* ◇ *Fam.* ***Courir après qqn, qqch*** *:* chercher à rattraper qqn ; rechercher avec empressement, aspirer à qqch. *Courir après un voleur. Courir après la gloire.* **5.** Se répandre rapidement ; se propager, circuler. *C'est un bruit qui court mais rien n'est encore sûr.* **6.** Suivre son cours ; s'écouler. *L'année qui court. Le temps court trop vite.* ◇ ***Par les temps qui courent*** *:* dans la conjoncture, les circonstances actuelles. – *Fam.* ***Laisser courir*** *:* laisser faire. **7.** Parcourir rapidement ; se déplacer. *Un frisson lui courut dans le dos. La plume court sur le papier.* **8.** *Litt.* S'étendre sur une certaine longueur. *Un petit sentier qui court derrière les dunes.* ◆ v.t. **1.** Disputer une course, y participer. *Courir un cent mètres.* **2.** Parcourir dans tous les sens ; sillonner. *Courir le monde.* **3.** Aller au-devant de, s'exposer à ; risquer. *Il sait qu'il court un risque mais il part quand même.* ◇ ***Courir sa chance*** *:* tenter qqch en comptant sur la chance ; compter sur la chance pour se sortir d'un mauvais pas. **4.** Se rendre, aller quelque part avec une certaine agitation ; fréquenter habituellement. *Courir les magasins. Courir les cocktails.* ◇ ***Courir les rues*** *:* être très banal, très commun. **5.** Rechercher avec empressement, assiduité. *Courir les honneurs. Courir les filles.* **6.** *Fam.* Ennuyer, importuner. *Tu commences vraiment à me courir !* **7.** VÉNER. Chercher à capturer un lièvre, un cerf, etc., à la chasse.

COURLIS n.m. (onomat.). Oiseau échassier migrateur d'Eurasie et d'Afrique à long bec arqué vers le bas, qui vit près des eaux douces de marécages ou sur les côtes. (Genre *Numenius* ; famille des scolopacidés.)

■ **COURLIS**

COURONNE n.f. (lat. *corona*). **1.** Cercle de métal précieux, richement orné, qu'on porte sur la tête en signe d'autorité, de dignité, de puissance. *Couronne royale.* ◇ ***Triple couronne*** *:* tiare pontificale. **2.** Dynastie souveraine ; État dirigé par un roi ou un empereur. *La couronne d'Angleterre.* **3.** Cercle de fleurs ou de feuillage porté sur le front comme prix, comme récompense. *Une couronne de lauriers.* **4.** Ensemble de fleurs et de feuilles disposées en cercle. *Couronne mortuaire.* **5.** Objet circulaire en forme de couronne. – Cercle métallique enserrant certains objets. *Couronne d'un cabestan.* **6.** Partie visible d'une dent. – Capsule en métal ou en céramique qui recouvre et protège cette partie en cas de lésion. **7.** ASTROPHYS. Région externe, très peu dense, de l'atmosphère d'une étoile, en partic. du Soleil. **8.** GÉOGR. ***Petite couronne*** *:* ensemble des départements de l'Île-de-France limitrophes de Paris (Hauts-de-Seine, Seine-Saint-Denis et Val-de-Marne). – ***Grande couronne*** *:* ensemble des départements d'Île-de-France (Essonne, Val-d'Oise et Yvelines) non limitrophes de Paris et résultant du découpage de l'ancienne Seine-et-Oise. **9.** GÉOMÉTR. ***Couronne circulaire*** *:* surface plane limitée par deux cercles concentriques. **10.** Anc. Tonsure monacale. **11.** Partie du membre du cheval comprise entre le paturon et le pied. **12.** Unité monétaire principale du Danemark *(krone),* de l'Islande *(krona),* de la Norvège *(krone),* de la Suède *(krona),* de la République tchèque *(koruna),* de la Slovaquie *(koruna)* et de l'Estonie *(kroon).* **13.** ***Couronne impériale*** *:* fritillaire (plante).

■ **COURONNE.** Photographie de la couronne solaire obtenue au Mexique lors de l'éclipse totale de Soleil du 11 juill. 1991.

COURONNÉ, E adj. **1.** Qui a reçu la couronne royale ou impériale. ◇ ***Tête couronnée*** *:* souverain, souveraine. **2.** Qui a reçu un prix, un titre. *Un champion couronné.* **3.** ***Cheval couronné*** *:* cheval qui s'est fait une plaie au genou en tombant. – *Fam.* ***Genou couronné,*** marqué d'une écorchure.

COURONNEMENT n.m. **1.** Action de couronner ; fait d'être couronné. – Cérémonie pour couronner un monarque ou pour investir un pape. **2.** *Fig.* Achèvement complet d'une grande entreprise. *Elle voit enfin le couronnement de ses efforts.* **3.** Élément décoratif plus long que haut garnissant la partie supérieure d'une façade de bâtiment, d'un meuble, etc. (ex. : fronton).

COURONNER v.t. **1.** Mettre sur la tête une couronne, comme ornement ou à titre de récompense. – Poser solennellement une couronne sur la tête d'un souverain. **2.** Récompenser par un prix, une distinction. *Un livre couronné par l'Académie.* **3.** Former la partie supérieure de qqch. **4.** *Litt.* Être disposé tout autour. *Les remparts qui couronnent la ville.* **5.** *Fig.* Constituer la conclusion, l'achèvement parfait de qqch. ◆ **se couronner** v.pr. Se blesser au genou, en parlant du cheval. – *Fam.* Se faire une écorchure ou une contusion au genou, en parlant de qqn.

COUROS n.m. → **KOUROS.**

COURRE v.t. et v.i. (lat. *currere*). Vx. Poursuivre un animal avec des chiens courants. ◇ *Chasse à courre :* chasse où l'on poursuit le gros gibier avec des chiens courants, pour le forcer.

COURRIEL n.m. (abrév. de *courrier électronique*). Québec. Messagerie électronique ; message, courrier électronique.

COURRIER n.m. (ital. *corriere,* du lat. *currere,* courir). **1.** Correspondance (lettres, imprimés, paquets) reçue ou envoyée par la poste. *Le courrier n'est pas encore distribué. Qu'y a-t-il au courrier ?* – Ensemble des lettres qu'une personne écrit ou reçoit. *Avoir du courrier à finir.* ◇ *Courrier électronique :* messagerie, message électronique. (On emploie aussi les abrév. anglo-amér. *e-mail* [imɛl] et fr. *mél.*) **2.** Rubrique de journal consacrée à des nouvelles spéciales. *Courrier des lecteurs, du cœur. Courrier de la Bourse.* **3.** Anc. Homme chargé de porter les dépêches.

COURRIÉRISTE n. Journaliste qui tient une rubrique, un courrier littéraire, théâtral, etc.

COURROIE n.f. (lat. *corrigia*). **1.** Bande d'un matériau souple (cuir, toile, etc.) pour lier, attacher ou serrer qqch. **2.** Bande souple refermée sur elle-même et servant à transmettre le mouvement de rotation d'un arbre à un autre par l'intermédiaire de poulies. **3.** *Courroie de transmission :* personne, organisme transmettant les directives à d'autres personnes, à un autre organisme.

COURROUCÉ, E adj. *Litt.* Très irrité ; furieux. *Un regard courroucé.*

COURROUCER v.t. [9] (lat. *corrumpere,* aigrir). *Litt.* Mettre en colère.

COURROUX n.m. *Litt.* Vive colère.

COURS n.m. (lat. *cursus*). **1.** Mouvement continu d'une eau courante. *Le cours du Rhône est très rapide.* ◇ *Donner libre cours à :* laisser s'exprimer sans aucune retenue. – *Cours d'eau :* ruisseau, fleuve, rivière, etc. **2.** Trajet parcouru par un fleuve ou une rivière. *La Loire a un cours de 1 020 km.* ◇ *Voyage, navigation au long cours,* sur de longues distances en haute mer. **3.** Mouvement réel ou apparent des astres. *Le cours du Soleil.* **4.** Suite, évolution de qqch dans le temps ; écoulement du temps. *Les choses suivent leur cours. Le cours de la vie.* ◇ *Être en cours :* se dérouler, être en train d'être réalisé. – *Au cours de :* pendant. **5.** Taux, prix auquel se négocient les denrées, les marchandises, les valeurs. *Le cours du sucre a baissé. Le cours des changes, des Halles. Les cours de la Bourse sont en dernière page.* ◇ *Avoir cours :* être reconnu légalement. **6.** *Cours forcé :* système monétaire dans lequel les institutions d'émission sont dispensées de l'obligation d'échanger contre du métal précieux la monnaie ayant cours légal. – *Cours légal :* système monétaire dans lequel la monnaie d'un pays doit être acceptée en paiement pour sa valeur nominale. **7.** Enseignement donné par un professeur sous forme d'une série de leçons ou de conférences ; chacune de ces leçons ou conférences. *Cours préparatoire. Elle donne des cours de littérature italienne à l'université. Aller à son cours de piano.* **8.** Manuel, traité sur une matière quelconque. **9.** Établissement d'enseignement privé. **10.** Avenue servant de promenade.

COURSE n.f. (ital. *corsa*). **1.** Action de courir. *Une course à travers champs.* ◇ *À bout de course :* épuisé. **2.** Compétition de vitesse ; épreuve sportive organisée consistant en une telle compétition. *Une course de fond, de demi-fond. Course cycliste. Course de chevaux. Course d'obstacles, de trot, de galop.* ◇ *Course de taureaux :* corrida. – SPORTS. *Course de côte :* compétition automobile, cycliste ou motocycliste disputée sur un circuit présentant une forte déclivité. – *Fam. Ne pas être, ne plus être dans la course :* être complètement dépassé par les événements. **3. a.** Déplacement, démarche. *J'ai une course urgente à faire, attends-moi.* **b.** (Souvent au pl.) Achat fait chez un commerçant. *Faire ses courses pour le dîner.* **4.** Trajet d'un taxi à un tarif donné. **5.** Parcours en montagne, ascension effectuée par un ou plusieurs alpinistes. **6.** Suisse. **a.** Trajet en chemin de fer ou en bateau. **b.** Excursion, voyage organisé. **7.** Mouvement rectiligne d'un organe mécanique ; étendue de ce mouvement. *La course d'un piston.* **8.** Déplacement d'un corps dans le ciel. *La course des nuages, du Soleil, des étoiles.* ◇ *En fin de course :* sur son déclin. **9.** Opération d'un navire corsaire. ◆ pl. Compétition de vitesse opposant des chevaux ou d'autres animaux (des lévriers notamm.). *Champ de courses. Jouer aux courses.*

COURSE-CROISIÈRE n.f. (pl. *courses-croisières*). Compétition de yachting qui consiste en une course à la voile sur un parcours en haute mer.

COURSE-POURSUITE n.f. (pl. *courses-poursuites*). Poursuite rapide, souvent marquée de péripéties diverses.

COURSER v.t. *Fam.* Poursuivre à la course, essayer de rattraper.

1. COURSIER n.m. *Litt.* Cheval de selle.

2. COURSIER, ÈRE n. Employé chargé de porter des paquets, des lettres, etc., pour le compte d'une entreprise, d'un commerçant. ◆ n.m. *Coursier international :* entreprise privée assurant le transport vers l'étranger de documents et de petits colis dont l'acheminement revêt un caractère d'urgence.

COURSIVE n.f. (ital. *corsiva,* où l'on peut courir). **1.** MAR. Passage, couloir aménagé à l'intérieur d'un navire, dans le sens de la longueur. **2.** ARCHIT. Galerie de circulation desservant plusieurs logements ou locaux.

COURSON, COURÇON n.m. ou **COURSONNE** n.f. (de l'anc. fr. *corsier,* raccourcir). **1.** Branche d'un arbre fruitier, génér. taillée, qui porte les fleurs et les fruits. **2.** Partie d'un sarment de vigne qui reste après la taille d'hiver.

1. COURT, E adj. (lat. *curtus*). **1.** Qui est peu étendu en longueur ou en hauteur. *Des cheveux très courts. Ton manteau est un peu trop court.* **2.** Qui dure peu de temps ; bref. *Les jours sont de plus en plus courts.* ◇ *Avoir la mémoire courte :* oublier vite des obligations, des contraintes. – *À courte vue :* se dit d'un projet, d'une action, etc., faits sans souci de l'avenir. **3.** *Fam.* Qui est peu satisfaisant ; insuffisant. *C'est un peu court, comme explication.* **4.** *Avoir le souffle court :* s'essouffler rapidement. ◆ adv. **1.** D'une manière courte. *Elle s'habille beaucoup trop court.* ◇ *Couper court à qqch,* le faire cesser très vite. *Sa déclaration a coupé court aux rumeurs.* – *Sout. Demeurer court :* rester sans réaction, sans pouvoir parler ni agir, sous le coup d'une émotion, de la surprise, etc. – *Tourner court :* s'arrêter brusquement. *La discussion a tourné court.* – *Tout court :* sans rien ajouter d'autre. *Il s'appelle Pierre-Henri mais on l'appelle Pierre tout court.* **2.** *Aller au plus court :* procéder de la manière la plus rapide et la plus simple. – *Être à court de :* être privé de. – *Prendre qqn de court,* le prendre au dépourvu.

2. COURT n.m. (mot angl., de l'anc. fr. *court,* cour). Terrain de tennis.

COURTAGE n.m. (de *courtier*). **1.** Profession du courtier. **2.** Rémunération due à un courtier, à un prestataire de services d'investissement pour l'exécution d'opérations boursières.

COURTAUD, E adj. et n. (de *1. court*). Qui a une taille courte et ramassée.

COURTAUDER v.t. Priver un animal de la queue et des oreilles.

COURT-BOUILLON n.m. (pl. *courts-bouillons*). Liquide aromatisé dans lequel on fait cuire le poisson ou la viande.

COURT-CIRCUIT n.m. (pl. *courts-circuits*). Connexion par une résistance ou une impédance très faible de deux ou de plusieurs points d'un circuit qui se trouvent normalement à des tensions différentes ; accident qui en résulte (interruption de courant, incendie, etc.).

COURT-CIRCUITER v.t. **1.** Mettre en court-circuit. **2.** *Fig.* Ne pas suivre la voie hiérarchique pour atteindre un but, ne pas tenir compte des intermédiaires.

COURT-COURRIER n.m. et adj. (pl. *court-courriers*). Avion destiné à assurer des transports sur de courtes distances (inférieures à 1 000 km).

COURTEPOINTE n.f. (anc. fr. *coute pointe*). Couverture de lit piquée et ouatinée.

COURTIER, ÈRE n. (de l'anc. fr. *courre,* courir). Personne servant d'intermédiaire dans des opérations commerciales ou autres.

COURTILIÈRE [-ljɛr] n.f. (de l'anc. fr. *courtil,* jardin). Insecte orthoptère fouisseur, appelé aussi *taupe-grillon,* qui vit dans des terriers et qui peut être nuisible dans les potagers. (Genre *Gryllotalpa.*)

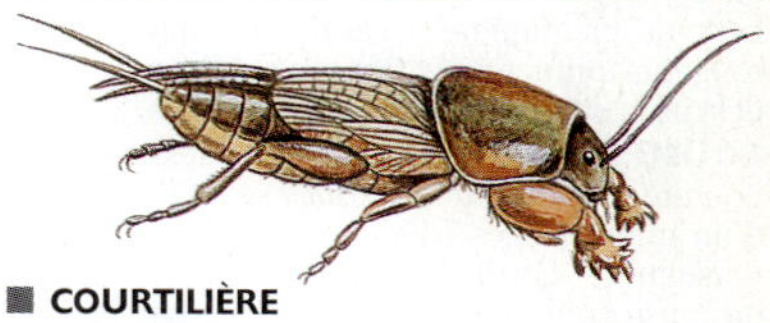

■ **COURTILIÈRE**

COURTINE n.f. (lat. *cortina,* tenture). **1.** FORTIF. Mur d'un rempart joignant les flancs de deux bastions voisins. **2.** Vx. Rideau, notamm. de lit.

COURTISAN n.m. (ital. *cortigiano*). **1.** Anc. Homme faisant partie de la cour d'un souverain. **2.** *Litt.* Celui qui flatte les gens puissants ou influents par intérêt.

COURTISANE n.f. *Litt.* Prostituée d'un rang social élevé.

COURTISANERIE n.f. *Litt.,* rare. Bassesse de courtisan.

COURTISER v.t. **1.** Faire la cour à une femme, chercher à faire sa conquête. *Courtiser une jeune fille.* **2.** *Litt.* Flatter une personne importante par pur intérêt. ◆ v.t. ind. Belgique. *Courtiser avec :* être fiancé à.

COURT-JOINTÉ, E adj. (pl. *court-jointés, es*). Se dit d'un cheval qui a des paturons courts.

COURT-JUS n.m. (pl. *courts-jus*). *Fam.* Court-circuit.

COURT-MÉTRAGE ou **COURT MÉTRAGE** n.m. (pl. *courts[-]métrages*). Film de moins de 1 600 m et dont la durée excède rarement vingt minutes.

COURTOIS, E adj. (de l'anc. fr. *court,* cour). **1.** Qui manifeste une politesse raffinée ; affable, délicat. *Une personne très courtoise. Ce n'est vraiment pas très courtois.* **2.** *Amour courtois :* dans la littérature médiévale, représentation très codée de l'amour mettant l'accent sur le lien de vassalité qui lie le chevalier à la dame qu'il sert. – *Littérature courtoise :* littérature de la période médiévale qui se caractérise par la valorisation de la vaillance chevaleresque, du beau parler et de l'amour pour la dame élue. (Apparue au XIIe s., elle est notamment illustrée, en France, par les romans de Chrétien de Troyes.)

COURTOISEMENT adv. Avec courtoisie.

COURTOISIE n.f. Politesse raffinée.

COURT-VÊTU, E adj. (pl. *court-vêtus, es*). Qui porte un vêtement court.

COURU, E adj. *Fam.* **1.** Recherché. *Un spectacle très couru.* **2.** *C'est couru :* c'est prévisible.

COUSCOUS [kuskus] n.m. (ar. *kuskus*). Plat d'Afrique du Nord, préparé avec de la semoule de blé dur cuite à la vapeur et servi avec un bouillon de légumes, de la viande ou du poisson ; la semoule elle-même.

COUSCOUSSIER n.m. Marmite comportant une passoire pour cuire le couscous à la vapeur.

COUSETTE n.f. *Fam.,* vieilli. Jeune couturière.

COUSEUR, EUSE n. REL. Personne qui travaille sur une couseuse.

COUSEUSE n.f. **1.** Machine à coudre industrielle. **2.** Machine pour coudre les cahiers d'un livre.

1. COUSIN, E n. (lat. *consobrinus*). **1.** Personne née ou descendant de l'oncle ou de la tante d'une autre ; son conjoint. **2.** ANTHROP. Parent collatéral de la génération d'Ego, au-delà du groupe des frères et sœurs, ou germains.

2. COUSIN n.m. (lat. *culex*). Moustique aux longues pattes fines, à antennes plumeuses, très commun en France. (Famille des culicidés.)

COUSINAGE n.m. **1.** *Fam.* Parenté entre cousins. **2.** *Litt.* Ensemble des parents.

COUSINER v.i. Avoir avec qqn des relations amicales, bien s'entendre avec lui.

COUSSIN n.m. (lat. *coxa,* cuisse). **1.** Enveloppe de tissu, de cuir, etc., rembourrée, qui sert d'appui, de siège ou d'ornement. *Caler son dos avec des coussins.* – Belgique. Oreiller. **2.** *Coussin d'air :* système de suspension d'un véhicule, d'un navire, d'un appareil de manutention, par création d'une couche d'air à faible pression sous le châssis. **3.** *Coussin gonflable :* recomm. off. pour *airbag.*

COUSSINET n.m. **1.** Petit coussin. **2.** Pièce de fonte ou d'acier fixée sur une traverse de voie ferrée et qui supporte le rail. **3.** MÉCAN. INDUSTR. Pièce annulaire fixée dans un palier et facilitant le guidage d'un arbre mobile. **4.** *Coussinet plantaire :* bourrelet charnu situé sous les pattes de certains mammifères (carnivores, insectivores, rongeurs, primates) et dont le nombre, la forme et la disposition sont caractéristiques de l'espèce.

COUSU, E adj. **1.** Assemblé avec des points de couture. ◇ *Cousu de fil blanc :* se dit d'une ruse, d'un artifice faciles à démasquer, qui ne trompent personne. – *Cousu d'or :* très riche. – *Fam. C'est du cousu main :* c'est fait avec beaucoup de soin ; c'est très facile. **2.** HÉRALD. *Pièces cousues :* pièces honorables appliquées métal sur métal ou couleur sur couleur.

COÛT [ku] n.m. (de *coûter*). **1.** Somme que coûte qqch ; prix, montant. *Coût très élevé d'une location.* ◇ *Coût de la vie :* valeur estimée des biens et des services, fondée sur la comparaison des revenus, pendant une période donnée. – *Coût de production :* prix de revient industriel d'une marchandise. – *Coût de distribution :* écart entre le prix de vente d'un produit au consommateur et le prix de production. **2.** *Fig.* Conséquence, effet fâcheux d'une action, d'une situation ; prix. *La délinquance, coût d'une mauvaise politique urbaine.*

COÛTANT adj.m. *À, au prix coûtant :* au prix de revient strictement calculé.

COUTEAU n.m. (lat. *cultellus*). **1.** Instrument tranchant composé d'un manche et d'une ou de plusieurs lames. *Un couteau de poche. Faire aiguiser un couteau. Couteau à pain. Couteau électrique.* ◇ *En lame de couteau :* très allongé, mince. – *Mettre à qqn le couteau sous* (ou *sur*) *la gorge,* l'obliger à faire qqch contre sa volonté. – *Au couteau :* âpre, acharné. *Une concurrence au couteau.* – *Être à couteaux tirés avec qqn,* être en très mauvais termes avec lui. – *Fam. Second couteau :* personnage qui joue un rôle secondaire ; comparse, acolyte. **2.** Mollusque bivalve à coquille allongée qui vit enfoui verticalement dans le sable des plages. (Genre *Solen ;* famille des solénidés.) **3.** *Couteau à palette :* petite truelle d'acier flexible pour mélanger les couleurs sur la palette ou pour peindre en pleine pâte. **4.** Prisme d'acier qui supporte le fléau ou les plateaux d'une balance de précision.

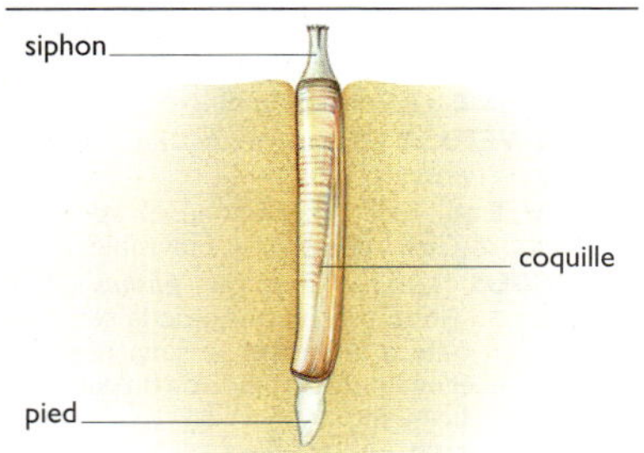

■ **COUTEAU** (mollusque).

COUTEAU-SCIE n.m. (pl. *couteaux-scies*). Couteau à lame dentée, pour couper la viande, le pain, etc.

COUTELAS n.m. (ital. *coltellaccio*). **1.** Grand couteau de cuisine à lame large et tranchante. **2.** Sabre court et large qui ne tranche que d'un côté.

COUTELIER, ÈRE n. Personne qui fabrique ou vend des couteaux et autres instruments tranchants.

COUTELLERIE n.f. **1.** Fabrication, commerce des couteaux et des instruments tranchants. **2.** Ensemble des produits faisant l'objet de ce commerce.

COÛTER v.i. (lat. *constare*). **1. a.** Être vendu au prix de. *Combien coûte ce vase ?* **b.** Causer, entraîner des dépenses. *Les travaux ont coûté très cher.* ◇ *Fam. Coûter les yeux de la tête :* coûter très cher. – *Coûte que coûte :* à tout prix. – *Coûter cher à qqn,* lui attirer des ennuis. *Cette négligence risque de lui coûter cher.* **2.** *Fig.* Être pénible à supporter ; peser. *Cette démarche lui a beaucoup coûté.* ◆ v.t. Causer, occasionner qqch de pénible. *Ce travail lui a coûté des efforts presque surhumains.* ◇ *Coûter la vie à qqn,* causer sa mort.

COÛTEUSEMENT adv. De façon coûteuse.

COÛTEUX, EUSE adj. **1.** Qui coûte cher, qui occasionne de grandes dépenses ; onéreux. *C'est un voyage très coûteux.* **2.** *Fig.* Qui exige des sacrifices ; qui a des conséquences pénibles. *Une victoire coûteuse.*

COUTIL [kuti] n.m. (de *1. couette*). Tissu croisé et très serré, en fil ou en coton, utilisé pour confectionner la toile à matelas, des vêtements de travail, etc.

COUTRE n.m. (lat. *culter*). Fer tranchant placé en avant du soc de la charrue pour fendre la terre verticalement.

COUTUME n.f. (lat. *consuetudo*). **1.** Habitude, traits propres aux mœurs d'un groupe, d'un peuple. *Une coutume ancestrale. Us et coutumes d'une région.* ◇ Nouvelle-Calédonie. *Faire la coutume :* offrir un cadeau de bienvenue. **2.** DR. Règle de droit établie par l'usage, dont l'autorité est reconnue à condition de ne pas aller à l'encontre d'une loi. ◇ ANTHROP. *La coutume :* ensemble de dispositions sociales cohérentes et transmises par la tradition, par oppos. à la *loi écrite,* édictée par une autorité politique. **3.** Manière habituelle d'agir. ◇ *Avoir coutume de :* avoir l'habitude de. – *Plus, moins, autant que de coutume :* en comparaison avec ce qui se passe ordinairement.

COUTUMIER, ÈRE adj. **1.** *Litt.* Qui est habituel, ordinaire. *Les travaux coutumiers.* ◇ *Être coutumier du fait :* avoir l'habitude de commettre telle action. **2.** Relatif à la coutume ; régi, établi par la coutume. ◇ *Droit coutumier :* ensemble des règles juridiques établies par l'usage, la tradition et ayant force de loi. (L'ancienne France était divisée en *pays coutumiers,* au Nord, et en *pays de droit écrit,* ou *romain,* au Sud. Rédigées au XVe s., les anciennes coutumes furent abrogées par le Code civil de 1804.) **3.** ANTHROP. *Chef coutumier :* chef désigné selon la coutume et veillant à ce que celle-ci soit respectée et appliquée, dans une société que régit le système de la chefferie. ◆ n.m. Recueil des coutumes d'une province, d'un pays, d'un ordre religieux.

COUTURE n.f. **1.** Action, art de coudre. *Faire de la couture. Cours de couture.* **2.** Assemblage de deux morceaux d'étoffe par une série de points faits à la main ou à la machine ; ces points ; piqûre. *Couture simple, rabattue.* ◇ *Examiner sur* (ou *sous*) *toutes les coutures,* très attentivement. – *Battre qqn à plate(s) couture(s),* lui infliger une défaite complète. **3.** Profession de ceux qui confectionnent des vêtements. *Il travaille dans la couture.* ◇ *La haute couture :* l'ensemble des grands couturiers qui créent des modèles originaux présentés chaque saison ; leur production. – *Maison de couture :* entreprise de haute couture ou de confection. **4.** REL. Action de coudre les cahiers d'un livre. **5.** *Litt.* Cicatrice d'une plaie. *Visage plein de coutures.*

COUTURÉ, E adj. *Litt.* Marqué de cicatrices. *Visage tout couturé.*

1. COUTURIER adj.m. *Muscle couturier,* ou *couturier,* n.m. : muscle antérieur de la cuisse, fléchisseur de la jambe et de la cuisse.

2. COUTURIER, ÈRE n. Personne qui retouche ou confectionne elle-même des vêtements. ◆ n.m. *Grand couturier :* personne qui dirige une maison de couture.

COUTURIÈRE n.f. THÉÂTRE. Anc. Dernière répétition précédant la générale (au cours de laquelle les couturières apportaient autref. les dernières retouches aux costumes). [On disait aussi *répétition des couturières.*]

COUVADE n.f. ETHNOL. Coutume rencontrée dans certaines sociétés où, après l'accouchement, c'est le père qui tient le rôle de la mère.

COUVAIN n.m. Ensemble des œufs, des larves et des nymphes des abeilles et autres insectes sociaux.

COUVAISON n.f. Temps pendant lequel un oiseau couve ses œufs pour les faire éclore ; acte de couver. SYN. : *incubation.*

COUVÉE n.f. **1.** Ensemble des œufs qu'un oiseau couve en même temps. **2.** Ensemble des oisillons nés en même temps. – *Fam.* Ensemble des enfants, dans une famille nombreuse. *Mère qui veille sur sa couvée.*

COUVENT n.m. (lat. *conventus,* assemblée). **1.** Maison religieuse. **2.** Anc. Pensionnat de jeunes filles tenu par des religieuses.

COUVENTINE n.f. Religieuse qui vit dans un couvent.

COUVER v.t. (lat. *cubare,* être couché). **1.** Abriter, tenir au chaud sous son corps des œufs pour les faire éclore, en parlant d'un oiseau. **2.** *Fig.* Entourer de soins attentifs, souvent excessifs. *Un enfant couvé par sa mère.* ◇ *Couver des yeux :* regarder intensément, avec affection ou convoitise. **3.** *Litt.* Préparer en secret ; porter en soi ; nourrir. *Couver une vengeance.* ◇ *Fam. Couver une maladie,* en être atteint sans qu'elle se déclare encore nettement. ◆ v.i. Se préparer ; être latent. *Feu qui couve. Complot qui couve.*

COUVERCLE n.m. (lat. *cooperculum*). Pièce mobile qui sert à couvrir un récipient.

1. COUVERT, E adj. **1.** Qui a qqch sur lui, au-dessus de lui ; abrité, protégé. *Une galerie couverte.* ◇ *Terrain couvert :* terrain boisé. – CH. DE F. *Wagon couvert :* wagon à caisse fermée par un toit et comportant une ou plusieurs portes coulissantes sur chaque face latérale. **2.** Qui est protégé par un vêtement, un chapeau. *Cet enfant est trop couvert.* **3.** *À mots couverts :* de manière allusive, en termes voilés. – *Ciel couvert :* ciel nuageux.

2. COUVERT n.m. (de *couvrir*). **1.** Espace couvert, abrité. ◇ *À couvert :* à l'abri, hors d'atteinte. – *Sout. Sous le couvert de :* sous la responsabilité de ; *fig.,* sous les apparences, le prétexte de. *Trahir qqn sous le couvert de l'amitié.* **2.** *Litt.* Massif d'arbres qui donne de l'ombre et un abri. *Se réfugier sous les couverts.* **3. a.** Ce dont on couvre la table pour le repas. ◇ *Mettre, dresser le couvert :* mettre sur la table la vaisselle nécessaire au repas. – *Fam. Remettre le couvert :* recommencer. **b.** Ensemble des ustensiles de table pour une personne. *Ajouter un couvert. Lave-vaisselle de douze couverts.* **c.** *Les couverts :* les cuillères, les fourchettes et les couteaux. *Des couverts en argent.* **4.** CH. DE F. Wagon couvert. **5.** ARCHIT. Cornière.

COUVERTE n.f. CÉRAM. Enduit vitrifiable, incolore ou coloré, dont on recouvre les porcelaines et les grès.

COUVERTURE n.f. (de *couvrir*). **1.** Pièce d'étoffe, de fourrure, etc., destinée à protéger du froid. *Couverture de laine.* ◇ *Couverture chauffante,* munie d'un dispositif électrique dégageant de la chaleur. – *Fam. Tirer la couverture à soi :* chercher à s'attribuer tout le mérite d'un succès, tout le profit d'une affaire. **2.** CONSTR. Partie qui couvre un bâtiment, en constitue le toit. *Couverture d'ardoise.* **3.** Feuille dont on couvre un livre, un cahier pour le protéger. – Partie extérieure d'un livre, formée des plats et du dos. (Elle peut être rigide ou souple, cartonnée ou non, pelliculée, etc.) – Partie extérieure d'un magazine où, avec son nom, figurent une illustration et les titres des principaux articles. **4.** GÉOL. Ensemble des terrains sédimentaires recouvrant un socle selon une discordance. **5.** ZOOL. *Plumes de couverture,* ou *couvertures,* n.f. pl. : tectrices. **6.** Ce qui couvre, garantit, protège. ◇ *Couverture sociale :* protection dont bénéficie un assuré social. – *Couverture maladie universelle (CMU) :* dispositif, entré en vigueur le 1er janvier 2000, destiné à assurer l'accès aux soins des personnes défavorisées en étendant à tous les prestations de la Sécurité sociale. **7.** BOURSE. Ensemble des valeurs servant à la garantie d'une opération financière ou commerciale. **8.** MIL. Dispositif de protection d'une zone ou d'une opération. *Couverture aérienne.* **9.** Occupation, activité qui dissimule des opérations clandestines, illicites. **10.** Fait de couvrir un événement, pour un journaliste, un organe de presse. **11.** TÉLÉCOMM. *Zone de couverture,* ou *couverture :* portion de la surface terrestre desservie par un réseau de télécommunication cellulaire ou à l'intérieur de laquelle la réception des émissions d'un satellite est correcte.

COUVEUSE n.f. **1.** Oiseau femelle (poule, en partic.) qui couve. **2.** Appareil où l'on fait éclore des œufs. **3.** Enceinte close, aseptique, maintenue à température constante, où sont placés les nouveau-nés fragiles. SYN. : *incubateur.*

COUVOIR n.m. **1.** Appareil servant à l'incubation artificielle des œufs de poule, d'oie, etc. **2.** Entreprise pratiquant l'accouvage.

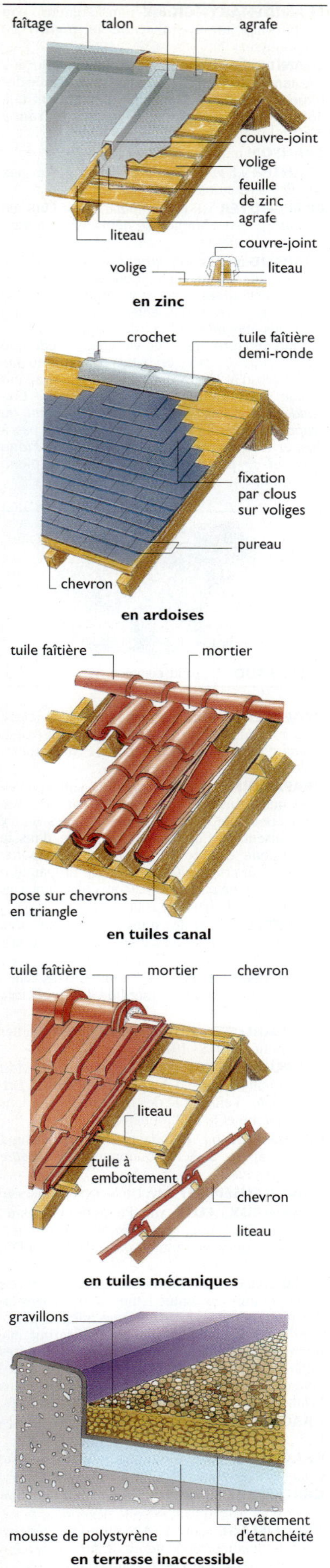

■ **COUVERTURES** de bâtiments.

COUVRANT, E adj. Se dit d'une substance qui couvre d'une couche opaque. *Peinture, enduit à grand pouvoir couvrant. Shampooing colorant très couvrant.*

COUVRE-CHEF n.m. (pl. *couvre-chefs*). *Fam.* Ce qui sert à couvrir la tête ; chapeau.

COUVRE-FEU n.m. (pl. *couvre-feux*). **1.** Anc. Signal qui indiquait l'heure de rentrer chez soi et d'éteindre les lumières. **2.** Interdiction temporaire de sortir de chez soi à certaines heures, notamm. en temps de guerre.

COUVRE-JOINT n.m. (pl. *couvre-joints*). CONSTR. Pièce ou élément pour couvrir un joint.

COUVRE-LIT n.m. (pl. *couvre-lits*). Couverture, pièce d'étoffe qui recouvre un lit. SYN. : *dessus-de-lit, jeté de lit.*

COUVRE-LIVRE n.m. (pl. *couvre-livres*). Couverture de protection pour un livre. SYN. : *liseuse.*

COUVREMENT n.m. ARCHIT. Organe, ouvrage qui limite par le haut un entrecolonnement, une baie, une pièce, un espace intérieur quelconque (ex. : architrave, linteau, arc, voûte, plafond).

COUVRE-NUQUE n.m. (pl. *couvre-nuques*). Pièce de métal ou de toile adaptée à un casque ou à une coiffure pour préserver la nuque.

COUVRE-OBJET n.m. (pl. *couvre-objets*). Lamelle de verre dont on recouvre les objets examinés au microscope.

COUVRE-PIEDS n.m. inv. Couverture de lit faite de deux tissus superposés, garnis intérieurement de laine ou de duvet et piqués de dessins décoratifs.

COUVRE-PLAT n.m. (pl. *couvre-plats*). Cloche en métal pour recouvrir un plat et le maintenir chaud.

COUVREUR n.m. Personne qui pose les matériaux de surface de la couverture d'un bâtiment et assure la réparation de celle-ci.

COUVRIR v.t. [23] (lat. *cooperire*). **1.** Mettre, disposer une chose sur ou par-dessus une autre pour protéger ou pour dissimuler. *Couvrir un livre. Couvrir sa tête d'un chapeau.* **2.** Fermer au moyen d'un couvercle. *Couvrir une casserole d'un couvercle.* ◇ Absol. *Laisser cuire sans couvrir.* **3.** Mettre qqch sur qqn pour le vêtir ; habiller. *Elle couvre trop son fils, il a chaud.* **4.** Répandre, étaler en grande quantité sur. *Couvrir un mur de graffitis.* – Donner à profusion ; combler. *Elle est couverte de cadeaux. Couvrir qqn d'éloges.* **5.** Être répandu sur ; recouvrir. *La neige couvre le chemin.* **6.** ***Couvrir une femelle,*** la saillir, s'accoupler avec elle, en parlant d'un animal mâle. **7.** Assurer une couverture, une protection ; garantir, protéger. *Couvrir ses arrières.* – Prendre sous sa responsabilité l'erreur de qqn. *Ses supérieurs le couvrent.* – Garantir les conséquences financières de. *Cette assurance couvre l'incendie.* **8.** Compenser, contrebalancer. *Les recettes couvrent les dépenses.* ◇ ***Couvrir un bruit, des voix,*** empêcher qu'on les entende, en parlant d'un bruit plus intense, de voix plus fortes. **9.** ***Couvrir une distance,*** la parcourir. **10.** ***Couvrir un événement,*** pour un journaliste, assurer une information complète sur cet événement. **11.** Desservir une zone, en parlant d'un émetteur de radiodiffusion, de télévision. ◆ **se couvrir** v.pr. **1.** Mettre un vêtement pour se protéger. *Couvre-toi, il fait froid.* **2.** Se remplir, être envahi par. *Les champs se couvrent de fleurs. Le ciel se couvre (de nuages).* **3.** Se protéger, se garantir. *Se couvrir d'un risque par une assurance.*

COUVRURE n.f. REL. Action d'appliquer la couverture ou les matières de recouvrement sur le livre à brocher ou à relier.

COVALENCE n.f. CHIM. Liaison chimique de deux atomes ou plus par mise en commun d'électrons.

COVALENT, E adj. CHIM. Relatif à la covalence.

COVARIANCE n.f. PROBAB., STAT. *Covariance d'une distribution à deux caractères :* moyenne arithmétique des produits des écarts à la moyenne pour tous les couples de valeurs.

COVENDEUR, EUSE n. Personne qui vend une même chose avec une autre personne.

COVER-GIRL [kɔvœrgœrl] n.f. [pl. *cover-girls*] (mot angl., de *cover,* couverture, et *girl,* jeune femme). Jeune femme posant pour les photographies des magazines, en partic. pour la page de couverture.

COVOITURAGE n.m. Utilisation d'une même voiture particulière par plusieurs personnes effectuant le même trajet, afin d'alléger le trafic routier ou de partager les frais de transport.

COW-BOY [kawbɔj] ou [kobɔj] n.m. [pl. *cow-boys*] (mot angl.). Gardien d'un troupeau de bovins, dans un ranch américain.

COWPER [kopœr] n.m. (du n. de l'inventeur). Appareil à inversion utilisé en sidérurgie pour récupérer l'énergie des gaz des hauts-fourneaux et pour réchauffer l'air envoyé aux tuyères.

COW-POX [kɔpɔks] n.m. inv. (angl. *cow,* vache, et *pox,* variole). Vaccine.

COXAL, E, AUX adj. (du lat. *coxa,* cuisse). ANAT. Relatif à l'articulation de la hanche. ◇ Rare. *Os coxal :* os iliaque.

COXALGIE n.f. (du lat. *coxa,* cuisse). Tuberculose de la hanche.

COXARTHROSE n.f. Arthrose de la hanche.

COXO-FÉMORAL, E, AUX adj. et n.f. ANAT. Se dit de l'articulation de la hanche et de ce qui s'y rapporte.

COYOTE [kɔjɔt] n.m. (nahuatl *coyotl*). Mammifère carnivore de l'Amérique du Nord, voisin du loup et du chacal. (Nom sc. *Canis latrans ;* famille des canidés.)

■ **COYOTE**

CP ou **C.P.** n.m. (sigle). Cours *préparatoire.

CPAS ou **C.P.A.S.** n.m. (sigle). Belgique. Centre public d'aide sociale.

CPGE ou **C.P.G.E.** n.f. (sigle). Classe *préparatoire aux grandes écoles.

C.Q.F.D., abrév. de *ce qu'il fallait démontrer,* sert de conclusion à une démonstration.

CRABE n.m. (néerl. *crabbe*). Crustacé décapode marin, littoral ou d'eau douce, à abdomen court et replié sous le céphalothorax, et portant une paire de grosses pinces. (Représenté par 2 000 espèces constituant le sous-ordre des brachyoures, dont certaines sont comestibles et communes sur les côtes européennes : tourteau, étrille, crabe enragé.)

■ **CRABE.** Crabe enragé.

CRABOT ou **CLABOT** n.m. (germ. *krappa,* crampon). MÉCAN. INDUSTR. Dispositif à dents qui permet d'accoupler de façon rigide un arbre moteur à un arbre récepteur.

CRABOTAGE ou **CLABOTAGE** n.m. Accouplement de deux arbres par un crabot.

CRABOTER ou **CLABOTER** v.t. Accoupler à l'aide d'un crabot.

CRAC interj. Exprime le bruit d'une chose dure qui se rompt, ou la soudaineté. *Tout d'un coup, crac ! l'échelon casse.*

CRACHAT n.m. Matière qui provient des voies respiratoires et que l'on rejette par la bouche.

CRACHÉ, E adj. *Fam. Être le portrait (tout) craché de qqn,* lui ressembler énormément.

CRACHEMENT n.m. **1.** Action de cracher ; projection. **2.** Crépitement, grésillement. *Les crachements d'un haut-parleur.*

CRACHER v.i. (lat. pop. *craccare*). **1.** Rejeter des crachats. ◇ *Fam. Cracher sur qqn,* l'insulter ; le mépriser. – *Ne pas cracher sur qqch,* l'apprécier beaucoup. – *Fam. Cracher dans la soupe :* dénigrer ce dont on tire avantage. **2.** Rejeter des gouttes ; éclabousser. *Stylo qui crache.* **3.** Émettre des crépitements ; grésiller. *La radio crache.* ◆ v.t. **1.** Rejeter hors de la bouche. *Cracher du sang.* **2.** Projeter, lancer. *Volcan qui crache des laves.* **3.** *Fam.* Donner de l'argent ; payer.

CRACHEUR, EUSE n. Personne qui crache fréquemment. ◆ adj. Afrique. Se dit d'un serpent qui projette son venin à distance pour aveugler ses proies. *Cobra cracheur.*

CRACHIN n.m. Petite pluie fine qui peut durer plusieurs jours.

CRACHINER v. impers. Tomber, en parlant du crachin.

CRACHOIR n.m. Récipient dans lequel on crache. ◇ *Fam.* ***Tenir le crachoir*** *:* parler longuement. – *Fam.* ***Tenir le crachoir à qqn,*** l'écouter sans pouvoir l'interrompre.

CRACHOTANT, E adj. Qui crachote.

CRACHOTEMENT n.m. **1.** Action, fait de crachoter. **2.** Bruit de ce qui crachote.

CRACHOTER ou, *fam.,* **CRACHOUILLER** v.i. **1.** Cracher souvent et peu à la fois. **2.** Émettre un crépitement, en parlant d'un appareil défectueux. *Le téléphone crachote.*

1. CRACK n.m. (mot angl., *fameux*). **1.** Cheval de course aux nombreuses victoires. **2.** *Fam.* Personne qui se distingue par ses compétences dans un domaine précis.

2. CRACK n.m. (mot angl., *coup de fouet*). Cocaïne cristallisée basique, fumable, d'une très grande toxicité psychique (psychoses) et physique (infarctus, hémorragies cérébrales).

1. CRACKER [krakœr] ou [krakɛr] n.m. (mot angl.). Petit biscuit salé croustillant.

2. CRACKER [krakœr] n.m. (mot angl.). INFORM. Personne qui s'introduit dans un système ou un réseau informatique pour en entraver ou en fausser le fonctionnement. Recomm. off. : *pirate.*

CRACKING [krakiŋ] n.m. (mot angl., de *to crack,* briser). Anglic. déconseillé. Craquage.

CRACOVIENNE n.f. (de *Cracovie,* n.pr.). **1.** Danse d'origine polonaise, exécutée en couple et dans laquelle les cavaliers font cliqueter les éperons de leurs bottes. (Elle fut en vogue au milieu du XIXe s., en Europe.) **2.** Pièce instrumentale de tempo rapide et de rythme binaire.

CRACRA ou **CRA-CRA** adj. inv. *Fam.* Crasseux.

CRADINGUE, CRADO, CRADOT ou **CRADE** adj. *Fam.* Crasseux.

CRAIE n.f. (lat. *creta*). **1.** Calcaire d'origine marine, le plus souvent blanc ou blanchâtre, tendre et friable, qui s'est formé au mésozoïque. (Il est constitué essentiellement de débris de végétaux unicellulaires, les coccolithophoracées.) **2.** Bâtonnet de cette substance ou d'une substance analogue pour écrire au tableau noir ou sur le tissu, le bois, etc.

CRAIGNOS [krɛɲos] adj. *Fam.* Qui craint ; dangereux, mauvais, désagréable.

CRAILLER [kraje] v.i. (onomat.). Pousser son cri, en parlant de la corneille.

CRAINDRE v.t. [62] (du lat. *tremere,* trembler). **1.** Éprouver de l'inquiétude, de la peur devant qqn, qqch ; redouter. *Un homme que tout le monde craint. Je crains qu'il ne vienne. Il craint d'être arrêté.* **2.** Être sensible à qqch, risquer de subir un dommage. *Ces plantes craignent le gel.* ◆ v.i. *Fam.* ***Ça craint*** *:* cela menace d'avoir des conséquences fâcheuses ; c'est très mauvais, très désagréable.

CRAINTE n.f. Sentiment de qqn qui craint ; peur. *Crainte de la solitude.* ◇ ***De crainte que, de*** *:* pour éviter que, de. *Fuyez, de crainte qu'on ne vous voie, de crainte d'être vu.*

CRAINTIF, IVE adj. et n. Qui manifeste de la crainte. *Enfant craintif. Regard craintif.*

CRAINTIVEMENT adv. Avec crainte.

1. CRAMBE n.m. (gr. *krambê,* chou). Plante herbacée des plages de galets de l'Atlantique nord, appelée aussi *chou marin,* cultivée en Angleterre pour ses pétioles comestibles. (Famille des crucifères.)

2. CRAMBE n.m. (gr. *krambos,* sec). Petit papillon aux ailes couleur paille, commun dans les prairies. (Famille des pyralidés.)

CRAMCRAM [kramkram] n.m. Afrique. Graminée épineuse dont les graines s'accrochent aux vêtements ; ces graines.

CRAMER v.i. et v.t. *Fam.* Brûler.

CRAMINE n.f. (du lat. *cremare,* brûler). Suisse. *Fam.* Froid intense.

CRAMIQUE n.m. (néerl. *cramicke*). Région. (Nord) ; Belgique. Pain sucré aux raisins de Corinthe.

CRAMOISI, E adj. (de l'ar. *qirmiz,* cochenille). **1.** Rouge carmin foncé. *Velours cramoisi.* **2.** Qui devient tout rouge sous l'effet de l'émotion, de la honte, de la colère, de l'effort, etc. *Visage, teint cramoisi.*

CRAMPE n.f. (francique *krampa,* recourbé). Contraction douloureuse, involontaire et passagère, d'un ou de plusieurs muscles. ◇ ***Crampe d'estomac*** *:* douleur gastrique due à la faim, à une mauvaise digestion, etc.

CRAMPILLON n.m. Clou recourbé ; cavalier.

CRAMPON n.m. (francique *krampo*). **1.** Pièce de métal recourbée servant à attacher, à retenir ou à saisir fortement. **2.** Petit cylindre de métal ou de plastique fixé à la semelle des chaussures de football ou de rugby pour empêcher de glisser. ◇ ***Pneu à crampons*** *:* pneu à sculptures très protubérantes, améliorant l'adhérence sur sol glissant. **3.** BOT. Organe de fixation de certains végétaux thallophytes (algues, lichens). **4.** BOT. Courte racine adventive d'une plante grimpante, par laquelle elle se fixe sur la roche ou sur l'écorce d'un arbre. *Les crampons du lierre.* SYN. : *griffe.* ◆ pl. Semelle munie de pointes, fixée sous la chaussure, pour se déplacer sur la glace. ◆ adj. et n. *Fam.* Se dit de qqn dont on a du mal à se débarrasser ; importun. *Ce que tu peux être crampon !*

CRAMPONNEMENT n.m. Action de cramponner, de se cramponner.

CRAMPONNER v.t. **1.** Poser des crampons à la semelle d'une chaussure de sport. **2.** *Fam.* Importuner qqn en s'accrochant à lui avec insistance. *Tu nous cramponnes !* ◆ **se cramponner** v.pr. **1.** Tenir fermement sans lâcher prise ; s'agripper, s'accrocher. *Se cramponner au bras de qqn.* **2.** S'attacher à qqch qu'on ne veut pas abandonner, malgré les obstacles. *Se cramponner à la vie, à l'espoir.* – Absol. Résister, tenir opiniâtrement. *On a tout fait pour le décourager, mais il s'est cramponné.*

CRAN n.m. (de l'anc. fr. *crener,* entailler). **1.** Entaille faite dans un corps dur pour en accrocher un autre ou servir d'arrêt. *Les crans d'une crémaillère.* ◇ ***Cran d'arrêt, de sûreté*** *:* cran qui cale la gâchette d'une arme à feu, la lame d'un couteau. **2.** Entaille faite en bordure d'un vêtement ou d'une chaussure en fabrication et qui sert de point de repère. **3.** Ondulation des cheveux. **4.** Rang, degré d'importance. *Reculer d'un cran. Monter, baisser d'un cran.* **5.** *Fam.* Sang-froid, courage. *Avoir du cran.* **6.** *Fam.* ***Être à cran*** *:* être exaspéré, à bout de nerfs.

1. CRÂNE n.m. (gr. *kranion*). **1.** Boîte osseuse contenant et protégeant l'encéphale, chez les vertébrés. *Fracture du crâne.* **2.** *Fam.* Tête. *Avoir mal au crâne. Mettez-vous ça dans le crâne.*

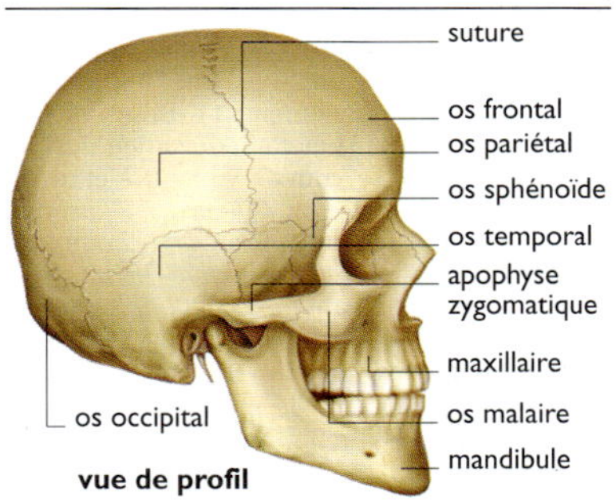

■ CRÂNE

2. CRÂNE adj. (de *1. crâne*). *Litt.* Qui affiche du courage, de la bravoure ; fier, décidé. *Un air crâne.*

CRÂNEMENT adv. *Litt.* De façon crâne.

CRÂNER v.i. (de *2. crâne*). *Fam.* **1.** Affecter la bravoure, faire le brave. *Crâner devant le danger.* **2.** Faire le fier, prendre des airs supérieurs, vaniteux.

CRÂNERIE n.f. Vieilli. **1.** Attitude fanfaronne. **2.** Vanité un peu ostentatoire ; fierté.

CRÂNEUR, EUSE adj. et n. *Fam.* Qui manifeste le goût de crâner ; prétentieux, fanfaron.

CRÂNIEN, ENNE adj. Du crâne. *Nerfs crâniens.*

CRANIOPHARYNGIOME n.m. Tumeur, non cancéreuse mais grave, de la région de l'hypophyse.

CRANIOSTÉNOSE n.f. Malformation congénitale caractérisée par la fermeture prématurée des sutures de la boîte crânienne, provoquant une déformation du crâne et une souffrance cérébrale.

CRANSON n.m. Cochléaire (plante).

CRANTER v.t. Faire des crans à, entailler. ◇ p.p. adj. *Baguette crantée.*

CRAPAHUTER v.i. (de *crapaud,* avec l'infl. de *chahuter*). *Fam.* Marcher, se déplacer en terrain difficile, accidenté.

CRAPAUD n.m. (germ. *krappa,* crochet). **1.** Amphibien de l'ordre des anoures, aux formes lourdes et trapues, à peau verruqueuse, qui se nourrit de vers et d'insectes. (En Europe, les crapauds atteignent 10 cm de longueur ; ils ont des mœurs terrestres et ne viennent à l'eau que pour pondre. Certains crapauds d'Amérique mesurent jusqu'à 20 cm de long ; cri : le crapaud coasse.) ◇ ***Crapaud accoucheur*** *:* alyte. – ***Crapaud de mer*** *:* rascasse. **2.** ***Fauteuil crapaud,*** ou ***crapaud*** *:* fauteuil entièrement rembourré, bas, à dossier en gondole (milieu du XIXe s.). – ***Piano crapaud*** → **piano. 3.** Défaut dans une pierre précieuse, une roche cristalline, un marbre.

■ **CRAPAUD.** Crapaud commun.

CRAPAUD-BUFFLE n.m. (pl. *crapauds-buffles*). Gros crapaud d'Asie orientale, au coassement puissant. (Long. 20 cm ; famille des microhylidés.)

CRAPAUDINE n.f. (de *crapaud*). **1.** Grille placée dans une gouttière, à l'entrée du tuyau de descente, pour empêcher que des déchets ne s'y introduisent. **2.** Plot métallique scellé dans la maçonnerie et recevant le pivot d'une porte. **3.** CUIS. ***À la crapaudine*** *:* mode de préparation des volailles, en partic. du pigeon, consistant à les aplatir avant de les faire rôtir.

CRAPETTE n.f. Jeu de cartes pratiqué par deux joueurs disposant de 52 cartes chacun et consistant à réaliser une réussite commune.

CRAPOTEUX, EUSE adj. *Fam.* **1.** Très sale ; crasseux. **2.** Très mauvais ; sordide. *Une ambiance crapoteuse.*

CRAPOUILLOT n.m. (de *crapaud*). Petit mortier de tranchée (1915 - 1918).

CRAPULE n.f. (lat. *crapula,* ivresse). **1.** Individu sans moralité, capable des pires bassesses. **2.** *Litt.* *La crapule :* l'ensemble des gens qui vivent dans la débauche et la malhonnêteté.

CRAPULERIE n.f. **1.** Caractère, comportement d'une crapule. **2.** Acte malhonnête. *Commettre une crapulerie.*

CRAPULEUSEMENT adv. De façon crapuleuse.

CRAPULEUX, EUSE adj. Plein de bassesse ; malhonnête. *Acte, personnage crapuleux.* ◇ ***Crime crapuleux,*** commis par intérêt, cupidité, pour voler.

CRAQUAGE n.m. **1.** Conversion, sous l'action de la température et éventuellement d'un catalyseur, des hydrocarbures saturés d'une fraction pétrolière en hydrocarbures plus légers (carburants, intermédiaires chimiques). **2.** Séparation des différents constituants d'une matière première agricole (céréale, lait, etc.) pour les utiliser dans la fabrication de nouveaux produits alimentaires.

CRAQUANT, E adj. *Fam.* Qui fait craquer ; irrésistible. *Une fille craquante.*

CRAQUE n.f. *Fam.* Mensonge, vantardise. *Raconter des craques.*

CRAQUÉE n.f. Suisse. *Fam.* Grande quantité. *Une craquée de livres.*

CRAQUELAGE n.m. **1.** Altération de certains films de peinture ou de vernis. **2.** Art ou manière d'obtenir de la porcelaine craquelée.

CRAQUELÉ, E adj. Qui présente des craquelures. *Une porcelaine craquelée.*

CRAQUÈLEMENT n.m. Fait de se craqueler ; état de ce qui est craquelé.

CRAQUELER (SE) v.pr. [16]. Présenter des craquelures, se fendiller en surface. *La terre se craquelle avec la sécheresse.*

CRAQUELIN n.m. (néerl. *crakelinc*). Petit gâteau sec et croquant fait le plus souvent en pâte à biscuit ou en pâte non levée.

CRAQUELURE n.f. Fendillement, fissure accidentels ou volontaires dans un vernis, la pâte d'une peinture, la glaçure d'une céramique.

CRAQUEMENT n.m. Bruit sec que fait qqch qui craque ou se brise.

CRAQUER v.i. (onomat.). **1.** Produire un bruit sec dû à un frottement ou à une pression. *Le parquet craque. Faire craquer ses doigts.* **2.** Se déchirer sous la pression ou l'effort en produisant un bruit sec ; céder, se briser. *La couture a craqué.* **3.** Être ébranlé, menacer ruine ; échouer, s'effondrer. *Le régime craque de toutes parts.* **4.** Avoir une grave défaillance physique ou psychologique. *Le joueur a craqué au dernier set. Ses nerfs ont craqué.* **5.** *Fam.* Tomber sous le charme de qqn, céder à l'attrait de qqch. *Craquer pour une actrice. Craquer sur un collier.* ◆ v.t. **1.** Faire céder, déchirer sous la pression ou l'effort. *Craquer sa poche.* ◇ ***Craquer une allumette,*** l'allumer en la frottant sur une surface rugueuse. **2.** PÉTROLE. Réaliser le craquage d'un produit pétrolier.

CRAQUÈTEMENT ou **CRAQUETTEMENT** n.m. **1.** Bruit produit par un objet qui craquette. **2.** Cri de la cigogne, de la grue, de la cigale.

CRAQUETER v.i. [16]. **1.** Craquer souvent et à petit bruit. *Les brindilles craquettent dans le feu.* **2.** Pousser son cri, en parlant de la cigogne, de la grue, de la cigale.

CRAQUEUR n.m. Installation de raffinage où l'on craque les hydrocarbures.

CRASE n.f. (gr. *krasis*). En grec, contraction de la voyelle ou de la diphtongue finale d'un mot avec celle du mot suivant.

CRASH [kraʃ] n.m. [pl. *crashs* ou *crashes*] (mot angl.). Atterrissage très brutal effectué par un avion, train rentré. – Écrasement au sol.

CRASHER (SE) v.pr. *Fam.* **1.** S'écraser au sol, en parlant d'un avion. **2.** S'écraser contre un obstacle, en parlant d'un véhicule automobile.

CRASSANE n.f. Passe-crassane.

CRASSE n.f. (lat. *crassus,* gras). **1.** Saleté qui s'amasse sur la peau, le linge, les objets. **2.** *Fam.* Mauvais tour, acte hostile à l'égard de qqn. *Il nous a fait une crasse.* ◆ pl. Scories produites par un métal en fusion. ◆ adj. ***Ignorance, bêtise crasse,*** grossière, qui atteint un très haut degré.

CRASSEUX, EUSE adj. Couvert de crasse ; sale, malpropre.

CRASSIER n.m. Amoncellement de déchets, scories et résidus, d'une usine métallurgique.

CRASSULACÉE n.f. (lat. *crassula,* de *crassus,* gras). Plante dicotylédone herbacée, succulente, poussant dans les rocailles et sur les murs, telle que l'orpin et la joubarbe. (Les crassulacées forment une famille.)

CRATÈRE n.m. (gr. *kratêr,* vase). **1.** Dépression arrondie, située au sommet ou sur les flancs d'un volcan, par où s'échappent, lors d'éruptions, les projections et les laves. ◇ ***Lac de cratère :*** lac formé dans le cratère d'un volcan. – ***Cratère météoritique,*** ou ***cratère :*** dépression quasi circulaire creusée par l'impact d'une météorite à la surface d'un astre, en partic. de la Lune. **2.** Trou formé dans le sol par l'explosion d'une bombe. **3.** Grand vase à deux anses et à large ouverture où les Anciens mélangeaient le vin et l'eau.

■ **CRATÈRE** à volutes originaire de Lucanie ; début du IVe s. av. J.-C. (Louvre, Paris.)

CRATERELLE n.f. (bas lat. *craterella,* de *crater,* vase). Champignon comestible à lamelles, voisin des chanterelles, à chapeau en forme d'entonnoir, de couleur brun-gris à noir. (Classe des basidiomycètes.) Noms usuels : *trompette-de-la-mort, trompette-des-morts.*

CRATÉRIFORME adj. En forme de cratère.

CRATÉRISÉ, E adj. *Didact.* Parsemé de cratères. *Sol cratérisé de la Lune.*

CRATON n.m. (mot angl.). GÉOL. Vaste portion de croûte continentale stable en dehors des zones orogéniques.

CRAVACHE n.f. (all. *Karbatsche,* du turc). Badine souple et flexible dont se servent les cavaliers pour stimuler ou corriger un cheval. ◇ ***Mener qqn à la cravache,*** le commander brutalement.

CRAVACHER v.t. Frapper avec la cravache. ◆ v.i. *Fam.* Aller plus vite ; redoubler d'efforts.

CRAVATE n.f. (de *Croate*). **1.** Bande d'étoffe que l'on passe autour du cou, sous le col d'une chemise, et qui se noue par-devant. **2.** Insigne de grades élevés de certains ordres. *Cravate de commandeur de la Légion d'honneur.* **3.** Ornement fixé au fer de lance d'un drapeau ou d'un étendard. **4.** MAR. Cordage qui soutient une ancre.

CRAVATER v.t. **1.** (Surtout au passif.) Mettre une cravate à qqn. *Un homme cravaté de soie.* **2.** Attaquer qqn en le serrant par le cou. **3.** *Arg.* Mettre en état d'arrestation. *Se faire cravater par la police.* **4.** *Arg.* Tromper qqn, abuser de sa crédulité.

CRAVE n.m. (du gaul. *crago*). Oiseau des montagnes d'Europe méridionale, d'Asie centrale et d'Afrique du Nord, à bec et à pattes rouges. (Genre *Corvus ;* famille des corvidés.)

CRAW-CRAW [krokro] ou **CROW-CROW** n.m. inv. (mot angl.). Afrique. Manifestation cutanée de l'onchocercose, provoquant des démangeaisons.

CRAWL [krol] n.m. (mot angl.). Nage sur le ventre à propulsion continue par mouvements alternatifs des bras et des pieds.

CRAWLÉ adj.m. *Dos crawlé* → **dos.**

CRAWLER [krole] v.i. Nager le crawl.

CRAWLEUR, EUSE [krolœr, øz] n. Personne qui nage le crawl.

CRAYEUX, EUSE [krɛjø, øz] adj. Qui contient de la craie ; qui en a l'aspect.

CRAYON [krɛjɔ̃] n.m. (de *craie*). **1.** Baguette cylindrique formée d'une mine de graphite ou de matière colorée, contenue dans une gaine de bois et servant à écrire et à dessiner. ◇ ***Avoir un bon coup de crayon :*** être habile à dessiner. **2.** Dessin fait au crayon. **3.** Bâtonnet de substance médicinale ou de fard. **4.** ***Crayon optique :*** photostyle.

CRAYON-FEUTRE n.m. (pl. *crayons-feutres*). Feutre utilisant une encre à l'eau et servant essentiellement au coloriage.

CRAYONNAGE n.m. Action de crayonner ; dessin rapide fait au crayon.

CRAYONNÉ n.m. Avant-projet d'une illustration, maquette d'un panneau publicitaire.

CRAYONNER v.t. Écrire ou dessiner à la hâte avec un crayon.

CRAYONNEUR, EUSE n. Personne qui crayonne, dessine des croquis.

CRÉANCE n.f. (lat. *credentia*). **1.** *Litt.* Fait de croire en la vérité de qqch. *Cela ne mérite aucune créance.* ◇ ***Donner créance à qqch,*** le rendre croyable. **2.** DR. Droit qu'une personne *(le créancier)* a d'exiger qqch de qqn *(le débiteur) ;* titre qui établit ce droit. **3.** ***Lettres de créance :*** lettres qu'un ministre ou un ambassadeur remet, à son arrivée, au chef de l'État auprès duquel il est accrédité.

CRÉANCIER, ÈRE n. et adj. **1.** Titulaire d'un droit de créance. **2.** Personne à qui l'on doit de l'argent.

CRÉATEUR, TRICE n. **1.** Personne qui crée, invente qqch de nouveau dans le domaine scientifique, artistique, etc. *Le créateur d'une théorie nouvelle. Une créatrice de mode.* **2.** Personne qui crée, interprète pour la première fois un rôle, une chanson. ◆ n.m. *Le Créateur :* Dieu. ◆ adj. Qui a la faculté, le don d'inventer ; créatif, inventif. *Esprit créateur.*

CRÉATIF, IVE adj. **1.** Qui est capable de créer, d'inventer, d'imaginer qqch de nouveau, d'original, qui manifeste de la créativité. *Un esprit créatif.* **2.** Qui favorise la création. *Milieu créatif.* ◆ n. Dans la publicité, la mode, etc., personne chargée d'avoir des idées originales pour créer ou lancer un produit.

CRÉATINE n.f. (gr. *kreas, -atos,* chair). Substance azotée présente surtout dans les muscles, où elle constitue une réserve d'énergie.

CRÉATININE n.f. Substance azotée provenant de la dégradation de la créatine. (La mesure de sa concentration dans le sang sert à établir le diagnostic d'insuffisance rénale.)

CRÉATION n.f. (lat. *creatio*). **1.** Action de créer, de tirer du néant. *La création du monde.* **2.** Ensemble du monde créé ; univers. *Les merveilles de la création.* **3.** Action de fonder qqch qui n'existait pas. *La création d'une entreprise.* **4.** Œuvre créée ; modèle inédit. *Les créations d'un grand couturier.* **5.** Première interprétation d'un rôle, d'une chanson, etc. ; première mise en scène d'une œuvre. *Ce spectacle est une création.*

CRÉATIONNISME n.m. SC. DE LA V. Doctrine selon laquelle les animaux et les plantes ont été créés subitement et isolément par espèces fixes et immuables. (D'inspiration religieuse, cette doctrine, qui nie l'évolution de la vie sur Terre, est aujourd'hui abandonnée par la communauté scientifique.)

C

CRÉATIONNISTE adj. et n. Adepte du créationnisme.

CRÉATIVITÉ n.f. Capacité d'imagination, d'invention, de création. *La créativité artistique, littéraire.*

CRÉATURE n.f. **1.** Tout être créé, en partic. l'homme, par rapport à Dieu, le Créateur. **2.** Être humain ; personne. **3.** *Fam.* Femme, en partic. belle femme. *Une créature de rêve.* – Vx. Femme de mauvaise vie. **4.** *Péjor.* Personne entièrement soumise à une autre, à qui elle doit sa situation. *Les créatures d'un ministre.*

CRÉCELLE n.f. (lat. *crepitacullum,* hochet). **1.** Petit instrument de bois constitué par un moulinet denté et une languette de bois flexible. *Les lépreux agitaient une crécelle pour annoncer leur approche.* ◇ ***Voix de crécelle,*** aiguë, criarde. **2.** *Fam.* Personne bavarde, à la voix désagréable.

CRÉCERELLE n.f. (de *crécelle*). Faucon à longue queue d'Eurasie et d'Afrique, le plus commun des rapaces diurnes en France. (Envergure 80 cm ; genre *Falco,* famille des falconidés.)

■ **CRÉCERELLES**

CRÈCHE n.f. (francique *krippia,* mangeoire). **1.** Vx, *litt.* Mangeoire basse. **2.** Mangeoire remplie de paille où Jésus aurait été déposé dans l'étable de Bethléem. – *Par ext.* Reproduction figurative du cadre et de la scène de la naissance de Jésus. **3.** Établissement équipé pour accueillir, dans la journée, les enfants bien portants de moins de trois ans dont les parents ne peuvent s'occuper aux heures ouvrables. ◇ ***Crèche familiale :*** mode de garde d'un jeune enfant au domicile d'une assistante maternelle. **4.** *Arg.* Chambre, maison.

CRÉCHER v.i. [11]. *Fam.* Habiter quelque part.

CRÉDENCE n.f. (ital. *credenza,* confiance). Buffet où l'on range et expose la vaisselle précieuse ; dressoir.

CRÉDIBILISER v.t. Rendre crédible.

CRÉDIBILITÉ n.f. Caractère crédible. *Perdre toute crédibilité.*

CRÉDIBLE adj. (lat. *credibilis,* croyable). **1.** Que l'on peut croire, admettre comme vraisemblable. *Une histoire tout à fait crédible.* **2.** Que l'on peut croire, à qui l'on peut se fier. *Homme politique peu crédible.*

CRÉDIRENTIER, ÈRE n. et adj. DR. Titulaire d'une rente.

CRÉDIT n.m. (lat. *creditum,* de *credere,* croire). **1.** *Litt.* Confiance qu'inspire qqn ou qqch ; influence, considération. *Jouir d'un grand crédit auprès de qqn.* **2.** Confiance dans la solvabilité de qqn ; délai qu'on lui accorde pour le paiement. *Avoir deux mois de crédit.* ◇ *À crédit* : avec paiement différé. – *Faire crédit à qqn,* lui accorder un délai de paiement. – *Carte de crédit* : titre qui permet à son détenteur d'effectuer des retraits dans une billetterie et des paiements sur simple signature d'une facture. – *Lettre de crédit* : document délivré par un banquier à son client afin de lui permettre de toucher de l'argent dans une autre place. **3.** Prêt consenti par une personne, par une banque ; avance. (Le *crédit à court terme* est accordé pour une période de moins d'un an, le *crédit à moyen terme* dure jusqu'à sept ans et le *crédit à long terme* est de l'ordre de quinze ans.) *Ouvrir un crédit à qqn.* ◇ *Crédit de campagne* : avance faite aux entreprises devant faire face à des charges saisonnières. – *Crédit relais,* destiné à faire le lien entre une sortie immédiate et une rentrée ultérieure de fonds. – *Crédit(-)fournisseur,* ou *crédit interentreprises,* celui dont bénéficient les entreprises de la part de leurs fournisseurs. **4.** *Caisse de crédit municipal* : établissement public municipal d'aide sociale pratiquant en France le prêt sur gages à des taux favorables et dit autref. *mont-de-piété.* – *Établissement de crédit* : personne morale qui effectue à titre habituel des opérations de banque. **5.** Ensemble des sommes allouées sur un budget. *Vote des crédits. Disposer d'un crédit de 1 000 euros.* **6.** Partie d'un compte qui mentionne les sommes dues à qqn ou ses versements ; avoir. CONTR. : *débit.* ◇ *Crédit croisé* : opération d'échange de monnaies entre deux banques. SYN. (anglic. déconseillé) : *swap.* – *Crédit d'impôt* : mécanisme fiscal incitatif permettant d'obtenir sous certaines conditions une réduction de son impôt. **7.** *Crédit photographique* : mention obligatoire du nom du propriétaire des photographies illustrant un ouvrage. **8.** Québec. Emploi critiqué. Unité de valeur, dans l'enseignement collégial et universitaire.

CRÉDIT-BAIL n.m. (pl. *crédits-bails*). Contrat de louage d'un bien mobilier ou immobilier assorti d'une promesse unilatérale de vente en fin de contrat.

CRÉDITER v.t. **1.** Inscrire une somme au crédit de. *Créditer un compte.* CONTR. : *débiter.* **2.** Imputer à qqn le mérite d'une action, et spécial. d'un résultat, d'une performance sportive. *Cette skieuse a été créditée d'un excellent temps.*

CRÉDITEUR, TRICE n. Personne qui a une somme portée à son crédit sur un compte. ◆ adj. Qui présente un crédit dont le solde est positif. *Compte créditeur.*

CREDO [kredo] n.m. inv. (mot lat., *je crois*). **1.** CHRIST. *Le Credo* : formulaire abrégé des articles fondamentaux de la foi chrétienne (*Symbole des Apôtres* et *Credo de Nicée*). **2.** Ensemble des principes sur lesquels on fonde ses opinions. *Un credo politique.*

CRÉDULE adj. (lat. *credulus*). Qui croit trop facilement ce qu'on lui dit ; naïf.

CRÉDULITÉ n.f. Trop grande facilité à croire ; naïveté.

CREEK [krik] n.m. Nouvelle-Calédonie. Rivière.

CRÉER v.t. [8] (lat. *creare*). **1.** Donner l'existence à ; tirer du néant. **2.** Élaborer, concevoir une œuvre de l'esprit ; réaliser, inventer. *Créer un modèle de robe.* **3.** Établir pour la première fois ; fonder. *Créer une entreprise. Créer des emplois, un poste.* **4.** Interpréter, mettre en scène pour la première fois. *Créer une chanson, un rôle, une pièce.* **5.** Être la cause de ; engendrer. *Créer des ennuis à qqn.*

CRÉMAILLÈRE n.f. (lat. pop. *cramaculus,* du gr. *kremastêr,* qui suspend). **1.** Tige de fer munie de crans, fixée à l'intérieur d'une cheminée pour suspendre les marmites à différentes hauteurs. ◇ *Pendre la crémaillère* : offrir un repas, une réception pour fêter son installation dans un nouveau logement. **2.** *Par anal.* Dispositif à crans pour régler la hauteur d'éléments. *Bibliothèque à crémaillères.* **3.** Pièce rectiligne dentée engrenant avec un pignon, destinée à la transformation réversible d'un mouvement rectiligne en mouvement de rotation. *Direction à crémaillère d'une automobile.* – *Spécial.* Sur une voie ferrée à forte déclivité, rail denté sur lequel engrène un pignon de la locomotive. **4.** BOURSE. *Parité à crémaillère* : régime de changes aux termes duquel les parités sont susceptibles d'être révisées par des modifications de faible amplitude.

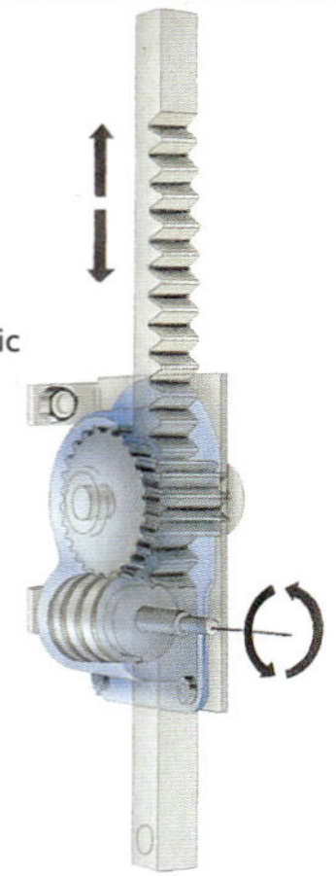

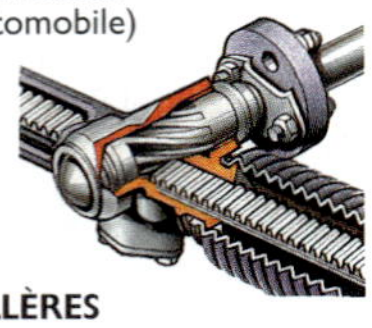

■ CRÉMAILLÈRES

CRÉMANT n.m. Vin élaboré selon la méthode champenoise mais ayant moins de pression que le champagne.

CRÉMATION n.f. (lat. *crematio,* de *cremare,* brûler). Action de brûler les morts. SYN. : *incinération.*

CRÉMATISTE n. et adj. Partisan de la crémation.

CRÉMATOIRE adj. Relatif à la crémation. ◇ *Four crématoire,* ou *crématoire,* n.m., où l'on incinère les morts. (Les résonances historiques de la locution, qui reste attachée au souvenir de la barbarie nazie, lui font génér. préférer le terme neutre de *crématorium.*)

CRÉMATORIUM [-rjɔm] n.m. (du lat.). Bâtiment où l'on incinère les morts, dans certains cimetières.

CRÈME n.f. (gaul. *crama*). **1.** Matière grasse du lait, dont on fait le beurre. – Pellicule qui se forme à la surface du lait bouilli. ◇ *Crème fouettée, crème Chantilly,* ou *chantilly,* n.f. : crème fraîche fortement émulsionnée. **2.** Entremets plus ou moins liquide, à base de lait, de sucre et d'œufs, et que l'on peut parfumer. *Crème au chocolat. Crème caramel.* ◇ *Crème anglaise* : crème de base épaissie sur le feu et aromatisée à la vanille. – Québec. *Crème glacée* : glace. *Un cornet de crème glacée à l'érable.* **3.** Liqueur sirupeuse obtenue à partir de certains fruits. *Crème de banane.* **4.** Préparation onctueuse pour la toilette ou les soins de la peau. *Crème à raser.* **5.** *Fam. La crème de* : ce qu'il y a de meilleur en fait de. *Cet homme est la crème des maris.* ◆ adj. inv. et n.m. **1.** D'un blanc légèrement teinté de jaune. **2.** *Café crème,* ou *crème,* n.m. : café additionné de lait ou de crème.

CRÉMER v.t. [11]. CUIS. Ajouter de la crème à une sauce. ◇ p.p. adj. *Sauce crémée.* ◆ v.i. Rare. Se couvrir de crème, en parlant du lait.

CRÉMERIE ou **CRÈMERIE** n.f. Magasin où l'on vend du lait, des produits laitiers, des fromages, des œufs. ◇ *Fam. Changer de crémerie* : changer d'endroit, de fournisseur ; aller ailleurs.

CRÉMEUX, EUSE adj. **1.** Qui contient beaucoup de crème. *Lait crémeux.* **2.** Qui a l'aspect de la crème. *Un enduit crémeux.*

CRÉMIER, ÈRE n. Commerçant qui tient une crèmerie.

CRÉMONE n.f. (de *Crémone,* n.pr.). Dispositif de verrouillage des fenêtres ou des portes, composé de deux tringles métalliques qu'on manœuvre en faisant tourner une poignée.

CRÉNEAU n.m. (anc. fr. *cren,* du bas lat. *crena,* entaille). **1.** FORTIF. Ouverture pratiquée dans un parapet pour tirer à couvert sur l'assaillant. ◇ *Fam. Monter au créneau* : se porter à l'endroit où se déroule l'action ; intervenir. **2.** Intervalle disponible entre deux espaces occupés et, spécial., entre deux véhicules en stationnement. ◇ *Faire un créneau* : se garer dans un tel intervalle. **3.** Courte période disponible dans un emploi du temps ; trou. – RADIODIFF., TÉLÉV. Temps d'antenne réservé à qqn, à un groupe. **4.** COMM. Segment de marché où peut être exploité un type de produit ou de service. ◇ *Créneau porteur* : segment de marché en expansion.

CRÉNELÉ, E ou **CRÈNELÉ, E** (selon l'Académie) adj. **1.** FORTIF. Muni de créneaux. *Tour crénelée.* **2.** Se dit du bord tranchant des dents de certains animaux carnivores (varan, certains requins, etc.), garni de denticules.

CRÉNELER ou **CRÈNELER** (selon l'Académie) v.t. [16]. Entailler de crans, de découpures de façon régulière. *Créneler une roue.*

CRÉNELURE ou **CRÈNELURE** (selon l'Académie) n.f. Dentelure en créneaux.

CRÉNOM interj. (de *sacré nom de Dieu*). *Fam.* Juron exprimant l'indignation, la surprise, l'impatience. *Crénom de nom, d'un chien, d'une pipe !*

CRÉNOTHÉRAPIE n.f. (du gr. *krênê,* source). Utilisation thérapeutique des eaux thermales et minérales sur leur lieu d'émergence.

CRÉODONTE n.m. PALÉONT. Mammifère carnassier archaïque fossile de l'ère tertiaire. (Les créodontes constituent un ordre.)

CRÉOLE n. et adj. (esp. *criollo*). Personne d'ascendance européenne née dans les anciennes colonies européennes de plantation (Antilles, Guyanes, Réunion, etc.). ◆ adj. Propre aux créoles. *Cuisine créole.* ◆ n.m. Parler né à l'occasion de la traite des esclaves noirs (XVIe - XIXe s.) et devenu la langue maternelle des descendants de ces esclaves. (Il existe des créoles à base de français, d'anglais, de portugais, etc.) *Parler créole.* ◆ n.f. Grand anneau d'oreille.

CRÉOLISATION n.f. Processus par lequel un pidgin devient un créole.

CRÉOLISER (SE) v.pr. Être affecté d'un processus de créolisation.

CRÉOLISME n.m. Idiotisme propre à une langue créole.

CRÉOLOPHONE adj. et n. De langue créole.

CRÉOSOTAGE n.m. Action de créosoter.

CRÉOSOTE n.f. (gr. *kreas,* chair, et *sôzein,* conserver). Mélange liquide de phénols, d'odeur forte, extrait de divers goudrons par distillation, utilisé comme antiseptique, pour la conservation du bois, etc.

CRÉOSOTER v.t. Injecter de la créosote, notamm. dans du bois.

CRÊPAGE n.m. **1.** Action de crêper une étoffe, un papier. **2.** Action de crêper les cheveux ; son résultat.

1. CRÊPE n.m. (anc. fr. *cresp,* crépu, du lat. *crispus*). **1.** Tissu de soie ou de laine fine dont l'aspect ondulé est obtenu par l'emploi de fils à forte torsion. ◇ *Crêpe de Chine* : crêpe de soie à gros grain. **2.** Morceau de crêpe ou de tissu noir, que l'on porte en signe de deuil. **3.** Caoutchouc brut obtenu par coagulation du latex. *Bottes à semelle de crêpe.*

2. CRÊPE n.f. (anc. fr. *cresp,* crépu). **1.** Fine couche de pâte de forme ronde, faite de farine, d'œufs et de lait, et cuite dans une poêle ou sur une plaque. *Des crêpes bretonnes.* **2.** *Crêpe de glace,* ou *crêpe* : glaçon de glace marine arrondi, de 30 cm à 3 m de diamètre, et ceinturé d'un bourrelet sous l'action de la houle.

CRÊPELÉ, E adj. Frisé à petites ondulations. *Cheveux crêpelés.*

CRÊPELURE n.f. État des cheveux crêpelés.

CRÊPER v.t. (lat. *crispare*). **1.** Peigner les cheveux par mèches en les rebroussant de la pointe à la racine pour leur donner du volume. **2.** TECHN. Donner l'aspect du crêpe à une étoffe et, par ext., à du papier. ◆ **se crêper** v.pr. *Fam. Se crêper le* *chignon :* en venir aux mains, se quereller, surtout en parlant de femmes.

CRÊPERIE n.f. Restaurant où l'on mange principalement des crêpes ; comptoir où sont confectionnées et vendues des crêpes à emporter.

CRÉPI n.m. (de *crépir*). Enduit de plâtre, de mortier, de ciment qui est appliqué sur un mur sans être lissé.

CRÊPIER, ÈRE n. Marchand de crêpes.

CRÊPIÈRE n.f. Poêle très plate ou plaque électrique servant à faire des crêpes.

CRÉPINE n.f. **1.** BOUCH. Membrane graisseuse qui entoure les viscères du porc, du veau ou du mouton. **2.** Pièce perforée qui sert de filtre à l'entrée d'un tuyau d'aspiration.

CRÉPINETTE n.f. Saucisse plate entourée d'une crépine.

CRÉPIR v.t. (de l'anc. fr. *cresp,* crépu). Enduire de crépi.

CRÉPISSAGE n.m. Action de crépir.

CRÉPITATION n.f. **1.** Crépitement. **2.** MÉD. Bruit produit par le frottement réciproque des fragments d'un os fracturé.

CRÉPITEMENT n.m. Succession de bruits secs. SYN. : *crépitation.*

CRÉPITER v.i. (lat. *crepitare*). Faire entendre des crépitements. *Le feu crépitait dans la cheminée.*

CRÉPON n.m. **1.** Tissu gaufré à la machine, présentant des ondulations irrégulières. **2.** *Papier crépon,* ou *crépon :* papier présentant des ondulations irrégulières.

CRÉPU, E adj. (lat. *crispus*). Frisé en une crêpelure serrée ; qui porte une telle chevelure.

CRÊPURE n.f. État d'une chevelure crépue, d'un tissu, d'un papier crêpés.

CRÉPUSCULAIRE adj. **1.** Du crépuscule. *Lumière crépusculaire.* **2.** PSYCHIATR. *État crépusculaire :* obnubilation de la conscience.

CRÉPUSCULE n.m. (lat. *crepusculum*). **1.** Lueur atmosphérique, lorsque le soleil vient de se coucher *(crépuscule du soir)* ou va se lever *(crépuscule du matin).* **2.** *Cour.* Tombée de la nuit. **3.** *Litt.* Déclin. *Le crépuscule de la vie.*

CRESCENDO [kreʃɛndo] adv. (mot ital.). **1.** MUS. Avec augmentation progressive de l'intensité des sons. **2.** *Fig.* En augmentant. *Les dépenses allaient crescendo.* ◆ n.m. **1.** Passage exécuté crescendo. **2.** *Fig.* Augmentation progressive.

CRÉSOL n.m. Dénomination courante des phénols méthyles, isomères de l'anisole, de formule $CH_3{-}C_6H_4{-}OH$.

CRESSON [kresɔ̃] ou [krəsɔ̃] n.m. (mot francique). **1.** Plante herbacée, cultivée pour ses feuilles comestibles, qui croît dans l'eau douce *(cresson de fontaine).* [Genre *Nasturtium ;* famille des crucifères.] **2.** Nom usuel de diverses plantes non cultivées, mais dont certaines sont parfois récoltées comme le cresson (faux cresson, cresson de cheval, cresson doré, etc.).

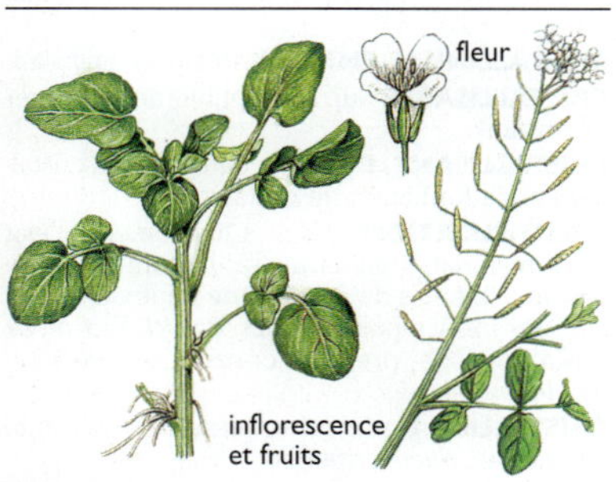

■ CRESSON

CRESSONNETTE n.f. Cardamine.

CRESSONNIÈRE n.f. Bassin d'eau courante, fosse inondée où l'on cultive le cresson de fontaine.

CRÉSUS [krezys] n.m. (de *Crésus,* n.pr.). *Litt.* Homme très riche. ◇ *Riche comme Crésus :* très riche.

CRÉSYL n.m. (nom déposé). Produit désinfectant à base de crésols.

CRÊT [krɛ] n.m. (mot jurassien). Région. (Jura). Escarpement rocheux bordant une combe. *Le crêt de la Neige.*

CRÉTACÉ n.m. (lat. *creta,* craie). GÉOL. Système du mésozoïque. (Le crétacé est la dernière période de l'ère secondaire, de – 135 à – 65 millions d'années.) ◆ **crétacé, e** adj. Du crétacé.

CRÊTE n.f. (lat. *crista*). **1.** Excroissance charnue, dentelée, sur la tête de certains gallinacés. *La crête rouge d'un coq.* **2.** Excroissance tégumentaire ornant la tête et le dos de certains lézards ou tritons. **3.** Partie étroite, saillante constituant la cime d'une montagne. ◇ *Ligne de crête :* ligne passant par les points les plus élevés du relief. SYN. : *ligne de faîte.* **4.** Relief sous-marin allongé. **5.** Faîte d'un toit, du chaperon d'un mur, d'un barrage. – Ornement découpé courant sur le faîte d'un toit. **6.** Sommet d'une vague. – Dans une banquise, mur de glace brisée, soulevé par la pression. **7.** ÉLECTR., ÉLECTRON. Valeur maximale que peut prendre une grandeur périodique.

CRÊTÉ, E adj. ZOOL. Qui porte une crête.

CRÊTE-DE-COQ n.f. (pl. *crêtes-de-coq*). **1.** MÉD. Condylome. **2.** BOT. Rhinanthe.

CRÉTELLE n.f. Plante fourragère poussant en touffes compactes. (Famille des graminées.)

CRÉTIN, E n. et adj. (mot valaisan). *Fam.* Personne stupide, sotte.

CRÉTINERIE n.f. *Fam.* Sottise, stupidité.

CRÉTINISANT, E adj. Qui crétinise.

CRÉTINISATION n.f. Action de crétiniser ; son résultat.

CRÉTINISER v.t. Rendre crétin ; abêtir, abrutir.

CRÉTINISME n.m. *Fam.* Imbécillité, stupidité, sottise profonde.

CRÉTOIS, E adj. et n. De la Crète.

CRETONNE n.f. (de *Creton,* village de l'Eure). Toile de coton réalisée suivant l'armure de la toile, employée surtout en ameublement.

CRETONS n.m. pl. Québec. Charcuterie génér. constituée de viande de porc hachée.

CREUSE n.f. Huître ayant une forme allongée et concave (espèces *Crassostrea angulata* [portugaise] et *Crassostrea gigas* [Pacifique]).

CREUSÉ, E adj. Amaigri. *Des joues creusées.*

CREUSEMENT ou **CREUSAGE** n.m. Action de creuser ; son résultat.

CREUSER v.t. **1.** Produire un creux, un vide en ôtant de la matière. *Creuser le sol.* – Pratiquer une excavation. *Creuser un tunnel.* ◇ Absol. *Creuser profond.* **2.** Donner une forme creuse, concave ; cambrer. *Creuser les reins.* **3.** Approfondir par l'étude ou la réflexion. *Creuser un sujet.* **4.** *Fam. Creuser l'estomac :* donner faim. ◇ Absol. *Le sport, ça creuse.* ◆ **se creuser** v.pr. **1.** Devenir creux, plus creux. **2.** *L'écart, la distance se creuse,* augmente. **3.** *Fam. Se creuser la tête, la cervelle :* beaucoup réfléchir.

CREUSET [krøzɛ] n.m. (anc. fr. *croiset,* lampe, du lat. *crucibulum*). **1. a.** Petit récipient en matériau réfractaire ou en métal, utilisé en laboratoire pour fondre ou calciner. **b.** Partie inférieure d'un haut-fourneau où se rassemble le métal en fusion. **2.** Endroit où se mêlent, se fondent diverses choses. *La Méditerranée est un creuset de civilisations.*

CREUTZFELDT-JAKOB [krøtsfɛltʒakɔb] **(MALADIE DE) :** maladie cérébrale, due à un prion, qui évolue vers la démence. (Elle existe sous quatre formes : sporadique rare [chez l'adulte de plus de 50 ans] ; transmise génétiquement ; iatrogène, liée notamm. à des injections d'hormones de croissance humaines ; transmise par la viande de bovins atteints d'encéphalopathie spongiforme.)

CREUX, EUSE adj. (lat. pop. *crosus,* du gaul.). **1.** Dont l'intérieur est entièrement ou partiellement vide. ◇ *Avoir l'estomac, le ventre creux :* être affamé. – *Fam. Avoir le nez creux :* être avisé. **2.** Vide d'idées, de sens. *Cervelle creuse. Discours creux.* **3.** Où l'activité, la consommation, l'affluence sont réduites. *Heure, période creuse.* ◇ DÉMOGR. *Classe creuse :* tranche de la population qui correspond à un nombre annuel de naissances anormalement bas. **4.** Qui présente une partie concave, une dépression. ◇ *Assiette creuse,* dont la profondeur permet de contenir un liquide. – *Chemin creux :* chemin encaissé. **5.** Amaigri, émacié. *Un visage creux. Des joues creuses.* ◇ *Yeux creux,* enfoncés dans les orbites. ◆ n.m. **1.** Partie vide ou concave d'une surface ; cavité. *Le creux d'un rocher. Le creux de la main.* ◇ *Avoir un creux dans l'estomac :* avoir faim. **2.** Espace vide entre deux choses. **3.** Période d'activité ralentie. *Un creux dans la vente après les fêtes.* **4.** MAR. **a.** Profondeur intérieure d'un navire mesurée à mi-longueur entre le pont supérieur et le fond de cale. **b.** Profondeur entre deux lames mesurée de la crête à la base. ◇ *Au creux de la vague :* dans une période de dépression, d'échec.

CREVAISON n.f. Fait de crever ; son résultat. *Crevaison d'un pneu.*

CREVANT, E adj. *Fam.* **1.** Épuisant. *Un travail crevant.* **2.** Vieilli. Qui fait rire aux éclats, drôle. *Un spectacle crevant.*

CREVARD, E adj. et n. *Fam.* Maladif, famélique.

CREVASSE n.f. (de *crever*). **1.** Fente importante à la surface d'un mur, d'un objet. **2.** Fente étroite et profonde d'un glacier. **3.** Gerçure de la peau.

CREVASSER v.t. Faire des crevasses sur, à, dans qqch. *Le froid crevasse les mains.* ◆ **se crevasser** v.pr. Se marquer de crevasses. *Ce mur se crevasse.*

CREVÉ n.m. COST. Ouverture pratiquée dans une pièce de vêtement et laissant voir la doublure.

CRÈVE n.f. *Fam. Attraper, avoir la crève :* tomber, être malade, spécial. après avoir pris froid.

CRÈVE-CŒUR n.m. inv. *Litt.* Peine profonde, mêlée de dépit ou de compassion.

CRÈVE-LA-FAIM n.m. inv. *Fam.* Miséreux.

CREVER v.i. [12] (lat. *crepare*). **1.** S'ouvrir en éclatant, en se répandant. *Bulle, abcès, nuage qui crève.* – Avoir un pneu qui se perce accidentellement. *J'ai crevé deux fois depuis Paris.* **2.** *Fam.* Être plein de, comme près d'éclater ; déborder de. *Crever de santé, d'orgueil, de richesses.* **3.** Mourir, en parlant des animaux, des végétaux et, *fam.,* des hommes. ◇ *Fam. Crever de rire :* rire très fort, sans retenue. **4.** *Fam.* Être épuisé, accablé de, par. *Crever de chaleur, de fatigue.* ◇ *Crever de faim :* avoir très faim ; être dans un dénuement extrême. ◆ v.t. **1.** Faire éclater ; percer, déchirer. *Crever un pneu.* ◇ *Cela crève les yeux :* c'est évident. – *Crever le cœur :* peiner cruellement. – *Crever l'écran :* pour un acteur de cinéma, faire une très forte impression sur les spectateurs par son jeu, sa présence. **2.** *Fam.* Épuiser de fatigue. *Cette marche m'a crevé. Crever un cheval.* ◆ **se crever** v.pr. *Fam.* S'épuiser.

CREVETTE n.f. (forme picarde de *chevrette*). **1.** Petit crustacé décapode marin, nageur, dont plusieurs espèces sont comestibles : la *crevette grise,* les *crevettes roses,* notamm. le *bouquet* (palémon). **2.** *Crevette d'eau douce :* gammare.

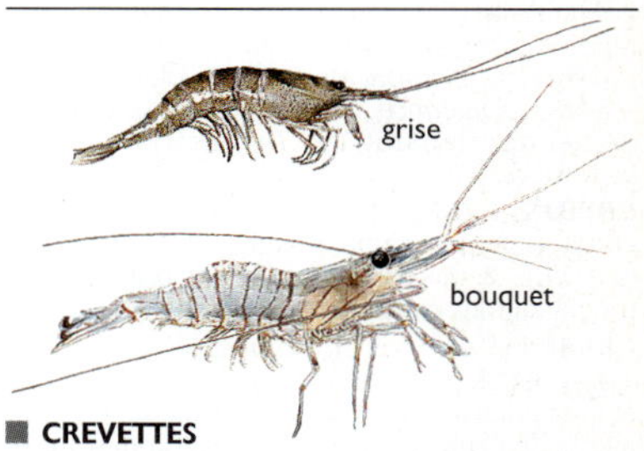

■ CREVETTES

CREVETTIER [krəvetje] n.m. **1.** Barque pour la pêche à la crevette. **2.** Filet à crevettes.

CREVOTER v.i. Suisse. Dépérir, végéter.

CRI n.m. (de *crier*). **1.** Son perçant émis avec force par la voix de l'homme. *Pousser des cris. Cris de douleur.* **2.** Paroles émises à voix très haute en signe d'appel, d'avertissement. ◇ *Cri de guerre :* exclamation de ralliement des guerriers, des soldats au combat. – Anc. *Cris de Paris :* appels des marchands ambulants parisiens. – *Dernier cri :* ce qui se fait de plus moderne, de plus récent. **3.** (Surtout pl.) Ensemble d'éclats de voix, de paroles exprimant hautement un sentiment collectif ; clameur. *Cris de réprobation.* ◇ *À grands cris :* en insistant vivement. – *Pousser les hauts cris :* protester avec indignation. **4.** Mouvement intérieur spontané. *Cri du cœur, de la conscience.* **5.** ÉTHOL. Son ou ensemble de sons émis par la gorge chez la plupart des animaux (essentiellement les vertébrés terrestres) et caractéristique de chaque espèce.

CRIAILLEMENT n.m. *Péjor.* Cri désagréable.

CRIAILLER v.i. **1.** *Péjor.* Crier beaucoup, et le plus souvent pour rien. **2.** Pousser son cri, en parlant de l'oie, du faisan, du paon, de la pintade.

CRIAILLERIE n.f. *Péjor.* (Souvent pl.) Cris fréquents, suite de récriminations.

CRIAILLEUR, EUSE adj. et n. *Péjor.* Qui ne fait que criailler, se plaindre.

CRIANT, E adj. **1.** Qui fait crier d'indignation ; révoltant. *Une injustice criante.* **2.** Qui s'impose à l'esprit ; évident. *Vérité criante.*

C

CRIARD, E adj. **1.** Qui crie désagréablement, qui se plaint souvent sans motif sérieux. **2.** Aigu et désagréable. *Voix criarde.* **3.** *Couleurs criardes :* couleurs crues contrastant désagréablement entre elles. **4.** *Dettes criardes,* dont on réclame instamment le paiement.

CRIB n.m. (mot angl.). Cellule grillagée pour le stockage et le séchage en plein air des épis de maïs.

CRIBLAGE n.m. **1.** Action de cribler. **2.** MIN. Triage mécanique par grosseur des minerais, de la houille, etc.

CRIBLE n.m. (lat. *cribrum*). Appareil à fond plan perforé, utilisé pour séparer selon leur grosseur des fragments solides (grains, sable, minerais, etc.). ◇ *Passer au crible :* examiner avec soin, trier.

CRIBLER v.t. (lat. *cribrare*). **1.** Passer au crible. *Cribler du sable.* **2.** Percer de trous nombreux ; couvrir de marques. *Être criblé de coups.* ◇ *Être criblé de dettes,* en avoir énormément.

CRIBLEUR n.m. Machine à cribler.

1. CRIC interj. (Se joint souvent à *crac !*) Exprime un bruit sec, un craquement.

2. CRIC n.m. (haut all. *kriec*). Appareil agissant directement par poussée sur un fardeau et permettant de le soulever ou de le déplacer sur une faible course.

CRICKET [krikɛt] n.m. (mot angl.). Jeu de balle anglais qui se joue avec des battes de bois.

CRICOÏDE adj. *Cartilage cricoïde,* ou *cricoïde,* n.m. : anneau cartilagineux de la base du larynx.

CRICRI n.m. (onomat.). *Fam.* **1.** Cri du grillon, de la cigale. **2.** Grillon domestique.

CRIÉE n.f. *Vente à la criée,* ou *criée :* vente publique aux enchères de certaines marchandises. *Criée du poisson sur le port.*

CRIER v.i. [5] (lat. *quiritare*). **1.** Pousser un cri, des cris. *Crier de douleur.* **2.** Parler fort et souvent avec colère. *Parle sans crier !* ◇ *Crier au scandale, à la trahison, etc.,* les dénoncer vigoureusement. – *Crier après, contre qqn,* le réprimander d'une voix forte. **3.** Produire un bruit aigre ; grincer, crisser. *Faire crier la craie sur le tableau.* **4.** Produire un effet désagréable à l'œil. *Un vert qui crie.* ◆ v.t. **1.** Dire à haute voix. *Crier un ordre.* **2.** Manifester énergiquement un sentiment, une opinion. *Crier son indignation.* ◇ *Crier famine, misère :* se plaindre de la faim, de la misère. – *Crier vengeance :* mériter une vengeance ; demander réparation. *Un forfait qui crie vengeance.*

CRIEUR, EUSE n. **1.** Personne qui annonce en criant la vente d'une marchandise. *Crieur de journaux.* **2.** Anc. *Crieur public :* préposé aux proclamations publiques.

CRIME n.m. (lat. *crimen,* accusation). **1.** Meurtre, assassinat. **2.** DR. Infraction que la loi punit d'une peine afflictive et infamante ou simplement infamante. **3.** *Crime de guerre :* violation des lois et coutumes de la guerre (pillage, assassinat, exécution d'otages). – *Crime contre l'humanité :* exécution d'un plan concerté (génocide, déportation, extermination, réduction en esclavage) inspiré par des motifs politiques, philosophiques, raciaux ou religieux, perpétré à l'encontre de tout ou partie d'un groupe de population civile. **4.** Acte répréhensible, lourd de conséquences.
ENCYCL. Les crimes de guerre ou contre l'humanité sont des crimes de droit international définis en 1945 par l'Organisation des Nations unies. Les crimes contre l'humanité sont imprescriptibles. Ceux qui ont été commis pendant la Seconde Guerre mondiale furent jugés par le Tribunal international de Nuremberg.

CRIMINALISER v.t. DR. Faire passer de la juridiction correctionnelle ou civile à la juridiction criminelle.

CRIMINALISTE n. Juriste spécialisé en matière criminelle.

CRIMINALISTIQUE n.f. DR. Ensemble des techniques mises en œuvre par la police et la justice pour établir la preuve d'un crime et identifier son auteur.

CRIMINALITÉ n.f. Ensemble des actes criminels et délictueux commis dans un groupe donné à une époque donnée. *La criminalité est en baisse, en hausse.*

CRIMINEL, ELLE adj. et n. Coupable de crime. ◆ adj. **1.** Contraire aux lois naturelles ou sociales. *Acte criminel.* **2.** DR. Relatif aux crimes. *Droit criminel.* ◆ n.m. DR. *Le criminel :* la matière criminelle ; ce qui en relève.

CRIMINELLEMENT adv. **1.** De façon criminelle. **2.** DR. Devant la juridiction criminelle.

CRIMINOGÈNE adj. Qui peut engendrer des actes criminels.

CRIMINOLOGIE n.f. Étude scientifique du phénomène criminel.

CRIMINOLOGISTE ou **CRIMINOLOGUE** n. Spécialiste de criminologie.

CRIN n.m. (lat. *crinis,* cheveu). **1.** Poil long et rude qui pousse sur le cou et à la queue des chevaux et de quelques autres quadrupèdes. – Ce poil dans ses diverses utilisations (balais, pinceaux, archets, etc.). ◇ *Fam. À tous crins :* à outrance. **2.** BOT. *Crin végétal :* matière filamenteuse extraite du palmier, de l'agave, etc.

CRINCRIN n.m. (onomat.). *Fam.* Mauvais violon.

CRINIÈRE n.f. **1.** Ensemble des crins du cou d'un cheval, d'un lion. **2.** Touffe de crins ornant le haut d'un casque et retombant par-derrière. **3.** *Fam.* Chevelure abondante.

CRINOÏDE n.m. Échinoderme constitué d'un calice entouré de cinq paires de bras, dont certaines espèces, telles les encrines, se fixent au fond de la mer par un pédoncule articulé. (Les fragments fossiles de crinoïdes ont formé le calcaire dit *à entroques.* Les crinoïdes forment une classe.)

CRINOLINE n.f. (ital. *crinolino,* de *crino,* crin, et *lino,* lin). Anc. Armature de cerceaux métalliques superposés qui donnait une grande ampleur à la jupe des robes. (Fabriquée à partir de 1856, elle a été utilisée jusqu'en 1869, où elle a fait place à la tournure.) *Robe à crinoline,* ou *crinoline.*

CRIOCÈRE n.m. (gr. *krios,* bélier, et *keras,* corne). Insecte coléoptère, dont une espèce rouge attaque les lis et une autre, bleu et jaune, vit sur l'asperge. (Long. moins de 1 cm ; famille des chrysomélidés.)

CRIQUE n.f. (scand. *kriki*). **1.** Petite baie, petite anse du littoral. **2.** MÉTALL. Fente ouverte en surface, qui se produit dans un métal, due à la séparation entre grains sous l'effet de contraintes anormales.

CRIQUET n.m. (onomat.). Insecte orthoptère sauteur, aux antennes courtes, végétarien, dont certaines espèces des régions chaudes pullulent périodiquement et migrent alors en immenses nuées dévastatrices. (Famille des acrididés.)

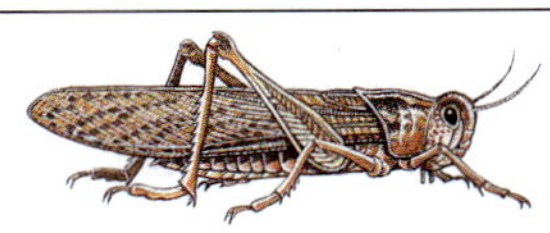

■ **CRIQUET.** Criquet migrateur.

CRISE n.f. (gr. *krisis,* décision). **1. a.** Changement subit, souvent décisif, favorable ou défavorable, du cours d'une maladie. **b.** Manifestation soudaine ou aggravation brutale d'un état morbide. *Crise cardiaque. Crise de rhumatismes.* **2.** Accès bref et violent d'un état nerveux ou émotif. ◇ *Crise de nerfs :* état d'agitation bref et soudain avec cris et gesticulation. **3.** *Fam.* Accès soudain d'ardeur, d'enthousiasme. *Travailler par crises.* **4.** Période décisive ou périlleuse de l'existence. **5.** *Crise biologique :* période de l'histoire des êtres vivants caractérisée par des extinctions massives et brutales. (Les deux crises biologiques les plus importantes sont celles de la fin du permien et de la fin du crétacé.) **6. a.** Phase difficile traversée par un groupe social. *Crise de l'Université.* **b.** *Crise économique :* rupture d'équilibre entre grandeurs économiques, notamm. entre production et consommation. **c.** *Crise ministérielle :* situation qui affecte le pouvoir exécutif entre la démission d'un gouvernement et la formation du suivant. **7.** Grave pénurie, insuffisance. *Crise de la main-d'œuvre, du logement.*
ENCYCL. Jusqu'au milieu du XIXe s., les crises économiques sont encore des crises de sous-production agricole (type Ancien Régime), affectant d'abord les milieux ruraux. Puis le développement de l'industrie lourde et des communications ainsi que l'imbrication des systèmes monétaires provoquent des crises de surproduction industrielle, plus longues et plus étendues. Dans un troisième temps, les facteurs financiers deviennent déterminants, causant des crises boursières (le krach de la Bourse de New York, en 1929). La crise qui frappe l'économie depuis 1973, à la suite du quadruplement du prix du pétrole, présente des aspects originaux : sa longueur et la simultanéité de phénomènes jusqu'alors antinomiques, comme le chômage coexistant avec l'inflation (stagflation). En octobre 1987, le marché boursier international connaît un nouveau krach de grande ampleur, conséquence directe d'une spéculation financière et reflet de la précarité monétaire internationale. En 1991, une nouvelle crise, liée à la guerre du Golfe, secoue l'économie mondiale. En 1997, un autre krach boursier touchant les principaux pays d'Asie (dont le Japon) a des répercussions sur toutes les places financières, ralentissant la reprise économique mondiale.

CRISPANT, E adj. Qui agace vivement ; horripilant.

CRISPATION n.f. **1.** Contraction musculaire provoquée par la nervosité, la peur. **2.** Mouvement d'impatience, d'irritation, de nervosité. **3.** Contraction qui plisse la surface de certaines matières souples.

CRISPER v.t. (lat. *crispare,* rider). **1.** Contracter les muscles. **2.** Causer de l'agacement ; irriter. **3.** Donner un aspect ridé à la surface de certains matériaux. ◆ **se crisper** v.pr. **1.** Se contracter vivement. **2.** Éprouver une vive irritation.

CRISPIN n.m. (ital. *Crispino,* n. d'un valet de comédie). Manchette de cuir adaptée à certains gants d'escrimeur, de motocycliste, etc.

CRISS n.m. → **KRISS.**

CRISSEMENT n.m. Grincement aigu.

CRISSER v.i. (onomat.). Produire un bruit aigu, grinçant.

CRISTAL n.m. [pl. *cristaux*] (lat. *crystallus,* mot gr.). **1. a.** Corps solide pouvant affecter une forme géométrique bien définie et caractérisé par une répartition régulière et périodique des atomes. **b.** *Cristal de roche :* quartz hyalin et incolore, utilisé en joaillerie et autres arts appliqués. **c.** *Cristal liquide :* liquide à l'état mésomorphe, utilisé notamm. pour des fonctions d'affichage. SYN. : *corps mésomorphe.* **2.** Verre à l'oxyde de plomb, très limpide et sonore. ◆ pl. **1.** Vieilli. Carbonate de sodium cristallisé utilisé pour le nettoyage. **2.** Objets en cristal.

CRISTALLERIE n.f. Fabrication d'objets en cristal ; établissement où ils sont fabriqués.

1. CRISTALLIN, E adj. **1. a.** De la nature du cristal. **b.** *Roche cristalline :* roche constituée de cristaux visibles à l'œil nu et formée, en profondeur, à partir d'un magma (roche plutonique) ou par recristallisation à l'état solide (roche métamorphique). **c.** *Système cristallin :* ensemble des éléments de symétrie caractéristiques du réseau d'un cristal. (Il y a sept systèmes cristallins : triclinique, monoclinique, orthorhombique, quadratique, cubique, rhomboédrique, hexagonal.) **2.** *Fig.* Semblable au cristal par la transparence ou la sonorité. *Eaux cristallines. Voix cristalline.*

2. CRISTALLIN n.m. Élément de l'œil, en forme de lentille biconvexe, situé dans le globe oculaire en arrière de l'iris et permettant l'accommodation.

CRISTALLINIEN, ENNE adj. Relatif au cristallin.

CRISTALLISABLE adj. Susceptible de se former en cristaux.

CRISTALLISANT, E adj. Qui détermine la cristallisation, la formation de cristaux.

CRISTALLISATION n.f. **1.** Changement d'état d'un matériau conduisant à la formation de cristaux. **2.** Amas de cristaux, de minéraux affectant des formes polyédriques. **3.** *Litt.* Fait de se cristalliser, de prendre corps. *Cristallisation amoureuse.*

CRISTALLISÉ, E adj. Qui se présente sous forme de cristaux. *Sucre cristallisé.*

CRISTALLISER v.t. (de *cristal*). **1.** Changer en cristaux. *Cristalliser du sucre.* **2.** *Fig.* Donner de la cohérence, de la force à. *Cristalliser les énergies.* ◆ v.i. ou **se cristalliser** v.pr. **1.** Se former en cristaux. **2.** *Fig.* Devenir cohérent en prenant corps. *Souvenirs, sentiments qui se cristallisent.*

CRISTALLISOIR n.m. Récipient de laboratoire en verre épais, cylindrique et peu profond, utilisé notamm. pour faire cristalliser les corps dissous.

CRISTALLITE n.f. GÉOL. Très petit cristal.

CRISTALLOCHIMIE n.f. Branche de la chimie qui étudie les milieux cristallisés.

CRISTALLOGENÈSE n.f. Formation des cristaux.

CRISTALLOGRAPHE n. Spécialiste de cristallographie.

CRISTALLOGRAPHIE n.f. Étude scientifique des cristaux et des lois qui président à leur formation.

CRISTALLOGRAPHIQUE adj. Propre à la cristallographie.

CRISTALLOMANCIE n.f. Divination au moyen d'objets de verre ou de cristal.

CRISTALLOPHYLLIEN, ENNE adj. GÉOL. Se dit d'une roche cristalline présentant des feuillets riches en silicates du type mica.

CRISTE-MARINE n.f. [pl. *cristes-marines*] (lat. *crista,* du gr. *krêthmon,* crête marine). Plante à feuilles charnues, comestibles, croissant sur les rochers (d'où son nom de *perce-pierre*) et les sables littoraux de l'Atlantique. (Genre *Crithmum ;* famille des ombellifères.)

CRISTOPHINE n.f. Antilles. Cucurbitacée dont la racine et le fruit sont comestibles.

CRITÈRE n.m. (gr. *kriterion,* de *krinein,* juger). **1.** Caractère, principe qui permet de distinguer une chose d'une autre, d'émettre un jugement, une estimation. **2.** MATH. Méthode pratique permettant de vérifier si un objet mathématique possède ou non une propriété déterminée.

CRITÉRIUM [kriterjɔm] n.m. (lat. *criterium*). Nom donné à certaines compétitions sportives, notamm. cyclistes.

CRITICAILLER v.t. *Fam., péjor.* Critiquer mesquinement.

CRITICISME n.m. Système philosophique de Kant, fondé sur la critique de la connaissance.

CRITIQUABLE adj. Qui peut être critiqué.

1. CRITIQUE adj. (bas lat. *criticus,* du gr. *kritikos,* de *krinein,* juger). **1.** MÉD. Propre à la crise d'une maladie. **2.** Où une décision s'impose ; décisif. *Être dans une situation critique.* **3.** PHYS. Où se produit un changement dans les propriétés d'un corps, l'allure d'un phénomène. *Masse, température critique.* **4.** ÉCON. *Taille critique :* seuil qu'une entreprise doit franchir pour être présente

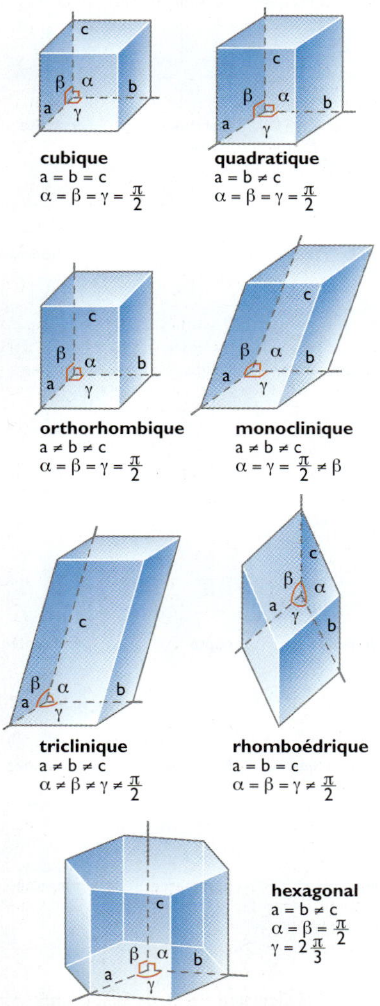

■ **CRISTALLIN.** Les sept systèmes cristallins.

■ **CROCODILIENS**

sur un marché donné afin d'affronter la concurrence. **5.** Relatif à la critique, au sens kantien.

2. CRITIQUE n.f. (gr. *krinê,* de *krinein,* juger). **1.** Appréciation de l'authenticité d'une chose, de la valeur d'un texte. *Critique interne, historique.* **2.** Art d'analyser et de juger une œuvre littéraire ou artistique. *Critique dramatique, musicale.* – Jugement porté sur une œuvre. *Roman qui a une bonne critique.* **3.** Ensemble des personnes qui, dans les médias, font métier de juger, de commenter une œuvre. *Rallier l'unanimité de la critique.* **4.** Blâme, reproche porté sur qqn ou qqch. *Ne pas supporter la critique.* **5.** Chez Kant, examen des pouvoirs de la raison, des conditions de possibilité de la connaissance.

3. CRITIQUE adj. (de *2. critique*). **1.** Qui a pour objet de distinguer les qualités ou les défauts d'une œuvre littéraire ou artistique. *Analyse critique.* ◇ *Édition critique :* édition établie après collation des différents manuscrits et des différentes éditions d'une même œuvre dont toutes les variantes sont signalées et datées. **2.** *Esprit critique :* esprit de libre examen, ou prompt à blâmer.

4. CRITIQUE n. Personne dont le métier consiste à commenter, à juger des œuvres littéraires ou artistiques, notamm. dans les médias.

CRITIQUER v.t. **1.** Procéder à une analyse critique. **2.** Juger de façon défavorable et souvent malveillante.

CRITIQUEUR, EUSE n. Personne portée à la critique, le plus souvent malveillante.

CROASSEMENT n.m. Cri du corbeau.

CROASSER v.i. (onomat.). Pousser son cri, en parlant du corbeau.

CROATE adj. et n. De la Croatie, de ses habitants. ◆ n.m. Langue slave. (Elle a le statut de langue officielle en Croatie et, avec le bosniaque et le serbe, en Bosnie-Herzégovine.)

CROBARD ou **CROBAR** n.m. *Fam.* Croquis.

CROC [kro] n.m. (mot germ.). **1.** Instrument muni d'une ou de plusieurs tiges pointues et recourbées servant à suspendre qqch. **2.** Perche armée à une extrémité d'un crochet. **3.** ZOOL. Chacune des quatre canines, fortes, longues et pointues, des carnivores. ◇ *Fam. Avoir les crocs :* être affamé.

CROC-EN-JAMBE [krɔkɑ̃ʒɑ̃b] n.m. (pl. *crocs-en-jambe* [krɔkɑ̃-]). **1.** Action d'accrocher du pied une jambe de qqn de manière à le déséquilibrer. SYN. : *croche-pied.* **2.** *Fig.* Manœuvre déloyale pour nuire à qqn.

1. CROCHE n.f. MUS. Note, valant le huitième d'une ronde, dont la hampe porte un crochet, en position isolée.

2. CROCHE adj. Québec. *Fam.* **1.** Courbe, crochu, voûté. *Avoir le dos croche.* **2.** *Fig.* Malhonnête. *Des gens croches.*

CROCHE-PIED ou, *fam.,* **CROCHE-PATTE** n.m. (pl. *croche-pieds, croche-pattes*). Croc-en-jambe.

CROCHER v.t. (de *croc*). MAR. Accrocher, saisir avec un croc, une gaffe. ◆ v.i. Suisse. Être tenace ; s'accrocher.

CROCHET n.m. (de *croc*). **1. a.** Morceau de métal recourbé servant à suspendre, à fixer ou à tirer à soi qqch. *Crochet d'une persienne. Clou à crochet.* **b.** Instrument à bout recourbé. *Crochet de serrurier, de chiffonnier.* **c.** Tige rigide à pointe recourbée utilisée pour faire du tricot, de la dentelle ; travail ainsi exécuté. *Faire du crochet.* **d.** Dent des serpents venimeux, à extrémité recourbée, qui leur permet d'inoculer le venin à leur proie. **2.** Signe graphique proche de la parenthèse [ ]. **3.** ARCHIT. Ornement en forme de crosse végétale, de bourgeon recourbé (chapiteaux gothiques). **4.** Changement de direction ; détour. *Faire un crochet pour aller visiter un monument.* **5.** En boxe, coup de poing porté en décrivant une courbe avec le bras. – Au football et au rugby, changement brutal de direction du possesseur du ballon. ◆ pl. **1.** Vx. Châssis du portefaix. **2.** *Vivre aux crochets de qqn,* à ses frais, à ses dépens.

CROCHETABLE adj. Que l'on peut crocheter. *Serrure crochetable.*

CROCHETAGE n.m. Action de crocheter une serrure.

CROCHETER v.t. [12]. Ouvrir une serrure, une porte avec un crochet.

CROCHETEUR n.m. Vx. Portefaix. *Les crocheteurs du Port-au-Foin.*

CROCHEUR, EUSE adj. et n. (de *crocher*). Suisse. Tenace, travailleur.

CROCHU, E adj. Recourbé en forme de crochet, de croc. *Bec, nez crochu.* ◇ *Fam. Avoir les doigts crochus :* être avide, avare ou voleur.

CROCO n.m. *Fam.* Peau tannée du crocodile.

CROCODILE n.m. (lat. *crocodilus*). **1.** Grand reptile à fortes mâchoires, qui vit dans les fleuves et les lacs des régions tropicales et équatoriales. (Long. jusqu'à 6 m ; cri : le crocodile vagit ; ordre des crocodiliens.) **2.** Peau tannée du crocodile. **3.** CH. DE F. Poutre métallique placée entre les rails, dans l'axe d'une voie, en avant d'un signal, et destinée à déclencher dans la cabine du conducteur la répétition, sous forme sonore, de l'indication donnée par ce signal.

CROCODILIEN n.m. Grand reptile aquatique tel que le crocodile, le gavial, l'alligator et le caïman. (Les crocodiliens forment un ordre.)

CROCUS [krɔkys] n.m. (mot lat., du gr. *krokos,* safran). Plante à bulbe et à fleurs génér. jaunes ou violettes, dont une espèce est le safran ; fleur de cette plante. (Famille des iridacées.)

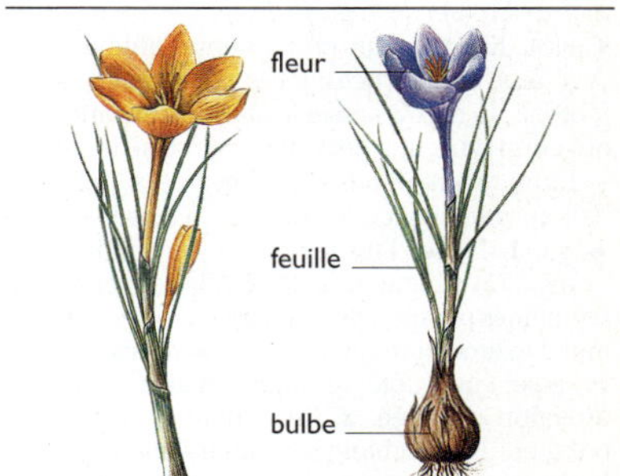

■ **CROCUS**

CROIRE v.t. [87] (lat. *credere*). **1.** Tenir qqch pour vrai, admettre comme réel, certain. *Croire une histoire. Je crois ce que vous me dites.* **2.** Tenir qqn pour sincère. *On a cru les témoins.* **3.** *En croire qqn, qqch,* s'en rapporter à lui, s'y fier. *À l'en croire, il sait tout faire. Ne pas en croire ses yeux, ses oreilles.* **4.** *Croire que :* tenir qqch pour possible, probable ; penser. *Je crois qu'il viendra. Je crois que non.* **5.** Imaginer, supposer qqch ; considérer qqn comme. *Je n'aurais jamais cru cela de sa part. Je le croyais plus intelligent.* ◆ v.t. ind. **1. (à).** Tenir pour certaine l'existence de qqn, de qqch ; avoir foi en sa véracité, son efficacité ; s'y fier. *Croire à la sincérité de qqn. Elle croit à son projet.* ◇ *Fam. Croire au père Noël :* être naïf. **2. (en).** Avoir confiance en qqn ; reconnaître son existence. *Croire en ses amis. Croire en Dieu.* – Absol. Avoir la foi religieuse. ◆ **se croire** v.pr. **1.** S'estimer tel ; avoir telle impression. *Il se croit fort. On se croirait au paradis.* **2.** *Fam.* Avoir une bonne opinion de soi, être vaniteux. *Qu'est-ce qu'il se croit ! Il est gentil, mais il se croit.* (En Suisse, on dit *s'en croire.*)

CROISADE n.f. (anc. fr. *croisée,* de l'ital. *crociata* et de l'esp. *cruzada*). **1.** HIST. *Les croisades : v. partie n.pr.* – *Par ext.* Expédition militaire faite dans un dessein religieux. *La croisade contre les albigeois.* **2.** Campagne menée pour créer un mouvement d'opinion. *Croisade contre le cancer.*

1. CROISÉ, E adj. **1.** Qui se recoupe en formant une croix, un X. ◇ ***Étoffe croisée,*** ou ***croisé,*** **n.m.,** dont le mode d'entrecroisement des fils donne un sens oblique au tissu. – *Veste croisée,* dont les bords croisent (par oppos. à *veste droite*). – MIL. *Feux croisés,* provenant de divers côtés et qui se recoupent en un point unique. – *Le feu croisé des questions :* questions convergentes posées par plusieurs personnes. **2.** *Rimes croisées :* rimes féminines et masculines alternées. **3.** BIOL. Qui est le résultat d'un croisement, qui n'est pas de race pure. *Chien croisé.* SYN. : *mâtiné, hybride.* **4.** ANTHROP. Se dit de certains parents (oncles, cousins, neveux) qui descendent d'un parent du sexe opposé à celui de l'ascendant d'Ego (par oppos. à *parallèle*).

2. CROISÉ n.m. HIST. Celui qui participait à une croisade.

CROISÉE n.f. **1.** Point où deux choses se croisent et, spécial., deux voies. *La croisée des chemins.* – ARCHIT. Espace déterminé par le croisement du vaisseau central de la nef d'une église avec le vaisseau central du transept. **2.** ARCHIT. Fenêtre à meneaux et croisillons, ou à vantaux subdivisés par des petits-bois.

CROISEMENT n.m. **1.** Action de disposer en forme de croix, de faire se croiser ; cette disposition. *Croisement des fils d'une étoffe.* **2.** Lieu où plusieurs voies se croisent ; carrefour. **3.** Fait pour deux véhicules de se croiser en allant dans deux directions opposées. **4.** BIOL. Reproduction naturelle ou expérimentale par union de deux individus animaux ou végétaux de même espèce mais de races différentes. (→ *hybridation*). **5.** Accouplement de reproducteurs appartenant à deux races d'animaux d'élevage différentes.

CROISER v.t. **1.** Disposer deux choses en forme de croix ou d'X. ◇ *Croiser les doigts :* mettre le majeur sur l'index en émettant un vœu ou pour conjurer le mauvais sort. **2.** Traverser, couper une ligne, une voie. *Sentier qui croise une route.* **3.** Passer à côté de qqn, d'un véhicule en allant dans la direction opposée. *Croiser qqn dans la rue.* ◇ *Croiser le regard de qqn,* le rencontrer. **4.** BIOL. Effectuer un croisement d'animaux, de végétaux. *Croiser deux races de chevaux.* **5.** Au football, au rugby, passer le ballon à un partenaire qui court dans une direction qui croise la sienne. – Dans divers sports, imprimer à la balle, au ballon, une trajectoire oblique. *Croiser son tir.* ◆ v.i. **1.** Passer l'un sur l'autre, en parlant des bords d'un vêtement. **2.** MAR. Aller et venir dans les mêmes parages, de manière à croiser sa route, afin d'exercer une surveillance. ◆ **se croiser** v.pr. **1.** Passer l'un à côté de l'autre, en allant dans une direction opposée. **2.** En parlant de lettres, de colis, etc., être échangés au même moment. *Nos lettres se sont croisées.*

CROISETTE n.f. **1.** Vx. Petite croix. **2.** BOT. Gaillet.

CROISEUR n.m. Navire de guerre rapide puissamment armé, employé pour l'escorte, la surveillance, la protection des convois, la lutte anti-aérienne et sous-marine.

CROISIÈRE n.f. **1.** Voyage d'agrément sur un paquebot ou sur un bateau de plaisance. *Yacht de croisière. Faire une croisière aux Canaries.* **2.** La plus longue phase du vol d'un avion, comprise entre la montée et la descente, où la vitesse reste pratiquement constante. ◇ *Allure, régime* ou *vitesse de croisière :* vitesse moyenne d'un véhicule, en partic. d'un avion ou d'un bateau, sur une longue distance, optimisée en fonction de différents critères (temps de parcours, consommation d'énergie, etc.) ; *fig.,* rythme normal d'activité après une période de mise en train.

CROISIÉRISTE n. Personne qui fait une croisière touristique.

CROISILLON n.m. **1.** Bras d'une croix. – ARCHIT. Transept. – Impropre. Bras de transept. **2.** CONSTR. Traverse d'une croisée, d'un vantail de fenêtre. ◆ pl. Ensemble d'éléments qui s'entrecroisent dans un châssis de fenêtre, une barrière, un meuble, etc.

CROISSANCE n.f. **1.** Action, fait de croître. *Enfant en pleine croissance.* **2.** Augmentation progressive ; extension. *Croissance démesurée d'une agglomération.* **3.** Augmentation des principales dimensions caractéristiques de l'activité d'un ensemble économique et social (notamm. de la production nationale des biens et des services), accompagnée ou non d'un changement de structure.

1. CROISSANT, E adj. Qui croît, s'accroît ; grandissant. *Nombre croissant de chômeurs.* ◇ MATH. *Fonction croissante :* fonction numérique, définie sur un intervalle, qui varie dans le même sens que la variable dont elle dépend. – *Suite croissante :* suite dont chaque terme est supérieur à celui qui le précède.

2. CROISSANT n.m. **1.** Forme échancrée de la Lune, lorsque sa surface éclairée visible est inférieure à la moitié d'un disque (avant le premier quartier ou après le dernier quartier). **2.** Forme du croissant de lune. – *Spécial.* Emblème des musulmans et, partic., des Turcs. ◇ *Le Croissant-Rouge : v. partie n.pr.* **3.** AGRIC. Instrument à long manche et à fer recourbé servant à élaguer les arbres. **4.** Petite pâtisserie en pâte levée et feuilletée arrondie en forme de croissant.

CROÎT n.m. (de *croître*). **1.** Augmentation naturelle d'un troupeau, d'une population animale ou végétale. **2.** Gain de poids d'un animal d'élevage.

CROÎTRE v.i. [73] (lat. *crescere*). **1.** Grandir progressivement ; se développer, pousser. *Le peuplier croît plus vite que le chêne.* **2.** Augmenter en nombre, en importance, en durée. *Les jours croissent. Son ambition va croissant.*

CROIX n.f. (lat. *crux*). **1.** Instrument de supplice formé d'un poteau et d'une traverse de bois, où l'on attachait ou clouait les condamnés à mort ; ce supplice. – *Spécial.* (Avec une majuscule.) Gibet sur lequel Jésus-Christ fut crucifié, selon l'Évangile. ◇ *Porter sa croix :* supporter, endurer des épreuves. **2.** Ornement, insigne figurant une croix ; symbole du christianisme. – Bijou en forme de croix. **3.** *Croix de Lorraine,* à deux croisillons. – *Croix de Malte :* croix à quatre branches égales s'élargissant aux extrémités. – *Croix de Saint-André,* en forme d'X. – *Croix de Saint-Antoine,* en forme de T. – *Croix grecque,* à quatre branches égales. – *Croix latine,* dont la branche inférieure est plus longue que les autres. – *La Croix-Rouge : v. partie n.pr.* **4.** Insigne, décoration, en forme de croix, d'un ordre de mérite ou honorifique. *Croix de guerre.* **5.** Signe graphique formé de deux traits croisés. *Faire une croix dans la marge.* ◇ *Fam. Faire une croix sur qqch,* y renoncer définitivement. – *En croix :* à angle droit ou presque droit. *Les bras en croix.*

CROLLE n.f. (flamand *krol*). Belgique. *Fam.* Boucle de cheveux.

CROLLÉ, E adj. Belgique. *Fam.* Bouclé, frisé.

CROMALIN n.m. (nom déposé). IMPRIM. Épreuve en couleurs réalisée à partir de films tramés ou de fichiers numériques, et servant de bon à tirer.

CROMLECH [krɔmlɛk] n.m. (breton *crom,* rond, et *lech,* pierre). PRÉHIST. Monument mégalithique formé d'un cercle de menhirs.

CROONER [krunœr] n.m. (mot anglo-amér.). Chanteur de charme.

1. CROQUANT, E n. (p.-ê. provenç. *croucant,* paysan). **1.** HIST. Paysan révolté au XVIe s. et dans la première moitié du XVIIe s., dans le sud-ouest de la France. **2.** *Péjor.,* vx. Paysan, rustre.

2. CROQUANT, E adj. Qui croque sous la dent. *Salade croquante.* ◆ n.m. Partie croquante.

CROQUE-AU-SEL (À LA) loc. adv. Cru et sans autre assaisonnement que du sel. *Radis à la croque-au-sel.*

CROQUE-MADAME n.m. inv. Croque-monsieur surmonté d'un œuf sur le plat.

CROQUEMBOUCHE n.m. Pièce montée composée de petits choux à la crème caramélisés.

CROQUEMITAINE ou **CROQUE-MITAINE** n.m. (pl. *croque-mitaines*). Personnage fantastique dont on menaçait les enfants. – *Par plais.* Personne très sévère qui effraie.

CROQUE-MONSIEUR n.m. inv. Préparation chaude, faite de deux tranches de pain de mie grillées garnies de jambon et de fromage.

CROQUE-MORT n.m. (pl. *croque-morts*). *Fam.* Employé des pompes funèbres.

CROQUENOT [krɔkno] n.m. *Fam.* Gros soulier.

CROQUER v.i. (onomat.). Faire un bruit sec sous la dent. *Une pomme qui croque.* ◆ v.t. **1.** Broyer entre ses dents en faisant un bruit sec. *Croquer un bonbon.* ◇ Absol. *Croquer dans une pomme. Chocolat à croquer.* **2.** *Fam.* Dilapider, dépenser en peu de temps. *Il a croqué tout l'héritage.* **3.** BX-ARTS. Dessiner, peindre sur le vif dans un

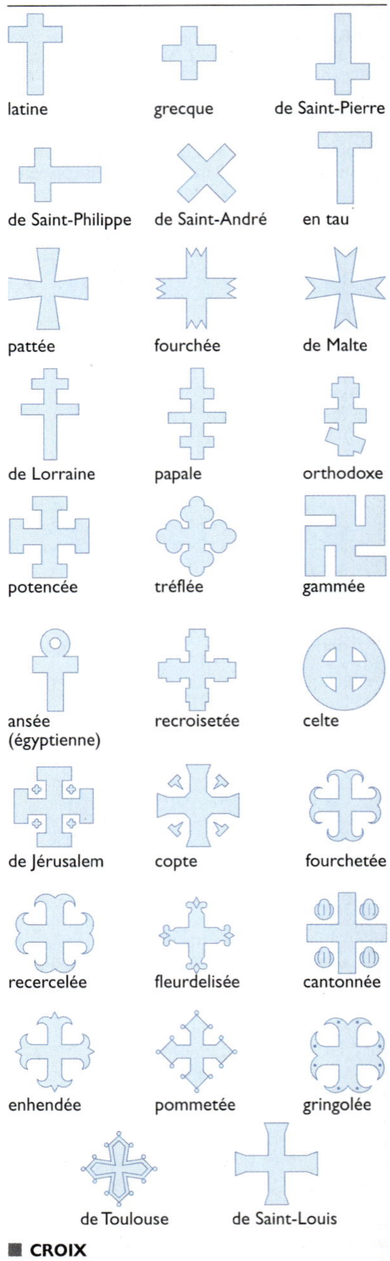

■ **CROIX**

style d'esquisse rapide. ◇ *Fam. À croquer :* si joli qu'on a envie d'en faire un croquis.

1. CROQUET n.m. (mot angl., du moyen fr. *croquet,* coup sec, ou de *crochet*). Jeu qui consiste à faire passer des boules sous des arceaux, à l'aide d'un maillet, en suivant un trajet déterminé.

2. CROQUET n.m. Région. Petit biscuit sec aux amandes.

3. CROQUET n.m. (var. de *crochet*). COUT. Petit galon tressé et curviligne utilisé comme ornement.

CROQUETTE n.f. Boulette de pâte, de viande, de poisson ou de légumes, panée et frite.

CROQUEUR, EUSE adj. et n. **1.** Qui croque un aliment. **2.** *Fam.* Qui dilapide de l'argent. ◇ *Fam. Croqueuse de diamants :* femme qui recherche l'argent des hommes.

CROQUIGNOLE n.f. Petit biscuit léger et croquant.

CROQUIGNOLET, ETTE adj. *Fam.* Mignon, charmant.

CROQUIS n.m. (de *croquer,* dessiner). Dessin rapide dégageant, à grands traits, l'essentiel du sujet, du motif.

CROSKILL [krɔskil] n.m. (du n. de l'inventeur). AGRIC. Rouleau brise-mottes, constitué de disques dentés.

CROSNE [kron] n.m. (de *Crosne,* dans l'Essonne). **1.** Plante potagère vivace cultivée pour ses rhizomes comestibles. (Famille des labiées.) **2.** Rhizome de cette plante.

CROSS ou **CROSS-COUNTRY** [krɔskuntri] n.m. [pl. *cross-countrys* ou *cross-countries*] (mot angl.). Course à pied en terrain varié souvent pourvu d'obstacles.

■ CROSS-COUNTRY

CROSSE n.f. (mot francique). **1.** Bâton pastoral d'évêque ou d'abbé dont la partie supérieure *(crosseron)* se recourbe en volute. **2.** Bâton recourbé utilisé pour pousser le palet ou la balle, dans certains sports. *Crosse de hockey.* — Québec. Sport opposant deux équipes de 10 ou 12 joueurs et consistant à envoyer dans les buts adverses une balle au moyen d'un bâton muni d'un filet appelé *crosse.* **3.** Partie recourbée de certains objets, de certains éléments anatomiques. *Crosse d'un violon. Crosse de l'aorte.* — ARCHIT. Tige à l'extrémité supérieure enroulée en volute, ornement de certains chapiteaux. — BOT. Jeune feuille enroulée de fougère. **4.** Partie postérieure d'une arme à feu portative servant à la maintenir ou à l'épauler. ◇ *Mettre la crosse en l'air :* se rendre ; se mutiner. ◆ pl. *Fam. Chercher des crosses à qqn,* lui chercher querelle.

CROSSÉ adj.m. CATH. Qui a le droit de porter la crosse. *Abbé crossé et mitré.*

CROSSING-OVER [krɔsiŋɔvœr] n.m. inv. (mot angl.). BIOL. CELL. Enjambement.

CROSSMAN [krɔsman] n.m. [pl. *crossmans* ou *crossmen*] (mot angl.). Coureur de cross.

CROSSOPTÉRYGIEN n.m. Poisson marin osseux au corps massif, possédant deux paires de nageoires charnues dont la structure évoque celle des premiers amphibiens, représenté par une espèce unique, le cœlacanthe. (Les crossoptérygiens forment une sous-classe connue surtout par des fossiles.)

CROSSWOMAN [krɔswuman] n.f. [pl. *crosswomans* ou *crosswomen*] (mot angl.). Coureuse de cross.

CROTALE n.m. (lat. *crotalum,* gr. *krotalon*). Serpent venimeux, essentiellement américain, encore appelé *serpent à sonnette* pour les sons qu'il émet grâce aux étuis cornés des mues successives de la queue (cascabelle). [Long. 1 à 2 m ; famille des vipéridés.]

■ CROTALE. Crotale diamantin.

CROTON n.m. (gr. *krotôn*). Arbuste tropical dont les graines renferment une huile toxique. (Famille des euphorbiacées.)

CROTTE n.f. (mot francique). **1.** Fiente de certains animaux. — *Par ext.* Tout excrément solide. ◇ *Fam. Crotte de bique :* chose sans valeur. **2.** *Crotte de, en chocolat :* bonbon au chocolat garni de pâte d'amandes, de crème, etc.

CROTTÉ, E adj. Sali de boue. *Bottes crottées.*

CROTTER v.i. *Fam.* Faire des crottes.

CROTTIN n.m. **1.** Excrément des chevaux, des mulets, etc. **2.** *Crottin de Chavignol :* petit fromage de chèvre en forme de boule aplatie, fabriqué dans la région de Sancerre.

1. CROULANT, E adj. Qui croule, qui s'écroule. *Des murs croulants.*

2. CROULANT, E n. *Fam.* Personne âgée ou d'âge mûr.

CROULE n.f. (de *crouler,* crier). Chasse à la bécasse, à l'époque de l'accouplement, à la tombée de la nuit.

CROULER v.i. (lat. pop. *crotolare,* secouer). **1.** Tomber en s'affaissant ; s'effondrer. *Cette maison croule.* ◇ *Crouler sous :* être submergé de ; être rempli de. *Personne qui croule sous le travail. La salle croulait sous les applaudissements.* **2.** *Fig.* Être réduit à rien, détruit, renversé. *La monarchie a croulé.* **3.** Pousser son cri, en parlant de la bécasse.

CROUP [krup] n.m. (mot angl.). Vieilli. Laryngite de la diphtérie, évoluant vers l'asphyxie.

CROUPADE n.f. ÉQUIT. Exercice de haute école dans lequel le cheval exécute une ruade en étendant complètement ses membres postérieurs et en gardant les antérieurs au sol.

CROUPE n.f. (francique *kruppa*). **1.** Partie postérieure de certains quadrupèdes, en partic. du cheval, qui s'étend des reins à la base de la queue. ◇ *En croupe :* à cheval derrière le cavalier ; sur la partie arrière d'une selle de moto. **2.** *Fam.* Postérieur d'une personne, en partic. d'une femme. **3.** CONSTR. Extrémité d'un comble allongé, couverte d'un toit à pan triangulaire, à plusieurs pans, ou arrondi. **4.** GÉOGR. Sommet, colline de forme ronde. *Une croupe en forme de mamelon.*

CROUPETONS (À) loc. adv. Dans la position accroupie.

CROUPI, E adj. Qui est corrompu par la stagnation ; fétide. *Eau croupie.*

CROUPIER n.m. Employé d'une maison de jeux qui dirige les parties, paie et encaisse pour le compte de l'établissement.

CROUPIÈRE n.f. **1.** Partie du harnais passant sur la croupe du cheval. **2.** *Fam.,* vieilli. *Tailler des croupières à qqn,* lui susciter des difficultés.

CROUPION n.m. **1.** Saillie postérieure du corps des oiseaux, portant les grandes plumes caudales et qui sécrète, chez certaines espèces, une substance huileuse permettant d'imperméabiliser le plumage. **2.** *Fam.* Derrière, fesses d'une personne. **3.** (En appos.) Désigne un organisme qui dépend d'un autre, qui n'est pas représentatif. *Un parti croupion.*

CROUPIR v.i. (de *croupe*). **1.** Se corrompre par la stagnation, en parlant des eaux dormantes et des matières qui s'y décomposent. **2.** Être contraint à l'inactivité ; moisir. *Croupir en prison.* **3.** Se complaire dans un état méprisable, dégradant. *Croupir dans l'ignorance.*

CROUPISSANT, E adj. Qui croupit.

CROUPISSEMENT n.m. Fait de croupir.

CROUPON n.m. Morceau de cuir de bœuf ou de vache à l'emplacement de la croupe et du dos de l'animal.

CROUSILLE n.f. (du lat. pop. *crosus,* creux). Suisse. Tirelire.

CROUSTADE n.f. (provenç. *croustado*). CUIS. Apprêt en pâte brisée ou feuilletée, que l'on remplit de garnitures diverses. *Une croustade aux fruits de mer.*

CROUSTILLANT, E adj. **1.** Qui croustille. **2.** *Fig.* Qui suscite l'intérêt par son caractère grivois et amusant. *Des détails croustillants.*

CROUSTILLER v.i. Craquer sous la dent.

CROÛTE n.f. (lat. *crusta*). **1.** Partie externe du pain durcie par la cuisson. ◇ *Fam. Casser la croûte :* manger. — *Fam. Gagner sa croûte :* gagner sa vie. **2.** Partie externe de certains fromages. **3.** Couche extérieure qui se durcit à la surface d'un corps, d'un sol. *Cette eau dépose une croûte calcaire.* **4.** CUIS. Préparation à base de pâte feuilletée que l'on garnit intérieurement. *Pâté en croûte.* — Suisse. Pain grillé et nappé de fromage, de champignons. ◇ Suisse. *Croûte dorée :* pain grillé aux œufs et au beurre saupoudré de cannelle et de sucre. **5.** Plaque de sang coagulé qui se forme sur une plaie cutanée. **6.** Couche intérieure d'un cuir refendu dans son épaisseur. **7.** *Fam.* Mauvais tableau. **8. a.** GÉOL. *Croûte terrestre :* zone superficielle du globe terrestre, d'une épaisseur moyenne de 35 km sous les continents *(croûte continentale)* et de 10 km sous les océans *(croûte océanique).* SYN. : *écorce terrestre.* **b.** ASTRON. Zone superficielle dure des planètes telluriques.

CROÛTER v.i. *Fam.* Manger.

CROÛTEUX, EUSE adj. Caractérisé par des croûtes. *Dermatose croûteuse.*

CROÛTON n.m. **1.** Extrémité d'un pain, comportant plus de croûte que de mie. **2.** Petit morceau de pain frit. *Un potage aux croûtons.* **3.** *Fam.* Personne bornée ou encroûtée dans la routine. *Un vieux croûton.*

CROW-CROW n.m. inv. → **CRAW-CRAW.**

CROWN [krawn] n.m. (mot angl., *couronne*). Verre blanc très transparent et peu dispersif, employé en optique.

CROYABLE adj. (Surtout en tournure négative.) Qui peut ou doit être cru. *Ce n'est pas croyable.*

CROYANCE n.f. **1.** Fait de croire à la vérité ou à l'existence de qqch. *La croyance en Dieu.* **2.** Ce qu'on croit, en matière religieuse, philosophique, politique, etc. ; conviction. *Respecter toutes les croyances.*

CROYANT, E adj. et n. Qui a la foi religieuse. *Il est très croyant.* ◆ n.m. pl. Nom que se donnent les musulmans.

CRS ou **C.R.S.** [seɛrɛs] n.m. (sigle). Membre d'une *compagnie républicaine de sécurité.

1. CRU, E adj. (lat. *crudus*). **1.** Qui n'est pas cuit, n'est pas transformé par la cuisson. *Viande, légumes crus.* **2.** Qui n'est pas apprêté, qui n'a pas subi de transformation. *Soie crue. Bois cru.* ◇ *Lait cru :* lait entier, non pasteurisé. **3.** Se dit d'une lumière, d'une couleur que rien n'atténue ; violent, brutal. **4.** Qui n'use pas de détour ; direct, franc. *Répondre de façon crue.* **5.** Qui est choquant, grivois. *Une plaisanterie un peu crue.* **6.** Belgique, Québec, Suisse. Se dit d'un temps humide et froid. *Il fait cru.* ◆ adv. **1.** Crûment, sans ménagement. *Je vous le dis tout cru.* **2.** *Monter à cru,* sans selle.

2. CRU n.m. (de *croître*). **1.** Terroir considéré du point de vue de ses productions, en partic. de ses vignobles. ◇ *Du cru :* qui a les caractéristiques du pays, de la région où l'on est. — *De son cru :* de son invention. **2.** Vin récolté sur un terroir déterminé. *C'est un cru fameux.*

CRUAUTÉ n.f. (lat. *crudelitas*). **1.** Penchant à faire souffrir, caractère de qqn de cruel. **2.** Caractère de ce qui fait souffrir. *La cruauté du sort.* **3.** Action cruelle. *Essayer d'oublier les cruautés subies.*

CRUCHE n.f. (francique *krūkka*). **1.** Récipient pansu, à anse et à bec ; son contenu. **2.** *Fam.* Personne niaise, stupide. **3.** Suisse. Bouillotte.

CRUCHON n.m. Petite cruche.

CRUCIAL, E, AUX adj. (du lat. *crux, crucis,* croix). **1.** En forme de croix. *Incision cruciale.* **2.** PHILOS. Qui permet de conclure de façon décisive, qui sert de critère. *Expérience cruciale.* **3.** Très important, fondamental, décisif. *Cette question est cruciale.*

CRUCIFÈRE adj. (du lat. *crux, crucis,* croix). Qui porte une croix. *Colonne crucifère.* ◆ n.f. Plante herbacée, souvent cultivée, dont la fleur a quatre pétales libres disposés en croix et six étamines et dont le fruit est une silique, comme la moutarde, le chou, le cresson, le radis, le navet. (Les crucifères forment une famille de dicotylédones.)

CRUCIFIÉ, E n. et adj. Personne mise en croix. ◆ adj. *Litt.* Qui subit une grande douleur morale. *Une mère crucifiée.*

CRUCIFIEMENT n.m. Action de crucifier qqn ; crucifixion.

CRUCIFIER v.t. [5] (lat. *crucifigere*). **1.** Faire subir le supplice de la croix. **2.** *Litt.* Faire souffrir ; mortifier. *Crucifier sa chair.*

C

CRUCIFIX [-fi] n.m. (lat. *crucifixus*). Croix sur laquelle le Christ est représenté crucifié (petits objets de piété, ronde-bosse ou, parfois, croix peinte).

CRUCIFIXION n.f. **1.** Crucifiement. **2.** Œuvre d'art figurant le Christ sur la Croix.

CRUCIFORME adj. En forme de croix. *Vis, tournevis cruciforme.*

CRUCIVERBISTE n. (lat. *crux, crucis,* croix, et *verbum,* mot). Amateur de mots croisés.

CRUDITÉ n.f. (lat. *cruditas,* indigestion). **1.** État de ce qui est cru. *La crudité d'une viande.* **2.** Caractère de ce qui est brutal, choquant. *La crudité de son langage.* ◆ pl. Légumes crus, ou parfois cuits, servis froids. *Une assiette de crudités.*

CRUE n.f. (de *croître*). Élévation du niveau d'un cours d'eau, due à la fonte rapide des neiges et des glaces ou à des pluies abondantes.

CRUEL, ELLE adj. (lat. *crudelis*). **1.** Qui manifeste de la cruauté, de la dureté, une absence de pitié. *Un cruel tyran. Se montrer cruel envers les animaux. Sourire cruel.* **2.** Qui cause une souffrance morale ou physique. *Une perte cruelle. Un froid cruel.*

CRUELLEMENT adv. De façon cruelle.

CRUENTÉ, E adj. (du lat. *cruor,* sang). MÉD. Dont la couche superficielle a été enlevée ; saignant, à vif. *Blessure cruentée.*

CRUISER [kruzœr] n.m. (mot angl.). Yacht de croisière à moteur.

CRUMBLE [krœmbœl] n.m. (de l'angl. *to crumble,* émietter). Préparation faite de fruits (pommes, poires, fruits rouges, etc.) recouverts de pâte sablée et cuite au four. (Cuisine anglaise.)

CRÛMENT adv. De façon crue, sans ménagement ; brutalement. *Parler crûment.*

CRURAL, E, AUX adj. (lat. *cruralis,* de *crus, cruris,* jambe). Relatif à la cuisse. *Nerf crural.*

1. CRUSTACÉ n.m. (lat. *crusta,* croûte). Arthropode, génér. aquatique, possédant deux paires d'antennes, à respiration branchiale et dont la carapace est formée de chitine imprégnée de calcaire, tel que les gammares, les cloportes, les daphnies, les balanes, les décapodes (crabes, langoustes, crevettes, etc.). [Les crustacés forment une classe.]

2. CRUSTACÉ, E adj. BOT. Qui forme une croûte. *Lichen crustacé.*

CRYOCHIMIE n.f. Domaine de la chimie dont les procédés font appel aux cryotempératures.

CRYOCHIRURGIE n.f. Utilisation du froid sur les tissus, au cours d'une intervention chirurgicale.

CRYOCLASTIE n.f. GÉOMORPH. Gélifraction.

CRYOCONDUCTEUR, TRICE adj. et n.m. Se dit d'un conducteur électrique que l'on porte à température très basse pour diminuer sa résistivité.

CRYOCONSERVATION n.f. Conservation par le froid, en partic. de tissus vivants, de cellules.

CRYODESSICCATION n.f. Lyophilisation.

CRYOFRACTURE n.f. SC. DE LA V. Méthode de préparation d'échantillons biologiques par congélation puis fracture, permettant d'observer la surface et l'intérieur des structures cellulaires au microscope électronique.

CRYOGÈNE adj. PHYS. Qui produit du froid.

CRYOGÉNIE n.f. Production des cryotempératures.

CRYOGÉNIQUE adj. Relatif à la cryogénie.

CRYOLITE ou **CRYOLITHE** n.f. Fluorure d'aluminium et de sodium.

CRYOLOGIE n.f. Ensemble des disciplines scientifiques et techniques s'intéressant aux très basses températures. (La cryologie englobe la cryophysique, la cryochimie, la cryogénie, etc.)

CRYOLUMINESCENCE n.f. Émission de lumière par certains corps refroidis à très basse température.

CRYOMÉTRIE n.f. Mesure des températures de congélation.

CRYOPHYSIQUE n.f. Étude des phénomènes propres aux cryotempératures.

CRYOSCOPIE n.f. Étude des lois de la congélation des solutions par la mesure de l'abaissement de la température de congélation d'un solvant lorsqu'on y dissout une substance.

CRYOSTAT n.m. **1.** Appareil servant à maintenir des températures très basses et constantes à l'aide d'un gaz liquéfié. **2.** Dispositif électronique utilisant les propriétés supraconductrices de certains métaux à très basse température.

CRYOTECHNIQUE n.f. Ensemble des techniques de production et d'utilisation des cryotempératures. ◆ adj. Relatif à la cryotechnique.

CRYOTEMPÉRATURE n.f. Très basse température, inférieure à 120 kelvins.

CRYOTHÉRAPIE n.f. Traitement par application externe de froid ; tout traitement utilisant le froid (par ex. la cryochirurgie).

CRYOTURBATION n.f. PÉDOL. Géliturbation.

CRYPTAGE n.m. **1.** Transformation d'un message en clair en un message codé compréhensible seulement par qui dispose du code. *Cryptage d'une dépêche.* **2.** Transformation d'une suite de signaux électriques ou radioélectriques, telle que celle-ci ne peut être rendue intelligible que par un décodeur approprié. *Cryptage des émissions d'une chaîne de télévision.*

CRYPTE n.f. (lat. *crypta,* du gr. *kruptos,* caché). Espace construit sous le sol d'une église, notamm. de son chœur, servant de chapelle et pouvant abriter des tombeaux ou des reliques de martyrs, de saints.

CRYPTER v.t. Réaliser un cryptage.

CRYPTIQUE adj. ZOOL. Qui a pour effet de dissimuler un animal lorsqu'il est dans son milieu habituel. *Couleurs cryptiques d'un insecte.*

CRYPTOCOMMUNISTE adj. et n. Vieilli. Partisan occulte du Parti communiste.

CRYPTOGAME n.m. ou n.f. et adj. (gr. *kruptos,* caché, et *gamos,* mariage). Plante dont les organes reproducteurs, cachés ou peu visibles, ne se regroupent pas en cônes ou en fleurs (par oppos. à *phanérogame*). [Les cryptogames comprennent les thallophytes, les bryophytes et les ptéridophytes.]

CRYPTOGAMIE n.f. Étude scientifique des cryptogames.

CRYPTOGAMIQUE adj. Se dit des affections causées aux végétaux par des champignons microscopiques. (Le mildiou est une maladie cryptogamique.)

CRYPTOGÉNÉTIQUE adj. MÉD. Rare. Idiopathique.

CRYPTOGRAMME n.m. Message écrit à l'aide d'un système chiffré ou codé.

CRYPTOGRAPHE n. Spécialiste de cryptographie.

CRYPTOGRAPHIE n.f. (gr. *kruptos,* caché, et *graphein,* écrire). Ensemble des techniques permettant de protéger une communication au moyen d'un code graphique secret.

CRYPTOGRAPHIQUE adj. Relatif à la cryptographie.

CRYPTOLOGIE n.f. Science des écritures secrètes, des documents chiffrés.

CRYPTOMERIA [-me-] n.m. Conifère originaire d'Asie utilisé en sylviculture et pour l'ornementation des jardins. (Haut. max. 60 m ; famille des taxodiacées.)

CRYPTOPHYTE adj. et n.f. Se dit d'une plante dont les parties souterraines sont les seules à subsister pendant l'hiver.

CRYPTORCHIDIE [kriptɔrkidi] n.f. Ectopie du testicule.

CSARDAS ou **CZARDAS** [gzardas] ou [tsardas] n.f. (mot hongr.). **1.** Danse folklorique hongroise exécutée en couple, en vogue depuis le XIXe s. **2.** Pièce instrumentale de rythme binaire, enchaînant une partie lente et une partie vive.

CSG ou **C.S.G.** [seɛsʒe] n.f. (sigle). Contribution sociale généralisée.

CTÉNAIRE ou **CTÉNOPHORE** n.m. (du gr. *kteis, ktenos,* peigne). Invertébré marin diploblastique, voisin des cnidaires mais dépourvu de cellules urticantes, nageur et carnivore, tel que la ceinture de Vénus. (Les cténaires forment un embranchement.)

CUADRO [kwadro] n.m. (mot esp.). Groupe d'artistes flamencos (musiciens, chanteurs et danseurs).

CUBAGE n.m. Action de cuber, d'évaluer le volume d'un corps ; volume ainsi évalué.

CUBAIN, E adj. et n. De Cuba, de ses habitants.

CUBATURE n.f. TECHN. Détermination du cube dont le volume est égal à celui du solide considéré.

1. CUBE n.m. (gr. *kubos,* dé à jouer). **1.** Parallélépipède rectangle dont les six faces, carrées, sont égales, ainsi que les douze arêtes. **2.** MATH. *Cube d'un nombre,* produit de trois facteurs égaux à ce nombre. *27 est le cube de 3.* **3.** Mesure qui correspond au volume d'un corps, d'un solide. ◇ *Fam. Gros cube :* moto de forte cylindrée. **4.** *Arg. scol.* Élève redoublant sa deuxième année de classe préparatoire à une grande école. ◆ pl. Jeu de construction fait d'un ensemble de cubes.

2. CUBE adj. *Mètre, centimètre, etc., cube :* volume égal à celui d'un cube dont le côté a un mètre, un centimètre, etc.

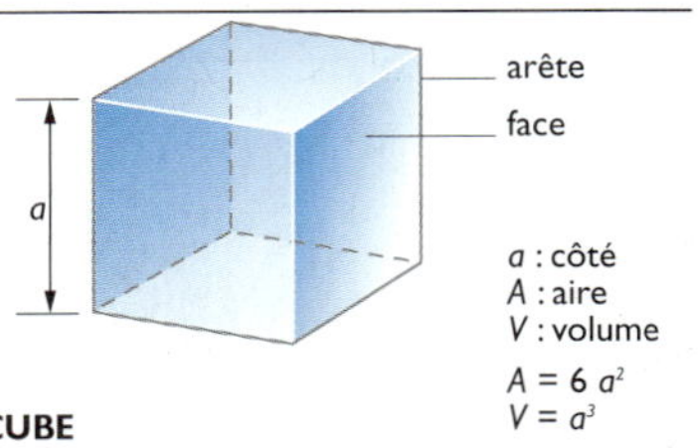

■ CUBE

CUBÈBE n.m. (ar. *kabāba*). Plante grimpante originaire des îles de la Sonde, voisine du poivrier, dont le fruit possède des propriétés médicinales.

CUBER v.t. Évaluer en unités de volume. *Cuber des pierres.* ◆ v.i. **1.** Avoir tel volume, une capacité de tant. *Ce tonneau cube 350 litres.* **2.** *Fam.* Représenter une grande quantité ; s'élever à un total important. *Les faux frais, ça finit par cuber.* **3.** *Arg. scol.* Redoubler la deuxième année de classe préparatoire à une grande école.

CUBILOT n.m. (angl. *cupelow,* four à coupole). MÉTALL. Four à cuve, chauffé au coke, comportant une carcasse métallique et un garnissage réfractaire, utilisé pour l'élaboration de la fonte en fusion.

CUBIQUE adj. **1.** Qui a la forme d'un cube. **2.** *Système cubique :* système cristallin dont la maille élémentaire est un cube. **3.** MATH. *Racine cubique* → **racine.** ◆ n.f. Courbe algébrique du troisième degré.

CUBISME n.m. (de *cube*). Mouvement artistique qui, vers les années 1908 - 1920, a substitué aux types de représentation issus de la Renaissance des modes nouveaux et plus autonomes de construction plastique.

ENCYCL. La leçon de Cézanne et la découverte de l'art négro-africain (que connaissaient déjà les fauves) ouvrent la voie aux travaux de Picasso (*les Demoiselles d'Avignon,* 1906 - 1907) et de Braque (dont les paysages « cézanniens » de 1908 paraissent à un critique comme réduits à une articulation de petits cubes). Une phase *analytique,* à partir de 1909, voit l'adoption par les deux artistes amis de plusieurs angles de vue pour la figuration d'un même objet, disséqué en multiples facettes dans une gamme restreinte de teintes sourdes. Ces œuvres frôlent parfois l'abstraction (cubisme « hermétique »), mais l'introduction de chiffres ou de lettres au pochoir puis, en 1912, l'invention du collage et du papier collé réintroduisent le réel sous une forme nouvelle, ouvrant la phase *synthétique* du cubisme. À la même époque, d'autres peintres, réunis dans le groupe dit « de Puteaux » puis « de la Section d'or », expérimentent la nouvelle esthétique : les frères Duchamp, Gleizes et Metzinger, Louis Marcoussis (d'origine polonaise), Lhote, Gris, Léger, R. Delaunay, Kupka (les deux derniers représentant une version lumineuse et colorée du cubisme, baptisée *orphisme* par Apollinaire), etc. Divers sculpteurs – sur les traces de Picasso – interprètent en trois dimensions les principes cubistes : Archipenko, Duchamp-Villon, Laurens, Lipchitz, Zadkine. Après la Première Guerre mondiale, chacun des créateurs ou adeptes du cubisme prend sa liberté par rapport à celui-ci ; il en est de même pour les nombreux artistes qui, des Pays-Bas à la Russie, en ont reçu l'influence, au premier rang desquels les constructivistes.

CUBISTE adj. et n. Relatif au cubisme ; qui appartient, se rattache au cubisme.

CUBITAINER [kybitɛnɛr] n.m. (nom déposé). Récipient de plastique servant au transport des liquides, en partic. du vin.

CUBITAL, E, AUX adj. Relatif au cubitus.

CUBITIÈRE n.f. Pièce d'armure protégeant le coude (XIVe - XVe s.).

CUBITUS [-tys] n.m. (mot lat., *coude*). Os de l'avant-bras, situé du côté interne, dont l'extrémité supérieure porte la saillie de l'olécrane. SYN. : *ulna*.

CUBOÏDE adj. ANAT. *Os cuboïde*, ou *cuboïde*, n.m. : un des os du tarse.

CUBOMÉDUSE n.f. Petite méduse des eaux tropicales chaudes, aux longs tentacules venimeux, très dangereuse pour l'homme. (Diamètre 5 cm ; les cuboméduses forment un ordre des scyphozoaires.)

CUCHAULE n.f. Suisse. Pain au lait.

CUCUL [kyky] adj. inv. *Fam.* Qui est d'une niaiserie naïve ; de mauvais goût, ridicule. *Ce film est très cucul. Cucul la praline, la noisette.*

CUCURBITACÉE n.f. (lat. *cucurbita*, courge). Plante dicotylédone à fortes tiges rampantes munies de vrilles et dont certaines espèces sont cultivées pour leurs gros fruits, comme la citrouille, la pastèque, la courge, le melon, le concombre. (Les cucurbitacées forment une famille.)

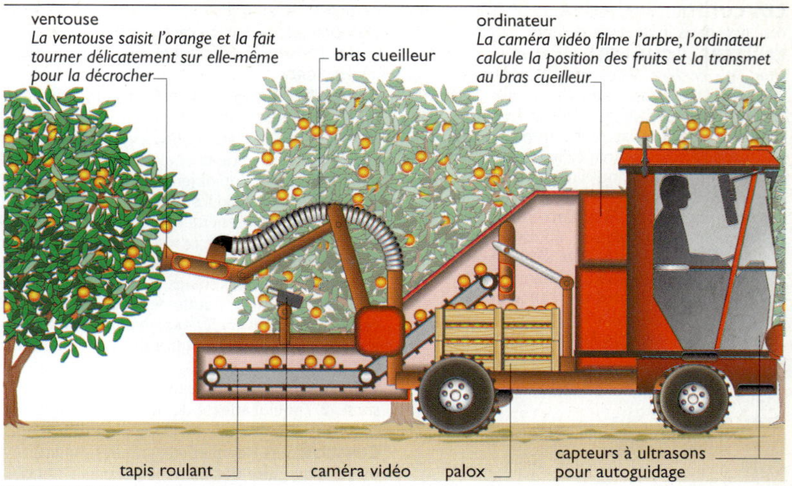

■ **CUEILLEUR.** Robot cueilleur.

CUCURBITAIN ou **CUCURBITIN** n.m. ZOOL. Anneau plein d'œufs formé par un ténia, qui se détache et est expulsé avec les excréments de l'hôte parasité.

CUCURBITE n.f. (lat. *cucurbita*, courge). Partie inférieure de la chaudière de l'alambic traditionnel, qui renferme la matière à distiller.

CUEILLAGE n.m. Prélèvement de verre en fusion au moyen d'une canne.

CUEILLAISON n.f. *Litt.* Cueillette.

CUEILLETTE n.f. (lat. *collecta*). **1.** Action de cueillir des fruits, des fleurs, des légumes, etc. **2.** Période où se fait cette récolte. **3.** Les produits ainsi récoltés.

1. CUEILLEUR, EUSE n. Personne qui cueille.

2. CUEILLEUR adj.m. *Robot cueilleur :* machine automatique de cueillette des fruits.

CUEILLIR [kœjir] v.t. [29] (lat. *colligere*). **1.** Détacher de leurs tiges des fruits, des fleurs. **2.** *Fam.* Aller chercher qqn ; l'accueillir. *Aller cueillir qqn à la gare.* **3.** *Fam.* Arrêter qqn. *Se faire cueillir.* ◇ *Fam.* **Cueillir qqn à froid,** le prendre au dépourvu. **4.** *Litt.* **Cueillir un baiser :** embrasser qqn furtivement ou délicatement.

CUEILLOIR n.m. Instrument formé d'un long manche porteur d'une cisaille et d'un petit panier, servant à cueillir les fruits.

CUESTA [kwɛsta] n.f. (mot esp.). GÉOMORPH. Dans une région de structure faiblement inclinée où alternent couches dures et couches tendres, forme de relief caractérisée par un talus à profil concave en pente raide (front) et par un plateau doucement incliné en sens inverse (revers). SYN. : *côte*.

CUEVA [kweva] n.f. (mot esp.). Cabaret, génér. installé en sous-sol ou dans une cave, où se donnent des spectacles de chants et de danses flamencos.

■ LE CUBISME

À partir de 1907, en quête de rigueur, quelques artistes parisiens entreprennent de « traiter la nature » sinon « par le cylindre, la sphère, le cône », comme Cézanne l'avait imaginé, du moins par le rectangle, le cercle, la pyramide, le cube.

Pablo Picasso. Le *Portrait de Kahnweiler*, cubisme analytique, 1910 : implosion en petites facettes de l'effigie du célèbre marchand des cubistes. (Art Institute, Chicago.)

Juan Gris. *Nature morte à la fenêtre ouverte* (1915) : le logement du peintre au Bateau-Lavoir, à Montmartre, où travaille aussi Picasso, prend jour sur la place (ou la rue) Ravignan. (Museum of Art, Philadelphie.)

Georges Braque. *Le Violon*, papier collé, cubisme synthétique, 1913 - 1914 : une construction sévère et harmonieuse, à la fois métaphore du réel et présence de celui-ci par les fragments collés de journaux. (Coll. priv.)

CUI-CUI n.m. inv. (onomat.). Cri des petits oiseaux, dans le langage enfantin.

CUILLÈRE ou **CUILLER** [kɥijɛr] n.f. (lat. *cochlearium,* de *cochlea,* escargot). **1.** Accessoire de table et de cuisine, composé d'un manche et d'une partie creuse. *Cuillère à café, à soupe.* ◇ ***Cuillère de bois :*** au rugby, trophée imaginaire attribué à l'équipe ayant perdu ses quatre matchs dans le tournoi des Cinq Nations. – *Fam.* ***En deux (trois) coups de cuillère à pot :*** rapidement, de façon expéditive. – *Fam.* ***Être à ramasser à la petite cuillère :*** être harassé, épuisé, ou en piteux état. – *Fam.* ***Ne pas y aller avec le dos de la cuillère :*** parler, agir sans ménagement. **2.** Accessoire de pêche composé d'un hameçon et d'une palette métallique brillante, destiné à leurrer les poissons carnassiers. **3.** Pièce d'amorçage d'une grenade.

CUILLERÉE [kɥijere] ou [kɥijre] n.f. Contenu d'une cuillère.

CUILLERON [kɥijərɔ̃] ou [kɥijrɔ̃] n.m. Partie creuse d'une cuillère.

CUIR n.m. (lat. *corium*). **1.** Peau épaisse de certains animaux. ◇ *Cuir chevelu* → **chevelu. 2.** Peau, en partic. des gros bovins, tannée, corroyée, etc., propre aux usages de l'industrie ; objet, vêtement en cuir. **3.** *Fam.* Faute de liaison (ex. : *J'ai fait-z-une erreur*).

CUIRASSE n.f. (de *cuir*). **1.** Blindage, revêtement protecteur d'un char de combat, d'un navire de guerre. **2.** Anc. Pièce de l'armure protégeant le dos et la poitrine. ◇ ***Le défaut de la cuirasse :*** le point faible. **3.** PÉDOL. Formation superficielle épaisse et très dure présente dans les sols des régions tropicales sèches. **4.** ZOOL. *Cour.* Tégument dur de certains animaux (tatou, crocodile, etc.). SYN. : *bouclier.*

1. CUIRASSÉ, E adj. **1.** Protégé par un blindage. *Navire cuirassé.* **2.** *Fig.* Protégé comme par une cuirasse ; endurci. *Être cuirassé contre les calomnies.*

2. CUIRASSÉ n.m. Grand navire de guerre doté d'une puissante artillerie et protégé par d'épais blindages. (Trop vulnérables à l'aviation, les cuirassés, bâtiments de ligne, ont disparu des flottes de combat vers 1950 - 1960.)

CUIRASSEMENT n.m. Action d'équiper d'une cuirasse.

CUIRASSER v.t. Équiper, revêtir qqch d'une cuirasse. – *Fig.* Protéger comme par une cuirasse ; endurcir. *Son éducation l'a cuirassé contre la malveillance.* ◆ **se cuirasser** v.pr. Se protéger contre l'adversité ; s'endurcir. *Se cuirasser contre les émotions.*

CUIRASSIER n.m. Anc. Soldat de cavalerie lourde porteur d'une cuirasse.

CUIRE v.t. [78] (lat. *coquere*). **1.** Soumettre un aliment à l'action de la chaleur pour le consommer. **2.** Soumettre un objet, une matière à l'action de la chaleur afin de les rendre aptes à un usage spécifique. *Cuire des émaux.* ◆ v.i. **1.** Être soumis à l'action de la chaleur. *Le rôti cuit.* ◇ *Fam.* ***Laisser qqn cuire dans son jus,*** le laisser seul, en proie à des difficultés, des soucis. **2.** Causer une sensation de brûlure, d'échauffement ; brûler. *Peau qui cuit sous le soleil.* ◇ ***Il vous en cuira :*** vous vous en repentirez. **3.** *Fam.* Souffrir de la chaleur, avoir très chaud.

CUISANT, E adj. **1.** Très vif ; aigu. *Douleur cuisante.* **2.** *Fig.* Qui affecte douloureusement. *Échec cuisant.*

CUISEUR n.m. Récipient de grandes dimensions où l'on fait cuire des aliments.

CUISINE n.f. (lat. *cocina*). **1.** Pièce d'un logement, d'un restaurant, etc., où l'on prépare les repas. *Une cuisine spacieuse.* ◇ ***Cuisine américaine :*** cuisine ouverte, qui n'est pas séparée de la salle à manger par un mur. **2.** Action, art de préparer et de présenter les aliments. *Aimer faire la cuisine.* **3.** Mets, plats préparés, servis. *Préférer la cuisine locale. Cuisine légère, épicée.* **4.** *Fam., péjor.* Manœuvre, intrigue. *Cuisine électorale.*

CUISINÉ, E adj. Préparé avec une certaine recherche. ◇ ***Plat cuisiné,*** vendu tout préparé chez un traiteur, un charcutier, etc.

CUISINER v.i. Faire la cuisine. ◆ v.t. **1.** Préparer, accommoder un plat, un aliment. **2.** *Fam.* Interroger qqn avec insistance pour obtenir un aveu, un renseignement.

CUISINETTE n.f. Petite cuisine ; coin cuisine. Recomm. off. pour ***kitchenette.***

CUISINIER, ÈRE n. **1.** Professionnel qui fait la cuisine, en partic. dans un restaurant, pour une collectivité, etc. **2.** Personne qui fait la cuisine.

CUISINIÈRE n.f. Appareil muni d'un ou de plusieurs foyers pour cuire les aliments. *Cuisinière électrique, à gaz.*

CUISINISTE n.m. Fabricant et installateur de mobilier de cuisine.

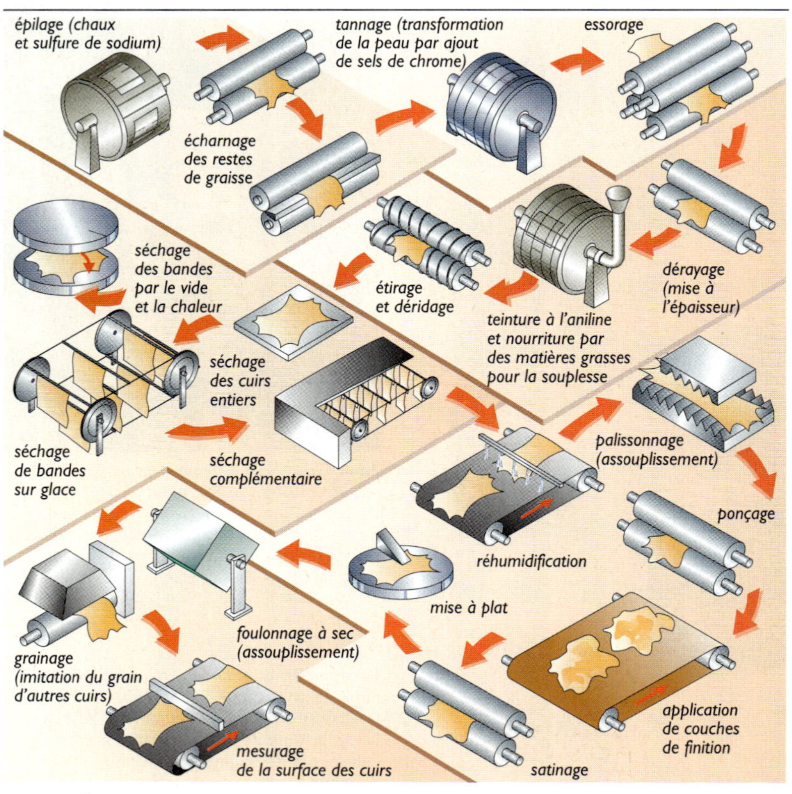

■ **CUIR.** Élaboration du cuir.

CUISSAGE n.m. FÉOD. ***Droit de cuissage :*** droit légendaire attribué au seigneur médiéval de pouvoir passer avec l'épouse d'un de ses serfs la première nuit de ses noces. (Il percevait en fait une taxe sur les mariages serviles.)

CUISSARD n.m. **1.** Culotte d'un coureur cycliste. **2.** Anc. Partie de l'armure couvrant les cuisses.

CUISSARDE n.f. Botte dont la tige monte jusqu'en haut des cuisses. ◇ ***Sangle cuissarde,*** qui constitue le harnais utilisé par l'alpiniste ou le spéléologue.

CUISSE n.f. (lat. *coxa,* hanche). Partie du membre inférieur comprise entre la hanche et le genou, et contenant le fémur. ◇ ***Se croire sorti de la cuisse de Jupiter :*** se juger supérieur aux autres, exceptionnel.

CUISSEAU n.m. Partie du veau comprenant la cuisse et la région du bassin.

CUISSETTES n.f. pl. Suisse. Short de sport.

CUISSON n.f. **1.** Action, façon de cuire un aliment. *Temps de cuisson. Cuisson à la vapeur, au bain-marie.* **2.** Transformation de certains matériaux sous l'influence de la chaleur. **3.** Rare. Douleur cuisante, sensation de brûlure.

CUISSON-EXTRUSION n.f. (pl. *cuissons-extrusions*). Procédé de fabrication de produits alimentaires (notamm. de biscuits à apéritif) par traitement mécanique et sous pression de farines humidifiées et de pâtes portées à température élevée.

CUISSOT n.m. Cuisse de sanglier, de chevreuil ou de cerf.

CUISTANCE n.f. *Fam.* Cuisine. *Faire la cuistance.*

CUISTAX n.m. Belgique. Véhicule de promenade à pédales, en usage sur le littoral.

CUISTOT n.m. *Fam.* Cuisinier.

CUISTRE n.m. (anc. fr. *quistre,* marmiton). *Litt.* Personne qui fait un étalage intempestif d'un savoir mal assimilé.

CUISTRERIE n.f. *Litt.* Caractère d'un cuistre.

CUIT, E adj. **1.** Qui a subi une cuisson. ◇ *Fam.* ***C'est du tout cuit :*** c'est gagné d'avance. **2.** *Fam.* Perdu, ruiné. ◇ *Fam.* ***C'est cuit :*** c'est raté, cela a échoué. **3.** *Fam.* Ivre.

CUITE n.f. **1.** *Fam.* Accès d'ivresse. *Prendre une cuite.* **2.** Cuisson de certaines substances (briques, porcelaine) jusqu'à un degré déterminé. **3.** Cristallisation du sucre par concentration du sirop.

CUITER (SE) v.pr. *Fam.* S'enivrer, prendre une cuite.

CUIVRAGE n.m. Opération de revêtement d'une surface par une couche de cuivre.

CUIVRE n.m. (lat. *cyprium aes,* bronze de Chypre). **1.** Métal de couleur rouge-brun, fondant à 1 083,4 °C et de densité 8,9. **2.** Élément chimique (Cu), de numéro atomique 29, de masse atomique 63,546. ◇ Vx. ***Cuivre jaune :*** laiton. – Vx. ***Cuivre rouge :*** cuivre pur. **3.** Objet, ustensile de cette matière. **4.** Planche de cuivre utilisée pour la gravure en taille-douce. ◆ pl. Groupe des instruments de musique à vent, en métal et à embouchure (cors, trompettes, trombones et saxhorns).

ENCYCL. Le cuivre existe dans la nature à l'état natif ou combiné à différents corps, notamm. au soufre. D'une faible dureté, malléable et ductile, il est, après l'argent, le meilleur conducteur de l'électricité. Inaltérable à l'eau ou à la vapeur d'eau, il sert à la fabrication de nombreux objets (fils, tubes, chaudières, etc.) et entre dans la composition de nombreux alliages (laitons, bronzes, cuproaluminiums, maillechorts, etc.). Sous l'action de l'air humide chargé de gaz carbonique, il se couvre d'une couche d'hydrocarbonate *(vert-de-gris) ;* avec les acides faibles (vinaigre), il forme des dépôts toxiques.

CUIVRÉ, E adj. **1.** De la couleur du cuivre. **2.** *Litt.* ***Voix cuivrée,*** d'une sonorité éclatante.

CUIVRER v.t. **1.** Revêtir d'un dépôt de cuivre. **2.** Donner la teinte du cuivre à.

CUIVREUX, EUSE adj. CHIM. MINÉR. Qui contient du cuivre à l'état d'oxydation + 1.

CUIVRIQUE adj. CHIM. MINÉR. Qui contient du cuivre à l'état d'oxydation + 2.

CUL [ky] n.m. (lat. *culus*). **1.** *Vulg.* Partie postérieure de l'homme et de certains animaux, comprenant les fesses et le fondement. ◇ *Vulg.* ***Avoir le feu au cul :*** être très pressé, fuir rapidement ; être animé de désirs sexuels violents. – *Vulg.* ***L'avoir dans le cul :*** subir un échec. – *Vulg.*

En avoir plein le cul : être excédé. – *Vulg. Lécher le cul à qqn,* le flatter bassement, de façon hypocrite. – *Fam. Être comme cul et chemise,* inséparables. **2.** Partie postérieure ou inférieure, fond de certains objets. *Un cul de bouteille.* ◇ *Fam. Faire cul sec :* vider son verre d'un trait.

CULARD n.m. Animal (bovin, porcin) présentant une hypertrophie musculaire de l'arrière-train, d'origine génétique, et recherché pour sa valeur en boucherie.

CULASSE n.f. (de *cul*). **1.** Pièce d'acier destinée à assurer l'obturation de l'orifice postérieur du canon d'une arme à feu. **2.** Partie supérieure amovible d'un moteur thermique, contenant les chambres de combustion et supportant les soupapes et les culbuteurs. **3.** Partie inférieure d'une pierre de bijouterie taillée.

CUL-BLANC [kyblɑ̃] n.m. (pl. *culs-blancs*). Oiseau d'Europe à croupion blanc, tel que le pétrel, le chevalier, le traquet motteux.

CULBUTAGE ou **CULBUTEMENT** n.m. Action de culbuter ou de faire culbuter.

CULBUTE n.f. **1.** Mouvement que l'on exécute en posant la tête et les mains à terre et en lançant les jambes pour retomber à la renverse ; galipette. **2.** Chute brusque à la renverse ou tête en avant. – *Fam.* Revers de fortune ou de situation. ◇ *Faire la culbute :* faire faillite ; revendre qqch au double du prix d'achat.

CULBUTER v.t. (de *cul* et *buter*). **1.** Renverser brusquement, faire tomber. **2.** *Litt.* Mettre une armée, un ennemi en déroute. ◆ v.i. Tomber à la renverse.

CULBUTEUR n.m. **1.** Appareil dans lequel on introduit les berlines, les wagons, etc., pour les vider par retournement. **2.** Pièce oscillante renvoyant la commande d'un arbre à cames pour ouvrir ou fermer des soupapes.

CUL-DE-BASSE-FOSSE n.m. (pl. *culs-de-basse-fosse*). Anc. Cachot souterrain.

CUL-DE-FOUR n.m. (pl. *culs-de-four*). ARCHIT. Voûte formée d'une demi-coupole.

CUL-DE-JATTE [kydʒat] n. (pl. *culs-de-jatte*). Personne privée de ses membres inférieurs.

CUL-DE-LAMPE n.m. (pl. *culs-de-lampe*). **1.** IMPRIM. Vignette placée à la fin d'un chapitre. **2.** ARCHIT., MOBIL. Élément s'évasant à la manière d'un chapiteau, établi en saillie sur un mur pour porter une charge, un objet ; socle mural.

CUL-DE-PORC n.m. (pl. *culs-de-porc*). Nœud marin en forme de bouton, à l'extrémité d'un cordage.

CUL-DE-POULE (EN) loc. adj. inv. *Bouche en cul-de-poule,* dont les lèvres sont resserrées et arrondies.

CUL-DE-SAC n.m. (pl. *culs-de-sac*). **1.** Rue, chemin sans issue. – *Fam.* Entreprise vaine, qui ne mène à rien. **2.** ANAT., HISTOL. Fond étroit d'une cavité. *Cul-de-sac vaginal.*

CULÉE n.f. Appui d'extrémité d'un pont.

CULER v.i. MAR. Reculer, aller en arrière.

CULERON [kylrɔ̃] n.m. Partie de la croupière sur laquelle repose la queue du cheval.

CULINAIRE adj. (lat. *culinarius*). Relatif à la cuisine. *Art culinaire.*

CULMINANT, E adj. *Point culminant.* **a.** Partie la plus élevée d'un relief. *Le mont Blanc est le point culminant des Alpes.* **b.** Degré le plus haut ; apogée, summum. *Le point culminant de la crise économique.*

CULMINATION n.f. ASTRON. Passage d'un astre à son point le plus élevé au-dessus de l'horizon ; instant de ce passage.

CULMINER v.i. (lat. *culminare,* de *culmen,* sommet). **1.** Atteindre son point ou son degré le plus élevé. **2.** ASTRON. Passer par le point de sa trajectoire diurne le plus élevé au-dessus de l'horizon, en parlant d'un astre.

CULOT n.m. (de *cul*). **1.** Fond métallique d'une ampoule électrique servant à fixer celle-ci dans une douille. **2.** Fond métallique d'un creuset. **3.** ARM. Partie arrière métallique d'un étui de cartouche ou d'une douille. **4.** ARCHIT., ARTS APPL. Ornement en forme de calice d'où partent des volutes, des rinceaux ; petit cul-de-lampe. **5.** Dépôt accumulé dans le fourneau d'une pipe. **6.** Lingot de métal qui reste au fond du creuset après la fusion. **7.** *Culot de centrifugation :* partie la plus dense d'un liquide organique (urine, sang) séparée par centrifugation et étudiée dans un but diagnostique. *Culot urinaire.* **8.** *Fam.,* vx. Dernier-né d'une famille ; dernier reçu à un concours. **9.** *Fam.* Audace, effronterie. *Avoir du culot.*

CULOTTAGE n.m. **1.** Action de culotter une pipe. **2.** État de ce qui est culotté, noirci.

CULOTTE n.f. (de *cul*). **1.** Vêtement à jambes habillant le corps de la taille aux genoux. *Culotte(s) courte(s), longue(s).* [S'emploie en appos., avec trait d'union. *Jupe-culotte.*] ◇ *Fam. Porter la culotte :* prendre les décisions dans le ménage, en parlant d'une femme. – *Très fam. Faire dans sa culotte :* avoir très peur. – *Fam. Prendre une culotte :* subir une perte, un revers, en partic. au jeu. **2.** Sous-vêtement féminin habillant le corps de la taille au haut des cuisses. SYN. : *slip.* **3.** *Culotte de cheval :* excès de graisse localisé aux cuisses et aux fesses. **4.** BOUCH. Morceau du bœuf et du veau dans la partie postérieure de la croupe.

CULOTTÉ, E adj. **1.** Noirci, couvert d'un dépôt, en parlant, en partic., du fourneau d'une pipe. **2.** *Fam.* Qui manifeste du culot, de l'effronterie ; audacieux.

1. CULOTTER v.t. (de *culotte*). Rare. Vêtir qqn d'une culotte.

2. CULOTTER v.t. (de *culot*). **1.** *Culotter une pipe,* laisser se former un culot dans son fourneau, à force de la fumer. **2.** Noircir qqch par l'usage.

CULOTTIER, ÈRE n. Spécialiste de la confection des culottes d'homme et des pantalons.

CULPABILISANT, E adj. Qui culpabilise.

CULPABILISATION n.f. Action de culpabiliser ; fait d'être culpabilisé.

CULPABILISER v.t. Faire éprouver à qqn un sentiment de culpabilité ; le rendre conscient de sa faute, de son erreur. ◆ v.i. ou **se culpabiliser** v.pr. Éprouver un sentiment de culpabilité.

CULPABILITÉ n.f. (lat. *culpa,* faute). **1.** Fait d'être coupable ; état d'une personne coupable. *Avouer sa culpabilité.* **2.** *Sentiment de culpabilité :* sentiment d'une personne qui se juge coupable.

CULTE n.m. (lat. *cultus*). **1.** Hommage rendu à Dieu, à une divinité, à un saint, etc. – Cérémonie, pratique par laquelle on rend cet hommage. – *Spécial.* Office religieux protestant. **2.** *Par ext.* Religion. *Le culte catholique.* **3.** Vénération immodérée. *Avoir le culte de la famille.* ◇ *Culte de la personnalité :* admiration et approbation systématique de qqn, en partic. d'un dirigeant politique d'un système totalitaire. **4.** (En appos., avec ou sans trait d'union.) Se dit de ce qui suscite l'enthousiasme d'un public génér. restreint. *Film culte.*

CUL-TERREUX [kytɛrø] n.m. (pl. *culs-terreux*). *Fam., péjor.* Paysan.

CULTIPACKER [-pakœr] n.m. Rouleau brise-mottes constitué de disques ayant une arête vive.

CULTISME ou **CULTÉRANISME** n.m. (du lat. *cultus,* cultivé). Préciosité de style chez certains écrivains espagnols du XVIIe s. SYN. : *gongorisme.*

CULTIVABLE adj. Que l'on peut cultiver.

CULTIVAR n.m. Toute variété végétale résultant d'une sélection, d'une mutation ou d'une hybridation (naturelle ou provoquée) et cultivée pour ses qualités agronomiques.

1. CULTIVATEUR, TRICE n. Professionnel qui cultive la terre ; chef d'exploitation agricole.

2. CULTIVATEUR n.m. Appareil muni de dents, permettant le travail superficiel du sol.

CULTIVÉ, E adj. **1.** Mis en valeur ; exploité. *Terres cultivées.* **2.** Qui a beaucoup de connaissances, une culture étendue. *Esprit cultivé.*

CULTIVER v.t. (lat. *cultus,* cultivé). **1.** Travailler la terre, un terrain en vue de les faire produire. *Cultiver un champ, un jardin.* **2.** Faire pousser, entretenir une plante en vue de la récolte. *Cultiver des céréales, des légumes.* **3.** Entretenir, développer, perfectionner une qualité, un don. *Cultiver sa voix, sa mémoire.* **4.** *Litt.* S'adonner, s'intéresser à la pratique de. *Cultiver les sciences, la poésie.* **5.** *Litt.* Entretenir une relation suivie avec qqn. *Cultiver une amitié.* ◆ **se cultiver** v.pr. Accroître ses connaissances, enrichir son esprit par des lectures, la fréquentation des œuvres d'art, les voyages, etc.

CULTUEL, ELLE adj. Relatif au culte.

CULTURAL, E, AUX adj. Relatif à la culture du sol.

CULTURALISME n.m. Courant de l'anthropologie nord-américaine qui considère comme essentiels les phénomènes de contact et d'interpénétration des cultures dans la formation d'une société et de la personnalité des sujets qui la composent. (Ses principaux représentants, des années 1870 à 1950, ont été L. H. Morgan, F. Boas, G. P. Murdock, A. L. Kroeber.)

CULTURALISTE adj. et n. Relatif au culturalisme ; qui en est partisan.

CULTURE n.f. (lat. *cultura*). **1.** Action de cultiver une terre, une plante. *Culture en terrasses. La culture de l'orge.* **2.** (Surtout pl.) Terrain cultivé, surface exploitée. *L'étendue des cultures.* **3.** Espèce végétale cultivée. *Culture à bon, à faible rendement.* **4.** BIOL. *Culture microbienne, culture de tissus :* techniques consistant à faire vivre et se développer des micro-organismes, des tissus sur des milieux nutritifs préparés à cet effet. – BIOL. CELL. *Culture cellulaire :* ensemble des techniques de laboratoire permettant la croissance et la multiplication de cellules en dehors de leur organisme d'origine. **5.** Ensemble des usages, des coutumes, des manifestations artistiques, religieuses, intellectuelles qui définissent et distinguent un groupe, une société. *La culture hellénistique.* ◇ *Culture de masse :* culture produite et diffusée à l'intérieur de l'ensemble du public par les moyens de communication de masse (grande presse, télévision, etc.). – *Maison de la culture :* établissement géré par le ministère de la Culture et par les collectivités locales, chargé d'encourager et de promouvoir des manifestations artistiques et culturelles. **6.** Ensemble de convictions partagées, de manières de voir et de faire qui orientent plus ou moins consciemment le comportement d'un individu, d'un groupe. *Culture laïque.* ◇ *Culture d'entreprise :* ensemble des traditions de structure et de savoir-faire qui assurent un code de comportement implicite et la cohésion à l'intérieur d'une entreprise. **7.** Ensemble des connaissances acquises dans un ou plusieurs domaines. *Avoir une solide culture scientifique.* **8.** Vieilli. *Culture physique :* gymnastique.

CULTUREL, ELLE adj. **1.** Relatif à la culture d'une société ou d'un individu, à son développement. **2.** Qui vise à développer une culture, à répandre certaines formes de culture. *Centre culturel. Relations culturelles.* ◇ *Industries culturelles :* ensemble des activités intellectuelles et artistiques considérées sous l'angle de leur importance économique, de leur marché.

CULTURELLEMENT adv. Du point de vue culturel.

CULTURISME n.m. Musculation pratiquée en général dans un dessein d'amélioration de l'esthétique corporelle.

CULTURISTE adj. et n. Qui pratique le culturisme.

CUMIN n.m. (lat. *cuminum,* mot d'orig. orientale). Plante cultivée pour ses graines aromatiques. (Famille des ombellifères.) – La graine de cette plante, utilisée comme condiment.

■ CUMIN

CUMUL n.m. Action de cumuler ; fait d'être cumulé.

CUMULABLE adj. Que l'on peut cumuler.

CUMULARD, E n. *Fam., péjor.* Personne qui cumule plusieurs emplois, plusieurs mandats.

CUMULATIF, IVE adj. Qui se cumule avec.

CUMULATIVEMENT adv. De façon cumulative.

CUMULER v.t. et v.i. (lat. *cumulare,* entasser). Exercer simultanément plusieurs emplois, mandats, etc. ; détenir à soi seul plusieurs titres, diplômes, etc.

CUMULET n.m. Belgique. Culbute, galipette.
CUMULO-DÔME n.m. (pl. *cumulo-dômes*). Dôme de lave visqueuse formé au-dessus de la bouche éruptive d'un volcan et entouré d'une gaine de brèches d'écoulement ou d'explosion.
CUMULO-NIMBUS [kymylonɛ̃bys] n.m. inv. Nuage sombre de grandes dimensions à développement vertical (depuis sa base, près du sol, jusqu'à plus de 10 000 m), qui, très souvent, déclenche les orages avec, parfois, de la grêle.

■ **CUMULO-NIMBUS**

C

■ **CUMULUS**

CUMULUS [kymylys] n.m. (mot lat., *amas*). Nuage de beau temps, blanc, à contours très nets, à base plate et aux protubérances arrondies au sommet.
CUNÉIFORME adj. (du lat. *cuneus*, coin). **1.** *Écriture cunéiforme,* ou *cunéiforme,* n.m., dont les éléments ont la forme de clous. (Elle a été inventée à la fin du IVe millénaire par les Sumériens et utilisée dans le Proche-Orient jusqu'au Ier millénaire av. J.-C.) **2.** ANAT. *Os cunéiforme,* ou *cunéiforme,* n.m. : nom de trois os du tarse.

■ **CUNÉIFORME.** Exemple d'écriture cunéiforme : koudourrou kassite ; v. 1200 av. J.-C. (Louvre, Paris.)

CUNICULICULTURE n.f. (du lat. *cuniculus,* lapin). Élevage du lapin.
CUNNILINGUS [-lɛ̃gys] ou **CUNNILINCTUS** [-lɛ̃ktys] n.m. (lat. *cunnus,* con, et *linctus,* léché). Excitation buccale des organes génitaux féminins.
CUPESSE n.f. Suisse. *Fam.* **1.** Culbute. **2.** Faillite. *Cette entreprise a fait la cupesse.* **3.** Désordre.
CUPIDE adj. (lat. *cupidus*). *Litt.* Avide d'argent.
CUPIDEMENT adv. *Litt.* Avec cupidité.
CUPIDITÉ n.f. *Litt.* Désir immodéré de richesses.
CUPRESSACÉE n.f. Arbre ou arbuste résineux, tels les cyprès et les genévriers. (Les cupressacées forment une famille de l'ordre des conifères.)
CUPRIFÈRE adj. Qui contient du cuivre.
CUPRIQUE adj. CHIM. MINÉR. De la nature du cuivre ; qui contient un sel de cuivre.
CUPRITE n.f. Oxyde de cuivre, de couleur rouge.
CUPROALLIAGE n.m. Alliage à base de cuivre (ex. : laiton, bronze).
CUPROALUMINIUM n.m. Alliage de cuivre et d'aluminium, improprement appelé *bronze d'aluminium.*
CUPROAMMONIAQUE n.f. Solution ammoniacale d'oxyde de cuivre, dissolvant la cellulose.
CUPRONICKEL n.m. Alliage de cuivre et de nickel.
CUPROPLOMB n.m. Alliage non homogène de cuivre et de plomb, utilisé comme alliage antifriction.
CUPULE n.f. (lat. *cupula,* petite coupe). BOT. Organe écailleux soutenant ou enveloppant les fruits des arbres de l'ordre des cupulifères. (La cupule d'un gland a la forme d'une petite coupe, celle de la châtaigne est épineuse.)
CUPULIFÈRE n.f. Plante dicotylédone arborescente de l'hémisphère Nord, dont le fruit est enchâssé dans une cupule, telle que le chêne, le hêtre, le châtaignier. (Les cupulifères forment un ordre.) SYN. : *fagale.*
CURABILITÉ n.f. Caractère de ce qui est curable.
CURABLE adj. (lat. *curare,* soigner). Se dit d'une maladie qui peut être guérie.
CURAÇAO [kyraso] n.m. (de *Curaçao,* île des Antilles). Liqueur faite avec des écorces d'oranges, du sucre et de l'eau-de-vie.
CURAGE n.m. Action de curer.
CURAILLON n.m. → **CURETON.**
CURARE n.m. (mot esp., du caraïbe). Substance très toxique, extraite de diverses lianes d'Amazonie, provoquant la paralysie des muscles squelettiques, employée par certains Amérindiens pour empoisonner leurs flèches.
CURARISANT, E adj. et n.m. MÉD. Se dit d'une substance naturelle ou de synthèse dont l'effet est semblable à celui du curare et qui est employée au cours des anesthésies pour relâcher les muscles.
CURARISATION n.f. Utilisation des médicaments curarisants au cours de l'anesthésie.
CURATELLE n.f. DR. **1.** Régime de protection de la personne et des biens des incapables majeurs, qui peuvent accomplir certains actes destinés à la gestion courante de leur patrimoine, mais doivent être assistés par leur curateur pour les autres actes. **2.** Fonction de curateur.
CURATEUR, TRICE n. (du lat. *curare,* soigner). DR. Personne chargée d'assister un incapable majeur. ◆ n.m. ANTIQ. ROM. Fonctionnaire chargé d'un grand service public.
CURATIF, IVE adj. Qui permet la guérison d'une maladie.
CURCULIONIDÉ n.m. (du lat. *curculio,* charançon). Insecte coléoptère phytophage à tête prolongée par un rostre plus ou moins recourbé, tel que les charançons. (Les curculionidés forment une immense famille de 50 000 espèces.)
CURCUMA n.m. (mot esp., de l'ar. *kurkum*). Plante monocotylédone de l'Inde, dont le rhizome est utilisé comme épice. (Famille des zingibéracées.)
1. CURE n.f. (lat. *cura,* soin). **1.** Traitement par un procédé, un médicament. *Cure d'amaigrissement.* — *Spécial.* Traitement, en psychanalyse. **2.** Rare. Traitement d'une maladie. *La cure des varices.* ◇ *Faire une cure de :* user, consommer beaucoup de. **3.** *Cure thermale,* ou *cure :* ensemble du traitement et des règles diététiques et d'hygiène mis en œuvre lors d'un séjour en station thermale. **4.** *Litt. N'avoir cure de :* ne pas se préoccuper de. **5.** CONSTR., TRAV. PUBL. Protection temporaire d'un béton en cours de durcissement contre une évaporation trop rapide de l'eau.
2. CURE n.f. (lat. *cura*). **1.** Fonction à laquelle sont attachées la direction spirituelle et l'administration d'une paroisse. **2.** Territoire soumis à l'autorité du curé. — Habitation du curé.
CURÉ n.m. (de *2. cure*). Prêtre chargé d'une cure.
CURE-DENTS n.m. inv. ou **CURE-DENT** n.m. (pl. *cure-dents*). Petit instrument pointu servant à nettoyer les dents.
CURÉE n.f. (de *cuir*). **1.** VÉNER. Partie du cerf, du sanglier que l'on donne à la meute ; cette distribution même. **2.** *Fig.* Lutte avide pour s'emparer des places, des honneurs, des biens laissés vacants.
CURE-ONGLES n.m. inv. ou **CURE-ONGLE** n.m. (pl. *cure-ongles*). Instrument pointu servant à nettoyer les ongles.
CURE-OREILLE n.m. (pl. *cure-oreilles*). Instrument pour nettoyer l'intérieur des oreilles.
CURE-PIPES n.m. inv. ou **CURE-PIPE** n.m. (pl. *cure-pipes*). Instrument pour nettoyer les pipes.
CURER v.t. (lat. *curare,* soigner). Nettoyer en grattant, en raclant. *Curer un fossé, un puits.* ◆ **se curer** v.pr. *Se curer les ongles, les dents, les oreilles, etc.,* les nettoyer en les raclant, en les grattant.
CURETAGE [kyrtaʒ] n.m. **1.** Opération consistant à enlever, par grattage avec une curette, des corps étrangers ou des produits morbides. — *Spécial.* Curetage de l'utérus. **2.** Opération de restauration d'un îlot d'habitation ancien ; réhabilitation.
CURETER [kyrte] v.t. [16]. MÉD. Pratiquer un curetage.
CURETON ou **CURAILLON** n.m. *Fam., péjor.* Curé, prêtre.
CURETTE n.f. Instrument médical en forme de cuillère destiné au curetage.
CURIAL, E, AUX adj. *Maison curiale :* presbytère.
CURIA REGIS n.f. (mots lat., *cour du roi*). Dans la France et l'Angleterre du Moyen Âge, assemblée des vassaux du roi qui l'assistaient dans ses tâches gouvernementales.
1. CURIE n.f. (lat. *curia*). **1.** CATH. Ensemble des organismes gouvernementaux du Saint-Siège. *La curie romaine.* **2.** ANTIQ. ROM. **a.** Division des trois tribus primitives. (Chaque tribu comprenait dix curies.) **b.** Lieu où s'assemblait le sénat romain ; ce sénat lui-même.
2. CURIE n.m. (de *Curie,* n.pr.). Ancienne unité de mesure d'activité d'une source radioactive (symb. Ci), équivalant à $3,7 \times 10^{10}$ becquerels.
CURIETHÉRAPIE [kyritɛrapi] n.f. MÉD. Radiothérapie dans laquelle un isotope radioactif (ex. : iridium, césium) est implanté dans l'organisme.
CURIEUSEMENT adv. De façon curieuse.
CURIEUX, EUSE adj. et n. (lat. *curiosus,* qui a soin de). **1.** Animé du désir de comprendre, d'apprendre, de voir, etc. *Avoir un esprit curieux de tout.* **2.** Avide de connaître qqch qui doit rester caché, secret ; indiscret. ◆ adj. Qui manifeste une singularité ; surprenant. *Il m'est arrivé une curieuse aventure.* ◇ *Regarder qqn comme une bête curieuse,* de façon insistante et indiscrète.
CURIOSITÉ n.f. **1.** Qualité d'une personne curieuse. **2.** Chose qui éveille l'intérêt ou la surprise.
CURISTE n. Personne qui suit une cure thermale.
CURIUM [kyrjɔm] n.m. (de *Curie,* n.pr.). Élément chimique radioactif (Cm), de numéro atomique 96, découvert en 1945 par G. Seaborg.
CURLING [kœrliŋ] n.m. (mot angl.). Sport d'hiver pratiqué sur la glace et qui consiste à faire glisser vers une cible un lourd palet.
CURRICULUM VITAE [kyrikylɔmvite] n.m. inv. ou **CURRICULUM** n.m. (mots lat., *carrière de la vie*). Ensemble des indications relatives à l'état civil, aux études, à la carrière professionnelle, etc., de qqn ; le document qui porte ces indications. Abrév. *(cour.) : CV.*
CURRY, CARI, CARY ou **CARRY** n.m. (angl. *curry,* du tamoul *kari*). **1.** Mélange d'épices, réduites en poudre, d'origine indienne. **2.** Ragoût de viandes aromatisé avec ce mélange. *Curry d'agneau, de poulet.*
CURSEUR n.m. (lat. *cursor,* coureur). **1.** Pièce mobile comportant un index, que l'on peut déplacer le long d'une glissière génér. graduée (règle, compas, etc.). **2.** ASTRON. Fil mobile qui traverse le champ d'un micromètre et sert à mesurer le diamètre apparent d'un astre. **3.** INFORM. Marque mobile qui indique, sur un écran de visualisation, la position du prochain signe inscrit.
CURSIF, IVE adj. (du lat. *currere,* courir). *Écriture cursive,* ou *cursive,* n.f., tracée au courant de la plume. — *Lecture cursive,* faite rapidement, d'une seule traite.
CURSUS [kyrsys] n.m. (mot lat., *course*). **1.** Cycle universitaire sanctionné par un diplôme. **2.** Carrière professionnelle envisagée dans ses phases successives. **3.** ANTIQ. ROM. *Cursus honorum :* ordre dans lequel devait s'effectuer la carrière publique.

CURULE adj. (lat. *curulis*). ANTIQ. ROM. Relatif au siège d'ivoire réservé aux hauts magistrats ; relatif aux fonctions dont il était le symbole.

CURVILIGNE adj. (du lat. *curvus,* courbe). **1.** Formé de lignes courbes. **2.** *Abscisse curviligne d'un point :* nombre algébrique associé à un point d'une courbe où l'on a choisi une origine et un sens de parcours.

CURVIMÈTRE n.m. Instrument servant à mesurer la longueur des lignes courbes.

CUSCUTE n.f. (ar. *kachūt*). Plante parasite à fleurs violacées qui s'enroule autour de certaines plantes à l'aide de suçoirs. (Famille des convolvulacées.)

CUSHING [kyʃiŋ] **(SYNDROME DE) :** excès de sécrétion d'hormones glucocorticoïdes, souvent dû à une tumeur de la glande corticosurrénale ou de l'hypophyse.

CUSTODE n.f. (lat. *custodia,* garde). **1.** Partie latérale de la carrosserie d'une automobile, à l'aplomb des roues arrière, dans le prolongement des vitres latérales. **2.** CATH. Boîte dans laquelle on place l'hostie consacrée pour l'exposer dans l'ostensoir ou pour la porter en communion aux malades. SYN. : *pyxide.*

CUSTOM [kœstɔm] n.m. (mot anglo-amér.). Automobile ou, plus rarement, moto dont l'aspect extérieur et l'aménagement intérieur ont été modifiés et personnalisés par son propriétaire de façon originale, souvent excentrique.

CUT [kœt] n.m. (de l'angl. *to cut,* couper). **1.** Passage sans transition d'un plan au plan suivant dans un film (cinéma ou vidéo). [On dit aussi *montage cut.*] Recomm. off. : *coupe sèche.* **2.** *Final cut :* aux États-Unis, droit réservé au producteur, et non au réalisateur, d'achever le montage d'un film.

CUTANÉ, E adj. (du lat. *cutis,* peau). Relatif à la peau.

CUTICULE n.f. (lat. *cuticula*). **1.** ANAT. Petite peau très mince. *La cuticule des ongles.* **2.** BOT. Pellicule superficielle protectrice des tiges jeunes et des feuilles, contenant de la cutine. **3.** ZOOL. Couche superficielle rigide et imperméable du tégument des arthropodes (insectes, crustacés), constituée de chitine et de protéines.

CUTINE n.f. BOT. Substance glucidique imperméable, principal constituant de la cuticule des végétaux.

CUTI-RÉACTION ou **CUTI** n.f. [pl. *cuti-réactions, cutis*] (du lat. *cutis,* peau). Anc. Test cutané diagnostique consistant à observer la réaction au dépôt d'une substance (par ex. tuberculine) sur la peau scarifiée. ◇ *Virer sa cuti* → **virer.**

CUTTER [kœtœr] ou [kytɛr] n.m. (de l'angl. *to cut,* couper). Instrument servant à couper le papier, le carton, etc., et composé d'une lame coulissant dans un manche à glissière.

CUVAGE n.m. ou **CUVAISON** n.f. Opération qui consiste à soumettre à la fermentation en cuves le raisin destiné aux vins rouges.

CUVE n.f. (lat. *cupa*). **1.** Grand récipient servant à divers usages domestiques ou industriels. – *Spécial.* Partie interne utilisable d'un appareil électroménager (lave-vaisselle, lave-linge, etc.). **2.** Grand récipient pour le cuvage, la vinification et la conservation des vins. **3.** Réservoir, génér. indépendant, de la coque d'un navire, destiné à recevoir des liquides. *Les cuves d'un méthanier.*

CUVÉE n.f. **1.** Contenu d'une cuve. **2.** Vin d'une vigne, produit par la récolte d'une année, notamm. sous le rapport de la qualité. *Une bonne, une médiocre cuvée. Première ou seconde cuvée.*

CUVELAGE n.m. **1.** Revêtement intérieur étanche d'un puits de mine ou de pétrole, destiné à en consolider les parois. **2.** Ensemble étanche continu protégeant une construction en sous-sol contre les eaux.

CUVELER v.t. [16]. Revêtir d'un cuvelage.

CUVER v.i. Fermenter dans une cuve, en parlant du raisin. ◆ v.t. **1.** Soumettre le raisin au cuvage. **2.** *Fam. Cuver son vin :* s'assoupir, dormir après avoir trop bu.

CUVETTE n.f. **1.** Récipient large et peu profond, génér. portatif, destiné à divers usages domestiques ou industriels. – *Spécial.* Partie profonde, génér. en faïence ou en porcelaine, d'un lavabo, d'un siège de W.-C. **2.** GÉOMORPH. Dépression fermée.

CUVIER n.m. Vx. Cuve à lessive.

CV ou **C.V.** [seve] n.m. (sigle). Curriculum vitae.

Cx [seiks] n.m. Coefficient de traînée, sans dimensions, caractérisant l'importance de la résistance à l'avancement d'un mobile dans l'air.

CYAN [sjɑ̃] n.m. et adj. inv. (mot angl., du gr. *kuanos,* bleu sombre). Bleu-vert de synthèse soustractive trichrome, en photographie et en imprimerie.

CYANAMIDE n.m. (du gr. *kuanos,* bleu sombre). CHIM. ORG. Corps dérivant de l'ammoniac par substitution du groupe –CN à un atome d'hydrogène.

CYANÉE ou **CYANEA** n.f. Très grande méduse des eaux froides, dont le diamètre peut atteindre 2 m et les tentacules plus de 30 m. (Classe des scyphozoaires.)

CYANELLE n.f. MICROBIOL. Cyanobactérie vivant en symbiose interne avec un protozoaire ou une algue unicellulaire.

CYANHYDRIQUE adj. *Acide cyanhydrique :* hydracide de formule HCN, intermédiaire de très nombreuses réactions (notamm. celles qui sont à l'origine de la vie), mais aussi toxique violent.

CYANOACRYLATE n.m. Adhésif permettant d'obtenir, à température ambiante, un collage d'une très grande résistance.

CYANOBACTÉRIE n.f. Bactérie unicellulaire ou formant des filaments pluricellulaires, de couleur vert bleuâtre, dont les représentants (rivulaires, nostocs, spirulines, oscillaires, etc.), qui pratiquent la photosynthèse et peuvent assimiler l'azote de l'air, colonisent presque tous les milieux. SYN. : *algue bleue, cyanophycée.*

CYANOCOBALAMINE n.f. MÉD. Vitamine B12, dont la carence provoque la maladie de Biermer.

CYANOGÈNE n.m. CHIM. ORG. Gaz incolore très toxique (C_2N_2 ou NC–CN), dont certains sels ont été employés comme gaz de combat.

CYANOPHYCÉE ou **CYANOPHYTE** n.f. Cyanobactérie.

CYANOSE n.f. (du gr. *kuanos,* bleu). MÉD. Coloration bleutée de la peau, due à une quantité insuffisante d'oxygène sur l'hémoglobine. (La cyanose peut être causée par une insuffisance d'oxygénation pulmonaire.)

CYANOSÉ, E adj. Se dit de la peau ou d'une région du corps colorée par la cyanose.

CYANOSER v.t. MÉD. Provoquer une cyanose.

CYANURATION n.f. **1.** MÉTALL. Cémentation de l'acier par immersion dans un bain à base de cyanure alcalin fondu. **2.** MIN. Traitement des minerais d'or et d'argent dans une solution de cyanure alcalin. **3.** CHIM. ORG. Introduction dans un composé chimique du radical –CN, génér. à partir d'un cyanure métallique.

CYANURE n.m. Sel de l'acide cyanhydrique. (Les cyanures alcalins sont toxiques.)

CYANURER v.t. Effectuer la cyanuration d'un acier.

CYBER- (du gr. *kubernân,* gouverner). Préfixe désignant ce qui a trait à l'utilisation du réseau Internet.

CYBERCAFÉ n.m. Café dans lequel sont mis à la disposition de la clientèle des ordinateurs permettant d'accéder au réseau Internet.

CYBERMONDE ou **CYBERESPACE** n.m. (anglo-amér. *cyberspace*). INFORM. Espace virtuel rassemblant la communauté des internautes et les ressources d'informations numériques accessibles à travers les réseaux d'ordinateurs.

CYBERNAUTE n. Internaute.

CYBERNÉTICIEN, ENNE n. et adj. Spécialiste de la cybernétique.

CYBERNÉTIQUE n.f. (du gr. *kubernân,* diriger). Étude des processus de commande et de communication chez les êtres vivants, dans les machines et les systèmes sociologiques et économiques. ◆ adj. Relatif à la cybernétique.

CYCADALE n.f. Plante tropicale à feuilles persistantes, au port rappelant celui des palmiers et des fougères arborescentes, telle que les cycas, les zamias et des formes fossiles. (Les cycadales forment un ordre du sous-embranchement des gymnospermes.)

CYCAS [sikas] n.m. (mot lat., du gr. *kuix, kuikos,* palmier). Arbre originaire d'Asie, dont certaines espèces sont cultivées comme plantes ornementales. (Ordre des cycadales.)

■ CYCAS

CYCLABLE adj. Réservé aux bicyclettes et aux vélomoteurs. *Piste cyclable.*

CYCLADIQUE adj. Relatif à la civilisation des Cyclades.

CYCLAMEN [siklamɛn] n.m. (gr. *kuklaminos*). Plante à fleurs roses ou blanches, aux pétales retournés, dont on cultive certaines variétés à grandes fleurs. (Famille des primulacées.)

■ CYCLAMEN cultivé.

1. CYCLE n.m. (lat. *cyclus,* gr. *kuklos,* cercle). **1.** Suite ininterrompue de phénomènes qui se renouvellent dans un ordre immuable. *Le cycle des saisons.* **2.** Durée d'une telle suite. ◇ *Cycle solaire.* **a.** Période de vingt-huit ans, au terme de laquelle les mêmes dates de chaque mois tombent aux mêmes jours de la semaine. **b.** Période de onze ans environ séparant deux minimums ou deux maximums consécutifs du nombre de

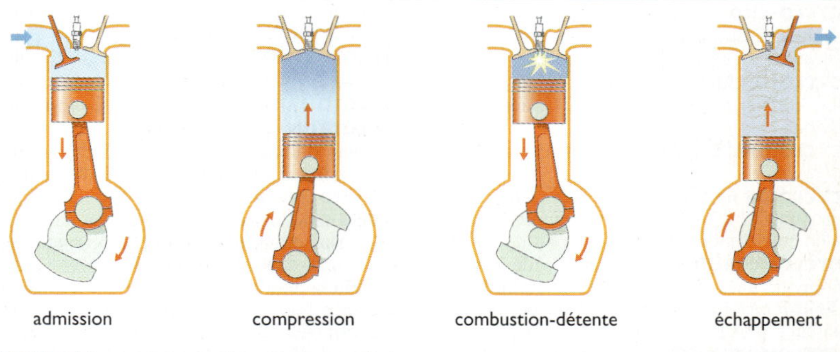

■ CYCLE à quatre temps d'un moteur à explosion.

taches solaires observées. – *Cycle lunaire* ou *de Méton :* période de dix-neuf ans environ au terme de laquelle les phases de la Lune se reproduisent aux mêmes dates. **3.** CHIM. Chaîne d'atomes fermée, fréquente surtout parmi les composés du carbone. **4.** BIOL. **a.** *Cycle reproductif :* ensemble des formes d'un être vivant qui se succèdent d'une génération à la suivante. **b.** *Cycle menstruel :* ensemble de phénomènes périodiques rythmés par les règles ; chacune des périodes entre le début des règles et les règles suivantes. **c.** *Cycle écologique :* ensemble des passages d'un même élément chimique (*carbone, *azote, phosphore, soufre, etc.) ou d'un composé (*eau) au sein des êtres vivants à travers les chaînes alimentaires et dans l'environnement. (N. sc. : *cycle biogéochimique,* notamm. pour les éléments chimiques.) **5.** *Cycle économique :* période de temps comportant une phase ascendante de l'économie, suivie d'un retournement de tendance, d'une phase de dépression, puis d'une reprise. **6.** ALGÈBRE. Permutation dans laquelle, un certain nombre d'éléments restant fixes, les autres éléments subissent une permutation circulaire. **7. a.** *Didact.* Partie d'un phénomène périodique qui s'effectue durant une période donnée. **b.** THERMODYN. Suite de transformations qui ramènent un système thermodynamique à son état initial. **c.** *Cycle à deux temps :* cycle d'un moteur à explosion où toutes les phases sont réalisées pendant un seul tour de vilebrequin. – *Cycle à quatre temps,* comprenant quatre phases (admission, compression, combustion-détente, échappement) pendant deux tours de vilebrequin. **8.** GÉOMORPH. *Cycle d'érosion :* ensemble des états successifs d'un relief. **9.** LITTÉR. Ensemble d'œuvres (romans, poèmes, etc.) groupées autour d'un seul fait, d'un héros unique, etc. *Le cycle du roi Arthur.* **10.** Division de l'enseignement secondaire et universitaire. (Dans le secondaire, le premier cycle va de la 6e à la 3e, le second cycle de la seconde à la terminale.)

ENCYCL. En économie, on distingue notamment : les cycles longs, dits *cycles de Kondratiev,* qui recouvrent une période de l'ordre du demi-siècle ; des cycles d'une durée moyenne de dix ans, dits *cycles de Juglar ;* des cycles de période courte, de l'ordre de deux années, dits *cycles de Kitchin.*

2. CYCLE n.m. (angl. *cycle,* abrév. de *bicycle*). Appareil de locomotion muni de roues et mû par l'action des pieds sur des pédales (bicyclette, tandem, tricycle, etc.).

CYCLIQUE adj. **1.** Qui revient périodiquement, à intervalles réguliers. *Crise économique cyclique. Dépression cyclique.* **2.** CHIM. ORG. *Composé cyclique :* composé organique à chaîne fermée.

CYCLIQUEMENT adv. De façon cyclique.

CYCLISATION n.f. CHIM. ORG. Transformation d'une chaîne d'atomes ouverte en une chaîne fermée, dans un composé chimique.

CYCLISER v.t. Effectuer la cyclisation de.

CYCLISME n.m. Pratique, sport de la bicyclette.

CYCLISTE adj. Relatif au cyclisme. *Course cycliste.* ◆ n. Personne qui se déplace à bicyclette ou qui pratique le cyclisme en tant que sport. ◆ n.m. Short collant, génér. en maille synthétique et porté à l'origine par les cyclistes.

CYCLOALCANE n.m. Hydrocarbure saturé (C_nH_{2n}), qui renferme une chaîne fermée (nom générique).

CYCLOALCÈNE n.m. Hydrocarbure (C_nH_{2n-2}) qui renferme simultanément un cycle et une double liaison (nom générique).

CYCLO-CROSS n.m. inv. Cyclisme en terrain accidenté, dérivé en partie du cross-country, et constituant une spécialité hivernale.

CYCLOHEXANE n.m. Cycloalcane (C_6H_{12}), utilisé comme solvant et pour la fabrication du Nylon.

CYCLOÏDAL, E, AUX adj. Qui a un rapport avec la cycloïde.

CYCLOÏDE n.f. (du gr. *kukloeidês,* circulaire). GÉOMÉTR. Courbe plane décrite par un point fixe d'un cercle qui roule sans glisser sur une droite.

CYCLOMOTEUR n.m. Véhicule à deux roues pourvu d'un moteur d'une cylindrée maximale de 49,9 cm³ et dont la vitesse ne dépasse pas 45 km par heure.

CYCLOMOTORISTE n. Personne qui se déplace à cyclomoteur.

CYCLONAL, E, AUX adj. Cyclonique.

CYCLONE n.m. (mot angl., du gr. *kuklos,* cercle). **1.** MÉTÉOROL. Zone de basses pressions animée d'un mouvement de rotation et accompagnée de vents forts et de précipitations. ◇ *Cyclone tropical :* perturbation atmosphérique tourbillonnaire, accompagnée de vents très puissants et de fortes pluies, qui se forme sur les océans de la zone intertropicale. (Les cyclones tropicaux sont à l'origine de catastrophes naturelles parmi les plus importantes.) – *Cyclone tempéré :* dépression barométrique mobile, porteuse de mauvais temps et affectant par l'ouest les régions des moyennes latitudes. **2.** *Par ext.* Tourbillon de vents violents. ◇ *Œil du cyclone :* centre du tourbillon (zone de calme). **3.** Appareil destiné à séparer et à récupérer les particules d'un produit entraîné par un fluide.

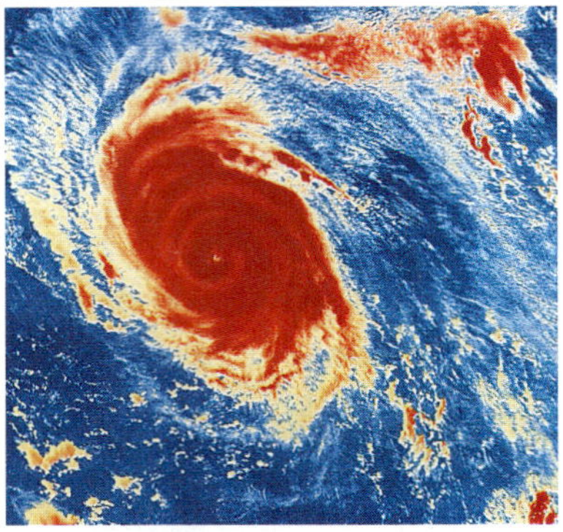

■ **CYCLONE.** Le cyclone tropical Andrew sur le golfe du Mexique, à l'O. de la Floride (bande claire en haut, à dr.), le 25 août 1992, vu par un satellite météorologique GOES.

CYCLONIQUE adj. Relatif aux cyclones. SYN. : *cyclonal.*

CYCLOPE n.m. (gr. *kuklôps,* œil de forme ronde). Minuscule crustacé doté d'un œil unique, abondant dans les eaux douces. (Long. 2 mm ; ordre des copépodes.)

CYCLOPÉEN, ENNE adj. **1.** ANTIQ. GR. Relatif aux Cyclopes. **2.** *Litt.* Énorme, gigantesque. *Effort cyclopéen.* – ARCHÉOL. Se dit d'un appareil fait d'un entassement irrégulier d'énormes blocs, des cailloux faisant office de mortier dans les interstices. *Construction cyclopéenne.*

CYCLOPENTANE [-pɛ̃tan] n.m. Cycloalcane (C_5H_{10}), entrant dans la molécule de certains stérols (ex. : le cholestérol).

CYCLO-POUSSE n.m. inv. Pousse-pousse tiré par un cycliste.

CYCLORAMA n.m. THÉÂTRE. Grande toile circulaire, dissimulant le fond et les côtés de la scène, sur laquelle se font des projections.

CYCLORAMEUR n.m. Tricycle d'enfant mû par un mouvement de traction des bras.

CYCLOSPORINE n.f. → **CICLOSPORINE.**

CYCLOSTOME n.m. (gr. *kuklos,* cercle, et *stoma,* bouche). Vertébré aquatique, tel que la lamproie et la myxine qui sont les représentants actuels du sous-embranchement des agnathes.

CYCLOTHYMIE n.f. (gr. *kuklos,* cercle, et *thumos,* humeur). PSYCHOL. **1.** Alternance de phases d'euphorie et de dépression. **2.** Trouble cyclique de l'humeur, dont l'expression la plus caractéristique est la psychose maniaco-dépressive.

CYCLOTHYMIQUE adj. Relatif à la cyclothymie. ◆ adj. et n. Atteint de cyclothymie.

CYCLOTOURISME n.m. Tourisme à bicyclette.

CYCLOTRON n.m. (de *électron*). Accélérateur circulaire de particules utilisant un champ magnétique fixe et un champ électrique alternatif de fréquence constante.

CYGNE n.m. (lat. *cycnus,* mot gr.). Oiseau palmipède ansériforme, au long cou souple, migrateur et dont une espèce toute blanche, le *cygne muet,* est domestiquée comme élément décoratif pour les pièces d'eau. (Cri : le cygne trompette. Envergure jusqu'à 2,3 m ; poids jusqu'à 23 kg, famille des anatidés.) ◇ *Chant du cygne :* dernière œuvre d'un poète, d'un musicien, d'un génie près de s'éteindre. – *Cou de cygne,* long et flexible. – *En col de cygne :* se dit d'un tuyau, d'un tube recourbé.

■ **CYGNE.** Cygne tuberculé.

CYLINDRAGE n.m. Action de passer un matériau sous un cylindre, sous un rouleau, ou entre deux cylindres. (Le cylindrage du cuir sert à l'assouplir, celui d'une étoffe à la lustrer, celui du macadam à le comprimer, etc.)

CYLINDRE n.m. (lat. *cylindrus,* mot gr.). **1.** GÉOMÉTR. Solide limité par la réunion de toutes les droites (génératrices) ayant même direction et coupant une courbe donnée (directrice). ◇ *Cylindre de révolution :* surface engendrée par la rotation d'une droite parallèle à l'axe de la rotation. **2.** TECHN. Rouleau utilisé pour le cylindrage d'un matériau. **3.** MÉCAN. INDUSTR. Pièce dans laquelle se meut un piston de moteur, de

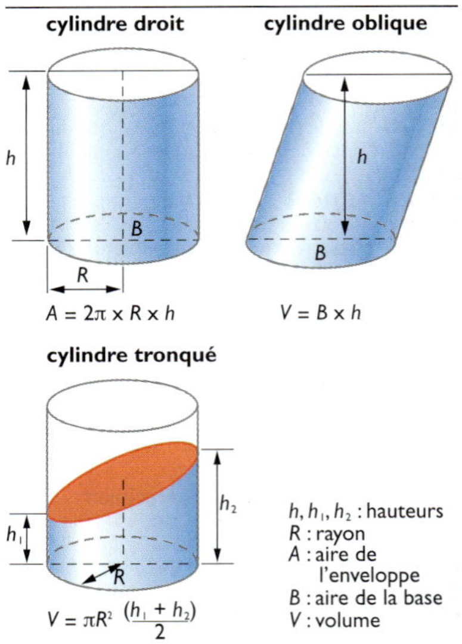

■ **CYLINDRES** (géométrie).

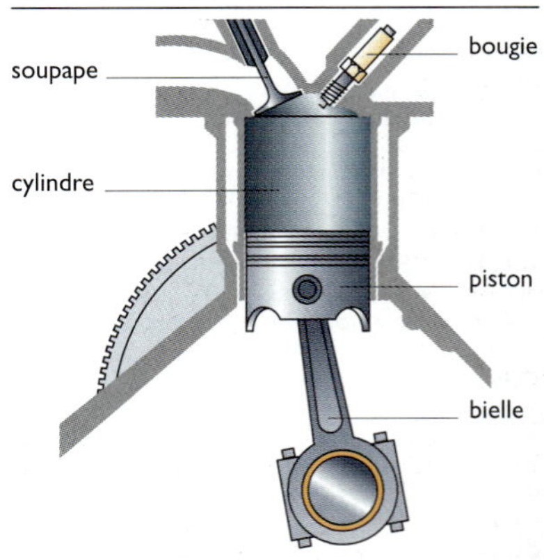

■ **CYLINDRE** de moteur à explosion.

■ **CYLINDRE-SCEAU** et son empreinte ; Mésopotamie, v. 2200 av. J.-C. (Louvre, Paris.)

pompe, de compresseur. **4.** MÉD. *Cylindre urinaire :* cylindre microscopique de protéines et de cellules apparaissant dans les urines au cours des néphropathies. **5.** *Bureau à cylindre,* fermé par un volet escamotable en quart de cylindre.

CYLINDRÉE n.f. Volume engendré par la course du piston dans le cylindre d'un moteur, d'une pompe. – Total des cylindrées d'un moteur, exprimé en centimètres cubes ou en litres.

CYLINDRER v.t. Procéder au cylindrage de.

CYLINDRE-SCEAU n.m. (pl. *cylindres-sceaux*). Cylindre, génér. en pierre, gravé en creux de signes, de symboles, de textes et dont le déroulement sur l'argile fraîche constituait un cachet en Mésopotamie au IVe millénaire, puis dans la plupart des pays de l'ancien Orient.

CYLINDREUR, EUSE n. Ouvrier chargé du cylindrage.

CYLINDRIQUE adj. **1.** Qui a la forme d'un cylindre. *Rouleau cylindrique.* ◇ GÉOMÉTR. *Surface cylindrique :* surface engendrée par un ensemble de droites parallèles (les génératrices) s'appuyant sur une courbe plane fermée (directrice) dont le plan coupe la direction donnée. **2.** GÉOMÉTR. Qui a la forme d'un cylindre.

CYLINDROÏDE adj. Qui a approximativement la forme d'un cylindre.

CYMAISE n.f. → **CIMAISE.**

CYMBALAIRE n.f. Linaire aux petites feuilles rondes lobées, à port retombant, courante sur les vieux murs, appelée communément *ruine-de-Rome.* (Famille des scrofulariacées.)

■ **CYMBALAIRE**

CYMBALE n.f. (lat. *cymbalum,* mot gr.). Chacun des deux disques en métal, suspendus ou tenus à la main, que l'on frappe l'un contre l'autre, l'ensemble constituant un instrument de musique à percussion. (On peut également frapper une seule cymbale avec un accessoire de percussion, maillet ou baguette par exemple.) ◇ *Cymbale charleston :* cymbale double montée sur un mécanisme actionné au moyen d'une pédale, et qui constitue un élément important de la batterie de jazz, de rock, etc.

CYMBALIER, ÈRE ou **CYMBALISTE** n. Instrumentiste qui joue des cymbales.

CYMBALUM [sɛ̃balɔm] ou **CZIMBALUM** [tʃimbalɔm] n.m. (mot hongr.). Instrument de musique trapézoïdal, à cordes frappées par des marteaux, utilisé surtout en Hongrie. SYN. : *tympanon.*

CYME n.f. (lat. *cyma,* tendron de chou). BOT. Inflorescence formée d'un axe principal, terminé par la fleur la plus ancienne et portant latéralement un ou plusieurs axes secondaires fleuris, ramifiés ou non.

CYNÉGÉTIQUE adj. (du gr. *kunêgetein,* chasser). Qui concerne la chasse. ◆ n.f. Art de la chasse.

CYNIPIDÉ n.m. Insecte hyménoptère térébrant, parasite de certains végétaux, tel que le cynips. (Les cynipidés forment une famille.)

CYNIPS [sinips] n.m. (gr. *kuôn, kunos,* chien, et *ips,* ver rongeur). Insecte parasite, mesurant deux millimètres, qui pond ses œufs dans les tissus de certains végétaux, provoquant la formation de galles telles que le bédégar sur l'églantier, la noix de galle sur le chêne.

CYNIQUE adj. et n. (lat. *cynicus*). **1.** Qui s'oppose effrontément aux principes moraux et à l'opinion commune ; impudent, éhonté. **2.** *École des cyniques :* école philosophique grecque (V^{e} - IVe s. av. J.-C.) qui niait la possibilité de la science, et rejetait les conventions sociales et les principes moraux pour vivre conformément à la nature. (Fondée par Antisthène, un élève de Socrate, l'école des cyniques eut en Diogène son représentant le plus marquant.)

CYNIQUEMENT adv. Avec cynisme.

CYNISME n.m. (du gr. *kuôn, kunos,* chien). **1.** Attitude cynique, qui brave ostensiblement et brutalement les principes moraux et les conventions sociales. **2.** Doctrine des philosophes cyniques.

CYNOCÉPHALE n.m. (gr. *kuôn, kunos,* chien, et *kephalê,* tête). Singe d'Afrique tel que le babouin, à tête allongée comme celle d'un chien.

CYNODROME n.m. (gr. *kuôn, kunos,* chien, et *dromos,* course). Piste aménagée pour des courses de lévriers.

CYNOGLOSSE n.f. (gr. *kuôn, kunos,* chien, et *glôssa,* langue). Plante à feuilles velues, à fleurs pourpres ou rouge vineux, cultivée comme ornementale, encore appelée *langue-de-chien.* (Famille des borraginacées.)

CYNOPHILE adj. (gr. *kuôn, kunos,* chien). Qui aime les chiens. ◇ MIL. *Formation cynophile,* chargée du dressage et de l'emploi des chiens.

CYNORHODON n.m. BOT. Faux fruit des rosiers, constitué d'un ovaire charnu contenant les graines. (Les cynorhodons de l'églantier, comestibles, sont consommés en confiture.) SYN. *(cour.) : gratte-cul.*

CYPÉRACÉE n.f. (lat. *cyperum,* souchet). Plante monocotylédone herbacée des lieux humides, voisine des graminées, mais dont la tige est de section triangulaire, telle que le souchet, la laîche, le scirpe. (Les cypéracées forment une famille.)

■ **CYMBALES** suspendues.

CYPHOSCOLIOSE n.f. Déformation de la colonne vertébrale associant une cyphose et une scoliose.

CYPHOSE n.f. (gr. *kuphôsis,* courbure). Courbure naturelle, à convexité postérieure, de la colonne vertébrale dorsale. – *Par ext.* Augmentation pathologique de cette courbure.

CYPHOTIQUE adj. Relatif à la cyphose. ◆ adj. et n. Atteint de cyphose.

CYPRÈS n.m. (lat. *cupressus*). Arbre à feuillage persistant, commun dans le sud de l'Europe, parfois planté en haie comme coupe-vent à cause de son port élancé. (Ordre des conifères.) ◇ *Cyprès chauve :* taxodium.

■ **CYPRÈS**

CYPRIÈRE n.f. Terrain planté de cyprès.

CYPRIN n.m. (gr. *kuprinos,* carpe). Poisson voisin de la carpe. (Famille des cyprinidés.) ◇ *Cyprin doré :* carassin doré, communément appelé *poisson rouge.*

CYPRINIDÉ n.m. Poisson osseux d'eau douce, dépourvu de dents, répandu dans tout l'hémisphère Nord, tel que la carpe, le barbeau, le gardon, la loche, etc. (Les cyprinidés forment une famille.)

CYPRIOTE [siprijɔt] ou **CHYPRIOTE** [ʃiprijɔt] adj. et n. De Chypre, de ses habitants.

CYPRIS [sipris] n.m. (lat. *Cypris,* surnom de Vénus). Petit crustacé ostracode d'eau douce à longues antennes locomotrices.

CYRÉNAÏQUE adj. et n. De Cyrène. ◇ *École des cyrénaïques :* école philosophique grecque (Ve s. av. J.-C.), qui considérait le plaisir des sens comme le souverain bien. (Elle fut fondée par Aristippe de Cyrène.)

CYRILLIQUE adj. (de saint *Cyrille*). *Alphabet cyrillique,* ou *cyrillique,* n.m. : alphabet créé au IXe s. et qui sert à transcrire le russe, le serbe, le bulgare, l'ukrainien et un certain nombre de langues non slaves de l'ex-URSS. *(V. ill. page suivante).*

CYSTECTOMIE n.f. (du gr. *kustis,* vessie). Ablation de la vessie.

CYSTÉINE n.f. Acide aminé soufré présent dans les protéines.

CYSTICERQUE n.m. (gr. *kustis,* vessie, et *kerkos,* queue). ZOOL. Vésicule translucide, dernier stade larvaire des ténias, qui s'enkyste dans les muscles ou sous la langue des mammifères parasités. (Chez le cénure, le cysticerque atteint la taille d'un œuf de poule et se loge dans les centres nerveux.)

CYSTIQUE adj. (du gr. *kustis,* vessie). **1.** Relatif à la vessie. **2.** Rare. Relatif à la vésicule biliaire. SYN. : *vésiculaire.* ◇ *Canal cystique,* qui vient de la vésicule biliaire et rejoint le canal hépatique pour former le cholédoque.

CYSTITE n.f. Inflammation de la vessie.

CYSTOSCOPIE n.f. Examen endoscopique de la vessie.

CYSTOSTOMIE n.f. Abouchement chirurgical de la vessie à la peau.

CYTAPHÉRÈSE n.f. Technique consistant à prélever le sang d'un donneur pour en extraire un

C

majuscules	minuscules	valeur	majuscules	minuscules	valeur
А	а	a	Р	р	r
Б	б	b	С	с	s
В	в	v	Т	т	t
Г	г	g	У	у	ou
Д	д	d	Ф	ф	f
Е	е	ié, é	Х	х	kh
Ж	ж	j	Ц	ц	ts
З	з	z	Ч	ч	tch
И	и	i	Ш	ш	ch
Й	й	ï	Щ	щ	chtch
К	к	k	Ъ	ъ	*signe dur*
Л	л	l	Ы	ы	y *(i dur)*
М	м	m	Ь	ь	*signe de mouillure de consonne*
Н	н	n	Э	э	e
О	о	o	Ю	ю	iou
П	п	p	Я	я	ia

serbe

majuscules	minuscules	valeur
lettres inusitées		
Й	й	
Щ	щ	
Ъ	ъ	
Ы	ы	
Ь	ь	
Э	э	
Ю	ю	
Я	я	
lettres supplémentaires		
Ђ	ђ	d, dj
J	j	*signe de mouillure de voyelle*
Љ	љ	lj
Њ	њ	nj
Ћ	ћ	c *(t mouillé)*
Џ	џ	dz, dj

bulgare

majuscules	minuscules	valeur
lettres inusitées		
Ы	ы	
Э	э	
autre prononciation		
Щ	щ	cht
Ъ	ъ	œ *(son sourd bref)*

ukrainien

majuscules	minuscules	valeur
lettres inusitées		
Ъ	ъ	
Ы	ы	
Э	э	
autre prononciation		
Г	г	gh, h
lettres supplémentaires		
Є	є	ié, yé
І	і	i
Ї	ї	ï, yi

■ **CYRILLIQUE.** Alphabet cyrillique.

type de cellules (globules blancs, globules rouges ou plaquettes) et à restituer le reste.

CYTISE n.m. (gr. *kutisos*). Arbuste à grappes de fleurs jaunes et à fruits en gousses aplaties et velues, appelé aussi *faux ébénier* ou *genêt à balai,* souvent planté comme ornemental, pouvant atteindre 7 m. (Genre *Cytisus ;* famille des papilionacées.)

CYTOCHROME [sitokrɔm] n.m. Substance protéique pigmentée des cellules vivantes, localisée dans les mitochondries et indispensable à la respiration cellulaire.

CYTODIAGNOSTIC [sitodjagnɔstik] n.m. Diagnostic fondé sur l'examen microscopique des cellules.

CYTOGÉNÉTIQUE n.f. Branche de la génétique qui étudie la structure des chromosomes et ses anomalies.

CYTOKINE n.f. Substance peptidique ou protéique (interféron, interleukine, lymphokine, etc.) synthétisée par une cellule du système immunitaire (lymphocyte, macrophage) et agissant sur d'autres cellules immunitaires pour en réguler l'activité.

CYTOLOGIE n.f. (gr. *kutos,* cellule, et *logos,* science). Partie de la biologie qui étudie la structure et les fonctions de la cellule. SYN. : *biologie cellulaire.*

CYTOLOGIQUE adj. Relatif à la cytologie.

CYTOLOGISTE n. Spécialiste de cytologie.

CYTOLYSE n.f. BIOL. Lyse d'une cellule.

CYTOLYTIQUE adj. et n.m. BIOCHIM. Se dit d'enzymes ou d'autres substances qui déterminent la cytolyse.

CYTOMÉGALOVIRUS n.m. Virus transmis de personne à personne, responsable d'infections le plus souvent inapparentes, mais graves chez le nouveau-né et l'immunodéprimé.

CYTOPLASME n.m. Partie interne de la cellule, composée surtout d'eau et de protéines, charpentée par le cytosquelette et qui contient le noyau et les autres organites.

CYTOPLASMIQUE adj. Relatif au cytoplasme.

CYTOSINE n.f. Base azotée, dérivée de la pyrimidine, constituant essentiel des acides nucléiques.

CYTOSQUELETTE n.m. BIOL. CELL. Réseau de filaments protéiques constituant la charpente interne des cellules et responsable de leurs mouvements (déformation, locomotion, division, transports internes, etc.).

CYTOTOXIQUE adj. Se dit d'une substance ou d'une cellule spécialisée (lymphocyte T) capable de détruire les cellules d'un organisme.

Cz [sezɛd] n.m. Coefficient de portance, sans dimensions, caractérisant la sustentation d'un aéronef ou d'un élément d'aéronef.

CZAR n.m. → **TSAR.**

CZARDAS n.f. → **CSARDAS.**

CZIMBALUM n.m. → **CYMBALUM.**

Caractère Delta

D n.m. inv. **1.** Quatrième lettre de l'alphabet et la troisième des consonnes. (*D* note l'occlusive dentale sonore.) **2.** *Fam. Système D :* habileté à se débrouiller, à se sortir de toutes les difficultés. **3.** D : notation de 500 dans la numération romaine. **4.** MUS. D : *ré,* dans le système de notation en usage dans les pays anglo-saxons et germaniques. **5.** $\mathbb{D}$: ensemble des nombres décimaux. **6.** *2 D, 3 D :* deux dimensions, trois dimensions. *Film (en) 3 D.*

DA interj. (des impératifs *dis* et *va*). Vx. *Oui-da ! :* oui certes.

1. DAB [dab] n.m. (acronyme de l'angl. *digital audio broadcasting*). Norme de radiodiffusion sonore numérique.

2. DAB ou **DABE** n.m. (ital. *dabo*). *Arg.* Père. ◆ pl. *Arg.* Parents.

DABA n.f. Afrique. Houe à manche court.

D'ABORD loc. adv. → **ABORD.**

DA CAPO loc. adv. (loc. ital., *à partir de la tête*). MUS. Avec reprise au début du jeu ou de la partition.

D'ACCORD loc. adv. → **ACCORD.**

DACE adj. et n. De la Dacie.

DACQUOIS, E adj. et n. De Dax.

DACRON n.m. (nom déposé). Fibre textile synthétique de polyester.

DACRYOCYSTITE n.f. (du gr. *dakru,* larme). Inflammation du sac lacrymal situé à l'angle interne de l'œil.

DACTYLE n.m. (gr. *daktulos,* doigt). Graminée fourragère des régions tempérées, à épillets violacés.

■ DACTYLE

DACTYLO ou, vieilli, **DACTYLOGRAPHE** n. (gr. *daktulos,* doigt, et *graphein,* écrire). Personne dont la profession est de taper à la machine.

DACTYLOGRAMME n.m. Document reproduisant les empreintes digitales de qqn.

DACTYLOGRAPHIE n.f. **1.** Technique d'utilisation de la machine à écrire. **2.** Texte dactylographié ; tapuscrit.

DACTYLOGRAPHIER v.t. [5]. Écrire, taper à la machine.

DACTYLOGRAPHIQUE adj. Qui concerne la dactylographie.

DACTYLOLOGIE n.f. (gr. *daktulos,* doigt, et *logos,* langage). Langage digital utilisé pour communiquer avec les sourds-muets.

DACTYLOSCOPIE n.f. Procédé d'identification des personnes par les empreintes digitales.

1. DADA n.m. (onomat.). **1.** Cheval, dans le langage enfantin. **2.** *Fam.* Idée ou occupation favorite. *C'est son nouveau dada.*

2. DADA n.m. Mouvement de révolte (ainsi nommé en 1916 par pur hasard ludique), né pendant la Première Guerre mondiale dans les milieux intellectuels et artistiques occidentaux, qui s'est traduit par une remise en question radicale des modes d'expression traditionnels. ◆ adj. inv. Qui appartient à ce mouvement.

ENCYCL. Succédant à des révoltes individuelles et solitaires contre la civilisation occidentale (Rimbaud), cristallisée par l'épreuve du conflit de 1914 - 1918, la contestation culturelle de dada se manifeste par la truculence provocatrice et la dérision, souvent au cours de manifestations publiques. Ses principaux foyers sont Zurich (1915 - 1919), avec, notamm., Tzara, Arp, les poètes allemands Hugo Ball et Richard Huelsenbeck, le peintre roumain Marcel Janco, le peintre et cinéaste allemand Hans Richter ; New York (1915 - 1921), avec Duchamp *(ready-mades),* Picabia, Man Ray ; Berlin (1917 - 1923), avec Huelsenbeck, Grosz, Raoul Hausmann (l'un des

■ DADA

Le mouvement dada apparaît comme la cristallisation explosive d'une révolte contre la situation de plus en plus inquiétante du monde occidental depuis le milieu du XIXe s., situation qui trouva son paroxysme dans l'hécatombe de la Première Guerre mondiale. Provocation et dérision furent les armes essentielles des acteurs de dada.

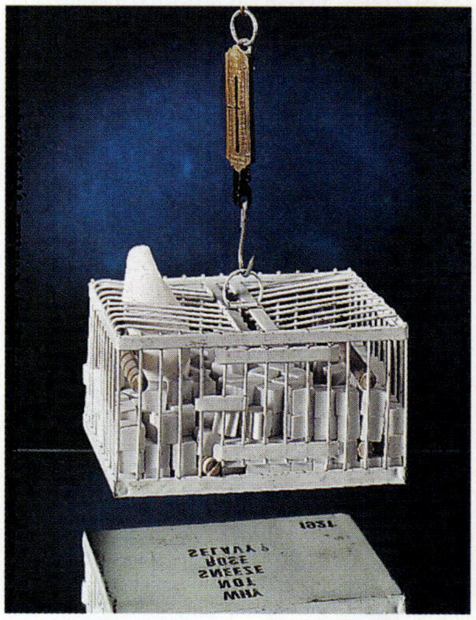

Marcel Duchamp. *WHY NOT SNEEZE ROSE SELAVY ?,* ready-made « assisté » (transformé), 1921. Au-delà de ses calembours visuels et langagiers, l'œuvre, dédiée au « double féminin » de Duchamp, Rose Sélavy, annonce le surréalisme. (Museum of Art, Philadelphie.)

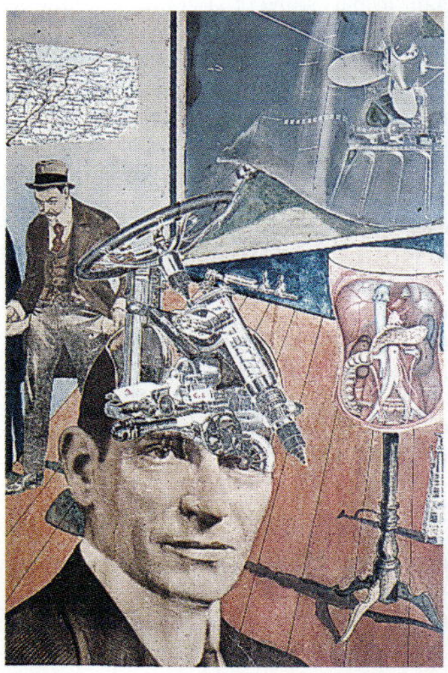

Raoul Hausmann. *Tatline chez lui,* collage (photomontage) exécuté en 1920 à Berlin. Subversif dans son absurdité, le collage est ici associé à un hommage au constructiviste russe Tatline. (Coll. priv., Berlin.)

créateurs du *photomontage,* suivi par John Heartfield) ; Cologne (1919 - 1921), avec Arp, Ernst (aux collages inventifs) ; Hanovre, avec Schwitters ; Paris (1920 - 1923), où dada connaît son apogée en tant que mouvement, avec Tzara, Picabia, Man Ray, Breton, et sa fin avec la victoire de la dissidence surréaliste.

DADAIS n.m. (onomat.). *Fam. Grand dadais :* jeune homme gauche, niais, nigaud.

DADAÏSME n.m. Le mouvement dada ; les attitudes qui s'y rapportent.

DADAÏSTE adj. et n. Qui appartient ou se rattache au mouvement dada.

DAGUE n.f. (ital. *daga*). **1.** Arme de main, à lame large et courte. **2.** Premier bois des jeunes cervidés. **3.** Canine du vieux sanglier.

DAGUERRÉOTYPE [dagɛreɔtip] n.m. (de *Daguerre,* son inventeur). **1.** Dispositif photographique qui fixait une image sur une plaque de cuivre argentée, iodurée en surface. **2.** Image obtenue par ce dispositif.

DAGUERRÉOTYPIE n.f. Procédé du daguerréotype.

DAGUET n.m. (de *dague*). Cervidé, génér. dans sa deuxième année, dont les dagues ne portent aucun cor.

DAHLIA n.m. (de *Dahl,* botaniste suédois). Plante à racines tuberculeuses et à fleurs ornementales, originaire des hauts plateaux mexicains, dont on cultive de nombreuses variétés ; la fleur elle-même. (Famille des composées.)

■ DAHLIA

DAHOMÉEN, ENNE adj. et n. Du Dahomey (auj. Bénin).

DAHU n.m. Animal imaginaire à la poursuite duquel on envoie une personne crédule.

DAIGNER v.t. (lat. *dignari,* juger digne). Accepter avec condescendance de ; avoir la bonté de. *Il n'a pas daigné me répondre.* – REM. Participe passé inv.

D'AILLEURS loc. adv. → **AILLEURS.**

DAIM n.m. (bas lat. *damus*). **1.** Mammifère ruminant des forêts d'Europe, à robe tachetée de blanc et à bois aplatis à l'extrémité. (Haut. au garrot 90 cm ; cri : le daim brame ; la femelle est la daine ; le petit est le faon ; genre *Dama,* famille des cervidés.) **2.** Peau du daim ou cuir de bovin retourné imitant la peau du daim, utilisés en maroquinerie.

DAIMYO [dajmjo] ou **DAÏMIO** [daimjo] n.m. inv. (jap. *daimyō*). Seigneur local, dans l'ancien Japon.

■ DAIM

DAINE n.f. Femelle du daim.

DAIQUIRI [dajkiri] n.m. (mot amér.). Punch au rhum blanc.

DAIS n.m. (lat. *discus,* disque). Ouvrage (en tissu, en bois sculpté, etc.) suspendu ou soutenu par des montants au-dessus d'un trône, d'un autel, d'une statue, ou bien que l'on porte, notamm. dans les processions religieuses. (→ *baldaquin*).

DAKIN (LIQUEUR DE) : solution diluée d'hypochlorite de sodium, employée comme antiseptique sur la peau et les plaies. (On dit aussi *solution de Dakin.*)

DAL (QUE) loc. adv. → **DALLE (QUE).**

DALAÏ-LAMA n.m. [pl. *dalaï-lamas*] (mot mongol). Chef spirituel et souverain du Tibet, considéré par le bouddhisme tibétain comme le représentant du bodhisattva Avalokiteshvara. (L'actuel dalaï-lama est *Tenzin Gyatso.)

DALEAU n.m. → **DALOT.**

DALLAGE n.m. **1.** Action de daller. **2.** Sol dallé ; pavement.

1. DALLE n.f. (scand. *daela,* gouttière). **1.** Plaque de pierre, de marbre, de ciment, etc., servant à revêtir une surface. **2.** Plancher en béton armé. **3.** Grand espace réunissant des immeubles modernes à un niveau exhaussé, dit *rez-de-dalle.* **4.** *Fam. Se rincer la dalle :* boire. – *Fam. Avoir la dalle :* être affamé.

2. DALLE (QUE) ou **DAL (QUE)** loc. adv. (de l'all. *dahlen*). *Fam.* Rien du tout. *Résultat ? – Que dalle !*

DALLER v.t. Recouvrir de dalles.

DALLEUR n.m. Ouvrier qui pose du dallage.

DALMATE adj. et n. De la Dalmatie.

DALMATIEN, ENNE [dalmasjɛ̃, ɛn] n. Chien d'une race à robe blanche couverte de nombreuses petites taches noires ou brun foncé.

■ DALMATIEN

DALMATIQUE n.f. (lat. *dalmatica,* tunique de Dalmatie). **1.** Riche tunique à manches larges des empereurs romains. **2.** Pièce du costume de sacre des rois de France. **3.** Vêtement liturgique porté par les diacres.

DALOT ou **DALEAU** n.m. (de *1. dalle*). Trou dans le pavois d'un navire pour l'écoulement des eaux.

DALTONIEN, ENNE adj. et n. Atteint de daltonisme.

DALTONISME n.m. (de *Dalton,* physicien angl.). Anomalie héréditaire de la vision des couleurs, entraînant le plus souvent la confusion entre le rouge et le vert.

DAM [dam] ou [dɑ̃] n.m. (lat. *damnum,* perte). **1.** Vx. Préjudice, châtiment. ◇ *Sout. Au grand dam de qqn,* à son préjudice, à son détriment ; à son grand regret, à son grand dépit. **2.** CHRIST. *Peine du dam :* privation éternelle de la vue de Dieu infligée aux damnés.

DAMAGE n.m. Action de damer ; son résultat.

DAMALISQUE n.m. (gr. *damalis,* génisse). Antilope africaine voisine du bubale. (Famille des bovidés.)

DAMAN [damɑ̃] n.m. (ar. *damān,* agneau). Petit mammifère ongulé d'Afrique et d'Asie Mineure, terrestre ou arboricole, à l'allure de marmotte.

DAMAS [dama] ou [damas] n.m. (de *Damas,* nom de ville). **1.** Tissu de soie ou de laine monochrome dont le dessin, mat sur fond satiné, est obtenu par le jeu des armures. **2.** Acier très fin produit autref. en Orient.

DAMASQUINAGE n.m. Action, art de damasquiner ; travail, objet qui en résulte.

DAMASQUINER v.t. (ital. *damaschino,* de *Damas*). Incruster au marteau des filets décoratifs d'or, d'argent ou de cuivre sur une surface métallique préalablement incisée.

DAMASSÉ, E adj. Préparé à la façon du damas. ◆ n.m. Étoffe damassée.

DAMASSER v.t. (de *damas*). Préparer un tissu ou un acier à la façon du damas.

DAMASSINE n.f. Suisse. Petite prune dont on fait une eau-de-vie dans le canton du Jura.

1. DAME n.f. (lat. *domina,* maîtresse). **1.** Titre donné à diverses époques aux femmes de haut rang. – Femme aux manières élégantes, distinguées. *Jouer à la dame. C'est une vraie dame.* **2.** Vieilli. Femme mariée (par oppos. à *jeune fille*). ◇ *Fam. Ma (ta, sa, etc.) dame :* mon (ton, son, etc.) épouse. **3.** Adulte de sexe féminin. *Coiffeur pour dames.* **4.** Femme attachée à une fonction. *Dame des postes.* **5.** Figure du jeu de cartes. SYN. : *reine.* **6.** Pièce du jeu d'échecs. SYN. : *reine.* **7.** *Jeu de dames :* jeu de stratégie pratiqué par deux joueurs qui manœuvrent chacun vingt pions (blancs pour l'un, noirs pour l'autre) sur un damier. – *Spécial. Une dame :* au jeu de dames, pion recouvert d'un autre pion, qui peut se déplacer en diagonale sur tout le damier. – *Aller à dame, mener un pion à dame :* en parlant d'un des joueurs du jeu de dames, mener un pion jusqu'à la première case de la ligne adverse, où il devient dame. **8.** TRAV. PUBL. Outil à main, muni de deux anses, qui sert à enfoncer les pavés ou à compacter le sol. SYN. : *demoiselle.*

2. DAME n.f. (moyen néerl. *dam,* digue). MAR. *Dame de nage :* entaille pratiquée dans la partie supérieure du bordé d'une embarcation et servant d'appui aux avirons ; accessoire en forme de fourche, articulé sur un pivot, ayant la même fonction.

3. DAME interj. (de *par Notre-Dame !*) Région. Exprime l'insistance, souligne une affirmation, une évidence. *Dame oui !*

DAME-D'ONZE-HEURES n.f. (pl. *dames-d'onze-heures*). Plante du groupe des ornithogales, à fleurs blanches étoilées ne s'ouvrant qu'en fin de matinée. (Famille des liliacées.)

DAME-JEANNE n.f. (pl. *dames-jeannes*). Grosse bouteille de grès ou de verre, contenant de 20 à 50 litres, souvent clissée, pour le transport d'un liquide.

DAMER v.t. **1.** Doubler un pion, au jeu de dames. ◇ *Fam. Damer le pion à qqn,* prendre sur lui un avantage décisif. **2.** Battre, compacter, enfoncer uniformément. *Damer le sol.* – Tasser uniformément la neige avec les skis ou une dameuse pour la rendre plus glissante. *Damer une piste.*

DAMEUSE n.f. Véhicule chenillé qui sert à damer la neige en montagne.

DAMIER n.m. **1.** Plateau divisé en cases, alternativement blanches et noires, pour jouer aux dames. **2.** Toute surface divisée en carrés égaux.

DAMNABLE [danabl] adj. *Litt.* Qui mérite une réprobation ; condamnable.

DAMNATION [danasjɔ̃] n.f. **1.** CHRIST. Condamnation aux peines éternelles de l'enfer. **2.** Juron marquant la colère. *Enfer et damnation !*

DAMNÉ, E [dane] adj. et n. CHRIST. Condamné aux peines de l'enfer. ◇ *Souffrir comme un damné,* horriblement. ◆ adj. **1.** *Être l'âme damnée de qqn,* lui inspirer toutes ses mauvaises actions. **2.** *Fam.* Qui cause du désagrément ; détestable. *Cette damnée voiture !*

DAMNER [dane] v.t. (lat. *damnare*). Condamner aux peines de l'enfer ; conduire à la damnation. ◇ *Fam. Faire damner qqn,* le faire enrager, l'exaspérer. ◆ **se damner** v.pr. **1.** CHRIST. S'exposer par sa conduite à la damnation. **2. (pour).** Être prêt à tout pour. *Il se damnerait pour elle.* (S'emploie au conditionnel.)

DAMOISEAU n.m. (lat. *dominicellus*). Jeune gentilhomme qui n'était pas encore chevalier, dans le haut Moyen Âge.

DAMOISELLE n.f. (lat. *dominicella*). Jeune fille noble ou femme d'un damoiseau, au Moyen Âge.

DAMPER [dampœr] n.m. (mot angl.). TECHN. Petit amortisseur placé au bout du vilebrequin d'un moteur ou d'un mécanisme pour en réduire les vibrations.

DAN [dan] n.m. (mot jap.). *Premier, deuxième, troisième, etc., dan :* degré de qualification d'une ceinture noire, dans les arts martiaux japonais ; le titulaire de ce grade.

DANAÏDE n.f. Papillon diurne d'Afrique, aux ailes vivement colorées. (Famille des nymphalidés.)

■ LA DANSE

La forme codée et aboutie du *ballet classique s'inscrit dans le vaste patrimoine dansé, toujours renouvelé, de l'humanité. Rituelle ou religieuse, la danse met en relation l'être humain et les puissances cosmiques ; récréative dans les fêtes populaires ou les bals de cour, elle tisse le lien social dans le divertissement ; spectaculaire au théâtre ou lors de festivals, elle invite le public à partager avec les danseurs un fait de culture majeur. Célébration du mouvement, la danse s'affirme comme un phénomène de communication universel.

Le legong. Cette danse est interprétée par de très jeunes filles, à Bali, où la tradition attribue à la danse une origine divine.

Le tango. Stylisé au début du XXe s. en une danse de société lascive, il se mue parfois en un véritable spectacle. Ici, *Tango Argentino,* de Juan Carlos López, à Paris en 1984.

Les Nicholas Brothers. Immortalisées dans le film *Stormy Weather* (*Symphonie magique,* A.L. Stone, 1943), leurs acrobaties sont entrées dans la légende des claquettes.

Le flamenco. Il scelle la rencontre de l'Espagne et des Gitans dans une danse chantée et trépignée, ici portée sur une scène parisienne par C. Hoyos dans *Caminos andaluces* en 1994.

La sardane. Pratiquée en Catalogne ▷ depuis le XVIe s., la sardane, exécutée sur les places ou lors de festivals, demeure l'une des danses folkloriques les plus vivantes.

DANCING [dɑ̃siŋ] n.m. (mot angl.). Établissement public où l'on danse.

DANDIN n.m. *Fam.,* vx. Homme aux manières gauches.

DANDINEMENT n.m. Action de se dandiner ; mouvement de celui qui se dandine.

DANDINER (SE) v.pr. (de l'anc. fr. *dandin,* clochette). Balancer son corps, ses hanches, etc., d'une manière nonchalante ou gauche.

DANDINETTE n.f. *Pêcher à la dandinette,* à la ligne en agitant un leurre pour attirer le poisson.

DANDY [dɑ̃di] n.m. [pl. *dandys*] (mot angl.). Homme élégant, qui associe au raffinement vestimentaire une affectation d'esprit et d'impertinence.

DANDYSME n.m. Attitude, manières du dandy.

DANGER n.m. (du lat. *dominus,* seigneur). Ce qui constitue une menace, un risque, qui compromet l'existence de qqn, de qqch. ◇ *Être en danger,* dans une situation périlleuse. – *Fam. Être un danger public :* menacer l'existence des autres par son insouciance. – *Il n'y a pas de danger (que) :* il n'y a aucun risque (que).

DANGEREUSEMENT adv. De façon dangereuse.

DANGEREUX, EUSE adj. Qui expose à un risque, présente un danger ; périlleux.

DANGEROSITÉ n.f. **1.** *Didact.* Fait d'être dangereux. *Dangerosité d'un médicament.* **2.** PSYCHIATR. État d'un sujet estimé comme potentiellement dangereux et pouvant conduire à un acte violent.

1. DANOIS, E adj. et n. Du Danemark, de ses habitants. ◆ n.m. Langue scandinave parlée au Danemark.

2. DANOIS n.m. Chien à poil ras, de très grande taille, appelé aussi *dogue allemand.*

DANS prép. (lat. *de* et *intus,* dedans). **1.** Marque le lieu où l'on est, où l'on entre. *Être dans sa chambre. Marcher dans la foule. Monter dans le train.* **2.** Marque le temps ; au cours de, pendant. *Dans sa jeunesse, il était timide.* – Après un intervalle de. *Elle revient dans trois jours.* **3.** Marque l'appartenance, la participation. *Travailler dans la finance. Être dans le secret.* **4.** Marque la manière. *Être dans l'embarras.* **5.** *Fam. Dans les :* à peu près, environ. *Ça coûte dans les cent euros.*

DANSANT, E adj. **1.** Qui danse. *Ballet dansant.* **2.** Qui se prête à la danse. *Musique dansante.* ◇ *Soirée dansante, thé dansant,* où l'on danse.

DANSE n.f. **1.** Action d'exécuter un ensemble de mouvements du corps volontaires et rythmés ; suite composée et rythmée de mouvements du corps, parfois accompagnée d'une musique ou d'un chant. *Le twist est une danse du XXe s.* ◇ ***Danse ancienne*** ou ***historique :*** danse et type de danse disparus, pratiqués en Europe du XVe au XVIIIe s., faisant l'objet de reconstitution. (La pavane, par ex., est une danse ancienne.) – ***Danse de caractère :*** type de danse issu de l'adaptation pour la scène de danses folkloriques nationales. – ***Danse à claquettes,*** ou ***claquettes,*** n.f. pl. : forme de danse d'origine américaine caractérisée par le claquement rythmé sur le sol de la pointe et du talon de chaussures munies de plaques métalliques. – ***Danse classique*** ou ***académique :*** forme de danse occidentale dont la technique, codifiée à la fin du XVIIe s., est construite autour de cinq positions fondamentales, repose sur un travail des jambes en dehors et est caractérisée, pour les femmes, depuis le XIXe s., par l'usage des pointes. – ***Danse folklorique :*** danse et type de danse traditionnels, caractéristiques d'une région ou d'un pays. (La sardane, par ex., est une danse folklorique catalane.) – ***Danse jazz*** → **jazz.** – ***Danse moderne :*** forme de danse de spectacle, née simultanément en Europe et aux États-Unis au début du XXe s., caractérisée par l'utilisation de techniques et de styles divers destinés à traduire les émotions. (→ *expressionnisme, modern dance*). – ***Danse de salon*** ou ***de société :*** danse et type de danse récréatifs exécutés lors de réunions amicales ou mondaines, au XIXe et au XXe s., en Europe. – ***Danse du ventre :*** danse orientale dans laquelle la danseuse exécute des mouvements ondulants du bassin. **2.** SPORTS. *Danse sur glace :* discipline proche du patinage artistique par couple qui privilégie l'aspect artistique que par rapport à l'aspect athlétique. **3.** *Fam. Entrer en danse, dans la danse :* participer à l'action. **4.** Musique écrite sur un rythme de danse. **5.** *Fam. Danse de Saint-Guy :* chorée. **6.** ICON. *Danse macabre :* à la fin du Moyen Âge, allégorie dans laquelle des morts décharnés ou des squelettes entraînent dans leur ronde des personnages de toutes les conditions sociales et de tous les âges.

ENCYCL. La danse est un phénomène universel, immémorial, mais varié dans ses formes. Présente dans beaucoup de sociétés primitives sous une forme rituelle, associée à une cérémonie magique ou religieuse, la danse possède un caractère sacré dans de nombreuses civilisations, en Asie particulièrement.

Par ailleurs traduction spontanée de la joie, liée à l'idée de la fête, elle est aussi un divertissement privé ou public, aristocratique, bourgeois ou populaire. Les danses récréatives européennes se renouvellent depuis l'Antiquité, la danse en chaîne étant restée longtemps dominante et commune à tous les milieux. La notion de couple n'apparaît qu'au XVe s. Si le XVIIIe s. privilégie le jeu des figures avec parfois échange de partenaires, le XIXe s. voit le couple se refermer sur lui-même. Depuis la fin du XIXe s., les danses en vogue viennent d'Amérique. À partir des années 1960, le danseur peut évoluer seul, au milieu de la foule, dans des discothèques. Les années 1970 sont marquées par l'émergence de danses de rues, qui se développent d'abord dans les ghettos. La présence d'un public fait de la danse un spectacle (à caractère sacré ou profane) qui atteint dans certaines cultures un haut degré de perfectionnement et obéit à des règles strictes et à une technique savante. Ainsi, la danse indienne résulte-t-elle d'une tradition codifiée plus que millénaire. La danse classique occidentale, fruit d'une évolution plus récente, est élaborée à la cour de France au XVIIe s. et règne au bal comme à la scène. Le roi Louis XIV encourage le travail de réflexion qui aboutit à la définition des termes, à la description des pas et à l'établissement de règles de composition. La danse théâtrale profes-

sionnelle française se diffuse dans toute l'Europe au XVIIIe s. Vers 1820, l'apparition des pointes offre à la danseuse de nouvelles possibilités. Différentes écoles se développent, singularisées par des qualités et un style particuliers : italienne et russe au XIXe s., américaine et anglaise au XXe s. De nombreux enrichissements, apportés depuis les années 1930, ont conduit à parler de « danse néoclassique » (→ *ballet*).
Réprouvée ou à peine tolérée dans certaines sociétés, la danse est aujourd'hui le plus souvent une pratique consacrée par les institutions.

DANSER v.i. (mot francique). **1.** Exécuter une danse. ◇ *Ne pas savoir sur quel pied danser :* hésiter sur le parti à prendre. **2.** Être animé de mouvements rapides. *Les flammes dansent dans la cheminée.* ◆ v.t. Exécuter une danse. *Danser la valse.*

DANSEUR, EUSE n. **1.** Personne qui danse. **2.** Personne dont la danse est le métier. ◇ *Premier danseur :* quatrième des cinq échelons dans la hiérarchie du ballet de l'Opéra de Paris ; danseur possédant ce grade.

DANSEUSE n.f. *Fam.* **1.** Maîtresse coûteuse. **2.** Passion, passe-temps coûteux. *Les courses de chevaux, c'est sa danseuse.* **3.** *En danseuse :* debout sur les pédales d'une bicyclette.

DANSOTER ou **DANSOTTER** v.i. *Fam.* Danser gauchement ou avec de petits mouvements.

DANTESQUE adj. **1.** Propre à Dante. **2.** *Fig.* Grandiose et terrifiant. *Spectacle dantesque.*

DANUBIEN, ENNE adj. Du Danube. ◆ n.m. PRÉHIST. Courant de diffusion du néolithique vers l'Europe occidentale qui suit la vallée du Danube (VIIe-Ve millénaire).

DAO n.m. → **TAO.**

DAPHNÉ n.m. (gr. *daphnê,* laurier). Arbrisseau à fleurs rouges ou blanches odorantes, à baies rouges toxiques, dont le garou, ou sainbois, est une espèce commune des régions méditerranéennes. (Famille des thyméléacées.)

DAPHNIE n.f. Petit crustacé d'eau douce, nageant par saccades, d'où son nom usuel de *puce d'eau,* et qui, vivant ou séché, est une nourriture recherchée pour les poissons d'aquarium. (Long. max. 5 mm ; ordre des branchiopodes.)

DARAISE n.f. (gaul. *doraton,* porte). Déversoir d'un étang.

DARBOUKA ou **DERBOUKA** n.f. (ar. *darabukka*). Tambour en poterie tendu d'une peau que l'on frappe de la main, utilisé dans le Maghreb et au Moyen-Orient.

DARBYSME n.m. Doctrine religieuse de John Nelson Darby (1800 - 1882), qui rejette toute organisation ecclésiastique et insiste sur la prédestination. (Le darbysme est un calvinisme strict.)

DARBYSTE adj. et n. Propre au darbysme ; qui en est adepte.

DARCE n.f. → **DARSE.**

DARD n.m. (mot francique). **1.** Organe impair, pointu, creux et venimeux de certains insectes (guêpe, abeille, etc.). **2.** ARBOR. Rameau à fruits, très court, du poirier et du pommier.

DARDER v.t. **1.** Frapper, piquer avec un dard. **2.** *Litt. Darder ses rayons :* lancer ses rayons, briller, en parlant du soleil. – *Litt. Darder son regard sur qqn,* le regarder intensément avec telle expression. *Darder sur qqn des regards haineux.*

DARE-DARE adv. (onomat.). *Fam.* Très vite, en toute hâte.

DARI n.m. Forme du persan parlée en Afghanistan.

DARIOLE n.f. (mot picard). Petit moule en forme de cône tronqué servant à des préparations culinaires diverses, salées ou sucrées, chaudes ou froides ; son contenu.

DARIQUE n.f. Monnaie d'or des Perses achéménides (à partir du règne de Darios Ier).

DARNE n.f. (breton *darn,* morceau). Tranche d'un gros poisson, coupée transversalement. *Une darne de saumon.*

DARSE ou **DARCE** n.f. (génois *darsena,* de l'ar.). TRAV. PUBL. Bassin, en partic. d'un port méditerranéen.

DARSHANA ou **DARSANA** [darʃana] n.m. (sanskr. *darśana*). **1.** Nom générique des systèmes philosophiques de l'hindouisme. **2.** Attitude cultuelle par laquelle le fidèle s'attarde dans la vision d'une divinité ou d'un objet sacré.

DARTOIS n.m. Feuilleté renfermant une garniture sucrée ou salée.

DARTRE n.f. (bas lat. *derbita,* mot gaul.). Petite tache cutanée rouge ou blanche, squameuse, en général sur le visage.

DARTROSE n.f. Maladie de la pomme de terre causée par un champignon.

DARWINIEN, ENNE adj. Relatif au darwinisme. *Théorie darwinienne de l'évolution.*

DARWINISME [darwinism] n.m. SC. DE LA V. Théorie issue des travaux de C. Darwin, selon laquelle l'évolution des espèces biologiques résulte d'une sélection naturelle des variations héréditaires qui sont favorables à la survie des individus, dans leur lutte concurrentielle pour la nourriture et la reproduction. ◇ *Darwinisme social :* transposition de notions empruntées à Darwin (sélection naturelle, lutte pour la vie, etc.) à l'étude des sociétés humaines, à l'appui le plus souvent d'argumentations inégalitaires.

DARWINISTE adj. et n. Relatif au darwinisme ; qui en est partisan.

DASEIN [dazajn] n.m. (mot all.). PHILOS. Existence humaine conçue comme présence au monde, dans la philosophie de Heidegger.

DASYURE [dazjyr] n.m. (gr. *dasus,* velu, et *oura,* queue). Mammifère marsupial d'Australie à queue velue, arboricole et carnivore. (Genre *Dasyurus ;* famille des dasyuridés.)

DAT [deate] n.m. inv. (sigle de l'angl. *digital audio tape*). Bande magnétique servant de support d'enregistrement numérique du son et, parfois, de l'image. ◇ *Cassette DAT :* cassette d'enregistrement utilisant ce type de bande.

DATABLE adj. Qui peut être daté.

DATAGE n.m. Rare. Datation.

DATATION n.f. **1.** Action de dater. **2.** Détermination de la date d'un événement, de l'âge d'un minéral, d'une roche, d'un fossile, d'un objet ; datage. ◇ *Datation absolue :* méthode utilisée en archéologie et qui permet, grâce à la calibration, de calculer le temps réel qui nous sépare d'une culture du passé. **3.** Date apposée, attribuée.

DATCHA n.f. (mot russe). Maison de campagne près d'une grande ville, en Russie.

DATE n.f. (lat. *data littera,* lettre donnée). **1.** Indication du jour, du mois et de l'année. *Date de mariage, de naissance, d'une lettre.* ◇ *Prendre date :* fixer un jour pour un rendez-vous. **2.** Moment choisi pour un événement, une action. *Fixer la date d'une visite, d'un match.* **3.** Moment, époque où se situe un événement. ◇ *Une amitié de fraîche, de vieille date,* récente, ancienne. – *Un ami de longue date :* un vieil ami. – *Être le premier, le dernier en date :* avoir la priorité que confère l'antériorité, venir en dernier. **4.** Événement historique important. ◇ *Faire date :* marquer un moment important.

DATER v.t. **1.** Mettre la date sur. *Dater une lettre.* **2.** Déterminer la date de. *Dater un fossile, une œuvre.* ◆ v.t. ind. (de). Exister depuis telle époque, remonter à. *Ce roman date du siècle dernier.* ◇ *À dater de :* à partir de. ◆ v.i. **1.** Faire date. *Cet événement datera dans l'histoire.* **2.** Être vieilli, démodé. *Cette théorie date.*

DATEUR, EUSE adj. Qui sert à dater. *Timbre dateur.* ◆ n.m. Dispositif à lettres et à chiffres mobiles permettant d'imprimer une date.

1. DATIF, IVE adj. (lat. *dativus,* de *dare,* donner). DR. *Tutelle dative :* tutelle dévolue par le conseil de famille.

2. DATIF n.m. LING. Cas du complément d'attribution, dans les langues à déclinaison.

DATION [dasjɔ̃] n.f. (lat. *datio,* de *dare,* donner). DR. Action de donner. ◇ *Dation en paiement :* acquittement d'une obligation en remplaçant une chose due par une autre, avec l'accord du créancier, notamm. en matière de succession pour les œuvres d'art.

DATTE n.f. (anc. provenç. *datil,* lat. *dactylus,* doigt). Fruit comestible du dattier, baie de forme allongée, à pulpe sucrée très nutritive.

DATTIER n.m. **1.** Nom commun du palmier dont le fruit est la datte. (Genre *Phœnix.*) **2.** Variété de raisin de table.

DATURA n.m. (hindi *dhatūra*). Plante à fleurs roses ou blanches en cornet, très toxique, dont certaines espèces sont ornementales ou médicinales (stramoine). [Famille des solanacées.]

DAUBE n.f. (ital. *addobbo,* assaisonnement). **1.** Manière de cuire à l'étouffée certaines viandes braisées (surtout le bœuf) avec un fond de vin rouge ; viande ainsi accommodée. **2.** *Fam. C'est de la daube :* c'est de mauvaise qualité.

DAUBER v.t. et v.i. *Litt. Dauber qqn* ou *sur qqn,* le railler, le dénigrer.

DAUBEUR, EUSE adj. et n. *Litt.* Qui daube les autres.

DAUBIÈRE n.f. Braisière pour accommoder une viande en daube.

1. DAUPHIN n.m. (lat. *delphinus*). Mammifère marin, excellent nageur, vivant en troupe dans toutes les mers et se nourrissant de poissons. (Long. 2 à 8 m selon l'espèce ; ordre des cétacés ; famille des delphinidés.)

2. DAUPHIN n.m. (de *Dauphiné,* n.pr.). [Génér. avec une majuscule.] Après 1349, titre désignant l'héritier présomptif du trône de France, en général le fils aîné du roi. – Cette personne. ◇ *Le Grand Dauphin :* le fils de Louis XIV.

3. DAUPHIN, E n. (de *2. dauphin*). Successeur désigné ou prévu d'une personnalité.

■ **DAUPHIN.** Dauphin souffleur.

DAUPHINE n.f. (Génér. avec une majuscule.) Femme du Dauphin de France.

DAUPHINELLE n.f. Delphinium.

DAUPHINOIS, E adj. et n. Du Dauphiné. ◆ adj. *Gratin dauphinois :* préparation de pommes de terre émincées, gratinées, avec du lait, du beurre et du fromage.

DAURADE ou **DORADE** n.f. (anc. provenç. *daurada,* doré). Poisson téléostéen de l'Atlantique et de la Méditerranée, dont les espèces sont estimées pour leur chair. ◇ *Daurade royale,* à reflets dorés ou argentés. (Genre *Sparus ;* famille des sparidés.) – *Daurade grise :* genre *Spondyliosoma ;* famille des sparidés. SYN. : *griset.* – *Daurade rose,* de la Méditerranée. (Genre *Pagellus ;* famille des sparidés.) SYN. : *pagel, rousseau.*

■ **DAURADE.** Daurade royale.

■ **DATTIER**

– *Daurade rose,* de l'Atlantique. (Genre *Beryx ;* famille des béryeidés.)

DAVANTAGE adv. **1.** Plus, encore plus. *N'en dites pas davantage ! Je ne l'en aime que davantage.* **2.** Plus longtemps. *Ne restez pas davantage !* **3.** *Sout.* Le plus. *Lequel des deux aime-t-elle davantage ?* **4.** *Davantage que, davantage de :* plus que, plus de. *Elle n'aimait rien davantage que de lire. Davantage de travail.*

DAVIDIEN, ENNE adj. et n. PEINT. Qui se rattache à Louis David, à son école, à son style.

DAVIER n.m. (anc. fr. *daviet,* dimin. de *david,* outil de menuisier). **1.** CHIRURG. Pince à bras croisés et à mors courts et rugueux, permettant de maintenir un os, d'extraire une dent. **2.** MAR. Rouleau mobile monté sur un axe supporté par deux montants ou réa à gorge, destiné à filer ou à relever un cordage, un câble.

DAZIBAO n.m. (mot chin.). En Chine, journal mural manuscrit affiché dans les rues.

DCA ou **D.C.A.** n.f. (sigle). Défense contre les aéronefs.

DDT ou **D.D.T.** n.m. (sigle). Organochloré (dichloro-diphényl-trichloréthane), insecticide puissant très toxique, d'usage prohibé en France et dans de nombreux autres pays.

1. DE prép. (lat. *de,* en séparant de). **1.** Indique l'origine, le point de départ, le temps, la possession, la manière, la cause, l'instrument, etc. *Eau de source. Venir de Paris. De midi à six heures. Le livre de Pierre. De toutes ses forces. Mourir de faim. Montrer du doigt.* **2.** Introduit un écart de temps, de longueur, de quantité. *Retarder de cinq minutes. Village distant de 5 km.* **3.** Introduit un complément d'objet indirect ou secondaire, un complément du nom ou de l'adjectif. *Se souvenir de qqn. Fier de son succès.*

2. DE ou **DU, DE LA** art. partitif [pl. *des*] (de la prép. *de*). Précèdent des noms d'objets qu'on ne peut compter, qu'ils soient concrets ou abstraits. *Manger de la confiture. Elle ne perd pas de temps.*

1. DÉ n.m. (lat. *digitus,* doigt). Fourreau de métal piqueté à l'extérieur, destiné à protéger le doigt qui pousse l'aiguille lorsqu'on coud.

2. DÉ n.m. (lat. *datum,* pion de jeu). **1.** Petit cube dont chacune des six faces est marquée de points allant de un à six, ou de figures, utilisé pour divers jeux. *Agiter, puis lancer les dés.* ◇ *Coup de dés :* affaire hasardeuse. – *Les dés sont jetés :* c'est définitivement décidé. **2.** ARCHIT., SCULPT. Corps de forme cubique d'un piédestal ; élément de support plus ou moins cubique. **3.** CUIS. Petit morceau cubique. *Viande coupée en dés.*

DEA ou **D.E.A.** [deəa] n.m. (sigle de *diplôme d'études approfondies*). Diplôme du troisième cycle de l'enseignement supérieur, sanctionnant une année d'initiation à la recherche.

DEAD-HEAT [dɛdit] n.m. [pl. *dead-heats*] (angl. *dead,* mort, nul, et *heat,* course). TURF. Franchissement simultané de la ligne d'arrivée par deux ou plusieurs chevaux de course.

DEAL [dil] n.m. (mot angl.). *Fam.* Marché, arrangement, accord.

1. DEALER [dilœr] n.m. (abrév. de l'angl. *drug dealer*). *Fam.* Revendeur de drogue.

2. DEALER [dile] v.t. et v.i. (de l'angl. *to deal*). *Fam.* Revendre clandestinement de la drogue.

DÉAMBULATEUR n.m. Appareil comportant un cadre rigide ou articulé et servant d'appui à certains handicapés pour se déplacer.

DÉAMBULATION n.f. Marche sans but précis.

DÉAMBULATOIRE n.m. Galerie, promenoir tournant autour du rond-point d'une église. SYN. : *pourtour du chœur.*

DÉAMBULER v.i. (lat. *deambulare*). Se promener çà et là, marcher sans but.

DEB n.f. (abrév.). *Fam.* Débutante.

DÉBÂCHER v.t. Retirer une bâche de qqch.

DÉBÂCLE n.f. (de *bâcler*). **1.** Rupture des glaces d'un fleuve gelé. CONTR. : *embâcle.* **2.** Retraite brusque et désordonnée d'une armée ; débandade, déroute. **3.** *Fam.* Effondrement brutal d'une entreprise, d'une affaire, etc.

DÉBÂCLER v.t. Ôter la bâcle fermant une porte, une fenêtre.

DÉBAGOULER v.i. (anc. fr. *bagouler,* parler inconsidérément). *Fam.,* vx. Vomir. ◆ v.t. *Fam.,* vx. Proférer une suite de paroles, d'injures.

DÉBÂILLONNER v.t. **1.** Débarrasser qqn d'un bâillon. **2.** *Fig.* Rendre la liberté d'expression à. *Débâillonner la presse.*

DÉBALLAGE n.m. **1.** Action de déballer ; ce qui est déballé. **2.** Étalage de marchandises en vrac ; commerce à bas prix de ces marchandises. **3.** *Fam.* Confession sans retenue.

DÉBALLASTAGE n.m. Vidange des ballasts d'un navire.

DÉBALLER v.t. (de *balle,* paquet de marchandises). **1.** Sortir une marchandise de son emballage. **2.** Étaler des marchandises. **3.** *Fam.* Exposer, confier sans retenue.

DÉBALLONNER (SE) v.pr. *Fam.* Renoncer à qqch par manque de courage.

DÉBANDADE n.f. Fait de se disperser en désordre ; déroute.

1. DÉBANDER v.t. Détendre qqch de très tendu. *Débander un arc, un ressort.*

2. DÉBANDER v.t. (de *bande,* troupe). *Litt.* Disperser une troupe. ◆ **se débander** v.pr. *Litt.* Rompre les rangs, se disperser en désordre.

DÉBAPTISER [debatize] v.t. Changer le nom de qqch. *Débaptiser une rue.*

DÉBARBOUILLAGE n.m. Action de débarbouiller, de se débarbouiller.

DÉBARBOUILLER v.t. Laver, nettoyer, en partic. le visage. *Débarbouiller un enfant.* ◆ **se débarbouiller** v.pr. Se laver le visage ; faire sa toilette.

DÉBARBOUILLETTE n.f. Québec. Carré de tissu-éponge pour faire sa toilette.

DÉBARCADÈRE n.m. Quai, môle ou jetée sur la mer, ou sur un fleuve, utilisés pour le débarquement des marchandises, des voyageurs.

DÉBARDAGE n.m. Action de débarder du bois ; son résultat.

DÉBARDER v.t. (de *bard,* civière). **1.** Débarquer, décharger d'un navire des bois de flottage, des marchandises. **2.** Transporter des grumes des lieux d'abattage jusqu'à leur lieu d'enlèvement.

DÉBARDEUR n.m. **1.** Ouvrier qui charge ou décharge des marchandises sur un navire, un camion, etc. **2.** Personne qui débarde du bois. **3.** Tricot court, décolleté et sans manches.

DÉBARQUÉ, E adj. et n. Qui vient de débarquer.

DÉBARQUEMENT n.m. **1.** Action de débarquer des marchandises, des passagers. **2.** Action d'une personne qui débarque d'un navire, d'un train, d'un avion. **3.** MIL. Opération militaire ayant pour but de créer une tête de pont sur un rivage occupé par l'ennemi.

DÉBARQUER v.t. (de *barque*). **1.** Faire descendre à terre les passagers ; enlever les marchandises d'un navire, d'un train, d'un avion. **2.** *Fam.* Se débarrasser de qqn, l'écarter d'un poste. ◆ v.i. Quitter un navire, descendre d'un train, d'un avion. – *Fam.* Arriver à l'improviste chez qqn. – *Fam.* Ne pas être au courant des événements.

DÉBARRAS n.m. **1.** Réduit, pièce où l'on remise des objets encombrants. **2.** *Fam. Bon débarras ! :* se dit pour saluer le départ de qqn jugé embarrassant.

DÉBARRASSER v.t. (du lat. *de* et *barra,* barre). **1.** Enlever ce qui embarrasse, encombre. *Débarrasser la cave d'objets inutiles.* **2.** Aider qqn à ôter ou à poser les vêtements ou les objets qu'il portait à l'extérieur. **3.** Enlever les couverts, les restes du repas. **4.** Faire en sorte que qqn soit libéré de qqn ou de qqch. *Débarrassez-moi de cet importun. Ça m'a débarrassée de mon envie de fumer.* ◆ **se débarrasser** v.pr. **(de).** Se défaire de qqch, éloigner qqn.

DÉBARRER v.t. **1.** Vx ou région. Enlever la barre d'une porte, d'une fenêtre. **2.** Québec. *Fam.* Déverrouiller.

DÉBAT n.m. **1.** Examen d'un problème entraînant une discussion animée, parfois dirigée, entre personnes d'avis différents. **2.** (En appos., avec ou sans trait d'union.) Indique que l'événement est organisé pour permettre une discussion. *Des déjeuners-débats.* **3.** Conflit intérieur. *Débat de conscience.* ◆ pl. **1.** Discussion d'un problème au sein d'une assemblée parlementaire. **2.** Phase d'un procès durant l'audience où la parole est donnée aux parties et aux avocats.

DEBATER n.m. → **DÉBATTEUR.**

DÉBÂTER v.t. Enlever le bât à une bête de somme. *Débâter un âne.*

DÉBÂTIR v.t. Défaire le bâti d'une couture.

DÉBATTEMENT n.m. Oscillation verticale d'un essieu par rapport au châssis, due à la flexibilité de la suspension ; amplitude maximale du déplacement correspondant.

DÉBATTEUR ou **DEBATER** [debatœr] n.m. (angl. *debater*). Orateur habile, à l'aise dans les débats publics.

DÉBATTRE v.t. ou v.t. ind. [63]. Discuter qqch ou de qqch en examinant tous les aspects. *Débattre une question. Débattre de la peine de mort.* ◆ v.t. *Débattre un prix,* le discuter pour le faire baisser. ◆ **se débattre** v.pr. **1.** Lutter pour se dégager, se défendre. *Le poisson se débat.* **2.** Se démener pour sortir d'une situation difficile. *Se débattre dans des problèmes financiers.*

DÉBATTUE n.f. Suisse. Onglée.

DÉBAUCHAGE n.m. Action de débaucher un salarié.

DÉBAUCHE n.f. **1.** Recherche immodérée des plaisirs sensuels. *Se livrer à la débauche.* **2.** Profusion, excès de. *Une débauche de couleurs.*

DÉBAUCHÉ, E adj. et n. Qui se livre à la débauche.

DÉBAUCHER v.t. (anc. fr. *débaucher,* détourner). **1.** Inciter qqn à quitter son emploi. **2.** Licencier du personnel par manque de travail. **3.** Entraîner qqn à une vie dissolue. **4.** *Fam.* Détourner qqn momentanément de son travail, d'une occupation sérieuse, pour le distraire.

DÉBECTER [3] ou **DÉBECQUETER** [debɛkte] v.t. [16]. *Fam.* Dégoûter.

DÉBET [debɛ] n.m. (lat. *debet,* il doit). FIN. Somme qui reste due à l'arrêt d'un compte.

DÉBILE adj. (lat. *debilis*). **1.** Faible de constitution, qui manque de vigueur. *Enfant débile. Santé débile.* **2.** *Fam.* Stupide. ◆ n. **1.** Vieilli. *Débile mental,* ou *débile :* sujet atteint de débilité mentale. **2.** *Fam.* Imbécile, idiot.

DÉBILEMENT adv. D'une manière débile.

DÉBILITANT, E adj. Qui affaiblit physiquement ou moralement.

DÉBILITÉ n.f. **1.** *Litt.* État d'extrême faiblesse. **2.** Vieilli. *Débilité intellectuelle* ou *mentale :* déficience mentale.

DÉBILITER v.t. Affaiblir physiquement ou moralement. *Climat qui débilite.*

DÉBILLARDER v.t. (de *billard,* pièce de bois). Tailler une pièce de bois ou une pierre pour lui donner une forme courbe.

DÉBINE n.f. *Fam.* Misère. *Être dans la débine.*

1. DÉBINER v.t. (de *biner,* bêcher). *Fam.* Dénigrer, médire de.

2. DÉBINER (SE) v.pr. *Fam.* S'enfuir.

DÉBINEUR, EUSE n. *Fam.* Personne qui débine, dénigre.

DÉBIRENTIER, ÈRE n. (de *débit* et *rentier*). Personne qui doit une rente.

1. DÉBIT n.m. (de *1. débiter*). **1.** Écoulement de marchandises. *Article d'un débit facile.* **2.** *Débit de tabac, de boissons :* établissement où l'on vend du tabac, où des boissons peuvent être consommées sur place. **3.** Manière de parler, de réciter ; élocution. *Avoir le débit rapide.* **4.** Action, manière de débiter le bois. *Débit en rondins.* SYN. : *débitage.* **5.** Quantité de fluide qui s'écoule ou qui est fournie par unité de temps. *Débit d'un cours d'eau, d'une pompe.* **6.** Quantité de personnes, de véhicules, d'informations, volume de marchandises transportés en une unité de temps par un moyen de communication. *Le débit de l'autoroute du Sud à 18 heures. Le débit d'une voie de transmission.*

2. DÉBIT n.m. (lat. *debitum,* dette). **1.** Compte des sommes qu'une personne doit à une autre. **2.** Partie d'un compte où sont portées les sommes dues. CONTR. : *crédit.*

1. DÉBITABLE adj. Qui peut être débité. *Bois débitable.*

2. DÉBITABLE adj. Qui peut être rendu débiteur. *Compte débitable.*

DÉBITAGE n.m. BOIS. Débit.

DÉBITANT, E n. **1.** Détaillant. **2.** Commerçant qui tient un débit de boissons, de tabac.

1. DÉBITER v.t. (de l'anc. scand. *bitte,* billot). **1.** Découper en morceaux. *Débiter un bœuf.* – Réduire du bois en planches, en bûches, etc. **2.** Vendre au détail. *Débiter du vin.* **3.** Produire, fournir une certaine quantité de matière en un temps donné. *Débiter 30 000 litres à l'heure.* **4.** Énoncer, réciter avec monotonie. *Débiter son rôle.* **5.** *Péjor.* Raconter, répandre. *Débiter des mensonges, des sottises.*

2. DÉBITER v.t. (de *2. débit*). Porter une somme au débit de. *Débiter un compte.* CONTR. : *créditer.*

DÉBITEUR, TRICE n. **1.** Personne qui doit (par oppos. à *créancier*). **2.** Personne qui a une dette morale, qui est l'obligée de qqn. ◆ adj. Qui se trouve en débit, dont le solde est négatif. *Compte débiteur.*

D

DÉBITMÈTRE [debimɛtr] n.m. Appareil de mesure, de contrôle ou de réglage du débit d'un fluide.

DÉBLAI n.m. TRAV. PUBL. Enlèvement de terres pour niveler ou abaisser le sol. ◆ pl. Débris de constructions, de terrains enlevés.

DÉBLAIEMENT [deblɛmɑ̃] ou **DÉBLAYAGE** [deblɛjaʒ] n.m. Action de déblayer.

DÉBLATÉRER v.t. ind. **(contre)** [11] (lat. *deblaterare,* bavarder). *Fam.* Parler avec violence contre ; vitupérer.

DÉBLAYER [debleje] v.t. [6] (anc. fr. *desbleer,* enlever le blé). **1.** Enlever des terres, des décombres. **2.** Dégager de ce qui encombre. *Déblayer un chemin.* ◇ ***Déblayer le terrain :*** aplanir au préalable les difficultés.

DÉBLOCAGE n.m. Action de débloquer.

DÉBLOQUER v.t. **1.** Remettre en mouvement une machine, un mécanisme ; desserrer. *Débloquer un verrou, des freins.* **2.** Lever l'interdiction de transporter ou de vendre des denrées, de disposer librement de crédits ou de comptes en banque. *Débloquer les produits laitiers.* **3.** Lever les obstacles qui bloquent un processus, une situation. ◇ ***Débloquer les prix, les salaires,*** les libérer, permettre leur variation. ◆ v.i. *Fam.* Dire n'importe quoi ; divaguer.

DÉBOBINER v.t. Dérouler ce qui était en bobine. — ÉLECTROTECHN. Démonter les enroulements d'une machine ou d'un appareil électrique.

D

DÉBOGAGE n.m. Action de déboguer.

DÉBOGUER v.t. INFORM. Rechercher et corriger les erreurs d'un programme.

DÉBOIRE n.m. (de *boire*). [Surtout au pl.] Déception, échec amèrement ressentis.

DÉBOISEMENT n.m. Action de déboiser un terrain, une région, une montagne ; son résultat.

DÉBOISER v.t. Dégarnir un terrain de ses arbres, une région, une montagne de ses bois, de ses forêts. ◆ **se déboiser** v.pr. Perdre ses arbres, en parlant d'un terrain, d'une montagne, d'une région.

DÉBOÎTEMENT n.m. Action de déboîter ; son résultat. — *Spécial., cour.* Luxation.

DÉBOÎTER v.t. **1.** Séparer un objet d'un autre objet dans lequel il s'emboîte. *Déboîter des tuyaux.* **2.** Luxer. *Le choc lui a déboîté l'épaule.* ◆ v.i. Sortir d'une file en se déportant sur la gauche ou sur la droite, en parlant d'un véhicule.

DÉBONDER v.t. Retirer la bonde d'un tonneau, d'un réservoir. ◆ **se débonder** v.pr. **1.** Perdre sa bonde, se vider. **2.** *Fam.* S'épancher, se confier.

DÉBONNAIRE adj. (anc. fr. *de bonne aire,* de bonne souche). Bon jusqu'à la faiblesse. *Une attitude débonnaire.*

DÉBONNAIREMENT adv. *Litt.* De façon débonnaire.

DÉBORD n.m. (de *déborder*). **1.** COMM. Excédent de marchandises. **2.** CH. DE F. ***Voie de débord :*** voie qui permet le chargement et le déchargement directs des wagons dans les véhicules routiers.

DÉBORDANT, E adj. **1.** Qui déborde. **2.** *Fig.* Qui ne peut se contenir, qui se manifeste avec exaltation. *Une joie débordante.* **3.** ***Débordant de vie, de santé, etc. :*** qui est en pleine santé, plein d'énergie.

DÉBORDÉ, E adj. Qui a trop de travail, qui est surchargé de tâches.

DÉBORDEMENT n.m. **1.** Fait de déborder. — *Spécial.* Déversement des eaux d'un cours d'eau par-dessus les bords de son lit. **2.** *Fig.* Grande abondance, profusion de qqch. *Un débordement de belles paroles.* **3.** Fait d'être dépassé, débordé dans son action, notamm. dans le domaine politique. *Débordement sur la droite, sur la gauche d'un parti.* ◆ pl. *Litt.* Excès, débauches.

DÉBORDER v.i. **1.** Dépasser les bords de qqch, se répandre hors de son contenant. *La rivière déborde. Le lait bouillant déborde.* **2.** Être trop plein ; laisser échapper son contenu. *La baignoire déborde.* **3.** Dépasser un bord, une limite, s'étendre au-delà. *Ton rouge à lèvres déborde.* **4.** *Fig.* Se manifester avec exubérance, en parlant d'un sentiment. *Sa joie déborde.* ◆ v.t. **1.** S'étendre au-delà de la limite de qqch. *La terrasse déborde la maison.* ◇ ***Déborder un sujet,*** sortir des limites de ce sujet. **2.** *Fig.* Submerger qqn, un groupe. *Les événements l'ont débordé.* **3.** MAR. Pousser au large un navire, une embarcation. **4.** Ôter les bords, la bordure. *Déborder un chapeau.* ◇ ***Déborder un lit :*** retirer les bords des draps et des couvertures glissés sous le matelas. ◆ v.t. ind. **(de).** Manifester un sentiment avec force. *Il déborde d'enthousiasme.* ◆ **se déborder** v.pr. Défaire involontairement les draps de son lit.

DÉBOSSELER v.t. [16]. TECHN. Supprimer les bosses de.

DÉBOTTÉ ou **DÉBOTTER** n.m. ***Au débotté,*** ou ***au débotter :*** à l'improviste, sans préparation.

DÉBOTTER v.t. Retirer ses bottes à qqn.

DÉBOUCHAGE n.m. Action de déboucher, d'ôter ce qui bouche.

DÉBOUCHÉ n.m. **1.** Endroit où une rue, un chemin, etc., aboutissent. *Le débouché d'une vallée.* **2.** ÉCON. Marché, possibilité de vente. *La baisse des tarifs douaniers procure de nouveaux débouchés.* ◇ ***Loi des débouchés :*** théorie économique énoncée par J.-B. Say, selon laquelle toute production ouvre un débouché à d'autres produits. (Ce qu'un homme produit en excédent de ses besoins peut lui servir à acquérir des produits fabriqués par d'autres.) **3.** Perspective d'avenir, carrière accessible. *Ce diplôme d'ingénieur offre des débouchés variés.*

1. DÉBOUCHER v.t. (de *1. boucher*). **1.** Ouvrir une bouteille, un flacon, lui enlever son bouchon. **2.** Débarrasser un tuyau, un conduit de ce qui l'obstrue. **3.** ARM. Percer la fusée d'un obus pour provoquer son éclatement à un temps donné après le départ du coup.

2. DÉBOUCHER v.i. (de *bouche*). **1.** Apparaître soudainement, en parlant d'une personne, d'un animal, d'un véhicule. *La voiture débouche sur la route.* **2.** Aboutir en un lieu plus large. *La ruelle débouche sur un boulevard.* **3.** Donner comme résultat ; aboutir à. *Les négociations ont débouché sur un compromis.*

DÉBOUCHEUR n.m. Appareil, produit pour déboucher des canalisations.

DÉBOUCLER v.t. **1.** Défaire la boucle ou l'attache de qqch. *Déboucler une ceinture.* **2.** Défaire les boucles des cheveux de qqn.

DÉBOULÉ n.m. **1.** CHASSE. Départ à l'improviste, sans arrêt du chien, d'un lièvre, d'un lapin devant le chasseur. ◇ ***Tirer au déboulé :*** tirer au moment où l'animal sort de son terrier, de son gîte. **2.** SPORTS. Course rapide et puissante d'un joueur de football ou de rugby en pleine vitesse.

DÉBOULER v.i. (de *boule*). CHASSE. Partir à l'improviste devant le chasseur, sans arrêt du chien, en parlant du lièvre et du lapin. ◆ v.i. et v.t. *Fam.* Descendre rapidement. *Débouler dans l'escalier. Débouler les étages.*

DÉBOULONNEMENT ou **DÉBOULONNAGE** n.m. Action de déboulonner.

DÉBOULONNER v.t. **1.** Démonter ce qui était réuni par des boulons. **2.** *Fam.* Chasser qqn de sa place ; ruiner son prestige.

DÉBOUQUEMENT n.m. Fait de débouquer.

DÉBOUQUER v.i. (du provenç. *bouca,* bouche). MAR. Sortir d'une passe étroite, d'un canal, d'un détroit pour gagner la haute mer.

DÉBOURBAGE n.m. Action de débourber ; son résultat.

DÉBOURBER v.t. **1.** Retirer la bourbe d'un marais, d'un étang. **2.** Décanter de façon préliminaire des eaux chargées de matières en suspension. **3.** En minéralurgie, laver un minerai argileux pour en retirer la gangue. **4.** ***Débourber un véhicule,*** le tirer d'un endroit bourbeux.

DÉBOURBEUR n.m. TECHN. Appareil destiné à débourber un minerai, un moût, etc.

DÉBOURRAGE n.m. Action de débourrer ; son résultat.

DÉBOURREMENT n.m. ARBOR., VITIC. Épanouissement des bourgeons des arbres, de la vigne.

DÉBOURRER v.t. **1.** Ôter la bourre de. ◇ ***Débourrer une pipe,*** en ôter la cendre de tabac. **2.** ÉQUIT. Donner le premier dressage à. *Débourrer un poulain.* ◆ v.i. S'ouvrir, en parlant d'un bourgeon.

DÉBOURS n.m. (Surtout pl.) Argent avancé. *Rentrer dans ses débours.*

DÉBOURSEMENT n.m. Action de débourser.

DÉBOURSER v.t. Utiliser pour payer ; dépenser. *Débourser une grosse somme.*

DÉBOUSSOLER v.t. *Fam.* Désorienter, déconcerter. *Ses problèmes personnels l'ont complètement déboussolé.*

DEBOUT adv. (de *de* et *bout*). **1.** Sur ses pieds. *Rester debout.* ◇ ***Être debout :*** être levé. — ***Magistrature debout :*** le ministère public (par oppos. à ***magistrature assise***). SYN. : *parquet.* **2.** Posé verticalement, en parlant d'une chose. — En bon état, non détruit. *Il reste encore quelques maisons debout.* ◇ ***Mettre debout une affaire, un projet,*** l'organiser. — ***Tenir debout :*** être vraisemblable, cohérent. *Raisonnement qui tient debout.* **3.** ***Bois debout*** → **bout.** **4.** MAR. ***Vent debout,*** soufflant de face, en sens contraire de la marche. ◆ **interj.** ***Debout ! :*** levez-vous !

1. DÉBOUTÉ n.m. DR. Rejet d'une demande faite en justice.

2. DÉBOUTÉ, E n. Plaideur dont la demande en justice est rejetée.

DÉBOUTER v.t. (de *bouter*). DR. Rejeter par décision judiciaire la demande de qqn.

DÉBOUTONNAGE n.m. Action de déboutonner, de se déboutonner.

DÉBOUTONNER v.t. Dégager un bouton de sa boutonnière. ◇ ***Déboutonner un vêtement,*** l'ouvrir en dégageant les boutons des boutonnières. ◆ **se déboutonner** v.pr. **1.** Déboutonner son vêtement. **2.** *Fam.* **a.** Parler sans contrainte, à cœur ouvert. **b.** Vieilli. Avouer sa culpabilité.

1. DÉBRAILLÉ, E adj. **1.** Se dit d'une personne dont la mise est négligée ou désordonnée. **2.** *Litt.* Sans retenue, d'une liberté choquante.

2. DÉBRAILLÉ n.m. Tenue négligée.

DÉBRAILLER (SE) v.pr. (de l'anc. fr. *braiel,* ceinture). **1.** Se découvrir de façon indécente, négligée. **2.** *Fig.* Prendre un ton trop libre, ne plus respecter les convenances.

DÉBRANCHEMENT n.m. Action de débrancher un appareil électrique, une tuyauterie, etc.

DÉBRANCHER v.t. **1.** Interrompre la connexion, couper le branchement de ; déconnecter. **2.** CH. DE F. Séparer et envoyer sur les voies de classement les wagons, les voitures d'une rame, dans une gare de triage.

DÉBRASAGE n.m. Action de débraser.

DÉBRASER v.t. TECHN. Séparer deux pièces jointes par brasage, en faisant fondre la brasure. SYN. (impropre) : *dessouder.*

DÉBRAYAGE n.m. **1.** Action de débrayer. — *Spécial.* Action de supprimer la liaison entre l'arbre moteur et les roues d'une automobile. **2.** Grève de courte durée.

DÉBRAYER [debreje] v.t. [6]. MÉCAN. INDUSTR. Séparer un arbre entraîné de l'arbre moteur. — Absol. Manœuvrer la pédale de débrayage d'une voiture pour passer les vitesses. ◆ v.i. Cesser volontairement le travail dans une entreprise pendant une courte durée.

DÉBRIDÉ, E adj. Sans contrainte, sans retenue. *Imagination débridée.*

DÉBRIDEMENT n.m. **1.** Action de débrider. **2.** *Litt.* Absence de retenue ; déchaînement.

DÉBRIDER v.t. **1.** Ôter la bride à un animal. ◇ *Litt.* ***Sans débrider :*** sans interruption. **2.** CHIRURG. Sectionner une bride. **3.** CUIS. Enlever les ficelles qui entourent un rôti, une volaille.

DÉBRIEFER [debrife] v.t. (angl. *to debrief,* rendre compte). **1.** MIL. Dresser le bilan critique d'une mission avec le ou les militaires qui y ont participé. *Débriefer un pilote.* **2.** *Par ext.* Questionner, faire parler qqn dans un but de renseignement ou d'assistance psychologique. *Débriefer des otages libérés.*

DÉBRIEFING [debrifiŋ] n.m. (angl. *debriefing*). Action de débriefer ; compte rendu ; interrogatoire.

DÉBRIS n.m. (de *briser*). **1.** (Souvent pl.) Morceau, fragment d'une chose brisée, détruite. *Débris de verre.* **2.** *Litt.* (Au pl.) Ce qui reste après la destruction d'une chose ; ruines. *Débris d'un empire.*

DÉBROCHAGE n.m. REL. Action de débrocher.

DÉBROCHER v.t. **1.** REL. Défaire la brochure d'un livre. **2.** Retirer une volaille, une viande d'une broche.

DÉBROUILLAGE n.m. **1.** Débrouillement. **2.** *Fam.* Fait de se débrouiller.

DÉBROUILLARD, E adj. et n. *Fam.* Qui sait se débrouiller ; habile.

DÉBROUILLARDISE ou **DÉBROUILLE** n.f. *Fam.* Habileté à se tirer d'affaire.

DÉBROUILLEMENT n.m. Action de débrouiller une chose embrouillée ; débrouillage.

DÉBROUILLER v.t. **1.** Remettre en ordre ; démêler. *Débrouiller les fils d'un écheveau.* **2.** Mettre au clair ; éclaircir, élucider. *Débrouiller une affaire.* ◆ **se débrouiller** v.pr. *Fam.* Se tirer d'affaire en faisant preuve d'ingéniosité.

DÉBROUSSAILLANT, E adj. et n.m. Se dit d'un produit chimique utilisé pour débroussailler.

DÉBROUSSAILLEMENT ou **DÉBROUSSAILLAGE** n.m. Action de débroussailler ; son résultat.

DÉBROUSSAILLER v.t. **1.** Éliminer les broussailles d'un terrain. **2.** Commencer à préparer, à étudier. *Débroussailler une question.*
DÉBROUSSAILLEUSE n.f. Machine à coupe rotative utilisée pour couper les broussailles.
DÉBROUSSER v.t. Afrique. Défricher.
1. DÉBUCHER v.i. (de *bûche*). VÉNER. Sortir du bois, en parlant d'un animal. ◆ v.t. VÉNER. Faire sortir l'animal du bois. *Débucher un cerf.*
2. DÉBUCHER ou **DÉBUCHÉ** n.m. VÉNER. **1.** Moment où l'animal chassé débuche. **2.** Sonnerie de trompe qui annonce ce moment.
DÉBUDGÉTISATION n.f. Action de débudgétiser.
DÉBUDGÉTISER v.t. Supprimer une dépense budgétaire et couvrir la charge correspondante par une autre forme de financement.
DÉBUREAUCRATISER v.t. Enlever son caractère bureaucratique à un organisme, à un type de société.
DÉBUSQUEMENT n.m. Action de débusquer.
DÉBUSQUER v.t. **1.** Faire sortir le gibier de l'endroit où il s'est réfugié. **2.** Obliger qqn à quitter une position avantageuse, un refuge ; chasser.
DÉBUT n.m. Commencement d'une chose, d'une action. *Début d'un livre, d'un film.* ◆ pl. Premiers pas dans une carrière, une activité quelconque. *Avoir des débuts difficiles.*
DÉBUTANT, E adj. et n. Qui débute.
DÉBUTANTE n.f. Jeune fille de la haute société faisant son entrée dans le monde. Abrév. *(fam.) : deb.*
DÉBUTER v.i. (de *but*). **1.** Commencer, en parlant d'une chose, d'une action. *La séance débute à neuf heures.* **2.** Faire ses débuts. *Acteur qui débute.* ◆ v.t. *Fam.*, emploi critiqué. Commencer qqch. *Elle a débuté le grec en seconde.*
DEBYE [dəbaj] n.m. (de *Debye*, n.pr.). Unité de moment dipolaire électrique.
DÉCA n.m. (abrév.). *Fam.* Café décaféiné.
DÉCA- (gr. *deka*, dix). Préfixe (symb. da) qui, placé devant une unité, la multiplie par 10.
DEÇÀ adv. Vx. *Deçà delà :* de côté et d'autre. ◆ **en deçà de** loc. prép. **1.** De ce côté-ci de. *En deçà des Pyrénées.* **2.** Au-dessous de. *En deçà de la vérité.*
DÉCABRISTE ou **DÉCEMBRISTE** n.m. HIST. Membre de la conspiration organisée à Saint-Pétersbourg, en décembre 1825, contre le tsar Nicolas Ier.
DÉCACHETAGE n.m. Action de décacheter.
DÉCACHETER v.t. [16]. Ouvrir ce qui est cacheté. *Décacheter une bouteille, une lettre.*
DÉCADAIRE adj. D'une période de dix jours, spécial. dans le calendrier républicain.
DÉCADE n.f. (gr. *dekas, dekados*, groupe de dix). **1.** Partie d'un ouvrage composé de dix chapitres ou livres. *Les décades de Tite-Live.* **2.** Période de dix jours, en partic. dans le calendrier républicain. **3.** (Emploi critiqué). Décennie. *La dernière décade du XXe siècle.*
DÉCADENASSER v.t. Enlever le cadenas d'une porte, d'une malle, etc.
DÉCADENCE n.f. (lat. *decadentia*, de *cadere*, tomber). Commencement de la ruine, perte de prestige ; déclin politique.
DÉCADENT, E adj. En décadence. ◆ adj. et n. Se dit d'écrivains et d'artistes pessimistes et marginaux (Corbière, Cros, Villiers de L'Isle-Adam, Lorrain, Rachilde) de la fin du XIXe siècle.
DÉCADRAGE n.m. CINÉMA. Défaut dans le cadrage de l'image lors de sa projection à l'écran.
DÉCAÈDRE n.m. GÉOMÉTR. Polyèdre à 10 faces.
DÉCAFÉINÉ, E adj. Dont on a enlevé la caféine. ◆ n.m. Café décaféiné. Abrév. *(fam.) : déca.*
DÉCAGONAL, E, AUX adj. GÉOMÉTR. Qui a la forme d'un décagone.
DÉCAGONE n.m. GÉOMÉTR. Polygone qui a dix angles, et donc dix côtés.
DÉCAISSEMENT n.m. Action de décaisser ; somme décaissée.
DÉCAISSER v.t. Tirer de la caisse pour payer. *Décaisser une grosse somme.*
DÉCALAGE n.m. **1.** Déplacement dans l'espace ou dans le temps ; écart qui en résulte. *Décalage de date. Le décalage horaire entre ces deux villes est de six heures.* ◇ ASTRON. *Décalage vers le rouge :* déplacement vers le rouge des raies du spectre d'un astre par rapport à celles d'un spectre de référence, par suite de l'éloignement de cet astre par rapport à la Terre. **2.** Manque de concordance. *Décalage entre la pratique et la théorie.*
DÉCALAMINAGE n.m. Action de décalaminer.
DÉCALAMINER v.t. MÉTALL. Enlever la calamine d'une surface métallique.
DÉCALCIFICATION n.f. **1.** MÉD. Déminéralisation. **2.** Perte par dissolution de la fraction calcaire de certaines roches.
DÉCALCIFIER v.t. [5]. MÉD. Provoquer une décalcification. ◆ **se décalcifier** v.pr. MÉD. Être atteint de décalcification.
DÉCALCOMANIE n.f. Procédé permettant de transporter des images coloriées sur un support à décorer ; image ainsi obtenue.
DÉCALÉ, E adj. Se dit de qqn, de qqch qui n'est pas en phase avec la réalité, un contexte donné. *Un personnage, un discours décalé.*
DÉCALER v.t. **1.** Rare. Ôter les cales de qqch. *Décaler une armoire.* **2.** Déplacer dans l'espace ou dans le temps. *Décaler les repas.* ◇ v.pr. *Décalez-vous d'un rang !*
DÉCALITRE n.m. Capacité de 10 litres (symb. dal).
DÉCALOGUE n.m. (gr. *deka*, dix, et *logos*, parole). Les dix commandements de Dieu, donnés à Moïse sur le Sinaï, selon la Bible. (« Tu n'auras pas d'autres dieux devant moi. Tu ne feras aucune image sculptée qui ressemble à ce qui est dans les cieux [...]. Tu ne prononceras pas le nom de Yahvé ton Dieu à faux [...]. Observe le sabbat pour le sanctifier [...]. Honore ton père et ta mère [...]. Tu ne tueras pas. Tu ne commettras pas l'adultère. Tu ne voleras pas. Tu ne porteras pas de faux témoignage contre ton prochain. Tu ne convoiteras pas la femme de ton prochain ».)
DÉCALOTTER v.t. Débarrasser de ce qui coiffe, couvre à la manière d'une calotte. – *Spécial.* Découvrir le gland du pénis en faisant glisser le prépuce.
DÉCALQUAGE ou **DÉCALQUE** n.m. Action de décalquer ; image ainsi obtenue ; calque.
DÉCALQUER v.t. Reporter le calque d'un dessin sur un support ; reproduire un dessin au moyen d'un calque.
DÉCALVANT, E adj. (lat. *calvus*, chauve). MÉD. Qui fait perdre les cheveux.
DÉCAMÈTRE n.m. **1.** Longueur valant dix mètres (symb. dam). **2.** Chaîne ou ruban de dix mètres, pour mesurer des distances sur le terrain.
DÉCAMÉTRIQUE adj. Relatif au décamètre, aux mesures auxquelles il sert de base.
DÉCAMPER v.i. (de *camp*). *Fam.* Se retirer précipitamment ; s'enfuir.
DÉCAN n.m. (gr. *deka*, dix). ASTROL. Région du ciel s'étalant sur 10° de longitude dans chacun des signes du zodiaque. (Chaque signe comporte trois décans.)
DÉCANAT n.m. **1.** Dignité, fonction de doyen. **2.** Ensemble des services placés sous l'autorité d'un doyen ; ensemble des locaux, des bureaux qui les abritent.
DÉCANILLER v.i. *Fam.* S'enfuir, déguerpir.
DÉCANTATION n.f. ou **DÉCANTAGE** n.m. Action, fait de décanter.
DÉCANTER v.t. (du lat. *canthus*, bec de cruche). **1.** Débarrasser un liquide de ses impuretés en les laissant se déposer au fond d'un récipient. **2.** *Fig.* Mettre au net ; éclaircir. *Décanter ses idées.* ◆ **se décanter** v.pr. S'épurer, s'éclaircir progressivement.
DÉCANTEUR n.m. Appareil qui opère la décantation.
DÉCAPAGE n.m. Action de décaper.
DÉCAPANT, E adj. et n.m. Se dit d'un produit qui sert à décaper. ◆ adj. *Fig.* Qui exerce un effet bénéfique en remettant en cause les habitudes de pensée, les idées reçues ; caustique et stimulant. *Un humour décapant.*
DÉCAPELER v.t. [16]. Enlever le capelage de.
DÉCAPER v.t. (de *cape*). Nettoyer une surface en enlevant la couche d'impuretés qui la recouvre.
DÉCAPEUSE n.f. Engin de terrassement constitué par une benne surbaissée permettant d'araser le sol par raclage.
DÉCAPITALISER v.i. Diminuer la valeur du capital d'une entreprise ; retirer tout ou partie du capital qui y était investi.
DÉCAPITATION n.f. Action de décapiter ; fait d'être décapité.
DÉCAPITER v.t. (du lat. *caput, capitis*, tête). **1. a.** Trancher la tête de qqn. **b.** Ôter l'extrémité supérieure de qqch. **2.** *Fig.* Priver un groupe, un parti, etc., de ses dirigeants, de ses responsables.
DÉCAPODE n.m. **1.** Crustacé, génér. marin, souvent de grande taille, possédant huit paires d'appendices thoraciques (cinq paires servant à la locomotion), nageur (crevette) ou marcheur (crabe, homard, langouste, écrevisse, etc.). [Les décapodes forment un ordre.] **2.** Mollusque céphalopode muni de dix tentacules, tel que le calmar, la seiche, les bélemnites (fossiles). [Les décapodes forment un ordre.]
DÉCAPOTABLE adj. *Voiture décapotable*, ou *décapotable*, n.f. : voiture dont la capote peut être repliée ou enlevée.
DÉCAPOTER v.t. Replier, ôter la capote d'une automobile, d'un landau, etc.
DÉCAPSULAGE n.m. Action de décapsuler qqch.
DÉCAPSULER v.t. Ôter la capsule de.
DÉCAPSULEUR n.m. Instrument pour enlever les capsules des bouteilles. SYN. : *ouvre-bouteille.*
DÉCAPUCHONNER v.t. Retirer le capuchon d'un stylo, d'un tube, etc.
DÉCARBOXYLATION n.f. CHIM. ORG. Réaction au cours de laquelle une molécule d'anhydride carbonique est enlevée d'une molécule contenant un groupe carboxyle.
DÉCARBURATION n.f. Élimination de tout ou partie du carbone d'un produit métallurgique. *Décarburation de la fonte.*
DÉCARBURER v.t. Effectuer une décarburation.
DÉCARCASSER (SE) v.pr. *Fam.* Se donner du mal pour obtenir un résultat.
DÉCARTELLISATION n.f. Action de dissoudre légalement un cartel d'entreprises, de producteurs, etc. ; son résultat.
DÉCASYLLABE adj. et n.m. ou **DÉCASYLLABIQUE** adj. Se dit d'un vers qui a dix syllabes.
DÉCATHLON n.m. Épreuve masculine d'athlétisme, combinant dix spécialités différentes de course (100 m, 400 m, 1 500 m, 110 m haies), de saut (hauteur, longueur, perche) et de lancer (poids, disque, javelot).
DÉCATHLONIEN n.m. Athlète spécialiste du décathlon ; athlète qui participe à un décathlon.
DÉCATI, E adj. **1.** Se dit d'un tissu qui a perdu son aspect lustré. **2.** *Fig., fam.* Qui a perdu sa fraîcheur, sa jeunesse. *Vieillard décati.*
DÉCATIR v.t. Soumettre un tissu à l'action de la vapeur pour lui ôter son aspect lustré. ◆ **se décatir** v.pr. Perdre, avoir perdu sa jeunesse, sa fraîcheur ; vieillir.
DÉCATISSAGE n.m. Action de décatir un tissu.
DECAUVILLE n.m. (du n. de l'inventeur). Chemin de fer constitué par une voie portative de faible écartement (0,4 à 0,6 m), utilisé notamm. dans les chantiers, les carrières.
DÉCAVAILLONNER v.t. Labourer de façon à fendre les cavaillons entre les pieds de vigne.
DÉCAVAILLONNEUSE n.f. Charrue qui sert à décavaillonner.
DÉCAVER v.t. Au poker, gagner toute la cave d'un joueur.
DECCA [deka] n.m. (nom d'une firme anglaise). Ancien système de radionavigation maritime ou aérienne.
DÉCÉDER v.i. [11] [auxil. *être*] (lat. *decedere*, s'en aller). Mourir, en parlant de qqn.
DÉCELABLE adj. Qui peut être décelé.
DÉCELER [desle] v.t. [12] (de *celer*). **1.** Parvenir à distinguer d'après des indices ; découvrir, remarquer. **2.** *Litt.* Révéler. *Cette action décèle son désarroi.*
DÉCÉLÉRATION n.f. Accélération négative ou réduction de la vitesse d'un mobile.
DÉCÉLÉRER v.i. [11]. Ralentir, en parlant d'un mobile.
DÉCEMBRE n.m. (lat. *decembris mensis*, dixième mois, l'année romaine commençant en mars). Douzième mois de l'année.
DÉCEMBRISTE n.m. → **DÉCABRISTE.**
DÉCEMMENT [-samɑ̃] adv. De façon décente.
DÉCEMVIR [desɛmvir] n.m. (lat. *decem*, dix, et *vir*, homme). ANTIQ. ROM. Membre d'un collège

D

de dix magistrats dont les fonctions ont varié selon les époques.

DÉCEMVIRAT n.m. Dignité de décemvir.

DÉCENCE n.f. (lat. *decentia*). **1.** Respect des convenances, notamm. en matière sexuelle ; pudeur. **2.** Attitude réservée ; discrétion, retenue.

DÉCENNAL, E, AUX adj. (lat. *decem,* dix, et *annus,* an). **1.** Qui dure dix ans. *Magistrature décennale.* **2.** Qui revient tous les dix ans.

DÉCENNIE n.f. Période de dix ans.

DÉCENT, E adj. (lat. *decens*). **1.** Conforme à la décence. *Une tenue décente.* **2.** Conforme aux exigences minimales ; convenable, suffisant, correct. *Un salaire décent.*

DÉCENTRAGE n.m. **1.** Action de décentrer qqch. **2.** OPT. Décentrement.

DÉCENTRALISATEUR, TRICE adj. Relatif à la décentralisation. *Politique décentralisatrice.* ◆ n. Partisan de la décentralisation.

DÉCENTRALISATION n.f. Système d'organisation des structures administratives de l'État qui accorde des pouvoirs de décision et de gestion à des organes autonomes régionaux ou locaux (collectivités locales, établissements publics).

DÉCENTRALISER v.t. **1.** Opérer la décentralisation de. **2.** Disséminer sur un territoire des administrations, des industries, etc., qui se trouvaient groupées en un même lieu, notamm. dans la capitale.

D

DÉCENTREMENT n.m. **1.** OPT. Défaut d'alignement des centres des lentilles. SYN. : *décentrage.* **2.** PHOTOGR. Dispositif permettant de décentrer l'objectif d'un appareil photographique afin de modifier la position de l'image sur l'émulsion.

DÉCENTRER v.t. **1.** Déplacer le centre de qqch ou déplacer qqch par rapport à un centre, à un axe. **2.** OPT., PHOTOGR. Affecter d'un décentrement un système optique, les lentilles qui le composent.

DÉCEPTION n.f. (lat. *deceptio*). Fait d'être déçu, trompé dans son attente, son espérance.

DÉCERCLER v.t. Ôter le ou les cercles d'un tonneau, d'une cuve.

DÉCÉRÉBRATION n.f. Interruption de la transmission des messages nerveux entre le cerveau et le reste de l'encéphale, par section expérimentale chez un animal, ou à la suite d'une maladie.

DÉCÉRÉBRÉ, E adj. et n. PHYSIOL., MÉD. Se dit d'une personne ou d'un animal qui a subi une décérébration.

DÉCÉRÉBRER v.t. [11] (du lat. *cerebrum,* cerveau). PHYSIOL. Détruire le cerveau ou sectionner toutes les liaisons entre le cerveau et le reste de l'encéphale, chez un animal.

DÉCERNER v.t. (lat. *decernere,* décider). **1.** Attribuer, accorder solennellement. *Décerner un prix.* **2.** DR. Ordonner juridiquement qqch.

DÉCERVELAGE n.m. Action de décerveler ; son résultat.

DÉCERVELER v.t. [16]. **1.** Faire sauter la cervelle à. **2.** *Fig.* Rendre stupide ; abrutir.

DÉCÈS n.m. (lat. *decessus*). Mort de qqn. ◇ *Acte de décès :* acte établi à la mairie du lieu où un décès se produit et qui constate officiellement celui-ci.

DÉCEVANT, E adj. Qui déçoit, cause une désillusion.

DÉCEVOIR v.t. [39] (lat. *decipere*). Ne pas répondre à l'attente, aux espoirs de qqn.

DÉCHAÎNÉ, E adj. **1.** Très agité, excité. *Un enfant déchaîné.* **2.** Très violent, qui fait rage. *Les vents, les flots déchaînés.*

DÉCHAÎNEMENT n.m. Fait de se déchaîner ; emportement extrême.

DÉCHAÎNER v.t. **1.** Déclencher qqch d'incontrôlable. *Déchaîner l'hilarité.* **2.** Ôter les chaînes de. ◆ **se déchaîner** v.pr. **1.** Se mettre dans un état d'excitation extrême ; s'emporter, s'exciter. *La foule se déchaîne.* **2.** Faire rage, en parlant des éléments, d'un sentiment violent.

DÉCHANT n.m. MUS. Mélodie écrite en contrepoint, note contre note, d'un chant donné et évoluant en mouvement contraire.

DÉCHANTER v.i. Être déçu, avoir perdu ses illusions.

DÉCHAPERONNER v.t. FAUCONN. Ôter le chaperon d'un oiseau de proie, notamm. d'un faucon, dressé pour le vol.

DÉCHARGE n.f. **1.** Action de tirer avec une arme à feu, ou simultanément avec plusieurs armes à feu ; projectile tiré. *La décharge d'un fusil.* **2.** *Décharge électrique :* phénomène qui se produit quand un corps électrisé perd sa charge. – *Décharge oscillante :* oscillation électrique. **3.** Lieu où l'on peut déposer les décombres et les immondices, les déchets. **4.** Québec. Cours d'eau dans lequel s'écoule le trop-plein d'un lac ; lieu où s'effectue ce déversement. **5.** ARCHIT. Report de la charge des maçonneries sur des points d'appui solides. ◇ *Arc de décharge,* bandé dans le plein d'un mur pour soulager les parties sous-jacentes. **6.** DR. Acte par lequel on tient quitte d'une obligation, d'une responsabilité. ◇ DR. *Témoin à décharge,* qui témoigne en faveur d'un suspect. – *À sa décharge :* pour l'excuser, diminuer sa responsabilité.

DÉCHARGEMENT n.m. **1.** Action de décharger un véhicule, un navire, etc. **2.** Action de décharger, d'ôter la charge d'une arme à feu, d'un projectile.

DÉCHARGER v.t. [10]. **1.** Débarrasser de son chargement, de sa charge. *Décharger un wagon.* – Déposer quelque part un chargement. *Décharger des marchandises.* **2.** Libérer qqn d'une fonction, d'une charge. *Il décharge ses parents en les aidant.* **3.** Atténuer ou dégager la responsabilité de qqn. *Décharger un suspect.* **4.** Tirer avec une arme à feu. *Décharger son revolver.* – Retirer la cartouche d'une arme à feu, la charge d'une mine ou d'un projectile. **5.** Extraire tout ou partie de l'énergie électrique emmagasinée dans un dispositif. *Décharger un condensateur, un accumulateur.* **6.** Donner libre cours à un sentiment. *Décharger sa colère sur qqn.* **7.** *Décharger sa conscience :* faire des aveux. ◆ v.i. **1.** Vider son chargement. **2.** Perdre sa couleur ; déteindre. *Étoffe qui décharge au lavage.* ◆ **se décharger** v.pr. Se vider de sa charge, de son chargement. ◇ *Se décharger de qqch (sur qqn),* s'en libérer, en laisser le soin à d'autres.

DÉCHARNÉ, E adj. (de l'anc. fr. *charn,* chair). Très maigre, qui n'a plus que la peau sur les os.

DÉCHARNER v.t. Rare. Rendre décharné.

DÉCHAUMAGE n.m. Action de déchaumer ; son résultat.

DÉCHAUMER v.t. AGRIC. Donner un labour superficiel après la moisson, de façon à mélanger les chaumes à la terre et à briser la croûte superficielle du sol.

DÉCHAUMEUSE n.f. Appareil muni de dents ou de disques servant à déchaumer.

DÉCHAUSSAGE n.m. AGRIC., ARBOR. Mise à nu, dégagement de la base d'une plante, d'un arbre.

DÉCHAUSSÉ ou **DÉCHAUX** adj.m. *Moine, carme déchaussé :* religieux adepte de la réforme de sainte Thérèse, allant pieds nus dans des sandales.

DÉCHAUSSEMENT n.m. Rétraction de la gencive au niveau du collet d'une dent.

DÉCHAUSSER v.t. **1.** Ôter ses chaussures à qqn. **2.** Dégager la base d'une plante, d'un arbre. ◆ **se déchausser** v.pr. **1.** Enlever ses chaussures. **2.** Se dénuder au niveau de la racine, en parlant des dents.

DÉCHAUSSEUSE n.f. Charrue pour déchausser la vigne.

DÉCHAUX adj.m. → **DÉCHAUSSÉ.**

DÈCHE n.f. *Fam.* Déchéance, misère. *Être dans la dèche.*

DÉCHÉANCE n.f. Fait de déchoir, d'être déchu, moralement ou socialement ; état de dégradation, d'abaissement des facultés physiques ou intellectuelles. – DR. Perte d'un droit juridique ou d'une fonction.

DÉCHET n.m. (de *déchoir*). **1.** (Souvent pl.) Débris, restes sans valeur de qqch. **2.** Ce qui tombe d'une matière qu'on travaille. *Déchet de laine.* ◇ *Déchet nucléaire* ou *radioactif :* matière radioactive inutilisable obtenue lors de la mise en œuvre de matériaux radioactifs (notamm. dans les réacteurs nucléaires). **3.** COMM. *Déchet de route :* freinte.

DÉCHETTERIE n.f. (nom déposé). Centre ouvert au public pour le dépôt sélectif des déchets encombrants ou susceptibles d'être recyclés. (L'Académie écrit *déchèterie.*)

DÉCHIFFONNER v.t. Défroisser un tissu chiffonné.

DÉCHIFFRABLE adj. Qui peut être déchiffré.

DÉCHIFFRAGE n.m. Action de déchiffrer de la musique.

DÉCHIFFREMENT n.m. Action de déchiffrer un texte écrit en clair ou en code.

DÉCHIFFRER v.t. **1.** Lire, comprendre un texte écrit peu lisiblement, ou codé, une langue inconnue. *Déchiffrer un manuscrit.* **2.** Lire ou exécuter de la musique à première vue. **3.** Comprendre, deviner ce qui est obscur. *Déchiffrer une énigme.*

DÉCHIFFREUR, EUSE n. Personne qui déchiffre.

DÉCHIQUETAGE n.m. Action de déchiqueter.

DÉCHIQUETÉ, E adj. **1.** Mis en pièces, en lambeaux. **2.** Taillé, découpé de façon irrégulière. ◇ BOT. *Feuille déchiquetée,* à bords dentelés inégalement.

DÉCHIQUETER v.t. [16] (anc. fr. *échiqueté,* découpé en cases). Mettre en pièces, en lambeaux, par arrachement.

DÉCHIQUETEUR n.m. Appareil pour déchiqueter les matières industrielles hétérogènes.

DÉCHIQUETURE n.f. *Sout.* Partie déchiquetée de qqch ; découpure.

DÉCHIRANT, E adj. Qui déchire le cœur ; navrant. *Des adieux déchirants.*

DÉCHIREMENT n.m. **1.** Action de déchirer ; fait de se déchirer. **2.** *Fig.* Grande souffrance morale. *Les déchirements du départ.* **3.** *Fig.* Trouble important, division, notamm. dans un pays, un groupe.

DÉCHIRER v.t. (anc. fr. *escirer,* du francique). **1.** Mettre en pièces, en morceaux ; faire un accroc. *Déchirer une lettre, un vêtement.* **2.** *Fig.* Causer une vive douleur, physique ou morale, à. **3.** *Fig.* Diviser par des troubles. *La guerre civile déchire ce pays.* ◆ **se déchirer** v.pr. Se causer mutuellement de grandes souffrances morales ; pour un groupe, briser ses liens. *La famille s'est déchirée.*

DÉCHIRURE n.f. **1.** Partie déchirée de qqch ; accroc. **2.** MÉD. Rupture au sein d'un tissu (muscle, périnée, etc., survenant notamm. au moment de l'accouchement).

DÉCHLORURER [-klɔ-] v.t. Enlever le chlorure d'une substance.

DÉCHOIR v.i. [57] (lat. *cadere,* tomber). **1.** [auxil. *être*]. Tomber à un rang, à un état inférieur. *Déchoir de son rang.* **2.** [auxil. *avoir*]. *Litt.* Décliner, s'affaiblir. *Son influence déchoit.* ◆ v.t. Déposséder d'un droit, d'un privilège. *Déchoir qqn de ses fonctions.*

DÉCHRISTIANISATION n.f. Action de déchristianiser ; son résultat.

DÉCHRISTIANISER [-kris-] v.t. Amener à la perte de la foi chrétienne une région, un pays ou une personne.

DÉCHU, E adj. Qui a perdu son rang, sa réputation, sa dignité.

DÉCI n.m. Suisse. Dans les cafés, mesure d'un décilitre de vin.

DÉCI- (lat. *decem,* dix). Préfixe (symb. d) qui, placé devant une unité, la divise par 10.

DÉCIBEL n.m. Dixième partie du bel (symb. dB), unité servant en acoustique à définir une échelle d'intensité sonore. ◆ pl. *Fam.* Bruit intense. *Les décibels produits par un marteau piqueur.*

DÉCIDABILITÉ n.f. LOG. Propriété de ce qui est décidable.

DÉCIDABLE adj. LOG. Qui est démontrable ou réfutable dans une théorie déductive. *Formule, système décidable.*

DÉCIDÉ, E adj. Qui fait preuve d'esprit de décision ; résolu, assuré. *Un homme décidé.*

DÉCIDÉMENT adv. En définitive. *Décidément, je ne peux plus le supporter.*

DÉCIDER v.t. (lat. *decidere,* trancher). **1.** Choisir comme objectif ; déterminer, fixer, décréter qqch. *Qu'as-tu décidé ? Il a décidé qu'elle viendrait.* **2.** Pousser à agir, à prendre telle ou telle décision. *Rien à faire pour les décider.* **3.** *Sout.* Avoir pour conséquence ; provoquer, entraîner qqch. *Ce scandale décida la chute du ministère.* ◆ v.t. ind. (de). **1.** Prendre le parti de. *J'ai décidé d'y aller moi-même.* **2.** Se prononcer sur ; déterminer. *L'enquête décidera de son innocence.* ◆ v.i. Avoir la responsabilité du choix. *Qui décide ici ?* ◆ **se décider** v.pr. Prendre une résolution.

DÉCIDEUR, EUSE n. Personne physique ou morale habilitée à prendre des décisions.

DÉCIDU, E adj. (lat. *deciduus,* qui tombe). BOT. Caducifolié.

DÉCIDUALE adj.f. **1.** MÉD. Relatif à la caduque utérine. **2.** ANAT. Se dit d'une dent temporaire, destinée à tomber pour être remplacée (dents des crocodiles, dents de lait des mammifères, etc.).

DÉCIGRADE n.m. Angle valant 0,1 grade (symb. dgr).

DÉCIGRAMME n.m. Masse valant 0,1 gramme (symb. dg).

DÉCILAGE n.m. STAT. Division d'une distribution statistique en dix classes d'effectif égal.

DÉCILE n.m. STAT. Chacune des valeurs qui divisent une distribution statistique en dix classes d'effectif égal.

DÉCILITRE n.m. Capacité valant 0,1 litre (symb. dl).

DÉCIMAL, E, AUX adj. (lat. *decimus*, dixième). **1.** Qui a pour base le nombre dix. *Logarithme décimal, numération décimale.* <> ***Système décimal***, qui procède par puissances de dix. **2.** ***Nombre décimal*** : nombre qui est le quotient d'un entier par une puissance entière de dix.

DÉCIMALE n.f. Chacun des chiffres figurant après la virgule dans l'écriture d'un nombre décimal.

DÉCIMALISATION n.f. Application du système décimal à des grandeurs, à des mesures.

DÉCIMALISER v.t. Normaliser par décimalisation. *Décimaliser un système de mesures.*

DÉCIMATEUR n.m. HIST. Personne qui avait le droit de lever la dîme ecclésiastique.

DÉCIMATION n.f. **1.** Action de décimer. **2.** MIL. Châtiment consistant à faire périr un soldat sur dix.

1. DÉCIME n.f. (lat. *decima pars*, dixième partie). Au Moyen Âge et sous l'Ancien Régime, impôt perçu par le roi de France sur le clergé.

2. DÉCIME n.m. (lat. *decimus*, dixième). Anc. Dixième partie du franc.

DÉCIMER v.t. (lat. *decimare*, punir de mort un homme sur dix). Faire périr en grand nombre ; exterminer. *Épidémie qui décime une population.*

DÉCIMÈTRE n.m. **1.** Longueur valant 0,1 mètre (symb. dm). **2.** Règle divisée en centimètres et en millimètres, d'une longueur de un, deux *(double décimètre)* ou plusieurs décimètres.

DÉCIMÉTRIQUE adj. Qui est de l'ordre du décimètre. – *Spécial.* Se dit d'ondes radio dont la longueur d'onde est comprise entre 10 cm et 1 m.

DÉCINTREMENT ou **DÉCINTRAGE** n.m. Action de décintrer ; son résultat.

DÉCINTRER v.t. **1.** Défaire les pinces ou les coutures d'un vêtement afin de le rendre plus ample. **2.** CONSTR. Ôter les cintres établis pour construire une voûte, un arc, etc.

DÉCISIF, IVE adj. (lat. *decisivus*, de *decidere*, trancher). Qui conduit à un résultat définitif, à une solution. *Combat décisif. Argument décisif.*

DÉCISION n.f. (lat. *decisio*). **1.** Acte par lequel qqn décide, se décide ; chose décidée, résolution prise. *Prendre une bonne, une mauvaise décision.* **2.** Action de décider après délibération ; acte par lequel une autorité décide qqch après examen. *Décision de la mairie. Décisions gouvernementales.* <> DR. ***Décision exécutoire. a.*** Acte unilatéral de l'Administration. **b.** En droit communautaire, acte juridique obligatoire pour les destinataires qu'il désigne (États ou particuliers). **3.** ***Théorie de la décision*** : théorie qui, à partir de données psychologiques, économiques, sociologiques, etc., tente de déterminer à l'aide, notamm., de modèles mathématiques le comportement optimal dans une situation donnée. **4.** Qualité de qqn qui est résolu, déterminé ; fermeté. *Esprit de décision.*

DÉCISIONNAIRE adj. Qui relève d'une décision d'ordre politique, administratif, judiciaire. *Pouvoir décisionnaire.*

DÉCISIONNEL, ELLE adj. *Didact.* Relatif à une décision, à la prise de décisions. *Processus décisionnels.*

DÉCISOIRE adj. DR. ***Serment décisoire*** : serment judiciaire imposé par une partie à son adversaire au cours d'un procès civil et dont dépend la solution du litige.

DÉCITEX n.m. TEXT. Unité de mesure du titre des fibres textiles équivalant au titre d'un fil de 1 g ayant une longueur de 10 000 mètres.

DÉCLAMATEUR, TRICE n. Personne qui déclame.

DÉCLAMATION n.f. **1.** Art de déclamer. **2.** *Péjor.* Éloquence pompeuse, emphatique.

DÉCLAMATOIRE adj. **1.** Relatif à l'art de la déclamation, à une déclamation. *Style déclamatoire.* **2.** Plein d'emphase ; pompeux. *Prendre un ton déclamatoire.*

DÉCLAMER v.t. (lat. *declamare*). Réciter, dire un texte devant un public. *Acteur qui déclame une tirade.* – Absol. Parler avec emphase. ◆ v.i. *Litt.* Parler avec violence contre qqn, qqch.

DÉCLARANT, E adj. et n. DR. Qui fait une déclaration, notamm. à un officier d'état civil.

DÉCLARATIF, IVE adj. **1.** DR. *Acte déclaratif*, par lequel on constate l'existence d'un droit préexistant. **2.** LING. Se dit d'un verbe exprimant une assertion (par ex. *dire, déclarer*).

DÉCLARATION n.f. **1.** Action de déclarer ; acte, discours par lequel on déclare. *Déclaration publique.* – DR. Affirmation de l'existence d'une situation juridique ou d'un fait. *La Déclaration des droits de l'homme et du citoyen.* **2.** Aveu qu'une personne fait à une autre des sentiments amoureux qu'elle éprouve à son égard. *Une déclaration enflammée.*

DÉCLARATOIRE adj. DR. Qui déclare juridiquement.

DÉCLARER v.t. (lat. *declarare*). **1.** Exprimer, faire connaître d'une façon manifeste, solennelle. *Déclarer ses intentions. Déclarer la guerre.* **2.** Faire connaître à une administration, conformément à la loi. *Déclarer ses revenus.* ◆ **se déclarer** v.pr. **1.** Faire connaître, exprimer un sentiment, une idée. **2.** Commencer à apparaître ; se manifester. *Maladie qui se déclare.*

DÉCLASSÉ, E adj. et n. Passé à un rang, à un statut inférieur à l'état initial.

DÉCLASSEMENT n.m. Action de déclasser ; son résultat.

DÉCLASSER v.t. **1.** Déranger le classement de. **2.** Faire passer dans une catégorie considérée comme inférieure ; rétrograder dans un classement. **3.** Ôter du prestige à ; déprécier, discréditer.

DÉCLAVETER v.t. [16]. Enlever la clavette qui lie une pièce à une autre.

DÉCLENCHEMENT n.m. Action de déclencher ; fait de se déclencher.

DÉCLENCHER v.t. (de *clenche*). **1.** Déterminer par un mécanisme la mise en marche, le fonctionnement de. *Déclencher une sonnerie.* **2.** *Fig.* Provoquer brusquement. *Déclencher un conflit.* ◆ **se déclencher** v.pr. **1.** Se mettre en mouvement, en marche. **2.** Se produire avec une certaine brusquerie. *La crise s'est déclenchée cette nuit.*

DÉCLENCHEUR n.m. Dispositif agissant sur le mécanisme d'un disjoncteur pour en provoquer l'ouverture. – *Spécial.* Dispositif qui commande le fonctionnement de l'obturateur d'un appareil photo. ◆ adj.m. ÉTHOL. *Stimulus déclencheur*, ou *déclencheur*, n.m. : stimulus dont la perception provoque un acte moteur instinctif spécifique.

DÉCLIC n.m. (de l'anc. fr. *cliquer*, faire du bruit). **1.** Mécanisme destiné à séparer deux pièces enclenchées ; bruit provoqué par ce mécanisme (en partic., dans un appareil photo). **2.** *Fig.* Compréhension soudaine et intuitive.

DÉCLIN n.m. Fait de décliner ; diminution de grandeur, de valeur. *Déclin de popularité.*

DÉCLINABLE adj. LING. Qui peut être décliné.

DÉCLINAISON n.f. **1.** LING. Ensemble des formes pourvues d'affixes que présentent, dans les langues flexionnelles, les noms, les adjectifs et les pronoms, suivant le genre, le nombre et le cas. **2.** ASTRON. L'une des deux coordonnées équatoriales permettant de repérer la position d'un point sur la sphère céleste, analogue à la latitude sur la Terre. <> ***Déclinaison magnétique*** : angle formé par le méridien magnétique et le méridien géographique en un point de la surface terrestre. **3.** COMM. Action de décliner un produit, une gamme.

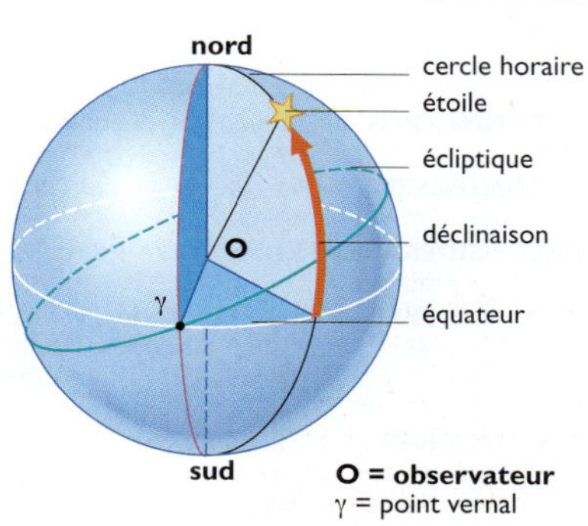

■ **DÉCLINAISON** (astronomie).

DÉCLINANT, E adj. Qui décline ; qui va vers son déclin.

DÉCLINATOIRE n.m. **1.** TOPOGR. Longue aiguille aimantée à pivot servant à orienter un plan. **2.** DR. ***Déclinatoire de compétence*** : exception ou acte contestant la compétence d'un tribunal. ◆ adj. DR. Qui a pour but de décliner.

DÉCLINER v.i. (lat. *declinare*). **1.** Perdre de ses forces, de ses qualités ; s'affaiblir. *Vieillard qui décline.* **2.** Tomber, laisser place à la nuit, en parlant du jour. – S'approcher de l'horizon, s'abaisser, en parlant d'un astre. ◆ v.t. **1. a.** Refuser avec politesse. *Décliner une invitation.* <> ***Décliner toute responsabilité*** : rejeter toute responsabilité. **b.** DR. Rejeter la compétence d'un tribunal. **2.** LING. Énoncer les différentes formes de la déclinaison d'un nom, d'un pronom, d'un adjectif. **3.** Énumérer les composants de. *Le président a décliné les orientations de sa politique.* <> ***Décliner son nom, son identité, etc.***, les énoncer avec précision. **4.** COMM. Présenter un produit, une gamme sous plusieurs formes ; en exploiter les différents sous-produits.

DÉCLIQUETAGE n.m. Action de décliqueter un mécanisme.

DÉCLIQUETER v.t. [16]. MÉCAN. INDUSTR. Dégager le cliquet d'une roue à rochet.

DÉCLIVE adj. (lat. *declivis*). Rare. Qui va en pente ; incliné. *Terrain déclive.*

DÉCLIVITÉ n.f. État de ce qui est en pente.

DÉCLOISONNEMENT n.m. Action de décloisonner ; son résultat.

DÉCLOISONNER v.t. Débarrasser des cloisons, des séparations qui empêchent ou entravent la communication, la libre circulation des idées, des personnes, etc. *Décloisonner des services.*

DÉCLORE v.t. [93]. Rare. Enlever la clôture de.

DÉCLOUER v.t. Défaire ce qui est cloué.

DÉCO adj. inv. *Arts déco* → **art.**

DÉCOCHAGE n.m. MÉTALL. Action de décocher une pièce de fonderie.

DÉCOCHER v.t. (de *coche*, entaille). **1. a.** Lancer un projectile avec un arc ou un engin analogue. *Décocher une flèche.* **b.** *Fig.* Adresser soudainement. *Décocher un sourire. Décocher des injures.* **2.** MÉTALL. Extraire une pièce de fonderie du moule en sable où elle a été coulée.

DÉCOCTION n.f. (du lat. *decoquere*, faire cuire). Solution obtenue par l'action prolongée de l'eau bouillante sur une plante aromatique.

DÉCODAGE n.m. Action de décoder ; son résultat.

DÉCODER v.t. Traduire, déchiffrer un message, un texte codé.

1. DÉCODEUR n.m. Dispositif destiné à restituer en clair des signaux de télévision cryptés à l'émission.

2. DÉCODEUR, EUSE n. Personne qui décode.

DÉCOFFRAGE n.m. Action de décoffrer un ouvrage de béton.

DÉCOFFRER v.t. Enlever le coffrage d'un ouvrage de béton après durcissement.

DÉCOIFFER v.t. Déranger la coiffure, mêler les cheveux de qqn. ◆ v.i. *Fam.* Produire une forte impression. *Ce film, ça décoiffe.* ◆ **se décoiffer** v.pr. **1.** Déranger sa coiffure. *Elle s'est décoiffée en courant.* **2.** Ôter son chapeau, sa coiffe, etc. *Il se décoiffe devant les dames.*

DÉCOINCEMENT ou **DÉCOINÇAGE** n.m. Action de décoincer ; son résultat.

DÉCOINCER v.t. [9]. Dégager ce qui est coincé, bloqué. ◆ **se décoincer** v.pr. Se débloquer, être débloqué. – *Fig., fam.* Perdre sa timidité, sa réserve.

DÉCOLÉRER v.i. [11]. (Surtout en tournure négative.) Cesser d'être en colère. *Ne pas décolérer.*

DÉCOLLAGE n.m. **1.** Action de décoller, de détacher. *Le décollage d'un papier peint.* **2.** Action, fait de quitter le sol. *Le décollage d'un avion.* **3.** *Fig.* Fait de s'élever, de se développer. *Le décollage d'une entreprise.*

D

DÉCOLLATION n.f. (du lat. *decollare*, décapiter). *Litt.* Action de trancher la tête, de couper le cou.

DÉCOLLÉ, E adj. *Oreilles décollées,* très écartées du crâne.

DÉCOLLECTIVISER v.t. Transférer les moyens de production et d'échange du domaine collectif à celui de l'initiative privée.

DÉCOLLEMENT n.m. Action de décoller ; fait de se décoller.

DÉCOLLER v.t. Détacher, séparer ce qui est collé, ce qui adhère à qqch. *Décoller un timbre.* ◆ v.i. **1.** Quitter le sol, s'envoler, en parlant d'un aéronef. **2. a.** ÉCON. Se développer, sortir de la stagnation, du sous-développement. **b.** SPORTS. Se séparer du peloton ou de l'entraîneur en se laissant distancer, en parlant d'un coureur. **3.** *Fam. Ne pas décoller :* ne pas s'en aller, demeurer, notamm. là où l'on est importun.

DÉCOLLETAGE n.m. **1.** Action de décolleter un vêtement féminin. **2.** AGRIC. Action de couper le collet et les feuilles de certaines plantes cultivées pour leur racine (betteraves, carottes, etc.). **3.** MÉCAN. INDUSTR. Opération qui consiste à fabriquer en série des pièces métalliques de révolution, sur un tour parallèle, en les usinant les unes à la suite des autres dans une barre.

DÉCOLLETÉ, E adj. Dont le haut du buste est nu ; qui découvre le haut du buste. ◆ n.m. **1.** Le haut du buste (les épaules, la gorge, le dos) d'une femme, lorsqu'il est découvert. **2.** Échancrure d'une robe, d'un corsage, etc., dégageant plus ou moins, selon sa forme, le haut du buste.

D

DÉCOLLETER v.t. [16]. **1. a.** Découvrir le haut du buste d'une femme. **b.** Échancrer le haut d'un vêtement. **2.** AGRIC., MÉCAN. INDUSTR. Pratiquer le décolletage de.

DÉCOLLETEUSE n.f. **1.** MÉCAN. INDUSTR. Tour à décolleter. **2.** Machine agricole pour le décolletage des betteraves.

DÉCOLLEUSE n.f. Machine servant à décoller les revêtements (murs, sols).

DÉCOLONISATION n.f. Action de décoloniser ; situation qui en résulte.
ENCYCL. Principales étapes de la décolonisation : 1946 : début de la guerre d'Indochine. 1947 : indépendance de l'Inde et du Pakistan. 1949 : indépendance de l'Indonésie et du Laos. 1954 : indépendance du Viêt Nam et du Cambodge. Début de la guerre d'Algérie. 1956 : indépendance de la Tunisie et du Maroc. 1957 : indépendance du Ghana. 1958 : indépendance de la Guinée. 1960 : indépendance du Nigeria et des colonies françaises d'Afrique noire. 1962 : indépendance de l'Algérie. 1975 : indépendance de l'Angola et du Mozambique.

DÉCOLONISER v.t. Accorder l'indépendance à une colonie, la faire accéder au statut d'État.

DÉCOLORANT, E adj. et n.m. Se dit d'une substance qui décolore.

DÉCOLORATION n.f. **1.** Opération qui consiste à éclaircir la couleur naturelle des cheveux. **2.** Disparition ou affaiblissement de la couleur de qqch.

DÉCOLORER v.t. (lat. *decolorare*). Altérer, effacer, éclaircir la couleur de.

DÉCOMBRES n.m. pl. (de l'anc. fr. *decombrer*, débarrasser). Débris d'un édifice en ruines ou écroulé.

DÉCOMMANDER v.t. Annuler une commande, un rendez-vous, une invitation.

DÉCOMPENSATION n.f. **1.** MÉD. Aggravation de l'état d'un organe, d'un organisme, quand le phénomène de compensation de la maladie en cours n'est plus possible. **2.** PSYCHOL. Effondrement brutal des défenses chez un sujet confronté à une situation difficile ou dangereuse.

DÉCOMPENSÉ, E adj. Se dit d'une maladie quand la décompensation s'est produite. *Cardiopathie décompensée.*

DÉCOMPLEXER v.t. Faire perdre ses complexes, sa timidité à qqn.

DÉCOMPOSABLE adj. Qui peut être décomposé.

DÉCOMPOSER v.t. **1.** Séparer en ses éléments constituants. *Décomposer l'eau. Décomposer une phrase.* **2.** BIOL. Provoquer la décomposition de ; putréfier. **3.** *Fig.* Altérer, troubler profondément. *La peur décomposait ses traits.* ◆ **se décomposer** v.pr. **1.** Entrer en décomposition ; pourrir, se putréfier. **2.** *Fig.* S'altérer sous l'effet d'une émotion intense, d'une violente douleur, en parlant de la physionomie, des traits.

DÉCOMPOSEUR n.m. ÉCOL. Organisme (animal, champignon, micro-organisme) qui assure la décomposition de la matière organique issue des êtres vivants (cadavres, végétaux morts, débris, déchets, etc.).

DÉCOMPOSITION n.f. **1.** Séparation de qqch en ses éléments constituants ; analyse. **2.** BIOL. Altération d'une substance organique ; putréfaction. – *Fig.* Trouble, altération profonde. **3.** BIOCHIM. Transformation des substances organiques en molécules organiques plus simples, sous l'action des décomposeurs. (→ *minéralisation*).

DÉCOMPRESSER v.i. *Fam.* Relâcher sa tension nerveuse, se détendre après une période d'anxiété ou de fatigue.

DÉCOMPRESSEUR n.m. **1.** Appareil servant à réduire la pression d'un fluide. **2.** Soupape d'un moteur à explosion facilitant le démarrage ou freinant le moteur.

DÉCOMPRESSION n.f. Suppression ou diminution de la pression. ◇ *Accident de décompression :* maladie des *caissons.

DÉCOMPRIMER v.t. Faire cesser ou diminuer la compression de.

DÉCOMPTE [dekɔ̃t] n.m. **1.** Décomposition d'une somme payée ou à payer en ses éléments de détail. **2.** Déduction à faire sur un compte que l'on solde.

DÉCOMPTER v.t. Soustraire une somme d'un compte ; déduire. ◆ v.i. HORLOG. Sonner en désaccord avec l'heure indiquée, en parlant d'une horloge.

DÉCONCENTRATION n.f. **1.** Action de déconcentrer ; fait de se déconcentrer. **2.** ADMIN. Système d'organisation des structures de l'État dans lequel certains pouvoirs de décision sont donnés aux agents du pouvoir central répartis sur le territoire.

DÉCONCENTRER v.t. **1.** Diminuer ou supprimer la concentration de ; disséminer. **2.** Faire perdre sa concentration à, distraire l'attention de. **3.** ADMIN. Opérer la déconcentration. ◆ **se déconcentrer** v.pr. Perdre sa concentration, son attention ; s'éparpiller, se disperser.

DÉCONCERTANT, E adj. Qui déconcerte ; surprenant.

DÉCONCERTER v.t. Jeter dans l'incertitude par une action, un comportement, des paroles inattendues, insolites ; décontenancer.

DÉCONDITIONNEMENT n.m. Action de déconditionner ; son résultat.

DÉCONDITIONNER v.t. Libérer d'un conditionnement psychologique.

DÉCONFIT, E adj. Dépité, décontenancé à la suite d'un échec.

DÉCONFITURE n.f. **1.** Échec total ; faillite. **2.** DR. Situation d'un débiteur non commerçant qui ne peut satisfaire ses créanciers.

DÉCONGÉLATION n.f. Action de décongeler.

DÉCONGELER v.t. [12]. Ramener un produit congelé à la température ambiante.

DÉCONGESTION n.f. Disparition de la congestion.

DÉCONGESTIONNEMENT n.m. Action de faire cesser l'encombrement, l'obstruction de.

DÉCONGESTIONNER v.t. **1.** Faire cesser la congestion de qqch. **2.** *Fig.* Faire cesser l'encombrement d'un lieu. *Décongestionner le centre d'une ville.*

DÉCONNECTER v.t. **1.** Démonter un raccord branché sur un appareil, un conduit ; débrancher. **2.** Séparer des choses connexes. ◆ v.i. ou **se déconnecter** v.pr. *Fam.* Perdre le contact avec la réalité.

DÉCONNER v.i. *Très fam.* **1.** Dire ou faire des sottises. **2.** Fonctionner de travers.

DÉCONNEXION n.f. Action de déconnecter qqch.

DÉCONSEILLER v.t. Conseiller de ne pas faire ; dissuader.

DÉCONSIDÉRATION n.f. *Sout.* Perte de la considération ; discrédit.

DÉCONSIDÉRER v.t. [11]. Faire perdre la considération, l'estime ; discréditer. ◆ **se déconsidérer** v.pr. Agir de telle façon qu'on perd l'estime dont on était l'objet.

DÉCONSIGNER v.t. **1.** Affranchir de la consigne. *Déconsigner des troupes.* **2.** Rembourser le prix de la consigne d'un emballage.

DÉCONSTRUCTION n.f. PHILOS. Processus par lequel un ensemble construit, structuré, et notamm. un ensemble abstrait, est détaillé en ses composants ; décomposition analytique.

DÉCONSTRUIRE v.t. [78]. Procéder à une déconstruction.

DÉCONTAMINATION n.f. Opération visant à éliminer ou à réduire les agents d'une contamination.

DÉCONTAMINER v.t. Effectuer une décontamination.

DÉCONTENANCER v.t. [9]. Faire perdre contenance à qqn ; embarrasser, déconcerter. ◆ **se décontenancer** v.pr. Perdre contenance ; se troubler.

DÉCONTRACTÉ, E adj. **1.** À l'aise ; détendu. **2.** Qui n'est pas contracté.

DÉCONTRACTER v.t. **1.** Faire cesser la contraction, la raideur d'un muscle. **2.** Faire cesser la tension psychique chez qqn. ◆ **se décontracter** v.pr. Diminuer sa tension psychique ; se détendre.

DÉCONTRACTION n.f. **1.** Action de décontracter. **2.** Fait de se décontracter ; détente. **3.** Aisance parfois excessive ; désinvolture.

DÉCONVENTIONNER v.t. Mettre fin aux effets d'une convention, en partic. d'une convention qui lie un médecin, un établissement à la Sécurité sociale.

DÉCONVENUE n.f. (de l'anc. fr. *convenue,* situation). *Sout.* Désappointement, déception, désillusion.

DÉCOR n.m. **1.** Ce qui sert à décorer, à garnir ; ensemble des éléments qui contribuent à l'aménagement et à l'ornementation d'un lieu, d'un intérieur. *Le décor d'une salle des fêtes. Un décor de style Louis XVI.* – Motif ou ensemble de motifs ayant pour but de décorer, d'enjoliver. *Décor chinois d'une assiette.* **2.** Ensemble des éléments (toiles peintes, portants, praticables, etc.) qui figurent les lieux où se situe une action au théâtre, au cinéma, à la télévision ; chacun de ces éléments. ◇ *Fam. Entrer, aller dans le(s) décor(s) :* quitter la route accidentellement, en parlant d'un véhicule. **3.** Aspect d'un lieu dans lequel vit qqn, se situe une action, se produit un phénomène, etc. ; cadre, paysage. ◇ *Changement de décor :* évolution brusque de la situation.

DÉCORATEUR, TRICE n. **1.** Spécialiste de la décoration, de l'aménagement de locaux. **2.** Artiste qui conçoit, réalise les décors d'un spectacle ; scénographe. **3.** Artiste travaillant dans le domaine des arts appliqués.

DÉCORATIF, IVE adj. **1.** Qui décore, qui produit un effet esthétique ; ornemental. **2.** *Fam.,* vieilli. Qui, par sa prestance, ses titres ou sa position sociale, fait honneur à une société. *Un invité très décoratif.* **3.** *Péjor.* D'une importance secondaire, voire insignifiante. *Avoir un rôle purement décoratif.* **4.** *Arts décoratifs :* arts *appliqués.

DÉCORATION n.f. **1.** Action, art de décorer ; ensemble de ce qui décore. *La décoration d'un appartement.* **2.** Insigne d'une distinction honorifique ou d'un ordre de chevalerie.

DÉCORDER (SE) v.pr. Se détacher d'une cordée, en parlant d'un alpiniste.

DÉCORÉ, E adj. et n. Qui porte une décoration. ◆ adj. Qui contient un décor. *Une assiette, une pièce décorée.*

DÉCORER v.t. (lat. *decorare*). **1.** Pourvoir un lieu ou un objet mobilier d'éléments, d'accessoires, de motifs sculptés, peints, etc., réalisant un embellissement, un enrichissement. **2.** Conférer une décoration à qqn.

DÉCORNER v.t. **1.** Priver un animal de ses cornes. ◇ *Fam. Vent à décorner les bœufs,* très violent. **2.** Redresser ce qui a été corné. *Décorner une carte.*

DÉCORTICAGE n.m. Action de décortiquer.

DÉCORTICATION n.f. **1.** ARBOR. Grattage de l'écorce des arbres pour détruire les végétations ou les insectes parasites. **2.** CHIRURG. Ablation d'une membrane normale ou pathologique entourant un organe.

DÉCORTIQUÉ, E adj. PHYSIOL. Privé du cortex cérébral, en parlant d'un animal de laboratoire.

DÉCORTIQUER v.t. (lat. *decorticare,* de *cortex,* écorce). **1.** Débarrasser de son écorce, de son enveloppe, de sa coquille, de sa carapace, etc. **2.** *Fig.* Analyser minutieusement un texte, une phrase. *Décortiquer un poème.*

DÉCORATIONS FRANÇAISES

Croix de la Légion d'honneur

Croix de la Libération

Médaille militaire

Ordre national du Mérite

Croix de guerre 1914-1918

Croix de guerre 1939-1945

Croix de guerre TOE

Croix de la valeur militaire

Médaille de la Résistance

Plaque de grand officier de la Légion d'honneur

Médaille de l'Aéronautique

Palmes académiques

Croix du combattant

Mérite agricole

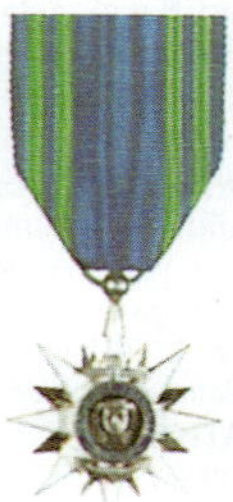

Mérite maritime

Ordre des Arts et des Lettres

Médaille commémorative 1914-1918

Médaille commémorative 1939-1945

Campagne d'Indochine

Médaille d'honneur des actes de courage et de dévouement

DÉCORATIONS ÉTRANGÈRES

Allemagne

Croix fédérale du Mérite

Belgique

Ordre de Léopold

Belgique

Ordre de Léopold II

Espagne

Ordre royal de Charles III

États-Unis

Médaille d'honneur du Congrès

États-Unis

Bronze Star Medal

Grande-Bretagne

Victoria Cross

Grande-Bretagne

Distinguished Service Order

Italie

Ordre du Mérite de la République italienne

Luxembourg

Ordre de la Couronne de chêne

ONU

Médaille de l'ONU

Pays-Bas

Ordre d'Orange-Nassau

Portugal

Ordre du Christ

Russie

Drapeau rouge

D

DÉCORUM [dekɔrɔm] n.m. (lat. *decorum*). Ensemble des règles de bienséance, des convenances en usage dans une bonne société ; protocole, cérémonial.

DÉCOTE n.f. **1.** Abattement consenti sur le montant d'un impôt. **2.** COMPTAB. Minoration d'un actif apparaissant dans un inventaire. **3.** Évaluation inférieure par rapport à un cours de référence.

DÉCOUCHER v.i. Ne pas rentrer coucher chez soi.

DÉCOUDRE v.t. [66]. **1.** Défaire ce qui était cousu. **2.** VÉNER. *Se faire découdre :* en parlant d'un chien de chasse, recevoir une décousure. ◆ v.i. *En découdre :* en venir aux mains ; s'affronter, entrer en contestation.

DÉCOULER v.t. ind. **(de).** Dériver naturellement de qqch ; résulter. *Loi qui découle d'un principe.*

DÉCOUPAGE n.m. **1.** Action, manière de découper. **2.** Feuille de papier découpée, figure découpée ; image destinée à être découpée. *Enfants qui font des découpages.* **3.** CINÉMA. Division d'un scénario en plans numérotés ; document écrit qui établit la division du scénario en plans et fournit des précisions sur l'image et le son. **4.** *Découpage électoral :* établissement des circonscriptions électorales.

DÉCOUPE n.f. COUT. Morceau d'étoffe découpé et rapporté suivant une ligne, qui structure ou décore un vêtement.

DÉCOUPÉ, E adj. Dont le contour présente des entailles, des découpures. *Côte découpée.*

DÉCOUPER v.t. **1.** Couper en morceaux, en parts. *Découper une volaille.* **2.** Tailler en suivant les contours d'un dessin. *Découper des images.* **3.** Former des découpures dans ; échancrer. *Golfes qui découpent une côte.* ◆ **se découper** v.pr. Se détacher sur un fond. *Montagne se découpant sur le ciel.*

DÉCOUPEUR, EUSE n. Personne qui découpe.

DÉCOUPLAGE n.m. Action de découpler.

DÉCOUPLÉ, E adj. *Bien découplé :* de belle taille, harmonieusement proportionné, en parlant de qqn, de son corps.

DÉCOUPLER v.t. **1.** ÉLECTROTECHN. Supprimer un couplage, quelquefois parasite, entre deux circuits. **2.** VÉNER. Détacher, séparer des chiens couplés.

DÉCOUPOIR n.m. Instrument servant à faire des découpures.

DÉCOUPURE n.f. **1.** Entaille, échancrure dans un contour ; bord découpé. *Les découpures d'une guirlande.* **2.** Morceau découpé.

DÉCOURAGEANT, E adj. Qui décourage.

DÉCOURAGEMENT n.m. Perte de courage ; abattement, démoralisation.

DÉCOURAGER v.t. [10]. **1.** Abattre le courage, l'énergie de ; démoraliser. **2.** Ôter l'envie, le désir de faire ou de continuer qqch ; dissuader. **3.** Mettre un terme à ; arrêter, entraver. *Décourager la fraude.* ◆ **se décourager** v.pr. Perdre courage.

DÉCOURONNER v.t. **1.** Priver de la couronne. **2.** Enlever la partie supérieure, le sommet de. *Découronner un arbre.*

DÉCOURS n.m. (lat. *decursus,* course rapide). **1.** MÉD. Période de déclin d'une maladie. **2.** ASTRON. Période comprise entre la pleine lune et la nouvelle lune, durant laquelle la partie éclairée de la Lune visible de la Terre décroît.

DÉCOUSU, E adj. **1.** Dont la couture est défaite. **2.** Qui manque de liaison logique ; sans suite, incohérent. *Propos décousus.*

DÉCOUSURE n.f. VÉNER. Blessure faite à un chien par un sanglier ou un cerf.

1. DÉCOUVERT, E adj. Qui n'est pas couvert ; nu. ◇ *En terrain découvert :* à découvert.

2. DÉCOUVERT n.m. **1.** BANQUE. Avance en compte courant correspondant soit à une facilité de caisse exceptionnelle soit à une autorisation permanente. ◇ *Être à découvert :* avoir un compte débiteur. – *Vendre à découvert :* vendre à terme des valeurs qu'on ne possède pas. **2.** *À découvert.* **a.** Sans être protégé, en terrain découvert. **b.** Sans rien dissimuler. *Agir à découvert.* **c.** Sans garantie financière.

DÉCOUVERTE n.f. **1.** Action de trouver ce qui était inconnu, ignoré ou caché ; ce qui est découvert. *La découverte de la pénicilline.* ◇ *Aller, partir à la découverte,* afin de découvrir, d'explorer. – *Grandes découvertes :* vaste mouvement de reconnaissance entrepris à travers le monde par les Européens aux XVe et XVIe s. **2.** THÉÂTRE. Espace entre deux parties du décor, laissant voir les coulisses. – Petit rideau ou châssis cachant les coulisses. **3.** MIN. Exploitation à ciel ouvert d'un gisement peu profond de grande extension horizontale.

LES GRANDES DÉCOUVERTES DES XVe-XVIe SIÈCLES

1445	les Portugais explorent l'embouchure du Sénégal
1488	le Portugais Bartolomeu Dias atteint le cap de Bonne-Espérance
1492	le Génois Christophe Colomb traverse l'Atlantique et découvre l'Amérique (Bahamas) pour le compte de l'Espagne
1492-1493 et 1493-1496	Christophe Colomb explore les Antilles (Cuba, Haïti, la Guadeloupe)
1497	l'Italien Jean Cabot explore le littoral canadien pour le compte de l'Angleterre
1498 et 1502-1504	Christophe Colomb explore les côtes du continent américain (Venezuela et Honduras actuels)
1498	le Portugais Vasco de Gama atteint les Indes après avoir contourné le cap de Bonne-Espérance
1500	le Portugais Pedro Álvares Cabral aborde les côtes du Brésil
1501-1502	le Florentin Amerigo Vespucci longe les côtes de l'Amérique du Sud. Il donnera son nom au continent américain
1510	le Portugais Afonso de Albuquerque occupe Goa, fondant ainsi la puissance portugaise en Inde
1519	le conquistador espagnol Hernán Cortés entreprend la conquête du Mexique
1519-1522	premier tour du monde entrepris par le Portugais Fernand de Magellan et achevé par l'Espagnol Juan Elcano
1524	le Florentin Giovanni da Verrazano aborde la Caroline du Sud pour le compte de François Ier
1531	l'Espagnol Francisco Pizarro atteint le Pérou
1535	le Français Jacques Cartier explore l'estuaire du Saint-Laurent

DÉCOUVERTURE n.f. MIN. Enlèvement du stérile qui recouvre un gisement exploité à ciel ouvert.

DÉCOUVREUR, EUSE n. Personne qui découvre, qui fait une, des découvertes.

DÉCOUVRIR v.t. [23] (lat. *discooperire*). **1.** Dégarnir de ce qui couvre, protège ; mettre à découvert. *Découvrir une casserole.* **2.** Laisser voir ; révéler ce qui était caché. *Découvrir son jeu, ses plans.* **3.** Trouver ce qui était caché, inconnu, ignoré. *Découvrir un trésor, un vaccin.* **4.** Commencer à voir, à distinguer ; apercevoir. *D'ici, on découvre le mont Blanc.* ◆ v.i. Apparaître à marée basse. *Rocher qui découvre.* ◆ **se découvrir** v.pr. **1.** Ôter ce dont on est couvert, en partic. un vêtement, un chapeau. **2.** Devenir plus clair, en parlant du ciel, du temps. **3.** S'exposer aux coups, aux attaques. *L'aile de l'armée se découvre.* **4.** Révéler sa pensée. **5.** Trouver en soi ce qu'on ignorait posséder. *Se découvrir une passion pour les échecs.*

DÉCRASSAGE ou **DÉCRASSEMENT** n.m. Action de décrasser ; son résultat.

DÉCRASSER v.t. **1.** Ôter la crasse de ; nettoyer soigneusement ce qui est encrassé. **2.** *Fam.* Débarrasser de son ignorance ; dégrossir.

DÉCRÉDIBILISER v.t. Faire perdre sa crédibilité à ; discréditer.

DÉCRÉMENT n.m. INFORM. Diminution de la valeur d'une quantité variable.

DÉCRÊPAGE n.m. Action de décrêper.

DÉCRÊPER v.t. Rendre lisses des cheveux crépus.

DÉCRÉPIR v.t. Ôter le crépi de. *Décrépir un mur.* ◆ **se décrépir** v.pr. Perdre son crépi.

DÉCRÉPISSAGE n.m. Action de décrépir.

DÉCRÉPIT, E adj. Affaibli par l'âge, atteint de décrépitude.

DÉCRÉPITER v.t. Calciner le sel extrait d'une saline jusqu'à ce qu'il ne crépite plus.

DÉCRÉPITUDE n.f. *Sout.* Affaiblissement, délabrement physique dû à une extrême vieillesse.

DECRESCENDO ou **DÉCRESCENDO** (selon l'Académie) [dekreʃɛndo] adv. et n.m. (mot ital.). MUS. Diminuendo.

DÉCRET n.m. (lat. *decretum*). **1.** DR. Acte à portée réglementaire ou individuelle, pris en France par le président de la République ou par le Premier ministre. **2.** *Litt.* Décision imposée par une volonté supérieure. *Les décrets de la Providence.*

DÉCRÉTALE n.f. CATH. Décision papale sur une consultation, donnée sous forme de lettre et qui fait jurisprudence.

DÉCRÉTER v.t. [11]. **1.** Ordonner, régler par un décret. *Décréter une mobilisation.* **2.** Décider avec autorité. *Elle a décrété qu'il fallait partir.*

DÉCRET-LOI n.m. (pl. *décrets-lois*). HIST. Décret du gouvernement qui possédait le caractère d'une loi, sous la IIIe République, en France. (On dit auj. *ordonnance.*)

DÉCREUSAGE n.m. Action de décreuser.

DÉCREUSER v.t. TEXT. Éliminer le grès de la soie grège avec une solution savonneuse chaude.

DÉCRIER v.t. [5]. *Sout.* Dire du mal de ; critiquer.

DÉCRIMINALISER v.t. DR. Soustraire une infraction à la juridiction criminelle.

DÉCRIRE v.t. [79] (lat. *describere*). **1.** Représenter, dépeindre par l'écrit ou par la parole. *Décrire un paysage.* **2.** Tracer ou parcourir une ligne courbe. *Décrire une ellipse.*

DÉCRISPATION n.f. Action de décrisper ; état qui en résulte.

DÉCRISPER v.t. Rendre moins tendues, moins crispées une personne, une situation.

DÉCROCHAGE n.m. **1.** Action de décrocher, de détacher. **2.** AVIAT. Diminution brusque de la portance d'un aéronef lorsque l'angle d'incidence devient trop élevé. **3.** TÉLÉV. Passage d'un émetteur à un autre. **4.** Québec. Fait de décrocher, de quitter l'école. *Décrochage scolaire.*

DÉCROCHEMENT n.m. **1.** Action de décrocher ; fait de se décrocher. **2.** Partie en retrait d'une ligne, d'une surface, et en partic. d'une façade, par rapport au profil général. – GÉOL. Faille qui a déplacé horizontalement les deux ensembles rocheux (compartiments) se trouvant de part et d'autre de celle-ci.

DÉCROCHER v.t. (de *croc*). **1.** Détacher ce qui était accroché. ◇ *Décrocher le téléphone,* ou *décrocher :* enlever le combiné de son support pour appeler ou répondre. **2.** *Fam.* Obtenir. *Décrocher une commande.* ◆ v.i. **1.** MIL. Rompre le contact avec l'ennemi. **2.** Abandonner une activité ; cesser de s'intéresser à qqch. *Elle songe à décrocher. Après une heure de cours, les élèves décrochent.* – *Fam.* Mettre fin à une dépendance vis-à-vis d'une drogue. **3.** Subir une perte brutale de portance, en parlant d'un aéronef. **4.** Québec. Pour un élève, quitter l'école avant la fin de la scolarité obligatoire.

DÉCROCHEUR, EUSE n. Québec. Élève qui décroche.

DÉCROCHEZ-MOI-ÇA n.m. inv. *Fam.* Boutique de fripier.

DÉCROISEMENT n.m. Action de décroiser.

DÉCROISER v.t. Faire que ce qui était croisé ne le soit plus.

DÉCROISSANCE n.f. Action, fait de décroître ; diminution. *La décroissance de la population.*

DÉCROISSANT, E adj. Qui décroît, diminue. *Par ordre décroissant.* ◇ MATH. *Fonction décroissante :* fonction numérique, définie sur un intervalle, qui varie en sens contraire de la variable dont elle dépend. – *Suite décroissante :* suite telle qu'à partir d'un certain rang chaque terme est inférieur à celui qui le précède.

D

DÉCROISSEMENT n.m. *Litt.* Mouvement continu de ce qui décroît. *Le décroissement des jours.*

DÉCROÎTRE v.i. [74]. Diminuer progressivement.

DÉCROTTAGE n.m. Action de décrotter.

DÉCROTTER v.t. **1.** Ôter la crotte, la boue de. *Décrotter des chaussures.* **2.** *Fam.*, vieilli. Débarrasser qqn de ses manières grossières, de son ignorance.

DÉCROTTEUR n.m. Machine agricole servant à nettoyer les tubercules et les racines.

DÉCROTTOIR n.m. Lame de fer fixée près du seuil d'une maison pour gratter la boue des semelles.

DÉCRUE n.f. **1.** Baisse de niveau d'un cours d'eau après une crue. **2.** *Fig.* Diminution, baisse. *La décrue du chômage.*

DÉCRYPTAGE ou **DÉCRYPTEMENT** n.m. Action de décrypter ; son résultat.

DÉCRYPTER v.t. **1.** Déchiffrer, traduire un texte chiffré dont on ne connaît pas la clé ; décoder. **2.** *Fig.* Découvrir, pénétrer le sens caché de qqch, sa structure, son mécanisme. *Décrypter un comportement.*

DÉÇU, E adj. (de *décevoir*). **1.** Qui a éprouvé une déception. **2.** Qui ne s'est pas réalisé. *Espoir déçu.* ◆ n. Personne déçue, en partic. dans le domaine économique ou politique. *Les déçus du libre-échange.*

DÉCUBITUS [dekybitys] n.m. (lat. *decubitus*). PHYSIOL. Position du corps couché sur un plan horizontal.

DÉCUIVRER v.t. Ôter le cuivrage d'une pièce par dissolution chimique ou électrolytique.

DE CUJUS [dekyʒys] ou [dekujus] n.m. inv. (mots lat.). DR. Défunt dont la succession est ouverte.

DÉCULOTTÉE n.f. *Fam.* Défaite cuisante.

DÉCULOTTER v.t. Ôter la culotte, le pantalon de. ◆ **se déculotter** v.pr. **1.** Enlever sa culotte, son pantalon. **2.** *Fam.* Renoncer par lâcheté, par faiblesse.

DÉCULPABILISATION n.f. Action de déculpabiliser ; son résultat.

DÉCULPABILISER v.t. **1.** Libérer qqn d'un sentiment de culpabilité. **2.** Enlever à qqch son caractère de faute.

DÉCULTURATION n.f. ANTHROP. Dégradation ou perte de l'identité culturelle d'un individu, d'un groupe, d'une société.

DÉCUPLE adj. et n.m. (lat. *decuplus*, de *decem*, dix). Dix fois aussi grand.

DÉCUPLEMENT n.m. Action de décupler ; son résultat.

DÉCUPLER v.t. **1.** Multiplier par dix. **2.** Augmenter dans des proportions considérables. *La colère décuple les forces.* ◆ v.i. Être multiplié par dix. *Population qui décuple en un siècle.*

DÉCURIE n.f. (lat. *decuria*). ANTIQ. ROM. Division de la centurie, groupant dix soldats.

DÉCURION n.m. ANTIQ. ROM. **1.** Chef d'une décurie. **2.** Membre d'une assemblée municipale, dans les provinces.

DÉCUSSÉ, E adj. (lat. *decussatus*, croisé). BOT. *Feuilles décussées*, formant des paires qui se croisent à angle droit.

DÉCUVAGE n.m. ou **DÉCUVAISON** n.f. Action de retirer le vin de la cuve par pression du marc.

DÉCUVER v.t. Opérer le décuvage de.

DÉDAIGNABLE adj. (Surtout en tournure négative.) Qui mérite le dédain. *Une somme qui n'est pas dédaignable.*

DÉDAIGNER v.t. **1.** Traiter, regarder qqn avec dédain ; mépriser. **2.** Repousser qqch avec dédain. ◆ v.t. ind. **(de).** *Sout.* Ne pas daigner, ne pas s'abaisser à. *Dédaigner de répondre.*

DÉDAIGNEUSEMENT adv. Avec dédain.

DÉDAIGNEUX, EUSE adj. Qui manifeste du dédain.

DÉDAIN n.m. (de *dédaigner*). Mépris orgueilleux exprimé par l'attitude, le ton, les manières.

DÉDALE n.m. (de *Dédale*, architecte du Labyrinthe). **1.** Lieu formé d'un ensemble très compliqué de voies où l'on s'égare ; labyrinthe. **2.** *Fig.* Ensemble embrouillé et confus. *Le dédale des lois.*

DÉDALÉEN, ENNE adj. *Litt.* Où l'on se perd comme dans un dédale ; inextricable.

1. DEDANS adv. À l'intérieur. ◇ *Fam. Mettre qqn dedans*, l'induire en erreur. – *Être dedans :* à la belote, totaliser moins de points que son adversaire, en parlant du joueur qui a fixé l'atout. – *Là-dedans :* dans ce lieu. – *En dedans :* à l'intérieur. – DANSE. *Être en dedans :* avoir les genoux et les pieds insuffisamment ouverts.

2. DEDANS n.m. **1.** Partie intérieure ; intérieur. **2.** Partie située du côté intérieur. *Le dedans du pied.*

DÉDICACE n.f. (lat. *dedicatio*). **1.** Formule imprimée ou manuscrite par laquelle un auteur fait hommage de son livre. – Autographe sur une photo, un disque, etc. **2.** CATH. Consécration d'une église ; anniversaire de cette consécration.

DÉDICACER v.t. [9]. Faire hommage d'un ouvrage, d'une photo, etc., à qqn par une dédicace.

DÉDICATAIRE n. Personne à qui est dédiée une œuvre.

DÉDIÉ, E adj. Se dit d'un équipement, en partic. informatique ou électronique, confiné dans un usage ou à un ensemble de tâches spécifiques.

DÉDIER v.t. [5] (lat. *dedicare*). **1.** RELIG. Consacrer un lieu, un objet au culte sous une invocation spéciale. *Dédier un autel à la Vierge.* **2.** Mettre un livre, une œuvre d'art sous le patronage de qqn, les lui offrir en hommage. **3.** Faire hommage de qqch à qqn, le lui destiner ; offrir. *Dédier une pensée à qqn.*

DÉDIFFÉRENCIATION n.f. **1.** *Didact.* Évolution du plus complexe au plus simple ou du différent au semblable. **2.** BIOL., MÉD. Perte progressive de la différenciation d'une cellule, d'un tissu.

DÉDIFFÉRENCIER (SE) v.pr. [5]. Être affecté par un processus de dédifférenciation.

DÉDIRE (SE) v.pr. [83]. **1.** *Litt.* Dire le contraire de ce qu'on a affirmé précédemment ; se rétracter. **2.** Ne pas tenir sa parole, revenir sur une promesse.

DÉDIT n.m. **1.** *Litt.* Action de se dédire. **2.** DR. Possibilité de se dédire ; somme à payer en cas d'inexécution d'un contrat, de rétractation d'un engagement pris.

DÉDITE n.f. Suisse. Dédit.

DÉDOMMAGEMENT n.m. Réparation d'un dommage ; compensation.

DÉDOMMAGER v.t. [10]. Donner, fournir à qqn un dédommagement, une compensation pour le préjudice qu'il a subi, la peine qu'il a prise. *Dédommager qqn d'une perte. La réussite l'a dédommagée de ses efforts.*

DÉDORER v.t. Enlever la dorure de.

DÉDOUANEMENT ou **DÉDOUANAGE** n.m. Action de dédouaner ; son résultat.

DÉDOUANER [dedwane] v.t. **1.** Faire sortir un bagage, une marchandise des entrepôts de la douane, en acquittant des droits. **2.** Dégager la responsabilité de qqn ; justifier, blanchir. ◆ **se dédouaner** v.pr. *Fam.* Dégager sa responsabilité.

DÉDOUBLAGE n.m. Action d'enlever une doublure, un doublage.

DÉDOUBLEMENT n.m. Action de dédoubler, de se dédoubler ; fait d'être dédoublé. ◇ PSYCHIATR. *Dédoublement de la personnalité :* trouble dans lequel coexistent deux types de conduites, les unes adaptées socialement, les autres pathologiques, incoercibles et liées à l'inconscient.

DÉDOUBLER v.t. **1.** Partager un groupe, qqch en deux. *Dédoubler une classe.* **2.** *Dédoubler un train :* faire partir un train supplémentaire pour la même destination. **3.** Vx. Déplier ce qui était plié en deux. **4.** Ôter la doublure d'un vêtement.

DÉDRAMATISER v.t. Retirer à une situation, à un événement son caractère de drame, de crise.

DÉDUCTIBILITÉ n.f. Caractère de ce qui est déductible.

DÉDUCTIBLE adj. Qui peut être déduit.

DÉDUCTIF, IVE adj. Qui procède par déduction, comporte une déduction.

DÉDUCTION n.f. (lat. *deductio*). **1.** Action de soustraire une somme d'un total à payer. *La déduction des frais professionnels.* **2.** Conséquence tirée d'un raisonnement ; conclusion. *Une suite de déductions.* – LOG. Enchaînement de propositions suivant des règles définies, constituées par des axiomes et des règles d'inférence.

DÉDUIRE v.t. [78] (lat. *deducere*, extraire). **1.** Soustraire d'une somme. *Déduire ses frais.* **2.** Tirer comme conséquence logique. *J'en déduis qu'il ment.*

DÉDUIT n.m. Vx. Plaisir, ébats amoureux.

DÉESSE n.f. (lat. *dea*). Divinité féminine.

DE FACTO [defakto] loc. adv. (mots lat., *selon le fait*). DR. De fait (par oppos. à *de jure*).

DÉFAILLANCE n.f. **1.** Défaut de fonctionnement. *Défaillance du système de sécurité.* **2.** Fait de faire défaut, de manquer à son rôle. *Défaillance de mémoire.* **3.** Faiblesse, physique ou morale, brusque et momentanée ; malaise. **4.** DR. Non-exécution, au terme fixé, d'une clause ou d'un engagement.

DÉFAILLANT, E adj. Qui a une défaillance.

DÉFAILLIR v.i. [35]. *Sout.* **1.** Perdre momentanément ses forces physiques ou morales. *Supporter des épreuves sans défaillir.* **2.** Faire défaut ; manquer. *Sa mémoire commence à défaillir.* – REM. Au futur et au conditionnel, *défaillir* a deux formes : *je défaillirai* ou *je défaillerai ; je défaillirais* ou *je défaillerais.*

DÉFAIRE v.t. [89]. **1. a.** Ramener à l'état premier ce qui était assemblé, construit. *Défaire le bâti d'une robe.* **b.** Ôter un élément assemblé, un vêtement. *Défaire son collier.* **c.** Enlever le contenu de ; déballer. *Défaire un paquet, ses valises.* **2. a.** Modifier ou détruire l'assemblage, l'ordre de. *Défaire son lit.* **b.** Mettre en désordre. *Défaire sa coiffure.* **3.** *Litt.* Mettre en déroute. *Défaire l'ennemi.* **4.** *Litt.* Délivrer, débarrasser de. *Défaire la région d'un dangereux bandit.* ◆ **se défaire** v.pr. **1.** Cesser d'être assemblé. **2.** Se débarrasser de. *Se défaire d'un ennemi.*

DÉFAIT, E adj. *Sout.* Altéré par la fatigue, l'émotion ; abattu, épuisé. *Visage défait.*

DÉFAITE n.f. **1.** Perte d'une bataille, d'un combat, d'une guerre. **2.** *Fig.* Grave échec. *Défaite électorale.*

DÉFAITISME n.m. **1.** État d'esprit de ceux qui ne croient pas à la victoire, préconisent l'abandon du combat. **2.** Pessimisme profond ; manque de confiance en soi.

DÉFAITISTE adj. et n. Qui manifeste du défaitisme.

DÉFALCATION n.f. Action de défalquer.

DÉFALQUER v.t. (ital. *defalcare*). Déduire, retrancher d'une somme, d'une quantité.

DÉFANANT n.m. AGRIC. Produit chimique utilisé pour la destruction des fanes de pommes de terre.

DÉFATIGANT, E adj. et n.m. Se dit d'un produit qui vise à défatiguer.

DÉFATIGUER v.t. Dissiper la fatigue, la sensation de fatigue de qqn, de ses membres.

DÉFAUFILER v.t. COUT. Défaire le faufil de.

DÉFAUSSE n.f. Action de se défausser.

DÉFAUSSER v.t. TECHN. Redresser qqch qui a été faussé. *Défausser un axe.* ◆ **se défausser** v.pr. **1.** Se débarrasser au cours du jeu d'une carte jugée inutile. *Se défausser d'un singleton. Se défausser à cœur.* **2. (sur).** Fuir une responsabilité, une obligation en s'en déchargeant sur qqn.

DÉFAUT n.m. (de *défaillir*). **1.** Manque, insuffisance de ce qu'on juge nécessaire, souhaitable. *Un défaut d'attention.* ◇ *Faire défaut :* manquer à qqn, l'abandonner. *Le courage lui fit défaut.* – *À défaut de :* faute de. **2.** ARITHM. *Approximation décimale par défaut à* 10^{-n} *près d'un nombre* x : nombre a, produit d'un entier par 10^{-n}, tel que $a \leqslant x < a + 10^{-n}$. **3.** DR. Fait de ne pas se présenter à une convocation en justice. *Être condamné par défaut.* **4.** Endroit où se termine qqch. *Le défaut des côtes de l'épaule.* **5.** VÉNER. Perte de la piste par les chiens. *Chiens en défaut.* ◇ *Être en défaut :* se tromper ; commettre une faute. – *Mettre qqn en défaut*, lui faire commettre une erreur. **6.** Imperfection physique, matérielle, morale ou esthétique. *Défauts d'un ouvrage.*

DÉFAVEUR n.f. *Litt.* Perte de la faveur, de l'estime de qqn. *Tomber en défaveur.*

DÉFAVORABLE adj. **1.** Qui n'est pas favorable ; hostile. *Opinion défavorable.* **2.** Qui a des effets fâcheux ; nuisible. *Climat défavorable aux rhumatismes.*

DÉFAVORABLEMENT adv. De façon défavorable.

DÉFAVORISÉ, E adj. et n. Désavantagé sur le plan économique, social, culturel. *Une population, un quartier défavorisés.*

DÉFAVORISER v.t. Traiter de façon désavantageuse ; placer dans des conditions désavantageuses ; handicaper. *Il défavorise ses enfants. La pluie a défavorisé les cyclistes.*

DÉFÉCATION n.f. (du lat. *defaecare*, purifier). PHYSIOL. Expulsion des matières fécales.

DÉFECTIF, IVE adj. (du lat. *deficere*, manquer). GRAMM. *Verbe défectif*, ou *défectif*, n.m. : verbe qui n'a pas toutes les formes du type de conjugaison auquel il appartient (par ex. *braire, chaloir, clore*, etc.).

DÉFECTION n.f. **1.** Action d'abandonner une cause, un parti. *Faire défection.* **2.** Fait d'être absent d'un lieu où l'on était attendu.

DÉFECTUEUSEMENT adv. De façon défectueuse.

D

DÉFECTUEUX, EUSE adj. (lat. *defectus,* manque). Qui présente des défauts.

DÉFECTUOSITÉ n.f. État de ce qui est défectueux ; imperfection, défaut, malfaçon.

DÉFENDABLE adj. Qui peut être défendu.

DÉFENDEUR, ERESSE n. DR. Personne contre laquelle est intentée une action en justice (par oppos. à *demandeur*).

DÉFENDRE v.t. [59] (lat. *defendere*). **1.** Interdire l'accès de, protéger un lieu, une position. **2.** Assurer une protection contre ; protéger, préserver. **3.** Soutenir une cause, une idée. ◇ Belgique. *Défendre une thèse, un mémoire,* les soutenir. **4.** Plaider pour. *Défendre un accusé.* ◇ *À son corps défendant* → **corps. 5.** Interdire qqch. *Il lui a défendu de sortir.* ◆ **se défendre** v.pr. **1.** Résister à une agression. **2.** *Fam.* Montrer une certaine habileté dans un domaine précis ; faire preuve d'aptitude à se tirer d'affaire. *Il se défend en maths, aux échecs. Elle ne se défend pas mal !* **3.** *Fam. Ça se défend :* c'est plausible, acceptable. **4. (de).** Refuser l'idée de qqch, s'empêcher de le faire. *Elle se défend de toute compromission.* **5.** *Ne pas pouvoir se défendre de :* ne pas pouvoir s'empêcher, se retenir de.

DÉFENESTRATION n.f. Action de jeter une personne par une fenêtre.

DÉFENESTRER [defənɛstre] v.t. Jeter qqn par une fenêtre.

D

DÉFENS ou **DÉFENDS** [defɑ̃] n.m. DR. *En défens :* se dit d'un bois, d'une parcelle interdits au pâturage.

1. DÉFENSE n.f. **1.** Action, fait de défendre, de se défendre, de protéger. *Défense du territoire. Position de défense.* — Action de défendre une cause, une idée. *Défense des libertés.* ◇ Belgique. *Défense de thèse, de mémoire :* soutenance. **2.** Moyens mis en œuvre pour se défendre. *Défense aérienne.* ◇ *Fam. Avoir de la défense :* se montrer capable de riposter, de résister aux pressions d'autrui. **3.** *Défense nationale :* moyens et organismes civils et militaires assurant la défense du territoire, des institutions et de la population, et garantissant le respect des engagements internationaux. — MIL. *Les défenses :* dispositifs de protection d'une place, d'un point sensible. — Anc. *Défense contre les aéronefs (DCA) :* moyens de défense antiaériens. **4.** SPORTS. Partie d'une équipe sportive spécialement chargée de protéger son but. **5.** Action, fait de protéger, d'aider qqn et, spécial., de l'assister juridiquement, de défendre sa cause. *Elle a pris sa défense.* — Partie qui se défend en justice ; avocat qui représente les intérêts de cette partie. **6.** IMMUNOL. *Défenses immunitaires :* immunité. **7.** PSYCHAN. Opération par laquelle un sujet confronté à une représentation insupportable la refoule, faute de se sentir les moyens de la lier, par un travail de pensée, aux autres pensées. (Sont mis en jeu des *mécanismes de défense.*) **8.** MAR. Dispositif de protection (ballon en liège ou en caoutchouc, vieux pneu, etc.) destiné à amortir les chocs entre un navire et un quai ou un autre navire à quai. **9.** *Défense de :* interdiction de. *Défense de fumer, d'afficher.*

2. DÉFENSE n.f. Longue dent pointue, dépassant de la bouche de certains mammifères (éléphant, morse, sanglier, etc.).

DÉFENSEUR n.m. **1.** Personne qui s'oppose à une attaque. — *Spécial.* SPORTS. Joueur, joueuse qui fait partie de la défense, qui a pour rôle principal de résister aux attaques adverses. **2.** DR. Personne qui assure la défense d'une partie, d'un accusé. **3.** Personne qui soutient un idéal, une cause. *Défenseur de la liberté.*

DÉFENSIF, IVE adj. Destiné à la défense, qui vise à défendre.

DÉFENSIVE n.f. **1.** MIL. Stratégie, tactique qui privilégie la défense par rapport à l'attaque ; mesures permettant de faire face à une agression. **2.** *Être sur la défensive,* sur ses gardes.

DÉFENSIVEMENT adv. De façon défensive ; dans un but défensif.

DÉFÉQUER v.i. (lat. *defaecare*). PHYSIOL. Expulser des matières fécales.

DÉFÉRENCE n.f. Considération respectueuse ; respect.

DÉFÉRENT, E adj. (lat. *deferens*). **1.** Qui manifeste de la déférence, du respect. *Se montrer déférent à l'égard des gens âgés.* **2.** *Canal déférent,* ou *déférent,* n.m. : canal conduisant le sperme du canal de l'épididyme, dans les bourses, jusqu'à l'urètre.

DÉFÉRER v.t. [11] (lat. *deferre,* porter). DR. Attribuer une affaire à, traduire un accusé devant la juridiction compétente. ◆ v.t. ind. **(à).** *Litt.* Acquiescer, céder à qqn par déférence. *Déférer à l'avis de qqn.*

DÉFERLAGE n.m. MAR. Action de déferler ; état d'une voile déployée.

DÉFERLANT, E adj. *Vague déferlante,* ou *déferlante,* n.f. : vague qui déferle. ◆ n.f. Développement massif et irrésistible d'un phénomène. *La déferlante des téléphones mobiles.*

DÉFERLEMENT n.m. Fait de déferler.

DÉFERLER v.t. (anc. fr. *fresler*). MAR. Déployer une, des voiles, un pavillon. ◆ v.i. **1.** Venir se briser en roulant, en parlant des vagues. **2.** *Fig.* Se répandre avec impétuosité. *La foule déferlait sur la place.*

DÉFERRAGE ou **DÉFERREMENT** n.m. Action de déferrer.

DÉFERRER v.t. **1.** Ôter le fer d'un objet ferré, du sabot d'une bête de somme. **2.** Déposer les rails d'une voie ferrée.

DÉFERVESCENCE n.f. MÉD. Diminution de la fièvre au cours d'une maladie aiguë.

DÉFET n.m. (lat. *defectus,* manque). IMPRIM. Feuillet ou cahier superflu ou dépareillé d'un ouvrage imprimé.

DÉFEUILLAISON n.f. Chute des feuilles, défoliation ; époque où elle se produit.

DÉFEUTRER v.t. TEXT. Redresser et rendre parallèles les fibres de laine pour donner au ruban régularité et résistance après cardage ou après teinture.

DÉFI n.m. **1.** Anc. Action de défier en un combat singulier. **2.** Action de défier qqn à un jeu, à une compétition. *Lancer un défi.* ◇ *Accepter, relever un défi,* y répondre. — *Mettre qqn au défi de* (+ inf.), le défier de faire qqch. *Je te mets au défi de sauter de ce mur.* **3.** Refus, parfois inconsidéré, de se soumettre ; attitude insolente ; bravade. *Défi à l'autorité. Un air de défi.* ◇ *Un défi au bon sens :* une idée, une attitude, etc., absurde. **4.** Problème, difficulté que pose une situation et que l'on doit surmonter. *Le défi des mutations technologiques.*

DÉFIANCE n.f. Crainte d'être trompé ; manque de confiance, soupçon.

DÉFIANT, E adj. Qui fait preuve de défiance ; soupçonneux, méfiant.

DÉFIBRAGE n.m. PAPET. Action de défibrer des plantes, des arbres.

DÉFIBRER v.t. Séparer les fibres de.

DÉFIBREUR n.m. PAPET. Machine à défibrer le bois.

DÉFIBRILLATEUR n.m. Appareil servant à la défibrillation.

DÉFIBRILLATION n.f. Traitement de la fibrillation ventriculaire par choc électrique.

DÉFICELER v.t. [16]. Enlever la ficelle qui entoure un colis, un objet.

DÉFICIENCE n.f. MÉD. Insuffisance. ◇ *Déficience intellectuelle* ou *mentale :* insuffisance du développement intellectuel et psychomoteur, se manifestant dès l'enfance.

DÉFICIENT, E adj. et n. (lat. *deficiens,* manquant). MÉD. Qui est atteint d'une déficience.

DÉFICIT [defisit] n.m. (lat. *deficit,* il manque). **1.** Ce qui manque pour équilibrer les recettes avec les dépenses (par oppos. à *excédent*) ; situation résultant de ce manque. *Budget en déficit.* **2.** Manque important ; insuffisance. *Un déficit démocratique.* ◇ MÉD. *Déficit intellectuel :* insuffisance de l'intelligence causée par une déficience mentale ou une démence. — IMMUNOL. *Déficit immunitaire :* immunodéficience.

DÉFICITAIRE adj. Qui présente un déficit, qui est en déficit.

1. DÉFIER v.t. [5] (du lat. *fidus,* fidèle). **1.** Anc. Provoquer au combat, à la lutte. **2.** Inciter qqn, par la provocation, à faire qqch, en prétendant qu'il en est incapable. *Je te défie de lui parler.* **3.** Refuser de se soumettre à ; braver. *Défier l'autorité.* **4.** Résister à la comparaison avec. *Défier toute concurrence.*

2. DÉFIER (SE) v.pr. **(de)** [5] (lat. *diffidere*). *Litt.* Se méfier, douter de.

DÉFIGURER v.t. **1.** Enlaidir, au point de rendre méconnaissable, le visage de qqn. *Cet accident l'a défiguré.* **2.** Donner une image fausse de qqch ; déformer, dénaturer. *Défigurer la pensée de qqn.* **3.** Transformer qqch en enlaidissant son aspect, son apparence habituels. *Constructions modernes qui défigurent le paysage.*

DÉFILÉ n.m. **1.** Couloir, passage naturel encaissé et étroit. **2.** Ensemble de personnes qui défilent, partic. en parade. *Défilé de manifestants.* **3.** Suite, succession de personnes, de choses. *Défilé de visiteurs.*

1. DÉFILEMENT n.m. MIL. Technique de l'utilisation des accidents de terrain, des procédés artificiels (fumées, par ex.) pour se soustraire à la vue de l'ennemi.

2. DÉFILEMENT n.m. Déroulement régulier d'une pellicule, d'une bande magnétique, etc., dans un appareil.

1. DÉFILER v.i. (de *file*). **1.** Marcher en file, en colonnes, partic. en formation de parade. **2.** Se succéder de façon régulière ou continue. *Témoins qui défilent.* **3.** Être animé d'un défilement régulier.

2. DÉFILER v.t. (de *fil*). **1.** Ôter le fil de ; ôter qqch de son fil. *Défiler un collier. Défiler une perle.* **2.** MIL. Disposer des troupes, un ouvrage en défilement. ◆ **se défiler** v.pr. *Fam.* S'esquiver devant d'éventuelles responsabilités.

DÉFINI, E adj. **1.** Aux caractéristiques précises ; déterminé, repérable. *Un objet de forme mal définie.* **2.** GRAMM. *Article défini,* qui se rapporte à un être ou à un objet déterminé *(le, la, les).* — Vx. *Passé défini :* passé simple. **3.** CHIM. *Composé défini,* dont la composition chimique est parfaitement établie.

DÉFINIR v.t. (lat. *definire*). **1.** Donner la définition de. *Définir le mot « cœur ».* **2.** Préciser les caractéristiques de ; cerner. *Définir une politique. Un état difficile à définir.*

DÉFINISSABLE adj. Qui peut être défini.

DÉFINITEUR n.m. CATH. Religieux délégué au chapitre de son ordre pour y traiter des points de discipline, d'administration, etc.

DÉFINITIF, IVE adj. Réglé, fixé de manière qu'on ne devra plus y revenir ; irrévocable. ◇ *En définitive :* tout bien considéré, en fin de compte.

DÉFINITION n.f. **1.** Énonciation de ce qu'est un être ou une chose, de ses caractères essentiels, de ses qualités propres. ◇ *Par définition :* en vertu de la définition même de ce dont on parle. **2.** LOG. Énoncé ou déclaration aux termes desquels un symbole nouvellement introduit signifie ou dénote la même chose qu'un symbole ou une combinaison de symboles dont le sens est déjà connu. **3.** TÉLÉV. Degré de finesse d'une image transmise, exprimé par le nombre de lignes et de points d'exploration. *Télévision à haute définition.* **4.** MATH. *Ensemble de définition d'une fonction f de E vers F :* sous-ensemble de E dont les éléments ont une image par *f* dans F.

DÉFINITIONNEL, ELLE adj. *Didact.* Qui se rapporte à une définition.

DÉFINITIVEMENT adv. De façon définitive ; une fois pour toutes.

DÉFINITOIRE adj. *Didact.* Qui sert, aide à définir ; définitionnel.

DÉFISCALISER v.t. Faire sortir du champ d'application de la fiscalité, ne plus soumettre à l'impôt.

DÉFLAGRANT, E adj. Qui a la propriété de déflagrer.

DÉFLAGRATION n.f. (lat. *deflagratio*). **1.** *Didact.* Combustion très vive qui se propage, dans une substance explosive, par une onde thermique progressive. (Elle est plus lente, donc moins brisante, qu'une détonation.) **2.** *Cour.* Violente explosion.

DÉFLAGRER v.i. (lat. *deflagrare*). Se décomposer par déflagration.

1. DÉFLATION n.f. (angl. *deflation,* de *inflation*). ÉCON. Diminution continue et forte du niveau général des prix par des mesures monétaires (réduction de la masse monétaire), financières (encadrement du crédit, contrôle des prix, etc.) ou plus générales (action sur les revenus, les dépenses publiques).

2. DÉFLATION n.f. (du lat. *deflare,* enlever en soufflant). GÉOMORPH. Entraînement par le vent des matériaux les plus fins d'un sédiment meuble.

DÉFLATIONNISTE adj. ÉCON. Relatif à la déflation ; propre à y conduire.

DÉFLECTEUR n.m. (du lat. *deflectere,* détourner). **1.** Appareil servant à modifier la direction d'un écoulement. **2.** AUTOM. Petit volet mobile fixé à l'encadrement de la glace des portières avant pour orienter l'air.

DÉFLEURIR v.t. *Litt.* Faire tomber les fleurs d'une plante, d'un arbre. ◆ v.i. *Litt.* Perdre ses fleurs.

DÉFLEXION n.f. (du lat. *deflectere,* détourner). TECHN. **1.** Modification de la direction d'un écoulement, d'un faisceau de particules. **2.** Déformation verticale d'un point de la chaussée.

DÉFLOCAGE n.m. CONSTR. Opération consistant à retirer les matériaux ayant servi au flocage d'un bâtiment, essentiellement lorsque ceux-ci contiennent de l'amiante.

DÉFLOQUER v.t. Effectuer le déflocage de.

DÉFLORAISON n.f. BOT. Fanaison et chute de certaines pièces de la fleur à la suite de la fécondation ; époque à laquelle elles se produisent.

DÉFLORATION n.f. Rupture de l'hymen ; perte de la virginité.

DÉFLORER v.t. (lat. *deflorare,* enlever la fleur de). **1.** *Litt.* Faire perdre sa virginité à. **2.** Enlever de sa nouveauté, de son originalité à qqch en le traitant partiellement. *Déflorer un sujet.*

DÉFLUENT n.m. Bras formé par la division des eaux d'une rivière.

DÉFLUVIATION n.f. Changement total de lit d'un cours d'eau.

DÉFOLIANT, E adj. et n.m. Se dit d'un produit chimique provoquant la défoliation.

DÉFOLIATION n.f. **1.** BOT. Défeuillaison, spécial. lorsqu'elle est causée par une pollution. **2.** MIL. Destruction de la végétation à l'aide de défoliants.

DÉFOLIER v.t. [5]. Provoquer la défoliation de.

DÉFONÇAGE ou **DÉFONCEMENT** n.m. Action de défoncer ; son résultat.

DÉFONCE n.f. *Fam.* État provoqué par l'usage de certaines drogues ; usage de ces drogues.

DÉFONCÉ n.m. ORFÈVR. Technique de ciselure qui consiste à travailler la paroi d'un objet de métal sur son endroit (à la différence du repoussé).

DÉFONCER v.t. [9] (de *fond*). **1.** Vieilli. Ôter le fond d'un tonneau, d'une caisse. **2.** Briser en enfonçant ; éventrer. *Défoncer une porte.* **3.** Labourer très profondément un terrain, un sol. **4.** MÉCAN. INDUSTR. Dégrossir une cavité dans une pièce à usiner. ◆ **se défoncer** v.pr. **1.** Se briser, être enfoncé, éventré. **2.** *Fam.* Se droguer. **3.** *Fam.* Se donner à fond dans une activité.

DÉFONCEUSE n.f. **1.** Charrue utilisée pour labourer très profondément. **2.** Équipement tracté constitué par un cadre muni de dents massives servant à travailler le sol. SYN. : *ripper.* **3.** Machine à bois dotée d'une mèche à coupe latérale ou d'une fraise.

DÉFORCER v.t. [9]. Belgique. Affaiblir.

DÉFORESTATION n.f. Action de détruire la forêt ; déboisement.

DÉFORMABLE adj. Qui peut être déformé.

DÉFORMANT, E adj. Qui déforme.

DÉFORMATION n.f. Action de déformer ; fait d'être déformé. ◇ *Déformation professionnelle :* fait d'avoir l'esprit déformé par la pratique d'une profession, de garder dans la vie courante les habitudes, les réflexes de sa profession.

DÉFORMER v.t. **1.** Altérer la forme, l'aspect de qqch. **2.** Reproduire, représenter de façon inexacte. *Déformer la vérité.*

DÉFOULEMENT n.m. Fait de se défouler.

DÉFOULER v.t. Permettre à qqn de libérer son agressivité ou de se libérer de tensions diverses. ◆ **se défouler** v.pr. Se libérer dans son comportement, ses activités, de contraintes, de tensions diverses.

DÉFOULOIR n.m. *Fam.* Ce qui permet de se défouler.

DÉFOURNAGE ou **DÉFOURNEMENT** n.m. Action de défourner.

DÉFOURNER v.t. Retirer d'un four après cuisson.

DÉFRAÎCHIR v.t. (de *1. frais*). Enlever la fraîcheur, l'éclat de ; ternir.

DÉFRAYER [defrɛje] v.t. [6] (de *3. frais*). **1.** Payer les dépenses de qqn. **2.** *Défrayer la chronique :* faire abondamment parler de soi, le plus souvent en scandalisant l'opinion publique.

DÉFRICHAGE ou **DÉFRICHEMENT** n.m. Action de défricher ; son résultat.

DÉFRICHE n.f. Terrain défriché.

DÉFRICHER v.t. (de *friche*). **1.** Rendre propre à la culture un terrain inculte. **2.** *Défricher un sujet, une question,* en aborder les éléments essentiels, sans aller au fond ; dégrossir.

DÉFRICHEUR, EUSE n. Personne qui défriche.

DÉFRIPER v.t. Remettre en état ce qui était fripé ; défroisser.

DÉFRISER v.t. **1.** Défaire la frisure de. **2.** *Fam.* Contrarier, désappointer. *Et alors ? Ça te défrise ?*

DÉFROISSER v.t. Faire disparaître les plis d'un vêtement, d'une étoffe froissés ; défriper.

DÉFRONCER v.t. [9]. Défaire les fronces d'une étoffe, d'un vêtement.

DÉFROQUE n.f. **1.** CATH. Vx. Ensemble des vêtements, des objets qu'un religieux laisse en mourant. **2.** Mod. Vêtement démodé, ridicule.

DÉFROQUÉ, E adj. (de *froc*). *Moine, prêtre défroqué,* ou *défroqué,* n.m., qui a renoncé à la vie religieuse. (Rare au fém.)

DÉFROQUER v.i. ou **DÉFROQUER (SE)** v.pr. Abandonner l'état religieux ou ecclésiastique.

DÉFRUITER v.t. **1.** Enlever le goût, le parfum de son fruit à un extrait végétal. *Défruiter de l'huile d'olive.* **2.** MIN. Dépiler.

DÉFUNT, E adj. et n. (lat. *defunctus*). *Terme administratif* ou *sout.* Qui est décédé ; mort. ◆ adj. *Litt.* Révolu. *Une époque défunte.*

DÉFUNTER v.i. Suisse. Être sur le point de mourir ; mourir de faim, de fatigue.

DÉGAGÉ, E adj. **1.** Où rien n'arrête le regard. *Vue dégagée.* ◇ *Ciel dégagé,* sans nuages. **2.** Qui n'est pas encombré. *Autoroute dégagée.* **3.** Totalement découvert. *Avoir le front dégagé.* **4.** Qui fait preuve d'aisance, d'assurance. *Air dégagé.*

DÉGAGEMENT n.m. **1. a.** Action de dégager ce qui est bloqué, emprisonné. *Dégagement des victimes.* – MÉD. Sortie de l'enfant à la fin du travail de l'accouchement. – SPORTS. Action de dégager la balle. **b.** Action de dégager ce qui est obstrué, encombré. *Dégagement d'une rue.* **2.** Fait de se dégager ; émanation. *Dégagement de bulles.* **3.** Action de se dégager d'une promesse, d'un engagement. **4.** ADMIN., MIL. *Dégagement des cadres :* réduction de l'effectif des cadres. **5.** Pièce annexe ou issue secondaire ménagée dans un appartement, un local quelconque. ◇ *De dégagement :* destiné à assurer un passage supplémentaire, à faciliter le passage. *Escalier de dégagement.* **6.** Petite pièce ou grand placard pour le rangement.

DÉGAGER v.t. [10] (de *gage*). **1.** Délivrer de ce qui bloque, coince, emprisonne. – SPORTS. Envoyer le ballon le plus loin possible de son camp. **2.** Libérer, sortir de ce qui encombre, recouvre ; ouvrir un passage. – *Fig.* Extraire d'un ensemble, mettre en évidence. *Dégager les idées essentielles.* **3.** Laisser libre ou visible ; mettre en valeur. *Encolure qui dégage la nuque.* **4.** Libérer de ce qui contraint, oblige. *Dégager sa responsabilité.* ◇ *Dégager qqn de sa parole,* le libérer d'une promesse. **5.** Rendre disponible une somme d'argent. *Dégager des crédits.* – Produire un bénéfice, un profit. **6.** Vieilli. Retirer, reprendre une chose mise en gage. **7.** Produire, répandre une émanation ; exhaler. *Fleur qui dégage un parfum délicieux.* **8.** DANSE. Faire glisser un pied sur le sol, sans se déplacer et jusqu'à ce qu'il se tende, en l'éloignant de la jambe d'appui qui reste tendue. ◆ **se dégager** v.pr. (de). **1.** Se libérer d'une contrainte. **2.** Sortir en se répandant dans l'espace ; émaner. *Une fumée épaisse se dégage des décombres.*

DÉGAINE n.f. *Fam.* Allure, contenance gauche, ridicule ou étrange.

DÉGAINER v.t. Tirer une arme du fourreau, de l'étui. *Dégainer l'épée, son revolver.*

DÉGANTER (SE) v.pr. Enlever ses gants.

DÉGARNIR v.t. **1.** Dépouiller, vider qqch de ce qui le garnit, l'orne, le meuble ou le protège. *Dégarnir un fauteuil.* **2.** CH. DE F. *Dégarnir une voie :* ôter le ballast autour des traverses et sous celles-ci. ◆ **se dégarnir** v.pr. **1.** Devenir moins touffu, en parlant des arbres, des bois. **2.** Perdre ses cheveux. **3.** Se vider, en parlant d'un lieu. *La salle se dégarnit.*

DÉGARNISSAGE n.m. CH. DE F. Action de dégarnir.

DÉGASOLINAGE n.m. → **DÉGAZOLINAGE.**

DÉGASOLINER v.t. → **DÉGAZOLINER.**

DÉGÂT n.m. (de l'anc. v. *dégaster,* dévaster). [Surtout pl.] Dommage occasionné par un phénomène violent.

DÉGAUCHIR v.t. TECHN. **1.** Redresser une pièce déformée. **2.** Dresser, aplanir une face d'une pièce. *Dégauchir une planche.*

DÉGAUCHISSAGE ou **DÉGAUCHISSEMENT** n.m. Action de dégauchir.

DÉGAUCHISSEUSE n.f. MENUIS. Machine-outil pour dégauchir les faces d'une planche.

DÉGAZAGE n.m. TECHN. **1.** Action de dégazer un liquide, un solide. **2.** Élimination des hydrocarbures gazeux des citernes d'un pétrolier, après déchargement.

DÉGAZER v.t. Éliminer les gaz dissous, absorbés ou adsorbés, d'un liquide, d'un solide. ◆ v.i. PÉTROLE. Effectuer le dégazage. ◆ **se dégazer** v.pr. Perdre de son gaz, en parlant d'un liquide, d'un solide.

DÉGAZOLINAGE ou **DÉGASOLINAGE** n.m. PÉTROLE. Récupération des hydrocarbures liquides contenus dans le gaz naturel.

DÉGAZOLINER ou **DÉGASOLINER** v.t. Procéder au dégazolinage.

DÉGAZONNEMENT ou **DÉGAZONNAGE** n.m. Action d'enlever le gazon.

DÉGAZONNER v.t. Enlever le gazon d'un terrain, d'une pelouse.

DÉGEL n.m. **1.** Fonte des neiges, des glaces ; époque à laquelle elle se produit. **2.** *Fig.* Fait de se dégeler. – *Spécial.* Détente des relations entre des États. *Le dégel des relations internationales.*

DÉGELÉE n.f. *Fam.* Correction ; volée de coups.

DÉGELER v.t. [12]. **1.** Faire fondre ce qui était gelé. **2.** *Fig.* Enlever à qqn sa réserve, sa froideur ; donner de l'animation à une réunion. **3.** ÉCON. Libérer des crédits, des comptes qui étaient gelés, bloqués. ◆ v.i. Cesser d'être gelé ou de geler. ◆ **se dégeler** v.pr. Devenir moins froides, s'améliorer, en parlant des relations entre des personnes, des groupes, des États.

DÉGÉNÉRATIF, IVE adj. MÉD. Se dit d'une affection (arthrose, athérosclérose, maladie d'Alzheimer, etc.) caractérisée par une dégénérescence.

DÉGÉNÉRÉ, E adj. et n. **1.** Atteint de dégénérescence. **2.** *Très fam., injur.* Imbécile, idiot.

DÉGÉNÉRER v.i. [11] (lat. *degenerare*). **1.** Perdre des qualités propres à son espèce ; s'abâtardir ; passer à un état inférieur. **2.** *Fig.* Perdre de son mérite, de sa valeur. **3.** Se changer en qqch de pire. *Dispute qui dégénère en rixe.* – Absol. Tourner mal.

DÉGÉNÉRESCENCE n.f. **1.** Fait de dégénérer. **2.** MÉD. Altération de cellules ou d'un tissu, qui leur fait perdre leurs caractéristiques spécifiques et peut être transitoire ou évoluer vers la nécrose. SYN. : *dystrophie.* **3.** MÉD. Transformation d'une maladie, d'un trouble, en une forme plus grave. *Dégénérescence cancéreuse d'une tumeur bénigne.*

DÉGERMER v.t. Enlever le germe des pommes de terre ou, dans une malterie, les radicules du germe de l'orge.

DÉGINGANDÉ, E [deʒɛ̃gɑ̃de] adj. (du moyen fr. *déhingander,* disloquer, et *ginguer,* folâtrer). Qui est comme disloqué dans ses mouvements, sa démarche.

DÉGIVRAGE n.m. Action de dégivrer.

DÉGIVRER v.t. Enlever, faire fondre le givre de. *Dégivrer un pare-brise, un réfrigérateur.*

DÉGIVREUR n.m. Appareil, dispositif utilisé pour le dégivrage.

DÉGLAÇAGE ou **DÉGLACEMENT** n.m. Action de déglacer ; son résultat.

DÉGLACER v.t. [9]. **1.** Faire fondre la glace de. **2.** Enlever le lustre du papier. **3.** CUIS. Dissoudre, en les mouillant d'un peu de liquide, les sucs caramélisés au fond d'un récipient.

DÉGLACIATION n.f. Recul des glaciers et des inlandsis.

DÉGLINGUE n.f. *Fam.* **1.** État de profonde déchéance physique ou morale. **2.** Dégradation extrême d'un milieu, d'un système ; situation qui en résulte. *La déglingue sociale.*

DÉGLINGUER v.t. (de *clin,* bordage). *Fam.* Disloquer, désarticuler, démolir.

DÉGLUER v.t. Débarrasser de la glu.

DÉGLUTINATION n.f. LING. Séparation des éléments d'un mot unique (ex. : *ma mie* pour *m'amie*).

DÉGLUTIR v.t. et v.i. (lat. *deglutire*). Faire passer de la bouche à l'estomac ; avaler.

DÉGLUTITION n.f. PHYSIOL. Acte réflexe par lequel le bol alimentaire ou la salive passent de la bouche à l'estomac.

DÉGOBILLER v.t. et v.i. (de *gober*). *Fam.* Vomir.

D

DÉGOISER v.t. et v.i. (de *gosier*). *Fam., péjor.* Parler avec volubilité.

DÉGOMMAGE n.m. Action de dégommer.

DÉGOMMER v.t. **1.** Ôter la gomme de. **2.** *Fam. Dégommer qqn (de sa place),* le destituer, le supplanter. **3.** *Fam.* Faire tomber en lançant qqch, en tirant.

DÉGONFLÉ, E adj. et n. *Fam.* Lâche, peureux.

DÉGONFLEMENT ou **DÉGONFLAGE** n.m. **1.** Action de dégonfler ; son résultat ; fait de se dégonfler. **2.** *Fam.* Fait de se dégonfler, de manquer de courage.

DÉGONFLER v.t. Faire disparaître le gonflement, l'enflure de ; vider de son air, de son gaz. ◆ v.i. ou **se dégonfler** v.pr. Perdre l'air ou le gaz qui gonflait ; perdre son enflure. ◆ **se dégonfler** v.pr. *Fam.* Manquer de courage, de résolution au moment d'agir.

DÉGORGEMENT n.m. **1.** Action de dégorger ; son résultat. **2.** Écoulement d'eau chargée d'immondices.

DÉGORGEOIR n.m. **1.** Ustensile pour retirer l'hameçon de la gorge d'un poisson. **2.** Extrémité d'un conduit par lequel se déverse l'eau d'un réservoir ou d'une pompe.

DÉGORGER v.t. [10]. **1.** Déverser son propre contenu, en parlant de qqch. *Égout qui dégorge un flot boueux sur la plage.* **2.** Débarrasser de ce qui engorge, obstrue. *Dégorger un conduit.* ◆ v.i. **1.** Se déverser, s'écouler. *Bassin qui dégorge dans la rivière.* **2.** Rendre de sa teinture, en parlant d'un tissu. **3. a.** ***Faire dégorger de la viande, du poisson,*** les faire tremper dans l'eau froide pour éliminer certaines impuretés. **b.** ***Faire dégorger des légumes,*** les passer au sel pour en éliminer l'eau. **c.** ***Faire dégorger des escargots,*** ou ***dégorger des escargots,*** v.t., leur faire éliminer la bave en les faisant jeûner.

DÉGOTER ou **DÉGOTTER** v.t. *Fam.* Découvrir, trouver.

DÉGOULINEMENT n.m. ou, rare, **DÉGOULINADE** n.f. *Fam.* Coulée, trace laissée par un corps liquide ou visqueux.

DÉGOULINER v.i. (anc. v. *dégouler,* s'épancher). *Fam.* Couler goutte à goutte ou en traînées.

DÉGOUPILLER v.t. Enlever la goupille de.

1. DÉGOURDI, E adj. et n. Qui fait preuve d'adresse, d'initiative.

2. DÉGOURDI n.m. Première cuisson d'une céramique avant l'émaillage et la pose du décor ; céramique ainsi traitée.

DÉGOURDIR v.t. (de *gourd*). **1.** Tirer de l'engourdissement. *Dégourdir ses membres.* **2.** *Fig.* Faire perdre sa gaucherie, sa timidité à qqn. **3.** Vieilli. Faire tiédir un liquide. *Dégourdir de l'eau.*

DÉGOURDISSEMENT n.m. Action par laquelle un engourdissement se dissipe.

DÉGOÛT n.m. (de *goût*). **1.** Répugnance pour certains aliments. **2.** Sentiment d'aversion, de répulsion provoqué par qqn, qqch.

DÉGOÛTAMMENT adv. Rare. De manière dégoûtante.

DÉGOÛTANT, E adj. **1.** Qui provoque le dégoût, la répugnance ; écœurant. **2.** Très sale. **3.** Qui provoque l'aversion, la répulsion psychologique, morale ; obscène.

DÉGOÛTATION n.f. *Fam.* **1.** Sentiment de dégoût. **2.** Chose, personne dégoûtante.

DÉGOÛTÉ, E n. *Faire le dégoûté :* se montrer trop difficile, exigeant.

DÉGOÛTER v.t. **1.** Inspirer du dégoût, de la répugnance, de l'aversion à. *Sa malpropreté me dégoûte.* **2.** Ôter l'envie de, décourager de. *Tout ça le dégoûte de travailler.*

DÉGOUTTER v.i. Couler goutte à goutte. *L'eau dégoutte du parapluie.*

DÉGRADANT, E adj. Qui dégrade, avilit.

1. DÉGRADATION n.f. (du lat. *gradus,* degré). **1.** Destitution d'un personnage haut placé ; privation d'un grade, d'une dignité, de certains droits. ◇ *Dégradation civique :* privation des droits civiques et politiques ainsi que de certains droits civils. **2.** Détérioration d'un édifice, d'une propriété, etc. **3.** *Fig.* Passage progressif à un état plus mauvais. **4. a.** CHIM. ORG. Décomposition d'une molécule organique en molécules possédant un nombre moins grand d'atomes de carbone. **b.** THERMODYN. *Dégradation de l'énergie :* transformation irréversible d'énergie d'une forme en une autre moins apte à fournir du travail mécanique. **5.** ÉCOL. Remplacement d'une formation végétale par une autre, génér. moins diversifiée (par ex. d'une forêt par une garrigue ou par une prairie, à la suite d'une exploitation intensive ou d'incendies répétés).

2. DÉGRADATION n.f. (ital. *digradazione*). PEINT., SCULPT. Affaiblissement insensible et continu, produisant un dégradé.

DÉGRADÉ n.m. **1.** PEINT., SCULPT. Aspect produit par la diminution progressive de l'intensité d'une couleur, d'une lumière, ou encore des saillies d'un bas-relief. *Un dégradé de bleus.* **2.** CINÉMA, PHOTOGR. Procédé par lequel on donne une intensité lumineuse différente aux diverses parties de l'image. **3.** Technique de coupe qui consiste à modeler la coiffure suivant différentes épaisseurs.

1. DÉGRADER v.t. **1.** Destituer de son grade. *Dégrader un officier.* **2.** *Fig.* Plonger dans un état de déchéance ; avilir. *Sa conduite le dégrade.* **3.** Faire subir une dégradation matérielle à ; détériorer, endommager. *Dégrader une façade.* ◆ **se dégrader** v.pr. **1.** *Sout.* S'avilir. **2.** Subir une détérioration. *Nos relations se dégradent.*

2. DÉGRADER v.t. (ital. *digradare,* de *grado,* degré). **1.** PEINT., SCULPT. Affaiblir insensiblement. *Dégrader un ton.* **2.** Couper les cheveux en dégradé.

DÉGRAFER v.t. (de *agrafer*). Détacher l'agrafe ou les agrafes de.

DÉGRAISSAGE n.m. **1.** Action de dégraisser ; son résultat. **2.** *Fam.* Diminution du personnel d'une entreprise par licenciement.

DÉGRAISSANT, E adj. et n.m. Se dit d'une substance qui a la propriété de dégraisser.

DÉGRAISSER v.t. **1.** Retirer la graisse de. *Dégraisser un bouillon.* **2.** Ôter les taches de graisse de. *Dégraisser un vêtement.* ◆ v.i. *Fam.* Diminuer les effectifs d'un service, d'une entreprise.

DÉGRAISSEUR, EUSE n. TEXT. Personne qui dégraisse et teint les étoffes.

DÉGRAS n.m. (de *dégraisser*). Mélange de corps gras utilisé pour assouplir et imperméabiliser les cuirs.

DÉGRAVOIEMENT n.m. CONSTR. Dégradation d'une construction par l'effet d'une eau courante.

DÉGRAVOYER [degravwaje] v.t. [7]. CONSTR. Produire le dégravoiement de.

DEGRÉ n.m. (du lat. *gradus*). **I.** Échelon, niveau. **1.** *Litt.* (Surtout pl.) Marche d'un escalier. **2.** Chacun des états intermédiaires pouvant conduire d'un état à un autre. ◇ *Par degrés :* progressivement. – *Au premier degré :* à la lettre. *Prendre une plaisanterie au premier degré.* – *Au second degré :* en prenant du recul par rapport à ce qui est dit. **3.** Échelon, grade, etc., dans une hiérarchie. **4.** DR. *Degré d'une juridiction :* ordre hiérarchique des tribunaux devant lesquels une affaire peut être successivement portée. **5.** ANTHROP. *Degré de parenté :* distance qui sépare des parents consanguins ou affins. (Chaque génération forme un degré ; en ligne collatérale, les degrés se comptent en remontant d'Ego à l'ancêtre commun et en redescendant de celui-ci à l'autre parent : deux frères sont parents au deuxième degré, l'oncle et le neveu au troisième, etc.) **6.** MATH. **a.** *Degré d'un monôme entier par rapport à une variable,* exposant de la puissance à laquelle se trouve élevée cette variable dans le monôme. **b.** *Degré d'un polynôme :* degré du monôme composant ayant le plus haut degré. **c.** *Degré d'une courbe, d'une surface algébrique :* degré du polynôme qui permet de définir une de ses équations. **7.** GRAMM. *Degré de comparaison* ou *de signification :* chacun des niveaux (relatif ou absolu) de la qualité exprimée par un adjectif ou un adverbe (positif, comparatif ou superlatif). **8.** Intensité relative d'un état affectif, moral ou pathologique. *Le dernier degré du bonheur, du désespoir.* **9.** *Degré d'une brûlure :* profondeur de la brûlure. (Le premier degré est caractérisé par une rougeur, le deuxième par des cloques, le troisième par une destruction des tissus profonds.) **10.** ENSEIGN. **a.** *Premier degré :* niveau des enseignements préélémentaire et élémentaire. **b.** *Second degré :* niveau de l'enseignement secondaire. **II.** Unité. **1.** Chacune des divisions, correspondant à l'unité, d'une échelle de mesure. *Les neuf degrés de l'échelle de Richter.* ◇ *Le degré zéro de... :* le niveau le plus bas de, la plus grande médiocrité dans un domaine. *Le degré zéro de l'imagination.* **2.** Unité de mesure d'angle plan (symb. °), équivalant à l'angle au centre qui intercepte sur la circonférence un arc d'une longueur égale à 1/360 de celle de cette circonférence, soit $\pi/180$ radian. **3. a.** *Degré Celsius :* unité de mesure de la température (symb. °C) définie à partir de l'échelle absolue (échelle Kelvin) par la relation : t (en degrés Celsius) = T (en kelvins) – 273,15. **b.** *Degré Fahrenheit :* unité de mesure de température (symb. °F), égale à la 180e partie de l'écart entre la température de fusion de la glace (32 °F) et la température d'ébullition de l'eau (212 °F) à la pression atmosphérique normale (→ *tableau des *unités*). **4.** *Degré alcoolique :* nombre de litres d'alcool éthylique contenus dans cent litres de vin. **5.** MUS. Chacun des sons d'une gamme par rapport à la tonique. (Dans l'échelle d'*ut, sol* est le 5e degré.)

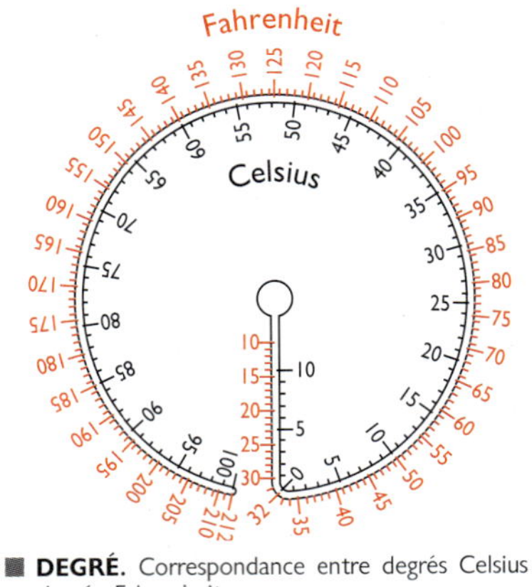

■ **DEGRÉ.** Correspondance entre degrés Celsius et degrés Fahrenheit.

DÉGRÉER v.t. [8]. MAR. Dégarnir de son gréement.

DÉGRESSIF, IVE adj. (du lat. *degredi,* descendre). Se dit d'un tarif, d'un mode de paiement, etc., dans lequel la somme à payer par unité est de plus en plus petite au fur et à mesure que le nombre d'unités commandées ou utilisées est plus grand.

DÉGRESSIVITÉ n.f. Caractère de ce qui est dégressif.

DÉGRÈVEMENT n.m. Diminution ou dispense de charges fiscales.

DÉGREVER v.t. [12]. Décharger d'une partie des impôts ; exonérer.

DÉGRIFFÉ, E adj. et n.m. Se dit d'un vêtement, d'un accessoire vendu sans sa griffe d'origine et à prix réduit.

DÉGRILLAGE n.m. Opération consistant à débarrasser une eau usée des matières entraînées les plus volumineuses par passage à travers une grille.

DÉGRINGOLADE n.f. *Fam.* Action de dégringoler.

DÉGRINGOLER v.i. (de l'anc. fr. *gringoler,* de *gringole,* colline). *Fam.* **1.** Rouler de haut en bas ; tomber de façon désordonnée. **2.** Diminuer très rapidement de valeur, d'intensité. ◆ v.t. *Fam.* Descendre précipitamment. *Dégringoler un escalier.*

DÉGRIPPANT n.m. Produit pour dégripper.

DÉGRIPPER v.t. Débloquer deux pièces grippées.

DÉGRISEMENT n.m. Action de dégriser.

DÉGRISER v.t. **1.** Faire passer l'ivresse de. **2.** *Fig.* Dissiper les illusions, l'enthousiasme de. ◆ **se dégriser** v.pr. Sortir de l'ivresse.

DÉGROSSIR v.t. **1.** Donner un premier façonnage à un matériau brut. *Dégrossir un bloc de marbre.* **2.** *Fig.* Commencer à débrouiller, à éclaircir qqch. *Dégrossir un problème.* **3.** *Fig.* Rendre moins grossier, moins ignorant.

DÉGROSSISSAGE ou **DÉGROSSISSEMENT** n.m. Action de dégrossir un matériau.

DÉGROUILLER (SE) v.pr. *Fam.* Se hâter.

DÉGROUPEMENT n.m. Action de dégrouper ; son résultat.

DÉGROUPER v.t. Disperser, répartir différemment des personnes, des choses groupées.

DÉGUENILLÉ, E adj. Qui est vêtu de guenilles, de haillons.

DÉGUERPIR v.i. (de l'anc. fr. *guerpir,* abandonner, mot d'orig. germ.). Quitter précipitamment un lieu.

DÉGUEULASSE adj. *Très fam.* Dégoûtant. Abrév. *(très fam.) : dégueu.*

DÉGUEULER v.t. et v.i. *Très fam.* Vomir.

DÉGUILLER v.t. (du haut all. *kegil,* quille). Suisse. Faire tomber ; abattre. *Déguiller un arbre.* ◆ v.i. Suisse. Dégringoler.

DÉGUISÉ, E adj. **1.** Revêtu d'un déguisement. **2.** *Fruit déguisé :* confiserie faite de petits fruits (fraises, cerises) enrobés de sucre, ou de pâte d'amandes en forme de fruits.

DÉGUISEMENT n.m. **1.** Action de déguiser, de se déguiser. **2.** Ce qui sert à déguiser, à se déguiser. *Être méconnaissable sous son déguisement.* **3.** *Fig., litt.* Dissimulation. *Parler sans déguisement.*

DÉGUISER v.t. (de *guise*). **1.** Habiller qqn de manière à le rendre méconnaissable. **2.** Modifier pour tromper ; contrefaire. *Déguiser sa voix, son écriture.* **3.** *Fig., litt.* Cacher, dissimuler. *Déguiser ses sentiments.* ◆ **se déguiser** v.pr. Se travestir.

DÉGURGITER v.t. Restituer ce qui avait été ingurgité.

DÉGUSTATEUR, TRICE n. Personne dont le métier est de déguster une boisson (vin, liqueur, etc.) ou un produit alimentaire.

DÉGUSTATION n.f. Action de déguster.

DÉGUSTER v.t. (lat. *degustare*). **1.** Goûter un aliment solide ou liquide pour en apprécier les qualités. **2.** *Fam. Déguster des coups, des injures, etc.,* les subir. – Absol. Être éprouvé, subir des événements fâcheux, désagréables, violents, etc. *Qu'est-ce qu'on déguste !*

DÉHALER v.t. (de *haler*). Déplacer un navire en tirant sur ses amarres. ◆ **se déhaler** v.pr. S'éloigner d'une position dangereuse, en parlant d'un navire.

DÉHANCHÉ, E adj. Qui se déhanche.

DÉHANCHEMENT n.m. Fait de se déhancher ; position du corps qui se déhanche.

DÉHANCHER (SE) v.pr. **1.** Marcher en se dandinant. **2.** Faire porter le poids du corps sur une seule jambe.

DÉHARNACHER v.t. Ôter le harnais de.

DÉHISCENCE [deisɑ̃s] n.f. BOT. Ouverture naturelle, à maturité, d'un organe clos (anthère, gousse, etc.).

DÉHISCENT, E adj. (du lat. *dehiscere,* s'ouvrir). BOT. *Organes, fruits, etc., déhiscents,* qui s'ouvrent par déhiscence.

1. DEHORS adv. À l'extérieur d'un lieu. ◇ *Mettre dehors :* chasser, congédier. – *De dehors :* de l'extérieur. – *En dehors :* à l'extérieur, par l'extérieur. – DANSE. *Être en dehors :* pour un danseur, avoir les pieds et les jambes bien ouverts. ◆ **en dehors de** loc. prép. **1.** À l'extérieur de. *En dehors de la ville.* **2.** À l'exception de. *Personne ne le sait en dehors de moi.* **3.** Hors du cadre de. *En dehors de la question.*

2. DEHORS n.m. **1.** Partie extérieure de qqch. **2.** Extérieur, milieu environnant. ◆ pl. *Sous des dehors gentils, aimables, etc. :* sous un aspect gentil, aimable, etc.

DÉHOUSSABLE adj. et n.m. Dont la housse est amovible.

1. DÉICIDE n.m. Meurtre de Dieu et, spécial., crucifixion du Christ.

2. DÉICIDE n. et adj. (lat. chrétien *deicida*). Meurtrier de Dieu ; coupable ou complice de la crucifixion du Christ.

DÉICTIQUE adj. et n.m. (gr. *deiktikos,* démonstratif). LING. Se dit de tout élément linguistique qui fait référence à la situation dans laquelle il est énoncé (pronom, temps du verbe, démonstratif, adverbes de lieu et de temps, etc.).

DÉIFICATION n.f. Action de déifier.

DÉIFIER v.t. [5] (lat. *deificare*). Mettre au nombre des dieux, élever à l'égal des dieux.

DÉISME n.m. Croyance en l'existence d'un Dieu créateur, mais sans référence à une révélation.

DÉISTE adj. et n. Qui professe le déisme.

DÉITÉ n.f. *Litt.* Divinité.

DÉJÀ adv. (anc. fr. *des ja,* du lat. *jam,* maintenant). **1.** Dès maintenant, dès ce moment. *Tu as déjà fini !* **2.** Précédemment. *Je vous ai déjà dit que.* **3.** Marque un degré jugé important, notable. *Égaler le record, c'est déjà quelque chose.* **4.** Figure dans une question visant à se faire rappeler ce que l'on a oublié. *Où habite-t-il, déjà ?*

DÉJANTER v.t. Faire sortir un pneu de la jante d'une roue. ◆ v.i. *Fam.* Devenir fou.

DÉJAUGER v.i. [10]. **1.** S'élever sur l'eau sous l'effet de la vitesse, en parlant d'un bateau, d'un hydravion. **2.** Sortir partiellement de l'eau (par suite d'un échouage, du retrait de la mer, etc.), en parlant d'un navire à l'arrêt.

DÉJÀ-VU n.m. inv. **1.** *Fam. Du déjà-vu :* ce qui est banal, sans originalité. **2.** PSYCHOL. *Impression de déjà-vu :* impression intense d'avoir déjà vécu la situation actuelle dans le passé, avec la même tonalité affective.

DÉJECTION n.f. (lat. *dejectio,* de *jacere,* jeter). *Cône de déjection :* accumulation détritique d'un torrent à son extrémité aval. ◆ pl. Matières fécales évacuées ; excréments.

DÉJETÉ, E adj. **1.** Qui a subi un gauchissement, qui est dévié de sa position normale. **2.** *Sout.* Contrefait. *Taille déjetée.*

DÉJETER v.t. [16]. *Litt.* Déformer le corps en lui faisant subir une déviation.

1. DÉJEUNER v.i. (lat. *disjejunare,* rompre le jeûne). **1.** Prendre le repas de midi. **2.** Belgique, Suisse. Prendre le petit déjeuner.

2. DÉJEUNER n.m. **1.** Repas de midi. – Mets que l'on mange à ce repas. *Préparer un déjeuner froid.* **2.** Belgique, Québec, Suisse. Repas du matin, petit déjeuner. **3.** Grande tasse munie de sa soucoupe, pour le petit déjeuner. **4.** *Déjeuner de soleil :* étoffe dont la couleur fane à la lumière ; *fig.,* chose éphémère.

DÉJOUER v.t. Faire échec à, mettre en défaut. *Déjouer la surveillance de ses gardiens.*

DÉJUCHER v.i. Sortir du juchoir. ◆ v.t. Faire sortir du juchoir. *Déjucher des volailles.*

DÉJUGER (SE) v.pr. [10]. Revenir sur un jugement, une opinion.

DE JURE [deʒyre] loc. adv. (mots lat., *selon le droit*). De droit (par oppos. à *de facto*).

DEL ou **D.E.L.** [dɛl] n.f. (sigle). Diode électroluminescente.

DELÀ adv. ⟶ **AU-DELÀ, DEÇÀ** et **PAR-DELÀ.**

DÉLABRÉ, E adj. **1.** Qui est en mauvais état, tombe en ruine. **2.** *Fig.* Amoindri, détérioré.

DÉLABREMENT n.m. **1.** État de ruine. *Le délabrement d'une maison.* **2.** *Fig.* Dégradation, affaiblissement. *Délabrement physique, moral.*

DÉLABRER v.t. (mot d'orig. francique). Endommager gravement ; ruiner. *Délabrer sa santé.* ◆ **se délabrer** v.pr. Tomber en ruine ; se dégrader.

DÉLACER v.t. [9]. Défaire le ou les lacets de.

DÉLAI n.m. (de l'anc. fr. *deslaier,* différer). **1.** Temps accordé pour faire qqch. *Exécuter un travail dans le délai fixé.* **2.** Temps supplémentaire octroyé pour l'exécution, l'accomplissement de qqch. *Obtenir un délai de trois jours.* ◇ *Sans délai :* sans attendre ; immédiatement.

DÉLAI-CONGÉ n.m. (pl. *délais-congés*). DR. Délai de préavis en matière de résiliation d'un contrat de location ou de travail.

DÉLAINAGE n.m. Action de délainer.

DÉLAINER v.t. Enlever la laine des peaux de mouton, de chèvre, etc.

DÉLAISSÉ, E adj. Laissé à l'abandon, seul, sans assistance.

DÉLAISSEMENT n.m. **1.** *Litt.* État d'une personne laissée sans secours. **2.** DR. Abandon d'un bien, d'un droit.

DÉLAISSER v.t. Laisser de côté ; négliger. *Délaisser son travail, ses amis.*

DÉLAITEMENT ou **DÉLAITAGE** n.m. Action de délaiter ; son résultat.

DÉLAITER v.t. Soutirer le babeurre de la baratte après la formation du beurre.

DÉLAMINAGE n.m. MATÉR. Séparation en lamelles d'un lamifié ou d'un matériau macromoléculaire.

DÉLASSANT, E adj. Qui délasse ; reposant. *Une lecture délassante.*

DÉLASSEMENT n.m. **1.** Action de se délasser, de se détendre. **2.** Occupation qui délasse, repose. *La pêche à la ligne est un délassement.*

DÉLASSER v.t. Enlever la fatigue physique ou morale de. *Le repos délasse le corps.* ◆ **se délasser** v.pr. Se reposer des fatigues du corps, de l'esprit ; se détendre.

DÉLATEUR, TRICE n. Personne qui dénonce pour des motifs méprisables.

1. DÉLATION n.f. (lat. *delatio,* de *deferre,* dénoncer). Dénonciation intéressée et méprisable.

2. DÉLATION n.f. (du lat. *delatum,* livré). DR. *Délation de serment :* action d'imposer un serment décisoire ou supplétoire.

DÉLAVAGE n.m. Action de délaver.

DÉLAVÉ, E adj. **1.** D'une couleur fade ; pâle. **2.** Décoloré par l'action de l'eau.

DÉLAVER v.t. **1.** Enlever ou éclaircir avec de l'eau une couleur étendue sur du papier. **2.** Vx. Mouiller, détremper.

DÉLAYAGE n.m. **1.** Action de délayer ; son résultat. **2.** Substance délayée. **3.** *Fig.* Verbiage.

DÉLAYER [deleje] v.t. [6] (lat. *deliquare,* décanter). **1.** Mélanger un corps solide ou pulvérulent avec un liquide. **2.** *Délayer une idée, une pensée,* l'exprimer trop longuement.

DELCO n.m. (nom déposé ; acronyme de *Dayton engineering laboratories company*). Dispositif d'allumage des moteurs à explosion.

DELEATUR [deleatyr] n.m. inv. (mot lat., *qu'il soit détruit*). IMPRIM. Signe de correction typographique (₰) indiquant une suppression à effectuer.

DÉLÉBILE adj. Rare. Qui peut s'effacer.

DÉLECTABLE adj. *Sout.* Dont on se délecte.

DÉLECTATION n.f. (lat. *delectatio*). *Sout.* Plaisir que l'on savoure pleinement.

DÉLECTER (SE) v.pr. **[de]** (lat. *delectare*). *Sout.* Prendre un plaisir extrême à ; se régaler.

DÉLÉGANT, E n. DR. Personne qui désigne un délégué.

DÉLÉGATAIRE n. DR. Personne qui bénéficie d'une délégation.

D

DÉLÉGATEUR, TRICE n. DR. Personne qui fait une délégation.

DÉLÉGATION n.f. (lat. *delegatio,* procuration). **1.** DR. Acte par lequel une autorité administrative charge une autre autorité d'exercer ses pouvoirs à sa place. *Délégation de compétence.* **2.** DR. Opération par laquelle une personne (le *délégant*) ordonne à une autre (le *délégué*) de faire bénéficier une troisième (le *délégataire*) d'une prestation. **3.** Groupe de personnes mandatées au nom d'une collectivité. ◇ *Délégation spéciale :* en France, commission chargée d'administrer provisoirement une commune lorsqu'un conseil municipal est démissionnaire ou a été dissous. **4.** En France, nom donné à certains organismes publics. *Délégation à l'aménagement du territoire.*

DÉLÉGITIMER v.t. Faire perdre à qqn, à qqch sa légitimité morale.

DÉLÉGUÉ, E n. et adj. Personne chargée d'agir au nom d'une ou de plusieurs autres. ◇ *Délégué du personnel :* en France, salarié élu par le personnel d'une entreprise pour le représenter auprès du chef d'entreprise. – *Délégué syndical :* en France, salarié représentant son syndicat auprès du chef d'entreprise, désigné par les membres du syndicat.

DÉLÉGUER v.t. [11] (lat. *delegare*). **1.** Envoyer comme représentant d'une collectivité. *Déléguer un élu à une assemblée.* **2.** Transmettre, confier une responsabilité à un subordonné. *Déléguer ses pouvoirs.* ◇ Absol. *Savoir déléguer.*

DÉLESTAGE n.m. Action de délester.

DÉLESTER v.t. **1.** Enlever le lest, la charge de. *Délester un ballon.* **2.** Supprimer momentanément la fourniture de courant électrique dans un secteur du réseau. **3.** *Délester une voie de communication,* en empêcher l'accès pour en réduire l'engorgement. **4.** *Fam. Délester qqn de son portefeuille, de son argent, etc.,* le lui dérober, le dévaliser.

DÉLÉTÈRE adj. (gr. *dêlêtêrios,* nuisible). **1.** Nuisible à la santé. **2.** *Litt.* Qui corrompt l'esprit ; corrupteur. *Une ambiance délétère.*

DÉLÉTION n.f. (lat. *deletio,* destruction). GÉNÉT. Perte d'un petit fragment d'ADN par un chromosome. ◇ *Délétion chromosomique :* aberration chromosomique responsable de malformations graves, caractérisée par la perte d'un long fragment d'un des chromosomes.

DÉLIBÉRANT, E adj. Qui délibère, est chargé de délibérer. *Assemblée délibérante.*

DÉLIBÉRATIF, IVE adj. *Avoir voix délibérative :* avoir droit de suffrage dans les délibérations d'une assemblée, d'un tribunal (par oppos. à *voix consultative*).

DÉLIBÉRATION n.f. (lat. *deliberatio*). **1.** Examen et discussion orale d'une affaire ; résultat de cet examen ; décision. **2.** Réflexion destinée à peser le pour et le contre avant une décision.

1. DÉLIBÉRÉ, E adj. **1.** Plein d'assurance ; décidé. *Avoir un air délibéré.* **2.** Mûrement réfléchi ;

conscient. *Volonté délibérée.* ◇ ***De propos délibéré :*** à dessein, exprès.

2\. **DÉLIBÉRÉ** n.m. DR. Discussion des juges avant de rendre leur décision.

DÉLIBÉRÉMENT adv. **1.** Après avoir réfléchi. *Accepter délibérément une responsabilité.* **2.** Volontairement, intentionnellement. *Ignorer délibérément qqn.*

DÉLIBÉRER v.i. [11] (lat. *deliberare*). **1.** Examiner, discuter à plusieurs une question. **2.** *Sout.* Réfléchir sur une décision à prendre.

DÉLICAT, E adj. (lat. *delicatus*). **1.** D'une grande finesse ; exquis, raffiné. *Un visage aux traits délicats. Un parfum délicat.* **2.** Qui manifeste de la fragilité. *Santé délicate.* **3.** Difficile à gérer ; périlleux. *Situation, manœuvre délicate.* **4.** Qui manifeste une grande sensibilité, du tact. *Un homme délicat. Une attention délicate.* ◆ adj. et n. *Péjor.* Difficile à contenter. *Faire le délicat.*

DÉLICATEMENT adv. Avec délicatesse.

DÉLICATESSE n.f. **1.** Fait d'être délicat. **2.** *Sout.* ***Être en délicatesse avec qqn :*** être en froid, en mauvais termes avec qqn.

DÉLICE n.m. (lat. *delicium*). **1.** Plaisir extrême. *Respirer avec délice un parfum.* ◇ ***Faire ses délices de :*** prendre un vif plaisir à. – ***Les délices de Capoue :*** vie de luxe dans laquelle on s'amollit. (Fém. au pl. dans la langue littéraire : *les délices infinies du rêve.*) **2.** Suisse. Petite pâtisserie salée.

DÉLICIEUSEMENT adv. Avec délice.

DÉLICIEUX, EUSE adj. (lat. *deliciosus*). **1.** Extrêmement agréable. **2.** Qui excite les sens ou l'esprit.

DÉLICTUEL, ELLE adj. DR. **1.** Délictueux. **2.** Se dit d'une faute commise intentionnellement et de la responsabilité encourue par son auteur.

DÉLICTUEUX, EUSE adj. DR. Qui constitue un délit ; délictuel. *Activités délictueuses.*

1\. **DÉLIÉ, E** adj. (lat. *delicatus*). *Litt.* **1.** Qui manifeste une certaine finesse ; mince, menu. *Taille déliée. Écriture déliée.* **2.** ***Esprit délié,*** subtil, pénétrant.

2\. **DÉLIÉ** n.m. Partie fine, déliée d'une lettre (par oppos. à *plein*).

DÉLIER v.t. [5]. **1.** Défaire, détacher ce qui est lié. *Délier un ruban.* ◇ ***Délier la langue à qqn,*** le faire parler. **2.** *Sout.* Dégager, libérer d'une obligation. *Délier qqn de son serment.*

DÉLIGNAGE n.m. BOIS. Sciage des flaches d'une pièce de bois débitée.

DÉLIGNEUSE n.f. Machine servant au délignage.

DÉLIMITATION n.f. Action de délimiter.

DÉLIMITER v.t. Fixer les limites de ; circonscrire. *Délimiter un terrain, un sujet.*

DÉLIMITEUR n.m. INFORM. Symbole utilisé pour séparer des suites adjacentes de bits ou de caractères au sein d'un ensemble de données. SYN. : *séparateur.*

DÉLINÉAMENT n.m. *Didact.* Trait qui indique le contour, la forme de qqch.

DÉLINÉATEUR n.m. TRAV. PUBL. Balise munie de dispositifs réfléchissants blancs qui, placée le long des accotements d'une route, en matérialise le tracé.

DÉLINÉER v.t. [8]. *Didact.* Tracer le contour de.

DÉLINQUANCE n.f. Ensemble des infractions commises, considérées sur le plan social.

DÉLINQUANT, E n. Personne qui a commis un délit, auteur d'une infraction. ◇ ***Délinquant primaire :*** personne qui a commis un délit pour la première fois. ◆ adj. Qui commet des délits. *Jeunesse délinquante.*

DÉLIQUESCENCE [delikɛsɑ̃s] n.f. (du lat. *deliquescere,* se liquéfier). **1.** PHYS. Propriété qu'ont certains corps d'absorber l'humidité de l'air au point de se dissoudre. **2.** *Fig.* **a.** Décadence complète. **b.** Affaiblissement des capacités intellectuelles ; décrépitude.

DÉLIQUESCENT, E adj. **1.** PHYS. Doué de déliquescence. **2.** *Fig.* Qui est en pleine décadence, qui va s'affaiblissant.

DÉLIRANT, E adj. et n. Qui est atteint de délire. ◆ adj. **1.** Qui présente le caractère du délire. **2.** Qui manifeste une grande excitation. *Un accueil délirant.* **3.** Qui dépasse les limites du raisonnable ; extravagant. *Propos délirants.*

DÉLIRE n.m. (lat. *delirium*). **1.** Grande agitation causée par les émotions, les passions. *Foule en délire.* **2.** PSYCHIATR. Trouble psychique caractérisé par des idées en opposition manifeste avec la réalité ou le bon sens et entraînant la conviction du sujet.

DÉLIRER v.i. (lat. *delirare*). **1.** Être atteint d'un délire. **2.** Parler ou agir de façon déraisonnable. **3.** Être en proie à un sentiment exalté. *Délirer de joie, d'enthousiasme.*

DELIRIUM TREMENS [delirjɔmtremɛ̃s] n.m. inv. (mots lat., *délire tremblant*). État d'agitation avec fièvre, tremblements, onirisme, provoqué par le sevrage dans certains alcoolismes chroniques.

1\. **DÉLIT** n.m. (lat. *delictum*). Infraction punie d'une peine correctionnelle (par oppos. à *contravention* et à *crime*). ◇ ***Le corps du délit :*** l'élément matériel de l'infraction. – ***Délit civil,*** qui cause un dommage à autrui et oblige à une réparation. – ***Délit politique,*** qui porte atteinte à l'organisation et au fonctionnement des pouvoirs publics.

2\. **DÉLIT** n.m. (de *1. déliter*). **1.** Plan selon lequel une roche se délite. **2.** ***En délit :*** se dit d'une pierre appareillée posée de telle manière que ses lits de carrière se trouvent verticaux.

DÉLITAGE n.m. Fait, pour une roche, de se déliter, selon la nature de celle-ci, suivant les plans de stratification ou de schistosité.

DÉLITEMENT n.m. Opération qui consiste à diviser les pierres suivant le sens des couches qui les constituent.

1\. **DÉLITER** v.t. (de *lit*). Couper une pierre de taille parallèlement à la face de son lit de carrière. ◆ **se déliter** v.pr. **1.** Se désagréger sous l'action de l'air humide ou de l'eau. **2.** *Litt.* Se décomposer, perdre sa cohésion, en parlant d'un ensemble, d'une structure. *Nation qui se délite.*

2\. **DÉLITER** v.t. (de *litière*). ***Déliter les vers à soie,*** changer leur litière.

DÉLITESCENCE n.f. (du lat. *delitescere,* se cacher). CHIM., CRISTALLOGR. Efflorescence.

DÉLITESCENT, E adj. CHIM., CRISTALLOGR. Efflorescent.

DÉLIVRANCE n.f. **1.** Action de délivrer, de rendre libre. *Délivrance d'un prisonnier.* **2.** Fait de soulager, de débarrasser. *Délivrance d'une souffrance.* **3.** Action de remettre une chose à qqn. *Délivrance d'un passeport.* **4.** Expulsion du placenta à la fin de l'accouchement.

DÉLIVRE n.m. Ensemble des enveloppes fœtales rejetées par la femelle lorsqu'elle met bas.

DÉLIVRER v.t. (du lat. *liberare,* libérer). **1.** Remettre en liberté. *Délivrer un otage.* **2.** Débarrasser de qqch de pénible ; soulager. *Délivrer d'une obligation.* **3.** Livrer, remettre. *Délivrer des marchandises.*

DÉLOCALISATION n.f. **1.** Action de délocaliser. **2.** CHIM. En mécanique ondulatoire, répartition, sur l'ensemble des atomes d'une molécule, de l'onde associée à un électron. CONTR. : *localisation.*

DÉLOCALISER v.t. **1.** Changer l'emplacement d'une administration, en partic. dans le cadre d'une décentralisation. **2.** Implanter une entreprise dans une nouvelle zone, notamm. pour réduire les coûts de production.

DÉLOGER v.i. [10]. **1.** Vieilli. Quitter vivement un lieu. **2.** Belgique. *Fam.* Découcher. ◆ v.t. **1.** Faire quitter sa place à qqn. **2.** Obliger l'adversaire à évacuer une position.

DÉLOT n.m. (du lat. *digitale*). Doigtier de cuir du calfat ou de la dentellière.

DÉLOYAL, E, AUX [delwajal, o] adj. **1.** Qui manque de loyauté en trahissant la confiance de qqn. *Un ami déloyal.* **2.** Qui dénote de la mauvaise foi, de la perfidie. *Procédé déloyal.*

DÉLOYALEMENT adv. Avec déloyauté.

DÉLOYAUTÉ n.f. **1.** Caractère déloyal, malhonnête. **2.** Acte déloyal.

DELPHINARIUM [-rjɔm] n.m. Aquarium marin dans lequel on élève et on présente des dauphins.

DELPHINIDÉ n.m. Mammifère marin cétacé tel que le dauphin et l'orque. (Les delphinidés forment une famille du sous-ordre des odontocètes.)

DELPHINIUM [dɛlfinjɔm] n.m. Plante herbacée, appelée aussi *dauphinelle* ou *pied-d'alouette,* dont certaines espèces sont cultivées comme ornementales. (Famille des renonculacées.)

DELPHINOLOGIE n.f. (du lat. *delphinus,* dauphin). Étude scientifique des dauphins, et notamm. de leurs facultés psychiques.

DELTA n.m. inv. (mot gr.). Quatrième lettre de l'alphabet grec (Δ, δ), correspondant au *d* français. ◇ ***Aile en delta,*** ou ***aile delta :*** aile d'avion ou de planeur en forme de delta majuscule. ◆ n.m. Zone d'accumulation alluviale dans une mer ou dans un lac, à l'embouchure d'un cours d'eau. *Le delta du Rhône.*

DELTAÏQUE adj. GÉOGR. Relatif à un delta.

DELTAPLANE ou **DELTA-PLANE** n.m. (pl. *deltaplanes*). Planeur ultraléger utilisé pour le vol libre.

DELTOÏDE adj. ANAT. *Muscle deltoïde,* ou ***deltoïde,*** n.m. : muscle situé dans la région supérieure de l'épaule, qui assure l'abduction du bras.

DELTOÏDIEN, ENNE adj. ANAT. Relatif au muscle deltoïde.

DÉLUGE n.m. (lat. *diluvium*). **1.** (Avec une majuscule.) Débordement universel des eaux, d'après la Bible. ◇ ***Remonter au déluge :*** dater d'une époque très reculée ; reprendre de très loin le récit d'un événement. – ***Après moi le déluge :*** indique que l'on ne se soucie pas de l'avenir. **2.** Pluie torrentielle. **3.** *Fig.* Abondance, grande quantité de qqch. *Un déluge de paroles.*

DÉLURÉ, E adj. (mot dial., de *leurrer*). Qui manifeste un esprit vif ; dégourdi, débrouillard. ◆ adj. et n. Trop libre de mœurs ; effronté. *Quelle petite délurée !*

DÉLURER v.t. Rendre malin ou effronté.

DÉLUSTRAGE n.m. Action de délustrer.

DÉLUSTRER v.t. Enlever le brillant d'une étoffe, d'un vêtement, en les repassant à la vapeur.

DÉMAGNÉTISATION n.f. **1.** Action de démagnétiser. **2.** Opération destinée à immuniser les navires contre les mines magnétiques.

DÉMAGNÉTISER v.t. Désaimanter.

■ **DELTA.** La Camargue et le delta du Rhône, en hiver sous la neige, vus du satellite Spot-I.

DÉMAGOGIE n.f. (gr. *dêmagôgia*). Attitude consistant à flatter les aspirations à la facilité ou les préjugés du plus grand nombre pour accroître sa popularité, pour obtenir ou conserver le pouvoir.

DÉMAGOGIQUE adj. Qui a les caractères de la démagogie.

DÉMAGOGUE adj. et n. (gr. *dêmagôgos*, qui conduit le peuple). Qui fait preuve de démagogie, partic. en politique.

DÉMAIGRIR v.t. CONSTR., MENUIS. Diminuer l'épaisseur de. *Démaigrir une brique, un tenon.*

DÉMAIGRISSEMENT n.m. Action de démaigrir.

DÉMAILLAGE n.m. Action de démailler.

DÉMAILLER v.t. **1.** Défaire une, les mailles de. *Démailler un bas, un tricot.* **2.** MAR. *Démailler une chaîne,* la séparer de l'ancre à laquelle elle était fixée.

DÉMAILLOTER v.t. **1.** Anc. *Démailloter un nourrisson,* lui enlever son maillot, ses langes. **2.** Débarrasser de ce qui enveloppe à la manière des anciens maillots d'enfants, faits de bandes de linge. *Démailloter une momie.*

DEMAIN adv. (lat. *de mane*, à partir du matin). **1.** Le jour qui suit immédiatement celui où l'on est. **2.** Dans un avenir plus ou moins proche. *Le monde de demain.* ◇ *Ce n'est pas pour demain, ce n'est pas demain la veille :* cela n'est pas près d'arriver.

DÉMANCHÉ n.m. MUS. Déplacement de la main gauche le long du manche, dans le jeu des instruments à cordes et à archet.

DÉMANCHEMENT n.m. Action de démancher.

DÉMANCHER v.t. **1.** Ôter le manche de. *Démancher un balai.* **2.** Défaire les parties de qqch ; disloquer. *Démancher une chaise.* – *Fam.* Désarticuler un membre ; démettre. *Démancher le bras, l'épaule à qqn.* ◆ v.i. MUS. Faire un démanché, sur un instrument à cordes et à archet. ◆ **se démancher** v.pr. **1.** Perdre son manche. *Ce couteau s'est démanché.* **2.** *Fig., fam.* Se donner beaucoup de mal pour obtenir qqch.

DEMANDE n.f. **1.** Action de demander qqch, de faire savoir ce qu'on souhaite, ce qu'on désire. *Demande d'emploi. Demande en mariage.* **2.** Chose demandée. *Accorder une demande.* **3.** ÉCON. Quantité d'un bien ou d'un service que les consommateurs sont disposés à acquérir en un temps et à un prix donnés. *La loi de l'offre et de la demande.* **4.** DR. *Demande en justice :* acte par lequel est introduite une action en justice. **5.** Sollicitation sous forme de question, d'interrogation. *Questionnaire par demandes et réponses.*

DEMANDER v.t. (lat. *demandare*, confier). **1.** Faire savoir, dire à une personne ou à plusieurs ce qu'on veut, ce qu'on souhaite obtenir. *Demander une faveur, la note à l'hôtel.* ◇ *Demander une jeune fille en mariage,* lui dire qu'on veut l'épouser. – *Ne demander qu'à :* être tout disposé à. – *Ne pas demander mieux (que de)* [+ inf.] : consentir volontiers à qqch. **2.** Faire venir, faire chercher qqn. *Demander un médecin. On vous demande chez le directeur.* **3.** DR. Engager une action en justice. *Demander le divorce.* **4.** Solliciter une réponse ; interroger, questionner. *Demander un conseil. Demander son chemin.* **5.** Avoir besoin de, exiger, en parlant de qqch. *Ce travail demande beaucoup d'attention. Sa proposition demande réflexion.* ◆ v.t. ind. (**après**). *Fam.* Vouloir parler à qqn. ◆ **se demander** v.pr. Être indécis à propos de qqch, s'interroger sur ce qu'on doit faire ou ne pas faire.

1. DEMANDEUR, EUSE n. Personne qui demande qqch. *Demandeur d'asile.* ◇ *Demandeur d'emploi :* personne sans emploi, apte à travailler, à la recherche d'un travail rémunéré. SYN. : *chômeur.* ◆ adj. Qui demande, est désireux d'obtenir qqch. *Être très demandeur d'informations.*

2. DEMANDEUR, ERESSE n. DR. Personne qui engage une action en justice (par oppos. à *défendeur*).

DÉMANGEAISON n.f. **1.** Sensation cutanée donnant envie de se gratter. **2.** *Fig., fam.* Désir pressant de faire qqch.

DÉMANGER v.t. [10] (de *manger*). **1.** Causer une démangeaison. **2.** *Fig., fam.* Causer une grande envie à. *Ça le démangeait de parler.*

DÉMANTÈLEMENT n.m. Action de démanteler ; son résultat.

DÉMANTELER v.t. [12]. **1.** FORTIF. Démolir les murailles d'une ville ; détruire une construction. **2.** *Fig.* Détruire l'organisation de, réduire à néant. *Démanteler un réseau d'espionnage.*

DÉMANTIBULER v.t. (de *mandibule*). *Fam.* Démonter maladroitement, disloquer, rendre impropre à fonctionner.

DÉMAQUILLAGE n.m. Action de démaquiller, de se démaquiller.

DÉMAQUILLANT, E adj. et n.m. Se dit d'un produit qui enlève facilement les produits de maquillage tout en nettoyant la peau.

DÉMAQUILLER v.t. Enlever le maquillage de. ◇ v.pr. *Elle s'est démaquillé les yeux. Elle s'est démaquillée avec un coton.*

DÉMARCAGE n.m. → **DÉMARQUAGE.**

DÉMARCATIF, IVE adj. Qui trace, qui indique une démarcation. *Ligne démarcative.*

DÉMARCATION n.f. (esp. *demarcación*). **1.** Action de délimiter deux territoires, deux régions ; la limite elle-même. ◇ *Ligne de démarcation :* ligne naturelle ou conventionnelle qui marque les limites de deux territoires. **2.** *Fig.* Séparation entre deux choses, deux domaines.

DÉMARCHAGE n.m. Mode de vente consistant à aller solliciter la clientèle à domicile (porte-à-porte) ou par téléphone.

DÉMARCHE n.f. (de l'anc. fr. *démarcher*, fouler aux pieds). **1.** Allure, manière de marcher. *Il a une démarche un peu bizarre.* **2.** Tentative faite auprès de qqn ou auprès d'une autorité pour obtenir qqch. *Ses démarches ont enfin abouti.* **3.** *Fig.* Manière de penser, de raisonner. *Démarche intellectuelle.*

DÉMARCHER v.t. Faire le démarchage de.

DÉMARCHEUR, EUSE n. Personne qui fait du démarchage.

DÉMARIAGE n.m. Action de démarier.

DÉMARIER v.t. [5]. AGRIC. Enlever une partie des jeunes plantes issues d'un semis dans un champ.

DÉMARQUAGE ou **DÉMARCAGE** n.m. Action de démarquer ; son résultat.

DÉMARQUE n.f. Action de démarquer des marchandises pour les solder. ◇ *Démarque inconnue :* différence d'inventaire, provenant principalement des vols, entre les produits réellement en stock et le stock théorique ou comptable.

DÉMARQUER v.t. **1. a.** Ôter ou changer la marque de. *Démarquer de l'argenterie.* **b.** Changer ou enlever la marque d'un fabricant pour vendre moins cher. *Démarquer des chaussures.* **2.** Copier une œuvre en y apportant quelques changements pour dissimuler l'emprunt. **3.** SPORTS. Libérer un partenaire du marquage adverse. ◆ **se démarquer** v.pr. **1.** Prendre ses distances ; se différencier de. **2.** SPORTS. Se libérer de la surveillance d'un adversaire.

DÉMARQUEUR, EUSE n. Plagiaire.

DÉMARRAGE n.m. **1.** Fait de démarrer. **2.** *Fig.* Action de mettre en route ; départ.

DÉMARRER v.t. (de *amarrer*). **1.** Mettre en route. *Démarrer une voiture.* **2.** *Fam.* Mettre en train ; commencer. *Démarrer un travail.* ◆ v.i. **1.** Commencer à se mettre en mouvement, à rouler ou à tourner. *La voiture a démarré au quart de tour.* **2.** *Fig.* Commencer à fonctionner, prendre son essor. *Cette entreprise démarre bien.* **3.** Accélérer soudainement pendant une course, pour distancer les autres concurrents.

DÉMARREUR n.m. Dispositif permettant de mettre en marche un moteur thermique.

DÉMASCLAGE n.m. Action de démascler.

DÉMASCLER v.t. (du provenç. *desmascla*, émasculer). SYLVIC. Enlever la première écorce, ou *liège mâle*, du chêne-liège.

DÉMASQUER v.t. **1.** Enlever son masque à. – *Fig.* Faire apparaître, faire connaître la vraie nature de qqn. *Démasquer un traître.* **2.** Dévoiler en dissipant les apparences. *On a enfin démasqué son plan.* ◆ **se démasquer** v.pr. Se montrer sous son vrai jour ; révéler ses intentions.

DÉMASTIQUER v.t. Enlever le mastic de.

DÉMÂTAGE n.m. Action, fait de démâter.

DÉMÂTER v.t. MAR. Enlever le mât ou la mâture d'un navire. ◆ v.i. Perdre son, ses mâts.

DÉMATÉRIALISATION n.f. **1.** Action de dématérialiser ; fait d'être dématérialisé. **2.** BOURSE. Suppression des titres et des coupons représentant des valeurs mobilières, au profit d'une inscription en compte.

DÉMATÉRIALISER v.t. **1.** Donner un aspect immatériel à. **2.** BOURSE. Procéder à la dématérialisation de.

DÉMATINER (SE) v.pr. Suisse. Se lever très tôt.

DÉMAZOUTER v.t. Nettoyer un lieu pollué par le mazout, ou un animal (oiseau, génér.) souillé par cette pollution.

DÈME n.m. (gr. *dêmos*, peuple). ANTIQ. GR. Circonscription administrative.

DÉMÉDICALISATION n.f. Action de démédicaliser ; son résultat.

DÉMÉDICALISER v.t. Mettre fin à une médicalisation.

DÉMÊLAGE ou **DÉMÊLEMENT** n.m. Action de démêler.

DÉMÊLANT, E adj. et n.m. Se dit d'un produit qui démêle les cheveux après le shampooing.

DÉMÊLÉ n.m. Contestation, désaccord entre deux parties qui ont des idées ou des intérêts opposés. *Il a eu un démêlé avec un voisin.*

DÉMÊLER v.t. (de *mêler*). **1.** Séparer et mettre en ordre ce qui est emmêlé. **2.** *Fig.* Éclaircir ce qui est compliqué ; débrouiller. *Démêler une affaire.*

DÉMÊLOIR n.m. Peigne à dents espacées pour démêler les cheveux.

DÉMÊLURE n.f. (Surtout pl.) Touffe de cheveux qui tombent quand on se peigne.

DÉMEMBREMENT n.m. **1.** Action de démembrer ; partage, division. *Le démembrement d'une organisation.* **2.** DR. Action de transférer à qqn certains des attributs du droit de propriété sur une chose.

DÉMEMBRER v.t. **1.** Diviser un tout en parties ; morceler. *Démembrer un domaine.* **2.** Priver de ses membres un animal, sa carcasse.

DÉMÉNAGEMENT n.m. **1.** Action de déménager des meubles. *Camion de déménagement.* **2.** Fait de changer de domicile.

DÉMÉNAGER v.t. [10] (de *ménage*). Transporter des objets, des meubles d'un lieu dans un autre. – Vider de ce qui encombre ; débarrasser. *Déménager un grenier.* ◆ v.i. **1.** Changer de domicile. *Il a déménagé trois fois en un an.* **2.** *Fam.* Déraisonner, divaguer. **3.** *Fam.* Produire une forte impression ; exciter. *Ce concert, ça déménage.*

DÉMÉNAGEUR n.m. Personne, entreprise qui fait les déménagements d'appartements, de bureaux, etc.

DÉMÉNAGEUSE n.f. Suisse. Camion de déménagement.

DÉMENCE n.f. (lat. *dementia*). **1.** Trouble mental grave, caractérisé par un affaiblissement progressif des fonctions intellectuelles, irréversible en l'absence de traitement. **2.** Conduite insensée, bizarre. ◇ *C'est de la démence ! :* c'est insensé, cela n'a aucun sens.

DÉMENER (SE) v.pr. [12]. **1.** S'agiter beaucoup. **2.** *Fig.* Se donner beaucoup de mal pour obtenir qqch. *Se démener pour trouver un travail.*

DÉMENT, E adj. (lat. *demens, -entis*). **1.** Relatif à la démence. **2.** *Fam.* Extravagant, déraisonnable, fou. *Des prix déments.* ◆ adj. et n. Qui manifeste un état de démence.

DÉMENTI n.m. Déclaration faite pour informer qu'une nouvelle est inexacte. *Publier un démenti.*

DÉMENTIEL, ELLE adj. **1.** Qui relève de la démence. **2.** *Fig.* Qui n'est pas du tout raisonnable, qui manque de bon sens ; extravagant.

DÉMENTIR v.t. [26]. **1.** Contredire qqn ; affirmer qu'il n'a pas dit la vérité. *Démentir un témoin.* **2.** Nier l'existence de qqch ou l'exactitude d'un propos. *Démentir une information.* **3.** Être en contradiction avec ; infirmer. *Les événements ont démenti vos prédictions.* ◆ **se démentir** v.pr. (Surtout en tournure négative.) Cesser de se manifester. *Son ardeur ne s'est jamais démentie.*

DÉMERDER (SE) v.pr. *Très fam.* Se débrouiller, se sortir d'une difficulté.

DÉMÉRITE n.m. *Litt.* Ce qui fait que l'on mérite la désapprobation, le blâme ; faute.

DÉMÉRITER v.i. Agir de manière telle que l'on perd la confiance, l'estime ou l'affection de qqn ; encourir la réprobation.

DÉMESURE n.f. Excès, outrance qui se manifeste dans les propos, le comportement, etc.

DÉMESURÉ, E adj. **1.** Qui dépasse la mesure normale ; énorme. *Une taille démesurée.* **2.** Qui est excessif, exagéré, tout à fait déraisonnable. *Un orgueil, un appétit démesuré.*

D

DÉMESURÉMENT adv. Avec démesure.

1. **DÉMETTRE** v.t. [64] (de *mettre*). *Cour.* Luxer.

2. **DÉMETTRE** v.t. [64] (lat. *dimittere,* renvoyer de). Destituer, révoquer. *Démettre qqn de ses fonctions.* ◆ **se démettre** v.pr. Renoncer à une fonction.

DÉMEUBLER v.t. Rare. Vider de ses meubles.

DEMEURANT (AU) loc. adv. Au reste, en somme, tout bien considéré.

1. **DEMEURE** n.f. 1. *Litt.* Domicile, lieu où l'on vit. ◇ *Dernière demeure :* tombeau. 2. Maison d'une certaine importance. *Une belle demeure du siècle dernier.* 3. *Être quelque part à demeure,* y être installé de façon stable, définitive.

2. **DEMEURE** n.f. 1. *Mettre qqn en demeure (de),* l'obliger à remplir son engagement, son obligation. 2. *Sout. Il n'y a pas péril en la demeure :* on ne risque rien à attendre.

DEMEURÉ, E adj. et n. Qui n'a pas une intelligence très développée ; attardé.

DEMEURER v.i. [auxil. *avoir* ou *être*] (lat. *demorari,* tarder). 1. Habiter, avoir son domicile. *Où demeurez-vous ? Demeurer en province.* 2. Rester un certain moment à l'endroit où l'on est. *Il est demeuré à son poste.* 3. *Fig.* Persister dans un certain état. *Elle est demeurée silencieuse toute la soirée.* ◇ *En demeurer là :* en rester là ; ne pas avoir de suite.

1. **DEMI, E** adj. (lat. *dimidius*). 1. Qui est l'exacte moitié de l'unité dont il est question ou la moitié de qqch. *Un demi-litre. Une demi-pomme.* 2. Qui n'est pas complet. *C'est un demi-succès.* ◆ **à demi** loc. adv. À moitié, partiellement ou imparfaitement. *Être à demi éveillé. Faire les choses à demi.* – REM. *Demi,* adjectif, est invariable et s'écrit avec un trait d'union quand il précède le nom. *Les demi-journées. Une demi-heure.* Placé après le nom, il en prend le genre et reste au singulier. *Deux heures et demie. Trois jours et demi.*

2. **DEMI** n.m. 1. Moitié d'une unité. 2. Grand verre de bière. *Commander un demi.* 3. Suisse. Mesure d'un demi-litre de vin. 4. Joueur(euse) qui assure la liaison entre les avants et les arrières, au rugby, au football. ◇ *Demi de mêlée :* au rugby, demi chargé notamm. de lancer le ballon dans les mêlées ordonnées. – *Demi d'ouverture :* au rugby, demi chargé notamm. de lancer l'offensive ; ouvreur.

DEMI-BAS n.m. inv. Mi-bas.

DEMI-BOUTEILLE n.f. (pl. *demi-bouteilles*). Bouteille contenant environ 37 cl ; son contenu.

DEMI-BRIGADE n.f. (pl. *demi-brigades*). Unité militaire formant corps, dont les effectifs et les moyens diffèrent de ceux d'un régiment.

DEMI-CANTON n.m. (pl. *demi-cantons*). En Suisse, État de la Confédération né de la partition d'un canton.

DEMI-CERCLE n.m. (pl. *demi-cercles*). Arc de cercle limité par deux points diamétralement opposés.

DEMI-CLEF n.f. (pl. *demi-clefs*). Nœud marin le plus simple, formé en passant l'extrémité libre d'un cordage autour du brin tendu ou susceptible d'être tendu.

DEMI-COLONNE n.f. (pl. *demi-colonnes*). ARCHIT. Colonne engagée de la moitié de son diamètre dans un mur ou un pilier.

DEMI-DEUIL n.m. (pl. *demi-deuils*). 1. Vêtement noir et blanc ou sombre, porté dans la seconde moitié du deuil. 2. *Poularde demi-deuil,* à la sauce blanche et aux truffes.

DEMI-DIEU n.m. (pl. *demi-dieux*). 1. MYTH. GR. ET ROM. Héros fils d'un dieu et d'une mortelle ou d'un mortel et d'une déesse. – Divinité secondaire (faune, nymphe, satyre, etc.). 2. *Litt.* Homme dont les exploits, la gloire ou le génie sont presque surhumains.

DEMI-DOUZAINE n.f. (pl. *demi-douzaines*). Moitié d'une douzaine.

DEMI-DROITE n.f. (pl. *demi-droites*). GÉOMÉTR. Ensemble des points d'une droite situés d'un seul côté d'un point appelé *origine.*

DEMIE n.f. 1. Moitié d'une unité. 2. Demi-bouteille. *Une demie de rouge et une carafe d'eau.* 3. *La demie (de telle heure),* cette heure passée d'une demi-heure.

DÉMIELLER v.t. Enlever le miel de la cire.

DEMI-FIGURE n.f. (pl. *demi-figures*). PEINT. Portrait s'arrêtant à mi-corps.

DEMI-FINALE n.f. (pl. *demi-finales*). Épreuve opposant des concurrents ou des équipes, et dont le vainqueur participera à la finale.

DEMI-FINALISTE n. (pl. *demi-finalistes*). Concurrent ou équipe participant à une demi-finale.

DEMI-FOND n.m. inv. 1. Course à pied de moyenne distance (de 800 à 3 000 m). 2. Course cycliste sur piste, derrière un entraîneur motorisé.

DEMI-FRÈRE n.m. (pl. *demi-frères*). Frère de même père *(frère consanguin)* ou de même mère *(frère utérin)* seulement.

DEMI-GROS n.m. inv. Commerce intermédiaire entre la vente en gros et la vente au détail.

DEMI-HEURE n.f. (pl. *demi-heures*). Moitié d'une heure.

DEMI-JOUR n.m. (pl. *demi-jours*). Lumière très atténuée que donne le jour à l'aube ou au crépuscule.

DEMI-JOURNÉE n.f. (pl. *demi-journées*). Moitié d'une journée.

DÉMILITARISATION n.f. Action de démilitariser ; son résultat.

DÉMILITARISER v.t. Supprimer ou interdire toute présence ou activité militaire dans une région, un périmètre donnés. *Zone démilitarisée.*

DEMI-LITRE n.m. (pl. *demi-litres*). Capacité valant la moitié d'un litre.

DEMI-LONGUEUR n.f. (pl. *demi-longueurs*). SPORTS. Moitié de la longueur d'un cheval, d'un bateau, etc. *Il a gagné d'une demi-longueur.*

DEMI-LUNE n.f. (pl. *demi-lunes*). 1. *En demi-lune :* en forme de demi-cercle. 2. ARCHIT. Espace en demi-cercle. 3. FORTIF. Ouvrage fortifié, formant génér. un angle aigu, placé en avant de la courtine.

DEMI-MAL n.m. (pl. *demi-maux*). Inconvénient, désagrément ou accident dont les conséquences sont moins graves qu'on ne le craignait.

DEMI-MESURE n.f. (pl. *demi-mesures*). 1. Moitié d'une mesure. 2. Mesure, disposition insuffisante et inefficace, prise par manque de détermination.

DEMI-MONDAINE n.f. (pl. *demi-mondaines*). *Litt.,* vieilli. Femme de mœurs légères.

DEMI-MOT (À) loc. adv. Sans avoir besoin de tout dire, de manière quasi implicite.

DÉMINAGE n.m. Action de déminer.

DÉMINER v.t. Retirer du sol ou de l'eau (fleuve, mer) les engins explosifs qui y sont dissimulés.

DÉMINÉRALISATION n.f. 1. Action de déminéraliser ; son résultat ; fait de se déminéraliser. 2. Perte d'une partie des minéraux (calcium, par ex.) des os ou des dents. SYN. *(cour.) : décalcification.*

DÉMINÉRALISER v.t. 1. Enlever à l'eau les corps minéraux qui y sont dissous. 2. Provoquer une déminéralisation.

DÉMINEUR n.m. Spécialiste du déminage.

DEMI-PAUSE n.f. (pl. *demi-pauses*). MUS. Silence d'une durée égale à la blanche. – Petite barre horizontale placée sur la troisième ligne de la portée et qui note ce silence.

DEMI-PENSION n.f. (pl. *demi-pensions*). 1. Tarif hôtelier comprenant la chambre, le petit déjeuner et un seul repas. 2. Régime des élèves qui prennent le repas de midi dans l'établissement scolaire.

DEMI-PENSIONNAIRE n. (pl. *demi-pensionnaires*). Élève qui suit le régime de la demi-pension.

DEMI-PIÈCE n.f. (pl. *demi-pièces*). Moitié d'une pièce d'étoffe sortant de la fabrique ; moitié d'une pièce de vin.

DEMI-PLACE n.f. (pl. *demi-places*). Place à moitié prix dans les transports publics, pour certains spectacles, etc.

DEMI-PLAN n.m. (pl. *demi-plans*). GÉOMÉTR. Ensemble des points du plan situés d'un seul côté d'une droite appelée *frontière.*

DEMI-POINTE n.f. (pl. *demi-pointes*). DANSE. Façon dont le pied repose, les phalanges à plat sur le sol et le talon relevé. *Danser sur demi-pointe.* – Chausson de danse souple.

DEMI-PORTION n.f. (pl. *demi-portions*). *Fam., péjor.* Personne malingre, chétive.

DEMI-PRODUIT n.m. (pl. *demi-produits*). Matière première ayant subi une première transformation. SYN. : *semi-produit.*

DEMI-QUEUE n.m. et adj. (pl. *demi-queues*). Piano de dimensions intermédiaires entre le piano quart-de-queue et le piano à queue.

DEMI-RELIEF n.m. (pl. *demi-reliefs*). SCULPT. Relief dont les figures ont une saillie proportionnelle à la moitié de leur volume réel.

DEMI-RONDE n.f. (pl. *demi-rondes*). Lime dont une face est plate et l'autre arrondie.

DEMI-SAISON n.f. (pl. *demi-saisons*). Période de l'année où il ne fait ni très froid ni très chaud, correspondant à peu près au printemps et à l'automne, dans les régions tempérées. *Un vêtement de demi-saison.*

DEMI-SANG n.m. inv. Anc. Cheval provenant du croisement d'un pur-sang anglais ou d'un trotteur de Norfolk avec une jument française. (Race regroupée avec d'autres dans la race selle français, par arrêté de 1976.)

DEMI-SEL n.m. inv. 1. Fromage frais salé à 2 %. 2. Beurre légèrement salé. 3. *Arg.* Personne, notamm. proxénète, n'appartenant pas au milieu.

DEMI-SŒUR n.f. (pl. *demi-sœurs*). Sœur de même père *(sœur consanguine)* ou de même mère *(sœur utérine)* seulement.

1. **DEMI-SOLDE** n.f. (pl. *demi-soldes*). Anc. Solde réduite d'un militaire qui n'est plus en activité.

2. **DEMI-SOLDE** n.m. inv. MIL. Officier du premier Empire, mis en non-activité par la Restauration.

DEMI-SOMMEIL n.m. (pl. *demi-sommeils*). État intermédiaire entre la veille et le sommeil.

DEMI-SOUPIR n.m. (pl. *demi-soupirs*). MUS. Silence d'une durée égale à la croche. – Signe qui note ce silence.

DÉMISSION n.f. 1. Acte par lequel on se démet d'une fonction, d'un emploi. *Envoyer sa lettre de démission.* 2. *Fig.* Attitude d'une personne, d'une institution, etc., qui sont incapables de remplir leur mission, qui y renoncent.

DÉMISSIONNAIRE adj. et n. Qui donne ou a donné sa démission.

DÉMISSIONNER v.i. 1. Quitter volontairement un emploi, décider de ne plus exercer une fonction. 2. Capituler devant trop de difficultés ; renoncer. ◆ v.t. *Fam.* Obliger qqn à donner sa démission. *Il n'a pas démissionné, on l'a démissionné.*

DEMI-TARIF n.m. (pl. *demi-tarifs*). Tarif réduit de moitié.

DEMI-TEINTE n.f. (pl. *demi-teintes*). PEINT. Partie colorée ou grisée d'une valeur intermédiaire entre le clair et le foncé. ◇ *En demi-teinte :* qui paraît atténué, tout en nuances ; en deçà des espérances, mitigé. *Un récit en demi-teinte.*

DEMI-TENDINEUX adj.m. inv. *Muscle demi-tendineux,* ou *demi-tendineux,* n.m. inv. : muscle postérieur de la cuisse, qui fléchit la jambe.

DEMI-TON n.m. (pl. *demi-tons*). MUS. Intervalle équivalant à la moitié d'un ton.

diatoniques (entre deux notes de noms différents)

chromatiques (entre deux notes de même nom)

■ **DEMI-TONS**

DEMI-TOUR n.m. (pl. *demi-tours*). Moitié d'un tour fait en pivotant sur soi-même, notamm. en parlant d'une troupe. ◇ *Faire demi-tour :* revenir sur ses pas.

DÉMIURGE n.m. (gr. *dêmiourgos,* créateur du monde). 1. PHILOS. Dieu créateur de l'Univers, pour Platon. 2. *Litt.* Personne qui manifeste une puissance créatrice.

DEMI-VIE n.f. (pl. *demi-vies*). Temps au terme duquel une grandeur (physique, biologique) atteint la moitié de sa valeur initiale. (Pour la radioactivité, on dit *période.*)

DEMI-VIERGE n.f. (pl. *demi-vierges*). *Litt.*, vieilli. Jeune fille qui a des mœurs très libres mais qui est encore vierge.

DEMI-VOLÉE n.f. (pl. *demi-volées*). SPORTS. Frappe de la balle ou du ballon juste au moment où ils quittent le sol après le rebond.

DÉMIXTION n.f. CHIM. Séparation d'un mélange homogène de liquides en plusieurs phases liquides non miscibles.

DÉMO n.f. (de l'anglo-amér. *demo tape,* bande, enregistrement de démonstration). *Fam.* Démonstration d'un appareil, d'un objet nouveau.

DÉMOBILISABLE adj. Qui peut ou doit être démobilisé.

DÉMOBILISATEUR, TRICE adj. Qui démobilise.

DÉMOBILISATION n.f. **1.** Acte par lequel on renvoie dans leurs foyers les réservistes mobilisés. **2.** *Fig.* Relâchement de l'activité, baisse de la participation à un effort collectif.

DÉMOBILISER v.t. **1.** Procéder à la démobilisation des réservistes. **2.** *Fig.* Enlever l'envie de se battre, de militer, de défendre qqch.

DÉMOCRATE n. et adj. (gr. *dêmos,* peuple, et *kratos,* pouvoir). **1.** Partisan de la démocratie. **2.** Membre du Parti démocrate, aux États-Unis.

DÉMOCRATE-CHRÉTIEN, ENNE adj. et n. (pl. *démocrates-chrétiens, ennes*). Qui appartient à la démocratie chrétienne.

DÉMOCRATIE [demɔkrasi] n.f. **1.** Régime politique dans lequel le peuple exerce sa souveraineté lui-même, sans l'intermédiaire d'un organe représentatif *(démocratie directe)* ou par représentants interposés *(démocratie représentative).* **2.** *Démocratie chrétienne :* mouvement politique qui s'est développé en Europe à la fin du XIXe s., et qui s'inspire de la doctrine sociale de l'Église catholique. **3.** *Démocratie populaire :* régime reposant sur l'hégémonie du Parti communiste et sur l'étatisation de l'économie, instauré dans les pays satellites de l'ex-URSS.

DÉMOCRATIQUE adj. Qui appartient à la démocratie ; conforme à la démocratie.

DÉMOCRATIQUEMENT adv. De façon démocratique.

DÉMOCRATISATION n.f. Action de démocratiser ; son résultat.

DÉMOCRATISER v.t. **1.** Mettre à la portée de tout le monde, rendre accessible. *Démocratiser la pratique du golf.* **2.** Organiser selon les principes démocratiques. *Démocratiser une institution.* ◇ v.pr. *Pays qui se démocratise.*

DÉMODÉ, E adj. **1.** Qui n'est plus à la mode. *Un vêtement démodé.* **2.** *Fig.* Qui est dépassé, périmé. *Des théories démodées.*

DÉMODER (SE) v.pr. Cesser d'être à la mode.

DEMODEX [demɔdɛks] n.m. (gr. *dêmos,* graisse, et *dêx,* ver). Acarien parasite des follicules pileux de divers mammifères et de l'homme.

DÉMODULATEUR n.m. Dispositif électronique opérant une démodulation.

DÉMODULATION n.f. Opération de restitution d'un signal originel à partir d'une onde porteuse modulée par ce signal.

DÉMODULER v.t. Opérer une démodulation.

DÉMOGRAPHE n. Spécialiste de démographie.

DÉMOGRAPHIE n.f. Science qui a pour objet l'étude quantitative des populations humaines, de leur évolution, de leurs mouvements.

DÉMOGRAPHIQUE adj. Relatif à la démographie.

DEMOISELLE n.f. (lat. *dominicella*). **1.** Jeune fille ; femme qui n'est pas mariée. **2.** Insecte voisin des libellules, mais plus petit et aux deux paires d'ailes presque identiques, au vol lent, tel que l'agrion. (Ordre des odonates.) **3.** GÉOMORPH. *Demoiselle coiffée,* ou *demoiselle :* cheminée de fée. **4.** TRAV. PUBL. Dame.

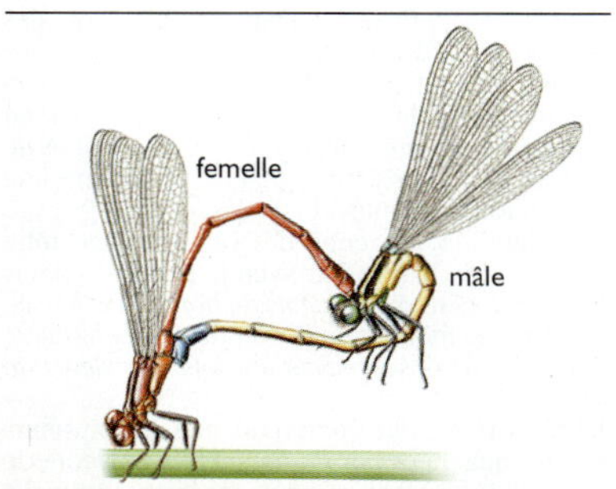

■ **DEMOISELLE.** Accouplement de demoiselles.

DÉMOLIR v.t. (lat. *demoliri*). **1. a.** Abattre, détruire une construction. *Démolir une maison.* **b.** Mettre en pièces, détériorer complètement ; saccager. *Ils lui ont démoli sa voiture.* **2.** *Fam.* Frapper qqn violemment, le mettre à mal, lui infliger une correction. **3.** *Fig.* Altérer l'état physique ou moral de qqn. *L'alcool l'a complètement démoli.* **4.** Ruiner l'influence, la réputation de qqn. *Ses concurrents ont tout fait pour le démolir.* **5.** Détruire, anéantir par la critique, la dérision, etc. *Les critiques ont démoli ce roman.*

DÉMOLISSAGE n.m. Action de démolir, de critiquer une personne, de ruiner sa réputation, etc.

DÉMOLISSEUR, EUSE n. **1.** Personne, entreprise chargée de démolir une construction. **2.** *Fig.* Personne qui sape, qui ruine une doctrine, une théorie, etc., par la critique.

DÉMOLITION n.f. **1.** Action de démolir une construction. *Démolition d'un immeuble insalubre.* **2.** *Fig.* Action de ruiner, d'anéantir. ◆ pl. Matériaux provenant de bâtiments démolis.

DÉMON n.m. (gr. *daimôn,* divinité, génie). **1.** RELIG. Ange déchu qui habite l'enfer et incite les hommes à faire le mal. ◇ *Le démon :* Satan ; le diable. **2. a.** Personne néfaste, dangereuse. **b.** Enfant turbulent ou très espiègle. **3.** *Le démon de :* la passion, le vice de. *Le démon de la curiosité.* – *Les vieux démons :* tendances négatives sous-jacentes et susceptibles de se manifester à nouveau. *Le réveil des vieux démons xénophobes.* **4.** ANTIQ. Divinité, génie, bon ou mauvais, attaché à la destinée d'une personne, d'une ville ou d'un État.

DÉMONE n.f. *Litt.* Démon de sexe féminin.

DÉMONÉTISER v.t. (du lat. *moneta,* monnaie). **1.** Ôter sa valeur légale à une monnaie, à un timbre-poste, etc. **2.** *Fig.* Détruire le crédit de qqn, la valeur de qqch.

DÉMONIAQUE adj. **1.** Propre au démon. **2.** D'une perversité diabolique ; machiavélique. *Une ruse démoniaque.* ◆ adj. et n. *Litt.* Possédé du démon.

DÉMONOLOGIE n.f. Étude de la nature et de l'influence supposées des démons.

DÉMONSTRATEUR, TRICE n. Professionnel chargé d'expliquer le fonctionnement d'un objet, sur le lieu de vente, le plus souvent à des fins publicitaires.

1. DÉMONSTRATIF, IVE adj. **1.** Qui démontre qqch. *Argument démonstratif.* **2.** Qui manifeste extérieurement ses sentiments. *Elle n'est pas très démonstrative.*

2. DÉMONSTRATIF adj.m. et n.m. GRAMM. Se dit d'un adjectif ou d'un pronom qui sert à désigner un être ou un objet par rapport au contexte spatio-temporel ou au discours.

DÉMONSTRATION n.f. (lat. *demonstratio*). **1. a.** Action de rendre évidente, de prouver par l'expérience la vérité d'un fait, d'une donnée scientifique, etc. **b.** LOG. Raisonnement établissant la vérité d'une proposition à partir des axiomes que l'on a posés. **2.** Action de montrer au public le fonctionnement d'un appareil ou l'usage d'un produit. *Démonstration d'une machine à tricoter.* **3.** (Souvent pl.) Marque extérieure, manifestation de sentiments. *Démonstrations de joie.* **4.** MIL. Manœuvre pour intimider l'adversaire ou l'induire en erreur.

DÉMONSTRATIVEMENT adv. De manière démonstrative.

DÉMONTABLE adj. Qui peut être démonté.

DÉMONTAGE n.m. Action de démonter.

DÉMONTÉ, E adj. **1.** Dont on a désassemblé les éléments. **2.** *Mer démontée,* très agitée.

DÉMONTE-PNEU n.m. (pl. *démonte-pneus*). Levier utilisé pour retirer un pneu de la jante d'une roue.

DÉMONTER v.t. **1.** Séparer, désassembler les parties d'un objet. *Démonter un réveil.* **2.** Jeter à bas de sa monture. *Démonter un cavalier.* **3.** Jeter dans l'embarras ; déconcerter, troubler. *Cette question l'a démontée.* ◆ **se démonter** v.pr. Perdre son assurance ; se troubler.

DÉMONTRABILITÉ n.f. LOG. Propriété de toute formule d'une théorie déductive dont il existe une démonstration.

DÉMONTRABLE adj. Qui peut être démontré.

DÉMONTRER v.t. (lat. *demonstrare*). **1.** Procéder à une démonstration. **2.** Témoigner par des marques extérieures ; mettre en évidence. *Son geste démontre sa bonté.*

DÉMORALISANT, E adj. Qui démoralise.

DÉMORALISATEUR, TRICE adj. Qui tend à démoraliser.

DÉMORALISATION n.f. Action de démoraliser ; état de découragement.

DÉMORALISER v.t. Priver de confiance en soi ; décourager, abattre.

DÉMORDRE v.t. ind. **(de)** [59]. *Ne pas démordre d'une opinion, d'une idée,* ne pas vouloir y renoncer ; s'entêter.

DÉMOTIQUE adj. et n.m. (du gr. *dêmos,* peuple). **1.** Se dit d'une écriture cursive de l'ancienne Égypte (VIIe s. av. J.-C. – Ve s. apr. J.-C.), dérivée de l'écriture hiératique. **2.** Se dit d'un des états du grec moderne (la langue parlée standard).

DÉMOTIVANT, E adj. Qui démotive.

DÉMOTIVATION n.f. Action de démotiver ; état qui en résulte.

DÉMOTIVÉ, E adj. **1.** LING. Se dit d'un mot, d'un terme dont les éléments et leur sens ne sont plus perçus. **2.** Qui a perdu toute motivation.

DÉMOTIVER v.t. Ôter à qqn toute motivation, toute raison d'agir, de poursuivre qqch.

DÉMOUCHETER v.t. [16]. Ôter d'un fleuret la mouche qui garnit sa pointe.

DÉMOULAGE n.m. Action de démouler.

DÉMOULER v.t. Retirer du moule.

DÉMOULEUR n.m. MÉTALL. Mécanisme permettant de démouler.

DÉMOUSTICATION n.f. Action de démoustiquer.

DÉMOUSTIQUER v.t. Débarrasser une région des moustiques, de leurs larves.

DÉMULTIPLEXAGE n.m. TÉLÉCOMM. Séparation de signaux distincts, auparavant combinés par multiplexage.

DÉMULTIPLEXER v.t. TÉLÉCOMM. Procéder à un démultiplexage.

DÉMULTIPLICATEUR n.m. MÉCAN. INDUSTR. Système de transmission assurant une réduction de vitesse.

DÉMULTIPLICATION n.f. Action de démultiplier qqch. — MÉCAN. INDUSTR. Rapport de réduction de vitesse dans la transmission d'un mouvement.

DÉMULTIPLIER v.t. et v.i. [5]. **1.** MÉCAN. INDUSTR. Réduire la vitesse dans la transmission d'un mouvement. **2.** *Fig.* Augmenter la puissance de qqch par la multiplication des moyens utilisés.

DÉMUNI, E adj. et n. Qui n'a pas de ressources suffisantes, sur le plan économique et social. *Une aide aux plus démunis.*

DÉMUNIR v.t. Priver de choses essentielles ; dépouiller. ◆ **se démunir** v.pr. **(de).** Se dessaisir de, se priver de.

DÉMUSELER v.t. [16]. **1.** Ôter sa muselière à un animal. **2.** *Fig.* Rendre sa liberté à. *Démuseler la presse.*

DÉMUTISATION n.f. Fait de donner à un sourd-muet de naissance l'usage de la parole, par des méthodes appropriées ; ensemble de ces méthodes.

DÉMYSTIFIANT, E adj. Qui démystifie.

DÉMYSTIFICATEUR, TRICE adj. et n. Se dit d'une personne qui démystifie.

DÉMYSTIFICATION n.f. Action de démystifier ; état qui en résulte.

DÉMYSTIFIER v.t. [5]. **1.** Détromper qqn qui a été l'objet d'une mystification. **2.** Priver de son mystère, banaliser qqch en montrant sa véritable nature ; démythifier. (Ce dernier emploi est parfois critiqué.)

DÉMYTHIFICATION n.f. Action de démythifier ; état qui en résulte.

DÉMYTHIFIER v.t. [5]. Ôter son caractère mythique à.

DÉNANTIR v.t. DR. Enlever son nantissement à qqn.

DENAR n.m. Unité monétaire principale de la Macédoine.

DÉNASALISATION n.f. PHON. Transformation d'un son nasal en un son oral (ex. : la dénasalisation de [ɔ̃] dans *mon ami* [mɔnami]).

DÉNASALISER v.t. PHON. Opérer la dénasalisation d'un son.

DÉNATALITÉ n.f. Diminution du nombre des naissances.

DÉNATIONALISATION n.f. Action de dénationaliser une entreprise ; son résultat.

DÉNATIONALISER v.t. Restituer au secteur privé une entreprise, une industrie précédemment nationalisée.

DÉNATTER v.t. Défaire les nattes de. *Dénatter ses cheveux.*

DÉNATURALISATION n.f. Action de dénaturaliser ; son résultat.

DÉNATURALISER v.t. Priver des droits acquis par naturalisation.

DÉNATURANT, E adj. et n.m. Se dit d'un produit qui dénature.

DÉNATURATION n.f. **1.** Action de dénaturer un produit, de modifier ses caractéristiques. **2.** Adjonction à un produit destiné à un usage industriel ou agricole de substances qui le rendent impropre à tout autre usage. **3.** Traitement d'une protéine par un agent chimique ou thermique lui faisant perdre sa conformation originelle.

DÉNATURÉ, E adj. **1.** Qui a subi une dénaturation. **2.** Qui n'est pas conforme à la nature ; dépravé. *Goûts dénaturés.*

DÉNATURER v.t. **1.** Mélanger à certaines substances d'autres substances qui les rendent impropres à certains usages, notamm. à l'usage alimentaire. **2.** Altérer considérablement un goût, une saveur. **3.** Fausser le sens de ; altérer. *Dénaturer les paroles de qqn.* **4.** Procéder à la dénaturation d'une protéine.

D

DÉNAZIFICATION n.f. Action de dénazifier.

DÉNAZIFIER v.t. [5]. Débarrasser de l'influence du nazisme.

DENDRITE [dɛ̃-] ou [dɑ̃drit] n.f. (du gr. *dendron*, arbre). **1.** GÉOL. Figure arborescente formée de petits cristaux, se trouvant à la surface de certaines roches. **2.** HISTOL. Prolongement d'un neurone qui reçoit les messages nerveux en provenance d'autres neurones.

DENDRITIQUE [dɛ̃-] ou [dɑ̃dritik] adj. **1.** Relatif à une dendrite ; qui en a la forme. **2.** HYDROL. Se dit d'un réseau fluvial très dense et régulièrement ramifié.

DENDROCHRONOLOGIE [dɛ̃-] ou [dɑ̃-] n.f. Établissement des cycles climatiques selon les variations d'épaisseur des anneaux de croissance des arbres, permettant des corrélations avec la méthode de datation au carbone 14.

DÉNÉBULATION ou **DÉNÉBULISATION** n.f. Action de dénébuler ; son résultat.

DÉNÉBULER ou **DÉNÉBULISER** v.t. Dissiper artificiellement le brouillard, en partic. sur les aérodromes.

DÉNÉGATION n.f. (du lat. *denegare*, nier). **1.** Action de nier, de dénier. *Signe de dénégation.* **2.** PSYCHAN. Processus par lequel le sujet nie un désir qu'il vient de formuler.

DÉNEIGEMENT n.m. Action de déneiger.

DÉNEIGER v.t. [10]. Débarrasser de la neige une voie, une route, un accès.

DÉNERVATION n.f. MÉD. Disparition de l'innervation normale d'un muscle, d'un viscère.

DENGUE [dɛ̃g] n.f. (mot anglo-amér., du swahili *denga*). Arbovirose transmise par un moustique, donnant un syndrome grippal et une éruption cutanée.

DÉNI n.m. (de *dénier*). **1.** Refus d'accorder ce qui est dû. **2.** DR. *Déni de justice :* refus d'un juge ou d'un tribunal d'examiner une affaire qui lui est soumise et qui est susceptible d'engager sa responsabilité. **3.** PSYCHAN. Mécanisme de défense qui consiste à nier une perception traumatisante de la réalité extérieure, en partic. l'absence de pénis chez la femme.

DÉNIAISER v.t. **1.** Vieilli ou Québec. Rendre moins niais. **2.** Faire perdre à qqn son innocence en matière sexuelle.

DÉNICHER v.t. **1.** Enlever d'un nid. *Dénicher des oiseaux.* **2.** *Fig.* Trouver à force de recherches. *Dénicher un livre rare.* ◆ v.i. Quitter son nid.

DÉNICHEUR, EUSE n. **1.** Personne qui déniche les oiseaux. **2.** Découvreur habile de pièces rares, de talents, etc.

DÉNICOTINISATION n.f. Action de dénicotiniser ; son résultat.

DÉNICOTINISER v.t. Supprimer ou réduire la teneur en nicotine du tabac.

DÉNICOTINISEUR n.m. Filtre qui retient une partie de la nicotine du tabac.

DENIER n.m. (lat. *denarius*). **1.** Anc. Monnaie d'argent de la Rome antique. **2.** Anc. Monnaie française d'argent de l'époque carolingienne (1/12 du sou, 1/240 de la livre). **3.** TEXT. Ancienne unité, remplacée auj. par le décitex. **4.** *Denier du culte :* offrande des catholiques pour l'entretien du clergé. – *Denier de Saint-Pierre :* offrande faite au pape par les diocèses depuis 1849. ◆ pl. **1.** *Litt. De mes (tes, ses, etc.) deniers :* avec mon (ton, son, etc.) argent personnel. *Elle l'a payé de ses deniers.* **2.** *Les deniers publics :* l'argent de l'État.

DÉNIER v.t. [5] (lat. *denegare*). **1.** Refuser de reconnaître qqch. *Dénier toute responsabilité.* **2.** Refuser absolument d'accorder. *Dénier un droit à qqn.*

DÉNIGREMENT n.m. Action de dénigrer, de médire.

DÉNIGRER v.t. (lat. *denigrare*, noircir). Attaquer la réputation, le talent de qqn ; discréditer, décrier.

DÉNIGREUR, EUSE n. Personne qui dénigre.

DENIM [dənim] n.m. (de *toile de Nîmes*). Tissu de coton sergé, utilisé notamm. pour la confection des jeans.

DÉNITRATATION n.f. Action de dénitrer.

DÉNITRER v.t. Éliminer du sol ou des eaux les composés nitrés qu'ils renferment.

DÉNITRIFICATION n.f. Décomposition, par une action bactérienne, des nitrates du sol ou des eaux.

DÉNITRIFIER v.t. [5]. Décomposer les nitrates du sol ou des eaux, en parlant de certaines bactéries dites *dénitrifiantes.*

DÉNIVELÉ n.m. ou **DÉNIVELÉE** n.f. Différence d'altitude entre deux points.

DÉNIVELER v.t. [16]. Détruire le nivellement d'une surface ; provoquer une différence de niveau. *La crue dénivelle la chaussée.*

DÉNIVELLATION n.f. ou **DÉNIVELLEMENT** n.m. Différence de niveau.

DÉNOMBRABLE adj. **1.** Qui peut être dénombré. **2.** ALGÈBRE. Se dit d'un ensemble qui peut être mis en bijection avec l'ensemble $\mathbb{N}$ des nombres entiers naturels.

DÉNOMBREMENT n.m. Action de dénombrer, de compter ; recensement.

DÉNOMBRER v.t. (lat. *denumerare*). Faire le compte des unités composant un ensemble ; inventorier, recenser.

DÉNOMINATEUR n.m. ARITHM. *Dénominateur d'une fraction :* nom donné à b, a/b ($b \neq 0$) étant la forme prise par la fraction. – *Dénominateur commun :* dénominateur qui est le même dans plusieurs fractions ; *fig.*, point commun à plusieurs personnes, à plusieurs choses.

DÉNOMINATIF, IVE adj. et n.m. (lat. *denominativus*, dérivé). LING. Se dit d'un mot formé à partir d'un nom (par ex. : *numéroter*, de *numéro*).

DÉNOMINATION n.f. Désignation par un nom ; appellation.

DÉNOMMÉ, E n. et adj. *Fam.* ou *péjor. Le, la dénommé(e) :* celui, celle qui est appelé(e) de tel nom. *Le dénommé Martin.*

DÉNOMMER v.t. (lat. *denominare*). **1.** Donner un nom à. **2.** DR. Nommer une personne dans un acte.

DÉNONCER v.t. [9] (lat. *denuntiare*). **1.** Signaler comme coupable à la justice, à l'autorité compétente. **2.** *Par ext.* S'élever publiquement contre. *Dénoncer les abus.* **3.** Annuler, rompre un engagement. *Dénoncer un traité.*

DÉNONCIATEUR, TRICE adj. et n. Qui dénonce à la justice, à l'autorité compétente.

DÉNONCIATION n.f. **1.** Action de dénoncer ; délation. **2.** Annulation, rupture. *Dénonciation d'un armistice.* **3.** Signification extrajudiciaire d'un acte aux personnes concernées.

DÉNOTATION n.f. **1.** LING. Ensemble des éléments fondamentaux et permanents du sens d'un mot (par oppos. à l'ensemble des valeurs subjectives variables qui constituent sa *connotation*). **2.** LOG., LING. Propriété, distincte du sens, que possède un terme de pouvoir être appliqué aux êtres ou aux choses qui composent l'extension du concept auquel il correspond. (Ainsi les deux expressions *l'étoile du matin* et *l'étoile du soir* ont-elles un sens différent et une même dénotation : l'astre Vénus.) SYN. : *référence.*

DÉNOTER v.t. **1.** Constituer le signe, l'indice de ; indiquer. *Son expression dénote la peur.* **2.** LING. Signifier par dénotation (par oppos. à *connoter*).

DÉNOUEMENT n.m. **1.** Événement final ; solution d'une affaire. **2.** Point où aboutit une intrigue dramatique. *Dénouement imprévu.*

DÉNOUER v.t. **1.** Défaire un nœud ; détacher une chose nouée. ◇ *Dénouer les langues :* faire parler. **2.** *Fig.* Démêler, résoudre une affaire.

DÉNOYAGE n.m. MIN. Action de dénoyer.

DÉNOYAUTAGE n.m. Action de dénoyauter.

DÉNOYAUTER v.t. Enlever le, les noyaux de.

DÉNOYAUTEUR n.m. Ustensile ménager pour dénoyauter.

DÉNOYER v.t. [7]. MIN. Assécher des travaux miniers envahis par l'eau.

DENRÉE n.f. (anc. fr. *denerée*, la valeur d'un denier). Marchandise quelconque destinée à la consommation alimentaire. ◇ *Une denrée rare :* une chose difficile à trouver, une qualité précieuse.

DENSE adj. (lat. *densus*). **1. a.** Qui forme un tout compact ; épais. *Un brouillard dense. Une foule dense.* **b.** Qui cumule plusieurs éléments de manière ramassée, concise. *Style dense.* **2.** Dont la masse volumique est grande par rapport à celle d'une substance de référence (l'air pour les gaz, l'eau pour les liquides et les solides). **3.** MATH. En analyse numérique, se dit d'une partie de l'ensemble des nombres réels telle que tout réel apparaisse comme limite d'une suite d'éléments de cette partie. (L'ensemble des nombres rationnels est dense dans l'ensemble des réels.) **4.** ALGÈBRE. Se dit d'un ensemble ordonné A contenant au moins deux éléments, et tel que pour tout couple (x, y) d'éléments de A il existe un autre élément z de A tel que $x < z < y$.

DENSÉMENT adv. De façon dense. *Une région densément peuplée.*

DENSIFICATION n.f. Augmentation de la densité.

DENSIFIER v.t. [5]. **1.** Augmenter la densité de qqch. **2.** BOIS. Améliorer, en augmentant sa densité par compression, la qualité d'un bois.

DENSIMÈTRE n.m. Instrument servant à déterminer la densité d'un liquide. SYN. : *aréomètre.*

DENSIMÉTRIE n.f. Technique de la mesure des densités.

DENSIMÉTRIQUE adj. Relatif à la densimétrie.

DENSITÉ n.f. **1.** Caractère de ce qui est dense. **2.** PHYS. Rapport de la masse d'un certain volume d'un corps à celle du même volume d'eau (ou d'air, pour les gaz). **3.** PHOTOGR. Valeur de gris d'un phototype. **4.** *Densité de population :* nombre moyen d'habitants par unité de surface.

DENT n.f. (lat. *dens, dentis*). **1.** Organe dur, blanchâtre, implanté sur le bord des mâchoires de la plupart des vertébrés, qui sert à la prise de nourriture et, parfois, à la mastication ou à la défense. (Chez les mammifères, on distingue, d'avant en arrière, les incisives, les canines, les prémolaires, les molaires.) ◇ *Dent de lait* ou *temporaire :* dent destinée à être remplacée par une dent permanente, chez l'homme et certains mammifères. – *Dent de sagesse :* chacune des quatre dernières molaires. – *Faire ses dents :* avoir ses dents de lait qui poussent, en parlant d'un enfant. – *Fam. Avoir la dent :* avoir faim. – *Avoir, garder une dent contre qqn,* lui en vouloir. – *Avoir la dent dure :* avoir la critique sévère. – *Fam. Avoir les dents longues :* être ambitieux. – *Être armé jusqu'aux dents,* pourvu de nombreuses armes. – *Fam. Être sur les dents,* dans une attente fébrile. – *Montrer les dents :* adopter une attitude de menace. – *Mordre à belles, à pleines dents,* avec avidité. – *Fam. N'avoir rien à se mettre sous la dent :* n'avoir rien à manger. – *Parler entre ses dents,* bas et indistinctement. – *Se casser les dents sur qqch,* ne pas en venir à bout. **2.** Organe dur assurant une fonction comparable chez certains animaux autres que les vertébrés (ex. : saillies de la radula des mollusques, pointes de la lanterne d'Aristote des oursins, etc.). **3.** Chacune des tiges aiguës ou des pointes triangulaires qui forment la partie utile de certains outils, de certains instruments. *Dents d'un râteau, d'une fourchette, d'une scie.* ◇ *En dents de scie :* en ligne brisée irrégulière, présentant une succession de montées et de descentes ; *fig.*, avec irrégularité. **4.** Chacune des saillies d'une roue d'engrenage. **5.** BOT. Partie en pointe de certains organes végétaux. *Les dents du bord d'une feuille.* **6.** Sommet montagneux pointu et déchiqueté, délimité par des versants abrupts. *Les dents du Midi.*

ENCYCL. Une dent comprend une ou plusieurs racines attachées par un ligament à l'alvéole de l'os maxillaire, et surmontées de la couronne. La pulpe centrale, nourricière et sensible, est proté-

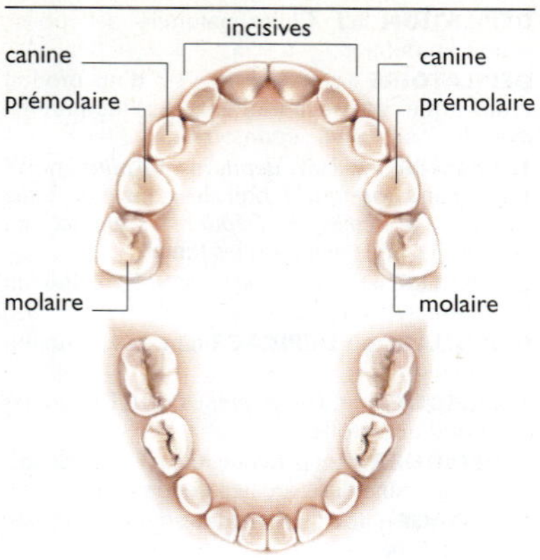

■ **DENTS.** Denture de l'enfant.

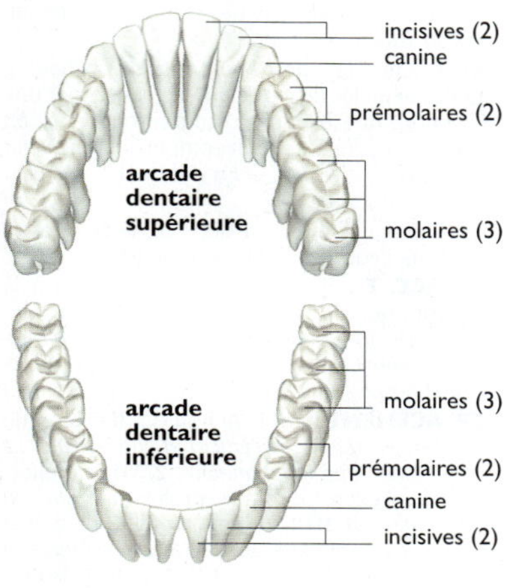

■ **DENTS.** Denture de l'adulte.

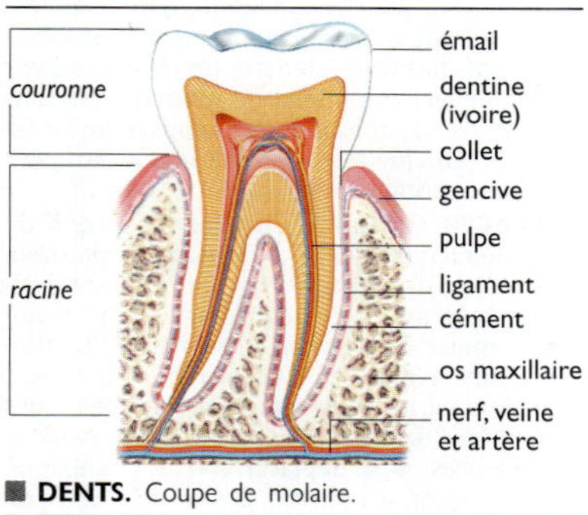

■ **DENTS.** Coupe de molaire.

gée par la dentine (ou ivoire), elle-même entourée soit par le cément, pour la racine, soit par l'émail, pour la couronne.

1. DENTAIRE adj. Relatif aux dents.

2. DENTAIRE n.f. BOT. Plante à grandes fleurs rose violacé des régions tempérées, voisine des cardamines. (Famille des crucifères.)

3. DENTAIRE n.m. ANAT. Os dermique de la mâchoire inférieure (requins exceptés), portant les dents. (Il est l'os unique de la mandibule chez les mammifères.)

DENTAL, E, AUX adj. PHON. *Consonne dentale,* ou *dentale,* n.f., que l'on prononce en appuyant la langue sur les dents (ex. : [d], [t]).

DENTALE n.m. Mollusque marin à coquille en forme de cornet, vivant dans le sable et la vase. (Type de la petite classe des scaphopodes.)

DENT-DE-LION n.f. (pl. *dents-de-lion*). Pissenlit.

DENTÉ, E adj. Qui a des saillies en forme de dents. *Roue dentée, feuilles dentées.*

DENTELAIRE n.f. Plante des rocailles des régions méditerranéennes, à fleurs violettes, dont on mâchait la racine qui, bien que toxique, passait pour guérir les maux de dents. (Genre *Plumbago ;* famille des plombaginacées.)

DENTELÉ, E adj. **1.** Bordé de petites dents, de petites échancrures. **2.** *Muscle dentelé,* ou *dentelé,* n.m. : muscle du thorax qui s'attache sur les côtes.

DENTELER v.t. [16]. Faire des découpures, des entailles en forme de dents à.

DENTELLE n.f. (de *dent*). **1.** Tissu ajouré constitué de fils entrelacés formant un fond en réseau sur lequel se détachent des motifs, réalisé à l'aide d'aiguilles, de fuseaux ou d'un crochet. ◇ *Dentelle à l'aiguille,* exécutée en fil de lin blanc avec toutes les variantes du point de feston. – *Dentelle au fuseau* ou *aux fuseaux,* exécutée au carreau, en fils de couleur ou en fil de lin blanc. – *Fam. Ne pas faire dans la dentelle :* manquer du sens des nuances, de délicatesse. **2.** Ce qui rappelle la dentelle. *Dentelle de papier.*

DENTELLIER, ÈRE adj. Relatif à la dentelle.

DENTELLIÈRE n.f. Professionnelle qui fabrique la dentelle, en partic. au fuseau.

DENTELURE n.f. **1.** Découpure en forme de dents. **2.** Motif décoratif dentelé.

DENTICULE n.m. **1.** Dent ou indentation très petite. **2.** ARCHIT. Chacune des petites saillies cubiques alignées constituant un ornement de corniche.

DENTICULÉ, E adj. Garni de denticules.

DENTIER n.m. Prothèse dentaire amovible, partielle ou totale.

DENTIFRICE n.m. et adj. (lat. *dentifricium,* de *fricare,* frotter). Produit que l'on utilise pour nettoyer les dents et les gencives.

DENTINE n.f. (mot angl.). HISTOL. Ivoire des dents.

DENTISTE n. Praticien spécialisé dans les soins et la chirurgie des dents. (En France, on dit aussi *chirurgien-dentiste ;* en Suisse, *médecin-dentiste.*)

DENTISTERIE n.f. Odontologie.

DENTITION n.f. (lat. *dentitio*). **1.** MÉD. Formation et éruption des dents chez l'enfant. **2.** *Cour.* Denture. *Avoir une belle dentition.*

DENTURE n.f. **1.** Ensemble des dents d'une personne ou d'un animal. **2.** Ensemble des dents d'une roue d'engrenage, d'une crémaillère, d'une scie.

DENTUROLOGISTE n. Québec. Prothésiste dentaire.

DÉNUCLÉARISATION n.f. Action de dénucléariser ; son résultat.

DÉNUCLÉARISER v.t. Limiter ou interdire le stationnement, la possession, la fabrication d'armes nucléaires dans une zone, un pays.

DÉNUDATION n.f. **1.** Action de mettre à nu un tissu, une dent, etc. ; son résultat. **2.** État d'un arbre dépouillé de son écorce, de son feuillage.

DÉNUDER v.t. (lat. *denudare,* de *nudus,* nu). **1.** Laisser à nu une partie du corps. *Robe qui dénude le dos.* ◇ *Crâne dénudé,* dégarni, chauve. **2.** Dépouiller un arbre de son écorce, un os ou une veine de la chair qui les recouvre, un conducteur électrique de son isolant. ◆ **se dénuder** v.pr. Se mettre partiellement ou totalement nu.

DÉNUÉ, E adj. Dépourvu, privé de.

DÉNUEMENT n.m. *Sout.* État de qqn qui manque du strict nécessaire ; misère, indigence.

DÉNUER (SE) v.pr. **(de).** *Litt.* Se priver, se dépouiller de.

DÉNUTRI, E adj. et n. Qui souffre de dénutrition.

DÉNUTRITION n.f. État pathologique d'un tissu ou d'un organisme vivant chez lequel les apports nutritifs extérieurs ne couvrent pas les besoins.

DÉODORANT adj.m. et n.m. Se dit d'un produit qui atténue ou supprime les odeurs corporelles.

DÉONTIQUE adj. (du gr. *deon, deontos,* ce qu'il faut faire). *Logique déontique :* étude systématique des propriétés formelles vérifiées par des notions juridiques comme celles de droit et d'obligation (par oppos. à *logique aléthique*).

DÉONTOLOGIE n.f. (gr. *deon, deontos,* ce qu'il faut faire, et *logos,* discours). Ensemble des règles et des devoirs qui régissent une profession, la conduite de ceux qui l'exercent, les rapports entre ceux-ci et leurs clients ou le public. ◇ *Déontologie médicale :* éthique médicale.

DÉONTOLOGIQUE adj. Relatif à la déontologie.

DÉPAILLAGE n.m. Action de dépailler.

DÉPAILLER v.t. Dégarnir un siège de sa paille.

DÉPALISSER v.t. Détacher les branches d'un arbre fruitier des supports auxquels elles étaient fixées.

DÉPANNAGE n.m. Action de dépanner.

DÉPANNER v.t. **1.** Remettre en état de marche un appareil arrêté à la suite d'une avarie. **2.** Réparer ou remorquer un véhicule en panne. **3.** *Fam.* Tirer qqn d'embarras en lui rendant un service.

1. DÉPANNEUR, EUSE n. Professionnel chargé du dépannage des appareils, des véhicules.

2. DÉPANNEUR n.m. Québec. Petite épicerie de proximité dont les heures d'ouverture excèdent celles des autres commerces.

DÉPANNEUSE n.f. Voiture équipée d'un matériel de dépannage.

DÉPAQUETAGE n.m. Action de dépaqueter.

DÉPAQUETER v.t. [16]. Défaire un paquet, sortir une marchandise de son emballage.

DÉPARASITER v.t. Débarrasser un appareil des parasites radioélectriques ; munir d'un dispositif supprimant les parasites.

DÉPAREILLÉ, E adj. **1.** Qui forme une série incomplète ou disparate. *Service de table dépareillé.* **2.** Qui est séparé d'un ensemble avec lequel il constituait une paire ou une série. *Des gants dépareillés.*

DÉPAREILLER v.t. Rendre incomplet un ensemble par la suppression ou le remplacement d'un ou de plusieurs éléments qui le composaient.

DÉPARER v.t. *Sout.* Altérer le bel aspect de ; gâter l'harmonie d'un ensemble. *Ce tableau ne dépare pas la collection.*

DÉPARIER ou **DÉSAPPARIER** v.t. [5]. Ôter l'une des deux choses qui formaient une paire.

DÉPARLER v.i. Vx, région. ou Antilles. Parler inconsidérément ; dire n'importe quoi.

1. DÉPART n.m. (de l'anc. fr. *departir,* s'en aller). **1.** Action de partir ; moment où l'on part. ◇ *Être sur le départ,* sur le point de partir. – *Point de départ :* origine, commencement. **2.** Fait de quitter un emploi, une fonction.

2. DÉPART n.m. (de l'anc. fr. *departir,* partager). *Sout. Faire le départ de, entre :* bien séparer, distinguer nettement. *Faire le départ du nécessaire et du superflu.*

DÉPARTAGER v.t. [10]. **1.** Faire cesser un partage en nombre égal de voix en ajoutant un nouveau suffrage qui permette à une majorité de se dégager. **2.** Trouver en arbitrant un moyen de classer des concurrents arrivés à égalité. *Départager les ex aequo d'un concours.*

DÉPARTEMENT n.m. (de *départir*). **1.** Collectivité territoriale française administrée par le conseil général et circonscription administrative dirigée par le préfet. *(V. liste p. 1334 et cartes p. 1177 à 1183).* ◇ *Départements d'*outre-mer (DOM) :* nom donné à certaines collectivités territoriales françaises créées en 1946 en raison de leur situation géographique et de leur histoire (la Guyane, la Réunion, la Martinique et la Guadeloupe) [v. partie n.pr.]. **2.** Chacune des administrations du gouvernement d'un État, des branches spécialisées d'une administration, d'un organisme. *Département des antiquités égyptiennes du Louvre.* **3.** Suisse. Ministère fédéral ou cantonal.

DÉPARTEMENTAL, E, AUX adj. Qui concerne un département. ◇ *Route départementale,* ou *départementale,* n.f. : route construite et entretenue par le département.

DÉPARTEMENTALISATION n.f. Action de départementaliser ; son résultat.

DÉPARTEMENTALISER v.t. **1.** Donner le statut de département à un territoire. **2.** Attribuer à un ou plusieurs départements une compétence qui relevait d'une autre collectivité publique.

DÉPARTIR v.t. [31] (anc. fr. *departir,* partager). *Litt.* Attribuer en partage ; impartir à. *La tâche qui lui a été départie.* ◆ **se départir** v.pr. **(de).** Abandonner une attitude ; renoncer à. *Se départir de son calme.*

DÉPARTITEUR n.m. et adj.m. DR. *Juge départiteur :* en France, juge d'instance qui permet par son vote de dégager une majorité en cas d'égalité des voix au sein d'un conseil de prud'hommes.

DÉPASSANT n.m. COUT. Biais d'étoffe qui dépasse la partie du vêtement à laquelle il est fixé.

DÉPASSÉ, E adj. **1.** Qui n'a plus cours ; démodé, caduc. **2.** Qui ne domine plus la situation.

DÉPASSEMENT n.m. Action de dépasser, de se dépasser.

D

DÉPASSER v.t. (de *passer*). **1.** Être plus haut, plus grand, plus long que. *Ce sapin dépasse tous les autres arbres. Il me dépasse de 5 cm.* **2.** Passer devant un véhicule ; doubler. *Dépasser un camion.* **3.** Aller au-delà d'une limite, d'un repère ; franchir. *Dépasser la ligne d'arrivée.* **4.** Aller au-delà de ce qui est attendu, possible ou imaginable ; être supérieur à, l'emporter sur. *Ce succès dépasse toutes nos espérances. Elle a dépassé tous ses camarades de classe.* **5.** Excéder une quantité, une durée. *La réunion ne doit pas dépasser 30 minutes.* **6.** Excéder les capacités de. *Ce problème me dépasse.* **7.** Causer un vif étonnement à ; dérouter, déconcerter. *Son attitude me dépasse.* ◆ v.i. Être plus long, trop long ; faire saillie. *Ton jupon dépasse. Le clou dépasse.* ◆ **se dépasser** v.pr. Réussir ce qui paraissait inaccessible ; se surpasser.

DÉPASSIONNER v.t. Enlever à un débat, à une discussion son caractère passionnel.

DÉPATOUILLER (SE) v.pr. (de *patouiller*). *Fam.* Se tirer d'une situation embarrassante ; se débrouiller.

DÉPAVAGE n.m. Action de dépaver.

DÉPAVER v.t. Enlever les pavés de. *Dépaver une rue.*

DÉPAYSANT, E adj. Qui dépayse.

DÉPAYSEMENT n.m. **1.** Fait d'être dépaysé. **2.** DR. Action de dépayser.

DÉPAYSER [depeize] v.t. **1.** Faire changer de pays, de milieu, de cadre. **2.** Désorienter en changeant les habitudes ; troubler, déconcerter. **3.** DR. Faire instruire une affaire par une autre cour.

DÉPEÇAGE ou **DÉPÈCEMENT** n.m. Action de dépecer.

DÉPECER v.t. [18] (de *pièce*). **1.** Mettre en pièces. *Dépecer une proie.* **2.** Découper en morceaux. *Dépecer une volaille.* **3.** Diviser en parcelles ; morceler. *Dépecer une propriété.*

DÉPECEUR, EUSE n. Personne qui dépèce un gibier, une volaille.

DÉPÊCHE n.f. **1.** Correspondance officielle concernant les affaires publiques. *Dépêche diplomatique.* **2.** Information brève transmise aux organes de presse. *Dépêche d'agence.*

DÉPÊCHER v.t. (de *dé-* et *empêcher*). *Sout.* Envoyer en toute hâte. *Dépêcher un ambassadeur.* ◆ **se dépêcher** v.pr. Accélérer un mouvement, une cadence ; se presser, se hâter.

DÉPEIGNER v.t. Déranger l'ordonnance des cheveux ; décoiffer.

DÉPEINDRE v.t. [62] (lat. *depingere*). Décrire, représenter en détail, avec plus ou moins d'exactitude.

DÉPENAILLÉ, E adj. (de l'anc. fr. *penaille,* loques). Vieilli. Dont les vêtements sont en lambeaux ; déguenillé.

DÉPÉNALISATION n.f. Action de dépénaliser.

DÉPÉNALISER v.t. DR. Ôter son caractère pénal à une infraction.

DÉPENDANCE n.f. **1.** Rapport de sujétion ; subordination. *Être sous la dépendance de ses parents.* **2.** ÉCON. État dans lequel se trouve l'économie d'une nation, notamm. par rapport à celle d'un pays développé. **3.** MÉD. Besoin compulsif d'absorber une substance (drogue, alcool, tabac, etc.) pour faire cesser le malaise psychique *(dépendance psychique)* ou les troubles physiques *(dépendance physique)* dus au sevrage. **4.** État d'une personne qui ne peut plus réaliser toute seule les actes de la vie quotidienne. ◆ pl. Annexes constituées d'un bâtiment, d'un terrain, d'un territoire rattaché à un autre, plus important.

DÉPENDANT, E adj. **1.** Qui est sous la dépendance de, qui est subordonné à. **2.** Qui est en situation de dépendance. *Personne âgée dépendante.*

DÉPENDEUR n.m. *Fam.,* vieilli. *Grand dépendeur d'andouilles :* homme de haute taille et paresseux ; incapable.

1. DÉPENDRE v.t. [59] (de *pendre*). Détacher ce qui était pendu ; décrocher. *Dépendre un tableau.*

2. DÉPENDRE v.t. ind. **(de)** [59] (lat. *dependere*). **1.** Être sous la dépendance, l'autorité de qqn ; être du ressort d'un organisme. **2.** Être subordonné à la décision de qqn, être soumis à la condition de qqch. *La solution dépend de vous. Cela dépendra des circonstances.* ◇ *Ça dépend :* c'est variable ; peut-être.

DÉPENS [depɑ̃] n.m. pl. (lat. *dispensum,* de *dispendere,* partager). **1.** DR. Frais taxables d'un procès. *Être condamné aux dépens.* **2.** *Aux dépens de :* à la charge, aux frais de qqn ; au détriment de.

DÉPENSE n.f. (lat. *dispensa*). **1.** Action de dépenser de l'argent ; emploi qu'on en fait. ◇ *Ne pas regarder à la dépense :* dépenser sans compter. **2.** Montant d'une somme à payer. **3.** Action de mettre en œuvre ; usage, emploi. *Une grande dépense d'énergie.* **4.** Quantité de matière, de produit consommée ; consommation. *La dépense en essence d'une voiture.* **5.** *Dépense nationale :* ensemble des dépenses de consommation des particuliers et du secteur public, ainsi que des investissements productifs au cours d'une année. – *Dépenses publiques :* dépenses de l'État, des collectivités et des établissements publics.

DÉPENSER v.t. **1.** Employer de l'argent pour un achat. **2.** Utiliser pour son fonctionnement ; consommer. *Cette chaudière dépense beaucoup de mazout.* **3.** *Dépenser son temps, son énergie à,* les employer à. ◆ **se dépenser** v.pr. Faire des efforts ; se démener.

DÉPENSIER, ÈRE adj. et n. Qui manifeste un goût immodéré pour la dépense.

DÉPERDITION n.f. Perte progressive ; diminution. *Déperdition de chaleur, d'énergie.*

DÉPÉRIR v.i. (lat. *deperire*). **1.** Perdre de sa vigueur, de sa vitalité ; s'affaiblir. *Un malade, une plante qui dépérit.* **2.** *Fig.* Perdre de son importance ; se détériorer. *Cette entreprise dépérit.*

DÉPÉRISSEMENT n.m. Fait de dépérir ; affaiblissement.

DÉPERLANCE n.f. Qualité d'une surface déperlante.

DÉPERLANT, E adj. Se dit d'une surface, notamm. celle d'un tissu, sur laquelle l'eau glisse sans pénétrer.

DÉPERSONNALISATION n.f. **1.** Action de dépersonnaliser. **2.** PSYCHIATR. Altération de la conscience caractérisée par le sentiment de ne plus se reconnaître soi-même et, souvent, par le sentiment de déréalisation.

DÉPERSONNALISER v.t. Faire perdre à qqn des caractères dominants de sa personnalité, à qqch son originalité ; rendre banal, anonyme.

DÉPÊTRER v.t. (de *empêtrer*). **1.** Dégager de ce qui gêne, de ce qui empêche le mouvement. **2.** Tirer d'embarras. *Dépêtrer un ami d'une mauvaise affaire.* ◆ **se dépêtrer** v.pr. **(de)**. Se tirer d'embarras, se débarrasser de. *Se dépêtrer de ses soucis.*

DÉPEUPLEMENT n.m. Action de dépeupler ; son résultat ; fait de se dépeupler.

DÉPEUPLER v.t. **1.** Faire partir les habitants d'un pays, d'une région. *L'industrialisation a dépeuplé les campagnes.* **2.** Faire disparaître les animaux qui vivent dans un lieu naturel, en diminuer le nombre. ◆ **se dépeupler** v.pr. Se vider de ses habitants, de ses occupants.

DÉPHASAGE n.m. **1.** PHYS. Différence de phase entre deux phénomènes alternatifs de même fréquence. **2.** *Fig., fam.* Perte de contact avec la réalité ; décalage.

DÉPHASÉ, E adj. **1.** PHYS. Qui présente une différence de phase avec une autre grandeur alternative de même fréquence. **2.** *Fam.* Qui a perdu contact avec la réalité présente.

DÉPHASER v.t. Produire un déphasage.

DÉPHASEUR n.m. PHYS. Dispositif produisant un déphasage fixe ou réglable.

DÉPHOSPHATATION n.f. Action de déphosphater.

DÉPHOSPHATER v.t. Éliminer du sol ou des eaux une partie des phosphates qu'ils renferment.

DÉPHOSPHORATION n.f. MÉTALL. Opération par laquelle on enlève le phosphore de la fonte et de l'acier.

DÉPHOSPHORER v.t. MÉTALL. Effectuer la déphosphoration d'une fonte ou d'un acier.

DÉPIAUTER v.t. (de *piau,* forme dial. de *peau*). *Fam.* **1.** Dépouiller de sa peau un animal. **2.** Débarrasser de son enveloppe. *Dépiauter un bonbon.* **3.** Analyser minutieusement un texte, l'éplucher.

DÉPICAGE n.m. → **DÉPIQUAGE.**

DÉPIGEONNAGE n.m. ou **DÉPIGEONNISATION** n.f. Opération destinée à débarrasser les lieux publics des pigeons qui s'y trouvent.

DÉPIGMENTATION n.f. Perte ou absence du pigment de la peau.

1. DÉPILAGE n.m. (du lat. *pilus,* poil). CUIRS. Action d'enlever les poils qui couvrent une peau avant de la tanner.

2. DÉPILAGE n.m. (de *2. pile*). MIN. Abattage et évacuation de la plus grande partie du minerai d'un chantier de mine.

DÉPILATION n.f. Chute naturelle des poils ; action de dépiler.

DÉPILATOIRE adj. et n.m. Se dit d'un produit cosmétique permettant d'éliminer temporairement les poils. SYN. : *épilatoire.*

1. DÉPILER v.t. (lat. *depilare,* de *pilus,* poil). **1.** Vx. Faire tomber le poil, les cheveux. *Cette maladie l'a dépilé.* **2.** *Dépiler les peaux,* en enlever les poils avant de les tanner.

2. DÉPILER v.t. (de *2. pile*). MIN. Exploiter un gisement. SYN. : *défruiter.*

DÉPIQUAGE ou **DÉPICAGE** n.m. AGRIC. Action de dépiquer.

1. DÉPIQUER v.t. (de *piquer*). COUT. Défaire les piqûres d'une étoffe.

2. DÉPIQUER v.t. (provenç. *depica*). AGRIC. Séparer les grains des céréales de leurs épis.

DÉPISTAGE n.m. Action de dépister. *Le dépistage d'une maladie.*

DÉPISTER v.t. **1.** Découvrir à la piste. *Dépister un lièvre.* **2.** Découvrir au terme d'une enquête, d'une recherche. *Dépister un voleur.* **3.** Découvrir une maladie latente grâce à des examens médicaux. **4.** Détourner de la piste ; mettre en défaut. *Dépister les recherches de la police.*

DÉPIT n.m. (lat. *despectus,* mépris). Chagrin, amertume mêlés de ressentiment, causés par une déception, une blessure d'amour-propre. ◇ *En dépit de :* malgré, sans tenir compte de. *Persévérer en dépit de l'adversité.* – *En dépit du bon sens :* n'importe comment.

DÉPITER v.t. Causer du dépit à. ◆ **se dépiter** v.pr. Concevoir du dépit ; se froisser.

DÉPLACÉ, E adj. **1.** Qui ne convient pas à la situation, aux circonstances ; choquant, incongru. *Remarque déplacée.* **2.** *Personne déplacée,* qui a été contrainte, pour des raisons économiques ou politiques, de quitter son pays.

DÉPLACEMENT n.m. **1.** Action de déplacer, de se déplacer. *Le déplacement d'une statue. Le déplacement d'un fonctionnaire.* **2.** Voyage effectué dans l'exercice d'une profession. *Être en déplacement.* **3.** MAR. Volume d'eau déplacé par la carène d'un navire, dont la masse est égale à la masse totale du bâtiment. **4.** GÉOMÉTR. Isométrie affine directe. (Une translation, une rotation sont des déplacements.) **5.** CHIM. Réaction par laquelle un corps se substitue à un autre dans un composé. **6. a.** PSYCHAN. Report de l'énergie psychique liée à un désir inconscient sur un objet substitutif. **b.** ÉTHOL. *Activité de déplacement :* exécution par un animal de mouvements sans rapport avec le comportement dans lequel il est engagé, lorsque ce comportement ne peut s'exprimer normalement.

DÉPLACER v.t. [9]. **1.** Changer qqch, qqn de place, le mettre ailleurs. ◇ *Déplacer la question, le problème,* les éviter par une autre question, un autre problème. **2.** Affecter d'office à un autre poste ; muter. *Déplacer un fonctionnaire.* **3.** Changer la date, l'heure de. *Déplacer un rendez-vous.* **4.** MAR. Avoir un déplacement de tant de tonnes métriques, de tonneaux. *Ce navire déplace 1 000 tonnes.* ◆ **se déplacer** v.pr. **1.** Changer de place ; bouger, se mouvoir. **2.** Aller d'un lieu à un autre. *Se déplacer en métro.*

DÉPLAFONNEMENT n.m. Action de déplafonner ; son résultat.

DÉPLAFONNER v.t. Supprimer la limite supérieure d'un crédit, d'une cotisation.

DÉPLAIRE v.t. ind. **(à)** [90]. **1.** Ne pas plaire, être désagréable à. *Ce film m'a déplu.* **2.** Causer une irritation légère à ; contrarier. *Votre remarque lui a déplu.* ◇ *Sout. Ne vous en déplaise :* quoi que vous en pensiez. ◆ **se déplaire** v.pr. Ne pas se trouver bien, ne pas être à son aise où l'on est.

DÉPLAISANT, E adj. Qui déplaît ; fâcheux, désagréable, antipathique.

DÉPLAISIR n.m. Impression désagréable ; contrariété.

DÉPLANTATION n.f. ou **DÉPLANTAGE** n.m. AGRIC. Action de déplanter ; son résultat.

DÉPLANTER v.t. **1.** Ôter de terre un végétal pour le planter ailleurs. **2.** Retirer de terre. *Déplanter un piquet.*

DÉPLANTOIR n.m. Outil pour déplanter de petits végétaux.

DÉPLÂTRAGE n.m. CONSTR. Action de déplâtrer.

DÉPLÂTRER v.t. **1.** CONSTR. Ôter le plâtre d'une surface. **2.** Ôter le plâtre qui immobilisait un membre fracturé.

DÉPLÉTION n.f. (lat. *depletio,* de *deplere,* vider). **1.** *Didact.* Diminution, réduction. **2.** MÉD. Diminution de la quantité de liquide dans un organe ou dans l'organisme ; état qui en résulte. **3.** PÉTROLE. Réduction de l'importance d'un gisement de pétrole, du fait de son exploitation.

DÉPLIAGE ou **DÉPLIEMENT** n.m. Action de déplier ; son résultat.

1. DÉPLIANT, E adj. Qui se déplie. *Couchette dépliante.*

2. DÉPLIANT n.m. Imprimé, prospectus plié. *Dépliant commercial.*

DÉPLIER v.t. [5]. Étendre, ouvrir une chose pliée.

DÉPLISSAGE n.m. Action de déplisser.

DÉPLISSER v.t. Défaire les plis, les faux plis d'une étoffe, d'un vêtement ; défroisser.

DÉPLOIEMENT n.m. Action de déployer ; fait d'être déployé.

DÉPLOMBAGE n.m. Action de déplomber.

DÉPLOMBER v.t. **1.** Ôter le plomb qui scelle un objet. **2.** INFORM. Pénétrer le cryptage qui protège un logiciel afin de recopier celui-ci.

DÉPLORABLE adj. **1.** Qui afflige, qui mérite d'être déploré. *Une fin déplorable.* **2.** Qui provoque du désagrément ; fâcheux, mauvais. *Un oubli déplorable. Des résultats déplorables.*

DÉPLORABLEMENT adv. De façon déplorable.

DÉPLORATION n.f. ICON. *Déploration du Christ :* représentation du Christ mort pleuré par Marie, Madeleine et saint Jean, après la Descente de Croix et la Déposition. SYN. : *lamentation sur le Christ mort.*

DÉPLORER v.t. (lat. *deplorare*). **1.** *Litt.* Manifester de la douleur à l'occasion d'un événement funeste. *Déplorer la mort d'un ami.* **2.** Regretter vivement qqch ; avoir à constater qqch de fâcheux. *On a déploré de nombreuses victimes.*

DÉPLOYER [deplwaje] v.t. [7]. **1.** Étendre largement, ouvrir ce qui était plié, roulé. *L'oiseau déploie ses ailes. Déployer une carte routière.* ◇ ***Rire à gorge déployée :*** rire aux éclats. **2.** Disposer sur une grande étendue ; étaler. ◇ MIL. ***Déployer des troupes,*** les faire passer d'une formation de marche ou de transport à une formation de combat. – ***Déployer des missiles,*** les installer au sol en position opérationnelle. **3.** *Fig.* Montrer, manifester dans toute son intensité. *Déployer toutes ses qualités.*

DÉPLUMER v.t. Rare. Dépouiller un oiseau de ses plumes ; plumer. ◆ **se déplumer** v.pr. **1.** Perdre ses plumes. **2.** *Fam.* Perdre ses cheveux.

DÉPOÉTISER v.t. Ôter son caractère poétique à.

DÉPOITRAILLÉ, E adj. *Fam.* Qui porte un vêtement largement ouvert sur la poitrine.

DÉPOLARISANT, E adj. et n.m. Se dit d'une substance qui a la propriété de s'opposer à la polarisation, de dépolariser.

DÉPOLARISATION n.f. PHYS. Action de dépolariser.

DÉPOLARISER v.t. PHYS. Supprimer la polarisation de.

DÉPOLI, E adj. *Verre dépoli,* translucide.

DÉPOLIR v.t. Ôter le poli, l'éclat de.

DÉPOLISSAGE ou **DÉPOLISSEMENT** n.m. Action de dépolir ; son résultat.

DÉPOLITISATION n.f. Action de dépolitiser.

DÉPOLITISER v.t. Retirer tout caractère politique à qqch, toute conscience politique à qqn.

DÉPOLLUANT, E adj. et n.m. Se dit d'un produit qui dépollue.

DÉPOLLUER v.t. Supprimer ou réduire la pollution de.

DÉPOLLUTION n.f. Action de dépolluer ; son résultat.

DÉPOLYMÉRISATION n.f. CHIM. ORG. Dégradation d'un polymère avec production de monomères qui peuvent se recombiner autrement.

DÉPONENT, E adj. et n.m. GRAMM. Se dit des verbes latins dont la flexion est passive et le sens actif.

DÉPOPULATION n.f. Diminution de la population d'un pays, d'une région.

DÉPORT n.m. (de *report*). BOURSE. Commission payée par le vendeur à découvert au prêteur des titres.

DÉPORTATION n.f. **1.** DR. PÉN. Peine politique perpétuelle, afflictive et infamante, qui consistait à exiler un condamné dans un lieu déterminé (remplacée en 1960, en France, par la détention criminelle). **2.** Transfert et internement dans un camp de concentration situé dans une région éloignée ou à l'étranger. **3.** Transfert arbitraire d'une population arrachée à son territoire et contrainte de s'implanter dans un lieu, une région qu'on lui assigne.

DÉPORTÉ, E n. **1.** Personne condamnée à la déportation. **2.** Personne internée dans un camp de concentration, dans une région éloignée ou à l'étranger.

DÉPORTEMENT n.m. Fait d'être déporté, pour un véhicule.

DÉPORTER v.t. (lat. *deportare*). **1. a.** Condamner à la déportation. **b.** Envoyer en déportation. **2.** Faire dévier de sa direction un corps, un véhicule en mouvement.

DÉPOSANT, E n. **1.** DR. Personne qui fait une déposition. **2.** Personne qui fait un dépôt, et spécial. un dépôt d'argent.

DÉPOSE n.f. Action d'ôter ce qui était fixé pour le nettoyer, le réparer ou le remplacer.

DÉPOSÉ, E adj. Se dit d'un nom, d'une marque, etc., qui a fait l'objet d'un enregistrement auprès de l'Administration.

DÉPOSER v.t. (du lat. *deponere*). **1.** Poser ce que l'on portait ; laisser qqch quelque part. *Déposer un fardeau. Déposer un paquet chez qqn.* ◇ ***Déposer les armes :*** cesser le combat. **2.** Laisser qqn quelque part après l'y avoir conduit. *Je vous dépose à la gare.* **3.** Laisser qqch en lieu sûr, en dépôt. *Déposer sa valise à la consigne. Déposer un chèque.* **4.** Remettre officiellement ; adresser. *Déposer une pétition, une plainte.* **5.** DR. ***Déposer son bilan :*** être en état de cessation de paiements, en parlant d'un commerçant, d'une entreprise. **6.** Affirmer qqch comme témoignage. *Il a déposé qu'il avait vu l'assassin.* **7.** Laisser comme dépôt, en parlant d'un liquide. *Le fleuve dépose des sédiments.* ◇ Absol. *Ce vin dépose.* **8.** Faire enregistrer une marque, un brevet, etc., pour les protéger des imitations. *Déposer un modèle.* **9.** Effectuer une dépose. *Déposer une serrure.* **10.** Destituer un souverain, un dignitaire. ◆ v.i. Faire une déposition en justice. *Déposer contre qqn.*

DÉPOSITAIRE n. **1.** Personne à qui a été remis un dépôt. – Personne à qui l'on a confié qqch. *Être le dépositaire d'un secret.* **2.** COMM. Intermédiaire qui vend des marchandises pour le compte de leur propriétaire.

1. DÉPOSITION n.f. **1.** Déclaration d'un témoin ; témoignage. *Signer sa déposition.* **2.** Action de déposer un souverain, un dignitaire.

2. DÉPOSITION n.f. ICON. *Déposition de Croix :* représentation du Christ mort étendu au pied de la Croix.

DÉPOSSÉDER v.t. [11]. Priver qqn de la possession de qqch.

DÉPOSSESSION n.f. Action de déposséder ; spoliation.

DÉPÔT n.m. (lat. *depositum*). **1.** Action de déposer quelque part, de placer en lieu sûr ; chose déposée. *Dépôt d'un document chez le notaire. Recevoir un dépôt.* **2.** DR. Contrat par lequel une personne (le *déposant*) confie une chose à une autre (le *dépositaire*), à charge pour celle-ci de la garder et de la rendre fidèlement. **3.** Somme confiée à un organisme bancaire. *Dépôt à vue. Dépôt à terme.* **4.** Action de remettre, d'adresser selon les formes requises. ◇ ***Dépôt de bilan :*** déclaration de cessation de paiements faite au tribunal par une entreprise, un commerçant, une personne morale. – ***Dépôt légal :*** dépôt obligatoire à l'Administration d'exemplaires de toute production imprimée, photographiée ou enregistrée. **5. a.** Lieu où l'on gare certains véhicules (locomotives, autobus). **b.** Lieu relevant de la Préfecture de police, à Paris, où sont détenues les personnes en attente d'être présentées aux autorités judiciaires. **6.** MIL. Partie d'une unité restant en garnison quand cette unité fait campagne ; lieu où cette fraction reste stationnée. **7.** Amas de particules solides qui précipitent dans un liquide au repos. **8.** GÉOL. Accumulation de sédiments apportés par l'eau ou le vent.

DÉPOTAGE ou **DÉPOTEMENT** n.m. Action de dépoter ; son résultat.

DÉPOTER v.t. **1.** Ôter une plante d'un pot. **2.** *Fam.* Décharger un véhicule. ◆ v.i. *Fam.* Être très productif, efficace dans son travail. *Ça dépote, dans ce service.*

DÉPOTOIR n.m. **1.** Dépôt d'ordures. **2.** *Fam.* Endroit (ou service, classe, etc.) où l'on relègue des personnes jugées incapables ou trop médiocres.

DÉPÔT-VENTE n.m. (pl. *dépôts-ventes*). Vente dans laquelle le vendeur laisse l'objet dont il souhaite se dessaisir en dépôt chez un commerçant qui ne lui rétrocède le prix de la vente, moins un pourcentage convenu, qu'après que l'objet a trouvé acheteur ; magasin spécialisé dans ce type de vente.

DÉPOUILLAGE n.m. Action de dépouiller un animal.

DÉPOUILLE n.f. **1.** Peau enlevée à un animal. *La dépouille d'un tigre.* **2.** *Sout.* ***Dépouille mortelle :*** cadavre. **3.** MÉCAN. INDUSTR. ***Angle de dépouille,*** ou ***dépouille :*** angle aigu que forme avec la surface usinée la face coupante de l'outil. **4.** MÉTALL. Surface oblique relativement au sens de démoulage, pour faciliter cette opération. ◆ pl. *Litt.* Ce qu'on prend à l'ennemi ; butin de guerre.

DÉPOUILLEMENT n.m. **1.** Action de dépouiller qqn ; son résultat. **2.** État de ce qui est dépourvu de tout ornement ; sobriété. **3.** Action de dépouiller un texte. **4.** Action de dépouiller un scrutin ; ensemble des opérations qui permettent d'en connaître le résultat.

DÉPOUILLER v.t. (lat. *despoliare*). **1.** Enlever la peau d'un animal. *Dépouiller un lapin.* **2.** Enlever ce qui couvre ; dégarnir, dénuder. *Le vent dépouille les arbres de leurs feuilles.* ◇ ***Style dépouillé,*** sans ornement. **3.** Déposséder entièrement qqn de qqch, de ses biens, etc. ; voler, spolier. **4.** Examiner attentivement un texte pour en extraire l'essentiel. *Dépouiller les journaux.* **5.** ***Dépouiller un scrutin :*** faire le compte des suffrages. ◆ **se dépouiller** v.pr. Se défaire de ses biens.

1. DÉPOURVU, E adj. Qui ne possède pas qqch ; privé, dénué. *Phrase dépourvue de sens.*

2. DÉPOURVU (AU) loc. adv. À l'improviste, sans y être préparé.

DÉPOUSSIÉRAGE n.m. Action de dépoussiérer.

DÉPOUSSIÉRANT n.m. Produit qui favorise le dépoussiérage en empêchant la poussière de voler.

DÉPOUSSIÉRER v.t. [11]. **1.** Enlever la poussière de. **2.** *Fig.* Redonner une apparence de jeunesse, de nouveauté à.

DÉPOUSSIÉREUR n.m. TECHN. Appareil à dépoussiérer. – *Spécial.* Dispositif d'extraction des poussières d'un gaz, d'une fumée.

DÉPRAVANT, E adj. Qui déprave.

DÉPRAVATION n.f. État de corruption, d'avilissement.

DÉPRAVÉ, E adj. Altéré, faussé, en parlant du goût. ◆ adj. et n. Dont la moralité est corrompue ; perverti, débauché. *Société dépravée.*

DÉPRAVER v.t. (lat. *depravare,* de *pravus,* mauvais). **1.** Altérer, gâter le goût. **2.** Pervertir la moralité ; corrompre. *Dépraver la jeunesse.*

DÉPRÉCATION n.f. (lat. *deprecatio*). RELIG. Prière faite pour détourner un malheur ou pour obtenir une faveur.

DÉPRÉCIATEUR, TRICE adj. et n. Se dit de qqn qui déprécie, est porté à déprécier.

DÉPRÉCIATIF, IVE adj. Qui tend à déprécier ; péjoratif.

DÉPRÉCIATION n.f. Action de déprécier ; fait de se déprécier.

DÉPRÉCIER v.t. [5] (lat. *depretiare,* de *pretium,* prix). **1.** Diminuer la valeur de ; dévaloriser. **2.** Sous-estimer la valeur de qqn ; dénigrer. ◆ **se déprécier** v.pr. Perdre de sa valeur. *La monnaie se déprécie.*

DÉPRÉDATEUR, TRICE adj. et n. Qui commet des déprédations.

DÉPRÉDATION n.f. (du lat. *praeda,* proie). [Surtout pl.] **1.** Vol, pillage accompagné de destruction. **2.** Dommage causé aux biens d'autrui, aux biens publics.

DÉPRENDRE (SE) v.pr. **(de)** [61]. *Litt.* Se dégager, se détacher de. *Se déprendre de qqn, d'une habitude.*

DÉPRESSIF, IVE adj. Relatif à la dépression. ◆ adj. et n. Qui a tendance à la dépression nerveuse.

DÉPRESSION n.f. (lat. *depressio,* enfoncement). **1.** Partie en creux par rapport à une surface. *Dépression du sol.* **2.** MÉTÉOROL. ***Dépression barométrique*** ou ***atmosphérique :*** masse atmosphérique sous basse pression (inférieure à 1 015 hectopascals) et qui est le siège de mouvements ascendants. **3.** PHYS. Pression inférieure à celle du

D

milieu environnant. **4.** ***Dépression nerveuse,*** ou ***dépression :*** état pathologique marqué par une tristesse avec douleur morale, une perte de l'estime de soi, un ralentissement psychomoteur. **5.** ÉCON. Récession, crise économique.

DÉPRESSIONNAIRE adj. MÉTÉOROL. Qui est le siège d'une dépression atmosphérique.

DÉPRESSURISATION n.f. Perte, disparition de la pressurisation.

DÉPRESSURISER v.t. Faire cesser la pressurisation d'un avion, d'un vaisseau spatial.

DÉPRIMANT, E adj. **1.** Qui affaiblit ; débilitant. *Climat déprimant.* **2.** Qui rend triste ; démoralisant. *Un livre déprimant.*

DÉPRIME n.f. *Fam.* Trouble dépressif ; période d'abattement, de dégoût, de lassitude.

DÉPRIMÉ, E adj. et n. Qui souffre de dépression nerveuse. ◆ adj. **1.** BIOL. Aplati, enfoncé. **2.** BOURSE. ***Marché déprimé,*** dont l'activité diminue. **3.** GÉOGR. Qui se trouve en contrebas.

DÉPRIMER v.t. (lat. *deprimere*). **1.** Abaisser, enfoncer une surface. **2.** Abattre qqn physiquement ou moralement, lui ôter toute énergie ; démoraliser. *Ce travail le déprime.* ◆ v.i. *Fam.* Être abattu, démoralisé. *Elle déprime depuis son échec.*

DÉPRISE n.f. Abandon progressif d'une région rurale (culture, élevage) ; arrêt d'exploitation. *La déprise agricole.*

DÉPRISER v.t. *Litt.* Apprécier qqn, qqch audessous de sa valeur.

DE PROFUNDIS [deprɔfɔ̃dis] n.m. inv. (mots lat., *des profondeurs,* premiers mots du psaume 129, dans la Bible). CATH. Le sixième des sept psaumes de la pénitence, que l'on récite dans les prières pour les morts.

DÉPROGRAMMATION n.f. Action de déprogrammer.

DÉPROGRAMMER v.t. **1.** Supprimer du programme prévu un spectacle, une émission. **2.** Supprimer, décommander, ajourner ce qui était prévu. *Déprogrammer une entrevue diplomatique.* **3.** *Fam.* Déconditionner qqn.

DÉPUCELAGE n.m. *Fam.* Perte du pucelage.

DÉPUCELER v.t. [16]. *Fam.* Faire perdre son pucelage, sa virginité à ; déflorer.

DEPUIS prép. (de *de* et *puis*). **1.** Indique le point de départ dans le temps. *Il neige depuis trois jours, depuis lundi.* **2.** Indique le point de départ dans l'espace. *Depuis Brest jusqu'à Strasbourg.* **3.** Introduit les limites d'une série ininterrompue. *Depuis le premier jusqu'au dernier.* ◆ adv. À partir de ce moment. *Je ne l'ai pas revu depuis.* ◆ **depuis que** loc. conj. À partir du moment où un fait s'est produit. *Elle pleure depuis qu'il est parti.*

DÉPULPER v.t. Enlever la pulpe de.

DÉPURATIF, IVE adj. et n.m. MÉD. Anc. Se disait d'une substance censée provoquer une purification de l'organisme.

DÉPURER v.t. Vieilli. Rendre qqch pur ou plus pur ; épurer.

DÉPUTATION n.f. **1.** Envoi de personnes chargées d'une mission ; ces personnes elles-mêmes ; délégation. **2.** Fonction de député.

DÉPUTÉ, E n. (lat. *deputatus,* délégué). **1.** Personne envoyée en mission ; délégué, ambassadeur. **2.** Membre d'une assemblée élective, et spécial. d'une assemblée législative élue au suffrage universel ; parlementaire.

DÉPUTER v.t. Envoyer qqn comme député ; déléguer, mandater.

DÉQUALIFICATION n.f. Action de déqualifier ; fait d'être déqualifié.

DÉQUALIFIER v.t. [5]. Donner à qqn un poste, des fonctions au-dessous de sa qualification professionnelle.

DER [dɛr] n.f. inv. (abrév.). *Fam. La der des der :* la guerre de 1914 - 1918, dont on espérait qu'elle serait la dernière. – *Par ext.* La dernière chose, la dernière fois. ◆ n.m. inv. *Dix de der :* à la belote, gratification de dix points pour celui qui fait la dernière levée.

DÉRACINABLE adj. Qui peut être déraciné.

DÉRACINÉ, E n. Personne qui a quitté son pays, son milieu d'origine.

DÉRACINEMENT n.m. **1.** Action de déraciner qqch ; son résultat. **2.** Fait d'être arraché à son milieu d'origine.

DÉRACINER v.t. **1.** Arracher de terre avec ses racines un arbre, une plante. *Arbre déraciné par la tempête.* **2.** *Fig., litt.* Supprimer radicalement ; éradiquer, extirper. *Déraciner un abus.* **3.** Retirer qqn de son milieu d'origine.

DÉRAGER v.i. [10]. *Litt. Ne pas dérager :* ne pas cesser d'être en rage.

DÉRAIDIR v.t. Faire perdre de sa raideur à.

DÉRAILLEMENT n.m. Fait de dérailler, de sortir des rails. – Accident survenant sur une voie ferrée quand un train quitte les rails.

DÉRAILLER v.i. **1.** Sortir des rails. **2.** *Fig., fam.* Fonctionner mal ; se dérégler. *Ma montre déraille.* **3.** *Fam.* S'écarter du bon sens ; déraisonner, divaguer. *Tu dérailles complètement !*

DÉRAILLEUR n.m. **1.** Mécanisme qui fait passer une chaîne de bicyclette d'un pignon ou d'un plateau sur un autre. **2.** CH. DE F. Dispositif de sécurité établi de façon à provoquer le déraillement d'un véhicule qui l'atteindrait accidentellement, et destiné à assurer la protection des installations en aval (voie principale, route, etc.).

DÉRAISON n.f. *Litt.* Manque de raison, de bon sens.

DÉRAISONNABLE adj. Qui manque de raison, de bon sens ; qui n'est pas raisonnable.

DÉRAISONNABLEMENT adv. De manière déraisonnable.

DÉRAISONNER v.i. Tenir des propos dénués de raison, de bon sens.

DÉRAMER v.t. Séparer les unes des autres les feuilles qui forment une rame de papier, en cintrant celle-ci.

DÉRANGÉ, E adj. *Fam.* **1.** Un peu fou. **2.** Qui éprouve des troubles digestifs, notamm. intestinaux.

DÉRANGEANT, E adj. Qui dérange, en partic. sur le plan moral, en obligeant à une remise en question personnelle.

DÉRANGEMENT n.m. **1.** Fait d'être dérangé, perturbé dans ses occupations, ses habitudes. *Je ne veux pas vous causer le moindre dérangement.* ◇ ***Ligne, cabine téléphonique en dérangement,*** dont le fonctionnement est perturbé. **2.** Action de se déranger, de se déplacer. *Ça valait le dérangement.*

DÉRANGER v.t. [10]. **1.** Déplacer ce qui était rangé ; causer du désordre dans. *Déranger des livres, une chambre.* **2.** Troubler le fonctionnement de ; perturber, dérégler. *Cet incident dérange mes projets.* **3.** Gêner qqn dans le cours de ses occupations, de son repos ; importuner. *Je ne voudrais pas vous déranger.* ◆ **se déranger** v.pr. **1.** Se déplacer. **2.** Interrompre ses occupations.

DÉRAPAGE n.m. Fait de déraper ; son résultat.

DÉRAPER v.i. (du provenç. *rapar,* saisir). **1.** Glisser brusquement et obliquement sur le sol, en parlant des roues d'un véhicule, du véhicule lui-même. **2.** En parlant de qqn, glisser involontairement. *Déraper sur le verglas.* **3.** AVIAT. **a.** Virer avec une inclinaison insuffisante, en se déportant vers l'extérieur. **b.** Voler sur une trajectoire faisant un angle avec le plan de symétrie de l'avion. **4.** MAR. Se détacher du fond, en parlant d'une ancre. **5.** *Fig.* S'écarter de ce qui est normal, attendu, prévu et contrôlé. *Les prix ont dérapé en juillet.*

DÉRATÉ, E n. (de *dérater,* ôter la rate). *Fam. Courir comme un dératé :* courir très vite.

DÉRATISATION n.f. Action de dératiser.

DÉRATISER v.t. Débarrasser méthodiquement des rats. *Dératiser un immeuble.*

DÉRAYAGE n.m. Opération d'égalisation de l'épaisseur du cuir par élimination de fins copeaux du côté chair.

1. DÉRAYER [dereje] v.t. [6] (de *rayer,* tracer un sillon). AGRIC. Tracer la dérayure entre deux planches de labour, deux sillons.

2. DÉRAYER v.t. [6] (du néerl. *draaien,* tourner, tordre). Pratiquer le dérayage du cuir.

DÉRAYEUSE n.f. Machine qui sert au dérayage des peaux.

DÉRAYURE n.f. AGRIC. Double raie ouverte séparant deux planches de labour ou deux sillons contigus.

DERBOUKA n.f. → **DARBOUKA.**

DERBY n.m. [pl. *derbys*] (de lord *Derby*). **1.** *Le Derby :* grande course de chevaux disputée annuellement à Epsom (Grande-Bretagne). **2.** Rencontre sportive entre équipes géographiquement voisines. **3.** Chaussure dont les quartiers se lacent sur le cou-de-pied.

DÉRÉALISATION n.f. PSYCHIATR., PSYCHOL. *Sentiment de déréalisation :* sentiment d'étrangeté, de perte de la familiarité avec l'environnement.

DERECHEF [dərəʃɛf] adv. (de *chef,* bout, fin). *Litt.* De nouveau.

DÉRÉEL, ELLE adj. PSYCHOL. ***Pensée déréelle :*** pensée détournée du réel et des nécessités logiques.

DÉRÈGLEMENT n.m. **1.** Trouble du fonctionnement ; fait d'être déréglé. **2.** Désordre moral ou mental.

DÉRÉGLEMENTATION ou **DÉRÈGLEMENTATION** (selon l'Académie) n.f. Action de déréglementer ; son résultat.

DÉRÉGLEMENTER ou **DÉRÈGLEMENTER** (selon l'Académie) v.t. Alléger ou supprimer la réglementation de.

DÉRÉGLER v.t. [11]. **1.** Troubler le fonctionnement de ; déranger, détraquer. **2.** Troubler, altérer moralement, intellectuellement.

DÉRÉGULATION n.f. Assouplissement ou suppression des dispositions encadrant le fonctionnement d'une activité économique, d'une profession, notamm. sur le plan des tarifs (ex. : finance, transport aérien).

DÉRÉGULER v.t. Opérer la dérégulation de.

DÉRÉLICTION n.f. (lat. *derelictio*). *Litt.* État d'abandon et de solitude morale complète.

DÉRESPONSABILISER v.t. Faire perdre le sens de la responsabilité à qqn, un groupe.

DÉRIDER v.t. **1.** Faire disparaître les rides, notamm. celles du visage. **2.** Rendre moins soucieux ; égayer. ◆ **se dérider** v.pr. Devenir plus gai ; sourire.

DÉRISION n.f. (du lat. *deridere,* se moquer). Moquerie méprisante, dédaigneuse. ◇ *Tourner qqch, qqn en dérision,* s'en moquer.

DÉRISOIRE adj. **1.** Qui suscite la dérision. **2.** Tellement infime, minime que cela devient insignifiant. *Prix dérisoire.*

DÉRISOIREMENT adv. De façon dérisoire.

DÉRIVABLE adj. MATH. ***Fonction dérivable,*** qui admet une dérivée en tout point d'un intervalle.

1. DÉRIVATIF, IVE adj. LING. Qui sert à la formation de dérivés. *Suffixe dérivatif.*

2. DÉRIVATIF n.m. Ce qui détourne l'esprit de ses préoccupations.

DÉRIVATION n.f. **1. a.** Action de détourner un cours d'eau. **b.** Lit artificiel par où les eaux sont dérivées. **2. a.** Action de détourner la circulation routière, ferroviaire, etc. **b.** Voie de détournement ; déviation. **3.** CHIRURG. Opération consistant à détourner un liquide, une substance de l'organisme de leur circuit naturel, notamm. par anastomose. **4.** ÉLECTROTECHN. Connexion au moyen d'un conducteur entre deux points d'un circuit. ◇ ***En dérivation :*** se dit de circuits électriques ou magnétiques disposés de façon que les courants ou les flux magnétiques se partagent entre eux. SYN. : ***en parallèle.*** CONTR. : ***en série.*** **5.** LING. Mode de création d'une nouvelle unité lexicale (le *dérivé*), le plus souvent par ajout d'un préfixe ou d'un suffixe à une base. **6.** MATH. Recherche de la dérivée d'une fonction.

DÉRIVE n.f. (de *2. dériver*). **1.** Fait de dériver, de s'écarter de sa direction sous l'action du vent ou du courant, pour un navire, un avion. **2.** ***À la dérive :*** à vau-l'eau, sans direction ; *fig.,* sans réaction ni volonté, en parlant de qqn. *Adolescent à la dérive.* **3.** Fait de s'écarter de la norme, d'un cadre fixé ; évolution incontrôlée et dangereuse. *La dérive des coûts de production.* **4.** MAR. Aileron vertical immergé, destiné à réduire la dérive d'un bateau (notamm., d'un bateau à voiles). ◇ *Puits de dérive :* coffrage étanche situé dans l'axe d'un dériveur et dans lequel se déplace la dérive. **5.** Partie fixe de l'empennage vertical d'un avion.

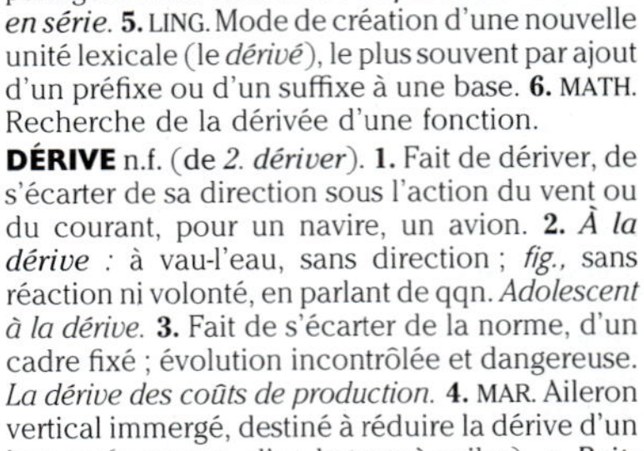

■ **DÉRIVES** de bateaux.

6. *Dérive des continents :* déplacement relatif des masses continentales au cours des temps géologiques. (Cette théorie, élaborée par A. Wegener, a été réinterprétée dans le cadre de la théorie de la tectonique des plaques.) **7.** OCÉANOL. *Courant de dérive,* ou *dérive :* courant marin entretenu par le vent et génér. superficiel, dans le prolongement des grands courants.

1. DÉRIVÉ, E adj. **1.** ÉLECTR. *Courant dérivé :* courant électrique traversant une dérivation. **2.** DR. *Droits dérivés :* droits relatifs non pas à l'exploitation commerciale directe d'une marque, d'un produit, d'une œuvre, etc., mais à la cession de ce qui en procède indirectement (droits d'utilisation du logo, de traduction, d'adaptation, etc.). – *Produit dérivé :* contrat sur des engagements à livrer ou à recevoir, ou sur des droits à acheter ou à vendre, concernant des produits physiques, des devises, des obligations, etc. – *Marché dérivé,* ou *marché des produits dérivés :* marché financier dans lequel les transactions portent sur des contrats et non sur les produits eux-mêmes.

2. DÉRIVÉ n.m. **1.** CHIM. Corps obtenu par la transformation d'un autre corps. (Un sel est un dérivé d'acide.) **2.** LING. Mot issu par dérivation d'un autre mot. (Par ex., « fruitier » est un dérivé de « fruit ».)

DÉRIVÉE n.f. MATH. *Dérivée d'une fonction en* x_0 : limite, si elle existe, du rapport de l'accroissement de la fonction à l'accroissement $x - x_0$ correspondant de la variable, lorsque x tend vers x_0.

1. DÉRIVER v.t. (lat. *derivare,* détourner un cours d'eau). **1.** Détourner de son cours. *Dériver un fleuve.* **2.** ÉLECTROTECHN. Établir une dérivation. **3.** MATH. *Dériver une fonction,* en déterminer la dérivée. ◆ v.t. ind. **(de)**. **1.** Être issu de. *Tous ces malheurs dérivent de la guerre.* **2.** LING. Tirer son origine, provenir de. *Verbe qui dérive d'un nom.*

2. DÉRIVER v.i. (de l'angl. *to drive,* être poussé, d'apr. le précédent). **1.** Dévier de sa route sous l'effet du vent, d'un courant, en parlant d'un navire, d'un avion. **2.** Pour une personne, aller à la dérive, se laisser aller.

DÉRIVETER v.t. [16]. Ôter les rivets de. *Dériveter une tôle.*

DÉRIVEUR n.m. Bateau muni d'une dérive.

DERMATITE n.f. → **DERMITE.**

DERMATOGLYPHE n.m. ANTHROP. Dessin formé par la peau aux extrémités des membres, notamm. à la pulpe des doigts.

DERMATOLOGIE n.f. (gr. *derma, -atos,* peau, et *logos,* science). Spécialité médicale qui étudie et soigne les maladies de la peau.

DERMATOLOGIQUE adj. Relatif à la dermatologie.

DERMATOLOGUE n. Médecin spécialisé en dermatologie.

DERMATOMYOSITE n.f. Maladie inflammatoire touchant à la fois la peau et les muscles.

DERMATOSE n.f. Toute affection de la peau.

DERME n.m. (gr. *derma,* peau). Couche moyenne de la peau, entre l'épiderme et l'hypoderme.

DERMESTE n.m. (gr. *dermêstês*). Insecte coléoptère gris ou noirâtre qui se nourrit de viande séchée, de plumes et de peaux, et qui peut causer d'importants dégâts dans les entrepôts. (Long. max. 1 cm ; famille des dermestidés.)

DERMIQUE adj. **1.** Relatif au derme. **2.** Relatif à la peau en général ; qui s'applique sur la peau. **3.** Formé à partir du derme embryonnaire. (Les os du crâne sont des os dermiques.)

DERMITE ou **DERMATITE** n.f. MÉD. Nom donné à certaines affections de la peau. *Dermite bulleuse.*

DERMOGRAPHISME n.m. ou, vx, **DERMOGRAPHIE** n.f. Apparition d'une urticaire locale après frottement ou griffure de la peau.

DERNIER, ÈRE adj. et n. (du lat. *de retro,* derrière). **1. a.** Qui vient après tous les autres dans le temps, ou selon le mérite, le rang. *Le dernier jour de l'année. C'est le dernier de la classe.* ◇ *Avoir le dernier mot :* l'emporter dans une discussion, un conflit. – *Ne pas avoir dit son dernier mot :* ne pas avoir montré tout ce dont on était capable. – *En dernier (lieu) :* après tout le reste. *Je ferai ce travail en dernier.* **b.** Qui est le plus récent. *L'an dernier. Dernière mode.* **2.** Qui vient après les autres dans l'espace. *Le dernier rang.* **3.** Qui atteint un degré extrême. *Protester avec la dernière énergie.*

DERNIÈREMENT adv. Depuis peu ; récemment.

DERNIER-NÉ, DERNIÈRE-NÉE n. (pl. *derniers-nés, dernières-nées*). **1.** Enfant né le dernier dans une famille. **2.** Création la plus récente d'un fabricant.

DERNY n.m. (du n. de l'inventeur). Anc. Cyclomoteur pour entraîner des coureurs cyclistes.

DÉROBADE n.f. **1.** Action d'esquiver une difficulté, de se soustraire à une obligation. **2.** ÉQUIT. Action de se dérober, en parlant d'un cheval.

DÉROBÉ, E adj. **1.** Dissimulé pour ne pas être vu ; caché, secret. *Porte dérobée, escalier dérobé.* **2.** AGRIC. *Culture dérobée :* culture intercalée entre deux cultures principales et occupant le sol une courte partie de l'année.

DÉROBÉE (À LA) loc. adv. En cachette et rapidement.

DÉROBER v.t. (de l'anc. fr. *rober,* voler). **1.** S'approprier furtivement le bien d'autrui. *Dérober de l'argent, un secret.* **2.** *Litt.* Soustraire à la vue. *L'obscurité le déroba à nos yeux.* ◆ **se dérober** v.pr. **1.** Éviter d'affronter qqch, s'y soustraire. *Se dérober à ses obligations, à une discussion.* **2.** *Sentir ses jambes, le sol se dérober sous soi :* être sur le point de tomber ; donner l'impression de s'effondrer. **3.** ÉQUIT. Refuser de franchir un obstacle, en parlant d'un cheval. *Cheval qui se dérobe* (ou, *ellipt., qui dérobe*).

DÉROCHAGE n.m. MÉTALL. Action de dérocher un métal.

DÉROCHEMENT n.m. TRAV. PUBL. Action de dérocher un chenal, une rivière, etc.

DÉROCHER v.t. **1.** MÉTALL. Décaper une surface métallique par un bain d'acide. **2.** Enlever les roches d'un chenal, d'un cours d'eau, d'un terrain qu'on veut cultiver. ◆ v.i. ALP. Tomber d'une paroi rocheuse ; dévisser.

DÉROCTAGE n.m. Action de briser les blocs de pierre très durs des fonds marins ou fluviaux.

DÉROGATION n.f. DR. Action de déroger à une règle, une loi, une convention ; son résultat. – *Cour.* Autorisation de déroger. *Obtenir une dérogation.*

DÉROGATOIRE adj. DR. Qui contient une dérogation, qui en a le caractère.

DÉROGEANCE n.f. HIST. Fait de déroger.

DÉROGER v.t. ind. **(à)** [10] (lat. *derogare*). **1.** DR. Enfreindre une loi, une convention, un usage. **2.** *Sout.* Manquer à un principe de conduite, un usage ; enfreindre. *Déroger aux bonnes manières.* **3.** HIST. Sous l'Ancien Régime, pour un noble, perdre les privilèges de son rang par l'exercice de certaines activités.

DÉROUGIR v.i. **1.** Vx. Perdre sa rougeur. **2.** Québec. *Fam. Ça ne dérougit pas :* l'activité, le travail ne diminuent pas.

DÉROUILLÉE n.f. *Fam.* Volée de coups.

DÉROUILLER v.t. **1.** Enlever la rouille. **2.** *Fam.* Dégourdir, réveiller. *Dérouiller ses jambes, sa mémoire.* **3.** *Fam.* Donner des coups à ; battre. ◆ v.i. *Fam.* **1.** Souffrir vivement. **2.** Recevoir une volée de coups ; être battu.

DÉROULAGE n.m. **1.** Déroulement. **2.** BOIS. Action de dérouler une bille de bois.

DÉROULANT, E adj. INFORM. *Menu déroulant :* menu s'affichant sur l'écran de façon interactive, chaque commande d'un premier menu faisant apparaître un nouveau menu et ainsi de suite.

DÉROULEMENT n.m. **1.** Action de dérouler ; fait d'être déroulé ; déroulage. **2.** *Fig.* Développement progressif d'une action dans le temps.

DÉROULER v.t. **1.** Étendre ce qui était enroulé. *Dérouler une pièce d'étoffe.* **2.** Débiter une bille de bois en une feuille de placage mince et continue. **3.** *Fig.* Étaler sous le regard ; développer, passer en revue. *Dérouler les événements de la journée, ses souvenirs.* ◆ **se dérouler** v.pr. Avoir lieu, s'écouler dans le temps, s'enchaîner. *La manifestation s'est déroulée sans incident.*

DÉROULEUR n.m. **1.** TECHN. Appareil servant à dérouler des produits livrés en rouleaux. **2.** INFORM. Périphérique d'un ordinateur, assurant le déroulement, l'enregistrement et la lecture d'informations sur une bande magnétique.

DÉROULEUSE n.f. Machine à dérouler du bois.

DÉROUTAGE ou **DÉROUTEMENT** n.m. Action de dérouter un navire, un avion, etc.

DÉROUTANT, E adj. Qui déroute, déconcerte. *Un comportement déroutant.*

DÉROUTE n.f. **1.** Fuite en désordre d'une troupe vaincue. **2.** *Fig.* Situation catastrophique.

DÉROUTEMENT n.m. → **DÉROUTAGE.**

DÉROUTER v.t. **1.** Vx. Faire perdre sa trace, mettre sur une mauvaise piste. **2.** Faire changer de route, de destination, un navire, un avion, etc. **3.** *Fig.* Déconcerter, décontenancer.

DERRICK n.m. (mot angl.). Charpente métallique supportant le système de forage d'un puits de pétrole. Recomm. off. : *tour de forage.*

1. DERRIÈRE prép. et adv. (lat. *de* et *retro,* en arrière). **1.** En arrière de, à l'arrière. *Se cacher derrière un arbre.* **2.** À la suite de. *Marcher derrière qqn. Rester derrière.* **3.** Au-delà de ce qui est exprimé. *Derrière son apparente froideur.* ◆ **par-derrière** loc. adv. et loc. prép. **1.** Par la partie postérieure. *Attaquer par-derrière.* **2.** *Fig.* Secrètement, sournoisement. *Calomnier par-derrière.*

2. DERRIÈRE n.m. **1.** Côté opposé au devant ; partie postérieure de qqch. **2.** Partie de l'homme ou d'un animal comprenant les fesses, le fondement.

DÉRUPITER v.i. (du lat. *rupes,* rocher). Suisse. Tomber ou glisser en montagne ; descendre rapidement un escalier.

DERVICHE n.m. (persan *darwich,* pauvre). Membre d'une confrérie mystique musulmane. *Derviches tourneurs* (ou *danseurs*). *Derviches hurleurs.*

DES art. **1.** Article défini contracté pluriel (pour *de les*). *Les cris des enfants.* **2.** Article partitif pluriel. *Manger des confitures.* **3.** Article indéfini, pluriel de *un, une. Il y a des livres sur l'étagère.*

DÈS prép. (lat. pop. *de ex,* hors de). Immédiatement, à partir de. *Dès l'enfance, dès sa source, dès le deuxième échelon.* ◆ **dès lors** loc. adv. **a.** À partir d'alors. **b.** En conséquence. ◆ loc. conj. **1.** *Dès que :* aussitôt que, à partir du moment où. **2.** *Dès lors que :* du moment que.

DÉSABONNER v.t. Faire cesser l'abonnement de qqn. ◇ v.pr. *Elle s'est désabonnée.*

DÉSABUSÉ, E adj. et n. Qui manifeste la perte des illusions ; désenchanté, blasé.

DÉSABUSER v.t. *Litt.* Tirer qqn de son erreur, de ses illusions ; détromper.

DÉSACCORD n.m. **1.** Manque d'entente ; désunion. *Famille en désaccord.* **2.** Fait d'être en opposition ; contradiction. *Je suis en désaccord avec cette proposition.*

DÉSACCORDER v.t. **1.** Détruire l'équilibre, l'harmonie d'un ensemble. **2.** Troubler, détruire l'accord d'un instrument de musique.

DÉSACCOUPLER v.t. Séparer ce qui formait un couple, était mis par paire.

DÉSACCOUTUMANCE n.f. Fait de se désaccoutumer ; son résultat.

DÉSACCOUTUMER v.t. *Sout.* Faire perdre une habitude à qqn. ◆ **se désaccoutumer** v.pr. Se défaire d'une habitude.

DÉSACRALISATION n.f. Action de désacraliser ; son résultat.

DÉSACRALISER [desakralize] v.t. Retirer son caractère sacré à.

DÉSACTIVATION n.f. PHYS. NUCL. **1.** Diminution de l'activité d'une substance radioactive. **2.** Action de désactiver.

DÉSACTIVER v.t. PHYS. NUCL. Débarrasser un corps des éléments radioactifs qu'il contient.

DÉSADAPTATION n.f. Perte de l'adaptation.

DÉSADAPTÉ, E adj. et n. Qui a perdu son adaptation ; qui n'est pas ou n'est plus adapté aux conditions du moment, du milieu, etc.

DÉSADAPTER v.t. Faire que qqn, qqch ne soit plus adapté à sa fonction, aux conditions dans lesquelles il se trouve.

DÉSAFFECTATION n.f. Action de désaffecter.

DÉSAFFECTÉ, E adj. Qui n'a plus sa destination d'origine, n'est plus utilisé. *Une usine désaffectée.*

DÉSAFFECTER v.t. Retirer sa destination normale à un lieu, à un édifice.

DÉSAFFECTION n.f. Perte de l'affection, de l'intérêt.

DÉSAFFÉRENTATION n.f. (de *afférent*). **1.** Interruption pathologique des messages sensitifs afférents, arrivant à la moelle épinière. **2.** PSYCHIATR. *Désafférentation sociale :* absence de stimulation émanant de l'environnement social.

DÉSAFFILIER v.t. [5]. Mettre fin à l'affiliation de.

DÉSAGRÉABLE adj. **1.** Qui cause une impression pénible, qui déplaît ; ennuyeux. **2.** Qui se comporte de manière déplaisante.

DÉSAGRÉABLEMENT adv. De façon désagréable.

D

DÉSAGRÉGATION n.f. Séparation des parties assemblées en un tout ; décomposition, désintégration, morcellement. *Désagrégation des pierres sous l'action du froid. Désagrégation de l'État.*

DÉSAGRÉGER v.t. [15]. Produire la désagrégation de. ◆ **se désagréger** v.pr. Se décomposer, s'effriter.

DÉSAGRÉMENT n.m. Sentiment causé par ce qui déplaît ; sujet de contrariété ; ennui, souci.

DÉSAIMANTATION n.f. Action de désaimanter ; état d'un corps désaimanté.

DÉSAIMANTER v.t. Supprimer l'aimantation de. SYN. : *démagnétiser.*

DÉSAISONNALISER [desɛzɔnalize] v.t. STAT. Éliminer les distorsions dues aux variations saisonnières, dans certaines statistiques.

DÉSAJUSTER v.t. Défaire ce qui était ajusté.

DÉSALIÉNER v.t. [11]. Faire cesser l'aliénation de qqn ; libérer.

DÉSALIGNEMENT n.m. Action de désaligner.

DÉSALIGNER v.t. Détruire l'alignement de.

DÉSALPE n.f. Suisse. Descente de l'alpage.

DÉSALTÉRANT, E adj. Propre à désaltérer.

DÉSALTÉRER v.t. [11]. Apaiser la soif de. ◆ **se désaltérer** v.pr. Apaiser sa soif en buvant.

DÉSAMBIGUÏSATION [-gɥi-] n.f. LOG., LING. Action de désambiguïser.

DÉSAMBIGUÏSER [-gɥi-] v.t. LOG., LING. Faire disparaître l'ambiguïté d'un énoncé.

DÉSAMIANTAGE n.m. Opération consistant à retirer, selon les normes de sécurité appropriées, les flocages contenant de l'amiante.

DÉSAMIANTER v.t. Procéder au désamiantage de.

DÉSAMIDONNER v.t. Enlever l'amidon de.

DÉSAMORÇAGE n.m. Action de désamorcer.

DÉSAMORCER v.t. [9]. **1.** Rendre une munition inoffensive en retirant son dispositif de mise à feu. *Désamorcer un obus.* **2.** TECHN. Interrompre le fonctionnement d'une pompe par l'introduction d'un fluide du côté de l'aspiration. **3.** *Fig.* Prévenir le développement dangereux de. *Désamorcer un conflit.*

DÉSAMOUR n.m. *Litt.* Cessation de l'amour, de l'intérêt pour qqn, qqch.

DÉSAPPARIER v.t. → **DÉPARIER.**

DÉSAPPOINTÉ, E adj. Qui manifeste de la déception. *Air désappointé.*

DÉSAPPOINTEMENT n.m. État d'une personne désappointée ; déception.

DÉSAPPOINTER v.t. (de l'angl. *disappointed,* déçu). Tromper qqn dans son attente, ses espoirs ; décevoir.

DÉSAPPRENDRE v.t. [61]. *Sout.* Oublier ce qu'on avait appris.

DÉSAPPROBATEUR, TRICE adj. Qui désapprouve. *Faire un signe désapprobateur.*

DÉSAPPROBATION n.f. Action de désapprouver, de blâmer ; son résultat.

DÉSAPPROUVER v.t. Porter un jugement défavorable sur ; blâmer, critiquer. *Désapprouver un projet.*

DÉSAPPROVISIONNEMENT n.m. Action de désapprovisionner ; son résultat.

DÉSAPPROVISIONNER v.t. **1.** Priver d'approvisionnement. **2.** Vider une arme à feu de ses projectiles.

DÉSARÇONNER v.t. **1.** Faire vider les arçons à ; jeter bas, démonter. *Cheval qui désarçonne son cavalier.* **2.** Troubler par un comportement, des paroles inattendus ; déconcerter, embarrasser.

DÉSARÊTER v.t. Enlever l'arête principale d'un poisson.

DÉSARGENTÉ, E adj. *Fam.* Qui n'a plus d'argent.

DÉSARGENTER v.t. **1.** Enlever l'argenture d'un objet. **2.** *Fam.* Priver qqn de son argent.

DÉSARMANT, E adj. Qui décourage toute attaque, toute critique, par sa candeur, sa gentillesse, sa naïveté, etc.

DÉSARMEMENT n.m. Action de désarmer ; son résultat. – MIL. Action concertée visant à limiter, à supprimer ou à interdire la fabrication ou l'emploi de certaines armes.

DÉSARMER v.t. **1.** Enlever son arme, ses armes à qqn. **2.** Détendre le ressort de percussion d'une arme à feu. **3.** *Fig.* Faire cesser un sentiment violent ; fléchir, adoucir. *Sa gentillesse m'a désarmé.* **4.** Dégarnir un navire de son matériel et donner congé à son équipage. ◆ v.i. **1.** Réduire ses armements. **2.** *Ne pas désarmer.* **a.** Ne pas s'apaiser, en parlant d'un sentiment hostile. *Sa haine ne désarme pas.* **b.** Continuer de résister, ne pas renoncer à son activité. *Malgré son âge, elle ne désarme pas.*

DÉSARRIMAGE n.m. Action de désarrimer ; son résultat.

DÉSARRIMER v.t. Défaire l'arrimage de.

DÉSARROI n.m. (de l'anc. fr. *désarroyer,* mettre en désordre). Trouble moral profond ; angoisse, détresse. *Être en plein désarroi.*

DÉSARTICULATION n.f. Action de désarticuler ; fait d'être désarticulé.

DÉSARTICULER v.t. MÉD. Amputer un membre au niveau d'une articulation. ◆ **se désarticuler** v.pr. Assouplir à l'excès ses articulations.

DÉSASSEMBLER v.t. Séparer les pièces composant un assemblage ; disjoindre.

DÉSASSORTI, E adj. **1.** Qui forme avec d'autres une série disparate ; dépareillé. *Des assiettes désassorties.* **2.** Qui n'est pas assorti, en harmonie. *Un couple désassorti.*

DÉSASSORTIMENT n.m. Fait d'être désassorti ; réunion de choses mal assorties.

DÉSASSORTIR v.t. Détruire l'assortiment de.

DÉSASTRE n.m. (ital. *disastro*). **1.** Événement funeste, malheur ; série de conséquences graves qu'il déclenche. **2.** Défaite militaire écrasante. **3.** Échec total ; ruine, faillite. *Un désastre financier.* **4.** *Fam.* Chose déplorable, échec complet. *Ce film, quel désastre !*

DÉSASTREUSEMENT adv. Rare. De façon désastreuse.

DÉSASTREUX, EUSE adj. Qui constitue un désastre, qui en a les caractères ; catastrophique.

DÉSATELLISATION [desa-] n.f. ASTRONAUT. Fait, pour un satellite artificiel, de quitter une orbite stable autour d'un astre.

DÉSATELLISER v.t. Réaliser une désatellisation.

DÉSAVANTAGE n.m. Ce qui constitue une infériorité, un inconvénient, un préjudice.

DÉSAVANTAGER v.t. [10]. Faire subir un désavantage à ; léser, handicaper.

DÉSAVANTAGEUSEMENT adv. De façon désavantageuse.

DÉSAVANTAGEUX, EUSE adj. Qui cause, peut causer un désavantage ; défavorable.

DÉSAVEU n.m. **1.** Refus de se reconnaître comme l'auteur d'un acte, d'une parole. ◇ *Désaveu de paternité :* acte par lequel le mari dénie être le père d'un enfant de sa femme. **2.** Refus d'approuver ou de continuer d'approuver qqn, qqch.

DÉSAVOUER v.t. **1.** Refuser de reconnaître comme sien. *Désavouer sa signature.* **2.** Refuser, cesser de soutenir, de cautionner qqn, qqch ; désapprouver.

DÉSAXÉ, E adj. Sorti de son axe. ◆ adj. et n. Qui souffre de déséquilibre mental ; déséquilibré.

DÉSAXER v.t. **1.** Mettre hors de son axe. *Désaxer une roue.* **2.** Compromettre l'équilibre mental ; déséquilibrer.

DESCELLEMENT n.m. Action de desceller.

DESCELLER [desele] v.t. **1.** Rompre le sceau, le cachet de. **2.** Briser, détériorer le scellement de.

DESCENDANCE n.f. **1.** Fait de tirer son origine familiale de qqn ; filiation. *Descendance agnatique, utérine.* **2.** Ensemble de ceux qui sont issus d'une même personne ; postérité.

1. DESCENDANT, E adj. **1.** *Marée descendante,* qui découvre le rivage ; jusant, reflux. – MIL. *Garde descendante,* relevée par la garde montante. **2.** *Ligne descendante :* postérité de qqn.

2. DESCENDANT, E n. Personne considérée par rapport à ceux dont elle est issue.

DESCENDERIE n.f. MIN. Galerie creusée en descendant, qui permet d'accéder à un gisement.

1. DESCENDEUR, EUSE n. Skieur ou cycliste qui se distingue partic. dans les descentes.

2. DESCENDEUR n.m. ALP., SPÉLÉOL. Dispositif utilisé pour freiner les descentes en rappel.

DESCENDRE [desɑ̃dr] v.i. [59] [auxil. *être*] (lat. *descendere*). **1.** Aller de haut en bas. *Descendre à la cave, de cheval, dans le Sud.* ◇ *Descendre dans la rue :* manifester. **2.** Séjourner quelque temps. *Descendre dans un hôtel au cours d'un voyage.* **3.** Pénétrer brusquement, faire irruption. *La police est descendue dans ce café.* **4.** Tirer son origine, être issu. *Descendre d'une famille illustre.* **5.** Pour qqch, s'étendre vers le bas, être en pente. *Plaine qui descend vers la mer.* **6.** Atteindre un niveau inférieur. *La température descend.* **7.** SPECT. Se rapprocher du devant de la scène (par oppos. à *remonter*). ◆ v.t. [auxil. *avoir*]. **1.** Parcourir de haut en bas. *Descendre un escalier, un fleuve.* **2.** Déplacer d'un endroit vers un autre situé plus bas. *Descendre le vase du buffet. Descendre le vin à la cave.* **3.** *Fam.* Faire tomber ; abattre. *Descendre un avion.* ◇ *Fam. Descendre en flammes :* critiquer violemment. **4.** *Fam.* Tuer avec une arme à feu. *Il s'est fait descendre dans un bar.* **5.** *Fam.* Boire en entier. *Descendre une bouteille.*

DESCENTE n.f. **1.** Action de descendre, d'aller de haut en bas. *La descente est plus rapide que la montée.* **2.** Endroit par lequel on descend ; chemin en pente. *Ralentir dans la descente.* **3.** SPORTS. Épreuve de vitesse de ski alpin sur un parcours en forte pente ; épreuve du même type dans certains autres sports comme le VTT. **4.** *Descente d'organe :* prolapsus d'un organe du bassin. **5.** Action de descendre, de faire irruption. ◇ *Descente de police :* opération surprise dans un lieu pour vérifier des identités ou pour les besoins d'une enquête. **6.** *Descente de Croix :* représentation du Christ que l'on descend de la Croix. **7.** Afrique. Fin de la journée de travail. **8.** CONSTR. Tuyau d'évacuation des eaux, vertical ou à très forte pente. **9.** *Descente de lit :* petit tapis placé au bas du lit.

■ **DESCENTE** à skis en épreuve de vitesse pure.

DÉSCOLARISATION n.f. Action de déscolariser ; son résultat.

DÉSCOLARISÉ, E adj. Se dit d'un jeune d'âge scolaire dont le lien avec le système éducatif se trouve rompu ou très distendu.

DÉSCOLARISER v.t. Retirer de l'école un enfant d'âge scolaire.

1. DESCRIPTEUR, TRICE n. *Litt.* Personne qui décrit avec talent.

2. DESCRIPTEUR n.m. INFORM. Ensemble de signes donnant une description d'un fichier, d'une variable, etc.

DESCRIPTIBLE adj. (Surtout en tournure négative.) Qui peut être décrit.

1. DESCRIPTIF, IVE adj. (du lat. *descriptus,* décrit). Qui s'attache à décrire la réalité ; qui donne les détails d'une opération. *Science descriptive. Devis descriptif.*

2. DESCRIPTIF n.m. Document qui donne une description précise de qqch.

DESCRIPTION n.f. (lat. *descriptio*). Action de décrire ; développement qui décrit.

DÉSÉCHOUER v.t. Remettre à flot un navire échoué.

DÉSECTORISATION [desɛk-] n.f. Action de désectoriser.

DÉSECTORISER v.t. Modifier ou faire cesser une sectorisation.

DÉSÉGRÉGATION [dese-] n.f. Suppression de la ségrégation raciale.

DÉSEMBOURBER v.t. Faire sortir de la boue.

DÉSEMBOURGEOISER v.t. Faire perdre son caractère bourgeois à.

DÉSEMBOUTEILLER v.t. Dégager d'un embouteillage.

DÉSEMBUAGE n.m. Action de désembuer.

DÉSEMBUER v.t. Faire disparaître la buée de.

DÉSEMPARÉ, E adj. Qui manifeste le sentiment d'être perdu, de ne plus savoir comment agir ; décontenancé. ◇ *Navire désemparé,* qui ne peut plus manœuvrer par suite d'avaries.

DÉSEMPARER v.i. (de l'anc. fr. *emparer,* fortifier). *Sans désemparer :* sans interruption ; avec persévérance.

DÉSEMPLIR v.i. *Ne pas désemplir :* être toujours plein. *Ce restaurant ne désemplit pas.* ◆ **se désemplir** v.pr. Rare. Se vider.
DÉSENCADREMENT n.m. Action de désencadrer ; son résultat.
DÉSENCADRER v.t. **1.** Enlever son cadre à (un tableau, notamm.). **2.** Libérer du cadre réglementaire qui limitait, restreignait. *Désencadrer le crédit.*
DÉSENCHAÎNER v.t. *Litt.* Délivrer de ses chaînes.
DÉSENCHANTÉ, E adj. Qui manifeste de la désillusion, une perte d'enthousiasme.
DÉSENCHANTEMENT n.m. Fait d'avoir perdu ses illusions ; déconvenue, déception.
DÉSENCHANTER v.t. *Litt.* Faire perdre ses illusions, son enthousiasme à ; décevoir.
DÉSENCLAVEMENT n.m. Action de désenclaver ; son résultat.
DÉSENCLAVER v.t. Rompre l'isolement d'une région, d'une ville, etc.
DÉSENCOMBREMENT n.m. Action de désencombrer ; son résultat.
DÉSENCOMBRER v.t. Débarrasser de ce qui encombre.
DÉSENCRAGE n.m. Action de désencrer.
DÉSENCRASSER v.t. Débarrasser de sa crasse ; décrasser, nettoyer.
DÉSENCRER v.t. Éliminer l'encre d'imprimerie du papier à recycler.
DÉSENDETTEMENT n.m. Fait de se désendetter.
DÉSENDETTER (SE) v.pr. Liquider ses dettes.
DÉSENFLER v.t. Faire diminuer ou disparaître un gonflement. ◆ v.i. Devenir moins enflé.
DÉSENFUMAGE n.m. Évacuation des fumées d'un local ou d'un bâtiment en feu.
DÉSENFUMER v.t. Procéder au désenfumage de.
DÉSENGAGEMENT n.m. Action de désengager, de se désengager ; son résultat.
DÉSENGAGER v.t. [10]. Libérer d'un engagement. ◆ **se désengager** v.pr. Faire cesser son engagement.
DÉSENGORGER v.t. [10]. Déboucher ce qui est engorgé, obstrué ; faire cesser l'engorgement de. *Désengorger un tuyau. Désengorger les tribunaux.*
DÉSENGRENER v.t. [12]. MÉCAN. INDUSTR. Séparer les éléments d'un engrenage pour qu'ils ne soient plus en prise.
DÉSENIVRER [-zɑ̃-] v.t. Mettre fin à l'ivresse de. ◆ v.i. *Ne pas désenivrer :* être toujours ivre.
DÉSENNUYER v.t. [7]. *Litt.* ou Antilles. Dissiper l'ennui de ; distraire.
DÉSENRAYER v.t. [6]. MÉCAN. INDUSTR. Remettre en état de fonctionner un mécanisme enrayé.
DÉSENSABLEMENT n.m. Action de désensabler ; son résultat.
DÉSENSABLER v.t. Dégager ce qui est ensablé.
DÉSENSIBILISATION [desɑ̃-] n.f. IMMUNOL. Traitement supprimant une allergie de l'organisme à l'égard d'une substance antigénique (pollen, poussière, etc.).
DÉSENSIBILISER [desɑ̃-] v.t. **1.** Pratiquer une désensibilisation sur qqn. **2.** Rendre moins sensible à qqch. ◆ **se désensibiliser** v.pr. Être moins ou n'être plus sensible à qqch.
DÉSENSORCELER v.t. [16]. Délivrer d'un ensorcellement.
DÉSENTOILER v.t. Ôter sa toile à un tableau pour la remplacer par une neuve *(rentoilage)*. [L'ensemble de l'opération se nomme *transposition.*]
DÉSENTORTILLER v.t. Démêler ce qui est entortillé.
DÉSENTRAVER v.t. Délivrer de ses entraves.
DÉSENVASER v.t. Retirer les vases qui obstruent un chenal portuaire ou le lit d'un cours d'eau.
DÉSENVELOPPER v.t. Rare. Retirer de ce qui enveloppe.
DÉSENVENIMER v.t. (de *venin*). Rendre moins virulente, moins violente une querelle, une opposition entre des personnes.
DÉSENVERGUER v.t. → **DÉVERGUER.**
DÉSÉPAISSIR v.t. Rendre moins épais.
DÉSÉQUILIBRE n.m. **1.** Absence d'équilibre ; instabilité. **2.** *Déséquilibre mental :* manque d'équilibre mental.
DÉSÉQUILIBRÉ, E adj. Qui manque d'équilibre. ◆ adj. et n. Atteint de déséquilibre mental.
DÉSÉQUILIBRER v.t. **1.** Faire perdre son équilibre à. **2.** Perturber profondément.
DÉSÉQUIPER v.t. Enlever son équipement à.
1. DÉSERT, E adj. (lat. *desertus,* abandonné). **1.** Inhabité. *Île déserte.* **2.** Peu fréquenté. *Rue déserte.*
2. DÉSERT n.m. **1.** GÉOGR. Région très sèche (pluviométrie génér. inférieure à 100 mm/an), marquée par l'absence de végétation ou la pauvreté des sols et la rareté du peuplement. **2.** Lieu inhabité, vide ou peu fréquenté. ◇ ***Prêcher, parler dans le désert,*** sans être entendu.
DÉSERTER v.t. **1.** Délaisser un lieu, le quitter. *En automne, les vacanciers désertent les plages.* **2.** Cesser d'assurer ; abandonner. *Déserter son poste.* ◆ v.i. MIL. Quitter son corps ou son poste sans autorisation.
DÉSERTEUR n.m. **1.** Militaire qui a déserté. **2.** *Sout.* Personne qui abandonne un parti, une cause.
DÉSERTIFICATION ou **DÉSERTISATION** n.f. GÉOGR. Transformation d'une région en désert.
DÉSERTIFIER (SE) v.pr. [5]. **1.** GÉOGR. Se transformer en désert. **2.** Se dépeupler fortement.
DÉSERTION [dezɛrsjɔ̃] n.f. Action de déserter.
DÉSERTIQUE adj. GÉOGR. Du désert ; caractéristique du désert. *Relief désertique.*
DÉSERTISATION n.f. → **DÉSERTIFICATION.**
DÉSESCALADE n.f. **1.** Diminution progressive de la menace et de la tension qui résultent d'un processus d'escalade militaire, sociale. **2.** Diminution progressive du niveau élevé atteint par qqch. *Désescalade des prix.*

■ **DÉSERT** de climat aride à hivers froids (province du Xinjiang, dans le nord-ouest de la Chine).

DÉSESPÉRANCE n.f. *Sout.* État d'une personne qui n'a plus d'espoir ; désespoir.
DÉSESPÉRANT, E adj. **1.** Qui désespère ; décourageant. *Nouvelle désespérante.* **2.** Qui est cause de contrariété ; navrant. *Une lenteur désespérante.*
DÉSESPÉRÉ, E adj. et n. Qui fait preuve de désespoir. *Le désespéré a mis fin à ses jours. Un regard désespéré.* ◆ adj. **1.** Qui ne laisse plus d'espoir. *Situation désespérée.* **2.** Qui se fait en dernier recours ; extrême. *Tentative désespérée.*
DÉSESPÉRÉMENT adv. De façon désespérée.
DÉSESPÉRER v.t. [11]. Faire perdre l'espoir à ; décourager, contrarier vivement. *Cet enfant me désespère.* ◇ ***Désespérer que :*** ne plus avoir l'espoir que. *Je désespère qu'il réussisse.* ◆ v.i. ou v.t. ind. **(de)**. Cesser d'espérer, perdre courage ; ne plus rien attendre de qqn. ◆ **se désespérer** v.pr. S'abandonner au désespoir.
DÉSESPOIR n.m. **1.** Absence d'espoir, fait d'être découragé, de ne plus rien attendre ; détresse, affliction. ◇ ***Être au désespoir (de) :*** regretter vivement. **2.** Personne, chose qui déçoit toute attente. *Être le désespoir de sa famille.* **3.** ***En désespoir de cause :*** en dernier ressort.
DÉSÉTATISER v.t. Réduire ou supprimer le contrôle de l'État sur un secteur économique, une entreprise.
DÉSEXCITATION n.f. PHYS. Retour d'une molécule, d'un atome, d'un noyau excités à un état d'énergie inférieure.
DÉSEXCITER v.t. PHYS. Faire subir une désexcitation à.
DÉSEXUALISER [desɛ-] v.t. Enlever tout caractère sexuel à.
DÉSHABILLAGE n.m. Action de déshabiller, de se déshabiller ; son résultat.
DÉSHABILLÉ n.m. Vêtement d'intérieur léger, porté par les femmes.
DÉSHABILLER v.t. **1.** Ôter ses habits à qqn, ses ornements à qqch. ◇ ***Déshabiller qqn du regard,*** le regarder de manière indiscrète, en l'imaginant nu. **2.** *Litt.* Mettre à nu ; démasquer. ◆ **se déshabiller** v.pr. Ôter ses vêtements.
DÉSHABITUER v.t. Faire perdre une habitude à. ◆ **se déshabituer** v.pr. **(de)**. Perdre l'habitude de.
DÉSHERBAGE n.m. Action de désherber.
DÉSHERBANT, E adj. et n.m. Se dit d'un produit qui sert à désherber.
DÉSHERBER v.t. Arracher, détruire les mauvaises herbes d'une pelouse, d'une culture, etc.
DÉSHÉRENCE n.f. (du lat. *heres,* héritier). **1.** DR. Absence d'héritiers pour recueillir une succession. *Succession tombée en déshérence.* **2.** *Litt.* *En déshérence :* à l'abandon. *Un quartier, une région en déshérence.*
DÉSHÉRITÉ, E adj. et n. **1.** Qui est privé de son héritage. **2.** Dépourvu de dons naturels ou de biens matériels ; pauvre, désavantagé.
DÉSHÉRITEMENT n.m. DR. Action de déshériter ; fait d'être déshérité.

■ **DÉSERT** de climat aride à hivers chauds (Namibie).

D

DÉSHÉRITER v.t. **1.** Priver d'héritage. **2.** *Litt.* Priver de dons naturels ; désavantager. *La nature l'a déshérité.*

DÉSHONNÊTE adj. *Sout.* Contraire à la morale, à la pudeur ; inconvenant, indécent.

DÉSHONNEUR n.m. État d'une personne déshonorée ; déconsidération, indignité.

DÉSHONORANT, E adj. Qui déshonore.

DÉSHONORER v.t. **1.** Porter atteinte à l'honneur de. **2.** Gâter, dégrader l'aspect de. *Constructions qui déshonorent le paysage.* ◆ **se déshonorer** v.pr. Perdre son honneur ; commettre une action honteuse qui entache l'honneur, qui avilit.

DÉSHUILAGE n.m. Élimination de l'huile contenue dans un mélange, génér. aqueux.

DÉSHUILER v.t. Procéder au déshuilage d'une matière.

DÉSHUILEUR n.m. Appareil à déshuiler.

DÉSHUMANISANT, E adj. Qui déshumanise.

DÉSHUMANISATION n.f. Action de déshumaniser ; fait d'être déshumanisé.

DÉSHUMANISÉ, E adj. Qui a perdu tout caractère humain, toute qualité humaine. *Société déshumanisée.*

DÉSHUMANISER v.t. Faire perdre tout caractère humain à.

DÉSHUMIDIFICATEUR n.m. Appareil servant à déshumidifier.

DÉSHUMIDIFICATION n.f. Action de déshumidifier.

DÉSHUMIDIFIER v.t. [5]. Rendre moins humide l'air ou un gaz.

DÉSHYDRATANT, E adj. Se dit d'un corps, d'un milieu capable de déshydrater.

DÉSHYDRATATION n.f. **1.** Action de déshydrater ; son résultat. **2.** Affection provoquée par un déficit en eau de l'organisme.

DÉSHYDRATER v.t. **1.** Enlever d'un corps tout ou partie de l'eau qu'il renferme. **2.** Faire perdre à un organisme, à la peau, etc., de sa teneur en eau. ◆ **se déshydrater** v.pr. Perdre de sa teneur en eau, en parlant de l'organisme, de la peau, etc.

DÉSHYDROGÉNATION n.f. Action de déshydrogéner.

DÉSHYDROGÉNER v.t. [11]. CHIM. Enlever un ou plusieurs atomes d'hydrogène à un composé chimique.

DÉSIDÉRABILITÉ n.f. **1.** ÉCON. Utilité. **2.** ***Désidérabilité sociale,*** ou ***désidérabilité :*** biais introduit dans les sondages d'opinion par la tendance des personnes interrogées à choisir les réponses qu'elles estiment les plus valorisées socialement.

DESIDERATA [deziderata] n.m. pl. (mot lat., *choses désirées*). Ce dont on souhaite la réalisation ; revendications, souhaits.

DESIGN [dizajn] n.m. (mot angl.). **1.** Discipline, développée au XXe s., visant à la création d'objets, d'environnements, d'œuvres graphiques, etc., à la fois fonctionnels, esthétiques et conformes aux impératifs d'une production industrielle. (Dans les années 1970 et 1980, un *Nouveau Design,* né en Italie, a fait primer la fantaisie, la surprise, sur le fonctionnalisme.) **2.** Ensemble des objets créés selon ces critères. *Une galerie de design.* ◆ adj. inv. Créé, conçu selon les critères du design. *Des meubles design.*

DÉSIGNATION n.f. **1.** Action de désigner. **2.** Ce qui désigne ; dénomination, appellation.

DESIGNER [dizajnœr] n.m. (mot angl., *dessinateur*). Praticien du design.

DÉSIGNER v.t. (lat. *designare*). **1.** Montrer, indiquer précisément. *Désigner le coupable.* **2.** Représenter par le langage ou un signe ; signifier. *En allemand, « Meister » désigne le maître.* **3.** Destiner à un poste, à une mission ; investir d'un rôle ; choisir. *Désigner un expert.*

DÉSILER [desi-] v.t. Retirer d'un silo.

DÉSILLUSION n.f. Perte d'une illusion ; désenchantement. *Éprouver une désillusion.*

DÉSILLUSIONNEMENT n.m. Rare. Action de désillusionner ; fait d'être désillusionné.

DÉSILLUSIONNER v.t. Faire perdre ses illusions à qqn.

DÉSINCARCÉRATION n.f. Action de désincarcérer.

DÉSINCARCÉRER v.t. [11]. Dégager d'un véhicule accidenté une personne bloquée à l'intérieur.

DÉSINCARNATION n.f. Action de se désincarner ; fait d'être désincarné.

DÉSINCARNÉ, E adj. **1.** RELIG. Séparé de son enveloppe charnelle. *Âme désincarnée.* **2.** *Fig.* Détaché de la réalité. *Théorie désincarnée.*

DÉSINCARNER (SE) v.pr. *Litt.* Se détacher de la réalité, de la condition humaine.

DÉSINCRUSTANT, E adj. et n.m. **1.** Se dit d'une substance qui, ajoutée à l'eau d'une chaudière, empêche les dépôts, notamm. calcaires, de se former, ou qui les dissout. **2.** Se dit d'un produit qui désincruste la peau, en nettoie les pores.

DÉSINCRUSTATION n.f. Action de désincruster ; fait d'être désincrusté.

DÉSINCRUSTER v.t. **1.** Ôter les incrustations de. *Désincruster une chaudière.* **2.** Nettoyer les pores de la peau.

DÉSINDEXER v.t. Supprimer l'indexation de. *Désindexer les salaires par rapport aux prix.*

DÉSINDUSTRIALISER v.t. Supprimer tout ou partie des activités industrielles d'un secteur, d'une région ou d'un pays.

DÉSINENCE n.f. (du lat. *desinere,* finir). **1.** Élément grammatical qui s'ajoute à la fin d'un mot pour constituer les formes de la conjugaison (verbe) ou de la déclinaison (nom, adjectif). **2.** SC. DE LA V. Partie terminale du nom collectif d'un groupe d'animaux ou de plantes. (Les familles ont pour désinence « -idés » chez les animaux et « -acées » chez les végétaux.)

DÉSINENTIEL, ELLE adj. GRAMM. Relatif aux désinences.

DÉSINFECTANT, E adj. et n.m. Se dit d'une substance propre à réaliser une désinfection.

DÉSINFECTER v.t. Procéder à la désinfection de.

DÉSINFECTION n.f. Destruction des micro-organismes d'un lieu, d'un objet, de la partie externe du corps humain.

DÉSINFLATION n.f. ÉCON. Atténuation, diminution durable de la hausse générale des prix.

DÉSINFORMATEUR, TRICE adj. et n. Qui désinforme.

DÉSINFORMATION n.f. Action de désinformer ; son résultat.

DÉSINFORMER v.t. Diffuser sciemment une ou plusieurs fausses informations donnant une image déformée ou mensongère de la réalité, notamm. en utilisant les médias, les techniques d'information de masse.

DÉSINHIBER v.t. Lever l'inhibition pesant sur qqn, qqch.

DÉSINSECTISATION n.f. Destruction des insectes nuisibles.

DÉSINSECTISER v.t. Procéder à la désinsectisation de.

DÉSINSERTION n.f. Fait de ne plus être inséré dans la société, dans un groupe.

DÉSINTÉGRATION n.f. **1.** Action de désintégrer, de se désintégrer ; son résultat. **2.** PHYS. Transformation d'un noyau atomique ou d'une particule en un autre noyau ou en d'autres particules.

DÉSINTÉGRER v.t. [11]. **1.** Détruire complètement qqch. *L'érosion désintègre les roches. Les luttes intestines ont désintégré le parti.* **2.** PHYS. Produire la désintégration de. ◆ **se désintégrer** v.pr. **1.** Perdre son intégrité, sa cohésion. *La famille se désintègre.* **2.** PHYS. Subir la désintégration.

DÉSINTÉRESSÉ, E adj. **1.** Qui manifeste un renoncement à son intérêt personnel. *Homme désintéressé.* **2.** Qui n'est pas inspiré par l'intérêt. *Conseil, jugement désintéressé.*

DÉSINTÉRESSEMENT n.m. **1.** Fait de se désintéresser de ; désintérêt. **2.** Fait d'être désintéressé, de ne pas agir par intérêt personnel. **3.** Action de désintéresser un créancier, de lui payer ce qu'on lui doit.

DÉSINTÉRESSER v.t. **1.** Faire perdre à qqn tout intérêt pour qqch. *Désintéresser un élève du latin.* **2.** Payer à qqn la somme qu'on lui doit. ◆ **se désintéresser** v.pr. (de). Ne plus porter d'intérêt à ; se détacher de.

DÉSINTÉRÊT n.m. Perte de l'intérêt pour qqch, qqn ; indifférence, détachement.

DÉSINTERMÉDIATION n.f. ÉCON. Évolution par laquelle les agents économiques peuvent accéder directement aux marchés des capitaux sans passer par le système bancaire.

DÉSINTOXICATION n.f. Action de désintoxiquer, de se désintoxiquer ; son résultat.

DÉSINTOXIQUER v.t. **1.** Prendre en charge qqn en vue de faire cesser sa dépendance vis-à-vis d'une drogue ou de l'alcool. **2.** *Cour.* Débarrasser l'organisme des substances toxiques qu'il est supposé renfermer. *L'air pur de la montagne va*

■ LE DESIGN

Tournant le dos aux « arts décoratifs » pour mieux accompagner l'essor industriel du XXe s., le design a centré sa problématique sur la fonction de l'objet dans l'environnement et sur une primauté de la structure par rapport à la forme. L'Allemagne du Bauhaus, puis les États-Unis ont été parmi ses foyers majeurs de création.

Marcel Breuer. Fauteuil « Wassily », en ▷ tube d'acier et cuir noir, dessiné en 1925. Au style Art déco de l'époque s'opposent des créations célèbres comme celle-ci, « high-tech » avant la lettre.

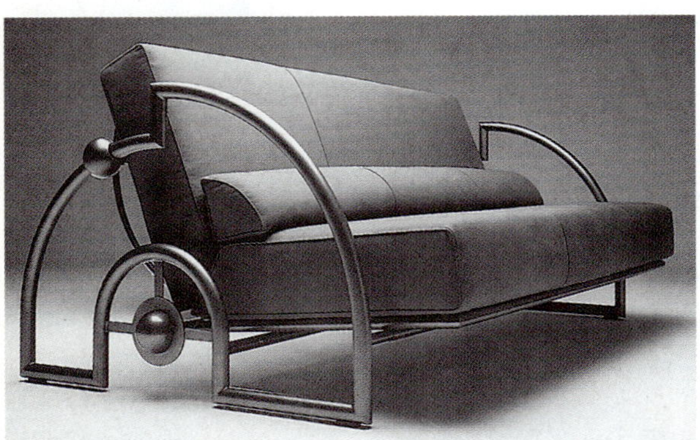

Ronald Cecil Sportes. Sofa à structure métallique conçu en 1983 par le designer français Sportes pour le palais de l'Élysée. Un assouplissement des formes qui ne va pas jusqu'à la fantaisie débridée du design italien.

vous désintoxiquer. **3.** *Fig.* Libérer d'une intoxication psychologique, intellectuelle, etc. *Désintoxiquer l'opinion publique.*

DÉSINVESTIR v.t. *Didact.* Cesser d'investir de l'argent ; diminuer, par des cessions, les actifs d'une entreprise. ◆ v.i. ou **se désinvestir** v.pr. Cesser d'être motivé pour qqch, d'y attacher une valeur affective.

DÉSINVESTISSEMENT n.m. Action de désinvestir ; son résultat.

DÉSINVOLTE adj. (ital. *disinvolto*). **1.** Qui est dégagé, naturel, à l'aise. *Mouvement désinvolte.* **2.** Qui fait preuve d'une liberté excessive ; impertinent. *Propos désinvoltes.*

DÉSINVOLTURE n.f. (ital. *disinvoltura*). Attitude, propos désinvoltes. *Répondre avec désinvolture.*

DÉSIR n.m. **1.** Action de désirer ; sentiment de celui qui désire. **2.** Objet désiré. *Le repos est son seul désir.* ◇ ***Prendre ses désirs pour des réalités :*** se faire des illusions. **3.** Appétit sexuel.

DÉSIRABLE adj. **1.** Que l'on peut désirer. *Avoir toutes les qualités désirables.* **2.** Qui fait naître le désir sexuel. *Une personne désirable.*

DÉSIRER v.t. (lat. *desiderare*). **1.** Souhaiter la possession ou la réalisation de ; éprouver le désir de. *Désirer le succès, une voiture.* ◇ ***Laisser à désirer :*** être médiocre, insuffisant. *Sa conduite laisse à désirer.* – ***Se faire désirer :*** se faire attendre. **2.** Éprouver un désir physique, sexuel, à l'égard de qqn.

DÉSIREUX, EUSE adj. Qui éprouve le désir de. *Désireux de qqch, de faire qqch.*

DÉSISTEMENT n.m. Action de se désister.

DÉSISTER (SE) v.pr. (lat. *desistere*). **1.** DR. Renoncer à un droit, à une procédure. **2.** Se retirer, renoncer à maintenir sa candidature à une élection, à un concours, etc.

DESMAN [dɛsmɑ̃] n.m. (du suédois *desmanratta*). Mammifère vivant près des cours d'eau des Pyrénées et de Russie, se nourrissant surtout d'œufs de poissons. (Long. 15 cm ; genre *Galemys,* ordre des insectivores.)

■ **DESMAN.** Desman des Pyrénées.

DESMODROMIQUE adj. (gr. *desmos,* lien, et *dromos,* course). MÉCAN. INDUSTR. Se dit d'une liaison entre deux points d'un mécanisme, telle que la vitesse de l'un entraîne une vitesse bien déterminée pour l'autre.

DESMOSOME n.m. BIOL. CELL. Zone d'attache entre des cellules adjacentes dans les tissus animaux.

DÉSOBÉIR v.t. ind. **(à)**. **1.** Ne pas obéir à qqn. *Désobéir à ses parents.* **2.** Enfreindre une loi, un règlement, refuser de s'y soumettre.

DÉSOBÉISSANCE n.f. **1.** Action de désobéir ; tendance à désobéir. **2.** Refus de se soumettre à une loi ; insubordination.

DÉSOBÉISSANT, E adj. Qui désobéit.

DÉSOBLIGEAMMENT adv. De façon désobligeante.

DÉSOBLIGEANT, E adj. Qui désoblige.

DÉSOBLIGER v.t. [10]. *Sout.* Causer de la peine, de la contrariété à qqn.

DÉSOBSTRUCTION n.f. **1.** Action de désobstruer ; son résultat. **2.** Rétablissement chirurgical de la circulation dans un canal obstrué.

DÉSOBSTRUER v.t. Enlever ce qui obstrue.

DÉSOCIALISATION [desɔ-] n.f. Processus menant qqn, une catégorie de personnes, à ne plus pouvoir participer à la vie sociale, par mise à l'écart prolongée du système productif, impréparation personnelle ou civique, solitude, etc.

DÉSOCIALISÉ, E [desɔ-] adj. et n. Se dit de qqn qui n'est plus en état de participer à la vie sociale, de se conformer à ses règles et de jouir de ses avantages.

DÉSODÉ, E [desɔde] adj. Dont on a enlevé le sodium ; dont on a enlevé le sel. *Régime désodé.*

DÉSODORISANT, E adj. et n.m. Se dit d'un produit qui supprime ou masque les mauvaises odeurs dans un local.

DÉSODORISER v.t. Enlever son odeur à. *Désodoriser une huile.* – *Spécial.* Supprimer ou masquer les mauvaises odeurs d'un local.

DÉSŒUVRÉ, E adj. et n. Qui n'a pas d'activité, d'occupation ; qui s'ennuie. ◆ adj. Marqué par l'inactivité, l'oisiveté. *Vie désœuvrée.*

DÉSŒUVREMENT n.m. État d'une personne désœuvrée ; inaction, oisiveté.

DÉSOLANT, E adj. Qui désole ; affligeant.

DÉSOLATION n.f. **1.** Extrême affliction, peine douloureuse. **2.** Ce qui est cause d'une grande contrariété. *Cet enfant est la désolation de ses parents.* **3.** *Litt.* État d'un lieu, d'un pays désert, aride, ravagé. *Pays de désolation.*

DÉSOLÉ, E adj. **1.** *Litt.* Très affligé. **2.** Qui éprouve de la contrariété ; attristé, ennuyé. **3.** *Litt.* Désert, inhabité. *Région, terre désolée.*

DÉSOLER v.t. (lat. *desolare*). **1.** *Litt.* Causer du chagrin à ; affliger. **2.** Causer de la contrariété à. ◆ **se désoler** v.pr. Être attristé, contrarié.

DÉSOLIDARISER [desɔ-] v.t. **1.** Rompre l'union, la solidarité entre des personnes. **2.** Interrompre une liaison matérielle entre les parties d'un mécanisme, des objets. ◆ **se désolidariser** v.pr. Cesser d'être solidaire de qqn, de qqch.

DÉSOPERCULER v.t. APIC. Enlever les opercules qui ferment les alvéoles des rayons contenant le miel.

DÉSOPILANT, E adj. Qui fait beaucoup rire ; hilarant.

DÉSOPILER v.t. (de l'anc. fr. *opiler,* boucher). Rare. Faire rire, causer une très vive gaieté à.

DÉSORBITATION n.f. Manœuvre consistant à faire quitter à tout ou partie d'un engin spatial l'orbite qu'il décrit autour d'un astre, en vue de le diriger vers un point donné de la surface de cet astre ou de provoquer sa chute.

DÉSORDONNÉ, E adj. **1.** Qui est en désordre. *Maison désordonnée.* **2.** Qui manque d'ordre. *Écolier désordonné.* ◇ *Litt. Vie désordonnée,* déréglée.

DÉSORDRE n.m. **1.** Absence d'ordre ; fouillis. *Chambre en désordre.* – *Fig.* Manque de cohérence, d'organisation. *Désordre des idées.* **2.** Manque de discipline ; agitation. *Élève qui crée le désordre dans une classe.* **3.** (Souvent pl.) Agitation politique ou sociale ; troubles. *On craint de graves désordres dans le pays.*

DÉSORGANISATEUR, TRICE adj. et n. Qui désorganise.

DÉSORGANISATION n.f. Action de désorganiser ; dérangement, trouble.

DÉSORGANISER v.t. Altérer, détruire l'organisation de ; introduire le désordre dans un ensemble organisé.

DÉSORIENTATION n.f. **1.** Action de désorienter ; fait d'être désorienté. **2.** PSYCHIATR., PSYCHOL. *Désorientation spatio-temporelle :* incapacité à se situer dans l'espace et dans le temps.

DÉSORIENTÉ, E adj. **1.** Qui ne suit plus la bonne orientation. **2.** *Fig.* Qui ne sait plus quelle conduite adopter ; déconcerté. **3.** PSYCHIATR., PSYCHOL. Qui est atteint de désorientation.

DÉSORIENTER v.t. **1.** Faire perdre à qqn sa route, son chemin. **2.** *Fig.* Faire perdre à qqn son assurance, le rendre hésitant. *Cette question l'a désorienté.*

DÉSORMAIS adv. (de *dès, or,* maintenant, et *mais,* davantage). À partir du moment actuel ; dorénavant.

DÉSORPTION [desɔrpsjɔ̃] n.f. (du lat. *sorbere,* avaler). CHIM., PHYS. Phénomène qui consiste, pour un solide, à abandonner les gaz absorbés ou adsorbés.

DÉSOSSEMENT n.m. Action de désosser.

DÉSOSSER [dezɔse] v.t. **1.** Enlever l'os, les os de. *Désosser un gigot.* **2.** *Fam.* Séparer les éléments de ; démonter. *Désosser une vieille voiture.*

DÉSOXYDANT, E adj. et n.m. Se dit d'un produit qui exerce une action réductrice vis-à-vis de composés oxygénés.

DÉSOXYDATION n.f. CHIM. Réduction.

DÉSOXYGÉNATION n.f. Action de désoxygéner.

DÉSOXYGÉNER v.t. [11]. Retirer l'oxygène d'un mélange ou d'un composé.

DÉSOXYRIBONUCLÉIQUE adj. BIOCHIM. *Acide désoxyribonucléique :* ADN.

DÉSOXYRIBOSE n.m. Aldose dérivé du ribose, entrant dans la composition des nucléotides.

DÉSPÉCIALISATION n.f. Faculté, pour le titulaire d'un bail commercial, de modifier contractuellement la destination du local.

DESPERADO [desperado] n.m. (mot angloamér., de l'esp. *desesperado,* désespéré). Personne qui vit en marge des lois et qui est prête à s'engager dans des entreprises violentes et désespérées.

DESPOTAT n.m. HIST. État de l'Empire byzantin gouverné par un despote. *Despotat de Mistra.*

DESPOTE n.m. (gr. *despotês,* maître). **1.** Chef d'État, souverain qui s'arroge un pouvoir absolu et arbitraire. **2.** HIST. Titre de princes pratiquement indépendants (comme le despote d'Épire), dans l'Empire byzantin. ◆ n. Personne qui exerce sur son entourage une domination excessive.

DESPOTIQUE adj. **1.** Propre au despote, à l'arbitraire de son pouvoir. **2.** Qui manifeste un caractère très autoritaire ; tyrannique.

DESPOTIQUEMENT adv. De façon despotique.

DESPOTISME n.m. **1.** Forme de gouvernement dans lequel une seule personne détient tous les pouvoirs. ◇ HIST. *Despotisme éclairé :* au XVIIIe s., gouvernement conciliant l'absolutisme avec une volonté d'assurer les progrès de la société conforme à l'esprit des Lumières. **2.** Autorité tyrannique.

DESQUAMATION [dɛskwamasjɔ̃] n.f. **1.** Action de desquamer ; fait de se desquamer. **2.** MÉD. Détachement des couches superficielles de l'épiderme sous forme de squames.

DESQUAMER v.i. ou **DESQUAMER (SE)** [dɛskwame] v.pr. (du lat. *squama,* écaille). **1.** Perdre ses écailles, en parlant de certains animaux. **2.** MÉD. Se détacher par squames. *La peau desquame en permanence.*

DESQUELS, DESQUELLES [dekɛl] pron. relat. et pron. interr. pl. → **LEQUEL.**

DESS ou **D.E.S.S.** [deəɛsɛs] n.m. (sigle de *diplôme d'études supérieures spécialisées*). Diplôme du troisième cycle de l'enseignement supérieur, obtenu au bout d'une année et ouvrant sur la vie professionnelle.

DESSABLAGE ou **DESSABLEMENT** n.m. **1.** Action de dessabler. **2.** Élimination des sables et graviers en suspension dans une eau usée.

DESSABLER v.t. Ôter le sable de.

DESSAISIR v.t. **1.** *Didact.* Retirer à qqn ce qu'il possède. *On l'a dessaisi de ses meubles.* **2.** DR. Retirer à un tribunal l'affaire dont il a été saisi. ◆ **se dessaisir** v.pr. **(de)**. Se séparer volontairement de ce qu'on possède, y renoncer.

DESSAISISSEMENT n.m. Action de dessaisir, de se dessaisir ; fait d'être dessaisi.

DESSALEMENT, DESSALAGE n.m. ou **DESSALAISON** n.f. Action de dessaler.

DESSALER v.t. **1.** Débarrasser du sel, rendre moins salé. *Dessaler une morue. Dessaler l'eau de mer.* **2.** Extraire les sels contenus dans le pétrole brut. ◆ v.i. *Fam.* Chavirer, en parlant d'un petit voilier, de son équipage. ◆ **se dessaler** v.pr. *Fam.* Cesser d'être naïf, innocent, notamm. en matière sexuelle.

DESSALEUR n.m. Appareil destiné au dessalage du pétrole brut.

DESSANGLER v.t. Retirer les sangles de. *Dessangler un cheval.*

DESSAOULER v.t. et v.i. → **DESSOÛLER.**

DESSÉCHANT, E adj. Qui dessèche. *Le simoun est un vent desséchant.*

DESSÈCHEMENT n.m. Action de dessécher ; état de ce qui est desséché.

DESSÉCHER v.t. [11]. **1.** Rendre sec ce qui est humide, ce qui contient de l'eau. *Le vent dessèche la peau.* **2.** *Fig.* Rendre insensible. *Dessécher le cœur.* ◆ **se dessécher** v.pr. **1.** Devenir sec. **2.** *Fig.* Devenir inféconde ou insensible, en parlant de l'esprit, du cœur.

DESSEIN n.m. (ital. *disegno*). *Sout.* Intention, idée précise que l'on a de faire qqch. *Nourrir de noirs desseins.* ◇ ***À dessein :*** délibérément.

DESSELLER v.t. Ôter la selle à un animal.

DESSERRAGE ou **DESSERREMENT** n.m. Action de desserrer ; fait d'être desserré.

DESSERRER v.t. Relâcher ce qui est serré. ◇ ***Ne pas desserrer les dents :*** ne rien dire, se taire.

D

■ LE DESSIN

Technique qui vise, à travers l'infinie variété du trait, de la hachure, du frottis, soit à évoquer ou maîtriser les formes du monde visible, soit à faire exister des figures imaginaires, le dessin est aussi l'expression de l'individualité du praticien ou de l'artiste qui tient entre ses doigts le ou les instruments choisis : pointes métalliques, pierres noire ou de couleur, craie, crayons, fusain, pastels, plume ou pinceau et encre... jusqu'à l'écran d'ordinateur.

Le Pérugin. *Bacchus,* dessin à la pierre ▷ noire avec rehauts de craie. La pierre noire (une sorte de schiste) taillée en crayon permet l'acuité naturaliste du tracé de ce nu, sa nervosité qui s'écarte du classicisme parfois un peu mou du Pérugin peintre. La même pierre en fines hachures, associée aux lumières indiquées à la craie, assure le modelé. (Offices, Florence.)

Saenredam. *Vue de Bois-le-Duc,* encre (à la plume) et aquarelle. L'œuvre a un caractère documentaire par sa simple composition en frise, parallèle à la nef de la cathédrale, par la légende inscrite sur le mur du couvent, au centre, et par sa datation (19 juillet 1632) ; la poésie surgit en plus. (Musées royaux des Beaux-Arts, Bruxelles.)

Watteau. *Savoyard assis,* pierre noire et sanguine. Dans ce portrait d'un « immigré » pratiquant quelque petit métier dans les rues de Paris, l'artiste combine la précision du document et une vie frémissante en associant trait gras bicolore et pinceau. Watteau a souvent utilisé aussi la technique dite « aux trois crayons » : pierre noire, sanguine, craie. (Offices, Florence.)

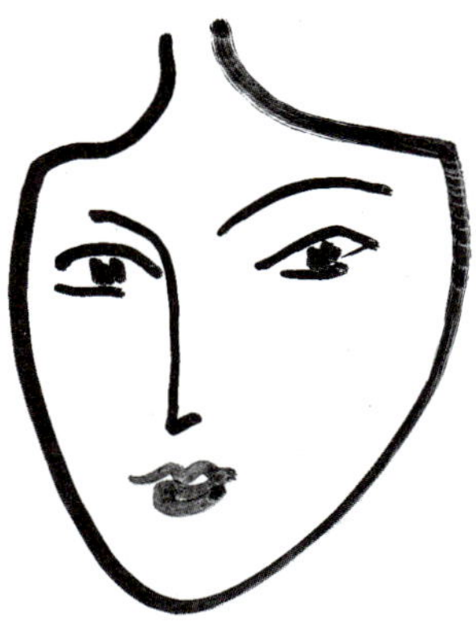

Matisse. *Visage,* encre de Chine au pinceau, 1950. Matisse utilise une technique économe et fulgurante, apparentée à la tradition orientale de la Chine et du Japon, pour croquer, synthétiser le sujet.
(Fondation Dina Vierny - Musée Maillol, Paris.)

DESSERT n.m. (de *2. desservir*). Mets sucré, pâtisserie, fruits, servis à la fin du repas. – Moment du repas où on les mange.

1. DESSERTE n.f. **1.** Action de desservir un lieu, une localité par une voie de communication ou un moyen de transport ; fait d'être desservi. *Un service d'autocars assure la desserte du village.* **2.** Voie de communication, moyen de transport assurant une desserte. **3.** CHRIST. Action de desservir une chapelle, une paroisse ; service assuré par un ministre du culte.

2. DESSERTE n.f. Meuble sur lequel sont posés les plats à servir, la vaisselle que l'on dessert.

DESSERTIR v.t. (de *sertir*). BIJOUT. Enlever une pierre ou une perle de sa sertissure.

DESSERTISSAGE n.m. Action de dessertir.

DESSERVANT n.m. CHRIST. Prêtre qui dessert une paroisse.

1. DESSERVIR v.t. [31] (lat. *deservire,* servir avec zèle). **1.** Assurer le service d'un lieu, d'une localité, en parlant d'une voie de communication, d'un moyen de transport. **2.** Donner accès à un local. *Couloir qui dessert plusieurs chambres.* **3.** CHRIST. Assurer le service religieux d'une chapelle, d'une paroisse. *Un nouveau curé dessert ce village.*

2. DESSERVIR v.t. [31] (de *servir*). **1.** Retirer de la table ce qui était servi. ◇ *Desservir la table,* la débarrasser à la fin du repas. **2.** Rendre un mauvais service à qqn, lui nuire. *Ses critiques l'ont desservi auprès de ses amis.*

DESSÉVAGE n.m. BOIS. Étuvage de bois fraîchement sciés afin d'éliminer ou de coaguler la sève, puis de faciliter le séchage.

DESSICCATEUR n.m. Appareil servant à éliminer l'humidité, ou à protéger des produits ou des substances contre l'humidité.

DESSICCATION n.f. Élimination de l'humidité d'un corps.

DESSILLER [desije] v.t. (de l'anc. fr. *ciller,* coudre les paupières d'un oiseau de proie). *Litt. Dessiller les yeux à, de qqn,* l'amener à voir ce qu'il ignorait ou voulait ignorer.

DESSIN n.m. **1.** Représentation sur une surface de la forme (et, éventuellement, des valeurs de lumière et d'ombre) d'un objet, d'une figure, etc., plutôt que de leur couleur. *Dessin à la plume, au fusain.* ◇ *Dessin à main levée,* réalisé sans règle ni compas. **2.** Technique et art de ce mode de figuration graphique. *Apprendre le dessin.* ◇ *Dessin industriel :* dessin graphique réalisé à des fins techniques ou de fabrication industrielle. **3.** Contour linéaire ; profil, ligne. *Le dessin d'un visage, d'une bouche.* **4.** CINÉMA. *Dessin animé :* film réalisé à partir d'une succession de dessins dont l'enregistrement image par image donne l'apparence du mouvement. (→ *animation*).

DESSINATEUR, TRICE n. Personne qui dessine, qui fait profession de dessiner. ◇ *Dessinateur industriel :* personne spécialiste du dessin industriel.

DESSINATEUR-CARTOGRAPHE, DESSINATRICE-CARTOGRAPHE n. (pl. *dessinateurs-cartographes, dessinatrices-cartographes*). Spécialiste du dessin des cartes et des plans.

DESSINÉ, E adj. **1.** Représenté par le dessin. **2.** *Bien dessiné :* dont la forme est nette, marquée. *Bouche bien dessinée.*

DESSINER v.t. (lat. *designare*). **1.** Représenter ce qui est réel ou imaginaire par le moyen du dessin. **2.** Faire ressortir la forme, le contour de. ◆ v.i. Pratiquer le dessin, l'art du dessin. ◆ **se dessiner** v.pr. **1.** Commencer à apparaître ; se profiler. *Une voile se dessine à l'horizon.* **2.** Prendre tournure ; se préciser. *Le projet semble se dessiner.*

DESSOLER v.t. VÉTÉR. Ôter la sole, le dessous du sabot d'un animal.

DESSOUCHAGE n.m. Action de dessoucher.

DESSOUCHER v.t. Enlever d'un terrain les souches qui sont restées après l'abattage des arbres.

DESSOUDER v.t. Impropre. Débraser.

DESSOÛLER ou **DESSAOULER** [desule] v.t. Faire cesser l'ivresse de qqn. ◆ v.i. Cesser d'être soûl.

1. DESSOUS adv. Marque la position par rapport à ce qui est plus haut, à ce qui recouvre. *Regardez dessous.* ◇ *Là-dessous :* sous ce qui recouvre ou dissimule. – *Par-dessous :* dans l'espace situé plus bas. – *Regarder en dessous,* sans lever les paupières, sournoisement. ◆ **en dessous (de)** loc. adv. et loc. prép. Dans la partie inférieure (de), à un niveau inférieur (à). ◇ *Fam. Être en dessous de tout :* être très mauvais.

2. DESSOUS n.m. **1.** Partie inférieure, basse de qqch. *Le dessous d'un fauteuil.* ◇ *Avoir le dessous :* être désavantagé, être inférieur dans une lutte, une compétition. **2.** Chacun des étages situés sous la scène d'un théâtre à l'italienne. ◇ *Fam. Être dans le trente-sixième dessous,* dans une situation, une position catastrophique. ◆ pl. **1.** Lingerie de femme ; sous-vêtements. **2.** *Fig.* Aspect secret, dissimulé de qqch. *Les dessous d'une affaire.*

DESSOUS-DE-BOUTEILLE n.m. inv. Petit disque de bois, de verre, etc., que l'on met sous les bouteilles pour protéger une nappe, une table, etc.

DESSOUS-DE-BRAS n.m. inv. Garniture de tissu épais protégeant un vêtement à l'endroit de l'aisselle.

DESSOUS-DE-PLAT n.m. inv. Support pour poser les plats sur une table.

DESSOUS-DE-TABLE n.m. inv. Somme que l'acheteur donne de la main à la main au vendeur, en plus du prix officiel, dans un marché.

DESSUINTAGE n.m. Action de dessuinter.

DESSUINTER v.t. Débarrasser la laine brute du suint.

1. DESSUS adv. Marque la position par rapport à ce qui est plus bas, dessous. *Il y a du verglas, ne glissez pas dessus.* ◇ *Là-dessus :* sur cela ; à ce sujet ; sur ces entrefaites. – *Par-dessus :* dans l'espace situé plus haut, sur la face externe.

2. DESSUS n.m. **1.** Partie supérieure, haute de qqch. *Le dessus de la main.* ◇ *Avoir, prendre le dessus :* l'emporter, gagner dans une discussion ou un combat. – *Reprendre le dessus :* reprendre l'avantage ; surmonter une défaillance. – *Fam. Le dessus du panier :* ce qu'il y a de mieux. **2.** *Dessus de cheminée, de table, etc. :* objet qu'on place sur une cheminée, une table, etc. (Ces mots s'écrivent également avec des traits d'union.) **3.** MUS. Vx. Partie la plus haute d'une œuvre vocale ou instrumentale (par oppos. à *basse*).

DESSUS-DE-LIT n.m. inv. Couvre-lit.

DESSUS-DE-PORTE n.m. inv. Décoration peinte ou sculptée occupant un compartiment de lambris, de paroi au-dessus d'une porte.

DÉSTABILISATEUR, TRICE ou **DÉSTABILISANT, E** adj. Qui déstabilise.

DÉSTABILISATION n.f. Action de déstabiliser ; déséquilibre, instabilité.

DÉSTABILISER v.t. Faire perdre sa stabilité à. *Déstabiliser un État, un régime, une situation.*

DÉSTALINISATION n.f. Processus engagé en URSS et dans les pays satellites à la suite du XXᵉ congrès du PCUS (1956), marqué par la condamnation des crimes et des violations de la légalité liés au pouvoir personnel de Staline, et par des mesures de réhabilitation des victimes.

DÉSTALINISER v.t. Opérer la déstalinisation de.

DESTIN n.m. **1.** Loi supérieure qui semble mener le cours des événements vers une certaine fin ; fatalité. – *Par ext.* L'avenir, le sort. *Quel sera le destin de notre civilisation ?* **2.** L'existence humaine, en tant qu'elle semble prédéterminée. *Avoir un destin tragique.*

DESTINATAIRE n. **1.** Personne à qui est adressé un envoi, un message. **2.** LING. Récepteur du message émis par le destinateur.

DESTINATEUR n.m. LING. Émetteur du message adressé au destinataire.

DESTINATION n.f. (lat. *destinatio*). **1.** Lieu vers lequel on dirige qqn, qqch, vers lequel on doit se rendre. *Partir pour une destination inconnue.* **2.** Emploi prévu pour qqch, affectation de qqch.

DESTINÉE n.f. **1.** Puissance souveraine considérée comme réglant d'avance tout ce qui doit être ; destin. *Accuser la destinée.* **2.** Ensemble des événements composant la vie d'un être, considérés comme déterminés d'une façon irrévocable et indépendante de sa volonté.

DESTINER v.t. (lat. *destinare*). **1.** Fixer l'usage, l'emploi de qqch. *Je destine cet argent à certains achats.* **2.** Attribuer, adresser qqch à qqn. *Cette remarque vous est destinée.* **3.** Déterminer qqch à l'avance pour qqn. *Que nous destine le sort ? Il est destiné à mourir violemment.*

DESTITUABLE adj. Qui peut être destitué.

DESTITUER v.t. (lat. *destituere*). Déposséder qqn de sa charge, de sa fonction, de son grade ; prononcer la destitution de.

DESTITUTION n.f. **1.** Action de destituer ; son résultat. **2.** Révocation disciplinaire ou pénale d'un officier ministériel ou de certains fonctionnaires. – MIL. Sanction qui entraîne la perte du grade.

DÉSTOCKAGE n.m. Action de déstocker.

DÉSTOCKER v.t. Reprendre pour l'utiliser ce qui avait été précédemment stocké.

DESTRIER n.m. (de l'anc. fr. *destre,* main droite). Anc. Cheval de bataille, tenu de la main droite par l'écuyer, quand le chevalier ne le montait pas.

DESTROYER [dɛstrwaje] ou [dɛstrɔjœr] n.m. (mot angl.). Contre-torpilleur.

DESTRUCTEUR, TRICE adj. et n. **1.** Qui ruine, détruit, ravage. *Feu destructeur.* **2.** Qui cause une destruction intellectuelle ou morale. *Critique destructrice.*

DESTRUCTIBLE adj. Qui peut être détruit.

DESTRUCTIF, IVE adj. Qui détruit, qui a le pouvoir de détruire ; destructeur.

DESTRUCTION n.f. Action de détruire ; son résultat.

DÉSTRUCTURATION n.f. Action de déstructurer ; son résultat.

DÉSTRUCTURER v.t. Désorganiser un ensemble structuré.

DÉSUET, ÈTE [dezɥɛ, ɛt] ou [desɥɛ, ɛt] adj. (lat. *desuetus*). Qui n'est plus en usage ; démodé, suranné.

DÉSUÉTUDE [dezɥetyd] ou [desɥetyd] n.f. Caractère d'une chose désuète. *Tomber en désuétude.*

DÉSULFITER [desy-] v.t. Débarrasser les vins, les moûts d'une partie de l'anhydride sulfureux dont on les a enrichis par sulfitage.

DÉSULFURATION [desy-] n.f. CHIM. Action de désulfurer.

DÉSULFURER [desy-] v.t. CHIM. Éliminer le soufre, les composés sulfurés d'une substance.

DÉSUNI, E [dezyni] adj. **1.** Qui n'est plus uni ; en désaccord. **2.** HIPPOL. *Cheval désuni,* dont les membres de devant ne sont pas au rythme de ceux de derrière.

DÉSUNION n.f. Désaccord, mésentente.

DÉSUNIR v.t. **1.** Séparer, disjoindre ce qui était uni. **2.** Faire cesser l'entente, l'union, l'accord entre des personnes ; brouiller. ◆ **se désunir** v.pr. **1.** Cesser d'être uni. **2.** Perdre la coordination de ses mouvements, en parlant d'un athlète, d'un cheval.

DÉSYNCHRONISATION [desɛ̃-] n.f. Perte du synchronisme entre des phénomènes habituellement synchroniques.

DÉSYNCHRONISER [desɛ̃-] v.t. Faire perdre son synchronisme à.

DÉSYNDICALISATION [desɛ̃-] n.f. Tendance à la diminution du nombre de personnes syndiquées ; désintérêt pour le mouvement syndical.

DÉTACHABLE adj. Que l'on peut détacher ; amovible.

DÉTACHAGE n.m. Action d'ôter les taches ; son résultat.

DÉTACHANT, E adj. et n.m. Se dit d'un produit servant à enlever les taches.

DÉTACHÉ, E adj. **1.** Qui n'est pas ou plus attaché. **2.** *Pièce détachée :* pièce de remplacement d'un appareil, d'un véhicule, etc., vendue séparément. **3.** Qui n'est pas touché par qqch ; indifférent, insensible. *Prendre un air détaché.*

DÉTACHEMENT n.m. **1.** État, comportement de celui qui est détaché ; indifférence, désintérêt. **2.** Position d'un fonctionnaire, d'un militaire détaché. **3.** MIL. Élément d'une troupe chargé d'une mission particulière.

1. DÉTACHER v.t. Enlever les taches de.

2. DÉTACHER v.t. (de l'anc. fr. *tache,* agrafe). **1.** Défaire les liens, libérer qqn, qqch de ce qui l'attachait. *Détacher un prisonnier.* ◇ *Détacher les bras du corps,* les écarter du corps à une certaine distance. **2.** Envoyer qqn pour faire qqch. *Détacher un éclaireur, un véhicule d'un convoi.* **3.** Placer un fonctionnaire, un militaire hors de son administration ou de son service d'origine. **4.** Éloigner qqn d'une occupation. *Ces petits détails l'ont peu à peu détaché de son travail.* **5.** Mettre en valeur, faire ressortir. *Prononcer un mot en détachant chaque syllabe.* ◆ **se détacher** v.pr. **1.** Défaire ses liens. **2.** Apparaître nettement, distinctement. **3.** Se séparer de, s'éloigner.

DÉTACHEUR n.m. Rare. Détachant.

DÉTAIL n.m. **1.** Petit élément constitutif d'un ensemble et qui peut être considéré comme secondaire. *Ne négliger aucun détail. Se perdre dans les détails.* ◇ *C'est un détail :* c'est accessoire, sans importance. **2.** Énumération complète et minutieuse. *Faire le détail d'une facture.* ◇ *En détail :* avec précision, sans rien omettre. **3.** *Commerce de détail :* vente de marchandises à l'unité ou par petites quantités (par oppos. au *gros* et au *demi-gros*). – *Au détail :* à l'unité ou par petites quantités.

DÉTAILLANT, E n. Commerçant qui vend au détail. SYN. : *débitant.*

DÉTAILLÉ, E adj. Présenté dans les moindres détails. *Récit, exposé détaillé.*

DÉTAILLER v.t. (de *tailler*). **1.** Énumérer, passer en revue les éléments d'un ensemble. *Détailler un plan.* **2.** Vendre au détail.

DÉTALER v.i. *Fam.* S'enfuir, décamper.

DÉTARTRAGE n.m. Action de détartrer.

DÉTARTRANT, E adj. et n.m. Se dit d'un produit qui dissout ou enlève le tartre.

DÉTARTRER v.t. Enlever le tartre de.

DÉTARTREUR n.m. Appareil servant à détartrer.

DÉTAXATION n.f. Action de détaxer.

DÉTAXE n.f. Diminution ou suppression d'une taxe.

DÉTAXER v.t. Diminuer ou supprimer les taxes sur un produit.

DÉTECTABLE adj. Qui peut être détecté.

DÉTECTER v.t. (angl. *to detect,* du lat. *detegere,* découvrir). Déceler l'existence de ce qui est caché, à peine perceptible.

1. DÉTECTEUR, TRICE adj. Qui permet de détecter, qui sert à détecter.

2. DÉTECTEUR n.m. **1.** Appareil servant à détecter la présence de qqch, la manifestation d'un phénomène, etc. *Détecteur de mines, de grisou, de particules, etc.* **2.** TECHN. Capteur.

DÉTECTION n.f. Action de détecter ; son résultat. – *Spécial.* MIL. Opération permettant de déterminer la position d'un avion, d'un sous-marin, etc.

DÉTECTIVE n. (angl. *detective*). Personne dont le métier est de mener des enquêtes, des filatures privées, pour le compte de particuliers.

DÉTEINDRE v.t. [62]. Atténuer ou faire perdre la couleur de. *Le soleil déteint les tissus.* ◆ v.i. **1.** Perdre sa couleur ; se décolorer. **2.** *Fig. Déteindre sur :* influencer, laisser des traces sur, marquer. *Sa méchanceté a déteint sur toi.*

DÉTELAGE n.m. Action de dételer.

DÉTELER v.t. [16]. **1.** Détacher un animal attelé. **2.** Détacher les animaux de trait d'un instrument aratoire, d'un véhicule, etc. *Dételer une charrue, une voiture.* ◆ v.i. *Fam.* Cesser une activité, s'arrêter de travailler.

DÉTENDEUR n.m. Appareil servant à diminuer la pression d'un gaz comprimé.

DÉTENDRE v.t. [59]. **1.** Diminuer la tension de, relâcher ce qui était tendu. *Détendre une corde.* **2.** Diminuer la pression d'un gaz. **3.** Atténuer ou faire disparaître la tension nerveuse, la fatigue ; décontracter, délasser. **4.** *Détendre l'atmosphère :* faire disparaître les conflits, les tensions dans une assemblée, un groupe. ◆ **se détendre** v.pr. **1.** Se relâcher, être relâché, en parlant de qqch. **2.** Relâcher sa tension nerveuse, se reposer ; se distraire. **3.** Devenir moins tendu, moins agressif, plus serein, en parlant de qqch. *Nos relations se sont détendues.*

DÉTENDU, E adj. Sans tension ; calme.

DÉTENIR v.t. [28] (lat. *detinere*). **1.** Avoir, garder en sa possession. *Détenir un secret.* **2.** Retenir dans un lieu, et spécial. dans une prison.

DÉTENTE n.f. **1.** Fait de se relâcher, de se détendre, pour qqch qui est tendu. *Détente d'un ressort.* **2.** Effort musculaire puissant et vif qui produit l'extension du corps ou d'un membre, en partic. du membre inférieur. *Sauteur qui a une belle détente.* **3. a.** Diminution de la tension d'esprit ; état de repos qui en résulte. **b.** Fait d'interrompre ses occupations pour prendre du repos, se délasser, se distraire. *Prendre un moment de détente.* **4.** Diminution de la tension entre États, amélioration des relations internationales. **5.** Diminution de la pression d'un gaz par augmentation de son volume. **6.** Pièce du mécanisme d'une arme à feu qui, pressée par le tireur, agit sur la gâchette et fait partir le coup. ◇ *À double détente :* se dit d'un fusil de chasse à deux canons

D

et à deux détentes ; *fig.*, qui fait son effet en deux temps. *Argument à double détente.* **7.** *Fam. Être dur à la détente.* **a.** Payer en rechignant ; être enclin à l'avarice. **b.** Avoir la compréhension lente, l'esprit peu délié.

DÉTENTEUR, TRICE n. Personne qui détient qqch.

DÉTENTION [detɑ̃sjɔ̃] n.f. **1.** Fait de détenir, d'avoir en sa possession. **2.** Fait d'être détenu ; incarcération. ◇ *Détention criminelle :* peine criminelle afflictive et infamante (prononcée à temps ou à perpétuité). – *Détention provisoire :* incarcération d'une personne mise en examen, avant jugement.

DÉTENU, E n. et adj. Personne incarcérée.

DÉTERGENCE n.f. Propriété des produits détergents.

DÉTERGENT, E ou **DÉTERSIF, IVE** adj. et n.m. (du lat. *detergere*, nettoyer). Se dit d'un produit permettant d'éliminer d'un milieu solide les salissures qui y adhèrent par leur mise en suspension ou en solution.

DÉTERGER v.t. [10]. SAVONN. Nettoyer, éliminer les salissures au moyen d'un détergent.

DÉTÉRIORATION n.f. **1.** Action de détériorer ; fait de se détériorer, d'être détérioré. **2.** PSYCHIATR., PSYCHOL. *Détérioration intellectuelle, mentale, psychique :* affaiblissement de certaines fonctions intellectuelles, mentales, etc., lié à l'âge ou à la maladie ; *par ext.*, démence.

DÉTÉRIORER v.t. (lat. *deteriorare*, de *deterior*, plus mauvais). **1.** Mettre en mauvais état ; abîmer. *L'humidité a détérioré les peintures.* **2.** Rendre moins bon ; compromettre. *Détériorer sa santé.* ◆ **se détériorer** v.pr. **1.** Subir des dégradations ; s'abîmer. **2.** Devenir plus mauvais ; perdre son harmonie, son équilibre. *Climat social qui se détériore.*

DÉTERMINABLE adj. Qui peut être déterminé.

1. DÉTERMINANT, E adj. Qui détermine une action ; décisif. *Un argument déterminant.*

2. DÉTERMINANT n.m. **1.** LING. Élément qui en détermine un autre (le *déterminé*). – *Spécial.* Morphème grammatical qui se place devant le nom pour l'introduire dans le discours. (Les articles, les adjectifs démonstratifs, possessifs, etc., sont des déterminants.) **2.** ALGÈBRE. Nombre associé par un algorithme à une matrice carrée d'ordre *n*. (Le déterminant de la matrice d'ordre 2 $\begin{pmatrix} a & c \\ b & d \end{pmatrix}$, noté $\begin{vmatrix} a & c \\ b & d \end{vmatrix}$, est le nombre $ad - bc$.)

DÉTERMINATIF, IVE adj. et n.m. LING. Qui détermine, précise le sens d'un mot. ◇ *Adjectifs déterminatifs*, ou *déterminatifs*, n.m. pl. : adjectifs démonstratifs, possessifs, interrogatifs, indéfinis, numéraux (par oppos. aux *adjectifs qualificatifs*).

DÉTERMINATION n.f. (lat. *determinatio*). **1.** Action de déterminer, de définir, de préciser qqch. *La détermination d'un lieu, d'une date.* **2.** Décision, résolution qu'on prend après avoir hésité. **3.** Caractère d'une personne qui est déterminée, décidée. *Montrer de la détermination.*

DÉTERMINÉ, E adj. **1.** Précisé, fixé. *Travailler dans un but déterminé.* **2.** Qui manifeste de la détermination, de la fermeté dans ses décisions ; résolu, décidé. *Air déterminé.* ◆ n.m. LING. Élément déterminé par un autre (le *déterminant*).

DÉTERMINER v.t. (lat. *determinare*). **1.** Établir, définir de manière précise. *Déterminer les causes d'un incendie.* **2.** Être la cause directe de ; provoquer. *Cet incident a déterminé une crise.* **3.** Amener qqn à agir d'une certaine manière ; engager, inciter. *Cela m'a déterminé à partir.* **4.** LING. Préciser la valeur ou le sens d'un mot. ◆ **se déterminer** v.pr. (**à**). Se décider à agir ; prendre un parti. *Elle s'est déterminée à quitter l'Europe.*

DÉTERMINISME n.m. (all. *Determinismus*). **1.** Conception philosophique selon laquelle il existe des rapports de cause à effet entre les phénomènes physiques, les actes humains, etc. **2.** Enchaînement de cause à effet entre deux ou plusieurs phénomènes.

DÉTERMINISTE adj. et n. Relatif au déterminisme ; partisan du déterminisme.

DÉTERRAGE n.m. **1.** AGRIC. Action de déterrer le soc d'une charrue lors du défonçage. SYN. : *déterrement.* **2.** Mode de chasse au renard ou au blaireau qui consiste à introduire un chien dans le terrier, puis à creuser un trou pour s'emparer de l'animal à l'endroit où celui-ci est acculé par le chien.

DÉTERRÉ, E n. *Fam. Avoir un air, une mine de déterré :* être pâle, défait.

DÉTERREMENT n.m. **1.** Action de déterrer, de sortir de terre. **2.** AGRIC. Déterrage.

DÉTERRER v.t. **1.** Sortir, tirer de terre ; exhumer. **2.** Découvrir, tirer de l'oubli. *Déterrer de vieux souvenirs.*

DÉTERREUR, EUSE n. **1.** *Litt.* Personne qui déterre, découvre qqch. **2.** Chasseur qui pratique le déterrage.

DÉTERSIF, IVE adj. et n.m. → **DÉTERGENT.**

DÉTERSION n.f. Action de déterger.

DÉTESTABLE adj. Que l'on déteste, que l'on ne peut que détester ; exécrable.

DÉTESTABLEMENT adv. Rare. De façon détestable.

DÉTESTATION n.f. *Litt.* Haine, exécration.

DÉTESTER v.t. (lat. *detestari*, maudire). Avoir de l'aversion pour ; avoir en horreur, exécrer.

DÉTHÉINÉ, E adj. *Thé déthéiné,* ou *déthéiné,* n.m., dont on a enlevé la théine.

DÉTONANT, E adj. Qui a la propriété de détoner. *Explosif détonant.* ◇ *Mélange détonant :* mélange de deux gaz qui, dans certaines proportions, peuvent exploser en se combinant ; *fig.*, coexistence de deux ou plusieurs choses ou personnes pouvant conduire à des réactions, des crises violentes, graves.

DÉTONATEUR n.m. **1.** Dispositif d'amorçage destiné à provoquer la détonation d'une charge explosive. **2.** *Fig.* Ce qui provoque une action ou fait éclater une situation explosive. *Cette déclaration a servi de détonateur à la crise.*

DÉTONATION n.f. **1.** Bruit violent, fort, produit par une explosion ou qui évoque une explosion. **2.** Décomposition extrêmement rapide d'un explosif qui se caractérise par la propagation d'une onde de pression à une vitesse de plusieurs kilomètres par seconde. **3.** Anomalie de combustion, accompagnée d'un bruit, affectant le fonctionnement d'un moteur thermique.

DÉTONER v.i. (lat. *detonare*). Être le siège d'une détonation.

DÉTONNER v.i. **1.** MUS. S'écarter du ton. **2.** *Fig.* Produire un contraste désagréable ; trancher. *Couleurs qui détonnent.*

DÉTORDRE v.t. [59]. Remettre dans son premier état ce qui était tordu.

DÉTORS, E adj. TECHN. Se dit de ce qui n'est plus tors.

DÉTORSION n.f. *Didact.* Action de détordre.

DÉTORTILLER v.t. Remettre dans son premier état ce qui était tortillé, entortillé.

DÉTOUR n.m. **1.** Parcours plus long que la voie directe. *Faire un détour.* – Québec. Déviation de la circulation obligeant les usagers à quitter l'itinéraire direct et à emprunter une ou plusieurs autres routes. **2.** Tracé sinueux d'une voie, d'une rivière. *Les détours d'une rue.* ◇ *Au détour du chemin,* à l'endroit où il tourne. **3.** Moyen indirect ; biais. *S'expliquer sans détour.*

DÉTOURAGE n.m. Action de détourer.

DÉTOURÉ n.m. Image détourée utilisée comme illustration.

DÉTOURER v.t. **1.** INDUSTR. GRAPH. Délimiter le contour d'un sujet que l'on veut isoler en éliminant le fond. **2.** TECHN. Donner à une pièce en cours d'usinage le contour exact imposé par le dessin.

DÉTOURNÉ, E adj. **1.** Qui fait un, des détours ; indirect. *Sentier détourné.* **2.** Qui ne va pas droit au but ; indirect. *Prendre des moyens détournés pour dire qqch.*

DÉTOURNEMENT n.m. **1. a.** Action de détourner une voie. *Détournement d'un cours d'eau.* **b.** *Détournement d'avion :* action de détourner un avion. **2.** Belgique. Déviation de la circulation. **3.** Soustraction frauduleuse. *Détournement de fonds.* ◇ *Détournement d'actif :* dissimulation de tout ou partie de ses biens à ses créanciers.

DÉTOURNER v.t. **1.** Modifier le cours, la direction de. *Détourner une rivière, la circulation.* ◇ *Détourner un avion,* contraindre, par la menace ou la force, le pilote à changer la destination de l'appareil. **2.** Diriger vers un autre centre d'intérêt, un autre but. *Détourner la conversation.* **3.** *Détourner le sens d'un texte,* en donner une interprétation qui s'écarte du sens véritable. **4.** *Détourner la tête, les yeux,* les tourner d'un autre côté pour éviter de voir ou d'être vu. **5.** Écarter qqn de ce qui l'occupe ; éloigner, détacher. *Détourner qqn de ses études, de ses soucis.* **6.** Soustraire frauduleusement. *Détourner des fonds.*

DÉTOXICATION n.f. PHYSIOL. Élimination ou neutralisation de substances toxiques, en partic. par le foie.

DÉTRACTEUR, TRICE n. (du lat. *detrahere*, tirer en bas). Personne qui critique violemment, déprécie.

DÉTRAQUE n.f. Suisse. *Fam.* **1.** Diarrhée. **2.** Fou rire.

DÉTRAQUÉ, E adj. et n. *Fam.* Atteint de troubles mentaux ; déséquilibré.

DÉTRAQUEMENT n.m. Action de détraquer ; fait d'être détraqué.

DÉTRAQUER v.t. (de l'anc. fr. *trac*, trace). **1.** Déranger le fonctionnement d'un mécanisme, faire qu'il ne fonctionne plus. *Détraquer une pendule.* **2.** *Fam.* Nuire à l'état physique ou mental de. ◆ **se détraquer** v.pr. Ne plus fonctionner ; fonctionner mal. ◇ *Fam. Le temps se détraque,* il se gâte ; il ne correspond pas à ce qu'il est censé être à pareille époque.

1. DÉTREMPE n.f. **1.** Peinture ayant pour liant de l'eau additionnée de colle ou de gomme (gouache, tempera). **2.** Tableau, œuvre exécutés à l'aide d'une telle peinture.

2. DÉTREMPE n.f. Action de détremper l'acier.

1. DÉTREMPER v.t. (lat. *distemperare*, délayer). Mouiller, imbiber d'un liquide, notamm. d'eau.

2. DÉTREMPER v.t. Détruire la trempe de l'acier.

DÉTRESSE n.f. (lat. pop. *districtia*, étroitesse). **1.** Sentiment d'abandon, de solitude profonde ; désarroi. *La détresse des chômeurs.* **2.** Situation critique, dangereuse. *Navire en détresse.* ◇ *Signal de détresse :* dispositif déclenchant le clignotement simultané des quatre feux de direction d'un véhicule routier pour indiquer que celui-ci constitue un danger pour la circulation. – *Signaux de détresse,* émis par un navire qui réclame du secours. **3.** MÉD. Défaillance aiguë et grave d'une fonction vitale. *Détresse respiratoire.*

DÉTRIMENT n.m. (lat. *detrimentum*). *Litt.* Dommage, préjudice. ◇ *Cour. Au détriment de :* en faisant tort à, aux dépens de.

DÉTRITIQUE adj. (du lat. *detritus*, broyé). GÉOL. *Roche détritique :* roche qui résulte de la désagrégation d'une roche préexistante.

DÉTRITIVORE adj. et n.m. Se dit des animaux ou des micro-organismes qui se nourrissent de détritus organiques d'origine naturelle ou industrielle.

DÉTRITUS [detrity] ou [detritys] n.m. (lat. *detritus*, broyé). [Souvent pl.] **1.** Résidu, débris provenant de la désagrégation d'un corps. **2.** Ordures, immondices.

DÉTROIT n.m. (du lat. *districtus*, serré). Bras de mer resserré entre deux terres. *Le détroit des Dardanelles.*

DÉTROMPER v.t. Tirer d'erreur.

DÉTRÔNER v.t. **1.** Déposséder un souverain de son trône ; déposer. **2.** Mettre fin à la supériorité de ; supplanter.

DÉTROQUAGE n.m. Action de détroquer.

DÉTROQUER v.t. (anc. fr. *destrochier*, séparer). Détacher les jeunes huîtres de leur support pour les mettre dans le parc d'engraissement.

DÉTROUSSER v.t. *Litt.* ou *par plais.* Dépouiller qqn de ce qu'il porte sur lui en usant de violence.

DÉTROUSSEUR n.m. *Litt.*, vieilli. Personne qui détrousse ; voleur.

DÉTRUIRE v.t. [78] (lat. *destruere*). **1.** Réduire à néant ; démolir, abattre ; anéantir, jeter bas. *Détruire une ville.* **2.** Faire périr ; supprimer. *Détruire les animaux nuisibles.* **3.** Ruiner la santé physique ou morale de qqn. *L'alcool l'a détruit.* **4.** *Fig.* Faire que qqch n'existe plus ; supprimer. *Détruire un espoir.*

DETTE n.f. (lat. *debita*). **1.** (Souvent pl.) Somme d'argent due à qqn, à un ou à des créanciers. *Rembourser ses dettes. Être couvert de dettes.* ◇ *Dette publique :* ensemble des engagements financiers contractés par un État lors d'émissions d'emprunts. **2.** *Fig.* Obligation morale.

ENCYCL. On distingue la dette *flottante*, qui correspond aux emprunts à court terme (bons du Trésor) et qui fluctue en permanence, et la dette *consolidée*, qui correspond aux emprunts à long terme. La dette peut être *perpétuelle* (procédé tombé en désuétude), *remboursable* ou, lorsqu'un terme est fixé à l'avance, *amortissable*. La dette est *viagère* lorsque le terme est lié à la vie du créancier (pensions).

DÉTUMESCENCE n.f. MÉD. Retour au volume de repos d'un organe érectile ; retour au volume normal d'une partie du corps tuméfiée.

DEUG ou **D.E.U.G.** [dœg] n.m. (acronyme de *diplôme d'études universitaires générales*). En France, diplôme national qui sanctionne le premier cycle des études universitaires longues, et qui se prépare en deux ans.

DEUIL [dœj] n.m. (du lat. *dolere*, souffrir). **1.** Perte, décès de qqn. *Il y a eu un deuil dans sa famille.* **2.** Ensemble des signes extérieurs liés à la mort d'un proche et consacrés par l'usage (port de vêtements noirs ou sombres, en partic.). ◇ *Porter, prendre le deuil :* s'habiller de noir à l'occasion d'un décès. – *Conduire le deuil*, le convoi funèbre. **3.** Douleur, tristesse causée par la mort de qqn. ◇ PSYCHAN. *Travail de deuil :* processus psychique par lequel le sujet parvient progressivement à se détacher d'un être cher qui est mort. **4.** *Fam. Faire son deuil de qqch*, y renoncer, se résigner à en être privé. *Il a fait son deuil du voyage au Cameroun.*

DEUS EX MACHINA [deysɛksmakina] n.m. inv. (mots lat., *un dieu descendu au moyen d'une machine*). Personne ou événement venant opportunément dénouer une situation dramatique sans issue, notamm. au théâtre.

DEUSIO ou **DEUZIO** adv. *Fam.* Deuxièmement.

DEUST ou **D.E.U.S.T.** [dœst] n.m. (acronyme de *diplôme d'études universitaires scientifiques et techniques*). En France, diplôme national qui sanctionne un premier cycle de formation scientifique et professionnelle.

DEUTÉRIUM [døterjɔm] n.m. CHIM. Isotope lourd de l'hydrogène (symb. D), de masse atomique 2.

DEUTÉROCANONIQUE adj. (du gr. *deuteros*, second, secondaire). *Livres deutérocanoniques :* livres de l'Ancien et du Nouveau Testament qui n'ont été admis dans le canon de l'Écriture que par la version des Septante et le concile de Trente. (Les protestants donnent à ces livres le nom d'*apocryphes*.)

DEUTÉROSTOMIEN n.m. Animal dont le développement embryonnaire donne au blastopore la fonction d'anus, la bouche se formant secondairement. (Les deutérostomiens forment l'un des deux grands groupes d'animaux cœlomates et comprennent les échinodermes, les procordés et les vertébrés.)

DEUTON ou **DEUTÉRON** n.m. PHYS. NUCL. Noyau de l'atome de deutérium, formé d'un proton et d'un neutron.

DEUTSCHE MARK n.m. → **MARK.**

DEUX adj. num. et n.m. (lat. *duo*). **1.** Nombre qui suit un dans la suite des entiers naturels. ◇ *Fam. En moins de deux :* très vite. – *Fam. Ne faire ni une ni deux :* ne pas hésiter. **2.** Deuxième. *Tome deux.* **3.** Petit nombre ; quelques. *À deux pas d'ici.* ◆ n.m. SPORTS. En aviron, embarcation à deux rameurs, barrée ou non, armée en couple ou en pointe. (On dit aussi *double-scull* pour les bateaux armés en couple.)

DEUXIÈME [døzjɛm] adj. num. ord. et n. Qui occupe un rang marqué par le nombre deux.

DEUXIÈMEMENT adv. En deuxième lieu.

DEUX-MÂTS n.m. Voilier à deux mâts.

DEUX-PIÈCES n.m. **1.** Maillot de bain composé d'un soutien-gorge et d'un slip. **2.** Vêtement féminin composé d'une jupe ou d'un pantalon et d'une veste assortis. **3.** Appartement de deux pièces principales.

DEUX-POINTS n.m. Signe de ponctuation figuré par deux points superposés (:), placé avant une énumération ou une explication.

DEUX-PONTS n.m. Avion dont le fuselage comprend deux ponts, deux étages superposés.

DEUX-QUATRE n.m. inv. MUS. Mesure à deux temps, ayant la noire pour unité de temps.

DEUX-ROUES n.m. Véhicule à deux roues, avec ou sans moteur (terme générique). [La bicyclette, le scooter, le cyclomoteur, le vélomoteur, la moto sont des deux-roues.]

DEUX-TEMPS n.m. Moteur à cycle à deux temps.

DEUZIO adv. → **DEUSIO.**

DÉVALER v.t. et v.i. (de *val*). Descendre une pente, un escalier, etc., à toute allure.

DÉVALISER v.t. Voler, dérober qqch à qqn ; cambrioler. *Dévaliser une bijouterie.* ◇ *Fam. Dévaliser une boutique, un commerçant :* faire de nombreux achats.

DÉVALOIR n.m. Suisse. Couloir dans les forêts de montagne, servant à faire descendre les billes de bois. SYN. : *châble.*

DÉVALORISANT, E adj. Qui dévalorise, déprécie.

DÉVALORISATION n.f. Action de dévaloriser.

DÉVALORISER v.t. **1.** Diminuer la valeur d'une monnaie, d'un capital, d'un produit, d'une matière première. **2.** Diminuer la valeur, le prestige de ; déprécier. *Dévaloriser un diplôme.*

DÉVALUATION n.f. Action de dévaluer. CONTR. : *réévaluation.*

DÉVALUER v.t. **1.** Diminuer la valeur d'une monnaie par rapport à un étalon de référence et aux monnaies étrangères. **2.** Faire perdre de sa valeur à ; déprécier, dévaloriser. *Cette mesure dévalue la politique du gouvernement.*

DEVANAGARI n.f. Écriture utilisée pour le sanskrit, le hindi et quelques autres langues indo-aryennes. Graphie savante : *devanāgarī.* SYN. : *nagari.*

DEVANCEMENT n.m. Rare. Action de devancer.

DEVANCER v.t. [9] (de *devant*). **1.** Venir avant ; précéder. *Il m'a devancé au rendez-vous.* ◇ *Devancer l'appel :* effectuer son service militaire à une date précédant celle de l'appel de sa classe d'âge. **2.** Faire mieux que les autres ; surpasser, surclasser. *Il devance ses rivaux en cyclisme.*

DEVANCIER, ÈRE n. Personne qui devance, précède.

1. DEVANT prép. et adv. (de *de* et *avant*). **1.** Marque l'antériorité dans l'espace ; en avant (de). *Passe devant nous !* **2.** Marque une antériorité dans un ordre ; avant. *Il est arrivé devant toi.* ◆ **prép.** En face de, face à. *Tais-toi devant lui.* ◆ **par-devant** loc. adv. Par l'avant. *Passe par-devant.* ◆ **par-devant** loc. prép. DR. En présence de. *Par-devant notaire.*

2. DEVANT n.m. **1.** Partie antérieure de qqch. *Le devant d'une maison.* **2.** *Prendre les devants :* partir avant qqn ; devancer qqn pour l'empêcher d'agir.

DEVANTURE n.f. Partie d'un magasin où les articles sont exposés à la vue des passants, soit derrière une vitre, soit à l'extérieur (éventaire).

DÉVASTATEUR, TRICE adj. Qui dévaste.

DÉVASTATION n.f. Action de dévaster ; ravage, ruine.

DÉVASTER v.t. (lat. *devastare*). Causer de grands dégâts à ; ravager, ruiner.

DÉVEINE n.f. (de *veine*). *Fam.* Malchance.

DÉVELOPPABLE adj. Qui peut être développé. – GÉOMÉTR. Se dit d'une surface réglée ayant le même plan tangent en tout point d'une génératrice. (Le cône est une surface développable.)

DÉVELOPPANTE n.f. GÉOMÉTR. *Développante d'une courbe (C) :* courbe qui admet (C) pour développée.

DÉVELOPPÉ n.m. SPORTS. Mouvement consistant à épauler un haltère, puis à le soulever au-dessus de la tête à bout de bras.

DÉVELOPPÉE n.f. GÉOMÉTR. Courbe tangente à toutes les normales à une courbe plane.

DÉVELOPPEMENT n.m. **1.** Action de développer, de déployer qqch. **2.** Distance que parcourt une bicyclette en un tour complet du pédalier. **3.** PHOTOGR. Opération consistant à développer une pellicule sensible. **4.** Ensemble des différents stades par lesquels passe un organisme, un être vivant pour atteindre sa maturité ; croissance. **5.** Action d'évoluer, de progresser ; son résultat. *Le développement des sciences.* **6.** Mise au point d'un appareil, d'un produit en vue de sa commercialisation. *Le développement de cette machine prendra un an.* **7.** ÉCON. Amélioration qualitative durable d'une économie et de son fonctionnement. ◇ *Pays en voie de développement (PVD)* ou *en développement (PED) :* pays du tiers-monde qui, partant d'un état de sous-développement économique et social, a entamé un processus de développement. **8.** (Au pl.) Suites, conséquences. *Fâcheux développements d'une affaire.* **9.** Exposition détaillée d'un sujet. *Longs développements.* **10.** MUS. Partie centrale d'une sonate, d'une fugue, qui suit l'exposition.

DÉVELOPPER v.t. **1.** Étendre ce qui était plié, enroulé ; déployer. *Développer une pièce de tissu.* **2.** Pour une bicyclette, avoir un développement de. *Bicyclette qui développe six mètres.* **3.** Vx ou région., Québec. Ôter de son enveloppe. *Développer un paquet.* **4.** PHOTOGR. Transformer, au moyen de procédés chimiques, une image latente en une image visible. **5.** Assurer la croissance de ; donner toute son extension à ; augmenter la puissance, l'étendue de. *La chaleur développe les germes. Développer un secteur industriel. Un jeu qui développe l'intelligence.* **6.** Assurer le développement d'un appareil, d'un produit. **7.** Exposer de manière détaillée. *Développer une idée.* **8. a.** ALGÈBRE. *Développer une expression algébrique*, l'écrire sous la forme d'une somme. **b.** *Développer un calcul*, en effectuer toutes les opérations successives. **9.** MÉD. *Développer une maladie*, être dans la phase où celle-ci s'installe en croissant. ◆ **se développer** v.pr. **1.** Se déployer, s'étendre. **2.** Croître, grandir, s'épanouir. *Un enfant qui se développe normalement.* **3.** Prendre de l'extension, de l'ampleur ; s'accroître. *Cellules qui se développent de façon anarchique.*

DÉVELOPPEUR n.m. Société qui assure la production et la commercialisation de logiciels.

1. DEVENIR v.i. [28] [auxil. *être*] (lat. *devenire*, venir de). **1.** Passer d'un état à un autre ; acquérir une certaine qualité. *Elle est devenue ministre. Devenir vieux, irritable.* **2.** Avoir tel sort, tel résultat ; être dans tel état, telle situation. *Que devient votre projet ? Je ne sais ce qu'elle est devenue.*

2. DEVENIR n.m. **1.** Mouvement progressif par lequel les choses se transforment ; évolution. **2.** *Litt.* Futur, avenir.

DÉVERBAL n.m. (pl. *déverbaux*). LING. Nom formé à partir du radical d'un verbe, et plus partic. nom dérivé d'un verbe et formé sans suffixe (ex. : *coût*, de *coûter ; demande*, de *demander*).

DÉVERGONDAGE n.m. **1.** Conduite licencieuse ; débauche. **2.** Fantaisie débridée ; excentricité. *Dévergondage d'esprit, d'imagination.*

DÉVERGONDÉ, E adj. et n. (de l'anc. fr. *vergonde*, doublet de *vergogne*). Qui s'écarte des règles morales sans honte ni remords ; débauché.

DÉVERGONDER (SE) v.pr. Vivre dans l'inconduite ; mener une vie dissolue.

DÉVERGUER ou **DÉSENVERGUER** v.t. MAR. Retirer une voile de sa vergue.

DÉVERNIR v.t. Ôter le vernis de.

DÉVERROUILLAGE n.m. Action de déverrouiller.

DÉVERROUILLER v.t. **1.** Ouvrir en tirant le verrou. **2.** Libérer de ce qui maintenait immobile. *Déverrouiller le train d'atterrissage.* ◇ *Déverrouiller une arme à feu :* supprimer le lien mécanique établi avant le départ du coup entre la culasse et le canon pour permettre l'ouverture de ce dernier. **3.** INFORM. Autoriser l'accès à des fichiers ou à un système qui étaient préalablement verrouillés.

DEVERS (PAR-) prép. → **PAR-DEVERS.**

DÉVERS n.m. (du lat. *deversus*, tourné vers le bas). **1. a.** Relèvement du bord extérieur d'une route dans un virage. **b.** Différence de niveau entre les deux rails d'une voie en courbe. **2.** CONSTR. Défaut d'aplomb, inclinaison d'un mur, d'un support vertical. SYN. : *déversement.*

1. DÉVERSEMENT n.m. Action de déverser des eaux, un liquide ; fait de se déverser.

2. DÉVERSEMENT n.m. (de *dévers*). CONSTR. Dévers.

DÉVERSER v.t. (de *verser*). **1.** Faire couler d'un lieu dans un autre. *L'étang déverse le trop-plein de ses eaux dans un canal en contrebas.* ◇ v.pr. *Les eaux se déversent dans la mer.* **2.** *Fig.* Déposer en grand nombre, en grande quantité. *Cars qui déversent des touristes.* **3.** Répandre abondamment ; épancher. *Déverser sa rancœur sur qqn.*

DÉVERSOIR n.m. Ouvrage au-dessus duquel s'écoulent les eaux d'un bassin, d'un canal, etc.

DÉVESTITURE n.f. Suisse. Desserte d'un lieu ; accès.

DÉVÊTIR v.t. [32]. Enlever ses vêtements à qqn. ◇ v.pr. *Se dévêtir quand il fait chaud.*

DÉVIANCE n.f. **1.** Caractère de ce qui s'écarte de la norme. **2.** Comportement qui s'écarte des normes admises par une société.

DÉVIANT, E adj. et n. Qui s'écarte de la règle, de la norme ; qui a une conduite de déviance.

DÉVIATEUR n.m. **1.** ÉLECTRON. Bobine magnétique qui, dans un tube cathodique, sert à dévier le faisceau électronique qui balaie l'écran pour

D

former l'image. **2.** Instrument qui permet de dévier de la verticale un puits en forage. **3.** *Déviateur de jet :* dispositif permettant d'orienter le jet d'un turboréacteur ou d'un moteur-fusée.

DÉVIATION n.f. **1.** Fait de dévier, de s'écarter d'une direction normale, habituelle ou déterminée à l'avance. **2.** Itinéraire établi pour détourner la circulation. **3.** Écart, variation dans une ligne de conduite, une doctrine.

DÉVIATIONNISME n.m. Attitude consistant, de l'avis des organes dirigeants, à s'écarter de la ligne politique d'un parti, d'une organisation dont on est membre.

DÉVIATIONNISTE adj. et n. Relatif au déviationnisme ; qui fait preuve de déviationnisme.

DÉVIDAGE n.m. Action de dévider.

DÉVIDER v.t. **1.** Mettre un fil en écheveau, en pelote. *Dévider la soie du cocon.* **2.** Défaire ce qui est enroulé ; dérouler. *Dévider une pelote de laine.* **3.** *Fam.* Raconter rapidement, avec prolixité ; débiter.

DÉVIDOIR n.m. Instrument ou appareil sur lequel on enroule des fils, des cordes, des tuyaux, etc.

DÉVIER v.i. [5] (lat. *deviare,* sortir du chemin). S'écarter de sa direction, de son projet, de son orientation. ◆ v.t. Modifier le trajet, la direction de qqch ; détourner.

D

DEVIN, DEVINERESSE n. (lat. *divinus,* devin). Personne qui pratique la divination.

DEVINABLE adj. Qui peut être deviné.

DEVINER v.t. (lat. *divinare*). Découvrir par intuition ou par supposition ; prédire, prévoir, trouver. *Deviner qui arrivera le premier.*

DEVINETTE n.f. Question plaisante dont on demande à qqn, par jeu, de trouver la réponse.

DÉVIRER v.t. MAR. Tourner en sens contraire. *Dévirer le cabestan.*

DÉVIRGINISER v.t. *Litt.* ou *par plais.* Faire perdre sa virginité à ; déflorer.

DÉVIRILISATION n.f. Action de déviriliser ; fait d'être dévirilisé.

DÉVIRILISER v.t. Faire perdre les caractères de la virilité à ; efféminer.

DEVIS [dəvi] n.m. (de *1. deviser*). Description détaillée des pièces, des matériaux et des opérations nécessaires pour réaliser une production, une construction, une installation ou une réparation, avec l'estimation des dépenses.

DÉVISAGER v.t. [10]. Regarder qqn avec insistance ou indiscrétion. *Dévisager son voisin.*

DEVISE n.f. **1.** Brève formule qui caractérise le sens symbolique de qqch, ou qui exprime une pensée, un sentiment, une règle de vie, de conduite. **2.** HÉRALD. Formule souvent accompagnée d'une figure emblématique (telle la devise de Louis XIV, *Nec pluribus impar* [v. pages roses], accompagnée du Soleil). **3.** Monnaie considérée par rapport aux monnaies d'autres pays, par rapport à son taux de change. *Devise forte.*

1. DEVISER v.i. (du lat. *dividere,* diviser). *Litt.* S'entretenir familièrement ; converser.

2. DEVISER v.t. Suisse. Établir le devis de.

DEVISE-TITRE n.f. (pl. *devises-titres*). Dans un régime de contrôle des changes, devise utilisée pour l'acquisition de valeurs étrangères.

DÉVISSAGE n.m. **1.** Action de dévisser. **2.** ALP., SPÉLÉOL. Fait de dévisser.

DÉVISSER v.t. **1.** Défaire, desserrer en tournant dans le sens inverse du vissage. **2.** Détacher un objet fixé par des vis. *Dévisser une serrure.* ◆ v.i. ALP., SPÉLÉOL. Lâcher prise et tomber.

DE VISU [devizy] loc. adv. (mots lat., *d'après ce qu'on a vu*). Pour l'avoir vu, en témoin oculaire.

DÉVITALISATION n.f. Destruction de la pulpe d'une dent, des vaisseaux et des nerfs qu'elle contient. SYN. : *pulpectomie.*

DÉVITALISER v.t. Pratiquer une dévitalisation.

DÉVITAMINÉ, E adj. Qui a perdu ses vitamines.

DÉVITRIFICATION n.f. Cristallisation du verre sous l'action de la chaleur, conduisant à une perte de transparence.

DÉVITRIFIER v.t. [5]. Provoquer la dévitrification de.

DÉVOIEMENT n.m. **1.** *Litt.* Action de dévoyer ; détournement. **2.** Inclinaison, déviation d'un conduit de cheminée, de descente.

DÉVOILEMENT n.m. Action de dévoiler, fait de se dévoiler ; leur résultat.

DÉVOILER v.t. **1.** Ôter le voile de. *Dévoiler une statue.* **2.** Laisser apparaître, découvrir ; révéler ce qui était caché, secret. *Dévoiler ses intentions.* **3.** Redresser une roue voilée. ◆ **se dévoiler** v.pr. Apparaître, se manifester ouvertement.

1. DEVOIR v.t. [40] (lat. *debere*). **I.** *Suivi d'un nom.* **1.** Être dans l'obligation de verser une somme d'argent. *Devoir cent euros, un mois de loyer.* **2.** Être obligé à qqch à l'égard de qqn, par la loi, la morale, les convenances. *On doit assistance aux personnes en danger.* **3.** Tenir qqch de qqn ou de qqch ; avoir obtenu qqch grâce à. *Ce pays doit sa prospérité aux richesses de son sous-sol.* **II.** *Suivi d'un infinitif.* **1.** Marque l'obligation morale ou sociale. *Tu dois obéir.* **2.** Marque le caractère inéluctable. *Nous devons tous mourir.* **3.** Marque la probabilité, la supposition. *C'est ainsi que les choses ont dû se passer.* **4.** Indique une possibilité portant sur le futur, une intention. *Il doit me téléphoner ce soir.* ◆ **se devoir** v.pr. **1.** Être dans l'obligation de se consacrer à. *Il se doit à sa famille.* **2.** Être moralement tenu de. *Nous nous devons de donner l'exemple.* **3.** *Comme il se doit :* comme il est convenable, naturel ; comme on pouvait le prévoir.

2. DEVOIR n.m. **1.** Ce à quoi on est obligé par la loi, la morale, etc. *Devoirs religieux. Les devoirs de l'amitié. Avoir le sens du devoir.* ◇ ***Se mettre en devoir de :*** se préparer, se mettre à. **2.** Travail, exercice écrit que doit faire un élève, un étudiant. **3.** Anc. **a.** Compagnonnage ; rites et idéal auxquels se soumettait le compagnon. **b.** *Le Devoir :* l'ensemble des compagnonnages. ◆ pl. *Sout.* Marques de respect ou de politesse ; hommages. *Présenter ses devoirs à qqn.* ◇ ***Derniers devoirs :*** honneurs funèbres.

DÉVOISÉ, E adj. PHON. Qui a perdu sa sonorité ; assourdi. *Consonne dévoisée.*

DÉVOLTAGE n.m. Action de dévolter.

DÉVOLTER v.t. Diminuer la tension d'une source d'électricité.

DÉVOLTEUR n.m. Appareil dont la force électromotrice se soustrait à la tension fournie par une autre force électrique.

1. DÉVOLU, E adj. (lat. *devolutus,* déroulé). Qui est attribué à qqn en vertu d'un droit. *Pouvoirs dévolus au président.*

2. DÉVOLU n.m. *Jeter son dévolu sur :* fixer son choix sur.

DÉVOLUTIF, IVE adj. Qui se fait par dévolution.

DÉVOLUTION n.f. (lat. *devolutio*). DR. Attribution, transmission d'un bien, d'un droit d'une personne à une autre. *Dévolution successorale.*

DEVON [dəvɔ̃] n.m. (de *Devon,* comté de Grande-Bretagne). Leurre métallique rotatif ovoïde, muni de plusieurs hameçons, pour la pêche à la truite et au saumon.

DÉVONIEN n.m. (de *Devon,* comté de Grande-Bretagne). Système du paléozoïque. (Le dévonien est la période de l'ère primaire, de – 410 à – 360 millions d'années, où sont apparus les premiers vertébrés terrestres et les premières plantes vasculaires.) ◆ **dévonien, enne** adj. Relatif au dévonien.

DÉVORANT, E adj. **1.** Qui pousse à dévorer ; avide, insatiable. *Faim dévorante.* **2.** Qui consume, détruit par son ampleur, son intensité. *Feu dévorant. Jalousie dévorante.*

DÉVORATEUR, TRICE adj. *Litt.* Qui dévore, consume. *Feu dévorateur.*

DÉVORER v.t. (lat. *devorare*). **1.** Manger en déchirant avec les dents. *Le loup dévora l'agneau.* **2.** Détruire ou abîmer qqch en le mordant, le rongeant, le piquant. *Les mites ont dévoré cette couverture.* **3.** Manger avec voracité, avidité. *Dévorer son dîner.* ◇ ***Dévorer des yeux, du regard :*** regarder avec avidité, passion, convoitise. – *Dévorer un livre,* le lire avec passion. **4.** *Litt.* Faire disparaître complètement ; consumer, détruire. *Le feu a dévoré la forêt.* **5.** Utiliser, prendre qqch jusqu'au tarissement ; épuiser. *Ce voyage a dévoré mes économies. Les enfants dévorent mon temps.* **6.** Causer un tourment violent et obsédant ; ronger. *La passion le dévore.*

DÉVOREUR, EUSE n. Personne, machine, etc., qui dévore, consomme beaucoup.

DÉVOT, E adj. et n. (lat. *devotus,* dévoué). Qui manifeste un zèle extrême pour la religion et les pratiques religieuses.

DÉVOTEMENT adv. Avec dévotion.

DÉVOTION n.f. (lat. *devotio*). **1.** Piété, attachement fervent à la religion, aux pratiques religieuses. **2.** Culte particulier rendu à un saint. *Dévotion à la Sainte Vierge.* ◇ ***Faire ses dévotions :*** accomplir ses devoirs religieux. **3.** *Litt.* Attachement fervent à ; vénération. *Soigner des plantes avec dévotion.* ◇ ***Être à la dévotion de qqn,*** lui être totalement dévoué.

DÉVOUÉ, E adj. Qui manifeste un attachement zélé à. *Un ami dévoué.*

DÉVOUEMENT n.m. Action de se dévouer à ; disposition à servir.

DÉVOUER (SE) v.pr. (lat. *devovere*). **1.** Se consacrer entièrement à. *Se dévouer à la science.* **2.** Se charger, par abnégation, d'une tâche pénible, difficile ou peu enthousiasmante.

DÉVOYÉ, E adj. et n. Sorti du droit chemin ; délinquant.

DÉVOYER v.t. [7] (de *voie*). *Litt.* Détourner du droit chemin, de la morale.

DEWAR [diwar] n.m. (de James *Dewar,* n.pr.). Récipient, isolé thermiquement du milieu extérieur, permettant de conserver un liquide cryogénique.

DEXTÉRITÉ n.f. (lat. *dexteritas,* de *dexter,* droit). **1.** Habileté de la main ; adresse. *La dextérité d'un prestidigitateur.* **2.** Habileté dans la manière d'agir ; ingéniosité. *Conduire une affaire avec dextérité.*

DEXTRE n.f. (lat. *dextera*). *Litt.* Main droite. ◆ adj. HÉRALD. Qui est placé du côté droit de l'écu, pour l'écuyer (à gauche, pour l'observateur) [par oppos. à *senestre*].

DEXTRINE n.f. (de *dextrogyre*). CHIM. ORG. Polyholoside utilisé dans l'industrie des colles, des colorants, des produits pharmaceutiques, etc.

DEXTROCARDIE n.f. MÉD. Position anormale du cœur, vers la droite du thorax, souvent due à une malformation.

DEXTROGYRE adj. (lat. *dexter,* droit, et bas lat. *gyrare,* faire tourner). CHIM. Se dit des composés qui font tourner le plan de polarisation de la lumière dans le sens des aiguilles d'une montre (par ex. le glucose). CONTR. : *lévogyre.*

DEXTRORSUM [-sɔm] adj. inv. et adv. (mot lat., *vers la droite*). *Didact.* Qui s'effectue dans le sens des aiguilles d'une montre (par oppos. à *senestrorsum*).

DEY [dɛ] n.m. (turc *day*). Titre porté par le chef de la Régence d'Alger (1671 - 1830).

DÉZINGUER v.t. (de *zinc*). *Arg.* **1.** Démolir. **2.** Critiquer violemment. **3.** Tuer.

DHARMA n.m. (mot sanskrit). Dans l'hindouisme et le bouddhisme, loi universelle régissant l'ordre des êtres et des choses.

DHEA [deaʃəa] n.f. (abrév. de *déhydroépiandrostérone*). Hormone sécrétée par la glande corticosurrénale, dont le taux sanguin diminue avec l'âge. (Un traitement par la DHEA a été proposé pour lutter contre le vieillissement.)

DHOLE n.m. Canidé sauvage d'Asie, qui chasse en meutes. (Genre *Cuon.*)

DIA [dja] interj. (onomat.). Cri des charretiers pour faire aller leurs chevaux à gauche (par oppos. à *hue*). ◇ *Tirer à hue et à dia* → **hue.**

DIABÈTE n.m. (du gr. *diabêtês,* qui traverse). **1.** Toute maladie se manifestant par une abondante élimination d'urine et une soif intense. **2.** *Diabète sucré,* ou *diabète :* trouble du métabolisme des glucides dû à une insuffisance de l'action de l'insuline pancréatique et caractérisé par une hyperglycémie et parfois par la présence de sucre dans les urines (glycosurie).

ENCYCL. Le diabète sucré peut être lié à un trouble auto-immun, à l'obésité, à l'hérédité, et peut se manifester dès l'enfance. La surveillance du diabétique fait appel au dosage du sucre dans le sang (glycémie) et à sa recherche dans les urines. Le régime alimentaire et les médicaments – insuline, ou hypoglycémiants oraux – permettent aux diabétiques d'éviter les complications nerveuses et vasculaires auxquelles ils sont exposés.

DIABÉTIQUE adj. Relatif au diabète. ◆ adj. et n. Atteint de diabète.

DIABÉTOLOGIE n.f. Partie de la médecine qui étudie le diabète sucré et ses traitements.

DIABÉTOLOGUE n. Spécialiste du diabète.

DIABLE n.m. (lat. *diabolus,* gr. *diabolos,* qui désunit, divise). **1.** Démon, esprit malin. ◇ ***Le diable :*** Satan, incarnation suprême du mal dans la religion chrétienne. – ***Avoir le diable au corps :*** faire le mal sciemment ; manifester une grande énergie, une grande fougue. – ***Beauté du diable :*** éclat de la jeunesse. – ***C'est bien le diable si... :*** ce serait surprenant si... – ***Ce n'est pas le diable :*** ce n'est pas difficile. – ***Faire le diable à quatre :*** faire du vacarme ; se démener. – ***Tirer le diable***

par la queue : avoir des difficultés d'argent. – *À la diable :* très mal, sans soin. – *Au diable (vauvert) :* très loin. – *Envoyer qqn, qqch au diable, à tous les diables,* les chasser, les rejeter. – *Du diable, de tous les diables :* extrême. *Un vacarme de tous les diables.* – *En diable :* fort, extrêmement. – Suisse. *Peindre le diable sur la muraille :* noircir la situation, évoquer des dangers imaginaires. **2.** *Fam.* Enfant turbulent et espiègle. **3.** Individu. ◇ *Bon diable :* bon garçon. – *Grand diable :* homme de grande taille, dégingandé. – *Pauvre diable :* homme qui inspire la pitié. **4.** Petit chariot à deux roues basses servant à transporter des fardeaux. **5.** Double casserole en terre servant à la cuisson d'aliments à sec. ◆ interj. **1.** Marque la surprise, l'admiration, la perplexité. *Diable, tu t'es fait une belle bosse !* **2.** *Que diable ! :* marque l'impatience ou l'exaspération. *Arrêtez de bavarder, que diable !* **3.** Sert à renforcer ou à nuancer une interrogation. *Pourquoi diable lui avez-vous dit ça ?* **4.** Indique que l'on renonce à qqch ou qu'on le rejette. *Au diable le travail !*

DIABLEMENT adv. *Fam.* Indique un haut degré ; très, extrêmement.

DIABLERIE n.f. **1.** *Litt.* Machination diabolique. **2.** Action inspirée par la malice ; espièglerie. **3.** ICON. Représentation d'une scène où figurent le diable ou ses suppôts.

DIABLESSE n.f. **1.** Diable femelle. **2.** Femme méchante et acariâtre. **3.** Jeune fille vive et turbulente.

DIABLOTIN n.m. **1.** Petit diable. **2.** ENTOMOL. Empuse.

DIABOLIQUE adj. (lat. *diabolicus,* du gr.). **1.** Inspiré par le diable ; démoniaque. *Tentation diabolique.* **2.** Qui fait penser au diable par son caractère maléfique ou pervers, par son aspect inquiétant ; démoniaque, machiavélique. *Une ruse diabolique.*

DIABOLIQUEMENT adv. De façon diabolique.

DIABOLISATION n.f. Action de diaboliser.

DIABOLISER v.t. Considérer, présenter qqn, qqch comme diabolique.

DIABOLO n.m. (gr. *diabolos,* diable). **1.** Jouet formé de deux cônes opposés par les sommets, qu'on lance en l'air et qu'on rattrape sur une ficelle tendue entre deux baguettes. **2.** MÉD. Drain inséré à travers la membrane du tympan et utilisé pour traiter des otites séreuses. **3.** Boisson faite de limonade additionnée de sirop. *Diabolo menthe.*

DIACÉTYLMORPHINE [diasetil-] ou **DIAMORPHINE** n.f. Héroïne.

DIACHRONIE [djakrɔni] n.f. LING. Caractère des phénomènes linguistiques considérés du point de vue de leur évolution dans le temps (par oppos. à *synchronie*).

DIACHRONIQUE adj. Relatif à la diachronie.

DIACIDE [diasid] n.m. CHIM. Corps possédant deux fonctions acide. SYN. : *biacide.*

DIACLASE n.f. GÉOL. Fissure de petite taille affectant les roches, mais sans déplacement des deux compartiments.

DIACONAT n.m. Office ou ordre du diacre.

DIACONESSE n.f. **1.** Femme qui, dans l'Église chrétienne primitive, était officiellement chargée de fonctions religieuses ou charitables. **2.** Chez les protestants, femme qui se voue à des tâches analogues et qui vit souvent en communauté.

DIACOUSTIQUE n.f. Partie de la physique qui étudie la réfraction des sons.

DIACRE n.m. (du gr. *diakonos,* serviteur). **1.** Chez les catholiques et les orthodoxes, clerc qui a reçu l'ordre immédiatement inférieur à la prêtrise. **2.** Chez les protestants, laïc chargé du soin des pauvres et de l'administration des fonds de l'église.

DIACRITIQUE adj. (du gr. *diakrinein,* distinguer). *Signe diacritique,* ou *diacritique,* n.m. : signe qui, adjoint à une lettre, en modifie la valeur ou permet de distinguer deux mots homographes (ex. : accent grave de *à,* cédille du *ç*).

DIADÈME n.m. (gr. *diadêma*). **1.** Bandeau richement décoré et porté autour de la tête comme signe de la royauté ; la dignité royale elle-même. *Ceindre le diadème.* **2.** Bijou qui enserre le haut du front. **3.** Objet de parure féminine ou coiffure ceignant le haut du front. *Un diadème de tresses.*

DIADOQUE n.m. (gr. *diadokhos,* successeur). ANTIQ. GR. Titre donné aux généraux qui se disputèrent l'empire d'Alexandre après sa mort (323 av. J.-C.).

DIAGENÈSE n.f. GÉOL. Ensemble des phénomènes assurant la transformation d'un sédiment en une roche cohérente.

DIAGNOSE [djagnoz] n.f. Description scientifique, courte mais précise, permettant d'isoler une espèce, un genre, une famille.

DIAGNOSTIC [djagnɔstik] n.m. (du gr. *diagnôsis,* connaissance). **1.** Identification d'une maladie par ses symptômes. **2.** Identification de la nature d'un dysfonctionnement, d'une difficulté.

DIAGNOSTIQUE adj. MÉD. Relatif au diagnostic ; qui permet de faire un diagnostic. *Test diagnostique.*

DIAGNOSTIQUER v.t. **1.** MÉD. Établir un diagnostic. **2.** Identifier la nature d'un dysfonctionnement, d'une difficulté.

DIAGONAL, E, AUX adj. (du gr. *diagônios,* ligne qui relie deux angles). Qui a le caractère d'une diagonale ; en diagonale. *Arc diagonal.*

DIAGONALE n.f. **1.** Droite qui joint deux sommets non consécutifs d'un polygone, ou deux sommets d'un polyèdre n'appartenant pas à une même face. **2.** *En diagonale :* en biais, obliquement. – *Fam. Lire en diagonale,* en sautant des passages, très rapidement.

DIAGONALEMENT adv. En suivant une diagonale.

DIAGRAMME n.m. (gr. *diagramma,* dessin). **1.** Représentation graphique ou schématique permettant de décrire l'évolution d'un phénomène, la corrélation de facteurs, la disposition relative des parties d'un ensemble. **2.** BOT. *Diagramme floral :* représentation conventionnelle du nombre et de la position relative des différentes pièces d'une fleur.

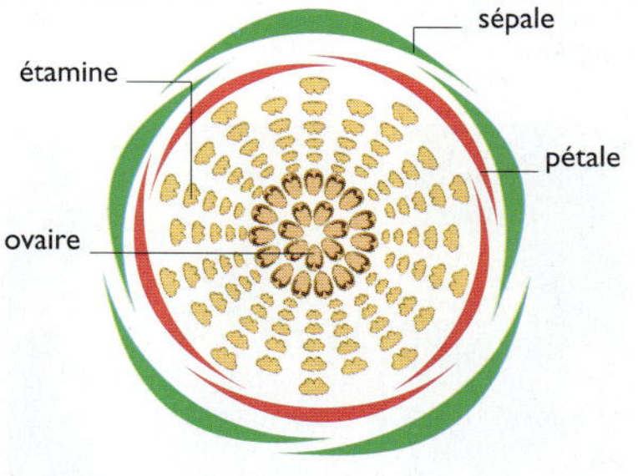

■ **DIAGRAMME** floral.

DIAGRAPHIE n.f. TECHN. Mesure et enregistrement, en continu, des caractéristiques (densité, résistivité, etc.) des couches traversées lors d'un forage.

DIALCOOL [dialkɔl] n.m. CHIM. ORG. Corps possédant deux fonctions alcool.

DIALECTAL, E, AUX adj. Relatif à un dialecte.

DIALECTALISME n.m. Fait de langue propre à un dialecte ou provenant d'un dialecte.

DIALECTE n.m. (bas lat. *dialectus*). **1.** Variante régionale d'une langue. **2.** *Dialecte social :* ensemble de termes utilisés dans un groupe social (par ex. les argots, les vocabulaires techniques).

DIALECTICIEN, ENNE n. Personne qui recourt à la dialectique, emploie ses procédés.

DIALECTIQUE n.f. (gr. *dialektikê,* art de discuter). **1.** Processus de développement de la pensée et de l'être par dépassement des contradictions (de la thèse et l'antithèse à la synthèse), chez Hegel. **2.** Mouvement du réel et méthode de son analyse, reprenant la conception de Hegel dans une optique matérialiste, chez Marx et Engels. **3. a.** Art de bien conduire le dialogue, la discussion. **b.** Chez Platon, démarche permettant de remonter jusqu'au vrai, jusqu'aux Idées. **4.** Suite de raisonnements rigoureux destinés à emporter l'adhésion de l'interlocuteur. *Une dialectique implacable.* ◆ adj. Qui relève de la dialectique. ◇ *Matérialisme dialectique* → **matérialisme.**

DIALECTIQUEMENT adv. D'une manière dialectique, selon la dialectique.

DIALECTISER v.t. *Didact.* Donner une forme dialectique à une analyse, une interprétation dialectique d'un phénomène.

DIALECTOLOGIE n.f. Partie de la linguistique qui étudie les dialectes.

DIALECTOLOGUE n. Spécialiste de dialectologie.

DIALECTOPHONE adj. et n. Qui parle un dialecte.

DIALOGIQUE adj. *Didact.* Qui est en forme de dialogue.

DIALOGUE n.m. (lat. *dialogus,* entretien). **1.** Conversation, échange de propos entre deux ou plusieurs personnes. **2.** Discussion visant à trouver un terrain d'entente ; fait de dialoguer. *Renouer le dialogue.* ◇ *Dialogue de sourds,* dans lequel aucun interlocuteur n'écoute l'autre. **3.** Ensemble des répliques échangées entre les personnages d'une pièce de théâtre, d'un film, d'un récit. **4.** Ouvrage littéraire présenté sous la forme d'une conversation. **5.** *Dialogue homme-machine :* utilisation interactive d'un ordinateur.

DIALOGUER v.i. **1.** Avoir un dialogue avec ; converser, s'entretenir. **2.** Confronter des points de vue ; engager des négociations. *Dialoguer avec les syndicats.* **3.** *Dialoguer avec un ordinateur,* l'exploiter en mode conversationnel.

DIALOGUISTE n. Auteur spécialisé dans les dialogues de film, de téléfilm.

DIALYPÉTALE adj. (du gr. *dialuein,* séparer). Se dit d'une fleur à pétales séparés (par oppos. à *gamopétale*).

DIALYSE n.f. (de l'angl., du gr. *dialusis,* séparation). **1.** CHIM. Séparation des constituants d'un mélange, fondée sur la propriété que possèdent certains corps de traverser plus facilement que d'autres les membranes poreuses. **2.** MÉD. Épuration artificielle du sang, fondée sur le principe chimique de la dialyse, pratiquée en cas d'insuffisance rénale. ◇ *Dialyse péritonéale,* utilisant le péritoine comme membrane de filtration et d'échange entre le sang et un liquide injecté.

DIALYSÉ, E adj. et n. Se dit d'un malade astreint à une dialyse.

DIALYSÉPALE adj. (du gr. *dialuein,* séparer). Se dit d'une fleur dont le calice présente des sépales libres (par oppos. à *gamosépale*).

DIALYSER v.t. **1.** Opérer la dialyse d'un mélange chimique. **2.** Pratiquer la dialyse du sang d'un malade.

DIALYSEUR n.m. Appareil destiné à l'hémodialyse. SYN. : *rein artificiel.*

DIAMAGNÉTIQUE adj. Se dit d'une substance qui, placée dans un champ magnétique, prend une aimantation de sens inverse. (Elle est repoussée par un aimant.)

DIAMAGNÉTISME n.m. Propriété des corps diamagnétiques.

DIAMANT n.m. (du lat. *adamas, adamantis*). **1.** Carbone pur cristallisé, très dur (indice 10 dans l'échelle des duretés, qui va de 1 à 10), génér. incolore et transparent. *Diamant brut.* **2.** Pierre précieuse taillée dans cette matière. ◇ ARCHIT., ARTS APPL. *En pointes de diamant :* sculpté de bossages, de saillies régulières de forme pyramidale. **3.** Outil de miroitier et de vitrier pour couper le verre. **4.** Pointe de la tête de lecture d'un électrophone, d'une platine, etc., taillée dans un diamant.

ENCYCL. Le diamant appartient au système cubique. De densité 3,5, il est le plus dur des minéraux naturels. Le *carbonado,* de couleur noire, est employé pour le forage des roches dures. Le diamant naturel, limpide et incolore, est considéré comme la plus belle des pierres précieuses. On le taille à facettes pour augmenter son éclat, en rose, en brillant, en poire, en navette ou en rectangle (taille émeraude).
Certains diamants sont célèbres. Le *Régent* (musée du Louvre), qui fut acheté en 1717 par le duc d'Orléans, est regardé comme le plus pur d'entre eux ; sa masse est de 137 carats (27,4 g). Le *Cullinan* (tour de Londres), qui fut trouvé en 1905 au Transvaal, est le plus gros du monde ; sa masse brute, avant la taille, était de 3 106 carats (621,2 g).

DIAMANTAIRE n. Professionnel qui travaille le diamant ou vend des diamants.

DIAMANTÉ, E adj. TECHN. Garni de pointes de diamant.

DIAMANTER v.t. MÉCAN. INDUSTR. Rectifier le profil d'une meule d'affûtage avec un diamant.

DIAMANTIFÈRE adj. *Terrain diamantifère,* qui contient du diamant.

DIAMANTIN, E adj. *Litt.* Qui a la dureté, la pureté ou l'éclat du diamant ; adamantin.

D

DIAMÉTRAL, E, AUX adj. GÉOMÉTR. Qui contient un diamètre.

DIAMÉTRALEMENT adv. *Diamétralement opposé :* en opposition totale.

DIAMÈTRE n.m. (gr. *diametros,* de *metron,* mesure). **1.** Ligne droite qui partage symétriquement un cercle, un objet circulaire ou arrondi ; sa longueur. *Diamètre d'un arbre.* **2.** MATH. Dans un cercle, une sphère, segment de droite passant par le centre et limité par la courbe ou la surface. **3.** OPT. *Diamètre apparent :* angle sous lequel un observateur voit un objet, un astre.

DIAMIDE n.m. CHIM. ORG. Corps possédant deux fonctions amide.

DIAMINE n.f. CHIM. ORG. Corps possédant deux fonctions amine.

DIAMORPHINE n.f. → **DIACÉTYLMORPHINE.**

DIANE n.f. (esp. *diana,* du lat. *dies,* jour). MIL. Anc. Batterie de tambour ou sonnerie de clairon qui annonçait le réveil.

DIANTRE interj. Vx ou *litt.* Exprime l'irritation, l'étonnement, l'admiration. *Que diantre faisait-il là ?*

DIAPASON n.m. (du gr. *dia pasôn khordôn,* par toutes les cordes). **1.** Note dont la fréquence sert de référence pour l'accord des voix et des instruments (par convention internationale, le *la* de la troisième octave en partant du grave d'un clavier de piano, d'une fréquence de 440 Hz). **2.** Instrument qui produit cette note, le plus souvent formé d'une tige métallique portant à son extrémité une lame vibrante en forme d'U. **3.** *Se mettre au diapason,* dans une disposition d'esprit conforme aux circonstances, en harmonie, en accord avec les attitudes ou les opinions d'autrui.

DIAPAUSE n.f. ZOOL. Période de ralentissement ou d'arrêt dans l'activité ou le développement de certains insectes, pouvant soit être saisonnière, soit durer plusieurs années.

DIAPÉDÈSE n.f. (du gr. *diapêdân,* jaillir à travers). PHYSIOL. Migration des globules blancs hors des capillaires vers les tissus.

DIAPHANE adj. (gr. *diaphanês,* transparent). **1.** Qui laisse passer la lumière sans être transparent ; d'une transparence atténuée. *Le verre dépoli est diaphane.* **2.** *Litt.* Dont l'extrême pâleur évoque la translucidité. *Des mains diaphanes.*

DIAPHANOSCOPIE n.f. MÉD. Transillumination.

DIAPHONIE n.f. Interférence parasite des signaux sonores provenant de deux canaux.

DIAPHRAGMATIQUE adj. ANAT. Relatif au diaphragme. SYN. : *phrénique.*

DIAPHRAGME n.m. (gr. *diaphragma,* cloison). **1.** Muscle très large et mince qui sépare le thorax de l'abdomen. (Sa contraction provoque l'augmentation de volume de la cage thoracique et, par suite, l'inspiration.) **2.** Membrane de matière souple (caoutchouc, matière plastique, etc.) qui, placée sur le col de l'utérus, est employée comme contraceptif féminin. **3.** Ouverture de diamètre réglable servant à faire varier la quantité de lumière entrant dans l'objectif d'un appareil optique ou photographique. **4.** Membrane élastique utilisée pour connaître ou commander le mouvement d'un fluide en contact avec l'un des côtés de cette membrane.

DIAPHRAGMER v.t. OPT. Supprimer les parties externes d'un faisceau lumineux au moyen d'un diaphragme. ◆ v.i. Diminuer l'ouverture d'un objectif en utilisant un diaphragme.

DIAPHYSE n.f. (gr. *diaphusis,* interstice). Partie moyenne d'un os long (par oppos. à *épiphyse*).

DIAPIR n.m. (du gr. *diapeirein,* transpercer). GÉOL. Dôme de roches salines plastiques et de faible densité ayant traversé les terrains susjacents.

DIAPORAMA n.m. Projection de diapositives avec son synchronisé.

DIAPOSITIVE ou, *fam.,* **DIAPO** n.f. Image photographique positive sur support transparent pour la projection.

DIAPRÉ, E adj. *Litt.* De couleurs variées et chatoyantes.

DIAPRER v.t. (de l'anc. fr. *diaspre,* drap à fleurs). *Litt.* Donner un aspect diapré à.

DIAPRURE n.f. *Litt.* Ce qui donne un aspect diapré à qqch ; cet aspect.

DIARISTE n. (angl. *diarist*). LITTÉR. Auteur d'un journal intime.

DIARRHÉE n.f. (gr. *diarrhoia,* écoulement). **1.** Émission fréquente de selles liquides ou pâteuses, de causes diverses (infection, intoxication, etc.). **2.** *Diarrhée verbale :* verbosité intarissable ; logorrhée.

DIARRHÉIQUE adj. Relatif à la diarrhée. ◆ adj. et n. Atteint de diarrhée.

DIARTHROSE n.f. (gr. *dia,* à travers, et *arthrôsis,* articulation). Articulation caractérisée par une grande mobilité (comme celles du genou ou du coude).

DIASCOPE n.m. Instrument d'observation utilisé dans les blindés.

DIASPORA n.f. (mot gr., *dispersion*). **1.** Ensemble des membres d'un peuple dispersés à travers le monde mais restant en relation. *La diaspora chinoise, arménienne.* **2.** HIST. *La Diaspora : v. partie n.pr.*

DIASTOLE n.f. (gr. *diastolê,* dilatation). Période qui suit la contraction du cœur, au cours de laquelle les oreillettes et les ventricules se remplissent de sang (par oppos. à *systole*).

DIASTOLIQUE adj. Relatif à la diastole.

DIATHERMANE, DIATHERME ou **DIATHERMIQUE** adj. (gr. *dia,* à travers, et *thermos,* chaud). THERMODYN. Qui transmet la chaleur.

DIATHERMIE n.f. MÉD. Anc. Utilisation de la chaleur produite par un bistouri électrique.

DIATHÈSE n.f. MÉD. Anc. Ensemble d'affections qui frappent une même personne, et auxquelles on attribuait une origine commune.

DIATOMÉE n.f. (du gr. *diatomos,* coupé en deux). Algue unicellulaire, entourée d'une coque siliceuse bivalve finement ornementée, élément majeur du plancton marin, et souvent aussi abondante en eau douce. (Les diatomées forment une classe du règne des protistes.) SYN. : *bacillariophycée.*

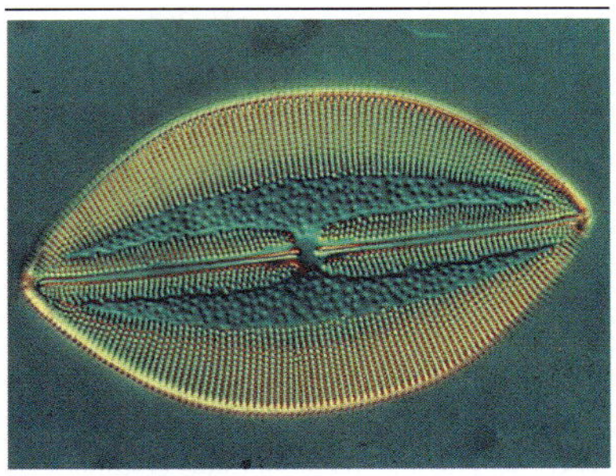

■ **DIATOMÉE**

DIATOMIQUE adj. CHIM. Qui a deux atomes ; dont la molécule est constituée de deux atomes.

DIATOMITE n.f. Roche siliceuse stratifiée, d'origine organique (diatomées), utilisée notamm. comme abrasif et comme absorbant.

DIATONIQUE adj. (gr. *dia,* par, et *tonos,* ton). MUS. *Gamme diatonique,* composée de 5 tons et 2 demi-tons (ex. : *do - ré - mi - fa - sol - la - si - do*) [par oppos. à *chromatique*].

DIATONIQUEMENT adv. Conformément au diatonisme.

DIATONISME n.m. MUS. Écriture fondée sur la gamme diatonique ; caractère de ce qui est fondé sur la gamme diatonique.

DIATRIBE n.f. (gr. *diatribê,* discussion d'école). Critique très violente, parfois injurieuse.

DIAZOCOPIE n.f. IMPRIM. Procédé de reproduction de documents utilisant une émulsion à base de sels diazoïques, et fournissant les Ozalids. Abrév. *(fam.) : diazo.*

DIAZOÏQUE n.m. et adj. Sel du cation R—N≡N *(diazonium).*

DIAZOTE n.m. Azote gazeux (N_2).

DIBASIQUE adj. CHIM. Qui possède deux fois la fonction base. SYN. : *bibasique.*

DICARBONYLÉ, E adj. et n.m. CHIM. ORG. Se dit d'un composé dont la molécule contient deux fois le groupe carbonyle.

DICARYON n.m. Cellule à deux noyaux, caractéristique des champignons supérieurs.

DICASTÈRE n.m. (ital. *dicastero,* gr. *dikastêrion,* tribunal). **1.** CATH. Chacun des grands organismes (congrégations, tribunaux, offices) de la curie romaine. **2.** Suisse. Subdivision d'une administration communale.

DICENTRA [disɛ̃tra] n.f. (du gr. *dikentron,* à deux aiguillons). Plante originaire d'Asie orientale et d'Amérique du Nord, cultivée sous le nom de *cœur-de-Marie* ou *cœur-de-Jeannette,* en raison de la forme de ses fleurs. (Famille des fumariacées.)

DICÉTONE n.f. Corps possédant deux fois la fonction cétone.

DICHLORURE [diklɔryr] n.m. Molécule à deux atomes de chlore.

DICHOTOME [dikɔtɔm] adj. (gr. *dikha,* en deux, et *tomê,* section). BOT. Qui se divise par bifurcation en deux parties d'égale importance. *Tige dichotome.*

DICHOTOMIE [dikɔtɔmi] n.f. (gr. *dikhotomia*). **1.** *Didact.* Division en deux ; opposition entre deux choses. **2.** LOG. Division d'un concept en deux autres qui recouvrent toute son extension. **3.** Partage illicite d'honoraires entre médecins. **4.** BOT. Mode de division de certaines tiges ou de certains thalles en rameaux bifurqués. **5.** ASTRON. Phase de la Lune à son premier ou à son dernier quartier.

DICHOTOMIQUE adj. De la dichotomie.

DICHROÏQUE adj. Qui présente la propriété de dichroïsme.

DICHROÏSME [dikrɔism] n.m. (du gr. *dikhroos,* bicolore). OPT. Propriété que possèdent certaines substances d'offrir des colorations diverses suivant la direction de l'observation (cristaux et gemmes anisotropes, par ex.).

DICHROMIE [dikrɔmi] n.f. Procédé de synthèse des couleurs utilisant deux couleurs de base, génér. complémentaires l'une de l'autre.

DICLINE adj. (du gr. *klinê,* lit). *Fleur dicline,* qui porte des organes d'un seul sexe (étamines ou pistil). SYN. : *unisexué.*

DICO n.m. (abrév.). *Fam.* Dictionnaire.

DICOTYLÉDONE n.f. et adj. (du gr. *kotulêdôn,* lobe). Plante à fleurs (angiosperme) herbacée ou arborescente, à feuilles aux nervures génér. ramifiées, et dont la graine contient une plantule, le plus souvent à deux cotylédons, telle que les rosacées, les légumineuses, les composées, les cactées, etc. (Les dicotylédones forment l'une des deux classes de plantes à fleurs – l'autre étant celle des monocotylédones – et comptent environ 170 000 espèces.)

DICTAME n.m. (gr. *diktamnon*). Plante à grandes fleurs blanches ou roses du sud de l'Europe, cultivée pour l'ornement, et qui sécrète une essence très inflammable. (Famille des rutacées.) SYN. : *fraxinelle.*

DICTAPHONE n.m. (nom déposé). Magnétophone servant, notamm., à la dictée du courrier.

DICTATEUR n.m. (lat. *dictator*). **1.** ANTIQ. ROM. Sous la République, magistrat suprême investi en cas de crise grave de tous les pouvoirs politiques et militaires pour six mois au maximum. **2.** Mod. Personne qui, parvenue au pouvoir, gouverne arbitrairement et sans contrôle démocratique ; autocrate. **3.** Personne très autoritaire.

DICTATORIAL, E, AUX adj. Relatif à une dictature. *Pouvoir dictatorial.*

DICTATORIALEMENT adv. De façon dictatoriale ; en dictateur.

DICTATURE n.f. **1.** ANTIQ. ROM. Magistrature extraordinaire exercée par le dictateur. **2.** Régime politique instauré par un dictateur. ◇ *Dictature militaire,* qui s'appuie sur l'armée. **3.** *Dictature du prolétariat :* selon le marxisme, période transitoire durant laquelle les représentants du prolétariat devront exercer tous les pouvoirs pour détruire l'État bourgeois et permettre le passage à la société sans classes. **4.** *Fig.* Pouvoir absolu exercé par qqn, par un groupe ; tyrannie.

DICTÉE n.f. **1.** Action de dicter un texte. **2.** Exercice scolaire d'orthographe. **3.** Fait de dicter un comportement. *Sous la dictée des événements.*

DICTER v.t. (lat. *dictare*). **1.** Dire à haute voix des mots, un texte à qqn qui les écrit au fur et à mesure. *Dicter une lettre.* **2.** Influencer, conditionner la manière d'agir, le comportement de qqn. ◇ *Dicter sa loi, ses conditions,* les imposer.

DICTION n.f. Manière de parler, élocution ; manière de réciter pour un acteur.

DICTIONNAIRE n.m. (du lat. *dictio,* mot). Recueil de mots rangés par ordre alphabétique et suivis de leur définition ou de leur traduction dans une autre langue. ◇ ***Dictionnaire encyclopédique,*** qui, outre les informations sur les mots eux-mêmes, contient des développements relatifs aux réalités (historiques, scientifiques, littéraires, etc.) que désignent ces mots. – ***Dictionnaire de langue,*** qui donne des informations sur la nature et le genre grammatical des mots, leurs formes graphiques et phonétiques, leurs sens, leurs emplois, leurs niveaux de langue, etc. Abrév. *(fam.) : dico.*

DICTIONNAIRIQUE adj. Qui concerne le dictionnaire.

DICTON n.m. (lat. *dictum*). Sentence populaire qui est passée en proverbe. (Ex. : *En avril, ne te découvre pas d'un fil.*)

DICTYOPTÈRE [diktjɔptɛr] n.m. Insecte à métamorphoses incomplètes, qui possède des ailes antérieures semi-rigides et des ailes postérieures membraneuses, tel que la blatte et la mante religieuse. (Les dictyoptères forment un ordre.)

DIDACTHÈQUE n.f. Collection de didacticiels.

DIDACTICIEL n.m. (de *didactique* et *logiciel*). INFORM. Logiciel spécialement conçu pour l'enseignement assisté par ordinateur.

DIDACTIQUE adj. (du gr. *didaskein,* enseigner). Qui a pour objet d'instruire ; pédagogique. ◇ ***Poésie didactique :*** poésie qui se propose l'exposé d'une doctrine philosophique, ou de connaissances scientifiques ou techniques. – ***Terme didactique,*** employé pour la vulgarisation scientifique ou technique. ◆ n.f. Science ayant pour objet les méthodes d'enseignement.

DIDACTIQUEMENT adv. De façon didactique.

DIDACTISME n.m. Caractère de ce qui est didactique.

DIDACTYLE adj. ZOOL. Qui a deux doigts.

DIDASCALIE n.f. (gr. *didaskalia,* enseignement). Indication donnée à un acteur par l'auteur, sur son manuscrit, dans le théâtre grec ancien. ◆ pl. Mod. Ensemble des instructions de jeu et de mise en scène données par l'auteur dans une pièce de théâtre.

DIÈDRE n.m. (du gr. *hedra,* base, plan). **1.** GÉOMÉTR. Figure formée par deux demi-plans *(faces)* ayant pour frontière la même droite *(arête).* **2.** AVIAT. Angle formé par le plan horizontal et le plan des ailes d'un avion. ◆ adj. GÉOMÉTR. Déterminé par l'intersection de deux plans.

DIEFFENBACHIA [difɛnbakja] n.m. (de *Dieffenbach,* n.pr.). Plante ornementale originaire d'Amérique du Sud, à larges feuilles maculées de blanc, très toxique. (Famille des aracées.)

DIÉLECTRIQUE [dielɛktrik] adj. et n.m. Se dit d'une substance qui ne conduit pas le courant électrique. ◇ ***Constante diélectrique :*** permittivité.

DIENCÉPHALE [diɑ̃sefal] n.m. Partie du cerveau située entre les hémisphères, qui comprend le troisième ventricule au centre, l'hypothalamus en bas et, de part et d'autre, le thalamus.

DIÈNE [djɛn] n.m. Hydrocarbure renfermant deux doubles liaisons carbone-carbone. SYN. : *dioléfine.*

DIÉRÈSE n.f. (gr. *diairesis,* division). PHON. Prononciation en deux syllabes d'une séquence formant habituellement une seule syllabe (par ex. : nuage [nɥaʒ] prononcé nu-age [ny-aʒ]). CONTR. : *synérèse.*

DIERGOL [diɛrgɔl] n.m. Propergol constitué par deux ergols liquides, un combustible et un comburant, injectés séparément dans la chambre de combustion. SYN. : *biergol.*

DIES ACADEMICUS n.m. inv. (mots lat., *jour académique*). Suisse. Cérémonie annuelle et publique dans les universités, qui marque la rentrée et la collation des doctorats honoris causa.

DIÈSE n.m. (gr. *diesis,* intervalle). MUS. Altération qui hausse d'un demi-ton chromatique la note qu'elle précède. ◇ ***Double dièse :*** altération qui hausse de deux demi-tons chromatiques la note qu'elle précède. ◆ adj. inv. Affecté d'un dièse. *Do dièse.*

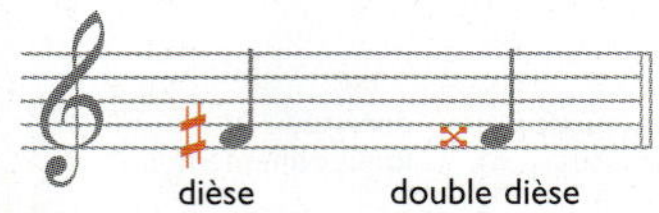

■ **DIÈSE**

DIESEL [djezɛl] n.m. (du n. de l'inventeur). **1.** *Moteur Diesel,* ou *diesel :* moteur à combustion interne fonctionnant par autoallumage du carburant (gazole) injecté dans de l'air fortement comprimé. **2.** Véhicule équipé d'un moteur Diesel. **3.** Québec. *Carburant diesel,* ou *diesel :* gazole. (Au Québec, on écrit aussi *diésel.*)

DIESEL-ÉLECTRIQUE adj. et n.m. (pl. *diesels-électriques*). Se dit d'une locomotive dont la puissance est donnée par un moteur Diesel entraînant une génératrice ou un alternateur qui fournit du courant aux moteurs entraînant les essieux.

DIÉSÉLISATION n.f. Action de diéséliser.

DIÉSÉLISER v.t. **1.** Équiper une ligne ferroviaire d'engins de traction à moteur Diesel. **2.** Équiper un véhicule automobile d'un moteur Diesel.

DIÉSÉLISTE n. Mécanicien spécialiste des diesels.

DIES IRAE [djesire] n.m. inv. (mots lat., *jour de colère*). Chant de la messe des morts, dans le rite catholique romain.

DIESTER [diestɛr] n.m. (nom déposé). Huile végétale estérifiée, utilisée, pure ou mélangée à du gazole, comme biocarburant de diesels.

1. DIÈTE n.f. (bas lat. *dieta,* jour assigné). HIST. Assemblée politique qui, dans plusieurs États d'Europe (Saint Empire, Pologne, Hongrie, etc.), élisait le souverain et élaborait les lois soumises à sa ratification. (Le Parlement polonais a conservé ce nom.)

2. DIÈTE n.f. (gr. *diaita,* genre de vie). **1.** MÉD. Régime à base de certains aliments dans un but hygiénique ou thérapeutique. **2.** Abstention momentanée, totale ou partielle, d'aliments, pour raison de santé. *Mettre qqn à la diète.*

DIÉTÉTICIEN, ENNE n. Spécialiste de la diététique.

DIÉTÉTIQUE n.f. Discipline qui étudie la valeur nutritive des aliments et détermine les régimes alimentaires. ◆ adj. Relatif à la diététique, à ses applications. ◇ ***Aliment diététique,*** modifié, traité dans un but diététique.

DIÉTÉTISTE n. Québec. Diététicien.

DIÉTHYLÉNIQUE [die-] adj. Qui possède deux doubles liaisons carbone-carbone.

DIEU n.m. (lat. *deus*). **1.** (Avec une majuscule.) Dans les religions monothéistes, être suprême, créateur de toutes choses et sauveur du monde. *Prier Dieu, le bon Dieu.* ◇ ***Homme de Dieu :*** homme qui s'est voué au service de Dieu ; saint homme. – ***Dieu merci, grâce à Dieu :*** exprime le soulagement. *Ils sont indemnes, Dieu merci !* – ***Dieu sait :*** sert à exprimer un doute ou à renforcer une affirmation. *Dieu sait ce qui a pu se passer. Dieu sait si je l'avais mis en garde.* – ***Pour l'amour de Dieu :*** sert à formuler une demande, une supplication. *Soyez prudents, pour l'amour de Dieu.* – *Très fam.* ***Nom de Dieu ! :*** juron qui exprime le dépit, la colère, l'indignation. **2.** (Avec une minuscule.) **a.** Dans les religions polythéistes, être supérieur, puissance surnaturelle. *Mars, le dieu de la Guerre.* **b.** *Fig.* Personne, chose à laquelle on voue une sorte de culte, pour laquelle on a un attachement passionné. ◇ ***Beau comme un dieu :*** très beau.

DIFFA n.f. (ar. *ḍiyāfa,* hospitalité). Maghreb. Réception des hôtes de marque, accompagnée d'un repas.

DIFFAMANT, E adj. Qui diffame.

DIFFAMATEUR, TRICE n. Personne qui diffame. ◆ adj. Se dit d'un écrit, d'un journal qui diffame.

DIFFAMATION n.f. Action de diffamer ; écrit ou parole diffamatoires. – DR. Imputation d'un fait précis qui est de nature à porter atteinte à l'honneur ou à la considération d'une personne ou d'un corps constitué.

DIFFAMATOIRE adj. *Propos, écrit diffamatoire,* qui diffame.

DIFFAMER v.t. (lat. *diffamare,* de *fama,* renommée). Porter atteinte à la réputation d'une personne ou d'un corps constitué, par des paroles ou des écrits non fondés, mensongers ; calomnier.

DIFFÉRÉ, E adj. et n.m. Se dit d'un programme radiophonique ou télévisé enregistré avant sa diffusion (par oppos. à *en direct*). *Match retransmis en léger différé.* SYN. : *préenregistré.*

DIFFÉREMMENT [-ramɑ̃] adv. De façon différente.

DIFFÉRENCE n.f. (lat. *differentia*). **1.** Ce par quoi des êtres ou des choses ne sont pas semblables ; caractère qui distingue, oppose. **2.** Fait d'être différent ; spécificité. *Le droit à la différence.* ◇ ***À la différence de :*** par opposition à. – ***Faire la différence :*** reconnaître la différence entre plusieurs choses ; créer un écart avec ses concurrents. **3.** Résultat de la soustraction de deux nombres.

DIFFÉRENCIATEUR, TRICE adj. *Didact.* Qui différencie.

DIFFÉRENCIATION n.f. **1.** Action de différencier ; son résultat ; fait de se différencier. **2.** BIOL. Acquisition par les organismes vivants de différences croissantes entre leurs diverses parties au cours de leur développement. ◇ ***Différenciation cellulaire :*** processus par lequel une cellule indifférenciée (jeune) acquiert des formes et des fonctions spécialisées. **3.** GÉOL. Processus par lequel un corps planétaire initialement homogène se stratifie, sous l'effet de la gravité, en couches dont la densité augmente avec la profondeur.

DIFFÉRENCIÉ, E adj. Qui résulte d'une différenciation ; qui se différencie.

DIFFÉRENCIER v.t. [5]. **1.** Constituer une différence ; faire apparaître les différences entre deux êtres, deux choses. *Leur plumage les différencie. Différencier des plantes par leur fleur.* **2.** MATH. Différentier. ◆ **se différencier** v.pr. Être différent de qqn, de qqch d'autre ; acquérir des différences, devenir différent.

DIFFÉREND n.m. Divergence d'opinions, d'intérêts ; désaccord, conflit. *Avoir un différend.*

DIFFÉRENT, E adj. **1.** Qui présente une différence, qui n'est pas semblable, identique. *Il est très différent de son frère.* **2.** Qui n'est plus le même, qui a changé. *Il est différent depuis qu'il a pris sa retraite.* **3.** Original, nouveau. *Enfin un livre différent !* ◇ ***C'est tout différent :*** c'est tout autre chose. ◆ pl. (Avant le n.) Sert à indiquer la pluralité et la diversité. *Différentes personnes se sont présentées.*

DIFFÉRENTIABLE adj. MATH. *Fonction différentiable en un point* x_0 : fonction qui peut être assimilée à une fonction linéaire de la variable quand celle-ci tend vers x_0.

DIFFÉRENTIATEUR [-sja-] n.m. TECHN. Dispositif mécanique ou autre, organe de calcul automatique permettant d'élaborer des grandeurs différentiées.

DIFFÉRENTIATION [-sja-] n.f. MATH. Action de calculer la différentielle ou la dérivée.

1. DIFFÉRENTIEL, ELLE [-sjɛl] adj. **1.** ***Psychologie différentielle :*** branche de la psychologie qui a pour objet de mesurer les différences entre les individus, notamm. dans leurs performances intellectuelles. (Elle a recours à des tests ou à des batteries de tests.) – ***Seuil différentiel :*** la plus petite variation perceptible (d'un son, par ex.). **2.** GÉOMORPH. ***Érosion différentielle,*** variant selon la dureté des roches. **3.** ***Calcul différentiel :*** partie des mathématiques qui traite des propriétés locales des fonctions, de leur comportement, pour des variations infiniment petites de la variable. – ***Équation différentielle :*** équation liant une fonction et une ou plusieurs de ses dérivées successives.

2. DIFFÉRENTIEL n.m. **1.** Train d'engrenages qui permet de transmettre à un arbre rotatif un mouvement de vitesse équivalant à la somme ou à la différence des vitesses de deux autres mouvements. **2.** AUTOM. Mécanisme de transmission du couple moteur aux roues motrices, qui leur permet de tourner à des vitesses différentes dans les virages. **3.** Écart, exprimé en pourcentage, qui existe entre deux variables de même nature. *Différentiel d'intérêt.* ◇ ÉCON. ***Différentiel d'inflation :*** écart existant entre les taux d'inflation de deux pays ou de deux zones géographiques. Recomm. off. : *écart d'inflation.*

DIFFÉRENTIELLE n.f. MATH. Fonction linéaire à laquelle peut être assimilée une fonction différentiable en un point donné.

DIFFÉRENTIER [diferɑ̃sje] v.t. [5]. MATH. Calculer la différentielle ou la dérivée. (On écrit parfois *différencier.*)

1. DIFFÉRER v.t. [11] (lat. *differre,* retarder). Remettre à une date ultérieure ; reporter, repousser.

2. DIFFÉRER v.i. [11] (lat. *differre,* être différent). **1.** Être différent, dissemblable. *Mon opinion diffère de la sienne.* **2.** N'être pas du même avis. *Nous différons sur ce point.*

DIFFICILE adj. (lat. *difficilis*). **1.** Qui ne se fait, qui ne peut être résolu qu'avec peine, qui exige des efforts ; compliqué, pénible. *Problème difficile à résoudre.* **2.** Qui est peu facile à contenter ou à supporter. *Caractère difficile.* **3.** Qui cause du tourment, qui est dur à subir ; pénible, douloureux. *Moment difficile. Des débuts difficiles.* **4.** Qui connaît de graves problèmes, notamm. sociaux. *Des quartiers difficiles.* ◆ n. *Faire le, la difficile :* se montrer peu ou pas facile à contenter.

DIFFICILEMENT adv. Avec difficulté.

DIFFICULTÉ n.f. (lat. *difficultas*). **1.** Caractère de ce qui est difficile ; complexité. *Difficulté d'une négociation.* **2.** Chose difficile, qui embarrasse ; empêchement, obstacle. *La principale difficulté sera de la convaincre.* **3.** Divergence de vues entre des personnes ; opposition, antagonisme. *Avoir des difficultés avec ses enfants.* ◇ *Faire des difficultés :* susciter des obstacles, ne pas accepter facilement qqch.

DIFFICULTUEUX, EUSE adj. *Litt.* Qui présente des difficultés.

DIFFLUENCE n.f. Division d'un cours d'eau, d'un glacier en plusieurs bras qui ne se rejoignent pas.

DIFFLUENT, E adj. *Didact.* Qui se développe dans des directions divergentes, qui se disperse.

DIFFORME adj. (lat. *deformis*). Qui n'a pas une forme normale ; contrefait.

DIFFORMITÉ n.f. Défaut dans la forme ; anomalie dans les proportions.

DIFFRACTER v.t. Produire la diffraction de.

DIFFRACTION n.f. (du lat. *diffractus*, mis en morceaux). PHYS. Déviation que subit la direction de propagation des ondes (acoustiques, lumineuses, hertziennes, rayons X, etc.) lorsque celles-ci rencontrent un obstacle ou une ouverture de dimensions du même ordre de grandeur que leur longueur d'onde.

DIFFUS, E adj. (lat. *diffusus*). **1.** Répandu en tous sens ; qui a perdu de sa force. *Lumière, chaleur diffuse.* ◇ *Douleur diffuse,* non circonscrite. **2.** *Fig.* Qui manque de netteté, de concision. *Style diffus.*

DIFFUSABLE adj. Qui peut être diffusé.

DIFFUSANT, E adj. **1.** Qui diffuse la lumière, la chaleur, etc. **2.** Qui est créateur de progrès économique, d'emplois. *Technologie diffusante.*

DIFFUSÉMENT adv. *Sout.* De façon diffuse.

DIFFUSER v.t. **1.** Répandre dans toutes les directions. *Le verre dépoli diffuse la lumière.* **2.** Retransmettre une émission par la radio, la télévision ; propager par les médias en général. *Diffuser une nouvelle.* **3.** Assurer la distribution commerciale d'une publication. *Diffuser des livres.* **4.** Assurer la promotion et la représentation de certains produits, en partic. des livres, ou de réalités culturelles. ◆ v.i. Se répandre par diffusion, en parlant d'une substance. *Ce médicament diffuse dans l'organisme.*

1. DIFFUSEUR n.m. **1.** Accessoire d'éclairage qui donne une lumière diffuse. **2.** Dispositif permettant à une substance (parfum, insecticide) d'agir par évaporation lente. **3.** Appareil servant à extraire le sucre de la betterave. **4.** Conduit servant à ralentir l'écoulement d'un fluide en augmentant la section de passage. **5.** Partie du carburateur d'un moteur à explosion où s'effectue le mélange carburé. **6.** Ajutage fixé sur un fût de lance d'incendie pour diviser le jet d'eau.

2. DIFFUSEUR n.m. COMM. Personne, entreprise chargée de diffuser des produits, en partic. des livres ou des publications.

DIFFUSION n.f. (lat. *diffusio*). **1. a.** Mouvement d'un ensemble de particules dans un milieu, sous l'action de différences de concentration, de température, etc. **b.** Dispersion d'un rayonnement incident (lumière, rayons X, son) dans toutes les directions lorsqu'il traverse certains milieux. **c.** PHYS. Changement de la direction ou de l'énergie d'une particule lors d'une collision avec une autre particule. **d.** *Diffusion gazeuse :* procédé de séparation des isotopes fondé sur la différence de vitesse de passage d'un gaz à travers une paroi poreuse en fonction de la masse molaire de ce gaz. (Ce procédé est utilisé pour l'enrichissement de l'uranium.) **2.** Action de retransmettre qqch par la radio, la télévision. ◇ *Diffusion hertzienne numérique :* système de diffusion par voie hertzienne adapté à la transmission numérique des programmes de télévision et de radio. **3.** Action de propager une connaissance, un savoir, etc. **4.** Action de diffuser un livre, un journal, un produit, etc. **5.** Nombre d'exemplaires vendus d'un journal au numéro.

DIFFUSIONNISME n.m. Théorie anthropologique, développée au début du XXe s., selon laquelle les différences entre les cultures s'expliquent par la diffusion de traits culturels particuliers à partir des lieux d'invention. (L'étude de la diffusion de l'agriculture, de l'écriture, du métier à tisser, etc., a débouché sur une hiérarchisation des cultures selon leur degré de richesse.)

DIFFUSIONNISTE adj. et n. Relatif au diffusionnisme ; qui en est partisan.

DIGAMMA n.m. inv. Lettre de l'alphabet grec archaïque (notée F), qui servait à noter le son [w].

DIGASTRIQUE adj. *Muscle digastrique :* muscle qui présente en son milieu deux corps musculaires séparés par un tendon intermédiaire.

DIGÉRER v.t. [11] (lat. *digerere*, distribuer). **1.** Assimiler par la digestion. *Je digère mal mon repas.* — Absol. Effectuer la digestion des aliments. **2.** *Fig.* Assimiler par la réflexion, la pensée. *Digérer ses lectures.* **3.** *Fam.* Accepter sans révolte qqch de désagréable, d'humiliant ; endurer. *Digérer un affront. Je n'ai toujours pas digéré cet échec.*

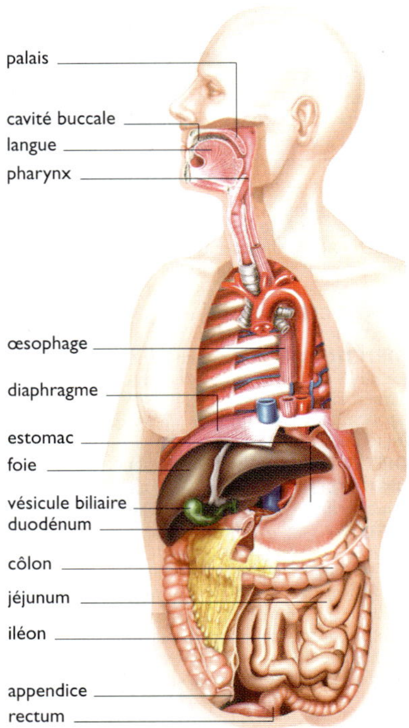

■ APPAREIL **DIGESTIF**

DIGEST [dajdʒəst] ou [diʒɛst] n.m. (mot angl., de *to digest*, résumer). Résumé d'un livre ou d'un article ; publication périodique renfermant de tels résumés.

1. DIGESTE adj. (lat. *digestus*). Facile à digérer.

2. DIGESTE n.m. (lat. *Digesta*). Recueil méthodique de droit. (Le plus célèbre est le *Digeste* de Justinien, ou *Pandectes* [533].)

DIGESTEUR n.m. **1.** CHIM. Appareil servant à entraîner les parties solubles de certaines substances. **2.** Cuve à l'intérieur de laquelle on provoque la fermentation anaérobie de boues résiduaires ou de déjections animales en vue de produire du méthane.

DIGESTIBILITÉ n.f. Aptitude d'un aliment à être digéré.

DIGESTIBLE adj. Se dit d'un aliment qui peut être digéré ; assimilable.

1. DIGESTIF, IVE adj. Relatif à la digestion. *Troubles digestifs.* ◇ *Appareil digestif :* ensemble des organes qui concourent à la digestion.

2. DIGESTIF n.m. Eau-de-vie, liqueur, vin de liqueur que l'on prend habituellement après le repas.

DIGESTION n.f. (lat. *digestio*, distribution). Transformation des aliments dans l'appareil digestif ; moment où l'on digère. (Chez les ruminants, la digestion présente des modalités très particulières.) [→ *rumination*].

ENCYCL. La digestion consiste en un ensemble d'actions mécaniques — mastication effectuant un broyage des aliments par les dents, déglutition, mouvements de brassage de l'estomac, mouvements péristaltiques de l'intestin — et de réactions chimiques assurées par les enzymes des sucs digestifs (salive, sucs gastrique, pancréatique, intestinal) et par la bile, qui émulsionne les graisses. Les aliments sont ainsi réduits en leurs composants élémentaires, absorbés alors, à travers la muqueuse de l'intestin grêle, vers le sang ou les vaisseaux chylifères. Les substances non absorbées par l'intestin grêle passent dans le gros intestin et sont éliminées avec les fèces.

DIGICODE n.m. (nom déposé). Clavier électronique sur lequel on compose une combinaison alphanumérique pour avoir accès à un bâtiment.

1. DIGITAL, E, AUX adj. (du lat. *digitus*, doigt). Qui se rapporte aux doigts. *Empreinte digitale.*

2. DIGITAL, E, AUX adj. (de l'angl. *digit*, nombre, du lat. *digitus*, doigt). INFORM., TÉLÉCOMM. Vieilli, anglic. déconseillé. Numérique.

DIGITALE n.f. Plante d'Europe et d'Asie occidentale à hampe dressée, à fleurs tombantes en forme

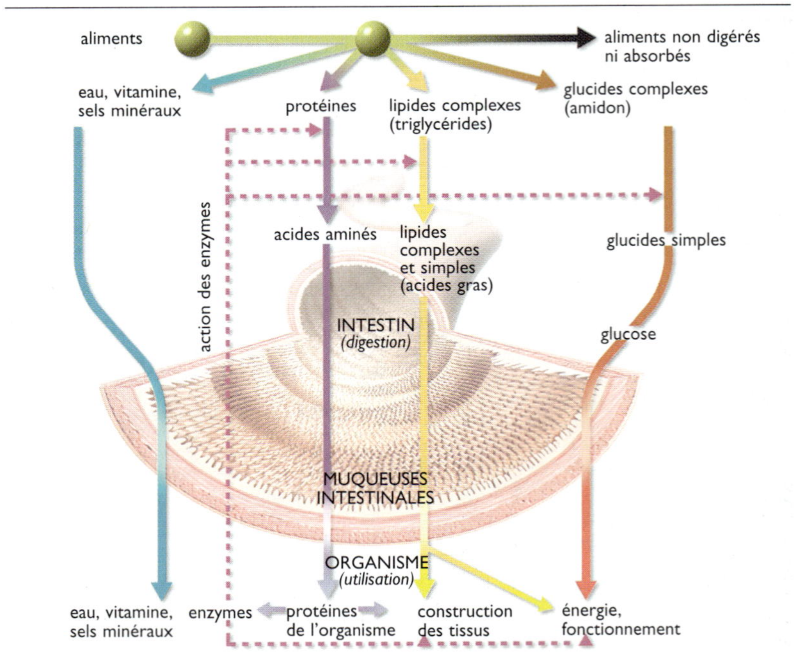

■ **DIGESTION**

■ **DIGITALES**

de doigt de gant, contenant plusieurs alcaloïdes toxiques, dont la digitaline. (Genre *Digitalis* ; famille des scrofulariacées.) Nom usuel : *doigtier.*

DIGITALINE n.f. Principe actif extrait de la digitale, très toxique à fortes doses.

DIGITALIQUE adj. et n.m. Se dit d'une substance apparentée à la digitaline, utilisée comme cardiotonique au cours de l'insuffisance cardiaque.

DIGITALISER v.t. (de l'angl. *digit,* nombre). INFORM., TÉLÉCOMM. Vieilli, anglic. déconseillé. Numériser.

DIGITÉ, E adj. ANAT. Découpé en forme de doigts.

DIGITIFORME adj. (du lat. *digitus,* doigt). *Didact.* En forme de doigt.

DIGITIGRADE adj. et n.m. (du lat. *digitus,* doigt, et *gradi,* marcher). ZOOL. Qui marche en appuyant les doigts, et non la plante du pied, sur le sol.

DIGITOPLASTIE n.f. Opération chirurgicale consistant à réparer un doigt amputé.

DIGITOPUNCTURE [-pɔ̃k-] n.f. Méthode dérivée de l'acupuncture, visant à soigner les maladies par la pression des doigts en différents points.

DIGLOSSIE n.f. (du gr. *diglôssos,* bilingue). LING. Situation de bilinguisme d'un individu ou d'une communauté, dans laquelle une des deux langues a un statut sociopolitique inférieur.

DIGNE adj. (lat. *dignus*). **1.** Qui mérite qqch. *Digne d'éloges, de mépris.* **2.** Qui est en conformité avec, approprié à. *Une action digne de sa générosité.* **3.** Dont le mérite, la valeur ne sont pas inférieurs à ceux de qqn d'autre. *Fils digne de son père.* **4.** Qui manifeste de la retenue, une certaine gravité. *Maintien digne.* **5.** *Sout.* Qui mérite l'estime, le respect. *Votre digne successeur.*

DIGNEMENT adv. Avec dignité ; convenablement.

DIGNITAIRE n.m. Personnage à qui l'on a conféré une dignité.

DIGNITÉ n.f. (lat. *dignitas*). **1.** Respect dû à une personne, à une chose ou à soi-même. *Atteinte à la dignité de la personne humaine. Compromettre sa dignité.* **2.** Retenue, gravité dans les manières. *Manquer de dignité.* **3.** Haute fonction, charge qui donne à qqn un rang éminent ; distinction honorifique. *La dignité de grand-croix de la Légion d'honneur.*

DIGRAMME n.m. LING. Groupe de deux lettres employé pour transcrire un phonème unique (par ex. : *ch* transcrivant [ʃ]).

DIGRAPHIE n.f. COMPTAB. Tenue des livres en partie double.

DIGRESSION n.f. (lat. *digressio,* de *digredi,* s'écarter de son chemin). Développement étranger au sujet, dans un texte, un discours, une conversation.

DIGUE n.f. (anc. néerl. *dijc*). Ouvrage destiné à contenir les eaux, à protéger contre leurs effets ou à guider leur cours.

DIHOLOSIDE n.m. CHIM. ORG. Composé résultant de la condensation de deux oses.

DIHYDROGÈNE n.m. Hydrogène gazeux (H_2).

DIKTAT [diktat] n.m. (mot all.). Exigence absolue, imposée par le plus fort, notamm. dans les relations internationales.

DILACÉRATION n.f. **1.** Action de dilacérer ; son résultat. **2.** MÉD. Destruction d'un tissu vivant par de multiples déchirures irrégulières.

DILACÉRER v.t. [11] (lat. *dilacerare*). **1.** Mettre en pièces ; déchirer. **2.** MÉD. Produire une dilacération.

DILAPIDATEUR, TRICE adj. et n. Qui dilapide, dépense sans mesure.

DILAPIDATION n.f. Action de dilapider.

DILAPIDER v.t. (lat. *dilapidare*). Dépenser à tort et à travers ; gaspiller. *Dilapider son bien.*

DILATABILITÉ n.f. PHYS. Propriété qu'ont les corps de se dilater.

DILATABLE adj. PHYS. Susceptible de se dilater.

DILATANT, E adj. Qui dilate.

DILATATEUR, TRICE adj. *Muscle dilatateur,* ou *dilatateur,* n.m., qui dilate un canal, un orifice. CONTR. : *constricteur.* ◆ n.m. MÉD. Instrument servant à dilater un orifice ou une cavité.

DILATATION n.f. (lat. *dilatatio*). **1.** Action de dilater ; fait de se dilater, d'être dilaté. **2.** PHYS. Augmentation de la longueur ou du volume d'un corps par élévation de température, sans changement dans la nature du corps. **3.** MÉD. Augmentation du calibre d'un conduit naturel, soit pathologique *(dilatation des bronches),* soit thérapeutique *(dilatation de l'urètre).*

DILATER v.t. (lat. *dilatare,* de *latus,* large). **1.** PHYS. Augmenter le volume d'un corps par élévation de sa température. **2.** Augmenter le calibre d'un conduit naturel ; agrandir l'ouverture d'un organe. ◇ p.p. adj. *Pupilles dilatées.* **3.** *Dilater le cœur,* le remplir de joie, d'enthousiasme, etc. ◆ **se dilater** v.pr. **1.** Augmenter de volume. **2.** S'ouvrir, s'élargir, en parlant d'un organe. **3.** Être envahi par un sentiment très fort ; déborder de. *Son cœur se dilatait de joie.*

DILATOIRE adj. (lat. *dilatorius*). **1.** Qui tend à gagner du temps, à retarder une décision. *Réponse dilatoire. Des manœuvres dilatoires.* **2.** DR. *Exception dilatoire :* mesure qui tend à retarder la poursuite d'une instance.

DILATOMÈTRE n.m. PHYS. Instrument de mesure de la dilatation.

DILECTION n.f. (lat. *dilectio*). *Litt.* Amour pur et pénétré de tendresse spirituelle.

DILEMME [dilɛm] n.m. (gr. *dilêmma*). **1.** LOG. Raisonnement comprenant deux prémisses contradictoires, mais menant à une même conclusion, laquelle, par conséquent, s'impose. **2.** Obligation de choisir entre deux possibilités comportant toutes deux des inconvénients.

DILETTANTE [dilɛtɑ̃t] n. (mot ital.). Personne qui s'adonne à un travail, à un art pour son seul plaisir, en amateur, avec une certaine fantaisie.

DILETTANTISME n.m. *(Souvent péjor.).* Caractère, attitude du dilettante.

DILIGEMMENT [diliʒamɑ̃] adv. *Sout.* Avec diligence, avec zèle.

1. DILIGENCE n.f. (lat. *diligentia,* soin). **1.** Promptitude dans l'exécution d'une tâche ; empressement, zèle. **2.** DR. *À la diligence de :* sur la demande, à la requête de.

2. DILIGENCE n.f. (abrév. de *carrosse de diligence*). Anc. Véhicule hippomobile fermé, à quatre roues, qui servait au transport des voyageurs.

DILIGENT, E adj. (lat. *diligens, -entis*). *Litt.* Qui agit avec promptitude et efficacité ; assidu, zélé.

DILIGENTER v.t. DR. ou *litt.* Faire ou faire faire qqch avec diligence. *Diligenter une enquête.*

DILUANT n.m. Liquide volatil ajouté à la peinture, au vernis pour en améliorer les caractéristiques d'application.

DILUER v.t. (lat. *diluere,* tremper). **1.** Délayer une substance dans un liquide. **2.** *Diluer un liquide,* en diminuer la teneur par l'adjonction d'eau ou d'un autre liquide. ◇ p.p. adj. *Alcool dilué.* **3.** *Fig.* Affaiblir un texte, des idées en les développant à l'excès. ◆ **se diluer** v.pr. **1.** Se mélanger avec un liquide. *Le sucre se dilue dans l'eau.* **2.** *Fig.* Se disperser en perdant toute consistance. *Les responsabilités de l'échec se diluent au sein de la direction.*

DILUTION n.f. Action de diluer, fait de se diluer ; leur résultat.

DILUVIEN, ENNE adj. (du lat. *diluvium,* déluge). Qui a rapport au Déluge, évoque le Déluge. ◇ *Pluie diluvienne,* très abondante.

DIMANCHE n.m. (lat. *dies dominicus,* jour du Seigneur). Septième jour de la semaine. ◇ *(Souvent péjor.). Du dimanche :* se dit de qqn qui pratique une activité en amateur. *Peintre du dimanche.*

DÎME n.f. (lat. *decima,* dixième partie). Au Moyen Âge et sous l'Ancien Régime, fraction variable, en principe un dixième, des produits de la terre et de l'élevage, versée à l'Église. (Abolie en 1789.)

DIMENSION n.f. (lat. *dimensio*). **1.** Mesure de chacune des grandeurs nécessaires à l'évaluation des figures et des solides (longueur, largeur, hauteur ou profondeur). **2.** ALGÈBRE. *Dimension d'un espace vectoriel,* nombre d'éléments des bases de cet espace. **3.** PHYS. Expression de la relation existant entre une grandeur dérivée et les grandeurs fondamentales dont elle dépend. ◇ *Quatrième dimension :* le temps, dans la théorie de la relativité. – *Sans dimension :* se dit d'une grandeur physique qui n'est pas rattachée à une grandeur fondamentale. **4.** Portion d'espace occupée par un corps, un objet. *Un paquet de grande dimension.* **5.** *Fig.* **a.** Importance, ampleur. *Un événement d'une dimension historique.* **b.** Aspect significatif de qqch. *L'inconscient, dimension essentielle du psychisme.*

DIMENSIONNEL, ELLE adj. *Didact.* Relatif aux dimensions de qqch.

DIMENSIONNER v.t. TECHN. Fixer, déterminer les dimensions d'une pièce, d'un élément, etc.

DIMÈRE n.m. et adj. CHIM. Molécule résultant de la combinaison de deux molécules identiques.

DIMÉTRODON n.m. Reptile carnivore fossile du permien d'Amérique du Nord, qui portait sur le dos une haute structure à rôle probablement thermorégulateur. (Long. 3 m.)

DIMINUÉ, E adj. Dont les facultés physiques ou intellectuelles sont amoindries.

DIMINUENDO [diminɥɛndo] adv. (mot ital.). MUS. Avec diminution de l'intensité des sons. SYN. : *decrescendo.* ◆ n.m. Passage exécuté diminuendo.

DIMINUER v.t. (lat. *diminuere,* de *minus,* moins). **1.** Rendre moins grand, réduire en quantité. *Diminuer la longueur d'une planche. Diminuer les frais, la vitesse.* **2.** Rendre moins intense, moins important ; affaiblir, tempérer. *Diminuer le mérite de qqn.* ◆ v.i. **1.** Devenir moins grand, moins étendu, moins intense, moins coûteux. *Les jours diminuent. La pluie a diminué. Le prix des légumes a diminué.* **2.** Effectuer une diminution, en tricot.

DIMINUTIF, IVE adj. et n.m. LING. Qui donne une nuance de petitesse, d'atténuation, d'affection ou de familiarité (par ex. *fillette, menotte*).

DIMINUTION n.f. **1.** Action de diminuer en dimension, en quantité, en intensité, en valeur ; son résultat. **2.** Opération qui consiste à tricoter deux mailles ensemble ou à prendre une maille sur l'aiguille sans la tricoter et à la rejeter sur la maille suivante.

DIMORPHE adj. (du gr. *morphê,* forme). **1.** *Didact.* Qui peut revêtir deux formes différentes. **2.** CHIM. Qui peut cristalliser sous deux formes différentes.

DIMORPHISME n.m. **1.** CHIM. Propriété des corps dimorphes. **2.** SC. DE LA V. *Dimorphisme sexuel :* ensemble des différences, non indispensables à la reproduction, entre le mâle et la femelle de la même espèce animale.

DINANDERIE n.f. (de *Dinant,* n. de ville). **1.** Art médiéval de la production d'objets en laiton coulé. **2.** Travail artistique du cuivre ou du laiton en feuille par martelage (rétreinte, étirage) ; objets ainsi produits.

DINANDIER, ÈRE n. Fabricant ou marchand de dinanderie.

DINAR n.m. (ar. *dīnār,* du gr. *dênarion*). Unité monétaire principale de l'Algérie, de Bahreïn, de l'Iraq, de la Jordanie, du Koweït, de la Libye, du Soudan, de la Tunisie et de la Yougoslavie.

DÎNATOIRE adj. Qui tient lieu de dîner. *Goûter dînatoire.*

DINDE n.f. (de *poule d'Inde*). **1.** Dindon femelle. **2.** *Fam.* Femme ou fille sotte, stupide.

DINDON n.m. (de *dinde*). **1.** Oiseau gallinacé originaire de l'Amérique du Nord, introduit et

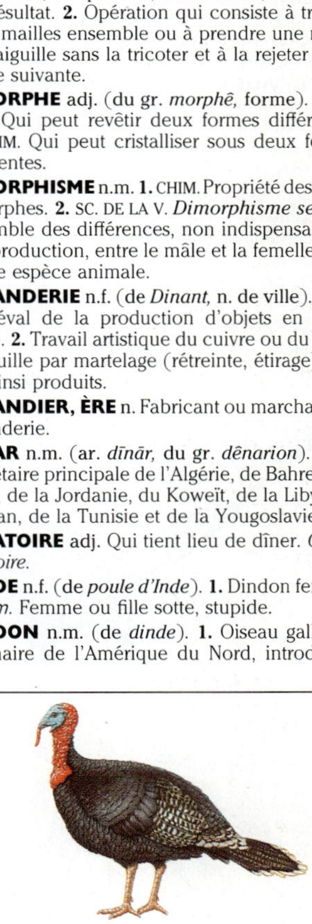

■ **DINDON.** Dindon sauvage.

D

domestiqué en Europe depuis le XVIe s., élevé pour sa chair. (Le terme *dindon* désigne plus spécial. le mâle. Celui-ci peut peser jusqu'à 19 kg pour la forme domestiquée ; il porte sur la tête des excroissances et des caroncules colorées, et peut dresser les plumes de sa queue. Cri : le dindon glougloute. Genre *Meleagris ;* famille des phasianidés.) **2.** *Fam.* Homme stupide et vaniteux. ◇ ***Être le dindon de la farce :*** être la victime, la dupe dans une affaire.

DINDONNEAU n.m. Jeune dindon.

DINDONNER v.t. *Fam.,* vx. Tromper qqn, le berner.

1. DÎNER v.i. (lat. pop. *disjejunare,* rompre le jeûne). **1.** Prendre le repas du soir. **2.** Région. ou Belgique, Québec, Suisse. Déjeuner.

2. DÎNER n.m. **1.** Repas du soir. **2.** Ce que l'on mange au dîner. **3.** Région. ou Belgique, Québec, Suisse. Repas de midi.

DÎNETTE n.f. **1.** Petit repas que les enfants font ensemble ou simulent avec leur poupée. **2.** *Fam.* Repas léger. **3.** Service de vaisselle miniature servant de jouet aux enfants.

DÎNEUR, EUSE n. Personne qui dîne, qui prend part à un dîner.

DING interj. (onomat.). Évoque un tintement, un coup de sonnette, de cloche, etc. *Ding ! On sonne !*

D

DINGHY [dingi] n.m. [pl. *dinghys* ou *dinghies*] (mot angl., du hindi). Canot pneumatique de sauvetage.

1. DINGO [dɛ̃go] n.m. (mot angl.). Chien sauvage d'Australie.

2. DINGO [dɛ̃go] adj. et n. (de *dingue*). *Fam.* Fou.

DINGUE adj. et n. *Fam.* Fou. ◆ adj. *Fam.* Remarquable par sa bizarrerie, son absurdité ; fantastique, inouï, incroyable. *Il m'est arrivé une histoire dingue.*

DINGUER v.i. *Fam.* Tomber brutalement ; être projeté avec violence. ◇ *Fam.* ***Envoyer dinguer :*** éconduire brutalement ; envoyer promener.

DINGUERIE n.f. *Fam.* Comportement de dingue.

DINITROTOLUÈNE n.m. CHIM. ORG. Dérivé deux fois nitré du toluène (2,4 et 2,6), entrant dans la composition d'explosifs (cheddite, notamm.).

DINOFLAGELLÉ n.m. MICROBIOL. Péridinien.

DINORNIS [dinɔrnis] n.m. (du gr. *deinos,* terrible). Grand oiseau de Nouvelle-Zélande voisin de l'autruche, dont l'espèce s'est éteinte vers le XVe s. (Haut. : 3,50 m.) SYN. : *moa.*

1. DINOSAURE [dinɔzɔr] ou **DINOSAURIEN** [dinɔsorjɛ̃] n.m. (du gr. *deinos,* terrible, et *saura,* lézard). Reptile fossile de l'ère secondaire, dont les nombreuses espèces étaient très diversifiées dans leur morphologie ainsi que dans leur taille.
ENCYCL. Classés en deux groupes (saurischiens et ornithischiens) d'après la forme de leur bassin, les quelque 400 genres décrits comptent de très petits carnivores (30 cm), des carnivores géants, tel le tyrannosaure, et des herbivores parfois gigantesques (plus de 20 m), tels le brontosaure et le diplodocus. Apparus au trias (il y a env. 200 millions d'années), les dinosaures ont dominé la vie animale terrestre au jurassique et au crétacé, avant de s'éteindre brusquement il y a 65 millions d'années.

2. DINOSAURE n.m. *Fam.* Personne, institution jugée archaïque dans son domaine, mais y conservant une importance considérable. *Un dinosaure de la politique.*

DINOTHÉRIUM [dinɔterjɔm] n.m. (du gr. *deinos,* terrible, et *thêrion,* bête sauvage). Mammifère fossile de l'ordre des proboscidiens, qui vécut au miocène en Europe. (De la taille des éléphants, il possédait à la mâchoire inférieure deux défenses recourbées vers le sol.)

DIOCÉSAIN, E adj. Relatif à un diocèse. ◆ n. Fidèle d'un diocèse.

DIOCÈSE n.m. (lat. *diocesis,* du gr.). **1.** Territoire placé sous la juridiction d'un évêque. **2.** Circonscription administrative de l'Empire romain, créée par Dioclétien, qui groupait plusieurs provinces et était placée sous l'autorité d'un vicaire.

DIODE n.f. (du gr. *hodos,* route). Composant électronique utilisé comme redresseur de courant (tube à deux électrodes, jonction de deux semi-conducteurs). ◇ ***Diode électroluminescente (DEL) :*** diode qui émet des radiations lumineuses lorsqu'elle est parcourue par un courant électrique et que l'on utilise pour l'affichage électronique de données (heure, notamm.), la signalisation, etc. SYN. : *LED.*

DIODON n.m. Poisson des mers chaudes appelé *poisson porc-épic* pour son aptitude à dresser de fortes épines en se gonflant d'eau ou d'air. (Famille des diodontidés.)

■ **DIODON**

DIOÏQUE [djɔik] adj. (du gr. *oikos,* maison). Se dit des plantes qui ont les fleurs mâles et les fleurs femelles sur des pieds séparés, telles que le chanvre, le houblon, le dattier. CONTR. : *monoïque.*

DIOLÉFINE n.f. CHIM. ORG. Diène.

DIONÉE n.f. (de *Dioné,* mère d'Aphrodite). Petite plante de l'Amérique du Nord, dont les feuilles emprisonnent brusquement et digèrent les insectes qui s'y posent. (Famille des droséracées.) Nom usuel : *attrape-mouche.*

DIONYSIAQUE adj. **1.** Relatif à Dionysos. **2.** PHILOS. Chez Nietzsche, qui a un caractère de démesure, de foisonnement exubérant (par oppos. à *apollinien*).

DIONYSIEN, ENNE adj. et n. De la ville de Saint-Denis (Seine-Saint-Denis).

DIONYSIES n.f. pl. ANTIQ. GR. Fêtes en l'honneur de Dionysos.

DIOPTRE n.m. (gr. *dioptron,* de *dia,* à travers, et *optesthai,* voir). Surface optique séparant deux milieux transparents inégalement réfringents.

DIOPTRIE n.f. Unité de mesure de vergence des systèmes optiques (symb. δ), équivalant à la vergence d'un système optique dont la distance focale est 1 mètre dans un milieu dont l'indice de réfraction est 1.

DIOPTRIQUE n.f. (gr. *dioptrikê,* art de mesurer les distances). Partie de la physique qui s'occupe de l'action des milieux sur la lumière qui les traverse.

DIORAMA n.m. (du gr. *dia,* à travers, d'après *panorama*). Au XIXe s., grande peinture sur toile présentée dans une salle obscure, avec des jeux de lumière, afin de donner l'illusion de la réalité et du mouvement.

DIORITE n.f. (du gr. *diorizein,* distinguer). Roche magmatique de texture grenue constituée essentiellement de plagioclase, d'amphibole et de mica.

DIOSCORÉACÉE n.f. (de *Dioscoride,* n. d'un médecin gr.). Plante monocotylédone des régions tropicales et tempérées telle que le tamier et l'igname. (Les dioscoréacées forment une famille.)

DIOULA n.m. Afrique de l'Ouest. Commerçant musulman itinérant.

DIOXINE [diɔksin] n.f. Nom générique d'une famille de composés chloro-organiques oxygénés extrêmement toxiques, dont la principale source est l'incinération des déchets.

DIOXYDE [diɔksid] n.m. Oxyde contenant deux atomes d'oxygène. ◇ ***Dioxyde de carbone :*** anhydride *carbonique.

DIOXYGÈNE n.m. Oxygène gazeux (O_2).

DIPHASÉ, E adj. ÉLECTROTECHN. Se dit de deux courants ou de deux tensions sinusoïdaux de même fréquence et de même amplitude, déphasés d'un quart de période.

DIPHÉNOL n.m. CHIM. ORG. Corps possédant deux fois la fonction phénol.

DIPHÉNYLE n.m. Hydrocarbure utilisé pour la conservation des agrumes. SYN. : *biphényle.*

■ **DIONÉE**

■ **DINOSAURIENS**

DIPHTÉRIE n.f. (du gr. *diphtera,* membrane). Maladie infectieuse bactérienne, contagieuse, se manifestant par une angine à fausses membranes et par une atteinte générale due à la sécrétion d'une toxine.

DIPHTÉRIQUE adj. Relatif à la diphtérie. ◆ adj. et n. Atteint de diphtérie.

DIPHTONGAISON n.f. PHON. Fusion en un seul élément vocalique (ou diphtongue) de deux voyelles qui se suivent (par ex. en italien [uo], dans *cuore,* cœur).

DIPHTONGUE n.f. (gr. *diphtongos,* de *phtongos,* son). PHON. Voyelle complexe dont le timbre se modifie au cours de son émission (par ex., en angl., [ei] dans *make*). ◇ *Fausse diphtongue :* en français, groupe de deux lettres notant un phonème *(ai)* ou une semi-consonne suivie d'une voyelle *(oi).*

DIPHTONGUER v.t. PHON. Convertir en diphtongue une voyelle en modifiant son timbre.

DIPLOBLASTIQUE adj. EMBRYOL. Se dit d'un animal dont les divers organes s'édifient à partir de deux feuillets embryonnaires seulement, le mésoblaste, ou mésoderme, ne se formant pas. (Les principaux embranchements diploblastiques sont ceux des spongiaires, des cnidaires et des cténaires.)

DIPLOCOQUE n.m. Bactérie de la forme des cocci et toujours groupée avec une bactérie identique à l'examen microscopique (gonocoque, méningocoque).

DIPLODOCUS [diplɔdɔkys] n.m. (du gr. *diploos,* double, et *dokos,* poutre). Dinosaure herbivore qui a vécu en Amérique au jurassique, et dont le cou et la queue étaient très allongés. (Long. 27 m env. ; groupe des saurischiens.)

DIPLOÏDE adj. BIOL., MÉD. Se dit d'une cellule, d'un être vivant dont les chromosomes, semblables deux à deux, peuvent être associés par paires homologues. (Dans l'œuf fécondé, l'état diploïde résulte de la réunion d'un lot de chromosomes d'origine maternelle et d'un lot de chromosomes homologues d'origine paternelle.)

1. DIPLOMATE n. Personne chargée de représenter son pays auprès d'une nation étrangère et dans les relations internationales. ◆ adj. et n. Qui fait preuve d'habileté, de tact dans les relations avec autrui.

2. DIPLOMATE n.m. Pudding à base de biscuits et de crème anglaise, garni de fruits confits.

DIPLOMATIE [-si] n.f. **1.** Science, pratique des relations internationales. **2.** Carrière, fonction d'un diplomate. **3.** Ensemble des diplomates. **4.** Habileté, tact dans les relations avec autrui.

1. DIPLOMATIQUE adj. **1.** Relatif à la diplomatie. **2.** Qui est plein de tact, de prudence, d'habileté. ◇ *Fam. Maladie diplomatique :* prétexte allégué pour se soustraire à une obligation professionnelle ou sociale.

2. DIPLOMATIQUE n.f. Science qui étudie les règles formelles présidant à l'établissement des actes et documents officiels, et leurs variations au cours des âges.

DIPLOMATIQUEMENT adv. De façon diplomatique, avec diplomatie.

DIPLÔME n.m. (gr. *diplôma,* objet plié en deux). **1.** Acte délivré par une école, une université, etc., et conférant un titre, un grade à son récipiendaire. **2.** Au Moyen Âge, acte solennel des souverains ou de grands feudataires, authentifié par un sceau.

DIPLÔMÉ, E adj. et n. Qui a obtenu un diplôme.

DIPLÔMER v.t. Décerner un diplôme à qqn.

DIPLOPIE n.f. (du gr. *diploos,* double, et *ôps, ôpos,* œil). MÉD. Trouble de la vue, qui fait voir en double les objets.

DIPNEUSTE [dipnøst] n.m. (du gr. *pneuein,* respirer). Poisson osseux des mares temporaires ou des cours d'eau d'Australie, d'Afrique occidentale et d'Amazonie, à nageoires charnues, et pourvu de branchies et de poumons, ce qui lui permet de respirer aussi bien sous l'eau qu'à l'air libre. (Les dipneustes forment une sous-classe.)

DIPOLAIRE adj. ÉLECTROMAGN. Qui possède deux pôles.

DIPÔLE n.m. PHYS. **1.** Ensemble de deux charges électriques très proches, égales, de signes opposés. SYN. : *doublet électrique.* **2.** Réseau électrique à deux bornes.

DIPSACACÉE ou **DIPSACÉE** n.f. (du lat. *dipsacus,* du gr. *dipsân,* avoir soif). Plante herbacée d'Eurasie et d'Afrique à petites fleurs en capitules, telle que la cardère et la scabieuse. (Les dipsacacées forment une famille de dicotylédones.)

DIPSOMANIE n.f. (du gr. *dipsos,* soif). Besoin irrésistible et intermittent de boire de fortes quantités de boissons alcoolisées.

1. DIPTÈRE adj. (gr. *dipteros*). ARCHIT. Se dit d'un édifice (le plus souvent un temple) entouré d'un portique à double rangée de colonnes.

2. DIPTÈRE adj. et n.m. (gr. *dipteros,* à deux ailes). Insecte pourvu d'une seule paire d'ailes membraneuses (la seconde paire étant transformée en balanciers servant à l'équilibrage en vol), à pièces buccales piqueuses ou suceuses, tel que la mouche, le moustique, le taon. (Les diptères forment un ordre très vaste, comprenant plus de 200 000 espèces.)

DIPTYQUE n.m. (du gr. *diptukhos,* plié en deux). **1.** Œuvre peinte ou sculptée composée de deux panneaux, pouvant ou non se refermer l'un sur l'autre. **2.** ARCHÉOL. Tablette à deux volets reliés par une charnière. **3.** Œuvre littéraire, musicale, etc., composée de deux parties qui s'opposent ou se mettent en valeur par contraste.

DIRCOM [dirkɔm] n.f. (abrév.). *Fam.* Direction de la communication d'une entreprise. ◆ n. *Fam.* Directeur de la communication.

1. DIRE v.t. [82] (lat. *dicere*). **1.** Exprimer au moyen de la parole ou de l'écrit ; avancer, affirmer, raconter. *Elle a dit qu'elle viendrait. N'avoir rien à dire.* ◇ *Il va, cela va sans dire :* cela va de soi. – *Soit dit en passant :* pour ne pas s'appesantir sur ce point. **2.** Formuler sa pensée, sa volonté ; inviter à, demander. *Je vous dis de partir.* **3.** Indiquer par des marques extérieures ; signifier, révéler. *Son silence en dit long.* ◇ *Fam. Ça ne me dit rien :* je n'en ai pas envie ; ça n'évoque rien pour moi. – *Fam. Si le cœur vous en dit :* si vous en avez envie.

2. DIRE n.m. **1.** Ce qu'une personne dit, déclare. ◇ *Au dire de, selon (d'après) les dires de :* d'après l'affirmation de. **2.** DR. Déclaration d'un avocat qui figure dans le rapport d'un expert ou le cahier des charges d'une vente judiciaire.

1. DIRECT, E adj. (lat. *directus*). **1.** Qui est droit, qui ne fait pas de détour. *Chemin le plus direct.* **2.** *Fig.* Qui manifeste de la franchise en n'usant pas de détour. *Attaque, accusation directe. Langage direct.* **3.** Sans intermédiaire ; en relation immédiate avec qqch. *Vente directe. Conséquences directes.* **4.** Se dit d'un moyen de transport qui mène d'un lieu à un autre sans correspondance. *Avion, métro direct.* ◇ *Train direct :* train qui, entre deux grandes gares, ne s'arrête à aucune station intermédiaire. **5.** *Succession en *ligne directe,* de père en fils. **6. a.** *Complément d'objet direct,* introduit sans l'intermédiaire d'une préposition (ex. : *aimez vos* PARENTS ; *il se lave ; je veux* PARTIR). **b.** *Discours, style direct, interrogation directe :* énoncé dans lequel les paroles sont rapportées sans l'intermédiaire d'un subordonnant (ex. : *Il a dit « Je viendrai »*). CONTR. : *indirect.* **7.** ALGÈBRE. *Base directe d'un espace vectoriel :* base qui a la même orientation que la base choisie pour définir l'orientation positive. **8.** ASTRON. *Sens direct :* sens d'un mouvement inverse de celui des aiguilles d'une montre, autour de la direction du pôle Nord du système considéré. CONTR. : *sens rétrograde.* **9.** *Cinéma direct :* école de films documentaires privilégiant l'évocation de personnes réelles dans des situations vécues ou racontées par elles. SYN. : *cinéma-vérité.*

2. DIRECT n.m. **1.** En boxe, coup porté devant soi en détendant le bras horizontalement. **2.** Train direct. **3.** Émission de radiodiffusion sonore, de télévision transmise sans enregistrement préalable. ◇ *En direct :* se dit d'un programme ainsi diffusé (par oppos. à *en différé*).

DIRECTEMENT adv. De façon directe.

DIRECTEUR, TRICE n. **1.** Personne qui dirige, qui est à la tête d'une entreprise, d'un service, etc. *Directeur d'école, d'usine.* **2.** CATH. *Directeur de conscience :* ecclésiastique choisi par une personne pour diriger sa vie spirituelle. **3.** HIST. (Avec une majuscule.) Membre du Directoire. ◆ adj. Qui dirige. *Comité directeur. Roue directrice.*

DIRECTIF, IVE adj. **1.** Qui imprime une direction, une orientation ; qui impose des contraintes. *Pédagogie directive.* **2.** *Micro directif,* directionnel.

DIRECTION n.f. (lat. *directio*). **1.** Action de diriger, de guider ; conduite, administration. *Avoir la direction d'une équipe. Prendre la direction d'une affaire.* – *Spécial.* Action de diriger des musiciens, des chanteurs. **2.** Ensemble de ceux qui dirigent une entreprise ; locaux, bureaux occupés par un directeur et son service. **3.** Subdivision d'un ministère, d'une administration. *La direction du Trésor.* **4.** Orientation vers un point donné. *Prendre la direction opposée.* **5.** GÉOMÉTR. Ensemble des droites parallèles entre elles. **6.** Orientation dans l'espace d'un vecteur, d'une force, etc. **7.** Orientation que l'on donne à une action, à une entreprise. *Donner une autre direction à la politique économique.* **8.** Ensemble des organes qui permettent d'orienter les roues directrices d'un véhicule.

DIRECTIONNEL, ELLE adj. Qui émet ou reçoit dans une seule direction. *Antenne directionnelle.*

DIRECTIVE n.f. (du lat. *directus,* dirigé). **1.** (Surtout pl.) Indication générale donnée par l'autorité (politique, militaire, religieuse, etc.) à ses subordonnés ; instruction, ordre. **2.** En droit communautaire, acte juridique qui lie l'État membre destinataire quant au résultat à atteindre tout en laissant aux autorités nationales la compétence quant à la forme et aux moyens.

DIRECTIVISME n.m. *Péjor.* Caractère ou comportement excessivement autoritaire.

DIRECTIVITÉ n.f. **1.** *Didact.* Fait d'être directif ; caractère d'une personne directive. **2.** Propriété qu'a une antenne d'émettre ou de capter les ondes électromagnétiques dans une direction plutôt que dans une autre.

DIRECTOIRE n.m. **1.** DR., COMM. Organe collégial de direction dont peut se doter une société anonyme. **2.** HIST. *Le Directoire :* *v. partie n.pr.* – *Style Directoire :* style décoratif de l'époque du Directoire.

DIRECTORAT n.m. **1.** Fonction de directeur d'une institution, d'un organisme, etc. **2.** Durée

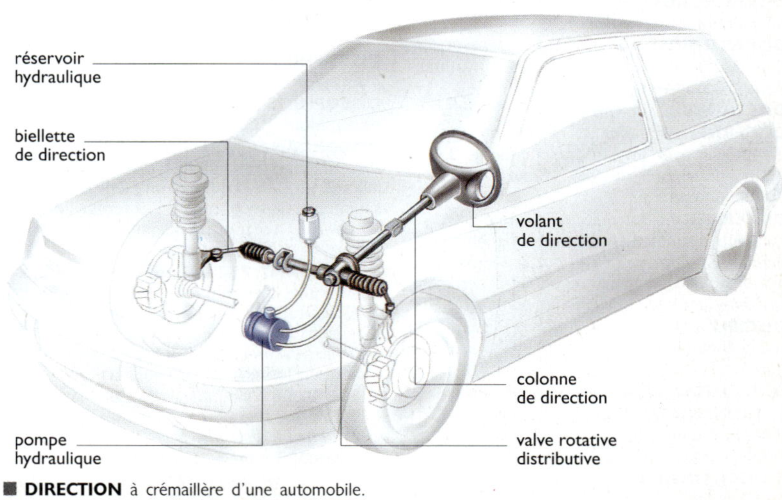

■ **DIRECTION** à crémaillère d'une automobile.

pendant laquelle la fonction de directeur est exercée.

DIRECTORIAL, E, AUX adj. Qui se rapporte à une direction, à un directeur, au Directoire.

DIRECTRICE n.f. **1.** Chacune des aubes, génér. fixes, qui, dans une turbine, dirigent le fluide moteur vers les aubes d'une roue mobile (dites *réceptrices*). **2.** GÉOMÉTR. **a.** Courbe sur laquelle s'appuie une droite mobile *(génératrice)* engendrant une surface conique ou cylindrique. **b.** Droite servant, avec le foyer, à définir les coniques.

DIRHAM [diram] n.m. Unité monétaire principale des Émirats arabes unis et du Maroc.

DIRIGEABLE adj. Qui peut être dirigé. ◇ *Ballon dirigeable,* ou *dirigeable,* n.m. : aérostat muni d'hélices propulsives et d'un système de direction.

■ **DIRIGEABLE** britannique *Skyship 500.* Longueur : 50 m ; diamètre : 18,65 m ; masse : 3,185 t ; volume : 5 131 m^3 ; vitesse maximale : 115 km/h.

DIRIGEANT, E adj. et n. Qui dirige ; qui exerce ou qui détient un pouvoir.

DIRIGER v.t. [10] (lat. *dirigere*). **1.** Avoir la responsabilité du fonctionnement, de la gestion de ; commander. *Elle dirige maintenant l'entreprise de son père.* **2.** Régler le déroulement de ; orienter. *Diriger un débat, un entretien.* **3.** Conduire des musiciens, des chanteurs. *Diriger un orchestre.* **4.** Déterminer le déplacement de ; faire aller dans un sens ou dans l'autre ; conduire. *Diriger son véhicule vers la sortie.* **5.** Envoyer vers telle destination ; acheminer. *Paquet à diriger sur l'Italie.* **6.** Donner telle ou telle orientation à ; pointer, braquer. *Dirige ta lampe par ici !*

DIRIGISME n.m. Système dans lequel le gouvernement exerce un pouvoir d'orientation ou de décision sur l'économie.

DIRIGISTE adj. et n. Relatif au dirigisme ; qui en est partisan.

DIRIMANT, E adj. (du lat. *dirimere,* annuler). DR. *Empêchement dirimant :* obstacle juridique qui annule un mariage.

DISACCHARIDE [disakarid] n.m. CHIM. ORG. Vieilli. Diholoside.

DISCAL, E, AUX adj. ANAT. Relatif à un disque intervertébral. *Hernie discale.*

DISCARTHROSE [diskartroz] n.f. MÉD. Atteinte d'un disque intervertébral au cours de l'arthrose de la colonne vertébrale.

DISCERNABLE adj. Qui peut être discerné.

DISCERNEMENT n.m. **1.** Faculté de juger et d'apprécier avec justesse ; sens critique. **2.** *Litt.* Action de séparer, de discriminer, de faire la distinction entre.

DISCERNER v.t. (lat. *discernere,* séparer). **1.** Reconnaître distinctement par un effort d'attention ; percevoir. *Discerner qqch au loin.* **2.** Découvrir par la réflexion, le jugement ; reconnaître, percevoir. *Discerner une menace dans les paroles de qqn.*

DISCIPLE n. (lat. *discipulus,* élève). Personne qui suit la doctrine d'un maître, qui suit l'exemple de qqn.

DISCIPLINABLE adj. Qui peut être discipliné.

1. DISCIPLINAIRE adj. Qui se rapporte à la discipline d'un corps, d'une assemblée, d'une administration. *Sanction disciplinaire.*

2. DISCIPLINAIRE n.m. Anc. Militaire d'une unité de discipline. (Les unités de discipline étaient destinées à recevoir les condamnés de droit commun sous les drapeaux, ainsi que les militaires condamnés pendant leur temps de service. Elles n'existent plus depuis 1972.)

DISCIPLINAIREMENT adv. Selon les règles de la discipline.

DISCIPLINE n.f. (lat. *disciplina*). **1.** Ensemble des règles, des obligations qui régissent certains corps ou collectivités ; règlement. *La discipline militaire. Manquer, se plier à la discipline.* **2.** Soumission à des règles ou à un règlement. *Dans sa classe, il n'y a aucune discipline.* **3.** Branche de la connaissance ; matière d'enseignement. *Discipline obligatoire, facultative.*

DISCIPLINÉ, E adj. **1.** Qui obéit à la discipline. *Une élève disciplinée.* ◇ *Fam. Bête et discipliné :* qui obéit aveuglément aux ordres, sans réfléchir. **2.** Qui s'astreint soi-même à une discipline morale ou intellectuelle.

DISCIPLINER v.t. **1.** Soumettre qqn, un groupe à l'obéissance, à un ensemble de règles. *Discipliner une classe, une armée.* **2.** Maîtriser pour rendre utilisable. *Discipliner un cours d'eau.*

DISC-JOCKEY [diskʒɔkɛ] n. [pl. *disc-jockeys*], (mot angl.). Personne responsable de l'animation musicale d'une discothèque ou qui passe des disques à la radio. Abrév. : *D.J.* Recomm. off. : *animateur.*

DISCO n.m. ou n.f. **1.** Style de musique populaire spécial. destiné à la danse, né à la fin des années 1970. **2.** Style de danse rapide, répétitif et acrobatique, d'origine nord-américaine, en vogue dans les discothèques à la fin des années 1970.

DISCOBOLE n.m. (gr. *diskobolos*). ANTIQ. GR. ET ROM. Athlète qui lançait le disque ou le palet.

1. DISCOGRAPHIE n.f. Répertoire des disques concernant un compositeur, un interprète, un thème.

2. DISCOGRAPHIE n.f. Radiographie, après injection d'un produit de contraste, d'un disque intervertébral.

DISCOGRAPHIQUE adj. Qui se rapporte à la discographie d'un compositeur, d'un interprète.

DISCOÏDE ou **DISCOÏDAL, E, AUX** adj. En forme de disque.

DISCOMPTE n.m., **DISCOMPTER** v.t. et v.i., **DISCOMPTEUR** n.m. Recomm. off. pour *discount, 2. discounter, 1. discounter.*

DISCOMYCÈTE n.m. Champignon ascomycète dont les organes contenant les asques, ou apothécies, s'ouvrent largement à maturité, tel que les morilles, les pezizes et les truffes.

DISCONTINU, E adj. (lat. *discontinuus*). **1.** Qui n'est pas continu dans l'espace. *Ligne discontinue.* **2.** Qui s'interrompt ; qui n'est pas régulier. *Un effort discontinu.* **3.** MATH. Se dit d'une fonction qui n'est pas continue.

DISCONTINUER v.i. (lat. *discontinuare*). *Sans discontinuer :* sans s'arrêter.

DISCONTINUITÉ n.f. Absence de continuité.

DISCONVENANCE n.f. *Litt.* Défaut de convenance, disproportion entre des choses ou des êtres.

DISCONVENIR v.t. ind. **(de)** [28] (lat. *disconvenire*). *Litt. Ne pas disconvenir de qqch,* ne pas le contester, en convenir.

DISCOPATHIE n.f. MÉD. Affection d'un disque intervertébral.

DISCOPHILE n. Amateur ou collectionneur de disques.

DISCOPHILIE n.f. Intérêt porté aux disques phonographiques ; goût, passion du discophile.

DISCORDANCE n.f. **1.** Caractère de ce qui est discordant ; incompatibilité. *Discordance de couleurs.* **2.** GÉOL. Disposition d'une série de couches sédimentaires reposant sur des terrains plus anciens qui ne leur sont pas concordants. **3.** PSYCHIATR. Dissociation.

DISCORDANT, E adj. **1.** Qui manque de justesse, d'harmonie, d'ensemble. *Des sons discordants.* **2.** *Fig.* Qui n'est pas en accord avec les autres ; divergent. *Émettre un avis discordant.* **3.** GÉOL. *Couches discordantes,* qui reposent en discordance sur des terrains plus anciens.

DISCORDE n.f. (lat. *discordia*). Dissension parfois violente entre deux ou plusieurs personnes. ◇ *Pomme de discorde :* sujet de querelle.

DISCORDER v.i. *Litt.* **1.** Être divergent ; ne pas concorder. *Témoignages qui discordent.* **2.** N'être pas en harmonie, en parlant de sons, de couleurs.

DISCOTHÉCAIRE n. Personne qui s'occupe des prêts dans une discothèque.

DISCOTHÈQUE n.f. **1.** Lieu public de divertissement où l'on peut danser sur de la musique et consommer des boissons. **2.** Organisme de prêt de disques ; endroit où est organisé ce prêt. **3.** Collection de disques. **4.** Meuble destiné à contenir une collection de disques.

DISCOUNT [diskawnt] ou [diskunt] n.m. (mot angl.). **1.** Rabais sur les prix consenti par un commerçant en fonction de l'ampleur des commandes et des ventes, et de la réduction de ses charges. **2.** Vente au public à bas prix et par très grandes quantités ; pratique commerciale que constitue ce type de vente. Recomm. off. : *discompte.*

1. DISCOUNTER [diskawntœr] ou [diskuntœr] n.m. Commerçant qui pratique le discount. Recomm. off. : *discompteur.*

2. DISCOUNTER [diskawnte] ou [diskunte] v.t. Vendre des marchandises en discount. ◆ v.i. Pratiquer le discount. Recomm. off. : *discompter.*

DISCOUREUR, EUSE n. Personne qui aime faire de longs discours.

DISCOURIR v.i. [33] (lat. *discurrere,* courir çà et là). Parler sur un sujet en le développant longuement ; pérorer.

DISCOURS n.m. (lat. *discursus*). **1.** Développement oratoire sur un sujet déterminé, prononcé en public ; allocution. *Discours d'ouverture d'une session parlementaire.* **2.** LING. **a.** Réalisation concrète, écrite ou orale, de la langue considérée comme un système abstrait. **b.** Énoncé supérieur à la phrase, considéré du point de vue de son enchaînement. *Discours *direct, *indirect.* ◇ *Parties du discours :* catégories grammaticales (nom, adjectif, verbe, etc.). **3.** Ensemble de manifestations verbales, orales ou écrites, représentatives d'une idéologie ou d'un état des mentalités à une époque. *Le discours sécuritaire.*

DISCOURTOIS, E adj. *Litt.* Qui n'est pas courtois ; impoli.

DISCOURTOISEMENT adv. *Litt.* De façon discourtoise ; impoliment.

DISCOURTOISIE n.f. *Litt.* Manque de courtoisie ; impolitesse.

DISCRÉDIT n.m. Diminution ou perte de la confiance, de l'estime, de la valeur dont jouit qqn ou qqch. *Jeter le discrédit sur qqn, qqch.*

DISCRÉDITER v.t. Faire perdre à qqn ou à qqch la considération, le prestige, l'influence dont il jouissait. ◆ **se discréditer** v.pr. Se comporter de manière à perdre l'estime des autres.

DISCRET, ÈTE adj. (lat. *discretus,* capable de discerner). **1.** Qui fait attention à ne pas gêner, qui ne s'impose pas ; réservé dans ses paroles et ses actions. **2.** Qui est fait de façon à n'être pas remarqué. *Un petit clin d'œil discret.* – Qui n'attire pas l'attention ; sobre. *Toilette discrète.* **3.** Qui sait garder un secret. **4.** MATH., PHYS. Se dit d'une grandeur constituée d'unités distinctes (par oppos. aux *grandeurs *continues*), d'une variation procédant par quantités entières. **5.** LING. Se dit d'une unité faisant partie d'un système et qui peut être isolée, délimitée par l'analyse.

DISCRÈTEMENT adv. Avec discrétion.

DISCRÉTION n.f. (lat. *discretio,* discernement). **1.** Attitude de qqn qui ne veut pas s'imposer ; tact, réserve. **2.** Caractère de ce qui n'attire pas l'attention ; sobriété. *Discrétion d'un décor.* **3.** Aptitude à garder un secret. **4.** *À discrétion :* à volonté. – *À la discrétion de qqn,* à sa merci.

DISCRÉTIONNAIRE adj. DR. *Pouvoir discrétionnaire :* liberté laissée à l'Administration de prendre l'initiative de certaines mesures.

1. DISCRIMINANT, E adj. (du lat. *discrimen, -inis,* séparation). **1.** *Didact.* Qui établit une séparation entre des termes. **2.** Qui introduit une discrimination entre des individus.

2. DISCRIMINANT n.m. ALGÈBRE. Nombre $(\Delta = b^2 - 4ac)$ qui permet de connaître le nombre de racines réelles de l'équation du second degré $ax^2 + bx + c = 0$.

DISCRIMINATION n.f. **1.** Action d'isoler et de traiter différemment certains individus ou un groupe entier par rapport aux autres. *Discrimination sociale, raciale.* **2.** *Litt.* Distinction, différence.

DISCRIMINATOIRE adj. Qui tend à opérer une discrimination entre des personnes. *Mesures discriminatoires.*

DISCRIMINER v.t. (lat. *discriminare*). *Litt.* Établir une différence, une distinction entre des individus ou des choses.

DISCULPATION n.f. Action de disculper.

DISCULPER v.t. (du lat. *culpa,* faute). Prouver l'innocence de. ◇ v.pr. *Il a su se disculper devant ses juges.*

DISCURSIF, IVE adj. (lat. *discursivus,* de *discursus,* discours). **1.** *Didact.* Qui repose sur le raisonnement. **2.** LING. Qui concerne le discours.

DISCUSSION n.f. (lat. *discussio,* secousse). **1.** Examen, débat contradictoire. *La discussion d'un projet de loi.* **2.** Échange de propos, d'idées ; conversation. *Il ne prend jamais part aux discussions. Une violente discussion.*

DISCUTABLE adj. Qui peut être discuté ; qui offre matière à discussion ; douteux.

DISCUTAILLER v.i. *Fam., péjor.* Discuter longuement, et pour ne rien dire, de choses insignifiantes.

DISCUTAILLEUR, EUSE adj. et n. *Fam., péjor.* Qui discutaille.

DISCUTÉ, E adj. Critiqué, mis en cause. *Un projet très discuté.*

DISCUTER v.t. (lat. *discutere,* secouer). **1.** Débattre, examiner avec soin une question. *Discuter un problème, un cas, une affaire.* **2.** Mettre en question ; contester. *Discuter les ordres.* ◆ v.t. ind. **(de).** Échanger des idées sur tel ou tel sujet. *Discuter de politique. Discuter politique.* ◆ **se discuter** v.pr. *Fam. Ça se discute :* il y a des arguments pour et contre.

DISCUTEUR, EUSE adj. et n. Qui aime la discussion ; qui conteste tout.

DISERT, E [dizɛr, ɛrt] adj. (lat. *disertus*). *Litt.* Qui manifeste une aptitude à parler aisément et avec élégance.

DISERTEMENT adv. *Litt.* De façon diserte.

DISETTE n.f. **1.** Pénurie de vivres. **2.** *Litt.* Manque de qqch.

DISETTEUX, EUSE adj. et n. Vx. Qui est très démuni, qui manque de vivres.

DISEUR, EUSE n. **1.** Personne connue pour dire habituellement certaines choses. *Un diseur de bons mots.* ◇ ***Diseur, diseuse de bonne aventure*** : personne qui prédit l'avenir. **2.** *Litt.* Personne qui dit, parle, déclame de telle manière. *Un fin diseur.*

DISGRÂCE n.f. (ital. *disgrazia*). **1.** Perte de la faveur, de l'estime dont qqn ou qqch jouissait. *Tomber en disgrâce.* **2.** *Litt.,* vx. Infortune, malheur. **3.** *Litt.* Manque de grâce.

DISGRACIÉ, E adj. et n. *Litt.* Privé de beauté ; disgracieux.

DISGRACIER v.t. [5]. *Litt.* Retirer à qqn la faveur dont il jouissait. *Courtisan que le roi avait disgracié.*

DISGRACIEUX, EUSE adj. **1.** Qui manque de grâce ; laid, ingrat. *Un visage disgracieux.* **2.** *Litt.* Discourtois, désagréable.

DISHARMONIE [diz-] n.f. **1.** Dysharmonie. **2.** GÉOL. Résultat du plissement différentiel de deux couches contiguës au cours d'une même phase tectonique.

DISJOINDRE v.t. [62] (lat. *disjungere*). **1.** Séparer des choses jointes ; désunir. **2.** DR. *Disjoindre deux causes,* les soumettre chacune à une procédure distincte.

DISJOINT, E adj. **1.** Qui n'est plus joint. **2.** MUS. ***Intervalle disjoint*** : intervalle formé de deux notes ne se suivant pas dans la gamme (de *do* à *fa,* par ex.) [par oppos. à ***intervalle conjoint***]. **3.** ALGÈBRE. ***Ensembles disjoints,*** qui n'ont aucun élément commun.

DISJONCTER v.i. (lat. *disjungere,* disjoindre). **1.** Se mettre en position d'interruption du courant, en parlant d'un disjoncteur. **2.** *Fam.* Perdre la tête, devenir fou.

DISJONCTEUR n.m. ÉLECTROTECHN. Interrupteur automatique de courant, fonctionnant lors d'une variation anormale de l'intensité ou de la tension.

DISJONCTION n.f. (lat. *disjunctio*). **1.** Action de disjoindre ; état qui en résulte ; séparation, désunion. **2.** DR. ***Disjonction d'instance*** : décision par laquelle le juge ordonne d'instruire et de juger séparément les questions litigieuses d'une même instance. **3.** LOG. Liaison de deux propositions par *ou,* notée $\vee$.

DISLOCATION n.f. **1.** Action de disloquer ; fait de se disloquer. *Dislocation d'une chaise, des os.* **2.** *Fig.* Séparation des parties d'un tout ; démembrement, dispersion. *Dislocation d'une famille.* **3.** CRISTALLOGR. Défaut d'un cristal caractérisé par le glissement d'une de ses parties par rapport au réseau parfait.

DISLOQUER v.t. (lat. *dislocare,* déplacer). **1.** Disjoindre avec une certaine violence les parties d'un ensemble. *Le choc a disloqué la voiture.* **2.** Démettre, déboîter les os d'un membre. *Disloquer une articulation.* **3.** *Fig.* Rompre l'unité d'un ensemble en séparant ses parties ; disperser. *Disloquer un cortège.*

DISPARAÎTRE v.i. [71] [auxil. *avoir* ou, *litt., être*]. **1.** Cesser d'être visible. *La voiture a disparu au loin.* **2.** S'absenter brusquement. *Il a disparu depuis trois jours.* **3.** Être soustrait, égaré ou volé. *Sa montre a disparu.* **4.** Mourir, en parlant de qqn ; cesser d'être, en parlant de qqch. *C'est un grand homme qui vient de disparaître. Coutume aujourd'hui disparue.* ◇ ***Faire disparaître qqn,*** le tuer. — ***Faire disparaître qqch,*** l'enlever, le supprimer. *Faire disparaître une douleur.*

DISPARATE adj. (lat. *disparatus,* inégal). Qui forme un ensemble sans harmonie, sans unité. ◆ n.m. ou n.f. *Litt.* Manque d'accord, d'harmonie ; contraste choquant.

DISPARITÉ n.f. **1.** Manque d'égalité ; différence marquée. *Disparité des salaires.* **2.** Manque d'harmonie. *Disparité d'opinions.*

DISPARITION n.f. **1.** Fait de disparaître. *Disparition du soleil à l'horizon. Disparition d'un objet. Personne n'explique sa disparition.* **2.** Fait de ne plus exister. *Disparition d'une coutume.* ◇ ***Espèce en voie de disparition,*** menacée d'extinction. **3.** Mort ; décès. *Annoncer la disparition de qqn.*

DISPARU, E adj. et n. Mort ou considéré comme mort. *Soldat porté disparu.*

DISPATCHER [dispatʃe] v.t. Faire le dispatching de ; répartir, distribuer, orienter.

DISPATCHING [dispatʃiŋ] n.m. (de l'angl. *to dispatch,* expédier). **1.** Organisme assurant, à partir d'un bureau unique, la régulation d'un trafic, la distribution d'un fluide ou d'électricité dans un réseau, etc. **2.** Répartition et distribution des éléments d'un ensemble. — *Spécial.* Opération, portant sur des marchandises ou sur du courrier, consistant à diriger chaque colis ou chaque pli vers son destinataire. Recomm. off. : *répartition, ventilation.*

DISPENDIEUSEMENT adv. *Litt.* De façon dispendieuse.

DISPENDIEUX, EUSE adj. (du lat. *dispendium,* dépense). *Litt.* Qui occasionne beaucoup de dépenses. *Un train de vie dispendieux.*

DISPENSABLE adj. DR. *Cas dispensable,* pour lequel on peut accorder une dispense ; susceptible d'obtenir une dispense.

DISPENSAIRE n.m. Établissement de consultations et de soins médicaux dépendant d'un organisme public ou privé.

DISPENSATEUR, TRICE n. *Litt.* Personne qui distribue, qui répartit qqch.

DISPENSE n.f. Permission accordée de ne pas faire une chose obligatoire ; document qui atteste cette permission.

DISPENSER v.t. (lat. *dispensare*). **1.** Autoriser à ne pas faire, exempter d'une obligation. *Dispenser un élève d'éducation physique.* **2.** *Litt.* Donner, accorder largement. *Dispenser des soins.* ◆ **se dispenser** v.pr. **(de).** Ne pas se soumettre à une obligation.

DISPERSANT, E adj. et n.m. CHIM. Se dit d'un produit tensioactif pour diluer et dissoudre les hydrocarbures répandus sur l'eau.

DISPERSÉ, E adj. PHYS. *Système dispersé :* système physique dans lequel un solide ou un liquide est dans un état de division très fine.

DISPERSEMENT n.m. Rare. Action de disperser ; fait de se disperser.

DISPERSER v.t. (lat. *dispergere,* répandre). **1.** Répandre au hasard, jeter çà et là. *Disperser des cendres.* **2.** Séparer les éléments d'un ensemble ; faire aller de différents côtés. *Disperser un attroupement.* ◇ ***Disperser une collection,*** la vendre à plusieurs acheteurs. — ***En ordre dispersé*** : de façon désordonnée. **3.** ***Disperser ses efforts, son attention, etc.,*** les appliquer à trop de choses à la fois et les rendre ainsi moins intenses. ◆ **se disperser** v.pr. **1.** S'en aller de tous les côtés. *La foule s'est dispersée.* **2.** *Fig.* S'adonner à trop d'activités et ne s'appliquer efficacement à aucune.

DISPERSIF, IVE adj. OPT. Qui provoque la dispersion de la lumière.

DISPERSION n.f. **1.** Action de disperser ; fait d'être dispersé. ◇ ***Dispersion du tir*** : phénomène d'où il résulte que les points de chute de plusieurs projectiles pourtant identiques, tirés avec la même arme et dans des conditions identiques, sont dispersés. **2.** *Fig.* Manque de concentration. **3.** OPT. Décomposition d'un rayonnement complexe en ses différentes radiations. **4.** CHIM. Solide, liquide ou gaz contenant un autre corps uniformément réparti dans sa masse. **5.** STAT. Étalement des valeurs d'une distribution statistique autour de valeurs caractéristiques (moyenne, médiane, mode).

DISPONIBILITÉ n.f. **1.** État de ce qui est disponible. *Disponibilité d'un capital.* **2.** Fait pour qqn d'avoir du temps libre. **3.** Fait d'être ouvert à beaucoup de choses. *Disponibilité d'esprit.* **4. a.** Position d'un fonctionnaire ou d'un militaire temporairement hors de son corps d'origine. **b.** Période des obligations militaires faisant immédiatement suite au service militaire actif. ◆ pl. Fonds dont on peut disposer.

D

DISPONIBLE adj. (lat. *disponibilis*). **1.** Dont on peut disposer ; libre. *Logement disponible. Quotité disponible.* **2.** Qui a du temps pour soi. **3.** Qui accueille bien ce qui est différent ou nouveau. **4.** Se dit d'un fonctionnaire ou d'un militaire qui est en disponibilité.

DISPOS, E adj. (ital. *disposto*). Qui est en bonne forme physique et morale. *Être frais et dispos.* (Le fém. est rare.)

DISPOSANT, E n. DR. Personne qui dispose d'un bien par donation ou testament.

DISPOSÉ, E adj. **1.** Arrangé de telle ou telle manière. *Comment l'appartement est-il disposé ?* **2.** ***Être bien, mal disposé à l'égard de qqn,*** vouloir, ne pas vouloir lui être utile ou agréable. — ***Être bien, mal disposé*** : être de bonne, de mauvaise humeur.

DISPOSER v.t. (lat. *disponere*). **1.** Placer, arranger des choses ou des personnes d'une certaine manière. *Disposer des fleurs dans un vase. Disposer des troupes.* **2.** Mettre qqn en état de faire qqch, d'accepter une situation ; préparer, inciter. *Les derniers événements l'ont disposé à signer.* ◆ v.t. ind. **(de). 1.** Pouvoir utiliser, avoir à sa disposition. *Disposer de quelques minutes.* **2. a.** Pouvoir compter sur l'aide de qqn. **b.** Être maître de qqn, de sa vie. *Le droit des peuples à disposer d'eux-mêmes.* ◆ v.i. ***Vous pouvez disposer*** : vous pouvez partir. ◆ **se disposer** v.pr. **(à).** S'apprêter à faire qqch ; se préparer. *Se disposer à partir.*

DISPOSITIF n.m. **1.** Ensemble de pièces constituant un mécanisme, un appareil quelconque ; ce mécanisme, cet appareil. *Un dispositif d'alarme, de sécurité.* **2. a.** Ensemble des mesures prises, des moyens mis en œuvre dans un but déterminé. *Un important dispositif policier.* **b.** Agencement des moyens qu'adopte une formation militaire pour exécuter une mission. **c.** ***Dispositif scénique*** : aménagement spatial de l'aire de jeu au théâtre. **3.** DR. Partie d'un jugement dans laquelle est exprimée la décision du tribunal, précédée des motifs qui justifient la décision prise.

DISPOSITION n.f. (lat. *dispositio*). **1.** Action de placer, d'arranger des choses ou des personnes ; manière dont elles sont disposées. *La disposition des meubles, des lieux. La disposition des invités autour d'une table.* **2.** État d'esprit à un moment donné. *Attends qu'il soit dans de meilleures dispositions pour lui parler.* **3.** Tendance générale. *Disposition des prix à la hausse.* **4.** Possibilité, faculté d'user à son gré de qqch. *Avoir la libre disposition d'un garage.* ◇ ***À la disposition de*** : au service, à la discrétion de. *Je suis à votre disposition.* — Belgique, Suisse. ***Être à disposition*** : être disponible, aux ordres de. **5.** DR. Règle ou prescription énoncée dans un texte. ◇ ***Disposition à titre gratuit*** : transmission d'un bien par donation ou par testament. ◆ pl. **1.** Aptitudes de qqn pour qqch. *Elle a des dispositions pour les langues.* **2.** ***Prendre des, ses dispositions*** : se préparer, s'organiser en vue de qqch.

DISPROPORTION n.f. Défaut de proportion, de convenance ; différence. *Disproportion d'âge, de taille.*

DISPROPORTIONNÉ, E adj. **1.** Qui n'est pas proportionné à qqch ; excessif. **2.** Dont la taille ou les proportions sont anormales ; démesuré. *Des mains disproportionnées.*

DISPUTE n.f. Discussion très vive ; querelle.

DISPUTER v.t. (lat. *disputare*). **1.** *Fam.* Réprimander vivement ; gronder. *Tu es en retard, tu vas te faire disputer !* **2.** Participer à une lutte, à une compétition pour obtenir la victoire. *Disputer une course, un match, un combat.* **3.** *Disputer qqch à qqn :* lutter pour obtenir ce que qqn possède, ou tente en même temps d'obtenir. ◆ **se disputer** v.pr. Se quereller.

DISQUAIRE n. Personne qui vend au détail des disques, des cassettes enregistrées.

DISQUALIFICATION n.f. Action de disqualifier ; fait d'être disqualifié.

DISQUALIFIER v.t. [5] (angl. *to disqualify*). **1.** Exclure un sportif, un cheval, etc., d'une épreuve sportive, d'une course, pour infraction au règlement. **2.** *Litt.* Frapper de discrédit. ◆ **se disqualifier** v.pr. Perdre tout crédit par sa conduite.

D

DISQUE n.m. (lat. *discus,* palet). **1.** Support circulaire contenant un enregistrement destiné à la reproduction phonographique (*disque noir* ou *vinyle* et *disque compact*) ou vidéographique (*disque vidéo*). ◇ ***Disque numérique :*** disque sur lequel l'information est enregistrée sous forme de signaux numériques. – ***Disque optique :*** disque à *lecture optique. – ***Disque optique compact :*** cédérom. **2.** INFORM. Support circulaire recouvert d'une surface magnétisable permettant d'enregistrer des informations sous forme binaire sur des pistes concentriques. (On distingue les *disques durs,* de grande capacité de stockage, et les *disques souples* ou *disquettes,* à capacité plus réduite.) ◇ ***Disque optique numérique (DON) :*** support d'enregistrement à lecture laser, utilisé en informatique comme mémoire de très grande capacité. **3.** ANAT. ***Disque intervertébral :*** cartilage fibreux s'interposant entre deux vertèbres. **4.** Engin plat et circulaire que lancent les athlètes ; lancer du disque. **5.** ASTRON. Surface circulaire visible d'un astre. *Le disque de la Lune.* **6.** CH. DE F. Signal présentant une cocarde circulaire rouge (en signalisation mécanique) ou un feu rouge et un feu jaune (en signalisation lumineuse), et imposant la marche à vue puis l'arrêt à distance. **7.** GÉOMÉTR. Ensemble des points du plan dont la distance à un point fixe (le *centre*) est inférieure ou égale à un nombre donné (le *rayon*). [La frontière du disque est un cercle.]

ENCYCL. Le disque a longtemps été un enregistrement mécanique, dérivé des enregistrements sur cylindre des premiers phonographes. Un burin gravait dans la cire un sillon dont les flancs étaient modulés par les vibrations sonores. Le système permettait la stéréophonie, chaque flanc servant à l'inscription de l'une des voies. À partir d'une gravure sur cire, on réalisait, par électrolyse, un moule métallique, qui était ensuite utilisé pour le pressage des disques de série avec une matière plastique vinylique. Les enregistrements ainsi obtenus *(microsillons)* n'étaient pas effaçables. Sur le disque magnétique, le sillon est remplacé par des pistes concentriques, et l'enregistrement s'effectue par l'intermédiaire d'une tête dont le champ magnétique est modulé par le signal électrique. Ce type de disques est utilisé en informatique sous forme de disques souples, ou disquettes, et de disques durs. Sa capacité, selon les formats, s'échelonne de 2 à 15 mégabits pour les disquettes et de 20 à 100 mégabits, ou plus, pour les disques durs. Le stockage magnétique autorise à volonté l'effacement et la réécriture des données sur le même support. Avec l'essor du disque compact (CD), le disque est devenu un support d'enregistrement non plus seulement du son, mais également des images fixes ou animées, des textes et des données informatiques. L'information y est stockée sous forme numérique : l'amplitude du signal analogique d'origine est mesurée à intervalles réguliers (échantillonnage) et exprimée sous forme de nombres (quantification). Ces derniers sont ensuite codés en langage binaire et gravés sur une face du disque sous forme de microcuvettes le long d'une piste en spirale. La lecture s'effectue à l'aide d'un faisceau laser, du centre du disque vers la périphérie. Mise au point initialement pour le CD audio, la technique de l'enregistrement numérique s'applique à présent à toute une famille de produits : CD-I (disques compacts interactifs), cédéroms (disques compacts à lecture seule), CDV (disques compacts vidéo), DVD, etc.

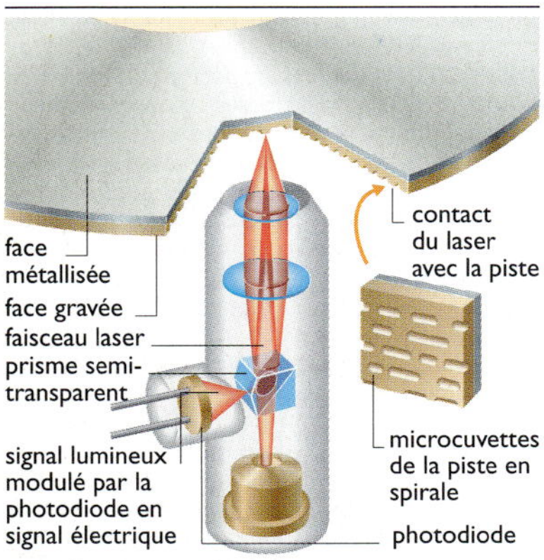

■ **DISQUE.** Lecteur de disques compacts.

■ **DISQUE.** La lanceuse de disque chinoise Cao Qi dans la phase de rotation précédant le jet du disque (poids : 1 kg).

DISQUETTE n.f. INFORM. Support magnétique d'informations qui consiste en un disque de petites dimensions placé dans un étui et que l'on peut insérer dans un lecteur associé à un ordinateur. (On dit aussi *disque souple,* par oppos. à *disque dur.*)

DISRUPTIF, IVE adj. **1.** ÉLECTR. ***Décharge disruptive :*** décharge électrique accompagnée d'une étincelle. – ***Champ disruptif :*** dans un condensateur, champ électrique capable de provoquer une disruption. **2.** BIOL. ***Livrée disruptive :*** ensemble des taches ou des rayures colorées portées par divers animaux (papillons, poissons, zèbre, léopard), qui, dans leur milieu naturel, rendent les contours du corps difficiles à discerner.

DISRUPTION n.f. **1.** Ouverture brusque d'un circuit électrique. **2.** Claquage électrique, destruction du caractère isolant d'un milieu.

DISSECTION n.f. **1.** Action de disséquer. **2.** *Fig.* Action d'analyser minutieusement qqch.

DISSEMBLABLE adj. Qui n'est pas semblable ; différent.

DISSEMBLANCE n.f. Absence de ressemblance ; disparité.

DISSÉMINATION n.f. **1.** Action de disséminer ; dispersion. **2.** BOT. Dispersion des graines à l'époque de leur maturité.

DISSÉMINER v.t. (lat. *disseminare,* de *semen,* semence). Répandre çà et là ; éparpiller. *Disséminer du gravier. Disséminer des troupes.*

DISSENSION n.f. (lat. *dissensio*). Vive opposition de sentiments, d'intérêts, d'idées.

DISSENTIMENT n.m. (du lat. *dissentire,* être en désaccord). *Litt.* Opposition de sentiments, d'opinions.

DISSÉQUER v.t. [11] (lat. *dissecare,* couper en deux). **1.** Couper, ouvrir les parties d'un corps organisé pour en faire l'examen anatomique. *Disséquer un cadavre. Disséquer une fleur.* **2.** *Fig.* Analyser minutieusement. *Disséquer un roman.*

DISSERTATION n.f. **1.** Exercice écrit portant sur une question littéraire, philosophique, historique, etc., en usage dans les lycées et dans l'enseignement supérieur. **2.** *Fig.* Développement long et ennuyeux ; discours pédant.

DISSERTER v.i. (lat. *dissertare*). **1.** Traiter méthodiquement un sujet, par écrit ou oralement. **2.** *(Souvent péjor.).* Discourir longuement.

DISSIDENCE n.f. (bas lat. *dissidentia*). **1.** Divergence conduisant qqn ou un groupe à officialiser sa position critique au sein d'une organisation, à se placer en situation de rupture au sein d'une communauté. – *Spécial.* Critique de l'ordre existant, dans les dernières décennies de l'URSS. **2.** Groupe de dissidents. ◇ *La dissidence :* l'ensemble des dissidents, toutes tendances confondues (notamm. en URSS).

DISSIDENT, E adj. et n. Qui est en dissidence.

DISSIMILATION n.f. PHON. Tendance de deux phonèmes identiques et voisins à se différencier.

DISSIMILITUDE n.f. *Didact.* Défaut de similitude, de ressemblance.

DISSIMULATEUR, TRICE adj. et n. Qui dissimule.

DISSIMULATION n.f. Action de dissimuler, de cacher ; duplicité, hypocrisie.

DISSIMULÉ, E adj. Accoutumé à cacher ses sentiments ; fourbe, hypocrite.

DISSIMULER v.t. (lat. *dissimulare*). **1.** Ne pas laisser paraître ses sentiments, ses intentions ; cacher. *Dissimuler son envie de rire, son regard.* **2.** Soustraire aux regards ; cacher. *Dissimuler un objet.* ◆ **se dissimuler** v.pr. **1.** Se cacher. **2.** Refuser de voir, se faire des illusions sur qqch. *Se dissimuler les difficultés.*

DISSIPATEUR, TRICE n. *Litt.,* vx. Personne qui dissipe son bien.

DISSIPATIF, IVE adj. PHYS. Qui produit ou est le siège d'une dissipation d'énergie.

DISSIPATION n.f. **1.** Fait de se dissiper, de disparaître peu à peu. *Dissipation de la brume sur la mer.* **2.** Manque d'attention, turbulence, chez un enfant, un élève. **3.** *Litt.* Vie de débauche. **4.** PHYS. Perte d'énergie électrique, mécanique, etc., par transformation en énergie thermique.

DISSIPÉ, E adj. Se dit d'un enfant, d'un élève inattentif et turbulent.

DISSIPER v.t. (lat. *dissipare*). **1.** Faire disparaître ; faire cesser. *Le vent dissipe les nuages. Dissiper les soupçons.* **2.** Distraire en portant à l'inattention et à l'indiscipline. *Elle dissipe ses camarades.* ◆ **se dissiper** v.pr. **1.** Disparaître par dilution, par éparpillement. **2.** Être, devenir inattentif, turbulent.

DISSOCIABILITÉ n.f. *Didact.* Caractère de ce qui est dissociable.

DISSOCIABLE adj. Qui peut être dissocié.

DISSOCIATION n.f. **1.** Action de dissocier, de séparer ce qui était uni. – CHIM. Séparation d'un solide cristallin, d'une molécule ou d'un complexe en ses parties constituantes. **2.** PSYCHIATR. Rupture de l'unité psychique, typique de la schizophrénie, se traduisant notamm. par une discordance entre les idées et les sentiments d'une part, et la façon dont ils s'expriment d'autre part (rire sans motif, par ex.). SYN. : *discordance.*

DISSOCIER v.t. [5] (lat. *dissociare*). Séparer des éléments associés ; disjoindre, distinguer.

DISSOLU, E adj. (lat. *dissolutus*). *Litt.* **1.** Dont les mœurs sont très relâchées ; corrompu, dépravé. **2.** Qui est marqué par les abus, les dérèglements. *Il mène une vie dissolue.*

DISSOLUTION n.f. (lat. *dissolutio*). **1.** Action de dissoudre ; fait de se dissoudre. **2. a.** Cessation ou disparition légale. *La dissolution d'un mariage, d'un parti, d'une société.* **b.** Fait de dissoudre une assemblée. **3.** CHIM. Mise en solution d'un solide, d'un liquide ou d'un gaz ; liquide qui en résulte.

4. Solution visqueuse de caoutchouc pour réparer les chambres à air des pneumatiques.

DISSOLVANT, E adj. et n.m. Se dit d'un produit, par ex. l'acétone, servant à dissoudre tel ou tel autre produit (colle, peinture, vernis, etc.). ◆ adj. *Litt.* Qui amollit, affaiblit. *Climat dissolvant.*

DISSONANCE n.f. (lat. *dissonantia*). **1.** Rencontre peu harmonieuse de sons, de mots, de syllabes. **2.** MUS. Rapport de sons qui ne donne pas à l'auditeur l'impression d'un repos et qui, dans l'harmonie traditionnelle, réclame une résolution sur une consonance. **3.** *Litt.* Manque d'accord entre plusieurs couleurs. **4.** PSYCHOL. ***Théorie de la dissonance cognitive*** : théorie selon laquelle la coexistence, chez un même individu, d'éléments de connaissance qui ne s'accordent pas entraîne de sa part un effort pour les faire, d'une façon ou d'une autre, mieux s'accorder.

DISSONANT, E adj. **1.** Désagréable à entendre ; discordant. **2.** *Litt.* Dont le rapprochement produit une impression pénible. *Couleurs dissonantes.*

DISSONER v.i. (lat. *dissonare*). *Litt.* Produire une dissonance.

DISSOUDRE v.t. [67] (lat. *dissolvere*). **1.** Amener un corps solide, liquide ou gazeux à former un mélange homogène avec un liquide. **2. a.** Mettre fin légalement à. *Dissoudre un mariage.* **b.** Mettre fin au mandat d'une assemblée délibérante, avant le terme légal.

DISSUADER v.t. (lat. *dissuadere*). Détourner qqn d'une résolution.

DISSUASIF, IVE adj. **1.** Qui dissuade un ennemi d'attaquer. *L'effet dissuasif des armes nucléaires.* **2.** Qui dissuade qqn de faire qqch. *Ton dissuasif.*

DISSUASION n.f. Action de dissuader. – MIL. Mode de la stratégie militaire qui vise à détourner un adversaire d'une intention agressive par la représentation des représailles qu'il pourrait subir en retour. (L'exceptionnelle capacité de destruction des armes nucléaires a donné une valeur nouvelle à la stratégie de dissuasion.)

DISSYLLABE adj. et n.m. ou **DISSYLLABIQUE** adj. Se dit d'un vers qui a deux syllabes.

DISSYMÉTRIE n.f. Défaut de symétrie.

DISSYMÉTRIQUE adj. Qui présente une dissymétrie.

DISTAL, E, AUX adj. (angl. *distal*). Se dit de la partie d'un organe, ou d'un membre, qui est la plus éloignée d'un organe de référence ou du tronc. CONTR. : *proximal.*

DISTANCE n.f. (lat. *distantia*). **1. a.** Intervalle séparant deux points dans l'espace ; longueur à parcourir pour aller d'un point à un autre. *Distance d'une ville à une autre.* ◇ ***Distance angulaire de deux points*** : angle formé par les demi-droites qui joignent l'observateur aux deux points considérés. **b.** Espace à parcourir dans une course. **2.** Intervalle de temps entre deux instants, deux époques. **3.** Différence qui résulte d'une inégalité de niveau social, d'âge, de culture, etc. ◇ ***Garder, prendre ses distances*** : éviter toute familiarité avec qqn. – ***Tenir qqn à distance,*** éviter les relations avec lui. **4.** GÉOMÉTR. ***Distance de deux points,*** longueur du segment qui les joint. – ***Distance d'un point à une droite, à un plan,*** distance de ce point à sa projection orthogonale sur la droite, sur le plan. **5.** ***À distance*** : à une certaine distance dans l'espace ; en prenant un certain recul dans le temps. *Rester à distance. Voir les événements à distance.*

DISTANCEMENT n.m. TURF. Sanction prise contre un cheval, qui lui fait perdre la place qu'il avait à l'arrivée.

DISTANCER v.t. [9]. **1.** Devancer qqn, un véhicule d'une certaine distance. *Se laisser distancer par un coureur.* – *Fig.* Se montrer supérieur à ; surpasser. **2.** TURF. Disqualifier par distancement.

DISTANCIATION n.f. **1.** THÉÂTRE. Procédé esthétique qui consiste, grâce à des techniques particulières de jeu et de mise en scène, à détruire l'illusion et à remplacer, chez le spectateur, l'identification au personnage par une attitude critique. (L'effet de distanciation caractérise le théâtre de Bertolt Brecht.) **2.** Recul pris par rapport à un événement.

DISTANCIER v.t. [5]. *Litt.* Donner du recul à qqn par rapport à qqch. *Un regard critique qui nous distancie de la situation.* ◆ **se distancier** v.pr. **(de).** *Litt.* Mettre une distance critique entre soi-même et qqch.

DISTANT, E adj. (lat. *distans*). **1.** Éloigné, écarté. *Deux villes distantes de cent kilomètres.* **2.** Qui montre de la froideur, décourage toute familiarité ; réservé, froid. *Attitude distante. Personne distante.*

DISTENDRE v.t. [59] (lat. *distendere*). Augmenter les dimensions d'un objet, d'un corps en l'étirant. *Distendre un ressort.* ◆ **se distendre** v.pr. Perdre de sa force ; se relâcher, s'affaiblir. *Nos liens d'amitié se sont distendus.*

DISTENSION n.f. PHYS. Augmentation de surface ou de volume sous l'effet d'une tension.

DISTHÈNE n.m. (du gr. *sthenos,* force). MINÉRALOG. Silicate d'aluminium caractéristique du métamorphisme régional. (Le disthène a deux duretés : 4,5 dans le sens de l'allongement et 7 dans la direction perpendiculaire.)

DISTILLAT [-tila] n.m. CHIM. Produit d'une distillation.

DISTILLATEUR [-tila-] n.m. Fabricant de produits obtenus par la distillation.

DISTILLATION [-lasjɔ̃] n.f. **1.** Opération consistant à vaporiser partiellement un mélange à l'état liquide, puis à condenser les vapeurs formées pour les séparer. *Distillation du pétrole. Alcools obtenus par distillation du vin, du cidre.* **2.** Opération qui consiste à débarrasser un corps solide de ses composants gazeux ou liquides. (La distillation du bois donne des goudrons et du méthanol.)

DISTILLER [-tile] v.t. (lat. *distillare,* tomber goutte à goutte). **1.** Opérer la distillation de. *Distiller du vin.* **2.** *Litt.* Laisser couler goutte à goutte ; sécréter. *L'abeille distille le miel. Le pin distille la résine.* – *Fig.* Répandre, dégager. *Son discours distille l'ennui.* ◆ v.i. CHIM. Séparer d'un mélange lors d'une distillation.

DISTILLERIE [-tilri] n.f. **1.** Industrie qui fabrique des produits obtenus par la distillation, notamm. les eaux-de-vie. **2.** Lieu où se fait la distillation.

DISTINCT, E [distɛ̃, ɛ̃kt] ou [distɛ̃kt] adj. (lat. *distinctus*). **1.** Qui se perçoit nettement ; clair, net. *Des traces distinctes de pas sur la neige.* **2.** Qui ne se confond pas avec qqch ou qqn d'analogue ; différent. *Deux problèmes bien distincts.*

DISTINCTEMENT adv. De façon distincte. *Voir distinctement qqch.*

DISTINCTIF, IVE adj. Qui permet de reconnaître, de distinguer ; caractéristique, spécifique. *Caractère distinctif.*

DISTINCTION n.f. (lat. *distinctio*). **1.** Action de distinguer, de faire une différence entre deux choses ou deux personnes, deux idées, etc. ; cette différence. *Appliquer une mesure sans distinction de personnes. Se perdre dans de subtiles distinctions.* **2.** Marque d'honneur qui désigne qqn à l'attention d'autrui. *Recevoir une distinction.* **3.** Élégance dans les manières, le langage et la tenue. *Avoir de la distinction.*

DISTINGUABLE adj. Que l'on peut distinguer, percevoir, différencier.

DISTINGUÉ, E adj. **1.** *Litt.* Remarquable par son rang, sa valeur ; illustre, éminent. *Un écrivain distingué.* **2.** Qui manifeste de la distinction. *Une personne distinguée. Des manières distinguées.*

DISTINGUER v.t. (lat. *distinguere*). **1.** Constituer l'élément caractéristique qui différencie, sépare. *La parole distingue l'homme de l'animal.* **2.** Reconnaître, différencier qqn, qqch en percevant les caractéristiques qui font sa spécificité. *Distinguer deux jumeaux. Distinguer les sens d'un mot.* **3.** Percevoir sans confusion par l'un des sens ; discerner. *D'ici, on distingue parfaitement la côte.* ◆ **se distinguer** v.pr. Se faire remarquer ; se signaler, s'illustrer. *Se distinguer par son savoir.*

DISTINGUO [distɛ̃go] n.m. (mot lat., *je distingue*). Distinction fine, nuance subtile.

DISTIQUE n.m. (gr. *distikhon,* de *stikhos,* vers). Groupe de deux vers formant un sens complet.

DISTOMATOSE n.f. Infection parasitaire due à une douve atteignant le foie, l'intestin ou les poumons des mammifères herbivores et de l'homme.

DISTORDRE v.t. [59]. Déformer par une torsion.

DISTORSION n.f. (lat. *distorsio*). **1.** Action de distordre ; état de ce qui est distordu. *Distorsion de la bouche, de la face.* **2. a.** PHYS. Aberration des miroirs ou des lentilles, caractérisée par une déformation de l'image. **b.** Déformation d'un signal (acoustique, électrique), d'un phénomène périodique au cours de sa transmission. **3.** *Fig.* Déséquilibre entre deux ou plusieurs facteurs, produisant une tension.

DISTRACTIF, IVE adj. *Didact.* Qui est destiné à distraire, à divertir, à délasser.

DISTRACTION n.f. (lat. *distractio*). **1.** Manque d'attention ; acte, bévue qui traduit l'inattention ; étourderie. *Se tromper d'étage par distraction.* **2.** Action de détourner l'esprit d'une occupation, ou d'une préoccupation ; diversion. **3.** Occupation, activité qui délasse, divertit. *La lecture est sa principale distraction.* **4.** *Sout.* Action de distraire un bien, une somme ; prélèvement ou détournement.

DISTRAIRE v.t. [92] (lat. *distrahere,* tirer en divers sens). **1.** Détourner qqn, son esprit, de ce qui l'occupe ou le préoccupe. *Il travaille, ne le distrais pas.* **2.** Faire passer le temps agréablement à ; divertir. *Distraire ses invités.* **3.** *Sout.* Séparer une partie d'un tout. – *Spécial.* Détourner à son profit ou prélever. *Distraire une somme de son capital.* ◆ **se distraire** v.pr. Occuper agréablement ses loisirs ; se délasser, s'amuser.

DISTRAIT, E adj. et n. Qui manifeste de la distraction, un manque d'attention à ce qu'il entend, voit ou fait. *Écouter d'une oreille distraite. Avoir l'air distrait.*

DISTRAITEMENT adv. De façon distraite.

DISTRAYANT, E [-trɛjɑ̃, ɑ̃t] adj. Propre à distraire, à délasser.

D

DISTRIBUABLE adj. Qui peut ou doit être distribué.

DISTRIBUÉ, E adj. *Appartement, pavillon bien* ou *mal distribué,* dont les différentes pièces sont bien ou mal réparties.

DISTRIBUER v.t. (lat. *distribuere*). **1.** Remettre, fournir à plusieurs personnes une partie d'un tout ; répartir. *Distribuer le courrier. Distribuer les cartes.* – *Spécial.* Assurer la distribution d'un film, d'un produit, d'un service, etc. **2.** Donner au hasard et à profusion. *Distribuer des poignées de main.* **3.** Placer, disposer selon une certaine organisation ; répartir, agencer. *Distribuer les joueurs sur le terrain.*

DISTRIBUTAIRE adj. et n. DR. Qui a reçu une part dans la distribution.

1. **DISTRIBUTEUR, TRICE** n. **1.** Personne qui distribue, diffuse qqch. *Distributeur de tracts.* **2.** Personne, firme qui assure la distribution d'un produit, d'un service, d'un film, etc. ◇ adj. *Firme distributrice.*

2. **DISTRIBUTEUR** n.m. Appareil qui sert à délivrer des produits de consommation courante. *Distributeur de savon, de bonbons.* ◇ ***Distributeur automatique*** : appareil public qui distribue contre paiement (pièces de monnaie, carte de crédit) des titres de transport, des boissons, etc., ou des billets de banque.

DISTRIBUTIF, IVE adj. **1.** *Didact.* Qui distribue, qui concerne la distribution. *Des mesures distributives.* ◇ PHILOS. ***Justice distributive,*** qui donne à chacun ce qui lui revient (par oppos. à ***justice commutative***). **2.** GRAMM. ***Adjectif, pronom distributif,*** ou ***distributif,*** n.m. : adjectif, pronom numéral ou indéfini qui exprime une idée de répartition. (Ex. : *Chaque* est un adjectif distributif, *chacun* est un pronom distributif.) **3.** ALGÈBRE. Se dit d'une loi de composition interne ⊥ définie sur un ensemble E par rapport à une autre loi ⊤ définie aussi sur E si, pour a, b, c, éléments quelconques, on a : $a \perp (b \top c) = (a \perp b) \top (a \perp c)$. [La multiplication des nombres est distributive par rapport à l'addition.]

DISTRIBUTION n.f. (lat. *distributio*). **1.** Action de distribuer, de répartir entre des personnes. *Distribution de vivres. La distribution des prix aux élèves.* **2.** Répartition des rôles entre les interprètes d'un spectacle, d'un film ; ensemble de ces interprètes. *Une brillante distribution.* ◇ ***Distribution artistique*** : recomm. off. pour ***casting.*** **3.** COMM. Ensemble des opérations par lesquelles les produits et les services sont répartis entre les consommateurs dans le cadre national. ◇ ***Grande distribution*** : ensemble constitué par les hypermarchés et les supermarchés. **4.** Branche de l'industrie cinématographique dont l'activité consiste à placer les films auprès des gérants des salles. **5.** Action de conduire, de transporter un fluide en divers lieux. *Distribution de l'eau, du gaz, de l'électricité.* **6.** Manière dont le fluide moteur se répartit dans le cylindre d'une machine à piston, par admission et échappement des gaz ; ensemble des organes qui assurent cette distribution. **7.** MÉD. Transport et répartition d'un médicament dans l'organisme, étudiés par la pharmacocinétique. **8.** Arrangement, disposition selon un certain ordre ; en partic., répartition des pièces d'un logement. **9.** STAT. Relations entre les valeurs d'un caractère et leurs effectifs (ou leurs fréquences). **10.** DR. Procédure qui répartit le produit de la vente des biens du débiteur au profit des créanciers, en cas de vente forcée ou amiable.

DISTRIBUTIONNALISME n.m. Linguistique, analyse *distributionnelle.

DISTRIBUTIONNEL, ELLE adj. *Linguistique* ou *analyse distributionnelle :* méthode de description de la langue fondée sur l'observation des positions relatives *(distribution)* occupées par les éléments linguistiques à l'intérieur de l'énoncé. SYN. : *distributionnalisme.*

DISTRIBUTIVITÉ n.f. ALGÈBRE. Propriété d'une loi de composition interne distributive par rapport à une autre.

DISTRICT [distrikt] n.m. (lat. *districtus,* territoire). **1.** Subdivision de département, en France, de 1790 à 1795. **2.** Subdivision administrative territoriale, d'étendue variable suivant les États ou les pays. – Suisse. Subdivision du canton. **3.** *District urbain :* établissement public chargé de la gestion des services publics communs à plusieurs communes d'une même agglomération.

D

DISULFURE [disyl-] n.m. Analogue soufré d'un peroxyde, caractérisé par deux atomes de soufre liés. (De nombreuses protéines ont une conformation maintenue par des ponts disulfures.) SYN. : *bisulfure.*

1. DIT, E adj. (lat. *dictus*). **1.** Appelé, surnommé. *Louis II, dit le Bègue.* **2.** DR. *Ledit, ladite, dudit, etc. :* la personne ou la chose dont on vient de parler. **3.** *À l'heure dite, au jour, au moment dits,* fixés, précisés. – *Ceci dit, cela dit :* quoi qu'il en soit.

2. DIT n.m. Poème narratif sur un sujet familier, au Moyen Âge.

DITHYRAMBE n.m. (gr. *dithurambos*). **1.** MYTH. GR. Cantique consacré à Dionysos. **2.** *Litt.* Éloge enthousiaste, souvent exagéré.

DITHYRAMBIQUE adj. Très élogieux ou d'un enthousiasme excessif.

DITO adv. (ital. *detto,* dit). COMM. Comme cidessus, de même. Abrév. : *d°.*

DIURÈSE n.f. (du gr. *dia,* à travers, et *ouron,* urine). PHYSIOL. Volume d'urine sécrétée par les reins pendant un intervalle de temps donné.

DIURÉTIQUE adj. et n.m. Se dit d'une substance qui augmente la diurèse et qui peut éventuellement être utilisée contre l'hypertension artérielle ou contre les œdèmes et l'insuffisance cardiaque.

DIURNAL n.m. CATH. Extrait du bréviaire qui contient seulement les offices de la journée.

DIURNE adj. (lat. *diurnus,* de *dies,* jour). **1. a.** Qui se fait pendant le jour. *Travaux diurnes.* **b.** Se dit d'un animal actif pendant le jour (par oppos. à *nocturne*). **c.** Se dit d'une plante, d'une fleur qui s'épanouit pendant le jour et se ferme la nuit. **2.** ASTRON. *Mouvement diurne :* rotation apparente du ciel, due à la rotation de la Terre autour de l'axe qui joint ses pôles.

DIVA n.f. (mot ital., *déesse*). **1.** Cantatrice célèbre. **2.** *Fam.* Personne éminente dans son domaine ; célébrité. *Les divas de la finance, du foot.*

DIVAGATION n.f. **1.** État de l'esprit qui divague ; rêverie. – (Surtout pl.) Propos décousus, incohérents ou déraisonnables ; délire. **2.** HYDROL. Déplacement, permanent ou temporaire, du lit d'un cours d'eau.

DIVAGUER v.i. (du lat. *vagari,* errer). **1.** Tenir des propos incohérents ; délirer, déraisonner. **2.** HYDROL. Se déplacer, en parlant du lit d'un cours d'eau.

DIVALENT, E adj. CHIM. Bivalent.

DIVAN n.m. (mot turc, de l'ar. *dīwan,* registre). **1.** HIST. Conseil du sultan ottoman. **2.** Lit de repos sans dossier, génér. garni de coussins et pouvant être utilisé comme canapé. **3.** Belgique. Canapé. **4.** Recueil de poésies arabes ou persanes.

DIVE adj.f. (lat. *diva,* divine). *Litt.* ou *par plais. La dive bouteille :* le vin, la boisson.

DIVERGENCE n.f. (lat. *divergentia*). **1.** Situation de deux lignes, de deux rayons, etc., qui divergent, qui s'éloignent l'un de l'autre en s'écartant. **2.** *Fig.* Fait de diverger, d'être en désaccord. *Divergence d'opinions.* **3.** MATH. Propriété d'une suite, d'une série, qui ne converge pas. **4.** NUCL. Établissement de la réaction en chaîne dans un réacteur nucléaire.

DIVERGENT, E adj. **1.** Qui diverge, s'écarte. *Rayons divergents.* **2.** *Fig.* Qui diverge, ne s'accorde pas ; différent, éloigné. *Avis divergents.* **3.** MATH. *Série divergente,* qui n'est pas convergente. **4.** OPT. Qui fait diverger un faisceau de rayons parallèles. *Lentille divergente.*

DIVERGER v.i. [10] (lat. *divergere,* pencher). **1.** S'écarter l'un de l'autre, en parlant de rayons, de lignes, etc. **2.** *Fig.* Différer de plus en plus, être en désaccord. *Nos avis sur ce sujet divergent.* **3.** NUCL. Entrer en divergence.

DIVERS, E adj. (lat. *diversus*). **1.** (Au pl.) Qui présentent des différences de nature, de qualité ; différents. *Les divers sens d'un mot. Les opinions diverses émises par une assemblée.* **2.** Qui présente des aspects différents. *Un pays très divers.* **3.** *Divers droite, divers gauche :* candidat, groupe qui n'appartient pas à l'un des principaux partis politiques (de droite, de gauche), mais qui relève de la même tendance. ◆ adj. indéf. pl. Plusieurs, quelques. *Divers témoins l'ont vu.*

DIVERSEMENT adv. **1.** De plusieurs façons ; différemment. **2.** Plus ou moins bien. *Une décision diversement appréciée.*

DIVERSIFICATION n.f. **1.** Action de diversifier ; fait d'être diversifié. **2.** Fait de se diversifier.

DIVERSIFIER v.t. [5]. Faire varier, mettre de la variété dans. ◇ v.pr. *La production s'est diversifiée.*

DIVERSION n.f. (bas lat. *diversio,* de *divertere,* détourner). **1.** Opération visant à détourner l'attention de l'adversaire. **2.** Action, événement qui détourne l'esprit de ce qui l'occupe. ◇ *Faire diversion (à) :* détourner l'attention (de).

DIVERSITÉ n.f. Caractère de ce qui est divers, varié. *La diversité des langues de l'Afrique.* ◇ *Diversité biologique :* biodiversité.

DIVERTICULE n.m. (lat. *diverticulum,* détour). **1.** ANAT. Petite cavité en cul-de-sac communiquant avec un organe creux. *Diverticule vésical.* ◇ *Diverticule de Meckel :* petit diverticule d'origine embryonnaire appendu à la portion terminale de l'intestin grêle, et qui n'existe que chez 1 % des individus. **2.** Subdivision, ramification d'un ensemble plus vaste, dans une configuration donnée de lieux, de terrain. *Les diverticules d'un fleuve dans un delta.* – *Spécial.* Voie secondaire, chemin, sentier qui s'écarte d'une voie plus importante. **3.** Couloir séparant deux salles dans un réseau souterrain.

DIVERTICULOSE n.f. MÉD. Affection caractérisée par la présence de nombreux diverticules.

DIVERTIMENTO [divɛrtimɛnto] n.m. (mot ital.). MUS. Suite de pièces pour petit orchestre. SYN. : *divertissement.*

DIVERTIR v.t. (lat. *divertere,* distraire). **1.** Procurer une distraction ; distraire, amuser. *Ce film m'a bien diverti.* **2.** DR. Opérer un divertissement ; détourner. ◆ **se divertir** v.pr. **1.** S'amuser, se distraire. *Sortir pour se divertir un peu.* **2.** (de). *Litt.* Se moquer de. *Se divertir des ridicules d'autrui.*

DIVERTISSANT, E adj. Qui divertit ; amusant.

DIVERTISSEMENT n.m. **1.** Action, moyen de se divertir, de s'amuser, de divertir les autres ; distraction. **2.** MUS. **a.** Intermède dans une fugue, dans une œuvre lyrique. **b.** Divertimento. *Les divertissements de Mozart.* **3. a.** Suite de courtes prestations dansées intégrées dans un grand ballet classique et destinées à mettre en valeur les qualités techniques des interprètes. **b.** Intermède chorégraphique dans un opéra. *Le divertissement du* Faust *de Gounod.* **4.** THÉÂTRE. **a.** Intermède dansé et chanté. **b.** Petite pièce sans prétention. **5.** DR. Détournement, par un héritier ou un conjoint, d'un bien de la succession ou de la communauté.

DIVIDENDE n.m. (lat. *dividendus,* qui doit être divisé). **1.** MATH. Dans une division, nombre qui est divisé par un autre (le *diviseur*). **2.** BOURSE. Part de bénéfice attribuée à chaque action d'une société.

DIVIN, E adj. (lat. *divinus*). **1.** Qui a rapport à Dieu, aux dieux. *La grâce divine.* **2.** *Litt.* Mis au rang des dieux. *Le divin Mozart.* **3.** Qui a les plus grandes qualités ; parfait, merveilleux, exquis. *Musique divine.*

DIVINATEUR, TRICE adj. Qui prévoit, qui devine ce qui va arriver. *Instinct divinateur.*

DIVINATION n.f. (lat. *divinatio*). **1.** Capacité supposée à connaître ce qui est caché et à prévoir l'avenir par l'interprétation de certains phénomènes. **2.** *Fig.* Prévision instinctive de ce qui va se produire ; prémonition, prescience.

DIVINATOIRE adj. Relatif à la divination.

DIVINEMENT adv. D'une manière divine, à la perfection.

DIVINISATION n.f. Action de diviniser.

DIVINISER v.t. **1.** Mettre au rang des dieux. *Diviniser un héros.* **2.** *Litt.* Vouer un culte à ; exalter, glorifier, vénérer. *Diviniser l'amour.*

DIVINITÉ n.f. **1.** Nature divine. *La divinité de Jésus-Christ.* **2.** Être divin ; dieu, déité. *Divinités antiques.*

DIVIS, E [divi, iz] adj. DR. Partagé, divisé. *Propriété divise et propriété indivise.*

DIVISER v.t. (du lat. *dividere*). **1.** Séparer en plusieurs parties ; partager. *Diviser un terrain, un gâteau.* ◇ *Machine à diviser :* machine servant à établir des échelles sur les instruments de précision. **2.** ARITHM. Effectuer une division. *Diviser 27 par 3.* **3.** Être une occasion de désaccord. *Ce problème divise l'opinion.* ◆ **se diviser** v.pr. **1.** Se séparer en plusieurs parties. *L'année se divise en mois.* **2.** Être d'opinions différentes.

1. DIVISEUR n.m. MATH. Dans une division, nombre par lequel on en divise un autre (le *dividende*). ◇ *Diviseur d'un nombre entier :* nombre qui, dans la division de cet entier, donne un reste nul. – *Commun diviseur :* nombre qui est diviseur de plusieurs nombres entiers. – *Plus grand commun diviseur (PGCD) :* le plus grand de tous les diviseurs communs à plusieurs nombres entiers (par ex., 15 pour 30 et 45).

2. DIVISEUR, EUSE n. Personne qui est une source de désunion. *Les diviseurs d'un parti.*

DIVISIBILITÉ n.f. **1.** Propriété de ce qui peut être divisé. *La divisibilité de la matière.* **2.** ARITHM. Propriété d'un nombre entier divisible par un autre.

DIVISIBLE adj. **1.** Qui peut être divisé. *Terrain divisible.* **2.** ARITHM. *Entier divisible par un autre,* qui admet ce dernier pour diviseur.

DIVISION n.f. (lat. *divisio*). **1.** Action de diviser en parties distinctes ; état qui en résulte. *La division de la France en départements.* ◇ *Division du travail :* mode d'organisation du travail dans les entreprises, caractérisé par le fractionnement et la spécialisation des fonctions de production. **2.** Fait de se diviser. *Division d'un cours d'eau.* ◇ BIOL. CELL. *Division cellulaire :* mode de reproduction des cellules (mitose et méiose). **3.** *Fig.* Désunion, dissension due à la divergence des intérêts ou des opinions. **4.** Partie d'un tout divisé. *La minute est une division de l'heure.* **5.** Trait, barre qui divise. *Les divisions d'un baromètre.* **6.** ADMIN. Réunion sous un même chef de plusieurs services ayant des attributions voisines. **7.** MIL. Grande unité militaire rassemblant des formations de toutes armes ou services. **8.** SPORTS. Dans un championnat, groupe d'équipes classées par catégorie de valeur. **9.** ARITHM. *Division d'un réel* a *par un réel* b *non nul :* opération consistant à trouver la solution x unique de l'équation $bx = a$, quand elle existe, ou à trouver une solution approchée sous certaines conditions données. (Elle se note $a : b$ ou a/b ou $\frac{a}{b}$; a est le dividende, b est le diviseur.)

DIVISIONNAIRE adj. **1.** Qui appartient à une division militaire ou administrative. ◇ *Commissaire divisionnaire,* ou *divisionnaire,* n. : en France, commissaire de police d'un rang hiérarchique élevé. **2.** *Monnaie divisionnaire,* d'une valeur inférieure à l'unité monétaire. ◆ n.m. Suisse. Officier commandant une division.

DIVISIONNISME n.m. Technique des peintres néo-impressionnistes, appelée aussi *pointillisme,* consistant à juxtaposer des touches régulières de différentes couleurs sur la toile, au lieu de mélanger ces couleurs sur la palette.

DIVISIONNISTE adj. et n. Qui appartient ou se rattache au divisionnisme.

DIVORCE n.m. (lat. *divortium,* séparation). **1.** Dissolution du mariage civil prononcée par jugement. **2.** *Fig.* Opposition, divergence profonde. *Divorce entre la théorie et la pratique.*

ENCYCL. On distingue en droit français le divorce par consentement mutuel (divorce sur demande conjointe ou sur demande acceptée), le divorce pour rupture de la vie commune ou pour aliénation des facultés mentales et le divorce pour faute.

DIVORCÉ, E adj. et n. Dont le mariage a été dissous légalement.

DIVORCER v.i. [9]. Rompre un mariage par divorce. *Divorcer d'avec sa femme* ou *divorcer de sa femme.*

DIVORTIALITÉ [-sja-] n.f. Rapport du nombre des divorces à l'effectif moyen de la population mariée, durant une période donnée.

DIVULGATEUR, TRICE adj. et n. Qui divulgue une information.

DIVULGATION n.f. Action de divulguer, de révéler. *Divulgation d'un secret d'État.*

DIVULGUER v.t. (lat. *divulgare*, de *vulgus*, foule). Répandre dans le public ce qui était jusque-là ignoré ou mal connu.

DIX [dis] ([diz] devant une voyelle ou un *h* muet ; [di] devant une consonne ou un *h* aspiré) adj. num. et n.m. (lat. *decem*). **1.** Nombre qui suit neuf dans la suite des entiers naturels. **2.** Dixième. *Charles X.* **3.** Un nombre indéterminé. *Répéter dix fois la même chose.*

DIX-CORS n.m. → **1. COR.**

DIX-HUIT [dizɥit] adj. num. et n.m. inv. **1.** Nombre qui suit dix-sept dans la suite des entiers naturels. **2.** Dix-huitième. *Louis XVIII.*

DIX-HUITIÈME adj. num. ord. et n. Qui occupe un rang marqué par le nombre dix-huit.

DIXIELAND [diksilɑ̃d] ou **DIXIE** [diksi] n.m. (d'un mot de Louisiane). Style de jazz né dans le sud des États-Unis, résultant d'une combinaison de ragtimes, de blues et d'airs de parades, et pratiqué par des petits groupes se livrant à l'improvisation collective. (Le dixieland s'imposa surtout de 1900 à 1930, puis réapparut vers 1940.)

1. DIXIÈME [dizjɛm] adj. num. ord. et n. Qui occupe un rang marqué par le nombre dix. ◆ n.m. et adj. Quantité désignant le résultat d'une division par dix.

2. DIXIÈME n.m. HIST. Impôt direct institué à plusieurs reprises en France entre 1710 et 1749.

DIXIÈMEMENT adv. En dixième lieu.

DIX-NEUF [diznœf] adj. num. et n.m. inv. **1.** Nombre qui suit dix-huit dans la suite des entiers naturels. **2.** Dix-neuvième. *Page dix-neuf.*

DIX-NEUVIÈME adj. num. ord. et n. Qui occupe un rang marqué par le nombre dix-neuf.

DIX-SEPT [disset] adj. num. et n.m. inv. **1.** Nombre qui suit seize dans la suite des entiers naturels. **2.** Dix-septième. *Tome dix-sept.*

DIX-SEPTIÈME adj. num. ord. et n. Qui occupe un rang marqué par le nombre dix-sept.

DIZAIN n.m. Poème de dix vers.

DIZAINE n.f. **1.** Groupe de dix unités, d'environ dix unités. *Une dizaine de kilomètres.* **2.** CATH. Prière correspondant à dix grains d'un chapelet. *Dire une dizaine.* **3.** HIST. Sous l'Ancien Régime, subdivision d'un quartier d'une ville, en partic. à Paris.

DIZYGOTE adj. et n. Se dit de chacun des deux faux jumeaux qui proviennent de deux ovules fécondés différents. SYN. : *bivitellin.* CONTR. : *monozygote, univitellin.*

DJ [didʒe] ou [didʒi] n. inv. (sigle). Disc-jockey.

DJAÏN, E adj. et n., **DJAÏNISME** n.m. → **JAÏN, JAÏNISME.**

DJAMAA n.f. inv. → **DJEMAA.**

DJEBEL [dʒebɛl] n.m. (ar. *djabal*). En Afrique du Nord, montagne.

DJELLABA [dʒɛlaba] n.f. (ar. *djallāba*). Robe longue à capuchon portée par les hommes et les femmes, en Afrique du Nord.

DJEMAA ou **DJAMAA** n.f. inv. (ar. *djamāa*, assemblée). Assemblée de notables locaux, en Afrique du Nord.

DJEMBÉ [dʒɛmbe] n.m. (mot africain). Tambour africain en bois, de forme tronconique, recouvert d'une peau de chèvre tendue par des cordes.

DJIBOUTIEN, ENNE adj. et n. De Djibouti, de ses habitants.

DJIHAD [dʒiad] n.m. (ar. *djihād*). Guerre sainte dans laquelle tout musulman doit s'engager pour défendre ou, éventuellement, étendre le domaine de l'islam.

DJINN [dʒin] n.m. (mot ar.). Dans les croyances musulmanes, esprit bienfaisant ou démon.

DO n.m. inv. Note de musique, premier degré de la gamme d'*ut.*

DOBERMAN [dɔbɛrman] n.m. Chien de garde au poil ras et dur, d'origine allemande.

DOC n.f. (abrév.). *Fam.* Documentation.

DOCÉTISME n.m. (du gr. *dokeîn*). CHRIST. Hérésie chrétienne des premiers siècles, qui professait que le corps du Christ n'avait été que pure apparence, et qui niait la réalité de sa Passion et de sa mort.

DOCILE adj. (lat. *docilis*). Qui obéit facilement ; obéissant.

DOCILEMENT adv. Avec docilité.

DOCILITÉ n.f. Disposition à se laisser diriger, à obéir ; obéissance, soumission.

DOCIMASIE n.f. (gr. *dokimasia*, épreuve). **1.** ANTIQ. GR. Examen que subissait tout magistrat athénien avant son entrée en charge. **2.** MÉD. Rare. Recherche des causes de la mort par examen de certains organes après autopsie.

DOCIMOLOGIE n.f. (du gr. *dokimê*, épreuve, et *logos*, science). Étude systématique des méthodes d'évaluation en éducation, et notamm. des facteurs déterminant la notation aux examens.

DOCK n.m. (mot angl.). **1.** Bassin entouré de quais, pour le chargement et le déchargement des navires. ◇ *Dock flottant* : bassin de radoub flottant servant à caréner les navires. **2.** Magasin construit sur les quais pour entreposer les marchandises.

DOCKER [dɔkɛr] n.m. (mot angl.). Ouvrier employé au chargement et au déchargement des navires.

DOCTE adj. (lat. *doctus*, de *docere*, enseigner). **1.** *Litt.* Qui a des connaissances étendues, notamm. en matière littéraire ou historique. **2.** *Péjor.* Qui est infatué de son savoir ; pédant.

DOCTEMENT adv. *Litt.* De façon savante et pédante.

DOCTEUR n.m. (lat. *doctor*). **1.** Personne qui a obtenu un doctorat. *Elle est docteur ès lettres.* **2.** Personne qui a obtenu un doctorat en médecine. — *Cour.* Médecin. Abrév. : Dr. **3. a.** CHRIST. *Docteur de l'Église* : titre officiel donné à un théologien remarquable par l'importance et l'orthodoxie de ses écrits. **b.** *Docteur de la Loi* : dans le judaïsme, spécialiste et interprète autorisé de la Torah.

DOCTORAL, E, AUX adj. **1.** Relatif au doctorat. *Réforme des études doctorales.* **2.** *Péjor.* Se dit du ton, de l'air grave, pédant, solennel de qqn.

DOCTORALEMENT adv. De façon doctorale.

DOCTORANT, E n. Étudiant titulaire d'un DEA et préparant un doctorat.

DOCTORAT n.m. **1.** Diplôme national nécessaire à l'exercice des professions de santé (médecine, pharmacie, chirurgie dentaire, science vétérinaire). **2.** Anc. *Doctorat d'État* : grade le plus élevé conféré par une université, sanctionnant l'aptitude à mener une recherche scientifique de haut niveau. **3.** Diplôme national, délivré par les universités, sanctionnant un travail de recherche mené après le DEA.

DOCTORESSE n.f. *Fam.* Femme médecin.

DOCTRINAIRE adj. et n. Qui s'attache avec rigueur et intransigeance à une doctrine, à une opinion. ◆ n. HIST. En France, sous la Restauration, partisan, avec Royer-Collard et Guizot, d'un compromis entre les principes de 1789 et la légitimité monarchique.

DOCTRINAL, E, AUX adj. Relatif à une doctrine.

DOCTRINE n.f. (lat. *doctrina*). **1.** Ensemble des croyances, des opinions ou des principes d'une religion, d'une école littéraire, artistique ou philosophique, d'un système politique, économique, etc. **2.** DR. Ensemble des travaux ayant pour objet d'exposer ou d'interpréter le droit et qui constitue l'une des sources des sciences juridiques.

DOCUMENT n.m. (lat. *documentum*, de *docere*, instruire). Écrit ou objet servant d'information, de témoignage ou de preuve. *Document statistique, photographique.*

DOCUMENTAIRE adj. **1.** Qui a le caractère, la valeur, l'intérêt d'un document. *Texte documentaire.* ◇ *À titre documentaire* : pour information. **2.** Relatif aux techniques de la documentation. *Informatique documentaire.* ◆ n.m. et adj. **1.** Film de cinéma ou de télévision montrant des situations réelles. **2.** Genre cinématographique ou télévisuel caractérisé par l'exposition de situations réelles (par oppos. à *fiction*). (Les premiers films des frères *Lumière sont des documentaires.)

DOCUMENTALISTE n. Professionnel de la recherche, de la sélection, du classement, de l'utilisation et de la diffusion des documents.

DOCUMENTARISTE n. Cinéaste réalisateur de documentaires.

DOCUMENTATION n.f. **1.** Action de sélectionner, de classer, d'utiliser ou de diffuser des documents. *Service de documentation.* **2.** Ensemble de documents relatifs à une question, à un ouvrage. *Réunir une grosse documentation.* — *Spécial.* Ensemble de documents concernant un véhicule, un appareil, un jeu, etc. ; notice, mode d'emploi. Abrév. *(fam.)* : *doc.* **3.** Ensemble des opérations, des méthodes qui facilitent la collecte, le stockage, la circulation des documents et de l'information. ◇ *Documentation automatique* : ensemble des techniques de traitement de l'information documentaire utilisant des logiciels de sélection et de recherche.

DOCUMENTÉ, E adj. **1.** Appuyé, étayé par des documents. *Une thèse bien documentée.* **2.** Informé, renseigné, notamm. par des documents. *Vous êtes très documenté sur la question.*

DOCUMENTER v.t. **1.** Fournir des renseignements, des documents à. **2.** INFORM. Préparer les documents relatifs à l'organisation et au fonctionnement d'un programme de façon à en rendre l'utilisation et la maintenance plus aisées. ◆ **se documenter** v.pr. Rechercher, se procurer des documents.

DODÉCAÈDRE n.m. (gr. *dôdekaedros*, qui a douze faces). GÉOMÉTR. Polyèdre à douze faces.

DODÉCAGONAL, E, AUX adj. Qui a la forme d'un dodécagone.

DODÉCAGONE n.m. (gr. *dôdeka*, douze, et *gônia*, angle). GÉOMÉTR. Polygone qui a douze angles, et donc douze côtés.

DODÉCAPHONIQUE adj. Relatif au dodécaphonisme.

DODÉCAPHONISME n.m. (gr. *dôdeka*, douze, et *phônê*, voix). Technique musicale fondée sur l'emploi des douze sons de l'échelle chromatique tempérée occidentale.

DODÉCAPHONISTE n. Compositeur pratiquant le dodécaphonisme.

DODÉCASTYLE adj. ARCHIT. Se dit d'un édifice qui présente douze colonnes sur sa façade.

DODÉCASYLLABE adj. et n.m. Qui a douze syllabes.

DODELINEMENT n.m. Oscillation légère de la tête ou du corps.

DODELINER v.t. ind. **[de]** (onomat.). Imprimer à une partie du corps un balancement lent et régulier. *Dodeliner de la tête.*

DODINE n.f. **1.** Plat composé de filets de canard rôti, servis avec une sauce au vin, des champignons, et liée à la glace de viande. **2.** Ballottine.

1. DODO n.m. (de *dormir*). Lit, sommeil, dans le langage enfantin. *Aller au dodo.* ◇ *Faire dodo* : dormir.

2. DODO n.m. (néerl. *dod-aers*). Oiseau inapte au vol, à l'allure de dindon, voisin des pigeons, dont une espèce vivait à la Réunion et une autre à l'île Maurice, jusqu'à son extermination au XVIIe s. (Ordre des columbiformes ; famille des raphidés.) SYN. : *dronte.*

DODU, E adj. **1.** Se dit d'un animal bien en chair ; charnu. *Poulet dodu.* **2.** *Fam.* Replet, potelé. *Elle est toute dodue.*

DOGARESSE n.f. (vénitien *dogaressa*). Femme d'un doge.

DOG-CART [dɔgkart] n.m. [pl. *dog-carts*] (mot angl.). Véhicule découvert, aménagé pour le transport des chiens menés à la chasse.

DOGE n.m. (mot vénitien). Chef élu des anciennes républiques de Venise et de Gênes.

DOGGER [dɔgœr] n.m. (mot angl.). GÉOL. Une des trois séries du système jurassique, le jurassique moyen (de – 180 à – 154 millions d'années).

DOGMATIQUE adj. **1.** Qui a rapport au dogme, qui affecte la forme d'un dogme. *Vérités dogmatiques.* **2.** Relatif aux doctrines religieuses, philosophiques. *Une école dogmatique.* ◆ adj. et n. Qui

D

exprime une opinion de manière catégorique, péremptoire, autoritaire. *Un esprit, un ton dogmatique.* ◆ n.f. CHRIST. Partie de la théologie qui constitue un exposé systématique des vérités de la foi.

DOGMATIQUEMENT adv. De façon dogmatique, péremptoire.

DOGMATISER v.i. Énoncer des affirmations d'un ton tranchant, autoritaire.

DOGMATISME n.m. **1.** Philosophie ou religion qui s'appuie sur des dogmes et rejette catégoriquement le doute et la critique. **2.** Caractère, comportement d'une personne dogmatique.

DOGME n.m. (gr. *dogma,* opinion). **1.** Point fondamental et considéré comme incontestable d'une doctrine religieuse ou philosophique. **2.** Croyance, opinion ou principe donnés comme intangibles et imposés comme vérité indiscutable.

DOGUE n.m. (angl. *dog*). Chien de garde à grosse tête, au museau aplati.

DOIGT [dwa] n.m. (lat. *digitus*). **1.** Chacun des appendices articulés qui terminent la main de l'homme. *Les cinq doigts de la main.* ◇ ***Le petit doigt*** : l'auriculaire. – ***Doigts de pieds*** : orteils. – *Fam.* ***Au doigt mouillé*** : approximativement ; au pifomètre. – *Fam.* ***Les doigts dans le nez*** : très facilement. – ***Faire toucher du doigt*** : donner à qqn des preuves incontestables de qqch. – ***Mettre le doigt sur*** : deviner juste. – ***Montrer qqn du doigt,*** le désigner publiquement comme un objet de risée, de scandale, de vindicte, etc. – ***Ne pas bouger, lever, remuer le petit doigt*** : ne rien faire pour aider qqn. – ***Obéir au doigt et à l'œil,*** sans discussion et au moindre signe. – ***Savoir sur le bout du doigt,*** parfaitement. – *Fam.* ***Se mettre le doigt dans l'œil*** : se tromper complètement. – ***Toucher du doigt*** : être près de la solution. **2.** ZOOL. Extrémité articulée des membres des vertébrés tétrapodes. **3.** Mesure approximative équivalant à l'épaisseur d'un doigt. *Un doigt de whisky.* ◇ ***Être à deux doigts de*** : être très près de. **4.** MÉCAN. INDUSTR. Petite pièce servant de repère, d'appui, d'arrêt.

DOIGTÉ [dwate] n.m. **1.** Adresse manuelle ou intellectuelle ; savoir-faire, habileté. *Conduire une affaire avec doigté.* **2.** MUS. Manière de placer les doigts sur un instrument dans l'exécution d'un morceau ; annotation portée sur la partition précisant cette position des doigts.

DOIGTER v.t. MUS. Indiquer sur la partition, par des chiffres, le doigt qui convient pour l'exécution de chaque note.

DOIGTIER [dwatje] n.m. **1.** Fourreau qui protège un ou plusieurs doigts pour certaines manipulations ou en cas de blessure. **2.** BOT. Digitale.

DOIT n.m. COMPTAB. Partie d'un compte établissant ce qu'une personne doit. ◇ ***Doit et avoir*** : passif et actif.

DOJO n.m. (mot jap.). Salle où se pratiquent les arts martiaux.

DOL n.m. (lat. *dolus,* ruse). DR. Tromperie commise en vue de décider une personne à conclure un acte juridique ou de l'amener à contracter à des conditions qui lui sont défavorables.

DOLBY n.m. (nom déposé). **1.** Procédé de réduction du bruit de fond des enregistrements sonores, en partic. des enregistrements musicaux ; dispositif utilisant ce procédé. **2.** ***Procédé Dolby Stéréo,*** permettant la reproduction stéréophonique à partir d'une piste sonore optique.

DOLCE VITA [dɔltʃevita] n.f. inv. (d'apr. *La Dolce Vita,* film de Federico Fellini). Vie facile et oisive.

DOLDRUMS [dɔldrœms] n.m. pl. (mot angl., *calmes plats*). MÉTÉOROL. Zone des basses pressions équatoriales.

DÔLE n.f. Suisse. Vin rouge du Valais.

DOLÉANCE n.f. (du lat. *dolere,* souffrir). [Surtout pl.] Plainte, récrimination. ◇ HIST. ***Cahiers de doléances*** : dans la France d'Ancien Régime, documents dans lesquels les assemblées qui préparaient les états généraux consignaient les réclamations et les vœux de leurs représentants.

DOLENT, E adj. (lat. *dolens, -entis,* de *dolere,* souffrir). **1.** *Litt.* Qui est dans un état de souffrance pénible. *Le corps dolent.* **2.** Qui est mou, sans énergie, qui exprime la douleur d'une manière plaintive. *Une personne, une voix dolente.*

DOLIC ou **DOLIQUE** n.m. (gr. *dolikhos,* haricot). Plante voisine du haricot, cultivée dans les régions tropicales comme légume et comme fourrage. (Genres *Dolichos, Vigna, Lablab* ; famille des papilionacées.)

DOLICHOCÉPHALE [-kɔ-] adj. et n. (gr. *dolikhos,* long, et *kephalê,* tête). Qui a le crâne plus long que large. CONTR. : *brachycéphale.*

DOLICHOCÔLON [-kɔ-] n.m. MÉD. Côlon d'une longueur excessive.

DOLINE n.f. (du slave *dole,* en bas). GÉOMORPH. Petite dépression fermée, circulaire ou elliptique, que l'on trouve dans les régions karstiques.

DOLIQUE n.m. → **DOLIC.**

DOLLAR n.m. (mot anglo-amér.). Unité monétaire principale d'une trentaine d'États, partic. des États-Unis (symb. $), du Canada et de l'Australie (→ *tableau des *monnaies*).

DOLLARISATION n.f. Processus de substitution du dollar américain à une monnaie nationale, comme moyen de paiement et réserve de valeurs.

DOLMAN [dɔlmɑ̃] n.m. (mot all., du hongr., du turc *dolama*). Ancienne veste d'uniforme garnie de brandebourgs.

DOLMEN [dɔlmɛn] n.m. (breton *dol,* table, et *men,* pierre). Monument mégalithique composé d'une ou de plusieurs dalles horizontales reposant sur des blocs verticaux, formant les parois d'une chambre funéraire.

■ **DOLMEN** à Moustoir-Ac, dans le Morbihan ; IVe millénaire.

DOLOMIE n.f. (de *Dolomieu,* n.pr.). GÉOL. Roche sédimentaire carbonatée constituée essentiellement de dolomite, dont l'érosion donne des reliefs ruiniformes caractéristiques (Dolomites).

DOLOMITE n.f. MINÉRALOG. Carbonate de calcium et de magnésium.

DOLOMITIQUE adj. Relatif à la dolomie ; qui contient de la dolomie.

DOLORISME n.m. Tendance à exalter la valeur morale de la douleur, en partic. de la douleur physique.

DOLOSIF, IVE adj. DR. Qui présente le caractère du dol, de la fraude, de la tromperie. *Manœuvre dolosive.*

DOM [dɔ̃] n.m. (lat. *dominus,* maître). **1.** Titre donné à certains religieux (bénédictins, chartreux). **2.** Titre d'honneur donné aux nobles, au Portugal.

DOMAINE n.m. (lat. *dominium*). **1.** Propriété foncière ; bien, terre. *Domaine familial.* ◇ HIST. ***Domaine royal*** : en France, ensemble des terres et des droits appartenant au roi en tant que seigneur et souverain. – DR. ADMIN. ***Le Domaine*** : ensemble des biens corporels, mobiliers ou immobiliers, appartenant à l'État ou aux collectivités locales. – ***Domaine public*** : partie du Domaine affectée à l'usage direct du public ou à un service public (routes, voies ferrées, etc.). – ***Domaine privé*** : biens des collectivités locales soumis aux règles du droit privé (forêts, pâturages communaux). – ***Tomber dans le domaine public*** : pouvoir être librement publiée, représentée, reproduite, en parlant d'une invention, d'une œuvre d'art ou de l'esprit qui cesse d'être protégée par la loi. **2.** Champ d'activité d'une personne, étendue de sa compétence. *Cela n'est pas (de) mon domaine.* **3.** Ensemble de ce qui constitue l'objet d'un art, d'une science, d'une faculté ; univers, monde. *Le domaine de la médecine.* **4.** INFORM. Partie d'une adresse d'Internet qui identifie, par pays, par activité ou par organisation, un des niveaux de la hiérarchie de ce réseau.

DOMANIAL, E, AUX adj. DR. Qui appartient à un domaine, privé ou public. *Forêt domaniale.*

DOMANIALITÉ n.f. DR. Caractère des biens composant le Domaine, et plus spécial. le domaine public.

1. DÔME n.m. (ital. *duomo,* du lat. *domus,* maison de Dieu). Église cathédrale, dans certaines villes d'Italie, d'Allemagne, etc. *Le dôme de Milan.*

2. DÔME n.m. (provenç. *doma,* du gr. *dôma,* maison). **1.** Toit galbé de plan centré, à versant continu (le plus souvent hémisphérique) ou à pans, qui surmonte certains édifices ; extrados ou couverture d'une coupole. *Le dôme de Saint-Pierre de Rome.* **2.** Ce qui offre l'aspect d'un dôme. *Dôme de verdure, de feuillage.* **3.** Sommet montagneux de forme arrondie. **4.** THERM. ***Dôme (de prise) de vapeur*** : volume surmontant une chaudière ou un échangeur, de façon à éloigner la prise de vapeur de l'eau en ébullition.

DOMESTICABLE adj. Se dit d'un animal qui peut être domestiqué.

DOMESTICATION n.f. Action de domestiquer ; fait d'être domestiqué.

DOMESTICITÉ n.f. Vieilli. Ensemble des domestiques d'une maison ; état de domestique.

1. DOMESTIQUE adj. (lat. *domesticus*). **1.** Qui concerne la maison, le ménage. *Travaux domestiques.* **2.** Se dit d'un animal qui a été dressé ou apprivoisé et qui vit dans l'entourage de l'homme (par oppos. à *sauvage*).

2. DOMESTIQUE n. Vieilli. Personne qui est rétribuée pour le service, l'entretien d'une maison, d'un établissement hôtelier, etc. ; employé de maison.

DOMESTIQUER v.t. **1.** Rendre domestique, apprivoiser un animal. **2.** Amener qqn à une soumission servile ; asservir. **3.** Rendre une force naturelle utilisable par l'homme. *Domestiquer le vent, les marées.*

DOMICILE n.m. (lat. *domicilium,* de *domus,* maison). Lieu habituel d'habitation. ◇ ***À domicile*** : au lieu où habite qqn. *Travailler à domicile.* – DR. ***Domicile élu*** : lieu fixé pour l'exécution d'un acte. – Anc. ***Domicile conjugal*** : résidence de la famille. – ***Domicile légal*** : lieu légal d'habitation. (Une personne peut avoir plusieurs résidences, mais elle n'a qu'un seul domicile.) – ***Sans domicile fixe (SDF)*** : qui n'a aucun lieu d'habitation déterminé ; *par ext.,* qui est sans toit et sans travail. (S'emploie aussi comme nom : *les sans domicile fixe.*)

DOMICILIAIRE adj. Qui se fait au domicile même d'une personne, génér. par autorité de justice. *Visite domiciliaire.*

DOMICILIATAIRE n. DR. Personne, génér. un banquier, au domicile de laquelle est payable une lettre de change ou un chèque.

DOMICILIATION n.f. DR., COMM. **1.** Désignation du domicile où un effet est payable (banque, société de Bourse, etc.). **2.** Choix, par une personne, du lieu où sera établi son commerce ou sa société.

DOMICILIER v.t. [5]. DR. Assigner un domicile à. ◇ ***Être domicilié quelque part,*** y avoir son domicile légal.

DOMIEN, ENNE adj. et n. Des départements d'*outre-mer (v. partie n.pr.).

DOMINANCE n.f. **1.** *Didact.* Fait de dominer dans un ensemble ; prédominance. **2.** GÉNÉT. Propriété d'un caractère, d'un gène dominant. **3.** PHYSIOL. Propriété d'un hémisphère cérébral dominant. **4.** ÉTHOL. Supériorité d'un animal sur ses congénères, établie à l'issue de relations agressives et se manifestant par la priorité alimentaire et sexuelle.

DOMINANT, E adj. **1.** Qui domine, qui l'emporte sur d'autres. *Les traits dominants d'un caractère.* ◇ DR. ***Fonds dominant,*** en faveur duquel est établie une servitude (par oppos. à ***fonds servant***). **2.** GÉNÉT. Se dit de l'allèle d'un gène qui s'exprime chez le sujet hétérozygote tout en empêchant l'expression du deuxième allèle, dit *récessif* ; se dit du caractère, ou du mode de transmission héréditaire, correspondant. **3.** PHYSIOL. Se dit de l'hémisphère cérébral (gauche chez le droitier, droit ou gauche chez le gaucher) qui joue le rôle principal dans la motricité et le langage.

DOMINANTE n.f. **1.** *Litt.* Ce qui domine, est essentiel, dans un ensemble. *L'humour est la dominante de son œuvre.* **2.** MUS. Note située au cinquième degré d'une gamme diatonique. ◇ ***Septième de dominante*** : accord majeur avec septième mineure, placé sur le 5e degré d'une gamme. **3.** Option principale d'un cursus universitaire. **4.** Couleur qui domine visuellement les autres, dans une photographie. *Dominante bleue.*

DOMINATEUR, TRICE adj. et n. Qui domine, qui aime dominer.

DOMINATION n.f. Action de dominer ; autorité souveraine ; suprématie, hégémonie. ◆ pl. THÉOL. CHRÉT. Premier chœur de la seconde hiérarchie des anges.

DOMINER v.i. (lat. *dominari*, de *dominus*, maître). **1.** Exercer sa suprématie. *Notre équipe a dominé en première mi-temps.* **2.** L'emporter en nombre, en intensité. *Les jeunes dominent dans cette réunion.* ◆ v.t. **1.** Tenir qqn, un groupe sous son autorité ; soumettre. *Napoléon voulait dominer l'Europe.* **2.** Manifester sa supériorité sur ; surpasser. *Coureur qui domine le peloton.* **3.** *Fig.* Maîtriser qqch. *Dominer son sujet, ses passions.* **4.** Être en position surélevée par rapport à autre chose ; surplomber. *Le château domine la ville.* ◆ **se dominer** v.pr. Maîtriser ses réactions, ses impulsions.

1. DOMINICAIN, E n. Religieux, religieuse de l'ordre fondé par saint Dominique (ordre des Frères prêcheurs).

ENCYCL. Fondé en 1215 pour lutter contre l'hérésie cathare, l'ordre des Dominicains s'orienta vers une forme de vie communautaire et démocratique entièrement commandée par la prédication de la parole de Dieu. Présent dans toute l'Europe, l'ordre s'est illustré par son action contre les hérésies et par son œuvre théologique.

2. DOMINICAIN, E adj. et n. De la République dominicaine, de ses habitants.

DOMINICAL, E, AUX adj. (lat. *dominicalis*). **1.** CHRIST. Du Seigneur. **2.** Relatif au dimanche, jour de congé. *Repos dominical.*

DOMINION [dɔminjɔ̃] ou [-njɔn] n.m. (mot angl.). Anc. État indépendant et souverain, membre du Commonwealth (Canada, Australie, Nouvelle-Zélande, etc.).

DOMINO n.m. **1.** Vêtement ample à capuchon porté dans les bals masqués ; personne qui porte ce costume. **2.** (Au pl.) Jeu qui se joue à l'aide de 28 pièces rectangulaires divisées chacune en deux cases blanches marquées de points noirs et qu'on assemble selon leur valeur. – Chacune des pièces de ce jeu. ◇ ***Effet (de) domino*** : conséquences successives d'un événement local, entraînant de proche en proche des phénomènes néfastes ; réaction en chaîne. (L'expression est due à une théorie géopolitique américaine des années 1950.) *Les effets domino d'une faillite bancaire.* **3.** Afrique, Antilles. ***Couple domino***, constitué d'une personne noire et d'une personne blanche. **4.** ÉLECTROTECHN. Bloc de jonction ou de dérivation électrique dont l'aspect rappelle un domino.

DOMINOTERIE n.f. Anc. Fabrication du papier marbré et colorié (appelé *domino*) qui servait notamm. à certains jeux de société ; ces papiers eux-mêmes.

DOMMAGE n.m. (anc. fr. *damage*, de *dam*, dommage). **1.** Préjudice moral ou corporel subi par qqn ; dégât causé à ses biens. *Dommage matériel. Dommage moral.* ◇ ***Dommages-intérêts***, ou ***dommages et intérêts*** : indemnité due à qqn, en réparation d'un préjudice. **2.** Dégât matériel causé à qqch ; perte, dégradation. ◇ ***Dommages de guerre***, subis par les personnes ou les États en temps de guerre et donnant lieu à réparation ; indemnité versée en réparation. **3.** ***C'est dommage, quel dommage*** : c'est fâcheux, regrettable.

DOMMAGEABLE adj. Qui cause un dommage ; préjudiciable.

DOMOTIQUE n.f. (du lat. *domus*, maison). Ensemble des techniques et des études tendant à intégrer à l'habitat tous les automatismes en matière de sécurité, de gestion de l'énergie, de communication, etc.

DOMPTABLE adj. Qui peut être dompté.

DOMPTAGE n.m. Action de dompter.

DOMPTER [dɔ̃te] v.t. (lat. *domitare*). **1.** Réduire à l'obéissance un animal sauvage pour l'inciter à exécuter divers exercices ; dresser. **2.** *Litt.* Soumettre qqn, un groupe à son autorité. *Dompter des révoltés, une révolte.* **3.** *Fig., litt.* Maîtriser, surmonter un sentiment. *Dompter sa colère.*

DOMPTEUR, EUSE [dɔ̃tœr, øz] n. Personne présentant dans un cirque des animaux, en partic. des fauves, dressés à exécuter des tours.

DOMPTE-VENIN [dɔ̃t-] n.m. inv. BOT. Asclépiade. (Sa racine était tenue autref. pour antivenimeuse.)

1. DON n.m. (lat. *donum*). **1.** Action de donner qqch que l'on possède ; chose ainsi donnée. *Faire don de son corps à la science. Don en espèces, en nature.* **2.** Avantage reçu sans avoir rien fait pour l'obtenir ; bienfait, faveur. *C'est un don du ciel.* **3.** Aptitude innée ; disposition, talent. *Avoir un don pour la musique. Elle a tous les dons.* **4.** *Fam.* ***Avoir le don de*** : réussir tout particulièrement à. *Tu as le don de m'énerver.*

2. DON, DOÑA [dɔ̃, dɔɲa] n. (mots esp.). Titre de courtoisie, en usage seulement devant le prénom, en Espagne.

3. DON ou **D.O.N.** [dɔ̃] n.m. (acronyme). Disque optique numérique.

DONACIE n.f. (du gr. *donax*, *-akos*, roseau). Insecte coléoptère, aux élytres à reflets métalliques, qui vit sur les plantes aquatiques. (Famille des chrysomélidés.)

DONATAIRE n. DR. Personne à qui une donation est faite.

DONATEUR, TRICE n. **1.** Personne qui fait un don. **2.** DR. Personne qui fait une donation.

DONATION n.f. (lat. *donatio*). DR. Acte juridique par lequel une personne (le *donateur*) transmet irrévocablement et sans contrepartie un bien à une autre personne (le *donataire*), qui l'accepte ; document constatant cette donation.

DONATION-PARTAGE n.f. (pl. *donations-partages*). DR. Acte par lequel un ascendant donne et partage, de son vivant, tout ou partie de ses biens entre ses descendants.

DONATISME n.m. Mouvement schismatique chrétien de l'évêque Donat qui divisa l'Église d'Afrique du IVe au VIe siècle.

DONATISTE n. et adj. Partisan du donatisme.

DONAX n.m. (mot gr., *roseau*). Petit mollusque bivalve comestible, abondant sur les côtes sablonneuses. Noms usuels : ***pignon, olive, trialle.***

DONC [dɔ̃k] ou [dɔ̃] conj. (lat. *dumque*, de *dum*, alors). **1.** Introduit la conclusion d'un raisonnement, la conséquence de la proposition avancée. *Je pense, donc je suis.* **2.** Indique une transition, le retour à un point antérieur d'un récit, d'un discours interrompu. *Je vous disais donc que...* **3.** Renforce une interrogation, une injonction. *Qu'as-tu donc ? Viens donc !*

DONDON n.f. *Fam., péjor. Grosse dondon* : femme ou fille qui a un fort embonpoint.

DÔNG n.m. Unité monétaire principale du Viêt Nam.

DONJON n.m. (du lat. *dominus*, seigneur). Tour maîtresse d'un château fort, qui était la demeure du seigneur et le dernier retranchement de la garnison.

DON JUAN [dɔ̃ʒɥɑ̃] n.m. [pl. *dons Juans*] (de *Don Juan*, personnage littéraire). Séducteur libertin.

DONJUANESQUE adj. Digne de Don Juan, d'un séducteur.

DONJUANISME n.m. Caractère, attitude d'un don Juan. – PSYCHOL. Recherche de satisfactions narcissiques par de nombreuses conquêtes amoureuses.

DONNE n.f. **1.** Distribution des cartes au jeu ; cartes distribuées. ◇ ***Fausse donne*** : maldonne. **2.** ***Nouvelle donne*** : situation nouvelle résultant de changements importants dans un domaine quelconque. *La nouvelle donne européenne.*

1. DONNÉ, E adj. **1.** Qui est connu, qui a été déterminé, fixé. *À une distance donnée. En un temps donné.* **2.** ***Étant donné (que)*** : v. à son ordre alphabétique.

2. DONNÉ n.m. PHILOS. Ce qui est offert au sujet dans l'expérience, dans la connaissance sensible.

DONNÉE n.f. **1.** (Souvent pl.) Élément fondamental servant de base à un raisonnement, à une recherche. *Les données actuelles de la science.* – Idée fondamentale qui sert de point de départ. *La donnée d'un roman.* **2.** STAT. Résultat d'observations ou d'expériences. ◇ ***Analyse des données*** : ensemble de méthodes permettant la description de tableaux d'observations sans faire intervenir aucune hypothèse sur l'origine de ces observations. **3.** MATH. Hypothèse figurant dans l'énoncé d'un problème. **4.** INFORM. Représentation conventionnelle d'une information sous une forme convenant à son traitement par ordinateur. ◆ pl. Ensemble de circonstances qui conditionnent tel ou tel événement. *Les données de la situation politique.*

DONNER v.t. (lat. *donare*). **1.** Mettre en la possession de qqn. *Donner un jouet à un enfant. Donner tant de l'heure à une nourrice.* ◇ ***Donnant donnant*** : rien n'est donné sans contrepartie. **2.** Mettre à la disposition de qqn ; procurer, fournir. *Donner un fauteuil à un invité. Donner du travail à qqn. Donner les cartes à ses partenaires.* – Présenter un spectacle. *Salle qui donne de bons films.* **3.** Assigner, attribuer un titre, un nom. *Donner un prénom à un enfant.* **4.** Attribuer un caractère, une qualité à qqn. *On ne lui donnait pas son âge.* **5.** Accorder. *Donner son autorisation.* **6.** Communiquer un renseignement, une information. *Donner son adresse.* ◇ *Fam.* ***Je vous le donne en cent, en mille*** : je vous défie de le deviner. **7.** Exposer devant un auditoire ; organiser pour des invités. *Donner un cours. Donner un bal.* **8.** Manifester, montrer une sensation, un sentiment. *Donner des signes de fatigue.* **9.** Confier à autrui. *Donner son fils à garder.* **10.** *Arg.* Dénoncer. *C'est son complice qui l'a donné.* **11.** Être la source de ; produire. *Cette vigne donne un bon vin.* **12.** Avoir comme résultat. *Les recherches n'ont rien donné.* **13.** Exercer telle action sur. *Donner de l'appétit.* **14.** Suisse. ***Donner le tour.*** **a.** Boucler son budget. **b.** Être en voie de guérison. **15.** Avec un nom sans article, *donner* forme des locutions à valeur factitive. *Donner envie. Donner faim.* ◆ v.i. **1.** Frapper, heurter. *Donner de la tête contre le mur.* ◇ ***Ne plus savoir où donner de la tête*** : ne savoir que faire. **2.** Se porter dans, vers ; se laisser aller à. *Donner dans le piège. Donner dans le ridicule.* **3.** Être orienté vers ; permettre d'accéder à. *Cette fenêtre donne sur la cour.* **4.** Avoir un rendement, être productif. *Les tomates vont bientôt donner.* **5.** Avoir un impact, une puissance plus ou moins grands. *La publicité donne à plein.* ◆ **se donner** v.pr. **1.** Consacrer toute son activité, son énergie à ; s'adonner. *Se donner à une cause. Se donner au travail.* – *Spécial.* Accorder ses faveurs à un homme, devenir sa maîtresse, en parlant d'une femme. **2.** Donner à soi-même. *Se donner de la peine, du mal. Se donner un but.* ◇ ***Se donner du bon temps, s'en donner à cœur joie*** : s'amuser beaucoup. **3.** S'attribuer faussement une qualité, un état. *Il se donne tout le mérite du succès.*

DONNEUR, EUSE n. **1.** *Donneur de* : personne qui donne qqch. *Donneur de leçons.* – MÉD. ***Donneur d'organe, de tissu***, ou ***donneur*** : personne à qui l'on prélève, de son vivant ou après sa mort, un organe, un tissu (sang, moelle) pour le greffer à un malade receveur. – ***Donneur universel*** : personne du groupe sanguin O, dont le sang peut être théoriquement transfusé aux personnes de tous les groupes du système ABO. **2.** JEUX. *Le donneur* : le joueur qui fait la donne. **3.** *Arg.* Personne qui donne, dénonce à la police. ◆ n.m. CHIM. Atome qui peut céder un électron. CONTR. : *accepteur.*

DON QUICHOTTE n.m. [pl. *dons Quichottes*] (de *Don Quichotte*, personnage de Cervantès). Personnage généreux et idéaliste qui se pose en redresseur de torts.

DONQUICHOTTISME n.m. Caractère, attitude d'un don Quichotte.

DONT pron. relat. (lat. pop. *de unde*, d'où). **1.** S'emploie comme complément d'un verbe indiquant l'origine, l'agent, la cause, la matière. *La famille dont je descends. La maladie dont il souffre. Le bois dont est fait ce meuble.* **2.** S'emploie comme complément d'un nom ou d'un pronom. *Un pays dont le climat est chaud.* **3.** S'emploie comme complément d'un adjectif. *L'ami dont il est jaloux.*

DONZELLE n.f. (anc. provenç. *donzela*, demoiselle). *Fam., péjor.* Femme, jeune fille prétentieuse.

DOPAGE n.m. **1.** Emploi de substances interdites, destinées à accroître artificiellement les capacités physiques de qqn, d'un animal. – *Spécial.* SPORTS. Usage illicite de produits dopants (anabolisants, érythropoïétine, etc.) par des sportifs, pour augmenter leurs performances. **2.** ÉLECTRON. Addition d'une quantité minime d'impuretés à un monocristal pour le transformer en semi-conducteur.

DOPAMINE n.f. Substance de l'organisme qui est un neurotransmetteur de l'encéphale et un précurseur de l'adrénaline et de la noradrénaline.

DOPAMINERGIQUE adj. Qui agit comme ou grâce à la dopamine.

DOPANT, E adj. et n.m. **1.** MÉD. Se dit d'un produit nuisible pour la santé, utilisé illégalement au cours du dopage. **2.** *Par ext.* Se dit d'un produit qui stimule, excite.

1. DOPE n.m. (mot angl., *enduit*). TRAV. PUBL. Produit tensioactif dont l'addition, en petite quantité, à un liant hydrocarboné améliore l'adhésivité de celui-ci aux granulats.

2. DOPE n.f. (mot anglo-amér.). *Fam.* Drogue.

DOPER v.t. (anglo-amér. *to dope*). **1.** Pratiquer un dopage. **2.** *Fig.* Augmenter la puissance, l'activité de qqch ; donner un nouvel élan, un regain de dynamisme à qqn. *Doper l'économie. Son succès électoral l'a dopé.* **3.** *Bombe dopée :* bombe à fission dans laquelle la charge nucléaire comporte un noyau thermonucléaire dont la fusion augmente le rendement. **4.** ÉLECTRON. Effectuer le dopage d'un monocristal. ◆ **se doper** v.pr. Prendre un stimulant, un produit dopant.

DOPPLER [dɔplɛr] **(EFFET).** PHYS. Modification de la fréquence des vibrations sonores ou des rayonnements électromagnétiques perçus par un observateur, lorsque celui-ci et la source sont en mouvement relatif. (On utilise l'effet Doppler en astronomie, pour mesurer la vitesse des étoiles et des galaxies.) ◇ MÉD. *Examen Doppler,* ou *Doppler,* n.m. : examen par ultrasons basé sur le principe physique de l'effet Doppler, permettant notamm. de déceler une anomalie d'une valvule cardiaque ou le rétrécissement d'une artère.

DORADE n.f. → **DAURADE.**

DORAGE n.m. Action de dorer. – *Spécial.* Action de dorer une pâte ; résultat de cette action.

1. DORÉ, E adj. **1.** Recouvert d'une mince couche d'or ; dont l'aspect imite l'or. **2.** D'une couleur, d'un éclat qui rappelle l'or. *Lumière dorée.* **3.** HIST. *La jeunesse dorée :* les jeunes gens de la riche bourgeoisie qui participèrent, après Thermidor, à la réaction contre la Terreur ; mod., jeunes gens fortunés, menant une vie plus ou moins oisive.

D

2. DORÉ n.m. **1.** Couleur dorée ou dorure. **2.** Québec. Poisson d'eau douce proche de la perche, à chair très estimée.

DORÉE n.f. ICHTYOL. Saint-pierre.

DORÉNAVANT adv. (anc. fr. *d'or en avant,* de l'heure actuelle en avant). À partir du moment présent ; désormais.

DORER v.t. (lat. *deaurare,* de *aurum,* or). **1.** Recouvrir d'une mince couche d'or. *Dorer les tranches d'un livre.* **2.** Donner une teinte dorée à. *Le soleil a doré sa peau.* **3.** CUIS. Colorer une préparation en la badigeonnant de jaune d'œuf avant la cuisson. ◆ v.i. Prendre une teinte dorée.

DOREUR, EUSE n. Spécialiste qui pratique la dorure.

DORIEN, ENNE adj. De la Doride. ◆ n.m. LING. Dialecte du grec ancien parlé en pays dorien.

DORIN n.m. Suisse. Vin blanc vaudois.

DORIQUE adj. *Ordre dorique,* ou *dorique,* n.m. : le plus ancien des ordres d'architecture de la Grèce antique (apparu au VIᵉ s. av. J.-C.), caractérisé par une colonne cannelée à arêtes vives, sans base, un chapiteau à échine nue et un entablement qui alterne triglyphes et métopes.

1. DORIS [dɔris] n.m. (mot anglo-amér.). Embarcation de pêche à fond plat.

2. DORIS [dɔris] n.f. (de *Doris,* n. myth.). Mollusque gastéropode marin, sans coquille, et dont la partie postérieure est entourée de branchies. (Sous-classe des opisthobranches.)

DORLOTEMENT n.m. Action de dorloter.

DORLOTER v.t. (de l'anc. fr. *dorelot,* boucle de cheveux). Entourer de soins attentifs, de tendresse ; choyer.

DORMANCE n.f. BOT. État d'un végétal en vie ralentie lorsque ses organes, physiologiquement actifs, cessent temporairement de se développer, notamm. pour des raisons climatiques.

DORMANT, E adj. **1.** Qui reste immobile, stagnant. *Eau dormante.* **2.** CONSTR., MENUIS. *Bâti dormant,* ou *dormant,* n.m. : partie fixe d'une fenêtre, scellée à la maçonnerie de la baie. – *Châssis dormant,* ou *dormant,* n.m. : panneau vitré, placé au-dessus d'une porte, d'une fenêtre, afin de donner plus de jour. SYN. : *imposte.* **3.** MAR. *Manœuvres dormantes :* cordages dont les extrémités sont fixées et qui servent à soutenir les mâts (par oppos. à *manœuvres courantes*).

1. DORMEUR, EUSE adj. et n. Qui dort ; qui aime dormir. *Un grand, un gros dormeur.*

2. DORMEUR adj.m. **1.** *Crabe dormeur,* ou *dormeur,* n.m. : tourteau. **2.** *Requin dormeur,* ou *dormeur,* n.m. : nom usuel de deux requins, l'un de l'Atlantique tropical, qui s'attaque parfois à l'homme (genre *Ginglymostoma*), l'autre des eaux froides de l'Atlantique nord, à la chair toxique (genre *Somniosus*).

DORMIR v.i. [25] (lat. *dormire*). **1.** Être dans l'état de sommeil. ◇ *Conte, histoire à dormir debout :* récit absolument invraisemblable. – *Dormir sur ses deux oreilles :* être ou se croire dans une profonde sécurité. **2.** *Fig.* Demeurer inactif, sans mouvement ; être inemployé. *Capitaux qui dorment.* ◇ *Laisser dormir une affaire,* la négliger.

DORMITIF, IVE adj. *Fam.* Qui fait dormir ; soporifique. *Exposé dormitif.*

DORMITION n.f. (lat. *dormitio*). CHRIST. Événement de la mort de la Vierge, célébré en Occident depuis le VIIᵉ s. sous le nom d'*Assomption.*

DORSAL, E, AUX adj. (du lat. *dorsum,* dos). Relatif au dos ; relatif à la partie postérieure ou supérieure du corps de l'homme, d'un animal, d'un organe ou de tout autre élément anatomique (par oppos. à *ventral*).

DORSALE n.f. **1.** Crête montagneuse. **2.** GÉOL. Chaîne de montagnes sous-marine, longue de plusieurs milliers de kilomètres et large de quelques centaines, où se crée la croûte océanique. SYN. : *ride océanique.* **3.** MÉTÉOROL. *Dorsale barométrique :* ligne de hautes pressions sur une carte météorologique.

DORSALGIE n.f. MÉD. Douleur du dos, au niveau des vertèbres dorsales.

DORTOIR n.m. (lat. *dormitorium*). **1.** Salle commune où dorment les membres d'une communauté (couvents, casernes, pensionnats, etc.). **2.** (En appos., avec ou sans trait d'union.) Lieu essentiellement utilisé pour le logement de personnes travaillant ailleurs. *Cité-dortoir.*

DORURE n.f. **1.** Action, art de dorer. (Les procédés auj. les plus fréquents sont l'électrolyse, la dorure à la feuille, l'application d'un enduit chargé de poudre d'or.) **2.** Revêtement d'or, couche dorée. – Ornement doré.

DORYPHORE n.m. (gr. *doruphoros,* porteur de lance). Insecte coléoptère à élytres ornés de dix lignes noires, originaire d'Amérique du Nord et très répandu en Europe. (Le doryphore et sa larve se nourrissent de feuilles de pommes de terre ; on les combat par des insecticides. Long. 1 cm env. ; genre *Leptinotarsa,* famille des chrysomélidés.)

DOS n.m. (lat. *dorsum*). **I.** *Partie du corps.* **1.** ANAT. **a.** Face postérieure du thorax. **b.** *Cour.* Face postérieure du tronc de l'homme, des épaules aux reins. ◇ *Avoir bon dos :* être indûment allégué comme justification ou comme excuse par qqn qui se dérobe à ses responsabilités. – *Fam. En avoir plein le dos de :* être excédé de, en avoir assez. – *Fam. Être sur le dos de qqn,* le presser de façon constante et contraignante. – *Très fam. L'avoir dans le dos :* être dupé ; connaître une déconvenue, un échec. – *Mettre qqch sur le dos de qqn,* lui en attribuer la responsabilité. – *Renvoyer dos à dos deux adversaires,* ne donner raison ni à l'un ni à l'autre. – *Se mettre qqn à dos,* s'en faire un ennemi. – *Fam. Tomber sur le dos de qqn,* survenir à l'improviste et de manière fâcheuse pour lui. **2.** Face supérieure du corps des vertébrés et de certains autres animaux (insectes, par ex.). *Dos d'un cheval, d'un hanneton.* **3.** SPORTS. Style de nage caractérisé par la position sur le dos du nageur, le visage étant émergé. ◇ *Dos crawlé :* nage en crawl sur le dos. **II.** *Objet.* **1.** Dossier d'un siège. *Le dos d'un fauteuil.* **2.** *Bureau* ou *secrétaire en dos d'âne,* clos par un plateau incliné qu'on rabat en avant pour former une table à écrire. SYN. : *en pente* ou *à dessus brisé.* **3.** Partie supérieure convexe. *Le dos de la main.* **4.** Verso, revers d'une feuille de papier, d'un tableau, etc. *Dos d'une lettre.* **5.** Partie de la reliure d'un livre qui réunit les plats (par oppos. à *tranche*).

DOSABLE adj. Que l'on peut doser.

DOSAGE n.m. **1.** Détermination de la concentration d'une solution, de la quantité d'un constituant contenu dans une substance. **2.** *Fig.* Fait de combiner différents éléments. *Un savant dosage de ruse et de naïveté.*

DOS-D'ÂNE n.m. inv. Relief, bosse présentant deux pentes séparées par une arête, sur une voie, une route. *Pont en dos-d'âne.* CONTR. : *cassis.*

DOSE n.f. (gr. *dosis,* action de donner). **1.** Quantité de médicament à utiliser en une seule fois ou par unité de temps. **2.** NUCL. *Dose absorbée :* quantité d'énergie transmise par un rayonnement ionisant à l'unité de masse du milieu irradié. (Unités : gray et rad.) – *Équivalent de dose :* grandeur caractérisant l'effet biologique d'une irradiation, notamm. sur les personnes qui y sont exposées. (Unités : sievert et rem.) **3.** Quantité de ce qui entre dans un composé, dans un mélange. **4.** Quantité quelconque. *Il lui a fallu une certaine dose de courage pour réussir.* ◇ *Forcer la dose :* exagérer.

DOSER v.t. **1.** Procéder au dosage de. **2.** *Fig.* Mesurer dans une proportion convenable ; proportionner, régler. *Doser ses efforts.*

DOSEUR n.m. Appareil servant au dosage.

DOSIMÈTRE n.m. Appareil de dosimétrie.

DOSIMÉTRIE n.f. NUCL. Mesure des doses de rayonnements ionisants auxquelles une personne, un être vivant ont été exposés.

DOSSARD n.m. Carré d'étoffe marqué d'un numéro d'ordre que portent les concurrents d'une épreuve sportive.

DOSSE n.f. (de *dos*). Dans le sciage des grumes, première ou dernière planche que l'on enlève et qui conserve son écorce.

DOSSERET [dosrɛ] n.m. (de *dossier*). **1.** ARCHIT. Sorte de pilastre, sans base ni chapiteau, contre lequel s'appuie un autre pilastre ou une colonne, ou bien servant de jambage, de piédroit. **2.** OUTILL. Pièce de bois ou de métal renforçant le dos d'une scie.

DOSSIER n.m. **1.** Partie d'un siège contre laquelle s'appuie le dos. **2.** Ensemble de documents réunis dans une chemise ; cette chemise. ◇ *Dossier de presse :* dossier réunissant des coupures de presse relatives au même sujet ; dossier documentaire distribué à des journalistes. **3.** Question, sujet à traiter. *Être chargé du dossier vinicole.*

DOSSIÈRE n.f. **1.** Partie du harnais posée sur le dos du cheval et soutenant les brancards. **2.** Partie dorsale de la carapace de la tortue.

DOSSISTE n. Nageur de dos crawlé.

DOT [dɔt] n.f. (lat. *dos, dotis*). **1.** Biens qu'une femme apporte en se mariant. **2.** Biens donnés par un tiers et par contrat de mariage à l'un ou à l'autre des époux.

DOTAL, E, AUX adj. Relatif à la dot.

DOTATION n.f. **1.** ÉCON. Ensemble des revenus assignés à un établissement d'utilité publique, à une communauté, etc. – Revenu attribué à un chef d'État, à certains hauts fonctionnaires. **2.** COMPTAB. Inscription d'une somme à un compte de provision ou d'amortissement. *Dotation aux provisions.* **3.** Action de fournir un équipement, du matériel à un organisme économique ou administratif ; ensemble de ces fournitures. **4.** Québec. *Dotation en personnel :* ensemble des actes administratifs relatifs au recrutement pour pourvoir un poste vacant dans une unité administrative.

DOTER v.t. (lat. *dotare*). **1.** ÉCON. Assigner un revenu à une collectivité, à un établissement. **2.** Donner une dot à. *Doter sa fille.* **3.** Fournir en équipement ; pourvoir. *Doter une armée d'engins modernes.*

DOUAIRE n.m. (du lat. *dos, dotis,* dot). DR. Anc. Biens assignés en usufruit par le mari à sa femme survivante.

DOUAIRIÈRE n.f. **1.** Anc. Veuve qui jouissait d'un douaire. **2.** *Péjor.* Dame âgée de la haute société.

DOUANE n.f. (anc. ital. *doana,* de l'ar.). **1.** Administration chargée de percevoir les droits sur les marchandises importées ou exportées. **2.** Siège de ce service. **3.** Droits de douane. *Payer la douane.*

1. DOUANIER, ÈRE n. Agent de la douane.

2. DOUANIER, ÈRE adj. **1.** De la douane. **2.** *Union douanière :* convention entre États établissant entre eux le libre-échange et uniformisant les tarifs douaniers à l'égard de l'extérieur.

DOUAR n.m. (ar. *dawār*). Maghreb. **1.** Division administrative rurale. **2.** Agglomération de tentes. *Les douars des pasteurs nomades.*

DOUBLAGE n.m. **1.** Multiplication par deux. **2.** Garnissage par une doublure. *Doublage d'un manteau.* – Revêtement métallique d'une coque de navire en bois. **3.** Remplacement d'un comédien par sa doublure. **4.** Enregistrement des dialogues d'un film dans une langue différente de celle de l'original.

DOUBLANT, E n. Afrique. Redoublant.

1. DOUBLE adj. (lat. *duplus*). **1.** Qui est multiplié par deux, ou répété deux fois ; qui est formé de deux choses identiques. *Double salaire. Consonne double.* ◇ *Faire double emploi :* être superflu, inutile parce que autre chose remplit la même fonction. – CHIM. *Double liaison :* liaison entre deux atomes assurée par deux paires d'électrons, représentée par le symbole =. – ASTRON. *Étoile double :* système de deux étoiles qui apparaissent très proches l'une de l'autre dans le ciel. (Parfois, le rapprochement n'est qu'apparent, dû à un effet de perspective ; le plus souvent, il est réel, et les deux étoiles sont liées par leur attraction mutuelle ; on parle alors de *binaire* ou d'*étoile double physique*.) **2.** Qui a deux aspects dont un seul est manifeste ou révélé. *Phrase à double sens. Agent double.* ◆ **adv.** *Voir double :* voir deux choses là où il n'y en a qu'une.

2. DOUBLE n.m. **1.** Quantité égale à deux fois une autre. *Payer le double. La prime est portée au double.* **2.** Reproduction, copie, duplicata. *Le double d'une note.* **3.** Autre exemplaire d'un élément d'une collection, d'une série. *Philatélistes qui échangent leurs doubles.* ◇ *En double :* en deux exemplaires. **4.** Partie de tennis ou de tennis de table entre deux équipes de deux joueurs (mixtes ou non) ; chacune des deux équipes. **5.** Corps le plus souvent impalpable reproduisant l'image d'une personne, dans certaines croyances (occultisme, spiritisme). **6.** Variation ornée d'une pièce vocale ou instrumentale.

1. DOUBLÉ, E adj. **1.** Porté au double. *Effectif doublé.* **2.** Garni d'une doublure. **3.** Qui joint une particularité à une autre. *Un érudit doublé d'un artiste.* **4.** CINÉMA, TÉLÉV. Dont on a réalisé le doublage.

2. DOUBLÉ n.m. **1.** ORFÈVR., BIJOUT. Plaqué. **2.** Action accomplie, fait arrivé à deux reprises consécutives. **3.** Action d'abattre deux pièces de gibier de deux coups de fusil rapprochés. **4.** Double réussite obtenue d'un seul coup (sport, jeu, etc.).

3. DOUBLÉ n.m. → **2. DOUBLER.**

DOUBLEAU n.m. Arc séparant deux voûtes ou fractionnant un berceau. SYN. : *arc-doubleau.*

DOUBLE-CLIC n.m. (pl. *doubles-clics*). INFORM. Action constituée de deux clics consécutifs et rapprochés provoquant, par ex., l'affichage du document, l'ouverture de la fenêtre ou le lancement du programme pointés.

DOUBLE-CLIQUER v.i. Effectuer un double-clic.

DOUBLE-CRÈME n.m. et adj. (pl. *doubles-crèmes*). Fromage à forte teneur en matière grasse.

DOUBLE-CROCHE n.f. (pl. *doubles-croches*). MUS. Note dont la durée vaut la moitié de celle d'une croche, et dont la hampe porte deux barres ou deux crochets.

DOUBLE-FENÊTRE n.f. (pl. *doubles-fenêtres*). Ensemble constitué par une fenêtre et une contre-fenêtre.

1. DOUBLEMENT adv. De deux manières ; à un double titre.

2. DOUBLEMENT n.m. Action de doubler ; fait de devenir double.

1. DOUBLER v.t. **1.** Multiplier par deux ; porter au double. *Doubler son capital.* ◇ *Doubler le pas :* marcher deux fois plus vite ; presser l'allure. **2.** Mettre en double. *Doubler un fil.* **3.** Garnir d'une doublure, d'un doublage. *Doubler un manteau. Doubler une carène.* **4.** Dépasser, passer devant. *Doubler un véhicule.* — SPORTS. Prendre un tour d'avance à un concurrent. **5.** Passer en contournant. *Doubler un cap.* ◇ *Doubler le cap de* → **1. cap. 6.** Effectuer le doublage d'un film. **7.** Remplacer un acteur, jouer son rôle. **8.** Vieilli ou région. Redoubler. *Doubler une classe.* **9.** *Fam.* Devancer qqn dans une affaire ; trahir, tromper. ◆ **v.i.** Devenir double. *La production a doublé.* ◆ **se doubler v.pr. (de).** S'accompagner de. *Mauvaise foi qui se double d'impolitesse.*

2. DOUBLER ou **DOUBLÉ** n.m. ÉQUIT. Figure de manège consistant à quitter la piste à angle droit et à la reprendre en face à même main ou en changeant de main.

DOUBLE-RIDEAU n.m. (pl. *doubles-rideaux*). Rideau en tissu épais qui se tire devant le voilage d'une fenêtre.

DOUBLE-SCULL [-skœl] n.m. (pl. *doubles-sculls*). En aviron, nom parfois donné au deux de couple.

DOUBLET n.m. (de *double*). **1. a.** CHIM. Paire d'électrons. (Le doublet *liant* réunit deux atomes par une liaison ; le doublet *non liant* est localisé sur un seul atome.) **b.** *Doublet électrique :* dipôle. **2.** LING. Mot de même étymologie qu'un autre, mais qui présente une forme et un sens différents. (Par ex., le latin *hospitalem* a donné les doublets *hôtel* et *hôpital ;* le premier est d'origine populaire, le second est un emprunt savant.) **3.** Imitation de gemme obtenue en fixant un corps coloré derrière un morceau de cristal, ou en accolant une gemme et un autre corps.

DOUBLEUR, EUSE n. **1.** Professionnel qui double les films étrangers. **2.** Belgique, Québec. Redoublant.

DOUBLON n.m. (de *1. doubler*). IMPRIM. Faute typographique consistant dans la répétition d'un mot ou d'une partie de la copie.

DOUBLONNER v.i. Faire double emploi.

DOUBLURE n.f. (de *1. doubler*). **1.** Étoffe qui garnit l'intérieur d'un vêtement. **2.** Remplaçant d'un acteur, d'une actrice.

DOUÇAIN n.m. → **DOUCIN.**

DOUCE adj.f. → **DOUX.**

1. DOUCE-AMÈRE adj.f. → **DOUX-AMER.**

2. DOUCE-AMÈRE n.f. (pl. *douces-amères*). Morelle sauvage, toxique, à fleurs violettes et à baies rouges. (Famille des solanacées.)

DOUCEÂTRE adj. D'une douceur fade.

DOUCEMENT adv. **1.** D'une manière douce, délicate. *Musique qui flatte doucement l'oreille.* **2.** Sans excès de force, de violence, de bruit ; discrètement. *Frapper tout doucement à une porte.* ◇ *Parler doucement,* à voix basse. **3.** Lentement. *Avancer doucement.* ◇ *Fam. Se porter, aller (tout) doucement,* médiocrement. **4.** *Fam.* À part soi, intérieurement. *Se payer doucement la tête de qqn. Il me fait doucement rigoler.* ◆ **interj.** *Doucement ! :* du calme !, pas si vite ! *Doucement ! Prenez votre temps.*

DOUCEREUSEMENT adv. De façon doucereuse.

DOUCEREUX, EUSE adj. **1.** D'une douceur fade, désagréable ; douceâtre. *Liqueur doucereuse.* **2.** D'une douceur affectée ; mielleux. *Une voix doucereuse.*

DOUCET, ETTE adj. Vx. D'une douceur apparente, feinte.

DOUCETTE n.f. Mâche.

DOUCETTEMENT adv. *Fam.* Tout doucement.

DOUCEUR n.f. **1.** Qualité de ce qui est doux au goût, agréable aux autres sens. *La douceur d'un fruit, d'un parfum.* **2.** Caractère de ce qui n'est pas extrême, excessif, brusque ou discontinu. *La douceur d'un climat, d'une pente, d'un démarrage.* ◇ *En douceur :* sans brutalité, doucement. **3.** Comportement doux, affectueux. *Douceur de caractère. Traiter qqn avec douceur.* ◆ **pl. 1.** Friandises. **2.** Paroles douces, gentilles. *Dire des douceurs à qqn.*

DOUCHE n.f. (ital. *doccia,* conduite d'eau). **1.** Jet d'eau dirigé sur le corps dans un but d'hygiène. *Douche en pluie. Prendre une douche.* ◇ *Douche écossaise,* alternativement chaude et froide ; *fig.,* alternance de bonnes et de mauvaises nouvelles. **2.** Installation (appareil, cabine) permettant de prendre une douche. **3.** *Fam.* Averse. **4.** *Fam.* Violente réprimande ; déception qui fait brusquement cesser l'enthousiasme.

DOUCHER v.t. **1.** Donner une douche à. **2.** Mouiller abondamment. **3.** *Fam.* Causer une déception soudaine à. *Cet échec l'a douché.* **4.** *Fam. Se faire doucher :* recevoir une averse ; *fig.,* essuyer des reproches. ◆ **se doucher** v.pr. Prendre une douche.

DOUCHETTE n.f. **1.** Petite pomme de douche mobile. **2.** Appareil dont la forme évoque celle d'une pomme de douche et qui sert à la lecture optique d'informations codées, en partic. des codes-barres.

DOUCHEUR, EUSE n. Personne qui administre des douches (dans un établissement thermal, par ex.).

DOUCHIÈRE n.f. Afrique. Cabinet de toilette.

DOUCI, E adj. VERR. *Glace doucie :* glace dont les deux faces sont dressées et parallèles, mais non polies.

DOUCIN ou **DOUÇAIN** n.m. Pommier sauvage servant de porte-greffe.

DOUCINE n.f. ARCHIT. Moulure composée dont le profil dessine un S aux extrémités tendant vers l'horizontale, lorsque cette moulure est horizontale, contre un mur (par oppos. à *talon*).

DOUCISSAGE n.m. VERR. Opération de dressage d'une glace, dans l'ancien procédé de fabrication par laminage.

1. DOUDOU n.m. *Fam.* Objet fétiche, génér. morceau de tissu, dont les petits enfants ne se séparent pas et avec lequel ils dorment.

2. DOUDOU n.f. Antilles. *Fam.* Jeune femme aimée.

DOUDOUNE n.f. Grosse veste très chaude, génér. en tissu synthétique, rembourrée de duvet ou d'une matière similaire, utilisée par les campeurs, les alpinistes, etc.

DOUÉ, E adj. **1.** *Doué de :* doté par la nature de. *Être doué d'une force peu commune.* **2.** Qui a des dons, des aptitudes. *Une élève très douée.*

DOUELLE n.f. (de l'anc. fr. *doue,* douve). **1.** ARCHIT. Parement intérieur (intrados) ou extérieur (extrados) d'un claveau. **2.** TONNELL. Douve.

DOUER v.t. (lat. *dotare*). Pourvoir de ; doter. *La nature l'a doué d'une excellente mémoire.* — REM. *Douer* ne s'emploie qu'aux temps composés et à l'infinitif.

DOUILLE n.f. (du francique). **1.** Partie creuse d'un instrument, d'un outil, qui reçoit le manche. **2.** Pièce dans laquelle se fixe le culot d'une ampoule électrique. **3.** ARM. Enveloppe cylindrique contenant la charge de poudre d'une cartouche.

DOUILLER v.t. *Fam.* Payer, dépenser de l'argent. ◆ **v.i.** *Fam. Ça douille :* cela coûte cher.

DOUILLET, ETTE adj. (du lat. *ductilis,* malléable). **1.** Qui est doux, moelleux et procure une agréable sensation de chaleur. *Lit douillet.* **2.** Qui procure un confort délicat. *Appartement douillet.* **3.** Sensible à la moindre douleur. *Enfant douillet.*

DOUILLETTE n.f. Robe de chambre ouatinée.

DOUILLETTEMENT adv. De façon douillette.

DOULEUR n.f. (lat. *dolor*). **1.** Sensation pénible, désagréable, ressentie dans une partie du corps. *Douleur aiguë.* **2.** Sentiment pénible, souffrance morale. *La douleur de perdre un être cher.* ◇ PSYCHIATR. *Douleur morale :* tristesse profonde, accompagnée d'autoaccusations injustifiées, symptôme d'un état dépressif.

DOULOUREUSE n.f. *Fam.* Note à payer.

DOULOUREUSEMENT adv. D'une manière douloureuse, avec douleur.

DOULOUREUX, EUSE adj. **1.** Qui cause une douleur physique. **2.** Qui est le siège d'une douleur ; endolori. *Épaule douloureuse.* ◇ MÉD. *Point douloureux :* zone limitée de l'organisme où existe une douleur spontanée ou provoquée. **3.** Qui cause une douleur morale, qui afflige. *Séparation douloureuse.* **4.** Qui exprime la douleur. *Regard douloureux.*

DOUM n.m. (ar. *dūm*). Palmier nain d'Afrique et du Proche-Orient, du genre *Chamaerops,* à tige ramifiée dont on tire le crin végétal.

DOUMA n.f. (russe *duma,* conseil). En Russie, assemblée, conseil. (Une douma d'État exerça des fonctions législatives sous Nicolas II, de 1906 à 1917. La Constitution de la Fédération de Russie [1993] institue à nouveau une douma d'État.)

DOURINE n.f. Maladie contagieuse des équidés, due à un trypanosome.

DOUTE n.m. **1.** État d'incertitude sur la réalité d'un fait, l'exactitude d'une déclaration, la conduite à adopter. *Être dans le doute.* ◇ *Mettre en doute :* contester la vérité de. **2.** Manque de confiance dans la sincérité de qqn, la réalisation de qqch ; soupçon, méfiance. *Avoir des doutes sur qqn.* ◇ *Hors de doute :* tout à fait sûr, certain. — *Nul doute que :* il est certain que. — *Sans doute :* probablement. — *Sans aucun doute :* assurément.

DOUTER v.t. ind. (lat. *dubitare*). **1.** Être dans l'incertitude de la réalité d'un fait, de l'exactitude d'une déclaration, etc. *Douter de l'authenticité d'un texte. Il dit qu'il viendra, mais j'en doute.* ◇ *À n'en pas douter :* sans aucun doute ; assurément. **2.** Ne pas avoir confiance en. *Je doute de sa bonne foi, de sa sincérité.* **3.** *Ne douter de rien :* n'hésiter devant aucun obstacle, avoir une audace aveugle. ◆ **se douter** v.pr. **(de).** Avoir le pressentiment de, s'attendre à ; soupçonner.

DOUTEUR, EUSE adj. et n. *Litt.* Qui doute, qui est porté à douter.

DOUTEUSEMENT adv. De manière douteuse.

DOUTEUX, EUSE adj. **1.** Dont la réalité, l'exactitude n'est pas établie ; incertain. *Un fait douteux.* **2.** De valeur contestable. *Plaisanterie d'un goût douteux.* **3. a.** Qui manque de netteté, de propreté. *Chemise douteuse.* **b.** Qui n'est pas très frais, qui commence à se gâter. *Cet œuf est douteux.* **4.** Qui n'est pas digne de confiance, peu fiable ; suspect. *Individu douteux.*

DOUVAIN n.m. TONNELL. Bois de chêne propre à faire des douves.

1. DOUVE n.f. (gr. *dokhê,* récipient). **1.** Large fossé rempli d'eau entourant une demeure. *Les douves d'un château.* **2.** Dans le steeple-chase, large fossé plein d'eau, précédé d'une haie ou d'une barrière. **3.** TONNELL. Chacune des pièces de bois longitudinales assemblées pour former le corps d'une futaille. SYN. : *douelle.*

2. DOUVE n.f. (bas lat. *dolva*). Ver plathelminthe, parasite de plusieurs mammifères (homme, mouton, bœuf), cause des distomatoses. (Long. 3 cm env. ; classe des trématodes.)

DOUVELLE n.f. TONNELL. Petite douve.

D

DOUX, DOUCE adj. (lat. *dulcis*). **1.** Agréable au goût, sucré. *Pomme douce.* ◇ ***Eau douce,*** naturellement dépourvue de sel (cours d'eau, lacs, sources). – ***Marin d'eau douce,*** qui n'a navigué que sur les fleuves ou les rivières ; *péjor.*, marin peu aguerri, peu expérimenté. **2.** Qui flatte un sens par une impression délicate. *Voix, lumière, laine douce.* **3.** Qui procure une sensation agréable, un sentiment de bien-être. *De doux souvenirs.* **4.** Qui ne présente aucun caractère excessif. *Hiver doux. Pente douce.* ◇ ***Énergies, technologies douces,*** qui respectent l'environnement, sont peu polluantes et préservent les ressources naturelles (énergies éolienne, solaire, géothermique, etc.). – ***Médecine douce*** : méthode thérapeutique qui utilise des moyens tenus pour naturels et censés ne pas avoir d'effets néfastes. SYN. : ***médecine parallèle.*** **5.** Qui manifeste de la douceur, de la bonté, de la gentillesse. *Il est doux comme un agneau. Un doux sourire.* **6.** *Fam.* ***En douce*** : sans se faire remarquer, en cachette. *Filer en douce. Faire qqch en douce.* ◆ adv. ***Filer doux*** : obéir sans résistance. – *Fam.* ***Tout doux*** : doucement. ◆ n.m. Ce qui est doux. ◆ n. Personne douce.

DOUX-AMER, DOUCE-AMÈRE [duzamɛr, dusamɛr] adj. (pl. *doux-amers, douces-amères*). Qui mêle la douceur et l'amertume. *Des propos doux-amers.*

DOUZAIN n.m. **1.** Monnaie française de douze deniers, frappée en argent de Charles VII à Louis XIII, en billon ensuite. **2.** Poème de douze vers.

DOUZAINE n.f. **1.** Ensemble de douze éléments de même nature. *Une douzaine d'œufs.* **2.** Environ douze. *Un enfant d'une douzaine d'années.* **3.** ***À la douzaine*** : en quantité.

DOUZE adj. num. et n.m. inv. (lat. *duodecim*). **1.** Nombre qui suit onze dans la suite des entiers naturels. **2.** Douzième. *Page douze.*

DOUZE-HUIT n.m. inv. MUS. Mesure à quatre temps, qui a la noire pointée pour unité de temps.

DOUZIÈME adj. num. ord. et n. Qui occupe un rang marqué par le nombre douze. ◆ n.m. et adj. Quantité désignant le résultat d'une division par douze.

DOUZIÈMEMENT adv. En douzième lieu.

DOW JONES [dɔwdʒɔns] **(INDICE)** [nom déposé]. BOURSE. Indice boursier créé en 1897 par le *Wall Street Journal* et correspondant à la moyenne pondérée du cours de Bourse de trente actions américaines.

DOXOLOGIE n.f. (du gr. *doxa,* gloire). **1.** CHRIST. Louange à la Trinité. **2.** *Didact.* Énoncé d'une opinion communément admise.

DOYEN, ENNE n. (lat. *decanus,* chef de dix hommes). **1.** Personne la plus ancienne par l'âge ou par l'appartenance à un groupe. **2.** CHRIST. Responsable ecclésiastique (de circonscription, chapitre, faculté, tribunal ou collège). **3.** Directeur d'une UFR de médecine, de droit, de pharmacie ou d'odontologie.

1. DOYENNÉ n.m. CHRIST. **1.** Circonscription administrée par un doyen. **2.** Demeure du doyen.

2. DOYENNÉ n.f. Poire d'une variété à chair fondante et sucrée.

DOYENNETÉ n.f. Vx. Qualité de doyen d'âge.

DRACHE n.f. Région. (Nord) ; Belgique. Pluie battante ; forte averse.

DRACHER v. impers. Région. (Nord) ; Belgique. Pleuvoir à verse.

DRACHME [drakm] n.f. (gr. *drakhmê*). **1.** Monnaie d'argent de la Grèce antique valant six oboles. **2.** Unité monétaire principale de la Grèce moderne. (Depuis le 1er janvier 2001, la drachme constitue une subdivision de l'*euro.)

DRACONIEN, ENNE adj. (de *Dracon,* législateur gr.). D'une rigueur excessive. *Mesure draconienne.*

DRAGAGE n.m. Action de curer avec une drague.

DRAGÉE n.f. (gr. *tragêmata,* friandises). **1.** Amande ou noisette enrobée de sucre durci. ◇ ***Tenir la dragée haute à qqn,*** lui faire sentir tout son pouvoir ; lui faire payer cher ce qu'il désire. **2.** PHARM. Comprimé enrobé de sucre puis poli.

DRAGÉIFIER v.t. [5]. PHARM. Mettre sous forme de dragée.

DRAGEOIR n.m. **1.** Coupe servant à contenir, à présenter des dragées. **2.** Petite boîte pour mettre des dragées, des bonbons, des épices.

DRAGEON n.m. (mot d'orig. francique). AGRIC., ARBOR. Rejeton, pousse qui naît de la racine d'une plante vivace. SYN. : *surgeon.*

DRAGEONNEMENT n.m. Fait de drageonner.

DRAGEONNER v.i. AGRIC., ARBOR. Produire des drageons.

DRAGLINE [draglajn] n.f. (angl. *drag,* herse, et *line,* câble). MIN., TRAV. PUBL. Matériel de terrassement agissant par raclage du terrain au moyen d'un godet traîné par un câble.

■ **DRAGLINE**

DRAGON n.m. (lat. *draco*). **1.** Animal fabuleux, génér. représenté avec des griffes de lion, des ailes et une queue de serpent. **2.** *Fig.* Gardien vigilant et farouche. ◇ ***Dragon de vertu*** : personne d'une vertu austère. **3.** Personne autoritaire ou acariâtre. **4.** Pays en développement dont l'économie est caractérisée par une forte croissance (Corée du Sud, Hongkong [avant sa rétrocession à la Chine en 1997], Singapour, Taïwan) [à distinguer de *tigre*]. **5.** MIL. Soldat d'un corps de cavalerie créé au XVe s. pour combattre à pied ou à cheval. (Depuis 1945, la mission des dragons a été reprise par certains régiments blindés.)

DRAGONNADE n.f. HIST. (Surtout pl.) Persécution pratiquée, partic. sous Louis XIV, comme moyen de conversion des protestants, auxquels on imposait la charge du logement des dragons royaux.

DRAGONNE n.f. **1.** Courroie reliant le poignet à la garde d'un sabre ou d'une épée, ou à la poignée d'un bâton de ski. **2.** Lanière attachée à un objet (sac, parapluie, appareil photo, etc.) et que l'on peut passer au poignet ou au bras.

DRAGONNIER n.m. Arbre des Canaries, à croissance lente, dont la résine *(sang de dragon)* est utilisée comme vernis. (Haut. 20 m ; genre *Dracaena,* famille des agavacées.)

■ **DRAGONNIER**

DRAGSTER [dragstɛr] n.m. (mot angl.). Véhicule sportif à deux ou à quatre roues, au moteur très puissant, capable d'atteindre très rapidement de grandes vitesses.

DRAGUE n.f. (angl. *drag,* crochet). **1.** Filet en forme de poche dont l'armature sert de racloir. **2.** Engin de terrassement destiné à enlever le sable, le gravier ou la vase se trouvant au fond d'un cours d'eau, d'un chenal, d'un étang ou de la mer. **3.** Engin mobile destiné à racler les fonds marins pour en ramener des échantillons minéraux. **4.** Dispositif mécanique, acoustique ou magnétique, permettant la destruction ou l'enlèvement des mines sous-marines. **5.** *Fam.* Action de draguer qqn.

DRAGUER v.t. **1.** Pêcher des coquillages à la drague. **2.** Curer avec une drague. *Draguer un chenal.* **3.** Éliminer une mine marine avec une drague. **4.** *Fam.* Aborder qqn, tenter de le séduire en vue d'une aventure. *Draguer une fille dans la rue.*

1. DRAGUEUR n.m. **1.** *Dragueur de mines* : bateau spécialisé dans l'élimination des mines sous-marines. **2.** Pêcheur à la drague.

2. DRAGUEUR, EUSE n. *Fam.* Personne qui aime draguer, séduire.

1. DRAILLE n.f. (de *traille*). MAR. Cordage le long duquel glisse une voile triangulaire, un foc.

2. DRAILLE n.f. (provenç. *drayo*). Région. Chemin emprunté par les troupeaux transhumants.

DRAIN n.m. (mot angl.). **1.** MÉD. Tube souple placé dans certaines plaies opératoires ou dans certaines cavités organiques pour l'écoulement de liquides pathologiques. **2.** Conduit souterrain pour l'évacuation des eaux d'un terrain trop humide.

DRAINAGE n.m. **1.** MÉD. Technique médicale ou chirurgicale qui consiste à évacuer progressivement un liquide ou un gaz. **2.** Opération qui consiste à faciliter, au moyen de drains ou de fossés, l'écoulement de l'eau en excès dans un terrain ; assèchement.

DRAINE n.f. Grive d'Europe et d'Afrique du Nord, de grande taille. (Long. 30 cm ; nom sc. *Turdus viscivorus.*)

DRAINER v.t. (angl. *to drain,* égoutter). **1.** MÉD. Assécher une plaie, une cavité par drainage. **2.** Assécher un terrain au moyen de drains. **3.** En parlant d'un cours d'eau, rassembler les eaux d'une région. **4.** *Fig.* Attirer à soi, faire affluer de divers côtés. *Drainer des capitaux.*

DRAINEUR, EUSE adj. Qui draine.

DRAISIENNE n.f. (du n. de l'inventeur, Karl Friedrich *Drais*). Anc. Engin de locomotion à deux roues, ancêtre de la bicyclette, mû par l'action alternative des pieds sur le sol.

■ **DRAISIENNES.** Estampe du XIXe s. (CNAM, Paris.)

DRAISINE n.f. Petit véhicule automoteur utilisé pour l'entretien et la surveillance des voies de chemin de fer.

DRAKKAR n.m. (mot scand.). Nom donné usuellement au *snekkja,* bateau léger, non ponté, utilisé par les Vikings pour leurs expéditions.

DRALON n.m. (nom déposé). Fibre synthétique polyacrylique de fabrication allemande.

DRAMATIQUE adj. **1.** Relatif au théâtre ; destiné à être joué au théâtre. *Auteur dramatique. Œuvre dramatique.* **2.** Qui comporte un grave danger ; qui émeut vivement. *Situation dramatique.* ◆ n.f. Création radiophonique ou télévisuelle à caractère dramatique.

DRAMATIQUEMENT adv. De façon dramatique ; gravement.

DRAMATISANT, E adj. Qui dramatise.

DRAMATISATION n.f. Action de dramatiser.

DRAMATISER v.t. **1.** Présenter de manière dramatique, théâtrale. **2.** Donner un tour exagérément grave à. *Dramatiser la situation.*

DRAMATURGE n. (gr. *dramatourgos*). **1.** Auteur de pièces de théâtre. **2.** Conseiller littéraire et artistique attaché à un théâtre, à un metteur en scène, ou chargé de la dramaturgie d'un spectacle.

DRAMATURGIE n.f. **1.** Art de la composition théâtrale. **2.** Traité de composition théâtrale. **3.** Élaboration des principales orientations littéraires et artistiques de la mise en scène d'un texte dramatique.

DRAME n.m. (gr. *drâma*). **1.** Événement violent ou tragique ; catastrophe, tragédie. *Drame passionnel.* ◇ *Faire un drame de qqch :* dramatiser. – *Tourner au drame :* prendre soudain une tournure grave. **2.** Pièce représentant une action sérieuse ou pathétique, mais n'excluant pas les éléments comiques ou réalistes. *Drame bourgeois. Drame romantique.* ◇ *Drame liturgique :* au Moyen Âge, adaptation théâtrale des textes sacrés. – ANTIQ. GR. *Drame satyrique :* pièce à sujet mythologique dont le chœur est composé de satyres.

DRAP n.m. (lat. *drappus,* d'orig. celtique). **1.** Pièce de tissu léger dont on garnit un lit pour isoler le dormeur du matelas et des couvertures. ◇ *Fam. Dans de beaux draps :* dans une situation embarrassante. **2.** Grande serviette en tissu-éponge. *Drap de bain, de plage.* **3.** Tissu de laine dont les fils ont été feutrés. *Costume en drap gris.*

DRAPÉ n.m. **1.** COUT. Agencement de plis souples sur un tissu. **2.** BX-ARTS. Agencement des étoffes, des plis des vêtements tel qu'il est représenté en sculpture, en peinture.

DRAPEAU n.m. (de *drap*). **1.** Pièce d'étoffe attachée à une hampe, portant l'emblème, les couleurs d'une nation, d'une unité militaire, etc. ◇ *Être sous les drapeaux :* appartenir à l'armée ; accomplir son service militaire. – *Drapeau blanc :* drapeau qui indique que l'on veut parlementer ou capituler. **2.** Objet similaire servant de signal pour le départ d'un train, d'une course sportive, etc. **3.** Signe de ralliement d'un groupe, d'un organisme. ◇ *Se ranger sous le drapeau de qqn,* prendre son parti. **4.** AÉRON. *Mettre en drapeau (les pales d'une hélice à pas variable),* au pas qui offre le moins de résistance à l'avancement lorsque le moteur est stoppé.

DRAPEMENT n.m. Action, manière de draper.

DRAPER v.t. **1.** Couvrir, habiller d'une draperie. *Draper une statue.* **2.** Disposer harmonieusement les plis d'un vêtement. *Draper une robe.* ◆ **se draper** v.pr. (**dans**). **1.** S'envelopper dans un vêtement ample. *Se draper dans une cape.* **2.** *Fig., sout.* Se prévaloir avec affectation de qqch. *Se draper dans sa dignité.*

DRAPERIE n.f. **1.** Fabrication, commerce du drap. **2.** Tissu ample disposé de manière à retomber en plis harmonieux.

DRAP-HOUSSE n.m. (pl. *draps-housses*). Drap de lit dont les bords garnis d'un élastique et les coins repliés s'adaptent au matelas.

DRAPIER, ÈRE n. Personne qui fabrique ou vend du drap. ◆ adj. Relatif à la fabrication ou au commerce du drap.

DRASTIQUE adj. (gr. *drastikos,* énergique). Qui est très rigoureux ; draconien. *Mesures financières drastiques.* ◆ adj. et n.m. MÉD. Vieilli. Se dit d'un purgatif très énergique.

1. DRAVE n.f. (de l'angl. *to drive,* conduire). Québec. Anc. Flottage du bois.

2. DRAVE n.f. (esp. *dabra*). Plante des régions froides et tempérées, à fleurs blanches ou jaunes. (Famille des crucifères.)

DRAVER v.t. et v.i. Québec. Anc. Effectuer le flottage du bois.

DRAVEUR, EUSE n. (angl. *driver,* conducteur). Québec. Anc. Personne qui drave.

DRAVIDIEN, ENNE adj. Qui se rapporte aux Dravidiens. ◆ adj. et n.m. Se dit d'une famille de langues du sud de l'Inde comprenant le tamoul, le télougou, le kannara et le malayalam.

DRAWBACK [drobak] n.m. (de l'angl. *to draw,* tirer, et *back,* en arrière). ÉCON. Remboursement des droits de douane payés sur l'importation de matières premières à l'exportation des produits qu'elles ont servi à fabriquer.

DREADLOCKS [drɛdlɔks] n.f. pl. (mot angl.). Petites nattes, parfois entrelacées de perles, constituant la coiffure traditionnelle des rastas.

DREADNOUGHT [drɛdnɔt] n.m. (mot angl., *intrépide*). MAR. Type de cuirassé lancé en 1906, utilisé jusque vers 1945.

DRÊCHE n.f. (mot d'orig. celtique). **1.** Résidu solide de l'orge qui a servi à fabriquer la bière. **2.** Résidu de la distillation et de divers traitements industriels des graines.

DRÈGE ou **DREIGE** n.f. (néerl. *dreg,* petite ancre). Grand filet pour la pêche au fond de la mer.

DRELIN interj. (onomat.). Imite le bruit d'une clochette. *Drelin, drelin !*

DRÉPANOCYTOSE n.f. (du gr. *drepanon,* serpe). Maladie héréditaire du sang due à la présence d'une hémoglobine anormale, et caractérisée par une anémie et par des globules rouges en forme de faucille. SYN. : *anémie falciforme.*

DRESSAGE n.m. **1.** Action de mettre droit, d'installer ; montage. *Le dressage d'un lit de camp.* **2.** TECHN. Action de rendre plan, droit, uni. **3.** Action de dresser un animal. – ÉQUIT. Discipline consistant à faire exécuter par un cheval un enchaînement de figures imposées.

DRESSANT n.m. MIN. Couche de pente supérieure à 45°.

DRESSER v.t. (du lat. *directus,* droit). **1.** Mettre droit, disposer verticalement. *Dresser la tête, une échelle.* ◇ *Dresser l'oreille :* écouter attentivement. **2.** Mettre en place une installation, une construction, etc. ; monter, construire. *Dresser une tente.* **3.** Mettre en opposition avec qqn ; exciter, monter. *On l'a dressé contre moi.* **4.** Installer, établir avec soin. *Dresser le couvert. Dresser un plan, un procès-verbal.* **5.** Plier un animal à une certaine discipline ; dompter. *Dresser un animal de cirque.* **6.** Faire obéir qqn par la contrainte, la discipline ; mater. **7.** TECHN. Uniformiser en épaisseur, aplanir, rendre droit. *Dresser une planche.* ◆ **se dresser** v.pr. **1.** Se mettre debout, se tenir droit. **2.** *Fig.* Manifester son opposition. *Se dresser contre qqn.*

DRESSEUR, EUSE n. Personne qui dresse des animaux.

DRESSING [drɛsiŋ] ou **DRESSING-ROOM** [drɛsiŋrum] n.m. [pl. *dressing-rooms*] (angl. *dressing-room,* pièce pour s'habiller). Petite pièce où l'on range les vêtements ; grande penderie. Recomm. off. : *vestiaire.*

DRESSOIR n.m. (de *dresser*). Sorte de buffet qui servait à exposer de la vaisselle précieuse.

DRÈVE n.f. (moyen néerl. *dreve,* de *driven,* conduire). Région. (Nord) ; Belgique. Allée carrossable bordée d'arbres.

DREYFUSARD, E n. et adj. HIST. Partisan de Dreyfus et de la révision de son procès.

DRH ou **D.R.H.** n.f. (sigle). Direction des *ressources humaines. ◆ n. Directeur des ressources humaines.

DRIBBLE [dribl] n.m. (mot angl.). Action de dribbler.

DRIBBLER v.i. (angl. *to dribble*). SPORTS. Conduire le ballon par petits coups de pied (football, rugby), de crosse (hockey), ou de main (basket, handball), pour éviter ou contourner l'adversaire. ◆ v.t. Passer l'adversaire en contrôlant le ballon.

DRIBBLEUR, EUSE n. Joueur qui dribble bien.

DRIFTER [driftœr] n.m. (de l'angl. *to drift,* dériver). Bateau de pêche équipé de filets dérivants.

DRILL [drij] n.m. (de *mandrill*). Singe cynocéphale d'Afrique occidentale. (Long. 70 cm ; genre *Papio,* famille des cercopithécidés.)

DRILLE [drij] n.m. (anc. fr. *drille,* chiffon). **1.** Anc. Soldat vagabond. **2.** *Fam. Joyeux drille :* garçon, homme jovial.

DRING [driŋ] interj. (onomat.). Imite le bruit d'une sonnette électrique.

DRINGUELLE n.f. (all. *Trinkgeld*). Région. (Nord) ; Belgique. *Fam.* Pourboire ; argent de poche.

DRINK [drink] n.m. (mot angl., *boisson*). *Fam.* Boisson alcoolisée. *Prendre un drink.*

DRISSE n.f. (ital. *drizza*). MAR. Cordage qui sert à hisser. ◇ *Point de drisse :* point de la vergue ou de la voile où est frappée la drisse.

DRIVE [drajv] n.m. (mot angl.). **1.** Au tennis, coup droit. **2.** Au golf, coup de longue distance donné au départ d'un trou.

DRIVE-IN [drajvin] n.m. inv. (mot anglo-amér., de *to drive,* conduire, et *in,* dedans). Vieilli. Cinéma de plein air où les spectateurs peuvent assister aux projections en restant dans leur voiture.

1. DRIVER [drajvœr] ou **DRIVEUR** n.m. (angl. *driver*). **1.** Au golf, club avec lequel on exécute le drive. **2.** Jockey d'un sulky, en trot attelé. (Dans ce sens, on prononce [drivœr].)

2. DRIVER [drajvœr] n.m. (mot angl.). INFORM. Logiciel qui gère le fonctionnement d'un périphérique particulier et lui permet d'échanger des données avec d'autres matériels.

3. DRIVER [drajve] v.i. Au tennis, au golf, faire un drive. ◆ v.t. Conduire un sulky, dans une course de trot attelé. (Dans ce sens, on prononce [drive].)

DROGMAN [drɔgmɑ̃] n.m. (ital. *drogomanno*). HIST. Interprète officiel, dans l'Empire ottoman.

DROGUE n.f. (néerl. *droog,* sec). **1.** MÉD. Substance psychotrope en général nuisible pour la santé, susceptible de provoquer une toxicomanie, et consommée en dehors d'une prescription médicale. SYN. : *stupéfiant.* ◇ *Drogue dure,* qui engendre rapidement un état de dépendance physique. – *Drogue douce,* réputée n'avoir que des effets mineurs sur l'organisme. **2.** *Par ext.* Médicament pouvant provoquer une pharmacodépendance (benzodiazépine) ; substance dont la consommation chronique excessive est nocive (tabac, alcool). **3.** *Péjor.* Médicament médiocre.

■ **DRAKKAR**

■ **DRESSOIR.** France ou Flandres, fin du XVe s. (Louvre, Paris.)

D

DROGUÉ, E adj. et n. Intoxiqué par l'usage de drogues ; toxicomane.

1. DROGUER v.t. *Fam.* Faire prendre une dose excessive de médicaments à. ◆ **se droguer** v.pr. **1.** *Fam.* Prendre trop de médicaments. **2.** Faire usage de drogues, de stupéfiants.

2. DROGUER v.i. (de *drogue*, anc. jeu de cartes). *Fam.*, vx. *Faire droguer qqn*, le faire attendre.

DROGUERIE n.f. Commerce de produits d'hygiène, d'entretien ; magasin où se vendent ces produits.

DROGUISTE n. Personne qui tient une droguerie ; marchand de couleurs.

1. DROIT n.m. (bas lat. *directum*, ce qui est juste). **1.** Faculté d'accomplir ou non qqch, d'exiger qqch d'autrui, en vertu de règles reconnues, individuelles ou collectives ; pouvoir, autorisation. *On n'a pas le droit de fumer dans les bureaux. Avoir des droits et des devoirs.* ◇ ***Être en droit de*** : pouvoir. – ***Faire droit à une demande***, la satisfaire. **2.** Ce qui donne une autorité morale, une influence. *Droit d'aînesse. Avoir des droits sur qqn, qqch.* **3.** *Fam.* ***Avoir droit à*** : ne pas pouvoir éviter qqch de désagréable. *Vous aurez droit à une amende.* **4.** Somme d'argent exigible en vertu d'un règlement ; impôt, taxe. *Droits de douane. Droits d'auteur.* **5.** Ensemble des principes qui régissent les rapports des hommes entre eux, et qui servent à établir des règles juridiques. ◇ ***Droit naturel***, qui trouve son fondement dans la nature de l'homme et fournit les règles universelles auxquelles doit se conformer, antérieurement à toute spécification du droit, la coexistence des individus et des sociétés. – ***Monarchie de droit divin***, dans laquelle le roi tient son autorité souveraine de Dieu. – ***Qui de droit*** : la personne compétente, qui a l'autorité requise. *S'adresser à qui de droit.* – ***À bon droit, de plein droit*** : à juste titre, légitimement. **6.** Ensemble des règles juridiques en vigueur dans une société. *Droit coutumier et droit écrit.* ◇ ***Droit positif***, effectivement appliqué dans une société. – ***Prisonnier de droit commun***, dont l'infraction relève des règles de procédure générales et non de dispositions spéciales (par oppos. à *prisonnier politique*). – ***Droit constitutionnel*** : ensemble des règles, des institutions et des pratiques relatives au pouvoir politique. – ***Droit canon*** ou ***canonique*** → **canon.** **7.** ***Droits de l'homme*** : droits et libertés que chaque individu possède du seul fait de sa nature humaine. (Ils ont été proclamés par divers textes solennels, génér. appelés « déclarations » : *Déclaration universelle des *droits de l'homme, Déclaration des *droits de l'homme et du citoyen* [v. partie n.pr.].) **8.** Science des règles juridiques. *Faire des études de droit. Faire son droit.*

ENCYCL. Bien que chaque pays possède son système de droit interne, certains systèmes présentent des ressemblances et des analogies importantes. On distingue ainsi le système des pays latins, auquel se rattachent, à des degrés divers, la Belgique, l'Espagne, la France, l'Italie, le Portugal et divers États d'Amérique du Sud ; le système anglo-saxon, qui caractérise le droit britannique, celui des États-Unis et ceux de nombreux États du Commonwealth ; le système germanique, auquel se rattachent l'Allemagne, l'Autriche, les Pays-Bas et la Suisse ; le système musulman, fondé sur le Coran et la tradition du Prophète (charia), etc. L'évolution du droit contemporain est marquée par une complexité croissante et par un enchevêtrement des branches de droit entre elles. On peut cependant les classer en deux groupes : le *droit public* (droit constitutionnel, droit administratif, finances publiques, etc.) et le *droit privé* (droit civil, droit commercial, droit pénal, etc.). Enfin, des droits supranationaux, émanant des organes auxquels les États ont délégué leur compétence, sont en voie de création (droit européen, par ex.).

2. DROIT n.m. (lat. *directum*, ce qui est droit). **1.** SPORTS. Pied droit, au football, au rugby. *Tirer du droit. Frapper du droit.* – Poing droit, en boxe. *Un crochet du droit.* **2.** NUMISM. Face.

3. DROIT, E adj. (lat. *directus*, direct). **1.** Qui s'étend sans déviation d'une extrémité à l'autre ; aligné, rectiligne. *La ligne droite est le plus court chemin d'un point à un autre.* ◇ ***En droite ligne*** : directement. – ***Jupe droite***, ni ample ni cintrée. – ***Veste droite***, qui se ferme bord à bord (par oppos. à *veste croisée*). – SPORTS. ***Coup droit*** : au tennis et au tennis de table, attaque de la balle du côté où le joueur tient sa raquette (par oppos. à *revers*). **2.** Qui se tient verticalement ; debout, stable. *Mur droit.* **3.** GÉOMÉTR. ***Angle droit*** : angle formé par deux droites perpendiculaires, et valant 90°. – ***Cylindre droit, prisme droit***, dont les génératrices sont perpendiculaires au plan de la directrice. **4.** Qui juge sainement, qui agit honnêtement ; honnête, loyal, sensé. *Jugement, acte droit. Un homme droit.* ◇ ***Le droit chemin*** : la voie de l'honnêteté. ◆ adv. **1.** Par le plus court chemin, sans détour ; directement. *Aller droit au but.* **2.** De façon honnête. *Marcher droit.*

4. DROIT, E adj. (lat. *directus*). **1.** Qui est du côté opposé à celui du cœur. *Main droite et main gauche.* **2.** En parlant de choses non orientées, se dit de la partie située du côté droit de celui qui regarde.

DROITE n.f. **1.** Côté droit d'une personne. *Tourner sur la droite.* ◇ ***Garder sa droite*** : rester sur le côté droit d'une voie. – ***À droite et à gauche*** : de tous côtés. **2.** Main droite. – En boxe, coup porté avec le poing droit. **3.** ***La droite*** : partie des assemblées parlementaires qui siège à la droite du président, et qui comprend traditionnellement les représentants des partis conservateurs ; ces partis, les divers courants qu'ils incarnent, la fraction de l'opinion qui s'accorde avec eux. *Un homme de droite.* – ***Extrême droite*** : ensemble des mouvements hostiles, par traditionalisme, nationalisme ou rattachement à une idéologie contre-révolutionnaire voire fasciste, aux conceptions tant socialistes que libérales de la société ; leur représentation parlementaire, la partie de l'opinion qui s'accorde avec eux. **4.** GÉOMÉTR. Intersection de deux plans non parallèles.

DROITEMENT adv. D'une manière droite, loyale.

DROIT-FIL n.m. (pl. *droits-fils*). **1.** COUT. Sens de la trame ou de la chaîne d'un tissu. **2.** ***Dans le droit-fil de*** : dans la suite logique de, en respectant l'orientation de. *Décision qui s'inscrit dans le droit-fil des précédentes.*

DROITIER, ÈRE adj. et n. **1.** Qui se sert mieux de la main droite que de la main gauche. **2.** POLIT. *(Souvent péjor.)*. De la droite politique. *Dérive droitière.* SYN. : *droitiste.*

DROITISME n.m. POLIT. Attitude des droitiers ; tendance pour un parti de gauche à adopter des positions de droite.

DROITISTE adj. et n. POLIT. Droitier.

DROITURE n.f. Qualité d'une personne droite ; honnêteté, loyauté.

DROLATIQUE adj. *Litt.* Qui est plaisant, récréatif par son originalité. *Esprit drolatique.*

1. DRÔLE n.m. (moyen néerl. *drol*, lutin). **1.** Vieilli. Homme roué, mauvais sujet. **2.** Région. (Midi, Sud-Ouest). Enfant, gamin.

2. DRÔLE adj. **1.** Qui fait rire ; comique. *Histoire drôle. C'est quelqu'un de très drôle.* **2.** Qui intrigue, surprend ; étonnant, bizarre. *Avoir une drôle d'idée.* **3.** *Fam.* ***Se sentir tout drôle***, bizarre, dans un état inhabituel. ◆ adv. *Fam.* ***Ça me fait drôle, tout drôle*** : cela me fait une impression singulière.

DRÔLEMENT adv. **1.** De façon drôle ; bizarrement. *Elle est drôlement habillée.* **2.** *Fam.* À un très haut degré ; très, extrêmement. *Il fait drôlement chaud.*

DRÔLERIE n.f. **1.** Caractère de ce qui est drôle. **2.** Parole ou action drôle ; bouffonnerie. *Dire des drôleries.*

DRÔLESSE n.f. Vx ou région. (Ouest). **1.** Femme de mœurs légères. **2.** Petite fille ; jeune fille.

DRÔLET, ETTE adj. *Litt.* Assez drôle.

DROMADAIRE n.m. (du gr. *dromas*, coureur). Mammifère proche du chameau, à une bosse, grand coureur, résistant, utilisé comme monture et comme bête de somme dans les déserts d'Afrique et d'Arabie. (Genre *Camelus* ; famille des camélidés.) SYN. : *méhari.*

■ DROMADAIRE

DROME n.f. (néerl. *drom*, grande quantité). MAR. Ensemble des espars de rechange embarqués à bord d'un navire à voiles.

DRONE n.m. (mot angl.). MIL. Petit avion télécommandé sans pilote, utilisé pour des tâches diverses (reconnaissance tactique à haute altitude, surveillance du champ de bataille et guerre électronique).

DRONTE n.m. (néerl. *dronte*, d'un mot mauricien). Dodo (oiseau).

DROP n.m. → **DROP-GOAL.**

1. DROPER ou **DROPPER** v.i. *Fam.* Courir, s'enfuir rapidement.

2. DROPER ou **DROPPER** v.t. (angl. *to drop*, laisser tomber). **1.** MIL. Parachuter, larguer du matériel, des hommes. – *Fam.* Déposer rapidement en voiture. *Je te droppe chez toi.* **2.** *Fam.* **a.** Abandonner, délaisser qqn. **b.** Abandonner une activité, des études, souvent pour mener une existence marginale. **3.** ***Droper une balle***, au golf, la ramasser et la laisser tomber par-dessus son épaule (par ex. lorsqu'on la juge injouable).

DROP-GOAL [drɔpgol] ou **DROP** n.m. [pl. *drop-goals, drops*] (mot angl.). Au rugby, coup de pied en demi-volée qui envoie la balle par-dessus la barre du but adverse.

DROPPAGE n.m. MIL. Parachutage de matériel ou de soldats. *Zone de droppage.*

DROPPER v.i. et v.t. → **DROPER.**

DROSERA [drozera] n.m. (gr. *droseros*, humide de rosée). Plante insectivore des tourbières d'Europe dont les petites feuilles en rosette portent des poils glandulaires qui engluent et digèrent les menus insectes qui s'y posent. (Type de la famille des droséracées.) SYN. : *rossolis.*

■ DROSERA

DROSOPHILE n.f. (gr. *drosos*, rosée, et *philos*, qui aime). Petite mouche de couleur rougeâtre, très attirée par le vinaigre et les fruits fermentés, et utilisée en génétique pour les recherches sur les chromosomes et les mutations. (Ordre des diptères.) SYN. : *mouche du vinaigre.*

DROSSE n.f. (ital. *trozza*). MAR. Câble ou chaîne qui transmet le mouvement de la barre à roue ou du servomoteur au gouvernail.

DROSSER v.t. MAR. Pousser un navire à la côte ou sur un danger, en parlant du vent ou du courant.

DRU, E adj. (mot d'orig. gauloise). Qui a des touffes ou des pousses serrées et abondantes. *Barbe drue. Blés drus.* ◇ ***Pluie drue***, forte et abondante. ◆ adv. De manière très serrée et en grande quantité. *Blés qui poussent dru.*

DRUGSTORE [drœgstɔr] n.m. (mot anglo-amér.). Centre commercial vendant des produits de parfumerie, d'hygiène, des journaux et des marchandises diverses.

DRUIDE n.m. (lat. *druida*, du gaulois). Prêtre celte, en Gaule, en Bretagne et en Irlande, qui avait des fonctions judiciaires et pédagogiques. (Le fém. *druidesse* est rare.)

DRUIDIQUE adj. Relatif aux druides.

DRUIDISME n.m. Institution religieuse des Celtes, dirigée par les druides.

DRUMLIN [drœmlin] n.m. (mot irland.). GÉOMORPH. Colline elliptique et allongée constituée par un épaississement local de la moraine de fond et caractéristique des régions d'accumulation glaciaire.

DRUMMER [drœmœr] n.m. (mot angl.). Batteur, dans un orchestre non classique.

DRUMS [drœms] n.m. pl. (mot angl.). Batterie, dans un orchestre non classique.

DRUPE n.f. (lat. *drupa,* pulpe). BOT. Fruit charnu, à noyau, tel que la cerise, l'abricot, etc.

DRUZE adj. Qui se rapporte aux Druzes, fait partie de cette communauté.

DRY [draj] adj. inv. (mot angl., *sec*). Se dit d'un mélange apéritif qui n'est pas sucré.

DRYADE [drijad] n.f. (du gr. *druas, druados,* chêne). MYTH. GR. ET ROM. Nymphe des arbres et des bois.

DRY-FARMING [drajfarmiŋ] n.m. [pl. *dry-farmings*] (mot anglo-amér.). Méthode de culture des régions semi-arides qui vise à retenir l'eau dans le sol en travaillant la terre sans l'ensemencer une année sur deux.

DRYOPITHÈQUE n.m. Primate fossile du miocène d'Europe, d'Asie (Caucase) et d'Afrique (Kenya), qui devait être arboricole et frugivore. (Long. 60 cm.)

DU art. masc. sing. et art. partitif. Contraction de *de le. Un homme du monde. Boire du lait.*

1. DÛ, DUE adj. [pl. *dus, dues*] (p. passé de *devoir*). **1.** Que l'on doit. *Somme due.* **2.** DR. *En bonne et due forme :* selon les formes voulues par la loi ; *fig.,* de façon parfaite, sans que nul ne trouve à redire.

2. DÛ n.m. sing. Ce qui est dû à qqn. *Réclamer son dû.*

DUAL, E, AUX adj. (lat. *dualis,* de deux). **1.** *Didact.* Qui comporte deux unités, deux éléments, souvent en relation d'interaction ou de réciprocité. **2.** TECHN. Se dit d'une recherche, d'une technologie susceptible d'avoir des applications aussi bien civiles que militaires. ◆ n.m. ALGÈBRE. *Dual d'un K-espace vectoriel E :* ensemble des formes linéaires définies de E dans K.

DUALISER (SE) v.pr. (de *dual*). Se scinder en deux parties antagonistes, en parlant d'un groupe, d'une institution. *La société se dualise du fait des inégalités sociales.*

DUALISME n.m. (du lat. *dualis,* de deux). **1.** Système de pensée religieuse ou philosophique qui admet deux principes irréductibles, opposés dès l'origine (par oppos. à *monisme*). *Dualisme manichéen du bien et du mal.* **2.** Coexistence de deux éléments différents (par oppos. à *pluralisme*). *Dualisme des partis.* **3.** HIST. Système politique qui, de 1867 à 1918, régla les relations de l'Autriche et de la Hongrie, ces deux États formant alors l'Autriche-Hongrie.

DUALISTE adj. et n. Qui relève d'un système de pensée dualiste ; partisan du dualisme.

DUALITÉ n.f. Caractère de ce qui est double en soi ; coexistence de deux éléments différents. *Dualité de l'homme. Dualité de l'âme et du corps.*

DUBITATIF, IVE adj. (du lat. *dubitare,* douter). Qui manifeste le doute ; sceptique, incrédule.

DUBITATIVEMENT adv. De façon dubitative.

DUBNIUM [dubnjɔm] n.m. (de *Doubna,* n.pr.). Élément chimique artificiel (Db), de numéro atomique 105, de masse atomique 262,114 4.

DUC n.m. (lat. *dux, ducis,* chef). **1.** Souverain d'un duché. **2.** Titre nobiliaire le plus élevé après celui de prince ; celui qui porte ce titre. *Duc et pair.* **3.** Anc. Véhicule hippomobile de luxe, ouvert, à quatre roues. **4.** Hibou aux aigrettes bien marquées, dont on distingue trois espèces en Europe occidentale : le *grand duc,* espèce protégée (haut. 70 cm) ; le *moyen duc* (35 cm), commun dans l'hémisphère Nord tempéré ; et le *petit duc* (20 cm), plus méditerranéen. (Famille des strigidés.)

DUCAL, E, AUX adj. Du duc, de la duchesse.

DUCASSE n.f. (mot dial.). Région. (Nord) ; Belgique. Fête patronale, kermesse.

DUCAT n.m. (ital. *ducato*). HIST. Monnaie d'or à l'effigie d'un duc. – *Spécial.* Monnaie d'or des doges de Venise.

DUC-D'ALBE n.m. (pl. *ducs-d'Albe*). TRAV. PUBL. Faisceau de pieux enfoncé dans le fond d'un bassin ou d'un fleuve et auquel viennent s'amarrer les navires.

DUCE [dutʃe] n.m. (mot ital., *chef*). Titre pris par Mussolini, de 1922 à 1945.

DUCHÉ n.m. (de *duc*). HIST. Ensemble des terres et seigneuries auxquelles le titre de duc est attaché.

DUCHÉ-PAIRIE n.m. (pl. *duchés-pairies*). **1.** Titre de duc et pair. **2.** Terre à laquelle était attaché ce titre.

DUCHESSE n.f. **1.** Femme d'un duc ; femme qui possède un duché. ◇ *Fam. Faire la duchesse :* affecter des attitudes et des manières hautaines. **2.** Poire d'une variété à chair fondante et parfumée. **3.** Chaise longue, proche du lit de repos, à joues pleines et à dossier en gondole (milieu du XVIIIe s.). ◇ *Duchesse brisée,* scindée en deux ou trois parties.

DUCROIRE n.m. (de *du* et *croire,* au sens anc. de *vendre à crédit*). DR. Convention suivant laquelle un commissionnaire se porte garant, à l'égard du commettant, de l'exécution de l'opération par le tiers avec qui il traite ; prime qu'il reçoit dans ce cas. – Le commissionnaire lui-même.

DUCTILE adj. (lat. *ductilis,* malléable). TECHN. Qui peut être étiré, allongé sans se rompre.

DUCTILITÉ n.f. Propriété des métaux, des substances ductiles. *La ductilité de l'or.*

DUDIT adj. (pl. *desdits*). → **I. DIT.**

DUÈGNE [dɥɛɲ] n.f. (esp. *dueña*). Gouvernante, femme âgée qui était chargée, en Espagne, de veiller sur la conduite d'une jeune femme.

1. DUEL n.m. (lat. *duellum,* anc. forme de *bellum,* guerre). **1.** Combat singulier entre deux personnes, dont l'une exige de l'autre la réparation par les armes d'une offense, d'un affront. *Se battre en duel.* ◇ HIST. *Duel judiciaire :* combat entre un accusateur et un accusé, admis au Moyen Âge comme preuve juridique. **2.** *Fig.* Compétition, lutte serrée entre deux individus, deux groupes antagonistes. *Duel oratoire.*

2. DUEL n.m. (du lat. *duo,* deux). LING. Catégorie du nombre, distincte du singulier et du pluriel, et qui indique deux personnes ou deux choses, dans la conjugaison ou la déclinaison de certaines langues.

3. DUEL, ELLE adj. *Didact.* Relatif à la dualité. *Une société duelle.*

DUELLISTE n. Personne qui se bat en duel.

DUETTISTE n. Musicien qui chante ou qui joue en duo.

DUETTO [dɥeto] n.m. (mot ital.). MUS. Petite pièce pour deux voix ou deux instruments.

DUFFEL-COAT ou **DUFFLE-COAT** [dœfəlkot] n.m. [pl. *duffel-coats, duffle-coats*] (de *Duffel,* ville belge et angl. *coat,* manteau). Manteau trois-quarts à capuchon, en gros drap de laine très serré.

DUGONG [dygɔ̃g] ou [dygɔ̃] n.m. (mot malais). Mammifère marin herbivore, à corps massif, vivant sur le littoral de l'océan Indien et du Pacifique occidental. (Long. jusqu'à 3 m ; ordre des siréniens, famille des dugongidés.)

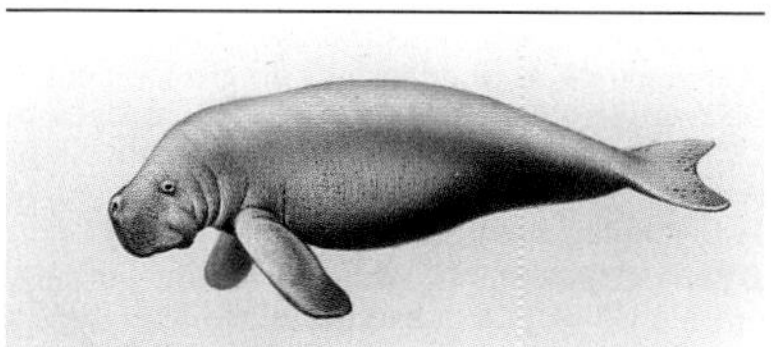

■ DUGONG

DUITE n.f. (de l'anc. fr. *duire,* conduire). TEXT. Quantité de fil de trame insérée dans le tissu et qui va d'une lisière à l'autre.

DULCICOLE ou **DULÇAQUICOLE** adj. ÉCOL. Qui vit dans les eaux douces.

DULCIFIER v.t. [5] (du lat. *dulcis,* doux). *Litt.* Calmer, apaiser.

DULCINÉE n.f. (de *Dulcinée du Toboso,* femme aimée de Don Quichotte). *Fam., par plais.* Femme aimée d'un homme.

DULIE n.f. (gr. *douleia,* servitude). CATH. *Culte de dulie :* culte d'honneur rendu aux anges et aux saints (par oppos. au *culte de latrie*).

DUM-DUM [dumdum] adj. inv. (de *Dumdum,* cantonnement anglais de l'Inde où ce projectile fut inventé). *Balle dum-dum :* balle de fusil dont l'ogive, cisaillée en croix, produit des blessures particulièrement graves.

DÛMENT adv. Selon les formes prescrites.

DUMPER [dœmpœr] n.m. (de l'angl. *to dump,* décharger). MIN., TRAV. PUBL. Tombereau automoteur, sur pneus, équipé d'une benne basculante. Recomm. off. : *tombereau.*

DUMPING [dœmpiŋ] n.m. (mot anglo-amér.). ÉCON. *Dumping commercial :* pratique commerciale qui consiste à vendre une marchandise sur un marché étranger à un prix inférieur à celui pratiqué sur le marché intérieur. – *Dumping social :* pratique qui consiste pour un pays, notamm. un pays en développement, à produire et à vendre moins cher ses produits du fait des faibles coûts du travail et de l'absence de protection sociale.

DUNE n.f. (moyen néerl. *dûne*). Monticule, colline de sable, édifiés par le vent sur les littoraux et dans les déserts.

DUNETTE n.f. Superstructure fermée, placée sur le pont arrière d'un navire, qui s'étend en largeur d'un bord à l'autre.

DUO n.m. (lat. *duo,* deux). **1.** Composition musicale écrite pour deux voix, deux instruments. **2.** *Fam.* Propos échangés simultanément entre deux personnes. *Duo d'injures.* **3.** MÉTALL. Laminoir à deux cylindres.

DUODÉCIMAIN, E adj. (du lat. *duodecimus,* douzième). Se dit du mouvement religieux chiite qui identifie l'imam caché au douzième successeur d'Ali à la tête de la communauté. (Le chiisme duodécimain est la religion nationale de l'Iran.)

DUODÉCIMAL, E, AUX adj. (du lat. *duodecimus,* douzième). Qui a pour base le nombre douze.

DUODÉNAL, E, AUX adj. Du duodénum.

DUODÉNITE n.f. MÉD. Inflammation du duodénum.

D

DUODÉNUM [dɥɔdenɔm] n.m. (du lat. *duodenum digitorium,* de douze doigts). ANAT. Portion initiale de l'intestin grêle, qui succède à l'estomac et précède le jéjunum.

DUOPOLE n.m. (lat. *duo,* deux, et gr. *pôlein,* vendre). ÉCON. Situation d'un marché sur lequel la concurrence ne s'exerce qu'entre deux vendeurs face à une multitude d'acheteurs.

DUPE n.f. (de *huppe*). Personne qui a été trompée ou que l'on peut tromper aisément. ◆ adj. *Être dupe (de) :* se laisser naïvement tromper (par). *Être dupe d'une illusion.*

DUPER v.t. *Litt.* Tromper, abuser.

DUPERIE n.f. *Litt.* Tromperie, mystification.

DUPEUR, EUSE n. *Litt.* Personne qui dupe.

DUPLEX n.m. (mot lat., *double*). **1.** Appartement sur deux étages réunis par un escalier intérieur. **2.** TÉLÉCOMM. Mode de transmission dans lequel les informations sont transmises simultanément dans les deux sens, entre deux points.

DUPLEXER v.t. TÉLÉCOMM. Transmettre en duplex.

DUPLICATA n.m. [pl. *duplicata(s)*] (du lat. *duplicata littera,* lettre redoublée). Double, copie d'un document.

DUPLICATE [duplikɛt] n.m. (mot angl.). Forme de tournoi (au bridge, au Scrabble) dans lequel on fait jouer les mêmes donnes à tous les candidats.

DUPLICATEUR n.m. Machine qui permet de dupliquer.

DUPLICATION n.f. **1.** Action de dupliquer ; son résultat. **2.** GÉNÉT. **a.** Réplication. **b.** Mutation génétique au cours de laquelle se forme une copie supplémentaire d'un fragment plus ou moins long d'ADN. (L'un des chromosomes peut alors posséder certains gènes en deux exemplaires.)

DUPLICITÉ n.f. (du lat. *duplex,* double). Caractère de qqn qui ne se montre pas tel qu'il est, qui présente intentionnellement une apparence différente de ce qu'il est réellement ; hypocrisie, fausseté.

DUPLIQUER v.t. Faire un duplicata d'un document. – *Spécial.* Copier un enregistrement sur support magnétique ou optique, en faire un double. *Dupliquer une bande, une cassette.* ◆ **se dupliquer** v.pr. GÉNÉT. Subir une duplication.

DUQUEL pron. relat. et pron. interr. sing. → **LEQUEL.**

DUR, E adj. (lat. *durus*). **1.** Qui ne se laisse pas facilement entamer, plier, tordre, couper ; qui n'est pas tendre. *Matière dure. Roche dure. Bois dur.* **2.** Qui manque de souplesse ; rigide. *Lit dur.* **3.** *Œuf dur,* dont le blanc et le jaune ont été solidifiés dans la coquille par une cuisson prolongée. **4.** Qui oppose à l'effort une certaine résistance, qui ne cède pas facilement à une poussée, à une pesée. *La serrure est dure.* **5.** Qui exige un effort physique ou intellectuel ; difficile. *La montée est dure. Un exercice dur.* **6.** Pénible à supporter ; rigoureux, sévère. *L'hiver a été dur. De dures obligations.* ◇ ***Mener, faire la vie dure à qqn,*** le maltraiter, lui créer sans cesse des difficultés. **7.** Qui affecte les sens de façon violente et produit une impression désagréable. *Lumière dure. Voix dure.* **8.** PHYS. Se dit des rayons X les plus pénétrants. **9.** ***Eau dure,*** dont la dureté est telle qu'elle ne forme pas de mousse avec le savon. (Il s'agit souvent d'une eau calcaire.) **10.** Qui supporte fermement la fatigue, la douleur ; énergique, résistant. **11. a.** Qui est difficile à émouvoir ; qui manque de bonté, de bienveillance. *Il est dur avec ses enfants. Cœur dur. Un regard dur.* **b.** ***Avoir l'oreille dure,*** ou ***être dur d'oreille :*** entendre mal. – ***Avoir la tête dure :*** être entêté, obstiné. **12.** Se dit d'un enfant difficile à éduquer, rebelle à toute discipline. *Il est très dur, on ne peut rien en tirer.* **13.** Qui refuse toute conciliation, tout compromis, notamm. en matière politique ; intransigeant. *La tendance dure d'un parti.* ◆ adv. **1.** Avec énergie, ténacité. *Travailler dur.* **2.** Avec force, avec violence. *Frapper dur.* ◆ n. *Fam.* **1.** Personne qui n'a peur de rien. *Jouer les durs.* **2.** Personne qui n'accepte aucun compromis. *Les durs du mouvement.* ◇ *Fam.* ***Un, une dur(e) à cuire :*** une personne qui ne se laisse pas émouvoir. ◆ n.m. Ce qui est dur, résistant, solide. ◇ ***Construction en dur,*** en matériaux durs (brique, pierre).

D

DURABILITÉ n.f. **1.** Qualité de ce qui est durable. **2.** DR. Période d'utilisation d'un bien.

DURABLE adj. Qui dure longtemps ; stable.

DURABLEMENT adv. De façon durable.

DURAIN n.m. (de *dur*). Constituant macroscopique du charbon, dur et mat.

DURAL, E, AUX adj. ANAT. De la dure-mère. *Hémorragie durale.*

DURALUMIN [dyralymɛ̃] n.m. (nom déposé). Alliage d'aluminium et de silicium, à haute résistance mécanique. Abrév. *(fam.) : dural.*

DURAMEN [dyramɛn] n.m. (mot lat., *durcissement*). BOT. Cœur des troncs d'arbre, partie centrale plus colorée, imputrescible, constituée de tissu mort chargé de tanins, de résines.

DURANT prép. (p. présent de *durer*). Pendant la durée de. *Durant une heure. Sa vie durant.*

DURATIF, IVE adj. et n.m. LING. Qui exprime la notion de durée. *Valeur durative de l'imparfait.*

DURCIR v.t. Rendre dur. *La gelée durcit le sol.* ◆ v.i. ou **se durcir** v.pr. Devenir dur. *L'opposition se durcit. La croûte durcit.*

DURCISSEMENT n.m. Action de durcir ; fait de se durcir.

DURCISSEUR n.m. Produit qui, ajouté à un matériau, provoque son durcissement.

DURE n.f. *À la dure :* sans douceur, avec sévérité et rigueur. *Être élevé à la dure.* – *Fam.* ***Coucher sur la dure,*** sur la terre nue, sur des planches, etc. ◆ pl. *En voir de dures :* être malmené.

DURÉE n.f. Période mesurable pendant laquelle a lieu une action, un phénomène, etc. *Durée du travail.*

DUREMENT adv. D'une manière dure, pénible. *Ressentir durement les effets du froid.*

DURE-MÈRE n.f. (pl. *dures-mères*). ANAT. La plus externe des trois méninges.

DURER v.i. (lat. *durare*). **1.** Avoir une durée de, occuper un temps défini. *Son discours a duré deux heures.* **2.** Se prolonger, continuer d'exister. *La sécheresse dure.* – *Par ext.* Résister au passage du temps, à l'usage, à la destruction. *C'est une œuvre qui durera.* **3.** Afrique. Rester, séjourner, habiter quelque part.

DURETÉ n.f. **1.** Caractère de ce qui est dur. *La dureté de l'acier, d'un climat. Répondre avec dureté.* **2.** Teneur d'une eau en ions calcium et magnésium.

DURHAM [dyram] n. et adj. Shorthorn.

DURILLON n.m. Callosité se produisant à la plante des pieds, consécutive aux frottements ou à une déformation.

DURIT [dyrit] n.f. (nom déposé). Tuyau en caoutchouc destiné à assurer la circulation de liquides entre les organes d'un moteur thermique.

DUT ou **D.U.T.** [deyte] n.m. (sigle de ***diplôme universitaire de technologie***). Diplôme de l'enseignement supérieur sanctionnant une formation générale et professionnelle de deux ans dispensée dans les IUT.

DUUMVIR [dyɔmvir] n.m. (mot lat.). ANTIQ. ROM. Magistrat qui exerçait une charge conjointement avec un autre.

DUUMVIRAT [dyɔm-] n.m. Fonction de duumvir ; durée de cette fonction.

DUVET n.m. (anc. fr. *dumet,* petite plume). **1.** Ensemble des petites plumes sans tuyau, aux barbes éparses, qui couvrent le corps des jeunes oiseaux et le ventre des oiseaux adultes. **2.** Sac de couchage garni de duvet, de plumes ou de fibres synthétiques. – Région. ou Belgique, Suisse. Édredon, couette. **3.** Ensemble des poils doux et fins qui poussent sur le corps humain, sur certains végétaux, etc.

DUVETER (SE) v.pr. [16]. *Litt.* Se couvrir de duvet.

DUVETEUX, EUSE [dyvtø, øz] adj. Qui a du duvet ; qui a l'apparence du duvet.

DUXELLES [dyksɛl] n.f. (p.-ê. du n. du marquis *d'Uxelles*). Hachis de champignons, d'oignons et d'échalotes, utilisé pour les gratins et les farces.

DVD n.m. inv. (sigle de l'anglo-amér. ***digital versatile disc,*** **disque numérique à usages variés**). Disque compact à lecture optique, de capacité très supérieure à celle du Compact Disc, destiné au stockage d'informations sous forme numérique, en partic. de programmes vidéo.

DVD-ROM ou **DVD-Rom** [devederɔm] n.m. inv. Disque optique numérique à haute densité, d'une capacité d'au moins 4,7 gigaoctets, permettant de stocker sous forme compressée 133 minutes d'enregistrement vidéo.

DYADE n.f. (gr. *duas,* couple). **1.** *Litt.* Couple de deux idées, de deux principes complémentaires. **2.** PSYCHOL. Couple de partenaires défini par un lien spécifique à l'intérieur duquel se forme un réseau privilégié d'interactions.

DYADIQUE adj. *Litt.* Relatif à une dyade.

DYARCHIE n.f. (gr. *duo,* deux, et *arkhê,* commandement). Régime politique dans lequel le pouvoir est exercé conjointement par deux personnes ou deux groupes.

DYKE [dik] ou [dajk] n.m. (mot angl.). GÉOL. Filon de roche magmatique. (Dégagé par l'érosion, il forme, dans le paysage, une sorte de falaise.)

1. **DYNAMIQUE** adj. (gr. *dunamikos,* de *dunamis,* puissance). **1.** Qui fait preuve d'efficacité, d'entrain, de goût pour l'entreprise. **2.** MÉCAN. Relatif à la force, au mouvement. **3.** Qui considère les phénomènes dans leur évolution (par oppos. à *statique*).

2. **DYNAMIQUE** n.f. **1.** Partie de la mécanique qui étudie les relations entre les forces et les mouvements qu'elles produisent. **2.** Rapport entre les intensités extrêmes d'un signal. **3.** Ensemble des forces qui concourent à un processus, accélèrent une évolution. *Une dynamique de paix.* **4.** PSYCHOL. *Dynamique de(s) groupe(s) :* ensemble des lois qui régissent le comportement d'un groupe défini, fondées sur un système d'interdépendance entre les membres du groupe ; étude de ces lois et du rôle qu'elles jouent dans la communication, la décision et la créativité au sein du groupe, constituant l'un des champs de la psychologie sociale.

DYNAMIQUEMENT adv. **1.** Avec dynamisme, entrain. **2.** MÉCAN. Du point de vue de la dynamique.

DYNAMISANT, E adj. Qui dynamise. *Un succès dynamisant.*

DYNAMISATION n.f. **1.** Action de dynamiser. **2.** Traitement d'une substance potentiellement active pour la transformer en médicament homéopathique.

DYNAMISER v.t. Donner, insuffler du dynamisme, de l'énergie à. *Dynamiser une équipe.*

DYNAMISME n.m. **1.** Caractère d'une personne, d'une action dynamique ; énergie, entrain, efficacité. *Le dynamisme d'un chef d'équipe, d'une entreprise.* **2.** PHILOS. Système qui admet l'existence de forces irréductibles et autonomes par rapport à la matière. (C'est le cas du système de Leibniz.)

DYNAMISTE adj. et n. PHILOS. Relatif au dynamisme ; qui appartient au dynamisme.

DYNAMITAGE n.m. Action de dynamiter.

DYNAMITE n.f. (gr. *dunamis,* force). **1.** Substance explosive, inventée par A. Nobel en 1866, composée de nitroglycérine et d'une substance absorbante qui rend l'explosif stable. **2.** *Fam.* ***C'est de la dynamite :*** se dit d'une situation explosive, d'une personne dynamique.

DYNAMITER v.t. Faire sauter à la dynamite.

DYNAMITEUR, EUSE n. Personne qui dynamite qqch.

DYNAMO n.f. (abrév. de *dynamoélectrique*). Génératrice de courant continu. *La dynamo d'une bicyclette.* – *Spécial.* Celle qui assure la recharge de la batterie d'une automobile.

DYNAMOÉLECTRIQUE adj. *Machine dynamoélectrique :* dynamo.

DYNAMOMÈTRE n.m. Appareil destiné à la mesure d'une force ou d'un couple et dont la partie essentielle est souvent un ressort dont on mesure la déformation. (Contrairement à la balance, qui compare des masses, le dynamomètre permet de mesurer des poids.)

DYNAMOMÉTRIQUE adj. Relatif à la mesure des forces.

DYNASTE n.m. **1.** ANTIQ. Souverain d'un petit territoire. **2.** Très grand scarabée d'Amérique, dont le mâle porte une longue corne sur la tête, une autre sur le thorax. (Long. jusqu'à 20 cm ; famille des scarabéidés.)

DYNASTIE n.f. (gr. *dunasteia,* puissance). **1.** Suite de souverains issus d'une même lignée. *La dynastie capétienne.* **2.** Succession de personnes célèbres d'une même famille. *La dynastie des Bach, des Bruegel.*

DYNASTIQUE adj. Relatif à une dynastie.

DYSARTHRIE n.f. (du gr. *arthron,* articulation). MÉD. Difficulté à articuler les mots, due à une atteinte des centres nerveux.

DYSCALCULIE n.f. PSYCHOL. Difficulté d'apprentissage du calcul, liée à une difficulté d'utilisation du système symbolique.

DYSCHONDROPLASIE [-kɔ̃-] n.f. Chondrodystrophie caractérisée par la présence de tumeurs cartilagineuses bénignes (chondromes) au niveau des os longs.

DYSCHROMATOPSIE [-krɔ-] n.f. (du gr. *khrôma,* couleur, et *opsis,* vue). MÉD. Trouble de la perception des couleurs, tel que le daltonisme.

DYSCHROMIE [diskrɔmi] n.f. (du gr. *khroma,* couleur). MÉD. Toute anomalie de la pigmentation de la peau.

DYSCINÉSIE n.f. → **DYSKINÉSIE.**

DYSEMBRYOME n.m. MÉD. Tumeur formée à partir de reliquats de tissus embryonnaires.

DYSEMBRYOPLASIE n.f. MÉD. Anomalie du développement embryonnaire d'un tissu, d'un organe. SYN. : *dysplasie.*

DYSENTERIE [disɑ̃tri] n.f. (du gr. *entera,* intestin). Maladie infectieuse bactérienne ou parasitaire (amibienne), provoquant une colique avec des selles glaireuses et sanguinolentes.

DYSENTÉRIQUE adj. Relatif à la dysenterie. ◆ adj. et n. Atteint de dysenterie.

DYSFONCTIONNEMENT n.m. MÉD. Trouble du fonctionnement d'un organe, d'une glande. (On dit aussi *dysfonction,* n. f.) – *Par ext.* Tout trouble du fonctionnement d'un système. *Le dysfonctionnement des institutions.*

DYSGÉNÉSIE n.f. MÉD. Dysplasie.

DYSGRAPHIE n.f. PSYCHOL. Trouble dans l'apprentissage de l'écriture.

DYSHARMONIE ou **DISHARMONIE** [dizarmɔni] n.f. Absence d'harmonie entre des choses, des personnes.

DYSIDROSE ou **DYSHIDROSE** [dizidroz] n.f. (du gr. *idros,* sueur). MÉD. Forme d'eczéma, localisée aux mains et aux pieds.

DYSKINÉSIE ou **DYSCINÉSIE** [disinezi] n.f. MÉD. Trouble de l'activité motrice d'un viscère ou d'une partie du corps.

DYSLALIE n.f. (du gr. *lalein,* bavarder). PSYCHOL. Trouble de l'émission de la parole.

DYSLEXIE n.f. (du gr. *lexis,* mot). Difficulté d'apprentissage plus ou moins importante de la lecture, sans déficit sensoriel ni intellectuel.

DYSLEXIQUE adj. Relatif à la dyslexie. ◆ adj. et n. Atteint de dyslexie.

DYSMATURE adj. MÉD. Se dit d'un nouveau-né dont le poids est sensiblement inférieur à la moyenne.

DYSMÉNORRHÉE n.f. (du gr. *mên,* mois, et *rhein,* couler). MÉD. Menstruation douloureuse.

DYSMORPHIE ou **DYSMORPHOSE** n.f. Anomalie de la forme d'une partie du corps.

DYSORTHOGRAPHIE [dizɔrtɔ-] n.f. PSYCHOL. Difficulté spécifique d'apprentissage de l'orthographe chez un enfant qui ne présente pas par ailleurs de déficit intellectuel ou sensoriel et qui est normalement scolarisé. (La dysorthographie est souvent liée à la dyslexie.)

DYSPAREUNIE n.f. (du gr. *pareunasthai,* coucher auprès). MÉD. Douleur provoquée, chez la femme, par les rapports sexuels.

DYSPEPSIE [dispɛpsi] n.f. (du gr. *peptein,* cuire). MÉD. Digestion difficile par anomalie fonctionnelle.

DYSPEPSIQUE ou **DYSPEPTIQUE** adj. Relatif à la dyspepsie. ◆ adj. et n. Atteint de dyspepsie.

DYSPHAGIE n.f. MÉD. Difficulté à déglutir.

DYSPHASIE n.f. MÉD. Retard important du langage chez l'enfant.

DYSPHONIE n.f. MÉD. Enrouement.

DYSPHORIE n.f. PSYCHIATR. Trouble psychique caractérisé par une humeur oscillant entre tristesse et excitation.

DYSPLASIE n.f. (du gr. *plassein,* façonner). MÉD. **1.** Anomalie du développement d'un tissu ou d'un organe, survenue avant la naissance. *La dysplasie fibreuse des os.* SYN. : *dysembryoplasie, dysgénésie.* **2.** Anomalie du développement de cellules ou d'un tissu, survenant après la naissance et réversible, parfois précancéreuse. *Dysplasie du col de l'utérus.*

DYSPNÉE [dispne] n.f. (du gr. *pnein,* respirer). MÉD. Difficulté à respirer, s'accompagnant d'une sensation de gêne ou d'oppression ; essoufflement.

DYSPNÉIQUE adj. Relatif à la dyspnée. ◆ adj. et n. Atteint de dyspnée.

DYSPROSIUM [-zjɔm] n.m. **1.** Métal blanc, du groupe des terres rares, fondant vers 1 400 °C. **2.** Élément chimique (Dy), de numéro atomique 66, de masse atomique 162,50.

DYSTHYMIE n.f. (gr. *dusthumia,* découragement). PSYCHIATR., PSYCHOL. Trouble de la régulation de l'humeur (accès maniaque ou dépression).

DYSTOCIE n.f. (gr. *dustokia*). MÉD. Difficulté de l'accouchement due à une anomalie maternelle ou fœtale. CONTR. : *eutocie.*

DYSTOCIQUE adj. Se dit d'un accouchement difficile qui exige une intervention médicale.

DYSTONIE n.f. MÉD. **1.** Contraction musculaire involontaire et douloureuse, figeant le sujet dans une attitude anormale (torticolis, par ex.). **2.** *Dystonie neurovégétative :* tout trouble du fonctionnement des systèmes sympathique ou parasympathique, cause de symptômes multiples.

DYSTROPHIE n.f. (du gr. *trophê,* nourriture). MÉD. **1.** Anomalie du développement d'une cellule, d'un tissu survenant après la naissance et qui peut être due à un trouble nutritionnel. **2.** Dégénérescence. ◇ *Dystrophie musculaire :* myopathie héréditaire dégénérative.

DYSTROPHINE n.f. Protéine des cellules musculaires, dont le déficit engendre des dystrophies graves (myopathie de Duchenne).

DYSTROPHIQUE adj. Relatif à la dystrophie. ◆ adj. et n. Atteint de dystrophie.

DYSTROPHISATION n.f. Enrichissement excessif des eaux d'un lac ou d'un étang en matières nutritives d'origine industrielle, ayant des effets comparables à ceux de l'eutrophisation.

DYSURIE [dizyri] n.f. (du gr. *ouron,* urine). MÉD. Difficulté à uriner.

DYSURIQUE adj. Relatif à la dysurie. ◆ adj. et n. Atteint de dysurie.

DYTIQUE n.m. (gr. *dutikos,* plongeur). Insecte coléoptère carnivore, répandu dans tout l'hémisphère Nord tempéré, à corps ovale et à pattes postérieures nageuses, vivant dans les eaux douces. (Les plus grandes espèces de dytiques atteignent 5 cm de long ; type de la famille des dytiscidés.)

DZÊTA n.m. inv. → **ZÊTA.**

■ **DYTIQUE.** Dytique bordé mâle.

D

Caractère Eurostyle

E n.m. inv. **1.** Cinquième lettre de l'alphabet et la deuxième des voyelles. (*E* sert à noter des sons vocaliques distincts : le *e fermé* [e], comme dans *bonté, assez,* qui porte souvent l'accent aigu ; le *e ouvert* [ɛ], comme dans *succès, pelle,* qui peut porter l'accent grave ou circonflexe ; le *e muet* [ə], comme dans *premier,* qui, souvent, ne se prononce pas *[colle, soierie].*) **2.** GÉOMÉTR. e : base des logarithmes népériens et de l'exponentielle naturelle. **3.** MUS. E : *mi,* dans le système de notation en usage dans les pays anglo-saxons et germaniques. **4.** E. : abrév. de *est.*

E- [i] (abrév. de l'angl. *electronic*). Préfixe caractérisant une activité ou un produit qui s'appuie totalement sur les moyens de réseaux informatiques, notamm. d'Internet.

EAO ou **E.A.O.** [əao] n.m. (sigle). Enseignement assisté par ordinateur.

EARL ou **E.A.R.L.** [əaɛrɛl] n.f. (sigle). Exploitation agricole à responsabilité limitée.

EAU n.f. (lat. *aqua*). **1.** Liquide incolore transparent, inodore et insipide, qui constitue un milieu indispensable à la vie. ◇ *Eau déminéralisée,* dont les matières minérales dissoutes ont été éliminées. – *Eau distillée,* dont on a enlevé les gaz dissous, les impuretés minérales et organiques par ébullition suivie de condensation. – *Eau lourde* → **lourd.** – *Eau mère :* résidu d'une solution après cristallisation d'une substance qui y était dissoute. **2.** Cet élément, présent dans la nature (mers, lacs, rivières, etc.). *Faire une promenade sur l'eau.* ◇ *Eau vive :* eau des torrents et des rivières, en continuel mouvement ; activités sportives pratiquées dans cet élément. *Nage en eau vive.* – *Faire eau :* se remplir d'eau accidentellement, en parlant d'un navire. **3.** Ce liquide, en tant que boisson. *Eau minérale naturelle, gazeuse. Eau de source.* ◇ *Mettre de l'eau dans son vin :* modérer ses exigences, ses projets, etc. – *Faire de l'eau :* s'approvisionner en eau douce, en partic. en parlant d'un navire. **4.** Liquide alcoolique ou obtenu par distillation, infusion, etc. *De l'eau de lavande.* ◇ *Eau de Cologne :* solution alcoolique d'huiles essentielles (bergamote, citron, etc.) utilisée pour la toilette. – *Eau de parfum :* préparation alcoolique dérivée d'un parfum déterminé et dont le degré de concentration est intermédiaire entre l'extrait et l'eau de toilette. – *Eau de toilette :* préparation alcoolique dérivée d'un parfum déterminé et dont le degré de concentration est intermédiaire entre l'extrait et l'eau de Cologne. **5.** Préparation liquide, solution aqueuse. *Eau de Javel. Eau régale. Eau oxygénée.* **6.** *Être (tout) en eau :* transpirer abondamment. – *Mettre, faire venir l'eau à la bouche à qqn, avoir l'eau à la bouche :* allécher qqn, être alléché. **7.** Limpidité, transparence d'une gemme. *Un diamant de la plus belle eau.* ◆ pl. **1.** Source d'eaux thermales ou minérales. *Ville d'eaux.* **2.** Liquide amniotique, à la fin de la grossesse. *Perdre les eaux.* **3.** *Eaux et forêts :* en France, corps d'ingénieurs fonctionnaires chargés de l'entretien et de la surveillance des cours d'eau, voies d'eau, étangs et forêts de l'État, auj. réuni au Corps du génie rural, des eaux et des forêts. **4.** DR. INTERN., MAR. *Eaux territoriales :* zone maritime fixée par chaque État riverain (12 milles pour la France) et sur laquelle il exerce sa souveraineté. SYN. : *mer territoriale.* – *Eaux intérieures,* situées en deçà de la ligne de départ des eaux territoriales (rades, baies, etc.). SYN. : *mer nationale.* **5.** *Eaux usées :* eaux ayant fait l'objet d'une utilisation domestique ou industrielle. **6.** *Eaux de ruissellement :* eaux de pluie, de drainage, de lavage de la voirie.

ENCYCL. L'eau est constituée de molécules formées de deux atomes d'hydrogène et d'un atome d'oxygène (H_2O). Elle bout à la température de 100 °C, sous la pression de 1 atmosphère, et se solidifie à 0 °C (glace, neige). Elle existe dans l'atmosphère à l'état de vapeur. Un volume de 1 cm³ d'eau à 4 °C a sensiblement une masse de 1 g. C'est, de plus, un des rares corps dont la densité à l'état solide est inférieure à celle à l'état liquide, d'où la propriété de la glace de flotter. La

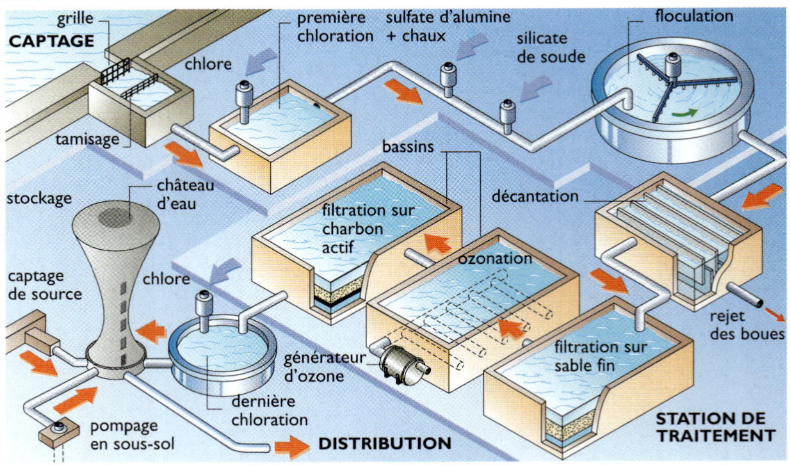

■ **EAU.** Traitement de l'eau destinée à la distribution publique.

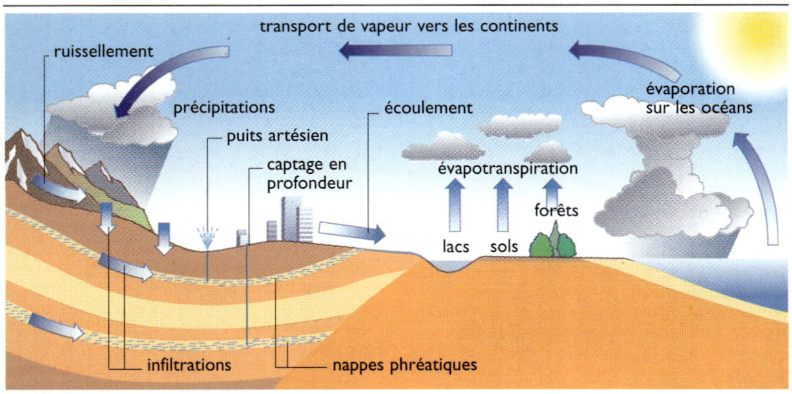

■ **EAU.** Cycle de l'eau.

chaleur spécifique de l'eau, particulièrement élevée, en fait un liquide réfrigérant fréquemment utilisé et joue un rôle important à l'échelle des climats. Enfin, l'eau est le constituant principal (en volume) des êtres vivants ; cependant, pour être potable, elle doit contenir des sels minéraux.

EAU-DE-VIE n.f. (pl. *eaux-de-vie*). Boisson alcoolique extraite par distillation du vin, du marc, de certains fruits, etc.

EAU-FORTE n.f. (pl. *eaux-fortes*). **1.** Acide nitrique mélangé d'eau. **2.** Estampe obtenue au moyen d'une planche mordue avec cet acide ; cette technique de gravure.

EAUX-VANNES n.f. pl. Liquides des W.-C., des bassins à vidange, etc. (Le rejet de cette fraction des eaux usées dans l'environnement est, en général, très réglementé.)

ÉBAHI, E adj. Qui manifeste une profonde stupéfaction ; sidéré, stupéfait.

ÉBAHIR v.t. (anc. fr. *baer,* bayer). Frapper d'étonnement ; stupéfier. *Cette nouvelle m'a ébahi.* ◆ **s'ébahir** v.pr. (de, devant). Être frappé d'étonnement. *S'ébahir d'un rien.*

ÉBAHISSEMENT n.m. Étonnement extrême ; stupéfaction.

ÉBARBAGE n.m. Action d'ébarber.

ÉBARBER v.t. (de *1. barbe*). **1.** Enlever les barbes, les saillies d'une surface métallique, d'une planche de cuivre, etc. **2.** AGRIC. Enlever les barbes, les arêtes des enveloppes des graines de certaines plantes telles que l'orge. **3.** REL. Couper les bords irréguliers des feuillets d'un livre afin de les égaliser. **4.** CUIS. Dépouiller un poisson de ses nageoires, des rayons qui les soutiennent.

ÉBARBOIR n.m. Outil pour ébarber les métaux.

ÉBARBURE n.f. Partie enlevée en ébarbant.

ÉBATS n.m. pl. *Litt.* Mouvements folâtres, détente joyeuse. *Prendre ses ébats.* <> *Ébats amoureux :* plaisirs, jeux de l'amour.

ÉBATTRE (S') v.pr. [63]. *Sout.* Se donner du mouvement ; courir, sauter, folâtrer.

ÉBAUBI, E adj. (anc. fr. *abaubir,* rendre bègue). Vieilli ou *par plais.* Surpris, étonné.

ÉBAUCHAGE n.m. Action d'ébaucher.

ÉBAUCHE n.f. **1.** Premier stade d'exécution d'un objet, d'un ouvrage, d'une œuvre d'art. – TECHN. Ouvrage dont l'ensemble est terminé et dont les détails restent à exécuter. **2.** Commencement d'un geste, d'une action, etc. *L'ébauche d'un sourire.*

ÉBAUCHER v.t. (de l'anc. fr. *bauch,* poutre). **1.** Donner la première forme, la première façon à un travail, à une œuvre. **2.** Commencer à faire ; esquisser. *Ébaucher un geste.*

ÉBAUCHOIR n.m. Outil de sculpteur modeleur et d'autres artisans, pour ébaucher.

ÉBAUDIR (S') v.pr. (de l'anc. fr. *bald,* joyeux). *Litt.,* vieilli. S'amuser, se divertir, se réjouir.

ÉBAVURAGE n.m. Ébarbage, en partic. celui des pièces usinées.

ÉBAVURER v.t. Ébarber une pièce de métal.

ÉBÉNACÉE n.f. Arbre ou arbuste des régions tropicales, au bois très dur et dense, tel que le plaqueminier. (Les ébénacées forment une famille.)

ÉBÈNE n.f. (gr. *ebenos*). **1.** Bois dur et lourd des ébéniers, dont la couleur noire ou grise est due à l'action de certains champignons. <> *Ébène verte :* ipé. **2.** *D'ébène :* d'un noir éclatant, brillant. *Cheveux d'ébène.* **3.** Anc. *Bois d'ébène :* les Noirs, pour les trafiquants d'esclaves. ◆ adj. inv. D'une couleur noire.

ÉBÉNIER n.m. Nom usuel de certains plaqueminiers des régions équatoriales d'Afrique, de Madagascar et d'Asie du Sud-Est, qui fournissent l'ébène. (Genres *Diospyros, Euclea ;* famille des ébénacées.) <> *Faux ébénier :* cytise.

ÉBÉNISTE n. Menuisier qui fabrique des meubles de luxe, en utilisant notamm. la technique du placage.

ÉBÉNISTERIE n.f. Travail, métier de l'ébéniste.

ÉBERLUÉ, E [eberlɥe] adj. (de *berlue*). Qui manifeste un vif étonnement ; stupéfait.

ÉBERLUER v.t. (de *berlue*). Étonner vivement ; stupéfier.

ÉBIONITE n.m. (de l'hébr. *ebion,* pauvre). Membre de diverses sectes chrétiennes, notamm. en Asie Mineure, aux IIe et IIIe s.

ÉBLOUIR v.t. (du germ.). **1.** Troubler la vue par un éclat trop vif ; aveugler. *Le soleil nous éblouit.* **2.** *Fig.* Frapper d'admiration ; émerveiller, fasciner. *Son récital a ébloui le public.* **3.** *Fig.* Séduire par un éclat trompeur ; impressionner. *Ne te laisse pas éblouir par ses promesses.*

ÉBLOUISSANT, E adj. **1.** Qui éblouit ; aveuglant. *Blancheur éblouissante.* **2.** *Fig.* Qui frappe par sa beauté, son éclat, ses qualités ; merveilleux, fascinant. *Une fête, une femme éblouissante.*

ÉBLOUISSEMENT n.m. **1.** Trouble momentané de la vue, causé par une lumière trop vive. **2.** Bref malaise. **3.** *Fig.* Étonnement admiratif ; ce qui le provoque.

ÉBOLA (VIRUS) : virus d'Afrique responsable d'une infection contagieuse et épidémique grave, caractérisée par de la fièvre et des hémorragies.

ÉBONITE n.f. (de l'angl. *ebony,* ébène). Caoutchouc durci par addition de soufre, utilisé notamm. comme isolant électrique.

E-BOOK [ibuk] n.m. [pl. *e-books*] (mot angloamér.). Micro-ordinateur de la taille d'un livre, destiné à l'affichage et à la consultation interactive sur écran de textes et d'images préalablement stockés dans sa mémoire.

ÉBORGNAGE n.m. Action d'éborgner un arbre fruitier.

ÉBORGNEMENT n.m. Action d'éborgner qqn.

ÉBORGNER v.t. **1.** Rendre qqn, un animal borgne. **2.** Supprimer les bourgeons (ou yeux) inutiles d'un arbre fruitier.

ÉBOUEUR n.m. (de *boue*). Personne chargée du ramassage des ordures ménagères.

ÉBOUILLANTAGE n.m. Action d'ébouillanter.

ÉBOUILLANTER v.t. Tremper dans l'eau bouillante ou passer à la vapeur ; arroser, brûler avec un liquide bouillant. ◆ **s'ébouillanter** v.pr. Se brûler avec un liquide bouillant.

ÉBOULEMENT n.m. **1.** Chute de ce qui s'éboule, s'écroule. **2.** Éboulis.

ÉBOULER v.t. (anc. fr. *esboeler,* éventrer, de *bouel,* boyau). Faire écrouler. ◆ **s'ébouler** v.pr. Tomber en s'écroulant ; s'effondrer.

ÉBOULIS n.m. Amas de matériaux éboulés. *Éboulis de roches.* SYN. : *éboulement.*

ÉBOURGEONNEMENT ou **ÉBOURGEONNAGE** n.m. Action d'ébourgeonner.

ÉBOURGEONNER v.t. Supprimer les bourgeons jugés inutiles d'une plante.

ÉBOURIFFAGE n.m. Action d'ébouriffer les cheveux.

ÉBOURIFFANT, E adj. *Fam.* Incroyable, extraordinaire.

ÉBOURIFFÉ, E adj. (provenç. *esbourrifa,* de *bourro,* bourre). Dont les cheveux sont en désordre.

ÉBOURIFFER v.t. **1.** Mettre les cheveux en désordre. **2.** *Fam.* Surprendre, stupéfier.

ÉBOUTER v.t. Couper le bout de. *Ébouter une pièce de bois d'œuvre.*

ÉBRANCHAGE ou **ÉBRANCHEMENT** n.m. Action d'ébrancher.

ÉBRANCHER v.t. Casser ou couper les branches d'un arbre.

ÉBRANCHOIR n.m. Serpe à long manche pour ébrancher.

ÉBRANLEMENT n.m. Action d'ébranler ; fait d'être ébranlé. *L'ébranlement du sol, de la confiance en qqn.* – Fait de s'ébranler. *L'ébranlement du train.*

ÉBRANLER v.t. (de *branler*). **1.** Faire osciller, faire trembler ; secouer. *Le passage du camion a ébranlé les vitres.* **2.** Rendre moins solide, moins sûr ; affaiblir. *Cette maladie a ébranlé sa santé.* **3.** Faire douter qqn, troubler ses convictions. ◆ **s'ébranler** v.pr. Se mettre en mouvement ; démarrer.

ÉBRASEMENT n.m. ou **ÉBRASURE** n.f. ARCHIT. Biais donné aux côtés de l'embrasure d'une baie pour faciliter l'ouverture des vantaux ou donner plus de lumière.

ÉBRASER v.t. (de *embraser*). ARCHIT. Élargir obliquement, en général de dehors en dedans, l'embrasure d'une baie de porte, de fenêtre.

ÉBRÈCHEMENT n.m. Action d'ébrécher.

ÉBRÉCHER v.t. [11]. **1.** Faire une brèche à, entamer le bord de. *Ébrécher un verre.* **2.** *Fig.* Réduire en entamant une partie ; porter atteinte à ; diminuer. *Ébrécher sa fortune, sa réputation.*

ÉBRÉCHURE n.f. Partie ébréchée d'un objet.

ÉBRIÉTÉ [ebrijete] n.f. (lat. *ebrietas,* ivresse). Ivresse. *Être en état d'ébriété.* (Ce mot s'emploie surtout dans le langage administratif.)

ÉBRIQUER v.t. Suisse. Casser en morceaux.

ÉBROÏCIEN, ENNE adj. et n. D'Évreux.

ÉBROUEMENT n.m. Fait de s'ébrouer.

ÉBROUER (S') v.pr. (de l'anc. fr. *brou,* bouillon). **1.** Expirer de façon forte et bruyante, en secouant vivement la tête, en parlant de certains animaux, et notamm. du cheval. **2.** S'agiter, se secouer vivement pour se débarrasser de l'eau. *Le chien s'ébroue en sortant de l'eau.*

ÉBRUITEMENT n.m. Action d'ébruiter ; fait de s'ébruiter.

ÉBRUITER v.t. Rendre publics une nouvelle, un secret, etc. ; répandre, divulguer. *Ébruiter une information.* ◆ **s'ébruiter** v.pr. Devenir public ; se répandre, se propager.

ÉBULLIOMÈTRE ou **ÉBULLIOSCOPE** n.m. Appareil servant à mesurer les températures d'ébullition.

ÉBULLIOMÉTRIE ou **ÉBULLIOSCOPIE** n.f. Mesure de la température d'ébullition d'une solution.

ÉBULLITION n.f. (du lat. *ebullire,* bouillir). **1.** Passage d'un liquide à l'état gazeux, les deux phases étant en équilibre. **2.** Mouvement, état d'un liquide qui bout. *Porter l'eau à ébullition.* **3.** *En ébullition :* en effervescence, très agité. *Ville en ébullition.*

ÉBURNÉEN, ENNE ou **ÉBURNÉ, E** adj. (du lat. *eburneus,* ivoire). *Litt.* Qui a la blancheur ou l'aspect de l'ivoire. SYN. : *ivoirin.*

ÉCAILLAGE n.m. Action d'écailler ; son résultat. *L'écaillage d'un poisson.* – Fait de s'écailler. *L'écaillage d'un vernis, d'une peinture.*

ÉCAILLE n.f. (germ. *skalja,* tuile). **1. a.** Chacune des plaques dures, cornées (reptiles) ou osseuses (poissons) qui recouvrent le corps de certains animaux. **b.** Matière cornée provenant de la carapace de certaines tortues, utilisée en tabletterie et en marqueterie. **2.** Chacune des valves d'un mollusque bivalve (huître, notamm.). **3.** BOT. Feuille entourant le bourgeon ou le bulbe de certaines plantes (oignon, lis, etc.). **4.** ANAT. Partie verticale convexe de certains os du crâne (frontal, temporaux, occipital). **5.** Parcelle qui se détache en petites plaques d'une surface. ◆ pl. ARCHIT. Motif ornemental formé de demi-disques se chevauchant.

ÉCAILLÉ, E adj. Qui s'écaille. *Peinture écaillée.*

1. ÉCAILLER v.t. **1.** Gratter un poisson cru afin d'ôter les écailles de sa peau. **2.** Ouvrir un mollusque bivalve (huître, moule, coquille Saint-Jacques) en en séparant les deux valves. ◆ **s'écailler** v.pr. Se détacher en plaques minces, en écailles. *Vernis à ongles qui s'écaille.*

2. ÉCAILLER, ÈRE n. Commerçant spécialisé dans la vente et l'ouverture des huîtres et autres coquillages.

ÉCAILLEUR n.m. Instrument à lame dentée et acérée servant à écailler le poisson.

ÉCAILLEUX, EUSE adj. **1.** Couvert d'écailles. *Poisson écailleux.* **2.** Qui se détache par écailles. *Ardoise écailleuse.*

ÉCAILLURE n.f. Partie écaillée d'une surface, d'une peinture.

ÉCALE n.f. (de l'anc. haut all. *skala,* de même racine que *écaille*). BOT. Enveloppe coriace de certains fruits (noix, noisettes, amandes, etc.).

ÉCALER v.t. Débarrasser de son écale un fruit, de sa coquille un œuf dur.

ÉCALURE n.f. Pellicule dure qui enveloppe certaines graines. *Écalures de café.*

ÉCARLATE n.f. (persan *saqirlāt,* mot ar.). **1.** Couleur d'un rouge vif. **2.** Vx. Étoffe teinte de cette couleur. ◆ adj. Rouge vif. *Des visages écarlates.*

ÉCARQUILLER [ekarkije] v.t. (anc. fr. *équartiller,* mettre en quatre). *Écarquiller les yeux,* les ouvrir tout grands.

ÉCART n.m. (de *écarter,* séparer). **1.** Distance, différence entre des choses ou des personnes ; intervalle. *L'écart entre les coureurs s'accentue.* <> *À l'écart :* éloigné. *Se tenir à l'écart.* **2.** *Grand écart.* **a.** DANSE. Mouvement dans lequel les jambes touchent le sol sur toute leur longueur en formant un angle de 180°. **b.** *Fig.* Attitude, action tendant à concilier deux situations, deux nécessités contradictoires. **3.** Action de s'écarter, de s'éloigner brusquement de sa direction. *Voiture qui fait un écart pour éviter un piéton.* **4.** *Fig.* Action de s'écarter, de se détourner de sa ligne de conduite. *Faire des écarts à un régime.* <> *Écart de langage :* parole qui transgresse les convenances ; grossièreté. **5.** Petite agglomération distincte du centre de la commune à laquelle elle appartient. **6.** STAT. Valeur absolue de la différence entre deux valeurs d'un caractère quantitatif. **7.** LING.

E

Acte de parole qui s'écarte d'une norme donnée. **8.** ÉCON. Recomm. off. pour *gap.* <> *Écart d'inflation :* recomm. off. pour *différentiel d'inflation.*

1. ÉCARTÉ, E adj. (de *1. écarter*). Situé à l'écart ; éloigné, isolé. *Maison écartée.*

2. ÉCARTÉ n.m. (de *2. écarter*). Jeu de cartes par levées, pratiqué avec 32 cartes et dans lequel les joueurs (de deux à quatre) ont la possibilité d'« écarter » certaines cartes.

ÉCARTELÉ n.m. et adj.m. HÉRALD. Partition d'un écu en quatre quartiers égaux par une ligne horizontale et une perpendiculaire.

ÉCARTÈLEMENT n.m. Au Moyen Âge et sous l'Ancien Régime, supplice infligé en partic. aux régicides et qui consistait à faire tirer leurs membres par des chevaux jusqu'à ce qu'ils se séparent du tronc.

ÉCARTELER v.t. [12] (anc. fr. *esquarterer,* mettre en pièces). **1.** Tirailler qqn entre plusieurs possibilités, des sentiments, des tendances opposés. **2.** Anc. Faire subir le supplice de l'écartèlement à un condamné. **3.** HÉRALD. Diviser un écu en quatre quartiers.

ÉCARTEMENT n.m. Action d'écarter ou de s'écarter ; distance entre deux ou plusieurs choses.

1. ÉCARTER v.t. (lat. pop. *exquartare,* de *quartus,* quart). **1.** Mettre une certaine distance entre des choses ; éloigner, séparer. *Écarter un objet du feu. Écarter les bras, les jambes.* **2. a.** Tenir qqn à distance, à l'écart ; repousser. *Écarter la foule, les curieux.* **b.** Évincer, éliminer qqn. *Écarter un candidat de la compétition.* **3.** Rejeter qqch, ne pas en tenir compte ; exclure. *Écarter une solution.* ◆ **s'écarter** v.pr. S'éloigner, se détourner de. *Écartez-vous de là. Ne t'écarte pas du droit chemin.*

E

2. ÉCARTER v.t. (de *carte*). Rejeter une ou plusieurs cartes de son jeu pour en prendre de nouvelles.

ÉCARTEUR n.m. **1.** Instrument chirurgical servant à écarter les lèvres d'une plaie, d'une incision. **2.** Celui qui provoque l'animal et l'évite par un écart, dans les courses landaises.

ÉCART-TYPE n.m. (pl. *écarts-types*). STAT. Racine carrée de la variance.

ECBALLIUM [ɛkbaljɔm] n.m. (du gr. *ekballein,* projeter). Plante rampante des régions méditerranéennes, à fleurs jaunes et à fruits verts, qui, à maturité, s'ouvrent avec bruit et projettent au loin leurs graines. (Famille des cucurbitacées.)

ECCE HOMO [ɛkseɔmo] ou [ɛtʃeɔmo] n.m. inv. (mots lat., *voici l'homme,* dits par Pilate). ICON. Représentation du Christ couronné d'épines et portant un roseau en guise de sceptre, montré ainsi au peuple après sa comparution devant Pilate.

ECCÉITÉ [ɛkseite] n.f. (du lat. *ecce,* voici). PHILOS. **1.** Ce qui fait qu'un individu est lui-même et non un autre, dans la pensée scolastique. **2.** Caractère de ce qui se trouve ici ou là, chez Heidegger.

ECCHYMOSE [ekimoz] n.f. (gr. *ekkumôsis,* de *ekkhêin,* s'écouler). Tache cutanée résultant d'un épanchement de sang dû à une maladie (hémophilie) ou à un traumatisme. SYN. *(cour.) : bleu.*

ECCLÉSIA [eklezja] n.f. (mot gr.). ANTIQ. Assemblée des citoyens dans les cités grecques et notamm. à Athènes. (L'ecclésia athénienne votait les lois, la paix ou la guerre, élisait et contrôlait les magistrats.)

ECCLÉSIAL, E, AUX adj. Relatif à l'Église en tant que communauté de fidèles.

ECCLÉSIASTIQUE adj. Relatif à l'Église et, plus spécial., au clergé. ◆ n.m. Membre du clergé d'une Église.

ECCLÉSIOLOGIE n.f. Partie de la théologie qui traite de la nature et de la vie de toute l'Église chrétienne.

ECDYSONE [ɛkdizɔn] ou [ɛkdizon] n.f. (gr. *ekdusis,* dépouillement). Hormone déterminant la mue, chez les larves d'insectes et les crustacés.

ÉCERVELÉ, E n. et adj. Personne sans cervelle, étourdie, qui ne réfléchit pas.

ÉCHAFAUD n.m. (lat. pop. *catafalicum*). **1.** Estrade sur laquelle on procédait aux exécutions par décapitation. **2.** Peine de mort, exécution. *Risquer l'échafaud.*

ÉCHAFAUDAGE n.m. **1.** Ouvrage provisoire en charpente, dressé pour construire ou réparer un bâtiment. **2.** Amas, pile d'objets entassés les uns au-dessus des autres. *Un échafaudage de livres.* **3.** Action d'échafauder un plan, une œuvre, etc. ; ensemble d'idées, d'hypothèses ainsi combinées. *L'échafaudage d'un système.*

ÉCHAFAUDER v.t. **1.** Vx. Amonceler, dresser l'un sur l'autre. **2.** Élaborer en combinant des éléments souvent fragiles ou compliqués. *Échafauder une hypothèse, des projets.* ◆ v.i. Dresser un échafaudage.

ÉCHALAS n.m. (du gr. *kharax,* pieu). **1.** Pieu servant de tuteur à certaines plantes, notamm. à la vigne. **2.** *Fam.* Personne grande et maigre.

ÉCHALASSER v.t. Soutenir avec des échalas.

ÉCHALIER n.m. (lat. *scalarium*). **1.** Échelle permettant de franchir une haie. **2.** Clôture mobile à l'entrée d'un champ.

ÉCHALOTE n.f. (lat. *ascalonia cepa,* oignon d'Ascalon). Plante potagère voisine de l'oignon, dont le bulbe est utilisé comme condiment. (Nom sc. *Allium escalonicum ;* famille des liliacées.)

ÉCHANCRÉ, E adj. Qui présente une ou des échancrures ; creusé en dedans. *Encolure très échancrée. Côte échancrée.*

ÉCHANCRER v.t. (de *chancre*). Creuser, entailler le bord de.

ÉCHANCRURE n.f. Partie échancrée, creusée ou entaillée au bord. *L'échancrure d'un corsage.*

ÉCHANGE n.m. **1.** Opération par laquelle on échange. *Échange de timbres. Échange de prisonniers.* <> *En échange :* en contrepartie, en compensation. — DR. Convention par laquelle deux propriétaires se cèdent respectivement un bien contre un autre bien. **2.** Fait de s'adresser, de s'envoyer mutuellement qqch ; communication réciproque. *Échange de correspondance. Échange de politesses. Échange de vues.* <> *Échange de données informatisées (EDI) :* circulation, sur des réseaux, d'informations d'origines diverses selon des normes spécifiées. **3.** Troc, commerce. <> *Échanges internationaux :* commerce extérieur. — *Valeur d'échange :* faculté que donne un bien d'en acquérir d'autres. (Elle se distingue de la valeur d'usage.) **4.** BIOL. CELL. Passage et circulation de substances entre une cellule et le milieu extérieur, ou entre deux compartiments cellulaires. **5.** Au tennis et au tennis de table, série de balles après chaque service. **6.** (Souvent pl.) Ensemble des relations entre des groupes, des pays différents se traduisant par la circulation des hommes, des idées et des capitaux.

ÉCHANGEABLE adj. Qui peut être échangé.

ÉCHANGER v.t. [10] (de *changer*). **1.** Donner une chose et en recevoir une autre en contrepartie. *Échanger des timbres.* **2.** Adresser et recevoir en retour ; s'adresser mutuellement qqch. *Échanger des cadeaux. Échanger des sourires.* <> *Échanger des balles :* dans les sports de balle, faire des échanges.

ÉCHANGEUR, EUSE adj. *Substance échangeuse d'ions :* échangeur d'ions. ◆ n.m. **1.** Dispositif de raccordement entre plusieurs routes et autoroutes sans croisement à niveau. **2. a.** *Échangeur de chaleur,* ou *échangeur :* appareil destiné à réchauffer ou à refroidir un fluide au moyen d'un autre fluide circulant à une température différente. **b.** *Échangeur d'ions :* substance solide, naturelle ou synthétique, ayant les caractères d'un acide ou d'une base et fixant, de ce fait, les cations ou les anions.

ÉCHANGISME n.m. Pratique de l'échange des partenaires sexuels entre deux ou plusieurs couples.

ÉCHANGISTE n. **1.** DR. Personne qui effectue un échange de biens. **2.** Personne qui pratique l'échangisme.

ÉCHANSON n.m. (du francique). **1.** Officier chargé de servir à boire au roi ou à un grand personnage. **2.** *Litt.* ou *par plais.* Personne qui verse à boire.

ÉCHANTILLON n.m. (anc. fr. *eschandillon,* échelle pour mesurer). **1.** COMM. Petite quantité d'une marchandise qui donne une idée de l'ensemble, qui permet d'en faire apprécier la qualité. *Échantillon de tissu, de parfum. Échantillon publicitaire.* **2.** Spécimen, exemple représentatif. *Un échantillon de la poésie du XVe siècle.* — Aperçu de la qualité, de la valeur de qqch. *Donner un échantillon de son talent.* **3.** SOCIOL. Fraction représentative d'une population ou d'un ensemble statistique. **4.** TECHN. Valeur d'une grandeur échantillonnée à un instant d'échantillonnage. **5.** MUS. Extrait d'un enregistrement utilisé pour composer une œuvre nouvelle. SYN. : *sample.*

ÉCHANTILLONNAGE n.m. **1.** COMM. Action d'échantillonner ; série d'échantillons. **2.** MAR. Ensemble des dimensions (et, plus partic., des dimensions mesurant la section) d'une pièce constitutive d'un navire et, notamm., de sa charpente. *Membrure de fort échantillonnage.* **3.** TECHN. Action d'échantillonner. **4.** MUS. Technique de composition consistant à mettre bout à bout des extraits d'enregistrements préexistants. SYN. : *sampling.*

ÉCHANTILLONNER v.t. **1.** COMM. Choisir, réunir des échantillons. **2.** STAT. Déterminer un échantillon dans une population. — *Spécial.* Choisir les personnes qui seront interrogées au cours d'une enquête par sondage en vue d'obtenir un résultat représentatif. **3.** TECHN. Définir la variation d'une grandeur, d'un signal au cours du temps par la suite de ses valeurs, appelées *échantillons,* à des instants donnés, génér. périodiques. **4.** Dans les musiques contemporaines, prélever un extrait dans un enregistrement et l'insérer dans une nouvelle œuvre. SYN. : *sampler.*

1. ÉCHANTILLONNEUR, EUSE n. COMM. Professionnel qui procède à des échantillonnages.

2. ÉCHANTILLONNEUR n.m. **1.** TECHN. Appareil effectuant l'échantillonnage d'une grandeur, d'un signal. **2.** INSTR. MUS. Appareil électronique utilisé dans les musiques de variétés pour découper des extraits d'œuvres et les insérer dans une nouvelle production. SYN. : *sampler.*

ÉCHAPPATOIRE n.f. Moyen adroit ou détourné pour se tirer d'embarras.

ÉCHAPPÉ, E n. Vieilli. Évadé.

ÉCHAPPÉE n.f. **1.** Action, pour un ou plusieurs coureurs, de distancer le peloton. *Tenter une échappée.* **2.** *Litt.* Court voyage par lequel on se libère de contraintes ; escapade. *Faire une échappée à la campagne.* **3.** Espace étroit laissé libre à la vue ou au passage. *Échappée sur la mer.* — ARCHIT. Distance entre le nez d'une marche et le plafond d'un escalier.

ÉCHAPPEMENT n.m. **1.** Expulsion dans l'atmosphère des gaz de combustion d'un moteur thermique ; dispositif permettant cette expulsion. *Tuyau d'échappement.* <> *Échappement libre :* tuyau d'échappement dépourvu de silencieux. **2.** Mécanisme d'horlogerie qui sert à régulariser le mouvement d'une pendule, d'une montre.

ÉCHAPPER v.i. ou v.t. ind. (lat. pop. *excappare,* sortir de la chape). **1.** Se soustraire, se dérober à qqn, à sa surveillance, à son emprise. *Laisser échapper un prisonnier.* **2.** Ne pas être atteint, concerné par qqch de menaçant, d'importun. *Échapper à la maladie.* **3. a.** Cesser d'être tenu, retenu. *La soupière lui a échappé des mains.* **b.** Cesser d'être sous le contrôle de qqn. *Le pouvoir lui échappe.* **c.** Cesser d'être présent à l'esprit, être oublié. *Son nom m'échappe.* **4.** Être dit ou fait involontairement. *Cette parole malheureuse m'a échappé.* **5. a.** Ne pas être perçu par les sens. *Rien n'échappe à son œil d'aigle.* **b.** Ne pas être compris. *Ce raisonnement m'échappe.* **6.** Ne pas être obtenu, être manqué. *La victoire lui a échappé.* **7.** Ne pas être soumis, assujetti. *Revenus qui échappent à l'impôt.* ◆ v.t. *L'échapper belle :* se tirer de justesse d'un mauvais pas, d'un danger. ◆ **s'échapper** v.pr. **1.** S'enfuir, se sauver d'un lieu où l'on est retenu ; s'absenter discrètement ; s'esquiver, s'éclipser. *S'échapper d'une réunion.* **2.** Sortir, se répandre brusquement. *La vapeur s'échappe par la soupape.* **3.** Disparaître, se dissiper, en parlant de qqch d'abstrait. *Son dernier espoir s'est échappé.*

ÉCHARDE n.f. (du francique). Petit fragment pointu d'un corps étranger entré accidentellement sous la peau.

ÉCHARNAGE n.m. Action d'écharner les peaux.

ÉCHARNER v.t. (du lat. *caro, carnis,* chair). CUIRS. Débarrasser une peau des chairs qui y adhèrent avant de la tanner.

ÉCHARNEUSE n.f. Machine qui sert à l'écharnage des peaux.

ÉCHARPE n.f. (du francique). **1. a.** Large bande d'étoffe portée obliquement d'une épaule à la hanche opposée, ou autour de la ceinture, comme insigne de fonction. *Écharpe tricolore du maire.* **b.** Bandage porté en bandoulière servant à soutenir une main ou un bras blessés. *Avoir le bras en écharpe.* **c.** *Prendre en écharpe :* frapper obliquement, latéralement, de biais. *Voiture prise en écharpe par un train.* **2.** Bande d'étoffe (laine, soie, etc.) qu'on porte sur les épaules ou autour du cou. **3.** Traverse diagonale servant à prévenir la déformation d'un ouvrage de charpente ou de menuiserie.

ÉCHARPER v.t. (anc. fr. *escharpir*). **1.** Blesser grièvement, mettre en pièces, massacrer, en partic. en parlant d'une foule. **2.** *Fam. Se faire écharper :* subir des attaques, des critiques très vives.

ÉCHASSE n.f. (mot francique). **1.** Chacun des deux longs bâtons garnis d'un étrier dont on se sert pour marcher à une certaine hauteur du sol. *Berger monté sur des échasses.* **2.** Oiseau échassier à plumage noir et blanc, aux très longues pattes fines et au long bec droit, répandu près des lacs et des marécages du monde entier. (Genre *Himantopus ;* ordre des charadriiformes, famille des récurvirostridés.)

ÉCHASSIER n.m. (de *échasse*). Oiseau carnivore des côtes ou des marécages aux très longues pattes et au bec allongé et effilé, tel que la grue, la bécasse, le flamant, le marabout, etc. (Les échassiers sont parfois considérés comme un superordre regroupant les ciconiiformes, les gruiformes et les charadriiformes.)

ÉCHAUDAGE n.m. **1.** Action de plonger dans l'eau bouillante. **2.** AGRIC. Accident physiologique des céréales, causé notamm. par un excès de chaleur et rendant les grains petits et ridés.

1. ÉCHAUDÉ, E adj. AGRIC. Qui a subi un échaudage. *Du blé échaudé.*

2. ÉCHAUDÉ n.m. Gâteau léger fait de pâte échaudée puis séchée au four.

ÉCHAUDEMENT n.m. État d'une céréale échaudée.

ÉCHAUDER v.t. (bas lat. *excaldare,* de *calidus,* chaud). **1.** Plonger dans l'eau bouillante. *On échaude une bête tuée pour la dépouiller.* **2.** Vx ou Antilles. Brûler avec un liquide chaud. ◇ *Chat échaudé craint l'eau froide :* on craint même l'apparence d'un mal dont on a souffert. **3.** Causer à qqn une mésaventure qui lui sert de leçon. *Cette expérience l'a échaudé.*

ÉCHAUDOIR n.m. Local d'un abattoir où l'on échaude les animaux après l'abattage.

ÉCHAUFFEMENT n.m. **1.** Action d'échauffer ; fait de s'échauffer. *Échauffement d'une pièce mécanique par défaut de graissage ou de refroidissement.* **2.** État d'énervement, de surexcitation. **3.** Entraînement léger destiné à échauffer les muscles pour les assouplir avant un exercice sportif, un effort physique, etc. **4.** Début de fermentation des céréales, des farines dû à la chaleur. **5.** Vieilli. Inflammation, irritation.

ÉCHAUFFER v.t. (lat. *excalefacere*). **1.** Donner de la chaleur à, élever la température de. **2.** Causer une vive animation ; exciter. *Échauffer les esprits.* ◇ *Échauffer la bile, les oreilles :* mettre en colère. ◆ **s'échauffer** v.pr. **1.** Devenir plus animé ; s'exciter. *S'échauffer en parlant.* **2.** Faire des exercices pour se préparer à un effort physique.

ÉCHAUFFOURÉE n.f. Combat bref et confus.

ÉCHAUGUETTE n.f. (mot francique). Guérite de guet placée en surplomb sur une muraille fortifiée, une tour, etc.

■ **ÉCHAUGUETTE** (XVIIe s.).

ÈCHE n.f. → **AICHE.**

ÉCHÉANCE n.f. (de *échéant*). **1.** Date à laquelle est exigible le paiement d'une dette ou l'exécution d'une obligation. *L'échéance d'un loyer.* **2.** Ensemble des règlements à effectuer à une période donnée. *Faire face à une échéance.* **3.** Délai entre la date d'un engagement et son exigibilité. *Emprunter à longue, à brève échéance.* **4.** Moment où qqch doit arriver et qui marque la fin d'un délai, d'une période. *Échéance électorale.*

ÉCHÉANCIER n.m. **1.** Registre où sont inscrites, à leur date d'échéance, les dettes, les créances. **2.** Ensemble d'échéances, de délais dont la date doit être respectée.

ÉCHÉANT, E adj. DR. Qui arrive à échéance. ◇ *Le cas échéant :* si le cas se présente, à l'occasion.

ÉCHEC n.m. (du jeu des *échecs*). Manque de réussite ; insuccès. *Mettre, tenir qqn en échec.* ◇ *Faire échec à :* empêcher de réussir.

ÉCHECS n.m. pl. (persan *chāh,* roi). Jeu de stratégie dans lequel deux adversaires manœuvrent sur un plateau de 64 cases deux séries de 16 pièces de valeurs diverses ; pièces servant au jeu d'échecs. – (Au sing.) Situation du roi en position d'être pris par l'adversaire. *Échec au roi.* ◇ *Échec et mat :* coup décisif qui met le roi en situation d'être pris et assure le gain de la partie. ◆ **échec** adj. inv. En échec. *Être échec, échec et mat.*

pièces

disposition des pièces blanches au début de la partie

marche des pièces sur l'échiquier

■ **ÉCHECS**

ÉCHELETTE n.f. ORNITH. Tichodrome.

ÉCHELIER [eʃəlje] n.m. Échelle à un seul montant central.

ÉCHELLE n.f. (lat. *scala*). **1.** Dispositif composé de deux montants reliés entre eux par des barreaux transversaux régulièrement espacés et servant de marches. *Échelle double.* ◇ *Échelle de corde,* dont les montants sont en corde. – *Échelle d'incendie,* à plusieurs plans coulissants. – *Échelle de meunier :* escalier droit fait de tablettes encastrées dans deux limons, sans contremarches. – *Faire la courte échelle à qqn,* l'aider à s'élever en lui offrant ses mains et ses épaules comme points d'appui. – *Souvent iron. Il n'y a plus qu'à tirer l'échelle :* il est impossible de faire mieux. **2.** MAR. Tout escalier, fixe ou mobile, sur un navire. **3.** Suite de mailles filées sur la longueur d'un bas, d'un collant. **4.** Suisse. Ridelle. *Char agricole à échelles.* **5.** Série de divisions sur un instrument de mesure. *Échelle thermométrique.* **6.** *Échelle numérique :* rapport entre la représentation figurée d'une longueur et sa longueur réelle correspondante. – *Échelle graphique :* ligne graduée indiquant le rapport des dimensions ou distances marquées sur un plan, une carte avec les dimensions ou distances réelles. (Sur une carte à l'échelle de 1/200 000, un centimètre sur la carte représente 200 000 cm sur le terrain, soit 2 km.) **7.** Ordre de grandeur, moyen de comparaison, d'évaluation. *Problème à l'échelle nationale.* ◇ *À grande échelle, sur une grande, une vaste échelle :* en grand, dans des proportions importantes. **8.** PSYCHOL. *Échelle d'attitudes* → **attitude. 9.** Suite de degrés, de niveaux classés dans un ordre progressif et qui établit une hiérarchie. *Échelle sociale. Échelle de valeurs.* ◇ *Échelle mobile :* système d'indexation d'un paiement sur une valeur ou un indice (le coût de la vie). *Échelle mobile des salaires.* – GÉOPHYS. *Échelle de Beaufort* → **Beaufort (échelle de).** – *Échelle de Richter* → **Richter (échelle de). 10.** Suite, succession de nuances. *Échelle des couleurs.* **11.** MUS. Succession de sons non codifiée sous une forme unique. ◆ pl. HIST. Comptoirs commerciaux établis du XVIe au XIXe s. par les nations chrétiennes dans l'Empire ottoman. (Échelles du Levant, en Méditerranée orientale ; échelles de Barbarie, en Afrique du Nord.)

ÉCHELON n.m. **1.** Barreau transversal d'une échelle. **2.** Chacun des degrés d'une série, d'une hiérarchie. *Accéder à l'échelon supérieur.* – Position d'un fonctionnaire à l'intérieur d'un même grade, d'une même classe. – Niveau, degré, stade. *Échelon communal, départemental. À l'échelon gouvernemental.* **3.** MIL. Fraction d'une troupe articulée en profondeur.

ÉCHELONNEMENT n.m. Action d'échelonner ; fait d'être échelonné.

ÉCHELONNER v.t. **1.** Disposer par échelons, de distance en distance. *Échelonner des troupes.* **2.** Répartir dans le temps à intervalles plus ou moins réguliers ; espacer, étaler. *Échelonner des paiements, des livraisons.*

ÉCHENILLAGE n.m. Action d'écheniller.

ÉCHENILLER [eʃnije] v.t. Débarrasser un arbre des chenilles.

ÉCHENILLOIR n.m. Sécateur fixé au bout d'une perche pour couper les rameaux auxquels sont fixés les nids de chenille ou, plus génér., des rameaux hors d'atteinte à la main.

ÉCHER v.t. → **AICHER.**

ÉCHEVEAU [eʃvo] n.m. (lat. *scabellum,* petit banc). **1.** Assemblage de fils textiles réunis entre eux par un fil de liage. **2.** *Fig.* Ensemble serré d'éléments liés entre eux de façon complexe. *L'écheveau d'une intrigue.*

ÉCHEVELÉ, E adj. **1.** Dont les cheveux sont en désordre ; ébouriffé, hirsute. **2.** *Fig.* Qui manque d'ordre, de mesure ; effréné. *Danse échevelée.*

ÉCHEVELER [eʃəvle] v.t. [16]. *Litt.* Dépeigner, ébouriffer.

ÉCHEVETTE n.f. (de *écheveau*). Longueur fixe de fil dévidé sur le moulin d'un dévidoir et dont les deux extrémités sont réunies.

1. ÉCHEVIN [eʃvɛ̃] n.m. (francique *skapin,* juge). HIST. Magistrat municipal chargé d'assister le maire, sous l'Ancien Régime.

2. ÉCHEVIN, E [eʃvɛ̃, in] n. Belgique. Adjoint au bourgmestre.

ÉCHEVINAGE n.m. **1.** Fonction d'échevin. **2.** Corps des échevins. **3.** Territoire administré par des échevins. **4.** Procédé d'organisation de certaines juridictions associant un ou plusieurs magistrats professionnels et des personnes ayant une profession ou une qualité en relation avec la nature des affaires jugées.

ÉCHEVINAL, E, AUX adj. Relatif à l'échevin. ◇ Belgique. *Collège échevinal,* formé du bourgmestre et des échevins d'une commune.

ÉCHEVINAT n.m. Belgique. Charge de l'échevin ; services administratifs qui dépendent de lui.

ÉCHIDNÉ [ekidne] n.m. (gr. *ekhidna,* vipère). Mammifère ovipare, fouisseur et insectivore, d'Australie et de Nouvelle-Guinée, couvert de piquants, portant un bec corné. (Long. 25 cm ; sous-classe des monotrèmes.)

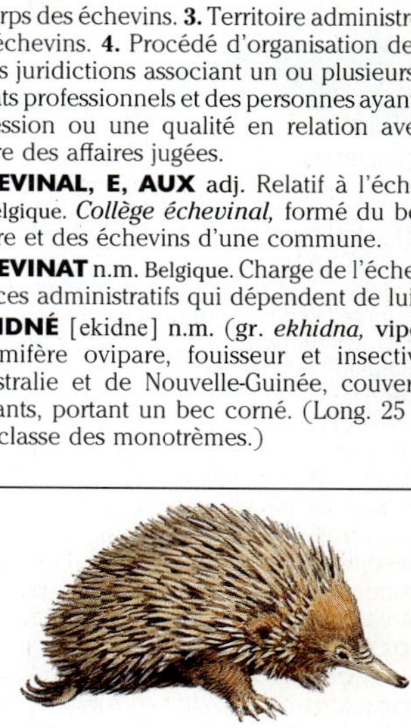

■ **ÉCHIDNÉ**

ÉCHIFFRE n.m. (de l'anc. fr. *eschif,* abrupt). *Mur d'échiffre,* ou *échiffre :* mur au faîte rampant, qui porte le limon d'un escalier.

1. ÉCHINE n.f. (mot francique). **1.** Épine dorsale. ◇ *Avoir l'échine souple :* être servile. – *Courber, plier l'échine :* céder, se soumettre. **2.** BOUCH. Partie du bœuf comprenant l'aloyau et les côtes ; partie antérieure de la longe de porc.

2. ÉCHINE n.f. (gr. *ekhinos,* hérisson). ARCHIT. Corps de certains chapiteaux (doriques d'abord), constitué par une grosse moulure convexe.

ÉCHINER (S') v.pr. **(à).** Se donner beaucoup de peine ; se fatiguer. *S'échiner à défendre une cause.*

ÉCHINOCACTUS [ekinɔkaktys] n.m. Plante grasse à tige globuleuse, à grosses côtes munies d'épines acérées, cultivée pour l'ornement et dont une espèce fournit le peyotl. (Famille des cactacées.)

ÉCHINOCOCCOSE [ekinɔkɔkoz] n.f. Infection parasitaire de l'homme due à la larve (hydatide) d'un échinocoque du chien ou du renard.

ÉCHINOCOQUE [ekinɔkɔk] n.m. ZOOL. Ténia vivant à l'état adulte dans l'intestin des carnivores et dont la larve (hydatide) se développe dans le foie de plusieurs mammifères, parfois dans celui de l'homme.

ÉCHINODERME [ekinɔdɛrm] n.m. (du gr. *ekhinos,* hérisson). Invertébré marin présentant une symétrie rayonnée d'ordre 5, à système nerveux diffus, se déplaçant grâce à de nombreux petits organes cylindriques érectiles (podions) terminés par une ventouse (chez l'ophiure, l'oursin, l'étoile de mer, l'holothurie) ou vivant fixé aux rochers (comme l'encrine). [Les échinodermes forment un embranchement.]

E

ÉCHIQUÉEN, ENNE adj. Relatif au jeu d'échecs.

ÉCHIQUETÉ, E adj. (de *échiquier*). HÉRALD. Divisé en un échiquier d'émaux alternés.

ÉCHIQUIER n.m. (anc. fr. *eschequier*). **1.** Plateau carré, divisé en 64 cases alternativement noires et blanches, sur lequel on joue aux échecs. **2.** Surface dont le dessin évoque celui d'un échiquier ; disposition en carrés égaux et contigus. *Arbres plantés en échiquier.* **3.** Domaine, lieu où s'opposent des intérêts contradictoires, de nature politique, diplomatique, financière, etc., et qui exige que l'on manœuvre avec habileté. *L'échiquier parlementaire.* **4.** *L'Échiquier :* l'administration financière, en Grande-Bretagne. – *Chancelier de l'Échiquier :* ministre des Finances.

ÉCHIURIEN [ekjyrjɛ̃] n.m. Animal marin vermiforme doté d'une longue trompe, vivant enfoui dans la vase du littoral. (Les échiuriens forment un petit embranchement.)

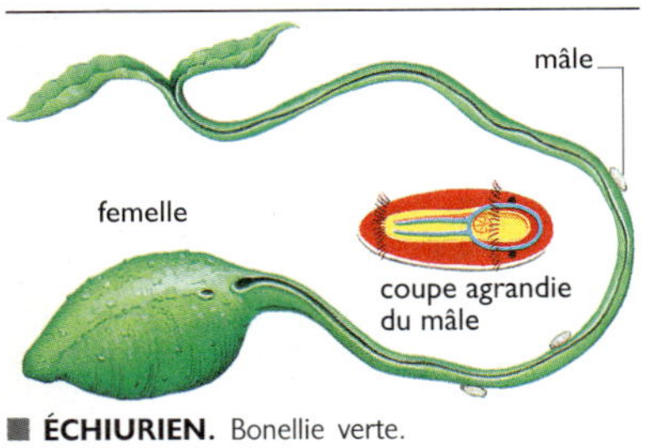

■ **ÉCHIURIEN.** Bonellie verte.

ÉCHO [eko] n.m. (gr. *êkhô,* son). **1.** Répétition d'un son due à la réflexion des ondes sonores sur un obstacle ; lieu où se produit ce phénomène. ◇ *Se faire l'écho de :* propager, répandre une rumeur, un propos, etc. **2.** TECHN. Onde électromagnétique émise par un radar et qui revient sur l'appareil après avoir été réfléchie par un obstacle. **3.** Propos rapportant des faits ; nouvelle. *Avez-vous eu des échos de la réunion ?* **4.** Ce qui reproduit, traduit ; reflet, évocation. *Un écho des préoccupations de l'époque.* **5.** Réponse faite à une sollicitation, à une suggestion. *Cette offre est restée sans écho.* ◆ pl. Rubrique d'un journal consacrée aux anecdotes, à la vie politique, mondaine, etc.

ÉCHOCARDIOGRAPHIE [eko-] n.f. MÉD. Échographie appliquée à l'examen du cœur.

ÉCHOGRAPHIE [ekɔgrafi] n.f. MÉD. Technique d'imagerie médicale utilisant la réflexion *(écho)* d'un faisceau d'ultrasons par les organes.

ÉCHOGRAPHIER v.t. [5]. MÉD. Examiner par échographie.

ÉCHOIR v.t. ind. **(à)** [56] [auxil. *être* ou *avoir*] (lat. *excidere,* de *cadere,* tomber). *Litt.* Être dévolu par le sort, le hasard ; revenir à. *Le gros lot lui a échu.* ◆ v.i. Arriver à échéance, en parlant d'une dette, d'un engagement, etc. *Le terme échoit à la fin du trimestre.*

ÉCHOLALIE [eko-] n.f. (du gr. *lalein,* parler). MÉD. Répétition machinale de mots ou de phrases prononcés par autrui, dans certaines aphasies.

ÉCHOLOCATION ou **ÉCHOLOCALISATION** [eko-] n.f. ZOOL. Mode d'orientation propre à certains animaux (chauves-souris, dauphins) qui repèrent les obstacles et les proies en émettant des ultrasons qui produisent un écho.

1. ÉCHOPPE n.f. (anc. néerl. *schoppe*). **1.** Petite boutique en matériau léger adossée à une autre construction. **2.** Belgique. Étal couvert, sur un marché.

2. ÉCHOPPE n.f. (lat. *scalprum*). Burin des ciseleurs, graveurs, orfèvres, etc., de types variés.

ÉCHOSONDAGE [eko-] n.m. Mesure de la profondeur sous-marine effectuée grâce à la réflexion d'ondes acoustiques.

ÉCHOTIER, ÈRE [ekɔ-] n. Personne chargée des échos dans un journal.

ÉCHOTOMOGRAPHIE [eko-] n.f. MÉD. Échographie donnant une image en coupe *(tomographie)* de l'organe.

ÉCHOUAGE n.m. MAR. **1.** Contact d'un navire à l'arrêt avec le fond, par suite d'un abaissement du niveau de l'eau, au mouillage ou en bassin. **2.** Endroit où un bateau peut s'échouer sans danger.

ÉCHOUEMENT n.m. MAR. Arrêt brutal d'un navire en marche qui touche le fond. (Au contraire de l'*échouage,* l'*échouement* est fortuit.)

ÉCHOUER v.t. MAR. *Échouer un bateau,* le pousser volontairement à la côte ou sur un haut-fond. ◆ v.i. **1.** Toucher accidentellement le fond et s'y immobiliser, en parlant d'un navire ; aboutir sur la côte, la rive, poussé par le mouvement de l'eau, en parlant d'un objet. **2.** Se retrouver par hasard en un lieu que l'on n'a pas choisi. *Échouer dans une auberge de campagne.* **3.** Ne pas aboutir ; rater. *Les négociations ont échoué.* ◆ **s'échouer** v.pr. Toucher le fond et s'arrêter, en parlant d'un navire.

ÉCIMAGE n.m. Action d'écimer.

ÉCIMER v.t. Enlever la cime d'un végétal pour favoriser la croissance en épaisseur.

ÉCLABOUSSEMENT n.m. Action, fait d'éclabousser.

ÉCLABOUSSER v.t. (anc. fr. *esclaboter,* de *bouter*). **1.** Faire rejaillir de la boue, un liquide sur ; asperger. **2.** *Fig.* Atteindre en salissant moralement ; rejaillir sur, compromettre. **3.** *Litt.* Écraser de son luxe, de sa richesse. *Chercher à éclabousser ses voisins.*

ÉCLABOUSSURE n.f. **1.** Liquide ou matière qui éclabousse ; tache, salissure. **2.** *Fig.* Contrecoup d'un événement fâcheux, qui entache la réputation de qqn. *Les éclaboussures d'un scandale.*

1. ÉCLAIR n.m. (de *éclairer*). **1.** Lueur brève et très vive traduisant une décharge électrique entre deux nuages ou entre un nuage et le sol, lors d'un orage. ◇ *Ses yeux, son regard lancent des éclairs,* sont animés d'une émotion intense (surtout de colère). – *Comme l'éclair, en un éclair :* très vite. **2.** Lueur éclatante et brève ; éclat. *Éclair d'un coup de feu.* – Lumière produite par un flash. **3.** *Fig.* Manifestation soudaine et fugitive ; bref moment. *Éclair de génie. Un éclair de lucidité.* **4.** (En appos., avec ou sans trait d'union.) Indique une grande rapidité. *Des voyages éclair.*

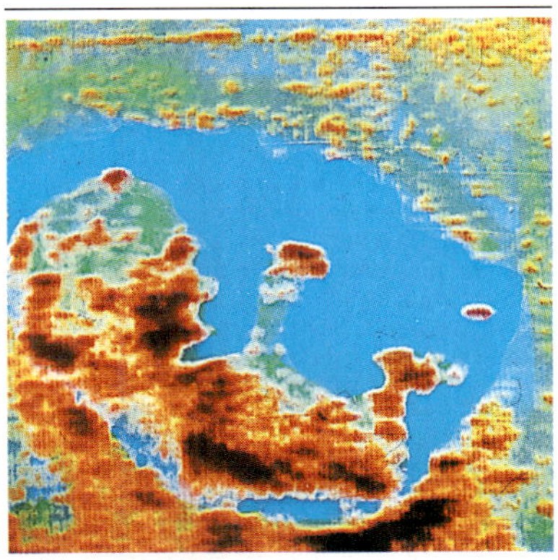

■ **ÉCHOGRAPHIE** d'un fœtus de 12 semaines.

2. ÉCLAIR n.m. (p.-ê. de *1. éclair,* parce qu'il peut se manger vite). Petit gâteau allongé, en pâte à choux, fourré de crème pâtissière et glacé par-dessus.

ÉCLAIRAGE n.m. **1.** Action, manière, moyen d'éclairer. *Éclairage électrique.* **2.** Manière dont une, des choses sont éclairées ; quantité de lumière reçue. *Un éclairage insuffisant.* ◇ *Éclairage indirect,* dirigé vers le plafond. **3.** Ensemble des lumières qui éclairent un spectacle. **4.** *Fig.* Manière de présenter, d'envisager ou de comprendre une question, des faits ; jour, angle. **5.** MIL. Mission de recherche du renseignement, confiée à une unité qui doit éviter le combat.

ÉCLAIRAGISME n.m. Ensemble des techniques d'éclairage rationnel.

ÉCLAIRAGISTE n. **1.** Personne qui s'occupe de l'éclairage d'un spectacle. **2.** Spécialiste d'éclairagisme.

ÉCLAIRANT, E adj. Qui éclaire. *Fusée éclairante. Explication éclairante.*

ÉCLAIRCIE n.f. **1.** Espace dégagé dans un ciel nuageux ; amélioration brève entre deux averses. **2.** *Fig.* Changement favorable dans une situation. **3.** SYLVIC. Coupe partielle pratiquée dans un peuplement forestier non arrivé à maturité, en vue de son amélioration.

ÉCLAIRCIR v.t. (anc. fr. *esclarcir,* briller). **1.** Rendre plus clair, moins sombre. *Ce papier peint éclaircit la pièce.* **2.** Rendre moins épais. *Éclaircir une sauce.* **3.** AGRIC., SYLVIC. Rendre moins touffu ; procéder à l'éclaircissage de. **4.** *Fig.* Rendre plus intelligible ; expliquer, élucider. *Éclaircir une question.* ◆ **s'éclaircir** v.pr. **1.** Devenir plus clair. **2.** Devenir moins dense, moins nombreux. *Ses cheveux commencent à s'éclaircir.* **3.** Devenir plus compréhensible. **4.** *S'éclaircir la voix,* la rendre plus nette.

ÉCLAIRCISSAGE n.m. AGRIC. Action de supprimer des plants d'un semis, des fruits d'un arbre, etc., pour favoriser la croissance des autres.

ÉCLAIRCISSEMENT n.m. **1.** Action d'éclaircir, fait de s'éclaircir. **2.** (Surtout pl.) Explication, justification. *Vous aurez à apporter des éclaircissements sur votre conduite.*

ÉCLAIRE n.f. *Grande éclaire :* chélidoine.

ÉCLAIRÉ, E adj. **1.** Où il y a de la lumière. *Une rue mal éclairée.* **2.** Qui manifeste des connaissances et du discernement. *Lecteur éclairé.*

ÉCLAIREMENT n.m. OPT. Quotient du flux lumineux reçu par une surface par l'aire de cette surface (unité : *lux*).

ÉCLAIRER v.t. (lat. *exclarare,* de *clarus,* clair). **1.** Répandre de la lumière sur. *Les phares éclairent la route.* **2.** Fournir à qqn de la lumière pour qu'il voie. *Attends, je t'éclaire !* **3.** *Fig.* Rendre compréhensible une question, des faits ; renseigner, informer. **4.** MIL. Remplir une mission d'éclairage en avant d'une troupe. ◆ **s'éclairer** v.pr. **1.** Devenir lumineux. *Les rues s'éclairent à la tombée de la nuit.* ◇ *Son visage s'éclaire,* exprime la satisfaction, la joie. **2.** Devenir compréhensible.

1. ÉCLAIREUR n.m. Soldat qui éclaire la marche d'une troupe.

2. ÉCLAIREUR, EUSE n. Enfant ou adolescent (entre 11 ou 12 ans et 15 ou 16 ans), membre d'une des associations d'Éclaireuses et Éclaireurs (mouvements de scoutisme).

ÉCLAMPSIE n.f. (gr. *eklampsis,* apparition soudaine). MÉD. Affection de la fin de la grossesse, due à une toxémie gravidique et caractérisée par des convulsions.

ÉCLAMPTIQUE adj. Relatif à l'éclampsie.

ÉCLAT n.m. **1.** Fragment d'un objet brisé. *Un éclat de verre. La fenêtre claqua et le carreau vola en éclats.* **2.** PRÉHIST. Fragment de pierre provenant du débitage d'un nucléus. **3.** (Surtout dans des expressions.) Bruit soudain et violent. *Éclat de tonnerre. Éclats de voix. Éclat de rire.* ◇ *Rire aux éclats :* rire très fort, avec bruit. – *Faire un éclat :* se signaler à l'attention par une manifestation bruyante, par un scandale, un esclandre. **4.** Fait de briller ; lumière, lueur vive. *L'éclat du Soleil.*

◇ ASTRON. *Éclat absolu :* intensité lumineuse d'un astre ; sa mesure astronomique. – *Éclat apparent :* éclairement fourni par un astre sur une surface perpendiculaire à la ligne de visée, en un lieu donné. **5.** Qualité de ce qui brille, qui est d'une couleur vive. *L'éclat du regard. L'éclat d'un rouge.* **6.** *Fig.* Qualité de ce qui s'impose à l'admiration, à l'attention ; splendeur, magnificence, grandeur. *L'éclat d'une réception. L'éclat de la gloire.* ◇ *Action d'éclat :* action remarquable ; exploit.

ÉCLATANT, E adj. **1.** Qui a de l'éclat ; qui brille. *Une lumière éclatante. Rouge éclatant.* **2.** *Litt.* Qui éclate bruyamment ; sonore. *Rire éclatant.* **3.** Qui s'impose de façon spectaculaire ; remarquable. *Victoire éclatante.*

ÉCLATÉ, E adj. DESS. INDUSTR. *Dessin éclaté, vue éclatée,* ou *éclaté,* n.m., qui représente, génér. en perspective, les différentes parties d'un ensemble dans leur disposition relative, mais en les dissociant clairement.

ÉCLATEMENT n.m. Fait d'éclater. *Éclatement d'un obus. Éclatement d'un groupe.*

ÉCLATER v.i. (d'un mot francique). **1.** Faire entendre un bruit sec, violent. *La foudre éclate.* ◇ *Éclater de rire :* rire soudainement et bruyamment. **2.** Se briser soudainement par effet mécanique (pression, chaleur, etc.) ; exploser. *Pneu qui éclate.* – *Fig.* Se diviser, se fractionner en éléments plus petits. *Groupement, parti qui éclate.* **3.** Se produire, se manifester brusquement. *La guerre a éclaté. Le scandale éclate.* – Ne pas pouvoir contenir ses sentiments. *Éclater en reproches.* **4.** Apparaître de façon manifeste, évidente. *Faire éclater la vérité.* ◇ *Litt. Éclater de :* avoir, manifester qqch avec force. *Il éclate de santé.* **5.** Briller d'un éclat très vif ; étinceler. *Un diamant qui éclate de mille feux.* **6.** *Fam.* Accéder soudain à la célébrité. ◆ **s'éclater** v.pr. *Fam.* Se donner intensément à une activité en y prenant un très grand plaisir.

ÉCLATEUR n.m. ÉLECTROTECHN. Dispositif électrique à deux électrodes ou plus servant à amorcer une conduction gazeuse.

ÉCLECTIQUE adj. et n. **1.** Qui manifeste une aptitude à apprécier des choses très diverses, un ensemble d'idées, sans esprit exclusif. **2.** BX-ARTS. Qui appartient ou se rattache à l'éclectisme.

ÉCLECTISME n.m. (du gr. *eklegein,* choisir). **1.** PHILOS. Méthode utilisée par certains philosophes qui choisissent dans différents systèmes ce qui leur paraît le meilleur pour en faire un nouveau système. **2.** Attitude d'esprit qui refuse les systèmes, qui s'intéresse à tous les domaines ou, dans un domaine, à tous les sujets. **3.** BX-ARTS. Pratique artistique fondée sur l'exploitation et la conciliation des styles du passé, partic. usuelle au XIXe s., en Occident.

ÉCLIPSE n.f. (bas lat. *eclipsis,* du gr.). **1.** Disparition temporaire complète *(éclipse totale)* ou partielle *(éclipse partielle)* d'un astre due à son passage dans l'ombre ou la pénombre d'un autre. (L'éclipse de Lune se produit dans le cône d'ombre ou de pénombre de la Terre.) ◇ *Éclipse de Soleil :* occultation du Soleil due à l'interposition de la Lune devant lui dans le ciel. – *À éclipses :* qui apparaît et disparaît par intermittence ; qui produit une lumière intermittente. *Phare à éclipses.* **2.** MÉD. Perte de la conscience ou du contrôle de la pensée pendant un court laps de temps. **3.** Disparition momentanée de qqn, de qqch ; baisse de popularité. *Comédien qui subit une éclipse.*

ÉCLIPSER v.t. **1.** ASTRON. Provoquer l'éclipse d'un astre. **2.** Surpasser dans l'estime d'autrui par un mérite, un prestige, un éclat plus grand. *Éclipser ses rivaux.* ◆ **s'éclipser** v.pr. *Fam.* Partir furtivement ; s'esquiver. *S'éclipser avant la fin du spectacle.*

ÉCLIPTIQUE n.m. (lat. *eclipticus,* relatif aux éclipses). ASTRON. Plan de l'orbite de la Terre autour du Soleil ; grand cercle de la sphère céleste décrit par le Soleil dans son mouvement apparent annuel.

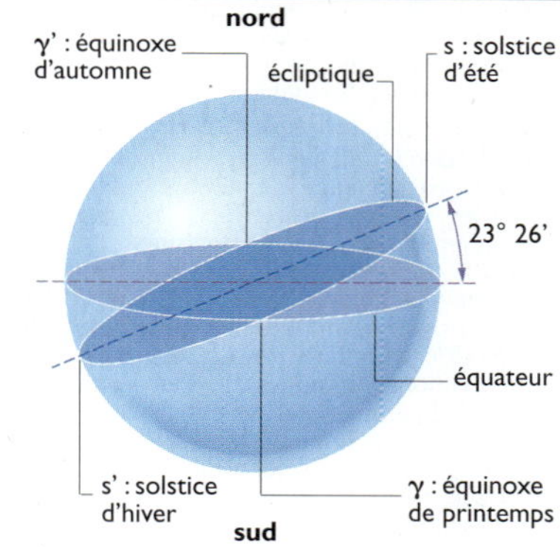

■ **ÉCLIPTIQUE**

ÉCLISSE n.f. (d'un mot francique, *fendre*). **1.** Lame d'osier, de châtaignier, etc., obtenue par fendage. **2.** Pièce de bois formant la partie latérale de la caisse d'un instrument à cordes. **3.** Ceinture d'osier ou de métal, placée autour de certains fromages pour en faciliter le retournement. **4.** Plaque d'acier réunissant deux rails par leur extrémité. **5.** MÉD. Vieilli. Attelle.

ÉCLOGITE n.f. (gr. *eklogê,* choix). Roche métamorphique constituée, notamm., de grenat et de pyroxène sodique, se formant à très haute pression.

ÉCLOPÉ, E adj. et n. (anc. fr. *cloper,* boiter). Qui marche péniblement du fait d'une blessure ; estropié.

ÉCLORE [eklɔr] v.i. [93] [auxil. *être* ou *avoir*] (lat. *excludere,* faire sortir). **1.** ZOOL. Naître en sortant de l'œuf. – *Par ext.* S'ouvrir, en parlant de l'œuf. **2.** *Litt.* S'ouvrir, s'épanouir, en parlant des fleurs. **3.** *Litt.* Naître, apparaître. *Le jour venait d'éclore.*

ÉCLOSERIE n.f. Établissement d'aquaculture destiné à la reproduction des géniteurs et à l'obtention de jeunes larves et d'alevins.

ÉCLOSION n.f. **1.** Fait d'éclore. *Éclosion d'une couvée, d'une fleur.* **2.** *Fig.* Naissance, apparition. *Éclosion d'une idée.*

ÉCLUSAGE n.m. Action de faire passer un bateau par une écluse.

ÉCLUSE n.f. (du lat. *aqua exclusa,* eau séparée du courant). Ouvrage aménagé entre deux plans d'eau de niveau différent pour permettre aux embarcations de passer de l'un à l'autre grâce à la manœuvre d'éléments mobiles (portes et vannes). *[V. ill. page suivante].*

ÉCLUSÉE n.f. Quantité d'eau lâchée par l'ouverture d'une porte d'écluse.

E

LES ÉCLIPSES TOTALES ET ANNULAIRES DE SOLEIL DE 2001 à 2010

date	type	durée maximale	zone de visibilité
21 juin 2001	totale	4 min 56 s	Afrique australe
14 décembre 2001	annulaire	3 min 53 s	Océan Pacifique
10 juin 2002	annulaire	0 min 23 s	Océan Pacifique
4 décembre 2002	totale	2 min 04 s	Afrique australe, océan Indien
31 mai 2003	annulaire	3 min 37 s	Groenland, nord de l'Écosse
23 novembre 2003	totale	1 min 57 s	Antarctique
8 avril 2005	mixte	0 min 42 s	Pacifique sud, Amérique centrale
3 octobre 2005*	annulaire	4 min 32 s	Espagne, Algérie, Libye, Soudan, Éthiopie
29 mars 2006*	totale	4 min 07 s	Afrique, Turquie, Russie
22 septembre 2006	annulaire	7 min 09 s	Guyane, Suriname, Atlantique sud
7 février 2008	annulaire	2 min 12 s	Antarctique
1er août 2008*	totale	2 min 27 s	Groenland, Russie, Chine
26 janvier 2009	annulaire	7 min 54 s	Océan Indien, Indonésie
22 juillet 2009	totale	6 min 39 s	Inde, Népal, Chine, océan Pacifique
15 janvier 2010	annulaire	11 min 07 s	Afrique centrale, Inde, Birmanie, Chine
11 juillet 2010	totale	5 min 20 s	Pacifique sud

* *Partielle en France.*

LES ÉCLIPSES TOTALES DE LUNE DE 2001 à 2010

date	grandeur	zone de visibilité
9 janvier 2001	1,19	Europe, Afrique, Asie
16 mai 2003	1,13	Amérique, Afrique, Europe
9 novembre 2003	1,02	Europe, Afrique occidentale, est de l'Amérique
4 mai 2004	1,30	Amérique du Sud, Afrique, Proche-Orient, est de l'Europe
28 octobre 2004	1,31	Europe, Afrique occidentale, Amérique
3 mars 2007	1,24	Afrique, Europe, Asie
28 août 2007	1,48	Nouvelle-Zélande, îles du Pacifique
21 février 2008	1,11	Amérique, Europe, Afrique occidentale
21 décembre 2010	1,26	Amérique du Nord, Amérique centrale

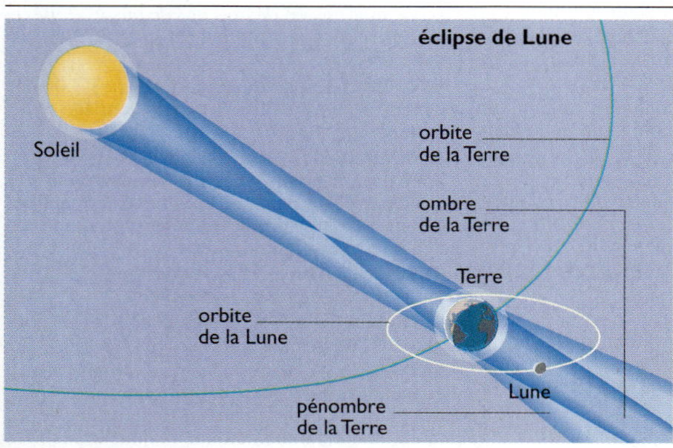

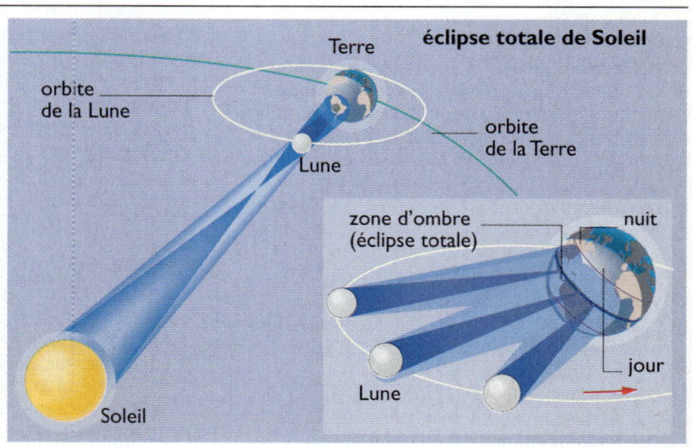

■ **ÉCLIPSES**

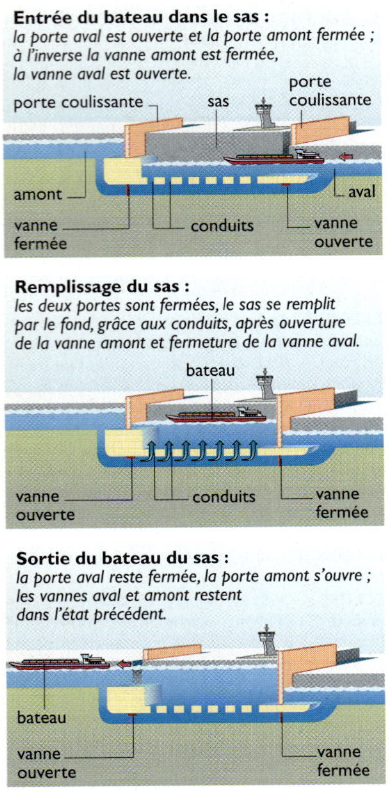

■ **ÉCLUSE.** Fonctionnement d'une écluse fluviale.

ÉCLUSER v.t. **1. a.** Équiper une voie d'eau d'une écluse. **b.** Faire passer un bateau par une écluse. **2.** *Fam.* Boire (surtout de l'alcool). *Écluser un demi.* – Absol. Boire beaucoup d'alcool, de vin.

ÉCLUSIER, ÈRE adj. Relatif à une écluse. *Porte éclusière.* ◆ n. Personne qui assure la surveillance et la manœuvre d'une ou de plusieurs écluses.

ECMNÉSIE [ɛkmnezi] n.f. Trouble psychiatrique au cours duquel un sujet revit des scènes de son passé comme si elles étaient présentes.

ÉCOBILAN n.m. Bilan quantitatif permettant d'évaluer l'impact écologique de la fabrication, de l'utilisation et de l'élimination d'un produit industriel.

ÉCOBUAGE n.m. AGRIC. Mode de préparation à la culture d'un terrain engazonné, consistant à détacher la couche herbue par plaques, qu'on fait ensuite sécher et brûler pour en répandre la cendre (à distinguer du *brûlis*).

ÉCOBUER v.t. (du poitevin *gobuis,* terre pelée). Pratiquer l'écobuage d'un terrain.

ÉCŒURANT, E adj. **1.** Qui soulève le cœur ; infect. *Odeur écœurante.* **2.** Qui inspire le dégoût moral ; révoltant. *Conduite écœurante.* **3.** *Fam.* Qui inspire du découragement ; démoralisant. *Elle a une chance écœurante.*

ÉCŒUREMENT n.m. État, sentiment d'une personne écœurée ; dégoût.

ÉCŒURER v.t. **1.** Causer du dégoût, donner la nausée à. **2.** Inspirer du dégoût, de la répugnance à. **3.** *Fam.* Décourager, démoraliser qqn par sa supériorité, sa chance.

ÉCOINÇON n.m. (de *coin*). **1.** CONSTR. Ouvrage de menuiserie ou de maçonnerie comblant un angle formé par deux murs. **2.** ARCHIT. Surface d'un mur comprise entre la courbe d'un arc et son encadrement orthogonal, ou entre les montées de deux arcs.

ÉCOLABEL n.m. Label européen garantissant l'innocuité d'un produit pour l'environnement et la santé, à tous les stades de sa fabrication, de sa distribution et de sa consommation.

ÉCOLAGE n.m. Suisse. Frais de scolarité.

ÉCOLÂTRE n.m. Au Moyen Âge, ecclésiastique chargé d'une école rattachée à une cathédrale ou à une abbaye.

ÉCOLE n.f. (lat. *schola*). **1.** Établissement où l'on donne un enseignement ; ses bâtiments. *École de danse.* **2.** Établissement où est dispensé un enseignement collectif général aux enfants d'âge scolaire et préscolaire ; cet enseignement. *École maternelle, primaire.* ◇ *Grande école :* établissement d'enseignement supérieur caractérisé, notamm., par une sélection à l'entrée, génér. sur concours ou sur titres, par un haut niveau d'études et par des effectifs réduits. **3.** Ensemble des élèves et du personnel d'une école. **4.** Ensemble des partisans d'une doctrine philosophique, littéraire, artistique, etc. ; mouvement ainsi constitué ; cette doctrine. *L'école romantique.* ◇ *Faire école :* susciter de nombreux disciples ; se répandre, en parlant d'une idée. – *Être à bonne école :* être bien entouré pour progresser. **5.** Ensemble des artistes d'une même nation, d'une même tendance. *L'école italienne. L'école impressionniste.* **6.** *Litt.* Source de connaissance et d'expérience. *Enfant élevé à l'école de la rue.* **7.** *Haute école :* équitation savante, académique. **8.** Suisse. *École de recrues :* période durant laquelle les conscrits reçoivent leur instruction militaire.

ÉCOLIER, ÈRE n. **1.** Enfant qui fréquente l'école primaire. ◇ *Le chemin des écoliers :* le trajet le plus long, qui permet de flâner. **2.** *Fam.* Personne inexpérimentée ; débutant, novice.

ÉCOLO n. et adj. (abrév.). *Fam.* Écologiste.

ÉCOLOGIE n.f. (all. *Ökologie,* du gr. *oikos,* maison, et *logos,* science). **1.** *Didact.* Science qui étudie les relations des êtres vivants avec leur environnement. **2.** *Cour.* Écologisme.

ENCYCL. Le mot *écologie* fut créé, dès 1866, par le biologiste allemand Ernst Haeckel. Mais la discipline n'a pris de l'importance qu'au cours des années 1930, à partir de travaux relatifs à l'action des conditions physiques de l'environnement (facteurs abiotiques) sur les êtres vivants et sur l'action que ces derniers exercent en retour sur leur environnement (facteurs biotiques). Depuis, l'écologie s'est développée en intégrant les connaissances de la biologie et d'autres sciences (géologie, climatologie, économie, etc.). L'*écologie fondamentale* étudie la structure et le fonctionnement des écosystèmes, dans lesquels les transferts permanents d'énergie et de matière (chaînes alimentaires, cycles écologiques) déterminent la vitesse d'accroissement de la biomasse (productivité). L'*écologie appliquée* prend en compte l'action de l'homme dans le but d'en limiter les conséquences néfastes (dégradation de l'environnement, pollution, baisse de la biodiversité, etc.) et de favoriser une gestion rationnelle de la nature. Depuis la fin des années 1960, les préoccupations écologiques ont été le moteur de mouvements associatifs, idéologiques (écologisme) et politiques.

ÉCOLOGIQUE adj. **1.** Relatif à l'écologie. ◇ *Cycle écologique* → **cycle. 2.** SOCIOL. *Analyse écologique :* forme particulière d'analyse quantitative mettant en relation des données collectives dans un espace géographique donné.

ÉCOLOGIQUEMENT adv. Du point de vue écologique.

ÉCOLOGISME n.m. Courant de pensée, mouvement tendant au respect des équilibres naturels, à la protection de l'environnement contre les nuisances de la société industrielle. SYN. *(cour.) : écologie.*

ÉCOLOGISTE n. et adj. **1.** *Didact.* Écologue. **2.** Partisan de l'écologisme. Abrév. *(fam.) : écolo.*

ÉCOLOGUE n. Spécialiste d'écologie.

ÉCOMUSÉE n.m. Institution visant à l'étude, à la conservation et à la mise en valeur du mode de vie, du savoir-faire, du patrimoine naturel et culturel d'une région.

ÉCONDUIRE v.t. [78]. *Litt.* Refuser de recevoir, ne pas accéder à la demande de qqn ; repousser les avances d'un amoureux, d'un soupirant.

ÉCONOMAT n.m. **1.** Service chargé de la gestion financière d'un établissement scolaire ou hospitalier ; ses bureaux. **2.** Charge d'un économe.

1. ÉCONOME n. (lat. *œconomus,* administrateur, du gr.). Personne qui dirige un économat.

2. ÉCONOME adj. **1.** Qui limite ses dépenses, évite les frais inutiles. ◇ *Être économe de son temps, de ses paroles, etc.,* en être peu prodigue. **2.** (Nom déposé.) *Couteau Économe,* ou *Économe,* n.m. : couteau éplucheur.

ÉCONOMÈTRE ou **ÉCONOMÉTRICIEN, ENNE** n. Spécialiste d'économétrie.

ÉCONOMÉTRIE n.f. Méthode d'analyse des données qui, par l'utilisation de la statistique et de la mathématique, recherche des corrélations permettant l'étude et la prévision des phénomènes économiques.

ÉCONOMÉTRIQUE adj. De l'économétrie.

ÉCONOMIE n.f. (gr. *oikonomia,* administration de la maison). **1.** Art de réduire les dépenses dans la gestion de ses biens, de ses revenus. *Son sens de l'économie frise l'avarice.* **2. a.** Ce que l'on ne dépense pas. *Réaliser une économie de deux euros par pièce produite.* **b.** Ce que l'on épargne. *Une économie de temps.* ◇ *Faire l'économie de qqch,* se dispenser d'y recourir ; l'éviter. **3.** Ensemble des activités d'une collectivité humaine relatives à la production, à la distribution et à la consommation des richesses. ◇ *Nouvelle économie :* économie liée au développement des firmes utilisant les nouvelles technologies de l'information et de la communication, en partic. Internet. (Elle a pris naissance aux États-Unis à l'approche du XXIe s., avant de gagner la plupart des pays développés.) **4.** Système régissant ces activités. ◇ *Économie libérale :* système économique qui repose sur les mécanismes de marché, sur le principe du libre jeu de l'offre et de la demande et qui limite l'intervention de l'État (par oppos. à *économie planifiée* ou *dirigée*). – *Économie concertée,* dans laquelle l'État et les partenaires économiques se concertent. – *Économie sociale :* partie de l'activité économique assurée par les associations, les coopératives, les mutuelles. – *Société d'économie mixte :* entreprise associant les capitaux privés et publics. **5.** *Didact.* Ordre qui préside à la distribution des différentes parties d'un ensemble ; organisation, structure. *L'économie d'une pièce de théâtre, d'un projet.* ◆ pl. Somme d'argent mise de côté, souvent en vue de dépenses à venir. ◇ *Économies d'échelle :* gains réalisés par une entreprise grâce à la réduction des coûts de production consécutive à un accroissement des quantités produites.

ÉCONOMIQUE adj. **1.** Relatif à l'économie. ◇ *Science économique :* science qui a pour objet l'étude et la connaissance des mécanismes de l'économie. **2.** Qui permet de faire des économies ; peu coûteux. *Chauffage très économique.* ◆ n.m. *L'économique :* l'ensemble des phénomènes liés à l'économie. *L'économique et le social.*

ÉCONOMIQUEMENT adv. **1.** De façon économique, à bon marché. *Se nourrir économiquement.* **2.** Du point de vue de l'économie, de la science économique. **3.** *Économiquement faible :* se dit d'une personne qui, sans être considérée comme indigente, dispose de ressources insuffisantes pour subsister.

ÉCONOMISER v.t. **1.** Ne pas dépenser une somme ; épargner. ◇ Absol. *Il économise sur tout.* **2.** Réduire sa consommation de qqch ; ménager. *Économiser l'eau, ses forces.*

ÉCONOMISEUR n.m. **1.** Échangeur servant à échauffer l'eau d'une chaudière à vapeur au moyen de la chaleur restant dans les gaz de combustion. **2.** Dispositif destiné à économiser la consommation en carburant d'un moteur thermique. **3.** INFORM. *Économiseur d'écran :* logiciel utilitaire qui, après un certain temps d'inactivité du clavier et de la souris, fait passer l'écran en mode veille.

ÉCONOMISME n.m. Doctrine privilégiant les faits économiques dans l'explication des phénomènes sociaux et politiques ; manière d'agir qui en découle.

ÉCONOMISTE n. Spécialiste de science économique.

ÉCOPE n.f. (mot francique). Pelle creuse munie d'un manche, pour vider l'eau d'une embarcation. SYN. : *épuisette.*

ÉCOPER v.t. Vider l'eau entrée dans un bateau avec une écope. ◆ v.t. ou v.t. ind. **(de).** *Fam.* **1.** Faire l'objet d'une sanction, d'une peine. *Il a écopé trois ans ou de trois ans de prison.* **2.** Recevoir des coups, des reproches. ◇ Absol. *C'est elle qui a écopé.*

ÉCOPERCHE n.f. (de *écot* et *perche*). CONSTR. Grande perche verticale d'un échafaudage. SYN. : *étamperche.*

ÉCOPHASE n.f. ÉCOL. Période de la vie d'un animal caractérisée par une adaptation à des conditions particulières. (Les larves aquatiques des moustiques ont une écophase différente de celle des moustiques adultes.)

ÉCOPRODUIT n.m. Produit conçu et fabriqué de façon à respecter l'environnement.

ÉCORÇAGE n.m. Action d'écorcer un arbre pour récolter l'écorce ou préparer le bois.

ÉCORCE n.f. (lat. *scortea,* de *scortum,* peau). **1. a.** Partie superficielle et protectrice des troncs, des branches et des rameaux, riche en liège et en tanins. **b.** Région externe des racines et des tiges jeunes. **2.** Enveloppe de certains fruits. *Écorce de citron.* **3.** *Écorce terrestre :* croûte terrestre.

ÉCORCER v.t. [9]. Ôter l'écorce d'un arbre, d'un fruit.

ÉCORCEUR, EUSE n. Personne qui effectue l'écorçage des arbres.

ÉCORCHAGE n.m. → **ÉCORCHEMENT.**

1. ÉCORCHÉ, E adj. et n. Se dit d'une personne d'une sensibilité très vive, qui se sent attaquée ou blessée en toute occasion. *Un écorché vif.*

2. ÉCORCHÉ n.m. **1.** BX-ARTS. Statue ou dessin représentant un homme ou un animal dépouillé de sa peau, pour l'étude. **2.** DESS. INDUSTR. Dessin d'une machine, d'une installation, etc., dont sont omises les parties extérieures afin de laisser voir des organes intérieurs importants.

ÉCORCHEMENT ou **ÉCORCHAGE** n.m. Action d'écorcher un animal.

ÉCORCHER v.t. (du lat. *cortex, -icis,* enveloppe). **1.** Dépouiller un animal de sa peau après l'avoir abattu. **2.** Supplicier qqn en lui arrachant la peau. ◇ *Fam. Écorcher un client,* le faire payer trop cher. **3.** Blesser superficiellement en entamant la peau. *Une ronce lui a écorché la jambe.* ◇ v.pr. *S'écorcher le genou en tombant.* **4.** *Écorcher un mot, une langue, etc. :* prononcer, parler mal. **5.** *Écorcher les oreilles :* choquer, être désagréable, en parlant de sons, de mots.

ÉCORCHEUR n.m. **1.** Personne qui pratique l'écorchage des animaux. **2.** *Fam.* Personne qui fait payer trop cher une marchandise, un service. **3.** HIST. *Les Écorcheurs :* bandes armées qui ravagèrent la France sous Charles VI et Charles VII.

ÉCORCHURE n.f. Petite blessure superficielle de la peau ; égratignure, éraflure.

ÉCORECHARGE n.f. Conditionnement intermédiaire et peu polluant d'un produit, notamm. d'une lessive, qui est inséré ou dont le contenu est transvasé dans un conditionnement plus durable.

ÉCORNER v.t. **1.** Amputer, briser les cornes d'un animal ; les empêcher de pousser. **2.** Abîmer la couverture, les pages d'un livre en en pliant les coins. **3.** Endommager en brisant, en entamant un coin ; ébrécher. **4.** *Fig.* Porter atteinte à, mettre à mal ; entamer. *Écorner sa fortune.*

ÉCORNIFLEUR, EUSE n. (de *écorner* et anc. fr. *nifler,* renifler). *Fam.,* vx. Pique-assiette.

ÉCORNURE n.f. Fragment d'un objet écorné ; brèche que laisse ce fragment détaché de l'objet.

ÉCOSSAIS, E adj. et n. De l'Écosse, de ses habitants. ◆ adj. **1.** Se dit d'un tissu de laine ou de soie à grands carreaux, de coloris vifs et différents du fond. *Jupe écossaise.* **2.** Qualification de certains rites de la franc-maçonnerie (*rite écossais ancien et accepté, rite écossais rectifié,* etc.). ◆ n.m. LING. Erse.

ÉCOSSER v.t. Ôter la cosse des légumes à graines (petits pois, fèves, etc.).

ÉCOSYSTÈME n.m. Unité fondamentale d'étude de l'écologie, formée par l'association d'une communauté d'espèces vivantes (biocénose) et d'un environnement physique (biotope) en constante interaction. (Une forêt, un lac, un champ cultivé peuvent être considérés comme des écosystèmes.) SYN. *(cour.) : milieu naturel.*

ÉCOT n.m. (francique *skot,* impôt). Vieilli. Quote-part de chacun dans un repas commun. ◇ Mod. *Payer son écot :* apporter sa contribution à une dépense commune.

ÉCOTAXE n.f. Taxe versée par les entreprises dont les activités industrielles sont polluantes et nuisent à l'environnement.

ÉCOTONE n.m. ÉCOL. Zone de transition entre deux écosystèmes.

ÉCOTOXICOLOGIE n.f. Étude des substances polluantes, des mécanismes par lesquels celles-ci affectent la biosphère et de leur impact sur la santé des populations humaines.

ÉCOULEMENT n.m. **1.** Fait de s'écouler ; mouvement d'un fluide, d'un corps visqueux qui s'écoule. **2.** Action ou possibilité d'écouler des marchandises ; vente, débouché.

ÉCOULER v.t. (de *couler*). **1.** Se défaire d'une marchandise en la vendant, en la mettant sur le marché. *Écouler un stock.* **2.** Mettre en circulation. *Écouler des faux billets.* ◆ **s'écouler** v.pr. **1.** S'évacuer en coulant ; se déverser, se répandre. *L'eau de pluie s'écoule par la gouttière.* **2.** Sortir d'un lieu en un flot continu. *La foule s'écoule lentement.* **3.** Accomplir sa durée ; passer. *La journée s'écoula calmement.*

ÉCOUMÈNE ou **ŒKOUMÈNE** [ekumɛn] n.m. (gr. *gê oikoumenê,* terre habitée). Partie habitable de la surface terrestre.

ÉCOURGEON n.m. → **ESCOURGEON.**

ÉCOURTER v.t. (de *1. court*). **1.** Diminuer la durée ou la longueur de ; abréger. *Écourter un séjour.* **2.** Donner de manière incomplète ; réduire, tronquer. *Écourter une scène.*

ÉCOUTANT, E n. Personne à l'écoute d'appels téléphoniques d'urgence, de détresse, en partic. dans le cadre d'associations bénévoles.

1. ÉCOUTE n.f. (anc. nordique *skaut,* angle inférieur de la voile). MAR. Cordage servant à orienter une voile. ◇ *Point d'écoute :* angle d'une voile près duquel est frappée l'écoute.

2. ÉCOUTE n.f. **1.** Action d'écouter une émission radiophonique, une conversation téléphonique, etc. *Rester à l'écoute.* ◇ *Heure de grande écoute :* heure à laquelle les auditeurs de la radio et les téléspectateurs sont le plus nombreux. – *Table d'écoutes :* installation permettant de surveiller et d'enregistrer les conversations téléphoniques. **2.** Action d'écouter ce qui se dit. ◇ *Être à l'écoute :* être attentif à ce qui se dit, et, plus génér., à ce qui se passe. *Être à l'écoute de l'actualité.* – *Être aux écoutes :* épier ce qui se dit autour de soi ; être aux aguets. **3.** Capacité à écouter autrui, à être attentif et réceptif à sa parole. *Ce médecin a une bonne écoute.* **4.** MIL. Détection par le son de la présence et de l'activité ennemies, notamm. sous-marine.

ÉCOUTER v.t. (lat. *auscultare*). **1.** Prêter l'oreille à ; s'appliquer à entendre. *Écouter de la musique.* ◇ Absol. *Écouter aux portes.* **2.** Être attentif à, tenir compte de ce que qqn dit, exprime, désire. *Écouter les conseils d'une amie.* ◇ Absol. *Savoir écouter.* **3.** *Écouter sa raison, sa colère, sa douleur, etc.,* se laisser conduire par elles, s'y abandonner. ◆ **s'écouter** v.pr. **1.** Attacher une importance excessive aux petits maux dont on souffre. *Tu t'écoutes trop.* **2.** *S'écouter parler :* parler avec complaisance. **3.** *Si je m'écoutais :* si je suivais mon impulsion.

ÉCOUTEUR n.m. Élément d'un récepteur téléphonique, radiophonique, etc., que l'on porte à l'oreille pour recevoir le son.

ÉCOUTILLE n.f. (esp. *escotilla*). MAR. Ouverture rectangulaire pratiquée dans le pont d'un navire pour accéder aux entreponts et aux cales.

ÉCOUVILLON n.m. (du lat. *scopa,* balai). **1.** Brosse à manche, souvent cylindrique, qui sert à nettoyer les bouteilles, les pots, etc. **2.** Brosse cylindrique à manche pour nettoyer le canon d'une arme à feu. **3.** MÉD. Petite brosse servant à effectuer des prélèvements dans les cavités naturelles.

ÉCOUVILLONNER v.t. MÉD. Prélever avec un écouvillon.

ÉCRABOUILLAGE ou **ÉCRABOUILLEMENT** n.m. *Fam.* Action d'écrabouiller ; son résultat.

ÉCRABOUILLER v.t. (de *écraser* et anc. fr. *esbouillier,* éventrer). *Fam.* Écraser, réduire en bouillie.

ÉCRAN n.m. (moyen néerl. *sherm,* grille). **1.** Panneau, dispositif qui arrête, atténue la chaleur, la lumière, etc. ◇ *Écran total :* se dit d'une crème ou d'un lait solaire qui assure une protection maximale contre les rayons ultraviolets. **2.** Tout objet qui empêche de voir, qui protège. ◇ *Faire écran (à qqch) :* empêcher de voir, de comprendre. **3.** Cadre où sont tendus la soie, le tissu de fibres plastiques ou la toile métallique constituant la forme d'impression, en sérigraphie. **4.** Surface blanche sur laquelle on projette des vues fixes ou animées. **5.** *L'écran :* le cinéma. *Vedettes de l'écran.* **6. a.** *Écran cathodique :* surface fluorescente sur laquelle se forme l'image dans un tube cathodique (télévision, par ex.). – *Le petit écran :* la télévision. **b.** INFORM. *Écran de visualisation,* ou *écran :* surface sur laquelle sont affichés, reproduits des résultats, des données ou des images, dans le traitement automatique de l'information. SYN. : *moniteur.* **c.** *Écran noir :* absence de diffusion sur une chaîne de télévision ou de connexion sur un réseau télématique. **7.** *Écran publicitaire :* temps de télévision, de radio destiné à recevoir de la publicité.

ÉCRASANT, E adj. Qui écrase, accable. *Charge écrasante. Une écrasante défaite.*

ÉCRASÉ, E adj. **1.** Broyé sous l'effet d'une forte pression. – Tué ou blessé en passant sous les roues d'un véhicule. **2.** Qui a une forme aplatie. *Nez écrasé.*

ÉCRASEMENT n.m. Action d'écraser ; état de ce qui est écrasé.

ÉCRASER v.t. (moyen angl. *crasen*). **1.** Aplatir, déformer, broyer, briser ou meurtrir par une compression, un choc. *Écraser sa cigarette dans le cendrier. Écraser le pied de qqn.* **2.** Blesser grièvement, tuer qqn, un animal sous le poids de qqch, en partic. d'un véhicule. **3.** Imposer une charge excessive à. *Écraser le peuple d'impôts.* **4.** Vaincre complètement. **5.** *Fam. En écraser :* dormir profondément. **6.** INFORM. Faire disparaître des données sur un support de stockage en enregistrant de nouvelles données à la place qu'elles occupaient. ◆ v.i. *Fam. Écrase ! :* n'insiste pas. ◆ **s'écraser** v.pr. **1.** S'aplatir, se déformer sous l'effet d'une pression ou d'un choc. *Les fruits se sont écrasés dans mon sac.* **2.** Se porter en foule, se presser. **3.** *Fam.* Renoncer à intervenir quand on n'a pas le dessus ; se taire.

ÉCRASEUR, EUSE n. *Fam.* Automobiliste dangereux ; chauffard.

ÉCRÉMAGE n.m. Action d'écrémer.

ÉCRÉMER v.t. [11]. **1.** Retirer la crème du lait. **2.** S'emparer de ce qu'il y a de meilleur dans un ensemble. *Écrémer une collection.*

ÉCRÉMEUSE n.f. Machine servant à retirer la matière grasse du lait.

ÉCRÊTEMENT n.m. Action d'écrêter.

ÉCRÊTER v.t. **1.** Enlever la crête d'un animal (coq notamm.). **2.** Supprimer la partie la plus haute de. *Écrêter les revenus les plus élevés.* **3.** TÉLÉCOMM. Supprimer dans un signal la partie supérieure, en valeur absolue, à une valeur donnée.

ÉCREVISSE n.f. (mot francique). Crustacé d'eau douce muni de pinces, apprécié pour sa chair et dont on fait parfois l'élevage (astaciculture). [Genre *Astacus ;* ordre des décapodes.] ◇ *Être rouge comme une écrevisse,* très rouge (comme l'écrevisse après la cuisson).

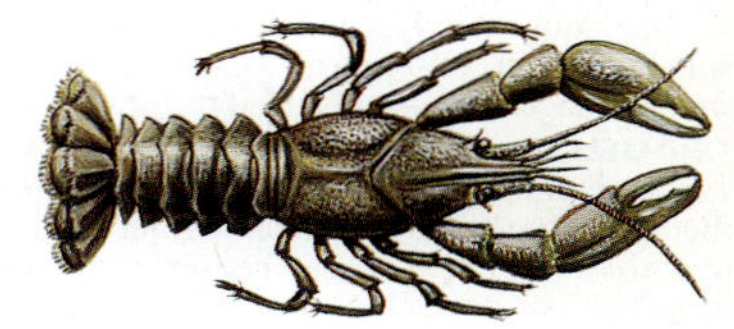

■ ÉCREVISSE

ÉCRIER (S') v.pr. [5] (de *cri*). Dire en criant, en s'exclamant. « *Tout est perdu !* » *s'écria-t-il.*

ÉCRIN n.m. (lat. *scrinium*). Boîte, coffret pour ranger ou pour présenter à la vente des bijoux, de l'argenterie, des objets plus ou moins précieux.

ÉCRIRE v.t. [79] (lat. *scribere*). **1.** Tracer les signes d'un système d'écriture, les assembler pour représenter la parole ou la pensée. *Écrire son nom.* ◇ *Machine à écrire* → **machine. 2.** Orthographier. *Comment écrit-on ce mot ?* **3.** Informer par lettre. *Je lui écris que j'accepte.* **4.** Exprimer sa pensée par l'écriture ; composer un ouvrage écrit. *Écrire son journal, un roman. Écrire un concerto.* ◆ v.i. **1.** Utiliser les signes graphiques, l'écriture. *Apprendre à écrire.* **2.** Composer une œuvre littéraire, faire métier d'écrivain. **3.** Laisser une trace, en parlant d'un instrument destiné à l'écriture. *Mon stylo écrit mal.*

ÉCRIT, E adj. **1.** Consigné, noté par l'écriture. *Bien écrit, mal écrit.* **2.** Couvert de signes d'écriture. *Feuille écrite des deux côtés.* **3.** Exprimé par le moyen de l'écriture. *Épreuves écrites d'un examen. Loi écrite.* **4.** Exprimé par des signes visibles. *L'avarice est écrite sur son visage.* **5.** Qui semble fixé, décidé irrévocablement par le destin, Dieu, etc. ; fatal, inévitable. *Il a raté son examen : c'était écrit !* ◆ n.m. **1.** Papier portant témoignage ; convention signée. *On n'a pas pu produire d'écrit contre l'accusé.* **2.** Ensemble des épreuves écrites d'un examen, d'un concours (par oppos. à *oral*). **3.** Ouvrage littéraire ou scientifique. *Les écrits de Cicéron.* **4.** *Par écrit :* sous la forme écrite, sur le papier. *Mentionner qqch par écrit.*

ÉCRITEAU n.m. Morceau de papier, de carton, de bois, etc., portant en grosses lettres une information destinée au public.

ÉCRITOIRE n.f. **1.** Nécessaire (étui, coffret, etc.) rassemblant ce qu'il faut pour écrire. **2.** Afrique. Tout instrument servant à écrire.

ÉCRITURE n.f. (lat. *scriptura*). **1.** Représentation de la parole et de la pensée par des signes graphiques conventionnels. – Système de signes graphiques permettant cette représentation. *Écriture cunéiforme.* **2.** Manière personnelle d'écrire, de former les lettres. *Reconnaître l'écriture de qqn. Une écriture serrée.* **3.** INFORM. Enregistrement d'une information dans une mémoire. **4.** Manière, art de s'exprimer dans une œuvre littéraire. *Une écriture poétique.* – Technique, méthode particulière d'expression (en littérature, en musique). *L'écriture automatique des surréalistes.* **5.** *L'Écriture sainte,* ou *les Écritures* : l'ensemble des livres de la Bible. **6.** DR. Écrit ayant une valeur probatoire. ◇ *Écriture privée,* passée entre des personnes privées pour leurs affaires particulières. – *Écriture publique,* passée pour affaires et ayant un caractère de publicité ou d'authenticité. ◆ pl. COMPTAB. Ensemble des registres d'un négociant, d'un banquier, d'un commerçant, présentant la suite et la nature de leurs opérations ; comptabilité.

ÉCRIVAILLER ou **ÉCRIVASSER** v.i. *Fam., péjor.* Écrire des œuvres de qualité médiocre, écrire sans talent.

ÉCRIVAILLEUR, EUSE n. ou **ÉCRIVAILLON** n.m. *Fam., péjor.* Écrivain médiocre.

ÉCRIVAIN n.m. (lat. *scriba,* scribe). **1.** Personne qui compose des ouvrages littéraires ; homme, femme de lettres. (Le fém. *écrivaine,* courant au Québec et en Suisse, se répand dans toute la francophonie.) **2.** *Écrivain public* : personne qui fait profession de rédiger des textes divers pour le compte de ceux qui ne savent pas écrire ou qui écrivent avec difficulté.

ÉCRIVASSIER, ÈRE n. *Fam., péjor.* Personne qui a la manie d'écrire, qui écrit beaucoup et mal.

1. ÉCROU n.m. (lat. *scrofa,* truie, puis vis femelle). Pièce percée d'un trou taraudé afin de pouvoir se monter sur une vis de même diamètre nominal.

2. ÉCROU n.m. (francique *skrôda,* lambeau). DR. Acte par lequel le directeur d'une prison enregistre l'arrivée d'un prisonnier. ◇ *Levée d'écrou* : formalité de remise en liberté d'un prisonnier.

ÉCROUELLES n.f. pl. (bas lat. *scrofulae*). **1.** Vx. Lésions cutanées dues aux adénites tuberculeuses chroniques, atteignant surtout le cou. (Les rois de France étaient censés guérir les écrouelles par attouchement, le jour de leur sacre.) SYN. : *scrofule.* **2.** *Herbe aux écrouelles* : scrofulaire.

ÉCROUER v.t. DR. Mettre en prison. *Écrouer un malfaiteur.*

ÉCROUIR [ekruir] v.t. (du lat. *crudus,* cru). MÉTALL. Travailler un métal ou un alliage à une température inférieure à sa température de recuit et au-delà de sa limite d'élasticité, afin d'augmenter sa résistance à la déformation.

ÉCROUISSAGE n.m. Action d'écrouir.

ÉCROULEMENT n.m. **1.** Fait de s'écrouler. **2.** Amas, entassement de choses écroulées ou qui paraissent l'être. **3.** *Fig.* Ruine complète ; anéantissement. *L'écroulement d'une théorie.*

ÉCROULER (S') v.pr. (de *crouler*). **1.** Tomber en s'affaissant avec fracas ; s'effondrer. **2.** *Fig.* Être détruit, anéanti ; perdre toute valeur. *Ses espoirs se sont écroulés. Monnaie qui s'écroule.* **3.** Être atteint d'une défaillance brutale au cours d'un effort (en partic., sportif). **4.** *Fam. S'écrouler, être écroulé (de rire)* : être secoué de rire, rire sans plus pouvoir s'arrêter.

ÉCROÛTER v.t. Ôter la croûte de.

ÉCRU, E adj. et n.m. (de *1. cru*). Se dit de matières textiles n'ayant subi ni lavage, ni blanchiment, ni teinture.

ECSTASY [ɛkstazi] n.m. ou n.f. (mot angl., *extase*). Drogue dérivée de l'amphétamine, hallucinogène, euphorisante et stimulante.

ECTHYMA [ɛktima] n.m. (gr. *ekthuma,* éruption). MÉD. Ulcération infectieuse de la peau recouverte d'une grosse croûte noire.

ECTOBLASTE ou **ECTODERME** n.m. (gr. *ektos,* dehors, et *blastos,* germe, ou *derma,* peau). EMBRYOL. Feuillet externe de l'embryon, destiné à former la peau et le système nerveux.

ECTOBLASTIQUE ou **ECTODERMIQUE** adj. Relatif à l'ectoblaste, ou ectoderme.

ECTOPARASITE n.m. BIOL. Parasite externe tel que la puce, la punaise des lits.

ECTOPIE n.f. (gr. *ek,* hors de, et *topos,* lieu). MÉD. Anomalie de position d'un organe. ◇ *Ectopie du testicule* : insuffisance ou anomalie de la migration d'un testicule, avant la naissance, de l'abdomen vers les bourses. SYN. : *cryptorchidie.*

ECTOPLASME n.m. (gr. *ektos,* dehors, et *plasma,* ouvrage façonné). **1.** PARAPSYCHOL. Substance qui se dégagerait du corps de certains médiums et dont la matérialisation éphémère formerait des parties du corps humain, un corps entier, des objets divers. – *Fig., fam.* Personnage insignifiant, sans consistance. **2.** MICROBIOL. Zone superficielle hyaline du cytoplasme de certains protozoaires.

ECTOPROCTE n.m. (gr. *ektos,* dehors, et *prôktos,* anus). Petit invertébré marin, à bouche possédant un lophophore, vivant dans une loge individuelle (zoécie) et formant des colonies nombreuses sur les algues ou sur les rochers. (Les ectoproctes forment un embranchement.) SYN. : *bryozoaire.*

ECTOTHERME adj. (gr. *ektos,* dehors, et *thermos,* chaud). PHYSIOL. Se dit d'un animal dont la température centrale est engendrée seulement par les échanges thermiques avec son environnement. (Les animaux ectothermes sont donc également poïkilothermes.) CONTR. : *endotherme.*

ECTROPION n.m. (gr. *ek,* hors de, et *tropein,* tourner). MÉD. Renversement vers l'extérieur du bord de la paupière, qui ne peut plus recouvrir le globe de l'œil (par oppos. à *entropion*).

1. ÉCU n.m. (lat. *scutum,* bouclier). **1.** Bouclier des hommes d'armes au Moyen Âge. **2.** Anc. Monnaie française d'or puis d'argent portant des armoiries sur une de ses faces. **3.** HÉRALD. Corps de tout blason, ordinairement en forme de bouclier.

2. ÉCU n.m. (acronyme de l'angl. *european currency unit*). Ancienne unité monétaire utilisée, dans le cadre de l'Union européenne (SME, budget, BEI) et par les marchés financiers, comme monnaie internationale. (Il a été remplacé par l'euro.)

ÉCUBIER n.m. (p.-ê. esp. *escoben*). MAR. Ouverture pratiquée dans la muraille d'un navire de chaque côté de l'étrave pour le passage de la chaîne d'ancre.

ÉCUEIL [ekœj] n.m. (lat. *scopulus*). **1.** Rocher à fleur d'eau. **2.** *Fig.* Obstacle, difficulté qui met en péril ; danger, piège.

ÉCUELLE [ekɥɛl] n.f. (lat. *scutella*). Assiette creuse sans rebord ; son contenu.

ÉCULÉ, E adj. **1.** Se dit d'un talon de chaussure usé, déformé. – *Par ext.* Dont le talon est usé. *Souliers éculés.* **2.** *Fig.* Qui a perdu tout pouvoir, toute signification à force d'avoir servi. *Des arguments éculés.*

ÉCUMAGE n.m. Action d'écumer un liquide.

ÉCUMANT, E adj. *Litt.* Qui produit de l'écume, couvert d'écume. *Mer écumante.*

ÉCUME n.f. (mot francique). **1.** Mousse blanchâtre qui se forme sur un liquide agité ou sur le point de bouillir. **2.** Bave mousseuse produite sous l'effet de l'échauffement, de la colère. **3.** Sueur du cheval. **4.** *Fig.,* vieilli. Partie vile, méprisable d'une population ; rebut de la société. **5.** *Écume de mer* : silicate de magnésium hydraté, blanchâtre et poreux, dont on fait des pipes. SYN. : *sépiolite.*

ÉCUMER v.t. **1.** Enlever l'écume qui se forme à la surface d'un liquide. *Écumer un bouillon.* **2.** *Écumer les mers,* y exercer la piraterie. – *Écumer une région, un quartier,* y rafler tout ce qui est intéressant. ◆ v.i. **1.** Se couvrir d'écume. *Le vin écume.* **2.** Produire de l'écume ; baver. *Cheval qui écume.* **3.** *Fig.* Être au comble de la fureur, de l'exaspération. *Il écumait d'être ainsi réduit à l'impuissance. Écumer de colère, de rage.*

ÉCUMEUR n.m. *Litt. Écumeur des mers* : pirate.

ÉCUMEUX, EUSE adj. *Litt.* Couvert d'écume.

ÉCUMOIRE n.f. Grande cuillère plate, percée de trous, pour écumer ou retirer des aliments du liquide où ils ont cuit.

ÉCURER v.t. Vx. Nettoyer, curer à fond.

ÉCUREUIL n.m. (lat. *sciurolus*). Mammifère rongeur arboricole, à pelage génér. roux (en France) et à queue touffue, se nourrissant surtout de graines et de fruits secs. (Long. 25 cm env. ; queue 20 cm env. ; famille des sciuridés.) ◇ *Écureuil volant* : mammifère rongeur d'Eurasie et d'Amérique, voisin de l'écureuil, capable d'effectuer de longs sauts planés grâce à une membrane (patagium) reliant les flancs aux extrémités des pattes, tel que le polatouche (genre *Pteromys*) et le pétauriste (genre *Petaurista*).

■ **ÉCUREUIL.** Écureuil commun.

ÉCURIE n.f. (de *écuyer*). **1.** Lieu destiné à loger les chevaux, les mulets, les ânes. – Région (Centre, Est) ; Suisse. Étable. **2.** Ensemble des chevaux de course d'un même propriétaire. **3.** Ensemble des cyclistes, ou des pilotes de course et de leurs machines (automobiles, motocyclettes), qui courent pour une même marque. **4.** *Fam.* Ensemble des écrivains, des auteurs qui travaillent pour une même maison d'édition.

ÉCUSSON n.m. (de *1. écu*). **1.** HÉRALD. Petit écu d'armoiries. – Cartouche décoratif portant des pièces héraldiques, des inscriptions. **2.** MIL. Petit morceau de drap cousu au col ou sur la manche de l'uniforme pour indiquer l'arme et le numéro du corps de troupes. **3.** Plaque de métal qui orne les entrées de serrure. **4.** Plaque calcaire qui recouvre tout ou partie du corps de certains poissons. **5.** ENTOMOL. Mésothorax. **6.** Dessin formé par le poil entre la vulve et la mamelle de la vache. **7.** AGRIC. Fragment d'écorce portant un œil, utilisé pour greffer.

ÉCUSSONNAGE n.m. AGRIC. Action d'écussonner.

ÉCUSSONNER v.t. **1.** Fixer un écusson sur. *Écussonner un uniforme.* **2.** AGRIC. Greffer en plaçant un écusson sous l'écorce d'un sujet.

ÉCUSSONNOIR n.m. Couteau à écussonner.

1. ÉCUYER [ekɥije] n.m. (lat. *scutarius,* qui porte l'écu). HIST. **1.** Gentilhomme qui accompagnait un chevalier et portait son écu. **2.** Jeune noble non encore armé chevalier. **3.** Officier chargé de s'occuper des chevaux du roi, d'un grand seigneur.

2. ÉCUYER, ÈRE [ekɥije, ɛr] n. **1.** Personne qui sait monter à cheval. **2.** CIRQUE. Personne qui présente des exercices équestres. **3.** Instructeur d'équitation (notamm. dans le *Cadre noir*).

ECZÉMA [ɛgzema] n.m. (gr. *ekdzema,* éruption cutanée). Dermatose allergique très fréquente, caractérisée surtout par une rougeur, de fines vésicules, des squames ainsi que des démangeaisons.

ECZÉMATEUX, EUSE adj. Relatif à l'eczéma. ◆ adj. et n. Atteint d'eczéma.

ÉDAM [edam] n.m. (de *Edam,* v. des Pays-Bas). Fromage au lait de vache, à pâte pressée, en forme de boule, génér. recouvert de paraffine colorée en rouge et originaire de Hollande.

ÉDAPHIQUE adj. (du gr. *edaphos,* sol). ÉCOL. *Facteurs édaphiques* : facteurs abiotiques liés au sol et qui ont une influence profonde sur la répartition des êtres vivants.

EDELWEISS [edɛlvɛs] ou [edɛlvajs] n.m. (mot all.). Plante à tiges et à feuilles duveteuses, aux fleurs regroupées en capitules serrés, entourés d'une collerette de feuilles laineuses, poussant

■ **EDELWEISS**

dans les montagnes d'Europe occidentale à partir de 1 500 m. (Genre *Leontopodium ;* famille des composées.) Noms usuels : ***pied-de-lion, étoile-d'argent, immortelle des neiges.***

ÉDEN [edɛn] n.m. (du n.pr. *Eden,* mot hébr.). **1.** *L'Éden : v. partie n.pr.* **2.** *Litt.* Lieu de délices, séjour plein de charme.

ÉDÉNIQUE adj. **1.** Qui a trait à l'Éden ; qui évoque le paradis terrestre. **2.** *Litt.* Qui procure un bonheur paradisiaque.

ÉDENTÉ, E adj. et n. Qui a perdu ses dents, ou une partie de ses dents. ◆ n.m. Mammifère génér. insectivore dépourvu de dents ou à dents réduites, tel que les pholidotes (pangolins) et les xénarthres (fourmiliers, tatous, paresseux).

ÉDENTER v.t. Briser les dents de qqch. *Édenter une scie, un peigne.*

EDI ou **E.D.I.** [ədei] n.m. (sigle). Échange de données informatisées.

ÉDICTER v.t. (du lat. *edictum,* édit). Prescrire d'une manière absolue.

ÉDICULE n.m. (du lat. *aedes,* maison). **1.** Petite construction placée sur la voie publique (Abribus, toilettes, etc.). **2.** Construction secondaire, bâtiment en réduction à l'intérieur ou au sommet d'un édifice.

ÉDIFIANT, E adj. **1.** *Sout.* Qui porte à la vertu, à la piété. *Lecture édifiante.* **2.** *Iron.* Qui en dit long, très instructif. *Spectacle édifiant.*

ÉDIFICATION n.f. **1.** Action d'édifier, de bâtir. **2.** Action de créer, d'élaborer. *L'édification d'un empire, d'une œuvre.* **3.** Action d'inspirer la piété, la vertu, par la parole ou par l'exemple. **4.** *Litt.* Action d'éclairer, d'instruire qqn. *Pour votre édification, je vous apprendrai que...*

ÉDIFICE n.m. (lat. *aedificium*). **1.** Ouvrage d'architecture de proportions importantes, pouvant comporter plusieurs corps de bâtiment. **2.** Ensemble organisé de choses concrètes ou abstraites. *L'édifice d'une chevelure. L'édifice social.*

ÉDIFIER v.t. [5] (lat. *aedificare,* construire). **1.** Construire, bâtir. *Édifier un immeuble, une ville.* **2.** Créer, élaborer par étapes un ensemble complexe. *Édifier un empire. Édifier une théorie.* **3.** *Sout.* Porter à la piété, à la vertu, par la parole ou l'exemple. *Édifier les foules.* **4.** Renseigner sur ce qui était dissimulé, dissiper toute illusion. *Vous voilà édifiés sur ses intentions.*

ÉDILE n.m. (lat. *aedilis*). **1.** *Sout.* Magistrat municipal. **2.** ANTIQ. ROM. Magistrat chargé de l'administration municipale (police, approvisionnement, jeux publics).

ÉDILITÉ n.f. ANTIQ. ROM. Charge des édiles.

ÉDIT n.m. (lat. *edictum*). Dans la France d'Ancien Régime, acte législatif émanant du roi et concernant soit une seule matière, soit une catégorie particulière de personnes, soit une partie seulement du royaume.

ÉDITER v.t. (lat. *edere,* publier). **1.** Publier et mettre en vente l'œuvre d'un écrivain, d'un artiste (musicien, plasticien, etc.). **2.** INFORM. Présenter dans une forme et sur un support utilisables des résultats de traitements faits sur ordinateur.

ÉDITEUR, TRICE n. Personne physique ou morale qui édite. ◆ n.m. INFORM. ***Éditeur de textes :*** programme facilitant la composition de textes sur ordinateur.

ÉDITION n.f. **1.** Publication d'un ouvrage littéraire ; impression et diffusion de toute espèce d'œuvre. *Édition multimédia.* **2.** Ensemble des exemplaires d'un ouvrage, que l'on imprime, soit en un seul tirage, soit en plusieurs, sans y apporter de modifications notables ; texte d'une œuvre correspondant à tel ou tel tirage. *La deuxième édition d'un livre. Édition augmentée.* ◇ *Fam.* ***Deuxième, troisième édition de qqch :*** deuxième, troisième fois que qqch se produit. **3.** Industrie et commerce du livre en général. *Travailler dans l'édition.* **4.** Ensemble des exemplaires d'un journal imprimés en une fois. *Une édition spéciale.* **5.** Chacune des émissions d'un journal télévisé ou radiodiffusé. *L'édition de 20 heures du journal télévisé.* **6.** INFORM. Matérialisation, sous une forme utilisable, de résultats de traitements faits sur ordinateur. ◇ ***Édition électronique.*** **a.** Publication assistée par ordinateur. **b.** Domaine de l'édition relatif aux publications sur des supports électroniques.

ÉDITO n.m. (abrév.). *Fam.* Éditorial.

1. ÉDITORIAL, E, AUX adj. Qui concerne l'activité d'éditeur. *Politique éditoriale.*

2. ÉDITORIAL n.m. (pl. *éditoriaux*). Article de fond, commentaire, signé ou non, qui exprime, selon le cas, l'opinion d'un journaliste ou celle de la direction du journal. Abrév. *(fam.) : édito.*

ÉDITORIALISTE n. Personne qui écrit l'éditorial d'un journal.

ÉDREDON n.m. (islandais *ederduun,* duvet d'eider). Couvre-pied rempli de duvet.

ÉDUCABLE adj. Apte à être éduqué.

ÉDUCATEUR, TRICE n. **1.** Personne qui se charge de l'éducation d'un enfant ou d'un adulte. **2.** ***Éducateur spécialisé :*** éducateur s'occupant de jeunes en difficulté psychologique ou sociale, ou de handicapés. ◆ adj. Qui contribue à l'éducation. *Avoir une fonction éducatrice.*

ÉDUCATIF, IVE adj. Relatif à l'éducation.

ÉDUCATION n.f. (lat. *educatio*). **1.** Action d'éduquer, de former, d'instruire qqn ; manière de comprendre, de dispenser, de mettre en œuvre cette formation. ◇ ***Éducation nationale :*** ensemble des services chargés de l'organisation, de la direction et de la gestion de tous les établissements de l'enseignement public et du contrôle de l'enseignement privé. – ***Éducation permanente :*** enseignement qui est dispensé tout au long de la vie professionnelle. – ***Éducation spécialisée :*** ensemble des mesures organisant l'enseignement des jeunes éprouvant des difficultés psychologiques ou sociales, ou des handicapés. **2.** Action de développer méthodiquement une faculté particulière. *L'éducation de la mémoire, de la volonté.* ◇ ***Éducation physique et sportive (EPS) :*** ensemble des exercices corporels pratiqués dans le cadre scolaire et universitaire, et destinés à l'entretien et à l'amélioration des qualités physiques. **3.** Initiation à un domaine particulier de connaissances. *Éducation civique, artistique.* **4.** Ensemble des acquisitions morales, intellectuelles, culturelles de qqn. *Son éducation, en matière commerciale, est très sommaire.* **5.** Connaissance des bons usages d'une société ; savoir-vivre. *Manquer d'éducation.*

ÉDULCORANT, E adj. et n.m. Se dit d'une substance qui édulcore. *Un édulcorant de synthèse.*

ÉDULCORATION n.f. Action d'édulcorer.

ÉDULCORER v.t. (du lat. *dulcor,* douceur). **1.** Adoucir une boisson, un médicament en y ajoutant du sucre ou une substance chimique qui donne un goût sucré. **2.** Atténuer les termes d'un texte, d'une doctrine, etc., en retrancher les points les plus hardis. ◇ p.p. adj. *Version édulcorée d'un roman.*

ÉDUQUER v.t. (lat. *educare*). **1.** Former l'esprit de qqn, développer ses aptitudes intellectuelles, physiques, son sens moral. **2.** Apprendre à qqn les usages de la société, les bonnes manières. **3.** Développer une faculté ou une fonction particulière. *Éduquer son goût, son oreille.*

ÉFAUFILER v.t. Tirer les fils d'un tissu.

ÉFENDI ou **EFFENDI** [efɛndi] n.m. (mot turc, du gr.). Titre donné aux savants, dignitaires et magistrats, dans l'Empire ottoman.

EFFAÇABLE adj. Qui peut être effacé.

EFFACÉ, E adj. **1.** En retrait ou peu saillant. *Menton effacé.* **2.** *Fig.* Qui se tient à l'écart ; modeste, discret. *Un personnage effacé. Une vie effacée.* **3.** Se dit d'une position du danseur qui se place de biais par rapport au public.

EFFACEMENT n.m. **1.** Action d'effacer ; fait de s'effacer. **2.** Action de supprimer les informations enregistrées sur un support magnétique. *Tête d'effacement.* **3.** *Fig.* Fait de se tenir à l'écart, par modestie ou discrétion.

EFFACER v.t. [9] (de *face*). **1.** Faire disparaître en frottant, en grattant, en lavant, en faisant défiler devant une tête d'effacement, etc. *Effacer des traces de crayon. Effacer une bande magnétique.* **2.** *Litt.* Faire oublier. *Effacer le souvenir de qqn.* **3.** *Litt.* Empêcher qqn ou qqch d'être remarqué. *Son succès efface le mien.* **4.** ***Effacer le corps, les épaules,*** les présenter de profil. ◆ **s'effacer** v.pr. **1.** Se tourner un peu de côté, pour tenir moins de place. *S'effacer pour laisser entrer qqn.* **2.** Se tenir à l'écart, éviter de se faire remarquer. **3.** S'incliner devant la supériorité de qqn.

EFFACEUR n.m. Feutre permettant d'effacer l'encre.

EFFANER v.t. AGRIC. Ôter les fanes de.

EFFANEUSE n.f. AGRIC. Machine pour éliminer les fanes de pommes de terre avant l'arrachage.

EFFANURE n.f. Fane, feuille d'une plante effanée.

EFFARANT, E adj. **1.** Qui effare, plonge dans la stupeur ; stupéfiant. **2.** Qui atteint un degré extrême, inouï. *Des prix effarants.*

EFFARÉ, E adj. Qui ressent, manifeste un grand trouble, une grande peur.

EFFAREMENT n.m. État d'une personne effarée ; attitude, expression qui trahit cet état.

EFFARER v.t. (du lat. *ferus,* sauvage). **1.** Troubler, effrayer au point de donner un air hagard et inquiet. **2.** Plonger dans un grand étonnement ; stupéfier, sidérer.

EFFAROUCHEMENT n.m. Action d'effaroucher ; fait d'être effarouché, de s'effaroucher.

EFFAROUCHER v.t. Provoquer la crainte, la défiance ; effrayer, intimider. *Effaroucher un lièvre. Effaroucher un candidat.*

EFFARVATTE n.f. (forme dialectale de *fauvette*). Petite rousserolle aux teintes roussâtres, se nourrissant de petits invertébrés, qui accroche son nid aux roseaux bordant les étangs et hiverne en Afrique. (Genre *Acrocephalus ;* famille des sylviidés.)

EFFECTEUR, TRICE adj. et n.m. PHYSIOL. Se dit d'un organe, d'une cellule qui effectue une action, à la fin d'une série de phénomènes déclencheurs. *Le muscle effecteur d'un nerf.*

1. EFFECTIF, IVE adj. (du lat. *effectus,* influence). **1.** Qui existe réellement, qui se traduit en action. *Recevoir une aide effective.* **2.** DR. Qui prend effet, entre en vigueur. **3.** LOG. Se dit d'une méthode, d'un raisonnement qui, à l'aide d'un nombre déterminé d'étapes, permettent d'aboutir à une démonstration complète et vérifiable.

2. EFFECTIF n.m. Nombre réel des individus composant un groupe. *L'effectif d'une classe, d'un collège. L'effectif d'une armée.* – STAT. Nombre d'individus appartenant à une classe donnée.

EFFECTIVEMENT adv. **1.** De manière effective ; réellement. **2.** En effet.

EFFECTIVITÉ n.f. LOG. Caractère effectif d'un raisonnement.

EFFECTUER v.t. Procéder à la réalisation de, mettre à exécution ; faire, accomplir. *Effectuer un paiement. Effectuer un tournant.*

EFFÉMINÉ, E adj. et n.m. Se dit d'un homme qui a les caractères, l'aspect, les manières génér. attribués aux femmes.

EFFÉMINER v.t. (du lat. *femina,* femme). Rendre semblable à une femme dans son aspect, dans ses manières.

EFFENDI n.m. → **ÉFENDI.**

EFFÉRENT, E adj. (lat. *efferens,* qui porte dehors). Se dit d'un vaisseau, d'un nerf qui sort d'un organe, d'un centre nerveux. CONTR. : ***afférent.***

EFFERVESCENCE n.f. **1.** Bouillonnement produit par un vif dégagement de bulles gazeuses dans un liquide. **2.** *Fig.* Agitation extrême. *Ville en pleine effervescence.*

EFFERVESCENT, E adj. (lat. *effervescens,* bouillonnant). Qui est en effervescence ou susceptible d'entrer en effervescence. *Une boisson effervescente. Une foule effervescente.*

EFFET n.m. (lat. *effectus,* influence). **1.** Résultat d'une action ; ce qui est produit par qqch. *Il n'y a pas d'effet sans cause. Les effets d'un remède.* ◇ *Sout.* ***À cet effet :*** en vue de cela. – ***En effet :*** v. à son ordre alphabétique. – ***Sous l'effet de :*** sous l'influence de. – DR. ***Prendre effet :*** devenir applicable. **2.** Impression produite sur qqn, sur des personnes. *Son attitude a fait mauvais effet.* ◇ ***Faire l'effet de :*** avoir l'apparence de. *Faire l'effet d'un homme honnête.* – ***Faire de l'effet :*** produire une vive impression ; provoquer une action, une réaction sur qqn. **3.** Procédé employé pour attirer l'attention, frapper, émouvoir. *Acteur qui vise à l'effet.* ◇ ***Faire des effets de voix, de jambes, etc. :*** jouer habilement de sa voix, prendre des attitudes pour attirer l'attention. **4.** Phénomène particulier en physique, en biologie, etc. *Effet Joule.* **5.** Rotation imprimée à une bille, à une balle, à un ballon en vue d'obtenir des trajectoires ou des rebonds inhabituels, trompeurs. **6.** DR. ***Effet de commerce,*** ou ***effet :*** tout titre à ordre transmissible par voie d'endossement et constatant l'obligation de payer une somme d'argent à une date donnée. (La *lettre de change,* ou *traite,* le *billet à ordre,* le *chèque* et le *warrant* sont des effets de commerce.) – ***Effet de complaisance*** ou

E

de cavalerie : effet de commerce mis en circulation sans qu'aucune affaire réelle ait été conclue, en vue d'obtenir frauduleusement des fonds au moyen de l'escompte. ◆ pl. **1.** Vieilli. Vêtements, pièces de l'habillement. *Des effets militaires.* **2.** FIN. *Effets publics :* titres émis par l'État. **3.** *Effets spéciaux :* procédés chimiques, optiques ou électroniques permettant de modifier l'apparence de l'image à la prise de vues (ralenti, utilisation de caches, etc.), lors du montage (recadrages, incrustations, etc.) ou en laboratoire (virage).

EFFEUILLAGE n.m. **1.** Action d'effeuiller les arbres et les plantes. **2.** *Fam.* Strip-tease.

EFFEUILLAISON n.f. ou **EFFEUILLEMENT** n.m. Chute naturelle des feuilles, des pétales.

EFFEUILLER v.t. **1.** Ôter les feuilles de. *Effeuiller un arbre.* **2.** Arracher les pétales de. *Effeuiller des roses.* ◆ **s'effeuiller** v.pr. Perdre ses feuilles ou ses pétales.

EFFEUILLES n.f. pl. Suisse. Épamprage.

EFFEUILLEUSE n.f. **1.** *Fam.* Strip-teaseuse. **2.** Suisse. Femme ou jeune fille engagée pour épamprer la vigne.

1. EFFICACE adj. (lat. *efficax*). **1.** Qui produit l'effet attendu. *Traitement efficace.* **2.** Se dit de qqn dont l'action aboutit à des résultats utiles. **3.** PHYS. *Valeur efficace d'une grandeur périodique,* racine carrée de la moyenne des carrés des valeurs instantanées de cette grandeur durant une période.

E

2. EFFICACE n.f. *Litt.,* vx. Force agissante, vertu par laquelle une chose produit tout son effet.

EFFICACEMENT adv. De façon efficace.

EFFICACITÉ n.f. Qualité d'une chose, d'une personne efficace.

EFFICIENCE n.f. (angl. *efficiency*). Anglic. Capacité de rendement, performance. *L'efficience d'une technique, d'une entreprise.*

EFFICIENT, E adj. **1.** Anglic. Qui aboutit à de bons résultats ; efficace. *Homme efficient.* **2.** PHILOS. *Cause efficiente :* chez Aristote, l'agent, ce qui produit qqch, un phénomène.

EFFIGIE n.f. (lat. *effigies,* figure). Représentation, image d'une personne, notamm. à l'avers d'une monnaie, d'une médaille.

EFFILAGE n.m. Action d'effiler ; son résultat.

1. EFFILÉ, E adj. Mince et allongé. *Des doigts effilés.*

2. EFFILÉ n.m. Ensemble des fils non tissés qui pendent en garniture au bord d'une étoffe. *Effilé d'une jupe, d'un châle.*

EFFILEMENT n.m. État de ce qui est effilé.

EFFILER v.t. **1.** Défaire un tissu fil à fil. **2.** Rendre mince, fin comme un fil en allongeant. *Effiler les pointes de sa moustache.* **3.** *Effiler les cheveux,* en diminuer l'épaisseur en les amincissant mèche par mèche.

EFFILOCHAGE n.m. Action d'effilocher.

EFFILOCHE n.f. Bout de soie, fil sur la lisière d'une étoffe.

EFFILOCHER v.t. Effiler un tissu pour le réduire en bourre ou en ouate. ◆ **s'effilocher** v.pr. S'effiler sous l'action de l'usure.

EFFILOCHEUSE n.f. Machine à effilocher les chiffons.

EFFILOCHURE ou **EFFILURE** n.f. Partie effilochée d'un tissu.

EFFLANQUÉ, E adj. **1.** Se dit d'un animal qui a les flancs creux et resserrés. **2.** Se dit d'une personne à la fois grande et maigre. *Un garçon efflanqué.*

EFFLEURAGE n.m. Action d'effleurer les cuirs.

EFFLEUREMENT n.m. Action d'effleurer, de frôler.

EFFLEURER v.t. (de *fleur*). **1.** Toucher à peine, légèrement ; frôler. *Effleurer le visage.* **2.** Entamer superficiellement. *Une ronce lui a effleuré la peau.* **3.** CUIRS. Enlever une couche très mince du côté fleur (épiderme) d'un cuir tanné pour faire disparaître les défauts superficiels. **4.** Examiner superficiellement. *Effleurer une question.*

EFFLORAISON n.f. BOT. Début de la floraison.

EFFLORESCENCE n.f. **1.** CHIM., CRISTALLOGR. Transformation des sels hydratés qui perdent une partie de leur eau de cristallisation au contact de l'air et deviennent pulvérulents. SYN. : *délitescence.* **2.** BOT. Pruine recouvrant certains fruits. **3.** *Litt.* Épanouissement.

EFFLORESCENT, E adj. **1.** CHIM., CRISTALLOGR. En état d'efflorescence. SYN. : *délitescent.* **2.** *Litt.* Qui se développe, s'épanouit.

EFFLUENT, E adj. (lat. *effluens*). *Didact.* Qui s'écoule d'une source et s'en éloigne (par oppos. à *affluent*). ◆ n.m. **1.** *Effluent urbain :* ensemble des eaux usées, des eaux de ruissellement et des eaux superficielles évacuées par les égouts. **2.** *Effluent radioactif :* fluide (gaz ou liquide) contenant des radioéléments, recyclé ou rejeté dans l'environnement.

EFFLUVE n.m. (lat. *effluvium,* écoulement). **1.** Émanation qui s'exhale du corps des êtres vivants, des fleurs, des aliments, etc. (Parfois fém. au pl.) **2.** *Fig.* Émanation subtile, influence mystérieuse. **3.** ÉLECTR. *Effluve électrique :* décharge électrique obscure ou faiblement lumineuse, sans échauffement ni effets mécaniques.

EFFONDREMENT n.m. Fait de s'effondrer, de s'écrouler ; anéantissement, ruine.

EFFONDRER v.t. (du lat. *fundus,* fond). Rare. Faire s'écrouler. ◆ **s'effondrer** v.pr. **1.** Crouler sous un poids excessif. *Plancher qui s'effondre.* **2.** Être brusquement anéanti. *Projets qui s'effondrent.* **3.** Tomber de tout son long, s'écrouler sans force, en parlant d'une personne. **4.** Perdre brusquement toute énergie morale, tout ressort, sous le coup d'une émotion ou d'un choc. *Elle s'est effondrée en apprenant la nouvelle.* — Céder, cesser de lutter brusquement, sous l'effet de la fatigue, d'un effort trop intense, etc. *Coureur qui s'effondre dans la dernière ligne droite.* **5.** Subir une baisse brutale. *Le cours de cette valeur s'effondre.*

EFFORCER (S') v.pr. [9]. Faire tous ses efforts pour atteindre un objectif, un but ; s'appliquer à, s'évertuer à. *Elle s'efforce de travailler.*

EFFORT n.m. (de *s'efforcer*). **1.** Mobilisation des forces physiques ou intellectuelles pour vaincre une résistance, surmonter une difficulté, atteindre un objectif. *Faire un effort pour soulever un fardeau. Un effort de mémoire.* **2.** MÉCAN. Force tendant à déformer un matériau par traction, compression, flexion, torsion ou cisaillement.

EFFRACTION n.f. (du lat. *effractus,* brisé). Forcement d'une clôture, d'une serrure, etc. *Vol avec effraction.*

EFFRAIE n.f. (de *orfraie*). Chouette à plumage fauve clair tacheté de gris, à face blanche en forme de cœur, nichant dans les trous d'arbres et les ruines. (Long. 35 cm env. ; genre *Tyto,* ordre des strigiformes, famille des tytonidés.)

EFFRANGER v.t. [10]. Effiler sur les bords un tissu afin d'y produire comme des franges.

EFFRAYANT, E adj. **1.** Qui provoque la frayeur ; affreux, épouvantable. *Un bruit effrayant.* **2.** *Fam.* Extraordinaire, excessif au point de causer un grand étonnement ; terrible, effarant. *Un appétit effrayant.*

EFFRAYER [efreje] v.t. [6] (lat. pop. *exfridare,* d'un mot francique). **1.** Remplir de frayeur. *Ce bruit a effrayé tout le monde.* **2.** Causer du souci, de l'appréhension ; rebuter, décourager. *L'importance du travail l'a effrayé.* ◆ **s'effrayer** v.pr. Éprouver de la frayeur, prendre peur ; s'inquiéter, s'alarmer. *S'effrayer d'un rien.*

EFFRÉNÉ, E adj. (du lat. *frenum,* frein). Qui est sans frein, sans retenue ; déchaîné, immodéré, démesuré. *Une course effrénée. Un gaspillage effréné.*

EFFRITEMENT n.m. **1.** Action d'effriter ; fait de s'effriter. *L'effritement des roches sous l'effet du gel.* **2.** *Fig.* Diminution, affaiblissement progressifs ; perte de valeur. *L'effritement des cours de la Bourse.*

EFFRITER v.t. (anc. fr. *effruiter,* dépouiller de ses fruits). Réduire progressivement en menus morceaux, en poussière ; désagréger. *Le gel effrite les roches les plus dures.* ◆ **s'effriter** v.pr. **1.** Se réduire en poussière. *Les roches s'effritent.* **2.** *Fig.* Diminuer progressivement ; se désagréger, s'amenuiser. *La majorité gouvernementale s'effrite.*

EFFROI n.m. (de *effrayer*). *Litt.* Grande frayeur ; épouvante, terreur. *Répandre l'effroi.*

EFFRONTÉ, E adj. et n. (de *front*). Qui manifeste une grande hardiesse à l'égard des autres ; impudent.

EFFRONTÉMENT adv. Avec effronterie. *Il ment effrontément.*

EFFRONTERIE n.f. Attitude, manière d'agir d'une personne effrontée ; impudence, sans-gêne.

EFFROYABLE adj. **1.** Qui inspire, qui est propre à inspirer une grande frayeur ; épouvantable. *Crime effroyable.* **2.** Considérable, extrême. *Misère effroyable.*

EFFROYABLEMENT adv. De façon effroyable ; terriblement.

EFFUSIF, IVE adj. GÉOL. *Roche effusive :* roche magmatique qui s'est épanchée à l'air libre (coulée de lave).

EFFUSION n.f. (du lat. *effundere,* répandre). **1.** (Surtout pl.) Manifestation, vive et sincère, de sentiments qu'on éprouve (tendresse, affection, etc.). **2.** *Effusion de sang :* action de verser du sang, de blesser, de tuer. *L'arrestation du bandit s'est faite sans effusion de sang.*

ÉFRIT [efrit] n.m. (ar. *'ifrīt*). Dans la mythologie arabe, génie malfaisant.

ÉGAGROPILE n.m. → ÆGAGROPILE.

ÉGAIEMENT [egɛmɑ̃] ou **ÉGAYEMENT** [egɛjmɑ̃] n.m. Action d'égayer ; fait de s'égayer.

ÉGAILLER (S') [egaje] v.pr. (anc. fr. *esgailler,* disperser). Se disperser, se débander, en partic. pour échapper à un danger, en parlant de personnes ou d'animaux groupés.

ÉGAL, E, AUX adj. (lat. *aequalis*). **1.** Semblable en nature, en quantité, en qualité, en valeur ; identique, pareil. *Deux quantités égales à une troisième sont égales entre elles.* **2.** *Figures égales,* isométriques ou superposables. — *Ensembles égaux,* constitués des mêmes éléments. — *Fonctions égales,* ayant même ensemble de définition, même ensemble d'arrivée et ayant les mêmes images pour toute valeur de la variable. **3.** Qui ne varie pas, qui ne présente pas de brusques différences. *Température égale. Être d'humeur égale.* **4.** *Litt.* Qui ne présente aucune irrégularité ; uni, de niveau. *Chemin égal.* **5.** Qui s'applique à tous dans les mêmes conditions ; impartial. *Une justice égale.* **6.** (Dans des loc.) Qui est objet d'indifférence. *Tout lui est égal. Ça m'est égal, bien égal.* ◇ *C'est égal :* quoi qu'il en soit, malgré tout. ◆ n. **1.** Personne qui est égale à une autre (par sa condition, ses droits, etc.). *Vivre avec des égaux. Elle lui parle en égale.* ◇ *N'avoir point d'égal, être sans égal :* être unique en son genre. — *D'égal à égal :* sur un pied d'égalité. **2.** *À l'égal de :* autant que, au même titre que. — *N'avoir d'égal* ou *d'égale que :* n'être égalé que par. *Sa fatuité n'a d'égale que sa sottise.*

ÉGALABLE adj. Qui peut être égalé.

ÉGALEMENT adv. **1.** De façon égale, semblable. *Aimer également tous ses enfants.* **2.** Aussi, de même. *Vous l'avez vue ; je viens de la voir également.*

ÉGALER v.t. **1.** Être égal en quantité à. *Deux multiplié par deux égale quatre.* **2.** Être égal à qqn, à qqch, en mérite, en qualité, en valeur, etc. ; rivaliser avec. *Rien n'égale sa beauté.*

ÉGALISATEUR, TRICE adj. Qui égalise. ◇ SPORTS. *But, point égalisateur,* qui permet d'égaliser.

ÉGALISATION n.f. SPORTS. Action d'égaliser ; son résultat.

ÉGALISER v.t. Rendre égal. *Égaliser les salaires. Égaliser un terrain.* ◆ v.i. SPORTS. Marquer un but ou un point rendant le score égal.

ÉGALISEUR n.m. ÉLECTROACOUST. Dispositif agissant sur l'intensité du signal électrique ou acoustique dans des bandes de fréquences déterminées afin d'obtenir la réponse désirée sur l'ensemble des fréquences sonores.

ÉGALITAIRE adj. et n. Qui vise à l'égalité civile, politique et sociale.

ÉGALITARISME n.m. Doctrine égalitaire.

ÉGALITÉ n.f. (lat. *aequalitas*). **1.** MATH. Qualité de ce qui est égal. *Égalité de deux nombres.* **2.** Qualité de ce qui est égal, uni, régulier. *Égalité d'un terrain. Égalité d'humeur.* **3.** Rapport entre individus, citoyens égaux en droits et soumis aux mêmes obligations. *Égalité civile, politique, sociale.*

ÉGARD n.m. (de l'anc. fr. *esgarder,* veiller sur). Considération, estime que l'on a pour qqn, qqch. *Tu pourrais avoir quelque égard pour son âge !* ◇ *À cet égard :* sur ce point. — *À l'égard de :* en ce qui concerne. — *À tous les égards, à tous égards :* sous tous les rapports. — *Eu égard à :* en tenant compte de. — *Sans égard pour :* sans tenir compte de. ◆ pl. Marques de respect ; attentions. *Ils l'ont traitée avec beaucoup d'égards.*

ÉGARÉ, E adj. **1.** Qui a perdu sa route. *Un promeneur égaré.* **2.** Qui donne une impression de grand trouble intérieur ; hagard. *Un air égaré.*

ÉGAREMENT n.m. *Litt.* Dérèglement de la conduite, de l'esprit ; folie passagère. *Un moment d'égarement.*

ÉGARER v.t. (du germ.). **1.** Perdre momentanément, ne plus trouver. *J'ai encore égaré ce papier !* **2.** *Fig.* Mettre dans l'erreur, faire prendre une mauvaise direction à ; détourner, fourvoyer. *Ces témoignages ont égaré les enquêteurs.* **3.** Mettre hors de soi, faire perdre le contrôle de soi. *La colère vous égare.* ◆ **s'égarer** v.pr. **1.** Se perdre en route, ne plus savoir où l'on est. *Elles se sont égarées dans la forêt.* **2.** *Fig.* S'écarter du bon sens, de la vérité. *Là, tu t'égares complètement !* **3.** Se porter sans effet quelque part. *Plusieurs votes se sont égarés sur des noms inconnus.*

ÉGAYANT, E adj. *Litt.* Qui rend gai.

ÉGAYEMENT n.m. → **ÉGAIEMENT.**

ÉGAYER [egeje] v.t. [6]. **1.** Apporter un élément de gaieté, de vie. *Ces couleurs égaient la pièce.* **2.** Rendre gai, amuser. *Cette comédie l'égaiera un peu.* ◆ **s'égayer** v.pr. *Litt.* S'amuser, se divertir, souvent en se moquant de qqn.

ÉGÉEN, ENNE adj. Qui se rapporte à la mer Égée. ◇ *Civilisation égéenne :* ensemble des cultures de l'âge du bronze qui se sont épanouies, de la fin du IIIe millénaire à la fin du IIe millénaire av. J.-C., de Chypre au Péloponnèse et de la Crète à Troie.

ÉGÉRIE n.f. (de *Égérie,* n.pr.). *Litt.* Femme qui joue le rôle de conseillère auprès d'un homme ou d'un groupe politique ; inspiratrice d'un artiste.

ÉGIDE n.f. (gr. *aigis, -idos,* peau de chèvre). **1.** MYTH. GR. Cuirasse ou bouclier merveilleux de Zeus et d'Athéna. **2.** *Litt. Sous l'égide de :* sous la protection, sous le patronage de.

ÉGLANTIER n.m. (lat. pop. *aquilentum*). Arbuste épineux, rosier sauvage aux grandes fleurs roses ou blanches, à fruits rouges ou noirs comestibles (cynorhodons). [Nom sc. *Rosa canina ;* famille des rosacées.]

ÉGLANTINE n.f. Fleur de l'églantier.

ÉGLEFIN [egləfɛ̃] ou **AIGLEFIN** [ɛgləfɛ̃] n.m. (moyen néerl. *schelvisch*). Poisson voisin de la morue, qui vit dans la mer du Nord et qui, fumé, fournit le haddock. (Long. 1 m ; genre *Melanogrammus,* famille des gadidés.) SYN. : *morue noire.*

1. ÉGLISE n.f. (gr. *ekklêsia,* assemblée). **1.** Société religieuse fondée par Jésus-Christ. **2.** Communauté chrétienne. *L'Église anglicane, orthodoxe, catholique.* **3.** L'Église catholique romaine. ◇ *Homme d'Église :* ecclésiastique.

2. ÉGLISE n.f. Édifice où se réunissent les chrétiens pour célébrer leur culte.

ÉGLISE-HALLE n.f. (pl. *églises-halles*). Église médiévale à plusieurs vaisseaux de même hauteur, largement ouverts les uns sur les autres.

ÉGLOGUE n.f. (gr. *eklogê,* choix). Petit poème pastoral dialogué.

EGO [ego] n.m. inv. (mot lat., *moi*). **1.** PHILOS. Sujet conscient et pensant. **2.** PSYCHAN. Le moi. **3.** ANTHROP. (Avec une majuscule.) Le sujet pris comme terme de référence, dans un vocabulaire de parenté. *Génération d'Ego.*

ÉGOCENTRIQUE adj. et n. Qui manifeste de l'égocentrisme.

ÉGOCENTRISME n.m. Tendance à centrer tout sur soi-même, à juger tout par rapport à soi ou à son propre intérêt (par oppos. à *allocentrisme*).

ÉGOÏNE n.f. (lat. *scobina,* lime). Scie à lame rigide, munie d'une poignée à l'une de ses extrémités. (On dit aussi *scie égoïne.*)

ÉGOÏSME n.m. (du lat. *ego,* moi). Tendance qui porte un individu à se préoccuper exclusivement de son propre plaisir et de son propre intérêt sans se soucier de ceux des autres.

ÉGOÏSTE adj. et n. Qui fait preuve d'égoïsme.

ÉGOÏSTEMENT adv. Avec égoïsme.

ÉGORGEMENT n.m. Action d'égorger ; meurtre commis en égorgeant.

ÉGORGER v.t. [10]. **1.** Tuer en coupant la gorge. *Égorger qqn. Égorger un mouton.* **2.** *Fig., fam.* Faire payer trop cher. *Un hôtelier qui égorge les clients.* ◆ **s'égorger** v.pr. S'entre-tuer.

ÉGORGEUR, EUSE n. Personne, animal qui tue en égorgeant. *Le renard, grand égorgeur de poules.*

ÉGOSILLER (S') v.pr. (de *gosier*). Crier ou chanter très fort ; se fatiguer la voix en criant ou en chantant fort et longtemps.

ÉGOTISME n.m. (angl. *egotism,* du lat. *ego,* moi). *Litt.* Culte du moi, intérêt excessif porté à sa propre personnalité.

ÉGOTISTE adj. et n. *Litt.* Qui fait preuve d'égotisme.

ÉGOUT n.m. (de *égoutter*). Conduite étanche, souterraine, qui recueille les eaux usées d'une agglomération et les évacue dans le milieu extérieur ou vers une station d'épuration.

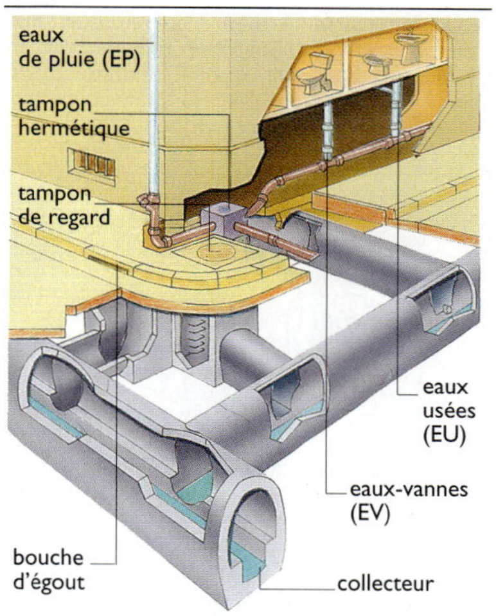

■ **ÉGOUT.** Branchements d'un égout.

ÉGOUTIER n.m. Personne chargée du nettoyage et de l'entretien des égouts.

ÉGOUTTAGE ou **ÉGOUTTEMENT** n.m. Action d'égoutter ; fait de s'égoutter.

ÉGOUTTER v.t. **1.** Débarrasser d'un liquide qui s'écoule goutte à goutte. *Égoutter de la vaisselle.* **2.** Séparer le petit-lait du caillé au cours de la fabrication du fromage. ◆ **s'égoutter** v.pr. Perdre son eau goutte à goutte. *Linge qui s'égoutte.*

ÉGOUTTOIR n.m. **1.** Casier en plastique ou en bois pour faire égoutter la vaisselle. **2.** Passoire hémisphérique pour égoutter les aliments. **3.** *Égouttoir à bouteilles :* hérisson.

ÉGOUTTURE n.f. Rare. Liquide provenant d'un objet qui s'égoutte.

ÉGRAINAGE n.m. → **ÉGRENAGE.**

ÉGRAINER v.t. → **ÉGRENER.**

ÉGRAPPAGE n.m. Action d'égrapper.

ÉGRAPPER v.t. Détacher les grains de raisin de la grappe.

ÉGRAPPOIR n.m. Appareil pour égrapper le raisin.

ÉGRATIGNER v.t. (anc. fr. *gratiner,* gratter). **1.** Déchirer légèrement la peau avec qqch de piquant. ◇ v.pr. *Il s'est égratigné dans les ronces.* **2.** Rayer superficiellement. **3.** *Fig.* Blesser, atteindre qqn par des railleries, des petites attaques personnelles.

ÉGRATIGNURE n.f. **1.** Déchirure, écorchure superficielle de la peau. **2.** *Fig.* Blessure d'amour-propre.

ÉGRENAGE ou **ÉGRAINAGE** n.m. Action d'égrener.

ÉGRENER [12] ou **ÉGRAINER** v.t. (du lat. *granum,* grain). **1.** Détacher les grains d'un épi ; éliminer les grains indésirables d'une grappe de raisin de table. *Égrener du maïs.* **2.** *Égrener un chapelet,* en faire passer tous les grains entre ses doigts pour compter les prières. **3.** Faire entendre une suite de sons bien détachés les uns des autres. *La pendule égrène les heures.* ◆ **s'égrener** ou **s'égrainer** v.pr. **1.** Tomber par grains. **2.** Se succéder à intervalles réguliers, se détacher élément par élément. *Les voitures s'égrenaient sur l'autoroute.*

ÉGRENEUSE n.f. AGRIC. Machine pour égrener le maïs, les plantes fourragères ou les plantes textiles (lin, coton, etc.).

ÉGRESSION n.f. (lat. *egressio,* sortie). MÉD. Évolution d'une ou de plusieurs dents qui, n'ayant pas de dents antagonistes, quittent leur plan articulaire normal, paraissant ainsi sortir de leurs alvéoles.

ÉGRILLARD, E adj. (de l'anc. fr. *escriller,* glisser). Qui aime les plaisanteries ou les propos grivois ; qui dénote cet état d'esprit. *Air égrillard.*

ÉGRISAGE n.m. Action d'égriser.

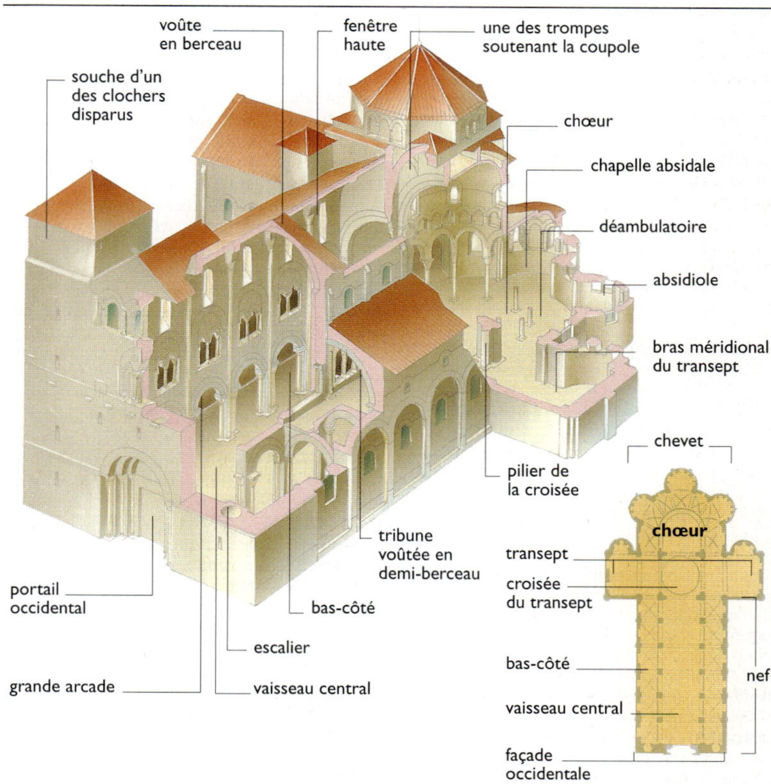

■ **ÉGLISE.** Écorché et plan de l'église Saint-Étienne de Nevers (art roman, seconde moitié du XIe s.).

ÉGRISÉE n.f. ou **ÉGRISÉ** n.m. Mélange de poudre de diamant et d'huile, utilisé pour tailler ou polir le diamant et d'autres gemmes.

ÉGRISER v.t. Polir par frottement avec un abrasif (égrisée, émeri, ponce, grès) une gemme, une glace, de la pierre, etc.

ÉGROTANT, E adj. (du lat. *aegrotare,* être malade). *Litt.,* vieilli. Qui est souvent malade.

ÉGRUGEAGE n.m. Action d'égruger.

ÉGRUGEOIR n.m. Mortier ou moulin en bois pour égruger le sel, le poivre, etc.

ÉGRUGER v.t. [10] (de *gruger*). Réduire en poudre ; broyer. *Égruger du sel, du sucre.*

ÉGUEULÉ, E adj. GÉOMORPH. *Cratère égueulé :* cratère de volcan dont le bord est échancré.

ÉGUEULER v.t. Briser le bord ou le goulot de ; ébrécher. *Égueuler une cruche.*

ÉGYPTIEN, ENNE adj. et n. De l'Égypte, de ses habitants. ◆ n.m. Langue chamito-sémitique de l'Égypte ancienne parlée jusqu'à l'hellénisation.

ÉGYPTIENNE n.f. IMPRIM. Famille de caractères à empattements quadrangulaires.

ÉGYPTOLOGIE n.f. Étude de l'Égypte ancienne.

ÉGYPTOLOGUE n. Spécialiste d'égyptologie.

EH interj. S'emploie pour exprimer la surprise, l'admiration, ou pour interpeller qqn. *Eh bien, ça par exemple ! Eh ! Tant que ça ! Eh, vous là-bas !*

ÉHONTÉ, E adj. (de *honte*). Qui manifeste un cynisme évident dans l'accomplissement de qqch de répréhensible. *Un menteur éhonté. Un trafic éhonté.*

EIDER [edɛr] n.m. (islandais *aedar*). Canard marin qui niche sur les côtes scandinaves et dont le duvet sert à fabriquer des édredons. (Long. 60 cm ; genre *Somateria,* famille des anatidés.)

EIDÉTIQUE [ɛjdetik] adj. (du gr. *eidos,* image). **1.** PHILOS. Qui concerne les essences, abstraction faite (« réduction eidétique ») de la réalité sensible ou psychologique, dans la phénoménologie de Husserl. **2.** PSYCHOL. *Image eidétique :* reviviscence d'une perception après un certain temps de latence.

EIDÉTISME [ɛjdetism] n.m. PSYCHOL. Faculté de revoir avec une grande acuité sensorielle des objets perçus plus ou moins longtemps auparavant, sans croire à la réalité matérielle du phénomène.

EINSTEINIUM [ajnʃtɛnjɔm] n.m. Élément artificiel (Es), de numéro atomique 99.

ÉJACULATION n.f. Émission du sperme au moment de l'orgasme masculin. ◇ *Éjaculation précoce :* émission de sperme survenant avant l'intromission du pénis ou avant l'orgasme de la partenaire.

ÉJACULER v.t. et v.i. (lat. *ejaculari*). Produire une éjaculation.

ÉJECTABLE adj. Qui peut être éjecté. ◇ *Siège éjectable :* siège d'avion muni d'une fusée qui, en cas de détresse, permet à son occupant d'évacuer l'appareil en vol ; *fig., fam.,* situation précaire.

ÉJECTER v.t. (lat. *ejectare*). **1.** Projeter au-dehors avec une certaine force. **2.** *Fam.* Faire sortir qqn, le congédier brutalement ; expulser.

ÉJECTEUR n.m. **1.** Mécanisme servant à éjecter des pièces métalliques ou plastiques. **2.** Pièce d'une arme à feu qui sert à éjecter la douille d'une cartouche.

ÉJECTION n.f. (du lat. *jacere,* jeter). Action d'éjecter, de rejeter au-dehors. *Éjection d'une cartouche. Éjection d'un pilote.*

ÉJOINTER v.t. Rare. Rogner les ailes d'un oiseau pour l'empêcher de voler.

EKTACHROME n.m. (nom déposé). Film en couleur inversible ; photographie faite avec ce type de film. Abrév. : *Ekta* (nom déposé).

ÉLABORATION n.f. **1.** Action d'élaborer qqch par un travail de réflexion ; préparation, création. *Élaboration d'une théorie.* **2.** BIOL., MÉD. Synthèse. **3.** Traitement permettant d'extraire un métal de son minerai, puis de l'affiner afin d'arriver, après différentes opérations, à sa composition finale.

ÉLABORÉ, E adj. **1.** Qui résulte d'une élaboration ; perfectionné. *Système très élaboré.* **2.** BOT. *Sève élaborée :* sève enrichie en substances organiques par l'activité chimique des feuilles et qui circule dans les tubes du liber.

ÉLABORER v.t. (lat. *elaborare,* perfectionner). **1.** Préparer, composer, construire par un long travail intellectuel. *Élaborer un plan.* **2.** BIOL., CHIM. Synthétiser. **3.** Procéder à l'élaboration d'un métal.

ELÆIS n.m. → **ÉLÉIS.**

ÉLAGAGE n.m. Action d'élaguer.

ÉLAGUER v.t. (mot francique). **1.** Couper les branches inutiles ou nuisibles d'un arbre. **2.** *Fig.* Supprimer ce qui est superflu dans une phrase, un texte, une œuvre littéraire.

ÉLAGUEUR n.m. **1.** Personne qui élague. **2.** Serpe pour élaguer.

1. ÉLAN n.m. **1.** Mouvement que l'on fait pour s'élancer. *Prendre son élan pour sauter.* – Force qui pousse un corps, un être en mouvement et qui l'entraîne dans une certaine direction. *Donner de l'élan. Briser un élan.* **2.** *Fig.* Mouvement intérieur spontané ; impulsion. *Un élan de générosité.*

2. ÉLAN n.m. (haut all. *elend*). Grand cerf aux bois larges et plats, qui vit en Scandinavie, en Sibérie, aux États-Unis et au Canada, où il est appelé *orignal.* (Long. 2,80 m ; poids 1 000 kg ; genre *Alces,* famille des cervidés.)

■ ÉLAN

ÉLANCÉ, E adj. Mince et de haute taille.

ÉLANCEMENT n.m. **1.** Douleur vive et intermittente. **2.** MAR. Angle formé par l'étrave ou l'étambot d'un navire avec le prolongement de la quille. – Ensemble des parties avant et arrière de la coque d'un navire en surplomb au-dessus de l'eau.

ÉLANCER v.i. et v.t. [9] (de *lancer*). Causer des élancements ; être le siège d'élancements. *Cet abcès au doigt lui élance* ou *l'élance.* ◆ **s'élancer** v.pr. **1.** Se jeter en avant, se porter vivement vers ; se précipiter, se ruer. *Il s'est élancé vers la sortie.* **2.** *Litt.* Se dresser verticalement ; s'élever, pointer. *La flèche du clocher s'élance vers le ciel.*

ÉLAND n.m. (angl. *eland*). Grande et lourde antilope africaine aux cornes spiralées. (Poids 800 kg ; genre *Taurotragus,* famille des bovidés.)

ÉLAPIDÉ n.m. (du lat. *elaps,* serpent corail). Serpent venimeux des régions tropicales d'Afrique, d'Asie et d'Australie, tel que le cobra et le mamba. (Les élapidés forment une famille.)

ÉLARGIR v.t. **1.** Rendre plus large ; agrandir. *Élargir une route, un vêtement. Élargir une ouverture.* **2.** Accroître l'étendue, l'importance de ; augmenter, développer. *Élargir la majorité. Élargir ses connaissances.* **3.** *Fig.* Donner une portée plus générale à. *Élargir un débat.* **4.** DR. Mettre en liberté. *Élargir un détenu.* ◆ **s'élargir** v.pr. Devenir plus large. *Le fleuve s'élargit près de son embouchure.*

ÉLARGISSEMENT n.m. **1.** Action d'élargir ou d'étendre qqch ; fait de s'élargir. **2.** DR. Mise en liberté d'un détenu.

ÉLASTHANNE n.m. Nom générique d'une fibre élastomère dotée d'une grande élasticité, commercialisée notamm. sous la marque Lycra.

ÉLASTICIMÉTRIE n.f. MATÉR. Mesure des contraintes subies par un corps et des déformations qui en résultent.

ÉLASTICITÉ n.f. **1.** Propriété que possèdent certains corps de reprendre leur forme ou leur volume quand la force qui les déformait a cessé d'agir. *Élasticité du caoutchouc.* ◇ *Limite d'élasticité :* valeur de la contrainte subie par un matériau telle que toute contrainte supérieure provoque des déformations résiduelles irréversibles (déformations plastiques). – *Module d'élasticité :* quotient de la contrainte agissant sur un corps par la déformation obtenue. **2.** Absence de raideur ; souplesse. *L'élasticité du pas.* **3.** *Fig.* Faculté d'adaptation ; souplesse d'esprit. **4.** Manque de rigueur. *Élasticité d'une morale.* **5.** ÉCON. Variation relative d'un phénomène par rapport à un autre. *L'élasticité de la demande en fonction du prix.*

ÉLASTINE n.f. BIOCHIM. Protéine présente dans de nombreux tissus, notamm. dans la peau, les gros vaisseaux sanguins et les ligaments, contribuant à leur soutien et leur conférant de l'élasticité, et entrant dans la composition de cosmétiques.

1. ÉLASTIQUE adj. (gr. *elastos,* ductile). **1.** Qui reprend sa forme et son volume après avoir été déformé. **2.** Fait d'une matière très souple, douée d'élasticité. *Ceinture élastique.* **3.** Se dit des mouvements d'un être vivant qui est souple et agile. *Démarche élastique de sportif.* **4.** *Fig.* Qui manque de rigueur ; qu'on peut interpréter librement ; accommodant. *Conscience élastique. Règlement élastique.*

2. ÉLASTIQUE n.m. **1.** Lien, bande circulaire en caoutchouc. *Une boîte d'élastiques.* **2.** Fil de caoutchouc. **3.** Ruban élastique dont la trame contient des fils de caoutchouc. *Acheter de l'élastique blanc.*

ÉLASTOMÈRE n.m. Polymère naturel ou synthétique, possédant des propriétés élastiques analogues à celles du caoutchouc.

ÉLAVÉ, E adj. Se dit du poil d'un chien ou d'une bête fauve dont la couleur pâle semble avoir déteint.

ELBOT n.m. (néerl. *heilbot*). Belgique. Flétan.

ELDORADO n.m. (esp. *el,* le, et *dorado,* doré). Pays chimérique où l'on peut s'enrichir facilement et où la vie est très agréable.

ÉLÉATE adj. et n. De la ville antique d'Élée. ◇ *Les Éléates :* philosophes de l'école d'Élée, école philosophique grecque (ve s. av. J.-C.) qui établit la distinction entre le monde intelligible, immuable et seul objet de la science, et le monde physique, changeant et connu par les sens. (Fondée par Xénophane, illustrée par Parménide et Zénon, cette école influença Platon.)

ÉLÉATIQUE adj. Qui appartient à l'école philosophique des Éléates.

ÉLECTEUR, TRICE n. (lat. *elector,* qui choisit). **1.** Personne qui a le droit de participer à une élection, qui a la capacité électorale. ◇ *Grands électeurs :* collège électoral formé des députés, des conseillers généraux, des délégués des conseils municipaux et des conseillers régionaux des départements d'outre-mer, qui élit les sénateurs, en France. **2.** HIST. (Avec une majuscule.) Prince ou évêque qui participait à l'élection de l'empereur dans le Saint Empire romain germanique. *L'Électeur de Saxe.*

ÉLECTIF, IVE adj. **1.** Nommé ou conféré par élection. *Un président électif.* **2.** Qui opère un choix, une sélection. *Affinités électives.*

ÉLECTION n.f. (lat. *electio,* de *eligere,* choisir). **1.** Choix qu'on exprime par l'intermédiaire d'un vote. *Élection au suffrage universel. Élections municipales.* **2.** *D'élection :* qui est l'objet d'une distinction, d'un choix, d'une préférence. *Patrie, terre d'élection.* **3.** DR. *Élection de domicile :* indication d'un domicile en vue d'un acte juridique déterminé. **4.** HIST. Circonscription financière de la France de l'Ancien Régime, soumise à la juridiction d'officiers royaux, les *élus.* (La France était divisée en *pays d'états* et *pays d'élections.*)

ENCYCL. La France connaît sept types d'élections politiques : trois au niveau local (les élections municipales, cantonales et régionales), trois au niveau national (les élections présidentielle, législatives et sénatoriales) et les élections européennes. Les élections sénatoriales sont les seules à avoir lieu au suffrage universel indirect.

ÉLECTIVITÉ n.f. Qualité d'une personne ou d'une fonction désignée par élection.

ÉLECTORAL, E, AUX adj. Qui se rapporte à une élection, aux élections. *Campagne électorale.*

ÉLECTORALISME n.m. Attitude d'un parti ou d'un gouvernement qui oriente son programme et ses positions en fonction de considérations purement électorales.

ÉLECTORALISTE adj. Inspiré par l'électoralisme.

ÉLECTORAT n.m. **1.** Ensemble des électeurs d'un pays, d'un parti, d'une région, etc. **2.** DR. Ensemble des conditions constitutives de la qualité d'électeur. *Jouir de l'électorat.* **3.** HIST. Dignité d'Électeur dans le Saint Empire romain germanique. – Territoire soumis à la juridiction d'un Électeur.

ÉLECTRET n.m. PHYS. Diélectrique qui reste électrisé de façon permanente après avoir été soumis à un champ électrique temporaire.

ÉLECTRICIEN, ENNE n. **1.** Artisan qui fait ou répare des installations électriques. – Commerçant qui vend des appareils électriques. **2.** Spécialiste (physicien, ingénieur) de l'électricité.

ÉLECTRICITÉ n.f. (du gr. *êlektron,* ambre jaune, **à cause de ses propriétés**). **1.** Manifestation d'une forme d'énergie associée à des charges électriques au repos ou en mouvement. ◇ *Quantité d'électricité :* produit de l'intensité d'un courant par le temps de passage. **2.** Cette forme d'énergie utilisée comme source d'éclairage et servant à des usages domestiques ou industriels. *Allumer, éteindre l'électricité. Panne, coupure d'électricité. Payer sa facture d'électricité.* **3.** Partie de la physique et des techniques qui traite des phénomènes électriques et de leurs applications. **4.** PHYSIOL. *Électricité animale :* électricité produite par les animaux, notamm. par certaines espèces de poissons, pour s'orienter (électrolocation) ou pour chasser et se défendre.

ENCYCL. La matière ordinaire est constituée d'atomes contenant autant d'électrons (de charge négative) que de protons (de charge positive) : elle est donc neutre électriquement. Un déficit d'électrons se traduit par une charge électrique positive ; un surplus d'électrons, par une charge électrique négative.

L'électricité, qui traite de leur étude, recouvre plusieurs domaines. L'*électrostatique* est l'étude de ces charges au repos ; l'*électrocinétique,* celle des charges en mouvement. Théories initialement distinctes, l'électricité et le magnétisme furent unifiés au sein de l'*électromagnétisme.* En effet, un courant électrique crée une induction magnétique, et un aimant en mouvement peut induire un courant dans un conducteur. Cela a permis d'élucider la nature des ondes radio, de la lumière, des rayons X ou γ, qui sont des ondes électromagnétiques de même nature, mais de fréquences différentes. Grâce à l'électromagnétisme, l'électricité a pu trouver des applications industrielles et devenir un vecteur énergétique synonyme de développement économique. Ainsi les courants alternatifs, longtemps méconnus, ont donné lieu aux applications industrielles les plus importantes de l'*électrotechnique.* Leur utilisation à haute fréquence a permis de communiquer à grande distance alors que la découverte de la structure granulaire de l'électricité a conduit au développement de l'*électronique.*

ÉLECTRIFICATION n.f. Action d'électrifier.

ÉLECTRIFIER v.t. [5]. **1.** Doter d'un réseau de distribution d'énergie électrique. *Électrifier une région.* **2.** Équiper une voie ferrée pour la traction électrique.

ÉLECTRIQUE adj. **1.** Qui se rapporte à l'électricité. *Courant électrique.* **2. a.** Qui produit de l'électricité. *Pile électrique.* **b.** Qui fonctionne à l'électricité. *Lumière électrique.*

ÉLECTRIQUEMENT adv. Au moyen de l'électricité.

ÉLECTRISABLE adj. Qui peut être électrisé.

ÉLECTRISANT, E adj. **1.** Qui électrise, développe de l'électricité. **2.** *Fig.* Qui exalte et provoque un grand enthousiasme. *Un discours électrisant.*

ÉLECTRISATION n.f. Action, manière d'électriser ; fait d'être électrisé.

ÉLECTRISER v.t. **1.** Développer des charges électriques sur un corps. *Électriser un bâton de verre.* **2.** *Fig.* Éveiller fortement l'intérêt, l'enthousiasme de ; enflammer, galvaniser. *Électriser un auditoire.*

ÉLECTROACOUSTIQUE n.f. Technique de la production, de la transmission, de l'enregistrement et de la reproduction des signaux acoustiques par des moyens électriques. ◆ adj. *Musique électroacoustique :* musique utilisant cette technique pour la production des sons destinés à l'écoute directe (synthétiseur) ou différée (enregistrement sur bande magnétique). [La musique électroacoustique regroupe la musique concrète et la musique électronique.]

ÉLECTROAFFINITÉ n.f. Énergie qu'il faut fournir à un atome pour qu'il s'attache un électron. CONTR. : *énergie d'ionisation.*

ÉLECTROAIMANT n.m. Dispositif produisant un champ magnétique grâce à un système de bobines à noyau de fer, parcourues par un courant électrique.

ÉLECTROBIOLOGIE n.f. Étude des phénomènes électriques spontanés des organismes vivants (électrophysiologie) et de l'utilisation de l'électricité dans les expériences biologiques.

ÉLECTROCAPILLARITÉ n.f. PHYS. Variation de tension superficielle qui résulte de l'action d'un champ électrique.

ÉLECTROCARDIOGRAMME n.m. MÉD. Tracé obtenu grâce à l'électrocardiographie.

ÉLECTROCARDIOGRAPHE n.m. MÉD. Appareil utilisé au cours de l'électrocardiographie.

ÉLECTROCARDIOGRAPHIE n.f. MÉD. Technique d'enregistrement de l'activité électrique du cœur.

ÉLECTROCHIMIE n.f. Science et technique des transformations réciproques de l'énergie chimique et de l'énergie électrique.

ÉLECTROCHIMIQUE adj. Qui se rapporte à l'électrochimie.

ÉLECTROCHOC n.m. **1.** Méthode de traitement des dépressions graves et de certaines psychoses, qui consiste à provoquer des convulsions épileptiques par le passage bref de courant à travers le cerveau. SYN. : *sismothérapie.* **2.** *Fig.* Phénomène, événement dont l'apparition provoque un choc psychologique brutal.

ÉLECTROCINÉTIQUE n.f. Partie de la physique qui étudie les charges électriques en mouvement indépendamment des champs magnétiques créés.

ÉLECTROCOAGULATION n.f. CHIRURG. Technique de destruction des tissus vivants par coagulation à l'aide d'un courant de haute fréquence.

ÉLECTROCOPIE n.f. Procédé de reproduction se fondant sur l'électrostatique.

ÉLECTROCUTER v.t. (angl. *to electrocute*). **1.** Causer une secousse par le passage dans l'organisme d'un courant électrique. – *Spécial.* Causer une secousse mortelle. **2.** Procéder à une exécution par électrocution.

ÉLECTROCUTION n.f. **1.** Effet pathologique provoqué dans l'organisme par le passage d'un courant électrique. **2.** Exécution des condamnés à mort par choc électrique, en vigueur dans certains États des États-Unis.

ÉLECTRODE n.f. Extrémité de chacun des conducteurs fixés aux pôles d'un générateur électrique, dans un voltamètre, un tube à gaz raréfié ou un dispositif à arc électrique.

ÉLECTRODÉPOSITION n.f. TECHN. Procédé d'obtention d'un dépôt par électrolyse, d'un revêtement de peinture par électrophorèse.

ÉLECTRODIAGNOSTIC n.m. MÉD. Diagnostic des maladies par enregistrement d'une activité électrique (électrocardiographie, par ex.).

ÉLECTRODIALYSE n.f. CHIM. Procédé de séparation des ions d'un liquide placé entre deux membranes semi-perméables en présence d'un champ électrique.

ÉLECTRODOMESTIQUE adj. et n.m. Se dit des appareils électriques destinés à être utilisés à la maison (appareils ménagers, outils de bricolage, ordinateurs, etc.).

ÉLECTRODYNAMIQUE n.f. **1.** Partie de la physique qui traite des actions dynamiques entre courants électriques. **2.** *Électrodynamique quantique :* théorie quantique relativiste de l'interaction entre matière et rayonnement et, plus spécifiquement, de l'interaction entre électrons et photons. ◆ adj. Relatif à l'électrodynamique.

ÉLECTRODYNAMOMÈTRE n.m. Appareil pour mesurer l'intensité d'un courant électrique.

ÉLECTROENCÉPHALOGRAMME n.m. MÉD. Tracé obtenu par électroencéphalographie.

ÉLECTROENCÉPHALOGRAPHIE n.f. MÉD. Technique d'enregistrement de l'activité électrique spontanée du cortex cérébral.

ÉLECTROÉROSION n.f. Procédé d'usinage de pièces métalliques par une succession très rapide de décharges électriques dans un liquide isolant.

ÉLECTROFAIBLE adj. PHYS. Se dit de la théorie unifiée de l'interaction électromagnétique et de l'interaction faible.

ÉLECTROFORMAGE n.m. MÉTALL. Procédé utilisé pour produire ou reproduire un objet métallique par électrodéposition.

ÉLECTROGÈNE adj. Qui produit de l'électricité. ◇ *Groupe électrogène :* ensemble formé par un moteur thermique et un générateur, et qui transforme en énergie électrique l'énergie mécanique fournie par le moteur.

ÉLECTROLOCATION ou **ÉLECTROLOCALISATION** n.f. ZOOL. Localisation des proies et des obstacles à l'aide d'un champ électrique produit par des organes spéciaux, observée chez certains poissons (gymnotes).

ÉLECTROLOGIE n.f. Discipline qui traite des applications médicales de l'électricité.

ÉLECTROLUMINESCENCE n.f. Luminescence d'une substance sous l'action d'un champ électrique.

ÉLECTROLUMINESCENT, E adj. Qui est doué d'électroluminescence.

ÉLECTROLYSABLE adj. Qui peut être électrolysé.

ÉLECTROLYSE n.f. Dissociation en ions chimiques de certaines substances en fusion ou en solution, produite par un courant électrique. (L'aluminium est produit par électrolyse de l'alumine.)

ÉLECTROLYSER v.t. Soumettre à l'électrolyse.

ÉLECTROLYSEUR n.m. Appareil pour faire une électrolyse.

ÉLECTROLYTE n.m. Corps qui, fondu ou en solution, peut se dissocier en ions sous l'action d'un courant électrique.

ÉLECTROLYTIQUE adj. **1.** Qui a les caractères d'un électrolyte. **2.** Qui se fait par électrolyse.

ÉLECTROMAGNÉTIQUE adj. Qui se rapporte à l'électromagnétisme.

ÉLECTROMAGNÉTISME n.m. Partie de la physique qui étudie les relations entre électricité et magnétisme.

ÉLECTROMÉCANICIEN, ENNE n. Spécialiste d'électromécanique.

ÉLECTROMÉCANIQUE n.f. Ensemble des techniques qui utilisent des composants électriques dans des dispositifs mécaniques. ◆ adj. Relatif à l'électromécanique.

ÉLECTROMÉNAGER, ÈRE adj. Se dit d'un appareil électrique à usage ménager (fer à repasser, aspirateur, etc.). ◆ n.m. Ensemble des appareils électroménagers ; leur fabrication, leur commerce.

ÉLECTROMÉNAGISTE n. Commerçant en appareils électroménagers.

ÉLECTROMÉTALLURGIE n.f. Utilisation des propriétés thermiques et électrolytiques de l'électricité pour la production et l'affinage des produits métallurgiques.

ÉLECTROMÈTRE n.m. Appareil électrostatique pour mesurer des différences de potentiel ou des charges électriques.

ÉLECTROMÉTRIE n.f. Ensemble des méthodes de mesure utilisant des électromètres.

ÉLECTROMOTEUR, TRICE adj. **1.** Qui développe de l'électricité sous l'influence d'une action mécanique ou chimique. **2.** *Force électromotrice (f.é.m.) :* tension aux bornes de la source idéale de tension introduite dans la représentation d'un élément actif de circuit, générateur ou récepteur.

ÉLECTROMYOGRAMME n.m. MÉD. Tracé obtenu grâce à l'électromyographie.

ÉLECTROMYOGRAPHIE n.f. MÉD. Technique d'enregistrement de l'activité électrique des muscles et des nerfs.

ÉLECTRON n.m. Particule fondamentale portant une charge électrique négative ($-1{,}602 \times 10^{-19}$ C) et qui est constituant universel de la matière. ◇ *Électron libre :* électron de *valence d'un métal, responsable de sa conductibilité électrique ; *fig.,* personne qui, par son indépendance d'esprit et sa liberté de parole, se démarque du groupe auquel elle appartient.

ÉLECTRONÉGATIF, IVE adj. CHIM. Se dit d'un élément dont les atomes ont une affinité pour les électrons (les halogènes, l'oxygène, les non-métaux).

ÉLECTRONICIEN, ENNE n. Spécialiste de l'électronique.

ÉLECTRONIQUE n.f. Partie de la physique et de la technique qui étudie et utilise les variations de grandeurs électriques (champs électromagnétiques, charges électriques, etc.) pour capter, transmettre et exploiter de l'information. ◆ adj. **1.** Qui se rapporte à l'électron. *Flux électronique.* **2.** Qui fonctionne suivant les principes de l'électroni-

E

que ; qui utilise les dispositifs électroniques. *Machine à calculer électronique.* <> *Annuaire électronique :* annuaire téléphonique consultable sur terminal vidéotex. – *Musique électronique :* musique utilisant des oscillations électriques pour créer des sons musicaux, par l'intermédiaire de haut-parleurs.

ÉLECTRONIQUEMENT adv. Par des moyens électroniques.

ÉLECTRONUCLÉAIRE adj. *Centrale électronucléaire :* centrale électrique utilisant l'énergie thermique produite par un réacteur nucléaire. ◆ n.m. Ensemble des techniques visant à la production d'électricité à partir de l'énergie nucléaire.

ÉLECTRONVOLT n.m. Unité d'énergie (symb. eV) utilisée en physique atomique et nucléaire ($1\ eV = 1{,}602 \times 10^{-19}\ J$).

ÉLECTRO-OSMOSE n.f. (pl. *électro-osmoses*). Traversée d'une paroi par un liquide sous l'effet d'un champ électrique. SYN. : *osmose électrique.*

ÉLECTROPHILE adj. Se dit de particules chimiques susceptibles d'accepter une paire d'électrons.

ÉLECTROPHONE n.m. Appareil permettant la lecture des disques noirs.

ÉLECTROPHORÈSE n.f. CHIM. Déplacement, sous l'effet d'un champ électrique, de granules, de particules chargées, en solution ou en émulsion. (Cette technique a de nombreuses applications en chimie, biologie, médecine et dans l'industrie.)

ÉLECTROPHYSIOLOGIE n.f. Partie de la physiologie qui étudie l'activité électrique des cellules, des organes et des tissus vivants, notamm. des tissus nerveux et musculaires.

ÉLECTROPORTATIF, IVE adj. Se dit du petit outillage électrique que l'on peut facilement transporter (perceuses, ponceuses, scies, etc.).

ÉLECTROPOSITIF, IVE adj. CHIM. Se dit d'un élément dont les atomes peuvent céder facilement des électrons (les métaux, l'hydrogène).

ÉLECTROPUNCTURE [-pɔ̃k-] ou **ÉLECTROPONCTURE** n.f. Électrothérapie dans laquelle on pique la peau avec des aiguilles ensuite soumises à un courant électrique.

ÉLECTRORADIOLOGIE n.f. Radiologie.

ÉLECTROSCOPE n.m. Instrument permettant de détecter les charges électriques et de déterminer leur signe.

ÉLECTROSTATIQUE n.f. Partie de la physique qui étudie les phénomènes d'équilibre de l'électricité sur les corps électrisés. ◆ adj. Relatif à l'électrostatique.

ÉLECTROSTRICTION n.f. Déformation d'un diélectrique soumis à un champ électrique.

ÉLECTROTECHNICIEN, ENNE n. Spécialiste des applications techniques de l'électricité.

ÉLECTROTECHNIQUE n.f. Application des lois de la physique à la production, au traitement, au transport et à l'utilisation de l'énergie électrique. ◆ adj. Relatif à l'électrotechnique.

ÉLECTROTHÉRAPIE n.f. Traitement des maladies par application de courant électrique ; utilisation chirurgicale de ce courant (par ex. électrocoagulation).

ÉLECTROTHERMIE n.f. **1.** Étude des transformations de l'énergie électrique en chaleur. **2.** Utilisation de ce phénomène en électrométallurgie.

ÉLECTROTROPISME n.m. ÉTHOL. Réaction d'orientation de certains animaux par rapport à un champ électrique.

ÉLECTROVALENCE n.f. CHIM. Tendance pour un élément chimique à acquérir une structure électronique stable par perte ou capture d'électrons.

ÉLECTROVALVE n.f. Valve ou soupape commandée par un électroaimant.

ÉLECTROVANNE n.f. Vanne réglant le débit d'un fluide et commandée par un électroaimant.

ÉLECTRUM [elɛktrɔm] n.m. Alliage d'or et d'argent extrait, dans l'Antiquité, à l'état naturel en Asie Mineure.

ÉLECTUAIRE n.m. (du lat. *electus,* choisi). Anc. Remède que l'on préparait en mélangeant des poudres dans du miel.

ÉLÉGAMMENT adv. Avec élégance.

ÉLÉGANCE n.f. (lat. *elegantia*). **1.** Grâce, distinction, aisance dans l'allure, les manières, l'habillement. *L'élégance de la taille, de la toilette.* **2.** Délicatesse de l'expression ; art de choisir les mots et les tours de langage. *Parler, écrire avec élégance. L'élégance du style.*

ÉLÉGANT, E adj. et n. (lat. *elegans*). Se dit d'une personne qui a de l'élégance dans ses manières, dans son habillement. ◆ adj. **1.** Dont la forme et l'aspect sont gracieux, fins, bien proportionnés. *Une reliure élégante. Une voiture élégante.* **2.** Qui montre de la distinction, de l'aisance ; chic, distingué. *La clientèle élégante d'un hôtel. Milieu élégant.* **3.** Qui séduit par sa simplicité ingénieuse, sa netteté, sa courtoisie ; délicat. *Démonstration élégante. Style, procédé élégant.*

ÉLÉGIAQUE adj. Propre à l'élégie. *Vers élégiaques.* ◆ adj. et n. Qui écrit des élégies.

GROUPE

I A	II A	III B	IV B	V B	VI B	VII B	VIII	VIII	VIII	I B
1 1,0079 H hydrogène										
3 6,941 Li lithium	4 9,0122 Be béryllium									
11 22,9898 Na sodium	12 24,3050 Mg magnésium									
19 39,0983 K potassium	20 40,078 Ca calcium	21 44,9559 Sc scandium	22 47,88 Ti titane	23 50,9415 V vanadium	24 51,9961 Cr chrome	25 54,9380 Mn manganèse	26 55,847 Fe fer	27 58,9332 Co cobalt	28 58,6934 Ni nickel	29 63,546 Cu cuivre
37 85,4678 Rb rubidium	38 87,62 Sr strontium	39 88,9058 Y yttrium	40 91,224 Zr zirconium	41 92,9064 Nb niobium	42 95,94 Mo molybdène	43 (98) Tc technétium	44 101,07 Ru ruthénium	45 102,9055 Rh rhodium	46 106,42 Pd palladium	47 107,8682 Ag argent
55 132,9054 Cs césium	56 137,327 Ba baryum	57 138,9055 La lanthane	72 178,49 Hf hafnium	73 180,9479 Ta tantale	74 183,84 W tungstène	75 186,207 Re rhénium	76 190,23 Os osmium	77 192,22 Ir iridium	78 195,08 Pt platine	79 196,9665 Au or
87 (223) Fr francium	88 226,0254 Ra radium	89 227,0278 Ac actinium	104 261,1089 Rf rutherfordium	105 262,1144 Db dubnium	106 263,1186 Sg seaborgium	107 264,12 Bh bohrium	108 265,1306 Hs hassium	109 (268) Mt meitnérium	110 (produit en 1994)	111 (produit en 1994)

Autour du noyau, les électrons sont disposés en couches successives. Les éléments qui figurent sur une même ligne, ou **période**, comportent le même nombre de couches : une seule pour l'hydrogène et l'hélium, deux pour la période suivante (du lithium au néon), etc.
Les 18 colonnes du tableau périodique sont réparties en 9 **groupes** numérotés en chiffres romains. Ce chiffre représente le nombre d'électrons de valence, autrement dit le nombre d'électrons susceptibles de participer à une liaison chimique. La couche électronique périphérique des éléments d'une même colonne présente la même configuration, ce qui leur vaut d'avoir des propriétés chimiques analogues.
Les éléments des sous-groupes III B à VII B ont, en particulier, des propriétés très semblables ; on les appelle « éléments de transition ».
Les éléments du groupe 0 terminent chaque période et constituent la famille des gaz rares.
La **masse atomique** des éléments est établie sur la base de celle de l'isotope 12 du carbone, égale exactement à 12. Les nombres entre parenthèses correspondent à la masse atomique de l'isotope le plus stable, c'est-à-dire celui qui a la période la plus longue.
Les éléments qui figurent sur un fond plus foncé sont tous artificiels (sauf Tc, Np et Pu). Ils ont été synthétisés grâce au bombardement de noyaux par des faisceaux de particules ou d'ions, notamment, pour les plus lourds d'entre eux, lors d'expériences dans des accélérateurs.

LANTHANIDES

58 140,115 Ce cérium	59 140,9076 Pr praséodyme	60 144,24 Nd néodyme	61 (145) Pm prométhéum	62 150,36 Sm samarium	63 151,965 Eu europium	64 157,25 Gd gadolinium

ACTINIDES

90 232,0381 Th thorium	91 231,0359 Pa protactinium	92 238,0289 U uranium	93 (237,0482) Np neptunium	94 (244) Pu plutonium	95 (243) Am américium	96 (247) Cm curium

numéro atomique	masse atomique
Symbole nom	

■ **ÉLÉMENT.** Classification périodique des éléments chimiques.

ÉLÉGIE n.f. (gr. *elegeia*, chant de deuil). **1.** Dans la poésie grecque et latine, pièce de vers formée d'hexamètres et de pentamètres alternés. **2.** Poème lyrique dont le ton est le plus souvent tendre et triste. *Les élégies de Chénier.*

ÉLÉIS ou **ELÆIS** [eleis] n.m. (gr. *elaiêeis*, huileux). Palmier d'Afrique et d'Asie dont le fruit fournit l'huile de palme et les graines l'huile de palmiste.

ÉLÉMENT n.m. (lat. *elementum*). **1.** Milieu dans lequel un être est fait pour vivre, dans lequel il exerce son activité. *L'eau est l'élément des poissons. Se sentir dans son élément.* ◇ ***Les quatre éléments*** : l'air, le feu, la terre et l'eau, considérés par les Anciens comme les composants ultimes de la réalité. **2.** CHIM. Classe des atomes de même numéro atomique. (La comparaison des propriétés chimiques et physiques des éléments a conduit, en 1869, le chimiste russe Mendeleïev à en proposer une classification périodique, qui a trouvé sa justification dans les découvertes ultérieures de la physique sur la structure des atomes.) **3.** Chaque objet, chaque chose concourant avec d'autres à la formation d'un tout. *Les éléments d'un ouvrage, d'une bibliothèque. Les éléments d'une enquête.* ◇ ALGÈBRE. ***Élément d'un ensemble***, un des objets dont cet ensemble est constitué. **4.** Personne appartenant à un groupe. *C'est l'un de nos meilleurs éléments.* **5.** ÉLECTROTECHN. Couple d'une pile électrique, d'un accumulateur. ◆ pl. **1.** *Litt.* Ensemble des forces naturelles. *Lutter contre les éléments déchaînés.* **2.** Principes fondamentaux, notions de base. *Éléments de physique.*

ÉLÉMENTAIRE adj. (lat. *elementarius*). **1.** CHIM. Qui concerne l'élément. *Analyse chimique élémentaire.* **2.** Très simple, réduit à l'essentiel. *Problème élémentaire.* **3.** Qui sert de base à un ensemble. *Connaissances élémentaires.* ◇ ***Enseignement élémentaire*** : enseignement du premier degré qui succède à l'enseignement préélémentaire, comprend les cours préparatoire, élémentaire 1 et 2 et moyen 1 et 2, et est dispensé dans les écoles élémentaires (ou primaires). – ***Cours élémentaire (CE)*** : dans l'enseignement du premier degré, cours réparti sur deux ans et succédant au cours préparatoire, pour les enfants de sept à neuf ans. **4.** PHYS. Se dit des objets physiques dont on considère en dernière analyse que tout corps est formé. *Particule élémentaire.* **5.** PROBAB. Se dit d'un événement réduit à une seule éventualité.

■ **ÉLÉPHANTS**

ÉLÉPHANT n.m. (lat. *elephantus*, d'un mot gr.). **1.** Grand mammifère ongulé du sous-ordre des proboscidiens, vivant, selon l'espèce, en Asie ou en Afrique, herbivore, caractérisé par sa peau épaisse, ses incisives supérieures allongées en défenses, qui peuvent peser 100 kg et fournissent l'ivoire du commerce, et sa trompe souple et préhensile, formée par le nez et la lèvre supérieure. (Haut de 2 m à 3,70 m et pesant jusqu'à 6 t, l'éléphant est le plus gros animal terrestre actuel ; il peut vivre cent ans et la gestation dure vingt et un mois. La femelle est l'éléphante, le petit l'éléphanteau. L'espèce africaine [genre *Loxodonta*] est très menacée et sa chasse sévèrement réglementée.) **2.** ***Éléphant de mer*** : grand phoque des mers australes et antarctiques, dont l'appendice nasal, allongé et mobile chez le mâle, rappelle la trompe de l'éléphant. (Long. 6 m ; poids 3 t ; genre *Mirounga*.) **3.** Afrique, Belgique, Québec. *Fam.* ***Éléphant blanc*** : réalisation qui a coûté très cher mais dont l'utilité est faible.

ÉLÉPHANTESQUE adj. *Fam.* Énorme, gigantesque.

ÉLÉPHANTIASIS [-tjazis] n.m. MÉD. Œdème volumineux atteignant souvent les membres inférieurs, dû à un ralentissement de la circulation lymphatique.

ÉLÉPHANTIN, E adj. Qui ressemble à l'éléphant ; propre à l'éléphant. *Démarche éléphantine.*

ÉLEVAGE n.m. **1.** Action d'élever et d'entretenir des animaux. *L'élevage des bovins.* **2.** Ensemble des animaux d'une même espèce dans une exploitation agricole, piscicole, etc. ; cette exploitation. *Un élevage de moutons. Un élevage de truites.* **3.** Ensemble des opérations effectuées sur un vin, du décuvage à la mise en bouteille.

ÉLÉVATEUR, TRICE adj. Qui sert à élever. *Muscle élévateur de la paupière. Plate-forme élévatrice.* ◆ n.m. **1.** Muscle élévateur. **2.** Appareil ou engin utilisé pour transporter verticalement, ou sur de fortes pentes, des charges ou des matériaux.

ÉLÉVATION n.f. **1.** Action d'élever, de porter vers le haut ; fait de s'élever. *Élévation des bras audessus de la tête. Élévation du niveau des eaux.* – CATH. Moment de la messe où le prêtre élève l'hostie et le calice, après la consécration. **2.** Action de porter, de se porter à un degré supérieur. *Élévation au grade d'officier. Élévation des prix, de la voix.* **3.** Qualité de ce qui est moralement élevé ; hauteur, noblesse. *Élévation de l'âme, de la pensée.* **4.** DANSE. Aptitude d'un danseur à exécuter des mouvements en l'air. **5.** MATH. Action d'élever un nombre réel à une puissance donnée. *Élévation au cube, à la puissance 5/2.* **6. a.** GÉOMÉTR. Représentation d'un objet projeté sur un plan vertical parallèle à l'une de ses faces. **b.** ARCHIT. Représentation géométrale d'une face verticale ; cette face elle-même. **7.** Terrain élevé ; éminence.

ÉLÉVATOIRE adj. Qui sert à élever des fardeaux, des liquides. *Pompe élévatoire.*

ÉLÈVE n. (de *élever*). **1.** Garçon ou fille qui reçoit un enseignement dans un établissement scolaire. **2.** Personne qui suit l'enseignement d'un maître, en partic. dans le domaine artistique. **3.** AGRIC. Jeune animal né et soigné chez un éleveur ; plante ou arbre dont on dirige la croissance. **4.** MIL. Candidat à une fonction ou à un grade.

ÉLEVÉ, E adj. **1.** Qui atteint une grande hauteur. *Arbre élevé. Prix élevé.* **2.** *Litt.* Qui a de la grandeur morale ; noble. *Livres d'une inspiration élevée.* **3.** ***Bien, mal élevé*** : qui a reçu une bonne, une mauvaise éducation.

PÉRIODE	GROUPE II B	III A	IV A	V A	VI A	VII A	0
1							2 4,0026 He hélium
2		5 10,811 B bore	6 12,011 C carbone	7 14,0067 N azote	8 15,9994 O oxygène	9 18,9984 F fluor	10 20,1797 Ne néon
3		13 26,9815 Al aluminium	14 28,0855 Si silicium	15 30,9737 P phosphore	16 32,066 S soufre	17 35,4527 Cl chlore	18 39,948 Ar argon
4	30 65,39 Zn zinc	31 69,723 Ga gallium	32 72,61 Ge germanium	33 74,9216 As arsenic	34 78,96 Se sélénium	35 79,904 Br brome	36 83,80 Kr krypton
5	48 112,411 Cd cadmium	49 114,818 In indium	50 118,710 Sn étain	51 121,757 Sb antimoine	52 127,60 Te tellure	53 126,9045 I iode	54 131,29 Xe xénon
6	80 200,59 Hg mercure	81 204,3833 Tl thallium	82 207,2 Pb plomb	83 208,9804 Bi bismuth	84 (209) Po polonium	85 (210) At astate	86 (222) Rn radon
7	112 (produit en 1996)		114 (produit en 1999)		116 (produit en 1999)		118 (produit en 1999)

LANTHANIDES

PÉRIODE							
6	65 158,9253 Tb terbium	66 162,50 Dy dysprosium	67 164,9303 Ho holmium	68 167,26 Er erbium	69 168,9342 Tm thulium	70 173,04 Yb ytterbium	71 174,967 Lu lutécium

ACTINIDES

PÉRIODE							
7	97 (247) Bk berkélium	98 (251) Cf californium	99 (252) Es einsteinium	100 (257) Fm fermium	101 (258) Md mendélévium	102 (259) No nobélium	103 (260) Lr lawrencium

E

ÉLEVER v.t. [12] (de *lever*). **1.** Porter vers le haut ; dresser, construire. *Élever un mât, un mur, un monument.* ◇ ***Élever des critiques, des protestations,*** les formuler. **2.** Porter à un niveau supérieur ; rendre plus important ; augmenter. *La crue élève le niveau du fleuve. Élever les prix.* ◇ ***Élever le ton, la voix :*** parler plus fort ; menacer. **3.** Porter à un degré supérieur ; promouvoir. *Élever qqn au pouvoir. L'héroïsme élève l'homme au-dessus de sa condition.* **4.** Porter plus haut moralement ou intellectuellement ; grandir, ennoblir. *Élever sa pensée. Élever le débat.* **5.** Assurer la formation morale et intellectuelle de ; éduquer. *Bien élever ses enfants.* **6.** Assurer le développement, l'entretien des animaux ; nourrir, soigner. *Élever des chiens.* **7.** GÉOMÉTR. ***Élever une perpendiculaire :*** tracer une perpendiculaire à une droite, à un plan. **8.** ***Élever un nombre réel*** **a *à la puissance*** **x** : prendre l'image de x par l'exponentielle de base a (soit la fonction : $x \to a^x$). ◆ **s'élever** v.pr. **1.** Atteindre une certaine hauteur, une certaine quantité, un certain niveau. *Le clocher s'élève à vingt mètres. La facture s'élève à deux cents euros.* **2.** Parvenir à un degré supérieur. *La température s'élève.* **3.** Se faire entendre, en parlant d'un son, de paroles. *Des cris s'élevèrent dans la salle.* **4.** ***S'élever contre :*** protester contre, s'opposer avec vigueur à. *S'élever contre l'arbitraire.*

E

ÉLEVEUR, EUSE n. Personne qui élève des animaux.

ÉLEVON [elvɔ̃] n.m. Gouverne d'aéronef servant à la fois d'aileron et de gouvernail de profondeur, notamm. sur les avions sans queue.

ELFE n.m. (angl. *elf*). Dans le folklore scandinave, génie symbolisant les forces naturelles et partic. les phénomènes atmosphériques.

ÉLIDER v.t. (lat. *elidere,* écraser). LING. Faire l'élision d'une voyelle.

ÉLIGIBILITÉ n.f. Aptitude à être élu.

ÉLIGIBLE adj. (du lat. *eligere,* choisir). Qui peut être élu.

ÉLIMÉ, E adj. (du lat. *elimare*). Se dit d'une étoffe usée, amincie par l'usage. *Tapis élimé.*

ÉLIMINATEUR, TRICE adj. Qui élimine.

ÉLIMINATION n.f. **1.** Action d'éliminer. *En procédant par éliminations successives, on a fini par trouver la solution.* **2.** PHYSIOL. Rejet hors de l'organisme, en partic. par excrétion. **3.** ALGÈBRE. Technique de résolution d'un système d'équations à plusieurs inconnues utilisant l'expression d'une inconnue par rapport aux autres pour en réduire le nombre. **4.** CHIM. ORG. ***Réaction d'élimination :*** formation d'une molécule neutre stable par dégradation d'une molécule organique.

ÉLIMINATOIRE adj. Qui élimine, rejette. *Note éliminatoire.* ◆ n.f. SPORTS. (Souvent pl.) Épreuve préalable servant à éliminer les concurrents les plus faibles. *Éliminatoires d'une compétition sportive.*

ÉLIMINER v.t. (lat. *eliminare,* faire sortir). **1.** Ôter d'un groupe, rejeter, faire disparaître. *Éliminer un candidat.* **2.** PHYSIOL. Provoquer l'élimination. ◇ Absol. *Faire du sport pour éliminer.* **3.** ALGÈBRE. ***Éliminer une variable d'un système d'équations,*** effectuer son élimination.

ÉLINDE n.f. TRAV. PUBL. Bras articulé équipant les dragues flottantes et servant de support à l'outil d'attaque du terrain.

ÉLINGUE n.f. (mot francique). MANUT. Câble servant à entourer ou à accrocher un objet et à l'élever au moyen d'un engin.

ÉLINGUER v.t. MANUT. Entourer un fardeau d'une élingue pour le hisser avec un palan.

ÉLIRE v.t. [86] (lat. *eligere*). **1.** Nommer à une fonction par la voie des suffrages ; procéder à l'élection de. *Élire un député.* **2.** ***Élire domicile :*** choisir un domicile légal ; fixer sa demeure habituelle.

ÉLISABÉTHAIN, E adj. Relatif à Élisabeth Ire d'Angleterre, à son temps. *Théâtre élisabéthain.*

ÉLISION n.f. (lat. *elisio*). LING. Suppression, dans l'écriture ou la prononciation, de la voyelle finale d'un mot devant un mot commençant par une voyelle ou un *h* muet. (L'élision se marque par l'apostrophe.)

ÉLITAIRE adj. D'une élite.

ÉLITE n.f. (anc. p. passé de *élire*). Petit groupe considéré comme ce qu'il y a de meilleur, de plus distingué. ◇ ***D'élite :*** qui se distingue par de grandes qualités. *Sujet d'élite.*

ÉLITISME n.m. Système favorisant les meilleurs éléments d'un groupe aux dépens de la masse ; politique visant à la formation d'une élite.

ÉLITISTE adj. et n. Relatif à l'élitisme ; qui en est partisan. *Politique élitiste.*

ÉLIXIR n.m. (ar. *al-iksīr,* essence). **1.** Vieilli. Médicament liquide, formé d'une ou de plusieurs substances dissoutes dans de l'alcool mélangé à un sirop. **2.** Philtre magique. *Élixir d'amour, de longue vie.*

ELLE pron. pers. fém. [pl. *elles*] (lat. *illa,* celle-là). Désigne la 3e pers. du fém. dans les fonctions de sujet ou de complément. *Elles viendront demain. Je me souviens d'elle.*

ELLÉBORE n.m. → **HELLÉBORE.**

ELLIPSE n.f. (gr. *elleipsis,* manque). **1.** Sous-entendu, raccourci dans l'expression de la pensée. – LING. Fait de syntaxe ou de style qui consiste à omettre un ou plusieurs éléments de la phrase. **2.** GÉOMÉTR. Courbe plane dont tous les points sont tels que la somme de leur distance à deux points fixes appelés *foyers* est constante.

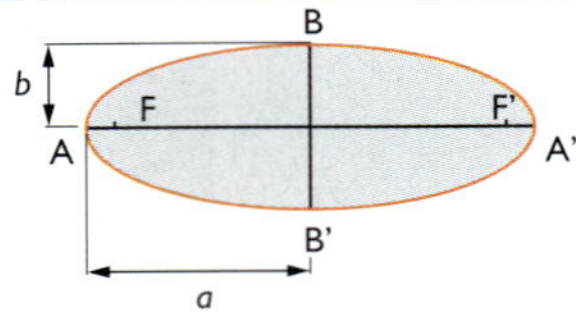

AA' : grand axe
BB' : petit axe
F, F' : foyers
FF' : distance focale

aire = A
$A = \pi \times a \times b$
périmètre = P

$$P \approx \pi \sqrt{2(a^2 + b^2) - \frac{(a-b)^2}{2,2}}$$

■ **ELLIPSE**

ELLIPSOÏDAL, E, AUX adj. Dont la forme ou le support est un ellipsoïde.

ELLIPSOÏDE n.m. GÉOMÉTR. Quadrique dont toutes les sections planes sont des ellipses ou des cercles. ◇ ***Ellipsoïde de révolution,*** engendré par la rotation d'une ellipse autour d'un de ses axes.

ELLIPTIQUE adj. **1.** Qui procède par sous-entendus. – LING. Qui comporte une ellipse. **2.** BX-ARTS. Se dit d'une manière qui rejette les détails, qui va à l'essentiel de la forme. **3.** GÉOMÉTR. Qui a la forme d'une ellipse.

ELLIPTIQUEMENT adv. Par ellipse, par sous-entendus. *Parler elliptiquement.*

ÉLOCUTION n.f. (lat. *elocutio,* de *eloqui,* parler). **1.** Manière dont on s'exprime oralement. *Élocution facile, lente, rapide.* **2.** Belgique. Exposé qu'un élève fait en classe.

ÉLODÉE ou **HÉLODÉE** n.f. (du gr. *helōdēs,* marécageux). Petite plante d'eau douce originaire du Canada, souvent plantée en aquarium. (Famille des hydrocharitacées.)

■ **ÉLODÉE**

ÉLOGE n.m. (lat. *elogium*). Discours ou écrit à la louange de qqn, de qqch. *Faire l'éloge d'un élève.*

ÉLOGIEUSEMENT adv. De façon élogieuse.

ÉLOGIEUX, EUSE adj. Rempli de louanges ; flatteur, louangeur. *Discours élogieux.*

ÉLOIGNÉ, E adj. Qui est loin dans le temps ou dans l'espace. *Quartier éloigné du centre.* ◇ ***Parent éloigné,*** avec qui la personne considérée a des liens de parenté indirects.

ÉLOIGNEMENT n.m. Action d'éloigner ; fait de s'éloigner, d'être éloigné. *Souffrir de l'éloignement des siens.*

ÉLOIGNER v.t. (de *loin*). Mettre, envoyer plus loin dans l'espace ou dans le temps ; écarter, reporter. *Éloigner les enfants du feu. Éloigner des soupçons.* ◆ **s'éloigner** v.pr. Accroître la distance entre soi et qqn, qqch. *S'éloigner de sa famille. S'éloigner de son sujet.*

ÉLONGATION n.f. (bas lat. *elongatio,* éloignement). **1.** ASTRON. Distance angulaire d'un astre au Soleil, pour un observateur situé sur la Terre. **2.** PHYS. Abscisse, à un moment donné, d'un point animé d'un mouvement vibratoire. (Sa valeur maximale est l'amplitude.) **3.** MÉD. Allongement accidentel ou thérapeutique d'un muscle, d'un nerf, d'un tendon, etc.

ÉLONGER v.t. [10] (de *long*). MAR. Étendre, étirer dans le sens de la longueur un câble, un cordage.

ÉLOQUEMMENT [-ka-] adv. *Litt.* Avec éloquence.

ÉLOQUENCE n.f. (lat. *eloquentia*). **1.** Art, talent de convaincre, d'émouvoir par la parole ; facilité à parler, à bien parler. **2.** Caractère de ce qui est expressif, significatif, probant. *L'éloquence des chiffres.*

ÉLOQUENT, E adj. (lat. *eloquens*). **1.** Qui parle avec éloquence ; qui est exprimé avec éloquence ; convaincant, persuasif. *Un orateur éloquent. Parler en termes éloquents.* **2.** Qui porte en soi une signification évidente ; expressif, significatif, révélateur. *Chiffres éloquents. Silence éloquent.*

ÉLU, E n. **1.** Personne désignée par une élection. *Les élus du suffrage universel.* **2.** Personne qui fait l'objet d'une préférence sentimentale. *C'est l'élue de son cœur.* **3.** Dans la France d'Ancien Régime, officier chargé de la taille et des aides dans une élection. **4.** RELIG. Personne, peuple prédestinés par Dieu au salut.

ÉLUANT n.m. Solvant utilisé, en chromatographie, pour entraîner les substances et les décrocher du support.

ÉLUCIDATION n.f. Action d'élucider ; explication, éclaircissement.

ÉLUCIDER v.t. (bas lat. *elucidare,* de *lucidus,* clair). Expliquer ce qui était complexe, confus, obscur ; rendre clair, compréhensible ; clarifier, éclaircir. *Élucider un mystère.*

ÉLUCUBRATION n.f. (Souvent pl.) Résultat de recherches laborieuses et souvent dépourvues de sens ; divagation, extravagance. *Ses théories ne sont que pures élucubrations.*

ÉLUCUBRER v.t. (lat. *elucubrare,* travailler à la lampe). *Litt.* Produire des réflexions déraisonnables, extravagantes.

ÉLUDER v.t. (lat. *eludere,* se jouer de). Se soustraire adroitement à ; éviter, escamoter. *Éluder une difficulté.*

ÉLUER v.t. (lat. *eluere,* laver, purifier). CHIM. Balayer avec un fluide un support sur lequel sont adsorbées des espèces chimiques de divers types, qu'il s'agit de séparer.

ÉLUSIF, IVE adj. *Litt.* Qui élude, détourne habilement. *Réponse élusive.*

ÉLUTION n.f. Action d'éluer, en chromatographie.

ÉLUVIAL, E, AUX adj. Relatif aux éluvions.

ÉLUVION n.f. (lat. sc. *eluvium,* d'après *alluvion*). PÉDOL. Fragments d'un sol restés sur place après le lessivage de celui-ci.

1. ÉLYSÉEN, ENNE adj. *Litt.* Relatif aux Champs Élysées, séjour des bienheureux dans la mythologie gréco-romaine.

2. ÉLYSÉEN, ENNE adj. De la présidence de la République (qui se trouve au palais de l'Élysée, à Paris).

ÉLYTRE n.m. (gr. *elutron,* étui). ENTOMOL. Aile antérieure, dure et rigide, des coléoptères et des orthoptères, ne battant pas pendant le vol, mais protégeant au repos l'aile postérieure membraneuse.

ELZÉVIR n.m. **1.** Volume imprimé ou publié par les Elzévir, famille d'imprimeurs des XVIe et XVIIe s. **2.** Famille de caractères typographiques à empattements triangulaires.

ÉMACIATION n.f. ou **ÉMACIEMENT** n.m. *Litt.* Amaigrissement extrême.

ÉMACIÉ, E adj. *Litt.* Très amaigri. *Visage émacié.*

ÉMACIER v.t. [5] (lat. *emaciere,* de *macies,* maigreur). *Litt.* Rendre maigre ; amaigrir. ◆ **s'émacier** v.pr. *Litt.* Devenir très maigre.

ÉMAIL n.m. [pl. *émaux*] (francique *smalt*). **1.** Substance vitreuse, opaque ou transparente, fondue à chaud, dont on recouvre certaines matières pour leur donner de l'éclat ou les colorer d'une façon inaltérable. **2.** Matériau émaillé. *Casserole en émail.* **3.** Objet d'art, le plus souvent métallique, décoré d'émaux (cloisonnés, champlevés, sur basse-taille, peints). **4.** HÉRALD. Chacune des teintes du blason. (Dans les émaux, on distingue les métaux, les couleurs et les fourrures.) **5.** (pl. *émails*). Substance dure et blanche qui, chez l'homme et divers animaux, recouvre la couronne des dents.

■ **ÉMAIL.** Émail cloisonné sur bronze : coupe à décor de kakis, Chine, fin du XVe s. (Musée des Arts décoratifs, Paris.)

■ **ÉMAIL.** Émail champlevé : scène de construction, art mosan, v. 1160. (Musée du Bargello, Florence.)

E-MAIL [imɛl] n.m. [pl. *e-mails*] (abrév. de l'anglo-amér. *electronic mail*). Anglic. Adresse, courrier électroniques. Recomm. off. : *mél.*

ÉMAILLAGE n.m. Action d'émailler les métaux, les céramiques, le verre, etc. ; son résultat.

ÉMAILLER v.t. **1.** Appliquer de l'émail sur un objet, une surface. **2.** *Litt.* Parsemer, orner çà et là. *Émailler un discours de citations.*

ÉMAILLERIE n.f. Art de décorer, le métal surtout, avec des émaux ; ensemble des produits de cet art.

ÉMAILLEUR, EUSE n. Professionnel de l'émaillage, de l'émaillerie.

ÉMANATION n.f. (lat. *emanatio*). **1.** Odeur, exhalaison qui se dégagent de certains corps. *Des émanations de gaz.* **2.** *Fig.* Ce qui procède de qqch ; expression, manifestation. *Une politique qui apparaît comme une émanation de la volonté populaire.*

ÉMANCIPATEUR, TRICE adj. Propre à émanciper. *Idées émancipatrices.*

ÉMANCIPATION n.f. **1.** Action d'émanciper, de s'émanciper ; son résultat. **2.** DR. Décision judiciaire, ou effet légal du mariage, qui confère à un mineur, assimilé à un majeur, la pleine capacité juridique.

ÉMANCIPÉ, E adj. et n. **1.** Affranchi de toute contrainte. **2.** DR. Se dit d'un mineur qui a fait l'objet d'une émancipation.

ÉMANCIPER v.t. (lat. *emancipare*). **1.** Rendre libre, affranchir d'une domination, d'un état de dépendance. *Émanciper un peuple.* **2.** DR. Conférer l'émancipation à un mineur. ◆ **s'émanciper** v.pr. S'affranchir des contraintes sociales ou morales ; se libérer.

ÉMANER v.t. ind. **[de]** (lat. *emanare,* découler). **1.** Se dégager, s'exhaler d'un corps ou d'un objet. *La lumière qui émane du Soleil.* **2.** Tirer son origine de ; provenir. *Cette lettre émane de la préfecture. Le pouvoir émane du peuple.*

ÉMARGEMENT n.m. Action d'émarger ; son résultat. *Feuille d'émargement.*

ÉMARGER v.t. [10]. **1.** Rogner ou diminuer la marge de. *Émarger une estampe.* **2.** Apposer sa signature pour prouver sa présence à une réunion, attester qu'on a eu connaissance d'un document, etc. ◆ v.t. ind. **(à).** Recevoir le traitement affecté à un emploi. *Émarger au budget d'une administration.*

ÉMASCULATION n.f. **1.** Castration d'un mâle. **2.** *Litt.* Affaiblissement, amollissement, abâtardissement.

ÉMASCULER v.t. (lat. *emasculare,* de *masculus,* mâle). **1.** Priver un mâle des organes de la reproduction ; castrer, châtrer. **2.** *Litt.* Priver de sa force, de sa vigueur ; affaiblir. *Émasculer un texte.*

ÉMAUX n.m. pl. → **ÉMAIL.**

EMBÂCLE n.m. (de l'anc. fr. *embâcler,* embarrasser). Obstruction du lit d'un cours d'eau par amoncellement de glaces. CONTR. : *débâcle.*

EMBALLAGE n.m. **1.** Action d'emballer. *Papier d'emballage.* **2.** Conditionnement ou matériau qui sert à emballer. *Emballage perdu, consigné.* **3.** Secteur industriel de l'emballage.

EMBALLEMENT n.m. **1.** *Fam.* Fait de s'emballer ; enthousiasme. **2.** MÉCAN. INDUSTR. Régime anormal d'une machine qui s'emballe.

EMBALLER v.t. (de *balle,* paquet). **1.** Mettre dans un emballage. *Emballer des verres.* **2.** *Fam.* Remplir d'admiration ; enthousiasmer, enchanter. *Ce film m'a emballé.* **3.** *Emballer un moteur,* le faire tourner à un régime excessif. ◆ **s'emballer** v.pr. **1.** S'emporter, en parlant d'un cheval. **2.** MÉCAN. INDUSTR. En parlant d'une machine, d'un appareil, prendre un régime de marche excessif et dangereux. **3.** *Fam.* Se laisser emporter par la colère, l'enthousiasme, l'impatience, etc.

EMBALLEUR, EUSE n. Personne spécialisée dans l'emballage des marchandises.

EMBARBOUILLER v.t. *Fam.,* vieilli. Faire perdre le fil de ses idées à ; troubler. ◆ **s'embarbouiller** v.pr. *Fam.,* vieilli. S'empêtrer, s'embarrasser. *S'embarbouiller dans ses explications.*

EMBARCADÈRE n.m. (esp. *embarcadero*). Môle, jetée, appontement permettant l'embarquement ou le débarquement des marchandises et des voyageurs.

EMBARCATION n.f. (esp. *embarcación*). Tout bateau de petite taille.

EMBARDÉE n.f. (du provenç. *embarda,* embourber). **1.** Écart brusque fait par un véhicule, par l'effet d'un obstacle ou d'une réaction vive du conducteur. **2.** MAR. Brusque changement de direction d'un bateau sous l'effet du vent, de la mer ou d'une manœuvre.

EMBARDOUFLER v.t. Suisse. *Fam.* Couvrir de peinture, de crème, de boue, etc. *Cet enfant a le visage embardouflé de confiture.*

EMBARGO n.m. (mot esp.). **1.** Défense faite provisoirement à un navire étranger de quitter un port. *Lever l'embargo.* **2.** Mesure administrative visant à empêcher l'exportation d'une marchandise, la libre circulation d'un objet. *Mettre l'embargo sur une publication.* **3.** Suspension des exportations d'un ou de plusieurs produits vers un État, à titre de sanction ou de moyen de pression.

EMBARQUEMENT n.m. **1.** Action d'embarquer, de s'embarquer. **2.** Inscription d'un marin sur le rôle d'équipage, d'un passager sur le registre de bord.

EMBARQUER v.t. **1.** Faire monter à bord d'un navire, d'un avion, dans un véhicule ; charger. *Embarquer du matériel, des passagers.* – *Spécial.* Installer un équipement informatique au sein d'un ensemble d'une autre nature ou d'un véhicule. **2.** Prendre de l'eau par-dessus bord, en partic. en recevant une lame qui déferle sur le pont, en parlant d'un bateau. **3.** *Fam.* Emporter avec soi ; voler. *Ils ont embarqué tous les bijoux.* **4.** *Fam.* Conduire au commissariat ou en prison. *Se faire embarquer par la police.* **5.** *Fam.* Engager, entraîner dans une affaire difficile, longue ou risquée. *Se laisser embarquer dans un procès.* ◆ v.i. Monter à bord d'un navire, d'un avion, d'un véhicule. ◆ **s'embarquer** v.pr. **1.** Monter à bord d'un bateau, d'un avion, etc. **2.** *Fam.* S'engager dans une affaire compliquée ou risquée.

EMBARRAS n.m. **1.** Confusion, trouble qui résulte d'une situation délicate ; perplexité, incertitude, irrésolution. *Ce problème me met dans l'embarras. Avoir l'embarras du choix.* **2.** Obstacle qui s'oppose à l'action de qqn, qui gêne la réalisation de qqch. *Créer des embarras à qqn.* ◇ ***Faire de l'embarras, des embarras :*** faire des manières, ou des histoires. **3.** Situation difficile ou pénible ; gêne qui en résulte. *Tirer qqn d'embarras. Embarras financiers.* **4.** ***Embarras gastrique :*** ensemble de troubles gastro-intestinaux bénins dus à une infection, une indigestion.

EMBARRASSANT, E adj. Qui embarrasse. *Colis, problème embarrassant.*

EMBARRASSÉ, E adj. **1.** Qui éprouve ou manifeste de la gêne, de l'embarras. *Une réponse embarrassée.* **2.** ***Avoir l'estomac embarrassé :*** avoir un embarras gastrique.

EMBARRASSER v.t. (esp. *embarazar*). **1.** Prendre trop de place ; encombrer, obstruer. *Ces paquets embarrassent le couloir.* **2.** Gêner les mouvements de ; être une gêne, une entrave pour ; déranger, importuner. *Cette robe longue m'embarrasse pour monter l'escalier. Je ne veux pas vous embarrasser plus longtemps, je m'en vais.* **3.** Mettre dans l'embarras, dans l'incertitude ; troubler, déconcerter. *Votre question m'embarrasse.* ◆ **s'embarrasser** v.pr. **1.** S'encombrer. *S'embarrasser de vieux papiers.* **2.** Tenir compte exagérément de ; se soucier, se préoccuper. *Ne pas s'embarrasser de scrupules inutiles.* **3.** Se prendre dans qqch qui retient, qui entrave. – *Fig.* Devenir confus, s'empêtrer, s'embrouiller.

EMBARRER (S') v.pr. (de *barre*). Passer la jambe de l'autre côté de la barre ou du bat-flanc, en parlant d'un cheval à l'écurie.

EMBARRURE n.f. Fracture de la voûte du crâne au cours de laquelle se produit l'enfoncement d'un fragment osseux.

EMBASE n.f. (de *base*). TECHN. Partie d'une pièce servant d'appui, de support à une autre pièce.

EMBASTILLER v.t. **1.** Anc. Emprisonner à la Bastille. **2.** *Litt.* ou *par plais.* Mettre en prison.

EMBAUCHAGE n.m. Action d'embaucher ; embauche. *L'embauchage de journaliers.*

EMBAUCHE n.f. **1.** Embauchage. **2.** Possibilité d'offrir un emploi, un travail.

EMBAUCHER v.t. **1.** Engager un salarié, passer avec lui un contrat de travail. **2.** *Fam.* Entraîner qqn avec soi dans une occupation quelconque. *Je t'embauche pour la vaisselle.*

EMBAUCHOIR n.m. Ustensile muni d'un ressort, que l'on introduit dans une chaussure pour la tendre et lui garder ainsi sa forme.

EMBAUMEMENT n.m. Action d'embaumer un cadavre. SYN. : *thanatopraxie.*

EMBAUMER v.t. (de *baume*). **1.** Traiter un cadavre par des substances qui le préservent de la corruption. **2.** Remplir d'une odeur agréable, de l'odeur de. *La lavande embaume le linge. Les draps embaument la violette.* ◆ v.i. Répandre une odeur agréable, sentir bon.

EMBAUMEUR n.m. Professionnel qui embaume les corps.

EMBÉGUINER v.t. Vx. Coiffer d'un béguin. ◆ **s'embéguiner** v.pr. *Litt.,* vx. S'enticher, s'éprendre.

EMBELLIE n.f. **1.** MAR. Amélioration passagère de l'état de la mer ; diminution de la force du vent. **2.** *Fig.* Amélioration momentanée dans une période agitée. *Mettre à profit l'embellie économique.*

EMBELLIR v.t. **1.** Rendre beau ou plus beau. *Embellir sa maison.* **2.** Faire paraître plus beau ; flatter. *Cette coiffure l'embellit.* **3.** Présenter qqch sous un plus bel aspect que la réalité. *Ne cherchez pas à embellir la situation.* ◆ v.i. Devenir beau ou plus beau. ◇ ***Ne faire que croître et embellir :*** devenir de plus en plus important.

EMBELLISSEMENT n.m. **1.** Action d'embellir. **2.** Élément qui embellit.

EMBERLIFICOTER v.t. (d'orig. dial.). *Fam.* **1.** Séduire, tromper par de belles paroles ; embobiner, entortiller. *Emberlificoter un client.* **2.** Embrouiller. ◆ **s'emberlificoter** v.pr. *Fam.* S'empêtrer, s'embarrasser dans qqch.

E

EMBERLIFICOTEUR, EUSE n. *Fam.* Personne qui cherche à emberlificoter les autres.

EMBÊTANT, E adj. *Fam.* Ennuyeux.

EMBÊTEMENT n.m. *Fam.* Ce qui embête ; ennui, tracas.

EMBÊTER v.t. *Fam.* **1.** Importuner vivement ; ennuyer, contrarier. **2.** Agacer, taquiner.

EMBIELLAGE n.m. **1.** Opération de montage des bielles d'un moteur alternatif. **2.** Ensemble des bielles montées.

EMBLAVAGE ou **EMBLAVEMENT** n.m. Action d'emblaver.

EMBLAVER v.t. (de *blé*). AGRIC. Ensemencer une terre en blé, ou en toute autre graine.

EMBLAVURE n.f. AGRIC. Terre ensemencée.

EMBLÉE (D') loc. adv. (de l'anc. fr. *embler,* du lat. *involare,* se précipiter sur). Du premier coup, dès le premier effort ; aussitôt, immédiatement.

EMBLÉMATIQUE adj. Qui a le caractère d'un emblème ; allégorique.

EMBLÈME n.m. (gr. *emblêma,* ornement en relief). **1.** HÉRALD. Figure symbolique génér. accompagnée d'une devise. **2.** Être animé ou objet concret destiné à symboliser une notion abstraite ou à représenter une collectivité, un métier, une personne, etc. ; attribut, symbole. *La colombe est l'emblème de la paix.*

EMBOBELINER v.t. (de l'anc. fr. *bobelin,* chaussure grossière). *Fam.,* VX. Enjôler, séduire par des paroles insidieuses ; embobiner.

EMBOBINER v.t. (altér. de *embobeliner,* avec infl. de *bobine*). **1.** Enrouler autour d'une bobine. *Embobiner du fil.* **2.** *Fam.* Séduire pour tromper ; enjôler. *Se laisser embobiner par un discours.*

EMBOÎTABLE adj. Qui peut s'emboîter.

EMBOÎTAGE n.m. **1.** Action de mettre en boîte. **2.** REL. **a.** Action de fixer, par collage, le corps d'ouvrage dans la couverture préparée à part. **b.** Couverture supplémentaire rigide, mobile, destinée à recevoir un livre de luxe.

EMBOÎTEMENT n.m. Assemblage de deux choses qui s'emboîtent l'une dans l'autre.

EMBOÎTER v.t. Assembler, ajuster deux pièces en les faisant entrer l'une dans l'autre. *Emboîter des tuyaux.* ◇ *Emboîter le pas à qqn :* marcher juste derrière qqn ; modeler son attitude sur qqn, l'imiter docilement. ◆ **s'emboîter** v.pr. Prendre place exactement l'un dans l'autre.

EMBOÎTURE n.f. MENUIS. **1.** Endroit où des pièces s'emboîtent. **2.** Mode d'emboîtement.

EMBOLE ou **EMBOLUS** [-lys] n.m. (gr. *embolos,* piston). MÉD. Corps étranger qui, entraîné par la circulation, oblitère un vaisseau et provoque une embolie.

EMBOLIE n.f. (gr. *embolê,* irruption). Oblitération brusque d'un vaisseau sanguin par un caillot ou un corps étranger véhiculé par le sang.

EMBOLISATION n.f. Traitement d'une tumeur, d'une hémorragie par l'injection d'un embole synthétique pour obstruer l'artère correspondante.

EMBOLUS n.m. → **EMBOLE.**

EMBONPOINT n.m. (de *en bon point,* en bonne santé). Surcharge de graisse ; état d'une personne un peu grasse, bien en chair. *Avoir de l'embonpoint.* ◇ *Prendre de l'embonpoint :* grossir.

EMBOSSAGE n.m. Impression en relief, sur une carte de paiement, de l'identification du titulaire.

EMBOSSER v.t. **1.** MAR. Maintenir un navire à l'ancre dans une direction déterminée. **2.** Réaliser l'embossage d'une carte.

EMBOUCHE n.f. **1.** Engraissement du bétail, en partic. des bovins, sur prairies. **2.** Prairie sur laquelle sont engraissés des animaux, en partic. des bovins. (On dit aussi *pré d'embouche.*)

EMBOUCHÉ, E adj. *Fam. Mal embouché :* désagréable, grossier dans ses paroles.

EMBOUCHER v.t. Porter à ses lèvres un instrument à vent, afin d'en tirer des sons. ◇ *Litt. Emboucher la trompette :* prendre un ton grandiloquent ; annoncer qqch à grand bruit.

EMBOUCHOIR n.m. ARM. Douille métallique utilisée pour réunir le canon au fût d'une arme à feu.

EMBOUCHURE n.f. **1.** Partie terminale d'un fleuve, endroit où il se jette dans la mer. (Les deux formes principales sont les estuaires et les deltas.) **2.** Partie du mors placée dans la bouche du cheval ; partie de la bouche du cheval sur laquelle porte le mors. **3.** Partie d'un instrument de musique à vent que l'on porte à la bouche.

EMBOUQUEMENT n.m. Action d'embouquer.

EMBOUQUER v.i. et v.t. (de *bouque,* bouche). MAR. S'engager dans une passe étroite, un canal, un détroit.

EMBOURBER v.t. Engager dans la boue, dans un bourbier. *Embourber une voiture.* ◆ **s'embourber** v.pr. **1.** S'enfoncer dans la boue, dans un bourbier. **2.** *Fig.* S'empêtrer dans une affaire difficile. *S'embourber dans des contradictions.*

EMBOURGEOISEMENT n.m. Fait de s'embourgeoiser, d'être embourgeoisé.

EMBOURGEOISER v.t. Donner à qqn les caractères, le genre de vie propres à la bourgeoisie. ◆ **s'embourgeoiser** v.pr. **1.** Prendre les manières, les préjugés bourgeois. **2.** Comporter de plus en plus d'habitants bourgeois, aisés. *Quartier qui s'embourgeoise.*

EMBOUT n.m. (de *bout*). **1.** Garniture de métal qui protège le bout d'une canne, d'un parapluie, etc. **2.** Élément disposé en bout de pièce et permettant l'assemblage avec un autre élément.

EMBOUTEILLAGE n.m. **1.** Opération de mise en bouteilles. **2.** Affluence de véhicules, de personnes qui encombrent ou obstruent une voie de communication, un lieu ; encombrement.

EMBOUTEILLER v.t. **1.** Mettre en bouteilles. **2.** Obstruer un lieu, une voie, y gêner la circulation par un trop grand nombre de véhicules, de personnes ou d'objets.

EMBOUTIR v.t. (de *en* et *bout*). **1.** Heurter violemment en défonçant ou en déformant. *Emboutir l'aile d'une voiture.* **2.** Marteler, déformer de façon plastique, à chaud ou à froid, une pièce de métal (génér. une tôle) pour lui donner une forme déterminée.

EMBOUTISSAGE n.m. Action d'emboutir une pièce de métal.

EMBOUTISSEUSE n.f. Machine, outil qui sert à emboutir.

EMBRANCHEMENT n.m. **1.** Division en branches, en rameaux d'un tronc et, par ext., d'une voie, d'un conduit, etc. ; point de rencontre de ces voies. **2.** Division principale d'un des grands règnes du vivant, partagée en classes, qui contient des espèces ayant le même plan général d'organisation. (Les spécialistes reconnaissent une centaine d'embranchements, dont 32 pour le règne animal, d'importance très inégale.)

EMBRANCHER v.t. Raccorder une voie, une canalisation, etc., à une branche existante. ◇ **v.pr.** *La bretelle s'embranche sur l'autoroute.*

EMBRAQUER v.t. MAR. Raidir un cordage.

EMBRASEMENT n.m. *Litt.* **1.** Action d'embraser ; fait de s'embraser ; grand incendie. **2.** Ardente clarté rougeoyante. *L'embrasement du ciel au soleil couchant.* **3.** Agitation qui conduit à de violents troubles sociaux.

EMBRASER v.t. (de *braise*). *Litt.* **1.** Mettre le feu à ; incendier. *Le feu a embrasé la paille.* **2.** Chauffer avec une grande intensité. *Le soleil d'août embrase l'air.* **3.** Illuminer de lueurs rouges. *Le soleil couchant embrase le ciel.* **4.** *Fig.* Remplir de ferveur, d'une passion ardente ; enflammer, exalter. *L'amour embrasait son cœur.* ◆ **s'embraser** v.pr. *Litt.* **1.** Prendre feu ; s'illuminer ; s'exalter. **2.** Être l'objet de violents troubles sociaux. *La banlieue s'embrase.*

EMBRASSADE n.f. (Souvent pl.) Action de s'embrasser, par amitié ou par affection.

EMBRASSE n.f. (de *embrasser*). Cordon, bande de tissu qui retient un rideau.

EMBRASSÉ, E adj. **1.** HÉRALD. *Écu embrassé,* partagé par un triangle dont la pointe touche le milieu d'un des flancs. **2.** *Rimes embrassées :* rimes masculines et féminines se succédant suivant l'ordre *abba.*

EMBRASSEMENT n.m. *Litt.* Embrassade.

EMBRASSER v.t. **1.** *Litt.* Prendre, serrer dans ses bras. **2.** Donner un, des baisers à. **3.** *Fig.* S'engager dans une voie, un parti, une cause en s'y attachant ; adopter, choisir. *Embrasser une carrière.* **4.** *Litt.* Saisir par la pensée ; appréhender. *Embrasser toutes les données d'un problème.* ◇ *Embrasser du regard :* voir dans son ensemble. **5.** Contenir, renfermer dans son étendue ; comprendre, englober. *Roman qui embrasse un siècle d'histoire.* ◆ **s'embrasser** v.pr. Se donner des baisers.

EMBRASSEUR, EUSE n. Rare. Personne qui a la manie d'embrasser.

EMBRASURE [-zyr] n.f. **1.** Ouverture dans le mur d'une fortification pour permettre le tir. **2.** Espace correspondant à l'épaisseur du mur, évidé, au niveau d'une porte, d'une fenêtre.

EMBRAYAGE n.m. **1.** Action d'embrayer. **2.** Mécanisme permettant d'embrayer. *Pédale d'embrayage.*

EMBRAYER [ɑ̃brɛje] v.t. [6] (de *braie,* traverse de bois). MÉCAN. INDUSTR. Mettre en liaison une pièce mobile, un mécanisme, avec l'arbre moteur. — Absol. Établir la liaison entre l'arbre entraîné et l'arbre moteur d'un véhicule automobile. ◆ **v.t. ind. (sur).** *Fam.* Commencer à parler de ; entreprendre, attaquer. *Il a directement embrayé sur le sujet.*

EMBRAYEUR n.m. LING. Unité linguistique dont la propriété est de mettre en rapport le message linguistique et la réalité extralinguistique. (Ce sont par ex. certains pronoms [je, tu], les déictiques, les catégories de temps et de mode, etc.)

EMBRÈVEMENT n.m. MENUIS. Assemblage de deux pièces de bois à rainure et à languette, tel que l'une fait saillie sur l'autre.

EMBREVER v.t. [12]. Assembler par embrèvement.

EMBRIGADEMENT n.m. Action d'embrigader ; fait d'être embrigadé.

EMBRIGADER v.t. **1.** MIL. Grouper des hommes, des troupes pour former une brigade. **2.** Faire entrer, par contrainte ou persuasion, dans une association, un parti, un groupe quelconque ; enrégimenter. *Ne te laisse pas embrigader par ces gens-là !*

EMBRINGUER v.t. *Fam.* Engager dans une situation qui risque de créer des difficultés. *On l'a embringué dans une sale affaire.*

L'embrayage est une sorte d'interrupteur de puissance qui permet de désolidariser le moteur du reste de la transmission pour changer de vitesse. En position débrayée, la butée est actionnée par la pédale, et, grâce à un système de leviers, le plateau de serrage est écarté et le transfert de la puissance est interrompu.

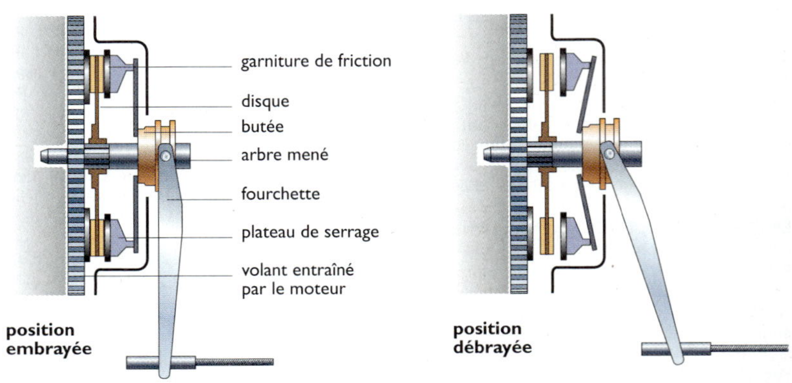

■ **EMBRAYAGE.** Fonctionnement d'un embrayage d'automobile.

EMBROCATION n.f. (gr. *embrokhê,* action d'arroser). Rare. Préparation huileuse plus ou moins antalgique utilisée pour le massage des muscles.
EMBROCHEMENT n.m. Action d'embrocher.
EMBROCHER v.t. **1.** Enfiler une volaille, une pièce de viande sur une broche pour la faire cuire. **2.** *Fam.* Transpercer d'un coup d'épée.
EMBROUILLAGE n.m. → **EMBROUILLEMENT.**
EMBROUILLAMINI n.m. *Fam.* Grande confusion, désordre.
EMBROUILLE n.f. *Fam.* Action d'embrouiller pour tromper ; désordre destiné à tromper ; situation confuse, peu claire.
EMBROUILLEMENT ou **EMBROUILLAGE** n.m. Action d'embrouiller ; fait d'être embrouillé ; confusion. *L'embrouillement d'une affaire.*
EMBROUILLER v.t. **1.** Mettre en désordre, emmêler. *Embrouiller du fil.* **2.** Rendre obscur, confus, incompréhensible ; compliquer. *Embrouiller une question.* **3.** Faire perdre le fil de ses idées à qqn ; troubler. ◆ **s'embrouiller** v.pr. Perdre le fil de ses idées ; s'embarrasser, se perdre. *S'embrouiller dans ses calculs.*
EMBROUSSAILLER v.t. Donner l'aspect de broussailles à ; emmêler. *Le vent a embroussaillé ses cheveux.* ◆ **s'embroussailler** v.pr. Se couvrir de broussailles.
EMBRUMER v.t. **1.** Envelopper de brume, de brouillard. **2.** *Fig.* Rendre confus ; obscurcir. *Les vapeurs de l'alcool lui embrumaient le cerveau.* **3.** Voiler, attrister. *Nostalgie qui embrume le regard.*
EMBRUN n.m. (mot provenç.). [Surtout pl.] Pluie fine formée par l'écrêtement des vagues par le vent.
EMBRYOGENÈSE ou **EMBRYOGÉNIE** n.f. (gr. *embruon,* embryon, et *gennan,* engendrer). **1.** BIOL. Formation et développement d'un organisme animal ou végétal du stade de l'embryon à la naissance, à l'éclosion. **2.** MÉD. Développement de l'embryon humain.
EMBRYOLOGIE n.f. Science qui traite de l'embryon.
EMBRYOLOGIQUE adj. Relatif à l'embryologie.
EMBRYOLOGISTE n. Spécialiste d'embryologie.
EMBRYON [ɑ̃brijɔ̃] n.m. (gr. *embruon*). **1.** BIOL. Organisme en voie de développement, depuis l'œuf fécondé jusqu'à la réalisation d'une forme capable de vie autonome et active (larve, poussin, etc.). [Chez les phanérogames, le terme d'*embryon* désigne les stades qui aboutissent à la formation de la plantule.] — MÉD. Être humain pendant les deux premiers mois de son développement dans l'utérus maternel. **2.** *Fig.* Ce qui commence à être, mais de façon encore incomplète, rudimentaire ; germe, ébauche. *Un embryon d'organisation.*

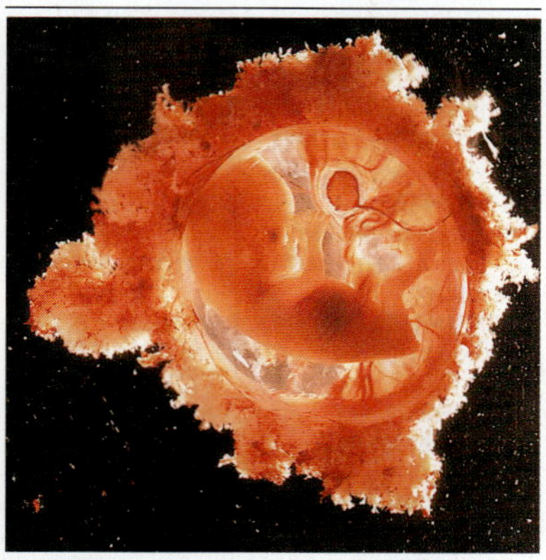

■ **EMBRYON** de 7 semaines dans le liquide amniotique.

EMBRYONNAIRE adj. **1.** Relatif à l'embryon. **2.** *Fig.* En germe, rudimentaire. *Projet embryonnaire.*
EMBRYOPATHIE n.f. Maladie qui atteint l'embryon et provoque une malformation.
EMBRYOSCOPIE n.f. MÉD. Examen endoscopique de l'embryon au cours de la grossesse, à travers le col de l'utérus.
EMBU, E adj. (de l'anc. v. *emboire,* s'imprégner de). PEINT. Qui présente un, des embus. ◆ n.m. Aspect mat et terne de tout ou partie de la surface d'une peinture à l'huile, lorsque l'huile a été absorbée par le support.
EMBÛCHE n.f. (de l'anc. fr. *embuschier,* s'embusquer). [Surtout pl.] Obstacle susceptible de faire échouer qqn ; difficulté, piège, traquenard. *Tendre, dresser des embûches.*
EMBUER v.t. **1.** Couvrir de buée. ◇ p.p. adj. *Une vitre embuée.* **2.** Voiler d'une sorte de buée. *Regard embué de larmes.*
EMBUSCADE n.f. (ital. *imboscata,* de *bosco,* bois). Manœuvre qui consiste à se cacher pour attaquer par surprise un ennemi en mouvement. *Tomber dans une embuscade.*
EMBUSQUÉ n.m. *Fam.* Militaire occupant un poste loin du front, à l'abri du danger.
EMBUSQUER v.t. (de l'ital. *bosco,* bois). Mettre qqn en embuscade. ◆ **s'embusquer** v.pr. Se poster en embuscade ; se dissimuler pour éviter d'être vu.
EMBUVAGE n.m. TEXT. Raccourcissement des fils de la chaîne au cours du tissage.
ÉMÉCHÉ, E adj. *Fam.* Légèrement ivre.
ÉMÉCHER v.t. [11]. *Fam.* Rendre un peu ivre.
ÉMERAUDE n.f. (du gr. *smaragdos*). Pierre précieuse verte, variété de béryl. ◆ adj. inv. et n.m. D'un vert lumineux.
ÉMERGÉ, E adj. Qui émerge. *Roches émergées.*
ÉMERGEMENT n.m. *Litt.* Fait d'émerger.
ÉMERGENCE n.f. **1.** Sortie d'un liquide, d'un fluide, d'un rayonnement hors d'un milieu. *Émergence d'une source.* **2.** Apparition plus ou moins soudaine d'une idée, d'un fait social, politique, économique. *L'émergence de l'idée de tolérance au* XVIII*e siècle.*
ÉMERGENT, E adj. **1.** ÉCON. *Pays émergent,* qui se distingue des autres pays appartenant à sa catégorie (pays en voie de développement, nouveaux pays industrialisés) par des résultats macroéconomiques (production industrielle, emploi) supérieurs et un taux de croissance élevé. **2.** PHYS. Se dit d'une particule, d'une onde, d'un rayon qui sort d'un milieu après l'avoir traversé.
ÉMERGER v.i. [10] (lat. *emergere,* sortir de l'eau). **1.** Sortir d'un milieu liquide et apparaître à la surface. **2.** *Fig.* **a.** Commencer à apparaître ; se montrer, se manifester. *Une idée émerge de la discussion.* **b.** Retenir l'attention par sa qualité, son niveau. *Dissertation qui émerge du lot.* **3.** *Fam.* **a.** Sortir du sommeil. **b.** Sortir d'une situation difficile.
ÉMERI n.m. (bas lat. *smyris*). Roche qui contient une forte proportion de corindon et dont la poudre est utilisée comme abrasif. ◇ ***Papier, toile (d')émeri,*** enduits d'une préparation à base de poudre d'émeri et servant à polir. — ***Bouchon à l'émeri :*** bouchon de verre poli à l'émeri sur le flacon pour que le bouchage soit absolument hermétique. — *Fam.* ***Bouché à l'émeri :*** complètement borné, stupide.
ÉMERILLON n.m. (du francique). **1.** Petit faucon très vif qui hiverne en Europe occidentale, utilisé autref. en fauconnerie. **2.** PÊCHE. Crochet ou boucle rivés par une petite tige dans un anneau, de manière à y tourner librement.
ÉMERISER v.t. TEXT. Gratter un textile à l'aide d'émeri afin d'en adoucir le toucher ou d'en améliorer les propriétés thermiques, notamm. dans la réalisation de tissus polaires.
ÉMÉRITAT n.m. Belgique. Ensemble des prérogatives attachées au magistrat ou au professeur émérite.
ÉMÉRITE adj. (lat. *emeritus,* qui a accompli son service militaire). **1.** Qui, du fait d'une longue pratique, est d'une remarquable habileté dans son domaine ; éminent, supérieur, chevronné. **2.** Belgique. Se dit d'un magistrat ou d'un professeur d'université qui conserve son titre après avoir cessé d'exercer ses fonctions.
ÉMERSION n.f. (du lat. *emersus,* sorti de l'eau). **1.** *Didact.* Fait d'émerger. **2.** ASTRON. Réapparition d'un astre après une occultation.
ÉMERVEILLEMENT n.m. Fait de s'émerveiller, d'être émerveillé.
ÉMERVEILLER v.t. Inspirer une très vive admiration à. ◇ v.pr. *S'émerveiller de* ou *devant tant de prouesses.*
ÉMÉTINE n.f. BIOCHIM., MÉD. Alcaloïde de l'ipéca.
ÉMÉTIQUE adj. et n.m. (du gr. *emein,* vomir). PHARM. Se dit d'une substance qui fait vomir. SYN. : *vomitif.*
ÉMÉTISANT, E adj. Qui fait vomir. *Toux émétisante.*
ÉMETTEUR, TRICE n. et adj. Personne, organisme qui émet de la monnaie, des titres, etc. ◆ adj. Qui émet des signaux électromagnétiques. *Station émettrice.* ◆ n.m. **1.** TÉLÉCOMM. Poste d'émission de signaux électromagnétiques porteurs de messages télégraphiques, de sons, d'images. **2.** ÉLECTRON. Électrode d'entrée d'un transistor. **3.** LING. Personne qui produit le message (par oppos. à *récepteur*).
ÉMETTEUR-RÉCEPTEUR n.m. (pl. *émetteurs-récepteurs*). TÉLÉCOMM. Ensemble comprenant un émetteur et un récepteur radioélectriques, souvent avec une antenne et une alimentation communes.
ÉMETTRE v.t. [64] (lat. *emittere*). **1.** Produire en envoyant au-dehors. *Émettre des radiations, des ondes, des vibrations, des sons.* — Exprimer, formuler. *Émettre un vœu.* **2.** Procéder à la transmission d'un programme de radio, de télévision ; diffuser. ◇ Absol. *Émettre sur ondes courtes.* **3.** Mettre en circulation de la monnaie, un chèque ; proposer au public un emprunt, etc.
ÉMEU n.m. [pl. *émeus*] (de l'indonésien). Grand oiseau ratite d'Australie, aux ailes rudimentaires, se nourrissant de fruits et de graines. (L'émeu peut courir à 50 km/h ; haut. 1,80 m ; genre *Dromiceius,* famille des dromicéidés.)
ÉMEUTE n.f. (de l'anc. p. passé de *émouvoir*). Soulèvement populaire spontané.
ÉMEUTIER, ÈRE n. Personne qui participe à une émeute ou qui fomente une émeute.
ÉMIETTEMENT n.m. Action d'émietter ; fait de s'émietter ; son résultat.
ÉMIETTER v.t. **1.** Réduire en miettes, en petits fragments. *Émietter du pain.* **2.** *Fig.* Disperser en tous sens ; éparpiller. *Émietter ses efforts, son attention.*
ÉMIGRANT, E n. et adj. Personne qui émigre.
ÉMIGRATION n.f. Action d'émigrer ; ensemble des émigrés. — HIST. Pendant la Révolution, départ hors de France des partisans de l'Ancien Régime.
ÉMIGRÉ, E n. et adj. Personne qui a émigré. — HIST. Personne qui quitta la France sous la Révolution.
ÉMIGRER v.i. (lat. *emigrare,* migrer hors de). Quitter son pays pour s'établir dans un autre ; s'expatrier.
ÉMINCÉ n.m. Très fine tranche de viande.
ÉMINCER v.t. [9]. Couper en tranches très fines.
ÉMINEMMENT [-namɑ̃] adv. Au plus haut point ; extrêmement.
ÉMINENCE n.f. **1.** Élévation de terrain. **2.** CATH. Titre d'honneur des cardinaux. ◇ HIST. *L'Éminence grise :* le Père Joseph du Tremblay, conseiller et agent de Richelieu. — (Avec une minuscule.) Conseiller qui agit dans l'ombre. *Il est l'éminence grise du président.*
ÉMINENT, E adj. (lat. *eminens, -entis,* qui s'élève). Qui est au-dessus du niveau commun ; insigne. *Notre éminent collaborateur. Un rôle éminent.*
ÉMIR n.m. (ar. *amīr*). **1.** Gouverneur, prince, chef militaire dans les pays musulmans. **2.** Chef de l'État dans les principautés héréditaires de la péninsule arabique.
ÉMIRAT n.m. **1.** Dignité d'émir. **2.** État gouverné par un émir.
1. ÉMISSAIRE n.m. (lat. *emissarius,* de *emittere,* envoyer dehors). Personne chargée d'une mission plus ou moins secrète ou personnelle et que l'on dépêche auprès de qqn.
2. ÉMISSAIRE n.m. (lat. *emissarium,* de *emittere,* émettre). **1.** HYDROL. Cours d'eau qui prend naissance dans un lac ou qui en évacue les eaux. **2.** Canal, fossé ou conduite servant à évacuer l'eau (et notamm. les eaux usées).
3. ÉMISSAIRE adj.m. *Bouc émissaire* → **bouc.**
ÉMISSIF, IVE adj. (lat. *emissus,* envoyé). PHYS. Qui a la faculté d'émettre des rayonnements.
ÉMISSION n.f. (lat. *emissio*). **1.** PHYS. Production de radiations, d'ondes, etc. **2.** TÉLÉCOMM. **a.** Transmission de sons, d'images par les ondes électromagnétiques. **b.** Programme retransmis par la radio, la télévision. **3.** BANQUE. Mise en circulation

E

de monnaies, de titres, etc. **4.** GÉOL. Sortie hors d'un volcan, lors d'une éruption, de produits magmatiques solides, liquides ou gazeux. **5.** *Émission de voix :* production de sons articulés.

ÉMISSOLE n.f. (ital. *mussolo*). Petit requin comestible, commun dans l'Atlantique et la Méditerranée, appelé cour. *chien de mer.* (Long. 1,60 m ; genre *Mustelus,* famille des triakidés.)

EMMAGASINAGE ou **EMMAGASINEMENT** n.m. Action, fait d'emmagasiner.

EMMAGASINER v.t. **1.** Mettre en magasin. *Emmagasiner des marchandises.* **2.** *Fig.* Mettre en réserve ; accumuler. *Emmagasiner des souvenirs.*

EMMAILLOTEMENT n.m. Action, manière d'emmailloter.

EMMAILLOTER v.t. **1.** Vieilli. Envelopper un bébé dans un lange, un maillot. **2.** Envelopper complètement dans un tissu, dans une étoffe. *Emmailloter un doigt blessé dans de la gaze.*

EMMANCHEMENT n.m. Action d'emmancher ; état de ce qui est emmanché.

EMMANCHER v.t. **1.** Ajuster, monter sur un manche. *Emmancher un balai.* **2.** MÉCAN. INDUSTR. Engager une pièce dans une autre avec un serrage donné. ◆ **s'emmancher** v.pr. **1.** S'ajuster. **2.** *Fam.* S'engager, commencer de telle manière. *L'affaire s'emmanche mal.*

E

EMMANCHURE n.f. Ouverture d'un vêtement pour y coudre une manche ou laisser passer le bras.

EMMARCHEMENT n.m. **1.** Disposition des marches d'un escalier. **2.** Largeur d'un escalier. **3.** Escalier de quelques marches disposé sur toute la longueur d'une terrasse, d'un soubassement.

EMMÊLEMENT n.m. Action d'emmêler ; fait d'être emmêlé.

EMMÊLER v.t. **1.** Mêler en enchevêtrant. *Emmêler ses cheveux.* **2.** *Fig.* Rendre confus ; embrouiller. *Emmêler une affaire.* ◆ **s'emmêler** v.pr. Devenir confus, inextricable.

EMMÉNAGEMENT n.m. Action d'emménager.

EMMÉNAGER v.i. [10] (de *ménage*). S'installer dans un nouveau logement.

EMMÉNAGOGUE [eme-] adj. (du gr. *emmêna,* menstrues, et *agôgos,* qui amène). MÉD. Vx. Se disait d'un médicament ou d'un traitement provoquant ou régularisant la menstruation. ◆ n.m. Vx. Médicament emménagogue.

EMMENER v.t. [12]. **1.** Mener avec soi du lieu où l'on est dans un autre ; conduire. *Emmener son fils à l'école.* **2.** SPORTS. Conduire, entraîner. *Emmener le peloton.*

EMMENTHAL ou **EMMENTAL** [emɛ̃-] ou [emɑ̃-] n.m. (pl. *emment[h]als*). Fromage à pâte dure d'une variété originaire de la vallée de l'Emme (Suisse), que l'on fabrique aussi dans plusieurs régions françaises.

EMMERDANT, E adj. *Très fam.* Ennuyeux.

EMMERDEMENT n.m. ou **EMMERDE** n.m. ou n.f. *Très fam.* Ennui, souci, difficulté.

EMMERDER [ɑ̃mɛrde] v.t. *Très fam.* Ennuyer, importuner. ◆ **s'emmerder** v.pr. *Très fam.* S'ennuyer.

EMMERDEUR, EUSE n. *Très fam.* Personne pénible, importune ou agaçante.

EMMÉTROPE [ɑ̃me-] adj. et n. (du gr. *en,* dans, *metron,* mesure, et *ôps,* vue). Qui a une vision normale, sans myopie ni hypermétropie.

EMMÉTROPIE [ɑ̃me-] n.f. Absence de troubles de la réfraction de l'œil. CONTR. : *amétropie.*

EMMIELLER [ɑ̃mjele] v.t. *Fam., par euphémisme.* Emmerder.

EMMITOUFLER [ɑ̃mi-] v.t. (de l'anc. fr. *mitoufle,* mitaine). Envelopper douillettement, dans des vêtements chauds. ◆ **s'emmitoufler** v.pr. Se couvrir chaudement.

EMMOTTÉ, E [ɑ̃mɔte] adj. AGRIC. Se dit d'une plante dont les racines sont entourées de terre en motte.

EMMOUSCAILLER [ɑ̃mu-] v.t. (de l'arg. *mouscaille,* excrément). *Fam.,* vx, *par euphémisme.* Emmerder.

EMMURER [ɑ̃myre] v.t. **1.** Enfermer en murant. **2.** Enfermer, bloquer comme avec un mur. *L'éboulement a emmuré plusieurs mineurs.*

ÉMOI n.m. (de l'anc. fr. *esmayer,* troubler, d'un mot germ.). *Litt.* **1.** Trouble, agitation causés par la crainte, l'inquiétude ; effervescence. *La population est en émoi.* **2.** Trouble, émotion d'ordre affectif, sensuel.

ÉMOLLIENT, E adj. (du lat. *emollire,* amollir). PHARM. Vieilli. Se dit d'un médicament, d'un procédé qui relâche, amollit les tissus. ◆ n.m. Vieilli. Médicament émollient.

ÉMOLUMENT n.m. (lat. *emolumentum,* bénéfice). DR. Part d'actif qui revient à qqn dans une succession ou dans un partage. ◆ pl. DR. **1.** Honoraires d'un officier ministériel. **2.** Traitement, salaire attaché à un emploi.

ÉMONCTOIRE n.m. (du lat. *emunctum,* de *emungere,* moucher). PHYSIOL. Vieilli. Organe servant à l'élimination des déchets organiques.

ÉMONDAGE n.m. Action d'émonder.

ÉMONDER v.t. (lat. *emundare,* nettoyer). **1.** Couper les branches inutiles d'un arbre. **2.** Débarrasser certaines graines de leur tégument. *Émonder des amandes.* SYN. : *monder.*

ÉMONDES n.f. pl. Branches émondées.

ÉMONDEUR, EUSE n. Personne qui émonde les arbres.

ÉMONDOIR n.m. Outil tranchant pour émonder.

ÉMOTIF, IVE adj. Relatif à l'émotion ; suscité par l'émotion. *Troubles émotifs.* ◆ adj. et n. Prompt à ressentir des émotions. *Personne émotive. Un grand émotif.*

ÉMOTION n.f. Trouble subit, agitation passagère causés par un sentiment vif de peur, de surprise, de joie, de colère, etc.

ÉMOTIONNABLE adj. *Fam.* Qui s'émeut facilement ; émotif, impressionnable.

ÉMOTIONNANT, E adj. *Fam.* Qui cause une vive émotion ; impressionnant.

ÉMOTIONNEL, ELLE adj. Du domaine de l'émotion. *Réaction émotionnelle.*

ÉMOTIONNER v.t. *Fam.* Troubler, agiter par une émotion ; émouvoir. *Émotionner les spectateurs.*

ÉMOTIVITÉ n.f. Caractère d'une personne émotive ; disposition à ressentir des émotions.

ÉMOTTAGE ou **ÉMOTTEMENT** n.m. Action d'émotter.

ÉMOTTER v.t. AGRIC. Briser les mottes de terre après le labour.

ÉMOTTEUSE n.f. Instrument servant à l'émottage.

ÉMOUCHET n.m. (anc. fr. *moschet,* petite mouche). Petit rapace diurne (crécerelle, épervier...).

ÉMOUCHETTE n.f. Filet dont on couvre les chevaux pour les protéger des mouches.

ÉMOULU, E adj. (de l'anc. fr. *émoudre,* aiguiser sur une meule). **1.** *Frais émoulu de :* récemment sorti de, diplômé depuis peu de. **2.** HIST. *Se battre à fer émoulu :* dans les tournois, combattre avec des armes affilées.

ÉMOUSSER v.t. **1.** Rendre moins tranchant, moins aigu. **2.** *Fig.* Rendre moins vif ; atténuer, affaiblir. *L'habitude émousse les sentiments.*

ÉMOUSTILLANT, E adj. Qui émoustille.

ÉMOUSTILLER v.t. (de *mousse,* écume). **1.** Mettre de bonne humeur ; animer. *Le champagne émoustillait les convives.* **2.** Provoquer l'excitation sensuelle de.

ÉMOUVANT, E adj. Qui émeut.

ÉMOUVOIR v.t. [42] (lat. *emovere*). Agir sur la sensibilité de ; toucher, troubler, impressionner. *Un homme que rien ne peut émouvoir.* ◆ **s'émouvoir** v.pr. **1.** Ressentir une émotion, un trouble qui bouleverse, touche. *S'émouvoir devant le chagrin d'un enfant.* **2.** S'affecter de qqch ; s'inquiéter, s'alarmer. *Il ne s'émut pas de son retard.*

EMPAILLAGE n.m. Action d'empailler.

EMPAILLÉ, E adj. Bourré de paille, en parlant d'un animal mort ; naturalisé. ◆ adj. et n. *Fam.* Se dit d'une personne indolente, inerte ; empoté.

EMPAILLER v.t. **1.** Garnir de paille. *Empailler une chaise.* **2.** Envelopper, recouvrir de paille. *Empailler des bouteilles, un semis.* **3.** Bourrer de paille la peau d'un animal mort pour lui conserver ses formes. *Empailler un renard.*

EMPAILLEUR, EUSE n. **1.** Rempailleur. **2.** Taxidermiste.

EMPALEMENT n.m. **1.** Action d'empaler. **2.** Fait de s'empaler, d'être empalé.

EMPALER v.t. Transpercer d'un pal, d'un pieu. ◆ **s'empaler** v.pr. Se blesser en tombant sur un objet pointu qui s'enfonce dans le corps.

EMPALMER v.t. (du lat. *palma,* paume de la main). En parlant d'un prestidigitateur, escamoter un objet dans la paume de la main.

EMPAN n.m. (francique *spanna*). Ancienne mesure de longueur égale à la distance entre l'extrémité du pouce et celle du petit doigt dans leur écart maximal.

EMPANACHER v.t. Orner d'un panache.

EMPANNAGE n.m. Action d'empanner.

EMPANNER v.i. MAR. Faire passer la voilure d'un bord à l'autre, au moment du virement de bord vent arrière.

EMPAQUETAGE n.m. Action d'empaqueter.

EMPAQUETER v.t. [16]. Mettre en paquet.

EMPARER (S') v.pr. **[de]** (provenç. *amparar,* fortifier). **1.** Prendre violemment possession de ; conquérir, enlever. *S'emparer d'une ville.* **2.** Saisir vivement ; prendre, rafler. *S'emparer du ballon.* **3.** Faire qqn prisonnier ; capturer. **4.** Prendre possession de qqn, de son esprit, en parlant d'une idée, d'un sentiment, etc. ; gagner. *La colère s'est emparée de lui.*

EMPÂTÉ, E adj. Qui présente de l'empâtement ; alourdi, épaissi, bouffi. *Visage empâté.*

EMPÂTEMENT n.m. **1.** PEINT. Relief produit sur un tableau par l'application de couches épaisses de matière picturale. **2.** Effacement des traits, des lignes du corps dû à un excès de graisse dans les tissus.

■ **EMPATTEMENT** d'une voiture.

EMPÂTER v.t. **1.** Enduire ou remplir de pâte. **2.** *Fig.* Rendre pâteux. *Les sucreries empâtent la langue.* **3.** PEINT. Poser les couleurs par touches épaisses superposées. **4.** Gonfler les tissus ; bouffir. ◆ **s'empâter** v.pr. **1.** Devenir épais, pâteux. **2.** Prendre un embonpoint qui efface les traits, les lignes du corps.

EMPATHIE n.f. PSYCHOL. Faculté intuitive de se mettre à la place d'autrui, de percevoir ce qu'il ressent.

EMPATHIQUE adj. Relatif à l'empathie.

EMPATTEMENT n.m. **1.** CONSTR. Maçonnerie formant saillie à la base d'un mur. **2.** Base élargie d'un tronc d'arbre ou d'une branche. **3.** Épaississement situé à la base et en haut des jambages d'un caractère d'imprimerie. **4.** Distance séparant les axes des essieux extrêmes d'un véhicule.

EMPATTER v.t. MENUIS. Joindre des pièces de bois au moyen de pattes.

EMPAUMER v.t. **1.** Au jeu de paume, recevoir la balle dans la paume de la main ou en pleine raquette. **2.** *Fam.,* vieilli. *Se faire empaumer :* se faire duper.

EMPAUMURE n.f. VÉNER. Partie élargie du merrain d'où partent, en forme de paume, les bois du dix-cors.

EMPÊCHÉ, E adj. Retenu par des obligations.

EMPÊCHEMENT n.m. **1.** Ce qui empêche ou gêne une action. *Empêchement de dernière minute.* **2.** DR. CONSTIT. En France, interruption prématurée du mandat présidentiel. **3.** DR. CIV. *Empêchement à mariage :* défaut, absence de l'une des conditions légales nécessaires à la célébration d'un mariage.

EMPÊCHER v.t. (bas lat. *impedicare,* prendre au piège). Faire obstacle à, rendre impossible. *La pluie empêche le départ, qu'on (ne) parte.* ◆ **s'empêcher** v.pr. **(de).** Se retenir de. *Il ne peut s'empêcher de rire.*

EMPÊCHEUR, EUSE n. *Fam. Empêcheur de danser, de tourner en rond :* ennemi de la gaieté ; rabat-joie, gêneur.

EMPEIGNE n.f. (de l'anc. fr. *peigne,* métacarpe). Partie avant de la tige d'une chaussure, du cou-de-pied à la pointe.

EMPENNAGE n.m. **1.** Ensemble des plumes qui garnissent le talon d'une flèche pour régulariser son mouvement. SYN. : *empenne.* **2.** Chacune des surfaces placées à l'arrière des ailes portantes ou de la queue d'un avion et destinées à lui donner une stabilité en profondeur et en direction. **3.** ARM. Ensemble des ailettes arrière d'un projectile non tournant, servant à le stabiliser.

EMPENNE n.f. Empennage d'une flèche.

EMPENNER v.t. (du lat. *penna,* plume). Garnir d'une empenne. *Une flèche empennée.*

EMPEREUR n.m. (lat. *imperator*). **1.** ANTIQ. ROM. Détenteur du pouvoir suprême depuis Auguste (27 av. J.-C.). **2.** Chef du Saint Empire romain germanique. **3.** Chef suprême de certains États, détenteur de l'ensemble des pouvoirs. ◇ *L'Empereur :* Napoléon Ier. **4.** Nom commercial de plusieurs poissons des eaux profondes de l'Atlantique et de la Méditerranée (genres *Beryx* et *Hoplosthetus*).

EMPERLER v.t. *Litt.* Couvrir de gouttelettes. *La sueur emperlait son front.*

EMPESAGE n.m. Action d'empeser ; son résultat.

EMPESÉ, E adj. Qui manque de naturel ; raide, affecté. *Air, style empesé.*

EMPESER v.t. (de l'anc. fr. *empoise,* empois). Imprégner d'empois un tissu.

EMPESTER v.t. Infecter d'une mauvaise odeur ; empuantir. ◆ v.i. Dégager une odeur désagréable ; puer. *Cette peinture empeste.*

EMPÊTRÉ, E adj. Qui manque d'aisance ; gauche, maladroit. *Avoir l'air empêtré.*

EMPÊTRER v.t. (du bas lat. *pastoria,* entrave). **1.** Embarrasser par qqch qui retient, entrave. *La mariée était empêtrée dans sa traîne. Être empêtré dans les convenances.* **2.** Engager dans une situation malheureuse, sans issue. *Empêtrer qqn dans une vilaine affaire. Il était empêtré dans son mensonge.* ◆ **s'empêtrer** v.pr. **(dans). 1.** S'embarrasser, s'entraver. *S'empêtrer les pieds dans des ronces.* **2.** S'embrouiller. *S'empêtrer dans des explications confuses.*

EMPHASE n.f. (lat. *emphasis,* mot gr.). Exagération pompeuse dans le ton, les termes employés ; enflure, grandiloquence.

EMPHATIQUE adj. Empreint d'emphase ; pompeux, solennel. *Discours emphatique.*

EMPHATIQUEMENT adv. Avec emphase.

EMPHYSÉMATEUX, EUSE adj. Relatif à l'emphysème. ◆ adj. et n. Atteint d'emphysème.

EMPHYSÈME [ɑ̃fizɛm] n.m. (gr. *emphusêma,* gonflement). MÉD. *Emphysème sous-cutané :* gonflement produit par l'introduction d'air ou le dégagement de gaz dans le tissu cellulaire sous-cutané. — *Emphysème pulmonaire :* dilatation excessive et permanente des alvéoles pulmonaires, avec rupture de leurs cloisons.

EMPHYTÉOSE n.f. (du gr. *emphuteuein,* planter dans). DR. Droit réel de jouissance sur la chose d'autrui, qui résulte de la conclusion d'un bail de longue durée, dit *bail emphytéotique.*

EMPHYTÉOTIQUE adj. DR. *Bail emphytéotique :* bail de longue durée (18 à 99 ans), qui confère au preneur un droit réel, susceptible d'hypothèque.

EMPIÈCEMENT n.m. Pièce rapportée dans le haut d'un vêtement.

EMPIERREMENT n.m. **1.** Action d'empierrer. **2.** Assise de pierres cassées, dans une chaussée.

EMPIERRER v.t. Disposer une assise de pierres. *Empierrer un chemin.*

EMPIÉTEMENT [ɑ̃pjɛtmɑ̃] ou **EMPIÈTEMENT** (selon l'Académie) n.m. **1.** Action d'empiéter ; son résultat ; usurpation. **2.** Extension progressive d'une chose aux dépens d'une autre. *L'empiétement de la mer sur les terres.*

EMPIÉTER v.t. ind. **(sur)** [11] (de *pied*). **1.** S'arroger des droits, prendre une partie des biens, des avantages qui appartiennent à qqn d'autre. *Tu empiètes sur mes attributions.* **2.** Déborder sur qqch dans l'espace ou dans le temps. *Sa maison empiète sur notre terrain. Il a empiété sur le temps de parole de l'autre intervenant.*

EMPIFFRER (S') v.pr. (de l'anc. fr. *pifre,* gros individu). *Fam.* Se bourrer de nourriture.

EMPILABLE adj. Conçu pour pouvoir être empilé.

EMPILAGE n.m. **1.** Empilement. **2.** Action d'attacher un hameçon à une empile.

EMPILE n.f. Partie terminale de la ligne à laquelle sont attachés les plombs et l'hameçon.

EMPILEMENT n.m. Action d'empiler ; ensemble de choses empilées ; empilage.

EMPILER v.t. **1.** Mettre en pile ; entasser. *Empiler des livres.* **2.** *Fam.* Duper, voler. *Se faire empiler.* ◆ **s'empiler** v.pr. S'entasser, s'amonceler.

EMPIRE n.m. (lat. *imperium*). **1.** Régime dans lequel l'autorité politique souveraine est exercée par un empereur ; État ou ensemble d'États soumis à un tel régime. ◇ *Pas pour un empire :* pour rien au monde ; en aucune façon. **2.** Ensemble de territoires, de pays gouvernés par une autorité unique. *Les anciens empires coloniaux.* **3.** Groupe industriel, commercial, financier puissant et très étendu. **4.** HIST. (Avec une majuscule.) **a.** Période pendant laquelle la France fut gouvernée par un empereur (v. partie n.pr.). **b.** Saint Empire romain germanique. **c.** *Céleste Empire :* nom donné autref. à la Chine (dont l'empereur était appelé « Fils du ciel »). **5.** *Litt.* **a.** Ascendant moral d'une personne ; autorité, domination. *Avoir de l'empire sur qqn.* **b.** Pouvoir, influence très puissante de qqch. *Agir sous l'empire de la colère.* ◆ adj. inv. (Avec une majuscule.) Se dit du style décoratif du temps de Napoléon Ier et des objets, des meubles produits dans ce style. *Une commode Empire.* ◇ *Style second Empire :* style décoratif du temps de Napoléon III.

EMPIRER v.i. Devenir pire ; s'aggraver. *Son état empire.*

EMPIRIOCRITICISME n.m. Courant philosophique (fin du XIXe s., début du XXe s.) qui s'est interrogé sur les modalités de la connaissance en niant toute distinction de nature entre phénomènes physiques et phénomènes mentaux. (Principaux représentants : E. Mach, R. Avenarius.)

EMPIRIQUE adj. (gr. *empeirikos*). Qui ne s'appuie que sur l'expérience, l'observation. *Procédé empirique.*

EMPIRIQUEMENT adv. De façon empirique.

EMPIRISME n.m. **1.** Méthode qui ne repose que sur l'expérience et exclut les systèmes a priori. **2.** Doctrine philosophique développée au XVIIIe s. en Grande-Bretagne, selon laquelle toutes les connaissances procèdent de l'expérience sensible. (Locke et Hume sont ses principaux représentants.) ◇ *Empirisme logique :* positivisme logique.

ENCYCL. Opposé au rationalisme de Descartes ou de Leibniz, l'empirisme considère l'esprit humain comme une « table rase » qui ne peut accueillir de savoir que probable, car expérimental, constitué à partir des sensations et de leur association selon certaines lois. Après avoir largement contribué, au Siècle des lumières, à la remise en cause des prétentions de la métaphysique, il a exercé une influence déterminante sur l'évolution ultérieure de la pensée anglo-saxonne.

EMPIRISTE adj. et n. Qui relève de l'empirisme ; qui en est partisan.

EMPLACEMENT n.m. Place, lieu occupé par qqch ou qui lui est réservé.

EMPLAFONNER v.t. (de *plafond*). *Fam.* **1.** Heurter ou frapper d'un coup de tête. *Emplafonner le mur.* **2.** Emboutir un véhicule.

EMPLANTURE n.f. (de *planter*). **1.** AVIAT. Ligne de raccordement de l'aile au fuselage. **2.** MAR. Pièce portant le pied d'un mât.

EMPLÂTRE n.m. (du gr. *emplattein,* façonner). **1.** PHARM. Préparation adhésive destinée à l'usage externe. **2.** *Fam.* Personne apathique et incapable.

EMPLETTE n.f. (du lat. *implicare,* engager). **1.** Achat d'objets ou de marchandises d'un usage courant. *Faire des emplettes. Faire l'emplette de qqch.* **2.** Objet acheté ; achat.

EMPLIR v.t. (lat. *implere*). *Litt.* **1.** Rendre plein ; remplir. *Emplir un verre. La foule emplit les rues.* **2.** Combler. *Nouvelle qui emplit de joie.*

EMPLISSAGE n.m. *Litt.* Action d'emplir.

EMPLOI n.m. **1.** Action, manière d'employer une chose. ◇ *Mode d'emploi :* notice expliquant la manière d'utiliser un appareil, un produit, etc. **2.** Destination réservée à une chose. *Emploi d'une somme.* — DR. Acquisition d'un bien avec des fonds disponibles. ◇ *Emploi du temps :* distribution des occupations pour une période déterminée. **3.** Occupation confiée à une personne ; travail, fonction, place. ◇ *Demande d'emploi :* annonce faite par une personne qui cherche un travail rémunéré. — *Offre d'emploi :* annonce proposant un travail rémunéré. **4.** Ensemble des emplois au niveau national. **5.** Type de rôle interprété par un acteur ou un danseur, en fonction de son physique et de son style.

EMPLOYABILITÉ n.f. Capacité d'une personne à être affectée à un nouveau travail.

EMPLOYABLE adj. Qu'on peut employer.

EMPLOYÉ, E n. Personne salariée qui travaille dans un bureau, une administration, un magasin ou chez un particulier sans avoir de responsabilité d'encadrement. ◇ *Employé de maison :* personne employée pour le service, l'entretien d'une maison.

EMPLOYER v.t. [7] (lat. *implicare,* engager). **1.** Faire usage de ; se servir de, user de, utiliser. *Employer un marteau pour enfoncer un clou. Employer la force.* **2.** Faire travailler pour son compte ; occuper. *Employer des ouvriers. Employer qqn comme secrétaire.* ◆ **s'employer** v.pr. **1.** Être utilisé. *Ce mot ne s'emploie plus.* **2.** *S'employer à :* consacrer son activité, ses efforts ; s'appliquer. *S'employer à bien faire.*

EMPLOYEUR, EUSE n. Personne qui emploie du personnel salarié.

EMPLUMER v.t. Garnir, orner de plumes.

EMPOCHER v.t. **1.** Mettre dans sa poche. **2.** Percevoir, toucher de l'argent. *Empocher une grosse somme.*

EMPOIGNADE n.f. Altercation, discussion violente.

EMPOIGNE n.f. *Fam. Foire d'empoigne :* situation où chacun, pour obtenir un avantage, doit lutter contre les autres, affronter autrui.

EMPOIGNER v.t. (de *poing*). **1.** Saisir en serrant fortement avec la main. **2.** Se saisir de qqn. *Le policier empoigna le malfaiteur.* **3.** Émouvoir fortement. *Le dénouement empoignait les spectateurs.* ◆ **s'empoigner** v.pr. **1.** Se saisir l'un l'autre ; en venir aux mains ; se colleter. *Ils étaient prêts à s'empoigner.* **2.** Se quereller, se disputer.

EMPOINTURE n.f. MAR. Angle supérieur d'une voile carrée ou aurique.

EMPOIS n.m. (de *empeser*). Apprêt à base d'amidon destiné à donner de la raideur au linge.

EMPOISONNANT, E adj. *Fam.* Ennuyeux, contrariant.

EMPOISONNEMENT n.m. **1.** Intoxication grave. **2.** Crime consistant à administrer une substance toxique à qqn avec l'intention de donner la mort. **3.** *Fam.* Ennui, tracas. *Avoir des empoisonnements.*

EMPOISONNER v.t. **1.** Faire mourir ou intoxiquer par le poison. *Il a été empoisonné par des champignons.* **2.** Mettre du poison dans, sur qqch. ◇ p.p. adj. *Flèche empoisonnée.* **3.** Infecter d'une odeur désagréable ; polluer. *Il empoisonne toute la maison avec son tabac.* **4.** *Fam.* Importuner vivement, causer du souci à. *Il m'empoisonne avec ses récriminations.* ◆ **s'empoisonner** v.pr. **1.** Absorber du poison. **2.** *Fam.* S'ennuyer.

EMPOISONNEUR, EUSE n. **1.** Personne qui prépare, administre du poison. **2.** *Fam.* Personne qui ennuie, dérange.

EMPOISSONNEMENT n.m. Action d'empoissonner ; son résultat.

EMPOISSONNER v.t. Peupler de poissons un étang, une rivière, etc.

EMPORIUM [ɑ̃pɔrjɔm] n.m. (mot lat.). ANTIQ. ROM. Comptoir commercial à l'étranger. Pluriel savant : *emporia.*

EMPORT n.m. *Capacité d'emport :* charge qu'un avion ou un véhicule spatial peut emporter, transporter.

EMPORTÉ, E adj. et n. Qui s'emporte facilement ; irritable, violent, fougueux.

EMPORTEMENT n.m. Vif accès de colère.

EMPORTE-PIÈCE n.m. (pl. *emporte-pièce[s]*). Instrument en acier dur, pour trouer ou découper sous l'effet du choc ou de la pression. ◇ *À l'emporte-pièce :* mordant, incisif, entier. *Style, caractère à l'emporte-pièce.*

EMPORTER v.t. **1.** Prendre avec soi en quittant un lieu. *N'oublie pas d'emporter ton parapluie.* **2.** Enlever de façon violente et rapide ; arracher. *Le vent a emporté des branches.* **3.** Entraîner dans son mouvement. *Le courant emporte le radeau.* **4.** Entraîner à un comportement excessif. *La colère l'emporte.* **5.** *L'emporter sur :* avoir la supériorité sur. ◆ **s'emporter** v.pr. **1.** Se laisser aller à la colère. **2.** Prendre le mors aux dents, en parlant d'un cheval.

EMPOSIEU n.m. (mot dial.). Suisse. Excavation naturelle en forme d'entonnoir par où s'écoulent les eaux du Jura.

EMPOTÉ, E adj. et n. (de l'anc. fr. *main pote*, main gauche). *Fam.* Se dit d'une personne gauche, maladroite.

EMPOTER v.t. Mettre en pot une plante, un arbuste, etc.

EMPOURPRER v.t. Colorer de pourpre, de rouge. ◇ v.pr. *Son visage s'empourpra.*

EMPOUSSIÉRER v.t. [11]. Couvrir de poussière.

EMPREINDRE v.t. [62] (lat. *imprimere*). **1.** *Litt.* Imprimer, marquer par pression. *Empreindre ses pas sur la neige.* **2.** *Fig.* Marquer. *Son visage était empreint de tristesse.*

EMPREINTE n.f. **1.** Marque en creux ou en relief obtenue par pression. *L'empreinte d'un cachet.* ◇ *Empreinte digitale,* ou *empreinte :* marque laissée sur les objets par les sillons de la peau des doigts. **2.** *Fig.* Marque durable, profonde, distinctive. *L'empreinte du génie.* **3.** Marque indélébile reçue au cours d'une expérience précoce. *Empreinte maternelle, sexuelle.* **4.** GÉNÉT. *Empreinte génétique :* portion d'ADN dont la séquence est spécifique de chaque individu et permet son identification. (Utilisée en médecine légale, la technique des empreintes génétiques contribue, à partir de prélèvements effectués sur un échantillon organique, à identifier un coupable ou à innocenter un suspect.) **5.** ÉTHOL. Fixation irréversible de l'animal nouveau-né au premier objet qui se présente à lui comme objet d'un besoin instinctuel. (Ce phénomène explique la spécificité des objets visés par l'instinct dans les diverses espèces animales.)

E

EMPRESSÉ, E adj. Plein de prévenance ; attentionné.

EMPRESSEMENT n.m. Action de s'empresser ; hâte, ardeur. *Répondre avec empressement.*

EMPRESSER (S') v.pr. **1.** Montrer de l'ardeur, du zèle, de la prévenance à l'égard de qqn. *S'empresser auprès d'un client.* **2.** Se hâter de faire qqch. *S'empresser de partir.*

EMPRÉSURER v.t. Ajouter de la présure au lait pour le faire cailler.

EMPRISE n.f. (du lat. *prehendere,* saisir). **1.** Domination morale, intellectuelle ; ascendant. *Avoir de l'emprise sur qqn.* **2.** DR. Prise de possession, par l'Administration, d'une propriété privée immobilière. **3.** Surface occupée par une route ou une voie ferrée et ses dépendances incorporées au domaine de la collectivité publique.

EMPRISONNEMENT n.m. **1.** Action de mettre en prison. **2.** Peine consistant à demeurer enfermé en prison.

EMPRISONNER v.t. **1.** Mettre en prison. **2.** Contenir, maintenir étroitement ; resserrer. *Un col qui emprisonne le cou.*

EMPRUNT [ɑ̃prœ̃] n.m. **1.** Action d'emprunter. ◇ *Emprunt public :* dette contractée sur le marché des capitaux par l'État ou par une collectivité publique. **2.** Chose, somme empruntée. *Rembourser un emprunt.* **3.** LITTÉR. Fait d'emprunter à un auteur ses idées, son style, etc. ; reproduction, imitation. **4.** *D'emprunt :* qui n'appartient pas en propre à ; faux, supposé. *Nom d'emprunt.* **5.** LING. Élément, mot pris à une autre langue.

EMPRUNTÉ, E adj. Qui manque d'aisance, de naturel ; embarrassé, gauche. *Air emprunté.*

EMPRUNTER v.t. (lat. *promutuari*). **1.** Obtenir de l'argent ou un objet à titre de prêt, se faire prêter. *Emprunter de l'argent à un ami.* **2.** Prendre ailleurs pour s'approprier. *Emprunter le sujet d'un roman à l'actualité.* **3.** Prendre, suivre une voie. *Emprunter une route, un chemin.*

EMPRUNTEUR, EUSE n. Personne qui emprunte.

EMPUANTIR v.t. Infecter d'une mauvaise odeur ; empester.

EMPUANTISSEMENT n.m. Rare. Action d'empuantir ; son résultat.

EMPUSE n.f. (de *Empousa,* sorte de vampire dans la mythologie grecque). **1.** Champignon siphomycète, parasite des mouches et de divers insectes. **2.** Insecte dictyoptère carnassier des régions méditerranéennes, voisin de la mante. (Famille des empusidés.) SYN. : *diablotin.*

EMPYÈME [ɑ̃pjɛm] n.m. (du gr. *puon,* pus). MÉD. Rare. Amas de pus dans une cavité naturelle, en partic. la cavité pleurale.

EMPYRÉE n.m. (du gr. *empurios,* en feu). **1.** MYTH. GR. Partie la plus élevée du ciel, habitée par les dieux. **2.** *Poét.* Ciel, paradis.

ÉMU, E adj. (p. passé de *émouvoir*). Qui éprouve ou manifeste de l'émotion. *Parler d'une voix émue.*

ÉMULATEUR n.m. INFORM. Dispositif matériel ou logiciel qui permet à un ordinateur donné de se comporter comme un autre.

ÉMULATION n.f. **1.** Esprit de compétition qui porte à égaler ou à surpasser qqn. **2.** INFORM. Technique permettant de simuler le fonctionnement d'un équipement donné à l'aide d'un autre, non conçu primitivement pour cet usage.

ÉMULE n. (lat. *aemulus,* rival). Personne qui cherche à en égaler, à en surpasser une autre.

ÉMULER v.t. (calque de l'angl. *to emulate*). INFORM. Utiliser la technique d'émulation.

ÉMULSEUR n.m. CHIM. INDUSTR. Appareil servant à préparer des émulsions.

ÉMULSIF, IVE, ÉMULSIFIANT, E ou **ÉMULSIONNANT, E** adj. et n.m. Se dit d'un produit qui favorise la formation d'une émulsion ou sa conservation.

ÉMULSIFIABLE ou **ÉMULSIONNABLE** adj. Que l'on peut émulsionner.

ÉMULSIFIER v.t. → **ÉMULSIONNER.**

ÉMULSINE n.f. CHIM. ORG. Enzyme capable d'émulsionner l'huile, tirée notamm. de l'amande amère, et qui est utilisée en cosmétique.

ÉMULSION n.f. (du lat. *emulsus,* extrait). **1.** Suspension d'un liquide, divisé en globules, au sein d'un autre liquide, avec lequel il ne peut se mélanger. **2.** PHOTOGR. Couche très mince, sensible à la lumière, étendue sur les films et les papiers photographiques.

ÉMULSIONNANT, E adj. et n.m. → **ÉMULSIF.**

ÉMULSIONNER [3] ou **ÉMULSIFIER** v.t. [5]. Mettre à l'état d'émulsion.

1. EN prép. (lat. *in*). **1.** Indique le lieu, la durée, l'état, la manière, la matière, etc. *En France. En été. En vingt ans de carrière. En bonne santé. De mal en pis. En colère. En deuil. En marbre.* **2.** Sert à former de nombreuses locutions adverbiales ou prépositives. *En permanence. En outre. En guise de.*

2. EN adv. (lat. *inde*). De là. *J'en viens.*

3. EN pron. pers. (lat. *inde*). De lui, d'elle, d'eux, d'elles, de cela, à cause de cela, etc. *Il s'en moque. Cette ville, je m'en souviendrai toujours. Vous avez de belles fleurs, donnez-m'en quelques-unes. Cette nouvelle est exacte, soyez-en certain.* ◇ Belgique. *Je n'en peux rien :* je n'y peux rien.

ENAMOURER (S') [ɑ̃namure] ou **ÉNAMOURER (S')** v.pr. *Litt.* Devenir amoureux.

ÉNANTHÈME n.m. (du gr. *anthein,* fleurir). MÉD. Éruption rouge sur les muqueuses (la muqueuse des joues, par ex.), souvent associée à un exanthème.

ÉNANTIOMÈRE n.m. CHIM. Chacun des deux stéréo-isomères dont l'un est l'image de l'autre dans un miroir.

ÉNANTIOMORPHE adj. (du gr. *enantios,* contraire). CHIM. Se dit des cristaux formés par deux énantiomères. (Leur aspect, tant microscopique que macroscopique, est comme celui de la main gauche et de la main droite.) ◇ *Composés énantiomorphes :* énantiomères.

ÉNANTIOTROPE adj. CHIM. Qui existe sous deux formes physiques différentes, dont les zones de stabilité se situent de part et d'autre d'une température ou d'une pression de transformation.

ÉNARCHIE n.f. *Fam.* **1.** Ensemble des énarques. **2.** Accaparement technocratique des hautes fonctions administratives de l'État par les énarques.

ÉNARQUE n. Ancien élève de l'ENA (École nationale d'administration).

ÉNARTHROSE n.f. (gr. *enarthrôsis,* action d'articuler). ANAT. Articulation mobile dont les surfaces articulaires sont sphériques.

EN-AVANT [ɑ̃navɑ̃] n.m. inv. Au rugby, faute commise par un joueur lorsque le ballon se dirige vers l'en-but adverse après qu'il l'a lâché ou projeté de la main *(passe en avant).*

EN-BUT [ɑ̃by] ou [ɑ̃byt] n.m. inv. Au rugby, surface située entre la ligne de but et la ligne de ballon mort, où doit être marqué l'essai.

ENCABANAGE n.m. Mise en place de petites haies de branchage sur des claies d'élevage où les vers à soie viendront former leurs cocons.

ENCABANER v.t. Effectuer l'encabanage des vers à soie.

ENCABLURE n.f. MAR. Mesure de longueur de 120 brasses, soit env. 200 m, utilisée pour évaluer les courtes distances.

ENCADRÉ n.m. IMPRIM. Dans une page, texte mis en valeur par une bordure, un filet qui l'entoure.

ENCADREMENT n.m. **1.** Action d'encadrer. *Procéder à l'encadrement d'un tableau.* **2. a.** Ce qui encadre ; cadre. *Encadrement moulure et doré.* **b.** Ce qui entoure une ouverture, une baie, un panneau, un lambris. *Encadrement d'une porte.* **3. a.** Ensemble des cadres d'une entreprise, d'une troupe. *Personnel d'encadrement. L'encadrement de l'armée.* **b.** Ensemble de personnes qui ont la responsabilité d'un groupe. *Encadrement d'une colonie de vacances.* **4.** Ensemble des mesures prises par les pouvoirs publics pour limiter la hausse des prix *(encadrement des prix)* ou l'attribution de crédits bancaires aux entreprises ou aux particuliers *(encadrement du crédit).*

ENCADRER v.t. **1.** Entourer d'un cadre, mettre dans un cadre. *Encadrer une photographie.* **2.** Entourer d'une bordure semblable à un cadre, pour mettre en valeur, faire ressortir. *Encadrer un article d'un filet rouge dans le journal.* **3.** Former comme un cadre autour de. *Cheveux noirs encadrant un visage.* **4.** Entourer, flanquer de manière à garder, à surveiller. *Deux gendarmes encadrent le prévenu.* **5.** Assurer auprès de personnes un rôle de direction, de formation ; contrôler, diriger. **6.** *Fam.* Percuter, heurter. *La voiture a encadré le platane.* **7.** MIL. Placer des coups régulièrement répartis autour de l'objectif, dans un tir. **8.** *Fam. Ne pas pouvoir encadrer qqn,* ne pas pouvoir le supporter ; le détester. ◆ **s'encadrer** v.pr. **1.** *Litt.* Se placer quelque part comme dans un cadre. *Sa silhouette s'encadra dans la porte.* **2.** *Fam.* Venir heurter un obstacle. *S'encadrer dans un arbre.*

ENCADREUR, EUSE n. Professionnel assurant l'encadrement des tableaux et autres œuvres ou documents (surtout en deux dimensions).

ENCAGEMENT n.m. MIL. *Tir d'encagement,* destiné à isoler l'objectif.

ENCAGER v.t. [10]. Mettre en cage.

ENCAGOULÉ, E adj. et n. Dont le visage est masqué par une cagoule.

ENCAISSABLE adj. Qui peut être encaissé.

ENCAISSAGE n.m. Action de mettre en caisse.

1. ENCAISSANT, E adj. Qui encaisse, entoure. *Vallée encaissante.*

2. ENCAISSANT n.m. GÉOL. Terrain dans lequel s'est mise en place une autre formation géologique (filon, intrusion, etc.).

ENCAISSE n.f. Argent, valeur en caisse. ◇ *Encaisse métallique :* valeurs en or ou en argent qui, dans une banque d'émission, servent de garantie à la monnaie en circulation.

ENCAISSÉ, E adj. Resserré entre des bords, des versants, des talus escarpés. *Chemin, rivière encaissés.*

ENCAISSEMENT n.m. **1.** Action d'encaisser de l'argent, des valeurs. **2.** Fait d'être encaissé, resserré.

ENCAISSER v.t. **1.** Mettre en caisse. *Encaisser des bouteilles.* **2.** Toucher, recevoir de l'argent, des valeurs ; les recouvrer. **3.** *Fam.* Subir sans réagir ; supporter. *Encaisser des coups, des critiques.* ◇ *Fam. Ne pas pouvoir encaisser qqn, qqch,* ne pas les supporter. **4.** Resserrer un lieu entre deux versants abrupts. *Les montagnes qui encaissent la vallée.*

ENCAISSEUR n.m. Employé, en partic. employé de banque, qui encaisse de l'argent.

ENCALMINÉ, E adj. (de *en* et *calme*). Se dit d'un navire arrêté du fait de l'absence de vent.

ENCAN n.m. (du lat. *in quantum,* pour combien). *À l'encan :* aux enchères, au plus offrant. *Vendre, mettre à l'encan.*

ENCANAILLEMENT n.m. Vieilli. Fait de s'encanailler.

ENCANAILLER (S') v.pr. Prendre des airs vulgaires ; fréquenter ou imiter des gens douteux, des canailles.

ENCANTEUR, EUSE n. (de *encan*). Québec. Commissaire-priseur.

ENCAPUCHONNER v.t. Couvrir d'un capuchon. ◆ **s'encapuchonner** v.pr. ÉQUIT. Ramener la tête contre le poitrail pour échapper à l'action du mors, en parlant du cheval.

ENCAQUEMENT n.m. Action d'encaquer.

ENCAQUER v.t. Mettre en caque des harengs.

ENCART n.m. Feuille, cahier insérés entre les feuillets d'un cahier, d'un livre, d'une revue, etc. *Encart publicitaire.*

ENCARTAGE n.m. Action d'encarter.

ENCARTER v.t. **1.** Insérer un encart. **2.** Fixer sur une carte de menus objets. *Encarter des boutons.*

ENCARTEUSE n.f. Machine servant à encarter de menus objets.

EN-CAS ou **ENCAS** n.m. inv. Repas léger préparé en cas de besoin.

ENCASERNER v.t. Caserner.

ENCASTELER (S') v.pr. [12]. En parlant d'un cheval, être atteint d'encastelure.

ENCASTELURE n.f. (ital. *incastellatura*). Maladie du pied du cheval, qui rétrécit le talon et resserre la fourchette.

ENCASTRABLE adj. Qui peut être encastré.

ENCASTREMENT n.m. Action, manière d'encastrer. — MÉCAN. INDUSTR. Engagement sans jeu d'une pièce dans une autre pièce.

ENCASTRER v.t. (ital. *incastrare*). Insérer dans une cavité prévue à cet effet, sans aucun jeu ; emboîter. *Encastrer un four dans le mur.* ◆ **s'encastrer** v.pr. S'ajuster très exactement.

ENCAUSTIQUAGE n.m. Action d'encaustiquer.

ENCAUSTIQUE n.f. (du gr. *egkaiein,* brûler). **1.** Produit à base de cire et d'essence pour faire briller le bois ; cire. **2.** *Peinture à l'encaustique,* faite de couleurs délayées dans de la cire fondue et employée à chaud.

ENCAUSTIQUER v.t. Enduire d'encaustique ; cirer. *Encaustiquer un parquet.*

ENCAVEUR, EUSE n. Professionnel qui assure la mise en cave des vins.

ENCEINDRE v.t. [62] (lat. *incingere*). *Litt.* Entourer d'une enceinte.

1. ENCEINTE n.f. **1.** Ce qui entoure un espace fermé, en interdit l'accès ; rempart. *Enceinte de fossés.* **2.** Espace clos, délimité. *Enceinte d'un tribunal.* **3.** Volume clos ou non, délimité par une enveloppe rigide, destiné à recevoir un ou plusieurs haut-parleurs pour assurer une reproduction équilibrée des sons. SYN. *(cour.) : baffle.*

2. ENCEINTE adj.f. (lat. *incincta,* de *incingere,* entourer). Se dit d'une femme en état de grossesse.

ENCEINTER v.t. Afrique. Rendre une femme enceinte.

ENCENS [ɑ̃sɑ̃] n.m. (du lat. *incensum,* brûlé). **1.** Résine aromatique, tirée princip. d'une plante d'Arabie et d'Abyssinie (genre *Boswellia,* famille des burséracées), et qui dégage par combustion une odeur agréable et forte. **2.** *Litt.,* vx. Louange, flatterie excessive.

ENCENSEMENT n.m. Action d'encenser.

ENCENSER v.t. **1.** Honorer en brûlant de l'encens, en balançant l'encensoir. **2.** *Fig.* Flatter avec excès. ◆ v.i. ÉQUIT. En parlant du cheval, faire de la tête un mouvement de bas en haut.

ENCENSEUR, EUSE n. **1.** Personne qui agite l'encensoir. **2.** *Fig.,* vx. Flatteur excessif.

ENCENSOIR n.m. Cassolette suspendue à de petites chaînes dans laquelle on brûle l'encens au cours des cérémonies chrétiennes. ◇ *Litt.,* vieilli. *Coup d'encensoir :* flatterie excessive.

ENCÉPAGEMENT n.m. Ensemble des cépages d'une vigne, d'un vignoble.

ENCÉPHALE n.m. (gr. *egkephalos,* cervelle). Ensemble de centres nerveux, constitué du cerveau, du cervelet et du tronc cérébral, et contenu dans la boîte crânienne des vertébrés. SYN. *(cour.) : cerveau.*

ENCÉPHALINE n.f. → **ENKÉPHALINE.**

ENCÉPHALIQUE adj. Relatif à l'encéphale.

ENCÉPHALITE n.f. MÉD. Nom donné à certaines maladies comportant une inflammation de l'encéphale, en partic. quand elles sont d'origine virale.

ENCÉPHALOMYÉLITE n.f. MÉD. Encéphalite comportant une atteinte associée de la moelle épinière.

ENCÉPHALOPATHIE n.f. MÉD. Toute affection diffuse du cerveau. ◇ *Encéphalopathie spongiforme,* due à un prion et pouvant atteindre l'homme et les animaux (maladie de Creutzfeldt-Jakob, maladie de la vache folle, tremblante du mouton).

ENCERCLEMENT n.m. Action d'encercler ; fait d'être encerclé.

ENCERCLER v.t. **1.** Entourer d'un cercle ou comme d'un cercle. **2.** Entourer étroitement ; cerner, investir. *La police a encerclé le quartier.* **3.** Former un cercle, une ligne courbe autour de ; environner. *Une ceinture d'atolls encercle l'île.*

ENCHAÎNÉ n.m. CINÉMA. Fondu enchaîné.

ENCHAÎNEMENT n.m. **1.** Suite de choses qui s'enchaînent suivant leur nature ou un rapport de dépendance ; série, succession. *Enchaînement d'idées, de circonstances.* **2. a.** MUS. Juxtaposition d'accords. **b.** Phrase chorégraphique constituée d'une suite complexe de temps et de pas. **3.** Manière d'enchaîner, de s'enchaîner ; liaison. *Enchaînement logique d'un exposé.* **4.** Dans un spectacle, texte qui fait le lien entre deux scènes, deux tableaux, deux attractions.

ENCHAÎNER v.t. **1.** Attacher avec une chaîne. **2.** *Litt.* Priver de liberté ; soumettre, asservir. *Enchaîner un peuple.* **3.** Lier par un rapport naturel ou logique ; coordonner. *Enchaîner des idées.* ◆ v.i. Reprendre rapidement la suite d'un dialogue, d'un discours, d'une action. ◆ **s'enchaîner** v.pr. Être lié par un rapport de dépendance logique.

ENCHANTÉ, E adj. **1.** Qui est sous l'empire d'un pouvoir magique. **2.** Extrêmement heureux ; ravi. *Je suis enchantée de vous revoir.*

ENCHANTEMENT n.m. **1.** Action d'enchanter, de soumettre à un pouvoir magique ; procédé employé à cette fin. ◇ *Comme par enchantement :* de façon inattendue, quasi miraculeuse. **2.** Ce qui charme, suscite un plaisir extrême. *Cette fête était un enchantement.* **3.** État d'une personne enchantée ; ravissement, émerveillement.

ENCHANTER v.t. (lat. *incantare,* prononcer des formules magiques). **1.** Agir sur qqn par des procédés magiques, des incantations ; ensorceler. **2.** Remplir d'un vif plaisir ; charmer, ravir. *Cette bonne nouvelle m'enchante.*

1. ENCHANTEUR, ERESSE adj. Qui enchante ; charmant, séduisant. *Voix enchanteresse.*

2. ENCHANTEUR, ERESSE n. Personne qui opère des enchantements ; magicien. *L'enchanteur Merlin.*

ENCHÂSSEMENT n.m. Action d'enchâsser ; son résultat.

ENCHÂSSER v.t. **1.** Placer dans une châsse. *Enchâsser des reliques.* **2.** Fixer dans un support, une monture ; sertir. **3.** *Litt.* Insérer dans un ensemble ; intercaler, enclaver. *Enchâsser une citation dans un discours.*

ENCHÂTELER v.t. [12]. Suisse. Remplir de choses, d'une substance, plus haut que le bord.

ENCHAUSSER v.t. (de *chausser*). AGRIC. Couvrir les plantes potagères de paille ou de fumier pour les faire blanchir, les préserver de la gelée. SYN. : *pailler.*

ENCHÈRE n.f. **1.** Dans une vente au plus offrant, offre d'un prix supérieur à celui qu'un autre propose. ◇ *Vente aux enchères :* vente publique d'un bien adjugé au plus offrant. — *Folle enchère :* enchère faite par un enchérisseur qui ne peut en payer le prix. — *Couvrir une enchère :* surenchérir. — *Faire monter les enchères :* obliger ses adversaires à des concessions ou à des offres de plus en plus importantes pour obtenir qqch. **2.** À certains jeux de cartes, somme que l'on peut ajouter à l'enjeu ; au bridge, demande supérieure à celle de l'adversaire.

ENCHÉRIR v.i. (de *cher*). **1.** Proposer une enchère. **2.** *Litt.* Dépasser, aller au-delà de ce qui a été dit ou fait ; renchérir. *Enchérir sur qqn.*

ENCHÉRISSEMENT n.m. Vx. Renchérissement.

ENCHÉRISSEUR, EUSE n. Personne qui fait une enchère.

ENCHEVAUCHER v.t. Faire joindre par recouvrement des planches, des ardoises, des tuiles, etc.

ENCHEVAUCHURE n.f. Position de planches, de tuiles, etc., qui se chevauchent en partie.

ENCHEVÊTREMENT n.m. Action d'enchevêtrer ; son résultat ; confusion, désordre. *Enchevêtrement des pensées.*

ENCHEVÊTRER v.t. (de *chevêtre*). **1.** CONSTR. Unir par un chevêtre. **2.** Emmêler de façon indistincte et inextricable. *Enchevêtrer du fil.* ◆ **s'enchevêtrer** v.pr. S'engager les unes dans les autres, en parlant de choses ; s'embrouiller, s'emmêler. *Phrases qui s'enchevêtrent.*

ENCHEVÊTRURE n.f. Assemblage de pièces d'une charpente formant un cadre autour d'une trémie.

ENCHIFRENÉ, E adj. (de *chanfrein*). Vx. Enrhumé.

ENCLAVE n.f. **1.** Terrain ou territoire complètement entouré par un autre et, par ext., sans accès direct à la mer. **2.** GÉOL. Portion de roche englobée dans un encaissant d'origine, de structure ou de composition différentes.

ENCLAVEMENT n.m. Action d'enclaver ; son résultat.

ENCLAVER v.t. (du lat. *clavis,* clef). **1.** Entourer, contenir un terrain comme enclave. *Domaine qui enclave une ferme.* **2.** *Fig.* Placer entre ; insérer, enfermer. *Enclaver un adjectif entre l'article et le nom.*

ENCLENCHEMENT n.m. **1.** Action d'enclencher, de commencer. **2.** Dispositif mécanique, électrique, etc., par lequel le fonctionnement d'un appareil est subordonné à l'état ou à la position d'un ou de plusieurs autres.

ENCLENCHER v.t. (de *clenche*). **1.** Mettre en marche un appareil au moyen d'un enclenchement. **2.** Faire démarrer ; commencer. *Enclencher une action.* ◆ **s'enclencher** v.pr. Se mettre en marche, commencer à fonctionner. *L'affaire s'enclenche mal.*

ENCLIN, E adj. (du lat. *inclinare,* incliner). Porté naturellement à ; sujet à. *Enclin à la colère.*

ENCLIQUETAGE n.m. MÉCAN. INDUSTR. Dispositif ne permettant le mouvement d'un organe (par ex. la rotation d'une roue) que dans un sens ; action opérée par ce mécanisme.

ENCLIQUETER v.t. [16]. Opérer un encliquetage.

ENCLITIQUE adj. et n.m. (gr. *egklitikos,* penché). LING. Se dit d'un élément qui se joint au terme qui le précède pour former avec lui une seule unité accentuelle (ex. : *je* dans *sais-je*).

ENCLORE v.t. [93] (du lat. *includere*). Entourer d'une clôture. *Enclore un jardin.*

ENCLOS [ɑ̃klo] n.m. **1.** Terrain fermé par une clôture ; la clôture elle-même. *Réparer l'enclos.* **2.** *Enclos paroissial :* espace clôturé qui groupait autrefois église, cimetière et constructions annexes, spécialement en Bretagne.

ENCLOSURE n.f. (mot angl.). HIST. En Angleterre, du XVIe au XVIIIe s., clôture des terres acquises par les grands propriétaires à la suite du partage des communaux, transformant en bocage *(closed field)* l'ancien paysage *(openfield).*

ENCLOUAGE n.m. Immobilisation chirurgicale d'une fracture osseuse par une prothèse en forme de clou.

ENCLOUER v.t. Blesser avec un clou un animal que l'on ferre.

ENCLOUURE [ɑ̃kluyr] n.f. Blessure d'un animal encloué.

ENCLUME n.f. (du lat. *incus, incudis*). **1.** Masse métallique destinée à supporter les chocs dans diverses opérations qui se font par frappe. *Enclume de forgeron, de serrurier, de couvreur, de cordonnier.* ◇ *Être entre l'enclume et le marteau :* se trouver entre deux partis opposés, et exposé à en souffrir dans tous les cas. **2.** ANAT. Deuxième osselet de l'oreille moyenne.

ENCOCHE n.f. Petite entaille formant arrêt sur une flèche, le pêne d'une serrure, etc.

ENCOCHEMENT ou **ENCOCHAGE** n.m. Action d'encocher.

ENCOCHER v.t. **1.** Faire une encoche à. **2.** *Encocher une flèche,* la placer de manière que la corde de l'arc se trouve dans l'encoche.

ENCODAGE n.m. Codage.

ENCODER v.t. Coder.

ENCODEUR n.m. Matériel informatique capable de saisir de l'information, de la coder et de la stocker sous forme numérique.

ENCOIGNURE [ɑ̃kɔɲyr] ou [ɑ̃kwaɲyr] n.f. (de *coin*). **1.** Angle intérieur formé par deux murs qui se rencontrent. **2.** Petit meuble de plan triangulaire qu'on place dans l'angle d'une pièce.

ENCOLLAGE n.m. Action d'encoller ; préparation qui sert à encoller.

ENCOLLER v.t. Enduire une surface de colle, de gomme, etc. *Encoller du papier peint.*

ENCOLLEUSE n.f. Machine à encoller.

ENCOLURE n.f. **1.** Partie du corps de certains mammifères (cheval notamm.), comprise entre la tête, le garrot et le poitrail. **2.** Dimension du tour du cou de l'homme. **3.** COUT. **a.** Partie du vêtement destinée à recevoir le col. **b.** Partie échancrée du vêtement autour du cou.

E

ENCOMBRANT, E adj. Qui encombre ; gênant, embarrassant. *Colis encombrant.*

ENCOMBRE n.m. *Sans encombre :* sans difficulté, sans rencontrer d'obstacle. *Arriver sans encombre.*

ENCOMBRÉ, E adj. Se dit d'une voie de communication empruntée par trop de véhicules en même temps ; embouteillé. *Éviter les voies encombrées.*

ENCOMBREMENT n.m. **1.** Action d'encombrer ; état de ce qui est encombré. **2.** Affluence excessive de véhicules gênant la circulation. *On signale des encombrements sur l'autoroute.* **3.** Place, volume qu'occupe qqch. *Meuble de faible encombrement.* **4.** INFORM. Situation d'un équipement ou d'un réseau qui est l'objet d'un nombre de sollicitations excédant ses possibilités de traitement.

ENCOMBRER v.t. (de l'anc. fr. *combre,* barrage). **1.** Remplir un lieu, qqch par accumulation excessive ; obstruer. *Valises qui encombrent le couloir.* **2.** Saturer une ligne téléphonique, un standard par des appels trop nombreux. **3.** Embarrasser par sa présence ; gêner. *Tu m'encombres, sors de la cuisine !* **4.** Occuper à l'excès ; surcharger. *Encombrer sa mémoire de détails.* ◆ **s'encombrer** v.pr. **(de).** Prendre, garder avec soi qqch, qqn qui est inutile ou gênant.

E

ENCOMIENDA [ɛnkɔmjɛnda] n.f. (mot esp.). HIST. Institution de l'Amérique espagnole selon laquelle la Couronne déléguait des droits et des devoirs à un conquistador sur un groupe d'Indiens.

ENCONTRE DE (À L') loc. prép. (bas lat. *incontra*). *Aller à l'encontre de :* faire obstacle, s'opposer à.

ENCOPRÉSIE n.f. (du gr. *kopros,* excrément). MÉD. Incontinence fécale d'origine psychologique chez un enfant ayant dépassé l'âge normal de la propreté.

ENCORBELLEMENT n.m. ARCHIT. Construction en saillie sur le plan d'un mur, supportée par des corbeaux, des consoles, une dalle, etc. ; porte-à-faux. ◇ *Voûte en encorbellement :* fausse voûte, appareillée en tas de charge.

ENCORDER (S') v.pr. S'attacher les uns aux autres avec une corde, en parlant d'alpinistes, de spéléologues.

ENCORE adv. (lat. *hinc ad horam,* de là jusqu'à cette heure). **1.** Indique que l'action ou l'état persiste au moment où l'on parle. *La boutique est encore ouverte.* **2.** Indique la répétition d'une action. *Prenez encore du poulet.* **3.** (Suivi d'un comparatif.) Indique le renforcement. *Il fait encore plus chaud qu'hier.* **4.** Indique la restriction, la réserve. *Si encore elle était à l'heure !* ◆ **encore que** loc. conj. *Litt.* Quoique, bien que. — REM. Parfois écrit *encor* en poésie.

ENCORNÉ, E adj. *Litt.* Qui a des cornes ; cornu. *Diables encornés.*

ENCORNER v.t. Percer, blesser à coups de cornes.

ENCORNET n.m. Calmar.

ENCOUBLE n.f. Suisse. Entrave, gêne.

ENCOUBLER (S') v.pr. (du suisse romand *couble,* entrave de bois suspendue au cou du bétail). Suisse. Trébucher.

ENCOURAGEANT, E adj. Qui encourage ; prometteur.

ENCOURAGEMENT n.m. Action d'encourager ; acte, parole qui encourage. *Prodiguer des encouragements.*

ENCOURAGER v.t. [10]. **1.** Donner du courage à ; inciter à agir. *Encourager un élève. Encourager à partir.* **2.** Favoriser la réalisation, le développement de. *Encourager les initiatives.*

ENCOURIR v.t. [33] (lat. *incurrere*). *Litt.* S'exposer à qqch de fâcheux. *Encourir un châtiment, un blâme.*

EN-COURS ou **ENCOURS** n.m. inv. **1.** Montant des effets escomptés par une banque qui ne sont pas encore arrivés à échéance. **2.** COMPTAB. Biens et services en cours de formation au travers d'un processus de fabrication.

ENCRAGE n.m. IMPRIM. Action d'encrer les rouleaux d'une presse ; ensemble des dispositifs qui le permettent.

ENCRASSEMENT n.m. Action d'encrasser ; fait de s'encrasser.

ENCRASSER v.t. Couvrir de crasse, d'un dépôt qui empêche la bonne marche de. *Fumée qui encrasse les vitres.* ◆ **s'encrasser** v.pr. Se couvrir de crasse, de saleté.

ENCRE n.f. (lat. *encaustum,* du gr.). **1.** Préparation noire ou colorée, liquide ou pâteuse, dont on se sert pour écrire, imprimer, etc. ◇ *Encre de Chine :* composition solide ou liquide (mélange de noir de fumée, de gélatine et de camphre) utilisée pour le dessin à la plume ou le lavis. – *Encre sympathique :* liquide incolore qui n'apparaît sur le papier que sous l'action d'un réactif ou de la chaleur. **2.** Liquide noir et épais sécrété par certains céphalopodes et qui leur permet, en cas de danger, de troubler l'eau pour cacher leur fuite.

ENCRER v.t. Enduire d'encre.

ENCREUR adj.m. Qui sert à encrer. *Rouleau encreur d'une presse d'imprimerie.*

ENCRIER n.m. **1.** Petit récipient à encre. **2.** IMPRIM. Réservoir alimentant en encre les rouleaux encreurs d'une machine d'impression.

ENCRINE n.f. (gr. *en,* dans, et *krinon,* lis). Échinoderme fixé au fond des mers par une longue tige et présentant un calice tentaculaire. (Classe des crinoïdes.) SYN. : *lis de mer.*

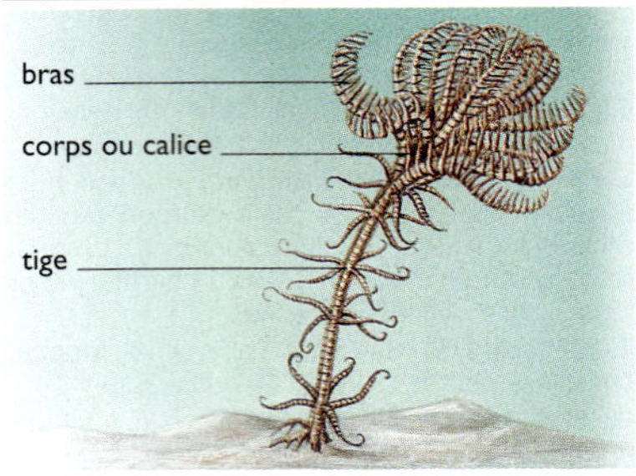

■ **ENCRINE**

ENCROUÉ, E adj. (du bas lat. *incrocare,* pendre à un croc). SYLVIC. Se dit d'un arbre qui, en tombant, s'est enchevêtré dans les branches d'un autre.

ENCROÛTÉ, E adj. *Péjor.* Qui s'obstine dans son ignorance, sa routine ; sclérosé. *Être encroûté dans ses préjugés.*

ENCROÛTEMENT n.m. Action d'encroûter ; fait de s'encroûter.

ENCROÛTER v.t. Recouvrir d'une croûte. ◆ **s'encroûter** v.pr. **1.** Se couvrir d'une croûte, d'un dépôt. **2.** *Péjor.* Se laisser dominer par une routine qui appauvrit l'esprit ; refuser les idées nouvelles. *S'encroûter dans ses habitudes.*

ENCUVAGE n.m. Action d'encuver.

ENCUVER v.t. Mettre en cuve.

ENCYCLIQUE n.f. et adj. (du gr. *egkuklios,* circulaire). CATH. Lettre solennelle adressée par le pape aux évêques, et par eux aux fidèles, du monde entier ou d'une région. (Elle est désignée par les premiers mots du texte.)

ENCYCLOPÉDIE n.f. (gr. *egkuklios paideia,* enseignement complet). Ouvrage où l'on expose méthodiquement ou alphabétiquement l'ensemble des connaissances universelles *(encyclopédie générale)* ou spécifiques d'un domaine du savoir *(encyclopédie spécialisée).*

ENCYCL. De l'Antiquité (Aristote) jusqu'au Moyen Âge (*Étymologies* d'Isidore de Séville, *le Livre du Trésor* de Brunetto Latini) et à la Renaissance, le mot *encyclopédie* garde son sens grec, c'est-à-dire « éducation qui embrasse le cercle entier des connaissances ». C'est au début du XVIIe s., avec Francis Bacon, que l'encyclopédie, au sens moderne du terme, apparaît. Au XVIIe s. et au début du XVIIIe s., l'ordre alphabétique du dictionnaire s'impose et le modèle de ce genre est l'*Encyclopédie* de Diderot. Avec l'*Encyclopédie méthodique* de la Librairie Panckoucke (1781) commence l'édition de l'encyclopédie moderne qui, tantôt sous forme d'exposé méthodique, tantôt sous forme de recueil alphabétique, cherche à résumer l'ensemble des connaissances.

ENCYCLOPÉDIQUE adj. **1.** Qui relève de l'encyclopédie. *Dictionnaire encyclopédique.* **2.** Qui possède un savoir étendu et universel. *Esprit encyclopédique.*

ENCYCLOPÉDISME n.m. Tendance à l'accumulation systématique de connaissances dans les domaines les plus divers.

ENCYCLOPÉDISTE n. **1.** Auteur d'une encyclopédie. **2.** *Spécial. Les Encyclopédistes :* les collaborateurs de l'*Encyclopédie* de Diderot et d'Alembert.

ENDÉANS prép. Belgique. Dans le délai de.

EN-DEHORS n.m. inv. Principe de la danse classique qui détermine l'orientation des jambes et des pieds vers l'extérieur, grâce à la rotation de l'articulation de la hanche.

ENDÉMICITÉ n.f. MÉD. Caractère endémique d'une maladie.

ENDÉMIE n.f. (du gr. *endêmon nosêma,* maladie fixée dans un pays). Persistance dans une région d'une maladie, qui se manifeste en permanence ou périodiquement.

ENDÉMIQUE adj. **1.** Qui présente les caractères de l'endémie. **2.** Qui sévit de façon permanente. *Chômage endémique.* **3.** ÉCOL. Se dit d'une espèce vivante dont la présence à l'état naturel est limitée à une région donnée (par oppos. à *cosmopolite*).

ENDÉMISME n.m. ÉCOL. Caractère des animaux, des plantes et des micro-organismes endémiques (par oppos. à *cosmopolitisme*).

ENDÉMOÉPIDÉMIE n.f. Endémie d'une maladie infectieuse pendant laquelle surviennent des poussées d'épidémie.

ENDETTEMENT n.m. Fait de s'endetter. *Endettement d'un pays.*

ENDETTER v.t. Charger de dettes. *La modernisation a endetté l'entreprise.* ◆ **s'endetter** v.pr. Contracter des dettes.

ENDEUILLER v.t. Plonger dans le deuil, dans le chagrin ; rendre triste.

ENDÊVER v.i. (anc. fr. *desver,* être fou). *Fam.,* vx. *Faire endêver :* mettre en colère, faire enrager.

ENDIABLÉ, E adj. **1.** Qui ne cesse de s'agiter ; insupportable. *Enfant endiablé.* **2.** D'une vivacité extrême ; impétueux. *Rythme endiablé.*

ENDIGUEMENT n.m. Action d'endiguer.

ENDIGUER v.t. **1.** Contenir un cours d'eau, un fleuve, etc., par des digues. **2.** *Fig.* Faire obstacle à ; réfréner. *Endiguer la foule.*

ENDIMANCHER (S') v.pr. Revêtir ses habits du dimanche ; s'habiller d'une façon plus soignée que d'habitude. ◇ *Avoir l'air endimanché :* avoir l'air emprunté, gauche, dans des habits plus élégants que d'ordinaire.

ENDIVE n.f. (lat. *intibum*). Bourgeon hypertrophié et compact de la chicorée witloof, obtenu par forçage à l'obscurité et que l'on mange en salade ou comme légume.

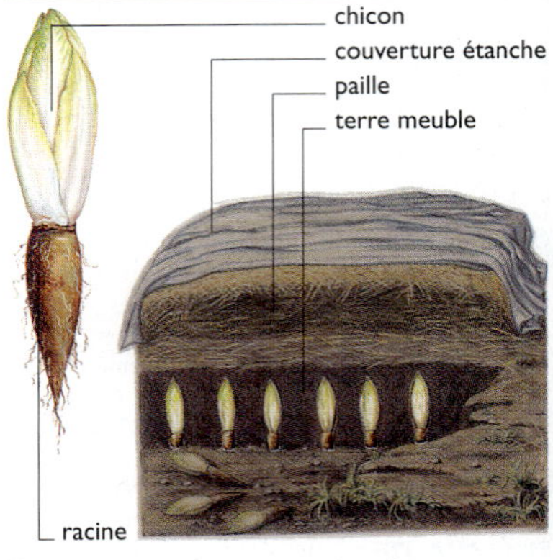

■ **ENDIVE** entière et mode de culture.

ENDIVISIONNER v.t. Grouper des unités militaires pour former une division.

ENDOBLASTE ou **ENDODERME** n.m. (gr. *endon,* dedans, et *blastos,* germe, ou *derma,* peau). SC. DE LA V. Feuillet embryonnaire interne, qui produit les appareils digestif et respiratoire.

ENDOBLASTIQUE ou **ENDODERMIQUE** adj. Relatif à l'endoblaste ou endoderme.

ENDOCARDE n.m. (gr. *endon,* dedans, et *kardia,* cœur). HISTOL. Membrane qui tapisse la cavité du cœur.

ENDOCARDITE n.f. MÉD. Inflammation de l'endocarde.

ENDOCARPE n.m. (gr. *endon,* dedans, et *karpos,* fruit). BOT. Partie la plus interne du péricarpe d'un fruit. (Il constitue le noyau de la cerise, de la prune.)

ENDOCRINE adj. (gr. *endon,* dedans, et *krinein,* sécréter). **1.** *Glande endocrine :* glande qui déverse son produit de sécrétion (hormone) directement dans le sang (hypophyse, thyroïde, gonades, pancréas, etc.). CONTR. : *exocrine.* **2.** Endocrinien.

ENDOCRINIEN, ENNE adj. MÉD. Relatif aux glandes endocrines ou aux hormones. SYN. : *endocrine.*

ENDOCRINOLOGIE n.f. Spécialité médicale qui étudie les glandes endocrines et leurs maladies.

ENDOCRINOLOGUE ou **ENDOCRINOLOGISTE** n. Médecin spécialiste d'endocrinologie.

ENDOCTRINEMENT n.m. Action d'endoctriner ; état qui en résulte.

ENDOCTRINER v.t. Faire adopter ou imposer une doctrine, des idées à qqn.

ENDODERME n.m. → **ENDOBLASTE.**

ENDODERMIQUE adj. → **ENDOBLASTIQUE.**

ENDODONTIE [ɑ̃dɔdɔ̃si] n.f. (gr. *endon,* dedans, et *odous, odontos,* dent). MÉD. Partie de l'odontologie qui étudie la pulpe des dents ainsi que ses maladies.

ENDOGAME adj. et n. Qui pratique l'endogamie. CONTR. : *exogame.*

ENDOGAMIE n.f. (gr. *endon,* dedans, et *gamos,* mariage). ANTHROP. Obligation pour un membre d'un groupe social de se marier avec un membre du même groupe. CONTR. : *exogamie.*

ENDOGAMIQUE adj. Relatif à l'endogamie.

ENDOGÈNE adj. (gr. *endon,* dedans, et *genos,* origine). **1.** *Didact.* Qui prend naissance à l'intérieur d'une structure, d'un organisme, d'une société, sous l'influence de causes strictement internes. CONTR. : *exogène.* **2.** PÉTROL. Se dit d'une roche (roche magmatique par ex.) provenant de l'intérieur du globe. CONTR. : *exogène.*

ENDOLORIR v.t. (du lat. *dolor,* douleur). Rendre douloureux. *Coup qui endolorit le bras.*

ENDOLORISSEMENT n.m. Action d'endolorir ; son résultat.

ENDOMÈTRE n.m. (gr. *endon,* dedans, et *mêtra,* utérus). HISTOL. Muqueuse qui tapisse la cavité utérine.

ENDOMÉTRIOSE n.f. MÉD. Affection caractérisée par la présence de fragments de muqueuse utérine (endomètre) en dehors de leur situation normale, par ex. dans une trompe.

ENDOMÉTRITE n.f. MÉD. Inflammation de l'endomètre.

ENDOMMAGEMENT n.m. Action d'endommager ; son résultat.

ENDOMMAGER v.t. [10]. Causer un dommage à ; abîmer, détériorer. *La tempête a endommagé plusieurs bateaux.*

ENDOMORPHINE n.f. → **ENDORPHINE.**

ENDOMORPHISME n.m. ALGÈBRE. Homomorphisme d'un ensemble dans lui-même.

ENDOPARASITE n.m. et adj. BIOL. Parasite qui vit à l'intérieur d'un organisme végétal ou animal.

ENDOPLASME n.m. BIOL. CELL. Partie centrale du cytoplasme d'une cellule animale (protozoaire, notamm.) ; partie du cytoplasme entourant les vacuoles, dans une cellule végétale.

ENDOPLASMIQUE adj. Relatif à l'endoplasme.

ENDORÉIQUE adj. Qui présente les caractères de l'endoréisme.

ENDORÉISME n.m. (gr. *endon,* dedans, et *rhein,* couler). HYDROL. Caractère d'une région dont les cours d'eau n'atteignent pas la mer et se perdent dans des dépressions fermées.

ENDORMANT, E adj. Qui endort ; qui ennuie au point de provoquer l'envie de dormir.

ENDORMEUR, EUSE n. *Litt.* Personne qui berce qqn d'illusions pour endormir sa vigilance.

ENDORMI, E adj. **1.** Qui dort. – Où tout semble dormir. *Campagne endormie.* **2.** *Fam.* Indolent, apathique. *Élève endormi.*

ENDORMIR v.t. [25] (lat. *indormire*). **1.** Faire dormir, provoquer un sommeil naturel. *Endormir un enfant en le berçant.* **2.** Plonger dans un sommeil artificiel, par ex. par anesthésie ou par hypnose. *Faire une injection à un malade pour l'endormir.* **3.** Ennuyer profondément au point de donner envie de dormir. *Ce conférencier m'endort.* **4.** Atténuer l'acuité de ; calmer. *Le froid a un peu endormi la douleur.* **5.** Atténuer l'attention de qqn pour le tromper. ◆ **s'endormir** v.pr. **1.** Commencer à dormir. **2.** Ralentir son activité ; manquer de vigilance.

ENDORMISSEMENT n.m. Fait de s'endormir ; passage de l'état de veille à l'état de sommeil.

ENDORPHINE ou **ENDOMORPHINE** n.f. MÉD. Substance peptidique, neuromédiateur du système nerveux central, aux propriétés antalgiques.

ENDOS n.m. → **ENDOSSEMENT.**

ENDOSCOPE n.m. (gr. *endon,* dedans, et *skopein,* examiner). MÉD. Tube optique muni d'un dispositif d'éclairage, destiné à être introduit dans une cavité du corps humain pour l'examiner.

ENDOSCOPIE n.f. MÉD. Examen d'une cavité interne du corps humain au moyen d'un endoscope, pendant lequel on peut effectuer certains traitements (extraction d'un corps étranger, ablation d'une tumeur, etc.).

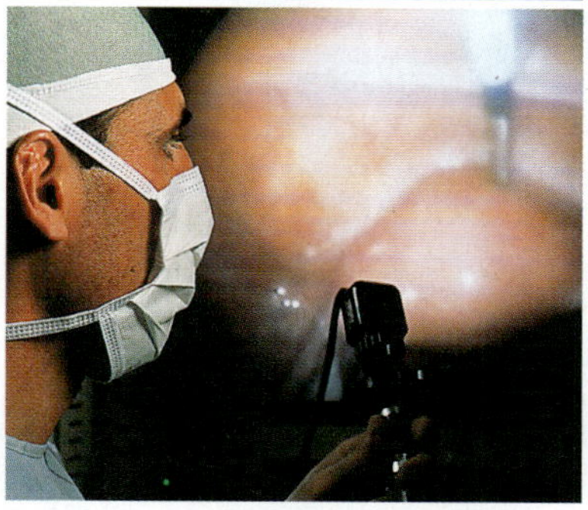

■ **ENDOSCOPIE.** Localisation du champ opératoire avant une intervention chirurgicale.

ENDOSCOPIQUE adj. Relatif à l'endoscopie.

ENDOSPERME n.m. BOT. Tissu qui assure la nutrition de l'embryon chez les plantes gymnospermes.

ENDOSSABLE adj. Se dit d'un chèque qui peut être endossé.

ENDOSSEMENT ou **ENDOS** [ɑ̃do] n.m. DR., COMM. **1.** Transmission des effets de commerce ou des chèques au moyen d'une signature apposée au verso, par laquelle le bénéficiaire *(endosseur)* donne l'ordre à son débiteur d'en payer le montant à un nouveau bénéficiaire *(endossataire).* **2.** Autorisation permettant à un voyageur d'utiliser le titre de transport d'une compagnie aérienne sur les lignes d'une autre compagnie.

ENDOSSER v.t. **1.** Mettre un vêtement sur son dos, sur soi. *Endosser un manteau.* **2.** *Fig.* Assumer la responsabilité de. *Endosser les conséquences d'une erreur.* **3.** DR., COMM. Opérer l'endossement de. **4.** REL. Donner une forme arrondie au dos d'un livre.

ENDOTHÉLIAL, E, AUX adj. Relatif à l'endothélium ; qui en a la structure.

ENDOTHÉLIUM [ɑ̃dɔteljɔm] n.m. (gr. *endon,* dedans, et *thelê,* mamelon). HISTOL. Tissu qui recouvre la paroi interne des vaisseaux et du cœur.

ENDOTHERME adj. PHYSIOL. Se dit d'un animal dont la température centrale est générée par un mécanisme interne, autonome, de thermorégulation active. (Les animaux endothermes [mammifères, oiseaux] sont de ce fait génér. homéothermes.) CONTR. : *ectotherme.*

ENDOTHERMIQUE adj. (gr. *endon,* dedans, et *thermos,* chaleur). THERMODYN. Qui s'accompagne d'une absorption de chaleur. *Transformation endothermique.*

ENDOTOXINE n.f. MICROBIOL. Toxine contenue dans la paroi de certaines bactéries et qui n'est libérée dans le milieu qu'en cas de destruction du germe.

ENDROIT n.m. **1.** Lieu déterminé. *Cherchons un endroit tranquille pour discuter.* ◇ *Par endroits :* çà et là. – *Fam. Le petit endroit :* les toilettes. – Partie d'une chose, d'un corps, etc. *À quel endroit ça vous fait mal ?* **2.** Vieilli. Passage d'un livre, d'un texte, etc. **3.** Côté d'une chose destiné à être montré (par oppos. à *l'envers*). ◇ *À l'endroit :* du bon côté ; dans le bon sens. – *Litt. À l'endroit de :* envers, à l'égard de. **4.** GÉOMORPH. Adret.

ENDUCTION n.f. TEXT. Action consistant à enduire d'un produit la surface d'un support textile afin de la protéger, de lui conférer des qualités particulières, d'en modifier l'aspect.

ENDUIRE v.t. [78] (lat. *inducere*). Recouvrir une surface d'un enduit ou d'une matière semi-liquide.

ENDUIT n.m. **1.** Couche de mortier appliquée sur un mur pour le protéger et le décorer. **2.** Préparation appliquée sur un subjectile. **3.** MÉD. Sécrétion visqueuse à la surface de certains organes. *Enduit de la langue.*

ENDURABLE adj. Que l'on peut endurer ; supportable.

ENDURANCE n.f. **1.** Aptitude à résister à la fatigue physique ou morale, à la souffrance. **2.** État de l'organisme au cours d'un effort sportif d'intensité moyenne mais prolongé (par oppos. à *résistance*).

ENDURANT, E adj. Qui a de l'endurance ; résistant.

ENDURCI, E adj. **1.** Qui est devenu dur, insensible. *Cœur endurci.* **2.** Qui a pris des habitudes invétérées. *Célibataire endurci.*

ENDURCIR v.t. **1.** Rendre dur, résistant ; durcir. *Le gel endurcit le sol.* **2.** Rendre moins sensible. *Ces moments pénibles l'ont endurci.* ◆ **s'endurcir** v.pr. Devenir dur, insensible ; s'aguerrir.

ENDURCISSEMENT n.m. Fait de s'endurcir ; endurance, insensibilité.

ENDURER v.t. (lat. *indurare,* rendre dur). Supporter ce qui est dur, pénible. *Endurer le froid. Endurer les insolences de qqn.*

ENDURO n.m. Compétition de motocyclisme qui consiste en une épreuve d'endurance et de régularité en terrain varié. ◆ n.f. Moto conçue pour pratiquer ce type de compétition.

ENDYMION n.m. (de *Endymion,* n.pr.). Plante à bulbe, dont les fleurs bleues s'épanouissent dans les bois au printemps, appelée cour. *jacinthe des bois.* (Famille des liliacées.)

EN EFFET loc. conj. Introduit une explication ; car. *Il n'a pas pu venir : en effet, il était malade.* ◆ loc. adv. Exprime un assentiment ; assurément, effectivement. *C'est en effet la meilleure solution. En effet, vous avez raison.*

ÉNERGÉTICIEN, ENNE n. Spécialiste d'énergétique.

ÉNERGÉTIQUE adj. (angl. *energetic,* du gr.). Relatif à l'énergie, aux sources d'énergie. ◇ *Aliment énergétique :* aliment produisant dans l'organisme beaucoup d'énergie utilisable sous forme mécanique, thermique ou chimique. – *Apport énergétique :* quantité d'énergie produite dans l'organisme par un aliment. ◆ n.f. Science et technique de la production de l'énergie, de ses emplois et des conversions de ses différentes formes.

ÉNERGIE n.f. (gr. *energeia,* force en action). **1.** Force morale ; fermeté, puissance, vigueur. *L'énergie du désespoir.* **2.** Vigueur dans la manière de s'exprimer. *Parler avec énergie.* **3.** Force physique ; vitalité. *Un être plein d'énergie.* **4.** PHYS. **a.** Grandeur caractérisant un système et exprimant sa capacité à modifier l'état d'autres systèmes avec lesquels il entre en interaction (unité SI : le *joule*). **b.** Chacun des modes que peut présenter un tel système. *Énergie mécanique, électrique, magnétique, chimique, thermique, nucléaire.* **5.** *Sources d'énergie :* ensemble des matières premières ou des phénomènes naturels utilisés pour la production d'énergie (charbon, hydrocarbures, uranium, cours d'eau, marées, vent, etc.).

ENCYCL. L'énergie est un concept de base de la physique. En physique classique et en chimie, il ne peut y avoir création ou disparition d'énergie, mais seulement transformation d'une forme en une autre (principe de Mayer) ou transfert d'énergie d'un système à un autre (principes de Carnot). En revanche, en physique des hautes énergies (réactions nucléaires, par ex.), il y a possibilité de transformations réciproques d'énergie en matière selon la formule d'Einstein : $\Delta E = \Delta mc^2$, où ΔE est la variation d'énergie, Δm la variation de masse et c la vitesse de la lumière. Enfin, en application des lois de la thermodynamique, toute conversion d'énergie s'accompagne de pertes ; autrement dit, l'énergie sous la première forme ne se transforme pas intégralement en

E

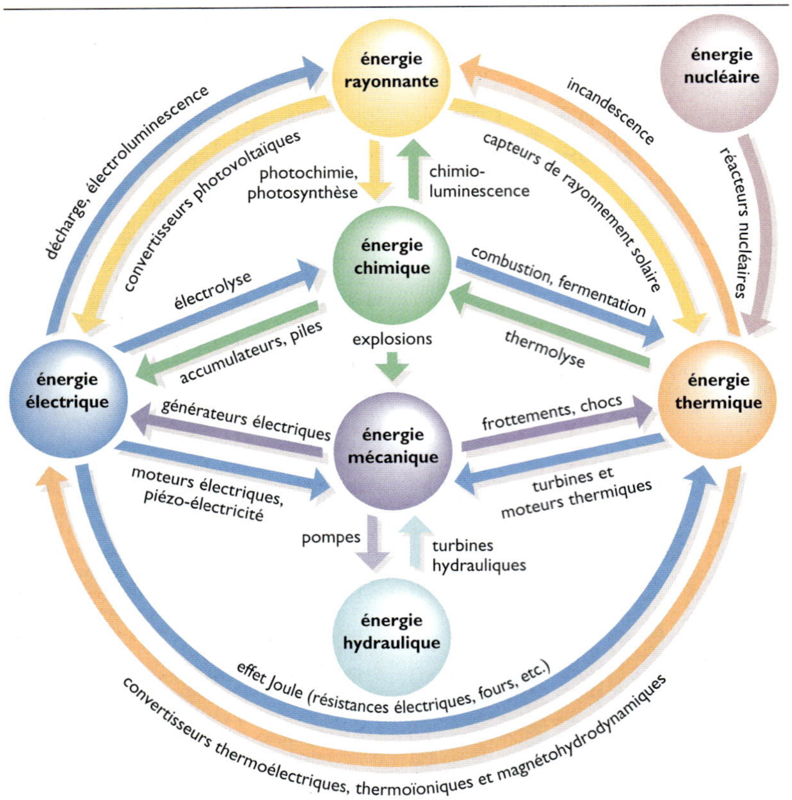

■ **ÉNERGIE.** Conversions des sept formes principales d'énergie et leurs convertisseurs.

énergie sous la deuxième forme. Ces pertes sont notamm. très importantes lors de la conversion d'énergie thermique en énergie mécanique, par ex. dans les moteurs thermiques.

ÉNERGIQUE adj. **1.** Qui manifeste une puissance active ; efficace. *Un remède énergique.* **2.** Qui est plein d'énergie, qui manifeste de l'énergie ; dynamique. *Visage énergique.*

ÉNERGIQUEMENT adv. Avec énergie.

ÉNERGISANT, E adj. et n.m. Se dit d'un produit qui donne de l'énergie dans l'organisme, ou qui provoque une impression de stimulation.

ÉNERGIVORE adj. *Fam.* Qui consomme beaucoup d'énergie.

ÉNERGUMÈNE n. (gr. *energoumenos*). [Rare au fém.] Personne exaltée, qui parle, gesticule avec véhémence. *C'est un drôle d'énergumène.*

ÉNERVANT, E adj. Qui irrite les nerfs ; agaçant, exaspérant. *Un bruit énervant. Il est énervant avec ses questions.*

ÉNERVATION n.f. **1.** Au Moyen Âge, supplice qui consistait à brûler ou à sectionner les tendons des jarrets. **2.** Ablation ou section chirurgicale des nerfs d'un organe, d'une région du corps.

ÉNERVÉ, E adj. et n. Qui a perdu le contrôle de ses nerfs ; agacé, irrité.

ÉNERVEMENT n.m. État d'une personne énervée ; agacement, surexcitation.

ÉNERVER v.t. (lat. *enervare,* couper les nerfs). Susciter la nervosité, l'irritation de ; agacer, exciter. ◇ Absol. *Un bruit qui énerve.* ◆ **s'énerver** v.pr. Perdre le contrôle de ses nerfs ; s'impatienter. *Restons calmes, ne nous énervons pas.*

ENFAÎTEAU n.m. CONSTR. Tuile faîtière.

ENFAÎTEMENT n.m. CONSTR. Feuille de plomb repliée qui protège le faîte d'un toit.

ENFAÎTER v.t. CONSTR. Couvrir le faîte d'un toit ou d'un mur au moyen de tuiles, de plomb.

ENFANCE n.f. (lat. *infantia*). **1.** Période de la vie humaine, de la naissance à l'adolescence. *Il a eu une enfance heureuse.* ◇ *La petite* ou *la première enfance :* entre la fin de l'âge du nourrisson (vers deux ans) et la scolarisation (vers six ans). – *La seconde enfance :* entre la scolarisation (vers six ans) et le début de l'adolescence (vers douze ans). – *Fam. Retomber en enfance :* retrouver un comportement infantile, sous l'effet de la sénilité. **2.** Ensemble des enfants. *L'enfance délinquante.* **3.** *Fig.* Moment initial ou fondateur ; origine. *Dès l'enfance de l'humanité.* ◇ *C'est l'enfance de l'art :* c'est aisé, facile.

ENFANT n. (lat. *infans, -antis*). **1.** Garçon ou fille dans l'âge de l'enfance. *Livres pour enfants. Une charmante enfant.* ◇ *Faire l'enfant :* faire le naïf, l'innocent ou s'obstiner de façon puérile. – *Enfant de Marie :* membre d'une congrégation catholique de jeunes filles ayant une dévotion particulière à la Vierge Marie ; *fig., fam.,* personne prude ou naïve. **2.** Personne sous le rapport de la filiation ; fils, fille. *Un père de trois enfants.* ◇ *Attendre un enfant :* être enceinte. – *Enfant adoptif :* enfant par l'effet de l'adoption. – *Enfant légitime,* conçu pendant le mariage de ses parents (par oppos. à *enfant naturel*). **3.** Descendant au premier degré. **4.** Personne originaire de. *C'est un enfant du pays.* **5.** Personne considérée comme rattachée par ses origines à un être, à une chose. *Les enfants de la patrie.* ◇ Anc. *Enfant de troupe :* fils de militaire, élevé aux frais de l'État dans une caserne, une école militaire. ◆ adj. À l'âge de l'enfance ; qui a gardé la naïveté, la spontanéité d'un enfant. *Elles sont restées très enfants.* ◆ adj. inv. *Bon enfant :* d'une gentillesse simple ; accommodant. *Il a des côtés bon enfant.*

ENFANTEMENT n.m. *Litt.* **1.** Accouchement. **2.** Production, élaboration, création d'une œuvre.

ENFANTER v.t. *Litt.* **1.** Mettre au monde un enfant. **2.** Produire, créer. *Enfanter une œuvre littéraire.*

ENFANTILLAGE n.m. **1.** Manière d'agir qui manifeste un manque de maturité ; puérilité. **2.** Chose, action futile. *Se fâcher pour des enfantillages.*

ENFANTIN, E adj. **1.** Relatif aux enfants, à l'enfance. *Jeux enfantins.* ◇ Suisse. *École enfantine :* école maternelle. – *Classes enfantines :* classes de l'enseignement maternel au sein d'une école primaire. **2.** Peu compliqué, facile ; puéril. *Un raisonnement enfantin.*

ENFARGER v.t. [10] (anc. fr. *enfergier,* entraver). Québec. Faire trébucher qqn. ◆ **s'enfarger** v.pr. Québec. **1.** Se prendre les pieds dans. *S'enfarger dans un fil électrique.* **2.** *Fig.* S'empêtrer dans des difficultés. ◇ *S'enfarger dans les fleurs du tapis :* se heurter à de faux obstacles.

ENFARINÉ, E adj. Couvert de farine, de poudre blanche. *Visage enfariné d'un Pierrot.* ◇ *Fam. Le bec enfariné, la gueule enfarinée :* avec une confiance niaise, ridicule.

ENFARINER v.t. Vx. Fariner.

ENFER n.m. (lat. *infernus,* lieu bas). **1.** Dans diverses religions, séjour et lieu de supplice des damnés après la mort. ◇ *D'enfer :* horrible, infernal ; *fig.,* excessif, très violent ou très rapide ; *fam.,* extraordinaire. *Feu d'enfer. Bruit d'enfer. Il a une pêche d'enfer.* **2.** *Fig.* Lieu de souffrances ; situation extrêmement pénible. *Sa vie est un enfer.* **3.** Département d'une bibliothèque où l'on garde les livres licencieux, interdits au public. ◆ pl. *Les Enfers : v. partie n.pr.* – *Descente aux enfers :* effondrement progressif et total ; déchéance, désastre.

ENFERMEMENT n.m. Action d'enfermer.

ENFERMER v.t. **1.** Mettre dans un lieu fermé, d'où l'on ne peut sortir. *Enfermer qqn dans une pièce.* **2.** Placer, maintenir dans d'étroites limites qui empêchent de se développer librement ; maintenir dans une situation contraignante. *Enfermer la poésie dans des règles trop strictes.* **3.** Mettre à l'abri, en sûreté. *Enfermer des bijoux dans un coffre.* **4.** Entourer complètement un lieu ; clore, enserrer. *Des murailles enferment la ville.* ◆ **s'enfermer** v.pr. **1.** S'installer dans un endroit fermé et isolé. *Il s'enferme dans son bureau et ne veut voir personne.* **2.** Se maintenir avec obstination dans un état, une situation, une attitude. *S'enfermer dans le mutisme.*

ENFERRER v.t. Percer qqn avec le fer d'une épée. ◆ **s'enferrer** v.pr. **1.** Se jeter sur l'épée de son adversaire. **2.** Se prendre à l'hameçon, en parlant d'un poisson. **3.** *Fig.* Se prendre au piège de ses propres mensonges en s'embrouillant dans ses explications ; s'enfoncer. *Le témoin s'est enferré dans sa déposition.*

ENFEU n.m. [pl. *enfeus*] (de *enfouir*). ARCHIT. Niche funéraire à fond plat.

ENFICHABLE adj. Qui peut être enfiché.

ENFICHER v.t. ÉLECTROTECHN. Insérer un élément mâle dans une prise femelle, un connecteur.

ENFIÉVRER v.t. [11]. *Litt.* Animer d'une sorte de fièvre ; exciter, exalter.

ENFILADE n.f. **1.** Ensemble de choses disposées, situées les unes à la suite des autres ; rangée. *Une enfilade de maisons. Pièces en enfilade d'un appartement.* **2.** MIL. *Tir d'enfilade :* tir qui prend l'objectif dans sa plus grande dimension.

ENFILAGE n.m. Action de passer un fil dans.

ENFILER v.t. **1.** Passer un fil dans le chas d'une aiguille, le trou d'une perle, etc. **2.** Passer rapidement un vêtement. *Enfiler une veste.* **3.** S'engager dans une rue, un passage.

ENFILEUR, EUSE n. Rare. Personne qui enfile qqch. *Une enfileuse de perles.*

ENFIN adv. **1.** Marque la conclusion, la fin d'une énumération ou d'une attente, l'aboutissement de qqch. *Il a enfin réussi à son examen. Il regarde, s'approche et, enfin, salue.* **2.** Introduit une correction, une restriction ; en fait. *C'est un mensonge, enfin, une vérité incomplète.* **3.** Indique une concession ; toutefois. **4.** S'emploie pour exhorter, pour rappeler à la raison. *Enfin, qu'est-ce qui t'a pris ?*

ENFLAMMÉ, E adj. **1.** Plein d'ardeur, de passion. *Discours enflammé.* **2.** En état d'inflammation. *Plaie enflammée.*

ENFLAMMER v.t. (lat. *inflammare*). **1.** Mettre en flammes ; embraser. **2.** Provoquer l'inflammation de. **3.** *Fig.* Insuffler l'ardeur, la passion ; exalter. *Déclarations qui enflamment les auditeurs.*

ENFLÉ, E n. *Fam.* Idiot, lourdaud.

ENFLÉCHURE n.f. MAR. Chacun des échelons entre les haubans, pour monter dans la mâture.

ENFLER v.t. (lat. *inflare*). **1.** Rendre plus important ; augmenter. *La fonte des neiges enfle les rivières.* **2.** Gonfler en remplissant d'air, de gaz. *Enfler ses joues.* ◇ *Être enflé de,* rempli de. *Il est enflé d'orgueil.* ◆ v.i. Augmenter de volume. *Ses jambes enflent.*

ENFLEURAGE n.m. Extraction des parfums des fleurs par contact avec une matière grasse.

ENFLEURER v.t. Pratiquer l'enfleurage de.

ENFLURE n.f. **1.** *Fam.* Tuméfaction. **2.** Exagération oratoire, emphase. *Enflure d'un style.* **3.** *Fam., injur.* Imbécile.

ENFOIRÉ, E n. (de *foire,* diarrhée). *Vulg., injur.* Imbécile.

ENFONCÉ, E adj. Dans le fond, à l'intérieur de. *Yeux enfoncés dans leurs orbites.*

ENFONCEMENT n.m. **1.** Action d'enfoncer ; fait de s'enfoncer. **2.** Partie en retrait ou en creux ; cavité, renfoncement. **3.** MAR. Distance verticale entre le plan de flottaison et le point le plus bas d'un navire.

ENFONCER v.t. [9] (de *fond*). **1.** Pousser vers le fond, faire pénétrer profondément dans. *Enfoncer un clou dans un mur.* **2.** Faire céder par une pression ou un choc ; forcer. *Enfoncer une porte.* **3.** Culbuter une armée ennemie ; vaincre, défaire. **4.** *Fig., fam.* Vaincre, surpasser. *Enfoncer un adversaire.* ◆ v.i. Aller vers le fond. *Enfoncer dans la boue.* ◆ **s'enfoncer** v.pr. **1.** Aller au fond de, vers le fond ; entrer profondément dans. *S'enfoncer dans l'eau.* **2.** Céder sous un choc ou une pression ; s'écrouler, s'affaisser. *Plancher qui s'enfonce.* **3.** *Fig.* Aggraver son état, sa situation ; s'enferrer.

ENFONCEUR, EUSE n. *Fam. Enfonceur de porte(s) ouverte(s) :* personne qui se démène en vue d'un problème déjà résolu, qui démontre des évidences.

ENFONÇURE n.f. Rare. Partie enfoncée ; creux.

ENFOUIR v.t. (lat. *infodere*). **1.** Mettre en terre. **2.** Enterrer dans un lieu caché ; dissimuler. ◆ **s'enfouir** v.pr. S'enfoncer pour se protéger ; se blottir. *S'enfouir dans le sable, sous ses couvertures.*

ENFOUISSEMENT n.m. Action d'enfouir.

ENFOURCHEMENT n.m. Assemblage de deux pièces disposées bout à bout, en enture.

ENFOURCHER v.t. Se mettre, monter à califourchon sur. ◇ *Fam. Enfourcher son cheval de bataille, son dada, etc. :* développer de nouveau un thème de prédilection, une idée que l'on aime défendre, etc.

ENFOURCHURE n.f. Couture médiane du pantalon qui va de la base de la braguette au milieu de la ceinture dans le dos.

ENFOURNAGE ou **ENFOURNEMENT** n.m. Action de mettre dans un four.

ENFOURNER v.t. **1.** Mettre dans un four. **2.** *Fam.* Mettre dans sa bouche par grandes quantités, avaler rapidement et gloutonnement. *Enfourner une assiette de petits-fours.*

ENFREINDRE v.t. [62] (lat. *infringere,* briser). *Sout.* Ne pas respecter ; transgresser. *Enfreindre la loi.*

ENFUIR (S') v.pr. [24]. S'en aller à la hâte ; se sauver, disparaître.

ENFUMAGE n.m. Action d'enfumer. *L'enfumage des abeilles.*

ENFUMER v.t. **1.** Remplir un lieu de fumée. **2.** Déloger ou neutraliser un animal en l'incommodant par la fumée. *Enfumer un renard dans son terrier.*

ENFÛTAGE n.m. Action d'enfutailler.

ENFUTAILLER ou **ENFÛTER** v.t. Mettre le vin en fût.

1. ENGAGÉ, E adj. **1.** Qui traduit, exprime un engagement, notamm. politique. **2.** ARCHIT. *Colonne engagée :* organe ayant l'apparence d'une colonne en partie noyée dans un mur ou un pilier. **3.** MAR. Se dit d'un navire qui donne de la bande et ne peut plus se relever.

2. ENGAGÉ, E n. Personne ayant contracté un engagement dans l'armée. ◆ adj. et n. Se dit d'un concurrent, d'un cheval inscrit dans une compétition. *La liste des engagés.*

ENGAGEANT, E adj. Qui attire ; séduisant.

ENGAGEMENT n.m. **1. a.** Action d'engager, d'embaucher qqn ; accord écrit ou verbal qui l'atteste. *Chanteur qui signe un engagement.* **b.** MIL. Contrat par lequel qqn déclare vouloir servir dans l'armée pour une durée déterminée. **2. a.** Fait de s'engager à faire qqch, par une promesse, un contrat, etc. *Faire honneur à, respecter ses engagements.* **b.** Acte par lequel on s'engage à accomplir qqch ; promesse, convention ou contrat par lesquels on se lie. *Contracter un engagement.* **3.** Rare. Action de mettre qqch en gage ; récépissé qui en fait foi. **4.** Action d'engager qqn, qqch dans un projet, une action. **5.** Fait de s'engager dans un lieu. **6.** Fait de prendre parti et d'intervenir publiquement sur les problèmes sociaux, politiques, etc., de son époque. **7.** MÉD. Première phase de l'expulsion du fœtus, lors de l'accouchement, au cours de laquelle l'enfant entre dans le petit bassin. **8.** SPORTS. Action de mettre le ballon en jeu en début de partie *(coup d'envoi)* ou, au football, après un but. ◇ *Engagement physique :* utilisation maximale de ses qualités naturelles (vitesse, détente, poids et masse musculaire). **9.** FIN. **a.** Phase préalable et obligatoire à l'ordonnancement d'une dépense publique. **b.** *Engagement(s) financier(s) :* montant des devises d'un pays, détenues par des étrangers ou à l'étranger, et à la conversion desquelles, en cas de demande, doit faire face la banque centrale de ce pays. **10.** MIL. Action offensive ; combat localisé et de courte durée.

ENGAGER v.t. [10]. **1.** Lier, attacher qqn par une promesse, une obligation. ◇ *Cela ne vous engage à rien :* cela ne vous crée aucune obligation. **2.** Recruter pour un emploi ; embaucher. *Engager un assistant.* **3.** Mettre en gage. **4.** Faire pénétrer, diriger qqch dans ; introduire. *Engager sa voiture dans une ruelle.* **5.** Faire participer à ; affecter à un usage précis. *Engager une division dans un combat.* **6.** FIN. Effectuer l'engagement d'une dépense publique. **7.** Commencer une action ; entamer. *Engager des pourparlers.* **8.** S'efforcer d'amener qqn à ; exhorter, inciter. ◆ **s'engager** v.pr. **1.** Contracter un engagement professionnel ou militaire ; s'inscrire à une compétition. **2.** Promettre de. *S'engager à trouver des solutions.* **3.** S'avancer, pénétrer. *S'engager dans un passage étroit.* **4.** Commencer. *La discussion s'engage mal.* **5.** Prendre un engagement social, politique, etc.

ENGAINANT, E adj. BOT. Se dit d'un organe formant une gaine autour d'un autre organe, chez les plantes, les champignons et les cyanobactéries. *Feuille engainante.*

ENGAINER v.t. Mettre dans une gaine. *Engainer un parapluie.*

ENGAMER v.t. Avaler l'hameçon et son appât, en parlant d'un poisson.

ENGANE n.f. Prairie de salicornes servant de parcours, en Camargue, aux chevaux et aux taureaux.

ENGAZONNEMENT n.m. Action d'engazonner ; son résultat.

ENGAZONNER v.t. Semer, garnir de gazon.

ENGEANCE [ɑ̃ʒɑ̃s] n.f. (de l'anc. fr. *engier,* augmenter). *Litt.* ou *par plais.* Groupe, catégorie de personnes qu'on méprise.

ENGELURE [ɑ̃ʒlyr] n.f. Plaque rouge, gonflée et douloureuse des extrémités (mains, pieds, nez, oreilles), provoquée par le froid.

ENGENDREMENT n.m. Action d'engendrer.

ENGENDRER v.t. (lat. *ingenerare,* de *genus,* race). **1.** Reproduire par génération ; procréer. **2.** Être à l'origine de ; causer, provoquer. **3.** ALGÈBRE. Pour un système d'éléments d'un ensemble muni d'une loi de composition interne ou externe, avoir la propriété de donner par leur composition tous les éléments de cet ensemble.

ENGERBAGE n.m. Action d'engerber.

ENGERBER v.t. AGRIC. Mettre en gerbes des céréales moissonnées.

ENGIN n.m. (lat. *ingenium,* intelligence). **1.** Appareil, instrument, machine destinés à un usage particulier. **2.** Matériel de guerre. *Engin mécanique du génie.* **3.** Chacun des accessoires (ballon, cerceau, corde, ruban ou massue) utilisés en gymnastique rythmique et sportive.

ENGINEERING [ɛndʒiniriŋ] ou [ɛnʒiniriŋ] n.m. (mot angl.). [Anglic. déconseillé]. Ingénierie.

ENGLACÉ, E adj. Se dit d'un sol recouvert de glace.

ENGLOBER v.t. Réunir en un tout ; contenir. *Cette critique vous englobe tous.*

ENGLOUTIR v.t. (bas lat. *ingluttire,* avaler). **1.** Absorber, avaler gloutonnement de la nourriture. **2.** *Fig.* Faire disparaître ; engouffrer. ◇ *Engloutir sa fortune,* la dépenser complètement. ◆ **s'engloutir** v.pr. Disparaître en étant noyé ou submergé.

ENGLOUTISSEMENT n.m. Action d'engloutir ; son résultat.

ENGLUEMENT ou **ENGLUAGE** n.m. Action d'engluer ; fait d'être englué.

ENGLUER v.t. **1.** Couvrir, enduire de glu ou de matière gluante. **2.** Prendre un oiseau à la glu. (Pratique cynégétique interdite.) ◇ *Être englué dans qqch,* pris dans une situation complexe qui paraît sans issue.

ENGOBAGE n.m. Action d'engober.

ENGOBE n.m. Enduit terreux blanc ou coloré servant à engober.

ENGOBER v.t. CÉRAM. Recouvrir d'un engobe une pièce céramique, à des fins décoratives.

ENGOMMAGE n.m. Action d'engommer.

ENGOMMER v.t. Enduire de gomme. *Engommer des étiquettes.*

ENGONCER v.t. [9] (de *gond*). Déformer la silhouette en faisant paraître le cou enfoncé dans les épaules, en parlant d'un vêtement.

ENGORGEMENT n.m. Encombrement excessif ; obstruction, saturation.

ENGORGER v.t. [10]. **1.** Embarrasser, obstruer, par accumulation de matière. *Engorger un tuyau, une canalisation.* **2.** Encombrer, saturer la circulation. *L'affluence de véhicules engorge l'autoroute.*

ENGOUEMENT n.m. **1.** Fait de s'engouer ; goût très vif et soudain pour. **2.** MÉD. Obstruction de l'intestin par les matières fécales, au niveau d'une hernie ou au début d'un étranglement.

ENGOUER (S') v.pr. **(de, pour).** Admirer vivement, se passionner pour. *S'engouer d'un chanteur.*

ENGOUFFREMENT n.m. Action d'engouffrer ; fait de s'engouffrer.

ENGOUFFRER v.t. **1.** *Fam.* Manger, avaler des aliments goulûment. **2.** Dépenser totalement une somme d'argent génér. importante. *Engouffrer une fortune dans une affaire.* ◆ **s'engouffrer** v.pr. Entrer, pénétrer rapidement ou en masse dans un lieu. *Vent qui s'engouffre dans une rue.*

ENGOULEVENT n.m. (de l'anc. fr. *engouler,* avaler). Oiseau d'Eurasie et d'Afrique du Nord-Ouest, au plumage brun-roux très mimétique, qui, la nuit, chasse les insectes en volant le bec grand ouvert. (Long. 30 cm env. ; genre *Caprimulgus,* ordre des caprimulgiformes.)

ENGOURDIR v.t. (de *gourd*). **1.** Provoquer un engourdissement. *Le froid engourdit les mains.* **2.** Atténuer, ralentir le mouvement, l'activité de. *La fatigue engourdissait son esprit.*

ENGOURDISSEMENT n.m. Sensation générale, ou d'une partie du corps, de diminution de la sensibilité et de la mobilité.

ENGRAIS n.m. (de *engraisser*). **1.** Produit organique ou minéral incorporé au sol pour en maintenir ou en accroître la fertilité. ◇ *Engrais vert :* plante que l'on a semée et que l'on enfouit dans le sol pour le fertiliser. **2.** *À l'engrais :* se dit d'un animal qu'on engraisse.

ENCYCL. Les engrais apportent aux plantes cultivées des éléments qu'elles ne trouvent pas dans le sol en quantité suffisante et qui améliorent les conditions de leur nutrition et de leur croissance. Les engrais fournissent des éléments fertilisants majeurs (azote, phosphore, potassium), des éléments fertilisants secondaires (calcium, soufre, magnésium, etc.) et des oligoéléments.
On distingue les engrais minéraux, naturels ou de synthèse, et les engrais organiques, comme le fumier. L'utilisation des engrais, surtout d'origine industrielle, est inséparable de l'agriculture intensive moderne qui permet d'obtenir de grandes quantités de produits à l'hectare. Cependant, l'utilisation massive de certains engrais, notamm. azotés, peut entraîner des dommages environnementaux, surtout par la pollution des eaux souterraines.

ENGRAISSEMENT ou **ENGRAISSAGE** n.m. **1.** Action d'engraisser un animal en vue de la préparation à l'abattage ; son résultat. **2.** Augmentation du volume de sable ou de galets d'une plage par suite des dépôts occasionnés par les courants, la houle, etc.

ENGRAISSER v.t. (bas lat. *incrassare*). **1.** Faire grossir, rendre gras un animal. *Engraisser une oie.* **2.** Fertiliser une terre par un engrais. **3.** *Fam.* Enrichir, faire prospérer. ◆ v.i. Prendre du poids ; grossir.

ENGRAISSEUR, EUSE n. Éleveur qui engraisse des animaux destinés à la boucherie.

ENGRAMME n.m. (gr. *en,* dans, et *gramma,* écriture). PSYCHOL. Trace laissée en mémoire, par tout événement, dans le fonctionnement bioélectrique du cerveau.

ENGRANGEMENT n.m. Action d'engranger.

ENGRANGER v.t. [10]. **1.** Mettre du foin, des céréales, etc., dans une grange, sous un abri. **2.** *Fig., litt.* Accumuler en vue d'une utilisation ultérieure. *Engranger des connaissances.*

ENGRÊLÉ, E adj. (de *1. grêle*). HÉRALD. Se dit d'une pièce honorable bordée de dents fines aux intervalles arrondis. *Bande engrêlée.*

ENGRÊLURE n.f. Partie haute d'une dentelle, souvent rapportée, et qui sert à fixer celle-ci sur un autre support.

E

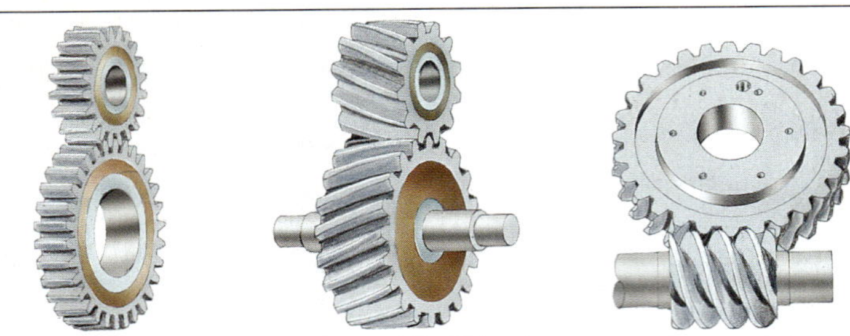

à denture droite — à denture hélicoïdale — à roue et à vis sans fin tangente

■ **ENGRENAGES**

ENGRENAGE n.m. **1.** Mécanisme formé de roues dentées en contact, se transmettant un mouvement de rotation, dans un rapport de vitesses rigoureux. **2.** *Fig.* Concours de circonstances, enchaînement inéluctable de faits dont on ne peut se dégager. ◇ *Mettre le doigt dans l'engrenage :* s'engager imprudemment dans une affaire dont les éléments s'enchaînent d'une manière irréversible.

1. ENGRENER v.t. [12] (du lat. *granum,* grain). Alimenter en grain la trémie d'un moulin.

2. ENGRENER v.t. [12] (de *1. engrener* avec influence de *cran*). Mettre en prise un élément d'un engrenage dans l'autre élément. ◆ v.i. Être en prise, en parlant des éléments d'un engrenage.

ENGRENURE n.f. Disposition de deux roues engrenées.

ENGROIS n.m. → **ANGROIS.**

ENGROSSER v.t. *Fam.* Rendre enceinte une femme.

ENGUEULADE n.f. *Fam.* Action d'engueuler, de s'engueuler ; violente dispute.

ENGUEULER v.t. *Fam.* Accabler de reproches, d'injures grossières ; réprimander durement. ◆ **s'engueuler** v.pr. *Fam.* Se disputer violemment avec qqn. *Ils se sont copieusement engueulés.*

ENGUIRLANDER v.t. **1.** *Fam.* Faire de vifs reproches à ; invectiver. **2.** *Litt.* Orner de guirlandes.

ENHARDIR [ɑ̃ardir] v.t. Rendre hardi, donner de l'assurance à. ◆ **s'enhardir** v.pr. Devenir hardi ; se permettre de, aller jusqu'à.

ENHARMONIE [ɑ̃narmɔni] n.f. MUS. Rapport entre deux notes consécutives (par ex. : *do* dièse et *ré* bémol) que l'audition ne permet pas de distinguer.

ENHARMONIQUE adj. Qui forme une enharmonie.

ENHERBER [ɑ̃nɛrbe] v.t. Mettre en herbe un terrain.

ÉNIÈME [enjɛm] adj. et n. (*n* et suffixe *-ième*). *Fam.* Qui occupe un rang indéterminé, et génér. grand. *Pour la énième fois. La énième occurrence.*

ÉNIGMATIQUE adj. Qui renferme une énigme ; équivoque, obscur.

ÉNIGMATIQUEMENT adv. De manière énigmatique.

ÉNIGME n.f. (lat. *aenigma,* du gr.). **1.** Jeu d'esprit où l'on donne à deviner une chose en la décrivant en termes obscurs, souvent à double sens. **2.** Problème difficile à résoudre ; chose ou personne difficile à comprendre.

ENIVRANT, E [ɑ̃ni-] adj. Qui enivre.

ENIVREMENT [ɑ̃ni-] n.m. **1.** Vieilli. Fait de s'enivrer ; ivresse. **2.** *Litt.* Jubilation, euphorie, exaltation. *L'enivrement de la victoire.*

ENIVRER [ɑ̃nivre] v.t. **1.** Rendre ivre. **2.** *Litt.* Communiquer un état euphorique ; exciter. *Enivrer de joie.* ◆ **s'enivrer** v.pr. Se rendre ivre.

ENJAMBÉE n.f. Action d'enjamber ; espace que l'on enjambe. *Marcher à grandes enjambées.*

ENJAMBEMENT n.m. **1.** VERSIF. Rejet au vers suivant d'un ou de plusieurs mots étroitement unis par le sens à ceux du vers précédent. (Ex. : *Un astrologue, un jour, se laissa choir / Au fond d'un puits.* [La Fontaine].) **2.** BIOL. CELL. Entrecroisement de deux chromosomes homologues au cours de la formation des gamètes (méiose), permettant l'échange de fragments. SYN. : *crossing-over.*

ENJAMBER v.t. Franchir, passer par-dessus un obstacle en étendant la jambe avant de poser le pied. ◆ v.i. Faire saillie sur ; empiéter.

ENJAVELER v.t. [16]. AGRIC. Mettre en javelles le blé, l'avoine, etc.

ENJEU n.m. **1.** Somme d'argent ou objet risqué dans un jeu et revenant au gagnant. *Perdre son enjeu.* **2.** Ce que l'on peut gagner ou perdre dans une entreprise, un projet. *L'enjeu d'une guerre.*

ENJOINDRE v.t. [62] (lat. *injungere*). *Sout.* Ordonner, mettre en demeure de.

ENJÔLEMENT n.m. Action d'enjôler.

ENJÔLER v.t. (de *geôle,* prison). Séduire par des paroles flatteuses, des promesses, génér. dans un but déterminé.

ENJÔLEUR, EUSE adj. et n. Qui enjôle.

ENJOLIVEMENT n.m. Ornement qui enjolive.

ENJOLIVER v.t. Rendre joli, plus joli, en ajoutant des ornements ; embellir, agrémenter. *Enjoliver un récit.*

1. ENJOLIVEUR, EUSE n. Personne qui enjolive.

2. ENJOLIVEUR n.m. Pièce d'ornementation d'une carrosserie automobile. – *Spécial.* Pièce métallique, le plus souvent circulaire, recouvrant les moyeux des roues.

ENJOLIVURE n.f. Détail qui enjolive.

ENJOUÉ, E adj. (de *en* et *jeu*). Qui manifeste de l'enjouement.

ENJOUEMENT n.m. Bonne humeur, gaieté aimable et souriante.

ENJUGUER v.t. Attacher un animal de trait au joug.

ENKÉPHALINE ou **ENCÉPHALINE** n.f. MÉD. Substance peptidique, neuromédiateur du système nerveux central, aux propriétés antalgiques.

ENKYSTÉ, E adj. **1.** MÉD. Se dit d'un corps étranger ou d'une lésion qui persiste et s'entoure de tissu conjonctif. **2.** ZOOL. Se dit d'un animal à l'état de vie ralentie dans un kyste.

ENKYSTEMENT n.m. MÉD. Phénomène de défense de l'organisme, caractérisé par la formation d'une coque de tissu conjonctif ressemblant à un kyste, autour d'un corps étranger ou d'une lésion.

ENKYSTER (S') v.pr. MÉD. S'envelopper d'une coque de tissu conjonctif.

ENLACEMENT n.m. **1.** Action d'enlacer ; disposition de choses enlacées. **2.** Fait de s'enlacer ; étreinte.

ENLACER v.t. [9]. **1.** Passer une chose autour d'une autre ; entrelacer, entrecroiser. *Enlacer des rubans.* **2.** Serrer contre soi en entourant de ses bras ; étreindre. ◆ **s'enlacer** v.pr. Se prendre mutuellement dans les bras.

ENLAÇURE n.f. MENUIS. Trou pratiqué dans un assemblage à tenon et mortaise pour l'immobiliser par une cheville.

ENLAIDIR v.t. Rendre laid. ◆ v.i. Devenir laid.

ENLAIDISSEMENT n.m. **1.** Action d'enlaidir ; son résultat. **2.** Fait de devenir laid.

ENLEVAGE n.m. TEXT. Opération qui consiste à détruire le colorant fixé sur un tissu sans endommager la fibre.

ENLEVÉ, E adj. Exécuté avec facilité, brio. *Portrait enlevé. Morceau de musique enlevé.*

ENLÈVEMENT n.m. Action d'enlever ; son résultat.

ENLEVER v.t. [12]. **1.** Retirer de la place occupée, notamm. pour porter à un autre endroit. *Enlever des meubles.* **2.** Faire disparaître ; supprimer. *Enlever un nom d'une liste.* **3.** *Enlever qqch à qqn,* le priver de qqch. *On lui a enlevé la garde de l'enfant.* **4.** Prendre par force, par rapt ou par ruse. *Enlever un enfant.* **5.** *(Par euphémisme).* Priver de la présence de qqn, en parlant de la mort, de la maladie, etc. *Un accident l'a enlevé prématurément à l'affection des siens.* **6.** Remporter haut la main. *Enlever la victoire.* **7.** Prendre, s'emparer d'une position militaire. **8.** Porter vers le haut ; soulever. *Enlever sans effort un poids de cinquante kilos.* **9.** Jouer, exécuter brillamment. *Enlever un morceau de musique.*

ENLIER v.t. [5]. CONSTR. Disposer des pierres, des briques de façon à assurer leur liaison.

ENLISEMENT n.m. Fait de s'enliser.

ENLISER v.t. (du normand *lize,* sable mouvant). **1.** Enfoncer dans un sol sans consistance (sable, boue, etc.). **2.** *Fig.* Mettre dans une situation difficile. *Enliser un pays dans la stagnation.* ◆ **s'enliser** v.pr. **1.** S'enfoncer dans un terrain mou. **2.** *Fig.* Ne plus progresser ; stagner. *Ce pays s'enlise dans le marasme.*

ENLUMINER v.t. (du lat. *illuminare*). **1.** Orner d'enluminures. ◇ p.p. adj. *Une bible enluminée.* **2.** *Litt.* Colorer vivement.

ENLUMINEUR, EUSE n. Artiste auteur d'enluminures.

ENLUMINURE n.f. Art, princip. médiéval, qui consiste à décorer et à illustrer les manuscrits, les livres, etc., de lettrines et d'initiales colorées et ornées, d'encadrements, de miniatures, etc. ; la décoration ainsi réalisée.

■ **ENLUMINURE.** Thème de Daniel dans la fosse aux lions, page enluminée d'un manuscrit (Cîteaux, XIIe s.) du *Commentaire sur Daniel [...],* de saint Jérôme. (Bibliothèque municipale, Dijon.)

ENNÉADE [ɛnead] n.f. (gr. *enneas, -ados,* neuvaine). Rare. Réunion de neuf choses semblables ; groupe de neuf personnes.

ENNÉAGONAL, E, AUX adj. GÉOMÉTR. Qui a la forme d'un ennéagone.

ENNÉAGONE [ɛneagɔn] n.m. et adj. (gr. *ennea,* neuf, et *gônia,* angle). GÉOMÉTR. Polygone qui a neuf angles et donc neuf côtés.

ENNEIGÉ, E [ɑ̃nɛʒe] adj. Couvert de neige.

ENNEIGEMENT [ɑ̃nɛ-] n.m. État d'un endroit enneigé. ◇ *Bulletin d'enneigement,* indiquant l'épaisseur de la couche de neige.

ENNEIGER [ɑ̃nɛʒe] v.t. [10]. Couvrir, recouvrir de neige.

ENNEMI, E n. et adj. (lat. *inimicus*). **1.** Personne qui veut du mal à qqn, qui cherche à lui nuire. ◇ *Ennemi public :* malfaiteur jugé partic. dangereux. *L'ennemi public numéro un.* **2.** Groupe, pays, etc., à qui l'on s'oppose, notamm. en temps de guerre ; adversaire. ◇ *Passer à l'ennemi,* dans le camp adverse ; trahir. **3.** Personne qui s'oppose à, qui a de l'aversion pour qqch. *Un ennemi de l'injustice.* **4.** Ce qui est contraire, ce qui s'oppose à qqch. *Le mieux est l'ennemi du bien.*

ENNOBLIR [ɑ̃nɔblir] v.t. Rendre noble, digne de ; élever moralement. – REM. À distinguer de *anoblir.*

ENNOBLISSEMENT [ɑ̃nɔ-] n.m. **1.** Action d'ennoblir, de rendre digne, noble, de conférer un air de dignité ; fait de devenir moralement digne. **2.** Ensemble des traitements améliorant la qualité des articles textiles.

ENNOYAGE [ɑ̃nwajaʒ] ou **ENNOIEMENT** [ɑ̃nwamɑ̃] n.m. Invasion ou submersion d'une région côtière ou continentale par la mer.

ENNOYER [ɑ̃nwaje] v.t. [7]. En parlant de la mer, recouvrir une portion de continent.

ENNUAGER [ɑ̃nɥaʒe] v.t. [10]. *Litt.* Couvrir de nuages.

ENNUI [ɑ̃nɥi] n.m. **1.** Désagrément fâcheux, problème, souci. *Avoir des ennuis de santé.* **2.** Lassitude, abattement provoqués par l'inaction et le désintérêt. *L'ennui le mine depuis des semaines.*

ENNUYANT, E [ɑ̃nɥi-] adj. Vx ou Antilles, Belgique. Ennuyeux.

ENNUYER [ɑ̃nɥije] v.t. [7] (du lat. *in odio esse,* être un objet de haine). **1.** Causer de la contrariété, du souci à. *Cela m'ennuie de vous faire attendre.* **2.** Lasser, rebuter, par manque d'intérêt, monotonie, etc. *Ce livre m'a ennuyé.* ◆ **s'ennuyer** v.pr. Éprouver de l'ennui, de la lassitude.

ENNUYEUX, EUSE [ɑ̃nɥi-] adj. Qui cause de l'ennui, des soucis ; contrariant.

ÉNOL n.m. CHIM. ORG. Composé possédant une liaison éthylénique porteuse d'une fonction alcool, en équilibre avec la cétone correspondante.

ÉNOLATE n.m. CHIM. ORG. Anion provenant de l'arrachement irréversible d'un proton à un énol par une base.

ÉNONCÉ n.m. **1.** Acte d'énoncer ; texte énoncé. *Relire l'énoncé d'un jugement.* **2.** *Énoncé d'un problème :* ensemble des données d'un problème à résoudre. **3.** LING. Séquence de paroles émises par un locuteur, délimitée par un silence ou par l'intervention d'un autre locuteur.

ÉNONCER v.t. [9] (lat. *enuntiare*). Exprimer par des paroles ou par écrit ; formuler. *Énoncer un axiome.*

ÉNONCIATIF, IVE adj. LING. Relatif à l'énonciation.

ÉNONCIATION n.f. **1.** LING. **a.** Action de produire un énoncé, de dire. *L'énonciation d'un fait.* **b.** Production individuelle d'un énoncé dans des conditions spatio-temporelles précises. **2.** DR. Déclaration faite dans un acte juridique..

ÉNOPHTALMIE n.f. MÉD. Léger enfoncement du globe oculaire dans l'orbite, par ex. à la suite d'une paralysie.

ENORGUEILLIR [ɑ̃nɔrgœjir] v.t. Rendre orgueilleux. ◆ **s'enorgueillir** v.pr. **(de).** Tirer orgueil de.

ÉNORME adj. (lat. *enormis,* de *norma,* règle). **1.** Très grand, excessif, en quantité ou en qualité ; colossal, démesuré. **2.** *Fam.* Incroyable, extraordinaire, invraisemblable.

ÉNORMÉMENT adv. À un très haut degré ; très, extraordinairement.

ÉNORMITÉ n.f. **1.** Caractère de ce qui est énorme. *L'énormité d'une tâche.* **2.** *Fam.* Balourdise, parole extravagante.

ÉNOUER v.t. TEXT. Épinceter.

ENQUÉRIR (S') v.pr. **(de)** [27] (lat. *inquirere,* rechercher). S'informer, se renseigner sur ; rechercher.

ENQUERRE (À) loc. adj. (anc. forme de *enquérir*). HÉRALD. *Armes à enquerre,* qui contreviennent à dessein aux règles héraldiques, afin de pousser le lecteur à *s'enquérir* de cette singularité (en appliquant métal sur métal ou couleur sur couleur, par ex.).

ENQUÊTE n.f. (du lat. *inquaerere,* rechercher). **1.** Étude d'une question réunissant des témoignages, des expériences, des documents. *Enquête sociologique.* **2.** Ensemble de recherches ordonnées par une autorité administrative ou judiciaire. **3.** Suisse. ADMIN. *Mettre à l'enquête :* soumettre un projet de construction, d'aménagement, etc., pour permettre aux personnes concernées de s'y opposer.

ENQUÊTÉ, E n. Sujet soumis à un sondage, à une interview.

ENQUÊTER v.i. Faire, conduire une enquête.

ENQUÊTEUR, EUSE ou **TRICE** n. Personne qui fait des enquêtes sociologiques, judiciaires, etc.

ENQUIQUINANT, E adj. *Fam.* Embêtant, agaçant.

ENQUIQUINEMENT n.m. *Fam.* Ennui, problème.

ENQUIQUINER v.t. (onomat. *kik*). *Fam.* Ennuyer, importuner.

ENQUIQUINEUR, EUSE n. *Fam.* Personne qui importune, embête.

ENRACINEMENT n.m. Action d'enraciner ; fait de s'enraciner.

ENRACINER v.t. **1.** Faire prendre racine à. *Enraciner un arbre.* **2.** *Fig.* Fixer profondément, ancrer dans l'esprit, le cœur, etc. ◆ **s'enraciner** v.pr. **1.** Prendre racine. **2.** *Fig.* Se fixer dans l'esprit. *Préjugé qui s'enracine facilement.*

ENRAGÉ, E adj. Atteint de la rage. ◆ adj. et n. Qui manifeste une passion fanatique. ◆ n.m. pl. HIST. Fraction la plus radicale des sans-culottes, pendant la Révolution française.

ENRAGEANT, E adj. Qui cause du dépit, de l'irritation ; rageant.

ENRAGER v.i. [10]. Éprouver un violent dépit ; être vexé, furieux. ◇ *Faire enrager :* rendre furieux ; tourmenter, taquiner.

ENRAIEMENT [ɑ̃rɛmɑ̃] ou **ENRAYEMENT** [ɑ̃rɛjmɑ̃] n.m. Action d'enrayer une roue.

ENRAYAGE [ɑ̃rɛjaʒ] n.m. **1.** Fixation des rayons d'une roue dans le moyeu et la jante. **2.** Arrêt accidentel d'un mécanisme qui s'enraie, notamm. d'une arme à feu.

ENRAYER [ɑ̃rɛje] v.t. [6] (du lat. *radius,* rayon). **1.** Entraver le mouvement, le fonctionnement de. **2.** *Fig.* Suspendre l'action, le cours de ; arrêter. *Enrayer la hausse des prix.* **3.** Monter les rayons d'une roue. ◆ **s'enrayer** v.pr. Cesser accidentellement de fonctionner, en parlant d'une arme, d'un mécanisme.

1. ENRAYURE [ɑ̃rɛjyr] n.f. CONSTR. Assemblage de pièces de bois ou de métal rayonnant autour d'un centre, qui constitue la base de la charpente de certains combles.

2. ENRAYURE [ɑ̃rɛjyr] n.f. (de *raie,* sillon). AGRIC. Premier sillon que trace la charrue dans un champ.

ENRÉGIMENTER v.t. **1.** Grouper des unités militaires par régiment. **2.** *Péjor.* Faire entrer qqn dans un groupe, un parti, etc., dont la discipline et la hiérarchie évoquent celles d'un régiment.

ENREGISTRABLE adj. Qui peut être enregistré.

ENREGISTREMENT n.m. **1.** Action de consigner sur un registre ; son résultat. **2.** Formalité fiscale consistant en l'inscription de certains actes ou déclarations sur des registres officiels, moyennant le paiement des droits correspondants ; administration chargée de cette fonction. **3.** AUDIOVIS., INFORM. **a.** Ensemble des techniques permettant de fixer, de conserver et, éventuellement, de reproduire des sons, des images ou des données. *Enregistrement optique, magnétique, magnéto-optique.* **b.** Ensemble de sons, d'images, de données ainsi enregistrés. **4.** Diagramme tracé par un appareil enregistreur. **5.** INFORM. Ensemble de données manipulées en bloc lors d'un échange entre les différentes unités d'un ordinateur ou lors d'un traitement au sein d'un programme.

ENCYCL. AUDIOVIS., INFORM. Dans l'*enregistrement par gravure mécanique,* les signaux sont conservés grâce à une déformation imposée à un matériau ; dans l'*enregistrement optique,* leur conservation est assurée par la variation de transparence d'un support comportant une couche photosensible ; dans l'*enregistrement magnétique,* ils sont conservés grâce à l'aimantation variable d'une couche magnétique. Dans le procédé d'*enregistrement mécanique* le plus récent, l'information (sons, images, données) est enregistrée, après échantillonnage et traitement numérique des signaux, sous la forme d'une série de microalvéoles creusées sur une face du disque. La lecture s'effectue par un système optique, utilisant un faisceau laser. La quantité d'informations enregistrées est très élevée. Dans le domaine sonore, on réalise ainsi des disques compacts stéréophoniques à longue durée fournissant une reproduction musicale de qualité exceptionnelle. En informatique, les applications du disque optique numérique concernent l'archivage, les banques de données et le traitement des images.

ENREGISTRER v.t. **1.** Consigner par écrit une information en vue de la conserver. *Enregistrer la déclaration d'un témoin.* – Inscrire un mouvement de valeur ou une opération quelconque sur un livre de comptabilité, sur un registre. **2.** Constater objectivement un phénomène, un état, etc. *On enregistre d'abondantes précipitations.* **3.** Noter ou faire noter le dépôt de. *Enregistrer des bagages.* **4.** *Fam.* Prendre mentalement bonne note de ; mémoriser. *Vous venez lundi, je l'ai bien enregistré.* **5.** Procéder à l'enregistrement d'un acte juridique ou d'une déclaration. **6.** Transcrire et fixer une information sur un support matériel. *Enregistrer les variations de la pression atmosphérique.* – *Spécial.* Transcrire et fixer des sons, des images, des données sur un support matériel sensible (disque, film, bande magnétique, etc.) afin de les conserver et de pouvoir les reproduire.

ENREGISTREUR, EUSE adj. et n.m. Se dit d'un appareil qui enregistre un phénomène physique, une mesure, une somme, etc. *Baromètre enregistreur.*

ENRÊNEMENT n.m. **1.** Ensemble des courroies ayant un effet sur l'embouchure du cheval, et destiné à maintenir la tête dans certaines positions. **2.** Action d'enrêner.

ENRÊNER v.t. Mettre un enrênement à un cheval.

ENRÉSINEMENT n.m. SYLVIC. Remplacement, partiel ou total, d'un peuplement d'arbres feuillus par des résineux.

ENRHUMER v.t. Causer un rhume. ◆ **s'enrhumer** v.pr. Attraper un rhume.

ENRICHI, E adj. **1.** Qui a fait fortune ; dont la fortune est récente. **2.** Qui s'est accru d'éléments nouveaux. *Édition enrichie.* **3.** MIN., NUCL. Qui a subi l'enrichissement.

ENRICHIR v.t. **1.** Rendre riche ou plus riche. **2.** Augmenter la richesse, l'importance, la valeur de qqch en ajoutant des éléments ; embellir, rehausser. *Enrichir une collection. Enrichir son esprit. Texte enrichi d'illustrations.* **3.** Augmenter

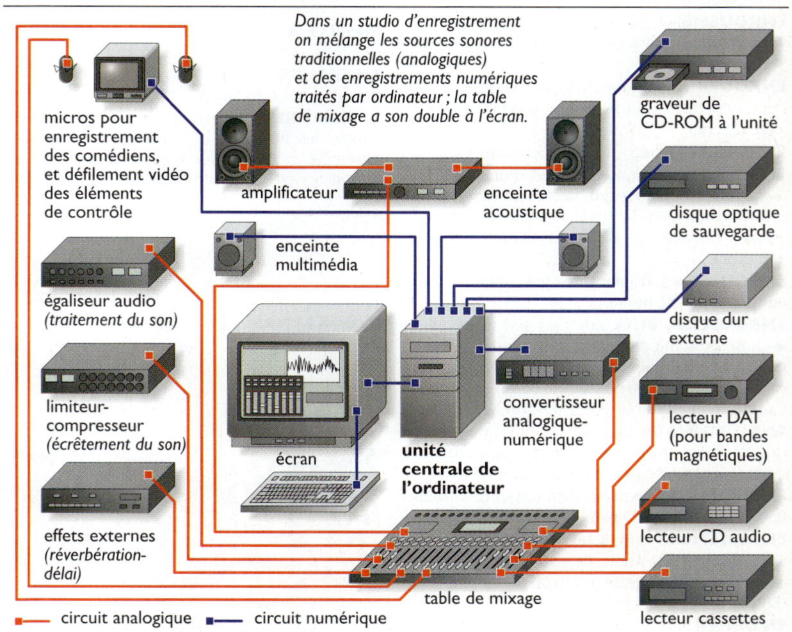

■ **ENREGISTREMENT.** Les constituants d'un studio d'enregistrement du son.

E

la proportion d'un composant d'un produit pour l'améliorer. *Enrichir un savon en huiles végétales.* ◆ **s'enrichir** v.pr. Devenir riche ou plus riche.

ENRICHISSANT, E adj. **1.** Qui enrichit l'esprit. **2.** *Plantes enrichissantes :* légumineuses qui enrichissent le sol en azote.

ENRICHISSEMENT n.m. **1.** Action d'enrichir ; fait de devenir riche. *Un enrichissement dû à d'habiles spéculations.* **2.** Fait d'être enrichi par l'addition de nouveaux éléments. *L'enrichissement de l'esprit par la lecture.* ◇ ÉCON. *Enrichissement des tâches :* mode de restructuration du travail qui vise à donner un contenu plus qualifié et plus responsable à son exécutant. **3.** MIN. Ensemble des opérations visant à une augmentation de la concentration en élément utile des minerais. SYN. : *valorisation des minerais.* — NUCL. Augmentation de la teneur d'un élément en un isotope déterminé (isotope fissile, en partic.), obtenue par différents procédés physiques et physico-chimiques (diffusion gazeuse et centrifugation, notamm.).

ENROBAGE ou **ENROBEMENT** n.m. **1.** Action d'enrober ; son résultat. **2.** *Spécial.* Action d'enrober un produit, une substance alimentaire ; couche qui enrobe.

1. ENROBÉ, E adj. *Fam.* Grassouillet, rondelet.

2. ENROBÉ n.m. TRAV. PUBL. Granulat recouvert de bitume, utilisé dans les revêtements de chaussée. *Enrobé drainant.*

ENROBER v.t. **1.** Recouvrir d'une enveloppe, d'une couche qui dissimule, protège ou garnit. *Bonbon enrobé de chocolat.* **2.** *Fig.* Déguiser, envelopper, notamm. pour atténuer, adoucir. *Enrober des reproches de termes affectueux.*

ENROBEUSE n.f. Machine utilisée en confiserie pour recouvrir certains produits d'une couche de caramel, de chocolat, etc.

ENROCHEMENT n.m. TRAV. PUBL. Ensemble de gros blocs de roche utilisés pour la protection des parties immergées des ouvrages d'art ou pour la construction de barrages.

ENROCHER v.t. Mettre en place un enrochement. *Enrocher une pile de pont.*

ENRÔLÉ n.m. Soldat inscrit sur les rôles des armées.

ENRÔLEMENT n.m. **1.** Inscription du nom d'une recrue sur les rôles de l'armée. **2.** DR. Mise au rôle.

ENRÔLER v.t. **1.** Inscrire sur les rôles de l'armée. **2.** Faire adhérer à un parti ; faire entrer dans un groupe. **3.** DR. Mettre au rôle. ◆ **s'enrôler** v.pr. **1.** S'engager dans l'armée. **2.** Se faire admettre dans un groupe.

ENRÔLEUR n.m. Anc. Celui qui enrôlait pour le service armé.

ENROUÉ, E adj. Se dit d'une voix qui est atteinte d'enrouement.

ENROUEMENT [ɑ̃rumɑ̃] n.m. Altération de la voix, rendue rauque par une atteinte du larynx. SYN. : *dysphonie.*

ENROUER v.t. (du lat. *raucus,* rauque). Causer l'enrouement de qqn. ◇ v.pr. *Il s'est enroué à force de crier.*

ENROULABLE adj. Que l'on peut enrouler.

ENROULEMENT n.m. **1.** Action d'enrouler, fait de s'enrouler ; disposition de ce qui est enroulé. **2.** ARCHIT., BX-ARTS. Motif décoratif tel que crosse, volute, rinceau. **3.** Bobinage d'une machine électrique.

ENROULER v.t. Rouler une chose autour d'une autre ou sur elle-même.

ENROULEUR, EUSE adj. Qui sert à enrouler. ◆ n.m. Système servant à enrouler. — MÉCAN. INDUSTR. Galet placé sur le parcours d'une courroie, d'un film, d'une bande, etc., pour augmenter l'arc de contact de la courroie avec les poulies.

ENRUBANNAGE n.m. AGRIC. Action de stocker des fourrages en balles cylindriques, enroulées dans un ruban de matière plastique.

ENRUBANNER v.t. **1.** Couvrir, orner de rubans. **2.** AGRIC. Réaliser l'enrubannage de fourrages.

ENSABLEMENT n.m. **1.** Action d'ensabler ; fait de s'ensabler. **2.** Amas de sable formé par un cours d'eau, un courant marin ou par le vent ; état d'un lieu ensablé.

ENSABLER v.t. **1.** Couvrir, engorger de sable. **2.** Immobiliser un véhicule dans le sable. ◆ **s'ensabler** v.pr. S'enliser, s'échouer dans le sable.

ENSACHAGE n.m. Action d'ensacher.

ENSACHER v.t. Mettre en sac, en sachet.

ENSACHEUSE n.f. Machine à ensacher des matières, pulvérulentes notamment.

ENSANGLANTER v.t. **1.** Tacher, couvrir de sang. **2.** *Litt.* Faire couler le sang ; provoquer des combats sanglants. *Guerres qui ensanglantent un pays.*

ENSEIGNANT, E adj. et n. Qui donne un enseignement. ◇ *Le corps enseignant,* ou *les enseignants :* l'ensemble des instituteurs et des professeurs.

ENSEIGNANT-CHERCHEUR n.m. (pl. *enseignants-chercheurs*). Enseignant de l'université (maître de conférences ou professeur des universités), qui est aussi chargé de recherche.

1. ENSEIGNE n.f. (lat. *insignia,* choses remarquables). **1.** Objet, emblème, panneau comportant une inscription qui signale une maison de commerce au public. *Enseigne lumineuse.* **2.** Marque distinctive d'une maison de commerce ; magasin dépendant de cette marque. ◇ *Être logé à la même enseigne :* être dans le même cas. — *Litt. À telle(s) enseigne(s) que :* la preuve en est que ; à tel point que. **3.** *Litt.* Drapeau, étendard. *Marcher enseignes déployées.*

2. ENSEIGNE n.m. **1.** Anc. Officier porte-drapeau. **2.** *Enseigne de vaisseau de 1re, de 2e classe :* officier de marine dont le grade correspond à celui de lieutenant, de sous-lieutenant (→ *grade*).

ENSEIGNEMENT n.m. **1.** Action, manière d'enseigner, de transmettre des connaissances. ◇ *Enseignement assisté par ordinateur (EAO) :* ensemble des techniques et des méthodes qui utilisent les possibilités de l'informatique à des fins pédagogiques. **2.** Niveau, branche de l'organisation scolaire et universitaire. *Enseignement élémentaire, secondaire.* ◇ *Enseignement technologique* ou *technique, professionnel* → **technologique, professionnel.** — *Enseignement public,* organisé par l'État. — *Enseignement privé* ou *libre,* dispensé dans des établissements qui ne relèvent pas de l'État ou qui n'en relèvent que partiellement. **3.** Profession, activité de celui qui enseigne. *Entrer dans l'enseignement.* **4.** Ce qui est enseigné ; leçon donnée par les faits, par l'expérience. *Tirer les enseignements d'un échec.*

ENCYCL. L'enseignement du premier degré, qui comprend l'enseignement préélémentaire et l'enseignement élémentaire ou primaire, est suivi par l'enseignement du second degré ou secondaire, puis par l'enseignement supérieur.

ENSEIGNER v.t. (lat. *insignire,* signaler). **1.** Faire acquérir la connaissance ou la pratique d'une science, d'un art, etc. *Enseigner les mathématiques. Enseigner à l'université.* **2.** Donner une leçon ; inculquer, montrer. *L'histoire nous enseigne que tout est recommencement.* **3.** *Litt.* Instruire. *Enseigner des jeunes enfants.*

ENSELLÉ, E adj. *Cheval ensellé,* dont la ligne du dos présente une concavité exagérée.

ENSELLURE n.f. MÉD. *Ensellure lombaire :* lordose lombaire naturelle.

1. ENSEMBLE adv. (lat. *insimul*). **1.** L'un avec l'autre, les uns avec les autres. *Aller dîner tous ensemble.* ◇ *Aller ensemble :* s'harmoniser. **2.** En même temps. *Au signal, vous tirerez ensemble.*

2. ENSEMBLE n.m. **1.** Réunion d'éléments formant un tout que l'on considère en lui-même. *L'ensemble du personnel.* ◇ *D'ensemble :* général. *Une vue d'ensemble.* — *Dans l'ensemble :* en général. — *Dans son ensemble :* dans les grandes lignes ; entièrement. **2.** Unité résultant du concours harmonieux des diverses parties d'un tout. *Former un bel ensemble.* **3.** Simultanéité d'action ; parfaite synchronisation. *Le chœur chante avec un ensemble parfait.* **4.** MATH. Notion primitive des mathématiques, qui ne peut être définie précisément, et qui correspond à l'idée intuitive de collection, de groupement d'objets appelés « éléments ». ◇ *Ensemble fini,* dont le nombre d'éléments est un entier naturel. — *Ensemble infini,* formé d'un nombre illimité d'éléments. — *Ensemble quotient :* ensemble des classes d'équivalence constituées dans un ensemble E par une relation d'équivalence R. (Il se note E/R.) — *Théorie des ensembles :* système d'énoncés axiomatisés, issu des travaux de Georg Cantor, et définissant le cadre opérationnel de la notion d'ensemble. **5.** Collection d'éléments harmonisés, assortis. *Ensemble mobilier.* **6.** Costume féminin composé de deux ou trois pièces. *Ensemble pantalon.* **7.** Groupe d'artistes. *Ensemble vocal, instrumental. Musique d'ensemble.* **8.** *Grand ensemble :* groupe important d'immeubles d'habitation bénéficiant de certains équipements collectifs.

ENSEMBLIER n.m. **1.** Décorateur, praticien qui crée des ensembles mobiliers et décoratifs. **2.** CINÉMA, TÉLÉV. Technicien chargé de l'ameublement des décors. **3.** Entreprise qui réalise des installations industrielles complexes.

ENSEMBLISTE adj. ALGÈBRE. Relatif aux ensembles mathématiques.

ENSEMENCEMENT n.m. Action d'ensemencer ; son résultat.

ENSEMENCER v.t. [9]. **1.** Pourvoir une terre de semences. *Ensemencer une parcelle.* **2.** Introduire des micro-organismes ou leurs spores dans un milieu de culture pour les faire proliférer.

ENSERRER v.t. Entourer en serrant étroitement.

ENSEVELIR v.t. (lat. *insepelire*). **1.** *Litt.* Envelopper un cadavre dans un linceul ; l'enterrer. **2.** Faire disparaître sous un amoncellement. *Village enseveli sous la neige.* **3.** Garder secret, enfoui ; plonger dans l'oubli. *Ensevelir un souvenir.* ◆ **s'ensevelir** v.pr. Se retirer, se plonger dans l'isolement, dans l'oubli.

ENSEVELISSEMENT n.m. Action d'ensevelir ; état qui en résulte.

ENSILAGE n.m. **1.** Méthode de conservation, au moyen de la fermentation lactique, de végétaux frais, hachés, placés en silo ou en tas pressé destinés à l'alimentation des animaux. **2.** Fourrage conservé en silo.

ENSILER v.t. Mettre en silo.

ENSILEUSE n.f. Machine agricole servant à la fauche et au hachage des fourrages verts pour la mise en silo.

ENSIMAGE n.m. (de l'anc. fr. *saim,* graisse). TEXT. Opération consistant à incorporer aux fibres textiles un corps gras pour en faciliter la filature.

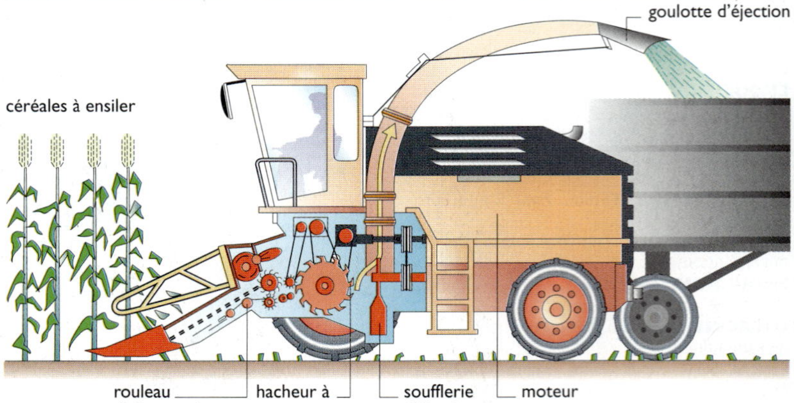

■ **ENSILEUSE.** Fonctionnement d'une ensileuse automotrice.

ENSOLEILLÉ, E adj. **1.** Exposé au soleil. *Pièce ensoleillée.* **2.** Où brille le soleil. *Journée ensoleillée.*

ENSOLEILLEMENT n.m. **1.** État de ce qui reçoit la lumière du soleil. *L'ensoleillement d'une vallée.* **2.** MÉTÉOROL. Temps pendant lequel un lieu est ensoleillé. SYN. : *insolation.*

ENSOLEILLER v.t. **1.** Remplir de la lumière du soleil. **2.** *Fig.* Rendre particulièrement joyeux, radieux ; illuminer. *Ce souvenir ensoleille sa vie.*

ENSOMMEILLÉ, E adj. Qui reste sous l'effet du sommeil ; mal réveillé.

ENSORCELANT, E adj. Qui ensorcelle.

ENSORCELER v.t. [16] (de *sorcier*). **1.** Soumettre à une influence magique par un sortilège. **2.** *Fig.* Exercer un charme irrésistible sur ; séduire.

ENSORCELEUR, EUSE adj. et n. Qui ensorcelle ; charmeur, séducteur.

ENSORCELLEMENT n.m. **1.** Action d'ensorceler ; état qui en résulte. **2.** *Fig.* Charme irrésistible ; séduction.

ENSOUFRER v.t. Recouvrir de soufre ; exposer aux vapeurs de soufre.

ENSOUPLE n.f. (lat. *insubulum*). Rouleau monté sur le métier à tisser, et sur lequel on enroule les fils de chaîne d'un tissu.

ENSUITE adv. **1.** Indique une succession dans le temps ; après cela, puis. **2.** Indique une succession dans l'espace ; plus loin.

ENSUIVRE (S') v.pr. [69] [seulem. inf. et 3e pers. du sing. et du pl.] (lat. *insequi*). Être la conséquence de ; résulter. – REM. Aux temps composés, le préfixe *en* est auj. séparé du p. passé par l'auxil. : *il s'en est suivi.*

ENSUQUÉ, E adj. Région. (Midi). Assommé, endormi sous l'effet du soleil, d'une drogue, etc.

ENTABLEMENT n.m. **1.** Partie supérieure d'un ordre d'architecture, superposant en général architrave, frise et corniche. **2.** Couronnement mouluré d'un meuble, d'une baie, etc.

ENTABLER v.t. Ajuster à demi-épaisseur deux pièces de bois ou de métal.

ENTABLURE n.f. Endroit où se réunissent deux pièces entablées.

ENTACHÉ, E adj. DR. *Entaché de nullité :* se dit d'un contrat, d'un texte frappé de nullité.

ENTACHER v.t. *Sout.* Souiller moralement ; porter atteinte à. *Entacher l'honneur de qqn.*

ENTAILLAGE n.m. Action d'entailler.

ENTAILLE n.f. **1.** Coupure avec enlèvement de matière. **2.** Blessure faite avec un instrument tranchant.

ENTAILLER v.t. Faire une entaille dans.

ENTAME n.f. **1.** Premier morceau d'un pain, d'un rôti, etc., que l'on coupe. **2.** Première carte jouée dans une partie.

ENTAMER v.t. (lat. *intaminare,* souiller). **1.** Couper, retrancher le premier morceau, la première partie de qqch qui était entier. *Entamer un pain. Entamer son capital.* **2.** Se mettre à faire ; entreprendre, engager. *Entamer des négociations.* **3.** Couper en écorchant ; attaquer une matière. *Entamer la peau. La rouille entame le fer.* **4.** Porter atteinte à ; ébranler. *Entamer la réputation de qqn.*

ENTARTRAGE n.m. Formation de tartre ; état de ce qui est entartré.

ENTARTRER v.t. Encrasser de tartre. *L'eau calcaire a entartré la chaudière.*

ENTASSEMENT n.m. Action d'entasser ; accumulation qui en résulte.

ENTASSER v.t. **1.** Mettre en tas ; réunir en grande quantité. *Entasser des caisses, des provisions.* **2.** Serrer dans un lieu trop étroit ; tasser. *Entasser des voyageurs.* **3.** Enchaîner sans fin ; multiplier, accumuler. *Entasser les citations.*

ENTE [ɑ̃t] n.f. (de *enter*). AGRIC. Vx. Greffe. ◇ *Prune d'ente :* variété dérivant de la prune d'Agen, utilisée pour la préparation des pruneaux.

ENTÉLÉCHIE n.f. (gr. *entelekheia*). PHILOS. Être dans son état d'achèvement, de perfection (chez Aristote) ; monade (chez Leibniz).

ENTELLE n.m. Singe de l'Inde et du Sud-Est asiatique, arboricole et mangeur de feuilles, au pelage gris cendré. (L'entelle est un animal sacré en Inde ; genre *Semnopithecus,* famille des colobidés.)

ENTENDEMENT n.m. **1.** Aptitude à comprendre ; raisonnement, jugement. *Cela dépasse l'entendement.* **2.** PHILOS. Faculté de comprendre, distincte de la sensibilité.

ENTENDEUR n.m. *À bon entendeur salut :* que celui qui comprend en tire profit.

ENTENDRE v.t. [59] (lat. *intendere,* appliquer son esprit). **1.** Percevoir par l'ouïe. *Entendre la pluie tomber.* ◇ Absol. *Entendre bien, mal :* avoir une bonne, une mauvaise audition. **2.** Prêter une oreille attentive à ; écouter. ◇ *À l'entendre :* si on l'en croit, si on l'écoute. *À l'entendre, il sait tout faire.* **3.** Pour un magistrat, un policier ou un gendarme, recevoir, recueillir un témoignage, une déposition. *Le juge va entendre les témoins.* **4.** *Litt.* Consentir à écouter, à suivre un conseil, à accéder à une demande. *Il n'a rien voulu entendre. Entendre raison. Le ciel vous entende !* **5.** *Litt.* Écouter avec attention. *Entendre un concert.* **6.** *Litt.* Percevoir par l'esprit ; comprendre, saisir. *Entendez-moi bien. Comment entendez-vous ce passage ?* ◇ *Donner à entendre, laisser entendre :* insinuer. **7.** *Litt.* Vouloir dire. *Qu'entendez-vous par là ?* **8.** Vieilli. Connaître complètement ; être familier de. *Elle n'entend rien à la mécanique. Entendre la plaisanterie.* **9.** Avoir l'intention, la volonté de ; exiger. *J'entends qu'on m'obéisse. J'entends bien partir demain.* ◇ *Faites comme vous l'entendez,* à votre guise. ◆ **s'entendre** v.pr. **1.** Entretenir une relation de sympathie ; s'accorder. *Elle s'entend avec tout le monde.* **2.** Se mettre d'accord. *Entendez-vous sur la façon d'agir.* **3.** *S'y entendre en :* avoir des connaissances, de l'habileté en qqch. *Elle s'y entend, en cuisine.* **4.** *Litt. Cela s'entend :* c'est évident.

ENTENDU, E adj. **1.** Décidé après concertation ; convenu, réglé. *C'est une affaire entendue.* ◇ *Entendu ! :* c'est d'accord. – *Bien entendu :* naturellement, assurément. **2.** *Prendre un air entendu :* jouer la personne informée ; adopter une attitude de connivence.

ENTÉNÉBRER v.t. [11]. *Litt.* Plonger dans les ténèbres ; assombrir.

ENTENTE n.f. **1.** Action de s'entendre ; accord. *Parvenir à une entente.* – Accord entre États, entre groupes, entre producteurs. *Politique d'entente.* **2.** Relations amicales entre des personnes. *Vivre en bonne entente.* **3.** *À double entente :* à double sens, ambigu. **4.** Suisse. *D'entente avec qqn,* en accord avec lui.

ENTER v.t. (du lat. *impotus,* greffe). **1.** Vx. Greffer. **2.** TECHN. Assembler par une enture deux pièces, de bois, de cuir, etc., bout à bout.

ENTÉRINEMENT n.m. Action d'entériner ; approbation.

ENTÉRINER v.t. (de l'anc. fr. *enterin,* loyal). **1.** Rendre valable ; consacrer. **2.** Ratifier, donner confirmation à un acte dont la validité dépend de cette formalité. – Pour un tribunal, faire siennes par jugement les constatations d'un rapport d'expert.

ENTÉRIQUE adj. Relatif à l'intestin, en partic. à l'intestin grêle.

ENTÉRITE n.f. Inflammation de la muqueuse de l'intestin grêle.

ENTÉROBACTÉRIE n.f. Famille de bactéries très répandues dans la nature et dans le tube digestif de l'homme et des animaux, parfois pathogènes.

ENTÉROCOLITE n.f. Inflammation des muqueuses de l'intestin grêle et du côlon.

ENTÉROCOQUE n.m. Bactérie diplocoque de l'intestin, parfois pathogène.

ENTÉROKINASE n.f. (gr. *enteron,* intestin, et *kinêsis,* mouvement). Enzyme sécrétée par la muqueuse intestinale et qui active le trypsinogène pancréatique.

ENTÉROPNEUSTE n.m. Invertébré marin vermiforme, doté d'une trompe, vivant enfoui dans le sable du littoral, dont le seul représentant actuel est le balanoglosse. (Les entéropneustes forment une classe de l'embranchement des hémichordés.)

ENTÉROVIRUS n.m. Virus qui peut provoquer, selon les espèces, des gastro-entérites, l'hépatite virale A ou la poliomyélite.

ENTERREMENT n.m. **1. a.** Action de mettre un mort en terre ; inhumation. **b.** Cérémonie qui accompagne la mise en terre ; funérailles, obsèques. ◇ *Tête, figure d'enterrement,* triste, sombre, lugubre. **c.** Convoi funèbre. *Suivre un enterrement.* **2.** *Fig.* Action d'abandonner définitivement un projet, un espoir, etc. ; renonciation. *Enterrement d'une loi.* ◇ *Fam. Enterrement de première classe :* rejet, abandon total d'un projet ; mise à l'écart de qqn, avec tous les honneurs.

ENTERRER v.t. **1.** Mettre en terre ; enfouir. **2.** Mettre un mort en terre ; inhumer. ◇ *Il nous enterrera tous :* il nous survivra. **3.** *Fig.* Cesser de s'occuper de ; renoncer à. *Enterrer un projet.*

ENTÊTANT, E adj. Qui entête.

EN-TÊTE n.m. (pl. *en-têtes*). Inscription imprimée, écrite ou gravée en tête d'une lettre, d'une feuille, etc.

ENTÊTÉ, E adj. et n. Qui fait preuve d'obstination ; têtu, buté.

ENTÊTEMENT n.m. Attachement obstiné à ses idées, à ses goûts, etc. ; obstination, ténacité. *Son entêtement le perdra.*

ENTÊTER v.t. Monter à la tête, en parlant d'émanations ; étourdir, griser qqn. ◇ Absol. *Ce parfum entête.* ◆ **s'entêter** v.pr. **(à, dans)**. S'obstiner avec ténacité. *Elle s'entête à refuser, dans son refus.*

ENTHALPIE n.f. (du gr. *thalpein,* chauffer). Grandeur thermodynamique égale à la somme de l'énergie interne et du produit de la pression par le volume. (Cette grandeur est surtout utilisée pour calculer l'énergie échangée lors d'un changement d'état ou d'une réaction chimique.)

ENTHOUSIASMANT, E adj. Qui enthousiasme.

ENTHOUSIASME n.m. (gr. *enthousiasmos,* transport divin). **1.** Admiration passionnée ; ardeur. *Parler d'un auteur avec enthousiasme.* **2.** Exaltation joyeuse ; excitation, passion. *Pièce écrite dans l'enthousiasme.*

ENTHOUSIASMER v.t. Remplir d'enthousiasme. *Enthousiasmer la foule.* ◇ v.pr. *Il s'est enthousiasmé pour ce projet.*

ENTHOUSIASTE adj. et n. Qui ressent ou manifeste de l'enthousiasme.

ENTHYMÈME n.m. (gr. *enthumêma*). LOG. Syllogisme dans lequel l'une des prémisses est sous-entendue. (Ex. : *Le courage, étant une vertu, mérite des éloges,* où *La vertu mérite des éloges* est sous-entendu.)

ENTICHEMENT n.m. Rare. Action de s'enticher ; engouement.

ENTICHER (S') v.pr. **[de]** (anc. fr. *entechier,* pourvoir d'une qualité). Se découvrir un goût irréfléchi pour ; s'amouracher de.

1. ENTIER, ÈRE adj. (lat. *integer,* intact). **1.** Dont on n'a rien retranché ; complet, intégral. *Il reste un pain entier.* **2.** Se dit d'un animal non castré. **3.** Sans restriction ; total, absolu. *Une entière liberté.* ◇ *La question reste entière,* sans solution. **4.** ARITHM. *Nombre entier :* entier. **5.** Qui ne supporte pas la compromission ; catégorique, intransigeant. *Caractère entier.*

2. ENTIER n.m. **1.** Totalité. *Lisez-le dans son entier.* ◇ *En entier :* complètement. **2.** ARITHM. *Entier naturel :* élément de l'ensemble $\mathbb{N}$. – *Entier relatif,* ou *entier :* élément de l'ensemble $\mathbb{Z}$. **3.** PHILAT. *Entier postal :* objet (enveloppe, carte, bande...) sur lequel, au moment de sa vente, figure imprimé le timbre d'affranchissement.

ENTIÈREMENT adv. En entier, totalement ; tout à fait, absolument. *Entièrement d'accord.*

ENTIÈRETÉ n.f. Belgique. Totalité, intégralité.

ENTITÉ n.f. (du lat. *ens, entis,* être). **1.** PHILOS. Réalité abstraite qui n'est conçue que par l'esprit. – Essence d'un être, ensemble exhaustif des propriétés qui le constituent. **2.** MÉD. *Entité morbide :* tout trouble (maladie, syndrome, etc.) dont l'existence est reconnue et dont la définition est précise.

ENTOILAGE n.m. **1.** Action d'entoiler ; son résultat. **2.** TECHN. Toile pour entoiler.

ENTOILER v.t. **1.** Renforcer qqch en fixant une toile sur son envers, son verso. *Entoiler une estampe.* **2.** Recouvrir de toile. *Entoiler l'empennage d'un planeur.*

ENTÔLAGE n.m. *Arg.* Vol pratiqué par une personne qui se prostitue aux dépens de son client.

ENTÔLER v.t. *Arg.* Voler qqn, un client, en le dupant, partic. en parlant de prostitués.

ENTÔLEUR, EUSE n. *Arg.* Personne qui entôle.

ENTOLOME n.m. (gr. *entos,* en dedans, et *lôma,* frange). Champignon basidiomycète des bois, à lamelles roses. (L'*entolome livide* est vénéneux.)

ENTOMOLOGIE n.f. (gr. *entomon,* insecte, et *logos,* science). Étude scientifique des insectes.

ENTOMOLOGIQUE adj. Relatif à l'entomologie, aux espèces qu'elle étudie.

ENTOMOLOGISTE n. Spécialiste d'entomologie.

ENTOMOPHAGE adj. Qui se nourrit d'insectes.

ENTOMOPHILE adj. *Plante entomophile,* dont la pollinisation est assurée par les insectes.

ENTOMOSTRACÉ n.m. Crustacé inférieur tel que la daphnie, le cyclope, l'anatife, la sacculine, etc. (Les entomostracés forment un groupe hétérogène, sans valeur systématique.)

ENTONNAGE, ENTONNEMENT n.m. ou **ENTONNAISON** n.f. Mise en tonneau.

1. **ENTONNER** v.t. (de *tonne*). Mettre un liquide en tonneau.

2. **ENTONNER** v.t. (de *2. ton*). **1.** MUS. **a.** Commencer à chanter un air ou une pièce musicale pour donner le ton. **b.** *Par ext.* Chanter un air. *Vingt mille voix entonnèrent en chœur « la Marseillaise ».* **2.** *Fig.* Prononcer avec panache ; célébrer. *Entonner les louanges de qqn.*

ENTONNOIR n.m. **1.** Ustensile conique servant à transvaser des liquides. **2.** *Par anal.* Cavité qui va en se rétrécissant (cratère, trou d'obus, etc.).

ENTORSE n.f. (de l'anc. fr. *entordre,* tordre). Lésion traumatique d'une articulation résultant de sa distorsion brutale, avec étirement *(entorse bénigne)* ou rupture *(entorse grave)* des ligaments. SYN. *(cour.) : foulure.* ◇ *Faire une entorse à une loi, à un règlement, à un usage, etc.,* ne pas s'y conformer, y porter atteinte.

ENTORTILLEMENT ou **ENTORTILLAGE** n.m. Action d'entortiller, fait de s'entortiller.

ENTORTILLER v.t. **1.** Envelopper avec qqch que l'on tortille ; tortiller qqch. *Entortiller un bonbon dans du papier.* **2.** *Fig.* Séduire, circonvenir qqn par des paroles trompeuses. **3.** Formuler ses propos, ses phrases, etc., d'une manière compliquée, embrouillée. ◆ **s'entortiller** v.pr. **1.** S'enrouler plusieurs fois autour de qqch. **2.** *Fig.* S'embrouiller dans ses propos, ses explications.

ENTOUR n.m. *Litt.,* vx. (Surtout pl.) Voisinage ; environs. *Les entours boisés de la vallée.* ◇ Vx. *À l'entour de :* autour et auprès de.

ENTOURAGE n.m. **1.** Ensemble des personnes qui entourent qqn. **2.** Ce qui entoure qqch, en partic. pour orner. *Un entourage de perles.*

ENTOURER v.t. **1.** Placer, disposer autour de. *Entourer de rouge un mot du texte.* **2.** Être placé autour de. *Des murs entourent le jardin.* **3.** Être attentif, prévenant à l'égard de. *Ses enfants l'entourent beaucoup depuis la mort de son mari.* ◆ **s'entourer** v.pr. **1.** Provoquer, susciter autour de soi. *S'entourer de mystère, de précautions.* **2.** Réunir, grouper autour de soi. *S'entourer de collaborateurs compétents.*

ENTOURLOUPETTE ou **ENTOURLOUPE** n.f. *Fam.* Manœuvre hypocrite ; mauvais tour.

ENTOURNURE n.f. Emmanchure. ◇ *Fam. Gêné dans les* ou *aux entournures :* mal à l'aise ; à court d'argent.

ENTRACTE n.m. **1.** Intervalle entre les actes d'une pièce de théâtre, entre les différentes parties d'un spectacle. **2.** Petit intermède musical ou dansé représenté rideau baissé entre les actes d'un spectacle.

ENTRAIDE n.f. Aide mutuelle ; solidarité.

ENTRAIDER (S') v.pr. S'aider mutuellement.

ENTRAILLES n.f. pl. (du lat. *interaneus,* qui est à l'intérieur). **1.** Viscères et boyaux. **2.** *Litt.* Sein où l'enfant est en gestation. **3.** *Litt.* Régions profondes ; centre. *Les entrailles de la Terre.* **4.** *Litt.* Siège de la sensibilité ; cœur. *Pris aux entrailles.*

ENTR'AIMER (S') v.pr. *Litt.* S'aimer l'un l'autre.

ENTRAIN n.m. Vivacité joyeuse ; gaieté, allant, enthousiasme. *La fête manque d'entrain.*

ENTRAÎNABLE adj. Rare. Qui peut être entraîné.

ENTRAÎNANT, E adj. Qui entraîne, stimule. *Musique entraînante.*

ENTRAÎNEMENT n.m. **1.** Dispositif mécanique assurant la transmission d'un mouvement ; cette transmission. *Courroie d'entraînement.* **2.** *Litt.* Fait de se laisser entraîner par un mouvement irréfléchi ; force qui entraîne ; passion. *Céder à ses entraînements.* **3.** Préparation à une compétition, à un concours, à un combat, etc. ; fait d'être entraîné. *Manquer d'entraînement.*

ENTRAÎNER v.t. **1.** Emporter, traîner qqch avec, derrière soi. *Le fleuve entraîne des troncs d'arbres.* **2.** Emmener à sa suite ; amener de force. *Elle l'entraîna vers la sortie.* **3.** Attirer qqn par une pression morale. *Se laisser entraîner dans une discussion.* **4.** Pousser qqn comme sous l'effet d'une influence irrésistible. *Orateur qui entraîne les foules.* **5.** Faire fonctionner, communiquer un mouvement ; actionner. *Moteur qui entraîne une pompe.* **6.** Avoir pour effet ; provoquer. *La guerre entraîne bien des maux.* **7.** Préparer par des exercices. *Entraîner un sportif.* ◆ **s'entraîner** v.pr. Se préparer par des exercices à une compétition, à une épreuve, à un combat, etc.

ENTRAÎNEUR, EUSE n. **1.** Personne qui entraîne des sportifs, des chevaux de course, etc. *L'entraîneuse de l'équipe féminine de basket.* **2.** *Litt.* Personne qui en entraîne d'autres.

ENTRAÎNEUSE n.f. Jeune femme employée dans un cabaret, un établissement de nuit pour engager les clients à danser et à consommer.

ENTRAIT n.m. (de l'anc. fr. *entraire,* attirer). CONSTR. Dans une charpente, pièce horizontale d'une ferme dans laquelle sont assemblés les pieds des arbalétriers pour s'opposer à leur écartement. SYN. : *tirant.* ◇ *Entrait retroussé :* entrait placé plus haut que le pied des arbalétriers, pour dégager en partie l'espace du comble.

ENTRANT, E n. et adj. **1.** (Surtout pl.) Personne qui entre. *Les entrants et les sortants d'un hôpital.* **2.** Dans les sports collectifs, joueur qui entre sur le terrain en cours de partie pour relayer un coéquipier, remplacer un blessé, etc.

ENTR'APERCEVOIR ou **ENTRAPERCEVOIR** v.t. [39]. Apercevoir à peine, un court instant.

ENTRAVE n.f. **1.** Lien que l'on fixe aux pieds d'un cheval, d'un animal, pour gêner sa marche. **2.** *Fig.* Ce qui fait obstacle ; empêchement. *C'est une entrave à la liberté.*

ENTRAVÉ, E adj. *Jupe entravée,* resserrée dans le bas.

1. **ENTRAVER** v.t. (du lat. *trabs, trabis,* poutre). **1.** Mettre une entrave à un animal. **2.** *Fig.* Embarrasser dans ses mouvements, ses actes ; gêner. *Entraver la marche d'une armée.* **3.** Mettre des obstacles à ; empêcher. *Entraver une négociation.*

2. **ENTRAVER** v.t. et v.i. (anc. fr. *enterver,* du lat. *interrogare*). *Arg.* Comprendre.

ENTRE prép. (lat. *inter*). **1.** Indique un intervalle d'espace ou de temps. *Entre Orléans et Blois. Entre onze heures et midi.* **2.** Indique une approximation. *Il y a entre dix et douze kilomètres.* **3.** Parmi. *Choisir entre plusieurs solutions.* **4.** Indique un état intermédiaire. *Entre jaune et vert.* **5.** Indique une relation de réciprocité ou une comparaison. *Le plus faible d'entre eux.*

ENTREBÂILLEMENT n.m. Ouverture laissée par ce qui est entrebâillé.

ENTREBÂILLER v.t. Entrouvrir légèrement.

ENTREBÂILLEUR n.m. Dispositif destiné à maintenir une porte, une fenêtre entrebâillée.

ENTRE-BANDE n.f. (pl. *entre-bandes*). Chacune des bandes travaillées avec une chaîne de couleur différente aux extrémités d'une pièce d'étoffe.

ENTRECHAT n.m. (ital. *capriola intrecciata,* saut entrelacé). DANSE. Saut vertical exécuté jambes tendues, pendant lequel les pieds se croisent et passent plusieurs fois et rapidement l'un devant l'autre.

ENTRECHOQUEMENT n.m. Choc réciproque.

ENTRECHOQUER v.t. Faire se heurter l'un contre l'autre ; heurter. ◇ v.pr. *Le bruit des verres qui s'entrechoquent. Les idées s'entrechoquaient dans sa tête.*

ENTRECOLONNEMENT n.m. ARCHIT. Espace libre entre deux colonnes d'une colonnade.

ENTRECÔTE n.f. Tranche de bœuf prélevée dans le train de côtes désossé.

ENTRECOUPÉ, E adj. Interrompu par intervalles, par instants ; saccadé.

ENTRECOUPER v.t. Interrompre par intervalles.

ENTRECROISEMENT n.m. Disposition de choses qui s'entrecroisent.

ENTRECROISER v.t. Croiser en divers sens, à plusieurs reprises. ◇ v.pr. *Les deux chemins s'entrecroisent.*

ENTRECUISSE n.m. Entrejambe.

ENTRE-DÉCHIRER (S') v.pr. **1.** Se déchirer mutuellement. **2.** *Fig.* Médire l'un de l'autre, les uns des autres.

ENTRE-DEUX n.m. inv. **1.** Partie située au milieu de deux choses ; état intermédiaire entre deux extrêmes. **2.** Meuble à hauteur d'appui placé entre deux fenêtres. **3.** Bande de broderie, de dentelle à bords droits, cousue des deux côtés, ornant le linge ou la lingerie. **4.** Jet du ballon par l'arbitre entre deux joueurs pour une remise en jeu, au basket-ball notamment.

ENTRE-DEUX-GUERRES n.f. inv. ou n.m. inv. Période située entre deux guerres et, partic., pour la France, entre 1918 et 1939.

ENTRE-DÉVORER (S') v.pr. Se dévorer mutuellement.

ENTRÉE n.f. **1.** Action, fait d'entrer. **2.** Endroit par où l'on entre, voie d'accès. **3.** Espace d'un appartement, d'une maison, d'un immeuble assurant la communication avec l'extérieur. SYN. : *vestibule.* **4.** Accès à un spectacle, à une exposition, etc. ; somme à payer pour entrer. *Entrée gratuite.* ◇ *Avoir ses entrées quelque part,* y être reçu facilement. **5.** Admission dans une école, un cycle d'études, etc. *Examen d'entrée.* **6. a.** Fait d'accéder ; début. *Entrée en fonctions.* **b.** *Litt.* Commencement. *À l'entrée de l'hiver.* **7.** Moment où un artiste entre en scène. **8.** Plat servi avant la viande et après le potage ou les hors-d'œuvre. **9.** MUS. Chacune des parties d'un ballet de cour ou d'un opéra-ballet. **10.** Au cirque, saynète ou parodie jouée par le clown et l'auguste, se moquant le plus souvent des faiblesses humaines (gourmandise, peur, etc.) et fondée sur un rapport de forces donnant l'autorité au clown. **11.** LING. Dans un dictionnaire, mot qui fait l'objet d'un article. **12.** INFORM. **a.** Opération par laquelle des données sont introduites dans un ordinateur. **b.** Unité d'information introduite dans un ordinateur en vue d'un traitement.

ENTRÉE-SORTIE ou **ENTRÉE/SORTIE** n.f. (pl. *entrées-sorties, entrées/sorties*). INFORM. Échange d'information entre un ordinateur et ses périphériques. Abrév. : *E-S* ou *E/S.*

ENTREFAITES n.f. pl. (p. passé de l'anc. fr. *entrefaire*). *Sur ces entrefaites :* à ce moment-là.

ENTREFER n.m. Partie d'un circuit magnétique où le flux d'induction ne circule pas dans le fer.

ENTREFILET n.m. Petit article dans un journal.

ENTREGENT n.m. (de *gent*). Habileté, adresse à se conduire, à se faire valoir. *Avoir de l'entregent.*

ENTR'ÉGORGER (S') v.pr. [10]. S'égorger, se tuer l'un l'autre, les uns les autres.

ENTRE-HAÏR (S') v.pr. [22]. *Litt.* Se haïr mutuellement.

ENTRE-HEURTER (S') v.pr. *Litt.* Se heurter mutuellement.

ENTREJAMBE n.m. **1.** Espace compris entre les cuisses. SYN. : *entrecuisse.* **2.** Partie de la culotte ou du pantalon située entre les jambes. **3.** Espace compris entre les pieds d'un siège, d'un meuble ; traverse ou croisillon reliant ces pieds. SYN. : *entretoise.* — REM. On écrit aussi *entrejambes* ou *entre-jambes.*

ENTRELACEMENT n.m. Action d'entrelacer ; réseau, entrelacs.

ENTRELACER v.t. [9]. Enlacer, tresser l'un avec l'autre. *Entrelacer des guirlandes.* ◇ v.pr. *Des initiales qui s'entrelacent.*

ENTRELACS [ɑ̃trəla] n.m. (Surtout pl.) Ornement composé de lignes entrelacées qui peut être abstrait, géométrique, ou bien comporter des motifs végétaux ou animaliers stylisés.

■ **ENTRELACS** sur une girouette en bronze doré ; art des Vikings, XIe s. (Musée des Antiquités nationales, Stockholm.)

ENTRELARDÉ, E adj. Se dit d'une viande qui présente des parties grasses et des parties maigres.

ENTRELARDER v.t. **1.** Piquer une viande avec du lard. **2.** *Fig.* Glisser entre ; mêler, farcir. *Entrelarder un discours de citations.*

ENTREMÊLEMENT n.m. Action d'entremêler ; son résultat.

ENTREMÊLER v.t. **1.** Mêler plusieurs choses entre elles, avec d'autres. **2.** Faire alterner ; entrecouper. *Paroles entremêlées de silence.* ◆ **s'entremêler** v.pr. Se mélanger étroitement.

ENTREMETS [ɑ̃trəmɛ] n.m. Plat sucré, à l'exclusion des pâtisseries, que l'on sert après le fromage et avant les fruits, ou comme dessert.

ENTREMETTEUR, EUSE n. *Péjor.* Personne qui s'entremet pour de l'argent dans des affaires amoureuses.

ENTREMETTRE (S') v.pr. [64]. Intervenir activement dans une affaire pour mettre en relation plusieurs personnes ; s'interposer. *S'entremettre pour obtenir la grâce de qqn.*

ENTREMISE n.f. Action de s'entremettre ; bons offices. *Offrir son entremise.* ◇ ***Par l'entremise de*** : par l'intermédiaire de.

ENTRE-NŒUD n.m. (pl. *entre-nœuds*). BOT. Espace compris entre deux nœuds d'une tige.

ENTREPONT n.m. Espace compris entre deux ponts d'un navire.

ENTREPOSAGE n.m. Action d'entreposer. – NUCL. Dépôt temporaire de déchets radioactifs.

ENTREPOSER v.t. **1.** Mettre en entrepôt des marchandises. **2.** Déposer provisoirement ; mettre en dépôt, confier.

ENTREPOSEUR n.m. Personne qui tient un entrepôt.

ENTREPOSITAIRE n. Personne ou entreprise qui conserve dans un entrepôt des marchandises pour le compte d'autrui.

ENTREPÔT n.m. Lieu, bâtiment, hangar où sont déposées des marchandises pour un temps limité.

ENTREPRENANT, E adj. **1.** Hardi à entreprendre ; plein d'allant. *Un homme actif et entreprenant.* **2.** Hardi en matière de séduction.

ENTREPRENDRE v.t. [61]. **1.** Commencer à exécuter. *Entreprendre un travail.* **2.** *Fam.* Tenter de convaincre, de persuader, de séduire. *Entreprendre qqn sur un sujet.*

ENTREPRENEUR, EUSE n. **1.** Chef d'une entreprise, et partic. d'une entreprise de bâtiment ou de travaux publics. **2.** DR. Personne qui, dans un contrat d'entreprise, s'engage à effectuer un travail pour le maître de l'ouvrage.

ENTREPRENEURIAL, E, AUX adj. Relatif à l'entreprise, au chef d'entreprise.

ENTREPRENEURIAT n.m. Activité, fonction d'entrepreneur.

ENTREPRISE n.f. **1.** Ce que qqn entreprend ; œuvre, opération. *Échouer dans son entreprise.* **2.** Affaire commerciale ou industrielle ; unité économique de production. *Entreprise de travaux publics.* ◇ ***Libre entreprise*** : régime économique qui repose sur la liberté de création et de gestion d'entreprises privées. – ***Entreprise publique*** : personne morale, de droit public ou privé, placée sous l'autorité ou la tutelle des pouvoirs publics. – ***Petites et moyennes entreprises*** ⟶ **PME.**

ENTRER v.i. [auxil. *être*] (lat. *intrare*). **1.** Passer du dehors au dedans ; pénétrer. *Entrer dans une maison.* ◇ ***Entrer dans le détail*** : examiner ou décrire avec minutie. **2.** Être admis dans un établissement. *Entrer à l'hôpital.* **3.** S'engager dans une profession ; commencer à faire partie d'un groupe. *Entrer dans l'enseignement. Entrer dans un parti politique.* **4.** Commencer à prendre part à qqch, à participer à une entreprise quelconque. *Entrer dans une affaire.* **5.** *Entrer en.* **a.** Passer dans un nouvel état. *Entrer en convalescence. Entrer en ébullition.* **b.** Commencer une carrière. *Entrer en politique.* **6.** Être au début de. *Entrer dans un âge nouveau.* **7.** Faire partie de qqch, de sa composition. *Ce travail entre dans vos attributions. Les ingrédients qui entrent dans cette crème.* ◆ v.t. [auxil. *avoir*]. Faire pénétrer ; introduire. *Entrer des marchandises en fraude.*

ENTRE-RAIL n.m. (pl. *entre-rails*). Espace compris entre les rails d'une voie ferrée.

ENTRESOL n.m. (esp. *entresuelo,* de *suelo,* sol). Étage bas de plafond dans un immeuble, le plus souvent entre le rez-de-chaussée et le premier étage proprement dit.

ENTRETAILLER (S') v.pr. Se blesser en se heurtant les jambes l'une contre l'autre, en parlant d'un cheval.

ENTRE-TEMPS adv. (anc. fr. *entretant*). Dans cet intervalle de temps. *Entre-temps, il est arrivé.*

ENTRETENIR v.t. [28]. **1.** Tenir en bon état. *Entretenir une maison.* **2.** Faire durer, maintenir dans le même état. *Entretenir la paix.* **3.** Pourvoir à la subsistance de. *Entretenir une famille.* ◇ ***Se faire entretenir par qqn,*** vivre à ses frais. **4.** Avoir un entretien avec qqn sur un sujet. *Il est venu m'entretenir de ses problèmes personnels.* ◆ **s'entretenir** v.pr. **1.** Converser avec qqn. *S'entretenir d'une question.* **2.** *Litt.* Se nourrir de. *Elle s'entretient d'espoirs chimériques.*

ENTRETENU, E adj. **1.** Tenu en état. *Maison mal entretenue.* **2.** Qui vit de l'argent reçu d'un amant ou d'une maîtresse. **3.** PHYS. ***Oscillations entretenues,*** dont l'amplitude est maintenue constante par apport d'énergie extérieure.

ENTRETIEN n.m. **1.** Action de maintenir une chose en bon état, de fournir ce qui est nécessaire pour y parvenir. *L'entretien d'un moteur. Frais d'entretien.* **2.** Service d'une entreprise chargé de maintenir en état et de réparer des équipements et des matériels. **3.** Conversation suivie. *Solliciter un entretien.*

ENTRE-TISSER v.t. Tisser ensemble.

ENTRETOISE n.f. (de l'anc. fr. *enteser,* ajuster). **1.** CONSTR. Étrésillon horizontal placé entre deux pièces parallèles et perpendiculairement à celles-ci. **2.** MOBIL. Entrejambe.

ENTRETOISEMENT n.m. Action d'entretoiser ; ensemble d'entretoises.

ENTRETOISER v.t. CONSTR. Maintenir avec des entretoises.

ENTRE-TUER (S') v.pr. Se tuer l'un l'autre, les uns les autres.

ENTREVOIE n.f. Espace compris entre deux voies de chemin de fer.

ENTREVOIR v.t. [48]. **1.** Voir à demi, rapidement ou confusément. **2.** Se faire une idée encore imprécise de ; pressentir. *Entrevoir la vérité.*

ENTREVOUS [-vu] n.m. (de l'anc. fr. *vous,* voûté). Hourdis ou ouvrage de maçonnerie remplissant l'espace entre deux solives.

ENTREVUE n.f. Rencontre concertée entre deux ou plusieurs personnes.

ENTRISME n.m. Introduction systématique dans un parti, une organisation syndicale, de nouveaux militants venant d'une autre organisation, en vue d'en modifier la ligne politique.

ENTROPIE n.f. (gr. *entropê,* retour). **1.** THERMODYN. Grandeur qui permet d'évaluer la dégradation de l'énergie d'un système. (L'entropie d'un système caractérise son degré de désordre.) **2.** Dans la théorie de la communication, nombre qui mesure l'incertitude de la nature d'un message donné à partir de celui qui le précède. (L'entropie est nulle quand il n'existe pas d'incertitude.)

ENTROPION n.m. MÉD. Renversement du bord des paupières vers le globe oculaire (par oppos. à *ectropion*).

ENTROQUE n.m. (gr. *en,* dans, et *trokhos,* disque). ZOOL. Élément de tige ou de bras des crinoïdes. ◇ ***Calcaire à entroques*** : calcaire formé de ces éléments fossilisés.

ENTROUVERT, E adj. Ouvert à demi.

ENTROUVRIR v.t. [23]. **1.** Vieilli. Ouvrir en écartant. *Entrouvrir les rideaux d'une fenêtre.* **2.** Ouvrir un peu. *Entrouvrir une fenêtre.*

ENTUBER v.t. *Fam.* Duper, escroquer.

ENTURBANNÉ, E adj. Coiffé d'un turban.

ENTURE n.f. (de *enter*). Assemblage bout à bout de deux pièces de bois, de cuir.

ÉNUCLÉATION n.f. (du lat. *nucleus,* noyau). Ablation chirurgicale du globe oculaire.

ÉNUCLÉER v.t. Enlever par énucléation.

ÉNUMÉRATIF, IVE adj. Qui contient une énumération. *Dresser un état énumératif.*

ÉNUMÉRATION n.f. Action d'énumérer ; suite de ce qui est énuméré.

ÉNUMÉRER v.t. [11] (lat. *enumerare*). Énoncer successivement les parties d'un tout ; passer en revue. *Énumérer ses griefs.*

ÉNUQUER (S') v.pr. Suisse. Se briser la nuque.

ÉNURÉSIE n.f. (du gr. *ourein,* uriner). Incontinence d'urine chez l'enfant, d'origine psychologique, à un âge où la propreté est habituellement acquise.

ÉNURÉTIQUE adj. Relatif à l'énurésie. ◆ adj. et n. Atteint d'énurésie.

ENVAHIR [ɑ̃vair] v.t. (lat. *invadere*). **1.** Pénétrer par la force et en nombre dans un pays, une région, et l'occuper. **2.** Remplir excessivement, se répandre dans ou sur. *La foule envahissait les rues.* **3.** *Fig.* Gagner l'esprit de qqn. *Le doute l'envahit.* **4.** *Fam.* Accaparer excessivement qqn, son temps. *Se laisser envahir par le travail, par la famille.*

ENVAHISSANT, E adj. Qui envahit ; importun, indiscret.

ENVAHISSEMENT n.m. **1.** Action d'envahir ; son résultat. **2.** *Litt.* Usurpation progressive. *Les envahissements du pouvoir.*

ENVAHISSEUR n.m. Personne, peuple qui envahit un territoire, un autre pays, etc.

ENVASEMENT n.m. Action d'envaser ; son résultat.

ENVASER v.t. **1.** Remplir de vase. **2.** Enfoncer dans la vase.

ENVELOPPANT, E adj. **1.** Qui enveloppe. *Ligne enveloppante.* **2.** *Fig., litt.* Qui séduit, captive. *Paroles enveloppantes.*

ENVELOPPE n.f. **1.** Ce qui enveloppe ou entoure complètement qqch. **2.** Morceau de papier plié de manière à former une pochette, et destiné à contenir une lettre, une carte, etc. ◇ DR. ***Enveloppe Soleau*** : en France, enveloppe dans laquelle l'inventeur place la description de son invention et qui est déposée à l'Institut national de la propriété industrielle. **3.** Somme d'argent remise à qqn dans une enveloppe. **4.** ***Enveloppe budgétaire*** : masse globale des crédits d'un budget dont la répartition peut varier. **5.** ANAT. Membrane enveloppant un organe. **6.** GÉOMÉTR. Courbe ou surface tangente à chacun des éléments d'une famille de courbes ou de surfaces. **7.** BOT. ***Enveloppes florales*** : calice et corolle.

ENVELOPPEMENT n.m. **1.** Action d'envelopper ; son résultat. **2.** MIL. Action d'encercler l'adversaire.

ENVELOPPER v.t. (anc. fr. *voloper,* envelopper). **1.** Entourer complètement d'un tissu, d'un papier, d'une matière quelconque. *Envelopper des fruits dans du papier.* **2.** MIL. Entourer l'adversaire ; encercler. *Envelopper l'armée ennemie.* **3.** Entourer de qqch qui semble couvrir. *Envelopper qqn d'un regard.* **4.** *Litt.* Cacher, déguiser. *Envelopper sa pensée sous d'habiles périphrases.*

ENVENIMATION n.f. MÉD. Pénétration de venin dans l'organisme.

ENVENIMÉ, E adj. Plein d'aigreur, de virulence. *Propos envenimés.*

ENVENIMER v.t. (de *en* et *venin*). **1.** Provoquer l'infection d'une plaie. **2.** *Fig.* Faire dégénérer ; aggraver, exaspérer. *Envenimer une discussion.* ◆ **s'envenimer** v.pr. **1.** S'infecter. **2.** *Fig.* Dégénérer progressivement ; devenir hostile. *Leurs relations se sont envenimées.*

ENVERGEURE n.f. ⟶ **ENVERJURE.**

ENVERGUER v.t. MAR. Fixer une voile à une vergue.

ENVERGURE n.f. **1.** Dimension d'une aile d'avion, mesurée perpendiculairement à son plan de symétrie vertical. **2.** Distance entre les extrémités des ailes déployées d'un oiseau. **3.** Ampleur de l'intelligence, de la volonté. *Esprit d'une grande envergure.* **4.** Importance d'une action, ampleur d'un projet. *Son entreprise a pris de l'envergure.* **5.** MAR. Longueur du côté par lequel une voile est fixée à la vergue.

ENVERJURE ou **ENVERGEURE** [-ʒyr] n.f. TEXT. Opération consistant à croiser les fils de chaîne d'un tissu pour les diviser en plusieurs nappes.

1. ENVERS prép. (de *1. en* et *2. vers*). À l'égard de. *Elle est loyale envers ses amis.* ◇ ***Envers et contre tous*** ou ***tout*** : en dépit de tous les obstacles, malgré l'opposition de tout le monde.

2. ENVERS n.m. **1.** Côté d'une chose qui n'est pas destiné à être vu (par oppos. à l'*endroit*). *L'envers d'une étoffe.* **2.** ***À l'envers.*** **a.** Du mauvais côté. *Mettre son pull à l'envers.* **b.** Vieilli. En dépit du bon sens, en désordre. *Toutes ses affaires sont à l'envers.* **3.** Face opposée et génér. cachée ; contraire. *L'envers de la vérité. L'envers du décor.* **4.** GÉOMORPH. Ubac.

ENVI (À L') [alɑ̃vi] loc. adv. (de l'anc. fr. *envier,* provoquer au jeu). *Litt.* Avec émulation, rivalité ; à qui mieux mieux.

ENVIABLE adj. Digne d'envie.

ENVIE n.f. (lat. *invidia*). **1.** Sentiment de convoitise à la vue du bonheur, des avantages d'autrui. *Faire envie à qqn.* **2.** Désir soudain et vif d'avoir, de faire qqch. *Avoir envie d'un bijou. Avoir envie de rire.* **3.** Besoin organique qu'on désire satisfaire. *Avoir envie de manger.* **4.** *Fam.* Tache rouge sur la peau *(angiome plan),* présente à la naissance. **5.** (Surtout pl.) *Fam.* Petite pellicule de peau qui se détache près des ongles.

E

ENVIER v.t. [5]. **1.** Éprouver de l'envie envers qqn. *Je vous envie d'avoir fini.* **2.** Désirer, convoiter ce que qqn d'autre possède. *Envier la place de qqn.*

ENVIEUSEMENT adv. Avec envie.

ENVIEUX, EUSE adj. et n. Qui manifeste de l'envie.

ENVINÉ, E adj. Se dit d'un récipient (tonneau, fût, etc.) qui a pris l'odeur du vin.

ENVIRON adv. (de l'anc. fr. *viron,* tour). À peu près. *Environ cent personnes.*

ENVIRONNANT, E adj. Qui environne ; proche, voisin.

ENVIRONNEMENT n.m. **1.** Ce qui entoure, ce qui constitue le voisinage. **2.** Ensemble des éléments physiques, chimiques ou biologiques, naturels et artificiels, qui entourent un être humain, un animal ou un végétal, ou une espèce. *Défense de l'environnement.* **3.** Ensemble des éléments objectifs et subjectifs qui constituent le cadre de vie d'un individu. **4.** ART MOD. Œuvre, installation faite d'éléments répartis dans un espace que l'on peut parcourir. **5.** INFORM. Ensemble des ressources matérielles et logicielles nécessaire à l'exécution d'une application à l'aide d'un ordinateur donné.

ENVIRONNEMENTAL, E, AUX adj. Relatif à l'environnement d'un individu, d'une espèce.

ENVIRONNEMENTALISTE n. Spécialiste des problèmes de l'environnement. ◆ adj. Relatif à l'environnement, notamm. à sa défense.

ENVIRONNER v.t. Constituer le voisinage de ; entourer. *Les dangers qui l'environnent. La ville est environnée de montagnes.*

ENVIRONS n.m. pl. Lieux qui sont alentour. *Les environs de Paris.* ◆ **aux environs de** loc. prép. Aux abords de, aux approches de ; vers. *Aux environs de midi.*

ENVISAGEABLE adj. Qui peut être envisagé.

ENVISAGER v.t. [10]. **1.** Examiner par la réflexion, tenir compte de ; considérer. *Envisageons cette question.* **2.** Avoir pour projet. *Envisager de partir.*

ENVOI n.m. **1.** Action d'envoyer. **2.** Chose qu'on envoie. **3.** LITTÉR. **a.** Vers placés à la fin d'une ballade pour en faire hommage à qqn. **b.** Formule autographe qu'un auteur inscrit en tête d'un volume pour en faire présent à quelqu'un. **4.** *Bordereau d'envoi :* liste récapitulative de pièces d'un dossier, expédiée avec celui-ci et qui permet au destinataire de vérifier son contenu. **5.** DR. *Envoi en possession :* autorisation, par jugement, d'entrer en possession des biens d'un absent ou d'un défunt.

ENVOL n.m. Action de s'envoler, de décoller. *Envol d'un avion.*

ENVOLÉE n.f. **1.** Élan oratoire ou poétique. **2.** Montée brutale d'une valeur. *L'envolée du dollar.*

ENVOLER (S') v.pr. **1.** Prendre son vol ; s'échapper. **2.** Décoller. *L'avion s'envola.* **3.** *Litt.* Passer rapidement. *Le temps s'envole.* **4.** *Fam. Les prix s'envolent,* augmentent rapidement et considérablement.

ENVOÛTANT, E adj. Qui envoûte ; captivant.

ENVOÛTEMENT n.m. **1.** Action d'envoûter ; état qui en résulte. **2.** *Fig.* Action de subjuguer qqn ; état de celui qui subit cette séduction.

ENVOÛTER v.t. (de l'anc. fr. *vout,* visage, du lat. *vultus*). **1.** Exercer sur un être animé une action magique, le plus souvent maléfique, par l'effet supposé de diverses pratiques. (Il s'agit génér. d'atteintes portées, incantations à l'appui, à l'effigie de la victime : figurine de cire, photographie, etc.) **2.** *Fig.* Séduire comme par magie, subjuguer ; exercer un attrait irrésistible sur.

ENVOÛTEUR, EUSE n. Personne qui pratique l'envoûtement.

ENVOYÉ, E n. Personne, telle que ministre, ambassadeur, délégué, etc., envoyée quelque part pour y remplir une mission. ◇ *Envoyé spécial :* journaliste chargé de recueillir sur place l'information.

ENVOYER v.t. [19] (lat. *inviare,* faire route). **1.** Faire partir qqn pour une destination donnée. *Envoyer un enfant à l'école.* ◇ *Fam. Envoyer promener, balader, paître qqn,* le repousser, le renvoyer avec rudesse. – *Ne pas envoyer dire qqch,* le dire soi-même, face à face, sans ménagement. **2.** Faire parvenir, expédier qqch. *Envoyer une lettre.* **3.** Envoyer un objet en le lançant ; jeter. *Envoyer une balle.* **4.** *Envoyer les couleurs :* hisser le pavillon national pour lui rendre les honneurs. ◆ **s'envoyer** v.pr. *Fam.* **1.** Prendre, absorber. *S'envoyer toute une bouteille de whisky.* **2.** Se charger de, assumer une obligation contraignante, une tâche pénible. *C'est moi qui m'envoie tout le boulot.*

ENVOYEUR, EUSE n. Personne qui fait un envoi postal ; expéditeur. *Retour à l'envoyeur.*

ENZOOTIE [ɑ̃zɔɔti] n.f. Maladie contagieuse qui n'atteint que les animaux d'une seule localité.

ENZYMATIQUE adj. Relatif aux enzymes ; qui est dû aux enzymes. *Réaction enzymatique.*

ENZYME n.f. ou n.m. (gr. *en,* dans, et *zumê,* levain). Protéine de l'organisme qui catalyse spécifiquement une réaction chimique.

ENZYMOLOGIE n.f. Étude scientifique des enzymes.

ENZYMOPATHIE n.f. Maladie héréditaire du métabolisme due à la déficience d'une enzyme.

ÉOCÈNE n.m. et adj. (gr. *eôs,* aurore, et *kainos,* récent). GÉOL. Série du cénozoïque (de – 53 à – 34 millions d'années), marquée par la diversification des mammifères et le début de la formation de la chaîne alpine.

1. ÉOLIEN, ENNE adj. (de *Éole,* dieu des Vents). **1.** Mû par le vent. *Moteur éolien.* **2.** Relatif à l'énergie du vent. *Ferme éolienne.* **3.** Provoqué par le vent. *Érosion éolienne.*

2. ÉOLIEN, ENNE adj. et n. De l'Éolie.

ÉOLIENNE n.f. Convertisseur d'énergie actionné par le vent.

■ **ÉOLIENNE.** Éoliennes tripales au Schleswig-Holstein (Allemagne).

ÉOLIPILE ou **ÉOLIPYLE** n.m. (de *Éole* et lat. *pila,* bille). Appareil imaginé par Héron d'Alexandrie pour mettre en évidence la force motrice de la vapeur d'eau.

ÉON n.m. (du gr. *aiôn,* éternité). PHILOS. Chez les néoplatoniciens et les gnostiques, puissance éternelle émanant de l'être et rendant possible son action sur les choses.

ÉONISME n.m. (du n. du chevalier d'*Éon*). *Litt.* Travestisme, en partic. dans le cas des hommes qui s'habillent en femmes.

ÉOSINE [eɔzin] n.f. (all. *Eosin*). Matière colorante rouge, dérivée de la fluorescéine.

ÉOSINOPHILE adj. Que l'on peut colorer avec de l'éosine. SYN. : *acidiphile.* ◆ adj. et n.m. MÉD. Se dit d'un globule blanc du groupe des granulocytes dont le cytoplasme contient des granulations susceptibles d'être colorées par l'éosine.

ÉPACTE n.f. (gr. *epaktai hêmerai,* jours intercalaires). Nombre qui exprime l'âge de la lune au 1er janvier, la nouvelle lune étant, par convention, notée par 0.

ÉPAGNEUL, E n. (de *chien espagnol*). Chien à long poil et à oreilles pendantes, dont il existe différentes races de chasse et d'agrément.

ÉPAIR n.m. Aspect de la structure du papier observable par transparence.

ÉPAIS, AISSE adj. (lat. *spissus*). **1.** Qui a de l'épaisseur, telle épaisseur. *Un mur épais. Une planche épaisse de trois centimètres.* **2.** Ramassé sur soi-même ; massif. *Un homme épais.* **3.** Qui constitue une masse dense, serrée, compacte, consistante. *Brouillard épais. Bois épais. Encre épaisse.* **4.** *Fig.* Qui manque de finesse ; grossier. ◆ adv. *Fam. Il n'y en a pas épais,* pas beaucoup.

ÉPAISSEUR n.f. **1.** Troisième dimension d'un solide, les deux autres étant la longueur ou la hauteur et la largeur. **2.** La plus petite des dimensions principales d'un corps. **3.** État de ce qui est dense, serré, massif. *L'épaisseur d'un feuillage.* – *Fig.* Caractère de ce qui est profond, total ; densité. *L'épaisseur de la nuit, du silence.* **4.** Lourdeur d'esprit, lenteur d'intelligence.

ÉPAISSIR v.t. Rendre plus épais. *Épaissir une sauce.* ◆ v.i. ou **s'épaissir** v.pr. Devenir plus épais, plus large, plus consistant.

ÉPAISSISSANT, E adj. et n.m. Se dit d'une substance qui épaissit, qui augmente la viscosité.

ÉPAISSISSEMENT n.m. Action d'épaissir ; fait de s'épaissir ; son résultat.

ÉPAISSISSEUR n.m. CHIM. Appareil servant à épaissir une suspension.

ÉPAMPRAGE ou **ÉPAMPREMENT** n.m. Action d'épamprer.

ÉPAMPRER v.t. (de *pampre*). Débarrasser un cep de vigne des jeunes pousses inutiles.

ÉPANCHEMENT n.m. **1.** Vx ou *litt.* Écoulement. **2.** MÉD. Accumulation pathologique d'un fluide (liquide ou gaz) dans une cavité naturelle. *Épanchement de sang.* ◇ *Cour. Épanchement de synovie :* hydarthrose. **3.** *Fig.* Fait de s'épancher ; effusion de sentiments, de pensées intimes.

ÉPANCHER v.t. (lat. *expandere*). **1.** Vx ou *litt.* Verser, répandre un liquide. **2.** *Fig.* Donner libre cours à un sentiment. *Épancher son ressentiment.* ◆ **s'épancher** v.pr. **1.** Se confier librement. **2.** Se manifester librement, en parlant d'un sentiment. **3.** Vx ou *litt.* Se répandre ; couler.

ÉPANDAGE n.m. Action d'épandre. ◇ *Champ d'épandage :* terrain destiné à l'épuration des eaux d'égout par filtrage à travers le sol.

ÉPANDEUR n.m. Machine agricole utilisée pour l'épandage des engrais ou des amendements.

ÉPANDEUSE n.f. Engin de travaux publics qui répartit régulièrement des matériaux.

ÉPANDRE v.t. [59] (lat. *expandere*). Étendre en dispersant. *Épandre des engrais.*

ÉPANNELER v.t. [16] (de l'anc. fr. *pennel,* panneau). ARCHIT., SCULPT. Tailler un bloc de pierre ou d'un autre matériau par pans et chanfreins, en laissant autour des formes projetées une certaine quantité de matière.

ÉPANOUI, E adj. **1.** Qui manifeste de la joie et de la sérénité. *Visage épanoui.* **2.** Dont les formes sont pleines et harmonieuses. *Femmes épanouies de Rubens.*

ÉPANOUIR v.t. (mot d'orig. francique). **1.** *Litt.* Faire ouvrir une fleur. *La chaleur épanouit les roses.* **2.** *Fig.* Rendre heureux qqn. ◆ **s'épanouir** v.pr. **1.** S'ouvrir largement, en parlant d'une fleur. **2.** Se développer dans toutes ses potentialités. **3.** *Fig.* Exprimer, manifester une joie sereine. *Son visage s'épanouit à cette nouvelle.*

ÉPANOUISSANT, E adj. Se dit d'un métier, d'une activité où qqn s'épanouit.

ÉPANOUISSEMENT n.m. Fait de s'épanouir ; état qui en résulte. *Épanouissement d'un visage.*

ÉPAR ou **ÉPART** n.m. (mot d'orig. germ.). Barre servant à fermer une porte.

ÉPARCHIE [eparʃi] n.f. (gr. *eparchia*). RELIG. Subdivision territoriale, correspondant au diocèse de l'Église latine, dans les Églises chrétiennes d'Orient.

ÉPARGNANT, E n. Personne qui épargne. *Les petits épargnants.*

ÉPARGNE n.f. **1.** Mise en réserve d'une somme d'argent ; fraction du revenu individuel ou national qui n'est pas affectée à la consommation. ◇ *Épargne(-)logement, épargne(-)retraite :* systèmes d'encouragement à l'épargne des particuliers en vue de l'acquisition, de la construction ou de l'aménagement d'un logement, ou en vue de l'amélioration de leurs pensions de retraite. **2.** *Bassin d'épargne :* bassin attenant à une écluse et destiné à réduire la consommation d'eau à chaque éclusée. **3.** BX-ARTS. *Taille d'épargne :* taille de la surface d'un matériau conduite de façon à former un dessin avec les parties réservées, non attaquées (ex. : gravure en relief, surtout xylographie).

ÉPARGNER v.t. (germ. *sparanjan*). **1.** Mettre en réserve ; faire des économies. *Épargner sou après sou.* **2.** Faire l'économie de. *Épargner ses forces.* **3.** Dispenser qqn de qqch, le lui éviter. *Épargnez-nous les explications inutiles.* **4.** Traiter avec ménagement ; laisser la vie sauve à. *Épargner les enfants et les vieillards.* **5.** Ne pas endommager ; ménager. *La sécheresse a épargné cette région.* ◆ **s'épargner** v.pr. Se dispenser de qqch de fâcheux ou de pénible. *Épargnez-vous cette peine.*

ÉPARPILLEMENT n.m. Action d'éparpiller ; son résultat.

ÉPARPILLER v.t. (lat. pop. *sparpiliare*, de *spargere*, répandre, et *papilio*, papillon). **1.** Répandre de tous côtés ; disperser. *Éparpiller des papiers.* **2.** *Éparpiller ses forces, son talent, son attention, etc.*, les partager entre des activités trop diverses et trop nombreuses. ◆ **s'éparpiller** v.pr. Se partager entre des activités trop diverses et trop nombreuses ; se disperser.

ÉPARQUE n.m. Préfet de Constantinople, sous l'Empire byzantin.

ÉPARS, E [epar, ars] adj. (lat. *sparsus*). En désordre ; dispersé. *Des renseignements épars.*

ÉPART n.m. → **ÉPAR.**

ÉPARVIN ou **ÉPERVIN** n.m. (mot francique). Tumeur dure au jarret d'un cheval.

ÉPATAMMENT adv. *Fam.* De façon épatante ; admirablement. *Ça marche épatamment.*

ÉPATANT, E adj. *Fam.* Admirable, formidable, splendide. *Un temps, un film épatant.*

ÉPATE n.f. *Fam. Faire de l'épate* : chercher à impressionner son entourage.

ÉPATÉ, E adj. *Nez épaté*, court, gros et large.

ÉPATEMENT n.m. **1.** État de ce qui est épaté, écrasé. **2.** *Fam.*, vieilli. Surprise, stupéfaction.

ÉPATER v.t. *Fam.* Remplir d'une surprise admirative ; ébahir.

ÉPAUFRURE n.f. (de l'anc. fr. *espautrer*, faire éclater). Éclat, entaille accidentels sur une pierre de taille, une brique, une sculpture.

ÉPAULARD n.m. Mammifère cétacé cosmopolite, voisin des dauphins, dont le mâle atteint 9 m de long pour une masse de 3 600 kg. (Très vorace, l'épaulard chasse en groupe, s'attaquant même aux baleines ; genre *Orcinus*, famille des delphinidés.) SYN. : *orque*.

ÉPAULE n.f. (lat. *spathula*, spatule). **1.** Partie du membre supérieur unissant le bras et le thorax. ◇ *Fam. Avoir la tête sur les épaules* : être plein de bon sens. – *Fam. Par-dessus l'épaule* : avec négligence ; avec désinvolture. **2.** Partie supérieure du membre antérieur des animaux. ◆ pl. Zone correspondant au pourtour de la partie supérieure du tronc. *Mesurer le tour d'épaules. Être large d'épaules.*

1. ÉPAULÉ, E adj. Se dit d'un vêtement qui comporte une épaulette de rembourrage.

2. ÉPAULÉ n.m. En haltérophilie, mouvement qui consiste à amener la barre, en un seul temps, à hauteur d'épaules.

ÉPAULÉE n.f. Vx. **1.** Poussée de l'épaule. **2.** Charge que l'on porte sur l'épaule.

ÉPAULÉ-JETÉ n.m. (pl. *épaulés-jetés*). Mouvement d'haltérophilie qui consiste, après avoir effectué l'épaulé, à soulever, d'une seule détente, la barre à bout de bras.

ÉPAULEMENT n.m. **1.** Terrassement protégeant une bouche à feu et ses servants contre les coups adverses. **2.** CONSTR. Massif ou mur de soutènement. – Côté saillant d'un tenon, donnant de la solidité à l'assemblage. **3.** MÉCAN. INDUSTR. Changement de section d'une pièce ménageant une face d'appui destinée à venir en butée. **4.** GÉOMORPH. Dans une vallée glaciaire, replat qui, à une certaine hauteur des versants, succède aux parois abruptes de la partie inférieure.

ÉPAULER v.t. **1.** Appuyer contre l'épaule. *Épauler son fusil pour tirer.* **2.** Prodiguer de l'aide à qqn ; soutenir. *Elle a besoin de se sentir épaulée.* **3.** CONSTR. Construire un épaulement. **4.** Renforcer un support, à l'opposé de la poussée qu'il reçoit, à l'aide d'un massif qui augmente sa base de sustentation. ◆ v.i. DANSE. Effacer une épaule en arrière en avançant l'autre vers le public.

ÉPAULETTE n.f. **1.** Patte garnie de franges que certains militaires portent sur chaque épaule ; symbole du grade d'officier. **2.** Bande de tissu étroite retenant un vêtement féminin aux épaules. **3.** Rembourrage dont la forme épouse le haut de l'épaule et qui sert à élargir la carrure d'un vêtement.

ÉPAVE n.f. (du lat. *expavidus*, épouvanté). **1.** Navire, marchandise, objet abandonnés à la mer ou rejetés sur le rivage. **2.** Chose perdue dont on ne connaît pas le propriétaire. **3.** Voiture accidentée irréparable ou vieille voiture hors d'usage. **4.** *Fig.* Personne qui, à la suite de malheurs, de revers, est tombée dans un état extrême de misère ou de laisser-aller.

ÉPAVISTE n. Professionnel spécialisé dans la récupération des épaves d'automobiles.

ÉPEAUTRE n.m. (lat. *spelta*). Blé d'une espèce rustique, aux épillets espacés et dont les balles restent adhérentes au grain.

ÉPÉE n.f. (lat. *spatha*, mot gr.). **1.** Arme faite d'une lame d'acier pointue fixée à une poignée munie d'une garde. ◇ *Coup d'épée dans l'eau* : effort sans résultat, inutile. – *Épée de Damoclès* : danger qui plane sur qqn. – *Mettre l'épée dans les reins à qqn*, le harceler, le presser. **2.** SPORTS. L'une des trois armes de l'escrime, mesurant au maximum 1,10 m (dont 90 cm pour la lame) ; discipline utilisant cette arme, où les coups sont portés avec la pointe seule et sont valables sur le corps entier.

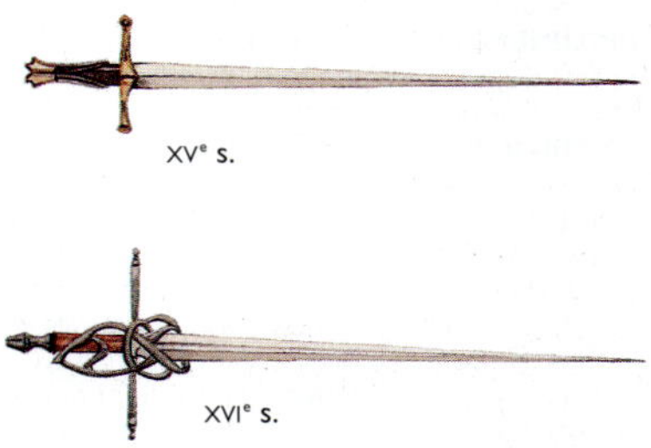

■ **ÉPÉES**

ÉPEICHE n.f. (all. *Specht*). Pic d'Europe et d'Asie, à plumage blanc et noir sur le dos, rouge sous le ventre. (Long. env. 25 cm ; genre *Dendrocopos*, famille des picidés.)

ÉPEICHETTE n.f. Petit pic à plumage noir et blanc, voisin du précédent mais dépourvu de rouge sous le ventre. (Long. 15 cm.)

ÉPEIRE n.f. (lat. *epeira*). Araignée commune en Europe, à l'abdomen très développé, construisant de grandes toiles verticales dans les bois et les jardins, telle que l'*épeire diadème* (genre *Araneus*) et l'*épeire fasciée* (genre *Argiope*). [Famille des aranéidés.]

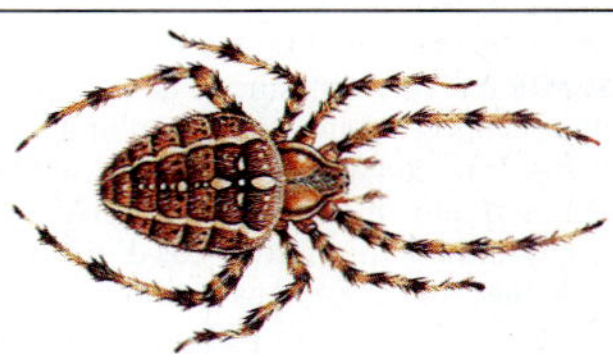

■ **ÉPEIRE.** Épeire diadème.

ÉPÉISTE n. Escrimeur à l'épée.

ÉPELER [eple] v.t. [16] (mot francique). Nommer successivement les lettres composant un mot.

ÉPENDYME [epɑ̃dim] n.m. (gr. *epi*, sur, et *enduma*, vêtement). Tissu mince qui tapisse les ventricules cérébraux et le canal central de la moelle épinière.

ÉPENTHÈSE [epɛ̃tɛz] n.f. (gr. *epenthesis*). LING. Apparition d'un phonème non étymologique dans un mot. (Par ex., dans *chambre* [du latin *camera*], il y a épenthèse du *b*.)

ÉPÉPINER v.t. Enlever les pépins de.

ÉPERDU, E adj. (de l'anc. fr. *esperdre*, perdre complètement). **1.** Qui manifeste un égarement sous l'effet d'une émotion violente. *Une veuve éperdue. Cris éperdus.* **2.** *Éperdu de* : qui éprouve très vivement un sentiment. *Éperdu de joie.* **3.** Très violent ; passionné. *Amour éperdu.*

ÉPERDUMENT adv. **1.** D'une manière éperdue. **2.** *Fam. Se moquer, se ficher éperdument de qqch*, s'en désintéresser totalement.

ÉPERLAN n.m. (néerl. *spierlinc*). Poisson marin de l'Atlantique, à chair délicate, qui pond au printemps dans les embouchures des fleuves. (Long. env. 25 cm ; genre *Osmerus*, ordre des salmoniformes.)

ÉPERON n.m. (mot germ.). **1.** Arceau de métal, terminé par un ergot ou une molette, que le cavalier fixe à la partie postérieure de ses bottes pour piquer son cheval et activer son allure. **2.** Ergot du coq, du chien, etc. **3.** BOT. Prolongement creux issu de la corolle d'une fleur, parfois du calice. **4.** GÉOMORPH. Saillie d'un contrefort montagneux, d'un coteau. **5.** MAR. Partie saillante et renforcée de la proue de certains navires. **6.** TRAV. PUBL. Partie saillante, contrefort extérieur d'un ouvrage d'art, d'une construction.

ÉPERONNER v.t. **1.** Piquer avec l'éperon. *Éperonner un cheval.* **2.** Munir d'éperons. *Éperonner un coq de combat.* **3.** *Litt.* Exciter, stimuler. *Être éperonné par la faim, par l'ambition.* **4.** *Éperonner un navire*, l'aborder avec l'étrave.

ÉPERVIER n.m. (mot francique). **1.** Petit rapace diurne d'Europe, à queue allongée, commun dans les bois, où il chasse les petits oiseaux. (Long. 30 à 40 cm ; genre *Accipiter*, famille des accipitridés.) **2.** Filet de pêche de forme conique, garni de plomb, qu'on lance à la main.

■ **ÉPERVIER** mâle.

ÉPERVIÈRE n.f. Plante herbacée de l'hémisphère Nord, à fleurs jaunes et à poils laineux. (Genre *Hieracium* ; famille des composées.)

ÉPERVIN n.m. → **ÉPARVIN.**

ÉPHÈBE n.m. (gr. *ephêbos*, de *hêbê*, jeunesse). **1.** ANTIQ. GR. Jeune homme soumis à l'éphébie. **2.** *Par plais.* Jeune homme d'une grande beauté.

ÉPHÉBIE n.f. ANTIQ. GR. À Athènes, système de formation civique et militaire qui touchait les jeunes gens de 18 à 20 ans et durait deux années.

ÉPHÉDRA n.m. (mot lat., du gr.). Arbrisseau, à fleurs jaunes, à petites feuilles coriaces et à baies rouges comestibles, dont on extrait l'éphédrine. (Classe des gnétophytes.)

ÉPHÉDRINE n.f. Alcaloïde extrait de l'éphédra ou obtenu par synthèse, utilisé en médecine dans les rhinites.

ÉPHÉLIDE n.f. (gr. *ephêlis, -idos*). Petite tache brunâtre sur la peau. SYN. : *tache de rousseur*.

1. ÉPHÉMÈRE adj. (gr. *ephêmeros*). **1.** Qui ne vit que très peu de temps. *Insecte éphémère.* **2.** De très courte durée ; fugitif. *Bonheur éphémère.*

2. ÉPHÉMÈRE n.m. Insecte dont l'imago, doté d'un abdomen allongé et prolongé par trois cerques filiformes, ne vit qu'un ou deux jours, mais dont la larve, aquatique, peut vivre plusieurs années. (Ordre des éphéméroptères.)

ÉPHÉMÉRIDE n.f. (lat. *ephemeris*, du gr. *hêmera*, jour). **1.** Livre ou notice qui contient les événements accomplis dans un même jour, à différentes époques. **2.** Calendrier dont on retire chaque jour une feuille. ◆ pl. ASTRON. Tables donnant pour chaque jour de l'année, ou à intervalles réguliers rapprochés, les valeurs calculées de certaines grandeurs astronomiques variables, en partic. celles des coordonnées des planètes, de la Lune et du Soleil.

ÉPHOD [efɔd] n.m. (mot hébr.). Large ceinture que portaient les prêtres hébreux.

ÉPHORAT n.m. ANTIQ. GR. Charge, dignité d'éphore.

ÉPHORE n.m. (gr. *ephoros*). ANTIQ. GR. Magistrat de Sparte élu annuellement. (Les éphores étaient cinq et avaient un pouvoir de contrôle considérable – justice, finances, politique étrangère –, qui s'exerçait même sur les rois.)

ÉPI n.m. (lat. *spica*, pointe). **1.** Inflorescence dans laquelle des fleurs sans pédoncule sont insérées le long d'un axe principal. **2.** Mèche de

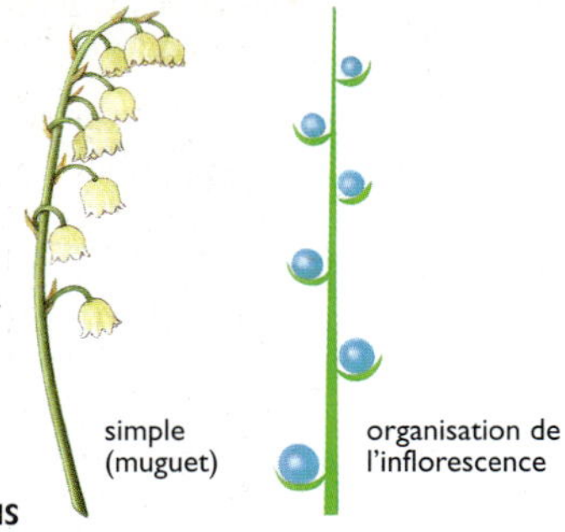

■ ÉPIS

cheveux, de poils qui poussent en sens contraire de celui des autres. **3.** Cloison mobile dressée perpendiculairement à un mur pour augmenter les surfaces verticales utilisables. **4.** TRAV. PUBL. Ouvrage léger établi perpendiculairement à la berge d'un cours d'eau, au littoral, pour entraver l'érosion. **5.** ARCHIT. **a.** *Épi de faîtage :* ornement vertical en métal ou en céramique, décorant un point de la crête d'un toit. **b.** *Appareil en épi,* dont les éléments sont posés obliquement et dont les joints sont, d'une assise à l'autre, alternativement dans un sens et dans l'autre. **6.** *En épi :* se dit d'objets, de véhicules disposés parallèlement les uns aux autres, mais en oblique par rapport à une cloison, à la voie, etc.

ÉPIAGE n.m. ou **ÉPIAISON** n.f. AGRIC. Apparition de l'épi des céréales à l'extérieur de la gaine foliaire ; époque de cette apparition.

ÉPIAIRE n.m. (de *épi*). Plante herbacée des lieux incultes, à fleurs pourpres, dont la bétoine et le crosne sont deux espèces. (Haut. 1 m ; genre *Stachys,* famille des labiées.)

ÉPICANTHUS [-tys] n.m. ANAT. Repli cutané de l'angle interne de l'œil.

ÉPICARPE n.m. (gr. *epi,* sur, et *karpos,* fruit). BOT. Pellicule, peau qui recouvre un fruit, et qui correspond à la partie externe du péricarpe.

ÉPICE n.f. (lat. *species,* substance). Substance aromatique d'origine végétale (clou de girofle, noix muscade, gingembre, etc.) pour l'assaisonnement des mets.

ÉPICÉ, E adj. **1.** Dont le goût est relevé par des épices. *Un plat très épicé.* **2.** *Fig.* Qui contient des traits égrillards ; grivois. *Un récit épicé.*

ÉPICÉA n.m. (lat. *picea,* pin). Arbre voisin du sapin, mais au tronc roux et aux cônes pendants, exploité pour sa résine et son bois, et qu'on utilise fréquemment comme arbre de Noël. (Abondant dans les régions fraîches ou montagneuses d'Europe, l'épicéa atteint 50 m de haut. Genre *Picea ;* famille des pinacées.)

■ ÉPICÉA

ÉPICÈNE adj. (gr. *epikoinos,* commun). LING. **1.** Se dit d'un nom qui désigne indifféremment le mâle et la femelle d'une espèce (ex. : aigle, souris). **2.** Se dit d'un nom, d'un pronom, d'un adjectif qui ne varie pas selon le genre (ex. : enfant, toi, jaune).

ÉPICENTRE n.m. (gr. *epi,* sur, et fr. *centre*). GÉOPHYS. Point de la surface terrestre où un séisme a eu la plus forte magnitude.

ÉPICER v.t. [9]. **1.** Assaisonner un plat, un mets avec des épices. **2.** *Fig.* Relever un texte, un propos, etc., de traits égrillards.

ÉPICERIE n.f. **1.** Ensemble de denrées de consommation courante (épices, sucre, café, etc.). **2.** Commerce, magasin de l'épicier.

ÉPICIER, ÈRE n. Commerçant vendant en gros ou en détail des comestibles, des épices, du sucre, du café, des boissons, etc.

ÉPICLÈSE n.f. (gr. *epiklêsis,* invocation). Dans la liturgie chrétienne, invocation au Saint-Esprit.

ÉPICONDYLE n.m. ANAT. Apophyse de l'extrémité inférieure de l'humérus, du côté externe du coude.

ÉPICONDYLITE n.f. MÉD. Syndrome douloureux traduisant l'inflammation de la région de l'épicondyle. *Épicondylite des joueurs de tennis.*

ÉPICONTINENTAL, E, AUX adj. Se dit des mers, des océans qui recouvrent la plate-forme continentale.

ÉPICRÂNIEN, ENNE adj. ANAT. Qui est situé, qui se produit à la surface du crâne. *Injection épicrânienne.*

ÉPICURIEN, ENNE adj. et n. **1.** Relatif à l'épicurisme ; qui en est partisan. **2.** *Par ext.* Qui ne pense qu'au plaisir ; sensuel.

ÉPICURISME n.m. Doctrine d'Épicure et de ses disciples.

ENCYCL. L'épicurisme conjugue dans une perspective matérialiste une physique atomiste inspirée de Démocrite avec une morale hédoniste axée sur la recherche des plaisirs naturels et nécessaires, dont l'ataraxie est la visée ultime (le *De natura rerum,* de Lucrèce, en est le principal exposé). En concurrence avec le stoïcisme dans la quête d'une sagesse austère et désabusée, l'épicurisme a été en butte à l'accusation, reprise et amplifiée par la tradition chrétienne, de prôner l'abandon à l'immoralité et à la débauche (thème des « pourceaux d'Épicure ») ; il a été plus justement analysé à partir de la Renaissance et du XVIIe s. (Gassendi), et son héritage a été revendiqué par le matérialisme moderne (Marx notamm.).

ÉPICYCLE n.m. Dans l'astronomie grecque ancienne, trajectoire circulaire supposée du Soleil, de la Lune et des planètes, dont le centre décrivait lui-même un cercle plus grand *(déférent)* autour de la Terre.

ÉPICYCLOÏDAL, E, AUX adj. Relatif à une épicycloïde.

ÉPICYCLOÏDE n.f. GÉOMÉTR. Courbe plane engendrée par un point fixe d'un cercle qui roule sans glisser sur et à l'extérieur d'un cercle donné.

ÉPIDÉMIE n.f. (gr. *epi,* sur, et *dêmos,* peuple). **1. a.** Propagation subite et rapide d'une maladie infectieuse, par contagion, à un grand nombre de personnes d'une région. **b.** (Abusif). Apparition subite et rapide de nombreux cas d'une maladie non infectieuse. **2.** *Fig.* Apparition subite d'un quelconque phénomène nuisible, non désiré. *Une épidémie de faillites.*

ÉPIDÉMIOLOGIE n.f. Discipline médicale qui étudie les facteurs intervenant dans l'apparition des maladies et des différents phénomènes morbides ainsi que leur fréquence, leur distribution géographique et socio-économique, leur évolution. (L'épidémiologie s'intéresse à toutes les maladies, et pas seulem. aux infections.)

ÉPIDÉMIOLOGIQUE adj. Relatif à l'épidémiologie.

ÉPIDÉMIOLOGISTE n. Médecin spécialiste d'épidémiologie.

ÉPIDÉMIQUE adj. **1.** Relatif aux épidémies ; qui se propage par épidémie. **2.** *Fig.* Qui se répand à la façon d'une épidémie ; communicatif. *Enthousiasme épidémique.*

ÉPIDERME n.m. (gr. *epi,* sur, et *derma,* peau). **1.** Partie externe de la peau constituée de plusieurs couches de cellules dont la plus superficielle est cornée et produit des squames. (Poils, plumes, cornes, ongles, griffes, sabots sont des productions de l'épiderme.) **2.** *Cour.* Peau. ◇ *Avoir l'épiderme sensible :* être susceptible. **3.** BOT. Couche superficielle de cellules qui recouvre les feuilles ainsi que les tiges et les racines jeunes.

ÉPIDERMIQUE adj. Relatif à l'épiderme. ◇ *Réaction épidermique :* attitude d'une personne qui réagit vivement et immédiatement à une critique, à une contrariété.

ÉPIDIDYME n.m. (gr. *epi,* sur, et *didumos,* testicule). Organe situé le long du testicule, contenant un canal par où passent les spermatozoïdes.

ÉPIDIDYMITE n.f. Inflammation de l'épididyme.

ÉPIDOTE n.f. Silicate hydraté d'aluminium, de calcium et de fer présent dans certaines roches métamorphiques.

ÉPIDURAL, E, AUX adj. MÉD. Péridural.

1. ÉPIER v.i. [5]. Laisser apparaître l'épi, en parlant d'une graminée en cours de croissance.

2. ÉPIER v.t. [5] (mot francique). Observer, surveiller attentivement et secrètement. *Épier les allées et venues de qqn.*

ÉPIERRAGE ou **ÉPIERREMENT** n.m. Action d'épierrer.

ÉPIERRER v.t. Enlever les pierres de. *Épierrer un champ, un jardin.*

ÉPIERREUR n.m. Instrument pour épierrer un produit agricole (pommes de terre, betteraves).

ÉPIEU n.m. (mot francique). Anc. Bâton garni de fer, qu'on utilisait pour chasser.

ÉPIEUR, EUSE n. Rare. Personne qui épie.

ÉPIGASTRE n.m. (gr. *epi,* sur, et *gastêr,* ventre). Partie supérieure et médiane de l'abdomen, entre l'ombilic et le sternum.

ÉPIGASTRIQUE adj. Relatif à l'épigastre.

ÉPIGÉ, E adj. (gr. *epi,* sur, et *gê,* terre). BOT. Se dit d'un mode de germination dans lequel les cotylédons sont soulevés au-dessus du sol (haricot, ricin).

ÉPIGENÈSE n.f. (gr. *epi,* sur, et *genesis,* formation). SC. DE LA V. Théorie selon laquelle l'embryon se constitue graduellement dans l'œuf par formation successive de parties nouvelles.

ÉPIGÉNIE n.f. MINÉRALOG. Remplacement progressif d'un minéral par un autre, au sein d'une roche.

ÉPIGLOTTE n.f. (gr. *epi,* sur, et *glôtta,* langue). ANAT. Languette cartilagineuse qui ferme l'orifice supérieur du larynx au moment de la déglutition.

ÉPIGONE n.m. (gr. *epigonos,* descendant). *Litt.* Successeur, disciple sans originalité personnelle.

ÉPIGRAMMATIQUE adj. LITTÉR. Qui relève de l'épigramme.

1. ÉPIGRAMME n.f. (gr. *epigramma,* inscription). **1.** LITTÉR. Petite pièce de vers du genre satirique, se terminant par un trait piquant. **2.** *Litt.* Mot satirique, raillerie mordante.

2. ÉPIGRAMME n.m. BOUCH. Haut de côtelettes d'agneau.

ÉPIGRAPHE n.f. (gr. *epigraphê,* inscription). **1.** Inscription gravée sur un édifice et indiquant sa date de construction, sa destination, etc. **2.** Citation placée en tête d'un livre, d'un chapitre, etc., de façon à en indiquer l'esprit ou l'objet.

ÉPIGRAPHIE n.f. Science auxiliaire de l'histoire, qui étudie les inscriptions gravées sur des supports durables (pierre, métal, bois, terre cuite, etc.).

ÉPIGRAPHIQUE adj. Relatif à l'épigraphie.

ÉPIGRAPHISTE n. Spécialiste d'épigraphie.

ÉPIGYNE adj. et n.f. (gr. *epi,* sur, et *gunê,* femelle). BOT. Se dit d'une pièce florale insérée au-dessus de l'ovaire ; se dit d'une fleur où le périanthe et l'androcée sont insérés au-dessus de l'ovaire, alors qualifié d'*infère.* CONTR. : *hypogyne.*

ÉPILATEUR n.m. Appareil servant à épiler. *Épilateur électrique, épilateur à la cire.*

ÉPILATION n.f. Action d'épiler.

ÉPILATOIRE adj. Qui sert à épiler ; dépilatoire. *Pince épilatoire.* ◆ n.m. Produit épilatoire.

ÉPILEPSIE n.f. (gr. *epilêpsia,* attaque). Maladie caractérisée par des crises d'activité excessive des neurones dans le cortex cérébral, généralisées ou partielles, pouvant provoquer notamm. une perte de conscience ou des convulsions. SYN. : *comitialité.*

ENCYCL. On distingue deux formes dans l'épilepsie : les crises généralisées, dues à une décharge synchrone, bilatérale et symétrique d'un groupe de cellules cérébrales, et les crises partielles dues à une décharge dans une zone limitée. Les premières se présentent soit sous la forme du *grand mal,* avec chute et convulsions, soit sous la forme du *petit mal,* avec perte de la conscience durant dix à quinze secondes. Les symptômes des crises partielles dépendent de la zone cérébrale concernée. La cause de l'épilepsie, quand il en existe une, peut être un traumatisme crânien, une tumeur ou un accident vasculaire cérébral.

ÉPILEPTIQUE adj. Qui relève de l'épilepsie. ◆ adj. et n. Atteint d'épilepsie.

ÉPILER v.t. (du lat. *pilus,* poil). Arracher, faire tomber les poils de. *Pince à épiler. Épiler ses sourcils.*

ÉPILEUR, EUSE n. Personne dont la profession est d'épiler. *Les épileurs des thermes romains.*

ÉPILLET n.m. BOT. Épi secondaire qui, réuni à d'autres, forme un épi.

ÉPILOBE n.m. (gr. *epi,* sur, et *lobos,* lobe). Plante de grande taille, à fleurs pourpres, commune en Europe dans les endroits humides. (Genre *Epilobium ;* famille des œnothéracées.)

ÉPILOGUE n.m. (gr. *epilogos,* péroraison). **1.** Conclusion d'un ouvrage littéraire. *L'épilogue d'un roman.* **2.** *Fig.* Dénouement, conclusion d'une histoire, d'une affaire.

ÉPILOGUER v.i. Donner des explications, faire des commentaires sans fin et plus ou moins oiseux sur ; discourir. *Il est inutile d'épiloguer sur un fait accompli.*

ÉPINARD n.m. (ar. *isbinākh*). Plante potagère herbacée, originaire d'Asie centrale, dont on consomme les feuilles de forme allongée, vert foncé. (Genre *Spinacia ;* famille des chénopodiacées.) ◆ pl. Feuilles d'épinard. *Épinards à la crème.*

■ **ÉPINARD**

ÉPINCETER v.t. [16] (de *pincette*). TEXT. Débarrasser les tissus de laine des défauts visibles qui restent après les travaux de finition. SYN. : *énouer.*

ÉPINE n.f. (lat. *spina*). **1. a.** Organe dur et pointu de certains végétaux, issu de la transformation d'une feuille, d'un bourgeon, etc. *Les épines d'un cactus.* ◇ *Tirer, enlever une épine du pied à qqn,* le débarrasser d'un souci. **b.** Arbrisseau épineux. **2.** ANAT. *Épine dorsale :* ligne du dos formée par la succession des apophyses épineuses des vertèbres.

ÉPINETTE n.f. (de *pin*). **1.** Petit clavecin. **2.** Québec. Épicéa. ◇ Québec. Anc. *Bière d'épinette :* boisson faiblement alcoolisée fabriquée avec des rameaux d'épicéa. **3.** Vieilli. Cage d'osier pour engraisser les volailles.

ÉPINEURIEN, ENNE adj. et n.m. Se dit d'un animal dont le système nerveux est situé au-dessus du tube digestif (vertébrés et procordés). CONTR. : *hyponeurien.*

1. ÉPINEUX, EUSE adj. (lat. *spinosus*). **1.** Couvert d'épines. *Arbuste épineux.* **2.** *Fig.* Très embarrassant ; plein de difficultés. *Une question épineuse.* **3.** ANAT. *Apophyse épineuse :* excroissance postérieure et médiane d'une vertèbre, qui fait saillie sous la peau.

2. ÉPINEUX n.m. Arbuste épineux.

ÉPINE-VINETTE n.f. (pl. *épines-vinettes*). Arbrisseau épineux à fleurs jaunes et à baies rouges comestibles, parasité par le champignon responsable de la rouille du blé. (Genre *Berberis ;* famille des berbéridacées.)

ÉPINGLAGE n.m. Action d'épingler.

ÉPINGLE n.f. (lat. *spinula*). **1.** Petite tige métallique pointue à un bout et garnie d'une tête à l'autre bout, servant à fixer, à attacher qqch. *Pelote d'épingles.* ◇ *Chercher une épingle dans une meule, une botte de foin :* chercher une chose introuvable. – Vieilli. *Coup d'épingle :* blessure d'amour-propre. – *Tirer son épingle du jeu :* se tirer adroitement d'une affaire difficile. – *Tiré à quatre épingles :* habillé avec beaucoup de soin. **2.** *Épingle de sûreté, épingle double, épingle de nourrice,* ou *épingle anglaise :* petite tige de métal recourbée sur elle-même et formant ressort, dont la pointe est maintenue par un crochet plat. **3.** *Épingle à cheveux :* petite tige recourbée à deux branches pour tenir les cheveux. – *Virage en épingle à cheveux,* brusque et très serré. **4.** Bijou en forme d'épingle, à tête ornée. *Épingle de cravate en or.* ◇ *Monter qqch en épingle,* le mettre en évidence ; lui donner une importance excessive.

ÉPINGLÉ, E adj. et n.m. Se dit d'un tissu légèrement côtelé. *Velours épinglé. De l'épinglé.*

ÉPINGLER v.t. **1.** Attacher, fixer avec une ou des épingles. *Épingler un ourlet.* **2.** *Fig., fam.* Arrêter, appréhender. *Ils n'ont jamais pu l'épingler.* **3.** *Fam.* Attirer l'attention sur un défaut, un abus ; dénoncer. *Le rapport épingle plusieurs sociétés.*

ÉPINGLETTE n.f. **1.** Québec. Vieilli. Bijou muni d'une épingle ; broche. **2.** Recomm. off. pour *pin's.*

ÉPINIER n.m. VÉNER. Fourré d'épines.

ÉPINIÈRE adj.f. *Moelle épinière* → **moelle.**

ÉPINOCHE n.f. (de *épine*). Petit poisson marin ou d'eau douce, portant trois rayons épineux sur le dos et des plaques osseuses sur les flancs, et dont les œufs sont gardés par le mâle qui a construit lui-même un nid sur le fond. (Genre *Gasterosteus ;* famille des gastérostéidés.)

■ **ÉPINOCHE** mâle.

ÉPINOCHETTE n.f. Petite épinoche des ruisseaux et des étangs de l'Europe du Nord. (Long. 6 cm.)

ÉPIPALÉOLITHIQUE n.m. et adj. PRÉHIST. Période de transition entre le paléolithique supérieur et le début du mésolithique (vers - 9000).

ÉPIPÉLAGIQUE adj. Se dit de la région océanique recouvrant la plate-forme continentale jusqu'à 250 m de profondeur.

ÉPIPHANE adj. **1.** Surnom de divers dieux grecs bienfaisants. **2.** Épithète portée par divers rois hellénistiques.

ÉPIPHANIE n.f. (gr. *epiphaneia,* apparition). Fête chrétienne célébrant la manifestation du Christ, notamm. aux Mages venus l'adorer, et appelée pour cette raison *jour* ou *fête des Rois.*

ÉPIPHÉNOMÈNE n.m. **1.** Phénomène secondaire, sans importance, périphérique. **2.** PHILOS. Ce qui s'ajoute à un phénomène sans réagir sur lui.

ÉPIPHYSE n.f. (gr. *epi,* sur, et *phusis,* croissance). **1.** ANAT. Chacune des extrémités d'un os long, contenant la moelle rouge (par oppos. à *diaphyse*). **2.** Glande hormonale située à la face postérieure du diencéphale, qui sécrète la mélatonine. SYN. : *glande pinéale.*

ÉPIPHYSITE n.f. Ostéochondrose, en partic. quand cette affection atteint une épiphyse d'un os long.

ÉPIPHYTE adj. et n.m. (gr. *epi,* sur, et *phuton,* plante). ÉCOL. Se dit d'un végétal (telles certaines orchidées équatoriales) qui vit fixé sur des plantes, mais sans les parasiter.

ÉPIPHYTIE [epifiti] n.f. Maladie contagieuse atteignant de nombreuses plantes.

ÉPIPLOON [epiplɔɔ̃] n.m. (mot gr., *flottant*). ANAT. Nom de deux replis du péritoine.

ÉPIQUE adj. (gr. *epikos*). **1.** Qui est propre à l'épopée. *Poème, style épique.* **2.** Mémorable par son caractère mouvementé ; extraordinaire, grandiose. *Discussion épique.*

ÉPISCLÉRITE n.f. MÉD. Inflammation des tissus autour de la sclère de l'œil.

ÉPISCOPAL, E, AUX adj. **1.** Qui appartient, qui est propre à l'évêque. *Palais épiscopal.* **2.** *Église épiscopale :* Église épiscopalienne.

ÉPISCOPALIEN, ENNE adj. *Église épiscopalienne :* Église de communion anglicane établie dans d'autres pays que l'Angleterre, notamm. aux États-Unis. ◆ adj. et n. Relatif à l'épiscopalisme ; qui en est partisan.

ÉPISCOPALISME n.m. Théorie selon laquelle l'assemblée des évêques a plus de pouvoir que le pape.

ÉPISCOPAT n.m. (du lat. *episcopus,* évêque). **1.** Dignité de l'évêque ; temps pendant lequel il occupe son siège. **2.** Ensemble des évêques. *L'épiscopat français.*

ÉPISCOPE n.m. (gr. *epi,* sur, et *skopein,* regarder). Instrument d'optique à miroirs qui permet d'observer le terrain de l'intérieur d'un char de combat.

ÉPISIOTOMIE n.f. (du gr. *epision,* pubis). Incision de la vulve et des muscles du périnée, pratiquée pour empêcher une déchirure spontanée lors de certains accouchements.

ÉPISODE n.m. (gr. *epeisodion,* accessoire). **1.** Partie d'une œuvre télévisée, cinématographique, radiodiffusée ou littéraire. *Feuilleton en neuf épisodes.* **2.** Partie d'une œuvre narrative ou dramatique s'intégrant à un ensemble mais disposant d'une certaine autonomie. *C'est un épisode savoureux du roman.* **3.** Circonstance appartenant à une série d'événements formant un ensemble. *Les épisodes de la Révolution française.*

ÉPISODIQUE adj. Qui constitue un simple épisode ; secondaire, intermittent. *Phénomène épisodique. Séjour épisodique.*

ÉPISODIQUEMENT adv. De façon épisodique.

ÉPISPADIAS [-djas] n.m. MÉD. Malformation de l'urètre qui s'ouvre sur la face supérieure de la verge.

ÉPISSER v.t. (néerl. *splissen*). Assembler deux cordages, deux câbles ou deux fils électriques en entrelaçant les torons qui les composent.

ÉPISSOIR n.m. ou **ÉPISSOIRE** n.f. MAR. Poinçon pour écarter les torons de deux cordages à épisser.

ÉPISSURE n.f. Réunion de deux cordages, de deux câbles ou fils électriques par l'entrelacement des torons qui les composent.

ÉPISTATE n.m. (gr. *epistatês,* préposé). ANTIQ. GR. Titre de divers fonctionnaires politiques et techniques.

ÉPISTAXIS [epistaksis] n.f. (gr. *epi,* sur, et *staxis,* écoulement). MÉD. Saignement de nez.

ÉPISTÉMÈ n.f. (mot gr., *science*). PHILOS. Configuration du savoir rendant possibles les différentes formes de science à une époque donnée.

ÉPISTÉMOLOGIE n.f. (gr. *epistêmê,* science, et *logos,* étude). Partie de la philosophie qui étudie l'histoire, les méthodes, les principes des sciences. ◇ *Épistémologie génétique :* théorie de la connaissance d'inspiration évolutionniste, confrontant le développement de la connaissance chez l'enfant à la constitution des notions utilisées par chaque science. (Elle a été développée par Jean *Piaget.)

ÉPISTÉMOLOGIQUE adj. Qui se rapporte à l'épistémologie.

ÉPISTÉMOLOGISTE ou **ÉPISTÉMOLOGUE** n. Spécialiste d'épistémologie.

ÉPISTOLAIRE adj. (du lat. *epistola,* lettre). Qui se rapporte à la correspondance, aux lettres. ◇ *Roman épistolaire :* roman dont le mode de narration consiste en une correspondance échangée par les personnages.

ÉPISTOLIER, ÈRE n. Écrivain qui excelle dans le genre de la lettre.

ÉPITAPHE n.f. (gr. *epi,* sur, et *taphos,* tombe). Inscription gravée sur un tombeau.

ÉPITAXIE n.f. (gr. *epitaxis,* ordre). Phénomène d'orientation mutuelle de cristaux de substances différentes, dû à des analogies étroites d'arrangement atomique dans leur face commune, et utilisé pour l'élaboration de certains transistors.

ÉPITHALAME n.m. (gr. *epi,* sur, et *thalamos,* chambre à coucher). Poème lyrique composé pour un mariage.

ÉPITHÉLIAL, E, AUX adj. Qui se rapporte, qui appartient à un épithélium.

ÉPITHÉLIOMA n.m. Vieilli. Tumeur cancéreuse d'origine épithéliale. SYN. : *carcinome.*

ÉPITHÉLIONEURIEN n.m. Animal à système nerveux superficiel (échinoderme, pogonophore, notamm.).

ÉPITHÉLIUM [epiteljɔm] n.m. (gr. *epi,* sur, et *thêlê,* mamelon). HISTOL. Tissu mince formé d'une ou de plusieurs couches de cellules jointives, reposant sur une lame basale. (On distingue les *épithéliums de revêtement,* qui constituent la couche superficielle de la peau [épiderme] et des muqueuses, et les *épithéliums glandulaires,* qui ont une fonction de sécrétion.)

ÉPITHÈTE n.f. (du gr. *epitheton,* qui est ajouté). **1.** Mot, génér. adjectif, employé pour qualifier qqn, qqch. **2.** GRAMM. Fonction de l'adjectif qualificatif qui détermine le nom sans l'intermédiaire d'un verbe (par oppos. à *attribut*).

ÉPITOGE n.f. (gr. *epi,* sur, et lat. *toga,* toge). Bande d'étoffe distinctive portée sur l'épaule gauche par les recteurs et inspecteurs d'académie, les avocats, les magistrats.

ÉPÎTRE n.f. (lat. *epistola*). **1.** Lettre écrite par un auteur ancien. **2.** *Litt.* Lettre adressée à qqn. **3.** LITTÉR. Lettre en vers adressée à qqn et traitant de sujets politiques, philosophiques, etc., sur un ton souvent satirique. *Les « Épîtres » de Marot.* **4.** Texte emprunté aux Épîtres du Nouveau Testament ou à l'Apocalypse, lu à la messe avant l'Évangile (v. partie n.pr.).

ÉPIZOOTIE [epizɔɔti] n.f. (du gr. *zôotês,* nature animale). Maladie contagieuse qui atteint un grand nombre d'animaux.

ÉPIZOOTIQUE adj. Qui se rapporte à l'épizootie.

ÉPLORÉ, E adj. (du lat. *plorare,* pleurer). Qui est en pleurs ; qui a du chagrin.

ÉPLOYER v.t. [7]. *Litt.* Étaler, déployer.

ÉPLUCHAGE n.m. **1.** Action d'éplucher un légume, un fruit. **2.** *Fig.* Examen minutieux de qqch.

ÉPLUCHE-LÉGUMES n.m. inv. Éplucheur.

ÉPLUCHER v.t. (anc. fr. *peluchier,* nettoyer, du lat. *pilare,* peler). **1.** Enlever la peau, les parties non comestibles ou moins bonnes d'un légume, d'un fruit. *Éplucher une pomme, des oignons.* **2.** *Fig.* Examiner attentivement, avec minutie, pour trouver une faute ou un détail passé inaperçu. *Éplucher une comptabilité. La police a épluché son emploi du temps.*

ÉPLUCHETTE n.f. Québec. Fête en plein air où l'on épluche des épis de maïs avant de les consommer bouillis. *Épluchette de blé d'Inde.*

1. ÉPLUCHEUR, EUSE n. Personne qui épluche.

2. ÉPLUCHEUR n.m. Couteau à éplucher les légumes, les fruits, etc., dont la lame comporte deux petites fentes tranchantes. SYN. : *épluche-légumes.*

ÉPLUCHEUSE n.f. Appareil électrique pour éplucher les légumes.

ÉPLUCHURE n.f. Déchet qu'on enlève en épluchant. *Épluchures de pommes de terre.*

EPO [øpeo] ou [epeo] n.f. (abrév.). Érythropoïétine.

ÉPODE n.f. (gr. *epi,* sur, et *ôdê,* chant). LITTÉR. Anc. **1.** Couplet lyrique formé de deux vers de longueur inégale. **2.** Poème lyrique composé d'une suite de ces couplets. *« Épodes satiriques » d'Horace.*

ÉPOI n.m. VÉNER. Cor qui pousse au sommet de la tête du cerf.

ÉPOISSES n.m. (de *Époisses,* n. d'une commune). Fromage au lait de vache, à pâte molle et à croûte lavée, fabriqué en Bourgogne.

1. ÉPONGE n.f. (lat. *spongia*). **1. a.** Spongiaire. **b.** Substance fibreuse, légère et poreuse, formant le squelette de certains spongiaires et employée à divers usages domestiques ou techniques, en raison de sa capacité à retenir les liquides. **2.** Objet plus ou moins spongieux qu'on utilise pour essuyer, nettoyer, etc. *Éponge métallique.* ◇ *Jeter l'éponge :* abandonner le combat, la partie. – *Fam. Passer l'éponge sur :* pardonner, oublier. **3.** *Éponge végétale :* luffa.

■ ÉPONGES

2. ÉPONGE n.f. (lat. *sponda,* bord). **1.** Extrémité de chacune des branches du fer à cheval. **2.** Tumeur molle au coude du cheval.

ÉPONGEAGE n.m. Action d'éponger.

ÉPONGER v.t. [10]. **1.** Étancher un liquide avec une éponge ou un objet spongieux. **2.** *Fig.* Résorber un excédent. ◇ *Éponger une dette,* la payer. ◆ **s'éponger** v.pr. S'essuyer pour sécher. *S'éponger le front.*

ÉPONTE n.f. (lat. *sponda,* bord). Terrain stérile qui borde une couche ou un filon de minerai.

ÉPONTILLE [epɔ̃tij] n.f. MAR. **1.** Support qui soutient les barrots d'un pont, sur un navire. **2.** Étai de bois maintenant sur sa quille un navire en construction.

ÉPONYME adj. et n. (gr. *epônumos*). Qui donne son nom à qqch. *Athéna, déesse éponyme d'Athènes.* ◇ ANTIQ. GR. ET ROM. *Magistrat éponyme :* magistrat annuel qui donnait son nom à l'année.

ÉPONYMIE n.f. ANTIQ. GR. ET ROM. Fonction des magistrats éponymes ; durée de leur fonction.

ÉPOPÉE n.f. (gr. *epopoiia*). **1.** Récit poétique en vers ou en prose qui narre soit une genèse mythique du monde, soit les événements légendaires qui ont conduit à la fondation d'un nouvel ordre politique ou religieux. **2.** *Fig.* Suite d'actions réelles, mais extraordinaires ou héroïques.

ÉPOQUE n.f. (gr. *epokhê,* point d'arrêt). **1.** Moment de l'histoire marqué par des événements ou des personnages très importants. *L'époque des guerres de Religion. L'époque de Charlemagne.* ◇ Vieilli. *Faire époque :* laisser un souvenir durable dans la mémoire des hommes. – *La Belle Époque,* celle des premières années du XXe s., considérées comme partic. heureuses. **2.** Moment déterminé de l'année, de la vie de qqn ou d'un groupe. *L'époque des vendanges. Quelle époque !* **3.** Période caractérisée par un style artistique. *Un décor d'époque manuéline.* ◇ *D'époque :* qui date réellement de l'époque à laquelle on le rapporte, en parlant d'un objet, d'un meuble, etc. – *Haute époque :* le Moyen Âge et le XVIe s., dans le langage des antiquaires. **4.** Subdivision géochronologique d'une période géologique, regroupant plusieurs âges. (L'équivalent stratigraphique de l'époque est la *série.) **5.** Date de référence à laquelle sont rapportées les coordonnées astronomiques, ou que l'on utilise pour certains calculs de mécanique céleste.

ÉPOUILLAGE n.m. Action d'épouiller.

ÉPOUILLER v.t. Débarrasser de ses poux.

ÉPOUMONER (S') v.pr. Se fatiguer à force de parler, de crier.

ÉPOUSAILLES n.f. pl. (lat. *sponsalia,* fiançailles). Vieilli ou *par plais.* Célébration du mariage.

ÉPOUSE n.f. → **ÉPOUX.**

ÉPOUSER v.t. (lat. *sponsare*). **1.** Se marier avec. *Il a épousé une amie d'enfance.* **2.** S'adapter exactement à la forme de. **3.** Rallier, partager. *Épouser les idées de qqn.*

ÉPOUSEUR n.m. *Litt.,* vieilli. Celui qui fait la cour à une femme pour l'épouser.

ÉPOUSSETAGE n.m. Action d'épousseter.

ÉPOUSSETER v.t. [16]. Ôter la poussière de. *Épousseter un meuble.*

ÉPOUSTOUFLANT, E adj. *Fam.* Étonnant, extraordinaire. *Une nouvelle époustouflante.*

ÉPOUSTOUFLER v.t. *Fam.* Surprendre, stupéfier par son caractère inattendu, grandiose.

ÉPOUVANTABLE adj. **1.** Qui cause de l'épouvante ; qui est atroce, difficilement soutenable. *Des cris épouvantables.* **2.** Très désagréable. *Un temps épouvantable. Un caractère épouvantable.*

ÉPOUVANTABLEMENT adv. **1.** De façon épouvantable. **2.** À un très haut degré ; très, horriblement.

ÉPOUVANTAIL n.m. **1. a.** Mannequin grossier recouvert de haillons flottants, qui est placé dans un champ pour effrayer les oiseaux. **b.** *Fig., fam.* Personne dont l'aspect extérieur est repoussant. **2.** Ce qui effraie sans raison ou à l'excès. *L'épouvantail de la crise.*

ÉPOUVANTE n.f. Terreur soudaine causée par qqch d'inattendu et de dangereux. *Être glacé d'épouvante. Film d'épouvante.*

ÉPOUVANTER v.t. (lat. pop. *expaventare*). Remplir d'épouvante ; effrayer, terrifier.

ÉPOUX, ÉPOUSE n. (lat. *sponsus, sponsa*). Personne unie à une autre par le mariage. – *Cour.* Mari ou femme. ◆ n.m. pl. *Les époux :* le mari et la femme.

ÉPOXY n.m. et adj. inv. Polymère formé à partir d'un époxyde. SYN. : *résine époxydique.*

ÉPOXYDE n.m. CHIM. ORG. Fonction constituée par le pontage par un atome d'oxygène de deux atomes de carbone adjacents.

ÉPOXYDIQUE adj. Caractéristique d'un époxyde. ◇ *Résine époxydique :* résine formée de macromolécules porteuses de fonctions époxydes, utilisée surtout comme adhésif ou comme matériau de recouvrement ainsi que dans l'électronique et l'électrotechnique. (On dit aussi *résine époxyde, résine époxy* ou *époxy.*)

ÉPREINTES n.f. pl. Coliques suivies d'un faux besoin d'aller à la selle.

ÉPRENDRE (S') v.pr. **(de)** [61]. *Litt.* Concevoir un vif attachement pour ; devenir amoureux.

ÉPREUVE n.f. **1.** Conflit éprouvant le courage ou la résistance de qqn ; difficulté. *Elle aura du mal à surmonter cette épreuve.* ◇ *Épreuve de force* → **force. 2.** Chagrin difficile à surmonter ; douleur. *Une terrible épreuve.* **3.** Compétition sportive. *Épreuve contre la montre.* **4.** Chacun des travaux, exercices ou interrogations dont se compose un examen, un concours. *Les épreuves écrites du baccalauréat.* **5.** Essai pour éprouver la qualité d'une chose. *Faire l'épreuve d'une voiture.* ◇ *À l'épreuve de :* en état de résister à. *À l'épreuve des balles.* – *À toute épreuve :* capable de résister à tout. *Une énergie à toute épreuve.* – *Mettre à l'épreuve :* éprouver, tester. **6.** CINÉMA. *Épreuves de tournage :* recomm. off. pour *rushes.* **7.** ÉDIT. Première feuille de contrôle servant aux corrections. *Un jeu d'épreuves.* **8.** GRAV., SCULPT. Exemplaire d'une estampe, d'une fonte ou d'un moulage. ◇ *Épreuve d'artiste :* estampe tirée pour l'artiste qui en est l'auteur, en principe à titre d'essai. **9.** PHOTOGR. Image obtenue par tirage d'après un cliché.

ÉPRIS, E adj. **1.** Pris de passion pour qqn ; amoureux. **2.** Très attaché à qqch. *Épris de liberté.*

ÉPROUVANT, E adj. Pénible à supporter. *Une semaine éprouvante. Climat éprouvant.*

ÉPROUVÉ, E adj. **1.** Atteint, frappé par un mal, un malheur, une épreuve. *Pays durement éprouvé.* **2.** Dont la valeur est reconnue ; confirmé. *Des techniques éprouvées.*

ÉPROUVER v.t. (de *prouver*). **1.** Avoir une sensation, un sentiment ; ressentir. *Éprouver de la tendresse, du plaisir à revoir qqn.* **2.** Mettre à l'épreuve, vérifier les qualités ou la valeur de. *Éprouver la résistance d'un matériau. Éprouver la bonne foi de qqn.* **3.** Faire souffrir. *Cette tragédie l'a cruellement éprouvé.* **4.** Subir des dommages. *Navire qui a éprouvé des avaries.*

ÉPROUVETTE n.f. **1.** Tube de verre fermé à un bout, destiné à des expériences chimiques. **2.** Pièce de forme particulière soumise à une série d'essais pour déterminer les caractéristiques d'un matériau.

EPS ou **E.P.S.** [øpeɛs] n.f. (sigle). Éducation physique et sportive.

EPSILON [ɛpsilɔn] n.m. inv. Cinquième lettre de l'alphabet grec (Ε, ε), notant un *e* bref en grec classique et correspondant au *e* français.

ÉPUCER v.t. [9]. Débarrasser de ses puces.

ÉPUISABLE adj. Susceptible d'être épuisé.

ÉPUISANT, E adj. Qui fatigue beaucoup ; harassant. *Une marche épuisante.*

ÉPUISÉ, E adj. **1.** Très fatigué, à bout de forces. **2.** Entièrement vendu. *Livre épuisé. Stock épuisé.*

ÉPUISEMENT n.m. **1.** Action d'épuiser ; son résultat. *Vendre jusqu'à épuisement du stock.* **2.** État de fatigue extrême.

ÉPUISER v.t. (de *puits*). **1.** Fatiguer à l'excès, affaiblir énormément. *Ce travail de nuit l'épuise.* **2.** *Fam.* Excéder. *Tu m'épuises avec tes questions !* **3.** Utiliser, consommer complètement. *Épuiser les munitions.* **4.** Vider entièrement ; extraire en totalité. *Épuiser une citerne.* – *Par ext.* Rendre improductif. *Épuiser un sol.* **5.** *Fig.* Traiter à fond, de manière exhaustive. *On a épuisé le sujet.*

ÉPUISETTE n.f. **1.** Petit filet en forme de poche, fixé à l'extrémité d'un manche et qui sert à sortir de l'eau les poissons pris à la ligne, à pêcher les crevettes. **2.** Écope.

ÉPULIS [epylis] n.m., **ÉPULIDE** ou **ÉPULIE** n.f. (gr. *epi,* sur, et *oulon,* gencive). Pseudotumeur inflammatoire de la gencive.

ÉPULON n.m. (du lat. *epulum,* repas). ANTIQ. ROM. Prêtre qui préparait les banquets sacrés.

E

ÉPULPEUR n.m. Appareil pour séparer les pulpes et les matières en suspension dans les jus de betteraves sucrières.

ÉPURATEUR n.m. Appareil servant à éliminer les impuretés d'un produit.

ÉPURATION n.f. **1.** Action d'épurer, de purifier qqch ; résultat de cette action. *Épuration d'une huile.* ◇ MÉD. ***Épuration extrarénale :*** technique permettant l'épuration artificielle du sang en cas d'insuffisance rénale sévère. (On emploie la dialyse péritonéale ou l'hémodialyse.) **2.** Action d'éliminer d'une administration, d'un parti, d'un corps social les personnes dont la conduite est jugée répréhensible, condamnable ou indigne. **3.** HIST. À la fin de la Seconde Guerre mondiale, action de répression légale (tribunaux) ou sommaire (exécutions) exercée contre les collaborateurs.

ÉPURATOIRE ou **ÉPURATIF, IVE** adj. Qui sert à épurer. *Un filtre épuratoire.*

ÉPURE n.f. **1.** Dessin fini (par oppos. à *croquis*) servant à la représentation, puis à la réalisation d'une machine ou d'un édifice. **2.** En géométrie descriptive, représentation plane de parties de l'espace affine de dimension 3.

ÉPUREMENT n.m. *Litt.* Pureté. *Épurement du style.*

ÉPURER v.t. **1.** Rendre pur, plus pur. *Épurer de l'eau.* — *Fig.* Rendre sa pureté, son homogénéité à. *Épurer la langue.* **2.** ***Épurer un groupe, un parti, etc.,*** en exclure certains individus jugés indésirables.

ÉPURGE n.f. Euphorbe dont les fruits, très toxiques, ressemblent à des câpres, et dont on tirait autref. une huile purgative. (Nom sc. *Euphorbia lathyris.*)

ÉPYORNIS n.m. → **ÆPYORNIS.**

ÉQUANIMITÉ [ekwanimite] n.f. *Litt.* Égalité d'humeur ; sérénité.

ÉQUARRIR [ekarir] v.t. (du lat. pop. *exquadrare*). **1.** Dresser une pierre, une pièce de bois de façon à lui donner une forme se rapprochant d'un parallélépipède à section carrée ou rectangulaire. **2.** Pratiquer l'équarrissage des animaux.

ÉQUARRISSAGE n.m. **1.** Traitement des cadavres d'animaux non utilisés en boucherie pour en tirer la peau, les os, les graisses, etc. **2.** Action d'équarrir une pièce de bois, un bloc de pierre.

ÉQUARRISSEUR n.m. Personne qui équarrit les animaux.

ÉQUATEUR [ekwatœr] n.m. (du lat. *aequare*, rendre égal). **1.** Cercle de la sphère terrestre dont le plan est perpendiculaire à la ligne des pôles et à égale distance de ceux-ci. ◇ ***Équateur céleste :*** grand cercle de la sphère céleste, perpendiculaire à l'axe du monde et servant de plan de référence pour les coordonnées équatoriales. **2.** ***Équateur magnétique :*** lieu des points de la surface terrestre où l'inclinaison magnétique est nulle.

ÉQUATION [ekwasjɔ̃] n.f. (lat. *aequatio*, égalité). **1.** ALGÈBRE. Égalité qui n'est vérifiée que pour une ou des valeurs de la ou des inconnues. *Équation à deux, à trois inconnues.* ◇ ***Résoudre l'équation*** $f(x) = g(x)$ ***dans le domaine D :*** trouver les éléments de D qui, substitués à x, rendent l'égalité vraie, et qui sont les solutions, ou *racines*, de l'équation. **2.** GÉOMÉTR. ***Équation d'une courbe, d'une surface :*** relation entre les coordonnées d'un point M du plan ou de l'espace exprimant que le point est sur la courbe ou sur la surface. **3.** CHIM. Écriture symbolique d'une réaction chimique, considérée soit globalement *(équation de bilan)*, soit dans le détail des transformations *(équation de mécanisme)*. **4.** ***Équation du temps :*** différence entre le temps solaire moyen et le temps solaire vrai. **5.** ***Équation personnelle :*** ensemble des caractéristiques définissant la personnalité de qqn.

1. ÉQUATORIAL, E, AUX adj. **1.** Situé à l'équateur ; relatif à l'équateur. ◇ ***Climat équatorial,*** caractérisé par une chaleur constante, une grande humidité atmosphérique et des pluies régulières (total annuel supérieur à 1 500 mm). **2.** ASTRON. ***Coordonnées équatoriales :*** ascension droite et déclinaison. — ***Monture équatoriale :*** dispositif permettant de faire tourner un instrument astronomique autour de deux axes perpendiculaires, dont l'un est parallèle à l'axe du monde. **3.** BIOL. CELL. ***Plaque équatoriale :*** ensemble des chromosomes regroupés dans un plan, pendant la mitose (au stade de la métaphase).

2. ÉQUATORIAL n.m. Lunette astronomique ou télescope à monture équatoriale.

ÉQUATORIEN, ENNE adj. et n. De l'Équateur, de ses habitants.

ÉQUERRAGE n.m. TECHN. Mise à angle droit ou vérification de la perpendicularité et du parallélisme des divers éléments d'un mécanisme ou d'une structure.

ÉQUERRE [ekɛr] n.f. (du lat. *exquadrare*, rendre carré). **1.** Pièce de bois ou de métal dont la forme présente un angle droit. **2.** Pièce métallique en forme de T ou de L servant à consolider des assemblages de charpente, de menuiserie. **3.** Instrument en forme de triangle rectangle ou de L, pour tracer des angles droits. *Équerre à dessin.* ◇ ***Fausse équerre :*** équerre à branches mobiles, permettant de donner une valeur quelconque à l'angle formé par celles-ci. — ***D'équerre, à l'équerre :*** à angle droit. — ***Avoir les jambes à l'équerre, en équerre :*** en gymnastique, avoir les jambes tendues perpendiculairement au tronc.

ÉQUESTRE [ekɛstr] adj. (lat. *equestris*, de *equus*, cheval). **1.** Relatif à l'équitation, aux cavaliers. *Sports équestres.* **2.** ***Statue équestre,*** représentant un personnage à cheval. **3.** ANTIQ. ROM. ***Ordre équestre,*** celui des chevaliers.

ÉQUEUTAGE n.m. Action d'équeuter.

ÉQUEUTER v.t. Ôter la queue d'un fruit.

ÉQUIDÉ [ekide] ou [ekɥide] n.m. (lat. *equus*, cheval). Mammifère ongulé, aux membres adaptés à la course et reposant sur le sol par un seul doigt, tel que le cheval, le zèbre et l'âne. (Les équidés forment une famille de l'ordre des périssodactyles.)

ÉQUIDISTANCE [ekɥidistɑ̃s] n.f. Caractère de ce qui est équidistant.

ÉQUIDISTANT, E [ekɥi-] adj. Situé à égale distance de qqch, d'un point. *Tous les points du cercle sont équidistants du centre.*

ÉQUILATÉRAL, E, AUX [ekɥilateral, o] adj. *Triangle équilatéral,* dont les côtés sont égaux.

ÉQUILATÈRE [ekɥi-] adj. *Hyperbole équilatère,* dont les asymptotes sont perpendiculaires.

ÉQUILIBRAGE n.m. **1.** Action d'équilibrer ; son résultat. **2.** MÉCAN. INDUSTR. Répartition des masses d'un système tournant (roue, rotor, machine, etc.) telle que le centre de gravité de l'ensemble soit situé sur l'axe de rotation *(équilibrage statique)* ou que les forces d'inertie se compensent *(équilibrage dynamique)*.

ÉQUILIBRANT, E adj. Qui équilibre.

ÉQUILIBRATION n.f. PHYSIOL. Fonction, surtout assurée par l'oreille interne et le cervelet, qui permet le maintien du corps en équilibre.

ÉQUILIBRE n.m. (lat. *aequus*, égal, et *libra*, balance). **1.** État de repos résultant de l'action de forces qui s'annulent. *Système à l'équilibre.* **2.** Position stable. *Être en équilibre. Perdre l'équilibre.* **3. a.** Pose acrobatique tenue la tête en bas et le corps redressé à la verticale. **b.** DANSE. Maintien du corps en position stable sur un ou deux pieds. **4.** Juste combinaison de forces, d'éléments ; répartition harmonieuse. ◇ ***Équilibre naturel*** ou ***biologique :*** état d'un écosystème dans lequel les effectifs et la composition de la faune et de la flore restent à peu près constants. — BIOL. ***Théorie des équilibres ponctués :*** saltationnisme. — ***Équilibre budgétaire :*** concordance entre les dépenses et les recettes d'un budget annuel de l'État. — ***Équilibre économique :*** égalité entre l'offre et la demande sur les marchés économiques. **5.** CHIM. État d'un système de corps dont la composition ne varie pas, soit par absence de réaction, soit par existence de deux réactions inverses de même vitesse. **6.** Bon fonctionnement de l'activité mentale ; pondération, calme.

ÉQUILIBRÉ, E adj. **1.** Qui est en équilibre ; dont les composants sont en harmonie. *Mélange équilibré.* **2.** Mentalement sain ; pondéré.

ÉQUILIBRER v.t. Mettre en équilibre ; stabiliser. *Équilibrer un budget.* ◆ **s'équilibrer** v.pr. Être en équilibre ; se compenser.

ÉQUILIBRISTE n. Personne qui exécute des tours d'adresse ou d'équilibre acrobatique.

ÉQUILLE [ekij] n.f. (de *1. quille*). Poisson osseux long et mince, à dos vert ou bleu sombre, vivant enfoui dans les fonds sableux de la Manche et de l'Atlantique. (Long. 20 à 30 cm ; genre *Gymnammodytes ;* famille des ammodytidés, ordre des perciformes.) SYN. : *lançon.*

ÉQUIMOLAIRE [ekɥi-] adj. CHIM. Qui contient un nombre égal de moles de différents constituants. *Mélange équimolaire.*

ÉQUIN, INE [ekɛ̃, in] adj. (lat. *equinus*, de *equus*, cheval). **1.** Chevalin. **2.** ***Pied équin,*** atteint d'équinisme.

ÉQUINISME n.m. MÉD. Déformation du pied qui le bloque en extension vers le bas.

ÉQUINOXE [ekinɔks] n.m. (lat. *aequus*, égal, et *nox*, nuit). ASTRON. **1.** Époque de l'année où le Soleil, dans son mouvement propre apparent sur l'écliptique, coupe l'équateur céleste et qui, caractérisée par la durée égale du jour et de la nuit en tout point de la surface terrestre, marque le début du printemps ou de l'automne. **2.** Point de l'équateur céleste où se produit ce passage. ◇ ***Ligne des équinoxes :*** droite d'intersection des deux plans de l'écliptique et de l'équateur céleste (→ ***écliptique***).

ÉQUINOXIAL, E, AUX adj. Relatif à l'équinoxe.

ÉQUIPAGE n.m. **1.** Ensemble du personnel embarqué sur un navire, un avion, un char, etc., dont il assure la manœuvre et le service. *Un capitaine et son équipage.* ◇ ***Corps des équipages de la flotte :*** personnel non officier de la Marine nationale. **2.** Anc. ***Les équipages :*** l'ensemble du matériel et des voitures affectés à une armée en campagne. **3.** Anc. Voitures et chevaux, avec le personnel qui en a la charge. *Aller en grand équipage.* **4.** Ensemble des personnes, des chiens et des chevaux qui participent à une chasse à courre.

ÉQUIPARTITION [ekɥi-] n.f. *Didact.* Répartition égale des diverses parties d'un tout.

ÉQUIPE n.f. **1.** Groupe de personnes travaillant à une même tâche ou unissant leurs efforts dans le même but. ◇ ***Fine équipe :*** groupe de personnes très liées qui se distraient ensemble. **2.** Groupe de joueurs, de sportifs associés en nombre déterminé. ◇ ***Esprit d'équipe :*** esprit de solidarité qui anime les membres d'un même groupe. — ***Faire équipe avec qqn,*** s'associer avec lui pour une entreprise commune.

ÉQUIPÉE n.f. **1.** Aventure dans laquelle on se lance, souvent à la légère ; escapade. *Une folle équipée.* **2.** Promenade à l'aventure ; sortie. *Nos équipées du dimanche.*

ÉQUIPEMENT n.m. **1.** Action d'équiper, de pourvoir du matériel, des installations nécessaires. *Procéder à l'équipement d'une troupe.* **2.** Ensemble du matériel nécessaire à une activité. *L'équipement d'un terrain de jeux. Équipement routier d'un pays.* ◆ pl. ***Équipements spéciaux :*** accessoires automobiles nécessaires en cas de neige ou de verglas (chaînes, pneus cloutés).

ÉQUIPEMENTIER n.m. Fabricant d'équipements automobiles, aérospatiaux, etc.

ÉQUIPER v.t. (mot d'orig. germ.). Pourvoir du nécessaire en vue d'une activité déterminée, d'une utilisation précise. *Équiper un enfant pour un séjour en colonie.* ◆ **s'équiper** v.pr. Se munir du nécessaire. *S'équiper pour le ski.*

ÉQUIPIER, ÈRE n. Membre d'une équipe, d'un équipage.

ÉQUIPOLLÉ ou **ÉQUIPOLÉ** [ekipɔle] adj.m. HÉRALD. ***Points équipollés :*** carrés d'émaux alternés que donne la réunion du tiercé en pal et du tiercé en fasce.

ÉQUIPOLLENCE [ekipɔlɑ̃s] n.f. (lat. *aequipollentia*, équivalence). GÉOMÉTR. Relation définie entre deux bipoints équipollents.

ÉQUIPOLLENT, E [eki-] adj. **1.** GÉOMÉTR. ***Bipoints équipollents :*** bipoints (A, B) et (C, D) tels que les segments [AD] et [BC] ont même milieu. **2.** LOG. ***Systèmes déductifs équipollents,*** dans lesquels tout théorème de l'un est théorème ou axiome des autres.

ÉQUIPOTENCE [ekɥi-] n.f. Caractère de deux ensembles équipotents.

ÉQUIPOTENT [ekɥipɔtɑ̃] adj.m. ALGÈBRE. ***Ensembles équipotents,*** entre lesquels on peut construire une bijection.

ÉQUIPOTENTIEL, ELLE [ekɥi-] adj. ÉLECTROMAGN. De même potentiel.

ÉQUIPROBABLE [ekɥiprɔbabl] adj. PROBAB. Se dit d'événements qui ont la même probabilité.

ÉQUISÉTOPHYTE [ekɥisetɔfit] n.m. Plante cryptogame vasculaire, à rhizomes produisant des tiges aériennes cannelées portant des épis sporifères, telle que la prêle, unique représentant

E

actuel, et les calamites, fossiles. (Les équisétophytes forment un embranchement de ptéridophytes, contenant une seule classe actuelle [équisétinées] et un seul ordre [équisétales].)

ÉQUITABLE adj. **1.** Qui agit selon l'équité. *Juge équitable.* **2.** Conforme aux règles de l'équité. *Décision équitable.*

ÉQUITABLEMENT adv. De façon équitable.

ÉQUITATION n.f. (du lat. *equitare,* aller à cheval). Action, art de monter à cheval.

ÉQUITÉ [ekite] n.f. (lat. *aequitas,* égalité). **1.** Vertu de celui qui possède un sens naturel de la justice, respecte les droits de chacun ; impartialité. *Décider en toute équité.* **2.** Justice naturelle ou morale, considérée indépendamment du droit en vigueur. *Équité d'un partage.*

ÉQUIVALENCE n.f. **1.** Qualité de ce qui est équivalent. *Équivalence de diplômes. Équivalence de la chaleur et du travail mécanique.* **2.** *Équivalence logique :* relation exprimant que deux propositions P et Q sont conséquences l'une de l'autre. (On écrit P ⇔ Q, ce qui se lit « P est vraie si et seulement si Q est vraie ».) – *Relation d'équivalence :* relation binaire dans un ensemble E, qui est réflexive, symétrique et transitive.

ÉQUIVALENT, E [ekivalɑ̃, ɑ̃t] adj. (lat. *aequivalens*). **1.** Qui a la même valeur ; égal. *Quantités, expressions équivalentes.* **2.** ALGÈBRE. *Éléments équivalents,* liés par une relation d'équivalence. – *Équations équivalentes,* ayant le même ensemble de solutions. **3.** CARTOGR. *Projection équivalente :* type de projection qui conserve les surfaces, mais déforme les contours d'un espace géographique. **4.** LOG. *Théories déductives équivalentes :* théories déductives qui ont les mêmes théorèmes. ◆ n.m. **1.** Ce qui équivaut, chose équivalente. *Rendre l'équivalent de ce qu'on a reçu.* **2.** MÉD. Se dit d'un trouble qui a la même signification qu'un autre trouble. (Par ex., une quinte de toux peut être l'équivalent d'une crise d'asthme.) **3.** *Équivalent pétrole* → **pétrole.**

ÉQUIVALOIR v.t. ind. **(à)** [46]. Être de même valeur, de même importance ; produire le même effet qu'autre chose. *Le prix de cette voiture équivaut à un an de mon salaire.*

ÉQUIVOQUE [ekivɔk] adj. (lat. *aequus,* égal, et *vox, vocis,* voix). **1.** Qui a un double sens ; ambigu (par oppos. à *univoque*). *Mot équivoque.* **2.** Qui suscite la méfiance ; suspect. *Une attitude équivoque.* ◆ n.f. Situation, expression qui n'est pas nette, qui laisse dans l'incertitude. *Dissiper l'équivoque.*

ÉQUIVOQUER [ekivɔke] v.i. *Litt.* Parler par équivoques.

ÉRABLE n.m. (lat. *acerabulus*). Arbre des forêts tempérées de l'hémisphère Nord, à fruits secs munis d'une paire d'ailes (samares) et dispersés par le vent, dont le bois est apprécié en ébénisterie, représenté par plusieurs espèces telles que le sycomore ou l'érable du Canada qui fournit une sève sucrée. (Genre *Acer ;* famille des acéracées.)

■ ÉRABLE

ÉRABLIÈRE n.f. Lieu planté d'érables.

ÉRADICATION n.f. **1.** Suppression d'une infection contagieuse dans une région, par traitement et vaccination des individus ou par destruction du vecteur. **2.** *Fig.* Action de supprimer un phénomène indésirable. *Éradication de la criminalité.*

ÉRADIQUER v.t. (du lat. *radix, -icis,* racine). Accomplir une éradication.

ÉRAFLEMENT n.m. Action d'érafler.

ÉRAFLER v.t. Entamer superficiellement ; écorcher, égratigner. *Érafler la peinture d'une voiture.*

ÉRAFLURE n.f. Écorchure légère ; entaille superficielle.

ÉRAILLÉ, E adj. *Voix éraillée,* rauque.

ÉRAILLEMENT n.m. Action d'érailler ; fait d'être éraillé. *Éraillement de la voix.*

ÉRAILLER v.t. (du lat. *rotare,* rouler). **1.** Déchirer superficiellement ; écorcher. **2.** Relâcher les fils d'une étoffe. **3.** Rendre la voix rauque.

ÉRAILLURE n.f. Écorchure ; déchirure superficielle. *Repriser les éraillures d'une étoffe.*

ÉRATHÈME n.m. GÉOL. Principale division stratigraphique. (L'équivalent géochronologique de l'érathème est l'ère.)

ERBIUM [ɛrbjɔm] n.m. (de *Ytterby,* localité suédoise). **1.** Métal du groupe des lanthanides. **2.** Élément chimique (Er), de numéro atomique 68, de masse atomique 167,26.

ÈRE [ɛr] n.f. (bas lat. *aera,* nombre). **1.** Point de départ d'une chronologie particulière. **2.** Période historique correspondant à cette chronologie. *Ère chrétienne.* (Le décompte des années par rapport à l'ère chrétienne s'effectue habituellement en passant de 1 av. J.-C. à 1 apr. J.-C. [sans année zéro]. Le Iᵉʳ s. apr. J.-C. couvre donc les années 1 à 100, le IIᵉ s. les années 101 à 200, etc., le XXᵉ s. les années 1901 à 2000 incluses.) **3.** Période caractérisée par certains faits de civilisation ou marquée par un état particulier. *Ère industrielle. Ère de prospérité.* **4.** GÉOL. Principale division géochronologique, utilisée après le précambrien. *Ère primaire.* (L'équivalent stratigraphique de l'ère est l'érathème.)

ÉRECTEUR, TRICE adj. PHYSIOL. Qui produit l'érection.

ÉRECTILE adj. PHYSIOL. Se dit d'un tissu, d'un organe capable de subir une érection (pénis, clitoris, etc.).

ÉRECTION n.f. (lat. *erectio*). **1.** *Litt.* Action d'ériger ; construction. *Érection d'une statue.* **2.** *Litt.* Action de créer, d'instituer. *Érection d'un tribunal.* **3.** PHYSIOL. Gonflement et durcissement temporaire de certains organes ou tissus, par afflux de sang. – *Spécial.* Gonflement et durcissement du pénis.

ÉREINTAGE n.m. *Fam.* Critique violente ; éreintement.

ÉREINTANT, E adj. Qui éreinte, qui brise de fatigue. *Travail éreintant.*

ÉREINTEMENT n.m. **1.** Action d'éreinter ; fait d'être éreinté. **2.** *Fam.* Éreintage.

ÉREINTER v.t. (de *rein*). **1.** Briser de fatigue. *Cette discussion, cette marche m'a éreinté.* **2.** *Fam.* Critiquer avec violence. *Éreinter un auteur.*

ÉREINTEUR, EUSE adj. et n. Rare. Qui critique violemment, méchamment.

ÉRÉMISTE n. Personne bénéficiaire du RMI. (On écrit aussi *RMiste* ou *RMIste.*)

ÉRÉMITIQUE adj. (lat. *eremeticus*). Propre aux ermites. *Vie érémitique.*

ÉRÉMITISME n.m. Mode de vie des ermites.

ÉRÉSIPÈLE n.m. → **ÉRYSIPÈLE.**

ÉRÉTHISME n.m. (gr. *erethismos,* irritation). MÉD. Excès d'activité de certains organes, en partic. du cœur.

ÉREUTOPHOBIE ou **ÉRYTHROPHOBIE** n.f. (gr. *ereuthein,* rougir, et *phobos,* crainte). Phobie caractérisée par une crainte obsédante de rougir en public.

ERG [ɛrg] n.m. (mot ar.). Vaste étendue couverte de dunes, dans les déserts de sable.

ERGASTOPLASME n.m. BIOL. CELL. Organite intracellulaire formant un réseau complexe de replis membranaires où se fixent les ribosomes et au niveau duquel s'effectue la synthèse des protéines. SYN. : *réticulum endoplasmique rugueux.*

ERGASTULE n.m. (lat. *ergastulum*). ANTIQ. ROM. Cachot, prison souterraine ; local servant au logement des esclaves, aux gladiateurs.

ERGATIF n.m. (du gr. *ergon,* action). LING. Cas grammatical indiquant l'agent du procès, dans certaines langues flexionnelles (basque, tibétain).

ERGOCALCIFÉROL n.m. Calciférol.

ERGOL n.m. Comburant ou combustible entrant dans la composition d'un propergol.

ERGOLOGIE n.f. (du gr. *ergon,* travail). Partie de la technologie dont les objectifs sont la connaissance et l'explication des faits relatifs au travail.

ERGOMÈTRE n.m. Appareil (bicyclette, tapis roulant) utilisé en ergométrie.

ERGOMÉTRIE n.f. Technique d'étude et de mesure du travail musculaire.

ERGONOME ou **ERGONOMISTE** n. Spécialiste d'ergonomie.

ERGONOMIE n.f. (du gr. *ergon,* travail). **1.** Étude quantitative et qualitative du travail dans l'entreprise, visant à améliorer les conditions de travail et à accroître la productivité. **2.** Recherche d'une meilleure adaptation entre une fonction, un matériel et son utilisateur ; qualité d'un matériel ainsi conçu.

ERGONOMIQUE adj. **1.** Relatif à l'ergonomie. **2.** Qui se caractérise par une bonne ergonomie.

ERGONOMISTE n. → **ERGONOME.**

ERGOSTÉROL n.m. BIOCHIM. Stérol répandu dans les tissus animaux et végétaux, et qui peut se transformer en calciférol sous l'influence des rayons ultraviolets.

ERGOT n.m. **1.** Pointe ou saillie, osseuse ou cornée, située derrière la patte de certains animaux (oiseaux gallinacés mâles, chien, etc.). ◇ *Monter, se dresser sur ses ergots :* prendre une attitude hautaine et menaçante. **2.** AGRIC. Maladie des graminées (seigle surtout) due à un champignon ascomycète (genre *Claviceps*) et se manifestant par la formation d'une grosse masse noire pulvérulente à la place du grain. **3.** MÉCAN. INDUSTR. Saillie d'une pièce, servant de butée, de clavette, etc.

ERGOTAGE n.m. ou **ERGOTERIE** n.f. Manie d'ergoter, de chicaner.

ERGOTAMINE n.f. Alcaloïde toxique de l'ergot de seigle, utilisé à faible dose dans le traitement de la migraine.

ERGOTÉ, E adj. Attaqué par l'ergot. *Seigle ergoté.*

ERGOTER v.i. Chicaner sur des riens ; contester mal à propos.

ERGOTEUR, EUSE adj. et n. Qui aime ergoter ; chicaneur.

ERGOTHÉRAPEUTE n. Auxiliaire médical exerçant l'ergothérapie.

ERGOTHÉRAPIE n.f. (du gr. *ergon,* travail). Méthode de rééducation et de réadaptation sociale par l'activité physique, spécial. le travail manuel.

ERGOTISME n.m. Intoxication par l'ergot de seigle ou ses dérivés médicamenteux, prenant soit une forme convulsive, soit une forme gangreneuse.

ÉRICACÉE n.f. (du lat. sc. *erica,* bruyère). Plante gamopétale arbustive, telle que la bruyère, l'arbousier, la myrtille, l'azalée, le rhododendron. (Les éricacées forment une famille de dicotylédones.)

ÉRIGER v.t. [10] (lat. *erigere,* dresser). *Litt.* **1.** Élever, construire. *Ériger un monument.* **2.** *Litt.* Créer, instituer. *Ériger un tribunal.* **3.** Élever au rang de, donner le caractère de. *Ériger une église en cathédrale.* ◆ **s'ériger** v.pr. **(en).** *Litt.* S'attribuer un droit ; se poser. *S'ériger en juge.*

ÉRIGÉRON n.m. (gr. *êrigerôn,* séneçon). Plante herbacée d'Europe et d'Amérique du Nord, parfois cultivée pour ses fleurs roses ou blanches ressemblant aux pâquerettes. (Famille des composées.) SYN. : *vergerette.*

ÉRISTALE n.m. Grosse mouche commune dans les jardins et les étables, à abdomen jaune et noir,

■ ÉRISTALE

ressemblant à une guêpe. (Genre *Eristalis ;* famille des syrphidés.)

ÉRISTIQUE n.f. (du gr. *erizein,* disputer). *Didact.,* rare. Art de la controverse. ◆ adj. Relatif à la controverse.

ERLENMEYER [ɛrlɛnmɛjœr] n.m. (de *Erlenmeyer,* n. d'un chimiste). CHIM. Récipient conique à fond plat, en verre, utilisé en laboratoire pour les réactions et les titrages.

ERMITAGE n.m. **1.** Lieu solitaire habité par un ermite. **2.** Maison de campagne retirée.

ERMITE n.m. (du gr. *erêmitês,* qui vit seul, de *erêmos,* désert). **1.** Moine qui vit dans la solitude pour prier et faire pénitence. **2.** Personne qui vit retirée. *Vivre en ermite.*

ÉRODER v.t. (lat. *erodere*). User par frottement, ronger lentement. *L'eau érode les roches.*

ÉROGÈNE adj. (gr. *erôs,* amour, et *gennân,* engendrer). Se dit d'une partie du corps susceptible de provoquer une excitation sexuelle. *Zone érogène.*

ÉROS [eros] n.m. (gr. *Erôs,* dieu de l'Amour). Ensemble des pulsions de vie, dans la théorie freudienne (par oppos. à *thanatos*).

ÉROSIF, IVE adj. Qui produit l'érosion ; qui y est sensible.

ÉROSION n.f. (lat. *erosio*). **1.** Action d'une substance, d'un agent qui érode ; son résultat. – Ensemble des actions externes des agents atmosphériques, des eaux, des glaciers, etc., qui provoquent la dégradation du relief. **2.** *Fig.* Dégradation progressive ; usure lente. ◇ ***Érosion monétaire :*** détérioration progressive du pouvoir d'achat d'une monnaie, causée par l'inflation.

ÉROTIQUE adj. (gr. *erôtikos,* de *erôs,* amour). Relatif à l'amour physique, à la sexualité. *Littérature érotique. Film érotique.*

ÉROTIQUEMENT adv. D'une façon érotique.

ÉROTISATION n.f. Utilisation de certaines parties du corps, d'activités mentales ou de comportements apparemment indépendants de la sexualité comme source d'excitation et de jouissance.

ÉROTISER v.t. Procéder à l'érotisation de qqch, lui donner une portée érotique. *Érotiser la publicité.*

ÉROTISME n.m. **1.** Caractère érotique de qqch, de qqn ; évocation de l'amour physique. *L'érotisme chez Baudelaire.* **2.** Recherche variée de l'excitation sexuelle.

ÉROTOLOGIE n.f. Étude de l'amour physique et des ouvrages érotiques.

ÉROTOLOGUE n. et adj. Spécialiste d'érotologie.

ÉROTOMANE n. Personne atteinte d'érotomanie.

ÉROTOMANIE n.f. **1.** PSYCHIATR. Illusion délirante d'être aimé par qqn. **2.** *Cour.* Obsession sexuelle.

ERPÉTOLOGIE ou **HERPÉTOLOGIE** n.f. (gr. *herpeton,* reptile, et *logos,* science). Étude scientifique des reptiles et des amphibiens.

ERPÉTOLOGIQUE ou **HERPÉTOLOGIQUE** adj. Relatif à l'erpétologie.

ERPÉTOLOGISTE ou **HERPÉTOLOGISTE** n. Spécialiste d'erpétologie.

ERRANCE n.f. *Litt.* Action d'errer.

ERRANT, E adj. **1.** Qui erre ; qui n'a pas de demeure fixe. ◇ *Chien errant,* perdu, égaré. **2.** Qui est propre aux personnes nomades. *Vie errante.* **3.** *Litt.* Qui voyage sans cesse. ◇ *Chevalier errant* → **chevalier.**

ERRATA n.m. pl. → **ERRATUM.**

ERRATIQUE adj. (du lat. *errare,* errer). **1.** *Didact.* ou *litt.* Qui n'a aucune régularité ; instable, inconstant. *Fluctuations erratiques d'une monnaie.* – MÉD. Se dit d'un symptôme intermittent et irrégulier, ou changeant de place. *Une douleur, une fièvre erratique.* **2.** GÉOL. ***Bloc erratique :*** rocher n'appartenant pas au site géologique sur lequel il repose et amené génér. par un glacier.

ERRATUM [ɛratɔm] n.m. [pl. *errata*] (mot lat., *erreur*). Faute survenue dans l'impression d'un ouvrage et signalée. *Liste des errata.*

ERRE n.f. (de l'anc. fr. *errer,* du lat. *iterare,* voyager). MAR. Vitesse résiduelle d'un navire sur lequel n'agit plus le dispositif propulseur.

ERREMENTS n.m. pl. Vieilli. **1.** Manière d'agir habituelle. *Les errements de l'Administration.* **2.** Manière d'agir considérée comme blâmable. *Retomber dans ses anciens errements.*

ERRER v.i. (lat. *errare*). Aller çà et là, à l'aventure, sans but. *Errer dans la campagne.*

ERREUR n.f. (lat. *error*). **1.** Fait de se tromper ; faute commise en se trompant ; méprise. *Rectifier une erreur. Erreur de calcul.* ◇ ***Faire erreur :*** se tromper. **2.** État de qqn qui se trompe. *Vous êtes dans l'erreur.* **3.** Action inconsidérée, regrettable ; maladresse. *Cette intervention fut une erreur.* **4.** DR. Appréciation inexacte soit des qualités ou de l'existence d'un fait *(erreur de fait),* soit de l'interprétation ou de l'existence d'une règle de droit *(erreur de droit).* **5.** ***Erreur judiciaire :*** erreur de fait d'une juridiction portant sur la culpabilité d'une personne et entraînant sa condamnation. **6.** MÉTROL. ***Erreur absolue :*** différence entre la valeur exacte (bien souvent inconnue) d'une grandeur et la valeur donnée par la mesure. – ***Erreur relative :*** rapport de l'erreur absolue à la valeur de la grandeur mesurée.

ERRONÉ, E adj. (lat. *erroneus*). Qui contient des erreurs ; faux, inexact.

ERS [ɛr] n.m. (lat. *ervus,* lentille). Lentille d'une variété fourragère. (Famille des légumineuses.)

ERSATZ [ɛrzats] n.m. (mot all.). Produit de remplacement de moindre qualité. *Un ersatz de café.*

1. ERSE n.f. MAR. Anneau de cordage.

2. ERSE adj. (mot gaélique). Relatif aux habitants de la haute Écosse. ◆ n.m. Langue celtique parlée en Écosse. SYN. : *écossais.*

ERSEAU n.m. MAR. Petite erse servant à fixer l'aviron sur le tolet.

ÉRUBESCENT, E [-sɑ̃, ɑ̃t] adj. (lat. *erubescens, -entis*). *Litt.* Qui rougit, devient rouge.

ÉRUCIQUE adj. CHIM. *Acide érucique,* présent dans les huiles de moutarde, de pépin de raisin, de certaines variétés de colza.

ÉRUCTATION n.f. Émission bruyante, par la bouche, de gaz accumulés dans l'estomac. SYN. *(cour.) : rot.*

ÉRUCTER v.i. (lat. *eructare*). Produire une éructation. SYN. *(cour.) : roter.* ◆ v.t. *Litt.* Lancer, proférer. *Éructer des injures.*

ÉRUDIT, E adj. et n. (lat. *eruditus*). Qui a de l'érudition. *Historien érudit.* ◆ adj. Qui est une source d'érudition. *Thèse érudite.*

ÉRUDITION n.f. Savoir approfondi dans un domaine de connaissances.

ÉRUGINEUX, EUSE adj. (lat. *aerugo, -inis,* rouille). Vx. Qui a l'aspect de la rouille.

ÉRUPTIF, IVE adj. (du lat. *eruptus,* sorti brusquement). **1.** MÉD. Qui comprend ou est associé à une éruption. *Fièvre éruptive.* **2.** *Roches éruptives :* roches *volcaniques.

ÉRUPTION n.f. **1.** *Éruption cutanée,* ou *éruption :* apparition subite de boutons, de taches, de rougeurs sur la peau. – ***Éruption dentaire :*** sortie de la dent hors de l'alvéole vers sa position définitive. **2.** Émission par un volcan de matériaux magmatiques (projections, laves, gaz), qui peut durer de plusieurs heures à plusieurs années. **3.** ASTRON. ***Éruption solaire :*** brusque dissipation d'énergie qui se manifeste par un accroissement temporaire de l'intensité du rayonnement dans une région de la chromosphère du Soleil et s'accompagne de l'éjection d'un flux de particules dans le milieu interplanétaire.

ÉRYSIPÈLE ou, vx, **ÉRÉSIPÈLE** n.m. (gr. *erusipelas*). Infection aiguë de la peau due à un streptocoque, caractérisée par une plaque rouge douloureuse et de la fièvre.

ÉRYTHÉMATEUX, EUSE adj. MÉD. Qui a les caractères de l'érythème.

ÉRYTHÈME n.m. (gr. *eruthêma,* rougeur). MÉD. Rougeur de la peau due à une congestion (par oppos. à *purpura*).

ÉRYTHRASMA n.m. Infection cutanée bactérienne, fréquente, formant deux plaques jaune-brun symétriques sur les aines.

ÉRYTHRÉEN, ENNE adj. et n. D'Érythrée, de ses habitants.

ÉRYTHRINE n.f. (du gr. *eruthros,* rouge). Arbre exotique à fleurs rouges et à bois blanc très résistant, dont les graines servent à faire des colliers. (Genre *Erythrina ;* famille des papilionacées.)

ÉRYTHROBLASTE n.m. PHYSIOL. Cellule de la moelle osseuse, précurseur du globule rouge.

ÉRYTHROCYTAIRE adj. Relatif aux érythrocytes.

ÉRYTHROCYTE n.m. (du gr. *eruthros,* rouge). Globule rouge.

ÉRYTHRODERMIE n.f. Affection grave de la peau caractérisée par une rougeur généralisée, de causes diverses (psoriasis, infection de la peau, prise d'un médicament, etc.).

ÉRYTHROPHOBIE n.f. → **ÉREUTOPHOBIE.**

ÉRYTHROPOÏÈSE n.f. PHYSIOL. Formation des globules rouges dans la moelle osseuse, à partir de cellules souches indifférenciées.

ÉRYTHROPOÏÉTINE n.f. Hormone favorisant l'érythropoïèse. Abrév. : *EPO.* (Cette substance naturelle, destinée à un usage médical, peut aussi servir de dopant aux sportifs par son effet stimulant sur l'activité musculaire.)

ÉRYTHROSE n.f. MÉD. Rougeur diffuse de la peau, en partic. au visage.

ÉRYTHROSINE n.f. CHIM. ORG. Substance rouge utilisée pour colorer certaines préparations et comme colorant alimentaire.

ÈS [ɛs] prép. (contraction de *en les*). En matière de. *Docteur ès sciences.* – REM. Ne s'emploie plus que dans quelques expressions et seulement devant un nom au pluriel.

ESBIGNER (S') v.pr. *Fam.,* vieilli. S'enfuir.

ESBROUFE n.f. *Fam.* Action d'esbroufer ; étalage de manières hardies, insolentes, fanfaronnes. *Faire de l'esbroufe.* ◇ ***Vol à l'esbroufe :*** vol pratiqué en bousculant la personne que l'on dévalise.

ESBROUFER v.t. (provenç. *esbroufa,* s'ébrouer). *Fam.,* vieilli. En imposer à qqn par son assurance ; impressionner.

ESBROUFEUR, EUSE n. *Fam.,* vieilli. Personne qui fait de l'esbroufe.

ESCABEAU n.m. (lat. *scabellum*). **1.** Vx. Tabouret de bois. **2.** Petit escalier transportable, génér. pliant.

ESCABÈCHE n.f. (de l'esp. *escabechar,* étêter). Préparation froide de petits poissons frits ou poêlés et macérés dans une marinade aromatisée. *Sardines en escabèche.*

ESCABELLE n.f. (de *escabeau*). **1.** Anc. Petit siège sans bras, avec ou sans dossier, génér. porté par trois pieds. **2.** Belgique. Escabeau.

ESCADRE n.f. (ital. *squadra,* équerre). **1.** MAR. Force navale commandée par un vice-amiral. **2.** AVIAT. Unité de combat constituée de deux ou de plusieurs escadrons.

ESCADRILLE n.f. AVIAT. Unité élémentaire de combat de l'armée de l'air, jusqu'en 1977. (On dit auj. *escadron.*)

ESCADRON n.m. (ital. *squadrone*). **1.** Unité de la cavalerie, de l'arme blindée ou de la gendarmerie, analogue à la compagnie. ◇ ***Chef d'escadron :*** dans la cavalerie, capitaine commandant un escadron ; dans l'artillerie, la gendarmerie et le train, officier supérieur du grade de commandant. **2.** AVIAT. Unité élémentaire de l'armée de l'air, depuis 1977.

ESCAGASSER v.t. (provenç. *escagassa,* écraser). Région. (Provence). **1.** Détériorer, abîmer. **2.** Fatiguer, agacer. ◆ **s'escagasser** v.pr. Se donner du mal.

ESCALADE n.f. (ital. *scalata*). **1.** Action d'escalader. **2.** DR. Action de s'introduire dans un lieu par une clôture, une fenêtre, etc., qui constitue une circonstance aggravante de l'infraction de vol. **3.** ALP. Ascension au cours de laquelle le grimpeur progresse en utilisant uniquement les prises naturelles du rocher *(escalade libre)* ou en utilisant des pitons et des étriers *(escalade artificielle).* **4.** Aggravation, accélération d'un phénomène, d'un conflit, etc. *Escalade de la violence.* **5.** En stratégie militaire, processus qui conduit à utiliser des moyens offensifs de plus en plus destructeurs.

ESCALADER v.t. **1.** Franchir en passant par-dessus. *Escalader une grille.* **2.** Faire l'ascension de ; gravir. *Escalader une montagne, un pic.*

ESCALATOR n.m. (nom déposé). Escalier mécanique.

ESCALE n.f. (lat. *scala,* échelle). **1.** Action de s'arrêter pour se ravitailler, pour embarquer ou débarquer des passagers, du fret, en parlant d'un avion ou d'un navire. *Faire escale.* **2.** Lieu de relâche. *Arriver à l'escale.* **3.** Temps d'arrêt. *Escale d'une heure.*

ESCALIER n.m. (lat. *scalaria*). Ensemble de marches échelonnées qui permettent d'accéder à un autre niveau. *Monter, descendre l'escalier, les escaliers.* ◇ ***Escalier roulant, mécanique :*** escalier dont la volée de marches est mise en mouvement. – ***Avoir l'esprit de l'escalier :*** ne trouver ses

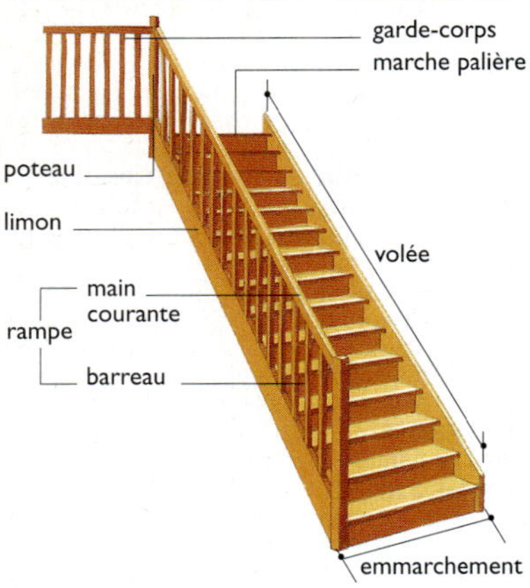

constitution d'une marche

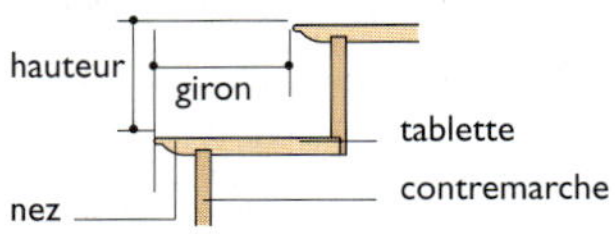

■ **ESCALIER**

E

reparties que trop tard, lorsque l'occasion est passée.

ESCALOPE n.f. Tranche mince de viande blanche ou de poisson. *Escalope de veau, de thon.*

ESCALOPER v.t. CUIS. Détailler de biais en tranches fines des légumes, de la viande, du poisson.

ESCAMOTABLE adj. Qui peut être escamoté, replié. *Train d'atterrissage escamotable.* ◇ *Meuble escamotable,* que l'on peut rabattre contre un mur ou dans un placard pour le dissimuler.

ESCAMOTAGE n.m. Action d'escamoter.

ESCAMOTER v.t. (occitan *escamotar*). **1.** Faire disparaître qqch par une manœuvre habile. **2.** Vieilli. Dérober subtilement. *Escamoter un portefeuille.* **3.** TECHN. Rentrer ou replier automatiquement un élément d'avion, un organe saillant d'une machine ou un mécanisme. *Escamoter le train d'atterrissage d'un avion.* **4.** *Escamoter un mot,* le prononcer vite et très bas ; le supprimer. **5.** Éviter ce qui est difficile ; éluder. *Escamoter une question.*

ESCAMOTEUR, EUSE n. Vieilli. Personne qui escamote des objets.

ESCAMPETTE n.f. (de l'anc. fr. *escamper,* s'enfuir). *Fam. Prendre la poudre d'escampette :* partir sans demander son reste.

ESCAPADE n.f. (ital. *scappata*). Action de se soustraire momentanément à des obligations, à la routine. *Faire une escapade à la campagne.*

ESCARBILLE n.f. (mot wallon). Petit fragment de charbon incandescent qui s'échappe d'un foyer, princip. de celui d'une locomotive à vapeur.

ESCARBOT n.m. (du lat. *scarabeus*). Nom usuel de divers coléoptères.

ESCARBOUCLE n.f. (lat. *carbunculus,* petit charbon). **1.** Nom donné jadis aux rubis et aux grenats rouges, puis à ces derniers seuls. **2.** HÉRALD. *Rais d'escarboucle :* pièce représentant huit rais fleurdelisés rayonnant autour d'un cercle parfois occupé par une escarboucle.

ESCARCELLE n.f. (ital. *scarsella,* petite avare). *Litt.* ou *par plais.* Bourse, portefeuille considérés du point de vue de l'argent qu'ils contiennent.

ESCARGOT n.m. (provenç. *escaragol*). **1.** Mollusque gastéropode pulmoné qui se nourrit de feuilles, et dont les grandes espèces sont comestibles et peuvent être élevées *(héliciculture).* [Genre *Helix ;* famille des hélicidés.] **2.** *Escargot de mer :* bigorneau. **3.** *Opération escargot :* mode de revendication qui consiste à perturber le trafic routier avec des véhicules, en provoquant des ralentissements.

ESCARGOTIÈRE n.f. **1.** Lieu où l'on élève les escargots. **2.** Plat présentant de petits creux, utilisé pour servir les escargots.

ESCARMOUCHE n.f. (ital. *scaramuccia*). **1.** Combat localisé, de courte durée, entre de petits groupes armés, entre les éléments avancés de deux armées ennemies. **2.** *Fig.* Propos hostiles préludant à une polémique plus importante. *Escarmouche parlementaire.*

1. ESCARPE n.f. (ital. *scarpa*). Talus intérieur du fossé d'un ouvrage fortifié.

2. ESCARPE n.m. (p.-ê. provenç. *escarpi,* mettre en pièces). Vx. Bandit, voleur.

ESCARPÉ, E adj. Qui a une pente raide ; d'accès difficile ; abrupt. *Chemin escarpé.*

ESCARPEMENT n.m. **1.** Versant en pente abrupte d'une montagne, d'une falaise, etc. **2.** Pente raide d'un obstacle. *Escarpement d'un rempart.*

ESCARPIN n.m. (ital. *scarpino*). Soulier fin laissant découvert le cou-de-pied, à semelle mince, avec ou sans talon.

ESCARPOLETTE n.f. Vieilli. Siège suspendu par deux cordes sur lequel on se place pour se balancer.

1. ESCARRE ou **ESQUARRE** n.f. (de *équerre*). HÉRALD. Pièce honorable en forme d'équerre bordant les côtés intérieurs d'un franc-quartier.

2. ESCARRE ou **ESCHARE** [ɛskar] n.f. (gr. *eskhara,* croûte). MÉD. Nécrose de la peau et des tissus sous-jacents, formant une croûte noire puis un ulcère, survenant surtout chez les personnes alitées.

ESCHATOLOGIE [ɛskatɔlɔʒi] n.f. (gr. *eskhatos,* dernier, et *logos,* discours). Ensemble de doctrines et de croyances portant sur le sort ultime de l'homme *(eschatologie individuelle)* et de l'Univers *(eschatologie universelle).*

ESCHATOLOGIQUE adj. Qui concerne l'eschatologie.

ESCHE n.f. → **AICHE.**

ESCHER v.t. → **AICHER.**

ESCIENT [ɛsjɑ̃] n.m. (lat. *sciens, scientis,* sachant). *À bon escient :* avec discernement. – *À mauvais escient :* à tort.

ESCLAFFER (S') v.pr. (provenç. *esclafa,* éclater). Rire bruyamment.

ESCLANDRE n.m. (lat. *scandalum*). Scène tapageuse provoquée par un scandale ; querelle bruyante. ◇ *Faire de l'esclandre :* faire du scandale.

ESCLAVAGE n.m. **1.** État, condition d'esclave. **2.** État de ceux qui sont sous une domination tyrannique. **3.** Dépendance étroite de qqn à l'égard de qqch ou de qqn ; servitude, asservissement. *L'esclavage de la drogue.*

ENCYCL. La pratique de l'esclavage remonte à l'Antiquité. Principal outil de travail et objet du grand commerce, les esclaves sont alors des prisonniers de guerre et les individus les plus pauvres de la société. Au Moyen Âge, l'esclavage se maintient jusqu'au Xe s. en Occident, ainsi que dans le monde musulman. À partir du XVIe s., il permet l'exploitation économique de l'Amérique avec le développement de la *traite des Noirs. Stigmatisé au XVIIIe s., l'esclavage est aboli par l'Angleterre en 1833, par la France en 1848 (à l'initiative de V. Schœlcher), par les États-Unis en 1865 (suite à la guerre de Sécession), par le Brésil en 1888, puis condamné par la Déclaration universelle des droits de l'homme de 1948.

ESCLAVAGISME n.m. Doctrine qui admet l'esclavage ; système social et économique fondé sur l'esclavage.

ESCLAVAGISTE adj. et n. Qui est partisan de l'esclavage ; qui admet l'esclavage.

ESCLAVE n. (lat. *slavus,* slave). **1.** Personne de condition non libre, considérée comme un instrument économique pouvant être vendu ou acheté, et qui est sous la dépendance d'un maître. **2.** Personne qui est sous l'entière dépendance d'une autre. *Il est l'esclave de ses enfants.* **3.** Personne entièrement soumise à qqch ; prisonnier. *Les esclaves de l'argent.* ◆ adj. **1.** Qui est soumis à l'esclavage. *Peuple esclave.* **2.** Qui est sous la dépendance complète de qqch. *Être esclave de ses préjugés.* ◇ *Litt. Être esclave de sa parole :* tenir scrupuleusement ses promesses.

ESCOBAR n.m. (de *Escobar y Mendoza,* n. d'un jésuite). Vx, *péjor.* Personnage hypocrite qui use d'arguments de casuiste pour parvenir à ses fins.

ESCOGRIFFE n.m. *Fam. Grand escogriffe :* homme de grande taille, mal bâti, à l'allure dégingandée.

ESCOMPTABLE adj. BANQUE. Qui peut être escompté.

ESCOMPTE [ɛskɔ̃t] n.m. (ital. *sconto,* décompte). **1.** BANQUE. Opération de crédit à court terme qui consiste à acheter un effet de commerce avant son échéance, déduction faite de l'agio d'escompte. – *Par ext.* Intérêt équivalent à cet agio. *Faire un escompte à 2 %.* **2.** *Agio d'escompte :* retenue que fait l'acheteur d'un effet de commerce sur le montant de celui-ci, qui correspond génér. aux intérêts de la somme avancée jusqu'à l'échéance de l'effet. **3.** COMM. Réduction consentie à un acheteur ou à un débiteur qui paie comptant ou avant l'échéance.

ESCOMPTER [ɛskɔ̃te] v.t. **1.** Mettre son espoir en ; compter, tabler sur. *Escompter la réussite de l'entreprise. Il escompte que la chance lui sourira.* **2.** BANQUE. Faire une opération d'escompte ; payer un effet de commerce non échu, déduction faite de l'agio d'escompte.

ESCOPETTE n.f. (ital. *schioppetto*). Anc. Arme à feu portative à bouche évasée.

ESCORTE n.f. (ital. *scorta*). **1.** Formation militaire terrestre, aérienne ou navale chargée d'escorter. *Escadron, avion, bâtiment d'escorte.* **2.** Suite de personnes qui accompagnent. ◇ *Faire escorte à qqn,* l'accompagner. – *Être sous bonne escorte,* bien surveillé par plusieurs personnes.

ESCORTER v.t. Accompagner pour protéger, surveiller ou faire honneur. *Escorter un convoi.*

ESCORTEUR n.m. Bâtiment de guerre spécialement équipé pour la protection des communications et la lutte anti-sous-marine. SYN. : *convoyeur.*

ESCOUADE n.f. (autre forme de *escadre*). **1.** Anc. Petit groupe de fantassins ou de cavaliers sous les ordres d'un caporal ou d'un brigadier. **2.** Petit groupe de personnes. *Escouade d'ouvriers.*

ESCOURGEON ou **ÉCOURGEON** n.m. Orge d'hiver dont les grains sont disposés sur six rangs le long de l'épi.

ESCRIME n.f. (ital. *scrima*). Sport opposant deux adversaires au fleuret, au sabre ou à l'épée.

ESCRIMER (S') v.pr. **(à).** Faire tous ses efforts en vue d'un résultat difficile à atteindre ; s'appliquer, s'évertuer. *S'escrimer à faire des vers.*

ESCRIMEUR, EUSE n. Personne qui pratique l'escrime.

ESCROC [ɛskro] n.m. Personne qui escroque.

ESCROQUER v.t. (ital. *scroccare,* décrocher). S'emparer de qqch d'une façon malhonnête, frauduleuse. *Escroquer des millions.*

ESCROQUERIE n.f. **1.** Action d'escroquer. **2.** Délit consistant à s'approprier le bien d'autrui par des tromperies ou des manœuvres frauduleuses.

ESCUDO [ɛskudo] n.m. Unité monétaire principale du Portugal et du Cap-Vert. (Depuis le 1er janvier 1999, l'escudo portugais constitue une subdivision de l'*euro.)

ÉSÉRINE n.f. Alcaloïde végétal toxique, tiré du physostigma, utilisé naguère en médecine.

ESGOURDE n.f. *Arg.* Oreille.

ESKIMO adj. inv. et n.m. → **1. ESQUIMAU.**

ÉSOTÉRIQUE adj. (gr. *esôterikos,* réservé aux seuls adeptes). **1.** Relatif à l'ésotérisme. CONTR. :

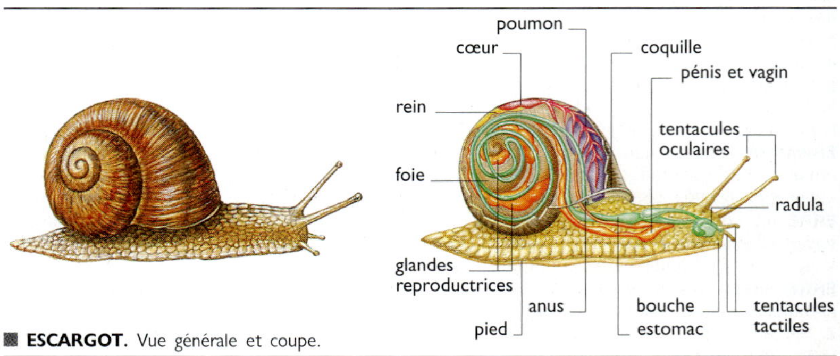

■ **ESCARGOT.** Vue générale et coupe.

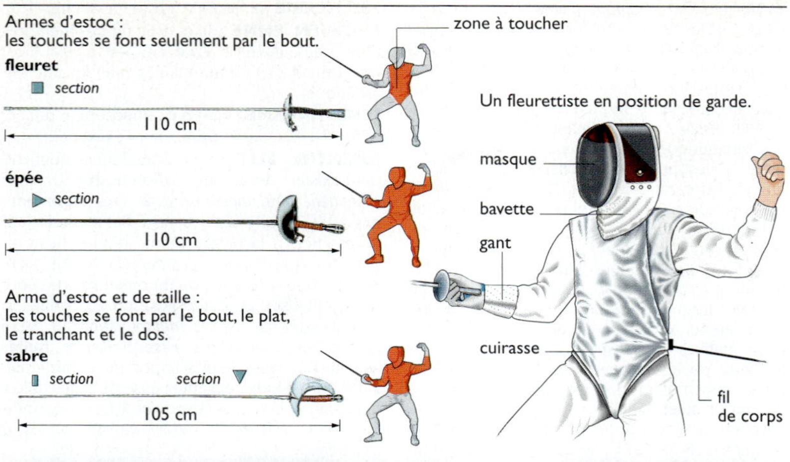

ESCRIME. Un assaut au fleuret.

exotérique. **2.** Peu compréhensible par le commun des mortels ; hermétique, obscur.

ÉSOTÉRISME n.m. **1.** Partie de certaines philosophies anciennes qui devait rester inconnue des non-initiés. **2.** Caractère ésotérique, obscur de qqch.

1. ESPACE n.m. (lat. *spatium*). **1.** Étendue indéfinie qui contient et entoure tous les objets. **2.** MATH. Ensemble de points, de vecteurs, etc., sur lequel on a défini une structure. *Espace vectoriel, topologique. – Spécial.* Espace vectoriel euclidien à trois dimensions. *Géométrie dans le plan, dans l'espace.* **3.** PSYCHOL. Représentation de cette étendue ; ce que nos sens en connaissent. *Espace auditif, visuel.* **4.** Volume occupé par qqch. *Ce meuble occupe peu d'espace.* **5.** Intervalle de temps. *Dans l'espace d'un an.* **6.** Surface, milieu affectés à une activité, à un usage particuliers. ◇ *Espace vert :* jardin, parc d'une agglomération. – *Espace publicitaire,* ou *espace :* portion de surface ou plage de temps destinée à recevoir de la publicité. *Achat, vente d'espace.* **7.** (Calque de l'all. *Lebensraum*). *Espace vital :* ensemble des territoires correspondant aux besoins d'expansion d'un État et devant lui être rattachés, selon une théorie nationaliste ; *fam.,* espace nécessaire pour ne pas se sentir gêné par les autres. **8. a.** Milieu dans lequel se meuvent les astres. **b.** Domaine situé au-delà de la partie de l'atmosphère terrestre où peuvent circuler les aéronefs ; ensemble des activités industrielles ou de recherche se rapportant à ce domaine. *Conquête de l'espace.* **c.** DR. *Espace aérien :* partie de l'atmosphère dont un État contrôle la circulation aérienne.

2. ESPACE n.f. IMPRIM. Blanc servant à séparer les mots.

ESPACEMENT n.m. **1.** Action d'espacer. **2.** Distance entre deux choses ou deux êtres. **3.** IMPRIM. Manière dont les mots sont espacés.

ESPACER v.t. [9]. **1.** Séparer par un espace, une durée, un intervalle. *Espacer des arbres. Espacer ses visites.* **2.** IMPRIM. Séparer les mots par des espaces.

ESPACE-TEMPS n.m. (pl. *espaces-temps*). PHYS. Espace à quatre dimensions liées entre elles (les trois premières étant celles de l'espace ordinaire et la quatrième, le temps), nécessaires à un observateur donné, selon la théorie de la relativité, pour situer un événement.

ESPADON n.m. (ital. *spadone,* grande épée). **1.** Grande et large épée qu'on tenait à deux mains (XVe - XVIIe s.). **2.** Poisson des mers chaudes et tempérées, atteignant 6 m de long, à la nage puissante et rapide, à la mâchoire supérieure allongée comme une lame d'épée. (Genre *Xiphias ;* ordre des perciformes.)

ESPADON

ESPADRILLE n.f. (dial. pyrénéen *espardillo*). **1.** Chaussure à tige de toile et à semelle de corde. **2.** Québec. Chaussure de sport.

ESPAGNOL, E adj. et n. De l'Espagne, de ses habitants. ◆ n.m. Langue romane parlée en Espagne et en Amérique latine (sauf au Brésil et en Guyane).

ENCYCL. L'espagnol compte plus de 300 millions de locuteurs, dont la grande majorité se trouvent en Amérique latine. Tout en étant très ouvert à la diversité des influences culturelles et d'une grande créativité, il reste largement unitaire ; son expansion aux États-Unis est considérable.

ESPAGNOLETTE n.f. (dimin. de *espagnol*). SERRUR. Tige métallique à poignée, munie de crochets à ses extrémités, et servant à fermer ou à ouvrir les châssis d'une fenêtre. ◇ *Fermer une fenêtre à l'espagnolette,* en laissant les deux châssis entrouverts, maintenus par la poignée.

ESPALIER n.m. (ital. *spalliera*). **1.** Rangée d'arbres, génér. fruitiers, palissés contre un mur. **2.** Large échelle fixée à un mur et dont les barreaux servent à divers mouvements de gymnastique.

ESPAR n.m. (anc. fr. *esparre,* poutre). MAR. Longue pièce de bois, de métal ou de plastique du gréement d'un bateau (vergue, bôme, tangon, etc.).

ESPÈCE n.f. (lat. *species*). **1.** Ensemble d'êtres animés ou de choses qu'un caractère commun distingue des autres du même genre ; catégorie, sorte. *Espèce minérale.* – BIOL. Ensemble d'individus animaux ou végétaux semblables par leur aspect, leur habitat, féconds entre eux mais ordinairement stériles avec tout individu d'une autre espèce. **2.** CHIM. Être chimique, substance, produit, neutres ou ionisés, intervenant dans une réaction, un raisonnement, etc. **3.** *Une espèce de... :* une personne, une chose définie, faute de précision, par assimilation à une autre. *Une espèce de marchand, de comédie. – Fam. Espèce de... :* introduit un terme de mépris. *Espèce d'imbécile.* **4.** DR. Point spécial en litige, cas particulier soumis au juge. *Dans la présente espèce.* ◇ *En l'espèce :* en la matière, en la circonstance. ◆ pl. **1.** Monnaie ayant cours légal. *Payer par chèque ou en espèces.* **2.** CATH. Apparences du pain et du vin après la transsubstantiation. *Communier sous les deux espèces.*

ESPÉRANCE n.f. (de *espérer*). **1.** Sentiment qui porte à considérer ce que l'on désire comme réalisable ; confiance, certitude. *Être plein d'espérance. Nourrir de folles espérances.* ◇ DÉMOGR. *Espérance de vie :* durée moyenne de vie dans une population déterminée et à une époque donnée. **2.** Objet de ce sentiment. *Elle est toute mon espérance.* **3.** THÉOL. CHRÉT. Vertu théologale par laquelle on attend de Dieu sa grâce et la vie éternelle. **4.** PROBAB. *Espérance mathématique d'une variable aléatoire discrète,* moyenne arithmétique des valeurs possibles de cette variable, pondérées par leur probabilité. **5.** Moyenne, dans une série statistique, des valeurs prises par la variable, pondérées par la fréquence d'apparition respective de chaque valeur. ◆ pl. Vieilli. Accroissement dont est susceptible le bien de qqn ; héritage possible. *Apporter des espérances en dot.*

ESPÉRANTISTE adj. Relatif à l'espéranto. ◆ adj. et n. Qui pratique l'espéranto.

ESPÉRANTO n.m. Langue auxiliaire internationale, créée en 1887 par Zamenhof à partir de racines appartenant essentiellement aux langues romanes.

ESPÉRER v.t. [11] (lat. *sperare*). Considérer ce qu'on désire comme capable de se réaliser ; attendre avec confiance. *Espérer une récompense. J'espère que vous réussirez.* ◇ *On ne l'espérait plus :* on ne l'attendait plus, en parlant de qqn qui est très en retard. ◆ v.t. ind. (en). Mettre sa confiance en. *Espérer en Dieu.*

ESPERLUETTE n.f. Signe typographique (&) représentant le mot *et.* SYN. : *« et » commercial.*

ESPIÈGLE adj. et n. (de *Ulespiegle,* nom francisé du néerl. *Till *Uilenspiegel*). Vif et malicieux, mais sans méchanceté ; coquin. *Un sourire, un enfant espiègle.*

ESPIÈGLERIE n.f. Caractère d'une personne, d'une chose espiègle ; malice. *Espiègleries d'enfant.*

ESPINGOLE n.f. (de l'anc. fr. *espringuer,* danser, du francique). Gros fusil court, à canon évasé, en usage au XVIe siècle.

1. ESPION, ONNE n. (ital. *spione*). Agent secret chargé d'espionner, de recueillir des renseignements, de surprendre des secrets pour le compte d'une autre personne, de son pays.

2. ESPION n.m. Miroir oblique installé devant une fenêtre.

ESPIONITE n.f. → **ESPIONNITE.**

ESPIONNAGE n.m. **1.** Action d'espionner ; surveillance clandestine. **2.** Activité des espions, ayant pour but de nuire à la sécurité d'une entreprise ou d'un pays au profit d'un autre. **3.** *Espionnage industriel :* recherche de renseignements concernant l'industrie, et notamm. les procédés de fabrication.

ESPIONNER v.t. Surveiller secrètement, pour son compte personnel ou celui d'un autre, dans le but de nuire.

ESPIONNITE ou **ESPIONITE** n.f. *Fam.* Obsession de ceux qui voient des espions partout.

ESPLANADE n.f. (ital. *spianata,* du lat. *planus,* uni). Terrain plat, uni et découvert, en avant d'une fortification ou devant un édifice. *L'esplanade des Invalides, à Paris.*

ESPOIR n.m. État d'attente confiante ; objet de ce sentiment. *Perdre l'espoir. Il est tout son espoir.* ◇ *Dans l'espoir de* ou *que :* dans la pensée de ou que. – *Il n'y a plus d'espoir :* se dit en parlant d'une personne qui va mourir.

E

ESPONTON n.m. (ital. *spuntone*). Demi-pique portée par les officiers d'infanterie aux XVIIe et XVIIIe siècles.

ESPRESSIVO [ɛsprɛsivo] adv. (mot ital., *expressif*). MUS. De manière expressive, avec chaleur.

ESPRIT n.m. (lat. *spiritus*). **1.** Principe immatériel vital, substance incorporelle ; âme (par oppos. à *chair, corps, matière*). **2.** Être incorporel ou imaginaire ; revenant, fantôme. *Croire aux esprits.* **3.** Principe de la pensée ; activité intellectuelle, intelligence. *Avoir l'esprit vif.* ◇ ***Présence d'esprit*** : promptitude à dire ou à faire ce qui est le plus opportun. – ***Perdre l'esprit*** : devenir fou. – ***Reprendre ses esprits,*** son calme, son sang-froid. – ***Dans mon esprit*** : selon moi. **4.** Manière de penser, comportement, intention. *Esprit d'invention, d'entreprise.* ◇ PHILOS. ***Esprit de finesse*** : chez Pascal, l'intuition, le sentiment de la vérité, par oppos. à l'***esprit de géométrie,*** qui procède par raisonnement déductif. – ***Avoir bon, mauvais esprit*** : avoir des dispositions bienveillantes, malveillantes. **5.** Ironie subtile ; humour. *Faire de l'esprit.* ◇ ***Trait d'esprit, mot d'esprit*** : remarque fine, ingénieuse, brillante ; réponse spirituelle. **6.** Personne considérée sur le plan de son activité intellectuelle. *Un esprit avisé. Les grands esprits se rencontrent.* ◇ *Litt.* ***Bel esprit*** : personne cultivée, qui cherche à se distinguer par son goût et sa pratique des lettres. **7.** Sens ; caractère essentiel, idée directrice (par oppos. à la *lettre*). *L'esprit d'une époque. Entrer dans l'esprit de la loi.* **8.** CHIM. Anc. Partie la plus volatile des liquides soumis à distillation. (Les alchimistes, qui croyaient à une matière animée, dénommaient ainsi les composants volatils, obtenus par distillation ; l'alcool éthylique, par ex., était appelé *esprit [-]de [-]vin.*) **9.** ***Esprit de parfum*** : préparation alcoolique dérivée d'un parfum déterminé et dont le degré de concentration est intermédiaire entre l'extrait et l'eau de parfum. **10.** LING. ***Esprit rude (ʽ)*** : en grec, signe qui marque l'aspiration d'une voyelle [par oppos. à l'***esprit doux*** (ʼ)].

ESQUARRE n.f. → **I. ESCARRE.**

ESQUICHER v.t. (provenç. *esquicha,* presser fortement). Région. (Midi). Serrer, comprimer.

ESQUIF n.m. (ital. *schifo*). *Litt.* Petite embarcation légère. *Un frêle esquif.*

ESQUILLE n.f. (lat. *schidia,* copeau). Petit fragment détaché d'un os par fracture ou maladie.

1. ESQUIMAU, AUDE adj. ou **ESKIMO** adj. inv. Relatif aux Esquimaux. ◆ n.m. Nom donné aux deux groupes de langues (*inuktitut* et *yupik*) de la famille esquimau-aléoute parlées par les Esquimaux.

2. ESQUIMAU n.m. (nom déposé). Crème glacée enrobée de chocolat, fixée sur un bâtonnet.

ESQUIMAU-ALÉOUTE adj. (pl. *esquimaux-aléoutes*). Se dit d'une famille de langues comprenant les langues des Esquimaux et celle des Aléoutes.

ESQUIMAUTAGE n.m. SPORTS. Tour complet dans l'eau effectué en chavirant puis en redressant un kayak.

ESQUINTANT, E adj. *Fam.* Qui esquinte ; très fatigant, éreintant.

ESQUINTER v.t. (provenç. *esquinta,* déchirer). *Fam.* **1.** Fatiguer beaucoup. *Ce voyage m'a esquinté.* **2.** Détériorer, abîmer. *Esquinter sa voiture.* **3.** Critiquer sévèrement. *Esquinter un auteur.*

ESQUIRE [ɛskwajər] n.m. (mot angl., *écuyer*). Titre honorifique utilisé en Grande-Bretagne par courtoisie, notamm. dans l'adresse des lettres. Abrév. : *esq.*

ESQUISSE n.f. (ital. *schizzo*). **1.** Première forme, traitée à grands traits et génér. en dimensions réduites, du projet d'une œuvre plastique, d'une œuvre d'art appliqué ou d'une construction. (Ce peut être un dessin, une peinture, un modelage, etc.) **2.** Indication sommaire de l'ensemble d'une œuvre littéraire et de ses parties ; plan général. **3.** *Fig.* Commencement, ébauche. *Esquisse d'un sourire.*

ESQUISSER v.t. **1.** Faire l'esquisse de, décrire à grands traits. *Esquisser un portrait, le plan d'un roman.* **2.** *Fig.* Commencer à faire ; ébaucher. *Esquisser un geste de défense.*

ESQUIVE n.f. Action d'éviter un coup par un déplacement du corps.

ESQUIVER v.t. (ital. *schivare,* de *schivo,* dédaigneux). **1.** Éviter adroitement un coup, une attaque. **2.** Se soustraire habilement à. *Esquiver une difficulté.* ◆ **s'esquiver** v.pr. Se retirer furtivement.

ESSAI n.m. (lat. *exagium,* pesée). **1.** Action d'essayer, de tester les qualités de ; épreuve. *Faire l'essai d'une machine. Mettre à l'essai.* – DR. Période, prévue dans le contrat de travail et préalable à l'engagement définitif, pendant laquelle les parties peuvent se rétracter. *Engager à l'essai.* ◇ MÉD. ***Essai thérapeutique*** : expérience médicale scientifique consistant à appliquer un traitement à des personnes consentantes pour en étudier les caractéristiques. (Dans l'*essai thérapeutique comparatif,* un groupe de malades reçoit le traitement étudié tandis qu'un second groupe reçoit un autre traitement [souvent un placebo].) **2.** Action d'expérimenter ; tentative. *Coup d'essai.* **3.** Au rugby, action de déposer ou de plaquer au sol, avec les mains, les bras ou le torse, le ballon dans l'en-but adverse. – En athlétisme, chacune des tentatives dont dispose un concurrent pour les sauts ou les lancers. **4.** LITTÉR. Ouvrage en prose rassemblant des réflexions diverses ou traitant un sujet d'intérêt général sans prétendre l'épuiser ni arriver à des conclusions fermes ou définitives. **5.** ORFÈVR. Vérification du titre d'un alliage de métal précieux.

ESSAIM n.m. (lat. *examen*). **1.** Groupe d'abeilles, comportant une reine et plusieurs dizaines de milliers d'ouvrières, qui abandonne une ruche surpeuplée pour former une nouvelle colonie. **2.** *Litt.* Multitude, foule. *Un essaim d'écoliers.* **3.** ASTRON. Groupe de *météorites qui décrivent autour du Soleil des orbites très voisines, génér. associées à celle d'une comète.

ESSAIMAGE n.m. **1.** Multiplication des colonies d'abeilles, consistant dans l'émigration d'une partie de la population d'une ruche ; époque où les abeilles essaiment. **2.** ÉCON. Fait pour une entreprise d'encourager et d'aider ses salariés à créer leur propre entreprise.

ESSAIMER v.i. **1.** Quitter la ruche pour former une nouvelle colonie, en parlant des abeilles. **2.** *Fig.* S'installer, se répandre quelque part, en parlant d'une collectivité ou d'une entreprise.

ESSARTAGE ou **ESSARTEMENT** n.m. AGRIC. Défrichement d'un terrain boisé, avec brûlis des bois inutilisables et épandage de la cendre produite, dans le dessein d'une mise en culture temporaire du terrain défriché.

ESSARTER v.t. Pratiquer l'essartage de.

ESSARTS n.m. pl. (du lat. *sarire,* sarcler). Vx. Terre essartée. (S'emploie auj. dans des noms de lieux.)

ESSAYAGE n.m. **1.** Action d'essayer qqch. *Essayage d'un appareil.* **2.** Action d'essayer un vêtement en cours de confection pour le mettre au point. *Salon d'essayage.*

ESSAYER [eseje] v.t. [6] (lat. pop. *exagiare*). **1.** Utiliser qqch pour en éprouver les qualités, pour vérifier son fonctionnement, son efficacité. *Essayer une voiture.* ◇ ***Essayer de l'or, de l'argent,*** en déterminer le titre. **2.** *Fam.* Avoir recours aux services de qqn pour la première fois. *Essayer un nouveau coiffeur.* **3.** Passer sur soi un vêtement, des chaussures pour voir s'ils sont aux mesures, s'ils conviennent. **4.** S'efforcer de faire qqch ; tenter de. *Essayez de la persuader.* ◆ **s'essayer** v.pr. **(à).** Entreprendre sans expérience de faire qqch ; se hasarder à. *S'essayer à monter à cheval. S'essayer à la course.*

ESSAYEUR, EUSE n. **1.** Personne chargée de procéder à des essais. **2.** Fonctionnaire qui vérifie la pureté de l'or ou de l'argent pour la fabrication des monnaies et médailles. **3.** Personne qui procède à l'essayage d'un vêtement, chez un tailleur, un couturier.

ESSAYISTE n. (angl. *essayist*). Auteur d'essais littéraires, politiques ou philosophiques.

ESSE n.f. (de la lettre *S*). **1.** Crochet en forme de S. **2.** INSTR. MUS. Ouïe.

ESSENCE n.f. (lat. *essentia,* de *esse,* être). **1.** PHILOS. **a.** Ce qui constitue le caractère fondamental, la réalité permanente d'une chose (par oppos. à *accident*). **b.** Nature d'un être, indépendamment de son existence. **2.** Nature intime, caractère propre à une chose, à un être. *L'essence de sa pensée tient dans ce livre.* ◇ ***Par essence*** : de par sa nature, par définition. **3.** SYLVIC. Espèce d'arbre. *Les essences résineuses.* **4.** Liquide pétrolier léger, à odeur caractéristique, distillant entre 40 et 220 °C environ, utilisé princip. comme carburant. **5.** Extrait, concentré de certaines substances aromatiques ou alimentaires obtenu par distillation. *Essence de rose, de café.*

ESSENCERIE n.f. Sénégal. Poste d'essence.

ESSÉNIEN, ENNE adj. et n. Se dit des membres d'une secte juive (IIe s. av. J.-C. - Ier s. apr. J.-C.) qui formait des communautés menant une vie ascétique.

ESSENTIALISME [-sja-] n.m. Philosophie qui accorde à l'essence le primat sur l'existence.

ESSENTIEL, ELLE adj. **1.** Sans lequel qqch ne peut exister ; nécessaire, indispensable. *La pièce essentielle d'un mécanisme.* **2.** Très important ; capital. *C'est un point essentiel.* **3.** PHILOS. Relatif à l'essence, à la nature intime d'une chose ou d'un être (par oppos. à *accidentel*). **4.** BIOL., MÉD. Se dit d'une substance qu'un organisme ne peut pas synthétiser, et qu'il doit se procurer dans le milieu extérieur. SYN. : *indispensable.* **5.** MÉD. Idiopathique. **6.** ***Huile essentielle*** → **huile.** ◆ n.m. **1.** Le point le plus important, le principal. **2.** Ce qui est indispensable ; ensemble des objets nécessaires. *Emporter l'essentiel.* **3.** La plus grande partie de. *Passer l'essentiel de son temps à travailler.*

ESSENTIELLEMENT adv. Par-dessus tout ; principalement.

ESSEULÉ, E adj. Laissé seul, tenu à l'écart.

ESSIEU n.m. (du lat. *axis,* axe). Pièce disposée transversalement sous un véhicule pour en supporter le poids, et dont les extrémités entrent dans le moyeu des roues.

ESSOR n.m. (de l'anc. fr. *essorer,* lâcher dans les airs). **1.** Développement, progrès rapide de qqch. *Une industrie en plein essor.* **2.** ***Prendre son essor*** : s'envoler, en parlant d'un oiseau ; *fig.,* commencer à se développer. – *Litt.* ***Donner l'essor à son imagination,*** lui donner libre cours.

ESSORAGE n.m. Action d'essorer.

ESSORER v.t. (lat. pop. *exaurare,* de *aura,* air). Débarrasser le linge, un aliment, un produit de l'eau dont il est imprégné. *Essorer un pull à la main. Essorer la salade.*

ESSOREUSE n.f. **1.** Appareil ménager servant à essorer le linge en le faisant tourner dans un tambour. **2.** Dans une sucrerie, appareil servant à séparer le sucre cristallisé des mélasses. **3.** Ustensile de ménage constitué d'une cuve cylindrique à l'intérieur de laquelle tourne un panier percé de trous, utilisé pour essorer la salade.

ESSORILLER v.t. Couper les oreilles d'un animal. *Essoriller un chien ratier.*

ESSOUCHAGE ou **ESSOUCHEMENT** n.m. Action d'essoucher.

ESSOUCHER v.t. Enlever d'un terrain les souches qui sont restées après l'abattage des arbres.

ESSOUFFLEMENT n.m. **1.** Sensation de gêne pour respirer ; respiration difficile. **2.** *Fig.* Incapacité à suivre le rythme d'une progression. *L'essoufflement de la production.*

ESSOUFFLER v.t. Mettre hors d'haleine, à bout de souffle. ◆ **s'essouffler** v.pr. **1.** Perdre son souffle, perdre haleine. **2.** *Fig.* Avoir de la peine à poursuivre une action entreprise ; ne plus pouvoir suivre un rythme de croissance. *Une économie qui s'essouffle.*

ESSUIE n.m. Belgique. Essuie-mains ; serviette de bain ; torchon.

ESSUIE-GLACE n.m. (pl. *essuie-glaces*). AUTOM. Dispositif comprenant un moteur électrique entraînant un ou deux balais munis d'une lame en caoutchouc, destiné à essuyer le pare-brise ou la glace arrière mouillés d'un véhicule.

ESSUIE-MAINS n.m. inv. Linge pour s'essuyer les mains.

ESSUIE-PIEDS n.m. inv. Paillasson.

ESSUIE-TOUT n.m. inv. Papier absorbant en rouleau, à multiples usages domestiques.

ESSUIE-VERRE n.m. (pl. *essuie-verres*). Torchon fin pour l'essuyage des verres.

ESSUYAGE n.m. Action ou manière d'essuyer.

ESSUYER [esɥije] v.t. [7] (lat. *exsucare,* extraire le suc). **1.** Sécher en frottant ; enlever la poussière, la saleté de qqch en frottant. *Essuyer la vaisselle, les meubles.* ◇ ***Essuyer les plâtres*** : habiter le premier une maison nouvellement construite ; *fam.,* être le premier à subir les inconvénients d'une affaire, d'une entreprise. **2.** Subir, souffrir qqch de pénible, de fâcheux, de désagréable. *Essuyer une tempête, un échec.*

ESSUYEUR n.m. IMPRIM. Racle.

EST [ɛst] n.m. inv. (angl. *east*). **1.** L'un des quatre points cardinaux, situé du côté de l'horizon où le soleil se lève. SYN. : *orient.* Abrév. : *E.* **2.** (Avec une majuscule.) Partie du globe terrestre ou ensemble des régions d'un pays, d'un continent situées vers ce point. *Visiter la France de l'Est.* **3.** (Avec une majuscule.) Ensemble des pays d'Europe qui appartenaient (période de 1945 à 1989) au bloc socialiste. ◆ adj. inv. Situé du côté de l'est. *La côte est.*

ESTABLISHMENT [ɛstabliʃmɛnt] n.m. (mot angl.). Groupe puissant de gens en place qui défendent leurs privilèges, l'ordre établi.

ESTACADE n.f. (ital. *steccata*). Jetée à claire-voie, formée de grands pieux et établie dans un port ou un cours d'eau pour fermer un passage, protéger des travaux, etc.

ESTAFETTE n.f. (ital. *staffetta,* petit étrier). Militaire chargé de transmettre les dépêches.

ESTAFIER n.m. (ital. *staffiere*). Anc. Valet armé. – *Péjor.* Spadassin.

ESTAFILADE n.f. (ital. *staffilata,* coup de fouet). Entaille faite avec un instrument tranchant, princip. au visage.

ESTAGNON n.m. (provenç. *estagnoun,* de *estanh,* étain). Afrique. Récipient métallique destiné à contenir des liquides.

EST-ALLEMAND, E adj. (pl. *est-allemands, es*). De l'ancienne République démocratique allemande, dite *Allemagne de l'Est.*

ESTAMINET n.m. (wallon *staminê*). Vx. Petit café, débit de boissons.

ESTAMPAGE n.m. **1.** Façonnage, par déformation plastique, d'une masse de métal à l'aide de matrices, permettant de lui donner une forme et des dimensions très proches de celles de la pièce finie. **2.** Empreinte d'une inscription, d'un cachet ou d'un bas-relief méplat, obtenue par pression sur une feuille de papier mouillée, un bloc de plâtre humide, une poterie avant cuisson. **3.** *Fam.* Escroquerie.

1. ESTAMPE n.f. (de *estamper*). Outil pour estamper.

2. ESTAMPE n.f. (ital. *stampa,* de *stampare,* imprimer). Image imprimée, le plus souvent sur papier, après avoir été gravée sur métal, bois, etc., ou dessinée sur support lithographique.

ESTAMPER v.t. (ital. *stampare,* mot d'orig. francique). **1.** TECHN. Imprimer en relief ou en creux par repoussage, au moyen d'une matrice gravée. *Estamper des monnaies.* – Mettre en forme par estampage. **2.** *Fam.* Escroquer qqn en le faisant payer trop cher ; voler.

ESTAMPEUR, EUSE n. **1.** Personne qui pratique l'estampage. **2.** *Fam.* Escroc.

ESTAMPILLAGE n.m. Action d'estampiller.

ESTAMPILLE n.f. (esp. *estampilla*). Marque appliquée sur un objet d'art en guise de signature ou sur un produit industriel comme garantie d'authenticité. *Une estampille d'ébéniste.*

ESTAMPILLER v.t. Marquer d'une estampille.

ESTANCIA [ɛstɑ̃sja] n.f. (mot esp.). En Amérique latine, grande ferme ou établissement d'élevage.

EST-CE QUE [ɛskə] adv. interr. Marque l'interrogation, soit en tête de phrase soit, *fam.,* après un adverbe ou un pronom interrogatif. *Est-ce qu'il fait beau ? Où est-ce que tu es ?*

ESTE n.m. LING. Estonien.

1. ESTER [ɛste] v.i. (lat. *stare,* se tenir debout). DR. *Ester en justice :* exercer une action en justice. – REM. S'emploie seulem. à l'inf.

2. ESTER [ɛstɛr] n.m. CHIM. ORG. Fonction résultant de l'action d'un acide carboxylique sur un alcool, avec élimination d'eau (nom générique).

ESTÉRASE n.f. Enzyme qui catalyse l'hydrolyse d'une liaison ester, telle que la phosphatase, la lipase.

ESTÉRIFICATION n.f. CHIM. ORG. Réaction de formation d'un ester à partir d'un acide et d'un alcool.

ESTÉRIFIER v.t. [5]. CHIM. ORG. Soumettre à l'estérification.

ESTERLIN n.m. (angl. *sterling*). NUMISM. Monnaie anglaise d'argent, qui fut copiée sur le continent (fin du XIIIe s.).

ESTHÉSIE n.f. PHYSIOL. Rare. Sensibilité.

ESTHÈTE n. et adj. (du gr. *aisthêtês,* qui perçoit par les sens). **1.** Personne qui aime l'art et le considère comme la valeur essentielle. **2.** *Péjor.* Personne qui affecte le culte du beau, au détriment de toute autre valeur.

■ L'ESTAMPE

Depuis le Moyen Âge, en Occident, l'estampe, la gravure, à commencer par l'imagerie xylographique, a été un important moyen de communication. Elle a vite atteint au grand art, comme les noms de Dürer ou de Rembrandt suffisent à le prouver. Elle a servi à la propagande, à la satire, à la reproduction d'autres œuvres (peinture notamment), mais elle n'est plus aujourd'hui qu'œuvre d'art, avec sa spécificité d'original multiple.

Pierre Milan et René Boyvin. *La Nymphe de Fontainebleau* (partie centrale), burin dû à ces deux graveurs, milieu du XVIe s. Cette planche montre l'assimilation par les artistes français du maniérisme des Italiens le Rosso et le Primatice. (BNF, Paris.)

◁ **Rembrandt.** *Vue de l'Omval,* eau-forte et pointe sèche, 1645. L'artiste hollandais a su créer un langage suggestif entièrement nouveau, fondé sur la maîtrise et la combinaison des diverses techniques de la taille-douce. (BNF, Paris.)

Utamaro. *Les Pêcheuses d'awabi,* un ▷ des volets de son triptyque, consacré à la pêche aux coquillages ; gravure sur bois de fil (une planche pour chaque couleur), v. 1798. L'estampe japonaise idéalise les thèmes de la vie quotidienne par l'arabesque de la ligne. (Musée Guimet, Paris.)

Goya. *Se repulen* (« Ils se font beaux »), planche à l'eau-forte et à l'aquatinte de la suite des *Caprices,* gravée entre 1793 et 1798 : la force plastique au service d'une verve hallucinante et satirique. (BNF, Paris.)

Munch. *L'Enfant malade,* lithographie en deux couleurs, 1896. L'angoisse du peintre norvégien se traduit, à travers la technique très directe du dessin lithographique, dans un frémissement quasi impressionniste. (Coll. priv.)

E

ESTHÉTICIEN, ENNE n. **1.** Écrivain, philosophe qui s'occupe d'esthétique. **2.** (Surtout au fém.) Personne dont la profession consiste à donner des soins au corps et au visage dans un institut de beauté.

ESTHÉTIQUE adj. (gr. *aisthêtikos*, de *aisthanesthai*, sentir). **1.** Qui a rapport au sentiment, à la perception du beau. *Jugement, sens esthétique.* **2.** Qui a une certaine beauté, de la grâce. *Geste esthétique.* **3.** Qui entretient la beauté du corps ou du visage. *Soins esthétiques.* ◇ ***Chirurgie esthétique*** : partie de la chirurgie plastique destinée à améliorer la forme ou l'aspect d'une partie du corps. ◆ n.f. **1.** Théorie du beau, de la beauté en général et du sentiment qu'elle fait naître en nous. **2.** Ensemble des principes à la base d'une expression artistique, littéraire, etc., visant à la rendre conforme à un idéal de beauté. *L'esthétique classique.* **3.** Harmonie, beauté d'une forme d'art quelconque. *L'esthétique d'une construction.* **4.** ***Esthétique industrielle*** : discipline visant à la conception des objets selon des critères de beauté, d'impact visuel, mais aussi d'usage.

ESTHÉTIQUEMENT adv. **1.** De façon esthétique. **2.** Du point de vue esthétique.

ESTHÉTISANT, E adj. *(Parfois péjor.).* Qui privilégie le jeu raffiné des valeurs formelles.

ESTHÉTISER v.i. *Péjor.* Privilégier systématiquement l'esthétique. ◆ v.t. Rendre qqch esthétique, plaisant à regarder.

E

ESTHÉTISME n.m. **1.** Doctrine ou attitude artistique qui met au premier plan le raffinement ou la virtuosité formels. **2.** Tendance artistique et littéraire anglaise du dernier tiers du XIXe s., qui se situe dans le courant, opposé au naturalisme, de l'« art pour l'art ». (Personnalités majeures de cet *Aesthetic Movement* : William Morris, Oscar Wilde, Whistler.)

ESTIMABLE adj. **1.** Qui est digne d'estime ; respectable. *Cette qualité est fort estimable.* **2.** Qui a de la valeur sans être remarquable. *C'est un peintre estimable.* **3.** Qu'on peut évaluer. *Fortune difficilement estimable.*

ESTIMATEUR n.m. *Litt.* Personne qui fait une estimation.

ESTIMATIF, IVE adj. Qui constitue une estimation. *Devis estimatif.*

ESTIMATION n.f. **1.** Action de déterminer la valeur de qqch ; évaluation. **2.** STAT. Recherche de la valeur d'un ou de plusieurs paramètres d'une loi statistique à partir d'observations ou de sondages.

ESTIMATOIRE adj. *Didact.* Relatif à l'estimation.

ESTIME n.f. **1.** Appréciation, opinion favorable qu'on porte sur qqn ou qqch. *Il a l'estime de tous.* ◇ ***Succès d'estime*** : demi-succès d'une œuvre, louée par la critique mais boudée par le grand public. **2.** MAR. Détermination de la position approchée d'un navire, en tenant compte des courants et de la dérive. ◇ ***À l'estime*** : au jugé, approximativement.

ESTIMER v.t. (lat. *aestimare*). **1.** Déterminer la valeur d'un bien, le prix d'un objet ; évaluer. *Estimer un tableau.* **2.** Calculer approximativement. *Estimer une distance.* **3.** Avoir une bonne opinion de qqn, en reconnaître la valeur. *J'estime beaucoup votre père.* **4.** Être d'avis ; juger, considérer. *J'estime que tu peux mieux faire.* ◆ **s'estimer** v.pr. Se considérer comme ; se croire. *S'estimer heureux.*

ESTIVAGE n.m. Déplacement, séjour des animaux d'élevage dans les pâturages de montagne pendant l'été (par oppos. à *hivernage*).

ESTIVAL, E, AUX adj. (bas lat. *aestivalis*, de l'été). Relatif à l'été ; qui a lieu en été. *Tenue estivale. Travail estival.*

ESTIVANT, E n. Personne qui passe ses vacances d'été dans un lieu de villégiature. SYN. : *vacancier.*

ESTIVATION n.f. (du lat. *aestas, -atis*, été). ÉCOL. État léthargique dans lequel certains animaux (par ex. le protoptère) passent l'été, quand la chaleur et la sécheresse sont trop importantes (par oppos. à *hibernation*).

ESTIVE n.f. (de *estiver*). Pâturage d'été, en montagne.

ESTIVER v.t. (provenç. *estivar*). Mettre les animaux d'élevage, l'été, dans les pâturages de montagne (par oppos. à *hiverner*). ◆ v.i. Passer l'été dans les pâturages de montagne, en parlant des animaux d'élevage.

■ **ESTUAIRE.** Image-satellite Spot de l'estuaire de la Seine, avec Le Havre et le pont de Normandie.

ESTOC [ɛstɔk] n.m. (de *estoquer*). Épée d'armes frappant de pointe (XVe - XVIe s.). ◇ ***Frapper d'estoc et de taille***, en se servant de la pointe et du tranchant d'une arme blanche.

ESTOCADE n.f. (ital. *stoccata*, du fr. *estoc*). **1.** Coup d'épée porté par le matador pour achever le taureau. **2.** *Fig., litt.* Attaque violente et soudaine.

ESTOMAC [-ma] n.m. (lat. *stomachus*, du gr.). **1.** Chez l'homme, partie du tube digestif renflée en poche et située sous le diaphragme, entre l'œsophage et l'intestin grêle, où les aliments sont brassés et imprégnés de suc gastrique. ◇ *Fam.* ***Avoir l'estomac dans les talons*** : avoir très faim. – *Fam.* ***Avoir un estomac d'autruche*** : avoir une grande facilité à digérer. **2.** Chez les vertébrés et une partie des invertébrés, organe formé par un renflement du tube digestif entre l'œsophage et le duodénum, aux parois musculeuses, et qui exerce une double action mécanique et chimique sur les aliments. **3.** Partie du corps qui correspond à l'estomac. *Recevoir un coup dans l'estomac.* ◇ *Fam.* ***Avoir de l'estomac*** : avoir de la hardiesse ou de l'audace. – *Fam.* ***À l'estomac*** : par une audace qui en impose, au culot. – *Fam.* ***Rester sur l'estomac*** : être un motif de rancune.

ESTOMAQUER v.t. (lat. *stomachari*, s'irriter). *Fam.* Causer à qqn une vive surprise, agréable ou désagréable ; stupéfier.

ESTOMPAGE n.m. Action d'estomper.

ESTOMPE n.f. (néerl. *stomp*, bout). Petit rouleau de peau ou de papier terminé en pointe mousse servant à étaler le crayon, le fusain, le pastel sur un dessin.

ESTOMPEMENT n.m. *Litt.* Fait de s'estomper.

ESTOMPER v.t. **1.** Adoucir ou ombrer un dessin avec l'estompe. *Estomper un pastel.* **2.** Couvrir qqch d'une ombre légèrement dégradée ; voiler. **3.** Atténuer la rudesse, l'acuité de qqch. *Estomper les difficultés.* ◆ **s'estomper** v.pr. **1.** Devenir flou ; s'effacer. *Souvenirs qui s'estompent.* **2.** Devenir moins violent, moins fort. *Sa rancœur s'estompe.*

ESTONIEN, ENNE adj. et n. De l'Estonie, de ses habitants. ◆ n.m. Langue finno-ougrienne parlée par les Estoniens. SYN. : *este.*

ESTOPPEL n.m. (mot angl.). DR. INTERN. Règle selon laquelle un État, partie à un procès, n'a pas la possibilité d'adopter une position contraire à celle qu'il a prise antérieurement de façon formelle ou tacite.

ESTOUFFADE ou **ÉTOUFFADE** n.f. (ital. *stufata*, étuvée). Plat de viande ou de gibier préparé à l'étouffée. *Estouffade de bœuf aux olives.*

ESTOURBIR v.t. (de l'all. *sterben*, mourir). *Fam.* Assommer, tuer ; étourdir par un coup.

1. ESTRADE n.f. (ital. *strada*, route). Vx. ***Battre l'estrade*** : courir la campagne, battre les routes.

2. ESTRADE n.f. (esp. *estrado*, du lat. *stratum*, plate-forme). Petit plancher surélevé destiné à recevoir des sièges, un bureau, une tribune, etc.

ESTRADIOT n.m. → **STRADIOT.**

ESTRAGON n.m. (ar. *ṭarkhūn*). Plante potagère aromatique, voisine de l'armoise, utilisée comme condiment (genre *Artemisia* ; famille des composées) ; ce condiment.

ESTRAMAÇON n.m. (ital. *stramazzone*, de *mazza*, masse d'armes). Longue épée à deux tranchants (XVIe - XVIIe s.).

ESTRAN n.m. (néerl. *strand*, rivage). GÉOGR. Portion du littoral comprise entre les plus hautes et les plus basses mers.

ESTRAPADE n.f. (ital. *strappata*, de *strappare*, arracher). HIST. Supplice qui consistait à hisser le condamné à une certaine hauteur, puis à le laisser tomber au bout d'un câble le retenant à quelque distance du sol ; mât, potence servant à ce supplice.

ESTROGÈNE adj. et n.m. → **ŒSTROGÈNE.**

ESTROPE n.f. (lat. *stroppus*, corde). MAR. Ceinture en filin avec laquelle on entoure une poulie et qui sert à la suspendre ou à la fixer.

ESTROPIÉ, E adj. et n. Se dit d'une personne privée de l'usage d'un ou de plusieurs membres.

ESTROPIER v.t. [5] (ital. *stroppiare*). **1.** Priver qqn de l'usage normal d'un ou de plusieurs membres. **2.** Déformer, écorcher dans la prononciation ou l'orthographe. *Estropier un nom.*

ESTUAIRE n.m. (lat. *aestuarium*, de *aestus*, marée). Embouchure d'un fleuve sur une mer ouverte et où se font sentir les marées.

ESTUARIEN, ENNE adj. Relatif aux estuaires.

ESTUDIANTIN, E adj. *Sout.* Relatif aux étudiants. *Vie estudiantine.*

ESTURGEON n.m. (francique *sturjo*). Poisson chondrostéen des régions tempérées de l'hémisphère Nord, à bouche ventrale et à cinq rangées longitudinales de plaques sur les flancs, qui passe un ou deux ans dans les estuaires, avant d'achever sa croissance en mer. (Chaque femelle, qui peut atteindre 6 m de long et peser 500 kg chez le bélouga de la mer Noire, pond en eau douce de 100 000 à 2 millions d'œufs, qui constituent le caviar. Ordre des acipensériformes.)

■ **ESTURGEON**

ET conj. (lat. *et*). **1.** Marque la liaison entre deux mots ou deux propositions de même fonction, en indiquant une addition, la simultanéité, une opposition ou une comparaison. ◇ ***« Et » commercial*** : esperluette. **2.** ***Et/ou*** : formule indiquant que les deux termes coordonnés le sont, au choix, soit par *et*, soit par *ou*.

ÊTA n.m. inv. Septième lettre de l'alphabet grec (Η, η), notant un *e* long en grec classique, par oppos. à ***epsilon*** (*e* bref).

ÉTABLE n.f. (lat. *stabulum*). Bâtiment destiné au logement du bétail, en partic. des bovins.

ÉTABLER v.t. Région. Mettre à l'étable. *Établer des vaches.*

1. ÉTABLI, E adj. **1.** Bien ancré ; stable, solide. *Réputation bien établie.* **2.** Admis, respecté comme tel. *Les usages établis.* **3.** En place. *Pouvoir, ordre établi.*

2. ÉTABLI n.m. Table de travail des menuisiers, des ajusteurs, des tailleurs, etc.

ÉTABLIR v.t. (lat. *stabilire,* de *stabilis,* stable). **1.** Fixer, installer dans un lieu, une position. *Établir son domicile à Paris.* **2.** Mettre en vigueur, en application ; instituer. *Établir un usage, un règlement.* **3.** Rédiger, dresser une liste, un inventaire, etc. *Établir un planning, un devis.* **4.** Pourvoir d'une situation sociale, d'un emploi. *Établir ses enfants.* **5.** Démontrer la réalité de ; prouver. *Établir un fait, l'innocence d'un accusé.* ◆ **s'établir** v.pr. Fixer sa demeure, son commerce, son activité quelque part. *S'établir en province.*

ÉTABLISSEMENT n.m. **1.** Action d'établir, fait de s'établir. *L'établissement d'un barrage. L'établissement d'immigrants dans leur patrie d'adoption.* **2.** Édifice, ensemble de locaux où se donne un enseignement (école, collège ou lycée). *Chef d'établissement.* **3.** Entreprise commerciale ou industrielle. ◇ ***Établissement financier :*** entreprise qui, sans en posséder la qualification, accomplit les mêmes opérations qu'une banque, en n'utilisant toutefois que ses capitaux propres. – ***Établissement public :*** personne morale de droit public, ayant l'autonomie financière, génér. chargée d'assurer un service public ou d'exercer des activités industrielles ou commerciales. – ***Établissement stable :*** installation commerciale ou industrielle possédant une autonomie propre (bureau, clientèle, etc.), installée dans un pays et dépourvue de personnalité morale. – ***Établissement d'utilité publique :*** organisme privé ayant un but d'intérêt général.

ÉTAGE n.m. (du lat. *stare,* se tenir debout). **1.** Chacun des intervalles compris entre deux planchers d'un bâtiment. **2.** Chacune des divisions, chacun des niveaux d'une chose formée de parties superposées ou hiérarchisées. – *Spécial.* Partie autonome et séparable d'un lanceur spatial. **3.** Subdivision stratigraphique d'une série géologique, correspondant à un ensemble de terrains de même âge. (L'équivalent géochronologique de l'étage est l'âge.) **4.** ÉCOL. Communauté végétale propre à un intervalle d'altitude donné, dans une zone montagneuse. *Étages montagnard, subalpin, alpin et nival.* **5.** *De bas étage :* de qualité médiocre ; de mauvais goût. *Plaisanterie de bas étage.*

ÉTAGEMENT n.m. Action d'étager ; disposition en étages.

ÉTAGER v.t. [10]. Disposer par étages, mettre à des niveaux différents ; échelonner, superposer. ◆ **s'étager** v.pr. Être disposé en rangs superposés.

ÉTAGÈRE n.f. **1.** Tablette fixée horizontalement sur un mur. **2.** Meuble offrant un ensemble de tablettes superposées.

ÉTAGISTE n.m. Firme industrielle chargée de l'intégration d'un étage de lanceur spatial.

1. ÉTAI n.m. (francique *staka*). Pièce de charpente servant à soutenir provisoirement un plancher, un mur, etc. SYN. : *chevalet.*

2. ÉTAI n.m. (anc. angl. *staeg*). MAR. Câble métallique ou cordage destiné à maintenir en place un mât.

ÉTAIEMENT, ÉTAYEMENT [etɛmɑ̃] ou **ÉTAYAGE** [etɛjaʒ] n.m. Action, manière d'étayer un mur, un plafond, etc. ; son résultat.

ÉTAIN n.m. (lat. *stagnum,* de *stannum,* plomb argentifère). **1.** Métal blanc, brillant, très malléable, qui fond à 232 °C, de densité 7,29. **2.** Élément chimique (Sn), de numéro atomique 50, de masse atomique 118,710. **3.** Pièce de vaisselle, objet en étain.

ENCYCL. L'étain se trouve dans la nature surtout à l'état d'oxyde (cassitérite). On l'utilise comme métal de protection du cuivre et de l'acier (pour l'emballage alimentaire) et dans le flottage du verre. Allié au cuivre, l'étain donne le bronze ; avec le plomb, il forme des métaux d'apport de soudage à bas point de fusion ; c'est aussi le matériau principal des alliages antifriction.

ÉTAL n.m. [pl. *étals*] (francique *stal*). **1.** Table sur laquelle sont exposées les denrées en vente sur un marché. **2.** Table sur laquelle les bouchers débitent la viande.

ÉTALAGE n.m. **1.** Exposition de marchandises offertes à la vente. **2. a.** Emplacement où sont exposées les marchandises ; devanture, vitrine. **b.** Ensemble de ces marchandises. **3.** Action d'exposer avec ostentation. *Faire étalage de ses succès.* ◆ pl. MÉTALL. Partie inférieure d'un haut-fourneau où s'étale le minerai.

ÉTALAGER v.t. [10]. COMM. Disposer des marchandises à l'étalage.

ÉTALAGISTE n. Personne dont le métier consiste à mettre en valeur un étalage, une vitrine.

ÉTALE adj. Sans mouvement ; immobile. *Navire étale.* ◇ ***Mer, cours d'eau étale,*** dont le niveau ne monte ni ne descend. ◆ n.m. HYDROL. Moment où le niveau de la mer est stable, entre le flux et le jusant. *L'étale de haute, de basse mer.*

ÉTALEMENT n.m. Action d'étaler.

1. ÉTALER v.t. (de *étal*). **1.** Exposer des marchandises pour la vente. **2. a.** Disposer des objets les uns à côté des autres sur une surface. *Étaler des photos sur une table.* ◇ ***Étaler son jeu, ses cartes :*** déposer ses cartes en les montrant, abattre son jeu. **b.** Disposer à plat une chose pliée, roulée. *Étaler une carte routière.* **3.** Étendre une couche de matière sur toute l'étendue de. *Étaler du beurre sur du pain. Étaler de la peinture.* **4.** Répartir qqch, une action en l'étendant sur une plus longue période ; échelonner. *Étaler des paiements.* **5.** Montrer avec ostentation ; faire étalage de. *Étaler son érudition.* ◆ **s'étaler** v.pr. *Fam.* **1.** Prendre toute la place, trop de place. **2.** Tomber. *S'étaler de tout son long.*

2. ÉTALER v.t. (de *étale*). MAR. *Étaler le vent, le courant,* pouvoir leur résister ou faire route contre eux.

ÉTALINGUER v.t. (du néerl. *staglijn,* ligne d'étai). MAR. Amarrer une chaîne à l'organeau d'une ancre.

1. ÉTALON n.m. (du francique *stal,* écurie). **1.** Cheval destiné à la reproduction. **2.** *Par ext.* Mâle reproducteur d'une espèce domestique.

2. ÉTALON n.m. (francique *stalo,* modèle de mesure). **1.** MÉTROL. Objet ou instrument qui matérialise une unité de mesure et sert de référence, de modèle légal. *Mètre étalon. Étalon de masse, de poids.* **2.** MÉTROL. Résultat d'une mesure qui sert de référence pour d'autres mesures. **3.** ÉCON. ***Étalon monétaire :*** valeur ou métal retenus par un ou plusieurs pays comme référence et instrument de réserve de leur système monétaire.

ÉTALONNAGE ou **ÉTALONNEMENT** n.m. MÉTROL. Détermination de la relation existant entre les indications d'un appareil de mesure et les valeurs de la grandeur à mesurer.

ÉTALONNER v.t. **1.** MÉTROL. **a.** Comparer à un étalon. **b.** Effectuer l'étalonnage de. ◇ ***Étalonner son pas,*** en évaluer la longueur moyenne. **2.** PSYCHOL. *Étalonner un test,* l'appliquer à un groupe de référence et lui donner des valeurs chiffrées en fonction de la répartition statistique des résultats. **3.** CINÉMA. Assurer l'unité ou l'équilibre photographique d'un film.

ÉTAMAGE n.m. Action d'étamer.

ÉTAMBOT n.m. (mot scand.). MAR. Pièce de bois ou de métal formant la limite arrière de la carène d'un navire.

ÉTAMBRAI n.m. (mot scand.). MAR. Pièce guidant latéralement un mât à hauteur du pont, sur un navire à voiles.

ÉTAMER v.t. (de *étain*). **1.** Recouvrir un métal d'une couche d'étain pour le préserver de l'oxydation. **2.** Recouvrir de tain une glace.

ÉTAMEUR n.m. Ouvrier, industriel spécialisé dans l'étamage.

1. ÉTAMINE n.f. (du lat. *stamen,* fil). **1.** Étoffe très légère et non croisée. **2.** Carré de toile ou de laine servant à filtrer une préparation, notamm. culinaire.

2. ÉTAMINE n.f. (lat. *stamina,* filaments). BOT. Organe mâle des plantes à fleurs, formé d'une partie mince, le filet, et d'une partie renflée, l'anthère, qui renferme le pollen.

■ **ÉTAMINES** de fleur de pommier.

ÉTAMPERCHE n.f. CONSTR. Écoperche.

ÉTAMPURE n.f. Orifice rectangulaire situé à la face inférieure du fer à cheval et destiné à loger la tête du clou.

ÉTAMURE n.f. MÉTALL. Couche d'alliage sur un objet étamé.

ÉTANCHE adj. **1.** Qui retient bien, qui ne laisse pas pénétrer ou s'écouler les fluides, les poussières, etc. **2.** Qui maintient une séparation absolue. ◇ ***Cloison étanche :*** ce qui sépare totalement. *Cloisons étanches entre les services d'une entreprise.*

ÉTANCHÉITÉ n.f. Caractère de ce qui est étanche.

ÉTANCHEMENT n.m. *Litt.* Action d'étancher.

ÉTANCHER v.t. (du lat. *stare,* s'arrêter). **1.** Arrêter l'écoulement d'un liquide. *Étancher le sang d'une plaie.* **2.** *Étancher sa soif,* l'apaiser, se désaltérer. **3.** TECHN. Rendre étanche en calfatant ou en asséchant.

ÉTANÇON n.m. (de l'anc. fr. *estance,* action de se tenir debout). **1.** CONSTR., MIN. Étai utilisé dans le bâtiment ou dans les mines. **2.** AGRIC. Chacun des deux montants unissant l'age au sep, dans une charrue.

ÉTANÇONNEMENT n.m. Action d'étançonner.

ÉTANÇONNER v.t. CONSTR., MIN. Soutenir par des étançons.

ÉTANG n.m. (de l'anc. fr. *estanchier,* étancher). Étendue d'eau stagnante, naturelle ou artificielle, peu profonde, de surface génér. inférieure à celle d'un lac.

ÉTANT n.m. PHILOS. Ce qui existe, est un être concret, chez Heidegger.

ÉTANT DONNÉ (QUE) loc. prép. et loc. conj. À cause de, puisque, vu que.

ÉTAPE n.f. (moyen néerl. *stapel,* entrepôt). **1.** Lieu où l'on s'arrête au cours d'un voyage, d'une course, etc., pour prendre du repos. *Arriver à l'étape.* **2.** Distance d'un de ces lieux à un autre ; épreuve sportive consistant à franchir cette distance. *L'étape a été longue. Remporter une étape.* **3.** *Fig.* Phase d'une évolution ; période. *Les étapes d'une carrière.* **4.** CHIM. Phase élémentaire d'une réaction, d'une synthèse chimique, correspondant à des réorganisations électroniques, à des mouvements nucléaires au sein des molécules.

ÉTARQUER v.t. (moyen néerl. *sterken,* raidir). MAR. Raidir, tendre une voile le long de sa draille, de sa vergue, de son mât, etc.

1. ÉTAT n.m. (lat. *status*). **1.** Manière d'être physique ou morale d'une personne. *Son état de santé m'inquiète. État d'exaltation.* ◇ ***État d'esprit :*** disposition d'esprit à un moment donné. – ***Être en état de*** ou ***hors d'état de,*** capable de, prêt à ou dans l'incapacité de. – *Fam.* ***Être dans tous ses états :*** être très agité, énervé, perturbé. **2.** Situation d'une personne au regard du droit, de la religion. *Être en état d'arrestation. État de grâce.* ◇ ***État civil :*** ensemble des qualités et des droits civils d'une personne (nationalité, nom, domicile, etc.) ; service chargé en France des actes de l'état civil dans une commune. – ***État des personnes :*** ensemble des conditions d'existence juridique et de situation familiale d'une personne (mariage, filiation...). **3.** GRAMM. *Verbe d'état,* exprimant que le sujet est dans un état donné (par oppos. à *verbe d'action*). **4.** Manière d'être d'une chose à un moment donné. *Bâtiment en mauvais état. Une machine en état de marche. Projet à l'état embryonnaire.* ◇ ***Mettre, tenir qqch en état,*** le préparer, le garder prêt à servir. – ***Remettre qqch en état,*** le réparer. – ***État de choses :*** ensemble de circonstances particulières. *Se trouver devant un nouvel état de choses.* **5. a.** CHIM., PHYS. Manière d'être d'un corps relativement à sa cohésion, à l'arrangement ou à l'ionisation de ses constituants. *État solide, liquide, gazeux, cristallin, ionisé. (V. ill. page suivante).* ◇ THERMODYN. ***Équation d'état :*** relation existant à l'équilibre entre les grandeurs qui définissent l'état d'un corps pur. **b.** Ensemble des données caractéristiques d'un système thermodynamique ou cybernétique. **6.** CHIM. ***État de transition :*** espèce chimique fugitive apparaissant au cours d'une réaction, et dont la durée de vie n'excède pas 10^{-14} s. – ***État d'oxydation :*** nombre d'électrons ôtés à l'atome neutre d'un élément pour qu'il atteigne un autre état stable. **7.** Liste énumérative qui constate l'état

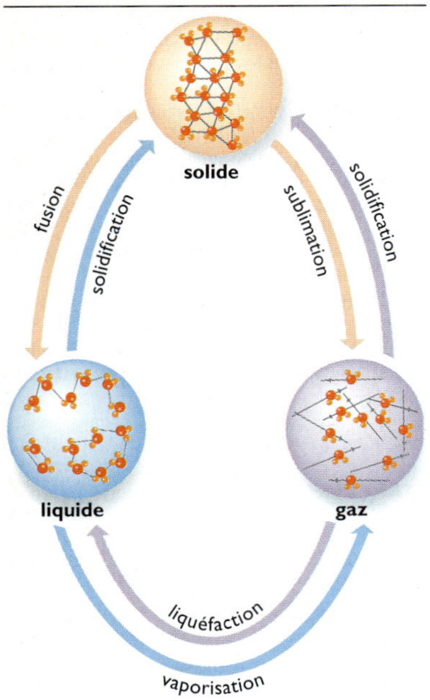

■ **ÉTAT.** Les trois états de la matière les plus courants et leurs changements.

des choses, la situation des personnes. *État des dépenses. État du personnel.* ◇ ***Faire état de*** : mentionner, tenir compte de, s'appuyer sur. *Faire état d'un témoignage. Faire état de ses diplômes.* **8.** ***État des lieux*** : rapport écrit constatant l'état de conservation ou de dégradation d'un local ; *fig.*, constatation d'une situation à un moment donné. **9.** Manière d'être, situation d'une collectivité. *État de paix. État de siège.* **10.** PHILOS. ***État de nature*** : condition supposée de l'homme, de l'humanité avant la constitution des sociétés juridiquement et politiquement organisées. (Se prêtant à d'importantes variations de contenu, la notion, centrale dans la pensée politique et anthropologique au XVIIe et au XVIIIe s., est présente chez Hobbes, Spinoza, Rousseau, Kant, etc.) ◆ pl. HIST. Les trois ordres ou catégories sociales, en France, sous l'Ancien Régime (clergé, noblesse et tiers état). ◇ ***Les états généraux*** : l'assemblée des députés des trois états de toutes les provinces ; *fig.*, mod., nom donné à certaines assemblées qui se proposent de débattre en profondeur d'un sujet. *Organiser les états généraux de la culture, de l'enseignement.* – ***États provinciaux*** : assemblée des représentants des trois ordres d'une province. – ***Pays d'états*** : province possédant des états provinciaux.

ENCYCL. Les états généraux comprenaient des représentants de toutes les provinces appartenant aux trois ordres : clergé, noblesse, tiers état. Convoqués par le roi, génér. en période de crise politique ou financière, ils furent réunis pour la première fois en 1347 et, pour la dernière fois, en 1789 (v. partie n.pr. Révolution française).

2. ÉTAT n.m. (Avec une majuscule.) **1.** DR. Entité politique constituée d'un territoire délimité par des frontières, d'une population et d'un pouvoir institutionnalisé. (Titulaire de la souveraineté, il personnifie juridiquement la nation.) *Chef d'État. Secret d'État.* ◇ ***État-nation*** : État dont les citoyens forment un peuple ou un ensemble de populations se reconnaissant comme ressortissant essentiellement d'un pouvoir souverain émanant d'eux et les exprimant. – ***État de droit*** : État dans lequel les pouvoirs publics sont soumis de manière effective au respect de la légalité par voie de contrôle juridictionnel. – ***État providence*** : État qui intervient activement dans les domaines économique et social, pour assurer des prestations aux citoyens. – ***État gendarme*** : État qui se soucie uniquement de la défense, de la police et de la justice. – ***Affaire d'État***, qui concerne l'intérêt public ; *fig.*, affaire importante. – ***Homme d'État***, qui dirige ou a dirigé un État. – ***Coup d'État*** : prise illégale du pouvoir par une personne, un groupe qui exerce des fonctions à l'intérieur de l'appareil étatique. (On parle de ***putsch*** en cas de coup d'État militaire.) – ***Raison d'État*** : considération de l'intérêt public au nom duquel est justifiée une action. **2.** Ensemble des pouvoirs publics.

ÉTATIQUE adj. Relatif à l'État.

ÉTATISATION n.f. Action d'étatiser.

ÉTATISER v.t. DR. Transférer à l'État des propriétés, des actions privées ; nationaliser.

ÉTATISME n.m. Doctrine préconisant l'intervention de l'État dans les domaines économique et social ; système qui applique cette doctrine.

ÉTATISTE adj. et n. Qui relève de l'étatisme ; qui en est partisan.

ÉTAT-MAJOR n.m. (pl. *états-majors*). **1.** Groupe d'officiers chargé d'assister un chef militaire dans l'exercice de son commandement. **2.** Ensemble des collaborateurs les plus proches d'un chef, des personnes les plus importantes d'un groupe. *L'état-major d'un parti.*

ÉTATS-UNIEN, ENNE [etazynjɛ̃, ɛn] adj. et n. (pl. *états-uniens, états-uniennes*). Des États-Unis.

ÉTAU n.m. [pl. *étaux*] (anc. fr. *estoc*). **1.** Appareil formé de deux mâchoires dont le serrage permet d'assujettir la pièce que l'on veut travailler. **2.** *Fig.* Ce qui enferme, emprisonne.

ÉTAU-LIMEUR n.m. (pl. *étaux-limeurs*). Machine à raboter dans laquelle le mouvement de coupe est obtenu par la translation rectiligne de l'outil.

ÉTAYAGE n.m. **1.** Étaiement. **2.** PSYCHAN. Appui originaire que trouvent les pulsions sexuelles sur les fonctions vitales.

ÉTAYEMENT n.m. ⟶ **ÉTAIEMENT.**

ÉTAYER [etɛje] v.t. [6]. **1.** Soutenir un mur, un plafond, etc., par des étais. **2.** *Fig.* Appuyer, soutenir une idée ; fonder. *Les arguments qui étaient sa démonstration.*

ET CETERA ou **ET CÆTERA** [ɛtsetera] loc. adv. (loc. lat., *et les autres choses*). Et le reste. Abrév. : *etc.*

ÉTÉ n.m. (lat. *aestas, -atis*). **1.** Saison qui succède au printemps et précède l'automne, et qui, dans l'hémisphère Nord, commence le 21 ou le 22 juin et finit le 22 ou le 23 septembre. **2.** Période des fortes températures, dans les climats tempérés. *Nous n'avons pas eu d'été cette année.* ◇ ***Été de la Saint-Martin*** : derniers beaux jours, vers le 11 novembre, jour de la Saint-Martin. – ***Été indien*** : en Amérique du Nord, période de beaux jours tardifs, à la fin de l'été ou au début de l'automne. (Au Québec, on dit cour. ***été des Indiens.***)

ÉTEIGNOIR n.m. **1.** Petit cône métallique dont on coiffe les bougies ou les chandelles pour les éteindre. **2.** *Fig., fam.* Rabat-joie.

ÉTEINDRE v.t. [62] (lat. *extinguere*). **1.** Faire cesser de brûler. *Éteindre le feu, une cigarette.* **2. a.** Faire cesser d'éclairer. *Éteindre une lampe. Éteins le salon.* **b.** Faire cesser le fonctionnement d'un appareil à gaz, électrique, etc. *Éteindre la télévision.* **3.** ***Éteindre une rente, une dette***, les annuler en en payant le capital, le montant. **4.** *Litt.* Faire cesser, atténuer ou effacer une sensation, un sentiment, un état. *Éteindre la soif, l'ardeur de qqn.* ◆ **s'éteindre** v.pr. **1.** Cesser de brûler. **2.** Cesser d'éclairer. **3.** *Fig.* Mourir doucement ; expirer.

ÉTEINT, E adj. **1.** Qui a cessé de brûler, d'éclairer. **2.** Qui a perdu son éclat, sa vivacité. *Regard éteint.*

ÉTENDAGE n.m. Action d'étendre du linge. – Suisse. Endroit, pièce où l'on étend du linge.

ÉTENDARD n.m. (du francique *standhard*, stable). **1.** Enseigne de guerre et, notamm., drapeau de troupes autref. à cheval. **2.** *Fig.* Symbole d'une cause pour laquelle on combat ; signe de ralliement. *L'étendard de la liberté.* ◇ ***Lever, arborer l'étendard de la révolte*** : se révolter. **3.** BOT. Pétale supérieur de la corolle d'une papilionacée.

ÉTENDERIE n.f. VERR. Four pour le refroidissement du ruban de verre plat sortant de l'outil de formage.

ÉTENDOIR n.m. Corde ou dispositif pour étendre du linge.

ÉTENDRE v.t. [59] (lat. *extendere*). **1.** Déployer en long et en large. *Étendre du linge pour le faire sécher.* **2.** Donner toute son étendue à une partie du corps. *Étendre les bras.* **3.** Coucher qqn tout du long. *Étendre un blessé sur un lit. Étendre son adversaire d'un coup de poing.* **4.** *Fig., fam.* Refuser qqn à un examen ; coller. **5.** Appliquer une couche de matière de façon qu'elle couvre une surface plus grande. *Étendre un enduit sur un mur.* **6.** Rendre moins concentré en ajoutant un liquide ; diluer. *Étendre du vin, de l'alcool en y ajoutant de l'eau.* **7.** Accroître l'étendue de ; grandir, augmenter, développer. *Étendre sa propriété. Étendre les clauses d'un contrat.* ◆ **s'étendre** v.pr. **1.** Se mettre en position allongée ; se coucher. **2.** Avoir une certaine étendue dans l'espace ou le temps. *Forêt qui s'étend sur des kilomètres.* **3.** *Fig.* Augmenter en importance, en ampleur. *L'épidémie s'étend progressivement.* **4.** ***S'étendre sur un sujet***, le développer longuement.

ÉTENDU, E adj. **1.** De grande dimension ; vaste, large. *Lac très étendu.* **2.** D'une grande ampleur ; important. *Elle a des pouvoirs étendus.* **3.** Entièrement déployé. *Bras étendus.* **4.** À quoi l'on a ajouté de l'eau. *Couleurs étendues.*

ÉTENDUE n.f. **1.** Espace occupé par qqch ; dimension, superficie. *Un pays d'une grande étendue.* **2.** Portée, dans l'espace ou dans le temps. *L'étendue du tir d'un fusil.* **3.** Importance, ampleur. *Mesurer toute l'étendue du désastre.* **4.** MUS. Écart entre le son le plus grave et le son le plus aigu d'une voix, d'une mélodie ou d'un instrument. SYN. : *registre.* **5.** STAT. Écart entre la plus petite et la plus grande des valeurs observées d'un échantillon. **6.** PHILOS. Propriété des corps d'occuper de l'espace. – Chez Descartes, attribut essentiel des corps, de la matière.

ÉTERNEL, ELLE adj. (lat. *aeternalis*). **1.** Qui n'a ni commencement ni fin. *Croire en un Dieu éternel.* ◇ ***Feu éternel, flammes éternelles*** : supplice sans fin des damnés (par oppos. à ***vie éternelle***). **2.** Qui dure très longtemps, dont on ne peut imaginer la fin ; indestructible, infini. *Je lui garde une reconnaissance éternelle.* ◇ HIST. ***La Ville éternelle*** : Rome. **3.** Qui ne semble pas devoir se terminer, qui lasse par la répétition ; continuel, perpétuel. *Encore ces éternelles discussions !* **4.** (Avant le n.) Qui est associé continuellement à qqn, à qqch. *Son éternelle cigarette à la bouche.* ◆ n.m. *L'Éternel* : Dieu.

ÉTERNELLEMENT adv. **1.** De tout temps, de toute éternité. **2.** Sans cesse ; continuellement.

ÉTERNISER v.t. Faire durer trop longtemps, faire traîner en longueur. *Éterniser une discussion.* ◆ **s'éterniser** v.pr. **1.** Durer très longtemps, trop longtemps. *La crise s'éternise.* **2.** *Fam.* Rester trop longtemps dans un lieu, chez qqn.

ÉTERNITÉ n.f. (lat. *aeternitas*). **1.** Durée éternelle, sans commencement ni fin. **2.** La vie éternelle, la vie future. **3.** Durée indéfinie, temps très long. *Je l'attends depuis une éternité.* ◇ ***De toute éternité*** : de temps immémorial.

ÉTERNUEMENT n.m. Brusque expulsion réflexe d'air par le nez et la bouche, provoquée par une excitation de la muqueuse nasale.

ÉTERNUER v.i. (lat. *sternutare*). Faire un éternuement.

ÉTÉSIEN adj.m. (du gr. *etêsioi anemoi*, vents annuels). ***Vents étésiens***, qui soufflent du nord, en Méditerranée orientale, pendant l'été.

ÉTÊTAGE ou **ÉTÊTEMENT** n.m. Opération par laquelle on étête un arbre.

ÉTÊTER v.t. **1. a.** Couper la cime d'un arbre. **b.** Enlever la tête de. *Étêter un poisson. Étêter un clou.* **2.** PÉTROLE. Enlever à un produit pétrolier sa fraction la plus légère (dite *tête de distillation*).

ÉTEULE [etœl] n.f. (lat. *stipula*). *Litt.* Chaume qui reste sur place après la moisson.

ÉTHANAL n.m. (pl. *éthanals*). CHIM. ORG. Aldéhyde (CH_3CHO) dérivé de l'alcool éthylique. SYN. : *acétaldéhyde.*

ÉTHANE n.m. CHIM. ORG. Hydrocarbure saturé (C_2H_6) gazeux, utilisé comme combustible.

ÉTHANOÏQUE adj. *Acide éthanoïque* : acide acétique.

ÉTHANOL n.m. CHIM. ORG. Alcool (C_2H_5OH) dérivé de l'éthane. SYN. : *alcool éthylique, alcool.*

ÉTHER n.m. (lat. *aether*, du gr.). **1.** Fluide subtil qui, selon les Anciens, emplissait les espaces situés au-delà de l'atmosphère. **2.** *Poét.* Air, ciel. **3.** PHYS. Anc. Fluide hypothétique, impondérable, élastique dans lequel les ondes lumineuses étaient censées se propager. **4.** CHIM. ORG. Oxyde d'alcoyle ou d'aryle, de formule générale ROR′ (nom générique). ◇ ***Éther sulfurique***, ou ***éther*** : oxyde d'éthyle ($(C_2H_5)_2O$), liquide très volatil et inflammable, employé comme solvant, et utilisé comme anesthésique local temporaire.

ÉTHÉRÉ, E adj. **1.** *Poét.* Impalpable, aérien, très pur. *Un amour éthéré.* **2.** Qui a la nature de l'éther, l'odeur de l'éther.

ÉTHÉRIFICATION n.f. CHIM. ORG. Réaction de formation d'un éther à partir d'un alcool.

ÉTHÉRIFIER v.t. [5]. Soumettre à l'éthérification.

ÉTHÉROMANIE n.f. Toxicomanie par l'éther pris en inhalations, boisson ou injections.

ÉTHIOPIEN, ENNE adj. et n. De l'Éthiopie, de ses habitants. ◇ *Langues éthiopiennes,* ou *éthiopien,* n.m. : groupe de langues sémitiques parlées en Éthiopie (amharique, guèze).

ÉTHIQUE adj. (gr. *êthikos,* moral). Qui concerne les principes de la morale. *Jugement éthique.* ◆ n.f. **1.** Partie de la philosophie qui étudie les fondements de la morale. **2.** Ensemble de règles de conduite. **3.** *Éthique médicale :* ensemble des règles morales qui s'imposent aux différentes activités des médecins. SYN. : *déontologie médicale, bioéthique.*

ETHMOÏDAL, E, AUX adj. Relatif à l'ethmoïde.

ETHMOÏDE n.m. (du gr. *êthmos,* crible). ANAT. Os situé à la partie médiane et antérieure de la base du crâne et à la partie supérieure des fosses nasales.

ETHNARCHIE n.f. **1.** Dignité d'ethnarque. **2.** Territoire placé sous la domination d'un ethnarque.

ETHNARQUE n.m. (gr. *ethnos,* peuple, et *arkhê,* commandement). RELIG. **1.** Évêque de certaines Églises orthodoxes. **2.** Chef civil d'une communauté juive, dans l'Ancien Testament.

ETHNIE n.f. (du gr. *ethnos,* peuple). Société humaine réputée homogène, fondée sur la conviction de partager une même origine et sur une communauté effective de langue et, plus largement, de culture.

ETHNIQUE adj. **1.** Relatif à l'ethnie, aux ethnies. *Forte diversité ethnique d'un pays.* ◇ *Purification, épuration ethnique :* noms donnés à l'entreprise d'appropriation exclusive d'un territoire par une population qui le revendique comme sien, au détriment d'une ou plusieurs autres populations occupantes auxquelles elle fait subir des violences physiques ou psychologiques. **2.** LING. *Nom, adjectif ethnique,* dérivés d'un nom de pays, de région ou de ville. SYN. : *ethnonyme, gentilé.* **3.** Se dit de ce qui relève, par sa nature ou son inspiration, d'une culture autre qu'occidentale. *Cuisine, musique ethnique.*

ETHNIQUEMENT adv. Sur le plan ethnique.

ETHNOBIOLOGIE n.f. Étude des rapports existant entre les diverses populations humaines et leur environnement animal et végétal.

ETHNOCENTRIQUE adj. Caractérisé par l'ethnocentrisme.

ETHNOCENTRISME n.m. Tendance à valoriser la manière de penser de son groupe social, de son pays, et à l'étendre abusivement à la compréhension des autres sociétés.

ETHNOCIDE n.m. Destruction d'un peuple, d'une société sur le plan culturel.

ETHNOGENÈSE n.f. Théorie selon laquelle tout groupe ethnique se constitue par emprunts à plusieurs groupes antécédents. (L'ethnogenèse s'oppose directement à la cladistique.)

ETHNOGRAPHE n. Spécialiste d'ethnographie.

ETHNOGRAPHIE n.f. Étude descriptive de toutes les données relatives à la vie d'un groupe humain déterminé. (Elle ouvre sur l'étude comparative des systèmes sociaux, c'est-à-dire sur l'ethnologie et l'anthropologie sociale.)

ETHNOGRAPHIQUE adj. Relatif à l'ethnographie.

ETHNOLINGUISTIQUE n.f. Étude du langage des peuples sans écriture, et des relations, chez ces peuples, entre le langage, la culture et la société. ◆ adj. Relatif à l'ethnolinguistique.

ETHNOLOGIE n.f. (du gr. *ethnos,* peuple). Étude scientifique et systématique des sociétés dans l'ensemble de leurs manifestations linguistiques, coutumières, politiques, religieuses et économiques, comme dans leur histoire particulière.

ETHNOLOGIQUE adj. Relatif à l'ethnologie.

ETHNOLOGUE n. Spécialiste d'ethnologie. (On dit aussi *anthropologue social.*)

ETHNOMÉTHODOLOGIE n.f. Courant de la sociologie selon lequel la réalité sociale peut être décrite et comprise à travers les pratiques ordinaires et banales de la vie quotidienne.

ETHNOMUSICOLOGIE n.f. Étude scientifique de la musique des sociétés non industrielles et de la musique populaire des sociétés industrielles.

ETHNONYME n.m. LING. Nom ou adjectif *ethnique. SYN. : *gentilé.*

ETHNOPSYCHIATRIE n.f. Étude des désordres psychiques en fonction des groupes ethniques et culturels auxquels appartiennent les malades.

ETHNOPSYCHOLOGIE n.f. Étude des caractères psychiques des groupes ethniques.

ÉTHOGRAMME n.m. (du gr. *êthos,* mœurs). Catalogue des comportements d'un animal, établi en vue de le distinguer des espèces voisines.

ÉTHOLOGIE n.f. (gr. *êthos,* mœurs, et *logos,* science). Étude scientifique du comportement des animaux dans leur milieu naturel.

ÉTHOLOGIQUE adj. Relatif à l'éthologie.

ÉTHOLOGUE n. Spécialiste d'éthologie.

ETHOS [etɔs] n.m. (gr. *êthos*). ANTHROP. Ensemble des attitudes spécifiques des membres d'une société particulière. (Concept développé par G. Bateson.)

ÉTHUSE n.f. → **ÆTHUSE.**

ÉTHYLAMINE n.f. CHIM. ORG. Base forte ($C_2H_5NH_2$) préparée par action de l'ammoniac sur l'éthanol et utilisée dans l'industrie du pétrole, des colorants et des médicaments.

ÉTHYLE n.m. (lat. *aether* et gr. *hulê,* bois). CHIM. ORG. Radical monovalent C_2H_5–, dérivé de l'éthane.

ÉTHYLÈNE n.m. Hydrocarbure gazeux incolore ($CH_2{=}CH_2$), produit à partir du pétrole, monomère pour la fabrication des polyéthylènes et à la base de nombreuses synthèses.

ÉTHYLÉNIQUE adj. CHIM. ORG. Se dit d'une molécule ayant une double liaison carbone-carbone. ◇ *Hydrocarbures éthyléniques :* alcènes, oléfines.

ÉTHYLIQUE adj. Se dit d'un dérivé du radical éthyle. ◇ *Alcool éthylique* → **alcool.** ◆ adj. et n. Se dit d'une personne alcoolique.

ÉTHYLISME n.m. Alcoolisme.

ÉTHYLOTEST ou **ÉTHYLOMÈTRE** n.m. Appareil indiquant l'alcoolémie à partir de l'analyse de l'air expiré.

ÉTIAGE n.m. (de *étier*). Niveau moyen le plus bas d'un cours d'eau.

ÉTIER n.m. (lat. *aestuarium,* bassin au bord de la mer). Canal qui amène l'eau de mer dans les marais salants.

ÉTINCELAGE n.m. MÉCAN. INDUSTR. Usinage utilisant l'action érosive d'étincelles électriques à haute fréquence.

ÉTINCELANT, E adj. Qui étincelle ; brillant. *Couleurs étincelantes. Esprit étincelant.*

ÉTINCELER v.i. [16]. **1.** Briller d'un vif éclat ; scintiller. *Les étoiles étincellent.* **2.** *Fig.* Abonder en traits d'esprit. *Il étincelle dans les soirées. Conversation qui étincelle d'esprit.*

ÉTINCELLE n.f. (lat. *scintilla*). **1.** Parcelle incandescente qui se détache d'un corps enflammé ou qui jaillit du frottement ou du choc de deux corps. ◇ *Étincelle électrique :* petit arc électrique très lumineux. **2.** *Fig.* Manifestation brillante et fugitive. *Étincelle de génie.* **3.** *Fam. Faire des étincelles :* être brillant, en parlant de qqn ; faire du bruit, du scandale, en parlant de qqch.

ÉTINCELLEMENT n.m. Fait d'étinceler ; éclat, scintillement.

ÉTIOLEMENT n.m. **1.** AGRIC. Action d'étioler une plante ; son résultat. **2.** *Fig., litt.* Appauvrissement ; affaiblissement. *L'étiolement de l'esprit.*

ÉTIOLER v.t. (de *éteule*). **1.** Rendre une plante grêle et décolorée par manque d'air, de lumière. **2.** AGRIC. Faire pousser une plante (partic. un légume) à l'abri de l'air pour la faire blanchir. *Étioler des endives.* ◆ **s'étioler** v.pr. Devenir malingre, chétif ; s'affaiblir.

ÉTIOLOGIE n.f. (gr. *aitia,* cause, et *logos,* science). MÉD. Discipline qui étudie les causes des maladies. – *Par ext.,* abusif. Les causes de la maladie elles-mêmes.

ÉTIOLOGIQUE adj. **1.** MÉD. Relatif à l'étiologie. **2.** ANTHROP. Se dit d'un récit qui vise à expliquer, par certains faits réels ou mythiques, les origines, la signification d'un phénomène naturel, d'un nom, d'une institution, etc.

ÉTIOPATHE n. Personne pratiquant l'étiopathie.

ÉTIOPATHIE n.f. (gr. *aitia,* cause, et *pathos,* souffrance). Médecine douce dérivée de la chiropractie, à base de manipulations.

ÉTIQUE adj. (anc. fr. *fièvre hectique,* qui amaigrit). *Litt.* Décharné, très maigre.

ÉTIQUETAGE n.m. Action d'étiqueter.

ÉTIQUETER v.t. [16]. **1.** Marquer d'une étiquette. **2.** *Fig.* Classer qqn d'une manière plus ou moins arbitraire.

ÉTIQUETEUR, EUSE n. Personne qui pose des étiquettes.

ÉTIQUETEUSE n.f. Machine à étiqueter.

ÉTIQUETTE n.f. (de l'anc. fr. *estiquer,* attacher). **1.** Petit écriteau que l'on fixe à un objet pour en indiquer la nature, le prix, le contenu, etc. **2.** Désignation qui précise l'appartenance de qqn à un mouvement, notamm. politique. ◇ *Député sans étiquette,* sans appartenance à un parti. **3.** Ordre de préséance, cérémonial et usage dans une cour, une réception officielle. *Observer l'étiquette.* **4.** INFORM. Ensemble de caractères lié à un groupe de données ou placé devant une instruction d'un programme et destiné à l'identifier.

ÉTIRABLE adj. TECHN. Qui peut être étiré sans subir de rupture.

ÉTIRAGE n.m. **1.** Action d'étirer un métal, du verre, un textile, etc. **2.** TEXT. *Banc d'étirage :* machine à étirer.

ÉTIREMENT n.m. **1.** Action d'étirer, de s'étirer ; son résultat. **2.** *Étirement musculaire,* ou *étirement :* exercice pratiqué pendant l'échauffement précédant une activité sportive ou pendant la relaxation qui suit celle-ci, et jouant sur la contraction et le relâchement des muscles étirés.

ÉTIRER v.t. **1.** Allonger, étendre par traction. **2.** MÉTALL. Amener une barre à une longueur plus grande et à une section plus réduite par passage à froid à travers une filière. **3.** TEXT. Réduire la section des rubans et des mèches de fibres textiles durant la filature. **4.** Former par traction continue une feuille de verre plat ou une fibre de verre. ◆ **s'étirer** v.pr. Étendre ses membres.

ÉTOC n.m. (de *estoc*). Tête de rocher émergeant à marée basse.

ÉTOFFE n.f. (mot germ.). **1.** Article textile ayant une certaine cohésion et destiné à un usage d'habillement, d'ameublement. **2.** *Avoir de l'étoffe :* avoir de grandes qualités, une forte personnalité. **3.** Alliage dont on fait les tuyaux d'orgues.

ÉTOFFÉ, E adj. Riche de matière, d'idées. *Devoir bien étoffé.* ◇ *Voix étoffée,* pleine et sonore.

ÉTOFFER v.t. **1.** Utiliser suffisamment d'étoffe pour donner un effet d'ampleur. **2.** Enrichir de matière, de faits ; développer. *Étoffer un roman.* ◆ **s'étoffer** v.pr. Acquérir de la carrure, de l'expérience.

ÉTOILE n.f. (lat. *stella*). **I.** *Astre.* **1.** ASTRON. Astre formé d'une sphère de gaz très chauds au cœur de laquelle se produisent des réactions de fusion nucléaire et qui constitue une puissante source d'énergie. ◇ *Cour. Étoile filante :* météore. – *Étoile à neutrons :* petite étoile extrêmement dense, résultant de l'implosion du cœur d'une supernova et formée presque exclusivement de neutrons. – *Étoile *Polaire : v. partie n.pr.* – *Étoile variable,* soumise à des variations sensibles d'éclat. – *Étoile double, géante, naine* → **double, géant, nain. 2.** Tout astre qui brille dans le ciel nocturne sous l'aspect d'un point. ◇ *À la belle étoile :* en plein air, la nuit. **3.** Astre considéré comme influençant la destinée humaine. *Être né sous une bonne étoile.* **II.** *Sens spécialisés.* **1.** Dessin représentant un objet formé de branches qui rayonnent à partir d'un point central. **2. a.** Fêlure à fentes rayonnantes. **b.** Rond-point à plus de quatre voies. **3.** *Étoile de David :* symbole judaïque constitué par une étoile à six branches. **4. a.** Décoration en forme d'étoile à cinq branches. **b.** En France, insigne du grade des officiers généraux (→ *grade*). **5.** En ski, test de niveau des débutants. ◇ *Première, deuxième, troisième étoile :* qualifications sanctionnant le résultat du test de l'étoile. **6.** Indice de classement attribué à certains sites, hôtels, restaurants, produits. **7.** THERM. Unité de froid équivalant à – 6 °C

■ **ÉTOILE.** Étoile de mer.

E

LES 20 ÉTOILES LES PLUS BRILLANTES DU CIEL

nom usuel	nom officiel	magnitude visuelle apparente	distance en années de lumière
Sirius	α Grand Chien	– 1,4	8,6
Canopus	α Carène	– 0,6	300
Rigil Kentarus	α Centaure	– 0,3	4,35
Arcturus	α Bouvier	– 0,05	37
Véga	α Lyre	+ 0,03	25,3
Capella	α Cocher	+ 0,1	42
Rigel	α Orion	+ 0,2	800
Procyon	α Petit Chien	+ 0,4	11,4
Achernar	α Éridan	+ 0,5	140
Bételgeuse	α Orion	+ 0,5*	400
Agena	β Centaure	+ 0,6	500
Altaïr	α Aigle	+ 0,8	17
Aldébaran	α Taureau	+ 0,9	65
Acrux	α Croix du Sud	+ 0,9	300
l'Épi	α Vierge	+ 1	270
Antarès	α Scorpion	+ 1**	700
Pollux	β Gémeaux	+ 1,2	34
Fomalhaut	α Poisson austral	+ 1,2	25
Deneb	α Cygne	+ 1,3	3 000
Mimosa	β Croix du Sud	+ 1,3	490

** en moyenne (magnitude apparente variable entre 0,1 et 1,2)*
*** en moyenne (magnitude apparente variable entre 0,9 et 1,8)*

E

et qui, multipliée, indique le degré maximal de réfrigération d'un conservateur ou d'un congélateur. **8.** *Étoile de mer :* invertébré marin en forme d'étoile, carnassier, aux bras longs et souples régénérant facilement. (Diamètre max. 50 cm ; embranchement des échinodermes, classe des astérides.) SYN. : *astérie*. **III.** *Artiste.* **1.** Artiste célèbre au théâtre, au cinéma, etc. SYN. : *star.* **2.** *Danseur, danseuse étoile,* ou *étoile.* **a.** Danseur, danseuse de classe internationale. **b.** Échelon suprême dans la hiérarchie de certains ballets ; interprète possédant ce grade.

ENCYCL. Les étoiles naissent de la contraction de vastes nuages de matière interstellaire (nébuleuses). Lorsque leur température devient suffisante, des réactions thermonucléaires s'amorcent dans leurs régions centrales et leur permettent de rayonner. Leur évolution comporte une succession de périodes durant lesquelles elles se contractent sous l'effet de leur propre gravitation ; la matière qui les constitue subit ainsi un échauffement de plus en plus intense, qui autorise le déclenchement de réactions nucléaires entre éléments de plus en plus lourds. Pendant la majeure partie de leur vie, elles tirent leur énergie de la transformation d'hydrogène en hélium (cas du Soleil actuel). Lorsque leur combustible nucléaire s'épuise, elles connaissent une phase explosive puis subissent une phase ultime d'effondrement gravitationnel qui engendre, selon leur masse, une *naine blanche, une *étoile à neutrons ou un *trou noir. C'est grâce à l'enregistrement et à l'analyse de leur spectre que l'on parvient à déterminer la composition chimique des étoiles, les conditions physiques (température et pression) régnant dans leur atmosphère, leurs mouvements, etc.

ÉTOILÉ, E adj. **1.** Semé d'étoiles, d'objets en forme d'étoile. *Ciel étoilé.* ◇ *Bannière étoilée :* drapeau des États-Unis. **2.** Formé de branches rayonnant à partir d'un point central. **3.** *Polygone étoilé :* polygone, génér. régulier, non convexe.

ÉTOILE-D'ARGENT n.f. (pl. *étoiles-d'argent*). Edelweiss.

ÉTOILEMENT n.m. **1.** Action d'étoiler, fait de s'étoiler. **2.** Fêlure, crevasse en étoile.

ÉTOILER v.t. **1.** Fêler en étoile. *Étoiler un carreau.* **2.** *Litt.* Semer d'étoiles ou d'objets en forme d'étoiles.

ÉTOLE n.f. (lat. *stola,* robe). **1.** Insigne liturgique formé d'une large bande d'étoffe et porté par l'évêque, le prêtre et le diacre. **2.** Fourrure en forme d'étole.

ÉTONNAMMENT adv. De façon étonnante.

ÉTONNANT, E adj. **1.** Qui frappe par son caractère inattendu, étrange. **2.** Qui suscite l'admiration ; prodigieux, extraordinaire, remarquable. *Une mémoire étonnante.*

ÉTONNEMENT n.m. Surprise causée par qqch d'extraordinaire, d'inattendu.

ÉTONNER v.t. (lat. pop. *extonare,* frapper de stupeur). Frapper, surprendre par qqch d'extraordinaire, d'inattendu ; stupéfier, abasourdir. ◆ **s'étonner** v.pr. (de). Trouver étrange, être surpris de.

ÉTOUFFADE n.f. → **ESTOUFFADE.**

ÉTOUFFAGE n.m. Action de tuer par un courant d'air chaud les chrysalides des vers à soie.

ÉTOUFFANT, E adj. Qui rend la respiration difficile ; suffocant. *La chaleur étouffante d'une salle.*

ÉTOUFFÉ, E adj. **1.** Décédé par étouffement. **2.** Dont on assourdit l'éclat. *Bruit, rire étouffé.*

ÉTOUFFE-CHRÉTIEN n.m. inv. *Fam.* Aliment, pâtisserie de consistance épaisse ou farineuse et difficile à avaler.

ÉTOUFFÉE n.f. **1.** Louisiane. Sauce sans roux préparée en faisant revenir les ingrédients. **2.** *À l'étouffée :* se dit d'un mode de cuisson des viandes ou des légumes à sec ou avec très peu de liquide, en vase clos. SYN. : *à l'étuvée.*

ÉTOUFFEMENT n.m. **1.** Action d'étouffer ; fait d'être étouffé. **2.** Grande difficulté à respirer. SYN. : *asphyxie, suffocation.*

ÉTOUFFER v.t. (lat. pop. *stuffare,* boucher). **1.** Faire mourir par asphyxie. **2.** Gêner en rendant la respiration difficile. *Chaleur qui étouffe.* **3.** Arrêter la combustion de ; éteindre. *Étouffer le feu.* **4.** *Fig.* Rendre moins sonore ; assourdir, amortir. *Tapis qui étouffe les pas.* **5.** *Fig.* Empêcher la propagation, le développement de. *Étouffer un scandale, une révolte, un sentiment.* ◆ v.i. **1.** Mourir par asphyxie. **2.** Respirer avec peine. *On étouffe ici.* **3.** Être mal à l'aise. ◆ **s'étouffer** v.pr. Perdre brusquement la respiration.

ÉTOUFFOIR n.m. **1.** Pièce de bois garnie de feutre permettant l'arrêt des vibrations d'une corde de clavecin ou de piano. **2.** *Fam.* Local dont l'atmosphère est chaude et confinée.

ÉTOUPE n.f. (lat. *stuppa*). Composante fibreuse, sous-produit du lin ou du chanvre.

ÉTOUPER v.t. Boucher avec de l'étoupe.

ÉTOUPILLE [etupij] n.f. Artifice contenant une composition fulminante servant à la mise à feu d'une charge de poudre.

ÉTOUPILLER v.t. Munir d'une étoupille.

ÉTOURDERIE n.f. **1.** Caractère de celui qui ne réfléchit pas avant d'agir ; irréflexion, distraction, inattention. **2.** Acte irréfléchi. *Commettre des étourderies.*

ÉTOURDI, E adj. et n. Qui agit ou parle sans réflexion, sans attention. *Un enfant étourdi.* ◆ adj. Qui est fait ou dit par étourderie.

ÉTOURDIMENT adv. *Litt.* En étourdi ; inconsidérément, imprudemment.

ÉTOURDIR v.t. (du lat. *turdus,* grive). **1.** Faire perdre à demi connaissance à. *Étourdir qqn d'un coup de bâton.* **2.** Causer une sorte de griserie à. *Le vin l'étourdit un peu.* **3.** Fatiguer, importuner par le bruit, les paroles. *Ce vacarme m'étourdit.* ◆ **s'étourdir** v.pr. *Litt.* S'efforcer de perdre conscience des réalités.

ÉTOURDISSANT, E adj. **1.** Qui étourdit par son bruit. **2.** Qui stupéfie par son caractère exceptionnel, extraordinaire. *Étourdissant de brio.*

ÉTOURDISSEMENT n.m. Malaise brusque et passager ; vertige, lipothymie.

ÉTOURNEAU n.m. (lat. *sturnus*). **1.** Passereau à plumage sombre tacheté de blanc, insectivore et frugivore, qui migre en groupes immenses. (Long. 20 cm ; genre *Sturnus,* famille des sturnidés.) SYN. : *sansonnet.* **2.** *Fam.* Personne d'esprit léger ; étourdi.

■ **ÉTOURNEAU**

ÉTRANGE adj. (lat. *extraneus*). Qui sort de l'ordinaire ; singulier, bizarre. *Une nouvelle, un sourire étranges.*

ÉTRANGEMENT adv. De façon étrange.

1. ÉTRANGER, ÈRE adj. et n. **1.** Se dit d'une personne qui appartient à une autre nation. *Touristes étrangers. Disposition concernant les étrangers.* **2. a.** Qui n'appartient pas à une famille, à un groupe, à une ville. *Loger les étrangers de passage.* **b.** Afrique. Se dit d'un hôte de passage que l'on accueille chez soi quelques jours. ◆ adj. **1.** Qui n'appartient pas au pays où l'on vit. *Langue étrangère.* **2.** Relatif aux rapports avec les autres nations. *Affaires étrangères. Politique étrangère.* **3.** Qui n'appartient pas à un organisme, à une entreprise. *Personne étrangère au service.* **4.** Qui est sans rapport, sans relation avec. *Étranger à une affaire.* **5.** Qui n'est pas connu. *Visage étranger.* **6.** MÉD. *Corps étranger :* objet introduit dans l'organisme intentionnellement (prothèse, par ex.) ou par accident.

2. ÉTRANGER n.m. Pays, ensemble de pays autres que celui dont on est citoyen. *Vivre à l'étranger.*

ÉTRANGETÉ n.f. **1.** Caractère de ce qui est étrange ; bizarrerie. **2.** *Litt.* Action, chose étrange. **3.** PSYCHOL. *Sentiment d'étrangeté :* altération de la résonance affective des perceptions. **4.** L'une des six saveurs fondamentales des quarks.

ÉTRANGLÉ, E adj. **1.** Trop étroit, resserré. **2.** *Voix étranglée,* à demi étouffée, sous l'effet de l'émotion, en particulier. **3.** MÉD. Qui est le siège d'un étranglement. *Hernie étranglée.*

ÉTRANGLEMENT n.m. **1.** Action d'étrangler ; son résultat. **2.** Brusque resserrement ; rétrécissement. *L'étranglement d'une vallée.* ◇ *Goulet* ou *goulot d'étranglement :* difficulté limitant ou retardant une évolution. **3.** MÉD. Resserrement d'un organe, en partic. de l'intestin à la base d'une hernie, gênant sa circulation sanguine.

ÉTRANGLER v.t. (lat. *strangulare*). **1.** Faire mourir par constriction ou par occlusion des voies respiratoires. **2.** Resserrer, comprimer pour diminuer la largeur, l'ouverture. **3.** Empêcher de se manifester, de s'exprimer. *Étrangler la presse, les libertés.* ◆ **s'étrangler** v.pr. **1.** Devenir, être plus resserré. **2.** Avoir du mal à sortir, en parlant de la voix. **3.** Avaler de travers ; s'étouffer.

1. ÉTRANGLEUR, EUSE n. Personne qui étrangle.

2. ÉTRANGLEUR, EUSE adj. Se dit de certaines lianes tropicales, qui étranglent progressivement l'arbre sur lequel elles poussent.

ÉTRAVE n.f. (mot scand.). MAR. Pièce massive qui forme la limite avant de la carène d'un navire. ◇ *Propulseur d'étrave :* petite hélice placée dans un tunnel transversal près de l'étrave et permettant le déplacement latéral du navire.

1. ÊTRE v.i. [2] (lat. pop. *essere,* du classique *esse*). **1.** Exister, avoir une réalité. *Je pense, donc je suis.* ◇ *N'être plus :* avoir cessé de vivre. **2.** Sert à lier l'attribut, le complément de lieu, de temps, de manière, etc., au sujet. *La neige est blanche.* ◇ *Être à.* **a.** Se trouver, avoir lieu à. *Elle est à Genève.* **b.** Appartenir à. *La voiture est à moi.* – *Être de :* provenir de, faire partie de. – *Être en :*

être vêtu en. *Être en survêtement. Être en deuil.* – *Être pour :* apporter son soutien, son approbation à. – *Être sans :* manquer de. **3.** Sert à former des locutions verbales. ◇ *En être :* être parvenu à un certain point, à un résultat ; *fam.*, être homosexuel. – *Y être :* être chez soi ; *fig.*, comprendre. **4.** S'associe au démonstratif pour présenter qqn, qqch. *C'est moi. Ce sont des tulipes. C'est lui qui l'a voulu.* **5.** Sert d'auxiliaire dans les temps composés des verbes passifs, pronominaux et de certains verbes neutres. *Nous sommes venus. Je me suis promenée.* **6.** Sert de substitut à *aller* aux temps composés. *J'ai été à Rome.*

2. ÊTRE n.m. **1.** PHILOS. (Génér. avec une majuscule.) La réalité absolue (par oppos. au *changeant*, au *sensible*). **2.** Essence, nature. *L'être de l'homme.* **3.** Le fait d'être, l'existence. **4.** Ce qui possède l'existence, la vie. *Les êtres vivants.* **5.** *L'Être suprême :* Dieu. – HIST. *Culte de l'Être suprême :* culte déiste organisé par Robespierre pendant la Révolution française, en mai-juin 1794. **6.** Individu de l'espèce humaine ; personne. *Un être détestable.* **7.** *Être de raison :* ce qui n'a d'existence, de réalité que dans notre pensée ; entité.

ÉTRÉCIR v.t. Vx. Rétrécir.

ÉTREINDRE v.t. [62] (lat. *stringere*). **1.** Serrer fortement avec ses membres. *Lutteur qui étreint son adversaire.* **2.** Serrer dans ses bras en témoignage d'affection. **3.** *Fig.* Serrer douloureusement ; tenailler. *L'émotion nous étreignait.*

ÉTREINTE n.f. Action d'étreindre, de serrer dans ses bras.

ÊTRE-LÀ n.m. inv. (calque de l'all. *Dasein*). PHILOS. Chez Heidegger, l'existence humaine conçue comme présence au monde.

ÉTRENNE n.f. (lat. *strena*). **1.** (Souvent pl.) Cadeau, gratification offerts à l'occasion du premier jour de l'année. **2.** *Avoir l'étrenne de qqch*, en avoir l'usage le premier ou pour la première fois.

ÉTRENNER v.t. Utiliser pour la première fois. *Étrenner une robe.* ◆ v.i. *Fam.* Être le premier à subir un inconvénient.

ÊTRES n.m. pl. (lat. *extera*, ce qui est à l'extérieur). *Litt.* Disposition des diverses parties d'une habitation.

ÉTRÉSILLON n.m. (altér. de *estesillon*, bâton). CONSTR. Pièce de bois, de métal ou élément de maçonnerie placés, pour les étayer, entre deux parties (murs, parois, etc.) qui tendraient à se rapprocher.

ÉTRÉSILLONNEMENT n.m. CONSTR. Action d'étrésillonner.

ÉTRÉSILLONNER v.t. CONSTR. Soutenir au moyen d'étrésillons.

ÉTRIER n.m. (mot francique). **1.** Arceau en métal suspendu par une courroie de chaque côté de la selle et sur lequel le cavalier appuie le pied. ◇ *Avoir le pied à l'étrier :* être en bonne voie pour réussir. – *Coup de l'étrier :* verre que l'on boit avant de partir. – *Tenir l'étrier à qqn*, favoriser ses débuts. – *Vider les étriers :* tomber de cheval. **2.** Petite échelle de corde munie de barreaux et utilisée en escalade artificielle. **3.** Pièce métallique de la fixation du ski destinée à maintenir l'avant de la chaussure. **4.** Armature métallique servant, dans les constructions en béton armé, à relier entre eux les fers. **5.** ANAT. Troisième osselet de l'oreille moyenne, s'articulant en dehors avec l'enclume, en dedans avec la fenêtre ovale de l'oreille interne.

ÉTRILLE n.f. (lat. *strigilis*). **1.** Instrument à petites lames dentelées ou à pointes, pour ôter tout ce qui s'accroche au poil des chevaux. **2.** Crabe comestible du littoral atlantique, à pattes postérieures aplaties en palette, à carapace recouverte d'une fine pilosité, aux yeux rouges. (Long. 6 cm ; genre *Portunus*, famille des portunidés.)

ÉTRILLER v.t. **1.** Frotter avec l'étrille. *Étriller un cheval.* **2.** *Fig.* Battre, malmener fortement, réprimander. *Étriller un adversaire.* – *Fig., litt.* Critiquer vivement. *La critique a étrillé son dernier film.* **3.** *Fam.* Faire payer trop cher à qqn.

ÉTRIPAGE n.m. Action d'étriper.

ÉTRIPER v.t. **1.** Enlever les tripes, les entrailles de. *Étriper un lapin.* **2.** *Fam.* Blesser sauvagement, tuer à l'arme blanche. ◆ **s'étriper** v.pr. *Fam.* Se battre sauvagement. *Elles se sont étripées.*

ÉTRIQUÉ, E adj. (néerl. *strijken*, amincir). **1.** Qui manque d'ampleur, trop serré. *Une robe étriquée.* **2.** *Fig.* Qui manque de générosité ; mesquin, d'esprit étroit.

ÉTRIQUER v.t. Rendre trop étroit.

ÉTRIVIÈRE n.f. (de *étrier*). Courroie par laquelle un étrier est suspendu à la selle.

ÉTROIT, E adj. (lat. *strictus*). **1.** Qui a peu de largeur. *Chemin étroit.* ◇ *À l'étroit :* dans un espace trop petit. *Être logé à l'étroit.* **2.** *Fig.* Qui manque d'envergure ; borné. *Esprit étroit.* **3.** Qui tient serré. *Nœud étroit.* **4.** Qui lie fortement ; intime. *Étroite amitié.* **5.** *Sout.* Strict, rigoureux. *Étroite obligation.*

ÉTROITEMENT adv. **1.** À l'étroit. **2.** De façon intime. *Amis étroitement unis.* **3.** De façon rigoureuse, stricte. *Appliquer étroitement les ordres.*

ÉTROITESSE n.f. **1.** Caractère de ce qui est peu large, qui manque d'espace ; exiguïté. **2.** *Fig.* Manque de largeur d'esprit, de générosité. *Étroitesse de vues.*

ÉTRON n.m. (mot germ.). Matière fécale consistante de forme moulée chez certains animaux ; excrément.

ÉTRUSQUE adj. et n. D'Étrurie ; relatif aux Étrusques (v. partie n.pr.). ◆ n.m. Langue sans parenté connue, que parlaient les Étrusques.

ETTD ou **E.T.T.D.** n.m. (sigle de *équipement terminal de traitement de données*). Matériel informatique disposé à l'extrémité d'une ligne de communications et pouvant traiter, recevoir ou émettre des informations.

ÉTUDE n.f. (lat. *studium*, zèle). **1.** Travail de l'esprit qui s'applique à apprendre qqch ou à en approfondir la connaissance. *L'étude des sciences.* **2.** Ensemble des travaux qui précèdent, préparent l'exécution d'un projet. *Bureau d'études.* **3.** Ouvrage exposant les résultats d'une recherche. *Une étude sur Proust.* **4.** BX-ARTS. Dessin, quelquefois peinture ou modelage, exécuté d'après nature, souvent comme préparation d'une œuvre plus élaborée ou d'une partie de celle-ci. **5.** MUS. Morceau composé en principe dans un dessein didactique. **6. a.** Salle où les élèves travaillent en dehors des heures de cours. **b.** Temps qu'ils y passent. **7. a.** Local de travail d'un officier ministériel et de ses clercs. *Une étude de notaire.* **b.** Charge, personnel, clientèle de cet officier ministériel. ◆ pl. Ensemble des travaux et exercices nécessaires à l'acquisition ou au développement des connaissances effectués dans le cadre d'une institution scolaire ou universitaire. *Faire de bonnes études.*

ÉTUDIANT, E n. Personne qui suit des études supérieures. ◆ adj. Relatif aux étudiants ; composé par des étudiants. *Le syndicalisme étudiant.*

ÉTUDIÉ, E adj. **1.** Préparé avec soin. *Discours étudié.* **2.** Volontairement composé ; affecté. *Des gestes étudiés.* **3.** *Prix étudié*, aussi bas que possible.

ÉTUDIER v.t. [5]. **1.** Chercher à acquérir la connaissance ou la technique de ; apprendre. *Étudier le droit, la musique.* **2.** Examiner, analyser attentivement. *Étudier un projet.* ◆ **s'étudier** v.pr. S'observer soi-même avec attention.

ÉTUI n.m. (de l'anc. fr. *estuier*, garder). **1.** Boîte, enveloppe destinée à contenir un objet ou à le recouvrir et ayant grossièrement la même forme que lui. *Étui à lunettes. Étui d'un violon.* **2.** ARM. Cylindre qui contient la charge d'une cartouche et auquel est fixé le projectile.

ÉTUVAGE n.m. Action d'étuver.

ÉTUVE n.f. **1.** Local de bains dont on élève la température pour provoquer la transpiration. – *Fig.* Pièce où il fait très chaud. **2. a.** Enceinte où l'on traite à la chaleur et à la vapeur certains produits (aliments, bois, peaux, textiles). **b.** Appareil utilisé en microbiologie pour maintenir les cultures à une température constante.

ÉTUVÉE (À L') loc. adv. et loc. adj. À l'étouffée.

ÉTUVER v.t. (du gr. *tuphos*, vapeur). **1.** Traiter à l'étuve. **2.** Cuire à l'étouffée.

ÉTYMOLOGIE n.f. (gr. *etumos*, vrai, et *logos*, science). **1.** Étude scientifique de l'origine des mots. **2.** Origine ou filiation d'un mot.

ÉTYMOLOGIQUE adj. Relatif à l'étymologie ; conforme à l'étymologie.

ÉTYMOLOGIQUEMENT adv. D'après l'étymologie.

ÉTYMOLOGISTE n. Spécialiste d'étymologie.

ÉTYMON n.m. LING. Forme attestée ou reconstituée dont on fait dériver un mot.

EUBACTÉRIE n.f. Bactérie vraie (par oppos. à *archéobactérie*). [Les eubactéries représentent l'immense majorité du groupe des procaryotes.]

EUCALYPTUS [økaliptys] n.m. (gr. *eu*, bien, et *kaluptos*, couvert). Arbre originaire d'Australie, à l'écorce marbrée et au feuillage gris-vert très odorant, naturalisé dans les jardins en Europe et en Amérique. (Haut. plus de 100 m en Australie ; famille des myrtacées.)

EUCARIDE n.m. Crustacé malacostracé à carapace formant un céphalothorax, tel que le homard, le crabe, certaines crevettes et le krill. (Les eucarides forment une sous-classe.)

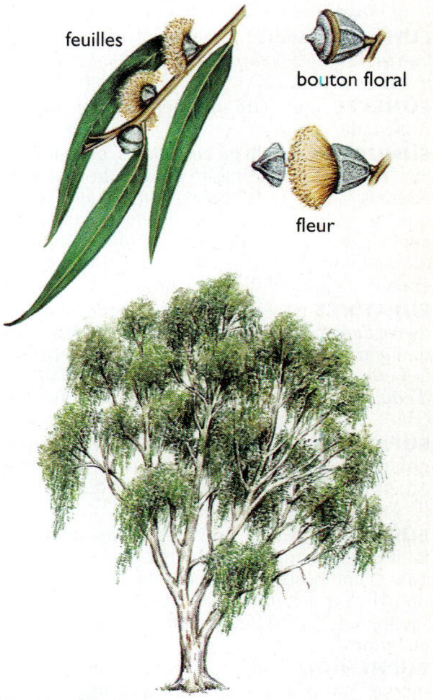

■ **EUCALYPTUS**

EUCARYOTE adj. et n.m. BIOL. Se dit des espèces vivantes dont la ou les cellules ont une membrane nucléaire séparant le noyau du cytoplasme (par oppos. à *procaryote*).

EUCHARISTIE [økaristi] n.f. (gr. *eukharistia*, action de grâce). **1.** Sacrement institué par Jésus-Christ lors de la Cène et qui actualise le mystère de sa mort et de sa résurrection. (Les catholiques y voient une transsubstantiation et les luthériens une consubstantiation.) **2.** Communion au pain et au vin consacrés ; messe. *Célébrer l'eucharistie.*

EUCHARISTIQUE adj. Relatif à l'eucharistie.

EUCLIDIEN, ENNE adj. Relatif à Euclide ou à ses travaux. ◇ *Géométrie euclidienne*, qui repose sur les postulats d'Euclide. – *Espace vectoriel euclidien :* espace vectoriel muni d'un produit scalaire.

EUCOLOGE n.m. (gr. *eukhê*, prière, et *logos*, recueil). Rare. Livre liturgique du rite byzantin, dont la deuxième partie correspond au *Rituel* latin.

EUDÉMIS [ødemis] n.m. Papillon dont la chenille, appelée encore *ver de la grappe*, attaque la vigne. (Famille des tortricidés.)

EUDÉMONISME n.m. (de l'angl., du gr. *eudaimonismos*, bonheur). Doctrine morale qui fait du bonheur le but de l'action (par ex. l'épicurisme).

EUDIOMÈTRE n.m. (gr. *eudia*, beau temps). Instrument servant à l'analyse volumétrique des mélanges gazeux ou à la mesure des variations de volume dans les réactions chimiques entre gaz.

EUDISTE n.m. Membre de la congrégation catholique de Jésus-et-Marie, fondée à Caen, en 1643, par saint Jean Eudes pour la formation des séminaristes et les missions paroissiales.

EUGÉNIQUE adj. Relatif à l'eugénisme.

EUGÉNISME n.m. ou **EUGÉNIQUE** n.f. (gr. *eu*, bien, et *gennân*, engendrer). Ensemble des méthodes qui visent à améliorer le patrimoine géné-

E

tique de groupes humains en limitant la reproduction des individus porteurs de caractères jugés défavorables ou en promouvant celle des individus porteurs de caractères jugés favorables ; théorie qui préconise de telles méthodes.
ENCYCL. Outre le fait qu'il implique un jugement de valeur forcément discutable sur le patrimoine génétique des individus, l'eugénisme se heurte à la complexité du déterminisme génétique et de la transmission héréditaire des caractères physiques et mentaux, qui rend contestables ses fondements scientifiques et l'efficacité potentielle de ses méthodes. Historiquement, il a inspiré les pires formes de répression et de discrimination, particulièrement dans l'Allemagne nazie.

EUGÉNISTE n. Partisan de l'eugénisme.

EUGLÈNE n.f. (du gr. *euglênos,* aux beaux yeux). Organisme unicellulaire des eaux douces, chlorophyllien et flagellé, capable de vivre sans réaliser la photosynthèse. (Classe des euglénophycées.)

EUH interj. Marque l'étonnement, le doute, l'embarras. *Viendrez-vous demain ? – Euh ! je ne sais pas encore.*

EUNECTE n.m. (du gr. *nêktos,* qui nage). Anaconda.

EUNUQUE n.m. (du gr. *eunoukhos,* qui garde le lit). **1.** HIST. Homme castré chargé de fonctions administratives et militaires importantes, ainsi que de la garde des harems impériaux (Iran ancien, Byzance, Chine, monde musulman médiéval, Empire ottoman). **2.** *Fig., litt.* Homme sans énergie, dépourvu de toute virilité.

EUPATOIRE n.f. (lat. *eupatoria herba,* du nom du roi *Eupator,* qui en fit connaître les propriétés médicinales). Plante herbacée, dont une espèce à fleurs roses, appelée usuellement *chanvre d'eau,* est commune dans les lieux humides. (Haut. 1,50 m env. ; famille des composées.)

EUPATRIDE n. ANTIQ. GR. Membre de la classe noble en Attique, laquelle détint le pouvoir à Athènes aux VIIIe et VIIe s. av. J.-C. et fut dépossédée de ses privilèges par Solon.

EUPHAUSIACÉ n.m. (du gr. *phausis,* lumière). Petit crustacé marin des mers froides vivant en bancs immenses et formant le krill, dont se nourrissent les baleines. (Les euphausiacés [genre *Euphausia*] forment un ordre de crustacés eucarides.)

EUPHÉMIQUE adj. Qui relève de l'euphémisme ; qui constitue un euphémisme.

EUPHÉMISME n.m. (gr. *euphêmismos,* emploi d'un mot favorable). Adoucissement d'une expression jugée trop crue, trop choquante. (Par euphémisme, on dit « il nous a quittés » pour « il est mort ».)

EUPHONIE n.f. (gr. *eu,* bien, et *phônê,* voix). Qualité des sons agréables à entendre ; résultat harmonieux de leur combinaison, en partic. dans le mot ou la phrase.

EUPHONIQUE adj. Qui produit l'euphonie. *Le « t » euphonique de « chantera-t-elle ».*

EUPHORBE n.f. (lat. *euphorbia herba,* de *Euphorbe,* médecin de Juba, roi de Numidie). Plante très commune à fleurs vertes en ombelles, à latex blanc souvent toxique. (Famille des euphorbiacées.)

■ **EUPHORBE.** Euphorbe réveille-matin.

EUPHORBIACÉE n.f. Plante dicotylédone produisant fréquemment un latex, telle que l'euphorbe, la mercuriale et nombre d'espèces cultivées (hévéa, ricin, manioc). [Les euphorbiacées forment une immense famille.]

EUPHORIE n.f. (gr. *eu,* bien, et *pherein,* porter). Sensation intense de bien-être, de parfaite joie et d'optimisme.

EUPHORIQUE adj. Qui relève de l'euphorie ; qui exprime cette sensation.

EUPHORISANT, E adj. et n.m. Se dit d'une substance qui procure l'euphorie. ◆ adj. Qui provoque l'euphorie. *Succès euphorisants.*

EUPHORISER v.t. *Sout.* Rendre euphorique.

EUPHOTIQUE adj. HYDROL., OCÉANOL. Se dit de la zone superficielle d'un océan, d'un lac où la lumière pénètre, ce qui permet la photosynthèse.

EUPHRAISE n.f. (lat. *euphrasia*). Petite plante des régions tempérées, à fleurs blanches ou purpurines. (Famille des scrofulariacées.)

EUPHUISME n.m. (de *Euphues,* roman de l'Anglais J. Lyly, 1578). LITTÉR. Style, langage précieux, en vogue à la cour d'Angleterre sous Élisabeth Ire.

EUPLECTELLE n.f. (du gr. *euplektos,* bien tressé). Spongiaire des mers chaudes, à squelette siliceux.

EURAFRICAIN, E adj. Qui concerne à la fois l'Europe et l'Afrique.

EURASIATIQUE adj. Relatif à l'Eurasie.

EURASIEN, ENNE adj. et n. Se dit d'un métis d'Européen et d'Asiatique, partic. au Viêt Nam, en Inde et en Indonésie.

EURÊKA [øreka] interj. (gr. *heurêka,* j'ai trouvé, exclamation attribuée à Archimède découvrant dans son bain la poussée des liquides sur les corps immergés). Parole de contentement qu'on emploie lorsqu'on trouve brusquement une solution, une bonne idée.

EURL ou **E.U.R.L.** [əyɛrɛl] n.f. (sigle de *entreprise unipersonnelle à responsabilité limitée*). Société à responsabilité limitée dont les parts sociales sont détenues par une seule personne.

EURO n.m. Unité monétaire principale de 12 des 15 pays de l'Union européenne (Allemagne, Autriche, Belgique, Espagne, Finlande, France, Grèce, Irlande, Italie, Luxembourg, Pays-Bas, Portugal) [symb. €], divisée en 100 cents.
ENCYCL. L'euro, monnaie européenne mise en place le 1er janvier 1999 (le 1er janvier 2001, pour la Grèce), n'existe auj. que sous forme scripturale. Les pièces et les billets en euros seront mis en circulation le 1er janvier 2002. Les monnaies nationales – devenues des subdivisions de l'euro, désormais monnaie officielle de ces 12 pays – continueront d'avoir cours jusqu'au premier trimestre 2002 au plus tard (en France, jusqu'au 17 février 2002). Un euro vaut 6,559 57 francs.

EUROBANQUE n.f. Banque qui intervient sur le marché des eurodevises.

EUROCENTRISME ou **EUROPÉOCENTRISME** n.m. Analyse de tous les problèmes d'un point de vue exclusivement européen.

EUROCRATE n. *Fam., souvent péjor.* Fonctionnaire des institutions européennes.

EURODÉPUTÉ, E n. Député au Parlement européen.

EURODEVISE n.f. Devise détenue et placée, en Europe, dans une banque d'un pays différent du pays d'origine de la devise. SYN. : *euromonnaie.*

EURODOLLAR n.m. Dollar déposé, à l'extérieur des États-Unis, dans une banque européenne.

EUROMARCHÉ n.m. Marché européen des capitaux.

EUROMISSILE n.m. Nom donné aux missiles nucléaires américains de moyenne portée installés en 1983 dans certains pays de l'OTAN. (Les euromissiles ont été retirés à partir de 1987.)

EUROMONNAIE n.f. Eurodevise.

EURO-OBLIGATION n.f. (pl. *euro-obligations*). Valeur à revenu fixe libellée en eurodevises, émise sur le marché financier par l'intermédiaire de banques de diverses nationalités.

EUROPÉANISATION n.f. Action d'européaniser ; fait d'être européanisé.

EUROPÉANISER v.t. **1.** Faire adhérer au mode de vie européen ; rendre européen par les habitudes, la manière d'être, de penser. **2.** Considérer, envisager une question à l'échelle de l'Europe.

EUROPÉEN, ENNE adj. et n. **1.** D'Europe, de ses habitants. **2.** Favorable à la construction européenne. **3.** Afrique. Se dit de toute personne blanche non africaine. ◆ adj. **1.** Relatif à l'Union européenne. **2.** *Élections européennes,* ou *européennes,* n.f. pl. : élections des députés au Parlement européen.

EUROPÉOCENTRISME n.m. → **EUROCENTRISME.**

EUROPIUM [ørɔpjɔm] n.m. **1.** Métal du groupe des lanthanides. **2.** Élément chimique (Eu), de numéro atomique 63, de masse atomique 151,965.

EUROSCEPTIQUE n. et adj. Personne qui doute de la viabilité ou de l'utilité de la construction de l'Union européenne.

EURYHALIN, E [ørialɛ̃, in] adj. ÉCOL. Se dit d'un organisme marin qui supporte de grandes différences de salinité. CONTR. : *sténohalin.*

EURYTHERME adj. ÉCOL. Se dit des organismes poïkilothermes qui supportent de grandes différences de température. CONTR. : *sténotherme.*

EURYTHMIE n.f. (gr. *eu,* bien, et *ruthmos,* rythme). *Litt.* Combinaison harmonieuse des proportions, des lignes, des couleurs, des sons.

EURYTHMIQUE adj. *Litt.* Qui a un rythme régulier, harmonieux.

EUSKERA [œskɛra] ou **EUSKARA** n.m. Nom que les Basques donnent à leur langue.

EUSKÉRIEN, ENNE ou **EUSKARIEN, ENNE** n. et adj. Basque.

EUSTACHE n.m. *Arg.,* VX. Couteau de poche, à manche de bois et à lame unique.

EUSTATIQUE adj. Relatif à l'eustatisme.

EUSTATISME n.m. (gr. *eu,* bon, et *stasis,* niveau). CLIMATOL. Variation lente du niveau général des océans, due à un changement climatique ou à des mouvements tectoniques.

EUSTHENOPTERON [østenɔptɛrɔ̃] n.m. (gr. *eusthenês,* vigoureux, et *pteron,* nageoire). Poisson crossoptérygien fossile du dévonien dont le squelette des nageoires paires annonce celui des membres des premiers vertébrés terrestres.

■ **EUSTHENOPTERON**

EUTECTIQUE adj. Relatif à l'eutexie.

EUTEXIE n.f. (gr. *eu,* bien, et *têkein,* fondre). THERMODYN. Propriété présentée par des mélanges solides en proportions bien déterminées, dont la fusion se fait à température constante (*point d'eutexie*) comme celle des corps purs.

EUTHANASIE n.f. (gr. *eu,* bien, et *thanatos,* mort). **1.** Acte d'un médecin qui provoque la mort d'un malade incurable pour abréger ses souffrances ou son agonie, illégal dans la plupart des pays. ◇ *Euthanasie passive :* acte d'un médecin qui laisse venir la mort d'un malade incurable sans acharnement thérapeutique. **2.** Acte comparable pratiqué par un vétérinaire sur un chien, un chat, etc.

EUTHANASIER v.t. [5]. Pratiquer l'euthanasie sur un animal, une personne.

EUTHANASIQUE adj. Relatif à l'euthanasie.

EUTHÉRIEN n.m. Mammifère caractérisé notamm. par un développement intra-utérin prolongé du fœtus, associé à un véritable placenta. (La sous-classe des euthériens regroupe tous les mammifères, à l'exception des marsupiaux et des monotrèmes.) SYN. : *placentaire.*

EUTOCIE [øtɔsi] n.f. (gr. *eutokia*). MÉD. Caractère normal d'un accouchement (par oppos. à *dystocie*).

EUTOCIQUE adj. Se dit d'un accouchement normal.

EUTROPHISATION n.f. ÉCOL. Enrichissement d'une eau en sels minéraux (nitrates et phosphates, notamm.), entraînant des déséquilibres écologiques tels que la prolifération de la végétation aquatique ou l'appauvrissement du milieu en oxygène. (Ce processus naturel, ou artificiel [dans ce cas, on parle aussi de *dystrophisation*], peut concerner les lacs, les étangs, certaines rivières et les eaux littorales peu profondes.)

EUX pron. pers. Désigne la 3e pers. du pl. et s'emploie, après une préposition, comme sujet pour renforcer *ils* ou comme complément pour renforcer *les.*

1. ÉVACUATEUR, TRICE adj. MÉD. Qui sert à évacuer. *Lavement évacuateur.*

2. ÉVACUATEUR n.m. *Évacuateur de crues :* dispositif assurant l'évacuation des eaux surabondantes d'un barrage.

ÉVACUATION n.f. Action d'évacuer.

ÉVACUÉ, E n. et adj. Habitant d'une zone de combat, d'une zone sinistrée ou dangereuse, contraint de quitter son domicile.

ÉVACUER v.t. (lat. *evacuare,* vider). **1.** Faire sortir, transporter qqn dans un autre endroit. *Évacuer un blessé.* **2.** Faire quitter en masse un lieu. *Évacuer un théâtre.* **3.** Cesser d'occuper un lieu. *Les spectateurs ont évacué la salle.* **4.** MÉD. Rejeter spontanément ou éliminer par traitement des matières accumulées dans une partie du corps. *Évacuer le pus d'un abcès.* **5.** Déverser, vider, rejeter à l'extérieur. *Évacuer l'eau d'une citerne.*

ÉVADÉ, E adj. et n. Qui s'est échappé de l'endroit où il était détenu.

ÉVADER (S') v.pr. (lat. *evadere,* sortir de). **1.** S'échapper, s'enfuir d'un lieu où l'on était enfermé, détenu. **2.** Se distraire, se soustraire à l'emprise des soucis, se libérer des contraintes quotidiennes.

ÉVAGINATION n.f. (lat. *ex,* hors de, et *vagina,* gaine). Saillie pathologique que fait un organe creux (par ex. l'intestin) en sortant par son orifice (par ex. l'anus) tout en se retournant comme un doigt de gant.

ÉVALUABLE adj. Qui peut être évalué.

ÉVALUATEUR n.m. Québec. Personne qui établit la valeur d'un bien, d'un droit. *Évaluateur agréé.*

ÉVALUATIF, IVE adj. **1.** Qui contient ou qui constitue une évaluation. *Devis évaluatif.* **2.** *Crédit évaluatif :* crédit qui sert à acquitter les dettes de l'État.

ÉVALUATION n.f. **1.** Action d'évaluer. **2.** Quantité évaluée. **3.** ENSEIGN. Mesure à l'aide de critères déterminés des acquis d'un élève, de la valeur d'un enseignement, etc. **4.** *Évaluation médicale,* ou *évaluation :* action consistant à mesurer l'activité et l'efficacité de médecins ou d'institutions médicales, et à proposer des améliorations.

ÉVALUER v.t. (lat. *valere,* valoir). Déterminer la valeur, le prix, l'importance de.

ÉVANESCENCE n.f. *Litt.* Caractère de ce qui est évanescent.

ÉVANESCENT, E adj. (lat. *evanescens*). *Litt.* Qui disparaît par degrés, qui s'efface peu à peu ; qui ne dure pas.

ÉVANGÉLIAIRE n.m. Livre liturgique contenant l'ensemble des passages de l'Évangile qui sont lus au cours de l'office eucharistique.

ÉVANGÉLIQUE adj. **1.** Relatif à l'Évangile ; conforme aux préceptes de l'Évangile. **2.** Qui appartient à une Église protestante. *Églises évangéliques.* (Depuis le milieu des années 1970, ce terme s'applique à des groupes non conformistes américains, proches du fondamentalisme.)

ÉVANGÉLISATEUR, TRICE adj. et n. Qui évangélise.

ÉVANGÉLISATION n.f. Action d'évangéliser.

ÉVANGÉLISER v.t. Prêcher l'Évangile à des populations non chrétiennes dans le but de les convertir au christianisme.

ÉVANGÉLISME n.m. **1.** Aspiration ou tendance à retourner à une vie religieuse selon l'esprit évangélique. **2.** Doctrine des Églises évangéliques.

ÉVANGÉLISTE n.m. **1.** Auteur d'un des quatre Évangiles. **2.** Prédicateur laïc, dans certaines Églises protestantes.

ÉVANGILE n.m. (gr. *euaggelion,* bonne nouvelle). **1.** (Avec une majuscule.) **a.** Message, enseignement de Jésus-Christ. **b.** Ensemble des quatre livres où sont consignées la vie et les paroles de Jésus-Christ ; chacun de ces livres (v. partie n.pr.). **2.** Passage de ces livres lu durant la messe ; moment de cette lecture. **3.** *Fig.* Texte, document qui sert de fondement à une doctrine. ◇ *Parole d'évangile :* chose indiscutable, vérité absolue.

ÉVANOUIR (S') v.pr. (lat. *evanescere*). **1.** Perdre connaissance, tomber en syncope ; défaillir. **2.** Disparaître totalement ; se dissiper.

ÉVANOUISSEMENT n.m. **1.** Perte de connaissance. **2.** *Litt.* Disparition, effacement. **3.** RADIODIFF. Diminution temporaire de l'intensité de signaux radioélectriques, due à des variations des conditions de propagation.

ÉVAPORABLE adj. Qui peut s'évaporer, être évaporé.

ÉVAPORATEUR n.m. **1.** Dans un circuit frigorifique, échangeur de chaleur où le liquide frigorigène se vaporise en prélevant de la chaleur au milieu à refroidir. **2.** Appareil servant à la dessiccation des fruits, des légumes, du lait, etc. **3.** Appareil chauffé à la vapeur et servant à distiller l'eau de mer à bord d'un navire. **4.** CHIM. *Évaporateur rotatif :* instrument de laboratoire servant à faire évaporer le solvant d'une solution placée dans un ballon en rotation dans un bain-marie.

ÉVAPORATION n.f. Transformation sans ébullition d'un liquide en vapeur.

ÉVAPORATOIRE adj. Propre à provoquer l'évaporation.

ÉVAPORÉ, E adj. et n. Se dit d'une personne au caractère léger, frivole.

ÉVAPORER v.t. (lat. *evaporare*). Produire l'évaporation d'un liquide. ◆ **s'évaporer** v.pr. **1.** Se transformer en vapeur par évaporation. **2. a.** *Litt.* Disparaître, cesser d'être. **b.** *Fam.* Disparaître brusquement ; s'éclipser.

ÉVAPORITE n.f. Dépôts (sel gemme, chlorure de potassium, gypse, etc.) résultant d'une évaporation de l'eau de mers fermées, de lagunes ou de lacs salés et de l'accumulation des sels précipités.

ÉVAPOTRANSPIRATION n.f. BOT. Phénomène d'évaporation de l'eau par les végétaux terrestres, grâce auquel la sève peut circuler dans les plantes vasculaires.

ÉVASÉ, E adj. Bien ouvert ; large. *Jupe évasée.*

ÉVASEMENT n.m. État de ce qui est évasé ; orifice ou sommet élargi.

ÉVASER v.t. (du lat. *vas,* vase). **1.** Élargir l'orifice, l'ouverture de. **2.** *Spécial.* Élargir un vêtement par le bas. ◆ **s'évaser** v.pr. S'ouvrir, être largement ouvert ; être plus large à une extrémité.

ÉVASIF, IVE adj. Suffisamment ambigu pour ne pas pouvoir être interprété ou compris ; imprécis, vague. *Une réponse évasive. Un geste évasif.*

ÉVASION n.f. **1.** Action de s'évader, de s'échapper d'un lieu où l'on était enfermé. ◇ *Évasion fiscale :* fait de parvenir à ne pas payer l'impôt auquel on est normalement assujetti. – *Évasion de capitaux :* exportation, souvent clandestine, de capitaux que leur détenteur souhaite soustraire aux conditions économiques ou fiscales de son pays. SYN. : *fuite des capitaux.* **2.** Fait de se soustraire à la monotonie du quotidien ; distraction, changement. *Un besoin d'évasion.*

ÉVASIVEMENT adv. De façon évasive.

ÉVASURE n.f. TECHN. Ouverture évasée.

ÉVÊCHÉ n.m. **1.** Juridiction d'un évêque sur un territoire ; ce territoire. **2.** Siège, palais épiscopal.

ÉVEIL n.m. **1.** *Litt.* Fait de s'éveiller ; réveil. **2.** *Litt.* Fait de sortir de son sommeil, de son engourdissement. *L'éveil de la nature.* **3.** Action d'éveiller, de sensibiliser qqn à qqch. *L'éveil des enfants à la lecture.* ◇ *En éveil :* attentif, aux aguets. – *Donner l'éveil à qqn,* le mettre en garde, attirer son attention. **4.** Fait de s'éveiller à qqch, de se manifester, d'apparaître. *Éveil de la sensibilité.* ◇ *Disciplines d'éveil,* destinées à développer, chez les enfants de l'école élémentaire, le goût de l'observation, la curiosité intellectuelle, etc. (Désignant l'histoire, la géographie, les sciences d'observation et les activités artistiques, cette terminologie n'a plus valeur officielle.)

ÉVEILLÉ, E adj. Dont l'esprit est en éveil, dont l'intelligence est vive, alerte.

ÉVEILLER v.t. (lat. *evigilare*). **1.** *Litt.* Tirer du sommeil ; réveiller. **2.** Exciter, développer une faculté, un sentiment, etc. ; provoquer une réaction. ◆ **s'éveiller** v.pr. *Litt.* Cesser de dormir ; se réveiller.

ÉVEILLEUR, EUSE n. *Litt.* Personne qui provoque l'éveil, l'apparition d'un sentiment, d'une faculté intellectuelle.

ÉVEINAGE n.m. Ablation chirurgicale d'une veine variqueuse au moyen d'un fil glissé à l'intérieur, puis fixé à une extrémité et tiré à l'autre extrémité.

ÉVÉNEMENT ou **ÉVÈNEMENT** n.m. (du lat. *evenire,* arriver). **1.** Ce qui se produit, arrive ou apparaît ; fait, circonstance. **2.** Fait important, marquant. ◇ *Attendre un heureux événement :* être enceinte. **3.** STAT. Partie d'un univers Ω réalisée quand l'une des éventualités la composant se réalise. ◆ pl. Ensemble de faits marquants, exceptionnels. *Les événements de mai 68.*

ÉVÉNEMENTIEL, ELLE ou **ÉVÈNEMENTIEL, ELLE** adj. **1.** Qui relate des événements en suivant le seul ordre chronologique. *Histoire événementielle.* **2.** Relatif à un événement particulier. ◆ n.m. Ce qui concerne les événements au jour le jour, l'actualité.

ÉVENT n.m. (de *éventer*). **1.** Altération des aliments ou des boissons, causée par l'action de l'air. **2.** TECHN. Chacun des orifices ménagés dans un moule de fonderie, un réservoir, un tuyau, etc., pour laisser échapper les gaz. **3.** ZOOL. Narine simple ou double située sur le sommet de la tête des cétacés. **4.** Petite bouche par laquelle s'échappent des gaz volcaniques ou des jaillissements d'eaux chaudes.

ÉVENTAIL n.m. (pl. *éventails*). **1.** Accessoire portatif, constitué essentiellement d'un demi-cercle de tissu ou de papier ajusté à une monture repliable, dont on se sert pour s'éventer. **2.** ARCHIT. *Voûte en éventail :* type de voûte nervurée usuelle dans le style gothique perpendiculaire anglais. **3.** *Éventail de :* grand choix de choses, d'articles de même catégorie.

ÉVENTAIRE n.m. Étalage de marchandises à l'extérieur d'un magasin.

ÉVENTÉ, E adj. **1.** Altéré par l'air. *Vin éventé.* **2.** *Litt.* Divulgué. *Secret éventé.*

ÉVENTER v.t. (du lat. *ventus,* vent). **1. a.** Exposer au vent, à l'air. **b.** Donner du vent, de l'air à qqn. **2.** *Litt.* Rendre public ; divulguer, révéler. *Éventer un secret.* ◆ **s'éventer** v.pr. **1.** S'altérer au contact de l'air. *Parfum qui s'évente.* **2.** Se rafraîchir en agitant l'air, en partic. avec un éventail.

ÉVENTRATION n.f. MÉD. Saillie des viscères sous la peau de l'abdomen, par faiblesse congénitale ou accidentelle de la paroi musculaire.

ÉVENTRER v.t. **1.** Ouvrir le ventre d'un animal, d'un être humain. **2.** Ouvrir qqch de force en le défonçant, en y faisant une brèche.

ÉVENTREUR n.m. Assassin qui tue en éventrant. *Jack l'Éventreur.*

ÉVENTUALITÉ n.f. **1.** Fait qui peut se réaliser. *Parer à toute éventualité.* **2.** Caractère de ce qui est éventuel.

ÉVENTUEL, ELLE adj. (du lat. *eventus,* événement). Qui dépend des circonstances ; hypothétique, possible.

ÉVENTUELLEMENT adv. De façon éventuelle ; le cas échéant.

ÉVÊQUE n.m. (lat. *episcopus*). **1.** Prêtre qui a reçu la plénitude du sacerdoce et qui a la direction spirituelle d'un diocèse, dans l'Église catholique romaine et dans les Églises de rite oriental. **2.** Dignitaire ecclésiastique, dans plusieurs Églises protestantes.

ÉVERSION n.f. MÉD. Évagination d'une muqueuse formant un bourrelet autour d'un orifice.

ÉVERTUER (S') v.pr. **(à).** Faire des efforts pour, s'efforcer de.

ÉVHÉMÉRISME [evemerism] n.m. (de *Évhémère,* n.pr.). Conception selon laquelle les personnages de la mythologie sont des êtres humains divinisés après leur mort.

ÉVICTION n.f. (lat. *evictio*). **1.** Action d'évincer, fait d'être évincé ; expulsion par force ou par manœuvre. ◇ *Éviction scolaire :* exclusion temporaire de l'école d'un enfant contagieux. **2.** Suppression d'un agent pathogène dans l'environnement d'une personne. *Éviction d'un allergène.* **3.** DR. Perte d'un droit sur une chose en raison de l'existence d'un droit antérieur d'un tiers sur la même chose.

ÉVIDAGE n.m. Rare. Action d'évider.

ÉVIDEMENT n.m. **1.** Action d'évider ; partie évidée. **2.** CHIRURG. Opération qui consiste à enlever tous les éléments (par ex. les ganglions lymphatiques) d'une petite région.

ÉVIDEMMENT [evidamɑ̃] adv. **1.** Sans aucun doute ; certainement. **2.** De façon évidente.

ÉVIDENCE n.f. **1.** Chose évidente. **2.** Caractère de ce qui est évident. ◇ *De toute évidence, à l'évidence :* sûrement, sans aucun doute. – *Mettre en évidence :* rendre manifeste. – *Se mettre en évidence :* se faire remarquer.

ÉVIDENT, E adj. (lat. *evidens*). **1.** Qui s'impose à l'esprit, d'une certitude absolue ; manifeste, indiscutable. **2.** *Fam. Ne pas être évident :* ne pas être facile à faire ou à comprendre.

ÉVIDER v.t. (de *vide*). **1.** Enlever de la matière à un objet. **2.** Pratiquer une échancrure dans le contour de.

ÉVIDURE n.f. Creux d'un objet évidé.

ÉVIER n.m. (du lat. *aquarius,* relatif à l'eau). **1.** Cuve munie d'une alimentation en eau et d'une vidange, dans laquelle on lave notamm. la vaisselle. **2.** Belgique. Lavabo.

ÉVINCEMENT n.m. Action d'évincer.

E

ÉVINCER v.t. [9] (lat. *evincere,* vaincre). **1.** Éloigner, écarter qqn par intrigue. **2.** DR. Déposséder légalement un possesseur de bonne foi.

ÉVISCÉRATION [eviserasjɔ̃] n.f. MÉD. **1.** Sortie des viscères à travers une brèche de la paroi de l'abdomen. **2.** Ablation chirurgicale de tous les organes ou de tous les tissus d'une région. *Éviscération du globe oculaire.*

ÉVISCÉRER v.t. [11]. Enlever les viscères, les entrailles de. *Éviscérer un cadavre.*

ÉVITABLE adj. Qui peut être évité.

ÉVITAGE n.m. MAR. Mouvement d'un navire qui évite ; espace libre de tout obstacle nécessaire à ce mouvement.

ÉVITEMENT n.m. **1.** ÉTHOL., PSYCHOL. Comportement dans lequel l'animal ou l'homme émet une réaction avant qu'un stimulus nocif ne l'atteigne. – *Par ext.* Conduite visant à s'écarter d'une situation ou à empêcher la production d'une pensée ou d'un acte générateurs d'angoisse. **2.** CH. DE F. *Voie d'évitement :* voie doublant une voie principale et qui permet le garage momentané d'un train en vue de son dépassement par un autre train. **3.** Québec. *Évitement fiscal :* fait de parvenir, par des moyens légaux, à différer, réduire ou éluder complètement le paiement de ses impôts.

E

ÉVITER v.t. (lat. *evitare*). **1.** Échapper, parer à qqch de nuisible ou de désagréable. *Éviter un accident de justesse.* **2.** Permettre à qqn d'échapper à qqch de dangereux ou de pénible. *Éviter une corvée à un ami.* **3.** Veiller à ne pas faire ; s'abstenir, se garder de. *Évitez de venir trop tôt.* **4.** S'efforcer de ne pas rencontrer qqn. ◆ v.i. MAR. Tourner au bout de sa ligne de mouillage autour de son ancre, sous l'action du vent ou du courant, en parlant d'un navire.

ÉVOCABLE adj. Qui peut être évoqué.

ÉVOCATEUR, TRICE adj. Qui évoque, qui a le pouvoir d'évoquer qqn, qqch.

ÉVOCATION n.f. **1.** Action d'évoquer ; ce qui est évoqué. **2.** PSYCHOL. Fonction de la mémoire par laquelle les souvenirs reviennent à la conscience. **3.** DR. Pouvoir d'évoquer d'une cour d'appel ; fait d'évoquer.

ÉVOCATOIRE adj. Qui permet une évocation.

ÉVOLUÉ, E adj. **1.** Qui a atteint un certain degré d'évolution ou de culture. **2.** INFORM. *Langage évolué :* langage de programmation conçu en fonction du type d'application auquel il est destiné et qui est indépendant du type d'ordinateur utilisé (par ex. Fortran, Cobol, C, etc.). ◆ adj. et n. Afrique. Qui a reçu une éducation de type européen.

ÉVOLUER v.i. **1.** Se modifier, se transformer progressivement. *La société évolue sans cesse.* **2.** Modifier sa manière de penser, de se conduire ; changer. *Il a beaucoup évolué depuis son séjour à l'étranger.* **3.** Exécuter une, des évolutions. *Patineurs qui évoluent gracieusement sur la glace.* **4.** SPORTS. Jouer, notamm. en compétition. *Footballeur qui évolue en première division.*

ÉVOLUTIF, IVE adj. **1.** Susceptible d'évolution ; qui produit une évolution. **2.** MÉD. Se dit d'une affection changeant d'aspect rapidement et par étapes successives, en partic. vers l'aggravation. *Le cancer est une maladie évolutive.*

ÉVOLUTION n.f. (lat. *evolutio,* déroulement). **1.** Transformation graduelle et continuelle. *L'évolution des mœurs.* **2.** Succession des phases d'une maladie. *Cancer à évolution lente.* **3.** SC. DE LA V. Ensemble des changements subis au cours des temps géologiques par les lignées animales et végétales, ayant eu pour résultat l'apparition de formes nouvelles. ◇ *Théorie synthétique de l'évolution,* qui a concilié progressivement les données de la génétique, de l'embryologie, de la paléontologie, de la systématique et de la biologie moléculaire avec la théorie de Darwin. – *Théorie synergique de l'évolution,* qui considère qu'une sélection dite multipolaire, qu'elle soit naturelle ou artificielle, peut s'exercer à tous les niveaux du vivant, de la molécule biologique à l'écosystème, et non seulement au niveau des populations. **4.** (Souvent pl.) Mouvement ou ensemble de mouvements divers et coordonnés. *Les évolutions d'un acrobate.* **5.** MIL. (Souvent pl.) Mouvement ordonné exécuté par une troupe, des véhicules, des navires, des avions, dans une formation précise fixée d'avance.

ÉVOLUTIONNISME n.m. **1.** SC. DE LA V. Ensemble des théories transformistes, expliquant l'évolution des espèces au cours des âges par des variations (darwinisme) ou des mutations (mutationnisme, néodarwinisme, neutralisme) aléatoires, soumises à la pression sélective du milieu (sélection naturelle). **2.** SOCIOL. Doctrine selon laquelle l'histoire des sociétés se déroule de façon progressive et sans discontinuité.

ÉVOLUTIONNISTE adj. et n. Relatif à l'évolutionnisme ; qui en est partisan.

ÉVOQUER v.t. (lat. *evocare*). **1.** Faire penser à ; rappeler. *Son nom t'évoque-t-il quelque chose ?* **2.** Rappeler à la mémoire. **3.** Faire allusion à, rendre présent à l'esprit. *Évoquer le problème de l'euthanasie.* **4.** Faire apparaître des esprits, des revenants, etc., par la magie. **5.** DR. Statuer sur l'appel et sur les points non jugés en première instance, en parlant d'une cour d'appel.

EVZONE [ɛvzɔn] n.m. (du gr. *euzônos,* qui a une belle ceinture). Fantassin grec.

EX-, préfixe d'origine latine qui exprime ce que qqn ou qqch a cessé d'être ou ne possède plus. *Un ex-ministre. Un titre de rente ex-coupon.*

EX n. *Fam.* Époux, épouse dont on est divorcé ; personne avec qui on a eu des relations amoureuses.

EXA-, préfixe (symb. E) qui, placé devant une unité, la multiplie par 10^{18}.

EX ABRUPTO loc. adv. (du lat. *abruptus,* abrupt). Sans préparation ; brusquement.

EXACERBATION n.f. Paroxysme, exaspération d'un sentiment, d'une sensation, etc.

EXACERBER v.t. (lat. *exacerbare,* irriter). Pousser un sentiment, un état à un très haut degré, à son paroxysme. *Exacerber la colère de qqn.*

EXACT, E [ɛgza, akt] ou [ɛgzakt] adj. (lat. *exactus,* achevé). **1.** Conforme à la règle ou à la vérité ; juste. *Calcul exact.* ◇ *Sciences exactes :* mathématiques, astronomie, sciences physiques (par oppos. à *sciences humaines*). **2.** Qui respecte l'horaire ; ponctuel. *Fonctionnaire exact.*

EXACTEMENT adv. **1.** Avec exactitude ; précisément, rigoureusement. **2.** Tout à fait. *« Il vous a dit cela ? – Exactement. »*

EXACTEUR n.m. *Litt.,* rare. Celui qui commet une exaction.

EXACTION n.f. (lat. *exactio,* action de faire payer). *Litt.* Action d'exiger plus qu'il n'est dû ou ce qui n'est pas dû, notamm. par abus de pouvoir. ◆ pl. Sévices, actes de violence, de pillage commis contre des populations.

EXACTITUDE n.f. **1.** Caractère de ce qui est juste, rigoureux, conforme à la logique. **2.** Qualité d'une personne exacte, ponctuelle.

EX AEQUO [ɛgzeko] adj. inv. et loc. adv. (mots lat., *à égalité*). Qui est sur le même rang. ◆ n. inv. Personne ayant obtenu le même rang ; ces personnes. *Il y a deux ex aequo à ce concours.*

EXAGÉRATION n.f. **1.** Action d'exagérer ; excès. **2.** Parole, acte exagérés.

EXAGÉRÉ, E adj. Où il y a de l'exagération ; outré, excessif. *Ces estimations sont très exagérées.*

EXAGÉRÉMENT adv. De façon exagérée.

EXAGÉRER v.t. [11] (lat. *exaggerare,* entasser). Accentuer à l'excès ; outrer. *Exagérer un détail.* ◆ v.i. Dépasser la mesure, la vérité, dans ses paroles ou ses actes. ◆ **s'exagérer** v.pr. Donner trop d'importance à qqch. *Il s'exagère la difficulté du problème.*

EXALTANT, E adj. Qui provoque de l'exaltation ; qui stimule.

EXALTATION n.f. **1.** Surexcitation intellectuelle et affective, emportement euphorique. **2.** *Litt.* Élévation à un très haut degré d'un sentiment, d'un état affectif. *L'exaltation du sentiment religieux.* **3.** *Litt.* Éloge ; glorification. *L'exaltation du travail.*

EXALTÉ, E adj. et n. Empreint d'exaltation ; passionné.

EXALTER v.t. (lat. *exaltare,* élever). **1.** Provoquer l'exaltation de ; enthousiasmer, exciter. *Récit qui exalte l'imagination.* **2.** *Litt.* Faire l'éloge de ; célébrer. ◆ **s'exalter** v.pr. Céder à l'exaltation ; s'enthousiasmer.

EXAMEN [ɛgzamɛ̃] n.m. (mot lat.). **1.** Observation attentive, étude minutieuse. *Examen d'une question.* **2.** *Examen médical :* étude de l'état d'un organe, d'une fonction, par un médecin. – *Examen clinique,* direct, sans instruments complexes. – *Examen complémentaire,* nécessitant un matériel et du personnel spécialisés (dosage sanguin, radiographie, etc.). – *Examen de santé :* ensemble d'examens cliniques et complémentaires effectués chez une personne apparemment saine, dans un but de dépistage et de prévention. Recomm. off. pour *check-up.* SYN. : *bilan de santé.* **3.** *Examen de conscience :* examen critique de sa propre conduite. – *Libre examen :* fait de ne croire que ce que la raison individuelle peut contrôler. **4.** Épreuve ou ensemble d'épreuves que subit un candidat. *Passer un examen.* Abrév. *(fam.) : exam.* **5.** DR. *Mise en examen :* acte de procédure par lequel le juge d'instruction fait connaître à qqn les faits qui lui sont pénalement reprochés.

EXAMINATEUR, TRICE n. Personne chargée de faire passer un examen à un candidat, de le soumettre à une épreuve écrite ou orale.

EXAMINER v.t. (lat. *examinare*). **1.** Observer attentivement, minutieusement. *Examiner une affaire.* **2.** Faire subir un examen, notamm. médical.

EX ANTE [ɛksɑ̃te] loc. adj. (mots lat., *d'avant*). Se dit de l'analyse des faits économiques effectuée de façon prévisionnelle (par oppos. à *ex post*). *Calcul ex ante.*

EXANTHÈME n.m. (gr. *exanthêma,* efflorescence). MÉD. Éruption sur la peau (par oppos. à *énanthème*), rouge et diffuse, accompagnant certaines maladies infectieuses (rubéole, scarlatine, rougeole, etc.).

EXARCHAT [ɛgzarka] n.m. **1.** Dignité d'exarque. **2.** HIST. Gouvernement militaire byzantin commandé par un exarque. **3.** RELIG. Circonscription ecclésiastique dirigée par un exarque, en Orient.

EXARQUE n.m. (gr. *exarkhos*). **1.** HIST. Dignitaire gouvernant en Italie et en Afrique pour le compte des empereurs byzantins. **2.** RELIG. Prélat de l'Église orientale qui a juridiction épiscopale.

EXASPÉRANT, E adj. Qui exaspère.

EXASPÉRATION n.f. **1.** Fait de s'exaspérer, d'être exaspéré. **2.** *Litt.* Exacerbation.

EXASPÉRER v.t. [11] (lat. *exasperare,* de *asper,* âpre). **1.** Mettre au comble de l'irritation, de l'énervement ; irriter. **2.** *Litt.* Exacerber un sentiment, un désir, etc.

EXAUCEMENT n.m. Action d'exaucer.

EXAUCER v.t. [9] (lat. *exaltare,* élever). Satisfaire qqn en lui accordant ce qu'il demande ; accueillir favorablement ce qui est demandé. *Exaucer un désir.*

EX CATHEDRA [ɛkskatedra] loc. adv. (mots lat., *du haut de la chaire*). **1.** CATH. Du haut de la chaire, en parlant du pape lorsque, en tant que chef de l'Église, il proclame un article de foi. **2.** D'un ton doctoral, dogmatique.

EXCAVATEUR n.m. ou **EXCAVATRICE** n.f. TRAV. PUBL. Engin de terrassement muni d'une roue-pelle ou d'une chaîne à godets.

EXCAVATION n.f. **1.** Action de creuser dans le sol. *Excavation minière.* **2.** Creux, cavité, en partic. dans le sol.

EXCAVER v.t. (du lat. *cavus,* creux). TRAV. PUBL., MIN. Pratiquer une excavation.

EXCÉDANT, E adj. Qui excède, exaspère ; qui fatigue ou importune extrêmement.

EXCÉDENT n.m. Ce qui excède en quantité ; surplus. – ÉCON. Solde positif (par oppos. à *déficit*).

EXCÉDENTAIRE adj. Qui est en excédent.

EXCÉDER v.t. [11] (lat. *excedere,* s'en aller). **1.** Dépasser en nombre, en quantité, en durée la limite fixée. *La dépense excède les recettes.* **2.** *Sout.* Outrepasser. *Excéder son pouvoir.* **3.** Agacer au plus haut point ; exaspérer. *Ce bruit m'excède.*

EXCELLEMMENT [-lamɑ̃] adv. *Litt.* De façon excellente.

EXCELLENCE n.f. **1.** Caractère excellent de ; perfection. ◇ *Prix d'excellence :* prix accordé au meilleur élève d'une classe. – *Par excellence :* au plus haut point ; tout particulièrement. **2.** (Avec une majuscule.) Titre donné notamm. aux ambassadeurs, aux ministres, aux évêques. *Votre, Son Excellence.*

EXCELLENT, E adj. Supérieur dans son genre ; très bon, parfait.

EXCELLER v.i. (lat. *excellere*). Être supérieur en son genre, l'emporter sur les autres. *Exceller en mathématiques.*

EXCENTRATION n.f. Action d'excentrer.

EXCENTRÉ, E adj. Loin du centre ; excentrique. *Région excentrée.*

EXCENTRER v.t. 1. MÉCAN. INDUSTR. Décaler l'axe d'un élément d'une pièce de révolution par rapport à l'axe général. 2. Mettre loin du centre.

EXCENTRICITÉ n.f. 1. Originalité, extravagance d'une personne excentrique ; acte extravagant. 2. Caractère de ce qui est loin du centre. 3. GÉOMÉTR. ***Excentricité d'une conique :*** rapport constant, positif et non nul, de la distance de tout point d'une conique à un foyer, à la distance entre ce point et la directrice associée à ce foyer. 4. ASTRON. ***Excentricité de l'orbite d'une planète, d'une comète, d'un satellite :*** excentricité de la conique décrite.

1. **EXCENTRIQUE** adj. Situé loin du centre ; excentré. *Quartier excentrique.* ◆ adj. et n. Qui est en opposition avec les usages reçus ; bizarre, extravagant. *Conduite excentrique.*

2. **EXCENTRIQUE** n.m. MÉCAN. INDUSTR. Mécanisme destiné à transformer le mouvement de rotation d'une pièce en un mouvement alternatif.

EXCENTRIQUEMENT adv. De façon excentrique.

1. **EXCEPTÉ** prép. À la réserve de ; hormis. *Les concurrents, excepté les plus jeunes.* ◆ **excepté que** loc. conj. Si ce n'est que, à cela près que.

2. **EXCEPTÉ, E** adj. Non compris dans un ensemble. *Les concurrents, les plus jeunes exceptés.*

EXCEPTER v.t. (lat. *exceptare,* exclure). Ne pas comprendre dans un ensemble. *Excepter certains condamnés d'une amnistie.*

EXCEPTION n.f. 1. Ce qui est hors de la règle commune, qui paraît unique. ◇ ***Faire exception :*** échapper à la règle. – DR. ***Loi, tribunal d'exception,*** en dehors du droit commun. – ***À l'exception de :*** sauf. 2. DR. Tout moyen de défense qui tend soit à déclarer une procédure irrégulière, soit à en suspendre le cours.

EXCEPTIONNEL, ELLE adj. 1. Qui forme exception, qui n'est pas ordinaire. 2. Qui se distingue par ses mérites, sa valeur.

EXCEPTIONNELLEMENT adv. De façon exceptionnelle.

EXCÈS [ɛksɛ] n.m. (lat. *excessus*). 1. Quantité qui se trouve en plus. *Un excès de cholestérol.* 2. Ce qui dépasse la mesure normale. *Excès d'indulgence.* ◇ DR. ***Excès de pouvoir :*** acte qui est en dehors ou au-delà des attributions de celui qui l'accomplit, et en partic. de celles d'une autorité administrative. 3. Dérèglement de conduite ; abus. ◇ ***Excès de langage :*** propos discourtois, injurieux. ◆ pl. 1. Actes de violence, de démesure. 2. Abus de nourriture, de boisson, etc. *Faire des excès.*

EXCESSIF, IVE adj. 1. Qui excède la mesure ; exagéré, exorbitant. *Une rigueur excessive.* 2. Se dit de qqn qui pousse les choses à l'excès.

EXCESSIVEMENT adv. 1. Avec excès. *Boire excessivement.* 2. Extrêmement, tout à fait. *Cela me déplaît excessivement.*

EXCIPER v.t. ind. **[de]** (lat. *excipere,* excepter). DR. Tirer argument d'une exception, prétexter une excuse. *Exciper de sa bonne foi.*

EXCIPIENT n.m. (du lat. *excipere,* recevoir). Substance sans activité thérapeutique incorporée dans un médicament pour en faciliter la préparation, la conservation ou l'administration.

EXCISE [eksiz] n.f. (mot angl.). DR. Taxe sur certains produits de consommation, en Grande-Bretagne et aux États-Unis.

EXCISER v.t. (lat. *excidere,* couper). Pratiquer une excision.

EXCISEUR, EUSE n. Personne qui pratique l'excision rituelle du clitoris. (Le masc. est rare.)

EXCISION n.f. 1. Ablation de tissus malades dans une petite région du corps. *Excision d'un panaris.* 2. Ablation rituelle du clitoris et parfois des petites lèvres, pratiquée chez certains peuples.

EXCITABILITÉ n.f. *Didact.* Propriété de ce qui est excitable.

EXCITABLE adj. 1. Prompt à s'exciter ; irritable. 2. Se dit de la cellule nerveuse ou musculaire capable d'entrer en action en réponse à une stimulation.

1. **EXCITANT, E** adj. Qui inspire l'intérêt, suscite l'émotion ou le désir.

2. **EXCITANT, E** adj. et n.m. Se dit d'une substance propre à augmenter le niveau d'éveil ou l'activité d'un organe ou d'un système.

EXCITATEUR, TRICE n. *Litt.* Personne qui excite, stimule.

EXCITATION n.f. 1. Action d'exciter ; état d'agitation, d'énervement. 2. PSYCHIATR. Augmentation plus ou moins désordonnée de l'activité psychique ou motrice ; agitation. 3. Forte incitation ; encouragement, provocation. *Excitation à la violence.* 4. PHYS. Processus par lequel un atome, un noyau, une molécule passe d'un niveau d'énergie à un niveau plus élevé. 5. PHYSIOL. Modification de l'activité électrique de la membrane d'un neurone, d'une cellule musculaire sous l'effet d'une stimulation. 6. ÉLECTROTECHN. Production d'un flux d'induction magnétique dans un circuit magnétique au moyen d'un courant électrique.

EXCITATRICE n.f. ÉLECTROTECHN. Générateur destiné à fournir des courants d'excitation.

EXCITÉ, E adj. et n. Qui est énervé, agité. ◆ adj. PHYS. Qui a subi une excitation.

EXCITER v.t. (lat. *excitare*). 1. Faire naître ; provoquer ; rendre plus vif ; activer, stimuler. *Exciter le rire. Exciter la soif, la colère.* 2. Mettre qqn dans un état de tension ; énerver. *Exciter la foule.* – Faire naître le désir physique. ◆ **s'exciter** v.pr. 1. Devenir de plus en plus agité ; s'énerver. 2. Prendre un très vif intérêt à ; s'enthousiasmer pour. *S'exciter sur un projet.*

EXCLAMATIF, IVE adj. Qui marque l'exclamation. *Phrase exclamative.* ◆ n.m. Mot exclamatif.

EXCLAMATION n.f. 1. Cri de joie, de surprise, d'indignation, etc. 2. LING. Phrase, parfois réduite à une interjection, exprimant une émotion vive ou un jugement affectif. ◇ ***Point d'exclamation :*** signe de ponctuation (!) que l'on met après une phrase exclamative ou une interjection.

EXCLAMATIVE n.f. Phrase exclamative.

EXCLAMER (S') v.pr. (lat. *exclamare*). Pousser des exclamations.

EXCLU, E adj. et n. 1. Qui a été rejeté, chassé d'un groupe. 2. Qui n'est plus considéré comme membre à part entière de la société.

EXCLURE v.t. [76] (lat. *excludere*). 1. Mettre dehors ; renvoyer, expulser. *Exclure d'un parti, d'une salle.* 2. Ne pas compter qqch dans un ensemble. *On a exclu l'hypothèse du suicide.* 3. Être incompatible avec qqch d'autre. ◇ ***Il n'est pas exclu que :*** il est possible que.

EXCLUSIF, IVE adj. 1. Qui appartient à un seul par privilège spécial. *La propriété exclusive d'un modèle.* 2. Qui repousse tout ce qui est étranger. *Amour exclusif.* 3. Qui exclut toute autre chose comme incompatible. *Droit exclusif de tout autre droit.* 4. De parti pris ; absolu. *Être exclusif dans ses idées.*

EXCLUSION n.f. 1. Action d'exclure ; renvoi. 2. Situation d'une personne, d'un groupe exclus. 3. ***À l'exclusion de :*** à l'exception de. 4. LOG. Relation entre deux classes non vides dans lesquelles aucun élément de l'une n'appartient à l'autre, et réciproquement.

EXCLUSIVE n.f. *Sout.* Mesure d'exclusion. *Prononcer l'exclusive contre qqn.*

EXCLUSIVEMENT adv. 1. En excluant, non compris. 2. En excluant le reste ; uniquement.

EXCLUSIVISME n.m. *Rare.* Caractère des gens exclusifs.

EXCLUSIVITÉ n.f. 1. Possession sans partage. 2. Droit exclusif de publier un article, de vendre un produit, un livre, de projeter un film ; produit, film bénéficiant de ce droit. 3. Article, information ou document obtenus en priorité par un journal ou réservés à son seul usage pendant une période donnée. Recomm. off. pour *scoop.*

EXCOMMUNICATION n.f. 1. Exclusion d'un membre de la communauté religieuse à laquelle il appartient. 2. *Sout.* Exclusion d'un groupe.

EXCOMMUNIÉ, E adj. et n. Frappé d'excommunication.

EXCOMMUNIER v.t. [5]. 1. Frapper qqn d'excommunication. 2. *Sout.* Exclure d'un groupe.

EXCORIATION n.f. Légère écorchure de la peau ou d'une muqueuse.

EXCORIER v.t. [5] (du lat. *corium,* cuir). Provoquer une excoriation.

EXCRÉMENT n.m. (lat. *excrementum,* sécrétion). [Souvent pl.] Matière évacuée du corps par les voies naturelles, et partic. résidus solides de la digestion évacués par l'anus. SYN. : *fèces.*

EXCRÉMENTIEL, ELLE adj. De la nature de l'excrément.

EXCRÉTER v.t. [11]. Évacuer par excrétion.

EXCRÉTEUR, TRICE ou **EXCRÉTOIRE** adj. Qui sert à l'excrétion. *Conduit excréteur.*

EXCRÉTION n.f. (lat. *excretio,* action de trier). 1. PHYSIOL. Rejet par une glande de ses produits de sécrétion, dans un canal organique ou dans le sang. 2. *Cour.,* abusif en médecine. Évacuation des excréments.

EXCROISSANCE n.f. 1. MÉD. Petite masse en saillie à la surface d'un organe, d'un tissu. 2. AGRIC. Développement anormal d'un tissu végétal (ex. : bourrelets de l'orme). 3. *Fig.* Développement parasitaire de qqch. *Excroissance bureaucratique.*

EXCURSION n.f. (lat. *excursio*). Court voyage ou promenade d'agrément, d'étude.

EXCURSIONNER v.i. Faire une excursion.

EXCURSIONNISTE n. Personne qui fait une excursion.

EXCUSABLE adj. Qui peut être excusé.

EXCUSE n.f. 1. Raison que l'on donne pour se disculper ou disculper autrui. *Fournir une excuse.* 2. DR. Fait, prévu par la loi, qui, accompagnant une infraction, peut entraîner une réduction de la peine *(excuse atténuante)* ou son exemption *(excuse absolutoire).* 3. Raison invoquée pour se soustraire à une obligation. *Se trouver de bonnes excuses pour ne rien faire.* ◆ pl. Expression du regret d'avoir commis une faute ou offensé qqn. *Faire des excuses.*

EXCUSER v.t. (lat. *excusare*). 1. Disculper qqn d'une faute, d'une erreur commise ; justifier. 2. Tolérer qqch par indulgence ; pardonner. *Excuser une incartade.* 3. Servir d'excuse à qqn. *Rien ne peut vous excuser.* 4. Accepter les excuses de qqn. *Excusez-moi.* ◆ **s'excuser** v.pr. Présenter ses excuses, exprimer des regrets.

EXEAT [ɛgzeat] n.m. inv. (mot lat., *qu'il sorte*). 1. Permission donnée à un prêtre par son évêque de quitter le diocèse. 2. Pour certains fonctionnaires, autorisation de s'absenter pour une courte durée de son service.

EXÉCRABLE adj. 1. Extrêmement désagréable. *Humeur, temps exécrables.* 2. *Litt.* Qui suscite l'horreur ; odieux, abominable. *Crime exécrable.*

EXÉCRABLEMENT adv. *Litt.* De manière exécrable ; très mal.

EXÉCRATION n.f. *Litt.* Sentiment d'horreur extrême ; objet de ce sentiment.

EXÉCRER [ɛgzekre] ou [ɛksekre] v.t. [11] (lat. *execrari,* maudire). Avoir en exécration, en horreur ; avoir de l'aversion pour.

EXÉCUTABLE adj. Qui peut être exécuté.

EXÉCUTANT, E n. 1. Personne qui exécute une tâche, un ordre. 2. Musicien qui exécute sa partie dans un concert.

EXÉCUTER v.t. (lat. *exsequi,* poursuivre). 1. Mener à bien ; accomplir, réaliser. *Exécuter un projet.* 2. Réaliser un ouvrage. *Exécuter un décor.* 3. Interpréter une pièce musicale. *Exécuter une sonate.* 4. Tuer qqn sur décision de l'autorité par pendaison, électrocution, etc. 5. Abattre qqn pour se venger. 6. DR. ***Exécuter un débiteur,*** saisir ses biens et les faire vendre par autorité de justice. ◆ **s'exécuter** v.pr. Se résoudre à agir ; obéir.

EXÉCUTEUR, TRICE n. 1. ***Exécuteur testamentaire :*** personne à laquelle le testateur a confié le soin d'exécuter son testament. 2. ***Exécuteur des hautes œuvres :*** bourreau.

EXÉCUTIF, IVE adj. *Pouvoir exécutif,* chargé d'appliquer les lois, de définir la politique de la nation. ◆ n.m. Organe exerçant le pouvoir exécutif dans un État.

EXÉCUTION n.f. 1. Action, manière d'exécuter, d'accomplir. *L'exécution d'un plan.* ◇ ***Mettre à exécution :*** réaliser. 2. Action de jouer une œuvre musicale. 3. INFORM. Traitement, par l'unité centrale d'un ordinateur, de la suite d'instructions d'un programme en langage machine chargé dans la mémoire principale. 4. ***Exécution capitale :*** mise à mort d'un condamné. 5. DR. ***Exécution forcée :*** exécution d'un acte, d'un jugement imposée au débiteur à l'aide de la force publique ou d'une saisie.

EXÉCUTOIRE adj. et n.m. DR. Qui donne pouvoir de procéder à une exécution. ◇ ***Formule exécutoire :*** formule obligatoirement apposée en fin d'un jugement, d'un arrêt et de tout acte susceptible d'exécution forcée.

E

EXÈDRE n.f. (gr. *exedra*). **1.** ANTIQ. Salle, souvent en hémicycle, munie de sièges pour la conversation. **2.** ANTIQ. Banc de pierre adossé au fond de l'abside, dans les basiliques paléochrétiennes. **3.** Édicule de pierre formant banquette semi-circulaire, notamm. dans un jardin.

EXÉGÈSE n.f. (gr. *exêgêsis*). **1.** Science qui consiste à établir, selon les normes de la critique scientifique, le sens d'un texte, partic. de la Bible. **2.** Interprétation d'un texte se fondant notamm. sur des bases philologiques.

EXÉGÈTE n. Spécialiste de l'exégèse.

EXÉGÉTIQUE adj. Relatif à l'exégèse.

1. **EXEMPLAIRE** adj. (lat. *exemplaris*). **1.** Qui peut servir d'exemple. *Conduite exemplaire.* **2.** Qui peut servir de leçon, d'avertissement. *Punition exemplaire.*

2. **EXEMPLAIRE** n.m. (lat. *exemplarium*). **1.** Chacun des objets (livres, gravures, etc.) reproduits d'après un type commun. *Roman tiré à 10 000 exemplaires.* **2.** BIOL. Individu d'une espèce minérale, végétale ou animale.

EXEMPLAIREMENT adv. De façon exemplaire.

EXEMPLARITÉ n.f. Caractère de ce qui est exemplaire. *L'exemplarité de la peine.*

EXEMPLE n.m. (lat. *exemplum*). **1.** Personne, action digne d'être imitée. *Un exemple à suivre.* ◇ *À l'exemple de :* à l'imitation de. **2.** Ce qui peut servir de leçon, d'avertissement ou de mise en garde. *Que cela vous serve d'exemple.* ◇ *Faire un exemple :* punir sévèrement qqn pour dissuader les autres de l'imiter. **3.** Fait antérieur analogue au fait en question et considéré par rapport à lui. *Une bêtise sans exemple.* **4.** Chose précise, événement, phrase qui sert à illustrer, prouver, éclairer. *Un bon exemple.* **5.** *Par exemple ! :* exprime la surprise.

E

EXEMPLIFICATION n.f. Action d'exemplifier.

EXEMPLIFIER v.t. [5]. Expliquer, illustrer par des exemples.

1. **EXEMPT, E** [ɛgzɑ̃, ɑ̃t] adj. (lat. *exemptus,* affranchi). **1.** Qui n'est pas assujetti à une charge. *Exempt de service.* **2.** Qui est à l'abri de. *Exempte de soucis.* **3.** *Sout.* Dépourvu de. *Exempt d'erreurs.*

2. **EXEMPT** [ɛgzɑ̃] n.m. Sous l'Ancien Régime, gradé de la maréchaussée exempté d'impôt.

EXEMPTÉ, E adj. et n. Dispensé d'une obligation, en partic. des obligations militaires.

EXEMPTER [ɛgzɑ̃te] v.t. Dispenser d'une obligation ; exonérer d'une charge.

EXEMPTION [ɛgzɑ̃psjɔ̃] n.f. Action d'exempter ; fait d'être exempté ; privilège qui décharge, dispense d'une obligation.

EXEQUATUR [ɛgzekwatyr] n.m. inv. (mot lat., *qu'on exécute*). DR. **1.** Acte par lequel le gouvernement d'un pays notifie à ses autorités qu'un consul étranger a qualité d'exercer ses fonctions dans ce pays. **2.** Décision judiciaire rendant exécutoire un jugement étranger ou une sentence arbitrale.

EXERCÉ, E adj. Devenu habile à la suite d'une certaine pratique. *Oreille exercée.*

EXERCER v.t. [9] (lat. *exercere*). **1.** Soumettre à un entraînement méthodique ; former. *Exercer des soldats au maniement des armes.* **2.** *Litt.* Mettre à l'épreuve. *Exercer sa patience.* **3.** Mettre en usage, faire agir ; faire usage de. *Exercer son autorité. Exercer un droit.* **4.** Pratiquer comme métier ; s'acquitter professionnellement de. *Exercer la médecine, des fonctions.* ◆ **s'exercer** v.pr. **1.** Se soumettre à un entraînement. **2.** *Litt.* Se manifester, agir. *La fascination qui s'exerçait sur eux.*

EXERCICE n.m. (lat. *exercitium*). **1.** Action de s'exercer. *Cela ne s'apprend que par un long exercice.* **2. a.** Séance d'instruction militaire pratique. *Aller à l'exercice.* **b.** Travail, devoir donné à un élève en application de ce qui a été appris précédemment dans un cours, une leçon. **c.** *Exercices spirituels :* pratiques de dévotion. **3.** Dépense physique, activité sportive. *Faire, prendre de l'exercice.* **4.** Action, fait de pratiquer une activité, un métier. *L'exercice de la médecine.* ◇ *Entrer en exercice,* en fonctions. **5.** Période comprise entre deux inventaires comptables ou deux budgets.

EXERCISEUR n.m. Appareil de culture physique qui comporte des dispositifs élastiques permettant de faire travailler la musculature.

EXÉRÈSE n.f. (gr. *exairesis,* enlèvement). CHIRURG. Ablation.

EXERGUE n.m. (gr. *ex,* hors de, et *ergon,* œuvre). **1.** Petit espace laissé au bas d'une monnaie, d'une médaille pour y mettre une date, une inscription, une signature, etc. **2.** Inscription en tête d'un ouvrage. ◇ *Mettre en exergue :* mettre en évidence.

EXFILTRATION n.f. Action d'exfiltrer un agent.

EXFILTRER v.t. Assurer le rapatriement d'un agent secret au terme de sa mission.

EXFOLIANT, E adj. Qui provoque une exfoliation de la peau. *Crème exfoliante.*

EXFOLIATION n.f. MÉD. Destruction ou élimination, sous forme de lamelles, des parties mortes superficielles d'un tissu, en partic. de l'épiderme.

EXFOLIER v.t. [5] (lat. *ex,* hors de, et *folium,* feuille). Séparer par lames minces la surface de qqch. *Exfolier des ardoises.*

EXHALAISON n.f. Gaz ou odeur qui s'exhale d'un corps.

EXHALATION n.f. **1.** Fait de s'exhaler. **2.** PHYSIOL. Élimination des produits volatils par la respiration, par la peau.

EXHALER v.t. (lat. *exhalare*). **1.** Laisser échapper hors de soi, répandre des vapeurs, des odeurs. *Ces roses exhalent une odeur agréable.* **2.** *Litt.* Donner libre cours à ; exprimer. *Exhaler sa colère.* ◆ **s'exhaler** v.pr. **1.** Se répandre dans l'atmosphère. **2.** *Litt.* Se manifester. *Sa colère s'exhala.*

EXHAURE n.f. (du lat. *exhaurire,* épuiser). MIN. Action d'évacuer les eaux drainées dans une mine ou une carrière.

EXHAUSSEMENT n.m. Action d'exhausser ; état de ce qui est exhaussé.

EXHAUSSER v.t. Augmenter la hauteur, rendre plus élevé. *Exhausser une digue.*

EXHAUSTEUR n.m. *Exhausteur de goût :* substance qui renforce le goût d'un produit alimentaire.

EXHAUSTIF, IVE adj. (angl. *exhaustive,* de *to exhaust,* épuiser). Qui épuise à fond un sujet. *Étude exhaustive.*

EXHAUSTION n.f. MATH. Anc. *Méthode d'exhaustion :* calcul par approximations de plus en plus précises. (Cette méthode fut inventée par Eudoxe et utilisée par Archimède, notamm. dans le calcul de π.)

EXHAUSTIVEMENT adv. De façon exhaustive.

EXHAUSTIVITÉ n.f. Caractère de ce qui est exhaustif.

EXHÉRÉDATION n.f. (lat. *exheredare,* de *ex,* hors de, et *heres,* héritier). DR. Action de déshériter ; son résultat.

EXHIBER v.t. (lat. *exhibere*). **1.** Présenter un document officiel. **2.** Faire étalage de ; arborer. *Exhiber ses décorations.* ◆ **s'exhiber** v.pr. Se montrer en public de manière ostentatoire, provocante ; s'afficher.

EXHIBITION n.f. **1.** Action d'exhiber, de faire voir, de présenter. **2.** Présentation d'un numéro spectaculaire. **3.** Étalage impudent de qqch qui ne devrait être montré qu'avec discrétion, réserve.

EXHIBITIONNISME n.m. **1.** Tendance à exhiber ses organes génitaux, en raison d'un trouble psychique sexuel ou général (démence, par ex.). **2.** Attitude ostentatoire.

EXHIBITIONNISTE n. **1.** Personne atteinte d'exhibitionnisme. **2.** Personne qui aime s'exhiber.

EXHORTATION n.f. Discours, paroles par lesquels on exhorte.

EXHORTER v.t. (lat. *exhortari*). Exciter, encourager par ses paroles. *Exhorter qqn à la patience.*

EXHUMATION n.f. Action d'exhumer.

EXHUMER v.t. (lat. *ex,* hors de, et *humus,* terre). **1.** Extraire de la terre ce qui y avait été placé. *Exhumer un cadavre. Exhumer un trésor.* **2.** *Fig.* Tirer de l'oubli ; rappeler. *Exhumer le passé.*

EXIGEANT, E adj. Difficile à contenter.

EXIGENCE n.f. **1.** Ce qu'une personne exige, réclame à une autre. **2.** Caractère d'une personne exigeante. **3.** Ce qui est commandé par qqch ; nécessité, obligation. *Exigences de la profession.*

EXIGER v.t. [10] (lat. *exigere*). **1.** Demander impérativement ce qui est considéré comme un dû. **2.** Requérir impérativement ; nécessiter, réclamer. *Son état exige des soins.*

EXIGIBILITÉ n.f. DR. Caractère de ce qui est exigible. *Exigibilité d'une créance.*

EXIGIBLE adj. Qui peut être exigé.

EXIGU, UË adj. (lat. *exiguus*). Se dit d'un espace trop petit. *Pièce exiguë.*

EXIGUÏTÉ [ɛgzigɥite] n.f. Étroitesse d'un espace. *Exiguïté d'un appartement.*

EXIL n.m. (lat. *exsilium,* bannissement). **1.** Situation de qqn qui est expulsé ou obligé de vivre hors de sa patrie ; état qui en résulte. **2.** Situation de qqn qui est obligé de vivre ailleurs que là où il est habituellement, où il aime vivre. **3.** Lieu où réside une personne exilée.

EXILÉ, E adj. et n. Condamné à l'exil ; qui vit dans l'exil.

EXILER v.t. **1.** Frapper qqn d'exil. **2.** Obliger qqn à vivre loin d'un lieu où il aurait aimé demeurer. ◆ **s'exiler** v.pr. **1.** Quitter volontairement son pays. **2.** Se retirer pour vivre à l'écart.

EXINSCRIT, E [ɛgzɛ̃skri, it] adj. GÉOMÉTR. *Cercle exinscrit à un triangle,* tangent à un côté de ce triangle et aux prolongements des deux autres.

EXISTANT, E adj. Qui existe ; actuel. ◆ n.m. PHILOS. Toute réalité concrète.

EXISTENCE n.f. (lat. *existentia,* choses existantes). **1.** Fait d'exister. *L'existence d'une nappe de pétrole, d'un traité.* **2.** Manière de vivre ; vie. *Finir son existence. Une existence paisible.* **3.** Durée effective. *Gouvernement qui a trois mois d'existence.*

EXISTENTIALISME n.m. **1.** Courant de la philosophie moderne qui place l'existence au cœur de sa réflexion. (Principaux représentants : Kierkegaard, Heidegger, Sartre, Merleau-Ponty et, relevant de l'*existentialisme chrétien,* Berdiaev, Jaspers, G. Marcel.) **2.** Mouvement philosophique et littéraire français s'inscrivant dans ce courant et ayant notamm. cultivé le thème de l'absurde. (Outre Sartre et Merleau-Ponty s'y rattachent S. de Beauvoir, Camus, etc.)

EXISTENTIALISTE adj. et n. Qui concerne l'existentialisme ; qui en est partisan. ◆ n. *Les existentialistes :* la jeunesse à la mode qui, au lendemain de la Seconde Guerre mondiale, fréquentait les cafés de Saint-Germain-des-Prés, à Paris, et se réclamait de l'existentialisme.

EXISTENTIEL, ELLE adj. **1.** PHILOS. Relatif à l'existence. **2.** LOG. *Quantificateur existentiel :* symbole, noté ∃ (s'énonçant « il existe »), exprimant le fait que certains éléments d'un ensemble (au moins un) vérifient une propriété donnée.

EXISTER v.i. (lat. *existere*). **1.** Être actuellement en vie ; vivre. *Tant qu'il existera des hommes.* **2.** Faire partie de la réalité. *Cette coutume n'existe plus. La cigarette n'existait pas au Moyen Âge.* **3.** Être important ; compter. *Cet échec n'existait pas pour lui.* ◆ v. impers. Il y a. *Il n'existe pas de solution à ce problème.*

EXIT [ɛgzit] (mot lat., *il sort*). **1.** THÉÂTRE. Indication écrite de la sortie d'un acteur. **2.** *Iron.* Indique que qqn ou qqch disparaît de façon plus ou moins ridicule ou brutale. *Exit le médiateur.*

EX-LIBRIS [ɛkslibris] n.m. (mots lat., *d'entre les livres de*). **1.** Formule qui, apposée sur un livre et suivie d'un nom propre, indique que le volume appartient à la personne nommée. **2.** Vignette que les bibliophiles collent au revers des reliures de leurs livres et qui porte leur nom ou leur devise.

EX NIHILO loc. adv. (mots lat.). En partant de rien.

EXOBIOLOGIE n.f. Science qui étudie les possibilités d'existence de la vie dans l'Univers. SYN. : *bioastronomie.*

1. **EXOCET** [ɛgzɔsɛ] n.m. (gr. *exô,* au-dehors, et *koitê,* gîte). Poisson des mers chaudes, appelé aussi *poisson volant* en raison des longs sauts planés (plus de 100 m) au-dessus de l'eau que lui assurent des nageoires pectorales développées en forme d'ailes. (Groupe des téléostéens.)

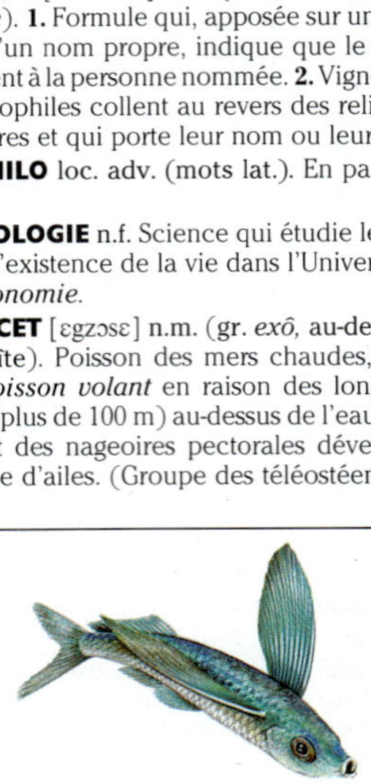

■ **EXOCET**

2. EXOCET [ɛgzɔsɛt] n.m. (nom déposé). Missile surface-surface autoguidé, d'une portée de 40 km (MM38) ou de 70 km (MM40). [Il en existe aussi une version pouvant être lancée par avion (AM39), d'une portée de 50 à 70 km.]

EXOCRINE adj. (gr. *exô*, au-dehors, et *krinein*, sécréter). *Glande exocrine :* glande qui déverse ses produits de sécrétion à la surface de la peau (glande sébacée, par ex.) ou dans une cavité naturelle communiquant avec le milieu extérieur (glandes digestives, par ex.). CONTR. : *endocrine.*

EXODE n.m. (gr. *exodos*, départ). **1.** Émigration en masse. ◇ *Exode rural :* migration définitive des habitants des campagnes vers les villes. **2.** Départ en foule. *L'exode des vacanciers au mois d'août.* **3.** Fuite des populations civiles françaises devant la progression de l'armée allemande en mai et juin 1940. **4.** *L'Exode : v. partie n.pr.*

EXOGAME adj. et n. Qui pratique l'exogamie. CONTR. : *endogame.*

EXOGAMIE n.f. (gr. *exô*, au-dehors, et *gamos*, mariage). ANTHROP. Règle contraignant un individu à trouver un conjoint en dehors du groupe d'appartenance. CONTR. : *endogamie.*

EXOGAMIQUE adj. Relatif à l'exogamie.

EXOGÈNE adj. (gr. *exô*, au-dehors, et *gennân*, engendrer). **1.** *Didact.* Qui provient du dehors, de l'extérieur. CONTR. : *endogène.* **2.** PÉTROL. Se dit d'une roche sédimentaire, résiduelle, formée à la surface de la Terre. CONTR. : *endogène.*

EXONDER (S') v.pr. GÉOGR. Se découvrir, en parlant d'une terre immergée.

EXONÉRATION n.f. Action d'exonérer ; dispense, allègement.

EXONÉRER v.t. [11] (lat. *exonerare*, de *onus, oneris*, charge). Dispenser totalement ou en partie d'une charge, d'une obligation, fiscale en partic., ou d'une responsabilité.

EXOPHTALMIE n.f. (du gr. *ophtalmos*, œil). Légère saillie du globe oculaire, par ex. au cours de la maladie de Basedow.

EXOPHTALMIQUE adj. Qui relève de l'exophtalmie ; qui s'accompagne d'exophtalmie.

EXOPLANÈTE n.f. Planète extrasolaire.

EXORBITANT, E adj. **1.** Qui dépasse la mesure ; excessif. *Prix exorbitant.* **2.** DR. *Exorbitant de :* qui sort des limites de. *Privilège exorbitant du droit commun.*

EXORBITÉ, E adj. *Yeux exorbités,* qui semblent sortir de leurs orbites.

EXORCISATION n.f. Action d'exorciser.

EXORCISER v.t. (gr. *exorkizein*, prêter serment). **1.** Conjurer, chasser un démon par les prières spéciales du rituel. **2.** Délivrer qqn, un lieu du démon par des exorcismes. **3.** *Fig.* Se délivrer d'un sentiment, se soustraire à une influence. *Exorciser ses craintes.*

EXORCISME n.m. **1.** Cérémonie au cours de laquelle on exorcise. **2.** Prière destinée à exorciser.

EXORCISTE n. Personne qui exorcise, conjure les démons. ◆ n.m. CATH. Clerc qui a reçu l'un des quatre ordres mineurs, dont le rôle était de chasser les démons. (Cet ordre a été supprimé en 1972.)

EXORDE n.m. (lat. *exordium*). RHÉT. Première partie d'un discours oratoire.

EXORÉIQUE adj. GÉOGR. Qui est propre aux régions dont les eaux courantes gagnent la mer. CONTR. : *endoréique.*

EXORÉISME n.m. (gr. *exô*, au-dehors, et *rhein*, couler). GÉOGR. Caractère des régions dont les eaux courantes rejoignent la mer. CONTR. : *endoréisme.*

EXOSPHÈRE n.f. Zone de l'atmosphère d'une planète (au-dessus de 1 000 km pour la Terre) où les atomes légers échappent à la pesanteur et s'évadent dans l'espace interplanétaire.

EXOSQUELETTE n.m. Formation squelettique externe de certains animaux (coquille des mollusques, carapace des arthropodes, etc.).

EXOSTOSE n.f. (gr. *exô*, au-dehors, et *osteon*, os). **1.** Tumeur osseuse bénigne située à la surface d'un os. **2.** SYLVIC. Loupe.

EXOTÉRIQUE adj. (gr. *exôterikos*, public). *Didact.* Se dit de doctrines philosophiques ou religieuses qui font l'objet d'un enseignement public. CONTR. : *ésotérique.*

EXOTHERMIQUE adj. (gr. *exô*, au-dehors, et *thermos*, chaleur). THERMODYN. Qui s'accompagne d'un dégagement de chaleur. *Réaction exothermique.*

EXOTIQUE adj. (gr. *exôtikos*, étranger). **1.** Qui appartient aux pays étrangers lointains, qui en provient. **2.** PHYS. Dont les caractéristiques diffèrent notablement des caractéristiques habituelles. *Phénomène, particule exotique.*

EXOTISME n.m. **1.** Caractère de ce qui est exotique. *Un roman plein d'exotisme.* **2.** Goût pour ce qui est exotique.

EXOTOXINE n.f. Toxine libérée dans le milieu extérieur par certaines bactéries.

exp, symbole représentant la fonction exponentielle.

EXPANSÉ, E adj. Se dit de matières plastiques qui possèdent une structure cellulaire et qui sont utilisées pour leur légèreté et leurs propriétés isolantes.

EXPANSIBILITÉ n.f. Tendance qu'ont les corps gazeux à occuper la totalité du volume qui leur est offert.

EXPANSIBLE adj. (lat. *expansus*, étendu). Capable d'expansion.

EXPANSIF, IVE adj. **1.** Qui aime communiquer ses sentiments ; communicatif, démonstratif. **2.** Se dit d'un ciment dont la prise s'accompagne d'une légère augmentation de volume. **3.** Qui augmente de volume à certains moments. *Une hernie expansive.*

EXPANSION n.f. (du lat. *expandere*, déployer). **1.** Développement d'un corps en volume ou en surface. *L'expansion des gaz.* **2.** ANAT. Structure annexe développée par certains organes. *Expansion fibreuse d'un tendon.* **3.** Mouvement de ce qui se développe, s'accroît ; tendance à s'agrandir. *Expansion industrielle, coloniale.* ◇ *Expansion économique :* accroissement du revenu national, de l'activité économique. — ASTRON. *Expansion de l'Univers :* phénomène invoqué dans la cosmologie moderne, selon lequel les galaxies s'écartent les unes des autres, au cours du temps, à une vitesse proportionnelle à leur distance mutuelle. **4.** *Litt.* Action de s'épancher ; mouvement qui pousse à communiquer ses sentiments. *Besoin d'expansion.*

EXPANSIONNISME n.m. **1.** Attitude politique visant à l'expansion d'un pays au-delà de ses limites. **2.** Tendance d'un pays où l'accroissement de la puissance économique est systématiquement encouragé par l'État.

EXPANSIONNISTE adj. et n. Qui vise à l'expansion ; partisan de l'expansionnisme.

EXPANSIVITÉ n.f. Fait d'être expansif ; caractère d'une personne expansive.

EXPATRIATION n.f. Action d'expatrier ; fait de s'expatrier ; état de celui qui est expatrié.

EXPATRIÉ, E adj. et n. Qui a quitté sa patrie, s'est expatrié.

EXPATRIER v.t. [5]. Obliger qqn à quitter sa patrie. ◆ **s'expatrier** v.pr. Quitter sa patrie pour s'établir ailleurs.

EXPECTANT, E adj. *Didact.* Qui préfère attendre pour agir.

EXPECTATIVE n.f. (du lat. *exspectare*, attendre). Attitude prudente de qqn qui attend pour se décider. *Rester dans l'expectative.*

EXPECTORANT, E adj. et n.m. Se dit d'un médicament qui aide à l'expectoration.

EXPECTORATION n.f. Rejet par la bouche des sécrétions de la trachée, des bronches ou des poumons, au cours d'un effort de toux ; crachat.

EXPECTORER v.t. (lat. *expectorare*, de *pectus, pectoris*, poitrine). Faire une expectoration ; cracher.

EXPÉDIENT n.m. **1.** Moyen ingénieux et rapide d'arriver à ses fins. **2.** *Péjor.* Moyen de résoudre momentanément une difficulté, de se tirer d'embarras. *User d'expédients.* ◇ *Vivre d'expédients :* recourir à toutes sortes de moyens, licites ou non, pour subsister.

EXPÉDIER v.t. [5] (lat. *expedire*, dégager). **1.** Envoyer qqch à destination. *Expédier des marchandises.* **2.** DR. Délivrer une copie conforme d'un acte notarié ou d'un jugement. *Expédier un contrat de mariage.* **3.** En terminer au plus vite avec qqn ou qqch pour s'en débarrasser. *Expédier un importun. Expédier un travail.*

EXPÉDITEUR, TRICE n. et adj. Personne qui fait un envoi par la poste, le chemin de fer, etc.

EXPÉDITIF, IVE adj. **1.** Qui agit promptement, qui expédie rapidement un travail. **2.** Qui permet de faire vite. *Des procédés expéditifs.*

EXPÉDITION n.f. (lat. *expeditio*). **1.** Action d'accomplir rapidement qqch, de l'achever ; exécution. *Expédition des affaires courantes.* **2.** Action d'expédier ; envoi. **3.** DR. Copie certifiée conforme d'un acte notarié ou d'un jugement. **4.** Opération militaire en dehors du territoire national. *L'expédition d'Égypte.* **5.** Voyage, mission de recherche, d'exploration. *Expédition polaire.* — *Fam., iron.* Équipée, déplacement pénible.

EXPÉDITIONNAIRE n. **1.** DR. Personne chargée de recopier des états, des actes, etc. **2.** Expéditeur de marchandises. ◆ adj. *Corps expéditionnaire* → **corps.**

EXPÉDITIVEMENT adv. De façon expéditive.

EXPÉRIENCE n.f. (lat. *experientia*). **1.** Connaissance acquise par une longue pratique jointe à l'observation. *Avoir de l'expérience.* **2.** PHILOS. Tout ce qui est appréhendé par les sens et constitue la matière de la connaissance humaine ; ensemble des phénomènes connus et connaissables. **3.** Épreuve, essai effectués pour étudier un phénomène. *Faire une expérience de chimie.* **4.** Matériel embarqué à bord d'un engin spatial pour une investigation scientifique. **5.** Mise à l'essai ; tentative. *Une expérience de vie commune.*

EXPÉRIMENTAL, E, AUX adj. **1.** Qui est fondé sur l'expérience scientifique. *La méthode expérimentale.* **2.** Qui sert à expérimenter. *Avion expérimental.*

EXPÉRIMENTALEMENT adv. De façon expérimentale ; par l'expérimentation.

EXPÉRIMENTATEUR, TRICE n. et adj. Personne qui recourt à l'expérimentation scientifique ; personne qui tente une expérience.

EXPÉRIMENTATION n.f. **1.** Action d'expérimenter. *L'expérimentation d'un médicament.* **2.** ÉPISTÉMOL. Méthode scientifique reposant sur l'expérience et l'observation contrôlée pour vérifier des hypothèses.

EXPÉRIMENTÉ, E adj. Instruit par l'expérience.

EXPÉRIMENTER v.t. Soumettre à des expériences. *Expérimenter un appareil.*

1. EXPERT, E adj. (lat. *expertus*). **1.** Qui a une parfaite connaissance d'une chose, due à une longue pratique. *Un ouvrier expert.* **2.** Qui témoigne d'une telle connaissance ; exercé, habile. *Un geste expert.* **3.** INFORM. *Système expert* → **système.**

2. EXPERT n.m. **1.** Personne apte à juger de qqch ; connaisseur. **2.** Personne qui fait des expertises. ◇ DR. *Expert judiciaire :* spécialiste agréé par les tribunaux et désigné par le juge pour effectuer une expertise. — *À dire d'experts,* suivant leur avis.

EXPERT-COMPTABLE n.m. (pl. *experts-comptables*). Technicien de haut niveau faisant profession d'analyser, de contrôler ou d'organiser des comptabilités.

EXPERTEMENT adv. *Litt.* De façon experte.

EXPERTISE n.f. **1.** Constatation ou estimation effectuée par un expert. *Faire une expertise.* ◇ *Expertise judiciaire :* examen de questions purement techniques confié par le juge à un expert ; rapport établi par cet expert. — *Expertise médicale et psychiatrique,* effectuée par un psychiatre pour évaluer l'état mental d'un inculpé. — *Expertise médicale,* effectuée par un médecin pour évaluer l'état de santé, les séquelles d'un accident. **2.** Rapport d'un expert. *Attaquer une expertise.* **3.** Fait d'être expert ; ensemble de connaissances, de compétences qu'un expert met au service d'une entreprise.

EXPERTISER v.t. Soumettre à une expertise. *Expertiser un mobilier, un tableau.*

EXPIABLE adj. Qui peut être expié.

EXPIATION n.f. **1.** Fait d'expier ; châtiment, peine par lesquels on expie. **2.** RELIG. Ensemble de cérémonies publiques destinées à réparer une faute commise envers la loi divine.

EXPIATOIRE adj. Qui sert à expier. *Sacrifice, victime expiatoire.*

EXPIER v.t. [5] (lat. *expiare*). **1. a.** Réparer une faute, un crime, etc., en subissant une peine

E

imposée. **b.** RELIG. Réparer un péché par la pénitence. **2.** Subir une peine, une souffrance en conséquence d'un acte ressenti ou considéré comme coupable.

EXPIRANT, E adj. *Litt.* Qui meurt, qui expire.

EXPIRATEUR adj.m. *Muscle expirateur,* ou *expirateur,* n.m., dont la contraction produit une expiration.

EXPIRATION n.f. **1.** Action de chasser hors des poumons l'air qu'on a inspiré. **2.** Fin d'un temps prescrit ou convenu. *Expiration d'un bail.*

EXPIRATOIRE adj. Qui se rapporte à l'expiration de l'air pulmonaire.

EXPIRER v.t. (lat. *expirare,* souffler). Expulser des poumons l'air inspiré. ◆ v.i. **1.** [auxil. *avoir*]. *Litt.* Mourir. **2.** [auxil. *avoir* ou *être*]. Arriver à son terme, prendre fin. *Son bail expire à la mi-janvier.*

EXPLÉTIF, IVE adj. et n.m. (du lat. *explere,* remplir). GRAMM. Se dit d'un mot qui n'est pas nécessaire au sens de la phrase ou qui n'est pas exigé par la syntaxe (ex. : *ne* dans *Je crains qu'il ne vienne*).

EXPLICABLE adj. Que l'on peut expliquer.

EXPLICATIF, IVE adj. Qui sert à expliquer. *Note explicative.*

EXPLICATION n.f. **1.** Action d'expliquer ; développement destiné à faire comprendre qqch. **2.** Ce qui rend compte de qqch ; raison. **3.** Éclaircissement touchant les actes, la conduite de qqn. **4.** Discussion, querelle touchant la conduite de qqn. *Avoir une explication avec qqn.*

E

EXPLICITATION n.f. Action d'expliciter.

EXPLICITE adj. (lat. *explicitus*). **1.** Clair sur tous les points (par oppos. à *implicite*). *Réponse explicite.* **2.** DR. Énoncé formellement, complètement. *Clause explicite.*

EXPLICITEMENT adv. En termes clairs, sans équivoque. *Poser explicitement une condition.*

EXPLICITER v.t. Rendre explicite, plus clair ; formuler en détail. *Expliciter sa pensée.*

EXPLIQUER v.t. (lat. *explicare,* déployer). **1.** Faire comprendre ou faire connaître en détail par un développement oral ou écrit ; éclaircir, exposer. *Expliquer un problème, un projet.* **2.** Faire un commentaire littéraire, philosophique, etc., de. *Expliquer un auteur, un texte.* **3.** Constituer une justification, apparaître comme une cause. ◆ **s'expliquer** v.pr. **1.** Exprimer sa pensée, son opinion. **2.** Comprendre la cause, la raison, le bien-fondé de. *Je m'explique mal sa présence ici.* **3.** Avoir une discussion avec qqn. *Je tiens à m'expliquer avec lui.* **4.** *Fam.* Se battre. *Viens, on va s'expliquer dehors !* **5.** Devenir, être intelligible, compréhensible. *Sa réaction s'explique très bien.*

EXPLOIT n.m. (lat. *explicitum,* de *explicare,* accomplir). **1.** Coup d'éclat, action mémorable. **2.** *Iron.* Action inconsidérée. **3.** DR. *Exploit d'huissier :* acte de procédure rédigé et signifié par un huissier.

EXPLOITABLE adj. Qui peut être exploité, cultivé. *Gisement exploitable.*

EXPLOITANT, E n. **1.** Personne qui met en valeur une exploitation, un bien productif de richesse. *Les exploitants agricoles.* **2.** Personne physique ou morale qui exploite une salle de cinéma.

EXPLOITATION n.f. **1.** Action d'exploiter, de mettre en valeur en vue d'un profit. *Exploitation d'une mine, d'une usine, d'un fonds de commerce.* **2.** Affaire qu'on exploite ; lieu de sa mise en valeur (terres, mine, etc.). *Exploitation agricole, minière, commerciale.* ◇ ***Exploitation agricole à responsabilité limitée (EARL)*** *:* société civile, créée en 1985, qui a pour objet l'exercice d'une activité agricole. (Les associés ne supportent les pertes qu'à concurrence de leurs apports. La société peut n'être constituée que par une seule personne.) **3.** Branche de l'économie du cinéma relative à l'activité des exploitants. **4.** Mise à profit, utilisation méthodique de qqch. *L'exploitation d'un succès.* – MIL. Mise à profit du succès d'une offensive. **5.** Action de tirer un profit abusif de qqn ou de qqch. *Exploitation de l'homme par l'homme.*

EXPLOITÉ, E adj. et n. Se dit d'une personne dont on tire un profit abusif.

EXPLOITER v.t. (du lat. *explicare,* accomplir). **1.** Faire valoir une chose, en tirer du profit. *Exploiter une ferme, un brevet.* **2.** Tirer parti de, utiliser avantageusement. *Exploiter la situation.* **3.** Profiter abusivement de qqn ; faire travailler qqn à bas salaire.

EXPLOITEUR, EUSE n. **1.** Personne qui exploite qqch à son profit et d'une manière abusive. *Exploiteur de la misère humaine.* **2.** Personne qui tire un profit illégitime ou excessif du travail d'autrui.

1. EXPLORATEUR, TRICE n. **1.** Personne qui fait un voyage de découverte dans un pays lointain, une région inconnue. **2.** Personne qui se livre à des recherches dans un domaine particulier. *Les explorateurs du monde sous-marin.*

2. EXPLORATEUR, TRICE adj. MÉD. Se dit d'un procédé, d'un instrument qui permet de connaître l'état d'un organe. *Une opération chirurgicale exploratrice.*

EXPLORATION n.f. **1.** Action d'explorer ; son résultat. **2.** MÉD. Ensemble d'examens médicaux permettant d'apprécier l'état d'une fonction, d'un organe. *Exploration de la fonction respiratoire.*

EXPLORATOIRE adj. **1.** Relatif à l'exploration. **2.** Qui a pour but de rechercher les possibilités ultérieures de négociations. *Conversations exploratoires.*

EXPLORER v.t. (lat. *explorare*). **1.** Parcourir un lieu mal connu ou inconnu en l'étudiant attentivement. **2.** MÉD. Effectuer une exploration. **3.** Examiner les différents aspects d'une question, d'un texte, etc. *Explorer les possibilités d'un accord.*

EXPLOSER v.i. **1.** Faire explosion. *La nitroglycérine explose facilement.* **2.** Se manifester soudainement et violemment. *Sa colère a explosé dès mon arrivée.* **3.** *Fam.* Ne plus pouvoir se contenir, laisser se déchaîner sa colère, son mécontentement. *Arrête ou il va exploser.* **4.** *Fam.* Se révéler, affirmer brusquement sa valeur. *Cet athlète a explosé aux jeux Olympiques.* **5.** *Fam.* S'accroître brutalement. *Les prix ont explosé.*

EXPLOSEUR n.m. Appareil servant à faire exploser à distance une mine au moyen d'un courant électrique.

EXPLOSIBILITÉ n.f. Caractère de ce qui est explosible.

EXPLOSIBLE adj. PYROTECHN. Qui peut faire explosion.

EXPLOSIF, IVE adj. **1.** Qui peut faire explosion. *Mélange explosif.* **2.** Qui est de nature à provoquer des réactions brutales ; critique, tendu. *Situation explosive.* ◆ n.m. Corps ou mélange de corps apte à exploser.

EXPLOSIMÈTRE n.m. Appareil portatif destiné à vérifier la teneur d'une atmosphère en gaz explosible.

EXPLOSION n.f. (du lat. *explodere,* rejeter en frappant des mains). **1.** Fait d'éclater violemment ; bruit qui accompagne cet éclatement. *L'explosion d'une bombe.* **2. a.** Phénomène au cours duquel des gaz sous pression sont libérés ou engendrés en un temps extrêmement court. **b.** Troisième temps de fonctionnement d'un moteur à quatre temps, correspondant à la combustion-détente. **3.** Manifestation vive et soudaine. *L'explosion de la colère.* **4.** Apparition brusque d'un événement ; développement, accroissement brutal d'un phénomène. *L'explosion démographique.*

EXPO n.f. (abrév.). *Fam.* Exposition.

EXPONENTIEL, ELLE adj. (du lat. *exponens,* exposant). **1.** MATH. *Fonction exponentielle,* ou *exponentielle,* n.f. : fonction définie par $y = f(x) = e^x$ telle que $x = \ln y$. (C'est la fonction réciproque de la fonction logarithme.) **2.** *Fig. Croissance, développement, etc., exponentiels,* rapides et continus.

EXPONENTIELLEMENT adv. Avec une croissance semblable à la fonction exponentielle.

EXPORTABLE adj. Que l'on peut exporter.

EXPORTATEUR, TRICE adj. et n. Qui exporte.

EXPORTATION n.f. **1.** Action d'exporter ; marchandises exportées. **2.** Action de diffuser à l'étranger des idées, une mode, etc.

EXPORTER v.t. (lat. *exportare*). **1.** Transporter, vendre à l'étranger les produits de l'activité nationale. ◇ *Exporter des capitaux,* les placer à l'étranger. **2.** Répandre à l'étranger. *Exporter une mode.*

1. EXPOSANT, E n. **1.** Personne qui présente ses produits, ses œuvres dans une exposition publique. **2.** DR. Personne qui énonce ses prétentions dans une requête.

2. EXPOSANT n.m. ARITHM. Nombre b qui figure en haut et à droite de la notation a^b d'une puissance.

1. EXPOSÉ n.m. **1.** Développement explicatif dans lequel on présente, par écrit ou oralement, des faits ou des idées. *Un exposé de la situation.* **2.** DR. *Exposé des motifs :* remarques qui précèdent le dispositif d'un projet ou d'une proposition de loi et qui expliquent les raisons de son adoption.

2. EXPOSÉ, E adj. Susceptible d'encourir un danger ; à risque. *Une population exposée.*

EXPOSER v.t. (lat. *exponere*). **1.** Mettre en vue, présenter au regard. *Exposer des produits, des tableaux.* **2.** Placer, tourner d'un certain côté ; orienter de façon à soumettre à l'action de. *Exposer des plantes à la lumière. Exposer son corps au soleil.* **3.** Mettre en péril, faire courir un risque à. *Exposer sa vie.* **4.** Faire connaître ; expliquer. *Exposer une théorie.* **5.** PHOTOGR. Soumettre une surface sensible à un rayonnement. ◆ **s'exposer** v.pr. **(à).** Courir le risque de. *S'exposer aux critiques.*

EXPOSITION n.f. **1.** Action d'exposer, de placer sous le regard du public des objets divers, des œuvres d'art, des produits industriels ou agricoles, etc. ; lieu où on les expose. Abrév. *(fam.) : expo.* ◇ *Exposition universelle :* exposition présentant les produits et les réalisations de tous les pays. **2.** Orientation, situation d'un bâtiment, d'un local, etc., par rapport à une direction, à la lumière. *Exposition au nord, au soleil.* **3.** Action de faire connaître, d'expliquer. *Exposition d'un fait.* **4.** Partie initiale d'une œuvre littéraire, partic. dramatique, où l'auteur expose le sujet, présente les personnages et précise le temps et le lieu de l'action. **5.** MUS. Partie initiale de la fugue ou de la forme sonate. **6.** PHOTOGR. Action d'exposer une surface sensible. **7.** PHYS. Quotient par la masse d'un volume d'air de la somme des charges électriques de tous les ions de même signe produits dans ce volume par un rayonnement γ ou X, lorsque tous les électrons libérés par les photons sont complètement arrêtés dans l'air. (L'unité SI est le coulomb par kilogramme.)

PRINCIPALES EXPOSITIONS UNIVERSELLES

date	ville	visiteurs (en millions)
1851	Londres	6
1855	Paris	5,1
1862	Londres	6,2
1867	Paris	11
1873	Vienne	7,2
1876	Philadelphie	9,8
1878	Paris	16
1889	Paris	32,3
1893	Chicago	2,5
1900	Paris	50
1904	Saint Louis	19,6
1915	San Francisco	18,7
1933-1934	Chicago	38
1935	Bruxelles	20
1937	Paris	34
1939-1940	New York	26
1958	Bruxelles	41
1967	Montréal	50
1970	Osaka	64
1992	Séville	42
2000	Hanovre	18

EX POST [ɛkspɔst] loc. adj. (mots lat., *d'après*). Se dit de l'analyse des faits économiques effectuée après leur survenance (par oppos. à *ex ante*).

1. EXPRÈS, ESSE [ɛksprɛs] adj. (lat. *expressus*). Nettement exprimé ; formel, catégorique. *Ordre exprès. Défense expresse.* ◆ adj.m. et n.m. Remis sans délai au destinataire. *Lettre exprès. Envoi par exprès.*

2. EXPRÈS [ɛksprɛ] adv. À dessein, avec intention. *Il est venu tout exprès pour vous voir.* ◇ *Fait exprès :* coïncidence curieuse et plus ou moins fâcheuse.

1. EXPRESS [ɛksprɛs] adj. (mot angl.). **1.** Qui assure un service, une liaison rapide. ◇ *Route, voie express :* route comportant génér. deux chaussées séparées à sens unique, conçue pour permettre une circulation plus rapide et plus sûre que sur une route ordinaire. **2.** *Train express,* ou *express,* n.m. : train de voyageurs à vitesse accélérée, ne s'arrêtant que dans les gares importantes et dont l'horaire est étudié pour assurer les principales correspondances.

2. EXPRESS [ɛksprɛs] adj. *Café express,* ou *express,* n.m. : café plus ou moins concentré obtenu par le passage de vapeur d'eau sous pression à travers de la poudre de café. SYN. : *expresso.*

EXPRESSÉMENT adv. En termes exprès ; d'une façon nette, précise. *Expressément interdit.*

EXPRESSIF, IVE adj. Qui exprime avec force une pensée, un sentiment, une émotion. *Un geste expressif. La qualité expressive d'une esquisse.*

EXPRESSION n.f. (lat. *expressio*). **1.** Action d'exprimer qqch par le langage ou une technique artistique. *Le dessin est un moyen d'expression.* **2.** Manière de s'exprimer par le langage ; mot ou groupe de mots de la langue parlée ou écrite. *Expression démodée.* **3.** Expressivité d'une œuvre d'art, notamm. musicale. **4.** Ensemble des signes extérieurs qui traduisent un sentiment, une émotion, etc. *L'expression de la joie.* ◇ *Expression corporelle :* ensemble d'attitudes et de gestes susceptibles de traduire des situations émotionnelles ou physiques. **5.** ALGÈBRE. *Expression algébrique :* juxtaposition de symboles numériques, de symboles opératoires et de parenthèses. – *Réduire une fraction à sa plus simple expression :* trouver une fraction égale à la fraction donnée et ayant les termes les plus simples possible. – *Fig. Réduire qqch à sa plus simple expression,* l'amener à sa forme la plus simple ou le supprimer totalement. *Un repas réduit à sa plus simple expression.* **6.** LOG. Ensemble graphique formalisé se référant à un objet réel. ◇ *Expression bien formée :* assemblage de symboles obtenu, dans un système logique, à l'aide de règles de formation explicites.

EXPRESSIONNISME n.m. **1.** Tendance artistique et littéraire du XXe s. qui s'attache à l'intensité de l'expression. **2.** Caractère d'intensité et d'originalité que prend l'expression d'un artiste.

ENCYCL. BX-ARTS. Les précurseurs de l'expressionnisme sont, à la fin du XIXe s., Van Gogh, Munch, Ensor, dans la peinture desquels la vigueur de la touche, les rapports de couleurs insolites sont au service de l'intensité expressive. Profondément nordique, ce courant se développe en Allemagne avec les peintres du groupe « Die Brücke » (Dresde, puis Berlin, 1905 - 1913), Kirchner, Nolde, Max Pechstein (1881 - 1955), Karl Schmidt-Rottluff (1884 - 1976), etc., imprégnés de primitivisme, cultivant les simplifications formelles, la violence graphique, l'irréalisme de la couleur. À Munich, le groupe « Der *Blaue Reiter » évolue vers l'abstraction lyrique. La Première Guerre mondiale suscite l'expression pathétique de Kokoschka, le pessimisme sec et dur de Beckmann, la critique sociale de G. Grosz et de O. Dix (mouvement de la « nouvelle objectivité »), tandis qu'un robuste courant flamand est illustré par les peintres de l'école de *Laethem-Saint-Martin, tels Permeke, Van den Berghe, Gustave De Smet (1877 - 1943). Au Mexique se développe l'expressionnisme des *muralistes, issu de la révolution. L'école française offre des individualités puissantes, comme celles de Rouault et de Soutine. Après 1945, l'expressionnisme connaît un regain dans des courants qui combinent une propension au primitivisme avec la spontanéité gestuelle apprise des surréalistes : en Europe le mouvement *Cobra, aux États-Unis l'expressionnisme abstrait, *action painting* (fondée sur le geste) de Pollock, De Kooning, Franz Kline (1910 - 1962) ou « abstraction chromatique » d'un Rothko ou d'un Newman. À l'expressionnisme appartiennent des sculpteurs comme les Allemands Barlach et Käte Kollwitz (1867 - 1945, également graveur) ou comme Zadkine, suivis après 1945 par de nombreux artistes, telle la Française G. Richier. Les « nouveaux *fauves » sont encore à ajouter à ce panorama. (*V. ill. page suivante*).

DANSE. L'expressionnisme, courant de la *danse moderne européenne, s'est développé plus particulièrement dans l'Allemagne de la république de Weimar. Fortement influencés par les principes de Rudolf von Laban, les chorégraphes (Mary Wigman, Kurt Jooss) cherchent une adéquation entre le geste et le sentiment à traduire, et exacerbent la forme au profit de l'expression. Le nazisme entrave l'essor du mouvement en Europe mais ne peut empêcher la diffusion de son enseignement (qui pousse le danseur à trouver de lui-même le mouvement juste), déjà implanté aux États-Unis. Depuis la fin de la Seconde Guerre mondiale, l'expressionnisme connaît un renouveau en Allemagne et imprègne de façon sensible la danse moderne contemporaine (Pina Bausch).

LITTÉR., THÉÂTRE. L'expressionnisme s'est développé plus particulièrement en Allemagne, entre 1910 et le début des années 20, illustré par des romanciers (Heinrich Mann, Alfred Döblin) et surtout des poètes (Gottfried Benn, Georg Trakl). Au théâtre, une série de dramaturges (Walter Hasenclever, Ernst Toller), de metteurs en scène (Leopold Jessner) et d'acteurs (Fritz Kortner) ont tenté de réaliser dans les drames qu'ils ont écrits ou représentés la projection violente et déformée de la subjectivité de l'individu, à la fois par la composition en tableaux *(Stationendrama),* le traitement de l'espace scénique et l'utilisation de la lumière.

CINÉMA. L'expressionnisme cinématographique, issu des recherches de l'avant-garde théâtrale (M. Reinhardt) et picturale (Kokoschka, Kubin), est apparu en Allemagne à la fin de la Première Guerre mondiale. Privilégiant les thèmes d'horreur ou d'inspiration fantastique, ce mouvement s'est attaché essentiellement à exprimer les atmosphères ou les états d'âme des personnages par le symbolisme et la stylisation des décors, de la lumière, du jeu des acteurs. Robert Wiene (*le Cabinet du Dr Caligari,* 1919), Paul Wegener (*le Golem,* 1920), Fritz Lang (*le Docteur Mabuse,* 1922), F. W. Murnau (*Nosferatu le Vampire,* 1922) sont particulièrement représentatifs de cette tendance.

MUS. L'expressionnisme musical se caractérise par une grande richesse d'éléments variés (chromatisme, agrégats) pour exprimer des sentiments de manière exaspérée. Les compositeurs de l'école de Vienne, A. Schönberg, A. Berg et A. von Webern, en sont les principaux représentants.

EXPRESSIONNISTE adj. et n. Qui appartient à l'expressionnisme ou s'y rattache.

EXPRESSIVEMENT adv. De façon expressive.

EXPRESSIVITÉ n.f. Caractère de ce qui est expressif.

EXPRESSO n.m. (ital. *espresso*). Café *express.

EXPRIMABLE adj. Qui peut être exprimé, énoncé, traduit. *Une angoisse difficilement exprimable.*

EXPRIMAGE n.m. TEXT. Pression exercée sur un textile pour en faire sortir l'excès de colorant ou d'apprêt.

EXPRIMER v.t. (lat. *exprimere*). **1.** Manifester sa pensée, ses impressions par le geste, la parole, l'expression du visage. *Exprimer sa douleur par des larmes.* **2.** Manifester sa pensée, ses sentiments par un moyen artistique. **3.** Définir, en parlant d'unités de mesure. **4.** Faire sortir un liquide par pression. ◆ **s'exprimer** v.pr. Se faire comprendre, exprimer sa pensée. *S'exprimer avec élégance. S'exprimer par la musique.*

EXPROPRIATION n.f. Action d'exproprier. ◇ *Expropriation forcée :* saisie immobilière suivie d'une vente par adjudication.

EXPROPRIÉ, E adj. et n. Qui est l'objet d'une mesure d'expropriation.

EXPROPRIER v.t. [5] (du lat. *proprius,* qui appartient à). Déposséder qqn de sa propriété, dans un but d'utilité publique, suivant des formes légales génér. accompagnées d'indemnités.

EXPULSÉ, E adj. et n. Se dit d'une personne chassée par une expulsion.

EXPULSER v.t. (lat. *expulsare*). **1.** Ne plus admettre qqn, le rejeter. **2.** Chasser qqn avec violence ou par une mesure d'expulsion du lieu où il était établi. **3.** MÉD. Rejeter hors de l'organisme. *Expulser les sécrétions des bronches.*

EXPULSION n.f. **1.** Action d'expulser, d'exclure. **2.** DR. **a.** Mesure administrative obligeant un étranger dont la présence peut constituer une menace pour l'ordre public ou un étranger en situation irrégulière, à quitter le territoire national. **b.** Procédure qui a pour but de faire libérer des locaux occupés sans droit ni titre ou sans droit au maintien dans les lieux. **3.** MÉD. Engagement, descente et sortie de l'enfant à la fin du travail de l'accouchement.

EXPURGATION n.f. Action d'expurger.

EXPURGER v.t. [10] (lat. *expurgare,* nettoyer). Retrancher d'un écrit ce que l'on juge contraire à la morale, aux convenances, etc.

EXQUIS, E adj. (lat. *exquisitus*). **1.** Qui produit la plus délicate impression par son charme particulier ; délicieux. *Enfant exquis. Politesse, journée exquise.* **2.** MÉD. *Douleur exquise :* douleur intense et localisée en un point, par ex. au cours d'une fracture.

EXSANGUE [ɛksɑ̃g] ou [ɛgzɑ̃g] adj. (lat. *exsanguis*). **1.** Qui a perdu beaucoup de sang. **2.** Très pâle. *Visage exsangue.* **3.** *Fig.* Dépourvu de force, de vigueur. *Une économie exsangue.*

EXSANGUINO-TRANSFUSION n.f. (pl. *exsanguino-transfusions*). MÉD. Technique consistant à prélever du sang d'un malade pour le remplacer par du sang normal transfusé.

EXSUDAT [ɛksyda] n.m. **1.** MÉD. Liquide provenant d'une exsudation. **2.** BOT. Suc perlant à la surface d'une feuille, d'une tige, chez certaines plantes.

EXSUDATION n.f. **1.** MÉD. Passage hors des vaisseaux d'un liquide venant du plasma sanguin. (Se manifestant au cours d'une inflammation, l'exsudation provoque un suintement, un œdème ou un épanchement.) **2.** MÉTALL. Présence anormale, en surface d'un alliage, d'un de ses constituants.

EXSUDER v.i. (lat. *exsudare*). **1.** MÉD. Sortir comme la sueur ; suinter. **2.** MÉTALL. Présenter une exsudation.

EXTASE n.f. (gr. *extasis,* égarement d'esprit). **1.** État d'une personne qui se trouve comme transportée hors du monde sensible par l'intensité d'un sentiment mystique. **2.** Vive admiration, plaisir extrême provoqués par une personne ou par une chose.

EXTASIÉ, E adj. Rempli d'admiration ; admiratif, ravi. *Regard extasié.*

EXTASIER (S') v.pr. [5]. Manifester son ravissement, son admiration. *S'extasier devant un paysage.*

EXTATIQUE adj. Causé par l'extase. *Joie extatique.* ◆ n. Personne sujette à l'extase.

EXTEMPORANÉ, E adj. (lat. *extemporaneus*). MÉD. Qui se fait immédiatement, sur place. ◇ *Préparation extemporanée :* confection d'un médicament (par ex. un mélange de deux constituants) juste avant l'administration. – *Examen extemporané :* observation au microscope d'un fragment d'organe, de tumeur, pratiquée au cours d'une opération chirurgicale.

EXTENDEUR n.m. CHIM. Produit liquide miscible à un polymère, utilisé pour diminuer le prix de revient.

EXTENSEUR adj.m. et n.m. Se dit d'un muscle qui provoque l'extension. ◆ n.m. Appareil de culture physique servant à développer les muscles.

EXTENSIBILITÉ n.f. Propriété de ce qui est extensible.

EXTENSIBLE adj. **1.** Qui peut être étiré, allongé, étendu. **2.** Qui peut s'appliquer, s'étendre à d'autres choses ou d'autres personnes.

EXTENSIF, IVE adj. **1.** PHYS. Se dit d'un paramètre thermodynamique dont la valeur est proportionnelle à la masse du système. (Le volume est un paramètre extensif.) **2.** *Culture extensive, élevage extensif,* pratiqués sur de vastes superficies et à rendement en général faible.

EXTENSION n.f. (du lat. *extensus,* étendu). **1.** Action d'étendre ou de s'étendre. – PHYSIOL. Mouvement par lequel deux parties du corps, qui étaient repliées, s'éloignent l'une de l'autre. *L'extension de l'avant-bras.* **2.** Allongement d'un corps soumis à une traction. **3.** Fait de s'étendre, de s'accroître. *L'extension du commerce.* **4.** PHILOS. Propriété de la matière par laquelle les corps sont dans l'espace. **5.** LING. **a.** Ensemble des objets que peut désigner un concept. **b.** Modification du sens d'un mot qui, par analogie, s'applique à davantage d'objets. **6.** LOG. *Extension d'un langage, d'une théorie :* champ à l'intérieur duquel un langage, une théorie prennent leur référence, leur signification (par oppos. à *compréhension*). **7.** INFORM. Augmentation de la capacité d'un organe (mémoire, notamm.) d'un système informatique. ◇ *Carte d'extension :* carte insérée dans un connecteur du bus d'extension d'un ordinateur pour en accroître les capacités. **8.** Belgique. Poste téléphonique dépendant d'un central d'entreprise.

EXTENSIONNEL, ELLE adj. LOG. Se dit de ce qui satisfait à la totalité des propriétés définies à l'intérieur d'un champ conceptuel (par oppos. à *intensionnel*).

EXTENSO (IN) loc. adv. → **IN EXTENSO.**

■ FAUVISME ET EXPRESSIONNISME

Explosion de la couleur et simplification éloquente des formes marquent une grande partie de la peinture européenne des deux ou trois premières décennies du XXe s. Le fauvisme, courant français, s'attache à la plastique pure, réfute les subtilités de l'impressionnisme pour exagérer tout ce qui relève de la sensation. L'expressionnisme se préoccupe plus du contenu, du sens humain des œuvres ; graphisme et palette sont agressifs en Allemagne, plus retenus en Flandre.

Maurice de Vlaminck. *Restaurant de la Machine, à Bougival,* v. 1905. Cette toile reflète, avec une grande crudité et une certaine raideur, la passion du jeune peintre pour Van Gogh. (Musée d'Orsay, Paris.)

André Derain. *Les Deux Péniches,* 1906. Le fauvisme se manifeste ici par l'intensité chromatique et par la liberté de la touche, mais non par quelque épanchement instinctif : les rapports de couleur sont délibérés (bleu/rouge, vert/jaune), la composition, méditée ; les diagonales des péniches vues d'un pont suggèrent profondeur et mouvement, un peu à la manière des estampes japonaises. (MNAM, Paris.)

E

Henri Matisse. *Marin II,* 1907. L'artiste dépasse délibérément Gauguin, un de ses modèles, dans l'opération consistant à élaborer un espace autonome à l'aide de la couleur : il épure la forme, nie la perspective, le modelé et exclut tout système de référence symbolique. (Coll. priv.)

Karl Schmidt-Rottluff. *L'Été, nus en plein air,* 1913. Une stylisation audacieuse à laquelle n'est pas étrangère l'influence de l'art nègre, encore plus marquée dans les quelques sculptures de cet artiste, comme dans celles de Kirchner et de Pechstein. (Landesmuseum, Hanovre.)

Oskar Kokoschka. Affiche de 1911, pour la revue de « combat artistique » *Der Sturm,* éditée à Berlin (1910-1932) par l'écrivain et musicien Herwath Walden (une galerie du même nom s'ouvrit dans la capitale en 1912). L'inquiétante image de Kokoschka est à la fois un autoportrait et une reprise des dessins de l'artiste pour sa pièce de théâtre *Meurtre, espoir des femmes.*

Constant Permeke. *Le Mangeur de pommes de terre,* 1935. Simplification formelle et extrême rudesse du maître de l'expressionnisme flamand. (Musées royaux des Beaux-Arts, Bruxelles.)

Ossip Zadkine. *L'Homme foudroyé ou la Ville détruite,* statue en bronze à Rotterdam, 1948-1951. Une gesticulation baroque, traitée en arêtes et facettes à la manière du cubisme, pour exprimer l'horreur de la guerre.

EXTENSOMÈTRE n.m. Instrument servant à mesurer les déformations produites dans un corps sous l'effet de contraintes mécaniques.

EXTÉNUANT, E adj. Qui exténue, épuise.

EXTÉNUATION n.f. Affaiblissement extrême.

EXTÉNUER v.t. (lat. *extenuare*). Épuiser les forces de. *Le jeûne exténue le corps.* ◆ **s'exténuer** v.pr. Se fatiguer extrêmement.

EXTÉRIEUR, E adj. (lat. *exterior*). **1. a.** Qui est en dehors d'un lieu donné. *Quartiers extérieurs.* **b.** Qui n'est pas dans un lieu clos. *Escalier extérieur. Température extérieure.* **2.** Qui n'appartient pas à qqch ; étranger. *Propos extérieurs au sujet.* **3.** Qui existe en dehors de l'individu. *Le monde extérieur.* **4.** Qui concerne les pays étrangers. *Politique extérieure.* **5.** Qui se voit du dehors ; visible, manifeste. *Signes extérieurs de richesse.* **6.** GÉOMÉTR. *Angle extérieur d'un polygone P :* angle adjacent à un angle de P et supplémentaire de celui-ci. – *Bissectrice extérieure en A d'un triangle ABC :* droite perpendiculaire en A à la bissectrice intérieure de l'angle de sommet A. ◆ n.m. **1.** Ce qui est au-dehors, à la surface. *L'extérieur d'une maison.* **2.** L'ensemble des pays étrangers. *Nouvelles de l'extérieur.* **3.** Vx. Apparence physique de qqn ; dehors, air, aspect. **4.** Belgique. Au football, ailier. ◆ n.m. pl. CINÉMA. Scènes tournées hors du studio.

EXTÉRIEUREMENT adv. **1.** À l'extérieur. **2.** En apparence.

EXTÉRIORISATION n.f. Action d'extérioriser.

EXTÉRIORISER v.t. Exprimer, manifester ses sentiments, ses idées par son comportement. *Extérioriser sa joie.* ◆ **s'extérioriser** v.pr. Manifester ses sentiments, son caractère.

EXTÉRIORITÉ n.f. PHILOS. Caractère de ce qui est en dehors de la conscience.

EXTERMINATEUR, TRICE adj. et n. Qui extermine. ◇ *L'ange exterminateur :* dans la Bible, ange chargé de porter la mort parmi les Égyptiens, qui persécutaient les Hébreux.

EXTERMINATION n.f. Action d'exterminer. ◇ HIST. *Camp d'extermination :* durant la Seconde Guerre mondiale, camp organisé par les nazis et destiné à éliminer physiquement les populations juive et tsigane.

EXTERMINER v.t. (lat. *exterminare,* chasser). Faire périr entièrement ou en grand nombre ; massacrer.

EXTERNALISATION n.f. Action d'externaliser.

EXTERNALISER v.t. Pour une entreprise, confier une partie de sa production ou de ses activités (comptabilité, gardiennage, etc.) à des partenaires extérieurs.

EXTERNALITÉ n.f. Effet économique externe, positif ou négatif, de l'action d'une entreprise sur son environnement.

EXTERNAT n.m. ENSEIGN. Situation d'externe.

1. EXTERNE adj. (lat. *externus*). **1.** Qui est au-dehors, tourné vers le dehors. *Face externe.* **2.** Qui vient du dehors. *Cause externe d'une maladie.* **3.** *Médicament à usage externe,* qui s'utilise en application sur la peau et ne doit pas être absorbé.

2. EXTERNE n. Élève qui suit les cours d'un établissement scolaire sans y coucher ni y prendre ses repas.

EXTÉROCEPTIF, IVE adj. PHYSIOL. Se dit de la sensibilité nerveuse dépendante de récepteurs situés dans la peau et stimulés par des agents extérieurs à l'organisme (chaleur, pression) [par oppos. à *intéroceptif*].

EXTERRITORIALITÉ n.f. DR. Immunité qui soustrait certaines personnes (diplomates notamm.) à la juridiction de l'État sur le territoire duquel elles se trouvent.

EXTINCTEUR, TRICE adj. Se dit d'un dispositif, d'un appareil qui sert à éteindre le feu. ◆ n.m. Appareil extincteur.

EXTINCTIF, IVE adj. Qui entraîne l'extinction d'un droit.

EXTINCTION n.f. (du lat. *extinguere,* éteindre). **1.** Action d'éteindre ce qui était allumé. *L'extinction d'un incendie.* ◇ *Extinction des feux :* sonnerie, batterie enjoignant à des militaires, à des internes, etc., d'éteindre les lumières. **2.** Affaiblissement, cessation de qqch. *Lutter jusqu'à l'extinction de ses forces.* ◇ *Extinction de voix :* affaiblissement ou perte de la voix. SYN. : *aphonie.* **3.** Disparition totale ; suppression, anéantissement. *L'extinction d'une dette. L'extinction d'une espèce animale.*

EXTIRPABLE adj. Qui peut être extirpé.

EXTIRPATEUR n.m. Instrument agricole pour arracher les mauvaises herbes et pour effectuer des labours superficiels.

EXTIRPATION n.f. Action d'extirper.

EXTIRPER v.t. (lat. *extirpare,* de *stirps,* racine). **1.** Arracher avec la racine ; enlever complètement, avec difficulté. *Extirper une tumeur.* **2.** *Litt.* Faire cesser ; anéantir. *Extirper les préjugés.* **3.** Sortir qqn d'un lieu avec difficulté. *Extirper les passagers d'une voiture accidentée.* ◆ **s'extirper** v.pr. *Fam.* Sortir d'un lieu avec difficulté, lentement, etc. *Ils ont eu des difficultés à s'extirper de la grotte.*

EXTORQUER v.t. (lat. *extorquere*). Obtenir qqch par force, violence, menace, ruse ou contrainte. *Extorquer de l'argent à qqn, des aveux à un prévenu.*

EXTORSION n.f. Action d'extorquer. (L'extorsion de fonds sous la menace de révélations diffamatoires constitue le chantage.)

1. EXTRA n.m. (mot lat., *en dehors*). **1.** Ce qui est en dehors des habitudes courantes (dépenses, repas, etc.). *Faire un extra pour des invités.* **2. a.** Service occasionnel supplémentaire dans la restauration ou l'hôtellerie. **b.** Personne qui fait ce service.

2. EXTRA adj. inv. (abrév. de *extraordinaire*). **1.** De qualité supérieure. *Des fruits extra.* **2.** *Fam.* Merveilleux, remarquable, exceptionnel. *Une femme extra.*

EXTRACONJUGAL, E, AUX adj. Se dit de relations sexuelles qui existent en dehors des relations conjugales.

EXTRACORPOREL, ELLE adj. Qui est extérieur au corps.

EXTRA-COURANT n.m. (pl. *extra-courants*). ÉLECTR. Courant qui se produit dans l'air au moment où l'on ouvre un circuit inductif parcouru par un courant électrique et qui se manifeste par un arc électrique.

EXTRACTEUR n.m. **1.** MÉD. Instrument pour extraire des corps étrangers de l'organisme. **2.** Pièce de la culasse mobile d'une arme à feu pour retirer l'étui vide d'une cartouche après le départ du coup. **3.** Appareil pour séparer le miel des rayons de cire, utilisant la force centrifuge. **4.** Appareil accélérant la circulation d'un fluide. *Extracteur d'air, de fumées.* **5.** Appareil pour extraire une substance d'une matière première végétale ou animale. **6.** MÉCAN. INDUSTR. Outil destiné à extraire l'une de l'autre deux pièces emmanchées à force.

EXTRACTIBLE adj. Qui peut être extrait.

EXTRACTIF, IVE adj. Qui se rapporte à l'extraction des minerais. *Industrie extractive.*

EXTRACTION n.f. (du lat. *extractus,* extrait). **1.** Action d'extraire, d'arracher. *Extraction d'une dent.* **2.** ARITHM. Opération effectuée pour trouver la racine d'un nombre. *Extraction d'une racine carrée.* **3.** *Sout.* Origine sociale.

EXTRADER v.t. Livrer qqn par extradition.

EXTRADITION n.f. (lat. *ex,* hors de, et *traditio,* action de livrer). Action de livrer l'auteur d'une infraction à l'État étranger qui le réclame, pour qu'il puisse être jugé et exécuter sa peine.

EXTRADOS n.m. **1.** ARCHIT. Face supérieure (extérieure) d'un arc, d'une voûte (par oppos. à *intrados*). **2.** Face supérieure d'une aile d'avion.

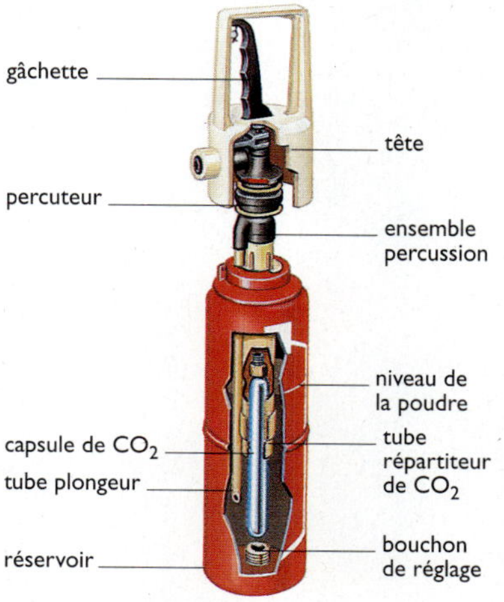

■ **EXTINCTEUR** à poudre.

EXTRA-DRY [ɛkstradraj] adj. inv. (de l'angl. *dry,* sec). Anglic. *Champagne extra-dry,* ou *extra-dry,* n.m. inv. : champagne très sec.

EXTRAFIN, E adj. **1.** Très fin. *Papier extrafin.* **2.** De qualité supérieure. **3.** De très petit calibre (par oppos. à *fin, très fin*). *Haricots, petits pois extrafins.*

1. EXTRAFORT, E adj. **1.** Très résistant, très épais. *Carton extrafort.* **2.** Très fort de goût, très relevé. *Moutarde extraforte.*

2. EXTRAFORT n.m. Ruban tissé utilisé pour renforcer le bord d'un ourlet.

EXTRAGALACTIQUE adj. ASTRON. Qui est situé en dehors de la Galaxie.

EXTRAIRE v.t. [92] (lat. *extrahere*). **1.** Retirer de l'organisme un corps étranger ou un organe malade. *Extraire une balle, une dent.* **2.** Tirer un passage d'un livre, d'un discours. **3.** ARITHM. *Extraire la racine d'un nombre,* la calculer. **4.** Séparer une substance d'un corps par voie physique ou chimique. **5.** Tirer par des moyens techniques une substance minérale du gisement naturel où elle se trouve. *Extraire du pétrole.* **6.** Faire sortir. *On a eu du mal à l'extraire de sa voiture après l'accident.* ◆ **s'extraire** v.pr. **(de).** Sortir, se dégager avec difficulté d'un lieu.

EXTRAIT n.m. **1.** Passage tiré d'un livre, d'un discours, d'un film. **2.** Copie littérale de l'original d'un acte. *Extrait d'acte de naissance.* **3.** Substance extraite d'un corps par une opération physique ou chimique. *Extrait de quinquina.* – *Spécial.* Parfum concentré. **4.** Préparation soluble et concentrée obtenue à partir d'un aliment. *Extrait de viande.*

EXTRAJUDICIAIRE adj. Fait en dehors de l'instance et des formes judiciaires.

EXTRALÉGAL, E, AUX adj. Qui est en dehors de la légalité.

EXTRALINGUISTIQUE adj. Qui est extérieur au champ de la linguistique ou à la langue.

EXTRALUCIDE adj. et n. Qui est doué d'un pouvoir de voyance.

EXTRA-MUROS [ɛkstramyros] loc. adv. et loc. adj. (mots lat., *en dehors des murs*). À l'extérieur d'une ville.

EXTRANÉITÉ n.f. DR. Qualité juridique d'étranger.

EXTRANET n.m. INFORM. Extension du réseau Intranet d'une entreprise, facilitant l'échange d'informations avec ses clients et ses fournisseurs. (S'écrit aussi sans majuscule.)

EXTRAORDINAIRE adj. **1.** Qui sort de l'usage ordinaire ; exceptionnel, inhabituel. *Une assemblée générale extraordinaire.* ◇ *Litt. Par extraordinaire :* par une éventualité peu probable. **2.** Qui étonne par sa bizarrerie ; singulier, insolite. *Il vient de lui arriver une extraordinaire aventure.* **3.** Hors du commun ; remarquable, exceptionnel. *Un personnage extraordinaire.* **4.** Très grand, intense, immense. *Une fortune extraordinaire.*

EXTRAORDINAIREMENT adv. De façon extraordinaire ; très.

EXTRAPARLEMENTAIRE adj. Se dit de ce qui est en dehors du Parlement.

EXTRAPATRIMONIAL, E, AUX adj. DR. Qui est en dehors du patrimoine.

EXTRAPOLATION n.f. **1.** Extension, généralisation à partir de données fragmentaires. **2.** STAT. Procédé consistant à prolonger une série statistique ou la validité d'une loi scientifique au-delà des limites dans lesquelles celles-ci sont connues.

EXTRAPOLER v.t. et v.i. **1.** Tirer une conclusion de données partielles ou incomplètes. **2.** Généraliser à partir de données fragmentaires. **3.** STAT. Pratiquer l'extrapolation.

EXTRAPYRAMIDAL, E, AUX adj. MÉD. *Système extrapyramidal :* ensemble de voies et de centres moteurs du système nerveux central qui contrôle les postures du corps et les mouvements automatiques, et facilite l'action du système pyramidal. SYN. : *système sous-cortical.* – *Syndrome extrapyramidal :* ensemble des manifestations motrices (tremblement, hypertonie, etc.) dues à une atteinte du système extrapyramidal, comme au cours de la maladie de Parkinson.

EXTRARÉNAL, E, AUX adj. *Épuration extrarénale* → **épuration.**

EXTRASCOLAIRE adj. Qui a lieu en dehors du cadre scolaire.

EXTRASENSIBLE adj. Qui n'est pas perçu directement par les sens.

EXTRASENSORIEL, ELLE adj. PARAPSYCHOL. Se dit de ce qui est perçu sans l'intermédiaire des récepteurs sensoriels, ou de ce qui a trait à ce mode de perception.

E

EXTRASOLAIRE adj. Situé à l'extérieur du système solaire. *Planète extrasolaire.*

EXTRASTATUTAIRE adj. Qui est en dehors des statuts.

EXTRASYSTOLE n.f. Contraction anormale du cœur entre deux contractions normales.

EXTRATERRESTRE adj. Situé à l'extérieur de la Terre. ◆ n. Habitant supposé d'une planète autre que la Terre.

EXTRATERRITORIAL, E, AUX adj. Se dit du secteur bancaire établi à l'étranger et non soumis à la législation nationale.

EXTRA-UTÉRIN, E adj. (pl. *extra-utérins, es*). Qui est en dehors de l'utérus. ◇ *Grossesse extra-utérine :* développement d'un œuf fécondé en dehors de l'utérus, en général dans une trompe de Fallope.

EXTRAVAGANCE n.f. **1.** Comportement de qqn qui est extravagant. **2.** Caractère de ce qui est extravagant, excentrique. *L'extravagance d'un projet.* **3.** Idée, action extravagante.

EXTRAVAGANT, E [ɛkstravagɑ̃, ɑ̃t] adj. (du lat. *vagari,* errer). **1.** Déraisonnable et bizarre. *Une tenue extravagante.* **2.** Qui dépasse la mesure. *Des prix extravagants.* ◆ adj. et n. Qui se comporte d'une manière bizarre, excentrique.

EXTRAVAGUER v.i. *Litt.* Penser ou agir d'une manière insensée.

E

EXTRAVASER (S') v.pr. PHYSIOL. Se répandre hors des canaux qui les contiennent, en parlant du sang, de la sève, etc.

EXTRAVÉHICULAIRE adj. Se dit de l'activité d'un spationaute hors de son véhicule spatial.

EXTRAVERSION n.f. PSYCHOL. Propension à se tourner vers l'extérieur, vers les autres, et à exprimer ses sentiments. CONTR. : *introversion.*

EXTRAVERTI, E adj. et n. Qui manifeste de l'extraversion. CONTR. : *introverti.*

EXTRÉMAL, E, AUX adj. *Didact.* Qui a atteint l'une de ses valeurs extrêmes, maximale ou minimale.

EXTRÊME adj. (lat. *extremus*). **1.** Qui est tout à fait au bout, au terme ; ultime. *C'est la date extrême.* **2.** Qui est au degré le plus intense. *Froid, chaleur extrêmes.* ◇ *Sports extrêmes :* activités sportives où le danger est associé à un effort physique intense, à la limite des capacités humaines. **3.** Sans mesure, excessif. *Moyens, remèdes extrêmes.* ◆ n.m. L'ultime limite de qqch. *Passer d'un extrême à l'autre.* ◇ *À l'extrême :* au-delà de toute mesure. ◆ n.m. pl. ARITHM. *Les extrêmes :* le premier et le dernier terme d'une proportion. (Dans une proportion $\frac{a}{b} = \frac{c}{d}$, le produit des extrêmes *ad* est égal à celui des moyens *bc.*)

EXTRÊMEMENT adv. À un très haut degré.

EXTRÊME-ONCTION n.f. (pl. *extrêmes-onctions*). CATH. Sacrement administré à un malade en danger de mort par l'application des saintes huiles sur le front et les mains. (On dit auj. *sacrement des malades.*)

EXTRÊME-ORIENTAL, E, AUX adj. Qui se rapporte à l'Extrême-Orient.

EXTREMIS (IN) loc. adv. → **IN EXTREMIS.**

EXTRÉMISME n.m. Comportement politique consistant à défendre les positions les plus radicales. *L'extrémisme de gauche, de droite.*

EXTRÉMISTE adj. et n. Qui fait preuve d'extrémisme ; qui en est partisan.

EXTRÉMITÉ n.f. (lat. *extremitas*). **1.** Bout, fin de qqch. *À l'extrémité de la rue.* **2.** *Être à la dernière extrémité :* être à l'agonie. – *Être réduit à la dernière extrémité :* être dans une très grande pauvreté. **3.** Attitude, action extrême, sans mesure. *Il tombe d'une extrémité dans l'autre.* ◆ pl. **1.** MÉD. Ensemble constitué par les mains, les pieds, le bout du nez, les lobes des oreilles, les lèvres. *Cyanose des extrémités.* **2.** Actes de violence, voies de fait. *Se porter à des extrémités regrettables.*

EXTREMUM [-mɔm] n.m. (pl. *extremums*). MATH. Maximum ou minimum relatif d'une fonction.

EXTRINSÈQUE adj. (lat. *extrinsecus,* en dehors). **1.** Qui vient du dehors (par oppos. à *intrinsèque*). *Causes extrinsèques.* **2.** *Valeur extrinsèque d'une monnaie,* sa valeur légale, conventionnelle. SYN. : *valeur faciale.*

EXTRORSE [ɛkstrɔrs] adj. (lat. *extrorsum,* en dehors). BOT. *Anthère extrorse,* qui s'ouvre vers l'extérieur de la fleur (renonculacées). CONTR. : *introrse.*

EXTRUDER v.t. (lat. *extrudere,* rejeter). Réaliser l'extrusion de. *Extruder une matière plastique.* ◆ v.i. GÉOL. Subir l'extrusion.

EXTRUDEUSE n.f. TECHN. Appareil servant à l'extrusion.

EXTRUSIF, IVE adj. GÉOL. Qui se rapporte à une extrusion.

EXTRUSION n.f. **1.** GÉOL. Éruption de roches volcaniques de nature visqueuse sous forme d'aiguille ou de dôme. **2.** TECHN. Procédé de mise en forme de pièces céramiques, métalliques ou plastiques, qui consiste à pousser la matière à travers une filière. SYN. : *filage.*

EXUBÉRANCE n.f. **1.** Tendance à manifester ses sentiments par des démonstrations bruyantes, excessives. **2.** Surabondance, grande profusion de qqch. *L'exubérance de la végétation.*

EXUBÉRANT, E adj. (lat. *exuberans,* regorgeant). **1.** Qui manifeste de l'exubérance. *Une femme, une joie exubérante.* **2.** Caractérisé par une abondance excessive. *Imagination exubérante.* **3.** MÉD. Qui est le siège d'une forte prolifération de cellules ; qui grossit rapidement. *Tumeur exubérante.*

EXULCÉRATION n.f. MÉD. Ulcération superficielle.

EXULTATION n.f. *Litt.* Très grande joie, allégresse.

EXULTER v.i. (lat. *exultare,* sauter). Éprouver une joie si intense qu'on ne peut la dissimuler.

EXUTOIRE n.m. (du lat. *exutus,* dépouillé). **1.** *Litt.* Moyen de se débarrasser de qqch ; dérivatif. **2.** Ouverture, tube pour l'écoulement des eaux.

EXUVIE n.f. (lat. *exuviae,* dépouilles). Peau rejetée par un arthropode ou un serpent lors de chaque mue.

EX VIVO loc. adv. et loc. adj. (loc. lat.). MÉD. Se dit d'une manipulation, d'un acte chirurgical effectués sur des cellules ou sur un organe que l'on a prélevés, avant de les remettre en place ou de les greffer sur une autre personne (par oppos. à *in vivo* et à *in vitro*).

EX-VOTO n.m. inv. (lat. *ex voto,* en conséquence d'un vœu). Tableau, objet ou plaque gravée qu'on suspend dans une église ou un lieu vénéré à la suite d'un vœu ou en mémoire d'une grâce obtenue.

EYE-LINER [ajlajnœr] n.m. [pl. *eye-liners*] (mots angl.). Liquide coloré employé dans le maquillage des yeux pour souligner le bord des paupières.

Caractère Futura

F n.m. inv. **1.** Sixième lettre de l'alphabet et la quatrième des consonnes. ([f] note la consonne fricative sourde.) **2.** F : symbole du franc. **3.** MUS. F : *fa,* dans la notation en usage dans les pays anglo-saxons et germaniques.

FA n.m. inv. Note de musique, quatrième degré de la gamme de *do.*

FABACÉE n.f. (du lat. *faba,* fève). BOT. Papilionacée.

FABLE n.f. (lat. *fabula*). **1.** Court récit allégorique, en vers ou en prose, contenant une moralité. *Fables de La Fontaine.* **2.** Récit, propos mensonger ; histoire inventée de toutes pièces. **3.** Personne qui est l'objet de propos railleurs. *Être la fable du quartier.*

FABLIAU [fablijo] n.m. (forme picarde de l'anc. fr. *fableau,* petite fable). LITTÉR. Aux XIIe et XIIIe s., bref récit satirique en vers.

FABRICANT, E n. **1.** Propriétaire d'une entreprise qui fabrique des objets, des produits, etc. **2.** Personne qui fabrique elle-même ou fait fabriquer pour vendre.

FABRICATEUR, TRICE n. *Litt., souvent péjor.* Personne qui fabrique. *Fabricateur de calomnies.*

FABRICATION n.f. Action ou manière de fabriquer. *Un défaut de fabrication.*

FABRIQUE n.f. (lat. *fabrica*). **1.** Établissement industriel où sont transformés des matières premières ou des produits semi-finis en produits destinés à la consommation. ◇ *Prix de fabrique :* prix auquel le fabricant vend ses produits au commerçant. **2.** Anc. Construction de fantaisie ornant un jardin (notamm. à l'anglaise), un parc paysager. **3.** HIST. *Conseil de fabrique,* ou *fabrique :* dans la France du Moyen Âge et de l'Ancien Régime, groupe de clercs ou de laïcs administrant les biens d'une église.

FABRIQUER v.t. (lat. *fabricare,* de *faber,* artisan). **1.** Faire, confectionner, élaborer qqch, en partic. un objet d'usage courant, à partir d'une matière première. *Fabriquer des meubles, des outils.* **2.** *Fam.* Avoir telle ou telle occupation ; faire. *Qu'est-ce que tu fabriques ?* **3.** *Fig.* Inventer de toutes pièces. *Fabriquer un alibi.*

FABULATEUR, TRICE n. Personne qui fabule.

FABULATION n.f. Récit de pure invention, que son auteur présente comme véridique ; action de construire et de raconter un tel récit.

FABULER v.i. Élaborer des fabulations.

FABULEUSEMENT adv. De façon fabuleuse, extraordinaire. *Être fabuleusement riche.*

FABULEUX, EUSE adj. (lat. *fabulosus*). **1.** Au-delà de ce que l'on peut imaginer ; étonnant, extraordinaire. *Une fortune fabuleuse.* **2.** *Litt.* Qui appartient à la légende, à l'imagination. *Animal fabuleux.*

FABULISTE n. Auteur de fables.

FAC n.f. (abrév. de *faculté*). *Fam.* Université.

FAÇADE n.f. (ital. *facciata*). **1.** Chacune des élévations extérieures d'un bâtiment présentant une importance fonctionnelle ou décorative (façades principale, postérieure, latérales ; sur rue, sur cour, sur jardin). – *Spécial.* Face d'un bâtiment comportant l'entrée principale. **2.** *Fig.* Apparence trompeuse d'une personne. *Sa gentillesse n'est qu'une façade.* ◇ *De façade :* qui n'est pas réel, mais simulé. *Un libéralisme de façade.*

FACE n.f. (lat. *facies*). **1.** Partie antérieure et inférieure de la tête humaine, au-dessous de la ligne des sourcils ; visage. ◇ ***Perdre la face :*** perdre tout prestige ; se ridiculiser. – ***Sauver la face :*** garder sa dignité. **2.** Partie antérieure de la tête de certains animaux (primates, notamm.). **3.** Chacun des côtés d'une chose ; partie extérieure de qqch. *Faire l'ascension de la face nord d'une montagne.* **4.** Aspect sous lequel se présente qqch. *Examiner la question sous toutes ses faces.* ◇ ***Changer de face :*** voir son aspect modifié. **5.** GÉOMÉTR. **a.** Chacun des polygones délimitant un polyèdre. **b.** Chacun des secteurs de plan qui composent la frontière d'un polyèdre. **c.** Chacun des demi-plans limitant un dièdre. **6.** Côté d'une monnaie portant l'effigie du souverain ou l'image personnifiant l'autorité au nom de laquelle la pièce est émise. SYN. : ***droit, avers.*** CONTR. : ***pile, revers.*** **7.** ***À la face de :*** en présence de ; en agissant franchement. – ***De face :*** du côté où l'on voit toute la face, le devant (par oppos. à ***de profil, de côté***). *Un portrait de face.* – ***En face :*** vis-à-vis, par-devant ; fixement ; *fig.,* sans crainte. *Regarder la mort en face.* – ***Face à :*** en vis-à-vis de, devant. *Hôtel face à la mer.* – ***Face à face :*** en présence l'un de l'autre. – ***Faire face à :*** faire front à ; pourvoir à. *Faire face au danger, à une échéance.*

FACE-À-FACE n.m. inv. **1.** Situation conflictuelle où deux personnes, deux groupes se font face ; confrontation. *Un face-à-face tendu entre les manifestants et la police.* **2.** Débat public entre deux personnalités représentatives d'opinions, de partis ou de milieux différents. *Face-à-face télévisé.*

FACE-À-MAIN n.m. (pl. *faces-à-main*). Lorgnon muni d'un manche, que l'on tient à la main.

FACÉTIE [fasesi] n.f. (lat. *facetia*). *Litt.* Acte burlesque ; plaisanterie, farce.

FACÉTIEUSEMENT adv. *Litt.* De façon facétieuse.

FACÉTIEUX, EUSE [-sjø, øz] adj. et n. *Litt.* Qui aime faire des facéties ; farceur. ◆ adj. *Litt.* Qui tient de la facétie.

FACETTE n.f. **1.** Chacune des petites faces planes formant la surface d'un objet et séparées les unes des autres par des arêtes vives. *Facettes d'un diamant.* **2.** *Fig.* Chacun des aspects présentés par qqn, qqch. *Les multiples facettes de sa personnalité.* ◇ ***À facettes :*** qui présente plusieurs aspects. **3.** ***Œil à facettes :*** œil de certains arthropodes (insectes, crustacés), dont la surface est formée d'éléments polygonaux *(ommatidies).*

FACETTER v.t. BX-ARTS. Tailler à facettes.

FÂCHÉ, E adj. **1.** En colère. **2.** Contrarié, agacé. *Je suis fâché de ce contretemps.*

FÂCHER v.t. (lat. *fastidiare,* éprouver du dégoût). Mettre en colère ; mécontenter. ◆ **se fâcher** v.pr. **1.** Être en mauvais termes avec qqn ; se brouiller. *Il s'est fâché avec tous ses proches.* **2.** Se mettre en colère ; s'emporter, s'irriter. *Attention, je vais me fâcher !*

FÂCHERIE n.f. Brouille, désaccord souvent passagers.

FÂCHEUSEMENT adv. De façon fâcheuse ; désagréablement. *Être fâcheusement impressionné.*

FÂCHEUX, EUSE adj. Qui entraîne des conséquences ennuyeuses, désagréables ; malencontreux. *Une fâcheuse initiative.* ◆ n. *Litt.* Personne importune, gênante.

FACHO adj. et n. (abrév.). *Fam.* Fasciste.

FACIAL, E, AUX adj. **1.** Qui appartient à la face ; qui concerne la face. ◇ ***Nerf facial :*** nerf crânien innervant les muscles du visage et intervenant dans le goût. **2.** BANQUE. ***Valeur faciale d'une monnaie,*** sa valeur extrinsèque.

FACIÈS [fasjɛs] n.m. (lat. *facies*). **1.** *Souvent péjor.* Aspect général du visage ; physionomie. *Un faciès simiesque.* **2.** PRÉHIST. Ensemble des traits caractérisant une période culturelle donnée. (Le *faciès industriel* concerne les variations de typologie de l'outillage lithique et osseux ; le *faciès culturel* concerne les variations des modes de vie et des mentalités.) **3.** GÉOL. Ensemble des caractères d'une roche, qui témoignent du milieu et des conditions dans lesquels elle s'est constituée.

FACILE adj. (lat. *facilis*). **1.** Qui se fait sans peine, sans difficulté ; aisé, simple. *Facile à trouver, à comprendre.* **2.** *Péjor.* Qui n'a exigé aucun effort, aucune recherche. *Ironie facile. C'est un peu facile !* **3.** Avec qui il est aisé de vivre ; conciliant, accommodant. *Un caractère facile. Un enfant facile.* **4.** *Péjor.* ***Femme, fille facile,*** dont on obtient sans peine les faveurs.

FACILEMENT adv. Avec facilité ; sans peine, aisément.

FACILITATION n.f. *Didact.* Action de faciliter.

FACILITÉ n.f. **1.** Qualité d'une chose facile à faire, à comprendre. **2.** Aptitude à faire qqch sans peine. *Il a beaucoup de facilité pour les langues.* ◇ ***Se laisser aller à la facilité, choisir la facilité :*** aller vers ce qui demande le moins d'énergie, d'effort. **3.** Moyen qui permet de faire qqch sans difficulté ; occasion, possibilité. *J'ai eu toute facilité pour le rencontrer.* **4.** *Sout.* Qualité de qqn d'accommodant ; douceur. ◆ pl. **1.** Commodités, conditions spéciales accordées pour faire qqch. *Facilités de transport.* **2.** ***Facilités de paiement :*** délais accordés pour payer. – ***Facilités de caisse :*** découvert de quelques jours accordé par un banquier à son client.

FACILITER v.t. (ital. *facilitare*). Rendre facile, aisé. *Tu ne me facilites pas le travail !*

FAÇON n.f. (lat. *factio,* de *facere,* faire). **1.** Manière d'être ou d'agir. *Tu t'y es pris d'une drôle de façon ! Je t'ai fait un gâteau à ma façon.* ◇ ***C'est une façon de parler*** : il ne faut pas prendre à la lettre ce qui vient d'être dit. – ***De toute façon, de toutes les façons*** : quoi qu'il arrive. – ***En aucune façon*** : pas du tout. – ***Sans façon(s)*** : sans cérémonie. **2.** Main-d'œuvre, travail d'un artisan. ◇ ***Travail à façon,*** exécuté sans fournir la matière première. **3.** Travail du sol. *Donner une première façon à la vigne.* **4.** Forme donnée à un objet par le travail de l'ouvrier, notamm. dans le domaine de la mode. *La façon d'un manteau.* ◇ Suisse. ***Faire façon de qqn, d'un animal,*** le soumettre, le maîtriser. **5.** Imitation. *Un châle façon cachemire.* ◆ pl. **1.** Manière de se conduire ; comportement. *Des façons très déplaisantes.* **2.** Politesses hypocrites. *Il fait beaucoup de façons.* ◆ **de façon à** loc. prép. ou **de façon que** loc. conj. Indiquent la conséquence, le but ; de manière à. *Travaille de façon à réussir. Habille-toi de façon que tu puisses jouer.* ◆ **de telle façon que** loc. conj. Si bien que, de telle sorte que. *Il se comporte de telle façon qu'il n'a pas d'amis.*

FACONDE n.f. (lat. *facundia,* éloquence). *Litt.* Grande facilité à parler ; abondance de paroles.

FAÇONNAGE n.m. **1.** Action de façonner qqch. – Ensemble des opérations (coupe, pliage, brochage, reliure) qui terminent la fabrication d'un livre, d'un imprimé. **2.** Façonnement. **3.** Préparation, enlèvement des branches et éventuellement de l'écorce d'un arbre abattu, avant le débardage.

FAÇONNÉ n.m. TEXT. Tissu dans lequel le croisement de la chaîne et de la trame produit un dessin. (Les brochés et les damassés sont des façonnés.)

FAÇONNEMENT n.m. Action de former qqn dans un certain sens. *Façonnement du caractère.* SYN. : *façonnage.*

FAÇONNER v.t. **1. a.** Travailler un matériau pour lui donner une certaine forme. *Façonner du métal.* **b.** Fabriquer un ouvrage en travaillant la matière. *Façonner des clés, des tabourets.* **2.** *Litt.* Former par l'expérience, l'habitude. *Ces années de collège ont façonné son caractère.* **3.** TECHN. Donner à un objet fabriqué la forme définitive qu'il doit présenter.

FAÇONNEUR, EUSE n. TECHN. Personne qui réalise le façonnage d'un produit.

FAÇONNIER, ÈRE n. Personne qui travaille à façon.

FAC-SIMILÉ [faksimile] n.m. [pl. *fac-similés*] (lat. *facere,* faire, et *simile,* chose semblable). Reproduction exacte d'une peinture, d'un dessin, d'un objet d'art, etc., par divers procédés mécaniques ou photographiques. *Réédition en fac-similé d'un ouvrage ancien.*

FACTAGE n.m. **1.** Livraison de marchandises au domicile ou au dépôt de consignation. **2.** Prix de cette livraison.

1. FACTEUR, TRICE n. (lat. *factor,* celui qui fait). Employé de la poste qui distribue le courrier à domicile. (Le terme administratif est *préposé.*) ◆ n.m. Fabricant d'instruments de musique autres que les instruments de la famille du luth et les instruments de la famille du violon (pour lesquels on parle de *luthier*). *Facteur d'orgues, de clavecins, de pianos.*

2. FACTEUR n.m. **1.** Agent, élément qui concourt à un résultat. *Un facteur de succès.* ◇ ***Facteurs de production*** : éléments ou ressources concourant à la production des biens et des services, notamm. le travail et le capital. **2.** ARITHM. Chacun des nombres figurant dans un produit. ◇ ***Facteurs premiers d'un nombre,*** nombres premiers dont le produit est égal à ce nombre. (Un nombre admet une décomposition unique en facteurs premiers.) **3.** ÉCOL. **a.** ***Facteur écologique*** : paramètre physique (climatique, notamm.), chimique (élément minéral du sol) ou biologique, propre à un milieu, dont les valeurs conditionnent le développement et la survie des individus et des écosystèmes. **b.** ***Facteur limitant*** : facteur écologique faisant partiellement ou totalement défaut dans un milieu et qui, de ce fait, limite ou empêche la croissance d'une plante. **4.** ÉLECTR. ***Facteur de puissance*** : rapport de la puissance active dissipée dans un circuit électrique (exprimée en watts) à la puissance apparente (en voltampères). **5.** PHYS. NUCL. ***Facteur de multiplication*** : nombre de neutrons libérés quand un neutron disparaît au cours d'une réaction nucléaire.

FACTICE adj. (lat. *facticius*). **1.** Qui est faux, imité ; artificiel. *Un diamant factice.* **2.** *Fig.* Forcé, simulé. *Gaieté, sourire factice.* **3.** PHILOS. ***Idées factices*** : chez Descartes, idées élaborées par l'esprit (par oppos. aux ***idées innées*** et aux ***idées adventices***). ◆ n.m. Objet ou reproduction d'un produit destinés à l'étalage des magasins ou utilisés dans un but publicitaire.

FACTICEMENT adv. Rare. De manière factice.

FACTICITÉ n.f. **1.** Rare. Caractère de ce qui est factice. **2.** PHILOS. Caractère de ce qui existe en tant que fait.

FACTIEUX, EUSE [faksjø, øz] adj. et n. Qui fomente des troubles, prépare une action violente contre le pouvoir établi ; séditieux.

FACTION n.f. (lat. *factio*). **1.** Service de surveillance ou de garde dont est chargé un militaire. **2.** Attente, surveillance prolongée. *Rester en faction.* **3.** Groupe ou parti menant une action fractionnelle ou subversive à l'intérieur d'un groupe plus important. **4.** Chacune des trois tranches de huit heures entre lesquelles sont réparties les trois équipes assurant un travail industriel continu.

FACTIONNAIRE n.m. Militaire en faction. SYN. : *sentinelle.*

FACTITIF, IVE adj. et n.m. (du lat. *factitare,* de *facere,* faire). LING. Se dit d'un verbe qui indique que le sujet fait faire l'action. (Le factitif, en français, est exprimé le plus souvent par *faire* + inf.) SYN. : *causatif.*

FACTORERIE n.f. Vx. Bureau d'une compagnie de commerce à l'étranger.

FACTORIEL, ELLE adj. *Analyse factorielle* : méthode statistique ayant pour but de chercher les facteurs communs à un ensemble de variables qui ont entre elles de fortes corrélations.

FACTORIELLE n.f. *Factorielle* n : entier naturel noté $n!$ et défini par $0! = 1$ et, pour tout $n \geqslant 1$, $n! = (n-1)! \times n$, d'où $n! = 1 \times 2 \times 3 \times ... \times (n-1) \times n$. (La factorielle de 5 est $5! = 5 \times 4 \times 3 \times 2 \times 1 = 120$.)

FACTORING [faktɔriŋ] n.m. (Anglic. déconseillé). BANQUE. Affacturage.

FACTORISATION n.f. ALGÈBRE. Écriture sous forme d'un produit de facteurs.

FACTORISER v.t. Effectuer une factorisation. (On dit aussi *mettre en facteurs.*)

FACTOTUM [faktɔtɔm] n.m. (lat. *facere,* faire, et *totum,* tout). Personne qui s'occupe un peu de tout, notamm. des travaux mineurs.

FACTUEL, ELLE adj. **1.** Qui s'en tient aux faits, qui présente les faits sans les interpréter. *Information factuelle.* **2.** PHILOS. Qui relève du fait.

FACTURATION n.f. **1.** Action de facturer. **2.** Service où l'on fait les factures.

1. FACTURE n.f. (lat. *factura*). **1.** Manière dont une chose est exécutée. *Une statuette de bonne facture.* **2.** Construction des instruments de musique autres que les violons et les luths ; travail, métier du facteur. *La facture des pianos.*

2. FACTURE n.f. (de *facteur*). Pièce comptable qui détaille et précise le prix des marchandises vendues, des services exécutés. ◇ ***Prix de facture*** : prix d'achat. – ***Facture pro forma*** : document établi par le vendeur avant la vente, en vue notamm. de permettre à l'acheteur d'obtenir une licence d'importation ou l'octroi d'un crédit.

FACTURER v.t. **1.** Établir la facture de ce qui a été vendu ; porter un prix sur une facture. **2.** Faire payer qqch à qqn.

FACTURETTE n.f. Reçu remis par le commerçant au client qui paie avec une carte de crédit.

FACTURIER, ÈRE n. et adj. Employé qui établit les factures.

FACULE n.f. (lat. *facula,* petite torche). ASTRON. Zone brillante de la surface solaire, dont l'apparition précède souvent celle d'une tache.

FACULTATIF, IVE adj. Qu'on peut, au choix, faire ou ne pas faire. *Un travail facultatif.*

FACULTATIVEMENT adv. De façon facultative.

FACULTÉ n.f. (lat. *facultas,* de *facere,* faire). **1.** Aptitude, capacité physique, morale ou intellectuelle. *La faculté de courir, de choisir, de prévoir.* **2.** *Didact.* Droit de faire qqch. *Avoir la faculté de vendre ses biens.* **3.** Anc. Établissement d'enseignement supérieur, remplacé auj. par les universités. ◇ Vieilli. ***La faculté de médecine,*** ou ***la Faculté*** : les médecins. **4.** Au Canada, unité d'enseignement et de recherche d'une université. – *Par ext.* Corps professoral constituant cette unité. ◆ pl. **1.** Aptitudes d'une personne. *Les facultés intellectuelles.* ◇ ***Ne pas avoir, ne pas jouir de toutes ses facultés*** : être un peu déséquilibré ou diminué intellectuellement. **2.** DR. ***Facultés contributives*** : ressources dont dispose un débiteur.

FADA adj. et n. (mot provenç.). Région. (Midi). *Fam.* Un peu fou, niais.

FADAISE n.f. (provenç. *fadeza*). Niaiserie, plaisanterie stupide.

FADASSE adj. *Fam.* Très fade. *Une sauce fadasse.*

FADE adj. (lat. *fatuus,* fade, influencé par *sapidus,* qui a de la saveur). **1.** Qui manque de saveur. *Sa cuisine est très fade.* **2.** Qui manque de vivacité, d'éclat. *Couleur fade.* **3.** Se dit d'une odeur écœurante. *L'odeur fade du sang.* **4.** *Fig.* Sans caractère, sans intérêt. *Une beauté fade. Un article vraiment fade.*

FADÉ, E adj. *Fam., iron.* Réussi dans son genre, en parlant de qqch. *Il s'est toujours conduit comme un imbécile, mais son dernier coup est fadé !*

FADEMENT adv. D'une manière fade.

FADEUR n.f. Caractère de ce qui est fade. *La fadeur d'un plat, d'un discours.* ◆ pl. Compliments, galanteries banals. *Débiter des fadeurs.*

FADING [fadiŋ] n.m. (Anglic. déconseillé). RADIODIFF. Évanouissement.

FADO n.m. (mot port., *destin*). **1.** Genre musical du Portugal, constitué de chants populaires au thème mélancolique avec un accompagnement d'instruments à cordes pincées. **2.** Chant appartenant au genre du fado, et souvent dansé.

FAENA [faena] n.f. (mot esp.). Travail à la muleta, dans une corrida.

FAFIOT n.m. *Arg.* Billet de banque.

FAGALE n.f. (du lat. *fagus,* hêtre). BOT. Cupulifère.

FAGNARD, E adj. Région. (Est) ; Belgique. Qui concerne la fagne. ◆ n. Région. (Est) ; Belgique. **1.** Habitant de la région des Fagnes. **2.** Personne qui connaît la fagne, qui fait des randonnées dans la fagne.

FAGNE [faɲ] n.f. (du francique *fanja,* boue). Région. (Est) ; Belgique. Lande marécageuse des plateaux ardennais.

FAGOT n.m. (lat. pop. *facus*). **1.** Faisceau de petites branches liées par le milieu et servant à faire du feu. ◇ ***Sentir le fagot*** : être soupçonné d'hérésie. – *Fam.* ***De derrière les fagots*** : de qualité excellente et mis en réserve pour une grande occasion. **2.** Afrique. Bois de chauffage.

FAGOTAGE n.m. **1.** Action de mettre du bois en fagots. **2.** *Fam.* Fait d'être fagoté ; habillement sans recherche.

FAGOTER v.t. **1.** Mettre en fagots. **2.** *Fam.* Habiller qqn sans goût, sans élégance.

FAGOTIER, ÈRE n. Personne qui fait des fagots.

FAHRENHEIT [farɛnajt] **(DEGRÉ)** → **DEGRÉ.**

FAIBLARD, E adj. *Fam.* Un peu faible.

1. FAIBLE adj. (du lat. *flebilis,* digne d'être pleuré). **1.** Qui manque de vigueur, de force physique ou morale. *Se sentir faible.* ◇ ***Point faible d'une personne*** : point vulnérable ; faiblesse, défaut. **2.** Qui manque de connaissances, de savoir. *Élève faible en mathématiques.* **3.** Qui manque de solidité, de résistance. *Poutre trop faible pour la charge qu'elle supporte.* **4.** Qui manque d'intensité, d'acuité. *Vue faible.* **5.** Qui n'est pas d'un niveau élevé, qui a peu de valeur. *Raisonnement faible.* **6.** Peu considérable. *Avoir de faibles revenus.* **7.** CHIM. MINÉR. Se dit d'un acide, d'une base, d'un électrolyte peu dissociés. **8.** PHYS. ***Interaction faible*** : interaction fondamentale responsable de la radioactivité, et plus génér. de la désintégration de nombreuses particules. ◆ adj. et n. Qui manque d'énergie, d'autorité ; mou. *Il est faible avec ses enfants. C'est une faible.* ◆ n. **1.** Personne dépourvue de ressources, de moyens de défense. *Les économiquement faibles.* **2.** ***Faible d'esprit*** : débile, simple d'esprit ; personne dont les facultés intellectuelles sont peu développées ou amoindries.

2. FAIBLE n.m. Attirance particulière, penchant. *Le jeu est son faible.* ◇ ***Avoir un faible pour,*** une attirance, un goût marqués pour.

FAIBLEMENT adv. De façon faible.

FAIBLESSE n.f. **1.** État de ce qui est faible. *Faiblesse d'un son. Faiblesse d'un élève en histoire.* ◇ ***Faire preuve de faiblesse envers qqn*** : être d'une trop grande indulgence. **2.** Perte subite de ses forces ; malaise. *Être pris de faiblesse. Avoir une faiblesse.*

FAIBLIR v.i. Perdre de ses forces, de sa capacité, de sa fermeté.

FAIBLISSANT, E adj. Qui faiblit.

FAÏENÇAGE n.m. Formation d'un réseau de craquelures à la surface d'une peinture, d'une céramique, d'un béton, etc.

FAÏENCE n.f. (de *Faenza,* v. d'Italie). **1.** Céramique à pâte argileuse tendre, poreuse, recouverte d'émail stannifère qui la rend imperméable. ◇ *Faïence fine :* pâte opaque, blanche et fine recouverte d'une glaçure plombeuse. **2.** Objet de faïence.

■ **FAÏENCE** de Rouen. Détail d'un grand plat en faïence de grand feu polychrome bleu et rouge, à décor rayonnant de broderies et de lambrequins, exécuté à la fin du XVIIe s. (Musée national de Céramique, Sèvres.)

■ **FAÏENCE** de Sceaux. Soupière et son plateau, à décor en relief de branchages (XVIIIe s.). Faïence décorée et cuite au petit feu, entre 200 et 600 °C, ce qui permet une grande variété de couleurs. (Musée de l'Île-de-France, Sceaux.)

FAÏENCÉ, E adj. Qui a l'aspect de la faïence.

FAÏENCERIE n.f. **1.** Fabrique ou commerce de faïence. **2.** Ensemble d'ouvrages en faïence.

FAÏENCIER, ÈRE n. Personne qui fabrique ou vend des objets en faïence.

FAIGNANT, E adj. et n. → **FEIGNANT.**

1. FAILLE n.f. (de *faillir*). **1.** Point de faiblesse, de rupture. *Faille d'un raisonnement.* **2.** GÉOL. Cassure au sein de couches géologiques, accompagnée d'un déplacement latéral ou vertical (dit *rejet*) des blocs séparés (ou *compartiments*).

2. FAILLE n.f. TEXT. Tissu de soie à gros grains formant des côtes.

FAILLÉ, E adj. GÉOL. Affecté par des failles. *Relief faillé.*

FAILLER (SE) v.pr. GÉOL. Être affecté par des failles.

FAILLI, E n. et adj. Vieilli. Commerçant déclaré en état de faillite.

FAILLIBILITÉ n.f. Caractère d'une personne faillible. *Faillibilité d'un juge.*

FAILLIBLE adj. Qui peut se tromper.

FAILLIR v.i. [34] (lat. *fallere,* tromper). [Suivi d'un inf.] Être sur le point de. *J'ai failli tomber.* ◆ v.t. ind. (à). *Litt.* Manquer à ; ne pas tenir. *Faillir à une promesse, à un engagement.* — REM. *Faillir* a deux conjugaisons : *je faillis, nous faillissons,* sur le modèle de *finir,* et *je faux, nous faillons.* La plus employée est la première.

FAILLITE n.f. (ital. *fallita*). **1.** État d'un débiteur qui ne peut plus payer ses créanciers. *Être en faillite. Faire faillite.* ◇ DR. *Faillite personnelle :* ensemble des interdictions et des déchéances frappant en France les commerçants, les artisans ou les dirigeants d'entreprise en état de cessation de paiements pour agissements irréguliers ou frauduleux. **2.** Échec complet d'une entreprise, d'un système, etc. *Faillite d'une politique.*

FAIM n.f. (lat. *fames*). **1.** Sensation éprouvée lorsqu'on a besoin de manger. *Avoir faim.* ◇ *Faim de loup,* très vive. — *Rester sur sa faim :* manger peu ou pas du tout ; *fig.,* être insatisfait, frustré dans son attente. **2.** *Avoir faim de,* un désir ardent de, un vif besoin de. *Avoir faim de richesses.* **3.** Situation de disette, de famine dans un pays, une région, etc. *La faim dans le monde.*

FAINE n.f. (lat. *fagina glans,* gland de hêtre). Fruit du hêtre.

FAINÉANT, E adj. et n. (anc. fr. *faignant,* de *feindre,* rester inactif). Qui ne veut rien faire ; paresseux. ◆ adj. HIST. *Les rois fainéants :* les derniers rois mérovingiens, qui abandonnèrent le gouvernement aux maires du palais à partir de Thierry III (675).

FAINÉANTER v.i. Ne rien faire ; se livrer à la paresse.

FAINÉANTISE n.f. Caractère du fainéant ; paresse.

1. FAIRE v.t. [89] (lat. *facere*). **1.** Réaliser par son travail, son action ; fabriquer, produire. *Faire un poème, une maison, une machine. Ici on fait du maïs.* **2.** *Fam.* Vendre. *À combien faites-vous ce bibelot ?* **3.** Soumettre à une préparation ; disposer, arranger, nettoyer. *Faire un gigot. Faire un lit. Faire ses ongles.* **4.** *Faire faire :* charger qqn de faire. *Faire faire un travail.* — *C'en est fait :* c'est fini. — *Avoir fort à faire :* être très occupé ; avoir de grandes difficultés à mener à bien une tâche ou à surmonter un obstacle. **5.** Accomplir un acte, un geste ; se livrer à une occupation. *Faire son devoir. Faire une erreur, une grimace, un cadeau. Faire de l'anglais. N'avoir rien à faire. Faire de son mieux.* ◇ *Ne faire que* (+ inf.) : être sans cesse en train de. *Il ne fait que crier.* **6.** Adopter l'attitude, jouer le rôle de ; contrefaire. *Faire le mort, l'idiot. Faire un personnage.* **7.** Constituer, avoir pour effet essentiel ; causer, occasionner. *La richesse ne fait pas le bonheur. Faire peur, envie. Faire du bien.* **8.** Prendre telle forme ; devenir. *« Cheval » fait au pluriel « chevaux ».* **9.** Égaler. *2 et 2 font 4.* **10.** Être affecté par, être dans tel état. *Faire de la neurasthénie. Faire une rougeole.* ◆ v.t. ind. (avec). *Fam.* S'adapter contre son gré à une situation ; s'accommoder de. ◆ v.i. **1.** Agir. *Bien faire et laisser dire.* **2.** Produire un certain effet. *Elle fait encore jeune.* ◆ v. impers. Indique un état du ciel ou de l'atmosphère. *Il fait nuit. Il fait beau. Il fait du vent.* ◆ **se faire** v.pr. **1.** Commencer à avoir une certaine apparence ; devenir. *Se faire vieux.* **2.** Embrasser telle carrière. *Se faire avocat.* **3.** S'habituer, s'adapter. *Se faire à la fatigue.* **4.** S'améliorer. *Ce vin se fera.* **5.** *Ça se fait :* c'est l'usage, la mode, etc. **6.** *Fam.* (Surtout en tournure négative.) *S'en faire (pour) :* se faire du souci, s'inquiéter (pour).

■ **FAILLE.** Faille normale dans les grès rouges du trias.

2. FAIRE n.m. **1.** *Didact.* Action de faire, de réaliser ses actes. *Le faire et le dire.* **2.** Manière, exécution propre à un artiste.

FAIRE-PART n.m. inv. Lettre annonçant une naissance, un mariage, un décès.

FAIRE-VALOIR n.m. inv. **1.** Personnage de second plan qui sert à mettre en valeur l'acteur principal. **2.** Personne, groupe qui sert à mettre en valeur. **3.** Manière d'exploiter une terre, une exploitation agricole, considérée sur le plan des rapports entre le propriétaire foncier et l'exploitant. ◇ *Faire-valoir direct :* exploitation d'un domaine, d'une terre par celui qui en est propriétaire.

FAIR-PLAY [fɛrplɛ] n.m. inv. (mots angl.). **1.** Pratique du sport dans le respect des règles, de l'esprit du jeu et de l'adversaire. **2.** Comportement loyal et élégant dans une lutte, une compétition quelconque. ◆ adj. inv. Qui manifeste de la loyauté et de la franchise.

FAIRWAY [fɛrwɛ] n.m. (mot angl., *chenal*). Partie entretenue du parcours de golf, entre le départ et le green.

FAISABILITÉ [fə-] n.f. *Didact.* Caractère de ce qui est faisable, réalisable dans des conditions techniques, financières et de délai définies.

FAISABLE [fəzabl] adj. Qui peut être fait.

FAISAN [fəzɑ̃] n.m. (gr. *phasianos ornis,* oiseau de Phase, en Colchide). **1.** Oiseau gallinacé originaire d'Asie, à plumage éclatant chez le mâle, à chair estimée, dont l'espèce dite *faisan de Colchide* a été introduite comme gibier dans toute l'Europe et en Amérique du Nord. (Cri : le faisan criaille ; genre *Phasianus,* famille des phasianidés.) **2.** *Fam.* Individu qui vit d'affaires louches.

■ **FAISAN** commun mâle.

FAISANDAGE [fə-] n.m. Action de faisander ; fait de se faisander. SYN. : *mortification.*

FAISANDEAU [fə-] n.m. Jeune faisan.

FAISANDER [fəzɑ̃de] v.t. Donner à un gibier un fumet accentué en lui faisant subir un commencement de décomposition. SYN. : *mortifier.* ◆ **se faisander** v.pr. Subir un début de décomposition (qui donne un fumet accentué évoquant le faisan), en parlant d'un gibier.

FAISANDERIE [fə-] n.f. Lieu où l'on élève les faisans.

FAISANE [fəzan] adj.f. *Poule faisane,* ou *faisane,* n.f. : faisan femelle.

FAISCEAU [fɛso] n.m. (lat. *fascis,* botte, paquet). **1.** Réunion d'objets minces et allongés liés ensemble. *Faisceau de brindilles.* **2. a.** ANTIQ. ROM. Paquet de verges liées par une courroie de cuir que les licteurs portaient lorsqu'ils précédaient un magistrat revêtu de l'*imperium* (puissance publique). **b.** Emblème du fascisme (par référence à la Rome antique). **3.** ARM. Assemblage de plusieurs fusils ou d'armes à feu analogues qui ne reposent sur le sol que par la crosse et qui se soutiennent les uns les autres. **4.** ANAT. Ensemble de fibres (nerveuses, conjonctives, etc.) parallèles. *Faisceau pyramidal.* **5.** BOT. Groupe de tubes conducteurs de la sève. **6.** CH. DE F. *Faisceau de voies :* ensemble de voies ferrées groupées de façon sensiblement parallèle et réunies par des aiguillages. **7.** GÉOMÉTR. *Faisceau de droites :* ensemble de droites concourantes ou parallèles. — *Faisceau de plans :* ensemble de plans parallèles ou contenant la même droite. **8. a.** Ensemble de rayons lumineux émanant d'une même source. *Le faisceau d'un projecteur.* **b.** PHYS. Ensemble d'ondes, de particules qui se propagent dans une même direction. ◇ *Faisceau hertzien :* faisceau de micro-ondes acheminé dans l'atmosphère entre une station émettrice et une station réceptrice placées en visibilité l'une de l'autre ou entre lesquelles sont interposés des relais radioélectriques ; système de transmission correspondant, utilisé en téléphonie, en télévision et pour des données numériques. **9.** MIL. *Faisceau de tir :* ensemble des plans de tir des pièces d'une batterie d'artillerie. **10.** *Fig.* Ensemble cohérent d'éléments abstraits qui concourent au même résultat. *Un faisceau de preuves.*

FAISEUR, EUSE [fəzœr, øz] n. **1.** Personne qui fait habituellement qqch. *Faiseur de tours, de meubles. Faiseuse d'embarras.* **2.** *Péjor.* Personne qui cherche à se faire valoir ; hâbleur.

FAISSELLE n.f. (lat. *fiscella,* petit panier). Récipient à parois perforées pour l'égouttage des fromages frais.

1. FAIT, E adj. **1.** Qui est accompli, constitué de telle façon. *Travail mal fait. Homme bien fait.* ◇ *Fait pour :* apte à, destiné à. *Elle est faite pour l'enseignement.* – *Fait à :* habitué à. *Fait à la fatigue.* **2.** Complètement développé ; mûr. *Homme fait.* ◇ ***Fromage fait,*** parvenu en fin d'affinage. **3.** *Tout fait :* préparé à l'avance ; sans originalité. *Idée toute faite.* **4.** *Fam. Être fait :* être pris, piégé. *Être fait comme un rat.*

2. FAIT n.m. (lat. *factum*). **1.** Action de faire ; événement, acte. *Le fait de parler. Nier un fait. Un fait singulier.* ◇ ***Haut fait :*** exploit. – ***Prendre qqn sur le fait,*** le surprendre au moment de son acte. – ***Fait du prince :*** acte ou décision arbitraire d'un pouvoir absolu, d'une autorité quelconque. – DR. *Fait juridique :* tout événement susceptible de produire un effet de droit. **2.** Ce qui est fait, ce qui existe ; réalité. *Le fait et la théorie.* ◇ ***Aller au fait,*** à l'essentiel. – ***Dire à qqn son fait,*** lui dire tout ce qu'on pense de lui, sans ménagements. – ***Être sûr de son fait,*** de ce qu'on avance. – ***État de fait :*** réalité. – ***Mettre au fait :*** instruire, informer. – ÉPISTÉMOL. ***Fait scientifique :*** objet que construit une science. **3.** ***Au fait :*** à propos, à ce sujet. – ***C'est un fait :*** cela existe réellement ; c'est vrai. – ***De fait, en fait, par le fait :*** en réalité, effectivement. – ***Du fait de :*** par suite de. – ***En fait de :*** en matière de. – ***Le fait est que... :*** il est vrai que. – ***Tout à fait :*** entièrement.

FAÎTAGE n.m. Pièce maîtresse de charpente reliant horizontalement l'angle supérieur des fermes et sur laquelle s'appuient les chevrons. SYN. : *panne faîtière.*

FAIT DIVERS ou **FAIT-DIVERS** n.m. (pl. *faits[-] divers*). Événement sans portée générale qui appartient à la vie quotidienne. ◆ pl. Rubrique de presse comportant des informations sans portée générale relatives à des faits quotidiens (accidents, crimes, etc.). *Je l'ai lu dans les faits divers.*

FAÎTE n.m. (lat. *fastigium*). **1.** Partie la plus élevée d'une construction, d'un arbre, d'une montagne ; sommet. *Le faîte d'une toiture.* ◇ ***Ligne de faîte :*** ligne de *crête. **2.** *Litt.* Le plus haut degré. *Le faîte de la gloire.*

FAÎTEAU n.m. Ornement en métal ou en poterie sur le faîte d'un toit.

FAÎTIER, ÈRE adj. Suisse. Central. *Organisme faîtier.*

FAÎTIÈRE adj.f. *Tuile faîtière,* ou *faîtière,* n.f. : tuile courbe dont on recouvre l'arête supérieure d'un toit. SYN. : *enfaîteau.* ◆ n.f. Barre placée entre les mâts d'une tente pour soutenir le toit.

FAIT-TOUT n.m. inv. ou **FAITOUT** n.m. Marmite haute, génér. en métal.

FAIX [fɛ] n.m. (lat. *fascis*). *Litt.* Charge, fardeau. *Ployer sous le faix.*

FAKIR n.m. (ar. *faqīr,* pauvre). **1.** Ascète musulman ou hindou. **2.** Personne qui exécute en public des tours de diverses sortes (voyance, hypnose, insensibilité, etc.).

FALAISE n.f. (francique *falisa,* rocher). **1.** Escarpement littoral plus ou moins abrupt dû à l'action érosive de la mer. **2.** *Par ext.* Escarpement rocheux dans un relief de montagne.

FALBALA n.m. (provenç. *farbella,* dentelle). Anc. Volant qui ornait le bas de la jupe (XVIIIe s.). ◆ pl. Mod. Ornements surchargés d'un vêtement. *Robe à falbalas.*

FALCIFORME adj. (du lat. *falx, falcis,* faucille). MÉD. Se dit d'un globule rouge pathologique en forme de faucille. ◇ ***Anémie falciforme :*** drépanocytose.

FALCONIDÉ n.m. (du lat. *falco,* faucon). Oiseau rapace diurne de taille petite à moyenne, aux ailes et à la queue pointues, au vol rapide, tel que le faucon. (Les falconidés forment une famille.)

FALERNE n.m. (du n. d'une ville italienne). Vin estimé dans l'Antiquité, que l'on récoltait en Campanie.

FALLACIEUSEMENT adv. De façon fallacieuse.

FALLACIEUX, EUSE adj. (lat. *fallaciosus*). Qui vise à tromper ; spécieux. *Arguments fallacieux.*

FALLOIR v. impers. [55] (lat. *fallere*). Être nécessaire, obligatoire. *Il faut manger pour vivre. Il lui faudrait du repos.* ◇ ***Comme il faut. a.*** Convenablement. *Mets ta cravate comme il faut.* **b.** Se dit d'une personne bien élevée. *Garçon tout à fait comme il faut.* ◆ **s'en falloir** v.pr. impers. Manquer, être en moins. ◇ ***Il s'en faut de peu, de beaucoup que... :*** peu de chose manque pour que ; on est très éloigné de. – ***Tant s'en faut :*** bien au contraire. *Elle n'est pas bête, tant s'en faut.*

1. FALOT n.m. (ital. *falo*). **1.** Grande lanterne portative. **2.** *Arg.* Tribunal militaire.

2. FALOT, E adj. (angl. *fellow,* compagnon). Terne, effacé. *Personnage falot.*

FALSAFA n.f. Partie de la philosophie islamique médiévale qui intègre les fondements logiques et scientifiques de source grecque (représentée par al-Kindi, al-Farabi, Avicenne).

FALSIFIABILITÉ n.f. ÉPISTÉMOL. Possibilité, pour un énoncé scientifique, d'être réfuté par une expérimentation. (Terme créé par K. Popper.) SYN. : *réfutabilité.*

FALSIFIABLE adj. **1.** Qui peut être falsifié. *Écriture falsifiable.* **2.** ÉPISTÉMOL. Susceptible de falsifiabilité ; réfutable.

FALSIFICATEUR, TRICE n. Personne qui falsifie.

FALSIFICATION n.f. Action de falsifier.

FALSIFIER v.t. [5] (du lat. *falsus,* faux). Modifier volontairement en vue de tromper ; altérer, dénaturer. *Falsifier du vin, une signature.*

FALUCHE n.f. (mot d'un dial. du Nord, *galette*). Anc. Béret traditionnel des étudiants, en France.

FALUN n.m. (mot provenç.). Roche sédimentaire, riche en coquilles brisées, utilisée comme amendement des terres argileuses.

FALUNER v.t. AGRIC. Amender avec du falun.

FALUNIÈRE n.f. Carrière où l'on extrait le falun.

FALZAR n.m. (p.-ê. du turc *şalvar*). *Arg.* Pantalon.

FAMAS [famas] n.m. (acronyme de *fusil d'assaut de la manufacture d'armes de Saint-Étienne*). Fusil de 5,56 mm équipant l'armée française depuis 1980.

FAMÉ, E adj. *Mal famé* → **malfamé.**

FAMÉLIQUE adj. (lat. *famelicus,* de *fames,* faim). Amaigri par le manque de nourriture et affamé.

FAMEUSEMENT adv. *Fam.* De façon remarquable ; très. *Un vin fameusement bon.*

FAMEUX, EUSE adj. (lat. *famosus,* de *fama,* renommée). **1.** Dont on a parlé en bien ou en mal ; réputé, célèbre. *Le fameux héros de Cervantès.* **2.** Se dit d'un mets, d'une boisson délicieux, exquis. *Un vin fameux.* **3.** *Fam.* Remarquable en son genre. *Vous avez un fameux culot !* ◇ *Pas fameux :* médiocre.

FAMILIAL, E, AUX adj. Qui concerne la famille. *Réunion familiale. Allocations familiales.* ◇ ***Maladie familiale :*** maladie qui touche plusieurs membres de la même famille et dont la cause, plus ou moins obscure, est peut-être héréditaire.

FAMILIALE n.f. Voiture automobile de tourisme, carrossée de manière à admettre de 6 à 9 passagers.

FAMILIARISATION n.f. Action de familiariser ; fait de se familiariser.

FAMILIARISER v.t. Rendre familier ; accoutumer, habituer. *Familiariser qqn avec la montagne.* ◆ **se familiariser** v.pr. (avec). Se rendre une chose familière par la pratique, l'habitude ; s'accoutumer. *Se familiariser avec un nouveau quartier.*

FAMILIARITÉ n.f. Grande intimité ; manière familière de se comporter. ◆ pl. Manières trop libres ; privautés. *Se permettre des familiarités avec qqn.*

1. FAMILIER, ÈRE adj. (lat. *familiaris*). **1.** Qui montre une absence de contrainte pouvant aller jusqu'à l'impolitesse. *Être familier avec les femmes. Un entretien familier.* **2.** Que l'on sait, que l'on connaît bien ; que l'on fait bien par habitude. *Une voix familière. Cette question lui est familière.* **3.** Se dit d'un animal qui vit dans le voisinage de l'homme. *Le chien est un animal familier.* **4.** Se dit d'un mot, d'une expression employés couramment, mais pouvant être ressentis comme incongrus dans certaines relations sociales ou dans les écrits de style sérieux ou soutenu. (C'est ainsi que *balade* ou *se balader* sont familiers par rapport à *promenade* ou *se promener.*)

2. FAMILIER n.m. Personne qui vit dans l'intimité de qqn ; personne qui fréquente habituellement un lieu ; habitué. *Les familiers d'une maison, d'un café.*

FAMILIÈREMENT adv. De façon familière.

FAMILISTÈRE n.m. Établissement coopératif, dans le système de C. Fourier.

FAMILLE n.f. (lat. *familia*). **1.** Ensemble formé par le père, la mère et les enfants. *Chef de famille.* ◇ ***Fils de famille :*** fils d'une famille aisée. – SOCIOL. ***Famille nucléaire*** ou ***conjugale :*** groupe domestique réunissant au même foyer uniquement le père, la mère et les enfants non mariés. – ***Famille recomposée :*** famille conjugale où les enfants sont issus d'une union antérieure de chacun des conjoints. **2.** Les enfants d'un couple. *Famille nombreuse. Fonder une famille.* ◇ Belgique. ***Attendre famille :*** être enceinte. **3.** Ensemble de personnes qui ont des liens de parenté par le sang ou par alliance. *Recevoir la famille à dîner.* ◇ SOCIOL. ***Famille étendue, indivise*** ou ***jointe :*** groupe domestique de gens liés ou non par le sang, qui vivent ensemble dans le même foyer. **4.** Groupe d'êtres ou de choses présentant des caractères communs. *Famille politique, spirituelle.* **5.** ALGÈBRE. Ensemble d'éléments appartenant à un ensemble donné. ◇ ***Famille indexée :*** famille d'éléments d'un ensemble E, à chacun desquels on fait correspondre un élément *i* d'un ensemble I. [On la note (x_i).] **6.** LING. ***Famille de langues :*** ensemble de langues ayant une origine commune. – ***Famille de mots :*** ensemble de mots qui possèdent la même racine. **7.** SC. DE LA V. Division systématique d'un ordre ou d'un sous-ordre qui regroupe les genres ayant de nombreux caractères communs. (Les noms scientifiques internationaux des familles sont latins, leur désinence française est *-idés* en zoologie, *-acées* en botanique. Leur désinence reste libre lorsque le nom de la famille ne dérive pas de celui d'un genre : *graminées, ombellifères.*)

FAMINE n.f. (lat. *fames,* faim). Manque total d'aliments dans une région pendant une certaine période. ◇ ***Salaire de famine,*** très bas.

FAN [fan] n. (mot angl., abrév. de *fanatic*). *Fam.* Admirateur enthousiaste de qqch ou de qqn.

FANA adj. et n. (abrév. de *fanatique*). *Fam.* Enthousiaste, passionné.

FANAGE n.m. Fenaison.

FANAISON n.f. Amollissement des rameaux, des feuilles, des fleurs, qui deviennent pendants par perte de l'eau ; époque de l'année pendant laquelle ce phénomène se produit.

FANAL n.m. [pl. *fanaux*] (ital. *fanale,* du gr. *phanos*). Lanterne ou feu employés à bord des navires et pour le balisage des côtes.

FANATIQUE adj. et n. (lat. *fanaticus,* inspiré). **1.** Qui est animé d'un zèle aveugle et intransigeant pour une doctrine, une opinion. *Tué par un fanatique.* **2.** Qui voue une passion, une admiration excessive à. *Être fanatique de Mozart, de la musique baroque.* Abrév. *(fam.) : fana.* ◆ adj. Qui relève du fanatisme. *Discours fanatique.*

FANATIQUEMENT adv. Avec fanatisme.

FANATISATION n.f. Action de fanatiser ; fait d'être fanatisé.

FANATISER v.t. Rendre fanatique.

FANATISME n.m. Esprit, comportement de fanatique.

FANCHON n.f. (dimin. de *Françoise*). Vx. Petit foulard plié en triangle que les femmes portaient sur la tête et nouaient sous le menton.

FAN-CLUB [fanklœb] n.m. [pl. *fan-clubs*] (mot angl.). Association regroupant les fans d'une vedette.

FANCY-FAIR n.f. (pl. *fancy-fairs*). Belgique. Fête de bienfaisance.

FANDANGO n.m. (mot esp.). **1.** Danse espagnole, exécutée en couple, avec des castagnettes, sous une forme récréative ou théâtrale (XVIIIe - XIXe s.). **2.** Chant espagnol de tempo vif à 3/4 ou 6/4, le plus souvent à plusieurs voix avec accompagnement de guitares, de tambourins et parfois de violons.

FANE n.f. Tiges et feuilles de certaines plantes herbacées cultivées (radis, pommes de terre).

FANER v.t. (lat. pop. *fenare,* de *fenum,* foin). **1.** Retourner et remuer l'herbe fraîchement coupée pour la faire sécher et la transformer en foin. **2.** Faire perdre à une plante, à une fleur sa fraîcheur. *La chaleur fane les roses.* **3.** Altérer l'éclat, la fraîcheur d'une couleur, d'un teint. *Années qui fanent le visage.* ◆ **se faner** v.pr. **1.** Sécher, se flétrir, en parlant d'une fleur, d'une plante. **2.** Perdre son éclat, sa fraîcheur, en parlant d'une personne, d'une chose.

FANEUR, EUSE n. Personne qui fane l'herbe fauchée.

FANEUSE n.f. Machine agricole utilisée pour la fenaison.

FANFARE n.f. (orig. onomat.). **1.** Orchestre composé de cuivres. **2.** Concert de cuivres. – *Spécial.* Musique militaire à base d'instruments de cuivre. **3.** *En fanfare :* bruyant ; bruyamment. *Une arrivée en fanfare.* **4.** VÉNER. Sonnerie de trompe pour lancer le cerf.

FANFARON, ONNE adj. et n. (esp. *fanfarrón*). Qui manifeste de la vantardise à l'égard de ses qualités, de ses réussites, réelles ou supposées.

FANFARONNADE n.f. Action, parole de fanfaron ; vantardise.

FANFARONNER v.i. Faire, dire des fanfaronnades.

FANFRELUCHE n.f. (gr. *pompholux,* bulle d'air). Ornement de la toilette féminine ou de l'ameublement : pompon, volant, ruban, etc.

FANGE n.f. (germ. *fanga*). *Litt.* **1.** Boue épaisse. **2.** Condition abjecte, vie de débauche.

FANGEUX, EUSE adj. *Litt.* **1.** Plein de fange. *Eau fangeuse.* **2.** Abject, méprisable.

FANGOTHÉRAPIE n.f. MÉD. Traitement par des applications de boue.

FANION n.m. Petit drapeau servant d'emblème ou de signe de ralliement à une unité militaire, une organisation sportive, etc.

FANNY adj. inv. Se dit, notamm. au jeu de boules, d'un concurrent, d'une équipe battus sans avoir marqué un seul point.

FANON n.m. (mot francique). **1.** Repli de la peau qui pend sous le cou de certains animaux (bœufs, dindons, etc.). **2.** Touffe de crins derrière le boulet du cheval. **3.** Lame de corne, effilochée sur son bord interne et fixée à la mâchoire supérieure de la baleine. (Au nombre de 250 à 400, les fanons permettent de filtrer l'eau et de retenir le krill.)

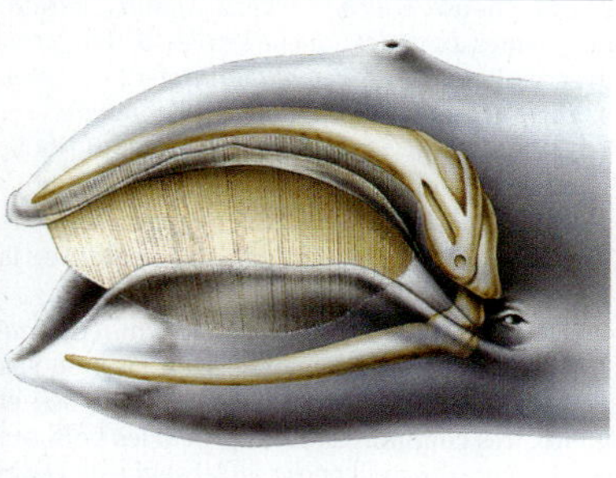

■ **FANONS** de baleine.

FANTAISIE n.f. (gr. *phantasia,* apparition). **1.** Créativité libre et imprévisible. *Donner libre cours à sa fantaisie.* **2.** Goût bizarre et passager ; caprice. *Se plier aux fantaisies de qqn.* ◇ ***À, selon ma fantaisie*** : comme il me plaît, selon mon humeur du moment. **3.** Œuvre d'imagination ; création qui ne suit pas les règles, les modèles. – MUS. Pièce instrumentale qui ne suit pas les règles préétablies d'un genre. **4.** *Kirsch fantaisie :* eau-de-vie aromatisée d'un peu de kirsch et d'essence d'amande. – ***Bijou de fantaisie,*** ou ***bijou fantaisie,*** qui n'est pas en matière précieuse.

FANTAISISTE adj. et n. Qui n'obéit qu'aux caprices de son imagination. ◆ adj. Qui manque de solidité, qui n'est pas fondé. *Hypothèse fantaisiste.* ◆ n. Artiste de music-hall qui chante ou raconte des histoires.

FANTASIA [fɑ̃tazja] n.f. (mot ar., de l'esp.). Démonstration équestre de cavaliers arabes.

FANTASMAGORIE n.f. (gr. *phantasma,* apparition, et fr. *allégorie*). **1.** Vx. Procédé qui consiste à faire apparaître des figures irréelles dans une salle obscure à l'aide d'effets optiques. **2.** Spectacle enchanteur, féerique. **3.** LITTÉR. Présence, dans une œuvre, de nombreux thèmes et motifs fantastiques propres à créer une atmosphère surnaturelle.

FANTASMAGORIQUE adj. Qui appartient à la fantasmagorie.

FANTASMATIQUE adj. Relatif au fantasme.

FANTASME ou, vx, **PHANTASME** n.m. (gr. *phantasma*). Représentation imaginaire traduisant des désirs plus ou moins conscients. (Les fantasmes peuvent être conscients [rêveries diurnes, projets, réalisations artistiques] ou inconscients [rêves, symptômes névrotiques].)

FANTASMER v.i. Avoir des fantasmes, s'abandonner à des fantasmes.

FANTASQUE adj. (abrév. et altér. de *fantastique*). Sujet à des caprices, à des fantaisies bizarres.

FANTASSIN n.m. (ital. *fantaccino*). Militaire de l'infanterie.

FANTASTIQUE adj. (gr. *phantastikos,* qui concerne l'imagination). **1.** Créé par l'imagination ; chimérique. *La licorne est un animal fantastique.* **2.** Se dit d'une œuvre littéraire, artistique ou cinématographique décrivant l'irruption du surnaturel et de l'irrationnel dans la réalité quotidienne. *Conte fantastique.* **3.** Qui atteint un très haut degré ; extraordinaire, incroyable. *Idée fantastique.* ◆ n.m. LITTÉR. Le genre fantastique.

FANTASTIQUEMENT adv. De façon fantastique.

FANTOCHE n.m. (ital. *fantoccio,* marionnette). **1.** Marionnette mue à l'aide d'un fil. ◇ (En appos.) *Gouvernement fantoche,* qui ne se maintient que grâce à un soutien étranger. **2.** Individu sans consistance, qui ne mérite pas d'être pris au sérieux.

FANTOMATIQUE adj. Qui tient du fantôme ; irréel.

FANTÔME n.m. (gr. *phantasma*). **1.** Apparition d'un défunt sous l'aspect d'un être réel ; revenant. **2.** (Souvent en appos.) Personne, chose qui n'existe que dans l'imagination ou existe mais ne joue pas effectivement son rôle. *Un gouvernement fantôme. Un rapport fantôme.* **3.** MÉD. *Membre fantôme :* membre que certains amputés ont la sensation de posséder encore, du fait de la persistance des circuits nerveux supérieurs. **4.** Feuille, carton que l'on met à la place d'un livre sorti d'un rayon de bibliothèque, d'un document emprunté, etc.

FANUM [fanɔm] n.m. (mot lat., *temple*). ARCHÉOL. En Gaule, terrain ou édifice consacré au culte d'une divinité.

FANZINE n.m. (de *fan* et *magazine*). Publication de faible diffusion élaborée par des amateurs de science-fiction, de bandes dessinées, de cinéma.

FAON [fɑ̃] n.m. (lat. *fetus,* petit d'animal). Petit de la biche et du cerf, ou d'espèces voisines.

FAQUIN n.m. (anc. fr. *facque,* sac, d'un mot néerl.). *Litt.* Homme méprisable et impertinent.

FAR n.m. Flan breton aux raisins secs ou aux pruneaux.

FARAD [farad] n.m. (de *Faraday,* n.pr.). Unité de mesure de capacité électrique (symb. F) équivalant à la capacité d'un condensateur électrique entre les armatures duquel apparaît une différence de potentiel de 1 volt lorsqu'il est chargé d'une quantité d'électricité de 1 coulomb.

FARADAY [faradɛ] n.m. (de *Faraday,* n.pr.). Quantité d'électricité, égale à 96 490 coulombs, qui, dans l'électrolyse, rompt une valence d'une mole de l'électrolyte.

FARADISATION n.f. Anc. Traitement de maladies psychiatriques qui était basé sur l'application de courants électriques.

FARAMINEUX, EUSE adj. *Fam.* Étonnant, extraordinaire par son ampleur. *Prix faramineux.*

FARANDOLE n.f. (provenç. *farandoulo*). **1.** Chaîne dansée provençale alternant danseurs et danseuses, et caractérisée par l'évolution sinueuse des participants. **2.** Pièce instrumentale à 6/8, jouée avec galoubets et tambourins. **3.** Danse où l'on forme une chaîne en se tenant par la main. *Faire la farandole.*

FARAUD, E adj. et n. (anc. provenç. *faraute,* héraut). *Fam.* Fanfaron, prétentieux.

1. FARCE n.f. (du lat. *farcire,* remplir). Hachis d'herbes, de légumes, de viande, qu'on met à l'intérieur d'une volaille, d'un poisson, d'un légume.

2. FARCE n.f. **1.** Bon tour joué à qqn pour se divertir ; blague. **2.** THÉÂTRE. Du Xe au XIIe s., intermède comique dans la représentation d'un mystère ; à partir du XIIIe s., petite pièce comique qui présente une peinture satirique des mœurs et de la vie quotidienne. ◆ adj. Vieilli. Drôle, comique.

FARCEUR, EUSE n. **1.** Personne qui fait rire par ses propos, ses bouffonneries. **2.** Personne qui n'agit pas sérieusement.

FARCI, E adj. Garni de farce. *Tomates farcies.*

FARCIN n.m. (lat. *farcimen,* farce). VÉTÉR. Forme cutanée de la morve, chez le cheval.

FARCIR v.t. (lat. *farcire*). **1.** Remplir un mets de farce. *Farcir un poulet.* **2.** *Fig.* Bourrer, surcharger de qqch. *Avoir la tête farcie de formules mathématiques. Farcir un discours de citations.* ◆ **se farcir** v.pr. *Fam.* Faire avec déplaisir une chose désagréable ; supporter une personne désagréable.

FARD n.m. (de *farder*). **1.** Composition cosmétique de maquillage destinée à masquer certains défauts de la peau, à rehausser l'éclat du teint ou à en modifier la couleur. **2. a.** *Litt.* ***Parler sans fard,*** sans feinte, directement. **b.** *Fam.* ***Piquer un fard :*** rougir d'émotion, de confusion.

FARDAGE n.m. **1.** COMM. Action de farder une marchandise. **2.** MAR. Prise qu'offrent au vent les superstructures et la coque d'un navire.

FARDE n.f. (aragonais *farda,* habit). Belgique. **1.** Cahier de copies. **2.** Chemise, dossier. **3.** Cartouche de cigarettes.

FARDEAU n.m. (ar. *farda*). Charge pesante qu'il faut lever ou transporter. *Porter un fardeau sur les épaules.* – *Fig.* Charge difficile à supporter ; poids. *Le fardeau des ans.*

FARDER v.t. (francique *farwidon,* teindre). **1.** Mettre du fard sur. *Farder le visage d'un acteur.* ◇ ***Farder la vérité :*** cacher ce qui peut déplaire. **2.** COMM. Couvrir des produits défectueux par des produits de choix pour flatter l'œil de l'acheteur. ◆ **se farder** v.pr. Se mettre du fard sur le visage.

FARDIER n.m. Anc. Voiture à roues très basses pour le transport des charges lourdes (troncs d'arbres, blocs de pierre, etc.).

FARDOCHES n.f. pl. Québec. Broussailles.

FARÉ n.m. (polynésien *fare*). Polynésie. Construction en bois largement ouverte et recouverte de paille.

FARFADET n.m. (mot provenç.). Lutin, esprit follet.

FARFELU, E adj. *Fam.* Bizarre, extravagant, fantasque. *Projet farfelu.*

FARFOUILLER v.i. *Fam.* Fouiller en mettant tout sens dessus dessous.

FARGUES n.f. pl. (lat. *falca,* de l'ar.). MAR. **1.** Partie supérieure du bordé d'une embarcation, dans laquelle sont pratiquées les dames de nage. **2.** Pavois de protection au-dessus du pont découvert, à l'extrémité avant d'un navire.

FARIBOLE n.f. *Fam.* (Surtout pl.) Propos sans valeur, frivole.

FARIGOULE n.f. (provenç. *farigoulo*). Région. (Provence). Thym.

FARINACÉ, E adj. *Didact.* Qui a la nature ou l'apparence de la farine.

FARINAGE n.m. Altération d'une peinture qui, sous l'action d'agents atmosphériques, libère de fines poussières peu adhérentes.

FARINE n.f. (lat. *farina*). **1.** Poudre provenant de la mouture des grains de céréales et de quelques autres végétaux. ◇ *Fam.* ***Rouler qqn dans la farine,*** le tromper, le duper. **2.** AGRIC. ***Farine animale :*** poudre obtenue par traitement et broyage de certains produits d'origine animale, notamm. des déchets d'abattoirs ou d'équarrissage, et susceptible d'être utilisée pour l'alimentation des animaux d'élevage.

FARINER v.t. Saupoudrer de farine.

FARINEUX, EUSE adj. **1.** Qui contient de la farine ou de la fécule. **2.** Qui est ou qui semble couvert de farine. **3.** Qui a l'aspect ou la consistance de la farine. ◆ n.m. Végétal comestible provenant de légumineuses (graines de haricot, lentille, etc.) ou d'autres plantes contenant de la fécule (pomme de terre).

FARLOUCHE ou **FERLOUCHE** n.f. Québec. Mélange de raisins secs et de mélasse, servant de garniture pour une tarte.

FARLOUSE n.f. Passereau migrateur du genre pipit, commun dans les prés en été, à plumage jaunâtre rayé de brun. (Long. 15 cm ; nom sc. *Anthus pratensis,* famille des motacillidés.)

FARNIENTE [farnjɛnte] ou [farnjɛ̃t] n.m. (ital. *fare,* faire, et *niente,* rien). *Fam.* Douce oisiveté.

FARO n.m. (mot wallon). Bière légère, additionnée de sucre et de lambic de coupage, fabriquée dans la région de Bruxelles.

FAROUCH [-ruʃ] n.m. (mot provenç.). AGRIC. Trèfle incarnat servant de fourrage.

F

FAROUCHE adj. (lat. *forasticus,* étranger). **1.** Qui fuit quand on l'approche ; sauvage. *Animal farouche.* **2.** Peu sociable, dont l'abord est difficile. *Enfant farouche.* **3.** Violent ou qui exprime la violence. *Haine, air farouches.*

FAROUCHEMENT adv. D'une manière farouche.

FARSI n.m. LING. Forme du persan parlée en Iran.

FART [fart] n.m. (mot scand.). Produit dont on enduit les semelles des skis pour les rendre plus glissantes. (Il existe aussi des farts de montée pour empêcher les skis de glisser en arrière.)

FARTAGE n.m. Action de farter.

FARTER v.t. Enduire de fart.

FASCE n.f. (lat. *fascia,* bande). **1.** ARCHIT. Bandeau, partie plate de certaines architraves et archivoltes, de certains chambranles. **2.** HÉRALD. Pièce honorable constituée par une bande horizontale occupant le milieu de l'écu.

FASCÉ, E [fase] adj. HÉRALD. Divisé en un nombre pair de parties égales d'émaux alternés, dans le sens de la fasce.

FASCIA [fasja] n.m. (mot lat., *bande*). ANAT. Membrane aponévrotique qui entoure des muscles ou une région du corps.

FASCIATION n.f. AGRIC. Anomalie des plantes chez lesquelles certains organes (rameaux, pétioles, etc.) s'aplatissent et se groupent en faisceaux.

F

FASCICULE n.m. (lat. *fasciculus,* petit paquet). Cahier ou groupe de cahiers d'un ouvrage publié par parties successives. ◇ *Fascicule de mobilisation* : document remis à un réserviste et lui indiquant la conduite à tenir en cas de mobilisation.

FASCICULÉ, E adj. **1.** BOT. Réuni en faisceau, en parlant notamm. des racines fines et nombreuses des graminées. **2.** ARCHIT. *Pilier fasciculé,* qui semble composé d'au moins cinq colonnes s'interpénétrant.

FASCIÉ, E adj. (du lat. *fascia,* bande). BIOL. Marqué de bandes. *Élytres fasciés.*

FASCINAGE n.m. Action d'établir des fascines ; ouvrage fait de fascines.

FASCINANT, E adj. Qui exerce un vif attrait, éblouit. *Un être fascinant.*

FASCINATEUR, TRICE adj. *Litt.* Qui immobilise par une sorte d'hypnose, qui subjugue. *Un regard fascinateur.*

FASCINATION n.f. **1.** Action de fasciner ; envoûtement. **2.** Attrait irrésistible. *La fascination du pouvoir.*

FASCINE n.f. (lat. *fascina*). Assemblage de branchages pour combler les fossés, empêcher l'éboulement des terres, etc.

FASCINER v.t. (lat. *fascinare,* de *fascinum,* enchantement). **1.** Attirer, dominer, immobiliser un être vivant en le privant de réaction défensive par la seule puissance du regard. *Le serpent a fasciné l'oiseau.* **2.** Attirer irrésistiblement l'attention par sa beauté, son charme, etc. ; séduire, charmer. *Fasciner ses auditeurs.*

FASCISANT, E [faʃizɑ̃, ɑ̃t] adj. Qui tend vers le fascisme, en rappelle certains traits. *Idéologie, méthode fascisantes.*

FASCISATION [faʃizasjɔ̃] n.f. Fait de rendre fasciste ; introduction de méthodes fascistes.

FASCISER [faʃize] v.t. Rendre fasciste.

FASCISME [faʃism] ou, vx, [fasism] n.m. (ital. *fascismo*). **1.** Régime établi en Italie de 1922 à 1945, instauré par Mussolini et fondé sur la dictature d'un parti unique, l'exaltation nationaliste et le corporatisme. **2.** Doctrine et pratique visant à établir un régime comparable, à des degrés divers, au fascisme italien ; ce régime.

FASCISTE [faʃist] ou, vx, [fasist] adj. et n. **1.** Qui appartient au fascisme. **2.** Qui manifeste une autorité arbitraire, dictatoriale et violente.

FASEYER [faseje] v.i. [7] (néerl. *faselen,* agiter). MAR. Flotter, battre au vent, en parlant d'une voile.

1. FASTE adj. (lat. *fastus,* de *fas,* ce qui est permis). **1.** Favorable, heureux, en parlant d'une période. *Une année faste.* **2.** ANTIQ. ROM. *Jour faste* : jour où il était permis de vaquer aux affaires publiques.

2. FASTE n.m. (lat. *fastus,* orgueil). Déploiement de magnificence, de luxe. *Le faste d'une cérémonie.*

FASTES n.m. pl. **1.** ANTIQ. ROM. Calendrier indiquant les jours fastes et néfastes. – Liste annuelle des noms des magistrats éponymes, des consuls. *Fastes consulaires.* **2.** *Litt.* Événements mémorables dans l'histoire d'un pays.

FAST-FOOD [fastfud] n.m. [pl. *fast-foods*] (mot anglo-amér., *nourriture rapide*). **1.** Type de restauration fondé sur la distribution, à toute heure et pour un prix modique, de quelques produits dont la préparation est entièrement automatisée et qui peuvent être consommés sur place ou emportés sous emballage. Recomm. off. : *restauration rapide.* **2.** Établissement fonctionnant selon ce système.

FASTIDIEUSEMENT adv. De façon fastidieuse.

FASTIDIEUX, EUSE adj. (lat. *fastidiosus*). Qui cause de l'ennui par sa monotonie, sa durée. *Travail fastidieux.*

FASTIGIÉ, E adj. (du lat. *fastigium,* faîte). BOT. Dont les rameaux, dressés et serrés, s'élèvent vers le ciel. *Le cyprès est une espèce fastigiée.*

FASTOCHE adj. *Fam.* Facile.

FASTUEUSEMENT adv. Avec faste.

FASTUEUX, EUSE adj. Qui étale un grand faste. *Mener une vie fastueuse.*

FAT [fat] ou [fa] n.m. et adj.m. (mot provenç., du lat. *fatuus,* sot). *Litt.* Personnage vaniteux, satisfait de lui-même.

FATAL, E, ALS adj. (lat. *fatalis,* de *fatum,* destin). **1.** Fixé d'avance par le sort ; qui doit immanquablement arriver. *Conséquence fatale. Le terme fatal de notre vie.* **2.** Qui entraîne inévitablement la ruine, la mort. *Erreur fatale. Coup fatal.* ◇ *Femme fatale* : femme d'une beauté irrésistible, qui semble envoyée par le destin pour perdre ceux qui s'en éprennent. **3.** INDUSTR. Se dit d'un sous-produit généré inévitablement lors d'un processus de production ou de transformation.

FATALEMENT adv. De façon fatale ; inévitablement. *Cela devait fatalement arriver.*

FATALISME n.m. **1.** Doctrine religieuse ou philosophique selon laquelle tout est inexorablement fixé d'avance par le destin, par la fatalité. **2.** Tendance à considérer que n'arrive que ce qui doit arriver et à se montrer, de ce fait, passif ou résigné face aux circonstances.

FATALISTE adj. et n. Qui témoigne de fatalisme.

FATALITÉ n.f. **1.** Force surnaturelle qui semble déterminer d'avance le cours des événements. **2.** Caractère fatal, inéluctable de qqch. *La fatalité de la mort.* **3.** Concours de circonstances fâcheuses, imprévues et inévitables ; adversité inexplicable ; malédiction. *Une sorte de fatalité accompagnait ses entreprises.*

FATIDIQUE adj. (lat. *fatidicus*). Qui semble fixé par le destin. *Date, jour fatidiques.*

FATIGABILITÉ n.f. *Didact.* Propension plus ou moins grande à être fatigué.

FATIGABLE adj. Sujet à la fatigue.

FATIGANT, E adj. **1.** Qui cause de la fatigue. *Travail fatigant.* **2.** Qui ennuie, importune ; lassant. *Tu es fatigant avec tes histoires.*

FATIGUE n.f. **1. a.** Sensation désagréable de difficulté à effectuer des efforts physiques ou intellectuels, provoquée par un effort intense, par une maladie, ou sans cause apparente. **b.** Diminution objective des performances d'un organe tel que le muscle, après un fonctionnement intense. **2.** TECHN. Endommagement d'un matériau provoqué par la répétition de sollicitations mécaniques et pouvant entraîner sa rupture sous des contraintes inférieures à celles résultant d'actions statiques.

FATIGUÉ, E adj. **1.** Marqué par la fatigue. *Traits fatigués.* **2.** *Fam.* Usé, défraîchi. *Vêtements fatigués.*

FATIGUER v.t. (lat. *fatigare*). **1.** Causer de la lassitude, de la fatigue physique ou intellectuelle à qqn. **2.** Affecter un organe. *Le soleil fatigue la vue.* **3.** Ennuyer qqn par la monotonie ou le manque d'à-propos ; importuner. *Fatiguer qqn par ses questions.* **4.** *Fatiguer la salade,* la remuer longuement après l'avoir assaisonnée. **5.** TECHN. Diminuer la résistance d'un matériau, d'une machine, en lui faisant supporter un effort trop grand. *Fatiguer un moteur.* ◆ v.i. **1.** *Fam.* Éprouver de la fatigue. *Fatiguer vite au volant.* **2.** TECHN. En parlant d'un matériau, d'une machine, avoir à supporter un trop gros effort. *Poutre qui fatigue.* ◆ **se fatiguer** v.pr. **1.** Éprouver de la fatigue. **2.** S'évertuer à. *Se fatiguer à répéter la même chose.* **3.** Avoir assez, se lasser de. *Elle s'est vite fatiguée de lui.*

FATMA n.f. (ar. *fāṭma*). *Fam.* Femme musulmane.

FATRAS n.m. (p.-ê. du bas lat. *farsura,* remplissage). **1.** Amas confus, hétéroclite de choses. *Un fatras de livres.* **2.** Ensemble incohérent d'idées, de paroles, etc. ; ramassis. *Un fatras de préjugés.*

FATRASIE n.f. (de *fatras*). Au Moyen Âge, pièce de vers satiriques caractérisée par l'incohérence de la pensée ou du langage.

FATUITÉ n.f. (lat. *fatuitas*). Contentement excessif de soi qui se manifeste par une suffisance ridicule, une vanité insolente.

FATUM [fatɔm] n.m. (mot lat.). *Litt.* Destin, fatalité.

FATWA [fatwa] n.f. (ar. *fatwā*). ISL. Consultation juridique donnée par une autorité religieuse à propos d'un cas douteux ou d'une question nouvelle ; décision ou décret qui en résulte.

FAUBERT n.m. (néerl. *zwabber*). MAR. Balai de fils de caret, servant à essuyer le pont d'un navire.

FAUBOURG n.m. (anc. fr. *forsborc,* de *fors,* hors de, et *borc,* bourg). **1.** Quartier d'une ville situé jadis en dehors de l'enceinte. **2.** (Surtout pl.) Quartier situé à la périphérie d'une ville ; banlieue. *Les faubourgs de Marseille.*

FAUBOURIEN, ENNE adj. Qui a rapport aux faubourgs, aux quartiers populaires. *Accent faubourien.*

FAUCARD n.m. (mot picard, de *fauquer,* faucher). Faux à long manche ou système de faux articulées, montés sur une barque, pour couper les herbes dans les rivières et les étangs.

FAUCARDER v.t. Couper avec le faucard.

FAUCHAGE n.m. Action de faucher l'herbe ou les céréales. SYN. : *fauche, fauchaison.*

FAUCHAISON n.f. **1.** Fauchage. **2.** Époque où l'on fauche.

FAUCHARD n.m. (de *faucher*). AGRIC. Serpe à deux tranchants et à long manche servant à couper les branches des arbres.

FAUCHE n.f. **1.** Fauchage. **2.** *Fam.* Vol ; chose volée. *Il y a de la fauche dans ce magasin.*

FAUCHÉ, E adj. et n. *Fam.* Démuni d'argent.

FAUCHER v.t. (lat. pop. *falcare,* de *falx, falcis,* faux). **1.** Couper avec une faucille, une faux ou une faucheuse. *Faucher le blé.* **2.** Abattre, détruire des plantes. *La grêle a fauché les blés.* **3.** Renverser avec violence. *Une voiture a fauché les cyclistes.* **4.** *Fam.* Voler, dérober. *Faucher une montre.*

FAUCHET n.m. AGRIC. Râteau à dents de bois, pour ramasser le foin.

1. FAUCHEUR, EUSE n. **1.** Personne qui fauche les herbes, les céréales. **2.** *Litt. La Faucheuse* : la Mort.

2. FAUCHEUR ou **FAUCHEUX** n.m. (de *faucher,* à cause des mouvements de faux de ses pattes). Arachnide aux pattes très longues et grêles, très commun dans les prés et les bois, qui se distingue des araignées par l'absence de venin et de soie. (Sous-classe des opilions.)

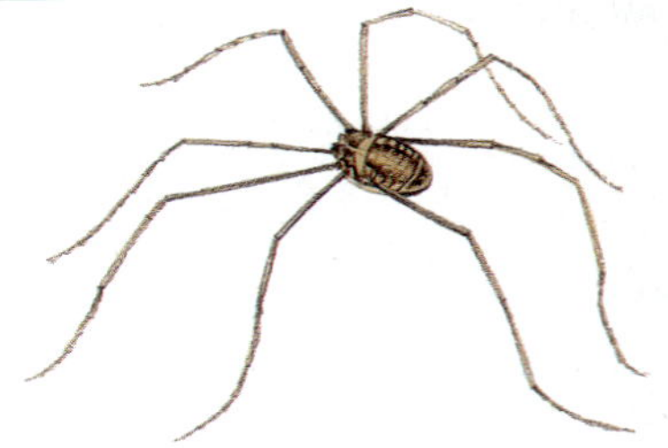

■ FAUCHEUR

FAUCHEUSE n.f. Machine pour faucher l'herbe.

FAUCHON n.m. **1.** Faux garnie d'un râteau pour soutenir les herbes. **2.** Faux à lame courte.

FAUCILLE n.f. (bas lat. *falcicula,* petite faux). Outil constitué d'une lame métallique courbée en demi-cercle, emmanchée dans une poignée de bois, qui sert à couper l'herbe, les céréales, etc.

FAUCON n.m. (lat. *falco, -onis*). **1.** Rapace diurne de taille moyenne, puissant et rapide, excellent chasseur en vol, dont plusieurs espèces eurasiatiques (crécerelle, lanier, hobereau et surtout pèlerin et sacre) sont dressées pour la chasse.

■ **FAUCON.** Faucon pèlerin.

(Genre *Falco* ; famille des falconidés.) **2.** Pièce d'artillerie en usage aux XVIe - XVIIe s. **3.** Partisan des solutions de force dans les conflits, les rapports entre États (par oppos. à *colombe*).

FAUCONNEAU n.m. Jeune faucon.

FAUCONNERIE n.f. **1.** Art d'élever et de dresser les oiseaux de proie pour la chasse ; chasse au moyen de ces oiseaux. **2.** Lieu où on les élève.

FAUCONNIER n.m. Personne qui dresse les oiseaux de proie pour la chasse.

FAUFIL n.m. COUT. **1.** Fil utilisé pour faufiler. **2.** Point de bâti très allongé.

FAUFILAGE n.m. COUT. Action de faufiler.

1. FAUFILER v.t. (anc. fr. *forfiler*, de *fors*, en dehors, et *filer*). COUT. Coudre provisoirement à longs points.

2. FAUFILER (SE) v.pr. S'introduire, passer ou se glisser adroitement. *Se faufiler dans la foule, entre les voitures.*

FAUFILURE n.f. COUT. Couture provisoire à grands points espacés.

1. FAUNE n.m. (lat. *faunus*). MYTH. ROM. Divinité champêtre, représentée avec des cornes et des pieds de chèvre.

2. FAUNE n.f. (lat. scol. *fauna*). **1.** Ensemble des espèces animales vivant dans un espace géographique ou un habitat déterminé. *Faune alpestre, aquatique.* **2.** Vx. Ouvrage qui contient l'énumération et la description de ces espèces. **3.** *Fam., péjor.* Ensemble de personnes pittoresques qui fréquentent un même lieu. *La faune de Saint-Tropez.*

FAUNESQUE adj. *Litt.* Relatif aux faunes de la mythologie ; qui en a le caractère.

FAUNESSE n.f. *Litt.* Faune femelle.

FAUNIQUE adj. Relatif à la faune.

FAUSSAIRE n. Personne qui commet, fabrique un faux ; contrefacteur.

FAUSSEMENT adv. **1.** D'une manière fausse, injuste. *Être faussement accusé.* **2.** De façon hypocrite, affectée. *Un air faussement repenti.*

FAUSSER v.t. (bas lat. *falsare*, de *falsus*, faux). **1.** Déformer un objet, un mécanisme par un effort excessif. *Fausser une clef.* **2.** Donner une fausse interprétation de ; rendre faux, inexact. *Fausser un résultat.* **3.** Détruire la justesse, l'exactitude de ; altérer. *Fausser le jugement.* ◇ ***Fausser l'esprit de qqn***, lui inculquer des raisonnements faux.

FAUSSE-ROUTE n.f. (pl. *fausses-routes*). MÉD. ***Fausse-route alimentaire***, ou ***fausse-route*** : accident dû au passage d'aliments ou de vomissements dans les voies aériennes.

1. FAUSSET n.m. (de *2. faux*). **1.** Technique vocale qui n'utilise que le registre de la voix masculine résonnant dans la tête et situé dans l'aigu. **2.** Vx. Chanteur qui possède naturellement une voix placée dans ce registre.

2. FAUSSET n.m. (de l'anc. fr. *fausser*, percer). Petite cheville de bois servant à boucher le trou fait à un tonneau avec un foret.

FAUSSETÉ n.f. **1.** Caractère de ce qui est faux. *La fausseté d'un raisonnement.* **2.** Manque de franchise ; hypocrisie. *Accuser qqn de fausseté.*

FAUTE n.f. (bas lat. *fallita*, de *fallere*, faillir). **1.** Manquement à une règle morale, aux prescriptions d'une religion. ◇ ***Prendre qqn en faute***, le surprendre en train de commettre une mauvaise action. **2.** Manquement à une norme, aux règles d'une science, d'un art, d'une technique, etc. ; erreur. *Faute d'orthographe. Faute de frappe.* **3.** Manquement à un règlement, à une règle de jeu. *Faute de conduite. Faute de service, au tennis.* ◇ ***Double faute*** : fait de manquer deux services consécutifs, au tennis. **4.** DR. Acte ou omission constituant un manquement à une obligation contractuelle ou légale. *Faute grave.* **5.** Manière d'agir maladroite ou fâcheuse. *Ce sont des fautes de jeunesse.* **6.** Responsabilité de qqn ou de qqch dans un acte. *C'est ta faute si nous sommes en retard.* **7.** *Litt.* ***Faire faute*** : manquer. – ***Faute de*** : par manque de, par défaut de. *Faute d'argent, il n'a pu partir.* – *Sout.* ***Ne pas se faire faute de*** : ne pas s'abstenir de. – ***Sans faute*** : à coup sûr, immanquablement. *À demain, sans faute.*

FAUTER v.i. **1.** *Fam.*, vieilli ou *par plais.* Se laisser séduire, avoir des relations sexuelles en dehors du mariage, en parlant d'une femme. **2.** Afrique. Commettre une faute d'orthographe, de français.

FAUTEUIL n.m. (francique *faldistôl*). **1.** Siège individuel à dossier et à bras. ◇ *Fam.* ***Arriver (comme) dans un fauteuil*** : arriver en tête, sans difficulté, dans une compétition. **2.** Place à l'Académie française. *Briguer un fauteuil.*

FAUTEUR, TRICE n. (lat. *fautor*, défenseur). *Péjor.* ***Fauteur de troubles, de guerre*** : personne qui provoque des troubles, une guerre. (Le fém. est rare.)

FAUTIF, IVE adj. et n. Qui a commis une faute ; responsable, coupable. *Se sentir fautif.* ◆ adj. Qui comporte des erreurs ; erroné, incorrect. *Liste fautive.*

FAUTIVEMENT adv. D'une manière fautive, erronée.

FAUVE adj. (francique *falw*). **1.** D'une couleur tirant sur le roux. **2.** ***Bête fauve*.** **a.** Ruminant dont le pelage tire sur le roux et qui vit à l'état sauvage dans les bois (cerf, daim, etc.). **b.** Grand félin. **3.** ***Odeur fauve***, forte et animale. **4.** Qui se rattache au fauvisme. ◆ n.m. **1.** Couleur fauve. **2.** Mammifère carnivore sauvage, au pelage fauve ou partiellement fauve, tel que le lion, le tigre, la panthère, etc. ◇ ***Sentir le fauve*** : répandre une odeur forte et animale. **3.** Peintre appartenant au courant du fauvisme. **4.** (Calque de l'all. *Neue Wilde*). ***Nouveaux fauves*** : nom donné à la fin des années 1970 à divers peintres et sculpteurs allemands d'une grande puissance expressive, tels Anselm Kiefer, Georg Baselitz, Jörg Immendorf, Markus Lüperz, A. R. Penk.

FAUVERIE n.f. Section des fauves, dans un zoo.

FAUVETTE n.f. (de *fauve*). Oiseau passereau, au chant agréable, qui se nourrit de baies et d'insectes, commun dans les buissons en Europe occidentale et centrale. (Long. 15 cm ; genre *Sylvia*, famille des sylviidés.)

■ **FAUVETTE.** Fauvette des jardins.

FAUVISME n.m. Mouvement pictural français du début du XXe siècle.

ENCYCL. Le qualificatif de « fauves » fut appliqué par un critique à un ensemble de peintres réunis dans une salle du Salon d'automne de 1905, à Paris, et dont l'art semblait d'un modernisme agressif. Procédant à une simplification des formes et de la perspective, le fauvisme se manifeste par un jaillissement de couleurs pures, ordonnées dans chaque toile de façon autonome pour exprimer avant tout les sensations et les émotions de l'artiste. Les fauves comprennent certains élèves de l'atelier de Gustave Moreau (qui professait de ne croire à nulle autre réalité que celle du « sentiment intérieur ») : Matisse, Marquet, Charles Camoin (1879 - 1965), Henri Manguin (1874 - 1949) ; deux autodidactes qui communient dans leur amour pour Van Gogh et travaillent ensemble à Chatou : Vlaminck et Derain ; un Normand, Othon Friesz (1879 - 1949), que suivent Dufy et Braque. Matisse et Vlaminck étaient déjà « fauves » avant 1905, de même que Van Dongen et un autre précurseur, Valtat. Vers 1908, les audaces du fauvisme s'estompent chez certains, ouvrent pour d'autres la voie à de nouvelles libertés, et les routes de tous ces artistes divergent.

1. FAUX n.f. (lat. *falx, falcis*). **1.** Instrument formé d'une lame métallique légèrement recourbée et fixée à un long manche, que l'on manie à deux mains pour couper l'herbe, les céréales, etc. **2.** ANAT. Membrane tendue, ayant un bord convexe et le bord opposé concave. ◇ ***Faux du cerveau***, formée par les méninges et tendue verticalement entre les deux hémisphères du cerveau.

2. FAUX, FAUSSE adj. (lat. *falsus*, de *fallere*, tromper). **1.** Contraire à ce qui est vrai ou juste, à l'exactitude, à la logique. *Addition fausse. Raisonnement faux.* **2.** Qui n'est pas justifié par les faits, qui est sans fondement. *Fausse alerte.* **3.** Qui n'est qu'une imitation, qui n'est pas original ou authentique. *Fausses dents. Faux billets.* **4.** Qui n'est pas réellement ce qu'on le nomme. *Faux acacia.* **5.** Qui a l'apparence d'un objet sans en avoir la fonction. *Fausse porte.* ◇ ***Faux titre*** : dans un livre, page qui porte seulement le titre principal et qui précède la page de titre. **6.** Qui se fait passer pour ce qu'il n'est pas. *Un faux inspecteur.* **7.** Qui n'est pas réellement éprouvé ; feint, simulé. *Fausse pudeur. Une fausse modestie.* **8.** Qui trompe ou dissimule ses sentiments ; hypocrite, fourbe. *Homme faux. Regard faux.* **9.** Qui manque de justesse, qui n'est pas conforme aux exigences de l'harmonie musicale. *Note fausse. Voix fausse.* ◆ adv. De façon fausse. *Chanter faux.* ◆ n.m. **1.** Ce qui est contraire à la vérité. **2.** Altération frauduleuse de la vérité par la fabrication ou l'usage d'une pièce, d'un objet, etc. *Ce testament est un faux.* ◇ ***Faux en écriture*** : altération frauduleuse et intentionnelle de la vérité dans un écrit, susceptible de causer un préjudice. **3.** Contrefaçon. **4.** Imitation d'une matière, d'une pierre précieuse, etc. ; toc. *Ce bijou, c'est du faux.*

FAUX-BORD n.m. (pl. *faux-bords*). Inclinaison d'un navire sur un bord par suite d'un défaut de construction ou d'une inégale répartition des charges à bord.

FAUX-BOURDON n.m. (pl. *faux-bourdons*). **1.** Procédé d'harmonisation originaire d'Angleterre, contrepoint à trois voix note contre note, très employé aux XVe et XVIe s. dans la musique d'église. **2.** Tout chant d'église, plus spécial., harmonisation de psaumes.

FAUX-CUL n.m. (pl. *faux-culs*). Anc. Armature métallique ou coussin capitonné placé sous la jupe, au-dessus des fesses.

FAUX-FACTURIER n.m. (pl. *faux-facturiers*). Personne qui établit de fausses factures.

FAUX-FILET n.m. (pl. *faux-filets*). BOUCH. Contre-filet.

FAUX-FUYANT n.m. (pl. *faux-fuyants*). Moyen détourné de se tirer d'embarras, d'éluder une question.

FAUX-MONNAYEUR n.m. (pl. *faux-monnayeurs*). Personne qui fabrique de la fausse monnaie, des faux billets de banque.

FAUX-SEMBLANT n.m. (pl. *faux-semblants*). Ruse, prétexte mensonger.

FAUX-SENS n.m. inv. LING. Interprétation erronée du sens d'un mot dans un texte.

FAVELA [favela] n.f. (mot port. du Brésil). Bidonville, au Brésil.

FAVEROLE n.f. → **FÉVEROLE.**

FAVEUR n.f. (lat. *favor*). **1.** Disposition à traiter qqn avec bienveillance, à lui accorder une aide, une préférence ; cette bienveillance elle-même. *Un traitement de faveur. Solliciter la faveur d'un ministre.* **2.** Décision indulgente qui avantage qqn. *Obtenir qqch par faveur. C'est une faveur d'avoir été invité.* **3.** Crédit, popularité que l'on a auprès de qqn, d'un groupe. *Avoir la faveur du public.* **4.** Vieilli. Ruban étroit qui sert d'ornement. *Paquet noué d'une faveur bleue.* **5.** ***À la faveur de qqch*** : en profitant de qqch. *S'évader à la faveur de la nuit noire.* – ***En faveur de*** : au profit de, au bénéfice de. ◆ pl. Marques d'amour données par une femme à un homme. *Refuser ses faveurs.*

FAVORABLE adj. **1.** Animé de dispositions bienveillantes à l'égard de. *Être favorable à un projet, à un candidat.* **2.** Qui est à l'avantage de qqn ; propice, bénéfique pour qqch ; avantageux, opportun. *Occasion favorable. Mesures favorables à la paix.*

FAVORABLEMENT adv. D'une manière favorable.

FAVORI, ITE adj. (ital. *favorito*). Qui est l'objet de la préférence de qqn. *C'est sa lecture favorite.* ◆ adj. et n. **1.** Qui jouit de la prédilection de qqn ; préféré. *Il est le favori de ses parents. Cet auteur est le favori du public.* **2.** Se dit du concurrent, de l'équipe qui ont le plus de chances de gagner une compétition. ◆ n.m. **1.** Homme qui jouit des bonnes grâces d'un personnage puissant, d'un roi. **2.** Cheval qui a le plus de chances de gagner une course (par oppos. à *outsider*). ◆ n.f. Maîtresse préférée d'un roi.

FAVORIS n.m. pl. Touffe de barbe sur la joue, de chaque côté du visage.

FAVORISANT, E adj. Qui favorise qqch. *Facteurs favorisants de l'infection.*

FAVORISER v.t. **1.** Traiter de façon à avantager. *Favoriser un débutant.* **2.** Contribuer au développement de ; encourager. *Favoriser les arts.* **3.** Aider à accomplir ; faciliter. *L'obscurité favorisa sa fuite.*

FAVORITISME n.m. Tendance à accorder des faveurs injustes ou illégales.

FAVUS [favys] n.m. (mot lat., *rayon de miel*). MÉD. Teigne du cuir chevelu.

FAX n.m. (abrév. de *Téléfax*). **1.** Télécopie. **2.** Télécopieur.

FAXER v.t. Envoyer un document par télécopie.

FAYARD n.m. (du lat. *fagus*, hêtre). Région. (Sud-Est) ; Suisse. Hêtre. (En Suisse, on dit aussi *foyard*.)

FAYOT n.m. (provenç. *faïou*). *Fam.* **1.** Haricot sec. **2.** Personne qui fayote.

FAYOTER v.i. *Fam.* Faire du zèle pour se faire bien voir de ses supérieurs.

FAZENDA [fazɛnda] n.f. (mot port. du Brésil). Grand domaine de culture ou d'élevage, au Brésil.

f.c.é.m. [ɛfseeɛm] n.f. (sigle). Force *contre-électromotrice.

FÉAL, E, AUX adj. (anc. fr. *feal*, du lat. *fidelis*, fidèle). *Litt.* Loyal, fidèle.

FÉBRIFUGE adj. et n.m. Antipyrétique.

FÉBRILE adj. (lat. *febrilis*, de *febris*, fièvre). **1.** Qui a de la fièvre. *Un enfant fébrile.* **2.** Qui s'accompagne de fièvre. *Maladie fébrile.* **3.** Qui manifeste une grande excitation ; nerveux, agité. *Se montrer fébrile. Impatience fébrile.* **4.** ÉCON. *Capitaux fébriles* → **capital.**

FÉBRILEMENT adv. De façon fébrile.

FÉBRILITÉ n.f. **1.** État d'une personne qui a la fièvre. **2.** État d'agitation intense ; nervosité, excitation.

FÉCAL, E, AUX adj. Relatif aux fèces. ◇ *Matières fécales* : fèces.

FÉCALOME n.m. MÉD. Accumulation pathologique de matières fécales durcies dans le rectum ou le côlon.

FÈCES [fɛs] ou [fɛsɛs] n.f. pl. (lat. *faex, faecis*, excrément). Résidus de la digestion éliminés par l'anus. SYN. : *excréments, selles.*

FÉCIAL n.m. → **FÉTIAL.**

FÉCOND, E adj. (lat. *fecundus*). **1.** Propre à la reproduction de l'espèce. **2.** Capable d'avoir beaucoup d'enfants ou de petits ; prolifique. **3.** Qui produit beaucoup. *Écrivain fécond. Terre féconde.* **4.** *Fécond en* : riche, fertile en. *Journée féconde en événements.*

FÉCONDABLE adj. Qui peut être fécondé.

FÉCONDANT, E adj. Qui féconde, rend fécond.

FÉCONDATEUR, TRICE adj. et n. Qui a le pouvoir de féconder.

FÉCONDATION n.f. **1.** Action de féconder ; son résultat. **2.** BIOL., MÉD. Union du gamète mâle avec le gamète femelle, contenant chacun un exemplaire de chacun des *n* chromosomes, pour former un œuf, ou zygote, qui contient 2*n* chromosomes et dont le développement donne un nouvel individu. ◇ *Fécondation in vitro*, que l'on réalise artificiellement en laboratoire, avant de placer l'œuf dans l'utérus maternel.

FÉCONDER v.t. **1.** BIOL., MÉD. Réaliser la fécondation de ; transformer un ovule en œuf. **2.** Rendre une femelle pleine, une femme enceinte. **3.** *Litt.* Rendre fécond, fertile. *Les pluies fécondent la terre.*

FÉCONDITÉ n.f. **1.** Aptitude d'un être vivant à se reproduire. ◇ *Indice synthétique de fécondité* : nombre moyen d'enfants par femme. (Il doit être au moins égal à 2,1 pour que le maintien de l'effectif d'une population soit assuré.) **2.** Aptitude à produire beaucoup ; fertilité, abondance. *Fécondité d'un sol, d'un écrivain.*

FÉCULE n.f. (lat. *faecula*). Amidon contenu dans certaines racines ou certains tubercules comme la pomme de terre, le manioc, etc., d'où on l'extrait sous forme de fine poudre blanche.

FÉCULENCE n.f. **1.** État d'une substance féculente. **2.** Vx. État d'un liquide qui dépose des sédiments.

1. FÉCULENT, E adj. **1.** Qui contient de la fécule. **2.** Vx. Qui dépose des sédiments. *Liquide féculent.*

2. FÉCULENT n.m. Graine, fruit, tubercule alimentaires riches en amidon (en partic., graines de légumineuses : lentilles, haricots, etc.).

FÉCULER v.t. **1.** Extraire la fécule de. *Féculer des pommes de terre.* **2.** Additionner de fécule.

FÉCULERIE n.f. Industrie de la fécule ; fabrique de fécule.

FÉCULIER, ÈRE adj. Relatif à la féculerie.

FEDAYIN [fedajin] ou [fedain] n.m. (mot ar., *ceux qui se sacrifient*). Résistant, spécial. résistant palestinien qui mène une action de guérilla.

FÉDÉRAL, E, AUX adj. (du lat. *foedus, -eris*, traité). **1.** Relatif à une fédération. **2.** *État fédéral*, composé de plusieurs collectivités territoriales (États fédérés), auxquelles il se superpose. SYN. : *fédération.* **3.** Qui concerne le pouvoir central d'un État fédéral. *Police fédérale.* **4.** Suisse. Relatif à la Confédération suisse.

FÉDÉRALISER v.t. Organiser un État en fédération.

FÉDÉRALISME n.m. **1.** Mode de regroupement de collectivités politiques tendant à accroître leur solidarité tout en préservant leur particularisme. **2.** Organisation constitutionnelle instituant un partage des pouvoirs entre les institutions fédérales et celles des États membres. **3.** Suisse. Doctrine qui défend l'autonomie des cantons par rapport au pouvoir fédéral.

FÉDÉRALISTE adj. et n. Relatif au fédéralisme ; qui en est partisan.

FÉDÉRATEUR, TRICE adj. et n. Qui organise ou favorise une fédération ; qui rassemble.

FÉDÉRATIF, IVE adj. Qui constitue une fédération ou un État fédéral.

FÉDÉRATION n.f. **1.** État fédéral. **2.** Groupement organique de partis, de mouvements ou clubs politiques, d'associations, de syndicats, etc. **3.** HIST. Association formée, en 1789, par les patriotes pour défendre les acquis de la Révolution française. ◇ *Fête de la Fédération* : fête nationale organisée le 14 juillet 1790 à Paris, qui rassembla les délégués des fédérations provinciales.

FÉDÉRAUX n.m. pl. HIST. Aux États-Unis, soldats des États du Nord qui luttaient pour le maintien de l'Union fédérale, pendant la guerre de Sécession (1861 - 1865).

1. FÉDÉRÉ, E adj. Qui fait partie d'une fédération.

2. FÉDÉRÉ n.m. HIST. **1.** Délégué à la fête de la Fédération en 1790, en France. **2.** Soldat au service de la Commune de Paris en 1871.

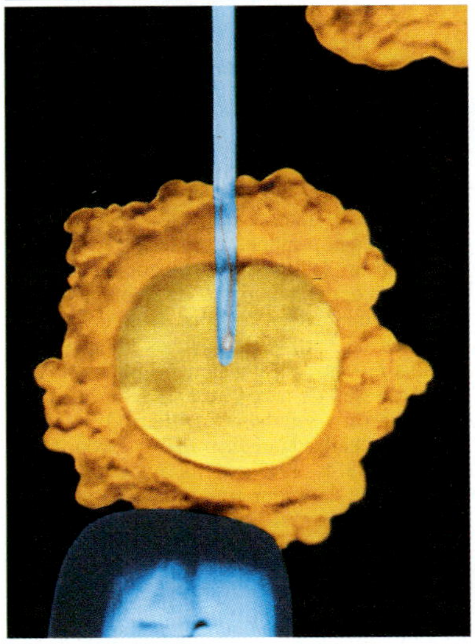

■ **FÉCONDATION** in vitro, réalisée ici par injection d'un spermatozoïde directement dans l'ovule.

FÉDÉRER v.t. [11]. **1.** Former, grouper en fédération. **2.** Rassembler, regrouper autour d'un projet commun. *Fédérer les énergies.*

FÉE n.f. (du lat. *fatum*, destin). **1.** Être imaginaire représenté sous les traits d'une femme douée d'un pouvoir surnaturel. **2.** *Litt.* Femme remarquable par sa grâce, son esprit, sa bonté, son adresse. ◇ *Doigts de fée*, qui exécutent à la perfection les travaux délicats.

FEED-BACK [fidbak] n.m. inv. (mot angl., de *to feed*, nourrir, et *back*, en retour). **1.** TECHN. Rétroaction. **2.** PHYSIOL. Rétrocontrôle.

FEEDER [fidœr] n.m. (mot angl., *nourrisseur*). [Anglic. déconseillé]. ÉLECTROTECHN. **1.** Ligne d'alimentation électrique. **2.** Coaxial (câble).

FEELING [filiŋ] n.m. (mot angl., *sentiment*). **1.** MUS. Qualité d'émotion et de sensibilité manifestée dans une interprétation. **2.** *Fam.* Manière de ressentir une situation.

FÉERIE [feri] ou [feeri] n.f. **1.** Monde fantastique des fées. **2.** Pièce de théâtre, spectacle où interviennent le merveilleux, la magie, les êtres surnaturels. **3.** Spectacle merveilleux. *Une féerie de couleurs.*

FÉERIQUE [ferik] ou [feerik] adj. Qui tient de la féerie ; merveilleux.

FEHLING [feliŋ] **(LIQUEUR DE).** CHIM. Réactif utilisé dans le dosage du glucose.

FEIGNANT, E ou **FAIGNANT, E** [fɛɲɑ̃, ɑ̃t] adj. et n. *Fam.* Fainéant.

FEINDRE v.t. [62] (lat. *fingere*). Simuler pour tromper. *Feindre la colère.* ◇ *Feindre de* : faire semblant de. ◆ v.i. Boiter légèrement, en parlant d'un cheval.

FEINTE n.f. **1.** *Litt.* Action de feindre ; dissimulation. *Parler sans feinte.* **2.** Manœuvre, geste, coup destinés à tromper l'adversaire. **3.** *Fam.* Ruse, piège. *Faire une feinte à qqn.*

FEINTER v.t. **1.** SPORTS. Simuler un coup, un mouvement pour tromper l'adversaire. ◇ *Feinter la passe*, la simuler. **2.** *Fam.* Surprendre par une ruse ; duper, posséder. *Je l'ai bien feinté.* ◆ v.i. Faire une feinte. *Savoir feinter.*

FEINTEUR, EUSE n. Personne habile à feinter.

FEINTISE n.f. *Litt.* Action, habitude de feindre ; dissimulation.

FELD-MARÉCHAL n.m. [pl. *feld-maréchaux*] (all. *Feldmarschall*). Grade le plus élevé des armées allemande, autrichienne, anglaise, suédoise et russe.

FELDSPATH [fɛldspat] n.m. (mot all.). MINÉRALOG. Aluminosilicate de potassium, de sodium *(feldspath alcalin)* ou de calcium *(plagioclase)*, constituant essentiel des roches magmatiques et métamorphiques.

FELDSPATHIQUE adj. Qui contient des feldspaths.

FELDSPATHOÏDE n.m. MINÉRALOG. Silicate présent dans les roches sous-saturées en silice.

FELDWEBEL [fɛldvebəl] n.m. (mot all.). Dans l'armée allemande, grade correspondant à celui d'adjudant.

FÊLÉ, E adj. Qui présente une fêlure. ◆ adj. et n. *Fam.* Un peu fou.

FÊLER v.t. (du lat. *flagellare*, frapper). Fendre légèrement un objet sans que les parties se séparent. ◇ v.pr. *L'assiette s'est fêlée.*

FÉLIBRIGE n.m. (du provenç. *félibre*, docteur de la loi). École littéraire constituée en Provence au milieu du XIXᵉ s. et active jusque vers 1950, se proposant de restituer au provençal son rang de langue littéraire. (Principaux représentants : Théodore Aubanel, Frédéric Mistral, Joseph Roumanille.)

FÉLICITATIONS n.f. pl. **1.** Vives approbations adressées à qqn ; éloges. **2.** Compliments, témoignages de sympathie adressés à qqn à l'occasion d'un événement heureux ; congratulations. *Présenter ses félicitations.*

FÉLICITÉ n.f. *Sout.* Grand bonheur ; contentement intérieur ; béatitude.

FÉLICITER v.t. (lat. *felicitare*). **1.** Complimenter qqn sur sa conduite. *Je vous félicite de votre courage.* **2.** Témoigner à qqn que l'on partage la joie que lui cause un événement heureux. *Féliciter des jeunes mariés.* ◆ **se féliciter** v.pr. **(de).** Témoigner de sa satisfaction ; se réjouir de.

FÉLIDÉ ou **FÉLIN** n.m. (du lat. *felis*, chat). Mammifère carnivore digitigrade, à griffes génér. rétractiles, doté de molaires coupantes et de fortes canines, tel que le chat, le lion, le tigre, le lynx, le guépard, etc. (Ordre des carnivores.)

F

FÉLIN, E adj. Qui tient du chat, qui en a la souplesse et la grâce. *Allure féline.*

FÉLINITÉ n.f. *Litt.* Caractère félin.

FELLAGA ou **FELLAGHA** n.m. (ar. dial. *fellāga,* pl. de l'ar. *fallāq,* coupeur de route). HIST. Partisan algérien ou tunisien soulevé contre l'autorité française pour obtenir l'indépendance de son pays.

FELLAH n.m. (ar. *fellāḥ*). Paysan, dans les pays arabes.

FELLATION n.f. (du lat. *fellare,* sucer). Excitation buccale du sexe de l'homme.

FELLINIEN, ENNE adj. Qui évoque l'imaginaire de Fellini. *Une créature fellinienne.*

FÉLON, ONNE adj. et n. (du francique). **1.** HIST. Déloyal envers son seigneur. *Vassal félon.* **2.** *Litt.* Déloyal, traître.

FÉLONIE n.f. **1.** HIST. Déloyauté, offense ou trahison d'un vassal envers son seigneur. **2.** *Litt.* Acte déloyal ; trahison.

FELOUQUE n.f. (esp. *faluca,* de l'ar. *falūwa*). MAR. Petit bâtiment de la Méditerranée, long, léger et étroit, à voiles et à rames.

■ **FELOUQUE** sur le Nil.

FÊLURE n.f. Fente d'une chose fêlée.

f.é.m. [ɛfeɛm] n.f. (sigle). Force *électromotrice.

FEMELLE n.f. (du lat. *femina,* femme). **1.** Animal de sexe femelle. **2.** *Fam., péjor.* Femme. ◆ adj. **1.** Se dit d'un individu, d'un organe animal ou végétal appartenant au sexe apte à produire des cellules fécondables (œufs vierges, c'est-à-dire ovules) et, souvent, à abriter le développement du produit de la fécondation (œuf fécondé, graine) ; se dit de ce sexe. **2.** Se dit d'une pièce, d'un instrument creusés pour recevoir le saillant d'une autre pièce, dite *mâle.*

FÉMELOT n.m. (de *femelle*). MAR. Chacune des ferrures fixées sur l'étambot et dans lesquelles pivotent les aiguillots du gouvernail.

1. FÉMININ, E adj. (lat. *femininus,* de *femina,* femme). **1.** Propre à la femme ; qui a rapport aux femmes. *Le charme féminin. La mode féminine.* **2.** Qui manifeste des caractères considérés comme propres à la femme. *Des manières féminines.* **3.** Qui est composé de femmes. *Orchestre féminin.* **4. a.** Qui appartient au genre dit *féminin. Nom féminin.* **b.** *Rime féminine :* rime que termine une syllabe muette.

2. FÉMININ n.m. Un des genres grammaticaux, qui s'applique, en français, aux noms d'êtres femelles et à une partie des noms désignant des choses.

FÉMINISANT, E adj. BIOL., MÉD. Qui féminise.

FÉMINISATION n.f. **1.** Action de féminiser ; son résultat. **2.** Fait de se féminiser.

FÉMINISER v.t. **1.** Donner un caractère féminin ou efféminé à. **2.** BIOL., MÉD. Provoquer chez un mâle l'apparition de caractères sexuels secondaires féminins. **3.** GRAMM. Mettre au féminin ; donner à un mot les marques du genre féminin. *Féminiser les noms de métier.* ◆ **se féminiser** v.pr. Comprendre un plus grand nombre de femmes qu'auparavant, en parlant d'une profession, d'un milieu, etc. *Le corps enseignant s'est féminisé.*

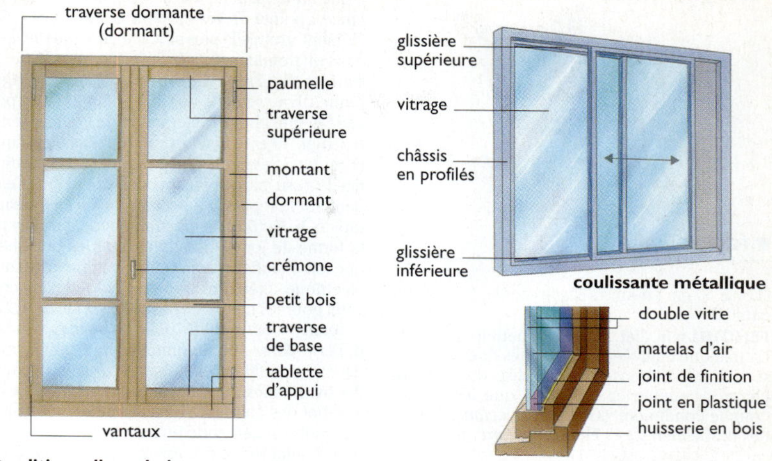

traditionnelle en bois — **coulissante métallique** — **à vitrage isolant**

■ **FENÊTRES**

FÉMINISME n.m. Doctrine qui préconise l'amélioration et l'extension du rôle et des droits des femmes dans la société ; mouvement qui milite dans ce sens.

ENCYCL. Le féminisme s'annonce au XVIIIe s., prend son essor sous la Révolution (avec O. de Gouges) et se développe au XIXe s. en liaison avec les idées saint-simoniennes et fouriéristes, et sous l'impulsion de F. Tristan, P. Roland, etc. Par la suite, les luttes pour l'égalité des droits (notamm. le mouvement des « suffragettes », animé par E. Pankhurst en Grande-Bretagne), ou l'influence de l'œuvre de S. de Beauvoir préparent la voie au militantisme des années 1970 (Women's Lib américain, MLF), qui revendique pour les femmes la libre disposition de leur corps et l'abolition de toutes les formes de discrimination.

FÉMINISTE adj. et n. Relatif au féminisme ; qui en est partisan.

FÉMINITÉ n.f. Caractère féminin ; ensemble des caractères propres à la femme ou jugés tels.

FEMME [fam] n.f. (lat. *femina*). **1.** Être humain du sexe féminin. *La loi salique excluait les femmes de la possession de la terre.* **2.** Adulte du sexe féminin. *C'est une femme, maintenant.* **3.** Épouse. *Il nous a présenté sa femme.* **4.** Adulte du sexe féminin considéré par rapport à ses qualités, ses défauts, ses activités, ses origines, etc. *Une brave femme. Une femme de parole. Une femme de lettres.* ◇ *Femme au foyer :* femme sans profession, qui s'occupe de sa famille. **5.** *Bonne femme* → **I. bonhomme. 6.** *Femme de ménage :* femme employée à faire le ménage chez un particulier, dans des bureaux. (En Belgique, on dit *femme d'ouvrage* ou *femme à journée.*)

FEMMELETTE n.f. *Fam.* **1.** Vx. Petite femme. **2.** *Péjor.* Homme faible, sans énergie.

FÉMORAL, E, AUX adj. **1.** Relatif au fémur. **2.** Rare. Relatif à la cuisse.

FEMTO- [fɛmto] (du danois *femten,* quinze). Préfixe (symb. f) qui, placé devant le nom d'une unité, la divise par 10^{15}.

FÉMUR n.m. (lat. *femur,* cuisse). Os de la cuisse, le plus fort de tous les os du corps.

FENAISON n.f. (du lat. *fenum,* foin). **1.** Coupe et récolte des foins ; période où elles se font. **2.** Dessiccation sur le pré des foins que l'on a coupés. SYN. : *fanage.*

FENDAGE n.m. Action de fendre.

1. FENDANT n.m. Variété de chasselas cultivée dans le Valais ; vin blanc léger issu de ce cépage.

2. FENDANT, E adj. (de *se fendre*). *Fam.* Amusant, très drôle.

FENDARD ou **FENDART** n.m. *Fam.,* vieilli. Pantalon.

FENDEUR n.m. Personne qui travaille à fendre le bois ou l'ardoise.

FENDILLÉ, E adj. Qui présente des petites fentes. *Pierre fendillée.*

FENDILLEMENT n.m. Fait de se fendiller.

FENDILLER v.t. Produire de petites fentes dans qqch. ◆ **se fendiller** v.pr. Être sillonné de petites fentes ; se craqueler, se crevasser.

FENDOIR n.m. Lourd couperet à long manche utilisé pour fendre les carcasses des gros animaux de boucherie.

FENDRE v.t. [59] (lat. *findere*). **1.** Couper dans le sens de la longueur. *Fendre du bois.* ◇ *Fendre le cœur :* causer une vive affliction. **2.** Provoquer des fentes, des crevasses dans. *La sécheresse fend la terre.* ◇ *Geler à pierre fendre :* geler très fort. **3.** *Litt.* Se frayer un passage dans un fluide, une masse. *L'étrave du navire fend la mer. Fendre la foule.* ◇ *Fendre l'air :* avancer rapidement. ◆ **se fendre** v.pr. **1.** Se séparer en fragments dans le sens de la longueur ou selon un plan de clivage. *L'ardoise se fend en fines lames.* **2.** Se crevasser. **3.** SPORTS. En escrime, porter vivement une jambe en avant pour attaquer. **4.** *Fam.* Se livrer à une prodigalité inhabituelle. *Se fendre d'une tournée générale.* **5.** *Fam. Se fendre la pêche,* ou, *très fam., la gueule :* rire ouvertement, bruyamment.

FENESTRAGE, FENÊTRAGE n.m. ou **FENESTRATION** n.f. Ensemble, disposition des fenêtres d'un bâtiment.

FENESTRON n.m. (nom déposé). Petit rotor encastré dans la partie arrière d'un hélicoptère et destiné à annuler le couple de rotation du fuselage.

FENÊTRE n.f. (lat. *fenestra*). **1.** Baie munie d'une fermeture vitrée, pratiquée dans le mur d'un bâtiment pour y laisser pénétrer l'air et la lumière ; cette fermeture vitrée. ◇ *Jeter l'argent par les fenêtres :* dépenser follement. **2. a.** Ouverture pratiquée dans un matériau, un papier. *Enveloppes à fenêtre.* **b.** GÉOL. Ouverture, creusée par l'érosion, dans une nappe de charriage, faisant apparaître les terrains sous-jacents. **c.** ANAT. *Fenêtre ronde, fenêtre ovale :* ouvertures de la paroi externe de l'oreille interne. **3.** INFORM. Zone rectangulaire d'un écran de visualisation dans laquelle s'inscrivent des informations graphiques ou alphanumériques. **4.** ASTRONAUT. *Fenêtre de lancement :* intervalle de temps pendant lequel un lancement permettant de réaliser une mission donnée peut être effectué à tout instant. **5.** MÉD. Intervalle de temps pendant lequel un phénomène, une action sont interrompus. ◇ *Fenêtre thérapeutique :* intervalle pendant lequel on arrête un traitement pour observer les réactions de l'organisme. — *Fenêtre sérologique :* intervalle pendant lequel une maladie infectieuse reste inapparente, entre le contage et la séropositivité.

FENÊTRER v.t. ARCHIT. Pourvoir de fenêtres, avec leurs châssis et la vitrerie nécessaire.

FENG SHUI [fɛ̃gʃwi] n.m. inv. (chin. *feng,* vent, et *shui,* eau). Art de vivre issu de l'ancienne cosmogonie chinoise et permettant une meilleure harmonie de l'individu avec son environnement. (Il inspire auj., en Occident, architectes et décorateurs dans leur conception de l'habitat et de l'espace de travail.)

FENIAN, E [fenjɑ̃, an] adj. et n. HIST. Relatif au mouvement de la *Fraternité républicaine irlandaise.

FENIL [fənil] ou [fəni] n.m. (lat. *fenile,* de *fenum,* foin). Local où l'on rentre le foin pour le conserver.

FENNEC [fenɛk] n.m. (ar. *fanak*). Petit renard du Sahara et de l'Arabie, à longues oreilles.

■ FENNEC

(Long. 60 cm ; nom sc. *Vulpes zerda,* famille des canidés.)

FENOUIL n.m. (lat. *feniculum,* petit foin). Plante aromatique cultivée, à feuilles très finement divisées, dont on consomme la base des pétioles charnus comme légume, ainsi que les graines comme condiment. (Genre *Foeniculum ;* famille des ombellifères.) ◇ ***Fenouil bâtard :*** aneth.

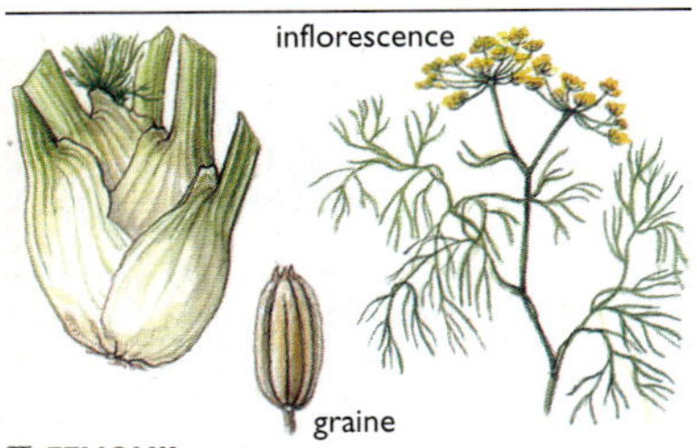

■ FENOUIL

FENTE n.f. **1.** Action de fendre. *Fente des ardoises.* **2.** Fissure plus ou moins profonde à la surface de qqch. *Boucher les fentes d'un mur.* **3.** Ouverture étroite et longue ; interstice. *Fente d'une tirelire.* **4.** SPORTS. En escrime, mouvement par lequel on se fend ; position de l'escrimeur fendu. **5.** DR. CIV. En l'absence de descendants, partage d'une succession en deux parts, l'une attribuée à la ligne paternelle, l'autre à la ligne maternelle.

FÉODAL, E, AUX adj. (bas lat. *feodalis*). **1.** Relatif au fief, à la féodalité. *Château féodal. Institutions féodales.* **2.** Dont les structures, les caractères rappellent ceux de la féodalité. ◆ n.m. Grand propriétaire terrien, dont la puissance, la position rappellent celles d'un seigneur de la féodalité.

FÉODALISME n.m. Système féodal.

FÉODALITÉ n.f. **1.** Ensemble des lois et coutumes qui régirent l'ordre politique et social dans une partie de l'Europe, de la fin de l'époque carolingienne à la fin du Moyen Âge, et qui impliquaient, d'une part, la prédominance d'une classe de guerriers et, d'autre part, des liens de dépendance d'homme à homme. **2.** *Péjor.* Puissance économique ou sociale qui rappelle l'organisation féodale. *Féodalité financière.*

ENCYCL. La féodalité repose sur un réseau de liens de dépendance entre des seigneurs et leurs vassaux, hommes libres qui se placent sous leur protection et reçoivent un fief en échange des services qu'ils assurent. La restauration du pouvoir royal et l'évolution économique la font décliner à partir du XIIIe s. Les rites féodaux subsistent cependant jusqu'à la Révolution, qui les abolit.

FER n.m. (lat. *ferrum*). **1.** Métal blanc-gris tenace, ductile, malléable et magnétique, de densité 7,87, fondant à 1 535 °C. **2.** Élément chimique (Fe), de numéro atomique 26, de masse atomique 55,847. **3.** MÉTALL. (Impropre). ***Fer doux :*** acier à très basse teneur en carbone, recuit, utilisé pour les noyaux de circuits magnétiques. **4.** ***De fer :*** résistant, robuste ; inébranlable, inflexible. *Santé de fer. Volonté, discipline de fer.* **5.** Substance ferrugineuse. *Les épinards, la viande rouge contiennent du fer.* **6.** Objet, ustensile en fer ou en acier. ◇ ***Âge du fer :*** période protohistorique durant laquelle la métallurgie du fer s'est généralisée (à partir du VIIIe s. av. J.-C. en Europe occidentale, où les stations éponymes de Hallstatt [900 - 450 av. J.-C.] et de La Tène [450 - 25 av. J.-C.] désignent le premier et le second âge du fer). **7.** Barre d'acier servant d'armature dans le béton armé. **8.** Lame d'acier constituant la partie tranchante d'un outil, d'une arme blanche. *Fer d'une charrue.* ◇ ***Fer de lance :*** pointe en fer au bout d'une lance ; *fig.,* élément, groupe le plus efficace ou le plus avancé dans un domaine. **9.** *Litt.* Épée, fleuret. *Croiser le fer.* **10. a.** ***Fer à repasser,*** ou ***fer :*** appareil ménager formé d'une semelle de métal munie d'une poignée et qui, chauffé à température voulue, sert à repasser. – ***Fer à vapeur :*** fer à repasser électrique muni d'un réservoir d'eau permettant d'humidifier le tissu par projection de vapeur ou d'eau pendant le repassage. – ***Coup de fer :*** repassage rapide. **b.** ***Fer à friser :*** instrument de métal ayant la forme de longs ciseaux et dont les branches, une fois chauffées (auj., génér. par une résistance électrique intérieure), servent à rouler les cheveux pour les mettre en forme, les boucler. **c.** ***Fer à souder :*** outil utilisé pour le brasage tendre. **d.** ***Fer à dorer :*** outil de métal gravé utilisé pour décorer à la main ou au balancier la couverture des livres reliés. **11.** Pièce métallique placée sous le sabot des animaux (cheval, mule, bœuf, etc.) auxquels est demandé un travail (traction, transport, équitation, etc.). *Fer à cheval.* ◇ ***En fer à cheval :*** en demi-cercle. – *Fam.* ***Tomber les quatre fers en l'air,*** à la renverse. **12.** Pièce d'acier servant à renforcer les bouts de la semelle d'une chaussure. **13.** Club de golf à tête métallique, destiné aux coups de moyenne et de courte distances. **14.** Transport ferroviaire. ◆ pl. **1.** Chaînes avec lesquelles on attachait un prisonnier. **2.** *Litt.* Esclavage, sujétion.

ENCYCL. Le fer se trouve à l'état naturel sous forme d'oxydes (dont on l'extrait), de sulfures et de carbonates. Traité dans les hauts-fourneaux, le minerai donne la fonte, que l'on transforme ensuite en fer ou en acier en éliminant les autres constituants par oxydation. Le fer très pur, ou fer électrolytique, est obtenu par électrolyse d'un sel de fer. Le fer s'oxyde facilement à l'air humide en formant de la rouille ; on évite cela en le recouvrant d'une couche de corps gras, de peinture ou de métal inoxydable (fer galvanisé, fer étamé, etc.). Les applications industrielles utilisent le fer sous forme d'une très grande variété d'alliages (aciers, notamm.). Pour tous ces usages, le fer est, de très loin, en masse, le métal le plus consommé dans le monde (30 fois plus que l'aluminium).

FÉRA n.f. (d'un mot de Suisse romande). Poisson (corégone) des lacs alpins dont il existe de nombreuses sous-espèces, apprécié pour sa chair. (Long. 50 cm ; nom sc. *Coregonus fera,* famille des salmonidés.)

FER-À-CHEVAL n.m. (pl. *fers-à-cheval*). ZOOL. Rhinolophe.

FÉRAL, E, ALS ou **AUX** adj. (du lat. *fera,* bête sauvage). Se dit d'une espèce domestique retournée à l'état sauvage. *Chats férals.*

FÉRALIES n.f. pl. (du lat. *feralis*). ANTIQ. ROM. Fêtes annuelles en l'honneur des morts.

FER-BLANC n.m. (pl. *fers-blancs*). Tôle fine d'acier doux, recouverte d'étain.

FERBLANTERIE n.f. Ensemble d'ustensiles en fer-blanc.

FERBLANTIER n.m. Personne qui fabrique, vend des objets en fer-blanc.

FERIA [ferja] n.f. (mot esp.). Région. (Midi). Grande fête annuelle.

FÉRIE n.f. (lat. *feria,* jour de fête). **1.** ANTIQ. ROM. Jour pendant lequel la religion prescrivait la cessation du travail. **2.** CATH. Jour ordinaire qui ne comporte aucune fête particulière.

FÉRIÉ, E adj. (lat. *feriatus*). ***Jour férié :*** jour où l'on ne travaille pas en raison d'une fête légale.

FÉRINGIEN, ENNE adj. et n. → **FÉROÏEN.**

FÉRIR v.t. (lat. *ferire,* frapper). *Sout.* ***Sans coup férir :*** sans difficulté.

FERLER v.t. (anc. fr. *fresler*). MAR. Serrer pli sur pli une voile contre un espar (bôme, vergue) et l'y assujettir.

FERLOUCHE n.f. → **FARLOUCHE.**

FERMAGE n.m. Mode d'exploitation agricole dans lequel l'exploitant verse une redevance annuelle au propriétaire du domaine, de la parcelle ; cette redevance.

FERMAIL n.m. [pl. *fermaux*] (de *fermer*). Objet d'orfèvrerie (boucle, agrafe, fermoir, etc.) servant à tenir qqch fermé.

1. FERME adj. (lat. *firmus*). **1.** Qui offre une certaine résistance à la pression. *Chair ferme.* **2.** Qui n'est pas ébranlé facilement, qui ne tremble pas ; solide, stable. *Être ferme sur ses jambes. Écrire d'une main ferme.* ◇ ***Terre ferme :*** sol du rivage, du continent. **3.** Qui manifeste de l'assurance, de la décision ; résolu, inébranlable. *Être ferme dans ses résolutions. Un refus poli mais ferme.* ◇ ***Ton, voix fermes,*** assurés. **4.** Qui est conclu, définitif. *Achat, vente fermes.* **5.** BOURSE. Dont le cours est stable ou en hausse. *Valeur ferme.* ◆ adv. **1.** Avec assurance. *Parler ferme.* **2.** Beaucoup, fortement. *S'ennuyer ferme.* **3.** D'une manière définitive. *Vendre ferme.* **4.** Sans sursis. *Prison ferme.*

2. FERME n.f. (de *fermer*). **1.** CONSTR. Assemblage de pièces de bois ou de métal triangulées, placées à intervalles réguliers pour supporter les versants d'une toiture. **2.** THÉÂTRE. Châssis qui supporte un élément de décor.

3. FERME n.f. (du lat. *firmus,* convenu). **1.** ***Bail à ferme :*** contrat par lequel un propriétaire abandonne à qqn l'exploitation d'un domaine moyennant le paiement d'un loyer. **2.** HIST. Convention par laquelle un État abandonnait à un individu ou à une société la perception de divers impôts, moyennant une somme forfaitaire. ◇ ***Ferme générale :*** dans la France d'Ancien Régime, organisme qui prenait à bail la perception des impôts indirects, adjugée tous les six ans.

4. FERME n.f. **1.** Domaine agricole donné en fermage. **2.** Exploitation agricole en général. **3.** Ensemble constitué par les bâtiments d'habitation et d'exploitation agricole. **4.** ***Ferme marine :*** exploitation d'aquaculture.

■ **FER.** Âge du fer : tumulus de Hochdorf, VIe s. av. J.-C. Reconstitution de la chambre funéraire centrale et de la disposition du mobilier. (D'après un document du Württembergisches Landesmuseum, Stuttgart.)

FERMÉ, E adj. **1.** Qui ne comporte pas de solution de continuité ; entièrement clos. *Le cercle est une courbe fermée.* ◇ MATH. *Ensemble fermé :* partie d'un espace topologique dont le complémentaire est un ensemble *ouvert. **2.** Où il est difficile de s'introduire. *Société fermée.* **3.** Qui ne laisse rien transparaître ; peu expansif. *Visage fermé.* **4.** Insensible, inaccessible. *Cœur fermé à la pitié.* **5.** PHON. **a.** Se dit d'une voyelle prononcée avec une fermeture partielle ou totale du canal vocal (*é fermé,* noté [e]). **b.** *Syllabe fermée,* terminée par une consonne prononcée.

FERMEMENT adv. **1.** D'une manière ferme, solide. *S'appuyer fermement sur qqn.* **2.** Avec volonté, assurance. *Avis fermement exprimé.*

FERMENT n.m. (lat. *fermentum*). **1.** Agent produisant la fermentation d'une substance. **2.** *Litt.* Ce qui fait naître ou entretient une passion, une agitation ; levain. *Un ferment de haines.*

FERMENTABLE adj. → **FERMENTESCIBLE.**

FERMENTATION n.f. **1.** BIOCHIM. Transformation de certaines substances organiques sous l'action d'enzymes produites par des micro-organismes. (On distingue la *fermentation alcoolique,* celle de sucres sous l'influence de certaines levures, dont le produit final est l'alcool éthylique, et la *fermentation lactique,* qui aboutit à l'acide lactique.) **2.** Pourriture de la matière organique. **3.** *Litt.* Agitation, sourde effervescence des esprits.

FERMENTÉ, E adj. Qui a subi une fermentation.

FERMENTER v.i. **1.** BIOCHIM. Être en fermentation. **2.** *Litt.* Être dans un état d'agitation, d'effervescence. *Les esprits fermentent.*

FERMENTESCIBLE ou **FERMENTABLE** adj. BIOCHIM. Qui peut fermenter.

FERMENTEUR n.m. Appareil dans lequel on effectue une fermentation, notamm. en biotechnologie.

FERMER v.t. (lat. *firmare*). **1.** Actionner un dispositif mobile pour obstruer une ouverture, un passage. *Fermer une porte, un robinet.* **2.** Rapprocher, réunir les éléments d'un ensemble de telle sorte qu'il n'y ait plus entre eux d'intervalle, d'écart, d'ouverture. *Fermer les yeux. Fermer la bouche.* ◇ *Fam. La fermer :* se taire. **3.** Interdire le passage par. *Fermer la frontière.* **4.** Isoler l'intérieur d'un lieu, d'un contenant en rabattant la porte, le couvercle. *Fermer son magasin, une valise.* **5.** Faire cesser le fonctionnement de ; éteindre. *Fermer la radio.* **6.** ÉLECTROTECHN. Établir une communication conductrice permettant le passage du courant dans un circuit. ◆ v.i. **1.** Être, rester fermé. *Le musée ferme le mardi.* **2.** Pouvoir être fermé. *Cette porte ferme mal.*

FERMETÉ n.f. (lat. *firmitas*). **1.** État de ce qui est ferme, solide. *Fermeté d'un sol, d'une chair.* **2.** Assurance, précision. *Fermeté du jugement, du geste.* **3.** Énergie morale ; courage, constance, détermination. *Supporter le malheur avec fermeté.* **4.** Attitude de rigueur excluant la faiblesse envers les autres ; autorité. *Montrer de la fermeté envers ses enfants.*

1. FERMETTE n.f. (de *4. ferme*). **1.** Petite ferme. **2.** Ensemble d'anciens bâtiments d'habitation agricole transformés en maison rurale.

2. FERMETTE n.f. (de *2. ferme*). CONSTR. Petite ferme ou ferme secondaire sans entrait.

FERMETURE n.f. **1.** Action de fermer. *La fermeture des portes est automatique.* **2.** Fait d'être fermé ; cessation d'activité. *La fermeture d'un puits de mine.* ◇ *Fam. Faire la fermeture :* être là au moment où l'on ferme un magasin, en parlant d'un vendeur. **3.** Dispositif qui sert à fermer. ◇ *Fermeture à glissière,* ou *fermeture Éclair* (nom déposé), constituée de deux chaînes souples, à dents, qui engrènent au moyen d'un curseur.

FERMIER, ÈRE n. **1.** Personne qui loue les terres qu'elle cultive. **2.** Agriculteur, propriétaire ou non des terres qu'il cultive. **3.** HIST. *Fermier général :* dans la France d'Ancien Régime, financier de la Ferme générale. ◆ adj. **1.** DR. CIV. Qui tient à ferme une exploitation. *Société fermière.* **2.** Produit à la ferme selon des techniques traditionnelles ou proches de celles-ci. *Poulet fermier.*

FERMION n.m. (de *Fermi,* n.pr.). PHYS. Particule obéissant à la statistique de Fermi-Dirac (électron, nucléon, etc.), et ayant donc un spin demi-entier.

FERMIUM [fɛrmjɔm] n.m. (de *Fermi,* n.pr.). Élément chimique artificiel (Fm), radioactif, de la famille des transuraniens, de numéro atomique 100.

FERMOIR n.m. Attache ou dispositif pour tenir fermé un livre, un collier, etc.

FÉROCE adj. (lat. *ferox,* de *ferus,* sauvage). **1.** Se dit d'un animal qui tue par instinct. *Une bête féroce.* **2.** Qui est cruel, sanguinaire et agit de façon barbare. *Des envahisseurs féroces.* **3.** D'une sévérité excessive ; impitoyable, rigoureux. *Examinateur féroce. Regard féroce.* **4.** D'un degré extrême ; terrible. *Un appétit féroce.*

FÉROCEMENT adv. Avec férocité.

FÉROCITÉ n.f. **1.** Nature d'un animal féroce. *Férocité du tigre.* **2.** Caractère cruel, sanguinaire de qqn ; barbarie. **3.** Violence extrême ; sauvagerie. *La férocité d'un combat.*

FÉROÏEN, ENNE ou **FÉRINGIEN, ENNE** adj. et n. Des îles Féroé. ◆ n.m. Langue scandinave parlée aux îles Féroé.

FERRADE n.f. (provenç. *ferrado*). Action de marquer les bestiaux au fer rouge.

FERRAGE n.m. Action de ferrer.

FERRAILLAGE n.m. Ensemble des fers d'un ouvrage en béton armé ; leur mise en place.

FERRAILLE n.f. **1.** Débris de pièces en fer, en fonte ou en acier ; ensemble de pièces de métal hors d'usage. *Tas de ferraille.* **2.** Objet, machine métalliques hors d'usage. **3.** *Fam.* Menue monnaie.

FERRAILLER v.i. **1.** Entrechoquer des lames de sabre ou d'épée lors d'un duel, d'un combat. **2.** *Fig.* Livrer combat, en actes ou en paroles. **3.** Faire un bruit de ferraille entrechoquée. ◆ v.t. Disposer un ferraillage.

FERRAILLEUR n.m. **1.** Personne qui récupère, qui vend de la ferraille. **2.** Vx, *péjor.* Bretteur, duelliste.

FERRALLITIQUE adj. PÉDOL. Latéritique.

FERRATE n.m. CHIM. MINÉR. Sel dérivé du fer dans l'état d'oxydation + 6.

FERRÉ, E adj. **1.** Garni de fer. **2.** *Voie ferrée :* voie de chemin de fer. **3.** *Fam. Être ferré sur qqch, en un domaine,* le connaître à fond.

FERRÉDOXINE n.f. Protéine très simple, contenant du fer et du soufre, et qui joue depuis l'origine de la vie un rôle fondamental dans les oxydations et les réductions chez tous les êtres vivants, en partic. dans la photosynthèse des plantes vertes.

FERREMENT n.m. CONSTR. Gros fer renforçant une maçonnerie.

FERRER v.t. **1.** Garnir de fer, de ferrures. *Ferrer une roue, une canne.* **2.** Clouer des fers aux sabots de. *Ferrer un cheval, un bœuf.* ◇ *Ferrer à glace :* munir un cheval de fers garnis de clous qui mordent sur la glace. **3.** PÊCHE. *Ferrer un poisson :* accrocher à l'hameçon un poisson qui vient de mordre, en tirant la ligne d'un coup sec.

FERRET n.m. **1.** Petit embout fixé aux extrémités d'une aiguillette, d'un lacet. **2.** Tige utilisée pour prélever du verre fondu.

FERREUX, EUSE adj. **1.** Qui contient du fer. *Minerai ferreux.* **2.** CHIM. MINÉR. Se dit d'un composé dans lequel le fer est dans l'état d'oxydation + 2 (ex. : oxyde ferreux FeO).

FERRICYANURE n.m. CHIM. MINÉR. Complexe du fer (III) renfermant l'anion $[Fe(CN)_6]^{3-}$.

FERRIMAGNÉTISME n.m. PHYS. Magnétisme particulier présenté par les ferrites.

FERRIQUE adj. CHIM. MINÉR. Se dit d'un composé dans lequel le fer est dans l'état d'oxydation + 3 (ex. : oxyde ferrique Fe_2O_3).

1. FERRITE n.m. Céramique magnétique composée d'oxydes de fer contenant un ou plusieurs cations divalents (nickel, cadmium, zinc, magnésium, cuivre, etc.) [nom générique].

2. FERRITE n.f. MÉTALL. Variété allotropique de fer pur présente dans des alliages ferreux et contenant une infime partie de carbone.

FERROALLIAGE n.m. Alliage contenant du fer.

FERROCÉRIUM [-rjɔm] n.m. Alliage de fer et de cérium utilisé comme pierre à briquet.

FERROCHROME n.m. Alliage de fer et de chrome pour la fabrication des aciers inoxydables et spéciaux.

FERROCYANURE n.m. CHIM. MINÉR. Complexe du fer (II) renfermant l'anion $[Fe(CN)_6]^{4-}$.

FERROÉLECTRICITÉ n.f. Existence, dans certains cristaux, d'une polarisation électrique spontanée et permanente, réversible sous l'action d'un champ magnétique extérieur.

FERROÉLECTRIQUE adj. Doué de ferroélectricité.

FERROMAGNÉTIQUE adj. Doué de ferromagnétisme.

FERROMAGNÉTISME n.m. PHYS. Propriété de certaines substances (fer, cobalt, nickel) de prendre une forte aimantation, même en l'absence de champ magnétique extérieur. (Les corps doués de ferromagnétisme sont des aimants.)

FERROMANGANÈSE n.m. Alliage de fer à haute teneur en manganèse (jusqu'à 80 %).

FERROMOLYBDÈNE n.m. Alliage de fer et de molybdène (40 à 80 %).

FERRONICKEL n.m. Alliage de fer et de nickel (plus de 25 %).

FERRONNERIE n.f. (de l'anc. fr. *ferron,* ouvrier du fer). **1.** Travail artistique du fer, princip. forgé ; ensemble des objets ainsi fabriqués. **2.** Atelier, commerce du ferronnier.

■ **FERRONNERIE** dans le parc Güell, à Barcelone, par Gaudí (fin du XIXe s.).

FERRONNIER, ÈRE n. Artisan, artiste en ferronnerie.

FERRONNIÈRE n.f. Bijou porté sur le front, chaînette ou fin bandeau ornés en leur milieu d'une pierre fine ou précieuse.

FERROSILICIUM [-sjɔm] n.m. Alliage de fer et de silicium (de 15 à 95 %), destiné à l'élaboration des alliages ferreux.

FERROUTAGE [fɛrutaʒ] n.m. Transport *rail-route.

FERROUTER v.t. Acheminer par ferroutage.

FERROVIAIRE adj. (ital. *ferroviario*). Propre au chemin de fer ; qui concerne le transport par chemin de fer. *Réseau ferroviaire.*

FERRUGINEUX, EUSE adj. (du lat. *ferrugo, -inis,* rouille). Qui contient du fer ou l'un de ses composés.

FERRURE n.f. **1.** Garniture de fer d'une porte, d'une fenêtre, d'un élément de menuiserie, etc. **2.** Ensemble des fers placés aux pieds d'un animal.

FERRY [fɛri] n.m. [pl. *ferrys* ou *ferries*] (abrév.). Ferry-boat.

FERRY-BOAT [fɛribot] n.m. [pl. *ferry-boats*] (mot angl., de *ferry,* passage, et *boat,* bateau). Navire aménagé pour le transport des trains ou des véhicules routiers et de leurs passagers. Abrév. : *ferry.* Recomm. off. : *(navire) transbordeur.*

FERTÉ n.f. (lat. *firmitas,* fermeté). Vx. (Conservé dans plusieurs noms de villes autref. fortifiées.) Place forte, forteresse. *La Ferté-Milon.*

FERTILE adj. (lat. *fertilis*). **1.** Se dit d'un sol, d'une région, etc., qui peut donner d'abondantes récoltes. *La Beauce est très fertile.* **2.** *Fig.* Se dit d'un esprit, d'une imagination capables de produire beaucoup ; inventif, fécond. **3.** *Fertile en :* qui abonde en. *Une journée fertile en événements.* **4.** Se dit d'une femelle capable de procréer. **5.** PHYS. NUCL. Se dit d'un élément chimique qui peut devenir fissile sous l'action de neutrons.

FERTILISABLE adj. Qui peut être fertilisé.

FERTILISANT, E adj. Qui fertilise.

FERTILISATION n.f. Action de fertiliser.

FERTILISER v.t. Rendre fertile. – *Spécial.* Améliorer, bonifier une terre par l'apport d'engrais.

FERTILITÉ n.f. Qualité de ce qui est fertile.

FÉRU, E adj. (p. passé de *férir*). Pris d'un intérêt passionné pour. *Féru d'histoire, de romans.*

F

FÉRULE n.f. (lat. *ferula*). **1.** Plante odorante des régions méditerranéennes et d'Asie occidentale, dont les espèces fournissent des gommes-résines. (Genre *Ferula ;* famille des ombellifères.) **2.** Palette de bois ou de cuir avec laquelle on frappait la main des écoliers en faute. ◇ *Litt. Sous la férule de qqn,* sous son autorité.

FERVENT, E adj. (lat. *fervens, -entis,* qui bout). Qui manifeste de la ferveur religieuse ; ardent. *Prière fervente. Un fervent disciple.* ◆ adj. et n. Qui se passionne pour. *Les fervents du football.*

FERVEUR n.f. (lat. *fervor*). Zèle, ardeur, enthousiasme.

FESSE n.f. (lat. *fissum,* fente). Partie postérieure, charnue de la hanche, entre la cuisse et le tronc de l'homme et de certains animaux. ◇ *Fam. Serrer les fesses :* avoir peur. – *Très fam. Histoire de fesses :* histoire sexuelle.

FESSÉE n.f. **1.** Série de coups sur les fesses. **2.** *Fam.* Défaite humiliante.

FESSE-MATHIEU n.m. (pl. *fesse-mathieux*). Vx. Usurier, avare.

FESSER v.t. Donner une fessée à.

FESSIER, ÈRE adj. Qui appartient à la fesse. ◆ adj. et n.m. Se dit des trois muscles de la fesse. ◆ n.m. *Fam.* Ensemble des deux fesses.

FESSU, E adj. *Fam.* Qui a de grosses fesses.

FESTIF, IVE adj. Propre à la fête, à une réjouissance collective.

FESTIN n.m. (ital. *festino*). Repas d'apparat, banquet somptueux.

FESTIVAL n.m. (pl. *festivals*). Tenue périodique de manifestations artistiques appartenant à un genre donné et se déroulant habituellement dans un endroit précis. *Festival international du cinéma.* – *Par ext.* Manifestation brillante de qqch. *Un festival de bons mots.*

FESTIVALIER, ÈRE adj. Relatif à un festival. ◆ n. Personne qui participe ou qui assiste à un festival.

FESTIVITÉ n.f. (Surtout pl.) Fête, réjouissances.

FEST-NOZ [fɛstnɔz] n.m. [pl. *fest-noz* ou *festoù-noz*] (mot celte). Région. (Bretagne). Fête nocturne traditionnelle, où l'on danse au rythme des chants et de la musique jouée par les sonneurs (de biniou, de bombarde).

FESTON n.m. (ital. *festone*). **1.** Guirlande de fleurs et de feuillage suspendue en arc et servant de décor. **2.** ARCHIT., ARTS APPL. Ornement en forme de guirlande ou de petits lobes répétés. **3.** Point de broderie bouclé, souvent utilisé en arceaux pour border un ouvrage.

FESTONNER v.t. Orner de festons, découper en festons.

FESTOYER v.i. [7] (de l'anc. fr. *feste,* fête). **1.** Faire bombance. **2.** Prendre part à un festin.

FETA [feta] n.f. (mot gr.). Fromage grec au lait de brebis à pâte molle, affiné en saumure.

FÊTARD, E n. *Fam.* Personne qui fait la fête ; viveur, noceur. (Le fém. est rare.)

FÊTE n.f. (lat. *festa dies,* jour de fête). **1.** Solennité religieuse ou civile, en commémoration d'un fait important. ◇ *Fête nationale :* fête officielle de la nation tout entière. (Célébrée en France le 14 juillet, pour commémorer la prise de la Bastille [14 juillet 1789] et la fête de la Fédération [14 juillet 1790].) **2.** Ensemble de réjouissances organisées par une collectivité ou un particulier. ◇ *Faire la fête :* se divertir en buvant, en mangeant, en dansant ; mener une vie de plaisir. – *Air de fête :* air gai, riant. – *Faire fête à qqn,* l'accueillir avec empressement. – *Être à la fête :* éprouver une grande satisfaction. – *Ne pas être à la fête :* être dans une situation désagréable. **3.** Jour de la fête du saint dont on porte le nom. ◇ *Fam. Ça va être sa fête :* il va être malmené ou réprimandé. **4.** Québec. Anniversaire de naissance.

FÊTE-DIEU n.f. (pl. *Fêtes-Dieu*). CATH. Fête de l'Eucharistie, instituée en 1264 par Urbain IV, appelée auj. *fête du Saint-Sacrement,* et célébrée le deuxième dimanche après la Pentecôte.

FÊTER v.t. **1.** Célébrer par une fête. **2.** Accueillir qqn avec joie. *Fêter un ami.*

FÉTIAL [fesjal] ou **FÉCIAL** n.m. [pl. *fétiaux, féciaux*] (lat. *fetialis*). ANTIQ. ROM. Prêtre ou magistrat qui était chargé d'accomplir les formalités juridiques et religieuses relatives à la guerre.

FÉTICHE n.m. (port. *feitiço,* sortilège). **1.** Objet ou animal auquel sont attribuées des propriétés magiques, bénéfiques. **2.** PSYCHAN. Objet inanimé ou partie du corps non sexuelle susceptibles de devenir à eux seuls objets de la sexualité.

FÉTICHEUR n.m. Afrique. **1.** Responsable d'un culte animiste. **2.** Guérisseur ou devin faisant agir des fétiches.

FÉTICHISME n.m. **1.** Culte des fétiches. – Afrique. Religion traditionnelle (animisme) [par oppos. au *christianisme* et à l'*islam*]. **2.** Vénération outrée, superstitieuse pour qqch, qqn. **3.** PSYCHAN. Remplacement de l'objet sexuel par un fétiche.

FÉTICHISTE adj. ANTHROP. Qui appartient au fétichisme. ◆ adj. et n. Qui pratique le fétichisme ; qui pratique le fétichisme sexuel.

FÉTIDE adj. (lat. *foetidus*). Se dit d'une odeur forte et répugnante ; se dit de ce qui dégage cette odeur. *Une haleine fétide.*

FÉTIDITÉ n.f. Caractère d'une odeur fétide ; infection, puanteur.

FÉTU n.m. (du lat. *festuca*). Brin de paille.

FÉTUQUE n.f. (lat. *festuca*). Graminée fourragère vivace des prairies naturelles ou cultivées.

1. FEU n.m. (lat. *focus*). **1.** Dégagement simultané de chaleur, de lumière et de flamme produit par la combustion vive de certains corps (bois, charbon, etc.). *Faire du feu.* ◇ *Feu Saint-Elme :* phénomène électrique lumineux qui se manifeste parfois à l'extrémité des mâts d'un navire. – GÉOL. *Cercle de feu :* ceinture de volcans entourant l'océan Pacifique. **2.** Amas de matières en combustion ; foyer destructeur ; incendie. *Se chauffer près d'un feu. Le feu a ravagé la forêt.* ◇ *En feu :* en train de brûler ; *fig.,* irrité. *La maison était en feu. Avoir la bouche en feu.* – *Faire feu de tout bois :* utiliser toutes les possibilités dont on dispose. – *Jouer avec le feu :* traiter légèrement des choses dangereuses. – HIST. *Épreuve du feu :* épreuve qui consistait à faire porter au prévenu une barre de fer rouge et à le condamner selon l'évolution de la plaie. – *Feu de cheminée :* embrasement de la suie accumulée dans une cheminée. – *Feu de joie :* feu allumé lors des réjouissances publiques. – *Feu de la Saint-Jean :* fête traditionnelle menée autour d'un bûcher, allumé dans la nuit du 23 au 24 juin, pour éloigner les mauvaises influences, assurer de bonnes récoltes, etc. – ARTS APPL. *Arts du feu :* la céramique, la verrerie, l'émaillerie. – CÉRAM. *Grand feu :* procédé décoratif de la faïence qui consiste à cuire ensemble à haute température (v. 1 000 °C) émail et décor. – *Petit feu :* procédé décoratif de la faïence qui consiste à fixer le décor par plusieurs cuissons successives à moindre température (v. 800 °C). **3.** Source de chaleur (charbon, gaz, électricité) utilisée pour le chauffage ou la cuisson des aliments. *Cuire à feu doux.* ◇ *Coup de feu :* hausse brutale de la température de cuisson ; *fig.,* moment de presse, d'activité intense. – *Faire mourir qqn à petit feu,* lentement et avec cruauté. **4.** Lieu où l'on fait le feu ; foyer. *Veillée au coin du feu.* ◇ Belgique. *Feu ouvert :* cheminée où l'on brûle des bûches. **5.** HIST. Ensemble de personnes regroupées autour du même foyer, qui constituait, en France avant 1789, l'unité de base pour la répartition de l'impôt. **6.** Ce qui est nécessaire pour allumer une cigarette. *Auriez-vous du feu ?* **7.** Source d'éclairage ; lumière. *Extinction des feux à vingt-deux heures. Les feux de la rampe.* **8. a.** Tout dispositif de signalisation lumineuse, à terre ou à bord. **b.** Dispositif lumineux réglementaire d'éclairage et/ou de signalisation d'un véhicule (automobile, avion, navire, train, etc.). ◇ *Feux de croisement :* feux équipant les véhicules routiers, que le conducteur doit allumer en substitution aux feux de route lorsqu'il croise un autre véhicule. SYN. : *codes.* – *Feux de direction :* feux clignotants placés à l'avant et à l'arrière d'un véhicule et permettant au conducteur de signaler son intention de se déporter vers la droite ou vers la gauche. SYN. : *clignotants.* – *Feux de gabarit,* destinés à délimiter l'encombrement d'un véhicule lourd qui circule de nuit. – *Feux de position :* feux (blancs à l'avant, rouges à l'arrière), qui définissent le gabarit d'un véhicule. SYN. : *lanternes, veilleuses.* – *Feux de route :* feux d'une portée minimale de 100 m, équipant les véhicules routiers et destinés à être utilisés hors des agglomérations. – *Feux de stationnement,* destinés à baliser un véhicule en site obscur. – *Feux stop :* feux rouges, montés par paire à l'arrière d'un véhicule et synchronisés à l'action du système de

PRINCIPALES FÊTES RELIGIEUSES

CHRISTIANISME		
Noël	naissance du Christ	25 décembre
Épiphanie	manifestation du Christ aux Mages	premier dimanche de janvier
Pâques	résurrection du Christ	
Ascension	montée du Christ au ciel	40 jours après Pâques
Pentecôte	descente du Saint-Esprit sur les apôtres	50 jours après Pâques
Trinité		dimanche suivant la Pentecôte
Assomption ou Dormition de la Vierge	élévation de la Vierge au ciel	15 août
Toussaint	fête de tous les saints	1er novembre
JUDAÏSME		
Pourim	délivrance des Juifs par Esther	avant la Pâque
Pessah	Pâque	mars-avril
Shabouot	Pentecôte ou fête des Semaines	mai-juin
Rosh ha-Shana	Nouvel An	début de l'automne
Yom Kippour	Grand Pardon	10e jour après Rosh ha-Shana
Soukkot	fête des Tabernacles	septembre-octobre
Hanoukka	Dédicace, ou fête des Lumières	novembre-décembre
ISLAM		
Commémoration de l'hégire		1 muharram (1er jour du 1er mois de l'année)
Achoura (chez les chiites)	commémoration de la passion de Husayn	10 muharram
Mouloud	naissance du Prophète	12 rabi al-awwal (3e mois de l'année)
Ramadan	mois du Coran et du jeûne	ramadan (9e mois de l'année)
Aïd-el-Fitr ou Aïd-el-Séghir	fin du ramadan (Petite Fête)	1 chawwal (10e mois de l'année)
Aïd-el-Adha ou Aïd-el-Kébir	sacrifice du mouton (Grande Fête)	10 dhu al-hidjdja (12e mois de l'année)

Dans le calendrier musulman, qui est purement lunaire, l'année comprend 12 lunaisons de 29 ou 30 jours, soit 354 ou 355 jours ; elle compte donc 11 jours de moins que l'année solaire et n'est plus alors en correspondance ni avec les saisons ni avec l'année grégorienne.

freinage. (On dit aussi des *stops.*) **c.** *Feu tricolore, feu de signalisation :* signal lumineux commandant le passage libre *(feu vert)*, toléré *(feu orange)* ou interdit *(feu rouge)* du trafic automobile. *– Donner, obtenir le feu vert pour :* donner, obtenir l'autorisation de. **9.** *Litt.* Éclat. *Les feux d'un diamant.* ◇ *N'y voir que du feu :* ne s'apercevoir de rien. **10.** Déflagration d'une substance explosive. ◇ *Feu de Bengale :* artifice brûlant avec une flamme vive, blanche ou colorée. **11.** Tir. ◇ *Coup de feu :* décharge d'une arme à feu. *– École à feu :* exercice à tir réel d'artillerie. *– Être entre deux feux,* attaqué de deux côtés. *– Faire feu :* tirer. *– Faire long feu :* en parlant d'un projectile, partir avec retard, la charge de poudre s'étant mal allumée ; *fig.,* ne pas réussir. *Projet qui fait long feu. – Ne pas faire long feu :* ne pas durer longtemps. *– Ouvrir le feu :* commencer à tirer. **12.** Combat. *Aller au feu.* **13.** *Fam.* Pistolet. **14.** Sensation de chaleur, de brûlure. *Le feu du rasoir.* **15.** *Feu de Saint-Antoine :* mal des *ardents. **16.** Ardeur, fougue. *Un discours plein de feu.* ◇ *Feu sacré :* zèle ardent. *– Être tout feu, tout flamme :* être plein de zèle, d'ardeur. *– Feu de paille :* passion, ardeur passagère. **17.** *Litt.* Imagination vive.

2. FEU, E adj. [pl. *feus, feues*] (du lat. *fatum,* destin). *Litt.* Défunt depuis peu. (*Feu* est inv. quand il précède l'art. ou le poss. : *Ma feue tante ; feu ma tante.*)

FEUDATAIRE n. (du lat. médiév. *feudum,* fief). **1.** Possesseur d'un fief. **2.** Vassal.

FEUDISTE n. Spécialiste du droit féodal.

FEUIL n.m. (lat. *folia,* feuille). PEINT. INDUSTR. Pellicule mince formée par une ou plusieurs couches de peinture, de vernis, etc. SYN. : *film.*

FEUILLAGE n.m. **1.** Ensemble des feuilles d'un arbre, persistant chez certaines espèces (pin, sapin, laurier), annuellement caduc chez d'autres (bouleau, hêtre, etc.). **2.** Ensemble de branches coupées, chargées de feuilles.

FEUILLAISON n.f. Renouvellement annuel des feuilles. SYN. : *foliation.*

FEUILLANT, FEUILLANTINE n. Religieux, religieuse appartenant à une branche de l'ordre cistercien, réformée en 1577 et disparue en 1789. ◆ n.m. pl. HIST. *Les Feuillants : v. partie n.pr.*

FEUILLANTINE n.f. (de *feuilleter*). Pâtisserie feuilletée.

FEUILLARD n.m. **1.** Branche de saule ou de châtaignier qui, fendue en deux, sert à faire des cercles de tonneaux. **2.** Bande métallique, plastique, textile destinée à fermer un emballage. **3.** Tôle métallique fine, réalisée par laminage à froid.

FEUILLE n.f. (lat. *folium*). **1.** Organe fondamental de nombreux végétaux, caractérisé par une lame verte (limbe), de taille et de forme spécifiques, siège de la photosynthèse et des échanges gazeux avec l'atmosphère, attachée à la tige par le pétiole. ◇ *Feuille morte,* fanée, desséchée et jaunie. **2.** Organe végétal rappelant la forme d'une feuille : bractée (feuille d'artichaut), foliole (trèfle à quatre feuilles). ◇ *Feuille de chêne :* laitue aux feuilles profondément découpées et dont le cœur ne pomme pas. **3.** Mince plaque de bois, de métal, de minéral, de carton, etc. *Feuille d'or, d'ardoise.* **4.** Morceau de papier rectangulaire sur lequel on écrit, on imprime, etc. ◇ IMPRIM. *Bonnes feuilles :* feuilles du tirage définitif ; extraits d'une œuvre à paraître publiés dans la presse avant la mise en vente. **5.** Imprimé, document comportant des indications d'ordre administratif. ◇ *Feuille d'impôts :* document adressé au contribuable indiquant le montant et la date des versements à effectuer au titre de l'impôt. *– Feuille de maladie,* mentionnant les actes et les médicaments dispensés aux assurés sociaux, en vue d'en obtenir le remboursement. **6.** *Fam. Feuille de chou :* journal médiocre.

ENCYCL. La face supérieure des feuilles des végétaux, riche en chlorophylle, assure la photosynthèse grâce à l'énergie solaire. Il en résulte des *échanges gazeux* (eau, oxygène, dioxyde de carbone), à travers les stomates de la face inférieure, et des *échanges vasculaires* (les nervures apportent à la feuille de la sève brute et en reçoivent de la sève élaborée, riche en matières organiques, qui est distribuée à la plante entière).

FEUILLÉE n.f. *Litt.* Abri formé de branches garnies de feuilles. ◆ pl. Fosse servant de latrines aux troupes en campagne.

FEUILLE-MORTE adj. inv. De la couleur jaune-brun des feuilles sèches.

FEUILLERET n.m. Rabot servant à faire les feuillures.

FEUILLET n.m. **1.** Ensemble de deux pages, recto et verso, d'un livre ou d'un cahier. **2.** Planche de faible épaisseur (15 à 18 mm) utilisée pour les panneaux, en menuiserie et en ébénisterie. **3.** Troisième poche de l'estomac des ruminants, aux parois feuilletées. **4.** EMBRYOL. Chacun des constituants fondamentaux, disposés en lames (*ectoblaste, endoblaste* et *mésoblaste*), de l'ébauche embryonnaire, ayant chacun une destination précise et engendrant une série d'organes.

FEUILLETAGE n.m. **1.** Action de feuilleter un livre, une revue, etc. **2.** Action de feuilleter de la pâte. **3.** Pâte à base de farine et de beurre, repliée plusieurs fois sur elle-même de manière à se séparer en feuilles à la cuisson. SYN. : *pâte feuilletée.*

1. FEUILLETÉ, E adj. **1.** Constitué de lames minces superposées. *Roche feuilletée.* **2.** *Pâte feuilletée :* feuilletage.

2. FEUILLETÉ n.m. CUIS. Feuilletage garni d'une préparation salée (vol-au-vent, friand) ou sucrée (mille-feuille).

FEUILLETER v.t. [16]. **1.** Tourner les pages d'un livre, d'une revue, etc., en les parcourant rapidement et au hasard. **2.** CUIS. Travailler une pâte selon la technique du feuilletage.

FEUILLETIS n.m. Contour d'une pierre fine taillée, où les facettes se terminent.

FEUILLETON n.m. **1.** Article de critique littéraire qu'un auteur publie régulièrement dans un journal. **2.** Œuvre romanesque publiée par épisodes successifs dans un journal. SYN. : *roman-feuilleton.* **3.** Émission dramatique radiodiffusée ou télévisée dont l'histoire est fractionnée en épisodes courts et de même durée. **4.** *Fig.* Histoire pleine de rebondissements souvent invraisemblables.

FEUILLETONISTE n. Auteur de feuilletons dans un journal.

FEUILLETTE n.f. Tonneau dont la contenance varie, suivant les régions, de 114 à 136 litres.

FEUILLU, E adj. BOT. Qui possède des feuilles ; qui a beaucoup de feuilles. ◆ n.m. Arbre qui possède des feuilles à limbe déployé (par oppos. à *résineux*).

FEUILLURE n.f. MENUIS. Angle rentrant ménagé le long d'un élément de construction pour recevoir une partie de menuiserie fixe ou mobile.

FEULEMENT n.m. Cri du tigre, du chat, du puma.

FEULER v.i. (onomat.). **1.** Pousser son cri, en parlant du tigre, du puma. SYN. : *rauquer.* **2.** Gronder, en parlant du chat.

FEUTRAGE n.m. **1.** Fait de feutrer, de se feutrer. **2.** SC. DE LA V. Enchevêtrement de fibres ou de filaments d'origine végétale ou animale, dont la texture rappelle le feutre. *Feutrage glucidique.*

FEUTRE n.m. (du francique). **1.** Étoffe obtenue, sans filature ni tissage, par agrégation intime de poils ou de filaments de laine. **2.** Chapeau de feutre. **3.** Instrument servant à écrire, à marquer, dont le corps renferme un réservoir poreux imprégné d'encre et relié à une pointe en matériau synthétique.

FEUTRÉ, E adj. **1.** Qui a acquis la texture ou l'aspect du feutre, par lavage ou par usure. *Pull feutré.* **2.** Garni de feutre. **3.** Où les bruits sont étouffés ; silencieux. *Salon à l'atmosphère feutrée.* ◇ *Marcher à pas feutrés,* sans faire de bruit.

FEUTRER v.t. **1.** Agglomérer des poils, de la laine pour fabriquer du feutre. **2.** Faire perdre de sa souplesse à un lainage par suite d'une agglomération des fils de laine, notamm. sous l'effet de la chaleur. **3.** Garnir de feutre. ◆ v.i. ou **se feutrer** v.pr. Prendre la contexture, l'aspect du feutre.

FEUTRINE n.f. Feutre léger, très serré.

FÈVE n.f. (lat. *faba*). **1.** Plante annuelle cultivée pour sa graine destinée à l'alimentation humaine

■ **FÈVE**

■ **FEUILLES**

ou animale. (Nom sc. *Vicia faba ;* famille des papilionacées.) **2.** Graine de cette plante. **3.** Figurine, petit objet cachés dans la galette des Rois.

FÉVEROLE, FÈVEROLE ou **FAVEROLE** n.f. AGRIC. Fève d'une variété à petit grain, utilisée dans l'alimentation du bétail.

FÉVIER n.m. Arbre ornemental au feuillage rappelant l'acacia, à longues gousses plates. (Genre *Gleditschia ;* famille des césalpiniacées.)

FÉVRIER n.m. (lat. *februarius*). Deuxième mois de l'année, qui a 28 jours (29 dans les années bissextiles).

FEZ [fɛz] n.m. (de *Fez,* n. de ville). Calotte tronconique en laine, portée en Afrique du Nord et au Proche-Orient.

FI interj. (onomat.). *Litt.* Marque le dégoût, le dédain, le mépris. *Fi ! La vilaine action !* ◇ *Faire fi de :* mépriser, dédaigner.

FIABILISER v.t. Rendre plus fiable. *Fiabiliser un dispositif.*

FIABILITÉ n.f. Probabilité de fonctionnement sans défaillance d'un dispositif dans des conditions spécifiées et pendant une période de temps déterminée.

FIABLE adj. (de *se fier*). **1.** Doué de fiabilité. *Machine fiable.* **2.** À qui l'on peut se fier. *Personne fiable.*

FIACRE n.m. (de saint *Fiacre,* dont l'effigie ornait l'enseigne d'un bureau de voitures de louage à Paris). Anc. Voiture hippomobile à quatre roues et à quatre places.

FIANÇAILLES n.f. pl. **1.** Promesse mutuelle de mariage ; cérémonie qui l'accompagne. **2.** Temps qui s'écoule entre cette promesse et le mariage.

FIANCÉ, E n. Personne qui s'est fiancée.

FIANCER v.t. [9] (de l'anc. fr. *fiance,* engagement). **1.** Promettre solennellement en mariage. *Fiancer sa fille au fils d'un ami.* **2.** Célébrer les fiançailles de. *Ils fiancent leur fils.* ◆ **se fiancer** v.pr. (**à, avec**). S'engager à épouser qqn.

FIASCO n.m. (mot ital.). **1.** *Fam.* Échec complet. **2.** *Spécial.* Impuissance sexuelle accidentelle.

FIASQUE n.f. (ital. *fiasco*). Bouteille à col long et à large panse clissée, employée en Italie.

FIBRANNE n.f. Fibre textile cellulosique artificielle.

FIBRE n.f. (lat. *fibra*). **1.** Filament ou cellule filamenteuse constituant certains tissus animaux ou végétaux, certaines substances minérales. **2.** Tout élément filamenteux allongé, d'origine naturelle ou non, constitutif d'un fil, d'une feuille de papier, etc. *Fibre textile.* ◇ *Fibre optique :* support de communication constitué d'un filament de matière diélectrique (verre, silice, etc.) dans lequel se propage la lumière (visible ou infrarouge). [Les fibres optiques constituent le support principal utilisé pour la transmission d'informations sous forme numérique dans les réseaux à haut débit.] – *Fibre de verre :* filament obtenu par étirage du verre fondu, utilisé pour la fabrication des fils de verre, de la laine et des tissus de verre, et des plastiques renforcés. **3.** MÉD. *Fibre alimentaire :* substance glucidique non digestible contenue dans les végétaux alimentaires. – *Fibre conjonctive :* substance protéique qui se trouve dans la matrice du tissu conjonctif. – *Fibre nerveuse :* ensemble formé par un prolongement d'un neurone, axone ou dendrite, et par la gaine qui l'entoure éventuellement. **4.** *Fig.* (Génér. suivi d'un adj.) Sensibilité à un sentiment. *Avoir la fibre paternelle.*

FIBREUX, EUSE adj. Qui contient des fibres ; qui est formé de fibres.

FIBRILLAIRE adj. HISTOL. Relatif à une fibrille ; constitué de fibrilles.

■ **FIBRE.** Faisceau de fibres optiques dans leurs gaines isolantes.

FIBRILLATION n.f. MÉD. Anomalie de l'activité musculaire caractérisée par de multiples petites contractions isolées, désordonnées et inefficaces. ◇ *Fibrillation ventriculaire :* forme d'arrêt cardiaque dans lequel les ventricules sont parcourus de contractions désordonnées ressemblant à un frémissement.

FIBRILLE n.f. Petite fibre.

FIBRILLÉ n.m. Produit textile qui résulte du clivage longitudinal d'un film de polymère et qui comporte des fissures se décomposant en fibrilles.

FIBRINE n.f. PHYSIOL. Protéine filamenteuse provenant du fibrinogène, qui emprisonne les cellules du sang au cours de la coagulation et contribue à la formation du caillot.

FIBRINEUX, EUSE adj. Composé de fibrine.

FIBRINOGÈNE n.m. PHYSIOL. Protéine du plasma sanguin, qui se transforme en fibrine lors de la coagulation.

FIBRINOLYSE n.f. MÉD. **1.** Dégradation normale ou pathologique de la fibrine par des enzymes ; dégradation d'un caillot devenu inutile. **2.** Destruction thérapeutique d'un caillot dans un vaisseau, par injection d'une substance fibrinolytique.

FIBRINOLYTIQUE adj. et n.m. MÉD. Se dit d'une substance capable de dissoudre la fibrine, et donc les caillots sanguins.

FIBROBLASTE n.m. HISTOL. Cellule jeune du tissu conjonctif, qui élabore la matrice avant de se transformer en fibrocyte.

FIBROCIMENT n.m. (nom déposé). Matériau de construction constitué de ciment renforcé de fibres synthétiques et/ou naturelles.

FIBROCYTE n.m. HISTOL. Cellule de base du tissu conjonctif.

FIBROÏNE n.f. TEXT., BIOCHIM. Protéine constituant la partie essentielle de la soie, conférant à celle-ci sa solidité et son élasticité.

FIBROMATEUX, EUSE adj. Qui est de la nature des fibromes ; qui contient des fibromes.

FIBROMATOSE n.f. MÉD. Affection caractérisée par la présence de plusieurs fibromes.

FIBROME n.m. **1.** MÉD. Tumeur conjonctive bénigne formée de fibroblastes et de fibres. **2.** (Abusif en médecine). *Fibrome de l'utérus,* ou *fibrome :* léiomyome de l'utérus.

FIBROMYOME n.m. MÉD. Tumeur bénigne formée de tissu fibreux et de tissu musculaire lisse. *Fibromyome utérin.*

FIBROSCOPE n.m. MÉD. Endoscope souple et de petit diamètre, dans lequel la lumière est canalisée par un faisceau de fibres de verre.

FIBROSCOPIE n.f. MÉD. Endoscopie réalisée au moyen d'un fibroscope.

FIBROSE n.f. MÉD. Transformation fibreuse d'un tissu.

FIBULA n.f. (mot lat.). ANAT. Péroné (spécial. chez les animaux).

FIBULE n.f. (lat. *fibula*). ARCHÉOL. Épingle de sûreté en métal qui servait à fixer les vêtements.

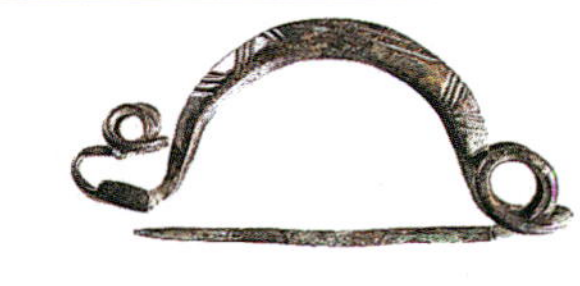

■ **FIBULE** gauloise en bronze ; ve s. av. J.-C. (Musée des Antiquités nationales, Saint-Germain-en-Laye.)

FIC n.m. (lat. *ficus,* figue). Grosse verrue qui se développe en diverses régions du corps chez les bovins et les équidés.

FICAIRE n.f. (lat. sc. *ficaria,* de *ficus,* figue). Petite plante, voisine du bouton-d'or, qui épanouit ses fleurs jaunes dès la fin de l'hiver. (Famille des renonculacées.) SYN. : *fausse renoncule.*

FICELAGE n.m. Action de ficeler.

FICELÉ, E adj. *Fam.* **1.** *Péjor.* Habillé, arrangé. *Il est drôlement ficelé.* **2.** *Bien ficelé :* bien fait, bien élaboré. *Intrigue bien ficelée.*

FICELER v.t. [16]. **1.** Lier, attacher avec de la ficelle. **2.** *Fig., fam.* Élaborer, construire avec astuce. *Ficeler un scénario.*

FICELLE n.f. (lat. pop. *funicella,* de *funis,* corde). **1.** Corde très mince constituée de fils retordus ou câblés, servant à lier, retenir, etc. – *Fig.* (Souvent pl.) Procédé, truc utilisé dans un métier, un art. *Elle connaît toutes les ficelles du métier.* ◇ *Tenir, tirer les ficelles :* faire agir les autres sans être vu, comme le montreur de marionnettes. **2.** Pain mince et allongé correspondant, en poids, à une demi-baguette.

FICELLERIE n.f. Fabrique de ficelle.

FICHAGE n.m. Action de ficher, d'inscrire sur une, des fiches. *Le fichage des suspects.*

FICHANT, E adj. *Tir fichant :* tir qui frappe presque verticalement un objectif.

FICHE n.f. (de *1. ficher*). **1.** Feuille cartonnée, plus ou moins grande, utilisée pour consigner des informations. ◇ *Fiche d'état civil :* document établi, en France, dans une mairie d'après un acte de l'état civil ou d'après le livret de famille. (L'Administration a supprimé ce document en 2000.) **2.** ÉLECTROTECHN. Pièce amovible destinée à être engagée dans une alvéole pour établir un contact. *Fiche simple, multiple.* **3.** CONSTR. Ferrure de rotation fixée dans le bois. *Fiches de porte, de fenêtre. Fiche à gonds.*

1. FICHER v.t. (du lat. *figere,* attacher). **1.** Inscrire sur une fiche. – *Spécial.* Inscrire qqn dans un fichier en vue de le surveiller. **2.** Faire entrer, enfoncer qqch par la pointe ; planter. *Ficher un pieu en terre.*

2. FICHER ou **FICHE** v.t. [p. passé *fichu*]. *Fam.* **1.** Faire. *Qu'est-ce que tu fiches ici ?* **2.** Mettre, jeter dehors, hors de. *Ficher qqn à la porte.* **3.** Donner, envoyer. *Ficher une gifle.* **4.** *Ficher* ou *fiche la paix :* laisser tranquille. ◆ **se ficher** ou **se fiche** v.pr. (**de**). *Fam.* Se moquer de.

FICHET n.m. Anc. Petit bâton servant de marque ; petite fiche.

FICHIER n.m. **1.** Collection de fiches ; boîte, meuble à fiches. **2.** INFORM. Collection organisée d'informations de même nature, regroupées en une unité indépendante de traitement ; support matériel de ces informations.

FICHOIR n.m. Anc. Morceau de bois fendu servant à fixer qqch sur une corde tendue.

FICHTRE interj. (de *2. ficher*). *Fam.* Marque l'étonnement, l'admiration. *Fichtre ! Vous voilà déjà !*

FICHTREMENT adv. *Fam.* Extrêmement.

1. FICHU n.m. (de *2. ficher*). Triangle d'étoffe dont les femmes se couvrent les épaules ou la tête.

2. FICHU, E adj. (de *2. ficher*). *Fam.* **1.** (Avant le n.) Pénible, désagréable. *Un fichu caractère.* **2.** (Après le n.) Irrémédiablement perdu ou compromis. *Après cet accident, la voiture est fichue.* **3.** *Être bien, mal fichu,* bien, mal fait. **4.** *Être mal fichu,* un peu souffrant. **5.** *Être fichu de :* être capable de. *Il n'est pas fichu de gagner sa vie.*

FICTIF, IVE adj. (lat. *fictus,* inventé). **1.** Qui est créé par l'imagination, qui n'a rien de réel ; imaginaire. *Personnage fictif.* **2.** Qui n'existe que par convention ; conventionnel. *Les billets de banque n'ont qu'une valeur fictive.*

FICTION n.f. **1.** Création, invention de choses imaginaires, irréelles ; œuvre ainsi créée. *Livre de fiction.* **2.** Film de cinéma ou de télévision exposant des événements imaginés. – Genre cinématographique ou télévisuel regroupant ces œuvres. (On peut considérer G. Méliès comme l'inventeur de la fiction au cinéma.)

FICTIONNEL, ELLE adj. Relatif à la fiction ; fondé sur la fiction.

FICTIVEMENT adv. De façon fictive.

FICUS [fikys] n.m. Plante d'appartement d'origine tropicale, tel le caoutchouc (*Ficus elastica* et *Ficus benjamina*). [Le genre *Ficus* comprend un millier d'espèces, dont le figuier commun, *Ficus carica ;* famille des moracées.]

FIDÉICOMMIS [fideikɔmi] n.m. (lat. *fidei,* à la foi, et *commissum,* confié). DR. CIV. Libéralité testamentaire ou contractuelle faite à un bénéficiaire apparent chargé de faire parvenir les biens légués à une autre personne.

FIDÉISME n.m. (du lat. *fides,* foi). Doctrine selon laquelle la foi dépend du sentiment et non de la raison.

FIDÉISTE adj. et n. Relatif au fidéisme ; qui en est partisan.

FIDÈLE adj. (lat. *fidelis*). **1. a.** Qui manifeste de la constance dans son attachement, ses relations. *Fidèle camarade. Chien fidèle.* **b.** *Spécial.* Qui n'a de relations amoureuses qu'avec son conjoint. *Un mari fidèle.* **2.** Qui ne s'écarte pas de la réalité, de la vérité, du modèle ; exact, sûr. *Un témoin fidèle. Faire un récit fidèle. Traducteur fidèle.* ◇ ***Mémoire fidèle***, qui retient bien et avec exactitude. **3.** Qui dénote un attachement durable. *Amitié fidèle.* **4.** ***Fidèle à*** : qui ne varie pas, qui ne s'écarte pas de. *Fidèle à ses promesses.* **5.** Se dit d'un instrument qui donne toujours la même indication quand on répète la mesure. ◆ n. **1.** Personne qui pratique une religion. **2.** Personne qui fréquente habituellement un groupe, un lieu, etc. *Un fidèle des concerts rock.*

FIDÈLEMENT adv. De façon fidèle.

FIDÉLISATION n.f. Action de fidéliser une clientèle, un public.

FIDÉLISER v.t. Rendre fidèle, s'attacher durablement une clientèle, un public par des moyens appropriés (informations, prix préférentiels, etc.).

FIDÉLITÉ n.f. Qualité d'une personne ou d'une chose fidèle.

FIDJIEN, ENNE adj. et n. Des îles Fidji. ◆ n.m. Langue mélanésienne parlée aux îles Fidji.

FIDUCIAIRE adj. (lat. *fiduciarius*, de *fiducia*, confiance). **1.** BANQUE. Se dit de valeurs fictives, fondées sur la confiance accordée à qui les émet. *Le billet de banque est une monnaie fiduciaire.* ◇ ***Société fiduciaire*** : société qui effectue des travaux comptables, juridiques, fiscaux, d'organisation, d'expertise, etc., pour le compte des entreprises privées. **2.** DR. CIV. Relatif à la fiducie.

FIDUCIE n.f. DR. CIV. Acquisition apparente par un créancier d'un bien remis par son débiteur à titre de garantie et à qui il doit le restituer à l'extinction de la dette.

FIEF n.m. (francique *fehu*, bétail). **1.** HIST. Terre, droit ou revenu qu'un vassal tenait de son seigneur et en échange desquels il devait accomplir le service dû à celui-ci. **2.** Zone d'influence prépondérante, secteur réservé. *Fief électoral.*

FIEFFÉ, E adj. *Fam.* Qui a atteint le dernier degré d'un défaut, d'un vice. *Fieffé menteur.*

FIEL n.m. (lat. *fel*). **1.** Bile des animaux. **2.** *Litt.* Amertume, animosité.

FIELLEUX, EUSE adj. *Litt.* Plein d'acrimonie, d'animosité.

FIENTE [fjɑ̃t] n.f. (lat. pop. *femita*). Excrément de certains animaux, partic. des oiseaux. *Fiente de poule, de pigeon.*

FIENTER v.i. Rejeter ses excréments, en parlant d'un oiseau ou d'un autre animal.

FIER, FIÈRE [fjɛr] adj. (lat. *ferus*, sauvage). **1.** Qui manifeste un sentiment de supériorité ; arrogant, hautain. **2.** Qui manifeste de la dignité, des sentiments nobles, élevés. *Il est trop fier pour accepter de l'argent. Un regard fier.* **3.** ***Fier de*** : qui tire un légitime orgueil, une vive satisfaction de. *Être fier de ses enfants, de sa réussite.* **4.** *Fam.* Remarquable en son genre ; fameux. *Un fier imbécile.*

FIER (SE) v.pr. **(à)** [5] (lat. pop. *fidare*, confier). Mettre sa confiance en. *Ne vous fiez pas à lui.*

FIER-À-BRAS n.m. (pl. *fiers-à-bras* [fjɛrabra]). *Litt.* Fanfaron, matamore.

FIÈREMENT adv. Avec fierté. *Répondre fièrement.*

FIÉROT, E adj. et n. *Fam.* Qui est content de soi et le montre de façon un peu ridicule.

FIERTÉ n.f. **1.** Qualité, caractère d'une personne fière. **2.** Sentiment d'orgueil, de satisfaction légitime de soi. *Tirer fierté de sa réussite.*

FIESTA [fjɛsta] n.f. (mot esp.). *Fam.* Fête.

FIÈVRE n.f. (lat. *febris*). **1.** Élévation anormale de la température centrale du corps, accompagnée de troubles (accélération cardiaque, malaise, etc.). ◇ ***Fièvre de Malte***, ou ***fièvre ondulante*** : brucellose. – ***Fièvre tierce, fièvre quarte*** : fièvre intermittente observée surtout dans le paludisme, dont les accès reviennent respectivement tous les troisièmes et quatrièmes jours. **2.** *Fig.* État de tension, d'agitation d'un individu ou d'un groupe. *Fièvre politique. Dans la fièvre du départ.* ◇ ***Une fièvre de*** : un désir ardent, une manie de. *Une fièvre de collectionner.*

FIÉVREUSEMENT adv. De façon fiévreuse, agitée.

FIÉVREUX, EUSE adj. **1.** Qui a ou qui dénote la fièvre. *Yeux fiévreux.* **2.** Qui est dans un état d'excitation inquiète ; inquiet, agité. *Foule, attente fiévreuse.*

FIFILLE n.f. *Fam.* Fille, fillette.

FIFRE n.m. (alémanique *Pfifer*, qui joue du fifre). **1.** Petite flûte traversière en bois, au son aigu, notamm. utilisée autrefois dans les fanfares militaires. **2.** Instrumentiste qui joue du fifre.

FIFRELIN n.m. (all. *Pfifferling*). *Fam.*, vieilli. **1.** Chose sans valeur. **2.** Petite monnaie.

1. FIFTY-FIFTY adv. (mots angl., *cinquante-cinquante*). *Fam.* Moitié-moitié. *Partager les bénéfices fifty-fifty.*

2. FIFTY-FIFTY n.m. (pl. *fifty-fifties*). Yacht de croisière sur lequel les moteurs et la voilure ont une importance égale.

FIGARO n.m. (de *Figaro*, personnage de Beaumarchais). *Fam.*, vx. Coiffeur.

FIGÉ, E adj. **1.** Solidifié par refroidissement. *Huile figée.* **2.** *Fig.* Fixé, stéréotypé. *Expression figée.*

FIGEMENT n.m. Rare. Fait de se figer ; état de ce qui est figé.

FIGER v.t. [10] (lat. pop. *feticare*, de *feticum*, foie). **1.** Épaissir, solidifier un corps gras par le froid. **2.** Immobiliser qqn sous l'effet de la surprise, d'une émotion ; pétrifier. *Son arrivée a figé tout le monde.*

FIGNOLAGE n.m. *Fam.* Action de fignoler.

FIGNOLER v.t. et v.i. (de *2. fin*). *Fam.* Exécuter, achever avec soin, minutie ; parfaire, parachever. ◇ p.p. adj. *C'est du travail fignolé.*

FIGNOLEUR, EUSE adj. et n. *Fam.* Qui fignole.

FIGUE n.f. (anc. provenç. *figa*, du lat. *ficus*). **1.** Fruit comestible du figuier, formé par toute l'inflorescence qui devient charnue après la fécondation. ◇ ***Mi-figue, mi-raisin*** : ni bon, ni mauvais ; mitigé, ambigu. *Un air mi-figue, mi-raisin.* **2.** ***Figue de Barbarie*** : fruit charnu et sucré de l'opuntia. **3.** Réunion. Banane. **4.** ZOOL. ***Figue de mer*** : ascidie d'une espèce méditerranéenne, que l'on consomme crue. SYN. : *violet.*

FIGUIER n.m. **1.** Arbre originaire du Proche-Orient, cultivé pour son fruit, la figue. (Nom sc. *Ficus carica* ; famille des moracées. Une autre espèce, le figuier banian *[Ficus indica]*, possède de nombreuses racines aériennes, semblables à des troncs.) **2.** ***Figuier de Barbarie*** : opuntia.

■ **FIGUIER**

FIGURANT, E n. **1.** Acteur qui a un rôle peu important, génér. muet, dans un spectacle. **2.** Personne qui assiste à une négociation, à une réunion, etc., sans y participer activement.

1. FIGURATIF, IVE adj. Qui figure, représente la forme réelle des choses. *Plan figuratif.* ◇ ***Art figuratif***, qui s'attache à représenter les formes du monde visible, ou prend ces formes, nettement identifiables, comme matériau (par oppos. à l'***art abstrait*** ou ***non figuratif***).

2. FIGURATIF n.m. *Un figuratif* : un peintre ou un sculpteur dont l'œuvre est figurative.

FIGURATION n.f. **1.** Action de figurer qqn, qqch ; résultat de cette action. **2. a.** Métier ou rôle de figurant. *Faire de la figuration.* **b.** Ensemble des figurants d'un film, d'une pièce de théâtre. **3.** ART MOD. ***Nouvelle figuration*** : vaste courant figuratif, aux techniques nouvelles et à l'esprit souvent contestataire, apparu en Europe dans les années 1960. – ***Figuration libre*** : mouvement figuratif français de la fin des années 1970 (Robert Combas, Hervé Di Rosa, etc.).

FIGURE n.f. (lat. *figura*). **1.** Visage de qqn ; air, mine. *Se laver la figure. Figure joyeuse.* ◇ ***Faire bonne, triste figure*** : se montrer, ne pas se montrer à la hauteur de l'attente de qqn, d'une épreuve, etc. – ***Faire figure de*** : apparaître comme ; passer pour. *Ils font figure d'originaux.* – *Fam.* ***Se casser la figure*** : tomber. **2.** Personnalité marquante. *Les grandes figures de notre enfance.* **3.** GÉOMÉTR. Dessin servant à la visualisation de certains êtres mathématiques et permettant d'éclairer une démonstration. **4.** BX-ARTS, ARTS APPL. Représentation en entier d'un être humain, d'un animal. ◇ ***Prendre figure*** : commencer à se réaliser ; s'ébaucher. **5.** JEUX. Carte sur laquelle est représenté un personnage (roi, dame, valet et, au tarot, cavalier). **6.** Représentation symbolique. *L'agneau pascal, figure de l'eucharistie.* **7.** MUS. Représentation graphique d'une note indiquant la durée du son. **8.** DANSE. Enchaînement de pas réalisé par plusieurs personnes et formant une unité visuelle. **9.** Exercice au programme de certaines compétitions (patinage, ski, etc.). *Figures libres, imposées.* **10.** ***Figure de rhétorique, figure de style***, ou ***figure*** : forme particulière donnée à l'expression et visant à produire un certain effet. **11.** PSYCHOL. Façon dont un élément individuel et structuré se détache de ce qui l'entoure.

FIGURÉ, E adj. **1.** BX-ARTS, ARTS APPL. Qui comporte la représentation de figures. *Chapiteau figuré.* **2.** LING. ***Sens figuré*** : sens d'un mot perçu comme le résultat d'une figure de style (métaphore ou métonymie) [par oppos. à ***sens propre***].

FIGURÉMENT adv. *Didact.* De façon figurée ; au sens figuré.

FIGURER v.t. **1.** Représenter par la peinture, la sculpture, etc. **2.** Représenter, symboliser par un signe conventionnel. ◆ v.i. Être présent, se trouver dans un ensemble, dans un groupe, etc. *Figurer sur une liste.* ◆ **se figurer** v.pr. Se représenter par l'imagination ; s'imaginer, croire. *Tu te figures que le train va t'attendre ?*

FIGURINE n.f. (ital. *figurina*). Très petite statuette.

FIL n.m. (lat. *filum*). **1.** Brin long et fin de matière textile. *Fil de soie, de laine. Une bobine de fil rouge.* ◇ ***Fil à plomb*** : fil attaché à un morceau de métal lourd, pour vérifier la verticalité. – ***Fil d'Ariane*** : fil conducteur (par allusion au fil que donna Ariane à Thésée pour se diriger dans le Labyrinthe). – ***Fil rouge*** : personne ou chose qui sert de lien entre les différentes composantes d'un tout ; ce que l'on doit suivre pour comprendre le déroulement de qqch. *Le fil rouge de l'œuvre romanesque d'un écrivain.* – ***Ne tenir qu'à un fil*** : être fragile, sur le point de se rompre. – ***Donner du fil à retordre*** : causer beaucoup de problèmes, d'ennuis. **2.** Matière filamenteuse sécrétée par les araignées et certaines chenilles. ◇ ***Fil de la Vierge*** : filandre. **3.** Cylindre de faible section obtenu par l'étirage d'une matière métallique ductile. *Fil de fer, de cuivre.* **4.** Conducteur élec-

■ **FIGURATION.** *En route* (1982), par J.-C. Blais, apparenté à la « figuration libre ». (Coll. priv.)

trique constitué d'un ou plusieurs brins métalliques. ◇ *Être au bout du fil,* en communication téléphonique avec qqn. **5.** Direction des fibres de bois. ◇ *Bois de fil :* bois utilisé par les graveurs sous forme de planche découpée dans le sens des fibres (par oppos. à *bois de bout*). **6.** Direction dans laquelle s'écoule une eau courante. ◇ *Centrale au fil de l'eau :* centrale hydroélectrique dépourvue de barrage et dont le canal d'amenée, à faible pente, ne comporte aucune réserve d'eau. **7.** Enchaînement logique, progression continue de. *Ne pas perdre le fil d'un discours.* ◇ *Le fil de, au fil de :* la suite de, au long de. *Le fil des jours. Au fil des heures.* **8.** Tranchant d'un instrument. *Le fil d'un rasoir.*

FILABLE adj. Qui peut être filé.

FIL-À-FIL n.m. inv. Tissu chiné obtenu en ourdissant et en tramant successivement un fil clair, un fil foncé, etc.

FILAGE n.m. **1.** Transformation des fibres textiles en fil. **2.** TECHN. Extrusion. **3.** Action de filer une scène, une pièce de théâtre. **4.** CINÉMA. Déplacement rapide de la caméra réalisé pour produire sur l'image une traînée floue.

1. FILAIRE adj. (de *fil*). TÉLÉCOMM. Qui se transmet par fil (par oppos. à une transmission optique ou radioélectrique).

2. FILAIRE n.f. Ver parasite des régions chaudes, pouvant provoquer une filariose. (Classe des nématodes.)

FILAMENT n.m. (lat. *filamentum*). **1.** Élément de forme fine et allongée ; fibre, matière ou structure qui a cette forme. **2.** Fibre textile de très grande longueur. **3.** Fil conducteur dans certaines ampoules électriques, rendu incandescent par le passage du courant.

FILAMENTEUX, EUSE adj. Qui présente des filaments ; formé de filaments.

FILANDIÈRE n.f. *Litt.* Fileuse.

FILANDRE n.f. Fil sécrété par certaines jeunes araignées et qui assure leur transport au gré du vent. SYN. : *fil de la Vierge.*

FILANDREUX, EUSE adj. **1.** Rempli de fibres longues et coriaces. *Viande filandreuse.* **2.** *Fig.* Enchevêtré, confus et long. *Explications filandreuses.*

FILANT, E adj. **1.** Qui file, coule sans se diviser en gouttes. *Un sirop filant.* **2.** *Pouls filant,* très faible. **3.** *Étoile filante* ⟶ **étoile.**

FILAO n.m. (mot créole). Afrique. Casuarina ; bois de cet arbre.

FILARIOSE n.f. MÉD. Affection parasitaire causée par la présence d'une filaire sous la peau ou dans les vaisseaux sanguins ou lymphatiques.

FILASSE n.f. (du lat. *filum,* fil). Matière constituée par les filaments tirés de la tige des végétaux textiles. *Filasse de chanvre, de lin.* ◆ adj. inv. *Cheveux filasse,* d'un blond pâle.

FILATEUR n.m. Exploitant d'une filature.

FILATURE n.f. **1.** Ensemble des opérations de transformation des fibres textiles en fil. *La filature du coton, de la soie.* **2.** Établissement industriel de filage des matières textiles. **3.** *Prendre qqn en filature,* le filer, le suivre pour noter ses faits et gestes.

FILDEFÉRISTE n. Équilibriste qui fait des exercices sur un fil métallique.

FILE n.f. (de *filer*). Suite de personnes ou de choses placées les unes derrière les autres. *Une file de voitures. Une file d'attente.* ◇ *Chef de file :* personne qui est à la tête d'un groupe. – *Ligne de file :* ordre tactique que prennent les navires de guerre les uns derrière les autres. – *À la file, en file, en file indienne :* l'un derrière l'autre. – *Prendre la file :* se mettre à la suite de plusieurs personnes. – Belgique. *Faire la file :* faire la queue. – Suisse. *De file :* de suite, d'affilée.

FILÉ n.m. TEXT. Fil textile simple ou retors en fibres discontinues.

FILER v.t. **1.** Transformer en fil les fibres textiles. *Filer la laine.* **2.** Sécréter un fil de soie, en parlant de certaines araignées et chenilles. **3.** Dérouler un câble, une amarre, etc., de façon continue, en laissant glisser. ◇ *Filer* n *nœuds :* avoir une vitesse de *n* milles marins à l'heure, en parlant d'un bateau. **4.** Suivre qqn secrètement afin de le surveiller. *Filer un suspect.* **5.** Répéter une scène, une pièce de théâtre en continu. **6.** MUS. Tenir longuement un son, une note, de la voix ou sur un instrument. **7.** *Filer des jours heureux,* les vivre. – *Filer le parfait amour :* avoir une liaison heureuse, exempte de troubles. **8.** RHÉT. *Filer une métaphore, une image,* la développer. **9.** *Fam.* Donner, prêter. *File-moi cent balles !* ◆ v.i. **1.** S'allonger, couler de façon filiforme. *Sirop de fruits qui file.* **2.** S'étirer en fumant, en parlant d'une flamme. **3.** Se dérouler de façon continue, se dévider. ◇ *Spécial. Maille d'un bas, d'un tricot qui file,* qui se détache, se défait. **4.** *Fam.* Avancer, s'en aller rapidement ; se sauver. ◇ *Filer à l'anglaise* ⟶ **anglais.** – *Filer doux* ⟶ **doux.** **5.** Disparaître rapidement, être consommé. ◇ *Argent qui file entre les doigts,* très vite dépensé.

1. FILET n.m. (dimin. de *fil*). **1.** Écoulement fin d'un liquide, d'un gaz. *Un filet d'eau, d'air. Un filet de vinaigre.* ◇ *Un filet de voix :* une voix faible, ténue. **2.** BOT. Partie longue et fine de l'étamine, qui supporte l'anthère. **3.** MÉCAN. INDUSTR. Rainure en hélice d'une vis, d'un boulon, d'un écrou. **4.** ARCHIT., ARTS APPL. Fine moulure ; ligne décorative incrustée ou peinte, dans divers ouvrages. **5.** IMPRIM. Trait d'épaisseur variable servant à séparer ou à encadrer des textes, des illustrations, etc. **6.** PRESSE. Court article d'information comportant un titre.

2. FILET n.m. **1.** Réseau, objet composé de mailles entrecroisées. *Filet à provisions. Filet à cheveux. Filet à bagages. Filet de pêche. Filet à papillons.* ◇ *Filet maillant :* grand filet vertical pour la pêche en mer, fixé au fond ou dérivant, dont les mailles sont calibrées en fonction de la grosseur des poissons à capturer pour les retenir lorsqu'ils s'y engagent. – *Travailler sans filet :* exécuter un numéro d'équilibre, d'acrobatie, sans filet de protection ; *fig.,* prendre des risques. – *Coup de filet :* opération de police particulièrement fructueuse. **2.** Réseau de fils ou de cordages tendu au milieu d'une table (tennis de table) ou d'un terrain de sports (tennis par ex.) ou attaché derrière les poteaux de buts (football, handball, etc.). [Au pl. dans ce dernier cas.] ◇ *Filet ! :* recomm. off. pour *let !, net !*

3. FILET n.m. **1.** BOUCH. Morceau tendre et charnu (bœuf, veau, mouton), qui se trouve au-dessous des vertèbres lombaires. ◇ Belgique. *Filet américain :* steak tartare. **2.** *Filet de poisson :* bande de chair prélevée de part et d'autre de l'arête dorsale.

1. FILETAGE n.m. MÉCAN. INDUSTR. **1.** Opération consistant à former un filet le long d'une surface cylindrique. **2.** Ensemble des filets d'une vis, d'un écrou, etc.

2. FILETAGE n.m. Opération industrielle consistant à lever les filets de poisson.

FILETÉ n.m. TEXT. Étoffe de coton dans laquelle un fil de chaîne plus gros que les autres forme de fines rayures en relief.

FILETER v.t. [12]. Faire un filetage le long d'une surface cylindrique.

FILEUR, EUSE n. TEXT. Personne qui file.

FILIAL, E, AUX adj. Qui caractérise l'attitude d'un fils, d'une fille à l'égard de ses parents.

FILIALE n.f. Société dont plus de la moitié du capital social est contrôlé par une autre société, la société mère.

FILIALEMENT adv. *Litt.* De façon filiale.

FILIALISATION n.f. Découpage d'une entreprise en entités ayant le statut de filiales.

FILIALISER v.t. Procéder à la filialisation d'une entreprise.

FILIATION n.f. **1.** Lien qui unit un individu à son père ou à sa mère. ◇ *Filiation légitime,* qui s'établit dans le mariage (par oppos. à *filiation naturelle*). **2.** ANTHROP. Suite unilinéaire d'individus directement issus les uns des autres soit par les hommes *(filiation agnatique),* soit par les femmes *(filiation utérine)* ; descendance, lignée. **3.** *Fig.* Suite, liaison de choses résultant l'une de l'autre, s'engendrant l'une l'autre. *Filiation des idées.*

FILICINÉE ou **FILICOPSIDE** n.f. (du lat. *filix, -icis,* fougère). Plante cryptogame vasculaire, à sporanges formant des amas sous les feuilles, telle que les fougères. (Les filicinées forment une classe de filicophytes.)

FILICOPHYTE n.m. Plante cryptogame vasculaire telle que les fougères et quelques formes voisines. (Les filicophytes forment un embranchement.)

FILIÈRE n.f. **1.** Succession de degrés à franchir, de formalités à remplir avant de parvenir à un certain résultat. *Filière administrative. Les filières techniques de l'enseignement.* ◇ MÉD. *Filière de soins :* succession ordonnée de consultations parfois imposée par l'administration à un malade, obligeant celui-ci à consulter un généraliste avant un spécialiste, par ex. **2.** INDUSTR. Ensemble des activités, des industries relatives à un produit de base. *Filière bois, électronique.* **3.** NUCL. Ensemble des éléments constitutifs (notamm. combustible, modérateur et caloporteur) caractéristiques d'un type de réacteur nucléaire. **4.** DR. Titre circulant entre acheteurs et vendeurs successifs de marchandises qui permet au dernier acheteur de demander la livraison de la marchandise détenue par le premier vendeur. **5.** Outil terminal d'une extrudeuse, servant à mettre en forme une céramique, un métal, une matière plastique. **6.** Plaque perforée utilisée dans la fabrication des fibres textiles chimiques. **7.** Outil servant à fileter. **8.** Orifice par lequel une araignée émet les fils qu'elle produit. **9.** MAR. Filin tendu horizontalement comme appui, garde-corps, etc.

FILIFORME adj. Mince, grêle, délié comme un fil.

FILIGRANE n.m. (ital. *filigrana*). **1.** Marque, dessin se trouvant dans le corps d'un papier et que l'on peut voir par transparence. ◇ *En filigrane :* dont on devine la présence, à l'arrière-plan ; qui n'est pas explicite. **2.** Ouvrage de bijouterie ajouré fait de fils métalliques entrelacés et soudés, souvent porteurs d'une granulation. **3.** Décor linéaire inclus dans un objet de verre.

■ **FILIGRANE** d'or ; détail d'un bijou viking, VIe s. (Musée des Antiquités nationales, Stockholm.)

FILIGRANER v.t. Façonner en filigrane.

FILIN n.m. (de *fil*). Cordage, en quelque matière que ce soit. *Filin d'acier.*

FILIOQUE [filjɔkwe] (mot lat., *et du fils*). Terme ajouté progressivement, entre le VIe et le XIe s., par l'Église latine à la formule du symbole de Nicée relative au Saint-Esprit. (Indiquant que le Saint-Esprit procède du Père « et du Fils », cet additif ne fut jamais accepté par les chrétiens d'Orient et alimenta des controverses incessantes entre eux et l'Église romaine.)

FILLASSE [fijas] n.f. *Péjor.,* vx. Fille sans distinction.

FILLE n.f. (lat. *filia*). **1.** Personne du sexe féminin considérée par rapport à son père ou à sa mère. **2.** *Jeune fille :* fille pubère ; femme jeune non mariée. **3.** *Litt.* Descendante. *Fille de rois.* ◇ *Fam. Jouer la fille de l'air :* partir sans prévenir. **4.** Personne, et partic. jeune personne, enfant du sexe féminin. *École de filles. Une chic fille. Petite fille.* **5.** Personne du sexe féminin non mariée. *Rester fille.* (Vieilli, sauf dans l'expression *vieille fille.*) ◇ Vx, *péjor. Fille mère :* mère célibataire. **6.** Vx. Servante. *Fille de salle. Fille de ferme.* **7.** Vx ou *litt.* Religieuse. *Filles du Calvaire.* **8.** *Péjor.* Prostituée. *Fille de joie. Fille publique.*

1. FILLETTE n.f. Petite fille.

2. FILLETTE n.f. Petite bouteille d'environ un tiers de litre servant surtout pour les vins d'Anjou et de la région nantaise.

FILLEUL, E n. (lat. *filiolus,* jeune fils). Personne dont on est le parrain, la marraine. ◇ *Filleul de guerre :* militaire dont s'occupe une femme ou une jeune fille en temps de guerre.

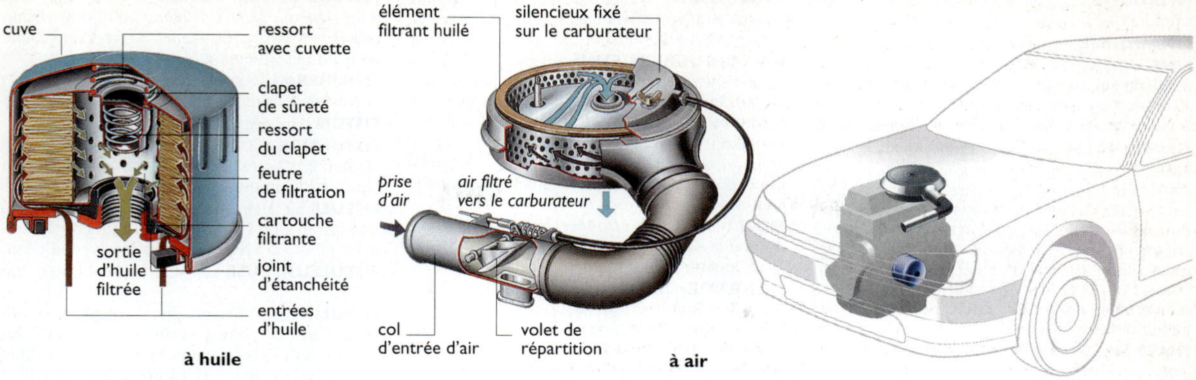

■ **FILTRES** d'un moteur d'automobile.

FILM n.m. (mot angl.). **1.** Pellicule recouverte d'une émulsion sensible à la lumière, utilisée dans les caméras de cinéma et les appareils photo. **2.** Œuvre cinématographique. **3.** *Fig.* Déroulement continu d'événements. *Revoir en pensée le film de sa vie.* **4.** PEINT. INDUSTR. Feuil.

FILMAGE n.m. Action de filmer ; tournage.

FILMER v.t. Enregistrer sur un film cinématographique ou en vidéo.

FILMIQUE adj. Relatif au film cinématographique, au cinéma.

FILMOGÈNE adj. PEINT. INDUSTR. Se dit d'une peinture apte à former un feuil.

FILMOGRAPHIE n.f. Liste raisonnée de films.

FILMOLOGIE n.f. Discipline ayant pour objet d'étude le cinéma.

FILMOTHÈQUE n.f. Collection de microfilms.

FILOCHER v.i. *Fam.*, vieilli. Aller vite ; filer.

FILOGUIDÉ, E adj. ARM. Se dit d'un missile relié à un poste de conduite de tir par un fil qui se déroule derrière lui.

FILON n.m. (ital. *filone*). **1.** GÉOL. Fissure ou faille remplie par une roche magmatique ou par des minéraux, et qui recoupe l'encaissant. **2.** *Fig., fam.* Moyen, source de réussite ; situation lucrative et peu fatigante. *Avec ce nouveau travail, il a trouvé le filon.*

FILONIEN, ENNE adj. **1.** MIN. Se dit d'un gisement en filon. **2.** GÉOL. Se dit d'un terrain riche en filons.

FILOSELLE n.f. (ital. *filosello*). Vx. Fil irrégulier produit à partir de la bourrette de soie.

FILOU n.m. (forme dial. de *fileur*). *Fam.* Personne malhonnête ; voleur, escroc.

FILOUTAGE n.m. *Fam.* Action de filouter.

FILOUTER v.t. *Fam.* Voler avec adresse ; escroquer.

FILOUTERIE n.f. **1.** *Fam.*, vx. Escroquerie, tricherie. **2.** DR. Grivèlerie. *Filouterie de taxi.*

FILS [fis] n.m. (lat. *filius*). **1.** Personne du sexe masculin considérée par rapport à son père ou à sa mère. *Tel père, tel fils.* ◇ *Fam. Fils à papa :* fils de famille riche qui profite de la situation de son père. – S'emploie en appos. après le n. de famille dans l'intitulé d'une entreprise commerciale reprise par le fils ou lorsque le père et le fils ont le même prénom. *Dupont fils. Alexandre Dumas fils.* **2.** *Litt.* Homme considéré par rapport à son ascendance, à ses origines nationales, sociales, etc. ; descendant. *Les fils des Gaulois. D'Artagnan, fils de la Gascogne.* **3.** *Le Fils de l'homme :* Jésus-Christ. – CHRIST. *Le Fils :* la deuxième personne de la Trinité, Jésus-Christ.

FILTRABLE adj. Qui peut être filtré.

FILTRAGE n.m. **1.** Action de filtrer, fait d'être filtré. *Le filtrage d'un vin.* **2.** *Fig.* Contrôle minutieux. *Filtrage des spectateurs.* **3.** Fait de filtrer, de se répandre subrepticement. *Le filtrage d'une nouvelle.*

FILTRANT, E adj. Qui sert à filtrer. *Barrage filtrant.* ◇ *Verres filtrants,* qui ne laissent pas passer certaines radiations lumineuses.

FILTRAT n.m. Liquide obtenu par filtration, dans lequel ne subsiste aucune particule en suspension.

FILTRATION n.f. Passage d'un fluide à travers un filtre qui arrête les particules solides.

FILTRE n.m. (bas lat. *filtrum*). **1.** Corps poreux, papier, etc. au travers duquel on fait passer un fluide pour ôter les particules qui s'y trouvent en suspension, ou pour l'extraire de matières auxquelles il est mélangé. **2.** Dispositif permettant de faire passer l'eau à travers le café qu'il contient. ◇ *Café filtre :* café ainsi obtenu. **3.** Embout de cigarette constitué princip. de cellulose, permettant d'arrêter les goudrons et une partie de la nicotine. **4.** PHOTOGR. Dispositif transparent utilisé en photo pour absorber certaines radiations du spectre. **5.** *Filtre solaire :* substance chimique ou particule physique entrant dans la composition des crèmes solaires et destinée à empêcher le passage des rayons ultraviolets dans le derme et l'épiderme. **6.** TECHN. Dispositif destiné à favoriser ou à entraver le passage de certaines composantes de fréquence d'un signal électrique.

FILTRE-PRESSE n.m. (pl. *filtres-presses*). Appareil filtrant les liquides sous pression.

FILTRER v.t. **1.** Faire passer à travers un filtre. **2.** *Fig.* Soumettre à un contrôle sévère de passage. *Filtrer des passants.* ◆ v.i. **1.** Passer à travers qqch ; pénétrer. *L'eau filtre à travers les terres.* **2.** *Fig.* Passer subrepticement en dépit des obstacles. *Laisser filtrer une information.*

1. FIN n.f. (lat. *finis,* limite). **1. a.** Moment où se termine, s'achève qqch ; terme. *La fin de l'année.* **b.** Endroit où se termine qqch ; extrémité. *Arriver à la fin du chapitre.* **2.** Période, partie terminale. *Avoir des fins de mois difficiles.* ◇ Vieilli ou *litt. Faire une fin :* changer de vie ; se marier. **3.** Complet achèvement. *Mener un projet à sa fin.* **4.** Arrêt, cessation d'un état, d'une évolution, etc. *La fin d'une amitié.* ◇ *Prendre fin, tirer, toucher à sa fin :* cesser. – *Mot de la fin,* qui clôt un débat, un problème. – *Sans fin :* sans cesse, continuellement. – *En fin de droits :* se dit, en France, d'un chômeur qui a épuisé ses droits à l'allocation de base et qui perçoit une ultime allocation, dite *allocation de fin de droits.* **5.** *Litt.* Mort de qqn. *Sentir sa fin prochaine.* **6.** (Souvent pl.) But, objectif auquel on tend ; intention. *La fin justifie les moyens. Parvenir à ses fins.* ◇ *Fin en soi :* résultat recherché pour lui-même. – *À toutes fins utiles :* par précaution. **7.** DR. (Souvent pl.) Objet d'une demande exprimé dans une requête ou dans des conclusions.

2. FIN, E adj. (du lat. *finis,* degré extrême). **1.** Extrêmement petit, dont les éléments sont très petits. *Sable fin. Sel fin.* **2.** Extrêmement mince. *Cheveux fins.* **3.** Très aigu, effilé ; acéré, pointu. *Pointe fine.* **4.** Très mince ; élancé. *Taille fine. Attaches fines.* **5.** D'une grande délicatesse, peu marqué. *Traits fins.* **6.** Qui a peu d'épaisseur ; léger, délicat. *Tissu fin.* **7.** Très pur. *Or fin.* **8.** De la qualité la meilleure. *Porcelaine fine. Vins fins.* **9.** D'une grande acuité ; qui perçoit les moindres rapports, les nuances les plus délicates. *Avoir l'ouïe fine. Un homme très fin.* **10.** Qui témoigne d'une intelligence subtile, d'un goût délicat. *Une plaisanterie fine.* **11.** Qui excelle dans une activité donnée ; subtil, raffiné. *Un fin limier. Un fin gourmet.* **12.** Vx. Extrême. ◇ *Le fin fond :* l'endroit le plus reculé. – *Le fin mot* → **mot.** ◆ n.m. *Le fin du fin :* ce qu'il y a de plus accompli, de plus raffiné. ◆ adv. **1.** Finement. *Moudre fin.* **2.** Complètement. *Elle est fin prête.*

FINAGE n.m. HIST. Circonscription sur laquelle un seigneur ou une ville avait droit de juridiction.

1. FINAL, E, ALS ou **AUX** adj. **1.** Qui finit, termine. *Point final.* **2.** GRAMM. *Proposition finale,* ou *finale,* n.f. : proposition subordonnée de but. – PHILOS. *Cause finale :* principe d'explication d'un phénomène par le but qu'il est censé atteindre.

2. FINAL ou **FINALE** n.m. (pl. *final[e]s*). MUS. Partie finale d'une pièce musicale.

FINALE n.f. **1.** Dernière syllabe ou dernière lettre d'un mot. **2.** Dernière épreuve d'une compétition par élimination.

FINALEMENT adv. À la fin, pour en finir.

FINALISATION n.f. Action de finaliser.

FINALISER v.t. **1.** Orienter vers un objectif précis, donner une finalité à. *Finaliser une recherche.* **2.** Achever, mettre au point dans les derniers détails. ◇ p.p. adj. *Un projet finalisé.*

FINALISME n.m. PHILOS. Doctrine affirmant qu'il existe une finalité, que des causes finales exercent leur action au sein de l'univers, du vivant.

1. FINALISTE adj. et n. Qui est qualifié pour disputer une finale.

2. FINALISTE adj. et n. PHILOS. Qui concerne le finalisme ; qui en est partisan.

FINALITÉ n.f. **1.** Caractère de ce qui a un but, une fin. – *Cour.* Cette fin elle-même. **2.** Fait d'être organisé selon un plan ou un dessein.

FINANÇABLE adj. Qui peut être financé.

FINANCE n.f. (de l'anc. fr. *finer,* mener à bien, payer). **1.** Ensemble des professions qui ont pour objet l'argent et ses modes de représentation, notamm. les valeurs mobilières. *Le monde de la finance.* **2.** Science de la gestion des patrimoines individuels, des patrimoines d'entreprises, ou des deniers publics. **3.** *Moyennant finance :* en échange d'argent comptant. ◆ pl. **1.** *Finances publiques :* ensemble des recettes et des dépenses de l'État ou des collectivités publiques ; ensemble des activités qui ont trait à leur gestion, leur utilisation ; deniers publics. – *Loi de finances,* par laquelle le gouvernement est autorisé annuellement à engager des dépenses et à recouvrer les recettes. **2.** *Fam.* Ressources pécuniaires d'un particulier. *Mes finances sont au plus bas.*

FINANCEMENT n.m. Action de financer qqch, un organisme.

FINANCER v.t. [9]. Fournir des capitaux à. *Financer une entreprise.*

1. FINANCIER, ÈRE adj. Relatif aux finances.

2. FINANCIER n.m. Spécialiste des opérations financières et de gestion de patrimoines privés ou publics.

3. FINANCIER n.m. Petit gâteau rectangulaire à base de pâte à biscuit et de poudre d'amandes.

FINANCIÈRE adj.f. et n.f. Se dit d'une garniture ou d'une sauce à base de champignons, de truffes, de ris de veau, etc.

FINANCIÈREMENT adv. En matière de finances.

FINASSER v.i. *Fam.* User de subterfuges, de finesses plus ou moins bien intentionnées.

FINASSERIE n.f. *Fam.* Finesse mêlée de ruse.

FINASSEUR, EUSE ou **FINASSIER, ÈRE** n. *Fam.*, vx. Personne qui finasse.

F

FINAUD, E adj. et n. Rusé, sous un air de simplicité.

FINAUDERIE n.f. Caractère du finaud.

FINE n.f. (de *eau-de-vie fine*). Eau-de-vie naturelle (de vin, de cidre) de grande qualité provenant exclusivement d'une région déterminée (champagne [cognac], Calvados, Béziers, etc.).

FINEMENT adv. De façon fine.

FINES n.f. pl. **1.** MIN. Menus morceaux de minerai séparés par criblage pour être traités à part ou agglomérés. **2.** Petits fragments de fibres arrachés du bois au cours de la fabrication de la pâte à papier mécanique ou pendant le raffinage. **3.** Granulat utilisé pour augmenter la compacité du béton. **4.** TRAV. PUBL. Granulat de très petites dimensions, ajouté au bitume pour les revêtements routiers.

FINESSE n.f. **1.** Caractère de ce qui est fin, ténu, léger. *La finesse d'un fil, d'une poudre.* **2.** Délicatesse des formes, de la matière. *Finesse d'un visage, d'un bijou.* **3.** Qualité de ce qui flatte les sens. *Finesse d'un parfum, d'un vin.* **4.** Acuité des sens. *Finesse du flair.* **5.** Subtilité, intelligence dans la manière de juger, d'apprécier ; discernement, perspicacité, pénétration. *Finesse d'esprit. Faire preuve de finesse.* **6.** MAR. Étroitesse des lignes d'eau de l'avant et de l'arrière d'un navire. **7.** AVIAT. Rapport entre les coefficients de portance et de traînée d'une aile ou d'un avion. **8.** (Surtout pl.) Nuance délicate, subtile. *Les finesses d'une langue.* **9.** Procédé adroit pour arriver à ses fins ; ruse. *Les finesses de la diplomatie.*

FINETTE n.f. Tissu de coton, utilisé comme doublure, dont l'envers est rendu pelucheux par un grattage.

FINI, E adj. **1.** Limité, qui a des bornes. *Grandeur finie.* **2.** Qui a été mené à son terme ; achevé, terminé. *Son travail est fini.* **3.** Parfaitement achevé, accompli ; terminé avec soin dans les détails. ◇ ***Produit fini*** *:* produit industriel propre à l'utilisation. **4.** *Péjor.* Parfait en son genre ; achevé. *Un voleur fini.* **5.** Qui n'a plus cours ; révolu. *Ce temps-là est bien fini.* **6.** Se dit d'une personne usée physiquement ou intellectuellement. *Un homme fini.* ◆ n.m. **1.** Ce qui est limité. *Le fini et l'infini.* **2.** Qualité de ce qui est achevé, parfait. *Admirer le fini d'un ouvrage.*

FINIR v.t. (lat. *finire*). **1.** Mener à son terme ; achever. *Finir une tâche.* **2.** Ne plus faire qqch ; cesser. *Avez-vous fini de parler ?* **3.** Constituer la fin, se situer à la fin de. *La phrase qui finit le chapitre.* **4.** ***En finir*** *:* mettre fin à qqch de long, de fâcheux ou d'intolérable. *Décidez-vous, il faut en finir.* ◆ v.i. **1.** Arriver à son terme. *Son bail finit à Pâques.* **2.** Se terminer d'une certaine façon. *Roman qui finit bien. Finir en pointe.* **3.** Terminer son existence ; mourir. *Finir dans la misère.* **4.** ***Finir par*** *:* arriver, réussir finalement à. *Finir par trouver un renseignement.*

FINISH [finiʃ] n.m. inv. (mot angl.). Dernier effort d'un concurrent à la fin d'une épreuve ; capacité à produire cet effort.

FINISSAGE n.m. TECHN. Dernière façon qu'on donne à un ouvrage.

FINISSANT, E adj. En train de finir.

1. FINISSEUR, EUSE n. **1.** Personne qui effectue la dernière opération d'un travail. **2.** Athlète qui termine très bien les compétitions, qui a un bon finish.

2. FINISSEUR n.m. Engin utilisé pour la construction des chaussées, qui répand, nivelle, dame et lisse les enrobés qu'il reçoit.

FINISSURE n.f. Ensemble des opérations terminant la fabrication d'un livre relié.

FINITION n.f. **1.** Action de finir avec soin ; opération ou ensemble d'opérations qui termine l'exécution d'un ouvrage, d'une pièce. *Travaux de finition.* **2.** Caractère de ce qui est achevé de façon soignée.

FINITISME n.m. Doctrine métamathématique selon laquelle n'existent que les êtres mathématiques qui peuvent être construits par des processus finis.

FINITUDE n.f. PHILOS. **1.** Caractère de ce qui est fini, borné. **2.** Caractère de l'existence humaine, marquée par la conscience de la mort inéluctable.

FINLANDAIS, E adj. et n. De la Finlande, de ses habitants. ◆ n.m. LING. Finnois.

FINLANDISATION n.f. (de *Finlande*, n.pr.). Ensemble de limitations imposées par un État puissant à l'autonomie d'un voisin plus faible.

FINNOIS, E adj. et n. Relatif aux Finnois. ◆ n.m. Langue finno-ougrienne parlée princip. en Finlande. SYN. : *finlandais.*

FINNO-OUGRIEN, ENNE adj. et n.m. (pl. *finno-ougriens, ennes*). Se dit d'un groupe linguistique de la famille ouralienne comprenant, notamm., le finnois, le lapon, le hongrois.

FIOLE n.f. (lat. *phiala*, du gr.). **1.** Petit flacon de verre à col étroit. **2.** ***Fiole de Schlenk*** *:* récipient pour conduire des réactions chimiques à l'abri de l'air et de l'humidité. **3.** *Fam.* Tête.

FION n.m. **1.** *Fam. Donner le coup de fion :* donner la dernière main à un ouvrage. **2.** Suisse. Mot piquant, moquerie. **3.** *Vulg.* Anus.

FIORITURE n.f. (ital. *fioritura,* floraison). **1.** (Surtout pl.) Ornement qui ajoute à l'élégance de qqch ou qui, en nombre excessif, constitue une surcharge. *Les fioritures d'un dessin. Parler sans fioritures.* **2.** MUS. Ornement, écrit ou non, ajouté à la ligne mélodique.

FIOUL n.m. (angl. *fuel*). Combustible liquide, plus ou moins visqueux, provenant de la distillation du pétrole. SYN. (anglic. déconseillé) : *fuel, fuel-oil.* ◇ ***Fioul domestique*** *:* gazole de chauffage, teinté en rouge pour le distinguer du carburant. SYN. : *mazout.*

FIRMAMENT n.m. (lat. *firmamentum,* soutien). *Litt.* Voûte céleste étoilée.

FIRMAN n.m. (persan *farmān*, ordre). HIST. Édit du souverain dans l'Empire ottoman et en Iran.

FIRME n.f. (angl. *firm*). Entreprise industrielle ou commerciale.

FISC [fisk] n.m. (lat. *fiscus,* panier). Administration calculant et percevant les impôts.

FISCAL, E, AUX adj. Relatif au fisc, à l'impôt.

FISCALEMENT adv. Du point de vue fiscal.

FISCALISATION n.f. **1.** Action de fiscaliser. **2.** Part de l'impôt dans le total des ressources d'une collectivité publique.

FISCALISER v.t. **1.** Soumettre à l'impôt. **2.** Financer par l'impôt. *Fiscaliser un déficit budgétaire.*

FISCALISTE n. Spécialiste des problèmes fiscaux, du droit fiscal.

FISCALITÉ n.f. Système de perception des impôts ; ensemble des lois qui s'y rapportent.

FISH-EYE [fiʃaj] n.m. [pl. *fish-eyes*] (mot angl., *œil de poisson*). PHOTOGR. Objectif à très grand angle (de 160 à 200°).

FISSIBLE adj. PHYS. NUCL. Fissile.

FISSILE adj. (lat. *fissilis*). **1.** *Didact.* Se dit d'une roche qui se divise facilement en feuillets. *Une ardoise fissile.* **2.** PHYS. NUCL. Susceptible de subir la fission nucléaire. SYN. : *fissible.*

FISSION n.f. (mot angl.). PHYS. NUCL. Division d'un noyau d'atome lourd (uranium, plutonium, par ex.) en deux ou plusieurs fragments.

ENCYCL. Produite par un bombardement de neutrons, la fission libère une énorme quantité d'énergie et plusieurs neutrons. Avec l'uranium 235 (143 neutrons et 92 protons), la production d'énergie est d'environ 200 MeV par noyau fissionné ; il existe 30 à 40 couples possibles de produits de fission.

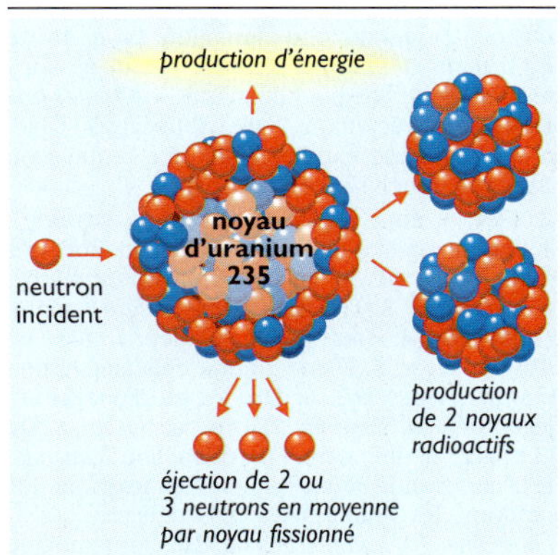

■ **FISSION.** Principe de la fission nucléaire à partir de l'uranium 235.

FISSIONNER v.t. PHYS. NUCL. Produire la fission nucléaire. ◆ v.i. Subir la fission nucléaire.

FISSURATION n.f. **1.** Fait de se fissurer, d'être fissuré. **2.** Production d'une fissure.

FISSURE n.f. (lat. *fissura*). **1.** Petite crevasse, fente légère. **2.** MÉD. Ulcération d'une région plissée, en partic. de l'anus. **3.** *Fig.* Point faible dans un raisonnement ; faille.

FISSURER v.t. Provoquer des fissures dans qqch ; crevasser, fendre. ◇ v.pr. *Le plafond se fissure.*

FISTON n.m. *Fam.* Fils.

FISTULAIRE adj. **1.** MÉD. Qui se rapporte à une fistule. **2.** *Didact.* Qui présente un canal, un conduit longitudinal. *Stalactite fistulaire.*

FISTULE n.f. (lat. *fistula*). MÉD. Canal pathologique qui met en communication directe et anormale deux viscères ou un viscère avec la peau.

FISTULEUX, EUSE adj. MÉD. De la nature d'une fistule.

FISTULINE n.f. Champignon rouge sang, du groupe des polypores, vivant sur les troncs des chênes et des châtaigniers, et qui est comestible quand il est très jeune. (Ordre des cantharellales.) Noms usuels : *langue-de-bœuf, foie-de-bœuf.*

FITNESS [fitnɛs] n.m. (mot angl.). Ensemble d'activités de mise en forme comprenant de la musculation, du stretching et du cardio-training.

FIV ou **F.I.V.** [ɛfive] n.f. (sigle). Fécondation in vitro.

FIVETE [fivɛt] n.f. (acronyme). Fécondation in vitro et transfert d'embryon, méthode d'assistance médicale à la procréation.

FIXAGE n.m. **1.** Action de fixer. **2.** Opération par laquelle une image photographique est rendue inaltérable à la lumière. **3.** BOURSE. **a.** Cotation effectuée pour fixer le cours de produits financiers entre eux à un moment précis. **b.** Cotation de la barre d'or sur le marché du métal. SYN. (anglic. déconseillé) : *fixing.*

FIXATEUR, TRICE adj. Qui a la propriété de fixer. ◆ n.m. **1.** Vaporisateur pour projeter un fixatif. **2.** PHOTOGR. Bain utilisé pour le fixage. **3.** BIOL., MÉD. Substance chimique en solution, coagulant les protéines des cellules sans en altérer la structure, utilisée pour la fixation de tissus vivants.

FIXATIF n.m. Préparation liquide incolore qu'on vaporise pour fixer, stabiliser sur le papier les dessins au fusain, au pastel, etc.

FIXATION n.f. **1.** Action de fixer, d'assujettir solidement. **2.** Attache, dispositif servant à fixer. *Fixation de ski.* **3.** Action de déterminer, de régler de façon précise. *Fixation de l'impôt.* **4.** Fait de se fixer, de s'établir quelque part. **5.** BIOL., MÉD. Conservation de cellules ou de tissus à l'aide d'un fixateur en vue d'un examen microscopique. **6.** PSYCHAN. Persistance d'un attachement à une personne ou à une situation liée au passé et disparue, entraînant des satisfactions narcissiques régressives.

1. FIXE adj. (lat. *fixus*). **1.** Qui reste à la même place, ne bouge pas. *Point fixe.* **2.** INFORM. ***Virgule fixe*** *:* mode de représentation des nombres décimaux où la virgule garde toujours la même position et est suivie par un nombre constant de chiffres (par oppos. à ***virgule flottante***). **3.** ***Regard fixe,*** vague, inexpressif et immobile. **4.** Qui se maintient dans le même état, ne varie pas. *Encre bleu fixe.* **5.** ***Idée fixe*** → **idée.** **6.** Qui est réglé, déterminé d'avance. *Prix fixe. Frais fixes.* ◇ ***Droit fixe*** *:* taxe fiscale dont le montant est invariable. – DR. ***Assignation à jour fixe*** *:* assignation à comparaître dans laquelle une date d'audience déterminée est indiquée. ◆ interj. Énonce l'ordre de se mettre au garde-à-vous. *À vos rangs, fixe !*

2. FIXE n.m. **1.** Fraction invariable d'une rémunération (par oppos. à ***prime, commission,*** etc.). **2.** ASTRON. ***Sphère des fixes*** *:* sphère céleste liée aux étoiles (dites *étoiles fixes*), qui paraissent avoir des positions relatives fixes. **3.** *Fam.* Dose unitaire d'une drogue injectable. *Un fixe d'héroïne.*

FIXEMENT adv. De manière fixe. *Regarder fixement.*

FIXER v.t. **1.** Établir dans une position, dans un lieu fixe ; attacher, accrocher. *Fixer un tableau sur le mur.* **2.** Garder ses yeux immobiles. *Fixer les yeux au ciel.* – *Par ext.* Regarder qqn avec insistance. **3.** ***Fixer son attention, son esprit sur qqch*** *:* se concentrer sur qqch. – ***Fixer son choix,*** l'arrêter. **4. a.** Stabiliser un dessin par projection d'un fixatif. **b.** Traiter une émulsion photographique dans un bain de fixage. **5.** Rendre stable, arrêter l'évolution de. *Les puristes cherchent à fixer la langue.* **6.** Donner un objet, une direction aux aspirations de qqn ; stabiliser. *Le mariage le fixera peut-être.* **7.** Sortir qqn du doute en le renseignant, en lui donnant une réponse. *Je suis fixé sur son compte.* **8.** Déterminer, définir précisément. *Fixer l'heure d'un rendez-vous.* ◆ **se fixer** v.pr. **1.** S'établir d'une façon permanente. *Il s'est fixé dans le Midi.* **2.** Choisir en définitive. *Se fixer sur une cravate bleue.*

FIXETTE n.f. (de *idée fixe*). *Fam.* Idée qui obsède. *Faire une fixette sur la vie en province.*

FIXING [fiksiŋ] n.m. BOURSE. (Anglic. déconseillé). Fixage.

FIXISME n.m. Doctrine scientifique, dont le créationnisme est une variante, selon laquelle les espèces vivantes ont toujours été les mêmes et n'ont subi aucune évolution depuis leur création.

FIXISTE adj. et n. Relatif au fixisme ; qui en est partisan.

FIXITÉ n.f. Qualité, état de ce qui est fixe.

FJELD [fjɛld] n.m. (mot norv.). Plateau rocheux qui a été usé par un glacier continental.

FJORD [fjɔrd] ou [fjɔr] n.m. (mot norv.). Ancienne vallée glaciaire envahie par la mer. *Les fjords norvégiens.*

FLAC interj. (onomat.). Imite le bruit de qqch qui tombe dans l'eau ou de l'eau qui tombe. *Flac ! Il marche dans la boue.*

FLACCIDITÉ [flaksidite] n.f. (du lat. *flaccidus,* flasque). *Didact.* État de ce qui est flasque.

FLACHE n.f. (du lat. *flaccus,* mou). **1.** Endroit d'un tronc d'arbre où l'écorce est enlevée et le bois mis à nu. **2.** Inégalité dans l'équarrissage d'une pièce de bois qui laisse apparaître une portion de la surface de la grume.

FLACHERIE n.f. Maladie des vers à soie, d'origines diverses, pouvant causer de graves dégâts.

FLACHEUX, EUSE adj. Qui présente des flaches. *Bois flacheux.*

FLACON n.m. (bas lat. *flasco,* du germ.). Petite bouteille, souvent en verre, munie génér. d'un bouchon ; son contenu.

FLACONNAGE n.m. **1.** Ensemble de flacons. **2.** Fabrication des flacons. **3.** Opération de remplissage de flacons.

FLACON-POMPE n.m. (pl. *flacons-pompes*). Flacon dont le bouchon est muni d'un dispositif de pompe permettant de délivrer une dose de produit.

FLA-FLA n.m. (pl. *fla-flas*). *Fam.,* vieilli. Ostentation, recherche de l'effet.

FLAGADA adj. inv. *Fam.* Qui a perdu de sa vigueur, de sa force ; fatigué.

FLAGELLAIRE adj. Relatif au flagelle.

FLAGELLANT n.m. HIST. Dans l'Occident médiéval, membre de confréries où l'on se livrait en commun et en public à la flagellation.

FLAGELLATEUR, TRICE n. Personne qui flagelle.

FLAGELLATION n.f. Action de flageller ; fait de se flageller.

FLAGELLE ou, rare, **FLAGELLUM** [-lɔm] n.m. (lat. *flagellum,* fouet). BIOL. CELL. Long filament mobile constituant l'organe locomoteur d'organismes unicellulaires (protozoaires, algues) et de cellules reproductrices (certaines spores, spermatozoïdes, etc.).

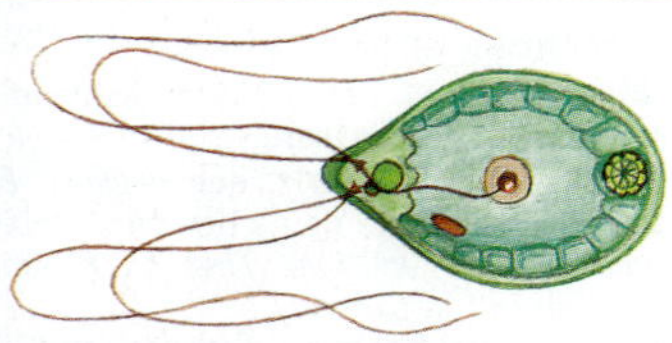

■ **FLAGELLES** d'une algue unicellulaire.

FLAGELLÉ, E adj. Muni d'un flagelle. ◆ n.m. Organisme unicellulaire (protiste) se déplaçant grâce à un ou plusieurs flagelles. (Les flagellés regroupent certains protozoaires et certaines algues [dinoflagellés, euglènes].)

FLAGELLER v.t. (lat. *flagellare,* de *flagellum,* fouet). Battre de coups de fouet, de verges.

FLAGEOLANT, E adj. Qui flageole.

FLAGEOLER v.i. Trembler et vaciller à la suite d'une émotion, d'une fatigue, en parlant de qqn, d'un animal, de ses membres porteurs. *Avoir les jambes qui flageolent.*

■ **FJORD.** Image satellitaire Spot des fjords de la région de Bergen (au centre, dans le bas de la photo), en Norvège.

1. FLAGEOLET n.m. (provenç. *faioulet,* du lat. *faba,* fève). Haricot sec à tégument transparent, dont les cotylédons sont de couleur verte.

2. FLAGEOLET n.m. (lat. pop. *flabeolum*). Flûte à bec, partiellement munie de clés, percée de six trous.

FLAGORNER v.t. *Sout.* Flatter de façon outrée.

FLAGORNERIE n.f. *Sout.* Flatterie basse et génér. intéressée.

FLAGORNEUR, EUSE n. et adj. *Sout.* Personne qui use de flagornerie.

FLAGRANT, E adj. (lat. *flagrans, -antis,* brûlant). Que l'on ne peut nier ; évident, incontestable. ◇ DR. *Flagrant délit :* délit qui vient d'être commis ou qui est en train de se commettre.

FLAIR n.m. **1.** Odorat du chien. **2.** *Fig.* Finesse qui porte à prévoir, à deviner ; perspicacité, discernement.

FLAIRER v.t. (lat. *flagrare,* exhaler une odeur). **1.** Appliquer son odorat à, humer l'odeur de qqch. **2.** Percevoir, découvrir par l'odeur. **3.** *Fig.* Deviner par intuition ; pressentir. *Flairer un danger.*

FLAIREUR, EUSE adj. Qui flaire.

FLAMAND, E adj. et n. De la Flandre. ◆ adj. *École flamande :* ensemble des artistes et de la production artistique des pays de langue flamande, notamm. avant la constitution de l'actuelle Belgique. (Les historiens d'art, au XIXe s. et au début du XXe s., ont souvent étendu cette notion à la production des Pays-Bas du Sud en général, Wallonie comprise.) ◆ n.m. Ensemble des parlers néerlandais en usage en Belgique et dans la région de Dunkerque.

FLAMANT n.m. (provenç. *flamenc*). Oiseau de grande taille (haut. 1,50 m env.), au plumage rose, écarlate ou blanc, aux longues pattes palmées, à long cou souple et à gros bec courbé dont il se sert pour filtrer la vase des eaux côtières et des lacs peu profonds. (Famille des phœnicoptéridés.)

■ **FLAMANT.** Flamant rose.

FLAMBAGE n.m. **1.** Action ou manière de flamber. **2.** Opération qui consiste à éliminer le duvet superficiel d'un fil, d'un tissu, etc., en le passant à la flamme. **3.** TECHN. Déformation latérale d'une pièce longue soumise à un effort normal de compression. SYN. : *flambement.*

FLAMBANT, E adj. **1.** Qui flambe, qui a l'éclat du feu. **2.** *Flambant neuf :* tout neuf. *Voiture flambant neuf* ou *flambant neuve.* ◆ adj. et n.m. Se dit d'un charbon à haute teneur en matières volatiles qui brûle en produisant une longue flamme.

FLAMBARD n.m. *Fam.,* vieilli. *Faire le flambard,* le fanfaron.

FLAMBE n.f. Épée à lame ondulée.

FLAMBEAU n.m. **1.** Anc. Faisceau de mèches enduites de cire ; torche. **2.** Anc. Support de bougie, à douille, d'une certaine hauteur et de facture soignée. **3.** *Transmettre, passer le flambeau :* confier la continuation d'une œuvre, d'une tradition à qqn.

FLAMBÉE n.f. **1.** Feu clair, que l'on allume pour se réchauffer. **2.** Brusque manifestation, montée soudaine. *Flambée de violence.* **3.** Hausse brutale des prix, des valeurs, etc. *Flambée des cours.*

FLAMBEMENT n.m. TECHN. Flambage.

FLAMBER v.i. (du lat. *flammula,* petite flamme). **1.** Brûler en faisant une flamme claire. **2.** *Litt.* Briller d'un éclat soudain. *Yeux qui flambent de colère.* **3.** *Fam.* Augmenter brutalement, en parlant des prix. *Les loyers flambent.* **4.** *Fam.* Jouer gros jeu ; dépenser beaucoup d'argent. **5.** TECHN. Se déformer par flambage. ◆ v.t. **1.** Passer une volaille à la flamme pour éliminer ses petites plumes, son dernier duvet. **2.** Arroser un mets d'un alcool que l'on fait brûler. **3.** *Fam. Être flambé :* être perdu, ruiné.

FLAMBERGE n.f. (n. de l'épée de Renaud de Montauban). Longue épée de duel très légère (XVIIe - XVIIIe s.). ◇ *Mettre flamberge au vent :* tirer son épée ; être prêt à se battre.

FLAMBEUR, EUSE n. *Fam.* Personne qui joue gros jeu.

FLAMBOIEMENT n.m. *Litt.* Éclat de ce qui flamboie.

FLAMBOYANCE n.f. *Litt.* Qualité d'une personne, d'une œuvre brillante, éblouissante.

1. FLAMBOYANT, E adj. **1.** Qui flamboie. **2.** BX-ARTS. Se dit du style de la dernière période gothique (France et Europe centrale et du Nord, à partir de la fin du XIVe s.), qui affectionne les décors de courbes et contre-courbes, articulées notamm. en soufflets et mouchettes, formant comme des flammes dansantes (remplages, gâbles, etc.).

2. FLAMBOYANT n.m. Arbre de l'Afrique et de l'Inde tropicales, cultivé pour ses belles fleurs rouges. (Genre *Poinciana ;* famille des césalpiniacées.)

FLAMBOYER v.i. [7]. **1.** Jeter une flamme brillante. **2.** *Litt.* Briller comme la flamme. *Des yeux qui flamboient.*

FLAMENCO, CA [flamɛnko, ka] adj. et n.m. (mot esp.). Se dit du chant, de la musique et de la danse pratiqués avec guitares et frappements de mains, sous des formes récréatives et théâtrales (le ballet flamenco). [Né de la fusion d'éléments tradition-

F

nels gitans et du folklore andalou, le flamenco s'est développé au XIXᵉ s. et s'est propagé dans toute l'Espagne.]

FLAMICHE n.f. Région. (Nord) ; Belgique. Tarte aux poireaux. (Spécialité picarde.)

FLAMINE n.m. (lat. *flamen, flaminis*). ANTIQ. ROM. Prêtre attaché au culte d'un dieu particulier.

FLAMINGANT, E n. et adj. Partisan du flamingantisme ; nationaliste flamand.

FLAMINGANTISME n.m. *Péjor.* Nationalisme flamand.

FLAMME n.f. (lat. *flamma*). **1.** Gaz incandescent et lumineux produit par une combustion. **2.** Éclat du regard. **3.** *Fig.* Vive ardeur ; enthousiasme. *Discours plein de flamme.* **4.** *Litt.* Amour, passion amoureuse. *Déclarer sa flamme.* **5.** MIL. Pavillon long et étroit hissé au sommet du mât principal d'un navire de guerre. – Banderole à deux pointes flottantes qui garnissait les lances de la cavalerie. **6.** Marque postale apposée à des fins publicitaires sur les lettres à côté du timbre dateur, et qui participe à l'oblitération. ◆ pl. Incendie, feu. *Être la proie des flammes.*

FLAMMÉ, E adj. Se dit d'une céramique sur laquelle la cuisson a produit des effets de couleurs. *Grès flammé.*

FLAMMÈCHE n.f. (du germ. *falawiska*). Parcelle de matière embrasée qui s'élève d'un foyer.

F

1. FLAN n.m. (du francique). **1.** Disque de métal prêt pour la frappe d'une monnaie ou d'une médaille. **2.** TECHN. Portion d'une feuille de métal destinée à l'emboutissage et au formage. **3. a.** Crème renversée ou moulée. **b.** Crème aux œufs, salée ou sucrée, à laquelle on ajoute des ingrédients divers (vanille, asperges, fruits de mer, etc.) et que l'on fait prendre au four. **4.** *Fam. En être, en rester comme deux ronds de flan :* être ébahi, stupéfait. **5.** IMPRIM. Carton utilisé pour prendre l'empreinte de la forme typographique pour le clichage.

2. FLAN n.m. *Fam.* **1.** *C'est du flan :* ce n'est pas sérieux, pas vrai. **2.** *Au flan :* à tout hasard. *Agir, dire qqch au flan.*

FLANC n.m. (du francique). **1.** ANAT. Partie latérale de l'abdomen, entre les côtes et le bassin. *Le flanc gauche, droit.* **2.** *Cour.* Côté du corps. *Se coucher sur le flanc.* ◇ *Être sur le flanc :* être alité ; être exténué. – *Fam. Se battre les flancs :* se donner du mal sans grand résultat. **3.** *Litt.* Entrailles maternelles. **4.** Partie latérale d'une chose. *Les flancs d'un vaisseau, d'une montagne.* ◇ *À flanc de :* sur la pente de. **5.** MIL. Partie latérale d'une position ou d'une formation militaire. **6.** HÉRALD. Côté dextre ou senestre de l'écu.

FLANC-GARDE n.f. (pl. *flancs-gardes*). MIL. Détachement, fixe ou mobile, chargé de protéger les flancs d'une troupe.

FLANCHER v.i. *Fam.* **1.** Faiblir, manquer de la force nécessaire ; défaillir. *Le cœur a flanché.* **2.** Manquer de courage, de résolution au moment crucial. *Ce n'est pas le moment de flancher.*

FLANCHET n.m. (de *flanc*). Morceau du bœuf ou du veau formé par la partie inférieure des parois abdominales.

FLANDRICISME n.m. Construction ou mot empruntés au flamand, employés dans le français régional du Nord ou de la Belgique.

FLANDRIN n.m. Vx. *Grand flandrin :* grand garçon dégingandé, mou et d'allure gauche.

FLÂNE n.f. Vx, *litt.* Habitude de flâner, de rester inactif ; promenade sans but précis.

FLANELLE n.f. (angl. *flannel*). Tissu léger, de laine cardée ou de coton.

FLÂNER v.i. (anc. scand. *flana*). **1.** Se promener sans but, au hasard ; avancer sans se presser. **2.** Perdre son temps ; paresser.

FLÂNERIE n.f. Action, habitude de flâner.

FLÂNEUR, EUSE n. Personne qui flâne.

FLANQUEMENT n.m. MIL. Action de flanquer ; son résultat. ◇ *Tir de flanquement,* parallèle au front à défendre.

1. FLANQUER v.t. (de *flanc*). **1.** Être disposé, placé de part et d'autre de qqch ; être ajouté à. *Garage flanquant la maison.* **2.** *Être flanqué de qqn,* en être toujours accompagné. **3.** FORTIF. Défendre un ouvrage par d'autres ouvrages établis sur ses côtés. **4.** MIL. Appuyer ou défendre le flanc d'une unité ou d'une position par des troupes ou par des tirs.

2. FLANQUER v.t. *Fam.* **1.** Lancer, jeter brutalement. *Flanquer son livre par la fenêtre.* **2.** Donner avec énergie. *Flanquer une gifle.* ◇ *Flanquer qqn dehors, à la porte,* le congédier, le renvoyer. **3.** Provoquer brutalement. *Flanquer la frousse.*

FLAPI, E adj. (mot provenç., de *flap,* mou). *Fam.* Abattu, épuisé.

FLAQUE n.f. (forme dial. de l'anc. fr. *flache,* mou). Petite mare d'eau ; petite nappe de liquide stagnant.

FLASH [flaʃ] n.m. [pl. *flashs* ou *flashes*] (mot anglo-amér.). **1.** Dispositif produisant un éclair lumineux lors d'une prise de vue photographique ; cet éclair. ◇ *Fam. Avoir un flash,* une idée lumineuse, soudaine. **2.** MÉDIAS. Information importante transmise en priorité. **3.** CINÉMA. Plan très court. **4.** *Fam.* Sensation intense, brutale et courte après une injection intraveineuse de drogue, notamm. d'héroïne. **5.** COMM. *Vente flash :* vente promotionnelle ponctuelle de certains articles dans les grands magasins. **6.** ÉLECTRON. *Mémoire flash :* type de mémoire non volatile, enregistrable et réinscriptible.

FLASHAGE n.m. IMPRIM. Production par une photocomposeuse de films et de bromures de textes composés et mis en pages.

FLASH-BACK [flaʃbak] n.m. inv. (mot angl.). **1.** Séquence cinématographique retraçant une action antérieure aux événements relatés. Recomm. off. : *retour en arrière.* **2.** *Fam.* Phénomène psychique dans lequel on revit des hallucinations qui se sont produites au cours d'une prise antérieure de drogue.

FLASHER v.t. ind. **(sur).** *Fam.* Avoir un goût subit, éprouver un coup de foudre pour. ◆ v.t. IMPRIM. Procéder au flashage de.

FLASHEUSE n.f. IMPRIM. Photocomposeuse à laser effectuant l'opération de flashage.

1. FLASQUE adj. (anc. fr. *flache,* mou). Dépourvu de fermeté, de consistance, de tonus. *Chair flasque.*

2. FLASQUE n.m. (néerl. *vlacke,* plat). Pièce mécanique de faible épaisseur servant de support à une autre.

3. FLASQUE n.f. (ital. *fiasca*). Flacon plat.

1. FLAT [fla] adj.m. Se dit du ver à soie atteint de flacherie.

2. FLAT [flat] n.m. (mot angl.). Belgique. Studio, petit appartement.

FLATTER v.t. (du francique *flat,* plat de la main). **1.** Chercher à plaire à qqn par des louanges fausses ou exagérées. **2.** Caresser un animal du plat de la main. **3.** Faire paraître qqn plus beau que dans la réalité ; embellir, avantager. *Cette photo vous flatte.* **4.** Éveiller, entretenir avec complaisance une passion, un sentiment bas. *Flatter les vices de qqn.* **5.** Charmer, affecter agréablement un sens, l'esprit. *Ce vin flatte le palais. Votre visite me flatte.* ◆ **se flatter** v.pr. **(de).** *Sout.* Se vanter, prétendre. *Se flatter d'être habile.*

FLATTERIE n.f. Action de flatter ; propos qui flattent.

FLATTEUR, EUSE adj. et n. Qui flatte ; qui loue avec exagération. *Éloge flatteur. Un vil flatteur.* ◆ adj. Qui tend à idéaliser. *Portrait flatteur.*

FLATTEUSEMENT adv. De façon flatteuse.

FLATULENCE ou **FLATUOSITÉ** n.f. (du lat. *flatus,* vent). MÉD. Accumulation de gaz dans le tube digestif ; expulsion bruyante de ces gaz par l'anus.

FLATULENT, E adj. MÉD. Qui s'accompagne de flatulence.

FLAVESCENT, E adj. (du lat. *flavus,* jaune). *Litt.* Jaune doré.

FLAVEUR n.f. (angl. *flavour*). Ensemble des sensations (odeur, goût, etc.) ressenties lors de la dégustation d'un aliment.

FLÉAU n.m. (lat. *flagellum,* fouet). **1.** Anc. Instrument formé d'un manche et d'un battoir en bois, reliés par des courroies, utilisé pour battre les céréales. **2.** Anc. *Fléau d'armes :* arme formée d'une ou de deux masses reliées à un manche par une chaîne (XIᵉ - XVIᵉ s.). **3.** Tige horizontale d'une balance, aux extrémités de laquelle sont suspendus ou fixés les plateaux. **4.** Grande calamité publique. *La guerre est un fléau.* **5.** Personne, chose funeste, néfaste.

FLÉCHAGE n.m. Action de flécher un itinéraire ; son résultat.

1. FLÈCHE n.f. (du francique). **1.** Projectile formé d'une hampe en bois armée d'une pointe et munie d'un empennage, et qui se lance au moyen d'un arc. ◇ *Monter en flèche :* s'élever verticalement ; *fig.,* augmenter rapidement. *Avion qui monte en flèche. Prix qui montent en flèche.* – *Faire flèche de tout bois :* employer tous les moyens disponibles pour arriver à ses fins. **2.** Trait d'esprit, raillerie ou critique acerbe. *Lancer, décocher une flèche à qqn.* ◇ *Litt. La flèche du Parthe :* mot acerbe, blessant qui clôt la conversation. – *Fam. Ce n'est pas une flèche :* se dit de qqn qui n'est pas très vif, pas très intelligent. **3.** Représentation schématique d'une flèche, pour indiquer un sens, une direction ou pour symboliser un vecteur. **4.** GÉOMÉTR. Segment joignant le milieu d'un arc de cercle et le milieu de la corde qui le sous-tend. **5.** ARCHIT. Construction pyramidale ou conique effilée qui couronne, notamm., un clocher. – Hauteur d'un arc, d'une voûte. **6.** *Flèche d'une trajectoire :* hauteur maximale atteinte par un projectile sur sa trajectoire. **7.** AVIAT. Inclinaison donnée au bord d'attaque d'une aile d'avion pour faciliter sa pénétration dans l'air. ◇ *Avion à flèche variable,* dont la flèche des ailes peut varier en fonction de la vitesse de vol. **8.** En ski, test de niveau en slalom géant. ◇ *Flèche d'or, d'argent, de bronze :* qualifications sanctionnant le résultat du test de la flèche ; personne ayant acquis cette qualification. **9.** Chose, partie d'une chose effilée. **10.** Timon mobile qui remplace les brancards lorsqu'on attelle deux chevaux. ◇ *Être, se trouver en flèche,* à l'avant-garde. **11.** Partie arrière de l'affût roulant d'un canon. **12.** BOT. *Flèche d'eau :* sagittaire. **13.** GÉOMORPH. *Flèche littorale :* cordon littoral parallèle à la côte.

2. FLÈCHE n.m. MAR. Voile établie au-dessus d'une grand-voile à corne.

FLÉCHÉ, E adj. **1.** Balisé par des flèches. *Itinéraire fléché.* **2.** Orné de flèches. *Croix fléchée.*

FLÉCHER v.t. [11]. Marquer un itinéraire par des panneaux, des flèches pour indiquer une direction.

FLÉCHETTE n.f. Petit projectile muni d'une pointe qu'on lance contre une cible.

FLÉCHIR v.t. (lat. *flectere*). **1.** Ployer peu à peu, rendre courbe ce qui était droit. – *Spécial.* Plier un membre, une articulation. **2.** Faire céder peu à peu qqn, l'amener à l'indulgence, à l'obéissance. ◆ v.i. **1.** Se courber, plier sous la charge. *Poutre qui fléchit.* **2.** Subir une baisse, une diminution ; baisser. *Les prix ont fléchi.* **3.** *Litt.* Cesser de résister ; se laisser convaincre ; faiblir. *L'ennemi fléchit.*

FLÉCHISSEMENT n.m. Action, fait de fléchir.

FLÉCHISSEUR adj.m. et n.m. ANAT. Se dit d'un muscle qui provoque la flexion.

FLEGMATIQUE adj. et n. Se dit d'une personne calme, peu émotive, qui domine toujours ses réactions.

FLEGMATIQUEMENT adv. Avec flegme.

FLEGMATISANT n.m. Substance ajoutée à un explosif pour diminuer sa sensibilité aux chocs et aux frictions.

FLEGME n.m. (gr. *phlegma,* humeur). **1.** Comportement d'une personne qui garde son sang-froid. **2.** Produit de la distillation d'un liquide alcoolique non consommable.

FLEIN n.m. Petit emballage à anse fait de lamelles entrelacées ou assemblées par agrafage.

FLEMMARD, E adj. et n. *Fam.* Qui répugne à l'effort ; paresseux.

FLEMMARDER v.i. *Fam.* Paresser.

FLEMMARDISE n.f. *Fam.* Goût de flemmarder ; comportement de flemmard.

FLEMME n.f. (même orig. que *flegme*). *Fam.* Grande paresse, envie de ne rien faire. *Avoir la flemme de sortir.* ◇ *Fam. Tirer sa flemme :* s'abandonner à la paresse.

FLÉOLE ou **PHLÉOLE** n.f. (du gr. *phleôs,* roseau). Graminée fourragère vivace des prairies, préférant les sols secs et calcaires, souvent utilisée pour les pelouses. (Genre *Phleum.*)

FLET [flɛ] n.m. (anc. néerl. *vlete*). Poisson plat des eaux côtières à fond sableux ou vaseux, et des estuaires. (Long. 30 cm env. ; genre *Platichthys,* famille des pleuronectidés.)

FLÉTAN n.m. (du néerl.). Grand poisson plat des mers froides, recherché pour sa chair et l'huile de son foie très riche en vitamines. (Long. 2 à 3 m ; poids 250 kg ; genre *Hippoglossus,* famille des pleuronectidés.)

FLÉTRI, E adj. *Litt.* Qui a perdu de son éclat ; qui s'est fané. ◇ *Visage flétri,* ridé.

1. FLÉTRIR v.t. (du lat. *flaccidus,* flasque). Ôter son éclat, sa fraîcheur à ; faner. ◆ **se flétrir** v.pr. Perdre sa fraîcheur.

2. FLÉTRIR v.t. (du francique). **1.** Anc. Marquer un condamné au fer rouge. **2.** *Litt.* Blâmer, condamner ce qui est répréhensible. *Flétrir l'injustice.* **3.** *Sout.* Porter injustement atteinte à. *Flétrir la réputation, la mémoire de qqn.*

1. FLÉTRISSURE n.f. Altération de la fraîcheur des végétaux, de l'éclat du teint, de la beauté.

2. FLÉTRISSURE n.f. **1.** Anc. Marque au fer rouge sur l'épaule d'un condamné. **2.** *Fig., sout.* Atteinte ignominieuse à l'honneur, à la réputation de qqn.

FLEUR n.f. (lat. *flos, floris*). **1.** Organe des plantes supérieures (phanérogames), composé de pièces protectrices, souvent richement colorées et parfumées, qui entourent les organes reproducteurs. **2.** Plante à fleurs. *Bouquet de fleurs.* **3.** Objet, motif représentant une fleur. *Fleur artificielle.* **4.** Personne, chose qui évoque la beauté, la séduction, la fragilité. ◇ *Fam.* ***Comme une fleur :*** facilement, ingénument. *Arriver comme une fleur.* – *Fam.* ***Faire une fleur à qqn,*** un geste inattendu et partic. aimable. **5.** (Souvent pl.) Louanges, éloges décernés à qqn. *Couvrir de fleurs.* **6.** *Litt.* ***Fleurs de rhétorique :*** ornements de style, poétiques ou conventionnels. **7.** Temps du plein épanouissement, de l'éclat. *À la fleur de l'âge.* **8.** *Litt.* Fraîcheur. *La fleur de l'innocence.* – Vieilli. Virginité. **9.** *Litt.* ou *iron.* Partie la plus fine, la meilleure de qqch ; élite. ◇ ***Fine fleur de farine :*** farine de blé très pure. **10.** (Souvent pl.) Voile blanchâtre formé par des levures à la surface du vin, de la bière, etc. **11.** CUIRS. Côté d'une peau tannée qui portait les poils. **12.** ***À fleur de :*** presque au niveau de. *Rochers à fleur d'eau.* – ***À fleur de peau :*** facilement irritable. *Avoir les nerfs à fleur de peau.* – ***Fleur bleue :*** sentimental et romanesque. – ***(À) fleur de coin :*** se dit d'une monnaie ou d'une médaille dont la frappe et la conservation sont parfaites.

ENCYCL. Rattachée à la tige par un pédoncule à la base duquel se trouve une bractée, une fleur complète se compose d'un périanthe, où l'on distingue un calice externe, formé de sépales, et une corolle, formée de pétales, souvent colorés et odorants ; d'un androcée, formé des organes mâles, ou étamines, dont l'anthère produit les grains de pollen ; d'un gynécée, ou pistil, organe femelle, dont l'ovaire, surmonté d'un style et d'un stigmate, est garni d'ovules. Après la fécondation, l'ovaire donne un fruit et chaque ovule fournit une graine. Chez de nombreux végétaux, les fleurs sont incomplètes, soit par réduction du périanthe, soit par absence des étamines ou du pistil.

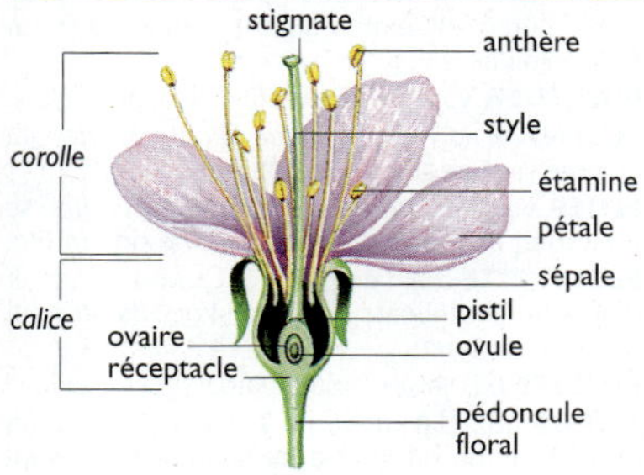

fleur de cerisier (vue en coupe)

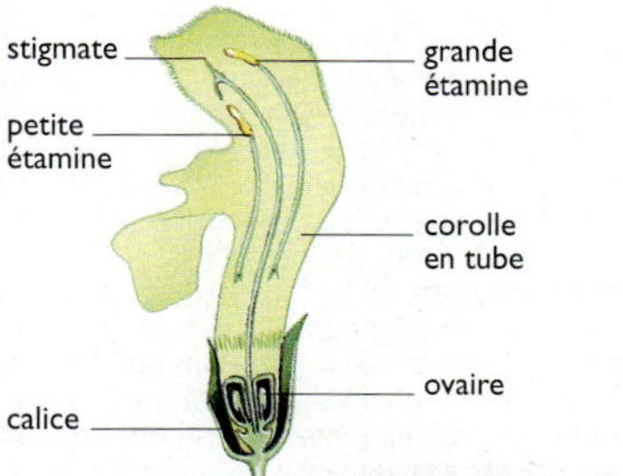

fleur de lamier blanc (vue en coupe)

■ **FLEUR**

FLEURDELISÉ, E adj. Orné de fleurs de lis. ◆ n.m. Nom du drapeau québécois. *Le fleurdelisé et l'unifolié.*

FLEURER v.i. (lat. *flatare,* souffler). *Litt.* Répandre une odeur. *Cela fleure bon.*

FLEURET n.m. (ital. *fioretto,* petite fleur). **1.** L'une des trois armes de l'escrime, très légère (moins de 500 g), sans tranchant, terminée par un bouton ; discipline pratiquée avec cette arme, où les coups sont portés avec la pointe seule et où la surface de touche est limitée au tronc. ◇ ***À fleurets mouchetés :*** se dit d'une discussion sans agressivité excessive, qui tend à épargner l'adversaire. **2.** Outil constitué d'une tige d'acier pointue ou tranchante fixée à un marteau piqueur ou à un marteau perforateur.

1. FLEURETTE n.f. Petite fleur. ◇ Vieilli. ***Conter fleurette :*** tenir des propos galants à une femme.

2. FLEURETTE adj. ***Crème fleurette :*** crème obtenue par écrémage du lait et contenant 10 à 12 % de beurre.

FLEURETTISTE n. Escrimeur tirant au fleuret.

FLEURI, E adj. **1.** Orné, garni de fleurs. *Une maison fleurie.* **2.** ***Style fleuri :*** style brillant et orné. **3.** Se dit d'un parfum dont les notes dominantes sont à base de fleurs.

FLEURIR v.i. (lat. *florere*). **1.** Produire des fleurs, s'en couvrir, en parlant d'une plante, d'un arbre. **2.** Être prospère, se développer. *Le commerce fleurit.* (En ce sens, l'imparfait de l'indic. est *je florissais,* etc., et le p. présent *florissant.*) ◆ v.t. Orner de fleurs. *Fleurir sa chambre.*

FLEURISTE n. Personne qui vend des fleurs, crée des compositions florales.

FLEURON n.m. **1.** Ornement en forme de fleur ou de bouquet de feuilles stylisés. **2.** BOT. Chacune des petites fleurs incomplètes dont la réunion forme tout ou partie du capitule, chez les composées. **3.** ***Le plus beau fleuron,*** ou ***le fleuron :*** ce qu'il y a de plus précieux, de plus remarquable.

FLEURONNÉ, E adj. Orné de fleurons.

FLEUVE n.m. (lat. *fluvius*). **1.** Cours d'eau qui aboutit à la mer. **2.** *Fig.* Masse en mouvement. *Fleuve de boue, de lave.* **3.** (En appos., avec ou sans trait d'union.) Se dit de ce qui dure très longtemps, qui semble sans fin. *Discours fleuve. Des romans-fleuves.*

FLEXIBILISER v.t. Rendre un processus plus flexible, moins rigide.

FLEXIBILITÉ n.f. **1.** Qualité de ce qui est flexible. *La flexibilité de l'osier.* **2.** DR. Assouplissement des règles de la durée du travail, pour en aménager les horaires ou adapter une entreprise aux fluctuations de son activité.

FLEXIBLE adj. (lat. *flexibilis*). **1.** Qui plie aisément. *Roseau flexible.* **2.** Susceptible de s'adapter aux circonstances ; souple. *Horaire flexible.* ◇ ***Atelier flexible :*** atelier à gestion informatisée assurant la production automatique de pièces. ◆ n.m. **1.** Tuyau, conduite flexible. **2.** Organe de transmission flexible.

FLEXION n.f. **1. a.** Action de fléchir. **b.** PHYSIOL. Mouvement par lequel deux parties du corps se replient l'une sur l'autre. *Flexion de l'avant-bras sur le bras.* **2.** État de ce qui est fléchi. *Flexion d'un ressort.* **3.** TECHN. Déformation d'un solide soumis à des forces transversales. **4.** LING. Procédé morphologique consistant à ajouter à la racine du mot des désinences exprimant des catégories grammaticales (genre, nombre, personne) ou des fonctions syntaxiques (cas) ; ensemble des formes ainsi pourvues de désinence. ◇ ***Flexion nominale :*** déclinaison. – ***Flexion verbale :*** conjugaison.

FLEXIONNEL, ELLE adj. LING. **1.** Qui possède des flexions. **2.** ***Langue flexionnelle,*** qui exprime les rapports grammaticaux par des flexions (le latin, le grec, par ex.).

FLEXOGRAPHIE n.f. Procédé d'impression avec des formes souples en relief, utilisant des encres à séchage rapide.

FLEXUEUX, EUSE adj. *Litt.* Courbé alternativement dans des sens différents.

FLEXUOSITÉ n.f. *Litt.* État de ce qui est flexueux ; partie flexueuse. *La flexuosité d'une tige.*

FLEXURE n.f. GÉOL. Forme tectonique intermédiaire entre la faille et le pli, dans laquelle les couches sont étirées vers la zone affaissée.

FLIBUSTE n.f. Anc. **1.** Piraterie à laquelle se livraient les flibustiers dans la mer des Antilles. **2.** Ensemble des flibustiers.

FLIBUSTIER n.m. (altér. du néerl. *vrijbuiter,* pirate). **1.** Pirate de la mer des Antilles, aux XVIIe et XVIIIe s. **2.** Vieilli. Filou.

FLIC n.m. (argot all. *Flick,* jeune homme). *Fam.* Agent de police. – *Par ext.* Tout policier.

FLICAGE n.m. *Fam., péjor.* Action de fliquer.

FLIC FLAC interj. (onomat.). Imite le bruit d'un clapotement.

FLINGUE n.m. (all. dial. *Flinke,* fusil). *Fam.* Revolver, fusil.

FLINGUER v.t. *Fam.* **1.** Tirer avec une arme à feu sur qqn. **2.** Détériorer, abîmer. *Il a flingué son vélo.* **3.** Critiquer durement ; démolir, éreinter. ◆ **se flinguer** v.pr. *Fam.* Se suicider avec une arme à feu.

FLINT [flint] ou **FLINT-GLASS** [flintglas] n.m. [pl. *flint-glasses*] (angl. *flint,* silex, et *glass,* verre). Verre d'optique à base de plomb, dispersif et réfringent.

FLIPOT n.m. (de *Felipot,* dimin. de *Philippe*). Petite pièce de bois employée pour dissimuler une fente accidentelle dans un ouvrage en bois.

1. FLIPPER [flipœr] n.m. (mot angl., de *to flip,* donner une chiquenaude). Petit levier d'un billard électrique, qui renvoie la bille vers le haut ; billard électrique.

2. FLIPPER [flipe] v.i. (de l'angl. *to flip,* secouer). *Fam.* **1.** Éprouver un sentiment d'angoisse lié à l'état de manque, en parlant d'un toxicomane. **2.** Être déprimé ou excité ; être dans un état second.

FLIQUER v.t. (de *flic*). *Fam.* Soumettre à une étroite surveillance policière. – *Par ext.* Soumettre à une autorité répressive.

FLIRT [flœrt] n.m. (mot angl.). *Fam.* **1.** Relation amoureuse passagère. **2.** Personne avec qui l'on flirte. **3.** Rapprochement momentané entre adversaires idéologiques, politiques, etc.

FLIRTER [flœrte] v.i. *Fam.* **1.** Avoir un flirt avec qqn. **2.** Se rapprocher d'adversaires politiques, idéologiques, etc. *Centriste qui flirte avec le socialisme.*

FLIRTEUR, EUSE [flœrtœr, øz] adj. et n. *Fam.* Qui flirte.

FLOC interj. (onomat.). Évoque le bruit d'un corps qui tombe dans un liquide.

F

FLEUVES : LES PRINCIPAUX BASSINS-VERSANTS

fleuve	pays ou continent	superficie du bassin-versant (km²)	débit moyen (m³/s)	longueur (km)
Amazone	Amérique du Sud	6 150 000	190 000	7 000
Congo	Afrique	3 800 000	42 000	4 700
Mississippi	États-Unis	3 222 000	18 000	3 780
Nil	Afrique	3 000 000	2 500	6 700
Ob	Russie	2 990 000	12 500	4 345
Ienisseï	Russie	2 600 000	19 800	3 354
Lena	Russie	2 490 000	15 500	4 270
Paraná	Amérique du Sud	2 343 000	16 000	3 000
Gange	Inde	2 165 000	16 000	3 090
Amour	Asie	1 845 000	11 000	4 440
Yangzi Jiang	Chine	1 830 000	34 500	5 980
Mackenzie	Canada	1 805 000	7 200	4 600
Volga	Russie	1 360 000	8 000	3 690
Zambèze	Afrique	1 330 000	3 500	2 660
Niger	Afrique	1 100 000	7 000	4 200
Orénoque	Venezuela	900 000	31 000	2 160

FLOCAGE n.m. **1.** TEXT. Application de fibres textiles sur un support recouvert d'un adhésif. **2.** CONSTR. Procédé d'insonorisation et d'isolation thermique, réalisé par projection d'un adhésif et de fibres sur un panneau.

1. FLOCHE adj. (anc. fr. *floche*, flocon de laine). *Fil floche :* fil à faible torsion, utilisé en bonneterie.

2. FLOCHE n.f. (lat. *floccus*). Belgique. **1.** Gland de passementerie. **2.** Double ganse qui arrête le nœud des lacets de chaussures.

FLOCK-BOOK [flɔkbuk] n.m. [pl. *flock-books*] (mot angl.). Livre généalogique des moutons de race ; association gérant ce livre.

FLOCON n.m. (du lat. *floccus*). **1.** Amas léger de fibres, de neige, etc. **2.** Petite lamelle d'un aliment déshydraté, en partic. de céréales, de pommes de terre. *Flocon d'avoine. Purée en flocons.*

FLOCONNER v.i. *Litt.* Former des flocons.

FLOCONNEUX, EUSE adj. Qui a la forme de flocons, qui ressemble à des flocons.

FLOCULANT n.m. CHIM., PHYS. Produit qui provoque la floculation.

FLOCULATION n.f. CHIM., PHYS. Précipitation en flocons, réversible, des suspensions colloïdales par agrégation des particules constituantes.

FLOCULER v.i. CHIM., PHYS. Précipiter sous forme de flocons, en parlant de systèmes colloïdaux.

FLOE [flo] n.m. (mot angl.). Plaque de glace de 20 m de long ou plus, résultant de la dislocation de la banquise.

FLONFLON n.m. (onomat.). Musique et refrain de chanson populaire. ◆ pl. Accents, airs bruyants de certaines musiques populaires.

FLOOD [flud] adj. inv. (mot angl.). PHOTOGR. *Lampe flood :* lampe à filament de tungstène survolté, fournissant une lumière intense analogue à la lumière du jour.

FLOP n.m. (mot angl., onomat.). *Fam.* Échec d'un spectacle, d'un ouvrage publié. ◇ *Fam. Faire un flop :* subir un échec.

FLOPÉE n.f. *Fam.* Grande quantité de. *Une flopée d'enfants. Une flopée d'injures.*

FLOPS [flɔps] n.m. (acronyme de l'angl. *floating point operations per second*). Unité de mesure de la puissance d'un ordinateur correspondant au nombre d'opérations en virgule flottante qu'il effectue par seconde. (En pratique, on utilise le *mégaflops* [Mflops], qui vaut 10^6 flops, et le *gigaflops* [Gflops], qui vaut 10^9 flops.)

FLOQUER v.t. TEXT., CONSTR. Effectuer un flocage.

FLORAISON n.f. **1.** Épanouissement des fleurs ; temps de cet épanouissement. **2.** *Fig.* Apparition simultanée d'un grand nombre de choses, de personnes remarquables. *Floraison de romans, de jeunes éditeurs.*

FLORAL, E, AUX adj. (du lat. *flos, floris,* fleur). Relatif à la fleur, aux fleurs.

FLORALIES n.f. pl. Exposition horticole où sont présentées de nombreuses plantes à fleurs.

FLORE n.f. (du lat. *Flora,* déesse des Fleurs). **1.** Ensemble des espèces végétales croissant dans une région, un milieu donnés. **2.** Ouvrage permettant la détermination et la classification de ces espèces. **3.** MÉD. *Flore bactérienne :* ensemble d'espèces bactériennes commensales qui vivent sur la peau ou dans une cavité naturelle.

FLORÉAL n.m. (pl. *floréals*). HIST. Huitième mois du calendrier républicain, commençant le 20 ou le 21 avril et finissant le 19 ou le 20 mai.

FLORENCE n.f. (de *Florence,* ville d'Italie). PÊCHE. Crin très résistant utilisé pour le montage des lignes. (On dit aussi *crin de Florence.*)

FLORENTIN, E adj. et n. **1.** De Florence. **2.** Qui évoque les intrigues politiques qui avaient cours à Florence à l'époque de la Renaissance.

FLORÈS [flɔrɛs] n.m. (p.-ê. du provenç. *flori,* lat. *floridus,* fleuri). *Litt.,* vieilli. *Faire florès :* obtenir des succès, réussir d'une manière éclatante.

FLORICOLE adj. **1.** Qui vit sur les fleurs. **2.** Qui concerne les fleurs, la floriculture.

FLORICULTURE n.f. Culture des plantes à fleurs et, par ext., des plantes d'ornement (fleurs coupées, plantes en pot fleuries, plantes vertes).

FLORIDÉE n.f. Algue rouge d'un type évolué, telle que la coralline. (Les floridées forment une sous-classe.)

FLORIFÈRE adj. BOT. Qui porte des fleurs.

FLORILÈGE n.m. (lat. *flos, floris,* fleur, et *legere,* choisir). **1.** Recueil de morceaux choisis d'œuvres littéraires, en partic. de poésies. **2.** Sélection de choses belles ou remarquables.

FLORIN n.m. (ital. *fiorino*). **1.** Monnaie en or de Florence (milieu du XIIIe s.), qui fut utilisée et imitée dans toute l'Europe. **2.** Unité monétaire principale des Pays-Bas et du Suriname. SYN. : *gulden.* (Depuis le 1er janvier 1999, le florin néerlandais constitue une subdivision de l'*euro.)

FLORISSANT, E adj. **1.** Qui est en pleine prospérité. *Pays florissant.* **2.** Qui indique un parfait état de santé. *Mine florissante.*

FLORISTIQUE adj. BOT. Qui concerne la flore.

FLOT n.m. (du francique). **1.** Toute masse liquide agitée de mouvements en sens divers ; vague. **2.** *Spécial.* Marée montante. **3.** Quantité importante d'un liquide versé. *Flot de sang.* — *Fig.* Quantité importante de choses, de personnes. *Flot d'auditeurs.* ◇ *À flots :* abondamment. *L'argent coule à flots.* — *Être à flot :* flotter ; *fig.,* cesser d'être aux prises avec des difficultés financières. — *Remettre à flot :* renflouer. *Remettre une entreprise à flot.* ◆ pl. **1.** *Litt.* La mer. *La fureur des flots.* **2.** ARTS APPL. Postes.

FLOTTABILITÉ n.f. **1.** Propriété que possèdent certains corps de rester insubmersibles. **2.** Force due à la poussée de l'eau sur le volume immergé d'un corps.

FLOTTABLE adj. **1.** Qui peut flotter. *Bois flottable.* **2.** Qui permet le flottage de trains de bois ou de radeaux. *Rivière flottable.* **3.** MIN. Qui peut être traité par flottation.

FLOTTAGE n.m. **1.** Transport des bois en grumes par les cours d'eau. **2.** Fabrication du verre de vitrage *(glace flottée)* consistant à verser le verre fondu sur un bain d'étain liquide où il s'étale en ruban continu.

FLOTTAISON n.f. **1.** Limite qui, pour un corps flottant sur une eau calme, sépare la partie immergée de celle qui émerge. ◇ *Ligne de flottaison :* ligne que le niveau de l'eau trace sur la coque d'un navire. **2.** BANQUE. Flottement.

1. FLOTTANT, E adj. **1.** Qui flotte, est en train de flotter à la surface d'un liquide. **2.** Qui ondule au gré du vent, qui ondoie ; qui retombe avec souplesse, qui est ample. *Drapeau flottant. Robe flottante.* **3.** Qui n'est pas nettement fixé ; variable. *Effectifs flottants.* ◇ *Capitaux flottants* → **capital.** — *Dette flottante :* partie de la dette publique, non consolidée, dont les créanciers peuvent demander le remboursement sans préavis. — *Monnaie flottante :* monnaie soumise au flottement. — *Virgule flottante :* mode de représentation d'un nombre dans lequel la position de la virgule n'est pas fixée par rapport à l'une des extrémités du nombre ; méthode permettant d'effectuer des opérations arithmétiques sur ce format (par oppos. à *virgule fixe*). **4.** Qui ne s'arrête à rien de précis. *Esprit flottant.*

2. FLOTTANT n.m. Short de sport ample et échancré.

FLOTTATION n.f. (angl. *flotation*). MIN. Procédé de séparation d'un mélange de corps finement broyés, utilisant la propriété qu'ont certaines substances en milieu aqueux de se fixer sur des bulles d'air, acquérant ainsi une densité artificiellement réduite.

1. FLOTTE n.f. (anc. scand. *flotti*). **1.** Ensemble de navires dont les activités sont coordonnées par une même autorité ou opérant dans une zone déterminée. **2.** Ensemble des forces navales d'un pays ou d'une compagnie maritime. **3.** Importante formation d'aviation militaire ; ensemble des appareils d'une compagnie aérienne.

2. FLOTTE n.f. *Fam.* Eau, pluie.

3. FLOTTE n.f. Morceau de liège maintenant une ligne ou un filet à fleur d'eau.

FLOTTEMENT n.m. **1.** État d'un objet qui flotte, qui ondule mollement. **2.** Mouvement discordant dans les rangs d'une colonne qui défile, d'une file qui avance. **3.** Mouvement d'hésitation, d'incertitude. *Il y eut un flottement dans l'assistance.* **4.** AUTOM. Oscillation répétée des roues directrices d'un véhicule, successivement d'un côté et de l'autre. **5.** AVIAT. Flutter. **6.** BANQUE. Variation des cours d'une monnaie qui n'est plus reliée à d'autres par une parité de change fixe. SYN. : *flottaison.*

FLOTTER v.i. (de *flot*). **1.** Être porté sur une surface liquide. **2.** Ondoyer, retomber avec souplesse en ondulant. *Drapeau qui flotte au vent. Laisser ses cheveux flotter dans le dos.* **3.** Être en suspension dans l'air. *Un parfum léger flottait dans la pièce.* **4. a.** Avoir de l'ampleur, en parlant d'un vêtement. *Son manteau flotte autour de lui.* **b.** *Flotter dans un vêtement :* porter un vêtement trop grand ou trop large. *Il flotte dans son costume.* **5.** *Litt.* Être indécis, irrésolu. *Flotter entre l'espérance et la crainte.* **6.** En parlant d'une monnaie, être soumise à un flottement. ◆ v.t. *Flotter du bois,* l'acheminer par flottage. ◆ v. impers. *Fam.* Pleuvoir.

FLOTTEUR n.m. Corps, dispositif, pièce spécial. conçus pour flotter à la surface d'un liquide. *Flotteur d'une ligne de pêche.* ◇ *Flotteur en catamaran :* chacun des éléments fixés par paires sous le fuselage d'un hydravion.

FLOTTILLE n.f. (esp. *flotilla*). **1.** Ensemble de petits navires se déplaçant ensemble. *Une flottille de pêche en partance.* **2.** Réunion de navires de faible tonnage de la marine de guerre. **3.** Formation d'appareils de combat de l'aéronavale.

FLOU, E adj. (lat. *flavus,* jaune, fané). **1.** Qui manque de netteté. *Photographie floue. Un visage aux traits flous.* **2.** Souple, vague. *Une robe floue, une coiffure floue.* **3.** *Fig.* Qui manque de précision, de clarté. *Idées floues.* **4.** *Logique floue :* logique qui substitue à la logique binaire une logique fondée sur des variables pouvant prendre, outre les valeurs « vrai » ou « faux », des valeurs intermédiaires allant de manière graduelle du « vrai » au « faux ». (La logique floue est notamm. appliquée à des automates pour gérer des processus complexes.) ◆ n.m. **1.** Caractère de ce qui manque de netteté. **2.** CINÉMA, PHOTOGR. Manque de netteté de l'image. ◇ *Flou artistique,* ou *flou :* effet délibéré de flou ; *fig.,* ambiguïté dans le discours, l'attitude. **3.** COUT. Technique de réalisation des vêtements souples, vaporeux (robes du soir, robes de mariée, etc.).

FLOUER v.t. *Fam.* Voler, duper qqn.

FLOUSE ou **FLOUZE** n.m. (ar. *fulūs*). *Fam.* Argent.

FLOUVE n.f. Herbe fourragère des bois et des prés qui donne au foin coupé son odeur caractéristique. (Genre *Anthoxanthum ;* famille des graminées.)

FLUAGE n.m. (de *fluer*). Déformation lente que subit un matériau soumis à une contrainte permanente.

FLUATATION n.f. Procédé d'imperméabilisation des calcaires tendres et des bétons.

FLUCTUANT, E adj. **1.** Qui est sujet à des variations. *Prix, goûts fluctuants.* **2.** Qui manifeste de fréquentes hésitations dans ses choix ; indécis.

FLUCTUATION n.f. (du lat. *fluctuare,* flotter). **1.** Variation continuelle, transformation alternative. *Fluctuation des prix.* **2.** Variation d'une grandeur physique de part et d'autre d'une valeur moyenne. **3.** MÉD. Mouvement provoqué au sein d'une masse fluide (abcès, par ex.) par la pression en un point, et perçu par la palpation en un point éloigné.

FLUCTUER v.i. Être fluctuant ; changer, varier.

FLUENT, E adj. (du lat. *fluere,* couler). *Litt.* Qui change sans cesse ; mouvant, changeant.

FLUER v.i. (lat. *fluere*). *Litt.* Couler, s'écouler, se répandre, en parlant de l'eau, d'une odeur, etc.

FLUET, ETTE adj. (de *flou*). **1.** Qui est mince et d'apparence délicate ; frêle. **2.** *Voix fluette,* qui manque de force.

FLUETTE n.f. Suisse. Flûte (pain).

FLUIDE adj. (lat. *fluidus*). **1.** PHYS. Se dit d'un corps (liquide ou gaz) dont les molécules sont faiblement liées, et qui peut ainsi prendre la forme du vase qui le contient. **2.** Qui coule, s'écoule facilement. *Huile très fluide.* ◇ AUTOM. *Circulation fluide,* régulière, sans à-coups ni embouteillages. **3.** Difficile à saisir, à fixer, à apprécier. *Clientèle fluide.* ◆ n.m. **1.** Corps fluide. ◇ *Mécanique des fluides :* partie de la mécanique qui étudie les fluides considérés comme des milieux continus déformables. **2.** Énergie occulte, influence mystérieuse que dégageraient certaines personnes, certains objets.

FLUIDIFIANT, E adj. et n.m. **1.** Se dit d'un médicament qui fluidifie les sécrétions, en partic. bronchiques. **2.** Se dit d'un produit pétrochimique employé pour diminuer la consistance des bitumes, des peintures ou des boues de forage.

FLUIDIFICATION n.f. Action de fluidifier ; fait de se fluidifier.

FLUIDIFIER v.t. [5]. **1.** Faire passer un matériau à l'état fluide ou en augmenter la fluidité.

F

2. AUTOM. *Fluidifier la circulation,* la rendre fluide.

1. **FLUIDIQUE** adj. OCCULT. Relatif au fluide.

2. **FLUIDIQUE** n.f. Technologie utilisant un fluide ainsi que des composants sans pièces mobiles pour réaliser des effets d'amplification, de commutation ; traitement de l'information par les fluides, utilisant leurs propriétés dynamiques.

FLUIDISATION n.f. TECHN. Mise en suspension dense de particules dans un courant fluide ascendant.

FLUIDISER v.t. Soumettre à la fluidisation.

FLUIDITÉ n.f. **1.** Caractère de ce qui est fluide, de ce qui s'écoule régulièrement. *Fluidité d'une crème, du trafic routier.* **2.** ÉCON. Situation dans laquelle l'offre et la demande s'adaptent aisément l'une à l'autre.

FLUO adj. inv. (abrév.). Se dit de couleurs fluorescentes ou de tout objet comportant ces couleurs. *Un jaune fluo. Des maillots de bain fluo.*

FLUOR n.m. (mot lat., *écoulement*). **1.** Corps simple gazeux, jaune pâle. **2.** Élément chimique (F), de numéro atomique 9, de masse atomique 18,998 4. (Le plus électronégatif de tous les éléments, il est fortement réactif.) **3.** Vx. *Spath fluor :* fluorite.

FLUORATION n.f. Adjonction de fluor aux eaux destinées à la consommation.

FLUORÉ, E adj. Qui contient du fluor.

FLUORESCÉINE n.f. Colorant jaune, de la famille des phtaléines, doué d'une fluorescence verte très intense.

FLUORESCENCE n.f. (mot angl.). Propriété qu'ont certains corps d'absorber un rayonnement (visible ou invisible) et de l'émettre à nouveau avec une longueur d'onde plus grande. (On distingue la *fluorescence,* qui s'arrête dès que cesse l'illumination, de la *phosphorescence,* qui persiste.)

FLUORESCENT, E adj. **1.** Doué de fluorescence. **2.** Se dit d'une source de rayonnement produit par fluorescence. *Tube fluorescent.*

FLUORHYDRIQUE adj.m. *Acide fluorhydrique :* acide (HF) formé par le fluor et l'hydrogène, capable d'attaquer la silice.

FLUORITE ou **FLUORINE** n.f. Fluorure de calcium (CaF_2), qui se rencontre associé au quartz ou à la calcite dans la gangue de gîtes minéraux.

FLUORURE n.m. **1.** Composé binaire du fluor avec un autre élément. **2.** Sel de l'acide fluorhydrique.

FLUOTOURNAGE n.m. Procédé de formage à froid par application et déformation d'un flan plat ou d'une ébauche sur un mandrin tournant, permettant d'obtenir des pièces creuses de révolution.

FLUSH [flœʃ] ou [flɔʃ] n.m. [pl. *flushs* ou *flushes*] (mot angl.). Au poker, combinaison de cinq cartes de la même couleur. ◇ *Quinte flush :* combinaison de cinq cartes de la même couleur formant une séquence.

1. **FLÛTE** n.f. **1.** Instrument de musique à vent et à embouchure, formé d'un tube creux et percé de trous. ◇ *Flûte à bec :* flûte droite, en bois ou en matière plastique, de perce conique, avec une embouchure en forme de bec. – *Flûte traversière :* flûte, génér. en métal, à embouchure latérale. – *Petite flûte :* flûte traversière à timbre aigu. SYN. : *piccolo.* **2.** *Flûte de Pan :* instrument composé de tubes d'inégale longueur sur lesquels on promène les lèvres. **3.** Verre à pied, étroit et haut, dans lequel on sert le champagne. **4.** Suisse. Bouteille à col long. **5.** Pain mince et long. – Suisse. Bâtonnet de pain salé et croustillant. (On dit aussi *fluette.*) ◆ pl. *Fam.* Jambes maigres. ◇ *Fam. Jouer des flûtes :* se sauver. ◆ interj. *Fam.* Marque l'impatience, la déception.

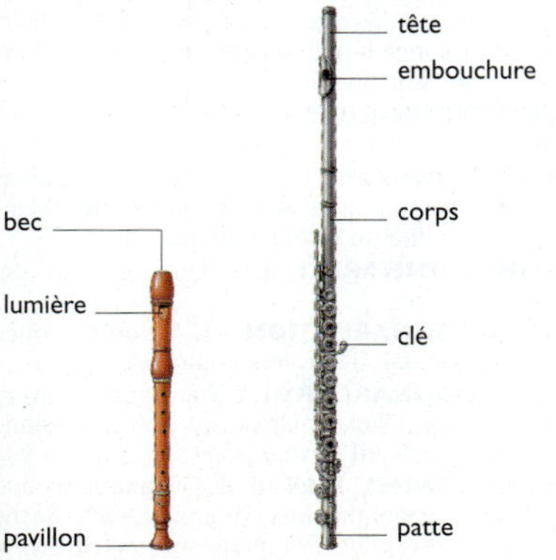

■ **FLÛTES.** Flûte à bec et flûte traversière.

2. **FLÛTE** n.f. (néerl. *fluit*). Gros navire de charge réservé au transport du matériel et des munitions, aux XVIIe et XVIIIe siècles.

FLÛTÉ, E adj. Se dit d'un son doux évoquant celui de la flûte.

FLÛTEAU n.m. Plantain d'eau.

FLÛTIAU n.m. Petite flûte champêtre.

FLÛTISTE n. Instrumentiste qui joue de la flûte.

FLUTTER [flœtœr] n.m. (mot angl., *mouvement rapide*). **1.** AVIAT. Vibration de faible amplitude et de fréquence élevée des surfaces portantes d'un avion. SYN. : *flottement.* **2.** MÉD. Tachycardie très rapide et grave.

FLUVIAL, E, AUX adj. (du lat. *fluvius,* ruisseau). **1.** Qui a rapport aux fleuves, aux rivières. **2.** Qui a lieu sur les fleuves, les cours d'eau. *Navigation fluviale.*

FLUVIATILE adj. Se dit de sédiments continentaux transportés par les eaux courantes. *Des dépôts fluviatiles.*

FLUVIO-GLACIAIRE adj. (pl. *fluvio-glaciaires*). Relatif à l'action des cours d'eau issus de la fonte des glaciers. ◇ GÉOMORPH. *Cône fluvio-glaciaire :* glacis d'alluvions très aplati, étalé par le ruissellement et les eaux courantes en avant des moraines frontales déposées par les glaciers.

FLUVIOGRAPHE ou **FLUVIOMÈTRE** n.m. Appareil enregistrant les variations du niveau d'un fleuve canalisé.

FLUVIOMÉTRIQUE adj. Relatif à la mesure du niveau et du débit des cours d'eau.

FLUX [fly] n.m. (lat. *fluxus,* écoulement). **1.** Écoulement d'un liquide organique ou de matières liquides en général. **2.** Marée montante (par oppos. à *reflux*). **3.** Grande abondance de choses ou de personnes qui se suivent sans interruption. *Un flux de paroles.* ◇ *Flux migratoire :* mouvement de population de grande ampleur. **4.** GÉOMÉTR. *Flux d'un vecteur à travers une surface,* intégrale du produit de la composante normale de ce vecteur par l'élément d'aire correspondant. **5. a.** *Flux électrique, flux magnétique :* intégrale de surface du vecteur induction électrique, ou magnétique. **b.** *Flux lumineux :* flux d'un rayonnement évalué d'après son action sur un récepteur déterminé (unité : le lumen [lm]). **6.** MÉTÉOROL. Déplacement de masses d'air à l'échelle planétaire, de caractère zonal (dans le sens des parallèles) ou méridien. (On parle alors aussi de *coulée.*) **7.** MÉTALL. Produit déposé en surface ou dans un métal en fusion pour le fluidifier, l'affiner et le protéger de l'oxydation de l'air. **8.** ÉCON. Somme des échanges effectués par les divers agents de la vie économique. ◇ *Flux tendu :* en matière d'approvisionnement, gestion tendant à supprimer les stocks.

FLUXION n.f. (lat. *fluxio,* de *fluere,* couler). **1.** Vx. *Fluxion de poitrine :* pneumonie. **2.** *Cour. Fluxion dentaire :* inflammation des gencives et de la joue, due à un foyer infectieux dentaire.

FLUXMÈTRE [flymɛtr] n.m. Appareil qui sert à mesurer une variation de flux d'induction magnétique.

FLYSCH [fliʃ] n.m. (mot alémanique). GÉOL. Formation sédimentaire caractérisée par de rapides variations de faciès (bancs calcaires, gréseux, marneux), et qui se met en place lors d'une orogenèse.

FM [ɛfɛm] n.f. (sigle de l'angl. *frequency modulation*). Modulation de fréquence.

FOB [ɛfobe] adj. inv. et adv. (sigle de l'angl. *free on board,* franco à bord). DR. MAR. Se dit d'une transaction commerciale maritime dans laquelle le prix convenu comprend les frais que supporte la marchandise jusqu'à son chargement sur le navire désigné par l'acquéreur.

FOC n.m. (mot néerl.). Chacune des voiles triangulaires établies à l'avant d'un navire à voiles. ◇ *Foc d'artimon :* voile d'étai, qui s'installe entre le grand mât et le mât d'artimon.

FOCAL, E, AUX adj. (du lat. *focus,* foyer). **1.** *Didact.* Qui est le plus important ; central. *Point focal d'un raisonnement.* **2.** OPT. Qui concerne le foyer des miroirs ou des lentilles. ◇ *Distance focale,* ou *focale,* n.f. : distance du foyer principal d'un système centré au plan principal du système. *Objectif à focale variable.* **3.** GÉOMÉTR. *Distance focale d'une conique à centre,* distance du centre de la conique (ellipse ou hyperbole) à l'un des deux foyers. – *Axe focal d'une conique :* axe de symétrie d'une conique qui contient son ou ses foyers.

FOCALISATION n.f. **1.** Action de focaliser. **2.** LITTÉR. Point de vue adopté par l'auteur dans la conduite de son récit.

FOCALISER v.t. **1.** Faire converger en un point un faisceau lumineux, un flux de particules, etc. **2.** *Fig.* Concentrer sur un point précis. *Focaliser l'attention de l'auditoire sur les problèmes budgétaires.*

FOCOMÈTRE n.m. OPT., MÉTROL. Instrument de mesure des distances focales des lentilles.

FŒHN [føn] n.m. (mot alémanique). **1.** Vent du sud chaud et sec, dû à l'affaissement de l'air après le passage d'un relief. **2.** Région. ou Suisse. Sèche-cheveux.

FOÈNE, FOËNE ou **FOUËNE** [fwɛn] n.f. (lat. *fuscina*). Harpon à plusieurs branches pointues et barbelées, pour les gros poissons ou les poissons plats. SYN. : *fouine.*

FŒTAL, E, AUX adj. Relatif au fœtus.

FŒTO-MATERNEL, ELLE adj. (pl. *fœto-maternels, elles*). Relatif au fœtus et à la mère.

FŒTOPATHIE n.f. Toute affection du fœtus.

FŒTOSCOPIE n.f. Examen endoscopique du fœtus, pratiqué après incision de la paroi abdominale.

FŒTUS [fetys] n.m. (mot lat.). Produit de la conception non encore arrivé à terme, mais présentant déjà les caractères distinctifs de l'espèce, chez les animaux vivipares. (Chez l'homme, l'embryon prend le nom de *fœtus* du troisième mois de la grossesse à la naissance.)

FOFOLLE adj.f. et n.f. → **FOUFOU.**

FOGGARA n.f. (mot ar. maghrébin). Galerie souterraine pour l'irrigation, au Sahara.

FOI n.f. (lat. *fides,* engagement, lien). **1.** RELIG. Le fait de croire en Dieu, en des vérités religieuses révélées. ◇ *Sans foi ni loi :* sans religion ni respect de la loi humaine. **2.** Le dogme lui-même, la religion. **3.** Confiance en qqn ou en qqch. *Témoin digne de foi.* ◇ *Avoir foi en :* avoir confiance en. **4.** *Bonne foi.* **a.** DR. Croyance erronée en l'existence d'un droit ou d'une règle juridique par ignorance ou suite à une tromperie. *Occupant de bonne foi.* **b.** Attitude de qqn qui parle ou agit avec la conviction d'être honnête, de respecter la vérité. *Agir de bonne foi.* **5.** *Mauvaise foi :* malhonnêteté de qqn qui affirme des choses qu'il sait fausses ou qui feint l'ignorance. *Être de mauvaise foi.* **6.** *Litt.* Fidélité à remplir ses engagements ; loyauté, garantie. *La foi des traités.* **7.** DR. *Faire foi :* établir d'une façon indiscutable ; prouver. *Le cachet de la poste fait foi.* **8.** *Ma foi :* formule usitée pour appuyer une affirmation, une négation. *Ma foi, oui.* **9.** OPT. *Ligne de foi :* ligne qui, dans un instrument d'optique, sert de repère pour observer avec exactitude.

FOIE n.m. (lat. *jecur ficatum,* foie d'oie engraissée avec des figues). **1.** Organe annexé au tube digestif et situé en haut et à droite de l'abdomen. **2.** Foie de certains animaux employé comme aliment. *Une tranche de foie de veau. Du pâté de foie.* ◇ *Foie gras :* foie obtenu par gavage d'oies ou de canards. **3.** *Fam. Avoir les foies :* avoir peur. **4.** *Fam.,* vieilli. *Foie blanc :* lâche.

ENCYCL. Le foie est le plus volumineux de tous les viscères. L'artère hépatique assure sa nutrition, tandis que la veine porte lui amène le sang provenant de l'intestin. Le foie stocke sous forme de glycogène le glucose issu des aliments, puis le libère dans la circulation sanguine selon les besoins des différents organes. Il assure la synthèse de protéines, en partic. de facteurs de la coagulation. Il transforme diverses substances toxiques en urée, éliminée ensuite par les reins. Le foie sécrète aussi la bile, stockée dans la vésicule biliaire et utile à la digestion des graisses.

FOIE-DE-BŒUF n.m. (pl. *foies-de-bœuf*). MYCOL. Fistuline.

FOIL [fɔjl] n.m. (mot angl.). MAR. Plan porteur inclinable, destiné aux embarcations susceptibles de déjauger.

1. FOIN n.m. (lat. *fenum*). **1.** Herbe fauchée, séchée et stockée pour la nourriture du bétail. *Une meule de foin.* ◇ *Fam.* ***Bête à manger du foin*** : totalement stupide. **2.** Herbe sur pied, destinée à être fauchée. **3.** Touffe de poils soyeux qui garnit le fond d'un artichaut. **4.** *Fam.* ***Faire du foin*** : faire du bruit, causer du scandale. ◆ pl. Fenaison. *Faire les foins.*

2. FOIN interj. *Litt.*, vieilli. Exprime le mépris, l'aversion. *Foin ! Foin de l'hypocrisie !*

FOIRADE n.f. *Fam.* Le fait de foirer ; désastre, échec.

FOIRAIL ou **FOIRAL** n.m. (pl. *foira[i]ls*). Région. Champ de foire.

1. FOIRE n.f. (lat. *feriae*, jours de fête). **1.** Grand marché public se tenant à des époques fixes dans un même lieu. ◇ ***Champ de foire*** : emplacement où se tient une foire. – ***Théâtre de la Foire*** : ensemble de spectacles qui furent donnés du XVI[e] au XVIIIe s. dans les foires Saint-Germain et Saint-Laurent, à Paris, et qui sont à l'origine du théâtre de boulevard. **2.** Fête foraine qui a lieu à une certaine époque de l'année. *La foire du Trône, à Paris.* **3.** Exposition commerciale périodique. *La foire de Lyon. Foire d'art contemporain.* **4.** INFORM. ***Foire aux questions*** : rubrique intégrée à certains sites Web, qui comprend une série d'informations pratiques répondant à des questions préalablement établies par les responsables du site. **5.** *Fam.* Lieu bruyant où règne le désordre. ◇ *Fam.* ***Faire la foire*** : mener une vie de plaisirs ; faire la fête.

2. FOIRE n.f. (lat. *foria*). *Vulg.*, vieilli. Diarrhée.

FOIRE-EXPOSITION n.f. (pl. *foires-expositions*). Manifestation commerciale destinée à permettre aux producteurs d'exposer leurs produits.

FOIRER v.i. **1.** *Vulg.*, vieilli. Avoir la diarrhée. **2.** *Fam.* Échouer, rater. *Affaire qui foire.*

FOIREUX, EUSE adj. et n. **1.** *Vulg.*, vieilli. Qui a la diarrhée. **2.** *Très fam.* Poltron. ◆ adj. *Fam.* **1.** Qui fonctionne mal ; raté. **2.** Se dit d'une affaire qui ne peut rien donner de bon.

FOIS n.f. (lat. *vices*, tour, succession). **1.** (Avec un mot qui indique le nombre.) Marque l'unité ou la réitération d'un fait, la répétition ou la multiplication d'une quantité, l'intensité plus ou moins grande et relative d'une action, d'un état. *Il est venu trois fois. Trois fois deux font six.* ◇ ***Cent fois, mille fois*** : souvent ; tout à fait. *Je te l'ai dit mille fois. Vous avez cent fois raison.* – ***Une fois*** : à une certaine époque. *Il était une fois.* – ***Une fois pour toutes*** : définitivement. – ***Pour une fois*** : marque l'exception. **2. a.** *Fam.* ***Des fois*** : parfois. **b.** *Fam.* ***Des fois que*** ... : au cas où. **c.** ***À la fois*** : ensemble, en même temps. **3.** Région. ou Belgique. ***Une fois*** : renforce une affirmation, une injonction, une interrogation.

FOISON n.f. (lat. *fusio*, écoulement). Vx. Grande abondance. ◇ ***À foison*** : abondamment.

FOISONNANT, E adj. Qui foisonne ; abondant.

FOISONNEMENT n.m. **1.** Fait de foisonner ; abondance. **2.** MIN., TRAV. PUBL. Augmentation de volume d'un matériau, due à son morcellement.

FOISONNER v.i. **1.** Se trouver en grande quantité ; abonder, pulluler. **2.** Se multiplier, se développer. *Les idées foisonnaient.* **3.** ***Foisonner en, de*** : contenir en grande quantité. *Livre qui foisonne d'anecdotes.* **4.** MIN., TRAV. PUBL. Augmenter de volume par foisonnement.

FOL adj.m. sing. → **1. FOU.**

FOLACHE n.f. Suisse. *Fam.* Femme écervelée, nerveuse, un peu folle.

FOLÂTRE adj. (de *fol*). D'une gaieté légère, un peu folle.

FOLÂTRER v.i. Jouer, s'ébattre gaiement et librement.

FOLÂTRERIE n.f. *Litt.* Action de folâtrer ; mouvements, ébats folâtres.

FOLIACÉ, E adj. (du lat. *folium*, feuille). SC. DE LA V. De la nature des feuilles, qui en a l'apparence.

FOLIAIRE adj. BOT. Relatif aux feuilles.

FOLIATION n.f. **1.** BOT. **a.** Disposition des feuilles sur la tige. SYN. : *phyllotaxie.* **b.** Époque de l'année où les bourgeons commencent à développer leurs feuilles. SYN. : *feuillaison.* **2.** GÉOL. Dans les roches métamorphiques, ensemble de plans parallèles suivant lesquels cristallisent les minéraux nouveaux.

FOLICHON, ONNE adj. (de *fol*). *Fam.* (Surtout en tournure négative.) Gai, drôle, attrayant. *Le spectacle n'est pas folichon.*

1. FOLIE n.f. (de *fol*). **1.** Affection mentale grave telle qu'une psychose. (Vieilli en médecine.) **2.** Caractère de ce qui échappe au contrôle de la raison, du bon sens. *C'est de la folie de sortir par ce temps.* ◇ ***Aimer à la folie***, éperdument. **3.** Acte déraisonnable, excessif. ◇ ***Faire une, des folies***, des dépenses excessives. **4.** Goût excessif pour une chose. *Avoir la folie des vieux livres.* ◇ ***Folie des grandeurs*** : mégalomanie.

2. FOLIE n.f. (de *feuillée*). Anc. Riche maison de plaisance suburbaine.

FOLIÉ, E adj. (lat. *foliatus*). *Didact.* Disposé en feuillets, dans une roche.

FOLIO n.m. (lat. *folium*, feuille). **1.** Feuillet d'un registre, d'un livre. **2.** Numéro de chaque page d'un livre.

FOLIOLE n.f. (dimin. du lat. *folium*, feuille). Chaque division du limbe d'une feuille composée. *Foliole de l'acacia, du marronnier.*

FOLIOT n.m. (de l'anc. fr. *foloiier*, être fou). Anc. Balancier horizontal dont les oscillations réglaient la marche des premières horloges.

FOLIOTAGE n.m. Action de folioter.

FOLIOTER v.t. Numéroter les feuilles, les pages d'un registre, d'un livre. SYN. : *paginer.*

FOLIOTEUR n.m. Numéroteur mécanique.

FOLIQUE adj. (du lat. *folium*, feuille). ***Acide folique*** : vitamine du groupe B, contenue dans de nombreux aliments (foie, épinards, etc.), nécessaire à la synthèse de l'ADN et prescrite dans certaines anémies. SYN. : ***vitamine B9.***

FOLK adj. et n.m. (abrév. de l'anglo-amér. *folk-song*, chanson populaire). Se dit d'un courant de la pop, de musiques ou de chants apparus aux États-Unis au début des années 1960, et reposant sur la mise au jour ou l'adaptation populaire et modernisée (emploi de la guitare acoustique) de traditions musicales du peuple américain.

FOLKLO adj. inv. (abrév.). *Fam.* Folklorique ; qui ne peut être pris au sérieux. *Des idées folklo.*

FOLKLORE n.m. (angl. *folk*, peuple, et *lore*, science). **1.** Ensemble des manifestations culturelles (croyances, rites, contes, légendes, fêtes, etc.), et, partic., littérature orale des sociétés sans écriture ou paysannes. **2.** Manifestation d'un pittoresque superficiel. ◇ ***C'est du folklore*** : ça ne mérite pas d'être pris au sérieux.

FOLKLORIQUE adj. **1.** Relatif au folklore. *Danse folklorique.* **2.** *Fam.* Pittoresque, mais dépourvu de sérieux. *Personnage folklorique.*

FOLKLORISTE n. Spécialiste du folklore.

1. FOLLE adj.f. et n.f. → **1. FOU.**

2. FOLLE n.f. *Fam., péjor.* Homosexuel qui s'affiche de façon outrancière.

3. FOLLE n.f. Filet de pêche à grandes mailles.

FOLLE-BLANCHE n.f. (pl. *folles-blanches*). Cépage blanc autref. cultivé pour obtenir du cognac, donnant auj. des vins blancs (gros-plant du pays nantais).

FOLLEMENT adv. De façon folle, déraisonnable ; éperdument, extrêmement.

FOLLET adj.m. (de *fol*). **1.** ***Feu follet*** : flamme légère et fugitive produite par la combustion spontanée de gaz dégagés par de la matière organique, tels que phosphore d'hydrogène ou méthane. **2.** ***Poil follet*** : premier poil du menton. **3.** ***Esprit follet*** : lutin familier, dans les croyances populaires.

FOLLICULAIRE adj. Relatif à un follicule.

FOLLICULE n.m. (lat. *folliculus*, petit sac). **1.** BOT. Fruit sec déhiscent, s'ouvrant par une seule fente, correspondant à un des carpelles. *Follicule de pivoine.* **2.** HISTOL. Structure macroscopique ou microscopique en forme de sac (*follicule pileux*, par ex.) ou constitué d'un amas de cellules (*follicule ovarien*, par ex.).

FOLLICULINE n.f. PHYSIOL. Un des deux œstrogènes principaux (l'autre étant l'œstradiol) sécrétés par le follicule ovarien.

FOLLICULITE n.f. Inflammation des follicules pileux.

FOMENTATION n.f. *Sout.* Action de fomenter.

FOMENTER v.t. (du lat. *fomentum*, cataplasme). *Sout.* Préparer secrètement ; susciter. *Fomenter des troubles.*

FONÇAGE n.m. Action de creuser un puits de mine.

FONÇAILLE n.f. Chacune des pièces qui forment le fond d'un tonneau. SYN. : *traversin.*

FONCÉ, E adj. Se dit d'une couleur sombre. *Vert foncé.*

FONCER v.t. [9] (de *fond*). **1.** Mettre un fond à un tonneau, à une cuve, à un siège. **2.** CUIS. Tapisser l'intérieur d'un récipient avec une abaisse de pâte ou des bardes de lard. **3.** Creuser verticalement. *Foncer un puits.* **4.** Rendre plus foncé, plus sombre. *Foncer une teinte.* ◆ v.i. **1.** Prendre une couleur plus foncée. *Ses cheveux ont foncé.* **2.** Se précipiter pour attaquer. *Foncer sur l'ennemi.* **3.** *Fam.* Aller très vite. *Il a intérêt à foncer s'il veut arriver à temps !*

FONCEUR, EUSE adj. et n. *Fam.* Se dit d'une personne qui fonce, qui va de l'avant.

FONCIER, ÈRE adj. (de *fonds*). **1.** DR. Relatif à un fonds de terre, à un immeuble. *Propriété foncière. Bien foncier.* ◇ ***Taxe foncière*** : impôt annuel qui frappe les propriétés bâties ou non. – ***Capital foncier*** : ensemble des terres et immeubles à destination agricole constituant une exploitation agricole. **2.** Qui constitue le fond même de qqch, qui est fondamental. *Qualités foncières. Différence foncière.* ◆ n.m. ***Le foncier*** : la propriété foncière et tout ce qui s'y rapporte.

FONCIÈREMENT adv. De façon foncière ; par nature ; profondément, complètement. *Ils sont foncièrement différents.*

FONCTION n.f. (lat. *functio*). **1.** Rôle, utilité d'un élément dans un ensemble. *Remplir une fonction.* **2.** Activité professionnelle ; exercice d'une charge, d'un emploi. *La fonction d'enseignant. S'acquitter de ses fonctions. Entrer en fonction(s).* ◇ ***Faire fonction de*** : remplir l'emploi de. *Secrétaire qui fait fonction d'assistante.* **3.** ***Fonction publique*** : ensemble des agents de l'État ; ensemble des fonctionnaires ; leur activité. – ***Fonction publique territoriale*** : ensemble des agents des collectivités locales et de leurs établissements publics ; leur activité. **4.** BIOL., MÉD. Activité exercée par un élément vivant (appareil, organe ou cellule), et qu'étudie la physiologie. *Fonctions de nutrition, de reproduction.* **5.** CHIM. Ensemble de propriétés associées à un groupement d'atomes. *Fonction acide.* **6.** GRAMM. Rôle syntaxique d'un mot ou d'un groupe de mots dans une phrase. **7.** MATH. Relation qui à chaque élément de son ensemble de départ associe au plus une image. ◇ ***Fonction réelle d'une variable réelle*** : fonction de $\mathbb{R}$ dans $\mathbb{R}$. – ***Fonction complexe d'une variable réelle*** : fonction de $\mathbb{R}$ dans $\mathbb{C}$. **8.** INFORM. Ensemble d'instructions constituant un sous-programme identifié par un nom, et qui se trouve implanté en mémoire morte ou dans un programme. ◇ ***Touches de fonction*** : touches disposées en haut du clavier d'un ordinateur et dont l'enfoncement provoque l'exécution des fonctions les plus usuelles du programme en cours. **9.** ÉCON. ***Fonction de production*** : relation entre une quantité de biens ou de services obtenus et la quantité des services producteurs utilisés pour les obtenir. **10.** ***En fonction de*** : en suivant les variations de ; par rapport à. – ***Être fonction de*** : dépendre de.

FONCTIONNAIRE n. **1.** Agent public nommé à un emploi permanent et titularisé dans un grade de la hiérarchie administrative. **2.** ***Fonctionnaire international*** : agent d'une organisation internationale doté d'un régime statutaire ou contractuel spécifique.

FONCTIONNALISER v.t. Rendre fonctionnel, pratique.

FONCTIONNALISME n.m. **1.** SOCIOL. Doctrine selon laquelle la société est un système dont l'équilibre dépend de l'intégration de ses diverses composantes. (Le fonctionnalisme privilégie l'étude des mécanismes d'adaptation et d'intégration.) **2.** ARCHIT., ARTS APPL. Doctrine selon laquelle la forme doit être l'expression d'une fonction, être appropriée à un besoin. (Formulé au XXe s. par le mouvement *moderne, le fonctionnalisme prolonge le rationalisme du XIXe s.) **3.** Linguistique *fonctionnelle.

FONCTIONNALISTE adj. et n. Relatif au fonctionnalisme ; qui en est partisan.

FONCTIONNALITÉ n.f. Caractère de ce qui est fonctionnel, pratique. ◆ pl. Ensemble des possibilités qu'offre un système informatique.

FONCTIONNARIAT n.m. Qualité, état de fonctionnaire.

FONCTIONNARISATION n.f. Action de fonctionnariser ; fait d'être fonctionnarisé.

FONCTIONNARISER v.t. **1.** Transformer qqn en employé de l'État. **2.** Organiser une profession, une entreprise en service public.

FONCTIONNEL, ELLE adj. **1.** Qui a rapport aux fonctions organiques ou psychiques. – MÉD. Se dit d'un trouble, d'un symptôme qui est dû à la perturbation du fonctionnement d'un organe, et non à une lésion (par oppos. à ***organique***). **2.** Qui

F

s'adapte exactement à une fonction déterminée, bien adapté à son but. *Meubles fonctionnels.* **3.** *Linguistique fonctionnelle :* étude des éléments de la langue du point de vue de leur fonction dans l'énoncé et dans la communication. SYN. : *fonctionnalisme.* **4.** CHIM. Se dit du groupement, du radical, etc., qui porte une fonction chimique. **5. a.** ALGÈBRE. *Équation fonctionnelle :* équation où l'inconnue est une fonction. **b.** MATH. *Analyse fonctionnelle :* partie de l'analyse, ainsi nommée par P. Lévy au début du XXe s., qui a pour objet d'étendre le champ de celle-ci à des espaces abstraits dont les éléments ne sont plus des nombres mais des fonctions. **6.** LOG. *Calcul fonctionnel :* calcul des *prédicats.

FONCTIONNELLEMENT adv. De manière fonctionnelle.

FONCTIONNEMENT n.m. Fait de fonctionner ; manière dont qqch fonctionne.

FONCTIONNER v.i. **1.** Accomplir sa fonction, être en état de marche, en parlant d'un organe, d'un mécanisme. **2.** Remplir son office ; agir. *Mémoire, imagination qui fonctionne.* **3.** Afrique. Être fonctionnaire.

FOND n.m. (lat. *fundus*). **1.** Partie la plus basse d'une chose ou d'un endroit creux. *Le fond d'un puits.* **2.** Ce qui est ou reste au fond d'un récipient. *Boire un fond de bouteille.* **3.** Partie solide au-dessous de l'eau. *Le fond de la mer, d'une rivière.* ◇ ***Envoyer un navire par le fond,*** le couler. – Suisse. *Avoir son fond :* avoir pied. **4.** *Fig.* Le degré le plus bas. *Le fond de la misère, du désespoir.* **5.** La partie la plus éloignée de l'entrée, de l'ouverture, du commencement ; la partie la plus reculée d'un lieu, d'un pays. *Le fond d'une boutique, d'une armoire. Le fond d'une province.* ◇ MÉD. *Fond d'œil :* partie postérieure de la rétine, incluant la macula et la papille ; examen que l'on en fait. **6.** THÉÂTRE. Toile ou rideau qui ferme l'arrière de la scène. **7.** Ce qu'il y a de plus profond, de plus caché, de plus secret. *Le fond du cœur. Aller au fond des choses.* **8. a.** Ce qui forme la base, ce qui constitue l'arrière-plan de qqch. *Bruit de fond.* ◇ *Fond sonore :* ensemble des bruits, des sons, de la musique qui mettent en relief un spectacle. – *Fond de teint :* préparation semi-liquide colorée que l'on applique sur le visage et sur le cou comme maquillage. – COUT. *Fond de robe :* fourreau en tissu léger que l'on porte sous une robe transparente. **b.** BX-ARTS. Première couche de peinture, de ton neutre, par laquelle certains peintres commencent leurs tableaux ; arrière-plan d'un tableau, d'un relief. *Un fond de paysage.* **c.** TEXT. La première et plus basse tissure d'une étoffe. **d.** CUIS. Bouillon aromatisé utilisé comme base pour confectionner une sauce ou pour mouiller un ragoût ou un braisé. **e.** En pâtisserie, abaisse, croûte ou base d'un gâteau. *Fond de tarte.* **9.** IMPRIM. Chacun des blancs latéraux d'un texte imprimé. **10.** Ce qu'il y a d'essentiel, de fondamental, de permanent. *Le fond du caractère.* ◇ *De fond :* qui porte sur l'essentiel. – *Au fond, dans le fond :* en réalité, en dernière analyse. – *Litt. Faire fond sur :* mettre sa confiance en. **11.** Ce qui fait la matière, l'essence d'une chose (par oppos. à *forme,* à *apparence*). *Comédies qui diffèrent par le fond.* – DR. Ce qui a trait à l'essence, au contenu et à la nature d'un acte juridique. (Un litige peut porter sur des questions de fond et de forme.) **12.** SPORTS. Discipline en athlétisme, en ski, en natation, en équitation, etc., comportant des épreuves de longue distance. ◇ *Course de fond :* course effectuée sur un long parcours (5 000 m au minimum en athlétisme). **13.** *À fond :* jusqu'au bout, entièrement. – *À fond de train :* à toute vitesse.

FONDAMENTAL, E, AUX adj. (lat. *fundamentalis*). **1.** Qui est à la base ; qui se rapporte à l'essentiel. *C'est une vérité fondamentale.* ◇ *Recherche, science fondamentale :* recherche théorique dont les applications pratiques ne sont pas immédiates. **2.** MUS. *Note fondamentale,* ou *fondamentale,* n.f. : premier son perçu de la série des harmoniques, et base d'un accord, quelle que soit sa place dans cet accord. **3.** PHYS. *Niveau fondamental :* niveau de plus basse énergie d'une molécule, d'un atome, d'un noyau, etc. ◆ n.m. pl. Principes, idées constituant le fondement et l'essence d'une science, d'une doctrine, d'un art, etc. *Les fondamentaux de l'économie. Acquérir les fondamentaux avant l'entrée au collège.*

FONDAMENTALEMENT adv. De façon fondamentale ; essentiellement.

FONDAMENTALISME n.m. **1.** Tendance conservatrice de certains milieux protestants, notamm. aux États-Unis, qui n'admet qu'une interprétation littérale de l'Écriture et s'oppose à toute lecture historique et scientifique de celle-ci. **2.** Tendance de certains adeptes d'une religion à revenir à ce qu'ils considèrent comme fondamental, originel.

FONDAMENTALISTE adj. et n. **1.** Relatif au fondamentalisme ; qui en est partisan. **2.** Qui s'adonne à la recherche fondamentale.

1. FONDANT, E adj. **1.** Qui fond. *Neige fondante.* **2. a.** Qui est très mûr et fond dans la bouche. *Poire fondante.* **b.** Se dit d'une viande très tendre.

2. FONDANT n.m. **1.** Pâte glacée à base de sucre cuit ; bonbon fourré avec cette pâte. **2.** Gâteau au chocolat de consistance fondante. **3.** TECHN. Substance qui facilite la fusion d'un autre matériau.

FONDATEUR, TRICE n. **1.** Personne qui a construit ou créé qqch. *Fondateur d'un prix littéraire.* – Personne physique ou morale qui participe à la création d'une société et qui est responsable des engagements pris en son nom avant qu'elle ait acquis la personnalité morale. **2.** DR. Personne qui crée une fondation. ◆ adj. Qui fonde, est à l'origine de qqch. *Principe, texte fondateur.*

FONDATION n.f. **1.** Action de fonder. *La fondation de Rome.* **2.** DR. **a.** Création, par voie de donation ou de legs, d'un établissement d'intérêt général ; cet établissement. **b.** Attribution à une œuvre existante de fonds destinés à un usage précis. **3.** (Souvent pl.) Ensemble des parties inférieures ou souterraines d'une construction ; travaux de réalisation de celles-ci.

1. FONDÉ, E adj. **1.** Établi solidement ; justifié. *Accusation fondée.* **2.** Qui a des raisons valables pour, qui est en droit de faire qqch ; autorisé. *Être fondé à dire qqch.*

2. FONDÉ, E n. *Fondé de pouvoir :* personne dûment autorisée à agir au nom d'une autre ou d'une société.

FONDEMENT n.m. **1.** Élément essentiel servant de base à qqch. *Les fondements de la société.* **2.** Ce qui justifie, autorise qqch ; cause, motif. *Inquiétudes sans fondement.* **3.** PHILOS. Ensemble des postulats d'un système. *Le fondement de la morale.* **4.** *Fam.* Anus ; fesses.

FONDER v.t. (lat. *fundare*). **1.** Prendre l'initiative de créer, d'établir. *Fonder une entreprise, un nouveau parti.* ◇ ***Fonder un foyer :*** se marier. **2.** Donner de l'argent pour l'établissement de. *Fonder un hôpital.* **3.** *Fig.* Établir solidement ; asseoir, appuyer. *Fonder son pouvoir sur la force. Sur quoi fondes-tu tes soupçons ?* ◆ **se fonder** v.pr. **(sur). 1.** En parlant de qqch, l'avoir pour fondement, pour base. *Son espoir se fondait sur un malentendu.* **2.** S'appuyer sur qqch pour légitimer une opinion, un sentiment, etc. *Sur quoi te fondes-tu pour critiquer ce projet ?*

FONDERIE n.f. **1.** Fusion des métaux et des alliages. **2.** Usine où l'on fond les métaux ou les alliages pour en faire des lingots ou pour leur donner la forme sous laquelle ils seront utilisés, au moyen de moules.

1. FONDEUR, EUSE n. (de *fondre*). **1.** Sculpteur pratiquant la fonte, notamment du bronze. **2.** Personne, industriel travaillant dans la fonderie.

2. FONDEUR, EUSE n. (de *fond*). Skieur pratiquant le ski de fond.

FONDEUSE n.f. IMPRIM. Dans la composition au plomb, machine pour fabriquer des moules ou pour couler la matière fondue.

FONDIS n.m. → **FONTIS.**

FONDOIR n.m. Partie d'un abattoir où l'on prépare les suifs.

FONDOUK n.m. (ar. *funduq*). Entrepôt et hôtellerie pour les marchands, dans les pays arabes.

FONDRE v.t. [59] (lat. *fundere,* faire couler). **1.** Amener un solide à l'état liquide sous l'action de la chaleur. *Fondre du plomb.* **2.** Fabriquer un objet en coulant du métal en fusion dans un moule. *Fondre une cloche.* **3.** *Fig.* Combiner, mêler pour former un tout ; fusionner, amalgamer. ◇ *Fondre les couleurs,* réaliser le passage des unes aux autres, dans un tableau ou une peinture murale, par dégradés, sans heurts. ◆ v.i. **1.** Devenir liquide sous l'action de la chaleur. *La glace fond au soleil.* **2.** Se dissoudre dans un liquide. *Le sucre fond très vite.* **3.** ***Faire fondre des aliments,*** les faire cuire doucement dans un corps gras. **4.** *Fig.* S'attendrir d'un coup. *Il fond devant tant de gentillesse.* ◇ *Fondre en larmes :* se mettre à pleurer abondamment. **5.** Diminuer rapidement. *Ses économies ont fondu.* **6.** *Fam.* Maigrir. *Tu as drôlement fondu !* ◆ v.t. ind. **(sur).** S'élancer vivement ; se précipiter, s'abattre sur. *L'aigle fond sur sa proie.* ◆ **se fondre** v.pr. Se mêler au point de se confondre. *Se fondre dans la masse.*

FONDRIÈRE n.f. (du lat. *fundus,* fond). Crevasse dans le sol.

FONDS [fɔ̃] n.m. (lat. *fundus,* fond). **1.** Terrain sur lequel on bâtit. **2.** *Fonds de commerce :* ensemble des biens corporels et incorporels permettant à un commerçant d'exercer son activité ; *fig., péjor.,* ensemble de thèmes, d'arguments sur lesquels s'appuie qqn, un groupe pour séduire une partie du public, notamm. de l'électorat. **3.** Capital en biens, en argent que l'on fait valoir. *Dilapider son fonds.* ◇ *À fonds perdu(s) :* sans pouvoir récupérer le capital. – *Fonds commun de placement :* portefeuille de valeurs mobilières en copropriété, géré par une société de gestion. – *Fonds de roulement :* excédent des valeurs d'exploitation, des valeurs réalisables et des valeurs disponibles d'une entreprise sur ses dettes à court terme. – *Fonds de pension :* fonds de placement dont les dividendes sont alloués au titre de rente dans le cadre du régime de retraite complémentaire. **4.** Compte spécial du Trésor destiné à réaliser la politique économique de l'État. *Fonds de développement économique et social.* **5.** *Fonds structurel :* instrument financier utilisé dans le cadre de la politique régionale de l'Union européenne. **6.** Totalité des collections d'une bibliothèque, d'un musée ; ensemble particulier au sein de cette totalité. *Le fonds slave de la Bibliothèque nationale de France.* **7.** Ensemble des qualités physiques, morales ou intellectuelles de qqn. *Un grand fonds d'énergie.* ◆ pl. **1.** Argent disponible. *Trouver des fonds.* ◇ *Être en fonds :* avoir de l'argent. – *Mise de fonds :* investissement. – *Fonds propres :* ensemble du capital social et des réserves figurant au passif du bilan. **2.** *Fonds publics :* ensemble des valeurs mobilières émises ou garanties par l'État. – *Fonds secrets* ou *spéciaux :* sommes mises à la disposition du gouvernement pour financer certaines dépenses en dehors des règles de la comptabilité publique.

FONDU, E adj. **1.** Se dit d'un corps solide passé à l'état liquide. **2.** Se dit de couleurs obtenues en passant graduellement d'un ton à l'autre. ◆ n.m. **1.** Résultat obtenu en fondant les couleurs, les tons. **2.** CINÉMA. Apparition ou disparition progressive de l'image sur l'écran. ◇ *Ouverture en fondu :* apparition progressive de l'image sur l'écran. – *Fermeture en fondu,* ou *fondu au noir :* disparition progressive sur l'écran de l'image qui s'assombrit. – *Fondu enchaîné :* disparition progressive d'une image tandis qu'apparaît la suivante en surimpression.

FONDUE n.f. **1.** Plat d'origine suisse, composé de lamelles de gruyère et d'emmenthal que l'on fait fondre avec du vin blanc et du kirsch, et qui se mange à l'aide de petits cubes de pain. (On dit aussi *fondue savoyarde.*) **2.** *Fondue bourguignonne :* plat composé de petits dés de viande de bœuf que chaque convive plonge dans l'huile bouillante avec une fourchette et mange avec des sauces relevées. – *Fondue chinoise :* plat confectionné selon le même principe, l'huile étant remplacée par un bouillon de viande ou de volaille. – *Fondue de légumes :* préparation de légumes (tomates, poireaux, oignons, etc.) cuits doucement dans un corps gras.

FONGIBLE adj. (lat. *fungibilis*). DR. Se dit de choses qui, n'étant déterminées que par leur nombre, leur poids ou leur mesure, peuvent être remplacées par d'autres de même nature, de même qualité et de même quantité lors d'un paiement (par ex. denrées).

FONGICIDE adj. et n.m. (du lat. *fungus,* champignon). Se dit d'une substance propre à détruire les champignons microscopiques. SYN. : *anticryptogamique.*

FONGIFORME adj. *Didact.* Qui a la forme d'un champignon.

FONGIQUE adj. (du lat. *fungus,* champignon). Relatif aux champignons.

FONGOSITÉ n.f. **1.** Caractère de ce qui est fongueux. **2.** MÉD. Masse molle formée de végétations, à la surface d'une plaie, d'une muqueuse.

FONGUEUX, EUSE adj. (lat. *fungosus*). *Didact.* Qui ressemble à un champignon ou à une éponge.

F

FONIO n.m. (mot africain). Céréale cultivée dans le Sahel, qui donne un grain très menu, utilisé pour la préparation des couscous et des bouillies. (Genre *Digitaria ;* famille des graminées.)

FONTAINE n.f. (lat. pop. *fontana,* de *fons, fontis,* source). **1.** Source d'eau vive qui jaillit du sol naturellement ou artificiellement. **2.** Édicule de distribution d'eau, comprenant une bouche d'où l'eau s'écoule et, génér., une vasque ou un bassin de réception ; édicule semblable, monumental et décoratif. *Fontaine publique.* **3.** Anc. Récipient à eau, à couvercle et à robinet, associé à une vasque, pour les usages domestiques.

FONTAINEBLEAU n.m. (de *Fontainebleau,* n.pr.). Fromage frais au lait de vache, fait d'un mélange de caillé et de crème fouettée.

FONTAINIER n.m. Employé responsable de la production et de la distribution d'eau potable.

FONTANELLE n.f. (de *fontaine*). ANAT. Chacun des espaces membraneux de la voûte crânienne avant son ossification complète, situé à un point de jonction entre des sutures osseuses.

1. FONTE n.f. (du lat. *fundere,* répandre). **1.** Action de fondre ; fait de fondre. *La fonte des neiges.* **2.** MÉTALL. Fusion. **3.** Art, travail du fondeur. (La fonte traditionnelle, en bronze, d'une statue ou d'un objet d'art se fait par deux procédés principaux : à la cire perdue et au sable.) **4.** IMPRIM. Assortiment complet de caractères de même type. SYN. : *police (de caractères).* **5.** AGRIC. *Fonte des semis :* maladie cryptogamique des jeunes pousses.

F

2. FONTE n.f. Alliage de fer et de carbone dont la teneur en carbone est génér. supérieure à 1,8 %. (La fonte est élaborée soit à l'état liquide directement à partir du minerai de fer, soit par fusion de vieille fonte, soit à partir d'acier recarburé.) ◇ *Fonte blanche :* fonte présentant un aspect blanc à la cassure en raison de sa structure à base de carbure de fer. – *Fonte à graphite lamellaire :* fonte dont la cassure a un aspect gris dû à sa structure à base de carbone sous forme de graphite. – *Fonte à graphite sphéroïdal,* ou *fonte GS :* fonte obtenue sous forme sphéroïdale, pendant sa solidification, utilisée notamm. pour la construction de machines. – *Fonte malléable :* fonte qui présente une certaine malléabilité, obtenue par traitement thermique d'une fonte blanche.

3. FONTE n.f. (ital. *fonda,* poche). Fourreau ou sacoche suspendus à l'arçon d'une selle et contenant armes, munitions ou vivres.

FONTINE n.f. Fromage au lait entier de vache, à pâte cuite, originaire d'Italie.

FONTIS ou **FONDIS** n.m. (de *fondre*). MIN. Affaissement localisé du sol causé par un éboulement souterrain.

FONTS [fɔ̃] n.m. pl. (lat. *fons, fontis,* fontaine). *Fonts baptismaux :* bassin placé sur un support et contenant l'eau pour les baptêmes.

FOOT [fut] n.m. (abrév.). *Fam.* Football.

FOOTBALL [futbol] n.m. (mot angl., *balle au pied*). **1.** Sport dans lequel 22 joueurs, divisés en deux camps, s'efforcent d'envoyer un ballon rond dans le but du camp adverse, sans l'intervention des mains, au cours d'une partie divisée en deux mi-temps de quarante-cinq minutes chacune. (Au Québec, on dit *soccer.*) **2.** *Football américain :* sport répandu principalement aux États-Unis, qui se joue avec un ballon ovale, entre deux équipes de onze joueurs, et dans lequel il est permis d'utiliser la main et le pied.

FOOTBALLEUR, EUSE n. Personne qui pratique le football.

FOOTBALLISTIQUE adj. Relatif au football.

FOOTING [futiŋ] n.m. (créé sur l'angl. *foot,* pied). Course à pied sur un rythme régulier, entrecoupée de marche, que l'on pratique pour entretenir sa forme physique.

FOR n.m. (lat. *forum,* tribunal). **1.** *En, dans mon (ton, son, etc.) for intérieur :* au plus profond de ma (ta, sa, etc.) conscience. **2.** DR. Suisse. Lieu où une action doit être ouverte.

FORAGE n.m. **1.** Action de forer. *Forage d'un puits de pétrole.* **2.** Ensemble des techniques permettant de creuser un puits ; lieu où elles sont mises en œuvre.

FORAIN, E adj. (bas lat. *foranus,* étranger). Qui a rapport aux foires, aux marchés. ◇ *Marchand forain,* ou *forain,* n.m. : marchand, commerçant qui exerce son activité dans les marchés, les foires et les fêtes foraines. – *Fête foraine :* fête publique rassemblant diverses attractions (manèges, loterie, jeu de massacre, tir, autos tamponneuses, etc.). ◆ n.m. Artiste, animateur de spectacles ambulants exerçant son activité dans les foires et les fêtes foraines.

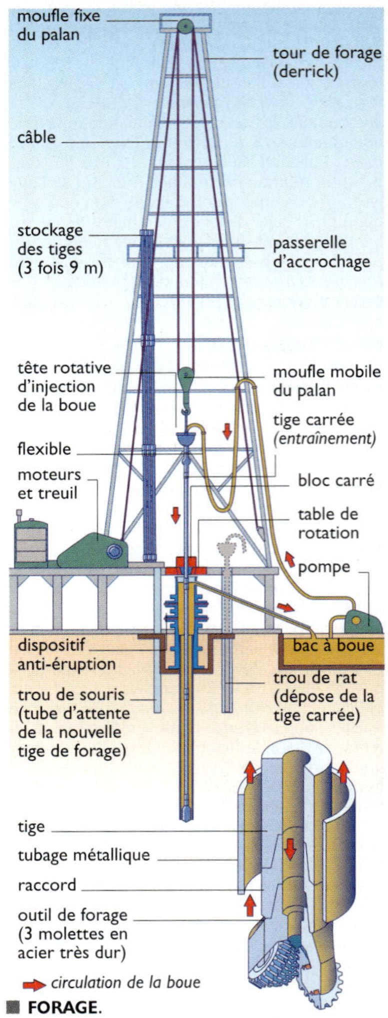

■ **FORAGE.**
Principe du forage rotary sur terre ferme.

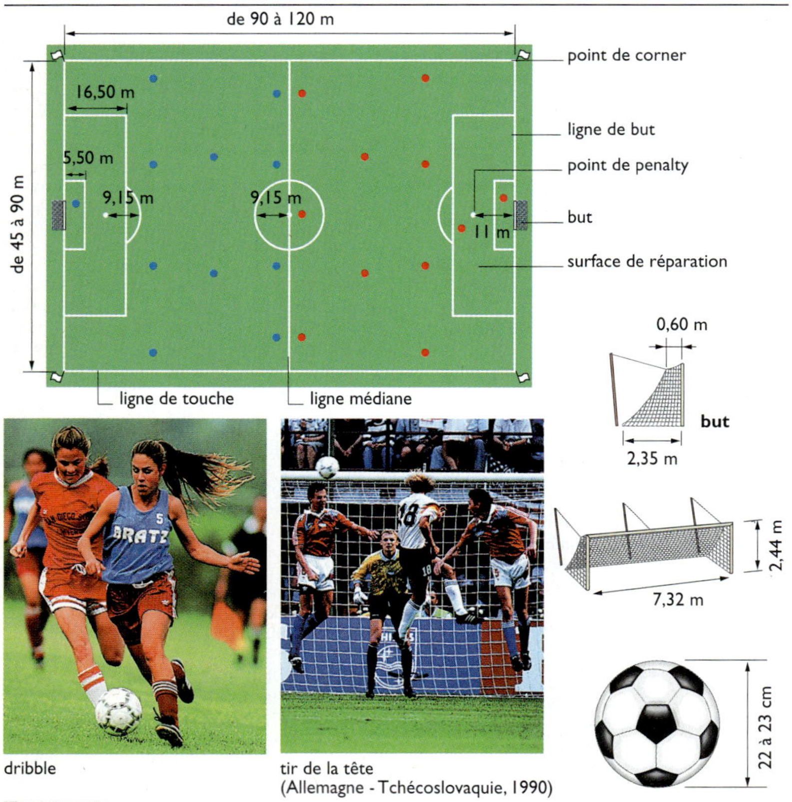

■ **FOOTBALL**

FORAMINIFÈRE n.m. (du lat. *foramen,* trou). MICROBIOL. Protozoaire marin planctonique, à coque calcaire perforée de minuscules orifices, tel que les nummulites et les grégarines. (Les foraminifères forment une sous-classe de rhizopodes.)

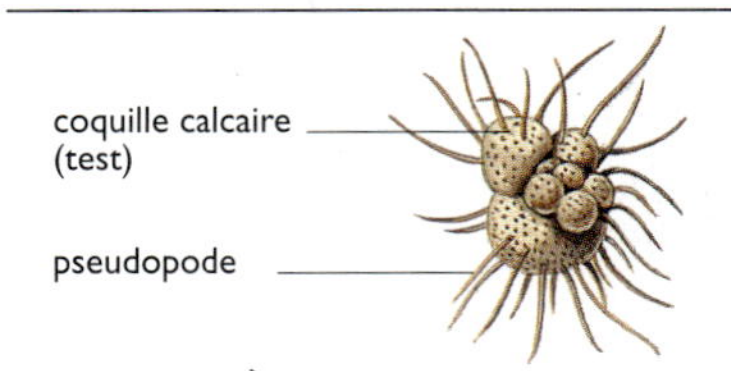

■ **FORAMINIFÈRE.** Globigérine (x 40).

FORBAN n.m. (de l'anc. fr. *forbannir,* bannir à l'étranger). **1.** Pirate qui se livrait à des expéditions armées sur mer pour son propre compte, sans lettre de course. **2.** *Fig.* Individu malhonnête, sans scrupule.

FORÇAGE n.m. AGRIC. Traitement que l'on fait subir à certaines plantes (plantes à fleurs, légumes) pour les obliger à se développer, à fleurir ou à fructifier en dehors des périodes normales.

FORÇAT n.m. (ital. *forzato*). **1.** Anc. Homme condamné aux galères ou aux travaux forcés du bagne. ◇ *Travailler comme un forçat,* très durement. **2.** *Fig.* Homme dont les conditions de vie sont particulièrement pénibles.

FORCE n.f. (bas lat. *fortia,* pl. neutre de *fortis,* courageux). **1.** Énergie, vigueur physique. *Elle a beaucoup de force.* ◇ *Force de la nature :* personne qui a beaucoup d'endurance, de résistance ou qui est pleine de vitalité. **2.** Résistance d'un matériau ; solidité, épaisseur. *La force d'un câble. La force d'un papier, d'un carton.* **3.** Capacité de résister aux épreuves ; énergie morale. *Force d'âme, de caractère.* **4.** Degré d'aptitude dans le domaine intellectuel ; capacité, habileté, niveau. *Ils sont de la même force en maths.* **5. a.** Degré d'intensité d'un sentiment. *La force du désir.* **b.** Degré de puissance, d'intensité d'un agent physique. *La force d'un courant. Vent de force 7.* **c.** Degré d'efficacité, de rendement de qqch. *La force d'un médicament. La force d'une machine.* **6.** Caractère obligatoire, inéluctable de qqch. *La force de l'habitude.* ◇ ***À force de :*** à la longue, par des efforts répétés. – ***Par force :*** par nécessité. **7.** Emploi de moyens violents pour contraindre une ou plusieurs personnes. *Céder à la force. Employer la force. Coup de force.* ◇ ***De force, de vive force :*** en employant la violence, la contrainte. – ***Par force :*** sous l'effet de la contrainte. – ***Épreuve de force :*** situation résultant de l'échec des négociations entre deux groupes antagonistes et où la solution ne dépend plus que de la supériorité éventuelle de l'un sur l'autre. **8.** Pouvoir, capacité de s'imposer ou d'exercer une contrainte ; autorité, puissance. *Être en position de force. Décret qui a force de loi.* ◇ DR. ***Force exécutoire :*** qualité d'un acte ou d'un jugement qui permet, si besoin est, le recours à la force publique pour son exécution. **9.** Ensemble de personnes armées et organisées, chargées d'une tâche de protection, de défense ou d'attaque. ◇ ***Force publique :*** ensemble des formations de la police, de la gendarmerie et des armées qui sont à la disposition du gouvernement pour assurer le respect de la loi et le maintien de l'ordre. – ***Force de frappe, de dissuasion,*** ou, en France, ***force nucléaire stratégique :*** force militaire aux ordres directs de la plus haute instance politique d'un État, rassemblant la totalité de ses armements nucléaires stratégiques. **10.** ***Force de vente :*** ensemble des vendeurs d'une entreprise. **11.** MÉCAN. Toute cause capable de déformer un corps, d'en modifier l'état de repos ou de mouvement. *Calculer le travail d'une force.* **12.** ÉLECTR. *Force électromotrice* → **électromoteur.** – *Force contre-électromotrice* → **contre-électromotrice.** **13.** CHIM. ***Force d'un électrolyte,*** mesure de son énergie de dissociation. **14.** Importance numérique, quantité. ◇ ***Être en force :*** être nombreux. ◆ pl. **1.** ***Forces armées,*** ou ***forces :*** ensemble des formations militaires d'un État. *Forces aériennes, navales, terrestres.* **2.** Ensemble des personnes unies par une même volonté et œuvrant à la réalisation d'une idée. *Les forces de progrès.* **3.** ***Les forces de la nature :*** les phénomènes naturels. ◆ adv. *Litt.* Beaucoup, un grand nombre de. *Dévorer force moutons.*

FORCÉ, E adj. **1.** Qui manque de naturel. *Un rire forcé.* **2.** Qui est imposé, que l'on fait contre sa volonté. *Atterrissage forcé.* ◇ ***Avoir la main forcée :*** agir malgré soi sous la pression d'autrui. **3.** Inévitable. *Elle gagnera, c'est forcé.* **4.** ***Culture forcée :*** culture de plantes soumises au forçage. **5.** ***Marche forcée :*** marche dont la durée et la rapidité dépassent celles des marches ordinaires.

FORCEMENT n.m. Action de forcer. *Forcement d'un coffre.*

FORCÉMENT adv. Par une conséquence inévitable ; fatalement.

FORCENÉ, E n. (anc. fr. *forsener,* être hors de sens). Personne qui n'a plus le contrôle de soi ; fou furieux. ◆ adj. **1.** Dont la violence est intense, hors de mesure. *Une haine forcenée.* **2.** Qui dépasse toute mesure dans ses attitudes. *Un partisan forcené de la peine de mort.*

FORCEPS [fɔrsɛps] n.m. (mot lat., *tenailles*). **1.** Instrument affectant la forme d'une grande pince, destiné à saisir la tête de l'enfant pour en faciliter l'expulsion dans certains accouchements difficiles. **2.** ***Au forceps :*** avec difficulté, péniblement. *Faire voter un amendement au forceps.*

FORCER v.t. [9]. **1.** Faire céder par force ; enfoncer. *Forcer une porte, un coffre.* ◇ ***Forcer la porte de qqn,*** entrer chez lui contre sa volonté. – ***Forcer la consigne,*** ne pas la respecter. **2. a.** Obliger qqn à faire qqch. *Ils l'ont forcé à partir.* ◇ ***Forcer la main à qqn,*** l'obliger à faire qqch contre sa volonté. **b.** *Fig.* Faire naître, susciter par son ascendant ou obtenir par la contrainte. *Forcer l'admiration. Forcer le consentement de qqn.* **3.** Fausser, détériorer en exerçant une force excessive. *Forcer une clé.* **4. a.** Pousser à un effort, à un rendement excessif, au-delà des limites normales. *Forcer un moteur. Forcer sa voix.* ◇ ***Forcer sa nature :*** vouloir faire plus qu'on ne peut. – ***Forcer le pas :*** marcher plus vite. **b.** AGRIC. Soumettre au forçage. *Forcer des légumes.* **5.** *Fig.* ***Forcer le sens d'un mot, d'un texte,*** lui faire dire autre chose que ce qu'il signifie. **6.** VÉNER. Pousser un animal dans ses derniers retranchements ; le réduire aux abois. *Forcer un cerf.* ◆ v.i. **1.** Fournir un effort intense. *Il a fini la course sans forcer.* **2.** Agir avec trop de force. *Ne force pas, tu vas tout casser !* **3.** Supporter un effort excessif. *Cordage qui force trop.* ◆ **se forcer** v.pr. S'imposer une obligation plus ou moins pénible.

FORCERIE n.f. Serre ou établissement où est pratiqué le forçage des plantes.

FORCES n.f. pl. (lat. *forfex*). Vieilli. Grands ciseaux pour tondre les moutons, le drap, couper les métaux, etc.

FORCING [fɔrsiŋ] n.m. (mot angl.). **1.** SPORTS. Accélération du rythme, de la cadence. ◇ ***Faire le forcing :*** attaquer de manière continue. **2.** *Fam.* Effort violent et soutenu dans le travail.

FORCIR v.i. **1.** Devenir plus robuste, plus grand, plus fort, en parlant d'un enfant. **2.** Grossir.

FORCLORE v.t. (de *fors,* hors de, et *clore*). DR. Priver du bénéfice d'un droit, notamm. du droit d'un recours en justice, lorsqu'il n'a pas été exercé en temps utile. – REM. Usité seulem. à l'inf. et au p. passé *forclos, e.*

FORCLOS, E adj. DR. Qui a laissé prescrire son droit. *Le plaignant est forclos.*

FORCLUSION n.f. **1.** DR. Perte de la faculté de faire valoir un droit, par l'expiration d'un délai. **2.** PSYCHAN. Selon J. Lacan, rejet d'un signifiant hors de l'univers symbolique du sujet, avant toute intégration à l'inconscient, qui serait à l'origine des états psychotiques.

FORDISME n.m. Théorie d'organisation industrielle que l'on doit à Henry Ford et visant à accroître la productivité par la standardisation des produits et par une nouvelle organisation du travail (travail à la chaîne).

FORER v.t. (lat. *forare*). **1.** Percer avec un foret. **2.** Creuser un trou, une cavité dans une matière dure. *Forer un tunnel.*

FORESTAGE n.m. Travail en forêt.

FORESTERIE n.f. Ensemble des activités liées à la forêt et à son exploitation.

FORESTIER, ÈRE adj. Qui a trait à la forêt ; qui provient de la forêt ; qui se situe en forêt. *Code forestier. Ressources forestières. Chemin forestier.* ◆ n. et adj. Employé de l'administration forestière, professionnel de la foresterie.

FORET n.m. Outil à corps cylindrique dans lequel sont aménagés deux filets hélicoïdaux à lèvres tranchantes et qui permet de faire des trous.

FORÊT n.f. (bas lat. *forestis*). **1.** Grande étendue de terrain couverte d'arbres ; ensemble des arbres qui la couvrent. *Une forêt de sapins.* ◇ ***Forêt vierge*** ou ***primaire :*** forêt qui a évolué sans aucune intervention humaine. – ***Forêt secondaire :*** forêt qui a subi l'intervention de l'homme. – ***Forêt dense :*** forêt des régions tropicales humides, caractérisée par plusieurs étages de végétation et de nombreuses espèces. **2.** *Fig.* Grande quantité de choses qui s'élèvent en hauteur. *Une forêt de mâts.*

■ **FORÊT** tropicale : la canopée de la forêt amazonienne, au Venezuela.

FORÊT-GALERIE n.f. (pl. *forêts-galeries*). Forêt dense formant de longues bandes de part et d'autre des cours d'eau de la savane.

FORÊT-NOIRE n.f. (pl. *forêts-noires*). Pâtisserie d'origine allemande à base de génoise au chocolat, garnie de crème fouettée, de cerises à l'eau-de-vie et de copeaux de chocolat.

FOREUR n.m. Spécialiste du forage.

FOREUSE n.f. TECHN. Machine à forer.

FORFAIRE v.t. ind. **(à)** [89] (de *fors,* hors de, et *faire*). *Litt.* Manquer gravement à des obligations morales impérieuses. *Forfaire à l'honneur.* – REM. Usité seulem. à l'inf. présent, au sing. du présent de l'indic. et aux temps composés.

1. FORFAIT n.m. (de *forfaire*). *Litt.* Crime abominable qui frappe l'imagination par son horreur.

2. FORFAIT n.m. (de *for,* altér. de l'anc. fr. *fur,* taux). **1.** Clause d'un contrat fixant le prix d'une prestation à un montant invariable. **2.** Évaluation par le fisc des revenus ou du chiffre d'affaires de certains contribuables à partir de certains éléments significatifs.

3. FORFAIT n.m. (angl. *forfeit,* du fr. *2. forfait*). **1.** Somme fixée à l'avance et qui sanctionne l'inexécution d'un engagement ou d'une obligation quelconque dans une épreuve sportive. **2.** *Spécial.* Somme due par le propriétaire d'un cheval engagé dans une course s'il ne le fait pas courir. **3.** Renoncement à participer à une compétition dans laquelle on était engagé. ◇ ***Déclarer forfait :*** annoncer qu'on renonce à une compétition ; *fig.,* renoncer. – ***Être déclaré forfait,*** ou ***être forfait :*** être considéré comme ayant renoncé à participer à une compétition.

FORFAITAIRE adj. Fixé, déterminé par forfait.

FORFAITAIREMENT adv. De façon forfaitaire.

FORFAITURE n.f. **1.** DR. Crime commis par un fonctionnaire dans l'exercice de ses fonctions. **2.** HIST. Crime commis par un vassal contre son seigneur.

FORFANTERIE n.f. (anc. fr. *forfant,* coquin). *Litt.* Hâblerie, fanfaronnade.

FORFICULE n.f. (lat. *forficula,* petits ciseaux). Insecte qui s'abrite le jour sous les pierres et se nourrit la nuit, appelé aussi *perce-oreille* ou *pince-oreille* à cause des deux appendices en forme de pince qui terminent son abdomen. (Ordre des dermoptères.)

FORGE n.f. (lat. *fabrica*). **1.** Atelier où l'on travaille les métaux au feu et au marteau sur l'enclume. **2.** Fourneau à soufflerie pour le travail à chaud des métaux. ◆ pl. Vx. Usine sidérurgique. (S'emploie aussi dans les noms de lieux.)

FORGEABLE adj. Qui peut être forgé.

FORGEAGE n.m. Action de forger. (Dans le forgeage, la pression est exercée de façon intermittente par l'une des parties de la machine [presse, marteau-pilon, etc.] ; on différencie ainsi le *forgeage libre* de l'*estampage.*)

FORGER v.t. [10] (lat. *fabricare,* forger). **1.** Façonner (génér. à chaud) par déformation plastique un métal, un alliage par rapprochement de deux outillages (par ex. matrices). *Forger une barre de fer.* ◇ ***Forger un caractère,*** le former par des épreuves. **2.** Créer par l'imagination ; inventer, imaginer. *Forger un mot. Forger une excuse.*

FORGERON n.m. **1.** Artisan qui façonne à la forge et au marteau des pièces de petites et de moyennes dimensions. **2.** Personne travaillant les métaux par forgeage.

FORGEUR, EUSE n. *Litt.* Personne qui invente. *Forgeur de calomnies.*

FORINT [fɔrint] n.m. Unité monétaire principale de la Hongrie.

FORJETER v.t. [16] (de *fors,* hors de, et *jeter*). CONSTR. Construire en saillie hors de l'alignement d'une construction.

FORLANCER v.t. [9] (de *fors,* hors de, et *lancer*). VÉNER. Faire sortir une bête de son gîte.

F

FORLANE n.f. (ital. *furlana*, de *friulano*, du Frioul). **1.** Danse originaire du Frioul, pratiquée comme danse populaire au début du XVIIe s. à Venise, puis adaptée comme danse de cour et danse théâtrale au début du XVIIIe s., en France. **2.** Pièce instrumentale issue d'une suite, de rythme ternaire à 6/8 ou 6/4.

FORLIGNER v.i. (de *fors*, hors de, et *ligne*). **1.** Vx. Se mésallier. **2.** *Litt.* S'écarter du chemin de l'honneur, de la vertu.

FORLONGER v.t. [10]. VÉNER. Distancer les chiens, en parlant de la bête.

FORMAGE n.m. TECHN. Action de donner sa forme à un objet manufacturé.

FORMALDÉHYDE n.m. Aldéhyde *formique.

FORMALISATION n.f. Action de formaliser.

1. **FORMALISER** v.t. **1.** LOG. Poser explicitement dans une théorie déductive les règles de formation des expressions, ou formules, ainsi que les règles d'inférence suivant lesquelles on raisonne. **2.** *Cour.* Mettre en forme. *Formaliser un projet.*

2. **FORMALISER (SE)** v.pr. Être choqué par ce qu'on juge être un manquement aux règles, aux usages. *Se formaliser d'une plaisanterie.*

FORMALISME n.m. **1.** Respect scrupuleux des formes, des formalités ; attachement excessif aux formes extérieures de la politesse, à l'étiquette. **2.** Tendance, en art notamm., à privilégier les valeurs formelles au détriment du contenu. ◇ *Formalisme russe :* école de critique littéraire, active de 1916 à 1930 à Moscou, à Leningrad puis à Prague et dont l'objet était la définition des caractères proprement littéraires d'une œuvre (principaux représentants : Roman *Jakobson, Viktor Chklovski, Ossip Brik, Iouri Tynianov, Vladimir Propp). **3.** LOG. Doctrine selon laquelle les mathématiques sont des assemblages de signes vides de sens comme tels. **4.** PHILOS. Thèse soutenant que la vérité des sciences ne dépend que des règles d'usage de symboles conventionnels. – Doctrine morale selon laquelle la valeur de l'acte ne dépend pas de son contenu, mais de sa forme. (Princip. chez Kant.)

F

FORMALISTE adj. et n. **1.** Très attaché aux formes, à l'étiquette. **2.** Relatif au formalisme ; qui en est partisan. **3.** Se dit d'un membre du groupe du formalisme russe.

FORMALITÉ n.f. **1.** Opération obligatoire pour la validité de certains actes juridiques, judiciaires ou administratifs. *Remplir une formalité.* ◇ DR. *Formalité substantielle :* formalité exigée pour la validité d'un acte. **2.** (Souvent pl.) Règle de conduite imposée par la civilité, les convenances. **3.** Démarche, action sans importance véritable ou qui ne présente aucune difficulté. *Cet examen n'est qu'une simple formalité.*

FORMANT n.m. PHON. Chacune des fréquences de résonance du conduit vocal qui caractérisent une voyelle.

FORMARIAGE n.m. (de *fors*, hors de, et *marier*). HIST. Mariage d'un serf hors de la seigneurie ou avec une personne d'une autre condition.

FORMAT n.m. (ital. *formato*, mesure, dimension). **1.** Dimension, taille d'un objet en général. *Le format d'un tableau.* **2.** Dimensions d'un livre (hauteur et largeur). – Échelle fixe de dimensions d'un livre indiquant le nombre de feuillets que présente une feuille d'imprimerie après pliure. *Format in-quarto, in-octavo.* **3.** AUDIOVIS. Durée d'un programme de radio ou de télévision ; concept d'une émission, d'une programmation. **4.** INFORM. Structure caractérisant la disposition des données sur un support d'information. **5.** Largeur d'un film, exprimée en millimètres. *Le format 35 mm.*

FORMATAGE n.m. Action de formater.

FORMATER v.t. INFORM. **1.** Organiser les pistes et secteurs d'un support de stockage magnétique de données de façon à y autoriser des opérations de lecture/écriture selon un format donné. **2.** Mettre en forme un texte en vue de son impression selon des caractéristiques données de mise en pages.

FORMATEUR, TRICE adj. Qui développe les facultés intellectuelles et morales, les aptitudes. *Exercice formateur.* ◆ n. Personne chargée de former de futurs professionnels.

FORMATIF, IVE adj. *Didact.* Qui sert à former.

FORMATION n.f. **1.** Action de former ; manière dont qqch se forme, apparaît. *La formation d'un mot, d'un abcès.* **2.** Développement des organes du corps. – *Spécial.* Puberté. (Se dit surtout pour la jeune fille.) **3. a.** Action de former qqn intellectuellement ou moralement ; instruction, éducation. ◇ *Formation permanente* ou *continue :* formation professionnelle destinée aux salariés des entreprises. – *Formation professionnelle :* ensemble des mesures adoptées en vue de l'acquisition ou du perfectionnement d'une qualification professionnelle pour les travailleurs, prises en charge en France par l'État et les employeurs. – *Formation en alternance,* assurée pour partie en entreprise et pour partie en établissement de formation. **b.** Ensemble de connaissances, savoir acquis dans un domaine déterminé ; culture. *Formation littéraire. Il n'a aucune formation.* **4.** Groupement de personnes. *Formation politique, syndicale.* – Équipe sportive. *La formation allemande.* **5.** MIL. **a.** Détachement d'une force militaire. **b.** Disposition prise par une troupe, une flotte, un groupe d'aéronefs pour l'instruction, la manœuvre ou le combat. **6.** ÉCOL. *Formation végétale :* association de végétaux présentant, malgré les différences des espèces, un caractère biologique et un faciès analogues (forêts, buissons, steppes, etc.). – BOT. *Formations secondaires :* structures (bois, liber) se formant seulement à partir de la deuxième année. **7.** GÉOL. Ensemble de terrains de même nature. *Formation calcaire.* **8.** PSYCHAN. *Formation réactionnelle :* processus psychique de défense du sujet contre certains contenus ou désirs inconscients. – *Formation de compromis :* moyen par lequel le refoulé fait irruption dans la conscience, où il ne peut faire retour qu'à condition de ne pas être reconnu (rêve, symptôme névrotique, etc.).

FORME n.f. (lat. *forma*). **I.** *Aspect, condition.* **1.** Manière d'être extérieure, configuration des corps, des objets ; aspect particulier. ◇ *En forme de :* à l'aspect de. – *Prendre forme :* commencer à avoir une apparence reconnaissable. **2.** Structure expressive, plastique de l'œuvre d'art. **3.** Mode, modalité selon lesquels qqch d'abstrait se présente, peut exister. *Il y a plusieurs formes d'intelligence.* **4.** LING. Aspect sous lequel se présente un mot, une construction ; unité linguistique (morphème, syntagme, etc.). *Forme interrogative, négative. Les formes du futur.* **5.** Manière dont une idée est présentée (par oppos. à *fond*). **6.** Ensemble de moyens propres à chaque art, à une école. *Forme littéraire.* **7.** Structure d'une œuvre musicale. **8.** DR. Condition externe nécessaire à la validité d'un acte juridique ou d'un jugement. (Un acte est soumis à des questions de fond et de forme.) ◇ DR. *En forme, en bonne forme, en bonne et due forme :* selon les lois, les règles. – *Pour la forme :* pour respecter les usages. – *De pure forme :* purement formel. **9.** Condition physique ou intellectuelle de qqn. *Être en forme, en pleine forme. Ne pas avoir la forme.* **II.** *Sens techniques et scientifiques.* **1.** Moule sur lequel on fait un chapeau, une chaussure, etc. **2.** IMPRIM. Composition typographique, planche ou cylindre servant à l'impression. **3.** VÉTÉR. Exostose qui se développe sur les phalanges du cheval. **4.** ALGÈBRE. Application associant à un, deux ou *n* vecteurs un élément du corps des scalaires de l'espace vectoriel. **5.** PHILOS. Principe qui détermine la matière et lui apporte une essence déterminée, chez Aristote et génér. en métaphysique. – Chez Kant, ce qui structure la connaissance (lois des pensées, intuitions a priori de la sensibilité), par oppos. à la *matière* apportée par l'expérience. **6.** PSYCHOL. Organisation des éléments constitutifs d'un stimulus entraînant sa perception comme globalité structurée. ◇ *Théorie de la forme :* gestaltisme. **7.** MUS. *Forme ouverte :* composition musicale proposée par son auteur avec différentes possibilités d'interprétation. ◆ pl. **1.** Contours du corps humain. *Un pull serré qui met les formes en valeur.* **2.** Manières conformes aux règles de la politesse, de la bienséance. ◇ *Dans les formes :* selon les usages établis. – *Mettre les formes :* user de précautions oratoires pour ne blesser personne.

FORMÉ, E adj. Qui a pris sa forme, achevé son développement. *Un épi formé.* ◆ adj.f. Se dit d'une jeune fille qui a eu ses premières règles, ou qui a fini sa puberté.

FORMEL, ELLE adj. **1.** Qui est formulé avec précision, qui n'est pas équivoque. *Un refus formel.* **2.** Qui s'attache à la forme, à l'aspect extérieur. *Politesse formelle.* **3.** Qui se rapporte aux structures expressives, au style. **4.** *Logique formelle* → **logique.**

FORMELLEMENT adv. De façon formelle.

FORMER v.t. (lat. *formare*). **1.** Créer, constituer ce qui n'existait pas ; concevoir, faire. *Former un projet, un gouvernement.* **2.** Donner une certaine forme à. *Bien former ses lettres.* **3.** Éduquer, façonner par l'instruction, l'éducation ; exercer, entraîner. *Former le goût.* **4.** Prendre la forme, l'aspect de. *Entrée qui forme hall.* **5.** Être la matière de ; constituer, composer. *Éléments qui forment un tout.* ◆ **se former** v.pr. **1.** Prendre forme ; apparaître. **2.** Devenir plus habile ; s'instruire. *Il s'est formé sur le tas.*

FORMERET n.m. ARCHIT. Arc latéral d'une travée de voûtes d'arêtes ou d'ogives, engagé dans un mur et le plus souvent parallèle à l'axe général des voûtes du bâtiment. (On dit aussi *arc formeret.*)

FORMIATE n.m. Sel ou ester de l'acide formique.

FORMICA n.m. (nom déposé ; mot angl.). Matériau stratifié revêtu de résine artificielle.

FORMIDABLE adj. (lat. *formidabilis*, redoutable). **1.** *Fam.* Qui suscite de l'admiration ; très remarquable. *C'est quelqu'un de formidable.* **2.** Qui sort de l'ordinaire par son intensité, sa force. *Une volonté formidable.* **3.** *Litt.* D'une grandeur qui cause un sentiment de respect, de crainte. *Une puissance formidable.*

FORMIDABLEMENT adv. De façon formidable ; très.

FORMIQUE adj. (du lat. *formica*, fourmi). CHIM. ORG. *Acide formique :* acide (HCOOH) existant dans les orties, le corps des fourmis, etc. SYN. : *acide méthanoïque.* – *Aldéhyde formique :* gaz (HCHO) obtenu par oxydation ménagée de l'alcool méthylique, l'une des principales matières premières de la chimie lourde. SYN. : *formaldéhyde, méthanal.*

FORMOL n.m. Solution aqueuse d'aldéhyde formique, employée comme désinfectant et comme conservateur des tissus en laboratoire.

FORMOLER v.t. Soumettre à l'action du formol ou de ses vapeurs.

FORMULABLE adj. Qui peut être formulé.

FORMULAIRE n.m. **1.** Imprimé préétabli, génér. d'ordre administratif, où sont formulées des questions auxquelles la personne intéressée doit répondre. **2. a.** Recueil de formules. **b.** DR. Recueil de modèles d'actes.

FORMULATION n.f. Action de formuler ; expression. *Formulation d'une doctrine.*

FORMULE n.f. (lat. *formula*). **1.** Façon de parler, expression consacrée par l'usage. *Formule de politesse.* **2.** DR. Modèle des termes formels de certains actes juridiques. **3.** Manière de concevoir, d'agencer, de présenter qqch. *Une nouvelle formule de crédit.* – Solution. *Ils ont trouvé la formule idéale.* **4.** MATH. Nom usuel de certaines égalités ou inégalités remarquables. **5.** LOG. Suite de signes qui satisfait aux règles de formation des énoncés d'une théorie déductive. **6. a.** CHIM. Ensemble de symboles des éléments et de nombres entiers dénotant la composition d'une espèce chimique. (La *formule développée* montre les interconnexions des atomes et donne une idée de la géométrie de cette espèce. La *formule de Lewis* spécifie, pour une molécule organique, la répartition des paires d'électrons de valence.) **b.** CHIM. INDUSTR. *Formule de composition,* ou *formule :* liste des constituants du mélange servant à l'élaboration de certains produits ou matériaux (cosmétiques, carburants, polymères, etc.). **7.** *Formule leucocytaire* ou *sanguine :* proportion relative des différentes catégories de globules blancs contenus dans le sang. **8.** *Formule florale :* représentation chiffrée des différentes pièces constituant une fleur. (Par ex., 5S + 5P + 5E + 2C s'applique à une fleur ayant 5 sépales, 5 pétales, 5 étamines et 2 carpelles.) **9.** *Formule dentaire :* représentation chiffrée de la denture d'un mammifère, donnée pour chaque demi-mâchoire. (La formule dentaire du loup est I 3/3, C 1/1, P 4/4, M 2/3 = 42.) **10.** *Formule 1, 3 000, 3, de promotion :* catégories d'automobiles monoplaces destinées uniquement à la compétition, en circuit ou sur parcours fermé ; les automobiles appartenant à ces catégories. *Voiture de formule 1.*

FORMULER v.t. **1.** Exprimer avec plus ou moins de précision. *Formuler une question.* **2.** Mettre en formule ; rédiger la formule de. *Formuler un théorème.* **3.** CHIM. INDUSTR. Déterminer la formule de composition.

FORNICATEUR, TRICE n. Personne qui pratique la fornication.

FORNICATION n.f. **1.** RELIG. Relations charnelles entre personnes non mariées ou liées par un vœu ; péché de la chair. **2.** *Fam., par plais.* Relations sexuelles en général.

FORNIQUER v.i. (lat. *fornicari*). **1.** RELIG. Commettre le péché de fornication. **2.** *Fam., par plais.* Avoir des relations sexuelles.

FORS [fɔr] prép. (lat. *foris,* hors de). *Litt.,* vx. Hors, excepté. *Tout est perdu, fors l'honneur.*

FORSYTHIA [fɔrsisja] n.m. (de *Forsyth,* n. d'un arboriculteur angl.). Arbrisseau ornemental originaire d'Asie dont les fleurs, jaunes, apparaissent dès la fin de l'hiver, avant les feuilles. (Haut. 2 à 4 m ; famille des oléacées.)

■ **FORSYTHIA**

1. FORT, E adj. (lat. *fortis*). **1.** Qui a beaucoup de force physique ; robuste, vigoureux. **2.** Qui est particulièrement développé ; gros, corpulent. *Elle est trop forte pour sa taille.* **3.** Qui a des capacités morales ou intellectuelles ; qui a des aptitudes, de l'habileté dans un domaine. *Une âme forte. Être fort en maths. Il est très fort en ski.* ◇ ***Esprit fort*** : personne incroyante ou non conformiste. – ***Forte tête*** : personne rebelle à toute discipline. **4.** Dont la puissance et les moyens d'action sont très développés ; qui s'impose aux autres. ◇ ***Homme fort*** : celui qui dispose de la puissance, de l'autorité réelles et n'hésite pas à les employer. – ***Régime fort*** : régime politique qui recourt à la contrainte et à des mesures d'autorité. – ***Avoir affaire à forte partie*** : avoir un adversaire redoutable. – ***Fort de*** : qui tire sa force, sa supériorité de. *Fort de son expérience.* – ***Se faire fort de*** : se déclarer, se croire capable de. *Elle se fait fort de démontrer ce théorème.* **5.** Qui est très solide, résistant. *Fil, carton fort. Colle forte.* ◇ ***Terre forte*** : terre argileuse, compacte et difficile à labourer. **6. a.** Qui impressionne vivement le goût ou l'odorat. *Du café, du tabac fort.* **b.** Désagréable au goût ; âcre. *Beurre fort.* **7.** Qui a beaucoup de puissance, d'intensité, de force. *Une voix forte. Vents forts.* ◇ ***Temps fort. a.*** MUS. Temps de la mesure où l'on renforce le son. **b.** *Fig.* Moment important d'une action, d'un spectacle. **8.** Qui est important, considérable. *Une forte somme. Une forte chaleur.* ◇ ***Prix fort,*** sans réduction. **9.** Qui est doté de puissants moyens de défense. *Place forte.* **10.** Qui nécessite une grande aptitude, une grande habileté ; difficile. *Ce tour de prestidigitation est très fort.* **11.** *Fam.* Qui dépasse la mesure et qu'on a du mal à croire, à accepter, à supporter. *C'est un peu fort !* **12.** CHIM. MINÉR. Se dit d'un acide, d'une base, d'un électrolyte très dissociés. **13.** PHYS. ***Interaction forte*** : interaction caractéristique des forces nucléaires et des hadrons. ◆ adv. **1.** D'une manière forte, intense. *Crier, frapper fort.* **2.** Beaucoup, extrêmement. *Je doute fort que vous réussissiez. Un livre fort intéressant.* **3.** *Fam.* ***Aller fort, y aller fort*** : exagérer en paroles ou en actes. ◆ n.m. **1.** Personne ayant beaucoup d'énergie physique ou morale. *Le fort doit aider le faible.* **2.** Homme d'une grande force physique. ◇ ***Fort des Halles*** : manutentionnaire des anciennes Halles de Paris.

2. FORT n.m. **1.** Ce en quoi une personne excelle. *La générosité, ce n'est vraiment pas son fort.* **2.** *Litt.* ***Au fort de, au plus fort de*** : au plus haut degré, au cœur, au milieu de. *Au fort de l'été. Au plus fort de la discussion.*

3. FORT n.m. (de *1. fort*). Ouvrage de fortification autonome, destiné à défendre un point important. *Les forts de Verdun.*

FORTE [fɔrte] adv. (mot ital.). MUS. Avec un fort degré d'intensité sonore. Abrév. : *f* ou *F.* ◆ n.m. inv. MUS. Passage exécuté dans la nuance forte.

FORTEMENT adv. **1.** Avec force ; vigoureusement. *Appuyer fortement.* **2.** Très, beaucoup. *Désirer fortement qqch.*

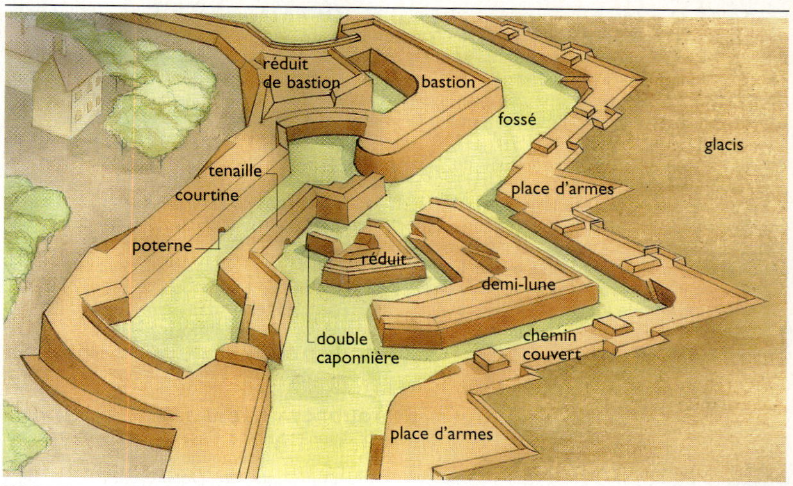

■ **FORTIFICATION.** Système bastionné (XVIIe s.).

FORTERESSE n.f. **1.** Lieu fortifié, organisé pour la défense d'une ville, d'une région. **2.** Citadelle servant de prison d'État. **3.** ***Forteresse volante*** : bombardier lourd américain de type Boeing B-17, mis en service en 1942. **4.** *Fig.* Ce qui résiste aux atteintes ou aux influences extérieures. *Forteresse de préjugés.*

FORTICHE adj. *Fam.* Intelligent, astucieux, habile.

FORTIFIANT, E adj. Se dit d'un médicament ou d'un procédé visant à augmenter les forces physiques. SYN. : *reconstituant.* ◆ n.m. Médicament fortifiant.

FORTIFICATION n.f. **1.** (Souvent pl.) Ouvrage de défense militaire. *Les fortifications de Vauban. Les anciennes fortifications de Paris.* **2.** Art, action d'organiser la défense d'une région au moyen d'ouvrages militaires.

FORTIFIER v.t. [5] (de *1. fort*). **1.** Donner plus de force physique à. *L'exercice fortifie le corps.* **2.** *Fig.* Rendre plus solide, affermir moralement. *Fortifier qqn dans une résolution.* **3.** Protéger une ville, une région par des fortifications.

FORTIFS n.f. pl. *Fam.,* vx. Fortifications de Paris.

FORTIN n.m. (ital. *fortino*). Petit fort.

FORTIORI (A) loc. adv. → **A FORTIORI.**

FORTISSIMO adv. (mot ital.). MUS. Avec un très fort degré d'intensité sonore. Abrév. : *ff.* ◆ n.m. Passage exécuté dans la nuance fortissimo.

FORTRAN n.m. (acronyme de l'angl. *formula translation*). INFORM. Langage de programmation évolué à usage scientifique.

FORTUIT, E [fɔrtɥi, it] adj. (lat. *fortuitus,* de *fors,* hasard). Qui arrive par hasard ; imprévu.

FORTUITEMENT adv. Par hasard.

FORTUNE n.f. (lat. *fortuna*). **1.** Ensemble des biens matériels, des richesses que possède qqn ou une collectivité. *Avoir de la fortune.* ◇ ***Faire fortune*** : devenir riche. **2.** *Litt.* Destin heureux ou malheureux ; hasard. *Les coups de la fortune.* ◇ ***De fortune*** : improvisé, provisoire. *Réparation de fortune.* – ***À la fortune du pot*** : en prenant l'invitation, le repas tels qu'ils se présentent ; en toute simplicité, à la bonne franquette. – Vieilli. ***Chercher fortune*** : partir à l'aventure dans l'espoir de commencer une vie, une carrière. – ***Revers de fortune*** : changement brusque et fâcheux intervenant dans la situation de qqn ; perte d'argent. **3.** *Litt.* Sort heureux ou malheureux réservé à qqch. *La fortune d'un livre, d'une pièce de théâtre.* **4.** MAR. ***Voile de fortune,*** ou ***fortune*** : misaine carrée d'une goélette. **5.** DR. MAR. ***Fortune de mer*** : ensemble des événements dus aux périls de la mer ou à des faits de guerre qui causent des dommages au navire ou à la cargaison.

FORTUNÉ, E adj. (lat. *fortunatus*). Qui a de la fortune, qui est largement pourvu de biens matériels.

FORUM [fɔrɔm] n.m. (mot lat.). **1.** ANTIQ. ROM. **a.** ***Le Forum*** : place de Rome où le peuple s'assemblait, qui était à la fois le centre religieux, le centre commercial et juridique, le centre des affaires privées et de la vie publique. **b.** Place centrale des villes antiques d'origine romaine, où se trouvaient les principaux édifices publics. **2.** Mod. Réunion accompagnée de débats ; colloque. **3.** Espace public destiné à l'échange différé de messages sur un thème donné, sur un réseau télématique, en partic. Internet.

FORURE n.f. SERRUR. Trou axial de la tige de certaines clefs.

FOSBURY FLOP [fɔsbœriflɔp] n.m. [pl. *fosbury flops*] (mot angl., de *Fosbury,* n.pr., et *flop,* fait de tomber). SPORTS. Technique de saut en hauteur qui consiste en un franchissement de la barre sur le dos. Abrév. *(cour.)* : *fosbury.*

■ **FOSBURY FLOP**

FOSSE n.f. (lat. *fossa*). **1.** Creux plus ou moins large et profond dans le sol. *Fosse à purin.* ◇ ***Fosse d'aisances*** : cavité destinée à la collecte des matières fécales d'une habitation et qui n'est pas reliée à un réseau d'assainissement. – ***Fosse septique*** : fosse d'aisances équipée de manière que des micro-organismes assurent la liquéfaction des matières récoltées. **2.** Trou creusé pour inhumer un mort. ◇ ***Fosse commune,*** où sont déposés ensemble les corps, les cercueils de plusieurs personnes. **3.** OCÉANOL. Dépression du fond des océans dont la profondeur dépasse 5 000 m. **4.** MIN. Ensemble des installations de surface et des travaux du fond rattachés à un puits d'extraction, dans une houillère. **5.** ANAT. Cavité. *Fosses nasales.* **6.** ***Fosse d'orchestre*** : emplacement de l'orchestre dans un théâtre lyrique, un music-hall.

FOSSÉ n.m. (bas lat. *fossatum*). **1.** Fosse creusée en long pour délimiter des parcelles de terrain, pour faciliter l'écoulement des eaux ou pour servir de défense. **2.** *Fig.* Divergence de vues,

FOSSES : LES PRINCIPALES FOSSES OCÉANIQUES

OCÉAN PACIFIQUE	
Mariannes	11 034 m
Tonga	10 882 m
Kouriles	10 542 m
Philippines	10 540 m
Bonin	10 347 m
Kermadec	10 047 m
Nouvelle-Bretagne	9 140 m
OCÉAN ATLANTIQUE	
Porto Rico	9 219 m
OCÉAN INDIEN	
Java	7 455 m

écart entre deux façons de penser ; coupure, désaccord. *Le fossé des générations.* **3.** GÉOL. ***Fossé tectonique*** ou ***d'effondrement*** : zone affaissée entre deux failles. SYN. : *graben.*

FOSSETTE n.f. Léger creux que l'on peut avoir naturellement au menton ou qui se forme sur la joue quand on rit.

FOSSILE adj. et n.m. (lat. *fossilis*). Se dit d'un reste ou d'une empreinte de plante ou d'animal ayant vécu avant l'époque historique, qui ont été conservés dans des dépôts sédimentaires. *Animaux, bois fossiles.* ◇ ***Combustibles fossiles*** : le charbon, le pétrole, le gaz naturel. ◆ n.m. **1.** ZOOL. ***Fossile vivant*** : être vivant dont l'organisation est restée très proche de lointains ancêtres connus à l'état fossile. **2.** *Fam.* Personne ayant des idées dépassées, démodées. *Quelle bande de vieux fossiles !*

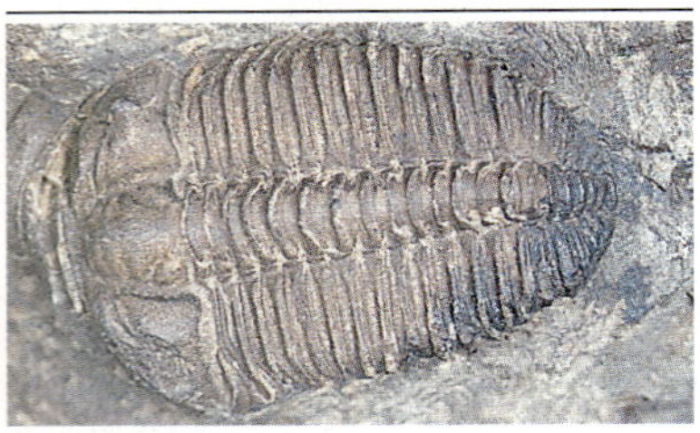

■ **FOSSILE.** Un fossile du cambrien : le trilobite.

FOSSILIFÈRE adj. Qui renferme des fossiles.

FOSSILISATION n.f. Passage d'un corps organisé à l'état de fossile. (Généralement, la fossilisation aboutit à une minéralisation poussée des parties dures et à une destruction des parties molles.)

FOSSILISER v.t. Amener à l'état de fossile. ◆ **se fossiliser** v.pr. Devenir fossile.

FOSSORIER n.m. (de l'anc. fr. *fossoir,* houe). Suisse. Unité de mesure de surface des vignes, valant 4,5 ares.

FOSSOYER v.t. [7]. *Litt.* Creuser une fosse, une tombe.

FOSSOYEUR, EUSE n. **1.** Personne qui creuse les fosses pour enterrer les morts. **2.** *Fig., litt.* Personne qui cause la ruine de qqch, qui l'anéantit.

1. FOU ou **FOL, FOLLE** adj. et n. (du lat. *follis,* ballon). **1.** Se dit d'une personne atteinte de folie. (Ce terme est vieilli en médecine.) **2.** Qui apparaît extravagant dans ses actes, ses paroles. **3.** ***Fou de*** : personne qui se passionne pour qqch ; fanatique. *C'est un fou de jazz.* **4.** *Litt.* ***La folle du logis*** : l'imagination. ◆ adj. **1.** Qui semble hors de soi, sous l'influence d'un sentiment violent ; qui est au paroxysme de. *Fou de colère, de joie, de douleur.* ◇ ***Fou de*** : qui affectionne, aime énormément qqn, qqch. *Elle est folle de lui.* **2.** Contraire à la raison, à la sagesse, à la prudence. *Un fol espoir.* **3.** Excessif et qu'on ne peut plus retenir. *Une gaieté folle. Un fou rire.* **4.** Considérable en nombre, en intensité ; inouï. *Un monde fou. Un succès fou.* **5.** Se dit d'un mécanisme libre de tourner sur l'arbre qui le porte. *Poulie folle.* – Dont le mouvement n'obéit à aucune loi. *Le camion fou dévalait la pente.* **6.** ***Herbes folles,*** qui croissent en abondance et au hasard. – REM. *Fol,* adj. m., est employé devant un mot masc. sing. commençant par une voyelle ou un *h* muet.

2. FOU n.m. **1.** Bouffon dont le rôle était d'amuser les princes, les rois. **2.** Pièce du jeu d'échecs.

3. FOU n.m. Grand oiseau marin blanc, puissant voilier aux pattes palmées, vivant en colonies importantes sur les côtes rocheuses. (L'espèce commune est le *fou de Bassan* ; genre *Sula* ; famille des sulidés, ordre des pélécaniformes.)

FOUACE n.f. → **FOUGASSE.**

FOUAGE n.m. Au Moyen Âge, impôt extraordinaire perçu sur chaque foyer.

FOUAILLE n.f. (de l'anc. fr. *fou,* feu). VÉNER. Curée du sanglier.

FOUAILLER v.t. (de *fouet*). *Litt.* **1.** Frapper à grands coups de fouet. *Fouailler un animal.* – *Par ext.* Cingler, blesser. *La pluie leur fouaillait le visage.* **2.** *Fig.* Cingler de mots blessants. *Fouailler un auteur de ses critiques.*

FOUCADE n.f. (de *fougue*). *Litt.* Élan, emportement capricieux et passager ; toquade.

FOUCHTRA [fuʃtra] interj. Juron que l'on prête traditionnellement aux Auvergnats.

1. FOUDRE n.f. (lat. *fulgur*). **1.** Décharge électrique, accompagnée d'une vive lumière (éclair) et d'une violente détonation (tonnerre). **2.** *Coup de foudre* → **coup.** ◆ pl. Grande colère, vifs reproches. *S'attirer les foudres de son chef de service.*

2. FOUDRE n.m. **1.** MYTH. ROM. Faisceau de javelots de feu, attribut de Jupiter. **2.** *Litt.* ***Un foudre de guerre, d'éloquence*** : un grand capitaine, un grand orateur.

3. FOUDRE n.m. (all. *Fuder*). Tonneau de grande capacité (de 50 à 300 hl).

FOUDROIEMENT n.m. *Litt.* Action de foudroyer ; fait d'être foudroyé.

FOUDROYAGE n.m. MIN. Éboulement volontaire du toit dans le vide laissé à l'arrière de l'exploitation d'un chantier.

FOUDROYANT, E adj. **1.** Qui frappe d'une mort soudaine et brutale. *Crise cardiaque foudroyante.* **2.** Qui cause une émotion violente, qui frappe de stupeur. *Une révélation foudroyante.*

FOUDROYER v.t. [7]. **1.** Frapper de la foudre ou d'une décharge électrique. ◇ ***Foudroyer qqn du regard,*** lui lancer un regard empli de colère, de hargne. **2.** Tuer soudainement, brutalement. *Une congestion l'a foudroyé.* **3.** Briser, anéantir moralement. *La nouvelle de sa mort l'a foudroyée.*

FOUËNE n.f. → **FOËNE.**

FOUET n.m. (du lat. *fagus,* hêtre). **1.** Instrument fait d'une corde ou d'une lanière de cuir attachée à un manche, pour conduire ou exciter certains animaux (les animaux de trait en partic.). *Des claquements de fouet.* **2.** Châtiment infligé avec un fouet ou des verges. *Ça mérite le fouet.* **3.** Ustensile de cuisine pour battre les œufs, les crèmes, les sauces, etc. **4.** ZOOL. Queue du chien, notamm. du chien courant. ◇ ***Fouet de l'aile*** : articulation extérieure de l'aile des oiseaux. **5.** ***Coup de fouet.*** **a.** Douleur soudaine provenant de la déchirure d'un tendon ou d'un muscle. **b.** Excitation, stimulation dont l'action est immédiate. **6.** ***De plein fouet*** : de face et violemment. *Véhicules qui se percutent de plein fouet.* – ***Tir de plein fouet*** : tir direct sur un but visible.

FOUETTARD adj.m. ***Père fouettard*** : personnage mythique, muni d'un fouet, dont on menaçait les enfants.

FOUETTÉ n.m. En danse classique, pirouette dont l'impulsion est donnée par la jambe libre, qui fait un rond de jambe en l'air.

FOUETTEMENT n.m. Action de fouetter.

FOUETTE-QUEUE n.m. (pl. *fouette-queues*). Grand lézard du Sahara et des déserts du Proche-Orient, à large queue hérissée d'épines. (Genre *Uromastyx* ; famille des agamidés.)

FOUETTER v.t. **1.** Donner des coups de fouet à. *Fouetter son cheval.* **2.** Battre vivement. *Fouetter des œufs.* **3.** Frapper vivement, à coups répétés ; cingler. *La pluie fouette les vitres.* **4.** *Fig.* Animer au moyen d'un stimulant ; exciter. *Le vent leur a fouetté l'appétit.* ◆ v.i. *Fam.* Avoir peur.

1. FOUFOU, FOFOLLE adj. et n. *Fam.* Un peu fou ; farfelu, écervelé.

2. FOUFOU n.m. Afrique. Farine de manioc cuite à l'eau et servie sous forme de boule.

FOUGASSE ou **FOUACE** n.f. (lat. *focacius panis,* pain cuit sous la cendre). **1.** Galette de froment cuite au four ou sous la cendre. **2.** Galette de pain ou de pâte briochée.

FOUGERAIE n.f. Lieu planté de fougères.

FOUGÈRE n.f. (lat. pop. *filicaria,* de *filix, filicis*). Plante vasculaire sans fleurs ni graines, constituée d'un rhizome produisant des tiges aériennes, dont les feuilles (ou *frondes*) portent des organes sporifères *(sporanges)* sur leur face inférieure. (Certaines fougères tropicales sont arborescentes ; ordre des filicales, classe des filicinées.) ◇ ***Fougère aigle,*** d'une espèce commune en forêt, aux très grandes frondes finement découpées qui se dessèchent en automne. (Haut. 1,80 m ; genre *Pteridium.*)

1. FOUGUE n.f. (ital. *foga*). Ardeur impétueuse ; élan, enthousiasme. *La fougue de la jeunesse.*

2. FOUGUE n.f. (de *fouler*). MAR. ***Perroquet de fougue*** : voile carrée enverguée sur un mât qui surmonte le mât d'artimon.

FOUGUEUSEMENT adv. Avec fougue.

FOUGUEUX, EUSE adj. Qui manifeste de la fougue.

FOUILLE n.f. **1.** Action de fouiller, de creuser le sol ; excavation qui en résulte. **2.** Action d'explorer, de visiter minutieusement pour trouver qqch de caché. *La fouille des bagages à la douane.* **3.** *Arg.* Poche d'un vêtement. ◆ pl. Travaux entrepris par des archéologues pour mettre au jour des témoignages de l'activité de l'homme (outils, villes, sépultures, etc.) et de son environnement (pollens, graines, etc.) ensevelis au cours des siècles. *Faire des fouilles. Les fouilles de Pompéi.*

FOUILLÉ, E adj. Travaillé dans le détail, avec minutie ; approfondi. *Un travail très fouillé.*

FOUILLER v.t. (lat. *fodicare,* percer). **1.** Explorer soigneusement un lieu pour trouver ce que l'on cherche. *Fouiller une pièce, une maison.* ◇ ***Fouiller qqn,*** inspecter ses poches, ses vêtements. **2.** Creuser le sol, notamm. pour chercher des vestiges. *Fouiller un site archéologique.* **3.** *Fig.* Travailler avec soin, minutie ; étudier à fond. *Fouiller une idée, une question.* ◆ v.i. Faire des recherches dans un lieu en remuant, en examinant. *Elle fouille dans mes affaires.* ◆ **se fouiller** v.pr. *Fam.* ***Il peut se fouiller*** : il peut toujours attendre, il n'obtiendra pas ce qu'il espérait.

FOUILLEUR, EUSE n. Personne qui travaille sur un chantier de fouilles archéologiques.

FOUILLIS n.m. **1.** Amas confus d'objets placés pêle-mêle ; désordre. *Son bureau disparaît sous un fouillis de papiers.* **2.** Manque de clarté ; confusion. *Un fouillis d'idées, de couleurs.*

FOUINARD, E adj. et n. *Fam., péjor.* Se dit d'une personne indiscrète, qui fouine, aime fouiner ; fouineur.

1. FOUINE n.f. (lat. ***fagina mustela,*** martre du hêtre). **1.** Mammifère carnivore d'Europe et d'Asie, au pelage gris-brun, court sur pattes, de mœurs nocturnes, qui s'attaque volontiers à la volaille dans les poulaillers. (Long. 50 cm sans la queue ; genre *Martes,* famille des mustélidés.) ◇ ***Visage, tête de fouine*** : visage chafouin. **2.** *Fam.* Personne rusée, indiscrète.

■ **FOUINE**

2. FOUINE n.f. (lat. *fuscina*). Foène.

FOUINER v.i. *Fam.* **1.** Se livrer à des recherches indiscrètes ; fureter. *Fouiner dans la vie privée de qqn.* **2.** Explorer les moindres recoins pour découvrir qqch ; fouiller.

FOUINEUR, EUSE adj. et n. *Fam.* **1.** Qui manifeste de l'indiscrétion. **2.** Se dit d'une personne qui aime chercher des objets dans les marchés aux puces, chez les brocanteurs, etc. ; chineur. ◆ n.m. INFORM. Recomm. off. pour *hacker.*

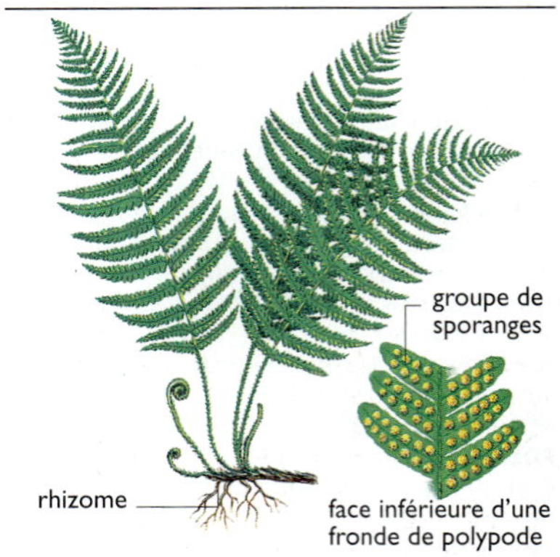

■ **FOUGÈRE.** Fougère mâle.

F

FOUIR v.t. (lat. *fodere*). Creuser le sol, en parlant d'un animal.

FOUISSAGE n.m. Action de fouir.

FOUISSEUR, EUSE adj. et n.m. Se dit d'un animal qui fouit, creuse la terre, comme la taupe.

FOULAGE n.m. **1.** Action de fouler le raisin. **2.** IMPRIM. Relief qui était dû à la pression des caractères, au verso d'une page imprimée.

FOULANT, E adj. **1.** *Fam.* (Surtout en tournure négative.) Fatigant. *Un travail pas foulant.* **2.** TECHN. *Pompe foulante,* qui élève un liquide au moyen de la pression exercée sur lui.

FOULARD n.m. (de *fouler*). **1.** Carré de soie ou de tissu léger que l'on met autour du cou ou sur la tête. **2.** Tissu léger, en soie ou en fibres chimiques, pour la confection de robes, de cravates, d'écharpes, etc.

FOULE n.f. (de *fouler*). **1.** Réunion, en un même lieu, d'un très grand nombre de personnes. **2.** *La foule :* le commun des hommes, pris collectivement (souvent par oppos. à l'*élite*). **3.** Grand nombre de choses ou de personnes. *Il a une foule d'amis.* ◇ *En foule :* en grande quantité.

FOULÉE n.f. **1.** Distance couverte dans la course entre deux appuis successifs. ◇ *Dans la foulée de :* sur la même lancée que qqn ; *fig.,* dans le prolongement immédiat de qqch, d'un événement. **2.** Manière dont un cheval ou un coureur prend appui sur le sol à chaque pas. *Foulée souple.* ◆ pl. VÉNER. Empreintes qu'une bête laisse sur le sol.

FOULER v.t. (du lat. *fullo,* foulon). **1.** Marcher sur. *Fouler le sol natal.* ◇ *Fouler aux pieds :* traiter avec un grand mépris. **2. a.** *Fouler le raisin,* l'écraser par pression modérée avant de le faire fermenter ou de le presser. **b.** TEXT. Donner à un tissu de laine de la compacité et de l'épaisseur en produisant un feutrage plus ou moins important. **c.** Travailler les peaux dans un foulon. SYN. : *foulonner.* ◆ **se fouler** v.pr. **1.** Se faire une foulure. *Se fouler la cheville.* **2.** *Fam. Ne pas se fouler :* ne pas se donner beaucoup de mal.

FOULOIR n.m. Appareil pour fouler le raisin, constitué de cylindres tournant en sens inverse.

FOULON n.m. (lat. *fullo*). **1.** Machine utilisée pour la fabrication du feutre ou pour le foulage des tissus de laine. **2.** Grand tonneau tournant dans lequel sont réalisées diverses opérations du tannage des peaux.

FOULONNER v.t. Fouler le cuir.

FOULQUE n.f. (lat. *fulica*). Oiseau échassier à plumage sombre et à bec blanc, voisin de la poule d'eau, vivant dans les roseaux des lacs et des étangs d'Eurasie, d'Australie et du Nord-Ouest africain. (Long. 20 cm ; genre *Fulica,* famille des rallidés.) SYN. : *judelle.*

FOULTITUDE n.f. *Fam.* Grand nombre.

FOULURE n.f. Entorse.

FOUR n.m. (lat. *furnus*). **1.** Partie calorifugée d'une cuisinière, ou appareil indépendant et encastrable où l'on fait cuire ou réchauffer les aliments. *Mettre un soufflé au four.* ◇ *Four à micro-ondes :* four dans lequel le rayonnement d'ondes électromagnétiques à hyperfréquence permet une cuisson, un réchauffage ou une décongélation très rapides des aliments. (On dit cour. *un micro-ondes.*) – *Four à catalyse :* four autonettoyant où les graisses sont oxydées au contact de l'émail des parois. – *Four à pyrolyse :* four autonettoyant électrique où la combustion des déchets graisseux s'opère à 500 °C. **2.** Appareil dans lequel on chauffe une matière en vue de lui faire subir des transformations physiques ou chimiques. *Four de boulanger, de verrier.* ◇ *Four électrique :* four de fonderie dans lequel la chaleur est fournie par un arc électrique, par induction électromagnétique, par la circulation d'un courant intense, etc. – *Four solaire :* installation dans laquelle on concentre le rayonnement solaire dans une enceinte réfractaire pour obtenir des températures très élevées. **3.** *Fam.* Échec d'un spectacle. *Faire un four.* **4.** *Petit-four :* v. à son ordre alphabétique.

FOURBE adj. et n. (de *fourbir*). Qui trompe avec une adresse perfide ; sournois.

FOURBERIE n.f. Ruse odieuse faite pour tromper ; perfidie, hypocrisie.

FOURBI n.m. *Fam.* Ensemble d'objets, d'affaires sans valeur ou sans utilité.

FOURBIR v.t. (germ. *furbjan,* nettoyer). **1.** Nettoyer, rendre brillant en frottant. *Fourbir des armes.* **2.** *Fig.* Préparer avec soin. *Fourbir ses arguments.*

FOURBISSAGE n.m. Action de fourbir.

FOURBU, E adj. (de l'anc. fr. *fourboire,* boire à l'excès). **1.** Se dit d'un cheval atteint de fourbure. **2.** *Fig.* Harassé de fatigue ; éreinté.

FOURBURE n.f. VÉTÉR. Congestion et inflammation du pied des ongulés, spécial. du cheval.

FOURCHE n.f. (lat. *furca*). **1.** Instrument à deux ou plusieurs dents métalliques, muni d'un long manche, utilisé pour divers travaux de manutention, surtout agricoles (fourrage, fumier, etc.). **2.** Partie avant d'un deux-roues tourillonnée sur le cadre, et où se placent la roue avant et le guidon. **3.** Endroit où un chemin, une voie, se divise en plusieurs directions ; embranchement. **4.** Belgique. Temps libre dans un horaire de professeur ou d'étudiant. ◆ pl. **1.** *Passer sous les fourches Caudines (de) :* être contraint de subir des conditions humiliantes (par allusion à la situation de l'armée romaine, défaite en 321 av. J.-C., et qui dut passer sous le joug de l'ennemi). **2.** HIST. *Fourches patibulaires :* gibet à plusieurs piliers, que les seigneurs hauts justiciers avaient le droit d'élever.

FOURCHÉE n.f. AGRIC. Quantité de foin, de paille, etc., qu'on peut enlever d'un seul coup de fourche.

FOURCHER v.i. **1.** Vx. Se diviser en plusieurs branches, en plusieurs directions. **2.** *Fam. La langue lui a fourché :* il a dit un mot à la place d'un autre.

FOURCHET n.m. VÉTÉR. Phlegmon entre les deux onglons des ruminants.

FOURCHETTE n.f. **1.** Ustensile de table à dents pointues, dont on se sert pour piquer les aliments. ◇ *Fam. Avoir un bon, un joli coup de fourchette :* être un gros mangeur. **2.** MÉCAN. INDUSTR. Pièce mécanique à deux branches. **3.** Écart entre deux valeurs, deux niveaux, deux positions extrêmes. *La fourchette des prix.* **4.** JEUX. *Prendre en fourchette :* prendre une carte de son adversaire entre deux cartes, l'une inférieure, l'autre supérieure ; coincer. **5. a.** Os en forme d'Y, qui résulte de la soudure des deux clavicules, chez les oiseaux. SYN. : *furcula.* **b.** Coin de corne molle, élastique, à la face inférieure du sabot des équidés.

FOURCHON n.m. Dent d'une fourche, d'une fourchette.

FOURCHU, E adj. **1.** Qui se divise à la manière d'une fourche. *Chemin fourchu.* **2.** *Pied fourchu :* pied de bouc que l'on attribue au diable et aux satyres.

FOURGON n.m. (lat. pop. *furico, -onis,* instrument pour fouiller). **1.** Vieilli. Véhicule long et couvert permettant de transporter des marchandises, des bestiaux, etc. ◇ *Fourgon funéraire, funèbre, mortuaire :* corbillard automobile. **2.** Véhicule ferroviaire incorporé à certains trains de voyageurs et destiné au transport des bagages, du courrier, éventuellement des automobiles. *Fourgon postal.*

FOURGONNER v.i. *Fam.* Fouiller de façon maladroite, désordonnée ; farfouiller.

FOURGONNETTE n.f. **1.** Petit véhicule utilitaire, qui s'ouvre par l'arrière. **2.** Québec. Véhicule spacieux, à carrosserie monocorps, permettant le transport de sept passagers ou de marchandises.

FOURGON-POMPE n.m. (pl. *fourgons-pompes*). Véhicule d'intervention contre l'incendie.

FOURGUE n.m. *Arg.* Receleur.

FOURGUER v.t. (ital. *frugare*). *Fam.* Se débarrasser de qqch en le cédant à bas prix ou en le donnant. *Fourguer de la marchandise volée.*

FOURIÉRISME n.m. Doctrine de C. Fourier.

FOURIÉRISTE adj. et n. Qui appartient au fouriérisme ; qui en est partisan.

FOURME n.f. (lat. *forma,* forme à fromage). Fromage au lait de vache fabriqué dans les montagnes du centre de la France, voisin du cantal. ◇ *Fourme d'Ambert :* fromage au lait de vache, à moisissures internes (bleu), fabriqué dans la région d'Ambert.

FOURMI n.f. (lat. *formica*). **1.** Insecte vivant en sociétés (fourmilières) regroupant des reines fécondes, de nombreuses ouvrières sans ailes (jusqu'à 50 000 dans certaines colonies) et des soldats munis de puissantes mandibules. (Ordre des hyménoptères.) **2.** *Fam. Avoir des fourmis :* ressentir un fourmillement ; *fig.,* avoir envie de se lever, de bouger. **3.** *Arg.* Petit passeur de drogue.

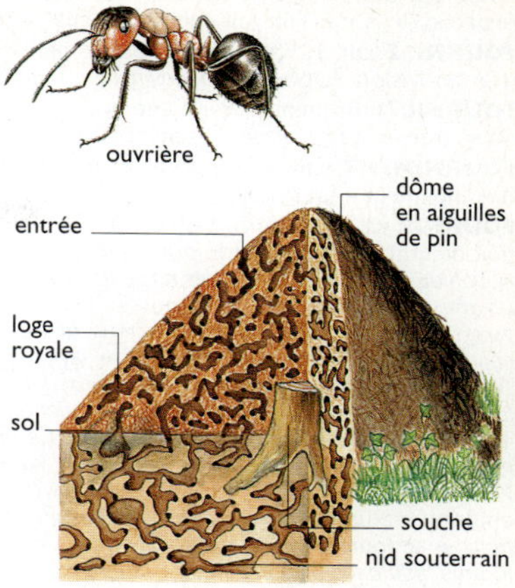

■ **FOURMI.** Fourmi rousse et fourmilière.

FOURMILIER n.m. Mammifère xénarthre d'Amérique centrale et méridionale, qui capture fourmis et termites avec sa longue langue visqueuse (nom commun à plusieurs espèces). ◇ *Grand fourmilier :* tamanoir.

FOURMILIÈRE n.f. **1.** Nid de fourmis ; ensemble des fourmis vivant dans un nid. ◇ *Donner un coup de pied dans la fourmilière :* provoquer de l'agitation, de l'inquiétude dans un milieu que l'on souhaite contrôler ou contenir. **2.** Multitude de gens qui s'agitent.

FOURMILION ou **FOURMI-LION** n.m. (pl. *fourmis-lions*). Insecte ressemblant à une libellule et dont la larve dévore les fourmis, qu'elle capture en creusant des pièges en forme d'entonnoir dans le sable. (Long. de la larve 1 cm env. ; genre *Myrmeleon,* ordre des planipennes.)

■ **FOURMILION**

FOURMILLEMENT n.m. **1.** Sensation de picotement, normale ou causée par un trouble neurologique ou circulatoire. **2.** Mouvement d'êtres vivants qui s'agitent comme des fourmis.

FOURMILLER v.i. **1.** Être le siège d'un fourmillement. *Mes doigts fourmillent.* **2.** Se trouver en grand nombre ; abonder, pulluler. *Les fautes fourmillent dans ce texte.* **3.** S'agiter en grand nombre. *Vers qui fourmillent dans un fromage.* ◆ v.t. ind. **(de).** Être plein de, abonder en êtres vivants, en choses qui bougent. *La rue fourmille de passants.*

FOURNAISE n.f. (lat. *fornax, fornacis,* four). **1.** Vx. Grand four où brûle un feu ardent. **2.** Feu, incendie violent. *Les pompiers s'élancèrent dans la fournaise.* **3.** Lieu extrêmement chaud, surchauffé. **4.** *Fig.* Lieu où se livrent des combats acharnés.

FOURNEAU n.m. (anc. fr. *forn,* four). **1.** Appareil en fonte alimenté au bois ou au charbon pour la cuisson des aliments. **2.** Four dans lequel on soumet à l'action de la chaleur certaines substances qu'on veut fondre, calciner, etc. ◇ Anc. *Bas fourneau :* four à cuve de faible hauteur pour l'élaboration de la fonte. – *Haut-fourneau :* v. à son ordre alphabétique. **3.** Partie de la pipe où brûle le tabac. **4.** MIL. Cavité destinée à recevoir une charge d'explosif.

FOURNÉE n.f. **1.** Quantité de pains, de pièces céramiques, etc., que l'on fait cuire à la fois dans un four. **2.** *Fig., fam.* Ensemble de personnes

F

nommées aux mêmes fonctions, aux mêmes dignités, ou à qui l'on fait subir le même sort.

FOURNI, E adj. **1.** Épais, touffu. *Barbe fournie.* **2.** Approvisionné, pourvu. *Magasin bien fourni.*

FOURNIL [furni] n.m. Local d'une boulangerie où se trouve le four et où l'on pétrit la pâte.

FOURNIMENT n.m. MIL. Ensemble des objets d'équipement d'un soldat.

FOURNIR v.t. (du germ.). **1.** Mettre à la disposition de qqn ; procurer, offrir, donner. *Fournir du travail aux ouvriers. Fournir des renseignements à un ami.* **2.** Présenter, donner ce qui est demandé, exigé. *Fournir un alibi. Fournir un certificat médical.* **3.** Pourvoir de ce qui est nécessaire ; approvisionner. *Ce grossiste fournit de nombreux détaillants. Les pays qui fournissent la France en pétrole.* **4.** Donner comme production ; produire. *Ce vignoble fournit un très bon vin.* **5.** Accomplir, faire. *Fournir un gros effort.* ◆ v.t. ind. **(à).** Subvenir, contribuer à une charge. *Fournir aux besoins de qqn.* ◆ **se fournir** v.pr. S'approvisionner. *Je me fournis habituellement chez ce commerçant.*

FOURNISSEUR n.m. Personne ou établissement qui fournit habituellement certaines marchandises à un particulier, une entreprise. ◇ ***Fournisseur d'accès*** : société qui assure l'accès au réseau Internet ou, plus génér., à tout réseau de communication. (Le fém. *fournisseuse* est rare.)

F

FOURNITURE n.f. **1.** Action de fournir, d'approvisionner. **2.** (Surtout pl.) Ce qui est fourni, objets fournis. *Fournitures de bureau.* – *Spécial.* Pièces, outils nécessaires à l'exercice d'un métier manuel. *Fournitures de coiffeur, de dentiste.*

1. FOURRAGE n.m. Action de fourrer un vêtement.

2. FOURRAGE n.m. (d'un mot germ.). Matière végétale, fournie par des prairies naturelles, des arbres ou des plantes cultivées, servant à l'alimentation des animaux domestiques.

1. FOURRAGER v.i. [10]. *Fam.* Chercher en mettant du désordre ; fourgonner, farfouiller.

2. FOURRAGER, ÈRE adj. *Plante fourragère*, propre à être employée comme fourrage.

FOURRAGÈRE n.f. Cordelière aux couleurs de la Légion d'honneur, de la Médaille militaire ou des Croix de guerre, portée sur l'épaule gauche et devenue, depuis 1916, l'insigne collectif attribué aux unités militaires plusieurs fois citées à l'ordre de l'armée.

FOURRAGEUR n.m. MIL. Anc. **1.** Soldat qui allait en terrain ennemi pour approvisionner les chevaux en fourrage. **2.** Cavalier combattant en ordre dispersé.

FOURRE n.f. (germ. *fodr*, gaine). Suisse. **1.** Taie d'oreiller ; housse d'édredon. **2.** Enveloppe protectrice d'un livre, d'un cahier, d'un disque.

1. FOURRÉ n.m. (de *fourrer*). **1.** Massif de bois jeune et serré, dont les tiges sont encore garnies de leurs branches dès la base. **2.** GÉOGR. Formation végétale dense, surtout tropicale, constituée princip. de petits arbres et d'arbustes.

2. FOURRÉ, E adj. **1.** Doublé, garni d'une peau qui a encore son poil. *Gants fourrés.* **2.** Garni intérieurement. *Gâteau fourré à la crème.* **3.** *Coup fourré.* **a.** En escrime, coup porté et reçu en même temps par chacun des deux adversaires. **b.** Entreprise menée perfidement contre qqn qui ne se méfie pas. **4.** HIST. *Paix fourrée*, conclue avec mauvaise foi de part et d'autre.

FOURREAU n.m. (du germ. *fodr*). **1.** Gaine, étui allongés servant d'enveloppe à un objet de même forme. **2.** Robe ajustée de forme étroite.

FOURRER v.t. (du germ. *fodr*, gaine). **1.** Doubler, garnir intérieurement un vêtement de fourrure ou d'une matière chaude (par ex. de lainage). *Fourrer un manteau.* **2.** Remplir d'une garniture. *Fourrer des gâteaux à la pâte d'amandes.* **3.** *Fam.* Mettre, introduire qqch dans, sous qqch d'autre, l'y faire pénétrer. *Fourrer ses mains dans ses poches.* ◇ *Fam.* ***Fourrer son nez dans*** : s'immiscer indiscrètement dans. **4.** *Fam.* Mettre, poser sans attention ou sans soin. *Où avez-vous fourré ce dossier ?* **5.** *Fam.* Faire entrer qqn sans ménagement quelque part. *On l'a fourré en prison.* ◆ **se fourrer** v.pr. *Fam.* Se mettre, se placer. ◇ *Fam.* ***Ne plus savoir où se fourrer*** : éprouver un vif sentiment de confusion, de honte.

FOURRE-TOUT n.m. inv. **1.** Petite pièce ou placard servant de débarras. **2.** Sac ou trousse souples, sans compartiment ni division. ◆ n.m. inv. et adj. inv. Texte, œuvre, etc., contenant des idées diverses et désordonnées. *Cette loi est un fourre-tout. Un programme fourre-tout.*

FOURREUR n.m. **1.** Marchand de fourrures. **2.** Professionnel qui travaille les peaux pour les transformer en fourrure.

FOURRIER n.m. (de l'anc. fr. *fuere*, fourrage). **1.** MIL. **a.** Anc. Sous-officier chargé de distribuer les vivres et de pourvoir au logement des militaires. **b.** Mod. Responsable du matériel d'une unité. **2.** *Litt.* Personne ou ensemble de faits, de circonstances préparant la survenue d'événements fâcheux, de gens hostiles, etc. *Se faire le fourrier de la subversion.*

FOURRIÈRE n.f. (de *2. fourrage*). **1.** Lieu de dépôt des animaux errants, des véhicules, etc., abandonnés sur la voie publique ou qui ont été saisis. **2.** Extrémité d'une parcelle agricole, où tournent les machines et les tracteurs.

FOURRURE n.f. (de *fourrer*). **1.** Peau de mammifère avec son poil, préparée pour garnir, doubler ou constituer un vêtement ; ce vêtement. **2.** Industrie et commerce de ces peaux et de ces vêtements. **3.** HÉRALD. Combinaison d'émaux représentant de manière stylisée une peau préparée. **4.** Pelage fin et touffu de certains animaux (carnivores, singes, taupes, rongeurs). **5.** MÉCAN. INDUSTR. Pièce servant à remplir un vide, à masquer un joint, à compenser un jeu entre des pièces mécaniques, etc.

FOURVOIEMENT n.m. *Litt.* Erreur, méprise de qqn qui se fourvoie.

FOURVOYER v.t. [7] (de *fors*, hors de, et *voie*). **1.** *Litt.* Égarer, détourner du chemin. *Notre prétendu guide nous a complètement fourvoyés.* **2.** Induire en erreur. *Ce rapport trop optimiste nous a fourvoyés.* ◆ **se fourvoyer** v.pr. **1.** S'égarer, faire fausse route. **2.** Se tromper complètement.

FOUTAISE n.f. *Fam.* Chose sans importance, sans valeur, sans intérêt. *Raconter des foutaises.*

FOUTOIR n.m. *Fam.* Grand désordre.

FOUTOU n.m. Afrique. Farine d'igname cuite à l'eau et servie sous forme de boules.

FOUTRAQUE adj. *Fam.* Fou, extravagant.

FOUTRE v.t. [conj. *je fous, il fout, nous foutons ; je foutais ; je foutrai ; je foutrais ; fous ; que je foute ; foutant ; foutu ;* inusité au passé simple] (lat. *futuere*, avoir des rapports sexuels avec une femme). *Très fam.* **1.** Vieilli. Faire l'amour. **2.** Mettre, jeter violemment. *Foutre qqn par terre.* **3.** Faire, travailler. *Ne rien foutre de toute la journée.* ◇ ***Ça la fout mal*** : cela fait mauvais effet. ◆ **se foutre** v.pr. **(de).** *Très fam.* Ne faire aucun cas de qqn, de qqch ; se moquer de qqn.

FOUTREMENT adv. *Fam.* Beaucoup, très.

FOUTRIQUET n.m. *Fam., péjor.* Homme insignifiant, dont on fait peu de cas.

FOUTU, E adj. *Fam.* **1.** (Avant le n.) Mauvais, détestable. *Un foutu caractère.* **2.** Qui a échoué ; ruiné, perdu. *Une affaire foutue.* **3.** ***Être foutu de*** : être capable de. *Il est foutu de réussir son coup !* **4.** ***Bien foutu, mal foutu*** : bien fait, mal fait. *Un film assez bien foutu.* **5.** ***Mal foutu*** : un peu souffrant.

FOVÉA [fɔvea] n.f. (lat. *fovea*, fosse). MÉD. **1.** Petite zone en creux d'un organe, d'un tissu. **2.** Partie centrale de la macula de la rétine *(fovea centralis)*.

FOX n.m. → **FOX-TERRIER.**

FOXÉ, E adj. (anglo-amér. *foxy*, de *fox*, renard). Se dit d'un goût particulier à certains vins provenant de cépages américains.

FOX-HOUND [fɔksawnd] n.m. [pl. *fox-hounds*] (mot angl.). Chien courant anglais de grande taille.

FOX-TERRIER [pl. *fox-terriers*] ou **FOX** n.m. (angl. *fox*, renard). Chien terrier d'origine anglaise, dont la race comporte deux variétés, à poil dur et à poil lisse.

■ **FOX-TERRIER**

FOX-TROT [fɔkstrɔt] n.m. inv. (mot angl., *trot de renard*). Danse de société, exécutée en couple sur un air de ragtime, en vogue aux États-Unis puis en Europe (1915 - 1920).

FOYARD [fwajar] ou **FAYARD** n.m. (du lat. *fagus*). Suisse. Hêtre.

FOYER [fwaje] n.m. (bas lat. *focarium*, du lat. *focus*, foyer). **1.** Lieu où l'on fait le feu ; le feu lui-même. *Foyer d'une cheminée.* **2.** Partie d'un appareil de chauffage industriel ou domestique où a lieu la combustion. **3.** Lieu où habite une famille ; la famille elle-même. *Retrouver son foyer.* ◇ ***Foyer fiscal*** : unité d'imposition (personne, ménage, communauté, etc.) retenue par la loi fiscale pour déterminer l'assiette de l'impôt sur le revenu des personnes physiques. **4.** Maison d'habitation réservée à certaines catégories de personnes et où certains équipements et services sont mis à la disposition de la collectivité. *Foyer de jeunes travailleurs.* **5.** Lieu, local servant de lieu de réunion, de distraction. *Le foyer d'une caserne.* – Salle, galerie d'un théâtre où le public peut se rendre pendant les entractes. ◇ ***Foyer des artistes*** : salle où se rassemblent les acteurs, avant ou après leurs interventions en scène. **6.** Centre principal d'où provient qqch. *Le foyer de la rébellion.* ◇ ***Foyer d'un séisme***, point souterrain où il se déclenche. SYN. : *hypocentre.* **7.** MÉD. Siège principal d'une affection ; siège d'un trouble local. *Foyer infectieux. Foyer de fracture.* **8.** PHYS. Point où convergent des rayons initialement parallèles, après réflexion ou réfraction. **9.** GÉOMÉTR. ***Foyer d'une conique*** : point fixe, qui, associé à une droite donnée (directrice), permet de donner une définition métrique des coniques. ◆ pl. Pays natal, demeure familiale. *Rentrer dans ses foyers.*

FRAC n.m. (angl. *frock*). Habit masculin de cérémonie, noir, à basques étroites.

FRACAS n.m. (ital. *fracasso*). Bruit violent de qqch qui se brise, qui heurte autre chose, qui s'effondre, etc. *Le fracas des vagues sur les rochers.* ◇ ***Avec perte(s) et fracas*** → **perte.**

FRACASSANT, E adj. **1.** Qui fait du fracas, qui produit un grand bruit. **2.** Qui vise à l'effet, au scandale. *Démission fracassante.*

FRACASSEMENT n.m. Action de fracasser ; fait de se fracasser.

FRACASSER v.t. Briser avec violence, mettre en pièces. *Fracasser une porte.* ◇ v.pr. *Le vase s'est fracassé sur le sol.*

FRACTAL, E, ALS adj. (lat. *fractus*, brisé). GÉOMÉTR. Se dit d'objets mathématiques dont la création ou la forme ne trouve ses règles que dans l'irrégularité ou la fragmentation, ainsi que des branches des mathématiques qui étudient de tels objets. *Géométrie fractale.* (La nature offre de nombreux exemples de formes présentant un caractère fractal : flocons de neige, ramifications des bronches et bronchioles, des réseaux hydrographiques, etc.) ◆ n.f. Objet fractal.

■ **FRACTALE.** Représentation informatique d'un ensemble de Mandelbrot, exemple de géométrie fractale.

FRACTION n.f. (bas lat. *fractio*). **1.** Partie d'un tout ; portion. *Une fraction de l'assemblée a voté pour lui. Fraction de seconde.* **2.** Suisse. Groupe parlementaire. **3.** CHRIST. Action de diviser le pain eucharistique. **4.** Produit obtenu entre deux températures déterminées, lors de la distillation fractionnée du pétrole. **5.** ARITHM. Notation d'un nombre rationnel sous la forme $\frac{a}{b}$, ce nombre étant le résultat de la division de a (numérateur) par b (dénominateur), a et b étant des nombres entiers. ◇ ***Fraction décimale***, dont le dénominateur est une puissance de 10 (ex. : 23/100 = 0,23).

FRACTIONNAIRE adj. ARITHM. *Exposant fractionnaire :* exposant $\frac{p}{q}$ défini par la relation $a^{\frac{p}{q}} = \sqrt[q]{a^p}$ (*a* réel strictement positif, *q* entier positif, *p* entier quelconque).

FRACTIONNÉ, E adj. *Distillation, congélation, cristallisation fractionnée,* permettant la séparation des constituants d'un mélange liquide grâce à la différence de leurs propriétés physiques (solubilité, point d'ébullition, etc.).

FRACTIONNEL, ELLE adj. Qui vise à la désunion, au fractionnement d'un parti, d'un syndicat. *Menées fractionnelles.*

FRACTIONNEMENT n.m. Action de fractionner ; fait d'être fractionné.

FRACTIONNER v.t. Diviser en fractions, en parties. *Fractionner un domaine.* ◆ **se fractionner** v.pr. **(en).** Se diviser en fractions, en parties.

FRACTIONNISME n.m. Action visant à diviser un parti politique, un syndicat en provoquant des scissions, en créant des tendances.

FRACTIONNISTE adj. et n. Du fractionnisme ; qui pratique le fractionnisme.

FRACTURATION n.f. PÉTROLE. Stimulation de la production par la création artificielle de fractures dans la roche aux abords du puits.

FRACTURE n.f. (lat. *fractura,* de *frangere,* briser). **1.** Vx. Action de forcer ; effraction. *Fracture d'une porte.* **2.** MÉD. Rupture violente d'un os. **3.** GÉOL. Cassure à l'échelle d'un minéral, d'une roche, d'une formation géologique. **4.** *Fig.* Rupture au sein d'un groupe, entraînant une situation conflictuelle. *Fracture sociale, ethnique.*

FRACTURER v.t. Endommager par une rupture violente ; forcer. *Fracturer un coffre-fort.* ◆ **se fracturer** v.pr. Se faire une fracture. *Se fracturer le tibia.*

FRAGILE adj. (lat. *fragilis*). **1.** Qui se casse, se détériore facilement. *Le verre est fragile. Meuble fragile.* **2.** Qui est de faible constitution. *Un enfant fragile.* **3.** Peu stable, mal assuré, sujet à disparaître. *Équilibre fragile.*

FRAGILISATION n.f. Fait d'être fragilisé. – *Spécial.* Diminution de la ductilité d'un métal ou d'un alliage, produite par des modifications de sa structure ou de ses conditions d'emploi.

FRAGILISER v.t. Rendre fragile, plus fragile.

FRAGILITÉ n.f. **1.** Caractère de ce qui est fragile, de ce qui se brise ou se détériore facilement. *Fragilité du verre.* **2.** Caractère précaire, instable ; faiblesse, vulnérabilité. *Fragilité d'un gouvernement.* **3.** Manque de robustesse physique ou morale. *La fragilité d'un adolescent.*

FRAGMENT n.m. (lat. *fragmentum*). **1.** Morceau d'une chose cassée, déchirée ; reste d'une œuvre. *Fragment de verre. Fragments d'une statue.* **2.** Passage extrait d'une œuvre littéraire ; passage conservé d'une œuvre dont l'ensemble a été perdu. **3.** Partie plus ou moins importante de qqch ; parcelle. *Fragments de vérité.*

FRAGMENTAIRE adj. **1.** Qui constitue un fragment d'un tout ; partiel, incomplet. **2.** LITTÉR. Se dit d'une forme d'écriture choisie par un écrivain qui refuse de développer sa pensée et de l'exprimer de manière continue et achevée.

FRAGMENTAIREMENT adv. De manière fragmentaire.

FRAGMENTATION n.f. Action de fragmenter ; fait d'être fragmenté.

FRAGMENTER v.t. Réduire, partager en fragments ; morceler, diviser.

FRAGON n.m. (bas lat. *frisco*). Arbrisseau à petits rameaux en forme de feuille, terminés par une épine et à baies rouges. (Genre *Ruscus ;* famille des liliacées.) Nom usuel : *petit houx.*

FRAGRANCE n.f. (lat. ecclés. *fragrantia*). *Litt.* Odeur suave, parfum agréable.

FRAGRANT, E adj. *Litt.* Odorant, parfumé.

1. FRAI n.m. (de *frayer*). **1.** Rapprochement sexuel, sans accouplement, chez les poissons à fécondation externe. **2.** Époque à laquelle ce rapprochement a lieu. **3.** Œufs de poissons, de batraciens. *Du frai de tanche, de grenouille.* **4.** Très petits ou très jeunes poissons. *Vivier peuplé de frai.*

2. FRAI n.m. Vx. Diminution du poids d'une monnaie par suite du frottement dû à l'usage.

FRAÎCHE n.f. Moment du jour où il fait frais.

FRAÎCHEMENT adv. **1.** Depuis peu de temps ; récemment. *Fraîchement arrivé.* **2.** Avec froideur. *Être reçu fraîchement.*

FRAÎCHEUR n.f. **1.** Caractère de ce qui est légèrement froid. *La fraîcheur du matin. La fraîcheur d'un entretien.* **2.** Qualité, éclat d'une chose nouvelle ou neuve, qui n'est pas ternie par le temps ou par l'usage. *Tissu qui a gardé sa fraîcheur.* **3.** Qualité, état d'une chose périssable, et notamm. d'une denrée, qui n'a pas eu le temps de se gâter, de se flétrir. **4.** *Fig.* Qualité de ce qui est spontané, pur. *La fraîcheur des sentiments.*

FRAÎCHIN n.m. Région. (Ouest). Odeur de marée, de poisson frais.

FRAÎCHIR v.i. **1.** Devenir plus frais, en parlant de la température. **2.** MAR. Augmenter d'intensité, en parlant du vent.

1. FRAIS, FRAÎCHE adj. (du germ.). **1.** Qui est légèrement froid ou qui procure une sensation de froid léger. *Vent frais.* **2.** Qui est empreint de froideur, dépourvu de cordialité. *Un accueil plutôt frais.* **3.** Qui vient d'apparaître ou de se produire ; récent. *Nouvelle de fraîche date.* **4.** Qui vient d'être appliqué et n'est pas encore sec. *Encre, peinture fraîche.* **5.** Nouvellement produit ou récolté ; qui n'est pas encore altéré, gâté, flétri. *Poisson frais.* ◇ *Argent frais,* nouvellement reçu et dont on peut disposer. **6.** Qui n'est pas terni, qui a conservé son éclat. *Teint frais.* **7.** Qui a conservé ou recouvré ses forces, sa vitalité ; qui n'est pas ou n'est plus fatigué. *Troupes fraîches.* **8.** *Fam., iron.* Qui se trouve dans une situation fâcheuse. *Eh bien ! Te voilà frais !* ◆ adv. **1.** (Avec un p. passé.) Depuis peu ; récemment. *Il est frais arrivé.* (S'accorde au fém. : *fleurs fraîches cueillies.*) **2.** Légèrement froid. *Il fait frais.* ◇ *Boire frais :* boire un liquide frais.

2. FRAIS n.m. **1.** Air frais. *Prendre le frais.* **2.** MAR. Vent dont la vitesse est comprise entre 39 et 49 km/h (*vent frais* ou *bon frais,* de force 6 sur l'échelle de Beaufort) ou entre 50 et 61 km/h (*grand frais,* de force 7 sur l'échelle de Beaufort). ◇ *Au frais :* dans un endroit frais, sinon froid. *Mettre du vin au frais.* – *De frais :* depuis peu. *Rasé de frais.*

3. FRAIS n.m. pl. (anc. fr. *fret,* dommage fait en brisant). **1.** Dépenses pour une opération quelconque. *Voyager tous frais payés.* ◇ *Faux frais :* petites dépenses imprévues. – *Frais financiers :* charge représentée, pour une entreprise, par le coût des capitaux empruntés. – *Frais généraux :* dépenses diverses faites pour le fonctionnement d'une entreprise. – *Frais variables :* partie des charges dont le montant varie en fonction de l'activité de l'entreprise (par oppos. à *frais fixes*). – *Faire ses frais :* retirer d'une entreprise autant qu'elle a coûté. – *Fam. Se mettre en frais :* dépenser plus que de coutume ; *fig.,* prodiguer sa peine, ses efforts. – *À peu de frais :* sans beaucoup de dépenses ; *fig.,* sans beaucoup de peine. – *En être pour ses frais :* ne tirer aucun profit de ses dépenses ; *fig.,* s'être donné de la peine pour rien. – *Faire les frais de qqch,* en supporter les conséquences fâcheuses. – *Faire les frais de la conversation,* en être le principal sujet ; l'accaparer à son profit. **2.** DR. Dépenses occasionnées par l'accomplissement d'une procédure, d'un acte ou d'une formalité légale. *Les frais de justice, les frais d'enregistrement.*

FRAISAGE n.m. Action de fraiser.

1. FRAISE n.f. (lat. *fragum*). **1.** Fruit comestible du fraisier, réceptacle de la fleur devenant charnu et auquel sont fixés de nombreux akènes. ◇ *Fam. Sucrer les fraises :* avoir les mains agitées d'un tremblement permanent par l'effet de l'âge ou de l'excès de boisson. **2.** *Fam.* Figure, tête.

2. FRAISE n.f. (de l'anc. fr. *fraser,* peler). **1.** BOUCH. Intestin grêle de veau, ouvert, lavé et poché à l'eau bouillante, consommable comme abats ou utilisable en charcuterie. **2.** Masse charnue, rouge et plissée, qui pend sous le bec des dindons ; caroncule, chez cet oiseau. **3.** Collerette de linon ou de dentelle empesée, aux XVIe et XVIIe s.

■ **FRAISE.** Détail d'un tableau de A. Van Ravesteyn. (Musée des Beaux-Arts, Lille.)

3. FRAISE n.f. **1.** Outil rotatif de coupe, comportant plusieurs arêtes tranchantes, régulièrement disposées autour d'un axe. **2.** Outil utilisé pour faire un forage. **3.** Instrument rotatif monté sur le tour de cabinet et servant au traitement des lésions dentaires et aux interventions portant sur les tissus durs de la dent.

1. FRAISER v.t. MÉCAN. INDUSTR. **1.** Usiner une pièce au moyen d'une fraise. **2.** Effectuer une fraisure.

2. FRAISER ou **FRASER** v.t. CUIS. Rouler, écraser la pâte sous la paume de la main pour la rendre homogène.

FRAISERAIE ou **FRAISIÈRE** n.f. Terrain planté de fraisiers.

FRAISEUR n.m. MÉCAN. INDUSTR. Personne qui travaille sur une fraiseuse.

FRAISEUSE n.f. MÉCAN. INDUSTR. Machine-outil servant pour le fraisage.

FRAISIER n.m. **1.** Plante rampante vivace cultivée et existant aussi dans les bois à l'état sauvage, se propageant par stolons et dont le fruit est la fraise. (Genre *Fragaria ;* famille des rosacées.) **2.** Gâteau fait de deux abaisses de génoise séparées par une couche de fraises et de crème au beurre.

F

■ **FRAISIER**

FRAISIÈRE n.f. → **FRAISERAIE.**

FRAISURE n.f. Évasement tronconique pratiqué à l'aide d'une fraise à l'entrée d'un trou devant recevoir la tête d'une vis.

FRAMBOISE n.f. (du francique). Fruit parfumé et comestible du framboisier, drupe composée de nombreux petits éléments.

FRAMBOISER v.t. Parfumer à la framboise.

FRAMBOISIER n.m. Sous-arbrisseau cultivé, voisin de la ronce, produisant les framboises et qui existe aussi à l'état sauvage. (Genre *Rubus ;* famille des rosacées.)

■ **FRAMBOISIER**

FRAMÉE n.f. (lat. *framea,* du germ.). Javelot des Francs, à fer en feuille de laurier, d'une longueur ne dépassant pas la hauteur d'un homme.

1. FRANC n.m. **1.** Unité monétaire principale de la France (ayant aussi cours en Andorre et à

Monaco), de la Belgique, du Luxembourg, de la Suisse (ayant aussi cours au Liechtenstein) et de certains pays de l'Afrique francophone. (Le franc français, le franc belge et le franc luxembourgeois constituent, depuis le 1er janvier 1999, des subdivisions de l'*euro.) **2.** *Franc CFA :* unité monétaire principale de plusieurs États de l'Afrique de l'Ouest (sigle de *Communauté financière africaine*) et de l'Afrique centrale (sigle de *Coopération financière en Afrique*).

ENCYCL. Le franc français a été institué par la loi du 17 germinal an XI (7 avril 1803). Monnaie fondée à l'origine sur l'argent et l'or, puis sur l'or seul, et convertible, le franc a joui d'une stabilité quasi totale de 1803 à 1914, année où le gouvernement décréta l'inconvertibilité du franc-papier en or. Le franc, qui valait initialement 322,5 mg d'or, perdit rapidement de sa valeur lors de la Première Guerre mondiale et fut dévalué le 25 juin 1928 sur la base de 65,5 mg d'or. Il connut depuis lors de nombreuses autres dévaluations : 1936, 1938, 1940 (1 franc = 21 mg d'or), 1945 (7,46 mg d'or), 1949 (2,53 mg d'or).
Après une nouvelle dévaluation en décembre 1958 (1,80 mg d'or), une nouvelle unité monétaire fut créée en 1960, le « nouveau franc », valant 100 francs anciens et 180 mg d'or fin. Le franc bénéficia d'une bonne stabilité de 1959 jusqu'en août 1969, où il fut dévalué de 12,5 % (160 mg d'or fin). Entré dans le « serpent » (1972) puis dans le « *système monétaire européen » (1979), le franc, fluctuant, subit une dépréciation de fait de 60 % par rapport au Deutsche Mark (monnaie dominante de la Communauté) entre 1975 et 1983. De nouveau dévalué de 6 % en avril 1986, il se renforça très nettement par la suite. Avec l'adoption de la monnaie unique européenne (1er janvier 1999), il est devenu une subdivision de l'euro. Le franc cessera d'avoir cours le 17 février 2002 à minuit.

F

2. FRANC, FRANCHE adj. (du francique). **1.** Qui ne dissimule aucune arrière-pensée ; non équivoque ; loyal, sincère. *Réponse franche. Rire franc. Elle a été franche avec lui.* ◇ ***Jouer franc jeu avec qqn,*** se comporter loyalement avec lui. **2.** Sans mélange ; pur. *Rouge franc.* **3.** *Sout.* Qui est parfait, accompli dans son genre. *Un franc pédant.* **4.** Libre de toute charge, de toute dette. ◇ ***Boutique franche :*** magasin qui, dans certains emplacements (aéroports, par ex.), bénéficie de l'exemption de taxes sur les produits qui y sont commercialisés. – ***Port franc,*** où les marchandises peuvent transiter sans payer de droits de douane. – ***Zone franche :*** région frontière où les marchandises étrangères pénètrent librement, sans paiement de droits ni formalités. – HIST. ***Ville franche :*** en France, sous l'Ancien Régime, ville qui ne payait pas la taille. – ***Franc de port :*** franco. ◆ adv. *Parler franc,* franchement.

3. FRANC, FRANQUE adj. Relatif aux Francs.

FRANÇAIS, E adj. et n. De la France, de ses habitants. *Sa femme est française. Un Français.* ◆ adj. **1.** Propre à la langue française. *Grammaire française.* **2.** ***À la française :*** se dit d'un format de livre où la hauteur est plus importante que la largeur (par oppos. au format ***à l'italienne***). ◆ n.m. Langue romane parlée princip. en France, en Belgique, au Canada (surtout au Québec), en Suisse et en Afrique. ◇ ***En bon français :*** en termes clairs et précis.

ENCYCL. Le français, qui compte env. 130 millions de locuteurs dans le monde, est langue officielle ou d'enseignement dans une trentaine d'États et conserve, comme langue de culture et de communication internationale, un rôle certain.

FRANC-ALLEU [frɑ̃kalø] n.m. (pl. *francs-alleux*). HIST. Alleu affranchi de toute servitude.

FRANC-BORD n.m. (pl. *francs-bords*). **1.** MAR. Distance verticale mesurée au milieu d'un navire entre la flottaison en charge et la partie supérieure du pont continu le plus élevé. ◇ ***Marques de franc-bord :*** signes tracés sur chaque bord des murailles d'un navire et indiquant la limite réglementaire d'enfoncement. **2.** DR. Espace de terrain libre de propriétaire, qui borde une rivière ou un canal.

FRANC-BOURGEOIS n.m. (pl. *francs-bourgeois*). Au Moyen Âge, personne qui, dépendant d'un seigneur, était exempte des charges municipales.

FRANC-COMTOIS, E adj. et n. (pl. *francs-comtois, franc-comtoises*). De Franche-Comté, de ses habitants. SYN. : *comtois.*

FRANC-FIEF n.m. (pl. *francs-fiefs*). HIST. **1.** Fief dont le détenteur n'était soumis qu'à des services réduits. **2.** Taxe due par un roturier acquérant un fief.

FRANCHEMENT adv. **1.** D'une manière franche, sincère, loyale ; sans rien dissimuler, sans hésitation. **2.** Sans équivoque ; clairement. *Se prononcer franchement pour un candidat.* **3.** Tout à fait, vraiment, réellement. *C'est franchement désagréable.*

FRANCHIR v.t. (de *2. franc*). **1.** Passer un obstacle par un moyen quelconque. *Franchir un fossé.* **2.** Passer une limite. *Franchir clandestinement la frontière.*

FRANCHISAGE n.m. (angl. *franchising*). COMM. Contrat par lequel une entreprise autorise une autre entreprise à utiliser sa raison sociale et sa marque pour commercialiser des produits ou des services.

FRANCHISE n.f. **1.** Qualité d'une personne franche ; sincérité, droiture. *Répondre avec franchise.* **2.** Clause d'une assurance qui fixe une somme forfaitaire restant à la charge de l'assuré en cas de dommage ; cette somme. **3.** COMM. Droit d'exploiter une marque, une raison sociale, concédé par une entreprise à une autre sous certaines conditions. **4.** Exonération de certaines taxes, de certains droits. *Franchise postale, douanière.*

FRANCHISÉ, E n. COMM. Bénéficiaire d'une franchise.

FRANCHISER v.t. COMM. Lier par un contrat de franchisage.

FRANCHISEUR n.m. COMM. Entreprise qui accorde une franchise.

FRANCHISSABLE adj. Qui peut être franchi.

FRANCHISSEMENT n.m. Action de franchir.

FRANCHOUILLARD, E adj. et n. *Fam., péjor.* Qui présente les défauts traditionnellement attribués au Français moyen (chauvinisme, étroitesse d'esprit, en partic.).

FRANCIEN n.m. Dialecte de langue d'oïl, parlé en Île-de-France au Moyen Âge et qui est à l'origine du français.

FRANCILIEN, ENNE adj. et n. De l'Île-de-France, de ses habitants.

FRANCIQUE n.m. Langue que parlaient les Francs. ◆ adj. Relatif au francique.

FRANCISANT, E adj. et n. Qui étudie la langue ou la littérature française.

FRANCISATION n.f. Action de franciser. *La francisation des termes techniques d'origine anglaise.* ◇ DR. MAR. ***Acte de francisation :*** document de bord attestant qu'un navire est dûment immatriculé aux registres français tenus à son port d'attache et l'autorisant à arborer le pavillon français.

FRANCISCAIN, E n. Religieux, religieuse de l'ordre fondé par saint François d'Assise (ordre des Frères mineurs). ◆ adj. Relatif à saint François d'Assise ou à son ordre.

ENCYCL. Fondé en 1210 par François d'Assise, l'ordre des Franciscains forma d'abord un mouvement soucieux de réagir contre la puissance grandissante de l'argent dans la société ecclésiastique et laïque. Il se constitua ensuite en un ordre mendiant dont la règle fut approuvée en 1223 par le pape Honorius III. À l'origine, les franciscains ne devaient pas posséder de biens ; ils vivaient de leur travail ou d'aumônes et prêchaient dans les villes. Au XIIIe s., l'ordre fut déchiré entre la tendance radicale (les *spirituels*), fidèle à la tradition de pauvreté, et la tendance modérée (les *observants*). Aujourd'hui, l'ordre est organisé en trois branches : franciscains proprement dits, capucins et conventuels.

FRANCISER v.t. Donner un caractère français, une forme française à. *Franciser un mot.*

FRANCISQUE n.f. (bas lat. *francisca*). **1.** Hache de guerre des Francs et des Germains. **2.** Hache à deux fers, emblème adopté par le régime de Vichy (1940 - 1944).

FRANCITÉ n.f. *Didact.* Caractère de ce qui est français.

FRANCIUM [frɑ̃sjɔm] n.m. **1.** Métal alcalin radioactif, le plus électropositif de tous les éléments chimiques. **2.** Élément chimique (Fr), de numéro atomique 87.

FRANC-MAÇON, ONNE n. [pl. *francs-maçons, franc-maçonnes*] (calque de l'angl. *free mason*). Membre de la franc-maçonnerie.

FRANC-MAÇONNERIE n.f. (pl. *franc-maçonneries*). **1.** Ordre initiatique universel fondé sur la fraternité et visant à réunir les hommes par-delà leurs différences. **2.** *Fig.* Groupe à l'intérieur duquel se manifeste une solidarité agissante entre membres. *La franc-maçonnerie des anciens élèves d'une grande école.*

ENCYCL. La franc-maçonnerie *spéculative* (moderne) est apparue en Grande-Bretagne au XVIIe s. et en France au XVIIIe s. Elle se veut l'héritière de la franc-maçonnerie *opérative,* dont les membres étaient bâtisseurs de cathédrales. Par analogie, les francs-maçons spéculatifs travaillent à la construction du « Temple de l'humanité ». Un groupe de francs-maçons forme une *loge ;* un groupement de loges constitue une *obédience.*

1. FRANCO adv. (ital. *porto franco*). Sans frais pour le destinataire. *Recevoir un paquet franco.* SYN. : ***franc de port.***

2. FRANCO adv. (de *franchement*). *Fam.* Sans hésiter. *Y aller franco.*

FRANCO-, élément tiré du mot *français* et utilisé dans des mots composés pour exprimer un rapport entre la France et un autre pays ou l'ascendance française d'une communauté. *Traité franco-italien. Les Franco-Canadiens.*

FRANCO-CANADIEN, ENNE adj. et n. (pl. *franco-canadiens, ennes*). Relatif aux Canadiens d'ascendance française.

FRANCO-FRANÇAIS, E adj. (pl. *franco-français, es*). *Fam., souvent péjor.* Qui est exclusivement français, qui ne concerne que les Français.

FRANCOLIN n.m. (ital. *francolino*). Oiseau gallinacé d'Afrique et d'Asie méridionale, voisin de la perdrix. (Genre *Francolinus ;* famille des phasianidés.)

FRANCOPHILE adj. et n. Qui aime la France, les Français.

FRANCOPHILIE n.f. Disposition favorable envers la France, les Français.

FRANCOPHOBE adj. et n. Qui est hostile à la France, aux Français.

FRANCOPHOBIE n.f. Hostilité envers la France, les Français.

FRANCOPHONE adj. et n. De langue française.

FRANCOPHONIE n.f. Communauté de langue des pays francophones ; ensemble des pays francophones. – Collectivité que forment les peuples parlant le français.

FRANCO-PROVENÇAL, E, AUX adj. et n.m. Se dit des dialectes français intermédiaires entre la langue d'oïl et la langue d'oc (Suisse romande, Val d'Aoste, Savoie, Dauphiné, Lyonnais).

FRANC-PARLER n.m. (pl. *francs-parlers*). Absence de contrainte ou de réserve dans la façon de s'exprimer. ◇ ***Avoir son franc-parler :*** dire très franchement, très directement ce que l'on pense, parfois même en termes crus.

FRANC-QUARTIER n.m. (pl. *francs-quartiers*). HÉRALD. Carré occupant le quart de l'écu.

FRANC-TIREUR n.m. (pl. *francs-tireurs*). **1.** MIL. Combattant qui ne fait pas partie d'une armée régulière. **2.** *Fig.* Personne qui mène une action indépendante, sans observer la discipline d'un groupe.

FRANGE n.f. (lat. *fimbria*). **1.** Ornement de vêtement ou de passementerie constitué par une rangée de fils pendants, plus ou moins travaillés. **2.** Cheveux retombant sur le front. **3.** Ce qui forme une bordure. *Frange côtière. Frange d'écume.* **4.** Partie plus ou moins marginale d'un groupe de personnes, d'une collectivité. *La frange des indécis.* **5.** OPT. ***Franges d'interférence :*** bandes, alternativement brillantes et sombres, dues à l'interférence de radiations lumineuses.

FRANGER v.t. [10]. Garnir d'une frange, de franges.

FRANGIN, E n. *Fam.* Frère, sœur.

FRANGIPANE n.f. (de *Frangipani,* n.pr.). **1.** Fruit du frangipanier. **2.** Crème pâtissière additionnée de poudre d'amandes, servant à garnir une pâtisserie.

FRANGIPANIER n.m. Arbuste d'Amérique tropicale cultivé pour ses fleurs odorantes. (Genre *Plumeria ;* famille des apocynacées.)

FRANGLAIS n.m. (de *français* et *anglais*). Emploi, état de la langue française caractérisé par l'introduction excessive de néologismes et de tournures syntaxiques d'origine anglaise.

FRANQUETTE (À LA BONNE) loc. adv. *Fam.* Sans cérémonie ; simplement.

FRANQUISME n.m. Régime instauré en Espagne par le général Franco à partir de 1936.

FRANQUISTE adj. et n. Relatif au franquisme ; qui en est partisan.

FRANSQUILLON n.m. *Péjor.* En Belgique flamande, personne qui parle le français avec affectation.

FRANSQUILLONNER v.i. Belgique. *Péjor.* Parler français avec un accent affecté.

FRAPPANT, E adj. **1.** Qui fait une vive impression ; saisissant. *Exemple frappant.* **2.** Qui saute aux yeux, qui est d'une évidence indéniable. *Ressemblance frappante.*

1. FRAPPE n.f. **1. a.** Action de dactylographier un texte. **b.** Copie, exemplaire dactylographiés. **2.** Opération de fabrication des monnaies et médailles consistant à imprimer l'empreinte des coins sur les deux faces d'une rondelle de métal, appelée *flan.* **3.** SPORTS. **a.** Qualité de l'attaque d'un boxeur. **b.** Manière d'attaquer, de frapper le ballon, la balle. **4.** MIL. Opération ponctuelle pouvant combiner des moyens terrestres, navals et aériens.

2. FRAPPE n.f. (de *frapouille,* var. de *fripouille*). *Très fam.* Voyou. *Une petite frappe.*

FRAPPÉ, E adj. **1.** Rafraîchi dans la glace. *Champagne frappé.* **2.** *Velours frappé,* orné de dessins gravés en relief. **3.** Se dit d'une phrase, d'un vers qui est plein de force expressive, qui sonne bien. **4.** *Fam.* Un peu fou.

FRAPPEMENT n.m. Action de frapper ; bruit produit par ce qui frappe.

FRAPPER v.t. (probablement d'une onomat.). **1.** Donner, asséner un ou plusieurs coups à, sur. *Frapper le sol du pied. Frapper un coup violent.* ◇ *Frapper un grand coup :* accomplir une action spectaculaire et décisive. **2.** Venir heurter ; toucher, atteindre. *La balle l'a frappé en plein front.* **3.** Procéder à la frappe d'une monnaie, d'une médaille. **4.** Affliger d'un mal physique ou moral. *La maladie l'a frappé en pleine croissance.* **5.** Faire une vive impression sur. *Cette remarque m'a frappée.* **6.** Assujettir à une contrainte, notamm. par décision judiciaire ou administrative. *Frapper une marchandise de taxes.* **7.** Rafraîchir en plongeant dans la glace. *Frapper du champagne.* **8.** MAR. Assujettir un cordage à un point fixe. ◆ v.i. Donner des coups en produisant un bruit. *Frapper à la porte.* ◇ *Frapper à la porte de qqn,* le solliciter. – *Frapper à toutes les portes :* solliciter toutes les personnes possibles, afin d'être aidé. ◆ **se frapper** v.pr. *Fam.* (Souvent en tournure négative.) S'inquiéter, s'émouvoir outre mesure ; céder au pessimisme.

FRAPPEUR adj.m. *Esprit frappeur :* esprit d'un mort qui, selon les spirites, se manifeste par des coups dans ou sur les meubles, les murs, etc.

FRASER v.t. → **2. FRAISER.**

FRASIL [frazil] n.m. GLACIOL. Pellicule formée par la glace qui commence à prendre ; fines aiguilles ou plaquettes de glace flottante.

FRASQUE n.f. (ital. *frasca*). [Surtout pl.] Écart de conduite. *Frasques de jeunesse.*

FRATERNEL, ELLE adj. (lat. *fraternus*). **1.** Propre à des frères, à des frères et sœurs. **2.** Qui évoque l'affection que l'on se porte habituellement entre frères, entre frères et sœurs. *Salut fraternel.*

FRATERNELLEMENT adv. De façon fraternelle.

FRATERNISATION n.f. Action, fait de fraterniser ; son résultat.

FRATERNISER v.i. Se manifester des sentiments mutuels de fraternité, d'amitié, de sympathie. – *Spécial.* Cesser de se traiter en ennemis, en parlant de soldats.

FRATERNITÉ n.f. **1.** ANTHROP. Lien de parenté entre frères et sœurs, entre germains du même sexe ou du sexe opposé. **2.** Lien de solidarité et d'amitié entre des êtres humains, entre les membres d'une société.

1. FRATRICIDE n.m. Meurtre d'un frère ou d'une sœur.

2. FRATRICIDE adj. et n. Qui est a commis un fratricide. ◆ adj. Qui oppose des êtres qui devraient être solidaires. *Luttes fratricides.*

FRATRIE n.f. Ensemble des frères et sœurs d'une famille.

FRAUDE n.f. (lat. *fraus, fraudis*). Acte de mauvaise foi accompli en contrevenant à la loi ou aux règlements et nuisant aux droits d'autrui. *Fraude électorale, fiscale.* ◇ *Fraude sur les produits :* tromperie sur la nature, l'origine, la qualité ou la quantité de marchandises. – *En fraude :* frauduleusement.

FRAUDER v.t. et v.i. Commettre une fraude. *Frauder le fisc. Frauder dans un examen.*

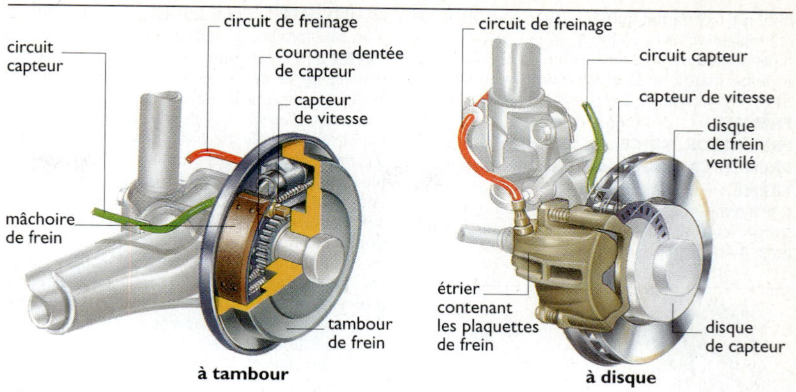

■ **FREINS** d'automobile.

FRAUDEUR, EUSE adj. et n. Qui fraude ; qui manifeste un goût, une aptitude pour la fraude.

FRAUDULEUSEMENT adv. De façon frauduleuse ; en fraude.

FRAUDULEUX, EUSE adj. Entaché de fraude.

FRAXINELLE n.f. (lat. *fraxinus,* frêne). BOT. Dictame.

FRAYÉE n.f. Ornière longitudinale et peu profonde créée en surface d'une chaussée par la circulation.

FRAYER [frɛje] v.t. [6] (lat. *fricare,* frotter). Rendre praticable ; tracer un chemin. *Frayer un sentier.* ◇ *Frayer le chemin, la voie à qqn,* lui faciliter la tâche, en le précédant. ◆ v.t. ind. (avec). *Litt.* Fréquenter qqn. ◆ v.i. Déposer ses œufs, en parlant d'un poisson femelle ; les arroser de laitance pour les féconder, en parlant du mâle.

FRAYÈRE n.f. Lieu où les poissons fraient.

FRAYEUR n.f. (lat. *fragor,* bruit violent). Peur soudaine et passagère causée par un danger réel ou supposé.

FREDAINE n.f. (anc. fr. *fredain,* méchant). [Souvent pl.] Écart de conduite sans gravité ; frasque.

FREDONNEMENT n.m. Action de fredonner ; chant de qqn qui fredonne.

FREDONNER v.t. et v.i. (lat. *fritinnire,* gazouiller). Chanter à mi-voix, sans articuler les paroles.

FREE-JAZZ [fridʒaz] n.m. inv. (mots anglo-amér., *jazz libre*). Courant du jazz apparu aux États-Unis au début des années 60, prônant l'improvisation totale, le rejet des contraintes traditionnelles de cette musique (thème, durée des chorus, tempo régulier, tonalité définie, etc.) et utilisant une instrumentation renouvelée (instruments acoustiques, bruits accidentels et provoqués). [Parmi les représentants du free-jazz, on peut citer Coltrane, Sheep et Coleman.]

FREE-LANCE [frilɑ̃s] adj. inv. et n. [pl. *free-lances*] (mot angl.). Se dit d'un professionnel (photographe, attaché de presse, publicitaire, architecte, etc.) qui effectue un travail indépendamment d'une agence. ◆ n.m. Ce travail lui-même.

FREE-MARTIN [frimartin] n.m. [pl. *free-martins*] (mot angl.). Génisse jumelle d'un mâle normal, présentant une stérilité d'origine congénitale.

FREE-SHOP [friʃɔp] n.m. (pl. *free-shops*). Anglic. déconseillé. Boutique *franche.

FREESIA [frezja] n.m. (de *Frees,* n.pr.). Plante herbacée à bulbe, originaire d'Amérique du Sud, cultivée pour ses grappes de fleurs ornementales. (Famille des iridacées.)

FREEZER [frizœr] n.m. (mot anglo-amér.). Compartiment de congélation d'un réfrigérateur.

FRÉGATAGE n.m. MAR. Rétrécissement des flancs d'une coque dont la largeur est maximale au-dessus de la flottaison et qui s'incurvent au voisinage du pont.

FRÉGATE n.f. (ital. *fregata*). **1.** Anc. Bâtiment de guerre moins lourd et plus rapide que le vaisseau. **2.** Mod. Bâtiment de combat de moyen tonnage, intermédiaire entre la corvette et le croiseur. **3.** Grand oiseau palmipède des mers tropicales, au plumage sombre, dont le mâle gonfle une poche membraneuse, écarlate, située sous le bec, en période nuptiale. (Genre *Fregata ;* famille des pélécanidés.)

FRÉGATER v.t. Affiner un bateau, ses formes pour le rendre plus rapide.

FREIN n.m. (lat. *frenum*). **1.** Organe destiné à ralentir ou à arrêter un ensemble mécanique en mouvement. ◇ *Frein d'écrou :* dispositif empêchant un écrou de se desserrer sous l'effet de chocs ou de vibrations. – *Frein moteur :* utilisation d'un moteur comme frein en cessant d'accélérer. **2.** *Fig.* Ce qui retient, entrave. *Le manque d'investissement est un frein à l'expansion.* ◇ *Mettre un frein à qqch,* chercher à l'arrêter. – *Sans frein :* sans limites ; effréné. **3.** ANAT. Petit cordon ou petite membrane qui retient un organe. *Le frein de la langue, du prépuce.* **4.** Partie du mors qui se trouve dans la bouche du cheval. ◇ *Ronger son frein :* supporter impatiemment l'inactivité, l'attente ou la contrainte.

FREINAGE n.m. Action de freiner.

FREINER v.i. Ralentir le mouvement d'un véhicule, ou l'arrêter, en parlant de son conducteur ; ralentir son mouvement, ou s'arrêter, en parlant d'un véhicule. ◆ v.t. **1.** Ralentir le mouvement de qqch. *Le mauvais état des routes a freiné les secours.* **2.** Ralentir la progression, le développement de ; modérer. *Freiner l'inflation.*

FREINTE n.f. (anc. fr. *frainte,* chose brisée). Diminution de valeur subie par des marchandises pendant la fabrication, le transport, etc. SYN. : *déchet de route.*

FRELATAGE n.m. Action de frelater.

FRELATÉ, E adj. **1.** Que l'on a frelaté ; falsifié. *Marchandises frelatées.* **2.** Qui n'a plus rien de naturel ; dont la pureté a été altérée, corrompue. *Un mode de vie frelaté.*

FRELATER v.t. (moyen néerl. *verlaten,* transvaser). Falsifier une substance, notamm. alimentaire, en y mêlant des substances étrangères. *Frelater des vins.*

FRÊLE adj. (lat. *fragilis,* fragile). Qui manque de solidité, de force. *Un frêle esquif. De frêles épaules.*

FRELON n.m. (francique *hurslo*). Grosse guêpe, peu agressive mais dont la piqûre est très douloureuse et dont le nid peut atteindre 60 cm de diamètre. (Long. max. 35 mm ; genre *Vespa.*)

■ **FRELON**

FRELUQUET n.m. (moyen fr. *freluque,* mèche de cheveux). **1.** *Fam.* Homme d'apparence chétive. **2.** *Litt., péjor.* Jeune homme frivole et prétentieux.

FRÉMIR v.i. (lat. *fremere*). **1.** Être agité d'un tremblement causé par le froid, la peur, la surprise, une émotion, etc. **2.** Être agité d'un léger frissonnement qui précède l'ébullition, en parlant d'un liquide.

FRÉMISSANT, E adj. Qui frémit.

FRÉMISSEMENT n.m. **1.** Agitation, tremblement de ce qui frémit. *Frémissement des lèvres.* **2.** Émotion qui se traduit par un léger tremblement. *Frémissement de colère.* **3.** Léger mouvement dans un liquide près de bouillir. **4.** *Fig.* Évolution à peine marquée dans une statistique, un sondage. *Frémissement des ventes d'un produit.*

FRÊNAIE n.f. Lieu planté de frênes.

FRÉNATEUR, TRICE adj. MÉD. Inhibiteur.

FRENCH CANCAN n.m. → **2. CANCAN.**

FRÊNE n.m. (lat. *fraxinus*). Grand arbre des forêts tempérées, à bourgeons noirs, à bois clair, souple et résistant utilisé en tournerie. (Haut. max. 40 m ; famille des oléacées.)

■ **FRÊNE**

FRÉNÉSIE n.f. (gr. *phrên,* pensée). **1.** État d'exaltation violente ; emportement, furie. *La frénésie d'une foule en colère.* **2.** Ardeur, enthousiasme. *Applaudir avec frénésie.*

FRÉNÉTIQUE adj. **1.** Poussé jusqu'à une exaltation extrême ; violent, passionné. *Applaudissements frénétiques.* **2.** *École frénétique :* tendance exacerbée du romantisme français vers 1830, illustrée notamm. par Aloysius Bertrand, Pétrus Borel, Xavier Forneret (1809 - 1884).

FRÉNÉTIQUEMENT adv. Avec frénésie.

FRÉON n.m. (nom déposé). Dérivé chloré et fluoré du méthane ou de l'éthane, utilisé comme agent frigorifique. (Le Fréon est un CFC.)

FRÉQUEMMENT adv. D'une manière fréquente ; souvent.

FRÉQUENCE n.f. **1.** Caractère de ce qui se reproduit à intervalles rapprochés, de ce qui se répète. *La fréquence de ses visites me fatigue un peu.* **2.** Nombre de fois où une action, un événement se produit dans un temps donné. ◇ *Fréquence cardiaque :* nombre de battements cardiaques par minute. **3. a.** STAT. Rapport de l'effectif d'une classe, ou de la valeur d'un caractère quantitatif, à la taille de l'échantillon. ◇ *Fréquence cumulée :* fréquence des observations d'un caractère quantitatif ayant une valeur inférieure ou égale à une valeur donnée. **b.** PHYS. Nombre de vibrations par unité de temps dans un phénomène périodique. (L'unité de fréquence est le hertz.) ◇ TECHN. *Gamme, bande de fréquence :* ensemble de fréquences comprises dans un intervalle donné. (Les *basses fréquences* sont comprises entre 30 et 300 kHz ; les *hautes fréquences,* entre 3 et 30 MHz.)

FRÉQUENCEMÈTRE n.m. Appareil servant à mesurer la fréquence d'un courant alternatif.

FRÉQUENT, E adj. (lat. *frequens*). Qui se produit souvent ; courant, habituel.

FRÉQUENTABLE adj. Que l'on peut fréquenter.

FRÉQUENTATIF, IVE adj. et n.m. GRAMM. Se dit d'un verbe qui indique qu'une action se répète, comme *clignoter, refaire.* SYN. : *itératif.*

FRÉQUENTATION n.f. **1.** Action de fréquenter un lieu, une personne. **2.** Personne que l'on fréquente. *Avoir de mauvaises fréquentations.*

FRÉQUENTER v.t. (lat. *frequentare*). **1.** Aller souvent, habituellement dans un lieu. *Fréquenter les théâtres.* **2.** Avoir des relations suivies avec qqn. *Fréquenter ses voisins.* ◆ v.i. Afrique. Aller à l'école.

FRÉQUENTIEL, ELLE adj. Relatif à la fréquence d'un phénomène périodique.

FRÈRE n.m. (lat. *frater*). **1.** Garçon né du même père et de la même mère qu'un autre enfant. **2.** Celui avec qui on est uni par des liens quasi fraternels. *C'est un frère pour moi.* ◇ *Faux frère :* hypocrite capable de trahir ses amis. – *Frères d'armes :* compagnons qui ont combattu ensemble pour la même cause. **3.** Nom que se donnent entre eux les membres de certaines confréries ou associations (par ex., les francs-maçons). – Titre donné aux membres de certains ordres religieux. ◇ *Frères mineurs :* franciscains. – *Frères prêcheurs :* dominicains. – *Frères des écoles chrétiennes :* membres de certaines congrégations religieuses qui se consacrent à l'enseignement, notamm. de celle que fonda saint Jean-Baptiste de La Salle. *Être élevé chez les frères.* ◆ adj.m. Uni par d'étroits rapports de solidarité. *Pays frères.*

FRÉROT n.m. *Fam.* Petit frère.

FRESQUE n.f. (ital. *fresco,* frais). **1.** Type de peinture murale exécutée, à l'aide de couleurs délayées à l'eau, sur une couche de mortier frais à laquelle ces couleurs s'incorporent. *Les fresques de Giotto.* – (Abusif). Toute peinture murale. **2.** Vaste composition littéraire peignant toute une époque, toute une société.

FRESQUISTE n. Peintre de fresques.

FRESSURE n.f. (du lat. *frixare,* frire). BOUCH. Ensemble formé par le cœur, la rate, le foie et les poumons d'un animal de boucherie.

FRET [frɛ] ou [frɛt] n.m. (moyen néerl. *vrecht*). **1.** Rémunération due par l'affréteur, ou expéditeur de marchandises, pour le transport de marchandises par navire, avion, camion ou chemin de fer. **2.** Cargaison. *Fret d'aller, de retour.* **3.** Transport de marchandises par fret.

FRÉTER v.t. [11]. **1.** Donner un navire en location. **2.** Prendre en location un avion, un véhicule.

FRÉTEUR n.m. Armateur qui s'engage à mettre un navire à la disposition d'un *affréteur,* lequel utilisera celui-ci moyennant une somme appelée *fret.*

FRÉTILLANT, E adj. Qui frétille.

FRÉTILLEMENT n.m. Mouvement de ce qui frétille.

FRÉTILLER v.i. (bas lat. *frictare,* frotter). **1.** S'agiter par des mouvements vifs et courts. **2.** S'agiter sous l'effet d'un sentiment. *Frétiller de joie.*

FRETIN n.m. (de l'anc. fr. *fraindre,* lat. *frangere,* briser). **1.** Menu poisson. **2.** *Menu fretin :* groupe de personnes dont on fait peu de cas ; ensemble de choses sans valeur, sans importance.

FRETTAGE n.m. Action de fretter.

1. FRETTE n.f. (francique *fetur,* chaîne). **1.** MÉCAN. INDUSTR. Armature métallique dont on entoure certaines pièces pour en renforcer la résistance. **2.** Corde de boyau réglable ou fine baguette fixe servant à diviser le manche d'un instrument de musique (guitare, luth, viole, etc.) en demi-tons.

2. FRETTE n.f. (de l'anc. fr. *fraindre,* briser). ARCHIT., ARTS APPL. Ornement courant en ligne brisée tel que bâtons rompus, frette crénelée, grecque.

FRETTER v.t. MÉCAN. INDUSTR. Garnir d'une frette.

FREUDIEN, ENNE adj. et n. Relatif au freudisme ; qui s'en réclame.

FREUDISME n.m. (de *Freud,* n.pr.). Ensemble des théories et des méthodes développées par S. Freud et ses disciples.

FREUDO-MARXISME n.m. (pl. *freudo-marxismes*). Combinaison théorique de la psychanalyse et du marxisme.

FREUX n.m. (francique *hrok*). Corbeau d'Europe et d'Asie, dont la base du bec est grise et dépourvue de plumes. (Envergure 90 cm ; genre *Corvus,* famille des corvidés.)

FRIABILITÉ n.f. Caractère de ce qui est friable.

FRIABLE adj. (du lat. *friare,* réduire en morceaux). Qui peut être aisément réduit en poussière.

1. FRIAND, E adj. (de *frire*). Qui est gourmand de ; qui recherche avidement. *Friand de chocolat, de romans.*

2. FRIAND n.m. **1.** Petit pâté de charcutier, fait de pâte feuilletée garnie d'un hachis de viande, de champignons, etc. **2.** Petit gâteau fait d'une pâte à biscuit aux amandes.

FRIANDISE n.f. Préparation sucrée ou salée de petite dimension, d'un goût délicat. – *Spécial.* Sucrerie ou petite pièce de pâtisserie.

FRIC n.m. *Fam.* Argent.

FRICADELLE n.f. (de *fricasser*). Belgique. Boulette de viande hachée.

FRICANDEAU n.m. (de *fricasser*). **1.** Tranche de veau piquée de menus morceaux de lard et cuite à l'étouffée. **2.** Petit pâté du Massif central.

FRICASSE n.f. Suisse. *Fam.* Grand froid.

FRICASSÉE n.f. **1.** Ragoût de viande blanche ou de volaille coupée en morceaux et cuite dans une sauce. **2.** Belgique. Œuf sur le plat servi avec du lard. **3.** Louisiane. Sauce à base de roux.

FRICASSER v.t. (de *frire* et *casser*). Faire cuire, préparer en fricassée. *Fricasser une pièce de veau.*

FRICATIVE n.f. (du bas lat. *fricare,* frotter). PHON. Constrictive.

FRIC-FRAC n.m. inv. (onomat.). *Fam.,* vieilli. Cambriolage avec effraction.

FRICHE n.f. (moyen néerl. *versch,* frais). Terrain non cultivé et abandonné. ◇ *En friche :* qui n'est pas cultivé, à l'abandon. – *Friche industrielle :* zone industrielle, momentanément inutilisée, en attente de reconversion.

FRICHTI n.m. (mot alsacien, de l'all. *Frühstück*). *Fam.* Repas, mets que l'on prépare.

FRICOT n.m. (de *fricasser*). *Fam.* Ragoût préparé grossièrement. ◇ *Fam. Faire le fricot :* préparer le repas.

FRICOTAGE n.m. *Fam.* Trafic malhonnête.

FRICOTER v.t. *Fam.* **1.** Accommoder en ragoût. **2.** Manigancer, faire secrètement. *Qu'est-ce que tu fricotes encore dans ton coin ?* ◆ v.t. ind. **(avec).** *Fam.* Avoir des relations sexuelles avec qqn.

FRICOTEUR, EUSE n. *Fam.* Personne qui se procure des gains illicites par des moyens suspects.

FRICTION n.f. (du bas lat. *frictare,* frotter). **1.** Frottement que l'on fait sur une partie du corps. – *Spécial.* Nettoyage du cuir chevelu avec une lotion aromatique. **2.** (Surtout pl.) Accrochage entre des personnes ; désaccord, heurt. *Il y a eu entre elles quelques frictions.* **3.** MÉCAN. INDUSTR. Résistance que présentent deux surfaces en contact à un mouvement de l'une par rapport à l'autre.

FRICTIONNEL, ELLE adj. **1.** MÉCAN. INDUSTR. Relatif à la friction, au frottement. **2.** ÉCON. *Chômage frictionnel :* chômage momentané créé par la situation de travailleurs entre deux emplois.

FRICTIONNER v.t. Faire des frictions à. *Frictionner ses jambes.*

FRIDOLIN n.m. (d'un prénom all.). *Fam.,* vieilli. Allemand, en partic. soldat allemand. (Surnom utilisé surtout pendant la Seconde Guerre mondiale.)

FRIGIDAIRE n.m. (nom déposé). Réfrigérateur de la marque de ce nom. – (Abusif). Tout réfrigérateur, quelle que soit sa marque.

FRIGIDARIUM [-rjɔm] n.m. (mot lat.). ANTIQ. ROM. Partie des thermes où l'on prenait des bains froids.

FRIGIDE adj. (lat. *frigidus*). Se dit d'une femme atteinte de frigidité.

FRIGIDITÉ n.f. Absence d'orgasme chez la femme lors des rapports sexuels.

FRIGO n.m. *Fam.* Réfrigérateur.

FRIGORIE n.f. Ancienne unité de mesure de quantité de chaleur enlevée (symb. fg) valant - 4 185,5 joules.

FRIGORIFIÉ, E adj. *Fam.* Se dit de qqn qui a très froid.

FRIGORIFIER v.t. [5]. Soumettre au froid pour conserver.

FRIGORIFIQUE adj. (lat. *frigorificus*). Qui produit du froid ; qui se rapporte à la production du froid. *Armoire, machine, wagon frigorifiques.* ◆ n.m. **1.** Établissement de froid industriel. **2.** Appareil frigorifique.

ENCYCL. On distingue deux types de machines frigorifiques : les machines à compression et celles à absorption. Dans une machine frigorifique *à compression,* un fluide frigorigène se vaporise dans un évaporateur en enlevant de la chaleur au milieu extérieur ; un compresseur aspire les vapeurs formées et les refoule dans un

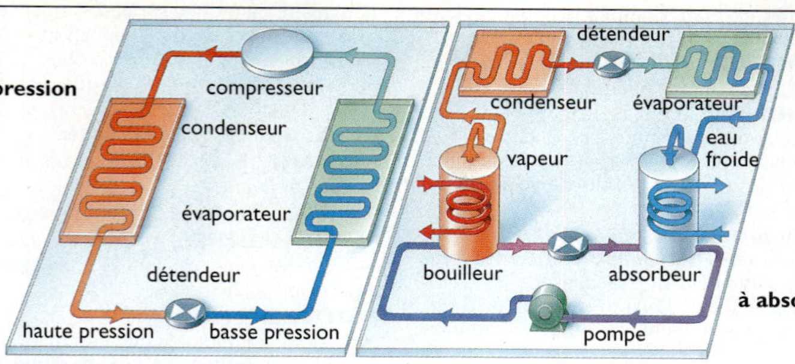

■ **FRIGORIFIQUE.** Principe des machines frigorifiques.

condenseur refroidi, où elles se liquéfient ; un détendeur laisse passer le frigorigène liquide vers l'évaporateur en abaissant sa pression. Dans une machine frigorifique *à absorption,* le frigorigène évolue entre phase vapeur et phase liquide, comme dans les machines du premier type, mais la compression mécanique est remplacée par le transfert entre une solution riche et une solution pauvre en frigorigène, obtenu par chauffage.

FRIGORIGÈNE adj. et n.m. Se dit d'un fluide qui produit du froid au cours d'un cycle frigorifique.

FRIGORISTE n. Spécialiste de la production ou de l'utilisation du froid.

FRILEUSEMENT adv. De façon frileuse.

FRILEUX, EUSE adj. et n. (du lat. *frigus, frigoris,* froid). Qui est très sensible au froid. ◆ adj. Qui manifeste une prudence excessive ; timoré.

FRILOSITÉ n.f. Comportement frileux, pusillanime. *La frilosité du marché bancaire.*

FRIMAIRE n.m. (de *frimas*). HIST. Troisième mois du calendrier républicain, commençant le 21, 22 ou 23 novembre et finissant le 20, 21 ou 22 décembre.

FRIMAS [frimɑ] n.m. (francique *frim*). **1.** *Litt.* Brouillard froid et épais qui se glace en tombant. **2.** Anc. *Coiffé, poudré à frimas :* coiffé avec une légère couche de poudre.

FRIME n.f. (anc. fr. *frume,* mauvaise mine). *Fam.* Apparence trompeuse destinée à faire illusion ou à impressionner les autres. *C'est de la frime.* ◇ *Fam. Pour la frime :* pour étonner, pour se rendre intéressant ; en apparence seulement.

FRIMER v.i. *Fam.* **1.** Prendre une attitude assurée pour faire illusion ; bluffer. **2.** Faire l'important pour attirer l'attention sur soi.

FRIMEUR, EUSE adj. et n. *Fam.* Qui manifeste le goût de frimer.

FRIMOUSSE n.f. (de *frime*). **1.** *Fam.* Visage plaisant d'un enfant ou d'une jeune personne. **2.** INFORM. Recomm. off. pour *smiley.*

FRINGALE n.f. *Fam.* **1.** Faim subite et pressante. **2.** Désir violent, irrésistible de qqch. *Une fringale de cinéma.*

FRINGANT, E adj. (du moyen fr. *fringuer,* gambader). **1.** Se dit d'un cheval vif et de fière allure. **2.** Dont le comportement est vif et pétulant ; élégant, de belle humeur. *Un fringant jeune homme.*

FRINGILLIDÉ [frɛ̃ʒilide] n.m. (lat. *fringilla,* pinson). Oiseau passereau essentiellement granivore, dont il existe de nombreuses espèces en Europe (pinson, chardonneret, bouvreuil, serin, linotte, etc.). [Les fringillidés forment une famille.]

FRINGUE n.f. (Surtout pl.) *Fam.* Vêtement.

FRINGUER v.t. *Fam.* Habiller qqn. ◆ **se fringuer** v.pr. *Fam.* S'habiller.

FRIPE n.f. (anc. fr. *frepe,* chiffon). [Surtout pl.] Vêtement usé, d'occasion.

FRIPÉ, E adj. *Visage fripé,* ridé, flétri.

FRIPER v.t. (anc. fr. *freper*). **1.** Chiffonner, froisser. *Friper une robe.* **2.** Couvrir de rides ; flétrir.

FRIPERIE n.f. Commerce de vêtements usagés, d'occasion ; ces vêtements.

FRIPIER, ÈRE n. Personne qui fait le commerce des vêtements d'occasion.

FRIPON, ONNE n. (du moyen fr. *friper,* avaler goulûment). **1.** *Fam.* Enfant espiègle. **2.** Vx. Personne malhonnête ; escroc, filou. ◆ adj. Qui dénote une malice un peu provocante et sensuelle. *Air, œil fripon.*

FRIPONNERIE n.f. Vx. Caractère ou acte de fripon ; espièglerie.

FRIPOUILLE n.f. *Fam.* Personne d'une grande malhonnêteté ; crapule.

FRIPOUILLERIE n.f. *Fam.* Caractère ou acte de fripouille.

FRIQUÉ, E adj. (de *fric*). *Fam.* Qui a beaucoup d'argent ; riche.

FRIQUET n.m. (de l'anc. fr. *friquet,* vif). Moineau des campagnes d'Eurasie, reconnaissable à la tache noire qui orne sa joue. (Nom sc. *Passer montanus ;* famille des plocéidés.)

FRIRE v.t. [95] (lat. *frigere*). Faire cuire un aliment dans un corps gras bouillant. *Frire un poisson.* ◆ v.i. Cuire dans un corps gras bouillant, en parlant d'un aliment.

FRISAGE n.m. Action de friser les cheveux.

FRISANT, E adj. Se dit de la lumière qui frappe de biais une surface en l'effleurant.

FRISBEE [frizbi] n.m. (nom déposé). Petit disque de plastique qui plane quand on le lance en le faisant tourner sur lui-même ; jeu pratiqué avec ce disque, que plusieurs partenaires se lancent l'un à l'autre.

FRISE n.f. (ital. dial. *friso,* du lat. *phrygium,* phrygien). **1.** ARCHIT. Partie de l'entablement comprise entre l'architrave et la corniche. *Les frises du Parthénon.* **2.** Surface plane, génér. décorée, formant une bande continue. **3.** MENUIS. Planche étroite et courte utilisée pour fabriquer des lames de parquet, des pièces de meubles ou des tonneaux. **4.** THÉÂTRE. Élément de décor destiné à cacher le cintre.

FRISÉ, E adj. **1.** Qui forme des boucles fines et serrées. *Cheveux frisés.* **2.** Dont les feuilles sont finement dentelées et contournées. *Chicorée frisée.* ◆ adj. et n. Dont les cheveux frisent.

FRISÉE n.f. Chicorée d'une variété à feuilles frisées, consommée en salade.

FRISELIS n.m. *Litt.* Frémissement doux. *Le friselis de l'eau sous la brise.*

FRISER v.t. (p.-ê. de *frire*). **1.** Mettre en boucles. *Friser ses cheveux.* **2.** Passer en frôlant ; raser, effleurer. *La balle lui a frisé le visage.* **3.** Être près d'atteindre qqch, s'en approcher de très près. *Friser la catastrophe.* ◆ v.i. **1.** Se mettre en boucles. *Ses cheveux frisent.* **2.** Avoir les cheveux qui se mettent en boucles.

1. FRISETTE n.f. Petite frise de parquet, de boiserie.

2. FRISETTE n.f. ou **FRISOTTIS** n.m. *Fam.* Petite boucle de cheveux frisés.

FRISOLÉE n.f. (de *frisoler,* dimin. dial. de *friser*). Maladie à virus de la pomme de terre, qui donne aux feuilles un aspect gaufré.

1. FRISON n.m. Vx. Petite mèche qui frise sur la nuque ou près du visage.

2. FRISON, ONNE adj. et n. De la Frise, de ses habitants. ◆ n.m. Langue germanique parlée dans la Frise.

3. FRISON, ONNE n. et adj. Bovin laitier à robe pie noir, originaire de Frise, exporté dans le monde entier et qui est à l'origine de nombreuses races voisines comme la prim'Holstein en France.

FRISOTTANT, E ou **FRISOTTÉ, E** adj. Qui frisotte.

FRISOTTER v.t. et v.i. Friser en petites boucles.

FRISOTTIS n.m. → **2. FRISETTE.**

FRISQUET, ETTE adj. (wallon *frisque,* froid, du flamand). *Fam.* Légèrement froid. *Un vent frisquet.*

FRISSON n.m. (bas lat. *frictio,* de *frigere,* avoir froid). **1.** Tremblement brusque et généralisé accompagné d'une sensation de froid, dû à une baisse de température ou à une infection. **2.** Mouvement de saisissement qui naît d'une émotion, d'une peur.

FRISSONNANT, E adj. Qui frissonne.

FRISSONNEMENT n.m. **1.** Léger frisson. **2.** *Litt.* Léger tremblement ; frémissement. *Le frissonnement des feuilles.*

FRISSONNER v.i. **1.** Avoir des frissons. **2.** Être saisi d'un frémissement causé par un sentiment, une émotion intenses. *Frissonner d'horreur.* **3.** *Litt.* S'agiter légèrement, en parlant de qqch. *Les feuilles frissonnent.*

FRISURE n.f. **1.** Façon de friser ; état des cheveux frisés. **2.** Vx. Petite boucle, mèche de cheveux frisés.

FRITE n.f. **1.** (Surtout pl.) Bâtonnet de pomme de terre frit. **2.** *Fam.* Coup sur les fesses donné d'un geste vif du dos de la main. **3.** *Fam. Avoir la frite :* être en forme.

FRITERIE n.f. Local ou installation ambulante où l'on fait des fritures, des frites.

FRITEUSE n.f. Récipient pourvu d'un égouttoir amovible permettant de faire cuire un aliment dans un bain de friture.

FRITILLAIRE [fritilɛr] n.f. (lat. *fritillus,* cornet à dés). Plante herbacée bulbeuse ornementale aux fleurs tombantes, dont l'espèce principale est la *couronne impériale.* (Genre *Fritillaria ;* famille des liliacées.)

FRITON n.m. **1.** Résidu frit que l'on obtient en faisant fondre par petits morceaux la graisse d'oie ou de porc. **2.** Sorte de pâté à base de morceaux d'abats, langue, cœur, rognon, etc., assemblés dans de la gelée. (Spécialité du Sud-Ouest.)

FRITTAGE n.m. **1.** Opération effectuée dans la métallurgie des poudres pour réaliser par chauffage une agglomération des produits traités afin de leur donner une cohésion et une rigidité suffisantes. **2.** Vitrification préparatoire incomplète de certains matériaux, en céramique, en émaillerie, afin d'accélérer le processus de fusion.

FRITTE n.f. (de *frire*). Mélange vitreux obtenu par fusion et broyage de silice, de soude, etc., et utilisé dans la préparation de certains produits céramiques ou de certains verres.

FRITTER v.t. Soumettre au frittage.

FRITURE n.f. **1.** Action ou manière de frire un aliment. **2.** Corps gras servant à frire. **3.** Aliment frit, en partic. petits poissons frits ou à frire. **4.** Belgique. Baraque à frites ; friterie. **5.** Grésillement intermittent, lors d'une transmission radio ou téléphonique.

FRITZ [frits] n.m. (mot all., dimin. de *Friedrich*). *Fam., péjor.,* vieilli. Allemand, en partic. soldat allemand.

FRIVOLE adj. (lat. *frivolus*). **1.** Qui a peu de sérieux ou d'importance ; léger. *Occupation frivole.* **2.** Qui a le goût des choses futiles, qui est superficiel dans ses attachements. *Esprit frivole.*

FRIVOLEMENT adv. De façon frivole.

FRIVOLITÉ n.f. Caractère frivole ; chose frivole. ◆ pl. Vx. Accessoires de mode féminine, articles de fantaisie.

FROC n.m. (francique *frokk*). **1.** Vx. Habit de moine. **2.** *Fam.* Pantalon.

FRŒBÉLIEN, ENNE ou **FRŒBELIEN, ENNE** [frœbeljɛ̃, ɛn] adj. (de *Fröbel,* pédagogue all.). Belgique. Relatif à l'éducation donnée dans les jardins d'enfants. ◆ n. Belgique. Instituteur de maternelle.

1. FROID, E adj. (lat. *frigidus*). **1.** Qui est à basse température ; où la température est basse. *Cette boisson est trop froide. Un grand salon toujours froid l'hiver.* **2.** Qui donne la sensation d'être à une température inférieure à celle du corps. *Air froid.* **3.** Qui n'est plus chaud ; refroidi. *Viande froide.* **4.** *Couleur froide :* couleur dont la longueur d'onde est plus proche du bleu que du rouge et qui, de ce fait, ne procure aucune impression de vie. **5.** *Pierre froide :* pierre calcaire très dure et prenant le poli. **6.** Qui manifeste du sang-froid, du calme, de la maîtrise de soi. *Rester froid devant le danger.* **7.** Qui manifeste de la réserve, qui manque de chaleur humaine. *Un homme très froid.* ◆ adv. **1.** *Manger froid :* absorber des aliments froids. **2.** *Litt. Battre froid à qqn,* lui manifester de la réserve, de l'hostilité.

2. FROID n.m. **1.** Température basse ou très basse. **2.** Sensation que fait éprouver l'absence ou la diminution de la chaleur. ◇ *Avoir froid :* éprouver une sensation de froid. – *Attraper, prendre froid :* être brusquement affecté d'une

F

maladie infectieuse (rhume, grippe, etc.) par temps froid. **3.** Absence ou diminution d'affection, de cordialité. *Ils sont en froid.* ◇ *Jeter un froid :* faire naître un malaise, une sensation de gêne. **4.** *À froid :* sans soumettre à la chaleur ; *fig.*, sans émotion apparente, quand les passions se sont calmées. – *Opérer à froid :* pratiquer une intervention chirurgicale en dehors des poussées inflammatoires, après une phase aiguë.

FROIDEMENT adv. **1.** Avec calme et lucidité. **2.** Avec réserve. *Accueillir froidement un projet.* **3.** Avec une totale insensibilité ; sans aucun scrupule. *Abattre froidement qqn.*

FROIDEUR n.f. Absence de sensibilité ; indifférence.

FROIDURE n.f. *Litt.* ou Antilles. Atmosphère, saison froide.

FROISSABLE adj. Qui se froisse facilement.

FROISSEMENT n.m. **1.** Action de froisser ; son résultat. **2.** Bruit que produit qqch que l'on froisse. *Un froissement de papier de soie.*

FROISSER v.t. (lat. pop. *frustiare,* de *frustum,* morceau). **1.** Endommager en chiffonnant ; friper. *Froisser un papier.* **2.** Heurter par manque de tact, blesser moralement. *Votre plaisanterie l'a froissé.* ◆ **se froisser** v.pr. *Se froisser un muscle :* se faire une contusion musculaire légère.

FROISSURE n.f. Rare. Trace laissée sur un objet qui a été froissé.

F

FRÔLEMENT n.m. Action de frôler ; bruit léger qui en résulte.

FRÔLER v.t. (onomat.). **1.** Toucher légèrement en passant ; effleurer. *La balle a frôlé le filet.* **2.** Passer très près de qqn, de qqch sans les toucher. *Un avion qui frôle les montagnes.* **3.** Échapper de justesse à qqch de fâcheux. *Frôler la mort, la faillite.*

FRÔLEUR, EUSE adj. Qui frôle. *Gestes frôleurs.* ◆ n.m. Homme qui s'assure des émotions érotiques en frôlant ou en touchant d'autres personnes, génér. dans une foule. ◆ n.f. Femme provocante ; aguicheuse.

FROMAGE n.m. (du lat. pop. *formaticus,* fait dans une forme). **1.** Aliment produit par coagulation du lait, égouttage du caillé ainsi obtenu et, éventuellement, affinage ; masse de cet aliment moulée de façons diverses. ◇ *Fam. Entre la poire et le fromage :* à la fin du repas, quand la gaieté et la convivialité sont plus grandes. – *Fam. Faire (tout) un fromage de qqch :* donner une importance exagérée à, monter en épingle une chose, un événement mineurs. **2.** *Fam.* Bénéfices qui découlent d'une situation lucrative et peu fatigante. *Se partager le fromage.* **3.** *Fromage de tête :* pâté fait de morceaux de tête de porc assemblés par de la gelée.

1. FROMAGER n.m. Très grand arbre des régions tropicales, à bois blanc et tendre, dont les fruits fournissent le kapok. (Haut. jusqu'à 70 m ; genres *Bombax, Ceiba,* famille des bombacacées.)

2. FROMAGER, ÈRE adj. Relatif au fromage. *Industrie fromagère.* ◆ n. Professionnel qui fabrique ou vend des fromages.

FROMAGERIE n.f. Endroit où l'on fait, où l'on garde, où l'on vend des fromages.

FROMEGI, FROMGI, FROMETON ou **FROMTON** n.m. *Fam.* Fromage.

FROMENT n.m. (lat. *frumentum*). Blé tendre.

FRONCE n.f. (francique *hrunka*). Pli non aplati obtenu en coulissant un tissu sur un fil.

FRONCEMENT n.m. Action de froncer, de rider les sourcils, le front.

FRONCER v.t. [9]. **1.** Resserrer ou orner par des fronces un vêtement, un tissu. *Froncer une robe.* **2.** Plisser, rider en contractant. *Froncer les sourcils.*

FRONCIS n.m. Suite de fronces, de plis faits à un tissu, à un vêtement.

FRONDAISON n.f. (de *3. fronde*). **1.** Époque où apparaissent les feuilles des arbres. **2.** Le feuillage lui-même.

1. FRONDE n.f. (lat. *funda*). **1.** Arme de jet constituée d'une pièce de matière souple (par ex. du cuir) dans laquelle est placé le projectile et que l'on fait tournoyer à l'aide de lanières tenues à la main. **2.** Lance-pierre.

2. FRONDE n.f. **1.** *La Fronde : v. partie n.pr.* **2.** *Sout.* Révolte d'un groupe social contestant les institutions, la société, l'autorité. *Esprit de fronde.*

3. FRONDE n.f. (lat. *frons, frondis,* feuillage). Feuille aérienne des fougères, porteuse des sporanges.

FRONDER v.t. *Sout.* Critiquer le pouvoir, l'autorité en raillant, en provoquant.

1. FRONDEUR n.m. Anc. Soldat armé d'une fronde, spécial. dans l'Antiquité.

2. FRONDEUR, EUSE n. HIST. Personne qui participa au mouvement de la Fronde. ◆ adj. et n. *Sout.* Qui manifeste le goût de la contradiction, de la critique, de l'insubordination. *Esprit frondeur.*

FRONT n.m. (lat. *frons, frontis*). **1.** Partie antérieure du crâne des vertébrés comprise, chez l'homme, entre la racine des cheveux et l'arcade sourcilière. ◇ *Litt. Baisser, courber le front :* éprouver un sentiment de honte. **2.** Audace, impudence. *Tu as le front de tenir ici de tels propos !* **3.** Partie supérieure ou face antérieure de qqch. *Le front d'une montagne. Le front d'un monument.* ◇ *Front de mer :* avenue, promenade en bord de mer. **4.** MIL. **a.** Ligne extérieure présentée par une troupe en ordre de bataille. ◇ *Faire front :* tenir tête à une attaque. **b.** Limite avant de la zone de combat. **c.** Cette zone de combat elle-même. *Partir pour le front.* CONTR. : *arrière.* ◇ *Front de mer :* secteur de défense côtière. **5.** Domaine, secteur dans lequel existent des difficultés ou un blocage. *Graves remous sur le front judiciaire. La majorité gouvernementale doit se battre sur tous les fronts.* **6.** Nom que se donnent certains partis, certaines organisations politiques en fonction de la position de combat qu'ils estiment être la leur. **7.** Coalition de partis ou d'organisations politiques. ◇ *Le Front populaire : v. partie n.pr.* **8.** MIN. Partie d'un gisement en cours d'exploitation. ◇ *Front de taille :* chantier d'abattage de grande extension. **9.** MÉTÉOROL. Zone marquant le contact entre deux masses d'air convergentes, différenciées par leur température et leur degré d'humidité. **10.** GÉOMORPH. Versant raide d'une cuesta. **11.** GÉOGR. *Front pionnier :* région dont la mise en valeur s'amorce. **12.** *De front.* **a.** En faisant face ; par-devant. *Attaquer de front.* **b.** Côte à côte sur une même ligne. *Marcher de front.* **c.** En même temps ; simultanément. *Mener de front plusieurs affaires.* **d.** D'une manière directe, sans ménagement. *Aborder de front une question.*

1. FRONTAL, E, AUX adj. **1.** Qui se fait de face, par-devant. *Attaque frontale.* **2.** ANAT. Qui concerne le front. *Muscle frontal.* ◇ *Lobe frontal :* partie de chaque hémisphère cérébral située en avant du lobe pariétal et au-dessus du lobe temporal, et qui joue un rôle important dans la motricité, le langage, le comportement, l'humeur et la prise de décision. – *Os frontal,* ou *frontal,* n.m. : os du front. **3.** *Plan frontal de projection :* en géométrie descriptive, un des deux plans de projection.

2. FRONTAL n.m. Partie du harnais qui passe sur le front du cheval et se fixe sur la têtière.

FRONTALIER, ÈRE adj. et n. Qui habite une région voisine d'une frontière et, partic., qui va travailler chaque jour au-delà de cette frontière. ◆ adj. Situé à la frontière. *Ville frontalière.*

FRONTALITÉ n.f. *Loi de frontalité :* principe fondamental de la sculpture archaïque, caractérisé par la symétrie du corps humain, qui n'est jamais désaxé par une flexion latérale.

FRONTEAU n.m. **1.** Rare. Petit fronton au-dessus d'une porte ou d'une fenêtre. **2.** Bandeau ou chaînette portés sur le front, au Moyen Âge.

FRONTIÈRE n.f. (de *front*). **1.** Limite qui sépare deux États. ◇ *Frontière naturelle :* frontière formée par un élément du milieu naturel (fleuve ou montagne). **2.** (En appos.) Limitrophe, frontalier. *Ville frontière.* **3.** *Fig.* Limite, lisière entre deux choses différentes. *La frontière entre l'autorité et l'autoritarisme. Les frontières de l'impossible.* **4.** TOPOL. Ensemble des points frontières d'une partie d'un espace. ◇ *Point frontière d'une partie A d'un espace topologique E :* point de E dont les voisinages contiennent des éléments appartenant à A et des éléments ne lui appartenant pas.

FRONTIGNAN n.m. Vin doux naturel produit dans la région de Frontignan, obtenu à partir de raisin muscat.

FRONTISPICE n.m. (bas lat. *frontispicium*). **1.** Vx. Façade principale d'un édifice. **2.** Titre d'un livre imprimé, placé à la première page. **3.** Illustration placée en regard de la page de titre d'un livre.

FRONTISTE adj. et n. Relatif au Front national ; qui en est partisan.

FRONTON n.m. (ital. *frontone*). **1.** ARCHIT., MOBIL. Couronnement d'une façade, d'un avant-corps, d'une baie, d'un meuble, etc., de forme triangulaire ou arquée sur base horizontale, plus large que haut et fait d'un tympan qu'entoure un cadre mouluré. **2.** SPORTS. Mur contre lequel on lance la balle, à la pelote basque. – *Par ext.* Le terrain de jeu.

FROTTAGE n.m. Action de frotter.

FROTTANT, E adj. Soumis à un frottement. *Surfaces frottantes.*

FROTTÉE n.f. *Fam.,* vx. Volée de coups.

FROTTE-MANCHE n. (pl. *frotte-manches*). Belgique. *Fam.* Personne qui fait du zèle auprès de ses supérieurs ; lèche-bottes.

FROTTEMENT n.m. **1.** Action de deux corps en contact et en mouvement l'un par rapport à l'autre. ◇ *À frottement :* se dit d'une manière d'ajuster une pièce dans une autre, de façon que leur mouvement relatif se fasse avec un frottement non négligeable. – *Coefficient de frottement :* fraction de la force normale qu'il faudrait appliquer tangentiellement pour vaincre le frottement. **2.** MÉD. Bruit anormal perçu à l'auscultation au cours de l'inflammation de la plèvre ou du péricarde. **3.** MÉCAN. *Frottement interne :* phénomène qui perturbe la déformation parfaitement élastique des solides, responsable de l'amortissement des vibrations dans un matériau.

FROTTER v.t. (anc. fr. *freter,* du bas lat. *frictare*). **1.** Passer à plusieurs reprises une chose sur une autre en appuyant. *Frotter deux pierres pour faire du feu.* **2.** Exercer une pression sur qqch tout en faisant des mouvements répétés pour nettoyer ou rendre plus brillant. *Frotter un parquet.* **3.** Passer la main de façon appuyée sur une partie du corps ; frictionner. ◇ Belgique. *Fam. Frotter la manche :* flatter qqn pour en recevoir une faveur. **4.** Enduire par frottement ou friction. *Frotter d'ail des croûtons.* ◆ v.i. Produire un frottement. *La porte frotte en se fermant.* ◆ **se frotter** v.pr. (à). **1.** *Fam.* S'en prendre vivement à ; provoquer, attaquer. **2.** *Litt.* Entrer en contact avec ; fréquenter. *Se frotter aux artistes.*

1. FROTTEUR, EUSE n. Personne qui frotte les planchers. ◆ n.m. *Fam.* Frôleur.

2. FROTTEUR n.m. **1.** Pièce conductrice assurant un contact électrique mobile par frottement sur une autre. **2.** Dispositif des véhicules à traction électrique permettant le captage du courant sur le rail conducteur.

FROTTIS n.m. **1.** PEINT. Dans un tableau, couche mince de couleur laissant voir la texture du support. **2.** MÉD. Étalement par frottement sur une lame de verre, en vue d'un examen microscopique, d'un liquide ou de cellules de l'organisme. *Frottis vaginal, sanguin.*

FROTTOIR n.m. Surface enduite d'un produit permettant l'inflammation des allumettes par friction.

FROUER v.i. (lat. *fraudare*). CHASSE. Imiter à la pipée le cri de la chouette ou du geai.

FROUFROU ou **FROU-FROU** n.m. [pl. *froufrous, frous-frous*] (onomat.). **1.** Léger bruit que produit le froissement des étoffes, des feuilles, etc. **2.** (Surtout pl.) Ornement de tissu d'un vêtement féminin. *Robe à froufrous.*

FROUFROUTANT, E adj. Qui froufroute.

FROUFROUTEMENT n.m. Bruit de froufrou.

FROUFROUTER v.i. Produire un bruit léger semblable à un froissement.

FROUILLER v.i. (p.-ê. du lat. *fraudulare*). Suisse. Tricher.

FROUSSARD, E adj. et n. *Fam.* Peureux, poltron.

FROUSSE n.f. *Fam.* Peur.

FRUCTIDOR n.m. (lat. *fructus,* fruit, et gr. *dôron,* don). HIST. Douzième mois du calendrier républicain, commençant le 18 ou le 19 août et finissant le 16 ou le 17 septembre.

FRUCTIFÈRE adj. BOT. Qui porte des fruits.

FRUCTIFICATION n.f. BOT. **1.** Formation, production des fruits ; époque où a lieu cette formation. **2.** Ensemble des organes reproducteurs, chez les cryptogames.

FRUCTIFIER v.i. [5] (du lat. *fructus,* fruit). **1.** Produire, porter des récoltes, des fruits. **2.** Produire des résultats avantageux, profitables, des bénéfices. *Idée qui fructifie. Faire fructifier son capital.*

FRUCTOSE n.m. Ose ($C_6H_{12}O_6$), isomère du glucose, contenu dans le miel et de nombreux fruits.

FRUCTUEUSEMENT adv. De façon fructueuse.

FRUCTUEUX, EUSE adj. (lat. *fructuosus*). Qui produit des bénéfices, donne un résultat fécond ;

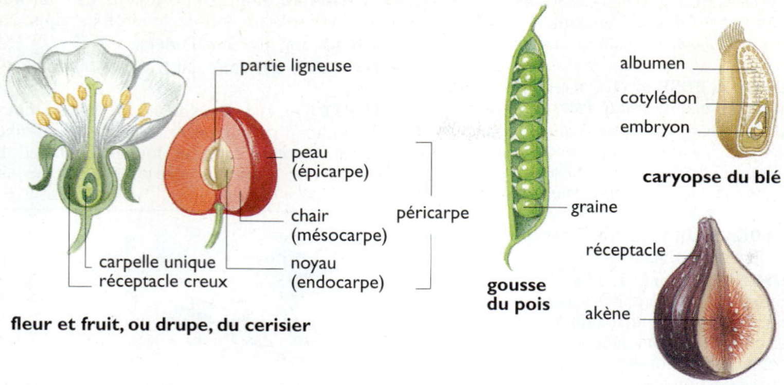

■ **FRUITS**

profitable, avantageux. *Commerce fructueux. Recherches fructueuses.*

FRUCTUS [-tys] n.m. (mot lat., *fruit*). DR. CIV. Droit de percevoir les fruits d'une chose, l'un des attributs du droit de propriété.

FRUGAL, E, AUX adj. (lat. *frugalis*). **1.** Qui se nourrit de peu, qui vit d'une manière simple. **2.** Qui consiste en aliments simples et peu abondants. *Repas frugal.*

FRUGALEMENT adv. De façon frugale.

FRUGALITÉ n.f. Caractère frugal de qqn, de qqch ; sobriété.

FRUGIVORE adj. et n. (du lat. *frux, frugis,* fruit). Qui se nourrit de fruits.

1. FRUIT n.m. (lat. *fructus*). **1.** Organe contenant les graines et provenant génér. uniquement de l'ovaire de la fleur. (On distingue les *fruits secs,* dépourvus de pulpe [gousse, capsule, akène], et les *fruits charnus,* souvent comestibles [drupe, baie].) **2.** Cet organe, en tant que produit comestible de certains végétaux, de saveur génér. sucrée et consommé souvent comme dessert. ◇ ***Fruit confit*** : fruit cuit légèrement dans un sirop de sucre, puis séché lentement. – ***Fruits rafraîchis*** : salade de fruits frais au sucre et arrosés d'alcool. – ***Fruit défendu*** : plaisir interdit, et d'autant plus désirable, par allusion à Adam et Ève. – *Litt.* ***Fruit vert*** : très jeune fille. – ***Fruit sec*** : personne qui a déçu toutes les espérances que l'on fondait sur elle ; raté. **3.** *Fig.* Résultat bénéfique, profit, avantage tiré de qqch. *Retirer les fruits de son travail.* ◆ pl. **1.** *Litt.* Produits, récoltes. *Les fruits de la Terre.* **2.** DR. Produits réguliers et périodiques que les choses donnent d'après leur destination et sans perte de leur substance, soit naturellement *(fruits naturels),* soit par le travail de l'homme *(fruits industriels),* soit en donnant lieu à un profit pécuniaire *(fruits civils).* ◇ ***Fruits pendants par les branches*** : fruits des arbres, non encore récoltés. – ***Fruits pendants par les racines*** : récoltes encore sur pied. **3.** ***Fruits de mer*** : crustacés et coquillages comestibles.

2. FRUIT n.m. (du moyen fr. *frit,* de *effriter*). CONSTR. Obliquité donnée à la face extérieure d'un mur, sa base étant en avant de l'aplomb du sommet.

FRUITÉ, E adj. **1.** Se dit d'un vin, de l'huile d'olive, etc., qui ont conservé l'arôme et le goût du fruit frais. **2.** Qui rappelle l'odeur ou le goût d'un fruit. *Parfum fruité.*

FRUITERIE n.f. Magasin où l'on vend des fruits et des légumes frais.

1. FRUITIER, ÈRE adj. Qui produit des fruits comestibles. *Arbre fruitier.* ◆ n. Personne qui fait le commerce des fruits frais.

2. FRUITIER n.m. Local, étagère où l'on conserve les fruits.

FRUITIÈRE n.f. Petite coopérative de producteurs de lait pour la fabrication du fromage, notamm. du gruyère. – *Spécial.* Établissement où se fabrique ce fromage.

FRUMENTAIRE adj. (lat. *frumentarius*). ANTIQ. ROM. ***Lois frumentaires*** : lois qui réglaient la distribution gratuite ou à prix réduit du blé aux citoyens.

FRUSQUES n.f. pl. (de *saint-frusquin*). *Fam.* Vêtements, en partic. vêtements de peu de valeur ou usagés.

FRUSTE adj. (ital. *frusto,* usé). **1.** Qui manque de savoir-vivre ; grossier, rustre. **2.** Qui manque de finesse, d'élégance. *Style fruste.* **3.** Se dit d'une forme très atténuée d'une maladie. **4.** Se dit d'un objet numismatique dont le relief est presque indéchiffrable à force d'usure.

FRUSTRANT, E adj. Qui frustre.

FRUSTRATION n.f. **1.** Action de frustrer. **2.** PSYCHOL. Tension psychologique engendrée par un obstacle qui empêche le sujet d'atteindre un but ou de réaliser un désir. **3.** SOCIOL. ***Frustration relative*** : sentiment d'insatisfaction ressenti par comparaison avec autrui, dont on estime injuste qu'il soit mieux loti.

FRUSTRÉ, E adj. et n. Se dit de qqn qui souffre de frustration.

FRUSTRER v.t. (lat. *frustrari*). **1.** Priver qqn d'un bien, d'un avantage dont il croyait pouvoir disposer ou qui était dû. **2.** Mettre qqn dans un état de frustration. **3.** Décevoir une attente ; tromper. *Son échec a frustré nos espérances.*

FTP n.m. (sigle de l'angl. *file transfer protocol*). INFORM. Protocole de transfert de fichiers entre deux ordinateurs distants, reliés par réseau, utilisé notamm. sur Internet.

FUCHSIA [fyʃja] ou [fyksja] n.m. (de *Fuchs,* n.pr.). Arbrisseau ornemental originaire d'Amérique, aux fleurs pendantes rouge violacé, planté dans les jardins en massif ou en haie. (Famille des œnothéracées.)

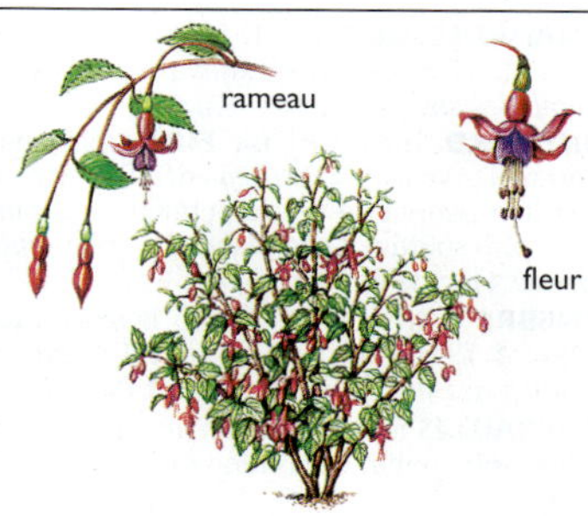

■ **FUCHSIA**

FUCHSINE [fyksin] n.f. (de *Fuchs,* n.pr.). Substance colorante rouge, utilisée en bactériologie et en cytologie.

FUCUS [fykys] n.m. (mot lat.). Algue brune, abondante sur les côtes rocheuses, où les différentes espèces forment des ceintures de peuplement successives dans la zone intertidale. (Classe des phéophycées.)

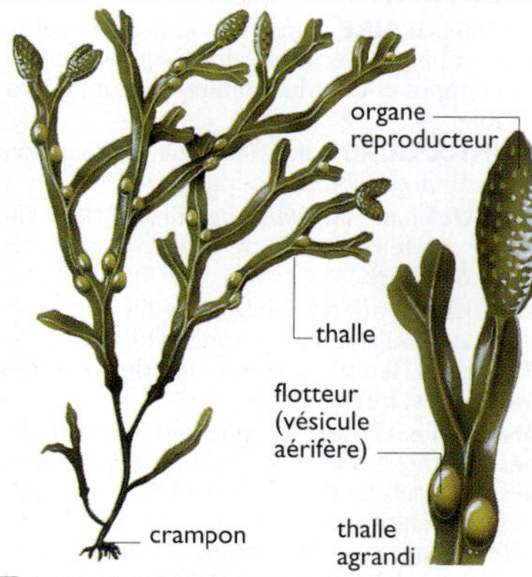

■ **FUCUS** *(Fucus vesiculosus).*

FUÉGIEN, ENNE adj. et n. (esp. *fueguino,* de *fuego,* feu). De la Terre de Feu.

FUEL [fjul] ou **FUEL-OIL** [fjulɔjl] n.m. (pl. *fuel-oils*). [Anglic. déconseillé]. Fioul.

FUERO [fwero] n.m. (mot esp.). HIST. En Espagne, surtout au Moyen Âge, charte garantissant les privilèges et les libertés d'une ville ou d'une province.

FUGACE adj. (lat. *fugax*). Qui ne dure pas, qui disparaît rapidement, facilement ; fugitif. *Souvenir, parfum fugace.*

FUGACITÉ n.f. *Litt.* Caractère de ce qui est fugace.

FUGITIF, IVE adj. et n. (lat. *fugitivus*). Qui a pris la fuite, qui s'est échappé. ◆ adj. Qui ne dure pas, qui disparaît rapidement ; fugace. *Bonheur, espoir fugitif.*

FUGITIVEMENT adv. De façon fugitive, passagère.

FUGUE n.f. (ital. *fuga,* fuite). **1.** Fait de s'enfuir de son domicile, notamm. pour un enfant mineur. **2.** Composition musicale qui donne l'impression d'une fuite et d'une poursuite par l'entrée successive des voix et la reprise d'un même thème, et qui comprend différentes parties : l'exposition, le développement et la strette.

FUGUÉ, E adj. MUS. En style de fugue.

FUGUER v.i. *Fam.* Faire une fugue.

FUGUEUR, EUSE adj. et n. Se dit d'un enfant, d'un adolescent qui a tendance à faire des fugues.

FÜHRER [fyrœr] n.m. (mot all., *conducteur, guide*). Titre pris par Hitler à partir de 1934.

FUIE n.f. Région. Petit colombier.

FUIR v.i. [24] (lat. *fugere*). **1.** S'éloigner rapidement pour échapper à ; se dérober. *Fuir à travers champs.* **2.** *Litt.* S'éloigner, s'écouler rapidement. *Le temps qui fuit.* **3.** S'échapper par une fêlure, un orifice. *Le gaz a fui par le robinet.* **4.** Laisser échapper son contenu. *Mon stylo fuit.* ◆ v.t. **1.** Chercher à éviter en s'éloignant. *Fuir le danger.* **2.** *Litt.* Ne pas se laisser saisir ; échapper à. *Le sommeil me fuit.*

FUITE n.f. **1.** Action de fuir, de se soustraire à qqch de pénible, de dangereux ; dérobade. *Fuite devant l'ennemi. Prendre la fuite.* ◇ ***Fuite en avant*** : fait d'accentuer un processus, faute de pouvoir en contrôler l'évolution. – ***Délit de fuite,*** commis par le conducteur d'un véhicule qui, responsable d'un accident, ne s'arrête pas et tente ainsi d'échapper à la responsabilité pénale ou civile qu'il peut encourir. – ***Fuite des capitaux*** : évasion de capitaux. **2.** Écoulement d'un fluide, d'un gaz par une fissure ; la fissure elle-même. **3.** *Litt.* ***Fuite du temps*** : écoulement rapide du temps. **4.** Divulgation d'informations qui devaient rester secrètes. *Organiser une fuite.* **5.** DESS., PEINT. ***Point de fuite*** : point d'un dessin en perspective où convergent des droites parallèles dans la réalité.

FULGURANCE n.f. *Litt.* Caractère de ce qui est fulgurant.

FULGURANT, E adj. (du lat. *fulgur,* foudre). **1.** *Litt.* Qui jette une lumière rapide et aveuglante. *Éclair fulgurant.* ◇ *Litt.* ***Regard fulgurant,*** brillant et pénétrant. **2.** Qui est très rapide. *Carrière fulgurante.* ◇ ***Douleur fulgurante,*** très intense et très brève, comme un éclair.

FULGURATION n.f. **1.** Éclair sans tonnerre. **2.** Accident dû à la foudre.

FULGURER v.i. *Litt.* Briller d'un vif éclat.

FULIGINEUX, EUSE adj. (du lat. *fuligo,* suie). **1.** Qui produit de la suie ; qui a la couleur de la suie ; noirâtre. *Flamme fuligineuse.* **2.** *Litt.* Obscur, confus. *Esprit fuligineux.*

FULIGULE n.m. (lat. *fuligo,* suie, par allusion à la couleur du plumage). Canard plongeur, de passage en France en hiver, dont les espèces les plus communes sont le milouin et le morillon. (Genre *Aythya.*)

FULL [ful] n.m. (mot angl., *plein*). Au poker, réunion d'un brelan et d'une paire.

FULL-CONTACT [fulkɔ̃takt] n.m. [pl. *full-contacts*] (mots angl.). Boxe américaine.

FULLERÈNE n.m. (de Richard Buckminster *Fuller,* n.pr.). CHIM. MINÉR. Forme élémentaire et moléculaire du carbone, de géométrie sphéroïdale. – *Par ext.* Famille de ses dérivés.

F

FULMICOTON n.m. (du lat. *fulmen,* foudre). Coton-poudre spécialement traité pour avoir des propriétés fortement explosives.

FULMINANT, E adj. **1.** *Litt.* Qui manifeste une violente colère empreinte de menace. *Regards fulminants.* **2.** Apte à exploser avec un bruit fort et un éclair brillant. *Poudre fulminante.*

FULMINATE n.m. CHIM. ORG. Sel de l'acide fulminique. (Le *fulminate de mercure,* par sa grande instabilité, sert à la fabrication des amorces.)

FULMINATION n.f. **1.** *Litt.* Emportement violent. **2.** DR. CANON. Publication dans les formes d'une condamnation. *Fulmination d'une sentence.*

FULMINER v.i. (lat. *fulminare*). **1.** Anc. Faire explosion. **2.** Éclater en menaces. *Fulminer contre qqn.* ◆ v.t. **1.** *Litt.* Formuler avec véhémence. *Fulminer des reproches.* **2.** DR. CANON. Publier une condamnation.

FULMINIQUE adj. CHIM. ORG. Se dit de l'acide C=N–OH, formant des sels détonants.

FUMABLE adj. Qui peut être fumé.

1. FUMAGE n.m. Action de fumer une terre.

2. FUMAGE n.m. ou **FUMAISON** n.f. Action d'exposer à la fumée certaines denrées (viande, poisson) pour les conserver.

FUMAGINE n.f. (du lat. *fumus,* suie). Maladie des arbres et arbustes, caractérisée par une croûte noire à la surface des feuilles, due à des moisissures.

F

FUMAISON n.f. → **2. FUMAGE.**

FUMANT, E adj. **1.** Qui dégage de la fumée, de la vapeur. *Cendres, soupe fumantes.* ◇ *Acide fumant :* acide nitrique ou sulfurique très concentré. **2.** *Fam. Fumant de colère :* furieux. **3.** *Fam. Coup fumant,* très réussi, extraordinaire.

FUMARIACÉE n.f. (du lat. *fumaria,* fumeterre). Plante dialypétale de l'hémisphère Nord tempéré, à fleurs irrégulières munies de deux lèvres, telle que la fumeterre et la dicentra. (Les fumariacées forment une famille.)

1. FUMÉ, E adj. **1.** Qui a été soumis au fumage. *Saumon fumé.* **2.** *Verres fumés :* verres de lunettes colorés sombres.

2. FUMÉ n.m. **1.** Produit alimentaire traité par fumage. **2.** Épreuve d'essai de photogravure.

FUME-CIGARE n.m. inv. Petit tuyau auquel on adapte un cigare pour le fumer.

FUME-CIGARETTE n.m. inv. Petit tuyau auquel on adapte une cigarette pour la fumer.

FUMÉE n.f. **1.** Ensemble des produits gazeux et des particules solides extrêmement ténues résultant d'une combustion. ◇ *Écran* ou *rideau de fumée :* action, discours qui ont pour objet d'occulter la réalité. – *S'en aller, partir en fumée :* disparaître sans avoir rien produit. **2.** Vapeur exhalée par un liquide chaud. ◆ pl. *Litt.* Excitation communiquée au cerveau par les boissons alcooliques. *Les fumées du vin.*

1. FUMER v.i. (lat. *fumare*). **1.** Dégager de la fumée en se consumant ; émettre de la fumée. *Brandon, cheminée qui fume.* **2.** Exhaler de la vapeur. *Soupe chaude qui fume.* **3.** *Fam.,* vieilli. Être furieux ; pester. ◆ v.t. **1.** Brûler du tabac en aspirant la fumée. *Fumer une cigarette.* ◇ Absol. *Vous avez l'autorisation de fumer.* **2.** Exposer un produit alimentaire à la fumée pour le sécher et le conserver.

2. FUMER v.t. (du lat. pop. *femus,* fumier). Apporter à une terre du fumier ou des engrais pour la fertiliser.

FUMERIE n.f. Lieu où l'on fume de l'opium.

FUMEROLLE n.f. (ital. *fumarola*). Émanation gazeuse régulière et continue issue d'un volcan.

FUMEROLLIEN, ENNE adj. Se dit d'un site volcanique riche en fumerolles.

FUMET n.m. **1.** Odeur agréable des viandes cuites, ou en train de cuire. *Fumet de rôti.* **2.** Bouillon surtout à base de poissons *(parures)* ou de champignons, obtenu par cuisson et réduction, et servant de base à des sauces ou employé comme fond de cuisson. **3.** Odeur du gibier.

FUMETERRE n.f. (lat. *fumus terrae,* fumée de la terre). Plante annuelle des champs et des haies, à petites fleurs roses à sommets pourprés munies d'un éperon. (Haut. 30 cm ; genre *Fumaria,* famille des fumariacées.)

FUMETTE n.f. (de *fumer*). *Fam.* Action de fumer du haschisch.

1. FUMEUR, EUSE n. Personne qui fume, qui a l'habitude de fumer.

2. FUMEUR n.m. OCÉANOL. Source chaude des dorsales océaniques émettant, notamm., des fluides chargés de sulfures noirâtres *(fumeurs noirs).*

FUMEUX, EUSE adj. **1.** Qui répand de la fumée. **2.** *Fig.* Peu clair ; obscur. *Idées fumeuses.*

FUMIER n.m. (lat. pop. *femarium,* tas de fumier). **1.** Mélange fermenté des litières et des déjections des animaux, utilisé comme engrais. **2.** *Très fam., injur.* Personne vile, méprisable. *Quel fumier, ce type !*

FUMIGATEUR n.m. AGRIC. Appareil produisant des fumées insecticides ou phytocides.

FUMIGATION n.f. **1.** Opération consistant à produire des fumées, des vapeurs désinfectantes (assainissement) ou toxiques (destruction des insectes, des champignons, etc.). **2.** MÉD. Anc. Technique qui consistait à exposer une partie du corps à des fumées ou à des vapeurs médicamenteuses.

FUMIGÈNE adj. et n.m. Se dit de substances, d'armes, d'engins conçus pour produire de la fumée pour la signalisation, le camouflage, etc.

1. FUMISTE n. (de *fumée*). Spécialiste de l'entretien des cheminées, de l'installation des appareils de chauffage.

2. FUMISTE adj. et n. *Fam.* Qui manifeste un manque de sérieux, une volonté de se fatiguer le moins possible.

FUMISTERIE n.f. **1.** Profession, activité du fumiste. **2.** *Fam.* Action, chose dépourvue de sérieux. *Ce projet n'est qu'une vaste fumisterie.*

FUMIVORE adj. et n.m. Se dit d'un foyer qui ne produit pas de fumée ou d'un appareil qui la fait disparaître.

FUMOIR n.m. **1.** Local où l'on fume des produits alimentaires. **2.** Pièce où l'on se réunit pour fumer. *Le café est servi dans le fumoir.*

FUMURE n.f. Apport d'engrais à un sol ; ensemble des produits utilisés pour cette opération.

1. FUN [fœn] adj. inv. (mot angl.). *Fam.* Amusant, drôle. ◆ n.m. *Fam. Le fun :* le plaisir, l'amusement.

2. FUN n.m. → **FUNBOARD.**

FUNAMBULE n. (lat. *funis,* corde, et *ambulare,* marcher). Acrobate se déplaçant sur une corde tendue à grande hauteur et s'aidant d'un balancier.

FUNAMBULESQUE adj. **1.** Relatif aux funambules. **2.** *Litt.* Bizarre, extravagant. *Mission funambulesque.*

FUNBOARD [fœnbɔrd] ou **FUN** [fœn] n.m. (mot angl., *planche d'amusement*). Flotteur très court non pourvu de dérive permettant la pratique la plus sportive de la planche à voile ; sport pratiqué avec ce flotteur.

FUNÈBRE adj. (du lat. *funus, funeris,* funérailles). **1.** Relatif aux funérailles. **2.** Qui évoque la mort ; qui inspire un sentiment de tristesse.

FUNÉRAILLES n.f. pl. (bas lat. *funeralia*). Cérémonie solennelle en l'honneur d'un mort ; obsèques.

FUNÉRAIRE adj. (bas lat. *funerarius*). Relatif aux funérailles, aux tombes. *Art funéraire.*

FUNÉRARIUM [-rjɔm] n.m. (de *funérailles*). Lieu, salle où se réunit avant les obsèques la famille d'une personne décédée.

FUNESTE adj. (lat. *funestus*). Qui apporte la mort, le malheur ; nuisible. *Funeste présage. Conseil funeste.*

FUNESTEMENT adv. *Litt.* De façon funeste.

1. FUNICULAIRE n.m. (lat. *funiculus,* petite corde). Chemin de fer destiné à gravir de très fortes rampes et dont les voitures sont mues par un câble.

2. FUNICULAIRE adj. ANAT. Relatif au cordon ombilical ou au cordon spermatique.

FUNICULE n.m. (lat. *funiculus,* cordon). BOT. Fin cordon qui relie l'ovule au placenta chez les plantes à graines.

FUNK [fœnk] adj. et n.m. inv. Se dit d'un style de rock apparu à la fin des années 1960, caractérisé par un tempo très rapide, des rythmes complexes et très syncopés.

FUNKY [fœnki] adj. et n.m. inv. (de l'angloamér.). Se dit d'un style de hard bop, apparu dans la seconde moitié des années 1950, caractérisé par des thèmes simples et des improvisations inspirées par le style de discours des prédicateurs noirs. (Parmi les représentants du funky, on peut citer Silver et Adderley.)

FURANNE n.m. Hétérocycle aromatique (C_4H_4O), existant dans le goudron de sapin.

FURAX adj. inv. *Fam.* Furieux.

FURCULA n.f. (mot lat.). ORNITH. Fourchette (os).

FURET n.m. (lat. *fur,* voleur). **1.** Putois albinos domestiqué pour chasser le lapin de garenne. **2.** Vx. Personne curieuse, fouineuse. **3.** Jeu de société dans lequel l'un des joueurs doit deviner où se trouve un objet (le furet), passé de main en main sans qu'il l'ait vu.

■ FURET

FURETAGE n.m. Action de fureter.

FUR ET À MESURE (AU) loc. adv. (de l'anc. fr. *fur,* proportion). En même temps et dans la même proportion ; successivement et en proportion de. *Être approvisionné au fur et à mesure de ses besoins.*

FURETER v.i. [12]. **1.** Chasser le lapin dans les terriers au moyen d'un furet. **2.** Fouiller, chercher pour découvrir des choses cachées ou des secrets.

FURETEUR, EUSE adj. et n. Qui manifeste une curiosité indiscrète. ◆ n.m. INFORM. Navigateur.

FUREUR n.f. (lat. *furor*). **1.** Colère violente, frénétique. *Accès de fureur.* **2.** Violence déchaînée. *Fureur des flots, des combats.* **3.** Passion démesurée. *Fureur du jeu. Aimer qqch avec fureur.* ◇ *Faire fureur :* jouir d'une grande vogue.

FURFURAL n.m. [pl. *furfurals*] (lat. *furfur,* cosse de grains). CHIM. ORG. Aldéhyde dérivé du furanne, obtenu à partir de céréales et utilisé pour la synthèse chimique, notamm. dans l'industrie pharmaceutique.

FURIA n.f. (mot ital.). *Litt.* Impétuosité, élan enthousiaste. ◇ *La furia francese :* allusion à l'impétuosité de l'attaque française à la bataille de Fornoue, en 1495, au cours des guerres d'Italie.

FURIBARD, E adj. *Fam.* Furieux.

FURIBOND, E adj. (lat. *furibundus*). Qui manifeste de la fureur. *Regards furibonds.*

FURIE n.f. (lat. *furia*). **1.** Accès de rage, de fureur. *Animal en furie.* **2.** *Litt.* Violence impétueuse. *Mer en furie.* **3.** Femme déchaînée, emportée par la fureur ; harpie.

FURIEUSEMENT adv. De façon furieuse.

FURIEUX, EUSE adj. et n. Qui manifeste de la fureur, une violente colère. ◇ *Fou furieux :* en proie à une crise de folie s'accompagnant de violence ; extrêmement furieux. ◆ adj. Plein d'ardeur, d'impétuosité ; d'une grande violence. *Tempête furieuse.*

FURONCLE n.m. (lat. *furunculus*). Infection aiguë et suppurée d'un follicule pilo-sébacé par un staphylocoque.

FURONCULEUX, EUSE adj. Relatif au furoncle, à la furonculose.

FURONCULOSE n.f. Maladie caractérisée par des furoncles récidivants.

FURTIF, IVE adj. (lat. *furtivus,* de *furtum,* vol). **1.** Qui se fait à la dérobée, rapidement, pour échapper à l'attention. *Lancer un regard furtif.* **2.** Se dit d'un avion, d'un bateau dont la forme et les matériaux réduisent considérablement la capacité de détection des radars.

FURTIVEMENT adv. De manière furtive ; à la dérobée.

FURTIVITÉ n.f. MIL. Propriété d'un objet (avion, bateau, etc.) dont l'architecture et les composants ont été conçus de façon qu'il ne soit que très faiblement réfléchissant pour les ondes radar, que son rayonnement infrarouge et ses émissions électromagnétiques soient très fortement réduits.

FUSAIN n.m. (lat. *fusus,* fuseau). **1.** Arbrisseau de l'hémisphère Nord tempéré, à fruits roses polylobés, qui fournit un bois de tournerie et de marqueterie et dont une espèce japonaise ornementale est cultivée pour former des haies.

■ **FUSAIN** d'Europe.

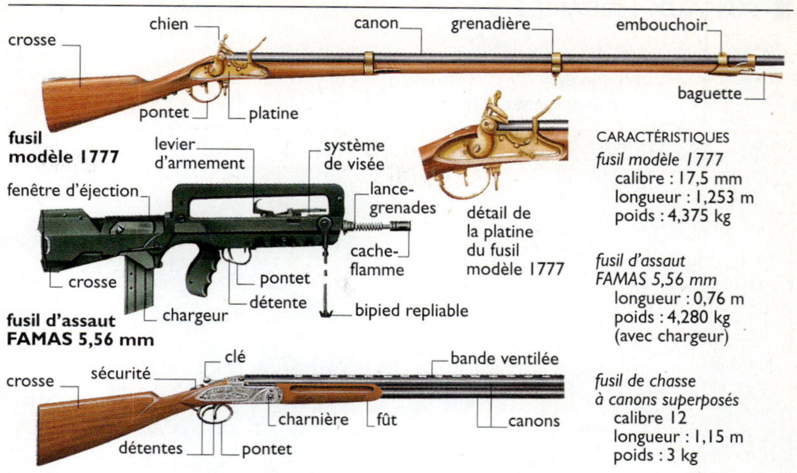

■ **FUSILS** de guerre et de chasse.

(Genre *Evonymus ;* famille des célastracées.) **2.** Bâton de charbon de bois de fusain, servant à dessiner. **3.** Dessin exécuté avec un fusain.

FUSAINISTE ou **FUSINISTE** n. Artiste qui dessine au fusain.

FUSANT, E adj. **1.** Apte à fuser. *Poudre fusante.* **2.** *Obus fusant,* ou *fusant,* n.m., qui explose au-dessus du sol (par oppos. à *obus percutant*).

FUSARIOSE n.f. Maladie des plantes causée par un champignon parasite.

FUSEAU n.m. (lat. *fusus*). **1.** Petite bobine galbée pour filer à la quenouille ou pour exécuter de la dentelle, des passements. *Dentelle au(x) fuseau(x).* – TEXT. Instrument conique utilisé pour filer, tordre et enrouler le fil. **2.** *Fuseau neuromusculaire :* organe sensoriel microscopique du muscle squelettique, sensible à l'étirement. **3.** *En fuseau :* de forme allongée et aux extrémités fines. *Arbre taillé en fuseau.* **4.** *Pantalon fuseau,* ou *fuseau :* pantalon de sport dont les jambes vont se rétrécissant et se terminent par un sous-pied. **5.** Mollusque gastéropode à coquille longue et pointue. (Genre *Fusus.*) **6.** BIOL. CELL. Faisceau de microtubules apparaissant pendant la division cellulaire et jouant un rôle dans la séparation des chromosomes au cours de l'anaphase. **7.** GÉOMÉTR. Partie d'une sphère comprise entre deux demi-grands cercles de mêmes extrémités. **8.** *Fuseau horaire :* chacune des 24 divisions imaginaires de la surface de la Terre en forme de fuseau géométrique et dont tous les points ont en principe la même heure légale. *(V. ill. page suivante).*

FUSÉE n.f. (lat. *fusus,* fuseau). **1.** Pièce d'artifice se propulsant par réaction grâce à la combustion de la poudre. *Fusée éclairante.* **2.** Véhicule mû par un ou plusieurs moteurs à réaction (moteurs-fusées) et pouvant se propulser hors de l'atmosphère. *Fusée à étages.* **3.** MÉD. Trajet parcouru par le pus à partir de l'abcès. **4.** Chacune des extrémités d'un essieu supportant une roue et ses roulements. **5.** HORLOG. Pièce conique présentant une rainure hélicoïdale dans laquelle s'enroule une chaîne reliée au ressort principal, et qui sert à régulariser le couple moteur dans certains mécanismes anciens d'horlogerie.

FUSÉE-SONDE n.f. (pl. *fusées-sondes*). Fusée suborbitale non habitée, permettant d'effectuer des mesures et des expériences scientifiques.

FUSELAGE n.m. Corps fuselé d'un avion reliant les ailes à l'empennage, et qui contient l'habitacle.

FUSELÉ, E adj. Qui a la forme d'un fuseau ; mince et galbé. *Doigts fuselés.*

FUSELER v.t. [16]. Donner la forme d'un fuseau à.

FUSÉOLOGIE n.f. Science et technique des fusées.

FUSER v.i. (du lat. *fusus,* fondu). **1.** Déflagrer avec lenteur et régularité, en parlant de la poudre. **2.** Se faire entendre bruyamment et subitement ; retentir, jaillir. *Des rires fusèrent de tous côtés.*

FUSETTE n.f. Tube de carton ou de matière plastique, utilisé pour enrouler du fil à coudre.

FUSIBILITÉ n.f. Caractère de ce qui est fusible.

1. FUSIBLE adj. (du lat. *fusum,* fondu). **1.** Susceptible de fondre. **2.** Dont le point de fusion est peu élevé.

2. FUSIBLE n.m. **1.** Fil d'alliage spécial qui, placé dans un circuit électrique, coupe le courant en fondant si, pendant un temps donné, l'intensité est trop forte. **2.** *Fig., fam.* Personne assumant une responsabilité pour protéger son supérieur hiérarchique.

FUSIFORME adj. *Didact.* Qui a la forme allongée et renflée en son milieu d'un fuseau à filer.

FUSIL [fyzi] n.m. (lat. *focus,* feu). **1.** Arme à feu portative, de chasse ou de guerre, constituée d'un canon de petit calibre reposant sur une monture (fût et crosse), et équipée de dispositifs de mise à feu et de visée. ◇ *Fusil à pompe :* fusil à répétition dont l'alimentation se fait par le mouvement de va-et-vient d'un tube situé sous le canon. – *Changer son fusil d'épaule :* changer d'opinion, d'attitude. – *Fam. Coup de fusil :* note d'un montant excessif, au restaurant, à l'hôtel. **2.** L'utilisateur d'un fusil. *Un excellent fusil.* **3.** Affiloir constitué d'une tige cannelée d'acier dur munie d'un manche. **4.** Pierre pour affûter les faux.

FUSILIER [fyzilje] n.m. Soldat armé d'un fusil. *Fusilier de l'air.* ◇ *Fusilier marin :* marin des unités de la Marine nationale destinées à être employées à terre.

FUSILLADE n.f. **1.** Décharge simultanée de plusieurs fusils, de plusieurs armes à feu. **2.** Échange de coups de feu.

FUSILLER v.t. **1.** Exécuter un condamné à coups de fusil. ◇ *Fusiller qqn du regard,* lui adresser un regard dur, hostile, chargé de reproche. **2.** *Fam.,* vieilli. Détériorer, abîmer. *Fusiller sa voiture.*

FUSILLEUR n.m. Personne qui fusille ou donne l'ordre de fusiller.

■ **FUSÉE.** La fusée japonaise H2.

FUSIL-MITRAILLEUR n.m. (pl. *fusils-mitrailleurs*). Arme automatique collective légère, pouvant tirer coup par coup ou par rafales. Abrév. : *F.-M.*

FUSINISTE n. → **FUSAINISTE.**

1. FUSION n.f. (lat. *fusio*). **1.** Passage d'un corps solide à l'état liquide sous l'action de la chaleur. *La fusion d'un métal.* SYN. : *fonte.* **2.** *Fig.* Réunion, combinaison étroite de deux éléments, de deux groupes. *Fusion de deux partis.* ◇ *Fusion de sociétés :* procédé de regroupement des sociétés consistant pour une ou plusieurs d'entre elles à se faire absorber par une autre *(fusion-absorption)* ou à en constituer une nouvelle *(fusion par création de société nouvelle)* avant de se dissoudre. **3.** PHYS. NUCL. Union de plusieurs atomes légers (hydrogène, deutérium, etc.) en un atome plus lourd.

ENCYCL. Produite à très haute température (plusieurs millions de degrés), la fusion entraîne aussi un grand dégagement d'énergie ; elle est à l'origine de la nucléosynthèse. Dans l'optique, encore lointaine, de réaliser de façon industrielle la fusion nucléaire contrôlée, deux types de dispositifs sont actuellement étudiés : les tokamaks et les systèmes de lasers d'une puissance de plusieurs milliards de watts.

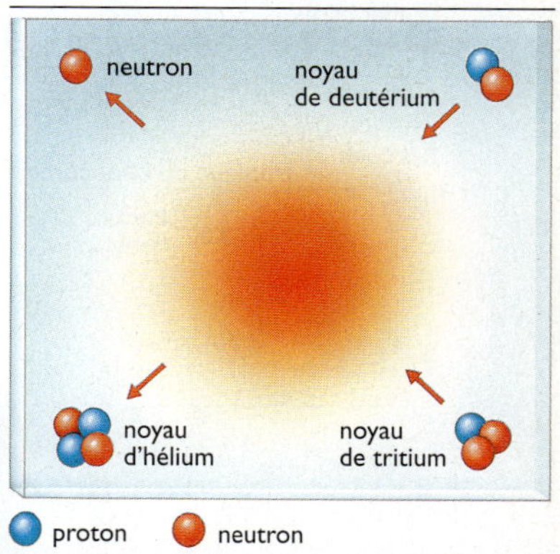

■ **FUSION.** Principe de la fusion nucléaire à partir de noyaux d'isotopes d'hydrogène.

2. FUSION n.f. **1.** Jazz-rock. **2.** Courant musical apparu dans les années 1990, associant rock, funk, rap ou diverses musiques traditionnelles locales.

FUSION-ACQUISITION n.f. (pl. *fusions-acquisitions*). Acquisition d'une ou plusieurs sociétés par une autre, aboutissant génér. à la création d'une nouvelle entité.

FUSIONNEL, ELLE adj. Se dit d'une relation affective dans laquelle l'individu ne parvient pas à se différencier de l'autre.

FUSIONNEMENT n.m. Action de fusionner ; son résultat.

FUSIONNER v.t. Réunir deux éléments, deux groupes en un seul. *Fusionner deux entreprises.* ◆ v.i. S'unir pour ne faire plus qu'un ; s'associer.

ligne de changement de date

RÉPARTITION DES FUSEAUX HORAIRES

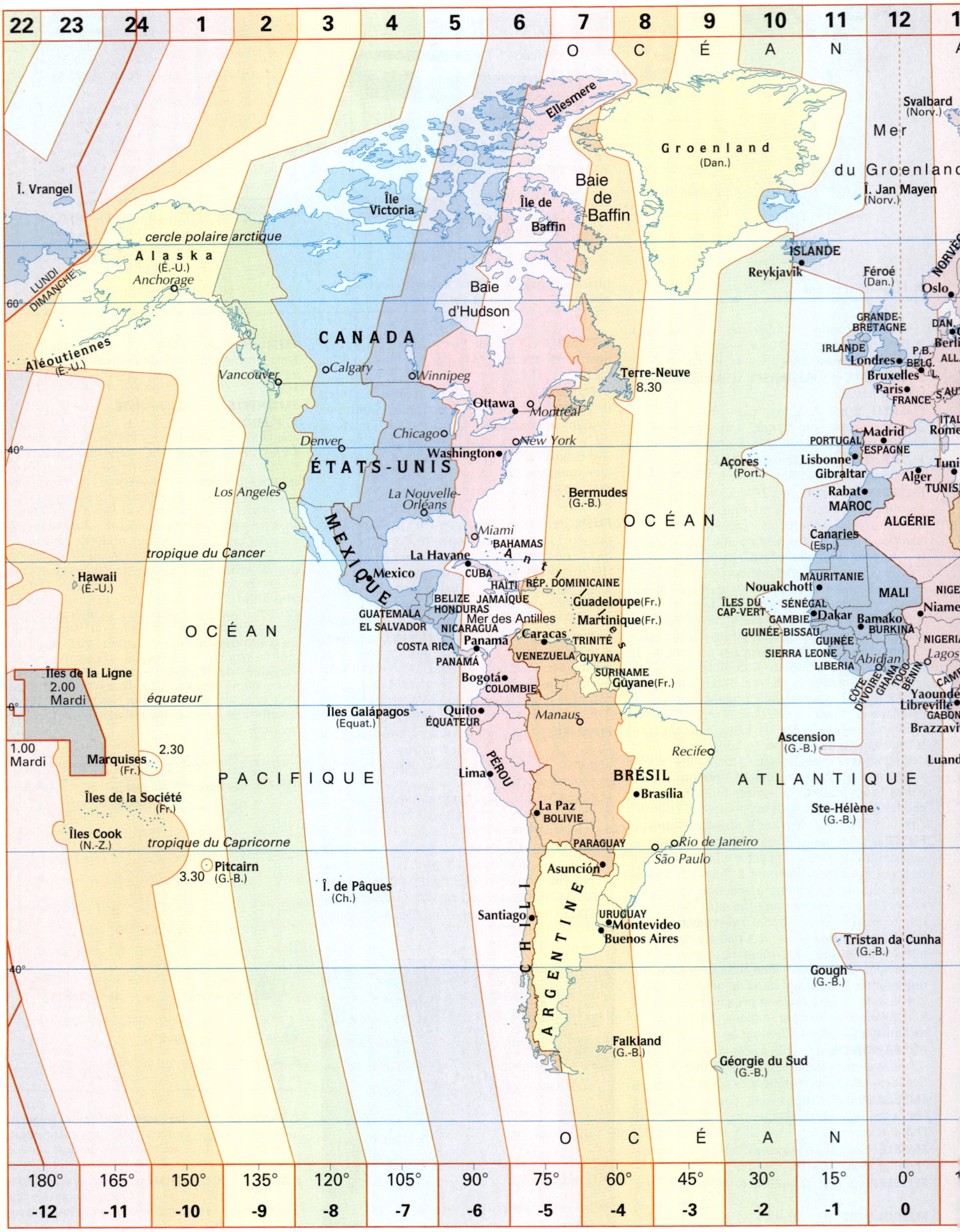

nombre d'heures à soustraire du fuseau 0 pour obtenir l'heure locale

DIFFÉRENCE D'HEURE À PARTIR DU FUSEAU

pour la France et les pays limitrophes concernés, l'heure d'hiver a été retenue

• capitale d'État

F

DEPUIS LA LIGNE DE CHANGEMENT DE DATE

ligne de changement de date

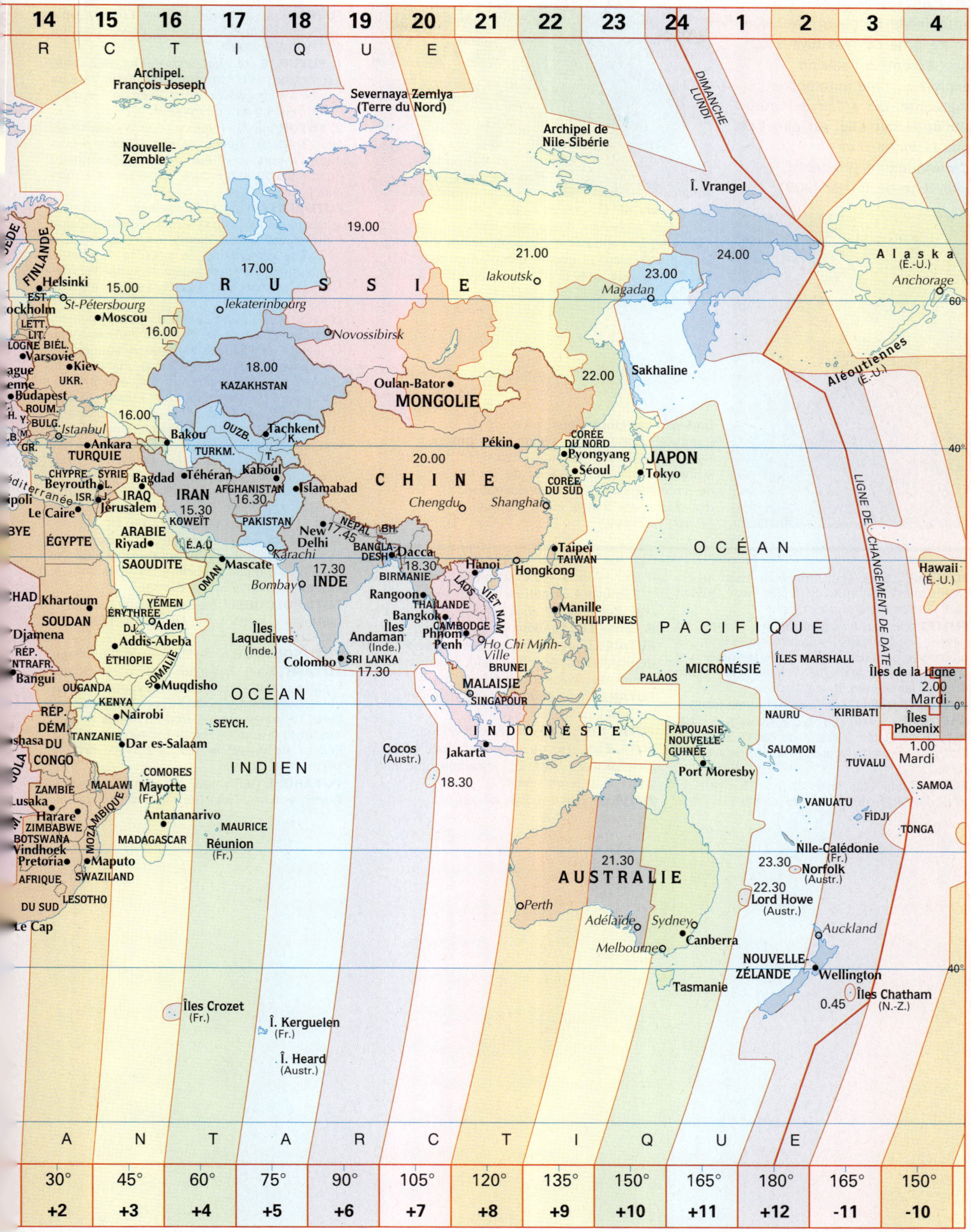

F

nombre d'heures à ajouter à l'heure du fuseau 0 pour obtenir l'heure locale

AXÉ SUR LE MÉRIDIEN ORIGINE (GREENWICH)

■ LE FUTURISME

« Nous déclarons que la splendeur du monde s'est enrichie d'une beauté nouvelle : la beauté de la vitesse. Une automobile de course avec son coffre orné de gros tuyaux tels des serpents à l'haleine explosive... une automobile rugissante, qui a l'air de courir sur de la mitraille, est plus belle que la *Victoire de Samothrace.* » (Marinetti, manifeste de février 1909).

Gino Severini. *Canons en action,* peinture, 1915. À la recherche d'une subversion culturelle, les futuristes ont mis, un temps au moins, leurs espoirs dans la guerre, dont l'artiste tente ici une synthèse de mots et d'images non exempte d'une certaine naïveté. (Coll. priv., Milan.)

Umberto Boccioni. *Formes uniques de la continuité dans l'espace,* sculpture en bronze, 1913 (fonte de 1931). La décomposition de la figure et la mise en valeur de ses lignes de force suggèrent une interpénétration dynamique des formes et de l'espace. (MOMA, New York.)

FUSTANELLE n.f. (lat. *fustaneum,* tissu de coton). Court jupon masculin à plis, évasé, qui fait partie du costume national grec.

FUSTET n.m. (ar. *fustuq,* pistachier). Arbrisseau (sumac) cultivé dans les parcs pour les houppes plumeuses dont il se couvre après la floraison et appelé *arbre à perruque.* (Haut. 3 m ; genre *Cotinus,* famille des anacardiacées.)

FUSTIGATION n.f. *Litt.,* rare. Action de fustiger.

FUSTIGER v.t. [10] (lat. *fustigare,* de *fustis,* bâton). **1.** Vx. Battre à coups de bâton, de fouet. **2.** *Litt.* Critiquer vivement. *Fustiger ses adversaires.*

FÛT [fy] n.m. (lat. *fustis,* bâton). **1.** Partie du tronc d'un arbre dépourvue de rameaux. **2.** Corps d'une colonne, entre la base et le chapiteau. **3.** Tonneau. **4.** Monture servant de support. *Fût en bois d'un fusil. Fût d'un candélabre, d'un rabot.* **5.** Caisse d'un tambour.

FUTAIE n.f. (de *fût*). Forêt provenant de semis ou de plantations, pour la production d'arbres de grande dimension au fût élevé et droit.

FUTAILLE n.f. (de *fût*). Tonneau contenant du vin, des liqueurs, etc.

FUTAL n.m. (pl. *futals*). *Fam.* Pantalon.

FUTÉ, E adj. et n. (du moyen fr. *se futer,* échapper au chasseur). *Fam.* Qui manifeste une intelligence malicieuse ; malin.

FUTÉE n.f. (de *fût*). Pâte à bois.

FUTILE adj. (lat. *futilis*). Qui est dénué de valeur ; qui ne s'occupe que de choses frivoles. *Un esprit futile.*

FUTILEMENT adv. Avec futilité.

FUTILITÉ n.f. Caractère d'une chose, d'une personne futile ; chose futile. *Dire des futilités.*

FUTON n.m. (mot jap.). Matelas d'origine japonaise, plus ou moins épais, constitué de couches de flocons de coton.

1. FUTUR, E adj. (lat. *futurus*). Qui est à venir, qui n'existe pas encore ; qui doit être tel dans un proche avenir. *Époque future. Futur duc.* ◆ n. Vx. Celui, celle qu'on doit épouser.

2. FUTUR n.m. **1.** Temps à venir. *S'inquiéter du futur.* **2.** GRAMM. Temps verbal qui situe le procès dans l'avenir. ◇ ***Futur antérieur,*** indiquant qu'une action future aura lieu avant une autre action future.

FUTURISME n.m. **1.** Mouvement littéraire et artistique du début du XXe s., qui rejette la tradition esthétique et exalte le monde moderne, en partic. la civilisation urbaine, la machine, la vitesse. **2.** Attitude d'une personne qui se tourne vers des formules, adopte une attitude qu'elle croit être celles de l'avenir.

ENCYCL. Né en Italie autour du poète Marinetti (*Manifeste du futurisme,* 1909), le futurisme côtoie la révolte de l'expressionnisme et annonce le mouvement dada. Auteurs de deux manifestes en 1910, les premiers peintres du mouvement, Balla, Boccioni, Carrà, Severini, Luigi Russolo (1885 - 1947), empruntent à la technique divisionniste et au cubisme pour faire interférer formes, rythmes, couleurs et lumières afin d'exprimer une « sensation dynamique », une simultanéité des états d'âme et des structures multiples du monde visible. Un mouvement futuriste, ou « cubofuturiste », a existé en Russie dans les années 1910 - 1917 (Maïakovski, Malevitch, etc.).

FUTURISTE adj. et n. Relatif au futurisme ; qui appartient, se rattache au futurisme. ◆ adj. Qui cherche à évoquer la société, les techniques de l'avenir. *Une architecture futuriste.*

FUTUROLOGIE n.f. Ensemble des recherches de prospective portant sur l'évolution future des sociétés.

FUTUROLOGUE n. Spécialiste de futurologie.

FUYANT, E adj. **1.** Qui fuit, se dérobe, s'éloigne rapidement. **2.** Qui se dérobe, manque de franchise. *Caractère fuyant.* **3.** Qui paraît s'éloigner par l'effet de la perspective. *Horizon fuyant.* ◇ ***Menton, front fuyant,*** en retrait par rapport au plan général du visage. ◆ n.m. *Litt.* Ligne fuyante, perspective.

FUYARD, E [fɥijar, ard] adj. et n. Qui s'enfuit ; fugitif. ◆ n.m. Soldat qui fuit devant l'ennemi.

Caractère Garamond

G n.m. inv. **1.** Septième lettre de l'alphabet et la cinquième des consonnes. (Le *g* note une fricative sonore [ʒ] devant *e, i, y,* et l'occlusive vélaire sonore [g] devant les autres lettres ; sauf rares exceptions, *gu* est prononcé [g] et *gn* sert à transcrire [ɲ].) **2.** G : *sol,* dans la notation en usage dans les pays anglo-saxons et germaniques. **3.** g : symbole de l'intensité de la pesanteur. *Une accélération de 5 g.* **4.** PSYCHOL. *Facteur g,* ou *facteur général :* aptitude générale intellectuelle d'un sujet correspondant à la corrélation entre les résultats qu'il a obtenus à plusieurs tests de niveau. (Il a été mis en avant par C. Spearman.)

GABA n.m. (acronyme de l'angl. *gamma-aminobutyric acid*). Neuromédiateur, abondant dans le cerveau.

GABARDINE n.f. (esp. *gabardina,* justaucorps). **1.** Étoffe de laine croisée présentant des côtes en relief sur l'endroit. **2.** Manteau imperméable fait de cette étoffe.

GABARE ou **GABARRE** n.f. (provenç. *gabarra*). **1.** Grande embarcation pour le transport des marchandises sur les rivières et les estuaires. **2.** Filet à mailles serrées utilisé à l'embouchure des rivières.

GABARIAGE n.m. Opération de construction d'un gabarit de marine.

GABARIER ou **GABARRIER** n.m. Patron ou conducteur de gabare.

GABARIT [-ri] n.m. (provenç. *gabarrit*). **1. a.** Modèle sur lequel on façonne certaines pièces, lors de la construction des navires. **b.** Modèle, instrument utilisé pour contrôler le profil, les dimensions, la conformité d'un objet. ◇ *Gabarit de chargement :* appareil vérifiant que le chargement des wagons de chemin de fer n'excède pas le gabarit réglementaire. **2.** Dimension, forme réglementée d'un véhicule qui détermine les voies et passages de circulation qui lui sont accessibles. *Accès interdit aux gros gabarits.* **3.** *Fam.* Dimension physique ou morale ; carrure, stature. *Personne d'un gabarit impressionnant.*

GABARRE n.f. → **GABARE.**

GABARRIER n.m. → **GABARIER.**

GABBRO n.m. (mot ital.). Roche magmatique grenue, basique, constituée essentiellement de plagioclase calcique, de pyroxène et d'olivine.

GABEGIE [gabʒi] n.f. (de l'anc. fr. *gaber,* tromper). Désordre, gaspillage provenant d'une gestion défectueuse ou malhonnête.

GABELLE n.f. (ital. *gabella,* impôt, de l'ar.). **1.** Impôt sur le sel, en vigueur en France au Moyen Âge et sous l'Ancien Régime. **2.** Administration chargée de percevoir cet impôt.

GABELOU n.m. **1.** Anc. Employé de la gabelle. **2.** *Fam.* Employé de la douane.

GABIER n.m. (du provenç. *gabia,* cage). Matelot préposé à la manœuvre.

GABION n.m. (ital. *gabbione,* grande cage). **1.** FORTIF. Anc. Cylindre de branchages, rempli de terre, servant de protection dans la guerre de siège. **2.** Abri des chasseurs de gibier d'eau. **3.** TRAV. PUBL. Caisse à carcasse métallique remplie de sable ou de cailloux, et servant notamm. à renforcer une berge, un talus.

GÂBLE ou **GABLE** n.m. (norrois *gafl*). Surface décorative triangulaire, pleine ou ajourée et à rampants moulurés, qui couronne certains arcs (portails gothiques, partic.).

■ **GÂBLE.** Le portail central de la cathédrale de Tours (XVe s.).

GABONAIS, E adj. et n. Du Gabon, de ses habitants.

GÂCHAGE n.m. CONSTR. Action de gâcher.

1. GÂCHE n.f. (du francique *gaspia,* crampon). Pièce métallique formant boîtier, fixée au chambranle d'une porte et dans laquelle s'engage le pêne d'une serrure.

2. GÂCHE n.f. (de *gâcher*). **1.** Outil de maçon pour gâcher. **2.** IMPRIM. Passe.

GÂCHER v.t. (du francique *waskon,* laver). **1.** Délayer et malaxer du plâtre, du ciment, etc. **2.** Compromettre l'existence, la qualité de qqch ; gaspiller. *Gâcher une occasion, de l'argent.* ◇ *Fam. Gâcher le métier :* travailler à trop bon marché.

GÂCHETTE n.f. (de *1. gâche*). **1.** Pièce d'acier solidaire de la détente et commandant le départ du coup d'une arme à feu. – *Cour.,* abusif en armurerie. Détente. **2.** Électrode de commande d'un thyristor.

GÂCHEUR, EUSE adj. et n. Qui gâche, gaspille.

GÂCHIS n.m. Action de gâcher, de perdre, par une mauvaise utilisation, une mauvaise organisation ; désordre, gaspillage qui en résulte.

GADE n.m. → **GADIDÉ.**

GADGET [gadʒɛt] n.m. (mot anglo-amér., *truc*). **1.** Petit objet plus ou moins utile, amusant par son caractère de nouveauté. *Boutique de gadgets.* **2.** *Péjor.* Objet, dispositif, projet nouveau mais jugé peu utile. *Cette réforme n'est qu'un gadget.*

GADGÉTISER v.t. Équiper de gadgets ; donner la fonction de gadget à. *Gadgétiser une voiture.*

GADIDÉ ou **GADE** n.m. (gr. *gados,* merluche). Poisson téléostéen possédant souvent un barbillon tactile sous la mandibule, dont les espèces marines sont la morue, l'églefin, le merlan et le colin. (Les gadidés forment une famille.)

GADIN n.m. *Fam. Ramasser, prendre un gadin :* tomber.

GADJO n. (pl. *gadjé* ou *gadjos*). Non-gitan, pour un gitan.

GADOLINIUM [-njɔm] n.m. **1.** Métal du groupe des terres rares. **2.** Élément chimique (Gd), de numéro atomique 64, de masse atomique 157,25.

GADOUE n.f. **1.** *Fam.* Terre détrempée ; boue. **2.** Masse de neige visqueuse, flottant sur l'eau après une forte chute de neige. ◆ pl. Amendement obtenu à partir des ordures ménagères ou des résidus de traitement des eaux usées, par fermentation ou compostage.

GADOUILLE n.f. *Fam.* Boue, gadoue.

GADROUILLE n.f. Suisse. *Fam.* Boue, gadoue.

GADROUILLER v.i. Suisse. Patauger dans la boue.

GAEC ou **G.A.E.C.** [gaɛk] n.m. (acronyme de *groupement agricole d'exploitation en commun*). En France, société civile agricole.

GAÉLIQUE adj. Relatif aux Gaëls. ◇ *Sports gaéliques :* sports, pratiqués notamm. en Irlande, comprenant des versions locales du football, du rugby, du hockey, etc. ◆ n.m. Branche du celtique qui comprend l'écossais (erse) et l'irlandais.

GAFFE n.f. (de l'anc. provenç. *gafar,* saisir). **1.** MAR. Perche munie d'un croc et d'une pointe métallique pour accrocher, accoster, etc. **2.** *Fam.* Action, parole maladroite. **3.** *Fam. Faire gaffe :* se méfier, être sur ses gardes.

GAFFER v.t. MAR. Accrocher avec une gaffe. ◆ v.i. *Fam.* Commettre une maladresse. ◆ **se gaffer** v.pr. Suisse. *Fam.* Prendre garde.

GAFFEUR, EUSE adj. et n. *Fam.* Qui commet des gaffes, des maladresses.

GAG [gag] n.m. (mot angl.). Grimace, mot, situation, etc., engendrant un effet comique.

GAGA adj. et n. *Fam.* Gâteux.

GAGAKU [-ku] n.m. (mot jap.). Musique de cour de l'Empire japonais, comprenant les pièces orchestrales, la musique de danse, les chants et la musique rituelle.

GAGE n.m. (du francique *waddi*). **1.** DR. Objet mobilier (par oppos. à *antichrèse*) remis en dépôt pour garantir le paiement d'une dette ; contrat, droit relatif à cet objet. **2.** *Fig.* Ce qui sert de garantie ; assurance, caution, preuve. *Gages de bonne foi. Gage de sympathie.* **3.** Au jeu, pénitence choisie par les autres joueurs et qu'on doit accomplir lorsqu'on a perdu ou commis une faute. ◆ pl. **1.** Vx. Rémunération des domestiques. ◇ ***Être aux gages de qqn,*** le servir moyennant argent ; le servir aveuglément. **2.** ***Tueur à gages :*** homme payé pour assassiner qqn.

GAGÉ, E adj. DR. Se dit d'un objet mis en gage. *Meubles gagés.*

GAGER v.t. [10]. **1.** Garantir par un gage. **2.** *Litt.* Parier. *Je gage qu'il ment.*

GAGEUR, EUSE n. DR. Personne qui gage.

GAGEURE [gaʒyr] n.f. **1.** Vx ou Québec. Engagement à payer un gage si l'on perd un pari. **2.** *Sout.* Acte, projet qui semble défier le bon sens.

GAGISTE adj. et n. DR. Qui détient un gage.

GAGNABLE adj. Qui peut être gagné.

GAGNAGE n.m. **1.** Vx. Pâturage. **2.** VÉNER. Lieu où le gros gibier va chercher la nourriture.

GAGNANT, E adj. et n. Qui gagne ou qui a gagné. ◆ adj. Qui gagne, qui fait gagner. *Numéro gagnant.*

G

GAGNE n.f. *Fam. La gagne :* la volonté de gagner ; victoire, réussite.

GAGNE-PAIN n.m. inv. Ce qui permet à qqn de gagner sa vie ; travail, instrument de travail.

GAGNE-PETIT n. inv. *Péjor.* Personne dont le métier rapporte peu, qui n'a pas d'ambition.

GAGNER v.t. (du francique *waidanjan,* faire du butin). **1.** Obtenir un profit, un gain par son travail ou par le hasard ; acquérir. *Gagner un lot, de l'argent. Gagner l'estime de qqn.* **2.** Être le gagnant ou le vainqueur de. *Gagner une bataille, une course.* **3.** Atteindre un lieu. *Gagner la frontière.* ◇ ***Gagner du terrain :*** avancer ; progresser en bien ou en mal. *Idées qui gagnent du terrain.* **4.** Envahir progressivement. *Le sommeil, la peur me gagne.* ◆ v.i. **1.** Être le vainqueur, l'emporter. *Jouer à qui perd gagne.* **2.** Tirer avantage de qqch, en parlant de qqn ; s'améliorer, en parlant de qqch. *Il gagne à être connu. Le vin gagne à vieillir.*

GAGNEUR, EUSE n. Personne animée par la volonté de gagner. *Tempérament de gagneur.*

GAGUESQUE [gagɛsk] adj. *Fam.* Qui tient du gag ; que l'on a du mal à croire.

GAI, E adj. (germ. *gâheis,* vif). **1.** Qui manifeste de la bonne humeur, de la joie ; enjoué. **2.** *Fam.* Un peu ivre. **3.** Qui inspire la gaieté, la bonne humeur. *Une soirée très gaie.* ◇ ***Avoir le vin gai :*** être euphorique quand on est ivre. **4.** Clair et frais, en parlant d'une couleur. ◆ adj. et n. Gay.

GAÏAC [gajak] n.m. (mot d'Haïti). Arbre de l'Amérique centrale, dont le bois dur fournit une résine balsamique. (Genre *Guaiacum ;* famille des zygophyllacées.)

GAIEMENT ou, vx, **GAÎMENT** adv. Avec gaieté. *Chanter gaiement.*

GAIETÉ ou, vx, **GAÎTÉ** n.f. **1.** Bonne humeur, disposition à rire, à s'amuser. ◇ (Souvent en tournure négative.) ***De gaieté de cœur :*** de propos délibéré, sans y être contraint. *Il ne le fait pas de gaieté de cœur.* **2.** Caractère de ce qui est gai.

1. GAILLARD, E adj. (du gaul. *galia,* force). **1.** Qui manifeste de l'entrain, de la vigueur. **2.** D'une gaieté un peu osée ; grivois. *Une chanson gaillarde.* ◆ n. **1.** (Souvent précédé d'un adj.) Personne robuste, vigoureuse. *Un grand gaillard.* **2.** (Surtout au masc.) Personne peu ordinaire, dont il faut se méfier. *C'est un drôle de gaillard.* **3.** (Surtout au masc.) *Fam.* Jeune homme. *Alors, mon gaillard, mes gaillards !*

2. GAILLARD n.m. MAR. Anc. Superstructure située sur l'avant du pont supérieur d'un navire.

1. GAILLARDE n.f. **1.** Danse de bal sautillante, exécutée en couple, à la mode au XVIe s. en France. **2.** Pièce instrumentale à trois temps, de tempo vif, succédant à la pavane dans la suite ancienne (XVIe - XVIIe s.).

2. GAILLARDE ou **GAILLARDIE** n.f. (de *Gaillard,* botaniste fr.). Plante ornementale à fleurs jaunes ou rouges. (Famille des composées.)

GAILLARDEMENT adv. De façon gaillarde.

GAILLARDISE n.f. *Litt.* **1.** (Souvent pl.) Écrits, propos un peu libres, grivois. **2.** Bonne humeur ; enjouement.

GAILLET n.m. (lat. *galium*). Plante herbacée commune dans les prés et les haies, à très petites fleurs jaunes ou blanches, telle que la croisette et le gratteron. (Genre *Galium ;* famille des rubiacées.)

GAÎMENT adv. → **GAIEMENT.**

GAIN n.m. (de *gagner*). **1.** Action de gagner qqch, ou de l'emporter dans une action ; avantage qui en résulte. *Un gain de temps.* ◇ ***Gain de cause :*** avantage obtenu dans un procès et, par ext., dans un débat quelconque. *Avoir, obtenir gain de cause.* — Suisse. ***Par gain de paix :*** pour éviter un conflit. **2.** *Spécial.* Action de gagner de l'argent ; ce que l'on gagne. *L'appât du gain.* ◇ DR. ***Gains de survie :*** avantages réservés au conjoint survivant dans le partage des biens de la communauté. **3.** ÉLECTRON. Grandeur, exprimée en décibels, caractérisant, pour un dispositif, l'amplification de puissance, d'intensité ou de tension d'un signal.

GAINAGE n.m. Action de gainer.

GAINE n.f. (lat. *vagina*). **1.** Étui qui recouvre, protège qqch ; fourreau. *Gaine de poignard, de parapluie. Gaine de câbles électriques.* **2.** Sous-vêtement féminin en tissu élastique pour maintenir le bassin. **3.** BOT. Base élargie par laquelle le pétiole d'une feuille s'insère sur la tige. *Gaine comestible de l'oignon, du fenouil.* **4.** Conduit plus ou moins large destiné à divers usages, dans une construction. *Gaine d'aération, de ventilation.* **5.** ARTS APPL. Support vertical en forme de tronc de pyramide renversé très allongé.

GAINE-CULOTTE n.f. (pl. *gaines-culottes*). Gaine formant culotte.

GAINER v.t. Recouvrir d'une gaine.

GAINERIE n.f. Fabrication artisanale ou industrielle d'objets gainés (plateaux, coffrets...) pour la bijouterie, la parfumerie, l'orfèvrerie, etc.

1. GAINIER, ÈRE n. Personne qui fabrique ou vend des articles de gainerie.

2. GAINIER n.m. Arbre de Judée.

GAÎTÉ n.f. → **GAIETÉ.**

GAIZE n.f. Roche sédimentaire siliceuse, constituant un grès riche en débris d'éponges.

GAL n.m. [pl. *gals*] (de *Galilée*). Unité de mesure (symb. Gal) employée en géodésie et en géophysique pour exprimer l'accélération de la pesanteur et valant 10^{-2} m/s^2.

GALA n.m. (mot esp.). Grande fête, souvent de caractère officiel. *Gala de bienfaisance.*

GALACTIQUE adj. (du gr. *gala, galaktos,* lait). Relatif à la Galaxie ou à une galaxie. ◇ ***Plan galactique :*** plan de symétrie de la Galaxie.

GALACTOGÈNE adj. et n.m. Se dit d'une substance qui favorise la sécrétion du lait.

GALACTOPHORE adj. *Canal galactophore :* canal excréteur des glandes mammaires.

GALACTOSE n.m. Glucide du groupe des hexoses, provenant de l'hydrolyse du lactose.

GALAGO n.m. (mot africain). Petit lémurien carnassier d'Afrique.

GALAMMENT adv. De façon galante.

GALANDAGE n.m. (de l'anc. fr. *galande,* enceinte). CONSTR. Cloison de briques posées de chant.

GALANT, E adj. (de l'anc. fr. *galer,* s'amuser). **1.** Se dit d'un homme poli, courtois à l'égard des femmes, empressé auprès d'elles. *Se conduire en galant homme.* **2.** *Litt. **Femme galante :*** femme de mœurs légères ; femme entretenue. **3.** Afrique. Chic, à la mode. **4.** *Litt.* Qui a trait à l'amour, aux relations sentimentales. *Rendez-vous galant. Être surpris en galante compagnie.* ◆ n.m. Vieilli. Homme qui recherche les aventures amoureuses. ◇ *Litt. **Vert galant :*** homme encore alerte malgré un certain âge, et entreprenant auprès des femmes.

GALANTERIE n.f. **1.** Politesse, courtoisie que marque un homme à l'égard des femmes. **2.** (Surtout pl.) Parole flatteuse adressée à une femme. *Dire des galanteries.*

GALANTIN n.m. *Litt.,* vieilli. Amoureux ridicule.

GALANTINE n.f. (anc. fr. *galatine,* gelée). Préparation de charcuterie cuite, composée de morceaux de viande maigre et de farce, et enrobée de gelée.

GALAPIAT n.m. *Fam.* Vaurien, vagabond.

GALATE adj. et n. ANTIQ. De la Galatie.

GALAXIE n.f. (gr. *galaxias,* de *gala, galaktos,* lait). **1.** Vaste ensemble d'étoiles, de poussières et de gaz interstellaires, isolé dans l'espace, dont la cohésion est assurée par la gravitation. **2.** *La Galaxie,* celle dans laquelle est situé le système solaire. **3.** *Fig.* Ensemble formé par tout ce qui, de près ou de loin, participe d'une même activité. *La galaxie de la formation professionnelle.*

ENCYCL. La Galaxie se présente comme un disque très aplati d'environ 100 000 années-lumière de diamètre et de 5 000 années-lumière d'épaisseur,

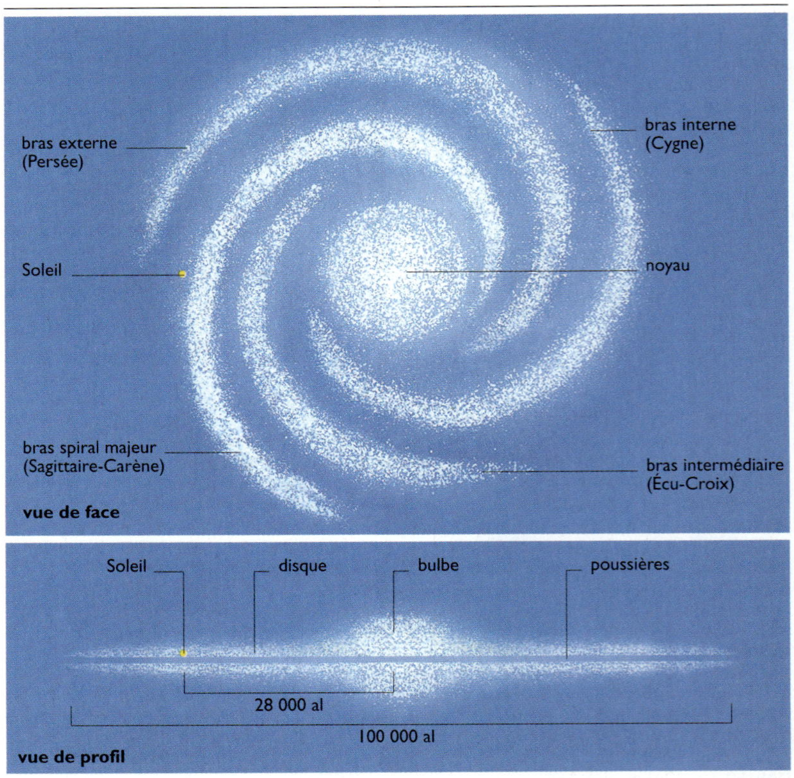

■ **GALAXIE.** Vues schématiques de la Galaxie.

avec une grosse boursouflure centrale, le bulbe. Sa trace dans le ciel est la Voie lactée. Le centre est situé pour nous vers la constellation du Sagittaire. La position du Soleil y est excentrée aux deux tiers d'un rayon à partir du centre et légèrement au N. du plan moyen. La concentration diminue du centre vers le bord du disque. Autour du disque se répartissent des amas globulaires dans un halo sphéroïdal. Des observations récentes montrent qu'il existe également une vaste couronne gazeuse obscure autour du disque. Ce dernier est animé d'une rotation d'ensemble, mais qui ne s'effectue pas comme celle d'un corps solide : c'est une rotation différentielle, où la vitesse de rotation varie en fonction de la distance au centre. Le Soleil et le système solaire tournent à une vitesse d'environ 250 $km \cdot s^{-1}$; il leur faut environ 240 millions d'années pour effectuer le tour de la Galaxie.
On connaît aujourd'hui des dizaines de millions de galaxies et celles-ci apparaissent comme le constituant fondamental de l'Univers. On les classe traditionnellement en trois grandes catégories, d'après leur forme : les elliptiques, les spirales (barrées ou non) et les irrégulières. Des subdivisions plus fines dans chaque catégorie caractérisent leur type morphologique. On admet généralement que toutes les galaxies se sont formées simultanément (selon un processus encore mal élucidé), environ un milliard d'années après le *big bang, mais que les différents types morphologiques traduisent des rythmes différents de formation des étoiles. La région centrale de certaines galaxies, dites *actives* ou *à noyau actif,* est une source d'énergie exceptionnellement intense. Cette énergie serait émise par la matière accrétée par un *trou noir extrêmement massif. La plupart des galaxies sont rassemblées au sein d'*amas* ou de *superamas* de galaxies de formes variées, s'étendant sur des dizaines ou des centaines de millions d'années de lumière et séparés par de grands vides.

GALBE n.m. (ital. *garbo,* grâce). Contour, profil plus ou moins courbe, harmonieux, d'un élément d'architecture, d'une pièce de céramique, d'une statue, du corps humain, etc.

GALBÉ, E adj. **1. a.** De profil convexe. *Colonne galbée.* **b.** Se dit d'un meuble dont la face et/ou les côtés ont un profil en courbe et contre-courbe. **2.** *Par ext.* Qui présente une courbe, un contour harmonieux.

GALBER v.t. Donner du galbe à, profiler en courbe.

GALE n.f. (lat. *galla*). **1.** Infestation contagieuse de la peau par un parasite, le sarcopte, provoquant des démangeaisons. **2.** Maladie cryptogamique ou bactérienne des végétaux produisant des pustules à la surface des tissus externes de la plante. **3.** *Fig., fam.* Personne médisante, de mauvais caractère.

GALÉASSE ou **GALÉACE** n.f. (ital. *galeazza*). MAR. Navire à voiles et à rames, plus fort et plus lourd que la galère, utilisé jusqu'au XVIIIe siècle.

GALÉJADE n.f. (provenç. *galejado*). *Fam.* Histoire inventée ou déformée.

GALÉJER v.i. [11]. *Fam.* Raconter des galéjades.

GALÈNE n.f. (lat. *galena,* plomb, d'un mot gr.). MINÉRALOG. Sulfure de plomb (PbS), principal minerai de plomb.

GALÉNIQUE adj. (de *Galien,* médecin grec). PHARM. Qui concerne la préparation, la conservation et la présentation des médicaments. *Pharmacie galénique.* ◇ *Forme galénique :* chacune des formes sous lesquelles est présenté un médicament (comprimés, solution buvable, etc.). SYN. : *forme pharmaceutique.*

GALÉOPITHÈQUE n.m. (gr. *galê,* belette, et *pithêkos,* singe). Mammifère insectivore des îles de la Sonde et d'Indochine, de la taille d'un chat, pouvant planer grâce à une membrane latérale (patagium) soutenue par les membres et la queue. (Genre *Cynocephalus ;* ordre des dermoptères.)

■ **GALÉOPITHÈQUE**

GALÈRE n.f. (catalan *galera*). **1.** Bâtiment de guerre ou de commerce à rames et à voiles, en usage de l'Antiquité au XVIIIe s. **2.** *Fam.* Situation désagréable ; travail pénible. ◆ pl. HIST. Peine des criminels condamnés à ramer sur les galères du roi.

GALÉRER v.i. [11]. *Fam.* **1.** Vivre de travaux épisodiques, au jour le jour, sans avoir de ressources assurées. **2.** Travailler dur, trimer pour un mince profit.

GALERIE n.f. (ital. *galleria*). **1.** Espace couvert en longueur, pour la circulation ou la promenade, à l'intérieur ou à l'extérieur d'un bâtiment. *Galerie de cloître.* **2.** Passage enterré ou souterrain, pour l'exploitation d'un gisement minier, la protection d'une voie, etc. **3.** Couloir de communication creusé dans le sol ou dans le bois par certains animaux (taupe, termite, etc.). **4.** Grande salle d'apparat en longueur, parfois aménagée pour recevoir une collection d'œuvres d'art ou d'objets divers. *La galerie des Glaces à Versailles.* **5.** Collection qu'abrite une telle salle. *Une galerie de portraits.* **6.** Lieu aménagé pour recevoir une collection d'œuvres d'art destinée au public. *Les galeries d'un musée.* **7.** Local d'exposition où se fait le commerce des œuvres ou des objets d'art. *Une galerie d'art contemporain, de tableaux, d'art africain, de design.* **8.** *Galerie marchande :* passage piétonnier couvert, bordé de commerces. **9.** Dans une salle de spectacle, étage situé au-dessus du dernier balcon. **10.** Vx. Ensemble des spectateurs d'une compétition, d'un jeu, etc. ◇ Mod., *fam. Amuser la galerie,* les personnes alentour. – Mod., *fam. Pour la galerie :* dans le seul dessein de plaire ou de se faire remarquer. **11.** Petite balustrade couronnant un meuble, une marquise, une serre, etc. **12.** AUTOM. Cadre métallique fixé sur le toit d'un véhicule pour le transport des bagages.

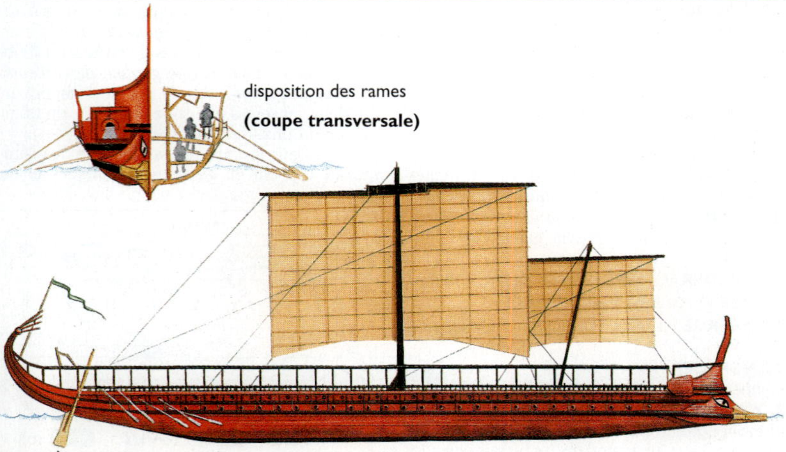

■ **GALÈRE.** Trière grecque (Ve s. av. J.-C.).

GALÉRIEN n.m. Anc. Homme condamné aux galères. ◇ *Vie de galérien,* très pénible.

GALERISTE n. Personne qui tient une galerie d'art.

GALERNE n.f. Région. Vent de nord-ouest, froid et humide, qui souffle en rafales sur l'ouest de la France.

GALÉRUQUE n.f. (lat. *galea,* casque, et *eruca,* chenille). Insecte coléoptère végétarien, très nuisible aux arbres (orme, saule, etc.). [Famille des chrysomélidés.]

GALET n.m. (anc. fr. *gal,* caillou). **1.** Caillou poli et arrondi par l'action de la mer, des torrents et des rivières ou des glaciers. **2.** PRÉHIST. *Galet aménagé :* outil obtenu à partir d'un galet éclaté par percussion sur un seul côté (chopper) ou sur les deux côtés (chopping-tool). **3.** MÉCAN. INDUSTR. Petite roue pleine pour diminuer le frottement et permettre le roulement. **4.** *Galet porteur :* roue sur laquelle repose la chenille d'un engin chenillé.

GALETAGE n.m. Action de galeter.

GALETAS [galta] n.m. (du n. de la tour *Galata,* à Constantinople). **1.** *Litt.* Réduit misérable, souvent dans les combles d'un immeuble. **2.** Suisse. Local de débarras dans les combles d'un bâtiment.

GALETER v.t. [16]. MÉCAN. INDUSTR. Ébaucher et, éventuellement, usiner des matières métalliques en les déformant sous l'effet de la pression exercée par des galets très durs en rotation.

GALETTE n.f. (de *galet*). **1.** Préparation culinaire plate et ronde, à base de farine ou de féculents, que l'on cuit au four ou à la poêle. *Galette de pommes de terre.* ◇ *Galette des Rois,* consommée pour la fête des Rois et contenant une fève qui permet de désigner le « roi » ou la « reine » de l'assistance. – *Plat, aplati comme une galette :* très plat, très aplati. **2.** En Bretagne, crêpe salée à base de farine de sarrasin. **3.** Belgique. Gaufrette ; crème glacée entre deux gaufrettes. **4.** Nom donné à certains gâteaux secs. *Galettes bretonnes.* **5.** *Fig.* Tout objet en forme de galette. – *Spécial., fam.* Disque compact. **6.** *Fam.* Argent, fortune. *Avoir de la galette.*

GALETTEUX, EUSE adj. *Fam.,* vieilli. Riche.

GALEUX, EUSE adj. et n. Atteint de la gale. ◇ *Brebis galeuse :* personne méprisée, rejetée par un groupe social.

GALGAL n.m. [pl. *galgals*] (gaélique *gal,* caillou). PRÉHIST. Tumulus en pierres sèches couvrant un monument mégalithique.

GALHAUBAN n.m. (de *hauban*). MAR. Chacun des haubans capelés en tête de mât ou à la partie supérieure du mât (par oppos. aux *bas-haubans,* capelés sous les plus basses barres de flèche).

GALICIEN, ENNE adj. et n. De la Galice ou de la Galicie. ◆ n.m. Langue romane, proche du portugais, parlée en Galice.

1. GALILÉEN, ENNE adj. et n. ANTIQ. De la province de Galilée. ◆ n.m. *Le Galiléen :* Jésus-Christ. – *Les Galiléens :* les premiers chrétiens.

2. GALILÉEN, ENNE adj. **1.** Relatif aux travaux et aux conceptions de Galilée. **2.** *Référentiel* ou *repère galiléen,* dans lequel s'applique la relation fondamentale de la dynamique (la force est égale au produit de la masse par l'accélération).

GALIMATIAS [galimatja] n.m. (bas lat. *ballimathia,* chanson obscène). Discours ou écrit embrouillé et confus.

GALION n.m. (anc. fr. *galie,* galère). MAR. Grand navire armé en guerre, utilisé notamm. par les Espagnols à partir du XVIe s. pour rapporter l'or, l'argent et les marchandises précieuses de leurs colonies du Nouveau Monde.

GALIPETTE n.f. (de l'anc. fr. *galer,* s'amuser). *Fam.* Cabriole, culbute.

GALIPOT n.m. (anc. provenç. *guarapot*). MAR. Mastic de résine de pin maritime et de matières grasses destiné à protéger le bois ou certaines pièces métalliques d'un bateau.

GALIPOTE n.f. Québec. *Fam. Courir la galipote :* chercher des aventures galantes.

GALIPOTER v.t. MAR. Enduire de galipot.

G

GALLE n.f. (lat. *galla*). Excroissance produite chez les végétaux sous l'influence de certains parasites (insectes, champignons). SYN. : *cécidie.* ◇ *Noix de galle :* galle ronde du chêne utilisée comme source de tanin.

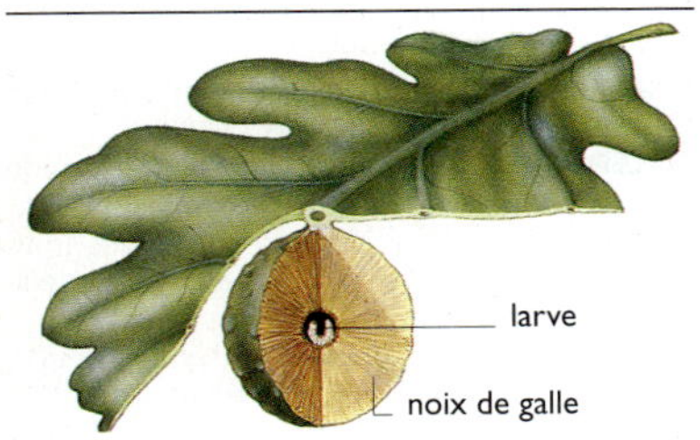

■ **GALLE** du chêne.

GALLÉRIE n.f. (lat. *galleria*). Insecte lépidoptère dont la chenille fait de gros ravages dans les ruches. (Famille des pyralidés.) SYN. : *fausse teigne, teigne de la cire.*

GALLEUX, EUSE adj. CHIM. MINÉR. Relatif aux composés du gallium divalent.

GALLICAN, E adj. et n. Relatif à l'Église de France ; partisan du gallicanisme.

G

GALLICANISME n.m. Doctrine ayant pour objet la défense des franchises de l'Église de France (gallicane) à l'égard du Saint-Siège.
ENCYCL. L'indépendance des souverains en matière temporelle, après avoir provoqué un grave conflit avec la papauté sous Philippe le Bel, fut confortée par les théories des conciles au XVe s. et prit une forme juridique sous Charles VII avec la pragmatique sanction de Bourges (1438) ; le concordat de 1516 et l'absolutisme de Louis XIV firent du gallicanisme politique un système de gouvernement, s'appuyant sur l'assentiment des parlements (gallicanisme parlementaire) et même du clergé (*Déclaration des quatre articles*, rédigée par Bossuet en 1682). La *Constitution civile du clergé* (1790) et le Concordat de Bonaparte (1801) se situèrent dans la même ligne. Au XXe s., après la proclamation du dogme de l'infaillibilité pontificale (1870) et la séparation de l'Église et de l'État (1905), l'ultramontanisme a au contraire triomphé du gallicanisme.

GALLICISME n.m. (lat. *gallicus,* gaulois). **1.** Idiotisme propre à la langue française (par ex. *il y a*). **2.** Emprunt fait au français par une autre langue.

GALLICOLE adj. Se dit d'un insecte qui vit dans les galles ou cause leur apparition.

GALLINACÉ ou **GALLIFORME** n.m. (lat. *gallina,* poule). Oiseau omnivore, au corps trapu et au vol lourd, tel que la poule, la perdrix, la caille, le faisan, la pintade, le dindon. (Les gallinacés forment un ordre.)

GALLINULE n.f. Poule d'eau.

GALLIQUE adj. CHIM. MINÉR. Relatif aux composés du gallium trivalent.

GALLIUM [galjɔm] n.m. **1.** Métal rare, blanc bleuâtre, aux propriétés chimiques proches de celles de l'aluminium. **2.** Élément chimique (Ga), de numéro atomique 31, de masse atomique 69,723.

GALLO adj. et n. (breton *gall,* français). De la Bretagne non bretonnante. ◆ n.m. Dialecte de langue d'oïl parlé en Bretagne non bretonnante.

GALLOIS, E adj. et n. Du pays de Galles. ◆ n.m. Langue celtique du pays de Galles.

GALLON n.m. (mot angl.). **1.** *Imperial gallon,* ou *UK gallon :* unité de capacité utilisée en Grande-Bretagne et, anc., au Canada, égale à 4,546 litres [symb. gal (UK)]. **2.** *US gallon :* unité américaine de capacité, égale à 3,785 litres.

GALLO-ROMAIN, E adj. et n. (pl. *gallo-romains, es*). Qui appartient à la civilisation qui s'épanouit en Gaule du Ier s. av. J.-C. à la fin du Ve s. apr. J.-C.

GALLO-ROMAN, E adj. et n.m. (pl. *gallo-romans, es*). Se dit des dialectes romans parlés dans l'ancienne Gaule.

GALOCHE n.f. (anc. fr. *gal,* caillou). **1.** Chaussure de cuir à semelle de bois. ◇ *Fam. Menton en galoche,* long, pointu et relevé vers l'avant. **2.** MAR. Poulie longue et plate, ouverte sur l'une de ses faces.

GALON n.m. **1.** Bande tissée ou tressée utilisée comme ornement dans l'habillement et l'ameublement. **2.** MIL. Signe distinctif des grades porté sur l'uniforme. ◇ *Prendre du galon :* monter en grade ; obtenir une promotion, de l'avancement.

GALONNER v.t. (anc. fr. *galer,* s'amuser). Orner d'un galon ; mettre, coudre un galon sur.

GALOP n.m. **1.** La plus rapide des allures naturelles du cheval et de certains quadrupèdes. *Mettre sa monture au galop.* ◇ *Fam. Au galop :* très vite, rapidement. – *Galop d'essai :* épreuve, test probatoire. **2.** MÉD. *Bruit de galop :* anomalie de l'auscultation cardiaque, évoquant un galop, par ajout d'un troisième bruit à chaque cycle. **3.** Danse de bal, dérivée de la dernière figure du quadrille, exécutée en couples, très rapidement, selon une ligne sinueuse, à la mode en Europe au milieu du XIXe s. **4.** Pièce instrumentale de tempo vif à 2/4.

GALOPADE n.f. **1.** Course au galop. **2.** Course précipitée. *Galopade dans le couloir.*

GALOPANT, E adj. **1.** Dont la croissance s'accélère ; qu'on ne peut maîtriser. *Inflation, démographie galopante.* **2.** Vx. *Phtisie galopante :* nom donné autref. à la tuberculose d'évolution très rapide.

GALOPER v.i. (du francique). **1.** Aller au galop. **2.** Marcher, courir très vite.

GALOPEUR, EUSE adj. et n. Qui galope. ◆ n.m. Cheval qui dispute des courses au galop.

GALOPIN n.m. *Fam.* Polisson, garnement.

GALOUBET n.m. (mot provenç.). Petite flûte à bec provençale, à trois trous, au son aigu et perçant.

GALUCHAT n.m. (de *Galuchat,* n. de l'inventeur). Peau de la raie, du squale, préparée et teinte pour la reliure, la maroquinerie, la gainerie, etc.

GALURIN ou **GALURE** n.m. (de l'anc. fr. *galer,* s'amuser). *Fam.* Chapeau.

GALVANIQUE adj. MÉD. *Courant galvanique :* courant continu employé en électrothérapie.

GALVANISATION n.f. **1.** Action de galvaniser. **2.** MÉD. Traitement par les courants galvaniques.

GALVANISER v.t. **1.** Recouvrir une pièce métallique d'une couche de zinc à chaud, par immersion dans un bain de zinc fondu. **2.** Donner une énergie soudaine à ; enthousiasmer, exalter. *Galvaniser une foule, les esprits.*

GALVANISME n.m. (de *Galvani,* médecin ital.). BIOL. Action des courants électriques continus de basse tension sur certains organes animaux (nerfs, muscles).

GALVANOMÈTRE n.m. Instrument qui sert à mesurer l'intensité des courants électriques faibles en utilisant leurs actions électromagnétiques pour produire la déviation d'un système aimanté.

GALVANOPLASTIE n.f. Procédé consistant à déposer par électrolyse une couche de métal sur un support, métallique ou non, pour le recouvrir.

GALVANOPLASTIQUE adj. Relatif à la galvanoplastie ; obtenu par ce procédé.

GALVANOTYPE n.m. Cliché typographique autref. obtenu par galvanotypie.

GALVANOTYPIE n.f. Galvanoplastie autref. appliquée à la production de clichés typographiques.

GALVAUDAGE n.m. Action de galvauder.

GALVAUDER v.t. (anc. fr. *galer,* s'amuser, et *ravauder*). Compromettre par un mauvais usage, en prodiguant mal à propos. *Galvauder son talent.* ◇ p.p. adj. *Un mot galvaudé.*

GAMAY [gamɛ] n.m. (de *Gamay,* n. de commune). Cépage rouge cultivé dans le Beaujolais et dans le Centre ; vin issu de ce cépage.

GAMBA [gɑ̃mba] ou [gɑ̃ba] n.f. (mot esp.). Grosse crevette des eaux profondes de la Méditerranée et de l'Atlantique. (Genre *Parapenaeus.*)

GAMBADE n.f. (provenç. *cambo,* jambe). Bond, saut léger, qui manifeste la gaieté, la bonne humeur.

GAMBADER v.i. Faire des gambades, s'ébattre.

GAMBE (VIOLE DE) n.f. → **VIOLE.**

GAMBERGE n.f. *Fam.* Imagination, intelligence, réflexion.

GAMBERGER v.i. et v.t. [10] (de l'anc. arg. *comberger,* compter). *Fam.* Imaginer ; réfléchir.

1. GAMBETTE n.m. Oiseau échassier du genre chevalier, d'Europe, d'Asie centrale et d'Afrique du Nord-Ouest, nichant dans les marais et sur les côtes. (Famille des scolopacidés.)

2. GAMBETTE n.f. *Fam.* Jambe, surtout d'une jeune femme, d'une jeune fille. *Avoir de belles gambettes.*

GAMBILLER v.i. (du picard *gambille,* jambe). *Fam.* Danser.

GAMBIT [gɑ̃bi] n.m. (ital. *gambetto,* croc-en-jambe). Aux échecs, sacrifice volontaire d'une pièce en vue d'obtenir un avantage d'attaque ou une supériorité de position.

GAMBUSIE n.f. (esp. *gambusina*). Petit poisson vivipare originaire d'Amérique du Nord et acclimaté dans de nombreux étangs et marais des régions tropicales et tempérées, où il détruit les larves de moustiques. (Long. 6 cm env. ; genre *Gambusia,* famille des pœcilidés.)

GAMELAN [gamlɑ̃] n.m. (du javanais *gamel*). Orchestre d'instruments à percussion (gongs, tambours, etc.) javanais ou balinais.

GAMELLE n.f. (ital. *gamella*). **1.** Récipient métallique, individuel ou collectif, muni ou non d'un couvercle, pour faire la cuisine ou transporter des aliments préparés ; son contenu. ◇ *Fam. Ramasser une gamelle :* faire une chute ; *fig.,* essuyer un échec. **2.** *Fam.* Projecteur, sur un plateau de théâtre, de cinéma, de télévision, etc.

GAMÈTE n.m. (gr. *gamos,* mariage). BIOL., MÉD. Cellule reproductrice, mâle ou femelle, dont le noyau ne contient qu'un seul chromosome de chaque paire et qui s'unit au gamète de sexe opposé (fécondation) pour donner naissance à un œuf (zygote) [par oppos. à *agamète*].

GAMÉTOGENÈSE n.f. Formation des gamètes.

GAMÉTOPHYTE n.m. BOT. Organisme végétal issu de la germination d'une spore et élaborant les gamètes des deux sexes ou d'un seul d'entre eux. (Les cellules d'un gamétophyte sont toutes haploïdes. Le prothalle de fougère, les tiges des mousses sont des gamétophytes.)

GAMIN, E n. *Fam.* **1.** Enfant. *Se conduire comme un gamin.* **2.** Fils ou fille. ◆ adj. *Fam.* Se dit de qqn qui a un esprit, un caractère jeune. *Elle est très gamine.*

GAMINER v.i. *Litt.* Dire, faire des gamineries.

GAMINERIE n.f. Parole, action, comportement d'un gamin ; enfantillage.

GAMMA n.m. inv. **1.** Troisième lettre de l'alphabet grec (Γ, γ), correspondant au *g* français. **2.** *Rayons gamma :* radiations émises par les corps radioactifs, analogues aux rayons X mais beaucoup plus pénétrantes et de longueur d'onde plus petite, ayant une action biologique puissante.

GAMMAGLOBULINE n.f. BIOCHIM. Globuline du plasma sanguin, ayant souvent des propriétés d'immunoglobuline (nom générique).

GAMMAGRAPHIE n.f. TECHN. Radiographie de la structure de corps opaques au moyen de rayons gamma, utilisée pour des contrôles non destructifs.

GAMMARE n.m. (lat. *gammarus,* écrevisse). Petit crustacé vivant sous les pierres, dont les espèces fréquentent les eaux marines ou les eaux douces, parfois désigné sous le nom impropre de *crevette d'eau douce.* (Long. 1 cm ; ordre des amphipodes.)

GAMME n.f. (gr. *gamma*). **1.** Série de sons conjoints, ascendants ou descendants, disposés à des intervalles convenus, dans l'espace de l'octave et dans un système musical donné. *Gamme diatonique, chromatique.* **2.** *Fig.* Série de divers aspects, divers degrés de choses ou d'objets de même nature. *Une gamme de couleurs.* ◇ *Haut de gamme, bas de gamme :* supérieur, inférieur, au sein d'une série d'articles, du point de vue du prix, de la qualité, etc.
ENCYCL. Dans la musique occidentale, les gammes se divisent en gammes diatoniques et en

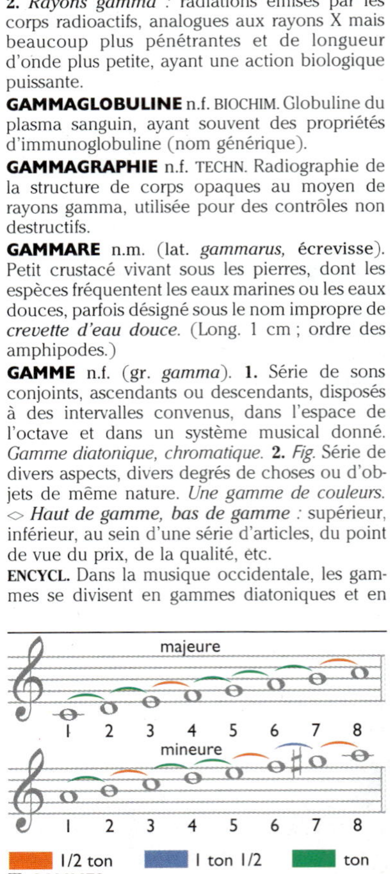

■ **GAMMES**

gammes chromatiques. Il y a deux sortes de gammes diatoniques : la gamme *majeure*, qui se compose de cinq tons et de deux demi-tons ; la gamme *mineure*, qui se compose de trois tons, d'un ton et demi et de trois demi-tons. Toutes les gammes prennent le nom de la note par laquelle elles commencent. Chaque gamme chromatique comprend les douze sons de l'échelle tempérée.

GAMMÉE adj.f. *Croix gammée :* croix dont les quatre branches se terminent en forme de gamma majuscule. (C'est le *svastika, que l'Allemagne hitlérienne adopta comme emblème.)

GAMOPÉTALE adj. et n.f. (du gr. *gamos,* mariage). Se dit d'une fleur dont les pétales sont soudés entre eux, et d'une plante dotée de telles fleurs (par oppos. à *dialypétale*). [Les gamopétales forment une sous-classe de dicotylédones, comprenant notamm. les solanacées, les labiées, les composées, etc.]

GAMOSÉPALE adj. (du gr. *gamos,* mariage). BOT. Se dit d'une fleur dont le calice présente des sépales plus ou moins soudés entre eux (par oppos. à *dialysépale*).

GAN [gan] n.m. Dialecte chinois parlé au Jiangxi et au sud du Hubei.

GANACHE n.f. (ital. *ganascia,* mâchoire). **1.** ZOOTECHN. Partie latérale et postérieure de la mâchoire inférieure des quadrupèdes. **2.** Crème de pâtisserie à base de chocolat, de beurre et de crème fraîche, utilisée pour fourrer des gâteaux, des crottes de chocolat. **3.** *Fam.,* vieilli. Personne stupide et incapable.

GANADERIA [ganaderija] n.f. (mot esp.). Élevage de bovins, spécial. de taureaux de combat.

GANDIN n.m. (de l'anc. fr. *gandir,* faire des détours, ou de l'anc. boulevard de *Gand,* à Paris). *Litt.* Jeune homme ayant un soin excessif de son élégance ; dandy.

GANDOURA n.f. (berbère *qandūr*). Tunique sans manches, portée sous le burnous ou la djellaba, en Afrique du Nord notamment.

GANG [gɑ̃g] n.m. (mot angl., *équipe*). Bande organisée de malfaiteurs.

GANGA n.m. (mot catalan). Oiseau végétarien de la région méditerranéenne, au plumage bigarré. (Ordre des columbiformes ; genre *Pterocles,* famille des ptéroclididés.)

GANGÉTIQUE adj. Relatif au Gange.

GANGLION n.m. (gr. *gagglion,* glande). **1.** *Ganglion lymphatique :* petit organe lymphoïde situé sur le trajet des vaisseaux lymphatiques et intervenant dans les défenses immunitaires. **2.** *Ganglion nerveux :* petit renflement sur le trajet de certains nerfs.

GANGLIONNAIRE adj. Relatif aux ganglions.

GANGRÈNE n.f. (gr. *gangraina,* pourriture). **1.** Nécrose des tissus due à un arrêt circulatoire ou à une infection, en partic. quand un segment de membre est touché. **2.** *Fig., litt.* Mal insidieux. *La gangrène du fanatisme.*

GANGRENER v.t. [12]. **1.** Provoquer la gangrène de. **2.** *Fig., litt.* Corrompre, vicier. ◆ **se gangrener** v.pr. Être atteint par la gangrène.

GANGRENEUX, EUSE adj. De la nature de la gangrène ; atteint de gangrène.

GANGSTER [gɑ̃gstɛr] n.m. (mot anglo-amér.). Membre d'une bande de malfaiteurs, d'un gang ; bandit.

GANGSTÉRISME n.m. Activité des gangsters ; banditisme.

GANGUE n.f. (all. *Gang,* chemin, filon). **1.** Substance stérile incluse dans le minerai ou qui entoure une pierre précieuse dans un gisement. **2.** *Fig.* Ce qui enveloppe, dissimule qqch. *Débarrasser son esprit de la gangue des préjugés.*

GANSE n.f. (provenç. *ganso*). Cordonnet tressé ou ruban utilisé comme ornement dans le vêtement, le matelassage, le costume militaire, etc.

GANSER v.t. Garnir d'une ganse.

GANSETTE n.f. TEXT. Maille de filet.

GANT n.m. (francique *want*). **1.** Pièce de l'habillement qui épouse la forme de la main et des doigts. ◇ *Aller comme un gant :* convenir parfaitement. – *Prendre, mettre des gants (pour) :* agir avec ménagement ; mettre des formes. – *Retourner qqn comme un gant,* le faire complètement changer d'avis. – *Souple comme un gant :* docile, soumis. **2.** Accessoire dans lequel peut se glisser la main et qui sert à divers usages et activités. *Gants de boxe.* ◇ *Gant de toilette :* poche de tissu-éponge pour se laver. – *Gant de crin :* moufle en crin tricoté pour frictionner le corps. **3.** *Jeter le gant à qqn, relever le gant :* défier qqn, accepter un défi. **4.** INFORM. *Gant de données :* gant pourvu de capteurs sensitifs de pression et de position, utilisé comme périphérique d'entrée pour la manipulation d'objets virtuels dans un système de réalité virtuelle. (L'ordinateur interprète les informations que lui fournit ce dispositif pour visualiser, à travers une modification de l'affichage, les mouvements effectués.)

GANTELET n.m. **1.** Anc. Gant couvert de lames de fer, qui faisait partie de l'armure. **2.** Mod. Manchon de cuir utilisé par certains ouvriers (relieurs, cordonniers, bourreliers, etc.) pour protéger la main. SYN. : *manicle.*

GANTER v.t. Mettre des gants à ; fournir des gants à. ◆ v.i. Avoir comme pointure de gants. *Il gante du 8.*

GANTERIE n.f. Profession, commerce du gantier.

GANTIER, ÈRE n. Personne qui fabrique, vend des gants.

GANTOIS, E adj. et n. De Gand.

GAP n.m. (mot angl.). **1.** Éloignement, écart entre des choses. **2.** ÉCON. Écart important, décalage, retard technologique, économique, etc. Recomm. off. : *écart.*

GAPERON n.m. Fromage au lait de vache, à pâte demi-dure, aromatisé à l'ail, fabriqué en Auvergne.

GÂPETTE n.f. *Fam.,* vieilli. Casquette.

GARAGE n.m. **1.** Action de garer. ◇ *Voie de garage :* voie destinée à garer des trains, des véhicules ferroviaires ; *fig.,* emploi subalterne sans possibilité d'avancement. **2.** Lieu couvert qui sert d'abri aux véhicules. **3.** Entreprise de garde, de réparation, d'entretien des automobiles.

GARAGISTE n. Exploitant d'un garage.

GARANCE n.f. (du francique). Plante herbacée des régions chaudes et tempérées, autref. cultivée pour sa racine, qui fournissait une teinture rouge, l'alizarine. (Famille des rubiacées.) ◆ adj. inv. De la couleur rouge vif de la garance. *Les pantalons garance des soldats de 1914.*

1. GARANT, E adj. et n. (du gotique). Qui répond des actes de qqn et notamm. de ses dettes. ◇ *Être, se porter garant de :* assurer qqch en le prenant sous sa responsabilité.

2. GARANT n.m. **1.** Personne ou chose qui sert de garantie, d'assurance, de caution. **2.** MAR. Cordage formant un palan.

GARANTI n.m. DR. Personne dont les droits sont garantis par une autre (le garant).

GARANTIE n.f. **1.** Ce qui assure l'exécution, le respect des termes d'un contrat. *Demander, prendre des garanties.* **2.** DR. Obligation incombant à l'un des cocontractants d'assurer la jouissance de qqch ou la protection contre un dommage. *Garantie des vices. Garantie décennale du constructeur.* ◇ *Sous garantie :* se dit d'une marchandise dont le vendeur s'est engagé à maintenir le bon fonctionnement pendant une période donnée. – *Contrat de garantie,* qui procure à un créancier une sûreté, en garantie de l'engagement pris par le débiteur (par un cautionnement, une hypothèque, etc.). **3.** DR. ADMIN. Constatation légale du titre des matières et ouvrages de métal précieux, qui donne lieu à la perception d'une contribution indirecte *(droit de garantie).*

GARANTIR v.t. **1.** Assurer, sous sa responsabilité, le maintien ou l'exécution de qqch ; constituer une garantie. *Garantir un droit par une loi.* **2.** Répondre de la qualité d'un objet vendu et s'engager à remédier à tout défaut ou panne constatés pendant un certain temps. *Garantir une montre pour un an.* **3.** Répondre de l'existence, de la réalité de qqch. *Sa conduite vous garantit son honnêteté.* **4.** Donner pour assuré ; certifier. *Le médecin lui a garanti une complète guérison. Je vous garantis qu'elle viendra.* **5.** Mettre à l'abri ; préserver. *Visière qui garantit du soleil.*

GARBURE n.f. (gascon *garburo*). Potée béarnaise à base de chou, de légumes de saison, de haricots et de confit d'oie ou de canard.

GARCE n.f. (de *gars*). *Fam.* Femme, fille méchante, désagréable ; chipie. ◇ *Fam. Garce de... :* fichue, maudite. *Garce de vie !*

GARCETTE n.f. (de *garce*). MAR. Petit cordage tressé. *Garcettes de ris.*

GARÇON n.m. (du francique). **1.** Enfant de sexe masculin. **2.** Jeune homme ; homme. *Il est plutôt joli garçon.* ◇ *Vieux garçon,* ou *garçon :* homme non marié. *Il est resté garçon.* – *Enterrer sa vie de garçon :* passer avec des amis une dernière et joyeuse soirée de célibataire. **3. a.** Employé, ouvrier travaillant chez un artisan. *Garçon boucher.* **b.** Employé subalterne affecté à certains travaux. *Garçon de bureau, de courses.* **4.** Serveur dans un café, un restaurant.

GARÇONNE n.f. Vieilli. **1.** Jeune fille à l'allure masculine menant une vie émancipée. **2.** *À la garçonne :* se disait d'une coiffure féminine où les cheveux étaient coupés court.

GARÇONNET n.m. Petit garçon, jeune garçon.

GARÇONNIER, ÈRE adj. Vieilli. Se dit de ce qui appartient aux garçons, qui rappelle leur comportement. *Une fille à l'allure garçonnière.*

GARÇONNIÈRE n.f. Petit appartement de célibataire, qui sert souvent de lieu de rendez-vous.

1. GARDE n.f. **I.** *Action.* **1.** Action de surveiller un être pour le protéger, le défendre. ◇ *Droit de garde :* l'un des attributs essentiels de l'autorité parentale, qui confère au(x) parent(s) gardien(s) un devoir de surveillance et d'éducation sur leur enfant mineur, tenu d'habiter chez lui (eux). **2.** Action de surveiller qqn pour l'empêcher de fuir. ◇ *Garde à vue :* privation temporaire de liberté d'une personne dans les locaux de la police ou de la gendarmerie, pour les besoins d'une enquête de la police judiciaire. **3.** Action de surveiller qqch pour le conserver en bon état, le préserver. *La garde d'un trésor.* ◇ DR. *Garde juridique :* obligation légale, pour le possesseur d'un animal ou d'une chose, d'assumer la responsabilité des dommages causés. – BOURSE. *Droits de garde :* commission payée par le client à l'intermédiaire habilité qui conserve ses valeurs mobilières. **4.** Action de surveiller un lieu pour le défendre. *Chien dressé pour la garde. Faire bonne garde.* **5.** Service de surveillance, de sécurité, assuré par une formation militaire, notamm. pour garder un accès. ◇ *Monter la garde :* être de faction. **6.** Service de surveillance, assuré à tour de rôle par plusieurs personnes. *Médecin de garde. Être de garde. Tour de garde.* **II.** *Attitude.* **1.** Position prise pour engager le combat et se protéger, à l'escrime, en boxe, etc. *Se mettre en garde.* ◇ *En garde ! :* en position de combat. – *Baisser la, sa garde :* cesser de se protéger, de se défendre ; relâcher sa vigilance. **2.** *Se tenir, être en garde, sur ses gardes :* se méfier. – *Prendre garde :* faire attention pour éviter un désagrément. **III.** *Personnes.* **1.** Corps de troupes chargé d'assurer la sécurité d'un chef d'État, d'un personnage officiel. ◇ *Garde nationale :* milice civique créée en France en 1789 et préposée au maintien de l'ordre. (Dissoute en 1871.) – *Garde républicaine :* corps de la gendarmerie nationale, chargé d'assurer des missions de sécurité et des services d'honneur au profit des hautes autorités de l'État. – *La vieille garde :* les plus anciens membres d'un groupe, d'un parti ; les plus anciens partisans d'une personnalité. **2.** Détachement de militaires qui gardent un poste ou assurent un service de sécurité. *Appeler la garde.* **IV.** *Choses.* **1.** Partie d'une arme blanche couvrant sa poignée et protégeant la main. **2.** *Page, feuille de garde,* ou *garde :* feuillet placé au début et à la fin d'un livre. ◆ pl. Pièces intérieures d'une serrure qui empêchent une clef quelconque, un outil de crochetage de la manœuvrer.

2. GARDE n.m. **1.** Personne chargée de la surveillance d'un lieu, de la garde de certaines choses. ◇ *Garde champêtre :* agent communal ou intercommunal assermenté qui sanctionne les infractions rurales et de chasse, et concourt au maintien de la tranquillité publique. – *Garde forestier :* employé chargé de la surveillance d'une certaine étendue de forêt. **2.** Personne chargée de surveiller qqn. *Échapper à ses gardes.* ◇ *Garde du corps :* homme attaché à la sécurité rapprochée d'une personnalité. **3.** Militaire de la gendarmerie nationale appartenant à la Garde républicaine. **4.** *Garde rouge :* membre d'un mouvement de jeunesse chinois qui défendit la Révolution culturelle en Chine (1966 - 1969). ◆ n. *Garde des Sceaux :* ministre de la Justice, en France. ◆ n.f. Femme qui a la charge de garder un malade, un enfant.

GARDÉ, E adj. *Chasse, pêche gardée :* domaine, génér. placé sous la surveillance d'un garde, où le propriétaire se réserve le droit de chasse, de pêche.

G

GARDE-À-VOUS n.m. inv. Position réglementaire (debout, immobile, les talons joints, les bras le long du corps) prise par les militaires en certaines occasions, notamm. au commandement d'un supérieur.

GARDE-BARRIÈRE n. (pl. *gardes-barrière[s]*). Préposé à la surveillance, à la manœuvre des barrières d'un passage à niveau.

GARDE-BŒUF n.m. (pl. *gardes-bœuf[s]*). Petit héron blanc à houppe fauve, d'Eurasie et d'Afrique, qui se perche sur les bœufs, les buffles, les rhinocéros, les hippopotames et se nourrit de leurs parasites. (Genre *Ardeola ;* famille des ardéidés.) SYN. : *pique-bœuf.*

GARDE-BOUE n.m. inv. Partie de la carrosserie qui entoure les roues (automobiles) ou pièce métallique incurvée placée au-dessus des roues (cycles, motocycles) pour protéger des projections de boue.

GARDE-CHASSE n.m. (pl. *gardes-chasse[s]*). Garde particulier chargé de veiller à la conservation du gibier et de réprimer les dommages causés aux propriétés dont il est responsable.

GARDE-CHIOURME n.m. (pl. *gardes-chiourme[s]*). **1.** Anc. Surveillant des galériens, des forçats. **2.** *Péjor.* Surveillant brutal.

GARDE-CORPS n.m. inv. **1.** Barrière à hauteur d'appui, formant protection devant un vide. SYN. : *garde-fou.* **2.** MAR. Rambarde, bastingage.

1. GARDE-CÔTE ou **GARDE-CÔTES** n.m. (pl. *garde-côtes*). **1.** Anc. Petit bâtiment de guerre conçu pour la défense des côtes. **2.** Embarcation affectée à la surveillance douanière ou à la surveillance de la pêche côtière.

2. GARDE-CÔTE ou **GARDE-CÔTES** n.m. (pl. *gardes-côtes*). Agent chargé de la surveillance des côtes.

GARDE-FEU n.m. (pl. *garde-feu[x]*). Grille, paravent de toile métallique que l'on place devant le foyer d'une cheminée. SYN. : *pare-étincelles.*

GARDE-FOU n.m. (pl. *garde-fous*). **1.** Garde-corps. **2.** *Fig.* Ce qui empêche de commettre des écarts, des erreurs. *Cette réglementation sert de garde-fou contre les abus.*

GARDE-FRANÇAISE n.m. (pl. *gardes-françaises*). Soldat du régiment des gardes françaises, créé en 1563 et chargé jusqu'en 1789 de la garde des palais royaux de Paris.

GARDE-MALADE n. (pl. *gardes-malade[s]*). Personne qui surveille et aide les malades dans les actes élémentaires de la vie, sans donner de soins.

GARDE-MANGER n.m. inv. Petite armoire formée de châssis garnis de toile métallique ou placard extérieur servant à conserver les aliments.

GARDE-MEUBLE ou **GARDE-MEUBLES** n.m. (pl. *garde-meubles*). Local spécialisé où l'on entrepose temporairement des meubles.

GARDÉNIA n.m. (de *Garden,* n. d'un botaniste). Arbuste ornemental originaire de Chine, à fleurs blanches et odorantes. (Famille des rubiacées.)

GARDEN-PARTY [gardɛnparti] n.f. [pl. *garden-partys* ou *garden-parties*] (mot angl.). Fête, réception mondaine donnée dans un jardin, un parc.

1. GARDE-PÊCHE n.m. (pl. *gardes-pêche*). Agent chargé de la police de la pêche.

2. GARDE-PÊCHE n.m. inv. Bateau destiné à la police de la pêche côtière.

GARDE-PORT n.m. (pl. *gardes-port[s]*). Agent chargé de la réception des marchandises dans un port fluvial.

GARDER v.t. (du germ. *wardôn*). **1.** Surveiller un être pour le protéger, prendre soin de lui. *Garder des enfants. Le chien garde le troupeau.* **2.** Surveiller qqn pour l'empêcher de s'évader, de nuire. **3.** Surveiller un lieu, une issue, etc., pour en défendre l'accès. *Garder un pont.* **4.** *Garder le lit, la chambre :* rester chez soi, en parlant d'un malade. **5.** Conserver une denrée périssable, mettre en réserve. *Garder des fruits tout l'hiver.* **6.** Conserver sur soi, près de soi. *Garder un document.* **7.** Conserver sur soi un vêtement. **8.** Conserver pour un temps limité ou en vue d'une utilisation ultérieure. *Je vous garde la place.* **9.** Retenir qqn près de soi. *Garder un ami à dîner.* – *Spécial.* Continuer à employer, à fréquenter qqn. *Garder un collaborateur.* **10.** Conserver pour soi, ne pas révéler. *Garder un secret.* **11.** Conserver tel sentiment, rester dans tel état. *Garder rancune à qqn. Garder son sérieux.* ◇ *Garder le silence :* ne pas parler. ◆ **se garder** v.pr. (de). **1.** *Litt.* Prendre garde à ; se méfier de. *Gardez-vous des flatteurs.* **2.** Éviter soigneusement de ; s'abstenir de. *Il s'est bien gardé de nous prévenir.*

GARDERIE n.f. Garde, surveillance collective de jeunes enfants ; lieu où s'effectue cette garde.

GARDE-RIVIÈRE n.m. (pl. *gardes-rivière[s]*). Agent chargé de la police des rivières.

GARDE-ROBE n.f. (pl. *garde-robes*). **1.** Vx. Petite pièce ou armoire où l'on range les vêtements ; penderie. **2.** Ensemble des vêtements d'une personne. *Renouveler sa garde-robe.* **3.** Anc. Lieu où l'on plaçait la chaise percée ; cabinets d'aisances.

GARDE-TEMPS n.m. inv. Horloge de très haute précision (horloge à quartz, horloge atomique) servant de référence pour la conservation de l'heure exacte à travers le monde.

GARDEUR, EUSE n. Personne qui garde des animaux ; gardien. *Gardeuse d'oies.*

GARDE-VOIE n.m. (pl. *gardes-voie[s]*). Agent chargé de la surveillance des voies ferrées.

GARDIAN n.m. (mot provenç.). Gardien à cheval d'un troupeau de taureaux, de chevaux, en Camargue.

GARDIEN, ENNE n. **1.** Personne qui est chargée de garder qqn, un animal, qqch. *Gardien de square.* **2.** Préposé à la garde d'un immeuble. **3.** *Gardien de but :* dernier défenseur du but d'une équipe de football, de hockey, de handball, etc. **4.** *Sout.* Protecteur, défenseur. *Un gardien des traditions.* ◇ *Gardien du temple :* dans un groupe, un parti, partisan d'une stricte orthodoxie, hostile à toute évolution. **5.** *Gardien de la paix :* agent de police. ◆ adj. **1.** *Ange gardien* ⟶ **1. ange.** **2.** Belgique. *École gardienne :* jardin d'enfants.

GARDIENNAGE n.m. **1.** Emploi, service de gardien. **2.** Service de garde et de surveillance.

GARDIENNE n.f. Nourrice ; assistante maternelle.

1. GARDON n.m. Poisson des eaux douces de l'Europe tempérée. (Long. 15 à 30 cm ; genre *Leuciscus,* famille des cyprinidés.) ◇ *Gardon rouge :* rotengle.

2. GARDON n.m. (lat. *Vardo,* n. d'une rivière). Torrent, dans les Cévennes.

1. GARE n.f. (de *garer*). **1.** Ensemble des installations de chemin de fer où se font le transbordement des marchandises, l'embarquement et le débarquement des voyageurs. *Le train entre en gare.* ◇ *Gare maritime :* gare aménagée sur les quais d'un port. **2.** *Gare fluviale :* bassin où se garent les bateaux, sur un cours d'eau ou un canal. **3.** *Gare routière :* emplacement aménagé pour accueillir les véhicules routiers assurant le transport des voyageurs ou des marchandises.

2. GARE interj. (impér. de *garer*). S'emploie pour avertir de se garer, de prendre garde à soi. *Gare à vous !* ◇ *Sans crier gare :* sans prévenir.

GARENNE n.f. (bas lat. *warenna*). Lieu boisé où les lapins vivent à l'état sauvage. ◆ n.m. Lapin de garenne.

GARER v.t. (du francique *warôn*). Mettre un véhicule à l'écart de la circulation ou le rentrer dans une gare, un garage. – *Fam.* Mettre à l'abri, en sûreté. *Garer sa fortune.* ◆ **se garer** v.pr. **1.** Ranger le véhicule que l'on conduit dans un lieu réservé au stationnement. **2.** Se ranger de côté pour laisser passer. **3.** *Fig.* Se mettre à l'abri de ; éviter, se préserver de. *Se garer des coups.*

GARGANTUA n.m. (de *Gargantua,* n.pr.). Gros mangeur.

GARGANTUESQUE adj. Digne de Gargantua.

GARGARISER (SE) v.pr. (gr. *gargarizein*). **1.** Se soigner la gorge avec un gargarisme. **2.** *Fig., fam.* Se délecter avec suffisance de. *On lui a fait quelques compliments, et maintenant il s'en gargarise.*

GARGARISME n.m. **1.** Médicament liquide avec lequel on se rince la gorge par contact et barbotage, avant de le recracher. **2.** Action de se servir d'un tel médicament.

GARGOTE n.f. (de l'anc. fr. *gargueter,* faire du bruit avec la gorge). *Péjor.* Restaurant où l'on mange à bas prix une mauvaise nourriture.

GARGOTIER, ÈRE n. *Péjor.* Personne qui tient une gargote.

GARGOUILLE n.f. (anc. fr. *gargoule,* gorge). Conduit saillant, souvent orné d'une figure de fantaisie, adapté à une gouttière ou un chéneau et qui déverse les eaux de pluie à distance des murs ; la figure elle-même.

GARGOUILLEMENT ou **GARGOUILLIS** n.m. **1.** Bruit produit par un liquide agité de remous dans une canalisation, un récipient. **2.** Bruit d'un liquide, d'un gaz dans la gorge, l'estomac ou l'intestin.

GARGOUILLER v.i. Faire entendre un gargouillement. *Mon estomac gargouille.*

GARGOULETTE n.f. (anc. fr. *gargoule*). Cruche poreuse qui permet de rafraîchir l'eau par évaporation.

GARGOUSSE n.f. (provenç. *cargousso*). Anc. Enveloppe contenant la charge de poudre destinée à la propulsion du projectile d'une bouche à feu.

GARI n.m. Afrique. Farine ou semoule de manioc.

GARIBALDIEN, ENNE adj. et n. HIST. Se dit d'un partisan de Garibaldi ; qui a fait campagne sous ses ordres.

GARIGUETTE n.f. Fraise d'une variété précoce, oblongue et parfumée.

GARNEMENT n.m. (de *garnir,* protéger). Enfant insupportable.

1. GARNI, E adj. **1.** Se dit d'un plat de viande accompagné de légumes. **2.** *Choucroute garnie* ⟶ **choucroute.**

2. GARNI n.m. Vieilli. Hôtel où on loue des chambres meublées à la semaine, au mois.

GARNIÉRITE n.f. Silicate de nickel et de magnésium, constituant un minerai de nickel.

GARNIR v.t. (du francique). **1.** Pourvoir d'éléments protecteurs ; renforcer. **2.** Remplir de ce qui est nécessaire ou adéquat. *Garnir le réfrigérateur.* **3.** Compléter d'éléments accessoires ; orner. *Garnir une étagère de bibelots.* ◆ **se garnir** v.pr. Se remplir graduellement. *La salle se garnit.*

GARNISON n.f. **1.** Ensemble des troupes stationnées dans une ville ou dans un ouvrage fortifié. **2.** Ville où sont casernées des troupes.

GARNISSAGE n.m. **1.** Action de garnir ; ce qui garnit. **2.** AUTOM., CH. DE F. Ensemble des travaux d'aménagement effectués à l'intérieur d'un véhicule pour le rendre confortable. **3.** Revêtement intérieur réfractaire d'un four, d'un creuset, d'un convertisseur, etc.

GARNITURE n.f. **1.** Ce qui s'ajoute pour garnir, orner, embellir. *Garniture de chapeau.* **2.** Ce qui remplit ou accompagne l'élément principal d'un plat. *Garniture de bouchée à la reine. Garniture de riz.* **3.** Aménagement intérieur destiné à rendre confortable une automobile, une voiture de chemin de fer (sièges, revêtement des portes, etc.). **4.** Ensemble d'objets assortis. *Garniture de boutons.* ◇ *Garniture de cheminée :* assortiment d'objets décorant un dessus de cheminée. **5. a.** TECHN. *Garniture d'étanchéité :* dispositif comportant un bourrage formant joint. **b.** AUTOM. *Garniture d'embrayage, de frein :* matériau collé ou riveté sur les patins de frein ou les disques d'embrayage pour augmenter le coefficient de frottement. **6.** IMPRIM. **a.** Bloc métallique représentant les marges. **b.** Ensemble des pièces servant à consolider une forme.

GAROU n.m. (du francique). Arbrisseau à fleurs blanches odorantes des garrigues du Midi. (Genre *Daphne ;* famille des thyméléacées.) SYN. : *sainbois.*

GARRIGUE n.f. (provenç. *garriga*). Formation végétale secondaire (chênes verts mélangés à des buissons et à des plantes herbacées) qui apparaît sur les sols calcaires après destruction de la forêt, dans les pays méditerranéens.

1. GARROT n.m. (du provenç. *garra,* jarret). Région du corps des grands quadrupèdes surmontant les épaules et délimitée par l'encolure, le dos et le plat des épaules.

2. GARROT n.m. (du francique *wrokkôn,* tordre). **1.** Morceau de bois que l'on passe dans une corde pour la tendre en la tordant. *Garrot d'une scie.* **2.** Appareil, lien serré autour d'un membre pour ralentir ou arrêter la circulation veineuse ou artérielle (en cas d'hémorragie, avant une opération, etc.). **3.** Garrotte.

3. GARROT n.m. Canard plongeur d'Eurasie et d'Amérique du Nord, à dos sombre et à ventre blanc, appelé *garrot à œil d'or* à cause de son œil jaune vif. (Genre *Bucephala ;* famille des anatidés.)

GARROTTAGE n.m. Action de garrotter ; fait d'être garrotté.

GARROTTE n.f. Anc. Instrument de supplice par strangulation, formé d'un collier réuni à une vis traversant un poteau ; ce supplice, en usage surtout en Espagne jusqu'à l'abolition de la peine de mort. SYN. : *garrot.*

GARROTTER v.t. **1.** Lier qqn étroitement et fortement. **2.** Anc. Faire mourir par le supplice de la garrotte.

GARS [gɑ] n.m. *Fam.* **1.** Garçon, jeune homme. **2.** Homme, type, gaillard.

GASCON, ONNE adj. et n. **1.** De la Gascogne, de ses habitants. **2.** *Litt.,* vx. Fanfaron, hâbleur. ◇ *Offre de Gascon :* proposition qui n'est pas sérieuse. ◆ n.m. Dialecte de langue d'oc parlé au sud-ouest de la Garonne.

GASCONNADE n.f. *Litt.* Fanfaronnade.

GAS-OIL ou **GASOIL** [gazɔjl] ou [gazwal] n.m. [pl. *gas-oils, gasoils*] (mot angl.). Gazole.

GASPACHO [gaspatʃo] n.m. (mot esp.). Potage à base de légumes crus macérés à froid et servi très frais avec des dés de pain. (Cuisine espagnole.)

GASPILLAGE n.m. Action de gaspiller ; emploi abusif et désordonné.

GASPILLER v.t. **1.** Dépenser avec profusion ; consommer sans discernement. **2.** Faire un emploi désordonné et sans profit de. *Gaspiller son argent, son talent.*

GASPILLEUR, EUSE adj. et n. Qui gaspille.

GASTÉRALE n.f. ou **GASTÉROMYCÈTE** n.m. (du gr. *gastêr,* ventre). Champignon basidiomycète tel que le géaster et la vesse-de-loup. (Les gastérales forment un ordre.)

GASTÉROPODE ou **GASTROPODE** n.m. (gr. *gastêr,* ventre, et *pous, podos,* pied). Mollusque rampant sur un large pied central musculeux, souvent pourvu d'une coquille dorsale spiralée et vivant dans les mers (buccin), en eau douce (limnée) ou dans les lieux humides (escargot, limace). [Les gastéropodes forment une classe.]

GASTRALGIE n.f. Douleur de l'estomac.

GASTRECTOMIE n.f. Ablation chirurgicale de l'estomac.

GASTRIQUE adj. (du gr. *gastêr,* ventre). Relatif à l'estomac. ◇ *Suc gastrique :* liquide acide sécrété par l'estomac et qui contribue à la digestion.

GASTRITE n.f. Inflammation de la muqueuse de l'estomac.

GASTRO-ENTÉRITE n.f. (pl. *gastro-entérites*). Inflammation simultanée de la muqueuse de l'estomac et de celle de l'intestin grêle.

GASTRO-ENTÉROLOGIE n.f. Spécialité médicale consacrée au tube digestif et, génér., à ses glandes annexes (foie, vésicule biliaire, pancréas).

GASTRO-ENTÉROLOGUE n. (pl. *gastro-entérologues*). Médecin spécialiste de gastro-entérologie.

GASTRO-INTESTINAL, E, AUX adj. Qui concerne l'estomac et l'intestin.

GASTRONOME n. Personne qui aime et apprécie la bonne chère.

GASTRONOMIE n.f. (gr. *gastronomia*). Connaissance de tout ce qui se rapporte à la cuisine, à l'ordonnancement des repas, à l'art de déguster et d'apprécier les mets.

GASTRONOMIQUE adj. **1.** Qui a rapport à la gastronomie. **2.** Se dit d'un repas, d'un menu dont la cuisine est soignée et abondante.

GASTROPODE n.m. → **GASTÉROPODE.**

GASTRULA n.f. (mot lat.). EMBRYOL. Stade embryonnaire succédant à la blastula. (La gastrula est un sac à double paroi, muni d'un seul orifice, le blastopore.)

GASTRULATION n.f. EMBRYOL. Transformation de la blastula en gastrula chez l'embryon.

GÂTEAU n.m. (du francique *wastil*). **1.** Pâtisserie réalisée à partir d'une pâte de base employée seule ou agrémentée de crème, de fruits, etc. ◇ *Fam. Avoir sa part du gâteau, avoir part au gâteau, partager le gâteau :* participer aux bénéfices d'une affaire. – *Fam. C'est du gâteau :* c'est qqch d'agréable, de facile. – *Papa, maman gâteau,* qui gâte ses enfants. **2.** Suisse. Tarte. **3.** Masse qui évoque un gâteau par sa forme ronde et massive. *Gâteau de plomb.* – *Spécial.* Lors du traitement des eaux, masse de boues dont on a retiré suffisamment d'eau pour qu'elle puisse être maniée avec une pelle. **4.** Ensemble des alvéoles en cire que construisent les abeilles pour conserver leur miel.

GÂTE-BOIS n.m. inv. ENTOMOL. Cossus.

GÂTER v.t. (lat. *vastare*). **1.** Altérer en pourrissant ; avarier. *L'humidité gâte les fruits.* **2.** Contrarier la réussite de qqch ; gâcher, compromettre. *Tu as tout gâté.* **3.** Priver de son caractère agréable ; nuire à. *Cet édifice gâte le paysage.* **4.** Afrique. Détériorer, abîmer. *Il a gâté sa voiture.* **5.** Combler de cadeaux, de choses agréables. ◇ *Gâter un enfant,* le traiter avec trop d'indulgence. ◆ **se gâter** v.pr. **1.** Devenir couvert, pluvieux, en parlant du temps. **2.** Prendre une mauvaise tournure. *La situation se gâte.*

GÂTERIE n.f. **1.** *Litt.* (Surtout pl.) Action de gâter, de choyer à l'excès ; caresses, complaisances excessives. **2. a.** Petit présent. **b.** (Surtout pl.) Friandise offerte ; douceurs.

GÂTE-SAUCE n.m. (pl. *gâte-sauce[s]*). Vx. **1.** Mauvais cuisinier. **2.** Marmiton.

GÂTEUX, EUSE adj. et n. **1.** MÉD. Vieilli. Personne atteinte de gâtisme. **2.** *Fam.* Affaibli physiquement et intellectuellement ; qui radote.

GÂTIFIER v.i. [5]. *Fam.* **1.** Devenir gâteux. **2.** Bêtifier.

GÂTINE n.f. (de *gâter*). Région. Terre imperméable, marécageuse et stérile.

GÂTION, ONNE [gɑtjɔ̃, ɔn] n. Suisse. *Fam.* Enfant trop gâté.

GÂTISME n.m. **1.** MÉD. Vieilli. État des infirmes, des malades mentaux ou des vieillards devenus incontinents. **2.** État d'une personne gâteuse.

GATTER v.t. Suisse. *Fam. Gatter l'école :* faire l'école buissonnière.

GATTILIER n.m. (esp. *gatillo*). Arbrisseau du littoral méditerranéen, à longues grappes de fleurs mauves. (Genre *Vitex ;* famille des verbénacées.) SYN. : *petit poivre, poivre sauvage, agnus-castus.*

1. GAUCHE adj. (de *gauchir*). **1.** Se dit du côté du corps où est placé le cœur. **2.** En parlant des choses orientées, se dit de la partie située du côté gauche de celui qui regarde. **3.** Empreint de maladresse, de gêne. *Personne gauche. Des manières gauches.* **4.** Se dit de ce qui n'est pas droit, ou plan, du fait d'une torsion volontaire ou accidentelle. **5.** GÉOMÉTR. Se dit d'une courbe ou d'une figure qui n'est pas plane.

2. GAUCHE n.m. **1. a.** Poing gauche, en boxe. *Crochet du gauche.* **b.** Pied gauche, au football, au rugby. **2.** MÉCAN. INDUSTR. Défaut de planéité d'une pièce. *Le gauche d'une bielle.*

3. GAUCHE n.f. **1.** Côté gauche d'une personne. *Tourner sur sa gauche.* **2.** Main gauche. – En boxe, coup porté avec le poing gauche. **3.** *La gauche :* partie des assemblées parlementaires qui siège à la gauche du président et comprend les représentants des partis qui professent des opinions progressistes ; ces partis, les courants qu'ils incarnent, la fraction de l'opinion qui est en accord avec eux. *Motion votée par la gauche. Une région traditionnellement de gauche.* – ***Extrême gauche*** *:* ensemble des mouvements dont les perspectives et les démarches prétendent aller au-delà de ce que préconise la gauche socialiste ou communiste. – *Péjor. Gauche caviar,* dont le progressisme s'allie au goût des mondanités et des situations acquises.

GAUCHEMENT adv. De façon gauche, maladroite.

GAUCHER, ÈRE adj. et n. Se dit d'une personne qui se sert ordinairement de la main gauche.

GAUCHERIE n.f. **1.** Manque d'aisance, maladresse. **2.** Acte, geste gauche.

GAUCHIR v.i. (du francique *wenkjan,* faire des détours). Subir une déviation ou une torsion, se déformer, ne plus être plan ou droit. *Cette planche gauchit.* ◆ v.t. **1.** Rendre gauche ; fausser. **2.** *Fig.* Détourner de sa direction première ou de son sens véritable.

GAUCHISANT, E adj. et n. Dont les sympathies politiques tendent vers la gauche.

GAUCHISME n.m. **1.** Ensemble des courants, informels ou liés à l'extrême gauche, dont les visées se veulent plus radicales, plus réellement libératrices que celles de la gauche traditionnelle. **2.** Tendance à défendre des positions d'extrême gauche.

GAUCHISSEMENT n.m. **1.** Déformation d'une surface, d'une pièce qui a gauchi. SYN. : *voilement.* **2.** Déformation d'une idée, d'un fait ; altération. *Gauchissement de la réalité.*

GAUCHISTE adj. et n. Relatif au gauchisme ; qui en est partisan.

GAUCHO [goʃo] ou [gawtʃo] n.m. (mot esp., du quechua). Gardien de troupeaux de la pampa argentine.

GAUDE n.f. (germ. *walda*). Herbe bisannuelle, voisine du réséda, appelée aussi *herbe jaune,* et dont on extrayait une teinture jaune. (Haut. jusqu'à 1,50 m ; nom sc. *Reseda luteola,* famille des résédacées.)

GAUDRIOLE n.f. (de l'anc. fr. *se gaudir,* se réjouir). *Fam.* **1.** Propos ou plaisanterie d'une gaieté libre. **2.** *La gaudriole :* les relations amoureuses, le libertinage.

GAUFRAGE n.m. Action de gaufrer ; fait d'être gaufré.

GAUFRE n.f. (du francique *wafla*). **1.** Gâteau formé d'alvéoles de cire que fabriquent les abeilles. **2.** Pâtisserie légère, ornée d'alvéoles, évoquant une gaufre d'abeilles.

GAUFRER v.t. Imprimer sur une étoffe, du cuir, du papier, etc., des motifs faits de creux et de reliefs.

GAUFRETTE n.f. Petit biscuit sec feuilleté, parfois fourré de crème ou de confiture.

GAUFREUSE n.f. Machine servant à gaufrer le papier, le cuir, les tissus, etc.

GAUFRIER n.m. Moule formé de deux plaques alvéolées articulées entre lesquelles on cuit les gaufres.

GAUFROIR n.m. Fer à gaufrer, utilisé à la main.

GAUFRURE n.f. Empreinte obtenue par le gaufrage.

GAULAGE n.m. Action de gauler. *Le gaulage des noix.*

GAULE n.f. (du francique *walu*). **1.** Longue perche. **2.** Canne à pêche.

GAULEITER [gawlajtœr] n.m. (mot all., de *Gau,* district, et *Leiter,* chef). Chef d'un district, dans l'Allemagne nationale-socialiste et dans les territoires occupés rattachés au IIIe Reich.

GAULER v.t. **1.** Battre les branches d'un arbre avec une gaule pour en faire tomber les fruits. *Gauler les noix.* **2.** *Fam. Se faire gauler :* se faire prendre sur le fait.

GAULETTE n.f. Réunion. Tige de bambou, souvent utilisée comme canne à pêche.

GAULIS n.m. Jeune peuplement de futaie dont les brins ont moins de 10 cm de diamètre.

GAULLIEN, ENNE adj. Qui se rapporte au général de Gaulle, à son action et à sa pensée ; qui évoque le style de son action politique.

GAULLISME n.m. Courant politique se réclamant de l'action et de la pensée du général de Gaulle.

GAULLISTE adj. et n. Relatif au gaullisme ; qui est partisan du général de Gaulle, de sa politique.

1. GAULOIS, E adj. et n. De la Gaule. ◆ n.m. Langue celtique que parlaient les Gaulois.

2. GAULOIS, E adj. D'une gaieté libre et licencieuse.

GAULOISE n.f. Cigarette de marque française, de tabac brun à l'origine (1910), très répandue en France.

GAULOISEMENT adv. D'une manière gauloise, licencieuse.

GAULOISERIE n.f. **1.** Caractère de ce qui est gaulois, exprimé de façon libre. **2.** Propos libre ou licencieux.

GAULTHERIA [golterja] n.m. ou **GAULTHÉRIE** n.f. (de *Gaulther,* n. d'un botaniste canadien). Arbrisseau de l'Amérique du Nord, à feuilles aromatiques fournissant l'essence de wintergreen. (Famille des éricacées.)

GAUPE n.f. (all. *Walpe,* femme sotte). *Fam.,* vx. Femme de mauvaise vie.

GAUR n.m. (mot hindi). Grand bœuf sauvage des forêts montagneuses de l'Inde, du Népal et de l'Indochine. (Haut. au garrot 2 m ; poids 1 t, nom sc. *Bibos gaurus.*)

GAUSS n.m. (de *Gauss,* n.pr.). Unité d'induction magnétique (symb. G), dans le système cgs électromagnétique.

GAUSSER (SE) v.pr. **(de).** *Litt.* Se moquer ouvertement de.

GAVAGE n.m. **1.** Action de gaver. *Gavage des oies.* **2.** MÉD. Alimentation artificielle au moyen d'une sonde introduite dans l'estomac.

GAVE n.m. (béarnais *gabe*). Torrent, dans l'ouest des Pyrénées françaises. *Le gave de Pau.*

GAVER v.t. (du picard *gave,* gosier). **1.** Alimenter de force une volaille en lui introduisant de la nourriture jusqu'au fond du gosier, à la main ou à l'aide d'une gaveuse. (Ce sont surtout les oies et les canards que l'on gave, pour obtenir le foie

G

gras.) SYN. : *appâter.* **2.** Faire manger avec excès ; bourrer. *Gaver un enfant de bonbons.* **3.** *Fam.* Bourrer, encombrer l'esprit de. *On les gave de physique et de mathématiques.* ◆ **se gaver** v.pr. (de). **1.** Manger à satiété, avec excès. *Se gaver de chocolat.* **2.** *Fam.* Bourrer son esprit de. *Il se gave de romans policiers.*

GAVEUR, EUSE n. Personne qui gave les volailles.

GAVEUSE n.f. Appareil pour gaver les volailles.

GAVIAL n.m. [pl. *gavials*] (mot hindi). Reptile crocodilien piscivore des grands fleuves de l'Inde, à museau long et étroit. (Long. jusqu'à 7 m ; genre *Gavialis,* famille des gavialidés.)

GAVOTTE n.f. (provenç. *gavoto*). **1.** Danse française exécutée en couple, pratiquée sous plusieurs formes entre le XVIe et le XVIIIe s., et fixée comme danse folklorique bretonne au XIXe s. **2.** Pièce instrumentale de rythme binaire et d'allure modérée.

GAVROCHE n.m. (de *Gavroche,* personnage des *Misérables,* de V. Hugo). Vieilli. Gamin de Paris, malicieux et effronté ; titi. ◆ adj. Se dit de ce qui évoque ce gamin. *Air gavroche.*

GAY [gɛ] n. (mot anglo-amér.). Anglic. Homosexuel ou, plus rarement, homosexuelle. ◆ adj. Relatif aux homosexuels. — REM. On écrit aussi *gai, e.*

G

GAYAL n.m. [pl. *gayals*] (mot hindi). Bœuf semi-domestique de l'Asie du Sud-Est, à bosse et à cornes courtes, proche du gaur mais plus petit. (Famille des bovidés.)

GAZ n.m. (mot créé au XVIIe s. sur le gr. *khaos,* masse confuse). **1.** État de la matière tel que celle-ci occupe la totalité du volume de tout récipient dans lequel elle est enfermée. ◇ *Gaz parfait :* modèle théorique des gaz dans lequel on ne tient pas compte, en dehors des collisions, des interactions entre molécules (état vers lequel tendent les gaz lorsque leur pression tend vers zéro). **2.** Corps qui se trouve naturellement à l'état gazeux. **3.** CHIM. *Gaz rares :* gaz de la colonne de droite de la classification périodique des *éléments (hélium, néon, argon, krypton, xénon, radon). **4.** Corps gazeux, naturel ou manufacturé, employé comme combustible ou carburant. *Chauffage au gaz.* ◇ *Gaz naturel :* mélange d'hydrocarbures saturés gazeux que l'on trouve en gisement dans le sous-sol, constituant un excellent combustible. — *Gaz naturel liquéfié* → **GNL.** — *Gaz de pétrole liquéfiés* → **GPL.** — *Gaz de houille* ou *de cokerie,* obtenu par distillation de la houille dans des fours à coke. — *Gaz à l'eau,* résultant de la décomposition de la vapeur d'eau par du coke porté à température élevée (1 000 - 1 200 °C) ou par du charbon gazéifié. — *Fam. Il y a de l'eau dans le gaz :* il y a des tensions, des désaccords. **5.** MIL. *Gaz de combat :* substances chimiques gazeuses ou liquides employées comme arme. **6.** *Mettre les gaz :* donner de la vitesse à un moteur en appuyant sur l'accélérateur ; *fig.,* se hâter. **7.** (Surtout pl.) Mélange d'air dégluti et de produits volatils des fermentations, dans le tube digestif.

GAZAGE n.m. Action de gazer.

GAZE n.f. (de *Gaza,* v. de Palestine). **1.** Étoffe légère et transparente, de soie ou de coton, employée dans la mode ou la confection. **2.** Tissu de coton très lâche utilisé pour les compresses, les pansements, les bandages.

GAZÉ, E adj. et n. Qui a subi l'action de gaz asphyxiants.

GAZÉIFICATION n.f. **1.** Transformation de produits carbonés en gaz combustibles. **2.** Action de gazéifier une boisson.

GAZÉIFIER v.t. [5]. **1.** Transformer en un produit gazeux. **2.** Dissoudre du gaz carbonique dans une boisson pour la rendre gazeuse.

GAZELLE n.f. (de l'ar. *rhazāl*). Petite antilope très rapide, aux cornes arquées en forme de lyre, vivant dans les steppes d'Afrique et d'Asie occidentale. (Genre *Gazella ;* famille des bovidés.)

GAZER v.t. Soumettre à l'action de gaz toxiques ou asphyxiants. ◆ v.i. *Fam.* Aller à toute vitesse. ◇ *Fam. Ça gaze :* ça va bien, ça prend bonne tournure.

GAZETTE n.f. (ital. *gazzetta*). **1.** Anc. Écrit périodique donnant des nouvelles politiques, littéraires, artistiques. **2.** Belgique. Quotidien. **3.** *Fam.,* vieilli. Personne qui rapporte les bavardages, les commérages.

GAZEUX, EUSE adj. **1.** De la nature du gaz. **2.** *Eau gazeuse,* qui contient du gaz carbonique dissous.

1. GAZIER, ÈRE adj. Relatif à l'industrie des gaz combustibles.

2. GAZIER n.m. **1.** Personne qui travaille dans l'industrie gazière. **2.** *Fam.,* vieilli. Type, individu.

GAZINIÈRE n.f. Petite cuisinière à gaz.

GAZODUC n.m. Canalisation destinée au transport à longue distance du gaz.

GAZOGÈNE n.m. Appareil transformant, par oxydation incomplète, le charbon ou le bois en gaz combustible.

GAZOLE n.m. Liquide pétrolier jaune clair, utilisé comme carburant et comme combustible. Recomm. off. pour *gas-oil.*

GAZOLINE n.f. Produit pétrolier, très volatil, extrait du gaz naturel.

GAZOMÈTRE n.m. Anc. Grand réservoir dans lequel le gaz était stocké.

GAZON n.m. (du francique *waso*). **1.** Herbe courte et fine. **2.** Terrain couvert de gazon.

GAZONNANT, E adj. Se dit des plantes qui forment un gazon.

GAZONNEMENT ou **GAZONNAGE** n.m. Action de revêtir de gazon.

GAZONNER v.t. Revêtir de gazon.

GAZOUILLANT, E adj. Qui gazouille.

GAZOUILLEMENT n.m. Petit bruit, léger murmure que font les oiseaux en chantant, les ruisseaux en coulant, etc.

GAZOUILLER v.i. (onomat.). **1.** En parlant des petits oiseaux, faire entendre un chant léger, doux et confus. **2.** En parlant de l'eau, produire un murmure. **3.** En parlant d'un bébé, émettre les premiers sons articulés.

GAZOUILLEUR, EUSE adj. Qui gazouille.

GAZOUILLIS n.m. **1.** Gazouillement léger, partic. de l'hirondelle. **2.** Émission vocale spontanée du nourrisson ; babil.

GEAI n.m. (bas lat. *gaius*). Oiseau passereau omnivore à plumage brun clair tacheté de bleu, de blanc et de noir, commun dans les bois en Europe et en Asie. (Long. 35 cm ; cri : le geai cajole ; genre *Garrulus,* famille des corvidés.)

■ GEAI

GÉANT, E n. (gr. *gigas*). **1.** Personne, animal ou chose de très grande taille. ◇ *À pas de géant :* très vite. **2.** Personne, entreprise ou pays qui dépasse de beaucoup les autres par son génie ou sa puissance. *Le géant de l'acier.* ◆ adj. **1.** Se dit d'une personne, d'un animal ou d'une chose de très grande taille. *Ville géante.* **2.** ASTRON. *Étoile géante,* ou *géante,* n.f. : type d'étoile de grand diamètre, très lumineuse et peu dense. *Géante rouge.*

■ GAZELLE. Gazelle de Thompson.

GÉASTER [ʒeastɛr] n.m. (gr. *gê,* terre, et *astêr,* étoile). Champignon basidiomycète globuleux, non comestible, dont l'enveloppe externe se déchire et s'étale en étoile à maturité. (Ordre des gastérales.)

GECKO [ʒeko] n.m. (du malais). Lézard de l'Asie du Sud-Est, aux gros yeux globuleux, très bruyant, qui se déplace avec agilité sur les surfaces verticales et lisses. (Famille des geckonidés.) — *Par ext.* Tout membre de la famille des geckonidés.

■ GECKO

GÉANTS DU MONDE ANIMAL ET VÉGÉTAL

ESPÈCES VIVANTES	
mammifères	
rorqual bleu	longueur : 33 m ; masse : 130 t
éléphant d'Afrique	hauteur : 4 m ; masse : 6 t
girafe	hauteur : 6 m
phoque, dit éléphant de mer	longueur : 6 m ; masse : 3 t
ours kodiak	longueur : 3,5 m ; masse : 1 t
oiseaux	
autruche	hauteur : 2,5 m ; masse : 120 kg
albatros hurleur	envergure : 3,5 m
reptiles	
python réticulé	longueur : 9 m
tortue luth	longueur : 2,4 m ; masse : 500 kg
crocodile marin	longueur : 7 m ; masse : 1 t
crustacés	
crabe macrocheire	envergure des pattes : 4 m
mollusques	
calmar géant	longueur totale : 17 m
vers	
parasite du cachalot	longueur : 8,4 m ; diamètre : 1 cm
némerte géant	longueur : 30 m
cnidaires	
cyanée (méduse)	diamètre : 2 m ; longueur des tentacules : 40 m
plantes et arbres	
séquoia	hauteur : 110 m ; circonférence : 40 m
eucalyptus	hauteur : 110 m
rafflésie	diamètre de la fleur : 1 m
palmier rotang	longueur (lianes) : 300 m
ESPÈCES DISPARUES	
mammifères terrestres	
baluchithérium	longueur : 10 m ; hauteur : 5 m ; masse : 20 t
oiseaux	
dinornis	hauteur : 3,5 m
tératornis (vautour)	envergure : 5 m
reptiles	
diplodocus	longueur : 27 m ; masse : 20 t
brachiosaure	longueur : 25 m ; masse : 80 t ; hauteur : 12 m
tyrannosaure	longueur : 13 m ; hauteur : 5 m
quetzalcoatlus (reptile volant)	envergure : 11 m ; masse : 40 kg

GÉHENNE [ʒeɛn] n.f. (de l'hébr.). Enfer, dans les écrits bibliques.

GEIE ou **G.E.I.E.** [ʒeəiə] n.m. (sigle de *groupement européen d'intérêt économique*). Groupement d'entreprises de différents États de l'Union européenne, destiné à faciliter ou à développer l'activité économique de ses membres. (Créé en 1985 pour favoriser la coopération interentreprises au sein du Marché commun, le GEIE est doté d'une structure souple lui permettant de s'adapter aux différentes législations nationales. Il est régi dans une large mesure par le droit communautaire.)

GEIGNARD, E adj. et n. *Fam.* Qui geint, qui pleurniche sans cesse.

GEIGNEMENT n.m. Action de geindre ; plainte.

GEINDRE [ʒɛ̃dr] v.i. [62] (lat. *gemere*). **1.** Se plaindre d'une voix faible, sans articuler. **2.** *Fam.* Se lamenter à tout propos ; pleurnicher.

GEISHA [geʃa] ou [gɛʃa] n.f. (mot jap.). Femme japonaise formée dès son jeune âge à la danse, au chant, à la conversation et dont le rôle est celui d'une hôtesse dont on loue les services dans les maisons de thé, les banquets.

GEL n.m. (lat. *gelu*). **1.** Gelée des eaux. **2.** Période de gelée. **3.** *Fig.* Suspension d'une activité, blocage de qqch à son niveau ou à son stade actuel. *Gel des crédits, des salaires.* **4.** CHIM. État de la matière provenant de la formation d'un réseau de particules, intermédiaire entre un solide (pour les propriétés élastiques) et un liquide (pour la diffusion). **5.** Produit cosmétique ou capillaire, génér. translucide et de consistance molle.

GÉLATINE n.f. (ital. *gelatina*). Protéine ayant l'aspect d'une gelée, fondant vers 25 °C, que l'on obtient par action de l'eau chaude sur le collagène des tissus de soutien animaux. (On l'emploie, en médecine, comme excipient de formes pharmaceutiques, substitut du plasma sanguin, ou milieu de culture pour les bactéries ; dans l'industrie, pour la fabrication de colles, de produits photographiques ; en cuisine, sous forme de feuilles pour confectionner des gelées, etc.)

GÉLATINÉ, E adj. Enduit de gélatine.

GÉLATINEUX, EUSE adj. De la consistance de la gélatine ; qui ressemble à la gélatine.

GÉLATINO-BROMURE ou **GÉLATINO-CHLORURE** n.m. (pl. *gélatino-bromures, gélatino-chlorures*). PHOTOGR. Composition formée d'un sel d'argent (bromure ou chlorure) en suspension dans la gélatine et qui constitue une émulsion sensible à la lumière.

GELÉE n.f. **1.** Abaissement de la température au-dessous de 0 °C. **2.** *Gelée blanche :* passage direct de la vapeur d'eau à l'état solide, par temps clair (à distinguer du *givre*). **3.** Suc de viande clarifié et solidifié. *Poulet à la gelée.* **4.** Jus de fruits cuits avec du sucre, qui se solidifie en se refroidissant. *Gelée de coing.* **5.** *Gelée royale :* liquide sécrété par les glandes nourricières des abeilles, destiné à alimenter les larves des futures reines.

GELER v.t. [12] (lat. *gelare*). **1.** Transformer en glace. **2.** Atteindre, détériorer des organes, des tissus, en parlant du froid. *Le froid lui a gelé les pieds.* **3.** Interrompre une activité, bloquer des mouvements de fonds. *Geler les négociations.* ◇ p.p. adj. *Crédits gelés.* ◆ v.i. **1.** Se transformer en glace. *L'eau a gelé.* **2.** Être atteint, détérioré par le froid. *La vigne a gelé.* **3.** Avoir très froid. *On gèle ici.* ◆ v. impers. S'abaisser au-dessous de 0 °C, en parlant de la température. *Il gèle ce matin.*

GÉLIF, IVE adj. Se dit de ce qui est sensible à l'action du gel ou de l'eau gelée.

GÉLIFIANT n.m. Substance qui produit la gélification. – *Spécial.* Additif, tel l'amidon, la pectine, permettant de donner aux aliments la consistance d'un gel.

GÉLIFICATION n.f. CHIM. Formation d'un gel ; transformation en gel.

GÉLIFIER v.t. [5]. CHIM. Transformer en gel par addition d'une substance appropriée.

GÉLIFRACTION n.f. Fragmentation de roches fissurées par les alternances de gel et de dégel. SYN. : *cryoclastie.*

GÉLINOTTE ou **GELINOTTE** n.f. (anc. fr. *geline*, du lat. *gallina*, poule). Oiseau gallinacé à plumage roux, long de 35 cm et vivant dans les forêts montagneuses de l'Eurasie centrale et septentrionale. (Genre *Tetrastes* ; famille des tétraonidés.) SYN. : *poule des bois.*

GÉLISOL [ʒelisɔl] n.m. PÉDOL. Sol soumis au gel, constitué d'un mollisol en surface et d'un pergélisol en profondeur.

GÉLITURBATION n.f. PÉDOL. Déplacement des particules du sol sous l'effet des alternances de gel et de dégel. SYN. : *cryoturbation.*

GÉLIVITÉ n.f. CONSTR. Défaut de certains matériaux qui se détériorent sous l'effet du gel.

GÉLIVURE n.f. **1.** Fente dans le sol, les pierres, etc., causée par de fortes gelées. **2.** SYLVIC. Fente, fissure du bois due au gel.

GÉLOSE n.f. Agar-agar.

GÉLULE n.f. (de *gélatine* et *capsule*). PHARM. Capsule cylindrique formée de deux parties en gélatine qui s'emboîtent l'une dans l'autre.

GELURE n.f. Ensemble des lésions d'une extrémité (main, pied, oreille, etc.) dues à un froid intense, pouvant mener à la gangrène.

GÉMEAU, ELLE adj. et n. (lat. *gemellus*, jumeau). Vx. Jumeau. ◇ *Les Gémeaux*, n.m. pl. : constellation et signe du zodiaque (v. partie n.pr.). – *Par ext. Gémeaux :* personne née sous ce signe.

GÉMELLAIRE adj. Relatif aux jumeaux ; qui se rapporte aux jumeaux. *Grossesse gémellaire.*

GÉMELLIPARE adj. Qui accouche ou qui va accoucher de jumeaux.

GÉMELLIPARITÉ n.f. État d'une femme, d'une femelle gémellipare.

GÉMELLITÉ n.f. État d'enfants jumeaux.

GÉMINATION n.f. **1.** *Didact.* État ou création de deux objets identiques ou symétriques. **2.** PHON. Réalisation d'une géminée.

GÉMINÉ, E adj. (du lat. *geminare*, doubler). Disposé, groupé par deux, par paires. *Feuilles géminées. Arcades géminées.*

GÉMINÉE n.f. PHON. Consonne longue perçue comme une suite de deux consonnes, phonétiquement identiques ; ces deux consonnes (ex. : *comme moi* [kɔmmwa]).

GÉMINER v.t. *Didact.* Grouper deux à deux.

GÉMIR v.i. (lat. *gemere*). **1.** Exprimer sa peine, sa douleur par des sons inarticulés. **2.** Faire entendre un bruit semblable à une plainte. *Le vent gémit dans les arbres.* **3.** Pousser son cri, en parlant de la tourterelle. **4.** *Litt.* Être accablé, oppressé ; souffrir. *Gémir dans les fers.*

GÉMISSANT, E adj. Qui gémit.

GÉMISSEMENT n.m. **1.** Son plaintif et inarticulé exprimant la douleur, la peine. **2.** Son qui a quelque chose de plaintif.

GEMMAGE n.m. Action d'inciser les pins pour en recueillir la gemme, qui s'écoule dans un godet placé au bas de l'incision.

GEMMAIL n.m. (pl. *gemmaux*). Vitrail sans plombs, obtenu par collage de morceaux de verre de couleur juxtaposés et superposés.

GEMMATION n.f. Développement de bourgeons chez une plante ou un invertébré (cnidaire).

GEMME n.f. (lat. *gemma*). **1.** Pierre précieuse ou pierre fine transparente. – *Par ext.* Nom donné aux pierres fines opaques et aux autres matières employées en joaillerie (perles, ambre, corail, etc.). **2.** Vx. Bourgeon. **3.** Résine de pin. ◆ adj. *Sel gemme :* halite présente en gisement dans les roches sédimentaires.

GEMMÉ, E adj. Orné de gemmes, de pierreries.

GEMMER v.t. Effectuer le gemmage des pins.

GEMMEUR, EUSE n. Personne qui gemme les pins ; résinier.

GEMMIFÈRE adj. (du lat. *gemma*, bourgeon). BOT. Qui porte des bourgeons.

GEMMIPARITÉ n.f. EMBRYOL. Mode de multiplication végétative de certains animaux (cnidaires, bryozoaires) à partir d'un bourgeon.

GEMMOLOGIE n.f. Domaine de la minéralogie appliquée à l'étude des gemmes (pierres) et à leur utilisation en joaillerie.

GEMMOLOGUE ou **GEMMOLOGISTE** n. Spécialiste de la gemmologie.

GEMMOTHÉRAPIE n.f. Partie de la phytothérapie qui utilise des tissus végétaux jeunes tels que les bourgeons.

GEMMULE n.f. BOT. Bourgeon de l'embryon (plantule) qui se développe en une pousse lors de la germination.

GÉMONIES n.f. pl. (lat. *gemoniae*). ANTIQ. ROM. Escalier, au flanc nord-ouest du Capitole, où l'on exposait les corps des suppliciés avant de les jeter dans le Tibre. ◇ *Litt. Vouer, traîner aux gémonies :* livrer au mépris public.

GÊNANT, E adj. Qui gêne.

GENCIVE n.f. (lat. *gingiva*). Muqueuse recouvrant les os maxillaires et entourant la base des dents.

GENDARME n.m. (de *gens d'armes*). **1.** Militaire appartenant à un corps de la gendarmerie. **2.** Premier grade de sous-officier, dans ce corps. **3.** *Fig.* Instance jouant un rôle régulateur. *La COB, gendarme de la Bourse.* **4.** *Fam.* Personne autoritaire. **5.** ENTOMOL. Pyrrhocoris. **6.** ALP. Pointe rocheuse difficile à franchir. **7.** Saucisse sèche et plate.

GENDARMER (SE) v.pr. **1.** Se mettre en colère ; s'emporter. *Se gendarmer contre qqn.* **2.** Réagir vivement ; protester.

GENDARMERIE n.f. **1.** Force militaire chargée d'assurer le maintien de l'ordre public, l'exécution des lois sur tout le territoire national, ainsi que la sécurité aux armées. **2.** Caserne où sont logés les gendarmes ; ensemble des bureaux où ils assurent leurs fonctions administratives. **3.** *Gendarmerie mobile :* partie de la gendarmerie organisée en escadrons motorisés ou blindés, spécialisée dans le maintien de l'ordre public.

GENDRE n.m. (lat. *gener*). **1.** Époux de la fille, par rapport au père et à la mère de celle-ci ; beau-fils. **2.** ANTHROP. Époux de la fille d'Ego, masculin ou féminin.

GÈNE n.m. (gr. *genos*, origine). GÉNÉT. Segment d'ADN transmis héréditairement et participant à la synthèse d'une protéine correspondant à un caractère déterminé.

G

GÊNE n.f. (anc. fr. *gehine*, ~~torture~~, du francique). **1.** État ou sensation de malaise éprouvés dans l'accomplissement de certaines actions ou fonctions. *Avoir de la gêne à respirer.* **2.** Impression désagréable qu'on éprouve quand on est mal à l'aise. ◇ *Fam. Être sans gêne :* agir, prendre ses aises sans se préoccuper des autres. **3.** Situation pénible due à un manque d'argent. *Être dans la gêne.*

GÊNÉ, E adj. **1.** Qui éprouve de la gêne ; qui manifeste une gêne. *Sourire gêné.* **2.** Qui se trouve dans une situation financière difficile. **3.** Québec. Timide.

GÉNÉALOGIE n.f. (gr. *genos*, origine, et *logos*, science). **1.** Dénombrement, liste des membres d'une famille. **2.** Science qui a pour objet la recherche de l'origine et l'étude de la composition des familles.

GÉNÉALOGIQUE adj. Relatif à la généalogie.

GÉNÉALOGISTE n. Personne qui dresse des généalogies.

GÉNÉPI ou **GENÉPI** n.m. (mot savoyard). **1.** Nom usuel de certaines armoises et de l'achillée musquée, des Alpes et des Pyrénées, avec lesquelles on prépare une liqueur. **2.** Cette liqueur.

GÊNER v.t. **1.** Causer à qqn une gêne physique ou morale. *La fumée me gêne. Sa présence me gêne.* **2.** Entraver, mettre des obstacles à l'action de qqn ; perturber le fonctionnement, le déroulement de qqch. *Pousse-toi, tu vois bien que tu me gênes. Gêner la circulation.* **3.** Mettre à court d'argent. *Cette dépense nous gêne ce mois-ci.* ◆ **se gêner** v.pr. **1.** S'imposer une contrainte par discrétion ou timidité. *Que personne ne se gêne chez moi.* **2.** Québec, Suisse. Être timide.

1. GÉNÉRAL, E, AUX adj. (lat. *generalis*). **1.** Qui s'applique à un ensemble de personnes, de choses (par oppos. à *particulier*). *Idées générales. Observations générales.* **2.** Qui concerne la majorité ou la totalité d'un groupe. *Intérêt général. Grève générale.* **3.** Dont le domaine englobe toutes les spécialités. *Culture générale.* ◇ *Médecine générale* → **médecine.** **4.** Abstrait et vague. *Considérations générales.* **5.** Se dit d'une personne, d'un organisme qui est à l'échelon le plus élevé. *Inspecteur général. Direction générale.* **6.** *Répétition générale*, ou *générale*, n.f. : dernière répétition d'une pièce de théâtre devant un public d'invités. ◆ n.m. Ensemble des principes généraux, par oppos. aux cas particuliers. *Aller du général au particulier.* ◇ *En général :* le plus souvent, habituellement.

2. GÉNÉRAL n.m. **1.** Officier titulaire d'un des grades les plus élevés dans la hiérarchie des armées de terre, de l'air et de la gendarmerie

(⟶ *grade*). **2.** Supérieur majeur de certains ordres religieux. *Le général des Jésuites.*

GÉNÉRALAT n.m. Fonctions de général dans certains ordres religieux.

GÉNÉRALE n.f. **1.** Femme d'un général. **2.** Répétition générale. **3.** Anc. Batterie de tambours ou sonnerie de clairons appelant les militaires au combat.

GÉNÉRALEMENT adv. En général.

GÉNÉRALISABLE adj. Qui peut être généralisé.

GÉNÉRALISATEUR, TRICE ou **GÉNÉRALISANT, E** adj. Qui généralise.

GÉNÉRALISATION n.f. **1.** Action de généraliser. **2.** CARTOGR. Simplification d'un tracé, généralement exigée par la réduction de l'échelle.

GÉNÉRALISER v.t. Étendre à tout un ensemble de personnes ou de choses. *Généraliser une méthode.* – Absol. Raisonner, conclure du particulier au général. *C'est vrai pour quelques-uns mais il ne faut pas généraliser.* ◆ **se généraliser** v.pr. S'étendre à un ensemble plus large.

GÉNÉRALISSIME n.m. (ital. *generalissimo*). Général investi du commandement suprême des troupes d'un État ou d'une coalition.

GÉNÉRALISTE adj. et n. Se dit d'un médecin qui exerce la médecine générale. SYN. : *omnipraticien.* ◆ adj. **1.** Qui n'a pas de spécialité. *Un éditeur généraliste.* **2.** Se dit d'un média, et plus partic. d'une chaîne de télévision ou d'une station de radio, qui vise tous les publics (par oppos. à *chaîne thématique*).

G

GÉNÉRALITÉ n.f. **1.** Caractère de ce qui est général. *Généralité des idées.* **2.** *La généralité des ... :* le plus grand nombre, la plupart des. **3.** HIST. Circonscription financière puis administrative de la France d'Ancien Régime, dirigée par un intendant. ◆ pl. Notions, idées générales ; lieux communs. *Se perdre dans des généralités.*

1. GÉNÉRATEUR, TRICE adj. (lat. *generator*). **1.** Qui est la cause de. **2.** SC. DE LA V. Relatif à la reproduction. **3.** MATH. Qui engendre une droite, une surface, un groupe, un espace vectoriel.

2. GÉNÉRATEUR n.m. **1.** Appareil qui transforme l'énergie mécanique en énergie électrique. **2.** *Générateur de vapeur :* dans une centrale, une installation thermique, échangeur de chaleur qui produit de la vapeur.

GÉNÉRATIF, IVE adj. **1.** Relatif à la génération, à la reproduction. **2.** LING. *Grammaire générative :* grammaire formelle capable de générer l'ensemble infini des phrases d'une langue au moyen d'un ensemble fini de règles.

GÉNÉRATION n.f. (du lat. *generare,* engendrer). **1.** Fonction par laquelle les êtres se reproduisent. ◇ Anc. *Génération spontanée :* formation spontanée d'êtres vivants à partir de matières minérales ou de substances organiques en décomposition, selon une théorie admise pendant l'Antiquité et le Moyen Âge pour certains animaux et jusqu'à Pasteur pour les micro-organismes. **2.** Action d'engendrer, de générer ; fait de se former. **3.** Intervalle de temps, estimé à trente ans env., séparant deux degrés de filiation. **4.** Ensemble d'êtres, de personnes qui descendent d'un individu à chaque degré de filiation. *Transmettre un bien de génération en génération.* **5.** Ensemble de personnes ayant à peu près le même âge à la même époque. *Conflit de générations. La vieille génération.* **6.** LITTÉR. *La Génération perdue : v. partie n.pr.* **7.** Famille de produits représentatifs d'un stade d'évolution technologique, dans un domaine donné. *La quatrième génération d'ordinateurs.*

GÉNÉRATIONNEL, ELLE adj. Qui concerne une génération, les relations entre les générations. *Un conflit générationnel.*

GÉNÉRATRICE n.f. **1.** ÉLECTROTECHN. Générateur de courant continu. SYN. : *dynamo.* **2.** GÉOMÉTR. Droite dont le déplacement engendre une surface réglée ou une surface de révolution.

GÉNÉRER v.t. [11]. Avoir pour conséquence ; engendrer, produire. *L'inflation génère le chômage.*

GÉNÉREUSEMENT adv. De façon généreuse.

GÉNÉREUX, EUSE adj. (lat. *generosus,* de bonne race). **1.** Qui manifeste une propension à donner largement. **2.** Qui fait preuve d'altruisme, de noblesse de sentiments ; désintéressé. *Se montrer généreux.* **3.** *Litt.* Fertile, fécond. *Une terre généreuse.* **4.** *Litt.* Abondant, copieux. *Repas généreux.* **5.** *Formes généreuses,* rebondies, plantureuses. **6.** *Vin généreux,* riche en goût et fort en alcool.

1. GÉNÉRIQUE adj. (du lat. *genus, generis,* race). **1.** Qui appartient au genre, à tout un genre. *Caractère générique.* **2.** Relatif à un type de produit, quelle qu'en soit la marque. *Publicité générique sur le sucre.* **3. a.** LING. Se dit d'un mot dont le sens englobe toute une catégorie d'êtres ou d'objets (ex. : *oiseau* est un terme générique pour *corbeau, moineau,* etc.). **b.** BIOL. *Nom générique :* nom latin, commun à toutes les espèces du même genre. (*Panthera* est le nom générique du tigre, du lion, de la panthère et du jaguar.) **4.** *Médicament générique,* ou *générique,* n.m. : médicament dont la formule est tombée dans le domaine public, commercialisé sous la dénomination de son principe actif indépendamment du laboratoire pharmaceutique d'origine.

2. GÉNÉRIQUE n.m. Partie d'un film ou d'une émission de télévision ou de radio où sont indiqués le nom et la fonction de ceux qui y ont collaboré.

GÉNÉROSITÉ n.f. Qualité d'une personne, d'une action généreuse ; bienveillance, indulgence. ◆ pl. Vieilli. Dons, largesses.

GENÈSE n.f. (lat. *genesis,* naissance). **1.** Processus de développement de qqch ; ensemble des faits qui ont concouru à la formation, à la création de qqch. *Genèse d'un roman.* **2.** *La Genèse : v. partie n.pr.*

GÉNÉSIQUE adj. Relatif à la génération, à la sexualité.

GENET n.m. (esp. *jinete,* bon cavalier). Cheval de petite taille, originaire d'Espagne.

GENÊT n.m. (lat. *genesta*). Arbrisseau à fleurs jaunes, commun dans certaines landes et dont plusieurs espèces sont épineuses. (Genre *Genista ;* famille des papilionacées.) ◇ *Genêt à balai :* cytise.

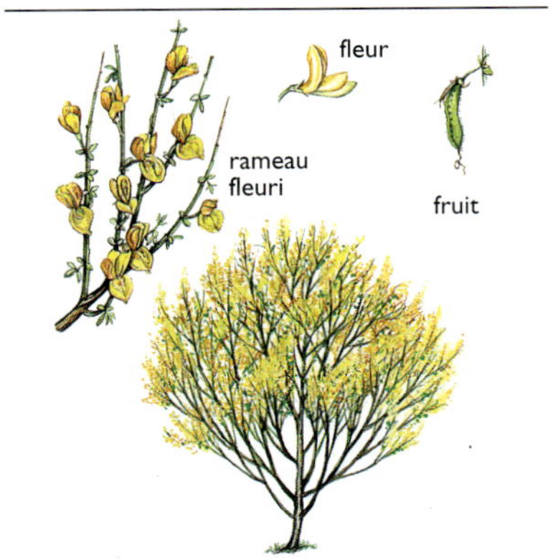

■ **GENÊT**

GÉNÉTHLIAQUE [ʒenetlijak] adj. (du gr. *genethlê,* naissance). ASTROL. Relatif à l'horoscope du jour de naissance.

GÉNÉTICIEN, ENNE n. Spécialiste de la génétique.

GÉNÉTIQUE n.f. (du grec *genos,* race). **1.** Science de l'hérédité, qui étudie la transmission des caractères anatomiques et fonctionnels entre les générations d'êtres vivants. **2.** *Génétique des populations :* étude des caractéristiques génétiques des populations (polymorphisme, structure génétique, sélection et mutation). ◆ adj. **1. a.** Qui concerne les gènes, l'hérédité, la génétique. **b.** Qui est dû aux gènes. *Maladie génétique.* **2.** Relatif à la genèse d'un phénomène, à une filiation d'idées, etc. ◇ *Psychologie génétique :* étude du développement mental de l'enfant et de l'adolescent en tant qu'il prépare et explique les structures intellectuelles de l'adulte. – *Critique génétique :* étude critique qui reconstitue l'histoire de l'élaboration d'une œuvre, notamm. littéraire, à partir de l'interprétation de ses avant-textes.

GÉNÉTIQUEMENT adv. Du point de vue génétique.

GÉNÉTISME n.m. PSYCHOL. Conception selon laquelle une capacité ou une structure psychologique se développe avec l'âge et n'est donc pas innée. CONTR. : *nativisme.*

GENETTE n.f. (ar. *djarnait*). Mammifère carnivore d'Europe et d'Afrique, au pelage clair taché de noir. (Genre *Genetta ;* famille des viverridés.)

GÊNEUR, EUSE n. Personne qui gêne ; importun, fâcheux.

GENEVOIS, E adj. et n. De Genève ; du canton de Genève.

GENÉVRIER n.m. Arbuste très rustique, à feuilles épineuses et à baies violettes. (Haut. jusqu'à 6 m ; sous-embranchement des gymnospermes ; genre *Juniperus,* famille des cupressacées.) SYN. : *genièvre.*

■ **GENÉVRIER**

GÉNIAL, E, AUX adj. **1.** Qui a du génie. **2.** Inspiré par le génie. **3.** *Fam.* Remarquable en son genre ; sensationnel.

GÉNIALEMENT adv. Avec génie.

GÉNIALITÉ n.f. Rare. Caractère de ce qui est génial.

GÉNIE n.m. (lat. *genius*). **1.** Être allégorique personnifiant une idée abstraite. **2.** Esprit ou être mythique détenteur de pouvoirs magiques. **3.** Dans la mythologie gréco-romaine, esprit qui présidait à la destinée d'un être ou d'une collectivité ou qui protégeait un lieu. ◇ *Bon, mauvais génie :* personne qui a une forte influence positive, négative sur qqn. **4. a.** Disposition, aptitude naturelle à créer des choses d'une qualité exceptionnelle. *Homme de génie.* **b.** Personne douée d'une telle aptitude. *Un génie méconnu.* **5.** *Avoir le génie de,* le talent, le goût, le penchant naturel pour une chose. *Avoir le génie des affaires, de l'intrigue.* **6.** Ensemble des connaissances et des techniques concernant la conception, la mise en œuvre et les applications de procédés, de dispositifs, de machines propres à un domaine déterminé. ◇ *Génie chimique :* ensemble des connaissances nécessaires à la mise en œuvre d'une usine chimique et à l'optimisation de la production. – TRAV. PUBL. *Génie civil :* ensemble des techniques concernant les constructions civiles. – *Génie génétique :* ensemble des techniques de manipulation génétique de certains êtres vivants (bactéries, plantes, animaux), destinées à leur donner de nouveaux caractères héréditaires utiles pour leur exploitation par l'homme ou à leur faire fabriquer des substances utiles dont la synthèse chimique est difficile ou impossible. – *Génie logiciel :* ensemble des méthodes et des procédures mises en œuvre dans les différentes phases de la production d'un logiciel afin d'en améliorer les qualités et la maintenance. **7.** Dans l'armée de terre, arme chargée des travaux relatifs aux voies de communication et à l'aménagement du terrain ; service assurant la gestion du domaine militaire. **8.** Anc. *Génie maritime :* corps des ingénieurs d'armement chargé des constructions navales.

GENIÈVRE n.m. (lat. *juniperus*). **1.** Genévrier. **2.** Fruit du genévrier, utilisé pour aromatiser le gin et certains plats. (On dit aussi *baie de genièvre.*) **3.** Eau-de-vie obtenue par distillation de moûts de céréales en présence de baies de genévrier.

GÉNIQUE adj. Relatif à un gène ou à quelques gènes (par oppos. à *chromosomique*). *Maladie génique.* ◇ *Thérapie génique :* méthode thérapeutique consistant à administrer comme médicament un gène artificiel ou des cellules contenant ce gène. (Encore expérimentale, la thérapie génique pourrait permettre de soigner des maladies héréditaires, des cancers, des infections graves.)

GÉNISSE n.f. (lat. *junix, junicis*). Jeune femelle de l'espèce bovine n'ayant pas encore vêlé.

GÉNITAL, E, AUX adj. **1.** Relatif à la reproduction sexuée des animaux et de l'homme. ◇ *Organes génitaux :* organes sexuels. – PSYCHAN. *Stade génital :* stade de l'évolution libidinale caractérisé par la subordination des pulsions partielles à la zone génitale et commençant à la puberté. **2.** Relatif aux organes génitaux.
ENCYCL. Les deux gonades – ovaires chez la femme et testicules chez l'homme – produisent les gamètes. Les voies génitales mettent en relation les gonades avec l'extérieur. Outre l'urètre, elles comprennent respectivement les deux trompes, l'utérus et le vagin, les canaux des épididymes et les déférents. Elles reçoivent les sécrétions de glandes telles que la prostate de l'homme.

GÉNITEUR, TRICE n. **1.** ZOOTECHN. Animal qui engendre. **2.** *Par plais.* Père ou mère.

GÉNITIF n.m. LING. Cas exprimant un rapport d'appartenance, de dépendance, etc., dans les langues à déclinaison.

GÉNITO-URINAIRE adj. (pl. *génito-urinaires*). Relatif aux appareils reproducteur et urinaire. SYN. : *uro-génital.*

GÉNOCIDAIRE adj. et n. Relatif à un génocide ; qui y prend part.

GÉNOCIDE n.m. (gr. *genos,* race, et lat. *caedere,* tuer). Crime contre l'humanité tendant à la destruction de tout ou partie d'un groupe national, ethnique, racial ou religieux.
ENCYCL. Le terme de *génocide* a été créé en 1944 pour qualifier l'entreprise d'extermination des Juifs et des Tsiganes perpétrée au cours de la Seconde Guerre mondiale par les nazis. Il a été rétrospectivement employé pour désigner les massacres commis en Turquie contre les Arméniens en 1915, ainsi que pour caractériser l'extermination systématique de populations autochtones, notamm. amérindiennes, par les conquérants européens. Le crime de génocide, imprescriptible, défini en droit international par la convention de Genève de 1948, s'applique à des massacres plus récents, dont ceux perpétrés au Cambodge par les Khmers rouges (années 1970) et ceux commis dans l'ex-Yougoslavie et au Rwanda (années 1990).

1. GÉNOIS, E adj. et n. De Gênes.

2. GÉNOIS n.m. MAR. Grand foc dont le point d'écoute est reporté vers l'arrière du voilier.

GÉNOISE n.f. **1.** Pâte à biscuit légère qui sert à réaliser de nombreux gâteaux fourrés, glacés au fondant ou décorés à la pâte d'amandes. **2.** Corniche composée de tuiles canal superposées.

GÉNOME n.m. Ensemble des gènes portés par les chromosomes. SYN. : *patrimoine génétique, patrimoine héréditaire.*

GÉNOMIQUE adj. Relatif au génome. ◆ n.f. Ensemble des disciplines relatives à l'étude du génome et à ses applications (thérapie génique, biotechnologies, etc.).

GÉNOTYPE n.m. Ensemble des gènes d'un individu, du point de vue des caractéristiques de leurs allèles (par oppos. à *phénotype*).

GENOU n.m. [pl. *genoux*] (lat. *geniculum*). **1.** Partie du membre inférieur où la jambe se joint à la cuisse. ◇ *À genoux :* les genoux sur le sol. – *Être à genoux devant qqn,* être en adoration devant lui ; lui être soumis. – *Être sur les genoux :* être très fatigué. – *Faire du genou à qqn,* lui toucher le genou avec son propre genou pour attirer son attention, en signe de connivence ou pour lui signifier une intention amoureuse. **2.** Chez les quadrupèdes, articulation des os carpiens et métacarpiens avec le radius. **3.** MÉCAN. INDUSTR. Vx. Rotule.

GENOUILLÉ, E adj. MÉD. *Corps genouillé :* chacune des deux saillies du thalamus placées comme relais, l'une sur la voie visuelle, l'autre sur la voie auditive.

GENOUILLÈRE n.f. **1.** Appareil orthopédique servant à maintenir l'articulation du genou. **2.** Système de protection du genou pour l'exercice de certains sports et de certains métiers. **3.** Pièce de cuir placée aux genoux du cheval. **4.** Pièce de l'armure qui protégeait le genou.

GENRE n.m. (lat. *genus, generis*). **1.** Division fondée sur un ou plusieurs caractères communs. ◇ *Le genre humain :* l'ensemble des hommes. **2.** SC. DE LA V. Ensemble d'êtres vivants situé, dans la classification, entre la famille et l'espèce, et groupant des espèces très voisines. (Le chien, le loup, le chacal et le coyote appartiennent au genre *Canis.*) **3.** LITTÉR. Catégorie qui sert à rassembler des œuvres répondant à des critères pragmatiques, formels ou thématiques semblables. – Ensemble d'œuvres littéraires ou artistiques possédant des caractères communs. *Le genre romanesque.* ◇ *Peinture de genre,* qui traite des scènes de caractère anecdotique, familier ou populaire. **4.** Manière de s'exprimer ; style, ton. *Le genre sublime.* **5.** GRAMM. Catégorie grammaticale fondée sur la distinction naturelle des sexes ou sur une distinction conventionnelle. *Genre masculin, féminin, neutre.* **6.** Catégorie de personnes ou de choses ; sorte, manière. *Marchandises en tous genres* ou *en tout genre.* **7.** Manière de vivre, de se comporter en société. *Avoir bon, mauvais genre.* ◇ *Fam. Se donner un genre,* ou *faire du genre :* avoir des manières affectées. – *Genre de vie :* ensemble des modes d'activité d'un individu, d'un groupe humain.

1. GENS [ʒɛ̃s] n.f. [pl. *gentes* [ʒɛ̃tɛs]] (mot lat.). ANTIQ. ROM. Groupe de familles se rattachant à un ancêtre commun et portant le même nom.

2. GENS [ʒɑ̃] n.m. ou n.f. pl. (mot lat.). **1.** Personnes en nombre indéterminé. *Les gens du village.* **2.** *Bonnes gens, braves gens :* personnes simples, honnêtes. – *Jeunes gens :* jeunes filles et garçons et, en partic., pl. de *jeune homme.* – *Gens de maison :* employés de maison, domestiques. – *Gens de mer :* marins. – *Litt. Gens de robe :* gens de justice (magistrats, avocats, etc.), sous l'Ancien Régime, par oppos. aux *gens d'épée* (nobles, soldats). – REM. *Gens* est masculin *(des gens sots)* sauf dans le cas d'un adjectif épithète placé avant *(de vieilles gens).*

GENT [ʒɑ̃] n.f. sing. (lat. *gens*). *Litt.* Race ; espèce. *La gent trotte-menu.*

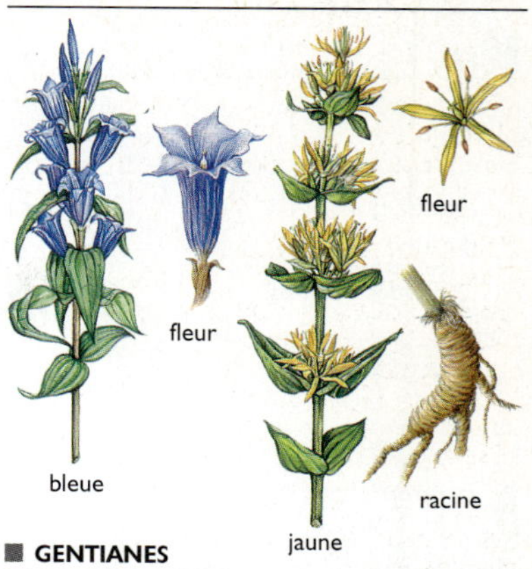

■ **GENTIANES**

GENTIANE [ʒɑ̃sjan] n.f. (lat. *gentiana*). **1.** Plante des prés montagneux, à fleurs gamopétales, jaunes, bleues ou violettes suivant les espèces. (La grande gentiane à fleurs jaunes fournit une racine amère et apéritive ; famille des gentianacées.) **2.** Boisson obtenue par macération de cette racine dans l'alcool.

1. GENTIL [ʒɑ̃ti] n.m. (lat. *gentiles,* païens, d'un mot hébr.). **1.** Étranger, pour les anciens Hébreux. **2.** Païen, pour les premiers chrétiens.

2. GENTIL, ILLE adj. (lat. *gentilis,* de race). **1.** Qui plaît par sa délicatesse, son charme ; agréable. *Gentille petite fille.* **2.** Qui manifeste de la bienveillance ; aimable, complaisant. *Être gentil avec qqn.* **3.** Se dit d'un enfant qui se tient bien, reste sage. **4.** Dont on ne fait pas grand cas. *C'est gentil, sans plus.* **5.** *Fam. Une gentille somme :* une somme importante.

GENTILÉ n.m. (lat. *gentile nomen,* nom de famille). Ethnonyme.

GENTILHOMME [ʒɑ̃tijɔm] n.m. (pl. *gentilshommes* [ʒɑ̃tizɔm]). **1.** Anc. Homme noble de naissance. **2.** *Litt.* Homme qui fait preuve de distinction, de délicatesse dans sa conduite.

GENTILHOMMIÈRE n.f. Petit château campagnard, coquettement aménagé.

GENTILITÉ n.f. (de *1. gentil*). CHRIST. Anc. Ensemble des peuples païens.

GENTILLESSE n.f. **1.** Qualité d'une personne gentille. **2.** Action ou parole aimable, délicate.

GENTILLET, ETTE adj. Assez gentil ; sans grande portée. *Un film gentillet.*

GENTIMENT adv. **1.** De façon gentille, aimable. **2.** Suisse. Sans précipitation ; tranquillement.

GENTLEMAN [dʒɛntləman] n.m. [pl. *gentlemans* ou *gentlemen*] (mot angl.). Homme bien élevé et distingué.

GENTLEMAN-FARMER [-farmœr] n.m. [pl. *gentlemans-farmers* ou *gentlemen-farmers*] (mot angl.). Grand propriétaire foncier qui exploite lui-même ses terres.

GENTLEMAN-RIDER [-ridœr] n.m. [pl. *gentlemans-riders* ou *gentlemen-riders*] (mot angl.). TURF. Jockey amateur qui monte dans les courses.

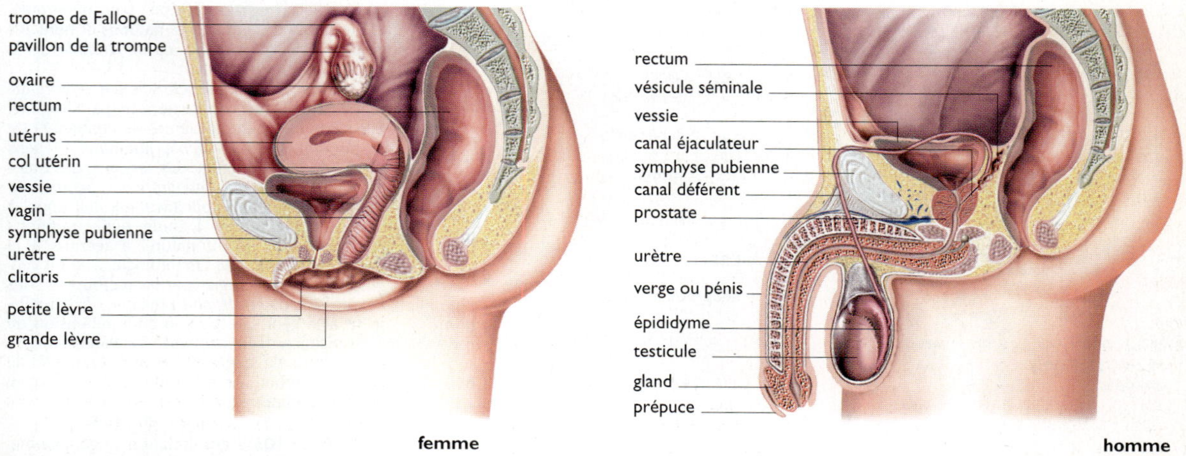

■ **GÉNITAL.** Anatomie de l'appareil génital.

ÈRE	SYSTÈME	SÉRIE	millions d'années
CÉNOZOÏQUE (tertiaire et quaternaire) 65 millions d'années	quaternaire	holocène	0,01
		pléistocène	1,64
	néogène	pliocène	
		miocène	23,5
	paléogène	oligocène	
		éocène	
		paléocène	65
MÉSOZOÏQUE (secondaire) 180 millions d'années	crétacé	supérieur	
		inférieur	135
	jurassique	supérieur (malm)	
		moyen (dogger)	
		inférieur (lias)	205
	trias	supérieur	
		moyen	
		inférieur	245
PALÉOZOÏQUE (primaire) 295 millions d'années	permien	supérieur	
		inférieur	295
	carbonifère	silésien	
		dinantien	360
	dévonien	supérieur	
		moyen	
		inférieur	410
	silurien	pridoli	
		ludlow	
		wenlock	
		llandovery	435
	ordovicien	ashgill	
		caradoc	
		llandeilo	
		llanvirn	
		arénig	
		trémadoc	500
	cambrien	supérieur	
		moyen	
		inférieur	540
	ÈRE		
PRÉCAMBRIEN plus de 3 milliards d'années	protérozoïque	néoprotérozoïque	540
		mésoprotérozoïque	1 000
		paléoprotérozoïque	1 600
	archéen		2 500

■ **GÉOLOGIE.** Les divisions stratigraphiques des temps géologiques.

GENTLEMAN'S AGREEMENT [dʒɛntləmansagrimɛnt] n.m. [pl. *gentlemen's agreements*] (mots angl.). DR. Accord international dépourvu d'effets juridiques immédiats mais qui exprime les intentions des États signataires.

GENTRY [dʒɛntri] n.f. sing. (mot angl.). En Angleterre, ensemble des nobles non titrés ayant droit à des armoiries.

GÉNUFLEXION n.f. (du lat. *genuflectere,* fléchir le genou). Flexion du genou en signe d'adoration, de respect, de soumission.

GÉOCENTRIQUE adj. Qui est mesuré, considéré par rapport à la Terre, prise comme centre. ◇ *Mouvement géocentrique :* mouvement apparent d'un astre autour de la Terre, considérée comme centre de référence.

GÉOCENTRISME n.m. Ancienne théorie astronomique qui faisait de la Terre le centre de l'Univers (par oppos. à *héliocentrisme*).

GÉOCHIMIE n.f. Étude de la répartition des éléments chimiques dans les roches et dans les minéraux, de leur nature, de leur origine et de leur comportement au cours des phénomènes géologiques.

GÉOCHIMIQUE adj. Relatif à la géochimie.

GÉOCHIMISTE n. Spécialiste de la géochimie.

GÉOCHRONOLOGIE [-krɔ-] n.f. Branche de la géologie cherchant à dater les événements qui ont affecté les roches (datation relative) et à déterminer leur âge (datation absolue).

GÉOCHRONOLOGIQUE adj. Relatif à la géochronologie.

GÉOCROISEUR n.m. Astéroïde dont l'orbite croise celle de la Terre et qui est donc susceptible de s'en approcher.

GÉODE n.f. (du gr. *geôdês,* terreux). **1.** MINÉRALOG. Petite cavité d'une roche, tapissée de cristaux. **2.** MÉD. Cavité pathologique à l'intérieur d'un organe, en partic. d'un os.

GÉODÉSIE n.f. (gr. *gê,* terre, et *daiein,* partager). Science de la forme et des dimensions de la Terre.

GÉODÉSIEN, ENNE n. Spécialiste de la géodésie.

GÉODÉSIQUE adj. **1.** Relatif à la géodésie. **2.** *Ligne géodésique,* ou *géodésique,* n.f. : courbe d'une surface telle que l'arc joignant deux points soit le plus court de tous les arcs de cette surface joignant ces deux points. (La notion de géodésique généralise à des surfaces quelconques la notion de droite.)

GÉODYNAMIQUE n.f. **1.** Branche de la géologie qui étudie la cinématique, la dynamique et l'évolution du globe terrestre. **2.** Science qui étudie les propriétés dynamiques et mécaniques d'ensemble de la Terre et de la Lune en tenant compte de l'interaction mutuelle des deux astres. ◆ adj. Relatif à la géodynamique.

GÉOGLYPHE n.m. ARCHÉOL. Ensemble de motifs tracés au sol, sur de longues distances, qui ne sont visibles que d'une très grande hauteur, tels ceux de Nazca (v. partie n.pr.).

GÉOGRAPHE n. Spécialiste de la géographie.

GÉOGRAPHIE n.f. **1.** Science qui a pour objet la description et l'explication de l'aspect actuel, naturel et humain, de la surface de la Terre. ◇ *Géographie générale,* qui étudie les phénomènes (population, production, commerce, etc.) à l'échelle mondiale. – *Géographie régionale,* qui étudie un espace (région) bien déterminé. **2.** Ensemble des caractères naturels et humains d'une région, d'un pays. *La géographie de la France.*

ENCYCL. La géographie est la science de l'organisation actuelle de l'espace terrestre par l'homme. Elle s'intéresse aux problèmes de l'habitat et de la population (*géographie humaine* au sens strict), de la production, des services, des transports et des échanges *(géographie économique).* Dans sa recherche explicative, elle fait appel à plusieurs disciplines. L'étude des conditions offertes par le milieu naturel a recours à la géomorphologie, à la climatologie, à la biogéographie, à la pédologie (parfois regroupées sous l'expression de *géographie physique*), éventuellement à la géologie. Mais la compréhension de l'organisation de l'espace nécessite aussi l'apport de l'histoire, de la sociologie, de l'économie, de la démographie. Discipline de synthèse, la géographie apparaît ainsi au carrefour des sciences de la Terre et des sciences humaines.

GÉOGRAPHIQUE adj. Relatif à la géographie.

GÉOGRAPHIQUEMENT adv. Du point de vue géographique.

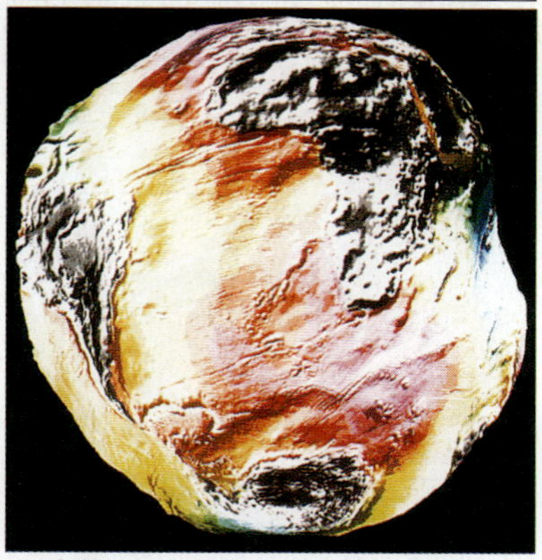

■ **GÉOÏDE.** Avec l'altimètre radar du satellite ERS I, on reconstitue la topographie de la surface moyenne des océans (ici : × 20 000), et donc la forme du géoïde, en mesurant les différences d'altitude par rapport à l'ellipsoïde de référence.

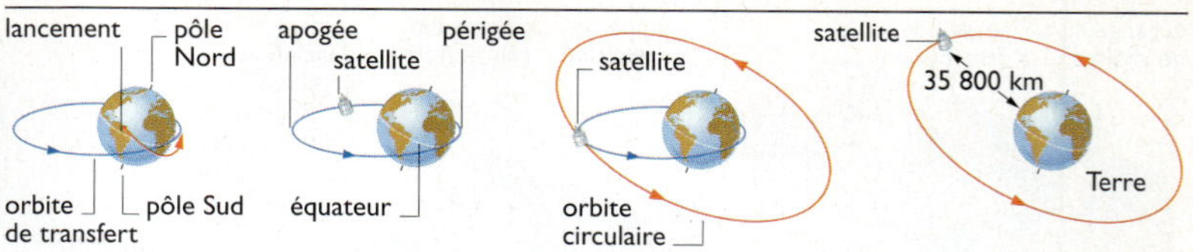

1. Lancement et insertion du satellite sur une orbite de transfert.

2. Le satellite décrit plusieurs révolutions sur l'orbite de transfert.

3. Lors d'un passage à l'apogée, la mise à feu du moteur d'apogée permet l'injection du satellite sur une orbite circulaire équatoriale à 35 800 km environ du sol.

4. D'ultimes corrections de trajectoire rendent le satellite géostationnaire. Il est ultérieurement mis à poste à l'emplacement souhaité.

■ **GÉOSTATIONNAIRE.** Mise sur orbite d'un satellite géostationnaire.

GÉOÏDE n.m. Surface équipotentielle du champ de pesanteur, choisie pour être voisine du niveau moyen des mers.

GEÔLE [ʒol] n.f. (bas lat. *caveola,* de *cavea,* cage). *Litt.* ou Antilles. Prison.

GEÔLIER, ÈRE [ʒolje, ɛr] n. *Litt.* Personne qui garde des détenus dans une prison.

GÉOLOGIE n.f. **1.** Science des matériaux qui constituent le globe terrestre (en partic. ceux directement accessibles à l'observation) et étude des transformations actuelles et passées subies par la Terre. **2.** Ensemble des caractéristiques du sous-sol d'une région. *La géologie des Alpes.*

ENCYCL. La géologie vise à comprendre la nature, la distribution, l'histoire et la genèse des constituants de la Terre. Ses objets d'étude appartiennent à différents niveaux d'organisation : le cristal et le minéral, la roche, le complexe rocheux (plutonique, stratigraphique *[v. ill. page précédente],* etc.), le complexe structural (bassin sédimentaire, dorsale océanique, etc.), la plaque lithosphérique, en relation avec les différentes parties de la Terre. L'étude de ces différents objets concerne la *cristallographie,* la *minéralogie,* la *pétrologie.* La *géodynamique* s'intéresse en particulier aux phénomènes qui affectent les ensembles rocheux. La *tectonique* étudie les déformations (plis, failles, etc.) des domaines superficiels de la Terre. Intermédiaire entre la biologie et la géologie, la *paléontologie* se divise en *paléontologie animale* et *végétale, micropaléontologie* et *paléontologie humaine.* Les besoins économiques, sociaux, industriels ont conduit au développement d'une *géologie appliquée : hydrogéologie* et *géologie de l'environnement, mécanique des sols* et *des roches,* prospection minière *(gîtologie, métallogénie),* exploitation des mines et carrières, *minéralurgie, géologie des pétroles* ou *des charbons,* etc. En devenant une discipline où intervient le quantitatif, la géologie a tissé des liens étroits avec les sciences exactes *(géophysique, géochimie, géostatique,* par ex.) ou avec des techniques telle la *télédétection ;* de même, il s'est créé une *informatique géologique.* Par l'extension de ses domaines d'étude, la géologie s'intègre au vaste secteur des « sciences de la Terre », ou géosciences.

GÉOLOGIQUE adj. Relatif à la géologie.

GÉOLOGIQUEMENT adv. Du point de vue géologique.

GÉOLOGUE n. Spécialiste de la géologie.

GÉOMAGNÉTIQUE adj. Relatif au géomagnétisme.

GÉOMAGNÉTISME n.m. Magnétisme terrestre.

GÉOMANCIE n.f. Technique divinatoire fondée sur l'observation des figures formées par de la terre ou des cailloux jetés au hasard sur une surface plane.

GÉOMÉTRAL, E, AUX adj. Se dit d'un dessin qui représente un objet en plan, coupe et élévation, avec ses dimensions relatives exactes et sans égard à la perspective. ◆ n.m. Dessin ou plan à une échelle déterminée.

1. GÉOMÈTRE n. **1.** Spécialiste de la géométrie. **2.** Spécialiste des opérations de levés de terrains.

2. GÉOMÈTRE n.m. Phalène du bouleau, papillon nocturne ou crépusculaire, dont la chenille, dite *arpenteuse,* chemine sur le sol en rapprochant et en écartant tour à tour l'avant et l'arrière de son corps. (Genre *Geometra ;* famille des géométridés.)

GÉOMÉTRIE n.f. **1.** Science mathématique qui étudie les relations entre points, droites, courbes, surfaces et volumes de l'espace. **2.** (Impropre). *Avion à géométrie variable,* à flèche variable. – *Fig. À géométrie variable :* qui est susceptible d'évoluer, de s'adapter au gré des circonstances ; flexible.

GÉOMÉTRIQUE adj. **1.** Relatif à la géométrie. **2.** *Fig.* Précis comme une démonstration de géométrie ; exact, rigoureux. **3.** BX-ARTS. **a.** *Époque géométrique :* période de la civilisation grecque (1100 - 750 av. J.-C.) qui correspond à l'âge du fer. (Elle doit son nom à la rigoureuse géométrisation qui asservit la représentation des formes humaines ou animales.) **b.** *Abstraction géométrique :* tendance de l'art abstrait du XXe s. qui expérimente systématiquement le pouvoir esthétique des lignes, des figures géométriques et de la couleur.

GÉOMÉTRIQUEMENT adv. De façon géométrique.

GÉOMÉTRISATION n.f. Action de géométriser.

GÉOMÉTRISER v.t. Donner un aspect se rapprochant des figures de la géométrie à une représentation plastique quelconque.

GÉOMORPHOLOGIE n.f. Domaine de la géographie qui a pour objet la description, l'explication et l'évolution des formes du relief terrestre.

GÉOMORPHOLOGIQUE adj. Relatif à la géomorphologie.

GÉOMORPHOLOGUE n. Spécialiste de la géomorphologie.

GÉOPHAGE adj. et n. Qui mange de la terre.

GÉOPHAGIE n.f. PSYCHIATR. Trouble conduisant un sujet génér. psychotique ou atteint de déficience mentale à manger de la terre.

GÉOPHILE n.m. Mille-pattes carnivore à corps long et grêle, brun fauve, vivant dans l'humus et sous les mousses. (Long. jusqu'à 5 cm ; classe des myriapodes.)

GÉOPHONE n.m. Instrument d'écoute pour déceler les ondes acoustiques transmises par le sous-sol, utilisé notamm. en sismologie.

GÉOPHYSICIEN, ENNE n. Spécialiste de la géophysique.

GÉOPHYSIQUE n.f. Étude, par les moyens de la physique, de la structure d'ensemble du globe terrestre et des mouvements qui l'affectent. (Au sens le plus large, on divise la géophysique en *géophysique interne,* comprenant la géodésie, la sismologie, etc., et en *géophysique externe,* regroupant l'hydrologie, l'océanologie physique et la météorologie.) SYN. : *physique du globe.* ◆ adj. Relatif à la géophysique.

GÉOPOLITIQUE n.f. Étude des rapports entre les données géographiques et la politique des États. ◆ adj. Relatif à la géopolitique.

1. GÉORGIEN, ENNE adj. et n. De la Géorgie, État du Caucase, de ses habitants. ◆ n.m. Langue caucasienne parlée principalement en Géorgie.

2. GÉORGIEN, ENNE adj. et n. De la Géorgie, État des États-Unis d'Amérique, de ses habitants.

GÉORGIQUE adj. *Litt.* Qui concerne les travaux des champs, la vie rurale.

GÉOSCIENCE n.f. (Surtout pl.) Science de la Terre. (La géologie, la géophysique, la météorologie font partie des géosciences.)

GÉOSPHÈRE n.f. Partie minérale, non vivante, de la Terre, qui sert de support à l'ensemble des êtres vivants. (Elle comprend l'atmosphère, l'hydrosphère et la partie externe de la lithosphère.)

GÉOSTATIONNAIRE adj. Se dit d'un satellite artificiel géosynchrone qui gravite sur une trajectoire équatoriale et, de ce fait, paraît immobile pour un observateur terrestre. (L'orbite des satellites géostationnaires est unique ; son altitude est voisine de 35 800 km.)

GÉOSTATISTIQUE n.f. MIN. Évaluation des gisements par la méthode statistique.

GÉOSTRATÉGIE n.f. MIL. Étude des relations de force entre puissances, à partir de l'ensemble des données géographiques.

GÉOSTRATÉGIQUE adj. Relatif à la géostratégie.

GÉOSTROPHIQUE adj. MÉTÉOROL. Se dit de la force de *Coriolis ou des vents déterminés par cette force et parallèles aux isobares.

GÉOSYNCHRONE adj. Se dit d'un satellite artificiel de la Terre dont la période de révolution est égale à celle de rotation de la Terre.

GÉOSYNCLINAL n.m. (gr. *gê,* terre, *sun,* avec, et *klinê,* lit). GÉOL. Anc. Dans les zones orogéniques, vaste sillon sédimentaire dont le plissement aboutit à la formation d'une chaîne de montagnes. (Cette théorie, auj. dépassée, a laissé la place à la *tectonique des plaques.*)

GÉOTECHNICIEN, ENNE n. Spécialiste de la géotechnique.

GÉOTECHNIQUE n.f. Partie de la géologie qui étudie les propriétés des sols et des roches en fonction des projets de construction d'ouvrages d'art. ◆ adj. Relatif à la géotechnique.

GÉOTEXTILE n.m. Produit ou article textile utilisé dans le génie civil comme drain, filtre, armature, etc.

GÉOTHERMIE n.f. **1.** Ensemble des phénomènes thermiques internes du globe terrestre. **2.** Étude scientifique et ensemble des applications techniques de ces phénomènes considérés comme une source d'énergie. *(V. ill. page suivante).*

GÉOTHERMIQUE adj. Relatif à la géothermie. ◇ *Degré, gradient géothermique :* augmentation de la température avec la profondeur, à l'intérieur du globe terrestre. (Gradient moyen : 3,3 °C tous les 100 m dans les bassins sédimentaires.) – *Énergie géothermique :* énergie extraite des eaux ou de la vapeur chaudes présentes dans certaines zones à fort gradient géothermique.

GÉOTHERMOMÈTRE n.m. GÉOL. Composition d'un minéral ou d'une association de minéraux permettant d'évaluer leur température de formation.

GÉOTROPISME n.m. **1.** BOT. Orientation imposée à la croissance d'un organe végétal par la pesanteur. (Le géotropisme est positif pour les racines, qui croissent vers le bas, négatif pour les tiges dressées.) **2.** ÉTHOL. Réaction locomotrice de certaines espèces animales, provoquée et orientée par la pesanteur. (Le maintien de la posture verticale chez l'homme relève d'un *géotropisme négatif.*)

GÉOTRUPE n.m. (du gr. *trupân,* percer). Insecte coléoptère du groupe des bousiers.

GÉRABLE adj. Que l'on peut gérer.

GÉRANCE n.f. Fonction de gérant ; durée de cette fonction ; administration par un gérant. ◇ *Gérance libre :* exploitation d'un fonds de commerce par une personne qui n'en est que locataire. SYN. : *location-gérance.* – *Gérance salariée :* exploitation d'un fonds de commerce par une personne qui dirige l'exploitation moyen-

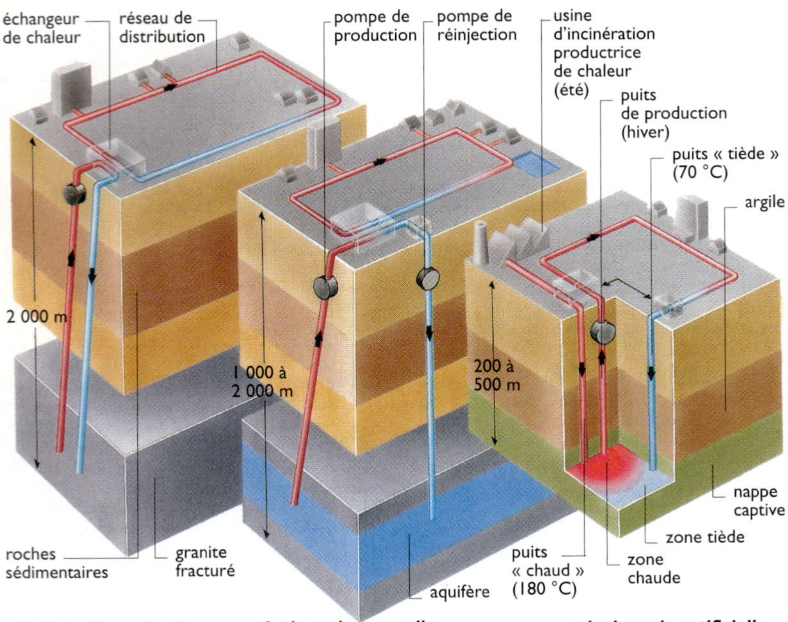

géothermie profonde en roche chaude et sèche

géothermie naturelle avec doublet de forage (exhaure et réinjection)

géothermie artificielle, renouvelable

■ **GÉOTHERMIE**

nant rémunération pour le compte et aux risques et périls du propriétaire.

GÉRANIACÉE n.f. Plante à tige velue, à fleurs dialypétales, au fruit allongé, telle que le géranium et le pélargonium. (Les géraniacées forment une famille.)

GÉRANIUM [ʒeranjɔm] n.m. (lat. *geranium,* du gr. *geranos,* grue, à cause de la forme du fruit). Plante sauvage très commune de l'hémisphère Nord, dont le fruit rappelle un bec de grue et dont plusieurs espèces ornent les jardins. (Les grands géraniums cultivés appartiennent au genre voisin *Pelargonium ;* famille des géraniacées.)

■ **GÉRANIUM**

GÉRANT, E n. **1.** Personne physique ou morale qui dirige et administre pour le compte d'autrui en ayant reçu mandat (gérant d'immeubles) ou non (gérant d'affaires). **2.** Personne responsable de l'administration d'immeubles pour le compte de propriétaires. **3.** *Gérant de société :* dirigeant social d'une société en nom collectif, d'une société en commandite simple ou par actions, d'une société à responsabilité limitée ou d'une société civile. **4.** *Gérant de fait :* personne qui traite avec les tiers au nom d'une personne morale sans avoir reçu mandat à cet effet.

GERBAGE n.m. Action de gerber ; mise en gerbes.

GERBE n.f. (francique *garba*). **1.** Ensemble de tiges de céréales, de fleurs coupées, disposé de sorte que les épis, les fleurs soient rassemblés d'un même côté. **2.** Forme prise par qqch qui jaillit et se disperse en faisceau (feux d'artifice, jets d'eau, etc.). **3.** Faisceau d'éclats projetés par l'explosion d'un obus. **4.** Ensemble des trajectoires des projectiles tirés par une même arme avec les mêmes éléments de tir. **5.** PHYS. Groupe de particules chargées produites par l'interaction d'une particule de haute énergie avec la matière.

GERBER v.t. **1.** Mettre en gerbes. **2.** MANUT. Empiler des charges les unes sur les autres. ◆ v.i. **1.** Éclater en formant une gerbe. *Fusée qui gerbe.* **2.** *Très fam.* Vomir.

GERBERA [-be-] n.m. (de *Gerber,* n.pr.). Plante herbacée originaire d'Asie et d'Afrique dont une espèce, dite *marguerite du Transvaal,* est exploitée en horticulture pour ses grandes fleurs rouges ou jaunes. (Famille des composées.)

GERBEUR n.m. Appareil de levage au moyen duquel on empile des charges.

GERBIER n.m. Tas de gerbes ; meule.

GERBILLE n.f. (lat. *gerbillus*). Petit rongeur des régions steppiques d'Afrique et d'Asie. (Long. 8 cm env. ; famille des muridés.)

■ **GERBEUR**

GERBOISE n.f. (de l'ar. *yarbū*). Mammifère rongeur qui se déplace par bonds grâce à ses longues pattes postérieures et creuse des terriers dans les plaines sablonneuses de l'Ancien Monde et de l'Amérique du Nord. (Genre principal *Jaculus ;* famille des dipodidés.)

■ **GERBOISE**

GERCE n.f. Petite craquelure pouvant apparaître sur la surface des sciages lors du séchage.

GERCEMENT n.m. Fait de se gercer.

GERCER v.t. [9] (gr. *kharassein,* faire une entaille). Faire des gerçures ou des petites crevasses à la surface d'un corps. ◆ v.i. ou **se gercer** v.pr. Se couvrir de gerçures, de petites crevasses.

GERÇURE n.f. **1.** Plaie linéaire et superficielle de la peau due au froid ou à certains états morbides. **2.** MÉTALL. Défaut superficiel d'une pièce forgée, laminée ou fondue.

GÉRÉ n.m. DR. Personne pour le compte de qui le gérant d'affaires agit.

GÉRER v.t. [11] (lat. *gerere*). **1.** Administrer des intérêts, une entreprise, etc., pour son propre compte ou pour le compte d'autrui. **2.** Assurer l'administration, l'organisation, le traitement d'un ensemble de marchandises, d'informations, de données, etc. **3.** *Gérer la crise, un problème :* administrer les choses au mieux malgré une situation difficile.

GERFAUT n.m. (mot germ.). Grand faucon à plumage clair des régions arctiques, chasseur de rongeurs et d'oiseaux de mer, autref. utilisé en fauconnerie. (Long. 60 cm env. ; nom sc. *Falco rusticolus,* famille des falconidés.)

GÉRIATRE n. Médecin spécialisé en gériatrie.

GÉRIATRIE n.f. (gr. *gerôn,* vieillard, et *iatreia,* traitement). Discipline médicale consacrée aux maladies des personnes âgées.

GÉRIATRIQUE adj. Qui relève de la gériatrie.

1. GERMAIN, E adj. (lat. *germanus*). S'emploie pour désigner de façon générique et sans ambiguïté les frères ou sœurs issus des mêmes père et mère (par oppos. à ceux qui sont soit *consanguins* soit *utérins*). ◇ *Cousin(e) germain(e),* né(e) du frère ou de la sœur du père ou de la mère. ◆ n. *Cousin(e)s issu(e)s de germain(e)s :* personnes nées de cousins germains.

2. GERMAIN, E adj. et n. De Germanie ; relatif aux Germains.

GERMANDRÉE n.f. (gr. *khamaidrus,* chêne nain). Plante herbacée aromatique dont une espèce à fleurs verdâtres est connue sous le nom de *sauge des bois.* (Genre *Teucrium ;* famille des labiées.)

GERMANIQUE adj. De la Germanie ; de l'Allemagne ; de leurs habitants. ◆ n.m. Rameau de l'indo-européen dont sont issus l'anglais, l'allemand, le néerlandais et les langues scandinaves.

GERMANISATION n.f. Action de germaniser ; fait de se germaniser.

GERMANISER v.t. **1.** Imposer à un peuple, à un pays la langue allemande ; introduire dans un pays des colons allemands. **2.** Donner une forme allemande à. *Germaniser un mot.*

GERMANISME n.m. **1.** Idiotisme propre à la langue allemande. **2.** Emprunt à l'allemand.

GERMANISTE n. Spécialiste de la langue et de la civilisation allemandes.

GERMANIUM [ʒɛrmanjɔm] n.m. **1.** Métal gris très cassant, analogue au silicium. **2.** Élément chimique (Ge), de numéro atomique 32, de masse atomique 72,61. (Cristallisé à l'état d'extrême pureté, le germanium est utilisé dans la fabrication des semi-conducteurs.)

GERMANOPHILE adj. et n. Qui aime l'Allemagne, les Allemands.

GERMANOPHILIE n.f. Disposition favorable envers l'Allemagne, les Allemands.

GERMANOPHOBE adj. et n. Qui est hostile à l'Allemagne, aux Allemands.

G

GERMANOPHOBIE n.f. Hostilité envers l'Allemagne, les Allemands.

GERMANOPHONE adj. et n. De langue allemande.

GERME n.m. (lat. *germen*). **1.** Plantule. **2.** Bourgeon rudimentaire qui se développe sur certains organes souterrains (pommes de terre, en partic.). **3.** Micro-organisme, en partic. pathogène. **4.** *Fig.* Ce qui donne naissance à ; cause, origine de. *Un germe de discorde.*

GERMÉ, E adj. Qui a commencé à développer son germe ou ses germes.

GERMEN [ʒɛrmɛn] n.m. (mot lat.). EMBRYOL. Ensemble des cellules de l'embryon, éventuellement de l'adulte, animal ou végétal, dont la différenciation aboutit à la formation des cellules reproductrices, ou gamètes (par oppos. à *soma*).

GERMER v.i. (lat. *germinare*). **1.** Développer son germe, en parlant d'une graine, d'une pomme de terre. **2.** *Fig.* Commencer à se développer. *Idée qui germe.*

GERMICIDE adj. et n.m. AGRIC. Se dit d'un produit qui tue les germes.

1. GERMINAL, E, AUX adj. Qui se rapporte au germen.

2. GERMINAL n.m. [pl. *germinals*] (du lat. *germen*, germe). HIST. Septième mois du calendrier républicain, du 21 ou 22 mars au 19 ou 20 avril.

GERMINATIF, IVE adj. Qui a rapport à la germination. *Pouvoir germinatif d'une graine.*

GERMINATION n.f. Développement de l'embryon contenu dans une graine, mettant fin à la période de vie latente, ou anhydrobiose.

GERMOIR n.m. **1.** Endroit où l'on fait germer l'orge, dans les brasseries. **2.** Récipient destiné à recevoir les graines qu'on veut faire germer ; local où l'on entrepose les pommes de terre de semence.

GERMON n.m. (mot poitevin). Thon de l'Atlantique tempéré et de la Méditerranée, appelé aussi *thon blanc.* (Long. de 60 cm à 1 m env. ; nom sc. *Thunnus alalunga.*)

GÉROMÉ n.m. (de *Gérardmer*, n.pr.). Gros fromage au lait de vache, analogue au munster, fabriqué en Alsace et dans les Vosges.

GÉRONDIF n.m. (lat. *gerundivus*, de *gerere*, faire). LING. **1.** En latin, forme verbale déclinable qui se substitue à l'infinitif dans certaines fonctions. **2.** En français, forme verbale terminée par *-ant* et précédée de la préposition *en*, qui sert à décrire certaines circonstances de l'action.

GÉRONTE n.m. (gr. *gerôn*, vieillard). ANTIQ. GR. Membre du conseil des anciens.

GÉRONTOCRATIE [-krasi] n.f. Gouvernement ou domination exercés par les vieillards.

GÉRONTOLOGIE n.f. (du gr. *gerôn*, vieillard). Étude de la vieillesse et du vieillissement sous leurs divers aspects (médical, psychologique, social, etc.).

GÉRONTOLOGUE n. Spécialiste de gérontologie.

GÉRONTOPHILIE n.f. Attirance sexuelle pour les vieillards.

GERRIS [ʒeris] n.m. (lat. *gerres*). Insecte aux longues pattes, marchant rapidement, de façon saccadée, sur le film de surface des eaux calmes. (Ordre des hétéroptères.)

GÉSIER n.m. (lat. *gigerium*). Dernière poche de l'estomac des oiseaux, assurant le broyage des aliments grâce à son épaisse paroi musclée et aux petits cailloux qu'elle contient souvent.

GÉSINE n.f. (de *gésir*). *Litt. En gésine :* se dit d'une femme sur le point d'accoucher.

GÉSIR v.i. [Je gis, il gît, nous gisons ; il, elle gisait ; gisant] (lat. *jacere*). *Litt.* **1.** Être couché, étendu sans mouvement. *Elle gisait sur le sol.* **2.** Consister, résider en. *Là gît la difficulté.* **3.** *Ci-gît :* v. à son ordre alphabétique.

GESSE n.f. (anc. provenç. *geissa*). Plante grimpante de l'hémisphère Nord tempéré, dont certaines espèces sont cultivées comme fourragères (*jarosse*) ou comme ornementales (*pois de senteur*, ou *gesse odorante*). [Genre *Lathyrus ;* famille des légumineuses.]

GESTALTISME [geʃtaltism] n.m. (de l'all. *Gestalt*, structure). PSYCHOL., PHILOS. Théorie due à Köhler, Wertheimer et Koffka, qui refuse d'isoler les phénomènes les uns des autres pour les expliquer et qui les considère comme des ensembles indissociables structurés *(formes).* [Cette théorie a notamm. permis de découvrir certaines lois de la perception.] SYN. : *théorie de la forme.*

GESTALT-THÉRAPIE [geʃtalt-] n.f. PSYCHOL. Thérapie ayant pour objet de mobiliser les ressources de l'individu de manière à rendre conscientes toutes ses contradictions et à lui permettre de les réduire lui-même.

GESTATION n.f. (du lat. *gestare*, porter). **1.** État d'une femelle vivipare, entre nidation et mise bas, chez les espèces qui nourrissent l'embryon, puis le fœtus, par voie placentaire. (La durée de la gestation varie de 13 jours chez l'opossum à 640 jours chez l'éléphant.) **2.** *Fig.* Travail par lequel s'élabore une création de l'esprit.

1. GESTE n.m. (lat. *gestus*). **1.** Mouvement du corps, princip. de la main, des bras, de la tête, porteur ou non de signification. **2.** Action généreuse ; don, libéralité. *Faire un geste.*

2. GESTE n.f. (lat. *gestus*, de *gerere*, faire). LITTÉR. Ensemble des exploits d'un héros et de ses compagnons racontés dans un cycle de poèmes épiques. ◇ *Chanson de geste :* poème épique, composé du XIe au XIIIe s. en décasyllabes ou en alexandrins réunis en laisses assonancées, chantant les exploits de héros historiques ou légendaires. (Les chansons de geste ont très tôt été regroupées en cycles : la *geste du Roi*, avec Charlemagne comme figure centrale, celle de *Doon de Mayence* et celle de *Garin de Monglane.*) ◆ pl. *Les faits et gestes de qqn*, sa conduite considérée dans ses détails.

GESTICULANT, E adj. Qui gesticule.

GESTICULATION n.f. Action de gesticuler.

GESTICULER v.i. (lat. *gesticulari*). Faire de grands gestes en tous sens.

GESTION [ʒɛstjɔ̃] n.f. (lat. *gestio*). **1.** Action ou manière de gérer, d'administrer, de diriger, d'organiser qqch ; période pendant laquelle qqn gère une affaire. **2.** DR. CIV. *Gestion d'affaires :* quasi-contrat par lequel le gérant d'affaires, sans en avoir reçu mandat, agit pour le compte du géré. **3.** INFORM. *Système de gestion de base de données (SGBD) :* logiciel permettant de construire, de modifier et d'interroger une base de données.

1. GESTIONNAIRE n. Personne qui a la responsabilité de la gestion d'une affaire, d'une administration, etc. ◆ adj. Relatif à une gestion.

2. GESTIONNAIRE n.m. INFORM. Logiciel qui assure, en liaison avec le système d'exploitation d'un ordinateur, la manipulation, en entrée ou en sortie, de l'information en fonction de son organisation logique ou physique. *Gestionnaire de fichiers, de périphérique.*

GESTUALITÉ n.f. Ensemble des gestes, considérés sur le plan de leur signification. SYN. : *gestuelle.*

GESTUEL, ELLE adj. Qui concerne les gestes ; qui se fait avec des gestes. ◇ *Peinture gestuelle*, qui privilégie l'acte physique de peindre, la vitesse et la spontanéité, notamm. dans l'expressionnisme abstrait et l'abstraction lyrique.

GESTUELLE n.f. **1.** Gestualité. **2.** Façon de se mouvoir, de s'exprimer corporellement caractéristique d'un acteur ou d'un style de jeu.

GETTER [getər] n.m. (mot angl.). ÉLECTRON. Substance utilisée dans un tube électronique pour y parfaire le vide.

GEWURZTRAMINER [gevyrstraminɛr] n.m. (mot all.). Cépage blanc cultivé dans l'est de la France, donnant des vins parfumés ; vin issu de ce cépage.

GEYSER [ʒɛzɛr] n.m. (mot islandais). Source d'eau chaude ou de vapeur jaillissant par intermittence. (Phénomènes volcaniques, les geysers s'accompagnent souvent de dépôts minéraux.)

GHANÉEN, ENNE adj. et n. Du Ghana, de ses habitants.

GHETTO [geto] n.m. (mot ital.). **1.** Quartier juif de certaines villes d'Europe. (Suivant les époques, les Juifs y résidaient librement ou étaient soumis à des lois de ségrégation. Le premier ghetto a été organisé à Venise en 1516.) **2.** Lieu où une minorité vit séparée du reste de la société. *Harlem, le ghetto noir de New York.* **3.** Milieu refermé sur lui-même ; condition marginale. *Ghetto culturel.*

GHETTOÏSATION n.f. Action d'enfermer réellement ou symboliquement une minorité dans un ghetto, de la tenir à l'écart de la société.

GHILDE n.f. → **GUILDE.**

GI ou **G.I.** [dʒiaj] n.m. inv. (sigle de l'anglo-amér. *government issue*). Soldat de l'armée américaine.

GIAOUR [ʒjaur] n.m. (turc *gâvur*, de l'ar.). Terme de mépris par lequel les Turcs désignent les non-musulmans.

GIBBÉRELLINE n.f. (du lat. *gibber*, bosse). BIOCHIM. Hormone végétale naturelle, produite par certains champignons et les plantes supérieures, qui accélère la croissance et la germination.

GIBBEUX, EUSE adj. (du lat. *gibber*, bosse). **1.** Qui a la forme d'une bosse ; qui porte une ou plusieurs bosses. *Dos gibbeux.* **2.** Se dit de l'aspect d'un astre à diamètre apparent sensible, dont la surface éclairée visible occupe plus de la moitié du disque. ◇ *Lune gibbeuse*, entre le premier quartier et la pleine lune et entre la pleine lune et le dernier quartier.

GIBBON n.m. (d'une langue de l'Inde). Singe anthropoïde de l'Indochine et de la Sonde, au pelage clair et à face noire, grimpant avec agilité aux arbres grâce à ses bras très longs. (Haut. env. 1 m ; genre *Hylobates*, famille des hylobatidés.)

■ **GIBBON**

GIBBOSITÉ n.f. (du lat. *gibbosus*, bossu). MÉD. Bosse du thorax due à une déformation de la colonne vertébrale (par ex. une scoliose).

GIBBSITE n.f. MINÉRALOG. Hydroxyde d'aluminium, constituant des argiles.

GIBECIÈRE n.f. (anc. fr. *gibiez*, gibier). **1.** Sac en toile ou en peau, à bretelle ou à poignée, servant au transport du gibier. **2.** Anc. Sac d'écolier, porté sur l'épaule ou dans le dos.

GIBELIN, E n. et adj. (ital. *ghibellino*). HIST. Dans l'Italie médiévale, partisan de l'empereur romain germanique (par oppos. à *guelfe*).

GIBELOTTE n.f. (anc. fr. *gibelet*, plat d'oiseaux). Ragoût de lapin au vin blanc.

GIBERNE n.f. (bas lat. *zaberna*). Anc. Sac à cartouches des soldats (XVIIe - XIXe s.).

GIBET n.m. (du francique). Potence pour les condamnés à la pendaison ; lieu où elle est installée.

GIBIER n.m. (du francique). **1.** Ensemble des animaux que l'on chasse. *Gibier à poil, à plume(s).* **2.** Animal que l'on chasse. *Le lièvre est un gibier apprécié.* **3.** Viande du gibier. *Faire faisander du gibier.* **4.** *Fam.* Personne que l'on poursuit ou que l'on cherche à prendre ou à duper. ◇ *Gibier de potence :* criminel méritant la potence ; personne peu recommandable.

GIBOULÉE n.f. Pluie soudaine et de peu de durée, souvent accompagnée de grêle. *Les giboulées de mars.*

GIBOYEUX, EUSE [ʒibwajø, øz] adj. Abondant en gibier.

GIBUS [ʒibys] n.m. (de *Gibus*, n. de l'inventeur). Anc. Chapeau claque.

GIC ou **G.I.C.** [ʒeise] n. (sigle). Grand invalide civil.

GICLÉE n.f. Jet d'un liquide qui gicle.

GICLEMENT n.m. Fait de gicler.

GICLER v.i. (anc. fr. *ciscler*, fouetter). Jaillir ou rejaillir avec force, souvent en éclaboussant, en parlant d'un liquide.

GICLEUR n.m. Orifice calibré, amovible, servant à doser le débit du fluide carburant dans les canalisations d'un carburateur.

GIE ou **G.I.E.** [ʒeiə] n.m. (sigle). Groupement d'intérêt économique.

GIFLE n.f. (mot francique). **1.** Coup donné sur la joue avec la main ouverte. **2.** *Fig.* Blessure d'amour-propre ; affront, humiliation. *Cet échec a été une gifle pour lui.*

GIFLER v.t. Frapper d'une gifle.

GIG ou **G.I.G.** [ʒeiʒe] n. (sigle). Grand invalide de guerre.

GIGA-, préfixe (symb. G) qui placé devant une unité la multiplie par 10^9.

GIGANTESQUE adj. (ital. *gigantesco*). **1.** Très grand par rapport à l'homme. *Taille gigantesque.* **2.** De proportions énormes ; démesuré. *Entreprise gigantesque.*

GIGANTISME n.m. (du gr. *gigas, -antos,* géant). **1.** Augmentation très importante de la taille d'une personne. **2.** Développement excessif de qqch. *Gigantisme d'une entreprise.*

GIGANTOMACHIE n.f. (gr. *gigas, -antos,* géant, et *makhê,* combat). Combat mythologique des Géants contre les dieux, thème fréquent dans l'art grec.

GIGANTOSTRACÉ n.m. PALÉONT. Arthropode aquatique fossile, carnassier, du milieu de l'ère primaire, dont certains, tels que le *Pterygotus,* atteignaient 2 m de long. (Les gigantostracés forment une sous-classe de mérostomes.)

GIGOGNE adj. (de *mère Gigogne,* personnage de théâtre de marionnettes, altér. de *cigogne*). Se dit d'objets qui s'emboîtent les uns dans les autres ou que leur taille décroissante permet de ranger en les incorporant les uns dans les autres. *Tables gigognes. Poupées gigognes.*

GIGOLO n.m. (de *gigue,* jambe). *Fam.* Jeune homme entretenu par une femme plus âgée que lui.

GIGOT n.m. (de l'anc. fr. *gigue,* instrument de musique). **1.** Morceau de mouton, d'agneau ou de chevreuil correspondant au membre postérieur. ◇ *Manche à gigot :* instrument qui emboîte l'os et qui permet de saisir le gigot pour le découper. **2.** HABILL. *Manche (à) gigot :* manche bouffante dans sa partie supérieure, étroite et ajustée sur l'avant-bras.

GIGOTÉ, E adj. Se dit d'un animal (chien, cheval) dont les cuisses ont la forme remplie d'un gigot de mouton.

GIGOTEMENT n.m. *Fam.* Action de gigoter.

GIGOTER v.i. *Fam.* Remuer sans cesse bras et jambes ; se trémousser. *Bébé qui gigote.*

1. GIGUE n.f. (de *gigot*). **1.** Cuisse de chevreuil. **2.** *Fam.,* vx. Jambe. **3.** *Fam. Grande gigue :* fille grande et maigre.

2. GIGUE n.f. (angl. *jig,* de l'anc. fr. *gigue,* sorte de violon). **1.** Pièce instrumentale de tempo vif, de coupe binaire à reprises et de rythme ternaire, concluant une suite. **2.** Danse d'origine anglaise, exécutée en solo, caractérisée par des frappements vifs des talons et des pointes, pratiquée comme danse théâtrale en Europe aux XVIIe et XVIIIe s., puis fixée comme danse masculine traditionnelle d'Irlande depuis le XVIIIe s.

GILDE n.f. → **GUILDE.**

GILET n.m. (esp. *jileco,* du turc). **1.** Vêtement masculin court et sans manches, boutonné sur le devant, qui se porte sous le veston. **2.** Vx. Sous-vêtement de flanelle, de coton, etc. **3.** Tricot ouvert sur le devant et à manches longues. **4.** *Gilet de sauvetage* → **sauvetage.**

GILETIER, ÈRE n. Personne qui fabrique des gilets.

GILLES n.m. pl. (d'un n.pr.). *Les Gilles :* personnages traditionnels à l'accoutrement pittoresque, dansant et distribuant des oranges lors du carnaval de Binche, dans le Hainaut (Belgique).

GIMMICK [gimik] n.m. (mot anglo-amér.). *Fam.* Truc astucieux destiné à faire sensation ; gadget publicitaire.

GIN [dʒin] n.m. (mot angl.). Eau-de-vie de grain aromatisée avec des baies de genièvre.

GIN-FIZZ [dʒinfiz] n.m. inv. (mot anglo-amér.). Cocktail constitué d'un mélange de gin et de jus de citron.

GINGEMBRE n.m. (lat. *zingiber*). Plante originaire d'Asie, à rhizome aromatique, utilisée comme condiment. (Famille des zingibéracées.)

GINGIVAL, E, AUX adj. (du lat. *gingiva,* gencive). Relatif aux gencives.

GINGIVITE n.f. Inflammation des gencives.

GINKGO [ʒinko] ou [ʒɛ̃ko] n.m. (mot jap.). Arbre originaire de Chine à feuilles en éventail échancré, cultivé comme arbre ornemental, considéré en Extrême-Orient comme un arbre sacré, et dont les extraits sont prescrits contre les troubles vasculaires. (Haut. env. 30 m ; sous-embranchement des gymnospermes, ordre des ginkgoales.)

■ **GINKGO**

GIN-RUMMY [dʒinrœmi] ou **GIN-RAMI** [dʒinrami] n.m. [pl. *gin-rummys, gin-ramis*] (mot anglo-amér.). Jeu de cartes par combinaisons, variante du rami, se jouant à deux avec un jeu de 52 cartes.

GINSENG [ʒinsɑ̃g] n.m. (chin. *gen-chen,* plante-homme). Racine d'une plante herbacée d'Asie orientale et d'Amérique du Nord, utilisée traditionnellement contre la fatigue. (Genre *Panax ;* famille des araliacées.)

GIOBERTITE n.f. MINÉRALOG. Magnésite.

GIORNO (A) loc. adj. inv. et loc. adv. → **A GIORNO.**

GIRAFE n.f. (ital. *giraffa,* de l'ar.). **1.** Grand mammifère ruminant d'Afrique, au cou très long et rigide, qui lui permet d'atteindre les feuilles d'acacia jusqu'à 6 m de hauteur, et au pelage fauve marqué de larges taches brunes. (Les girafes vont l'amble et écartent leurs pattes antérieures pour boire et brouter ; famille des girafidés.) ◇ *Fam. Peigner la girafe :* ne rien faire d'utile. **2.** CINÉMA. Perche fixée à un pied articulé et supportant un micro.

■ **GIRAFE.** Girafe réticulée.

GIRAFON ou **GIRAFEAU** n.m. Petit de la girafe.

GIRANDOLE n.f. (ital. *girandola*). **1.** Partie supérieure d'un candélabre, portant les bras de lumière. **2.** Candélabre orné de pendeloques de cristal. **3.** Guirlande lumineuse décorant une fête, un bal, etc. **4.** Gerbe tournante de feu d'artifice.

GIRATION n.f. Mouvement giratoire.

GIRATOIRE adj. (du lat. *girare,* faire tourner). **1.** Se dit d'un mouvement de rotation autour d'un axe ou d'un centre. *Sens giratoire.* **2.** *Carrefour giratoire,* ou *giratoire,* n.m. : rond-point où la priorité est à gauche.

GIRAUMON ou **GIRAUMONT** n.m. (d'un mot tupi). Nom commun à plusieurs variétés de courge.

GIRAVIATION n.f. Conception, construction et mise en œuvre des giravions.

GIRAVION n.m. (de *giration* et *avion*). Aéronef dans lequel la sustentation est assurée en totalité ou en partie par la rotation d'un ou de plusieurs rotors à axes sensiblement verticaux.

GIRELLE n.f. (provenç. *girello*). Petit poisson aux couleurs vives, fréquent dans le golfe de Gascogne et très commun en Méditerranée. (Long. 25 cm ; genres *Coris, Thalassoma,* famille des labridés.)

GIRIE n.f. (de l'anc. fr. *girer,* tourner). *Fam.,* vx. (Surtout pl.) **1.** Plainte affectée, hypocrite ou sans objet. **2.** Manière affectée.

GIRL [gœrl] n.f. (mot angl.). Danseuse de music-hall faisant partie d'une troupe.

GIRODYNE n.m. Giravion dans lequel le rotor, entraîné par un moteur, assure la sustentation et les mouvements verticaux de l'appareil, la translation étant obtenue par un autre moteur.

GIROFLE n.m. (lat. *caryophyllon,* du gr.). Bouton desséché des fleurs du giroflier, dit aussi *clou de girofle,* utilisé comme condiment.

GIROFLÉE n.f. Plante vivace de l'Europe tempérée, cultivée pour ses fleurs ornementales et parfumées. (Genre *Matthiola ;* famille des crucifères.) ◇ *Giroflée rouge :* matthiole.

■ **GIROFLÉE.** Giroflée d'hiver.

GIROFLIER n.m. Arbre tropical originaire d'Indonésie, voisin du jambosier et fournissant les clous de girofle. (Genre *Eugenia ;* famille des myrtacées.)

GIROLLE n.f. (anc. provenç. *giroiller*). **1.** Chanterelle d'une espèce jaune orangé des bois de feuillus, très estimée. (Nom sc. *Cantharella cibarius ;* classe des basidiomycètes, ordre des chantharellales.) **2.** *Par ext.* Chanterelle.

GIRON n.m. (du francique). **1.** Partie du corps qui s'étend de la ceinture aux genoux quand on est assis. ◇ *Rentrer dans le giron de :* retourner dans une société, un parti, etc., qu'on avait quittés. **2.** CONSTR. Largeur d'une marche d'escalier, mesurée entre l'aplomb de deux contremarches successives. **3.** HÉRALD. Pièce honorable en forme de triangle rectangle dont un sommet occupe le centre de l'écu.

GIROND, E adj. (de l'anc. fr. *girer,* tourner). *Fam.* **1.** Se dit d'une femme ou d'un jeune garçon qui a des formes harmonieuses. **2.** Se dit d'une femme bien en chair.

GIRONDIN, E adj. et n. **1.** De la Gironde ; des Girondins. **2.** HIST. Qui appartient au parti politique des Girondins (v. partie n.pr.).

GIRONNÉ, E adj. **1.** HÉRALD. Se dit de l'écu divisé en huit parties triangulaires égales entre elles, ayant toutes un sommet au centre du blason. **2.** CONSTR. *Tuile gironnée :* tuile de forme trapézoïdale, pour la réalisation de couvertures courbes. ◆ n.m. HÉRALD. Écu gironné.

GIROUETTE n.f. (anc. normand *wire-wite,* avec infl. de l'anc. v. *girer,* tourner). **1.** Plaque de forme variable, mobile autour d'un axe vertical et fixée au sommet d'un toit ou d'un mât pour indiquer la direction du vent. **2.** *Fam.* Personne qui change souvent d'opinion.

GISANT, E adj. (de *gésir*). *Litt.* Couché, étendu sans mouvement. ◆ n.m. Sculpture funéraire représentant un personnage couché.

GISEMENT n.m. (de *gésir*). **1.** Accumulation naturelle, locale, de matière minérale (solide, liquide ou gazeuse), susceptible d'être exploitée. **2.** Potentiel de clientèle, d'audience susceptible d'être touché par une firme, un média. **3.** MAR. *Gisement d'une direction,* angle que fait cette direction avec une direction méridienne de référence ou avec l'axe d'un navire, compté dans le sens des aiguilles d'une montre.

GÎT → **GÉSIR.**

GITAN, E adj. (esp. *gitano,* de *egiptano,* égyptien). Relatif aux Gitans (v. partie n.pr.).

GITANE n.f. Cigarette de marque française, dont il existe plusieurs variétés.

1. GÎTE n.m. (de *gésir*). **1.** *Litt.* Lieu où l'on trouve à se loger, où l'on couche habituellement ou temporairement. ◇ *Gîte rural :* maison paysanne aménagée selon certaines normes pour recevoir des hôtes payants. **2.** Lieu où le lièvre se retire. **3.** Morceau de la jambe ou de l'avant-bras des bovins. **4.** GÉOL. Concentration de minéraux.

2. GÎTE n.f. MAR. Inclinaison sur un bord ; bande.

1. GÎTER v.i. **1.** Avoir son gîte, en parlant d'un lièvre. **2.** Vx ou *litt.* Habiter ou coucher en un lieu.

2. GÎTER v.i. MAR. Donner de la bande, en parlant d'un bateau.

GÎTOLOGIE n.f. GÉOL. Étude des gîtes métallifères.

GITON n.m. (de *Giton,* n. d'un personnage du *Satiricon* de Pétrone). *Litt.* Jeune homme entretenu par un homosexuel.

GIVRAGE n.m. Formation de givre sur une surface.

GIVRANT, E adj. Qui provoque la formation de givre. *Brouillard givrant.*

GIVRE n.m. (mot prélatin). **1.** Vapeur d'eau congelée sur un corps solide, une surface (à distinguer de la *gelée blanche*). **2.** BIJOUT. Fêlure ou petite tache blanche dans une gemme. SYN. : *givrure, glace.*

GIVRÉ, E adj. **1.** Se dit d'un fruit (orange ou citron) dont l'intérieur est fourré de sorbet aromatisé avec la pulpe du fruit. **2.** *Verre givré,* dont le bord est enduit de sucre en poudre. **3.** *Fam.* Fou.

GIVRER v.t. **1.** Couvrir de givre. **2.** Saupoudrer d'une substance (verre pilé, sucre, etc.) imitant le givre.

GIVREUX, EUSE adj. Se dit d'une pierre précieuse ou fine qui présente des givres.

GIVRURE n.f. BIJOUT. Givre.

GLABELLE n.f. (du lat. *glaber,* glabre). ANAT. Saillie osseuse de l'os frontal, située entre les sourcils.

GLABRE adj. (lat. *glaber*). **1.** *Sout.* Imberbe. **2.** BOT. Dépourvu de poils.

GLAÇAGE n.m. Action de glacer.

GLAÇANT, E adj. Qui décourage, rebute par sa froideur. *Un accueil glaçant.*

GLACE n.f. (lat. *glacies*). **1.** Eau congelée, liquide solidifié par l'action du froid. (La glace est moins dense que l'eau, ce qui constitue une exception notable car, en général, un liquide est moins dense que le cristal dont il est issu par fusion.) ◇ *Être, rester de glace,* insensible. – *Rompre la glace :* faire cesser la contrainte, la gêne du premier contact. **2.** Crème à base de lait, de sucre, d'œufs, aromatisée ou additionnée de fruits et prise en glace par congélation. *Manger une glace.* **3.** Lame de verre ou de cristal assez épaisse dont on fait les miroirs, les vitrages. ◇ *Glace flottée,* obtenue par coulage en continu de verre fondu sur un bain d'étain liquide. **4.** Miroir. *Se regarder dans une glace.* **5.** Vitre à châssis mobile. *Baisser les glaces d'une voiture.* **6.** CUIS. Préparation telle que jus de viande, blanc d'œuf, sucre, etc., utilisée pour glacer une pièce cuite ou un gâteau. **7.** BIJOUT. Givre.

GLACÉ, E adj. **1.** Durci par le froid. *Terre glacée.* **2.** Très froid. *Avoir les mains glacées.* **3.** *Fig.* Qui marque des dispositions hostiles, de la froideur. *Accueil glacé.* **4.** CUIS. Recouvert d'une glace. **5.** Qui a subi le glaçage ; brillant (par oppos. à *mat*). *Papier glacé.*

GLACER v.t. [9]. **1.** Solidifier un liquide par le froid. **2.** Rendre très froid. *Glacer un jus de fruits.* **3.** Causer une vive sensation de froid à. *Le vent m'a glacé.* **4.** *Fig.* Remplir d'effroi ; intimider. *Son aspect me glace.* **5.** Donner un aspect lisse et brillant à une étoffe, à un papier, etc. – *Spécial.* Donner à une photographie un aspect brillant en la passant à la glaceuse. **6.** CUIS. Couvrir de jus, de gelée une pièce cuite ou de sucre, de sirop un gâteau, un entremets, etc., de façon à rendre sa surface brillante et lisse.

GLACERIE n.f. Fabrication des glaces et sorbets ; commerce du glacier.

GLACEUSE n.f. Machine qui permet de glacer des tirages photographiques.

GLACIAIRE adj. **1.** Relatif aux glaciers. ◇ HYDROL. *Régime glaciaire :* régime d'un cours d'eau caractérisé par de hautes eaux d'été (fusion des glaciers) et de basses eaux d'hiver (rétention nivale et glaciaire). – *Érosion glaciaire :* érosion due aux inlandsis ou aux glaciers des montagnes. **2.** Se dit des périodes géologiques marquées par un refroidissement du climat et par le développement des glaciers et des inlandsis.

GLACIAL, E, ALS ou **AUX** adj. **1.** Qui pénètre d'un froid vif. *Vent glacial.* **2.** *Fig.* Qui est d'une extrême froideur, qui paralyse. *Abord glacial.*

GLACIALEMENT adv. *Litt.* De façon glaciale, hostile.

GLACIATION n.f. **1.** Transformation en glace. **2.** Période géologique durant laquelle la couverture glaciaire (glaciers, inlandsis) a été étendue. (Les glaciations ont été au nombre de quatre pendant le quaternaire : günz, mindel, riss et würm.)

GLACIEL, ELLE adj. *Didact.* Relatif aux glaces flottantes. ◆ n.m. Ensemble de glaces flottantes.

1. GLACIER n.m. Accumulation de neige transformée en glace, animée de mouvements lents. (Les glaciers forment de vastes coupoles dans les régions polaires [*inlandsis* ou *glacier continental*] ; dans les vallées de montagne, ils s'étendent en aval du névé [*glacier de montagne* ou *de vallée*] ou s'étalent en lobe au sortir de la vallée, dans la plaine *[glacier de piémont].*)

2. GLACIER n.m. Professionnel qui prépare ou vend des glaces, des sorbets.

GLACIÈRE n.f. **1.** Vx. Local où l'on conservait de la glace. **2.** Garde-manger portatif, refroidi avec de la glace. **3.** *Fam.* Lieu très froid.

GLACIÉRISME n.m. Forme d'escalade pratiquée sur les parois des glaciers.

GLACIÉRISTE n. Personne qui pratique le glaciérisme.

GLACIOLOGIE n.f. Branche des sciences de la Terre qui étudie les glaciers, la glace et les régions glaciaires.

GLACIOLOGIQUE adj. Relatif à la glaciologie.

GLACIOLOGUE n. Spécialiste de la glaciologie.

GLACIS n.m. **1.** FORTIF. Terrain découvert aménagé en pente douce à partir des éléments extérieurs d'un ouvrage fortifié. **2.** Zone protectrice formée par des États dépendant militairement d'une autre puissance. **3.** ARCHIT. Pente donnée au-dessus d'un bandeau, d'une corniche pour l'écoulement des eaux pluviales. **4.** GÉOMORPH. Surface d'érosion, en pente douce et régulière (inférieure à 10°) et s'appuyant à un relief dominant. ◇ *Glacis continental :* rampe sédimentaire, faiblement inclinée, formant le raccord entre la base de la pente continentale et les régions abyssales. **5.** PEINT. Préparation peu chargée en pigments, qui donne un film translucide.

GLAÇON n.m. **1.** Morceau de glace. **2.** *Fam.* Personne froide, très distante.

GLAÇURE n.f. (all. *Glasur*). Enduit vitrifiable appliqué sur une poterie pour l'imperméabiliser.

GLADIATEUR n.m. (lat. *gladiator*). ANTIQ. ROM. Homme qui, dans les jeux du cirque, combattait contre un autre homme ou une bête féroce.

GLAGOLITIQUE adj. (du slavon *glagol,* parole). Se dit d'une écriture introduite, au IXe s., dans les communautés slaves des Balkans pour les besoins de l'évangélisation.

GLAÏEUL [glajœl] n.m. (lat. *gladiolus*). Plante bulbeuse de l'Europe méditerranéenne et de l'Afrique subtropicale, dont il existe de multiples cultivars aux coloris divers. (Genre *Gladiolus ;* famille des iridacées.)

GLAIRE n.f. (du lat. *clarus,* clair). **1.** MÉD. Sécrétion blanchâtre et gluante, normale ou pathologique, d'une muqueuse. **2.** Blanc d'œuf cru.

GLAIREUX, EUSE adj. De la nature de la glaire ; visqueux.

GLAISE n.f. (mot gaul.). Terre grasse et compacte, argileuse, dont on fait des tuiles, des briques, de la poterie. (On dit aussi *terre glaise.*)

GLAISEUX, EUSE adj. Qui contient de la glaise.

GLAISIÈRE n.f. Terrain d'où l'on tire la glaise.

GLAIVE n.m. (lat. *gladius*). **1.** Épée courte à deux tranchants. **2.** *Litt.* Symbole de la guerre, des combats. *Périr par le glaive.*

GLAMOUR adj. inv. et n.m. (mot angl., *séduction*). Se dit de ce qui est empreint de charme sophistiqué, de sensualité et d'éclat, notamm. dans le domaine du spectacle, de la mode.

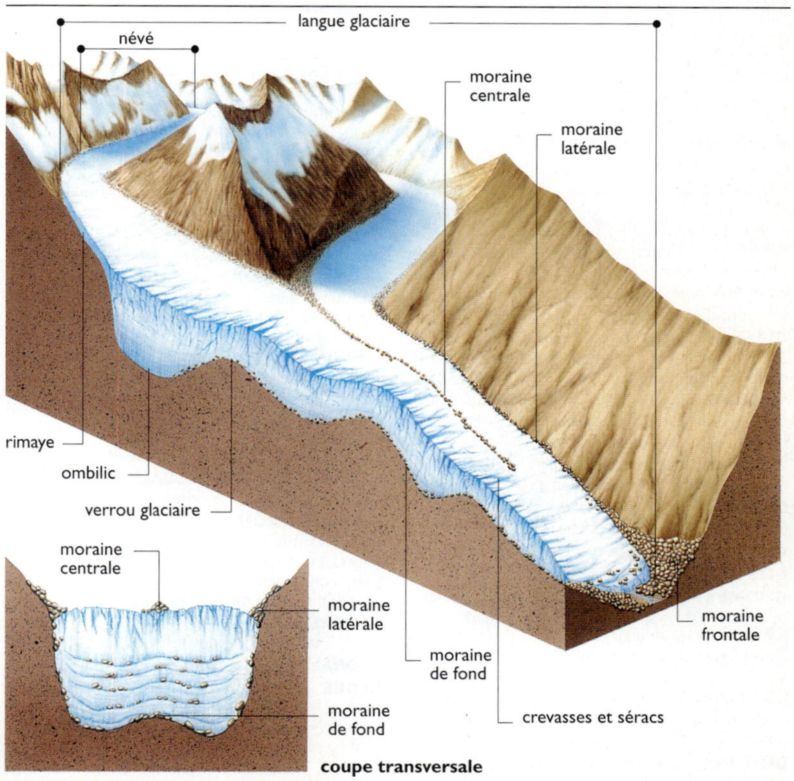

■ **GLACIER.** Vues en coupe d'une vallée glaciaire.

GLANAGE n.m. Action de glaner.

GLAND n.m. (lat. *glans*). **1.** Fruit du chêne, enchâssé dans une cupule. **2.** Élément de passementerie, de forme ovoïde. **3.** Extrémité renflée du pénis.

GLANDAGE n.m. **1.** Action de recueillir les glands. **2.** Lieu où l'on recueille les glands.

GLANDE n.f. (lat. *glandula*). **1.** MÉD. Organe, tissu ou cellule de nature épithéliale, qui réalise la sécrétion d'une substance, puis son excrétion. (On distingue les glandes *exocrines* et les glandes *endocrines,* sécrétant des hormones.) **2.** *Fam.* Adénopathie du cou, de l'aisselle, de l'aine. SYN. *(cour.) : ganglion.*

GLANDÉE n.f. Récolte des glands.

GLANDER ou **GLANDOUILLER** v.i. *Très fam.* Perdre son temps à ne rien faire ; n'avoir pas de but précis.

GLANDEUR, EUSE n. *Très fam.* Personne qui glande ; paresseux, fainéant.

GLANDULAIRE ou **GLANDULEUX, EUSE** adj. MÉD. Relatif aux glandes.

GLANE n.f. Vx. **1.** Action de glaner. **2.** Poignée d'épis glanés. **3.** Chapelet d'oignons, d'aulx, etc.

GLANER v.t. (bas lat. *glenare,* d'un radical gaul.). **1.** Ramasser les épis restés dans un champ après la moisson. **2.** *Fig.* Recueillir çà et là des éléments épars pour en tirer parti. *Glaner des idées, des renseignements.*

G

GLANEUR, EUSE n. Personne qui glane.

GLAPIR v.i. (altér. de *glatir*). **1.** Pousser des cris aigus et brefs, en parlant du petit chien, du renard, de la grue. **2.** *Souvent péjor.* Crier d'une voix aiguë.

GLAPISSANT, E adj. Qui glapit ; criard.

GLAPISSEMENT n.m. Action de glapir ; cri aigu d'une personne ou d'un animal qui glapit.

GLARÉOLE n.f. (du lat. *glarea,* gravier). Échassier des marécages d'Europe méridionale et d'Asie occidentale, au plumage sombre et à la gorge blanche, appelé aussi *hirondelle des marais.* (Ordre des charadriiformes ; famille des glaréolidés.)

GLAS [glɑ] n.m. (lat. *classicum,* sonnerie de trompette). Sonnerie de cloches annonçant l'agonie, la mort ou les funérailles de qqn.

GLASNOST [glasnɔst] n.f. (mot russe, *fait de rendre public*). HIST. En URSS, politique de transparence de la vie publique accompagnant le changement d'orientation *(perestroïka)* conduit, à partir de 1985, par Mikhaïl Gorbatchev.

GLATIR v.i. (lat. *glattire*). Pousser son cri, en parlant de l'aigle.

GLAUCOME n.m. (lat. *glaucoma,* du gr.). Maladie de l'œil caractérisée par une augmentation de la pression intérieure entraînant soit des crises douloureuses aiguës, soit une diminution insidieuse du champ visuel.

GLAUCONITE ou **GLAUCONIE** n.f. Silicate hydraté de fer et de potassium, vert foncé.

GLAUQUE adj. (lat. *glaucus,* du gr.). **1.** D'un vert tirant sur le bleu. *Eau glauque.* **2.** *Fam.* **a.** Qui inspire la mélancolie ; lugubre, sinistre. **b.** Qui inspire la méfiance ; louche, sordide. *Une ambiance glauque.*

GLAVIOT n.m. (altér. de *claviot,* maladie du mouton, d'apr. *glaire*). *Très fam.* Crachat.

GLÈBE n.f. (lat. *gleba*). **1.** *Litt.* Sol en culture. **2.** HIST. Sol auquel les serfs étaient assujettis et qu'ils devaient cultiver.

1. GLÈNE n.f. (gr. *glênê*). ANAT. Surface articulaire creuse d'un os, génér. peu profonde et ovoïde. SYN. : *cavité glénoïde.*

2. GLÈNE n.f. (provenç. *glena*). MAR. Cordage disposé en rond et en anneaux superposés.

GLÉNOÏDE adj. ANAT. *Cavité glénoïde :* glène. *Cavité glénoïde de l'omoplate.*

GLIAL, E, AUX adj. HISTOL. Relatif à la névroglie.

GLIE n.f. (lat. *glus, -utis,* glu). HISTOL. Névroglie.

GLIOME n.m. (lat. *glioma*). MÉD. Tumeur bénigne ou maligne du système nerveux central, développée à partir de la glie.

GLISSADE n.f. **1.** Action de glisser ; mouvement fait en glissant. **2.** Glissoire. **3.** En danse classique, pas exécuté par effleurement des pieds sur le sol et dans lequel un pied s'éloigne de l'autre, qui le rejoint.

GLISSAGE n.m. Opération consistant à faire descendre le long des pentes les troncs d'arbres abattus en montagne.

GLISSANCE n.f. État d'une surface (chaussée, en partic.) présentant un très faible coefficient de frottement.

GLISSANDO n.m. (mot ital.). MUS. Procédé d'exécution vocale ou instrumentale consistant à faire entendre avec rapidité tous les sons compris entre deux notes.

GLISSANT, E adj. **1.** Sur quoi on glisse facilement. *Route glissante.* ◇ *Terrain glissant :* affaire hasardeuse, circonstance délicate. **2.** Qui glisse des mains ; à quoi on ne peut se retenir. *Rampe glissante.* **3.** ALGÈBRE. *Vecteur glissant :* glisseur.

GLISSE n.f. Capacité d'un matériel ou d'un sportif à glisser sur une surface (neige, glace, eau). ◇ *Sports de glisse :* ensemble des sports où l'on glisse sur la neige, la glace ou l'eau (ski, patinage, surf, etc.), ou que l'on pratique sur roulettes (skateboard, roller, trottinette, etc.), voire sur roues (bicross). [On dit aussi *la glisse.*]

GLISSEMENT n.m. **1.** Action de glisser ; mouvement de ce qui glisse. *Glissement d'une barque sur un lac.* **2.** Passage progressif, insensible d'un état à un autre. *Glissement de sens d'un mot.* **3.** *Glissement de terrain :* déplacement de matériaux meubles sur un versant, sans bouleversement du relief. **4.** ÉCON. *En glissement :* se dit de la mesure de l'évolution d'une variable économique opérée en comparant deux périodes ponctuelles de référence (par ex. juin 1999 et juin 2000).

GLISSER v.i. (anc. fr. *gliier,* du francique *glîdan,* avec infl. de *glacer*). **1.** Se déplacer d'un mouvement continu sur une surface lisse, unie ; donner cette impression. *Les patineurs glissent sur le lac gelé.* **2.** Perdre soudain l'équilibre ou le contrôle de sa direction ; déraper. *Glisser sur le verglas.* **3.** Être glissant. *Attention, le sol glisse.* **4.** Tomber accidentellement de. *Glisser d'une échelle.* ◇ *Glisser des mains :* échapper accidentellement des mains. **5.** Passer graduellement, insensiblement d'un état à un autre. *Électorat qui glisse à gauche.* **6.** Passer légèrement et rapidement sur qqch, ne pas insister. *Glissons sur le passé.* **7.** Ne guère faire impression sur qqn, ne pas atteindre. *Les injures glissent sur lui.* ◆ v.t. **1.** Introduire adroitement ou furtivement qqch quelque part. *Glisser une lettre sous une porte.* **2.** Introduire habilement une idée, une opinion dans un texte, un discours. *Glisser quelques critiques.* **3.** *Glisser un mot, une remarque à l'oreille de qqn,* les lui dire furtivement. ◆ **se glisser** v.pr. **1.** Pénétrer discrètement, parvenir adroitement quelque part ; se faufiler. **2.** S'introduire, se trouver insensiblement ou malencontreusement quelque part. *Des fautes se sont glissées dans le texte.*

GLISSEUR n.m. ALGÈBRE. Couple formé d'une droite et d'un vecteur de même direction. SYN. : *vecteur glissant.*

GLISSIÈRE n.f. **1.** Pièce destinée à guider dans son mouvement, par l'intermédiaire d'une rainure, une autre pièce mobile. **2.** *Glissière de sécurité :* forte bande métallique bordant une voie afin d'empêcher un véhicule d'en sortir.

GLISSOIR n.m. Couloir creusé sur les pentes d'une montagne pour faire descendre les troncs d'arbres abattus.

GLISSOIRE n.f. Chemin de glace sur lequel les enfants s'amusent à glisser ; glissade.

GLOBAL, E, AUX adj. (de *globe*). **1.** Qui est considéré dans sa totalité, dans son ensemble ; pris en bloc. *Revenu global. Vue globale.* **2.** ÉCON. Relatif à une activité exercée à l'échelle planétaire. **3.** *Méthode globale :* méthode d'apprentissage de la lecture fondée sur l'idée que, chez l'enfant, la perception d'un ensemble (syllabe) est antérieure à l'analyse des éléments de cet ensemble (lettre).

GLOBALEMENT adv. Dans l'ensemble.

GLOBALISANT, E ou **GLOBALISATEUR, TRICE** adj. Qui globalise. *Vision globalisante.*

GLOBALISATION n.f. **1.** Action de globaliser. **2.** ÉCON. Tendance des entreprises multinationales à concevoir des stratégies à l'échelle planétaire, conduisant à la mise en place d'un marché mondial unifié ; mondialisation.

GLOBALISER v.t. Réunir en un tout, présenter d'une manière globale des éléments dispersés.

GLOBALITÉ n.f. Caractère global de qqch.

GLOBE n.m. (lat. *globus*). **1.** Corps sphérique ; sphère. ◇ *Globe céleste :* sphère sur laquelle est dessinée une carte du ciel. – *Globe terrestre :* sphère sur laquelle est dessinée une carte de la Terre. – *Globe oculaire :* l'œil proprement dit, sans ses annexes (muscles oculomoteurs, par ex.) ni le nerf optique. **2.** Enveloppe protectrice en verre de forme arrondie. *Pendule sous globe.* ◇ *Mettre, garder sous globe :* mettre, garder à l'abri de tout danger. **3.** La Terre, le monde. *La surface du globe.*

GLOBE-TROTTEUR, EUSE n. [pl. *globe-trotteurs, euses*] (angl. *globe-trotter*). Personne qui parcourt le monde.

GLOBICÉPHALE n.m. Mammifère cétacé dont la tête, dépourvue de bec, porte un renflement, ou melon, dans sa partie frontale. (Long. 6 m ; genre *Globicephala,* famille des delphinidés.)

GLOBIGÉRINE n.f. Foraminifère très abondant dans les mers tempérées et chaudes, dont le test est constitué par de petites loges sphériques disposées en une spirale irrégulière.

GLOBINE n.f. Protéine entrant dans la composition de l'hémoglobine du sang et de la myoglobine des muscles.

1. GLOBULAIRE adj. **1.** Qui est en forme de globe. **2.** Relatif aux globules du sang. *Numération globulaire.*

2. GLOBULAIRE n.f. Plante gamopétale des sols pierreux, à petites fleurs bleues groupées en pompons. (Famille des globulariacées.)

GLOBULE n.m. (lat. *globulus*). **1.** Vx. Très petit corps sphérique. **2.** Nom donné parfois à certaines cellules de l'organisme. ◇ *Globule blanc :* leucocyte. – *Globule rouge :* érythrocyte, hématie. – *Globule polaire :* l'une des trois cellules stériles formées avec l'ovule au cours de la méiose, dans la gamétogenèse femelle.

GLOBULEUX, EUSE adj. **1.** Qui a la forme d'un petit globe. **2.** *Œil globuleux,* dont le globe est très saillant.

GLOBULINE n.f. BIOCHIM. Protéine de poids moléculaire élevé, telle que les anticorps.

GLOCKENSPIEL [glɔkənʃpil] n.m. (mot all.). MUS. Carillon ; instrument à clavier qui se joue avec des baguettes dont la tête est en cuivre. SYN. : *jeu de timbres.*

GLOIRE n.f. (lat. *gloria*). **1.** Renommée brillante, célébrité, prestige dont jouit qqn. *Se couvrir de gloire.* **2. a.** Mérite, honneur qui revient à qqn. *C'est à elle que revient la gloire de cette découverte.* ◇ *Rendre gloire à :* rendre un hommage mêlé d'admiration à. – *Se faire gloire, tirer gloire de :* tirer vanité, se vanter de. – *Pour la gloire :* sans espérer de profit matériel. **b.** Ce qui assure le renom, suscite la fierté. *Ce musée est la gloire de la ville.* **3.** Personne illustre, dont la renommée est incontestée. *Une des gloires de l'époque.* **4.** THÉOL. CHRÉT. Manifestation de la majesté, de la toute-puissance et de la sainteté de Dieu, telles qu'elles se reflètent dans sa création. **5.** BX-ARTS. Auréole lumineuse entourant l'image du Christ ; peinture d'un ciel avec anges et saints. – *Spécial.* À l'époque baroque, faisceau de rayons dorés entourant un symbole sacré.

GLOMÉRIS [-ris] n.m. (lat. *glomus, -eris,* boule). Petit mille-pattes détritivore court, à morphologie de cloporte, qui se roule en boule quand on le touche. (Long. 1 à 2 cm ; classe des myriapodes.)

GLOMÉRULE n.m. (lat. *glomus, -eris,* boule). **1.** HISTOL. Formation pelotonnée, vasculaire ou nerveuse, ayant une forme sphérique. *Glomérule du rein.* **2.** BOT. Inflorescence où les fleurs, portées par des axes très courts, semblent insérées au même niveau.

GLOMÉRULONÉPHRITE n.f. Vieilli. Glomérulopathie.

GLOMÉRULOPATHIE n.f. MÉD. Toute néphropathie prédominante au niveau des glomérules du rein.

GLORIA n.m. inv. (mot lat.). Prière de louange dans les liturgies romaine et grecque, commençant par *Gloria in excelsis Deo...*

GLORIETTE n.f. Pavillon d'agrément formant belvédère ; cabinet de verdure dans un parc.

GLORIEUSEMENT adv. De façon glorieuse.

GLORIEUX, EUSE adj. (lat. *gloriosus*). **1.** Qui donne de la gloire ; éclatant, célèbre. *Combat glorieux.* **2.** Qui s'est acquis de la gloire, surtout militaire. **3.** Vx. Qui tire vanité de qqch ; fier, orgueilleux. *Glorieux de son rang.*

GLORIFICATEUR, TRICE adj. et n. *Litt.* Qui glorifie.

GLORIFICATION n.f. Action de glorifier.

GLORIFIER v.t. [5]. Rendre gloire à ; honorer. ◆ **se glorifier** v.pr. **(de)**. Tirer vanité de.

GLORIOLE n.f. Vaine gloire tirée de petites choses.

GLOSE n.f. (lat. *glosa,* du gr. *glôssa,* langue). **1.** Explication de quelques mots obscurs d'une langue par d'autres mots plus intelligibles. **2.** Commentaire, notes servant à l'intelligence d'un texte. **3.** (Surtout pl.) **a.** Interprétation malveillante ; critique. *Faire des gloses sur tout le monde.* **b.** Commentaire oiseux, inutilement long. *Ce sont des gloses à n'en plus finir.*

GLOSER v.t. Éclaircir un texte par une glose, un commentaire. ◆ v.t. ind. **(sur).** Faire des commentaires malveillants sur ; critiquer.

GLOSSAIRE n.m. (lat. *glossarium*). **1.** Lexique expliquant les mots rares d'une langue, d'une œuvre, d'un traité. **2.** Liste alphabétique, placée à la fin d'un ouvrage, des mots du vocabulaire spécialisé qui y est utilisé. **3.** Vocabulaire spécifique d'une activité, d'un métier ; ouvrage ou partie d'ouvrage comprenant ce vocabulaire.

GLOSSECTOMIE n.f. Amputation chirurgicale de la langue.

GLOSSETTE n.f. (nom déposé). Forme médicamenteuse destinée à être absorbée par voie sublinguale, en la laissant fondre sous la langue. SYN. : *linguette.*

GLOSSINE n.f. (du gr. *glôssa,* langue). Mouche ovovivipare dont on connaît plusieurs espèces en Afrique tropicale, comme la mouche tsé-tsé.

GLOSSITE n.f. (du gr. *glôssa,* langue). MÉD. Inflammation de la langue.

GLOSSODYNIE n.f. MÉD. Sensation désagréable, voire douloureuse, au niveau de la langue.

GLOSSOLALIE n.f. (gr. *glôssa,* langue, et *lalein,* parler). **1.** PSYCHIATR. Chez certains malades mentaux, utilisation d'une langue inventée, incompréhensible pour les autres. **2.** Phénomène extatique, dit aussi *don des langues,* dans lequel le sujet émet une série de sons ou de mots dont les auditeurs ne peuvent saisir le sens sans le concours d'un autre sujet possédant le don de l'interprétation.

GLOSSO-PHARYNGIEN, ENNE adj. (pl. *glosso-pharyngiens, ennes*). Qui concerne à la fois la langue et le pharynx.

GLOTTAL, E, AUX adj. PHON. Émis par la glotte.

GLOTTE n.f. (gr. *glôttis*). ANAT. Partie moyenne de la cavité du larynx, bordée par les deux cordes vocales. ◇ PHON. *Coup de glotte :* occlusive produite au niveau de la glotte par l'accolement des cordes vocales l'une contre l'autre.

GLOTTIQUE adj. Relatif à la glotte.

GLOUGLOU n.m. (onomat.). **1.** *Fam.* Bruit d'un liquide s'échappant d'une bouteille, d'un conduit, etc. **2.** Cri du dindon.

GLOUGLOUTER v.i. **1.** *Fam.* Produire un bruit de glouglou. **2.** Pousser son cri, en parlant du dindon.

GLOUSSANT, E adj. Qui glousse.

GLOUSSEMENT n.m. **1.** Cri de la poule qui appelle ses petits. **2.** Petits cris ou rires étouffés.

GLOUSSER v.i. (lat. *glocire*). **1.** En parlant de la poule, appeler ses petits. **2.** Rire en poussant des petits cris.

1. GLOUTON, ONNE adj. et n. (du lat. *gluttus,* gosier). Qui mange beaucoup et avec avidité ; goinfre.

2. GLOUTON n.m. Mammifère carnivore de la taïga et de la toundra d'Eurasie et d'Amérique du Nord, au corps massif et aux mâchoires puissantes. (Genre *Gulo ;* famille des mustélidés.)

GLOUTONNEMENT adv. D'une manière gloutonne.

GLOUTONNERIE n.f. Avidité du glouton.

GLU n.f. (lat. *glus,* colle). Matière visqueuse et tenace, extraite notamm. de l'écorce intérieure du houx.

GLUANT, E adj. **1.** Qui a la consistance ou l'aspect de la glu. *Terre gluante.* **2.** Qui colle ; visqueux. *Liquide gluant.* **3.** *Fam.* Tenace, importun.

GLUAU n.m. Petite branche frottée de glu, pour prendre les oiseaux. (La chasse aux gluaux est prohibée.)

GLUCAGON n.m. PHYSIOL. Hormone sécrétée par les îlots de Langerhans du pancréas et qui a une action hyperglycémiante.

GLUCIDE n.m. BIOCHIM. Composant fondamental de la matière vivante, constitué de carbone, d'hydrogène et d'oxygène, jouant dans l'organisme un rôle énergétique.

GLUCIDIQUE adj. Relatif aux glucides.

GLUCOCORTICOÏDE adj. et n.m. MÉD. Se dit d'un corticoïde du groupe du cortisol, agissant sur le métabolisme et utilisé comme médicament anti-inflammatoire, antiallergique ou immunosuppresseur.

GLUCOMÈTRE n.m. Aréomètre qui sert à déterminer la concentration en glucose d'un moût de raisin. SYN. : *pèse-moût.*

GLUCONIQUE adj. CHIM. ORG. Se dit d'un acide formé par oxydation du glucose.

GLUCOSE n.m. (du gr. *glukus,* doux). Glucide ($C_6H_{12}O_6$) de saveur sucrée, contenu dans certains fruits (raisin) et entrant dans la composition de presque tous les glucides. (Produit par les plantes vertes au cours de la photosynthèse, il joue un rôle fondamental dans le métabolisme des êtres vivants.)

GLUCOSÉ, E adj. Additionné de glucose.

GLUCOSERIE n.f. Industrie du glucose ; fabrique de glucose.

GLUCOSIDE n.m. **1.** Composé donnant du glucose par hydrolyse, que l'on rencontre dans de nombreux végétaux (nom générique). **2.** Hétéroside.

GLUME n.f. (lat. *gluma,* balle des graines). BOT. Chacune des deux bractées verdâtres situées à la base de chaque épillet des graminées.

GLUMELLE n.f. Chacune des deux bractées qui enveloppent directement chacune des fleurs de l'épi des graminées.

GLUON n.m. (de *glu*). Particule élémentaire, agent des interactions entre les quarks. (Le gluon est un boson.)

GLUTAMATE n.m. CHIM. ORG. Sel ou ester de l'acide glutamique, utilisé notamm. comme agent de sapidité (glutamate de sodium).

GLUTAMIQUE adj. (de *gluten*). BIOCHIM. *Acide glutamique :* acide aminé neuromédiateur, jouant aussi un rôle dans le métabolisme et comme constituant des protéines.

GLUTEN [-tɛn] n.m. (mot lat., *colle*). Partie protéique, visqueuse, de la farine des céréales.

GLUTINEUX, EUSE adj. Qui contient du gluten ; qui a la nature, la consistance ou l'apparence du gluten.

GLYCÉMIE n.f. MÉD. Concentration du glucose dans le sang.

GLYCÉRIDE n.m. Ester de la glycérine.

GLYCÉRIE n.f. Plante qui pousse près des étangs, au bord de la mer ou dans les marais salants, dont certaines espèces ressemblent aux roseaux. (Genre *Glyceria ;* famille des graminées.)

GLYCÉRINE n.f. (du gr. *glukeros,* doux). Produit à base de glycérol, obtenu industriellement (nom générique).

GLYCÉRINER v.t. Enduire de glycérine ; incorporer de la glycérine.

GLYCÉRIQUE adj. *Acide glycérique,* formé par oxydation de la glycérine.

GLYCÉROL n.m. Trialcool liquide CH_2OH–$CHOH$–CH_2OH donnant, par estérification avec des acides gras, des lipides tels que les triglycérides.

GLYCÉROLÉ n.m. Préparation médicamenteuse fluide, à base de glycérine, destinée à être appliquée sur la peau.

GLYCÉROPHTALIQUE adj. Se dit d'une résine dérivée du glycérol et de composés phtaliques. ◇ *Peinture glycérophtalique,* à base de résine glycérophtalique.

1. GLYCINE n.f. (du gr. *glukus,* doux). Arbuste grimpant originaire de Chine et cultivé pour ses longues grappes de fleurs mauves et odorantes. (Genre *Wisteria ;* famille des papilionacées.)

■ GLYCINE

2. GLYCINE n.f. ou **GLYCOCOLLE** n.m. Acide aminé utilisé par l'organisme pour la synthèse d'autres substances (glucose, etc.), constituant essentiel des protéines et neuromédiateur.

GLYCOGÈNE n.m. Glucide complexe, constituant la principale réserve de glucose dans le foie et les muscles.

GLYCOGENÈSE n.f. Formation du glucose par des cellules de l'organisme.

GLYCOGÉNIQUE adj. Qui se rapporte au glycogène ou à la glycogenèse.

GLYCOL n.m. **1.** *Éthylène glycol :* dialcool (HOH_2C–CH_2OH) employé en partic. comme antigel. **2.** Dialcool (nom générique).

GLYCOLIPIDE n.m. BIOCHIM. Substance associant un lipide et un glucide, abondante dans les membranes cellulaires.

GLYCOLIQUE adj. Se dit d'un acide dérivant de l'oxydation du glycol.

GLYCOLYSE n.f. Dégradation du glucose dans les cellules, au cours du catabolisme.

GLYCOPROTÉINE n.f. BIOCHIM. Substance constituée d'une protéine combinée à un glucide.

GLYCOSURIE [-zyri] n.f. MÉD. Présence de glucose dans l'urine, l'un des signes du diabète.

GLYPHE n.m. (gr. *gluphê,* ciselure). **1.** ARCHIT. Canal, trait gravé en creux génér. vertical dont la répétition constitue un ornement. (→ ***triglyphe***). **2.** ARCHÉOL. Signe de l'écriture pictographique des Mayas.

GLYPTIQUE n.f. (du gr. *gluptikos,* propre à graver). Art de tailler les pierres dures, fines ou précieuses, en creux (intailles) ou en relief (camées) ; ensemble de productions de cet art.

GLYPTODON ou **GLYPTODONTE** n.m. Mammifère édenté fossile mesurant jusqu'à 4 m de long, à carapace osseuse, qui a vécu au quaternaire en Amérique du Sud.

GLYPTOTHÈQUE n.f. **1.** Collection, cabinet de glyptique. **2.** Musée de sculptures.

GMT (sigle de l'angl. *Greenwich mean time*). Temps moyen de Greenwich. (Le sigle GMT est souvent employé improprement pour désigner le temps universel coordonné, UTC.)

GNANGNAN adj. inv. (onomat.). *Fam.* **1.** Qui est mou et lent ; qui se plaint au moindre effort. *Elle est gnangnan.* **2.** Mièvre, sans intérêt. *Un film gnangnan.*

GNAULE n.f. → **GNÔLE.**

GNEISS [gnɛs] n.m. (mot all.). Roche métamorphique constituée d'alternances de lits de mica et de lits de quartz et de feldspath.

GNEISSIQUE ou **GNEISSEUX, EUSE** [gnɛ-] adj. De la nature du gneiss.

GNÉTOPHYTE [gnetɔfit] n.f. Plante gymnosperme d'un type très évolué, telle que le gnetum, l'éphédra et la welwitschia.

GNETUM [gnetɔm] n.m. ou **GNÈTE** [gnɛt] n.f. (lat. bot. *gnetum*). Arbrisseau lianescent, à feuilles larges et opposées. (Sous-embranchement des gymnospermes ; classe des gnétophytes.)

GNIOLE n.f. → **GNÔLE.**

GNL ou **G.N.L.** n.m. (sigle de *gaz naturel liquéfié*). Gaz naturel rendu liquide pour en réduire le volume et en permettre le transport par navire.

GNOCCHI [ɲɔki] n.m. [pl. *gnocchi(s)*] (mot ital.). Boulette à base de semoule de blé ou de pommes de terre, génér. pochée puis servie avec une sauce tomate ou gratinée.

GNOGNOTE ou **GNOGNOTTE** n.f. (onomat.). *Fam. C'est de la gnognote :* c'est une chose sans valeur, négligeable.

GNÔLE, GNIOLE ou **GNAULE** n.f. (mot lyonnais). *Fam.* Eau-de-vie.

GNOME [gnom] n.m. (lat. mod. *gnomus,* du gr. *gnômê,* esprit). **1.** Dans la tradition ésotérique, petit génie difforme qui habite à l'intérieur de la terre, dont il garde les richesses. **2.** Homme petit et contrefait ; nabot.

GNOMIQUE [gnɔ-] adj. (gr. *gnômikos,* sentencieux). **1.** *Didact.* Qui exprime des vérités morales sous forme de maximes, de proverbes, de sentences. *Poésie gnomique.* **2.** LING. Se dit d'une forme verbale (temps, mode) qui sert à exprimer une idée générale. *Présent gnomique.*

GNOMON [gnɔmɔ̃] n.m. (lat. *gnomon,* du gr.). Cadran solaire primitif, constitué d'une simple

G

tige dont l'ombre se projette sur une surface plane.

GNOMONIQUE [gnɔ-] n.f. Art de construire des cadrans solaires.

GNON n.m. (de *oignon*). *Fam.* Coup ; marque qui en résulte.

GNOSE [gnoz] n.f. (gr. *gnôsis,* connaissance). Connaissance des réalités divines de nature religieuse et ésotérique, supérieure à celle des simples croyants et donnant accès au salut.

GNOSÉOLOGIE [gnoz-] n.f. (du gr. *gnôsis,* connaissance). Partie de la philosophie qui traite des fondements de la connaissance.

GNOSIE [gnozi] n.f. PSYCHOL. Connaissance du monde construite à partir des expériences sensorielles.

GNOSTICISME [gnɔstisism] n.m. Doctrine d'un ensemble de sectes chrétiennes hétérodoxes des trois premiers siècles de notre ère, qui professait un dualisme radical et fondait le salut de l'homme sur un rejet de la matière, soumise aux forces du mal, ainsi que sur une connaissance supérieure *(gnose)* des choses divines.

GNOSTIQUE [gnɔ-] adj. et n. (gr. *gnôstikos,* savant). Relatif au gnosticisme, à la gnose ; qui en est adepte.

GNOU [gnu] n.m. (mot hottentot). Antilope d'Afrique, à grosse tête chevaline ornée d'une barbe et d'une crinière, qui effectue des migrations saisonnières en troupeaux immenses. (Haut. au garrot 1,20 m ; genre *Connochaetes.*)

■ **GNOUS**

1. GO n.m. inv. (mot jap.). Jeu de stratégie d'origine chinoise, pratiqué à deux sur une grille à l'aide de pions respectivement noirs et blancs et consistant à entourer les pions de l'adversaire pour gagner les territoires qu'ils occupent.

2. GO (TOUT DE) loc. adv. (de *gober*). *Fam.* **1.** Sans préparation ; directement. *Aborder un sujet tout de go.* **2.** Sans façon, sans cérémonie.

GOAL [gol] n.m. (abrév. de l'angl. *goal-keeper,* gardien de but). Gardien(enne) de but.

GOAL-AVERAGE [golaveraʒ] ou [golavərɛdʒ] n.m. [pl. *goal-averages*] (mot angl.). Dans divers sports, comparaison (différence, rapport) des nombres de buts ou de points marqués et encaissés par chaque équipe, prise en compte pour départager des équipes ex aequo à l'issue d'une compétition.

GOBELET n.m. (anc. fr. *gobel,* du gaul.). **1.** Récipient pour boire, génér. sans pied et sans anse ; son contenu. **2.** Cornet tronconique servant à lancer les dés ou à faire des tours de prestidigitation.

GOBELETERIE [-lɛtri] n.f. Catégorie de produits comprenant la verrerie de table et la verrerie culinaire.

GOBE-MOUCHES n.m. inv. **1.** Petit passereau migrateur d'Europe et d'Afrique qui capture des insectes au vol. (Genre *Muscicapa ;* famille des muscicapidés.) ◇ *Gobe-mouches américain :* tyran (oiseau). **2.** *Fam.,* vieilli. Homme niais et crédule.

GOBER v.t. (du gaul. *gobbo,* bouche). **1.** Avaler en aspirant et sans mâcher. *Gober un œuf, une huître.* ◇ *Fam. Gober les mouches :* perdre du temps à rêvasser. **2.** *Fam.* Croire facilement, naïvement. *Elle gobe tout.* **3.** *Fam.,* vieilli. *Ne pas (pouvoir) gober qqn,* ne pas pouvoir le supporter.

GOBERGER (SE) v.pr. [10] (de l'anc. fr. *gobert,* facétieux). *Fam.,* vieilli. **1.** Prendre ses aises ; se prélasser. **2.** Faire bonne chère.

GOBEUR, EUSE n. **1.** Personne qui gobe qqch. *Gobeur d'huîtres.* **2.** *Fam.* Personne qui croit tout ce qu'on lui dit ; naïf.

GOBIE n.m. (lat. *gobio*). Petit poisson du littoral marin ou d'eau douce, pouvant se fixer aux rochers par ses nageoires ventrales formant ventouse. (Le *gobie pygmée* des Philippines, long de 11 mm, est le plus petit de tous les poissons. Genre *Gobius ;* ordre des perciformes, famille des gobiidés.)

GODAGE n.m. COUT. Faux pli d'une étoffe qui gode.

GODAILLER v.i. → **GODER.**

GODASSE n.f. (de *godillot*). *Fam.* Chaussure.

GODELUREAU n.m. *Fam.* Jeune homme qui fait le joli cœur auprès des femmes.

GODER ou **GODAILLER** v.i. (de *godet*). COUT. Faire des faux plis en bombant par suite d'une mauvaise coupe ou d'un mauvais assemblage.

GODET n.m. (du moyen néerl. *kodde,* billot). **1.** Petit gobelet à boire. **2.** Sorte d'auge fixée sur certains appareils de manutention ou de travaux publics (drague, roue-pelle, etc.). **3.** Petit récipient à l'usage des peintres. **4.** COUT. Pli rond qui va en s'évasant, formé par un tissu coupé dans le biais.

GODICHE adj. et n.f. (de *Godon,* forme pop. de *Claude*). *Fam.* Gauche, maladroit, benêt. *Avoir l'air godiche.*

GODILLE n.f. (mot dial.). **1.** Aviron placé à l'arrière d'une embarcation et permettant de la propulser par un mouvement hélicoïdal de la pelle. **2.** En ski, enchaînement de virages courts suivant la ligne de plus grande pente.

GODILLER v.i. **1.** Faire avancer une embarcation avec la godille. **2.** En ski, descendre en godille.

GODILLOT n.m. (du n. d'un fournisseur de l'armée). **1.** Ancienne chaussure militaire à tige courte. **2.** *Fam.* Grosse chaussure de marche. **3.** *Fam.* Parlementaire inconditionnel d'un homme ou d'un parti politique.

GODIVEAU n.m. (de l'anc. fr. *godebillaux* et de *veau*). CUIS. Boulette de hachis de viande, pochée au bouillon.

GODRON n.m. (de *godet*). **1.** BX-ARTS. Ornement en relief ou en creux, de forme ovale allongée, employé en nombre (chapiteaux romans, décor baroque, orfèvrerie). **2.** COST. Gaufrage rigide pratiqué sur des toiles empesées.

GOÉLAND n.m. (breton *gwelan*). Oiseau palmipède omnivore, cosmopolite des régions côtières, à plumage dorsal gris *(goéland argenté)* ou noir *(goéland brun),* qui niche en colonies importantes. (Genre *Larus ;* famille des laridés.)

GOÉLETTE n.f. (de *goéland*). Voilier à deux mâts, dont le grand mât est à l'arrière.

GOÉMON n.m. (breton *gwemon*). Région. (Bretagne, Normandie). Varech.

GOETHITE [gøtit] n.f. (de *Goethe,* n.pr.). MINÉRALOG. Hydroxyde de fer, associé à l'hématite.

GOÉTIE [gɔesi] n.f. (gr. *goêteia,* sorcellerie). Pratique occultiste faisant appel aux esprits du mal (par oppos. à *théurgie*).

GOGER v.i. [10]. Suisse. Rester longtemps dans l'eau. *Une pièce de bois qui goge.* ◆ v.t. Suisse. *Goger une maladie,* la couver.

GOGLU n.m. Passereau chanteur, insectivore et granivore, qui niche en Amérique du Nord et hiverne en Amérique du Sud. (Genre *Dolichonyx ;* famille des ictéridés.)

1. GOGO n.m. (de *Gogo,* n. d'un personnage de théâtre). *Fam.* Personne crédule, facile à tromper.

2. GOGO (À) loc. adv. (de l'anc. fr. *gogue,* réjouissance). *Fam.* À souhait, en abondance.

GOGUENARD, E adj. (de l'anc. fr. *gogue,* plaisanterie). Qui fait preuve de moquerie ; railleur. *Ton goguenard.*

GOGUENARDISE n.f. Raillerie méprisante.

GOGUENOTS ou **GOGUES** n.m. pl. *Très fam.* Lieux d'aisances ; latrines.

GOGUETTE n.f. (anc. fr. *gogue,* réjouissance). *Fam. Être en goguette :* être de bonne humeur, un peu ivre ; être enjoué et décidé à faire la fête, à s'amuser.

GOÏ n. et adj. → **GOY.**

GOINFRE adj. et n. (mot dial.). *Fam.* Qui mange beaucoup, avidement et salement.

GOINFRER (SE) v.pr. *Fam.* Manger beaucoup, gloutonnement et malproprement.

GOINFRERIE n.f. *Fam.* Caractère du goinfre.

GOITRE n.m. (mot dial.). Augmentation de volume de la glande thyroïde. (Cette anomalie est le plus souvent diffuse.)

GOITREUX, EUSE adj. et n. Se dit d'une personne atteinte d'un goitre.

GOLDEN [gɔldɛn] n.f. (mot angl., *doré*). Pomme d'une variété à peau jaune d'or et à chair parfumée.

GOLÉE n.f. (var. de *goulée*). Suisse. Gorgée, lampée.

■ **GOÉLAND.** Goéland brun.

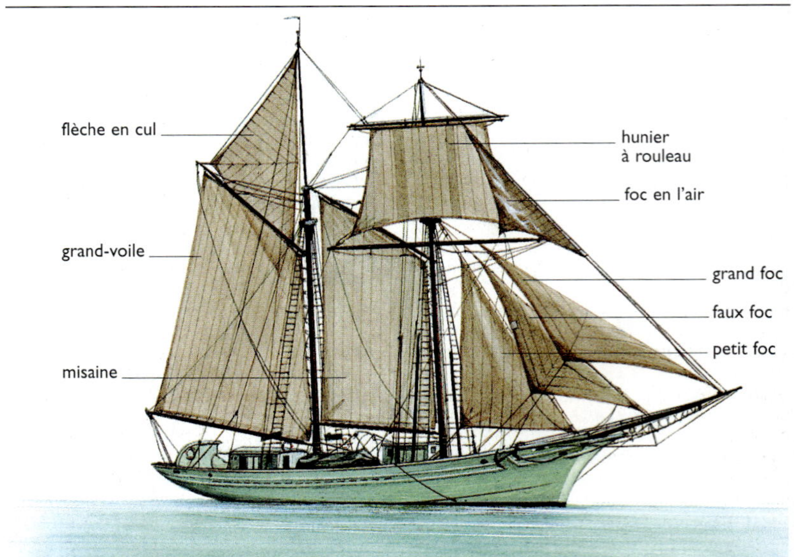

■ **GOÉLETTE** paimpolaise à hunier.

Bruegel, dit Bruegel l'Ancien, *la Tour de Babel*, 1563.

LE LANGAGE, L'ÉCRITURE ET LES LANGUES

On ne peut évoquer l'origine de l'homme sans aborder les conditions d'apparition du langage. Car l'homme n'est lui-même et n'a d'histoire qu'au terme d'une longue période au cours de laquelle sa capacité à fabriquer des outils et sa socialisation ont réuni les conditions pour qu'il pût laisser un jour les traces déchiffrables d'une aventure individuelle et collective. En une poignée d'images et quelques questions, suivons à la trace cet homme au destin singulier qui, de signal en signe et signature, en vint à utiliser des langages articulés, garants de la cohésion et de la pérennité des communautés culturelles. Babel nous rappelle à cet égard qu'un langage qui rassemble dessine aussi un espace social cerné de frontières et que la discorde des clans va de pair avec la diversité linguistique. Nous évoquerons, en fin de promenade, la formation d'une langue française aujourd'hui vivante dans cinq continents mais reléguée au douzième rang des langues maternelles. Quel rôle jouera demain cette langue ?

Pourrait-on encore de nos jours, comme le fit Rivarol en 1784, écrire un *Discours sur l'universalité de la langue française,* face à l'omniprésence de l'anglais comme langue internationale, notamment dans les techniques, le commerce et les loisirs ?

Y A-T-IL UN LANGAGE ANIMAL ?

En fait, les sons émis par les animaux et parfois accompagnés de mimiques sont des signaux et non les composants d'un langage.

DES SONS POUR SE RETROUVER

Le manchot laisse son petit au sein d'immenses « crèches » de plusieurs milliers d'individus. Revenus de la pêche, le mâle et la femelle retrouvent leur rejeton grâce aux sons qu'il émet, propres à chaque famille.

LE BAVARDAGE DES OISEAUX

La mésange bleue a le « vocabulaire » le plus étendu dans le monde des oiseaux : elle émet 48 sons différents dont la signification est mal élucidée.

DES MOTS, MAIS PAS DES PHRASES

Certains chimpanzés ont en mémoire un vocabulaire de 900 mots. Parlent-ils pour autant ? Contrairement à l'homme, ils ne peuvent associer des mots pour construire des phrases, même élémentaires.

À LA RECHERCHE DES ORIGINES

Dès que la dissection du corps a été tolérée, on a étudié le pharynx et le larynx. Mais la réponse à la question de l'origine du langage n'était pas là.

G. F. d'Acquapendente, XVIe s.

LA COMMUNICATION DES DAUPHINS

Depuis les basses fréquences jusqu'aux ultrasons, les dauphins émettent 400 signaux différents pour identifier leur environnement et régler leur comportement social, notamment pour s'entraider.

DEPUIS QUAND NOUS PARLONS-NOUS ?

Le langage articulé semble acquis dès le paléolithique supérieur (à partir de 40 000 av. J.-C.), à en juger par ces traces indirectes que sont les progrès de l'outillage et de l'organisation sociale, l'existence d'une vie religieuse et artistique.

PARLER POUR PRÉPARER À L'AU-DELÀ

L'ensevelissement volontaire d'un corps humain, accompagné d'offrandes et de parures funéraires, témoigne de croyances sur la mort et la destinée des défunts. Ainsi pour l'homme de Menton, retrouvé dans les grottes de Grimaldi : sur son crâne subsiste la trace d'une résille garnie de coquillages qui le coiffait.

Homme de Menton, 30 000 av. J.-C.

PARLER POUR TRANSMETTRE LE SAVOIR

Pour un poids de matériau sans cesse allégé (généralement du silex), l'homme a donné toujours plus de tranchant à ses armes et à ses outils. Ces progrès supposent la transmission de savoirs techniques et de processus d'apprentissage, impossibles sans échanges parlés.

« Feuilles de laurier » solutréennes, 18 000 av. J.-C., Volgu, Saône-et-Loire.

PARLER POUR ORGANISER LE GROUPE

À Pincevent, en Seine-et-Marne, on a retrouvé les vestiges d'un campement : des tentes abritaient des tailleurs de silex. Un langage était indispensable pour organiser la vie d'un groupe et la répartition des tâches.

Pincevent, époque magdalénienne, 12 000 av. J.-C.

L'ART EST UN LANGAGE

Blessé d'un coup de lance, un bison a renversé un étrange personnage à la tête d'oiseau (un masque ?). Un bâton que termine un oiseau (un totem ?) gît à côté de lui. Illustration d'un récit ?

Lascaux, « Scène du puits », 15 000 av. J.-C.

LES PREMIERS MOTS

Grognements et interjections sont probablement à l'origine des premiers mots. Dans les bredouillements du petit enfant, la mimique sonore du nourrisson qui demande la tétée est sans doute à l'origine du mot « mam(an) ».

Maternité. Statuette du Cameroun.

Avant l'écriture

Pour communiquer – avec les dieux ou avec ses semblables – l'homme a su utiliser, avant même l'écriture, les ressources expressives de son corps (gestes) et l'habileté de sa main (dessins, symboles).

Des gestes pour convaincre

Nous pratiquons tous gestes et mimiques pour appuyer nos arguments, ou simplement pour rythmer un échange verbal qui échappe ainsi à la monotonie.

Aide-mémoire d'hier...

D'une grotte du Mas-d'Azil, en Ariège, proviennent de nombreux galets peints de signes variés (9000 av. J.-C.). Après leur avoir donné une valeur religieuse, on y voit aujourd'hui des notations concrètes, pour nous mystérieuses.

Grotte de Pech-Merle, Lot.

Messages souterrains

Beaucoup de grottes du paléolithique supérieur (40 000-10 000 av. J.-C.) sont marquées de signes abstraits dont l'emploi aurait été codifié. On voit dans les points rouges des symboles masculins ; quel est le sens des mains « négatives » ?

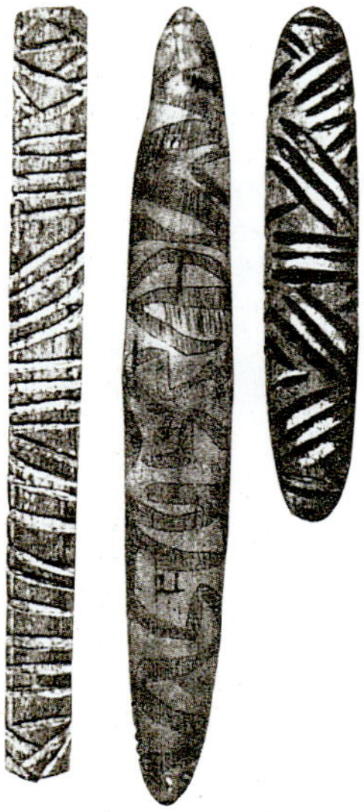

... et d'aujourd'hui

Jusqu'au XXe siècle, les Aborigènes australiens ont utilisé un bâton à encoches, un procédé venu du fond des âges, et retrouvé dans toutes les civilisations. Les informations notées sont élémentaires ; elles nécessitent le commentaire du porteur de bâton à son destinataire.

Des gestes pour parler en silence

Les moines qui respectent la règle du silence recourent à un système de signes pour s'exprimer. Cette page d'un manuscrit du XIIIe siècle enseigne comment indiquer par des gestes les chiffres des heures.

Bède, *De temporum ratione*.

Naissance d'une écriture ?

Au Xe millénaire av. J.-C., à Jerf el-Ahmar en Syrie, des galets ont été incisés pour représenter des images de serpent, arbuste, flèche, eau qui s'écoule, quadrupède, chouette... s'agit-il du témoignage d'une écriture embryonnaire ?

Les signes des dieux

L'intention de transmettre un récit ou un enseignement paraît probable. Personnages, animaux et objets s'accompagnent de signes géométriques au sens inconnu.

Backa, Göteborg-Bohus, Suède, 1500 av. J.-C.

Une histoire des origines

Sur la panse d'une calebasse, image du ventre féminin, le potier a gravé un décor : aux figures géométriques s'ajoutent personnages, animaux, soleils qui illustrent le thème de la création du monde.

Poterie foulbé, Cameroun.

En attendant les hiéroglyphes

Sur la poignée d'ivoire d'un couteau de silex, qui date du IVe millénaire av. J.-C., ont été gravées des scènes de bataille : combats entre habitants de Haute- et Basse-Égypte ? Invasion asiatique de la vallée du Nil ? Pour comprendre, il nous manque un texte historique, composé en écriture hiéroglyphique, qui va apparaître deux à trois siècles plus tard.

Couteau de Djebel el-Arak.

Les hiéroglyphes

L'écriture hiéroglyphique apparaît vers 3000 av. J.-C. Dès lors, les règles de ce système varieront peu durant les trente siècles qui vont suivre.

Un don des dieux

Un scribe écrit en présence du dieu Thot (XIVe s. av. J.-C.). Homme à tête d'ibis ou incarné par un babouin, Thot a séparé les langages et créé l'écriture.

Le rébus de Ouahibrê

Le nom d'un roi est gravé dans un cartouche (un cadre). En haut, le Soleil, image du dieu Rê. Au milieu, le signe à l'entrelacs est l'idéogramme de la fermeté ; phonétiquement il peut se lire OUAH. En bas, le signe du cœur qui se prononce IB. On obtient ainsi le nom du roi Ouahibrê, qui se traduit par : « Ferme est le cœur de Rê » (Memphis, VIIe s. av. J.-C.).

L'art et les outils du scribe

Le scribe est le symbole de la civilisation égyptienne. Le terme s'applique à de grands savants comme à de simples secrétaires. Tous ont en commun de maîtriser l'écriture hiéroglyphique.

Le rébus du Roi-Serpent

Le dieu Horus est incarné par le pharaon régnant ; le faucon est son image. Le serpent peut désigner l'idéogramme (un signe qui représente une idée ou une chose) du cobra qui se dit *djet* ; ou bien un signe qui note le son DJ. Les Égyptiens lisaient-ils « l'Horus Djet », en voyant cette stèle, ce que nous traduisons par « le Roi-Serpent » ?

Stèle funéraire, 3000 av. J.-C.

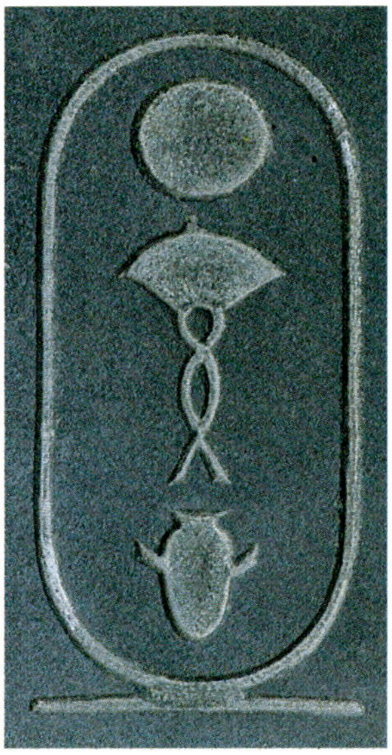

Sous la dictée

Inclinés en signe de respect, quatre scribes notent les paroles d'un supérieur sur des plaquettes de bois enduites de cire (XVIIIe dynastie, 1552-1314).

Titulature de Ramsès II, 1301-1235.

Écrire rapidement

Pour écrire rapidement, les scribes ont pratiqué une écriture cursive faite de hiéroglyphes simplifiés : l'écriture dite hiératique que l'on traçait au pinceau sur le papyrus.

L'école des graveurs

Des maîtres préparaient des modèles de signes hiéroglyphiques, en indiquant les étapes du travail du graveur. Ici, l'image d'un vautour, pour indiquer le son A (Saqqarah, IVe s. av. J.-C.).

Papyrus ou pierre

Le papyrus était coûteux. Pour des textes brefs, d'une durée limitée, on écrivait en cursive sur des éclats de pierre ou des fragments de poterie. Il s'agit ici d'une commande de quatre fenêtres (XIIIe s. av. J.-C.).

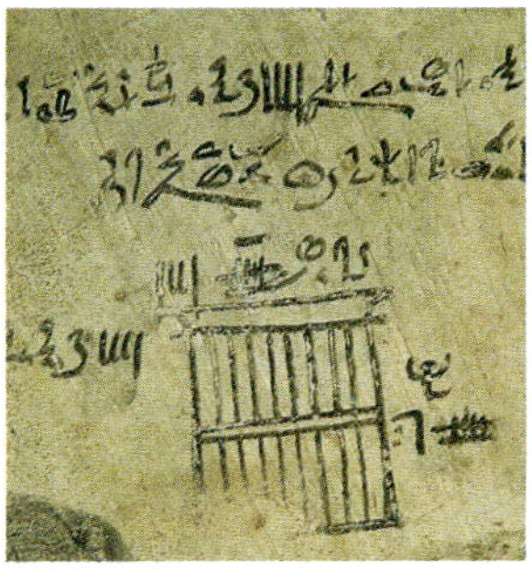

Le secret des hiéroglyphes

En 1822, Jean-François Champollion a livré les principes du déchiffrement des hiéroglyphes. Son travail était fondé sur l'hypothèse que les hiéroglyphes n'étaient pas seulement des idéogrammes mais qu'ils avaient aussi des valeurs phonétiques : syllabes, consonnes et voyelles.

Trois langues, trois écritures

La pierre de Rosette (nom du lieu de sa découverte) donne trois fois le texte du couronnement de Ptolémée V en 196 av. J.-C. En haut, il est écrit en égyptien ancien, avec des hiéroglyphes ; au milieu, en écriture cursive tardive, le démotique ; en bas, en écriture alphabétique grecque.

Une certaine Cléopâtre

Champollion a vérifié ses hypothèses en déchiffrant les noms (écrits en hiéroglyphes) de Ptolémée et Cléopâtre. Ici, le cartouche de Cléopâtre, dessiné par Champollion.

Hiéroglyphes d'ailleurs

D'autres peuples ont utilisé des systèmes semblables à celui des hiéroglyphes égyptiens : les Hittites, par exemple, installés de la mer Noire à la Syrie, au IIe millénaire av. J.-C.

Stèle de basalte, XIVe s. av. J.-C.

L'ÉCRITURE CUNÉIFORME

Elle est née au pays de Sumer, à la fin du IVe millénaire, dans le sud de la Mésopotamie. À l'exception de l'Égypte, tous les pays de l'ancien Orient l'ont utilisée pendant plus de 2 000 ans.

ÉCRIRE : UN DON DES DIEUX

Le dieu de l'Eau (elle jaillit de ses épaules) est aussi celui de la Sagesse et de la Connaissance. Sous le nom d'Enki (à Sumer) ou d'Éa (à Babylone), il patronne l'activité des scribes.

Cylindre-sceau, XXIIIe s. av. J.C.

DU DESSIN AU SIGNE

Les textes sont gravés dans l'argile modelée en tablettes. Les signes des premiers textes sont encore proches du dessin. Sur ce document, on distingue un visage humain devant un bol (pour exprimer le sens de « nourriture » ?). (Djemdet-Nasr)

DU SIGNE À L'ÉCRITURE

1 2 3 4 5

Avec le temps, le dessin de l'oiseau est devenu un signe abstrait, construit avec plusieurs cunei (« clous », en latin) tracés dans l'argile. Devenu « cunéiforme » (3, 4 et 5), le signe a deux lectures : il représente la syllabe HOU, mais aussi l'idéogramme du mot *issourou*, qui signifie « oiseau ». Au lecteur de choisir.

LA LOI DANS LA PIERRE

Au sommet d'une stèle de pierre haute de 2,20 m, le roi Hammourabi est devant Shamash, dieu de la Justice (XVIIIe s. av. J.-C.). Il a fait graver verticalement 282 sentences rendues par ses tribunaux. Ce célèbre monument est donc un recueil de cas, dressé à la gloire du roi justicier.

UN DÉLUGE SUR L'ARGILE

Sur cette tablette d'argile, les assyriologues ont découvert les fragments d'un récit du Déluge, parallèle à celui du premier livre de la Bible, la Genèse.

Épopée de Gilgamesh, Ninive, VIIe s. av. J.-C.

SCRIBES-NOTAIRES

Actes de vente et d'achat, contrats de toutes sortes ont été, de loin, les textes les plus nombreux. Certains ont gardé l'enveloppe d'argile qui les protégeait et facilitait les classements (Syrie, XIIIe s. av. J.-C.).

APPRENDRE ET COMPRENDRE LE CUNÉIFORME

L'apprentissage de l'écriture cunéiforme était long et difficile, et les scribes tiraient de sa maîtrise un prestige considérable. Les savants du XIXe s. sont parvenus à la déchiffrer une trentaine d'années après les hiéroglyphes de l'Égypte ancienne.

L'ENFANT-SCRIBE

Le jeune apprenti est sur les genoux de sa mère, tenant, en évidence, ses instruments d'écolier (tablette, encrier et stylet).

Stèle funéraire. Basalte. Anatolie. VIIIe s. av. J.-C.

CUNÉIFORME ET ALPHABÉTIQUE

Au soir d'une bataille, deux scribes enregistrent le nombre des têtes des ennemis vaincus par le roi Assourbanipal. L'un écrit en cunéiforme, sur une tablette d'argile, l'autre en écriture alphabétique, sur du papyrus ou du parchemin (Ninive, VIIe s. av. J.-C.).

LA CLÉ DU CUNÉIFORME

À Béhistoun, en Iran, H. Rawlinson (1810-1895) a recopié pendant des mois l'inscription triomphale du roi Darios Ier (522-486 av. J.-C.) : un même texte, traduit en trois langues (vieux perse, babylonien et élamite), écrit selon trois systèmes d'écriture cunéiforme. Ce document a eu la même importance pour les orientalistes que la pierre de Rosette pour les égyptologues.

D'AUTRES ÉCRITURES

D'autres civilisations de l'Orient ancien ont également utilisé des systèmes d'écriture aux signes nombreux, à lire soit comme des syllabes, soit comme des idéogrammes.

ÉCRIRE LE GREC

Des palais mycéniens proviennent des milliers de tablettes d'argile, portant une écriture d'une centaine de signes syllabiques qui servaient à écrire en langue grecque. Ces textes sont généralement des documents de comptabilité. (Pylos, XIIIe s. av. J.-C.)

UNE ÉCRITURE DE L'INDUS

Des villes de la vallée de l'Indus, les archéologues ont retiré 2 000 sceaux gravés d'images d'animaux. Tous portent des idéogrammes qui composent probablement le nom de leurs propriétaires. (Mohenjo-Daro, IIIe millénaire av. J.-C.)

NAISSANCE ET DÉVELOPPEMENT

L'écriture alphabétique est née en Phénicie, entre le XIVe et le Xe s. av. J.-C. Et c'est de Phénicie que son usage s'est étendu dans les pays méditerranéens comme dans ceux du Proche-Orient.

LE PREMIER ALPHABET DU MONDE

Ces 30 signes cunéiformes n'ont rien de commun, sinon leur apparence, avec les 600 signes de l'écriture cunéiforme de Mésopotamie ; ces derniers représentent des syllabes ou des idéogrammes ; les 30 signes de cette petite tablette sont des lettres (des consonnes), qui composent le premier alphabet de l'histoire humaine (Ougarit, nord de la Phénicie, XIVe s.).

UNE ÉCRITURE PLUS PRATIQUE

Un double progrès était nécessaire : simplifier le tracé des lettres et en même temps réduire leur nombre. C'est chose faite au Xe s. av. J.-C., comme l'atteste l'inscription du sarcophage d'Ahiram, roi de Byblos : le texte funéraire est en écriture linéaire et compte 22 lettres, des consonnes.

UNE ÉCRITURE MAÎTRISÉE

Le sarcophage du roi de Sidon Eshmounazar II porte une inscription claire et bien lisible après plusieurs siècles d'emploi de l'écriture alphabétique (Ve s. av. J.-C.).

LA CLÉ DU PALMYRÉNIEN

Sur la tombe de Marcos (IIe s. av. J.-C.), citoyen de Beyrouth, enseveli à Palmyre, la cité caravanière, on a scellé une plaque funéraire dont le texte est palmyrénien (à gauche) et grec (à droite). C'est en utilisant ce type de texte bilingue que l'abbé Barthélemy a déchiffré l'écriture et la langue palmyréniennes en 1754.

L'ÉCRITURE HÉBRAÏQUE

Parmi les manuscrits dits de la mer Morte, retrouvés à Qumran, figure le livre complet du prophète Habacuc ; les feuilles de parchemin étaient cousues et le texte conservé en rouleau (Ier s. av. J.-C.).

L'EXTENSION VERS L'OUEST

Les Grecs ont emprunté l'écriture alphabétique aux Phéniciens en l'adaptant : ils ont introduit la notation des voyelles et trois lettres nouvelles.

ÉCRITS INTIMES

Un vase à parfum est décoré du visage de sa propriétaire, Aïneta, et des noms de ses neuf amants écrits selon un alphabet archaïque (Corinthe, 625 av. J.-C.).

UN ALPHABET RACCOURCI

Disposés sur 12 colonnes, des textes de lois ont été écrits alternativement de gauche à droite et de droite à gauche, une ligne sur deux, avec un alphabet de 18 lettres seulement (Gortyne, Crète, Ve s. av. J.-C.).

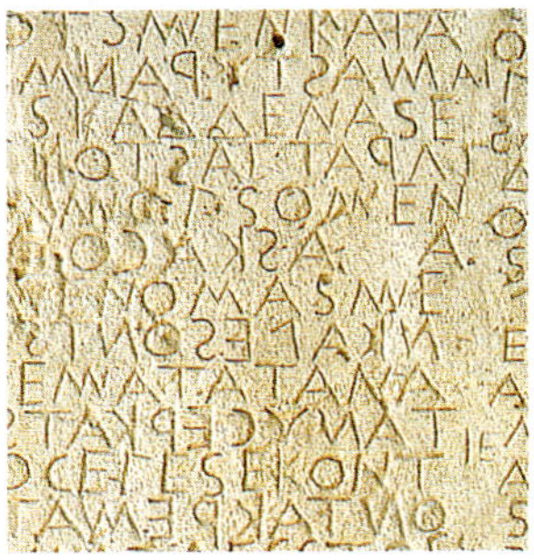

L'ÉNIGME DE L'ÉTRURIE

Lire les textes étrusques ne pose aucun problème puisqu'ils sont rédigés avec l'alphabet grec. Mais leur sens nous échappe parce que nous ignorons leur langue.

SCRIBE D'ÉTRURIE

Sur une tablette de bois enduite de cire, un scribe note les prix attribués aux vainqueurs de concours athlétiques et chorégraphiques (Chiusi, 500 av. J.-C.).

L'ÉTRUSQUE INDÉCHIFFRABLE

En 1964, on a cru trouver l'équivalent de la pierre de Rosette pour le déchiffrement de l'étrusque : trois lamelles d'or dont l'une portait un texte en punique (le phénicien de Carthage) et les deux autres le texte correspondant, mais non identique, en étrusque. Une fois de plus, la nature de la langue étrusque n'a pu être établie. À gauche, le texte phénicien. À droite, une partie du texte étrusque (Pyrgi, au nord de Rome, IIIe s. av. J.-C.).

Avant l'islam

L'écriture arabe que nous connaissons a été précédée, dans le sud de l'Arabie, par une première forme d'écriture alphabétique empruntée à celles de la Phénicie et de la Babylonie.

À la déesse Soleil

Un nommé Tubba, juché sur un tabouret, offre une part de butin à la déesse Soleil, comme nous l'apprend un texte alphabétique du Ier s. av. J.-C., écrit avec une trentaine de lettres.

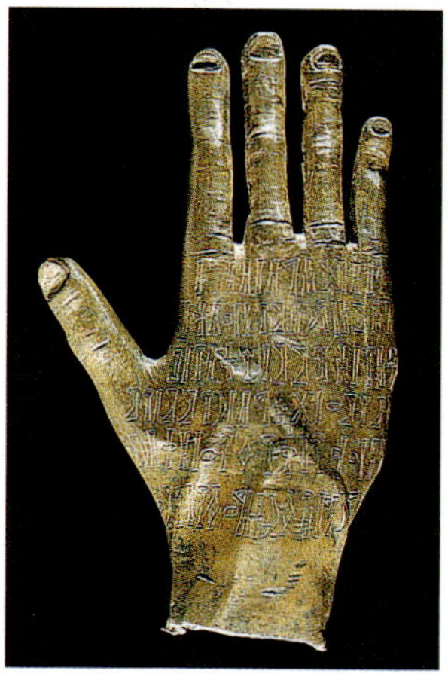

Une main en ex-voto

Un homme protégé par un clan voue au (saint) patron de ce clan une main de cuivre, signe de son allégeance. Les lettres du texte sont incisées avec un double trait (IIe-IIIe s. apr. J.-C.).

Certificat de pèlerinage

Le thème de cette illustration du XIIe s. est la Kaba, une construction cubique recouverte de soie noire autour de laquelle tournent les pèlerins, au centre de la Grande Mosquée de La Mecque.

L'écrivain public

Son rôle est indispensable dans toutes les sociétés de ce temps. On notera sa posture, commune à l'activité de l'écrivain ou du secrétaire, qui dispose rarement d'un support.

Al-Hariri, *Séances*, XIIIe s.

Image et poésie

Un céramiste iranien a associé huit visages, porteurs de turbans différents, à un texte poétique qui encadre le carreau (Koshan, 1291).

L'expansion islamique

À partir du VIIe s. apr. J.-C., l'écriture arabe s'est imposée à tout l'islam, même quand les peuples y parlaient une autre langue que l'arabe, l'iranien ou le turc, par exemple.

Chapiteau de pierre du VIIIe s. (Amman, Jordanie).

L'écriture coufique

C'est la première forme de l'écriture arabe, pour les textes religieux sur parchemin comme pour ceux que l'on taillait dans la pierre. Tracée de droite à gauche, elle ne comporte que des consonnes ; de gros points rouges indiquent les voyelles.

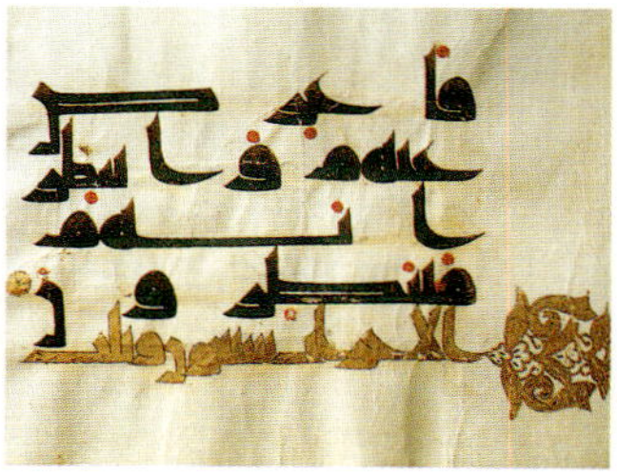

Texte du Coran du IXe s. (Kairouan, Tunisie).

L'écriture cursive

Plus facile à tracer que l'écriture coufique, à la forme géométrique, la cursive s'est développée après le IXe s.

Texte du Coran, IXe s.

Manuscrit iranien

L'art iranien a conservé la représentation de la figure humaine, notamment pour illustrer les textes des poètes. Ici, un épisode du Chah-namè (*le Livre des rois*), du poète Ferdowsi. (Tabriz, 1515-1522).

Le monde indien

Il a probablement emprunté son écriture aux civilisations du Proche-Orient. Deux écritures ont été en concurrence, la kharosti, qui s'écrit de droite à gauche, et le brahmi, qui s'écrit de gauche à droite. À partir du IIIe s. apr. J.-C., toutes les écritures indiennes étaient des dérivées du brahmi.

Les dieux de l'écriture

Brahma, dont les quatre têtes manifestent l'omniscience, a créé l'écriture avec le soutien de son épouse Sarasvati (à droite). Deux des mains de Brahma tiennent des manuscrits.

Bhagavata-Purana, Xe s.

Manuscrit bouddhiste

À côté de l'image du bodhisattva Avalokiteshvara, un texte écrit dans une graphie dérivée du brahmi. Les empattements du haut des lettres forment une ligne continue (nord-est de l'Inde, XIe-XIIe s.).

L'ÉCRITURE CHINOISE

Au Ier s. apr. J.-C., elle comptait 7 600 signes, qui notaient des idéogrammes et des sons. Une prolifération continue a porté ce nombre à 55 000, au XXe s. La réforme de 1958, qui visait à réduire l'illettrisme, a défini une écriture de 565 signes et éléments graphiques, tous simplifiés, pour les besoins de la vie courante.

« IL AVAIT UN CORPS DE SERPENT ET UNE TÊTE D'HOMME… »

À Fuxi, empereur mythique, on attribue la création des huit trigrammes qui régissent le monde et des 64 hexagrammes qui résument la totalité de la création. (*Portraits des Chinois célèbres*, 1685.)

« AVEC SES QUATRE YEUX, IL OBSERVA… »

Devin et scribe du légendaire empereur Jaune, Cang Jie a créé les premiers signes d'écriture en étudiant les traces des pattes d'oiseaux, car ses quatre yeux lui permettaient de dépasser les apparences. (*Portraits des Chinois célèbres*, 1685.)

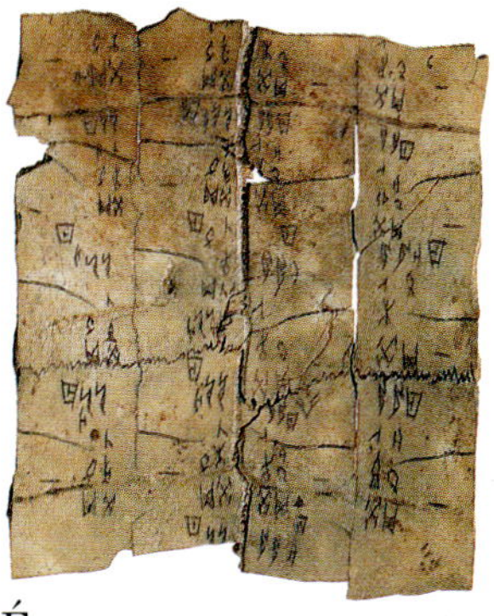

ÉCRITURE ET DIVINATION

Les premiers textes ont été incisés sur des os plats ou sur des plastrons de tortue pour interroger les dieux. Le devin appliquait un tison brûlant sur la surface et interprétait la signification des craquelures qui en résultaient (IIe millénaire av. J.-C.).

ÉCRITURE ET CALLIGRAPHIE

L'écriture « régulière », au tracé net, suppose qu'on lève le pinceau entre chaque trait. À l'inverse, l'écriture cursive est tracée d'un seul geste, et les signes peuvent être liés. C'est l'occasion pour les grands lettrés de créer leur propre calligraphie (VIIIe s. apr. J.-C.).

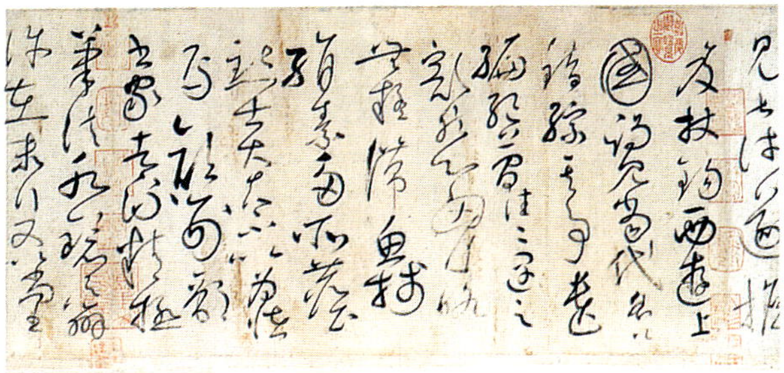

SUR LA ROUTE DE LA SOIE

Sur ce manuscrit à la belle écriture régulière, l'illustration dépeint l'attaque d'une caravane de marchands par des pillards (Dunhuang, Xe s.).

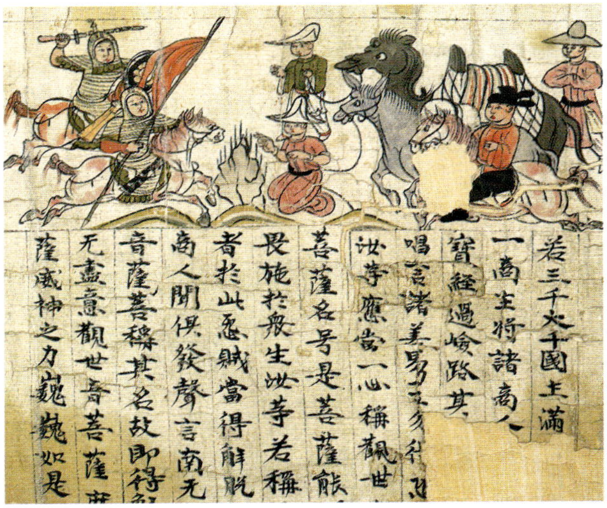

ÉCRIT PROTESTATAIRE

À partir de 1975, le gouvernement chinois a toléré l'affichage, sur des murs réservés à cet effet, de journaux manuscrits, les dazibaos, qui permettaient l'expression de certaines critiques (Pékin, 1979).

L'ÉCRITURE JAPONAISE

C'est un système mixte qui utilise à la fois les 2 000 à 3 000 caractères chinois introduits au Japon depuis quinze siècles, et les 48 signes syllabiques créés pour les besoins propres de la langue japonaise.

SUR LA MER AGITÉE

Les navires qui ont relié le Japon à la Corée dès le IVe ou le Ve s. apr. J.-C. ont apporté dans l'archipel divers éléments de la civilisation chinoise : le bouddhisme, notamment, et un système d'écriture. Jusqu'à l'époque moderne, les peintres ont évoqué les conditions périlleuses de ces trajets maritimes.

Hokusaï, *la Grande vague à Kanagawa*, v. 1825.

UN LETTRÉ AU TRAVAIL

Le peintre Raiju a laissé un portrait caricatural du calligraphe Tofu Ono. À côté de lui, une boîte avec un encrier et des pinceaux (XIVe s.).

LA LAVANDIÈRE ET SON AMANT CÉLESTE

Le roman *Tanabata* appartient au genre du roman illustré : un serpent envoyé par les dieux remet une lettre à l'héroïne. Le texte manuscrit ci-dessous est tracé avec les signes du syllabaire hiragana en calligraphie cursive (XVIIe s.).

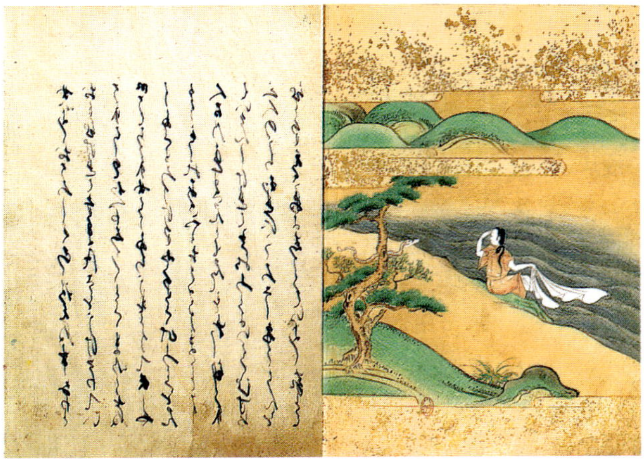

KANJI ET KANA

Le japonais utilise des caractères chinois (1) et (3), nommés *kanji*, et des caractères proprement japonais, les *kana*, à valeur syllabique (2), (4) et (5). Le *kana* (2) indique que le mot précédent (1), écrit en caractères chinois, est le sujet de la phrase (« la confusion »). Le *kana* (4) indique comment le verbe transcrit par un caractère chinois (3) se conjugue (« se poursuit »). Les *kana* spéciaux qui suivent (5) servent à écrire les mots étrangers (« en Albanie »). (Extrait du journal *Asahi Shinbun*.).

混乱が続くアルバニアに派遣される五

1 2 3 4 5

Les Mayas

Parlant une trentaine de langues, ils ont employé la même écriture à partir du IIIe s. apr. J.-C. On nomme glyphes (c'est-à-dire « gravés en creux ») les signes qui la composent, environ un millier de syllabes et d'idéogrammes.

La mesure du temps

Des personnages gravés sur une stèle de pierre sont accolés à des glyphes qui datent le monument de 644 apr. J.-C. En effet, l'écriture sur pierre a servi à la rédaction des annales royales, notant les grands faits de chaque règne et les cérémonies religieuses accomplies.

Stèle du palais, Palenque, Mexique.

Connaître et prévoir

Des glyphes entourent les acteurs d'une scène rituelle : le personnage qui trône sous un dais indique par sa couleur qu'il appartient au centre du monde. Les textes sur supports souples (de l'écorce de figuier) sont le plus souvent des sortes d'almanachs utilisés notamment par les devins (XVe s.).

Les Aztèques

Ils dominaient le plateau central du Mexique à l'arrivée des Espagnols (1519), et parlaient le nahuatl. Ce mot désigne aussi leur écriture, dont les quelques centaines de signes (des glyphes et des personnages stylisés) notaient syllabes et idéogrammes.

Une écriture éparpillée

Codex Xolotl.

L'écriture nahuatl a été employée principalement sur papier, pour constituer des manuscrits ornés de peintures, dits « codex ». Les glyphes et les personnages se dispersant dans toutes les directions, le scribe indiquait le sens de la lecture par des pointillés ou des traces de pas. Ce texte est l'histoire des successeurs du roi Xolotl, de 1068 à 1427.

Les Indiens d'Amérique du Nord

Ils n'ont pas eu d'écriture, mais ont consigné certaines informations par des dessins et des schémas, qui n'ont jamais désigné des sons. La « lecture » de ces documents était réservée aux témoins de l'époque où on les avait établis.

Les secrets de l'homme blanc

C'est au contact des Européens que les Indiens ont découvert l'écrit. Ici, en 1681, W. Penn remet aux Indiens Delaware le traité qui lui reconnaît, ainsi qu'à ses compagnons quakers, la possession du sol de la future Pennsylvanie. (Edward Hicks, 1842.)

Chasseurs et guerriers

Sur une peau de bison, des Sioux Dakota ont représenté des épisodes de la vie de leur groupe. La chasse, la guerre (certains personnages semblent tenir des fusils) et les déplacements en constituent l'essentiel (XIXe s.).

Recensement

Répondant à une demande du gouvernement américain, les Sioux Oglala ont envoyé ce document où les membres de la tribu sont « nommés » par les totems dessinés au-dessus de leur tête.

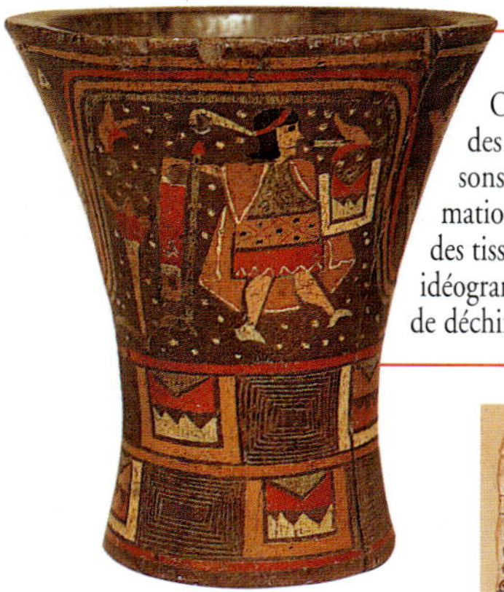

Les Incas écrivaient-ils ?

On connaît depuis longtemps les quipus incas, des faisceaux de cordelettes dont les combinaisons de nœuds et de couleurs notaient des informations comptables. Les dessins nombreux et variés des tissus et des vases de bois (dits kéros) sont-ils des idéogrammes composant une écriture ? Les tentatives de déchiffrement n'ont pas encore abouti (XVIe s.).

Sauvés du feu

Les autorités religieuses espagnoles ont brûlé la plus grande partie des codex nahuatl, considérés comme des instruments païens. Pourtant, jusqu'au XVIIIe s., la langue et l'écriture nahuatl ont été préservées pour les besoins des tribunaux et des services fiscaux (codex de Tlaxcala).

Du nahuatl pour le catéchisme !

Pour aider les missionnaires espagnols, des codex illustrés, dits Testoriano, ont été publiés : les textes en espagnol et en nahuatl y étaient juxtaposés. Ici, le *Salve, Regina*, avec des notations en dialecte otomi (XVIe s.).

Une langue unique ?

S'il est impossible de savoir si les hommes ont jadis parlé une même langue, il est certain qu'aujourd'hui l'humanité utilise de 3 000 à 6 000 parlers différenciés, l'écart entre ces deux nombres s'expliquant par la prise en compte ou non d'une partie des dialectes recensés.

2 000 langues pour la Bible

La Bible est l'ouvrage qui a connu le plus grand nombre de traductions à partir du texte original, hébreu et grec. Ici, un manuscrit bilingue de l'époque abbasside présente à gauche le texte grec d'un psaume, à droite sa traduction arabe.

Psaumes du prophète David, IXe s.

62 langues pour le Notre Père

À Jérusalem, sur le mont des Oliviers, l'église du Pater Noster (« Notre Père ») présente dans son cloître la traduction en 62 langues de la prière enseignée par Jésus.

Le latin pour la paix

Dans les jours de l'été 1939 où l'Europe entrait dans la Seconde Guerre mondiale, le chef de l'État estonien (pays d'un million d'habitants) a lancé un appel aux responsables politiques pour sauver la paix ; c'est en latin – langue « morte » mais universelle – qu'il a adressé son message international.

L'ŒUVRE

Le pacte germano-soviétique ? On vous a expliqué que c'était un " facteur de paix ". Comme vous pouvez voir.

HITLER A ATTAQUÉ

MOBILISATION GENERALE aujourd'hui en France et en Angleterre

Sur quatre points, les troupes allemandes ont violé la frontière polonaise

L'Œuvre, 2 septembre 1939.

Des Babels internationales

Les 189 délégations des pays membres de l'ONU et de l'Unesco utilisent six langues pour leurs travaux. Les 15 États membres de l'Union européenne en utilisent onze. Dans ces assemblées, les débats sont traduits simultanément pour tous les délégués présents.

Unesco, Paris, 21 décembre 1997.

La diversité africaine

Nul continent n'offre une diversité linguistique comparable à celle de l'Afrique. Ses habitants utilisent quotidiennement plus de 1 200 parlers, que les spécialistes ont tant bien que mal réunis en quatre grands groupes.

Le berbère des Touareg

Les langues berbères de l'Afrique du Nord et de l'Afrique saharienne se sont maintenues en milieu arabophone. Le tamasheq est le parler berbère utilisé par les Touareg.

Ténéré, république du Niger.

Palabre de Pygmées

Dans la forêt équatoriale vivent quelque 120 000 Pygmées. Leurs modes d'existence comme leurs parlers sont progressivement altérés par leurs rapports avec les populations environnantes.

Un continent, 1200 langues.

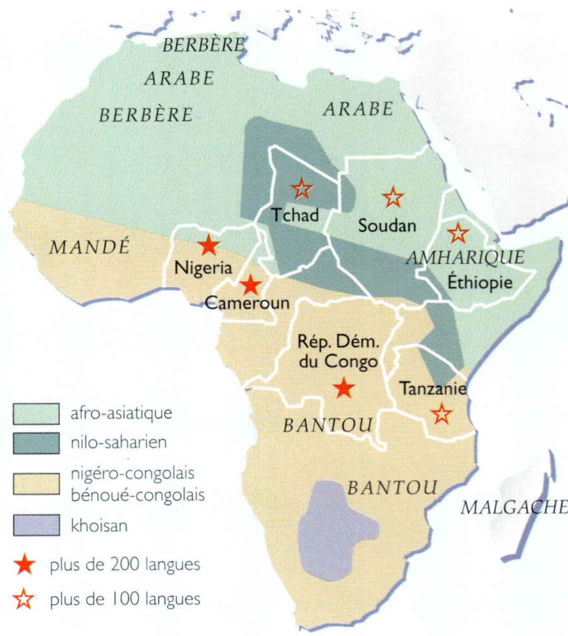

L'arabe aujourd'hui

Depuis quatorze siècles, la place internationale de la langue arabe est liée à l'extension de l'islam. L'arabe existe sous trois formes : l'arabe classique, l'arabe dialectal et l'arabe littéral.

L'arabe classique et le Coran

La langue et l'écriture du livre saint sont enseignées aux enfants des familles musulmanes dans les écoles dites « coraniques », même dans des pays qui ne sont pas arabophones (la Turquie, l'Iran, l'Indonésie, les pays d'Afrique noire, etc.).

École coranique en Libye.

L'arabe dialectal

L'étendue même du monde arabe a rendu inévitable la formation de dialectes. On les regroupe en deux ensembles, celui du Maghreb et celui du Proche-Orient. C'est en arabe dialectal, par exemple mâtiné de berbère en Afrique du Nord, que l'on vit au quotidien.

Marché marocain.

L'arabe littéral

Les besoins de la communication ont provoqué la création d'une langue arabe moderne au XXe s. C'est celle de la presse, de la radio et de la télévision, plus simple que la langue du Coran et unique pour tous les arabophones, à la différence des dialectes locaux.

L'EXPANSION DE L'ANGLAIS

À partir du XVIIIe s., l'Angleterre s'est imposée comme la première puissance mondiale par ses conquêtes coloniales, les créations de ses ingénieurs et les découvertes de ses savants, et par un essor économique continu.

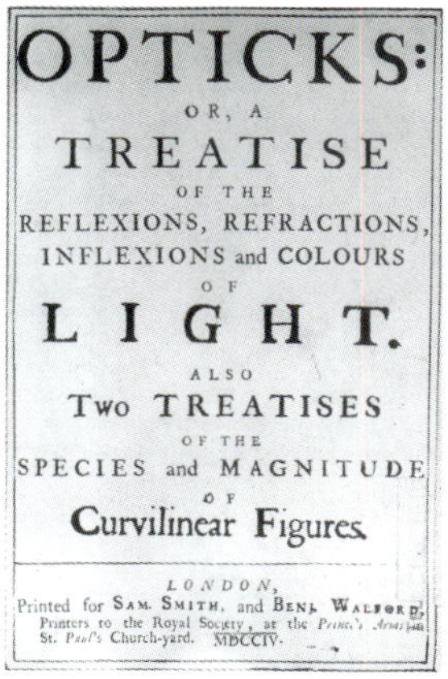
OPTICKS:
OR, A
TREATISE
OF THE
REFLEXIONS, REFRACTIONS,
INFLEXIONS and COLOURS
OF
LIGHT.
ALSO
Two TREATISES
OF THE
SPECIES and MAGNITUDE
OF
Curvilinear Figures.
LONDON,
Printed for SAM. SMITH, and BENJ. WALFORD,
Printers to the Royal Society, at the Prince's Arms in
St. Paul's Church-yard. MDCCIV.

DU LATIN À L'ANGLAIS

C'est en latin que Newton publie en 1687 ses *Principes mathématiques de philosophie naturelle* où il énonce notamment le principe de la gravitation universelle. Mais en 1704, son traité d'optique inaugure le rôle de l'anglais dans la diffusion internationale de l'information scientifique.

L'EXPANSION PAR LA BANQUE

Bénéficiant du monopole des activités bancaires de 1708 à 1826, la Banque d'Angleterre a été au cœur d'un système financier sans rival dans le monde.

Hall de la Banque d'Angleterre, 1809.

UNE LANGUE OU DES LANGUES ?

L'essor international de l'Angleterre a été aussi celui de sa langue. Mais de quel anglais s'agit-il ? Qu'en est-il en Angleterre même ? Dans le monde ?

PARLER PEUPLE, PARLER CHIC

Dans *Pygmalion*, un professeur fait d'une femme d'humble origine, au parler vulgaire, une personne qu'il insère dans la bonne société après lui avoir enseigné le ton, le vocabulaire et les conventions qui y sont en usage.

Représentation de *Pygmalion*, de George Bernard Shaw, 1951.

COOPÉRATION ANGLOPHONE

Fondé en 1931, le Commonwealth, qui regroupe aujourd'hui 54 États librement associés, a pour chef la reine d'Angleterre. Sa langue de communication est l'anglais.

Élisabeth II en Afrique du Sud, 1999.

LES « VARIÉTÉS ÉTRANGÈRES » DE L'ANGLAIS

L'Inde compte plus de 1 500 parlers et 18 langues officielles. L'anglais est indispensable pour remédier à cet émiettement. Ici, des manifestants expriment leurs revendications en hindi (la langue de l'Inde du Nord) et en anglais.

New Delhi, août 2000.

L'ANGLAIS D'AMÉRIQUE

C'est devenu la langue de millions d'immigrants qui voulaient s'intégrer à leur nouvelle patrie. Aujourd'hui, une forme de cet anglais s'est imposée dans le monde entier du fait de la puissance économique, scientifique et culturelle des États-Unis.

HARVARD, LA PREMIÈRE UNIVERSITÉ

En 1620, le *Mayflower* débarque 102 immigrants anglais, dont les 41 « Pères pèlerins », sur la côte du Massachusetts. En 1636, la petite colonie crée l'université Harvard : un maître y enseigne à 16 élèves.

Harvard au début du XVIIIe s.

IMMIGRANTS EUROPÉENS

Au début du XXe s., un million d'immigrants européens débarquent chaque année. La plupart ont su acquérir rapidement une pratique suffisante de l'anglais d'Amérique.

Immigrés italiens à Ellis Island, New York, 1905.

IMMIGRANTS HISPANIQUES

Aujourd'hui, c'est d'Amérique latine que viennent les nouveaux immigrants, clandestinement pour le plus grand nombre. L'apprentissage insuffisant de l'anglo-américain favorise le développement de communautés hispanophones.

Épicerie mexicaine en Californie.

L'EXPANSION PAR LE CINÉMA

Dans les années 1920 a commencé l'essor international de l'industrie américaine des loisirs : le cinéma hollywoodien en a été la première manifestation.

Arrivée à Los Angeles, v. 1930.

L'EXPANSION PAR LA TECHNOLOGIE

Au sud de San Francisco, la Silicon Valley est la capitale mondiale de la recherche et de l'innovation dans le domaine de l'électronique. Ici, le « Triangle d'or » vu du ciel.

TROIS EXPLICATIONS

La guerre, la religion et le commerce sont les trois causes possibles de l'extension d'une langue aux dépens d'une autre. La volonté d'unification politique et la supériorité technique n'en sont que des variantes.

TURCOPHONES, MAIS ENCORE RUSSOPHONES

Bien qu'indépendantes depuis 1991, les républiques turcophones d'Asie centrale ont conservé le russe comme langue de communication internationale. À Bichkek, le « Khirgiztan soviétique » existe en deux versions : en russe (à gauche) et en khirgiz (à droite), une langue turco-mongole transcrite dans l'alphabet cyrillique.

DES ENFANTS RUSSIFIÉS

Après l'échec de l'insurrection polonaise de 1830, des milliers de petits Polonais ont été enlevés pour être éduqués en Russie, uniquement en langue russe.

Varsovie, 1831.

L'ESPAGNOL CHEZ LES INDIENS

À l'arrivée des Européens, les Indiens d'Amérique disposaient d'un millier de parlers, pour la plupart disparus. L'Amérique centrale et méridionale a été gagnée par les langues des conquérants espagnols et portugais.

Un Espagnol chez les Incas du Pérou, 1609.

LA SURVIE DU QUECHUA ET DU GUARANI

Un Indien Guarani

Seuls le Pérou et le Paraguay ont donné le statut de langues officielles à deux langues indiennes survivantes : le quechua (au Pérou) et le guarani, parlés au total par 8 millions de personnes.

LA BALTIQUE ALLEMANDE

À partir du XIIe s., l'intense trafic maritime de la mer Baltique a été entretenu par les ports allemands groupés en une Hanse. De Bergen, en Norvège, à Reval (auj. Tallinn), en Estonie, la langue allemande a été celle des échanges entre des communautés aux langages très variés.

Hambourg, fin du XVe s.

RÉSISTANCES ET RENAISSANCES

L'accélération des échanges et des déplacements est responsable de la disparition continue des langues minoritaires. On constate pourtant des phénomènes de persistance de langues anciennes, voire de renaissance de langues reconstituées.

LE GREC MODERNE

Au XIXe s., les guerres d'indépendance contre la Turquie se sont accompagnées d'une renaissance des langues nationales. La Grèce, indépendante en 1830, a ajouté à la langue populaire (le démotique) une langue officielle, dite « pure », par emprunt au grec classique de l'Antiquité.

Un insurgé brandit le drapeau de l'insurrection, 1821.

LA RENAISSANCE DE L'HÉBREU

Pendant 2 000 ans, l'hébreu biblique a été préservé comme langue de la pratique religieuse. Enrichi par un vocabulaire moderne, puis traité et enseigné comme une langue vivante par les mouvements sionistes du début du XXe s., il est aujourd'hui la langue officielle de l'État d'Israël.

LE TSIGANE, UNE LANGUE SANS NATION

Les Tsiganes, présents dans toute l'Europe, parlent la seule langue au monde qui n'a pas d'assise territoriale. Originaire de l'Inde du Nord-Ouest, la langue tsigane s'est fragmentée en nombreux dialectes.

Tsiganes, 1983.

La langue romane

Après la conquête romaine, la langue gauloise n'a cessé de reculer devant l'emploi du latin, pour disparaître complètement au Ve s. apr. J.-C. Le roman, le parler des habitants de la France du début du Moyen Âge, est fait d'un mélange de latin abâtardi et d'apports germaniques ; il allait donner naissance au français.

Le gaulois dans le lexique

De la langue celte parlée par les Gaulois ne subsistent en français qu'un petit nombre de mots. Parmi eux figurent ceux qui désignent différentes formes de chariots à quatre roues *(carrus)* ignorés des Romains (bas-relief, IIe s. apr. J.-C.).

En roman pour la première fois

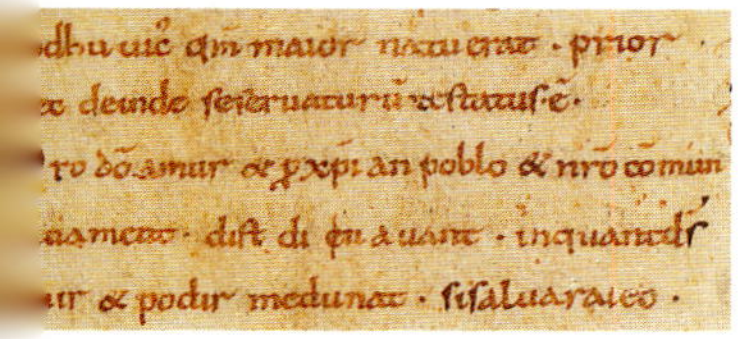

« Pour l'amour de Dieu et le salut commun du peuple chrétien et de nous deux… ».

En 842, Charles le Chauve et Louis le Germanique prononcent à Strasbourg un serment d'alliance. Le texte qui s'adresse aux soldats de Charles le Chauve n'est pas rédigé en latin, mais en roman, c'est-à-dire dans la langue quotidienne de la partie occidentale de l'Empire carolingien : *Pro Deo amor et pro christiano poblo et nostro comun salvament…*

Charles le Chauve

De 843 à 877, il a régné sur la partie occidentale de l'Empire fondé par Charlemagne, son grand-père.

Bible de Charles le Chauve, 846.

Le français sous les Capétiens

Du XIIe au XIVe s., le prestige de la France capétienne s'affirme en Europe. En témoignent l'extension de l'architecture gothique, née en Île-de-France, et le rayonnement de la langue française.

Chroniques de Saint-Denis, 1329.

Le franco-normand des Anglais

Le roi d'Angleterre Édouard III (1327-1377) prête hommage au roi de France Philippe VI de Valois (1328-1350). Comme presque tous les membres de l'aristocratie anglaise, d'origine normande, Édouard III ne parlait pas l'anglais. Vainqueur de Philippe VI à Crécy (1346), il a félicité ses propres soldats, tous anglais, en langue franco-normande.

Le français, langue littéraire

Longtemps, l'Europe a lu dans leur langue d'origine les romans français de chevalerie, notamment ceux de Chrétien de Troyes (1135-1183). Cette miniature illustre le texte de *Perceval ou le Conte du Graal.*

Le latin, langue universitaire

Jusqu'au XVIe s., dans toute l'Europe, l'enseignement universitaire a été assuré en latin et non en langue vulgaire. Ici, un maître parisien donne en latin la lecture commentée d'un ouvrage.

Grandes Chroniques de France, fin du XVe s.

Le français moderne

Il apparaît au XVIe s. En même temps qu'une langue littéraire, c'est la langue française telle qu'elle est employée par le roi et son entourage, par les agents royaux dans les provinces et par les hommes de loi. C'est le français qu'impose, pour tous les actes de la vie publique, l'ordonnance de Villers-Cotterêts (1539) que l'on doit à François Ier.

Le « français du roi »

Depuis le XIIe s., les documents émis par les bureaux royaux sont rédigés dans le français d'Île-de-France. Au XVIe s., le travail des « notaires et secrétaires du roi » maintient et amplifie cet usage d'une sorte de français officiel comme seule langue de l'Administration.

La « Réforme » en français

Publiée en latin en 1536, puis diffusée en français après 1541, *l'Institution de la religion chrétienne* de Calvin (1509-1564) témoigne de l'emploi croissant du français dans le domaine de la théologie et de la pratique religieuse.

H. Rath, portrait de Calvin.

Le français, langue littéraire

En publiant *Défense et illustration de la langue française*, en 1549, le poète Du Bellay affirmait la dignité littéraire du français, à l'égal du latin.

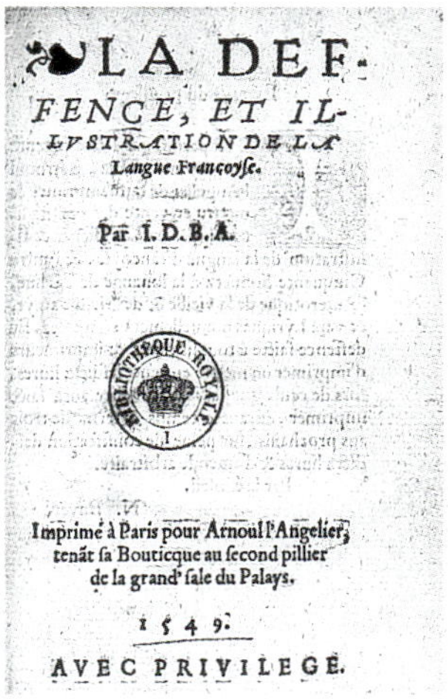

LA DEFFENCE, ET ILLVSTRATION DE LA Langue Francoyse.

Par I.D.B.A.

Imprimé à Paris pour Arnoul l'Angelier, tenat sa Boutique au second pillier de la grand' sale du Palays.

1549.

AVEC PRIVILEGE.

En même temps, il appelait tous les créateurs à l'enrichir de mots nouveaux empruntés à la langue quotidienne de leur temps.

LANGUES ET DIALECTES EN FRANCE, AU DÉBUT DES TEMPS MODERNES.

Parlers romans au XVIIe siècle
- langue d'oïl
- langue d'oc
- franco-provençal
- limites actuelles des parlers

Parlers non-romans au XVIIe siècle
- flamand, lorrain-germanique, alsacien, breton, basque

UNE LANGUE SURVEILLÉE

Le français dit « classique », celui qu'employait la société cultivée, à la cour comme à la ville, a été d'abord une langue littéraire, illustrée par les grandes œuvres du XVIIe s. et surveillée par le pouvoir.

PARLER SIMPLEMENT

Dans son exigence de clarté et de simplicité, Malherbe (1555-1628) voulait que la langue employée dans toute œuvre fût comprise par les « crocheteurs du Port-aux-Foins », c'est-à-dire les gens du peuple qui travaillaient comme manœuvres sur les berges de la Seine.

PARLER ÉLÉGAMMENT

Au XVIIe s., les salons animés par les « précieuses » réunissaient les personnes du meilleur monde.
Ces femmes cultivées ont aidé à éliminer de la langue lourdeurs et grossièretés, mais leur recherche du langage ingénieux les a menées parfois jusqu'au ridicule.

Transport de tonneaux, XVIe s.

Peinture d'après A. Bosse, XVIIe s.

Chimène et don Diègue devant le roi.

LE FRANÇAIS DU CID

En 1637, la tragi-comédie de Corneille suscite l'enthousiasme dans le public parisien. *Le Cid* ouvre le temps du théâtre classique.

Pascal, dessiné par J. Domat.

LA PROSE DE PASCAL

En publiant les *Provinciales* pour la défense des jansénistes (1656-1657), Pascal (1623-1662) donne au français classique sa première grande œuvre en prose.

LA LANGUE RÉGLEMENTÉE

Le cardinal de Richelieu institue l'Académie française en 1634 ; il lui donne la mission de réglementer la langue française et de préparer un dictionnaire et une grammaire : une intervention du pouvoir unique en Europe.

Académie au Louvre, 1672.

FURETIÈRE AVANT L'ACADÉMIE

Furetière (1619-1688) est exclu de l'Académie pour « concurrence déloyale ». Pillant les travaux de ses confrères, il a en effet publié, dix ans avant l'Académie, l'*Essai d'un dictionnaire universel.*

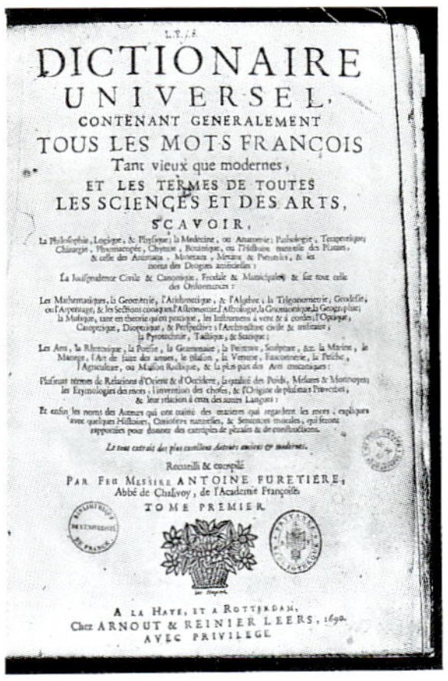

LE DICTIONNAIRE DE L'ACADÉMIE

Publié en 1694, il compte 18 000 mots, regroupés selon leurs racines (en 1718, la deuxième édition sera alphabétique). Il fixe le « bon usage » de la langue, surtout écrite, que les académiciens veulent pure et rigoureuse.

Frontispice à la gloire de Louis XIV.

LA LANGUE DES ÉLITES EUROPÉENNES

Illustrée par de grandes œuvres littéraires, la langue française est devenue en Europe la langue de la communication culturelle. Mais cette forme élégante de la langue demeurait l'affaire d'une élite.

EN FRANÇAIS À LA COUR DE SUÈDE

Descartes (1596-1650) a accepté l'invitation de la reine Christine de Suède qui réunissait autour d'elle un cénacle de lettrés et de savants. Il exposa à la reine un problème de géométrie en français.

Christine de Suède et sa cour, Dumesnil, XVIIIe s.

EN FRANÇAIS À LA COUR DE PRUSSE

À Berlin, Voltaire (1694-1778) et Maupertuis (1698-1759), représentants de la « philosophie » des Lumières, ont été les hôtes du roi de Prusse Frédéric II, lui-même francophone accompli.

Voltaire au château de Sans-Souci, A. Menzel, XVIIIe s.

EN ÉTRANGE PAYS EN FRANCE MÊME

En 1660, Racine quitte Paris pour Uzès (dans le Gard). À partir de Lyon, il se sert de sa connaissance de l'italien et de l'espagnol pour parler avec les Méridionaux. Seuls les « gens de qualité », nobles et bourgeois, pratiquent un français proche de celui de Paris.

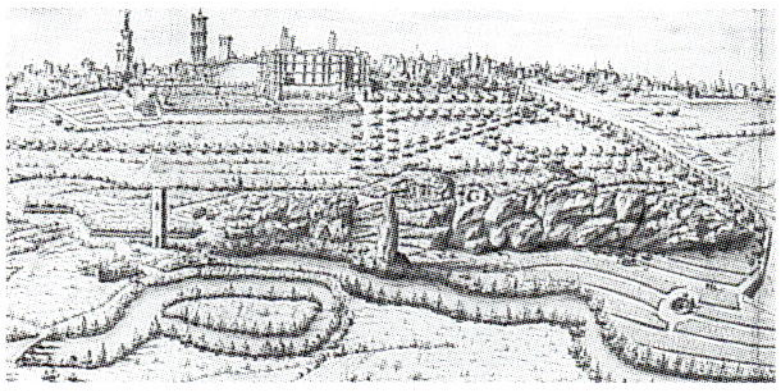

Vue d'Uzès, gravure, XVIIe s.

L'HORIZON ATLANTIQUE EST BOUCHÉ

La perte des terres françaises de l'Amérique a été probablement un facteur décisif du déclin relatif de la langue française dans le monde contemporain.

MANDARIN ET CHOCOLAT

Les rapports permanents avec l'Asie et l'Amérique ont fait pénétrer dans toutes les langues européennes des mots d'origine exotique. Avant le café, le chocolat est devenu la boisson de la bonne société, et le mandarin un personnage obligé du théâtre, de la littérature et de la décoration.

Mandarin, gravure du XVIIIe s.

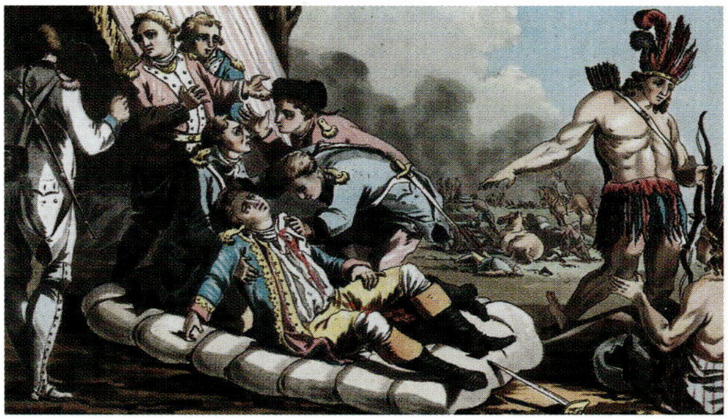

Moret, gravure de 1789 d'après Desfontaines.

LA PERTE DU QUÉBEC

Déjà amputé de l'Acadie en 1713, le Canada français est cédé à l'Angleterre par le traité de Paris (1763). En 1759, l'armée anglaise a pris la ville de Québec après la défaite de la petite armée commandée par Montcalm, mortellement blessé au cours de la bataille.

Zurbarán, *le Déjeuner de chocolat noir*, XVIIIe s.

École française, gouache de 1803.

LA VENTE DE LA LOUISIANE

En 1803, Bonaparte vend la Louisiane aux États-Unis, c'est-à-dire l'État de Louisiane d'aujourd'hui et tous les territoires à l'ouest du Mississippi. Un instant encore, les drapeaux de la France et des États-Unis flottent ensemble à proximité de La Nouvelle-Orléans.

Un français et un seul

La République « une et indivisible » a poursuivi l'œuvre de la monarchie en refoulant l'usage des parlers locaux. En 1881, Jules Ferry fait voter les lois qui établissent la gratuité et l'obligation de l'enseignement primaire. Le français va l'emporter sur les parlers régionaux dont l'emploi se restreint au milieu familial.

« Anéantir les patois »

Les révolutionnaires, qui doivent faire face aux insurrections provinciales et à la guerre de Vendée, voient dans les langues locales une menace pour l'unité de la République.

Chouans autour d'un calvaire, R. Lefèvre, peinture, XIXe s.

Louis XVIII arrivant à Paris, Legrand de Serant, peinture, XIXe s.

« C'est moué le roué » !

Aux notables de la Révolution et de l'Empire qui l'entouraient, Louis XVIII, revenu en France en 1814, aurait dit, comme on disait à Versailles avant 1789 : « Ben quoué, c'est moué le roué. »

Tableau de lecture, v. 1900.

L'égalité devant la lecture

À l'affirmation de la gratuité correspond la fabrication et la distribution d'un abondant matériel scolaire aux écoles des communes : manuels, cahiers, tableaux pédagogiques…

Le français, langue internationale

Les conquêtes napoléoniennes ont fait rêver à une Europe dont le français serait la langue commune, mais la puissance de l'anglais le lui a interdit.

L'arrivée en Suède, aquarelle, XIXe s.

Un roi de Suède parlant français

En 1810, la Suède choisit Bernadotte, maréchal français, pour héritier de la couronne de Suède et de Norvège. Il a pu régner en n'employant que le français avec tous ses collaborateurs.

Isabey, dessin, XIXe s.

Une liquidation en français

À Vienne, où se retrouvent les vainqueurs de Napoléon (1815) pour réorganiser l'Europe, le Congrès délibère en français, langue de la diplomatie internationale.

L'Empire colonial français

La scolarisation des populations indigènes, inégale selon les territoires et qui ne touche qu'une partie de la population, se fait en langue française : la francophonie d'aujourd'hui traduit les résultats de cette politique éducative.

L'Œuvre civilisatrice de la France impériale, 1943.

Paris-Rouen, Bineleau, lithographie, v. 1845.

En anglais dans le train

Le vocabulaire du chemin de fer fait pénétrer dans la langue quotidienne nombre de mots anglais, tels que « wagon », « rail », « tunnel », « tender »…, un domaine parmi d'autres où l'expansion de l'anglais accompagne l'essor économique et technique.

G. Clemenceau, le président Wilson et Lloyd George, le 28 juin 1919.

L'anglais rejoint le français

Après la victoire des Alliés sur l'Allemagne en novembre 1918, le traité de paix signé à Versailles en juin 1919 a été établi en français et en anglais, les deux versions ayant la même valeur diplomatique : un recul du français qui n'est pas passé inaperçu.

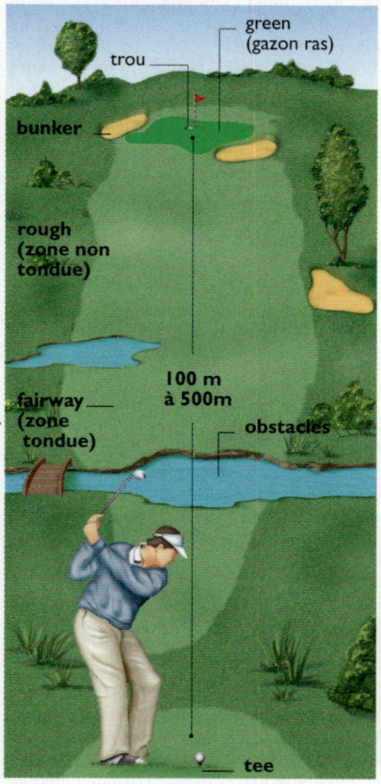

■ GOLF

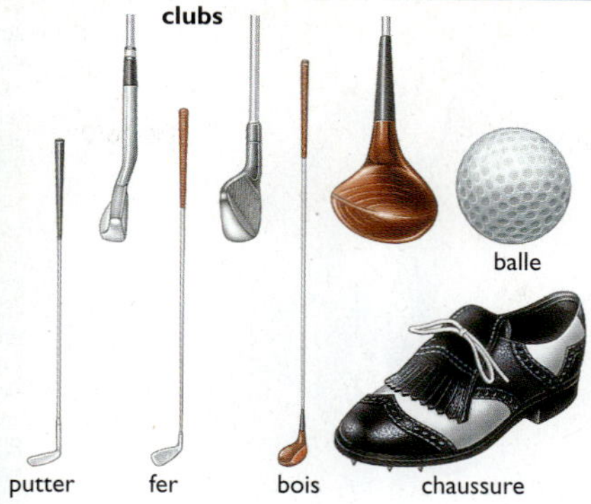

Le champion de golf britannique Nick Faldo.

GOLEM n.m. (d'un mot hébreu). Dans la culture juive, sorte d'automate à forme humaine que de saints rabbins avaient le pouvoir d'animer. (Les légendes qui se sont développées sur ce thème chez les Ashkénazes à partir du XVe s., et qui se sont notamm. cristallisées autour de la figure du rabbin praguois Loew ben Bezalel [1525 - 1609], ont inspiré au XXe s. de nombreuses œuvres, dont un roman de Gustav Meyrink et un film de P. Wegener.)

GOLF n.m. (mot angl.). **1.** Sport consistant à envoyer, en un minimum de coups, une balle, à l'aide de clubs, dans les dix-huit trous successifs d'un terrain coupé d'obstacles. **2.** Terrain de golf. **3.** *Golf miniature :* jeu inspiré du golf, pratiqué sur de petites aires aménagées comportant des obstacles à franchir ou à éviter ; le terrain où se pratique ce jeu. SYN. : *minigolf.*

GOLFE n.m. (ital. *golfo,* gr. *kolpos,* pli). Partie de mer avancée dans les terres, génér. suivant une large courbure du littoral.

GOLFEUR, EUSE n. Personne qui pratique le golf.

GOLGI [gɔlʒi] **(APPAREIL DE).** BIOL. CELL. Organite cellulaire formé par un empilement de petits sacs aplatis produisant des vésicules à leurs extrémités, jouant un rôle dans la maturation et le stockage des produits de sécrétion. (On dit aussi un *golgi,* n.m. inv.)

GOLMOTE ou **GOLMOTTE** n.f. (de *columelle*). Nom usuel de l'amanite rougeâtre *(Amanita rubescens)* ou oronge vineuse, comestible.

GOMARISME n.m. Doctrine du théologien protestant Gomar.

GOMARISTE adj. et n. Qui appartient au gomarisme ; partisan de Gomar.

GOMBO n.m. (mot anglo-amér., d'un mot africain). **1.** Plante potagère tropicale à fleurs jaunes dont on consomme soit les feuilles, soit les fruits en forme de capsule pyramidale (genre *Abelmoschus ;* famille des malvacées) ; ces fruits, consommés jeunes en légumes ou en condiments. **2.** Louisiane. Soupe à base de gombo.

GOMINA n.f. (nom déposé). Pommade pour lisser les cheveux.

GOMINER (SE) v.pr. Passer ses cheveux à la Gomina, les pommader.

GOMMAGE n.m. **1.** Action de recouvrir de gomme. **2.** Action d'effacer avec une gomme. **3.** Élimination des cellules mortes de la peau, obtenue par un produit cosmétique très légèrement abrasif.

GOMME n.f. (gr. *kommi*). **1.** Substance visqueuse et transparente qui suinte du tronc de certains arbres. ◇ *Gomme arabique,* fournie par certains acacias et d'abord récoltée en Arabie. **2.** *Fam. Mettre (toute) la gomme :* accélérer l'allure, utiliser toutes ses forces. – *Fam. À la gomme :* de mauvaise qualité ; sans importance. **3.** Petit bloc de caoutchouc ou autre matière servant à effacer le crayon, l'encre, etc. **4.** MÉD. Lésion infectieuse formant une grosseur qui se ramollit, puis s'ulcère et se vide. *Gomme syphilitique.*

GOMMÉ, E adj. Recouvert d'une couche de gomme adhésive sèche qui devient collante au contact d'un liquide. *Papier gommé.*

GOMME-GUTTE [gɔmgyt] n.f. (pl. *gommes-guttes*). Gomme-résine jaune extraite d'un arbuste d'Asie, utilisée dans la fabrication de peintures et employée aussi comme purgatif.

GOMME-LAQUE n.f. (pl. *gommes-laques*). Substance résineuse produite par une cochenille de l'Inde, soluble dans l'alcool et utilisée dans la fabrication des vernis.

GOMMER v.t. **1.** Enduire de gomme adhésive. *Gommer une étiquette.* **2.** Effacer avec une gomme. *Gommer un trait de crayon.* **3.** *Fig.* Tendre à faire disparaître ; atténuer. *Gommer certains détails.*

GOMME-RÉSINE n.f. (pl. *gommes-résines*). Mélange naturel de gomme et de résine tel que la myrrhe.

GOMMETTE n.f. Petit morceau de papier gommé, de couleur et de forme variées.

1. GOMMEUX, EUSE adj. De la nature de la gomme.

2. GOMMEUX n.m. *Fam.,* vx. Jeune homme prétentieux et d'une élégance excessive.

GOMMIER n.m. **1.** Arbre producteur de gomme. **2.** Antilles. Bateau de pêche à fond plat.

GOMMIFÈRE adj. Gummifère.

GOMMOSE n.f. Maladie des plantes, notamm. des arbres fruitiers, caractérisée par la production abondante de gomme.

GONADE n.f. (du gr. *gonê,* semence). Glande sexuelle qui produit les gamètes et sécrète des hormones. (Le testicule est la gonade mâle, l'ovaire la gonade femelle.)

GONADOSTIMULINE n.f. PHYSIOL. Gonadotrophine.

GONADOTROPE adj. PHYSIOL. Qui agit sur les gonades. ◇ *Hormone gonadotrope :* gonadotrophine.

GONADOTROPHINE n.f. PHYSIOL. Hormone de l'antéhypophyse et du placenta, stimulant l'ovaire ou le testicule. SYN. : *gonadostimuline, hormone gonadotrope.*

GONANGE, GONOPHORE ou **GONOZOÏDE** n.m. ZOOL. Polype reproducteur dans une colonie d'hydrozoaires, dépourvu de bouche et de tentacules.

GOND n.m. (lat. *gomphus,* cheville). Pièce métallique sur laquelle pivote un vantail de porte ou de fenêtre. ◇ *Fam. Sortir de ses gonds :* s'emporter, se mettre en colère.

GONDOLAGE ou **GONDOLEMENT** n.m. Action de gondoler ; fait de se gondoler.

GONDOLANT, E adj. *Fam.* Très drôle.

GONDOLE n.f. (ital. *gondola,* petit bateau). **1.** Barque vénitienne longue et plate, aux extrémités relevées, mue par un seul aviron à l'arrière. **2.** *Siège en gondole,* dont le dossier, cintré, se creuse en portion de cylindre. **3.** Meuble à plateaux superposés utilisé dans les libres-services comme présentoir. ◇ *Tête de gondole :* emplacement situé à une extrémité de gondole, destiné à la présentation en masse d'un produit à des fins promotionnelles.

GONDOLER v.t. Déformer une surface rigide ; gauchir. ◆ v.i. ou **se gondoler** v.pr. Se bomber sous l'effet de la chaleur ou de l'humidité. *Bois qui gondole.* ◆ **se gondoler** v.pr. *Fam.* Se tordre de rire.

GONDOLIER n.m. Batelier qui conduit une gondole.

GONE [gon] n.m. (de *goner,* vêtir sans goût). Région. (Lyon). Enfant des rues ; gamin.

GONELLE ou **GONNELLE** n.f. Poisson des côtes rocheuses de la Manche, au corps allongé marqué d'ocelles noirs, usuellement appelé *papillon de mer.* (Long. 20 cm ; genre *Pholis,* ordre des perciformes.)

GONFALON ou **GONFANON** n.m. (francique *gundfano*). HIST. Au Moyen Âge, étendard à plusieurs bandelettes sous lequel se rangeaient les vassaux et qui fut adopté par l'Église et certaines milices urbaines.

GONFALONIER ou **GONFANONIER** n.m. HIST. **1.** Porteur de gonfalon. **2.** Officier de justice de cités italiennes, au Moyen Âge.

GONFLABLE adj. Qui prend sa forme véritable, utile, par gonflage. ◇ *Sac* ou *coussin gonflable :* recomm. off. pour *Air Bag.*

GONFLAGE n.m. **1.** Action de gonfler ; fait de se gonfler. **2.** CINÉMA. *Fam.* Agrandissement des images d'un film sur un film de format supérieur.

GONFLANT, E adj. Qui a ou peut prendre du volume. *Coiffure gonflante.*

GONFLE n.f. Suisse. Congère.

GONFLEMENT n.m. **1.** État de ce qui est gonflé. **2.** Augmentation exagérée.

GONFLER v.t. (lat. *conflare,* souffler). **1.** Faire enfler ; distendre. *Gonfler un ballon.* **2.** Grossir le volume, l'importance de. *La pluie a gonflé le torrent.* **3.** Remplir, en parlant d'un sentiment. *Cette nouvelle gonfle son cœur.* **4.** *Fam. Être gonflé :* avoir du courage ou du culot ; exagérer. **5.** *Très fam.* Importuner, exaspérer. **6.** CINÉMA. *Fam.* Agrandir les images d'un film de petit format sur un film de format supérieur. ◆ v.i. Devenir enflé. *Le bois gonfle à l'humidité.* ◆ **se gonfler** v.pr. **1.** Prendre du volume. **2.** Être envahi par un sentiment. *Se gonfler d'orgueil.*

GONFLETTE n.f. *Fam., péjor.* Musculation culturiste, visant à donner un important volume musculaire ; musculature ainsi développée.

GONFLEUR n.m. Appareil (compresseur, soufflet) servant à gonfler.

GONG [gɔ̃g] n.m. (malais *gung*). **1.** Instrument de musique ou d'appel, originaire d'Extrême-Orient et formé d'un disque de métal aux bords relevés que l'on frappe avec une mailloche recouverte de tissu. **2.** Timbre annonçant le début et la fin de chaque reprise d'un match de boxe.

GONGORISME n.m. (de *Góngora,* n.pr.). LITTÉR. Préciosité de style recourant à l'emploi de mots rares, de métaphores et de constructions de phrases inattendues.

GONIOMÈTRE n.m. (du gr. *gônia,* angle). Instrument servant à la mesure des angles, notamm. dans les opérations topographiques.

GONIOMÉTRIE n.f. **1.** MÉTROL. Théorie et technique de la mesure des angles. **2.** Radiogoniométrie.

GONIOMÉTRIQUE adj. Relatif à la goniométrie ou au goniomètre.

GONNELLE n.f. → **GONELLE.**

GONOCHORIQUE [gɔnɔkɔrik] adj. Propre au gonochorisme.

GONOCHORISME [-kɔrism] n.m. (gr. *gonos,* génération, et *khôrismos,* séparation). SC. DE LA V. Caractère des espèces animales dont les gamètes mâles et femelles sont produits par des individus distincts.

GONOCOCCIE [gɔnɔkɔksi] n.f. Blennorragie.

GONOCOQUE n.m. Bactérie diplocoque, voisine du méningocoque, responsable de la blennorragie.

GONOCYTE n.m. EMBRYOL. Cellule embryonnaire des animaux qui, selon le sexe, donne au cours de la méiose soit quatre spermatozoïdes, soit un seul ovule, ou ovotide, et deux ou trois globules polaires stériles.

GONOPHORE n.m. → **GONANGE.**

GONORRHÉE n.f. (bas lat. *gonorrhoea,* du gr.). Blennorragie.

GONOSOME n.m. BIOL. Hétérochromosome.

GONOZOÏDE n.m. → **GONANGE.**

GONZE n.m. (ital. *gonzo,* lourdaud). *Arg.,* vieilli. Individu, type, mec.

GONZESSE n.f. *Fam.* Femme, fille.

GOPAK n.m. Danse folklorique ukrainienne, exécutée par des hommes, scandée de sauts acrobatiques et souvent accompagnée de chants. SYN. : *hopak.*

GOPURA n.m. Pavillon pyramidal des temples hindouistes, dans le sud de l'Inde.

GORD [gɔr] n.m. (gaul. *gorto,* haie). Pêcherie fluviale formée de deux rangs convergents de perches avec un verveux au sommet de l'angle.

GORDIEN adj.m. (de *Gordion,* n.pr.). *Litt. Trancher le nœud gordien :* résoudre de manière radicale, par la force, une difficulté ardue.

GORE adj. inv. et n.m. (mot angl., *sang séché*). Se dit d'une œuvre de fiction privilégiant les scènes sanglantes.

GORET n.m. (anc. fr. *gore,* truie). **1.** Jeune porc. **2.** *Fam.* Homme, petit garçon malpropre.

GORE-TEX n.m. (nom déposé). Fibre textile synthétique, imperméable, dérivée du Teflon.

GORFOU n.m. Petit manchot de l'Antarctique, pourvu d'une huppe de plumes jaunes. (Genre *Eudyptes ;* famille des sphéniscidés.)

GORGE n.f. (lat. *gurges,* gouffre). **1.** Partie antérieure et latérale du cou. **2.** Partie interne du cou, correspondant au pharynx et au larynx ; gosier. ◇ *Fam. Ça m'est resté en travers de la gorge :* je ne peux l'admettre. – *Fam. Faire des gorges chaudes de :* prendre plaisir à se moquer ouvertement de. – *Faire rentrer à qqn ses paroles dans la gorge,* l'obliger à les rétracter. – *Rendre gorge :* restituer par force ce qu'on a pris indûment. **3.** *Litt.* Poitrine d'une femme. **4.** GÉOMORPH. Vallée étroite et encaissée. **5.** ARCHIT. Large moulure creuse arrondie. **6.** Évidement à la périphérie d'une poulie, destiné à recevoir une courroie, une corde, etc. **7.** Dans une serrure, pièce mobile soumise à l'action d'un ressort, qui immobilise le pêne dormant et le libère par action de la clef.

GORGE-DE-PIGEON adj. inv. D'une couleur à reflets changeants.

GORGÉE n.f. Quantité de liquide qu'on peut avaler en une seule fois.

GORGER v.t. [10]. **1.** Faire manger avec excès. *Gorger un enfant de sucreries.* **2.** Remplir avec excès. *Terre gorgée d'eau.* **3.** *Litt.* Pourvoir en abondance. *Gorger qqn de richesses.*

GORGERIN n.m. **1.** ARM. Partie inférieure d'un casque fermé, qui couvrait la gorge et le cou. **2.** ARCHIT. Bande, ornée ou non, entre l'astragale et l'échine, dans certains chapiteaux.

GORGET n.m. Rabot de menuisier servant à faire les moulures creuses appelées *gorges.*

GORGONE n.f. (bas lat. *Gorgona,* n.pr.). Invertébré cnidaire des mers chaudes dont les polypes forment des colonies blanches, arborescentes ou en éventail. (Classe des octocoralliaires.)

GORGONZOLA n.m. (du n. d'une ville ital.). Fromage gras au lait de vache, à moisissures internes, originaire d'Italie et fabriqué également dans d'autres pays.

GORILLE n.m. (gr. *gorillai*). **1.** Singe anthropoïde de l'Afrique équatoriale. (Végétarien, il est le plus

■ **GORILLE** mâle.

grand et le plus fort de tous les singes, sa taille atteignant 2 m et son poids pouvant dépasser 200 kg ; genre *Gorilla,* famille des pongidés.) **2.** *Fam.* Garde du corps.

GORON n.m. Suisse. Vin rouge du Valais.

GOSETTE n.f. (mot wallon). Belgique. Chausson aux pommes ou aux abricots.

GOSIER n.m. (du gaul.). **1.** Gorge. **2.** Organe de la voix. *Chanter à plein gosier.*

GOSPEL [gɔspɛl] n.m. (anglo-amér. *gospel song,* chant d'Évangile). Chant populaire d'inspiration religieuse, optimiste, et bénéficiant d'un accompagnement musical, né dans la communauté noire des États-Unis au début du XXe siècle.

GOSSE n. (p.-ê. de *gonze*). *Fam.* Enfant. ◇ *Fam. Beau gosse, belle gosse :* beau jeune homme, belle jeune fille.

GOTHA n.m. (de l'*Almanach de *Gotha*). Ensemble de personnalités du monde politique, culturel, médiatique, etc., considérées du point de vue de leur notoriété, de leur importance dans la vie sociale. *Le gotha de la publicité.*

GOTHIQUE adj. **1.** Se dit d'une forme d'art, en partic. architectural, qui s'est épanouie en Europe du XIIe s. à la Renaissance. ◇ *Style gothique international :* nom donné à une esthétique gracieuse qui s'est répandue en Europe à la jonction des XIVe et XVe s. **2.** Se dit d'une écriture à traits droits et anguleux utilisée à partir du XIIe s. **3.** *Roman gothique :* roman d'épouvante d'inspiration fantastique, dont l'action est située dans un cadre médiéval, en vogue en Angleterre dans la seconde moitié du XVIIIe s. (Principaux auteurs : Horace Walpole, Ann Radcliffe, Matthew Gregory Lewis.) SYN. : *roman noir.* ◆ n.m. Art gothique. ◆ n.f. Écriture gothique.

ENCYCL. Les conséquences sur la structure de l'église de l'usage rationnel de la voûte sur croisée d'*ogives – report des poussées sur les supports d'angles, allégement des murs, agrandissement des fenêtres – apparaissent v. 1140 dans le déambulatoire du chœur de l'abbatiale de Saint-Denis. Les cathédrales de Noyon, Laon, Paris donnent, dans la seconde moitié du XIIe s., le type complexe du *gothique primitif.* Chartres, après 1194, définit un type classique, avec élévation à trois étages et systématisation des arcs-boutants, qui remplacent la tribune dans sa fonction de contrebutement. C'est encore dans le domaine capétien qu'apparaît, v. 1230 - 1240, le style *rayonnant,* que caractérisent une plus grande unité spatiale et le développement des vitrages (Saint-Denis, Amiens, Sainte-Chapelle de Paris). Ce style se répand dans le sud de la France (où il est concurrencé, au XIVe s., par un type méridional à nef unique) et en Europe (fondations cisterciennes). L'Angleterre connaît ses propres phases, originales, de gothique primitif, puis « décoré » (v. 1280) et « perpendiculaire » (v. 1350) ; l'Allemagne développe au XIVe s. le type de l'*église-halle ;* l'Italie est le pays qui accepte le moins bien le système gothique, avec son élan vertical matérialisé par les faisceaux de colonnettes que l'œil voit s'épanouir dans les nervures des voûtes. L'effervescence graphique de celles-ci, des fenestrages, des gâbles, caractérise l'art *flamboyant,* qui apparaît en France et en Allemagne à la fin du XIVe s. L'architecture profane, surtout militaire aux XIIe et XIIIe s., ne cesse par la suite de s'enrichir dans les édifices publics d'Italie ou des Pays-Bas du Sud et dans certains châteaux de France.
Comme le vitrail et les autres arts appliqués, la sculpture demeure longtemps soumise au primat de l'architecture. Les façades occidentales de Saint-Denis (très mutilée) et de Chartres manifestent d'emblée la rigueur de la répartition de la statuaire et des reliefs sur les portails gothiques. À leur hiératisme encore proche de l'art roman succède, à Senlis, à la fin du XIIe s., puis à Chartres (transept), à Paris, à Reims, à Amiens, une tendance à la souplesse, à un naturalisme qui évoluera vers plus d'expression et de mouvement (Reims, Amiens, Bourges, Strasbourg, Bamberg, etc.). La puissance de Claus Sluter, dans le milieu bourguignon, transforme l'art du XVe s. Détachée de l'architecture, la vogue des retables de bois sculpté se développe en Europe centrale, dans les Flandres, en Espagne.
Le *style gothique international,* aux alentours de 1400, embrasse une grande partie de la sculpture et surtout de la peinture. Préparé par le raffinement de l'enluminure parisienne ou anglaise, par l'évolution de la peinture en Italie (notamm. à Sienne, avec les Lorenzetti), ce style d'esprit aristocratique se rencontre en Allemagne et en Bohême (le Maître de Třeboň), en Catalogne (Borrassà), dans l'école franco-flamande (Broederlam, les Limbourg), à Paris (miniaturistes), en Italie (Lorenzo Monaco, Gentile da Fabriano, Sassetta, Pisanello, etc.).

GOTIQUE n.m. Langue que parlaient les Goths, représentant la branche orientale du germanique.

GOTON n.f. (abrév. de *Margoton*). *Fam.,* vx. Femme débauchée.

GOUACHE n.f. (ital. *guazzo,* endroit où il y a de l'eau). Peinture de consistance pâteuse, opaque, faite de couleurs détrempées à l'eau et mêlées de gomme ; œuvre, génér. sur papier, exécutée avec cette peinture.

GOUACHER v.t. Rehausser à la gouache.

GOUAILLE n.f. *Fam.* Verve populaire moqueuse et expressive.

GOUAILLER v.i. *Fam.* Railler, plaisanter avec gouaille.

GOUAILLERIE n.f. *Fam.* Raillerie de qqn qui gouaille.

GOUAILLEUR, EUSE adj. *Fam.* Qui dénote la gouaille ; plein de gouaille. *Un ton gouailleur.*

GOUALANTE n.f. *Fam.,* vx. Chanson, complainte populaire.

GOUALEUSE n.f. *Fam.,* vx. Chanteuse des rues.

GOUAPE n.f. (esp. *guapo*). *Fam.* Voyou, vaurien.

GOUDA n.m. (de *Gouda,* v. des Pays-Bas). Fromage de Hollande de forme cylindrique, au lait de vache, à pâte non cuite.

GOUDRON n.m. (de l'ar. *qaṭrān*). **1.** Substance sombre et visqueuse, obtenue par distillation de divers produits. (Le *goudron de houille* fournit de nombreux dérivés : benzène, toluène, xylène, phénol, naphtalène, crésol, anthracène, brai ; le *goudron végétal,* tiré du bois, contient du naphtalène, de la paraffine.) **2.** Abusif. Bitume. **3.** Afrique. Route ou rue goudronnée.

GOUDRONNAGE n.m. Action de goudronner.

GOUDRONNER v.t. Recouvrir, enduire, imprégner de goudron.

GOUDRONNEUSE n.f. Machine à goudronner.

GOUDRONNEUX, EUSE adj. De la nature du goudron.

GOUET [gwɛ] n.m. (lat. pop. *gubius*). BOT. Arum.

GOUFFRE n.m. (gr. *kolpos,* golfe). **1.** Cavité profonde et abrupte, fréquente dans les régions calcaires. SYN. : *aven.* **2.** *Fig.* Niveau le plus bas du malheur. *Être au fond du gouffre.* **3.** *Litt.* Ce qui paraît insondable. *Le gouffre de l'oubli.* **4.** Ce qui engloutit beaucoup d'argent, ce qui est ruineux. *Ce procès est un gouffre.*

GOUGE n.f. (lat. *gubia,* burin). **1.** Ciseau à tranchant courbe ou en V, servant à sculpter, à faire des moulures. **2.** Outil du graveur sur bois.

GOUGÈRE n.f. Pâtisserie au gruyère cuite au four.

GOUGNAFIER n.m. (du moyen fr. *goin,* lourdaud). *Fam.* Bon à rien.

GOUILLE n.f. (du francique). Suisse. Mare, flaque d'eau.

GOUINE n.f. (moyen fr. *goin,* lourdaud). *Vulg.* Femme homosexuelle.

GOUJAT n.m. (anc. gascon *gojat*). Homme mal élevé, grossier.

GOUJATERIE n.f. Caractère, action de goujat.

■ L'ART GOTHIQUE

L'art si original que les érudits italiens du quattrocento, férus d'Antiquité classique, qualifièrent péjorativement et très improprement de « gothique » (des Goths, des Germains), est apparu en Île-de-France au cours des années 1140. À la fin du siècle, la nouvelle architecture a déjà débordé ses frontières régionales vers la Picardie, la Champagne, la Bourgogne et même l'Angleterre. Au cours du XIIIe s., le style gothique s'impose à la plus grande partie de l'Occident, tout en prenant dans chaque pays une coloration particulière. Cette floraison, étalée sur trois siècles, concerne l'ensemble des arts.

Soissons. Croisillon sud (commencé en 1177) du transept de la cathédrale Saint-Gervais-et-Saint-Protais à Soissons. Structure complexe de l'architecture des cathédrales du XIIe s., avec son élévation à quatre étages : grandes arcades, tribune, triforium, fenêtres hautes ; ici, cas isolé, le croisillon se termine en hémicycle (vers la gauche).

Bourges. Façade occidentale de la cathédrale Saint-Étienne (XIIIe s.). Perçant l'écran grandiose de cette façade aux puissants contreforts et aux clochers trapus, cinq portails historiés ouvrent sur les cinq vaisseaux de l'église et introduisent, par leurs sculptures, aux croyances de la religion (thème du Jugement dernier au portail central, milieu du XIIIe s.).

Reims. L'ange de l'Annonciation au portail central de la cathédrale (façade ouest) : grâce souriante de l'un des ateliers rémois du XIIIe s. ; la statue était prête avant le début (v. 1255) de la construction de la façade.

Le Maître de Třeboň. *La Résurrection,* panneau d'un retable peint v. 1380 pour un couvent de la ville de Třeboň, en Bohême. À la cour de l'empereur Charles IV, à Prague, s'élabore dans la seconde moitié du XIVe s. une des versions les plus marquantes du « style international ».

Louvain (Brabant). L'hôtel de ville, édifié de 1448 à 1463 par l'architecte Matthijs de Layens. Tourelles d'escaliers, arcs en accolade ornés de crosses végétales, arcatures et garde-corps ajourés, statues sous dais à pinacles composent le décor exubérant de ce joyau de l'architecture communale brabançonne.

Wells (Angleterre). Chœur de la cathédrale, reconstruit durant le deuxième tiers du XIVe s. : ensemble relevant en grande partie du style gothique anglais *décoré,* antérieur au flamboyant français.

Tilman Riemenschneider. Assomption de la Vierge, partie centrale du monumental retable en bois de tilleul sculpté v. 1505 - 1510 par T. Riemenschneider pour l'église de Creglingen (Bavière).

1. GOUJON n.m. (lat. *gobio*). Petit poisson des rivières limpides de l'Europe occidentale et centrale. (Long. 15 cm ; genre *Gobio,* famille des cyprinidés.)

■ GOUJON

2. GOUJON n.m. (de *gouge*). OUTILL. Pièce de métal ou de bois servant à lier deux ou plusieurs pièces de machine, de charpente, de construction.

GOUJONNER v.t. OUTILL. Fixer par des goujons.

GOUJONNETTE n.f. Languette de filet de sole (ou de limande, de merlan) taillée en biais et frite.

GOUJONNIÈRE adj.f. *Perche goujonnière :* grémille commune.

GOULACHE ou **GOULASCH** n.m. (hongr. *gulyás*). Ragoût de viande mijoté avec des oignons, des tomates et du paprika. (Spécialité hongroise.)

GOULAFRE adj. et n. (du lat. *gula,* gueule). Région. (Nord, Est) ; Belgique. Goinfre, glouton.

G

GOULAG n.m. (abrév. du russe *Glavnoïe Oupravlenie Laguereï,* Direction générale des camps). HIST. Système concentrationnaire de l'ex-URSS ou de ses pays satellites.

ENCYCL. Instauré dès 1919, le réseau des camps de travail forcé s'est considérablement développé avec Staline. Il visait diverses catégories sociales ou nationales accusées de délits contre-révolutionnaires. Instrument de répression de masse, le goulag a aussi, en fournissant une main-d'œuvre gratuite au pays, contribué au développement économique de l'URSS stalinienne.

GOULASCH n.m. → **GOULACHE.**

GOULE n.f. (ar. *ghūl*). Démon femelle qui, selon les superstitions orientales, dévore les cadavres dans les cimetières.

GOULÉE n.f. (de l'anc. fr. *goule,* gueule). **1.** *Fam.,* vx. Grosse quantité de liquide avalée d'un coup. **2.** Quantité d'air qu'on peut aspirer en une fois.

GOULET n.m. (de l'anc. fr. *goule*). **1.** Passage étroit faisant communiquer un port ou une rade avec la haute mer. *Le goulet de Brest.* **2.** Tout passage étroit, difficile.

GOULEYANT, E adj. *Fam.* Se dit d'un vin agréable, frais, léger.

GOULOT n.m. (de l'anc. fr. *goule,* gueule). **1.** Col d'une bouteille, d'un vase, etc., à entrée étroite. **2.** *Goulot d'étranglement* → **étranglement.**

GOULOTTE n.f. (de l'anc. fr. *goule*). **1.** MANUT. Conduit incliné guidant la descente de colis ou de matériaux entraînés par gravité. **2.** TRAV. PUBL. Petite rigole pour l'écoulement des eaux.

GOULU, E adj. et n. (de l'anc. fr. *goule,* gueule). Qui aime à manger et qui mange avec avidité ; glouton.

GOULÛMENT adv. De façon goulue, avec avidité.

GOUM n.m. (ar. *qaum,* troupe). Formation militaire supplétive recrutée par la France au Maroc (1908 - 1956).

GOUMIER n.m. Militaire d'un goum.

GOUPIL [gupi] n.m. (bas lat. *vulpiculus,* renard). Vx. Renard.

GOUPILLE n.f. (de *goupil*). Petite broche métallique traversant deux organes de faibles dimensions afin de les maintenir assemblés. *Goupille conique, fendue.*

GOUPILLER v.t. **1.** Assembler à l'aide de goupilles. **2.** *Fam.* Arranger, combiner. ◆ **se goupiller** v.pr. *Fam.* S'arranger, se dérouler. *Comment ça se goupille, cette affaire ?*

GOUPILLON n.m. (anc. fr. *guipon,* pinceau). **1.** Instrument liturgique qui sert pour l'aspersion d'eau bénite. – *Péjor.* Symbole de la puissance temporelle de l'Église, souvent évoqué naguère dans le discours anticlérical. *L'alliance du sabre et du goupillon.* **2.** Brosse cylindrique à manche pour nettoyer les bouteilles.

GOUR n.m. (de l'ar.). Au Sahara, butte à sommet tabulaire et à flancs abrupts.

GOURA n.m. (javanais *gora,* tonnerre). Gros pigeon à huppe érectile des forêts de la Nouvelle-Guinée, au plumage gris-bleu, souvent appelé *pigeon couronné.* (Genre *Goura.*)

GOURAMI n.m. (mot malais). Poisson d'ornement originaire des eaux douces chaudes (23 à 30 °C) du Sud-Est asiatique, aux nageoires pelviennes longues et effilées. (Long. 10 cm ; famille des anabantidés.)

GOURANCE ou **GOURANTE** n.f. *Fam.* Erreur. *Faire une gourance.*

GOURBET n.m. Oyat.

GOURBI n.m. (de l'ar. *qurbā,* parenté). **1.** Habitation rudimentaire traditionnelle, en Afrique du Nord. **2.** *Fam.* Habitation misérable, mal entretenue.

GOURD, E adj. (lat. *gurdus,* grossier). Engourdi par le froid. *Doigts gourds.*

1. GOURDE n.f. (lat. *cucurbita*). **1.** Plante grimpante dont le fruit creux *(calebasse)* peut servir de boîte ou de bouteille. (Genre *Lagenaria ;* famille des cucurbitacées.) **2.** Récipient, souvent de forme ovoïde et plate, servant à conserver les boissons en voyage. ◆ adj. et n.f. *Fam.* Se dit d'une personne un peu niaise et maladroite. *Ce qu'il peut avoir l'air gourde, ce garçon !*

2. GOURDE n.f. (esp. *gordo,* gros). Unité monétaire principale d'Haïti.

GOURDIN n.m. (ital. *cordino*). Bâton gros et court servant à frapper ; trique.

GOUREN [gurɛ̃] n.m. (mot breton). Lutte traditionnelle bretonne.

GOURER (SE) v.pr. *Fam.* Se tromper.

GOURGANDINE n.f. (mot dial.). *Fam.,* vx. Femme de mauvaise vie.

1. GOURMAND, E adj. et n. (anc. fr. *gormat,* valet). Qui aime manger de bonnes choses. ◆ adj. Relatif à la cuisine gastronomique. *Chronique gourmande.*

2. GOURMAND n.m. BOT. Rameau d'arbre fruitier ou de vigne qui ne donne pas de fruit ; jeune branche poussant après l'élagage des arbres aux endroits où ont été coupées les branches plus vieilles.

GOURMANDER v.t. *Litt.* Réprimander sévèrement ; admonester, morigéner.

GOURMANDISE n.f. **1.** Caractère, défaut du gourmand. **2.** (Souvent pl.) Mets appétissant ; friandise. *Offrir des gourmandises.*

GOURME n.f. (francique *worm,* pus). **1.** *Fam.,* vx. Impétigo. **2.** Maladie contagieuse du cheval, due à un streptocoque, qui atteint surtout les jeunes adultes. **3.** Vieilli. *Jeter sa gourme :* en parlant d'un jeune homme, se livrer à ses premières folies, à ses premières fredaines.

GOURMÉ, E adj. *Litt.* Qui affecte un maintien grave et compassé.

GOURMET n.m. (anc. fr. *gormat,* valet). Personne qui sait distinguer et apprécier la bonne cuisine et les bons vins.

GOURMETTE n.f. **1.** Petite chaînette fixée de chaque côté du mors du cheval et passant sous la mâchoire inférieure. **2.** Bracelet formé d'une chaîne à maillons aplatis.

GOURNABLE n.f. (du néerl.). MAR. Cheville de bois dur (chêne, par ex.), destinée à fixer les éléments du bordé d'un vaisseau en bois.

GOUROU ou **GURU** [guru] n.m. (du hindi *gurū,* vénérable). **1.** Maître spirituel hindou. **2.** *Par plais.* Maître à penser.

GOUSSE n.f. **1.** Fruit sec à deux valves, garnies chacune d'une rangée de graines, des plantes du groupe des légumineuses. **2.** Partie de tête d'ail, d'échalote appelée aussi *caïeu.*

GOUSSET n.m. **1.** Petite poche du gilet ou de l'intérieur de la ceinture du pantalon destinée à loger une montre. **2.** CONSTR. Élément d'assemblage ou de contreventement de forme triangulaire utilisé dans les charpentes. **3.** Console de bois destinée à supporter une tablette. **4.** HÉRALD. Pièce horizontale formée de deux lignes diagonales partant des angles du chef et qui rejoignent un pal.

GOÛT n.m. (lat. *gustus*). **1.** Celui des cinq sens par lequel on perçoit les saveurs. **2.** Saveur d'un aliment. *Un goût sucré, poivré.* **3.** Attirance pour un aliment ; préférence. *Avoir le goût des gâteaux.* ◇ *Fam. Faire passer le goût du pain à qqn,* le tuer ; lui faire perdre l'envie de recommencer. **4.** Discernement, sentiment de ce qui est bon, beau, etc. ; sens intuitif des valeurs esthétiques. *Homme de goût.* **5.** Penchant particulier ; prédilection, préférence. *Avoir du goût pour la peinture.* ◇ *Fam. Dans ce goût-là :* de cette sorte. – *Dans le goût de :* dans le style de.

ENCYCL. Le goût a pour siège les papilles gustatives, petites saillies dessinant une ligne en forme de V dans la région postérieure de la langue. Elles renferment les *bourgeons du goût,* organes microscopiques contenant les cellules sensorielles. Celles-ci, sensibles à différentes substances chimiques, transmettent leurs informations à des neurones qui aboutissent à l'encéphale.

1. GOÛTER v.t. (lat. *gustare*). **1.** Vérifier la saveur d'un aliment, d'une boisson. **2.** *Litt.* Trouver bon ou agréable ; jouir de. *Goûter la musique.* **3.** *Litt.* Tenir en estime ; apprécier. *Goûter un auteur.* **4.** Belgique. Avoir le goût de. ◆ v.t. ind. **(à, de). 1.** Manger ou boire pour la première fois ou en petite quantité. *Goûtez à ces gâteaux. Goûter d'un mets.* **2.** *Fig.* Essayer, expérimenter. *Goûter d'un métier.* ◆ v.i. **1.** Faire un léger repas dans l'après-midi. *Faire goûter les enfants.* **2.** Région. (Savoie) ; Belgique. Être agréable au goût.

2. GOÛTER n.m. Petit repas que l'on prend dans l'après-midi.

GOÛTEUR, EUSE n. Personne chargée de goûter une boisson, une préparation.

GOÛTEUX, EUSE adj. Région. Qui a du goût, de la saveur.

1. GOUTTE n.f. (lat. *gutta*). **1.** Petite quantité de liquide de forme sphérique se détachant par condensation ou ruissellement d'une masse. *Gouttes de pluie.* **2.** Petite quantité de boisson. *Boire une goutte de vin.* **3.** *Fam. La goutte :* l'alcool, l'eau-de-vie. *Boire la goutte.* **4.** *Vin de goutte,* qui coule du pressoir avant le pressage du raisin. **5.** ARCHIT. Chacun des petits ornements tronconiques sous les mutules et sous les triglyphes, dans l'entablement dorique. ◆ pl. Médicament à prendre sous forme de gouttes. ◆ loc. adv. *Litt. Ne ... goutte :* ne ... rien, ne ... aucunement. *N'y voir, n'entendre goutte.*

2. GOUTTE n.f. Maladie métabolique par excès d'acide urique dans l'organisme, donnant des atteintes articulaires (inflammation aiguë du gros orteil, etc.), sous-cutanées (tophus), rénales (calculs).

GOUTTE-À-GOUTTE n.m. inv. Petit appareil permettant de régler le débit d'une perfusion ; la perfusion elle-même.

GOUTTELETTE n.f. Petite goutte.

GOUTTER v.i. Laisser tomber des gouttes ; tomber goutte à goutte. *Robinet, eau qui goutte.*

GOUTTEREAU [gutro] adj.m. CONSTR. *Mur gouttereau,* portant un chéneau ou une gouttière (par oppos. à *mur pignon*).

GOUTTEUR n.m. Organe de distribution de l'eau, en irrigation au goutte-à-goutte.

GOUTTEUX, EUSE adj. MÉD. Relatif à la goutte. ◆ adj. et n. Atteint de la goutte.

GOUTTIÈRE n.f. **1.** Petit canal ouvert recevant les eaux de pluie à la base d'un toit. **2.** MÉD. Appareil orthopédique demi-circulaire employé pour maintenir un membre malade ou fracturé.

GOUVERNABLE adj. Que l'on peut gouverner.

GOUVERNAIL n.m. (lat. *gubernaculum*). **1.** Appareil constitué d'une surface plane orientable solidaire d'un axe vertical, et servant à diriger un

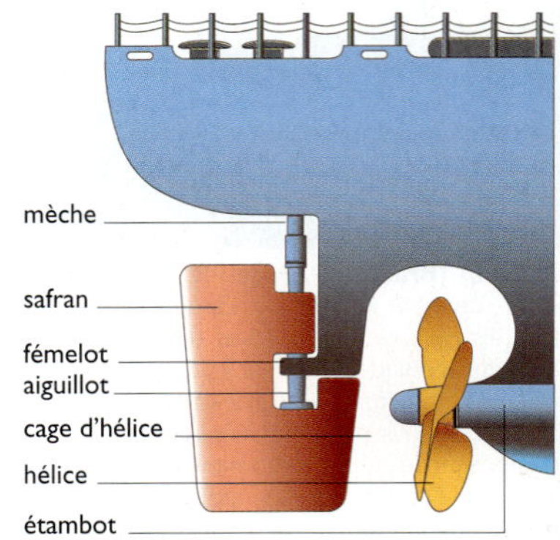

■ GOUVERNAIL

navire, un sous-marin. ◇ *Gouvernail automatique :* servomécanisme qui, sous l'effet du vent, permet de maintenir un voilier au cap désiré sans intervention humaine. – *Gouvernail de profondeur :* plan mince horizontal et orientable disposé à l'avant et à l'arrière des sous-marins pour les mouvements dans un plan vertical. **2.** ***Être au gouvernail, tenir le gouvernail de :*** diriger.

GOUVERNANCE n.f. Action de gouverner ; manière de gérer, d'administrer.

GOUVERNANT, E adj. Qui gouverne. *Classe gouvernante.* ◆ n.m. pl. L'ensemble de ceux qui exercent le pouvoir gouvernemental (par oppos. à *gouvernés*).

GOUVERNANTE n.f. **1.** Femme à laquelle est confiée l'éducation d'un ou de plusieurs enfants. **2.** Anc. Femme qui s'occupe du ménage, de la maison d'un homme seul.

GOUVERNE n.f. **1.** Action de diriger une embarcation. *Aviron de gouverne.* **2.** AVIAT. Chacun des organes utilisés pour obtenir la rotation d'un aéronef autour de ses trois axes : tangage *(gouverne de profondeur)*, roulis *(gouverne latérale)*, lacet *(gouverne de direction)*. **3.** *Litt. Pour ma (ta, sa, etc.) gouverne :* pour me (te, lui, etc.) servir de règle de conduite.

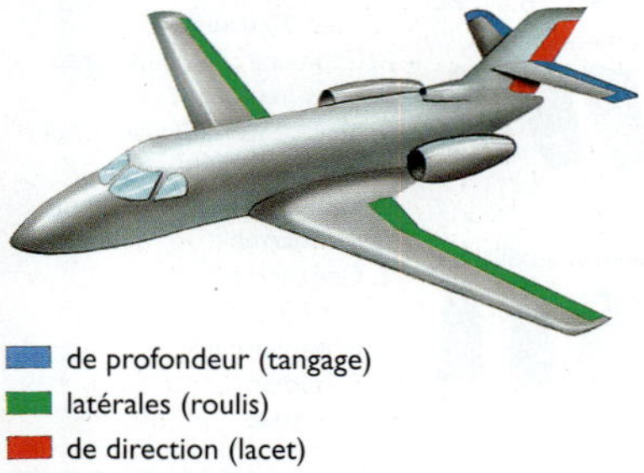

■ GOUVERNES

GOUVERNEMENT n.m. **1.** Action de gouverner, de diriger politiquement un pays. **2.** Forme politique qui régit un État. *Gouvernement démocratique.* **3.** Organe qui détient le pouvoir exécutif dans un État. *Les membres du gouvernement.* ◇ DR. *Acte de gouvernement :* acte administratif échappant à tout contrôle juridictionnel et concernant les relations du gouvernement et du Parlement ou les relations internationales. **4.** ÉCON. (Calque de l'angl. *corporate governance*). *Gouvernement d'entreprise :* système de répartition du pouvoir dans l'entreprise entre les actionnaires, le conseil d'administration et les dirigeants, défini par un ensemble de principes et de règles qui permettent de contrôler et de limiter le rôle de chacun. **5.** HIST. Circonscription administrative de la France d'Ancien Régime.

GOUVERNEMENTAL, E, AUX adj. **1.** Relatif au gouvernement. **2.** Qui soutient le gouvernement en place, est inspiré par le gouvernement. *Journal gouvernemental.*

GOUVERNER v.t. (lat. *gubernare*). **1.** Diriger un bateau à l'aide de son gouvernail. **2.** Diriger politiquement ; exercer le pouvoir exécutif. *Gouverner un État.* **3.** Suisse. S'occuper du bétail. **4.** LING. Régir tel cas, tel mode. *Préposition gouvernant l'ablatif, en latin.* ◆ v.i. Obéir au gouvernail, en parlant d'un bateau.

GOUVERNÉS n.m. pl. L'ensemble de ceux qui sont soumis au pouvoir gouvernemental (par oppos. à *gouvernants*).

GOUVERNEUR n.m. **1.** Titulaire du pouvoir exécutif, dans les Constitutions des États fédérés des États-Unis. ◇ *Gouverneur général :* au Canada, représentant de la reine (ou du roi) d'Angleterre. **2.** Anc. Personne placée à la tête d'une province, d'un gouvernement, d'un territoire, d'une colonie, etc. *Gouverneurs romains.* **3.** Agent public de haut rang investi de fonctions administratives et politiques. – Belgique. Fonctionnaire inamovible placé à la tête d'une province. **4.** Anc. Personne chargée de l'éducation d'un prince, d'un jeune homme de famille riche.

GOY ou **GOÏ** [gɔj] n. et adj. (mot hébr., *chrétien*). Terme par lequel les juifs désignent les non-juifs. Pluriel savant : *goyim* ou *goïm.*

GOYAVE [gɔjav] n.f. (esp. *guyaba*). Fruit du goyavier.

GOYAVIER n.m. Arbre cultivé en Amérique tropicale pour ses baies sucrées, ou goyaves. (Genre *Psidium* ; famille des myrtacées.)

GPL ou **G.P.L.** n.m. (sigle de *gaz de pétrole liquéfiés*). Mélange liquide sous pression d'hydrocarbures légers (butane, propane, etc.), utilisé comme combustible (bouteilles de gaz, par ex.) ou comme carburant.

GPRS n.m. (sigle de l'angl. *general packet radio service*). Système de transmission de téléphonie mobile basé sur la norme GSM, mais à débit rapide et adapté aux données multimédias et à Internet.

GPS n.m. (sigle de l'angl. *global positioning system*). Système américain de navigation et de localisation par satellites.

1. GR ou **G.R.** n.m. (nom déposé). Sentier de grande *randonnée.

2. GR ou **G.R.** n.f. (sigle). Gymnastique rythmique.

GRABAT n.m. (lat. *grabatus,* du gr.). Lit misérable, où l'on souffre.

GRABATAIRE adj. et n. Se dit d'un malade qui ne peut plus quitter le lit. *Vieillard grabataire.*

GRABATISATION n.f. MÉD. Fait de devenir grabataire.

GRABEN [grabən] n.m. (mot all.). GÉOL. Fossé tectonique. CONTR. : *horst.*

GRABUGE n.m. *Fam.* Dispute bruyante ; ensemble des dégâts qui en résultent. *Faire du grabuge.*

1. GRÂCE n.f. (lat. *gratia*). **1.** Faveur que l'on fait sans y être obligé ; bonne disposition, bienveillance. *Demander, accorder grâce.* ◇ ***Agir de bonne, de mauvaise grâce,*** avec bonne, mauvaise volonté. – ***Coup de grâce,*** qui achève, donne la mort. – ***Être en grâce auprès de qqn,*** jouir de sa faveur. – ***Faire grâce de :*** dispenser, épargner. *Faire grâce à qqn de ses dettes.* **2.** DR. Dispense partielle ou totale d'exécution d'une peine ou commutation d'une peine en une peine plus légère, par mesure de clémence. *Demander la grâce d'un condamné.* ◇ *Grâce amnistiante :* grâce accordée par le chef de l'État et à laquelle sont attachés les effets de l'amnistie. **3.** ***Crier, demander grâce :*** se déclarer vaincu ; supplier. **4.** THÉOL. CHRÉT. Don surnaturel que Dieu accorde en vue du salut. ◇ *État de grâce :* état de celui auquel Dieu accorde le salut ; *fig.,* période où tout semble favorable. **5.** Remerciement d'un bienfait, d'une faveur. ◇ *Litt. **Rendre grâce(s) à qqn,*** le remercier. **6.** Charme particulier ; beauté. *Marcher, danser avec grâce.* ◆ pl. **1.** Prière de remerciement après le repas. **2.** Vieilli. ***Faire des grâces :*** minauder, faire des manières. ◆ **grâce à** loc. prép. Par l'action heureuse de. *J'ai réussi grâce à vous.* ◇ *Grâce à Dieu :* par bonheur.

2. GRÂCE interj. S'utilise pour demander à être épargné. *Grâce ! Laissez-nous la vie sauve !* ◇ *De grâce ! :* par pitié !

GRACIABLE adj. Susceptible d'être gracié.

GRACIER v.t. [5]. Faire grâce à un condamné.

GRACIEUSEMENT adv. **1.** Avec grâce ; aimablement. **2.** À titre gracieux ; gratuitement.

GRACIEUSETÉ n.f. *Litt.,* vx. **1.** Manière aimable d'agir ; action gracieuse. **2.** Gratification donnée en plus de ce qu'on doit.

GRACIEUX, EUSE adj. (lat. *gratiosus*). **1.** Qui a de la grâce, du charme. *Visage gracieux.* **2.** Qui fait preuve de bienveillance ; qui accorde des grâces, des faveurs ; bénévole, gratuit. *Concours gracieux.* ◇ *À titre gracieux :* gratuitement. **3.** DR. Non contentieux. *Un recours gracieux.* ◇ ***Juridiction gracieuse,*** qui s'exerce en dehors de tout litige (par oppos. à ***juridiction contentieuse***).

GRACILE adj. (lat. *gracilis*). *Litt.* Mince, élancé et fragile. *Corps gracile.*

GRACILITÉ n.f. *Litt.* Caractère de ce qui est gracile ; minceur.

GRADATION n.f. (lat. *gradatio*). Progression par degrés successifs, par valeurs croissantes ou décroissantes. *Gradation des efforts.*

GRADE n.m. (lat. *gradus*). **1.** Degré, échelon d'une hiérarchie, en partic. de la hiérarchie militaire. *Le grade de lieutenant. Monter en grade.* (*V. ill. page suivante*). ◇ *Grade universitaire :* titre correspondant au niveau atteint dans le cursus universitaire. (Le premier grade universitaire est celui de bachelier.) – *Fam. En prendre pour son grade :* recevoir une vive remontrance. **2.** Unité de mesure d'angle plan (symb. gr) équivalant à l'angle au centre qui intercepte sur la circonférence un arc d'une longueur égale à 1/400 de celle de cette circonférence, soit $\pi/200$ radian. **3.** Désignation conventionnelle de la dureté d'un abrasif aggloméré. **4.** PÉTROLE. Niveau de viscosité d'un lubrifiant.

GRADÉ, E adj. Rare. Pourvu d'un grade. ◆ n. Militaire non officier titulaire d'un grade supérieur à celui de soldat ou de matelot.

GRADIENT n.m. **1.** Taux de variation d'un élément météorologique selon une direction donnée. *Gradient thermique. Gradient de pression.* **2.** BIOL. Variation, progressivement décroissante à partir d'un point maximal, de la concentration d'une substance ou d'une propriété physiologique dans un biotope, une cellule ou un organisme. **3.** MATH. *Gradient d'une fonction :* vecteur, noté grad *f,* dont les composantes, dans une base orthonormée, sont les dérivées partielles de *f* par rapport à chacune des 3 variables.

GRADIN n.m. (ital. *gradino*). **1.** Sorte de petite étagère formant casiers sur un bureau ou un autre meuble. **2.** Chacun des degrés, des bancs étagés et en retrait les uns par rapport aux autres d'un amphithéâtre, d'un stade. **3.** Chacun des degrés d'un terrain, d'une construction.

GRADINE n.f. (ital. *gradina*). Ciseau à dents pointues ou plates des sculpteurs sur pierre.

GRADUALISME n.m. BIOL. Notion selon laquelle l'évolution des espèces est un processus graduel, qui résulte de l'accumulation ininterrompue de modifications minimes au cours des générations.

GRADUAT n.m. Belgique. Cycle d'études techniques immédiatement inférieur au niveau universitaire ; diplôme sanctionnant ce cycle.

GRADUATION n.f. **1.** Action de graduer. **2.** Chacune des divisions établies en graduant ; ensemble de ces divisions.

1. GRADUÉ, E adj. **1.** Divisé en degrés. *Règle graduée.* **2.** Qui respecte une progression. *Exercices gradués.*

2. GRADUÉ, E adj. et n. Belgique. Titulaire d'un diplôme de graduat.

1. GRADUEL, ELLE adj. Qui va par degrés ; progressif.

2. GRADUEL n.m. **1.** Chant qui, dans la messe romaine, suit la lecture de l'épître. **2.** Livre qui contient les chants liturgiques de la messe.

GRADUELLEMENT adv. Par degrés.

GRADUER v.t. (du lat. *gradus,* degré). **1.** Diviser en degrés. *Graduer un thermomètre.* **2.** Augmenter par degrés. *Graduer les difficultés.*

GRAFF n.m. (abrév. de *graffiti*). Composition picturale à base calligraphique bombée sur un mur, une paroi.

GRAFFEUR, EUSE n. Personne, artiste qui réalise des graffs.

GRAFFITEUR, EUSE n. Personne qui trace des graffitis sur les murs.

GRAFFITI n.m. [pl. *graffiti(s)*] (ital. *graffito*). Inscription, dessin griffonnés ou gravés à la main sur un mur.

GRAFIGNER v.t. (du lat. *graphium,* stylet). Québec. *Fam.* Égratigner, érafler.

1. GRAILLER v.i. (de l'anc. fr. *graille,* corneille). **1.** Pousser son cri, en parlant de la corneille. **2.** Parler d'une voix enrouée.

2. GRAILLER v.t. (de *1. graillon*). *Fam.* Manger.

1. GRAILLON n.m. (de *griller*). Odeur de graisse brûlée, de mauvaise cuisine.

2. GRAILLON n.m. (du germ.). *Très fam.* Crachat épais.

1. GRAILLONNER v.i. Prendre une odeur de graillon.

2. GRAILLONNER v.i. *Très fam.* Tousser pour expulser des crachats épais.

GRAIN n.m. (lat. *granum*). **1.** Fruit (caryopse) des céréales ; ce fruit utilisé comme semence ; les céréales elles-mêmes. *Grain de blé. Semer du grain. Donner du grain aux poules.* **2.** Petite baie ronde provenant d'une grappe. *Grain de raisin.* **3.** AGRIC. Graine de quelques légumineuses ou fruit, graine de certaines plantes. *Grains de café, de poivre.* ◇ *Fam.* ***Donner du grain à moudre à qqn,*** lui fournir des arguments ; lui donner matière à réflexion. **4.** Petit corps sphérique ressemblant à un grain. *Grains de chapelet.* **5.** Élément minuscule de matière. *Grain de sable. Grain de sel.* ◇ *Fam.* ***Mettre son grain de sel :*** intervenir dans une conversation sans y être invité. **6.** Aspérité d'une surface ; texture. *Grain de la peau. Tissu à gros grains.* **7.** ***Grain de beauté :*** petite tache foncée sur la peau. SYN. : ***lentigo.*** **8.** PHOTOGR. Amas microscopique d'argent réduit, au sein d'une image photographique. **9.** *Un grain de :* une toute petite quantité de. *Il n'a pas un grain de bon sens. Un grain de folie.* – *Fam. **Avoir un grain :*** être un peu fou, fantasque. **10.** ***Grain métrique :*** unité de masse des perles, valant 0,25 carat métrique, soit 0,05 g. **11.** MAR. Coup de vent violent et subit, génér. de courte durée. ◇ ***Veiller au grain :*** être sur ses gardes. – Averse soudaine et brève, accompagnée de vent. ◆ pl. Réunion. Féculents (haricots, pois, lentilles, fèves, etc.).

GRAINAGE n.m. **1.** Production des œufs, ou graines, de vers à soie. **2.** Grenage.

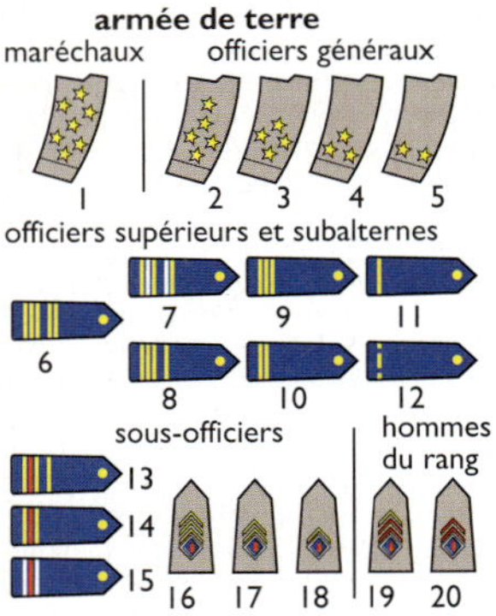

1. Maréchal de France ;
2. Général d'armée ;
3. Général de corps d'armée ;
4. Général de division ;
5. Général de brigade ;
6. Colonel ; 7. Lieutenant-colonel ;
8. Chef de bataillon ou d'escadron ;
9. Capitaine ; 10. Lieutenant ;
11. Sous-lieutenant ; 12. Aspirant ;
13. Major ; 14. Adjudant-chef ;
15. Adjudant ; 16. Sergent-chef ou maréchal des logis-chef ;
17. Sergent ou maréchal des logis ;
18. Sergent ou maréchal des logis * ;
19. Caporal-chef ou brigadier-chef ;
20. Caporal ou brigadier.

* personnel appelé, volontaire ou sous contrat

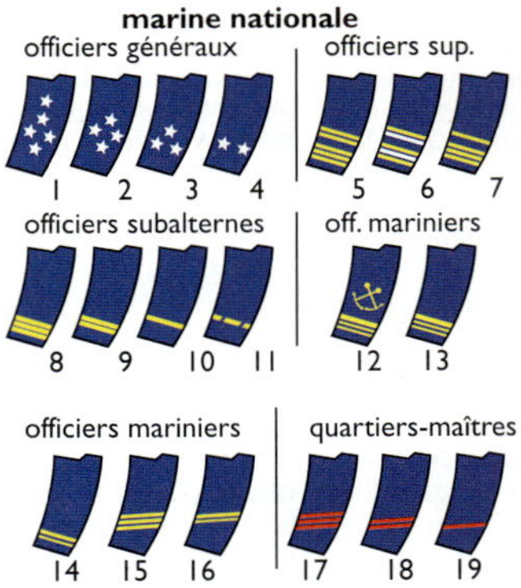

1. Amiral ;
2. Vice-amiral d'escadre ;
3. Vice-amiral ;
4. Contre-amiral ;
5. Capitaine de vaisseau ;
6. Capitaine de frégate ;
7. Capitaine de corvette ;
8. Lieutenant de vaisseau ;
9 et 10. Enseignes de vaisseau (1re et 2e classe) ;
11. Aspirant ; 12. Major ;
13. Maître principal ;
14. Premier maître ; 15. Maître ;
16. Second maître ;
17. Quartier-maître de 1re classe ;
18. Quartier-maître de 2e classe ;
19. Matelot breveté.

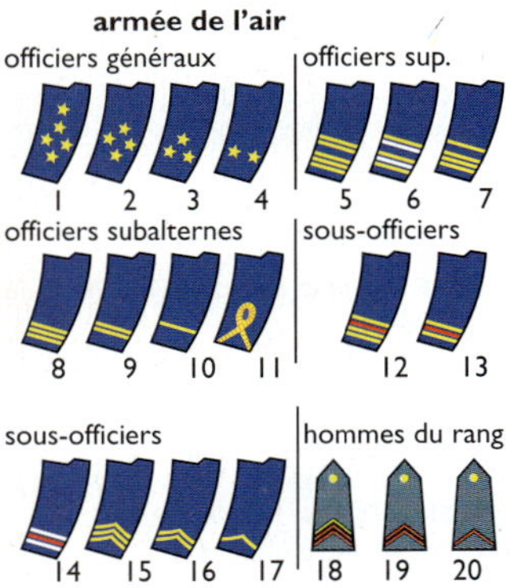

1. Général d'armée aérienne ;
2. Général de corps aérien ;
3. Général de division aérienne ;
4. Général de brigade aérienne ;
5. Colonel ; 6. Lieutenant-colonel ;
7. Commandant ;
8. Capitaine ;
9. Lieutenant ; 10. Sous-lieutenant ;
11. Aspirant ; 12. Major ;
13. Adjudant-chef ;
14. Adjudant ;
15. Sergent-chef ;
16. Sergent ;
17. Sergent * ;
18. Caporal-chef ;
19. Caporal ;
20. 1re classe.

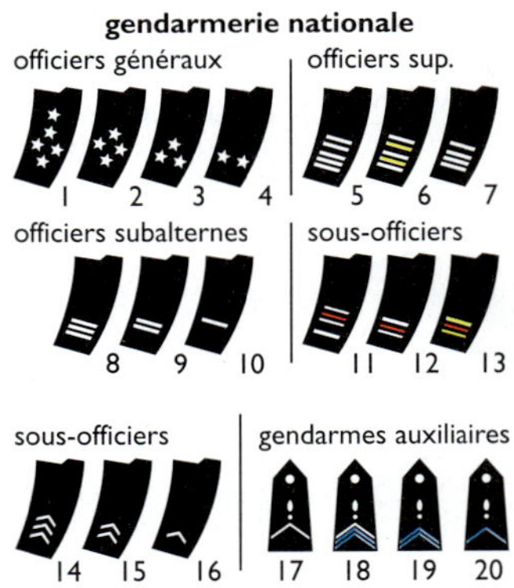

1. Général d'armée ;
2. Général de corps d'armée ;
3. Général de division ;
4. Général de brigade ;
5. Colonel ;
6. Lieutenant-colonel ;
7. Chef d'escadron ;
8. Capitaine ; 9. Lieutenant ;
10. Sous-lieutenant ;
11. Major ; 12. Adjudant-chef ;
13. Adjudant ;
14. Maréchal des logis-chef ;
15. Gendarme ;
16. Gendarme * ;
17. Maréchal des logis ;
18. Brigadier-chef ;
19. Brigadier ;
20. 1re classe.

■ **GRADE.** Insignes des grades dans l'armée française.

GRAINE n.f. (lat. *grana*). **1.** Organe dormant de nombreuses plantes, ovule fécondé entouré de substances de réserve, qui, après dispersion et germination, donne une nouvelle plante. (Nue chez les gymnospermes, la graine est enfermée dans un fruit chez les angiospermes.) <> *Monter en graine :* se développer jusqu'à la production des graines ; *fam.*, grandir vite, en parlant d'un enfant, d'un adolescent. — *Fam. Mauvaise graine :* se dit d'un enfant dont on ne présage rien de bon. — *Fam. En prendre de la graine :* prendre modèle, exemple sur. **2.** *Fam. Casser la graine :* manger. **3.** Œuf du bombyx du mûrier, dont la chenille est le ver à soie. **4.** Partie centrale solide de la Terre, constituée de fer et de nickel.

GRAINER ou **GRENER** v.i. [12]. Produire de la graine.

GRAINETERIE [grɛntri] n.f. Commerce, magasin du grainetier.

GRAINETIER, ÈRE n. Commerçant en grains, graines, oignons, bulbes, etc., en partic. pour les animaux de compagnie et le jardinage.

GRAINIER, ÈRE adj. Relatif aux graines. *Rendement grainier.*

GRAISSAGE n.m. Action de graisser un moteur, un mécanisme.

GRAISSE n.f. (du lat. *crassus,* épais). **1.** Substance lipidique présente dans le corps de l'homme et des animaux, servant à la fois de réserve énergétique et d'isolant thermique. **2.** Tout corps gras utilisé comme lubrifiant ou comme protection. **3.** Matière grasse animale ou végétale utilisée en cuisine pour divers types de cuisson. **4.** Altération, d'origine microbienne, du vin, du cidre, de la bière, qui deviennent filants comme de l'huile. **5.** IMPRIM. Épaisseur des traits, notamm. de la lettre.

GRAISSER v.t. **1.** Frotter, enduire de graisse. *Graisser une machine.* <> *Fam. Graisser la patte à qqn,* lui donner de l'argent pour obtenir un service, une faveur. **2.** Tacher de graisse. *Graisser ses vêtements.* ◆ v.i. S'altérer, tourner par l'effet de la graisse, en parlant du vin, du cidre, de la bière.

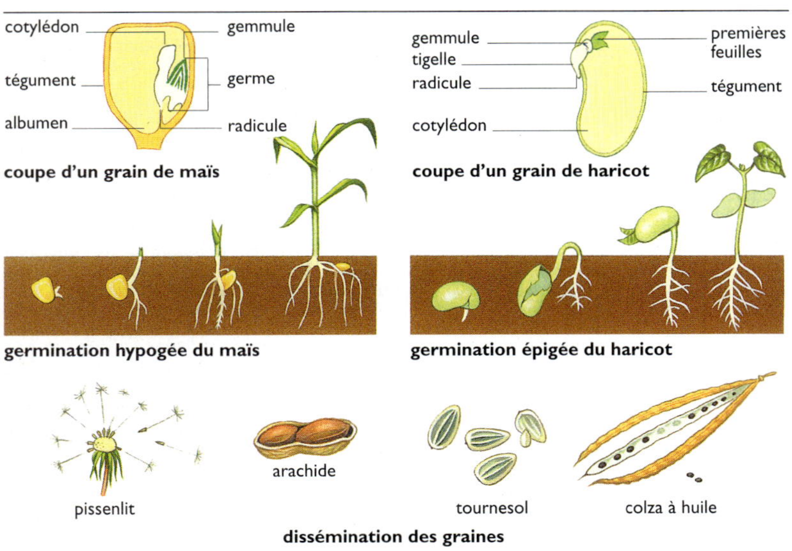

■ **GRAINE.** Graines de quelques plantes et exemples de germination.

1. GRAISSEUR, EUSE adj. Qui graisse.

2. GRAISSEUR n.m. **1.** Professionnel qui effectue le graissage d'appareils mécaniques. **2.** Dispositif permettant cette opération.

GRAISSEUX, EUSE adj. **1.** Qui contient de la graisse. *Tissu graisseux.* **2.** Taché de graisse. *Vêtements graisseux.*

GRAM (COLORATION DE) [de *Gram,* médecin danois]. Technique de coloration des bactéries, permettant de les classer selon qu'elles sont violettes, dites alors *gram positives,* ou roses, dites alors *gram négatives.*

GRAMINÉE ou **GRAMINACÉE** n.f. (du lat. *gramen,* gazon). Plante monocotylédone herbacée, aux minuscules fleurs en épis, aux fruits riches en amidon, réduits à des grains (caryopses), telle que les herbes des prairies et des savanes, le bambou, le roseau, la canne à sucre et les céréales. (Les graminées forment une immense famille.)

GRAMMAGE n.m. Masse en grammes par mètre carré d'un papier ou d'un carton.

GRAMMAIRE n.f. (lat. *grammatica*). **1.** Ensemble des règles phonétiques, morphologiques et syntaxiques, écrites et orales, d'une langue ; étude et description de ces règles. **2.** Livre, manuel enseignant ces règles. **3.** *Didact.* Ensemble des règles d'un art, d'une technique. *La grammaire du cinéma.*

GRAMMAIRIEN, ENNE n. Spécialiste de grammaire, de l'enseignement de la grammaire.

GRAMMATICAL, E, AUX adj. **1.** Relatif à la grammaire. *Règle grammaticale.* <> *Mots grammaticaux,* qui dénotent les facteurs syntaxiques (conjonctions, prépositions, pronoms, etc.), par oppos. aux *mots lexicaux,* porteurs d'un contenu sémantique (noms, adjectifs, verbes, adverbes). **2.** Conforme aux règles de la grammaire. *Énoncé grammatical.*

GRAMMATICALEMENT adv. Selon les règles de la grammaire.

GRAMMATICALISATION n.f. LING. Fait pour un morphème lexical de devenir un morphème grammatical (à la façon du mot latin *mens, mentis,* devenu en français le suffixe d'adverbe *-ment*).

GRAMMATICALITÉ n.f. LING. Caractère d'une phrase dont la construction est conforme aux règles de la grammaire d'une langue.

GRAMME n.m. (gr. *gramma,* petit poids). Unité de masse (symb. g) de l'ancien système cgs, valant un millième de kilogramme et représentant sensiblement la masse de 1 cm^3 d'eau pure à 4 °C.

GRANA n.m. (de l'ital. *grano,* grain). Fromage italien, variété de parmesan.

1. GRAND, E adj. (lat. *grandis*). **1.** De taille élevée. *Être grand pour son âge. Un grand arbre.* **2.** Qui a des dimensions étendues. *Grande ville.* **3.** D'une taille, d'une intensité, d'une quantité supérieure à la moyenne. *Grand front. Grand vent. Grand bruit.* **4.** Qui a atteint une certaine maturité. *Tu es grand maintenant.* **5.** *Grand frère, grande sœur :* frère, sœur aînés. **6.** Qui l'emporte par sa naissance, sa fortune, son influence. *Grand personnage.* — S'ajoute au titre des premiers dignitaires d'un ordre. *Grand prêtre. Grand officier.* **7.** Qui est marquant ; exceptionnel. *C'est un grand jour.* **8.** Qui se distingue par qqch de remarquable, par ses qualités, son talent, etc. *Un grand mathématicien.* **9.** *Grands Jours :* dans la France d'Ancien Régime, assises judiciaires tenues par une délégation d'un parlement dans une ville de son ressort. ◆ adv. *Voir grand :* prévoir qqch de plus important que ce qui est nécessaire ; avoir de grands projets. — *En grand :* sur une vaste échelle. ◆ n. **1.** Personne adulte. *Grands et petits.* **2.** Personne de taille élevée. **3.** Enfant plus âgé comparativement à d'autres. *La cour des grands.*

2. GRAND n.m. **1.** Personne, entreprise importante par son rang, son influence, etc. *Les grands de ce monde. Un grand de la distribution.* **2.** Ce qui est grand. *L'infiniment grand.* **3.** HIST. Membre de la plus haute noblesse, dans la France d'Ancien Régime et en Espagne. **4.** *Les Grands :* les grandes puissances mondiales.

GRAND-ANGLE [grɑ̃tɑ̃gl] ou **GRAND-ANGULAIRE** [grɑ̃tɑ̃gylɛr] n.m. (pl. *grands-angles, grands-angulaires*). Objectif photographique couvrant une grande largeur de champ. (Sa distance focale est, en format 24 × 36, inférieure à 50 mm.)

GRAND-CHOSE pron. indéf. et adv. *Pas grand-chose :* presque rien. *Ce que je te demande, ce n'est pas grand-chose. Je n'ai pas grand-chose à manger.* ◆ n. inv. *Fam. Un, une pas-grand-chose :* v. à son ordre alphabétique.

1. GRAND-CROIX n.f. inv. Dignité la plus haute de la plupart des ordres de chevalerie et des ordres de mérite.

2. GRAND-CROIX n.m. (pl. *grands-croix*). Personne qui a reçu la grand-croix.

GRAND-DUC n.m. (pl. *grands-ducs*). **1.** Souverain d'un grand-duché. **2.** Prince de la famille impériale de Russie. ◇ *Fam. Faire la tournée des grands-ducs,* la tournée des restaurants, des établissements de nuit, des lieux de plaisir.

GRAND-DUCAL, E, AUX adj. Qui concerne un grand-duc ou un grand-duché.

GRAND-DUCHÉ n.m. (pl. *grands-duchés*). Pays où règne un grand-duc. *Le grand-duché de Luxembourg.*

GRANDE-DUCHESSE n.f. (pl. *grandes-duchesses*). **1.** Femme ou fille d'un grand-duc. **2.** Souveraine d'un grand-duché.

GRANDELET, ETTE adj. *Fam.,* vieilli. Qui commence à devenir grand. *Fille grandelette.*

GRANDEMENT adv. **1.** À un très haut degré ; très, beaucoup. *Se tromper grandement.* **2.** Au-delà de ce qui est habituel. *Faire les choses grandement.* **3.** *Sout.* Avec grandeur d'âme. *Agir grandement.*

GRANDET, ETTE adj. *Fam.,* vieilli. Se dit d'une personne assez grande.

GRANDEUR n.f. **1.** Dimension en hauteur, longueur, largeur. *Grandeur d'une maison.* ◇ *Grandeur nature, en vraie grandeur :* dont les dimensions sont celles du modèle, de la chose imitée. **2.** Ce qui peut être estimé, mesuré. *Grandeur physique.* ◇ *Ordre de grandeur :* dimension, quantité en valeur approximative. **3.** Qualité de qqn qui se distingue par son influence, son rang, sa valeur, son importance. **4.** PSYCHOPATHOL. *Idée de grandeur :* idée délirante dans laquelle le sujet s'attribue une puissance exceptionnelle (physique, sexuelle, intellectuelle, etc.). **5.** ASTRON. Fraction maximale du diamètre du Soleil ou de la Lune affectée par une éclipse.

GRAND-GUIGNOLESQUE adj. (pl. *grand-guignolesques*). *Fam.* Qui a le caractère d'horreur outrée et invraisemblable des spectacles présentés autrefois par le théâtre parisien du Grand-Guignol (1897 - 1962).

GRANDILOQUENCE n.f. (lat. *grandis,* grand, et *loqui,* parler). Caractère d'un discours grandiloquent ; pompe, emphase.

GRANDILOQUENT, E adj. Qui parle avec emphase ; marqué par l'emphase ; pompeux. *Discours grandiloquent.*

GRANDIOSE adj. (ital. *grandioso*). Imposant par sa grandeur, sa majesté. *Édifice grandiose.*

GRANDIR v.i. Devenir grand. ◆ v.t. **1.** Rendre ou faire paraître plus grand. *Ces chaussures la grandissent.* **2.** Rendre plus élevé, plus prestigieux. *Cela le grandira dans l'estime publique.*

GRANDISSANT, E adj. Qui va croissant.

GRANDISSEMENT n.m. OPT. Rapport de la longueur d'une image à la longueur de l'objet.

GRANDISSIME adj. (ital. *grandissimo*). *Fam.* ou *par plais.* Très grand.

GRAND-LIVRE n.m. (pl. *grands-livres*). COMPTAB. **1.** Registre sur lequel on reporte, compte par compte, les opérations du livre journal. **2.** Liste qui mentionne en France tous les créanciers de l'État. *Grand-livre de la dette publique.*

GRAND-MAMAN n.f. (pl. *grand[s]-mamans*). Grand-mère, dans le langage enfantin.

GRAND-MÈRE n.f. (pl. *grand[s]-mères*). **1.** Mère du père ou de la mère. **2.** *Fam.* Vieille femme.

GRAND-MESSE n.f. (pl. *grand[s]-messes*). **1.** Messe solennelle chantée. **2.** *Fig.* Manifestation spectaculaire visant à souder l'homogénéité d'un groupe, d'un parti, etc.

GRAND-ONCLE n.m. (pl. *grands-oncles*). Frère du grand-père ou de la grand-mère.

GRAND-PAPA n.m. (pl. *grands-papas*). Grand-père, dans le langage enfantin.

GRAND-PEINE (À) loc. adv. Avec difficulté.

GRAND-PÈRE n.m. (pl. *grands-pères*). **1.** Père du père ou de la mère. **2.** *Fam.* Vieillard.

GRANDS-PARENTS n.m. pl. Le grand-père et la grand-mère du côté paternel et du côté maternel.

GRAND-TANTE n.f. (pl. *grand[s]-tantes*). Sœur du grand-père ou de la grand-mère.

GRAND-VOILE n.f. (pl. *grand[s]-voiles*). MAR. Voile carrée inférieure du grand mât des gréements carrés ou voile principale des gréements auriques et marconi.

GRANGE n.f. (du lat. *granum,* grain). Bâtiment d'une exploitation agricole où sont entreposées les récoltes de paille, de foin, etc.

GRANGÉE n.f. Contenu d'une grange pleine.

GRANIT n.m. Roche dure et grenue qui, une fois taillée et polie, est susceptible d'être utilisée en ornementation. *Le « petit granit » des Ardennes.*

GRANITE n.m. (ital. *granito,* grenu). Roche magmatique plutonique formée princip. de quartz, de feldspath alcalin et de plagioclase accompagnés de mica, d'amphibole et de pyroxène, et constituant l'essentiel de la croûte continentale.

1. GRANITÉ, E adj. **1.** Qui présente des grains, des petits reliefs rappelant le granit. **2.** Peint, moucheté d'une manière qui rappelle le granit.

2. GRANITÉ n.m. **1.** Étoffe de laine, de coton à gros grains. **2.** Sorte de sorbet de texture granuleuse, préparée à partir d'un sirop peu sucré.

GRANITEUX, EUSE adj. Qui contient du granite.

GRANITIQUE adj. De la nature du granite.

GRANITOÏDE n.m. Roche du groupe des granites ou apparentée génétiquement aux granites.

GRANIVORE adj. et n. Qui se nourrit de graines. *Oiseaux, rongeurs granivores.*

GRANNY-SMITH [granismis] n.f. inv. (mot anglo-amér.). Pomme d'une variété à peau verte et à chair ferme.

GRANOCLASSEMENT n.m. Répartition, croissante ou décroissante, d'éléments rocheux selon leur taille, dans des sédiments ou dans des projections volcaniques.

GRANULAIRE adj. Qui se compose de petits grains.

GRANULAT n.m. Ensemble des constituants inertes (sables, graviers, cailloux) des mortiers, des enrobés et des bétons.

GRANULATION n.f. **1.** Agglomération d'une substance en petits grains. **2.** MÉTALL. Solidification sous une forme fragmentaire, par l'action de l'eau, d'un produit fondu. **3.** MÉD. Petit grain normal ou pathologique, dans une cellule, un tissu.

1. GRANULE n.m. (lat. *granulum*). **1.** Petit grain d'une matière quelconque. **2.** PHARM. Petite pilule contenant génér. une substance active à faible dose. — Forme médicamenteuse typique de l'homéopathie, constituée d'un petit grain imprégné du remède.

2. GRANULE n.f. ASTRON. Petite tache brillante de forme polygonale, éphémère, observée sur la photosphère du Soleil.

1. GRANULÉ, E adj. **1.** Qui présente des granulations. **2.** Réduit en granules.

2. GRANULÉ n.m. PHARM. Médicament en forme de grain constitué d'une substance active et de sucre qui le rend agréable à absorber.

GRANULER v.t. Agglomérer, réduire en petits grains.

GRANULEUX, EUSE adj. **1.** Divisé en petits grains. *Terre granuleuse.* **2.** MÉD. Qui présente des granulations.

GRANULIE n.f. MÉD. Forme de tuberculose caractérisée par des lésions petites, nombreuses et disséminées, en partic. dans les cas aigus. SYN. : *tuberculose miliaire.*

GRANULITE n.f. Roche métamorphique constituée essentiellement de quartz et de feldspath et, accessoirement, de grenat ou de pyroxène.

GRANULOCYTE n.m. HISTOL. Globule blanc du sang caractérisé par des granulations neutrophiles, éosinophiles ou basophiles, et par un noyau polylobé.

GRANULOME n.m. (du lat. *granulum,* petite graine). MÉD. Petite lésion inflammatoire contenant des globules blancs, observée dans certaines maladies (tuberculose, sarcoïdose, etc.).

GRANULOMÉTRIE n.f. **1.** Mesure des dimensions des grains d'un mélange ; détermination de leur forme et de leur répartition statistique. **2.** Mesure de la fréquence des grains de différentes dimensions d'un sol, d'une roche sédimentaire, de retombées volcaniques.

GRAPE-FRUIT [grɛpfrut] n.m. [pl. *grape-fruits*] (mot anglo-amér.). Pomelo.

GRAPHE n.m. (de *graphique*). **1.** *Graphe d'une application de A dans B :* ensemble des couples (a, b) formés par un élément a de A et son image b par l'application de A dans B. — *Graphe d'une correspondance :* ensemble des couples (a, b) formés par un élément a de A et l'un quelconque de ses correspondants dans un ensemble B. **2.** GÉOMÉTR. Ensemble de points, nommés *sommets,* dont certains couples sont reliés par une ligne, orientée *(flèche)* ou non *(arête).* [Le graphe est orienté si les sommets sont ordonnés, non orienté si l'origine et l'extrémité de l'arc ne sont pas distinguées.]

GRAPHÈME n.m. LING. Unité graphique minimale entrant dans la composition d'un système d'écriture.

GRAPHEUR n.m. INFORM. Logiciel qui produit des graphiques à partir de données chiffrées issues d'un autre logiciel ou entrées par le clavier.

GRAPHIE n.f. (du gr. *graphein,* écrire). LING. Représentation écrite d'un mot ou d'un énoncé.

GRAPHIOSE n.f. Maladie cryptogamique de l'orme, entraînant la disparition progressive de l'espèce.

1. GRAPHIQUE adj. (gr. *graphikos*). **1.** Qui représente par des dessins, des signes écrits. *L'alphabet est un système graphique.* **2.** Qui se rapporte aux procédés d'impression, industriels ou artistiques. **3.** ALGÈBRE. *Méthode graphique :* méthode de résolution de certains problèmes au moyen de figures géométriques, génér. dessinées dans le plan. — *Représentation graphique (d'une fonction),* ou *graphique,* n.m. : courbe plane dont les points ont pour coordonnées, dans un repère du plan, les couples du graphe d'une fonction. ◆ n.m. **1.** Représentation de données qualitatives ordonnées ou quantitatives par une construction utilisant les propriétés de la perception visuelle et appliquant les lois de la graphique. **2.** Représentation graphique d'une fonction.

2. GRAPHIQUE n.f. Système de signes utilisant les propriétés du plan pour faire apparaître les relations de différence, d'ordre ou de proportionnalité dans un ensemble de données.

GRAPHIQUEMENT adv. **1.** Par l'écrit. **2.** Par des procédés graphiques.

GRAPHISME n.m. **1.** Caractère particulier d'une écriture ; manière d'écrire individuelle. **2.** Manière de tracer une ligne, de dessiner. *Le graphisme de Jacques Callot.*

GRAPHISTE n. Spécialiste des arts et industries graphiques.

GRAPHITE n.m. Carbone naturel ou artificiel cristallisé, gris-noir, tendre et friable, bon conducteur de l'électricité.

GRAPHITER v.t. **1.** Transformer du carbone en graphite, notamm. pour la fabrication des électrodes. **2.** Enduire superficiellement de graphite.

GRAPHITEUX, EUSE ou **GRAPHITIQUE** adj. Qui contient du graphite.

GRAPHITISATION n.f. MÉTALL. Traitement thermique effectué sur les fontes (princip. les fontes malléables), pour précipiter le carbone à l'état de graphite.

GRAPHOLOGIE n.f. (gr. *graphein,* écrire, et *logos,* science). Technique de l'interprétation de l'écriture considérée comme une expression de la personnalité.

GRAPHOLOGIQUE adj. Relatif à la graphologie.

GRAPHOLOGUE n. Spécialiste de la graphologie.

GRAPPA n.f. (mot ital.). Eau-de-vie de marc de raisin, fabriquée en Italie.

GRAPPE n.f. (du germ.). **1.** Assemblage étagé et conique de fleurs, de fruits autour d'une tige commune. *Grappe de groseilles, de raisin, de fleurs de lilas.* ◇ *Vin de grappe,* de raisin. **2.** Groupe de personnes serrées les unes contre les autres. *Grappes de voyageurs.*

GRAPPILLAGE n.m. Action de grappiller.

GRAPPILLER v.t. et v.i. **1.** Cueillir, ramasser çà et là des fruits. **2.** Prendre en petite quantité, au hasard ou illégalement. *Grappiller des renseignements, de l'argent.* ◆ v.i. Enlever les grappes laissées sur les ceps après la vendange.

GRAPPILLEUR, EUSE n. Personne qui grappille, qui fait des profits illicites.

GRAPPILLON n.m. Partie d'une grappe de raisin.

GRAPPIN n.m. (de *grappe,* au sens anc. de *crochet*). **1.** MAR. Ancre sans jas, à quatre ou cinq crochets, pour les petites embarcations. **2.** MAR. Crochet d'abordage. ◇ *Fam. Jeter, mettre le grappin sur :* s'emparer de, se réserver l'usage de ; accaparer. **3.** Accessoire d'appareils de levage pour saisir des objets ou des matériaux.

GRAPTOLITE n.m. (du gr. *graptos,* gravé). Organisme marin fossile de l'ère primaire, qui vivait en colonies flottantes dans des loges formées de chitine. (Les graptolites forment une classe éteinte de l'embranchement des hémichordés.)

GRAS, GRASSE adj. (lat. *crassus,* épais). **1.** Formé de graisse ; de la nature de la graisse. *Matières grasses.* ◇ *Corps gras :* substance neutre, d'origine organique, qui est un ester de glycérine. (Le beurre, l'huile, le suif sont des corps gras.) – *Acide gras :* constituant caractéristique des lipides, comprenant une chaîne d'atomes de carbone. – *Série grasse :* série des composés organiques à chaîne ouverte. **2.** Qui contient plus ou moins de graisse, de matière grasse. *Lard gras. Fromage gras.* – *Spécial.* Préparé avec de la viande ou de la graisse (par oppos. à *maigre*). *Bouillon gras.* ◇ *Jours gras :* jours où l'Église catholique permettait de manger de la viande, en partic. les trois jours précédant le mercredi des Cendres, début du carême. *Mardi gras.* **3.** Fourni en graisse, qui a trop de graisse, en parlant de qqn ou d'un animal. **4.** Enduit, imprégné de graisse ou d'une substance grasse. – *Spécial.* Sali, taché de graisse. *Papier gras.* **5.** *Peau grasse, cheveux gras,* atteints de séborrhée. **6.** Dont la consistance évoque celle de la graisse. *Boue grasse.* **7.** IMPRIM. *Caractère gras :* caractère dont la graisse est importante par rapport au caractère normal (par oppos. à *caractère maigre*). – *Crayon gras,* à mine tendre qui laisse un trait épais, largement marqué. **8.** Se dit de sons pâteux, peu clairs. *Rire gras.* ◇ *Toux grasse,* associée à un excès des sécrétions bronchiques et, éventuellement, à des crachats (par oppos. à *toux sèche*). **9.** *Fig.* Qui frôle l'obscénité ; grossier, graveleux. *De grasses plaisanteries.* **10.** *Litt.* Qui dénote l'abondance, la richesse. *Un gras pourboire. De grasses moissons.* ◇ *Terre grasse :* terre argileuse et fertile. – *Faire la grasse matinée :* s'attarder dans son lit le matin. **11.** *Plantes grasses,* à feuilles épaisses et charnues (cactacées, par ex.). ◆ adv. D'une manière grasse. *Tousser gras.* ◆ n.m. **1.** Partie grasse d'une viande (par oppos. au *maigre*). *Le gras du jambon.* ◇ *Au gras :* préparé avec de la viande ou de la graisse. *Du riz au gras.* – *Fam. Discuter le bout de gras :* bavarder un moment. – *Faire gras :* manger de la viande (par oppos. à *faire maigre*). **2.** CONSTR. *Avoir du gras, être en gras :* en parlant d'une pièce, d'une pierre de taille, avoir des dimensions trop fortes pour l'endroit qui lui est assigné.

GRAS-DOUBLE n.m. (pl. *gras-doubles*). Produit de triperie préparé à partir de panse de bœuf, échaudée et cuite à l'eau.

GRASSEMENT adv. **1.** D'une voix grasse. *Rire grassement.* **2.** Avec largesse ; généreusement. *Payer grassement un service.*

GRASSERIE n.f. Maladie contagieuse du ver à soie, provoquée par un virus.

GRASSET n.m. Région du membre postérieur des quadrupèdes, située à la limite de la cuisse et de la jambe et ayant pour base la rotule.

GRASSEYANT, E adj. Qui grasseye.

GRASSEYEMENT n.m. Prononciation d'une personne qui grasseye.

GRASSEYER [graseje] v.i. et v.t. [7] (de *gras*). Prononcer de la gorge certaines consonnes, et partic. les *r.*

GRASSOUILLET, ETTE adj. *Fam.* Un peu gras ; potelé. *Enfant grassouillet.*

GRATERON n.m. → **GRATTERON.**

GRATIFIANT, E adj. Qui gratifie, qui procure une satisfaction psychologique.

GRATIFICATION n.f. **1.** Somme versée par l'employeur en plus de la rémunération régulière, à titre contractuel ou exceptionnel. **2.** Satisfaction psychologique.

GRATIFIER v.t. [5] (lat. *gratificari,* faire plaisir). **1.** Accorder, octroyer un don, une faveur, etc., à. *Gratifier qqn d'un pourboire, d'un sourire.* **2.** (Par l'angl. *to gratify*). Procurer un plaisir, une satisfaction psychologique à. *La réussite à cet examen l'a beaucoup gratifié.* **3.** *Iron.* Donner, attribuer qqch de désagréable à. *Elle m'a gratifié d'une bordée d'injures.*

GRATIN n.m. (de *gratter*). **1. a.** Préparation culinaire recouverte de chapelure ou de fromage râpé et cuite au four. *Gratin de pommes de terre.* **b.** Croûte qui se forme à la surface d'une telle préparation. **2.** Ce qui reste attaché au fond d'un plat, d'une casserole, etc., après cuisson d'un mets. **3.** *Fam. Le gratin :* l'élite, les personnes les plus en vue d'une société, d'un milieu. **4.** Mélange de colle et de phosphore rendu rugueux par du verre pilé, utilisé pour fabriquer les frottoirs à allumettes.

GRATINÉ, E adj. **1.** Préparé, cuit au four, au gratin. **2.** *Fam., souvent iron.* Qui sort de l'ordinaire, remarquable dans son genre. *Comme original, il est assez gratiné !*

GRATINÉE n.f. Soupe à l'oignon, saupoudrée de fromage râpé, gratinée au four.

GRATINER v.t. Accommoder un plat, un mets au gratin.

GRATIS [gratis] adv. (mot lat.). Sans qu'il en coûte rien ; gratuitement.

GRATITUDE n.f. Reconnaissance d'un bienfait reçu. *Témoigner sa gratitude.*

GRATTAGE n.m. Action de gratter.

GRATTE n.f. *Fam.* **1.** Guitare. **2.** Petit profit plus ou moins illicite. **3.** Belgique. Égratignure.

GRATTE-CIEL n.m. inv. (calque de l'angl. *skyscraper*). Immeuble de grande hauteur revêtant la forme d'une tour à très nombreux étages.

GRATTE-CUL n.m. inv. Cynorhodon.

GRATTE-DOS n.m. inv. Baguette portant à l'une de ses extrémités un petit grattoir en forme de main.

GRATTEMENT n.m. Bruit fait en grattant. *Entendre un grattement à la porte.*

GRATTE-PAPIER n.m. inv. *Fam., péjor.* Employé de bureau ; rond-de-cuir.

GRATTE-PIEDS n.m. inv. Claie de lames métalliques pour gratter les semelles de ses chaussures en entrant dans un bâtiment.

GRATTER v.t. (francique *krattôn*). **1.** Racler en entamant superficiellement. *Gratter le parquet à la paille de fer.* **2.** Faire disparaître en raclant. *Gratter la vieille peinture d'un mur.* **3.** Frotter une partie du corps avec les ongles pour faire cesser une démangeaison. **4.** Faire éprouver une démangeaison, une irritation de la peau. *Ce pull me gratte.* **5.** *Fam.* Réaliser secrètement un petit profit, souvent de manière indélicate. *Gratter quelques euros sur l'argent des courses.* **6.** *Fam.* Devancer, doubler ou regagner le retard pris sur qqn, un concurrent, dans une compétition, etc. ◆ v.i. **1.** *Fam.* Travailler. **2.** *Fam.* Jouer médiocrement d'un instrument à cordes, en partic. de la guitare. **3.** *Gratter à la porte :* faire un bruit de raclement avec les ongles pour signaler sa présence, au lieu de frapper (par timidité, discrétion, etc.).

GRATTERON ou **GRATERON** n.m. (anc. fr. *gleton,* avec infl. de *gratter*). BOT. Gaillet dont la tige porte de petits crochets.

GRATTEUR, EUSE n. Personne qui procède au grattage d'une surface.

GRATTOIR n.m. **1.** Outil, instrument pour gratter. **2.** Canif à large lame pour effacer en grattant le papier. **3.** Frottoir enduit de gratin pour l'inflammation des allumettes. **4.** PRÉHIST. Outil lithique au front arrondi, façonné sur lame ou sur éclat.

GRATTONS n.m. pl. Résidus de la fonte de graisse animale (oie, canard), salés et consommés froids.

GRATTOUILLER v.t. *Fam.* Gratter légèrement.

GRATTURE n.f. Rare. Débris provenant du grattage.

GRATUIT, E adj. (lat. *gratuitus*). **1.** Fait ou donné sans qu'il en coûte rien ; dont on jouit sans payer. *Consultation gratuite. Concert gratuit.* **2.** Sans fondement ; arbitraire. *Supposition toute gratuite.* ◇ *Crime, acte gratuit,* sans motif rationnel, sans fin apparente. ◆ n.m. Journal distribué gratuitement et financé exclusivement par des recettes publicitaires.

GRATUITÉ n.f. Caractère de ce qui est gratuit, ne coûte rien. *La gratuité de l'enseignement.*

GRATUITEMENT adv. **1.** Sans payer. **2.** Sans preuve, sans fondement ; sans motif.

GRAU n.m. [pl. *graus*] (mot languedocien). Sur la côte du Languedoc, chenal de communication entre un étang côtier et la mer.

GRAVATS n.m. pl. (de *1. grève,* au sens anc. de *gravier*). **1.** Débris provenant d'une démolition. SYN. : *gravois.* **2.** Partie grossière du plâtre, qui ne traverse pas le crible.

1. GRAVE adj. (lat. *gravis*). **1.** Qui a de l'importance ; qui peut avoir des conséquences fâcheuses. *Affaire grave. Maladie grave.* **2.** Qui manifeste du sérieux ; qui agit avec austérité. **3.** Se dit d'un son de basse fréquence. *Voix grave.* ◇ *Accent grave,* descendant de gauche à droite (par oppos. à *accent aigu*). **4.** D'un rythme solennel et lent. *Mouvement musical grave.*

2. GRAVE n.m. (Surtout pl.) Son grave ; ensemble des sons graves, registre grave. *Les graves et les aigus.*

3. GRAVE n.f. (de *1. grève*). Mélange, naturel ou non, à granulométrie homogène, utilisé pour la constitution de la couche de base d'une chaussée.

GRAVELEUX, EUSE adj. **1.** Qui contient des graviers. *Sol graveleux.* **2.** Se dit d'un fruit dont la chair contient de petits corps durs. **3.** Qui manifeste une indécence grossière ; licencieux, grivois. *Propos graveleux.*

GRAVELLE n.f. (de *1. grève,* au sens anc. de *gravier*). Vx. Lithiase urinaire.

GRAVELURE n.f. Rare. Caractère de ce qui est graveleux, grivois.

GRAVEMENT adv. **1.** De façon importante ou dangereuse. **2.** Avec sérieux ; solennellement.

GRAVER v.t. (francique *grabau,* creuser). **1.** Tracer en creux une figure, des caractères sur une surface dure (bois, métal, pierre, etc.) avec un instrument pointu ou par un procédé chimique ; produire des gravures (estampes) par un tel procédé, suivi d'un encrage et d'une impression. ◇ *Spécial. Graver un disque,* y tracer un sillon portant l'enregistrement. **2.** *Fig.* Fixer, imprimer durablement dans la mémoire, le cœur, etc.

GRAVES n.m. (de *1. grève,* au sens anc. de *gravier*). Vin produit dans les Graves, région du Bordelais.

GRAVETTIEN n.m. (de la *Gravette,* en Dordogne). Faciès culturel du paléolithique supérieur (– 25 000 à – 20 000), dit aussi *périgordien supérieur.* (Il présente des affinités avec le châtelperronien, ou *périgordien ancien.* L'aurignacien s'intercale entre ces deux faciès. On rattache au gravettien les nombreuses figurations féminines retrouvées de l'Atlantique à l'Oural, dites « *Vénus* » *de Lespugue, de Willendorf* ou *de Kostenki.*) ◆ **gravettien, enne** adj. Relatif au gravettien.

1. GRAVEUR, EUSE n. **1.** Artiste qui grave, réalise des gravures (estampes). **2.** Professionnel dont le métier consiste à graver sur matériau dur.

2. GRAVEUR n.m. Transducteur électromagnétique traçant le sillon d'enregistrement dans la matière d'un disque.

GRAVIDE adj. (lat. *gravidus*). BIOL. Se dit d'une femelle ou d'un utérus qui porte un fœtus ou un embryon.

GRAVIDIQUE adj. MÉD. Relatif à la grossesse ; qui est dû à la grossesse ou se produit pendant la grossesse.

GRAVIDITÉ n.f. SC. DE LA V., BIOL. État d'une femelle ou d'un utérus gravides.

GRAVIER n.m. (de *1. grève*). Matériau fait de petits cailloux, dont on recouvre les allées, les chaussées, etc.

GRAVIÈRE n.f. Carrière de gravier.

GRAVILLON n.m. Petit gravier, naturel ou obtenu par concassage de roches.

GRAVILLONNAGE n.m. Épandage de gravillons sur une chaussée.

GRAVILLONNER v.t. Couvrir de gravillons.

GRAVIMÈTRE n.m. Appareil permettant de mesurer l'intensité du champ de la pesanteur.

GRAVIMÉTRIE n.f. **1.** Domaine de la géophysique qui a pour objet la mesure de la pesanteur. **2.** Analyse chimique quantitative effectuée par pesées.

GRAVIMÉTRIQUE adj. Relatif à la gravimétrie.

GRAVIR v.t. (du francique). **1.** Monter avec effort. *Gravir une pente.* **2.** *Fig.* Franchir progressivement ; grimper. *Gravir les échelons de la hiérarchie.*

GRAVISSIME adj. Extrêmement grave.

GRAVITATION n.f. (du lat. *gravitas,* pesanteur). MÉCAN. Phénomène selon lequel tous les corps matériels s'attirent réciproquement de façon proportionnelle à leur masse et inversement proportionnelle au carré de leur distance. (C'est l'une des quatre *interactions fondamentales de la physique.)

GRAVITATIONNEL, ELLE adj. **1.** MÉCAN. Qui concerne la gravitation. ◇ ***Interaction gravitationnelle*** : interaction fondamentale qui se manifeste à l'échelle macroscopique et qui est responsable, notamm., de la pesanteur ou des phénomènes décrits par la mécanique céleste. **2.** ASTRON. ***Écroulement*** ou ***effondrement gravitationnel*** : événement cataclysmique de la vie d'une étoile, survenant lorsque les forces gravitationnelles l'emportent sur les forces thermonucléaires au sein de cette étoile. (Il conduit à la formation d'astres extrêmement denses : *naine blanche, *étoile à neutrons ou *trou noir.)

GRAVITÉ n.f. (lat. *gravitas,* pesanteur). **1.** MÉCAN. Force de gravitation exercée par un astre sur un corps quelconque. ◇ ***Centre de gravité*** : point d'application de la résultante des actions de la pesanteur sur toutes les parties d'un corps. SYN. : *barycentre, centre d'inertie.* **2.** Qualité d'une personne grave ou de son comportement. *Perdre sa gravité.* **3.** Caractère d'une chose importante ou dangereuse. *La gravité d'une maladie.* **4.** Caractère d'un son musical relativement bas.

GRAVITER v.i. **1.** MÉCAN. Décrire une trajectoire autour d'un point central selon les lois de la gravitation. **2.** *Fig.* Évoluer autour de, dans l'entourage de. *Graviter autour du pouvoir.*

GRAVITON n.m. Particule hypothétique censée véhiculer l'interaction gravitationnelle.

GRAVOIS n.m. pl. TRAV. PUBL. Gravats.

GRAVURE n.f. **1.** Manière, art ou action de graver ; son résultat. **2.** Image, estampe obtenue à l'aide d'une planche gravée. **3.** Toute reproduction d'un dessin, d'un tableau, etc. ; illustration de livre. **4.** Action de graver un disque ; sillon portant l'enregistrement ; l'enregistrement lui-même.

GRAY [grɛ] n.m. (de Louis Harold *Gray*). Unité de mesure de dose absorbée lors d'une irradiation par des rayonnements ionisants (symb. Gy) équivalant à la dose absorbée dans un élément de matière de masse 1 kilogramme auquel les rayonnements ionisants communiquent de façon uniforme une énergie de 1 joule.

GRÉ n.m. (lat. *gratum,* ce qui est agréable). **1.** ***Au gré de*** : selon la convenance, les goûts de qqn ; selon le hasard, le caprice de qqch. – ***Bon gré mal gré*** : volontairement ou non. – ***De gré à gré*** : à l'amiable. – ***Marché de gré à gré*** → **marché.** – ***De son plein gré*** : volontairement. **2.** *Litt.* ***Savoir gré, bon gré*** ou ***mauvais gré de*** : se montrer satisfait, reconnaissant ou mécontent de.

GRÈBE n.m. (mot savoyard). Oiseau palmipède des régions marécageuses d'Eurasie et d'Afrique qui pêche poissons et invertébrés, et construit un nid flottant. (Long. 30 à 50 cm selon les espèces ; genre *Podiceps,* famille des podicipédidés.)

GRÉBICHE, GRÉBIGE ou **GRIBICHE** n.f. **1.** IMPRIM. Numéro d'ordre d'un travail inscrit sur les registres d'un imprimeur. **2.** Pièce métallique renforçant le bord de certains articles de maroquinerie.

GREC, GRECQUE adj. et n. De la Grèce, de ses habitants. ◆ adj. CUIS. ***À la grecque*** : cuit dans une marinade d'huile d'olive et d'aromates, et servi froid. ◆ n.m. Langue indo-européenne parlée par les Grecs, autrefois *(grec ancien)* et aujourd'hui *(grec moderne).*

imprimerie	appellation	imprimerie	appellation
Α α	a *alpha*	Ν ν	n *nu*
Β ϐ, β	b *bêta*	Ξ ξ	ks *xi*
Γ γ	g *gamma*	Ο ο	o *omicron*
Δ δ	d *delta*	Π π	p *pi*
Ε ε	e *epsilon*	Ρ ρ	r *rhô*
Ζ ζ	dz *dzêta*	Σ σ, ς	s *sigma*
Η η	e *êta*	Τ τ	t *tau*
Θ θ	t aspiré : *thêta*	Υ υ	u *upsilon*
Ι ι	i *iota*	Φ φ	p aspiré : *phi*
Κ κ	k *kappa*	Χ χ	k aspiré : *khi*
Λ λ	l *lambda*	Ψ ψ	ps *psi*
Μ μ	m *mu*	Ω ω	o *oméga*

■ **GREC.** Alphabet grec.

GRÉCISER v.t. Donner une forme grecque à un mot d'une autre langue.

GRÉCITÉ n.f. *Didact.* Caractère de ce qui est grec.

GRÉCO-BOUDDHIQUE adj. (pl. *gréco-bouddhiques*). Vieilli. Relatif à l'art du Gandhara influencé par l'art grec.

GRÉCO-LATIN, E adj. (pl. *gréco-latins, es*). Commun aux cultures grecque et latine.

GRÉCO-ROMAIN, E adj. (pl. *gréco-romains, es*). **1.** Relatif à la civilisation née de la rencontre des cultures grecque et latine (de 146 av. J.-C. [conquête de la Grèce par les Romains] à la fin du Ve s. [chute de l'Empire d'Occident]). **2.** ***Lutte gréco-romaine*** → **lutte.**

GRECQUE n.f. **1.** ARCHIT., ARTS APPL. Frette dont la ligne, en angles droits, revient périodiquement sur elle-même (décor grec et romain). **2.** REL. Entaille pratiquée au dos des cahiers assemblés pour loger la ficelle qui les reliera.

GREDIN, E n. (anc. néerl. *gredich,* avide). Individu malhonnête ; vaurien.

GREDINERIE n.f. Vieilli. Action, caractère de gredin.

GRÉEMENT [gremɑ̃] n.m. MAR. Ensemble des cordages, manœuvres, poulies qui servent à l'établissement et à la manœuvre des voiles d'un bateau.

GREEN [grin] n.m. (mot angl., *pelouse*). Espace gazonné, apte au roulement des balles, aménagé autour de chaque trou d'un golf.

GRÉER [gree] v.t. [8] (du scand.). MAR. Garnir un voilier, un mât de son gréement.

GRÉEUR n.m. MAR. Spécialiste de la pose du gréement d'un navire.

GREFFAGE n.m. Action ou manière de greffer.

1. GREFFE n.m. (lat. *graphium,* poinçon à écrire). **1.** Secrétariat d'une juridiction judiciaire chargé notamm. de la conservation des minutes, des pièces de procédure et de la délivrance des copies. SYN. : *secrétariat-greffe.* **2.** Ensemble des services administratifs d'une juridiction administrative. SYN. : *secrétariat-greffe.*

2. GREFFE n.f. (lat. *graphium,* poinçon). **1.** Opération qui permet la multiplication des arbres fruitiers, de la vigne, de nombreuses espèces ornementales (arbres, rosiers, etc.) et de certains légumes sous serre (tomate, melon) par l'insertion sur une plante *(sujet)* d'une partie d'une autre *(greffon)* dont on désire développer les caractères ; le greffon lui-même. **2.** Transfert sur un individu humain ou animal d'un tissu tel que la peau ou la moelle osseuse, prélevé sur lui-même ou sur un autre ; transplantation d'un organe. ◇ ***Greffe siamoise*** : parabiose.

ENCYCL. Le tissu ou l'organe peuvent être prélevés sur le sujet lui-même (*autogreffe* ou *autoplastie*), sur un individu génétiquement identique *(isogreffe)* – c'est-à-dire, chez l'homme, sur un vrai jumeau –, sur un autre individu de la même espèce (*allogreffe* ou *homogreffe*) ou sur un individu d'une autre espèce (*xénogreffe* ou *hétérogreffe*) – opération très difficile chez l'homme.

GREFFÉ, E n. Personne qui a subi une greffe d'organe.

GREFFER v.t. **1.** Soumettre à la greffe. *Greffer un pommier.* SYN. : *enter.* **2.** Réaliser une greffe. *Greffer un rein.* ◆ **se greffer** v.pr. Être un développement de ; s'ajouter. *Sur cette affaire s'en est greffée une autre.*

GREFFIER, ÈRE n. **1.** *Greffier en chef* : fonctionnaire qui dirige le greffe et en assure la responsabilité et la gestion administrative. **2.** Fonctionnaire qui assiste le greffier en chef et les magistrats dans leur mission. ◆ n.m. *Arg.* Chat.

GREFFOIR n.m. Couteau à lame très tranchante servant à greffer.

GREFFON n.m. **1.** Partie d'un végétal (branche, bourgeon, œil) utilisée pour réaliser une greffe. **2.** Tissu qui a été greffé ; transplant.

GRÉGAIRE adj. (du lat. *grex, gregis,* troupeau). **1.** Relatif à une espèce animale qui vit en groupe ou en communauté sans être nécessairement sociale. **2.** ***Instinct, esprit grégaire,*** qui pousse les êtres humains à former des groupes ou à adopter le même comportement.

GRÉGARINE n.f. Sporozoaire parasite du tube digestif des insectes et des crustacés.

GRÉGARISME n.m. **1.** Tendance de certains animaux à vivre en groupe, partic. en dehors de la période de reproduction. **2.** Instinct grégaire.

GRÈGE adj.f. (de l'ital. *seta greggia,* soie brute). *Soie grège* : soie brute, telle qu'on l'a tirée du cocon. ◆ adj. et n.m. D'une couleur tenant du gris et du beige.

GRÉGEOIS adj.m. (lat. *graecus,* grec). ARM. ***Feu grégeois*** : composition incendiaire à base de salpêtre et de bitume. (Pouvant brûler sur l'eau, il servait dans les combats navals.)

GRÉGORIEN, ENNE adj. **1.** Relatif à l'un des papes du nom de Grégoire. **2.** ***Chant grégorien*** : chant rituel de l'Église latine, dont la codification fut attribuée tardivement au pape Grégoire Ier et qui a été à la base du chant ecclésiastique catholique. **3.** ***Réforme grégorienne*** : restauration de l'esprit religieux et de la discipline dans l'Église latine, à laquelle le pape Grégoire VII a donné l'impulsion décisive (XIe s.). **4.** ***Calendrier grégorien*** : calendrier tel qu'il a été réformé par le pape Grégoire XIII. (→ *calendrier*).

ENCYCL. Le chant dit *grégorien* fut codifié au IXe s., disparut au XVIIIe s. et fut réhabilité au XIXe s. par les moines de l'abbaye de Solesmes. Calqué sur le mot latin, il y trouve ses accents et son rythme pour souligner le sens du texte, mais il possède, en outre, des formules mélodiques stéréotypées.

GRÈGUES n.f. pl. (provenç. *grega*). Haut-de-chausses porté de Charles IX à Louis XIII.

1. GRÊLE adj. (lat. *gracilis*). **1.** Long et menu. *Jambes grêles.* ◇ ***Intestin grêle*** : première partie de l'intestin. **2.** Dont la sonorité est faible et aiguë. *Voix grêle.*

2. GRÊLE n.f. **1.** Précipitation constituée de grains de glace, ou grêlons. **2.** *Fig.* Grande quantité de choses qui tombent dru. *Une grêle d'injures.*

GRÊLÉ, E adj. Anc. Se disait d'un visage, d'une peau portant des cicatrices de variole.

GRÊLER v. impers. (francique *grisilōn*). Tomber, en parlant de la grêle. ◆ v.t. Endommager par la grêle. *L'orage a grêlé les vignes.*

GRELIN n.m. (néerl. *greling*). MAR. Gros cordage pour l'amarrage ou le remorquage d'un navire.

GRÊLON n.m. Grain de glace, dû à la grêle.

GRELOT n.m. (du moyen haut all. *grell,* aigu). Boule métallique creuse contenant un morceau de métal qui la fait résonner dès qu'on l'agite. ◇ Vx. ***Attacher le grelot*** : prendre l'initiative d'une entreprise.

GRELOTTANT, E adj. Qui grelotte.

GRELOTTEMENT n.m. Fait de grelotter.

GRELOTTER v.i. Trembler de froid.

GRELUCHE n.f. *Fam., péjor.* Fille, femme.

GRELUCHON n.m. *Fam.,* vx. Amant de cœur d'une femme entretenue par un autre homme.

GRÉMIL n.m. (de *grès* et *mil*). Plante à fleurs blanc verdâtre, à petits fruits très durs et brillants, appelée aussi *herbe aux perles*. (Genre *Lithospermum* ; famille des boraginacées.)
GRÉMILLE n.f. (mot dial.). Poisson des grands cours d'eau et des lacs à fond sableux, voisin de la perche. (Genre *Acerina* ; famille des percidés.) SYN. : *perche goujonnière*.
GRENACHE n.m. (ital. *vernaccia*). Cépage de Provence, du Languedoc et du Roussillon, dont la variété à raisins noirs est la plus répandue ; vin doux naturel issu de ce cépage.
GRENADAGE n.m. Action de grenader.
GRENADE n.f. (lat. *granatum*, fruit à grains). **1.** Fruit du grenadier, de la grosseur d'une pomme et renfermant de nombreuses graines charnues, rouges et rosées, à la saveur aigrelette et agréable. **2.** Projectile léger (explosif, incendiaire, fumigène ou lacrymogène), qui peut être lancé à courte distance, à la main ou à l'aide d'un fusil. ◇ *Grenade sous-marine*, conçue pour l'attaque des sous-marins en plongée. **3.** Ornement représentant une grenade allumée (insigne de l'infanterie, du génie, etc.).

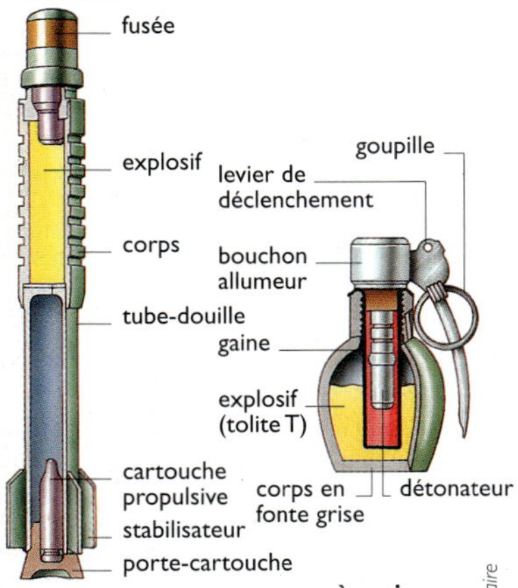

à fusil, antipersonnel **à main, défensive**
■ **GRENADES**

GRENADER v.t. Attaquer à la grenade.
GRENADEUR n.m. Appareil servant à lancer des grenades sous-marines.
GRENADIER n.m. **1.** Arbre originaire du Moyen-Orient, à fleurs rouge vif, cultivé pour son fruit, la grenade. (Haut. max. 6 m ; genre *Punica*, famille des punicacées.) **2.** Anc. Soldat chargé de lancer des grenades. **3.** Soldat de certains corps d'élite.
GRENADILLE n.f. Passiflore d'Australie, de Malaisie et d'Amérique tropicale, dont le fruit, par sa forme et par son goût, est voisin du fruit de la Passion.
1. GRENADIN, E adj. et n. De Grenade ; du royaume de Grenade.
2. GRENADIN n.m. **1.** Tranche de veau peu épaisse piquée de lard et entourée d'une barde. **2.** Œillet d'une variété très parfumée.
GRENADINE n.f. Sirop aromatisé de jus de fruits rouges, de vanille et parfois de citron.
GRENAGE ou **GRAINAGE** n.m. Action de transformer la surface lisse d'une pierre, d'une plaque de métal, etc., en une surface légèrement grenue, souvent en vue d'un travail ultérieur (lithographie par ex.).
GRENAILLAGE n.m. Action de projeter des billes d'acier, de verre, de glace, etc., à la surface d'une pièce, à l'aide d'une turbine. SYN. : *billage*.
GRENAILLE n.f. Métal réduit en menus grains. *Grenaille de plomb.*
GRENAILLER v.t. Effectuer un grenaillage pour décaper une pièce ou augmenter ses caractéristiques mécaniques. SYN. : *biller*.
GRENAISON n.f. AGRIC. Formation des grains, en parlant des céréales.
GRENAT n.m. (anc. fr. *pome grenate*, grenade). MINÉRALOG. Silicate double de divers métaux, qui se rencontre dans certaines roches métamorphiques de hautes pressions et dont plusieurs va-

■ **GRENAT.** Variété de grenat (grossulaire) de qualité gemme, en provenance de l'Afghanistan.

riétés sont des pierres fines. ◆ adj. inv. D'une couleur rouge sombre. *Velours grenat.*
GRENÉ, E adj. *Didact.* Qui présente de nombreux petits points rapprochés. *Dessin grené.*
GRENELER [grənle] ou [grɛnle] v.t. [16]. Marquer de petits grains ou de points très rapprochés. *Greneler du papier, une peau.*
GRENER v.i. → **GRAINER.**
GRÈNETIS [grɛnti] n.m. Cordon de petits grains en relief sur une monnaie, une médaille.
GRENIER n.m. (lat. *granarium*). **1.** Partie la plus haute d'un bâtiment, sous le comble. **2.** Partie d'un bâtiment d'exploitation agricole destinée à conserver les grains, le foin, etc. – *Fig.* Région, pays très fertiles, notamm. en céréales. *La Beauce est le grenier de la France.*
GRENOUILLAGE n.m. (de *grenouille*). *Fam., péjor.* Ensemble d'intrigues, de manœuvres peu honnêtes, notamm. dans le domaine politique.
GRENOUILLE n.f. (lat. pop. *ranucula*). Amphibien, sauteur et nageur, à peau lisse, dont plusieurs espèces européennes, vertes ou rousses, vivent au bord des mares et des étangs. (Cri : la grenouille coasse ; le têtard, larve de la grenouille, vit dans l'eau. Ordre des anoures ; genre *Rana*, famille des ranidés.) ◇ *Fam. Faire sauter, manger, bouffer la grenouille* : s'approprier le fonds commun d'un groupe, d'une société.

■ **GRENOUILLE.** Grenouille taureau.

GRENOUILLER v.i. *Fam., péjor.* Se livrer au grenouillage.
GRENOUILLÈRE n.f. Combinaison pour bébé avec jambes à chaussons.
GRENOUILLETTE n.f. MÉD. Tumeur liquide qui se forme sous la langue aux dépens des glandes salivaires.
GRENU, E adj. (du lat. *granum*, grain). **1.** Couvert de petites saillies arrondies ayant la forme de grains. *Cuir grenu.* **2.** Se dit d'une roche magmatique plutonique dont les cristaux sont visibles à l'œil nu (granite, gabbro, diorite).
GRENURE n.f. État d'une surface (cuir, métal) grenue.
1. GRÈS n.m. (mot francique). **1.** Roche sédimentaire détritique formée essentiellement de grains de quartz réunis par un ciment siliceux ou calcaire. **2.** Céramique à pâte silico-argileuse qui, cuite à haute température (1 200 - 1 400 °C), subit une vitrification partielle qui la rend dure et imperméable aux liquides ; objet fait de cette matière.
2. GRÈS n.m. Un des deux constituants de la fibre de soie. SYN. : *séricine*.

GRÉSAGE n.m. Action de gréser.
GRÉSER v.t. [11]. CONSTR. Polir, poncer un béton ou un pavement avec une meule ou une pierre de grès.
GRÉSEUX, EUSE adj. De la nature du grès.
GRÉSIL [grezil] ou [grezi] n.m. (de *grès*). **1.** Pluie congelée formée de petits grains de glace friables et blancs. **2.** VERR. Groisil.
GRÉSILLEMENT n.m. **1.** Fait de grésiller ; bruit de ce qui grésille. **2.** Cri du grillon.
1. GRÉSILLER v. impers. Tomber, en parlant du grésil.
2. GRÉSILLER v.i. (anc. fr. *grediller*, griller). **1.** Faire entendre un, des petits crépitements. *Huile chaude qui grésille.* **2.** Faire entendre son chant, en parlant du grillon.
GRESSIN [grɛsɛ̃] n.m. (ital. *grissino*). Petit pain fin et friable fait avec une pâte à l'œuf.
GREUBONS n.m. pl. (de l'anc. haut all.). Suisse. Morceaux de gras restant après la cuisson d'une viande, que l'on fait frire et dont on garnit un gâteau salé dit *taillé aux greubons*.
1. GRÈVE n.f. (mot prélatin, *sable*). Terrain plat et uni, couvert de gravier et de sable, le long de la mer ou d'un cours d'eau.
2. GRÈVE n.f. (du n. de la place de *Grève*, à Paris, où se réunissaient les ouvriers au chômage). **1.** Cessation collective et concertée du travail, décidée par des salariés dans le but d'appuyer une revendication professionnelle. *Droit de grève. Être en grève, faire (la) grève, se mettre en grève.* ◇ *Grève du zèle*, qui consiste à appliquer avec une minutie excessive les consignes de travail en vue de bloquer l'activité de l'entreprise. – *Grève perlée* : succession de ralentissements du travail à différents postes. – *Grève sauvage*, qui éclate spontanément en dehors de toute consigne syndicale. – *Grève sur le tas*, avec occupation du lieu de travail. – *Grève surprise*, qui n'a pas été précédée d'un préavis. – *Grève tournante*, qui affecte tour à tour certaines catégories du personnel *(horizontale)* ou certains secteurs d'activités *(verticale)* d'une entreprise. – *Grève à la japonaise* : mécontentement des salariés, des étudiants, etc., qui s'exprime par le port d'un brassard durant les heures de travail, par allusion à de telles grèves, quasi rituelles au début du printemps, au Japon. **2.** *Grève de la faim* : refus de se nourrir afin d'attirer l'attention sur une revendication, en signe de protestation, etc. – *Grève de l'impôt* : refus concerté d'acquitter l'impôt.
GREVER v.t. [12] (lat. *gravare*, charger). Soumettre à de lourdes charges, notamm. financières. *Grever son budget.*
GRÉVISTE n. et adj. Personne qui participe à une grève.
1. GRIBICHE adj.f. *Sauce gribiche* : sauce vinaigrette additionnée de jaune d'œuf cuit et de fines herbes.
2. GRIBICHE n.f. Suisse. Femme acariâtre, méchante.
3. GRIBICHE n.f. → **GRÉBICHE.**
GRIBOUILLAGE ou **GRIBOUILLIS** n.m. Écriture illisible ; dessin, peinture brouillés, informes.

■ **GRÈS.** Cruche en grès au sel de Raeren, 1587. (Kunstgewerbemuseum, Cologne.)

GRIBOUILLE n.m. Vieilli. Personne sotte et naïve. ◇ *Politique de gribouille :* attitude qui consiste à se précipiter dans les dangers qu'on veut éviter.

GRIBOUILLER v.i. et v.t. (néerl. *kriebelen,* griffonner). Écrire, dessiner, peindre d'une manière informe, confuse.

GRIBOUILLEUR, EUSE n. Personne qui gribouille.

GRIBOUILLIS n.m. → **GRIBOUILLAGE.**

GRIEF n.m. (du lat. *gravis,* pénible). Motif de plainte que l'on estime avoir contre qqn, qqch. ◇ *Faire grief de qqch à qqn,* le lui reprocher, lui en tenir rigueur.

GRIÈVEMENT adv. (de l'anc. fr. *grief,* lat. *gravis*). De façon grave ; gravement. *Des passagers grièvement blessés.* (Ne s'emploie auj. qu'avec des verbes comme *blesser, toucher, brûler,* etc.)

GRIFFADE n.f. Vx. Coup de griffe ; griffure.

GRIFFE n.f. (de *griffer*). **1.** Ongle de corne, pointu et courbe, porté par la phalange terminale des doigts de nombreux vertébrés (mammifères carnassiers et rongeurs, oiseaux, reptiles). **2.** *Fig.* Moyen d'attaque ou de défense. *Montrer les griffes.* – *Par ext.* Pouvoir dominateur et cruel. *Tomber sous la griffe de qqn.* **3.** Crochet permettant de saisir une pièce, de la bloquer. – *Spécial.* Chacun des crochets de métal qui maintiennent en place la pierre d'un bijou. **4.** Belgique. Éraflure, égratignure. **5.** Rhizome de certaines plantes, dont la forme rappelle une griffe. *Griffes de l'asperge.* **6.** BOT. Crampon. **7.** ARCHIT. Chacun des ornements sculptés pouvant relier la base moulurée d'une colonne aux angles de la plinthe, au Moyen Âge surtout. **8.** Cachet, empreinte reproduisant une signature, destinés à authentifier qqch et à en éviter la contrefaçon. **9.** Nom, sigle propre à un créateur, à un fabricant. – Petit morceau de tissu cousu à l'intérieur d'un vêtement et portant le nom de son créateur.

GRIFFER v.t. (francique *grîpan,* saisir). **1.** Donner un coup de griffe ou un coup d'ongle à ; égratigner comme avec une griffe ou un ongle. **2.** Mettre une griffe à un vêtement.

GRIFFEUR, EUSE adj. et n. Qui griffe.

1. GRIFFON n.m. (lat. *gryphus*). **1.** MYTH. Animal fabuleux, doté du corps du lion et de la tête et des ailes de l'aigle. **2.** Chien au poil rude et broussailleux, dont il existe plusieurs races de chasse et d'agrément. **3.** Vautour fauve.

■ **GRIFFON.** Griffon vendéen.

2. GRIFFON n.m. (provenç. *grifoul*). Point d'émergence d'une source minérale se caractérisant par des dépôts minéralisés.

GRIFFONNAGE n.m. Action de griffonner ; texte écrit en griffonnant.

GRIFFONNER v.t. (de *griffe*). **1.** Écrire très mal ou hâtivement. *Griffonner une lettre.* **2.** BX-ARTS. Réaliser une esquisse, un croquis rapides.

GRIFFONNEUR, EUSE n. Personne qui griffonne, qui écrit mal.

GRIFFTON n.m. → **GRIVETON.**

GRIFFU, E adj. Armé de griffes.

GRIFFURE n.f. Coup de griffe ; égratignure. ◇ *Maladie des griffures de chat :* lymphoréticulose bénigne d'inoculation.

GRIFTON n.m. → **GRIVETON.**

GRIGNARD, E adj. Se dit des incisives supérieures d'un quadrupède situées en arrière des incisives inférieures (par oppos. à *bégu*).

GRIGNE n.f. (de *grigner*). Fente que le boulanger trace sur le pain ou qui se forme à la cuisson.

GRIGNER v.i. (francique *grinân,* grincer des dents). Froncer, faire un faux pli, en parlant d'une couture.

GRIGNOTAGE n.m. **1.** Action de grignoter, de manger par petites quantités. **2.** *Fig.* Destruction progressive. **3.** Action de gagner peu à peu du terrain, de s'approprier progressivement qqch.

GRIGNOTEMENT n.m. Action de grignoter, de ronger ; bruit produit en grignotant.

GRIGNOTER v.t. (anc. fr. *grigner,* grincer). **1.** Manger du bout des dents, par petites quantités. **2.** *Fig.* Détruire lentement, consommer progressivement. *Grignoter son capital.* **3.** S'approprier peu à peu, par empiétements successifs. *Dispositions juridiques qui grignotent d'anciens privilèges.*

GRIGNOTEUSE n.f. Machine-outil utilisée pour le découpage du bois ou des métaux en feuille.

GRIGOU n.m. (mot languedocien, *gredin*). *Fam.* Homme d'une avarice sordide.

GRIGRI ou **GRI-GRI** n.m. (pl. *grigris, gris-gris*). **1.** Afrique. Amulette, talisman. **2.** Petit objet censé porter bonheur, protéger.

GRIL [gril] n.m. (lat. *craticulum*). **1.** Ustensile constitué de tiges métalliques parallèles ou d'une plaque de fonte striée, pour faire cuire à vif un aliment. ◇ *Fam. Être sur le gril :* être anxieux ou impatient. **2.** Résistance électrique ou rampe de flammes située sur la partie supérieure d'un four. **3.** Plancher à claire-voie situé au-dessus des cintres d'un théâtre, pour la manœuvre des décors. **4.** MAR. Chantier de carénage. **5.** ANAT. *Gril costal :* ensemble des côtes, du côté droit ou du côté gauche.

GRILL n.m. → **GRILL-ROOM.**

GRILLADE n.f. Tranche de viande grillée ou à griller.

GRILLADERIE n.f. Québec. Restaurant où l'on mange des grillades ; rôtisserie.

GRILLADIN ou **GRILLARDIN** n.m. Celui qui s'occupe des cuissons sur le gril, dans un restaurant.

1. GRILLAGE n.m. **1.** Action de griller, de torréfier. *Grillage du café.* **2.** MÉTALL. Action d'un gaz sur un minerai, à température élevée.

2. GRILLAGE n.m. (de *grille*). Treillis métallique utilisé pour protéger ou obstruer une ouverture ou pour servir de clôture.

GRILLAGER v.t. [10]. Garnir d'un grillage.

GRILLARDIN n.m. → **GRILLADIN.**

GRILLE n.f. (lat. *craticula*). **1.** Assemblage de barreaux fermant une ouverture ou établissant une séparation. *Grille d'un parloir, d'un guichet.* **2.** Clôture métallique plus ou moins ouvragée. *La grille d'un jardin.* **3.** Châssis métallique disposé pour recevoir le combustible solide d'un foyer. **4.** Électrode formée d'une plaque ajourée, placée entre la cathode et l'anode de certains tubes électroniques. – Électrode de commande de certains transistors dits *à effet de champ,* ou *MOS.* **5.** Quadrillage percé de trous conventionnels, pour écrire et lire des cryptogrammes. **6.** Quadrillage utilisé dans différents jeux. ◇ *Grille de loto :* formulaire servant à jouer au Loto national et au Loto sportif. **7.** Organisation et répartition susceptibles d'être représentées par un tableau ; ce tableau. *Grilles d'horaires.* ◇ *Grille des programmes de télévision, de radio :* plan donnant l'ensemble des émissions et leur répartition horaire. – *Grille des salaires :* ensemble hiérarchisé des salaires dans une convention collective, dans une branche professionnelle, dans la fonction publique.

GRILLÉ, E adj. **1.** Cuit au gril. *Viande grillée.* **2.** *Marrons grillés,* cuits à feu vif dans leur coque. – *Pain grillé,* doré en surface dans un grille-pain. **3.** *Fam.* Se dit d'une personne démasquée, repérée et qui menait une action restée jusqu'alors dissimulée, clandestine.

GRILLE-ÉCRAN n.f. (pl. *grilles-écrans*). Dans un tube électronique à plusieurs grilles, électrode portée à un potentiel positif inférieur à celui de la plaque.

GRILLE-PAIN n.m. inv. Appareil pour griller les tranches de pain. SYN. : *toasteur.*

1. GRILLER v.t. Protéger, fermer avec une grille. *Griller une fenêtre.*

2. GRILLER v.t. **1. a.** Faire cuire sur un gril, soumettre à sec à un feu vif. *Griller des côtelettes.* **b.** Torréfier. *Griller du café, des arachides.* **c.** MÉTALL. Effectuer un grillage. **2.** Dessécher par un excès de chaleur ou de froid. *La gelée grille les bourgeons.* **3.** *Fam.* Mettre hors d'usage par une tension, un échauffement excessifs. *Griller une lampe, un moteur.* **4.** *Fam.* Dépasser dans une course. *Griller ses concurrents.* ◇ *Fam. Griller un feu rouge,* ne pas s'y arrêter. **5.** *Fam.* Démasquer qqn, l'empêchant ainsi de continuer son action. ◆ v.i. **1.** Cuire ou dorer à chaleur vive. *Viande qui grille sur des braises.* **2.** *Litt. Griller de :* être très impatient, avoir très envie de. *Il grille de vous rencontrer.*

GRILLOIR n.m. Dispositif d'un four destiné à cuire à feu vif.

GRILLON n.m. (lat. *gryllus*). Insecte sauteur de couleur noire à fauve, dont une espèce vit parfois dans les cuisines et les boulangeries, et dont une autre creuse des terriers dans les champs. (Long. 3 cm ; chant : le grillon grésille ; genre *Gryllus,* ordre des orthoptères.)

■ **GRILLON.** Grillon des champs.

GRILL-ROOM [grilrum] ou **GRILL** [gril] n.m. [pl. *grill-rooms, grills*] (mots angl.). Salle de restaurant ou restaurant spécialisés dans les grillades, souvent préparées devant les consommateurs.

GRIMAÇANT, E adj. Qui grimace. *Visage grimaçant.*

GRIMACE n.f. (du francique *grima,* masque). **1.** Contorsion du visage, volontaire ou non, due à la contraction de certains muscles de la face ; expression du visage qui traduit un sentiment de douleur, de dépit, de gêne, etc. *Une grimace de désapprobation.* **2.** Rare. Faux pli d'un vêtement, d'une étoffe. ◆ pl. *Litt.* Mines affectées, hypocrites.

GRIMACER v.i. [9]. **1.** Faire une grimace, des grimaces. **2.** Faire un faux pli. *Couture qui grimace.*

GRIMACIER, ÈRE adj. et n. Qui fait des grimaces.

GRIMAGE n.m. Maquillage de théâtre.

GRIMAUD n.m. (du francique). Vx. Mauvais écrivain.

GRIMER v.t. Maquiller, farder pour le théâtre.

GRIMOIRE n.m. (altér. de *grammaire*). **1.** Livre de magie ou de sorcellerie, à l'écriture et aux formules mystérieuses. **2.** *Litt.* Livre, écrit indéchiffrable.

GRIMPANT, E adj. Se dit des plantes qui montent le long des corps voisins, soit par enroulement de la tige (liseron, haricot), soit au moyen d'organes fixateurs (crampons du lierre, vrilles du pois).

GRIMPE n.f. *Fam.* Escalade, varappe.

GRIMPÉE n.f. *Fam.* Grimpette.

1. GRIMPER v.i. (de *gripper*). **1.** Monter en s'agrippant, en s'aidant des pieds et des mains. *Grimper aux arbres.* **2.** Monter en s'accrochant, en s'enroulant, en parlant des plantes. **3.** Monter avec effort jusqu'à un point élevé. *Grimper au grenier, en haut d'une colline.* **4.** S'élever en pente raide. *Sentier qui grimpe dans la montagne.* **5.** Atteindre une valeur, un niveau plus élevé ; s'accroître. *Les prix ont grimpé.* **6.** *Fam. Grimper au(x) rideau(x) :* manifester un sentiment violent, notamm. la colère. ◆ v.t. Parcourir en montant ; escalader, gravir. *Grimper un escalier.*

2. GRIMPER n.m. SPORTS. Exercice qui consiste à monter à la corde lisse ou à nœuds, ou à la perche.

GRIMPEREAU n.m. Passereau des régions centrales et septentrionales de l'Eurasie, qui s'agrippe aux troncs des arbres, cherchant des invertébrés dans l'écorce. (Long. 12 cm ; genre *Certhia,* famille des certhiidés.)

GRIMPETTE n.f. *Fam.* **1.** Chemin en pente raide. **2.** Montée d'une côte ; grimpée.

GRIMPEUR, EUSE adj. Qui grimpe. ◆ n. **1.** Coureur cycliste particulièrement à l'aise dans l'ascension des côtes et des cols. *C'est plutôt un grimpeur qu'un rouleur.* **2.** Alpiniste, varappeur.

GRIMPION, ONNE n. Suisse. *Fam.* Arriviste.

GRINÇANT, E adj. **1.** Qui grince ; discordant, aigu. **2.** Qui raille avec férocité ou aigreur. *Remarque grinçante.*

GRINCEMENT n.m. Fait de grincer ; bruit désagréable produit par certains frottements. ◇ *Grincements de dents :* mécontentement, dépit ou rage contenus.

GRINCER v.i. [9] (anc. fr. *grisser,* du francique). **1.** Produire par frottement un bruit strident. *Roues qui grincent.* **2.** *Grincer des dents :* frotter les dents d'en bas contre celles d'en haut, le plus souvent de manière convulsive ; *fig.,* éprouver du mécontentement, du dépit, etc.

GRINCHE ou **GRINGE** adj. et n. Suisse. Grincheux.

GRINCHEUX, EUSE adj. et n. (mot dial., de *grincer*). Qui se plaint continuellement, qui trouve à redire à tout ; maussade, acariâtre.

GRINGALET n.m. (d'un mot suisse). *Fam.* Petit homme chétif.

GRINGO [griŋgo] n.m. (mot esp.). *Péjor.* Étranger, surtout venant des États-Unis, pour les Latino-Américains.

GRINGUE n.m. *Fam. Faire du gringue à qqn,* chercher à le séduire, lui faire des avances.

GRIOT, OTTE [grijo, ɔt] n. Poète musicien ambulant en Afrique noire, dépositaire de la culture orale et réputé être en relation avec les esprits.

GRIOTTE n.f. (provenç. *agriota,* de *agre,* aigre). **1.** Cerise d'une espèce à chair acide, à jus coloré et à queue courte. **2.** Marbre à taches rouges ou brunes arrondies.

G

GRIOTTIER n.m. Cerisier de l'espèce qui produit les griottes.

GRIP n.m. (mot angl.). SPORTS. **1.** Position de la main sur un club de golf, une raquette de tennis. **2.** Revêtement qui permet d'assurer la prise à l'endroit où le club, la raquette sont saisis.

GRIPPAGE n.m. **1.** MÉCAN. INDUSTR. Effet d'adhérence, blocage de deux surfaces qui frottent l'une contre l'autre, dû à leur dilatation, à une mauvaise lubrification, à un ajustage défectueux, etc. **2.** Mauvais fonctionnement d'un système.

GRIPPAL, E, AUX adj. Relatif à la grippe. ◇ *Syndrome grippal :* ensemble de troubles dus à un virus et ressemblant à la grippe.

GRIPPE n.f. **1.** Maladie infectieuse, contagieuse et épidémique, d'origine virale, génér. caractérisée par de la fièvre, de la fatigue, des céphalées, des courbatures, une rhinite et une bronchite. **2.** *Prendre en grippe :* se mettre à éprouver de l'antipathie pour.

GRIPPÉ, E adj. et n. Atteint de la grippe.

GRIPPER v.i. (francique *gripan,* saisir). **1.** Adhérer fortement, se bloquer par grippage, en parlant de pièces mécaniques. **2.** Fonctionner mal, se bloquer, en parlant d'un processus. *Négociations qui grippent.* ◆ **se gripper** v.pr. S'arrêter de fonctionner ; se coincer.

GRIPPE-SOU n.m. (pl. *grippe-sou[s]*). *Fam.* Avare qui fait de petits gains sordides.

GRIS, E adj. (mot francique). **1.** D'un ton intermédiaire entre le blanc et le noir. ◇ *Carton gris,* fabriqué à partir de vieux papiers. **2.** Se dit d'une chevelure, d'une barbe qui commence à blanchir ; se dit de qqn qui a de tels cheveux. **3.** Qui manque de luminosité ; terne. *Teint gris.* ◇ *Temps, ciel gris,* couvert. **4.** *Fig.* Sans éclat, sans intérêt. *Une vie grise.* **5.** *Fam.* À moitié ivre ; éméché. **6.** HISTOL. *Substance grise :* variété de tissu du système nerveux central qui constitue, en partic., le cortex cérébral et assure la fonction nerveuse proprement dite. – *Fam. Matière grise :* intelligence, réflexion. *Faire travailler sa matière grise.* **7.** *Marché gris* → **marché.** ◆ n.m. **1.** Couleur grise. ◇ *Gris perle,* proche du blanc. **2.** Tabac fort de qualité ordinaire. *Fumer du gris.*

GRISAILLE n.f. **1.** Atmosphère triste et monotone ; caractère terne et sans intérêt. *La grisaille quotidienne.* **2.** BX-ARTS. Peinture en camaïeu gris, pouvant donner l'illusion du relief. **3.** Couleur noirâtre des peintres verriers, vitrifiée par cuisson.

GRISAILLER v.t. **1.** Peindre en gris. **2.** Rendre grisâtre, terne. ◆ v.i. Devenir grisâtre.

GRISANT, E adj. Qui met dans un état d'exaltation. *Succès grisant.*

GRISARD n.m. Peuplier gris ou blanc.

GRISÂTRE adj. Qui tire sur le gris.

GRISBI n.m. *Arg.* Argent, magot.

GRISÉ n.m. BX-ARTS. Teinte grise donnée à une partie d'un plan, d'une gravure, d'un tableau.

GRISER v.t. **1.** Enivrer légèrement. *Ce petit vin l'a grisé rapidement.* **2.** Mettre dans un état d'excitation physique ; étourdir. *L'air vif m'a grisé.* **3.** Transporter d'enthousiasme ; exalter.

GRISERIE n.f. **1.** Demi-ivresse. **2.** Excitation qui fait perdre le sens des réalités. *La griserie du succès.*

GRISET n.m. **1.** Requin gris de la Méditerranée et de l'Atlantique, aux flancs blancs, doté de 6 fentes branchiales. (Long. 2 à 4 m ; genre *Hexanchus,* ordre des hexanchiformes.) **2.** Daurade grise.

GRISETTE n.f. Vx. Jeune fille coquette de condition modeste, génér. ouvrière de mode.

GRISOLLER v.i. Chanter, en parlant de l'alouette.

1. GRISON, ONNE adj. et n. Du canton des Grisons, en Suisse.

2. GRISON n.m. *Litt.* Âne.

GRISONNANT, E adj. Qui grisonne. *Chevelure grisonnante.*

GRISONNEMENT n.m. Fait de grisonner.

GRISONNER v.i. Devenir gris, en parlant du poil, des cheveux.

GRISONS (VIANDE DES) : préparation de viande séchée, originaire de Suisse, servie en tranches très fines.

GRISOU n.m. (mot wallon). Gaz méthane qui se dégage dans les mines de charbon et qui, mélangé avec l'air, explose au contact d'une flamme (coup de grisou).

GRISOUMÈTRE n.m. Appareil servant à mesurer la teneur de l'air en grisou dans une mine.

GRISOUTEUX, EUSE adj. Se dit d'une mine, d'un chantier qui contient du grisou.

GRIVE n.f. (de l'anc. fr. *grieu,* grec). Passereau d'Eurasie et d'Afrique, voisin du merle, à plumage brun et gris. (Genre *Turdus ;* famille des turdidés.)

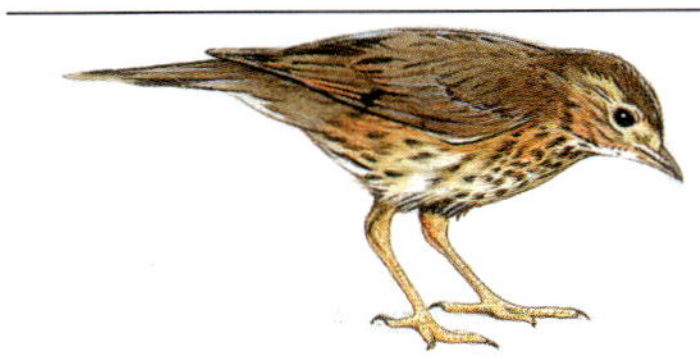

■ **GRIVE.** Grive musicienne.

GRIVELÉ, E adj. Tacheté, mêlé de brun et de gris, comme le ventre de la grive.

GRIVÈLERIE n.f. (de *grive*). DR. Délit qui consiste à consommer dans un café, un restaurant, etc., sans avoir les moyens de payer.

GRIVETON, GRIFFTON ou **GRIFTON** n.m. (de l'arg. *grive,* guerre). *Arg. mil.* Simple soldat.

GRIVOIS, E adj. (de l'arg. *grive,* guerre). Libre et hardi, sans être obscène ; gaulois, égrillard, licencieux.

GRIVOISERIE n.f. Caractère de ce qui est grivois ; geste ou propos grivois.

GRIZZLI ou **GRIZZLY** [grizli] n.m. (mot anglo-amér.). Ours brun *(Ursus arctos)* de grande taille des montagnes Rocheuses.

GRŒNENDAEL [grɔnɛndal] n.m. (mot flamand). Chien de berger belge, à longs poils noirs.

GROG n.m. (du surnom de l'amiral Vernon, *Old Grog,* qui obligea son équipage à étendre d'eau les rations de rhum). Boisson composée d'eau-de-vie ou de rhum, d'eau chaude sucrée et de citron.

GROGGY [grɔgi] adj. inv. (mot angl.). **1.** Se dit d'un boxeur qui a perdu conscience pendant quelques instants, mais qui tient encore debout. **2.** *Fam.* Étourdi, assommé par un choc physique ou moral.

GROGNARD n.m. **1.** MIL. Soldat de la Vieille Garde de Napoléon Ier. **2.** Militant de longue date d'un mouvement politique, qui en défend les principes avec intransigeance.

GROGNASSE n.f. *Très fam., péjor.* Femme laide et antipathique.

GROGNASSER ou **GROGNONNER** v.i. *Fam.* Grogner continuellement.

GROGNE n.f. *Fam.* Mécontentement, insatisfaction. *La grogne des commerçants.*

GROGNEMENT n.m. **1.** Cri du porc, du sanglier, de l'ours. **2.** Son, parole inintelligible exprimant divers sentiments ; grommellement, bougonnement.

GROGNER v.i. (lat. *grunnire*). **1.** Pousser son cri, en parlant du porc, de l'ours, etc. **2.** *Fam.* Manifester son mécontentement en protestant sourdement, par des paroles indistinctes ; bougonner, ronchonner, grommeler.

GROGNEUR n.m. Nom donné à des poissons capables de produire des sons.

GROGNON, ONNE adj. et n. *Fam.* Qui grogne, est de mauvaise humeur ; bougon. – REM. Le fém. est rare. On dit plutôt *elle est grognon.*

GROGNONNER v.i. → **GROGNASSER.**

GROIE n.f. (anc. fr. *groe,* gravier). Sol constitué d'argiles de décalcification et de fragments calcaires de quelques centimètres.

GROIN n.m. (du lat. *grunnire,* grogner). Museau du porc et du sanglier.

GROISIL [grwazil] n.m. VERR. Déchets de verre que l'on réintroduit dans le mélange vitrifiable. SYN. : *grésil.*

GROLE ou **GROLLE** n.f. (lat. pop. *grolla*). *Fam.* Chaussure.

GROMMELER v.t. et v.i. [16] (moyen néerl. *grommen*). Se plaindre, protester en murmurant ; parler indistinctement ; bougonner, grogner.

GROMMELLEMENT n.m. Action de grommeler ; suite de sons, de paroles émis en grommelant ; grognement, bougonnement.

GRONDANT, E adj. Qui gronde.

GRONDEMENT n.m. Bruit sourd, ample et prolongé qui, souvent, évoque une force menaçante. *Le grondement du tonnerre, des rapides.*

GRONDER v.i. (lat. *grundire*). **1.** Faire entendre un bruit sourd et menaçant. *Chien qui gronde.* **2.** Produire un bruit sourd, grave et prolongé. *Le tonnerre, le canon gronde.* **3.** Se manifester sourdement ; être menaçant, imminent. *L'émeute gronde.* **4.** *Litt.* Exprimer son mécontentement ; protester sourdement, d'une manière indistincte. *Gronder entre ses dents.* ◆ v.t. Réprimander qqn avec qui l'on a des relations familières, un enfant en partic. *Ne fais pas ça, tu vas te faire gronder.*

GRONDERIE n.f. Action de gronder qqn ; réprimande adressée à un enfant ou à un familier.

GRONDEUR, EUSE adj. Qui gronde. *Voix grondeuse.*

GRONDIN n.m. (de *gronder,* par allusion au grognement émis par la vessie natatoire). Poisson marin des fonds vaseux du plateau continental atlantique et méditerranéen, à museau proéminent, à chair estimée, qui émet des grognements en actionnant sa vessie gazeuse. (Les espèces ou variétés rouges ou roses sont les *rougets grondins ;* long. 20 à 60 cm ; plusieurs genres de la famille des triglidés.) SYN. : *trigle.*

■ **GRONDIN.** Grondin rouge.

GROOM [grum] n.m. (mot angl.). Jeune employé en livrée dans un hôtel, un restaurant, etc. ; chasseur.

1. GROS, GROSSE adj. (lat. pop. *grossus*). **1. a.** Qui a des dimensions (volume, épaisseur) importantes. *Un gros livre.* ◇ *Fam. Avoir la grosse tête :* être plein du sentiment de sa propre importance, se croire plus que ce qu'on est. – *Faire les gros yeux :* menacer du regard. **b.** Qui est d'une grande taille par rapport à d'autres de même nature. *Écrire en grosses lettres.* **2.** D'une importance considérable. *Une grosse somme. Un gros industriel.* – D'une forte intensité. *Grosse chaleur.* ◇ *Grosse mer :* mer agitée. – *Grosse voix,* grave, forte et menaçante. **3.** Qui manque de finesse, de délicatesse ; grossier. *Avoir de gros traits. Gros drap.* **4.** *Fam. C'est (un peu) gros, c'est gros comme une maison,* difficilement crédible. ◆ adj.f. *Fam.,* vieilli. Enceinte. ◆ adv. **1.** Beaucoup. *Gagner gros.* ◇ *En avoir gros sur le cœur* ou, *fam., sur la patate :* avoir beaucoup de peine, de dépit ou de rancœur. **2.** En grandes dimensions. *Écrire gros.* ◇ *En gros.* **a.** Par grandes quantités (par oppos. à *au détail*). *Vendre en gros.* **b.** Sans entrer dans le détail. *En gros, voilà ce que je veux.* ◆ n. **1.** Personne corpulente. **2.** *Fam.* Personne riche, influente.

2. GROS n.m. **1.** *Le gros de :* la partie la plus considérable de. *Le gros de l'armée.* – Ce qu'il y a de plus important ; l'essentiel. *Faites le plus gros.* **2.** Vente ou achat par grandes quantités chez le producteur ou le fabricant. *Prix de gros.* **3.** *Pêche au gros* : pêche sportive à la ligne, en mer, de gros poissons. – *Pêche au tout-gros* : même type de pêche, de très gros poissons (plus de 300 kg). **4.** Monnaie française d'argent instituée par Louis IX.

GROS-BEC n.m. (pl. *gros-becs*). Passereau granivore des bois de l'Europe et de l'Asie, au bec très robuste. (Long. 18 cm env. ; genre *Coccothraustes,* famille des fringillidés.)

GROSCHEN [grɔʃɛn] n.m. inv. Monnaie divisionnaire de l'Autriche, valant 1/100 de schilling.

GROSEILLE n.f. (francique *krusil*). Fruit comestible du groseillier, petite baie rouge ou blanche qui vient par grappes. *Gelée, sirop de groseille.* ◇ *Groseille à maquereau* : grosse baie solitaire, rouge, jaune ou verte, produite par le groseillier épineux. ◆ adj. inv. De couleur rouge clair.

■ **GROSEILLES**

GROSEILLIER n.m. Petit arbuste des régions tempérées cultivé pour ses fruits, les groseilles. (Genre *Ribes* ; famille des saxifragacées.)

GROS-GRAIN n.m. (pl. *gros-grains*). Ruban sans lisière à côtes verticales.

GROS-PLANT n.m. (pl. *gros-plants*). Cépage blanc cultivé dans la région de Nantes, connu ailleurs sous le nom de ***folle-blanche*** ; vin issu de ce cépage.

GROS-PORTEUR n.m. (pl. *gros-porteurs*). Avion de grande capacité.

GROSSE n.f. **1.** COMM. Douze douzaines de certaines marchandises. *Une grosse de boutons.* **2.** DR. Copie d'un acte authentique ou d'un jugement, revêtue de la formule exécutoire.

GROSSERIE n.f. Branche de la gainerie qui fabrique des tables à jeux, des boîtes pour l'argenterie, des ménagères, etc.

GROSSESSE n.f. Ensemble des phénomènes se déroulant chez la femme entre la fécondation et l'accouchement ; état correspondant de l'organisme féminin. ◇ *Grossesse nerveuse* : trouble psychologique au cours duquel une femme ressent certains des signes de la grossesse (gonflement des seins, nausées, etc.).

ENCYCL. La fécondation, fusion entre un spermatozoïde et un ovule, a lieu dans une trompe utérine. Ensuite, l'œuf fécondé est entraîné vers l'utérus, s'implante dans la muqueuse de celui-ci et augmente de volume tout en s'entourant d'annexes (placenta, cordon ombilical, liquide amniotique, etc.). L'œuf passe d'abord par un stade embryonnaire de deux mois, pendant lequel se forment les organes et se dessine une morphologie humaine. Alors devenu fœtus, il parachève cette formation, continue à grandir et subit une maturation pendant encore sept mois.

GROSSEUR n.f. **1.** État, volume de ce qui est gros. **2.** Volume plus ou moins important ; taille. *De la grosseur d'une noix.* **3.** Tuméfaction, enflure. *Une grosseur au sein.*

GROSSIER, ÈRE adj. **1.** Sans qualité ni finesse ; brut. *Étoffe grossière.* **2. a.** Qui est fait sans délicatesse, sans soin. *Travail grossier.* **b.** Insuffisamment précis, élaboré ; sommaire. *Description grossière.* **3.** Qui dénote de l'ignorance, un manque d'intelligence ou de culture. *Esprit grossier. Erreur grossière.* **4.** Contraire à la bienséance, à la politesse, aux usages. *Langage grossier.*

GROSSIÈREMENT adv. De façon grossière.

GROSSIÈRETÉ n.f. **1.** Caractère de ce qui est grossier, de ce qui manque de finesse. **2.** Parole, action grossière. *Dire des grossièretés.*

GROSSIR v.t. Rendre ou faire paraître plus gros, plus ample, plus volumineux, plus important. *Lunette qui grossit les objets. Grossir des difficultés.* ◆ v.i. **1.** Devenir ou paraître plus gros ; augmenter de volume. *Il a grossi de dix kilos.* **2.** Devenir plus considérable. *La somme a grossi.*

GROSSISSANT, E adj. **1.** Qui fait paraître plus gros, qui augmente les dimensions apparentes. *Verres grossissants.* **2.** Qui grossit, ne cesse de devenir plus gros. *Foule grossissante.*

GROSSISSEMENT n.m. **1.** Action de rendre plus gros, d'agrandir. **2.** Fait de devenir gros, de se développer. **3.** Action de déformer en grossissant. *Le grossissement d'une affaire.* **4.** OPT. Rapport du diamètre apparent de l'image à celui de l'objet.

GROSSISTE n. Marchand en gros et en demi-gros, intermédiaire entre le producteur et le détaillant.

GROSSO MODO loc. adv. (mots lat.). En gros, sans entrer dans le détail.

GROTESQUE adj. (ital. *grottesco*). Qui suscite le rire par son caractère bizarre ou ridicule. *Personnage grotesque. Idée grotesque.* ◆ n.m. Esthétique littéraire et artistique caractérisée par le goût du bizarre, du bouffon et de la caricature.

GROTESQUES n.f. pl. BX-ARTS. Nom donné à la Renaissance à des décors muraux redécouverts dans des vestiges enfouis de la Rome antique et dont s'inspirèrent de nombreux artistes et ornemanistes jusqu'au XIXe s. (Ce sont des compositions d'aspect capricieux, bien que souvent ordonnées autour d'axes de symétrie verticaux, mêlant arabesques, éléments végétaux et architecturaux légers, petites figures de fantaisie.)

■ **GROTESQUES** ornant un plat en faïence d'Alcora ; Espagne, XVIIIe s.
(Musée des Arts décoratifs, Paris.)

GROTTE n.f. (ital. *grotta*). **1.** Cavité souterraine naturelle qui se développe horizontalement. **2.** Excavation artificielle ou décor, construction, etc., évoquant une grotte, très en vogue dans les jardins et les parcs du XVIe au XVIIIe siècle.

GROUILLANT, E adj. Qui grouille.

GROUILLEMENT n.m. Mouvement et bruit de ce qui grouille. *Le grouillement de la foule.*

GROUILLER v.i. (anc. fr. *grouler,* s'agiter). Fourmiller, s'agiter ensemble et en grand nombre. *Les vers grouillent dans ce fromage.* ◆ v.t. ind. **(de).** Être plein d'une masse confuse en mouvement. *La rue grouille de monde.* ◆ **se grouiller** v.pr. *Fam.* Se dépêcher.

GROUILLOT n.m. *Fam.* Apprenti, employé qui fait les courses, porte les messages.

GROUPAGE n.m. **1.** Action de grouper des colis ayant une même destination. **2.** MÉD. Détermination du groupe sanguin ou tissulaire.

GROUPAL, E, AUX adj. PSYCHOL. Relatif au groupe. *Imaginaire groupal.*

GROUPE n.m. (ital. *gruppo,* nœud). **1.** Ensemble distinct de choses ou d'êtres de même nature, réunis dans un même endroit. *Un groupe de curieux.* ◇ ÉTHOL. *Effet de groupe* : ensemble des modifications morphologiques, éthologiques, etc., que provoque la proximité de plusieurs individus de la même espèce dans un espace restreint. – PSYCHOL., MÉD. *Groupe expérimental* : groupe constitué en vue d'une étude expérimentale, soumis à des conditions particulières par comparaison à un groupe analogue *(groupe témoin)* non soumis à ces conditions. – SOCIOL. *Groupe primaire* : groupe restreint de personnes communiquant directement entre elles et associées par des liens affectifs, par oppos. au *groupe secondaire,* où les relations sont indirectes, par personnes interposées. – *Groupe de référence* : groupe social auquel l'individu emprunte ses normes et ses valeurs. **2.** Ensemble plus ou moins organisé de personnes liées par des activités, des objectifs communs. *Groupe politique.* ◇ *Groupe parlementaire* : formation permanente réunissant administrativement des élus d'une même tendance au sein d'une assemblée. (En France, le groupe doit avoir au moins 20 membres à l'Assemblée nationale, 15 au Sénat.) – *Groupe industriel* : ensemble d'entreprises liées financièrement. – *Groupe de presse* : ensemble de journaux qui appartiennent à un même propriétaire, à une même société. – DR. *Cabinet de groupe,* dans lequel deux ou plusieurs membres (médecins, avocats, etc.) d'une profession libérale exercent leur activité en partageant les mêmes locaux. **3.** Formation de musiciens. *Groupe pop.* **4.** MIL. Formation élémentaire du peloton ou de la section (env. 12 hommes). *Groupe de combat, dans l'infanterie.* ◇ *Groupe d'armées* : réunion de plusieurs armées sous un même commandement pour une mission stratégique. **5.** Ensemble de choses, d'animaux ou de personnes défini par une caractéristique commune. *Groupe ethnique.* ◇ MÉD. *Groupe sanguin érythrocytaire,* ou *groupe sanguin* : catégorie dans laquelle on classe les personnes ayant le même antigène présent à la surface de leurs globules rouges. (Chaque antigène ou famille d'antigènes définit un système de groupes, dont les principaux sont le système ABO, qui comprend les groupes A, B, AB et O, et le système Rhésus, qui comprend les groupes Rhésus positif et Rhésus négatif. Pour réaliser une transfusion sanguine, le groupe du donneur et celui du receveur doivent être compatibles.) – *Groupe tissulaire* : catégorie analogue à un groupe sanguin érythrocytaire, mais qui se rapporte à l'ensemble des cellules de l'organisme. (Presque tous les antigènes correspondants font partie du système HLA.) **6.** BX-ARTS. Réunion de figures formant un ensemble, surtout dans la sculpture en ronde bosse. **7.** ALGÈBRE. Ensemble G muni d'une opération interne dans G, associative, qui admet un élément neutre et telle que tout élément a un symétrique et un seul.

GROUPEMENT n.m. **1.** Action de grouper ; fait d'être groupé. **2.** Réunion de personnes ou de choses groupées par des intérêts communs. *Groupement politique.* ◇ DR. *Groupement d'intérêt économique (GIE)* : personne morale qui a pour but de faciliter ou de développer l'activité économique de ses membres. – *Groupement européen d'intérêt économique* → **GEIE.** – *Groupement foncier agricole* : société civile formée par des apports en numéraire et/ou en propriété d'immeubles. **3.** MIL. *Groupement tactique* : réunion de plusieurs éléments de corps ou d'armes différents, sous le commandement d'un seul chef, pour une mission particulière.

GROUPER v.t. Assembler en groupe, réunir en un lieu, dans un ensemble ou dans une même catégorie. ◆ **se grouper** v.pr. SPORTS. Ramasser ses membres, avoir le corps ramassé en boule.

GROUPIE n. (mot angl.). **1.** Personne, le plus souvent jeune fille, qui admire un musicien, un chanteur ou un groupe de musique et qui le suit dans ses déplacements. **2.** *Fam., péjor.* Partisan inconditionnel de qqn, d'un parti.

GROUPUSCULAIRE adj. Relatif à un groupuscule. *Organisation groupusculaire.*

GROUPUSCULE n.m. *Péjor.* Petit groupe politique, plus ou moins organisé. *Groupuscules extrémistes.*

GROUSE [gruz] n.f. (mot angl.). Lagopède d'Écosse.

1. GRUAU n.m. (du francique *grût*). **1.** Semoule de blé dur. **2.** *Farine de gruau,* ou *gruau* : farine fine et très pure, provenant de blé de qualité d'abord réduit en semoule. – *Pain de gruau,* fait de farine de gruau.

2. GRUAU ou **GRUON** n.m. Petit de la grue.

1. GRUE n.f. (lat. *grus*). **1.** Oiseau échassier qui se nourrit de petits vertébrés, d'invertébrés et de substances végétales, et dont une espèce, gris cendré, traverse la France pour hiverner en Afrique. (Long. 1,15 m ; cri : la grue glapit, trompette,

■ **GRUE.** Grue cendrée.

craquette ; genre *Grus,* famille des gruidés.) ◇ *Faire le pied de grue :* attendre longtemps, debout. **2.** *Fam.,* vieilli. Femme de mœurs légères ; prostituée.

2. GRUE n.f. (de *1. grue*). **1.** Appareil de levage formé d'un bras orientable (flèche) monté sur un support de hauteur variable. **2.** CINÉMA, TÉLÉV. Appareil permettant le déplacement vertical ou des mouvements combinés de la caméra.

■ **GRUE.** Grues de chantier sur les docks de Londres.

GRUGEOIR n.m. Outil de verrier ou de vitrier, en forme de petite pince, servant à rogner le bord d'une pièce de verre et à en rectifier la coupe.

GRUGER v.t. [10] (néerl. *gruizen,* écraser). **1.** *Litt.* Voler, tromper qqn. **2.** VERR. Rogner le bord des verres à l'aide d'un grugeoir.

GRUIFORME n.m. ORNITH. Oiseau échassier au plumage terne tel que la grue, l'outarde, le râle. (Les gruiformes constituent un ordre.)

GRULETTE n.f. Suisse. *Fam. Avoir la grulette :* avoir la tremblote.

GRUME n.f. (bas lat. *gruma*). **1.** Tronc d'arbre abattu, ébranché et écimé. **2.** Région. (Bourgogne). Grain de raisin.

GRUMEAU n.m. (lat. *grumulus*). Petite boule formée par une substance (œuf, farine) mal délayée dans un liquide ou une pâte.

GRUMELER (SE) v.pr. [16]. Se mettre en grumeaux. *Le lait tourné se grumelle.*

GRUMELEUX, EUSE adj. **1.** Qui forme des grumeaux ; qui présente des grumeaux. **2.** Qui présente des granulations. *Peau grumeleuse.*

GRUMIER n.m. Camion ou cargo spécial. adapté pour le transport des grumes ou des billes de bois.

GRUON n.m. → **2. GRUAU.**

GRUPPETTO [grupɛto] n.m. (mot ital.). MUS. Ornement constitué par 3 ou 4 notes brèves qui précèdent ou suivent la note principale. Pluriel savant : *gruppetti.*

GRUTER v.t. Lever, déplacer au moyen d'une grue.

GRUTIER, ÈRE n. Personne qui conduit une grue.

GRUYÈRE [gryjɛr] ou [grɥijɛr] n.m. (de *Gruyère,* n. d'un anc. comté suisse). Fromage d'origine suisse, en forme de grosse meule cylindrique, au lait de vache, affiné, à caillé découpé, cuit et pressé, à croûte lavée. (Le comté est une variété de gruyère.)

GRYPHÉE n.f. (du bas lat. *grypus,* recourbé). Mollusque bivalve comestible, voisin de l'huître, dont la coquille a des valves très inégales.

GSM n.m. (sigle de l'angl. *global system for mobile communication,* système global pour les communications mobiles). **1.** Norme européenne de radiotéléphonie numérique adoptée en 1992. **2.** Belgique. Téléphone portable.

GUACAMOLE [gwakamɔl] n.m. (mot esp.). Préparation à base d'avocat, de tomate, d'oignon, de crème fraîche et d'épices. (Cuisine mexicaine.)

GUADELOUPÉEN, ENNE [gwa-] adj. et n. De la Guadeloupe, de ses habitants.

GUAI ou **GUAIS** [gɛ] adj.m. PÊCHE. Se dit d'un hareng qui a frayé et qui n'a plus ni œufs ni laitance.

GUANACO [gwanako] n.m. (mot esp., du quechua). Mammifère ruminant sauvage d'Amérique du Sud, ancêtre probable des lamas domestiques. (Famille des camélidés.)

GUANINE [gwanin] n.f. (de *guano*). BIOCHIM. L'une des bases puriques de l'ADN et de l'ARN.

GUANO [gwano] n.m. (du quechua). Matière de formation très ancienne, provenant de l'accumulation d'excréments et de cadavres d'oiseaux marins, et qu'on a employée comme engrais jusqu'à l'épuisement des gisements.

GUARANI [gwarani] adj. inv. et n. inv. Relatif aux Guarani. ◆ n.m. **1.** Langue des Guarani, auj. seconde langue parlée au Paraguay. **2.** Unité monétaire principale du Paraguay.

GUATÉMALTÈQUE [gwatemaltɛk] adj. et n. Du Guatemala, de ses habitants.

1. GUÉ n.m. (lat. *vadum*). Endroit peu profond d'une rivière où l'on peut traverser à pied. ◇ *Au milieu du gué :* dans un moment difficile ; en pleine action.

2. GUÉ interj. (var. de *gai*). Vx. Exprime la joie, dans les chansons. *J'aime mieux ma mie, ô gué !*

GUÈBRE adj. et n. (persan *gabr*). RELIG. Se dit des Iraniens restés fidèles au mazdéisme après la conquête musulmane. (En Inde, les guèbres sont nommés *parsis.*)

GUÈDE n.f. (du germ.). Pastel des teinturiers, qui donne une couleur bleue.

GUÉGUERRE n.f. *Fam.* Petite guerre, conflit de peu d'importance ; querelle.

GUELFE [gɛlf] n. et adj. (all. *Welf*). HIST. Dans l'Italie médiévale, partisan des papes (par oppos. à *gibelin*).

GUENILLE n.f. (anc. fr. *guenipe,* du gaul.). [Souvent pl.] Vêtement sale, en lambeaux. *Être vêtu de guenilles.*

GUENON n.f. **1.** Singe femelle. – *Spécial.* Femelle du chimpanzé. **2.** *Fam.* Femme très laide.

GUÉPARD n.m. (ital. *gattopardo,* de *gatto,* chat, et *pardo,* léopard). Mammifère carnivore d'Afrique, d'Asie méridionale et du Proche-Orient, capable de courir à plus de 100 km/h. (C'est le seul félin dont les griffes ne soient pas rétractiles. Long. 1 m, sans la queue ; genre *Acinonyx.*)

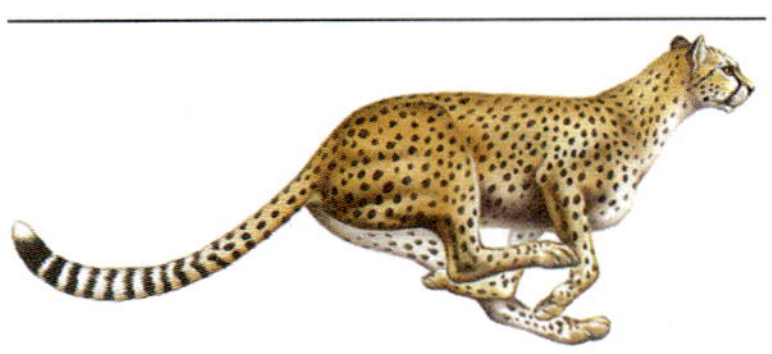

■ **GUÉPARD**

GUÊPE n.f. (lat. *vespa*). Insecte social à abdomen annelé de jaune et de noir, dont la femelle est pourvue d'un aiguillon venimeux, et dont il existe un grand nombre d'espèces (guêpes maçonnes, frelons, etc.) construisant des nids (guêpiers) souterrains ou aériens. (Ordre des hyménoptères ; famille des vespidés.) ◇ *Taille de guêpe,* très fine.

GUÊPIER n.m. **1.** Nid de guêpes. **2.** *Fig.* Situation dangereuse, inextricable. **3.** Oiseau au plumage très coloré, nichant dans des falaises au bord des rivières d'Europe méridionale, d'Afrique et d'Asie occidentale, qui se nourrit d'abeilles et de guêpes. (Ordre des coraciiformes ; genre *Merops,* famille des méropidés.)

GUÊPIÈRE n.f. (de *taille de guêpe*). Pièce de lingerie féminine constituée d'un bustier qui descend au-dessous de la taille et l'affine, le plus souvent muni de jarretelles.

GUÈRE adv. (du francique). *Ne... guère.* **a.** Pas beaucoup. *Il n'est guère attentif.* **b.** Presque uniquement ; pratiquement. *Il n'y a guère que moi qui m'en soucie.*

GUÉRET n.m. (du lat. *vervactum,* jachère). Terre non ensemencée, labourée au printemps et en été pour recevoir les semailles d'automne.

GUÉRIDON n.m. (de *Guéridon,* n. d'un personnage de farce). Table ou support à petit plateau circulaire, le plus souvent à piétement central ou à trois pieds.

GUÉRILLA [gerija] n.f. (esp. *guerrilla*). Guerre de harcèlement, d'embuscades, de coups de main menée par des unités régulières ou des troupes de partisans.

GUÉRILLERO [gerijero] n.m. (esp. *guerrillero*). Combattant d'une guérilla.

GUÉRIR v.t. (du francique *warjan,* protéger). **1.** Délivrer d'un mal physique ou mental. *Ce médicament l'a guéri de la méningite.* **2.** *Fig.* Débarrasser d'un défaut. *Elle l'a guéri de son avarice.* ◆ v.i. ou **se guérir** v.pr. **1.** Recouvrer la santé. **2.** Disparaître, cesser, en parlant d'une maladie. *Mon rhume a guéri.* **3.** *Fig.* Se débarrasser d'un défaut. *Guérir, se guérir d'une mauvaise habitude.*

GUÉRISON n.f. Disparition complète d'un mal physique ou moral.

GUÉRISSABLE adj. Que l'on peut guérir ; curable.

GUÉRISSEUR, EUSE n. Toute personne exerçant des traitements, des soins, sans être médecin. (Selon les pays et les époques, les guérisseurs peuvent être ou non munis de diplômes officiels.)

GUÉRITE n.f. (anc. provenç. *garida*). **1.** Abri pour un homme debout, servant aux militaires de faction. **2.** Baraque de chantier servant de bureau.

GUERRE n.f. (du francique *werra*). **1.** Lutte armée entre États ; situation de conflit qu'elle implique. (La guerre est le recours à la force armée pour dénouer une situation conflictuelle entre deux ou plusieurs collectivités organisées : clans, factions, États. Elle consiste pour chacun des adversaires à contraindre l'autre à se soumettre à sa volonté.) ◇ *Guerre sainte,* menée au nom de motifs religieux. – *Petite guerre :* guerre de harcèlement ; exercice, simulacre de combat. – *Guerre totale :* forme de guerre dans laquelle on utilise tous les moyens de lutte, qui vise à l'anéantissement de l'adversaire et où la totalité des activités de la nation sont mobilisées et engagées (comme lors de la Première et de la Seconde Guerre mondiale). – *Guerre chimique, nucléaire, biologique,* ou *guerre NBC,* formes de guerre où seraient employés ces types d'armes. – *Homme de guerre,* dont le métier est de faire la guerre. – *Nom de guerre.* **a.** Anc. Nom que prenait un soldat en s'enrôlant. **b.** Mod. Pseudonyme d'un chanteur, d'un écrivain, etc. – *De bonne guerre :* se dit du comportement, de la réaction d'un adversaire que l'on juge habiles et que l'on considère comme légitimes. – *De guerre lasse :* à bout de résistance, en renonçant par lassitude. **2.** Lutte entre puissances menée en dehors d'un conflit armé ou parallèlement à lui.

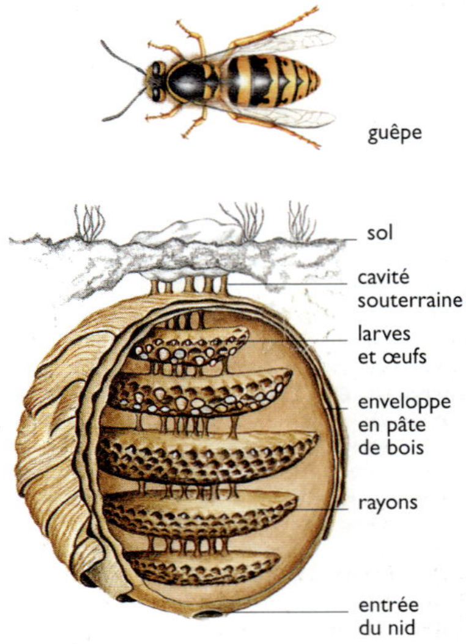

■ **GUÊPE.** Guêpe et guêpier.

Guerre économique. ◇ *Guerre des ondes :* utilisation de la radiodiffusion comme moyen de propagande, de manipulation de l'opinion. – *Guerre froide :* hostilité latente, forte tension installée entre des États, et, par ext., entre des personnes, des groupes (v. partie n.pr.). – *Guerre des étoiles :* programme d'études lancé par R. Reagan en 1983 et visant à l'élimination de la menace de missiles stratégiques, notamm. à partir de systèmes spatiaux. (Ce programme a été partiellement abandonné en 1993.) **3.** Lutte entre des personnes ; conflit, hostilité. *Entre elles, c'est la guerre.* **4.** Action entreprise pour supprimer, détruire qqch. *Faire la guerre aux préjugés.* ◇ *Faire la guerre à qqn,* lutter pour qu'il change sa conduite. *Je lui fais la guerre pour qu'il soit ponctuel.*

GUERRIER, ÈRE adj. **1.** *Litt.* Qui a trait à la guerre. *Activités guerrières.* **2.** Porté à la guerre ; belliqueux. *Nation guerrière.* ◆ n.m. *Litt.* **1.** Personne qui fait la guerre ; combattant, soldat. **2.** Homme qui a le goût de la guerre. ◆ n.f. *Sout.* **1.** Jeune fille, jeune femme qui revendique avec agressivité et violence sa place dans la société. **2.** Militante infatigable de la condition féminine.

GUERROYER [gɛrwaje] v.i. [7]. *Litt.* Faire la guerre ; batailler, combattre longuement, fréquemment.

GUET [gɛ] n.m. (de *guetter*). **1.** Surveillance destinée à surprendre qqn ou à éviter d'être pris. *Faire le guet.* **2.** HIST. Patrouille ou sentinelle chargée de la surveillance de nuit.

GUETALI [getali] n.m. (de *guetter*). Réunion. Terrasse, parfois couverte, indépendante de la maison et située en bordure de rue.

GUET-APENS [gɛtapɑ̃] n.m. [pl. *guets-apens*] (de *guet* et anc. fr. *apenser,* préméditer). **1.** Embuscade dressée contre qqn pour l'assassiner, lui faire subir des violences, le voler. **2.** *Fig.* Machination perfide.

GUÊTRE n.f. (du francique). Bande de cuir ou de tissu qui couvre le bas de la jambe et le dessus de la chaussure. ◇ *Fam. Traîner ses guêtres :* se promener sans but, en oisif ; flâner.

GUÊTRON n.m. Guêtre non montante.

GUETTE ou **GUÈTE** n.f. FORTIF. Tourelle construite au sommet d'un château fort, où se tenait le guetteur.

GUETTER v.t. (du francique). **1.** Épier pour surprendre ou pour ne pas être surpris. *Guetter l'ennemi.* **2.** Faire peser une menace imminente sur. *La maladie le guette.* **3.** Attendre avec impatience. *Guetter l'occasion, la sortie de qqn.*

GUETTEUR, EUSE n. **1.** Personne qui guette. **2.** Combattant ayant une mission de renseignement, d'alerte et de surveillance.

GUEULANTE n.f. *Fam.* **1.** Clameur de protestation (ou, vieilli, de joie). *Une gueulante d'étudiants.* **2.** *Pousser une gueulante :* crier fort pour manifester son mécontentement à qqn.

1. GUEULARD, E adj. et n. *Fam.* Qui gueule, qui a l'habitude de crier fort et beaucoup.

2. GUEULARD n.m. MÉTALL. Ouverture supérieure d'un haut-fourneau, destinée au chargement du minerai, du fondant et du combustible.

GUEULE n.f. (lat. *gula*). **1.** Bouche de certains animaux, quand elle peut s'ouvrir largement. **2.** *Fam.* Bouche de l'homme. ◇ *Fam. Fine gueule :* gourmet. – *Fam. Un fort en gueule, une grande gueule :* qqn qui parle haut et fort, mais qui n'agit guère. **3.** *Fam.* Figure, visage. ◇ *Fam. Casser la gueule à qqn,* lui infliger une correction, en partic. en le frappant au visage. – *Fam. Se casser la gueule :* tomber ; échouer. – (D'abord arg. mil.) *Gueule cassée :* grand blessé de la face. – *Fam. Gueule noire :* mineur des houillères. – *Fam. Faire la gueule :* bouder, être morose. **4.** *Fam. Avoir de la gueule :* faire beaucoup d'effet ; avoir de l'allure. **5.** Ouverture béante. *Gueule d'un four, d'un canon.*

GUEULE-DE-LOUP n.f. (pl. *gueules-de-loup*). BOT. Muflier.

GUEULER v.i. et v.t. *Fam.* **1.** Parler, chanter très fort ; brailler. **2.** Hurler de douleur ou de mécontentement.

GUEULES n.m. (de *gueule*). HÉRALD. Couleur rouge, figurée dans le dessin par des hachures verticales.

GUEULETON n.m. *Fam.* Repas excellent et abondant.

GUEULETONNER v.i. *Fam.* Faire un gueuleton.

1. GUEUSE [gøz] n.f. (all. *Guss,* fonte). Lingot de fonte de première fusion.

2. GUEUSE n.f. → **GUEUX** et **GUEUZE.**

GUEUSERIE n.f. Vx ou *litt.* Condition ou action de gueux.

GUEUX, GUEUSE n. (moyen néerl. *guit,* coquin). *Litt.* **1.** Personne réduite à la mendicité ; vagabond. **2.** Personne méprisable ; coquin, fripon. ◇ Vieilli. *Courir la gueuse :* rechercher les aventures amoureuses. ◆ n.m. pl. HIST. Dans les Pays-Bas espagnols, révoltés qui se liguèrent en 1566 contre l'administration espagnole. (Les plus célèbres furent les « gueux de la mer », pirates qui, soutenus à partir de 1568 par Guillaume Ier de Nassau, participèrent au soulèvement [1572] de la Hollande.)

GUEUZE ou **GUEUSE** n.f. Bière belge forte, fabriquée à partir de lambic et subissant une seconde fermentation.

GUÈZE n.m. Langue éthiopienne, auj. langue liturgique de l'Église d'Éthiopie.

GUGUSSE n.m. (de *guss,* abrév. de *Auguste,* n. de clown). *Fam.* Individu peu sérieux ; guignol.

1. GUI n.m. (lat. *viscum*). Arbuste à feuilles persistantes et à baies blanches, visqueuses et toxiques, qui vit en parasite sur les branches de certains arbres (peuplier et pommier, surtout). [Genre *Viscum ;* famille des loranthacées.]

2. GUI n.m. (néerl. *giek*). MAR. Vieilli. Bôme.

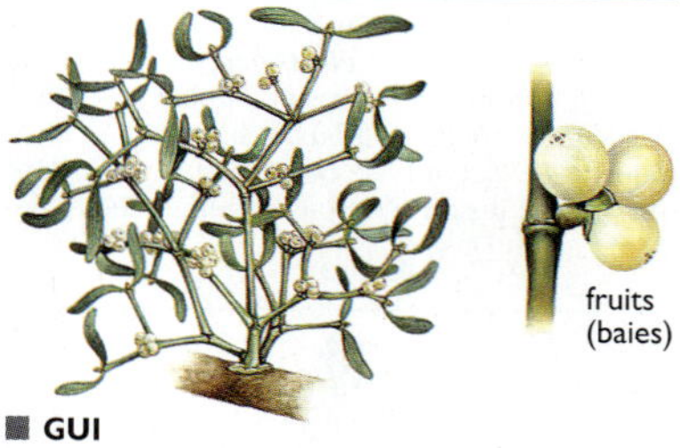

■ GUI

GUIBOLLE ou **GUIBOLE** n.f. (normand *guibon,* cuisse). *Fam.* Jambe.

GUIBRE n.f. MAR. Construction destinée à fournir les points d'appui nécessaires au gréement de beaupré, sur les anciens voiliers.

GUICHE n.f. (du n. du marquis de *La Guiche,* qui fit connaître cette coiffure). Accroche-cœur.

GUICHET n.m. (de l'anc. scand. *vik,* cachette). **1.** Comptoir permettant au public de communiquer avec les employés d'un bureau de poste, d'une banque, d'une administration. **2.** *À guichets fermés :* en ayant vendu toutes les places au moment où commence la représentation, le concert. *Jouer à guichets fermés.* **3.** *Guichet automatique :* terminal permettant aux clients d'un établissement de crédit d'effectuer des opérations bancaires courantes (retrait d'espèces, demande de chéquiers, de relevés, etc.). **4.** Vx. Petite porte aménagée dans une porte monumentale. *Guichet d'une porte cochère.* **5.** *Scie à guichet :* égoïne très étroite, employée pour chantourner.

GUICHETIER, ÈRE n. Employé préposé au guichet d'un bureau de poste, d'une banque, etc.

GUIDAGE n.m. **1.** Action de guider. **2.** AVIAT., ARM. Processus visant à imposer une trajectoire donnée à un aéronef ou à un missile, par intervention humaine à distance *(téléguidage)* ou de façon automatique *(autoguidage).* **3.** MÉCAN. INDUSTR. Ensemble des dispositifs servant à guider un organe mobile.

GUIDANCE n.f. *Centre de guidance :* structure de soins pluridisciplinaire destinée à venir en aide aux enfants en difficulté avec leur entourage.

1. GUIDE n. (anc. provenç. *guida*). **1.** Personne qui guide, montre le chemin, fait visiter. **2.** Alpiniste professionnel diplômé qui conduit une ou plusieurs personnes en montagne.

2. GUIDE n.m. **1.** MIL. *Les guides.* **a.** Régiment d'escorte à cheval (XVIIIe - XIXe s.). **b.** Belgique. Régiment blindé. **2.** Personne qui fait autorité moralement, intellectuellement ou politiquement ; conseiller, inspirateur. **3.** Ce qui sert de principe directeur. **4.** Ouvrage qui donne des renseignements classés. *Guide gastronomique.* – Belgique. Indicateur des chemins de fer. **5.** MÉCAN. INDUSTR. Organe servant au guidage. *Guide de sciage d'une scie circulaire.* **6.** TÉLÉCOMM. *Guide d'ondes :* dispositif destiné à guider les ondes électromagnétiques entre deux points avec un minimum de pertes d'énergie par rayonnement.

3. GUIDE n.f. (Surtout pl.) Lanière de cuir qu'on attache au mors d'un cheval attelé pour le diriger.

4. GUIDE n.f. Jeune fille de 12 à 14 ans, chez les Guides de France (mouvement de scoutisme).

GUIDEAU n.m. Filet de pêche conique que l'on dispose près des chutes d'eau, contre les arches d'un pont, etc.

GUIDE-FIL n.m. (pl. *guide-fil[s]*). TEXT. Appareil qui guide les fils sur certaines machines textiles.

GUIDER v.t. (de *1. guide*). **1.** Accompagner qqn pour lui montrer le chemin. **2.** Éclairer qqn dans le choix d'une direction intellectuelle ou morale, d'une décision. *Guider un enfant dans ses études.* **3.** Montrer le chemin, la voie à ; conduire. *L'odeur nous a guidés à la cuisine.* **4.** Faire agir ; mener, déterminer. *C'est l'intérêt qui le guide.*

GUIDEROPE [gidrɔp] n.m. (mot angl.). Longue corde que l'aéronaute laisse pendre de sa nacelle quand il s'approche du sol, pour freiner son aérostat.

GUIDON n.m. (ital. *guidone,* étendard). **1.** Tube de métal, muni de poignées, commandant la direction d'une bicyclette, d'un cyclomoteur, d'une motocyclette, etc. ◇ *Fam. Le nez, la tête dans le guidon :* en plein effort et, de ce fait, sans vision globale de la situation ; tête baissée. **2.** Petite pièce métallique fixée à l'avant du canon d'une arme à feu, et qui, avec le cran de mire ou l'œilleton de la hausse, sert à prendre la ligne de mire. **3.** MIL. Étendard des gens d'armes de Charles VII, puis des dragons, au XVIIe s. ; officier qui le portait. **4.** MIL. Pavillon servant souvent d'insigne de commandement.

GUIGNARD, E adj. et n. *Fam.,* vieilli. Qui a la guigne ; malchanceux.

1. GUIGNE n.f. (de l'all.). Cerise d'une variété à chair molle et sucrée, à jus coloré. ◇ *Fam. Se soucier de qqch comme d'une guigne,* s'en moquer complètement.

2. GUIGNE n.f. (de *guigner*). *Fam.* Malchance. *Avoir, porter la guigne.*

GUIGNER v.t. (du gallo-roman). **1.** Regarder du coin de l'œil, à la dérobée. *Guigner le jeu de son voisin.* **2.** Regarder avec envie ; convoiter. *Guigner un héritage.*

GUIGNIER n.m. Cerisier de la variété qui donne les guignes.

GUIGNOL n.m. (de *Guignol,* n.pr.). **1.** Théâtre de marionnettes où l'on joue le répertoire de Guignol. *Aller au guignol.* **2.** *Fam.* Personne peu sérieuse, en qui on ne peut avoir confiance. *Qu'est-ce que c'est que ce guignol ?* ◇ *Fam. Faire le guignol :* faire le pitre, amuser les autres, volontairement ou non ; se conduire de manière ridicule.

GUIGNOLADE n.f. Situation grotesque, burlesque, digne du guignol ; farce.

GUIGNOLET n.m. Liqueur préparée à partir de guignes ou de griottes macérées dans l'alcool.

GUIGNON n.m. *Fam.,* vieilli. Malchance.

GUILDE, GILDE ou **GHILDE** [gild] n.f. (anc. néerl. *gilde*). Organisation de solidarité regroupant le plus souvent des marchands, des artisans ou des artistes. (Les guildes furent florissantes dans l'Europe du Nord-Ouest du XIe au XIIIe s.)

GUILI-GUILI n.m. inv. (onomat.). *Fam.* Chatouillis.

GUILLAUME n.m. (mot de l'anc. provenç., *rabot*). Rabot étroit utilisé pour rectifier des feuillures, des rainures.

GUILLEDOU n.m. (de l'anc. fr. *guiler,* tromper). *Fam.,* vieilli. *Courir le guilledou :* chercher des aventures amoureuses.

GUILLEMET [gijmɛ] n.m. (dimin. de *Guillaume,* n. de l'inventeur). [Génér. au pl.] Signe double (« ») servant à isoler un mot ou un groupe de mots (citation, paroles rapportées, etc.). ◇ *Entre guillemets :* se dit d'une phrase, d'un mot qu'on ne prend pas à son compte.

GUILLEMETER [gijmete] v.t. [16]. Mettre entre guillemets.

GUILLEMOT n.m. (dimin. de *Guillaume*). Oiseau palmipède proche du pingouin, à bec droit et long, nichant en colonies sur les côtes arctiques et atlantiques de l'Europe et de l'Amérique. (Long. 40 cm ; genre *Uria,* famille des alcidés.)

GUILLERET, ETTE adj. (du francique *wigila,* ruse). Vif et gai.

GUILLOCHAGE n.m. Action, manière de guillocher ; son résultat.

GUILLOCHER v.t. (ital. dial. *ghiocciare,* lat. pop. *guttiare,* dégoutter). Orner d'un guillochis.
GUILLOCHIS [gijɔʃi] n.m. ou **GUILLOCHURE** n.f. Décor gravé d'une surface métallique, constitué de lignes brisées ou onduleuses qui s'entrecroisent ou non.
GUILLON n.m. (mot dial.). Suisse. Fausset d'un tonneau.
GUILLOTINE n.f. (de *Guillotin,* n.pr.). **1. a.** Instrument qui servait à décapiter les condamnés à mort par la chute d'un couperet glissant entre deux montants verticaux. **b.** Peine de mort infligée au moyen de la guillotine. **2.** *Fenêtre à guillotine,* à translation verticale du châssis dans un bâti à rainures.
ENCYCL. L'adoption de la guillotine fut décidée par l'Assemblée législative le 20 mars 1792. En France, elle resta le mode d'exécution pour les condamnés de droit commun jusqu'à l'abolition de la peine de mort, le 9 octobre 1981.
GUILLOTINÉ, E adj. et n. Qui a eu la tête tranchée par la guillotine.
GUILLOTINER v.t. Décapiter au moyen de la guillotine.
GUIMAUVE n.f. (de *gui,* dérivé du gr. *hibiskos,* mauve, et de *mauve,* n.f.). **1.** Plante des marais ou des prés humides, qui possède des propriétés émollientes *(guimauve officinale),* et dont une espèce est cultivée comme ornementale sous le nom de *rose trémière.* (Genre *Althaea ;* famille des malvacées.) **2.** *Pâte de guimauve,* ou *guimauve :* friandise molle et sucrée, confectionnée à l'origine à partir de racine de guimauve. **3.** *Fig.* Ce qui est douceâtre, fade, d'une sentimentalité mièvre. *Quelle guimauve, ce film !*

■ **GUIMAUVE**

GUIMBARDE n.f. (du provenç.). **1.** *Fam.* Vieille voiture ; tacot. **2.** Instrument de musique populaire composé d'une languette flexible fixée dans un cadre, que l'index fait vibrer et dont le son est amplifié par la bouche de l'instrumentiste.
GUIMPE n.f. (du francique *wimpil*). **1.** Anc. Pièce de toile encadrant le visage au XIIIe s. et longtemps conservée dans le costume de certaines religieuses ; lingerie très fine couvrant le buste, portée au XVIe s. sous la robe largement décolletée. **2.** Mod. Petite chemisette en tissu léger qui se porte avec des robes très décolletées.
GUINCHER v.i. (anc. fr. *guenchir,* obliquer). *Fam.* Danser.
GUINDAILLE n.f. Belgique. *Fam.* Beuverie d'étudiants.
GUINDAILLER v.i. Belgique. *Fam.* Participer à une guindaille.
GUINDANT n.m. MAR. Hauteur d'un pavillon, d'une voile (par oppos. à *battant*).
GUINDÉ, E adj. **1.** Qui a un maintien raide, peu naturel, par affectation de dignité ou par embarras. **2.** Qui manque de naturel ; ampoulé, emphatique, affecté. *Un ton guindé.*
GUINDEAU n.m. (anc. scand. *vindass,* cabestan). MAR. Treuil à axe horizontal, servant notamm. à virer la chaîne d'ancre.
GUINDER v.t. (anc. scand. *vinda,* hausser). **1.** MAR. Lever, hisser au moyen d'une grue, d'une poulie, etc. **2.** Donner un aspect guindé à. *Son costume le guinde.*
GUINÉE n.f. (angl. *guinea*). Ancienne monnaie de compte anglaise, valant 21 shillings.
GUINÉEN, ENNE adj. et n. De la Guinée, de ses habitants.

GUINGOIS (DE) loc. adv. (de l'anc. fr. *guinguer,* sauter). *Fam.* De travers. *Marcher de guingois.*
GUINGUETTE n.f. (de l'anc. fr. *guinguet,* étroit). Lieu de plaisir populaire situé génér. dans la banlieue d'une grande ville ; débit de boissons où l'on peut danser, souvent en plein air.
GUIPAGE n.m. ÉLECTROTECHN. Revêtement isolant autour d'un conducteur.
GUIPER v.t. (du francique *wipan*). **1.** Torsader, en passementerie. **2.** ÉLECTROTECHN. Revêtir un conducteur d'un guipage.
GUIPURE n.f. **1.** Anc. Dentelle de fil ou de soie dépourvue de fond et faite de mailles larges. **2.** Étoffe formant filet, imitant la dentelle, dont l'utilisation principale est la confection de rideaux et de stores d'ameublement.
GUIRLANDE n.f. (ital. *ghirlanda*). **1.** Cordon ornemental de verdure, de fleurs, etc., souvent festonné. **2.** Ruban de papier ou fil agrémenté d'ornements, servant à décorer. *Guirlande de Noël.*
GUISE n.f. (du francique *wisa,* manière). *À ma (ta, sa, etc.) guise :* selon ma (ta, sa, etc.) manière d'agir ; selon mon (ton, son, etc.) goût. ◆ **en guise de** loc. prép. À la place de, en manière de. *Il lui a donné un cadeau en guise de consolation.*
GUITARE n.f. (esp. *guitarra,* de l'ar.). Instrument de la famille du luth, à cordes pincées (six le plus souvent), à caisse plate et à long manche portant des frettes. ◇ *Guitare électrique,* dont les sons sont captés par des micros et amplifiés. – ROCK, JAZZ. *Guitare basse,* ou *basse,* n.f. : guitare électrique avec accord de contrebasse. – *Guitare sèche,* dont le son n'est pas amplifié électriquement.

■ **GUITARE** sèche.

GUITARISTE n. Instrumentiste qui joue de la guitare.
GUITOUNE n.f. (ar. maghrébin *gīṭūn*). *Arg.* Tente.
GUIVRE n.f. (du lat. *vipera,* vipère). HÉRALD. Serpent monstrueux avalant un être humain.
GUJARATI [gudʒarati] n.m. Langue indo-aryenne parlée au Gujerat.
GULDEN [guldɛn] n.m. MONN. Florin.
GUMMIFÈRE [gɔmi-] adj. *Arbre gummifère,* qui produit de la gomme. SYN. : *gommifère.*
GUNITAGE n.m. Procédé de revêtement par projection de gunite.
GUNITE n.f. (de l'angl. *gun,* canon). TECHN. Mortier à base de liants hydrauliques projeté par air comprimé sur une surface à enduire.
GUNITER v.t. Recouvrir de gunite.
GÜNZ [gynz] n.m. (n. d'une riv. d'Allemagne). GÉOL. Première des quatre grandes glaciations du quaternaire en Europe, de - 1,2 million d'années à - 650 000 ans.
GUPPY n.m. (de *Guppy,* n.pr.). Poisson d'ornement aux couleurs vives, originaire d'Amérique, d'Amazonie notamm., qui se reproduit très facilement en aquarium. (Long. du mâle 3 cm, de la femelle 6 cm ; genre *Poecilia,* famille des poeciliidés.)

GURU n.m. → **GOUROU.**
GUS [gys] ou **GUSSE** n.m. (abrév. de *Auguste,* n. de clown). *Fam.* Individu quelconque ; type, mec.
GUSTATIF, IVE adj. (du lat. *gustus,* goût). Qui relève du goût. *Papilles gustatives.*
GUSTATION n.f. (du lat. *gustare,* goûter). Rare. Fonction qui permet au goût de s'exercer ; action de goûter.
GUTTA-PERCHA [gytapɛrka] n.f. [pl. *guttas-perchas*] (mot angl., du malais). Substance plastique et isolante, tirée du latex d'un arbre (sapotacée) de Malaisie.
GUTTIFÉRACÉE n.f. BOT. Clusiacée.
GUTTURAL, E, AUX adj. (du lat. *guttur,* gosier). **1.** PHON. Se dit d'un son qui est émis au fond de la gorge. **2.** ANAT. Relatif au gosier.
GUTTURALE n.f. PHON. Vx. Consonne postérieure telle que la vélaire, l'uvulaire et la pharyngale.
GUYANAIS, E [gɥijanɛ, ɛz] adj. et n. De la Guyane, de ses habitants.
1. GUYOT [gɥijo] n.m. (de A. *Guyot,* n. d'un géographe). GÉOMORPH. Relief sous-marin, à 1 000 ou 2 000 m de profondeur, d'origine volcanique, à sommet aplati.
2. GUYOT [gɥijo] n.f. (de *Guyot,* n.pr.). Poire d'une variété à peau jaune pâle, couverte de points roux, à chair parfumée.
GUZLA [guzla] n.f. (mot ital., du croate). Vièle à une corde frottée, en usage dans les Balkans pour accompagner le chant épique.
GYM [ʒim] n.f. (abrév.). *Fam.* Gymnastique.
GYMKHANA [ʒimkana] n.m. (hindi *gendkhāna,* salle de jeu de balle). Ensemble d'épreuves en automobile ou à motocyclette, où les concurrents doivent suivre un parcours compliqué de chicanes, de barrières, etc.
GYMNASE n.m. (lat. *gymnasium,* du gr.). **1.** Établissement et salle où l'on peut pratiquer des sports, et notamment de la gymnastique. **2.** Suisse. Lycée. **3.** ANTIQ. GR. Édifice public d'abord destiné aux seuls exercices physiques et qui devint, par la suite, un centre de formation intellectuelle.
GYMNASIAL, E, AUX adj. Suisse. Relatif au gymnase, au lycée.
GYMNASTE n. Personne qui pratique la gymnastique.
GYMNASTIQUE n.f. **1.** Ensemble des exercices physiques destinés à assouplir ou à développer le corps ; culture physique. ◇ *Gymnastique aquatique :* gymnastique pratiquée dans l'eau. – *Gymnastique artistique :* ensemble d'épreuves sportives comprenant des enchaînements d'exercices au sol ou aux agrès. – *Gymnastique rythmique (GR) :* gymnastique avec accompagnement musical et utilisant des engins légers (ballon, cerceau, corde, massues, ruban). **2.** *Fig.* Ensemble d'exercices qui visent à développer les facultés intellectuelles. **3.** *Fig., fam.* Ensemble de manœuvres plus ou moins compliquées, imposées par une situation. *Pour équilibrer le budget, ils ont dû faire toute une gymnastique.* Abrév. *(fam.) : gym.*

■ **GYMNASTIQUE.** Figure de gymnastique rythmique.

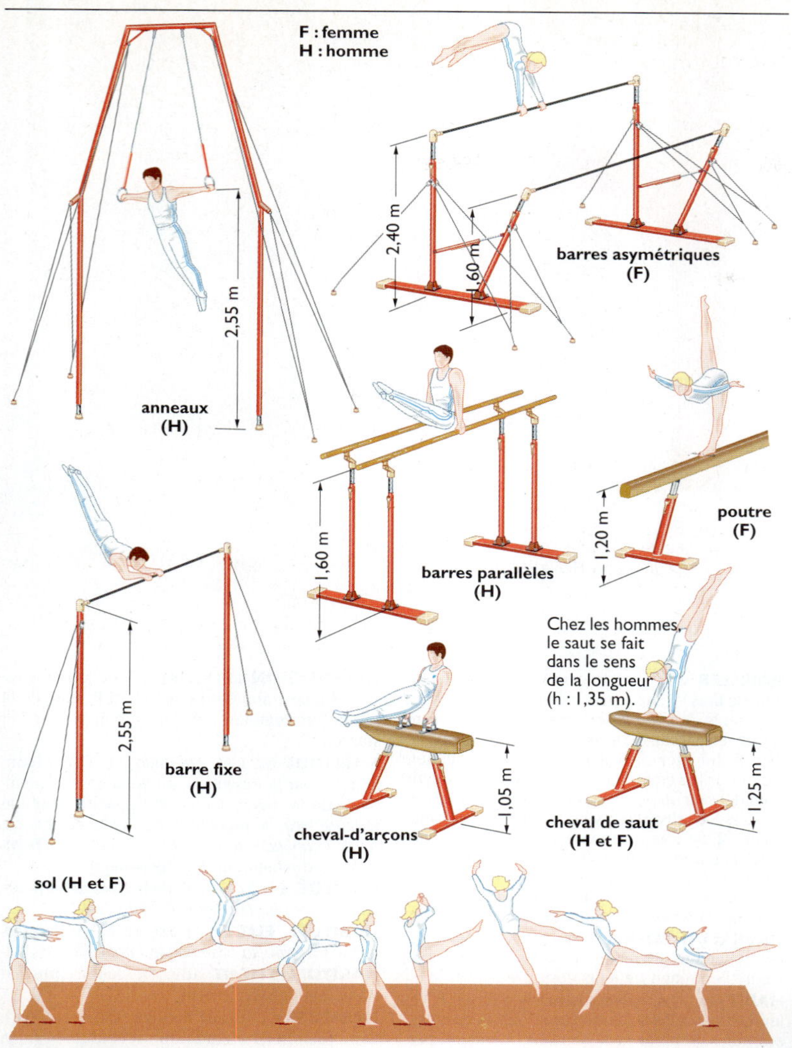

■ GYMNASTIQUE

GYMNIQUE adj. Relatif à la gymnastique.

GYMNOCARPE adj. BOT. Se dit des plantes dont les fruits ne sont soudés avec aucun organe accessoire.

GYMNOSPERME n.f. Plante phanérogame arborescente, dont les graines, nues, sont génér. portées sur des écailles ouvertes regroupées en cônes, telle que les cycas, les conifères et le ginkgo. (Les gymnospermes forment un sous-embranchement.)

GYMNOTE n.m. (gr. *gumnos,* nu, et *nôtos,* dos). Poisson des eaux douces boueuses de l'Amérique du Sud, au corps allongé, aux yeux atrophiés, qui détecte et étourdit ses proies en produisant des décharges électriques. (Long. max. 2,50 m ; genre *Electrophorus,* ordre des cypriniformes.) SYN. : *anguille électrique.*

GYNÉCÉE n.m. (du gr. *gunê,* femme). **1.** ANTIQ. GR. Appartement réservé aux femmes. **2.** BOT. Pistil.

GYNÉCOLOGIE n.f. (gr. *gunê,* femme, et *logos,* science). Spécialité médicale consacrée à l'organisme de la femme et à son appareil génital.

GYNÉCOLOGIQUE adj. Relatif à la gynécologie.

GYNÉCOLOGUE n. Médecin spécialiste de gynécologie.

GYNÉCOMASTIE n.f. Développement anormal des glandes mammaires chez l'homme.

GYNÉRIUM [ʒinerjɔm] n.m. (lat. *gynerium,* du gr.). Grande graminée ornementale aux longues feuilles tombant en panache, aux inflorescences plumeuses, souvent appelée *herbe de la pampa.*

GYPAÈTE [ʒipaɛt] n.m. (gr. *gups, gupos,* vautour, et *aetos,* aigle). Grand rapace diurne vivant dans les hautes montagnes d'Afrique, d'Asie centrale et, localement, en Europe méditerranéenne, et se nourrissant de charognes, comme les vautours. (Son envergure peut dépasser 2,50 m ; genre *Gypaetus,* famille des accipitridés.)

GYPSE [ʒips] n.m. (lat. *gypsum*). **1.** Sulfate de calcium hydraté ($CaSO_4$, $2H_2O$), qui cristallise dans le système monoclinique. (On l'appelle souvent *pierre à plâtre* car, chauffé entre 60 et 200 °C, le gypse perd de son eau et se transforme en plâtre.) **2.** Suisse. Plâtre.

GYPSERIE n.f. Décor architectural de plâtre ou de stuc mouluré et sculpté.

GYPSEUX, EUSE adj. Qui contient du gypse.

GYPSIER n.m. Suisse. Plâtrier.

GYPSOPHILE n.f. Plante herbacée de l'Eurasie tempérée, voisine de l'œillet, parfois cultivée pour ses minuscules et très nombreuses fleurs blanches. (Genre *Gypsophila ;* famille des caryophyllacées.)

GYRIN [ʒirɛ̃] n.m. (du gr. *guros,* cercle). Insecte coléoptère qui décrit des cercles sur la surface des eaux calmes (étangs, rivières), en Europe, Asie occidentale et Afrique du Nord. (Long. 5 mm ; genre *Gyrinus,* famille des gyrinidés.)

GYROCOMPAS n.m. (du gr. *guros,* cercle). Appareil d'orientation utilisé sur les navires et les avions, et comprenant un gyroscope entretenu électriquement, dont l'axe conserve une direction invariable dans le plan horizontal. SYN. : *compas gyroscopique.*

GYROMAGNÉTIQUE adj. PHYS. *Rapport gyromagnétique :* rapport du moment magnétique d'une particule à son moment cinétique.

GYROMÈTRE n.m. Appareil servant à indiquer les changements d'orientation d'un avion.

GYROMITRE n.m. (du gr. *mitra,* bandeau). Champignon ascomycète voisin de la morille, mais à chapeau plus globuleux évoquant la forme d'une cervelle, comestible seulement après cuisson ou dessiccation. (Ordre des pezizales.)

GYROPHARE n.m. Phare rotatif équipant le toit de certains véhicules prioritaires (voitures de police, ambulances, etc.).

GYROPILOTE n.m. Gyrocompas qui permet le pilotage automatique des navires, des avions.

GYROSCOPE n.m. (gr. *guros,* cercle, et *skopein,* examiner). Appareil qui fournit une direction invariable de référence grâce à la rotation rapide d'une lourde masse autour d'un axe possédant un ou deux degrés de liberté par rapport au boîtier de l'instrument.

■ GYROSCOPE

GYROSCOPIQUE adj. Relatif au gyroscope ; qui est équipé d'un gyroscope.

GYROSTAT [ʒirɔsta] n.m. Solide animé d'un mouvement de rotation rapide autour de son axe, et permettant la stabilisation en direction de cet axe.

Caractère Helvetica

H n.m. inv. **1.** Huitième lettre de l'alphabet et la sixième des consonnes. **2.** MUS. H : *si* naturel, dans la notation germanique. **3.** *Bombe H :* bombe thermonucléaire. SYN. : ***bombe à hydrogène.***
ENCYCL. L'*h* initial peut être *muet* ou *aspiré.* Dans les deux cas, il ne représente aucun son. Si l'*h* est *muet,* il y a élision ou liaison : *l'homme ; les hommes* [lɛzɔm]. Si l'*h* est *aspiré,* il n'y a ni élision ni liaison : *le héros ; les héros* [leero].

***HA** interj. Marque la surprise. *Ha ! vous partez déjà ?* – Répété, exprime le rire. *Ha ! ha ! que c'est drôle !*

***HABANERA** n.f. (mot esp.). **1.** Danse cubaine, à la mode au XIXᵉ s. **2.** MUS. Pièce instrumentale d'origine cubaine, de rythme binaire et syncopé.

HABEAS CORPUS [abeaskɔrpys] n.m. (mots lat., *que tu aies ton corps*). Institution anglo-saxonne qui, depuis 1679, garantit la liberté individuelle et protège contre les arrestations arbitraires.

HABILE adj. (lat. *habilis*). **1.** Qui fait preuve d'adresse manuelle, de savoir-faire, de compétence. *Un homme habile aux échecs, dans son métier.* **2.** Qui manifeste de la ruse, de l'ingéniosité. *Une manœuvre habile.*

HABILEMENT adv. Avec habileté.

HABILETÉ n.f. **1.** Qualité d'une personne habile ; adresse, dextérité. **2.** Qualité de ce qui est fait avec adresse, avec intelligence. *L'habileté d'une manœuvre.*

HABILITATION n.f. DR. Action d'habiliter, de conférer une capacité juridique. – Aptitude à conférer un diplôme national accordée par arrêté ministériel à une université ou à une grande école.

HABILITÉ n.f. DR. Aptitude légale.

HABILITER v.t. (lat. *habilitare,* rendre apte). Rendre qqn apte à accomplir un acte, une action d'un point de vue légal.

HABILLABLE adj. Que l'on peut habiller.

HABILLAGE n.m. **1.** Action d'habiller qqn, de s'habiller. **2.** Aspect extérieur que l'on donne à qqch ; présentation, conditionnement. *L'habillage d'un siège.* ◇ ***Habillage d'une chaîne de radio, de télévision, d'une émission,*** tout ce qui lui donne son identité visuelle ou sonore. **3.** *Fig.* Manière de présenter qqch pour obtenir un certain effet. *L'habillage juridique d'une intervention militaire.*

HABILLÉ, E adj. **1.** Qui porte des habits ; vêtu (par oppos. à *nu*). **2.** Qui convient à une réunion élégante, à une cérémonie. *Une robe très habillée.* ◇ ***Dîner, soirée, etc., habillés,*** où l'on doit venir en tenue élégante.

HABILLEMENT n.m. **1.** Action d'habiller, de fournir des vêtements. *Habillement des troupes.* **2.** Ensemble de vêtements dont on est vêtu. **3.** Profession du vêtement. *Syndicat de l'habillement.*

HABILLER v.t. (anc. fr. *abillier,* préparer une bille de bois). **1.** Revêtir de vêtements ; fournir en vêtements. *Habiller les enfants, un acteur.* **2.** Être seyant, en parlant d'un vêtement. *Robe qui habille bien.* **3.** Préparer une volaille, une pièce de gibier, etc., pour la vente, la cuisson. **4.** Garnir, couvrir pour décorer ou protéger. *Habiller des fauteuils de housses.* ◆ **s'habiller** v.pr. **1.** Mettre ses vêtements. **2.** Se fournir en vêtements. *Elle s'habille chez un grand couturier.* **3.** Coordonner ses vêtements de façon élégante, avec goût. *Cette femme ne sait pas s'habiller.* **4.** Revêtir une toilette élégante. *S'habiller pour une soirée.*

HABILLEUR, EUSE n. Personne chargée d'aider les comédiens, les mannequins à s'habiller et qui assure l'entretien de leurs costumes.

HABIT n.m. (lat. *habitus,* manière d'être). **1.** Vêtement masculin de cérémonie dont les basques, arrondies à partir des hanches, pendent par-derrière. ◇ ***Habit vert :*** habit de cérémonie des membres de l'Académie française. **2.** Vêtement des religieux. ◇ ***Prise d'habit :*** cérémonie qui marque l'entrée en religion. ◆ pl. Ensemble des pièces de l'habillement ; vêtements. *Ôter ses habits.*

HABITABILITÉ n.f. Qualité de ce qui est habitable.

HABITABLE adj. **1.** Où l'on peut habiter. **2.** Où il y a suffisamment de place pour les occupants. *Voiture habitable.*

HABITACLE n.m. (lat. *habitaculum,* demeure). **1.** AUTOM. Partie de la carrosserie d'un véhicule qui constitue l'espace réservé aux occupants. **2.** Partie d'un avion réservée à l'équipage. **3.** MAR. Boîte vitrée qui renferme un instrument de navigation (compas, en partic.).

HABITANT, E n. **1.** Personne qui habite, vit ordinairement en un lieu. *Ville de cent mille habitants.* **2.** Être humain, animal qui s'établit dans un lieu. *Les habitants des cavernes.* **3.** Antilles. Paysan, cultivateur.

HABITAT n.m. **1.** Aire dans laquelle vit une population, une espèce animale ou végétale particulière. **2.** GÉOGR. Mode de peuplement par l'homme des lieux où il vit. *Habitat rural, urbain, groupé, dispersé.* **3.** Ensemble des conditions, des faits relatifs à l'habitation, au logement. *Amélioration de l'habitat.*

HABITATION n.f. **1.** Fait d'habiter. *Améliorer les conditions d'habitation.* ◇ ***Taxe d'habitation :*** impôt annuel dû en France par toute personne propriétaire ou locataire d'une habitation meublée. **2.** Lieu où l'on habite. ◇ ***Habitation à loyer modéré*** → **HLM.**

HABITÉ, E adj. **1.** Occupé par des habitants, des personnes. **2.** *Litt.* Qui exprime une vie intérieure profonde et intense. *Un regard, un style habité.*

HABITER v.t. et v.i. (lat. *habitare*). Avoir sa demeure, sa résidence en tel lieu. *Habiter une jolie maison. Habiter à la campagne.*

HABITUATION n.f. PSYCHOL. Réduction progressive et disparition d'une réponse à la suite de la répétition régulière et sans changement du stimulus.

HABITUDE n.f. (lat. *habitudo*). **1.** Disposition, acquise par la répétition, à être, à agir fréquemment de la même façon. **2.** Capacité, aptitude acquise par la répétition des mêmes actions. *Avoir l'habitude de conduire la nuit.* ◇ ***D'habitude :*** ordinairement, habituellement.

HABITUÉ, E n. Personne qui fréquente habituellement un lieu. *Les habitués d'un café.*

HABITUEL, ELLE adj. Passé en habitude ; très fréquent. *Faire sa promenade habituelle.*

HABITUELLEMENT adv. De façon presque constante ; généralement.

HABITUER v.t. (du lat. *habitus,* manière d'être). Faire prendre l'habitude de ; accoutumer. *Habituer un enfant à se coucher tôt.* ◆ **s'habituer** v.pr. (à). Prendre l'habitude de ; se familiariser avec. *Vous êtes-vous habitués à votre nouveau quartier ?*

HABITUS [abitys] n.m. (mot lat.). **1.** MÉD. Aspect extérieur du corps, du visage indiquant l'état de santé d'un sujet. **2.** SOCIOL. Comportement acquis et caractéristique d'un groupe social.

***HÂBLERIE** n.f. *Litt.* Caractère ou propos de hâbleur.

***HÂBLEUR, EUSE** adj. et n. (de l'esp. *hablar,* parler). *Litt.* Qui manifeste de la propension à vanter ses mérites, ses actions ; fanfaron.

***HACHAGE** ou, rare, ***HACHEMENT** n.m. Action de hacher.

HACHE** n.f. (du francique). Instrument formé d'un fer tranchant fixé à l'extrémité d'un manche et qui sert à fendre, à couper. ◇ ***Hache d'armes : hache au large fer utilisée comme arme de guerre au Moyen Âge.

1. ***HACHÉ, E** adj. **1.** Coupé en menus morceaux. *Viande hachée.* **2.** Marqué par une suite de ruptures ou d'interruptions ; entrecoupé, heurté. *Style haché.*

2. ***HACHÉ** n.m. Viande hachée.

***HACHE-PAILLE** n.m. inv. Appareil pour hacher la paille, le fourrage.

***HACHER** v.t. **1.** Couper, réduire en menus morceaux avec un instrument tranchant. *Hacher de la viande.* **2.** Réduire en morceaux, mettre en pièces. *Blés hachés par la grêle.* **3.** *Fig.* Interrompre sans cesse ; entrecouper. *Discours haché d'éclats de rire.*

***HACHETTE** n.f. Petite hache.

***HACHEUR** n.m. ÉLECTROTECHN. Dispositif électronique de puissance permettant de régler la valeur du courant continu débité par une source.

***HACHIS** [aʃi] n.m. Préparation culinaire de viandes, de poissons ou de légumes hachés.

***HACHISCH** n.m. → ***HASCHISCH.**

***HACHOIR** n.m. **1.** Ustensile mécanique ou électrique servant à hacher. **2.** Planche sur laquelle on hache des aliments.

***HACHURE** n.f. Chacun des traits parallèles ou entrecroisés qui servent à marquer les volumes, les ombres, les demi-teintes d'un dessin, d'une gravure, etc.

***HACHURER** v.t. Marquer de hachures.

HACIENDA [asjɛnda] n.f. (mot esp.). Grande propriété foncière, en Amérique latine.

HACKER [akœr] n.m. (mot angl.). Personne qui, par jeu, défi ou souci de notoriété, cherche à contourner les protections d'un logiciel, à s'introduire frauduleusement dans un système ou un réseau informatique. Recomm. off. : *fouineur.*

***HADAL, E, AUX** adj. (de *Hadès,* n. myth.). Se dit des plus grandes profondeurs océaniques (supérieures à 7 000 m).

***HADDOCK** [adɔk] n.m. (mot angl.). Églefin fumé.

***HADITH** [adit] n.m. pl. (ar. *ḥadīth,* conversation, récit). Recueil des actes et des paroles du prophète Mahomet et de ses compagnons à propos de commentaires du Coran ou de règles de conduite.

1. *HADJ ou ***HADJDJ** [adʒ] n.m. inv. Pèlerinage à La Mecque que tout musulman doit effectuer au moins une fois dans sa vie. Graphie savante : *ḥādjdj* ou *ḥadjdjī.*

2. *HADJ ou ***HADJI** n. inv. (mot ar.). Titre que prend tout musulman qui a effectué le hadj. Graphie savante : *ḥādjdj* ou *ḥādjdjī.*

HADRON n.m. (du gr. *hadros,* fort). Particule élémentaire susceptible d'interaction forte (nucléon, méson, etc.) [par oppos. à *lepton*].

***HAFNIUM** [afnjɔm] n.m. (de *Hafnia,* anc. n. lat. de Copenhague). **1.** Métal rare, analogue au zirconium. **2.** Élément chimique (Hf), de numéro atomique 72 et de masse atomique 178,49.

***HAGARD, E** adj. (moyen angl. *hagger,* sauvage). Qui paraît en proie à un trouble violent ; qui a l'air effaré, bouleversé. *Visage hagard.*

***HAGGIS** [agis] n.m. (mot écossais). CUIS. Panse de mouton farcie avec la fressure de l'animal. (Plat national écossais.)

HAGIOGRAPHE n. (gr. *hagios,* saint, et *graphein,* écrire). Écrivain auteur d'hagiographies.

HAGIOGRAPHIE n.f. **1.** Branche de l'histoire religieuse qui traite de la vie et du culte des saints. **2.** Ouvrage, récit de la vie des saints. – *Par ext.* Biographie excessivement embellie.

HAGIOGRAPHIQUE adj. Relatif à l'hagiographie.

***HAÏDOUK** [ajduk] ou ***HEIDUQUE** [edyk] n.m. (du hongr.). HIST. Membre de bandes armées luttant contre les Turcs en Hongrie et dans les Balkans (XVe - XIXe s.).

***HAIE** [ɛ] n.f. (du francique). **1.** Clôture faite d'arbustes alignés, avec ou sans arbres, et qui marque la limite entre deux parcelles, deux propriétés. *Tailler la haie.* **2.** *Course de haies,* ou *haies,* dans laquelle les coureurs doivent franchir un certain nombre de barrières (par oppos. à *course de plat*). *Un spécialiste de haies. Courir le 110 m haies.* **3.** Rangée de personnes alignées pour créer un obstacle le long d'une voie ou pour faire honneur à qqn. *Une haie de soldats.*

■ **HAIE.** Course de 110 m haies.

***HAÏK** [aik] n.m. (ar. *ḥā'ik*). Grand voile rectangulaire que les femmes musulmanes portent par-dessus leurs vêtements.

***HAÏKAÏ** [ajkaj] n.m. (mot jap.). Forme poétique japonaise qui a donné naissance au haïku.

***HAÏKU** [ajku] n.m. (mot jap.). Petit poème japonais constitué d'un verset de 17 syllabes.

***HAILLON** n.m. (moyen haut all. *hadel,* chiffon). [Surtout pl.] Vêtement en loques ; guenille. *Clochard vêtu de haillons.*

***HAINE** n.f. (de *haïr*). **1.** Vive hostilité qui porte à souhaiter ou à faire du mal à qqn. *Une haine mortelle.* **2.** Vive répugnance, aversion pour qqch. *Avoir de la haine pour la violence.* **3.** *Fam. Avoir la haine :* éprouver un sentiment très vif de déception et de ressentiment.

***HAINEUSEMENT** adv. Avec haine.

***HAINEUX, EUSE** adj. Qui manifeste de la haine. *Un caractère haineux.*

***HAINUYER, ÈRE** ou ***HENNUYER, ÈRE** [ɛnɥije, ɛr] adj. et n. Du Hainaut.

***HAÏR** v.t. [22] (du francique). Avoir de la haine pour ; détester, exécrer. *Il la haïssait profondément. Haïr l'hypocrisie.*

***HAIRE** [ɛr] n.f. (du francique). Anc. Petite chemise en étoffe de crin ou de poils de chèvre, portée par les ascètes par esprit de pénitence.

***HAÏSSABLE** adj. Qui mérite d'être haï.

HAÏTIEN, ENNE [aisjɛ̃, ɛn] adj. et n. D'Haïti, de ses habitants.

***HAKA** n.m. (mot maori). Chant tribal maori que les rugbymans néo-zélandais entonnent avant chaque match international.

***HAKKA** n.m. Dialecte chinois parlé dans le sud-est de la Chine.

***HALAGE** n.m. Action de haler un bateau. ◇ *Chemin de halage :* chemin destiné au halage le long d'un cours d'eau, d'un canal.

***HALAL** adj. inv. (ar. *ḥalāl,* licite). Se dit de la viande d'un animal tué selon les rites prescrits et qui peut être consommée par les musulmans.

***HALBI** n.m. (néerl. *haalbier*). Boisson normande faite d'un mélange de pommes et de poires fermentées.

***HALBRAN** n.m. (moyen haut all. *halberant*). Jeune canard sauvage de l'année.

***HÂLE** n.m. Couleur brune que prend la peau sous l'effet du grand air et du soleil.

***HÂLÉ, E** adj. Bruni par le soleil et le grand air.

HALEINE n.f. (du lat. *anhelare,* souffler). **1.** Air qui sort des poumons pendant l'expiration. **2.** Rythme de la respiration. *Une haleine paisible et régulière.* ◇ *À perdre haleine :* longuement, sans s'arrêter. *Courir, discuter à perdre haleine.* – *Reprendre haleine :* s'arrêter pour se reposer. – *Tenir en haleine :* retenir l'attention ; maintenir l'incertitude. – *Litt. D'une (seule) haleine :* sans interruption. – *De longue haleine :* se dit d'un travail qui demande beaucoup de temps et d'efforts.

***HALENER** [alne] v.t. [12]. Flairer l'odeur du gibier, en parlant d'un chien de chasse.

***HALER** v.t. (germ. *halon*). **1.** Faire effort en tirant sur. *Haler un câble.* **2.** Remorquer un bateau à l'aide d'un câble le long d'une voie navigable ou d'un quai, à partir de la berge.

***HÂLER** v.t. (lat. pop. *assulare,* griller). Brunir la peau, le teint, en parlant du soleil et du grand air.

***HALETANT, E** adj. Qui halète ; essoufflé.

***HALÈTEMENT** n.m. Action de haleter ; respiration forte et saccadée.

***HALETER** v.i. [12] (lat. *halare,* exhaler). Respirer à un rythme précipité ; être hors d'haleine.

***HALEUR, EUSE** n. Personne qui hale les bateaux.

***HALF COURT** [alfkurt] n.m. [pl. *half courts*] (mots angl.). Jeu de raquette et de balle d'origine australienne, proche du tennis, mais qui se déroule sur un court plus petit.

***HALF-TRACK** [alftrak] n.m. [pl. *half-tracks*] (mot angl.). Véhicule semi-chenillé, blindé, utilisé à partir de la Seconde Guerre mondiale.

***HALICTE** n.m. (lat. sc. *halictus*). Insecte européen voisin de l'abeille, et dont les sociétés, ne comptant que quelques individus, vivent dans des nids souterrains. (Famille des halictidés.)

HALIEUTIQUE adj. (gr. *halieutikos*). Qui concerne la pêche. ◆ n.f. Ensemble des techniques, des disciplines de la pêche.

HALIOTIDE n.f. (gr. *halios,* marin, et *oûs, ôtos,* oreille). Mollusque gastéropode marin primitif, à coquille plate nacrée à l'intérieur et percée d'une rangée d'orifices. (Long. 10 cm ; genre *Haliotis,* sous-classe des prosobranches.) SYN. : *oreille-de-mer, ormeau.*

HALITE n.f. MINÉRALOG. Chlorure de sodium (NaCl). SYN. : *sel gemme.*

***HALL** [ol] n.m. (mot angl.). Salle de grandes dimensions servant d'accès. *Hall de gare.*

HALLALI n.m. (du francique *hara,* par ici). Cri des chasseurs ou sonnerie de trompe annonçant que le cerf est aux abois.

***HALLE** n.f. (francique *halla*). Grande salle, ouverte plus ou moins largement sur l'extérieur, servant notamm. au commerce en gros d'une marchandise. ◆ pl. Bâtiment, place couverte où se tient le principal marché des denrées alimentaires d'une ville ; ce marché lui-même.

***HALLEBARDE** n.f. (moyen all. *helmbarte*). Arme d'hast, à fer pointu d'un côté et tranchant de l'autre (XIVe - XVIIe s.). ◇ *Fam. Il pleut des hallebardes,* à verse.

***HALLEBARDIER** n.m. Militaire armé d'une hallebarde.

***HALLIER** n.m. (mot d'orig. germ.). Gros buisson touffu où se réfugie le gibier.

***HALLOWEEN** [alɔwin] n.f. (mot angl.). Fête d'origine anglo-saxonne, célébrée la veille de la Toussaint et où les enfants, entre autres traditions, se déguisent en fantômes et en sorcières.

***HALLSTATTIEN, ENNE** [alʃtatjɛ̃, ɛn] adj. et n.m. (de *Halstatt,* bourg d'Autriche). Relatif à la période protohistorique dite *de Hallstatt* ou au premier âge du fer.

HALLUCINANT, E adj. Qui frappe de saisissement ; extraordinaire. *Ressemblance hallucinante.*

HALLUCINATION n.f. MÉD. Trouble psychique dans lequel le sujet a la conviction de percevoir un objet, alors que ce dernier n'existe pas.

HALLUCINATOIRE adj. Qui a le caractère de l'hallucination ; qui comporte des hallucinations.

HALLUCINÉ, E adj. et n. **1.** Rare. Qui a des hallucinations. **2.** *Par ext.* Complètement égaré ; hagard.

HALLUCINER v.t. (lat. *hallucinare*). Rare. Provoquer une, des hallucinations chez qqn. ◆ v.i. *Fam.* Ne pas arriver à croire ce qu'on voit, ce qu'on entend ; être stupéfait.

HALLUCINOGÈNE adj. et n.m. Se dit des substances qui provoquent des hallucinations.

HALLUCINOSE n.f. MÉD. Hallucination dont le caractère anormal est reconnu par le malade.

***HALO** n.m. (gr. *halôs,* aire). **1.** Zone circulaire diffuse autour d'une source lumineuse. *Le halo des réverbères.* **2.** Cercle lumineux légèrement irisé qui entoure quelquefois le Soleil ou la Lune, par suite de la réfraction de la lumière au sein de cristaux ou de nuages de glace. **3.** PHOTOGR. Auréole qui entoure parfois l'image photographique d'un point lumineux.

HALOGÉNATION n.f. CHIM. ORG. Introduction d'halogènes dans une molécule organique.

HALOGÈNE adj. et n.m. (gr. *hals, halos,* sel, et *gennân,* engendrer). **1.** Se dit des éléments qui figurent dans la colonne VII A du tableau périodique : fluor, chlore, brome, iode et astate. **2.** *Lampe (à) halogène,* ou *halogène,* n.m. : lampe à incandescence contenant un halogène qui améliore sa durée de vie et son efficacité lumineuse.

HALOGÉNÉ, E adj. Qui contient un halogène. ◇ *Dérivé halogéné :* composé organique comportant un ou plusieurs atomes d'halogène, qui joue un grand rôle dans les synthèses (nom générique).

HALOGÉNURE n.m. Combinaison chimique contenant un halogène.

***HÂLOIR** n.m. (de *hâler*). Local destiné à l'affinage de certains fromages à pâte molle.

HALOPHYTE ou **HALOPHILE** adj. et n.f. (gr. *hals, halos,* sel, et *phuton,* plante). BOT. Se dit d'une plante vivant dans des eaux ou sur les sols salés.

HALOTHANE n.m. BIOCHIM. Liquide volatil, anesthésique par voie respiratoire.

***HALTE** n.f. (all. *Halt*). **1.** Moment d'arrêt pendant une marche, un voyage. **2.** Lieu où l'on s'arrête ; station. ◇ Québec. *Halte routière :* aire de repos. ◆ interj. *Halte !, halte-là ! :* arrêtez ! ; en voilà assez !

***HALTE-GARDERIE** n.f. (pl. *haltes-garderies*). Petit établissement de quartier accueillant pour une durée limitée et occasionnellement des enfants de trois mois à six ans.

HALTÈRE n.m. (gr. *haltêres,* balancier). SPORTS. Instrument formé de deux masses métalliques sphériques ou de disques de fonte, réunis par une tige.

HALTÉROPHILE n. Sportif qui pratique l'haltérophilie.

HALTÉROPHILIE n.f. Sport consistant à soulever des haltères. (On disait autref. *poids et haltères.*)

***HALVA** n.m. (turc *helva,* de l'ar.). Confiserie orientale à base de farine, d'huile de sésame, de miel, de fruits secs.

***HAMAC** n.m. (esp. *hamaca,* du caraïbe). Rectangle de toile ou de filet suspendu par ses petits côtés, dans lequel on s'allonge pour se reposer ou pour dormir.

***HAMADA** n.f. (mot ar.). GÉOMORPH. Au Sahara, plateau où affleurent de grandes dalles rocheuses.

HAMADRYADE n.f. (gr. *hama,* avec, et *drûs,* arbre). MYTH. GR. Nymphe des bois, née avec un arbre et mourant avec lui.

HAMADRYAS [amadrijas] n.m. Singe d'Éthiopie, voisin du babouin. (Long. 70 cm, sans la queue ; genre *Papio.*)

HAMAMÉLIS [amamelis] n.m. (gr. *hamamêlis,* néflier). Arbuste ornemental, originaire d'Amérique du Nord, dont les feuilles sont utilisées traditionnellement au cours des troubles veineux. (Famille des hamamélidacées.)

H

***HAMBURGER** [ãbœrgœr] ou [ãburgœr] n.m. (mot anglo-amér.). Steak haché souvent servi dans un petit pain rond ou avec un œuf au plat.

***HAMEAU** n.m. (du francique *haim*). Groupement de quelques maisons rurales situées en dehors de l'agglomération principale d'une commune.

HAMEÇON n.m. (lat. *hamus*). Petit crochet métallique placé au bout d'une ligne avec un appât pour prendre du poisson. ◇ *Mordre à l'hameçon :* se laisser séduire, circonvenir.

***HAMMAM** [amam] n.m. (ar. *ḥammām*). Établissement où l'on prend des bains de vapeur.

***HAMMERLESS** [amɛrlɛs] n.m. (mot angl., *sans percuteur*). Fusil de chasse à percussion centrale et sans chien apparent.

1. ***HAMPE** n.f. (anc. fr. *hante,* lance). **1.** Manche en bois qui supporte un drapeau, une arme d'hast, etc. **2.** Trait vertical des lettres *t, h, j,* etc., et des notes de musique. **3.** BOT. Axe florifère allongé, terminé par une fleur ou par un groupe de fleurs.

2. ***HAMPE** n.f. (haut all. *wampa,* panse). BOUCH. Portion charnue périphérique du diaphragme du bœuf.

***HAMSTER** [amstɛr] n.m. (mot all.). Petit rongeur d'Europe et d'Asie Mineure, omnivore, au pelage jaune ocre, apprécié comme animal d'agrément. (Le hamster sauvage peut causer des dégâts considérables aux cultures ; genre *Cricetus,* famille des cricétidés.)

■ HAMSTER

1. ***HAN** interj. (onomat.). Imite le cri sourd d'un homme qui frappe avec effort.

2. ***HAN** adj. inv. Qui se rapporte aux Han, appartient à cette population.

***HANAFISME** n.m. Une des quatre grandes écoles juridiques de l'islam sunnite. (Fondé par Abu Hanifa [v. 699 - 767], le hanafisme fut adopté par l'Empire ottoman.)

***HANAP** n.m. (du francique *knapp,* écuelle). Vase à boire d'origine médiévale, en métal, souvent à pied et muni d'un couvercle.

***HANBALISME** n.m. Une des quatre grandes écoles juridiques de l'islam sunnite. (Fondé par Ahmad ibn Hanbal [780 - 855], le hanbalisme est en vigueur en Arabie saoudite.)

***HANCHE** n.f. (mot germ.). **1.** ANAT. Partie du membre inférieur ou postérieur unissant la cuisse et le bassin, et contenant la fesse et l'aine. **2.** ANAT. Articulation du fémur avec l'os iliaque. **3.** *Cour.* Portion latérale de la région anatomique de la hanche. *Avoir mal à la hanche.* **4.** ENTOMOL. Partie du thorax des insectes qui reçoit la cuisse. **5.** MAR. Partie supérieure de la muraille d'un navire qui avoisine l'arrière et présente habituellement une certaine courbure. ◆ pl. Zone correspondant au pourtour du bassin. *Mesurer le tour de hanches.*

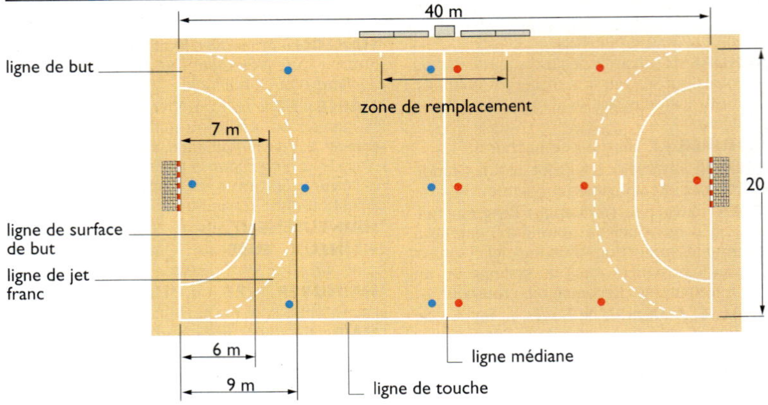

Tir du Français Jackson Richardson.

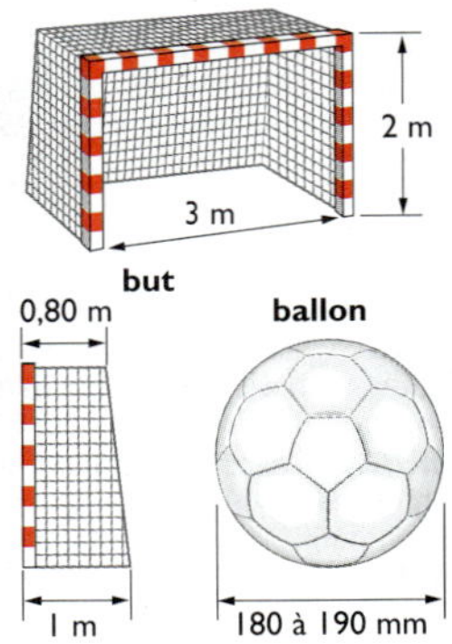

■ HANDBALL

***HANCHEMENT** n.m. BX-ARTS. Mouvement, attitude faisant saillir la hanche. – *Spécial.* En sculpture, position d'une statue hanchée.

***HANCHER** v.t. BX-ARTS. Représenter un personnage debout en appui sur une jambe, de manière à obtenir un hanchement. ◆ v.i. ou **se hancher** v.pr. *Litt.* Prendre une attitude qui fait saillir la hanche.

***HANDBALL** [ɑ̃dbal] n.m. (all. *Hand,* main, et *Ball,* ballon). Sport d'équipe (sept joueurs chacune) qui se joue avec un ballon rond et uniquement avec les mains.

***HANDBALLEUR, EUSE** n. Joueur de handball.

***HANDICAP** n.m. (mot angl.). **1.** Désavantage quelconque ; infirmité ou déficience, congénitale ou acquise. **2.** SPORTS. Désavantage de poids, de distance, etc., imposé à un concurrent ; épreuve sportive dans laquelle on désavantage certains concurrents pour égaliser les chances de victoire.

ENCYCL. Un handicap peut être sensoriel (visuel, auditif), physique (neurologique, musculaire, etc.), ou encore mental (déficience intellectuelle, trouble psychiatrique). Les causes, très variées, en sont surtout les traumatismes, les malformations, les anomalies génétiques, les infections, les maladies cardio-vasculaires, respiratoires ou rhumatismales.

***HANDICAPANT, E** adj. Qui handicape. *Maladie handicapante.*

***HANDICAPÉ, E** adj. et n. Se dit d'une personne atteinte d'un handicap ou défavorisée de façon quelconque. ◇ *Handicapé mental,* à la suite d'une déficience mentale.

***HANDICAPER** v.t. **1.** Constituer un handicap pour ; désavantager. *Être handicapé par sa timidité.* **2.** SPORTS. Soumettre un concurrent aux conditions du handicap. *Handicaper un cheval.*

***HANDICAPEUR** n.m. SPORTS. Officiel chargé de handicaper.

***HANDISPORT** adj. inv. Relatif aux sports pratiqués par les handicapés physiques. ◆ n.m. Ensemble des disciplines sportives pratiquées par les handicapés.

■ **HANDISPORT.** Le champion américain de tennis en fauteuil roulant Michael Foulkes.

***HANGAR** n.m. (du francique *haimgard,* clôture). Abri ouvert ou fermé, constitué essentiellement d'une toiture et de ses supports.

***HANNETON** n.m. (du francique *hano,* coq). Insecte coléoptère d'Europe centrale et occidentale, naguère très commun en France. (L'adulte,

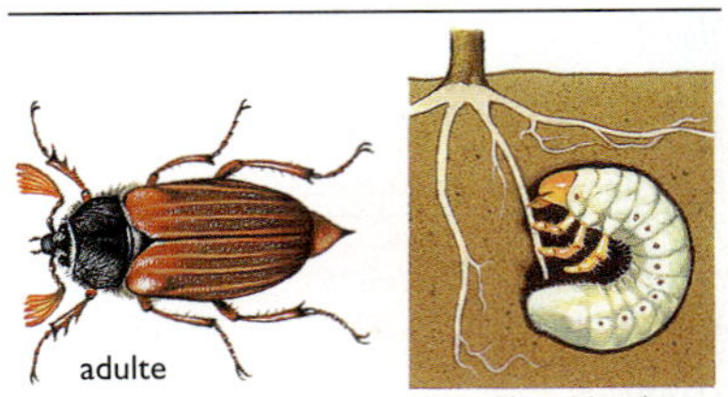

■ HANNETON

qui apparaît entre avril et juin, et la larve ou *ver blanc,* qui vit sous terre pendant trois ans, sont herbivores et très nuisibles ; genre *Melolontha.*)

***HANOUKKA** n.f. (mot hébr.). Fête juive de la Dédicace ou des Lumières, célébrée fin décembre, qui commémore la victoire de Judas Maccabée sur Antiochos IV Épiphane et la purification du Temple (164 av. J.-C.).

***HANSART** n.m. (germ. *hand sax,* poignard). Région. (Ouest). Hachoir à viande.

***HANSE** n.f. (haut all. *hansa,* troupe). HIST. Association de marchands, au Moyen Âge. ◇ *La Hanse : v. partie n.pr.*

***HANSÉATIQUE** adj. Relatif à la Hanse.

***HANSEN** [ɑ̃sɛn] **(BACILLE DE) :** bactérie responsable de la lèpre.

***HANTAVIRUS** n.m. MÉD. Virus responsable d'infections épidémiques caractérisées par de la fièvre, des hémorragies et une atteinte rénale (nom générique).

***HANTÉ, E** adj. Visité par des esprits, des fantômes. *Maison hantée.*

***HANTER** v.t. (de l'anc. scand.). **1.** Apparaître dans un lieu, en parlant d'esprits, de fantômes. **2.** *Fig.* Occuper entièrement l'esprit ; obséder. *Être hanté par le remords.*

***HANTISE** n.f. **1.** Inquiétude qui tourne à l'obsession ; idée fixe. **2.** Fait, pour un lieu, une maison, d'être visités par des esprits, des fantômes.

HAPAX [apaks] n.m. (gr. *hapax legomenon,* chose dite une seule fois). LING. Mot ou expression qui n'apparaît qu'une seule fois dans un corpus donné.

HAPLOÏDE adj. (du gr. *haploos,* simple). BIOL. **1.** Se dit des cellules dont le noyau ne contient qu'un seul exemplaire de chaque chromosome (gamète, par ex.). **2.** Se dit des organes ou des organismes constitués de telles cellules.

HAPLOLOGIE n.f. PHON. Processus par lequel une des deux séries de phonèmes successifs et semblables disparaît. (Le latin *nutrix* est issu par haplologie de *nutritrix.*)

***HAPPE** n.f. (de *happer*). Crampon à deux pointes qui sert à lier deux pierres ou deux pièces de charpente.

***HAPPEMENT** n.m. Action de happer.

***HAPPENING** [apɔniŋ] n.m. (mot angl., *événement*). Spectacle d'origine américaine, apparu dans les années 1950 - 1960, qui exige la participation active du public et cherche à provoquer une création artistique spontanée.

***HAPPER** v.t. (néerl. *happen,* mordre). **1.** Saisir brusquement avec la gueule, le bec. **2.** Accrocher, saisir brusquement, avec violence. *Le train a happé le cycliste.*

***HAPPY END** [apiɛnd] n.m. [pl. *happy ends*] (mots angl.). Dénouement heureux d'un film, d'un roman ou d'une histoire quelconque.

***HAPPY FEW** [apifju] n.m. pl. (mots angl.). Ensemble très restreint de personnes privilégiées.

HAPTÈNE n.m. (du gr. *haptein,* nouer). BIOCHIM. Substance incapable par elle-même de provoquer une synthèse d'anticorps, mais capable de réagir avec des anticorps déjà existants.

HAPTIQUE adj. (du gr. *haptein,* saisir). PSYCHOL. Qui concerne la sensibilité cutanée. ◆ n.f. PSYCHOL. Étude scientifique du toucher.

HAPTONOMIE n.f. (du gr. *haptein,* toucher). Étude et technique du contact tactile entre les individus dans ses implications affectives. – *Spécial.* Méthode de préparation à l'accouchement qui vise à établir la communication entre le fœtus et les parents, grâce au toucher à travers le ventre de la mère et à la voix.

***HAQUENÉE** [akne] n.f. (moyen angl. *haquenei*). Vx. Petit cheval ou jument qui va l'amble, autrefois monture de femme.

***HARA-KIRI** n.m. [pl. *hara-kiris*] (mot jap.). Seppuku.

***HARANGUE** n.f. (du francique). **1.** Discours solennel prononcé devant une assemblée, des troupes, etc. **2.** Discours pompeux, ennuyeux.

***HARANGUER** v.t. Adresser une harangue à. *Haranguer la foule.*

***HARANGUEUR, EUSE** n. Personne qui harangue.

***HARAS** [ara] n.m. (de l'anc. scand. *hârr,* au poil gris). Établissement où l'on entretient des étalons et des juments pour propager et améliorer les races de chevaux.

***HARASSANT, E** adj. Extrêmement fatigant. *Un travail harassant.*

***HARASSE** n.f. Emballage en osier ou caisse à claire-voie, servant au transport de bonbonnes de verre ou de la porcelaine.

***HARASSEMENT** n.m. *Litt.* Fatigue extrême.

***HARASSER** v.t. (du francique). Fatiguer à l'extrême ; exténuer, éreinter. (S'emploie surtout au p. passé et aux temps composés.)

***HARCELANT, E** adj. Qui harcèle.

***HARCÈLEMENT** n.m. **1.** Action de harceler. **2.** *Tir de harcèlement :* tir visant à créer un sentiment d'insécurité dans une zone limitée que l'on sait occupée par l'ennemi. **3.** *Harcèlement sexuel :* fait d'abuser de l'autorité que confère une fonction pour tenter d'obtenir une faveur sexuelle de qqn par contrainte, ordre ou pression.

***HARCELER** v.t. [12] (de l'anc. fr. *herser,* frapper). **1.** Soumettre à des attaques incessantes. *Harceler l'ennemi.* **2.** Tourmenter avec obstination ; soumettre à des critiques, à des moqueries répétées. *Harceler qqn de questions.*

***HARCELEUR, EUSE** n. Personne qui harcèle, qui pratique un harcèlement. *Harceleur téléphonique.*

***HARD** [ard] adj. inv. (mot angl., *dur*). **1.** *Fam.* Difficile, pénible ou violent. *Une histoire hard.* **2.** Se dit d'un film pornographique. ◆ n.m. inv. **1.** Cinéma pornographique. **2.** Hard rock. **3.** INFORM. Abrév. de *hardware.*

***HARD BOP** n.m. inv. Courant du jazz, apparu à la fin des années 1950 en réaction au jazz cool, caractérisé par un retour aux sources du blues et du gospel, et par l'utilisation des riffs.

1. *HARDE n.f. (francique *herda,* troupeau). Troupeau de ruminants sauvages. *Une harde de cerfs.*

2. *HARDE n.f. **1.** Lien avec lequel on attache les chiens quatre à quatre ou six à six. **2.** Réunion de plusieurs couples de chiens.

***HARDES** n.f. pl. (ar. *farda,* balle de vêtements). *Litt.* Vêtements usagés et misérables. *Un paquet de hardes.*

***HARDI, E** adj. (de l'anc. fr. *hardir,* rendre dur). **1.** Qui manifeste de l'audace et de la décision en face d'un danger, d'une difficulté. **2.** *Litt.* Qui agit délibérément et avec effronterie. *Vous êtes bien hardi de m'interrompre.* **3.** Qui témoigne d'audace, d'originalité. *Imagination hardie.* ◆ interj. Sert à encourager. *Hardi, les gars !*

***HARDIESSE** n.f. **1.** Qualité d'une personne ou d'une chose hardie ; audace, assurance. *La hardiesse du dompteur.* **2.** Originalité dans la conception et l'exécution d'une œuvre littéraire ou artistique. *Les hardiesses d'un metteur en scène.* **3.** *Litt.* Insolence, effronterie. *La hardiesse de certains propos.* **4.** (Surtout pl.) Action, manières, propos hardis. *Se permettre certaines hardiesses.*

***HARDIMENT** adv. Avec hardiesse. *Nier hardiment l'évidence.*

***HARD ROCK** ou ***HARD** n.m. inv. Courant de la pop, développé dans les années 1970, caractérisé par une rythmique simple et l'accentuation de certaines composantes du rock : puissance sonore, rapidité d'exécution, longs solos de guitare, chant hurleur.

***HARD-TOP** [ardtɔp] n.m. [pl. *hard-tops*] (angl. *hard,* dur, et *top,* dessus). Toit amovible de certaines automobiles, cabriolets notamment.

***HARDWARE** [ardwɛr] n.m. (mot angl., *quincaillerie*). INFORM. (Anglic. déconseillé). Matériel (par oppos. à *software,* logiciel). Abrév. : *hard.*

***HAREM** [arɛm] n.m. (ar. *ḥaram,* défendu, sacré). Ensemble des appartements des femmes, chez les musulmans ; ensemble des femmes qui y habitent.

***HARENG** n.m. (mot francique). Poisson à dos bleu-vert, à ventre argenté, abondant dans la Manche et la mer du Nord, se déplaçant en bancs énormes. (Long. 20 à 30 cm env. ; genre *Clupea,* famille des clupéidés.) ◇ *Filet de hareng :* chair de hareng levée le long de l'arête et mise à mariner ou à fumer. – *Roi des harengs :* régalec.

■ **HARENG**

***HARENGAISON** n.f. Pêche au hareng ; époque où elle a lieu.

***HARENGÈRE** n.f. Vx. **1.** Marchande de harengs et d'autres poissons. **2.** *Fam.* Femme querelleuse et grossière.

***HARENGUIER** n.m. Bateau spécialisé dans la pêche au hareng.

***HARET** adj.m. (de l'anc. fr. *harer,* traquer). *Chat haret,* ou *haret,* n.m. : chat domestique retourné à l'état sauvage. SYN. : *chat féral.*

***HARFANG** [arfɑ̃] n.m. (mot suédois). Grande chouette de l'Arctique, au plumage blanc moucheté de brun. (Genre *Nyctea ;* famille des strigidés.) ◇ *Harfang des neiges :* emblème ornithologique du Québec.

***HARGNE** n.f. (du francique *harmjan,* injurier). Mauvaise humeur qui se manifeste par de l'agressivité, des paroles méchantes.

***HARGNEUSEMENT** adv. De façon hargneuse.

***HARGNEUX, EUSE** adj. Qui manifeste de la hargne.

***HARICOT** n.m. (de l'anc. fr. *harigoter,* couper en morceaux, du francique). **1.** Plante légumineuse annuelle ou vivace, qui comprend de très nombreuses variétés cultivées grimpantes ou naines, comestibles ou ornementales. (Genre *Phaseolus.*) **2.** Fruit de cette plante, qui se mange soit en gousses, avant maturité des graines *(haricots verts),* soit en grains *(flageolets, haricots secs).* ◇ *Fam. Des haricots :* rien du tout, ou très peu de chose. – *Fam. C'est la fin des haricots,* la fin de tout. – *Fam. Courir sur le haricot :* importuner, agacer. **3.** Petit récipient à usage médical en forme de haricot. **4.** *Haricot de mouton :* ragoût de mouton aux haricots ou aux fèves en grains.

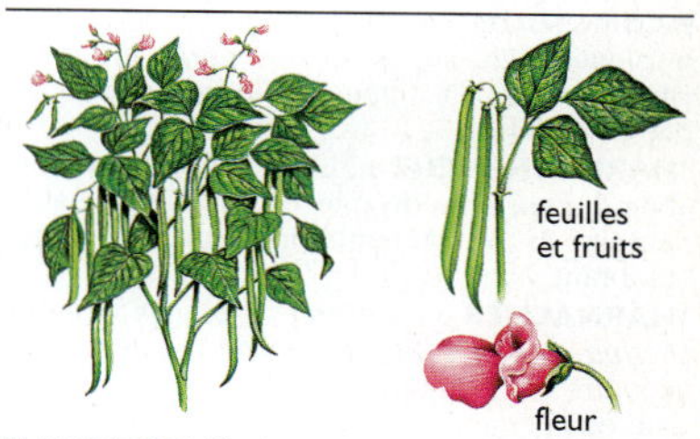

■ **HARICOT.** Haricot vert.

***HARIDELLE** n.f. (anc. scand. *hârr,* au poil gris). Vieilli. Mauvais cheval, maigre et mal conformé.

***HARISSA** n.f. ou n.m. (mot ar.). Condiment très fort, à base de piment et d'huile, d'origine nord-africaine.

1. *HARKI n.m. (ar. *ḥarki*). Personne d'origine algérienne ayant servi comme supplétif dans l'armée française en Algérie (de 1954 à 1962).

2. *HARKI, E n. et adj. Membre de la famille ou descendant d'un harki.

***HARLE** n.m. (mot dial.). Grand canard plongeur piscivore des estuaires et des lacs du nord de l'Amérique et de l'Eurasie, qui migre en hiver vers les pays tempérés. (Long. jusqu'à 75 cm ; genre *Mergus,* famille des anatidés.)

HARMATTAN [armatɑ̃] n.m. (mot d'une langue africaine). Vent d'est, chaud et sec, originaire du Sahara et soufflant sur l'Afrique occidentale.

HARMONICA n.m. (mot angl., du lat.). Instrument de musique à anches libres logées dans les cavités d'un cadre et mises en vibration par le souffle.

HARMONICISTE n. Instrumentiste qui joue de l'harmonica.

HARMONIE n.f. (gr. *harmonia,* assemblage). **1.** Ensemble ou suite de sons agréables à l'oreille. **2.** MUS. Science de la formation et de l'enchaînement des accords. **3.** Orchestre composé uniquement d'instruments à vent et de percussions. **4.** LITTÉR. *Harmonie imitative :* reproduction, par les sons ou par le rythme, de sensations diverses. (Ex. : *L'or des pailles s'effondre au vol siffleur des faux* [Verlaine].) **5.** Accord bien réglé entre les diverses parties d'un ensemble. *L'harmonie des couleurs dans un tableau.* **6.** Accord de sentiments, d'idées entre plusieurs personnes ; entente, union. *Vivre en harmonie.*

H

HARMONIEUSEMENT adv. De façon harmonieuse.

HARMONIEUX, EUSE adj. **1.** Qui produit des sons agréables à l'oreille. *Une voix harmonieuse.* **2.** Dont les parties forment un ensemble bien proportionné, agréable. *Architecture harmonieuse.*

1. HARMONIQUE adj. **1.** MUS. Qui utilise les lois de l'harmonie. ◇ *Marche harmonique :* groupe d'accords se reproduisant symétriquement à des intervalles égaux, en montant ou en descendant. **2.** MATH. *Points en division harmonique :* ensemble de quatre points A, B, C, D alignés tels que trois d'entre eux sont confondus et le quatrième distinct, ou tels que $\frac{\overline{CA}}{\overline{CB}} = \frac{\overline{DA}}{\overline{DB}}$. **3.** *Distorsion harmonique :* altération d'un signal sonore provoquée dans un système électroacoustique par la formation d'harmoniques parasites.

2. HARMONIQUE n.m. Son accessoire ayant des fréquences multiples de celles du son fondamental et qui, se surajoutant à celui-ci, contribue avec d'autres à former le timbre. (On dit aussi *son harmonique.*)

HARMONIQUEMENT adv. MUS. Selon les lois de l'harmonie.

HARMONISATION n.f. Action d'harmoniser ; son résultat.

HARMONISER v.t. **1.** Mettre en harmonie, en accord. *Harmoniser des intérêts opposés.* **2.** MUS. **a.** Ajouter à une mélodie une ou plusieurs parties harmoniques. **b.** Donner une sonorité équilibrée aux différents registres d'un instrument à clavier. *Harmoniser un clavecin* (notamment en taillant les becs), *un orgue* (en réglant les tuyaux), *un piano.* ◆ **s'harmoniser** v.pr. Être en harmonie avec.

HARMONISTE n. MUS. **1.** Personne qui connaît et met en pratique les règles de l'harmonie. **2.** Personne qui harmonise un instrument.

HARMONIUM [armɔnjɔm] n.m. Instrument de musique à clavier, à anches libres mises en vibration par l'air d'une soufflerie commandée par un pédalier.

***HARNACHEMENT** n.m. **1.** Action de harnacher. **2.** Ensemble des pièces qui composent le harnais. **3.** *Fig.* Accoutrement pesant et encombrant.

***HARNACHER** v.t. **1.** Mettre le harnais à. *Harnacher un cheval.* **2.** *Être harnaché de qqch :* être accoutré d'une tenue lourde et grotesque, muni d'un équipement encombrant.

***HARNAIS** [arnɛ] n.m. (mot scand.). **1.** Ensemble des pièces qui servent à équiper un cheval de selle et de trait. *Un harnais en cuir.* **2.** Ensemble des sangles qui entourent un parachutiste, un alpiniste, un monteur de lignes téléphoniques, etc., et qui, attachées en un point, répartissent sur l'ensemble du corps la traction exercée en cas de chute. **3.** MÉCAN. INDUSTR. Dans une machine-outil, ensemble d'engrenages introduit dans la transmission du mouvement de rotation de la broche pour en réduire la vitesse.

***HARNOIS** n.m. (forme anc. de *harnais*). *Litt. Blanchi sous le harnois :* qui a vieilli en exerçant son métier.

***HARO** n.m. (de *haro,* cri pour exciter les chiens). *Litt. Crier haro sur :* s'élever avec indignation contre.

HARPAGON n.m. (de *Harpagon,* n.pr.). *Litt.* Homme très avare.

***HARPAIL** n.m. ou ***HARPAILLE** n.f. VÉNER. Harde de biches.

1. *HARPE n.f. (germ. *harpa*). Instrument de musique à cordes pincées tendues entre deux parties d'un cadre triangulaire.

2. *HARPE n.f. **1.** Pierre laissée en saillie à l'extrémité d'un mur pour faire liaison avec un autre mur à construire ultérieurement. **2.** Chacune des pierres qui, dans une chaîne de mur, est plus large que celles de dessous et de dessus.

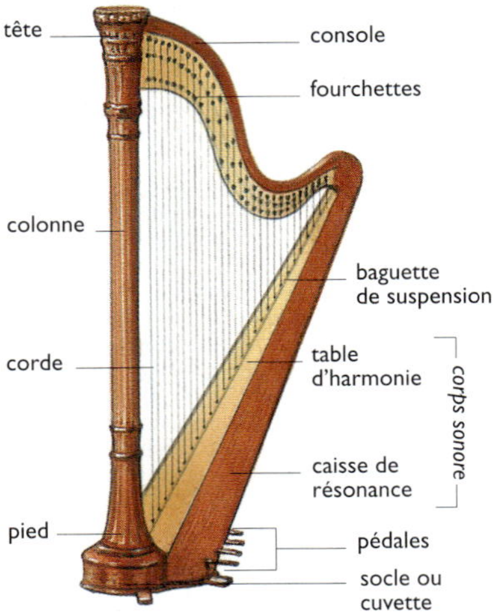

■ **HARPE**

***HARPIE** n.f. (lat. *Harpyia,* monstre fabuleux à tête de femme et à corps d'oiseau). **1.** Femme acariâtre. **2.** Grand aigle des forêts tropicales d'Amérique centrale et méridionale, chasseur de singes et de serpents. (Long. 1 m ; genre *Harpia,* famille des accipitridés.)

***HARPISTE** n. Instrumentiste qui joue de la harpe.

***HARPON** n.m. **1.** Instrument métallique, barbelé et acéré, emmanché, dont on se sert pour la pêche des gros poissons et la chasse de la baleine. **2.** PRÉHIST. Instrument de pêche ou de chasse, en bois de renne, muni d'une ou de deux rangées de barbelures.

***HARPONNAGE** ou ***HARPONNEMENT** n.m. Action de harponner.

***HARPONNER** v.t. **1.** Atteindre, accrocher avec le harpon. **2.** *Fam.* Arrêter qqn au passage. *Se faire harponner par un importun.*

***HARPONNEUR** n.m. Pêcheur qui lance le harpon.

HARUSPICE ou **ARUSPICE** n.m. (lat. *haruspex*). ANTIQ. ROM. Devin qui interprétait la volonté des dieux, notamm. par l'examen des entrailles des victimes.

***HASARD** n.m. (de l'ar. *al-zahr,* jeu de dés). **1.** Cause imprévisible et souvent personnifiée, attribuée à des événements fortuits ou inexplicables. *S'en remettre au hasard.* ◇ *Au hasard :* à l'aventure. **2.** Événement imprévu. *Le hasard d'une rencontre.* ◇ *À tout hasard :* en prévision d'un événement possible. – *Par le plus grand des hasards :* d'une manière tout à fait imprévisible, par une coïncidence très improbable.

***HASARDÉ, E** adj. *Litt.* Risqué, imprudent. *Entreprise hasardée.*

***HASARDER** v.t. **1.** Entreprendre qqch, avancer une opinion, une idée en risquant d'échouer. *Hasarder une démarche, un conseil.* **2.** *Litt.* Exposer qqch à un risque, à un danger. *Hasarder sa vie.* ◆ **se hasarder** v.pr. S'exposer à un risque.

***HASARDEUX, EUSE** adj. Qui comporte des risques ; aléatoire. *Projet hasardeux.*

***HAS BEEN** [azbin] n. inv. (mots angl., *a été*). *Fam.* Artiste, sportif, personnalité dont la notoriété appartient au passé.

***HASCH** [aʃ] n.m. (abrév.). *Fam.* Haschisch.

***HASCHISCH, *HASCHICH** ou ***HACHISCH** [aʃiʃ] n.m. (ar. *ḥachīch,* chanvre indien). Résine psychotrope extraite des feuilles et des inflorescences du chanvre indien, consommée le plus souvent fumée et dont l'usage prolongé peut conduire à un état de dépendance psychique.

***HASE** n.f. (mot all., *lièvre*). Femelle du lièvre.

***HASSIDIM** [asidim] n.m. pl. (mot hébr., *pieux, saints*). Membres du hassidisme. – REM. Au sing., on dit *hassid.*

***HASSIDIQUE** adj. Relatif au hassidisme.

***HASSIDISME** n.m. Mouvement populaire de renouveau religieux du judaïsme, fondé en Ukraine par Ba'al Shem Tov (1700 - 1760).
ENCYCL. Délaissant la tradition intellectuelle du talmudisme pour renouer avec la mystique de la foi simple et joyeuse, le hassidisme connut une expansion rapide au XIXe siècle dans le judaïsme d'Europe orientale. De nos jours, divers groupes issus de ce courant se montrent très agissants dans de nombreuses communautés juives, parfois en prônant une ferveur intransigeante, tels les hassidim de Loubavitch.

***HASSIUM** [asjɔm] n.m. (du lat. *Hassia,* pays de Hesse). Élément chimique artificiel (Hs), de numéro atomique 108.

HAST [ast] n.m. (lat. *hasta,* lance). ARM. *Arme d'hast :* arme blanche dont le fer est emmanché au bout d'une longue hampe.

HASTATI n.m. pl. (mot lat.). Légionnaires romains combattant en première ligne.

HASTÉ, E adj. (de *hast*). BOT. Qui a la forme d'un fer de lance, en parlant d'une feuille.

***HÂTE** n.f. (francique *haist,* violence). Grande rapidité à faire qqch ; précipitation. *Mettre trop de hâte à partir.* ◇ *À la hâte :* précipitamment. – *En (toute) hâte :* sans perdre de temps.

***HÂTER** v.t. **1.** Rendre plus rapide. *Hâter le pas.* **2.** Rapprocher dans le temps ; avancer. *Hâter son départ.* ◆ **se hâter** v.pr. Ne pas perdre de temps ; se dépêcher. *Se hâter de descendre du train.*

***HÂTIF, IVE** adj. **1.** Qui vient avant le temps ; précoce. *Fruit hâtif.* **2.** Fait trop vite. *Travail hâtif.*

***HÂTIVEAU** n.m. Vx. Fruit ou légume hâtif.

***HÂTIVEMENT** adv. En hâte, précipitamment.

***HATTÉRIA** n.m. Reptile de Nouvelle-Zélande, à morphologie de lézard, seul survivant actuel de l'ordre des rhynchocéphales. SYN. : *sphénodon.*

***HAUBAN** n.m. (mot scand.). **1.** MAR. Chacune des manœuvres dormantes servant à soutenir et à assujettir les mâts d'un navire par le travers et par l'arrière. **2.** Câble servant à maintenir ou à consolider. *Les haubans d'une grue, d'un pont.*

***HAUBANAGE** n.m. Ensemble de haubans. *Haubanage d'un mât, d'une cheminée, d'un portique.*

***HAUBANER** v.t. Fixer, assujettir, consolider au moyen de haubans. *Haubaner un pylône.*

***HAUBERT** n.m. (francique *hals,* cou, et *bergan,* protéger). Longue cotte de mailles des hommes d'armes au Moyen Âge.

***HAUSSE** [os] n.f. (de *hausser*). **1.** Fait de s'accroître en hauteur, d'atteindre un niveau plus élevé. **2.** Augmentation de valeur, de prix. *La hausse des températures. Les prix sont en hausse.* ◇ BOURSE. *Jouer à la hausse :* spéculer sur la hausse des cours. **3.** TECHN. Objet ou dispositif

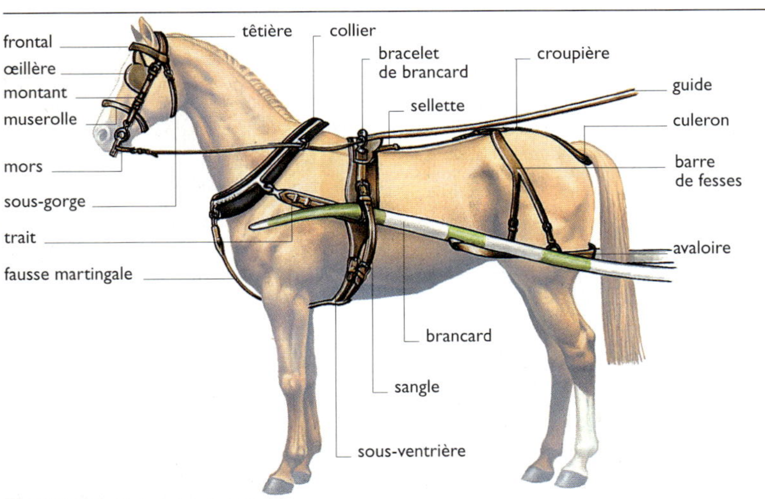

■ **HARNAIS** d'un cheval de trait.

servant à hausser. **4.** ARM. Appareil placé sur le canon d'une arme à feu et servant à son pointage. ◇ ***Angle de hausse d'une arme*** : angle formé par les lignes de tir et de site.

***HAUSSE-COL** n.m. (pl. *hausse-cols*). Pièce de métal qui protégeait le cou dans l'équipement militaire. (Il fut supprimé en 1881.)

HAUSSEMENT** n.m. Action de hausser. ◇ ***Haussement d'épaules : mouvement des épaules exprimant le mépris, l'indifférence, l'agacement.

HAUSSER** v.t. (du lat. *altus*, haut). **1.** Rendre plus haut ; élever. *Hausser un mur.* **2.** Faire monter ; majorer, augmenter. *Hausser les prix.* **3.** Augmenter l'intensité d'un son. ◇ ***Hausser la voix, le ton : prendre un ton de menace, de supériorité.

***HAUSSIER, ÈRE** n. Personne qui, en Bourse, joue à la hausse. ◆ adj. Relatif à la hausse des cours.

***HAUSSIÈRE** n.f. → **AUSSIÈRE.**

1. *HAUT, E adj. (lat. *altus*). **1.** Qui a une certaine dimension dans le sens vertical. *Une maison haute de 20 m.* **2.** Qui a une dimension verticale importante par rapport à qqch de même nature pris comme référence. *Une haute montagne.* **3.** Qui dépasse le niveau ordinaire. *Fleuve dont les eaux sont hautes.* ◇ ***Hautes eaux*** : niveau d'un cours d'eau à l'époque de l'année où le débit est le plus fort. **4.** Se dit de la partie d'un pays qui est la plus éloignée de la mer, de la partie d'un cours d'eau qui est la plus proche de sa source. *Haute-Égypte. La haute Seine.* **5.** Qui correspond à la partie la plus reculée d'une époque. *Dès la plus haute antiquité. Le haut Moyen Âge.* **6.** Qui atteint un niveau élevé en intensité. *Hautes températures.* – Qui produit un son aigu. *Notes hautes.* ◇ ***À haute voix, à voix haute*** : en prononçant clairement et assez fort. – ***Haut en couleur*** : dont les couleurs sont très vives ; coloré, en parlant du teint, du style, etc. **7.** Qui occupe une position supérieure, éminente dans sa catégorie. *Les hautes classes de la société. Haut fonctionnaire.* ◇ DR. INTERN. ***Hautes parties contractantes (HPC)*** : membres des délégations engagées dans des négociations ; parties signataires d'un pacte, d'un accord. **8.** Qui est très grand, à quelque titre que ce soit. *Calcul de haute précision. Avoir une haute idée de soi-même.* ◆ adv. **1.** À haute altitude, en un lieu élevé, à un degré élevé. *Voler haut dans le ciel.* **2.** À haute voix. *Parler haut et fort.* **3.** ***Haut les cœurs !*** : courage ! – ***Haut la main*** : très facilement. – ***Haut les mains !*** : les mains en l'air ! **4.** ***Locomotive haut le pied*** : locomotive circulant sans remorquer un train. ◆ loc. adv. ***D'en haut*** : d'un endroit élevé ; d'un niveau élevé du pouvoir. *Des ordres venus d'en haut.* – ***En haut*** : dans un lieu élevé, plus élevé. – ***En haut de*** : au sommet de.

2. *HAUT n.m. **1.** Dimension verticale d'un corps ; hauteur, élévation. *Cette colonne a 20 m de haut.* **2.** Partie haute, sommet ; partie supérieure. *Le haut d'un arbre. Le haut d'une robe.* ◇ ***De haut*** : d'un endroit élevé. – ***Traiter, regarder qqn de haut***, avec insolence, mépris. – ***Le prendre de haut*** : réagir avec mépris. – ***Tomber de haut, de son haut*** : être extrêmement surpris. **3.** Partie de l'habillement féminin qui couvre le haut du corps, le buste.

1. *HAUTAIN, E adj. Qui affiche une supériorité méprisante ; condescendant, dédaigneux. *Une femme hautaine. Un regard hautain.*

2. *HAUTAIN n.m. → ***HAUTIN.**

***HAUTBOIS** [obwa] n.m. (de *haut* et *bois*). Instrument de musique à vent, à anche double et au tuyau de perce conique. ◆ n. Hautboïste.

***HAUTBOÏSTE** [obɔist] n. Instrumentiste qui joue du hautbois. SYN. : *hautbois.*

***HAUT-COMMISSAIRE** n.m. (pl. *hauts-commissaires*). Titre donné à certains hauts fonctionnaires.

***HAUT-COMMISSARIAT** n.m. (pl. *hauts-commissariats*). **1.** Fonction de haut-commissaire. **2.** Administration, ensemble des services dépendant d'un haut-commissaire.

***HAUT-DE-CHAUSSES** [odʃos] n.m. (pl. *hauts-de-chausses*). Partie supérieure des chausses qui couvrait le corps de la ceinture aux cuisses. – REM. On trouve parfois la forme *haut-de-chausse* (pl. *hauts-de-chausse*).

***HAUT-DE-FORME** n.m. (pl. *hauts-de-forme*). Chapeau masculin de cérémonie, à calotte de soie haute et cylindrique et à bord étroit.

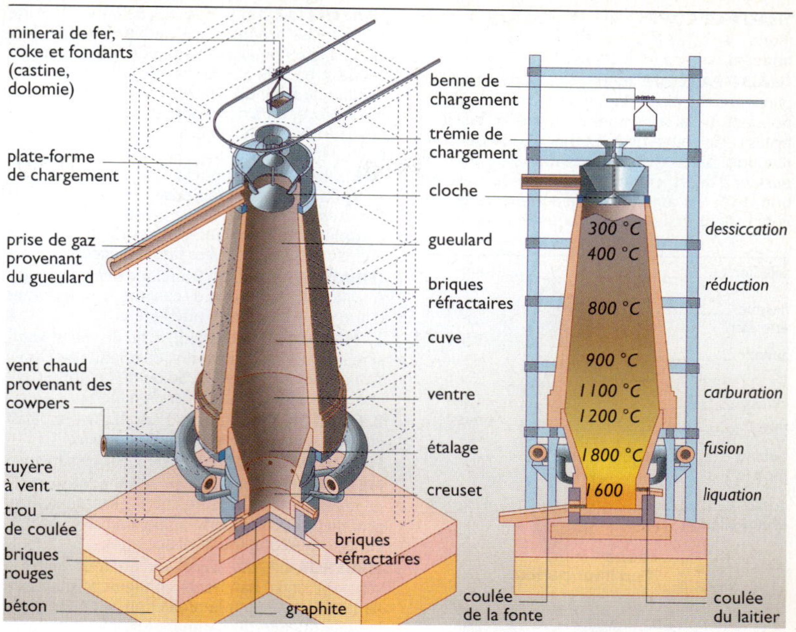

■ **HAUT-FOURNEAU.** Coupe d'un haut-fourneau de sidérurgie et fonctionnement.

***HAUTE** n.f. *Fam. La haute* : les hautes classes de la société.

***HAUTE-CONTRE** n.f. (pl. *hautes-contre*). MUS. Voix masculine située dans le registre aigu du ténor. ◆ n.m. Chanteur qui a cette voix.

***HAUTE-FIDÉLITÉ** n.f. (pl. *hautes-fidélités*). Ensemble des techniques visant à obtenir une grande qualité de reproduction du son. (On dit aussi *hi-fi*, par abrév. de l'angl. *high fidelity.*)

***HAUTEMENT** adv. **1.** À un haut degré. *Ouvrier hautement qualifié.* **2.** De façon manifeste ; ouvertement. *Se déclarer hautement pour qqn.*

HAUTEUR** n.f. **1.** Dimension verticale d'un objet, considéré de la base au sommet. *La hauteur d'un immeuble.* **2.** Élévation relative d'un corps. ◇ ***Hauteur d'un astre, angle de sa direction avec le plan horizontal du lieu d'observation. – ***Hauteur barométrique*** : longueur de la colonne de mercure au-dessus du niveau de la cuve d'un baromètre. **3.** ***À la hauteur de.*** **a.** Au même niveau que, sur la même ligne que. *Saluer qqn en arrivant à sa hauteur.* **b.** Au même niveau d'habileté, de connaissances que. **c.** MAR. À la latitude de. – ***À (la) hauteur de tant***, à cette valeur, pour ce montant. *Être remboursé à hauteur de mille euros.* **4.** Une des trois dimensions de l'espace, dans la géométrie euclidienne. **5.** Droite perpendiculaire à la base de certaines figures du plan (triangle) ou de l'espace (pyramide, cône, tétraèdre) et passant par le sommet associé ; longueur du segment joignant ce sommet au pied de la perpendiculaire. **6.** Caractéristique liée à la fréquence de vibrations d'un son audible. *Hauteur d'un son.* **7.** Lieu élevé ; colline, éminence. *Gagner les hauteurs.* **8.** SPORTS. *La hauteur* : spécialité sportive du saut en hauteur, consistant à franchir une barre horizontale posée sur des taquets. **9.** Élévation, dans l'ordre moral ou intellectuel. *Hauteur de vues.* ◇ *Fam.* ***Être à la hauteur*** : avoir les capacités nécessaires ; être au niveau. **10.** Attitude méprisante ; dédain, arrogance. *Parler avec hauteur.*

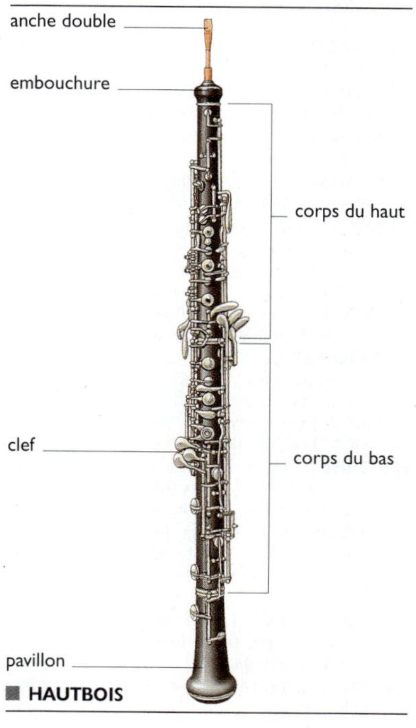

■ **HAUTBOIS**

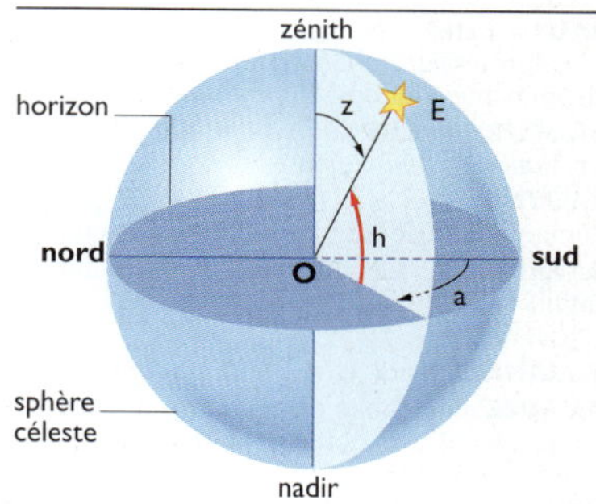

z = distance zénithale de l'étoile E
h = hauteur, a = azimut de l'étoile E
O = observateur

■ **HAUTEUR** en astronomie.

***HAUT-FOND** n.m. (pl. *hauts-fonds*). Élévation du fond de la mer ou d'un cours d'eau, de moindre étendue qu'un banc, toujours recouverte d'eau mais dangereuse pour la navigation. CONTR. : *bas-fond.*

***HAUT-FOURNEAU** n.m. (pl. *hauts-fourneaux*). MÉTALL. Appareil à cuve, chauffé au coke, où s'effectuent la réduction puis la fusion réductrice des minerais de fer, et l'élaboration de la fonte, du ferromanganèse et d'autres ferroalliages.

***HAUTIN** ou ***HAUTAIN** n.m. **1.** Vigne dont les ceps sont élevés, dont les branches à fruits sont en hauteur et qui s'appuie sur des arbres ou des échalas. **2.** Arbre ou grand échalas soutenant ces pieds de vigne.

***HAUT-LE-CŒUR** n.m. inv. **1.** Envie de vomir ; nausée. **2.** *Fig.* Sentiment de dégoût, de répulsion.

H

***HAUT-LE-CORPS** n.m. inv. Brusque mouvement du corps, marquant la surprise, l'indignation, etc.

***HAUT-PARLEUR** n.m. (pl. *haut-parleurs*). Appareil qui reçoit de l'énergie électrique correspondant à des sons audibles (parole, musique, bruits) et la convertit en énergie acoustique, qu'il rayonne dans l'espace environnant. ◇ *Haut-parleur d'aigus,* conçu pour assurer la reproduction des sons aigus. – *Haut-parleur de graves,* conçu pour assurer la reproduction des basses.

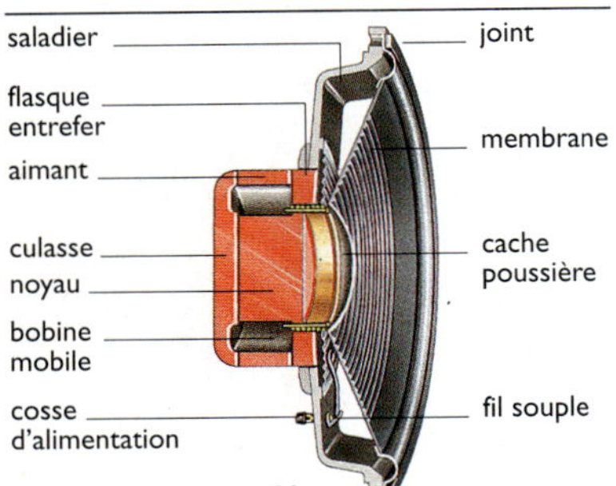

coupe d'un haut-parleur

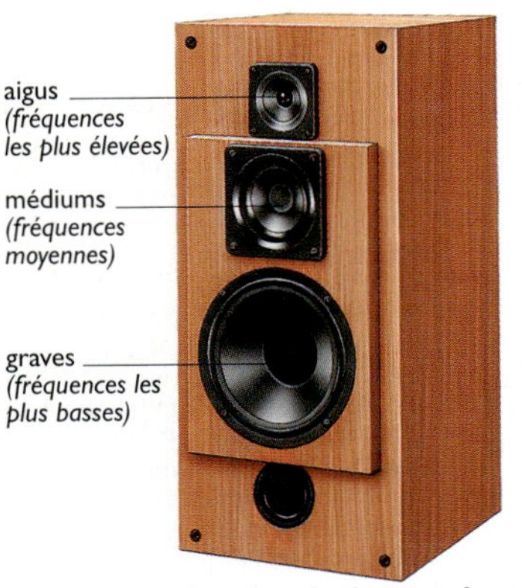

disposition des haut-parleurs dans une enceinte

■ **HAUT-PARLEUR**

***HAUT-RELIEF** n.m. (pl. *hauts-reliefs*). SCULPT. Relief dont les figures sont en forte saillie, presque indépendantes du fond.

***HAUTURIER, ÈRE** adj. MAR. Relatif à la haute mer. *Navigation hauturière.*

***HAÜYNE** [oin] n.f. (de R. J. *Haüy,* n.pr.). Aluminosilicate de sodium, de couleur bleu ciel.

***HAVAGE** n.m. MIN. Abattage de la roche en continu le long d'un front de taille ou à l'aide d'une haveuse.

***HAVANAIS, E** adj. et n. De La Havane.

***HAVANE** n.m. Tabac ou cigare de La Havane. ◆ adj. inv. D'une couleur marron clair. *Cuir havane.*

***HÂVE** adj. (francique *haswa*). *Litt.* D'une pâleur et d'une maigreur maladives. *Visage hâve.*

***HAVENEAU** ou ***HAVENET** [avnɛ] n.m. (mot scand.). Filet à poche et à manche pour pêcher la crevette.

***HAVER** v.t. (mot wallon, *creuser*). Procéder au havage de.

***HAVERS** [avɛrs] **(SYSTÈME DE) :** unité microscopique du tissu osseux compact, formée d'un canal nutritif entouré de lamelles concentriques calcifiées.

***HAVEUSE** n.f. Machine à haver.

***HAVRE** n.m. (moyen néerl. *havene*). *Litt.* **1.** Petit port bien abrité. **2.** *Fig.* Refuge sûr et tranquille. *Havre de bonheur.*

***HAVRESAC** [avrəsak] n.m. (all. *Habersack,* sac à avoine). Vieilli. Sac porté derrière le dos par les militaires ou les campeurs et contenant leur équipement.

HAWAIIEN, ENNE ou **HAWAÏEN, ENNE** [awajɛ̃, ɛn] adj. et n. Des îles Hawaii, de leurs habitants. ◆ adj. GÉOL. Se dit d'un type d'éruption volcanique caractérisé par l'émission de coulées de lave basaltique très fluide.

***HAYON** [ajɔ̃] ou [ɛjɔ̃] n.m. (de *haie*). **1.** Porte de panneau arrière d'une automobile (berline, limousine ou break) s'ouvrant de bas en haut ou de haut en bas. ◇ *Hayon élévateur :* plaque métallique fixée à l'arrière d'un camion et destinée à élever ou à descendre des charges. **2.** Panneau de bois amovible à l'avant et à l'arrière d'une charrette.

***HÉ** interj. Sert à appeler. *Hé ! Vous là-bas !* – Exprime le regret, la surprise, l'étonnement. *Hé ! Par exemple ! qu'est-ce que tu fais là ?* – Répété, marque diverses nuances d'approbation, d'ironie, etc. *Hé ! hé ! Ça fera un joli bénéfice !*

***HEAUME** [om] n.m. (francique *helm,* casque). Au Moyen Âge, grand casque des hommes d'armes enveloppant toute la tête.

1. HEBDOMADAIRE adj. (du gr. *hebdomas,* semaine). **1.** De la semaine, de chaque semaine. *Travail hebdomadaire.* **2.** Se dit de ce qui revient chaque semaine. *Repos hebdomadaire.*

2. HEBDOMADAIRE n.m. Périodique qui paraît chaque semaine. Abrév. *(fam.) : hebdo.*

HEBDOMADAIREMENT adv. Chaque semaine.

HÉBÉPHRÉNIE n.f. (du gr. *hêbê,* adolescence, et *phrên,* esprit). PSYCHIATR. Forme de schizophrénie, touchant principalement les adolescents, où prédomine la dissociation.

HÉBERGE n.f. DR. Ligne sur un mur mitoyen séparant deux bâtiments contigus et d'inégale hauteur, formée par la projection, sur ce mur, de la ligne de faîte du bâtiment le moins élevé.

HÉBERGEMENT n.m. Action d'héberger.

HÉBERGER v.t. [10] (du francique *heribergôn*). **1.** Loger provisoirement ; servir de lieu de séjour à. *Héberger des amis.* **2.** INFORM. Accueillir sur un serveur un service ou des pages Web pour les rendre accessibles aux utilisateurs.

HÉBERGEUR n.m. INFORM. Prestataire de services équipé de disques durs et de serveurs, qui propose aux internautes le stockage de leurs contenus et leur diffusion sur le Web.

HÉBERTISME n.m. Méthode naturelle d'éducation physique de G. Hébert.

HÉBERTISTE n. et adj. Sous la Révolution française, partisan de J. Hébert.

HÉBÉTÉ, E adj. **1.** Abasourdi par un choc physique ou moral ; abruti, ahuri, stupide. **2.** PSYCHIATR. Atteint d'hébétude.

HÉBÉTEMENT ou **HÉBÈTEMENT** n.m. État d'une personne hébétée, abasourdie.

HÉBÉTER v.t. [11] (lat. *hebetare,* émousser). Faire perdre toute intelligence, toute volonté de réaction à ; rendre stupide.

HÉBÉTUDE n.f. **1.** *Litt.* Hébétement. **2.** PSYCHIATR. Sidération de la vie psychique, caractéristique notamm. de certains états démentiels.

HÉBOÏDOPHRÉNIE n.f. PSYCHIATR. Forme de schizophrénie où prédominent les tendances antisociales.

HÉBRAÏQUE adj. Des Hébreux ; de leur langue. *Études hébraïques.*

HÉBRAÏSANT, E ou **HÉBRAÏSTE** n. et adj. Spécialiste de l'hébreu.

HÉBRAÏSER v.t. Donner un caractère hébraïque à. *Hébraïser la culture.*

HÉBRAÏSME n.m. **1.** Idiotisme propre à l'hébreu. **2.** Emprunt à l'hébreu.

HÉBREU adj.m. (lat. *hebraeus*). Des Hébreux. (Au fém., on emploie *hébraïque.*) ◆ n.m. **1.** Langue sémitique parlée autref. par les Hébreux, reconstruite et parlée auj. en Israël. **2.** *Fam. C'est de l'hébreu :* c'est incompréhensible (par allusion à la difficulté supposée de la langue hébraïque).

HÉCATOMBE n.f. (gr. *hekatombê,* de *hekaton,* cent, et *boûs,* bœuf). **1.** Massacre d'un grand nombre de personnes ou d'animaux. **2.** Grand nombre de personnes tuées, blessées ou atteintes par qqch. **3.** ANTIQ. GR. Sacrifice de cent bœufs.

HECTARE n.m. (gr. *hekaton,* cent, et *are*). Mesure de superficie (symb. ha), employée notamm. pour les surfaces agricoles et valant 10^4 m^2.

HECTIQUE [ɛktik] adj. (gr. *hektikos,* habituel). MÉD. *Fièvre hectique :* état grave caractérisé par une fièvre oscillante et une dégradation de l'état général.

HECTO- ou **HECT-** (du gr. *hekaton,* cent). Préfixe (symb. h) qui, placé devant le nom d'une unité, la multiplie par 10^2.

HECTO n.m. (abrév.). *Fam.* **1.** Hectogramme. **2.** Hectolitre.

HECTOGRAMME n.m. Masse valant 100 g (symb. hg).

HECTOLITRE n.m. Volume valant 100 l (symb. hl).

HECTOMÈTRE n.m. Longueur valant 100 m (symb. hm).

HECTOMÉTRIQUE adj. Relatif à l'hectomètre.

HECTOPASCAL n.m. (pl. *hectopascals*). Unité de mesure de pression (symb. hPa) valant 100 Pa. (L'hectopascal a remplacé le millibar pour la mesure de la pression atmosphérique.)

HÉDÉRACÉE n.f. Plante dicotylédone à fleurs en ombelles, grimpante ou rampante, telle que le lierre, le ginseng. (Les hédéracées forment une famille.) SYN. : *araliacée.*

HÉDONISME n.m. (du gr. *hedonê,* plaisir). **1.** PHILOS. Doctrine morale qui fait du plaisir le principe ou le but de la vie. **2.** Motivation de l'activité économique par la recherche du maximum de satisfaction par le minimum d'efforts.

HÉDONISTE adj. et n. Qui concerne l'hédonisme ; qui en est partisan.

HÉDONISTIQUE adj. PHILOS. Relatif à l'hédonisme.

HÉGÉLIANISME [egeljanism] n.m. Philosophie de Hegel et de ses continuateurs.

HÉGÉLIEN, ENNE [-ge-] adj. et n. Qui concerne la philosophie de Hegel ; qui en est partisan.

HÉGÉMONIE n.f. (gr. *hêgemonia*). Suprématie, pouvoir prépondérant, dominateur d'un État, d'un groupe social sur d'autres.

HÉGÉMONIQUE adj. Relatif à l'hégémonie.

HÉGÉMONISME n.m. Tendance à l'hégémonie d'un État, d'un groupe.

HÉGIRE n.f. (ar. *hidjra,* fuite). Ère de l'islam qui commence l'année où Mahomet s'enfuit à Médine (an 622 de l'ère chrétienne).

***HEIDUQUE** n.m. → ***HAÏDOUK.**

écriture carrée (imprimerie)	cursive moderne (manuscrite)	nom	transcription
א	א	aleph	ʾ (esprit doux)
ב בּ	ב בּ	bet	b, v
ג גּ	ג	gimel	g, gh
ד דּ	ד	dalet	d, dh
ה	ה	he	h
ו	ו	waw ou vav	w, v
ז	ז	zayin	z
ח	ח	het	ḥ
ט	ט	tet	ṭ
י	י	yod	y
כ כּ [ך]	כ כּ [ך]	kaf	k, kh
ל	ל	lamed	l
מ [ם]	מ [ם]	mem	m
נ [ן]	נ [ן]	nun	n
ס	ס	samek	s
ע	ע	ayin	ʿ (esprit rude)
פ פּ [ף]	פ פּ [ף]	pe ou phe	p, f
צ [ץ]	צ [ץ]	tsade	ṣ
ק	ק	qof	q
ר	ר	resh	r
שׁ שׂ	שׁ שׂ	sin ou shin	s, ch
ת תּ	ת תּ	taw ou tav	t, th

les lettres entre crochets sont des variantes finales

■ **HÉBREU.** Alphabet hébreu.

***HEIMLICH** [ɛmliʃ] **(MANŒUVRE DE) :** technique de secourisme pour expulser un corps étranger des voies respiratoires, le sauveteur comprimant rapidement le creux de l'estomac.

***HEIN** interj. *Fam.* **1.** Sert à solliciter une explication. *Hein ? Qu'as-tu fait ?* **2.** Exprime la surprise. *Hein ! C'est elle qui a eu le prix ? Ça alors !*

***HÉLAS** [elas] interj. Exprime la plainte, le regret, la douleur, etc. *Il est parti, hélas !*

***HÉLER** v.t. [11] (angl. *to hail*). Appeler de loin. *Héler un taxi.*

HÉLIANTHE n.m. (gr. *hêlios,* soleil, et *anthos,* fleur). Plante herbacée de grande taille, originaire d'Amérique du Nord, à grandes fleurs jaunes ornementales et dont les principales espèces sont le tournesol et le topinambour. (Genre *Helianthus ;* famille des composées.)

HÉLIANTHÈME n.m. Sous-arbrisseau rampant à fleurs jaune d'or, voisin des cistes. (Genre *Helianthemum ;* famille des cistacées.)

HÉLIANTHINE n.f. (du gr. *hêlios,* soleil). CHIM. Indicateur coloré, jaune en milieu basique, rose en milieu acide. SYN. : *méthylorange.*

HÉLIAQUE adj. (lat. *heliacus*). ASTRON. Se dit du lever d'un astre qui a lieu peu avant celui du Soleil ou du coucher d'un astre qui a lieu peu après celui du Soleil.

HÉLIASTE n.m. (gr. *hêliastês*). ANTIQ. GR. Membre de l'Héliée.

HÉLICE n.f. (gr. *helix,* spirale). **1.** Appareil de propulsion, de traction ou de sustentation constitué par des pales disposées régulièrement autour d'un moyeu actionné par un moteur. **2.** GÉOMÉTR. Courbe gauche dont la tangente en chaque point fait un angle constant avec une direction fixe. ◇ *Hélice circulaire :* hélice dont les points appartiennent à un cylindre de révolution. **3.** CONSTR. *Escalier en hélice :* escalier à *vis.

HÉLICICULTEUR, TRICE n. Personne qui élève des escargots.

HÉLICICULTURE n.f. Élevage des escargots.

HÉLICO n.m. (abrév.). *Fam.* Hélicoptère.

HÉLICOÏDAL, E, AUX adj. (gr. *helikoeidês*). En forme d'hélice. ◇ GÉOMÉTR. *Déplacement hélicoïdal :* déplacement dans l'espace, composé d'une rotation autour d'un axe (axe du déplacement) et d'une translation dont le vecteur a même direction que l'axe. SYN. : *vissage.*

HÉLICOÏDE adj. BOT. Se dit d'une cyme unipare dont les rameaux floraux sont émis alternativement d'un côté et de l'autre des axes successifs de l'inflorescence, en hélice. *(V. ill. p. 545).* ◆ n.m. GÉOMÉTR. Surface engendrée par une demi-droite [OM_0) dont l'origine O décrit une droite (Δ) et dont le point fixe M_0 décrit une hélice (H_0) d'axe (Δ), [OM_0) restant orthogonale à (Δ).

HÉLICON n.m. (du gr. *helikos,* sinueux). Instrument de musique à vent et à embouchure, en cuivre, muni de pistons, contrebasse de la famille des tubas.

HÉLICOPTÈRE n.m. (gr. *helix,* hélice, et *pteron,* aile). Giravion dont la ou les voilures tournantes assurent à la fois la sustentation et la translation pendant toute la durée du vol. Abrév. *(fam.) : hélico.*

HÉLIGARE n.f. Partie d'un héliport mise à la disposition du public et des passagers.

HÉLIO n.f. → **HÉLIOGRAVURE.**

HÉLIOCENTRIQUE adj. Qui est mesuré, considéré par rapport au Soleil pris comme centre de référence.

HÉLIOCENTRISME n.m. Description du système solaire qui fait du Soleil l'astre autour duquel tournent les planètes (par oppos. à *géocentrisme*).

HÉLIODORE n.m. Béryl de couleur jaune d'or, classé dans les pierres fines.

HÉLIOGRAPHE n.m. (gr. *hêlios,* soleil, et *graphein,* écrire). MÉTÉOROL. Appareil servant à mesurer la durée de l'ensoleillement.

HÉLIOGRAPHIE n.f. IMPRIM. Reproduction d'originaux transparents ou translucides sur papier aux diazoïques (tirages Ozalid).

HÉLIOGRAVEUR, EUSE n. Spécialiste de l'héliogravure.

HÉLIOGRAVURE ou **HÉLIO** n.f. Procédé d'obtention de formes d'impression gravées en creux ; procédé d'impression utilisant ces formes. ◇ *Héliogravure tramée :* rotogravure.

HÉLIOMARIN, E adj. Qui combine l'héliothérapie et les bienfaits d'un séjour au bord de la mer.

HÉLION n.m. Noyau de l'atome d'hélium, dit aussi *particule alpha.*

HÉLIOSTAT [eljɔsta] n.m. ÉNERG. Système de miroirs, utilisé par ex. dans les fours solaires, qui permet de réfléchir les rayons du Soleil dans une direction donnée malgré le mouvement diurne.

HÉLIOSYNCHRONE adj. Se dit de l'orbite d'un satellite artificiel de la Terre dont le plan fait un angle constant avec la direction Terre-Soleil. (Une même région de la surface terrestre peut ainsi être observée dans des conditions d'éclairement identiques d'une révolution à l'autre, ce qui constitue un avantage appréciable pour la météorologie, la télédétection ou la surveillance militaire.) ◇ *Satellite héliosynchrone,* dont l'orbite est héliosynchrone.

HÉLIOTHÉRAPIE n.f. Traitement médical par la lumière solaire, active par ses rayons ultraviolets.

HÉLIOTROPE n.m. (gr. *hêliotropion,* qui se tourne vers le Soleil). **1.** Plante des régions chaudes et tempérées à feuilles entières persistantes, à fleurs blanches odorantes, parfois cultivée comme ornementale. (Genre *Heliotropium ;* famille des borraginacées.) ◇ *Héliotrope d'hiver :* plante des lieux humides, à fleurs mauves au parfum vanillé, parfois cultivée dans les jardins. (Genre *Petasites ;* famille des composées.) **2.** MINÉRALOG. Calcédoine verte tachée de rouge.

HÉLIOTROPINE n.f. CHIM. ORG. Composé aromatique ($C_8H_6O_3$), d'une odeur analogue à celle de l'héliotrope, obtenu à partir de l'essence de sassafras. SYN. : *pipéronal.*

HÉLIPORT n.m. Aéroport pour hélicoptères.

HÉLIPORTAGE n.m. Transport de matériel ou de personnes par hélicoptère.

HÉLIPORTÉ, E adj. **1.** Transporté par hélicoptère. *Troupes héliportées.* **2.** Effectué, exécuté par hélicoptère. *Opération héliportée.*

HÉLITRANSPORTÉ, E adj. Se dit d'un matériel embarqué et débarqué par hélicoptère.

HÉLITREUILLAGE n.m. Treuillage à bord d'un hélicoptère en vol stationnaire.

HÉLITREUILLER v.t. Effectuer un hélitreuillage.

HÉLIUM [eljɔm] n.m. (du gr. *hêlios,* soleil). **1.** Corps simple gazeux très léger et ininflammable, de densité 0,126 et qui se liquéfie à – 268,934 °C. **2.** Élément chimique (He), de numéro atomique 2, de masse atomique 4,002 6. (Découvert dans l'atmosphère solaire, l'hélium existe en très petite quantité dans l'air ainsi que dans des gisements aux États-Unis ; il est utilisé pour gonfler les ballons et les aérostats et, à l'état liquide, en cryogénie.)

HÉLIX n.m. (mot gr., *spirale*). ANAT. Repli qui forme le tour du pavillon de l'oreille.

HELLADIQUE adj. (du gr. *Hellas,* Grèce). ARCHÉOL. Se dit de l'âge du bronze (v. 3000 - 1100 av. J.-C.) sur le continent grec, dont la dernière phase correspond à la civilisation mycénienne.

HELLÉBORE ou **ELLÉBORE** n.m. (lat. *helleborus,* du gr.). Plante dicotylédone vivace à feuilles palmées, à fleurs vertes ou jaunâtres, s'épanouissant dès la fin de l'hiver et dont la racine, très toxique, était autref. utilisée comme purgatif. (Genre *Helleborus ;* famille des renonculacées.) ◇ *Hellébore blanc :* plante monocotylédone à fleurs verdâtres, poussant dans les prés humides de montagne. (Genre *Veratrum ;* famille des liliacées.)

HELLÈNE adj. et n. (gr. *Hellên,* Grec). De la Grèce ancienne.

HELLÉNIQUE adj. Relatif à la Grèce.

HELLÉNISATION n.f. Action d'helléniser.

HELLÉNISER v.t. Donner un caractère hellénique à.

HELLÉNISME n.m. **1.** Civilisation grecque ; civilisation développée hors de Grèce sous l'influence de la culture grecque. **2.** LING. Idiotisme propre à la langue grecque. **3.** LING. Emprunt au grec.

HELLÉNISTE n. Spécialiste des études grecques.

HELLÉNISTIQUE adj. Se dit de la période de la civilisation grecque allant de la conquête d'Alexandre (331 av. J.-C.) à la domination romaine (31 av. J.-C.).

***HELLO** [ɛlo] interj. *Fam.* Sert à appeler ou à saluer qqn. *Hello ! ça va ?*

HELMINTHE n.m. (gr. *helmins, helminthos,* ver). Ver parasite de l'homme et des vertébrés (ténia, ascaris, douve, acanthocéphale, etc.).

HELMINTHIASE n.f. Maladie parasitaire causée par un helminthe.

HÉLODÉE n.f. → **ÉLODÉE.**

HÉLODERME n.m. (gr. *hêlos,* clou, et *derma,* peau). Gros lézard indolent au corps lourd, à la queue épaisse, de mœurs nocturnes, qui vit au Mexique et dans le sud-ouest des États-Unis. (L'héloderme est le seul lézard venimeux ; long. 50 cm ; genre *Heloderma,* famille des hélodermatidés.)

HELVELLE n.f. (lat. *helvella,* petit chou). Champignon ascomycète des bois, comestible, à chapeau brun ou blanc, lobé et contourné. (Ordre des pezizales.)

HELVÈTE adj. HIST. De l'Helvétie.

HELVÉTIQUE adj. Relatif à la Suisse.

HELVÉTISME n.m. Mot, idiotisme propre au français parlé en Suisse romande.

***HEM** [ɛm] interj. Exprime le doute ; sert à attirer l'attention. *Il dit qu'il ne sait rien... Hem !*

HÉMANGIOME n.m. Angiome constitué de vaisseaux sanguins (par oppos. à *lymphangiome*).

HÉMARTHROSE n.f. Épanchement de sang dans une articulation.

HÉMATÉMÈSE n.f. MÉD. Vomissement de sang.

HÉMATIE [emasi] n.f. (du gr. *haima,* sang). Cellule du sang transportant l'hémoglobine. SYN. : *érythrocyte, globule rouge.*

HÉMATIQUE adj. (du gr. *haima,* sang). Relatif au sang ; contenant du sang.

HÉMATITE n.f. MINÉRALOG. Oxyde ferrique (Fe_2O_3) de couleur rouge.

HÉMATOCRITE n.m. MÉD. Pourcentage du volume occupé par les globules rouges par rapport au volume total du sang, égal normalement à environ 40 %.

HÉMATOLOGIE n.f. Spécialité médicale qui étudie le sang, les organes hématopoïétiques et leurs affections.

HÉMATOLOGIQUE adj. Relatif au sang ou à l'hématologie.

H

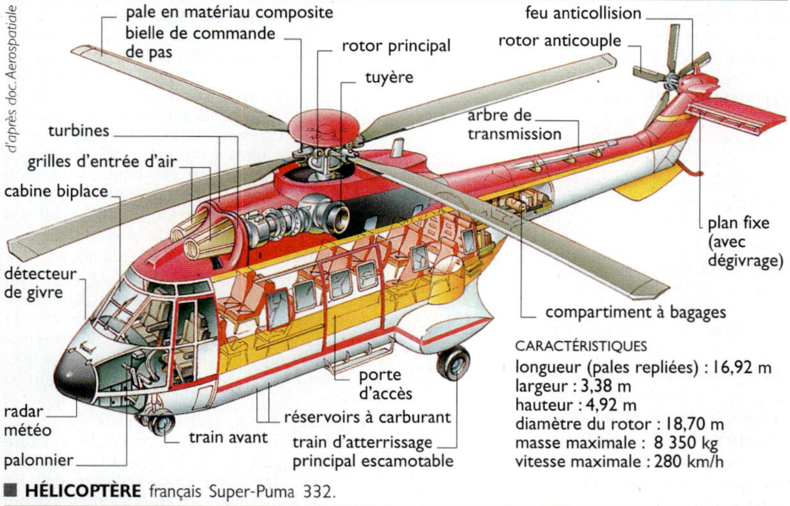

■ **HÉLICOPTÈRE** français Super-Puma 332.

HÉMATOLOGISTE ou **HÉMATOLOGUE** n. Médecin spécialiste d'hématologie.

HÉMATOME [ematom] n.m. MÉD. Collection de sang dans une cavité naturelle ou dans un tissu, consécutive à une hémorragie.

HÉMATOPHAGE adj. Se dit d'un animal (insecte, par ex.) qui se nourrit de sang et peut ainsi devenir le vecteur de maladies.

HÉMATOPOÏÈSE [ematopɔjɛz] n.f. PHYSIOL. Formation des cellules du sang dans la moelle rouge des os et dans le tissu lymphoïde.

HÉMATOPOÏÉTIQUE adj. Relatif à l'hématopoïèse ; qui est le siège de l'hématopoïèse.

HÉMATOSE n.f. PHYSIOL. Ensemble des échanges gazeux se produisant dans les poumons et transformant le sang riche en gaz carbonique, rouge sombre, en sang riche en oxygène, rouge vif.

HÉMATOZOAIRE n.m. Protozoaire parasite vivant dans le sang, tel le plasmodium.

HÉMATURIE n.f. (du gr. *ouron,* urine). MÉD. Émission de sang dans les urines.

HÉMÉRALOPIE n.f. (gr. *hêmera,* jour, et *ôps,* vue). Affaiblissement pathologique de la vision en lumière peu intense, par ex. au crépuscule.

HÉMÉROCALLE n.f. (gr. *hemerokalles,* belle d'un jour). Plante bulbeuse d'Eurasie cultivée pour ses fleurs éphémères jaunes ou rougeâtres, décoratives. (Genre *Hemerocallis ;* famille des liliacées.)

H

HÉMIANOPSIE n.f. Perte de la vue atteignant une moitié du champ visuel d'un œil ou de chacun des deux yeux.

HÉMICORDÉ n.m. Invertébré marin vermiforme, au corps divisé en trois régions distinctes, vivant en solitaire dans le sable du fond ou du littoral, ou en colonies, tel que les entéropneustes (balanoglosse), les ptérobranches et les graptolites fossiles. (Les hémicordés forment un embranchement minuscule.) SYN. : *stomocordé.*

HÉMICYCLE n.m. (gr. *hêmikuklion,* demi-cercle). **1.** Tout espace ayant la forme d'un demi-cercle. **2.** Construction semi-circulaire à gradins pour recevoir des spectateurs, des auditeurs, les membres d'une assemblée.

HÉMIONE n.m. (gr. *hêmionos,* mulet). Âne sauvage d'Asie centrale, dont la morphologie est plus proche de celle du cheval que de celle des autres ânes. (Nom sc. *Equus hemionius.*)

HÉMIOXYDE n.m. CHIM. MINÉR. Oxyde comprenant un atome d'oxygène pour deux atomes de l'élément auquel il est lié.

HÉMIPLÉGIE n.f. (gr. *hêmi,* à demi, et *plêgê,* coup). Paralysie de la moitié droite ou gauche du corps, due le plus souvent à une lésion cérébrale dans l'hémisphère opposé.

HÉMIPLÉGIQUE adj. Relatif à l'hémiplégie. ◆ adj. et n. Atteint d'hémiplégie.

HÉMIPTÉROÏDE ou, vx, **HÉMIPTÈRE** n.m. (gr. *hêmi,* à demi, et *pteron,* aile). Insecte possédant un rostre terminé pàr des pièces buccales servant à piquer et à sucer, tel que le puceron, la cigale, la punaise. (Les hémiptéroïdes forment un superordre comprenant les ordres des homoptères et des hétéroptères.)

HÉMISPHÈRE n.m. (gr. *hêmisphairion*). **1.** Chacune des deux moitiés du globe terrestre, d'un astre sphéroïdal ou de la sphère céleste, séparées par un plan diamétral, en partic. par celui de l'équateur. *Hémisphère Nord, septentrional* ou *boréal. Hémisphère Sud, méridional* ou *austral.* **2.** ANAT. ***Hémisphère cérébral :*** chacune des deux masses volumineuses du cerveau attachées sur les côtés du diencéphale. **3.** GÉOMÉTR. Chacune des deux portions de sphère limitées par un grand cercle. **4.** ***Hémisphères de Magdebourg :*** demi-sphères métalliques creuses dont Otto von Guericke se servit en 1654 pour mettre en évidence la pression atmosphérique.

HÉMISPHÉRIQUE adj. Qui a la forme d'un hémisphère.

HÉMISTICHE n.m. (gr. *hêmistikhion,* moitié de vers). **1.** Chacune des deux parties d'un vers coupé par la césure. **2.** La césure elle-même.

HÉMOCHROMATOSE [-kro-] n.f. (du gr. *haima,* sang). Maladie due à une accumulation de fer dans l'organisme.

HÉMOCULTURE n.f. MÉD. Ensemencement d'un milieu de culture avec le sang d'un malade pour rechercher des bactéries.

HÉMODIALYSE n.f. Épuration extrarénale du sang effectuée grâce à un appareil extérieur au corps, le rein artificiel.

HÉMODYNAMIQUE n.f. Discipline médicale qui étudie les différents facteurs régissant la circulation du sang dans l'organisme. ◆ adj. Relatif aux facteurs régissant la circulation du sang.

HÉMOGLOBINE n.f. Pigment protéique des globules rouges du sang, assurant le transport de l'oxygène entre l'appareil respiratoire et les cellules de l'organisme.

HÉMOGLOBINOPATHIE n.f. Maladie telle que la drépanocytose, caractérisée par une anomalie héréditaire de l'hémoglobine.

HÉMOGLOBINURIE n.f. Présence d'hémoglobine dans les urines.

HÉMOGRAMME n.m. Examen diagnostique des globules du sang, comprenant notamm. la numération globulaire et la formule leucocytaire.

HÉMOLYSE n.f. Destruction des globules rouges du sang ; maladie caractérisée par une destruction excessive des globules rouges, provoquant une anémie.

HÉMOLYTIQUE adj. Qui provoque l'hémolyse ; qui s'accompagne d'hémolyse.

HÉMOPATHIE n.f. Toute maladie du sang ou des organes hématopoïétiques.

HÉMOPHILE adj. et n. Atteint d'hémophilie.

HÉMOPHILIE n.f. Maladie héréditaire, récessive et liée au sexe (transmise par les femmes et n'atteignant que les hommes), caractérisée par une tendance plus ou moins grave aux hémorragies, du fait de l'insuffisance d'un facteur de coagulation A ou B dans le plasma.

HÉMOPTYSIE n.f. Expectoration de sang provenant du poumon ou des bronches.

HÉMORRAGIE n.f. (gr. *haima,* sang, et *rhagê,* rupture). **1.** MÉD. Écoulement de sang hors des vaisseaux qui doivent le contenir. **2.** *Fig.* Perte importante en vies humaines ; fuite, perte importante de qqch. *Une hémorragie de devises.*

HÉMORRAGIQUE adj. Relatif à l'hémorragie ; caractérisé par des hémorragies.

HÉMORROÏDAIRE ou **HÉMORROÏDAL, E, AUX** adj. Relatif aux hémorroïdes.

HÉMORROÏDE n.f. (gr. *haima,* sang, et *rheîn,* couler). Varice des veines de l'anus et du rectum.

HÉMOSTASE n.f. Ensemble des phénomènes qui empêchent ou arrêtent normalement les hémorragies, comme la coagulation du plasma sanguin.

HÉMOSTATIQUE adj. et n.m. Se dit d'un agent physique (compresse, pince) ou médicamenteux arrêtant les hémorragies.

HÉMOVIGILANCE n.f. Surveillance des effets indésirables de la transfusion sanguine par un réseau de recueil d'informations et d'analyse statistique.

HENDÉCAGONE [ɛ̃dekagɔn] n.m. et adj. (gr. *hendeka,* onze, et *gonia,* angle). GÉOMÉTR. Polygone qui a onze angles, et donc onze côtés.

HENDÉCASYLLABE [ɛ̃-] adj. et n.m. Se dit d'un vers qui a onze syllabes.

HENDIADYS [ɛndjadis] ou **HENDIADYIN** [ɛndjadin] n.m. (mots gr., *un au moyen de deux*). RHÉT. Figure consistant à remplacer un nom déterminé par un adjectif ou un complément par deux noms coordonnés (ex. : *boire dans des patères et de l'or* pour *boire dans des patères d'or*).

***HENNÉ** n.m. (ar. *ḥinnā*). **1.** Plante tinctoriale originaire d'Inde et d'Arabie, cultivée au Moyen-Orient et en Afrique du Nord. (Genre *Lawsonia ;* famille des lythracées.) **2.** Poudre fournie par les feuilles de henné, séchées et pulvérisées, utilisée en Afrique du Nord et au Moyen-Orient pour teindre les cheveux, la paume des mains et la plante des pieds.

***HENNIN** n.m. (néerl. *henninck,* coq). Anc. Haute coiffe féminine conique et rigide portée au début du XVe s.

***HENNIR** v.i. (lat. *hinnire*). Pousser son cri, en parlant du cheval.

***HENNISSEMENT** n.m. **1.** Cri du cheval. **2.** Cri ressemblant à celui du cheval.

***HENNUYER, ÈRE** adj. et n. → ***HAINUYER.**

***HENRY** n.m. (de Joseph *Henry,* n.pr.). Unité de mesure d'inductance électrique (symb. H) équivalant à l'inductance électrique d'un circuit fermé dans lequel une force électromotrice de 1 volt est produite lorsque le courant électrique qui parcourt le circuit varie uniformément à raison de 1 ampère par seconde.

***HEP** interj. Sert à appeler, héler. *Hep ! Taxi !*

HÉPARINE n.f. (gr. *hêpar,* foie). Substance anticoagulante de l'organisme, extraite également de tissus animaux pour prévenir ou traiter la thrombose.

HÉPATALGIE n.f. Douleur du foie.

1. HÉPATIQUE adj. (gr. *hêpar, hêpatos,* foie). Relatif au foie. *Artère, canal hépatique.* ◆ adj. et n. Qui souffre d'une affection chronique du foie.

2. HÉPATIQUE n.f. **1.** Plante voisine des mousses, à thalle polylobé, à reproduction sexuée ou asexuée, commune dans les lieux très humides, telle que la marchantia. (Les hépatiques forment une classe de bryophytes.) **2.** Petite plante printanière des bois, à fleurs bleues. (Genre *Hepatica ;* famille des renonculacées.)

HÉPATITE n.f. Toute inflammation du foie (virale, alcoolique, etc.). ◇ ***Hépatite virale,*** causée par un virus, en partic. quand il s'agit d'un virus atteignant spécifiquement le foie (hépatites A, B, C, D, E).

ENCYCL. Les hépatites virales A et E sont transmises par les aliments, les hépatites B par le sang et les rapports sexuels, les hépatites C par le sang, tandis que l'hépatite D ne se déclare qu'après une infection à virus B. Ces maladies sont souvent inapparentes, mais peuvent provoquer une jaunisse et – pour les formes B et C – évoluer vers une hépatite chronique, une cirrhose, voire un cancer. (Les hépatites C, D et E sont en fait assez mal connues).

HÉPATOCYTE n.m. HISTOL. Cellule caractéristique du foie.

HÉPATOLOGIE n.f. Étude du foie et de ses maladies, rattachée à la gastro-entérologie.

HÉPATOMÉGALIE n.f. MÉD. Augmentation anormale du volume du foie.

HÉPATOPANCRÉAS n.m. ZOOL. Organe de certains invertébrés assurant à la fois les fonctions du foie et celles du pancréas.

HEPTAÈDRE n.m. (gr. *hepta,* sept, et *edra,* face). GÉOMÉTR. Polyèdre à sept faces.

HEPTAÉDRIQUE adj. Qui a la forme d'un heptaèdre.

HEPTAGONAL, E, AUX adj. Qui a la forme d'un heptagone.

HEPTAGONE n.m. (gr. *hepta,* sept, et *gônia,* angle). GÉOMÉTR. Polygone qui a sept angles, et donc sept côtés.

HEPTANE n.m. CHIM. ORG. Hydrocarbure saturé (C_7H_{16}) contenu dans certains pétroles et utilisé comme solvant.

HEPTASYLLABE adj. et n.m. Se dit d'un vers qui a sept syllabes.

HEPTATHLON n.m. Épreuve d'athlétisme féminin combinant 100 m haies, 200 m, 800 m, hauteur, longueur, poids, javelot ; épreuve d'athlétisme masculin en salle combinant 60 m haies, 60 m, 1 000 m, hauteur, longueur, perche et poids.

HÉRALDIQUE n.f. (du bas lat. *heraldus,* héraut). Discipline ayant pour objet la connaissance et l'étude des armoiries. SYN. : *blason.* ◆ adj. Relatif au blason, aux armoiries. *Figure héraldique.*

ENCYCL. L'héraldique étudie les armoiries, qui sont les emblèmes de communautés ou de familles. Elles sont apparues au XIIe s. pour figurer sur les boucliers des combattants, afin de distinguer ceux-ci. À partir du XIIIe s., l'emploi des armoiries s'est étendu aux femmes, aux ecclésiastiques et aux bourgeois, puis aux communautés civiles et religieuses. Utile pour l'historien et l'archéologue, dans la mesure où elle permet de dater tout objet ou tout monument orné d'un blason, ou d'en connaître l'appartenance, l'héraldique forme elle-même un art par l'extrême richesse de son écriture et de sa symbolique.

HÉRALDISTE n. Spécialiste d'héraldique.

HÉRAUT** n.m. (francique *heriwald,* chef d'armée). **1.** ***Héraut d'armes, ou ***héraut :*** au Moyen Âge, officier chargé de porter les déclarations de guerre, les sommations, d'organiser les cérémonies et les jeux, de surveiller les blasons, etc. **2.** *Fig., litt.* Celui qui annonce la venue de qqn ou de qqch.

HERBACÉ, E adj. (lat. *herbaceus,* de *herba,* herbe). BOT. Qui a l'aspect, qui est de la nature de l'herbe (par oppos. à *ligneux*). ◇ ***Plantes herbacées :*** plantes frêles, non ligneuses, dont les parties aériennes meurent après la fructification.

 L'astérisque à l'initiale indique l'« h » aspiré.

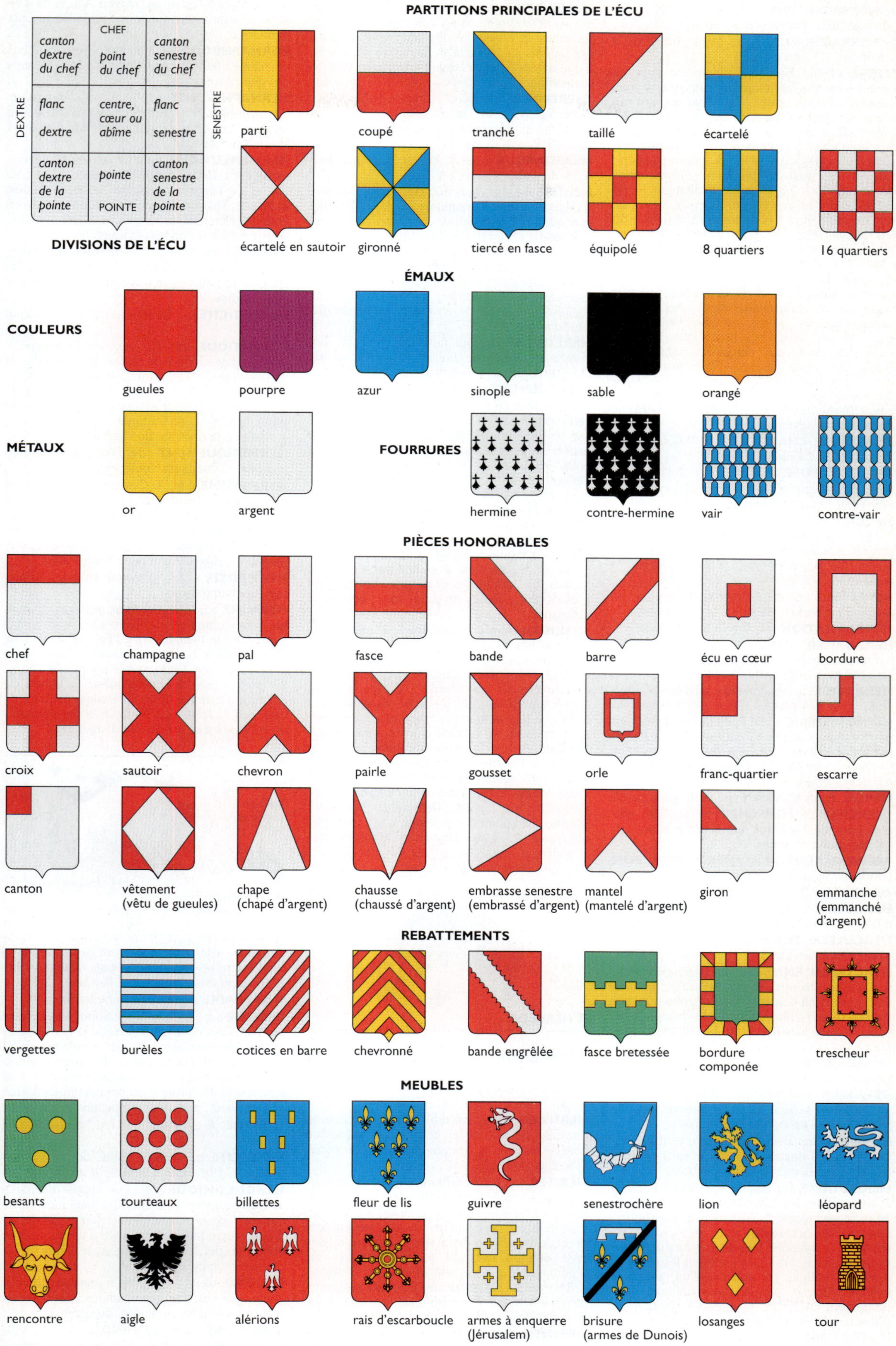
PARTITIONS PRINCIPALES DE L'ÉCU
CHEF
canton dextre du chef
point du chef
canton senestre du chef
DEXTRE
flanc dextre
centre, cœur ou abîme
flanc senestre
SENESTRE
canton dextre de la pointe
pointe
canton senestre de la pointe
POINTE
DIVISIONS DE L'ÉCU
parti
coupé
tranché
taillé
écartelé
écartelé en sautoir
gironné
tiercé en fasce
équipolé
8 quartiers
16 quartiers
ÉMAUX
COULEURS
gueules
pourpre
azur
sinople
sable
orangé
MÉTAUX
or
argent
FOURRURES
hermine
contre-hermine
vair
contre-vair
PIÈCES HONORABLES
chef
champagne
pal
fasce
bande
barre
écu en cœur
bordure
croix
sautoir
chevron
pairle
gousset
orle
franc-quartier
escarre
canton
vêtement (vêtu de gueules)
chape (chapé d'argent)
chausse (chaussé d'argent)
embrasse senestre (embrassé d'argent)
mantel (mantelé d'argent)
giron
emmanche (emmanché d'argent)
REBATTEMENTS
vergettes
burèles
cotices en barre
chevronné
bande engrêlée
fasce bretessée
bordure componée
trescheur
MEUBLES
besants
tourteaux
billettes
fleur de lis
guivre
senestrochère
lion
léopard
rencontre
aigle
alérions
rais d'escarboucle
armes à enquerre (Jérusalem)
brisure (armes de Dunois)
losanges
tour

HERBAGE n.m. Prairie pâturée par le bétail.

1. HERBAGER, ÈRE n. Éleveur exploitant des herbages pour engraisser des bovins.

2. HERBAGER v.t. [10]. Vx. Mettre du bétail à l'herbage.

HERBE n.f. (lat. *herba*). **1.** Plante non ligneuse dont les parties aériennes, y compris la tige, meurent chaque année. ◇ ***Herbe vivace,*** qui conserve vivantes ses parties souterraines en hiver. – ***Mauvaise herbe :*** herbe sauvage nuisible aux cultures ; *fig.,* personne, et en partic. personne jeune, dont il n'y a rien à attendre de bon ; vaurien. – ***Pousser comme de la mauvaise herbe :*** pousser rapidement, facilement. – ***En herbe :*** qui n'est pas encore mûr ; *fig.,* se dit de qqn de jeune qui a des dispositions pour telle ou telle activité. *Une romancière en herbe.* **2.** Ensemble de plantes herbacées diverses formant une végétation naturelle ; gazon. *Dormir dans l'herbe.* ◇ ***Couper l'herbe sous le pied à qqn,*** le supplanter en le devançant. **3.** ***Fines herbes :*** plantes odorantes et comestibles, employées comme assaisonnement (persil, estragon, ciboulette, etc.). **4.** *Fam.* Marijuana, haschisch. *Fumer de l'herbe.* **5.** ***Herbe aux écrouelles :*** scrofulaire. – ***Herbe aux écus :*** lunaire. – ***Herbe aux femmes battues :*** tamier. – ***Herbe jaune :*** gaude. – ***Herbe aux perles :*** grémil. – ***Herbe aux poux :*** staphisaigre. – ***Herbe aux verrues :*** chélidoine. – ***Herbe de la pampa :*** gynérium.

HERBE-AUX-CHATS n.f. (pl. *herbes-aux-chats*). **1.** Cataire. **2.** Valériane.

HERBEUX, EUSE adj. Où il croît de l'herbe.

HERBICIDE adj. et n.m. Se dit d'un produit qui détruit les mauvaises herbes.

HERBIER n.m. **1.** Collection de plantes desséchées et conservées entre des feuilles de papier, servant aux études botaniques. **2.** Fond sous-marin où poussent des plantes. *Herbier à posidonies.*

HERBIVORE adj. et n.m. Se dit d'un animal qui se nourrit d'herbes, de substances végétales.

HERBORISATION n.f. Action d'herboriser.

HERBORISER v.i. Recueillir des plantes dans la nature pour les étudier, pour réaliser des herbiers, ou pour les utiliser en herboristerie.

HERBORISTE n. Personne qui, sans être pharmacien, vend des plantes médicinales au public.

HERBORISTERIE n.f. **1.** Partie de la phytothérapie qui utilise la plante entière ou une de ses parties, selon un mode simple de préparation (infusion, par ex.). **2.** Commerce des plantes médicinales ; local où on les vend.

HERBU, E adj. Couvert d'une herbe abondante.

***HERCHER** ou ***HERSCHER** [ɛrʃe] v.i. (lat. pop. *hiricipare,* herser). MIN. Anc. Pousser à bras une berline dans une mine.

***HERCHEUR, EUSE** ou ***HERSCHEUR, EUSE** n. MIN. Anc. Manœuvre qui faisait du roulage à bras en poussant les berlines dans les mines.

HERCULE n.m. (de *Hercule,* n. myth.). Homme d'une très grande force physique.

HERCULÉEN, ENNE adj. Digne d'Hercule ; colossal. *Force herculéenne.*

HERCYNIEN, ENNE adj. (du lat. *Hercynia silva,* n. d'une anc. forêt de Germanie). GÉOL. Se dit de l'orogenèse qui se déroula du dévonien au permien et qui créa plusieurs chaînes de montagnes (Appalaches, Massif central, Massif armoricain, etc.).

***HERD-BOOK** [œrdbuk] n.m. [pl. *herd-books*] (angl. *herd,* troupeau, et *book,* livre). Livre généalogique des races bovines et porcines.

1. *HÈRE n.m. (anc. fr. *haire,* pauvre). *Litt.* ***Un pauvre hère :*** un homme misérable.

2. *HÈRE n.m. (néerl. *hert,* cerf). VÉNER. Jeune cerf ou jeune daim âgé de six mois à un an et n'ayant pas encore ses premiers bois.

HÉRÉDITAIRE adj. (lat. *hereditarius*). **1.** Qui se transmet selon les lois génétiques de l'hérédité. *Maladie héréditaire.* **2.** Transmis par voie de succession. *Titre héréditaire.*

ENCYCL. Les maladies héréditaires font partie des troubles génétiques. Elles touchent les gènes de toutes les cellules (et non pas d'un groupe de cellules comme, par ex., une tumeur) et se perpétuent au fil des générations (et non pas d'une manière occasionnelle, comme la trisomie 21). La connaissance du gène responsable, qui ne concerne d'ailleurs que certaines affections dites *monogéniques,* soulève l'espoir d'applications thérapeutiques dans le futur.

HÉRÉDITAIREMENT adv. De façon héréditaire.

HÉRÉDITÉ n.f. (lat. *hereditas*). **1.** Transmission des caractères génétiques d'une génération aux suivantes. **2.** Ensemble des caractères transmis des parents aux enfants. **3.** Caractère d'un bien, d'une dignité, d'une charge transmis par voie de succession.

***HEREFORD** [ɛrfɔrd] n. (du comté de *Hereford*). Bovin à viande d'une race d'origine anglaise, très répandue dans les pays anglo-saxons et en Amérique latine.

HÉRÉSIARQUE n. RELIG. Auteur ou propagateur d'une hérésie.

HÉRÉSIE n.f. (gr. *hairesis,* choix). **1.** Doctrine d'origine chrétienne contraire à la foi catholique et condamnée par l'Église. – *Par ext.* Doctrine qui s'oppose à l'orthodoxie dans toute religion établie. **2.** Idée, conception jugée contraire aux idées, aux conceptions généralement admises. *Une hérésie scientifique.* **3.** *Fig.* Manière d'agir jugée aberrante, contraire au bon sens et aux usages. *Boire de l'orangeade avec un poulet rôti, c'est une hérésie !*

HÉRÉTIQUE adj. Qui tient de l'hérésie ; qui constitue une hérésie. *Doctrine hérétique.* ◆ adj. et n. Qui professe ou soutient une hérésie.

***HÉRISSEMENT** n.m. **1.** Action de hérisser ; fait d'être hérissé. **2.** *Litt.* Fait d'être irrité, en colère.

HÉRISSER** v.t. (de *hérisson*). **1.** Dresser son poil, ses plumes, en parlant d'un animal. *Le chat hérisse ses poils.* **2.** Faire dresser les cheveux, les poils, les plumes. *Un grincement strident qui hérisse le poil.* **3.** Garnir d'objets menaçants, dangereux. *Hérisser un mur de tessons de bouteille.* **4.** ***Être hérissé de : être couvert d'objets saillants, en parlant d'une surface, d'un objet. *Planche hérissée de clous.* **5.** Remplir, parsemer de choses difficiles, désagréables. *Hérisser un concours de difficultés.* ◆ **se hérisser** v.pr. **1.** Se dresser, en parlant des poils, des cheveux, des plumes. **2.** *Fig.* Réagir en se crispant ; être sur la défensive.

HÉRISSON** n.m. (lat. *ericius*). **1.** Mammifère de l'Ancien Monde au dos recouvert de piquants, grand prédateur d'insectes, de vers, de mollusques et de reptiles. (Long. 20 cm ; genre *Erinaceus,* ordre des insectivores.) **2.** *Fig., fam.* Personne d'un abord difficile. **3.** ***Hérisson de mer : oursin. **4.** Brosse métallique sphérique de ramoneur, manœuvrée à l'aide d'un filin métallique. **5.** Ensemble de couronnes de métal étagées et garnies de chevilles pour faire égoutter les bouteilles. SYN. : *égouttoir à bouteilles.* **6.** FORTIF. Anc. Poutre hérissée de pointes de fer, utilisée comme cheval de frise. ◇ MIL. ***Défense en hérisson :*** défense d'un point d'appui isolé face à toutes les directions. **7.** AGRIC. Organe distributeur d'un épandeur d'engrais. **8.** CONSTR. Couche de blocs de pierre servant de fondations.

■ **HÉRISSON**

HÉRITABILITÉ n.f. ANTHROP. Ressemblance d'individus apparentés, pour un caractère donné, due à des causes génétiques ou environnementales.

HÉRITAGE n.m. **1.** Ensemble des biens acquis ou transmis par voie de succession. **2.** Ce que l'on tient de ses parents, des générations précédentes. *L'héritage culturel.*

HÉRITER v.i. (lat. *hereditare*). Recueillir un héritage. ◆ v.t. ind. **(de)**. **1.** Recevoir par voie de succession. *Hériter d'une grande fortune.* **2.** Recevoir, tenir de ses parents ou des générations précédentes. *Elle a hérité des yeux bleus de son père.* ◆ v.t. **1.** Recevoir qqch de qqn par voie d'héritage. *Il a hérité une maison en Bretagne.* **2.** Recevoir un caractère, une disposition d'esprit, etc., par hérédité. *Elle a hérité de sa mère l'amour de la peinture.*

HÉRITIER, ÈRE n. (lat. *hereditarius*). **1.** Toute personne qui hérite des biens d'un défunt. **2.** *Fam.* ou *par plais.* Enfant. *Ils attendent un héritier.* **3.** *Fig.* Personne qui recueille et continue une tradition.

HERMANDAD n.f. (mot esp., *fraternité*). Institution espagnole créée au Moyen Âge entre certaines communes pour le maintien de la paix publique.

HERMAPHRODISME n.m. BIOL. Présence, chez un même individu, des organes reproducteurs des deux sexes.

HERMAPHRODITE adj. et n. (de *Hermaphrodite,* n. myth.). BIOL. Se dit d'un être vivant où sont présents les organes reproducteurs des deux sexes. SYN. : *bisexué.*

HERMÉNEUTIQUE n.f. (du gr. *hermeneuein,* expliquer). **1.** THÉOL. CHRÉT. Science de la critique et de l'interprétation des textes bibliques. **2.** PHILOS. Théorie de l'interprétation des signes comme éléments symboliques d'une culture. ◆ adj. Relatif à l'herméneutique.

HERMÈS [ɛrmɛs] n.m. (de *Hermès,* n. myth.). SCULPT. Terme. ◇ ***Buste en hermès,*** dont les épaules, la poitrine, le dos sont coupés par des plans verticaux.

HERMÉTICITÉ n.f. *Didact.* Caractère hermétique de qqch.

HERMÉTIQUE adj. (de *Hermès Trismégiste*). **1.** Se dit d'une fermeture parfaitement étanche et de l'objet qui en est muni. *Une boîte hermétique.* **2.** Qui est difficile à comprendre ; impénétrable. *Un texte hermétique.* **3.** ***Visage hermétique,*** qui ne laisse paraître aucun sentiment, aucune émotion. **4.** Relatif à la doctrine de l'hermétisme.

HERMÉTIQUEMENT adv. D'une manière hermétique. *Fermé hermétiquement.*

HERMÉTISME n.m. **1.** Caractère de ce qui est hermétique, difficile à comprendre. **2.** Doctrine ésotérique fondée sur des écrits de l'époque gréco-romaine attribués à l'inspiration du dieu Hermès Trismégiste. – Doctrine occulte des alchimistes, au Moyen Âge et à la Renaissance.

HERMÉTISTE n. Anc. Personne étudiant ou professant l'hermétisme.

HERMINE n.f. (lat. *Armenius mus,* rat d'Arménie). **1.** Mammifère carnivore proche de la belette, dont le pelage, fauve l'été, devient blanc l'hiver (sauf le bout de la queue, toujours noir) et constitue une fourrure très appréciée. (Long. 27 cm ; famille des mustélidés.) **2.** Bande de fourrure d'hermine, fixée à certains costumes de cérémonie. **3.** HÉRALD. Fourrure à mouchetures de sable semées sur champ d'argent.

■ **HERMINE**

HERMINETTE n.f. **1.** Hache de charpentier ou de tonnelier, à fer recourbé, dont le tranchant se trouve dans un plan perpendiculaire au manche. **2.** Fourrure d'été, fauve, de l'hermine.

***HERNIAIRE** adj. Relatif à une hernie.

HERNIE** n.f. (lat. *hernia*). **1.** Sortie d'un organe ou d'une partie d'organe hors de la cavité où ils se trouvent normalement, par un orifice naturel ou accidentel. *Hernie inguinale, crurale, ombilicale, discale, hiatale.* **2.** Saillie de la chambre à air à travers la déchirure d'un pneumatique. **3.** ***Hernie du chou : maladie cryptogamique du chou.

***HERNIÉ, E** adj. MÉD. Qui fait hernie. *Intestin hernié.*

HÉROÏCITÉ n.f. Rare. Qualité de ce qui est héroïque. *L'héroïcité d'un acte, d'une résolution.*

HÉROÏ-COMIQUE adj. (pl. *héroï-comiques*). **1.** Qui comporte des épisodes tragiques et cocasses. *Une aventure héroï-comique.* **2.** Se dit d'une œuvre littéraire qui mêle l'héroïque et le comique, qui traite sur le ton de l'épopée un thème commun ou ridicule.

HÉROÏDE n.f. LITTÉR. Épître en vers dans laquelle l'auteur fait parler un héros fameux. (*Les Héroïdes* d'Ovide furent les premières du genre.)

1. HÉROÏNE n.f. → **2. *HÉROS.**

2. HÉROÏNE n.f. (all. *Heroin*). Stupéfiant dérivé de la morphine, extrêmement toxique. SYN. : *diacétylmorphine.*

HÉROÏNOMANE n. Toxicomane à l'héroïne.
HÉROÏNOMANIE n.f. Toxicomanie à l'héroïne.
HÉROÏQUE adj. (lat. *heroicus*). **1.** Qui manifeste de l'héroïsme, de la bravoure ou un gros effort ; courageux. *Combattante héroïque. Décision héroïque.* **2.** Qui se rapporte aux héros de l'Antiquité. ◇ *Temps héroïques :* époque reculée où se sont produits des faits remarquables, mémorables. *Les temps héroïques du début de l'aviation.* **3.** Qui chante les exploits des héros. *Poème héroïque.*
HÉROÏQUEMENT adv. De façon héroïque.
HÉROÏSME n.m. **1.** Courage exceptionnel, grandeur d'âme hors du commun. *Acte d'héroïsme.* **2.** Caractère de ce qui est héroïque ; grandeur. *L'héroïsme d'un geste.*
***HÉRON** n.m. (francique *haigro*). Grand oiseau échassier migrateur, à long bec, au cou long et grêle, vivant au bord des eaux, où il pêche divers animaux aquatiques. (Genre *Ardea* ; famille des ardéidés.)

■ **HÉRON.** Héron cendré et ses petits.

***HÉRONNEAU** n.m. Petit du héron.
***HÉRONNIÈRE** n.f. **1.** Lieu où nichent les hérons. **2.** Colonie de hérons.
1. *HÉROS n.m. (gr. *hêrôs*). **1.** MYTH. GR. Demi-dieu ou grand homme divinisé. **2.** Personnage légendaire à qui l'on prête des exploits extraordinaires.
2. *HÉROS, HÉROÏNE n. **1.** Personne qui se distingue par des qualités ou des actions exceptionnelles, par son courage face au danger. *Mourir en héros.* **2.** Personnage principal d'une œuvre de fiction. **3.** Personne qui tient le rôle principal dans un événement, qui s'y distingue. *Elle a été l'héroïne involontaire d'un fait divers.*
HERPÈS [ɛrpɛs] n.m. (mot gr., *dartre*). Affection de la peau et des muqueuses d'origine virale, caractérisée par une éruption de vésicules, passagère mais pouvant être suivie de récurrences pendant des années.
HERPÉTIQUE adj. Relatif à l'herpès ou au virus de l'herpès. *Encéphalite herpétique.* ◆ adj. et n. Atteint par un herpès.
HERPÉTOLOGIE n.f. → **ERPÉTOLOGIE.**
HERPÉTOLOGIQUE adj. → **ERPÉTOLOGIQUE.**
HERPÉTOLOGISTE n. → **ERPÉTOLOGISTE.**
***HERSAGE** n.m. Action de herser.
***HERSCHER** v.i. → ***HERCHER.**
***HERSCHEUR, EUSE** n. → ***HERCHEUR.**
***HERSE** [ɛrs] n.f. (lat. *hirpex*). **1.** Instrument agricole traîné par un tracteur ou un attelage, formé d'un châssis muni de dents métalliques pour le travail superficiel du sol. **2.** Anc. Grille coulissant verticalement dans des glissières, armée de pointes à sa partie inférieure, que l'on abaissait pour interdire l'accès d'un ouvrage fortifié. **3.** Pièce munie de pointes servant à barrer une route. **4.** Appareil d'éclairage suspendu au cintre d'un théâtre. **5.** Support muni de nombreuses pointes pour piquer des cierges.
***HERSER** v.t. AGRIC. Passer la herse sur un sol.
***HERSEUR, EUSE** adj. Rare. Qui herse. *Machine herseuse.*
***HERTZ** [ɛrts] n.m. (du n. du physicien, H. *Hertz*). Unité de mesure de fréquence (symb. Hz), fréquence d'un phénomène périodique dont la période est 1 seconde.
***HERTZIEN, ENNE** adj. **1.** Se dit des ondes électromagnétiques de fréquences inférieures à celles des ondes optiques ainsi que des phénomènes qui s'y rapportent. SYN. : *radioélectrique.* **2.** Qui utilise les ondes hertziennes. *Réseau hertzien.*
HÉSITANT, E adj. et n. Qui manifeste de l'hésitation, de l'indécision. *Cliente, réponse hésitante.* ◆ adj. Qui trahit un manque d'assurance. *Démarche hésitante.*
HÉSITATION n.f. Fait d'hésiter ; doute, indécision ; moment d'arrêt dans l'action qui marque l'indécision. *Parler avec hésitation, avec des hésitations dans la voix.*
HÉSITER v.i. (lat. *haesitare*). **1.** Être dans un état d'incertitude, d'irrésolution qui empêche ou retarde l'action, le choix. *Hésiter sur la route à suivre. Hésiter à partir.* **2.** Marquer son indécision, son embarras par un temps d'arrêt, un silence. *Parler en hésitant.*
HESSOIS, E adj. et n. De la Hesse.
HÉSYCHASME [ezikasm] n.m. (gr. *hêsukhia*, paix). École de spiritualité de l'Église orthodoxe, fondée sur la contemplation et l'invocation réitérée du nom de Jésus, représentée princip. par Grégoire Palamas.
HÉTAÏRE [etair] n.f. (gr. *hetaira*). ANTIQ. GR. Courtisane d'un rang élevé.
HÉTAIRIE n.f. (gr. *hetaireia*). **1.** ANTIQ. GR. Association politique exerçant un pouvoir plus ou moins occulte. **2.** Société littéraire ou politique dans la Grèce moderne, princip. au XIXe s. ◇ *L'Hétairie : v. partie n.pr.*
HÉTÉRO adj. et n. (abrév.). *Fam.* Hétérosexuel.
HÉTÉROCERQUE [-sɛrk] adj. (gr. *heteros*, autre, et *kerkos*, queue). Se dit de la nageoire caudale de certains poissons (esturgeon, requin...), dont le lobe dorsal, plus développé que le ventral, contient l'extrémité de la colonne vertébrale (par oppos. à *homocerque*).
HÉTÉROCHROMOSOME n.m. SC. DE LA V. Chromosome dont dépend le sexe du zygote. (Dans l'espèce humaine, il s'agit de chromosomes X et Y, l'homme ayant un X et un Y, et la femme ayant deux X.) SYN. : *allosome, chromosome sexuel, gonosome.*
HÉTÉROCLITE adj. (gr. *heteroklitos*). **1.** Fait d'éléments disparates, bizarres. *Accoutrement hétéroclite.* **2.** *Didact.* Qui s'écarte des règles propres à son genre, des règles de l'art.
HÉTÉROCYCLE n.m. CHIM. ORG. Composé organique cyclique dont l'anneau comporte des atomes d'éléments autres que le carbone. (Le furanne est un hétérocycle.)
HÉTÉROCYCLIQUE adj. CHIM. ORG. Relatif à un hétérocycle.
HÉTÉRODONTE adj. ZOOL. Se dit de la denture des vertébrés, quand leurs dents sont diversifiées dans leur forme et leur fonction (par oppos. à *homodonte*).
HÉTÉRODOXE adj. et n. (gr. *heterodoxos*, qui pense autrement). **1.** RELIG. Qui s'écarte de l'orthodoxie. **2.** Qui s'oppose aux idées reçues.
HÉTÉRODOXIE n.f. (du gr. *heterodoxos*, qui pense autrement). **1.** RELIG. Caractère de ce qui est hétérodoxe ; doctrine hétérodoxe. **2.** Non-conformisme.
HÉTÉRODYNE n.f. Générateur d'oscillations électriques sinusoïdales, génér. employé dans les récepteurs radioélectriques pour effectuer un changement de fréquence.
HÉTÉROGAMÉTIQUE adj. BIOL. *Sexe hétérogamétique*, produisant deux types de gamètes en nombre égal, déterminant ainsi le sexe du produit de la fécondation. (Chez les mammifères, c'est le mâle qui est hétérogamétique ; chez les oiseaux, c'est la femelle.) CONTR. : *homogamétique.*
HÉTÉROGAMIE n.f. **1.** BIOL. Fusion de deux gamètes plus ou moins dissemblables (cas qui se présente le plus généralement, l'oogamie représentant un cas extrême d'hétérogamie). CONTR. : *isogamie.* **2.** SOCIOL. Mariage entre individus de statuts sociaux différents.
HÉTÉROGÈNE adj. (gr. *heterogenês*). Qui est formé d'éléments de nature différente ; disparate. *Population hétérogène.*
HÉTÉROGÉNÉITÉ n.f. Caractère de ce qui est hétérogène.
HÉTÉROGREFFE n.f. MÉD. Xénogreffe.
HÉTÉROMÉTABOLE adj. Se dit des insectes qui ont des métamorphoses progressives, sans stade nymphal. CONTR. : *holométabole.*
HÉTÉROMORPHE adj. SC. DE LA V. Qui présente des formes très différentes chez une même espèce.
HÉTÉROMORPHIE n.f. ou **HÉTÉROMORPHISME** n.m. Caractère hétéromorphe.
HÉTÉRONOME adj. (gr. *heteros*, autre, et *nomos*, loi). *Didact.* Qui reçoit de l'extérieur les lois régissant sa conduite, au lieu de les trouver en soi. CONTR. : *autonome.*
HÉTÉRONOMIE n.f. *Didact.* Fait d'être hétéronome ; absence d'autonomie.
HÉTÉROPHORIE n.f. MÉD. Déviation de l'axe des yeux n'apparaissant que lorsqu'un des deux yeux est masqué, par oppos. à *strabisme.*
HÉTÉROPROTÉINE n.f. Protéine complexe comportant, outre les acides aminés, un groupement prosthétique.
HÉTÉROPTÈRE n.m. Insecte hémiptéroïde dont les ailes antérieures sont coriaces à l'avant et membraneuses à l'arrière, tel que la punaise, le gerris, l'hydromètre. (Les hétéroptères forment un ordre.)
HÉTÉROSEXUALITÉ n.f. Sexualité de l'hétérosexuel (par oppos. à *homosexualité*).
HÉTÉROSEXUEL, ELLE adj. et n. Qui éprouve une attirance sexuelle pour le sexe opposé (par oppos. à *homosexuel*). Abrév. *(fam.) : hétéro.*
HÉTÉROSIDE [eterozid] n.m. Oside formé d'oses et d'un composé non glucidique. SYN. : *glucoside.*
HÉTÉROSIS [eterozis] n.f. (gr. *heterosis*, changement). Accroissement de la vigueur ou des performances d'un hybride par rapport aux lignées, aux races, etc., dont il provient.
HÉTÉROSPHÈRE n.f. Couche de l'atmosphère terrestre située au-dessus de l'homosphère (vers 90 à 100 km d'altitude), dans laquelle, outre l'azote moléculaire, les gaz légers (hydrogène, hélium) sont en concentration notable, et où l'oxygène moléculaire est dissocié.
HÉTÉROTHERME adj. et n. PHYSIOL. Poïkilotherme.
HÉTÉROTROPHE adj. SC. DE LA V. Se dit d'un être vivant qui se nourrit de substances organiques, comme les animaux et la plupart des plantes dépourvues de chlorophylle (par oppos. à *autotrophe*).
HÉTÉROZYGOTE adj. et n. GÉNÉT. Se dit d'un sujet dont les cellules possèdent, pour un caractère donné, un allèle différent du gène correspondant sur chacun des chromosomes d'une paire. CONTR. : *homozygote.*
HETMAN [ɛtmɑ̃] ou [ɛtman] n.m. (mot polon.). HIST. **1.** Chef militaire en Pologne et en Lituanie (XVe - XVIIIe s.), ainsi qu'en Moldavie. **2.** Commandant en chef des cosaques, puis chef du gouvernement civil, en Ukraine (XVe - XVIIIe s.).
***HÊTRAIE** n.f. Lieu planté de hêtres.
***HÊTRE** n.m. (du francique). **1.** Arbre des forêts tempérées de l'hémisphère Nord, à écorce lisse, à bois blanc, ferme et flexible, dont les fruits sont les faines. (Haut. max. 30 m env. ; genre *Fagus*, famille des fagacées.) **2.** Bois de cet arbre, utilisé en menuiserie.

■ **HÊTRE**

***HEU** interj. Marque le doute, l'embarras, l'hésitation et parfois le dédain ou l'étonnement. *Heu ! Voyons... quel jour était-ce donc ?*

HEUR n.m. (lat. *augurium*, présage). *Litt. Avoir l'heur de,* la chance de. *Je n'ai pas l'heur de lui plaire.*

HEURE [œr] n.f. (lat. *hora*). **1.** Unité de temps (symb. h) valant 3 600 secondes, soit 60 minutes, contenue vingt-quatre fois dans un jour. **2.** Période de temps correspondant approximativement à cette unité. *Ça fait une bonne heure que je vous attends.* **3.** Période de temps correspondant à cette unité et affectée à un travail ; unité de travail ou de salaire. *Être payé à l'heure.* ◇ ***Heure supplémentaire :*** heure de travail accomplie au-delà de la durée légale hebdomadaire de travail. **4.** Cette unité, employée pour mesurer approximativement la durée d'un trajet et par conséquent sa longueur. *Cette ville est à deux heures de route de Paris.* **5.** En course à pied ou en cyclisme, épreuve consistant à parcourir la distance la plus longue possible en une heure. **6.** ASTRON. Dans l'Antiquité, douzième partie de l'intervalle de temps compris entre le lever et le coucher du Soleil. **7.** Organisation temporelle de la journée permettant, par référence à un système conventionnel, de situer précisément chacun des moments de la journée. ◇ DR. ***Heure légale :*** heure déterminée par la loi dans chaque pays par rapport à une référence internationale (en général le méridien de Greenwich). SYN. : *temps légal.* – ***Heure locale :*** heure légale en un lieu donné. – ***Heure d'été :*** heure adoptée au printemps et en été par de nombreux pays, en vue de réduire les dépenses d'énergie, et qui avance en général de 60 minutes sur l'heure légale en vigueur pendant le reste de l'année *(heure d'hiver).* **8.** Moment précis du jour, déterminé par référence à ce système conventionnel. *Il est trois heures, trois heures vingt (minutes).* ◇ ***Être à l'heure :*** donner l'heure juste, en parlant d'une montre, d'une pendule ; être exact, ponctuel, en parlant d'une personne. **9.** Moment de la journée, déterminé de manière plus ou moins précise par rapport à une activité, à un emploi du temps, etc., ou par le sentiment de la durée. *L'heure du dîner.* ◇ ***À une heure avancée :*** tard. – ***De bonne heure :*** tôt. – ***D'heure en heure :*** toutes les heures ; à mesure que passent les heures. – ***D'une heure à l'autre :*** sous peu. – ***N'avoir pas d'heure :*** être incapable de respecter un horaire régulier. – ***Sur l'heure :*** à l'instant même. – ***Tout à l'heure :*** dans un moment ; il y a un moment. – PRESSE, MÉDIAS. ***De dernière heure :*** se dit de la copie ou des informations qui parviennent à la rédaction juste avant leur impression ou leur diffusion. **10.** Moment, période quelconque dans le cours d'une vie, d'une entreprise, dans l'histoire d'un pays, etc. *Connaître des heures difficiles.* – *Spécial.* Période de réussite. *Son heure viendra.* ◇ ***À la bonne heure ! :*** voilà qui est bon, qui va bien. – ***À son heure :*** au moment qui convient. – ***De la première heure :*** se dit des tout premiers partisans d'une cause. – ***La dernière heure :*** le moment de la mort. **11.** ***Heure d'angle :*** unité de mesure d'angle plan utilisée en astronomie et en navigation et valant 2 π/24 radian, soit 15 degrés. ◆ pl. ***Heures canoniales :*** heures où l'on récite les diverses parties de l'ancien bréviaire ; ces parties elles-mêmes. – ***Livre d'heures :*** recueil de prières à l'usage de la dévotion personnelle des fidèles, à la fin du Moyen Âge.

HEUREUSEMENT adv. **1.** De façon avantageuse, favorable. *Terminer heureusement une affaire.* **2.** Harmonieusement, de manière agréable. *Couleurs heureusement assorties.* **3.** Par chance, par bonheur. *Heureusement, le train avait du retard.* ◇ ***Heureusement que :*** c'est une chance que. *Heureusement qu'elle est guérie.*

HEUREUX, EUSE adj. (de *heur*). **1.** Qui jouit du bonheur, qui manifeste ce bien-être. *Un homme, un visage heureux.* ◇ ***Heureux caractère, heureuse nature :*** se dit d'une personne portée à l'optimisme. **2.** Qui éprouve de la satisfaction. *Il est très heureux de partir.* **3.** Qui procure du bonheur. *Un mariage heureux. Un heureux événement.* **4.** Vieilli. Favorisé par le sort ; chanceux. *Si vous êtes assez heureuse pour frapper à la bonne porte.* **5.** Qui survient de façon opportune ; favorable, avantageux. *Heureux concours de circonstances.* **6.** Particulièrement réussi ; juste. *Une heureuse alliance de classicisme et de modernisme.* ◆ n. *Faire un (des) heureux :* procurer à une personne (à plusieurs) un avantage inespéré.

HEURISTIQUE adj. (du gr. *heuriskein*, trouver). *Didact.* Qui sert à la découverte, notamm. dans la recherche scientifique et épistémologique. *Hypothèse heuristique.* ◆ n.f. Discipline qui se propose de dégager les règles de la recherche scientifique et de la découverte.

***HEURT** [œr] n.m. **1.** Fait de heurter, de se heurter ; choc, coup qui en résulte. *Heurt de deux véhicules.* **2.** Opposition, contraste très forts, violents. *Heurt de sonorités.* **3.** (Souvent pl.) Opposition violente entre des personnes ; désaccord, friction. *Il y a eu des heurts entre eux.*

HEURTÉ, E** adj. Qui contraste violemment. *Couleurs heurtées.* ◇ ***Style heurté, qui présente des oppositions marquées, des ruptures de construction ; haché.

***HEURTER** v.t. (du francique *hurt*, bélier). **1.** Entrer rudement en contact avec ; frapper. *La voiture a heurté le mur. La manivelle l'a heurté à la jambe.* **2.** Cogner une chose contre une autre. **3.** *Fig.* Contrarier vivement, irriter ; choquer. *Sa grossièreté me heurte.* **4.** Être en opposition complète avec. *Heurter les convenances.* ◆ v.i. **1.** Entrer rudement en contact avec. *Le navire a heurté contre un rocher.* **2.** *Litt.* Frapper. *Heurter à la porte.* ◆ **se heurter** v.pr. **1.** (à, contre). Se cogner accidentellement contre, buter contre. **2.** (à). *Fig.* Rencontrer un obstacle, une difficulté. *Se heurter à un refus.* **3.** (à). Être en conflit ; s'opposer. *Elles se sont sérieusement heurtées.*

***HEURTOIR** n.m. **1.** Marteau de porte monté sur une charnière, qui retombe sur une plaque de métal. **2.** CH. DE F. Butoir.

HÉVÉA n.m. (quechua *hyeve*). Grand arbre des régions chaudes cultivé pour son latex, qu'on extrait de l'arbre sur pied et dont on tire le caoutchouc. (Famille des euphorbiacées.)

■ **HÉVÉA**

HEXACHLOROCYCLOHEXANE [egzaklɔ-] n.m. CHIM. ORG. Composé ($C_6H_6Cl_6$) dérivé du cyclohexane, dont un isomère est employé comme insecticide. Abrév. : *HCH.*

HEXACHLORURE [ɛgzaklɔryr] n.m. CHIM. MINÉR. Espèce chimique ayant six atomes de chlore liés par coordination à l'atome central en une disposition octaédrique.

HEXACORALLIAIRE n.m. Invertébré cnidaire, solitaire ou colonial, dont les polypes ont un nombre de tentacules et de cloisons multiple de six, tel que les madrépores et les actinies. (Les hexacoralliaires forment un ordre d'anthozoaires.) SYN. : *zoanthaire.*

HEXACORDE n.m. MUS. Série ascendante ou descendante de six degrés diatoniques, sur laquelle repose le système musical employé jusqu'au XVIIe s. (Il existe 3 hexacordes : hexacorde naturel *do* → *la ;* hexacorde du bécarre *sol* → *mi ;* hexacorde *fa* → *ré.*)

HEXADÉCANE n.m. CHIM. ORG. Hydrocarbure saturé, de formule $H_3C–(CH_2)_{14}–CH_3$. SYN. : *cétane.*

HEXADÉCIMAL, E, AUX adj. Se dit d'un système de numération à base 16.

HEXAÈDRE n.m. (gr. *hexa*, six, et *edra*, face). GÉOMÉTR. Polyèdre à six faces. (Le cube est un hexaèdre régulier.)

HEXAÉDRIQUE adj. Qui a la forme d'un hexaèdre.

HEXAFLUORURE n.m. Espèce chimique ayant six atomes de fluor liés par coordination à l'atome central en une disposition octaédrique. (L'hexafluorure d'uranium est utilisé dans le procédé de séparation de l'isotope fissile.)

HEXAGONAL, E, AUX adj. **1.** Qui a la forme d'un hexagone. **2.** ***Système hexagonal :*** système cristallin dont la maille élémentaire est un prisme droit à base d'hexagone. **3.** Qui concerne l'Hexagone, la France. *Une politique étroitement hexagonale.*

HEXAGONE n.m. (gr. *hexa*, six, et *gônia*, angle). **1.** GÉOMÉTR. Polygone à six angles, et donc six côtés. **2.** *L'Hexagone :* la France métropolitaine, dont les contours évoquent vaguement un hexagone.

HEXAMÈTRE adj. et n.m. Se dit d'un vers qui a six mesures ou six pieds.

HEXANE n.m. CHIM. ORG. Hydrocarbure saturé (C_6H_{14}), dont un isomère est fréquemment utilisé comme solvant.

HEXAPODE adj. et n.m. ZOOL. Qui possède trois paires de pattes. *Larve hexapode d'un insecte.*

HEXASTYLE adj. Qui présente six colonnes de front (cas le plus fréquent des temples grecs).

HEXOSE n.m. BIOCHIM. Sucre ($C_6H_{12}O_6$), de même formule que le glucose et le galactose.

***HI** interj. Exprime le rire ou, plus rarement, les pleurs. *Hi ! hi ! que c'est drôle !*

HIATAL, E, AUX adj. MÉD. Relatif à un hiatus. ◇ *Hernie hiatale :* hernie de l'estomac, à travers l'orifice œsophagien du diaphragme.

HIATUS ou, *cour.*, ***HIATUS** [jatys] n.m. (mot lat., *ouverture*). **1.** LING. Succession de deux voyelles appartenant à des syllabes différentes, à l'intérieur d'un mot *(aorte)* ou à la frontière de deux mots *(il alla à Paris).* **2.** ANAT. Orifice naturel étroit. *Hiatus œsophagien du diaphragme.* **3.** *Fig.* Manque de continuité, de cohérence ; décalage, interruption. *Hiatus entre la théorie et les faits.*

HIBERNAL, E, AUX adj. (lat. *hibernalis*). Qui a lieu pendant l'hiver.

HIBERNANT, E adj. Se dit d'un animal qui subit l'hibernation naturelle.

HIBERNATION n.f. **1.** État léthargique, dû à un abaissement de la température du corps, dans lequel certains mammifères (marmotte, loir, chauve-souris) passent l'hiver (par oppos. à *estivation*). **2.** MÉD. *Hibernation artificielle :* technique de mise au repos de l'organisme par l'action de médicaments et la réfrigération du corps, facilitant des interventions chirurgicales ou certains traitements. **3.** État d'inertie, d'improductivité. *Projets en hibernation.*

HIBERNER v.i. (lat. *hibernare*). Passer l'hiver en hibernation. *La marmotte hiberne.*

HIBISCUS [ibiskys] n.m. (lat. *hibiscum*, guimauve). Arbuste tropical à fleurs ornementales, dont une espèce est l'ambrette et dont une autre fournit un textile. (Famille des malvacées.)

***HIBOU** n.m. [pl. *hiboux*] (onomat.). **1.** Rapace nocturne, portant des aigrettes de plumes, ou « oreilles », prédateur de petits rongeurs. (Cri : le hibou hue ou ulule ; genres *Asio, Bubo, Otus,* famille des strigidés.) **2.** *Fam. Vieux hibou :* homme âgé, solitaire et bourru.

■ **HIBOU.** Hibou grand duc.

*__HIC__ n.m. inv. (de la phrase latine *hic est quaestio,* ici est la question). *Fam.* Difficulté essentielle ; problème. *Voilà le hic.*

*__HIC ET NUNC__ [ikɛtnɔ̃k] loc. adv. (mots lat., *ici et maintenant*). Sans délai et dans ce lieu même.

*__HICKORY__ [ikɔri] n.m. (mot algonquien). Arbre de l'Amérique du Nord, voisin du noyer, dont le bois, très résistant, naguère utilisé dans la fabrication des skis, des canoës, l'est encore en tournerie. (Genre *Carya ;* famille des juglandacées.) SYN. : *caryer.*

__HIDALGO__ n.m. (mot esp.). Noble espagnol.

*__HIDEUR__ n.f. (anc. fr. *hisde,* horreur). *Litt.* Caractère de ce qui est hideux ; laideur extrême.

*__HIDEUSEMENT__ adv. De façon hideuse.

*__HIDEUX, EUSE__ adj. **1.** Qui est d'une laideur repoussante ; horrible. *Spectacle hideux.* **2.** Qui provoque un dégoût moral ; ignoble.

*__HIDJAB__ [idʒab] n.m. (mot ar.). Vêtement, en partic. foulard, que porte la femme musulmane pour respecter l'obligation de pudeur.

__HIÈBLE__ ou __YÈBLE__ n.f. (lat. *ebulum*). Petit sureau à tige herbacée de l'Europe occidentale, commun dans les haies. (Genre *Sambucus ;* famille des caprifoliacées.)

__HIÉMAL, E, AUX__ adj. (lat. *hiems,* hiver). *Didact.* ou *litt.* Relatif à l'hiver ; qui croît en hiver. *Sommeil hiémal. Plantes hiémales.*

__HIER__ adv. (lat. *heri*). **1.** Le jour précédant immédiatement celui où l'on est. **2.** Dans un passé récent. *Sa fortune date d'hier.*

*__HIÉRARCHIE__ [-ʃi] n.f. (gr. *hieros,* sacré, et *arkhein,* commander). **1.** Classement des fonctions, des dignités, des pouvoirs dans un groupe social selon un rapport de subordination et d'importances respectives ; ensemble des personnes qui occupent des fonctions supérieures. *Hiérarchie administrative. Décision de la hiérarchie.* **2.** Organisation en une série décroissante ou croissante d'éléments classés selon leur grandeur ou leur valeur. *Hiérarchie des salaires.* ◇ INFORM. ***Hiérarchie de mémoires :*** classement des mémoires d'un système informatique selon un critère de performance et de capacité.

*__HIÉRARCHIQUE__ adj. Relatif à la hiérarchie ; fondé sur la hiérarchie. *Passer par la voie hiérarchique.* ◇ DR. ***Pouvoir hiérarchique,*** exercé dans l'Administration par un supérieur sur les actes de ses subordonnés et se distinguant, en droit français, de la *tutelle administrative.*

*__HIÉRARCHIQUEMENT__ adv. De façon hiérarchique ; selon une hiérarchie.

*__HIÉRARCHISATION__ n.f. Action de hiérarchiser ; son résultat.

*__HIÉRARCHISER__ v.t. Organiser, régler en fonction d'une hiérarchie, selon un ordre hiérarchique.

*__HIÉRARQUE__ n.m. **1.** Titre donné à certains hauts dignitaires des Églises chrétiennes d'Orient. **2.** Chef, personnalité occupant une place importante au sein d'une hiérarchie.

__HIÉRATIQUE__ adj. (gr. *hieratikos,* qui concerne les choses sacrées). **1.** Conforme aux normes d'une tradition liturgique. **2.** Se dit d'une écriture cursive de l'Égypte ancienne, dérivée des hiéroglyphes. **3.** *Litt.* D'une majesté, d'une raideur solennelle. *Attitude, gestes hiératiques.*

__HIÉRATIQUEMENT__ adv. *Litt.* De façon hiératique.

__HIÉRATISME__ n.m. *Litt.* Attitude, caractère hiératique.

__HIÉRODULE__ n.m. (gr. *hieros,* sacré, et *doulos,* esclave). ANTIQ. GR. Esclave attaché au service d'un temple.

__HIÉROGAMIE__ n.f. (gr. *hieros,* sacré, et *gamos,* union). Conjonction d'un dieu et d'une déesse, ou de deux principes complémentaires de sexes opposés, qui figure au nombre des mythes de beaucoup de religions.

*__HIÉROGLYPHE__ n.m. (gr. *hieros,* sacré, et *gluphein,* graver). **1.** Chacun des signes du système d'écriture idéographique des anciens Égyptiens. **2.** (Génér. pl.) Signe d'écriture impossible à déchiffrer. *Je ne peux pas lire tes hiéroglyphes.*

*__HIÉROGLYPHIQUE__ adj. Relatif aux hiéroglyphes.

__HIÉRONYMITE__ n.m. (lat. *Hieronymus,* Jérôme). Membre d'un des ordres religieux d'ermites de saint Jérôme.

__HIÉROPHANTE__ n.m. (du gr. *hierophantês*). ANTIQ. GR. Prêtre qui présidait aux mystères d'Éleusis.

*__HI-FI__ [ifi] n.f. inv. (abrév. de l'angl. *high fidelity*). ÉLECTROACOUST. Haute-fidélité.

*__HIGHLANDER__ [ajlɑ̃dœr] n.m. (mot angl., *montagnard*). **1.** Habitant ou personne originaire des Highlands *(Hautes Terres),* en Écosse. **2.** Soldat d'un régiment britannique recruté parmi les Écossais, dont il a conservé le costume traditionnel.

*__HIGH-TECH__ [ajtɛk] adj. inv. et n.m. inv. (abrév. de l'angl. *high technology,* haute technologie). **1.** Se dit d'un style d'aménagement et de décoration caractérisé par l'intégration de matériaux, de meubles ou d'accessoires conçus pour un usage professionnel ou industriel, développé à partir de la fin des années 1970. **2.** Se dit d'un type d'architecture contemporaine faisant notamm. appel à des techniques de pointe en matière de structures métalliques. **3.** Se dit d'un produit qui relève des techniques de pointe, des industries utilisant ces technologies.

__HIGOUMÈNE__ n.m. (gr. mod. *hêgoumenos*). Supérieur d'un monastère orthodoxe.

*__HI-HAN__ interj. Imite le cri de l'âne.

*__HILAIRE__ adj. Relatif au hile d'un organe.

__HILARANT, E__ adj. Qui provoque le rire. ◇ Vieilli. *Gaz hilarant :* hémioxyde ou protoxyde d'azote (N_2O), qui produit un état d'ivresse gaie.

__HILARE__ adj. (lat. *hilaris*). Qui montre une joie béate, un grand contentement.

__HILARITÉ__ n.f. Gaieté subite, explosion de rire.

*__HILE__ n.m. (lat. *hilum*). **1.** ANAT. Région d'un viscère où les vaisseaux sanguins et les nerfs pénètrent ou sortent. *Hile du foie.* **2.** BOT. Région de la graine, de couleur distincte, cicatrice de l'insertion du funicule sur l'ovule.

__HILOIRE__ n.f. (du néerl. *sloerie,* plat-bord). MAR. Bordure verticale d'un panneau, servant à empêcher l'eau de pénétrer à l'intérieur.

__HILOTE__ ou __ILOTE__ n.m. (gr. *heilôs, heilôtos*). ANTIQ. GR. Esclave d'État, à Sparte.

__HILOTISME__ n.m. ANTIQ. GR. Condition d'hilote.

__HIMALAYEN, ENNE__ [imalajɛ̃, ɛn] adj. De l'Himalaya.

__HIMATION__ [imatjɔn] n.m. (mot gr.). COST. Pièce d'étoffe drapée qui servait de manteau long aux Grecs.

__HINAYANA__ adj. inv. (sanskr. *hīnayāna,* petit véhicule). ***Bouddhisme hinayana,*** pratiqué principalement au Sri Lanka et dans le Sud-Est asiatique, partic. en Thaïlande, et qui affirme que chaque membre de la communauté peut obtenir le nirvana. SYN. : ***bouddhisme theravada.***

*__HINDI__ [indi] n.m. Langue indo-aryenne parlée en Inde du Nord. (L'usage de la devanagari est sa principale différence avec l'ourdou, autre forme de la même langue, dite ***hindoustani.***) Graphie savante : *hindī.*

__HINDOU, E__ [ɛ̃du] adj. et n. (de *Inde*). Relatif à l'hindouisme ; qui professe l'hindouisme.

__HINDOUISME__ n.m. Religion répandue surtout en Inde, dont la base philosophique est la thèse de l'identité du soi individuel au soi universel, ou absolu.

ENCYCL. Le fondement théorique de l'hindouisme réside dans des textes *(Veda, Upanishad)* qui définissent un ensemble de croyances commun au brahmanisme et au bouddhisme (délivrance du cycle des renaissances, yoga). Il s'en distingue surtout par la croyance en l'existence d'un principe universel *(atman-brahman)* et par la foi en un panthéon qui lui est subordonné (Indra, Brahma, Vishnou, Shiva), ainsi que par une organisation sociale spécifique, le système des castes. L'hindouisme est subdivisé en différentes tendances (vishnouisme, shivaïsme, krishnaïsme, tantrisme) et a donné naissance à de nombreuses sectes.

■ **HIÉROGLYPHES.** (Musée égyptien, Le Caire.)

__HINDOUISTE__ adj. Relatif à l'hindouisme.

__HINDOUSTANI__ n.m. Nom donné à la langue commune dont les deux formes sont le hindi et l'ourdou. Graphie savante : *hindustānī.*

*__HIP, HIP, HIP, HOURRA__ interj. Sert à marquer la joie, à saluer une victoire, un événement heureux.

*__HIP-HOP__ adj. inv. et n.m. inv. Se dit d'un mouvement socioculturel contestataire et de ses modes d'expression, apparus aux États-Unis au début des années 1980, issus de la jeunesse urbaine et se manifestant, souvent dans la rue, par des graffs, des tags, une mode vestimentaire (baskets montantes, casquette, lunettes noires, etc.), des styles de danse (breakdance, smurf) et de musique (raggamuffin, rap...).

__HIPPARION__ n.m. (gr. *hipparion,* petit cheval). Mammifère ongulé voisin du cheval, fossile de la fin du tertiaire en Eurasie et en Afrique.

*__HIPPIE__ ou *__HIPPY__ n. et adj. [pl. *hippies, hippys*] (mot anglo-amér.). Adepte d'un mouvement des années 1960 et 1970 rejetant la société de consommation et prônant la non-violence, la liberté en tous domaines et la vie en communauté. ◆ adj. Propre aux hippies. *La mode hippie.*

H

__HIPPIQUE__ adj. (gr. *hippikos*). Relatif aux chevaux, à l'hippisme. *Concours hippique.*

__HIPPISME__ n.m. Ensemble des activités sportives pratiquées à cheval.

__HIPPOCAMPE__ n.m. (gr. *hippos,* cheval, et *kampê,* courbure). **1.** Poisson marin à tête chevaline et perpendiculaire au corps, qui nage verticalement et s'accroche aux algues par une queue préhensile. (L'hippocampe mâle possède une poche incubatrice ; long. 15 cm env., genre *Hippocampus,* famille des syngnathidés.) **2.** MÉD. Zone du lobe temporal de chaque hémisphère cérébral faisant partie du rhinencéphale et jouant un rôle dans le comportement. **3.** MYTH. GR. Animal fabuleux, mi-cheval, mi-poisson.

■ **HIPPOCAMPE**

__HIPPOCRATIQUE__ adj. Relatif à Hippocrate et à sa doctrine.

__HIPPOCRATISME__ n.m. *Hippocratisme digital :* épaississement des doigts avec bombement des ongles, observé notamm. dans les affections pulmonaires chroniques.

__HIPPODROME__ n.m. (gr. *hippos,* cheval, et *dromos,* course). **1.** Ensemble formé par la piste et les aménagements destinés aux courses de chevaux ; champ de courses. **2.** ANTIQ. Lieu aménagé pour les courses de chevaux ou de chars.

__HIPPOGRIFFE__ n.m. (ital. *ippogrifo*). Animal fabuleux, mi-cheval, mi-griffon, des romans de chevalerie médiévaux.

__HIPPOLOGIE__ n.f. Science, étude du cheval.

__HIPPOLOGIQUE__ adj. Relatif à l'hippologie.

__HIPPOMOBILE__ adj. Se dit d'un véhicule tiré par un ou plusieurs chevaux.

__HIPPOPHAÉ__ [-fae] n.m. Arbuste épineux des lieux sablonneux (dunes côtières, anciens lits de rivières), au feuillage argenté et à baies orange comestibles. (Haut. 3 m ; famille des éléagnacées.) SYN. : *argousier.*

__HIPPOPHAGIE__ n.f. Utilisation alimentaire de la viande de cheval.

__HIPPOPHAGIQUE__ adj. *Boucherie hippophagique :* boucherie *chevaline.

HIPPOPOTAME n.m. (gr. *hippos,* cheval, et *potamos,* rivière). **1.** Mammifère porcin massif, barbotant en groupe dans les fleuves africains et se nourrissant au crépuscule d'herbes fraîches, qu'il ne rumine pas. (Recherché pour l'ivoire de ses défenses, l'hippopotame est une espèce menacée. Long. 4 m ; masse 3 à 4 t ; genre *Hippopotamus,* ordre des artiodactyles.) **2.** *Fam.* Personne très forte, obèse.

■ **HIPPOPOTAME**

HIPPOPOTAMESQUE adj. *Fam.* Qui évoque la lourdeur d'un hippopotame.

HIPPOTECHNIE n.f. Technique de l'élevage et du dressage des chevaux.

***HIPPY** n. et adj. → ***HIPPIE.**

HIRAGANA n.m. Écriture syllabique japonaise.

HIRCIN, E [irsɛ̃, in] adj. (du lat. *hircus,* bouc). *Didact.* Relatif au bouc ; qui rappelle le bouc.

HIRONDEAU n.m. Petit de l'hirondelle.

HIRONDELLE n.f. (lat. *hirundo*). **1.** Oiseau passereau à dos noir, à ventre blanc et à queue échancrée, qui capture les insectes au vol. (Les hirondelles migrent des régions tempérées vers les tropiques en automne et reviennent en mars-avril. Cri : l'hirondelle gazouille ou trisse ; genre *Hirundo,* famille des hirundinidés.) **2.** *Fam.,* anc. Agent de police cycliste. **3.** *Fam.,* vieilli. Resquilleur dans les théâtres, les cocktails, etc. **4.** ***Hirondelle de mer*** : sterne. – ***Hirondelle des marais*** : glaréole. **5.** ***Nid d'hirondelle*** : nid de la salangane, que cet oiseau fabrique en régurgitant du jabot une substance gélatineuse provenant des algues absorbées, constituant un mets très apprécié des Chinois.

■ **HIRONDELLE** et ses petits.

HIRSUTE adj. (lat. *hirsutus*). Dont les cheveux, les poils sont touffus et hérissés.

HIRSUTISME n.m. MÉD. Développement d'une pilosité d'aspect masculin chez une femme.

HIRUDINE n.f. (lat. *hirudo, -inis,* sangsue). Protéine produite par la glande salivaire des sangsues, empêchant la coagulation du sang.

HIRUDINÉE n.f. (lat. *hirudo, -inis,* sangsue). Ver annélide dépourvu de soies, tel que la sangsue. (Les hirudinées forment une classe.) SYN. : *achète.*

HISPANIQUE adj. De l'Espagne. ◆ n. et adj. Aux États-Unis, personne originaire d'Amérique latine.

HISPANISATION n.f. Action d'hispaniser ; fait d'être hispanisé.

HISPANISER v.t. Faire adopter la langue, les institutions espagnoles à un peuple, un pays.

HISPANISME n.m. (lat. *hispanus,* espagnol). **1.** Idiotisme propre à l'espagnol. **2.** Emprunt à la langue espagnole.

HISPANISTE ou **HISPANISANT, E** n. Spécialiste de la langue et de la civilisation hispaniques.

HISPANO-AMÉRICAIN, E adj. et n. (pl. *hispano-américains, es*). De l'Amérique de langue espagnole.

HISPANO-ARABE, HISPANO-MORESQUE ou **HISPANO-MAURESQUE** adj. (pl. *hispano-arabes, hispano-moresques, hispano-mauresques*). Se dit de l'art, de la civilisation islamiques développés au temps où les califes de Cordoue réunissaient sous leur autorité le Maroc et l'Espagne. *Faïences hispano-mauresques.*

HISPANOPHONE adj. et n. De langue espagnole.

HISPIDE adj. (lat. *hispidus,* hérissé). BOT. Couvert de poils rudes et épais.

***HISSER** v.t. (bas all. *hissen*). **1.** Élever, dresser, souvent avec effort. *Hisser les voiles.* **2.** Faire accéder à un rang supérieur. *Hisser qqn à la présidence.* ◆ **se hisser** v.pr. S'élever avec effort ou difficulté.

HISTAMINE n.f. (gr. *histos,* tissu). Amine dérivée de l'histidine présente dans les tissus animaux, médiateur chimique de plusieurs phénomènes (sécrétion gastrique, allergie, etc.) et neuromédiateur.

HISTAMINIQUE adj. Relatif à l'histamine.

HISTIDINE n.f. Acide aminé basique, précurseur de l'histamine et constituant des protéines.

HISTIOCYTE n.m. HISTOL. Macrophage du tissu conjonctif.

HISTOCHIMIE n.f. Partie de l'histologie qui étudie les substances chimiques contenues dans les cellules et les tissus.

HISTOCOMPATIBILITÉ n.f. Similitude entre les antigènes portés par les tissus de deux personnes, dépendant surtout de leur groupe tissulaire et prise en compte lors des greffes.

HISTOGENÈSE n.f. **1.** Étude de la formation des tissus, en partic. chez l'embryon, et de la formation des lésions des tissus. **2.** ENTOMOL. Remaniement des tissus qui, chez les insectes, s'opère à la fin des métamorphoses.

HISTOGRAMME n.m. Graphique obtenu en portant sur un axe les intervalles de classes d'une distribution statistique et, sur ces intervalles, des rectangles ayant une aire proportionnelle à l'effectif ou à la fréquence de la classe.

HISTOIRE n.f. (lat. *historia*). **1.** Relation des faits, des événements passés concernant la vie de l'humanité, d'une société, d'une personne, etc. ; ces faits, ces événements. *Écrire l'histoire d'une région.* ◇ ***La petite histoire*** : les anecdotes concernant le passé. – ***Peinture d'histoire,*** celle qui, prenant ses sujets, narratifs ou allégoriques, dans l'Antiquité, la fable, la Bible, l'histoire (surtout ancienne), occupait le premier rang de l'ancienne hiérarchie académique des genres. **2.** Science qui étudie le passé de l'humanité, son évolution. – Ouvrage décrivant le passé. *Une histoire de France.* ◇ Vieilli. ***Histoire naturelle*** : sciences naturelles. **3.** Partie du passé postérieure à l'apparition de l'écriture (par oppos. à *préhistoire*). *Histoire ancienne, médiévale, moderne, contemporaine.* **4.** Relation d'événements, réels ou fictifs ; récit. *Raconter une histoire à ses enfants.* **5.** Récit mensonger visant à tromper. *Allons ! Ce sont des histoires, tout ça !* **6.** Aventure particulière, incident. *Une vilaine histoire.* ◇ ***C'est toute une histoire*** : c'est long à raconter. **7.** *Fam.* Embarras, complications, ennuis. *Chercher des histoires. Tu ne vas pas en faire toute une histoire !* **8.** *Fam.* ***Histoire de*** : pour, en vue de. *Histoire de rire.*

HISTOLOGIE n.f. (gr. *histos,* tissu, et *logos,* science). Spécialité médicale ou biologique qui étudie au microscope la structure des tissus des êtres vivants.

HISTOLOGIQUE adj. Relatif à l'histologie ou aux tissus.

HISTOLYSE n.f. ENTOMOL. Destruction de tissus vivants au cours d'une métamorphose. (La nymphose des insectes s'accompagne d'une histolyse.)

HISTONE n.f. Protéine basique associée à l'ADN des chromosomes.

HISTORICISME n.m. **1.** Tendance à rendre compte de tout ce qui est d'ordre humain, et notamm. des idées, des valeurs, par la seule considération de l'histoire ; doctrine qui justifie cela. **2.** Tendance, en architecture, à s'inspirer du style d'une ou de plusieurs époques du passé.

HISTORICISTE adj. et n. Relatif à l'historicisme ; qui en est partisan.

HISTORICITÉ n.f. Caractère de ce qui est historique, de ce qui est attesté par l'histoire.

HISTORIÉ, E adj. Décoré de scènes à un ou plusieurs personnages. *Chapiteau historié.*

HISTORIEN, ENNE n. Spécialiste des études historiques ; auteur d'ouvrages historiques.

HISTORIETTE n.f. Petit récit d'une aventure plaisante ; anecdote.

HISTORIOGRAPHE n.m. Écrivain chargé officiellement d'écrire l'histoire de son temps ou d'un souverain.

HISTORIOGRAPHIE n.f. **1.** Travail de l'historiographe. **2.** Ensemble des documents historiques relatifs à une question. **3.** Étude des façons de concevoir et d'écrire l'histoire.

HISTORIQUE adj. **1.** Qui est relatif à l'histoire, étude du passé de l'humanité ; qui est conforme à ses méthodes, à ses règles. *Recherches, travaux historiques.* **2. a.** Qui appartient à l'histoire, partie du passé de l'humanité dont l'existence est considérée comme objectivement établie. *Fait historique.* **b.** Qui appartient à une période sur laquelle on possède des documents écrits. *Temps historiques et temps préhistoriques.* **3.** Qui est resté célèbre dans l'histoire ; digne d'être conservé par l'histoire. *Mot historique. Record historique.* **4.** ***Matérialisme historique*** → **matérialisme.** ◆ n.m. Exposé chronologique des faits ; récit. *L'historique d'une science.*

HISTORIQUEMENT adv. Du point de vue historique ; en historien.

HISTRION n.m. (lat. *histrio,* mime). **1.** ANTIQ. Acteur qui jouait des farces grossières ; bouffon. **2.** *Litt.* Personne qui se donne en spectacle ; bouffon. *Histrion politique.*

HISTRIONISME n.m. PSYCHOL. Théâtralisme.

HITLÉRIEN, ENNE adj. et n. Relatif à la doctrine de Hitler, au régime politique qu'il institua ; qui en est partisan.

HITLÉRISME n.m. Doctrine de Hitler ; national-socialisme.

***HIT-PARADE** [itparad] n.m. [pl. *hit-parades*] (angl. *hit,* succès, et *parade,* défilé). Palmarès de chansons, de films, de vedettes, etc., classés selon leur succès. Recomm. off. : *palmarès.*

***HITTITE** adj. Qui appartient aux Hittites. ◆ n.m. Langue indo-européenne que parlaient les Hittites.

***HIV** [aʃive] n.m. (sigle de l'angl. *human immunodeficiency virus*). Dénomination internationale du VIH.

HIVER n.m. (lat. *hibernum tempus*). **1.** Saison qui succède à l'automne et précède le printemps et qui, dans l'hémisphère Nord, commence le 21 ou le 22 décembre et finit le 20 ou le 21 mars. **2.** Période froide de l'année, dans les climats tempérés, dont la durée, variable, ne coïncide pas nécessairement avec la saison astronomique. *Un hiver précoce. Sports d'hiver.*

HIVERNAGE n.m. **1.** MAR. Temps de relâche des navires pendant la saison des pluies, des glaces ou des ouragans ; port abrité où ils relâchent pendant cette période. **2.** Saison des pluies, dans les régions tropicales. **3.** AGRIC. **a.** Séjour des troupeaux à l'étable pendant l'hiver. **b.** Vx. Fourrage consommé en hiver.

HIVERNAL, E, AUX adj. Relatif à l'hiver. *Les froids hivernaux.*

HIVERNALE n.f. Ascension hivernale en haute montagne.

HIVERNANT, E adj. et n. Qui séjourne en un lieu, notamm. une station de sports d'hiver, pendant l'hiver.

HIVERNER v.i. **1.** Passer l'hiver à l'abri. *Troupeaux qui hivernent.* **2.** Passer l'hiver dans une région. *L'expédition a hiverné au Groenland.* ◆ v.t. Mettre le bétail à l'étable pour l'hiver.

***HLA (SYSTÈME)** [sigle de l'angl. *human leucocyte antigen*]. Ensemble de groupes d'antigènes tissulaires (analogues aux groupes sanguins) constituant le facteur majeur de l'histocompatibilité, et parfois lié à certaines maladies.

***HLM** ou ***H.L.M.** n.m. ou n.f. (sigle de *habitation à loyer modéré*). Immeuble construit sous l'impulsion des pouvoirs publics et dont les logements sont destinés aux familles à revenus modestes.

***HO** interj. Sert à appeler ou à exprimer soit l'admiration, soit l'indignation. *Ho ! La belle bleue ! Ho ! Quelle horreur !*

***HOBBY** [ɔbi] n.m. (pl. *hobbys* ou *hobbies*). Anglic. Passe-temps favori servant de dérivatif aux préoccupations habituelles ; violon d'Ingres.

***HOBEREAU** [ɔbro] n.m. (anc. fr. *hobier,* faucon). **1.** Petit faucon gris-bleu de l'Eurasie et de l'Afrique, au vol très rapide, qui pond ses œufs dans l'ancien nid d'une autre espèce. **2.** *Souvent péjor.* Gentilhomme campagnard.

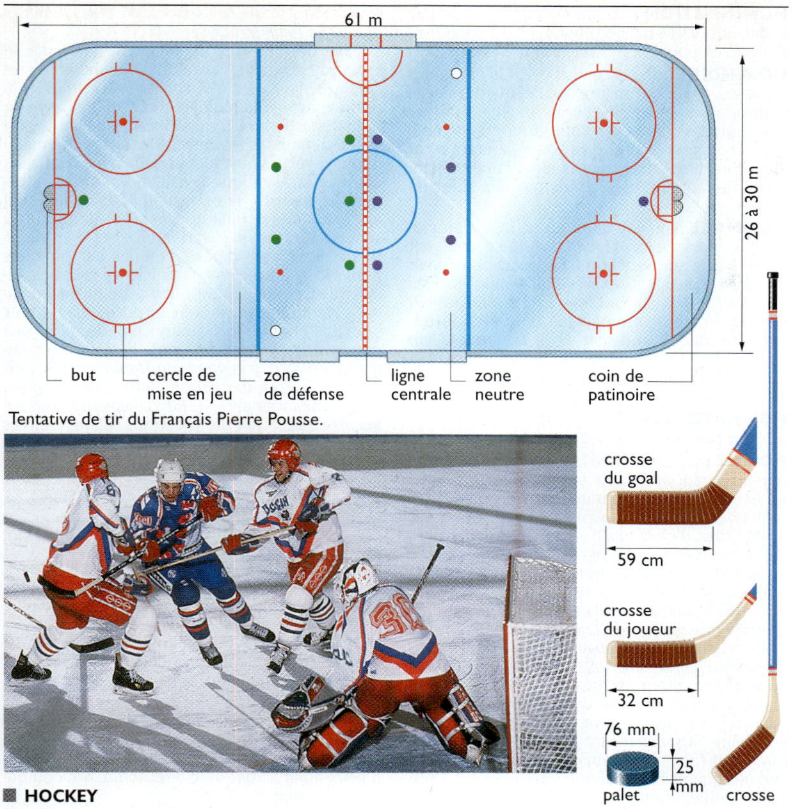

Tentative de tir du Français Pierre Pousse.

■ HOCKEY

***HOCCO** n.m. (d'un mot caraïbe). Oiseau gallinacé de l'Amazonie au plumage sombre, surtout végétarien. (Long. 90 cm ; genre *Crax,* famille des cracidés.)

***HOCHEMENT** n.m. Action de hocher la tête ; mouvement de la tête que l'on hoche.

***HOCHEPOT** [ɔʃpo] n.m. Pot-au-feu à base de queue de porc, de poitrine de bœuf et de mouton et de légumes divers. (Spécialité flamande.)

***HOCHEQUEUE** [ɔʃkø] n.m. Bergeronnette.

***HOCHER** v.t. (du francique). *Hocher la tête,* la secouer de bas en haut ou de droite à gauche.

***HOCHET** n.m. **1.** Petit jouet sonore pour les bébés. **2.** *Fig., litt.* Chose futile qui amuse. *Les hochets de la gloire, de la vanité.*

***HOCKEY** [ɔkɛ] n.m. (mot angl., de l'anc. fr. *hocquet,* bâton). Sport d'équipe pratiqué avec une crosse et dont il existe plusieurs variantes. ◇ *Hockey sur gazon,* qui oppose, sur un terrain gazonné, deux équipes de onze joueurs chacune et qui se joue avec une balle recouverte de cuir que les joueurs s'efforcent d'envoyer dans le but adverse. – *Hockey sur glace :* sport originaire du Canada, qui oppose, sur une patinoire, deux équipes de six joueurs chacune et qui se joue avec un palet (appelé *rondelle* au Québec).

***HOCKEYEUR, EUSE** n. Joueur de hockey.

***HODGKIN** [ɔdʒkin] **(MALADIE DE) :** lymphome de cause inconnue, prédominant aux ganglions lymphatiques.

HODJATOLESLAM [ɔdʒatɔleslam] n.m. (ar. *ḥudjdja al-islām,* preuve de l'islam). Titre donné aux théologiens et aux docteurs en jurisprudence, dans l'islam chiite.

HODOGRAPHE n.m. *Hodographe d'un mouvement :* courbe décrite par l'extrémité P d'un vecteur $\overline{AP}$ égal au vecteur vitesse de ce mouvement et tracé à partir d'un point fixe A.

***HO! HISSE!** interj. Accompagne, pour les encourager, une personne ou un groupe de personnes qui hissent, qui tirent qqch.

HOIR [war] n.m. (lat. *heres*). DR. Vx. Héritier direct.

HOIRIE [wari] n.f. DR. **1.** Vx. Héritage. – Suisse. Héritage indivis ; ensemble des héritiers indivis. **2.** *Avance, avancement d'hoirie :* donation faite à un héritier présomptif par anticipation sur sa part successorale.

***HOLÀ** interj. Sert à appeler ou à arrêter. *Holà ! Il y a quelqu'un ?* ◆ n.m. inv. *Fam. Mettre le holà à :* mettre bon ordre à.

***HOLDING** [ɔldiŋ] n.m. ou n.f. (de l'angl. *to hold,* tenir). Société financière détenant des participations dans d'autres sociétés dont elle assure l'unité de direction et le contrôle des activités.

***HOLD-UP** [ɔldœp] n.m. inv. (mot angl.). Attaque à main armée, organisée en vue de dévaliser une banque, un bureau de poste, un convoi, etc.

HOLISME n.m. (du gr. *holos,* entier). PHILOS. En épistémologie ou en sciences humaines, doctrine qui ramène la connaissance du particulier, de l'individuel à celle de l'ensemble, du tout dans lequel il s'inscrit.

1. HOLISTE ou **HOLISTIQUE** adj. Relatif à l'holisme ; qui appartient, se rattache à l'holisme.

2. HOLISTE n. Partisan de l'holisme.

***HOLLANDAIS, E** adj. et n. De la Hollande, de ses habitants. ◇ *Sauce hollandaise :* émulsion chaude de jaunes d'œufs et de beurre, additionnée de jus de citron.

***HOLLANDE** n.m. **1.** Fromage des types édam et gouda. **2.** Papier de luxe, très résistant et vergé.

***HOLLYWOODIEN, ENNE** [ɔliwudjɛ̃, ɛn] adj. **1.** De Hollywood, relatif au cinéma de Hollywood. **2.** Qui évoque le luxe tapageur, artificiel de Hollywood. *Un mariage hollywoodien.*

HOLMIUM [ɔlmjɔm] n.m. (de *Stockholm*). **1.** Métal du groupe des terres rares. **2.** Élément chimique (Ho) de numéro atomique 67, de masse atomique 164,930 3.

HOLOCAUSTE n.m. (gr. *holos,* tout, et *kaiein,* brûler). **1.** Chez les Hébreux, sacrifice dans lequel la victime était entièrement brûlée ; victime ainsi sacrifiée. **2.** *L'Holocauste : v. partie n.pr.* **3.** *Litt. S'offrir en holocauste :* se sacrifier, faire don de sa vie pour une cause.

HOLOCÈNE n.m. et adj. GÉOL. Partie supérieure du système quaternaire, d'une durée d'environ 10 000 ans.

HOLOCRISTALLIN, E adj. GÉOL. Se dit d'une roche magmatique entièrement cristallisée.

HOLOGRAMME n.m. Image obtenue par holographie.

HOLOGRAPHE adj. → **OLOGRAPHE.**

HOLOGRAPHIE n.f. Méthode de photographie en relief utilisant les interférences produites par la superposition de deux faisceaux laser, l'un provenant directement de l'appareil producteur, l'autre réfléchi par l'objet à photographier.

HOLOGRAPHIQUE adj. Qui concerne l'holographie ; obtenu par holographie.

HOLOMÉTABOLE adj. ZOOL. Se dit des insectes qui ont des métamorphoses complètes, présentant toujours un stade nymphal. CONTR. : *hétérométabole.*

HOLOPHRASTIQUE adj. (gr. *holos,* tout, et *phrasis,* phrase). LING. Se dit des langues où un mot, grâce à sa racine et à ses divers affixes, a le sens d'une phrase.

HOLOPROTÉINE n.f. Protéine proprement dite, constituée uniquement d'acides aminés (par oppos. à *hétéroprotéine*).

HOLOSIDE [ɔlozid] n.m. Glucide formé de plusieurs oses et dont l'hydrolyse ne libère que des oses (nom générique).

HOLOSTÉEN n.m. Poisson osseux d'un stade évolutif intermédiaire entre les chondrostéens (esturgeons) et les téléostéens, représenté par des espèces d'eau douce telles que le lépisostée et surtout connu par des fossiles. (Les holostéens forment un superordre.)

HOLOTHURIE n.f. (gr. *holothourion*). Invertébré des fonds marins, à corps mou et cylindrique, atteignant jusqu'à 25 cm de long. (Embranchement des échinodermes ; classe des holothurides.) SYN. : *concombre de mer.*

HOLOTYPE n.m. BIOL. Individu à partir duquel une espèce végétale ou animale a été décrite pour la première fois et qui sert de référence. (On dit aussi *type.*)

***HOLSTER** [ɔlstɛr] n.m. (mot angl.). Étui souple porté sous l'épaule et destiné à recevoir un pistolet ou un revolver.

***HOLTER** [ɔltɛr] **(MÉTHODE DE) :** électrocardiographie de longue durée, réalisée grâce à un boîtier porté en ceinture.

***HOMARD** n.m. (anc. scand. *humarr*). Crustacé décapode marin comestible, à grosses pinces, dont le corps, bleu marbré de jaune, atteint parfois 50 cm de long. (Très recherché, il se pêche sur les fonds rocheux à une profondeur de 15 à 50 m. Genre *Homarus ;* sous-ordre des macroures.) ◇ *Homard à l'américaine* ou *à l'armoricaine :* homard coupé en morceaux, sauté à l'huile, flambé et cuit dans une préparation à base de vin blanc, de tomates et d'aromates.

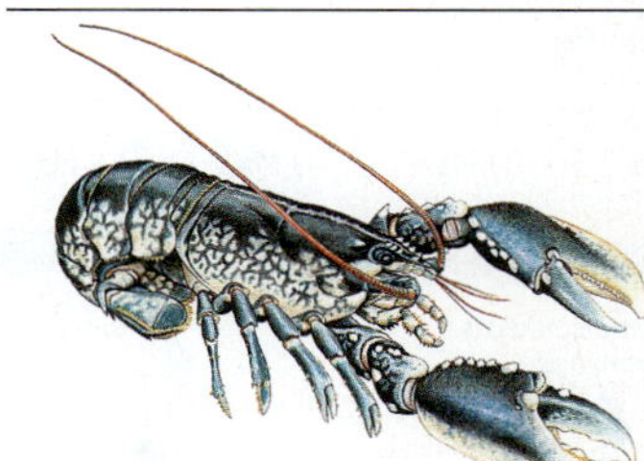

■ HOMARD

***HOMARDERIE** n.f. Vivier de homards.

***HOME** [om] n.m. (mot angl., *maison*). **1.** Vieilli. Domicile, chez-soi. *Rentrer dans son home.* **2.** *Home d'enfants :* centre d'accueil, pension pour enfants, en partic. pour des séjours de vacances. **3.** Belgique. Maison de repos.

***HOMELAND** [omlɑ̃d] n.m. Bantoustan.

HOMÉLIE n.f. (gr. *homilia,* réunion). **1.** Instruction familière sur l'Évangile au cours de l'office eucharistique. **2.** Vieilli. Discours sur la morale affecté et ennuyeux.

HOMÉOMORPHE adj. *Cristaux homéomorphes,* qui présentent la propriété d'homéomorphisme.

HOMÉOMORPHISME n.m. Phénomène relatif aux analogies des formes cristallines de certains minéraux.

HOMÉOPATHE n. et adj. Médecin qui pratique l'homéopathie.

HOMÉOPATHIE n.f. (gr. *homoios,* semblable, et *pathos,* maladie). Méthode thérapeutique basée sur la similitude entre les symptômes provoqués chez l'homme sain par une substance et les symptômes du malade, et sur la prescription de doses très faibles de cette substance (par oppos. à *allopathie*).

HOMÉOPATHIQUE adj. Relatif à l'homéopathie. ◇ *Dose homéopathique :* quantité très faible.

HOMÉOSTASIE n.f. PHYSIOL. Maintien à un niveau constant, par les organismes vivants, des caractéristiques internes (température, concentrations des substances, etc.).

HOMÉOTHERME adj. et n.m. (gr. *homoios,* semblable, et *thermos,* chaleur). PHYSIOL. Se dit d'un animal (mammifère, oiseau) dont la température centrale est constante. CONTR. : *poïkilotherme.*

HOMÉOTHERMIE n.f. Caractère des organismes homéothermes.

HOMÉOTIQUE adj. BIOL. Se dit d'un gène contrôlant le développement et la mise en place d'une région précise d'un embryon, et dont la mutation transforme une partie du corps en une autre.

HOMÉRIQUE adj. **1.** Relatif à Homère ; qui évoque le style d'Homère. **2.** Épique, fabuleux, phénoménal. *Chahut homérique.* ◇ *Rire homérique,* bruyant et inextinguible.

***HOME-TRAINER** [omtrɛnœr] n.m. [pl. *home-trainers*] (mot angl.). Appareil de culture physique, bicyclette fixe pour l'entraînement à domicile.

1. HOMICIDE adj. et n. *Sout.* Qui a causé la mort d'un être humain ; assassin, meurtrier. ◆ adj. **1.** Qui manifeste la volonté de tuer. *Pensées, regards homicides.* **2.** *Litt.* Qui sert à tuer. *Un fer homicide.*

2. HOMICIDE n.m. (lat. *homicida*). Action de tuer, volontairement ou non, un être humain.

HOMINIDÉ n.m. Mammifère primate à locomotion partiellement ou totalement bipède, présentant de fortes aptitudes à la vie sociale et à l'apprentissage, tel que l'homme actuel, ses parents fossiles et, pour de nombreux scientifiques, le gorille et le chimpanzé. (Les hominidés forment une famille.)

HOMINIEN adj.m. PALÉONT. Relatif à l'homme et à et ses ancêtres fossiles. ◆ n.m. Vx. Mammifère primate de la lignée humaine, par oppos. à celle des singes. (La classification actuelle tend, au contraire, à réunir l'homme et les singes au sein du groupe des simiens.)

HOMININÉ n.m. Mammifère primate de la lignée comprenant l'homme actuel et les fossiles apparentés, depuis les australopithèques. (Les homininés forment une sous-famille, créée pour distinguer, au sein de la famille des hominidés, la lignée humaine de celle des gorilles et des chimpanzés.)

HOMINISATION n.f. Processus évolutif par l'effet duquel la lignée humaine est apparue et s'est développée au sein du groupe des primates.

HOMINOÏDE adj. et n.m. Se dit d'un grand primate, arboricole ou terrestre, tel que les singes anthropoïdes, l'homme et leurs ancêtres fossiles. (Les hominoïdes forment un groupe systématique, créé pour traduire la forte parenté entre l'homme et les grands singes, dont l'authenticité n'est pas admise par l'ensemble des scientifiques.)

HOMMAGE n.m. (de *homme*). **1.** HIST. Cérémonie au cours de laquelle le vassal se déclarait l'homme de son suzerain. (Elle s'accompagnait du serment de fidélité et précédait génér. l'investiture du fief.) **2.** Don, offrande faits par estime, respect ; marque, témoignage d'estime, de respect envers qqn ou qqch. *Faire hommage d'un livre.* ◇ *Rendre hommage à :* témoigner de son estime, de sa considération pour. ◆ pl. Respects, salutations. *Mes hommages, madame !*

HOMMASSE adj. *Péjor.* Se dit d'une femme d'allure masculine, de son aspect.

HOMME n.m. (lat. *homo*). **1.** Être humain considéré par rapport à son espèce ou aux autres espèces animales ; mammifère de l'ordre des primates, à locomotion bipède, doté de mains préhensiles, d'un langage articulé et d'un cerveau volumineux doué de la pensée abstraite, et vivant en sociétés très structurées. (Genre *Homo ;* famille des hominidés.) ◇ RELIG. *Le premier homme :* Adam. **2.** L'espèce humaine en général. *Le rire est le propre de l'homme.* **3.** Membre de l'espèce humaine. *Combien y aura-t-il de milliards d'hommes sur la Terre en l'an 2100 ?* ◇ *Comme un seul homme :* tous ensemble, d'un commun accord. **4.** Être humain de sexe masculin. *Vestiaire réservé aux hommes.* **5.** Adulte du sexe masculin. *Des vêtements pour homme.* **6.** Être humain de sexe masculin considéré du point de vue des qualités attribuées communément à son sexe (virilité, courage, etc.). *Défends-toi, si tu es un homme !* ◇ *D'homme à homme :* en toute franchise. **7.** Individu de sexe masculin considéré du point de vue de ses qualités et défauts propres. *Brave, méchant homme. Homme d'action.* ◇ *Grand homme,* remarquable par ses actions, son génie, etc. **8.** Individu de sexe masculin considéré du point de vue de ses caractéristiques sociales, professionnelles, etc. *Homme d'État. Homme d'affaires. Homme du monde.* ◇ *Homme de loi,* exerçant une profession juridique (magistrat, avocat, etc.). – *Homme de main,* qui agit pour le compte d'un autre. – (Avec un possessif.) *C'est, voilà votre homme,* celui qu'il vous faut, dont vous avez besoin. **9.** Individu attaché au service d'un autre. *Le commissaire et ses hommes ont arrêté toute la bande.*

ENCYCL. L'étude de l'évolution de l'homme se fonde sur les fossiles (paléontologie humaine) et l'archéologie, ainsi que sur la paléoécologie, la primatologie et la biologie moléculaire. Issue de primates arboricoles vivant en Afrique il y a entre 10 et 5 millions d'années, la lignée humaine débute avec les australopithèques (4 à 6 millions d'années). Alors que plusieurs « australopithèques robustes » (ou *paranthropes*) coexistent entre 2,5 et 1,4 million d'années, deux autres espèces africaines, *Homo habilis* et *Homo rudolfensis,* sont considérées comme les premiers humains (genre *Homo*), malgré certains caractères d'australopithèques. Il y a 1,8 million d'années, *Homo ergaster* montre un ensemble de traits humains (bonne locomotion bipède, plus gros cerveau, haute stature, etc.). Il étend son domaine en Asie, y engendrant *Homo erectus,* puis en Europe. Les derniers membres de la lignée sont les néandertaliens (*Homo [sapiens] neandertalensis,* éteints depuis 30 000 ans) et les hommes modernes ou de Cro-Magnon *(Homo sapiens),* qui naissent probablement en Afrique, il y a environ 100 000 ans.

HOMME-GRENOUILLE n.m. (pl. *hommes-grenouilles*). Plongeur équipé d'un scaphandre autonome.

HOMME-ORCHESTRE n.m. (pl. *hommes-orchestres*). **1.** Musicien ambulant jouant simultanément de plusieurs instruments. **2.** *Fig.* Personne ayant des compétences multiples.

HOMME-SANDWICH n.m. (pl. *hommes-sandwichs*). Homme qui promène deux panneaux publicitaires, l'un sur son dos, l'autre sur sa poitrine.

1. HOMO n.m. inv. (mot lat., *homme*). BIOL., PALÉONT. Nom de genre de l'espèce humaine. (L'homme moderne, *Homo sapiens,* est le seul représentant actuel du genre *Homo,* qui compte plusieurs espèces fossiles.)

2. HOMO adj. et n. (abrév.). *Fam.* Homosexuel.

HOMOCENTRIQUE adj. OPT. Se dit d'un faisceau lumineux dont tous les rayons passent par un même point.

HOMOCERQUE adj. (gr. *homos,* semblable, et *kerkos,* queue). Se dit de la nageoire caudale des poissons quand elle est apparemment symétrique par rapport au plan horizontal (par oppos. à *hétérocerque*).

HOMOCHROMIE [-krɔmi] n.f. ÉCOL. Aptitude de certaines espèces animales à harmoniser leur coloration, de façon permanente ou temporaire, avec celle du milieu où elles vivent.

HOMOCINÉTIQUE adj. **1.** MÉCAN. INDUSTR. Se dit d'une liaison entre deux arbres assurant une transmission régulière des vitesses même si les deux arbres ne sont pas en ligne. **2.** Se dit de particules ayant toutes la même vitesse.

HOMODONTE adj. ZOOL. Se dit de la denture des vertébrés quand toutes les dents ont même forme et même taille, ou des animaux qui ont une telle denture (par oppos. à *hétérodonte*). [Le crocodile, le dauphin sont homodontes.]

HOMOFOCAL, E, AUX adj. GÉOMÉTR. Se dit de coniques ayant les mêmes foyers.

HOMOGAMÉTIQUE adj. BIOL. *Sexe homogamétique,* dont tous les gamètes sont de même type. (Chez les mammifères, la femelle est homogamétique.) CONTR. : *hétérogamétique.*

HOMOGAMIE n.f. SOCIOL. Mariage entre individus de même statut social.

HOMOGÈNE adj. (gr. *homos,* semblable, et *genos,* origine). **1.** Dont les éléments constitutifs sont de même nature. **2.** *Fig.* Qui présente une grande unité, une harmonie entre ses divers éléments. *Équipe homogène.* **3.** ALGÈBRE. *Polynôme homogène de degré* n : polynôme à plusieurs variables dont la somme des degrés pour chaque monôme est égale à *n.*

HOMOGÉNÉISATEUR, TRICE adj. et n.m. Se dit d'un appareil servant à homogénéiser certains liquides, notamm. le lait.

HOMOGÉNÉISATION n.f. **1.** Action de rendre homogène. **2.** Traitement du lait qui réduit la dimension des globules gras, empêchant ainsi la séparation de la crème. **3.** Méthode de laboratoire permettant de disperser parfaitement dans un liquide des particules ou des micro-organismes initialement agglomérés.

HOMOGÉNÉISÉ, E adj. *Lait homogénéisé :* lait ayant subi l'homogénéisation.

HOMOGÉNÉISER v.t. Rendre homogène.

HOMOGÉNÉITÉ n.f. Qualité de ce qui est homogène ; cohérence, cohésion.

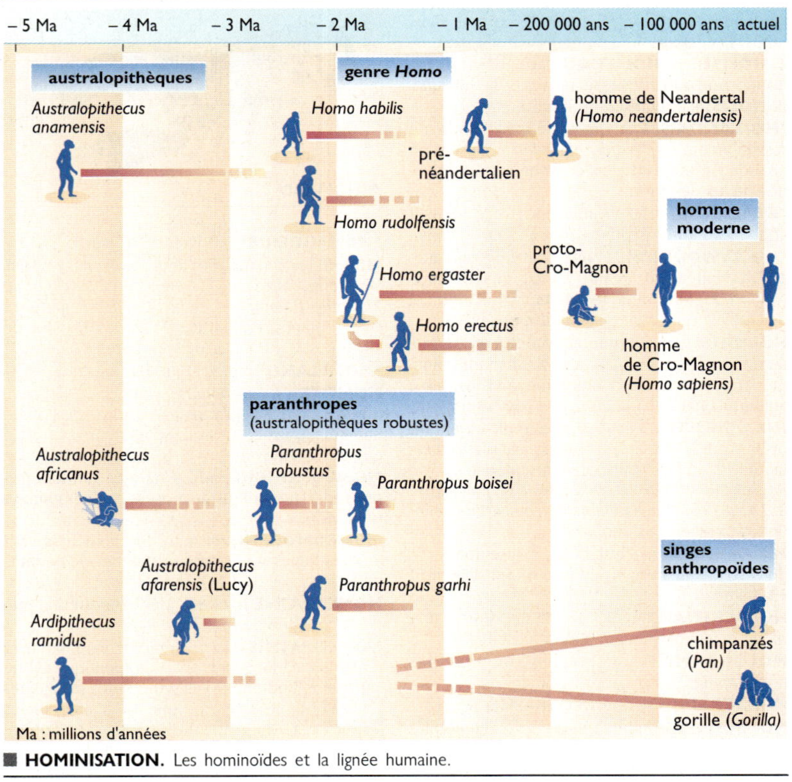

■ **HOMINISATION.** Les hominoïdes et la lignée humaine.

HOMOGRAPHE adj. et n.m. LING. Se dit d'homonymes ayant la même orthographe (ex. : *cousin* [insecte] et *cousin* [parent]).

HOMOGRAPHIE n.f. (gr. *homos,* semblable, et *graphein,* écrire). **1.** LING. Caractère des mots homographes. **2.** GÉOMÉTR. *Homographie d'une conique :* bijection de cette conique qui conserve le birapport.

HOMOGRAPHIQUE adj. GÉOMÉTR. *Divisions homographiques :* ensemble des points M et M′ homologues dans une homographie définie entre deux lignes (C) et (C′), chacune portant la trajectoire d'un des points. – *Fonction homographique :* fonction associant à un réel x le nombre

$$f(x) = \frac{ax + b}{cx + d}$$

avec $ad - bc \neq 0$. (Sa représentation est une hyperbole, ou une droite si $c = 0$.)

HOMOGREFFE n.f. Greffe dans laquelle le greffon est pris sur un sujet de même espèce que le sujet greffé. SYN. : *allogreffe.*

HOMOLOGATION n.f. Action d'homologuer, de ratifier ; son résultat.

HOMOLOGIE n.f. **1.** Caractère de ce qui est homologue. **2.** GÉOMÉTR. *Homologie de centre O, d'axe D et de birapport* **k** : transformation ponctuelle qui à tout point M associe le point M′ (tel que O, M et M′ soient alignés) et telle que le birapport des quatre points (O, S, M, M′) soit égal à k, S étant l'intersection de la droite (OM) et de la droite (D).

1. HOMOLOGUE adj. (gr. *homologos,* semblable). **1.** Qui correspond à ; équivalent. *Enseigne de vaisseau est le grade homologue de lieutenant.* **2.** CHIM. ORG. Se dit des corps organiques ayant les mêmes fonctions et des structures analogues. **3.** GÉNÉT. Se dit de chacun des deux chromosomes d'une paire, l'un étant hérité du père et l'autre de la mère. ◆ n.m. CHIM. ORG. Corps homologue.

2. HOMOLOGUE n. Personne dont les fonctions, l'activité ou les conditions de vie sont analogues à celles d'une autre. *Le ministre des Finances a rencontré son homologue belge.*

HOMOLOGUER v.t. **1.** Entériner, approuver officiellement un acte juridique ou une convention afin de permettre son exécution. **2.** Ratifier, autoriser. *Homologuer un prix.* **3.** Reconnaître, déclarer qqch comme étant conforme aux règlements en vigueur, à certaines normes. – *Spécial.* SPORTS. Reconnaître officiellement après vérification ; valider. *Homologuer un record.*

HOMOMORPHISME n.m. ALGÈBRE. Application f d'un ensemble E (muni de l'opération ⊤) dans un ensemble E′ (muni de l'opération ⊥), telle que $f(x \top y) = f(x) \perp f(y)$ pour tout couple (x, y) d'éléments de E.

HOMONCULE n.m. → **HOMUNCULE.**

1. HOMONYME adj. et n.m. (gr. *homos,* semblable, et *onoma,* nom). LING. Se dit d'un mot qui présente la même forme graphique *(homographe)* ou phonique *(homophone)* qu'un autre, mais qui en diffère par le sens.

2. HOMONYME n. Personne qui porte le même nom qu'une autre.

HOMONYMIE n.f. LING. Caractère des mots homonymes.

HOMONYMIQUE adj. Relatif à l'homonymie.

HOMOPHOBE adj. et n. Qui est hostile à l'homosexualité, aux homosexuels.

HOMOPHOBIE n.f. Rejet de l'homosexualité, hostilité systématique à l'égard des homosexuels.

HOMOPHONE adj. MUS. **1.** Se dit de ce qui a le même son. **2.** Se dit de l'exécution à l'unisson ou à l'octave des différentes parties d'une musique. SYN. : *homophonique.* ◆ adj. et n.m. LING. Se dit d'homonymes ayant la même prononciation (par ex. *saint, ceint, sein, seing*).

HOMOPHONIE n.f. (gr. *homos,* semblable, et *phônê,* voix). **1.** LING. Caractère de mots, de graphies homophones. **2.** Caractère d'une composition musicale homophone.

HOMOPHONIQUE adj. MUS. Homophone.

HOMOPTÈRE n.m. Insecte hémiptéroïde, souvent suceur de sève et donc nuisible aux cultures, aux ailes antérieures de texture uniforme, tel que la cigale, le puceron, la cochenille. (Les homoptères forment un ordre.)

HOMOSEXUALITÉ n.f. Sexualité de l'homosexuel [par oppos. à *hétérosexualité*].

HOMOSEXUEL, ELLE adj. et n. Qui éprouve une attirance sexuelle pour les personnes de son sexe (par oppos. à *hétérosexuel*). Abrév. *(fam.) : homo.*

HOMOSPHÈRE n.f. GÉOPHYS. Couche de l'atmosphère terrestre située entre le sol et une altitude de 90 à 100 km environ, où les constituants principaux (azote et oxygène) restent en proportions constantes.

HOMOTHÉTIE [ɔmɔtesi] ou [ɔmɔteti] n.f. GÉOMÉTR. **1.** Transformation ponctuelle qui à tout point M associe le point M′ tel que $\overrightarrow{OM'} = k\,\overrightarrow{OM}$, où O est le centre de l'homothétie et k le rapport de l'homothétie. **2.** Endomorphisme défini sur un espace vectoriel qui à tout vecteur x de cet espace associe le vecteur αx, α étant un scalaire non nul.

HOMOTHÉTIQUE adj. Se dit d'un point (ou d'une figure) image par homothétie d'un autre point (ou d'une autre figure).

HOMOZYGOTE adj. et n. GÉNÉT. Se dit d'un sujet dont les cellules possèdent le même allèle du gène codant pour un caractère donné sur chaque chromosome de la paire concernée. CONTR. : *hétérozygote.*

HOMUNCULE [ɔmɔ̃kyl] ou **HOMONCULE** n.m. (dimin. du lat. *homo,* homme). Petit homme, petit être doué d'un pouvoir surnaturel, que les alchimistes prétendaient fabriquer à partir de sperme et de sang.

***HONDURIEN, ENNE** adj. et n. Du Honduras, de ses habitants.

***HONGRE** adj.m. et n.m. (de *hongrois*). Se dit d'un cheval châtré.

***HONGRER** v.t. VÉTÉR. Châtrer un cheval.

***HONGROIERIE** n.f. ou ***HONGROYAGE** [ɔ̃grwajaʒ] n.m. Méthode de tannage des cuirs au moyen d'alun et de sel.

***HONGROIS, E** adj. et n. De la Hongrie, de ses habitants. SYN. : *magyar.* ◆ n.m. Langue ougrienne parlée par les Hongrois.

***HONGROYER** [ɔ̃grwaje] v.t. [7] (de *Hongrie*). Travailler et préparer le cuir à la façon des cuirs dits *de Hongrie,* c'est-à-dire à l'alun et au sel.

***HONING** [oniŋ] n.m. (mot angl., de *to hone,* affûter). Rodage à l'aide d'abrasif aggloméré.

HONNÊTE adj. (lat. *honestus,* honorable). **1.** Qui est conforme ou qui se conforme aux règles de la morale, de la probité, de la loyauté. *Une femme honnête. Un marché honnête.* ◇ ***Honnête homme*** *:* homme du monde accompli, d'un esprit cultivé, qui représentait l'idéal de l'époque classique. **2.** Qui ne s'écarte pas d'un niveau moyen et convenable ; satisfaisant. *Un prix honnête.*

HONNÊTEMENT adv. De façon honnête.

HONNÊTETÉ n.f. Qualité d'une personne ou d'un comportement honnête.

HONNEUR n.m. (lat. *honor*). **1.** Sentiment que l'on a de sa dignité morale ; fierté vis-à-vis de soi et des autres. *Défendre son honneur. Attaquer qqn dans son honneur.* ◇ ***Parole d'honneur,*** qui engage la dignité de qqn. *Elle m'a donné sa parole d'honneur.* – ***Mettre son honneur, un point d'honneur à*** *:* engager, mettre en jeu à ses propres yeux sa dignité, sa réputation. *Elle met un point d'honneur à répondre à toutes les lettres qu'elle reçoit.* **2.** Considération, admiration, gloire due au mérite, au talent. *C'est à lui seul que revient l'honneur d'avoir accompli ce travail.* ◇ ***Pour l'honneur*** *:* de façon désintéressée, par simple fierté. **3.** Marque ou témoignage d'estime, d'admiration. ◇ ***En l'honneur de*** *:* en hommage à, pour célébrer. – ***Être à l'honneur, en honneur*** *:* être au premier plan ; attirer l'attention, l'estime. – ***Avoir, faire l'honneur de*** *:* avoir l'obligeance, faire le plaisir de. **4.** ***Faire honneur à qqn,*** le rendre fier de ; lui procurer la considération, l'estime. *Ta réussite fera honneur à ta famille.* – ***Faire honneur à qqch*** *:* se montrer digne de. *Elle fait honneur à sa réputation.* – ***Faire honneur à sa signature, à ses engagements*** *:* respecter ce à quoi on s'est engagé. – ***Faire honneur à un repas, à un plat, etc.,*** le manger entièrement et avec plaisir. **5.** ***D'honneur.*** **a.** (Précédé d'un n. désignant une chose.) Où la fierté de qqn est en jeu. *Affaire d'honneur. Dette d'honneur.* ◇ ***Place d'honneur,*** réservée à la personne que l'on veut célébrer, à qui l'on veut rendre hommage. – ***Légion d'honneur*** *: v. partie n.pr.* **b.** (Précédé d'un n. désignant une personne.) Digne de confiance, estimable. *Homme d'honneur.* ◇ ***Garçon, demoiselle d'honneur,*** qui mène un cortège nuptial et assiste les mariés. – ***Garde d'honneur*** *:* troupe qui accompagne les hauts personnages, en partic. dans les cérémonies officielles. ◆ pl. **1.** Marques d'intérêt ou de distinction accordées aux personnes que l'on veut honorer, célébrer. *Aspirer aux honneurs. Avoir les honneurs de la presse.* ◇ ***Faire les honneurs d'un lieu à qqn,*** l'y recevoir et le lui faire visiter soi-même. *Je vous fais les honneurs de la maison.* **2.** *Spécial.* ***Honneurs militaires*** *:* cérémonie par laquelle une formation témoigne son respect à un drapeau, à un gradé, etc. *Rendre les honneurs.* – ***Honneurs de la guerre*** *:* conditions honorables consenties par le vainqueur à une troupe qui a capitulé. – ***Honneurs funèbres, suprêmes,*** ceux rendus aux morts lors des funérailles. **3.** Les cartes les plus hautes à certains jeux, notamm. au bridge.

***HONNIR** v.t. (du francique *haunjan*). *Litt.* Vouer à l'exécration et au mépris publics en couvrant de honte.

HONORABILITÉ n.f. État, qualité d'une personne honorable.

HONORABLE adj. **1.** Digne de considération, d'estime. *Homme honorable.* **2.** Qui fait honneur, qui attire la considération. *Action honorable.* **3.** D'un niveau, d'une importance convenables, suffisants. *Résultats honorables.* **4.** HÉRALD. *Pièce honorable :* figure qui peut couvrir le tiers de l'écu.

HONORABLEMENT adv. De façon honorable.

HONORAIRE adj. (lat. *honorarius*). **1.** Se dit de qqn qui, après avoir exercé une charge, une fonction, en conserve le titre et les prérogatives honorifiques. *Conseiller honoraire.* **2.** Qui porte un titre honorifique, sans exercer les fonctions correspondantes. *Membre honoraire.*

HONORAIRES n.m. pl. Rétribution versée aux personnes qui exercent des professions libérales (médecin, avocat, etc.).

HONORARIAT n.m. Qualité, dignité de qqn qui, après avoir exercé une fonction, en reçoit le titre honorifique.

HONORER v.t. (lat. *honorare*). **1.** Rendre hommage à qqn, à sa mémoire, à une qualité qui le rend éminent ; célébrer. *Honorer le talent d'un poète.* **2.** Procurer de l'honneur, de la considération à. *Honorer son pays, sa famille. Ces scrupules l'honorent.* **3.** Accorder qqch comme une distinction. *Elle a honoré cette réunion de sa présence.* **4.** Remplir une obligation, ses engagements. ◆ **s'honorer** v.pr. **(de)**. Être fier de.

HONORIFIQUE adj. (lat. *honorificus*). Qui procure des honneurs, de la considération, sans aucun avantage matériel. *Titre honorifique.*

***HONORIS CAUSA** [ɔnɔriskoza] loc. adj. (loc. lat., *pour marquer son respect à*). Se dit de grades universitaires conférés à titre honorifique et sans examen à de hautes personnalités.

HONTE** n.f. (du francique *haunipa*). **1.** Sentiment pénible provoqué par une faute commise, par une humiliation, par la crainte du déshonneur. *Rougir de honte. Avoir honte.* ◇ ***Avoir perdu toute honte, avoir toute honte bue *:* être sans scrupule, sans pudeur, être insensible au déshonneur. – ***Sans fausse honte*** *:* franchement, sans scrupule inutile. – ***Faire honte à qqn*** *:* être un sujet de déshonneur, de réprobation pour. *Tu me fais honte avec ton pull troué.* – ***Faire honte à qqn de qqch,*** lui en faire le reproche. *Elle lui a fait honte de ses mensonges.* **2.** Action, parole qui provoque un sentiment de honte, de scandale. *Cette guerre est une honte.* ◇ ***C'est une honte*** *:* c'est honteux, c'est qqch de déshonorant.

***HONTEUSEMENT** adv. D'une façon honteuse.

***HONTEUX, EUSE** adj. **1.** Qui manifeste de la honte, un sentiment d'humiliation, de gêne. *Il est honteux de sa conduite.* **2.** Qui est cause de honte, de déshonneur, d'indignation. *Une fuite honteuse. Il est honteux de pratiquer de tels tarifs.* **3.** (Après le n.) Qui n'ose faire état de ses convictions, de ses opinions. *Un idéaliste honteux.* **4.** Vieilli. *Parties honteuses :* organes sexuels. – Vieilli. *Maladie honteuse :* maladie sexuellement transmissible.

***HOOLIGAN** [uligan] ou ***HOULIGAN** n.m. (mot angl., par le russe). Voyou qui se livre à des actes de violence et de vandalisme, en partic. lors de compétitions sportives.

***HOOLIGANISME** ou ***HOULIGANISME** n.m. Comportement des hooligans.

***HOP** interj. Exprime un geste, un mouvement soudain, rapide. *Et hop ! elle a sauté.*

***HOPAK** [ɔpak] n.m. (mot russe). Gopak.

H

HÔPITAL n.m. (lat. *hospitalis*). Établissement, public ou privé, où sont effectués des soins médicaux ou chirurgicaux. ◇ *Hôpital de jour :* service hospitalier où les malades ne sont pris en traitement que pendant la journée et retournent passer la nuit à leur domicile. – *Hôpital psychiatrique :* établissement hospitalier spécialisé dans le traitement des troubles mentaux, nommé *asile* avant 1938 et actuellement *centre psychothérapique* ou *centre hospitalier spécialisé (CHS).*

HOPLITE n.m. (du gr. *hoplitês,* armé). Dans la Grèce antique, fantassin lourdement armé.

***HOQUET** n.m. (onomat.). **1.** Contraction brusque du diaphragme, provoquant une secousse et un bruit aigu provenant de la glotte et des cordes vocales. *Avoir le hoquet.* **2.** Bruit produit par à-coups, en partic. dans un appareil.

***HOQUETER** v.i. [16]. **1.** Avoir le hoquet. **2.** Être secoué comme par le hoquet. *Voiture qui hoquette.*

***HOQUETON** n.m. (de l'ar. *al-quṭn,* le coton). Vêtement à manches courtes et à capuchon, en étoffe ou en cuir, porté par les hommes d'armes (XIVe - XVe s.).

1. HORAIRE adj. (lat. *horarius,* de *hora,* heure). **1.** Relatif aux heures. *Tableau horaire.* **2.** Par heure. *Salaire horaire.* ◆ n.m. **1.** Indication, relevé des heures de départ et d'arrivée des moyens de transport. *Les horaires d'été et d'hiver d'une compagnie aérienne.* **2.** Tableau, imprimé indiquant ces heures. *Consulter l'horaire des trains.* **3.** Répartition des heures de travail ; emploi du temps. ◇ *Horaire flexible :* horaire de travail permettant aux employés d'une entreprise un certain choix de leurs heures d'arrivée et de départ. (On dit aussi *horaire mobile* ou *à la carte.*)

2. HORAIRE n. Personne rémunérée à l'heure.

***HORDE** n.f. (mot tatar). **1.** Troupe, groupe de personnes causant des dommages par sa violence. *Une horde de brigands.* **2.** Troupe nombreuse et indisciplinée. *Une horde de gamins.*

***HORION** n.m. (anc. fr. *oreillon,* coup sur l'oreille). *Litt.* (Souvent pl.) Coup violent donné à qqn.

HORIZON n.m. (du gr. *horizein,* borner). **1.** Ligne imaginaire circulaire dont l'observateur est le centre et où le ciel et la terre ou la mer semblent se joindre. **2.** Partie de la terre, de la mer ou du ciel que borne cette ligne. **3.** *Fig.* Domaine d'une action ou d'une activité quelconque ; champ de réflexion ; perspective d'avenir. *L'horizon social, politique d'un pays.* **4.** ASTRON. Grand cercle de la sphère céleste formé en un lieu donné par l'intersection de cette sphère et du plan horizontal. – Rare. Plan horizontal. **5.** AVIAT. *Horizon artificiel :* instrument de pilotage d'un avion destiné à matérialiser une référence de verticale terrestre. **6. a.** GÉOL. Niveau très fin et particulier, ce qui le distingue au sein d'une série sédimentaire. **b.** PÉDOL. Couche du sol plus ou moins épaisse et sensiblement parallèle à la surface. **7.** ARCHÉOL. Distribution de traits culturels identiques sur une vaste région au cours d'une période limitée. *Horizon Chavin.*

HORIZONTAL, E, AUX adj. **1.** Parallèle au plan de l'horizon, donc perpendiculaire à une direction qui représente conventionnellement la verticale. **2.** GÉOMÉTR. Se dit d'une droite, d'un plan parallèles au plan horizontal choisi comme référence. **3.** ASTRON. *Coordonnées horizontales :* la hauteur et l'azimut. **4.** ÉCON. *Intégration horizontale :* opération par laquelle une entreprise en absorbe une autre qui exerce la même activité ou se trouve au même niveau de la filière considérée (par oppos. à *intégration verticale*).

HORIZONTALE n.f. **1.** Droite horizontale. **2.** *À l'horizontale :* dans une position horizontale, et en partic. couché, étendu.

HORIZONTALEMENT adv. Parallèlement à l'horizon ; en suivant une ligne horizontale.

HORIZONTALITÉ n.f. Caractère, état de ce qui est horizontal. *L'horizontalité d'un plan.*

HORLOGE n.f. (du gr. *hôrologion,* qui dit l'heure). **1.** Appareil fixe de mesure du temps, de taille plus ou moins importante, qui indique l'heure sur un cadran et peut sonner à intervalles fixes. ◇ *Horloge atomique,* ou *horloge moléculaire :* horloge fonctionnant à partir des molécules ou des atomes de certains corps dont les vibrations servent d'étalon de temps. (C'est le type d'horloge aujourd'hui le plus précis.) – *Horloge électrique :* horloge dont le mouvement est produit et entretenu par un dispositif électrique. – *Horloge électronique :* horloge à circuits intégrés et sans aucune partie mobile, comme l'horloge à quartz. – *Horloge parlante :* horloge et service donnant l'heure par téléphone, à l'aide de tops horaires. – *Réglé comme une horloge :* extrêmement régulier, ponctuel dans ses habitudes. – *Fam. Heure d'horloge :* heure entière. *Parler trois heures d'horloge.* **2.** *Horloge interne* ou *biologique :* mécanisme interne à l'être vivant et contrôlant ses rythmes biologiques.

1. HORLOGER, ÈRE n. Personne qui fabrique, répare ou vend des horloges, des montres, etc.

2. HORLOGER, ÈRE adj. Relatif à l'horlogerie. *L'industrie horlogère.*

HORLOGERIE n.f. **1.** Technique de la fabrication ou de la réparation des horloges, des pendules, etc. **2.** Commerce de ces objets ; magasin de l'horloger.

***HORMIS** prép. *Sout.* À l'exception de, en dehors de, excepté. *Hormis deux ou trois exemples.*

HORMONAL, E, AUX adj. Relatif aux hormones. SYN. : *endocrinien.*

HORMONE n.f. (du gr. *hormân,* exciter). **1.** BIOL., MÉD. Substance sécrétée par une glande endocrine, déversée dans le sang et exerçant une action spécifique sur le fonctionnement d'un ou de plusieurs organes ou sur un processus biochimique. ◇ *Hormone antidiurétique :* vasopressine. **2.** BIOL. Substance produite par une plante et qui agit sur sa croissance, sa floraison, etc. SYN. : *phytohormone.*

ENCYCL. Les hormones assurent la régulation du fonctionnement de l'organisme parallèlement au système nerveux. La thyroïde, les surrénales, les gonades sont sous la dépendance de l'hypophyse et de l'hypothalamus. Les parathyroïdes et le pancréas endocrine sont autonomes. Certains organes ou tissus (placenta, rein, etc.) ont une fonction de glande endocrine plus ou moins accessoire. L'insuffisance de sécrétion d'une hormone peut être traitée par une hormone naturelle ou de synthèse.

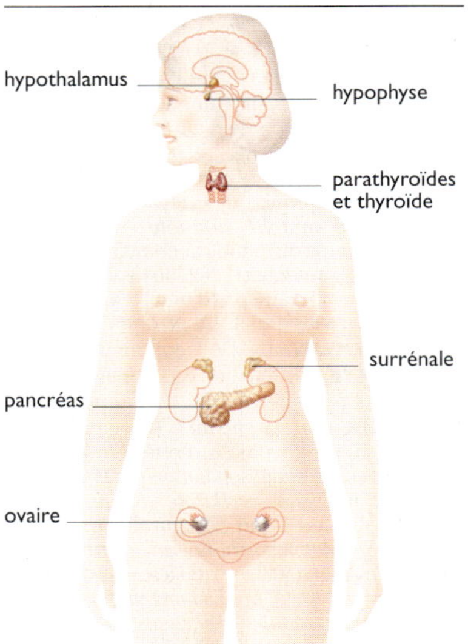

■ **HORMONES.** Localisation des principales glandes endocrines chez la femme.

HORMONOTHÉRAPIE n.f. MÉD. Traitement par les hormones.

***HORNBLENDE** [ɔrnblɛ̃d] n.f. (all. *Horn,* corne, et *blenden,* briller). MINÉRALOG. Aluminosilicate de calcium, de fer et de magnésium, noir ou vert foncé, du groupe des amphiboles.

HORODATÉ, E adj. Se dit d'un document qui comporte l'indication de la date et de l'heure. *Ticket horodaté.* ◇ *Stationnement horodaté :* stationnement payant qui se fait à l'aide d'horloges horodatrices.

HORODATEUR, TRICE adj. et n.m. Se dit d'un appareil imprimant la date et l'heure sur certains documents, notamm. les tickets de stationnement.

HOROKILOMÉTRIQUE adj. Qui se rapporte au temps passé et à l'espace parcouru. *Compteur horokilométrique.*

HOROSCOPE n.m. (gr. *hôroskopos,* qui considère le moment de la naissance). ASTROL. **1.** Carte du ciel tel qu'il est observé de la Terre lors d'un événement, et partic. lors d'une naissance. **2.** Ensemble des déductions et interprétations concernant l'avenir de qqn, qu'on peut tirer de cette carte du ciel.

HORREUR n.f. (lat. *horror*). **1.** Sensation d'effroi, de répulsion causée par l'idée ou la vue d'une chose horrible, affreuse, repoussante. *Être saisi d'horreur.* ◇ *Avoir horreur de, que :* détester, exécrer. – *Faire horreur :* inspirer de l'effroi, de la répugnance. **2.** Caractère de ce qui est horrible. *L'horreur d'un crime.* **3.** Chose horrible, de nature à provoquer la répulsion, l'indignation. ◆ pl. **1.** Ce qui provoque le dégoût, l'effroi, etc. *Les horreurs de la guerre.* **2.** Propos ou actes indécents, obscènes. *Dire des horreurs.*

HORRIBLE adj. (lat. *horribilis*). **1.** Qui fait horreur. *Spectacle horrible.* **2.** Qui provoque une répulsion, notamm. par sa méchanceté, sa dureté. *Une horrible machination.* **3.** Très désagréable par le caractère excessif de son défaut, notamm. par sa laideur ou son intensité. *Visage, temps, bruit horrible.*

HORRIBLEMENT adv. **1.** De façon horrible. *Un homme horriblement habillé.* **2.** À un très haut degré ; très, extrêmement. *Horriblement cher.*

HORRIFIANT, E adj. Qui horrifie.

HORRIFIER v.t. [5]. Remplir d'horreur ou d'effroi.

HORRIFIQUE adj. *Litt., souvent par plais.* Qui cause de l'horreur.

HORRIPILANT, E adj. *Fam.* Qui horripile ; très agaçant.

HORRIPILATEUR adj.m. HISTOL. Se dit de chacun des muscles de la peau responsables de l'horripilation.

HORRIPILATION n.f. **1.** Redressement des poils dû à différentes causes (peur, froid, etc.). SYN. *(cour.) : chair de poule.* **2.** *Fam.* État d'agacement, d'irritation extrêmes.

HORRIPILER v.t. (lat. *horripilare,* avoir le poil hérissé). *Fam.* Mettre hors de soi ; exaspérer, irriter. *Ses manières m'horripilent.*

***HORS** prép. (du lat. *foris*). **1.** En dehors d'un ensemble défini. *Réduction accordée hors saison (d'été).* ◇ *Hors cadre :* se dit d'un fonctionnaire soustrait temporairement ou définitivement au cadre auquel il appartenait pour occuper d'autres fonctions. – *Hors les murs :* à l'extérieur d'un cadre traditionnel, d'une institution. *Théâtre hors les murs.* **2.** Indique la supériorité, un dépassement des normes ; au-delà de, au-dessus de. *Joueuse de tennis hors série, hors catégorie.* ◇ *Hors barème :* dont les appointements sont au-dessus du plus haut salaire prévu par une grille conventionnelle de salaires. – *Hors concours :* qui n'est plus autorisé à concourir en raison de sa supériorité. – *Hors tout :* se dit de la plus grande valeur de la dimension d'un objet. **3.** *Sout.* Excepté, sauf. *Personne n'a compris, hors les initiés.* ◆ **hors de** loc. prép. **1.** À l'extérieur de ; à l'écart de. *Il habite hors de Montpellier.* ◇ *Hors d'ici ! :* sortez d'ici. **2.** En dehors de l'action, de l'influence de. *Hors d'atteinte. Hors de danger.* ◇ *Être hors de soi,* dans un état d'agitation ou de violence extrême. – *Hors d'état de nuire :* qui ne peut plus nuire. – *Hors de question :* que l'on ne peut envisager. – *Hors d'usage :* impropre à l'usage. – *Hors d'eau :* se dit d'une construction qui n'est plus exposée aux dégâts causés par les eaux.

***HORSAIN** ou ***HORSIN** n.m. Région. (Normandie). Étranger au village, au pays.

***HORS-BORD** adj. inv. Se dit d'un moteur fixé à l'arrière d'un bateau, à l'extérieur du bord (par oppos. à *in-bord*). ◆ n.m. inv. Canot léger de plaisance ou de course, propulsé par un moteur hors-bord.

***HORS-D'ŒUVRE** n.m. inv. **1.** Plat chaud ou froid servi au début du repas. **2.** *Fig.* Ce qui annonce, donne une idée de ce qui va suivre et qui est l'essentiel.

***HORSE-BALL** [ɔrsbol] n.m. [pl. *horse-balls*] (angl. *horse,* cheval, et *ball,* ballon). Sport qui oppose deux équipes de six cavaliers qui tentent d'envoyer un ballon pourvu d'anses dans des buts ressemblant à des paniers de basket-ball.

***HORSE-GUARD** [ɔrsgard] n.m. [pl. *horse-guards*] (mots angl., *garde à cheval*). Militaire de l'un des régiments de cavalerie de la garde royale anglaise.

***HORSIN** n.m. → ***HORSAIN.**

H

***HORS-JEU** n.m. inv. **1.** Dans certains sports d'équipe, faute commise par un joueur qui se place sur le terrain d'une manière interdite par les règles. **2.** *Hors-jeu de position :* au football, situation d'un joueur qui est hors jeu mais ne participe pas à l'action. ◆ adj. inv. (Sans trait d'union.) Se dit d'un joueur en position de hors-jeu.

***HORS-LA-LOI** n.m. inv. (calque de l'angl. *outlaw*). Individu qui, par ses actions, se met hors la loi ; bandit.

***HORS-MÉDIA** n.m. inv. Imprimé publicitaire diffusé gratuitement (prospectus, catalogue, journal, publipostage, PLV).

***HORS-ŒUVRE** adj. inv. → **ŒUVRE.**

***HORS-PISTE** ou ***HORS-PISTES** n.m. inv. et adj. inv. Ski pratiqué en dehors des pistes balisées.

***HORS-PLACE** adj. inv. *Chèque hors-place :* chèque tiré sur une banque ou une agence bancaire située dans un autre département que celui où il est remis à l'encaissement.

***HORS-SÉRIE** adj. inv. et n.m. (pl. *hors-séries*). Se dit d'un journal, d'un magazine publié en dehors des dates habituelles, et souvent consacré à un seul sujet.

***HORS-SOL** adj. inv. et n.m. inv. Se dit d'un mode d'élevage où l'approvisionnement alimentaire des animaux ne provient pas, pour l'essentiel ou pour la totalité, de l'exploitation agricole où se trouve l'élevage.

***HORS STATUT** loc. adj. inv. Se dit des salariés qui ne bénéficient pas du statut génér. applicable aux personnels de leur secteur d'activité. ◆ n. inv. (Avec un trait d'union.) Salarié hors statut.

***HORST** [ɔrst] n.m. (mot all.). GÉOL. Compartiment soulevé et situé entre des failles normales. CONTR. : *graben.*

***HORS-TEXTE** n.m. inv. Feuillet, le plus souvent illustré, non compris dans la pagination, que l'on intercale dans un livre.

HORTENSIA n.m. (du lat. *hortensius,* de jardin). Arbrisseau originaire d'Extrême-Orient, cultivé pour ses fleurs ornementales en ombelles, blanches, roses ou bleues. (Genre *Hydrangea ;* famille des saxifragacées.)

■ HORTENSIA

HORTICOLE adj. Relatif à l'horticulture.

HORTICULTEUR, TRICE n. Personne qui pratique l'horticulture.

HORTICULTURE n.f. (du lat. *hortus,* jardin). **1.** Vieilli. Culture des jardins. **2.** Branche de l'agriculture comprenant la culture des légumes, des petits fruits (fraise, groseille, etc.), des fleurs, des arbres et arbustes d'ornement.

HORTILLONNAGE n.m. (du lat. *hortus,* jardin). Région. (Picardie). Marais entrecoupé de petits canaux, mis en valeur par les cultures maraîchères.

HOSANNA [ɔzanna] n.m. (mot hébr., *sauve-nous, je t'en prie*). **1.** Acclamation de la liturgie juive passée dans la liturgie chrétienne. **2.** *Litt.* Chant, cri de joie, de triomphe.

HOSPICE n.m. (lat. *hospitium*). **1.** Maison d'assistance où l'on reçoit les vieillards démunis ou atteints de maladie chronique. **2.** Maison où des religieux donnent l'hospitalité aux pèlerins, aux voyageurs.

HOSPITALIER, ÈRE adj. **1.** Relatif aux hôpitaux. **2.** Qui exerce l'hospitalité, qui accueille volontiers les étrangers. *Peuple hospitalier. Maison hospitalière.* **3.** Relatif aux ordres religieux militaires, créés au Moyen Âge, qui se vouaient au service des voyageurs, des pèlerins ou des malades (chevaliers du Saint-Sépulcre, Templiers...) et dont certains exercent encore une activité charitable (ordre de Malte, de Saint-Lazare...). ◆ adj. et n. Se dit d'une personne employée dans un hôpital. ◆ n.m. Membre des ordres hospitaliers.

HOSPITALISATION n.f. Séjour d'un malade dans un établissement hospitalier. ◇ *Hospitalisation à domicile (HAD) :* système de soins spécialisés à domicile permettant au malade de ne pas être hospitalisé dans un établissement.

HOSPITALISER v.t. (du lat. *hospitalis*). Faire entrer un malade dans un établissement hospitalier.

HOSPITALISME n.m. Ensemble des troubles psychiques et somatiques atteignant un jeune enfant (moins de 15 mois en général) à la suite d'une hospitalisation prolongée qui le prive des relations affectives avec sa mère. (Description par R. *Spitz.)

HOSPITALITÉ n.f. **1.** Action de recevoir et d'héberger qqn chez soi, par charité, libéralité, amitié. **2.** Bienveillance, cordialité dans la manière d'accueillir et de traiter ses hôtes. **3.** Asile accordé à qqn, à un groupe par un pays.

HOSPITALO-UNIVERSITAIRE adj. (pl. *hospitalo-universitaires*). *Centre hospitalo-universitaire (CHU) :* en France, centre hospitalier des villes de faculté de médecine, où est dispensé l'enseignement médical.

HOSPODAR n.m. (mot ukrainien, *souverain*). HIST. Titre des princes de Moldavie et de Valachie (XIVe - XIXe s.).

HOST n.m. → **OST.**

HOSTELLERIE [ɔstɛlri] n.f. Hôtel, restaurant de caractère élégant et traditionnel, souvent situé à la campagne. SYN. : *hôtellerie.*

HOSTIE n.f. (lat. *hostia,* victime). CATH. Pain eucharistique fait de farine sans levain (azyme), en forme de lamelle mince et ronde et que le prêtre consacre à la messe.

HOSTILE adj. (lat. *hostilis,* de *hostis,* ennemi). **1.** Qui manifeste des intentions agressives, qui se conduit en ennemi. *Attitude hostile.* **2.** Qui manifeste de l'hostilité, de la désapprobation. *Un vote hostile. Être hostile au progrès.* **3.** Qui semble contraire à l'homme et à ses entreprises ; inhospitalier. *Milieu hostile.*

HOSTILEMENT adv. De façon hostile.

HOSTILITÉ n.f. Sentiment d'inimitié ou d'opposition. *Manifester son hostilité à un projet.* ◆ pl. Opérations de guerre, état de guerre. *Reprendre les hostilités.*

HOSTO n.m. *Fam.* Hôpital.

***HOT** [ɔt] adj. inv. et n.m. inv. (mot angl., *chaud*). Se dit du jazz expressif et coloré des années 1925 - 1930, usant abondamment de procédés tels que vibratos, inflexions, glissandos, etc.

***HOT DOG** [ɔtdɔg] n.m. [pl. *hot dogs*] (mots anglo-amér., *chien chaud*). Petit pain fourré d'une saucisse chaude avec moutarde.

1. HÔTE n.m. (lat. *hospes*). **1.** Personne qui est reçue chez qqn ; invité. **2.** *Litt.* Être qui vit habituellement quelque part. *Les hôtes des bois.*

2. HÔTE, HÔTESSE n. Personne qui reçoit qqn chez elle, qui lui donne l'hospitalité. ◆ n.m. BIOL. Organisme vivant qui héberge un parasite.

HÔTEL n.m. (lat. *hospitale,* auberge). **1.** Établissement commercial qui loue des chambres ou des appartements meublés pour un prix journalier. **2.** Édifice abritant un organisme, une administration. *Hôtel de la Monnaie, de police, des ventes.* ◇ *Hôtel de ville :* mairie d'une localité assez importante. **3.** *Hôtel particulier,* ou *hôtel :* demeure citadine d'un riche particulier. – *Maître d'hôtel :* chef du service de la table dans une grande maison, un restaurant. – CUIS. *Sauce maître d'hôtel,* à base de beurre et de persil.

HÔTEL-DIEU n.m. (pl. *hôtels-Dieu*). Anc. Nom souvent donné à l'hôpital au Moyen Âge.

HÔTELIER, ÈRE n. Personne qui tient un hôtel, une hôtellerie, une auberge. ◆ adj. Relatif aux hôtels, à l'hôtellerie, à l'activité économique liée à l'hébergement payant. *Industrie hôtelière.*

HÔTELLERIE n.f. **1.** Ensemble de la profession hôtelière. ◇ *Hôtellerie de plein air :* ensemble des activités hôtelières liées au camping et au caravaning. **2.** Hostellerie. **3.** Partie d'une abbaye, d'un monastère réservée au logement des hôtes.

HÔTESSE n.f. **1.** Jeune femme chargée d'accueillir et d'informer les visiteurs ou les clients dans des lieux publics ou privés (expositions, entreprises, magasins, etc.). **2.** *Hôtesse de l'air :* jeune femme chargée d'assurer, à bord des avions commerciaux, les différents services utiles au confort et à la sécurité des passagers. **3.** *Robe d'hôtesse :* robe d'intérieur longue et confortable.

***HOT LINE** [ɔtlajn] n.f. [pl. *hot lines*] (mot angl., *ligne directe*). Ligne téléphonique directe mise en place par les fabricants de produits informatiques afin d'apporter un service après-vente à leurs clients.

***HOTTE** n.f. (du francique). **1.** Grand panier que l'on porte sur le dos à l'aide de bretelles et qui sert à transporter divers produits, notamm. agricoles. *Hotte de vendangeur.* **2.** CONSTR. Tronc de pyramide, en maçonnerie ou en tôle, relié à un organe de tirage (cheminée ou aspirateur). **3.** *Hotte aspirante, hotte filtrante,* ou *hotte :* appareil électroménager destiné à expulser ou à recycler l'air chargé de vapeurs grasses, dans une cuisine.

***HOTTENTOT, E** adj. Relatif aux Hottentots, qui fait partie de ce peuple.

***HOTU** n.m. (mot wallon). Poisson des eaux douces courantes, à dos brunâtre et à lèvres cornées et tranchantes, à la chair fade et remplie d'arêtes, originaire d'Europe centrale et acclimaté en France. (Long. 50 cm ; genre *Chondrostoma,* famille des cyprinidés.)

***HOU** interj. **1.** S'emploie pour faire peur, faire honte, pour conspuer. *Hou ! le vilain.* **2.** (Souvent répété.) S'emploie pour interpeller. *Hou ! hou ! On est là !*

***HOUACHE** [waʃ] ou ***HOUAICHE** [wɛʃ] n.f. MAR. Sillage d'un navire en marche.

***HOUARI** [wari] n.m. (angl. *wherry*). MAR. Gréement longitudinal de petit voilier, constitué d'une voile triangulaire fixée à sa partie haute à une vergue presque verticale qui se hisse le long du mât.

***HOUBLON** n.m. (anc. néerl. *hoppe*). Plante grimpante cultivée pour ses inflorescences femelles (cônes), employées pour aromatiser la bière. (Haut. jusqu'à 10 m ; genre *Humulus,* famille des cannabinacées.)

■ HOUBLON

***HOUBLONNAGE** n.m. Action de houblonner.

***HOUBLONNER** v.t. Ajouter au moût de bière la lupuline produite par le houblon.

1. *HOUBLONNIER, ÈRE adj. Relatif au houblon.

2. *HOUBLONNIER, ÈRE n. Personne qui cultive le houblon.

***HOUBLONNIÈRE** n.f. Champ de houblon.

***HOUDAN** n.f. Poule d'une race originaire de la région de Houdan, caractérisée par un plumage noir et blanc et une magnifique huppe.

***HOUE** n.f. (du francique). Instrument de labour à bras formé d'un manche et d'un fer large légèrement recourbé ou à dents.

***HOUER** v.t. Vx. Labourer avec la houe.

***HOUILLE** n.f. (wallon *hoye,* du francique). **1.** Combustible minéral fossile solide, provenant de végétaux ayant subi, au cours des temps géologiques, une transformation lui conférant un grand pouvoir calorifique. **2.** Vieilli. *Houille blanche :* énergie obtenue à partir des chutes d'eau.

***HOUILLER, ÈRE** adj. Relatif à la houille, qui en renferme. *Terrain houiller.* ◆ n.f. Mine de houille.

***HOUKA** n.m. (mot hindi). Pipe orientale analogue au narguilé.

***HOULE** n.f. (germ. *hol,* creux). Mouvement d'ondulation de la mer, sans déferlement des vagues.

***HOULETTE** n.f. (de l'anc. fr. *houler,* jeter). **1.** Bâton de berger se terminant à une extrémité par un crochet (pour attraper les animaux par une patte), à l'autre par un petit fer de bêche (pour lancer des mottes de terre à ceux qui s'écartent). ◇ *Sous la houlette de qqn,* sous sa direction. **2.** Petite bêche de jardinier.

***HOULEUX, EUSE** adj. **1.** Agité par la houle. *Mer houleuse.* **2.** Agité de sentiments contraires ; mouvementé. *Salle, réunion houleuse.*

***HOULIGAN** n.m. → ***HOOLIGAN.**

***HOULIGANISME** n.m. → ***HOOLIGANISME.**

***HOULQUE** ou ***HOUQUE** n.f. (lat. *holcus,* orge sauvage). Plante herbacée très commune, voisine de l'avoine, dont une espèce, la *houlque laineuse,* est utilisée comme fourrage. (Genre *Holcus ;* famille des graminées.)

***HOUPPE** n.f. (du francique *huppo,* touffe). **1.** Touffe de brins de laine, de soie, de duvet. *Houppe à poudre de riz.* **2.** Touffe de cheveux dressée sur la tête. **3.** Huppe.

***HOUPPELANDE** n.f. Anc. Manteau ample et long, sans manches. *Houppelande de berger.*

***HOUPPETTE** n.f. Petite houppe.

***HOUPPIER** n.m. Ensemble des ramifications portées par la tige d'un arbre au-dessus du fût.

***HOUQUE** n.f. → ***HOULQUE.**

***HOURD** [ur] n.m. (du francique). **1.** Au Moyen Âge, estrade dressée pour les spectateurs d'un tournoi. **2.** FORTIF. Galerie de bois établie en encorbellement au sommet d'une muraille pour en défendre l'accès au moyen de projectiles divers.

***HOURDAGE** n.m. CONSTR. Maçonnerie grossière en moellons ou en plâtras.

***HOURDER** v.t. Exécuter un hourdage ; poser des hourdis. *Hourder une cloison.*

***HOURDIS** [urdi] n.m. Corps de remplissage en aggloméré ou en terre cuite posé entre les solives, les poutrelles ou les nervures d'un plancher.

***HOURI** n.f. (persan *ḥuri,* de l'ar.). **1.** Dans le Coran, vierge du paradis, promise comme épouse aux croyants. **2.** *Litt.* Femme très belle.

***HOURRA** ou ***HURRAH** interj. et n.m. Cri d'acclamation, d'enthousiasme. *Être accueilli par des hourras.*

***HOURVARI** n.m. (de *houre,* cri pour exciter les chiens, et *charivari*). *Litt.* Vacarme, grand tumulte.

***HOUSE** [aws] ou ***HOUSE MUSIC** [awsmjuzik] n.f. [pl. *house musics*] (angl. *house,* maison, et *music,* musique). Courant musical apparu aux États-Unis au début des années 1980, influencé notamm. par la culture musicale noire américaine, le disco et la pop, et dont les airs, utilisés pour danser, sont créés à l'aide d'un échantillonneur à partir d'éléments sonores préexistants et de sons et rythmes électroniques.

***HOUSE-BOAT** [awsbot] n.m. [pl. *house-boats*] (mot angl., *bateau-maison*). Bateau à fond plat portant une cabine habitable, utilisé pour le tourisme et la villégiature sur les lacs et les fleuves.

***HOUSPILLER** v.t. (anc. fr. *housser,* frapper, et *pignier,* peigner). Faire de vifs reproches à qqn ; réprimander.

***HOUSSAIE** [usɛ] n.f. Partie de forêt où abonde le houx.

***HOUSSE** n.f. (du francique). Enveloppe souple qui sert à recouvrir et à protéger des meubles, des vêtements, de la literie, etc. *Housse de couette.*

***HOUSSER** v.t. Couvrir d'une housse.

***HOUSSINE** n.f. (de *houx*). Vx. Baguette, badine de houx.

***HOUSSOIR** n.m. Vx. Balai de branchages ; balai à long manche garni d'une touffe de crin, de plumes, etc.

***HOUX** n.m. (du francique). **1.** Petit arbre des sous-bois, à feuilles luisantes, épineuses et persistantes, à baies rouges et dont l'écorce sert à fabriquer la glu. (Haut. jusqu'à 10 m ; genre *Ilex,* famille des aquifoliacées.) **2.** *Petit houx :* fragon.

HOVERCRAFT [ɔvœrkraft] n.m. (de l'angl. *to hover,* planer, et *craft,* embarcation). MAR. Aéroglisseur.

HOVERPORT [ɔvœrpɔr] n.m. Partie d'un port formée d'un plan incliné et réservée à l'accostage des hovercrafts.

***HOYAU** [ɔjo] ou [wajo] n.m. (de *houe*). Houe à lame aplatie en biseau.

***HS** ou ***H.S.** adj. (sigle). *Fam.* Hors *service.

***HTML** n.m. (sigle de l'angl. *hypertext mark-up language,* langage de balisage hypertexte). INFORM. Langage de description de documents servant à présenter des pages Web et à préciser à l'aide de balises les liens hypertextes avec d'autres documents.

***HUARD** ou ***HUART** n.m. (de *huer*). Québec. **1.** Plongeon arctique (oiseau). **2.** *Fam.* Pièce de un dollar à l'emblème du huard. – *Par ext.* Monnaie canadienne.

***HUBLOT** n.m. (du normand *houle,* trou). **1.** Petite fenêtre étanche, génér. ovale ou circulaire, munie d'un verre épais, aménagée dans la coque d'un navire, le fuselage d'un avion ou la paroi d'un vaisseau spatial. (Certains hublots de navire peuvent s'ouvrir, tandis que ceux des avions et des vaisseaux spatiaux sont toujours hermétiquement clos.) **2.** Partie vitrée de la porte d'un four, d'un appareil ménager, permettant de surveiller l'opération en cours. **3.** Luminaire rappelant la forme d'un hublot et pouvant être utilisé en applique ou en plafonnier.

***HUCHE** n.f. (du germ.). **1.** Coffre ou petit meuble pour conserver le pain. **2.** Grand coffre médiéval à couvercle plat, qui pouvait servir de siège.

***HUCHER** [yʃe] v.i. (lat. *huccare*). Vx, région. ou Suisse. Pousser de longs cris, appeler en criant.

***HUE** [y] interj. S'emploie pour faire avancer un cheval, ou le faire tourner à droite (par oppos. à *dia*). *Allez, hue !* ◇ *À hue et à dia :* dans des directions opposées ; de manière contradictoire. – *Tirer à hue et à dia :* agir de façon désordonnée, en parlant de personnes.

***HUÉE** n.f. (Surtout pl.) Cri hostile poussé par un groupe. *S'enfuir sous les huées.*

***HUER** v.t. (de *hue*). Accueillir par des cris de dérision et d'hostilité ; conspuer, siffler. *Il s'est fait huer par la foule.* ◆ v.i. Pousser son cri, en parlant du hibou, de la hulotte (ou chat-huant).

***HUERTA** [wɛrta] n.f. (mot esp.). GÉOGR. Plaine irriguée couverte de riches cultures, en Espagne.

***HUGUENOT, E** n. et adj. (all. *Eidgenossen,* confédéré). Surnom donné jadis par les catholiques français aux calvinistes.

HUILAGE n.m. Action d'huiler.

HUILE n.f. (lat. *oleum*). **1.** Substance grasse, liquide à la température ordinaire et insoluble dans l'eau, d'origine végétale, animale ou minérale, employée à des usages alimentaires, domestiques, industriels, pharmaceutiques, etc. ◇ *Huile essentielle :* mélange de substances, terpéniques pour la plupart. (Les huiles essentielles résultent du métabolisme secondaire ; elles ont des fonctions diverses : insecticide ou éloignement des herbivores ; responsables du parfum des fleurs, elles sont utilisées à la fabrication des parfums.) – Québec. (Emploi critiqué). *Huile à chauffage :* mazout. – *Faire tache d'huile :* s'étendre insensiblement. – *Fam. Huile de coude :* énergie déployée à faire qqch. – *Mer d'huile,* très calme. – *Mettre de l'huile dans les rouages :* aplanir les difficultés. – *Verser, jeter de l'huile sur le feu :* attiser, envenimer une querelle. **2.** CATH. *Huile sainte,* ou *saintes huiles :* huile consacrée utilisée pour les sacrements. **3.** *Peinture à l'huile,* ou *huile :* peinture dont le liant est fait d'une ou de plusieurs huiles minérales ou végétales. **4.** Toile, tableau exécutés à la peinture à l'huile. **5.** *Fam.* Personnage important, influent, haut placé. **6.** Pétrole brut. **7.** *Arbre à huile* → **aleurite.**

HUILER v.t. Frotter, imprégner d'huile ; lubrifier avec de l'huile. *Huiler des rouages.*

■ **HOUX**

HUILERIE n.f. Fabrique ou magasin d'huile végétale.

HUILEUX, EUSE adj. **1.** Qui est de la nature de l'huile. **2.** Gras et comme imbibé d'huile. *Cheveux huileux.*

1. HUILIER n.m. Accessoire de table réunissant les burettes d'huile et de vinaigre.

2. HUILIER n.m. Industriel fabriquant de l'huile alimentaire.

HUIS [ɥi] n.m. (lat. *ostium,* porte). Vx ou *litt.* Porte extérieure d'une maison.

***HUIS CLOS** n.m. Débats judiciaires hors de la présence du public. ◇ *À huis clos :* toutes portes fermées, sans que le public soit admis ; en petit comité, en secret.

HUISSERIE n.f. CONSTR. Partie fixe en bois ou en métal formant les piédroits et le linteau d'une porte.

HUISSIER n.m. (de *huis*). **1.** Employé chargé d'annoncer et d'introduire les visiteurs et personnalités dans les cérémonies et réceptions officielles. **2.** Employé chargé du service dans les assemblées, les administrations. **3.** *Huissier de justice,* ou *huissier :* officier ministériel chargé de signifier les actes de procédure et les décisions de justice, d'assurer l'exécution de ceux qui ont force exécutoire et de procéder à des constats.

***HUIT** [ɥit] ([ɥi] devant une consonne) adj. num. (lat. *octo*). **1.** Nombre qui suit sept dans la suite des entiers naturels. ◇ *Huit jours :* une semaine. **2.** Huitième. *Charles VIII.* ◆ n.m. inv. **1.** Chiffre ou nombre huit. **2.** Dessin, mouvement en forme de huit. ◇ *Grand huit :* attraction foraine constituée d'un circuit en forme de huit, que l'on parcourt dans des véhicules sur rail. **3.** En aviron, embarcation à huit rameurs et un barreur ; la discipline pratiquée avec cette embarcation. **4.** *En huit :* le même jour, une semaine plus tard. *Lundi en huit.* – *Les trois huit :* division d'un horaire de travail ininterrompu de vingt-quatre heures entre trois équipes qui se succèdent, faisant chacune huit heures.

***HUITAIN** n.m. Strophe ou poème de huit vers.

***HUITAINE** n.f. **1.** Espace de huit jours ; une semaine. ◇ *À huitaine, sous huitaine :* à pareil jour la semaine suivante. **2.** Groupe de huit unités ou environ. *Une huitaine de litres.*

***HUITANTE** adj. num. Suisse. Quatre-vingts.

***HUITIÈME** adj. num. ord. et n. Qui occupe un rang marqué par le nombre huit. ◇ *Le huitième art :* la télévision. ◆ n.m. et adj. num. Quantité désignant le résultat d'une division par huit. ◇ *Huitième de finale :* phase éliminatoire d'une compétition, opposant deux à deux seize équipes ou seize concurrents. (On dit aussi *les huitièmes.*)

***HUITIÈMEMENT** adv. En huitième lieu.

HUÎTRE n.f. (lat. *ostrea,* du gr. *ostreon*). **1.** Mollusque bivalve comestible, fixé aux rochers marins par une valve de sa coquille, dont on fait l'élevage (ostréiculture) dans des parcs et dont les espèces (belon, portugaise, etc.) sont surtout consommées pendant les « mois en *r* » (de septembre à avril), hors période de reproduction. (Famille des ostréidés.) ◇ *Huître perlière,* qui donne des perles fines, comme la méléagrine des mers chaudes, la mulette d'eau douce. **2.** *Fam.,* vieilli. Personne stupide.

***HUIT-REFLETS** n.m. inv. Anc. Haut-de-forme.

1. HUÎTRIER, ÈRE adj. Relatif aux huîtres, à leur élevage, à leur vente.

2. HUÎTRIER n.m. Oiseau échassier des régions côtières ou marécageuses de l'Eurasie, au plumage blanc et noir, et au bec rouge, qui se nourrit de crustacés et de mollusques. (Ordre des charadriiformes ; genre *Hematopus,* famille des hématopodidés.)

HUÎTRIÈRE n.f. Parc à huîtres.

***HULOTTE** n.f. (de l'anc. fr. *huller,* hurler). Oiseau rapace nocturne, commun dans les bois de l'Eurasie, appelé cour. *chat-huant.* (Long. 70 cm env. ; genre *Strix,* famille des strigidés.)

***HULULEMENT** n.m. → **ULULEMENT.**

***HULULER** v.i. → **ULULER.**

***HUM** [œm] interj. **1.** Marque le doute, l'impatience, la réticence. *Hum ! Vous croyez vraiment ?* **2.** Répété, s'emploie pour signaler sa présence.

HUMAGNE n.m. Suisse. Vin rouge ou blanc du Valais.

1. HUMAIN, E adj. (lat. *humanus*). **1.** Qui a les caractères, la nature de l'homme ; qui se compose d'hommes. *Être humain. Espèce humaine.* **2.** Qui est relatif à l'homme, qui lui est propre. *Corps humain. Nature humaine. L'erreur est humaine.* **3.** Qui concerne l'homme, qui a l'homme pour objet. *Géographie humaine.* ◇ ***Sciences humaines*** : disciplines ayant pour objet l'homme et ses comportements individuels et collectifs, passés et présents. **4.** Qui est à la mesure de l'homme. *Une ville à dimensions humaines.* **5.** Qui est sensible à la pitié ; compatissant, compréhensif ; qui témoigne de ce caractère. *Un magistrat humain.*

2. HUMAIN n.m. *Sout.* Homme. ◆ pl. *Sout.* Les hommes, l'humanité.

HUMAINEMENT adv. **1.** En homme, suivant les forces, les capacités de l'homme. *Faire tout ce qui est humainement possible.* **2.** Avec humanité, avec bonté.

HUMANISATION n.f. Action d'humaniser ; fait de s'humaniser.

HUMANISER v.t. **1.** Donner un caractère plus humain, plus civilisé à ; rendre plus supportable à l'homme. *Humaniser les conditions de travail.* **2.** Rendre plus sociable, plus compatissant. *Ses malheurs l'ont un peu humanisé.* ◆ **s'humaniser** v.pr. Devenir plus humain, plus sociable, plus conciliant.

HUMANISME n.m. **1.** Position philosophique qui met l'homme et les valeurs humaines au-dessus des autres valeurs. **2.** Mouvement intellectuel constitutif de la Renaissance, né en Italie au XIVe s., qui gagna progressivement toute l'Europe pour s'épanouir au XVIe s. et qui fut marqué par le retour aux textes antiques, dont il tira des modèles de vie, d'écriture et de pensée. (Principaux représentants : Pétrarque, Ficin, Pic de La Mirandole, Lefèvre d'Étaples, Reuchlin, Érasme.)

HUMANISTE n. **1.** Partisan de l'humanisme. **2.** Vx. Personne versée dans la connaissance des langues et des littératures anciennes. ◆ adj. Relatif à l'humanisme.

HUMANITAIRE adj. **1.** Qui recherche le bien de l'humanité, lutte pour le respect de l'être humain. **2.** *Corridor, couloir humanitaire* : espace, voie de communication destinés à l'acheminement de l'aide humanitaire dans une région sinistrée ou en proie à la guerre. ◆ n.m. *L'humanitaire* : l'ensemble des organisations humanitaires et des actions qu'elles mènent. ◆ n. Membre d'une organisation humanitaire.

HUMANITARISME n.m. *Péjor.* Conceptions humanitaires jugées utopiques ou dangereuses.

HUMANITÉ n.f. (lat. *humanitas*). **1.** Ensemble des hommes ; genre humain. *Évolution de l'humanité.* **2.** Essence de l'homme ; nature humaine. *Ce qui reste en lui d'humanité.* **3.** Sentiment de bienveillance ; compassion, bonté. *Traiter qqn avec humanité.* ◆ pl. Vieilli. Étude des lettres classiques (latin et grec). *Faire ses humanités.*

HUMANOÏDE n. Être ressemblant à l'homme, notamm. dans le langage de la science-fiction. ◆ adj. Qui présente des caractères humains ; à forme humaine.

HUMBLE adj. (lat. *humilis,* de *humus,* terre). **1.** Qui manifeste une attitude volontairement modeste. *Une vedette qui sait rester humble.* **2.** Qui manifeste l'effacement, la déférence. *Un humble fonctionnaire. Des manières humbles.* **3.** Sans éclat, sans prétention ou sans importance ; médiocre, obscur. *Humbles travaux.* **4.** *À mon humble avis* : formule de courtoisie pour introduire l'expression de son opinion. ◆ n.m. pl. Les pauvres, les petites gens.

HUMBLEMENT adv. Avec humilité.

HUMECTAGE n.m. Action d'humecter.

HUMECTER v.t. (lat. *humectare*). Rendre humide, mouiller légèrement. *Humecter ses doigts.*

HUMECTEUR n.m. Appareil utilisé pour humecter les étoffes, le papier.

***HUMER** v.t. (onomat.). Aspirer par le nez pour sentir. *Humer l'odeur d'une fleur.*

HUMÉRAL, E, AUX adj. Relatif à l'humérus.

HUMÉRUS [ymerys] n.m. (lat. *humerus*). Os unique du bras, qui s'articule à l'épaule avec la cavité glénoïde de l'omoplate et au coude avec le cubitus et le radius.

HUMEUR n.f. (lat. *humor,* liquide). **1.** MÉD. Vx. Liquide de l'organisme, réel (sang, lymphe, etc.) ou hypothétique (atrabile). **2.** MÉD. *Humeur aqueuse* : liquide contenu dans l'œil entre la cornée et le cristallin. **3.** PSYCHOL. État thymique fondamental dominant la vie affective et les réactions émotionnelles d'un individu. – *Cour.* Disposition affective et émotionnelle dominante ; tempérament. *Humeur triste, euphorique.* **4.** Disposition affective passagère, liée aux circonstances. *Humeur du moment.* ◇ ***Bonne humeur*** : gaieté, entrain. – ***Être d'humeur à*** : être dans de bonnes dispositions pour. **5.** Mauvaise humeur. *Un mouvement d'humeur.*

HUMIDE adj. (lat. *humidus*). **1.** Chargé d'eau ou de vapeur d'eau. *Linge, temps humide.* **2.** *Yeux humides,* mouillés de larmes.

HUMIDIFICATEUR n.m. Appareil servant à réguler le degré hygrométrique de l'air par humidification.

HUMIDIFICATION n.f. Action d'humidifier.

HUMIDIFIER v.t. [5]. Rendre humide.

HUMIDIMÈTRE n.m. PEINT. INDUSTR. Appareil de mesure de l'humidité d'un subjectile.

HUMIDITÉ n.f. État de ce qui est humide. *L'humidité de l'air.* ◇ ***Humidité absolue*** : nombre de grammes de vapeur d'eau contenue dans un mètre cube d'air. – ***Humidité relative*** : rapport de la pression effective de la vapeur d'eau à la pression maximale.

HUMIFICATION n.f. Transformation en humus de la matière organique morte, sous l'action des micro-organismes du sol.

HUMILIANT, E adj. Qui humilie.

HUMILIATION n.f. **1.** Acte, situation qui humilie ; affront. *Essuyer une humiliation.* **2.** État ou sentiment qui en résulte ; honte.

HUMILIÉ, E adj. et n. Qui a subi une humiliation.

HUMILIER v.t. [5] (du lat. *humilis,* humble). Rabaisser qqn en le faisant apparaître comme inférieur, méprisable, indigne de la valeur qu'on lui accordait. ◆ **s'humilier** v.pr. S'abaisser volontairement, avoir une attitude servile.

HUMILITÉ n.f. État d'esprit, attitude de qqn qui est humble, se considère sans indulgence, est porté à rabaisser ses propres mérites. ◇ ***En toute humilité*** : aussi humblement que possible.

HUMIQUE adj. Relatif à l'humus.

HUMORAL, E, AUX adj. MÉD. **1.** Vx. Relatif aux humeurs du corps. **2.** Sanguin, sérique, dans certaines expressions *(bilan humoral, immunité humorale).*

HUMORISTE n. **1.** Personne qui a de l'humour. **2.** Auteur de dessins, d'écrits comiques ou satiriques.

HUMORISTIQUE adj. **1.** Qui tient de l'humour, est empreint d'humour. **2.** Qui concerne le texte ou le dessin comique, satirique.

HUMOUR n.m. (mot angl., de l'anc. fr. *humor,* humeur). Forme d'esprit qui cherche à mettre en valeur avec drôlerie le caractère ridicule, insolite ou absurde de certains aspects de la réalité, qui dissimule sous un air sérieux une raillerie caustique. *Roman plein d'humour.* ◇ ***Avoir le sens de l'humour*** : avoir une tournure d'esprit qui porte à pratiquer, à comprendre l'humour. – ***Humour noir,*** qui souligne avec cruauté, amertume et parfois désespoir l'absurdité du monde.

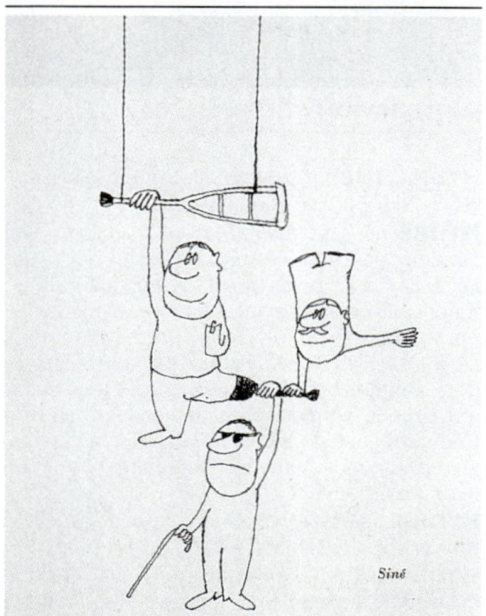

■ **HUMOUR.** *À vot' bon cœur, m'sieurs-dames !...,* dessin de Siné paru en 1960 dans la revue *Bizarre.*

HUMUS [ymys] n.m. (mot lat.). Dans un sol, substance colloïdale noirâtre résultant de la décomposition partielle, par les micro-organismes, de déchets végétaux et animaux.

***HUNE** n.f. (du scand.). MAR. Anc. Plate-forme fixée à l'extrémité supérieure du bas-mât, qui permettait de donner un écartement convenable aux haubans.

***HUNIER** n.m. MAR. Anc. Voile carrée située immédiatement au-dessus des basses voiles.

***HUNNIQUE** adj. Relatif aux Huns.

***HUNTER** [œntœr] n.m. (mot angl.). **1.** ÉQUIT. Cheval de selle anglais, spécialisé dans le saut d'obstacles et le concours complet. **2.** SPORTS. Discipline comprenant des épreuves d'équitation où sont évalués le style et la technique du cavalier et du cheval.

***HUPPE** n.f. (lat. *upupa*). **1.** Touffe de plumes que certains oiseaux ont sur la tête. SYN. : *houppe.* **2.** Oiseau passereau insectivore d'Eurasie et d'Afrique, de la grosseur d'un merle, au plumage roux barré de noir et de blanc sur les ailes, doté d'une crête de plumes sur la tête. (Genre *Upupa* ; famille des upupidés.)

■ **HUPPE**

***HUPPÉ, E** adj. **1.** Se dit de certains oiseaux qui portent une huppe. **2.** *Fam.* D'un rang social élevé ; fortuné.

***HURDLER** [œrdlœr] n.m. (mot angl., de *hurdle,* haie). Athlète spécialisé dans les courses de haies.

***HURE** n.f. (du germ.). **1.** Tête de certains animaux. *Hure de sanglier, de saumon, de brochet.* **2.** Tête coupée de sanglier, formant trophée. **3.** Charcuterie cuite à base de tête de porc.

***HURLANT, E** adj. Qui hurle.

***HURLEMENT** n.m. **1.** Cri prolongé, plaintif ou furieux, particulier au loup, au chien, à l'hyène. **2.** Cri aigu et prolongé que qqn fait entendre dans la douleur, la colère, la peur, etc.

***HURLER** v.i. (lat. *ululare*). **1.** Faire entendre des hurlements, des cris effrayants ou discordants. **2.** Pousser son cri, notamm. en parlant du loup. **3.** Présenter une disparité choquante ; jurer. *Couleurs qui hurlent.* ◆ v.t. Dire, chanter en criant très fort. *Hurler des injures.* ◇ Absol. *Ne pas savoir parler sans hurler.*

HURLEUR, EUSE** adj. Qui hurle. ◇ ***Singe hurleur, ou ***hurleur,*** n.m. : singe de l'Amérique du Sud tropicale, dont les cris puissants et modulés s'entendent très loin. (Long 1,4 m, dont 70 cm pour la queue ; genre *Alouatta,* famille des cébidés.) SYN. : *alouate.*

HURLUBERLU, E n. *Fam.* Personne étourdie, écervelée, qui se comporte avec extravagance.

1. *HURON, ONNE n. et adj. (de *hure*). *Litt.* Personne grossière ; malotru. ◆ n.m. *Litt.* Personne qui, jouant de sa naïveté ou de son innocence supposées, met en évidence les travers, les ridicules, les complications inutiles des usages sociaux auxquels elle est confrontée.

2. *HURON, ONNE adj. et n. Relatif aux Hurons.

***HURONIEN, ENNE** adj. GÉOL. Se dit de l'orogenèse qui, au protérozoïque, affecta l'Amérique du Nord.

***HURRAH** interj. et n.m. → ***HOURRA.**

***HURRICANE** n.m. (d'un mot caraïbe). Cyclone tropical, en Amérique centrale et aux Antilles.

***HUSKY** [œski] n.m. [pl. *huskies*] (angl. *husky*, probablement de *eskimo*). Chien utilisé pour la traction des traîneaux, originaire de Sibérie.

■ **HUSKY**

***HUSSARD** n.m. (du hongr.). Militaire d'un corps de cavalerie légère, dont la tenue fut primitivement empruntée à la cavalerie hongroise.
***HUSSARDE** n.f. *Fam. À la hussarde* : avec brutalité, sans délicatesse.
***HUSSITE** n. Partisan du réformateur tchèque Jan Hus.

H

***HUTTE** n.f. (du francique). Abri sommaire ou habitation primitive faits de branchages, de paille, de terre, etc.
HYACINTHE n.f. (gr. *huakinthos*). **1.** Pierre fine, variété de zircon. **2.** Vx. Jacinthe.
HYALIN, E adj. (du gr. *hualos*, verre). MINÉRALOG. Qui a l'apparence du verre ; vitreux. *Quartz hyalin.*
HYALITE n.f. Opale d'une variété transparente et vitreuse.
HYALOCLASTITE n.f. Roche volcanique fragmentée, produite lors de la rencontre brutale d'une coulée de lave avec de l'eau.
HYALOPLASME n.m. BIOL. CELL. Substance fondamentale du cytoplasme, gel riche en eau, en substances protéiques et en ions dans lequel baignent les organites. SYN. : *protoplasme.*
HYBRIDATION n.f. Croisement entre deux variétés, deux races d'une même espèce ou entre deux espèces différentes.
HYBRIDE adj. et n.m. (lat. *hybrida*, de sang mêlé). **1.** Animal ou végétal résultant d'une hybridation. *Le mulet est un hybride de l'âne et de la jument.* **2.** *Fig.* Composé d'éléments disparates ; composite. *Architecture hybride.* **3.** LING. Se dit d'un mot formé d'éléments empruntés à des langues différentes (ex. : *automobile*, du gr. *auto* et du lat. *mobilis*).
HYBRIDER v.t. Réaliser l'hybridation de.
HYBRIDISME n.m. **1.** GÉNÉT. Étude de la distribution des caractères héréditaires exprimés dans le phénotype, chez les descendants d'un hybride, afin de déterminer les lois fondamentales de leur transmission. (On distingue le *monohybridisme*, transmission d'un caractère, et le *dihybridisme*, transmission simultanée de deux caractères.) **2.** Hybridité.
HYBRIDITÉ n.f. *Didact.* Caractère hybride.
HYBRIDOME n.m. Cellule issue de la fusion en laboratoire de deux cellules génétiquement différentes.
HYDARTHROSE n.f. (gr. *hudôr*, eau, et *arthron*, articulation). MÉD. Épanchement de liquide séreux dans une articulation. SYN. *(cour.)* : *épanchement de synovie.*
HYDATIDE n.f. (gr. *hudatis, -idos*, poche emplie d'eau). Larve d'un ténia échinocoque, qui se développe dans le foie ou le poumon de plusieurs mammifères et de l'homme, en y formant un kyste.
HYDATIQUE adj. Qui contient des hydatides. *Kyste hydatique.*
HYDNE n.m. (gr. *hudnon*). Champignon basidiomycète comestible, à chapeau jaunâtre muni d'aiguillons mous à la face inférieure, appelé usuellement *pied-de-mouton* et commun dans les bois. (Ordre des cantharellales.)
HYDRACIDE n.m. CHIM. MINÉR. Acide contenant de l'hydrogène combiné à un non-métal et ne comportant pas d'oxygène (nom générique). SYN. : *acide protique.*
HYDRAIRE n.m. Invertébré cnidaire marin ou d'eau douce, tel que l'hydre, dont le cycle reproductif comporte toujours un polype, forme végétative fixée, et une méduse, forme sexuée génér. libre et nageuse. (Les hydraires forment un ordre d'hydrozoaires.)
HYDRAMNIOS [idramnjɔs] n.m. MÉD. Excès de liquide amniotique pendant la grossesse.
HYDRANT n.m. ou **HYDRANTE** n.f. Suisse. Borne d'incendie.
HYDRANTHE n.m. ZOOL. Polype nourricier, dans une colonie d'hydrozoaires.
HYDRARGYRISME n.m. ou **HYDRARGIE** n.f. (gr. *hudrarguros*, mercure). Intoxication par le mercure.
HYDRASTIS [-stis] n.m. (mot lat.). Petite plante vivace de l'Amérique du Nord, dont on extrait un alcaloïde, utilisé traditionnellement dans les saignements et les troubles veineux, et une teinture safranée. (Famille des renonculacées.)
HYDRATABLE adj. CHIM. Qui peut être hydraté.
HYDRATANT, E adj. Qui produit une hydratation ; qui fournit de l'eau. – *Spécial.* Se dit de produits de beauté utilisés pour restituer à l'épiderme sa teneur en eau. *Crème, lotion hydratante.*
HYDRATATION n.f. **1.** Quantité d'eau dans l'organisme, dans un tissu ; introduction d'eau dans l'organisme. **2.** CHIM. MINÉR. Fixation d'eau sur une espèce chimique ; transformation en hydrate.
HYDRATE n.m. (gr. *hudôr*, eau). CHIM. MINÉR. Combinaison d'un corps avec une ou plusieurs molécules d'eau. ◇ Vieilli. *Hydrate de carbone* : glucide.
HYDRATER v.t. (du gr. *hudôr*, eau). **1.** Introduire de l'eau dans un organisme, dans un tissu. **2.** CHIM. MINÉR. Procéder à l'hydratation d'une espèce chimique.
HYDRAULICIEN, ENNE n. et adj. Spécialiste de l'hydraulique ou des installations hydrauliques.
HYDRAULIQUE adj. **1.** Relatif à l'eau. **2.** TRAV. PUBL. Qui durcit, prend sous l'eau. *Liant, mortier hydraulique.* **3.** MÉCAN. INDUSTR. Qui met en jeu un liquide sous pression. *Frein hydraulique.* ◆ n.f. **1.** Branche de la mécanique des fluides qui traite des liquides, notamm. de l'eau. **2.** Technique industrielle relative à la mise en œuvre de liquides sous pression.
HYDRAVION n.m. Avion conçu pour prendre son envol de la surface de l'eau et pour s'y poser.

■ **HYDRAVION.** Canadair de la Sécurité civile.

HYDRAZINE n.f. CHIM. MINÉR. Composé basique ($H_2N–NH_2$), utilisé comme ergol.
HYDRE n.f. (gr. *hudra*). **1.** MYTH. GR. Animal fabuleux en forme de serpent d'eau. ◇ *L'Hydre de Lerne* : v. *partie n.pr.* **2.** *Litt.* Mal qui se renouvelle constamment et semble augmenter en proportion des efforts faits pour le détruire. *L'hydre du chômage.* **3.** Petit polype solitaire et nu des eaux douces, ayant de six à dix tentacules, qui peut se couper spontanément en deux ou trois morceaux dont chacun régénère un animal entier. (Embranchement des cnidaires ; ordre des hydraires.)
HYDRIE n.f. ANTIQ. GR. Grand vase grec à eau à trois anses, dont une verticale.
HYDRIQUE adj. Qui concerne l'eau. ◇ *Diète hydrique* : régime dans lequel seule l'eau est permise.
HYDROBASE n.f. Base pour hydravions.
HYDROCARBONATE n.m. Carbonate basique hydraté.
HYDROCARBONÉ, E adj. Qui ne contient que de l'hydrogène et du carbone. *Composé hydrocarboné.*
HYDROCARBURE n.m. Molécule composée uniquement de carbone et d'hydrogène.
ENCYCL. Le méthane (CH_4) du gaz naturel, le benzène (C_6H_6) sont des hydrocarbures. Le pétrole contient surtout des hydrocarbures. Les hydrocarbures benzéniques (C_nH_{2n-6p}) forment une famille constituée d'un pavage de p noyaux benzéniques hexagonaux ; en font partie le naphtalène, l'anthracène, le phénanthrène, les benzopyrènes, etc.

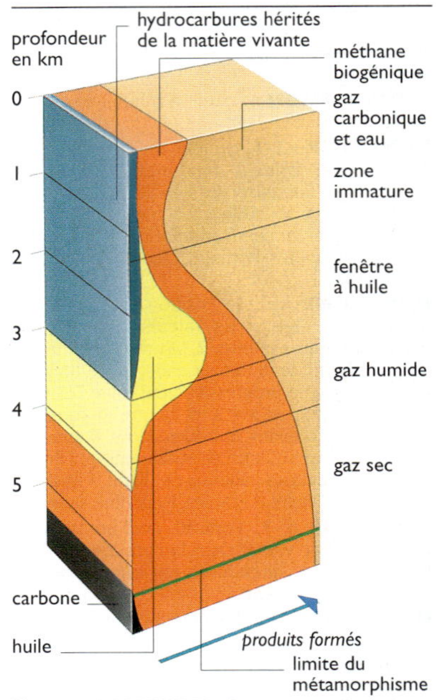

■ **HYDROCARBURES.** Formation et évolution des hydrocarbures en fonction de la profondeur d'enfouissement des sédiments.

HYDROCÈLE n.f. MÉD. Épanchement de liquide séreux dans les bourses.
HYDROCÉPHALE adj. et n. Atteint d'hydrocéphalie.
HYDROCÉPHALIE n.f. Augmentation de volume du liquide céphalo-rachidien, provoquant une dilatation des ventricules cérébraux.
HYDROCHARITACÉE [-ka-] n.f. Plante monocotylédone aquatique, d'eau douce (élodée, morène) ou marine. (Les hydrocharitacées forment une famille.)
HYDROCLASSEUR n.m. MIN. Appareil hydraulique utilisé pour séparer en catégories de grosseur des minerais fins entraînés en suspension dans l'eau.
HYDROCORALLIAIRE n.m. Invertébré cnidaire (polype) colonial, chez lequel la phase méduse n'apparaît jamais, participant à la constitution de récifs coralliens, tel que le millépore. (Les hydrocoralliaires forment un ordre d'hydrozoaires.)
HYDROCORTISONE n.f. Cortisol.
HYDROCOTYLE n.f. Petite plante vivace poussant dans les lieux humides de l'Europe à l'Asie centrale, aux feuilles peltées, rondes. (Famille des ombellifères.)
HYDROCRAQUAGE n.m. PÉTROLE. Craquage de fractions lourdes d'un produit pétrolier en présence d'hydrogène afin d'obtenir des produits plus légers.
HYDROCUTION n.f. Syncope réflexe déclenchée par un bain dans l'eau froide, pouvant entraîner la noyade.
HYDRODÉSULFURATION n.f. PÉTROLE. Procédé de raffinage qui utilise l'hydrogène pour désulfurer une essence ou un gazole en présence d'un catalyseur.
HYDRODYNAMIQUE n.f. Partie de la mécanique des fluides qui s'applique aux liquides, étudie les lois régissant leurs mouvements et les résistances qu'ils opposent aux corps qui se meuvent par rapport à eux. ◆ adj. Relatif à l'hydrodynamique.

HYDROÉLECTRICITÉ n.f. Énergie électrique obtenue par conversion de l'énergie hydraulique des rivières et des chutes d'eau.

HYDROÉLECTRIQUE adj. Relatif à l'hydroélectricité. *Centrale hydroélectrique.*

HYDROFILICALE n.f. Plante aquatique voisine des fougères, telle que la pilulaire et l'azolla. (Les hydrofilicales forment un ordre de filicophytes.)

HYDROFOIL [-fɔjl] n.m. (mot angl.). Hydroptère.

HYDROFUGATION n.f. Action d'hydrofuger.

HYDROFUGE adj. et n.m. Se dit d'un produit qui, appliqué en enduit ou mêlé à la masse d'un matériau, préserve de l'humidité par obturation des pores ou modification de l'état capillaire de la surface.

HYDROFUGER v.t. [10]. Rendre hydrofuge.

HYDROGEL n.m. CHIM. Gel dont le milieu de suspension est l'eau.

HYDROGÉNATION n.f. CHIM. Fixation d'hydrogène sur un corps simple ou composé. ◇ *Hydrogénation du charbon :* procédé de conversion du charbon en hydrocarbures gazeux ou liquides.

HYDROGÈNE n.m. (gr. *hudôr*, eau, et *gennân*, engendrer). **1.** Corps simple, gazeux, extrêmement léger, de densité 0,071, qui se solidifie à - 259,14 °C et se liquéfie à - 252,87 °C. **2.** Élément chimique (H), de numéro atomique 1, de masse atomique 1,007 9. **3.** *Bombe à hydrogène,* ou *bombe H* → **H.**

ENCYCL. L'hydrogène est l'élément le plus abondant de l'Univers. Découvert par Cavendish en 1781, il a été appelé ainsi parce que, en se combinant avec l'oxygène, il forme de l'eau. Il est inflammable et brûle à l'air avec une flamme pâle. On le prépare industriellement par électrolyse de l'eau ou par décomposition catalytique des hydrocarbures par la vapeur d'eau. L'hydrogène est utilisé dans l'industrie pour de nombreuses synthèses (synthèse de l'ammoniac) ou des traitements pétrochimiques. Liquide, il est employé comme combustible pour la propulsion des lanceurs spatiaux.

HYDROGÉNÉ, E adj. **1.** Combiné avec l'hydrogène. **2.** Qui contient de l'hydrogène.

HYDROGÉNER v.t. [11]. Combiner avec l'hydrogène.

HYDROGÉNOCARBONATE n.m. Ion de formule HCO_3^-. SYN. *(cour.) : bicarbonate.*

HYDROGÉOLOGIE n.f. Domaine de la géologie qui s'occupe de la recherche et du captage des eaux souterraines.

HYDROGÉOLOGUE n. Spécialiste de l'hydrogéologie.

HYDROGLISSEUR n.m. Bateau de faible tirant d'eau, génér. à fond plat, propulsé par une hélice aérienne ou un réacteur.

HYDROGRAPHE n. Spécialiste de l'hydrographie. ◇ *Ingénieur hydrographe :* ingénieur appartenant au Service hydrographique de la marine (rattaché, depuis 1970, au corps des ingénieurs de l'armement).

HYDROGRAPHIE n.f. **1.** Partie de la géographie physique qui traite des eaux marines ou douces. **2.** Ensemble des eaux courantes ou stables d'un pays. *Hydrographie de la France.* **3.** Topographie maritime qui a pour objet de lever le plan du fond des mers et des fleuves.

HYDROGRAPHIQUE adj. Relatif à l'hydrographie. ◇ *Service hydrographique et océanographique de la marine :* service de la Marine nationale chargé d'établir les cartes marines et de diffuser les informations nautiques. (Son siège est auj. à Brest.)

HYDROLASE n.f. BIOCHIM. Enzyme réalisant une hydrolyse.

HYDROLOGIE n.f. Science qui traite des propriétés mécaniques, physiques et chimiques des eaux marines (*hydrologie marine,* ou *océanographie*) et continentales (*hydrologie fluviale,* ou *potamologie ; hydrologie lacustre,* ou *limnologie*).

HYDROLOGIQUE adj. Relatif à l'hydrologie.

HYDROLOGUE ou **HYDROLOGISTE** n. Spécialiste de l'hydrologie.

HYDROLYSABLE adj. Qui peut être hydrolysé.

HYDROLYSE n.f. Décomposition de certains composés chimiques par l'eau.

HYDROLYSER v.t. Réaliser l'hydrolyse de.

HYDROMÉCANIQUE adj. Se dit d'une installation mécanique dans laquelle un liquide, génér. de l'eau ou de l'huile sous pression, est employé comme organe de transmission de puissance.

HYDROMEL n.m. (gr. *hudôr*, eau, et *meli*, miel). Boisson alcoolique obtenue par fermentation du miel dans de l'eau.

HYDROMÉTALLURGIE n.f. Ensemble des procédés et des techniques d'extraction des métaux contenus dans un matériau brut ou concentré, par dissolution dans une phase liquide.

HYDROMÈTRE n.f. Insecte prédateur d'Europe, du Proche-Orient et d'Afrique du Nord, à longues pattes, qui vit au bord des mares et marche à la surface des eaux, d'où son nom usuel d'*araignée d'eau.* (Genre *Hydrometra ;* ordre des hétéroptères.)

HYDROMÉTRIE n.f. Mesure des débits des cours d'eau et des eaux souterraines.

HYDROMINÉRAL, E, AUX adj. Relatif aux eaux minérales.

HYDRONÉPHROSE n.f. MÉD. Distension des calices et du bassinet du rein par l'urine, quand celle-ci ne peut s'écouler normalement par les uretères.

HYDROPEROXYDE n.m. Composé organique ou minéral ayant un hydroxyle lié à un autre atome d'oxygène, HO–O⁻ ou HO–OR.

1. HYDROPHILE adj. **1.** Se dit d'une fibre apte à être mouillée par l'eau. *Coton hydrophile.* **2.** CHIM., BIOCHIM. Qui a de l'affinité pour l'eau. CONTR. : *hydrophobe.*

2. HYDROPHILE n.m. Gros insecte coléoptère noir ressemblant au dytique et vivant dans les eaux stagnantes de toute la zone tempérée. (Long. 5 cm ; genre *Hydrous.*)

HYDROPHOBE adj. **1.** Se dit d'une fibre qui ne se laisse pas mouiller par l'eau (par ex., le polyester). **2.** CHIM., BIOCHIM. Qui n'a pas d'affinité pour l'eau. CONTR. : *hydrophile.*

HYDROPHONE n.m. Détecteur immergé d'ondes acoustiques, employé notamm. en sismologie et en détection pétrolière.

HYDROPISIE n.f. Vx. Anasarque.

HYDROPNEUMATIQUE adj. Oléopneumatique.

HYDROPONIQUE adj. AGRIC. *Culture hydroponique,* avec des solutions nutritives renouvelées, sans le support d'un sol.

HYDROPTÈRE n.m. Navire rapide muni de surfaces immergées portantes reliées à la coque par des bras et capable, à partir d'une certaine vitesse, de naviguer en position déjaugée. SYN. : *hydrofoil.*

■ **HYDROPTÈRE**

HYDROQUINONE n.f. CHIM., PHOTOGR. Composé comportant deux fonctions phénol, employé comme révélateur photographique.

HYDROSILICATE n.m. Silicate hydraté.

HYDROSOL n.m. CHIM. Sol ayant l'eau pour milieu dispersif.

HYDROSOLUBLE adj. Se dit des substances chimiques solubles dans l'eau.

HYDROSPHÈRE n.f. Totalité des eaux de la planète, comprenant les océans, les mers, les lacs, les cours d'eau, les eaux souterraines.

HYDROSTATIQUE n.f. Étude des conditions d'équilibre des liquides. ◆ adj. Relatif à l'hydrostatique. ◇ *Balance hydrostatique :* appareil qui sert à déterminer la densité des corps. – *Pression hydrostatique,* qu'exerce l'eau sur la surface d'un corps immergé.

HYDROTHÉRAPIE n.f. Ensemble des traitements mettant à profit les propriétés de l'eau, notamm. au cours de la kinésithérapie, de la thalassothérapie (bains, douches, etc.).

HYDROTHERMAL, E, AUX adj. **1.** GÉOL., OCÉANOL. Qui se rapporte aux circulations d'eaux souterraines chaudes riches en fluides minéralisés. **2.** MÉD. Relatif aux eaux thermales.

HYDROTIMÉTRIE n.f. Mesure de la dureté d'une eau par dosage des sels de calcium et de magnésium.

HYDROTRAITEMENT n.m. Épuration d'un produit pétrolier par hydrogénation.

HYDROXYDE n.m. CHIM. MINÉR. **1.** *Hydroxyde vrai,* ou *hydroxyde :* base renfermant au moins un groupement OH^-. **2.** Nom courant des hydrates d'oxyde (ne contenant pas de groupements OH^-).

HYDROXYLAMINE n.f. CHIM. MINÉR. Réactif, de formule NH_2–OH.

HYDROXYLE n.m. CHIM. MINÉR. **1.** Radical –OH qui figure dans l'eau, les hydroxydes, les alcools, etc. SYN. : *oxhydryle.* **2.** Anion HO^- présent dans les solutions aqueuses d'une base.

HYDROZOAIRE n.m. (gr. *hudôr,* eau, et *zôon,* animal). Cnidaire à symétrie d'ordre quatre mais dépourvu de cloisons, présentant en alternance une phase fixée (polype) et une phase mobile (méduse), tel que l'hydre, le millépore, la physalie. (Les hydrozoaires forment une classe.)

HYDRURE n.m. Combinaison de l'hydrogène avec un élément plus électropositif.

HYÈNE [jɛn] n.f. (gr. *huaina*). Mammifère carnivore d'Afrique et d'Asie, à pelage gris ou fauve tacheté ou rayé de brun, prédateur ou charognard et dont on a trouvé des traces abondantes dans l'Europe du quaternaire. (Long. jusqu'à 1,40 m ; cri : l'hyène hurle, ricane ; genres *Hyaena* et *Crocuta,* famille des hyénidés.) – REM. L'élision est facultative. On dit, on écrit *l'hyène* ou *la hyène.*

■ **HYÈNE.** Hyène tachetée.

HYGIAPHONE n.m. (nom déposé). Dispositif transparent et perforé équipant des guichets où des employés sont en contact constant avec le public (poste, banques, etc.).

HYGIÈNE n.f. (gr. *hugieinon,* santé). **1.** Partie de la médecine étudiant les moyens individuels ou collectifs, les principes et les pratiques qui visent à préserver ou favoriser la santé. *Hygiène alimentaire.* **2.** Fait de respecter ces principes. *Avoir une bonne hygiène.* **3.** *Hygiène mentale :* ensemble des activités médico-psychologiques visant à préserver la santé mentale des populations. **4.** Ensemble des soins apportés au corps pour le maintenir propre. *Hygiène du cuir chevelu.* **5.** Ensemble des conditions sanitaires d'un lieu. *Un local sans hygiène.*

HYGIÉNIQUE adj. **1.** Relatif à l'hygiène. **2.** Bon pour la santé ; sain. *Promenade hygiénique.* **3.** Qui a trait à l'hygiène, à la propreté du corps, et partic. de ses parties intimes. *Papier hygiénique. Serviette hygiénique.*

HYGIÉNISTE n. Spécialiste de l'hygiène.

HYGROMA n.m. MÉD. Inflammation d'une bourse séreuse.

HYGROMÈTRE n.m. Appareil pour mesurer le degré d'humidité de l'air.

HYGROMÉTRIE n.f. (du gr. *hugros,* humide). Domaine de la météorologie qui étudie la quantité de vapeur d'eau contenue dans l'air. SYN. : *hygroscopie.*

HYGROMÉTRIQUE adj. Relatif à l'hygrométrie.

HYGROPHILE adj. ÉCOL. Se dit d'un organisme, et notamm. d'une plante, qui se développe mieux à l'humidité.

HYGROPHORE n.m. Champignon basidiomycète à lames épaisses, espacées, à chapeau

souvent visqueux et coloré, dont plusieurs espèces sont comestibles. (Ordre des agaricales.)
HYGROSCOPE n.m. Instrument qui indique l'humidité de l'air.
HYGROSCOPIE n.f. Hygrométrie.
HYGROSCOPIQUE adj. Se dit d'un corps qui a des affinités avec l'eau et favorise la condensation.
HYGROSTAT [igrɔsta] n.m. Appareil mesurant l'humidité relative de l'air pour le contrôle du conditionnement.
HYLOZOÏSME n.m. (gr. *hulê,* matière, et *dzôê,* vie). PHILOS. Doctrine selon laquelle la matière est vivante (par son intégration au monde, qu'anime une âme universelle, dans le stoïcisme, ou dès son niveau élémentaire, notamm. chez Diderot).
1. HYMEN [imɛn] n.m. (gr. *humên,* membrane). Membrane qui ferme plus ou moins complètement l'entrée du vagin chez la femme vierge.
2. HYMEN [imɛn] ou **HYMÉNÉE** n.m. (du n. d'une divinité grecque qui présidait au mariage). *Litt.* Mariage.
HYMÉNIUM [-njɔm] n.m. Chez les champignons, couche de mycélium portant les éléments producteurs de spores (asques, basides, etc.).
HYMÉNOPTÈRE n.m. et adj. (gr. *humên,* membrane, et *pteron,* aile). Insecte holométabole, possédant deux paires d'ailes solidaires pendant le vol et dont la larve ne peut subvenir seule à ses besoins, tel que l'abeille, la fourmi, la guêpe, l'ichneumon, le cynips. (Les hyménoptères forment un ordre.)
1. HYMNE n.m. (gr. *humnos*). **1.** Chez les Anciens, chant, poème à la gloire des dieux ou des héros, souvent associé à un rituel religieux. **2.** Chant, poème lyrique à la gloire d'un personnage, d'une grande idée, etc. ◇ *Hymne national :* chant patriotique associé aux cérémonies publiques.
2. HYMNE n.f. Chant latin à strophes, poème religieux qui, dans la liturgie chrétienne, fait partie de l'office divin.
HYOÏDE [jɔid] adj. (gr. *huoeidês,* en forme de Y). *Os hyoïde :* petit os en fer à cheval, situé au-dessus du larynx.
HYPALLAGE n.f. (gr. *hupallagê,* échange). STYL. Figure consistant à qualifier certains noms d'une phrase par des adjectifs convenant à d'autres noms de la même phrase. (Ex. : *Ce marchand accoudé sur son comptoir avide* [V. Hugo].)
HYPER n.m. (abrév.). *Fam.* Hypermarché.
HYPERACOUSIE n.f. MÉD. Sensibilité excessive, voire douloureuse, au son.
HYPERACTIF, IVE adj. et n. Qui est en proie à l'hyperactivité.
HYPERACTIVITÉ n.f. MÉD., PSYCHIATR. État d'activité constante et d'instabilité de comportement, s'accompagnant de difficultés d'attention, observé notamm. en cas d'anxiété ou chez l'enfant.
HYPERBARE adj. TECHN. Se dit d'une enceinte où la pression est supérieure à la pression atmosphérique. *Caisson hyperbare.*
HYPERBATE n.f. (gr. *huperbaton,* inversion). STYL. Figure consistant à modifier l'ordre habituel des mots d'une phrase. (Ex. : *Là coule un clair ruisseau.*)
HYPERBOLE n.f. (gr. *huperbolê,* excès). **1.** STYL. Procédé qui consiste à exagérer l'expression pour produire une forte impression (ex. : *un géant* pour *un homme de haute taille*). **2.** GÉOMÉTR. Ensemble des points d'un plan dont la valeur absolue de la différence des distances à deux points fixes (foyers) de ce plan est constante.

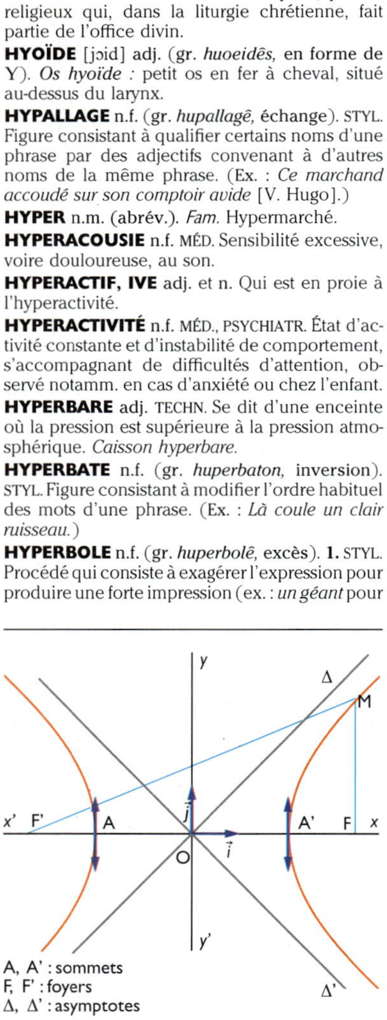

A, A' : sommets
F, F' : foyers
Δ, Δ' : asymptotes
■ **HYPERBOLES**

HYPERBOLIQUE adj. **1.** STYL. Qui a le caractère d'une hyperbole ; qui contient des hyperboles. **2.** MATH. *Fonctions hyperboliques :* fonctions réelles d'une variable réelle définies à partir de la fonction exponentielle (sinus hyperbolique [sh], cosinus hyperbolique [ch], tangente hyperbolique [th]). **3.** Qui a la forme d'une hyperbole ou d'un hyperboloïde. *Miroir hyperbolique.* **4.** PHILOS. *Doute hyperbolique :* chez Descartes, doute méthodique poussé à l'extrême, obligeant à considérer comme faux ce qui n'est que douteux. (Il culmine avec la fiction du « Malin Génie ».)
HYPERBOLOÏDE n.m. GÉOMÉTR. Quadrique admettant un centre de symétrie et dont les sections par un plan passant par le centre sont des hyperboles.
HYPERBORÉEN, ENNE adj. *Litt.* De l'extrême nord.
HYPERCALCÉMIE n.f. MÉD. Augmentation pathologique de la concentration de calcium dans le sang.
HYPERCAPNIE n.f. MÉD. Augmentation pathologique de la concentration du gaz carbonique dans le sang.
HYPERCHLORHYDRIE [-klɔ-] n.f. MÉD. Augmentation de la quantité d'acide chlorhydrique dans la sécrétion gastrique.
HYPERCHOLESTÉROLÉMIE [-kɔ-] n.f. MÉD. Élévation pathologique de la concentration du cholestérol sanguin.
HYPERCONTINENTAL, E, AUX adj. *Climat hypercontinental (des moyennes latitudes) :* climat caractérisé par un long hiver très froid et sec et par un été chaud et peu pluvieux.
HYPERCORRECTION n.f. LING. Phénomène consistant à reconstruire de manière erronée un mot en lui restituant un élément que l'on croit disparu.
HYPERDULIE n.f. (gr. *huper,* au-delà, et *doulos,* esclave). CATH. Culte rendu à la Vierge.
HYPERÉMIE n.f. → **HYPERHÉMIE.**
HYPERÉMOTIVITÉ n.f. PSYCHOL. Disposition à réagir de façon excessive aux événements dans le domaine émotionnel.
HYPERÉOSINOPHILIE n.f. Augmentation du nombre de globules blancs éosinophiles dans le sang.
HYPERESTHÉSIE n.f. MÉD. Exagération de la sensibilité, tendant à transformer les sensations ordinaires en sensations douloureuses.
HYPERFOCAL, E, AUX adj. OPT., PHOTOGR. *Distance hyperfocale :* distance minimale du sujet à l'objectif, à partir de laquelle la netteté de l'image est assurée jusqu'à l'infini.
HYPERFRÉQUENCE n.f. TÉLÉCOMM. Fréquence radioélectrique très élevée, supérieure à 1 000 mégahertz (1 GHz) environ.
HYPERGAMIE n.f. ANTHROP. Forme de mariage qui suppose une différence de rang ou de statut entre les deux familles ou lignées impliquées. (Elle est de pratique courante dans l'Inde du Nord, en Birmanie et en Asie du Sud-Est.)
HYPERGLYCÉMIANT, E adj. Se dit d'une hormone, d'un médicament qui augmentent la glycémie.
HYPERGLYCÉMIE n.f. Excès de la concentration de glucose dans le sang.
HYPERGOL n.m. Propergol dont les ergols s'enflamment spontanément au contact l'un de l'autre.
HYPERHÉMIE ou **HYPERÉMIE** n.f. MÉD. Congestion.
HYPERINFLATION n.f. Inflation dont le taux est très élevé (par oppos. à *inflation rampante*).
HYPERKALIÉMIE n.f. MÉD. Augmentation pathologique de la concentration du potassium dans le sang.
HYPERLEUCOCYTOSE n.f. MÉD. Augmentation du nombre de globules blancs dans le sang.
HYPERLIPIDÉMIE ou **HYPERLIPÉMIE** n.f. MÉD. Élévation pathologique de la concentration sanguine des lipides tels que le cholestérol ou les triglycérides.
HYPERMARCHÉ n.m. Magasin exploité en libre service et présentant une superficie consacrée à la vente supérieure à 2 500 m². Abrév. *(fam.) : hyper.*
HYPERMÉDIA n.m. Technique ou système analogues à l'hypertexte mais adaptés à la manipulation d'images (fixes ou animées, vidéo ou graphiques) et de sons.
HYPERMÉTROPE adj. et n. Atteint d'hypermétropie.
HYPERMÉTROPIE n.f. (gr. *huper,* au-delà, *metron,* mesure, et *ops,* vue). Anomalie de la vision dans laquelle l'image tend à se former en arrière de la rétine, ce qui oblige le cristallin à accommoder. (Plus l'objet se rapproche et plus l'accommodation risque d'être difficile.)
HYPERMNÉSIE n.f. PSYCHOL. Rappel exagéré des souvenirs, au cours de certains troubles psychiques.
HYPERNATRÉMIE n.f. MÉD. Augmentation pathologique de la concentration du sodium sanguin.
HYPERŒSTROGÉNIE [-ɛstr-] n.f. Quantité excessive d'œstrogènes dans l'organisme féminin.
HYPÉRON n.m. PHYS. Particule (baryon) de masse supérieure à celle du proton.
HYPERONYME n.m. LING. Terme dont le sens inclut le sens d'autres termes, dits ses *hyponymes* (par ex., *meuble* est l'hyperonyme de *siège*).
HYPERPLAN n.m. GÉOMÉTR. Sous-espace de dimension $n - 1$ d'un espace vectoriel de dimension n.
HYPERPLAQUETTOSE n.f. Augmentation du nombre de plaquettes dans le sang.
HYPERPLASIE n.f. MÉD. Augmentation de volume d'un tissu, d'un organe due à une augmentation du nombre de ses cellules.
HYPERRÉALISME n.m. Courant des arts plastiques apparu aux États-Unis à la fin des années 1960 et caractérisé par une interprétation quasi photographique du visible.
HYPERRÉALISTE adj. et n. Qui appartient, se rattache à l'hyperréalisme.
HYPERSENSIBILITÉ n.f. **1.** Sensibilité extrême. **2.** État d'un organisme réagissant d'une manière excessive à l'introduction d'un antigène. (L'allergie est une forme d'hypersensibilité.)
HYPERSENSIBLE adj. et n. D'une sensibilité extrême.
HYPERSOMNIE n.f. MÉD. Excès pathologique de sommeil.
HYPERSONIQUE adj. AVIAT. Se dit d'une vitesse correspondant à un nombre de Mach égal ou supérieur à 5 (soit, à haute altitude, env. 5 000 km/h) ; se dit d'un engin se déplaçant à une telle vitesse.
HYPERSTATIQUE adj. MÉCAN. Se dit d'un système de corps ayant entre eux plus de liaisons qu'il ne peut en exister entre solides indéformables.
HYPERSUSTENTATEUR adj.m. et n.m. AVIAT. Se dit d'un dispositif assurant l'hypersustentation.
HYPERSUSTENTATION n.f. AVIAT. Augmentation momentanée de la portance d'une aile à l'aide de dispositifs spéciaux (notamm. au décollage et à l'atterrissage).
HYPERTÉLIE n.f. SC. DE LA V. Développement excessif de certains organes, en taille ou en complexité, chez certaines espèces, en partic. chez les mâles. (Les défenses recourbées en dedans du mammouth sont un exemple d'hypertélie.)
HYPERTENDU, E adj. et n. Se dit d'une personne atteinte d'hypertension artérielle.
HYPERTENSEUR adj.m. Qui provoque une hypertension.
HYPERTENSIF, IVE adj. Relatif à l'hypertension artérielle.
HYPERTENSION n.f. MÉD. Augmentation de la tension. — *Par ext.* Augmentation de la pression d'un liquide de l'organisme. ◇ *Hypertension intracrânienne :* augmentation de la pression dans le cerveau, par hydrocéphalie, œdème ou hypertension artérielle. — *Hypertension artérielle,* ou *hypertension :* augmentation de la tension artérielle.
HYPERTEXTE n.m. Technique ou système qui permet, dans une base documentaire de textes, de passer d'un document à un autre selon des chemins préétablis ou élaborés lors de la consultation. ◆ adj. Relatif à l'hypertexte.

HYPERTHERMIE n.f. MÉD. Élévation de la température du corps au-dessus de la normale.

HYPERTHYROÏDIE n.f. MÉD. Excès de sécrétion des hormones thyroïdiennes.

HYPERTONIE n.f. **1.** État d'une solution hypertonique. **2.** Exagération du tonus musculaire, au cours des perturbations neurologiques.

HYPERTONIQUE adj. **1.** Se dit d'une solution dont la pression osmotique est supérieure à celle d'une autre solution. **2.** Qui est relatif à l'hypertonie musculaire.

HYPERTROPHIE n.f. **1.** MÉD. Augmentation de volume d'un tissu, d'un organe, due à une augmentation de volume de ses cellules. **2.** *Fig.* Développement excessif, exagéré. *Hypertrophie de la sensibilité.*

HYPERTROPHIÉ, E adj. Atteint d'hypertrophie. CONTR. : *atrophié.*

HYPERTROPHIER v.t. [5]. Produire l'hypertrophie d'un tissu, d'un organe. ◆ **s'hypertrophier** v.pr. **1.** Augmenter de volume par hypertrophie. **2.** *Fig.* Se développer excessivement. *Cette administration s'est hypertrophiée.*

HYPERTROPHIQUE adj. MÉD. Qui a les caractères de l'hypertrophie.

HYPERVENTILATION n.f. MÉD. Augmentation de la ventilation pulmonaire par anxiété, activité physique ou maladie.

HYPERVITAMINOSE n.f. MÉD. Ensemble des troubles dus à l'excès d'une vitamine dans l'organisme.

HYPHE [if] n.f. (gr. *huphê,* tissu). MYCOL. Chacun des filaments qui constituent ensemble le mycélium des champignons. (Les hyphes sont cloisonnées chez les septomycètes, tubulaires chez les siphomycètes.)

HYPHOLOME [ifɔlom] n.m. Champignon basidiomycète à lamelles, non comestible, poussant en touffes sur les souches. (Ordre des agaricales.)

HYPNAGOGIQUE adj. (gr. *hupnos,* sommeil, et *agein,* conduire). Qui concerne l'endormissement, la période précédant le sommeil. *Images, visions hypnagogiques.*

HYPNE n.f. Mousse très commune dans les sous-bois, sur les troncs d'arbres. (Embranchement des bryophytes.)

HYPNOÏDE adj. PSYCHIATR. Se dit d'un état d'obscurcissement de la conscience et de diminution des perceptions survenant en dehors du véritable sommeil.

HYPNOSE n.f. (du gr. *hupnoûn,* endormir). État de conscience particulier, entre la veille et le sommeil, provoqué par la suggestion. – *Par ext.* Hypnotisme.

HYPNOTIQUE adj. Relatif à l'hypnose, à l'hypnotisme. *Sommeil hypnotique.* ◆ adj. et n.m. Se dit de médicaments qui provoquent le sommeil et qui sont prescrits contre l'insomnie. SYN. *(cour.) : somnifère.*

HYPNOTISER v.t. **1.** Soumettre à l'hypnose. **2.** S'imposer à l'esprit de qqn ; obséder, obnubiler. *Cette difficulté vous hypnotise et vous n'arrivez pas à en faire abstraction.* ◆ **s'hypnotiser** v.pr. Être totalement absorbé, fasciné par qqch. *Ils s'hypnotisent sur ce détail.*

HYPNOTISEUR, EUSE n. Personne qui hypnotise.

HYPNOTISME n.m. Ensemble des techniques permettant de provoquer un état d'hypnose, utilisées notamm. au cours de certaines psychothérapies.

HYPOACOUSIE n.f. Diminution partielle de l'acuité auditive ; surdité.

HYPOALLERGÉNIQUE adj. et n.m. Se dit d'une substance qui provoque peu de réactions allergiques. *Savon hypoallergénique.*

HYPOCALCÉMIE n.f. MÉD. Insuffisance de la concentration de calcium dans le sang.

HYPOCALORIQUE adj. Qui constitue un faible apport énergétique pour l'organisme. ◇ *Régime hypocalorique,* destiné à faire maigrir. SYN. *(cour.) : régime amaigrissant.*

HYPOCAPNIE n.f. MÉD. Diminution pathologique de la concentration de gaz carbonique dans le sang.

HYPOCAUSTE n.m. ANTIQ. ROM. Système de chauffage à air chaud installé dans le sol et le sous-sol de certaines constructions romaines, notamm. les thermes.

HYPOCENTRE n.m. GÉOL. Foyer d'un séisme.

HYPOCHLOREUX [ipɔklɔrø] adj.m. CHIM. MINÉR. Se dit de l'anhydride Cl_2O et de l'acide HClO.

HYPOCHLORHYDRIE [-klɔ-] n.f. MÉD. Diminution de la quantité d'acide chlorhydrique dans la sécrétion gastrique.

HYPOCHLORITE [-klɔ-] n.m. CHIM. MINÉR. Sel de l'acide hypochloreux. (L'hypochlorite de sodium existe dans l'eau de Javel.)

HYPOCHROME [ipɔkrom] adj. MÉD. Se dit d'une anémie caractérisée par une diminution de la concentration de l'hémoglobine dans les globules rouges.

HYPOCONDRE n.m. (gr. *hupo,* dessous, et *khondros,* cartilage). ANAT. Chacune des parties latérales de la région supérieure de l'abdomen, sous les côtes.

HYPOCONDRIAQUE adj. et n. Qui souffre d'hypocondrie.

HYPOCONDRIE n.f. Inquiétude permanente concernant la santé, l'état et le fonctionnement de ses organes, provoquée par un trouble psychique bénin (anxiété, par ex.) ou grave (psychose, par ex.).

HYPOCORISTIQUE adj. et n.m. (gr. *hupokoristikos,* caressant). LING. Se dit d'un mot, d'une tournure exprimant une intention affectueuse (par ex. *frérot, mon chou,* etc.).

HYPOCRAS [ipɔkras] n.m. (de *Hippocrate*). Anc. Boisson faite avec du vin additionné de sucre, dans lequel on faisait macérer de la cannelle, de la vanille et du girofle.

HYPOCRISIE n.f. (gr. *hupokrisis,* mimique). **1.** Défaut qui consiste à dissimuler sa véritable personnalité et à affecter des sentiments, des opinions et des vertus que l'on n'a pas. **2.** Caractère de ce qui est hypocrite. *Hypocrisie d'une promesse.* **3.** Action, parole hypocrite ; tromperie. *Assez d'hypocrisies, dis-moi la vérité !*

HYPOCRITE adj. et n. Qui manifeste de l'hypocrisie.

HYPOCRITEMENT adv. De façon hypocrite.

HYPOCYCLOÏDAL, E, AUX adj. **1.** Qui a la forme d'une hypocycloïde. **2.** Se dit d'un engrenage dans lequel le pignon tourne à l'intérieur de la roue.

HYPOCYCLOÏDE n.f. GÉOMÉTR. Courbe plane décrite par un point fixé d'un cercle qui roule sans glisser à l'intérieur d'un cercle fixe.

HYPODERME n.m. **1.** ANAT. Partie profonde de la peau, sous le derme, riche en tissu adipeux. **2.** Grosse mouche velue, voisine de l'œstre, dont la larve (varron) vit sous la peau de certains ruminants, provoquant l'hypodermose. (Long. 13 mm ; genre *Hypoderma,* famille des œstridés.)

HYPODERMIQUE adj. Relatif à l'hypoderme, au tissu sous-cutané.

HYPODERMOSE n.f. Affection parasitaire cutanée causée aux animaux, et plus partic. aux bovins, par des hypodermes.

HYPOESTHÉSIE n.f. MÉD. Affaiblissement d'un type ou des différents types de sensibilité.

HYPOGASTRE n.m. ANAT. Partie inférieure et médiane de l'abdomen.

HYPOGASTRIQUE adj. De l'hypogastre.

HYPOGÉ, E adj. BOT. Qui se développe sous terre.

HYPOGÉE n.m. (gr. *hupo,* dessous, et *gê,* terre). ARCHÉOL. Excavation creusée de main d'homme ; construction ou tombeau souterrains.

HYPOGLOSSE adj. (gr. *hupoglôssios,* sous la langue). *Nerf grand hypoglosse :* nerf crânien qui innerve les muscles de la langue.

HYPOGLYCÉMIANT, E adj. et n.m. MÉD. Se dit d'une substance (alcool, médicament, etc.) qui diminue la glycémie.

HYPOGLYCÉMIE n.f. MÉD. Diminution de la concentration de glucose dans le sang.

HYPOGYNE adj. Se dit d'une fleur où sépales, pétales et étamines sont insérés au-dessous de l'ovaire. CONTR. : *épigyne.*

HYPOÏDE adj. MÉCAN. INDUSTR. Se dit d'un engrenage conique à denture spirale, dont les axes ne se rencontrent pas et qui est utilisé pour la transmission du mouvement aux roues motrices d'une automobile.

HYPOKALIÉMIE n.f. MÉD. Diminution de la concentration de potassium dans le sang.

HYPOKHÂGNE n.f. *Arg. scol.* Première année de classe préparatoire au concours d'entrée à l'École normale supérieure (sections littéraires).

HYPOMANIE n.f. PSYCHIATR. État d'excitation constituant une forme mineure de manie.

HYPONATRÉMIE n.f. Diminution pathologique de la concentration du sodium sanguin.

HYPONEURIEN n.m. et adj. Animal dont la chaîne nerveuse est située sous le tube digestif. (La plupart des invertébrés se rangent parmi les hyponeuriens.) SYN. : *protostomien.* CONTR. : *épineurien.*

HYPONOMEUTE ou **YPONOMEUTE** n.m. Petit papillon nocturne dont la chenille, très nuisible, tisse des toiles denses autour des rameaux des arbres fruitiers et en dévore les feuilles. (Genre *Yponomeuta ;* famille des yponomeutidés.)

HYPONYME n.m. Terme dont le sens est inclus dans celui d'un autre, dit son *hyperonyme* (par ex., *goélette* est un des hyponymes de *voilier*).

HYPOŒSTROGÉNIE [-ɛstrɔ-] n.f. Insuffisance de la sécrétion d'œstrogènes par les ovaires.

HYPOPHOSPHITE n.m. Sel de l'acide hypophosphoreux.

HYPOPHOSPHOREUX adj.m. *Acide hypophosphoreux :* acide HPO_2H_2, le moins oxygéné des acides du phosphore.

HYPOPHYSAIRE adj. Relatif à l'hypophyse.

HYPOPHYSE n.f. (gr. *hupophusis*). Glande endocrine située à la base du cerveau, sous l'hypothalamus. (On distingue l'*antéhypophyse,* qui sécrète la prolactine, l'hormone somatotrope et les stimulines, et la *posthypophyse,* où sont stockées l'hormone antidiurétique et l'ocytocine.)

H

HYPOPLASIE n.f. MÉD. Aplasie modérée d'un tissu, d'un organe.

HYPOSODÉ, E [ipɔsɔde] adj. MÉD. Se dit d'un régime alimentaire pauvre en sel.

HYPOSPADIAS [-djas] n.m. (mot grec). MÉD. Malformation de la verge, dans laquelle l'urètre s'ouvre à la face inférieure de celle-ci et non à son extrémité.

HYPOSTASE n.f. (gr. *hupostasis,* ce qui est posé dessous). THÉOL. CHRÉT. Chacune des trois personnes divines considérées comme substantiellement distinctes.

HYPOSTASIER v.t. [5]. *Didact.* Considérer à tort une idée, un concept comme une réalité en soi, absolue. *Hypostasier la conscience collective.*

HYPOSTATIQUE adj. THÉOL. CHRÉT. *Union hypostatique :* union en une seule hypostase des deux natures, divine et humaine, dans le Christ.

HYPOSTYLE adj. (gr. *hupostulos*). ARCHÉOL. Se dit d'une salle dont le plafond est soutenu par des colonnes.

HYPOSULFITE n.m. Sel de l'acide hyposulfureux utilisé comme fixateur en photographie. SYN. : *thiosulfate.*

HYPOSULFUREUX adj.m. CHIM. MINÉR. *Acide hyposulfureux :* acide $H_2S_2O_3$. SYN. : *acide thiosulfurique.*

HYPOTAUPE n.f. *Arg. scol.* Classe de mathématiques supérieures.

HYPOTENDU, E adj. et n. Se dit d'une personne atteinte d'hypotension artérielle.

HYPOTENSEUR adj.m. et n.m. Se dit d'un médicament qui diminue la tension artérielle.

HYPOTENSIF, IVE adj. Relatif à l'hypotension.

HYPOTENSION n.f. *Hypotension artérielle,* ou *hypotension :* diminution pathologique de la tension artérielle.

HYPOTÉNUSE n.f. (gr. *hupoteinousa pleura,* côté se tendant sous les angles). GÉOMÉTR. Côté opposé à l'angle droit d'un triangle rectangle.

HYPOTHALAMIQUE adj. Relatif à l'hypothalamus.

HYPOTHALAMUS [ipɔtalamys] n.m. Région du cerveau constituant la partie antérieure et inférieure du diencéphale, et contrôlant le système nerveux végétatif et une partie du système hormonal.

HYPOTHÉCABLE adj. Qui peut être hypothéqué.

HYPOTHÉCAIRE adj. Relatif à l'hypothèque ; garanti par une hypothèque.

HYPOTHÉNAR adj. inv. ANAT. *Éminence hypothénar :* saillie à la partie interne de la paume de la main formée par les muscles du petit doigt.

HYPOTHÈQUE n.f. (gr. *hupothêkê,* gage). **1.** DR. Droit réel dont est grevé un bien immobilier au profit d'un créancier pour garantir le paiement de sa créance. ◇ *Prendre une hypothèque sur l'avenir :* disposer d'une chose avant de la posséder. **2.** *Fig.* Obstacle qui empêche l'accomplissement de qqch. *Faire peser une hypothèque sur qqch.*

HYPOTHÉQUER v.t. [11]. **1.** DR. Grever un bien d'une hypothèque pour garantir une créance. *Hypothéquer une terre.* **2.** *Hypothéquer l'avenir,* le compromettre.

HYPOTHERMIE n.f. Abaissement de la température du corps au-dessous de la normale.

HYPOTHÈSE n.f. (gr. *hupothesis*). **1.** LOG. Proposition à partir de laquelle on raisonne pour résoudre un problème, pour démontrer un théorème. – *Spécial.* Proposition résultant d'une observation et que l'on soumet au contrôle de l'expérience ou que l'on vérifie par déduction. **2.** *Cour.* Supposition destinée à expliquer ou à prévoir des faits. *Faire des hypothèses.* ◇ *En toute hypothèse :* en tout cas ; quoi qu'il arrive.

HYPOTHÉTICO-DÉDUCTIF, IVE adj. (pl. *hypothético-déductifs, ives*). LOG. **1.** Se dit d'un raisonnement dans lequel certains principes sont considérés comme vrais et assurés, et d'autres comme purement hypothétiques et vérifiables a posteriori. **2.** Se dit d'un système axiomatisé et formalisé.

HYPOTHÉTIQUE adj. **1.** LOG. Fondé sur une hypothèse. **2.** *Cour.* Se dit de qqch dont on ne peut être sûr ; douteux, incertain.

H

HYPOTHÉTIQUEMENT adv. D'une façon hypothétique.

HYPOTHYROÏDIE n.f. Insuffisance de sécrétion des hormones thyroïdiennes.

HYPOTONIE n.f. **1.** État d'une solution hypotonique. **2.** Diminution du tonus musculaire par trouble neurologique.

HYPOTONIQUE adj. **1.** Se dit d'une solution dont la pression osmotique est inférieure à celle d'une autre solution. **2.** Relatif à l'hypotonie musculaire.

HYPOTROPHIE n.f. Retard de la croissance chez le nouveau-né ou le nourrisson.

HYPOVENTILATION n.f. Diminution pathologique de la ventilation pulmonaire.

HYPOVITAMINOSE n.f. MÉD. Carence bénigne en une vitamine.

HYPOXÉMIE n.f. MÉD. Diminution modérée de la quantité d'oxygène dans le sang.

HYPOXIE n.f. Diminution modérée de la quantité d'oxygène dans les tissus, à la suite d'une hypoxémie. – *Par ext.* L'hypoxémie elle-même.

HYPSOMÈTRE n.m. (du gr. *hupsos,* hauteur). Instrument qui sert à mesurer la pression de l'air en altitude par la mesure du point d'ébullition de l'eau.

HYPSOMÉTRIE n.f. **1.** Mesure et représentation cartographique du relief terrestre. **2.** Étendue respective des différentes zones d'altitude d'une région.

HYPSOMÉTRIQUE adj. Relatif à l'hypsométrie. ◇ *Carte hypsométrique :* carte qui représente la répartition des altitudes, génér. par des courbes de niveau.

HYSOPE n.f. (gr. *hussôpos*). Arbrisseau aromatique, originaire d'Europe et d'Asie méridionales, à fleurs bleues utilisées en infusion pour leurs propriétés médicinales. (Famille des labiées.)

HYSTÉRECTOMIE n.f. (gr. *hustera,* utérus, et *ektomê,* ablation). Ablation chirurgicale de l'utérus.

HYSTÉRÉSIS [isterezis] n.f. (gr. *husterêsis,* retard). **1.** Retard dans l'évolution d'un phénomène physique par rapport à un autre, dont il dépend. **2.** Propriété des substances ferromagnétiques, pour lesquelles l'induction dépend à la fois du champ magnétisant actuel et des états magnétiques antérieurs.

HYSTÉRIE n.f. (du gr. *hustera,* utérus). **1.** Névrose caractérisée par un type de personnalité pathologique (théâtralisme, besoin de séduire, par ex.), ou par une conversion des troubles psychiques en symptômes physiques (fausse paralysie, malaises, par ex.). **2.** *Fig.* Vive excitation poussée jusqu'au délire. *L'opinion est frappée d'une hystérie guerrière.* ◇ *Hystérie collective :* agitation, excitation, frénésie, parfois violente, qui gagne tous les membres d'un groupe, d'une foule.

HYSTÉRIQUE adj. Relatif à l'hystérie. ◆ adj. et n. Atteint d'hystérie.

HYSTÉROGRAPHIE n.f. Radiographie de l'utérus après injection d'un produit opaque aux rayons X.

HYSTÉROMÉTRIE n.f. Mesure de la profondeur de l'utérus à l'aide d'un instrument constitué d'une petite tige.

HYSTÉROSALPINGOGRAPHIE n.f. Radiographie de l'utérus et des trompes après injection d'un liquide opaque aux rayons X.

HYSTÉROSCOPIE n.f. Examen endoscopique de la cavité utérine.

Caractère Italia

I n.m. inv. **1.** Neuvième lettre de l'alphabet et la troisième des voyelles. (*I* note la voyelle antérieure fermée non arrondie.) ◇ *Mettre les points sur les « i » :* s'expliquer de façon claire et précise pour éviter les ambiguïtés. **2.** ARITHM. Désigne le nombre complexe ayant pour partie réelle 0 et pour partie imaginaire 1. ($i^2 = -1$.) **3.** I : notation de l'unité dans la numération romaine.

IAMBE ou **ÏAMBE** [jɑ̃b] n.m. (gr. *iambos*). **1.** MÉTRIQ. Pied composé de deux syllabes, une brève suivie d'une longue accentuée, dans la poésie grecque et latine. **2.** Pièce satirique, en alexandrins alternant avec des octosyllabes.

IAMBIQUE ou **ÏAMBIQUE** adj. Composé d'iambes.

IATROGÈNE adj. Se dit d'un trouble, d'une maladie provoqués par un acte médical ou par les médicaments, même en l'absence d'erreur du médecin.

IBÈRE adj. De l'Ibérie. ◆ n.m. Langue non indo-européenne que parlaient les Ibères.

IBÉRIQUE adj. **1.** Relatif à l'Ibérie. **2.** Relatif à l'Espagne et au Portugal. *Les pays ibériques.*

IBÉRIS [iberis] n.m. (lat. *iberis,* du gr.). Plante de l'Europe et du pourtour méditerranéen, dont certaines espèces sont cultivées comme ornementales sous le nom de *corbeille-d'argent.* (Famille des crucifères.)

IBIDEM [ibidɛm] adv. (mot lat.). Au même endroit d'un texte. Abrév. : *ibid.*

IBIS [ibis] n.m. (mot gr.). Oiseau échassier à bec long et courbé vers le bas. (L'ibis sacré, que les anciens Égyptiens vénéraient comme une incarnation du dieu Thot, a le plumage blanc, sauf sur la tête, une partie des ailes et le cou dénudé, qui sont noirs. Trois genres de la famille des threskiornithidés.)

■ **IBIS.** Ibis sacré.

ICAQUE n.f. Fruit comestible de l'icaquier, à pulpe cotonneuse, appelé aussi *prune de coton.*

ICAQUIER n.m. Arbrisseau originaire d'Amérique tropicale, cultivé dans certaines régions chaudes pour son fruit, l'icaque. (Genre *Chrysobalanus ;* famille des chrysobalanacées.)

ICAUNAIS, E adj. et n. De l'Yonne.

ICBM n.m. inv. (sigle de *intercontinental ballistic missile,* missile balistique intercontinental). Missile stratégique sol-sol dont la portée est supérieure à 6 500 km.

ICEBERG [isbɛrg] ou [ajsbɛrg] n.m. (mot angl., du norv.). **1.** Bloc de glace continentale de très grande taille flottant à la surface de la mer. (La portion émergée représente seulement un cinquième env. de la hauteur totale de l'iceberg.) **2.** *La partie immergée de l'iceberg :* la partie cachée et souvent la plus importante d'une affaire.

■ ICEBERG

ICE-CREAM [ajskrim] n.m. [pl. *ice-creams*] (mot angl.). Crème glacée.

ICEFIELD [ajsfild] n.m. (mot angl., *champ de glace*). Vaste étendue de glace dans les régions polaires.

ICELUI, ICELLE pron. et adj. dém. (pl. *iceux, icelles*). Vx. Celui-ci, celle-ci.

ICE-SHELF [ajsʃɛlf] ou **SHELF** n.m. [pl. *ice-shelfs, shelfs*] (mot angl.). Plate-forme de glace continentale, de plusieurs dizaines à plusieurs centaines de milliers de kilomètres carrés, flottant sur la mer.

ICHNEUMON [iknømɔ̃] n.m. (gr. *ikhneumôn,* fureteur). **1.** Vx. Nom donné à deux espèces de mangoustes d'Afrique, d'Europe méridionale et du Proche-Orient. (Genres *Herpestes* et *Ichneumia ;* famille des viverridés.) **2.** Insecte hyménoptère térébrant dont la femelle pond ses œufs dans le corps des chenilles, qui servent ainsi de nourriture aux larves. (Famille des ichneumonidés.)

ICHNOLOGIE [ik-] n.f. (gr. *ikhnos,* trace). SC. DE LA V. Science qui étudie les traces laissées par les animaux (pistes de déplacement, excréments, débris de repas, etc.).

ICHTHUS [iktys] n.m. Transcription en caractères romains du monogramme grec du Christ : *Iêsous Christos Theou Uios Sôtêr* (Jésus-Christ, fils de Dieu, sauveur). [Ces lettres forment le mot grec *ikhthus* (poisson) ; aussi le poisson a-t-il été souvent pris comme symbole du Christ.]

ICHTYOCOLLE [iktjɔkɔl] n.f. (du gr. *ikhthus,* poisson). Colle de poisson, utilisée notamm. dans le collage des vins.

ICHTYOLOGIE [iktjɔlɔʒi] n.f. (du gr. *ikhthus,* poisson). Étude scientifique des poissons.

ICHTYOLOGIQUE adj. Relatif à l'ichtyologie.

ICHTYOLOGISTE n. Spécialiste d'ichtyologie.

ICHTYOPHAGE [iktjɔfaʒ] adj. et n. Qui se nourrit principalement ou exclusivement de poisson. SYN. : *piscivore.*

■ **ICE-SHELF.** L'ice-shelf de Ross, en mer de Ross (en h., à g.), et celui de Rønne, en mer de Weddell (en h., à dr.), dans l'Antarctique. Ils ont chacun une superficie supérieure à 500 000 km², pour une épaisseur de glace de quelques centaines de mètres.

ICHTYORNIS [iktjɔrnis] n.m. (gr. *ikhthus*, poisson, et *ornis*, oiseau). Oiseau marin fossile du crétacé de l'Amérique du Nord, de la taille d'une mouette, au bec muni de dents.

ICHTYOSAURE [iktjɔzɔr] n.m. (gr. *ikhthus*, poisson, et *sauros*, lézard). Reptile marin fossile, au corps pisciforme, qui était vivipare et qui vécut de la fin du trias au début du crétacé supérieur. (Long. 1 à 14 m selon l'espèce.)

■ **ICHTYOSAURE.** Fossile du lias d'Holzmaden (Bavière) ayant conservé l'empreinte des parties molles.

ICHTYOSE [iktjoz] n.f. (du gr. *ikhthus*, poisson). Maladie cutanée caractérisée par une peau sèche, rugueuse, épaisse et squameuse, évoquant dans les formes graves celle d'un poisson ou d'un reptile.

ICHTYOSTÉGA [iktjɔ-] n.m. Amphibien fossile du dévonien du Groenland, très voisin des poissons crossoptérygiens et tenu pour l'un des plus anciens vertébrés terrestres. (Long. 1 m env.)

ICI adv. (lat. *ecce hic*, voilà ici). **1.** Dans le lieu où l'on se trouve. ◇ *Par ici* : de ce côté-ci ; dans les environs. **2.** À cet endroit. *Signez ici.* **3.** Dans ce pays. *Les gens d'ici.* **4.** *D'ici (à)* : indique le commencement d'un laps de temps. *D'ici (à) demain.*

ICI-BAS adv. Sur la terre, en ce monde (par oppos. à *là-haut*).

1. ICÔNE n.f. (russe *ikona*, du gr. *eikonion*, petite image). Image sacrée, dans les Églises de rite chrétien oriental.

2. ICÔNE n.f. (angl. *icon*). INFORM. Symbole graphique affiché sur un écran et correspondant, au sein d'un logiciel, à l'exécution d'une tâche particulière.

ICONIQUE adj. *Didact.* Qui se rapporte à l'image en tant que signe.

ICONOCLASME n.m. HIST. Dans l'Empire byzantin, doctrine des VIIIe et IXe s. qui prohibait comme idolâtres la représentation et la vénération des images du Christ et des saints. (Officialisé par les empereurs Léon III l'Isaurien, Constantin V et Léon V l'Arménien, l'iconoclasme fut rejeté par l'impératrice Théodora en 843.)

ICONOCLASTE adj. et n. (gr. *eikonoklastês*, briseur d'images). **1.** HIST. Relatif à l'iconoclasme ; qui en est partisan. **2.** *Fig.* Qui cherche à détruire tout ce qui est attaché au passé, à la tradition.

ICONOGRAPHE n. Spécialiste d'iconographie.

ICONOGRAPHIE n.f. **1.** Étude descriptive des différentes représentations figurées d'un même sujet ; ensemble classé des images correspondantes. *L'iconographie du Jugement dernier. L'iconographie du travail au XIXe s.* **2.** Étude de la représentation figurée dans une œuvre particulière. **3.** Ensemble de l'illustration d'une publication (livre, revue, etc.).

ICONOGRAPHIQUE adj. Relatif à l'iconographie.

ICONOLOGIE n.f. Étude de la formation des images, des représentations figurées, de leur contenu et de leur transmission d'une époque à d'autres.

ICONOLOGIQUE adj. Relatif à l'iconologie.

ICONOSCOPE n.m. TÉLÉV. Tube électronique analyseur d'image.

ICONOSTASE n.f. Cloison couverte d'icônes, qui sépare la nef du sanctuaire, dans les églises de rite chrétien oriental.

ICOSAÈDRE [ikɔzaɛdr] n.m. (gr. *eikosi*, vingt, et *edra*, face). GÉOMÉTR. Polyèdre à vingt faces. (L'icosaèdre régulier a pour faces vingt triangles équilatéraux isométriques.)

ICTÈRE n.m. (gr. *ikteros*). MÉD. Coloration jaune de la peau, des muqueuses et du blanc de l'œil, due à l'accumulation de bilirubine dans les tissus. SYN. *(cour.) : jaunisse.*

ICTÉRIQUE adj. Relatif à l'ictère. ◆ adj. et n. Atteint d'ictère.

ICTUS [iktys] n.m. (mot lat., *coup*). MÉD. Symptôme neurologique (paralysie, amnésie, etc.) survenant brutalement.

IDE n.m. (lat. sc. *idus*, du suédois). Poisson d'eau douce d'Europe centrale, acclimaté en Belgique et dans le Rhin, dont une variété rouge est élevée dans les étangs. (Long. 40 cm ; famille des cyprinidés.)

1. IDÉAL, E, ALS ou **AUX** adj. (bas lat. *idealis*). **1.** Qui n'existe que dans la pensée et non dans le réel. *Monde idéal.* **2.** Qui relève de l'idée ; qui est conçu par l'esprit. *La géométrie raisonne sur des figures idéales.* **3.** Qui possède toutes les qualités souhaitables ; qui tend à la perfection. *Ami idéal. Solution idéale.*

2. IDÉAL n.m. (pl. *idéals* ou *idéaux*). **1.** Modèle d'une perfection absolue, qui répond aux exigences esthétiques, morales, intellectuelles de qqn, d'un groupe. *Un idéal de beauté. Avoir un idéal.* **2.** Ce qui donne entière satisfaction. *Vivre libre, voilà l'idéal.* **3.** ALGÈBRE. ***Idéal d'un anneau unitaire*** $(A, +, \cdot)$: sous-groupe additif I d'un anneau commutatif A, tel que, pour tout élément x de A et pour tout élément y de I, le produit $x \cdot y$ appartient à I. **4.** PSYCHAN. ***Idéal du moi*** : instance du moi qui choisit les valeurs morales constituant le surmoi.

IDÉALEMENT adv. De façon idéale.

IDÉALISATEUR, TRICE adj. et n. Qui idéalise.

IDÉALISATION n.f. Action d'idéaliser ; fait d'être idéalisé.

IDÉALISER v.t. Donner un caractère, une perfection idéals à une personne, à une chose, à une représentation. *Idéaliser un personnage historique.*

IDÉALISME n.m. **1.** PHILOS. Tendance philosophique qui ramène ou subordonne toute existence à la pensée. **2.** Attitude, caractère d'une personne qui aspire à un idéal élevé, souvent utopique. *L'idéalisme de la jeunesse.*

IDÉALISTE adj. et n. **1.** PHILOS. Relatif à l'idéalisme ; qui en est partisan. **2.** Qui a une conception idéale mais souvent utopique des valeurs sociales.

IDÉALITÉ n.f. *Didact.* Caractère de ce qui est idéal.

IDÉATION n.f. PSYCHOL. Formation et enchaînement des idées.

IDÉE n.f. (lat. *idea*). **1.** Représentation abstraite d'un être, d'un rapport entre des choses, d'un objet, etc. *L'idée du beau, du bien.* **2.** Représentation sommaire de qqch ; aperçu. *Je n'ai aucune idée de l'heure.* **3.** Manière de voir ; opinion, appréciation. *Avoir une haute idée de qqn. Répandre ses idées politiques.* ◇ ***Avoir idée que*** : penser, juger que. — ***Idée reçue***, admise par tous et devenue banale ; préjugé. **4.** Élaboration originale de la pensée dans le domaine littéraire ou artistique ; inspiration. *Auteur qui manque d'idées.* **5.** Pensée, conception neuve de qqch ; trouvaille. *Avoir une idée de génie.* ◇ ***Avoir l'idée de*** : concevoir le projet de. **6.** Siège de la pensée ; esprit, intellect. *J'ai dans l'idée qu'il ment.*

■ **ICONOSTASE.** Partie centrale d'une iconostase en bois sculpté et doré ; XVIIIe s. (Église de la Transfiguration, île de Kiji, Carélie.)

7. PHILOS. Essence intelligible des choses sensibles ; concept, notion. *L'idée de blancheur. L'idée de mort.* **8.** PSYCHOPATHOL. ***Idée fixe*** : représentation mentale qui s'impose avec ténacité à la conscience et dont le sujet méconnaît le caractère pathologique ; idée qui occupe tyranniquement l'esprit. ◆ pl. Représentations liées à un état affectif. *Des idées gaies, tristes.* ◇ *Fam.* ***Se faire des idées*** : imaginer des choses fausses.

IDÉE-FORCE n.f. (pl. *idées-forces*). Idée principale, pivot d'un raisonnement et germe d'action.

IDÉEL, ELLE adj. PHILOS. Qui se rapporte aux idées ; qui est de la nature des idées.

IDEM [idɛm] adv. (mot lat.). De même. (S'emploie pour éviter des répétitions.) Abrév. : *id.*

IDEMPOTENT, E [idɛmpɔtɑ̃, ɑ̃t] adj. ALGÈBRE. ***Élément idempotent d'un ensemble E muni d'une loi de composition interne*** $\top$: élément de E qui vérifie $x \top x = x$.

IDENTIFIABLE adj. Qui peut être identifié.

IDENTIFICATEUR ou **IDENTIFIEUR** n.m. INFORM. Symbole utilisé en programmation pour désigner une variable ou une fonction.

IDENTIFICATION n.f. **1.** Action d'identifier ; fait de s'identifier à. *L'identification d'un malfaiteur. L'identification de la pensée et de l'être.* **2.** PSYCHAN. Assimilation d'un aspect d'un moi étranger que le sujet prend à son insu comme modèle dans la constitution de sa personnalité. (Cette dernière se construit à travers de multiples identifications.)

IDENTIFICATOIRE adj. Qui concerne l'identification.

IDENTIFIER v.t. [5]. **1.** Établir l'identité de qqn. *L'empreinte génétique permet d'identifier les criminels.* **2.** Déterminer la nature de qqch. *Identifier des plantes.* **3.** Assimiler à autre chose. *Identifier un homme politique à un régime.* ◆ **s'identifier** v.pr. (à, avec). Se rendre, en pensée, identique à. *Une romancière qui s'identifie à son héroïne.*

IDENTIQUE adj. (du lat. *idem*, le même). **1.** Qui ne diffère en rien d'un autre ; qui présente avec qqn, avec qqch une parfaite ressemblance. *Deux vases identiques. Mon opinion est identique à la vôtre.* ◇ ***À l'identique*** : semblable à l'original. **2.** Qui est unique ; qui ne fait qu'un seul et même objet. *Une origine identique.*

IDENTIQUEMENT adv. De façon identique.

IDENTITAIRE adj. Relatif à l'identité d'une personne, d'un groupe.

IDENTITÉ n.f. (bas lat. *identitas*, du lat. *idem*, le même). **1.** Rapport que présentent entre eux deux ou plusieurs êtres ou choses qui ont une similitude parfaite. *Identité de goûts.* ◇ LOG. ***Principe d'identité*** : principe fondamental de la logique traditionnelle selon lequel toute chose est identique à elle-même (« A est A »). **2.** Caractère permanent et fondamental de qqn, d'un groupe. *Affirmer son identité. Crise d'identité.* ◇ PSYCHOL. ***Identité sociale*** : sentiment ressenti par un individu d'appartenir à tel groupe social, et qui le porte à adopter certains comportements spécifiques. — ***Identité sexuelle*** : fait de se reconnaître et d'être reconnu comme appartenant à tel sexe. **3.** Ensemble des données de fait et de droit (date et lieu de naissance, nom, prénom, filiation, etc.) qui permettent d'individualiser qqn. *Vérifier l'identité de qqn.* ◇ ***Pièce d'identité*** : en France, document officiel qui comporte une photographie et des indications d'état civil. — ***Identité judiciaire*** : ensemble des moyens techniques et scientifiques qui permettent l'identification d'une personne (portrait-robot, relevé d'empreintes, etc.) ; *par ext.*, en France, ensemble des services chargés de la mise en œuvre de ces moyens. **4.** ALGÈBRE. Égalité vérifiée pour toutes les valeurs attribuables aux termes indéterminés. ◇ ***Identité sur un ensemble E*** : application de E dans E qui à tout élément associe cet élément lui-même.

IDÉOGRAMME n.m. (gr. *idea*, idée, et *gramma*, signe). LING. Signe graphique qui représente le sens du mot et non les sons (par oppos. à *phonogramme*).

IDÉOGRAPHIQUE adj. Se dit d'une écriture qui utilise des idéogrammes.

IDÉOLOGIE n.f. (gr. *idea*, idée, et *logos*, science). **1.** Ensemble plus ou moins systématisé de croyances, d'idées, de doctrines influant sur le comportement individuel ou collectif. *L'idéologie nationaliste.* **2.** *Spécial.* Pour les marxistes, représentation de la réalité propre à une classe sociale, estimée véridique par celle-ci, mais en réalité dépendante de la place que cette classe occupe dans le mode de production et de son rôle dans la lutte des classes. ◇ *Idéologie dominante :* représentation de ce type que la classe dominante (par ex. la bourgeoisie) s'efforce d'imposer aux autres classes pour asseoir sa domination. **3.** *Péjor.* Ensemble de spéculations, d'idées vagues et nébuleuses.

IDÉOLOGIQUE adj. Relatif à l'idéologie.

IDÉOLOGUE n. **1.** Personne qui est à l'origine de la doctrine d'un groupe. **2.** *Péjor.* Personne qui vit dans un monde d'idées, qui ignore la réalité. ◆ n.m. pl. Groupe de philosophes français de la fin du XVIIIe s. et du début du XIXe s., dans la lignée de Condillac, et d'influence notable en leur temps (Destutt de Tracy, Cabanis, Constant, etc.).

IDÉOMOTEUR, TRICE adj. PSYCHOL. Se dit d'un processus qui participe à la fois de la représentation et de la motricité.

IDES [id] n.f. pl. (mot lat.). ANTIQ. ROM. Quinzième jour des mois de mars, mai, juillet et octobre, et treizième jour des autres mois, dans le calendrier romain.

ID EST [idɛst] loc. conj. (loc. lat., par l'angl.). C'est-à-dire. Abrév. : *i. e.*

IDIOLECTE n.m. (gr. *idios,* particulier, et *dialecte*). LING. Ensemble des particularités langagières propres à un individu donné.

IDIOMATIQUE adj. Caractéristique de tel ou tel idiome.

IDIOME [idjom] n.m. (gr. *idiôma*). Tout instrument de communication linguistique utilisé par une communauté (langue, dialecte, patois, etc.).

IDIOPATHIQUE adj. (gr. *idios,* particulier, et *pathos,* maladie). **1.** Se dit d'une affection qui est définie en elle-même et n'est ni la conséquence ni la complication d'une autre. SYN. : *essentiel, primitif.* **2.** *Par ext.* Se dit d'une maladie qui n'a pas de cause connue.

IDIOSYNCRASIE n.f. (gr. *idios,* particulier, et *sugkrasis,* mélange). *Didact.* Manière d'être particulière à chaque individu, qui l'amène à avoir des réactions, des comportements qui lui sont propres.

IDIOT, E adj. et n. (gr. *idiôtês,* ignorant). **1.** Dépourvu d'intelligence, de bon sens. **2.** *Fam.* Étourdi, irréfléchi. ◆ adj. Dont les conséquences paraissent injustes. *Un accident idiot.*

IDIOTEMENT adv. De façon idiote.

IDIOTIE [idjɔsi] n.f. **1.** Manque d'intelligence, de bon sens. **2.** Caractère inepte, stupide de qqch. **3.** Action, parole qui dénote un esprit obtus ; action inconsidérée. *Faire, dire des idioties.* **4.** MÉD. Vx. Déficience mentale très profonde.

IDIOTISME n.m. (du gr. *idios,* particulier). LING. Expression ou construction propre à une langue et impossible à traduire littéralement. (On parle, selon la langue, de gallicisme, d'anglicisme, de germanisme, etc.)

IDOINE [idwan] adj. (lat. *idoneus*). *Sout.* Qui convient ; propre à. *Trouver une solution idoine.*

IDOLÂTRE adj. et n. (gr. *eidôlolatrês*). **1.** Qui voue un culte aux idoles. **2.** Qui manifeste un amour excessif, qui voue une sorte de culte à qqn ou à qqch. *Amour, public idolâtre.*

IDOLÂTRER v.t. **1.** Vouer un culte à qqn, à qqch. **2.** Aimer qqn, qqch avec passion.

IDOLÂTRIE n.f. **1.** Culte rendu à des idoles. **2.** Amour excessif, passion pour qqn, pour qqch.

IDOLÂTRIQUE adj. Relatif à l'idolâtrie.

IDOLE n.f. (gr. *eidôlon,* image). **1.** Image ou représentation d'une divinité qui est l'objet d'un culte d'adoration. **2.** Personne qui est l'objet d'une admiration passionnée, en partic. vedette de la chanson, du music-hall. **3.** Toby.

IDYLLE n.f. (ital. *idillio,* du gr.). **1.** LITTÉR. Petit poème pastoral chantant l'amour. **2.** Amour tendre et naïf. **3.** Relation harmonieuse entre individus ou groupes.

IDYLLIQUE adj. **1.** LITTÉR. Relatif à l'idylle. **2.** Marqué par une entente parfaite. **3.** Qui représente une version idéalisée de qqch ; merveilleux, idéal. *Avoir une vision idyllique du progrès.*

IF n.m. (du gaul. *ivos*). **1.** Conifère à feuillage persistant et à baies rouges (arilles), souvent planté et taillé pour l'ornement. (Il peut atteindre 15 m de haut et vivre plusieurs siècles ; genre

■ IF

Taxus, famille des taxacées.) **2.** *If à bouteilles,* ou *if :* ustensile de forme conique, garni de pointes, pour égoutter les bouteilles après rinçage.

IGLOO [iglu] ou **IGLOU** n.m. (mot inuit). Habitation en forme de coupole, faite de blocs de neige, que construisent les Esquimaux.

IGNAME [iɲam] ou [ignam] n.f. (mot esp.). Plante vivrière grimpante des régions tropicales, cultivée pour son gros rhizome tubérisé, comestible. (Nom sc. : *Dioscorea batatas ;* famille des dioscoréacées.)

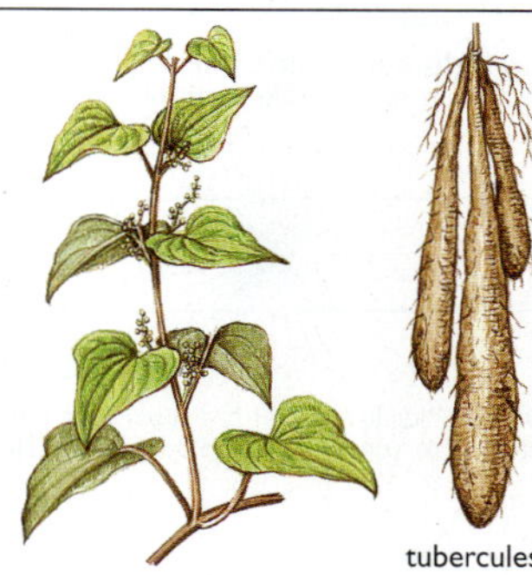

■ IGNAME

IGNARE [iɲar] adj. et n. (lat. *ignarus*). Se dit d'une personne sans instruction ; ignorant.

IGNÉ, E [igne] ou [iɲe] adj. (lat. *igneus,* de *ignis,* feu). **1.** *Litt.* Qui est en feu. **2.** Produit par l'action de la chaleur.

IGNIFUGATION [igni-] ou [iɲi-] n.f. Action d'ignifuger.

IGNIFUGE ou **IGNIFUGEANT, E** [igni-] ou [igni-] [iɲi-] adj. et n.m. Se dit d'une substance propre à ignifuger.

IGNIFUGER [igni-] ou [iɲi-] v.t. [10]. Traiter un matériau de telle sorte que son inflammabilité soit diminuée, retardée ou supprimée.

IGNIMBRITE [ignɛ̃-] n.f. (lat. *ignis,* feu, et *imber, imbris,* pluie). Roche constituée de dépôts de cendres volcaniques soudées.

IGNITION [ignisjɔ̃] ou [iɲi-] n.f. (du lat. *ignis,* feu). État des corps en combustion vive.

IGNITRON [ignitrɔ̃] ou [iɲi-] n.m. ÉLECTRON. Tube redresseur à gaz, à cathode liquide (en mercure) et à décharge d'arc, comportant une électrode d'amorçage spéciale, utilisé pour le soudage, la commande des laminoirs, la traction ferroviaire, etc.

IGNIVOME [igni-] ou [iɲi-] adj. *Litt.* Qui vomit du feu.

IGNOBLE [iɲɔbl] adj. (lat. *ignobilis,* non noble). **1.** Qui est d'une bassesse écœurante ; abject, sordide. *Conduite ignoble.* **2.** Très laid ; très mauvais ; très sale. *Une nourriture ignoble.*

IGNOBLEMENT adv. De façon ignoble.

IGNOMINIE [iɲɔmini] n.f. (lat. *ignominia*). *Sout.* **1.** État de qqn qui a perdu tout honneur pour avoir commis une action infamante. *Sombrer dans l'ignominie.* **2.** Action, parole infâme. *Commettre, dire des ignominies.*

IGNOMINIEUSEMENT adv. *Sout.* Avec ignominie.

IGNOMINIEUX, EUSE adj. *Sout.* Qui cause de l'ignominie ; infamant, abject.

IGNORANCE n.f. **1.** Défaut général de connaissances ; manque d'instruction. *Par ignorance, il commet des erreurs.* **2.** Défaut de connaissances ou d'expérience dans un domaine déterminé. *L'ignorance des mathématiques. J'avoue mon ignorance sur ce point.*

IGNORANT, E adj. et n. **1.** Qui manque de connaissances, de savoir ; illettré. **2.** Qui n'est pas instruit de certaines choses.

IGNORANTIN n.m. et adj.m. Frère des écoles chrétiennes, ainsi désigné, dès le XVIIIe s., par dérision.

IGNORÉ, E adj. **1.** Dont l'existence, la nature n'est pas connue. *Cause ignorée d'un phénomène.* **2.** Se dit de qqn, de qqch qui n'atteint pas à la notoriété ; inconnu, méconnu. *Chef-d'œuvre ignoré.*

IGNORER v.t. (lat. *ignorare*). **1.** Ne pas savoir ; ne pas connaître. *Nul n'est censé ignorer la loi.* **2.** Ne pas connaître par expérience. *Ignorer les difficultés de la vie.* **3.** Manifester ostensiblement à l'égard de qqn une indifférence complète. **4.** Ne pas tenir compte de. *Ignorer un avertissement.*

IGUANE [igwan] n.m. (esp. *iguana,* mot des Caraïbes). Reptile saurien herbivore de l'Amérique tropicale, atteignant 1,60 m de long (1,20 m pour la queue), portant une crête dorsale d'écailles pointues. (Sa chair est estimée. Famille des iguanidés.)

■ IGUANE

IGUANODON [igwanɔdɔ̃] n.m. Reptile dinosaurien herbivore du crétacé de l'hémisphère Nord, long de 10 m, à démarche bipède ou quadrupède. (Sous-classe des ornithischiens.)

IGUE [ig] n.f. Région. (Quercy). Aven.

IHS ou **I.H.S.** [iaʃɛs]. Monogramme grec de Jésus, que l'Église latine a interprété : *Iesus, Hominum Salvator* (« Jésus, sauveur des hommes »).

IKAT [ikat] n.m. (du malais *mengikat,* nouer, lier). Étoffe obtenue en tissant des fils préalablement teints de façon qu'apparaissent des motifs réguliers.

■ IGUANODON

I

IKEBANA [ike-] n.m. (mot jap.). Art de la composition florale conforme aux traditions et à la philosophie japonaises, et obéissant, depuis le VIIe s., à des règles et à une symbolique codifiées.

IL pron. pers. [pl. *ils*] (lat. *ille*, celui-là). Désigne la 3e pers. du masc. en fonction de sujet. *Il ne viendra pas. Ils sont arrivés.*

ILANG-ILANG ou **YLANG-YLANG** [ilɑ̃ilɑ̃] n.m. (pl. *ilangs-ilangs, ylangs-ylangs*). Arbre cultivé en Indonésie et à Madagascar pour ses fleurs, utilisées en parfumerie. (Genre *Cananga* ; famille des anonacées.)

ÎLE n.f. (lat. *insula*). **1.** Étendue de terre entourée d'eau. **2.** CUIS. *Île flottante :* œufs à la neige dont les blancs sont cuits au bain-marie dans un moule.

ILÉAL, E, AUX adj. Relatif à l'iléon.

ILÉITE n.f. Inflammation de l'iléon.

ILÉO-CÆCAL, E, AUX [ileosekal, o] adj. Relatif à la fois à l'iléon et au cæcum.

ILÉON n.m. (du gr. *eileîn*, enrouler). Troisième partie de l'intestin grêle, entre le jéjunum et le gros intestin.

ÎLET n.m. Antilles. Hameau.

ILÉUS [ileys] n.m. MÉD. Rare. Occlusion intestinale.

ILIAQUE adj. (du lat. *ilia*, flanc). ANAT. Relatif à la partie latérale du bassin. ◇ *Fosse iliaque :* région inférieure et latérale de l'abdomen. – *Os iliaque :* chacun des deux os formant la ceinture pelvienne, résultant de la soudure de l'ilion, de l'ischion et du pubis. (On dit parfois *os coxal.*)

ÎLIEN, ENNE adj. et n. Qui habite une île (du littoral breton, surtout) ; insulaire.

ILION n.m. L'un des trois éléments de l'os iliaque, formant le côté du bassin.

ILLÉGAL, E, AUX adj. (lat. *illegalis*, de *lex, legis*, loi). Contraire à une loi, aux lois.

ILLÉGALEMENT adv. De façon illégale.

ILLÉGALITÉ n.f. **1.** Caractère de ce qui est contraire à la loi. *Illégalité d'une convention.* **2.** Acte illégal. *Commettre une illégalité.* **3.** État de qqn que ses actes placent en dehors de la loi. *Vivre dans l'illégalité.*

ILLÉGITIME adj. (lat. *illegitimus*). **1.** Qui se situe hors des institutions établies par la loi. *Union illégitime.* ◇ *Enfant illégitime :* enfant né hors mariage et qui n'a pas été légitimé. **2.** Qui n'est pas fondé, justifié. *Prétention illégitime.*

ILLÉGITIMEMENT adv. De façon illégitime.

ILLÉGITIMITÉ n.f. Caractère de ce qui est illégitime.

ILLETTRÉ, E adj. et n. **1.** Qui ne maîtrise ni la lecture ni l'écriture. **2.** Vx ou Québec. Qui n'est pas lettré ; inculte.

ILLETTRISME n.m. État d'une personne illettrée.

ILLICITE adj. (lat. *illicitus*). Qui est interdit par la morale ou par la loi. *Gain illicite.*

ILLICITEMENT adv. De manière illicite.

ILLICO adv. (mot lat.). *Fam.* Sur-le-champ, immédiatement. *Partir illico.*

ILLIMITÉ, E adj. Sans limites ; infini.

ILLISIBILITÉ n.f. Caractère de ce qui est illisible.

ILLISIBLE adj. **1.** Qu'on ne peut lire ; indéchiffrable. *Écriture illisible.* **2.** Qu'on ne peut comprendre à la lecture ; insupportable à lire. *Roman illisible.*

ILLISIBLEMENT adv. De façon illisible.

ILLITE n.f. (de *Illinois*, n.pr.). Argile potassique à structure feuilletée, la plus commune.

ILLOGIQUE adj. Qui n'est pas logique. *Conclusion illogique. Esprit illogique.*

ILLOGIQUEMENT adv. De façon illogique.

ILLOGISME n.m. Caractère de ce qui est illogique ; chose illogique.

ILLUMINATION n.f. **1.** Action d'illuminer. **2.** (Souvent pl.) Ensemble des lumières disposées pour décorer les rues ou éclairer les monuments publics. **3.** Inspiration soudaine, trait de génie. *Il a été pris d'une subite illumination.* **4.** RELIG. Dans l'expérience ascétique et mystique, état d'éveil, intelligence des choses spirituelles.

ILLUMINÉ, E n. et adj. Personne qui embrasse une idée ou soutient une doctrine avec une foi aveugle, un zèle fanatique ; utopiste, visionnaire. ◇ *Les illuminés de Bavière :* société secrète philosophique et politique allemande du XVIIIe siècle.

ILLUMINER v.t. (lat. *illuminare*). **1.** Éclairer d'une vive lumière. **2.** Donner un vif éclat à. *Un sourire illumina son visage.*

ILLUMINISME n.m. Doctrine métaphysique et mystique fondée sur la croyance à une illumination intérieure inspirée directement par Dieu. (Ce fut en particulier celle de Böhme, Swedenborg, Saint-Martin.)

ILLUSION n.f. (lat. *illusio*, de *illudere*, se jouer de). **1.** Interprétation erronée d'une donnée sensorielle. *Le mirage est une illusion de la vue.* ◇ *Illusion d'optique :* erreur relative à la forme, aux dimensions, à la couleur des objets. – *Illusion optico-géométrique :* erreur de la perception visuelle de figures géométriques se manifestant chez tous les individus par une surestimation ou une sous-estimation systématiques de longueur, de surface, de direction ou d'incurvation (illusions de Delbœuf, d'Oppel-Kundt, du trapèze, de Müller-Lyer, etc.), des angles, etc. **2.** Erreur de l'esprit ; croyance fausse, erronée. *Se nourrir d'illusions.* ◇ *Se faire des illusions :* nourrir des espérances chimériques. – *Faire illusion :* donner de soi une apparence flatteuse.

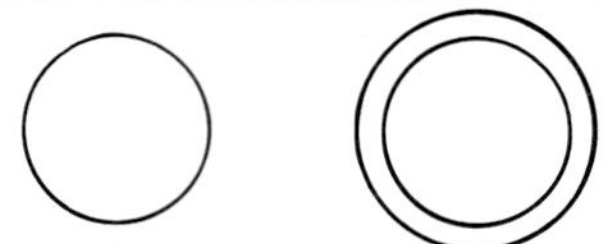

de Delbœuf : un cercle identique inscrit dans un autre cercle paraît plus grand.

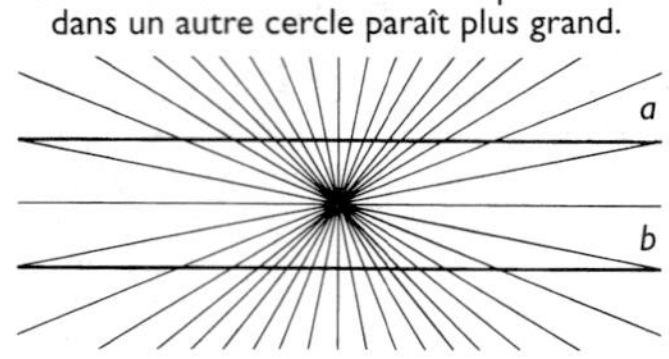

de Hering : les lignes *a* et *b*, d'apparence courbe, sont, en fait, strictement droites et parallèles.

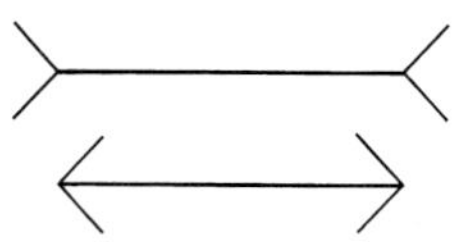

de Müller-Lyer : suivant la disposition de l'empennage, des segments égaux semblent de différentes longueurs.

■ **ILLUSIONS** optico-géométriques.

ILLUSIONNER v.t. Tromper qqn par une illusion ; créer des illusions chez. ◆ **s'illusionner** v.pr. Se faire des illusions ; se tromper.

ILLUSIONNISME n.m. **1.** Art de tromper le regard du spectateur par dextérité manuelle ou truquage ; prestidigitation. **2.** BX-ARTS. Pratique baroquisante d'effets accentués de perspective, de luminisme, de trompe-l'œil.

ILLUSIONNISTE n. Artiste de variétés pratiquant l'illusionnisme ; prestidigitateur.

ILLUSOIRE adj. Propre à tromper par une fausse apparence ; qui n'a pas de fondement réel. *Il est illusoire d'espérer réussir.*

ILLUSOIREMENT adv. *Litt.* D'une façon illusoire.

ILLUSTRATEUR, TRICE n. Artiste qui exécute des illustrations.

ILLUSTRATIF, IVE adj. Qui constitue une application, une illustration. *Exemple illustratif d'une définition.*

ILLUSTRATION n.f. **1.** Action d'illustrer un texte ; image figurant dans le texte d'un livre, d'un journal. **2.** Ce qui illustre, rend plus clair. *Ceci peut servir d'illustration à sa thèse.*

ILLUSTRE adj. (lat. *illustris*). Qui est très connu ; célèbre. *Famille illustre.*

ILLUSTRÉ, E adj. Se dit d'un livre, d'un journal orné d'illustrations. ◆ n.m. Journal, revue contenant des récits accompagnés de dessins.

ILLUSTRER v.t. (lat. *illustrare*). **1.** Orner un livre, un journal, un imprimé, etc., d'illustrations. **2.** Rendre un texte plus clair par des notes, des exemples. **3.** *Litt.* Rendre illustre, célèbre. *Le village d'Illiers qu'a illustré Marcel Proust.* ◆ **s'illustrer** v.pr. Se distinguer.

ILLUSTRISSIME adj. Titre donné à certains personnages, princip. à de hauts dignitaires ecclésiastiques catholiques.

ILLUVIAL, E, AUX adj. Qui résulte de l'illuviation.

ILLUVIATION n.f. (du lat. *illuvio*, débordement). PÉDOL. Processus d'accumulation, dans un horizon du sol, d'éléments dissous provenant d'un autre horizon.

ILLUVIUM [illyvjɔm] n.m. Horizon d'un sol résultant du processus d'illuviation.

ILLYRIEN, ENNE adj. et n. De l'Illyrie.

ILM ou **I.L.M.** [iɛlɛm] n.m. (sigle de *immeuble à loyer moyen*). Immeuble dont les logements sont destinés aux familles dont les ressources ne dépassent pas un plafond déterminé. (Cette catégorie d'immeubles a été instaurée en 1968.)

ILMÉNITE n.f. (de *Ilmen*, n.pr.). MINÉRALOG. Oxyde de fer et de titane ($FeTiO_3$).

ILN ou **I.L.N.** [iɛlɛn] n.m. (sigle de *immeuble à loyer normal*). Immeuble dont les logements sont destinés aux familles et pour lequel aucun plafond de ressources n'est exigé. (Cette catégorie d'immeubles a été instaurée en 1961.)

ÎLOT n.m. (de *île*). **1.** Très petite île. **2.** Élément ayant une unité, un caractère particulier, mais isolé au sein d'un espace plus vaste (géographique, ethnique, abstrait, etc.). ◇ *Îlot de résistance :* petit groupe de réfractaires, de rebelles. **3.** Groupe de maisons, d'immeubles délimité par des rues, dans une ville. *Îlot insalubre.* **4.** MAR., MIL. Bloc formé par la superstructure d'un porte-aéronefs.

ÎLOTAGE n.m. Système de surveillance policière qui consiste à diviser une ville ou un quartier en îlots placés sous le contrôle d'un îlotier.

ILOTE n.m. (gr. *heilôs, heilôtos*). **1.** ANTIQ. GR. Hilote. **2.** *Litt.* Homme réduit au dernier degré de misère, de servilité ou d'ignorance.

ÎLOTIER, ÈRE n. Agent de police chargé de la surveillance d'un îlot.

ILOTISME n.m. **1.** ANTIQ. GR. Hilotisme. **2.** *Litt.* État de servilité et d'ignorance.

IL Y A loc. impers. → **1. AVOIR.**

IMAGE n.f. (lat. *imago*). **1.** Représentation d'un être ou d'une chose par les arts graphiques ou plastiques, la photographie, le film, etc. **2.** Représentation imprimée d'un sujet quelconque. ◇ *Image populaire*, ou *image d'Épinal :* estampe, puis image photomécanique à usage populaire, de style naïf, dont Épinal a été le principal centre de fabrication au XIXe s. ; présentation naïve, simpliste d'un événement, d'un fait. **3.** *Fig.* Ce qui reproduit, imite ou évoque qqn, qqch. *Cet enfant est l'image de son père. Elle est l'image même de la réussite.* **4.** OPT., TECHN. Ensemble plan de points ou d'éléments (pixels) représentatifs de l'apparence d'un objet, formés à partir du rayonnement émis, réfléchi, diffusé ou transmis par cet objet. – *Spécial.* Représentation d'un objet matériel donnée par un système optique. **5.** Représentation mentale d'un être ou d'une chose. ◇ *Image de marque :* notoriété et perception qualitative dans le public d'une marque, d'un organisme, d'une personnalité. **6.** PSYCHOL. **a.** *Image mentale :* représentation psychique d'un objet absent. **b.** *Image du corps :* représentation que l'individu a de son propre corps (à distinguer du *schéma corporel*, dont la base est neurologique). **7.** Expression évoquant la réalité par analogie ou similitude avec un domaine autre que celui auquel elle s'applique ; métaphore. *S'exprimer par images. Mot qui fait image. L'eau qui coule, image du temps qui passe.* **8.** ALGÈBRE. *Image d'un élément* x *par une application* f : élément *y* de l'ensemble d'arrivée de l'application *f* tel que $y = f(x)$. – *Image d'une application* f *de* E *vers* F : sous-ensemble de F, noté $f(E)$ ou $Im(f)$, égal à l'ensemble des images par *f* des éléments de E.

IMAGÉ, E adj. Orné d'images, de métaphores. *Style imagé.*

IMAGERIE n.f. **1.** Ensemble d'images représentant des faits, des personnages, etc. **2.** Art, fabrication, commerce des images populaires (des xylographies du XIVe s. aux gravures, lithographies et impressions diverses du XIXe s.). **3.** Technique permettant d'obtenir des images à partir de différents types de rayonnements (lumière visible, infrarouges, ultrasons, rayons X, etc.). ◇ MÉD. *Imagerie médicale :* ensemble des techniques

■ **IMAGERIE.** *Bonne Ste Fainéante, protectrice des paresseuses !* (v. 1825), gravure sur bois rehaussée de couleurs, image de François Georgin pour la fabrique de Pellerin à Épinal.

d'examen médical aboutissant à la création d'images.
ENCYCL. L'imagerie médicale comprend la microscopie, l'endoscopie et la radiologie. L'image peut être analysée (numérisée) et traitée par ordinateur, imprimée sur un film ou projetée sur un écran, enregistrée en vidéo, ou transmise directement à distance. La radiologie, au sens strict, utilise soit le rayonnement X – d'une façon classique (radiographie « conventionnelle »), sur écran (radioscopie), en coupe (tomographie), ou avec traitement par ordinateur (« scanner ») – soit le rayonnement gamma radioactif (scintigraphie). Au sens large s'y ajoutent les ultrasons (échographie) et les champs magnétiques (IRM).

IMAGEUR, EUSE adj. et n.m. Se dit d'un instrument ou d'un appareillage qui permet d'obtenir une image. *Radar, radiomètre imageur.* ◆ n.m. Palette électronique ou graphique.

1. IMAGIER, ÈRE n. 1. Vx. Professionnel qui édite et/ou vend des images populaires. 2. Au Moyen Âge, sculpteur en figures, plus rarement miniaturiste.

2. IMAGIER n.m. (nom déposé). Livre d'images.

IMAGINABLE adj. Qui peut être imaginé.

IMAGINAIRE adj. (lat. *imaginarius*). 1. Qui n'existe que dans l'esprit ; sans réalité, fictif. *Une crainte imaginaire.* ◇ *Malade imaginaire :* personne qui se croit malade sans l'être. 2. ARITHM. *Partie imaginaire d'un nombre complexe* z : nombre réel y, noté $\mathrm{Im}(z)$, dans l'écriture $z = x + iy$. – *Nombre imaginaire pur :* nombre complexe dont la partie réelle est nulle. ◆ n.m. 1. Domaine de l'imagination, des choses créées par l'imagination. 2. PSYCHAN. Catégorie de l'ensemble « symbolique/imaginaire/réel », introduite par J. Lacan, qui reflète le désir dans l'image que le sujet a de lui-même.

IMAGINAL, E, AUX adj. Qui se rapporte à l'imago, chez les insectes.

IMAGINATIF, IVE adj. et n. Qui imagine aisément ; qui est inventif ou qui se laisse emporter par son imagination.

IMAGINATION n.f. 1. Faculté de se représenter par l'esprit des objets ou des faits irréels, ou jamais perçus, de restituer à la mémoire des perceptions ou des expériences antérieures. *Avoir une imagination vive.* 2. Faculté d'inventer, de créer, de concevoir. *Artiste qui a beaucoup d'imagination.* 3. *Litt.* Chose imaginaire ; construction plus ou moins chimérique de l'esprit. *C'est une pure imagination.*

IMAGINER v.t. (lat. *imaginari*). 1. Se représenter mentalement. *Imaginer le monde en l'an 3000.* 2. Avoir l'idée de ; inventer. *Torricelli imagina le baromètre.* ◆ **s'imaginer** v.pr. 1. Se représenter par l'esprit ; concevoir. 2. Croire sans fondement que qqch est vrai ; se figurer. *Elle s'imagine être une star.*

1. IMAGO n.m. (mot lat., *image*). Insecte adulte, arrivé à son complet développement et apte à se reproduire.

2. IMAGO n.f. (mot lat., *image*). PSYCHAN. Représentation des personnes de l'entourage premier du sujet (père, mère, etc.) qui se fixe dans son inconscient et oriente son mode d'appréhension d'autrui. (Notion due à C. G. Jung.)

IMAM [imam] n.m. (ar. *imām*). 1. Ministre ou dignitaire religieux musulman. 2. Dans le chiisme, un des douze (pour les duodécimains) ou des sept (pour les ismaéliens) dépositaires de la pureté et de la science divine sur terre. ◇ *Imam caché :* dans le chiisme, guide spirituel soustrait aux yeux des hommes, mais dont la vie est miraculeusement prolongée jusqu'à ce qu'il se manifeste de nouveau.

IMAMAT n.m. Charge ou dignité d'imam.

IMAO ou **I.M.A.O.** [imao] n.m. (acronyme). Inhibiteur de la monoamine-oxydase, utilisé comme antidépresseur ou contre la maladie de Parkinson (nom générique).

IMBATTABLE adj. Qui ne peut être surpassé. *Coureur imbattable.*

IMBÉCILE adj. et n. (lat. *imbecillus,* faible). Dépourvu d'intelligence ; stupide, sot. ◇ *Faire l'imbécile,* le clown, le crétin.

IMBÉCILEMENT adv. De façon imbécile.

IMBÉCILLITÉ n.f. 1. Absence d'intelligence ; sottise, stupidité, bêtise. 2. Acte ou parole qui dénote un manque d'intelligence. *Dire des imbécillités.* 3. Vx. Déficience mentale profonde.

IMBERBE adj. (lat. *imberbis*). Qui est sans barbe. *Adolescent imberbe.*

IMBIBER v.t. (lat. *imbibere*). 1. En parlant d'un liquide, pénétrer profondément un corps, une matière. *La pluie a imbibé le sol.* 2. Faire pénétrer profondément un liquide dans un corps, une matière. *Imbiber une compresse d'alcool.* ◆ **s'imbiber** v.pr. 1. Absorber un liquide, s'en imprégner, en parlant d'une substance, d'un objet. 2. *Fam.* Boire du vin, de l'alcool à l'excès.

IMBIBITION n.f. Action d'imbiber ; fait de s'imbiber, d'être imbibé.

IMBRICATION n.f. 1. État de choses imbriquées. 2. Liaison étroite, intime d'éléments divers.

IMBRIQUÉ, E adj. (lat. *imbricatus*). Se dit des choses qui se recouvrent en partie, à la façon des tuiles sur un toit ; entremêlé, enchevêtré.

IMBRIQUER v.t. (du lat. *imbrex, -bricis,* tuile creuse). Engager un objet dans un autre ; disposer des choses de manière qu'elles soient imbriquées. *Imbriquer les pièces d'un jeu de construction.* ◆ **s'imbriquer** v.pr. Être lié de manière étroite ; s'entremêler.

IMBROGLIO [ɛ̃brɔljo] ou [-glijo] n.m. (mot ital.). 1. Situation confuse et d'une grande complexité ; affaire embrouillée. 2. Pièce de théâtre dont l'intrigue est très compliquée.

IMBRÛLÉ, E adj. Se dit d'un corps combustible qui, dans une combustion, s'est incomplètement combiné à l'oxygène de l'air. ◆ n.m. pl. Résidus d'ergols subsistant après l'extinction d'un moteur-fusée.

IMBU, E adj. (lat. *imbutus,* imprégné). Rempli, pénétré profondément d'une idée, d'un sentiment. *Imbu de préjugés.* ◇ *Être imbu de soi-même :* être intimement persuadé de sa supériorité ; être vaniteux, prétentieux.

IMBUVABLE adj. 1. Qui n'est pas buvable. *L'eau de mer est imbuvable.* 2. *Fam.* Insupportable, inacceptable, inadmissible. *Un homme imbuvable. Un livre imbuvable.*

IMIDE n.m. (de *amide*). CHIM. ORG. Dérivé de l'ammoniac, $(RCO)_2NH$, dans lequel deux atomes d'hydrogène ont été remplacés par des groupes acyles RCO (nom générique).

IMINE n.f. (de *amine*). CHIM. ORG. Composé obtenu par condensation des aldéhydes et des cétones avec l'ammoniac ou les amines primaires (nom générique).

IMITABLE adj. Qui peut être imité.

IMITATEUR, TRICE adj. et n. Qui imite. ◆ n. Artiste de variétés spécialisé dans l'imitation de la voix, du comportement de personnalités.

IMITATIF, IVE adj. De la nature de l'imitation. *Une onomatopée est un mot imitatif.*

IMITATION n.f. 1. Action d'imiter qqn ou d'évoquer qqch. ◇ *À l'imitation de :* sur le modèle de. 2. Action de reproduire artificiellement une matière, un objet ou de faire une copie d'un objet de valeur ; cette reproduction, cette copie. *Bijoux en imitation.* 3. MUS. Procédé d'écriture qui consiste à répéter le même dessin mélodique d'une partie à l'autre.

IMITER v.t. (lat. *imitari*). 1. Reproduire l'allure, le comportement de qqn, d'un animal, le bruit, le mouvement de qqch. 2. Reproduire exactement ; copier. *Imiter une signature.* 3. Prendre pour modèle. *Imiter un romancier.* 4. Être une imitation de ; présenter le même aspect que. *Matière synthétique qui imite le bois.*

IMMACULÉ, E adj. (lat. *immaculatus,* de *macula,* tache). 1. Qui n'a pas la moindre tache ou qui est d'une blancheur absolue. 2. Qui est sans souillure morale. ◇ *Immaculée Conception :* dogme défini par Pie IX en 1854, selon lequel la Vierge Marie a été conçue en étant préservée du péché originel.

IMMANENCE n.f. État de ce qui est immanent.

IMMANENT, E adj. (lat. *immanens, -entis*). 1. PHILOS. Qui est intérieur à un être, à un objet, qui résulte de sa nature (par oppos. à *transcendant*). 2. *Cour. Justice immanente,* qui découle naturellement des actes accomplis, s'exerce sans intervention d'un agent extérieur.

IMMANGEABLE [ɛ̃mɑ̃ʒabl] adj. Qui n'est pas bon à manger ; qui n'est pas comestible.

IMMANQUABLE [ɛ̃mɑ̃kabl] adj. 1. Qui ne peut manquer d'arriver, d'atteindre son but. 2. Que l'on ne peut manquer, rater. *Un but immanquable.*

IMMANQUABLEMENT [ɛ̃-] adv. De façon absolument inévitable ; infailliblement.

IMMARCESCIBLE adj. (lat. *immarcescibilis,* de *marcescere,* se flétrir). *Litt.* Qui ne peut se flétrir ; éternel. *Gloire immarcescible.*

IMMATÉRIALITÉ n.f. Qualité, état de ce qui est immatériel. *L'immatérialité des fantômes.*

IMMATÉRIEL, ELLE adj. Qui n'a pas de consistance corporelle.

IMMATRICULATION n.f. Action d'immatriculer ; fait d'être immatriculé ; numéro ainsi attribué. *Immatriculation d'un soldat, d'une automobile.*

IMMATRICULER v.t. (lat. *immatriculare,* du bas lat. *matricula,* registre). Inscrire sur la matricule, sur un registre un nom, un numéro d'identification ; donner un numéro d'immatriculation à.

IMMATURATION n.f. PSYCHOPATHOL. Trouble du processus de maturation, s'exprimant par un désordre intellectuel, affectif, émotionnel ou psychomoteur.

IMMATURE adj. et n. Qui n'a pas encore atteint la maturité psychologique, intellectuelle ou affective.

IMMATURITÉ n.f. État de qqn qui est immature.

IMMÉDIAT, E adj. (bas lat. *immediatus,* de *medius,* au milieu). 1. Qui précède ou qui suit sans qu'il y ait d'intermédiaire ; direct, instantané. *Successeur immédiat. Soulagement immédiat.* 2. PHILOS. Qui est connu sans intermédiaire, sans médiation. 3. CHIM. *Analyse immédiate :* séparation des constituants d'un mélange. 4. HIST. *Fief immédiat :* fief relevant directement du souverain et, dans le Saint Empire, de l'empereur. ◆ n.m. L'instant présent. ◇ *Dans l'immédiat :* pour le moment.

IMMÉDIATEMENT adv. À l'instant même.

IMMÉDIATETÉ n.f. 1. Caractère de ce qui est immédiat. 2. HIST. Privilège d'un fief immédiat.

IMMELMANN [imɛlman] n.m. (du n. de son inventeur, l'as de la chasse allemande Max *Immelmann* [1890 - 1916]). Figure d'acrobatie aérienne consistant en un demi-looping vertical suivi d'un demi-tonneau.

IMMÉMORIAL, E, AUX adj. (lat. *immemorialis*). *Litt.* 1. Qui remonte à la plus haute antiquité ; très éloigné dans le passé. *Temps immémoriaux.* 2. Qui est si ancien qu'on n'en connaît plus l'origine. *Usage immémorial.*

IMMENSE adj. (lat. *immensus*). Qui présente une étendue, des dimensions, une intensité considérables. *Un lac immense. Un immense succès.*

IMMENSÉMENT adv. Dans des proportions qui paraissent illimitées ; infiniment.

IMMENSITÉ n.f. 1. Caractère de ce qui est immense, très vaste ; étendue très vaste. *L'immensité des mers.* 2. Caractère de ce qui est considérable en grandeur, en intensité. *L'immensité de la tâche.*

IMMERGÉ, E adj. 1. Qui est sous l'eau. 2. *Économie immergée :* ensemble des activités économiques qui restent non déclarées (transactions occultes, productions illégales, travail noir, etc.). [On dit aussi *économie souterraine.*]

IMMERGER v.t. [10] (lat. *immergere*). Plonger entièrement dans un liquide, partic. dans la mer.

I

■ **IMMEUBLE.** Organisation d'un immeuble de bureaux.

Immerger un sous-marin. ◆ **s'immerger** v.pr. Se plonger totalement dans un milieu différent de son milieu habituel.

IMMÉRITÉ, E adj. Que l'on n'a pas mérité.

IMMERSIF, IVE adj. Fait par immersion.

IMMERSION n.f. (lat. *immersio*). **1.** Action de plonger un corps dans un liquide ; son résultat. *L'immersion d'un câble téléphonique.* **2.** Fait de se retrouver dans un milieu étranger sans contact direct avec son milieu d'origine. *Séjour linguistique en immersion.* **3.** ASTRON. Début de l'occultation d'un astre.

IMMETTABLE [ɛ̃mɛtabl] adj. Qu'on ne peut pas ou qu'on ne peut plus mettre. *Costume devenu immettable.*

1. IMMEUBLE adj. et n.m. (lat. *immobilis,* immobile). DR. Se dit d'un bien fixe, du sol et de ce qui est incorporé, notamm. les bâtiments *(immeuble par nature)* ou que la loi considère comme tel *(immeuble par destination).*

2. IMMEUBLE n.m. Grand bâtiment, à plusieurs étages. – *Spécial.* Bâtiment divisé en appartements ou aménagé en bureaux. *Immeuble en copropriété.*

IMMIGRANT, E adj. et n. Qui immigre, vient s'installer dans un pays étranger au sien.

IMMIGRATION n.f. Entrée dans un pays d'étrangers venus s'y installer.

IMMIGRÉ, E adj. et n. Qui a immigré.

IMMIGRER v.i. (lat. *immigrare*). Venir se fixer dans un pays étranger au sien.

IMMINENCE n.f. Caractère de ce qui est imminent. *L'imminence d'une crise.*

IMMINENT, E adj. (lat. *imminens, -entis*). Qui est sur le point de se produire. *Départ imminent.*

IMMISCER (S') [imise] v.pr. **(dans)** [9] (lat. *immiscere*). Intervenir indûment et indiscrètement dans ce qui est de la compétence d'autrui.

IMMIXTION [imiksjɔ̃] n.f. (bas lat. *immixtio*). *Sout.* Action de s'immiscer dans les affaires d'autrui.

IMMOBILE adj. (lat. *immobilis*). Qui ne se meut pas ; qui demeure fixe.

IMMOBILIER, ÈRE adj. **1.** Qui est immeuble, composé de biens immeubles. **2.** Relatif à un immeuble. *Saisie immobilière.* ◆ n.m. *L'immobilier :* l'ensemble des professions intervenant dans la commercialisation des immeubles.

IMMOBILISATION n.f. **1.** Action d'immobiliser ; fait d'être immobilisé. *L'immobilisation d'un navire à cause d'avaries.* **2.** ÉCON. Élément non circulant de l'actif d'une entreprise (bâtiments, terrains, machines et matériel, brevets, fonds de commerce, etc.).

IMMOBILISER v.t. **1.** Rendre immobile ; empêcher ou arrêter le mouvement de. *Immobiliser des troupes. Immobiliser la jambe d'un malade.* **2.** *Immobiliser des capitaux,* les utiliser à des investissements qui les rendent indisponibles pour un autre objectif.

IMMOBILISME n.m. Disposition à se satisfaire de l'état (politique, social, etc.) présent ; opposition systématique à toute innovation.

IMMOBILISTE adj. et n. Qui relève de l'immobilisme ; qui en est partisan.

IMMOBILITÉ n.f. État d'un être, d'une chose qui est ou paraît sans mouvement.

IMMODÉRÉ, E adj. Qui dépasse la mesure ; excessif, outré. *Prix immodéré. Prétentions immodérées.*

IMMODÉRÉMENT adv. De façon immodérée ; excessivement.

IMMODESTE adj. *Sout.* Qui manque de modestie, de pudeur.

IMMODESTIE n.f. *Sout.* Manque de pudeur, de retenue.

IMMOLATION n.f. Action d'immoler.

IMMOLER v.t. (lat. *immolare*). **1.** Tuer qqn, un animal pour l'offrir en sacrifice à une divinité. **2.** *Litt.* Faire périr. *La guerre immole d'innombrables victimes.* **3.** *Litt.* Sacrifier qqn, qqch pour satisfaire une exigence (morale, passionnelle, etc.). *Immoler sa liberté à ses intérêts matériels.*

IMMONDE adj. (lat. *immundus,* de *mundus,* net). **1.** D'une saleté qui provoque le dégoût. *Un taudis immonde.* **2.** D'une bassesse, d'une immoralité ignoble, répugnante. *Un article de journal immonde.*

IMMONDICE n.f. (lat. *immunditia*). Vx. Chose sale ou impure. ◆ pl. Ordures ménagères ; déchets de toutes sortes. *Des immondices malodorantes. Dépôt d'immondices.*

IMMORAL, E, AUX adj. Qui agit contrairement à la morale établie ; qui est contraire à cette morale.

IMMORALEMENT adv. *Litt.* De façon immorale.

IMMORALISME n.m. Doctrine qui nie toute obligation morale.

IMMORALISTE adj. et n. Qui concerne l'immoralisme ; qui en est partisan.

IMMORALITÉ n.f. Caractère de ce qui est immoral ; acte immoral.

IMMORTALISATION n.f. Action d'immortaliser ; fait d'être immortalisé.

IMMORTALISER v.t. Rendre immortel dans la mémoire des hommes.

IMMORTALITÉ n.f. (lat. *immortalitas,* de *mors, mortis*). **1.** Qualité, état de ce qui est immortel, d'un être immortel. *L'immortalité de l'âme.* **2.** Survivance éternelle dans le souvenir des hommes.

IMMORTEL, ELLE adj. (lat. *immortalis*). **1.** Qui n'est pas sujet à la mort. *Dieux immortels.* **2.** Qu'on suppose devoir durer toujours. **3.** Dont le souvenir reste dans la mémoire des hommes. *Gloire immortelle.* ◆ n. *Fam.* Membre de l'Académie française.

IMMORTELLE n.f. Plante à fleurs persistantes en capitules serrés, très utilisée pour la confection des bouquets de fleurs séchées ; fleur coupée de cette plante. (Genres *Anaphalis* et *Helichrysum ;* famille des composées.) ◇ *Immortelle annuelle :* xéranthème.

IMMOTIVÉ, E adj. Sans motif ; injustifié.

IMMUABILITÉ n.f. *Didact.* Caractère de ce qui est immuable.

IMMUABLE adj. (de l'anc. fr. *muable*). Qui ne peut subir de changement ; constant. *Un horaire immuable.*

IMMUABLEMENT adv. De façon immuable.

IMMUN, E [imœ̃, yn] adj. IMMUNOL. Rare. Se dit d'une personne immunisée ; se dit de ce qui résulte d'une immunisation. ◇ *Complexe immun :* substance résultant de l'association entre un antigène et l'anticorps correspondant.

IMMUNISATION n.f. IMMUNOL. État d'un organisme capable de réagir à un antigène soit pour s'en protéger (immunité), soit à la suite d'un processus pathologique (hypersensibilité, auto-immunisation, etc.).

IMMUNISER v.t. (du lat. *immunis,* exempt). **1.** IMMUNOL. Produire une immunisation, une immunité. **2.** *Fig.* Mettre à l'abri d'un mal, d'une passion, d'une influence nocive.

IMMUNITAIRE adj. IMMUNOL. Relatif à l'immunité. ◇ *Système immunitaire :* ensemble de cellules, de tissus et d'organes (globules blancs, tissu lymphoïde, etc.) assurant la défense de l'organisme contre les agents extérieurs. – *Déficit immunitaire :* immunodéficience.

IMMUNITÉ n.f. (lat. *immunitas,* de *munus, muneris,* charge). **1.** IMMUNOL. Ensemble des mécanismes de défense d'un organisme vivant contre les agents étrangers (antigènes), notamm. infectieux ; état d'un organisme protégé, par ces mécanismes, contre une maladie donnée. SYN. : *défenses immunitaires.* **2.** Droit de bénéficier d'une dérogation à la loi commune ; privilège. ◇ *Immunité parlementaire :* privilège selon lequel les parlementaires ne peuvent être poursuivis, sauf en cas de flagrant délit, sans l'autorisation de l'assemblée à laquelle ils appartiennent. – *Immunité diplomatique :* immunité dont bénéficient les agents diplomatiques (inviolabilité des personnes et des locaux, valise diplomatique, privilèges fiscaux et juridictionnels).

ENCYCL. L'immunité naturelle, non spécifique, comprend, par ex., la protection par la barrière cutanée. L'immunité acquise, spécifique de chaque antigène, comprend une *immunité humorale,* assurée par les anticorps provenant des lympho-

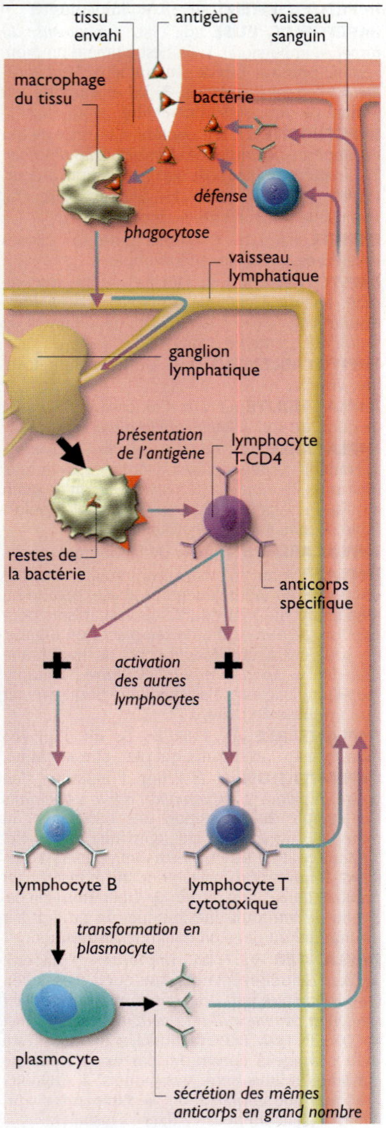

■ **IMMUNITÉ.** Les deux types d'immunité spécifique et leur processus.

cytes B, et une *immunité cellulaire*, assurée par les lymphocytes T.

IMMUNOCOMPÉTENT, E adj. Se dit d'un leucocyte, d'une cellule doués de propriétés immunitaires.

IMMUNODÉFICIENCE n.f. Déficience des mécanismes immunitaires. SYN. : *déficit immunitaire, immunodépression, immunosuppression.*

IMMUNODÉFICITAIRE adj. Relatif à l'immunodéficience.

IMMUNODÉPRESSEUR ou **IMMUNOSUPPRESSEUR** adj.m. Se dit d'un médicament ou d'un traitement capable de diminuer ou de supprimer les réactions immunitaires de l'organisme (corticoïdes, ciclosporine, radiations ionisantes). ◆ n.m. Médicament immunodépresseur.

IMMUNODÉPRESSION n.f. Immunodéficience.

IMMUNODÉPRIMÉ, E adj. et n. Qui n'a pas des réactions immunitaires normales.

IMMUNOFLUORESCENCE n.f. Technique de diagnostic immunologique fondée sur la coloration par une substance fluorescente des anticorps qui, se combinant à l'antigène correspondant, permettent de le mettre en évidence à l'examen microscopique.

IMMUNOGÈNE adj. Qui produit une immunisation, une immunité.

IMMUNOGÉNÉTIQUE n.f. Étude des facteurs génétiques qui interviennent dans les mécanismes de l'immunité.

IMMUNOGLOBULINE n.f. Globuline naturelle présente surtout dans le plasma, faisant génér. partie des gammaglobulines, ayant des fonctions d'anticorps et utilisable à titre curatif ou préventif.

IMMUNOLOGIE n.f. Spécialité qui étudie l'immunité des organismes vivants.

IMMUNOLOGIQUE adj. Relatif à l'immunologie.

IMMUNOLOGISTE n. Spécialiste d'immunologie.

IMMUNOSTIMULANT, E adj. Se dit d'un produit ou d'un procédé qui stimule les défenses immunitaires (vaccin, par ex.). ◆ n.m. Produit immunostimulant.

IMMUNOSUPPRESSEUR adj.m. et n.m. → **IMMUNODÉPRESSEUR.**

IMMUNOSUPPRESSION n.f. Immunodéficience.

IMMUNOTHÉRAPIE n.f. Traitement consistant à renforcer, à diminuer ou à modifier l'état immunitaire de l'organisme (par ex. avec un vaccin ou un médicament immunodépresseur).

IMMUTABILITÉ n.f. (lat. *immutabilitas*, de *mutare*, changer). DR. Caractère des conventions juridiques qui ne peuvent être modifiées par la volonté des contractants.

IMPACT [ɛ̃pakt] n.m. (lat. *impactus*, de *impingere*, heurter). **1.** Fait pour un corps, un projectile de venir en frapper un autre ; choc. *L'impact a été très violent.* ◇ ***Point d'impact*** : endroit où a frappé un projectile. – ***Angle d'impact*** : angle de chute. **2.** Effet produit par qqch ; influence qui en résulte. *L'impact de la publicité.* **3.** Influence exercée par qqn, par ses idées. *L'impact d'un écrivain.* **4.** ***Étude d'impact*** : étude qui précède ou accompagne les grands travaux (route, barrage, installation industrielle, etc.) et qui s'intéresse à leurs conséquences sur l'environnement.

IMPACTITE n.f. Roche métamorphique formée à la suite de l'impact d'une météorite.

1. IMPAIR, E adj. (lat. *impar, -aris*). **1.** MATH. Se dit d'un nombre qui n'est pas divisible par deux. ◇ ***Fonction impaire*** : fonction numérique de la variable réelle f telle que, pour tout x, $f(-x) = -f(x)$. **2.** ANAT. ***Organe impair*** : organe qui n'a pas de symétrique dans l'organisme (estomac, foie, etc.).

2. IMPAIR n.m. Maladresse choquante ; bévue. *Commettre un impair.*

IMPALA [impala] n.m. (mot africain). Antilope d'Afrique australe et orientale, vivant en grands troupeaux et dont le mâle porte des cornes en forme de lyre. (Genre *Aepyceros* ; famille des bovidés.)

■ **IMPALA** mâle.

IMPALPABLE adj. (de *palper*). Si fin, si ténu qu'on ne le sent pas au toucher. *Poussière impalpable.*

IMPALUDATION n.f. Infection par le parasite agent du paludisme.

IMPALUDÉ, E adj. Se dit d'une région ou d'une personne atteinte par le paludisme.

IMPANATION n.f. (lat. *impanatio*, de *panis*, pain). THÉOL. CHRÉT. Consubstantiation.

IMPARABLE adj. Impossible à parer, à éviter.

IMPARDONNABLE adj. Qui ne peut ou ne doit pas être pardonné ; inexcusable.

1. IMPARFAIT, E adj. **1.** Qui présente des lacunes, qui n'est pas achevé ; partiel, rudimentaire. *Connaissance imparfaite d'une langue.* **2.** Qui n'atteint pas la perfection absolue, qui présente des défauts, en parlant de qqn ou de qqch.

2. IMPARFAIT n.m. GRAMM. Système de formes verbales constituées d'une racine verbale et d'un affixe exprimant le passé et situant l'énoncé dans un moment indéterminé avant le moment présent ou avant le moment du récit.

IMPARFAITEMENT adv. De façon imparfaite.

IMPARIDIGITÉ, E adj. et n.m. (lat. *impar, -aris*, impair, et *digitus*, doigt). Qui a un nombre impair de doigts à chaque patte, en parlant d'un mammifère à sabots (cheval, rhinocéros, etc.). SYN. : *mésaxonien.*

IMPARIPENNÉ, E adj. BOT. Se dit de feuilles composées pennées possédant un nombre impair de folioles (une seule foliole terminale).

IMPARISYLLABIQUE adj. et n.m. LING. Se dit des mots latins qui ont au génitif singulier une syllabe de plus qu'au nominatif (par oppos. à *parisyllabique*).

IMPARITÉ n.f. Caractère de ce qui est impair.

IMPARTAGEABLE adj. Qui ne peut être partagé.

IMPARTIAL, E, AUX [-sjal, o] adj. Qui ne favorise pas l'un aux dépens de l'autre ; qui n'exprime aucun parti pris ; équitable. *Avis impartial. Juge impartial.*

IMPARTIALEMENT adv. De façon impartiale ; objectivement, équitablement.

IMPARTIALITÉ n.f. Caractère, qualité de qqn qui est impartial ou de ce qui est juste, équitable.

IMPARTIR v.t. (lat. *impartiri*, accorder). DR. ou *litt.* Attribuer, accorder. *Impartir un délai à qqn pour payer ses dettes.*

IMPARTITION n.f. ÉCON. Fait, pour un producteur, de se procurer à l'extérieur des biens matériels ou des services au lieu de prendre lui-même en charge leur production ou leur fourniture.

IMPASSE n.f. (de *in-*privatif et *passer*). **1.** Rue, ruelle sans issue. *Habiter au fond d'une impasse.* **2.** *Fig.* Situation ne présentant pas d'issue favorable. *Négociations dans l'impasse.* **3.** *Fam.* ***Faire une impasse*** : négliger d'étudier une des matières d'un programme d'examen en espérant être interrogé sur une autre. **4.** ***Impasse budgétaire*** : différence entre l'ensemble des dépenses publiques autorisées, y compris les comptes du Trésor, et la totalité des recettes dont la rentrée est considérée comme certaine.

IMPASSIBILITÉ n.f. Caractère ou état d'une personne impassible.

IMPASSIBLE adj. (bas lat. *impassibilis*, de *pati*, souffrir). Qui ne manifeste aucun trouble, aucune émotion, aucun sentiment. *Un air impassible. Rester impassible devant le danger.*

IMPASSIBLEMENT adv. Avec impassibilité.

IMPATIEMMENT [ɛ̃pasjamɑ̃] adv. Avec impatience.

IMPATIENCE [ɛ̃pasjɑ̃s] n.f. Manque de patience ; incapacité à supporter qqn, qqch ; incapacité à se contraindre ou à attendre.

IMPATIENT, E [ɛ̃pasjɑ̃, ɑ̃t] adj. (lat. *impatiens, -entis*, de *pati*, endurer). Qui manifeste un manque de patience ; qui désire avec un empressement inquiet. *Être impatient de partir.* ◆ n. Personne impatiente. *Un jeune impatient.*

IMPATIENTE ou **IMPATIENS** [-sjɑ̃s] n.f. BOT. Balsamine dont le fruit s'ouvre au moindre contact.

IMPATIENTER [-sjɑ̃-] v.t. Faire perdre patience à qqn ; énerver. ◇ v.pr. *Dépêche-toi, elle doit s'impatienter.*

IMPATRONISATION n.f. *Litt.* Action de s'impatroniser.

IMPATRONISER (S') v.pr. *Litt.* S'établir avec autorité quelque part, s'y poser en maître.

IMPAVIDE adj. (lat. *impavidus*, de *pavidus*, saisi d'effroi). *Sout.* Qui n'éprouve ou ne manifeste aucune crainte, aucune peur. *Rester impavide sous les attaques. Un air impavide.*

IMPAYABLE adj. *Fam.* Incroyablement comique, risible. *Vous êtes impayable avec ce chapeau.*

IMPAYÉ, E adj. Qui n'a pas été payé. ◆ n.m. Dette, traite, effet non payés.

IMPEACHMENT [impitʃmɛnt] n.m. (mot angl.). Aux États-Unis et en Grande-Bretagne, procédure de mise en accusation des membres de l'exécutif par la chambre basse du Parlement (Chambre des représentants ou Chambre des communes) devant la chambre haute érigée en juge (Sénat ou Chambre des lords).

IMPECCABLE adj. (du lat. *peccare*, pécher). **1.** Qui est sans défaut ; qui est à l'abri de toute critique. *Parler un français impeccable.* **2.** Parfaitement propre, net. *Uniformes impeccables.* **3.** THÉOL. CHRÉT. Incapable de pécher.

IMPECCABLEMENT adv. De façon impeccable. *Chaussures impeccablement cirées.*

IMPÉCUNIEUX, EUSE adj. (du lat. *pecunia,* argent). *Litt.* Qui manque d'argent.

IMPÉCUNIOSITÉ n.f. *Litt.* Manque d'argent.

IMPÉDANCE n.f. (angl. *impedance*). PHYS. Rapport de l'amplitude complexe d'une grandeur sinusoïdale (tension électrique, pression acoustique) à l'amplitude complexe de la grandeur induite (courant électrique, flux de vitesse), dont le module se mesure en ohms.

IMPEDIMENTA [ɛ̃pedimɛ̃ta] n.m. pl. (mot lat., *bagages*). **1.** Vx. Véhicules, bagages, etc., qui ralentissent la marche d'une armée. **2.** *Litt.* Ce qui entrave l'activité, le mouvement.

IMPÉNÉTRABILITÉ n.f. **1.** Caractère de qqn, de qqch d'impénétrable. *Impénétrabilité d'un mystère.* **2.** PHYS. Fait, pour deux corps, de ne pas pouvoir occuper en même temps le même lieu dans l'espace.

IMPÉNÉTRABLE adj. (du lat. *penetrare,* pénétrer). **1.** Qui ne peut être pénétré, traversé. *Une forêt impénétrable.* **2.** *Fig.* Impossible à comprendre, à saisir. *Desseins impénétrables.*

I

IMPÉNITENT, E adj. (lat. *impaenitens, -entis,* de *paenitere,* se repentir). **1.** Qui persiste dans une habitude. *Un buveur impénitent.* **2.** THÉOL. CHRÉT. Qui refuse de se repentir.

IMPENSABLE adj. Qui dépasse l'imagination ; qu'on ne peut concevoir ; incroyable.

IMPENSES [ɛ̃pɑ̃s] n.f. pl. (lat. *impensa*). DR. Dépense faite pour l'entretien ou l'amélioration d'un bien, notamm. d'un bien immeuble.

IMPER n.m. (abrév.). *Fam.* Imperméable.

IMPÉRATIF, IVE adj. (lat. *imperativus,* de *imperare,* commander). **1.** Qui a le caractère du commandement ; qui exprime un ordre absolu. *Ton impératif. Consigne impérative.* **2.** Qui s'impose comme une nécessité absolue. *Des besoins impératifs.* ◆ n.m. **1.** Nécessité absolue qui impose certaines actions comme un ordre. *Les impératifs du moment, de la situation.* **2.** GRAMM. Mode du verbe caractérisé par l'absence de pronoms de conjugaison et qui exprime un ordre ou une défense. **3.** PHILOS. *Impératif catégorique :* commandement moral inconditionné qui est à lui-même sa propre fin, chez Kant (par oppos. à *impératif hypothétique,* commandement moral conditionné en vue d'une fin).

IMPÉRATIVEMENT adv. De façon impérative ; obligatoirement. *Rendez-le-moi impérativement demain.*

IMPÉRATRICE n.f. **1.** Femme d'un empereur. **2.** Femme qui gouverne un empire.

IMPERCEPTIBILITÉ n.f. Caractère de ce qui est imperceptible.

IMPERCEPTIBLE adj. (lat. *imperceptibilis,* de *percipere,* percevoir). **1.** Qui échappe aux sens ; qui est trop petit pour être perçu. *Ultrason imperceptible à l'oreille.* **2.** Qui échappe à l'attention. *Progrès, changement imperceptible.*

IMPERCEPTIBLEMENT adv. De façon imperceptible.

IMPERDABLE adj. Qui ne peut être perdu. ◆ n.f. Suisse. Épingle de nourrice.

IMPERFECTIBLE adj. Qui n'est pas perfectible.

IMPERFECTIF, IVE adj. LING. Non accompli. ◆ n.m. LING. Aspect imperfectif ; ensemble des formes verbales imperfectives.

IMPERFECTION n.f. (bas lat. *imperfectio*). **1.** État d'une personne ou d'une chose imparfaite. **2.** Ce qui rend qqn ou qqch imparfait ; défaut. *Ouvrage qui souffre de menues imperfections.*

IMPERFORATION n.f. MÉD. Occlusion congénitale d'un orifice naturel. *Imperforation de l'anus.*

IMPÉRIAL, E, AUX adj. (du lat. *imperium,* empire). **1.** Qui appartient ou se rapporte à un empereur, à ses prérogatives ou à un empire. *La garde impériale. La Rome impériale.* **2.** *Litt.* Se dit de qqn qui montre beaucoup d'autorité et de grandeur ou de son comportement ; majestueux. *Allure impériale.*

IMPÉRIALE n.f. **1.** Étage supérieur d'une diligence, d'un tramway, d'un autobus, d'une voiture ferroviaire. **2.** Anc. Petite touffe de barbe sous la lèvre inférieure, mise à la mode par Napoléon III.

IMPÉRIALEMENT adv. *Litt.* De façon impériale, en grand personnage.

IMPÉRIALISME n.m. **1. a.** Domination militaire, économique, culturelle, etc., d'un État ou d'un groupe d'États sur un autre État ou groupe d'États. **b.** Pour les marxistes, stade avancé du capitalisme, marqué par la suprématie du capital financier et sa politique d'expansion généralisée. **2.** Volonté d'expansion et de domination, collective ou individuelle.

IMPÉRIALISTE adj. et n. Qui relève de l'impérialisme ; qui en est partisan.

IMPÉRIAUX n.m. pl. HIST. *Les impériaux :* les soldats du Saint Empire romain germanique.

IMPÉRIEUSEMENT adv. De façon impérieuse, irrésistible, obligatoire.

IMPÉRIEUX, EUSE adj. (lat. *imperiosus,* de *imperium,* empire). **1.** Qui commande avec énergie, d'un ton sans réplique ; autoritaire. *Un enfant impérieux. Des circulaires ministérielles impérieuses.* **2.** À quoi on ne peut résister ; pressant. *Nécessité impérieuse d'agir.*

IMPÉRISSABLE adj. Qui ne saurait périr ; qui dure très longtemps. *Garder un souvenir impérissable de qqch.*

IMPÉRITIE [ɛ̃perisi] n.f. (lat. *imperitia,* de *peritus,* expérimenté). *Litt.* Manque de capacité dans la fonction que l'on exerce.

IMPERIUM [ɛ̃perjɔm] n.m. (mot lat.). ANTIQ. ROM. Puissance publique ; pouvoir, dans le domaine politique, judiciaire et militaire, de celui qui gouvernait l'État (consul, préteur, dictateur, empereur) [L'imperium s'opposait à la *potestas,* pouvoir administratif.].

IMPERMÉABILISANT, E adj. et n.m. Se dit d'un produit à base de silicones qui, pulvérisé sur le cuir ou le tissu, le rend imperméable.

IMPERMÉABILISATION n.f. Action d'imperméabiliser ; fait d'être imperméabilisé.

IMPERMÉABILISER v.t. Rendre imperméable à l'eau, à la pluie.

IMPERMÉABILITÉ n.f. Qualité de ce qui est imperméable.

IMPERMÉABLE adj. **1.** Qui ne se laisse pas traverser par les liquides. *L'argile est imperméable.* **2.** Qui est inaccessible à, qui ne se laisse pas toucher par certains sentiments, certaines idées. *Être imperméable au modernisme.* ◆ n.m. Manteau en tissu imperméable. Abrév. *(fam.) : imper.*

IMPERSONNALITÉ n.f. Caractère de ce qui est impersonnel.

IMPERSONNEL, ELLE adj. **1.** Qui n'appartient ou n'est destiné à personne en propre. *La loi est impersonnelle.* **2.** Qui n'a aucun caractère personnel ; banal, peu original. *Style, décor impersonnel.* **3.** GRAMM. *Verbe impersonnel,* qui n'a que la 3e pers. du sing., représentant un sujet neutre indéterminé (*il faut, il pleut, il neige,* etc.). – *Phrase impersonnelle,* dans laquelle le sujet, placé après le verbe, est remplacé devant le verbe par le pronom neutre *il* (ex. : il est arrivé un paquet). – *Modes impersonnels :* modes du verbe qui n'expriment pas la personne (l'infinitif, le participe et le gérondif).

IMPERSONNELLEMENT adv. De façon impersonnelle.

IMPERTINENCE n.f. **1.** Manière effrontée ou insolente de parler, d'agir. **2.** Parole, action déplacée ou impolie.

IMPERTINENT, E adj. et n. (du lat. *pertinens, -entis,* qui convient). Qui fait preuve d'impertinence, d'irrespect ; effronté, désinvolte, insolent.

IMPERTURBABILITÉ n.f. État, caractère d'une personne imperturbable.

IMPERTURBABLE adj. (du lat. *perturbare,* troubler). Que rien ne peut troubler, émouvoir, ébranler.

IMPERTURBABLEMENT adv. De façon imperturbable.

IMPESANTEUR n.f. Apesanteur.

IMPÉTIGO [ɛ̃petigo] n.m. (lat. *impetigo,* de *impetere,* attaquer). Infection bactérienne et contagieuse de la peau, fréquente chez l'enfant, caractérisée par des pustules puis des croûtes épaisses, couleur miel.

IMPÉTRANT, E n. (du lat. *impetrare,* obtenir). DR. Personne qui obtient de l'autorité compétente qqch qu'elle a sollicité (diplôme, charge, titre).

IMPÉTRATION n.f. DR. Fait d'obtenir une grâce, un bénéfice ou un titre.

IMPÉTUEUSEMENT adv. Avec impétuosité.

IMPÉTUEUX, EUSE adj. (lat. *impetuosus,* de *impetus,* impulsion). **1.** Qui est animé d'un mouvement puissant, rapide ; tumultueux. *Vent impétueux. Torrent impétueux.* **2.** Vif et emporté, en parlant de qqn, de son caractère.

IMPÉTUOSITÉ n.f. **1.** Caractère, nature de ce qui est impétueux ; violence. *L'impétuosité des flots.* **2.** Caractère fougueux de qqn ; exaltation, ardeur.

IMPIE [ɛ̃pi] adj. et n. (lat. *impius*). *Litt.* Qui méprise la religion ; athée, incroyant.

IMPIÉTÉ n.f. *Litt.* **1.** Mépris pour les choses religieuses. **2.** Parole, action impie.

IMPITOYABLE adj. **1.** Qui ne montre aucune pitié, aucune humanité. *Combat, ennemi impitoyable. Juge impitoyable.* **2.** Qui ne fait grâce de rien. *Public, critique impitoyable.*

IMPITOYABLEMENT adv. De façon impitoyable, cruelle.

IMPLACABILITÉ n.f. *Litt.* Caractère implacable de qqn. *L'implacabilité d'une vengeance.*

IMPLACABLE adj. (du lat. *placare,* apaiser). **1.** Dont on ne peut apaiser la violence, la dureté, l'inhumanité. *Haine implacable.* **2.** Se dit de qqch à quoi on ne peut échapper ; inexorable, inéluctable. *Destin, logique implacable.*

IMPLACABLEMENT adv. De façon implacable.

IMPLANT n.m. Élément (appareil, dispositif contenant un médicament, prothèse, organe ou tissu greffé, etc.) introduit dans l'organisme pour une longue durée, afin de remplacer un organe, de suppléer à une fonction ou de traiter une maladie. ◇ *Spécial. Implant dentaire :* cylindre métallique fixé dans l'os maxillaire pour soutenir une prothèse dentaire.

IMPLANTABLE adj. CHIRURG. Se dit d'un élément, par ex. un organe, qui peut être implanté.

IMPLANTATION n.f. **1.** Action d'implanter ; fait d'être implanté. *L'implantation d'une usine dans une région.* **2.** Disposition des bâtiments, du matériel, du mobilier, etc., dans une entreprise. **3.** Manière dont les cheveux sont plantés. **4.** CHIRURG. Intervention ayant pour but d'insérer un implant dans l'organisme. **5.** Opération par laquelle on introduit une marque, un produit sur un marché ou dans un canal de distribution.

IMPLANTER v.t. (lat. *implantare,* placer). **1.** Fixer, introduire, planter dans qqch. **2.** Installer, établir quelque part de façon durable. *Implanter un centre commercial à la périphérie d'une ville.* **3.** CONSTR., TRAV. PUBL. Matérialiser le tracé au sol d'un ouvrage à construire, par ex. à l'aide de cordeaux tendus entre des piquets. **4.** CHIRURG. Pratiquer une implantation. ◆ **s'implanter** v.pr. S'établir dans un lieu, s'y fixer ; s'installer.

IMPLANTOLOGIE n.f. Partie de l'odontostomatologie qui concerne les implants dentaires.

IMPLICATION n.f. **1.** État d'une personne impliquée dans une affaire ; mise en cause, participation. *Son implication dans ce scandale n'a jamais été prouvée.* **2.** (Surtout pl.) Ce qui est impliqué par qqch ; conséquence attendue. *Implications politiques d'une décision économique.* **3.** LOG., MATH. Liaison de deux propositions par *si... alors,* du type « s'il est vrai que $A \Rightarrow B$ et $B \Rightarrow C$, alors $A \Rightarrow C$ », la première proposition étant l'*antécédent,* la seconde, le *conséquent.* (Le symbole logique $\Rightarrow$ se lit « implique ».)

IMPLICITE adj. (lat. *implicitus*). Qui est contenu dans une proposition sans être exprimé en termes précis, formels ; qui est la conséquence nécessaire. *Clause, condition, volonté implicite.*

IMPLICITEMENT adv. De façon implicite.

IMPLIQUER v.t. (lat. *implicare,* envelopper). **1.** Compromettre, engager dans une affaire fâcheuse ; mettre en cause. **2.** Avoir pour conséquence logique ou inéluctable. *Ces propos impliquent un refus de votre part.* **3.** LOG. Entraîner comme implication. ◆ **s'impliquer** v.pr. **(dans).** Se donner à fond dans qqch.

IMPLORANT, E adj. *Sout.* Qui implore. *Voix implorante.*

IMPLORATION n.f. *Sout.* Action d'implorer ; adjuration, supplication.

IMPLORER v.t. (lat. *implorare*). *Sout.* Demander avec insistance, en faisant appel à la pitié. *Implorer le pardon de qqn.*

IMPLOSER v.i. Faire implosion.

IMPLOSIF, IVE adj. PHON. Se dit d'une consonne placée après la voyelle ou le noyau syllabique et correspondant à la phase de tension décroissante dans la prononciation de la syllabe (par ex. le [p] dans le mot *aptitude*).

IMPLOSION n.f. **1.** Phénomène physique par lequel un milieu solide ou un corps creux, soumis à une pression externe supérieure à sa résistance mécanique, s'écrase violemment et tend à se concentrer en un volume réduit. *Implosion d'un tube à vide de téléviseur. Sous-marin qui fait implosion.* **2.** *Fig.* Effondrement interne d'un système ; désagrégation. **3.** PHON. Première phase de l'émission d'une consonne occlusive, caractérisée par la mise en place des organes mobilisés par son émission.

IMPLUVIUM [ɛ̃plyvjɔm] n.m. (mot lat.). ANTIQ. ROM. Espace découvert au milieu de l'*atrium des maisons romaines et qui contenait un bassin pour recevoir les eaux de pluie ; ce bassin lui-même.

■ **IMPLUVIUM**

IMPOLARISABLE adj. Se dit d'une pile électrique qui ne peut être polarisée.

IMPOLI, E adj. et n. Qui manifeste un manque de politesse ; discourtois.

IMPOLIMENT adv. Avec impolitesse.

IMPOLITESSE n.f. **1.** Manque de politesse. **2.** Action, parole impolie.

IMPOLITIQUE adj. Rare. Qui manque d'habileté politique ; maladroit, inopportun.

IMPONDÉRABILITÉ n.f. *Didact.* Caractère impondérable de qqch.

IMPONDÉRABLE adj. *Sout.* Qu'il est impossible de prévoir ; dont l'importance peut difficilement être évaluée. *Des facteurs impondérables.* ◆ n.m. (Surtout pl.) Élément imprévisible qui influe sur la tournure des événements. *Les impondérables de la politique.*

IMPOPULAIRE adj. Qui n'est pas conforme aux désirs de la population ; qui n'est pas aimé du grand nombre. *Loi très impopulaire.*

IMPOPULARITÉ n.f. Manque de popularité ; caractère de ce qui est impopulaire.

1. IMPORTABLE adj. Qu'il est permis ou possible d'importer.

2. IMPORTABLE adj. (de *porter*). Se dit d'un vêtement que l'on ne peut ou que l'on n'ose pas porter. *Ce chemisier est si transparent qu'il est importable.*

IMPORTANCE n.f. **1.** Caractère de ce qui importe par sa valeur, par son intérêt, par son rôle. *Attacher, donner beaucoup d'importance à qqch.* **2.** Caractère de ce qui est considérable par la force, le nombre, la quantité. *Une agglomération d'importance moyenne.* ◇ *Litt. D'importance* : important, considérable. *L'affaire est d'importance.* **3.** Autorité, influence que confère un rang élevé dans la société, un talent reconnu, etc.

IMPORTANT, E adj. **1.** Qui a une valeur, un intérêt, un rôle considérables. *Une découverte très importante.* **2.** Considérable par ses proportions, sa quantité. *Un investissement assez important.* ◆ adj. et n. *Péjor.* Qui témoigne une prétention à paraître plus qu'il n'est. *Vouloir faire l'important.* ◆ n.m. Ce qui importe le plus ; point essentiel. *L'important, c'est de guérir.*

IMPORTATEUR, TRICE adj. et n. Qui fait des importations, qui importe. *Pays importateur de céréales.*

IMPORTATION n.f. **1.** Action d'importer des produits. *Importation d'objets manufacturés.* **2.** (Surtout pl.) Ce qui est importé. *L'excédent des importations.*

1. IMPORTER v.t. (lat. *importare*, porter dans). **1.** Faire entrer dans un pays des marchandises provenant de l'étranger. *Importer du bois, du charbon.* **2.** *Fig.* Introduire dans son pays, dans son milieu ce qui vient de l'étranger. *Importer une danse, une mode.*

2. IMPORTER v.i. ou v.t. ind. **(à)** [ne s'emploie qu'à l'inf. et aux 3es pers.] (ital. *importare*, être important). Avoir de l'importance ; présenter de l'intérêt. *Voilà ce qui importe.* ◆ **v. impers. 1.** *Il importe de, que* : il est nécessaire de, que. – *Peu importe, qu'importe* : cela n'a aucune importance. **2.** *N'importe qui, quoi, lequel, où* → **n'importe.**

IMPORT-EXPORT n.m. (pl. *imports-exports*). Commerce de produits importés et exportés.

IMPORTUN, E adj. et n. (lat. *importunus*, difficile à aborder). Qui ennuie, gêne par son insistance, son caractère déplacé. *Une question importune. Je ne voudrais pas être importun.*

IMPORTUNÉMENT adv. *Litt.* De façon importune.

IMPORTUNER v.t. Causer du désagrément à ; gêner, incommoder, ennuyer.

IMPORTUNITÉ n.f. *Litt.* Caractère de ce qui est importun.

IMPOSABLE adj. Soumis à l'impôt. *Revenu imposable.*

IMPOSANT, E adj. Qui impressionne par la grandeur, le nombre, la force.

IMPOSÉ, E adj. **1.** Qui est obligatoire. ◇ *Prix, tarif imposé*, que le commerçant doit respecter strictement. **2.** SPORTS. Se dit d'exercices ou de figures qui étaient obligatoires dans certains concours (patinage, gymnastique, etc.). **3.** Soumis à l'impôt. *Revenus imposés.* ◆ adj. et n. Se dit de qqn qui est soumis à l'impôt.

IMPOSER v.t. (lat. *imponere*, placer sur). **1.** Obliger à faire, à subir ; ordonner qqch de pénible. *Imposer sa volonté. Imposer des restrictions.* ◇ *Imposer silence* : faire taire. **2.** Faire accepter par une pression morale. *Elle a su imposer ses idées.* ◇ *Imposer le respect* : inspirer un sentiment de respect. **3.** Soumettre qqn ou qqch à un impôt, à une taxe. *Imposer les contribuables. Imposer les retraites.* **4.** CHRIST. *Imposer les mains* : pratiquer l'imposition des mains. **5.** IMPRIM. Faire l'imposition d'une page. ◆ **v.t. ind. 1.** *En imposer à qqn*, lui inspirer du respect, de l'admiration ou de la crainte. **2.** *S'en laisser imposer* : se laisser impressionner. ◆ **s'imposer** v.pr. **1.** Imposer sa présence ; se faire accepter de force. **2.** Se faire accepter par une sorte de contrainte morale, par le respect que l'on inspire ou par sa valeur. *S'imposer comme le chef d'un mouvement.* **3.** Avoir un caractère de nécessité ; devenir une obligation. *Des réformes s'imposent.*

IMPOSITION n.f. **1.** Fait d'imposer, de soumettre qqn, qqch à un impôt, à une contribution. **2.** Procédé de fixation de l'assiette et de liquidation d'un impôt. **3.** CHRIST. *Imposition des mains* : geste du prêtre ou de l'évêque qui met les mains sur qqn pour le bénir ou lui conférer un sacrement. **4.** IMPRIM. Opération consistant, compte tenu des contraintes techniques ou économiques, à déterminer la répartition des pages d'un imprimé dans les formes d'impression.

IMPOSSIBILITÉ n.f. **1.** Caractère de ce qui est impossible à faire, à concevoir logiquement. **2.** Chose impossible ; ce qui empêche d'accomplir qqch. *Se heurter à une impossibilité matérielle.*

IMPOSSIBLE adj. **1.** Qui ne peut pas être ; qui ne peut pas se faire. *Une tâche impossible.* **2.** *Fam.* Très difficile à faire, à concevoir, à endurer, etc. *C'est vraiment une situation impossible.* **3.** *Fam.* Se dit de qqn qui est insupportable. *Des gens impossibles.* **4.** *Fam.* Se dit de qqch qui est jugé bizarre ou extravagant. *Se lever à des heures impossibles.* ◆ n.m. *L'impossible* : ce qui ne saurait exister, se produire, être réalisé. *Vous demandez l'impossible. À l'impossible nul n'est tenu.* – *Litt. Si, par impossible* : en supposant que se réalise ce que l'on croit impossible.

IMPOSTE n.f. (ital. *imposta*). **1.** MENUIS. Dormant. **2.** ARCHIT. Pierre ou autre élément, génér. en saillie, qui couronne le piédroit d'une arcade et reçoit la retombée de l'arc.

IMPOSTEUR n.m. (bas lat. *impostor*, de *imponere*, tromper). Personne qui trompe par de fausses apparences, qui se fait passer pour qqn d'autre.

IMPOSTURE n.f. *Sout.* Action, procédé de qqn qui cherche à tromper par de fausses apparences ou des allégations mensongères, notamm. en usurpant une qualité, un titre, une identité, ou en présentant une œuvre pour ce qu'elle n'est pas. *Dénoncer les impostures d'un escroc.*

IMPÔT n.m. (du lat. *impositum*, placé sur). **1.** Prélèvement obligatoire déterminé sur les ressources ou les biens des personnes physiques ou morales et payé en argent pour subvenir aux dépenses d'intérêt général de l'État ou des collectivités locales. *Impôt proportionnel, progressif. Impôt de répartition, de quotité.* ◇ *Impôt direct*, perçu directement et nominativement par l'Administration sur les revenus du redevable. – *Impôt indirect*, non nominatif, perçu, notamm., sur les biens de consommation (par ex. les carburants, les alcools, les tabacs). – *Impôt de solidarité sur la fortune* → **ISF. 2.** *Litt. Impôt du sang* : obligation de servir à l'armée.

IMPOTENCE n.f. État d'une personne ou d'un membre impotent.

IMPOTENT, E adj. et n. (lat. *impotens, -entis*, impuissant). Se dit d'une personne ou d'un membre malade ou blessé, dont les mouvements sont très difficiles ou impossibles.

IMPRATICABILITÉ n.f. Caractère, état de ce qui est impraticable.

IMPRATICABLE adj. **1.** Où l'on ne peut pas passer. *Chemins impraticables.* **2.** Qu'on ne peut mettre à exécution ; irréalisable. *Projet impraticable.*

IMPRÉCATEUR, TRICE n. *Litt.* Personne qui profère des imprécations.

IMPRÉCATION n.f. (lat. *imprecatio*, de *precari*, prier). *Litt.* Malédiction proférée contre qqn ; parole ou souhait appelant le malheur sur qqn.

IMPRÉCATOIRE adj. *Litt.* Qui relève de l'imprécation.

IMPRÉCIS, E adj. Qui manque de précision ; vague, approximatif.

IMPRÉCISION n.f. Manque de précision, d'exactitude, de netteté.

IMPRÉDICTIBILITÉ n.f. *Didact.* Caractère d'un phénomène imprédictible.

IMPRÉDICTIBLE adj. Qui échappe à la prévision.

IMPRÉGNATION n.f. **1.** Action d'imprégner ; fait d'être imprégné. *L'imprégnation des bois, d'un tissu.* **2.** *Fig.* Pénétration lente. *L'imprégnation des esprits par la propagande.* **3.** ÉTHOL. Processus d'apprentissage génétiquement programmé. (Notion développée par K. Lorenz.)

IMPRÉGNER v.t. [11] (bas lat. *impregnare*, féconder). **1.** Faire pénétrer un liquide, une odeur dans un corps. *Imprégner une étoffe d'un liquide. L'odeur du tabac imprègne ses vêtements.* **2.** *Fig.* Pénétrer de façon insidieuse et profonde, en parlant d'une influence. *Son éducation l'a imprégné de préjugés.*

IMPRENABLE adj. **1.** Qui ne peut être pris. *Citadelle imprenable.* **2.** *Vue imprenable*, qui ne peut être masquée par des constructions nouvelles ; très belle vue.

IMPRÉPARATION n.f. Manque de préparation. *L'impréparation d'un sportif.*

IMPRÉSARIO [ɛ̃prezarjo] n.m. (ital. *impresario*, de *impresa*, entreprise). Personne qui négocie, moyennant rémunération, les engagements et les contrats d'un artiste ou d'un groupe d'artistes du spectacle. Graphie savante : *impresario* (pl. *impresarii*).

IMPRESCRIPTIBILITÉ n.f. Caractère de ce qui est imprescriptible.

IMPRESCRIPTIBLE adj. DR. **1.** Qui ne peut être atteint par la prescription. *Les biens du domaine public sont inaliénables et imprescriptibles.* **2.** Qui ne peut être effacé par le temps ; immuable.

IMPRESSIF, IVE adj. *Litt.* Qui est de l'ordre de l'impression, de la subjectivité et non des faits ou du raisonnement. *Notations impressives.*

IMPRESSION n.f. (lat. *impressio*, application). **1.** Marque laissée par un objet qui appuie ou est pressé sur une substance ; empreinte, trace. *L'impression du cachet sur la cire.* **2.** Opération par laquelle on transfère sur un support (papier, étoffe, etc.) les caractères disposés dans des formes, les dessins préparés sur les planches, les

I

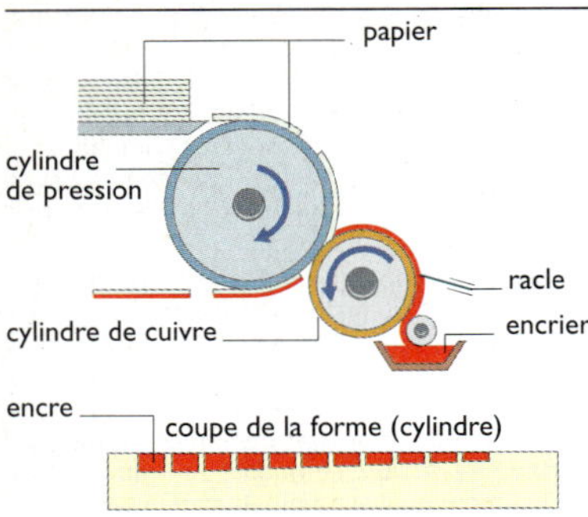

héliogravure

Le cylindre en cuivre de la forme est gravé avec des creux plus ou moins profonds qui retiennent l'encre déposée sur le papier.

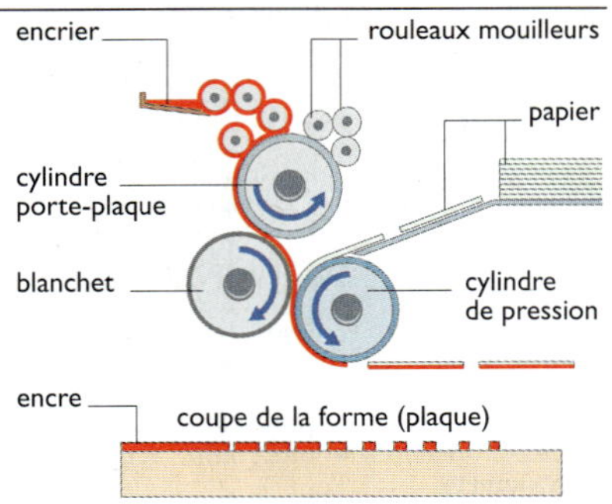

offset

Le cylindre, revêtu d'un blanchet en caoutchouc, reçoit le décalque de la plaque, qui constitue la forme, et le reporte sur le papier.

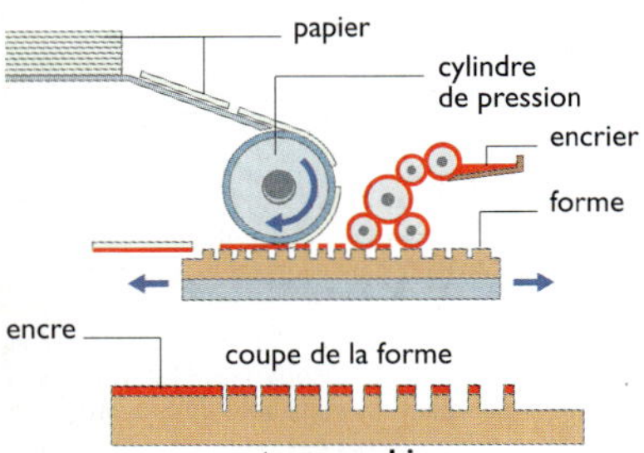

typographie

Le cylindre de pression applique le papier sur la forme en relief, qui effectue un mouvement de va-et-vient sous les rouleaux encreurs.

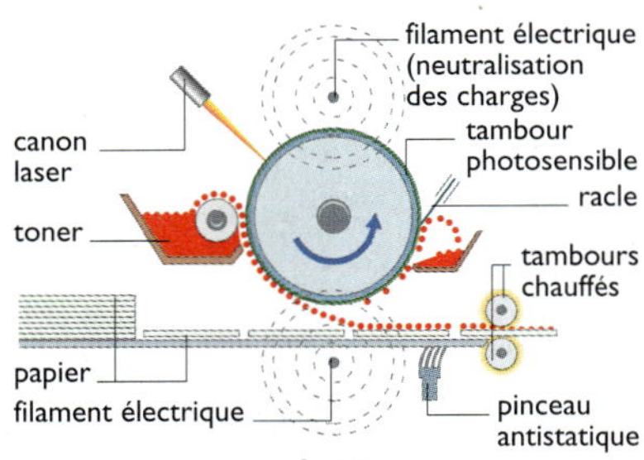

laser

Sur le tambour se forme une image électrostatique, tracée par le rayon laser, par attraction de particules de toner, qui, détachées grâce au champ électrique, tombent sur le papier.

■ **IMPRESSION.** L'héliogravure (impression en creux), l'offset (impression à plat), la typographie (impression en relief) et le laser (impression électrostatique) constituent les quatre principaux procédés utilisés. Sur la gauche de chaque forme imprimante se trouvent les parties les plus ombrées (les plus encrées) ; sur la droite, les parties les plus claires.

cylindres ou les pierres lithographiques ; dessin, motif ainsi reproduit. **3.** Vieilli. Édition. *La dernière impression d'un livre.* **4.** Première couche (de peinture, de colle, etc.) appliquée sur un subjectile, avant de peindre, pour en réduire le pouvoir absorbant. **5.** PHOTOGR. Action d'impressionner une surface sensible. **6.** Sentiment ou sensation résultant de l'effet d'un agent extérieur. *Impression d'étouffement.* ◇ ***Avoir l'impression de, que*** : croire, s'imaginer que. *Avoir l'impression de tomber, que l'on tombe.* **7.** Sentiment, opinion qui naît d'un premier contact. *Quelle est votre impression sur lui ? Faire bonne, mauvaise impression sur un jury.* ◇ ***Faire de l'impression à qqn, faire impression*** : provoquer l'admiration, l'étonnement.

IMPRESSIONNABILITÉ n.f. **1.** *Litt.* Caractère de qqn qui se laisse facilement impressionner. **2.** PHOTOGR. Sensibilité à la lumière.

IMPRESSIONNABLE adj. **1.** Facile à impressionner, à émouvoir ; émotif, sensible. **2.** PHOTOGR. Se dit d'une surface sensible qui peut être impressionnée.

IMPRESSIONNANT, E adj. **1.** Qui produit une forte impression sur l'esprit ; qui impressionne. *Une scène impressionnante.* **2.** D'une dimension, d'une grandeur imposante ; considérable.

IMPRESSIONNER v.t. **1.** Produire une vive impression sur ; émouvoir, frapper. *La menace ne les impressionnera pas. Ce film risque d'impressionner les enfants.* **2.** PHOTOGR. En parlant d'un rayonnement, produire une transformation photochimique d'une surface sensible.

IMPRESSIONNISME n.m. **1.** École picturale française qui se manifesta, notamm., de 1874 à 1886, par huit expositions publiques à Paris et qui marqua la rupture de l'art moderne avec l'académisme. **2.** Tendance générale, en art, à noter la mobilité des phénomènes, les impressions plutôt que l'aspect conceptuel des choses.

ENCYCL. PEINT. Les peintres impressionnistes, à la suite de Courbet, choisissent leurs sujets dans la réalité contemporaine. Travaillant « sur le motif », comme souvent les peintres de Barbizon, comme certains paysagistes anglais, comme Boudin ou Jongkind, ils poussent très loin l'étude du plein air, font de la lumière l'élément essentiel et mouvant de leur peinture, écartant les teintes sombres et terreuses pour utiliser des couleurs pures que fait papilloter une touche très divisée (influences de Delacroix, de Turner). Peintres d'une nature changeante, d'une vie heureuse saisie dans la particularité de l'instant, ils sont indifférents à la recherche, chère aux classiques (et dévoyée par les peintres académiques), d'un beau idéal et d'une essence éternelle des choses. Si Manet joue un rôle important dans la genèse de cette nouvelle peinture, les impressionnistes au sens strict sont Monet (dont la toile *Impression, soleil levant*, exposée en 1874, donne à un critique l'occasion de forger, péjorativement, le nom qui va devenir celui de l'école) ainsi que Pissarro et Sisley, qu'accompagnent d'autres artistes dont les personnalités respectives évolueront de façon nettement distincte : Renoir, Cézanne, Degas, Morisot, Guillaumin, Cassatt, etc. L'impressionnisme est un point de départ pour Seurat et Signac, maîtres du néo-impressionnisme, pour Gauguin, Toulouse-Lautrec, Van Gogh, ainsi que pour de nombreux « postimpressionnistes », en France et à l'étranger.

MUS. Le terme gagne la critique musicale vers 1887, qualifiant les œuvres de Debussy et, plus génér., celles de tous les compositeurs préoccupés par la perception subjective des couleurs sonores et des rythmes : Ravel, Dukas, Satie, Roussel, etc. Les musiciens impressionnistes mirent à l'honneur la liberté de la forme, de la phrase et du langage harmoniques.

IMPRESSIONNISTE adj. Qui relève de l'impressionnisme. ◆ n. Peintre impressionniste.

IMPRÉVISIBILITÉ n.f. Caractère de ce qui est imprévisible.

IMPRÉVISIBLE adj. Qu'on ne peut prévoir ; dont on ne peut prévoir les réactions.

IMPRÉVISION n.f. **1.** *Litt.* Fait de ne pas prévoir qqch ; imprévoyance. **2.** DR. *Théorie de l'imprévision*, selon laquelle les conditions de l'exécution d'un contrat administratif peuvent être révisées lorsque survient un bouleversement économique imprévisible.

IMPRÉVOYANCE n.f. Défaut, manque de prévoyance.

IMPRÉVOYANT, E adj. et n. Qui manque de prévoyance ; qui ne se soucie pas de prévoir les situations futures.

IMPRÉVU, E adj. Qui arrive sans avoir été prévu et qui déconcerte. *Incident imprévu.* ◆ n.m. Ce qui n'a pas été prévu. *Faire la part de l'imprévu.*

IMPRIMABILITÉ n.f. IMPRIM. Ensemble des relations physico-chimiques entre un support d'impression et les éléments imprimants.

IMPRIMABLE adj. Qui peut être imprimé ; qui mérite de l'être.

IMPRIMANT, E adj. Qui imprime ; qui sert à l'impression. *Forme imprimante.*

IMPRIMANTE n.f. Dispositif d'impression sur papier des résultats d'un traitement sur ordinateur. *Imprimante à laser, à jet d'encre.*

IMPRIMATUR [-tyr] n.m. inv. (mot lat., *qu'il soit imprimé*). CATH. Permission d'imprimer donnée par l'autorité ecclésiastique.

IMPRIMÉ n.m. **1.** Livre, journal, brochure imprimés. **2.** Papier ou tissu imprimé à motifs. *Rideaux en imprimé à fleurs.*

IMPRIMER v.t. (lat. *imprimere*, laisser une empreinte). **1.** *Litt.* Laisser une trace, une empreinte par pression sur une surface. *Imprimer ses pas sur le sable.* **2.** Communiquer, transmettre une impulsion, un mouvement à. *Les oscillations que la houle imprime à un navire.* **3.** *Litt.* Faire pénétrer dans l'esprit, dans le cœur ; fixer. *Imprimer un souvenir dans la mémoire de qqn.* **4.** Reporter sur un support un dessin, des couleurs, un texte, etc., par pression d'une surface sur une autre. *Imprimer du papier, des tissus.* **5.** Reproduire des caractères graphiques, des gravures, etc., à un certain nombre d'exemplaires par les techniques de l'imprimerie. *Imprimer un texte.* **6.** Faire paraître ; publier. *Un journal ne peut pas tout imprimer.*

IMPRIMERIE n.f. **1.** Ensemble des techniques et des métiers qui participent à la fabrication d'ouvrages imprimés. **2.** Établissement où l'on effectue des travaux d'impression. **3.** Secteur industriel réalisant ce type de travaux.

IMPRIMEUR n.m. **1.** Entreprise d'imprimerie. **2.** Personne qui travaille dans l'imprimerie.

IMPRO n.f. (abrév.). *Fam.* Improvisation.

IMPROBABILITÉ n.f. Caractère de ce qui est improbable.

IMPROBABLE adj. **1.** Qui a peu de chances de se produire, de se réaliser. *Succès improbable.* **2.** *Litt.*, Très surprenant ; inattendu, invraisemblable. *Un improbable poste frontière.*

IMPROBATEUR, TRICE adj. *Litt.* Qui désapprouve ; qui marque l'improbation.

IMPROBATION n.f. (lat. *improbatio*, désapprobation). *Litt.* Action de ne pas approuver ; désapprobation. *Donnez-moi votre approbation ou votre improbation.*

IMPROBITÉ n.f. *Litt.* Manque de probité, d'honnêteté.

IMPRODUCTIF, IVE adj. Qui ne produit rien. ◆ adj. et n. Qui ne participe pas à la production des biens.

IMPRODUCTIVITÉ n.f. Caractère, état de qqn, de ce qui est improductif.

IMPROMPTU, E [ɛ̃prɔ̃pty] adj. (lat. *in promptu*, sous la main). Fait sur-le-champ ; non préparé ; improvisé. *Dîner impromptu.* ◆ adv. Sans s'y être préparé ; sur-le-champ, au pied levé. ◆ n.m. **1.** LITTÉR. Petite pièce de vers improvisée ou composée rapidement. **2.** THÉÂTRE. Pièce que l'on improvise ou qui se joue sans préparation. **3.** MUS. Pièce instrumentale de forme libre, génér. pour le piano.

IMPRONONÇABLE adj. Impossible à prononcer.

IMPROPRE adj. (lat. *improprius*). **1.** Qui ne convient pas ; inadéquat. *Mot impropre.* **2.** Qui ne convient pas pour tel usage. *Denrée impropre à la consommation.*

IMPROPREMENT adv. De façon impropre, inadéquate. *Écrivain improprement classé parmi les essayistes.*

IMPROPRIÉTÉ n.f. **1.** Caractère d'un mot, d'une expression impropres. **2.** Emploi impropre d'un mot ; incorrection.

IMPROUVABLE adj. Que l'on ne peut prouver.

IMPROVISATEUR, TRICE n. Personne qui a le talent d'improviser.

IMPROVISATION n.f. **1.** Action, art d'improviser. *Orateur doué pour l'improvisation.* **2.** Ce que l'on improvise. *Une brillante improvisation.* Abrév. *(fam.) : impro.*

ENCYCL. Pratique fondamentale dans le jazz, l'improvisation permet à chaque soliste de dévelop-

■ L'IMPRESSIONNISME

La première conquête de cette nouvelle génération de peintres, nés autour de 1835 – 1840, tient à la prise en compte spontanée de la sensation éprouvée dans la clarté du plein-air. L'impressionnisme va s'affranchir progressivement des conventions traditionnelles de l'art de peindre : l'éclairage d'atelier, la perspective, le dessin. On suggérera les formes et les distances par la vibration et les contrastes de couleurs, en ne considérant le sujet que dans son atmosphère lumineuse et dans les mutations de celle-ci.

Auguste Renoir. *La Grenouillère* (1869). On considère généralement comme exemplaires de l'impressionnisme naissant les œuvres exécutées côte à côte par Renoir et Monet à la Grenouillère, guinguette de l'île de Croissy, sur la Seine, près de Bougival. Touche libre simplifiée à l'extrême, personnages à l'état d'esquisse, art de la lumière, reflets mobiles prestement suggérés caractérisent la présente version. (Coll. O. Reinhart, Winterthur.)

Camille Pissarro. *Gelée blanche* (1873). Pissarro continue la tradition terrienne de l'école de Barbizon, mais il choisit une vue de campagne banale (près de Pontoise) pour se concentrer sur l'effet lumineux d'ensemble, sur une palpitation chromatique obtenue par la juxtaposition de couleurs claires posées en touches irrégulières. (Musée d'Orsay, Paris.)

Alfred Sisley. *La Barque pendant l'inondation, Port-Marly* (1876). Les miroitements de l'eau transfigurent le quotidien dans de nombreuses toiles impressionnistes, à plus forte raison dans ce thème de crue de la Seine, plusieurs fois traité par l'artiste anglais. (Musée d'Orsay, Paris.)

Claude Monet. *Gare Saint-Lazare* (1877). À côté de quelques usines et installations portuaires chez Pissarro, la série consacrée par Claude Monet à la gare parisienne qui dessert la Normandie constitue l'une des principales incursions des impressionnistes dans les aspects « techniques » de la vie moderne. Mais le caractère d'instantané atmosphérique y demeure essentiel. (Musée d'Orsay, Paris.)

Paul Cézanne. *Le Garçon au gilet rouge* (v. 1890 – 1895). Par la volonté constructive du peintre, sa recherche d'une synthèse formelle dans les deux dimensions de la toile, on est ici dans l'art du XXᵉ s., au-delà de l'impressionnisme, dont l'artiste aixois voulait faire « quelque chose de solide [...] comme l'art des musées ». (Fondation Bührle, Zurich.)

Edgar Degas. *Danseuses bleues* (v. 1890). Le motif des danseuses en attente dans les coulisses de l'Opéra n'est que le prétexte à un poème purement pictural. Celui-ci, outre l'entrecroisement dynamique des lignes correspondant aux attitudes des danseuses, fait jouer l'intensité des complémentaires bleue et orangée dans le plan du tableau, le rôle de la perspective devenant négligeable. (Musée d'Orsay, Paris.)

per des variations originales ou à un orchestre d'élaborer des morceaux entiers, le plus souvent après détermination d'un thème.

IMPROVISER v.t. (ital. *improvvisare*). **1.** Produire, composer sur-le-champ, sans préparation un discours, un morceau de musique, etc. *Improviser une allocution.* ◇ Absol. *Improviser au piano.* **2.** Réaliser, organiser d'emblée, avec les seuls moyens dont on dispose. *Improviser un repas.* ◇ Absol. *Nous n'étions pas prévenus, nous avons improvisé.*

IMPROVISTE (À L') loc. adv. (de l'ital. *improvvisto,* imprévu). De façon inattendue, subitement, sans prévenir. *Arriver chez qqn à l'improviste.*

IMPRUDEMMENT [-damɑ̃] adv. Avec imprudence.

IMPRUDENCE n.f. **1.** Défaut d'une personne imprudente. *Il a été victime de son imprudence.* **2.** Caractère d'une action imprudente. *L'imprudence d'une parole.* **3.** Action imprudente, irréfléchie. *Ne faites pas d'imprudences au volant.*

IMPRUDENT, E adj. et n. Qui manifeste un manque de prudence, de l'inconséquence ; inconscient. *Une personne, une conduite, une déclaration imprudente.*

IMPUBÈRE adj. et n. (lat. *impubes, -eris*). Qui n'a pas atteint l'état de puberté.

I

IMPUBLIABLE adj. Que l'on ne peut ou que l'on ne doit pas publier.

IMPUDEMMENT [-damɑ̃] adv. Avec impudence ; effrontément.

IMPUDENCE n.f. **1.** Caractère d'une personne ou d'une action impudente ; effronterie cynique. *Il a eu l'impudence d'exiger des excuses.* **2.** Action, parole impudente.

IMPUDENT, E adj. et n. (lat. *impudens, -entis,* de *pudere,* avoir honte). Qui manifeste une effronterie insolente, une audace cynique. *Un homme, un mensonge, un geste impudent.*

IMPUDEUR n.f. **1.** Manque de pudeur physique, de retenue ; indécence. **2.** Manque de pudeur morale, de discrétion dans la manifestation des sentiments.

IMPUDICITÉ n.f. *Litt.* **1.** Caractère d'une personne, d'une chose impudiques ; comportement impudique. **2.** Acte, parole impudiques.

IMPUDIQUE adj. Qui blesse la pudeur ; indécent. *Une danseuse impudique. Un geste impudique.*

IMPUDIQUEMENT adv. Avec impudeur.

IMPUISSANCE n.f. **1.** Manque de force, de moyens pour faire une chose. **2.** *Impuissance sexuelle,* ou *impuissance :* incapacité organique ou psychique pour l'homme à accomplir l'acte sexuel.

IMPUISSANT, E adj. Qui est réduit à l'impuissance ; qui manque du pouvoir, de la force nécessaires pour faire qqch. *Assister impuissant à un incendie.* ◆ adj.m. et n.m. Se dit d'un homme atteint d'impuissance sexuelle.

IMPULSER v.t. **1.** Donner de l'élan à une activité, favoriser son expansion. **2.** Amener, pousser un groupe à agir dans une certaine direction. *Impulser un mouvement de revendication.*

IMPULSIF, IVE adj. et n. (bas lat. *impulsivus,* de *impellere,* pousser à). Qui répond à ses impulsions, à une impulsion. *Un impulsif qui ne peut se retenir de parler. Geste impulsif.*

IMPULSION n.f. (lat. *impulsio*). **1.** Action d'une force qui agit par poussée sur qqch et tend à lui imprimer un mouvement ; mouvement ainsi produit. *Transmettre une impulsion à un mécanisme.* ◇ MÉCAN. *Impulsion d'une force,* produit de l'intensité de cette force par son temps d'application. **2.** PHYS. Variation brusque d'une grandeur physique suivie d'un retour rapide à sa valeur initiale. **3.** Action propre à accroître le développement, le dynamisme d'une activité, d'une entreprise ; effet qui en résulte. **4.** Force, penchant qui pousse à agir. *Être mû par une impulsion généreuse.* – PSYCHOL. Tendance spontanée et irrésistible à l'accomplissement d'un acte (à la différence de la *compulsion,* également irrésistible, mais précédée d'une lutte anxieuse).

IMPULSIVEMENT adv. De façon impulsive.

IMPULSIVITÉ n.f. Caractère impulsif de qqn, d'une conduite.

IMPUNÉMENT adv. **1.** Sans subir ou sans encourir de punition. *Ces trafiquants agiront-ils encore impunément ?* **2.** Sans s'exposer à des conséquences fâcheuses, à des inconvénients. *On ne peut pas impunément se passer de repos.*

IMPUNI, E adj. (lat. *impunitus*). Qui demeure sans punition. *Un coupable, un crime impuni.*

IMPUNITÉ n.f. Fait de ne pas risquer d'être puni, sanctionné pour une faute commise. *Ses relations lui assurent l'impunité.* ◇ *En toute impunité :* impunément.

IMPUR, E adj. (lat. *impurus*). **1.** Qui n'est pas pur ; qui est altéré par la présence d'éléments étrangers. *Une eau impure.* **2.** *Litt.* ou vieilli. Contraire à la chasteté. *Désirs impurs.* ◆ adj. et n. Se dit de qqn, de qqch qui est frappé d'impureté par une loi religieuse.

IMPURETÉ n.f. **1.** État de ce qui est impur, souillé, altéré, pollué. *L'impureté de l'air.* **2.** Ce qui salit, altère qqch. *Filtrer un liquide pour en éliminer les impuretés.* **3.** *Litt.* ou vieilli. Acte impur, contraire à la chasteté. **4.** RELIG. Souillure attachée à certains actes ou états.

IMPUTABILITÉ n.f. DR. Possibilité d'imputer une infraction à qqn.

IMPUTABLE adj. **1.** Qui peut, qui doit être imputé, attribué à qqch, à qqn. *Erreur imputable à l'étourderie.* **2.** Qui doit être imputé, prélevé sur tel compte, tel budget, etc. *Somme imputable au budget de fonctionnement.*

IMPUTATION n.f. **1.** Fait d'imputer une faute à qqn ; accusation, fondée ou non. *Imputation calomnieuse.* **2.** Affectation d'une somme à un compte.

IMPUTER v.t. (lat. *imputare,* porter en compte). **1.** Attribuer à qqn, à qqch la responsabilité de. *Imputer un vol à qqn.* **2.** Porter une somme au compte de. *Imputer une dépense sur un chapitre du budget.*

IMPUTRESCIBILITÉ n.f. Caractère, nature de ce qui est imputrescible.

IMPUTRESCIBLE adj. Qui ne peut se putréfier. *Le teck de Birmanie est un bois imputrescible.*

IN- [ɛ̃] ([in] devant voyelle ou *h* muet) préf. (du lat.). **1.** Indique la suppression ou la négation *(inconnu, inhabile, inactif...).* **2.** Indique la position intérieure, le mélange *(incarcérer, infuser, immerger...).* – REM. Le préfixe prend la forme *il-* devant *l ; ir-* devant *r* (exception : *inracontable*) ; *im-* devant *b, m, p.*

IN [in] adj. inv. (mot angl., *dedans*). *Fam.,* vieilli. À la mode.

INABORDABLE adj. **1.** Où l'on ne peut aborder. *Île inabordable.* **2.** Que l'on ne peut aborder ; qui est d'un abord difficile. *Le directeur est inabordable.* **3.** Que l'on ne peut payer ; dont le prix, le montant est trop élevé. *Dans ce quartier, les loyers sont inabordables.*

INABOUTI, E adj. Qui n'a pu aboutir. *Projet inabouti.*

INABRITÉ, E adj. Qui n'est pas protégé, qui n'est pas à l'abri. *Mouillage inabrité.*

INACCENTUÉ, E adj. Qui ne porte pas d'accent ; atone. *Syllabe inaccentuée.*

INACCEPTABLE adj. Que l'on ne peut, que l'on ne doit pas accepter.

INACCEPTATION n.f. *Litt.* Fait de ne pas accepter ; refus.

INACCESSIBILITÉ n.f. Caractère, état d'une personne ou d'une chose inaccessible.

INACCESSIBLE adj. **1.** Dont l'accès est impossible. *Rivage inaccessible.* **2.** Que l'on ne peut comprendre, connaître. *Poème inaccessible.* **3.** Qui ne peut pas être touché par tel sentiment, telle manière de penser ; insensible à. *Être inaccessible à la pitié.*

INACCOMPLI, E adj. *Litt.* Non accompli.

INACCOMPLISSEMENT n.m. *Litt.* Défaut d'accomplissement, d'exécution. *L'inaccomplissement d'une promesse.*

INACCORDABLE adj. Rare. **1.** Que l'on ne peut accorder, octroyer. **2.** Que l'on ne peut accorder, concilier. *Intérêts inaccordables.*

INACCOUTUMÉ, E adj. Qui n'est pas habituel ; exceptionnel, insolite. *Un zèle inaccoutumé.*

INACHEVÉ, E adj. Qui n'est pas achevé.

INACHÈVEMENT n.m. État de ce qui n'est pas achevé.

INACTIF, IVE adj. **1.** Qui n'a pas d'activité ; désœuvré, oisif. *Rester inactif. Secteur inactif.* **2.** Qui n'a pas d'action, d'effet ; inefficace, inopérant. *Remède inactif.* ◆ adj. et n. Qui n'exerce pas d'activité professionnelle ; qui n'appartient pas à la population active.

INACTINIQUE adj. OPT., PHOTOGR. Se dit d'un rayonnement, d'un éclairage qui n'agit pas sur un récepteur, en partic. sur une surface sensible.

INACTION n.f. Absence d'action, de travail, d'activité.

INACTIVATION n.f. MÉD. Suppression artificielle du pouvoir pathogène d'une substance ou d'un micro-organisme, notamm. pour préparer un vaccin.

INACTIVER v.t. MÉD. Produire l'inactivation d'une substance, d'un micro-organisme.

INACTIVITÉ n.f. Absence d'activité ; état de qqn qui n'a pas d'occupation.

INACTUALITÉ n.f. Caractère de ce qui est inactuel. *L'inactualité de ces conceptions a fait abandonner le projet.*

INACTUEL, ELLE adj. Qui n'est plus actuel ou qui n'est pas d'actualité. *Des préoccupations inactuelles.*

INADAPTABLE adj. Qui n'est pas susceptible d'être adapté.

INADAPTATION n.f. Défaut d'adaptation. – *Spécial.* Défaut d'adaptation aux exigences de la vie en société.

INADAPTÉ, E adj. et n. Qui ne peut s'adapter à son milieu, à la société. ◆ adj. **1.** Qui n'est pas adapté. *Matériel inadapté aux besoins.* **2.** PSYCHOL. *Enfance inadaptée :* ensemble des enfants qui justifient de mesures éducatives particulières en raison d'un handicap physique, d'une déficience intellectuelle, de troubles affectifs ou de difficultés liées au milieu (cas sociaux, mineurs en danger moral, etc.).

INADÉQUAT, E [-kwa, kwat] adj. Qui n'est pas adéquat ; inapproprié.

INADÉQUATION n.f. Caractère de ce qui n'est pas adéquat.

INADMISSIBILITÉ n.f. Caractère de ce qui ne peut être admis, considéré comme valable.

INADMISSIBLE adj. Qui ne peut ou ne doit pas être admis, accepté ou toléré ; inacceptable, inexcusable. *Erreur inadmissible.*

INADVERTANCE n.f. (du lat. *advertere,* tourner son attention vers). *Litt.* Inattention, étourderie ; faute qui en résulte. ◇ *Par inadvertance :* par inattention, par mégarde.

INAFFECTIVITÉ n.f. PSYCHOL. Absence apparente de sentiments.

INALIÉNABILITÉ n.f. DR. Caractère de ce qui est inaliénable. *L'inaliénabilité du domaine public.*

INALIÉNABLE adj. DR. Qui ne peut être aliéné ; incessible, insaisissable.

INALIÉNATION n.f. DR. État de ce qui n'est pas aliéné. *Inaliénation d'un droit.*

INALPAGE n.m. ou **INALPE** n.f. Région. (Savoie) ; Suisse. Ascension des troupeaux aux alpages.

INALPER (S') v.pr. (valaisan *inalpa*). Région. (Savoie) ; Suisse. Se rendre aux alpages avec les troupeaux.

INALTÉRABILITÉ n.f. Caractère de ce qui est inaltérable, incorruptible.

INALTÉRABLE adj. **1.** Qui ne peut être altéré ; inattaquable, imputrescible, inoxydable. *L'or est inaltérable.* **2.** Qui ne peut être amoindri ; constant, immuable. *Amitié inaltérable.*

INALTÉRÉ, E adj. Qui n'a subi aucune altération.

INAMICAL, E, AUX adj. Contraire à l'amitié ; qui témoigne de dispositions hostiles ou malveillantes. *Démarche inamicale.*

INAMISSIBLE adj. (du lat. *amittere,* perdre). THÉOL. CHRÉT. Qui ne peut se perdre. *Grâce inamissible.*

INAMOVIBILITÉ n.f. DR. Garantie statutaire de certains agents de l'État, en vertu de laquelle ils sont inamovibles.

INAMOVIBLE adj. DR. Qui ne peut être révoqué, puni ou déplacé qu'en vertu d'une procédure spéciale offrant des garanties renforcées. *Les magistrats du siège sont inamovibles.*

INANALYSABLE adj. Qui ne peut être analysé.

INANIMÉ, E adj. **1.** Qui n'est pas doué de vie. **2.** Qui a perdu la vie ou qui semble privé de vie ; inerte. *Corps inanimé. Tomber inanimé.* **3.** LING. Se dit des noms désignant des choses.

INANITÉ n.f. (lat. *inanitas,* de *inanis,* vide). *Sout.* Caractère de ce qui est vain, inutile ; vanité. *L'inanité d'un effort.*

INANITION n.f. (du lat. *inanis,* vide). Privation d'aliments. *Mourir, tomber d'inanition.*

INAPAISABLE adj. *Litt.* Qui ne peut être apaisé.

INAPAISÉ, E adj. *Litt.* Qui n'est pas apaisé. *Douleur inapaisée.*

INAPERÇU, E adj. *Passer inaperçu :* échapper à l'attention, aux regards, ne pas retenir l'attention.

INAPPARENT, E adj. Qui n'est pas apparent ; imperceptible, invisible.

INAPPÉTENCE n.f. *Didact.* **1.** Diminution, affaiblissement d'un désir, d'une envie. **2.** Manque d'appétit ; dégoût pour les aliments.

INAPPLICABLE adj. Qui ne peut être appliqué. *Décision inapplicable en pratique.*

INAPPLICATION n.f. **1.** Fait de ne pas appliquer, de ne pas mettre en application. *L'inapplication d'un plan.* **2.** Manque d'application dans ce que l'on fait.

INAPPLIQUÉ, E adj. Qui manque d'application, de soin, d'attention.

INAPPRÉCIABLE adj. Dont on ne saurait estimer la valeur ; inestimable, précieux.

INAPPRÉCIÉ, E adj. Qui n'est pas apprécié.

INAPPRIVOISABLE adj. Qui ne peut être apprivoisé.

INAPPRIVOISÉ, E adj. Qui n'est pas apprivoisé ; sauvage.

INAPPROCHABLE adj. Que l'on ne peut approcher ; inabordable.

INAPPROPRIÉ, E adj. Qui n'est pas approprié ; inadéquat, inadapté.

INAPTE adj. Qui n'est pas apte à telle activité ; incompétent, incapable. *Il est inapte aux affaires, à gérer ses affaires.* — *Spécial.* Qui n'est pas apte au service national. *Être déclaré inapte.*

INAPTITUDE n.f. Défaut d'aptitude ; incompétence, incapacité.

INARTICULÉ, E adj. Qui n'est pas ou qui est mal articulé ; indistinct. *Cris inarticulés.*

INASSIMILABLE adj. **1.** Qui ne peut être assimilé par l'organisme. **2.** Que l'on ne peut assimiler intellectuellement. *Notions inassimilables.* **3.** Qui ne peut s'assimiler à une communauté, notamm. nationale. *Minorité inassimilable.*

INASSIMILÉ, E adj. Qui n'est pas assimilé.

INASSOUVI, E adj. *Sout.* Qui n'est pas assouvi ; insatisfait, inapaisé. *Vengeance restée inassouvie.*

INASSOUVISSEMENT n.m. *Litt.* État de ce qui n'est pas ou qui ne peut pas être assouvi.

INATTAQUABLE adj. Que l'on ne peut pas attaquer, contester. *Une défense inattaquable.*

INATTENDU, E adj. Que l'on n'attendait pas, qui surprend ; imprévu, inopiné. *Une visite, une découverte inattendue.*

INATTENTIF, IVE adj. Qui ne fait pas attention ; distrait, étourdi.

INATTENTION n.f. Manque d'attention ; distraction, étourderie.

INAUDIBLE adj. **1.** Qui ne peut être perçu par l'ouïe. *Vibrations inaudibles.* **2.** Dont on ne peut pas supporter l'audition. *Disque devenu inaudible. Musique inaudible pour le profane.*

INAUGURAL, E, AUX adj. Qui concerne une inauguration, une ouverture officielle. *Séance inaugurale d'un congrès.*

INAUGURATION n.f. **1.** Cérémonie par laquelle on procède officiellement à la mise en service d'un bâtiment, à l'ouverture d'une exposition, etc. **2.** *Litt.* Début marquant de qqch ; commencement. *L'inauguration d'une ère nouvelle.*

INAUGURER v.t. (lat. *inaugurare,* prendre les augures, consacrer). **1.** Procéder à l'inauguration d'un monument, d'un établissement, d'une exposition, etc. **2.** Établir un usage, introduire une chose nouvelle. *Inaugurer un nouveau procédé de fabrication.* **3.** Marquer le début de. *Événement qui inaugura une ère de troubles.*

INAUTHENTICITÉ n.f. Manque d'authenticité.

INAUTHENTIQUE adj. Qui n'est pas authentique.

INAVOUABLE adj. Qui ne peut être avoué.

INAVOUÉ, E adj. Qui n'est pas avoué ou qu'on ne s'avoue pas.

IN-BORD [inbɔr] ou [inbɔrd] adj. inv. (mot angl.). Se dit d'un moteur fixé à l'intérieur de la coque d'un bateau, en motonautisme (par oppos. à *hors-bord*). ◆ n.m. inv. Bateau à moteur in-bord.

INCA adj. Relatif aux Incas. SYN. : *incasique.* ◇ *Os inca :* os surnuméraire au sommet de l'os occipital. (Il se rencontre particulièrement chez les populations amérindiennes.)

INCALCULABLE adj. **1.** Qu'on ne peut calculer ; innombrable. *Le nombre des étoiles est incalculable.* **2.** Difficile ou impossible à apprécier ; très considérable. *Des pertes, des difficultés incalculables.*

INCANDESCENCE n.f. État d'un corps qu'une température élevée rend lumineux.

INCANDESCENT, E adj. (lat. *incandescens, -entis,* qui est en feu). Qui est en incandescence. *Des braises incandescentes.*

INCANTATION n.f. (du lat. *incantare,* prononcer des formules magiques). Formule magique, chantée ou récitée, pour obtenir un effet surnaturel.

INCANTATOIRE adj. Propre à l'incantation ; qui constitue une incantation.

INCAPABLE adj. *Incapable de :* qui n'est pas capable de faire une chose, qui n'en a pas l'aptitude. *Il est incapable de marcher. Incapable de lâcheté.* ◆ adj. et n. **1.** Qui manque de capacité, d'aptitude, d'habileté. *C'est un incapable, il ne fera jamais rien.* **2.** DR. Qui est frappé d'incapacité. ◇ *Incapable majeur :* personne majeure dont la capacité juridique est réduite ou supprimée du fait de l'altération de ses facultés mentales ou corporelles. (L'incapable majeur peut être mis sous sauvegarde de justice, en tutelle ou en curatelle.)

INCAPACITANT, E adj. et n.m. MIL. Se dit d'un produit chimique non mortel qui provoque chez l'homme une incapacité immédiate et temporaire en paralysant certains organes ou en annihilant la volonté de combattre.

INCAPACITÉ n.f. **1.** État de qqn qui est incapable de faire qqch ; inaptitude, incompétence. ◇ DR. *Incapacité de travail :* état d'une personne qu'un accident ou une maladie empêche de travailler. **2.** DR. Inaptitude à jouir d'un droit ou à l'exercer.

INCARCÉRATION n.f. **1.** Action d'incarcérer, d'écrouer ; emprisonnement. *L'incarcération d'un criminel.* **2.** Fait d'être enfermé, à la suite de la déformation de la carrosserie, dans un véhicule accidenté.

INCARCÉRER v.t. [11] (du lat. *carcer,* prison). Mettre en prison ; écrouer, emprisonner.

INCARNAT, E adj. et n.m. (ital. *incarnato,* de *carne,* chair). D'un rose vif.

INCARNATION n.f. **1.** Acte par lequel un être spirituel, une divinité s'incarne, prend les apparences d'un être animé ; forme sous laquelle cet être apparaît. — THÉOL. CHRÉT. (Avec une majuscule.) Mystère de Dieu fait homme en Jésus-Christ. **2.** Personne ou chose qui apparaît comme la représentation concrète d'une réalité abstraite ; image, personnification. *Il est l'incarnation de l'avarice.*

1. INCARNÉ, E adj. **1.** THÉOL. CHRÉT. Qui s'est fait homme. *Le Verbe incarné.* **2.** *C'est le diable, le démon incarné :* se dit d'une personne très méchante ou d'un enfant très turbulent. — *C'est le vice incarné, la jalousie incarnée, etc. :* se dit de qqn qui possède un défaut au plus haut degré.

2. INCARNÉ adj.m. *Ongle incarné,* qui s'enfonce dans la chair, surtout au pied, et y cause une plaie.

INCARNER v.t. (bas lat. *incarnare,* de *caro, carnis,* chair). **1.** Personnifier une réalité abstraite. *Magistrat qui incarne la justice.* **2.** Interpréter un personnage à la scène, à l'écran. ◆ **s'incarner** v.pr. **1.** Prendre un corps de chair, en parlant d'une divinité, d'un être spirituel. **2.** Apparaître, se réaliser en. *Idéaux qui s'incarnent dans un tribun, dans un mouvement*

INCARTADE n.f. (ital. *inquartata,* coup d'épée). Léger écart de conduite ; extravagance. *Faire mille incartades.*

INCASIQUE adj. Inca.

INCASSABLE adj. Qui ne peut se casser.

INCENDIAIRE n. Auteur volontaire d'un incendie. ◆ adj. **1.** Destiné à provoquer un incendie. *Projectile incendiaire.* **2.** *Fig.* Propre à enflammer les esprits ; virulent, provocant. *Propos incendiaires.*

INCENDIE n.m. (lat. *incendium*). Grand feu qui, en se propageant, cause des dégâts importants.

INCENDIÉ, E adj. Détruit par un incendie. *Ville incendiée.* ◆ adj. et n. Dont les biens ont été ravagés par un incendie. *Prévoir l'indemnisation des incendiés.*

INCENDIER v.t. [5]. **1.** Brûler, détruire par le feu. *Incendier une forêt.* **2.** *Fam.* Accabler qqn de reproches, d'injures. *Se faire incendier.*

INCERTAIN, E adj. **1.** Qui n'est pas certain ; indéterminé, douteux, vague. *Fait incertain. À une époque incertaine. Une couleur incertaine.* **2.** Se dit du temps dont on ne sait s'il ne va pas se couvrir, tourner à la pluie. ◆ n.m. BOURSE. *Coter l'incertain :* exprimer en monnaie nationale une quantité fixe de monnaie étrangère (par oppos. à *coter le certain*).

INCERTITUDE n.f. **1.** Caractère de ce qui ne peut être déterminé, connu à l'avance. *L'incertitude d'une situation.* **2.** Ce qui ne peut être établi avec exactitude, qui laisse place au doute. *Un avenir plein d'incertitudes.* **3.** État d'une personne incertaine. *Être dans l'incertitude.* **4.** MATH. Majorant de la valeur absolue de l'erreur d'un nombre. **5.** PHYS. *Relations d'incertitude :* relations d'inégalité énoncées par W. Heisenberg, qui traduisent l'impossibilité de mesurer simultanément la vitesse et la position d'une particule.

INCESSAMMENT adv. Sans délai, d'un instant à l'autre ; sous peu.

INCESSANT, E adj. Qui ne cesse pas ; qui dure constamment ; continuel, ininterrompu.

INCESSIBILITÉ n.f. DR. Qualité des biens incorporels incessibles.

INCESSIBLE adj. DR. Qui ne peut être cédé.

INCESTE n.m. (lat. *incestus,* de *castus,* chaste). DR. Relations sexuelles entre un homme et une femme liés par un degré de parenté entraînant la prohibition du mariage.

INCESTUEUX, EUSE adj. et n. Coupable d'inceste ; entaché d'inceste. *Couple incestueux. Union incestueuse.* ◆ adj. Né d'un inceste. *Un enfant incestueux.*

INCHANGÉ, E adj. Qui n'a subi aucun changement. *Situation inchangée.*

INCHAUFFABLE adj. Qu'on ne peut chauffer.

INCHAVIRABLE adj. MAR. Qui ne peut chavirer.

INCHIFFRABLE adj. Qui ne peut être chiffré, quantifié.

INCHOATIF, IVE [ɛ̃kɔatif, iv] adj. et n.m. (bas lat. *inchoativus,* de *inchoare,* commencer). LING. Se dit d'une forme verbale propre à indiquer le commencement ou la progression d'une action (par ex. : *s'endormir, vieillir*).

INCIDEMMENT [ɛ̃sidamɑ̃] adv. De façon incidente ; par hasard, accidentellement. *Parler incidemment d'un projet.*

INCIDENCE n.f. **1.** Conséquence plus ou moins directe de qqch ; répercussion, effet. ◇ *Incidence fiscale :* conséquences économiques de l'impôt. **2.** PHYS. Caractéristique géométrique d'un corps ou d'un rayon se dirigeant vers une surface, mesurée par l'angle *(angle d'incidence)* que fait le vecteur vitesse du corps ou la direction du rayon avec la normale à la surface au point de rencontre *(point d'incidence).* **3.** Nombre de nouveaux cas d'une maladie dans une population, pendant un temps donné.

1. INCIDENT, E adj. (du lat. *incidere,* tomber sur). **1.** Qui se produit par hasard, d'une manière accessoire, secondaire. *Remarque incidente.* **2.** PHYS. Se dit d'un corps, d'un rayonnement qui se dirige vers un autre corps, avec lequel il interagit. **3.** GRAMM. *Proposition incidente,* ou *incidente,* n.f. : incise. **4.** DR. *Demande incidente,* formée au cours de l'instance.

2. INCIDENT n.m. **1.** Événement, le plus souvent fâcheux, qui survient au cours d'une action, d'une opération, etc., et peut la perturber. **2.** Difficulté peu importante mais dont les conséquences peuvent être graves. *Incident diplomatique.* **3.** DR. *Incident de procédure :* contestation élevée au cours d'un procès, ayant pour effet de suspendre ou d'arrêter la marche de l'instance.

INCINÉRATEUR n.m. Appareil servant à incinérer, à brûler les déchets. *Incinérateur à ordures.*

INCINÉRATION n.f. **1.** Action d'incinérer, de réduire en cendres. **2.** Crémation.

INCINÉRER v.t. [11] (bas lat. *incinerare,* de *cinis, -eris,* cendre). Réduire en cendres.

INCIPIT [ɛ̃sipit] n.m. inv. (mot lat., *il commence*). *Didact.* Premiers mots d'un ouvrage.

INCISE n.f. GRAMM. Proposition, génér. courte, insérée dans une autre. (Ex. : *L'homme,* dit-on, *est*

I

raisonnable.) SYN. : *proposition incidente* ou *incidente.*

INCISER v.t. (du lat. *incisus,* coupé). Faire une incision à, dans ; entailler, fendre. *Inciser l'écorce d'un arbre.*

INCISIF, IVE adj. Qui blesse, atteint profondément par le contenu de son discours ; mordant, tranchant. *Critique, remarque, personne incisive.*

INCISION n.f. **1.** Coupure allongée ; entaille faite par un instrument tranchant ; fente. *Faire une incision avec un bistouri.* **2.** ARBOR. *Incision annulaire,* pratiquée sur le pourtour d'un rameau ou du tronc pour hâter la maturité et favoriser le grossissement des fruits.

INCISIVE n.f. Dent des mammifères, génér. aplatie et tranchante, pourvue d'une seule racine et située à la partie antérieure de chacun des deux maxillaires. (Les défenses de l'éléphant sont des incisives.)

INCISURE n.f. Découpure profonde, irrégulière, ou échancrure, dans un organe animal ou végétal.

INCITATEUR, TRICE adj. et n. Se dit de qqn qui incite à faire qqch.

INCITATIF, IVE adj. Se dit de ce qui est propre à inciter. *Mesures incitatives.*

INCITATION n.f. Action d'inciter ; ce qui incite. *Incitation au meurtre.*

I

INCITER v.t. (lat. *incitare*). Pousser, engager vivement à qqch, à faire qqch ; exhorter. *Inciter le consommateur à acheter.*

INCIVIL, E adj. *Litt.* Qui manque de civilité, de politesse ; impoli, discourtois.

INCIVILITÉ n.f. **1.** *Litt.* Manque de courtoisie, de politesse. **2.** Acte, comportement qui manifeste l'ignorance ou le rejet des règles élémentaires de la vie sociale.

INCIVIQUE adj. Qui témoigne d'incivisme. *Conduite incivique.* ◆ adj. et n. Belgique. Collaborateur, sous l'occupation allemande.

INCIVISME n.m. *Sout.* Manque de civisme.

INCLASSABLE adj. Qu'on ne peut pas classer.

INCLÉMENCE n.f. *Litt.* Rigueur des conditions climatiques. *L'inclémence de l'hiver.*

INCLÉMENT, E adj. *Litt.* Se dit d'un temps qui manque de douceur ; rigoureux.

INCLINABLE adj. Qui peut s'incliner.

INCLINAISON n.f. **1.** État de ce qui est incliné par rapport à l'horizon. *Inclinaison d'un terrain.* **2.** Position inclinée du corps, d'une partie du corps par rapport à la verticale. *Inclinaison de la tête.* **3.** GÉOPHYS. *Inclinaison magnétique :* angle que forme avec le plan horizontal une aiguille aimantée suspendue librement par son centre de gravité. **4.** ARM. Angle que fait la trajectoire d'un projectile en un de ses points avec le plan horizontal. **5.** ASTRON., ASTRONAUT. Angle formé par le plan de l'orbite d'un astre ou d'un engin spatial avec un plan de référence (en général, pour un satellite, le plan de l'équateur de la planète autour de laquelle il gravite).

INCLINATION n.f. **1.** Action de pencher la tête ou le corps en signe d'acquiescement ou de respect. *Il me salua d'une légère inclination.* **2.** Disposition, tendance naturelle à qqch ; goût, penchant. *Inclination au bien. Inclination à la paresse.*

INCLINER v.t. (lat. *inclinare,* pencher). Pencher légèrement ; baisser, courber. *Le vent incline la cime des arbres.* ◆ v.t. ind. (à). Avoir une disposition pour, être porté, enclin à. *Incliner à la sévérité.* ◆ **s'incliner** v.pr. **1.** Avoir ou prendre une position oblique par rapport à un plan donné ; pencher. *Mur qui s'incline dangereusement.* **2.** Se pencher en avant ; se courber par respect, par crainte. *S'incliner profondément devant qqn.* **3.** Renoncer à la lutte en s'avouant vaincu. *S'incliner devant un adversaire.* – Être dominé, dans une compétition sportive, un match ; perdre.

INCLINOMÈTRE n.m. TOPOGR. Clinomètre.

INCLURE v.t. [76] (lat. *includere,* enfermer). **1.** Introduire, insérer une chose dans une autre ; faire figurer dans un ensemble. *Inclure une note dans une lettre.* **2.** Contenir en soi ; renfermer, comprendre. *Le contrat inclut cette condition.* – REM. *Inclure* se conjugue comme *conclure,* mais son p. passé est *inclus, incluse.*

INCLUS, E adj. **1.** Enfermé, contenu, compris dans qqch. *Traduire jusqu'au troisième paragraphe inclus.* **2.** *Dent incluse,* qui ne fait pas éruption, surtout dans le cas d'une dent de sagesse. **3.** ALGÈBRE. *Ensemble A inclus dans un ensemble B :* ensemble A dont tous les éléments appartiennent à B (noté $A \subset B$).

INCLUSIF, IVE adj. Qui contient en soi qqch d'autre.

INCLUSION n.f. **1.** Action d'inclure ; introduction. **2.** État d'une chose incluse dans une autre. – État d'une dent incluse. **3.** ALGÈBRE. Relation binaire entre deux ensembles A et B, notée $\subset$, définie par : $A \subset B$, si et seulement si A est inclus dans B. **4.** Particule, métallique ou non, venant perturber les caractéristiques physiques, mécaniques ou chimiques d'un métal, d'un alliage ou d'un milieu cristallin. **5.** Tout corps étranger, lacune ou accident de formation dans une gemme. **6.** Insecte, fleur, petit objet, etc., conservés dans un bloc de matière plastique transparente.

INCLUSIVEMENT adv. Y compris. *Jusqu'à telle date inclusivement.*

INCOAGULABLE adj. Qui ne coagule pas ou ne peut plus coaguler.

INCOERCIBILITÉ n.f. *Sout.* Caractère de ce qui est incoercible.

INCOERCIBLE [ɛ̃kɔɛrsibl] adj. *Sout.* Qu'on ne peut réprimer, contenir. *Rire incoercible.*

INCOGNITO [ɛ̃kɔɲito] adv. (mot ital., du lat. *incognitus,* inconnu). Sans se faire connaître, sans être reconnu. *Voyager incognito.* ◆ n.m. Situation d'une personne qui garde secrète son identité. *Garder l'incognito.*

INCOHÉRENCE n.f. **1.** Caractère de ce qui est incohérent. **2.** Parole, idée, action incohérente ; contradiction. **3.** PHYS. Caractéristique d'un ensemble de vibrations qui ne présentent pas de différence de phase constante entre elles.

INCOHÉRENT, E adj. **1.** Qui manque d'unité, de cohésion. *Assemblage incohérent.* **2.** Qui manque de logique. *Paroles incohérentes. Être incohérent.* **3.** PHYS. Qui a la propriété d'incohérence.

INCOLLABLE adj. **1.** Qui ne colle pas pendant la cuisson. *Riz incollable.* **2.** *Fam.* Capable de répondre à toutes sortes de questions ; imbattable. *Il est incollable sur le cinéma muet, en math.*

INCOLORE adj. (lat. *incolor*). **1.** Qui n'est pas coloré, n'a pas de couleur. *L'eau est incolore.* **2.** *Fig.* Qui manque de couleur, d'éclat ; terne. *Style incolore.*

INCOMBER v.t. ind. **[à]** [seulem. à la 3ᵉ pers. du sing. et du pl., à l'inf. et au p. présent] (lat. *incumbere,* peser sur). Être imposé à qqn, en parlant d'une charge, d'un devoir ; appartenir, revenir. *Cette tâche lui incombe. Ces frais vous incombent.*

INCOMBUSTIBILITÉ n.f. Caractère de ce qui est incombustible.

INCOMBUSTIBLE adj. Qui ne brûle pas. *L'amiante est incombustible.*

INCOMMENSURABILITÉ n.f. *Didact.* Caractère de ce qui est incommensurable.

INCOMMENSURABLE adj. **1.** *Didact.* D'une étendue, d'une grandeur telle qu'on ne peut l'évaluer. **2.** ARITHM. Se dit de deux grandeurs dont le rapport des mesures est un nombre irrationnel. (Le périmètre du cercle est incommensurable avec son diamètre.)

INCOMMENSURABLEMENT adv. De façon incommensurable.

INCOMMODANT, E adj. Qui incommode, gêne. *Une odeur incommodante.*

INCOMMODE adj. **1.** Qui n'est pas d'usage facile, pratique. *Outil incommode.* **2.** Qui cause de la gêne, du désagrément. *Dormir dans une position incommode.*

INCOMMODER v.t. Causer de la gêne, un désagrément, un malaise physique à.

INCOMMODITÉ n.f. Caractère de ce qui est incommode, peu pratique.

INCOMMUNICABILITÉ n.f. *Didact.* **1.** Caractère de ce qui ne peut pas être communiqué. **2.** Impossibilité de communiquer avec autrui.

INCOMMUNICABLE adj. **1.** Qui n'est pas communicable, transmissible. *Biens incommunicables.* **2.** Qu'on ne peut faire savoir à qqn, qui ne peut être exprimé ; indicible. *Des sentiments incommunicables.*

INCOMMUTABILITÉ n.f. DR. Caractère de ce qui est incommutable.

INCOMMUTABLE adj. DR. Qui n'est pas transmissible.

INCOMPARABLE adj. À qui ou à quoi rien ne peut être comparé ; inégalable, unique.

INCOMPARABLEMENT adv. Sans comparaison possible.

INCOMPATIBILITÉ n.f. **1.** Impossibilité de s'accorder, de vivre ensemble. *Incompatibilité d'humeur.* **2.** DR. Impossibilité légale d'exercer simultanément certaines fonctions. **3.** MÉD. Différence trop importante entre les antigènes d'une personne et ceux du sang ou des tissus d'un donneur, interdisant une transfusion ou une greffe. ◇ *Incompatibilité fœto-maternelle,* entre les antigènes des globules rouges de la mère et ceux du fœtus, pouvant aboutir à une hémolyse chez l'enfant. – *Incompatibilité médicamenteuse :* impossibilité, sous peine d'accident, d'administrer certains médicaments en même temps que d'autres. **4.** ALGÈBRE. Caractère de ce qui est incompatible.

INCOMPATIBLE adj. **1.** Qui n'est pas compatible avec autre chose ; qui ne peut s'accorder, s'unir avec qqch ; inconciliable, contraire. **2.** DR. Se dit des fonctions qui ne peuvent être exercées simultanément par une même personne. **3.** PROBAB. *Événements incompatibles :* événements n'ayant aucune éventualité commune et dont la réalisation simultanée est impossible. **4.** ALGÈBRE. Se dit d'un système d'équations dont l'ensemble des solutions est vide.

INCOMPÉTENCE n.f. **1.** Manque des connaissances nécessaires pour faire qqch ; incapacité. **2.** DR. Inaptitude d'un juge, d'un tribunal à juger une affaire, à accomplir un acte juridique.

INCOMPÉTENT, E adj. **1.** Qui n'a pas les connaissances voulues pour décider ou parler de qqch. **2.** DR. Qui n'a pas qualité pour juger, pour accomplir un acte juridique. *Tribunal incompétent.*

INCOMPLET, ÈTE adj. Qui n'est pas complet, qui manque de qqch ; inachevé, partiel.

INCOMPLÈTEMENT adv. De façon incomplète.

INCOMPLÉTUDE n.f. **1.** État de ce qui est incomplet. ◇ PSYCHOL. *Sentiment d'incomplétude :* insatisfaction éprouvée par qqn qui a le sentiment de ne pas s'être complètement réalisé. **2.** LOG. Propriété d'une théorie dans laquelle il existe une formule qui n'est ni démontrable ni réfutable.

INCOMPRÉHENSIBILITÉ n.f. *Litt.* État de ce qui est incompréhensible.

INCOMPRÉHENSIBLE adj. **1.** Qu'on ne peut comprendre ; inintelligible, obscur. *Raisonnement, texte incompréhensible.* **2.** Dont on ne peut expliquer la conduite, les paroles ; déconcertant, étrange. *Caractère incompréhensible.*

INCOMPRÉHENSIF, IVE adj. Qui ne cherche pas à comprendre les autres.

INCOMPRÉHENSION n.f. Incapacité ou refus de comprendre qqn, qqch, de l'apprécier.

INCOMPRESSIBILITÉ n.f. Caractère de ce qui est incompressible.

INCOMPRESSIBLE adj. **1.** Qui ne peut être comprimé. (L'eau est à peu près incompressible.) **2.** Qui ne peut être réduit. *Dépenses incompressibles. Peine incompressible.*

INCOMPRIS, E adj. et n. Qui n'est pas compris, apprécié à sa valeur.

INCONCEVABLE adj. Qu'on ne peut concevoir, comprendre, admettre ; inimaginable, incroyable, extraordinaire.

INCONCEVABLEMENT adv. De façon inconcevable.

INCONCILIABLE adj. Que l'on ne peut concilier avec qqch d'autre ; incompatible.

INCONDITIONNALITÉ n.f. Caractère de ce qui est inconditionnel.

INCONDITIONNÉ, E adj. PHILOS. Qui n'est pas soumis à une condition ; absolu.

INCONDITIONNEL, ELLE adj. **1.** Qui n'admet ou ne suppose aucune condition ; impératif, absolu, sans réserve. **2.** PSYCHOL. Se dit, dans la terminologie pavlovienne, d'un stimulus qui provoque, indépendamment de tout conditionnement, un réflexe, une réaction, une réponse ; se dit de ces derniers et de leur association avec le stimulus. ◆ adj. et n. Partisan, admirateur sans réserve de qqch ou de qqn. *Un inconditionnel du rock.*

INCONDITIONNELLEMENT adv. De façon inconditionnelle.

INCONDUITE n.f. Mauvaise conduite ; dévergondage, débauche.

INCONEL [ɛ̃kɔnɛl] n.m. (nom déposé). Alliage de nickel (80 %), de chrome (14 %) et de fer (6 %).

INCONFORT n.m. **1.** Manque de confort. **2.** Situation de malaise moral dans laquelle se trouve qqn, un groupe.

INCONFORTABLE adj. Qui n'est pas confortable.

INCONFORTABLEMENT adv. De façon inconfortable.

INCONGRU, E adj. (bas lat. *incongruus,* de *congruere,* s'accorder). Qui va contre les règles du savoir-vivre, de la bienséance ; déplacé, inconvenant. *Réponse incongrue.*

INCONGRUITÉ n.f. Caractère de ce qui est incongru ; action ou parole incongrue.

INCONGRÛMENT adv. *Sout.* De façon incongrue.

INCONNAISSABLE adj. et n.m. Qui ne peut être connu.

INCONNU, E adj. et n. **1.** Qui n'est pas connu. *Né de père inconnu.* **2.** Qui n'est pas célèbre ; obscur. *Auteur inconnu.* ◆ adj. Qu'on n'a pas encore éprouvé. *Une joie inconnue.* ◆ n.m. Ce qui reste mystérieux. *Affronter l'inconnu.*

INCONNUE n.f. **1.** Élément d'une question, d'une situation qui n'est pas connu. **2.** ALGÈBRE. Nom donné à la ou aux variables dans le cas d'équations ou d'inéquations.

INCONSCIEMMENT [-sjamɑ̃] adv. De façon inconsciente.

INCONSCIENCE n.f. **1.** Perte de connaissance momentanée ou permanente. **2.** État de qqn qui agit sans comprendre la portée de ses actes.

INCONSCIENT, E adj. **1.** Qui a perdu connaissance ; évanoui. *Rester inconscient quelques minutes.* **2.** Qui se produit sans qu'on en ait conscience. *Mouvement inconscient.* **3.** PSYCHAN. Relatif à l'inconscient. ◆ adj. et n. Qui manifeste de l'insouciance, de la légèreté, un manque de réflexion. *Être inconscient du danger.* ◆ n.m. **1.** Ensemble des phénomènes psychiques qui échappent à la conscience. **2.** PSYCHAN. Ensemble des contenus absents à un moment donné de la conscience. ◇ *Inconscient collectif :* inconscient identique chez tous les individus et fait de la stratification des expériences millénaires de l'humanité. (Notion due à C. G. Jung.)

ENCYCL. La notion d'inconscient est au centre de la théorie psychanalytique. Dans la première topique élaborée par Freud, l'inconscient est l'instance psychique constituée des éléments refoulés qui se sont vu refuser l'accès à l'instance conscient-préconscient. Dans la seconde topique, le terme d'inconscient qualifie l'instance du ça et s'applique partiellement à celles du moi et du surmoi.

INCONSÉQUEMMENT [-kamɑ̃] adv. *Litt.* Avec inconséquence.

INCONSÉQUENCE n.f. **1.** Défaut de lien, de suite dans les idées ou les actes ; incohérence. *Agir avec inconséquence.* **2.** Acte ou parole inconséquents, irréfléchis.

INCONSÉQUENT, E adj. **1.** Qui manque de logique, de cohérence. *Un homme inconséquent.* **2.** Qui manifeste un manque de considération quant aux conséquences de ses actes, de ses paroles ; irréfléchi. *Démarche inconséquente.*

INCONSIDÉRÉ, E adj. (lat. *inconsideratus*). Fait ou dit sans avoir réfléchi. *Vœu inconsidéré.*

INCONSIDÉRÉMENT adv. De manière inconsidérée ; étourdiment.

INCONSISTANCE n.f. **1.** Manque de consistance, de dureté. *L'inconsistance d'une pâte.* **2.** *Fig.* Manque de fermeté morale, de vigueur, de poids. *L'inconsistance d'un caractère, d'un style.* **3.** Manque de matière, d'intérêt, de fondement. *L'inconsistance d'une accusation, d'un scénario.* **4.** LOG. Propriété d'une théorie déductive où une même formule est à la fois démontrable et réfutable.

INCONSISTANT, E adj. **1.** Qui manque de consistance, de solidité. *Une crème trop liquide, inconsistante.* **2.** Qui manque de logique, de cohérence, de valeur. *Personnage inconsistant. Idées inconsistantes.*

INCONSOLABLE adj. Qui ne peut se consoler.

INCONSOLÉ, E adj. Qui n'est pas consolé.

INCONSOMMABLE adj. Qui ne peut être consommé ; immangeable.

INCONSTANCE n.f. **1.** Tendance à changer facilement d'opinion, de résolution, de conduite ; versatilité. – *Spécial.* Infidélité en amour. **2.** Caractère changeant, variable ; instabilité, mobilité. *L'inconstance du temps.*

INCONSTANT, E adj. Sujet à changer ; instable, infidèle. *Être inconstant dans ses résolutions.*

INCONSTATABLE adj. Qu'on ne peut constater.

INCONSTITUTIONNALITÉ n.f. Caractère de ce qui est inconstitutionnel.

INCONSTITUTIONNEL, ELLE adj. Non conforme aux principes protégés par la Constitution.

INCONSTITUTIONNELLEMENT adv. De façon inconstitutionnelle.

INCONSTRUCTIBLE adj. Se dit d'un lieu où aucun permis de construire ne peut être délivré.

INCONTESTABLE adj. Qui ne peut être contesté, mis en doute ; indéniable. *Preuve incontestable.*

INCONTESTABLEMENT adv. De façon incontestable.

INCONTESTÉ, E adj. Qui n'est pas contesté, discuté. *Une autorité incontestée.*

INCONTINENCE n.f. **1.** *Litt.* Manque de tempérance en face des plaisirs de l'amour. **2.** Vx ou *litt.* Absence de retenue, de sobriété dans les paroles. *Incontinence verbale.* **3.** MÉD. Évacuation involontaire de selles ou d'urine.

1. INCONTINENT, E adj. (lat. *incontinens*). *Litt.* **1.** Qui n'est pas chaste. **2.** Qui manque de modération, de sobriété dans ses paroles. ◆ adj. et n. MÉD. Atteint d'incontinence.

2. INCONTINENT adv. (lat. *in continenti tempore,* dans un temps continu). *Litt.* Aussitôt, immédiatement. *Partir incontinent.*

INCONTOURNABLE adj. Qu'il est impossible de contourner, d'éviter ; dont il faut tenir compte. *Argument incontournable.* ◆ n.m. Ce qu'il faut absolument faire ou posséder pour être à la mode. *Les incontournables de l'été.*

INCONTRÔLABLE adj. Qu'on ne peut contrôler, vérifier ou maîtriser.

INCONTRÔLÉ, E adj. Qui n'est pas contrôlé.

INCONVENANCE n.f. **1.** Caractère de ce qui est inconvenant. **2.** Action, parole qui viole les convenances ; grossièreté.

INCONVENANT, E adj. Qui heurte les convenances ; déplacé, indécent.

INCONVÉNIENT [ɛ̃kɔ̃venjɑ̃] n.m. (bas lat. *inconveniens, -entis,* qui ne convient pas). **1.** Conséquence fâcheuse d'une situation, d'une action. **2.** Côté désavantageux, aspect négatif de qqch ; défaut. *Avantages et inconvénients du métier.*

INCONVERTIBILITÉ n.f. Caractère de ce qui est inconvertible. *Inconvertibilité d'une monnaie.*

INCONVERTIBLE adj. **1.** Qu'on ne peut convertir à une religion. **2.** Qui ne peut être échangé. *Valeur bancaire inconvertible en espèces.*

INCOORDINATION n.f. Absence, défaut de coordination. *Incoordination des idées.*

INCORPORABLE adj. Que l'on peut incorporer. *Appelé incorporable.*

INCORPORATION n.f. **1.** Action d'incorporer ; amalgame, intégration. **2.** MIL. Opération de prise en compte par une unité militaire des recrues ou des réservistes qui lui sont affectés. **3.** PSYCHAN. Processus tendant à faire pénétrer et à conserver en soi un objet, au moins sur le mode du fantasme.

INCORPOREL, ELLE adj. (lat. *incorporalis,* de *corpus, corporis,* corps). **1.** Qui n'a pas de corps ; immatériel. **2.** Imperceptible par les sens ; abstrait, spirituel. **3.** DR. *Biens incorporels,* qui n'ont pas d'existence matérielle (nom de société, marque, droits d'auteur, etc.) [par oppos. à *biens corporels*].

INCORPORER v.t. (bas lat. *incorporare,* de *corpus, corporis,* corps). **1.** Mêler intimement une substance, une matière à une autre ; intégrer un élément dans un tout. **2.** MIL. Procéder à l'incorporation d'une recrue ou d'un réserviste.

INCORRECT, E adj. **1.** Qui n'est pas correct, qui comporte des erreurs. **2.** Qui manque aux règles de la bienséance, de la politesse ; grossier.

INCORRECTEMENT adv. De façon incorrecte.

INCORRECTION n.f. **1.** Faute de grammaire. **2.** Manquement aux règles de la correction, de la bienséance. *Incorrection dans la conduite, les manières.*

INCORRIGIBLE adj. Qu'on ne peut corriger. *Paresse incorrigible.*

INCORRIGIBLEMENT adv. De façon incorrigible. *Il est incorrigiblement imprudent.*

INCORRUPTIBILITÉ n.f. **1.** Qualité de ce qui ne peut se corrompre. **2.** Qualité d'une personne incorruptible ; intégrité.

INCORRUPTIBLE adj. (bas lat. *incorruptibilis,* de *corrumpere,* gâter). **1.** Qui ne se corrompt pas ; inaltérable, imputrescible. *Matière incorruptible à l'humidité.* **2.** Que l'on ne peut corrompre, faire agir contre son devoir ; intègre. *Magistrat incorruptible.*

INCRÉDIBILITÉ n.f. *Litt.* Caractère de ce qui est incroyable.

INCRÉDULE adj. et n. (lat. *incredulus,* de *credere,* croire). **1.** Qui ne croit pas ou qui met en doute les croyances religieuses ; incroyant. **2.** Qui se laisse difficilement convaincre ; sceptique.

INCRÉDULITÉ n.f. Attitude d'une personne qui ne se laisse pas facilement convaincre ; scepticisme.

INCRÉÉ, E adj. *Litt.* Qui existe sans avoir été créé.

INCRÉMENT n.m. (angl. *increment,* du lat. *incrementum,* accroissement). INFORM. Quantité constante ajoutée à la valeur d'une variable à chaque exécution d'une instruction d'un programme.

INCRÉMENTER v.t. Ajouter un incrément à.

INCRÉMENTIEL, ELLE adj. Se dit d'un logiciel ou d'un matériel qui fonctionne par adjonction d'incréments aux variables qu'il utilise.

INCREVABLE adj. **1.** Qui ne peut pas être crevé. *Pneu increvable.* **2.** *Fam.* Qui n'est jamais fatigué ; résistant, infatigable.

INCRIMINABLE adj. Qui peut être incriminé.

INCRIMINATION n.f. Action d'incriminer ; fait d'être incriminé.

INCRIMINER v.t. (du lat. *criminare,* de *crimen, -inis,* accusation). Mettre en cause ; rendre responsable d'un acte blâmable.

INCROCHETABLE adj. Qu'on ne peut crocheter. *Serrure incrochetable.*

1. INCROYABLE adj. **1.** À quoi il est difficile ou impossible d'ajouter foi. *Récit incroyable.* **2.** Qui suscite l'étonnement par son caractère excessif ou insolite ; fantastique, inouï. *Une chance incroyable.*

2. INCROYABLE n.m. HIST. Au début du Directoire, membre de la jeunesse dorée, à la tenue vestimentaire recherchée et excentrique, et au langage affecté.

INCROYABLEMENT adv. De façon incroyable ; extraordinairement.

INCROYANCE n.f. Absence de foi religieuse.

INCROYANT, E adj. et n. Qui n'a pas de foi religieuse.

INCRUSTANT, E adj. Qui a la propriété de recouvrir les corps d'une croûte minérale.

INCRUSTATION n.f. **1.** Action d'incruster ; ce qui est incrusté. **2.** Motif de broderie ou de dentelle appliqué sur un fond de tissu destiné à être lui-même découpé. **3.** Dépôt plus ou moins dur que laisse une eau chargée de carbonates dissous. **4.** Insertion d'une image électronique dans une autre ; image ainsi insérée.

INCRUSTER v.t. (lat. *incrustare,* de *crusta,* croûte). **1.** Orner une matière en y insérant des fragments d'une autre matière, génér. plus précieuse ; insérer, enchâsser ces fragments dans une surface. *Incruster d'or une lame d'acier. Incruster de la nacre dans du bois.* **2.** Couvrir d'un dépôt minéral adhérent. ◆ **s'incruster** v.pr. **1.** S'enfoncer peu profondément dans un corps, dans une matière, en adhérant fortement. *Les cailloux s'incrustent dans l'asphalte surchauffé.* **2.** Se couvrir d'incrustations, de dépôts. *Tuyaux qui s'incrustent de calcaire.* **3.** *Fam.* Imposer sa présence de façon prolongée et importune.

INCUBATEUR, TRICE adj. SC. DE LA V. Se dit d'un organe où se fait l'incubation. *La poche incubatrice de l'hippocampe.* ◆ n.m. **1.** Couveuse. **2.** ÉCON. Structure créée par de grands groupes, réunissant des start-up dont ils financent le lancement ou dans lesquelles ils prennent des participations, pour en favoriser la croissance.

INCUBATION n.f. (lat. *incubatio*). **1.** Couvaison. **2.** SC. DE LA V. Protection assurée aux œufs dans une cavité du corps de l'un des parents, chez de nombreux vertébrés. (L'hippocampe mâle incube les œufs dans sa poche ventrale.) **3.** MÉD. Période d'une maladie infectieuse comprise entre l'introduction du micro-organisme et l'apparition des symptômes.

INCUBE n.m. (bas lat. *incubus,* cauchemar). Démon masculin qui, selon la tradition, abuse des femmes pendant leur sommeil (par oppos. à *succube*).

INCUBER v.t. (lat. *incubare,* être couché sur). SC. DE LA V. Opérer l'incubation de.

INCUIT n.m. Partie inerte d'une chaux, d'un ciment, d'un plâtre qui n'a pas été portée à une température suffisante pendant la cuisson.

INCULCATION n.f. Action d'inculquer ; fait d'être inculqué.

INCULPATION n.f. Acte par lequel le juge d'instruction ouvre une information contre une personne soupçonnée d'un délit ou d'un crime. (On dit auj., en France, *mise en *examen.*)

INCULPÉ, E n. et adj. Personne qui fait l'objet d'une inculpation. (→ *mise en *examen*).

INCULPER v.t. (lat. *inculpare,* de *culpa,* faute). Mettre en cause, dans une procédure d'instruction, une personne poursuivie pour la commission d'une infraction. (→ *mise en *examen*).

INCULQUER v.t. (lat. *inculcare,* fouler, presser). Faire entrer durablement qqch dans l'esprit de qqn. *Inculquer une vérité à qqn.*

INCULTE adj. (lat. *incultus*). **1.** Qui n'est pas cultivé. *Terrain inculte.* **2.** Peu soigné, en désordre. *Barbe inculte.* **3.** Sans culture intellectuelle. *Esprit inculte.*

INCULTIVABLE adj. Qui ne peut être cultivé.

INCULTURE n.f. Manque de culture intellectuelle.

INCUNABLE adj. et n.m. (lat. *incunabulum,* berceau). Se dit d'un ouvrage qui date des origines de l'imprimerie (antérieur à 1500).

INCURABILITÉ n.f. Caractère d'un mal, d'un malade incurable.

INCURABLE adj. et n. (bas lat. *incurabilis*). Qui ne peut être guéri.

INCURABLEMENT adv. De façon incurable. *Être incurablement atteint.* ◇ *Par plais. Il est incurablement bête.*

INCURIE n.f. (lat. *incuria,* de *cura,* soin). Manque de soin ; négligence, laisser-aller. *Faire preuve d'incurie.*

INCURIEUX, EUSE adj. *Litt.* Qui ne manifeste pas de curiosité ; indifférent.

INCURIOSITÉ n.f. *Litt.* Manque de curiosité ; indifférence à s'instruire.

INCURSION n.f. (lat. *incursio,* de *incurrere,* courir sur). **1.** Invasion, génér. de courte durée, d'un groupe armé très mobile ; raid. **2.** Entrée soudaine, jugée importune. *Votre incursion dans cette réunion a paru déplacée.* **3.** Fait de s'intéresser exceptionnellement et momentanément à un domaine dans lequel on est profane.

INCURVATION n.f. Action d'incurver ; état de ce qui est incurvé.

INCURVER v.t. (lat. *incurvare,* de *curbus,* courbe). Rendre courbe ; courber de dehors en dedans. ◇ v.pr. *La côte s'incurve en ce point du littoral.*

INCUS, E adj. (lat. *incusus,* de *cudere,* frapper). Se dit d'une monnaie ou d'une médaille présentant au revers le même type qu'à l'avers, mais en creux et inversé, ou bien présentant le type en creux d'un seul côté.

INDATABLE adj. Impossible à dater.

INDÉBOULONNABLE adj. *Fam.* Se dit de qqn qui ne peut être destitué, révoqué.

INDÉBROUILLABLE adj. Qui ne peut être débrouillé. *Écheveau, affaire indébrouillables.*

INDÉCELABLE adj. Qui ne peut être décelé.

INDÉCEMMENT [-samɑ̃] adv. De façon indécente.

INDÉCENCE n.f. **1.** Caractère d'une personne, d'une chose indécente, qui viole les règles de la pudeur. **2.** Caractère de ce qui choque par son côté déplacé. *Cet étalage de luxe frise l'indécence.*

INDÉCENT, E adj. **1.** Qui viole les règles de la pudeur ; inconvenant. *Tenue indécente.* **2.** Qui choque par son caractère immoral ou démesuré ; scandaleux. *Gaspillage indécent.*

INDÉCHIFFRABLE adj. Qu'on ne peut lire, déchiffrer, deviner.

INDÉCHIRABLE adj. Qui ne peut être déchiré.

INDÉCIDABLE adj. LOG. Se dit d'un énoncé qui, à partir des axiomes d'une théorie donnée, ne peut être ni démontré ni réfuté. CONTR. : *décidable.*

INDÉCIS, E adj. et n. (bas lat. *indecisus,* non tranché). Qui ne sait pas se décider ; irrésolu, perplexe. ◆ adj. **1.** Qui n'est pas décidé, tranché ; dont l'issue est encore incertaine ; indéterminé, douteux. *Question, victoire indécise.* **2.** Que l'on ne peut pas distinguer nettement ; vague, flou, confus. *Formes indécises.*

INDÉCISION n.f. État, caractère d'une personne indécise ; incertitude, irrésolution.

INDÉCLINABLE adj. LING. Qui ne se décline pas.

INDÉCODABLE adj. **1.** Qui ne peut être décodé. **2.** INFORM. Dont le décodage par des manœuvres frauduleuses est rendu très difficile ou impossible. *Logiciel indécodable.*

INDÉCOLLABLE adj. Impossible à décoller.

INDÉCOMPOSABLE adj. Qui ne peut être décomposé, analysé.

INDÉCROTTABLE adj. *Fam.* Impossible à améliorer ; incorrigible. *Un paresseux indécrottable.*

INDÉFECTIBILITÉ n.f. Caractère de ce qui est indéfectible.

INDÉFECTIBLE adj. (du lat. *deficere,* faire défaut). **1.** Qui ne peut cesser d'être, qui dure toujours ; immuable, éternel. *Attachement indéfectible.* **2.** Qui ne peut faire défaut, manquer ; solide, sûr. *Mémoire indéfectible.*

INDÉFECTIBLEMENT adv. De façon indéfectible.

INDÉFENDABLE adj. Qui ne peut être défendu.

INDÉFINI, E adj. (lat. *indefinitus*). **1.** Qu'on ne peut délimiter ; illimité, infini. *Espace indéfini.* **2.** Qu'on ne peut définir ; vague, indéterminé. *Tristesse indéfinie.* **3.** GRAMM. Qui exprime une idée générale sans l'appliquer à un objet déterminé. ◇ *Article indéfini,* qui présente l'être ou l'objet que le nom désigne avec une individualisation indéterminée *(un, une, des).* — *Adjectif, pronom indéfini,* qui indique une indétermination. (*Quelque, chaque,* etc., sont des adjectifs indéfinis ; *quelqu'un, chacun, personne, rien* sont des pronoms indéfinis.)

INDÉFINIMENT adv. De façon indéfinie ; perpétuellement.

INDÉFINISSABLE adj. Qu'on ne saurait définir ; vague. *Trouble indéfinissable.*

INDÉFORMABLE adj. Qui ne peut être déformé.

INDÉFRICHABLE adj. Impossible à défricher.

INDÉFRISABLE n.f. COIFF. Vieilli. Permanente.

INDÉHISCENT, E [ɛ̃deisɑ̃, ɑ̃t] adj. BOT. Se dit d'un fruit sec (akène) qui ne s'ouvre pas, mais se détache en entier de la plante mère.

INDÉLÉBILE adj. (lat. *indelebilis*). **1.** Qui ne peut être effacé. *Encre indélébile.* **2.** *Fig.* Dont l'empreinte, la marque ne peut disparaître. *Souvenirs indélébiles.*

INDÉLÉBILITÉ n.f. Rare. Caractère de ce qui est indélébile.

INDÉLICAT, E adj. **1.** Qui manque de délicatesse, de tact ; grossier. **2.** Qui manque d'honnêteté ; malhonnête.

INDÉLICATESSE n.f. Malhonnêteté. *Commettre une indélicatesse.*

INDÉMAILLABLE adj. Se dit d'un tricot, d'un tissu, dont les mailles ne filent pas si l'une se défait. ◆ n.m. Textile indémaillable. *Combinaison en indémaillable.*

INDEMNE [ɛ̃dɛmn] adj. (lat. *indemnis,* de *damnum,* dommage). **1.** Qui n'a pas subi de dommage moral ou physique. *Sortir indemne d'un accident.* **2.** Qui n'est pas contaminé. *Être indemne de toute contagion.*

INDEMNISABLE adj. Qui peut ou doit être indemnisé.

INDEMNISATION n.f. Action d'indemniser ; paiement d'une indemnité.

INDEMNISER [ɛ̃dɛmnize] v.t. Dédommager qqn de ses frais, de ses pertes, d'un préjudice.

INDEMNITAIRE adj. Qui a le caractère d'une indemnité. ◆ n. Personne qui reçoit une indemnité.

INDEMNITÉ [ɛ̃dɛmnite] n.f. (bas lat. *indemnitas*). **1.** Somme allouée pour dédommager d'un préjudice. *Indemnité pour cause d'expropriation.* ◇ *Indemnité journalière :* prestation en espèces destinée à compenser la perte de salaire subie par l'assuré social, incapable temporairement de travailler. — *Indemnité de licenciement,* versée par l'employeur à un salarié licencié sans faute grave, calculée en proportion de son salaire et de son ancienneté. **2.** Élément d'une rémunération ou d'un salaire destiné à compenser une augmentation du coût de la vie ou à rembourser une dépense imputable à l'exercice de la profession. ◇ *Indemnité parlementaire :* émoluments d'un député ou d'un sénateur.

INDÉMODABLE adj. Qui ne risque pas de se démoder.

INDÉMONTABLE adj. Qui ne peut être démonté.

INDÉMONTRABLE adj. Qu'on ne peut démontrer.

INDÈNE n.m. Hydrocarbure à deux cycles benzéniques (C_9H_8), extrait des goudrons de houille.

INDÉNIABLE adj. Qu'on ne peut dénier ; certain, incontestable. *Preuve indéniable.*

INDÉNIABLEMENT adv. De façon indéniable.

INDÉNOMBRABLE adj. Qu'il est impossible de dénombrer.

INDÉNOUABLE adj. Qui ne peut être dénoué.

INDENTATION n.f. (de *dent*). *Didact.* Échancrure d'une côte, d'un littoral. *Les indentations de la côte bretonne.*

INDÉPASSABLE adj. Que l'on ne peut dépasser. *Limite indépassable.*

INDÉPENDAMMENT adv. De manière indépendante. ◆ **indépendamment de** loc. prép. **1.** En considérant à part chacun des éléments. *Étudier les deux faits indépendamment l'un de l'autre.* **2.** En mettant à part qqch ; en plus de, par surcroît. *Indépendamment de son salaire, il bénéficie d'avantages exceptionnels.*

INDÉPENDANCE n.f. **1.** État d'une personne indépendante, autonome. **2.** Caractère, attitude d'une personne qui refuse les contraintes, les influences, les règles établies. **3.** Autonomie politique, souveraineté nationale. *Proclamer l'indépendance d'une nation.* **4.** Absence de rapports entre plusieurs choses. **5.** LOG. Propriété d'un axiome indémontrable à partir des autres axiomes de la théorie dans laquelle il figure.

INDÉPENDANT, E adj. **1.** Qui ne dépend d'aucune autorité ; libre. ◇ *Travailleur indépendant,* exerçant librement son activité, sans lien de subordination avec celui qui lui demande un travail. **2.** Qui refuse la contrainte, la sujétion. *Caractère indépendant.* **3.** Qui jouit de l'autonomie politique. *Peuple indépendant.* **4.** Qui n'a aucun rapport avec autre chose ; qui n'est pas solidaire de qqch. *Point indépendant de la question.* ◇ GRAMM. *Proposition indépendante,* ou *indépendante,* n.f. : proposition qui ne dépend d'aucune autre et dont aucune ne dépend. **5.** ALGÈBRE. *Vecteurs (linéairement) indépendants,* dont les seules combinaisons linéaires nulles sont celles pour lesquelles tous les coefficients sont nuls. **6.** PROBAB. **a.** *Variables aléatoires indépendantes :* variables aléatoires conjointes X et Y susceptibles de prendre respectivement les valeurs x_i de probabilité p_i et y_j de probabilité q_j et telles que la probabilité pour que X soit égale à x_i et Y soit égale à y_j est $p_i \times q_j$. **b.** *Événements indépendants :* événements A et B d'un même univers tels que la probabilité conditionnelle de A relative à B soit égale à la probabilité simple de A : $P_B(A) = P(A)$.

INDÉPENDANTISME n.m. Revendication d'indépendance de la part d'un peuple.

INDÉPENDANTISTE adj. et n. Qui est partisan de l'indépendance politique, qui la revendique.

INDÉRACINABLE adj. Qu'on ne peut déraciner, extirper. *Préjugés indéracinables.*

INDÉRÉGLABLE adj. Qui ne peut se dérégler.

INDESCRIPTIBLE adj. Qui ne peut être décrit, exprimé. *Joie indescriptible.*

INDÉSIRABLE adj. et n. Qu'on n'accepte pas dans un pays, un milieu. *Individu indésirable.* ◆ adj. *Effet indésirable :* tout trouble physique, psychique, biologique provoqué par un médicament utilisé dans des conditions normales.

INDESTRUCTIBILITÉ n.f. Caractère de ce qui est indestructible.

INDESTRUCTIBLE adj. Qui ne peut être détruit.

INDÉTECTABLE adj. Impossible à détecter. *Avion indétectable.*

INDÉTERMINABLE adj. Qui ne peut être déterminé.

INDÉTERMINATION n.f. **1.** Caractère de ce qui n'est pas déterminé, délimité, précisé ; imprécision. **2.** Caractère hésitant, irrésolu de qqn ; incertitude, perplexité.

INDÉTERMINÉ, E adj. **1.** Qui n'est pas déterminé, précisé ; imprécis, indéfini. *Espace indéterminé.* **2.** MATH. Se dit des formes $\frac{0}{0}$, $\frac{\infty}{\infty}$, $0 \times \infty$, $\infty - \infty$, 0^0, ∞^0, 1^∞, sous lesquelles se présentent, lors d'une recherche de limite, certaines expressions mathématiques. ◆ n.f. ALGÈBRE. La ou les variables, dans le cas des fonctions polynômes.

INDÉTERMINISME n.m. **1.** Doctrine épistémologique qui remet en question la validité des déterminismes, partic. au niveau de la physique des particules. **2.** Caractère de ce qui n'est pas soumis au déterminisme. **3.** Doctrine métaphysique qui nie le déterminisme et affirme en conséquence le libre arbitre de l'homme.

INDEX [ɛ̃dɛks] n.m. (mot lat., *indicateur*). **1.** Deuxième doigt de la main, le plus proche du pouce. **2.** Repère servant au réglage de la position d'un élément mobile ou à la lecture d'une graduation. **3.** Liste alphabétique des mots, des sujets, des noms apparaissant dans un ouvrage, une collection, etc., avec les références permettant de les retrouver. **4.** Belgique. *Index des prix :* indice des prix. **5.** INFORM. Valeur fixe permettant de compléter ou de corriger les valeurs de certaines adresses lors de l'exécution d'une instruction. **6.** *L'Index : v. partie n.pr.* – *Mettre à l'index :* exclure, condamner, signaler comme dangereux.

INDEXAGE n.m. ou **INDEXATION** n.f. Action d'indexer ; son résultat. *Indexage d'un prix, d'un livre.*

INDEXER v.t. **1.** Lier la variation d'un salaire, d'un prix, d'un loyer, d'une valeur à la variation d'une autre valeur prise comme référence. *Indexer une retraite sur le coût de la vie. Emprunt indexé sur l'or.* **2. a.** Réaliser l'index d'un ouvrage, d'une collection. **b.** Mettre à sa place, à son ordre dans un index. *Indexer un mot.* **3.** ALGÈBRE. *Indexer les éléments d'un ensemble E par l'ensemble ordonné I :* établir une bijection entre E et I.

INDEXEUR n.m. Personne qui réalise l'index d'un ouvrage.

INDIANISME n.m. **1.** Étude des langues et des civilisations de l'Inde. **2.** Tendance littéraire hispano-américaine du XIXe s., qui se caractérise par l'intérêt porté aux cultures indiennes et par la célébration de la nature américaine.

INDIANISTE n. **1.** Spécialiste de l'indianisme. **2.** Écrivain se rattachant à l'indianisme.

INDIC [ɛ̃dik] n.m. (abrév.). *Fam.* Indicateur de police.

INDICATEUR, TRICE adj. Qui indique, qui fait connaître. *Poteau indicateur.* ◆ n.m. **1.** Livre ou brochure qui sert de guide. *L'indicateur des rues de Paris.* **2.** Appareil qui sert à indiquer. *Un indicateur de vitesse, de pression.* **3.** CHIM. *Indicateur coloré :* substance dont la couleur change suivant qu'elle est sous forme d'acide ou de base conjuguée. (Les indicateurs servent plus génér. à estimer les concentrations des constituants d'une solution.) **4.** ÉCON. *Indicateur économique :* chiffre significatif de la situation économique pour une période donnée (produit national brut, indice des prix, commerce extérieur, etc.). SYN. : *clignotant.* – *Indicateur de tendance :* série de chiffres exprimant les variations des cours de Bourse et reflétant la tendance du marché financier. **5.** Individu qui renseigne la police en échange d'un privilège ou d'une rémunération. Abrév. *(fam.) : indic.* **6.** ORNITH. Petit oiseau insectivore des régions chaudes, au plumage terne, voisin du pic. (Famille des indicatoridés.)

1. INDICATIF, IVE adj. Qui indique, renseigne. *Prix communiqué à titre indicatif.* ◆ n.m. **1.** Thème musical répétitif diffusé par une station de radio ou de télévision au début d'une émission, à fin d'identification. **2.** Nombre sélectionnant une zone géographique que l'on doit composer avant le numéro d'appel d'un correspondant au téléphone. ◇ *Indicatif d'appel :* groupe de lettres et de chiffres assigné à une station d'émission télégraphique ou radiophonique pour permettre son identification et faciliter les appels.

2. INDICATIF n.m. GRAMM. Mode du verbe qui présente le procès de façon neutre, objective, sans interprétation. (En français, l'indicatif comporte des temps simples [présent, futur, imparfait, passé simple] et des temps composés [passé composé, plus-que-parfait, passé antérieur, futur antérieur].)

INDICATION n.f. **1.** Action d'indiquer. *Indication d'origine.* **2.** Ce qui indique, fait connaître ; renseignement, conseil que l'on suggère. *Fournir des indications.* **3.** MÉD. Affection pour laquelle un traitement particulier est recommandé. *Les indications d'un antibiotique.*

INDICE n.m. (lat. *indicium,* dénonciation). **1.** Signe apparent et probable qu'une chose existe. *Les indices d'un crime.* **2.** Rapport entre des quantités ou des prix, qui en montre l'évolution. *L'indice des prix de détail.* ◇ *Indice d'écoute :* nombre des personnes, évalué en pourcentage, ayant écouté ou regardé une émission de radio, de télévision à un moment déterminé. **3.** MATH. Signe attribué à une lettre représentant les différents éléments d'un ensemble. (A indice *n* s'écrit A_n.) **4.** PHYS. Nom donné à certaines grandeurs obtenues comme quotient de deux grandeurs ou de deux produits de grandeurs de même espèce. ◇ *Indice optique :* paramètre sans dimension caractérisant la réfringence d'un milieu optique.

INDICIAIRE adj. ÉCON. Rattaché à un indice.

INDICIBLE adj. (du lat. *dicere,* dire). *Sout.* Qu'on ne peut exprimer ; ineffable, indescriptible.

INDICIBLEMENT adv. De façon indicible.

INDICIEL, ELLE adj. ÉCON. Qui a valeur d'indice.

INDIEN, ENNE adj. et n. **1.** De l'Inde, de ses habitants. **2.** De l'ensemble des régions d'Asie (jadis appelé *les Indes*), comprenant, outre l'Inde proprement dite, les pays culturellement apparentés. *Le monde indien.* **3.** *Cour.* Amérindien. ◇ *Été indien* → **été.**

ENCYCL. Relèvent du monde indien, entendu de manière comparative et dans sa plus grande extension, d'une part, des cultures qui présentent des traits du système des castes sans la religion hindoue (Afghanistan, Pakistan), d'autre part, des cultures sans castes empruntant à la religion et aux rituels hindous (Népal, Java, Bali), et enfin des formes mixtes (Sri Lanka, Fidji, etc.).

INDIENNE n.f. Toile de coton peinte ou imprimée fabriquée, à l'origine, en Inde.

INDIFFÉREMMENT [-ra-] adv. Sans faire de différence ; indistinctement.

INDIFFÉRENCE n.f. État d'une personne indifférente ; neutralité affective ; détachement, froideur. ◇ PHILOS. *Liberté d'indifférence,* qui résulte de la possibilité de choisir qqch sans raison.

INDIFFÉRENCIATION n.f. État de ce qui est indifférencié.

INDIFFÉRENCIÉ, E adj. **1.** Se dit de ce qui ne présente pas de caractéristiques suffisantes pour se différencier. ◇ ANTHROP. *Descendance indifférenciée :* ensemble de personnes parentes indifféremment par les hommes ou par les femmes. (On dit aussi *descendance cognatique.*) **2.** BIOL., MÉD. Se dit d'un tissu, d'une cellule qui n'a pas subi de différenciation (par ex. cellule embryonnaire) ou qui a subi une dédifférenciation (cellule cancéreuse).

INDIFFÉRENT, E adj. (lat. *indifferens, -entis*). **1.** Qui ne suscite chez qqn aucun intérêt, aucune réaction, aucun sentiment ; qui ne présente aucun motif de préférence ; égal. *Cette fille lui est indifférente. Ce chemin ou l'autre m'est indifférent.* **2.** Qui est de peu d'importance ; qui présente peu d'intérêt ; banal, insignifiant, quelconque. *Parler de choses indifférentes.* **3.** Qui n'éprouve aucun sentiment, aucun intérêt particulier pour qqn, pour qqch ; froid, insensible. *Cette scène l'a laissé indifférent.* **4.** Qui ne tend pas vers un état plus que vers un autre. ◇ MÉCAN. *Équilibre indifférent,* dans lequel un corps, écarté de sa position d'équilibre, se stabilise dans sa nouvelle position. ◆ n. Individu que rien ne touche ni n'émeut.

INDIFFÉRENTISME n.m. Indifférence érigée en système, en politique ou en religion.

INDIFFÉRER v.t. [11]. Être indifférent à qqn, ne présenter aucun intérêt pour lui. *Cela m'indiffère.*

INDIGÉNAT n.m. HIST. Régime administratif qui était appliqué aux indigènes d'une colonie.

INDIGENCE n.f. (lat. *indigentia*). **1.** État d'une personne qui vit dans la misère. **2.** Grande pauvreté intellectuelle ou morale. *L'indigence de sa pensée est affligeante.*

INDIGÈNE adj. et n. (lat. *indigena*). **1.** Né dans le pays qu'il habite. SYN. : *aborigène, autochtone.* **2.** Se dit d'une plante ou d'un animal originaires de la région où ils vivent. **3.** Originaire d'un pays d'outre-mer, avant la décolonisation.

INDIGÉNISME n.m. Politique ayant pour but l'acculturation, l'assimilation des Amérindiens, en Amérique latine.

INDIGENT, E adj. et n. (lat. *indigens, -entis,* de *indigere,* avoir besoin). Qui est privé de ressources suffisantes et est susceptible de recevoir des secours. ◆ adj. Qui manifeste une grande pauvreté de moyens. *Vocabulaire indigent.*

INDIGESTE adj. (lat. *indigestus*). **1.** Difficile à digérer. *Mets indigeste.* **2.** *Fig.* Difficile à assimiler par l'esprit. *Roman indigeste.*

INDIGESTION n.f. Trouble bénin de la digestion après un repas, aboutissant, génér., au vomissement. ◇ *Fam. Avoir une indigestion de qqch,* en être dégoûté pour en avoir fait un usage excessif.

INDIGNATION n.f. Sentiment de colère que provoque un outrage, une action injuste. *L'incarcération d'un innocent a suscité l'indignation générale.*

INDIGNE adj. (lat. *indignus*). **1.** Qui n'est pas digne de qqch, qui ne le mérite pas. *Indigne de confiance.* **2.** Qui inspire le mépris ; vil, honteux. *Conduite indigne.* **3.** Qui n'est pas digne de son rôle, de sa fonction. *Père indigne.*

INDIGNÉ, E adj. **1.** Qui éprouve, ressent de l'indignation. **2.** Qui manifeste de l'indignation ; qui marque la colère, la révolte.

INDIGNEMENT adv. De façon indigne.

INDIGNER v.t. Exciter, provoquer la colère, la révolte de. *Sa conduite indigne tout le monde.* ◆ **s'indigner** v.pr. Éprouver un sentiment de colère, de révolte.

INDIGNITÉ n.f. **1.** Caractère d'une personne, d'un acte indignes. *L'indignité de sa conduite.* **2.** Action indigne, vile, méprisable. *Commettre des indignités.* **3.** DR. *Indignité nationale :* peine comportant notamm. la privation des droits civiques, qui réprimait les crimes d'intelligence avec l'ennemi commis pendant l'Occupation. – *Indignité successorale,* qui exclut d'une succession l'héritier ayant commis une faute grave envers le défunt.

INDIGO [ɛ̃digo] n.m. (mot esp., du lat. *indicum,* indien). **1.** Matière colorante qui, dans sa forme première, est d'un bleu légèrement violacé. (Extrait à l'origine de l'indigotier, l'indigo est auj. obtenu par synthèse.) **2.** Couleur bleu foncé légèrement violacé. ◆ **adj. inv.** De la couleur de l'indigo.

INDIGOTIER n.m. Plante vivace des régions chaudes, autref. cultivée comme plante tinctoriale. (Genre *Indigofera ;* famille des papilionacées.)

INDIGOTINE n.f. CHIM. ORG. Composé $C_{16}H_{10}N_2O_2$, principe colorant de l'indigo.

INDIQUER v.t. (lat. *indicare*). **1.** Montrer, désigner qqn, qqch d'une manière précise. *Indiquer qqch du doigt.* **2.** Être le signe, l'indice de ; dénoter, révéler. *Cela indique une grande rouerie.* **3.** Faire connaître à qqn ce qu'il cherche ; fournir des renseignements sur qqch. *Indiquer une rue.* **4.** BX-ARTS. Esquisser. **5.** *Être indiqué,* conseillé, recommandé. *Une courte promenade est tout indiquée en cas de convalescence.*

INDIRECT, E adj. **1.** Qui ne conduit pas au but directement ; qui comporte des intermédiaires ; détourné. *Itinéraire indirect. Critique, louange indirecte.* ◇ *Tir indirect,* dans lequel l'objectif est invisible depuis l'emplacement de l'arme. **2.** GRAMM. *Complément d'objet indirect,* qui est introduit par une préposition. (Les verbes transitifs indirects sont suivis d'un complément d'objet indirect.) – *Discours, style indirect, interrogation indirecte :* énoncé qui reproduit les paroles de qqn à l'intérieur d'un autre énoncé par l'intermédiaire d'un subordonnant. (Ex. : *Il a dit qu'il ne viendrait pas.*)

INDIRECTEMENT adv. De façon indirecte.

INDISCERNABLE adj. Qu'on ne peut discerner, distinguer d'une autre chose ; imperceptible.

INDISCIPLINE n.f. Attitude de qqn qui ne se soumet pas à la discipline ; désobéissance, insubordination. *Faire preuve d'indiscipline.*

INDISCIPLINÉ, E adj. Rebelle à toute discipline. *Esprit indiscipliné.*

INDISCRET, ÈTE adj. et n. **1.** Qui manque de discrétion, de réserve. *Un regard indiscret.* **2.** Qui révèle ce qu'on devrait taire. *Une parole indiscrète. Ami indiscret.*

INDISCRÈTEMENT adv. De façon indiscrète.

INDISCRÉTION n.f. Manque de discrétion ; révélation d'un secret. *Commettre des indiscrétions.*

INDISCUTABLE adj. Qui n'est pas discutable ; qui s'impose par son évidence ; incontestable, indubitable.

INDISCUTABLEMENT adv. De façon indiscutable ; incontestablement.

INDISCUTÉ, E adj. Qui n'est pas mis en discussion.

INDISPENSABLE adj. **1.** Dont on ne peut se passer. *Crédits indispensables.* **2.** BIOL., MÉD. Essen-

I

tiel. ◆ n.m. Ce dont on ne peut se passer. *N'emporter que l'indispensable.*

INDISPONIBILITÉ n.f. État de qqn ou de ce qui est indisponible.

INDISPONIBLE adj. **1.** Dont on ne peut pas disposer. **2.** Qui est empêché de s'adonner à un travail, à une occupation.

INDISPOSÉ, E adj. Légèrement malade, mal à l'aise. ◆ adj.f. *(Par euphémisme).* Se dit d'une femme qui a ses règles.

INDISPOSER v.t. **1.** Rendre un peu malade ; mettre mal à l'aise ; incommoder. **2.** Rendre peu favorable ; mécontenter. *On l'a indisposé contre moi.*

INDISPOSITION n.f. Léger malaise. – *(Par euphémisme).* État d'une femme indisposée.

INDISSOCIABLE adj. **1.** Qu'on ne peut dissocier d'une autre chose ou d'une autre personne. **2.** Qu'on ne peut diviser en parties. *Cela forme un tout indissociable.*

INDISSOLUBILITÉ n.f. Qualité de ce qui est indissoluble.

INDISSOLUBLE adj. Qui ne peut être délié, désuni ; indestructible, indéfectible. *Attachement indissoluble.*

INDISSOLUBLEMENT adv. De façon indissoluble.

INDISTINCT, E [ɛ̃distɛ̃, ɛ̃kt] ou [ɛ̃distɛ̃kt] adj. Qui manque de netteté ; perçu confusément ; confus. *Voix indistincte.*

INDISTINCTEMENT adv. **1.** De façon indistincte ; confusément. *Prononcer indistinctement.* **2.** Sans faire de différence ; en bloc, indifféremment. *J'aime indistinctement tous les fruits.*

INDIUM [ɛ̃djɔm] n.m. **1.** Métal blanc, plus malléable que le plomb, qui fond à 156,6 °C et présente des analogies avec l'aluminium. **2.** Élément chimique (In), de numéro atomique 49, de masse atomique 114,818.

INDIVIDU n.m. (lat. *individuum,* ce qui est indivisible). **1.** SC. DE LA V. Chaque spécimen vivant d'une espèce animale ou végétale, issu d'une cellule unique. *Le genre, l'espèce et l'individu.* **2.** Être humain, personne (par oppos. à *collectivité,* à *société*). **3.** *(Souvent péjor.).* Être humain indéterminé, personne quelconque. *Qui est cet individu ? Un triste individu.*

INDIVIDUALISATION n.f. **1.** Action d'individualiser ; son résultat. **2.** Fait de s'individualiser ; personnalisation.

INDIVIDUALISÉ, E adj. Qui possède les caractères propres d'un individu ; qui est distinct des autres êtres de la même espèce. *Groupe fortement individualisé.*

INDIVIDUALISER v.t. Rendre individuel, distinct des autres par des caractères propres. ◆ **s'individualiser** v.pr. Se distinguer des autres en affirmant sa personnalité.

INDIVIDUALISME n.m. **1.** Tendance à s'affirmer indépendamment des autres. **2.** Tendance à privilégier la valeur et les droits de l'individu contre les valeurs et les droits des groupes sociaux. – PHILOS. Doctrine qui accorde la primauté à l'individu, placé au fondement de toutes les valeurs ou conçu comme la seule réalité véritable et le principe ultime d'explication des phénomènes collectifs. ◇ SOCIOL. *Individualisme méthodologique :* méthode consistant à analyser les phénomènes collectifs comme la résultante d'un ensemble d'actions, de croyances ou d'attitudes individuelles.

INDIVIDUALISTE adj. et n. **1.** Partisan de l'individualisme. **2.** Qui manifeste de l'indépendance, une propension à ne songer qu'à soi.

INDIVIDUALITÉ n.f. **1.** Ce qui constitue l'individu. **2.** Originalité propre à une personne. **3.** Personne qui a une forte personnalité et se distingue des autres.

INDIVIDUATION n.f. **1.** PHILOS. Ce qui distingue un individu d'un autre. **2.** PSYCHOL. Processus par lequel la personnalité se différencie.

1. INDIVIDUEL, ELLE adj. **1.** Qui concerne une seule personne ; qui est le fait d'une seule personne. *Fiche individuelle. Action individuelle.* **2.** Se dit d'une épreuve sportive ou d'une compétition qui ne se dispute pas par équipe.

2. INDIVIDUEL, ELLE n. Concurrent n'appartenant à aucun club, à aucune équipe, dans une compétition.

INDIVIDUELLEMENT adv. De façon individuelle ; séparément.

INDIVIS, E [ɛ̃divi, iz] adj. (lat. *indivisus,* qui n'est pas séparé). DR. **1.** Qui n'est pas divisé, partagé ; qui est possédé à la fois par plusieurs personnes. *Succession indivise.* **2.** Qui possède conjointement une propriété non divisée. *Héritiers indivis.* ◆ n.m. *Par indivis :* sans qu'il y ait eu partage, en commun.

INDIVISAIRE n. DR. Personne qui possède qqch dans l'indivision.

INDIVISIBILITÉ n.f. Caractère de ce qui est indivisible.

INDIVISIBLE adj. Qui ne peut être divisé.

INDIVISION n.f. DR. **1.** État d'un bien indivis. **2.** Situation de qqn qui possède de tels biens.

IN-DIX-HUIT [indizɥit] adj. inv. et n.m. inv. Se dit du format déterminé par le pliage d'une feuille d'impression en 18 feuillets (36 pages) ; livre de ce format. (On écrit aussi *in-18.*)

INDO-ARYEN, ENNE adj. et n.m. (pl. *indo-aryens, ennes*). Se dit des langues indo-européennes parlées en Inde (sanskrit, hindi, ourdou, marathi, bengali, pendjabi, gujarati, oriya, cinghalais, assamais, etc.).

INDOCHINOIS, E adj. et n. De l'Indochine.

INDOCILE adj. Qui ne se laisse pas diriger, conduire ; rebelle, récalcitrant. *Enfant indocile.*

INDOCILITÉ n.f. Caractère d'une personne indocile.

INDO-EUROPÉEN, ENNE adj. et n. (pl. *indo-européens, ennes*). Se dit des langues issues de l'indo-européen et des peuples qui les ont parlées. ◆ n.m. Langue qui n'est pas directement attestée mais qui a été reconstituée par comparaison des diverses langues à l'origine desquelles elle se trouve.

ENCYCL. Les langues indo-européennes se répartissent en douze groupes principaux : le tokharien, l'indo-aryen, l'iranien, l'arménien, l'anatolien, le grec, l'albanais, l'italique (latin et langues romanes), le celtique, le germanique, le balte et le slave. La moitié de l'humanité parle actuellement une langue indo-européenne.

INDOLE n.m. CHIM. ORG. Composé comportant un cycle benzénique accolé à un cycle pyrrole, à la base d'une série d'hétérocycles.

INDOLE-ACÉTIQUE adj. (pl. *indole-acétiques*). BIOCHIM. *Acide indole-acétique (AIA) :* principe actif de croissance des végétaux, contenu dans l'auxine.

INDOLEMMENT [ɛ̃dɔlamɑ̃] adv. Avec indolence.

INDOLENCE n.f. Comportement indolent ; nonchalance, indifférence, apathie.

INDOLENT, E adj. (lat. *indolens, -entis,* de *dolere,* souffrir). Qui évite de se donner de la peine, qui agit avec mollesse ; nonchalant, mou.

INDOLORE adj. Qui ne cause aucune douleur. *Piqûre indolore.*

INDOMPTABLE [ɛ̃dɔ̃tabl] adj. Qu'on ne peut dompter, maîtriser. *Caractère indomptable.*

INDOMPTÉ, E [ɛ̃dɔ̃te] adj. Qu'on n'a pu dompter, contenir, réprimer. *Orgueil indompté.*

INDONÉSIEN, ENNE adj. et n. De l'Indonésie, de ses habitants. ◆ n.m. **1.** Ensemble de langues constituant la branche occidentale de la famille malayo-polynésienne. **2.** Forme du malais parlée en Indonésie.

INDOOR [indɔr] adj. inv. (mot angl., *à l'intérieur*). SPORTS. Anglic. déconseillé. Se dit d'une compétition disputée en salle.

INDOPHÉNOL n.m. Matière colorante obtenue en faisant agir un phénate alcalin sur une amine (nom générique).

IN-DOUZE [induz] adj. inv. et n.m. inv. Se dit du format déterminé par le pliage d'une feuille d'impression en 12 feuillets (24 pages) ; livre de ce format. (On écrit aussi *in-12.*)

INDRI [ɛ̃dri] n.m. (mot malgache). Lémurien arboricole et végétarien de Madagascar, à queue courte, qui pousse de longs cris plaintifs. (Long. 1 m ; genre *Indri,* famille des indridés.)

1. INDU, E adj. *Une heure indue,* celle où il n'est pas convenable de faire telle ou telle chose ; heure trop tardive. *Il s'est couché à une heure indue.*

2. INDU n.m. DR. Ce qui n'est pas dû.

INDUBITABLE adj. (lat. *indubitabilis*). Dont on ne peut douter ; certain, incontestable.

INDUBITABLEMENT adv. De façon indubitable ; certainement, assurément, sans aucun doute.

INDUCTANCE n.f. ÉLECTROMAGN. Quotient du flux d'induction à travers un circuit, créé par le courant traversant celui-ci, par l'intensité de ce courant. ◇ *Inductance propre :* auto-inductance.

INDUCTEUR, TRICE adj. ÉLECTROMAGN. Se dit de ce qui produit le phénomène d'induction. ◆ n.m. **1.** Aimant ou électroaimant destiné à fournir le champ magnétique créateur de l'induction. **2.** BIOL., MÉD. Substance chimique qui a la propriété d'induire une réaction biologique, un processus physiologique. ◇ *Inducteur de l'ovulation :* médicament provoquant l'ovulation chez la femme, prescrit dans certaines stérilités.

INDUCTIF, IVE adj. **1.** Qui procède par induction. *Méthode inductive.* **2.** ÉLECTROMAGN. Qui possède une inductance.

INDUCTION n.f. (lat. *inductio*). **1.** Généralisation d'une observation ou d'un raisonnement établis à partir de cas singuliers. – MATH. Raisonnement par *récurrence. **2. a.** ÉLECTROMAGN. *Induction magnétique :* vecteur caractérisant la densité du flux magnétique qui traverse une substance. (Son unité SI est le tesla.) – *Induction électromagnétique :* production de tension ou de courants induits dans un circuit par suite de la variation du flux d'induction magnétique qui le traverse. **b.** ÉLECTROTECHN. *Moteur à induction :* moteur électrique à courant alternatif sans collecteur, dont une partie seulement, rotor ou stator, est reliée au réseau, l'autre partie travaillant par induction. **3.** MÉD. Déclenchement naturel ou thérapeutique d'un phénomène dans l'organisme. **4.** EMBRYOL. Processus qui commande la différenciation des cellules de l'embryon et contrôle la constitution de celui-ci.

INDUIRE v.t. [78] (lat. *inducere,* conduire à). **1.** Conduire, mener qqn à une action, à un comportement. ◇ *Induire qqn en erreur,* l'amener, volontairement ou non, à se tromper. **2.** Avoir pour conséquence ; entraîner, occasionner. *Cette installation induira la création de nombreux emplois.* **3.** Établir par voie de conséquence, par induction. **4.** ÉLECTROMAGN. Produire les effets de l'induction.

1. INDUIT, E adj. **1.** Établi par induction ; consécutif, résultant. *Effets induits d'une décision politique.* **2.** Se dit d'un courant électrique produit par induction. **3.** ALGÈBRE. *Loi induite sur une partie A de E munie d'une loi de composition interne* ⊤ *:* application définie de A × A dans A qui, à (x, y), associe $x \top y$.

2. INDUIT n.m. Partie d'une machine électrique dans laquelle est induite une force électromotrice.

INDULGENCE n.f. **1.** Facilité à excuser ou à pardonner les fautes d'autrui. *Montrer de l'indulgence.* **2.** THÉOL. CATH. Remise totale *(indulgence plénière)* ou partielle *(indulgence partielle)* des peines temporelles dues pour les péchés déjà pardonnés. ◇ *Querelle des Indulgences : v. partie n.pr.*

INDULGENCIER v.t. [5]. THÉOL. CATH. Attacher une indulgence à un objet, à un lieu, à une prière.

INDULGENT, E adj. (lat. *indulgens, -entis*). Qui est porté à excuser, à pardonner ; bienveillant, clément.

INDULINE n.f. Colorant bleu dérivé de l'aniline (nom générique).

INDULT [ɛ̃dylt] n.m. (lat. *indultum,* de *indulgere,* être indulgent). DR. CANON. Toute faveur accordée par le Saint-Siège, soit au bénéfice d'une communauté, soit pour le bien d'un particulier, et qui dispense du droit commun de l'Église.

INDÛMENT adv. De façon illégitime.

INDURATION n.f. MÉD. Durcissement anormal d'un tissu ; la partie dure elle-même.

INDURÉ, E adj. MÉD. Qui est dur à la palpation ; qui est devenu anormalement dur. ◇ *Chancre induré :* chancre syphilitique.

INDUSTRIALISATION n.f. Action d'industrialiser ; fait de s'industrialiser.

INDUSTRIALISÉ, E adj. Où l'industrie tient une place prédominante. ◇ *Nouveaux pays industrialisés (NPI) :* ensemble des pays en développement (PED) ayant réussi leur décollage économique et connu une croissance rapide (Taïwan, Singapour, Corée du Sud, etc.).

INDUSTRIALISER v.t. **1.** Donner un caractère industriel à une activité. **2.** Équiper une région, un pays en usines, en industries. ◆ **s'industrialiser** v.pr. Être exploité, équipé industriellement.

INDUSTRIALISME n.m. Système économique dans lequel l'industrie est considérée comme le pivot des sociétés.

INDUSTRIE n.f. (lat. *industria,* activité). **1.** Ensemble des activités économiques qui produisent des biens matériels par la transformation et la mise en œuvre de matières premières. – Chacune de ces activités économiques. *Industrie automobile. Industrie du vêtement.* ◇ *Petites et moyennes industries* → **PMI.** – *Capitaine d'industrie :* dirigeant d'une entreprise industrielle. **2.** *Par ext.* Toute activité économique organisée sur une grande échelle. *L'industrie du spectacle.* ◇ *Industries de la langue :* ensemble des activités liées aux applications de la recherche en linguistique, en informatique et en linguistique informatique (synthèse et reconnaissance de la parole, systèmes de dialogue homme-machine, aides à la correction orthographique, etc.). [On dit aussi *ingénierie linguistique.*] **3.** DR., COMM. *Apport en industrie :* apport par l'associé de ses connaissances techniques, de son travail, de ses services (par oppos. à *apport de capitaux* ou *apport en nature*). **4.** *Litt.,* vieilli. Toute activité manuelle tendant à produire quelque chose. **5.** *Litt.* Habileté, ingéniosité employée à faire qqch.

1. INDUSTRIEL, ELLE adj. **1.** Relatif à l'industrie ; qui relève de l'industrie. *Fabrication industrielle. Produit industriel.* ◇ *Fam. Quantité industrielle :* très grande quantité. – HIST. *Révolution industrielle :* ensemble des phénomènes qui ont accompagné, à partir du XVIIIe s., la transformation du monde moderne grâce au développement du capitalisme, des techniques de production et des moyens de communication. – *Psychologie industrielle,* qui s'occupe des problèmes de psychologie (choix et orientation du personnel, notamm.) et d'organisation du travail. **2.** Relatif à un lieu où sont implantées des usines, des industries. *Zone industrielle.*

ENCYCL. La *première révolution industrielle* repose essentiellement sur la mécanisation, née de progrès techniques déterminants dans les industries textile, minière et métallurgique (machine à vapeur, mécanisation de la filature et du tissage, extraction du charbon, utilisation du coke) ; elle a profité aussi de la généralisation du crédit. Apparue en Grande-Bretagne à la fin du XVIIIe s. avant de se propager au reste de l'Europe, cette révolution s'est traduite par un dynamisme industriel et commercial, accompagné d'une forte hausse de la population urbaine. La *deuxième révolution industrielle* (dans les années 1880) est liée à l'utilisation de nouvelles énergies (pétrole, gaz, électricité) et à des inventions majeures (moteur à explosion, éclairage électrique, téléphone, etc.). La *troisième révolution industrielle* (seconde moitié du XXe s.) procède principalement des applications de la physique quantique, de l'électronique et de l'informatique, et du développement des communications.

2. INDUSTRIEL n.m. Chef d'une entreprise transformant des matières premières en produits ouvrés ou semi-ouvrés.

INDUSTRIELLEMENT adv. De façon industrielle. *Production organisée industriellement.*

INDUSTRIEUX, EUSE adj. *Litt.* **1.** Qui a de l'adresse, de l'habileté dans son métier. **2.** Qui est très actif, dynamique. *Ville industrieuse. Abeilles industrieuses.*

INDUVIE [ɛ̃dyvi] n.f. (lat. *induviae,* vêtements). BOT. Organe de dissémination du fruit, provenant de la partie mâle de la fleur. (Les aigrettes plumeuses du pissenlit, les faux fruits tels que la fraise et la figue proviennent de l'induvie.)

INÉBRANLABLE adj. **1.** Qui ne peut être ébranlé ; solide. *Roc inébranlable.* **2.** Qui est solidement fondé ; qu'on ne peut faire changer ; indestructible. *Conviction inébranlable. Amitié inébranlable.* **3.** Qui ne se laisse pas abattre ; ferme, imperturbable. *Courage inébranlable.*

INÉBRANLABLEMENT adv. De façon inébranlable ; fermement.

INÉCHANGEABLE adj. Qui ne peut être échangé.

INÉCOUTÉ, E adj. Qui n'est pas écouté. *Ses paroles d'apaisement sont restées inécoutées.*

INÉDIT, E adj. (lat. *ineditus*). **1.** Qui n'a pas été imprimé, publié. *Poème inédit.* **2.** Que l'on n'a jamais vu ou remarqué ; nouveau, original. *Spectacle inédit. Système inédit.* ◆ n.m. **1.** Œuvre inédite. *Les inédits d'un écrivain.* **2.** *L'inédit :* ce qui est entièrement nouveau. *Chercher de l'inédit.*

INÉDUCABLE adj. Qu'on ne peut éduquer.

INEFFABLE adj. (lat. *ineffabilis*). *Sout.* Qui ne peut être exprimé ; indicible. *Joie ineffable.*

INEFFABLEMENT adv. *Litt.* De façon ineffable.

INEFFAÇABLE adj. Qui ne peut être effacé ; que l'on ne peut faire disparaître.

INEFFICACE adj. Qui n'est pas efficace ; inopérant. *Moyen, secrétaire inefficace.*

INEFFICACEMENT adv. De façon inefficace.

INEFFICACITÉ n.f. Manque d'efficacité.

INÉGAL, E, AUX adj. **1.** Qui n'est pas égal, par rapport à qqch ou à qqn d'autre. *Segments de droite inégaux. Adversaires de force inégale.* **2.** Qui n'est pas uni ; accidenté, raboteux. *Terrain inégal.* **3.** Dont le rythme n'est pas régulier. *Galop, pouls inégal.* **4.** Se dit de qqn ou d'un travail dont la qualité n'est pas constante. *Style inégal. Cinéaste inégal.* **5.** Se dit de qqn dont l'humeur varie ou d'un caractère variable ; capricieux, changeant. *Humeur inégale.*

INÉGALABLE adj. Qui ne peut être égalé.

INÉGALÉ, E adj. Qui n'a pas été égalé. *Record inégalé.*

INÉGALEMENT adv. De façon inégale.

INÉGALITAIRE adj. Fondé sur l'inégalité politique, civile, sociale.

INÉGALITÉ n.f. **1.** Caractère, état de choses ou de personnes inégales entre elles. *L'inégalité des salaires. Les inégalités sociales.* **2.** Caractère de ce qui n'est pas égal à lui-même ; manque de constance, de régularité ; variation. *Les inégalités du débit d'un fleuve.* **3.** Caractère de ce qui n'est pas égal, uni ; relief, creux dans une surface ; accident, aspérité. *L'inégalité d'un terrain. Les inégalités du sol, d'un mur.* **4.** ALGÈBRE. *Relation d'inégalité (large) :* relation d'ordre dans un ensemble. – *Inégalité stricte,* notée $a < b$ (a inférieur à b) ou $b > a$ (b supérieur à a). – *Inégalité au sens large,* notée $a \leqslant b$ (a inférieur ou égal à b) ou $b \geqslant a$ (b supérieur ou égal à a).

INÉLASTIQUE adj. PHYS. *Collision, diffusion inélastique,* au cours de laquelle l'énergie cinétique totale n'est pas conservée.

INÉLÉGAMMENT adv. Sans élégance.

INÉLÉGANCE n.f. Manque d'élégance esthétique ou morale.

INÉLÉGANT, E adj. **1.** Qui manque d'élégance vestimentaire. *Mise inélégante.* **2.** Qui manque de délicatesse de sentiments, de savoir-vivre ; discourtois, mal élevé. *Il serait inélégant d'insister.*

INÉLIGIBILITÉ n.f. État, condition d'une personne inéligible.

INÉLIGIBLE adj. Qui n'a pas les qualités requises pour être élu.

INÉLUCTABILITÉ n.f. *Sout.* Caractère de ce qui est inéluctable.

INÉLUCTABLE adj. (lat. *ineluctabilis,* de *eluctari,* surmonter en luttant). Qui ne peut être évité, empêché ; inévitable, fatal. *Une issue devenue hélas inéluctable.*

INÉLUCTABLEMENT adv. De façon inéluctable.

INEMPLOI n.m. *(Par euphémisme).* Chômage.

INEMPLOYABLE adj. Qui ne peut être employé.

INEMPLOYÉ, E adj. Qui n'est pas employé. *Ressources inemployées.*

INÉNARRABLE adj. (lat. *inenarrabilis*). Qu'on ne peut raconter ni décrire ; d'une bizarrerie, d'un comique extraordinaires. *Aventure inénarrable.*

INENTAMÉ, E adj. Qui n'est pas entamé ; entier, intact.

INÉPROUVÉ, E adj. *Sout.* Qui n'a pas encore été éprouvé, ressenti.

INEPTE adj. (lat. *ineptus,* qui n'est pas apte). Qui manifeste un manque de bon sens, de la sottise. *Réponse, auteur ineptes.*

INEPTIE [inɛpsi] n.f. **1.** Caractère d'un comportement, d'un acte inepte ; bêtise, stupidité. **2.** Action ou parole stupide ; ânerie, niaiserie. *Dire des inepties.*

INÉPUISABLE adj. Qu'on ne peut épuiser ; intarissable.

INÉPUISABLEMENT adv. De façon inépuisable.

INÉPUISÉ, E adj. Qui n'est pas épuisé.

INÉQUATION [inekwasjɔ̃] n.f. ALGÈBRE. Inégalité qui n'est satisfaite que pour certaines valeurs de l'inconnue ou des inconnues.

INÉQUITABLE adj. Qui n'est pas équitable.

INERME adj. (lat. *inermis,* sans armes). **1.** BOT. Qui n'a ni aiguillon ni épines. **2.** ZOOL. Sans crochets. *Ténia inerme.*

INERTAGE n.m. Enrobage d'un déchet dans un verre ou dans un liant hydraulique pour empêcher la dissémination de ses composés toxiques dans l'environnement.

INERTE adj. (lat. *iners, -ertis,* incapable). **1.** Sans activité ni mouvement propres. *Matière inerte.* **2.** Sans mouvement, sans expression ; inanimé, immobile. *Le coup l'a assommé, il est resté inerte un bon moment.* **3.** Sans énergie, sans réaction ; passif, apathique.

INERTER v.t. Procéder à l'inertage de déchets.

INERTIE [inɛrsi] n.f. (lat. *inertia,* incapacité). **1.** Manque d'activité, d'énergie, d'initiative ; apathie, indolence. *Comment le tirer de son habituelle inertie ?* **2.** MÉCAN. Propriété de la matière qui fait que les corps ne peuvent d'eux-mêmes modifier leur état de mouvement. ◇ *Principe d'inertie :* principe selon lequel tout point matériel qui n'est soumis à aucune force est soit au repos, soit animé d'un mouvement rectiligne uniforme. – *Force d'inertie :* résistance que les corps, en raison de leur masse, opposent au mouvement ; *fig.,* résistance passive de qqn qui refuse d'obéir, de se soumettre. – *Centre d'inertie d'un système de points matériels,* barycentre de ces points affectés de coefficients qui sont leurs masses respectives. (Il se confond avec le centre de gravité.) – *Moment d'inertie d'un système solide S :* somme, sur l'ensemble des points du système S, des quantités mr^2, m étant la masse d'un point M du système S situé à la distance r d'un point O, d'un plan P ou d'un axe C donnés. **3.** *Navigation par inertie,* reposant sur la mesure puis l'intégration des accélérations subies par un véhicule (aérien, maritime, spatial). **4.** Caractéristique d'un système chimique qu'une barrière d'énergie élevée maintient dans son état de stabilité ou d'instabilité (par oppos. à *labilité*). [Le méthane CH_4 est inerte vis-à-vis de son oxydation en CO_2 et H_2O.]

INERTIEL, ELLE [inɛrsjɛl] adj. MÉCAN. Qui se rapporte à l'inertie ; dont le principe de fonctionnement est fondé sur l'inertie. ◇ *Centrale inertielle :* dispositif muni d'accéléromètres, de gyroscopes et d'un calculateur, utilisé pour la navigation par inertie.

INESPÉRÉ, E adj. Qu'on n'espérait pas ; inattendu. *Chance inespérée.*

INESTHÉTIQUE adj. Qui n'est pas esthétique ; laid.

INESTIMABLE adj. **1.** Dont on ne peut estimer la valeur, la richesse. *Dégâts, bijoux inestimables.* **2.** Qu'on ne saurait trop estimer ; précieux, inappréciable. *Une chance inestimable.*

INÉTENDU, E adj. *Didact.* Qui n'a pas d'étendue. *Le point géométrique est inétendu.*

INÉVITABLE adj. **1.** Qu'on ne peut éviter ; fatal, inéluctable. **2.** (Avant le n.) Que l'on rencontre nécessairement ; que l'on ne peut éviter de subir. *L'inévitable raconteur d'histoires drôles des fins de banquets.*

INÉVITABLEMENT adv. De façon inévitable.

INEXACT, E adj. **1.** Qui contient des erreurs ; faux. *Calcul, renseignement inexact.* **2.** *Litt.* Qui manque de ponctualité. *Un employé inexact.*

INEXACTEMENT adv. De façon inexacte, erronée.

INEXACTITUDE n.f. **1.** Caractère de ce qui est inexact, erroné. **2.** Erreur commise par manque de précision. *Une biographie remplie d'inexactitudes.* **3.** *Litt.* Manque de ponctualité.

INEXAUCÉ, E adj. Qui n'a pas été exaucé. *Vœu inexaucé.*

INEXCITABILITÉ n.f. État de ce qui est inexcitable.

INEXCITABLE adj. **1.** Que l'on ne peut exciter. **2.** PHYSIOL. Que l'on ne peut stimuler ou exciter, en parlant d'un nerf, d'un neurone, d'un muscle.

INEXCUSABLE adj. Qui ne peut être excusé.

INEXÉCUTABLE adj. Qui ne peut être exécuté.

INEXÉCUTÉ, E adj. Qui n'a pas été exécuté. *La sentence est restée inexécutée.*

INEXÉCUTION n.f. Absence ou défaut d'exécution. *L'inexécution d'un contrat.*

INEXERCÉ, E adj. Qui n'est pas exercé.

INEXIGIBILITÉ n.f. Caractère de ce qui est inexigible.

INEXIGIBLE adj. Qui ne peut être exigé. *Dette présentement inexigible.*

INEXISTANT, E adj. **1.** Qui n'existe pas. *Difficultés inexistantes.* **2.** Qui n'a ni valeur ni substance ; qui n'a pas de poids, qui ne compte pas. *Une réflexion inexistante.*

INEXISTENCE n.f. **1.** Défaut d'existence. *L'inexistence de preuves.* **2.** DR. Qualité d'un acte juridique auquel il manque un élément constitutif essentiel.

INEXORABILITÉ n.f. État, caractère de ce qui est inexorable. *L'inexorabilité du sort.*

INEXORABLE adj. (lat. *inexorabilis*, de *exorare*, obtenir par prière). **1.** D'une dureté implacable ; impitoyable. *Juge, volonté inexorables.* **2.** À quoi l'on ne peut se soustraire ; inévitable. *La mort est inexorable.*

INEXORABLEMENT adv. De façon inexorable.

INEXPÉRIENCE n.f. Manque d'expérience.

INEXPÉRIMENTÉ, E adj. Qui n'a pas d'expérience. *Pilote inexpérimenté.*

INEXPERT, E adj. Qui manque d'habileté, de savoir-faire.

INEXPIABLE adj. **1.** Qui ne peut être expié. *Crime inexpiable.* **2.** Qui est sans merci ; impitoyable. *Lutte inexpiable.*

INEXPIÉ, E adj. Qui n'a pas été expié.

INEXPLICABLE adj. et n.m. Qui ne peut être expliqué ; incompréhensible.

INEXPLICABLEMENT adv. De façon inexplicable.

INEXPLIQUÉ, E adj. Qui n'est pas expliqué, éclairci. *Phénomène inexpliqué.*

INEXPLOITABLE adj. Qui n'est pas susceptible d'être exploité. *Gisement inexploitable.*

I

INEXPLOITÉ, E adj. Qui n'est pas exploité.

INEXPLORABLE adj. Qui ne peut être exploré.

INEXPLORÉ, E adj. Que l'on n'a pas encore exploré.

INEXPLOSIBLE adj. *Didact.* Qui ne peut faire explosion.

INEXPRESSIF, IVE adj. Dépourvu d'expression ; impassible. *Physionomie inexpressive.*

INEXPRIMABLE adj. et n.m. Qu'on ne peut exprimer ; indescriptible, indicible. *Bonheur inexprimable.*

INEXPRIMÉ, E adj. Qui n'a pas été exprimé.

INEXPUGNABLE [inɛkspyɲabl] adj. (lat. *inexpugnabilis*, de *expugnare*, prendre par force). *Sout.* Qu'on ne peut prendre par la force. *Forteresse, position inexpugnable.*

INEXTENSIBILITÉ n.f. *Didact.* Caractère de ce qui est inextensible.

INEXTENSIBLE adj. Qui ne peut être allongé. *Tissu inextensible.*

IN EXTENSO [inɛkstɛ̃so] loc. adv. (mots lat., *en entier*). Tout au long, en entier. *Publier un discours in extenso.*

INEXTINGUIBLE [inɛkstɛ̃gibl] ou [inɛkstɛ̃gɥibl] adj. (bas lat. *inextinguibilis*). **1.** Rare. Qu'on ne peut éteindre. *Feu inextinguible.* **2.** *Fig.* Qu'on ne peut apaiser, arrêter. *Soif, rire inextinguible.*

INEXTIRPABLE adj. Qu'on ne peut extirper.

IN EXTREMIS [inɛkstremis] loc. adv. (mots lat., *à l'extrémité*). Au dernier moment, à la dernière limite. *Sauvé in extremis.*

INEXTRICABLE adj. (lat. *inextricabilis*, de *extricare*, débarrasser). Qui ne peut être démêlé, résolu. *Affaire inextricable.*

INEXTRICABLEMENT adv. De façon inextricable.

INFAILLIBILISTE n. et adj. CATH. Partisan de l'infaillibilité pontificale, par oppos. à ceux qui en contestèrent l'opportunité ou aux vieux-catholiques, qui la rejetèrent.

INFAILLIBILITÉ n.f. **1.** Qualité de qqn qui ne peut se tromper. ◇ CATH. ***Infaillibilité pontificale*** : dogme, proclamé en 1870 par le premier concile du Vatican, d'après lequel le pape, parlant ex cathedra, ne peut se tromper en matière de foi. **2.** Caractère de ce qui ne peut manquer de réussir. *L'infaillibilité d'un procédé.*

INFAILLIBLE adj. **1.** Qui ne peut se tromper. *Nul n'est infaillible.* **2.** Qui produit les résultats attendus ; qui ne peut manquer d'arriver. *Remède infaillible. Succès infaillible.*

INFAILLIBLEMENT adv. Sans possibilité d'erreur ; inévitablement, immanquablement, nécessairement.

INFAISABLE [-fə-] adj. Qui ne peut être fait. *Ce puzzle est infaisable !*

INFALSIFIABLE adj. Qui ne peut être falsifié.

INFAMANT, E adj. Qui déshonore, nuit à la réputation de qqn. *Accusation infamante.* ◇ DR. ***Peine infamante*** : peine criminelle politique (bannissement, dégradation civique) qui soumettait le condamné à la réprobation publique.

INFÂME adj. (lat. *infamis*, de *fama*, réputation). **1.** Qui avilit ou déshonore celui qui agit, parle. *Mensonge infâme.* **2.** Qui provoque le dégoût ; sale, répugnant. *Loques infâmes.*

INFAMIE n.f. **1.** *Litt.* Grand déshonneur, atteinte à la réputation de qqn. **2.** *Litt.* Caractère d'une personne ou d'une action infâme. *L'infamie d'un crime.* **3.** Action ou parole vile, honteuse. *Commettre une infamie.*

INFANT, E n. (esp. *infante*). Titre des enfants puînés des rois de Portugal et d'Espagne.

INFANTERIE n.f. (ital. *infanteria*). Ensemble des troupes capables de combattre à pied. (Motorisée ou non, mécanisée, aérotransportée ou parachutée, l'infanterie assure la conquête, l'occupation et la défense du terrain. La position de l'infanterie en fin de combat matérialise le succès ou l'échec d'une opération.)

1. INFANTICIDE n.m. (lat. *infans, infantis*, enfant, et *caedere*, tuer). Meurtre d'un enfant, spécial. d'un nouveau-né.

2. INFANTICIDE adj. et n. Qui a commis un infanticide.

INFANTILE adj. (bas lat. *infantilis*). **1.** Relatif à l'enfant en bas âge. *Maladie infantile.* **2.** *Péjor.* Qui a gardé à l'âge adulte certains caractères, notamm. psychologiques, de l'enfant. *Comportement infantile.*

INFANTILISANT, E adj. Qui infantilise.

INFANTILISATION n.f. Action d'infantiliser ; fait d'être infantilisé.

INFANTILISER v.t. Rendre infantile, maintenir chez un adulte une mentalité infantile.

INFANTILISME n.m. **1.** Absence de maturité ; comportement infantile, irresponsable ; puérilité. **2.** Arrêt pathologique du développement physique et psychique d'un individu.

INFARCI, E adj. MÉD. Se dit d'un tissu vivant atteint d'un infarctus.

INFARCTUS [ɛ̃farktys] n.m. (lat. *in*, dans, et *farcire*, remplir de farce). MÉD. Nécrose d'un tissu d'une partie d'organe, par ischémie. ◇ ***Infarctus du myocarde***, touchant une partie du muscle cardiaque et dû à l'obstruction d'une artère coronaire.

INFATIGABLE adj. Que rien ne fatigue.

INFATIGABLEMENT adv. De façon infatigable, sans se lasser.

INFATUATION n.f. *Litt.* Satisfaction excessive et ridicule que l'on a de soi ; fatuité, prétention.

INFATUÉ, E adj. (lat. *fatuus*, sot). Qui a une trop bonne opinion de sa personne.

INFATUER (S') v.pr. *Litt.* Être excessivement content de sa personne ; devenir infatué.

INFÉCOND, E adj. **1.** *Litt.* Qui n'est pas fécond ; stérile. *Sol infécond.* **2.** MÉD. Qui n'a jamais eu d'enfant, quelle qu'en soit la raison. *Couple infécond.*

INFÉCONDITÉ n.f. Caractère de qqn ou de qqch d'infécond.

INFECT, E [ɛ̃fɛkt] adj. (lat. *infectus*, de *inficere*, souiller). **1.** *Litt.* Qui exhale de mauvaises odeurs ; putride. *Marais infect.* **2.** *Fam.* Très mauvais ; dégoûtant. *Ce café est infect.* **3.** *Fam.* Qui excite le dégoût ; répugnant. *Livre infect.*

INFECTANT, E adj. Qui produit ou transmet une infection. *Moustique infectant.*

INFECTER v.t. **1.** Contaminer et provoquer une infection. **2.** *Litt.* Remplir d'émanations puantes et malsaines ; empester, empuantir. ◆ **s'infecter** v.pr. Être atteint par une infection. *La plaie s'est infectée.*

INFECTIEUX, EUSE [ɛ̃fɛksjø, øz] adj. **1.** Qui produit une infection. *Germe infectieux.* **2.** Qui se rapporte à l'infection ; de la nature de l'infection. *La rougeole est une maladie infectieuse.*

INFECTIOLOGIE [-sjɔ-] n.f. Rare. Branche de la médecine qui étudie les maladies infectieuses.

INFECTION [ɛ̃fɛksjɔ̃] n.f. (bas lat. *infectio*). **1.** Pénétration et développement dans un être vivant de micro-organismes qui peuvent provoquer des lésions en se multipliant, et éventuellement en sécrétant des toxines ou en se propageant par voie sanguine. **2.** Pénétration et développement d'un virus dans un système informatique. **3.** Odeur ou goût particulièrement mauvais ; puanteur. *C'est une infection, ici !*

ENCYCL. Les principales infections sont d'origine bactérienne, virale, mycosique ou parasitaire. Les signes peuvent être une fièvre, une douleur, un écoulement, une perturbation de l'organe atteint (toux, diarrhée, etc.), une anomalie sanguine. Les médicaments contre les bactéries (antibiotiques), les champignons et les parasites sont beaucoup plus efficaces que ceux visant les virus.

INFÉODATION n.f. Action d'inféoder ; fait d'être inféodé.

INFÉODÉ, E adj. **1.** Mis sous la dépendance de. *Petit pays inféodé à une grande puissance.* **2.** ÉCOL. Qui ne peut se nourrir qu'aux dépens d'une seule espèce. *Chenille inféodée au liseron.*

INFÉODER v.t. (du lat. *feodum*, fief). **1.** Mettre sous la dépendance de. **2.** HIST. Donner une terre pour qu'elle soit tenue en fief. ◆ **s'inféoder** v.pr. Se mettre sous la dépendance de, s'affilier à. *S'inféoder à un chef.*

INFÈRE adj. (lat. *inferus*). BOT. Se dit d'un ovaire situé au-dessous des points d'insertion des sépales, des pétales et des étamines, comme chez l'iris, le pommier. CONTR. : *supère.*

INFÉRENCE n.f. **1.** LOG. Opération intellectuelle par laquelle on passe d'une vérité à une autre vérité, jugée telle en raison de son lien avec la première. *La déduction est une inférence.* ◇ LOG. ***Règles d'inférence***, celles qui permettent, dans une théorie déductive, de conclure à la vérité d'une proposition à partir d'une ou de plusieurs propositions, prises comme hypothèses. **2.** INFORM. ***Moteur d'inférence*** : programme qui, dans un système expert, interprète les données de la base de connaissances et assure, suivant des stratégies générales ou particulières, l'enchaînement des étapes de la résolution d'un problème donné.

INFÉRER v.t. [11] (lat. *inferre*, alléguer). *Litt.* Tirer comme conséquence d'un fait, d'un principe.

1. INFÉRIEUR, E adj. (lat. *inferior*, qui est situé plus bas). **1.** Situé en bas, plus bas, au-dessous (par oppos. à *supérieur*). *Mâchoire inférieure.* **2.** Moindre en quantité, en importance, en valeur. *La récolte est inférieure à celle de l'année passée. Jouer un rôle inférieur.* **3.** SC. DE LA V. A priori moins avancé dans l'évolution et d'organisation moins élaborée. *Espèces animales, végétales inférieures.* **4.** Se dit de la partie d'un fleuve la plus rapprochée de la mer. *Loire inférieure.* **5.** ALGÈBRE. ***Élément x d'un ensemble ordonné, inférieur à un élément y*** : élément x vérifiant la relation d'inégalité $x \leqslant y$.

2. INFÉRIEUR, E n. Personne qui occupe une position subalterne, qui est à un moindre rang social.

INFÉRIEUREMENT adv. D'une manière inférieure ; moins bien.

INFÉRIORISATION n.f. *Didact.* Action d'inférioriser ; fait d'être infériorisé.

INFÉRIORISER v.t. Rendre inférieur ; sous-estimer la valeur de.

INFÉRIORITÉ n.f. Désavantage en ce qui concerne le rang, la force, le mérite, etc. *Se trouver en état d'infériorité.* ◇ PSYCHOL. ***Complexe d'infériorité*** : sentiment morbide qui pousse le sujet, ayant la conviction intime d'être inférieur à ceux qui l'entourent, à se sous-estimer.

INFERNAL, E, AUX adj. (bas lat. *infernalis*). **1.** *Litt.* Qui appartient à l'enfer ou aux Enfers. *Puissances infernales.* **2.** Qui tient de l'enfer par son caractère inextricable et malveillant ; diabolique, démoniaque. *Ruse infernale.* ◇ ***Cycle infernal*** : enchaînement de circonstances tel que les effets fâcheux d'une situation antérieure constituent en eux-mêmes la cause de difficultés nouvelles. **3.** *Fam.* Difficile à supporter ; terrible. *Vacarme infernal. Enfant infernal.*

INFERTILE adj. *Litt.* Qui n'est pas fertile ; stérile.

INFERTILITÉ n.f. *Litt.* Stérilité. *L'infertilité d'un sol.*

INFESTATION n.f. MÉD. État d'un organisme envahi par un parasite.

INFESTER v.t. (lat. *infestare*, de *infestus*, ennemi). **1.** Abonder dans un lieu, en parlant d'animaux nuisibles. *Les rats infestent certains navires.* **2.** MÉD. Provoquer une infestation. **3.** *Litt.* Ravager par des invasions brutales, des actes de brigandage. *Les pirates infestaient ces côtes.*

INFEUTRABLE adj. Qui ne se feutre pas.

INFIBULATION n.f. ETHNOL. Opération qui consiste à faire passer un anneau *(fibule)* à travers le prépuce chez l'homme, à travers les petites lèvres chez la femme ou à coudre partiellement celles-ci. (L'infibulation se pratique encore aujourd'hui sur les fillettes et les jeunes filles, notamm. en Afrique.)

INFICHU, E adj. *Fam. Infichu de :* incapable de. *Il est infichu de se rappeler où il a mis la clef.*

1. INFIDÈLE adj. **1.** Qui manque à ses engagements, spécial. dans le mariage. *Infidèle à ses promesses.* **2.** Qui manque d'exactitude ; qui reproduit en trahissant, en déformant ; inexact. *Récit, traduction infidèles. Mémoire infidèle.* ◆ n.f. *Belle infidèle :* traduction élégante et libre d'une œuvre littéraire ; adaptation.

2. INFIDÈLE n. **1.** Vieilli. Qui ne croit pas au Dieu considéré comme le vrai Dieu. *Combattre les infidèles.* **2.** Personne infidèle en amour.

INFIDÈLEMENT adv. De façon infidèle.

INFIDÉLITÉ n.f. **1.** Manque de fidélité, en partic. dans le mariage. **2.** Manque d'exactitude, de vérité. *L'infidélité d'une traduction.*

INFILTRAT n.m. MÉD. Liquide ou ensemble de cellules accumulés dans un organe à la suite d'une infiltration.

INFILTRATION n.f. **1.** Passage lent d'un liquide à travers les interstices d'un corps. ◇ *Eaux d'infiltration :* eaux de pluie qui pénètrent dans le sol par percolation. **2.** Action de s'insinuer dans l'esprit de qqn, de pénétrer furtivement quelque part. *Infiltration d'idées subversives.* **3.** MIL. Mode de progression utilisant au maximum les accidents de terrain et les zones non battues par le feu adverse. **4.** MÉD. **a.** Envahissement d'un tissu, d'un organe par un liquide (par ex. du sang) ou par des cellules anormales (cancéreuses, par ex.). **b.** Injection d'un médicament destiné à se diffuser localement dans une articulation, etc.

INFILTRER v.t. **1.** MÉD. Pratiquer une infiltration. **2.** Faire entrer des éléments clandestins dans un groupe à des fins de surveillance ou de provocation. *Infiltrer un réseau d'espionnage.* ◆ **s'infiltrer** v.pr. **1.** Pénétrer peu à peu à travers les pores d'un corps solide. *L'eau s'infiltre dans le sable.* **2.** Pénétrer, s'introduire furtivement ; s'insinuer, s'insérer, se glisser. *Des ennemis se sont infiltrés dans un réseau de résistants.* **3.** MIL. Progresser par infiltration.

INFIME adj. (lat. *infimus*). Très petit, minime. *Une somme infime.*

INFINI, E adj. (lat. *infinitus*). **1.** Qui est sans limites ; illimité. *L'Univers est peut-être infini.* **2.** Très grand, considérable. *Cela a mis un temps infini.* **3.** MATH. *Ensemble infini,* ou *infini,* n.m. : ensemble qu'on peut mettre en bijection avec une de ses parties propres. ◆ n.m. **1.** Ce que l'on suppose sans limites. ◇ *À l'infini :* à une distance infiniment grande ; d'un très grand nombre de manières. *On peut varier le procédé à l'infini.* **2.** ARITHM. *Plus l'infini, moins l'infini :* éléments, notés respectivement $+\infty$ et $-\infty$, tels que tout nombre réel est inférieur à $+\infty$ et supérieur à $-\infty$.

INFINIMENT adv. **1.** *Sout.* Extrêmement. *Je vous suis infiniment obligé.* **2.** MATH. *Fonction infiniment grande :* fonction qui tend vers l'infini dans certaines conditions.

INFINITÉ n.f. **1.** Très grand nombre. *Une infinité de gens.* **2.** *Litt.* Caractère de ce qui est infini. *L'infinité de l'Univers.*

INFINITÉSIMAL, E, AUX adj. (du lat. *infinitus*). **1.** Extrêmement petit. **2.** *Calcul infinitésimal :* partie des mathématiques recouvrant principalement le calcul différentiel et le calcul intégral, fondée sur l'étude des infiniment petits et des limites.

1. INFINITIF n.m. (du bas lat. *infinitivus modus*). GRAMM. Forme nominale du verbe, ne portant pas de marque de nombre ni de personne.

2. INFINITIF, IVE adj. Caractérisé par l'emploi de l'infinitif. *Tournure, construction infinitive.* ◇ *Proposition infinitive,* ou *infinitive,* n.f. : subordonnée complétive dont le verbe est à l'infinitif.

INFINITUDE n.f. *Litt.* Qualité de ce qui est infini.

INFIRMATIF, IVE adj. DR. Qui infirme.

INFIRMATION n.f. DR. Action d'infirmer.

INFIRME adj. et n. (lat. *infirmus*). Qui ne jouit pas de toutes ses facultés physiques.

INFIRMER v.t. (lat. *infirmare*). **1.** Détruire la valeur, l'autorité de ; remettre totalement en question ; ruiner. *Infirmer un témoignage.* **2.** DR. Annuler partiellement ou totalement une décision en appel.

INFIRMERIE n.f. Local à l'intérieur d'un établissement (école, caserne, etc.) où sont soignés les troubles et les accidents sans gravité.

INFIRMIER, ÈRE n. Personne habilitée à assurer la surveillance des malades et à les soigner sur prescription médicale. ◆ adj. Relatif aux infirmiers, aux soins qu'ils dispensent.

INFIRMITÉ n.f. Altération définitive et grave d'une fonction du corps par une affection, un traumatisme. ◇ *Infirmité motrice cérébrale :* paralysie et déficience mentale par anomalie cérébrale survenue peu avant ou peu après la naissance.

INFIXE n.m. (lat. *infixus,* inséré). LING. Élément qui s'insère à l'intérieur d'un mot, notamm. dans la racine, pour en modifier le sens, la valeur grammaticale.

INFLAMMABILITÉ n.f. Caractère de ce qui est inflammable.

INFLAMMABLE adj. (du lat. *inflammare,* allumer). Qui s'enflamme facilement.

INFLAMMATION n.f. **1.** *Litt.* Fait de s'enflammer, en parlant d'une matière combustible. **2.** MÉD. Ensemble de phénomènes de défense de l'organisme contre une agression (traumatisme, infection, etc.), pouvant se manifester par divers signes (douleur, tuméfaction, chaleur, rougeur, etc.).

INFLAMMATOIRE adj. MÉD. Relatif à l'inflammation ; caractérisé par une inflammation. *Maladie inflammatoire.*

INFLATION n.f. (lat. *inflatio,* de *inflare,* enfler). **1.** Situation ou phénomène caractérisés par une hausse généralisée, durable et plus ou moins importante des prix. ◇ *Inflation rampante :* inflation chronique, mais dont le taux demeure relativement faible (par oppos. à *inflation galopante,* ou *hyperinflation*). **2.** *Fig.* Augmentation, accroissement excessifs. *Inflation de publicité.*
ENCYCL. Trois causes principales sont invoquées pour expliquer l'inflation : l'*inflation par les coûts,* qui résulte de l'augmentation des charges (salariales notamm.) pesant sur le processus de production des biens et des services, et se répercutant sur les prix de ceux-ci ; l'*inflation par la demande,* qui manifeste un écart entre le volume des biens et des services demandés par le marché et la capacité de l'appareil productif à satisfaire cette demande ; l'*inflation monétaire,* enfin, qui révèle l'injection, dans le cycle économique, d'un volume exagéré de moyens de paiement, entraînant, par intensification de la demande, une hausse des prix. Des phénomènes d'interaction (« spirale prix-salaires ») entretiennent — et souvent accroissent — l'inflation.

INFLATIONNISTE adj. Qui est cause ou signe d'inflation. *Politique inflationniste.*

INFLÉCHI, E adj. **1.** Qui est courbé de dehors en dedans ; incurvé, ployé. **2.** PHON. *Voyelle infléchie,* qui a subi une inflexion.

INFLÉCHIR v.t. (de *inflexion*). **1.** Modifier l'orientation de ; courber, incliner. *L'atmosphère infléchit les rayons lumineux.* **2.** Changer l'évolution de. *Infléchir une politique.* ◆ **s'infléchir** v.pr. **1.** Prendre une autre direction ; se courber, dévier. **2.** Subir une modification progressive de son évolution.

INFLÉCHISSEMENT n.m. Modification peu accusée d'un processus, d'une évolution.

INFLEXIBILITÉ n.f. Fait d'être inflexible ; caractère, attitude d'une personne inflexible.

INFLEXIBLE adj. **1.** Que rien ne peut fléchir, vaincre ou émouvoir ; inébranlable, intraitable. *Se montrer inflexible.* **2.** Dénué de souplesse ; rigoureux. *Morale, volonté inflexible.*

INFLEXIBLEMENT adv. *Litt.* De façon inflexible.

INFLEXION n.f. (lat. *inflexio*). **1.** Action de plier légèrement, d'incliner. *Saluer d'une inflexion de la tête.* **2.** Changement de direction ; courbe. *L'inflexion brusque de la route.* ◇ GÉOMÉTR. *Point d'inflexion :* point où une courbe plane traverse sa tangente. **3.** Changement, modification dans la manière de conduire une affaire, de se comporter, d'envisager une situation. *L'inflexion d'une attitude politique.* **4.** Changement d'accent ou d'intonation ; modulation. *Une voix aux inflexions persuasives.* **5.** PHON. Modification du timbre d'une voyelle sous l'influence d'une voyelle voisine.

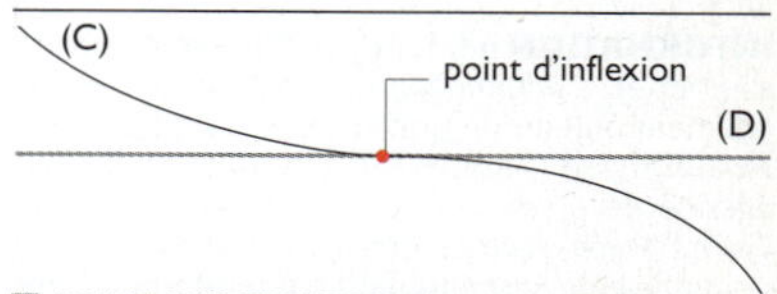

■ POINT D'**INFLEXION.** La droite (D) est tangente à la courbe (C) de part et d'autre du point d'inflexion.

INFLIGER v.t. [10] (lat. *infligere,* heurter). **1.** Appliquer une sanction, une peine pour une faute, une infraction. *Infliger un blâme, un châtiment.* **2.** Faire subir qqch de pénible à qqn ; imposer. *Elle nous a infligé le récit de ses exploits.* **3.** *Infliger un démenti à :* contredire catégoriquement, montrer à l'évidence l'erreur de. *Les faits lui ont infligé un cruel démenti.*

INFLORESCENCE n.f. (du lat. *inflorescere,* fleurir). BOT. **1.** Mode de groupement des fleurs sur une plante. (Principaux types d'inflorescence : grappe, épi, ombelle, capitule, cyme, corymbe.) **2.** Ensemble de ces fleurs.

INFLUENÇABLE adj. Qui se laisse influencer.

INFLUENCE n.f. (lat. *influentia*). **1.** Action qu'une personne exerce sur une autre ; ascendant, autorité. *Avoir une grande influence sur un enfant. Avoir de l'influence dans les milieux politiques.* ◇ PSYCHOPATHOL. *Syndrome d'influence :* conviction délirante d'être soumis à une force extérieure qui commande les pensées et les actes. — PSYCHOL. *Influence sociale :* ensemble des empreintes et des changements que la vie sociale ou les relations avec autrui produisent sur les individus ou les groupes, qu'ils en soient ou non conscients. **2.** Action qu'une chose exerce sur une personne ou sur une autre chose. *Influence*

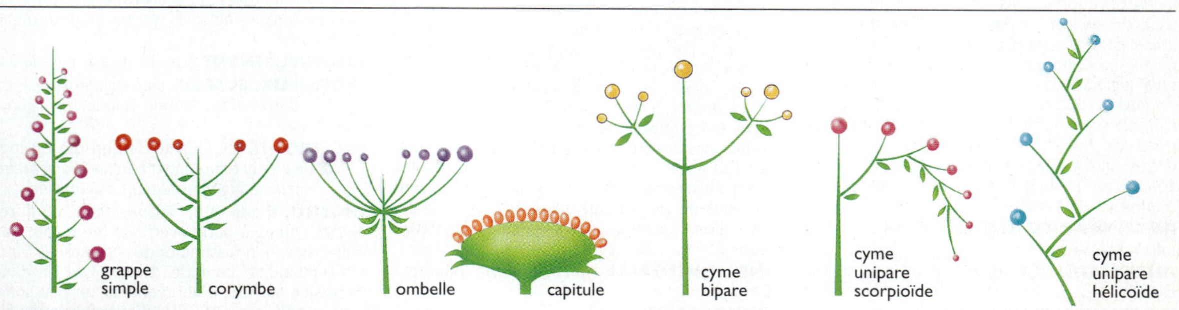

■ **INFLORESCENCES**

de l'alcool sur l'organisme. **3.** ÉLECTROTECHN. *Électrisation par influence :* séparation des charges électriques sur un conducteur par l'approche d'un autre corps chargé.

INFLUENCER v.t. [9]. Exercer une influence sur, agir sur. *La Lune influence les marées. Influencer l'opinion publique. Se laisser influencer.*

INFLUENT, E adj. Qui a de l'autorité, du prestige. *Personnage influent.*

INFLUENZA [ɛ̃flyɑ̃za] ou [ɛ̃flyɛ̃za] n.f. (mot ital., *épidémie*). Vx. Grippe.

INFLUER [ɛ̃flye] v.t. ind. **[sur]** (lat. *influere*, couler dans). Exercer une action sur. *Le climat influe sur la santé.*

INFLUX [ɛ̃fly] n.m. (bas lat. *influxus*, influence). PHYSIOL. *Influx nerveux :* potentiel d'action nerveux.

INFO n.f. (abrév.). *Fam.* Information. ◆ pl. *Fam.* Informations.

INFOGRAPHIE n.f. (nom déposé). Application de l'informatique à la représentation graphique et au traitement de l'image.

INFOGRAPHISTE n. Spécialiste d'Infographie.

IN-FOLIO [infɔljo] adj. inv. et n.m. inv. (mots lat., *en feuille*). Se dit du format déterminé par le pliage d'une feuille d'impression en 2 feuillets (4 pages) ; livre de ce format. (On écrit aussi *in-f°*.)

INFONDÉ, E adj. Dénué de fondement.

INFORMATEUR, TRICE n. Personne qui donne des informations ou qui les recueille.

INFORMATICIEN, ENNE n. Personne qui s'occupe d'informatique ; spécialiste de l'informatique.

INFORMATIF, IVE adj. Qui informe. *Publicité informative.*

INFORMATION n.f. **1.** Action d'informer, fait de s'informer. *L'information des lecteurs.* **2.** Renseignement obtenu de qqn sur qqn ou qqch. *Information fausse.* — Nouvelle communiquée par une agence de presse, un journal, la radio, la télévision. Abrév. *(fam.) : info.* **3.** INFORM. Élément de connaissance susceptible d'être codé pour être conservé, traité ou communiqué. **4.** *Quantité d'information :* mesure quantitative de l'incertitude d'un message en fonction du degré de probabilité de chaque signal composant ce message. — *Théorie de l'information :* étude du processus de communication fondée sur la mesure quantitative de l'information et l'étude mathématique des divers facteurs qui régissent la transmission et la réception de signaux. **5.** DR. Ensemble des actes d'instruction qui ont pour objet de faire la preuve d'une infraction et d'en connaître les auteurs. ◆ pl. Émission de radio ou de télévision qui donne des nouvelles du jour. Abrév. *(fam.) : infos.*

INFORMATIONNEL, ELLE adj. *Didact.* Qui concerne l'information.

INFORMATIQUE n.f. (de *information* et *automatique*). Science du traitement automatique et rationnel de l'information en tant que support des connaissances et des communications ; ensemble des applications de cette science, mettant en œuvre des matériels (ordinateurs) et des logiciels. ◆ adj. Qui a trait à l'informatique.

ENCYCL. L'informatique fondamentale comprend la théorie de l'information, l'algorithmique, l'analyse numérique (recherches, études et évaluation d'algorithmes, de procédés mathématiques de résolution de problèmes) et les méthodes théoriques de représentation des connaissances et de modélisation des problèmes. Le traitement automatique de l'information nécessite de *capter* les informations par des organes d'entrée, de *transmettre* ces informations par des lignes de transmission, de les *stocker* dans des mémoires, de les *traiter* dans une unité de traitement (processeur ou unité centrale d'ordinateur, appelée parfois *unité logique*) grâce à un logiciel et, enfin, de les *restituer* à l'utilisateur par des organes de sortie. L'architecture globale des systèmes informatiques fait l'objet de nombreuses études pour définir, modéliser et évaluer le système le mieux adapté au problème à résoudre, au système d'information à traiter.

INFORMATIQUEMENT adv. Par des moyens informatiques.

INFORMATISABLE adj. Qui peut être informatisé.

INFORMATISATION n.f. Action d'informatiser ; fait d'être informatisé.

INFORMATISER v.t. **1.** Traiter par les procédés de l'informatique. *Informatiser une étude de marché.* **2.** Doter de moyens informatiques. *Informatiser une usine.*

INFORME adj. (lat. *informis*, affreux). **1.** Qui n'a pas de forme nette, précise, reconnaissable. *Masse informe.* **2.** Qui est insuffisamment élaboré, pensé ; incomplet. *Projet, ouvrage informe.* **3.** *Péjor.* Qui a une forme lourde et sans grâce. *Sculpture informe.*

INFORMÉ n.m. (Langage administratif.) *Jusqu'à plus ample informé :* jusqu'à la découverte d'un fait nouveau.

1. INFORMEL, ELLE adj. **1.** Qui n'obéit pas à des règles déterminées ; qui n'a pas un caractère officiel. *Réunion informelle.* **2.** Se dit d'une forme de peinture abstraite (apparue v. 1945) marquée par l'absence de composition organisée et traduisant, dans la gestualité ou la matière, la spontanéité de l'artiste (Fautrier, Wols, S. Francis, etc.). ◆ n.m. Art informel.

2. INFORMEL, ELLE n. Artiste informel.

INFORMER v.t. (lat. *informare*, donner une forme). **1.** Mettre au courant de qqch ; avertir, aviser. *Informer qqn d'un changement. Je vous informe que votre demande a été transmise.* **2.** Donner des informations à ; renseigner. *La presse a le devoir d'informer le public.* ◆ v.i. DR. Procéder à une information, instruire une affaire. ◆ **s'informer** v.pr. **(de).** Prendre, recueillir des renseignements ; se mettre au courant ; s'enquérir. *S'informer de la situation politique.* ◇ Absol. *Chercher à s'informer.*

INFORMULÉ, E adj. Qui n'est pas formulé. *Une objection restée informulée.*

INFOROUTE n.f. Autoroute électronique.

INFORTUNE n.f. (lat. *infortunium*). *Litt.* **1.** Malchance, adversité. **2.** (Souvent pl.) Événement malheureux, revers. *Conter ses infortunes.* — *Spécial.* Fait d'être trompé par son conjoint, son partenaire. *Infortune conjugale.*

INFORTUNÉ, E adj. et n. *Litt.* Qui n'a pas de chance.

INFOUTU, E adj. *Fam. Être infoutu de :* être incapable de.

INFRA [ɛ̃fra] adv. (mot lat.). Plus bas dans le texte ; ci-dessous. CONTR. : *supra.*

INFRACTION n.f. (lat. *infractio*, de *frangere*, briser). Transgression, violation de ce qu'une institution a défini comme règle. — DR. Action ou comportement définis par la loi et sanctionnés par une peine. (Il y a trois catégories d'infractions en France : les contraventions, les délits et les crimes.)

INFRALIMINAIRE adj. PSYCHOL. Se dit d'un stimulus dont l'intensité est trop faible pour entraîner une réponse manifeste de l'organisme. SYN. : *subliminal.*

INFRANCHISSABLE adj. Que l'on ne peut franchir.

INFRANGIBLE adj. (du bas lat. *frangibilis*). *Litt.* Qui ne peut être brisé.

INFRAROUGE adj. et n.m. PHYS. Se dit du rayonnement électromagnétique de longueur d'onde comprise entre 0,8 micromètre (lumière rouge) et 1 mm, utilisé pour le chauffage ou le séchage, ainsi qu'en télédétection, en thérapeutique, dans des matériels militaires, etc.

INFRASON [ɛ̃frasɔ̃] n.m. ACOUST. Vibration de même nature que le son, mais de fréquence trop basse (inférieure à 15 Hz) pour être perçue par l'oreille humaine.

INFRASONORE adj. Relatif aux infrasons.

INFRASTRUCTURE n.f. **1.** Ensemble des travaux relatifs aux fondations d'un ouvrage (route, voie ferrée, etc.) ; ensemble des parties inférieures d'un ouvrage, d'un bâtiment qui résultent de ces travaux (par oppos. à *superstructure*). **2.** MIL. Ensemble des installations territoriales (services, écoles, bases, etc.) indispensables à la création et à l'emploi de forces armées. ◇ *Infrastructure aérienne :* ensemble des installations au sol indispensables aux avions. **3.** Partie interne, sous-jacente à une structure abstraite ou matérielle. **4.** Pour les marxistes, ensemble des moyens et des rapports de production qui sont à la base des formations sociales (par oppos. à *superstructure*).

INFRÉQUENTABLE adj. Qu'on ne peut pas fréquenter.

INFROISSABLE adj. Qui ne peut se chiffonner, se froisser.

INFRUCTUEUSEMENT adv. Sans résultat.

INFRUCTUEUX, EUSE adj. Qui ne donne pas de résultat utile ; stérile, vain. *Effort infructueux.*

INFULE n.f. (lat. *infula*). ANTIQ. ROM. Bandelette sacrée qui ceignait le front des prêtres et dont on parait les victimes des sacrifices.

INFUMABLE adj. Qui est très désagréable à fumer, que l'on ne peut pas fumer.

INFUNDIBULIFORME [ɛ̃fɔ̃dibylifɔrm] adj. (du lat. *infundibulum*, entonnoir). Se dit de la corolle d'une fleur, du chapeau d'un champignon, lorsqu'ils ont la forme d'un entonnoir.

INFUSE adj.f. (lat. *infusus*). *Science infuse*, que l'on posséderait naturellement, sans l'avoir acquise par l'étude ou l'expérience. *Je n'ai pas la science infuse.*

INFUSER v.t. (du lat. *infundere*, verser dans). **1.** Faire macérer une plante aromatique dans un liquide bouillant afin que celui-ci en prenne l'arôme. *Infuser du thé.* **2.** *Litt.* Communiquer à qqn ; instiller, insuffler. *Infuser de l'ardeur dans le cœur des troupes.* ◆ v.i. Communiquer à un liquide ses sucs aromatiques. *Laisser infuser la tisane.*

INFUSETTE n.f. (nom déposé). Sachet de tisane prêt à infuser.

INFUSIBILITÉ n.f. Caractère de ce qui est infusible.

INFUSIBLE adj. Qu'on ne peut fondre.

INFUSION n.f. (lat. *infusio*). **1.** Action d'infuser qqch. **2.** Liquide dans lequel on a mis une plante aromatique à infuser. *Infusion de tilleul.*

INFUSOIRE n.m. MICROBIOL. Vieilli. Protozoaire cilié.

INGAGNABLE adj. Qui ne peut être gagné. *Pari ingagnable.*

INGAMBE [ɛ̃gɑ̃b] adj. (ital. *in gamba*, en jambe). Qui a les jambes lestes ; alerte. *Vieillard encore ingambe.*

INGÉNIER (S') v.pr. **(à)** [5] (du lat. *ingenium*, esprit). Mettre en œuvre toutes les ressources de son esprit pour parvenir à son but. *S'ingénier à plaire.*

INGÉNIERIE [ɛ̃ʒeniri] n.f. (de *ingénieur*). **1.** Étude d'un projet industriel sous tous ses aspects (techniques, économiques, financiers, monétaires et sociaux), qui nécessite un travail de synthèse coordonnant les travaux de plusieurs équipes de spécialistes ; discipline, spécialité que constitue le domaine de telles études. SYN. (anglic. déconseillé) : *engineering.* **2.** *Ingénierie linguistique :* industries de la langue.

INGÉNIERISTE n. Spécialiste d'ingénierie.

INGÉNIEUR n.m. (de l'anc. fr. *engin*, machine de guerre). Personne, génér. diplômée de l'enseignement supérieur, apte à occuper des fonctions scientifiques ou techniques actives, en vue de créer, organiser, diriger, etc., des travaux qui en découlent, ainsi qu'à y tenir un rôle de cadre. ◇ MIL. *Ingénieur de l'armement :* ingénieur d'un corps dans lequel ont été intégrés, en 1968, plusieurs anciens corps d'ingénieurs militaires (fabrication d'armement, génie maritime, poudres, etc.). — *Ingénieur du son :* ingénieur électricien responsable des opérations d'enregistrement et de mixage du son, en partic. dans l'équipe de tournage d'un film. — *Ingénieur système :* ingénieur informaticien spécialisé dans la conception, la production, l'utilisation et la maintenance de systèmes d'exploitation d'ordinateurs.

INGÉNIEUR-CONSEIL n.m. (pl. *ingénieurs-conseils*). Personne dont le métier est de donner, à titre personnel, des conseils, d'établir des projets, des expertises, de préparer et de suivre des travaux dans les activités qui relèvent du métier d'ingénieur.

INGÉNIEUSEMENT adv. De façon ingénieuse.

INGÉNIEUX, EUSE adj. (lat. *ingeniosus*). Plein d'esprit d'invention ; subtil, habile. *Explication ingénieuse.*

INGÉNIOSITÉ n.f. Qualité de qqn qui est ingénieux, de ce qui témoigne d'adresse. *Faire preuve d'ingéniosité. L'ingéniosité d'un mécanisme.*

INGÉNU, E adj. et n. (lat. *ingenuus*, né libre). **1.** *Litt.* Qui agit, parle avec une innocente franchise, sans rien dissimuler de ses pensées ou de ses sentiments ; candide. **2.** *Iron.* Qui est d'une excessive naïveté, d'une candeur un peu sotte ; simple, naïf. ◆ n.f. THÉÂTRE. Emploi de jeune fille simple et naïve.

INGÉNUITÉ n.f. 1. *Litt.* Caractère ingénu ; candeur, innocence, pureté. 2. *Iron.* Sincérité, simplicité excessive dans sa naïveté ; niaiserie.

INGÉNUMENT adv. De façon ingénue.

1. **INGÉRABLE** adj. Qui peut être ingéré, absorbé par la bouche. *Médicament ingérable.*

2. **INGÉRABLE** adj. (de *in-* et *gérable*). Impossible à gérer. *Situation ingérable.*

INGÉRENCE n.f. Action de s'ingérer ; immixtion, intrusion. ◇ *Droit d'ingérence :* possibilité d'immixtion dans les affaires intérieures d'un État, reconnue dans certains cas par les Nations unies à un ou plusieurs autres États ou organisations intergouvernementales. (On parle aussi de *devoir d'ingérence.*)

INGÉRER v.t. [11] (lat. *ingerere,* introduire dans). Introduire par la bouche dans l'estomac. *Ingérer des aliments.* ◆ **s'ingérer** v.pr. **(dans)**. Se mêler d'une chose sans en avoir le droit, l'autorisation ; s'immiscer. *S'ingérer dans les affaires d'autrui.*

INGESTION n.f. Action d'ingérer.

INGOUVERNABLE adj. Qu'on ne peut gouverner.

INGRAT, E adj. et n. (lat. *ingratus*). Qui méconnaît les bienfaits reçus et ne témoigne d'aucune reconnaissance à qui il les doit. ◆ adj. 1. Qui n'est pas agréable à l'œil ; disgracieux. *Visage ingrat.* ◇ *L'âge ingrat :* le début de l'adolescence, la puberté. 2. Qui ne dédommage guère de la peine qu'il coûte ; aride, stérile. *Un sol ingrat.* 3. Qui exige de gros efforts sans résultats appréciables ; difficile, rebutant. *Travail ingrat.*

INGRATITUDE n.f. Caractère de qqn qui est ingrat, manque de reconnaissance ; acte ou parole ingrats.

INGRÉDIENT n.m. (lat. *ingrediens, -entis*). Produit qui entre dans la composition d'un mélange. *Les ingrédients d'une sauce.*

INGRESQUE adj. Qui se rapporte à Ingres, à l'ingrisme.

INGRISME n.m. Art d'Ingres ou de ses épigones.

INGUÉRISSABLE adj. Que l'on ne peut guérir ; incurable.

INGUINAL, E, AUX [ɛ̃gɥinal, o] adj. (du lat. *inguen, inguinis,* aine). ANAT. Relatif à l'aine.

INGURGITATION n.f. Action d'ingurgiter ; fait d'être ingurgité.

INGURGITER v.t. (lat. *ingurgitare,* de *gurges, gurgitis,* gouffre). 1. Avaler rapidement et souvent en grande quantité ; engloutir. 2. *Fig.* Absorber massivement des connaissances, sans les assimiler.

INHABILE adj. *Litt.* Qui manque d'habileté ; gauche, malhabile.

INHABILETÉ n.f. *Litt.* Caractère d'une personne qui n'est pas habile ; maladresse.

INHABILITÉ n.f. DR. Incapacité légale.

INHABITABLE adj. Qui ne peut être habité.

INHABITÉ, E adj. Qui n'est pas habité.

INHABITUEL, ELLE adj. Qui n'est pas habituel ; inaccoutumé.

INHALATEUR n.m. Appareil servant à prendre des inhalations.

INHALATION n.f. 1. Action, fait d'inhaler. 2. Traitement qui consiste à inhaler des vapeurs d'eau chaude chargées de principes médicamenteux volatils.

INHALER v.t. (lat. *inhalare,* souffler sur). Absorber par les voies respiratoires. *Inhaler des gaz toxiques.*

INHARMONIEUX, EUSE adj. *Litt.* Qui n'est pas harmonieux ; désagréable à l'oreille ; dépourvu d'esthétique.

INHÉRENCE n.f. *Didact.* État de ce qui est inhérent à qqch.

INHÉRENT, E adj. (lat. *inhaerens,* attaché à). *Sout.* Lié d'une manière intime et nécessaire à qqch. *Responsabilité inhérente à une fonction.*

INHIBÉ, E adj. Qui souffre d'inhibition ; timide.

INHIBER v.t. (lat. *inhibere,* retenir). 1. Supprimer ou ralentir toute possibilité de réaction, toute activité chez qqn. 2. Suspendre un processus physiologique ou psychologique.

INHIBITEUR, TRICE adj. et n.m. BIOL., MÉD. Se dit d'une substance, d'une cellule, d'un phénomène qui bloquent ou retardent une réaction chimique ou un processus physiologique. ◆ n.m. *Inhibiteur calcique :* substance inhibant l'entrée du calcium dans les cellules musculaires du cœur et des artères, prescrite dans l'angine de poitrine et l'hypertension artérielle.

INHIBITION n.f. Phénomène d'arrêt, de blocage ou de ralentissement d'un processus chimique, physiologique ou psychologique.

INHOMOGÈNE adj. *Didact.* Qui n'est pas homogène.

INHOSPITALIER, ÈRE adj. Qui n'est pas accueillant ; rébarbatif, hostile. *Rivage inhospitalier.*

INHUMAIN, E adj. 1. Qui ne semble pas appartenir à la nature ou à l'espèce humaine ; monstrueux. *Cri inhumain.* 2. Au-dessus des forces humaines. *Travail inhumain.* 3. Qui est dépourvu des sentiments de générosité, de pitié qu'une personne devrait avoir ; qui ignore les sentiments humains ; barbare, cruel. *Loi inhumaine.*

INHUMAINEMENT adv. De façon inhumaine.

INHUMANITÉ n.f. *Litt.* Manque d'humanité ; cruauté, férocité, barbarie.

INHUMATION n.f. Action d'inhumer ; fait d'être inhumé.

INHUMER v.t. (du lat. *humus,* terre). Mettre un corps humain en terre, avec les cérémonies d'usage ; enterrer, ensevelir.

INIMAGINABLE adj. Qui dépasse tout ce qu'on pourrait imaginer ; extraordinaire, incroyable.

INIMITABLE adj. Qui ne peut être imité.

INIMITÉ, E adj. Qui n'a pas été imité.

INIMITIÉ n.f. (lat. *inimicitia*). Sentiment durable d'hostilité ; haine, aversion.

ININFLAMMABLE adj. Qui ne peut s'enflammer. *Gaz ininflammable.*

ININTELLIGENCE n.f. Manque d'intelligence, de compréhension ; stupidité.

ININTELLIGENT, E adj. Qui manque d'intelligence.

ININTELLIGIBILITÉ n.f. Caractère de ce qui est inintelligible.

ININTELLIGIBLE adj. Qu'on ne peut comprendre ; obscur.

ININTÉRESSANT, E adj. Qui est sans intérêt ; insignifiant.

ININTÉRÊT n.m. *Litt.* Absence d'intérêt.

ININTERROMPU, E adj. Qui n'est pas interrompu dans l'espace ou le temps.

INIQUE adj. (lat. *iniquus*). *Sout.* Qui n'agit pas par équité ; contraire à l'équité ; injuste. *Juge inique. Jugement inique.*

INIQUEMENT adv. *Sout.* De façon inique.

INIQUITÉ [-ki-] n.f. *Sout.* Injustice grave.

INITIAL, E, AUX [inisjal, o] adj. (lat. *initialis,* de *initium,* début). Qui est au commencement. *Vitesse initiale d'un projectile. Erreur initiale.*

INITIALE n.f. Première lettre d'un mot, du nom, du prénom d'une personne. *Signer un article de ses initiales.*

INITIALEMENT adv. Au début, à l'origine.

INITIALER v.t. (de l'angl. *to initial*). Québec. (Anglic. déconseillé). Apposer ses initiales sur ; parapher.

INITIALISATION n.f. INFORM. Étape préliminaire de la mise en service d'un ordinateur.

INITIALISER v.t. Effectuer l'initialisation de.

INITIATEUR, TRICE n. 1. Personne qui initie, fait connaître la première qqch à qqn. 2. Personne qui est à l'origine de qqch, qui ouvre une voie nouvelle. ◆ adj. Se dit du rôle, de la fonction de qqn qui initie.

INITIATION n.f. 1. Action de révéler ou fait de recevoir la connaissance d'une pratique, les premiers rudiments d'une discipline. 2. a. ANTHROP. Cérémonie permettant aux individus d'accéder à un nouveau statut (lié à une classe d'âge, à un métier, etc.) qui leur confère une pleine appartenance à la société. (Les rites d'initiation contribuent à assurer la pérennité de la société globale.) b. ANTIQ. Ensemble de rites d'affiliation dans les cultes à mystères de l'Antiquité orientale et gréco-romaine. c. Mod. Ensemble de cérémonies introduisant dans des sociétés secrètes.

INITIATIQUE adj. Qui relève de l'initiation, de pratiques secrètes. *Rite initiatique.*

INITIATIVE [-sja-] n.f. 1. Action de qqn qui propose ou qui fait le premier qqch ; droit de proposer, de commencer qqch. *Prendre l'initiative d'une mesure.* ◇ *Initiative législative :* droit de soumettre à la discussion et au vote des assemblées parlementaires le texte d'une proposition de loi *(initiative parlementaire)* ou un projet de loi *(initiative du gouvernement).* – *Initiative populaire :* droit reconnu aux citoyens de certains États (Suisse, Italie, par ex.) de soumettre au Parlement des propositions de loi recueillant un certain nombre de signatures. (En Suisse, l'initiative ne s'exerce qu'au niveau de la Constitution.) 2. Qualité de celui qui sait prendre la décision nécessaire. *Faire preuve d'initiative.*

INITIÉ, E adj. et n. Qui a reçu une initiation ; instruit d'un secret, d'un art. ◇ BOURSE. *Délit d'initié :* infraction commise par ceux qui, disposant, avant le public, d'informations privilégiées sur le marché des valeurs mobilières, réalisent en Bourse des opérations bénéficiaires.

INITIER [inisje] v.t. [5] (lat. *initiare,* commencer). 1. Apprendre les rudiments d'une science, d'une technique à qqn. 2. a. Mettre qqn au courant de choses secrètes ou connues d'un petit nombre. b. Admettre qqn à la connaissance ou au culte d'un mystère religieux, aux pratiques d'une association, d'une secte. 3. Révéler, être le premier à faire connaître qqch à qqn. *Initier qqn à l'art roman.* 4. (Emploi critiqué). Mettre en route ; prendre l'initiative de qqch. ◆ **s'initier** v.pr. **(à)**. Commencer à s'instruire dans une discipline, une activité.

INJECTABLE adj. Qui peut être injecté.

INJECTÉ, E adj. Coloré par l'afflux du sang. *Yeux injectés.*

INJECTER v.t. (lat. *injectare*). 1. Introduire sous pression un liquide, un gaz dans un corps ; faire une injection. 2. Fournir massivement des capitaux à une entreprise. ◆ **s'injecter** v.pr. Devenir injecté. *Ses yeux s'injectèrent.*

INJECTEUR n.m. Appareil au moyen duquel on opère l'introduction forcée d'un fluide dans une machine ou dans un mécanisme.

INJECTIF, IVE adj. ALGÈBRE. *Application injective de A dans B :* application pour laquelle tout élément de B est l'image d'au plus un élément de A. SYN. : *injection.*

INJECTION n.f. (lat. *injectio*). 1. Opération qui consiste à injecter un produit. ◇ *Moteur à injection,* dans lequel un injecteur, souvent électronique, dose le mélange carburé sans l'intermédiaire d'un carburateur. 2. Introduction d'un liquide ou d'un gaz dans l'organisme. *Injection de morphine.* SYN. *(cour.) : piqûre.* 3. Apport massif de capitaux, d'argent frais. 4. ALGÈBRE. Application *injective. 5. ASTRONAUT. *Injection sur orbite :* fait, pour un engin spatial, de passer de sa trajectoire de lancement à une trajectoire orbitale ; instant de ce passage.

INJOIGNABLE adj. Que l'on ne peut joindre, contacter, notamm. par téléphone.

INJONCTIF, IVE adj. et n.m. GRAMM. Qui exprime un ordre.

INJONCTION n.f. (lat. *injunctio*). 1. Ordre précis, formel d'obéir sur-le-champ. *Des injonctions pressantes.* ◇ DR. *Injonction de payer :* procédure simplifiée de recouvrement des petites créances non payées à échéance et non contestées. 2. *Injonction thérapeutique :* obligation faite par la justice à un toxicomane de suivre un traitement médical.

INJOUABLE adj. Qui ne peut être joué, interprété. *Un rôle injouable.*

INJURE n.f. (lat. *injuria,* ce qui cause du tort). 1. Parole qui blesse d'une manière grave et consciente ; insulte. – DR. Expression outrageante ou méprisante qui ne renferme l'imputation d'aucun fait précis, constituant un délit si elle est publique et n'a pas été précédée de provocation. 2. *Litt.* Action, procédé qui offensent ; affront. *Il prit cette négligence comme une injure personnelle.* 3. *Litt. Les injures du temps, des ans,* les dommages qu'ils provoquent.

INJURIER v.t. [5]. Offenser par des injures ; insulter.

INJURIEUSEMENT adv. De façon injurieuse.

INJURIEUX, EUSE adj. Qui constitue une injure ; qui porte atteinte à la réputation, à la dignité de qqn ; insultant, outrageant. *Article injurieux. Propos injurieux.*

INJUSTE adj. 1. Qui n'est pas conforme à la justice, à l'équité ; arbitraire, inique. *Châtiment injuste.* 2. Qui n'agit pas avec justice, équité ; partial. *Il est injuste avec elle.*

INJUSTEMENT adv. De façon injuste.

INJUSTICE n.f. 1. Caractère de ce qui est injuste ; ce qui est injuste. *L'injustice d'un reproche. Se*

I

révolter contre l'injustice. **2.** Acte injuste. *Réparer une injustice.*

INJUSTIFIABLE adj. Qu'on ne saurait justifier ; indéfendable, insoutenable.

INJUSTIFIÉ, E adj. Qui n'est pas ou n'a pas été justifié.

INLANDSIS [inlɑ̃dsis] n.m. (mot scand.). Vaste glacier des hautes latitudes (Antarctique, Groenland) masquant le relief sous-jacent.

INLASSABLE adj. Qui ne se lasse pas ; que l'on ne peut lasser ; infatigable, inépuisable.

INLASSABLEMENT adv. De façon inlassable.

INLAY [inlɛ] n.m. (mot angl., *incrustation*). Bloc métallique placé dans une cavité dentaire anormale, qu'il sert à obturer, reconstituant ainsi la forme anatomique de la dent.

INNÉ, E adj. (lat. *innatus*). **1.** Qui existe dès la naissance. ◇ PHILOS. ***Idées innées*** *:* dans le cartésianisme, idées qui appartiennent à l'esprit dès la naissance, comme celles de Dieu, de l'âme ou du corps (par oppos. à ***idées adventices*** et à ***idées factices***). **2.** Qui appartient au caractère fondamental de qqn. *Avoir un sens inné de la justice.* ◆ n.m. Ce qui est inné. *L'inné et l'acquis.*

INNÉISME n.m. PHILOS. Doctrine postulant l'innéité de certaines structures mentales.

INNÉITÉ n.f. PHILOS. Caractère de ce qui est inné.

I

INNERVATION n.f. Ensemble des nerfs d'un organe, d'une région du corps.

INNERVER v.t. Se distribuer à un organe, à une région du corps, en parlant d'un nerf. *Le nerf sciatique innerve la jambe.*

INNOCEMMENT [-samɑ̃] adv. De façon innocente ; sans vouloir mal faire.

INNOCENCE n.f. **1.** Absence de culpabilité. *Proclamer l'innocence d'un accusé.* ◇ ***Présomption d'innocence*** *:* principe selon lequel une personne poursuivie est présumée innocente tant qu'elle n'a pas été condamnée. **2.** Pureté de qqn qui ignore le mal. ◇ ***En toute innocence*** *:* en toute franchise, en toute simplicité. **3.** Naïveté, simplicité d'esprit ; ingénuité, candeur. *Abuser de l'innocence de qqn.*

INNOCENT, E adj. et n. (lat. *innocens, -entis*). **1.** Qui n'est pas coupable de ce dont on le soupçonne. *Il est innocent de ce meurtre.* **2.** Qui n'est pour rien dans les événements dont il souffre. *D'innocentes victimes.* ◇ CHRIST. ***Massacre des *Innocents*** *: v. partie n.pr.* **3.** Qui ignore les réalités de la vie ; pur, candide. *Âme, enfant innocents.* ◆ n. Simple d'esprit ; naïf, niais. ◆ adj. Qui est fait sans intention maligne ; inoffensif. *Innocente plaisanterie.*

INNOCENTER v.t. **1.** Déclarer innocent ; établir l'innocence de. *Les juges l'ont innocenté. Ce témoignage l'a innocenté.* **2.** Faire apparaître comme innocent ; excuser, justifier. *Innocenter la conduite de son fils.*

INNOCUITÉ [-ɔkɥi-] n.f. (du lat. *innocuus,* qui n'est pas nuisible). Qualité, caractère d'une chose qui n'est pas nuisible.

INNOMBRABLE adj. Qui est en nombre trop considérable pour pouvoir être compté ; très nombreux.

INNOMMABLE adj. Trop vil, trop ignoble pour être nommé ; inqualifiable. *Crime innommable.*

INNOMMÉ, E ou **INNOMÉ, E** adj. **1.** Qui n'a pas reçu de nom. **2.** DR. Qui n'a reçu de la loi ni dénomination ni réglementation particulière. *Contrat innommé.*

INNOVANT, E adj. Se dit de ce qui innove, constitue une innovation.

INNOVATEUR, TRICE adj. et n. Qui innove.

INNOVATION n.f. **1.** Action d'innover, d'inventer, de créer qqch de nouveau. **2.** Ce qui est nouveau ; création. *Des innovations techniques.*

INNOVER v.i. (lat. *innovare,* de *novus,* nouveau). Introduire qqch de nouveau dans un domaine particulier. *Innover en matière économique.*

INOBSERVABLE adj. **1.** Qui ne peut être observé. *Phénomène inobservable.* **2.** Qui ne peut être exécuté, suivi. *Recommandations inobservables.*

INOBSERVANCE n.f. Attitude d'une personne qui n'observe pas des prescriptions religieuses ou morales.

INOBSERVATION n.f. Fait de ne pas observer les lois, les règlements, ses engagements.

INOBSERVÉ, E adj. Qui n'a pas été observé. *Règle de sécurité inobservée.*

INOCCUPATION n.f. **1.** État d'une personne qui n'a pas d'occupations régulières. **2.** Fait d'être inhabité, en parlant d'un logement.

INOCCUPÉ, E adj. **1.** Sans occupation ; oisif. **2.** Qui n'est pas occupé, habité ; libre. *Logement inoccupé.*

IN-OCTAVO [inɔktavo] adj. inv. et n.m. inv. (mot lat., *en huitième*). Se dit du format déterminé par le pliage d'une feuille d'impression en 8 feuillets (16 pages) ; livre de ce format. (On écrit aussi *in-8°* ou *in-8.*)

INOCULABLE adj. Qui peut être inoculé. *La rage est inoculable.*

INOCULATION n.f. MÉD. Introduction volontaire ou accidentelle d'un micro-organisme dans le corps, dans un milieu de culture.

INOCULER v.t. (lat. *inoculare,* greffer). **1.** Produire une inoculation. **2.** *Fig., litt.* Transmettre par contagion morale ; communiquer. *Elle a inoculé le goût de la lecture à ses enfants.*

INOCYBE n.m. (gr. *is, inos,* fibre, et *kubos,* cube). Champignon basidiomycète dont la plupart des espèces, de couleur ocre, sont très toxiques. (Ordre des agaricales.)

INODORE adj. (lat. *inodorus*). Qui n'a pas d'odeur.

INOFFENSIF, IVE adj. Qui ne présente pas de danger. *Animal inoffensif. Remède inoffensif.*

INONDABLE adj. Qui peut être inondé. *Terres inondables.*

INONDATION n.f. **1.** Submersion, lors d'une crue, des terrains avoisinant le lit d'un cours d'eau ; masse des eaux qui inondent. **2.** Présence anormale d'une grosse quantité d'eau dans un local. *Fuite qui provoque une inondation chez les voisins.* **3.** Afflux considérable de choses ; déferlement, invasion.

INONDÉ, E adj. et n. Se dit de qqn qui a souffert d'une inondation.

INONDER v.t. (lat. *inundare*). **1.** Produire une inondation. *Les crues ont inondé la vallée.* **2.** Mouiller abondamment ; tremper. *Inonder la moquette.* **3.** Affluer au point d'envahir complètement ; se répandre en abondance dans. *La foule inonde la place. Une cour inondée de soleil.* **4.** Répandre abondamment dans. *Inonder le marché de gadgets.*

INOPÉRABLE adj. Qui ne peut subir une opération chirurgicale.

INOPÉRANT, E adj. Qui est sans effet ; inefficace, vain. *Mesures inopérantes.*

INOPINÉ, E adj. (lat. *inopinatus*). Qui arrive sans qu'on y ait pensé ; imprévu, inattendu.

INOPINÉMENT adv. De façon inopinée.

INOPPORTUN, E adj. Qui n'est pas opportun, qui n'arrive pas à propos ; fâcheux, importun.

INOPPORTUNÉMENT adv. *Litt.* De façon inopportune. *Arriver inopportunément.*

INOPPORTUNITÉ n.f. *Litt.* Caractère de ce qui n'est pas opportun.

INOPPOSABILITÉ n.f. DR. Caractère d'un acte qui est inopposable.

INOPPOSABLE adj. DR. Se dit d'un acte qui ne produit pas d'effet juridique à l'égard des tiers.

INORGANIQUE adj. *Chimie inorganique :* chimie *minérale.

INORGANISABLE adj. Qu'on ne peut pas organiser.

INORGANISATION n.f. État de ce qui n'est pas organisé ; désordre.

INORGANISÉ, E adj. Qui n'est pas organisé. ◆ adj. et n. Qui n'appartient pas à un parti, à un syndicat.

INOTROPE adj. (gr. *is, inos,* fibre, et *trepein,* tourner). PHYSIOL. Qui concerne la force de contraction du cœur ; qui peut la modifier.

INOUBLIABLE adj. Que l'on ne peut oublier ; mémorable.

INOUÏ, E [inwi] adj. (de *in-* et *ouïr*). Qui est sans exemple, sans précédent ; incroyable, extraordinaire.

INOX n.m. (nom déposé). Acier inoxydable.

INOXYDABLE adj. **1.** Qui résiste à l'oxydation. **2.** *Fig.* Que rien ne peut altérer ; immuable. *Un optimisme inoxydable.*

IN PACE ou **IN-PACE** [inpatʃe] n.m. inv. (mots lat., *en paix*). HIST. Prison, souterrain d'un couvent où l'on enfermait les coupables jusqu'à leur mort.

IN PARTIBUS [inpartibys] loc. adj. (mots lat., *dans les pays des infidèles*). CATH. Se dit d'un évêque ayant reçu en titre, mais sans juridiction réelle, un siège épiscopal situé en pays non chrétien.

IN PETTO [inpeto] loc. adv. (mots ital., *dans le cœur*). **1.** À part soi, intérieurement, en secret. *Protester in petto.* **2.** ***Cardinal in petto,*** dont le pape se réserve de publier ultérieurement la nomination.

IN-PLANO [inplano] adj. inv. et n.m. inv. (mot lat., *en plan*). Se dit du format de base d'une feuille d'impression formant un feuillet de deux pages ; livre de ce format.

INPUT [input] n.m. (mot angl., *entrée*). ÉCON. Intrant.

INQUALIFIABLE adj. Qui ne peut être qualifié assez sévèrement ; indigne, innommable.

IN-QUARTO [inkwarto] adj. inv. et n.m. inv. (mot lat., *en quart*). Se dit du format déterminé par le pliage d'une feuille d'impression en 4 feuillets (8 pages) ; livre de ce format. (On écrit aussi *in-4°.*)

INQUIET, ÈTE adj. et n. (lat. *inquietus*). Qui manifeste de la crainte, de l'incertitude ; anxieux. *Être inquiet au sujet de la santé de qqn. Regard inquiet. Attente inquiète.*

INQUIÉTANT, E adj. Qui cause de l'inquiétude. *Un état inquiétant.*

INQUIÉTER v.t. [11]. **1.** Rendre inquiet ; alarmer, tracasser. *Cette nouvelle m'inquiète.* **2.** Porter atteinte à la suprématie de ; risquer de faire perdre sa place à ; menacer. *La championne du monde n'a pas été inquiétée.* ◆ **s'inquiéter** v.pr. **(de). 1.** Se faire du souci ; se tracasser, s'alarmer. *Il s'inquiète de tout. Ne vous inquiétez pas !* **2.** S'occuper de savoir qqch ; se préoccuper, s'enquérir. *T'es-tu inquiété de l'heure de ton train ?*

INQUIÉTUDE n.f. Trouble, état pénible causé par la crainte, l'appréhension d'un danger ; tourment, souci.

INQUILIN, E adj. et n.m. (lat. *inquilinus,* locataire). SC. DE LA V., ÉCOL. Espèce vivant à l'intérieur d'une autre, ou fixée sur elle, sans se nourrir à ses dépens (ex. : le pinnothère des moules ou l'anémone de mer sur le pagure).

INQUILISME n.m. État, mode de vie des espèces inquilines.

INQUISITEUR, TRICE adj. Qui marque une curiosité indiscrète. *Regard inquisiteur.* ◆ n.m. HIST. Membre d'un tribunal de l'Inquisition.

INQUISITION n.f. (lat. *inquisitio,* de *inquirere,* rechercher). **1.** *Litt.* Enquête considérée comme arbitraire et vexatoire. **2.** HIST. *L'Inquisition : v. partie n.pr.*

INQUISITOIRE adj. DR. ***Système, procédure inquisitoires,*** dans lesquels le juge dirige la procédure, en principe de manière écrite, secrète et non contradictoire (par oppos. à ***système accusatoire***).

INQUISITORIAL, E, AUX adj. **1.** Se dit d'un acte arbitraire. *Mesure inquisitoriale.* **2.** Relatif à l'Inquisition.

INRACONTABLE adj. Que l'on ne peut raconter ; inexprimable, indescriptible.

INRATABLE adj. *Fam.* Que l'on ne peut rater. *Un gâteau inratable.*

INRAYABLE adj. Qu'on ne peut rayer.

INSAISISSABLE adj. **1.** Qui ne peut être appréhendé. *Voleur insaisissable.* **2.** Qui ne peut être compris, apprécié, perçu ; imperceptible. *Différence insaisissable.* **3.** DR. Que la loi défend de saisir.

INSALISSABLE adj. Qui ne peut se salir.

INSALUBRE adj. Nuisible à la santé ; malsain. *Logement insalubre.*

INSALUBRITÉ n.f. État de ce qui est insalubre. *Insalubrité d'un climat.*

INSANE [ɛ̃san] adj. (lat. *insanus*). *Litt.* Contraire à la raison, au bon sens ; déraisonnable, fou.

INSANITÉ n.f. **1.** État d'une personne qui manque de bon sens ; déraison, folie. **2.** Parole ou action déraisonnable ; sottise, ineptie. *Proférer des insanités.*

INSATIABILITÉ n.f. *Litt.* Appétit excessif, désir immodéré ; avidité.

INSATIABLE [ɛ̃sasjabl] adj. (lat. *insatiabilis,* de *satiare,* rassasier). **1.** Qui ne peut être rassasié, satisfait ; avide. **2.** Que l'on ne peut satisfaire, assouvir ; inextinguible. *Une curiosité insatiable.*

INSATIABLEMENT adv. De façon insatiable.

INSATISFACTION n.f. État de qqn qui n'est pas satisfait, qui n'a pas ce qu'il souhaite. *Un sentiment d'insatisfaction.*

INSATISFAISANT, E [-fə-] adj. Qui ne satisfait pas ; insuffisant.

INSATISFAIT, E adj. et n. Qui n'est pas satisfait ; mécontent.

INSATURÉ, E adj. CHIM. ORG. Se dit d'un composé organique contenant des liaisons multiples. (Les acides gras insaturés sont caractéristiques d'aliments tels que les poissons et les huiles végétales.)

INSCRIPTIBLE adj. GÉOMÉTR. Que l'on peut inscrire dans une courbe ou une surface donnée, en partic. dans un cercle ou une sphère.

INSCRIPTION n.f. (lat. *inscriptio*). **1.** Ce qui est inscrit quelque part. *Mur couvert d'inscriptions.* **2.** Ensemble de caractères gravés ou écrits sur la pierre, le métal, etc., dans un but commémoratif. *L'épigraphie est la science des inscriptions.* **3.** Action d'inscrire sur une liste, un registre officiel ou administratif. *Inscription d'un étudiant à l'université.* **4.** DR. **a.** *Inscription hypothécaire :* mention faite, sur un registre public, de l'hypothèque dont une propriété est grevée. **b.** *Inscription de faux :* procédure par laquelle on tente de démontrer qu'un acte authentique est faux. **5.** Anc. *Inscription maritime :* institution française créée en 1668, qui recensait les marins professionnels, remplacée depuis 1967 par les Affaires maritimes.

INSCRIRE v.t. [79] (lat. *inscribere*, écrire sur). **1.** Porter sur un registre, une liste le nom de. *Inscrire un candidat.* **2.** Écrire, graver sur le métal, la pierre, etc. *Inscrire une épitaphe sur une tombe.* **3.** Noter ce qu'on ne veut pas oublier. *Inscrire une adresse sur un carnet.* **4.** SPORTS. Marquer. *Inscrire le but de la victoire.* ◆ **s'inscrire** v.pr. **1.** Écrire, faire enregistrer son nom sur une liste, un registre, etc. **2.** Entrer dans un groupe, un organisme, un parti, un établissement. **3.** Être placé au milieu d'autres éléments ; se situer. *Les négociations s'inscrivent dans le cadre de la diplomatie secrète.* **4.** *S'inscrire en faux contre qqch :* soutenir en justice qu'une pièce authentique produite par la partie adverse n'est pas crédible sur le fond ; s'élever contre qqch, le nier.

1. INSCRIT, E adj. **1.** GÉOMÉTR. *Angle inscrit dans un cercle,* dont le sommet appartient au cercle et les côtés coupent ce cercle. — *Polygone inscrit dans un cercle, polyèdre inscrit dans une sphère,* dont les sommets appartiennent à ce cercle, à cette sphère. **2.** Suisse. *Colis inscrit :* envoi recommandé.

2. INSCRIT, E n. **1.** Personne dont le nom est inscrit sur une liste, qui s'est inscrite dans une organisation. **2.** Anc. *Inscrit maritime :* marin français immatriculé sur les registres de l'Inscription maritime.

INSCRIVANT, E n. DR. Personne qui requiert l'inscription d'une hypothèque.

INSCULPER v.t. (lat. *insculpere*). ORFÈVR. Marquer d'un poinçon un objet de métal.

INSÉCABILITÉ n.f. *Didact.* Caractère de ce qui est insécable.

INSÉCABLE adj. (lat. *insecabilis*, de *secare*, couper). Qui ne peut être coupé ou partagé.

INSECTARIUM [-rjɔm] n.m. Local aménagé pour l'élevage des insectes.

INSECTE n.m. (du lat. *insectus*, divisé en parties). **1.** Invertébré articulé respirant par des trachées et dont le corps, enveloppé dans un tégument chitineux, est divisé en trois segments : la *tête*, le *thorax* (portant trois paires de pattes) et l'*abdomen*. (Les insectes forment une classe de l'embranchement des arthropodes, dont on connaît près de un million d'espèces, mais qui en compterait en réalité plusieurs millions. Principaux ordres : hyménoptères, coléoptères, diptères, lépidoptères, hétéroptères, homoptères, odonates.) **2.** Abusif en zoologie. Tout animal très petit, qui, au regard de la zoologie, peut être un insecte proprement dit, un arachnide, un myriapode, etc.

ENCYCL. La *tête* des insectes est pourvue d'une paire d'antennes et de trois paires de pièces buccales ; le *thorax* est formé de trois anneaux portant chacun une paire de pattes et l'*abdomen*, au niveau duquel débouchent les orifices respiratoires (stigmates), renferme les viscères. L'œuf donne naissance à une larve, toujours sans ailes, parfois si différente de l'adulte (chenille et papillon, asticot et mouche) qu'un stade intermédiaire (nymphe) est nécessaire. Les métamorphoses sont alors dites « complètes ».

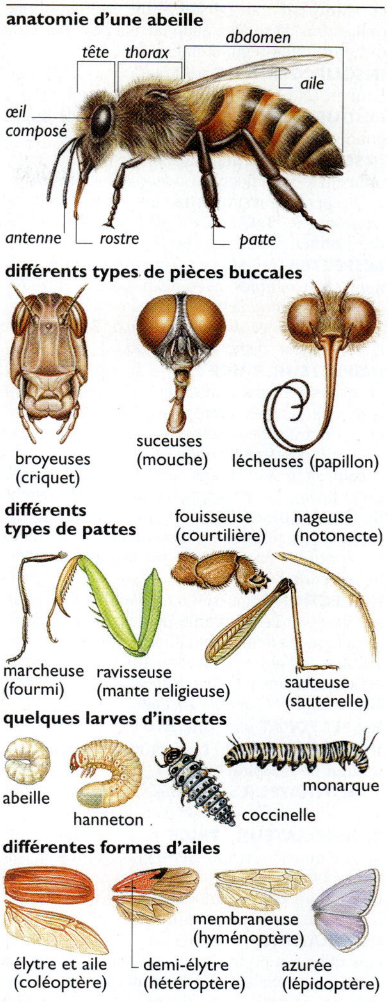

■ INSECTES

INSECTICIDE adj. et n.m. Se dit d'un produit utilisé pour détruire les insectes nuisibles.

INSECTIVORE adj. Se dit d'un animal qui se nourrit principalement ou exclusivement d'insectes, comme le lézard, l'hirondelle. ◆ n.m. Mammifère de petite taille, doté de nombreuses dents pointues, se nourrissant de petites proies (notamm. d'insectes, de vers et de mollusques), tel que le hérisson, la taupe, la musaraigne. (Les insectivores constituent un ordre.)

INSÉCURITÉ n.f. Manque de sécurité ; état de ce qui n'est pas sûr.

IN-SEIZE [insɛz] adj. inv. et n.m. inv. Se dit du format déterminé par le pliage d'une feuille d'impression en 16 feuillets (32 pages) ; livre de ce format. (On écrit aussi *in-16.*)

INSELBERG [insəlbɛrg] n.m. (mot all., de *Insel*, île, et *Berg*, montagne). GÉOMORPH. Butte qui se dresse au-dessus de plaines d'érosion, dans les régions désertiques ou tropicales.

INSÉMINATEUR, TRICE adj. et n. Qui pratique l'insémination artificielle.

INSÉMINATION n.f. (du lat. *inseminare*, féconder). Dépôt de la semence du mâle dans les voies génitales de la femelle. ◇ MÉD., ZOOTECHN. *Insémination artificielle :* technique permettant la reproduction en dehors de tout rapport sexuel, par dépôt du sperme dans les voies génitales de la femme ou de la femelle. (C'est une des méthodes de la procréation médicalement assistée. Elle est très utilisée dans l'élevage bovin laitier et se développe pour les autres espèces.)

INSÉMINER v.t. Procéder à l'insémination artificielle de.

INSENSÉ, E adj. et n. Dépourvu de raison, de bon sens. *Individu, propos, projet insensé.* ◆ adj. Extrêmement grand ; énorme, considérable. *Dépenser des sommes insensées.*

INSENSIBILISATION n.f. Action d'insensibiliser une partie du corps ; perte de la sensibilité.

INSENSIBILISER v.t. Rendre insensible.

INSENSIBILITÉ n.f. Manque de sensibilité physique ou morale.

INSENSIBLE adj. **1.** Qui n'éprouve pas certaines sensations physiques. *Être insensible au froid.* **2.** Qui n'est pas sensible à certaines émotions, accessible à certains sentiments ; indifférent, froid. *Cœur insensible. Être insensible à la beauté d'un texte.* **3.** Qui est impossible ou difficile à percevoir ; qui se fait très progressivement ; imperceptible. *Progrès insensibles.*

INSENSIBLEMENT adv. De façon insensible, peu à peu.

INSÉPARABLE adj. Qui ne peut être séparé. ◆ adj. et n. Se dit de personnes qui sont presque toujours ensemble. *Deux inséparables.* ◆ n.m. ORNITH. Perruche des steppes arbustives de l'Afrique, qui vit en couples permanents. (Genre *Agapornis ;* famille des psittacidés.)

INSÉPARABLEMENT adv. De façon à ne pouvoir être séparé.

INSÉRABLE adj. Qui peut être inséré.

INSÉRER v.t. [11] (lat. *inserere*, introduire). **1.** Introduire, faire entrer, placer une chose parmi d'autres ; intercaler. *Insérer une feuille dans un livre.* **2.** Introduire un texte dans un autre, dans une publication, de manière à l'intégrer. *Insérer une clause dans un contrat. Insérer une annonce dans un journal.* ◇ *Prière d'insérer,* n.m. : formule imprimée qu'un éditeur envoie aux revues et journaux, et qui contient des indications relatives à un nouvel ouvrage. **3.** Intégrer, assimiler. *Insérer des réfugiés.* ◆ **s'insérer** v.pr. **1.** Trouver place dans un ensemble ; se situer. *Une mesure qui s'insère dans un ensemble de réformes.* **2.** Trouver sa place dans un milieu ; s'intégrer, s'introduire. *Les nouveaux immigrés se sont bien insérés dans la population.*

I

INSERMENTÉ adj.m. HIST. *Prêtre insermenté,* ou *insermenté,* n.m. : prêtre *réfractaire.

INSERT [ɛ̃sɛr] n.m. (mot angl., *ajout*). **1.** CINÉMA. Gros plan, génér. bref, destiné à mettre en valeur un détail utile à la compréhension de l'action (lettre, nom de rue, carte de visite, etc.). **2.** Brève séquence ou bref passage introduit dans un programme de télévision ou de radio en direct.

INSERTION [ɛ̃sɛrsjɔ̃] n.f. **1.** Fait de s'insérer, de s'attacher sur, dans qqch. *L'insertion des feuilles sur la tige.* **2.** Fait d'insérer un texte dans une publication. *L'insertion d'une petite annonce dans un journal.* **3.** Fait, manière d'insérer, de s'insérer dans un groupe. *L'insertion des immigrés.*

INSIDIEUSEMENT adv. De façon insidieuse.

INSIDIEUX, EUSE adj. (lat. *insidiosus*, de *insidiae*, embûches). **1.** Qui constitue un piège, qui cherche à tromper. *Question insidieuse.* **2.** Qui se répand sournoisement, sans que l'on s'en aperçoive. *Un poison insidieux.* **3.** MÉD. *Maladie insidieuse :* maladie d'apparence bénigne et qui s'avère grave par la suite.

INSIGHT [insajt] n.m. (mot angl., traduction de l'all. *Einsicht*, compréhension intuitive). PSYCHOL. Découverte soudaine de la solution d'un problème, de la structure d'une figure ou d'un objet perçu.

1. INSIGNE adj. (lat. *insignis*). *Litt.* Qui est digne d'attirer l'attention ; remarquable, éclatant. *Faveur insigne.*

2. INSIGNE n.m. (lat. *insigne*, signe, marque). **1.** Marque distinctive d'une dignité, d'une fonction. *Insigne de pilote, de grade.* **2.** Signe distinctif des membres d'une association. *Insigne d'un club sportif.*

INSIGNIFIANCE n.f. Caractère de ce qui est insignifiant, sans grande valeur.

INSIGNIFIANT, E adj. **1.** Qui ne présente pas d'intérêt ; qui a peu d'importance, peu de valeur ; dérisoire, négligeable. *Détail insignifiant. Somme insignifiante.* **2.** Qui manque de personnalité, qui ne se distingue pas ; inconsistant. *Acteur insignifiant.*

INSINCÈRE adj. *Litt.* Qui n'est pas sincère.

INSINCÉRITÉ n.f. *Litt.* Manque de sincérité.

INSINUANT, E adj. Qui s'insinue ; sournois, indirect. *Manières insinuantes.*

INSINUATION n.f. **1.** Manière subtile, habile d'imposer sa pensée. *Procéder par insinuation.* **2.** Ce que l'on fait entendre en insinuant ; allusion. *Une insinuation mensongère.*

INSINUER v.t. (lat. *insinuare,* de *in,* dans, et *sinus,* repli). Faire entendre d'une manière détournée, adroitement, sans dire expressément. ◆ **s'insinuer** v.pr. **1.** S'introduire, se faire admettre adroitement. *S'insinuer dans les bonnes grâces de qqn.* **2.** Pénétrer doucement ; s'infiltrer. *L'eau s'est insinuée dans les fentes.*

INSIPIDE adj. (*in*-privatif et lat. *sapidus,* qui a du goût). **1.** Qui n'a pas de saveur, de goût. *L'eau pure est insipide.* CONTR. : *sapide.* **2.** *Fig.* Sans agrément ; fade, ennuyeux. *Conversation insipide. Auteur insipide.*

INSIPIDITÉ n.f. Caractère de ce qui est insipide.

INSISTANCE n.f. Action d'insister, de revenir souvent sur qqch. *Réclamer une chose, regarder qqn avec insistance.*

INSISTANT, E adj. Qui insiste, ne cesse pas, revient constamment.

INSISTER v.i. (lat. *insistere,* s'attacher à). **1.** Persévérer à demander qqch. *Insister pour être reçu.* **2.** Appuyer, souligner qqch avec force. *Insister sur un point.*

IN SITU [insity] loc. adv. (loc. lat.). *Didact.* Dans son milieu naturel. *Étudier une plante in situ.*

INSOCIABLE adj. Qui n'est pas sociable.

INSOLATION n.f. (lat. *insolatio*). **1.** Action des rayons du soleil qui frappent un objet. **2.** MÉD. Coup de chaleur dû à une exposition trop longue au soleil. **3.** MÉTÉOROL. Ensoleillement. **4.** PHOTOGR. Exposition d'une surface sensible à la lumière.

INSOLEMMENT [ɛ̃sɔlamɑ̃] adv. Avec insolence.

INSOLENCE n.f. (lat. *insolentia,* inexpérience). **1.** Manque de respect, hardiesse excessive ; effronterie, impertinence. *Réponse qui frise l'insolence.* **2.** Parole, action insolente.

INSOLENT, E adj. et n. (lat. *insolens, -entis*). Qui manifeste un manque de respect, de l'effronterie ; impertinent. *Élève, ton insolent. Manières insolentes.* ◆ adj. Qui constitue une provocation, un défi. *Chance insolente.*

INSOLER v.t. PHOTOGR. Pratiquer l'insolation d'une surface sensible.

INSOLITE adj. (lat. *insolitus,* de *solere,* être habituel). Qui est différent de l'usage, de l'habitude et qui surprend ; étrange, bizarre. *Question insolite. Bruits insolites.*

INSOLUBILISER v.t. Rendre insoluble.

INSOLUBILITÉ n.f. Caractère de ce qui est insoluble, de ce qui ne peut être dissous.

INSOLUBLE adj. **1.** Qui ne peut pas être dissous. *La résine de pin est insoluble dans l'eau.* **2.** Qu'on ne peut résoudre. *Problème insoluble.*

INSOLVABILITÉ n.f. DR., COMM. État d'une personne ou d'une société qui ne peut pas payer ses dettes.

INSOLVABLE adj. et n. Qui est en état d'insolvabilité. *Débiteur insolvable.*

INSOMNIAQUE ou, rare, **INSOMNIEUX, EUSE** adj. et n. Qui souffre d'insomnie.

INSOMNIE [ɛ̃sɔmni] n.f. (lat. *insomnia,* de *somnus,* sommeil). Impossibilité ou difficulté à s'endormir ou à dormir suffisamment.

INSONDABLE adj. **1.** Qui ne peut être sondé ; dont on ne peut toucher le fond. *Gouffre insondable.* **2.** *Fig.* Impossible à comprendre ; impénétrable. *Mystère insondable.*

INSONORE adj. **1.** Qui ne produit aucun son sous l'effet d'une percussion, d'un frottement. **2.** Qui transmet peu les sons, qui les amortit. *Cloison insonore.* **3.** Où l'on n'entend que peu de bruit. *Pièce insonore.*

INSONORISATION n.f. Action d'insonoriser.

INSONORISER v.t. Rendre un appareil, un lieu moins sonore, insonore.

INSONORITÉ n.f. Manque de sonorité. *Insonorité d'un matériau de construction.*

INSOUCIANCE n.f. Caractère d'une personne insouciante ; imprévoyance, détachement.

INSOUCIANT, E adj. et n. Qui manifeste un esprit qui ne se soucie de rien. ◆ adj. *Insouciant de :* qui ne s'inquiète pas de.

INSOUCIEUX, EUSE adj. *Litt.* Qui ne se soucie pas de qqch. *Insoucieux du lendemain.*

INSOUMIS, E adj. Qui refuse de se soumettre ; indocile, rebelle. ◆ n.m. Militaire en état d'insoumission.

INSOUMISSION n.f. **1.** Fait de ne pas se soumettre à l'autorité ; rébellion. **2.** MIL. Infraction commise par une personne qui, astreinte aux obligations du service national, n'a pas obéi à un ordre de route régulièrement notifié.

INSOUPÇONNABLE adj. Que l'on ne peut soupçonner. *Un caissier insoupçonnable.*

INSOUPÇONNÉ, E adj. Qui n'est pas soupçonné ; ignoré, inattendu.

INSOUTENABLE adj. **1.** Qu'on ne peut soutenir, poursuivre sans fléchir. *Cadences insoutenables.* **2.** Qu'on ne peut supporter ; intolérable. *Douleur insoutenable.* **3.** Qu'on ne peut soutenir, défendre, justifier ; indéfendable. *Théorie insoutenable.*

INSPECTER [ɛ̃spɛkte] v.t. (lat. *inspectare,* examiner). **1.** Examiner avec soin pour contrôler, vérifier. *Les douaniers ont inspecté mes bagages. Inspecter une école, des travaux.* **2.** Observer attentivement. *Inspecter l'horizon.*

INSPECTEUR, TRICE n. Titre donné aux agents de divers services publics et à certains officiers généraux chargés d'une mission de surveillance et de contrôle. *Inspecteur des ponts et chaussées.* ◇ Anc. ***Inspecteur de police :*** *officier de police. – ***Inspecteur des impôts :*** agent de l'État chargé de collecter les renseignements qui permettent de fixer les bases d'imposition. – ***Inspecteur du travail :*** fonctionnaire qui est chargé, en France, de contrôler l'application de la législation du travail et de l'emploi.

INSPECTION [ɛ̃spɛksjɔ̃] n.f. **1.** Action de surveiller, de contrôler. **2.** Partie de l'examen clinique dans laquelle le médecin cherche des anomalies visibles à l'œil nu. **3.** Fonction d'inspecteur. – Corps des inspecteurs. *Inspection générale des Finances, de la Sécurité sociale.*

INSPECTORAT n.m. Charge d'inspecteur.

INSPIRANT, E adj. *Fam.* Propre à inspirer, à donner de l'inspiration.

1. INSPIRATEUR adj.m. *Muscle inspirateur,* qui sert à l'inspiration de l'air dans les poumons.

2. INSPIRATEUR, TRICE n. **1.** Personne qui inspire une action, qui en est l'instigatrice. **2.** Auteur, œuvre dont s'inspire un auteur, un artiste et qu'il prend comme modèle. ◆ n.f. Femme qui inspire un artiste ; égérie, muse.

INSPIRATION n.f. **1.** Action de faire pénétrer l'air dans ses poumons. **2.** Influence divine ou surnaturelle par laquelle l'homme aurait la révélation de ce qu'il doit dire ou faire. *Inspiration divine. Inspiration des prophètes.* **3.** Enthousiasme créateur de l'artiste. *Poète sans inspiration.* **4.** Idée soudaine. *Avoir une inspiration géniale.* **5.** Influence exercée sur une œuvre artistique ou littéraire. *Château d'inspiration classique.*

INSPIRATOIRE adj. Relatif à l'inspiration de l'air pulmonaire.

INSPIRÉ, E adj. et n. **1.** Animé par l'inspiration divine ou créatrice. *Prophète inspiré.* **2.** Mû par un élan créateur. *Poète inspiré.* ◆ adj. *Fam.* ***Être bien, mal inspiré :*** avoir une bonne, une mauvaise idée.

INSPIRER v.t. (lat. *inspirare,* souffler dans). **1.** Faire pénétrer l'air dans les poumons. *Inspirer de l'air, un gaz.* ◇ Absol. *Inspirez, puis soufflez !* **2.** Faire naître dans le cœur, dans l'esprit un sentiment, une pensée, un dessein ; susciter. *Inspirer le respect, la haine.* **3.** Faire naître l'enthousiasme créateur chez qqn. *La Muse inspire les poètes.* ◆ **s'inspirer** v.pr. **(de).** Se servir des idées de qqn, tirer ses idées de qqch. *S'inspirer de ses lectures.*

INSTABILITÉ n.f. **1.** Caractère de ce qui est instable, qui manque d'équilibre, de constance. *L'instabilité d'un échafaudage, d'une personne.* ◇ PSYCHOPATHOL. ***Instabilité psychomotrice :*** insuffisance du contrôle de la motricité, souvent liée à une hyperémotivité. **2.** CHIM. État de haute énergie, pour un système chimique (par oppos. à *stabilité*). [À l'instabilité du méthane CH_4 s'oppose la stabilité de ses produits de combustion, CO_2 et H_2O.]

INSTABLE adj. **1.** Qui manque de stabilité ; changeant, variable, précaire. *Temps instable.* **2.** PHYS. Se dit d'un équilibre détruit par la moindre perturbation. – CHIM. Se dit d'un état de haute énergie d'un système chimique, par rapport à un autre état d'énergie accessible à ce système. ◆ adj. et n. **1.** Qui n'a pas de suite dans les idées. **2.** PSYCHOPATHOL. Qui souffre d'instabilité psychomotrice.

INSTALLATEUR, TRICE n. Spécialiste assurant l'installation d'un appareil (chauffage central, appareils sanitaires, etc.).

INSTALLATION n.f. **1.** Action d'installer qqn, fait de s'installer ; établissement. *Leur installation dans le Midi n'est pas définitive.* **2.** Mise en place d'un appareil, d'un réseau électrique, téléphonique, etc. *Procéder à l'installation du chauffage central.* – Ensemble de ces appareils, de ce réseau. *Réparer l'installation électrique.* **3.** INFORM. Procédure qui vise à rendre un matériel ou un logiciel apte à fonctionner sur un équipement spécifique. **4.** ART MOD. Œuvre faite d'éléments arbitrairement choisis, disparates ou non, organisés dans un espace donné.

INSTALLER v.t. (lat. médiév. *installare,* de *stallum,* stalle). **1.** Établir solennellement, officiellement dans une dignité, dans une charge. *Installer le président d'un tribunal.* **2.** Établir dans un lieu pour un certain temps. *Installer sa famille en province.* ◇ ***Être installé :*** être parvenu à une situation qui assure l'aisance et le confort. **3.** Mettre, disposer à une place déterminée. *Installer un fauteuil devant la fenêtre.* **4.** Mettre en place un appareil, un circuit en effectuant certains travaux. *Installer l'électricité et le gaz.* **5.** Aménager un local en vue de l'habiter ou d'y exercer une activité donnée. *Installer un appartement.* **6.** INFORM. Procéder à l'installation d'un système informatique, d'un périphérique ou d'un logiciel pour le rendre opérationnel. ◆ **s'installer** v.pr. S'établir dans un lieu, y établir sa résidence ; se fixer. *S'installer à Besançon.*

INSTAMMENT adv. *Sout.* De façon instante.

INSTANCE n.f. (lat. *instantia,* de *instare,* presser vivement). **1.** (Au pl.) Demande pressante ; prière, sollicitation. *Céder aux instances de qqn.* ◇ ***Avec instance :*** avec insistance. **2.** DR. Série des actes d'une procédure depuis la demande en justice jusqu'au jugement. *Introduire une instance.* **3.** Organisme, service qui exerce le pouvoir de décision. *Les instances d'un parti.* **4.** PSYCHAN. Toute structure de l'appareil psychique dans les différentes topiques (le ça, le moi, la censure, etc.). **5.** ***En instance :*** en attente. *Courrier en instance.* – ***En instance de :*** près de, sur le point de. *En instance de départ.*

1. INSTANT, E adj. (lat. *instans,* de *instare,* presser). *Litt.* Pressant. *Prières instantes.*

2. INSTANT n.m. Moment très court. *Il n'est resté qu'un instant avec moi.* ◇ ***À chaque instant :*** continuellement. – ***À l'instant, dans l'instant :*** tout de suite. – ***Dans un instant :*** très bientôt. – ***Dès l'instant que :*** dans la mesure où, puisque. – ***Un instant ! :*** attendez un peu !

INSTANTANÉ, E adj. **1.** Qui ne dure qu'un instant ; bref. *Lueur instantanée.* **2.** Qui se produit dans l'instant, subitement ; immédiat. *Mort presque instantanée. La riposte fut instantanée.* **3.** Se dit d'un produit alimentaire déshydraté qui, après adjonction d'eau, est prêt à la consommation. *Potage instantané.* **4.** Se dit d'un procédé de photographie utilisant un film comportant les produits de traitement et qui se développe automatiquement dès sa sortie de l'appareil. ◆ n.m. Photographie obtenue par une exposition de très courte durée.

INSTANTANÉITÉ n.f. Caractère de ce qui est instantané.

INSTANTANÉMENT adv. De façon instantanée ; immédiatement.

INSTAR DE (À L') loc. prép. (lat. *ad instar,* à la ressemblance). *Sout.* À la manière, à l'exemple de. *À l'instar de ses parents, il eut de nombreux enfants.*

INSTAURATEUR, TRICE n. *Litt.* Personne qui instaure, établit qqch pour la première fois.

INSTAURATION n.f. Action d'instaurer qqch ; fondation, établissement. *L'instauration d'un gouvernement.*

INSTAURER v.t. (lat. *instaurare*). Établir les bases de ; fonder, instituer. *Instaurer une cour martiale. Instaurer un usage, une mode.*

INSTI n. → **INSTIT.**

INSTIGATEUR, TRICE n. Personne qui pousse à faire qqch ; inspirateur. *L'instigateur d'un complot.*

INSTIGATION n.f. (lat. *instigatio,* de *instigare,* pousser). Action d'inciter, de pousser qqn à faire qqch ; conseil, exhortation. *Il acheta ce terrain à l'instigation d'un ami.*

INSTIGUER v.t. Belgique. Pousser qqn à faire qqch.

INSTILLATION n.f. Action d'introduire goutte à goutte une substance médicamenteuse dans un canal, une cavité naturelle de l'organisme.

INSTILLER [ɛ̃stile] v.t. (lat. *instillare,* de *stilla,* goutte). **1.** MÉD. Pratiquer une instillation. **2.** *Litt.* Faire pénétrer lentement ; inoculer. *Instiller le doute dans les esprits.*

INSTINCT [ɛ̃stɛ̃] n.m. (lat. *instinctus,* impulsion). **1.** ÉTHOL. Part héréditaire et innée des tendances comportementales de l'homme et des animaux. *Instinct migratoire.* **2.** Tendance, impulsion souvent irraisonnée qui détermine l'homme dans ses actes, son comportement. **3.** Aptitude, disposition naturelle pour qqch ; don. *Avoir l'instinct des affaires. Faire qqch d'instinct.* **4.** Intuition qui fait deviner, pressentir certaines choses. *Son instinct l'avertit du danger.*

INSTINCTIF, IVE adj. et n. Qui est poussé par l'instinct. ◆ adj. Qui naît de l'instinct ; irréfléchi, inconscient. *Dégoût instinctif.*

INSTINCTIVEMENT adv. Par instinct.

INSTINCTUEL, ELLE adj. PSYCHOL. Qui se rapporte à l'instinct ; pulsionnel.

INSTIT [ɛ̃stit] ou **INSTI** n. (abrév.). *Fam.* Instituteur.

INSTITUER v.t. (lat. *instituere,* établir). **1.** Établir qqch de nouveau ; fonder, instaurer. *Richelieu institua l'Académie française.* **2.** DR. Nommer un héritier par testament.

INSTITUT n.m. (lat. *institutum,* de *instituere,* établir). **1.** Établissement de recherche scientifique, d'enseignement, etc. *L'Institut Pasteur.* ◇ *Institut universitaire de formation des maîtres* → **IUFM.** – *Institut universitaire de technologie* → **IUT. 2.** *L'Institut : v. partie n.pr.* Institut de France. **3.** CATH. Congrégation de religieux non clercs ou de laïques. *Institut séculier.* **4.** BANQUE. *Institut d'émission :* organisme chargé d'émettre la monnaie centrale (la Banque de France pour le franc, la Banque centrale européenne pour l'euro). **5.** *Institut de beauté :* établissement où l'on dispense des soins du visage et du corps à des fins esthétiques.

INSTITUTEUR, TRICE n. Personne chargée de l'enseignement du premier degré. (Depuis 1991, les instituteurs, formés dans les anciennes écoles normales, sont progressivement remplacés par les *professeurs des écoles,* formés dans les IUFM ou intégrés dans ce nouveau corps.) Abrév. *(fam.) : instit* ou *insti.*

INSTITUTION n.f. **1.** Action d'instituer, d'établir. **2.** Établissement d'enseignement privé. *Institution de jeunes filles.* **3.** DR. Ensemble des règles, régies par le droit, établies en vue de la satisfaction d'intérêts collectifs ; organisme visant à les maintenir. (L'État, le Parlement, une fondation, la tutelle, la prescription sont des institutions.) ◆ pl. Ensemble des formes ou des structures politiques établies par la loi ou la coutume et relevant du droit public. *Institutions démocratiques.*

INSTITUTIONNALISATION n.f. Action d'institutionnaliser.

INSTITUTIONNALISER v.t. Donner un caractère institutionnel à.

INSTITUTIONNALISME n.m. École de pensée économique américaine, née dans les années 1920, qui met l'accent sur le rôle joué par les institutions dans l'économie.

INSTITUTIONNEL, ELLE adj. **1.** Relatif aux institutions de l'État. **2.** PSYCHOL. *Analyse institutionnelle :* analyse que mène en permanence un collectif sur lui-même. – PSYCHIATR. *Psychothérapie institutionnelle :* psychothérapie qui favorise la vie en collectivité au travers de réunions, d'ateliers de travail, de clubs. – *Pédagogie institutionnelle :* pédagogie qui préconise la création de règles d'organisation collectives. ◆ n.m. Investisseur institutionnel.

INSTRUCTEUR, TRICE n. Gradé chargé de faire l'instruction militaire. ◆ adj. DR. *Magistrat instructeur,* chargé d'instruire un procès.

INSTRUCTIF, IVE adj. Qui instruit, informe. *Conversation, lecture instructive.*

INSTRUCTION n.f. (lat. *instructio*). **1.** Action d'instruire, de donner des connaissances nouvelles ; enseignement. *Instruction primaire, secondaire.* **2.** Savoir acquis par l'étude, par un enseignement reçu ; connaissances, culture. *Avoir de l'instruction.* **3.** *Instruction militaire :* formation donnée aux militaires et notamm. aux recrues. **4.** Ordre de service adressé par un supérieur à ses subordonnés. *Instruction préfectorale.* **5.** INFORM. Ordre exprimé en langage de programmation, dont l'interprétation entraîne l'exécution d'une opération élémentaire de type déterminé. (Une suite d'instructions constitue un programme.) **6.** DR. Phase de la procédure pénale pendant laquelle le juge d'instruction met une affaire en état d'être jugée (recherche des preuves d'une infraction, découverte de son auteur, etc.). ◆ pl. Ordres, explications pour la conduite d'une affaire, pour l'utilisation d'un appareil, etc. *Se conformer aux instructions de la notice.*
ENCYCL. La chambre de l'instruction, en France chambre de la cour d'appel, est juge d'appel de certaines ordonnances du juge d'instruction (mise en examen, non-lieu, mise en accusation). Elle assure le contrôle des officiers de police judiciaire.

INSTRUIRE v.t. [78] (lat. *instruere,* bâtir). **1.** Former l'esprit de qqn en lui donnant des connaissances nouvelles. *Ce livre m'a beaucoup instruite.* **2.** Donner connaissance de qqch à qqn, le mettre au courant ; informer. *C'est un fait dont je n'ai pas été instruit.* **3.** DR. *Instruire une cause, une affaire,* la mettre en état d'être jugée. – *Instruire contre qqn,* ouvrir une information contre lui. ◆ **s'instruire** v.pr. Développer son instruction ; acquérir des connaissances ; étudier.

INSTRUIT, E adj. Qui a des connaissances étendues, une bonne instruction.

INSTRUMENT n.m. (lat. *instrumentum*). **1.** Objet fabriqué servant à un travail, à une opération ou considéré par rapport à sa fonction, son usage. *Instrument aratoire. Instrument de mesure.* **2.** Objet brut ou fabriqué utilisé pour produire des sons à des fins musicales. **3.** Personne ou chose qui est employée pour atteindre un résultat ; moyen. *Être l'instrument d'une vengeance.*

INSTRUMENTAIRE adj. DR. *Témoin instrumentaire :* témoin dont la présence est indispensable pour la validité de certains actes authentiques.

1. **INSTRUMENTAL, E, AUX** adj. **1.** Qui se rapporte aux instruments. **2.** MUS. Qui se rapporte uniquement aux instruments, à l'orchestre ; où l'on n'entend que des instruments (par oppos. à *vocal*). *Musique instrumentale.* **3.** PSYCHOL. *Conditionnement instrumental :* conditionnement où le comportement du sujet est l'instrument de l'obtention d'un agent renforçateur.

2. **INSTRUMENTAL** n.m. LING. Cas de la déclinaison de certaines langues qui indique le moyen, l'instrument.

INSTRUMENTALISER v.t. Traiter qqn, qqch comme un instrument ; utiliser à son profit. *Instrumentaliser le folklore.*

INSTRUMENTALISME n.m. PHILOS. Doctrine qui considère les théories scientifiques comme des outils destinés à l'action.

INSTRUMENTATION n.f. **1.** Choix des instruments correspondant à chaque partie d'une œuvre musicale. **2.** Ensemble des instruments de mesure, d'analyse, de contrôle, etc., utilisés dans les domaines physico-chimiques, biomédicaux.

INSTRUMENTER v.t. **1.** Confier chaque partie d'une œuvre musicale à un instrument. **2.** CONSTR., TRAV. PUBL. Doter une installation, une construction d'instruments et d'appareils de contrôle. ◆ v.i. DR. Établir un acte authentique.

INSTRUMENTISTE n. **1.** Musicien qui joue d'un instrument. **2.** Personne qui prépare et présente au chirurgien les instruments nécessaires au cours de l'intervention.

INSU DE (À L') loc. prép. *À l'insu de qqn.* **a.** Sans qu'il s'en doute, en échappant à son attention. *Sortir à l'insu de tous.* **b.** Inconsciemment. *Lentement, presque à mon insu, je devenais un marginal.*

INSUBMERSIBILITÉ n.f. Caractère d'une embarcation, d'un bâtiment insubmersible.

INSUBMERSIBLE adj. MAR. Qui ne peut pas couler ; qui est doté de dispositifs de flottabilité (caissons étanches, cloisonnements, volumes de matière plastique expansée, etc.) suffisants pour ne pouvoir couler que très difficilement.

INSUBORDINATION n.f. Attitude de qqn qui refuse d'obéir, qui n'exécute pas les ordres reçus ; indiscipline, insoumission, rébellion.

INSUBORDONNÉ, E adj. Qui fait preuve d'insubordination ; indiscipliné.

INSUCCÈS n.m. *Sout.* Manque de succès ; faillite, échec.

INSUFFISAMMENT adv. De façon insuffisante.

INSUFFISANCE n.f. **1.** Caractère de ce qui est insuffisant ; manque, carence. **2.** (Souvent pl.) Point sur lequel on fait preuve d'incapacité, d'infériorité ; défaut, lacune. *Reconnaître ses insuffisances.* **3.** MÉD. Incapacité d'un organe à accomplir totalement sa fonction caractéristique. *Insuffisance cardiaque, hépatique.*

INSUFFISANT, E adj. **1.** Qui ne suffit pas ; faible. *Résultats insuffisants.* **2.** Qui n'a pas les aptitudes nécessaires ; médiocre, incapable.

INSUFFLATION n.f. MÉD. Introduction d'air, de gaz dans une cavité (péritonéale, par ex.) ou dans les poumons, à l'aide du souffle ou d'un appareil.

INSUFFLER v.t. (lat. *insufflare*). **1.** MÉD. Pratiquer une insufflation. **2.** Inspirer un sentiment, un état d'esprit à qqn ; transmettre une certaine qualité à qqch ; infuser, communiquer. *Insuffler du courage à ses troupes. Insuffler de l'esprit à un texte.*

INSULA [insula] n.f. (mot lat.). ANTIQ. ROM. Maison de rapport, divisée en logements ; îlot urbain délimité par le réseau des rues.

INSULAIRE adj. et n. (bas lat. *insularis,* de *insula,* île). Qui habite une île, qui y vit. *Peuple insulaire.* ◆ adj. Relatif à une île, aux îles.

INSULARITÉ n.f. État, caractère propre à un pays situé sur une ou plusieurs îles.

INSULINE n.f. (du lat. *insula,* île). Hormone hypoglycémiante sécrétée par les cellules β des îlots de Langerhans du pancréas. (L'insuffisance de l'action de l'insuline provoque le diabète.)

INSULINIQUE adj. Relatif à l'insuline, au traitement par l'insuline.

INSULINODÉPENDANT, E adj. et n. MÉD. Se dit d'un diabète ou d'un diabétique dont l'équilibre glucidique ne peut être assuré que par l'injection d'insuline.

INSULINOTHÉRAPIE n.f. Traitement par l'insuline.

INSULTANT, E adj. Qui constitue une insulte, une offense ; injurieux, outrageant.

INSULTE n.f. Parole ou, plus rarement, acte qui a pour objet d'outrager, d'offenser, de blesser la dignité ou l'honneur ; injure.

INSULTÉ, E adj. et n. Qui a subi une insulte.

INSULTER v.t. (lat. *insultare,* sauter sur). Offenser par des paroles blessantes ou des actes méprisants, injurieux ; injurier, outrager.

INSULTEUR, EUSE n. Personne qui insulte.

INSUPPORTABLE adj. **1.** Qu'on ne peut supporter ; intolérable, insoutenable. *Douleur insupportable.* **2.** Qui a un caractère, un comportement difficile à supporter ; impossible. *Enfant insupportable.*

INSUPPORTER v.t. *Fam.* Être insupportable à qqn ; exaspérer. *C'est qqn qui m'insupporte.* (Emploi critiqué par l'Académie.)

INSURGÉ, E adj. et n. Qui participe à une insurrection, une révolte ; rebelle.

INSURGER (S') v.pr. [10] (lat. *insurgere,* se lever contre). **1.** Se révolter, se soulever contre une autorité, un pouvoir, etc. **2.** Manifester sa désapprobation. *S'insurger contre les abus.*

INSURMONTABLE adj. Qui ne peut être surmonté. *Obstacle, peur insurmontables.*

INSURPASSABLE adj. Qui ne peut être surpassé.

INSURRECTION n.f. Fait de s'insurger, de se soulever contre le pouvoir établi pour le renverser ; révolte, soulèvement.

INSURRECTIONNEL, ELLE adj. Qui tient de l'insurrection. *Mouvement insurrectionnel.*

INTACT, E adj. (lat. *intactus,* de *tangere,* toucher). **1.** À quoi l'on n'a pas touché ; dont on n'a rien retranché ; entier. *Somme intacte.* **2.** Qui n'a subi aucune atteinte ; pur, irréprochable. *Réputation intacte.*

INTAILLE [ɛ̃taj] n.f. (ital. *intaglio,* entaille). Pierre fine gravée en creux (par oppos. à *camée*).

INTANGIBILITÉ n.f. *Sout.* Caractère de ce qui est intangible.

INTANGIBLE adj. Qui doit rester intact ; sacré, inviolable. *Principes intangibles.*

INTARISSABLE adj. **1.** Qui ne peut être tari. *Source intarissable.* **2.** Qui ne s'épuise pas. *Gaieté intarissable.* **3.** Capable de parler longtemps de qqch. *Se montrer intarissable sur un sujet.*

INTARISSABLEMENT adv. De façon intarissable. *Discourir intarissablement.*

INTÉGRABLE adj. MATH. Se dit d'une fonction numérique qui admet une intégrale.

INTÉGRAL, E, AUX adj. (du lat. *integer,* entier). **1.** Qui ne fait l'objet d'aucune restriction, d'aucune coupure ; entier, complet. *Remboursement intégral. Édition intégrale d'un texte.* **2.** *Casque intégral,* ou *intégral,* n.m. : casque à l'usage des motocyclistes, des coureurs automobiles ou encore de certains pratiquants de sports de glisse,

I

permettant une protection de la boîte crânienne, du visage et des mâchoires. **3.** *Calcul intégral :* ensemble des méthodes et des algorithmes relatifs au calcul des primitives, des intégrales et à la résolution des équations différentielles. ◆ n.f. **1.** Œuvre complète d'un musicien, d'un interprète. **2.** MATH. *Intégrale d'une équation différentielle,* fonction, solution de cette équation différentielle. – *Intégrale définie d'une fonction* f *sur l'intervalle* [a, b] : nombre obtenu comme limite d'une somme de termes infinitésimaux et qui représente l'aire (algébrique) comprise entre la courbe représentative de la fonction *f*, l'axe des *x* et les deux verticales d'abscisses *a* et *b*. [Ce nombre se note $\int_a^b f(x) \cdot dx$ et est égal à F(*b*) - F(*a*), où F est une primitive de *f*.] – *Fonction intégrale d'une fonction* f : fonction *g* obtenue en considérant une intégrale définie de *f* comme dépendant de la borne supérieure de l'intervalle d'intégration. [On la note $g(x) = \int_a^x f(t) \cdot dt$.]

INTÉGRALEMENT adv. En totalité.

INTÉGRALITÉ n.f. **1.** État de ce qui est complet, de ce à quoi il ne manque rien. *Jouer une œuvre dans son intégralité.* **2.** *L'intégralité de :* la totalité de.

INTÉGRANT, E adj. *Partie intégrante :* élément constituant d'un tout et qui ne peut en être retiré, retranché ou abstrait. *Cela fait partie intégrante de nos prérogatives.*

INTÉGRATEUR n.m. Dispositif (mécanique, électrique ou électronique) qui transforme une grandeur d'entrée en une grandeur de sortie proportionnelle à l'intégrale par rapport au temps de la grandeur d'entrée.

INTÉGRATIF, IVE adj. PHYSIOL. *Action intégrative :* intégration.

INTÉGRATION n.f. **1.** Action d'intégrer qqn ou qqch ; fait de s'intégrer. **2.** INDUSTR. Opération qui consiste à assembler les différentes parties d'un système et à assurer leur compatibilité ainsi que le bon fonctionnement du système complet. **3.** ÉCON. **a.** Concentration verticale. **b.** *Intégration économique :* ensemble de procédés par lesquels deux ou plusieurs États créent un espace économique commun. (Elle peut prendre plusieurs formes : zone de libre-échange, union douanière, marché commun, union économique, intégration économique totale.) **4.** PHYSIOL. Fonction d'un centre nerveux consistant à recueillir un ensemble d'informations, à l'analyser d'une façon complexe et à produire une réponse coordonnée de plusieurs organes. SYN. : *action intégrative.* **5.** MATH. Recherche de l'intégrale d'une fonction ou de la solution d'une équation différentielle.

INTÈGRE adj. (lat. *integer,* entier). D'une probité absolue ; incorruptible. *Juge intègre.*

INTÉGRÉ, E adj. **1.** Se dit d'un circuit commercial caractérisé par l'absence de grossiste. **2.** Se dit d'un élément inclus dès le stade de la construction dans la structure ou l'ensemble dont il fait partie. *Chauffage électrique intégré.* **3.** Se dit d'un service spécialisé d'une administration, d'une entreprise, etc., assurant des tâches confiées habituellement, dans des administrations ou des entreprises comparables, à des fournisseurs extérieurs. *Imprimerie intégrée.*

INTÈGREMENT adv. Rare. D'une manière intègre.

INTÉGRER v.t. [11]. **1.** Faire entrer dans un ensemble plus vaste ; incorporer, inclure. *Intégrer un nouveau paragraphe au chapitre.* **2.** *Fam.* Être reçu au concours d'entrée à une grande école. **3.** MATH. Procéder à une intégration. ◆ **s'intégrer** v.pr. S'assimiler à un groupe. *La nouvelle venue s'est bien intégrée.*

INTÉGRISME n.m. Attitude et disposition d'esprit de certains croyants qui, au nom d'un respect intransigeant de la tradition, se refusent à toute évolution. *Intégrisme catholique, musulman.*

INTÉGRISTE adj. et n. **1.** Relatif à l'intégrisme ; qui en est partisan. **2.** *Fig.* Qui fait preuve d'intransigeance, d'un purisme excessif.

INTÉGRITÉ n.f. **1.** État d'une chose qui a toutes ses parties, qui n'a pas subi d'altération. *Intégrité d'une somme.* **2.** Qualité d'une personne intègre ; probité, honnêteté.

INTELLECT [ɛ̃telɛkt] n.m. (lat. *intellectus,* de *intellegere,* comprendre). Faculté de forger et de saisir des concepts ; entendement.

INTELLECTION n.f. (lat. *intellectio*). PHILOS. Activité de l'intellect.

INTELLECTUALISATION n.f. Action d'intellectualiser.

INTELLECTUALISER v.t. Donner un caractère intellectuel, abstrait à ; considérer d'un point de vue intellectuel.

INTELLECTUALISME n.m. **1.** PHILOS. Doctrine qui affirme la prééminence de l'intelligence sur les sentiments et la volonté. **2.** Tendance à donner la primauté à l'intelligence et aux facultés intellectuelles. **3.** Caractère d'une œuvre, d'un art où prédomine l'élément intellectuel.

INTELLECTUALISTE adj. et n. Relatif à l'intellectualisme ; qui en est partisan.

INTELLECTUALITÉ n.f. Qualité, caractère de ce qui est intellectuel ; cérébralité.

INTELLECTUEL, ELLE adj. Relatif à l'intelligence, à l'activité de l'esprit. *Travail intellectuel.* ◆ n. et adj. **1.** Personne dont l'activité fait surtout appel aux manipulations abstraites et au discours (par oppos. à *manuel*). **2.** Personne qui se consacre, professionnellement ou par goût, à des activités d'ordre intellectuel, culturel, spéculatif. Abrév. *(fam.) : intello.*

INTELLECTUELLEMENT adv. De façon intellectuelle ; sur le plan intellectuel.

INTELLIGEMMENT [-ʒamɑ̃] adv. Avec intelligence.

INTELLIGENCE n.f. (du lat. *intellegere,* comprendre). **1.** Faculté de comprendre, de saisir par la pensée ; ensemble des fonctions mentales ayant pour objet la connaissance conceptuelle et rationnelle. *L'intelligence distingue l'homme de l'animal.* ◇ *Intelligence artificielle (IA) :* ensemble des théories et des techniques mises en œuvre pour réaliser des machines dont le fonctionnement s'apparente à celui du cerveau humain. **2.** Aptitude à s'adapter à une situation, à choisir en fonction des circonstances ; capacité de comprendre, de donner un sens à telle ou telle chose. **3.** Être humain considéré dans ses aptitudes intellectuelles. – Absol. Personne très intelligente. **4.** *Être d'intelligence avec qqn,* s'entendre secrètement avec lui. – *Vivre en bonne, en mauvaise intelligence avec qqn,* vivre en bons, en mauvais termes avec lui. ◆ pl. Entente, relations secrètes. *Avoir des intelligences avec l'ennemi.*

ENCYCL. Les divers tests d'intelligence (Binet-Simon, NEMI, Terman-Merril, Wechsler-Bellevue, etc.) correspondent à des situations standardisées, et les interprétations qu'ils permettent, notamment en termes de *quotient intellectuel* (QI), restent toujours guidées par la théorie de l'intelligence qui a présidé, en psychologie, à leur conception. À côté des conceptions empiriques axées sur la vie courante (Binet-Simon par ex.), les théories *structurales* avancent des stades de développement (J. Piaget) ou des facteurs généraux (facteur G de C. Spearman), les théories *hiérarchiques* proposent une échelle des aptitudes et des savoir-faire (C. Burt), et les théories *componentielles* décomposent l'intelligence en capacités ou opérations intellectuelles distinctes (L. L. Thurstone, Sternberg). Les deux questions de l'unicité de l'intelligence (avec l'opposition fréquente de l'*intelligence pratique* à l'*intelligence abstraite*) et des parts respectives de l'hérédité et du milieu sont toujours en débat.

INTELLIGENT, E adj. **1.** Qui manifeste de l'intelligence, de la raison, du discernement. *Elle est très intelligente. Réponse intelligente.* **2.** Qui dénote l'intelligence. *Travail, film intelligent.* **3.** Se dit d'un bien dont la maintenance ou le fonctionnement sont assurés par un dispositif automatisé capable de se substituer, pour certaines opérations, à l'intelligence humaine. *Voiture, immeuble intelligents.*

INTELLIGENTSIA [ɛ̃tɛliʒɛ̃sja] ou [inteligɛntsja] n.f. (mot russe). **1.** HIST. Dans la Russie du XIXe s., ensemble des intellectuels caractérisé par ses aspirations révolutionnaires. **2.** *Parfois péjor.* Les intellectuels, considérés comme un groupe, une classe. *L'intelligentsia locale.*

INTELLIGIBILITÉ n.f. Caractère d'une chose intelligible.

INTELLIGIBLE adj. **1.** Qui peut être facilement compris. *Parler à haute et intelligible voix. Discours intelligible.* **2.** PHILOS. Qui n'est connaissable que par l'entendement.

INTELLIGIBLEMENT adv. De façon intelligible. *Parler intelligiblement.*

INTELLO n. et adj. (abrév.). *Fam., souvent péjor.* Intellectuel.

INTEMPÉRANCE n.f. **1.** *Litt.* Manque de retenue, de modération dans un domaine quelconque. *Intempérance de langage.* **2.** Manque de sobriété dans le manger ou le boire.

INTEMPÉRANT, E adj. *Litt.* Qui fait preuve d'intempérance ; excessif.

INTEMPÉRIE n.f. (lat. *intemperies,* de *tempus,* temps). [Souvent pl.] Mauvais temps, rigueur du climat. *Braver les intempéries.*

INTEMPESTIF, IVE adj. (lat. *intempestivus,* de *tempus,* temps). Qui est fait à contretemps, se produit mal à propos ; malvenu, inopportun. *Irruption intempestive.*

INTEMPESTIVEMENT adv. De façon intempestive.

INTEMPORALITÉ n.f. Caractère de ce qui est intemporel.

INTEMPOREL, ELLE adj. Qui est indépendant du temps, qui ne varie pas avec lui ; immuable. *Des vérités intemporelles.*

INTENABLE adj. **1.** Qui n'est pas supportable. *Une chaleur intenable.* **2.** Que l'on ne peut pas discipliner, maîtriser. *Ces enfants sont intenables.* **3.** Qui ne peut être tenu, conservé, défendu. *Théorie intenable.*

INTENDANCE n.f. **1.** Fonction, service, bureaux de l'intendant. **2.** Anc. *Intendance militaire :* commissariat de l'armée de terre. **3.** *Intendance universitaire :* corps de fonctionnaires chargés de l'administration financière des lycées et collèges, et de pourvoir aux besoins matériels de ces établissements. **4.** *Fam. L'intendance :* les questions matérielles et économiques. *S'occuper de l'intendance.* – *L'intendance suivra :* les solutions économiques viendront en leur temps, une fois prises les décisions politiques.

INTENDANT, E n. (du lat. *superintendere,* surveiller). **1.** Fonctionnaire chargé de l'administration financière d'un établissement public ou d'enseignement. **2.** Personne chargée d'administrer les affaires, le patrimoine d'une collectivité ou d'un particulier. ◆ n.m. **1.** MIL. Fonctionnaire de l'intendance militaire. **2.** HIST. Dans la France d'Ancien Régime, commissaire royal établi dans une généralité.

INTENSE adj. (bas lat. *intensus,* tendu). D'une puissance, d'une force très grande, qui dépasse la moyenne. *Chaleur intense. Activité intense.*

INTENSÉMENT adv. De façon intense.

INTENSIF, IVE adj. **1.** Qui met en œuvre des moyens importants ; qui fait l'objet de gros efforts. *Un entraînement sportif intensif.* **2.** Se dit d'une grandeur thermodynamique dont la valeur est indépendante de la masse du système. (La pression, la température sont des paramètres intensifs.) **3.** Se dit d'une culture, d'un système de production agricole dont on obtient de forts rendements à l'hectare ; se dit d'un élevage dont on obtient de hauts rendements zootechniques. **4.** LING. Qui renforce la notion exprimée. (*Extra-, hyper-, super-* sont des préfixes intensifs.)

INTENSIFICATION n.f. Action d'intensifier.

INTENSIFIER v.t. [5]. **1.** Rendre plus intense, plus fort, plus actif. *Intensifier ses efforts.* **2.** Élever les rendements à l'hectare d'une culture, d'un système de production agricole ; augmenter les rendements zootechniques d'un élevage. ◆ **s'intensifier** v.pr. Devenir plus intense ; s'amplifier.

INTENSIONNEL, ELLE adj. LOG. Se dit de tout énoncé qui ne satisfait pas aux propriétés définies à l'intérieur d'un champ conceptuel donné (par oppos. à *extensionnel*).

INTENSITÉ n.f. **1.** Très haut degré d'énergie, de force, de puissance atteint par qqch. **2.** Expression de la valeur numérique d'une grandeur génér. vectorielle. *Intensité d'une force.* **3.** Quantité d'électricité que débite un courant continu pendant l'unité de temps. ◇ *Intensité lumineuse :* flux lumineux envoyé par une source de lumière dans un angle solide de 1 stéradian.

INTENSIVEMENT adv. De façon intensive.

INTENTER v.t. (lat. *intentare,* diriger). Entreprendre contre qqn une action en justice.

INTENTION n.f. (lat. *intentio,* action de diriger). Dessein délibéré d'accomplir tel ou tel acte ; volonté. *Il l'a fait dans une bonne intention.* ◇ *Procès d'intention* → **procès.** – *À l'intention de qqn,* spécialement pour lui. *La collation était préparée à votre intention.*

INTENTIONNALITÉ n.f. PHILOS. Pour la phénoménologie, particularité qu'a la conscience d'être toujours conscience de qqch.

INTENTIONNÉ, E adj. *Bien intentionné :* qui a de bonnes dispositions d'esprit à l'égard de qqn. (*Malintentionné* s'écrit en un seul mot.)

INTENTIONNEL, ELLE adj. Fait de propos délibéré, avec intention. *Oubli intentionnel.* (Ne pas confondre avec *intensionnel.*)

INTENTIONNELLEMENT adv. De façon intentionnelle ; exprès, volontairement.

INTER [ɛ̃tɛr] n.m. (abrév.). *Fam.,* vieilli. Téléphone interurbain.

INTERACTIF, IVE adj. **1.** Se dit de phénomènes qui réagissent les uns sur les autres. **2.** INFORM. Doué d'interactivité. SYN. : *conversationnel.* **3.** Se dit d'un support de communication favorisant un échange avec le public. *Émission, exposition, livre interactifs.*

INTERACTION n.f. **1.** Influence réciproque de deux phénomènes, de deux personnes. **2.** PHYS. *Interaction fondamentale :* chacun des types d'action réciproque qui s'exercent entre les constituants de la matière (interactions *gravitationnelle, électromagnétique, *faible [radioactivité et désintégration] et *forte [force nucléaire]). **3.** PHARM. *Interaction médicamenteuse :* augmentation ou diminution des effets thérapeutiques ou toxiques d'un médicament par une autre substance (alcool, autre médicament, etc.).

INTERACTIONNEL, ELLE adj. *Didact.* Relatif à l'interaction.

INTERACTIONNISME n.m. SOCIOL. Analyse de la société comme produit de l'interaction des individus.

INTERACTIVITÉ n.f. **1.** INFORM. Faculté d'échange entre l'utilisateur d'un système informatique et la machine, par l'intermédiaire d'un terminal doté d'un écran de visualisation. **2.** Caractère d'un média interactif.

INTERAFRICAIN, E adj. Qui concerne plusieurs pays d'Afrique ou l'ensemble du continent africain.

INTERAGIR v.i. Exercer une interaction.

INTERALLEMAND, E adj. Qui concernait les deux Allemagnes, avant leur unification.

INTERALLIÉ, E adj. Commun à plusieurs ou à l'ensemble des alliés.

INTERAMÉRICAIN, E adj. Commun à plusieurs États américains ou à l'ensemble du continent.

INTERARABE adj. Commun à plusieurs ou à l'ensemble des pays arabes.

INTERARMÉES adj. Commun à plusieurs armées (de terre, de mer ou de l'air).

INTERARMES adj. Commun à plusieurs armes (infanterie, artillerie, etc.) de l'armée de terre. *Manœuvres interarmes.*

INTERATTRACTION n.f. ÉTHOL. Attirance mutuelle qui s'exerce entre les animaux d'une même espèce et qui tend à les faire se regrouper.

INTERBANCAIRE adj. Qui concerne les relations entre banques.

INTERCALAIRE adj. **1.** Inséré, ajouté entre d'autres choses de même nature. *Feuille intercalaire.* **2.** Se dit du jour ajouté au mois de février lors des années bissextiles (29 février). ◆ n.m. Feuille, feuillet intercalaires.

INTERCALATION n.f. **1.** Action d'intercaler. – *Spécial.* Addition, après coup, d'un mot ou d'une ligne à l'intérieur d'un texte, d'un objet dans un ensemble, etc. **2.** Ce qui est intercalé.

INTERCALER v.t. (lat. *intercalare,* de *calare,* appeler). Insérer parmi d'autres choses, dans une série, un ensemble. *Intercaler un nom dans une liste.*

INTERCÉDER v.i. [11] (lat. *intercedere*). Intervenir en faveur de qqn. *Intercéder en faveur d'un condamné.*

INTERCELLULAIRE adj. BIOL. CELL. Se dit des espaces compris entre les cellules.

INTERCEPTER v.t. (du lat. *interceptus,* pris au passage). **1.** Arrêter au passage. *Les nuages interceptent les rayons du Soleil.* **2.** S'emparer de qqch qui était destiné à autrui. *Intercepter une lettre.* – SPORTS. Dans certains sports d'équipe, s'emparer du ballon au cours d'une passe entre deux joueurs du camp adverse. **3.** Arrêter qqn, un véhicule, en l'empêchant d'atteindre son but. *La police a intercepté le malfaiteur.*

INTERCEPTEUR n.m. MIL. Avion de chasse chargé d'assurer la sécurité de l'espace aérien, au-dessus du territoire national ou d'un théâtre d'opérations, en s'opposant aux incursions d'aéronefs ennemis ou interdits de survol.

INTERCEPTION n.f. **1.** Action d'intercepter ; fait d'être intercepté. **2.** MIL. Action qui consiste, après détection et identification des appareils ou engins adverses, à diriger sur eux des avions de chasse ou des missiles sol-air ou sol-sol. **3.** SPORTS. Action d'intercepter le ballon.

INTERCESSEUR n.m. *Litt.* Personne qui intercède en faveur d'une autre personne.

INTERCESSION n.f. (lat. *intercessio*). *Litt.* Action d'intercéder ; démarche en faveur de qqn. – REM. À distinguer de *intersession.*

INTERCHANGEABILITÉ n.f. **1.** Caractère de ce qui est interchangeable. **2.** MÉCAN. Caractère propre à des pièces ou organes de machines dont les tolérances de fabrication permettent de les monter à la place les uns des autres sans aucune opération d'ajustage.

INTERCHANGEABLE adj. Se dit de choses, de personnes qui peuvent être mises à la place les unes des autres.

INTERCIRCULATION n.f. CH. DE F. Circulation entre les voitures d'un train.

INTERCLASSE ou **INTERCOURS** n.m. ENSEIGN. Intervalle de temps qui sépare deux cours.

INTERCLASSEMENT n.m. Réunion de plusieurs fichiers en un seul.

INTERCLASSER v.t. Effectuer un interclassement.

INTERCLUBS [ɛ̃tɛrklœb] adj. et n.m. pl. Se dit d'une compétition qui oppose les équipes ou les membres de plusieurs clubs sportifs. *Gagner les interclubs.*

INTERCOMMUNAL, E, AUX adj. Qui est commun à plusieurs communes ou qui les concerne. *Hôpital intercommunal.*

INTERCOMMUNALITÉ n.f. Caractère de ce qui est intercommunal.

INTERCOMMUNAUTAIRE adj. Qui concerne les relations entre plusieurs communautés.

INTERCOMPRÉHENSION n.f. LING. Compréhension réciproque.

INTERCONNECTABLE adj. Qui peut être interconnecté.

INTERCONNECTER v.t. Réaliser une interconnexion.

INTERCONNEXION n.f. ÉLECTROTECHN. Association, par connexion, de réseaux distincts, pour assurer la continuité du service en cas de défaut, la mise en commun des réserves et une production plus économique.

INTERCONTINENTAL, E, AUX adj. Qui est situé ou qui a lieu entre des continents, ou qui les relie.

INTERCOSTAL, E, AUX adj. ANAT. Qui est entre les côtes. *Muscles intercostaux.*

INTERCOTIDAL, E, AUX adj. → **INTERTIDAL.**

INTERCOURS n.m. → **INTERCLASSE.**

INTERCULTUREL, ELLE adj. Qui concerne les contacts entre différentes cultures.

INTERCURRENT, E adj. (lat. *intercurrens,* de *currere,* courir). MÉD. Se dit d'une affection qui survient pendant la durée d'une autre.

INTERDÉPARTEMENTAL, E, AUX adj. Commun à plusieurs départements.

INTERDÉPENDANCE n.f. Dépendance mutuelle.

INTERDÉPENDANT, E adj. Se dit de personnes ou de choses dépendant les unes des autres.

INTERDICTION n.f. **1.** Action d'interdire ; défense. *Interdiction de stationner.* **2.** Défense perpétuelle ou temporaire faite à une personne de remplir ses fonctions. *Prêtre, fonctionnaire frappé d'interdiction.* ◇ *Interdiction de séjour :* peine frappant certains condamnés, qui leur interdit l'accès de certains lieux déterminés.

INTERDIGITAL, E, AUX adj. Situé entre les doigts. *Espace interdigital.*

INTERDIRE v.t. [83] (lat. *interdicere*). **1.** Défendre à qqn, empêcher qqn d'utiliser, de faire. *Le médecin lui a interdit l'alcool.* **2.** Frapper d'interdiction. *Interdire un prêtre.*

INTERDISCIPLINAIRE adj. Qui établit des relations entre plusieurs sciences ou disciplines.

INTERDISCIPLINARITÉ n.f. Caractère de ce qui est interdisciplinaire.

1. INTERDIT, E adj. et n. Qui est l'objet d'une interdiction. *Prêtre interdit. Un interdit de séjour.* ◆ adj. Qui ne sait que répondre, qui perd contenance ; déconcerté. *Demeurer interdit.*

2. INTERDIT n.m. **1.** Condamnation absolue qui met qqn à l'écart d'un groupe. *Jeter l'interdit sur qqn. Lever un interdit.* **2.** ANTHROP. Impératif institué par un groupe, une société et qui prohibe un acte, un comportement. *Transgression d'un interdit.* – Signe matérialisé qui localise et rappelle l'acte interdit tout en protégeant son objet (par ex. un site funéraire). **3.** DR. CANON. Censure qui prive les fidèles de certains biens spirituels (par ex. la célébration du culte) sans les exclure de la communauté ecclésiale.

INTERENTREPRISES adj. Qui concerne plusieurs entreprises.

INTÉRESSANT, E adj. **1.** Digne d'intérêt, d'attention ou de considération. *Orateur, livre, détail intéressant. Rencontrer des gens intéressants.* **2.** Qui procure un avantage matériel ; avantageux. *Acheter à un prix intéressant.* **3.** Vieilli. *État intéressant, position intéressante :* état d'une femme enceinte. ◆ n. *Faire l'intéressant, son intéressant :* chercher à se faire remarquer.

INTÉRESSÉ, E adj. et n. Qui est concerné par une chose. *Prévenir les intéressés.* ◆ adj. Qui est inspiré par l'intérêt, par le profit ou un profit. *Service, avis, ami intéressé.*

INTÉRESSEMENT n.m. Participation des salariés aux bénéfices d'une entreprise.

INTÉRESSER v.t. (lat. *interesse,* importer). **1.** Avoir de l'importance pour, être utile à ; concerner. *Loi qui intéresse les industriels.* **2.** Inspirer de l'intérêt ; retenir l'attention de. *Ce jeune homme m'intéresse. Ce livre vous intéressera.* **3.** Attribuer une part des bénéfices d'une entreprise à qqn. *Intéresser qqn à une affaire.* ◆ **s'intéresser** v.pr. **(à).** Avoir de l'intérêt pour.

INTÉRÊT n.m. (du lat. *interest,* il importe). **1.** Ce qui importe, ce qui est utile, avantageux. *Agir dans l'intérêt d'un ami.* **2.** Originalité, importance. *Une déclaration du plus haut intérêt.* **3.** Sentiment de curiosité, de bienveillance à l'égard de qqch, de qqn ; agrément que l'on y prend. *Ressentir un vif intérêt pour qqn.* **4.** Attachement exclusif à ce qui est avantageux pour soi, en partic. à l'argent. *C'est l'intérêt qui le guide.* **5.** (Génér. pl.) Part, somme d'argent qu'une personne a dans une affaire. *Avoir des intérêts dans une entreprise.* **6.** Somme que le débiteur paie au créancier en rémunération de l'usage de l'argent prêté. ◇ *Intérêt composé :* intérêt perçu sur un capital formé d'un capital primitif accru de ses intérêts accumulés jusqu'à l'époque de l'échéance. [Le capital *a,* placé au taux *r* pour 1 €, devient au bout de *n* années : $A = a\,(1 + r)^n$.] – *Intérêt simple :* intérêt perçu sur le capital primitif non accru de ses intérêts. (L'intérêt simple *i* du capital *a,* placé pendant le temps *t* au taux de *r,* est : $i = art/100$.) – *Intérêts compensatoires :* somme destinée à réparer le préjudice causé par l'inexécution d'une obligation. – *Intérêts moratoires :* somme destinée à réparer le préjudice causé par un retard dans l'exécution d'une obligation.

INTERETHNIQUE adj. Qui concerne les relations entre les ethnies ou les sociétés désignées comme telles.

INTERFACE [ɛ̃tɛrfas] n.f. (mot angl.). **1.** *Didact.* Limite commune à deux systèmes, permettant des échanges entre ceux-ci. *L'interface gaz-liquide. L'interface production-distribution.* **2.** INFORM. Ensemble des règles et des conventions qui permettent l'échange d'informations entre deux systèmes donnés. **3.** Personne qui assure l'échange d'informations entre deux domaines, deux services. *Ingénieur qui est l'interface entre la recherche et la production.*

INTERFÉCOND, E adj. BIOL. Se dit d'individus ou de populations qui peuvent se reproduire par croisement.

INTERFÉRENCE n.f. **1.** Rencontre, conjonction de deux séries distinctes de phénomènes ; interaction. *L'interférence des faits démographiques et politiques.* **2.** PHYS. Phénomène résultant de la superposition d'oscillations ou d'ondes de même nature et de fréquences égales ou voisines.

INTERFÉRENT, E adj. PHYS. Qui présente le phénomène d'interférence.

I

INTERFÉRENTIEL, ELLE adj. PHYS. Relatif aux interférences.

INTERFÉRER v.i. [11] (lat. *inter,* entre, et *ferre,* porter). **1.** Se superposer en se renforçant ou en se contrariant. *Des politiques qui interfèrent.* **2.** PHYS. Produire des interférences. *Des rayons qui interfèrent.*

INTERFÉROMÈTRE n.m. Appareil de mesure par interférométrie.

INTERFÉROMÉTRIE n.f. Méthode de mesure de très grande précision, fondée sur les phénomènes d'interférence.

INTERFÉRON n.m. BIOCHIM. Cytokine produite par certaines cellules et synthétisable, aux propriétés antivirales, anticancéreuses et qui stimule le système immunitaire.

INTERFLUVE n.m. (mot angl.). GÉOMORPH. Région située entre deux vallées voisines.

INTERFRANGE n.m. OPT. Distance séparant deux franges consécutives d'interférence ou de diffraction.

INTERGALACTIQUE adj. Situé entre les galaxies.

INTERGLACIAIRE adj. Se dit des périodes, et notamm. des périodes du quaternaire, comprises entre deux glaciations.

INTERGOUVERNEMENTAL, E, AUX adj. Qui concerne plusieurs gouvernements.

I

INTERGROUPE n.m. Groupe de parlementaires de différentes tendances politiques, formé pour étudier un problème déterminé.

INTERHUMAIN, E adj. D'un être humain à un autre. *Contagion à transmission interhumaine.*

INTÉRIEUR, E adj. (lat. *interior*). **1.** Qui est au-dedans, dans l'espace compris entre les limites de qqch. *Cour intérieure.* **2.** Qui se rapporte à l'esprit, à la vie morale, psychologique de l'homme. *Sentiment intérieur.* **3.** Qui concerne un pays, un territoire. *Politique intérieure.* **4.** GÉOMÉTR. ***Bissectrice intérieure d'un triangle ABC en A*** : bissectrice de l'angle de sommet A ayant pour côtés les demi-droites [AB] et [AC]. [Les trois bissectrices intérieures se coupent en un point, centre du cercle inscrit dans le triangle.] ◆ n.m. **1.** La partie de dedans. *L'intérieur d'un bâtiment.* **2.** Espace compris entre les frontières d'un pays ; le pays lui-même, ou sa partie centrale, par oppos. aux frontières ou aux côtes. ◇ ***Ministère de l'Intérieur*** : administration chargée en France de représenter l'État sur le territoire national, et notamm. de diriger les affaires administratives et la police. **3.** Endroit où l'on habite ; maison, appartement. *Un intérieur confortable.* ◇ ***Femme d'intérieur*** : femme qui sait tenir sa maison. – ***Homme, femme d'intérieur,*** qui n'aime pas sortir, qui reste au milieu des siens. – ***Robe, veste d'intérieur*** : vêtement confortable que l'on porte chez soi. **4.** ***De l'intérieur*** : en faisant partie d'un groupe, en participant à la chose même. *Juger de l'intérieur.*

INTÉRIEUREMENT adv. **1.** Au-dedans. **2.** En soi-même, à part soi. *Se révolter intérieurement.*

INTÉRIM [ɛ̃terim] n.m. (lat. *interim,* pendant ce temps-là). **1.** Temps pendant lequel une fonction est remplie par un autre que par le titulaire ; exercice de cette fonction. ◇ ***Par intérim*** : pendant l'absence du titulaire ; provisoirement. *Ministre par intérim.* **2.** Activité des salariés intérimaires. *Faire de l'intérim. Société d'intérim.*

INTÉRIMAIRE n. et adj. **1.** Personne qui, provisoirement, exerce des fonctions à la place du titulaire. **2.** Travailleur mis temporairement à la disposition d'une entreprise par une société de travail temporaire pour occuper un emploi ponctuel (remplacement, surcroît de travail). ◆ adj. Qui a lieu, qui s'exerce par intérim. *Fonctions intérimaires.*

INTERINDIVIDUEL, ELLE adj. Qui concerne les rapports entre individus.

INTERINDUSTRIEL, ELLE adj. Qui concerne les échanges entre secteurs de l'économie.

INTÉRIORISATION n.f. Action d'intérioriser.

INTÉRIORISER v.t. **1.** Garder pour soi, contenir en son for intérieur. *Intérioriser sa colère.* **2.** Faire siennes des opinions, des règles de conduite qui étaient jusque-là étrangères ou extérieures, au point de ne plus les distinguer comme acquises. *Il a complètement intériorisé les règles de fonctionnement de son parti.* **3.** Rendre plus intime, plus profond. *Intérioriser un rôle.*

INTÉRIORITÉ n.f. Caractère de ce qui est intérieur, intime.

INTERJECTIF, IVE adj. GRAMM. ***Locution interjective*** : groupe de mots jouant le rôle d'une interjection. (Ex. : *Tout beau !, Dieu du ciel !*)

INTERJECTION n.f. (lat. *interjectio,* parenthèse). GRAMM. Mot invariable, isolé, qui exprime un sentiment violent, une émotion, un ordre (ex. : *ah !, hélas !, chut !*)

INTERJETER v.t. [16]. DR. ***Interjeter appel*** : faire appel d'une décision de justice.

INTERLEUKINE n.f. BIOCHIM. Cytokine sécrétée par des macrophages et des lymphocytes, leur permettant d'agir sur d'autres cellules du système immunitaire.

INTERLIGNAGE n.m. Action ou manière d'interligner.

1. INTERLIGNE n.m. Blanc entre deux lignes écrites ou imprimées.

2. INTERLIGNE n.f. IMPRIM. Lame de métal dont on se sert en composition typographique pour espacer les lignes.

INTERLIGNER v.t. Séparer par des interlignes.

INTERLOCK n.m. (mot angl.). **1.** Tricot dont l'aspect est identique sur les deux faces. **2.** Métier circulaire spécialement conçu pour réaliser ce tricot.

INTERLOCUTEUR, TRICE n. (lat. *inter,* entre, et *loqui,* parler). **1.** Toute personne conversant avec une autre. **2.** Personne avec laquelle on engage des négociations, des pourparlers. *Interlocuteur valable.*

INTERLOCUTOIRE adj. DR. ***Jugement interlocutoire,*** ou ***interlocutoire,*** n.m. : jugement qui, avant de statuer sur le fond, ordonne des mesures propres à préparer la solution de l'affaire.

INTERLOPE adj. (de l'angl. *interloper,* navire trafiquant en fraude). **1.** Qui est suspect de combinaisons malhonnêtes ; qui est le lieu de trafics louches. *Personnage interlope. Bar interlope.* **2.** Qui se fait en fraude ; illégal. *Commerce interlope.*

INTERLOQUER v.t. (lat. *interloqui,* interrompre). Mettre dans l'embarras par un effet de surprise ; décontenancer. *Cette réponse l'a interloqué.*

INTERLUDE n.m. (mot angl., du lat. *ludus,* jeu). Divertissement dramatique ou musical entre deux parties d'un spectacle, d'une émission de télévision, etc.

INTERMÈDE n.m. (ital. *intermedio,* lat. *intermedius*). **1.** Divertissement entre deux pièces ou deux actes d'une représentation théâtrale. *Intermède comique.* **2.** Temps pendant lequel une action s'interrompt ; période de temps entre deux événements.

1. INTERMÉDIAIRE adj. (lat. *inter,* entre, et *medius,* qui est au milieu). **1.** Qui est entre deux choses ; qui occupe une position moyenne. *Solution intermédiaire.* **2.** MÉD. Se dit de la forme d'une maladie à mi-chemin entre deux formes typiques. *Lèpre intermédiaire.* ◆ n.m. ***Par l'intermédiaire de*** : grâce à l'intervention de qqn ; au moyen de qqch. *Apprendre une nouvelle par l'intermédiaire d'un correspondant.*

2. INTERMÉDIAIRE n. **1.** Personne qui sert de lien entre deux autres. *Servir d'intermédiaire.* **2.** Personne physique ou morale qui, dans un circuit commercial, se trouve entre le producteur et le consommateur.

INTERMÉDIATION n.f. Processus au terme duquel les établissements de crédit, recevant des épargnes, les affectent à des prêts.

INTERMÉTALLIQUE adj. Se dit de composés formés de deux ou de plusieurs métaux.

INTERMEZZO [ɛ̃tɛrmedzo] n.m. (mot ital., *intermède*). **1.** Divertissement musical intercalé entre les parties d'une œuvre théâtrale. **2.** Pièce instrumentale de caractère intimiste.

INTERMINABLE adj. Qui dure très longtemps. *Attente interminable.*

INTERMINABLEMENT adv. De façon interminable.

INTERMINISTÉRIEL, ELLE adj. Relatif à plusieurs ministres ou ministères.

INTERMITTENCE n.f. Caractère de ce qui est intermittent. *L'intermittence d'un signal lumineux.* ◇ ***Par intermittence*** : par moments, de façon discontinue ; irrégulièrement.

1. INTERMITTENT, E adj. (du lat. *intermittere,* discontinuer). Qui s'arrête et reprend par intervalles ; discontinu, irrégulier. *Travail intermittent.*

2. INTERMITTENT, E n. Personne dont l'activité comporte une alternance de périodes travaillées et non travaillées. *Les intermittents du spectacle.*

INTERMODAL, E, AUX adj. **1.** Qui met en jeu plusieurs moyens de transport différents. *Gare intermodale.* **2.** PSYCHOL. ***Transfert intermodal*** : transfert d'une information sensorielle d'un récepteur à un autre (de la vision au toucher, de l'audition à la vision, etc.).

INTERMOLÉCULAIRE adj. Propre à un ensemble de molécules considérées dans leurs interactions.

INTERNALISATION n.f. ÉCON. Inclusion, dans les charges d'une entreprise, du coût d'effets externes de l'activité de celle-ci (nuisances, pollutions, etc.).

INTERNAT n.m. **1.** Situation d'un élève interne. **2.** Établissement où les élèves sont nourris et logés. **3.** MÉD., PHARM. **a.** Concours permettant d'obtenir le titre d'interne des hôpitaux. *Passer l'internat.* **b.** Fonction de l'interne ; période pendant laquelle on est interne.

INTERNATIONAL, E, AUX adj. **1.** Qui a lieu, qui se passe entre plusieurs nations. *Arbitrage international.* **2.** ARCHIT. **a.** ***Style gothique international*** → **gothique. b.** ***Style international*** : mouvement *moderne. ◆ n. Sportif qui représente son pays dans des épreuves internationales. ◆ n.m. **1.** Domaine des relations internationales, spécial. dans les échanges commerciaux. **2.** Dans une entreprise, secteur chargé de ce domaine. *Travailler à l'international.* ◆ n.m. pl. Compétitions internationales. *Les Internationaux de France.*

INTERNATIONALEMENT adv. Sur le plan international.

INTERNATIONALISATION n.f. Soumission d'un territoire à un régime d'administration internationale.

INTERNATIONALISER v.t. Rendre international ; porter sur le plan international. *Internationaliser un conflit.*

INTERNATIONALISME n.m. Doctrine prônant la solidarité, l'union internationale des peuples, de groupes sociaux, etc., par-delà les cloisonnements nationaux.

INTERNATIONALISTE adj. et n. Relatif à l'internationalisme ; qui en est partisan.

INTERNATIONALITÉ n.f. État, caractère de ce qui est international.

INTERNAUTE n. Utilisateur du réseau Internet. SYN. : *cybernaute.*

1. INTERNE adj. (lat. *internus*). **1.** Qui concerne le dedans de qqch ; intérieur. *Maladie interne. Problème interne à l'entreprise.* ◇ ***Médicament à usage interne,*** à introduire dans l'organisme (par voie buccale, rectale, etc.). – ***Médecine interne*** : partie de la médecine consacrée aux maladies ne relevant pas de la chirurgie ; en partic., spécialité médicale soignant les maladies complexes ne relevant pas précisément d'une autre spécialité. **2.** ***Énergie interne d'un système,*** grandeur thermodynamique dont les variations sont égales à la somme du travail et de la chaleur échangés par ce système.

2. INTERNE n. **1.** Élève logé et nourri dans un établissement scolaire. **2.** Étudiant en fin d'études de médecine ou de pharmacie, assurant les fonctions de base dans un établissement hospitalier. *Interne de médecine générale, de chirurgie.*

INTERNÉ, E adj. et n. **1.** Enfermé dans un camp de concentration, une prison. *Les internés politiques.* **2.** Vieilli. Qui est l'objet d'une mesure d'internement en milieu psychiatrique.

INTERNÉGATIF n.m. PHOTOGR., CINÉMA. Film négatif en couleurs établi à partir d'un film original (négatif ou positif) en vue du tirage en série de copies.

INTERNEMENT n.m. **1.** Action d'interner ; fait d'être interné. **2.** Vieilli. Hospitalisation d'un malade en milieu psychiatrique sans son consentement, soit sur demande d'un tiers (membre de la famille), soit d'office (à la demande des autorités). **3.** Décision administrative de suppression de la liberté d'aller et de venir à une personne considérée comme dangereuse pour la sécurité et l'ordre publics.

INTERNER v.t. **1.** Enfermer dans un camp, une prison ; emprisonner. **2.** Vieilli. Hospitaliser un malade en milieu psychiatrique sans son consentement.

INTERNET [ɛ̃tɛrnɛt] n.m. (abrév. de l'anglo-amér. *international network*, réseau international). Réseau télématique international, issu du réseau militaire américain Arpanet (conçu en 1969) et résultant de l'interconnexion de milliers de réseaux utilisant un protocole de communication commun (*WWW* ou *Web*, réseau mondial, cour. appelé *la Toile*). [Tout utilisateur d'un micro-ordinateur muni d'un modem peut se connecter à Internet via un fournisseur d'accès. Les services offerts comprennent la consultation d'informations (sites Web), la messagerie électronique, des forums, le commerce électronique, etc.] – REM. S'écrit aussi sans majuscule.

INTERNONCE n.m. Représentant du pape dans un État non catholique.

INTEROCÉANIQUE adj. Qui sépare ou relie deux océans. *Isthme, canal interocéanique.*

INTÉROCEPTIF, IVE adj. PHYSIOL. Se dit de la sensibilité nerveuse dépendante de récepteurs sensibles aux modifications ou aux signaux provenant du milieu intérieur ; se dit de tels récepteurs (par oppos. à *extéroceptif*).

INTEROPÉRABILITÉ n.f. Compatibilité des équipements, des procédures ou des organisations permettant à plusieurs systèmes, forces armées ou organismes d'agir ensemble. *Interopérabilité des forces de l'OTAN.*

INTEROSSEUX, EUSE adj. Situé entre deux os.

INTERPELLATEUR, TRICE n. Personne qui interpelle.

INTERPELLATION n.f. **1.** Action d'interpeller. **2.** Demande d'explication adressée au gouvernement par un membre du Parlement sur un aspect de sa politique. **3.** DR. Sommation faite à qqn d'avoir à dire, à faire qqch.

INTERPELLER [ɛ̃tɛrpəle] ou [-pɛle] v.t. [17] (lat. *interpellare*, interrompre). **1.** Adresser vivement la parole à qqn pour lui demander qqch. *Interpeller un passant.* **2.** DR. Sommer qqn de répondre, lui demander de s'expliquer sur un fait ; vérifier son identité, l'arrêter. **3.** Contraindre qqn à regarder en face une situation ; s'imposer à lui. *La misère du monde nous interpelle.*

INTERPÉNÉTRATION n.f. Pénétration mutuelle.

INTERPÉNÉTRER (S') v.pr. [11]. Pour deux choses, pénétrer l'une dans l'autre.

INTERPERSONNEL, ELLE adj. Qui concerne les relations entre les individus.

INTERPHASE n.f. BIOL. CELL. Période qui sépare deux divisions successives d'une cellule vivante, au cours de laquelle se déroule l'essentiel de l'activité cellulaire (synthèses organiques, nutrition, croissance, duplication de l'ADN, etc.).

INTERPHONE n.m. (nom déposé). Téléphone à haut-parleur permettant des communications à courte distance, génér. à l'intérieur du même bâtiment.

INTERPLANÉTAIRE adj. Situé entre les planètes du système solaire.

INTERPOLATION n.f. **1.** Action d'interpoler ; passage interpolé. **2.** MATH. ***Interpolation linéaire*** : approximation de la valeur d'une fonction, sur un intervalle donné, par la fonction affine définie sur cet intervalle et prenant aux bornes de cet intervalle les valeurs de la fonction approchée. **3.** STAT. Opération consistant à déterminer, à partir d'une série statistique succincte aux valeurs trop espacées, de nouvelles valeurs correspondant à un caractère intermédiaire pour lequel aucune mesure n'a été effectuée.

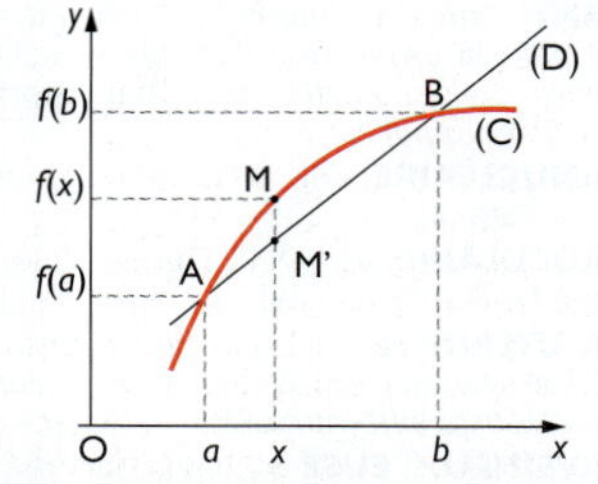

■ **INTERPOLATION.** L'interpolation linéaire consiste à remplacer $f(x)$, ordonnée de M sur la courbe (C), par l'ordonnée de M' sur la droite (D) passant par A et B.

INTERPOLER v.t. (lat. *interpolare*, réparer). **1.** Introduire dans un texte des passages qui n'en font pas partie et qui en changent le sens. **2.** STAT. Pratiquer une interpolation.

INTERPOSER v.t. (lat. *interponere*). **1.** Placer entre deux choses. *Interposer un rideau pour tamiser la lumière.* **2.** Faire intervenir entre deux personnes, deux groupes. *Interposer une troupe entre deux belligérants.* ◆ **s'interposer** v.pr. Se placer entre deux personnes, deux choses ; s'intercaler, s'entremettre.

INTERPOSITIF n.m. CINÉMA. Copie positive impropre à la projection, tirée à partir du négatif original et utilisée pour la réalisation de truquages ou pour l'établissement de l'internégatif.

INTERPOSITION n.f. **1.** Action d'interposer ; fait de s'interposer. ◇ MIL. ***Force d'interposition*** : troupes déployées entre deux armées ou groupes armés pour les empêcher de se combattre. **2.** DR. ***Interposition de personnes*** : situation dans laquelle un acte conclu au bénéfice d'une personne doit profiter en fait à une autre, qui ne peut ou ne veut apparaître dans l'acte.

INTERPRÉTABLE adj. Qui peut être interprété.

INTERPRÉTARIAT n.m. Métier, fonction d'interprète. *École d'interprétariat.*

INTERPRÉTATIF, IVE adj. Qui contient une interprétation. *Jugement interprétatif.*

INTERPRÉTATION n.f. **1.** Action d'interpréter, de donner un sens à qqch ; explication, commentaire. *Interprétation d'un texte, d'une œuvre.* **2.** Action ou manière de représenter, de jouer un rôle, de danser une œuvre. **3.** PSYCHAN. Travail effectué par le patient, aidé par son analyste, pour dégager le désir inconscient qui anime certains de ses comportements. **4.** INFORM. Traduction et exécution d'un programme instruction par instruction.

INTERPRÈTE n. (lat. *interpres, -etis*). **1.** Personne qui traduit oralement une langue dans une autre. **2.** Personne qui est chargée de déclarer, de faire connaître les volontés, les intentions d'une autre. *Soyez mon interprète auprès de votre amie.* **3.** Artiste qui assure l'interprétation d'un rôle, d'une œuvre.

INTERPRÉTER v.t. [11] (lat. *interpretari*). **1.** Chercher à rendre compréhensible, à traduire, à donner un sens à. *Interpréter un rêve, une loi. Mal interpréter les intentions de qqn.* **2. a.** Jouer un rôle dans une pièce ou un film. **b.** Jouer, exécuter une œuvre, notamm. un morceau de musique. **c.** Danser une œuvre chorégraphique. ◆ **s'interpréter** v.pr. Être compris, expliqué. *Cette réponse peut s'interpréter de plusieurs façons.*

INTERPRÉTEUR n.m. INFORM. Logiciel d'interprétation.

INTERPROFESSION n.f. Groupe de professions d'un secteur économique.

INTERPROFESSIONNEL, ELLE adj. Qui groupe, concerne plusieurs professions. *Salaire minimum interprofessionnel de croissance (SMIC).*

INTERQUARTILE adj. STAT. Se dit de l'écart entre le premier et le troisième quartile d'une série statistique.

INTERRACIAL, E, AUX adj. Qui concerne les relations entre personnes, communautés distinguées selon l'origine, la couleur de la peau.

INTERRÉGIONAL, E, AUX adj. Qui concerne plusieurs régions. ◇ ***Entente interrégionale*** : en France, établissement public associant plusieurs Régions limitrophes.

INTERRÈGNE n.m. **1.** Intervalle entre la mort d'un roi et le sacre de son successeur. **2.** *Par plais.* Intervalle pendant lequel une fonction n'est pas assurée par un titulaire ; intérim.

INTERROGATEUR, TRICE adj. Qui interroge. *Regard interrogateur.*

INTERROGATIF, IVE adj. Qui exprime une interrogation. *Phrase interrogative.* ◆ n.m. Mot interrogatif (adjectif, pronom, adverbe). ◆ n.f. Phrase interrogative.

INTERROGATION n.f. (lat. *interrogatio*). Demande, question ou ensemble de questions. *Répondre à une interrogation.* ◇ ***Point d'interrogation*** : signe de ponctuation (?) placé à la fin d'une interrogative directe ; *fig.*, question non résolue, chose incertaine, imprévisible.

INTERROGATIVEMENT adv. D'une manière interrogative ; par interrogation.

INTERROGATOIRE n.m. **1.** Ensemble des questions posées à qqn (prévenu, accusé) et des réponses qu'il y apporte au cours d'une enquête, d'une instruction. – Procès-verbal consignant ces demandes et ces réponses. **2.** Partie de l'examen clinique dans laquelle le médecin demande des renseignements sur les antécédents et les symptômes.

INTERROGEABLE adj. TÉLÉCOMM., INFORM. Que l'on peut interroger. *Répondeur interrogeable à distance.*

INTERROGER v.t. [10] (lat. *interrogare*). **1.** Adresser, poser des questions à ; questionner. **2.** Examiner avec attention. *Interroger des documents historiques. Interroger le ciel pour voir s'il va pleuvoir.* **3.** TÉLÉCOMM., INFORM. Entrer en communication, génér. à distance, avec un répondeur téléphonique, un serveur ou une base de données pour en obtenir des informations.

INTERROMPRE v.t. [60] (lat. *interrumpere*). **1.** Rompre la continuité ou la continuation de. *Interrompre son travail.* **2.** Couper la parole à qqn, l'arrêter dans son discours. *Interrompre une personne qui parle.* ◆ **s'interrompre** v.pr. Cesser de faire qqch, s'arrêter au cours d'une action.

INTERRO-NÉGATIF, IVE adj. (pl. *interro-négatifs, ives*). GRAMM. Se dit d'une phrase interrogative dont l'interrogation porte sur une phrase négative. (Ex. : *Ne viendra-t-elle pas demain ?*)

INTERRUPTEUR n.m. Appareil qui sert à interrompre ou à rétablir un courant électrique en ouvrant ou en fermant le circuit.

INTERRUPTION n.f. **1.** Action d'interrompre ; suspension, arrêt. *Travailler sans interruption.* ◇ ***Interruption volontaire de grossesse (IVG)*** → **avortement.** **2.** Parole prononcée pour interrompre qqn. *De bruyantes interruptions.*

INTERSAISON n.f. Période qui sépare deux saisons commerciales, touristiques, sportives, etc.

INTERSECTION n.f. (lat. *intersectio*, de *secare*, couper). **1.** Endroit où deux routes se croisent. **2.** GÉOMÉTR. Ensemble des points ou des éléments communs à deux ou à plusieurs lignes, surfaces ou volumes. ◇ ***Point d'intersection de deux lignes***, endroit où elles se coupent. **3.** LOG. ***Intersection*** ou ***produit de deux relations*** : jonction entre deux relations s'exprimant par « et » et qui se vérifie si, et seulement si, les deux relations se vérifient à la fois. – ***Intersection*** ou ***produit des classes K et L*** : classe constituée d'éléments appartenant à la fois à la classe K et à la classe L ; l'opération elle-même (symbolisée par $K \cap L$). **4.** ALGÈBRE. ***Intersection de deux ensembles A et B***, ensemble des éléments communs à ces deux ensembles, noté $A \cap B$ (A inter B).

INTERSESSION n.f. Temps qui sépare deux sessions d'une assemblée. – REM. À distinguer de *intercession*.

INTERSIDÉRAL, E, AUX adj. Situé entre les astres.

INTERSIGNE n.m. Lien mystérieux qui existerait entre deux faits apparemment indépendants l'un de l'autre ; présage.

INTERSPÉCIFIQUE adj. ÉCOL. Relatif aux rapports entre espèces.

INTERSTELLAIRE adj. (du lat. *stella*, étoile). Situé entre les étoiles. *L'espace interstellaire.* ◇ ***Matière interstellaire*** : matière (gaz et poussières) présente dans l'espace situé entre les étoiles d'une galaxie, notamm. sous forme de nébuleuses.

INTERSTICE n.m. (du lat. *interstare*, se trouver entre). Petit espace vide entre les parties de qqch. *Les interstices des volets.*

INTERSTITIEL, ELLE [ɛ̃tɛrstisjɛl] adj. **1.** Situé dans les interstices de qqch. **2. a.** HISTOL. Se dit des éléments (tissu conjonctif de soutien, par ex.) qui comblent les espaces entre les cellules parenchymateuses nobles d'un organe. **b.** *Par ext.* Se dit d'un syndrome, d'une maladie atteignant ces éléments. *Néphropathie interstitielle.*

INTERSUBJECTIF, IVE adj. Relatif à l'intersubjectivité.

INTERSUBJECTIVITÉ n.f. PHILOS. Communication entre les consciences individuelles, impliquant échanges et réciprocité.

INTERSYNDICAL, E, AUX adj. Qui concerne plusieurs syndicats. *Réunion intersyndicale.* ◆ n.f. Association de plusieurs sections syndicales, de plusieurs syndicats, pour des objectifs pratiques communs.

INTERTEXTUALITÉ n.f. LITTÉR. Ensemble des relations qu'un texte, et notamm. un texte littéraire, entretient avec un autre ou avec d'autres, tant au plan de sa création (par la citation, le plagiat, l'allusion, le pastiche, etc.) qu'au plan de sa lecture et de sa compréhension, par les rapprochements qu'opère le lecteur.

INTERTEXTUEL, ELLE adj. Relatif à l'intertextualité.

INTERTIDAL, E, AUX ou **INTERCOTIDAL, E, AUX** adj. (de l'angl. *tide,* marée). HYDROL. Se dit de la zone comprise entre les niveaux des marées les plus hautes et ceux des marées les plus basses.

INTERTITRE n.m. **1.** Titre secondaire annonçant une partie ou un paragraphe d'un article. **2.** CINÉMA. Dans un film, notamm. muet, ensemble des textes inscrits sur l'écran entre deux séquences. SYN. : *carton.*

INTERTRIGO n.m. (mot lat., de *terere,* frotter). MÉD. Infection de la peau siégeant dans les plis (aine, aisselle, etc.).

INTERTROPICAL, E, AUX adj. Tropical.

INTERURBAIN, E adj. Établi entre des villes différentes. ◆ n.m. Vieilli. Téléphone interurbain, avant la généralisation des centraux automatiques. Abrév. *(fam.) : inter.*

INTERVALLE n.m. (lat. *intervallum*). **1.** Espace plus ou moins large entre deux corps ; distance d'un point à un autre. *Intervalle entre deux murs.* **2.** Espace de temps entre deux instants, deux périodes. *À deux mois d'intervalle.* ◇ *Par intervalles :* de temps à autre. **3.** MUS. Distance qui sépare deux sons. (On parle de *seconde,* de *tierce,* de *quarte,* de *quinte,* de *sixte,* de *septième* ou d'*octave,* selon l'écart entre les sons.) **4.** ACOUST. Rapport des fréquences de deux sons. **5.** MATH. Ensemble des nombres x compris entre deux nombres a et b. ◇ *Intervalle fermé* [a, b] : ensemble des nombres x tels que $a \leqslant x \leqslant b$. – *Intervalle ouvert*]a, b[: ensemble des nombres x tels que $a < x < b$.

INTERVENANT, E adj. et n. Qui intervient dans un procès, une discussion, un processus économique, etc.

INTERVENIR v.i. [28] [auxil. *être*] (lat. *intervenire*). **1.** Prendre part volontairement à une action pour en modifier le cours. *Intervenir dans une négociation.* **2.** Prendre la parole pour donner son avis. *Intervenir dans une conversation.* **3.** Se produire, avoir lieu. *Un événement est intervenu.* **4.** MIL. Engager des forces militaires.

INTERVENTION n.f. **1.** Action d'intervenir dans une situation quelconque, un débat, une action, etc. **2.** *Intervention chirurgicale,* ou *intervention :* traitement réalisé par le chirurgien. SYN. : *opération.* **3.** DR. INTERN. Action d'un État ou d'un groupe d'États s'ingérant dans la sphère de compétence d'un autre État. ◇ MIL. *Force d'intervention :* troupes engagées sur un théâtre d'opérations.

INTERVENTIONNEL, ELLE adj. Se dit d'un examen radiologique pendant lequel on réalise un traitement (injection, par ex.), que l'on peut surveiller sur les images.

INTERVENTIONNISME n.m. **1.** Doctrine préconisant l'intervention de l'État dans les affaires économiques. **2.** Doctrine préconisant l'intervention d'un État dans un conflit concernant d'autres États.

INTERVENTIONNISTE adj. et n. Qui relève de l'interventionnisme ; qui en est partisan.

INTERVERSION n.f. Modification, renversement de l'ordre habituel ou naturel. *Interversion des lettres dans un mot.*

INTERVERTÉBRAL, E, AUX adj. Placé entre deux vertèbres.

INTERVERTIR v.t. (lat. *intervertere,* détourner). Modifier, renverser l'ordre naturel ou habituel des choses. *Intervertir les rôles.*

INTERVIEW [ɛ̃tɛrvju] n.f. ou n.m. (mot angl., du fr. *entrevue*). Entretien avec une personne pour l'interroger sur ses actes, ses idées, ses projets, afin soit d'en publier ou diffuser le contenu, soit de l'utiliser aux fins d'analyse (enquête d'opinion).

INTERVIEWÉ, E adj. et n. Se dit d'une personne soumise à une interview.

1. INTERVIEWER [ɛ̃tɛrvjuve] v.t. Soumettre à une interview.

2. INTERVIEWER [ɛ̃tɛrvjuvœr] n.m. ou **INTERVIEWEUR, EUSE** n. Journaliste, personne qui interviewe qqn.

INTERVOCALIQUE adj. Situé entre deux voyelles.

INTESTAT [ɛ̃tɛsta] adj. inv. et n. (lat. *intestatus,* de *testari,* tester). Qui n'a pas fait de testament.

1. INTESTIN, E adj. (lat. *intestinus,* intérieur). *Litt.* Qui se passe entre des adversaires appartenant à la même communauté ; intérieur. *Divisions intestines.* (Le masc. est rare.)

2. INTESTIN n.m. (lat. *intestina*). Portion du tube digestif allant de l'estomac au rectum, divisée en deux parties, l'*intestin grêle* et le *gros intestin,* ou *côlon.*

INTESTINAL, E, AUX adj. Qui concerne l'intestin. ◇ *Suc intestinal :* liquide sécrété par les glandes de l'intestin grêle, contenant des enzymes qui participent à la digestion. – *Ver intestinal :* parasite (ténia, oxyure, etc.) vivant dans l'intestin de l'homme et des animaux.

INTIMATION n.f. DR. Action d'intimer.

INTIME adj. (lat. *intimus,* superlatif de *interior*). **1.** *Litt.* Qui constitue l'essence d'un être, d'une chose ; intérieur, profond. *Connaître la nature intime de qqn.* **2.** Qui existe au plus profond de nous. *Conviction, sentiment intime.* **3.** Qui est uniquement privé, personnel ; qui se passe entre amis. *Un journal intime. Dîner intime.* **4.** *Toilette intime,* des organes génitaux. ◆ adj. et n. À qui on est étroitement lié.

INTIMÉ, E adj. et n. DR. Cité en justice, partic. en appel ; se dit de la personne contre laquelle l'appel est formé.

INTIMEMENT adv. Très profondément. *Intimement persuadé. Intimement unis.*

INTIMER v.t. (bas lat. *intimare,* introduire, notifier). **1.** Signifier, déclarer avec autorité. *Intimer un ordre.* **2.** DR. Assigner en appel.

INTIMIDABLE adj. Que l'on peut intimider.

INTIMIDANT, E adj. Qui intimide.

INTIMIDATEUR, TRICE adj. Propre à intimider.

INTIMIDATION n.f. Action d'intimider ; menace, pression. *Agir par intimidation.*

INTIMIDER v.t. **1.** Inspirer de la crainte, de la peur à. *Chercher à intimider qqn.* **2.** Faire perdre son assurance à ; remplir de gêne, de timidité.

INTIMISME n.m. Style, manière intimiste.

INTIMISTE adj. et n. **1.** LITTÉR. Qui prend pour sujet les sentiments les plus intimes, les plus secrets. **2.** Qui représente des scènes de caractère intime ou familier. *Peintre, œuvre intimiste.*

INTIMITÉ n.f. **1.** *Litt.* Ce qui est intime, secret. *Dans l'intimité de sa conscience.* **2.** Relations étroites ; amitié. *Vivre dans l'intimité de qqn.* **3.** Vie privée. *Savoir préserver son intimité.* **4.** *Dans l'intimité, dans la plus stricte intimité :* en présence des seuls membres de la famille ou des amis les plus proches. *Se marier dans la plus stricte intimité.*

INTITULÉ n.m. Titre d'un livre, d'un chapitre, d'une loi, d'un jugement, etc.

INTITULER v.t. (bas lat. *intitulare,* de *titulus,* inscription). Désigner par un titre. ◆ **s'intituler** v.pr. Avoir pour titre.

INTOLÉRABLE adj. **1.** Qu'on ne peut pas supporter ; insoutenable. *Une douleur intolérable.* **2.** Qu'on ne peut pas admettre, accepter. *Une conduite intolérable.*

INTOLÉRANCE n.f. (du lat. *tolerare,* supporter). **1.** Attitude hostile ou agressive à l'égard de ceux dont on ne partage pas les opinions, les croyances. **2.** MÉD. Impossibilité, pour un organisme, de supporter certains médicaments ou certains aliments, notamm. à cause d'une allergie.

INTOLÉRANT, E adj. et n. Qui fait preuve d'intolérance.

INTONATIF, IVE adj. PHON. Relatif à l'intonation.

INTONATION n.f. (du lat. *intonare,* faire retentir). **1.** Inflexion que prend la voix. **2.** PHON. Mouvement mélodique de la parole, caractérisé par des variations de hauteur des voyelles et qui joue un rôle important dans l'organisation de l'énoncé oral. **3.** MUS. Façon d'attaquer un son vocal permettant une émission juste.

INTOUCHABLE adj. **1.** Qui ne peut être touché ; intangible. **2.** Que l'on ne peut jamais joindre, contacter ; injoignable. ◆ adj. et n. **1.** Qui ne peut être l'objet d'aucune critique, d'aucune sanction ; sacro-saint. *Ses conseillers sont intouchables.* **2.** En Inde, individu hors caste considéré comme impur.

INTOX n.f. (abrév.). *Fam.* Action, fait d'intoxiquer les esprits. *Faire de l'intox.*

INTOXICATION n.f. **1.** Ensemble des troubles dus à l'introduction d'une substance toxique dans l'organisme. ◇ *Intoxication alimentaire :* toxi-infection alimentaire. **2.** *Fig.* Effet lent et insidieux sur l'esprit de certaines influences, qui émoussent le sens critique ou le sens moral.

INTOXIQUÉ, E adj. et n. Qui est sous l'effet d'un produit nuisible à l'organisme.

INTOXIQUER v.t. (lat. *intoxicare*). **1.** Imprégner un organisme vivant de substances toxiques. **2.** *Fig.* Influencer en faisant perdre tout sens critique. *Propagande qui intoxique les esprits.*

INTRA-ATOMIQUE adj. (pl. *intra-atomiques*). PHYS. Situé dans l'atome.

INTRACARDIAQUE adj. Relatif à l'intérieur du cœur.

INTRACELLULAIRE adj. BIOL. CELL. Qui est à l'intérieur d'une cellule vivante.

INTRACOMMUNAUTAIRE adj. Qui se fait à l'intérieur d'une communauté, et en partic. au sein de l'Union européenne.

INTRACRÂNIEN, ENNE adj. Situé à l'intérieur de la boîte crânienne.

INTRADERMIQUE adj. Relatif à l'intérieur de la peau ; dans l'épaisseur du derme. ◆ adj. et n.f. Se dit d'une injection faite dans la peau.

INTRADERMO-RÉACTION n.f. (pl. *intradermo-réactions*). Test étudiant la réaction à l'injection dans la peau d'une substance antigénique. (L'intradermo-réaction à la tuberculine est le test de référence pour le diagnostic de la tuberculose.)

INTRADOS [ɛ̃trado] n.m. **1.** ARCHIT. Face inférieure (intérieure) d'un arc, d'une voûte (par oppos. à *extrados*). **2.** Surface inférieure d'une aile d'avion.

INTRADUISIBLE adj. Qu'on ne peut traduire. *Jeu de mots intraduisible.*

INTRAITABLE adj. Qui n'accepte aucun compromis ; inflexible. *Il est intraitable sur ce point.*

INTRAMOLÉCULAIRE adj. CHIM., PHYS. Interne à une molécule.

INTRAMONTAGNARD, E adj. Situé à l'intérieur d'une chaîne de montagnes.

INTRA-MUROS [ɛ̃tramyros] adv. et adj. inv. (mots lat., *en dedans des murs*). À l'intérieur de la ville. *Quartiers intra-muros.*

INTRAMUSCULAIRE adj. Relatif à l'intérieur d'un muscle. ◆ adj. et n.f. Se dit d'une injection faite dans un muscle.

INTRANET n.m. Réseau informatique interne à une entreprise, qui s'appuie sur les technologies d'Internet pour faciliter la communication et le partage du travail entre les collaborateurs. – REM. S'écrit aussi sans majuscule.

INTRANSIGEANCE n.f. Caractère d'une personne intransigeante.

INTRANSIGEANT, E adj. et n. (esp. *intransigente,* du lat. *transigere,* transiger). Qui ne fait aucune concession, qui n'admet aucun compromis.

INTRANSITIF, IVE adj. et n.m. GRAMM. Se dit des verbes qui n'admettent pas de complément d'objet, comme *paraître, devenir, dîner, dormir,* etc.

INTRANSITIVEMENT adv. GRAMM. À la façon d'un verbe intransitif. *Verbe transitif employé intransitivement.*

INTRANSITIVITÉ n.f. GRAMM. Caractère d'un verbe intransitif.

INTRANSMISSIBILITÉ n.f. *Didact.* Caractère de ce qui est intransmissible.

INTRANSMISSIBLE adj. Qui ne peut se transmettre. *Une expérience intransmissible.*

INTRANSPORTABLE adj. Que l'on ne peut transporter. *Blessé, marchandise intransportables.*

INTRANT n.m. (lat. *intrans*). ÉCON. Élément entrant dans la production d'un bien (matières premières, main-d'œuvre, etc.) [par oppos. à *output*]. SYN. : *input.*

INTRANUCLÉAIRE adj. PHYS. Situé dans le noyau de l'atome.

INTRAOCULAIRE adj. ANAT. Qui est situé, qui s'opère à l'intérieur de l'œil.

INTRA-UTÉRIN, E adj. (pl. *intra-utérins, es*). **1.** Qui est situé ou qui a lieu à l'intérieur de l'utérus. **2.** *Dispositif intra-utérin :* stérilet.

INTRAVEINEUX, EUSE adj. Qui concerne l'intérieur d'une veine. ◆ adj. et n.f. Se dit d'une injection faite dans une veine.

INTRÉPIDE adj. et n. (lat. *intrepidus,* de *trepidus,* tremblant). Qui ne craint pas le danger, ne se laisse pas rebuter par les obstacles.

INTRÉPIDEMENT adv. Avec intrépidité.

INTRÉPIDITÉ n.f. Caractère d'une personne intrépide.

INTRICATION n.f. (du lat. *intricare,* embrouiller). État de ce qui est intriqué ; enchevêtrement.

INTRIGANT, E adj. et n. Qui recourt à l'intrigue pour parvenir à ses fins.

INTRIGUE n.f. **1.** Machination secrète ou déloyale qu'on emploie pour obtenir un avantage ou pour nuire à qqn. *Déjouer une intrigue.* **2.** Liaison amoureuse passagère. *Nouer une intrigue.* **3.** Enchaînement de faits et d'actions formant la trame d'une œuvre de fiction.

INTRIGUER v.t. (ital. *intrigare,* du lat. *intricare,* embarrasser). Exciter vivement la curiosité de. *Sa conduite m'intrigue.* ◆ v.i. Se livrer à des intrigues ; manœuvrer.

INTRINSÈQUE adj. (lat. *intrinsecus,* au-dedans). Qui appartient à l'objet lui-même, indépendamment des facteurs extérieurs (par oppos. à *extrinsèque*) ; inhérent, essentiel. *Les difficultés intrinsèques de l'entreprise.*

INTRINSÈQUEMENT adv. De façon intrinsèque, en soi ; par essence.

INTRIQUER v.t. (lat. *intricare,* embrouiller). Rendre complexe ; entremêler. ◆ **s'intriquer** v.pr. Se mêler étroitement ; se confondre, s'enchevêtrer.

INTRODUCTEUR, TRICE n. **1.** Personne qui introduit auprès de qqn. *Servir d'introducteur à qqn.* **2.** Personne qui introduit quelque part une idée, un usage, une chose nouvelle.

INTRODUCTIF, IVE adj. **1.** Qui sert à introduire une question. *Exposé introductif.* **2.** DR. Qui sert de commencement à une procédure. *Réquisitoire introductif d'instance.*

INTRODUCTION n.f. **1.** Action d'introduire. **2.** *Lettre d'introduction :* lettre qu'on écrit pour faciliter à une personne l'accès auprès d'une autre. **3.** Texte explicatif en tête d'un ouvrage ; entrée en matière d'un exposé, d'un discours. **4.** Ce qui introduit à la connaissance d'une science. *Introduction à la chimie.* **5.** MUS. Section lente précédant l'entrée d'un mouvement principal.

INTRODUIRE v.t. [78] (lat. *introducere*). **1.** Faire entrer qqn. *Introduire une visiteuse.* **2.** Faire entrer, pénétrer une chose dans une autre. *Introduire une sonde dans une plaie.* **3.** Faire adopter par l'usage. *Introduire une nouvelle mode.* **4.** Faire entrer illégalement, clandestinement qqch en un lieu. *Introduire des vins en fraude.* **5.** Faire admettre dans une société ; présenter. ◆ **s'introduire** v.pr. Entrer, pénétrer dans un lieu. *Voleurs qui s'introduisent dans une maison.*

INTROÏT [ɛ̃trɔit] n.m. (lat. *introitus,* entrée). CATH. Chant d'entrée de la messe romaine.

INTROJECTION n.f. PSYCHAN. Processus qui consiste à transposer sur un mode fantasmatique les objets extérieurs et leurs qualités inhérentes dans les différentes instances de l'appareil psychique. (L'introjection peut être opposée à la *projection.*)

INTROMISSION n.f. (du lat. *intromittere,* introduire dans). *Didact.* Introduction. — *Spécial.* Introduction du pénis dans le vagin.

INTRONISATION n.f. Action d'introniser.

INTRONISER v.t. (gr. *enthronizein,* de *thronos,* trône épiscopal). Installer sur le trône un roi, un évêque, etc.

INTRORSE [ɛ̃trɔrs] adj. (lat. *introrsum,* en dedans). BOT. Se dit d'une anthère dont les fentes de déhiscence sont tournées vers l'intérieur de la fleur. (C'est le cas le plus fréquent.) CONTR. : *extrorse.*

INTROSPECTIF, IVE adj. Fondé sur l'introspection ; relatif à l'introspection.

INTROSPECTION n.f. (du lat. *introspicere,* regarder à l'intérieur). PSYCHOL. Observation méthodique, par le sujet lui-même, de ses états de conscience et de sa vie intérieure.

INTROUVABLE adj. Que l'on ne peut pas trouver, retrouver.

INTROVERSION n.f. (mot all., du lat. *introversus,* tourné vers l'intérieur). PSYCHOL. Propension au repliement sur soi-même, à la réflexion intérieure et solitaire. CONTR. : *extraversion.*

INTROVERTI, E adj. et n. Qui manifeste de l'introversion. CONTR. : *extraverti.*

INTRUS, E [ɛ̃try, yz] adj. et n. (du lat. *intrudere,* introduire de force). Qui s'introduit quelque part sans avoir qualité pour y être admis, sans y avoir été invité.

INTRUSION n.f. (lat. *intrusio*). **1.** Action de s'introduire sans y être invité dans un lieu, une société, un groupe. **2.** Action d'intervenir dans un domaine où l'on n'a aucun titre à le faire. **3.** Arrivée, intervention soudaine de qqch. **4.** GÉOL. **a.** Mise en place d'un magma dans des formations préexistantes. **b.** Roche magmatique mise en place en profondeur.

INTUBATION n.f. MÉD. Introduction dans la trachée d'un tube creux pour permettre la respiration artificielle en réanimation ou au cours d'une anesthésie générale.

INTUBER v.t. Pratiquer une intubation.

INTUITIF, IVE adj. et n. Qui procède par intuition. *Connaissance, personne intuitive.*

INTUITION n.f. (lat. *intuitio,* de *intueri,* regarder). **1.** Perception immédiate de la vérité sans l'aide du raisonnement. **2.** Faculté de prévoir, de deviner. *Avoir l'intuition de l'avenir.*

INTUITIONNISME n.m. Doctrine des logiciens néerlandais Heyting et Brouwer, selon laquelle on ne doit considérer en mathématiques que les entités qu'on peut construire par l'intuition.

INTUITIVEMENT adv. Par intuition.

INTUMESCENCE n.f. (du lat. *intumescere,* gonfler). **1.** *Didact.* Gonflement d'une partie du corps. **2.** PHYS. En mécanique des fluides, onde de surface qui se produit dans les canaux découverts de faible profondeur.

INUIT, E [inɥit] adj. Qui se rapporte aux Inuits, fait partie de ce peuple.

INUKTITUT [inuktitut] n.m. Langue parlée par les Inuits (Nord et Est du Canada).

INULE n.f. (lat. *inula*). Plante herbacée des régions tempérées d'Eurasie et d'Afrique, à grands capitules jaunes. (Famille des composées.) SYN. : *aunée.*

INULINE n.f. CHIM. ORG. Glucide voisin de l'amidon, soluble dans l'eau, insoluble dans l'alcool, présent dans le rhizome de diverses composées (dahlia, topinambour).

INUSABLE adj. Qui ne peut s'user.

INUSITÉ, E adj. Qui n'est pas usité.

INUSUEL, ELLE adj. *Litt.* Qui n'est pas usuel.

IN UTERO [inytero] loc. adj. inv. et loc. adv. (mots lat., *dans l'utérus*). Qui se produit ou se trouve à l'intérieur de l'utérus.

INUTILE adj. et n. Qui ne sert à rien.

INUTILEMENT adv. De façon inutile.

INUTILISABLE adj. Impossible à utiliser.

INUTILISÉ, E adj. Qu'on n'utilise pas.

INUTILITÉ n.f. Manque d'utilité. *L'inutilité d'un médicament.*

INVAGINATION n.f. (lat. *in,* dans, et *vagina,* gaine). MÉD. Pénétration d'un segment d'intestin dans le segment suivant, qui se retourne comme un doigt de gant.

INVAINCU, E adj. Qui n'a jamais été vaincu.

INVALIDANT, E adj. Se dit d'une maladie, d'une opération chirurgicale qui provoque une invalidité ou une gêne importante.

INVALIDATION n.f. Action d'invalider. — *Spécial.* Décision par laquelle une assemblée ou un juge annule l'élection d'un membre de cette assemblée.

INVALIDE adj. et n. (lat. *invalidus,* faible). Se dit d'une personne qui n'est pas en état d'avoir une vie professionnelle normale ; infirme. ◇ ***Grand invalide civil (GIC), grand invalide de guerre (GIG) :*** personne titulaire d'une carte d'invalidité qui lui donne priorité dans les transports en commun et une plus grande tolérance en matière de stationnement. ◆ n.m. Militaire que ses blessures ont rendu incapable de servir.

INVALIDER v.t. Déclarer nul ou non valable. *Invalider une élection.*

INVALIDITÉ n.f. État d'une personne invalide. ◇ *Assurance invalidité :* assurance du régime général de la Sécurité sociale, en France, qui permet notamm. l'octroi d'une pension aux invalides.

INVAR [ɛ̃var] n.m. (nom déposé). Alliage de fer à 36 % de nickel, caractérisé par une dilatation quasiment nulle entre − 50 et 100 °C.

INVARIABILITÉ n.f. État, caractère de ce qui est invariable.

INVARIABLE adj. **1.** Qui ne change pas. *L'ordre invariable des saisons.* **2.** GRAMM. Se dit d'un mot qui ne subit aucune modification quelle que soit sa fonction.

INVARIABLEMENT adv. De façon invariable ; toujours, immanquablement.

INVARIANCE n.f. **1.** MATH. Propriété d'une variable de ne pas être changée par une transformation particulière. **2.** PHYS. Propriété de certaines grandeurs physiques qui sont régies par des lois de conservation.

INVARIANT, E adj. **1.** GÉOMÉTR. Se dit d'un point, d'une figure qui est sa propre image dans une transformation ponctuelle. (Une figure est *invariante point par point* si chaque point est invariant. Autrement, elle est dite *globalement invariante.*) **2.** PHYS., CHIM. *Système invariant :* système en équilibre dont la variance est nulle. ◆ n.m. **1.** Ce qui ne varie pas, ce qui est constant. *Un invariant économique.* **2.** GÉOMÉTR. Point invariant ; figure globalement invariante.

INVASIF, IVE adj. MÉD. Se dit d'une méthode d'exploration ou de soins nécessitant une lésion de l'organisme.

INVASION n.f. (du lat. *invadere,* envahir). **1.** Action d'envahir un pays avec des forces armées. **2.** Arrivée massive d'animaux nuisibles. *Invasion de sauterelles.* **3.** Irruption de personnes ou de choses qui arrivent quelque part en grand nombre. *Invasion de touristes.* **4.** Diffusion soudaine et massive d'objets, d'idées, de comportements, etc., jugés négatifs. *L'invasion des mots d'origine anglo-saxonne dans la langue française.* **5.** MÉD. Période d'une maladie infectieuse correspondant à l'apparition des premiers symptômes.

INVECTIVE n.f. (bas lat. *invectivus,* de *invehere,* attaquer). Parole violente et injurieuse. *Proférer des invectives contre qqn.*

INVECTIVER v.i. et v.t. Dire des invectives ; injurier. *Invectiver contre qqn. Invectiver qqn.*

INVENDABLE adj. Qu'on ne peut vendre.

INVENDU, E adj. et n.m. Qui n'a pas été vendu. *Liquider les invendus.*

INVENTAIRE n.m. (du lat. *inventus,* trouvé). **1.** État, description et estimation des biens appartenant à qqn, à une collectivité. *Faire l'inventaire d'une succession.* ◇ ***Faire l'inventaire de qqch,*** en faire la revue détaillée, minutieuse. *Faire l'inventaire de ses poches.* — (De *l'Inventaire,* poème de J. Prévert [*Paroles,* 1946]). ***Inventaire à la Prévert :*** énumération burlesque d'éléments sans rapport entre eux, dans un but poétique ou ludique. **2.** État détaillé et estimatif des biens et droits que possède une entreprise, pour constater les profits ou les pertes.

INVENTER v.t. (de *inventeur*). **1.** Créer le premier, en faisant preuve d'ingéniosité, ce qui n'existait pas encore et dont personne n'avait eu l'idée. *Gutenberg inventa l'imprimerie à caractères mobiles.* ◇ *Fam.* ***Ne pas avoir inventé la poudre*** ou ***le fil à couper le beurre :*** ne pas être très malin. **2.** Imaginer à des fins déterminées. *Inventer un expédient.* **3.** Créer de toutes pièces, tirer de son imagination ce que l'on fait passer pour réel ou vrai ; fabriquer. *Inventer une histoire, une excuse.*

INVENTEUR, TRICE n. (lat. *inventor,* de *invenire,* trouver). **1.** Personne qui invente. **2.** DR. Personne qui découvre, retrouve un objet caché ou perdu, un trésor. (Le fém. est rare.)

INVENTIF, IVE adj. Qui a le génie, le talent d'inventer. *Esprit inventif.*

INVENTION n.f. **1.** Action d'inventer, de créer qqch de nouveau. *L'invention du téléphone.* **2.** Chose inventée, imaginée. *Les grandes inventions.* **3.** Faculté d'inventer, don d'imagination. *Être à court d'invention.* **4.** Mensonge imaginé pour tromper. *C'est une pure invention, je n'ai jamais dit cela !* **5.** MUS. Courte composition musicale de style contrapuntique, pour instruments à clavier. **6.** DR. Découverte de choses cachées (trésor, gisement archéologique, etc.) ; objet ainsi découvert.

INVENTIVITÉ n.f. Qualité d'une personne inventive.

INVENTORIER v.t. [5]. Faire l'inventaire de.

INVÉRIFIABLE adj. Qui ne peut être vérifié.

INVERSABLE adj. Qui ne peut se renverser.

INVERSE adj. (lat. *inversus*). **1.** Qui est exactement opposé à la direction actuelle ou naturelle ; contraire. *Sens, ordre inverse.* **2.** ***En raison in-***

verse : se dit d'une comparaison entre objets qui varient en proportion inverse l'un de l'autre. **3.** MATH. Se dit du transformé d'un point ou d'une figure par inversion. ◇ ***Nombres inverses l'un de l'autre,*** dont le produit est égal à l'unité. – ***Élément inverse d'un élément*** x, ou ***inverse,*** n.m. : dans un ensemble muni d'une loi de composition interne notée multiplicativement, élément noté x^{-1} et tel que $xx^{-1} = x^{-1}x = e$ (e étant l'élément unité de l'ensemble considéré). – ***Fonction inverse :*** fonction *réciproque. **4.** GÉOMORPH. ***Relief inverse :*** relief d'inversion. ◆ n.m. **1.** ***L'inverse :*** ce qui est dans le sens, dans l'ordre opposé ; le contraire. *Faire l'inverse de ce qui est commandé.* – ***À l'inverse (de) :*** à l'opposé (de). **2.** MATH. Élément ou nombre inverse d'un autre. **3.** CHIM. ***Inverse optique :*** énantiomère. ◆ n.f. GÉOMÉTR. Transformé d'un point, d'une figure, par inversion.

INVERSEMENT adv. D'une manière inverse ; à l'inverse.

INVERSER v.t. (de *inverse*). **1.** Renverser la direction, la position relative de. *Inverser deux propositions.* **2.** Changer le sens d'un courant électrique.

INVERSEUR n.m. Dispositif pour inverser un courant électrique, le sens de marche d'un ensemble mécanique. ◇ ***Inverseur de poussée :*** dispositif qui, dans un propulseur à réaction, peut modifier l'orientation de la poussée en changeant la direction des gaz.

INVERSIBLE adj. **1.** PHOTOGR. ***Film inversible,*** ou ***inversible,*** n.m. : émulsion sensible destinée à donner une diapositive après inversion. **2.** ALGÈBRE. Se dit d'un élément d'un ensemble muni d'une loi de composition interne, admettant un inverse.

INVERSION n.f. **1.** Action d'inverser, fait de s'inverser. **2.** LING. Construction par laquelle on donne aux mots un ordre autre que l'ordre normal ou habituel. *L'inversion du sujet dans l'interrogation directe.* **3.** GÉOGR. **a.** ***Relief d'inversion,*** ou ***inversion de relief :*** relief dont l'allure topographique est en opposition avec la disposition structurale. SYN. : *relief inverse.* **b.** ***Inversion de température,*** ou ***inversion thermique :*** température plus élevée en altitude qu'au sol, qui entraîne une stabilité de l'atmosphère. **4.** CHIM. ORG. Transformation du saccharose en glucose et en lévulose par hydrolyse. **5.** PHOTOGR. Suite d'opérations permettant d'obtenir directement une image positive sur la couche sensible employée à la prise de vue. **6.** GÉOMÉTR. Transformation ponctuelle qui, à tout point M (différent d'un point O appelé *pôle*), associe le point M′ de la droite (OM) tel que le produit $\overline{OM} \times \overline{OM'}$ soit égal à une constante k (appelée *puissance*). **7.** GÉNÉT. Mutation consistant en un retournement d'une portion de gène ou de chromosome.

INVERTASE n.f. Saccharase.

INVERTÉBRÉ, E adj. et n.m. Se dit des animaux pluricellulaires sans colonne vertébrale, comme les insectes, les crustacés, les mollusques, les vers, les oursins, etc. (La plupart des invertébrés supérieurs sont réunis dans l'embranchement des arthropodes.)

1. INVERTI, E adj. CHIM. ORG. Se dit du saccharose ayant subi l'inversion.

2. INVERTI, E adj. et n. Vieilli. Homosexuel.

INVERTIR v.t. (lat. *invertere,* retourner). **1.** Vx. Renverser symétriquement ; inverser. **2.** CHIM. ORG. Transformer le saccharose par inversion.

INVESTIGATEUR, TRICE adj. et n. (lat. *investigator,* de *vestigium,* trace). Qui investigue. *Esprit, regard scientifique investigateur.*

INVESTIGATION n.f. Recherche attentive et suivie. *Poursuivre ses investigations.*

INVESTIGUER v.i. Procéder à des investigations, faire une recherche attentive et suivie.

1. INVESTIR v.t. (lat. *investire,* entourer). **1.** Charger solennellement, officiellement d'un pouvoir, d'un droit, d'une dignité. ◇ ***Investir qqn de sa confiance,*** lui accorder une confiance sans réserve, se fier à lui entièrement. **2.** MIL. Encercler une ville, une position militaire pour couper les communications avec l'extérieur. **3.** (Emploi critiqué mais cour.) Envahir, occuper. *La police a investi le quartier.*

2. INVESTIR v.t. (angl. *to invest*). **1.** Placer des capitaux dans une entreprise. **2.** PSYCHOL. Mettre toute son énergie dans une action, une activité. *Il investit beaucoup dans son travail.*

1. INVESTISSEMENT n.m. Action d'encercler une place, une position militaire dont on veut faire le siège.

2. INVESTISSEMENT n.m. (angl. *investment*). **1.** Emploi de capitaux visant à accroître la production d'une entreprise ou à améliorer son rendement. – Ensemble des capitaux, des biens investis. **2.** Placement de fonds. *Club d'investissement.* **3.** PSYCHOL. Action d'investir. **4.** PSYCHAN. Mobilisation de l'énergie pulsionnelle.

INVESTISSEUR, EUSE adj. et n. Qui pratique un ou des investissements. *Organisme investisseur.* ◆ n.m. ***Investisseur institutionnel :*** organisme effectuant des placements à grande échelle pour son compte ou celui de tiers sur les marchés financiers. (Abrév. fam. au pl. : *zinzins.*)

INVESTITURE n.f. (lat. médiév. *investitura*). **1.** Acte par lequel un parti politique désigne son ou ses candidats pour une élection. **2.** Procédure qui tend, en régime parlementaire, à accorder à un nouveau chef de gouvernement la confiance du Parlement. **3.** HIST. Cérémonie de la mise en possession d'un fief.

INVÉTÉRÉ, E adj. (lat. *inveteratus,* de *inveterare,* faire vieillir). **1.** Fortifié, enraciné par le temps. *Mal invétéré.* **2.** Qui a laissé vieillir, s'enraciner en lui une manière d'être, une habitude ; impénitent. *Un buveur invétéré.*

INVÉTÉRER (S') v.pr. [11]. *Litt.* S'affermir, se fortifier par le temps. *Laisser s'invétérer une mauvaise habitude.*

INVINCIBILITÉ n.f. Caractère d'une chose, d'une personne invincible.

INVINCIBLE adj. (bas lat. *invincibilis,* de *vincere,* vaincre). **1.** Qu'on ne peut vaincre ; imbattable. *Armée invincible.* **2.** Qu'on ne peut surmonter, réprimer. *Peur invincible.* **3.** Qu'on ne peut réfuter ; inattaquable. *Argument invincible.*

INVINCIBLEMENT adv. De façon invincible.

INVIOLABILITÉ n.f. **1.** Caractère de ce qui est inviolable. **2.** DR. CONSTIT. Privilège des parlementaires de ne pouvoir être poursuivis ou arrêtés, pour des actes effectués ou des paroles échangées dans l'exercice de leur fonction, sans l'autorisation de la chambre dont ils sont membres.

INVIOLABLE adj. **1.** Qu'on ne doit jamais violer, enfreindre. *Serment, droit inviolable.* **2.** Qui est comme sacré, à qui on ne peut porter atteinte. **3.** Se dit d'un lieu qu'on ne peut prendre par la force. *Refuge inviolable.*

INVIOLÉ, E adj. Qui n'a pas été violé, outragé, enfreint. *Sanctuaire inviolé. Loi inviolée.*

INVISIBILITÉ n.f. Caractère de ce qui est invisible.

INVISIBLE adj. **1.** Qui ne peut pas être vu ou se voit très peu. *Réparation invisible.* **2.** Qui, par sa nature, sa taille, son éloignement, échappe à la vue. *Une étoile invisible à l'œil nu.*

INVISIBLEMENT adv. De façon invisible.

INVITANT, E adj. Qui invite. *Puissance invitante.*

INVITATION n.f. Action d'inviter ; fait d'être invité.

INVITE n.f. Ce qui invite à faire qqch ; appel indirect et adroit. *Répondre à l'invite de qqn.*

INVITÉ, E n. **1.** Personne que l'on invite à un repas, à une cérémonie, à une fête, etc. **2.** ***Artiste invité :*** créateur ou interprète engagé temporairement par une compagnie étrangère à la sienne et rémunéré au cachet. (On dit aussi ***en représentation.***)

INVITER v.t. (lat. *invitare*). **1.** Prier qqn de venir en un lieu, d'assister, de participer à qqch. *Inviter un ami à dîner.* – Absol. Payer le repas, la consommation, etc. *Bois, c'est Paul qui invite.* **2.** Demander avec autorité à qqn de faire qqch ; ordonner de. *Inviter qqn à se taire.* **3.** Engager par la persuasion ; porter à faire qqch ; inciter. *Inviter qqn à la prudence. Le soleil invite à la promenade.*

IN VITRO [invitro] loc. adj. inv. et loc. adv. (mots lat., *dans le verre*). BIOL. Se dit de toute exploration, expérimentation ou manipulation biologique qui se fait en dehors de l'organisme, en milieu artificiel (dans des éprouvettes par ex.). CONTR. : *in vivo.*

INVIVABLE adj. Impossible à vivre ; très difficile à supporter.

IN VIVO [invivo] loc. adj. inv. et loc. adv. (mots lat., *dans le vif*). BIOL. Se dit d'une réaction physiologique, biochimique dont on fait l'étude expérimentale dans l'organisme. CONTR. : *in vitro.*

INVOCATEUR, TRICE n. Personne qui invoque.

INVOCATION n.f. (lat. *invocatio*). **1.** Action d'invoquer. **2.** CATH. Patronage, protection, dédicace. *Église placée sous l'invocation de la Vierge.*

INVOCATOIRE adj. Qui sert à invoquer.

INVOLONTAIRE adj. **1.** Qui échappe au contrôle de la volonté. *Geste involontaire.* **2.** Qui se trouve dans une situation sans le vouloir. *Témoin involontaire d'un accident.*

INVOLONTAIREMENT adv. Sans le vouloir.

INVOLUCRE n.m. (lat. *involucrum,* enveloppe). BOT. Ensemble de bractées, d'organes foliacés situés autour de la base d'une fleur ou d'une inflorescence, en partic. d'une ombelle ou d'un capitule.

INVOLUTÉ, E adj. (du lat. *involutus,* enveloppe). BIOL. Enroulé de l'extérieur vers l'intérieur, roulé en dedans (chapeau d'un champignon, coquille de certains mollusques, etc.).

INVOLUTIF, IVE adj. **1.** Qui se rapporte à une involution. **2.** MÉD. Se dit des processus liés au vieillissement. **3.** MATH. ***Application involutive :*** application définie de E dans E dont la composition avec elle-même donne l'application identique. SYN. : *involution.*

INVOLUTION n.f. (lat. *involutio,* enroulement). **1.** MÉD. **a.** Régression d'un organe, soit chez un individu, soit dans une espèce, suivant un des mécanismes de l'évolution. **b.** Régression d'un organe, d'une fonction (provoquée notamm. par l'âge), d'une maladie. **2.** MATH. Application *involutive.

INVOQUER v.t. (lat. *invocare*). **1.** Appeler une puissance surnaturelle à l'aide par des prières ; prier. *Invoquer Dieu, les saints.* **2.** Solliciter l'aide, le secours de qqn de plus puissant par des prières, des supplications ; implorer. *Invoquer l'aide de ses alliés.* **3.** Avancer comme justification ; alléguer, arguer de. *Invoquer un prétexte pour ne pas venir.*

INVRAISEMBLABLE adj. **1.** Qui ne semble pas vrai ou qui ne peut être vrai. *Hypothèse invraisemblable.* **2.** Qui surprend par son côté extraordinaire, bizarre. *Un chapeau invraisemblable.*

INVRAISEMBLABLEMENT adv. De façon invraisemblable.

INVRAISEMBLANCE n.f. **1.** Manque de vraisemblance. **2.** Fait, chose invraisemblable. *Récit plein d'invraisemblances.*

INVULNÉRABILITÉ n.f. Caractère invulnérable ; fait d'être invulnérable.

INVULNÉRABLE adj. **1.** Qui ne peut être blessé. **2.** Qui résiste à toute atteinte morale. **3.** À l'abri de toute atteinte sociale ; intouchable. *Un haut fonctionnaire invulnérable.*

IODATE n.m. Sel de l'acide iodique.

IODE [jɔd] n.m. (du gr. *iôdês,* violet). **1.** Corps simple de la famille des halogènes, de densité 4,9 et qui fond à 114 °C. **2.** Élément chimique (I), de numéro atomique 53, de masse atomique 126,904 5. (L'iode se présente sous forme de paillettes grises à éclat métallique et répand, quand on le chauffe, des vapeurs violettes ; il est utilisé en pharmacie et en photographie.)

IODÉ, E adj. **1.** Qui contient de l'iode. *Eau iodée.* **2.** Qui évoque l'iode, en partic. en parlant d'une odeur. *Senteur iodée des algues.*

IODER v.t. Couvrir ou additionner d'iode.

IODHYDRIQUE adj.m. ***Acide iodhydrique :*** combinaison d'iode et d'hydrogène (HI).

IODIQUE adj.m. ***Acide iodique :*** acide HIO_3 produit par l'oxydation de l'iode.

IODLER v.i. → **IOULER.**

IODOFORME n.m. Composé (CHI_3), solide et jaune, formé par l'action de l'iode sur l'acétone en milieu basique, utilisé comme antiseptique.

IODURE n.m. Sel de l'acide iodhydrique.

IODURÉ, E adj. **1.** Qui contient un iodure. **2.** Couvert d'une couche d'iodure.

ION n.m. (mot angl, du gr. *ion,* allant). Atome ou groupe d'atomes ayant gagné ou perdu un ou plusieurs électrons.

1. IONIEN, ENNE adj. et n. De l'Ionie. ◆ n.m. L'un des principaux dialectes du grec ancien, parlé en Ionie.

2. IONIEN, ENNE adj. PHILOS. ***École ionienne :*** école philosophique grecque des VIIe et VIe s.

av. J.-C., caractérisée par son refus du surnaturel et sa recherche d'un principe fondateur de la nature. (Elle se développa surtout à Milet, avec Thalès, Anaximandre et Anaximène, et à Éphèse, avec Héraclite ; Pythagore et Xénophane peuvent lui être rattachés.)

1. IONIQUE adj. Dû à des ions ; relatif à des ions. ◇ *Liaison ionique :* liaison qui unit par attraction électrostatique des ions de signes contraires dans des cristaux.

2. IONIQUE adj. *Ordre ionique,* ou *ionique,* n.m. : ordre d'architecture grecque apparu v. 560 av. J.-C., caractérisé par une colonne cannelée, élancée, posée sur une base moulurée, et par un chapiteau dont l'échine, décorée d'oves, est flanquée de deux volutes.

IONISANT, E adj. Qui produit l'ionisation. *Protection contre les radiations ionisantes.*

IONISATION n.f. PHYS., CHIM. Transformation d'atomes, de molécules neutres en ions.

IONISER v.t. Provoquer l'ionisation de.

IONOGRAMME n.m. CHIM. ORG. Formule représentant les concentrations des différents ions (sodium, potassium, chlore, etc.) contenus dans un liquide organique.

IONONE n.f. Cétone à odeur de violette très prononcée, employée en parfumerie.

IONOPLASTIE n.f. Production d'un dépôt métallique par passage d'un courant électrique dans un gaz raréfié. SYN. : *pulvérisation cathodique.*

IONOSPHÈRE n.f. Zone de la haute atmosphère d'une planète (partie supérieure de l'hétérosphère pour la Terre), caractérisée par la présence de particules chargées (électrons et ions), formées par ionisation sous l'effet du rayonnement solaire, et qui est susceptible de réfléchir certaines ondes électromagnétiques.

IONOSPHÉRIQUE adj. De l'ionosphère.

IOTA n.m. inv. **1.** Neuvième lettre de l'alphabet grec (ι, Ι), correspondant au *i* français. **2.** *Fig.* La moindre chose ; le moindre détail. *J'ai lu votre rapport, n'y changez pas un iota.*

IOULER, IODLER, JODLER [jɔdle] ou **YODLER** v.i. (all. *jodeln*). Chanter à la manière des Tyroliens qui vocalisent sans paroles, en passant sans transition de la voix de poitrine à la voix de tête avec de fréquents changements de registre.

IOURTE n.f. → **YOURTE.**

IPÉ n.m. Arbre d'Amérique tropicale, au bois sombre, très dur et très lourd, utilisé en construction, charpente, menuiserie et sculpture. (Genre *Tabebuia ;* famille des bignoniacées.) SYN. : *ébène verte.*

IPÉCA ou **IPÉCACUANHA** [-kwana] n.m. (mot port., du tupi). Racine fournie par différents arbrisseaux d'Amérique du Sud, utilisée en médecine comme vomitif. (Famille des rubiacées.)

IPOMÉE n.f. (gr. *ips,* ver, et *omoios,* semblable). Plante volubile des régions chaudes, à fleurs vivement colorées, dont les espèces sont cultivées comme légume (patate douce), pour l'ornement (volubilis) ou pour leurs racines purgatives (jalap). [Genre *Ipomoea ;* famille des convolvulacées.]

IPPON [ipɔn] n.m. (mot jap.). Point décisif, dans les arts martiaux (judo, karaté, kendo, etc.).

IPSO FACTO [ipsofakto] loc. adv. (mots lat., *par le fait même*). Par une conséquence obligée ; automatiquement.

IRAKIEN, ENNE ou **IRAQUIEN, ENNE** adj. et n. De l'Iraq, de ses habitants.

IRANIEN, ENNE adj. et n. De l'Iran, de ses habitants. ◆ n.m. LING. **1.** Groupe de langues indo-européennes parlées en Iran et dans les régions environnantes. **2.** Persan.

IRASCIBILITÉ n.f. *Litt.* Caractère d'une personne irascible.

IRASCIBLE [irasibl] adj. (bas lat. *irascibilis,* de *irasci,* se mettre en colère). Prompt à la colère ; irritable.

IRBM n.m. inv. (sigle de *intermediate range ballistic missile,* missile balistique à portée intermédiaire). Missile stratégique sol-sol de portée comprise entre 2 400 et 6 500 km.

IRE n.f. (lat. *ira*). *Litt.* ou VX. Colère.

IRÉNIQUE adj. (gr. *eirênikos,* pacifique). *Didact.* **1.** Qui veut éviter les excès d'une attitude purement polémique. **2.** De l'irénisme.

IRÉNISME n.m. CHRIST. Attitude de compréhension et de charité adoptée entre chrétiens de confessions différentes pour étudier les problèmes qui les séparent.

IRIDACÉE n.f. (de *iris*). Plante monocotylédone à fleurs souvent décoratives, telle que l'iris, le glaïeul, le crocus. (Les iridacées forment une famille.)

IRIDECTOMIE n.f. (du gr. *ektomê,* coupure). Excision chirurgicale d'une partie de l'iris.

IRIDIÉ, E adj. CHIM. MINÉR. Qui contient de l'iridium en alliage. *Platine iridié.*

IRIDIUM [iridjɔm] n.m. (lat. *iris, iridis,* arc-en-ciel). **1.** Métal blanc grisâtre, insoluble dans les acides et qui fond à 2 443 °C. **2.** Élément chimique (Ir), de numéro atomique 77, de masse atomique 192,22. (Analogue au platine, qu'il accompagne dans ses minerais, l'iridium est génér. employé allié à celui-ci.)

IRIDOLOGIE n.f. Médecine douce qui permettrait le diagnostic des maladies à partir de l'examen de l'iris.

IRIEN, ENNE adj. MÉD. De l'iris de l'œil.

IRIS [iris] n.m. (mot gr.). **1.** Disque coloré de la partie antérieure de l'œil, visible à travers la cornée, placé devant le cristallin et percé en son centre d'un orifice à diamètre variable, la pupille. **2.** PHOTOGR. Ouverture circulaire à diamètre variable formée d'un ensemble de lamelles, utilisée comme diaphragme. **3.** Plante de l'hémisphère Nord tempéré, souvent cultivée pour ses fleurs ornementales et odorantes, et dont le rhizome est parfois employé en parfumerie. (Famille des iridacées.) **4.** Substance parfumée (huile essentielle ou poudre) tirée du rhizome de l'iris.

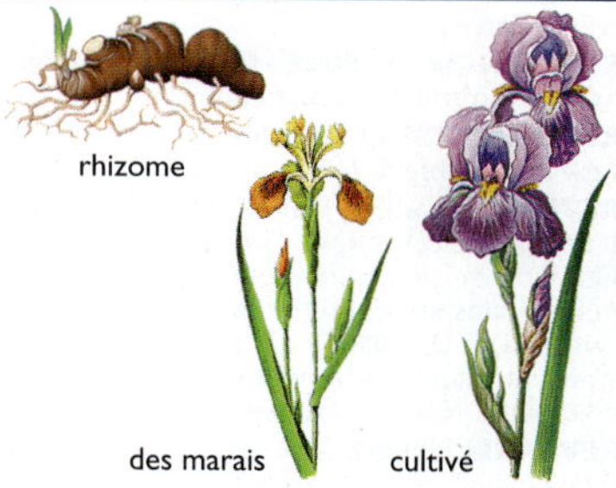

■ **IRIS**

IRISABLE adj. Susceptible d'irisation.

IRISATION n.f. (de *iris*). Propriété qu'ont certains corps de disperser la lumière en rayons colorés comme l'arc-en-ciel ; reflets ainsi produits.

IRISÉ, E adj. Qui a les couleurs, les nuances de l'arc-en-ciel. *Verre irisé.*

IRISER v.t. **1.** Faire apparaître l'irisation dans. **2.** Donner les couleurs de l'arc-en-ciel à.

IRISH-COFFEE ou **IRISH COFFEE** [ajriʃkɔfi] n.m. [pl. *irish(-)coffees*] (mot angl., *café irlandais*). Boisson composée de café très chaud additionné de whisky et nappé de crème fraîche.

IRISH-TERRIER [ajriʃterje] n.m. [pl. *irish-terriers*] (mot angl., *terrier irlandais*). Chien terrier irlandais, à la robe uniformément rouge.

IRITIS [iritis] n.f. MÉD. Inflammation de l'iris.

IRLANDAIS, E adj. et n. De l'Irlande, de ses habitants. ◆ n.m. Langue celtique parlée en Irlande.

IRM ou **I.R.M.** [iɛrɛm] n.f. (sigle). Imagerie par résonance magnétique.

IRONE n.f. CHIM. ORG. Cétone qui constitue le principe odorant de la racine d'iris.

IRONIE n.f. (gr. *eirôneia,* interrogation). **1.** Raillerie consistant à ne pas donner aux mots leur valeur réelle ou complète, ou à faire entendre le contraire de ce qu'on dit. *Une ironie cinglante. L'ironie perce dans ses propos.* ◇ *Ironie socratique :* manière de philosopher propre à Socrate, qui posait des questions en feignant l'ignorance ou l'admiration pour mettre en contradiction son interlocuteur. **2.** *Fig.* Contraste entre une réalité cruelle et ce que l'on pouvait attendre. *Ironie du sort.*

IRONIQUE adj. **1.** Qui manifeste de l'ironie. *Réponse ironique. Écrivain, esprit ironique.* **2.** *Fig.* Qui fait un contraste étrange, dérisoire. *Un ironique retournement de situation.*

IRONIQUEMENT adv. De façon ironique.

IRONISER v.i. User d'ironie. *Ironiser sur les aventures de qqn.*

IRONISTE n. Personne, en partic. écrivain, qui pratique habituellement l'ironie.

IROQUOIEN, ENNE [irɔkɔjɛ̃, ɛn] adj. et n.m. Se dit d'une famille de langues amérindiennes, comprenant notamm. celles des Cinq Nations (les Iroquois) et celle, disparue, des Hurons.

IRRADIANT, E adj. Qui irradie.

IRRADIATION n.f. **1.** Fait de se propager par rayonnement à partir d'un centre d'émission. *L'irradiation de la lumière solaire.* **2.** MÉD. *Irradiation douloureuse :* propagation d'une douleur à partir de son point d'apparition. **3.** PHYS. Action d'un rayonnement ionisant sur une matière vivante ou inanimée ; fait d'être irradié.

IRRADIER v.i. ou **IRRADIER (S')** v.pr. [9] (du lat. *radius,* rayon). Se propager en s'écartant d'un centre, en rayonnant. *Les rayons d'un foyer lumineux irradient de tous côtés.* ◆ v.t. Exposer à certaines radiations, en partic. à des radiations ionisantes.

IRRAISONNÉ, E adj. Qui n'est pas raisonné, contrôlé par la raison. *Crainte irraisonnée.*

IRRATIONALISME n.m. Doctrine selon laquelle le savoir ou l'action ne peuvent ni ne doivent se fonder sur la raison ; hostilité au rationalisme.

IRRATIONALISTE adj. et n. Propre à l'irrationalisme ; qui en est partisan.

IRRATIONALITÉ n.f. Caractère de ce qui est irrationnel. *L'irrationalité d'un comportement.*

IRRATIONNEL, ELLE adj. **1.** Qui ne se soumet pas à la raison. *Peur, personne irrationnelle.* **2.** ARITHM. *Nombre irrationnel,* ou *irrationnel,* n.m. : nombre réel qui n'est pas un nombre rationnel, qui ne peut s'écrire comme quotient de deux entiers. ($\sqrt{2}$, e, π sont des nombres irrationnels.)

IRRATTRAPABLE adj. Qui ne peut être rattrapé, réparé. *Erreur irrattrapable.*

IRRÉALISABLE adj. Qui ne peut être réalisé.

IRRÉALISÉ, E adj. Qui n'est pas réalisé.

IRRÉALISME n.m. Manque de sens du réel.

IRRÉALISTE adj. et n. Qui manque du sens du réel, de réalisme.

IRRÉALITÉ n.f. Caractère de ce qui est irréel.

IRRECEVABILITÉ n.f. **1.** Caractère de ce qui n'est pas recevable. **2.** DR. Caractère d'une demande en justice qui ne peut être examinée pour des raisons de forme ou de délai.

IRRECEVABLE adj. Qui ne peut être pris en considération ; inacceptable, inadmissible. – *Spécial.* DR. Qui n'est pas recevable.

IRRÉCONCILIABLE adj. Qui ne peut être réconcilié. *Couple irréconciliable.*

IRRÉCOUVRABLE adj. Qui ne peut être recouvré. *Créance irrécouvrable.*

IRRÉCUPÉRABLE adj. Qui n'est pas récupérable.

IRRÉCUSABLE adj. Qui ne peut être récusé.

IRRÉDENTISME n.m. (de *Italia irredenta,* Italie non achetée). **1.** HIST. Après 1870, mouvement de revendication italien sur les terres « non rachetées » restées à l'Autriche-Hongrie de 1866 à 1918 (Trentin, Istrie, Dalmatie), puis sur l'ensemble des

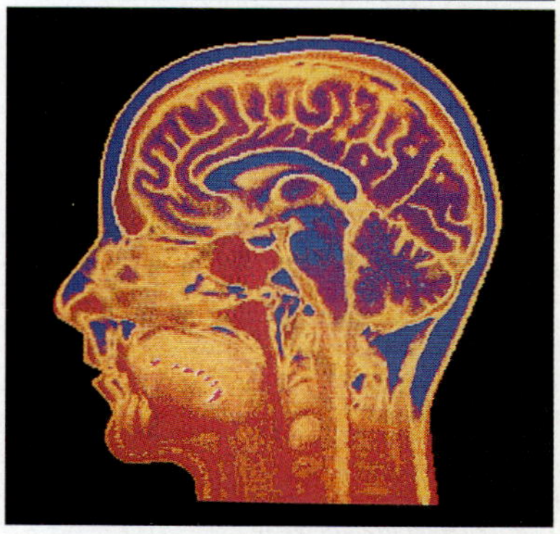

■ **IRM.** Image en coupe d'une tête humaine, en fausses couleurs, obtenue par IRM.

territoires considérés par lui comme italiens. **2.** Tout mouvement analogue de revendication territoriale.

IRRÉDENTISTE adj. et n. Relatif à l'irrédentisme ; qui en est partisan.

IRRÉDUCTIBILITÉ n.f. Qualité, caractère de ce qui est irréductible.

IRRÉDUCTIBLE adj. **1.** Qui ne peut être réduit, simplifié. **2.** Qu'on ne peut fléchir, faire céder. *Ennemi irréductible.* **3.** MÉD. Se dit d'une fracture, d'une luxation, d'une hernie qui ne peuvent être réduites sans intervention chirurgicale. **4.** MATH. **a.** *Fraction irréductible :* fraction dont le numérateur et le dénominateur n'ont pas de diviseur commun autre que 1. (11/4 est irréductible.) **b.** *Polynôme irréductible sur un corps K :* polynôme ne pouvant se décomposer en produit de polynômes à coefficients dans le corps K.

IRRÉDUCTIBLEMENT adv. De façon irréductible.

IRRÉEL, ELLE adj. Qui n'est pas réel ; qui paraît en dehors de la réalité. ◆ adj. et n.m. Se dit d'une forme verbale exprimant que l'action dépend d'une condition improbable ou irréalisable. (On distingue l'irréel du présent [par ex. : *Si tu voulais, tu réussirais*], dont certaines langues notent grammaticalement l'opposition avec le potentiel, et l'irréel du passé [par ex. : *Si tu avais voulu, tu aurais réussi*].)

IRRÉFLÉCHI, E adj. Qui manifeste un manque de réflexion. *Individu, acte, propos irréfléchi.*

I

IRRÉFLEXION n.f. Manque de réflexion.

IRRÉFORMABLE adj. Qui ne peut être réformé, corrigé.

IRRÉFRAGABLE adj. (du lat. *refragari,* s'opposer). *Didact.* Qu'on ne peut récuser, contredire. *Autorité irréfragable.*

IRRÉFUTABILITÉ n.f. Caractère de ce qui est irréfutable.

IRRÉFUTABLE adj. Qui ne peut être réfuté.

IRRÉFUTABLEMENT adv. De façon irréfutable.

IRRÉFUTÉ, E adj. Qui n'a pas été réfuté.

IRRÉGULARITÉ n.f. **1.** Manque de régularité, de symétrie, d'uniformité. **2.** Caractère de ce qui n'est pas régulier, réglementaire, légal. **3.** Action contraire à la loi, au règlement. *Commettre une irrégularité.* **4.** Chose, surface irrégulière. *Irrégularités de terrain.*

1. IRRÉGULIER, ÈRE adj. **1.** Qui n'est pas symétrique, uniforme. – BOT. Se dit d'un calice ou d'une corolle dont les pièces ne sont pas égales. SYN. : *zygomorphe.* **2.** Dont la qualité n'est pas constante ; inégal. *Athlète, élève irrégulier. Performances irrégulières.* **3.** Non conforme à l'usage commun. *Situation irrégulière d'un couple.* **4.** Non conforme à une réglementation. *Procédure irrégulière.* **5.** GRAMM. Qui s'écarte d'un type considéré comme normal. *Conjugaison irrégulière.*

2. IRRÉGULIER n.m. Partisan, franc-tireur qui coopère à l'action d'une armée régulière.

IRRÉGULIÈREMENT adv. De façon irrégulière.

IRRÉLIGIEUX, EUSE adj. Qui manifeste une absence de convictions religieuses.

IRRÉLIGION n.f. (lat. *irreligio*). Absence de convictions religieuses.

IRRÉMÉDIABLE adj. À quoi on ne peut remédier. *Désastre irrémédiable.*

IRRÉMÉDIABLEMENT adv. Sans recours, sans remède. *Malade irrémédiablement perdu.*

IRRÉMISSIBLE adj. *Litt.* **1.** Qui ne mérite pas de pardon, de rémission ; impardonnable. *Faute irrémissible.* **2.** Implacable, fatal. *Le cours irrémissible des événements.*

IRRÉMISSIBLEMENT adv. *Litt.* Sans rémission, sans miséricorde.

IRREMPLAÇABLE adj. Qui ne peut être remplacé.

IRRÉPARABLE adj. Qui ne peut être réparé, rattrapé. ◆ n.m. Ce qui ne peut être réparé. *Commettre l'irréparable.*

IRRÉPARABLEMENT adv. De façon irréparable.

IRRÉPRÉHENSIBLE adj. *Sout.* Que l'on ne saurait blâmer ; irréprochable. *Conduite irrépréhensible.*

IRRÉPRESSIBLE adj. Qu'on ne peut réprimer. *Instinct, rire irrépressible.*

IRRÉPROCHABLE adj. Qui ne mérite pas de reproche ; qui ne présente pas de défaut. *Collaborateur, travail irréprochable.*

IRRÉPROCHABLEMENT adv. De façon irréprochable.

IRRÉSISTIBLE adj. **1.** À qui ou à quoi l'on ne peut résister. *Charme irrésistible.* **2.** Qui fait rire. *Sketch, acteur irrésistible.*

IRRÉSISTIBLEMENT adv. De façon irrésistible.

IRRÉSOLU, E adj. et n. Qui a de la peine à se déterminer, à prendre parti. ◆ adj. Qui n'a pas reçu de solution.

IRRÉSOLUTION n.f. État d'une personne qui demeure irrésolue ; incertitude, indécision.

IRRESPECT n.m. Manque de respect.

IRRESPECTUEUSEMENT adv. De façon irrespectueuse.

IRRESPECTUEUX, EUSE adj. Qui manifeste un manque de respect ; blessant, effronté.

IRRESPIRABLE adj. **1.** Non respirable ; empuanti. *L'air de cette pièce est irrespirable.* **2.** *Fig.* Se dit d'un milieu difficile à supporter. *Climat familial irrespirable.*

IRRESPONSABILITÉ n.f. **1.** État d'une personne qui n'est pas responsable de ses actes. *Plaider l'irresponsabilité d'un accusé.* **2.** Caractère de qqn qui agit à la légère. **3.** DR. Privilège mettant le chef de l'État à l'abri de tout contrôle parlementaire ou juridictionnel pour les actes accomplis dans l'exercice de ses fonctions, sauf cas prévus par la Constitution.

IRRESPONSABLE adj. et n. **1.** Qui n'est pas capable de répondre de ses actes, de sa conduite. **2.** Qui manifeste une légèreté coupable, de l'irréflexion, de l'inconscience vis-à-vis des conséquences de ses actes.

IRRÉTRÉCISSABLE adj. Se dit d'un tissu qui ne peut rétrécir.

IRRÉVÉRENCE n.f. (lat. *irreverentia*). *Litt.* **1.** Manque de respect ; insolence. **2.** Action, parole irrévérencieuse.

IRRÉVÉRENCIEUSEMENT adv. *Litt.* De façon irrévérencieuse.

IRRÉVÉRENCIEUX, EUSE adj. *Litt.* Qui manque de respect ; insolent, impertinent.

IRRÉVERSIBILITÉ n.f. Caractère, propriété de ce qui est irréversible.

IRRÉVERSIBLE adj. **1.** Qui n'est pas réversible, qui ne peut être entravé. *Maladie irréversible.* **2.** Que l'on ne peut suivre que dans une seule direction, dans un seul sens. *La marche du temps est irréversible.* **3.** CHIM. Se dit d'une réaction qui se poursuit jusqu'à achèvement et qui n'est pas limitée par la réaction inverse.

IRRÉVERSIBLEMENT adv. De façon irréversible. *Processus engagé irréversiblement.*

IRRÉVOCABILITÉ n.f. Caractère de ce qui est irrévocable. *L'irrévocabilité d'une décision.*

IRRÉVOCABLE adj. **1.** Qui ne peut être révoqué. *Donation irrévocable.* **2.** Sur quoi il est impossible de revenir. *Décision irrévocable.*

IRRÉVOCABLEMENT adv. De façon irrévocable ; définitivement.

IRRIGABLE adj. Qui peut être irrigué.

IRRIGATION n.f. **1.** Apport d'eau sur un terrain cultivé ou une prairie en vue de compenser l'insuffisance des précipitations et de permettre le plein développement des plantes. **2.** MÉD. Action de faire couler un liquide sur une partie malade. *Irrigation d'une plaie.* **3.** Apport du sang dans les tissus par les vaisseaux sanguins.

IRRIGUER v.t. (lat. *irrigare*). Arroser par irrigation.

IRRITABILITÉ n.f. Caractère, état d'une personne irritable.

IRRITABLE adj. **1.** Qui se met facilement en colère. **2.** Se dit d'un tissu, d'un organe qui s'irrite facilement. *Avoir la gorge irritable.*

IRRITANT, E adj. **1.** Qui met en colère, provoque un état d'irritation ; énervant. *Ces hésitations sont irritantes.* **2.** Qui irrite les tissus, les organes. *Gaz irritants.*

IRRITATIF, IVE adj. MÉD. Qui se rapporte à une irritation ; irritant.

IRRITATION n.f. **1.** État de qqn qui est irrité, en colère. *Provoquer une vive irritation chez qqn.* **2.** Inflammation ou douleur légère affectant un tissu, un organe.

IRRITER v.t. (lat. *irritare*). **1.** Mettre en colère ; énerver, contrarier, exaspérer. *Ce contretemps l'a beaucoup irritée.* **2.** Provoquer une irritation. *La fumée irrite les yeux.*

IRRUPTION n.f. (lat. *irruptio*). **1.** Entrée soudaine et violente d'un grand nombre de personnes dans un lieu. *L'irruption des manifestants.* ◇ *Faire irruption quelque part,* y entrer brusquement et de façon inattendue. **2.** Débordement brusque et violent de la mer, d'un fleuve ; envahissement. *Irruption des eaux dans la ville basse.* **3.** Apparition soudaine d'éléments dans un domaine. *L'irruption de techniques nouvelles.*

ISABELLE adj. inv. et n.m. (esp. *isabel,* p.-ê. du n. d'*Isabelle* la Catholique). Se dit d'un cheval dont la robe est d'une couleur jaune, avec les crins et l'extrémité des poils noirs.

ISALLOBARE n.f. (de *isobare* et gr. *allos,* autre). MÉTÉOROL. Courbe joignant les points où les variations de la pression atmosphérique sont égales en un temps donné.

ISARD n.m. (prélatin *izar*). Appellation du chamois dans les Pyrénées.

ISATIS [-tis] n.m. (mot lat., du gr.). **1.** BOT. Pastel. **2.** Renard des régions arctiques, appelé aussi *renard bleu* ou *renard polaire,* dont la fourrure d'hiver peut être gris bleuté ou blanche. (Genre *Alopex ;* famille des canidés.)

ISBA [isba] ou [izba] n.f. (russe *izba*). Habitation des paysans russes, faite de rondins de bois de sapin.

ISBN n.m. (sigle de *international standard book number*). Numéro d'identification international attribué à chaque ouvrage publié.

ISCHÉMIE [-ke-] n.f. (gr. *iskhein,* arrêter, et *haima,* sang). MÉD. Diminution ou interruption de l'irrigation sanguine d'un organe, d'un tissu.

ISCHÉMIQUE [-ke-] adj. Relatif à l'ischémie. *Cardiopathie ischémique.*

ISCHIATIQUE [-kja-] adj. Qui se rapporte, qui appartient à l'ischion.

ISCHION [iskjɔ̃] n.m. (mot gr.). Un des trois éléments de l'os iliaque, situé au niveau de la fesse.

ISENTROPIQUE adj. Se dit d'une transformation thermodynamique au cours de laquelle l'entropie reste constante.

ISF ou **I.S.F.** n.m. (sigle de *impôt de solidarité sur la fortune*). Impôt institué en 1989 sur les grandes fortunes, en France, et destiné à financer le revenu minimum d'insertion.

ISIAQUE adj. Relatif à Isis. *Cultes isiaques.*

ISLAM [islam] n.m. (ar. *islām,* soumission à Dieu). **1.** Religion des musulmans. **2.** *L'Islam :* le monde musulman ; la civilisation qui le caractérise.

ENCYCL. Fondé au VIIe s. en Arabie par Mahomet, l'islam est répandu en Asie, en Afrique et en Europe. On estime à environ 950 millions le nombre des musulmans. Le Coran, révélé à Mahomet par Dieu (Allah), est, avec la Tradition, le fondement de la vie religieuse et politique. Le dogme fondamental de l'islam est un strict monothéisme. La loi canonique *(charia)* fixe les cinq devoirs fondamentaux (les « cinq piliers ») des croyants : 1° la profession de foi, ou *chahada* (il n'y a d'autre Dieu qu'Allah, et Mahomet est l'envoyé d'Allah) ; 2° la prière rituelle cinq fois le jour, ou *salat ;* 3° le jeûne du ramadan ; 4° le pèlerinage à La Mecque, ou *hadj,* une fois dans la vie ; 5° l'aumône rituelle, ou *zakat.* Cette loi comporte aussi des prescriptions d'ordre politique, juridique, alimentaire et hygiénique. Dans les deux grandes tendances de l'islam, le sunnisme et le chiisme, il n'y a pas de clergé, mais seulement des guides religieux (ulémas, mollahs) qui interprètent la loi et veillent à son application.

ISLAMIQUE adj. Relatif à l'islam.

ISLAMISATION n.f. Action d'islamiser.

ISLAMISER v.t. **1.** Convertir à l'islam. **2.** Appliquer la loi islamique à la vie publique, sociale, à la justice, etc.

ISLAMISME n.m. **1.** Vieilli. Religion musulmane ; islam. **2.** Mouvement politico-religieux préconisant l'islamisation complète, radicale du droit, des institutions, du gouvernement, dans les pays islamiques.

ISLAMISTE adj. et n. Relatif à l'islamisme ; qui en est partisan.

ISLAMOLOGIE n.f. Discipline qui étudie l'islam.

ISLANDAIS, E adj. et n. De l'Islande, de ses habitants. ◆ n.m. LING. Langue scandinave parlée en Islande.

ISMAÉLIEN, ENNE ou **ISMAÏLIEN, ENNE** n. Membre d'une secte chiite qui admet Ismaïl comme dernier imam.

ISMAÉLISME n.m. Système religieux des ismaéliens.

ISMAÉLITE adj. et n. ANTIQ. Se dit d'un ensemble de populations nomades du désert arabique, que la Bible fait descendre d'Ismaël, fils d'Abraham.

■ L'ART ISLAMIQUE

C'est au gré des conquêtes religieuses que s'élabore et se développe l'art islamique. Monument essentiel et lieu de la prière collective, la mosquée est implantée partout, et toutes les traditions artistiques côtoyées l'enrichiront. L'Iran ancien donne sa forme à l'iwan, la Mésopotamie connaît les subtilités de la maçonnerie en brique, et les Byzantins sont les héritiers de l'Antiquité. L'art de l'islam, ainsi vivifié, n'en est pas moins profondément original, et l'intensité de la foi en préserve la cohésion.

Le ribat de Monastir. Commencé en 796, à la fois couvent et forteresse, il est caractéristique des premiers temps de l'islam et du jeune empire arabe qui défend ses frontières. Tous les ribat ont en effet été construits entre le VIIIe et le IXe s.

La mosquée du calife Ibn Tulun au Caire. Bâtie entre 876 et 879, en brique rouge revêtue de stuc, sur le plan de la mosquée arabe à cour centrale bordée de portiques, et influencée par la Grande Mosquée de Samarra (Iraq), elle demeure l'un des plus beaux exemples de l'architecture abbasside.

Le mausolée d'Itimad al-Dawla à Agra. Blancheur du marbre, incrustations de pierres polychromes, finesse des claires-voies, tout ici se fait l'écho du raffinement et de l'élégance de l'architecture moghole dans laquelle, avec le style indo-musulman, s'accomplit la synthèse entre influence iranienne et goût autochtone.

Lampe de mosquée au nom du sultan Nasir al-Din Hasan. Elle provient de sa madrasa, au Caire (verre émaillé, milieu du XIVe s.) Calligraphie, flore et géométrisme s'associent avec élégance dans le décor des lampes de mosquée fabriquées en Égypte ou en Syrie. (Louvre, Paris.)

La mosquée Selimiye à Edirne. Sinan la considérait comme son chef-d'œuvre : en effet, la variation sur le modèle de Sainte-Sophie est ici une réussite absolue, avec l'unité de son espace central entièrement dégagé, couvert de la vaste (31,50 m) coupole fenestrée. Elle fut édifiée de 1569 à 1574.

La Grande Mosquée du vendredi à Ispahan. Détail du décor tapissant de brique et de faïence émaillée et de l'articulation des muqarnas qui permettent de passer du plan carré au plan circulaire. (Iwan sud ; XIe et XVe s.)

Le minaret de Kalan à Boukhara. (À gauche.) Édifié en 1127, d'une grande hauteur (46 m), et surmonté d'une lanterne percée de seize baies, il est entièrement orné d'un décor de bandeaux géométriques tous différents, obtenu par le savant agencement des briques.

ISO adj. inv. (désignation usuelle de l'*International Organization for Standardization,* Organisation internationale de normalisation). *Norme ISO :* norme définie par l'Organisation internationale de normalisation s'appliquant aux produits et aux services (v. partie n.pr.). – *Spécial.* PHOTOGR. *Échelle ISO :* échelle des sensibilités des émulsions photographiques, utilisée comme standard international.

ISOBARE adj. (gr. *isos,* égal, et *baros,* pesanteur). **1.** MÉTÉOROL. D'égale pression atmosphérique. *Surface isobare.* **2.** PHYS. Qui se fait à pression constante. *Transformation isobare.* ◆ adj. et n.m. PHYS. Se dit de noyaux ayant même nombre de masse mais des numéros atomiques différents. ◆ n.f. MÉTÉOROL. Courbe joignant les points où la pression atmosphérique est la même à un moment donné.

ISOBATHE adj. et n.f. (gr. *isos,* égal, et *bathos,* profondeur). CARTOGR., TOPOGR. Se dit d'une courbe reliant les points d'égale profondeur sous terre ou sous l'eau.

ISOCARDE n.m. (gr. *isos,* égal, et *kardia,* cœur). Mollusque bivalve de l'Atlantique et de la Méditerranée, voisin de la coque, dont la coquille vue de profil a la forme d'un cœur. (Genre *Glossus ;* famille des cardiidés.)

ISOCARÈNE adj. MAR. Se dit de volumes de carène égaux, mais de formes différentes selon le degré de gîte.

I

ISOCÈLE adj. (lat. *isosceles,* du gr.). GÉOMÉTR. *Trapèze isocèle :* trapèze dont les côtés non parallèles sont égaux. – *Triangle isocèle :* triangle ayant deux côtés de même longueur.

ISOCHORE [-kɔr] adj. (gr. *isos,* égal, et *khôra,* espace). THERMODYN. Qui se fait à volume constant. *Transformation isochore.*

ISOCHRONE [-krɔn] adj. (gr. *isos,* égal, et *khronos,* temps). *Didact.* Qui s'effectue dans des intervalles de temps égaux. *Les oscillations isochrones du pendule.*

ISOCHRONISME [-krɔ-] n.m. *Didact.* Caractère de ce qui est isochrone.

ISOCLINAL, E, AUX adj. GÉOL. *Pli isoclinal,* dont les deux flancs sont parallèles. – *Structure isoclinale,* caractérisée par la répétition de plis isoclinaux.

ISOCLINE adj. (gr. *isoklinês,* de *klineîn,* pencher). GÉOPHYS. *Courbe isocline,* ou *isocline,* n.f. : courbe reliant les points où l'inclinaison magnétique est la même.

ISODOME adj. (gr. *isodomos*). ARCHIT. Se dit d'un appareil régulier dans lequel les pierres, taillées en parallélépipèdes rectangles, se chevauchent et offrent toutes une face visible de même hauteur et de même longueur.

ISODYNAMIE n.f. (gr. *isos,* égal, et *dunamis,* force). PHYSIOL. Équivalence entre des aliments qui fournissent à l'organisme la même quantité d'énergie.

ISOÉDRIQUE adj. (gr. *isos,* égal, et *hedra,* face). CRISTALLOGR. Dont les facettes sont semblables.

ISOÉLECTRIQUE adj. Se dit d'un corps électriquement neutre.

ISOÈTE n.m. (gr. *isoetês,* qui dure toute l'année). BOT. Petite plante cryptogame des lieux très humides, rhizomateuse, portant des sporanges de deux sortes. (Genre *Isoetes ;* classe des lycophytes, ordre des isoétales.)

ISOGAMIE n.f. (gr. *isos,* égal, et *gamos,* mariage). BIOL. Mode de reproduction sexuée dans lequel les deux gamètes sont semblables et qui se produit chez diverses espèces d'algues, de champignons inférieurs et de protozoaires. CONTR. : *hétérogamie.*

ISOGLOSSE n.f. (gr. *isos,* égal, et *glôssa,* langue). LING. Ligne idéale séparant deux aires dialectales qui offrent pour un trait linguistique donné des formes ou des systèmes différents. ◆ adj. Situé sur la même isoglosse.

ISOGLUCOSE n.m. Glucose tiré de l'amidon des céréales, principalement du maïs, utilisé dans l'agroalimentaire.

ISOGONE adj. (gr. *isos,* égal, et *gônia,* angle). GÉOPHYS. *Courbe isogone,* ou *isogone,* n.f. : courbe joignant les points ayant la même déclinaison magnétique.

ISOGREFFE n.f. MÉD. Greffe entre donneur et receveur génétiquement identiques (greffe entre jumeaux vrais, chez l'homme).

ISOHYÈTE [izɔjɛt] adj. (gr. *isos,* égal, et *huetos,* forte pluie). CLIMATOL. *Courbe isohyète,* ou *isohyète,* n.f. : courbe joignant les points recevant la même quantité de précipitations pour une période considérée.

ISOHYPSE [izɔips] n.f. (gr. *isos,* égal, et *hupsos,* hauteur). CARTOGR., TOPOGR. Courbe de niveau.

ISOÏONIQUE adj. Qui contient les mêmes ions à la même concentration.

ISOLABLE adj. Qui peut être isolé.

ISOLANT, E adj. **1.** Qui est mauvais conducteur de la chaleur, de l'électricité ou du son. *Matériau isolant.* **2.** LING. *Langue isolante,* où les mots se réduisent à un radical, leur place relative marquant les rapports grammaticaux (ex. : le chinois). ◆ n.m. Matériau isolant.

ISOLAT n.m. **1.** Population animale ou végétale qu'une barrière climatique ou géographique a complètement isolée, du point de vue génétique, du reste de l'espèce. **2.** ANTHROP., DÉMOGR. Groupe humain que son isolement géographique, social ou culturel contraint aux unions endogamiques.

ISOLATEUR n.m. Support isolant d'un conducteur électrique.

ISOLATION n.f. **1.** Ensemble des procédés mis en œuvre pour empêcher l'eau de s'infiltrer dans un bâtiment, le bruit de pénétrer dans un lieu ou pour réduire les échanges thermiques avec l'extérieur. **2.** Ensemble des matériaux utilisés pour isoler un dispositif. **3.** PSYCHAN. Mécanisme de défense qui consiste en la rupture des liens associatifs existant entre une représentation ou un acte et son affect.

ISOLATIONNISME n.m. (anglo-amér. *isolationism*). Politique consistant, pour un État, à s'intégrer le moins possible à la vie internationale et à récuser toute ingérence dans ses propres affaires.

ISOLATIONNISTE adj. et n. Relatif à l'isolationnisme ; qui en est partisan.

ISOLÉ, E adj. (ital. *isolato,* de *isola,* île). **1.** Séparé des autres ; seul. *Vivre, se sentir isolé.* **2.** À l'écart, éloigné des autres habitations ou de toute activité. *Maison isolée. Un endroit isolé.* **3.** Dont on ne connaît pas d'autre exemple ; qui n'a aucun caractère de généralité ; unique, rare. *Un cas isolé.* **4.** Détaché de son contexte. *Phrase, citation isolée.* **5.** Se dit d'un local pourvu d'une isolation acoustique ou thermique, ou conçu en ce sens. *Appartement bien isolé.* **6.** TOPOL. ***Point isolé** a **d'une partie A (d'un espace topologique E)** :* point *a* de E admettant un voisinage ne contenant aucun élément de A autre que lui-même.

ISOLEMENT n.m. **1.** État d'une habitation, d'un lieu à l'écart. *L'isolement d'un village.* **2.** État de qqn qui est isolé. *L'isolement d'un prisonnier. Ressentir douloureusement son isolement.* **3.** État d'un pays, d'une région sans relation politique ou économique, sans engagement avec les autres. **4.** MÉD. Séparation d'avec son milieu habituel d'une personne atteinte d'une maladie contagieuse ou psychiatrique.

ISOLÉMENT adv. De façon isolée ; à part, individuellement. *Agir isolément.*

ISOLER v.t. **1.** Séparer qqch des objets environnants, un lieu de ce qui l'entoure. *Les inondations ont isolé le village.* **2.** Mettre qqn physiquement ou moralement à l'écart des autres, lui interdire toute relation avec les autres. *Isoler les malades contagieux. Ses idées l'isolent de son milieu.* **3.** Considérer qqch à part, le distinguer du reste ; abstraire. *Isoler une phrase de son contexte.* **4.** Procéder à l'isolation thermique ou acoustique. *Isoler un local.* **5.** CHIM. Dégager de ses mélanges ou de ses combinaisons. *Isoler un produit réactionnel, un métal.* **6.** ÉLECTROTECHN. Empêcher la conduction électrique entre des conducteurs au moyen d'isolants ; déconnecter un circuit, un dispositif. ◆ **s'isoler** v.pr. Se mettre à l'écart, se séparer des autres. *Il aime s'isoler pour méditer.*

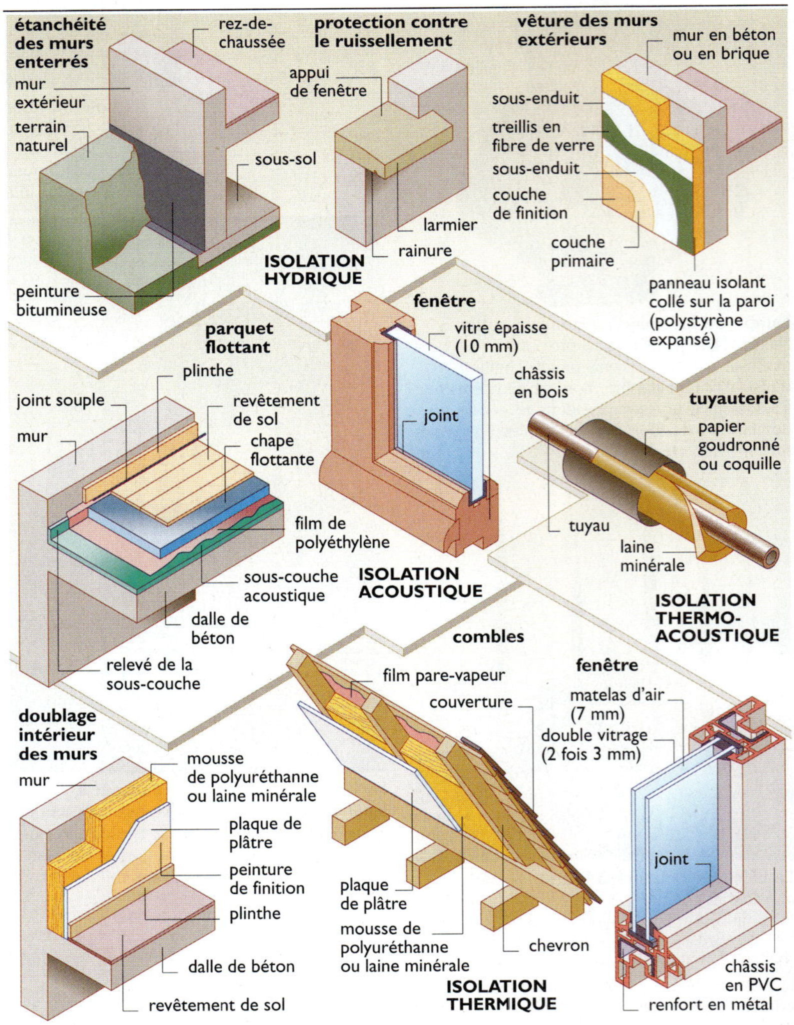

■ **ISOLATION.** Les systèmes d'isolation dans le bâtiment.

ISOLEUCINE n.f. Acide aminé essentiel, présent dans de nombreuses protéines.

ISOLOIR n.m. Cabine où l'électeur met son bulletin sous enveloppe et qui garantit le secret du vote.

ISOMÉRASE n.f. Enzyme qui transforme une substance chimique en l'un de ses isomères (par ex., une forme dextrogyre en une forme lévogyre).

ISOMÈRE adj. et n.m. (gr. *isos,* égal, et *meros,* partie). CHIM. Se dit de composés identiques par la composition élémentaire, mais qui diffèrent par la disposition des atomes. (Deux composés sont isomères s'ils ont la même formule brute, mais des formules développées différentes.)

ISOMÉRIE n.f. Caractère des composés isomères.

ISOMÉRISATION n.f. Transformation en un composé isomère.

ISOMÉTRIE n.f. GÉOMÉTR. Transformation ponctuelle conservant les distances.

ISOMÉTRIQUE adj. **1.** GÉOMÉTR. Qui est homologue dans une isométrie. ◇ *Figures isométriques :* figures qui s'échangent dans une isométrie. **2.** MINÉRALOG. Dont les dimensions sont égales. *Cristaux isométriques.* **3.** Se dit d'une contraction musculaire telle que la longueur du muscle ne change pas alors que la force développée par le muscle augmente.

ISOMORPHE adj. **1.** CHIM. De même forme. (Deux composés différents peuvent avoir des cristaux isomorphes.) **2.** ALGÈBRE. Se dit de deux ensembles tels qu'il existe un isomorphisme de l'un dans l'autre.

ISOMORPHISME n.m. **1.** CHIM. Relation entre objets isomorphes. **2.** ALGÈBRE. Homomorphisme bijectif.

ISOPET n.m. → **YSOPET.**

ISOPODE n.m. (gr. *isos,* égal, et *pous, podos,* pied). Crustacé au corps aplati, doté de sept paires de pattes semblables, tel que la ligie, le cloporte. (Les isopodes forment un ordre.)

ISOPRÈNE n.m. Hydrocarbure liquide incolore, $H_2C{=}C(CH_3){-}CH{=}CH_2$, de point d'ébullition 37 °C. (Le caoutchouc naturel est un polymère de l'isoprène ; celui-ci sert de monomère pour nombre de matières plastiques et d'élastomères.)

ISOPTÈRE n.m. (gr. *isos,* égal, et *pteron,* aile). Insecte végétarien doté de deux paires d'ailes égales, tel que les termites. (Les isoptères forment un ordre.)

ISOSÉISTE ou **ISOSISTE** adj. et n.f. Se dit d'une courbe réunissant les points où un séisme a été ressenti avec la même intensité.

ISOSTASIE n.f. GÉOPHYS. Équilibre relatif des divers compartiments (montagnes, mers, etc.) de l'écorce terrestre dû à des différences de densité (dans la théorie dite *de l'isostasie*).

ISOSTATIQUE adj. Relatif à l'isostasie.

ISOSYLLABIQUE adj. Se dit de mots, de vers qui ont le même nombre de syllabes.

ISOTHÉRAPIE n.f. MÉD. Ancienne méthode thérapeutique basée sur des produits fabriqués à partir des sécrétions du malade lui-même, et qui a plus ou moins persisté en homéopathie.

ISOTHERME adj. (gr. *isos,* égal, et *thermos,* chaud). **1.** De même température. **2.** Qui se fait à température constante. *Réaction isotherme.* **3.** Maintenu à une température constante ; qui comporte une isolation thermique. *Camion isotherme, sac isotherme.* **4.** CLIMATOL. *Courbe isotherme,* ou *isotherme,* n.f. : courbe joignant les points où la température de l'atmosphère est identique à un moment donné.

ISOTONIE n.f. CHIM. Équilibre moléculaire de deux solutions séparées par une membrane perméable et qui ont la même pression osmotique.

ISOTONIQUE adj. **1.** CHIM. Se dit de solutions qui ont la même concentration moléculaire. **2.** MÉD. Se dit d'une solution, en partic. médicamenteuse, qui a la même pression osmotique que les liquides de l'organisme (plasma, par ex.). **3.** PHYSIOL. Se dit d'une contraction musculaire telle que la force développée reste constante alors que la longueur du muscle diminue.

ISOTOPE n.m. (mot angl., du gr.). PHYS. Chacun des différents types de noyaux atomiques d'un même élément, différant par leur nombre de neutrons mais ayant le même nombre de protons et d'électrons, et possédant donc les mêmes propriétés chimiques. ◇ *Isotope radioactif :* radio-isotope.

ISOTOPIQUE adj. Relatif aux isotopes.

ISOTROPE adj. (gr. *isos,* égal, et *tropos,* direction). PHYS. Dont les propriétés physiques sont identiques dans toutes les directions.

ISOTROPIE n.f. Caractère d'un milieu isotrope.

ISRAÉLIEN, ENNE adj. et n. De l'État d'Israël, de ses habitants.

ISRAÉLITE adj. et n. **1.** Relatif à l'Israël biblique, à son peuple. **2.** Juif. *Communauté israélite.*

ISSN n.m. (sigle de *international standard serial number*). Numéro d'identification international attribué à chaque publication périodique.

ISSU, E adj. (anc. fr. *issir,* du lat. *exire,* sortir). **1.** Qui provient par descendance ; venu de, né de. *Il est issu d'une famille d'agriculteurs.* **2.** *Fig.* Qui dérive ou résulte de qqch. *Idées issues de la Révolution.*

ISSUE n.f. **1.** Ouverture ou passage par où l'on peut sortir, s'échapper. *Issue de secours.* **2.** Moyen de sortir d'une difficulté, d'un embarras ; échappatoire. *Situation sans issue.* **3.** *Litt.* Manière dont une chose aboutit, dont une affaire se conclut. *L'issue du combat.* ◇ *À l'issue de :* à la fin de. *À l'issue de la réunion.* ◆ pl. **1.** Produits autres que la farine provenant de la mouture des céréales. **2.** BOUCH. Parties non consommables des animaux (cornes, cuir, suif, etc.).

ISTHME [ism] n.m. (lat. *isthmus,* du gr.). **1.** Bande de terre étroite, située entre deux mers et réunissant deux terres. **2.** ANAT. Partie rétrécie de certaines régions du corps, de certains organes.

ISTHMIQUE [ismik] adj. ANTIQ. GR. *Jeux Isthmiques,* célébrés à Corinthe, en l'honneur de Poséidon.

ITALIANISANT, E adj. BX-ARTS. Se dit d'artistes, d'œuvres marqués par l'italianisme.

ITALIANISER v.t. Donner un caractère, un aspect italien à.

ITALIANISME n.m. **1.** Idiotisme propre à la langue italienne. **2.** Emprunt à la langue italienne. **3.** BX-ARTS. Tendance, chez les artistes étrangers, à l'imitation de la manière italienne, de modèles italiens, notamm. à la Renaissance.

ITALIANISTE n. Spécialiste de la langue et de la civilisation italiennes.

ITALIEN, ENNE adj. et n. De l'Italie, de ses habitants. ◆ adj. *À l'italienne.* **a.** Se dit d'une salle de théâtre, le plus souvent semi-circulaire, constituée de plusieurs niveaux (parterre, corbeille, balcon, galerie) en partie divisés en loges. (Apparu au XVIIe s., ce type d'architecture théâtrale a prévalu en Occident jusqu'au XXe s.) **b.** Se dit d'un format de livre où la largeur est plus importante que la hauteur (par oppos. au format *à la française*). ◆ n.m. Langue romane parlée principalement en Italie.

1. ITALIQUE adj. (lat. *Italicus*). Se dit des populations indo-européennes qui pénétrèrent en Italie au cours du IIe millénaire. ◆ n.m. Groupe de langues indo-européennes parlées en Italie au Ier millénaire (latin, ombrien, vénète, etc.).

2. ITALIQUE adj. et n.m. IMPRIM. Se dit du caractère d'imprimerie incliné vers la droite (par oppos. à *romain*). [Ce caractère a été créé par Alde Manuce.]

1. ITEM [itɛm] adv. (mot lat.). De même, en outre, de plus. (S'emploie dans les comptes, les énumérations, etc.)

2. ITEM [itɛm] n.m. (de *1. item*). **1.** LING. Tout élément d'un ensemble (grammatical, lexical, etc.) considéré en tant que terme particulier. **2.** PSYCHOL. Chacune des questions, chacun des éléments d'un test.

ITÉRATIF, IVE adj. (lat. *iterativus,* de *iterare,* recommencer). *Didact.* Fait ou répété plusieurs fois. ◆ adj. et n.m. GRAMM. Fréquentatif.

ITÉRATION n.f. **1.** *Didact.* Action de répéter, de faire de nouveau. **2.** PSYCHIATR. Répétition prolongée de gestes, de paroles ou de pensées stéréotypés et vains, à caractère pathologique.

ITÉRATIVEMENT adv. *Didact.* De manière itérative, répétitive.

ITHYPHALLIQUE adj. (du gr. *ithus,* droit). ANTIQ. Qui présente un phallus en érection. *Statue ithyphallique.*

ITINÉRAIRE n.m. (lat. *iter, itineris,* chemin). Chemin à suivre ou suivi pour aller d'un lieu à un autre ; parcours, trajet. *Choisir l'itinéraire le plus court.* ◆ adj. TOPOGR. *Mesure itinéraire :* évaluation d'une distance.

ITINÉRANT, E adj. et n. Qui se déplace dans l'exercice de ses fonctions, de son métier. *Troupe itinérante de comédiens.* ◆ adj. Qui exige des déplacements, qui n'est pas sédentaire. ◇ AGRIC. *Culture itinérante :* déplacement des zones de cultures et, souvent, de l'habitat, caractéristique des régions tropicales, où le sol s'épuise rapidement.

ITOU adv. (anc. fr. *atut,* avec infl. de *itel,* pareillement). *Fam.* Aussi, de même. *Et moi itou.*

IUFM ou **I.U.F.M.** [iyɛfɛm] n.m. (sigle de *institut universitaire de formation des maîtres*). Établissement d'enseignement supérieur qui assure la formation professionnelle des enseignants du premier et du second degré.

IULE n.m. (gr. *ioulos*). Mille-pattes au corps cylindrique, qui se nourrit de végétaux en décomposition et qui s'enroule en spirale quand on le touche.

IUT ou **I.U.T.** [iyte] n.m. (sigle de *institut universitaire de technologie*). Établissement d'enseignement assurant en deux années la formation de techniciens supérieurs, auxquels il délivre un diplôme, le DUT.

IVE ou **IVETTE** n.f. (de *if*). Plante à fleurs jaunes très odorantes, commune dans les jachères des régions tempérées. (Famille des labiées.)

IVG ou **I.V.G.** n.f. (sigle). Interruption volontaire de grossesse.

IVOIRE n.m. (lat. *ebur, eboris*). **1.** Tissu dur des dents de l'homme et des mammifères, recouvert d'émail au niveau de la couronne. SYN. : *dentine.* **2.** Substance osseuse et dure qui constitue les défenses de l'éléphant et de quelques autres mammifères (sanglier, hippopotame, narval, morse, etc.). **3.** Objet fabriqué, sculpté dans de l'ivoire. **4.** *Ivoire végétal :* corozo.

IVOIRERIE n.f. Art du travail de l'ivoire ; ensemble des produits de cet art.

IVOIRIEN, ENNE adj. et n. De la Côte d'Ivoire, de ses habitants.

IVOIRIN, E adj. *Litt.* Qui ressemble à l'ivoire par sa blancheur, son éclat ; éburnéen.

IVRAIE n.f. (lat. pop. *ebriaca,* de *ebrius,* ivre). Graminée à graines toxiques, commune dans les prés et les cultures, où elle gêne la croissance des céréales. (On emploie deux espèces d'ivraie pour les gazons, sous le nom de *ray-grass ;* genre *Lolium.*) ◇ *Séparer le bon grain de l'ivraie :* séparer les bons des méchants, le bien du mal.

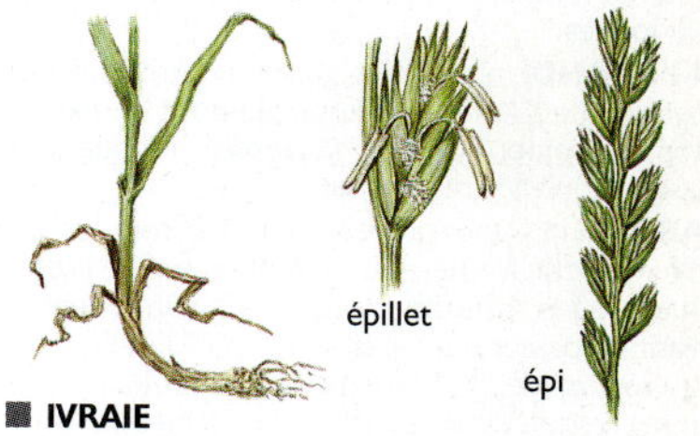

■ **IVRAIE**

IVRE adj. (lat. *ebrius*). **1.** Qui a l'esprit troublé par l'effet de l'alcool. ◇ *Ivre mort, ivre morte :* ivre au point d'avoir perdu connaissance. **2.** Exalté par une passion, un sentiment, etc. *Ivre d'amour, de bonheur, d'orgueil.*

IVRESSE n.f. **1.** État d'excitation psychique et d'incoordination motrice dû à l'ingestion excessive d'alcool. SYN. : *alcoolisme aigu, ébriété.* **2.** État voisin dû à l'ingestion de diverses substances (médicaments, stupéfiants). **3.** État d'euphorie, d'excitation ; transport. *L'ivresse du plaisir.*

IVROGNE n. (du lat. pop. *ebrionia,* ivrognerie). Personne qui s'enivre souvent ; alcoolique.

IVROGNERIE n.f. Habitude de s'enivrer.

IVROGNESSE n.f. Vieilli. Femme ivrogne.

IWAN [iwan] n.m. (mot persan). ARCHIT. Salle voûtée quadrangulaire, d'origine iranienne, grande ouverte par un arc brisé en façade ou sur la cour de certaines mosquées. Graphie savante : *iwān.*

IXIA n.f. (mot lat., du gr.). Plante d'origine sud-africaine, cultivée pour ses fleurs de couleurs vives. (Famille des iridacées.)

IXODE n.m. (gr. *ixôdês,* gluant). Tique.

Caractère Janson

J n.m. inv. **1.** Dixième lettre de l'alphabet et la septième des consonnes. (Le *j* note la fricative sonore palatale [ʒ].) ◇ *Jour J :* jour où doit avoir lieu un événement important et prévu ; *spécial.*, jour où doit se déclencher une action militaire, une attaque. **2.** ARITHM. Élément du corps $\mathbb{C}$ des complexes, défini par $j = -\frac{1}{2} + i\frac{\sqrt{3}}{2}$ (j est l'une des racines cubiques de 1, les autres sont 1 et j^2).

JABIRU n.m. (mot tupi-guarani). Grande cigogne des régions tropicales, au bec puissant et coloré. (Haut. 1,40 m ; trois genres de la famille des ciconiidés.)

JABLE n.m. (mot gaul.). **1.** Rainure pratiquée dans les douves des tonneaux pour y emboîter le fond. **2.** Partie de la douve qui dépasse le fond du tonneau.

JABLER v.t. Faire le jable d'une douve, d'un tonneau.

JABLOIR n.m., **JABLOIRE** ou **JABLIÈRE** n.f. Outil de tonnelier servant à creuser le jable dans les douves.

JABORANDI n.m. (mot guarani). Arbuste aromatique de l'Amérique tropicale dont on extrait la pilocarpine. (Genre *Pilocarpus ;* famille des rutacées.) SYN. : *pilocarpe.*

JABOT n.m. (mot auvergnat). **1.** Chez les oiseaux, poche formée par un renflement de l'œsophage, où la nourriture séjourne quelque temps avant de passer dans l'estomac et d'où elle peut être régurgitée. **2.** Renflement volumineux placé entre l'œsophage et le gésier des insectes. **3.** Ornement (dentelle, mousseline) fixé au plastron d'une chemise, d'un chemisier.

JACARANDA n.m. (mot guarani). Arbre ornemental d'Amérique tropicale et de Madagascar, à fleurs mauves, dont le bois est apprécié en ébénisterie sous le nom de *palissandre.* (Genre *Dalbergia ;* famille des bignoniacées.)

JACASSEMENT n.m. **1.** Action de jacasser, de piailler, spécial. en parlant de la pie. **2.** Bavardage continuel et bruyant.

JACASSER v.i. (de *jacque,* n. dial. du geai). **1.** Crier, en parlant de la pie. **2.** *Fam.* Bavarder, parler avec volubilité.

JACASSEUR, EUSE ou **JACASSIER, ÈRE** n. et adj. *Fam.* Personne qui jacasse.

JACÉE n.f. (lat. *jacea*). Centaurée à fleurs mauves des prés et des chemins.

JACHÈRE n.f. (bas lat. *gascaria*). **1.** Terre non ensemencée, subissant des labours de printemps et d'été pour préparer les semailles d'automne. **2.** Terre non cultivée temporairement pour permettre la reconstitution de la fertilité du sol ou, auj., pour limiter une production jugée trop abondante.

JACINTHE n.f. (gr. *Huakinthos,* personnage myth.). Plante bulbeuse aux grappes de fleurs tombantes parfumées, dont une espèce d'Asie Mineure (genre *Scilla*) est cultivée pour l'ornement et une autre, commune en Europe, est dite *jacinthe des bois* (genre *Endymion*). [Famille des liliacées.]

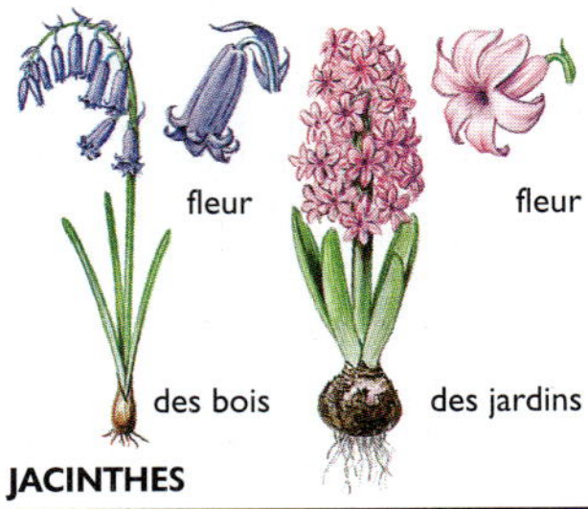

■ JACINTHES

JACK [dʒak] n.m. (mot angl.). ÉLECTROTECHN. Fiche mâle ou femelle (mâle le plus souvent) à deux conducteurs coaxiaux.

JACKPOT [ʒakpɔt] n.m. (mot angl.). **1.** JEUX. Combinaison qui permet de remporter le gros lot, notamm. dans certaines machines à sous. – Montant en monnaie du gros lot. **2.** *Fig.* Grosse somme vite gagnée ; pactole. *Toucher le jackpot.* **3.** Machine à sous fondée sur le principe du jackpot.

JACO n.m. → **JACQUOT.**

JACOBIN, E n. (lat. *Jacobus,* Jacques). Vx. Dominicain (en France). ◆ n.m. **1.** HIST. (Avec une majuscule.) Membre du club des Jacobins (v. partie n.pr.). **2.** Républicain intransigeant, partisan d'un État centralisé. ◆ adj. Propre aux Jacobins ou aux jacobins.

JACOBINISME n.m. **1.** Doctrine démocratique et centralisatrice professée sous la Révolution française par les Jacobins. **2.** Opinion préconisant le centralisme de l'État.

JACOBITE n. et adj. **1.** HIST. Partisan de Jacques II et de la maison des Stuarts, après la révolution de 1688, en Angleterre. **2.** RELIG. Membre de l'Église jacobite. ◆ adj. *Église jacobite :* Église orientale monophysite, appelée officiellement *syrienne orthodoxe.* (Elle doit son nom à l'évêque Jacques Baradée, qui fut son principal organisateur ; la branche jacobite qui s'est rattachée à Rome au XVIIIe s. forme le patriarcat syrien catholique.)

JACONAS [ʒakɔnas] n.m. Anc. Étoffe de coton légère.

JACOT n.m. → **JACQUOT.**

JACQUARD n.m. **1.** Métier à tisser inventé par Jacquard. **2.** Tricot qui présente des bandes ornées de dessins géométriques sur un fond de couleur différente.

JACQUEMART n.m. → **JAQUEMART.**

JACQUERIE n.f. (de *Jacques,* n. donné aux paysans). **1.** Révolte paysanne. **2.** HIST. *La Jacquerie : v. partie n.pr.*

JACQUES n.m. **1.** HIST. (Avec une majuscule.) Membre de la Jacquerie. **2.** (Avec une majuscule.) Vx. Sobriquet du paysan français. **3.** *Fam.,* vx. Imbécile, niais. ◇ *Fam.,* mod. *Faire le jacques :* se livrer à des excentricités ; se donner en spectacle.

JACQUET n.m. (dimin. de *Jacques*). Jeu de société dérivé du trictrac, joué avec des pions et des dés sur une tablette divisée en quatre compartiments.

JACQUIER n.m. → **JAQUIER.**

JACQUOT, JACOT ou **JACO** n.m. Perroquet gris parleur des forêts d'Afrique occidentale.

1. JACTANCE n.f. (lat. *jactantia,* de *jactare,* vanter). *Litt.* Attitude arrogante qui se manifeste par l'emphase avec laquelle une personne parle d'elle-même, se vante. *Parler avec jactance.*

2. JACTANCE n.f. (de *jacter*). *Fam.* Bavardage, bagou, baratin.

JACTER v.i. *Fam.* Parler.

JACULATOIRE adj. (du lat. *jaculari,* lancer). CATH. *Oraison jaculatoire :* prière courte et fervente.

JACUZZI [ʒakuzi] n.m. (nom déposé). Petit bassin équipé de jets d'eau sous pression destinés à créer des remous relaxants.

JADE n.m. (esp. *ijada*). **1.** Roche métamorphique noire, verte ou blanchâtre, très dure, utilisée comme pierre fine, en Chine notamm. (Le jade est constitué soit de jadéite, soit d'une amphibole fibreuse [trémolite, actinote], appelée alors *néphrite.*) **2.** Objet en jade.

JADÉITE n.f. Aluminosilicate de sodium, vert ou blanchâtre, de la famille des pyroxènes.

JADIS [ʒadis] adv. (anc. fr. *ja a dis,* il y a déjà des jours). Autrefois, dans le passé.

JAGUAR [ʒagwar] n.m. (mot tupi-guarani). Grand félin du Mexique et de l'Amérique du Sud,

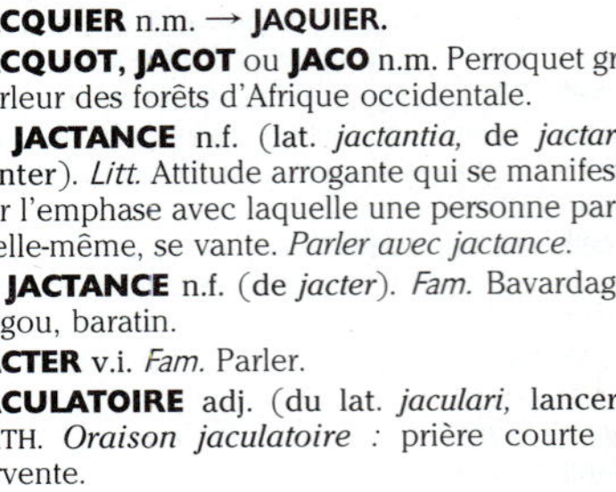

■ JAGUAR

voisin de la panthère, à taches ocellées. (Long. 1,80 m env. ; nom sc. *Panthera onca*.)

JAILLIR v.i. (lat. pop. *galire*, mot gaul.). **1.** Sortir impétueusement, en parlant d'un liquide, d'un gaz. *Le pétrole jaillit du sol.* **2.** *Fig.* Se manifester vivement, sortir soudainement ; surgir. *Une idée jaillit de la discussion.*

JAILLISSANT, E adj. Qui jaillit.

JAILLISSEMENT n.m. Action, fait de jaillir. *Jaillissement d'une source, d'idées.*

JAÏN, E, DJAÏN, E adj. et n. ou **JAÏNA** adj. inv. et n. inv. Qui appartient au jaïnisme.

JAÏNISME, DJAÏNISME ou **JINISME** n.m. Religion fondée en Inde au VIe s. av. J.-C. (par *Jina* ou **Mahavira*, selon la tradition).

ENCYCL. Le jaïnisme vise, comme le brahmanisme, à libérer l'homme de la souffrance et du cycle des réincarnations. Il met l'accent sur la non-violence envers toutes les créatures et sur l'ascétisme. Ayant atteint son apogée au XIIe s., le jaïnisme compte encore env. 2 millions de fidèles, répartis surtout dans certains États de l'Inde (Gujerat, Bihar, Karnataka).

JAIS [ʒɛ] n.m. (lat. *gagates*, pierre de Gages, en Lycie). **1.** Variété de lignite d'un noir brillant, pouvant être polie et taillée. **2.** *De jais* : d'un noir brillant. *Des cheveux de jais.*

JALAP [ʒalap] n.m. (esp. *jalapa*). Plante du Mexique, dont la racine a des propriétés purgatives. (Genre *Ipomoea* ; famille des convolvulacées.)

JALON n.m. (du lat. pop. *galire*, lancer). **1.** Piquet servant à établir des alignements, à marquer des distances. **2.** Ce qui sert de point de repère, de marque pour suivre une voie déterminée. *Poser les jalons d'un travail.*

JALON-MIRE n.m. (pl. *jalons-mires*). Jalon équipé de voyants à écartement parfois variable et permettant de déterminer, en une seule opération, une direction et une distance.

JALONNEMENT n.m. Action de jalonner. *Le jalonnement d'un chantier.*

JALONNER v.t. **1.** Déterminer, matérialiser un parcours, une direction, un alignement dans un lieu, sur un terrain. *Piquets qui jalonnent une route enneigée.* **2.** Se succéder en marquant des étapes dans le temps, au cours d'un processus. *Succès qui jalonnent une existence.*

JALONNEUR, EUSE n. Personne chargée de jalonner.

JALOUSEMENT adv. De façon jalouse. *Regarder jalousement un rival. Garder jalousement un secret.*

JALOUSER v.t. Porter envie à, être jaloux de. *Jalouser ses camarades.*

1. **JALOUSIE** n.f. **1.** Sentiment d'inquiétude douloureuse chez qqn qui éprouve un désir de possession exclusive envers la personne aimée et qui craint son éventuelle infidélité. **2.** Dépit envieux ressenti à la vue des avantages d'autrui.

2. **JALOUSIE** n.f. Dispositif de fermeture de fenêtre composé de lamelles mobiles horizontales ou verticales.

JALOUX, OUSE adj. et n. (lat. pop. *zelosus*, du gr. *zêlos*, zèle). **1.** Qui manifeste de la jalousie, un désir d'exclusivité en amour. **2.** Qui manifeste du dépit devant les avantages des autres ; envieux. ◆ adj. Qui manifeste le souci de préserver ce qu'il possède, notamm. un droit. *Chef jaloux de ses prérogatives. Veiller sur ses livres avec un soin jaloux.*

JAMAÏQUAIN, E ou **JAMAÏCAIN, E** adj. et n. De la Jamaïque, de ses habitants.

JAMAIS adv. (anc. fr. *ja*, déjà, et *mais*, davantage). **1.** (Souvent accompagné de *ne* ou *sans*.) En aucun temps, à aucun moment. *Cela ne s'est jamais vu. Jamais, au grand jamais.* ◇ *Jamais de la vie* : il n'en est pas question. **2.** (Sans *ne*, notamm. après *si, que*.) En un moment quelconque. *Si jamais vous venez. Le seul que j'aie jamais vu.* ◇ *À jamais, à tout jamais* : dans le temps à venir ; pour toujours.

JAMAIS-VU n.m. inv. *Du jamais-vu* : une situation, une pratique, des agissements tout à fait exceptionnels et qui font sensation.

JAMBAGE n.m. **1.** Trait vertical ou légèrement incliné d'un *m*, d'un *n*, etc. **2.** ARCHIT. Piédroit ou partie antérieure de piédroit.

JAMBE n.f. (bas lat. *gamba*). **1.** Partie du membre inférieur comprise entre le genou et la cheville. **2.** *Cour.* Le membre inférieur tout entier. *Avoir des jambes longues, maigres.* ◇ *À toutes jambes* : en courant le plus vite possible. – *Fam., iron. Ça lui (me, etc.) fait une belle jambe* : cela ne l'avance en rien, ne présente aucune utilité. – *Par-dessous, par-dessus la jambe* : avec désinvolture, sans soin. *Travail exécuté par-dessus la jambe.* – *Prendre ses jambes à son cou* : s'enfuir en courant, à toute vitesse. – *Fam. Tenir la jambe à qqn*, l'importuner par un long discours, souvent ennuyeux. – *Tirer dans les jambes de qqn*, l'attaquer d'une façon déloyale. **3.** Partie du pantalon recouvrant chacune des deux jambes. **4.** ZOOL. Partie du membre d'un quadrupède, et spécial. d'un cheval, correspondant à la jambe et à l'avant-bras de l'homme. **5.** CONSTR. **a.** Pilier ou chaîne en pierre de taille que l'on intercale dans un mur en maçonnerie afin de le renforcer. **b.** *Jambe de force* : contrefiche.

JAMBETTE n.f. Petite pièce verticale de charpente, soulageant, par ex., un arbalétrier.

JAMBIER, ÈRE adj. ANAT. Relatif à la jambe.

JAMBIÈRE n.f. **1.** Morceau de tissu ou de cuir façonné pour envelopper et protéger la jambe. **2.** Partie d'une armure protégeant la jambe.

JAMBON n.m. Morceau du porc correspondant au membre postérieur, préparé, après salage, soit cru et séché *(jambon sec)*, soit cuit et désossé *(jambon de Paris)* ou avec os *(jambon d'York)*.

JAMBONNEAU n.m. **1.** Portion inférieure du membre antérieur ou du membre postérieur du porc utilisée en cuisine. *Jambonneau pané. Jambonneau à la choucroute.* **2.** *Jambonneau de mer* : pinne.

JAMBOREE [ʒɑ̃bɔri] n.m. (mot anglo-amér.). Réunion internationale des scouts.

JAMBOSE n.f. (port. *jambos*). Fruit du jambosier, à chair peu goûteuse mais rafraîchissante.

JAMBOSIER n.m. Arbre originaire de l'Inde, cultivé dans les régions tropicales pour ses fruits (jamboses). [Genre *Eugenia* ; famille des myrtacées.]

JAM-SESSION [dʒamseʃən] n.f. [pl. *jam-sessions*] (angl. *jam*, foule, et *session*, réunion). Réunion de musiciens de jazz improvisant en toute liberté pour leur plaisir.

JANGADA n.f. (mot port.). Radeau équipé d'une voile triangulaire, utilisé par les pêcheurs brésiliens de la région de Recife.

JANISSAIRE n.m. (turc *yeni çeri*, nouvelle milice). Soldat d'un corps d'infanterie ottoman qui servit du XIVe au XIXe s. (Recrutés au début [XIVe - XVIe s.] parmi les enfants enlevés aux peuples soumis, les janissaires jouèrent un rôle déterminant dans les conquêtes de l'Empire ottoman.)

JANSÉNISME n.m. Doctrine de Jansénius et de ses disciples ; mouvement religieux animé par ses partisans.

ENCYCL. Le jansénisme fut d'abord un mouvement religieux qui se développa aux XVIIe et XVIIIe s., notamm. en France – où Port-Royal apparut comme son principal foyer –, en Italie, aux Provinces-Unies. S'appuyant sur l'*Augustinus* de Jansénius, ce mouvement privilégiait l'initiative divine face à la liberté humaine, s'opposant ainsi aux jésuites, qui accordaient à celle-ci un plus grand pouvoir. En 1653, il est condamné par le pape Innocent X. Au-delà de ces querelles théologiques sur la grâce, le jansénisme, qui trouva un terrain favorable dans la bourgeoisie parlementaire, gallicane et austère, manifesta une opposition à l'arbitraire royal et à la morale mondaine des jésuites.

JANSÉNISTE adj. et n. **1.** Qui appartient au jansénisme. **2.** Qui manifeste une vertu austère évoquant celle des jansénistes. ◆ adj. *Reliure janséniste* : reliure sans aucun ornement.

JANTE n.f. (gaul. *cambo*, courbe). Cercle qui constitue la périphérie d'une roue de véhicule, d'un volant, d'une poulie.

JANVIER n.m. (lat. *januarius*). Premier mois de l'année.

JAPON n.m. **1.** Porcelaine, ivoire fabriqués au Japon. **2.** *Papier japon*, ou *japon* : papier légèrement jaune, fabriqué autref. au Japon et qui servait aux tirages de luxe ; mod., papier fabriqué à l'imitation du papier japon. (On dit aussi *papier japonais*.)

JAPONAIS, E adj. et n. Du Japon, de ses habitants. ◆ n.m. Langue parlée au Japon. (Elle s'écrit à l'aide de caractères chinois et de deux syllabaires.)

JAPONAISERIE ou **JAPONERIE** n.f. Objet d'art ou de curiosité originaire du Japon.

JAPONISANT, E n. Spécialiste de la langue et de la civilisation japonaises.

JAPONISME n.m. Mode et influence des œuvres et objets d'art du Japon en Occident (surtout pendant la seconde moitié du XIXe s.).

JAPPEMENT n.m. Aboiement bref et perçant des jeunes chiens et du chacal.

JAPPER v.i. (onomat.). Aboyer, en parlant des jeunes chiens ou du chacal. (Les gros chiens aboient.)

JAQUE n.m. (port. *jaca*). Fruit du jaquier, à chair amylacée, consommé cuit comme légume et pouvant atteindre 15 kg.

JAQUEMART ou **JACQUEMART** n.m. (anc. provenç. *Jaqueme*, de *Jacques*). Automate qui frappe sur le timbre ou la cloche de certaines horloges monumentales.

JAQUETTE n.f. (de *Jacques*, sobriquet du paysan). **1. a.** Veste de cérémonie portée par les hommes et dont les pans ouverts se prolongent par-derrière. **b.** Veste de femme ajustée à la taille qui, avec la jupe assortie, compose le costume tailleur. **c.** Suisse. Gilet, cardigan. **2.** Couverture de protection imprimée sous laquelle un livre est présenté à la vente. **3.** Prothèse remplaçant la couche d'émail de la couronne dentaire.

JAQUIER ou **JACQUIER** n.m. Arbre originaire du Sud-Est asiatique, cultivé sous les tropiques pour ses fruits (jaques). [Genre *Artocarpus* ; famille des moracées.] SYN. : *arbre à *pain*.

JAR ou **JARD** n.m. (mot dial.). Amas de sable et de gravier qui se forme dans la Loire et qui est balayé par de forts courants.

JARDE n.f. ou **JARDON** n.m. (ital. *giarda*, mot ar.). VÉTÉR. Tumeur calleuse à la face externe du jarret du cheval.

JARDIN n.m. (du francique *gardo*). **1.** Terrain, souvent clos, où l'on cultive des végétaux utiles (légumes, arbres fruitiers) et/ou d'agrément (fleurs, arbustes ornementaux). ◇ *Jeter une pierre dans le jardin de qqn*, l'attaquer par un moyen détourné, le critiquer par une allusion voilée. **2.** *Jardin d'hiver* : pièce aménagée en serre d'agrément. **3.** *Côté jardin* : partie de la scène d'un théâtre située à la gauche des spectateurs (par oppos. à *côté cour*). **4.** *Jardin d'enfants* : établissement assurant la garde, pendant la journée, des enfants de 3 à 6 ans, qui y développent leurs capacités physiques et mentales par des exercices et des jeux appropriés.

ENCYCL. En Occident, les deux grands types de jardins, s'agissant de compositions importantes, à ambition esthétique ou symbolique, sont le jardin *régulier*, qui impose sa symétrie à une nature domestiquée (jardin italien de la Renaissance, jardin « à la française » du XVIIe s.), et le jardin *paysager*, qui simule le pittoresque d'un paysage naturel varié (jardin anglais ou « anglo-chinois » des XVIIIe et XIXe s.). La Chine, le Japon, les pays arabes ont leurs types propres. *(V. ill. page suivante)*.

JARDINAGE n.m. **1.** Culture des jardins. **2.** SYLVIC. Action de jardiner une forêt.

JARDINER v.i. S'adonner au jardinage. ◆ v.t. SYLVIC. Exploiter les arbres d'une forêt un à un ou par bouquets, de façon à dégarnir le sol le moins possible et à faire vivre côte à côte des arbres de tous âges (surtout des sapins ou des épicéas).

JARDINERIE n.f. (nom déposé). Établissement commercial où l'on vend tout ce qui concerne le jardin et le jardinage.

JARDINET n.m. Petit jardin.

1. **JARDINIER, ÈRE** n. Personne qui cultive les jardins.

2. **JARDINIER, ÈRE** adj. Relatif aux jardins.

JARDINIÈRE n.f. **1.** Petit meuble (XVIIIe - XIXe s.), caisse ou bac garnis de terre ou de pots dans lesquels on cultive ou on présente des plantes, des fleurs. **2.** Assortiment de différents légumes coupés en petits morceaux et cuits ensemble. **3.** ENTOMOL. Carabe doré.

JARDON n.m. → **JARDE.**

1. **JARGON** n.m. (du radical onomat. *garg-*, gosier). **1.** Langage incorrect employé par qqn

qui a une connaissance imparfaite, approximative d'une langue. **2.** *Fam.* Langue qu'on ne comprend pas ; charabia. **3.** Vocabulaire propre à une profession, à une discipline, etc. ; argot de métier. *Le jargon médical.*

2. JARGON n.m. (d'un mot dial.). Cri du jars.

JARGONAPHASIE n.f. PSYCHIATR. Trouble du langage caractérisé par la déformation des mots et par une grande volubilité, notamm. au cours des aphasies.

1. JARGONNER v.i. (de *1. jargon*). *Fam.* Parler en jargon.

2. JARGONNER v.i. (de *2. jargon*). Crier, en parlant du jars.

JARGONNEUX, EUSE adj. Exprimé de façon obscure, incompréhensible. *Un rapport jargonneux.*

JARNICOTON interj. (altér. de *Je renie Coton* [confesseur d'Henri IV]). Juron ancien.

JAROVISATION n.f. (du russe *jarovoe,* blé de printemps). BOT. Vernalisation.

1. JARRE n.f. (provenç. *jarra,* de l'ar.). Grand vase en terre cuite, à large ouverture, panse ovoïde, anses et fond plat, servant à la conservation des aliments.

2. JARRE n.m. (du francique). ZOOL. Poil plus long, plus dur et plus épais, disséminé dans la fourrure des animaux.

JARRET n.m. (du gaul. *garra,* jambe). **1.** Partie de la jambe située derrière l'articulation du genou. SYN. : *creux *poplité.* **2.** ZOOL. Endroit où se plie la jambe postérieure des chevaux, la patte postérieure des grands ongulés. **3.** BOUCH. *Jarret de veau :* morceau du veau correspondant à la jambe et à l'avant-bras. **4.** ARCHIT., CONSTR. Solution de continuité ou imperfection d'une partie de construction courbe.

JARRETÉ, E adj. Se dit d'un quadrupède, et notamm. du cheval, dont les pointes du jarret convergent l'une vers l'autre (jarrets clos).

JARRETELLE n.f. Petite bande élastique munie d'un crochet et servant à maintenir le bas attaché à la gaine ou au porte-jarretelles.

JARRETER v.i. [16]. CONSTR. Former un jarret, en parlant d'une voûte ou d'une pièce de bois ouvrée et courbe.

JARRETIÈRE n.f. Bande de tissu élastique entourant le bas et le maintenant tiré.

JARS [ʒar] n.m. (du francique). Oie mâle. (Cri : le jars jargonne.)

1. JAS [ʒa] n.m. (lat. *jugum,* joug). MAR. Barre transversale d'une ancre servant à assurer la prise verticale des pattes de l'ancre sur le fond.

2. JAS [ʒa] n.m. (lat. pop. *jacium,* de *jacere,* être couché). Région. (Provence). Bergerie.

JASER v.i. (onomat.). **1.** Bavarder sans fin pour le plaisir de parler ou de dire des médisances. *On jase beaucoup à son propos.* **2.** Trahir un secret en bavardant. **3.** Émettre des sons modulés, un babillage. **4.** Crier, en parlant des oiseaux parleurs, tels la pie, le perroquet, etc.

1. JASEUR, EUSE adj. et n. Qui aime à jaser.

2. JASEUR n.m. Oiseau passereau, insectivore et frugivore, des forêts boréales de l'Eurasie et de l'Amérique, à la tête surmontée d'une courte crête de plumes, venant parfois en France. (Genre *Bombycilla ;* famille des bombycillidés.)

JASMIN n.m. (de l'ar.). **1.** Arbuste des régions méditerranéennes et d'Extrême-Orient, dressé ou sarmenteux, aux fleurs tubuleuses blanches ou jaunes très odorantes réunies en cymes ou en grappes. (Genre *Jasminum ;* famille des oléacées.) **2.** Parfum que l'on tire de ces fleurs.

■ **JASMIN**

■ L'ART DES JARDINS

Le jardin en tant qu'évocation, sur terre, du paradis céleste, existe dès l'époque de Sumer, au IIIe millénaire. Il se transmet à l'Iran ancien et au monde islamique, et apparaît parfois dans les représentations picturales de l'Occident médiéval – dont les créations en matière de parcs et d'horticulture sont d'une grande diversité. Les jardins de la Renaissance italienne, qui jouent des dénivellations naturelles pour leurs parterres étagés et leurs jeux d'eaux, influencent les réalisations françaises jusqu'au type codifié par Le Nôtre ; puis l'imagination paysagiste l'emporte dans les jardins anglais.

Iran. Miniature de l'école timuride de Harat, v. 1430. Proche du paradis bouddhique ou de celui de l'islam, ce jardin est un lieu de délices, clos et fleuri, qui accueille le prince Humayun et la princesse Humay avant leurs noces. (Musée des Arts décoratifs, Paris.)

France. Les jardins de Vaux-le-Vicomte, réalisés par Le Nôtre autour de 1660. Parterres de broderies, plans d'eau reflétant la lumière, fontaines et statues, nymphée au loin (que précède un canal transversal) composent un tout ordonné et hiérarchisé selon les lois de la géométrie et de l'optique. La noblesse de l'ensemble s'apprécie pleinement depuis les pièces de réception du château, d'où cette vue est prise. L'art de Versailles s'annonce.

Japon. Jardin du Kinkaku-ji, à Kyoto, fin du XIVe s. D'abord inspiré par la Chine, le jardin japonais – alors qu'il est très étudié et porteur d'une symbolique élaborée – se veut une évocation poétique de la nature, qui doit paraître « naturelle ».

Angleterre. Le jardin de Stourhead, dans le Wiltshire, v. 1740 - 1780. Les jardiniers anglais du XVIIIe s. se sont notamment inspirés des paysages du peintre Claude Lorrain ; ici, une végétation choisie et des fabriques pittoresques (tel ce petit temple) garnissent les pentes gazonnées qui entourent un lac de forme irrégulière.

JASPE n.m. (lat. *jaspis*). Roche sédimentaire siliceuse, de couleurs vives mêlées (rouge, vert, jaune, etc.), employée en joaillerie.

JASPER v.t. Bigarrer de diverses couleurs rappelant les jaspes. *Jasper la tranche d'un livre.*

JASPINER v.i. *Arg.* Causer, bavarder.

JASPURE n.f. Aspect jaspé.

JASS n.m. → **YASS.**

JATAKA n.m. inv. (sanskrit *jātaka,* naissance). Récit populaire et didactique des vies antérieures du Bouddha.

JATTE n.f. (lat. *gabata,* plat). Récipient rond et sans rebord ; son contenu. *Une jatte de lait.*

JAUGE n.f. (du francique). **1.** Dispositif propre à mesurer une quantité déterminée de liquide ou de grains. **2.** AGRIC. Tranchée qui sépare la terre labourée de celle qui ne l'est pas encore. **3.** AUTOM. *Jauge de niveau,* ou *jauge :* indicateur du niveau de l'essence dans le réservoir et de l'huile dans le carter du moteur. **4.** MAR. Capacité totale ou partielle d'un navire de commerce, exprimée naguère en tonneaux de jauge (2,83 m³), auj. en mètres cubes, évaluée selon des règles précises. SYN. : *tonnage.* ◇ *Formule de jauge :* règle servant à mesurer certaines caractéristiques des yachts pour les classer en plusieurs séries. – *Jauge brute :* capacité du navire obtenue en retranchant de sa capacité totale les espaces exclus (cuisine, claires-voies, etc.). – *Jauge nette :* capacité du navire commercialement utilisable et sur laquelle sont fondées les taxes de port, de pilotage, etc. **5.** MÉCAN. INDUSTR. Instrument servant à contrôler ou à mesurer une cote intérieure. **6.** TECHN. Détermination de la quantité de produit stockée dans un réservoir.

JAUGEAGE n.m. Action de jauger.

JAUGER v.t. [10]. **1.** Mesurer avec une jauge la capacité, le volume de. *Jauger une barrique.* **2.** MAR. Déterminer la jauge de. *Jauger un bâtiment.* **3.** *Litt.* Apprécier qqn, qqch, les juger à leur valeur. *Jauger les qualités d'une candidate. Jauger qqn d'un coup d'œil.* ◆ v.i. MAR. Avoir une capacité de. *Navire qui jauge 1 200 tonneaux.*

JAUMIÈRE n.f. (moyen fr. *jaume,* var. de *heaume*). MAR. Tube par lequel passe la mèche du gouvernail d'un navire.

JAUNÂTRE adj. Qui tire sur le jaune ; d'un jaune terne ou sale.

1. JAUNE adj. (lat. *galbinus*). **1.** Se dit de la couleur du citron, du soufre, etc., placée, dans le spectre visible, entre le vert et l'orangé. **2.** BIOL. *Corps jaune :* formation de couleur blanc jaunâtre, de fonction endocrinienne, qui se développe dans l'ovaire après l'ovulation, persiste si l'ovule a été fécondé ou dégénère, entraînant l'apparition des règles. (Il sécrète des hormones, princip. la progestérone, qui conditionnent la gestation.) **3.** *Fièvre jaune :* infection contagieuse des pays tropicaux, due à un virus transmis par un moustique et caractérisée par de la fièvre, des douleurs, parfois de la jaunisse et des vomissements de sang. ◆ adv. *Rire jaune,* avec contrainte, pour dissimuler son dépit ou sa gêne.

2. JAUNE n. (Avec une majuscule.) Personne xanthoderme, ayant la peau de couleur jaune ou cuivrée (par oppos. à *Blanc,* à *Noir*). [Ce terme a souvent fait l'objet d'emplois péjoratifs.]

3. JAUNE adj. HIST. *Syndicats jaunes :* organisations apparues pour faire obstacle aux syndicats ouvriers et dont l'emblème était, à leur création en France (1899), un gland jaune et un genêt. ◆ adj. et n. *Péjor.* Se dit d'un membre d'un syndicat jaune, d'un briseur de grève.

4. JAUNE n.m. **1.** Couleur jaune. ◇ *Jaune d'or,* légèrement orangé. **2.** Matière colorante jaune. *Un tube de jaune.* **3.** *Jaune d'argent :* couleur de surface obtenue par la cémentation de sels d'argent avec de l'ocre sur la feuille de verre, dans l'art du vitrail. (Technique apparue au début du XIVe s.) **4.** CH. DE F. Couleur caractéristique des signaux d'annonce d'arrêt ou de limitation de vitesse. **5.** *Jaune d'œuf :* partie centrale de l'œuf des oiseaux, vésicule sphérique remplie de vitellus et surmontée par l'ovule mûr (appelé *germe* s'il n'est pas fécondé). [Le jaune d'œuf est riche en protéine (vitelline), lipide (lécithine) et vitamines A et D.]

JAUNET, ETTE adj. *Litt.* Un peu jaune. ◆ n.m. *Fam.,* VX. Pièce d'or.

JAUNIR v.t. Teindre qqch en jaune, rendre jaune. *Le soleil jaunit les moissons.* ◆ v.i. Devenir jaune. *Le papier jaunit en vieillissant.*

JAUNISSANT, E adj. Qui jaunit.

JAUNISSE n.f. Ictère. ◇ *Fam. En faire une jaunisse :* éprouver un grand dépit à propos de qqch.

JAUNISSEMENT n.m. Action de rendre jaune ; fait de devenir jaune.

1. JAVA n.f. **1.** Danse française exécutée en couple, populaire dans les bals musettes au début du XXe s. **2.** Valse saccadée, génér. jouée à l'accordéon sur une mesure à 3/4. **3.** *Fam. Faire la java :* s'amuser, faire la fête, en partic. de manière bruyante.

2. JAVA n.m. Afrique. Tissu de pagne en coton imprimé, de qualité commune.

3. JAVA n.m. (nom déposé). INFORM. Langage de programmation orienté objets, indépendant d'une architecture matérielle ou d'un système d'exploitation, servant notamm. à programmer des applications interactives, ou *appliquettes,* liées à Internet.

JAVANAIS, E adj. et n. De Java, de ses habitants. ◆ n.m. **1.** Langue du groupe indonésien parlée à Java. **2.** Argot codé qui consiste à insérer après chaque consonne les syllabes *av* ou *va.* (Ex. : *bonjour* transformé en *bavonjavour.*)

JAVART n.m. (mot gaul.). VÉTÉR. Tumeur au bas de la jambe du cheval, du bœuf, etc.

JAVASCRIPT n.m. (nom déposé). INFORM. Langage de programmation proche du langage Java, utilisé pour écrire des appliquettes incorporables à des documents au format HTML.

JAVEL (EAU DE) [de *Javel,* n.pr.]. Solution aqueuse d'hypochlorite et de chlorure de sodium, oxydante, utilisée comme décolorant et désinfectant.

JAVELAGE n.m. AGRIC. **1.** Mise en javelles. **2.** Séjour des javelles sur le chaume.

JAVELER v.t. [16]. AGRIC. Mettre en javelles.

JAVELEUR, EUSE n. Personne qui javelle.

JAVELINE [ʒavlin] n.f. Dans l'Antiquité et au Moyen Âge, arme de jet longue et mince.

JAVELLE n.f. (lat. pop. *gabella,* mot gaul.). **1.** AGRIC. Dans la moisson à la main, petit tas de tiges de céréales qu'on laisse sur place quelques jours avant la mise en gerbe, afin que le grain achève de mûrir. **2.** Petit tas de sel, dans les salins.

JAVELLISATION n.f. Procédé de stérilisation de l'eau consistant à ajouter la quantité suffisante d'eau de Javel pour oxyder les matières organiques.

JAVELLISER v.t. Stériliser l'eau par addition d'eau de Javel.

JAVELOT [ʒavlo] n.m. (mot gaul.). **1.** Dans l'Antiquité, arme d'hast plus courte que la lance. **2.** Instrument de lancer, en forme de lance, employé en athlétisme ; lancer du javelot.

JAZZ [dʒaz] n.m. (de l'anglo-amér. *jazz-band*). **1.** Musique afro-américaine, créée au début du XXe s. par les communautés noire et créole du sud des États-Unis et fondée pour une large part sur l'improvisation, un traitement original de la matière sonore et une mise en valeur spécifique du rythme, le swing. **2.** *Danse jazz,* ou *jazz :* forme de danse de spectacle d'origine nord-américaine, synthèse de différentes techniques, exécutée avec vitalité sur une musique rythmée et entraînante selon des styles très variés.

JAZZ-BAND [dʒazbɑ̃d] n.m. [pl. *jazz-bands*] (mot anglo-amér.). Vieilli. Orchestre de jazz.

JAZZIQUE ou **JAZZISTIQUE** adj. Relatif au jazz, propre au jazz.

JAZZMAN [dʒazman] n.m. [pl. *jazzmans* ou *jazzmen*] (mot anglo-amér.). Musicien de jazz.

JAZZ-ROCK [dʒazrɔk] n.m. Courant musical apparu à la fin des années 1960, caractérisé par l'association entre l'improvisation et la variété instrumentale du jazz et le rythme binaire de différentes expressions du rock (soul music, pop, funk, folk, etc.) et par l'emploi d'instruments électroniques. SYN. : *fusion.*

JAZZY [dʒazi] adj. inv. (mot angl.). *Fam.* Qui rappelle, évoque le jazz.

JE pron. pers. (lat. *ego*). Désigne la 1re pers. du sing., représentant celui, celle qui parle, en fonction de sujet. *Je pars demain. J'irai à Toulon.* ◆ n.m. inv. PHILOS. Sujet qui parle, qui pense.

JEAN [dʒin] ou **JEANS** [dʒins] n.m. (anglo-amér. *jeans,* grosse toile). **1.** Tissu de coton ou de polyester-coton, très serré, fabriqué à partir d'une chaîne teinte génér. en bleu ou en noir et d'une trame écrue. **2. a.** Pantalon à coutures apparentes coupé dans ce tissu. SYN. : *blue-jean.* **b.** Pantalon de tissu quelconque, coupé comme un jean. *Jean de velours.*

JEAN-FOUTRE n.m. inv. *Fam.,* vieilli. Homme incapable, sur qui on ne peut compter.

1. JEANNETTE n.f. (du prénom). Petite planche à repasser montée sur un pied, utilisée notamm. pour le repassage des manches.

2. JEANNETTE n.f. (de *Jeanne d'Arc*). Jeune fille de 8 à 11 ans chez les Guides de France (mouvement de scoutisme).

JEEP [dʒip] n.f. (nom déposé ; prononciation angl. de *GP,* initiales de *general purpose,* tous usages). Automobile tout terrain à quatre roues motrices, d'un type mis au point pour l'armée américaine pendant la Seconde Guerre mondiale.

JÉJUNAL, E, AUX adj. Du jéjunum.

JÉJUNUM [ʒeʒynɔm] n.m. (lat. *jejunum intestinum,* intestin à jeun). ANAT. Partie de l'intestin grêle comprise entre le duodénum et l'iléon.

JE-M'EN-FOUTISME ou **JE-M'EN-FICHISME** n.m. (pl. *je-m'en-foutismes, je-m'en-fichismes*). *Fam.* Attitude de qqn qui manifeste une indifférence totale à l'égard de ce qui devrait l'intéresser ou le préoccuper.

JE-M'EN-FOUTISTE ou **JE-M'EN-FICHISTE** adj. et n. (pl. *je-m'en-foutistes, je-m'en-fichistes*). *Fam.* Qui fait preuve de je-m'en-foutisme, de je-m'en-fichisme.

JE-NE-SAIS-QUOI n.m. inv. Chose qu'on ne saurait définir ou exprimer.

JENNY [dʒeni] n.f. [pl. *jennys*] (mot angl.). Anc. Machine utilisée pour filer le coton.

JÉRÉMIADE n.f. (par allusion aux Lamentations de *Jérémie*). *Fam.* (Surtout pl.) Lamentation persistante, importune ; plainte.

JEREZ n.m. → **XÉRÈS.**

JERK [dʒɛrk] n.m. (mot angl., *secousse*). **1.** Danse exécutée individuellement et caractérisée par des secousses rythmées de tout le corps, à la mode dans les années 1960, aux États-Unis et en Europe. **2.** Pièce instrumentale de rythme 4/4 et 2/4.

JERKER [dʒɛrke] v.i. Danser le jerk.

JÉROBOAM n.m. (angl. *jeroboam*). Grosse bouteille de champagne d'une contenance de quatre champenoises (soit plus de 3 litres).

JERRICAN ou **JERRYCAN** [ʒerikan] ou [dʒerikan] n.m. (de *Jerry,* surnom donné aux Allemands par les Anglais, et angl. *can,* bidon). Récipient métallique muni d'un bec verseur, d'une contenance d'env. 20 litres.

JERSEY [ʒɛrzɛ] n.m. (de l'île de *Jersey*). **1.** Tricot ne comportant que des mailles à l'endroit sur une même face. ◇ *Point de jersey :* point de tricot obtenu en alternant un rang de mailles à l'endroit et un rang de mailles à l'envers. **2.** Vêtement, et en partic. chandail, en jersey.

JERSIAIS, E adj. et n. De Jersey. ◆ adj. *Race jersiaise :* race bovine de petite taille, originaire de Jersey, excellente pour la production de beurre.

JÉSUITE n.m. Membre de la Compagnie de *Jésus (v. partie n.pr.). ◆ adj. et n. *Péjor.* Qui agit de façon hypocrite. ◆ adj. Vieilli. *Style jésuite :* style architectural de la Contre-Réforme.

JÉSUITIQUE adj. **1.** Qui concerne les jésuites. **2.** *Péjor.* Hypocrite et astucieux. *Procédé, argumentation jésuitiques.*

JÉSUITISME n.m. **1.** Système moral et religieux des jésuites. **2.** *Péjor.* Hypocrisie doucereuse, astuce.

JÉSUS n.m. *Jésus de Lyon,* ou *jésus :* saucisson sec de gros diamètre emballé sous cæcum de porc.

1. JET [ʒɛ] n.m. **1.** Action de jeter, de lancer. ◇ *Premier jet :* ébauche, esquisse d'une œuvre, notamm. littéraire. – *D'un jet, d'un seul jet, du premier jet :* en une seule fois, d'un seul coup. – *Arme de jet :* arme qui constitue elle-même un projectile (javelot) ou qui le lance (arc). – MAR. *Jet à la mer :* opération qui consiste à jeter à la mer tout ou partie de la cargaison afin d'alléger le navire. **2.** Distance correspondant à la portée d'un jet. *À un jet de pierre.* **3.** Mouvement d'un fluide qui jaillit avec force. *Un jet de sang, de salive.* ◇ *Jet d'eau :* filet ou gerbe d'eau qui jaillit verticalement ou obliquement et retombe dans un bassin. – *À jet continu :* sans interruption. **4.** Émission, projection vive et soudaine. *Un jet de lumière, de flammes.* **5.** MÉTALL. **a.** Action de faire couler la matière en fusion dans un moule. **b.** Dispositif de remplissage d'un moule. **6.** CONSTR. *Jet d'eau :* traverse saillante au bas d'un vantail de fenêtre ou d'une porte extérieure, permettant d'écarter le ruissellement de la pluie. **7.** Vx. Nouvelle pousse des végétaux.

2. JET [dʒɛt] n.m. (mot angl.). Avion à réaction.

JETABLE adj. Se dit d'un objet destiné à être jeté après usage. *Rasoir, briquet jetable.* ◆ n.m. Appareil photographique jetable.

JETAGE n.m. Sécrétion s'écoulant du nez d'animaux atteints de la morve, de la gourme.

1. JETÉ n.m. **1.** *Jeté de table :* bande d'étoffe que l'on met sur une table comme ornement. – *Jeté de lit :* couvre-lit. **2.** En tricot, brin jeté sur l'aiguille avant de prendre une maille. **3.** En haltérophilie, mouvement amenant la barre de l'épaule au bout des bras tendus verticalement.

2. JETÉ, E adj. *Fam.* Fou. *Il est complètement jeté, ce type.*

JETÉE n.f. **1.** Chaussée enracinée dans le rivage et établie pour permettre l'accès d'une installation portuaire, pour faciliter les manœuvres dans les chenaux d'accès au port. **2.** Couloir reliant une aérogare à un satellite ou à un poste de stationnement d'avion.

JETER v.t. [16] (lat. *jactare*). **1.** Envoyer loin en lançant. *Jeter une pierre.* ◇ ***Jeter qqch à la face, à la figure, à la tête de qqn,*** le lui dire, le lui reprocher vivement. **2.** Porter vivement le corps ou une partie du corps dans une direction. *Jeter la jambe en avant.* ◇ ***Jeter les yeux, le regard sur :*** regarder, s'intéresser à. **3.** Se débarrasser de, mettre aux ordures. *Jeter des fruits gâtés.* **4.** Mettre, poser rapidement ou sans précaution. *Jeter un châle sur ses épaules.* **5.** Disposer, mettre en place, établir en un lieu. *Jeter un pont sur la rivière.* ◇ ***Jeter les fondations, les bases de qqch :*** définir, fixer les grandes lignes d'un projet. **6.** Répandre sur qqch. *Jeter une lumière vive sur qqch.* **7.** Produire une impression, faire naître un sentiment. *Jeter le trouble dans les esprits.* **8.** Pousser avec violence. *Jeter qqn à terre.* **9.** *Fam.* Éconduire, repousser, renvoyer qqn. **10.** Mettre brusquement dans un certain état. *Jeter qqn dans l'embarras.* **11.** Lancer hors de soi ; émettre. *Animal qui jette son venin. Jeter un cri.* **12.** Faire jaillir ; lancer. *Diamant qui jette mille feux.* ◇ *Fam.* ***En jeter :*** avoir de l'allure, une apparence brillante qui impressionne. ◆ **se jeter** v.pr. **1.** Se porter vivement ; se précipiter. *Se jeter contre un mur.* **2.** S'engager, s'adonner complètement, avec passion. *Se jeter dans les études.* **3.** Déverser ses eaux, en parlant d'un cours d'eau. *La Saône se jette dans le Rhône.* **4.** *Fam.* ***S'en jeter un (derrière la cravate) :*** boire un verre.

JETEUR, EUSE n. *Jeteur de sort(s) :* personne qui lance des malédictions en usant de magie.

JETON n.m. (de *jeter,* calculer). **1.** Pièce plate utilisée pour faire fonctionner certains appareils, comme marque à certains jeux et à divers autres usages. *Jeton de téléphone.* ◇ *Fam.* ***Faux jeton :*** hypocrite. **2.** ***Jeton de présence :*** somme forfaitaire allouée aux membres assistant à certaines réunions ou assemblées (conseil d'administration, par ex.). **3.** *Fam.* Coup. *Prendre un jeton.* **4.** *Fam.* ***Avoir, foutre les jetons :*** avoir, faire peur.

JET-SET [dʒɛtsɛt] n.f. ou n.m. [pl. *jet-sets*] (mot angl., de *jet,* avion à réaction, et *set,* groupe). Ensemble des personnalités qui constituent un milieu riche et international habitué des voyages en jet. – REM. On dit aussi *jet-society* [dʒɛtsɔsajti].

JET-STREAM [dʒɛtstrim] n.m. [pl. *jet-streams*] (mot angl.). MÉTÉOROL. Courant-jet.

JETTATURA [dʒetatura] n.f. (mot napolitain, de l'ital. *gettare,* jeter). En Italie, action de jeter un mauvais sort ; sorcellerie.

JEU n.m. (lat. *jocus*). **I.** *Activité.* **1.** Activité non imposée, à laquelle on s'adonne pour se divertir, en tirer un plaisir. *Se livrer aux jeux de son âge.* ◇ ***Jeu d'esprit,*** qui exige de la culture, de l'invention. – ***Jeu d'enfant :*** chose très facile. *Ce n'est qu'un jeu d'enfant, qu'un jeu pour elle.* – ***Se faire un jeu de qqch,*** le faire très facilement. **2.** Action, attitude de qqn qui n'agit pas sérieusement ; plaisanterie. *Dire qqch par jeu.* ◇ ***Jeu de mots :*** équivoque, plaisanterie fondée sur la ressemblance des mots. **3.** Au Moyen Âge, forme dramatique caractérisée par le mélange des tons et la variété des sujets. *« Le Jeu de Robin et Marion ».* **4.** Activité de loisir soumise à des règles conventionnelles, comportant gagnant(s) et perdant(s) et où interviennent les qualités physiques ou intellectuelles, l'adresse, l'habileté ou le hasard. *Tricher au jeu.* ◇ ***Jeu vidéo :*** programme informatique permettant de jouer seul ou à plusieurs, installé le plus souvent sur une console électronique ou un micro-ordinateur. – ***Jeu d'arcade :*** jeu et type de jeu vidéo d'adresse, à l'origine installé dans un lieu public, et payant. – ***Jeu de hasard,*** qui est fondé sur les caprices du sort et non sur le calcul ou l'habileté des joueurs. – ***Jeu de plate-forme :*** jeu et type de jeu vidéo dans lequel un personnage se déplace dans un décor représenté en coupe. – ***Jeu de rôle,*** dans lequel chaque joueur, incarnant un personnage, le fait évoluer dans le cadre d'un scénario. – ***Jeu de société,*** qui se joue à plusieurs, selon des règles déterminées et à l'aide d'un support matériel. – ***Jeu de stratégie,*** reposant sur la mise en œuvre d'une tactique. – ***Théorie des jeux :*** ensemble des méthodes mathématiques permettant la résolution de problèmes faisant intervenir des règles de décision et des notions abstraites de tactique et de stratégie. **5.** ***Jeu d'entreprise :*** méthode de formation à la gestion des entreprises et d'entraînement à la prise de décision par l'étude de situations proposant des problèmes analogues à ceux que pose la vie de l'entreprise. – PSYCHOL. *Jeu de rôle :* mise en situation imaginaire autour d'un thème de la vie courante ou professionnelle visant à permettre une évolution positive des personnes et des groupes concernés. (Initiateur : J. L. *Moreno.) **6.** Ensemble des règles d'après lesquelles on joue. *Respecter, jouer le jeu.* ◇ ***Ce n'est pas du jeu*** ou ***de jeu :*** ce n'est pas conforme aux règles, à ce qui était convenu. **7.** Ensemble des différents jeux de hasard, notamm. ceux où on risque de l'argent. *Se ruiner au jeu.* ◇ ***Maison de jeu :*** établissement ouvert au public où on joue de l'argent. **8.** Action, manière de jouer ; partie qui se joue. ◇ ***D'entrée de jeu :*** tout de suite, dès le début. – ***Être en jeu :*** être l'objet d'un débat, d'une question. – ***Faire le jeu de qqn,*** l'avantager, agir dans son intérêt, le plus souvent involontairement. – ***Se prendre, se piquer au jeu :*** se passionner pour une chose à laquelle on n'avait guère pris d'intérêt jusque-là. – ***Les jeux sont faits :*** tout est décidé. **9.** Division d'un set, au tennis. ◇ ***Jeu blanc,*** dans lequel le perdant n'a marqué aucun point. – ***Jeu décisif :*** jeu supplémentaire servant à départager deux joueurs ou deux équipes à égalité à six jeux partout. Recomm. off. pour ***tie-break.*** **10.** Vieilli. ***Jeu à XIII :*** rugby à XIII. **II.** *Ensemble de pièces.* **1.** Ensemble des éléments nécessaires à la pratique d'un jeu. *Acheter un jeu de cartes.* **2.** Ensemble des cartes, des jetons, etc., distribués à un joueur. *Avoir un bon jeu.* ◇ ***Avoir beau jeu de :*** être dans des conditions favorables, avoir toute facilité pour. *Il a beau jeu de critiquer, lui qui ne fait rien !* **3.** Série complète d'objets de même nature. *Un jeu de clefs.* ◇ ***Jeu d'orgue :*** tableau de commande des éclairages d'un théâtre. – ÉLECTROTECHN. *Jeu de barres :* ensemble des conducteurs rigides auxquels se raccordent les arrivées et les départs de ligne dans un poste de transformation, une sous-station, etc. **III.** *Manière, attitude.* **1. a.** Manière de jouer d'un instrument de musique. **b.** Manière d'interpréter un rôle. *Jeu brillant, pathétique.* **2.** Manière de bouger, de se mouvoir en vue d'obtenir un résultat ; spécial. en sports, manière d'utiliser ou de mouvoir une partie du corps. *Un bon jeu de jambes, de tête.* – Manière de pratiquer un sport. *Une équipe de rugby au jeu brutal.* ◇ ***Jeu de physionomie :*** mimique significative du visage. – ***Jeu de scène :*** mouvement, attitude concourant à un effet scénique, sans lien direct avec le texte. **3.** Manière d'agir ; manège, stratagème. *Le jeu subtil d'un diplomate.* ◇ ***Entrer dans le jeu de qqn,*** faire cause commune avec lui, lui donner son appui. – ***Jouer double jeu :*** avoir deux attitudes différentes pour tromper. – ***Vieux jeu :*** suranné. **4.** *Litt.* Ensemble de mouvements produisant un effet esthétique. *Jeu d'ombre et de lumière.* ◇ ***Jeu d'eau :*** configuration esthétique donnée à un ensemble de jets d'eau. **IV.** *Mouvement, fonctionnement.* **1.** Mouvement régulier d'un mécanisme, d'un organe. *Jeu des muscles, des articulations.* **2.** Fonctionnement normal d'un système, d'une organisation, des éléments d'un ensemble. *Le jeu de la concurrence.* ◇ ***Entrer en jeu :*** intervenir dans une affaire. – ***Mettre qqn en jeu,*** l'employer dans une action déterminée. – ***Mise en jeu :*** emploi, usage. *La mise en jeu de forces nouvelles.* – ***Jeu d'écriture :*** opération comptable purement formelle, n'ayant aucune incidence sur l'équilibre des recettes et des dépenses. **3.** MÉCAN. **a.** Intervalle laissé entre deux pièces, leur permettant de se mouvoir librement. **b.** Excès d'aisance dû à un défaut de serrage entre deux pièces en contact. *Axe qui a pris du jeu.* ◆ pl. **1.** Ensemble de compétitions regroupant plusieurs disciplines sportives et auquel participent les représentants de divers pays. *Jeux Olympiques, Panafricains.* ◇ ***Les Jeux :*** les jeux Olympiques. *Remporter une médaille aux Jeux.* **2.** ANTIQ. Compétitions sportives ou dramatiques qui se déroulaient en présence de la foule.

ENCYCL. En Grèce, les jeux publics étaient célébrés en l'honneur d'un dieu et comprenaient des concours athlétiques, musicaux et poétiques. Les plus importants étaient les jeux *Isthmiques, les jeux *Néméens, les jeux *Pythiques et les jeux *Olympiques. À Rome, les jeux célébrés dans le cirque, l'amphithéâtre ou le théâtre (combats de gladiateurs, naumachies, etc.) accompagnaient les fêtes religieuses, les funérailles et d'autres cérémonies.

JEUDI [ʒødi] n.m. (lat. *Jovis dies,* jour de Jupiter). Quatrième jour de la semaine. ◇ ***Jeudi saint :*** jeudi de la semaine sainte. – *Fam.* ***La semaine des quatre jeudis :*** à un moment qui n'arrivera jamais.

JEUN (À) [ʒœ̃] loc. adv. et loc. adj. inv. (lat. *jejunus*). Sans avoir rien mangé ni bu depuis le réveil.

JEUNE [ʒœn] adj. (lat. *juvenis*). **1.** Qui n'est pas avancé en âge. *Jeune homme, jeune fille.* ◇ Belgique. ***Vieux jeune homme, vieille jeune fille :*** vieux garçon, vieille fille. **2.** Qui a encore la vigueur et le charme de la jeunesse. *À cinquante ans, elle est restée très jeune.* **3.** Qui existe depuis relativement peu de temps ; nouveau, récent. *Un pays jeune.* **4.** Qui est moins âgé que les personnes de la même fonction, de la même profession, etc. *Un jeune ministre.* **5.** Qui n'a pas encore les qualités de la maturité ; naïf, crédule. **6.** S'emploie pour distinguer deux homonymes d'âge ou d'époque différents ; cadet. *Durand jeune et Cie.* **7.** Qui concerne surtout la jeunesse. *Mode jeune.* **8.** Se dit d'un vin auquel il manque encore les qualités qu'il peut acquérir par le vieillissement. **9.** *Fam.* ***C'est un peu jeune :*** c'est un peu insuffisant. ◆ adv. À la manière des personnes jeunes. *S'habiller jeune.* ◆ n. **1.** Personne jeune. ◇ ***Les jeunes :*** la jeunesse. **2.** Animal (mammifère, oiseau) non encore adulte.

JEÛNE [ʒøn] n.m. Privation d'aliments. *Un long jeûne affaiblit.* ◇ Suisse. ***Jeûne fédéral :*** fête religieuse consacrée à l'amour de la patrie, fixée au troisième dimanche de septembre.

JEUNEMENT adv. *Cerf dix cors jeunement :* cerf de six ans.

JEÛNER v.i. (lat. *jejunare*). **1.** S'abstenir de manger ; pratiquer le jeûne, la diète. **2.** Pratiquer le jeûne pour des raisons religieuses.

JEUNESSE n.f. **1.** Période de la vie humaine comprise entre l'enfance et l'âge mûr. *L'éclat de la jeunesse.* ◇ ***N'être plus de la première jeunesse :*** n'être plus très jeune, être déjà assez âgé. **2.** Fait d'être jeune ; ensemble des caractères physiques et moraux d'une personne jeune. *Jeunesse de cœur, d'esprit.* **3.** Ensemble des jeunes, ou des enfants et des adolescents. *Émissions pour la jeunesse.* **4.** Période de croissance, de développement ; état, caractère des choses nouvellement créées ou établies et qui n'ont pas encore atteint leur plénitude. *Science qui est dans sa jeunesse.* **5.** *Fam.* ***Une jeunesse :*** une jeune fille ou une très jeune femme. ◆ pl. Mouvement, groupement de jeunes gens. *Les jeunesses musicales.*

JEUNET, ETTE adj. *Fam.* Très jeune ; un peu trop jeune.

JEUNE-TURC, JEUNE-TURQUE n. [pl. *jeunes-turcs, -turques*] (de *Jeunes-Turcs,* n.pr.). Personne, génér. jeune, favorable, dans une organisation politique, à une action rapide et ferme.

JEÛNEUR, EUSE n. Personne qui jeûne.

JEUNISME n.m. Tendance à exalter la jeunesse, ses valeurs, et à en faire un modèle obligé.

JEUNOT, OTTE adj. et n. *Fam.* Jeune et naïf.

JIGGER [dʒigər] n.m. (mot angl., *cribleur*). Appareil utilisé pour les traitements et la teinture de différents tissus.

JINGLE [dʒingœl] n.m. (mot angl., *couplet*). MÉDIAS. Bref thème musical destiné à introduire ou à accompagner une émission ou un message publicitaire. Recomm. off. : *sonal.*

JINGXI [ʒiŋksi] n.m. (mot chin., *théâtre de la capitale*). Genre dramatique musical chinois, connu en Occident sous le nom d'*opéra de Pékin,* dans lequel les acteurs déclament, chantent, dansent, miment et font parfois de l'acrobatie, accompagnés par un ensemble d'instruments.

JINISME n.m. → **JAÏNISME.**

JIU-JITSU n.m. inv. → **JUJITSU.**

JO ou **J.O.** [ʒio] n.m. pl. (sigle). Jeux Olympiques.

JOAILLERIE [ʒɔajri] n.f. **1.** Art de mettre en valeur les pierres fines et précieuses, d'autres minéraux ainsi que les perles, l'ambre, etc., en utilisant leur forme, leur couleur, leur éclat. **2.** Commerce du joaillier. **3.** Ensemble des articles vendus par le joaillier.

1. JOAILLIER, ÈRE [ʒɔaje, ɛr] n. (de l'anc. fr. *joel,* bijou, joyau). Personne qui crée, fabrique ou vend des bijoux en matières précieuses, notamm. enrichis de gemmes. SYN. : *bijoutier-joaillier.*

2. JOAILLIER, ÈRE adj. Relatif à la joaillerie.

JOB [dʒɔb] n.m. (mot angl., *besogne, tâche*). *Fam.* **1.** Petit emploi rémunéré, souvent provisoire. *Un job d'étudiant.* **2.** Tout travail rémunéré. *Avoir un bon job.* – REM. Au Québec, ce mot est féminin.

JOBARD, E adj. et n. (moyen fr. *jobe,* niais, de *Job,* n.pr.). *Fam.* Très naïf, qui se laisse duper facilement.

JOBARDER v.t. *Fam.,* vx. Tromper, berner.

JOBARDISE ou **JOBARDERIE** n.f. *Fam.* Crédulité, naïveté.

JOBISTE n. Belgique. *Fam.* Étudiant occupant un emploi occasionnel, un job.

JOCISTE [ʒɔsist] adj. et n. Qui appartient à la Jeunesse ouvrière chrétienne (*JOC).

JOCKEY [ʒɔkɛ] n. (mot angl.). Professionnel qui monte les chevaux de course.

JOCRISSE n.m. (de *Jocrisse,* n. d'un personnage de théâtre). Vx. Benêt qui se laisse duper.

JODHPURS [ʒɔdpyr] n.m. pl. (de *Jodhpur,* ville de l'Inde où l'on fabrique des cotonnades). Pantalon long, serré du genou à la cheville, utilisé pour monter à cheval.

JODLER v.i. → **IOULER.**

JOGGEUR, EUSE [dʒɔgœr, øz] n. Personne qui pratique le jogging.

JOGGING [dʒɔgiŋ] n.m. (mot angl.). **1.** Course à pied pratiquée pour l'entretien de la forme physique, sur des terrains variés (bois et campagne, routes, rues des villes). **2.** Survêtement.

JOHANNIQUE adj. Relatif à l'apôtre Jean, à son œuvre. *Évangile johannique.*

JOHANNISBERG n.m. (d'un n.pr.). Vin blanc du Valais.

JOICE adj. → **JOUASSE.**

JOIE n.f. (lat. *gaudium*). **1.** Sentiment de bonheur intense, de plénitude, limité dans sa durée, éprouvé par une personne dont une aspiration, un désir sont satisfaits. *Ressentir une grande joie.* ◇ *Fam. S'en donner à cœur joie :* profiter pleinement de l'agrément qui se présente. **2.** État de satisfaction qui se manifeste par de la gaieté et de la bonne humeur ; ces manifestations elles-mêmes. *L'incident les a mis en joie.* **3.** Ce qui provoque chez qqn un sentiment de vif bonheur, de vif plaisir. *C'est une joie de les revoir.* ◇ *Les joies de :* les plaisirs, les bons moments que telle chose procure ; *fam., iron.,* les ennuis, les désagréments de. *Les joies du mariage, du service militaire.*

JOIGNABLE adj. Que l'on peut joindre, avec qui on peut entrer en contact, notamm. par téléphone. *À quelle heure êtes-vous joignable ?*

JOINDRE v.t. [62] (lat. *jungere*). **1.** Rapprocher des choses de telle sorte qu'elles se touchent. *Joindre des planches.* ◇ *Fam. Joindre les deux bouts :* boucler son budget. **2.** Unir, assujettir par un lien solide. *Joindre des tôles par des rivets.* **3.** Établir une communication entre ; relier. *Le canal du Centre joint la Saône à la Loire.* **4.** Ajouter à une chose, à un ensemble préexistants pour compléter ; associer en vue d'un résultat. *Joindre une pièce au dossier. Joignez vos efforts aux nôtres.* **5.** *Fig.* Posséder simultanément des qualités ; allier. *Voyage qui joint l'utile à l'agréable.* **6.** Entrer en rapport, en communication avec. *Je l'ai joint par téléphone.* ◆ v.i. Être en contact étroit. *Les battants de la fenêtre joignent mal.* ◆ **se joindre** v.pr. (à). S'associer à qqn, à un groupe ; participer à qqch.

1. JOINT, E adj. Qui est rapproché de manière à se toucher. *Sauter à pieds joints.*

2. JOINT n.m. **1. a.** Surface ou ligne d'assemblage de deux éléments fixes. *Meuble dont les joints sont à peine visibles.* **b.** Point de raccordement de deux tuyaux, de deux rails. **c.** CONSTR. Espace entre deux éléments (pierres, briques, etc.) garni de liant. ◇ *Joint de dilatation :* dispositif permettant la libre dilatation ou la contraction d'une chaussée, d'un pont, etc., en fonction de la température. **2.** Garniture assurant l'étanchéité d'un assemblage. *Changer le joint d'un robinet qui fuit.* ◇ *Joint de culasse :* joint d'étanchéité interposé entre le bloc-cylindres et la culasse d'un moteur à combustion interne. **3.** MÉCAN. INDUSTR. Dispositif permettant la transmission d'un mouvement de rotation entre deux arbres. ◇ *Joint de cardan* → **cardan. 4.** *Faire le joint entre deux personnes :* agir en intermédiaire. **5.** *Fam. Chercher, trouver le joint,* le moyen de résoudre une affaire, une difficulté.

3. JOINT n.m. (mot anglo-amér.). *Fam.* Cigarette de haschisch ou de marijuana.

JOINTIF, IVE adj. Qui joint sans laisser d'intervalle. *Lattes jointives.*

JOINTOIEMENT n.m. Action de jointoyer.

JOINTOYER [ʒwɛ̃twaje] v.t. [7]. Recouvrir en parement avec un mortier les joints d'une maçonnerie, d'un mur, d'un sol.

JOINTURE n.f. **1.** Endroit où deux choses se joignent. *La jointure de deux pierres.* **2.** Articulation. *Faire craquer ses jointures.*

JOINT-VENTURE [dʒɔjntvɛntʃər] n.m. [pl. *joint-ventures*] (mot angl., *entreprise mixte*). DR. Filiale commune à deux ou plusieurs entreprises, dans le cadre d'une coopération économique internationale. Recomm. off. : *coentreprise.*

1. JOJO adj. inv. *Fam.* Joli. *C'est pas jojo, cette affaire.*

2. JOJO n.m. *Fam. Un affreux jojo :* un enfant turbulent et mal élevé.

JOJOBA n.m. (mot indien du Mexique). Arbuste des régions arides du Mexique et de la Californie, dont les graines renferment une cire liquide utilisée comme substitut du blanc de baleine en cosmétique. (Genre *Simondsia ;* famille des buxacées.)

JOKER [ʒɔkɛr] n.m. (mot angl.). **1.** Carte portant la figure d'un bouffon et susceptible de prendre à certains jeux la valeur que lui donne celui qui la détient. **2.** *Fig.* Élément inattendu qui se révèle déterminant dans le succès d'une entreprise. *Sortir son joker.*

JOLI, E adj. (anc. scand. *jôl*). **1.** Agréable à voir et, par ext., à entendre ; qui séduit par sa grâce, son charme. *Une jolie fille. Une jolie voix.* ◇ *Faire le joli cœur :* chercher à paraître agréable, à séduire. **2.** *Fam.* Qui mérite d'être considéré ; assez important. *Avoir un joli talent. C'est une jolie somme.* **3.** *Iron.* Se dit de qqn ou de qqch qui est déplaisant, désagréable, laid. *Embarquez-moi tout ce joli monde !* ◆ n.m. Ce qui est joli. ◇ *Fam., iron. C'est du joli ! :* c'est mal.

JOLIESSE n.f. *Litt.* Caractère de ce qui est joli. *La joliesse d'un visage.*

JOLIMENT adv. **1.** De façon agréable, plaisante ; bien. **2.** *Iron.* Très mal, sévèrement. *Se faire joliment recevoir.* **3.** *Fam.* À un haut degré ; beaucoup, très. *Être joliment content.*

JOMON n.m. (mot jap., *empreinte de cordes*). Période néolithique du Japon (7000-300 av. notre ère), caractérisée par des poteries portant des marques de cordes ou des impressions de coquillages.

JONC [ʒɔ̃] n.m. (lat. *juncus*). **1.** Plante monocotylédone herbacée à rhizome rampant, à hautes tiges droites, cylindriques et souples, qui pousse dans les lieux très humides. (Famille des joncacées.) **2.** Canne de rotin. **3.** Anneau ou bracelet dont le cercle est de grosseur uniforme. **4.** *Jonc fleuri :* butome. – *Jonc des chaisiers* ou *des tonneliers :* scirpe. – *Jonc d'Inde :* rotang.

JONCACÉE n.f. Plante monocotylédone herbacée, à rhizome rampant, comme le jonc ou la luzule. (Les joncacées forment une famille.)

JONCHAIE, JONCHÈRE ou **JONCHERAIE** n.f. Lieu où croissent les joncs.

1. JONCHÉE n.f. *Litt.* Quantité d'objets qui jonchent le sol. *Une jonchée de feuilles.*

2. JONCHÉE n.f. (de *jonc*). Fromage frais de vache, de chèvre ou de brebis, présenté dans un panier de jonc.

JONCHER v.t. (de *jonc*). **1.** Couvrir en répandant çà et là. *Joncher la terre de fleurs.* **2.** Être épars sur ; couvrir, recouvrir, parsemer. *Des feuilles mortes jonchent le sol.*

JONCHÈRE ou **JONCHERAIE** n.f. → **JONCHAIE.**

JONCHET n.m. Bâtonnet utilisé au jeu de jonchets. ◆ pl. Jeu d'adresse consistant à recueillir un à un dans un tas le maximum de bâtonnets sans faire bouger les autres.

JONCTION n.f. (lat. *junctio*). **1.** Action de joindre, d'unir ; fait de se joindre. *La jonction de deux armées.* ◇ *Point de jonction,* ou *jonction :* endroit où deux choses se joignent, se confondent. *À la jonction de deux routes.* **2.** ÉLECTRON. Zone d'un semi-conducteur dans laquelle les modes de conduction s'inversent.

JONGLER v.i. (anc. fr. *jogler,* se jouer de). **1.** Lancer en l'air, les uns après les autres, divers objets que l'on relance à mesure qu'on les reçoit. **2.** *Fig.* Manier avec une grande habileté, une grande aisance. *Jongler avec les chiffres, avec les difficultés.*

JONGLERIE n.f. **1.** Art du jongleur. **2.** Tour d'adresse ou de passe-passe. **3.** Habileté hypocrite par laquelle on cherche à donner le change.

JONGLEUR, EUSE n. (lat. *joculator,* rieur). **1.** Personne qui pratique l'art de jongler. **2.** *Fig.* Personne habile, qui jongle avec les idées, les mots. ◆ n.m. Poète-musicien ambulant du Moyen Âge ; ménestrel.

JONQUE n.f. (port. *junco,* du javanais *djong*). Bateau à fond plat, à dérive, muni de deux ou trois mâts et gréé de voiles de toile ou de natte raidies par des lattes en bambou, qui sert au transport ou à la pêche, en Extrême-Orient.

J

■ **JONQUE**

JONQUILLE n.f. (esp. *junquillo*). Narcisse à haute collerette, à feuilles cylindriques comme celles des joncs, cultivé pour ses fleurs jaunes. (Genre *Narcissus ;* famille des amaryllidacées.) ◆ adj. inv. D'une couleur jaune vif.

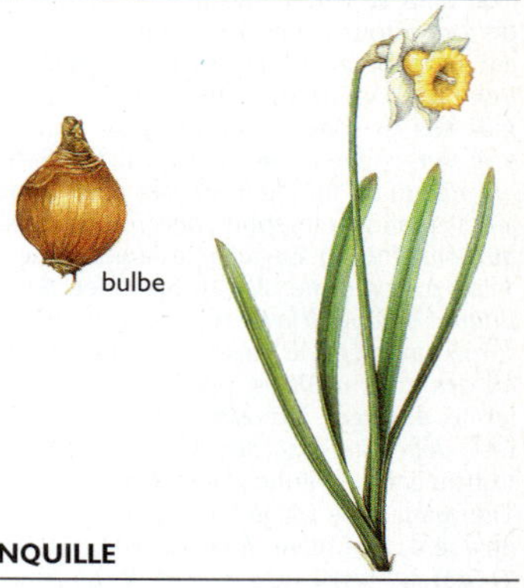

■ **JONQUILLE**

JORAN n.m. (de *Jura*). Vent frais du nord-ouest qui souffle sur le sud du Jura et le lac Léman.

JORDANIEN, ENNE adj. et n. De la Jordanie, de ses habitants.

JORURI n.m. (jap. *jōruri*). Spectacle traditionnel de marionnettes, au Japon, qui a donné naissance au bunraku.

JOSÉPHISME n.m. HIST. Politique religieuse de l'empereur germanique Joseph II.

JOTA [xɔta] n.f. (mot esp.). **1.** Danse d'origine andalouse, exécutée en couple, pratiquée comme danse de scène et danse populaire récréative. **2.** Chanson populaire espagnole à trois temps, accompagnée de castagnettes.

JOTTEREAU n.m. (anc. fr. *jouette,* petite joue). MAR. Pièce de bois ou de métal fixée de chaque côté de la tête du mât d'un voilier.

JOUABLE adj. Qui peut être joué. *Une scène facilement jouable.*

JOUAL [ʒwal] n.m. sing. (prononciation anc. de *cheval,* au Québec). Variété urbaine de français québécois, fortement anglicisé.

JOUASSE ou **JOICE** [ʒwas] adj. *Fam.* Content, heureux.

JOUBARBE n.f. (lat. *Jovis barba,* barbe de Jupiter). Plante vivace poussant sur les toits, les murs, les rochers et dont les rosettes de feuilles ressemblent à de petits artichauts. (Genre *Sempervivum* ; famille des crassulacées.)

■ **JOUBARBE.** Joubarbe des toits.

JOUE n.f. (mot prélatin). **1.** Partie latérale de la bouche, sous la pommette. ◇ ***Mettre en joue*** : viser avec une arme à feu pour tirer. **2.** Partie latérale de la tête de certains animaux. **3.** BOUCH. Morceau du bœuf correspondant à la région du maxillaire inférieur, servant à faire du pot-au-feu. **4.** Espace plein ou vide au-dessous de l'accotoir d'un canapé, d'un fauteuil. **5.** MAR. Partie renflée de chaque côté de l'étrave d'un navire. **6.** MÉCAN. INDUSTR. Pièce latérale servant de fermeture ou de support à un ensemble mécanique. **7.** CONSTR. Épaisseur de bois de chaque côté d'une mortaise, d'une rainure.

JOUÉE n.f. (de *joue*). Côté d'une embrasure, d'une lucarne, d'une stalle d'église, etc.

JOUER v.i. (lat. *jocari*). **1.** Se livrer à des jeux ; se divertir, se distraire. *Il ne pense qu'à jouer.* **2.** Exercer le métier d'acteur ; tenir un rôle. *Jouer dans un film.* **3.** Fonctionner correctement. *La clé joue dans la serrure.* **4.** Changer de dimensions, de forme sous l'effet de l'humidité ; prendre du jeu, en parlant de ce qui est en bois. *La porte a joué.* **5.** Produire un effet ; agir. *L'argument ne joue pas en votre faveur.* **6.** Suisse. Fonctionner, s'ajuster, convenir. ◆ v.t. ind. **1. (à).** Se divertir en pratiquant un jeu, s'amuser avec un jeu, un jouet ; pratiquer un sport. *Jouer aux osselets. Jouer au football.* **2. (à).** Engager de l'argent dans un jeu. *Jouer à la roulette.* **3. (à).** Spéculer. *Jouer à la Bourse.* ◇ ***Jouer à la hausse, à la baisse*** : spéculer sur la hausse ou la baisse des cours des valeurs ou des marchandises, partic. sur les marchés à terme. **4. (avec).** Exposer à des risques par légèreté. *Jouer avec sa santé.* **5. (de).** Manier un instrument, une arme. *Jouer du couteau.* **6. (de).** Tirer parti, faire usage d'une partie de son corps en vue d'un résultat. *Jouer des jambes, des bras.* **7. (de).** Se servir ou savoir se servir d'un instrument de musique. *Jouer du violon.* **8. (de).** Tirer parti d'un avantage ou d'une faiblesse pour faire pression sur qqn. *Jouer de son autorité.* **9. *Jouer de bonheur, de malchance*** : avoir une chance, une malchance particulièrement remarquable ou durable. **10. (sur).** Miser sur qqch pour en tirer profit. *Jouer sur la crédulité d'autrui.* **11. (à).** Chercher à paraître ce qu'on n'est pas. *Jouer à l'artiste incompris.* ◇ ***Jouer au plus fin*** : chercher à se duper l'un l'autre. ◆ v.t. **1.** Mettre en jeu, lancer, déplacer ce avec quoi on joue. *Jouer une bille, une boule, une carte.* **2.** Miser une somme, mettre comme enjeu. *Jouer dix euros sur un cheval.* ◇ ***Jouer gros jeu, petit jeu*** : miser une somme importante, peu importante. – *Fig.* ***Jouer gros jeu*** : risquer beaucoup, risquer gros. **3.** Mettre en danger ; risquer. *Jouer sa vie, sa réputation.* **4.** Interpréter une pièce musicale. *Jouer un air.* **5.** Donner la représentation d'une pièce ; passer un film. *Cette salle joue « Hamlet ».* **6.** Interpréter un rôle, une œuvre, un auteur. *Jouer Beckett.* – Feindre d'être, tenter de se faire passer pour. *Jouer les victimes.* ◇ ***Jouer un rôle dans qqch,*** y avoir une part, une influence. *Elle a joué un grand rôle dans sa vie.* **7.** Affecter un comportement, feindre un sentiment. *Jouer la surprise.* **8.** Adopter une stratégie dans une perspective donnée ; parier sur. *Jouer la prévention.* ◇ ***Jouer la montre*** : chercher à gagner du temps. – *Fam.* ***La jouer...*** : adopter tel comportement. *La jouer modeste. La jouer grand seigneur.* **9.** *Litt.* Tromper, duper. *Il vous a joué.* ◆ **se jouer** v.pr. **1.** Ne pas se laisser arrêter par qqch, n'en faire aucun cas. *Se jouer des difficultés. Se jouer des lois.* ◇ ***En se jouant*** : aisément. *Triompher en se jouant.* **2.** *Litt.* Tromper qqn, abuser de sa confiance. *Elle s'est jouée de vous.* **3.** *Fam.* ***Se la jouer...*** : se comporter d'une certaine façon. *Elle a décidé de se la jouer efficace.*

JOUET n.m. **1.** Objet conçu pour amuser un enfant. **2.** ***Être le jouet de*** : être victime de qqn, d'une volonté supérieure, de l'action d'éléments, etc. *Être le jouet d'une illusion.*

JOUETTE n.f. Belgique. Personne encline à s'amuser à des riens.

JOUEUR, EUSE n. **1.** Personne qui pratique un jeu, un sport. **2.** Personne qui a la passion des jeux d'argent, le goût du risque. **3.** Personne qui joue d'un instrument de musique. *Joueur de guitare.* ◆ adj. Qui aime jouer, s'amuser. *Un enfant joueur.*

JOUFFLU, E adj. (de *joue* et *gifle*). Qui a de grosses joues. *Un bébé joufflu.*

JOUG [ʒu] n.m. (lat. *jugum*). **1.** Élément d'attelage en bois pour réunir deux animaux de trait, reposant sur le front, la nuque ou le garrot. (Le joug est surtout utilisé pour les bœufs et les buffles.) **2.** *Litt.* Contrainte matérielle ou morale. *Tenir qqn sous le joug.* **3.** ANTIQ. ROM. Javelot attaché horizontalement sur deux autres fichés en terre et sous lequel le vainqueur faisait passer, en signe de soumission, les chefs et les soldats de l'armée vaincue.

JOUIR v.t. ind. **[de]** (lat. *gaudere*). **1.** Tirer un vif plaisir, une grande joie de ; savourer, profiter de. *Jouir de sa victoire, de la vie.* **2.** Avoir la possession de qqch dont on tire des avantages ; bénéficier de. *Jouir d'une bonne santé.* ◆ v.i. *Fam.* Atteindre l'orgasme.

JOUISSANCE n.f. **1.** Plaisir intense tiré de la possession de qqch, de la connaissance, etc. **2.** Plaisir physique intense. – *Spécial.* Plaisir sexuel. **3.** Libre disposition de qqch ; droit d'utiliser une chose, d'en jouir. ◇ DR. ***Jouissance légale*** : usufruit sur les biens de l'enfant mineur dont bénéficient les parents.

JOUISSEUR, EUSE n. Personne qui recherche les plaisirs matériels ou sensuels.

JOUISSIF, IVE adj. *Fam.* Qui procure un plaisir intense.

JOUJOU n.m. (pl. *joujoux*). **1.** Jouet, dans le langage enfantin. ◇ *Fam.* ***Faire joujou*** : jouer, s'amuser. **2.** Objet dont on aime à se servir. – *Spécial.* Mécanique très perfectionnée, merveilleuse.

JOUJOUTHÈQUE n.f. Québec. Ludothèque.

JOULE n.m. (du n. du physicien angl. J. P. *Joule*). **1.** Unité de mesure de travail, d'énergie et de quantité de chaleur (symb. J), équivalant au travail produit par une force de 1 newton dont le point d'application se déplace de 1 mètre dans la direction de la force. **2.** ***Effet Joule*** : dégagement de chaleur dans un conducteur homogène parcouru par un courant électrique.

JOUR n.m. (du lat. médiév. *diurnum,* de jour). **I.** *Clarté.* **1.** Clarté, lumière du Soleil permettant de voir les objets. *En plein jour. Se placer face au jour.* ◇ ***Le petit jour, le point du jour*** : l'aube. *Sortir au petit jour.* – ***Mettre au jour*** : sortir de terre, dégager une chose enfouie. – ***Au grand jour*** : au vu et au su de tous, ouvertement, sans rien dissimuler. **2. a.** Manière dont les objets sont éclairés. ◇ ***Faux jour*** : lumière qui éclaire mal les objets. **b. *Sous un jour*** (+ adj.) : sous tel aspect, selon tel point de vue. *Présenter un projet sous un jour trop favorable.* **3.** *Litt.* ***Donner le jour à*** : mettre au monde. – ***Voir le jour*** : naître ; paraître, être édité. **II.** *Ouverture.* **1. a.** Ouverture, dans un espace plein, qui laisse passer la lumière. *Des jours entre les planches mal jointes.* **b.** ARCHIT., ARTS APPL. ***À jour, percé à jour*** : se dit d'un élément d'architecture, d'un objet, d'un ornement percé de nombreux vides. (On dit aussi ***ajouré.***) – ***Percer qqn à jour,*** deviner ses intentions ; découvrir sa nature cachée. – ***Se faire jour*** : finir par apparaître, par être connu, notoire. **2.** BROD. Évidement décoratif obtenu dans une étoffe soit par le retrait des fils, soit par l'écartement des fils, maintenus par un point de broderie. SYN. : ***ajour.*** **III.** *Division du temps.* **1.** Intervalle de temps compris entre le lever et le coucher du soleil en un lieu donné. *Le jour et la nuit.* ◇ ***De jour*** : pendant le jour. *Travailler de jour.* **2.** Période de rotation de la Terre, d'une autre planète ou d'un satellite naturel autour de son axe. ◇ ASTRON. ***Jour sidéral*** : période de rotation de la Terre sur elle-même, mesurée par rapport à la direction du point vernal (env. 23 h 56 min 4 s). – ***Jour solaire vrai*** : durée variable, voisine de 24 h, séparant deux passages consécutifs du Soleil au méridien d'un lieu. (Il est plus long que le jour sidéral en raison du mouvement de la Terre autour du Soleil.) – ***Jour solaire moyen*** : durée moyenne, constante par définition, d'un jour solaire vrai, fixée à 24 h et commençant à midi. – ***Jour civil*** : jour solaire moyen dont la durée est de 24 h exactement et commençant à minuit. **3.** Période de 24 h, assimilée au jour civil, constituant une unité de temps et un repère dans le calendrier. (On lui affecte le symb. d ou, en France, j.) *Quel jour sommes-nous ?* ◇ ***De jour en jour*** : graduellement, progressivement, au fur et à mesure que les jours passent. – ***D'un jour à l'autre*** : à tout moment, incessamment. **4.** Intervalle de 24 h considéré en fonction des circonstances qui le marquent (température, événements, activité des personnes, etc.). *Un jour de chaleur. Jour de consultation.* ◇ ***Au jour le jour*** : régulièrement, sans omettre un jour ; en ne considérant que le jour présent, sans s'occuper du lendemain. – ***Jour pour jour*** : exactement, au jour près. *Dans un an, jour pour jour.* **5.** Période, moment indéterminés. *Un jour ou l'autre. Un beau jour.* **6.** Moment présent, époque actuelle. *Au goût du jour.* ◇ ***À jour*** : en conformité avec le moment présent. *Mettre à jour un dictionnaire. Tenir ses comptes à jour.* ◆ pl. **1.** *Litt.* Époque, temps. *Vivre des jours difficiles.* ◇ ***De nos jours*** : dans le temps où nous vivons. **2.** *Litt.* Vie, existence. *Mettre fin à ses jours.* **3. *Les beaux jours*** : le printemps, la belle saison.

JOUR-AMENDE n.m. (pl. *jours-amendes*). DR. Peine qui consiste en une amende dont le montant quotidien est dû un certain nombre de jours.

JOURNAL n.m. (du lat. *diurnalis,* journalier). **1.** Publication, le plus souvent quotidienne, qui donne des informations politiques, artistiques, scientifiques, etc. ◇ ***Journal interne d'entreprise*** : publication réalisée par une entreprise et destinée à ses différents collaborateurs. – ***Journal parlé, télévisé*** : actualités transmises par la radio, la télévision. – ***Journal lumineux, électronique*** : dispositif visible de la rue, faisant apparaître des annonces par un procédé électrique ou électronique. **2.** Écrit où l'on relate les faits jour par jour. *Tenir son journal.* ◇ ***Journal intime*** : notation, plus ou moins régulière, de ses impressions ou réflexions personnelles. **3.** MAR. ***Journal de bord*** : registre sur lequel sont inscrits tous les renseignements concernant la navigation d'un navire. **4.** COMPTAB. ***Livre journal,*** ou ***journal*** : registre sur lequel un commerçant inscrit, jour par jour, ses diverses opérations comptables. **5.** Belgique. ***Journal de classe*** : cahier de textes. **6.** Anc. Mesure de superficie correspondant au terrain labourable par un attelage en un jour.

1. JOURNALIER, ÈRE adj. Qui se fait chaque jour.

2. JOURNALIER, ÈRE n. Travailleur payé à la journée, en partic. ouvrier agricole saisonnier.

JOURNALISME n.m. **1.** Profession de ceux qui écrivent dans les journaux, participent à la rédaction d'un journal parlé ou télévisé. **2.** Ensemble des journaux ou des journalistes.

JOURNALISTE n. **1.** Personne qui a pour occupation principale, régulière et rétribuée l'exercice du journalisme dans un ou plusieurs organes de la presse écrite ou audiovisuelle. **2.** ***Journaliste reporter d'images*** : journaliste spécialisé dans la prise de vues.

JOURNALISTIQUE adj. Qui a trait au journalisme ou aux journalistes.

JOURNÉE n.f. **1.** Espace de temps compris approximativement entre le lever et le coucher du soleil. **2.** Cet espace de temps considéré du point de vue du climat ou des activités auxquelles on le consacre. *Une belle journée d'automne. Journée bien remplie.* **3.** Travail, quantité d'affaires que l'on fait ; rémunération, recette correspondante. *Faire de bonnes journées. Gagner sa journée.* **4.** Jour marqué par un événement historique important. *Journée des Barricades.*

JOURNELLEMENT adv. **1.** Tous les jours ; quotidiennement. **2.** Vieilli. De façon fréquente ; continuellement.

JOUTE n.f. **1.** Au Moyen Âge, combat entre deux hommes à cheval armés d'une lance. **2.** *Joute nautique, lyonnaise :* jeu où deux hommes, debout sur une barque, cherchent à se faire tomber à l'eau en se poussant avec une longue perche. **3.** *Litt.* Lutte spectaculaire où l'on rivalise de talent. *Joute oratoire.*

JOUTER v.i. (lat. pop. *juxtare,* toucher à). **1.** Pratiquer la joute à cheval ou la joute nautique. **2.** *Litt.* Rivaliser, se mesurer avec qqn.

JOUTEUR, EUSE n. *Litt.* Personne qui prend part à une joute. *Un rude jouteur.*

JOUVENCE n.f. *Eau, bain de jouvence :* ce qui fait rajeunir qqn, lui redonne de la vitalité.

JOUVENCEAU, ELLE n. (bas lat. *juvenculus*). Vx ou *par plais.* Adolescent.

JOUXTER [ʒukste] v.t. (anc. fr. *joster,* rassembler). *Sout.* Être situé à côté de ; être contigu à.

JOVIAL, E, ALS ou **AUX** adj. (bas lat. *jovialis,* né sous la planète Jupiter). Qui manifeste une gaieté simple et communicative.

JOVIALEMENT adv. De façon joviale.

JOVIALITÉ n.f. Humeur joviale.

JOVIEN, ENNE adj. (lat. *Jovis,* génitif de *Jupiter*). *Didact.* Jupitérien.

JOYAU [ʒwajo] n.m. (anc. fr. *joel*). **1.** Objet fait de matières précieuses (métaux, pierreries, etc.), notamm. destiné à la parure ; bijou. **2.** *Fig.* Chose très belle ou d'une grande valeur. *Un joyau de l'architecture gothique.*

JOYEUSEMENT adv. Avec joie ; dans la joie.

JOYEUSETÉ n.f. *Fam.* Plaisanterie.

JOYEUX, EUSE [ʒwajø, øz] adj. **1.** Qui manifeste de la joie. *Une joyeuse bande d'enfants. Cris joyeux.* **2.** Qui inspire la joie. *Joyeuse nouvelle.*

JOYSTICK n.m. (mot angl.). Manette de commande qui sert, dans certains jeux vidéo, à déplacer le curseur sur l'écran. **Recomm. off. :** *manche à balai.*

JT ou **J.T.** n.m. (sigle). Journal télévisé.

JUBARTE n.f. (angl. *jubartes*). ZOOL. Mégaptère.

JUBÉ n.m. (du premier mot lat. de la formule liturgique *Jube, Domine, benedicere*). Clôture, surmontée d'une plate-forme, séparant le chœur de la nef, dans certaines églises, et qui servait aux lectures liturgiques.

1. **JUBILAIRE** adj. CATH. Relatif à un jubilé.

2. **JUBILAIRE** n. Belgique, Suisse. Personne qui fête un jubilé, un anniversaire.

JUBILANT, E adj. Qui jubile.

JUBILATION n.f. Joie intense et expansive.

JUBILATOIRE adj. Qui provoque la jubilation.

JUBILÉ n.m. (lat. ecclés. *jubilaeus,* de l'hébr. *yôbel,* sonnerie de cor). **1.** Dans la Bible, année privilégiée revenant tous les cinquante ans et marquée par la redistribution égalitaire des terres. **2.** CATH. Année sainte, revenant avec une périodicité qui a varié selon les époques, où les pèlerins de Rome bénéficient d'une indulgence plénière. **3.** Anniversaire important, génér. cinquantenaire, d'un mariage, de l'exercice d'une fonction, etc., et partic. du début d'un règne. **4.** SPORTS. Manifestation à caractère festif, organisée en l'honneur d'un champion qui se retire de la compétition.

JUBILER v.i. (lat. *jubilare*). Manifester une joie intense, souvent intérieure.

JUCHÉE n.f. Lieu où se perchent les faisans.

JUCHER v.t. (du francique). Placer à une hauteur relativement grande par rapport à sa taille. ◆ v.i. Se mettre sur une branche, sur une perche pour dormir, en parlant des poules et de quelques oiseaux. *Les faisans juchent sur les arbres.* ◆ **se jucher** v.pr. **(sur).** Se placer en un lieu élevé ; se percher.

JUCHOIR n.m. Perche ou bâton préparés pour faire jucher la volaille.

JUDAÏCITÉ n.f. *Didact.* Fait d'être juif.

JUDAÏQUE adj. (lat. *judaicus*). Relatif au judaïsme. *La Loi judaïque.*

JUDAÏSER v.t. Rendre juif ; convertir au judaïsme.

JUDAÏSME n.m. Ensemble de la pensée et des institutions religieuses du peuple d'Israël, des Juifs.

ENCYCL. On désigne par *judaïsme* la forme prise par la religion israélite après la destruction (587 av. J.-C.) du Temple de Jérusalem et l'Exil (587 - 538 av. J.-C.). Au sens courant, le judaïsme est l'ensemble des institutions religieuses du peuple juif. La tradition religieuse juive se réclame d'Abraham, père des croyants, et de Moïse, législateur d'Israël. La Bible (l'Ancien Testament des chrétiens) contient la Loi écrite, dont l'essentiel fut révélé à Moïse sur le mont Sinaï : c'est la *Torah* (« doctrine »). Une Loi orale (la *Mishna*), explicitant la Loi écrite, est contenue dans le *Talmud,* œuvre de savants docteurs, dont la rédaction définitive a été achevée au VIe siècle.

JUDAS n.m. (de *Judas,* n.pr.). **1.** (Souvent avec une majuscule.) Traître. **2.** Petite ouverture ou système optique aménagés dans une porte, pour voir ce qui se passe de l'autre côté sans être vu.

JUDÉITÉ ou **JUDAÏTÉ** n.f. Ensemble des caractères qui constituent l'identité juive.

JUDELLE n.f. ORNITH. Foulque.

JUDÉO-ALLEMAND, E adj. et n.m. (pl. *judéo-allemands, es*). Yiddish.

JUDÉO-CHRÉTIEN, ENNE adj. (pl. *judéo-chrétiens, ennes*). Se dit des croyances et des valeurs communes au judaïsme et au christianisme. ◆ adj. et n. Adepte du judéo-christianisme.

JUDÉO-CHRISTIANISME n.m. sing. **1.** Doctrine professée, dans l'Église primitive, par les chrétiens d'origine juive, sur la nécessité de la pratique des observances mosaïques. **2.** Ensemble des éléments constitutifs de la civilisation judéo-chrétienne, qui a modelé les sociétés occidentales.

JUDÉO-ESPAGNOL n.m. LING. Ladino.

JUDICIAIRE adj. (lat. *judiciarius*). **1.** Qui relève de la justice, de son administration. *Autorité judiciaire.* ◇ *Juridiction judiciaire :* ensemble de tribunaux jugeant des litiges des particuliers entre eux (par oppos. aux *juridictions administratives,* qui jugent des litiges dans lesquelles l'Administration est partie). **2.** Qui se fait en justice, par autorité de justice. *Vente judiciaire.* ◇ *Acte judiciaire,* lié au déroulement d'une procédure.

JUDICIARISATION n.f. **1.** Propension à privilégier le recours aux tribunaux pour trancher des litiges qui pourraient être réglés par d'autres voies (médiation, accord amiable). **2.** Intervention croissante des juges dans le contrôle de la régularité des actes de certaines autorités (élus, administrateurs, chefs d'entreprise, etc.).

JUDICIARISER v.t. Confier à la justice le contrôle d'une situation, l'exécution d'une procédure ; pratiquer la judiciarisation de. *Judiciariser la vie politique.*

JUDICIEUSEMENT adv. De façon judicieuse, avec pertinence ; intelligemment.

JUDICIEUX, EUSE adj. (du lat. *judicium,* jugement). Qui manifeste un jugement bon, droit, juste, rationnel, pertinent. *Esprit, choix judicieux. Remarque judicieuse.*

JUDO n.m. (jap. *ju,* souplesse, et *do,* voie). Sport de combat, dérivé du jujitsu, où la souplesse et la vitesse jouent un rôle prépondérant, et qui consiste à utiliser la force de l'adversaire pour le déséquilibrer.

■ **JUDO.** Projection (« te guruma », enroulement avec les mains).

JUDOGI [ʒydɔgi] n.m. (mot jap.). Kimono de judoka.

JUDOKA n. (mot jap.). Personne qui pratique le judo.

JUGAL, E, AUX adj. (lat. *jugalis*). ANAT. Relatif à la joue. *Arcade jugale.*

JUGE n. (lat. *judex, judicis*). **1.** Magistrat chargé de rendre la justice en appliquant les lois. ◇ *Juge d'instance,* du tribunal d'instance, anc. appelé *juge de paix.* – Vx. *Juge consulaire :* magistrat d'un tribunal de commerce. – *Juge d'instruction :* juge du tribunal de grande instance chargé, en France, de l'instruction préparatoire en matière pénale. – *Juge de l'application des peines (JAP) :* juge du tribunal de grande instance chargé, en France, de suivre et d'aménager l'exécution des peines des condamnés. – *Juge des libertés et de la détention :* président ou vice-président du tribunal de grande instance, statuant sur les demandes de détention provisoire émanant des juges d'instruction. – *Juge de l'exécution :* président du tribunal de grande instance ou magistrat délégué, chargé de régler les litiges concernant les obligations d'un débiteur. (Il contrôle notamm. les procédures de traitement du surendettement des particuliers.) – *Juge des enfants,* chargé, en matière civile, de tout ce qui concerne l'assistance éducative et, en matière pénale, des délits commis par les mineurs. – *Juge des référés,* qui a le pouvoir d'ordonner des mesures urgentes et provisoires qui ne se heurtent à aucune contestation sérieuse, sans préjuger de la décision qui sera rendue ultérieurement sur le fond. – *Juge des tutelles,* chargé princip. de surveiller la gestion des biens des incapables. – *Juge de la mise en état,* chargé, en matière civile, d'instruire une affaire et de la mettre en état d'être jugée par le tribunal. – *Juge aux affaires familiales :* juge chargé, en France, de l'ensemble des problèmes familiaux (que les parents soient mariés ou non), notamm. de la défense des intérêts des enfants mineurs. – *Juge rapporteur :* juge chargé d'étudier le dossier d'une affaire en cours et d'entendre les arguments des parties. **2.** Commissaire chargé, dans une course, un sport, de constater l'ordre des arrivées, de réprimer les irrégularités qui pourraient se produire au cours d'une épreuve. **3.** Personne qui est appelée à servir d'arbitre dans une contestation, à donner son avis. *Je vous fais juge de la situation.*

JUGÉ n.m. → **2. JUGER.**

JUGE-COMMISSAIRE n. (pl. *juges-commissaires*). Juge désigné en France par le tribunal de commerce pour diriger certaines procédures (ex. : redressement et liquidation judiciaires).

JUGEMENT n.m. **1.** Action de juger une affaire selon le droit ; décision rendue par un tribunal, partic. par un tribunal d'instance, de grande instance, de commerce ou un conseil de prud'hommes. ◇ *Jugement par défaut,* rendu à l'égard d'une partie qui n'a pas comparu ou n'a pas été représentée à l'audience. – *Jugement avant dire droit,* ordonnant une mesure provisoire ou une mesure d'instruction au cours du procès. **2.** *Jugement de Dieu :* ordalie. – CHRIST. *Jugement dernier :* acte de la fin des temps par lequel le Christ rendra manifeste le sort de chacun des vivants et des morts ; figuration peinte, sculptée, etc., de cet acte. **3.** Faculté de l'esprit qui permet de juger, notamm. de bien juger, d'apprécier. *Former son jugement. Je m'en remets à votre jugement.* **4.** Action de se faire une opinion ; manière de juger ; appréciation portée sur qqn ou qqch ; opinion, sentiment. *Des jugements péremptoires.*

JUGEOTE n.f. *Fam.* Jugement sain, bon sens. *Il n'a pas deux sous de jugeote.*

1. **JUGER** v.t. [10] (lat. *judicare*). **1.** Prononcer en qualité de juge une sentence sur. *Juger qqn, une affaire.* **2.** Prendre une décision en qualité d'arbitre. *Juger un litige.* **3.** Estimer la valeur de. *Juger une candidate.* **4.** Être d'avis, penser, estimer. *Elle a jugé nécessaire de protester.* ◆ v.t. ind. **(de). 1.** Porter une appréciation sur qqch. *Juger de la distance.* **2.** Se faire une idée ; imaginer. *Jugez de ma surprise !* ◆ **se juger** v.pr. S'estimer, se considérer comme. *Se juger offensé, perdu.*

2. **JUGER** ou **JUGÉ** n.m. *Au juger,* ou *au jugé :* d'après une approximation sommaire. – ARM. *Tir au juger,* exécuté sans épauler ni viser.

JUGEUR, EUSE n. *Litt.* Personne qui prétend juger de tout.

1. **JUGULAIRE** adj. (du lat. *jugulum,* gorge). ANAT. Qui appartient à la gorge. ◆ adj. et n.f. Se dit de chacune des quatre grosses veines situées sur le côté du cou.

2. JUGULAIRE n.f. Courroie de cuir ou bande métallique servant à assujettir un casque, un shako, une bombe, etc., sous le menton.

JUGULER v.t. (lat. *jugulare,* égorger). Arrêter dans son développement ; étouffer, maîtriser. *Juguler l'inflation.*

JUIF, IVE n. (lat. *judaeus,* de Judée). **1.** (Avec une majuscule.) Personne appartenant à la communauté israélite, au peuple juif. *Un Juif polonais.* **2.** Personne qui professe la religion judaïque. *Un juif pratiquant.* **3.** *Fam. Le petit juif :* l'endroit sensible de l'articulation du coude. ◆ adj. Relatif aux Juifs, aux juifs. *Religion juive.*

JUILLET n.m. (du lat. *Julius,* mois de Jules César). Septième mois de l'année.

JUILLETTISTE n. Personne qui prend ses vacances au mois de juillet.

JUIN n.m. (lat. *Junius,* mois de Junius Brutus). Sixième mois de l'année.

JUIVERIE n.f. HIST. Quartier juif ; ghetto.

JUJITSU, JU-JITSU [ʒyʒitsy] ou, vx, **JIU-JITSU** n.m. inv. (mot jap.). Art martial japonais fondé sur les projections, les clefs, les étranglements et les coups frappés (atémis) sur les points vitaux du corps, qui, codifié, a donné naissance au judo.

JUJUBE n.m. (gr. *zizuphon*). **1.** Fruit du jujubier, drupe rouge, à pulpe blanche et sucrée, dont on fait des confitures et des pâtes de fruit. **2.** Suc, pâte extraits du jujube, aux propriétés émollientes.

JUJUBIER n.m. Arbre épineux originaire d'Asie, cultivé dans les régions tropicales et méditerranéennes pour ses fruits (jujubes). [Haut. jusqu'à 8 m ; genre *Ziziphus,* famille des rhamnacées.]

JUKE-BOX [dʒukbɔks] n.m. [pl. *juke-box(es)*] (mot anglo-amér.). Lecteur automatique placé génér. dans un lieu public et permettant, après introduction d'une pièce ou d'un jeton, d'écouter un disque sélectionné.

JULES n.m. **1.** *Fam.* Petit ami, amant, mari. **2.** *Arg.* Souteneur, proxénète.

JULIEN, ENNE adj. (lat. *Julianus*). **1.** *Année julienne :* année de 365,25 jours. **2.** *Calendrier julien,* que réforma Jules César en 46 av. J.-C. (→ *calendrier*). **3.** *Ère* ou *période julienne :* espace de 7 980 années juliennes utilisé pour la chronologie des phénomènes astronomiques, dont l'origine a été fixée au 1er janvier de l'an 4713 av. J.-C., à 12 h temps universel.

JULIÉNAS [ʒyljenas] n.m. (n. d'une commune du Rhône). Vin d'un cru renommé du Beaujolais.

JULIENNE n.f. (du prénom *Julien*). **1.** Plante ornementale (nom usuel de plusieurs espèces de crucifères des genres *Malcomia* et *Hesperis*). **2.** Manière de tailler certains légumes en fins bâtonnets ; potage fait et servi avec des légumes ainsi taillés. **3.** Lingue.

JUMBO [dʒœmbo] n.m. (mot anglo-amér., surnom de l'éléphant). Chariot à portique supportant des perforatrices et servant au forage des trous de mine ou de boulonnage.

JUMBO-JET [dʒœmbodʒɛt] n.m. [pl. *jumbo-jets*] (mot anglo-amér.). Avion de transport de grande capacité ; gros-porteur.

1. JUMEAU, ELLE adj. (lat. *gemellus*). **1.** Se dit de deux enfants nés d'une même grossesse. **2.** Se dit de deux choses semblables, symétriques ou faites pour aller ensemble. *Maisons jumelles. Lits jumeaux.* ◇ *Muscles jumeaux,* ou *jumeaux,* n.m. pl. : se dit de deux muscles de la fesse et de deux muscles du mollet. ◆ n. Frère jumeau ou sœur jumelle. ◆ n. pl. Enfants jumeaux. ◇ *Vrais jumeaux,* ou *jumeaux monozygotes,* qui proviennent de la division d'un seul ovule fécondé. – *Faux jumeaux,* ou *jumeaux dizygotes,* qui résultent de la fécondation simultanée de deux ovules. (Les faux jumeaux peuvent être de sexe différent.)

2. JUMEAU n.m. BOUCH. Morceau du bœuf situé dans l'épaule.

JUMEL adj.m. (du n. de l'ingénieur français Alexis *Jumel*). TEXT. *Coton jumel :* coton égyptien à longues fibres.

JUMELAGE n.m. **1.** Action de jumeler. **2.** MIL. Affût commun à plusieurs armes, permettant leur tir simultané.

JUMELÉ, E adj. **1.** Disposé par couples. *Colonnes, maisons jumelées. Roues jumelées.* **2.** *Pari jumelé,* ou *jumelé,* n.m. : pari consistant à désigner les chevaux arrivés premier et deuxième d'une course.

JUMELER v.t. [16]. **1.** Ajuster, accoupler côte à côte deux objets semblables et semblablement disposés. *Jumeler des poutres.* **2.** Associer des villes étrangères en vue d'établir entre elles des liens, des échanges culturels, etc.

1. JUMELLE adj.f. et n.f. → **1. JUMEAU.**

2. JUMELLE n.f. Instrument d'optique formé de deux lunettes identiques accouplées de façon à permettre la vision binoculaire. *Une jumelle marine. Des jumelles de théâtre.*

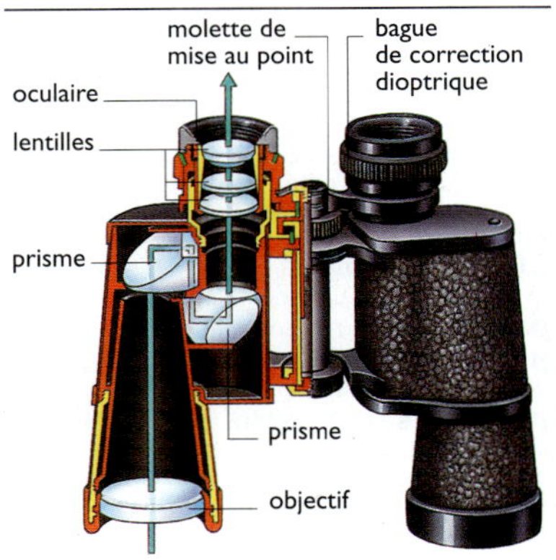

■ **JUMELLES** à prismes.

JUMENT n.f. (lat. *jumentum,* bête de somme). Femelle adulte de l'espèce équine.

JUMPING [dʒœmpiŋ] n.m. (mot angl.). Concours hippique consistant en une succession de sauts d'obstacles.

JUNGLE [ʒœ̃gl] ou [ʒɔ̃gl] n.f. (du hindi). **1.** En Inde, formation végétale arborée qui prospère sous un climat chaud et humide avec une courte saison sèche. **2.** *Fig.* Milieu où règne la loi du plus fort. *La jungle du monde des affaires.* ◇ *La loi de la jungle :* la loi du plus fort.

JUNIOR adj. (mot lat., *plus jeune*). **1.** Se dit du frère le plus jeune ou du fils pour le distinguer du père. **2.** Qui concerne les jeunes, qui leur est destiné. *La mode junior.* **3.** Débutant, sur le plan professionnel. *Ingénieur junior.* ◆ n. et adj. Sportif appartenant à une tranche d'âge dont les limites varient selon les sports autour de 17 ans.

JUNIOR-ENTREPRISE n.f. [pl. *Junior-Entreprises*] (nom déposé). Association créée par des étudiants dans le cadre de leurs études et au sein de laquelle ils accomplissent des travaux spécialisés et rémunérés pour le compte d'entreprises.

JUNKER [junkər] n.m. (mot all.). HIST. Membre de la noblesse terrienne, en Prusse.

JUNKIE ou **JUNKY** [dʒœnki] n. [pl. *junkies, junkys*] (de l'arg. anglo-amér. *junk,* drogue dure). *Fam.* Héroïnomane.

JUNONIEN, ENNE adj. Relatif à la déesse Junon.

JUNTE [ʒœ̃t] n.f. (esp. *junta,* de *junto,* joint). **1.** HIST. Conseil politique ou administratif, dans les pays ibériques. **2.** Gouvernement à caractère autoritaire, le plus souvent militaire, issu d'un coup d'État.

JUPE n.f. (ar. *djubbah*). **1.** Vêtement féminin qui enserre la taille et descend à mi-jambes, ou plus bas. ◇ *Jupe portefeuille,* qui se croise largement par-devant. **2.** Carénage de tôle, de plastique, placé à la partie inférieure d'une automobile pour améliorer l'aérodynamisme. **3.** Dans les véhicules à coussin d'air, paroi souple limitant une chambre dans laquelle une certaine surpression permet la sustentation du véhicule. **4.** Surface latérale d'un piston, qui assure son guidage à l'intérieur du cylindre.

JUPE-CULOTTE n.f. (pl. *jupes-culottes*). Pantalon très ample coupé de manière à tomber comme une jupe.

JUPETTE n.f. Jupe très courte.

JUPITÉRIEN, ENNE adj. **1.** *Litt.* Qui rappelle Jupiter par son caractère impérieux, dominateur. **2.** Relatif à la planète Jupiter. *Satellites jupitériens.* SYN. : *jovien.*

JUPON n.m. Pièce de lingerie qui soutient l'ampleur d'une jupe, d'une robe. ◇ *Fam. Coureur de jupons :* homme qui court après les femmes ou les filles.

JUPONNER v.t. Donner de l'ampleur à une jupe ou à une robe grâce à un jupon.

JURANÇON n.m. (n. d'une commune des Pyrénées-Atlantiques). Vin du Béarn. (Le blanc, moelleux et très parfumé, est renommé.)

JURANDE n.f. (de *jurer*). Dans la France d'Ancien Régime, groupement professionnel autonome, avec personnalité juridique propre et discipline collective stricte, composé de membres égaux unis par un serment.

JURASSIEN, ENNE adj. et n. Du Jura. ◆ adj. GÉOMORPH. *Relief jurassien :* relief développé dans une structure sédimentaire régulièrement plissée, où alternent couches dures et couches tendres, et dans lequel la topographie est conforme à la structure.

JURASSIQUE n.m. et adj. GÉOL. Système du mésozoïque. (Le jurassique se situe, à l'ère secondaire, entre le trias et le crétacé, de – 205 à – 135 millions d'années.)

JURAT n.m. HIST. Juré.

1. JURÉ, E adj. **1.** Qui a prêté serment. *Expert juré.* **2.** *Ennemi juré :* adversaire acharné, implacable. **3.** HIST. Doté du statut de juré ; composé de jurés.

2. JURÉ, E n. **1.** Citoyen désigné par voie de tirage au sort en vue de participer au jury d'une cour d'assises. **2.** Membre d'un jury quelconque. ◆ n.m. HIST. Dans la France du Moyen Âge et de l'Ancien Régime, titulaire d'une fonction à laquelle on accédait en prêtant un serment, telle que magistrat municipal de certaines villes (appelé aussi *jurat*), administrateur d'une corporation, courtier ou mesureur.

JUREMENT n.m. Vx. Blasphème.

1. JURER v.t. (lat. *jurare*). **1.** Prononcer solennellement un serment en engageant un être ou une chose que l'on tient pour sacrés. *Jurer sur l'honneur de dire la vérité.* ◇ *Ne jurer que par qqn,* approuver tout ce qu'il fait ; l'admirer. **2.** Affirmer avec vigueur ; promettre solennellement. *Il jure qu'il ne ment pas.* **3.** Décider par un engagement ferme ; s'engager à. *Jurer la ruine d'un concurrent.* ◆ **se jurer** v.pr. **1.** Se promettre réciproquement qqch. *Elles se sont juré une amitié éternelle.* **2.** Se

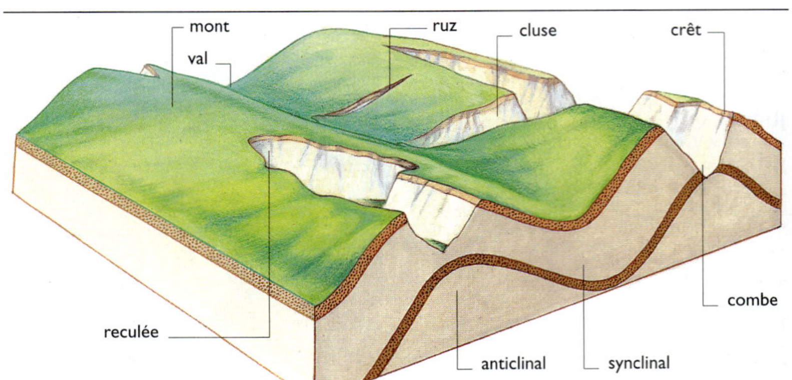

■ RELIEF **JURASSIEN.**

promettre à soi-même de faire qqch. *Je me suis juré de ne plus y aller.*

2. **JURER** v.i. Proférer des jurons ; blasphémer. ◆ v.t. ind. **(avec)**. Être mal assorti avec qqch ; produire un effet discordant. *Ce vert jure avec l'orangé.*

JUREUR adj.m. HIST. *Prêtre jureur*, ou *jureur*, n.m. : prêtre assermenté.

JURIDICTION n.f. (lat. *jurisdictio*, **droit de rendre la justice**). **1.** Pouvoir de juger, de rendre la justice ; étendue de territoire où s'exerce ce pouvoir. **2.** Organisme institué pour trancher les litiges qui lui sont soumis. **3.** Ensemble des tribunaux de même ordre, de même nature ou de même degré hiérarchique. ◇ ***Juridiction du premier degré***, statuant en première instance. – ***Juridiction du second degré***, d'appel.

JURIDICTIONNEL, ELLE adj. Relatif à une juridiction.

JURIDIQUE adj. Qui relève du droit.

JURIDIQUEMENT adv. De façon juridique ; du point de vue du droit.

JURIDISME n.m. Attachement étroit à la règle juridique ; formalisme juridique.

JURISCONSULTE n.m. (lat. *juris consultus*, **versé dans le droit**). Anc. Spécialiste et praticien du droit.

JURISPRUDENCE n.f. (lat. *jurisprudentia*, **science du droit**). DR. Ensemble des décisions de justice qui interprètent la loi ou comblent un vide juridique. (Elle constitue une source du droit.) ◇ ***Faire jurisprudence*** : faire autorité et servir d'exemple dans un cas déterminé ; créer un précédent.

JURISPRUDENTIEL, ELLE adj. DR. Qui résulte de la jurisprudence.

JURISTE n. (du lat. *jus, juris*, **droit**). Personne qui, ayant fait des études de droit, le connaît, le pratique ; auteur d'ouvrages juridiques.

JURON n.m. Expression grossière ou blasphématoire traduisant sous forme d'interjection une réaction vive de dépit ou de colère.

JURY n.m. (mot angl.). **1.** Ensemble des jurés appelés à titre temporaire à participer, dans une affaire criminelle, à l'exercice de la justice (en France, en cour d'assises). **2.** Commission d'examinateurs chargée d'un examen, d'un classement, d'un jugement. *Jury d'agrégation.*

JUS [ʒy] n.m. (lat. *jus, juris*, **sauce**). **1.** Liquide extrait de la pulpe, de la chair de certains fruits ou légumes ; boisson constituée par ce liquide. ◇ *Fam.* ***Pur jus*** : conforme à la norme ; authentique, orthodoxe. *Un Marseillais pur jus.* **2.** Suc résultant de la cuisson d'une viande, d'une volaille. **3.** *Fam.* Café noir. ◇ *Fam.* ***Jus de chaussette(s)*** : mauvais café. **4.** *Fam.* Courant électrique.

JUSANT n.m. (de l'anc. fr. *jus*, **en bas**). MAR. Marée descendante. SYN. : *reflux*.

JUSÉE n.f. (de *jus*). Liqueur acide obtenue par le lessivage du tan et utilisée au début du tannage à l'écorce de chêne.

JUSQU'AU-BOUTISME n.m. (pl. *jusqu'au-boutismes*). *Fam.* Comportement des jusqu'au-boutistes.

JUSQU'AU-BOUTISTE adj. et n. (pl. *jusqu'au-boutistes*). *Fam.* Qui manifeste la volonté d'aller jusqu'à l'extrême limite de son action, de ses idées, quelles qu'en soient les conséquences.

JUSQUE prép. (anc. fr. *enjusque*, lat. *inde*, **de là**, et *usque*, **jusque**). Suivi des prép. *à, en, vers, dans*, indique une limite spatiale ou temporelle, un point limite, un degré extrême. *De Paris jusqu'à Rome. Il est allé jusqu'à la frapper.* ◇ ***Jusque-là, jusqu'ici*** : indiquent la limite qu'on ne dépasse pas ; jusqu'à ce lieu, jusqu'à ce moment. – *Fam.* ***En avoir jusque-là*** : avoir atteint la limite de ce qu'on peut supporter. ◆ **jusqu'à ce que** loc. conj. Indique la limite temporelle ; jusqu'au moment où. – REM. L'*e* de *jusque* s'élide devant une voyelle ; *jusque* s'écrit quelquefois avec un *s* final, surtout en poésie : *Jusques à quand ?* [ʒyskəzakɑ̃].

JUSQUIAME [ʒyskjam] n.f. (gr. *huoskuamos*, **fève de porc**). Plante des décombres, à feuilles visqueuses et à fleurs jaunâtres rayées de pourpre, très toxique. (Genre *Hyoscyamus* ; famille des solanacées.)

JUSSIEUA n.m. ou **JUSSIÉE** n.f. (de *Jussieu*, n.pr.). Petite plante aquatique des régions tropicales, cultivée comme plante ornementale d'aquarium. (Genre *Ludwigia* ; famille des onagracées.)

JUSSION n.f. (lat. *jussio*, **ordre**). HIST. ***Lettre de jussion*** : lettre patente par laquelle le roi enjoignait à une cour souveraine d'enregistrer un acte législatif.

JUSTAUCORPS n.m. **1.** Pourpoint serré à la taille, à basques et à manches, en usage au XVIIe s. **2.** Vêtement collant d'une seule pièce utilisé pour la danse et certains sports.

JUSTE adj. et n. (lat. *justus*). Qui se conforme à l'équité, en respectant les règles de la morale ou de la religion. *Un homme juste. Une sentence juste.* ◇ ***Dormir du sommeil du juste***, d'un sommeil profond et tranquille. – ***Au juste*** : exactement, précisément. *Je voudrais savoir au juste quel âge elle a.* ◆ adj. **1.** Conforme à la raison, à la vérité. *Pensée, raisonnement justes.* **2.** Qui est exact, conforme à la réalité, à la règle ; qui est tel qu'il doit être. *Note juste.* **3.** Se dit de vêtements ou de chaussures trop étroits. **4.** Qui suffit à peine. *Deux minutes, ce sera juste.* **5.** Précis, réglé. *Tir juste.* **6.** Qui fonctionne avec précision. *Balance juste.* ◆ adv. **1.** Avec justesse. *Chanter juste.* **2.** Très précisément. *Le café est juste au coin.* **3.** À l'instant. *Il arrive juste.* **4.** D'une manière insuffisante. *Il a mesuré trop juste.* **5.** Tout au plus ; seulement. *J'ai juste pris le temps de dîner.* ◇ *Fam.* ***Comme de juste*** : comme il se doit ; évidemment.

JUSTE-À-TEMPS n.m. inv. INDUSTR. Méthode de production à flux tendus, employée dans des productions de masse relativement stables, et consistant à acheter ou à produire la quantité juste nécessaire au moment où on en a besoin.

JUSTEMENT adv. **1.** Avec légitimité. *Être justement indigné.* **2.** Par coïncidence ; précisément. *Nous parlions justement de vous.* **3.** D'une manière exacte. *Comme on l'a dit si justement.*

JUSTESSE n.f. **1.** Qualité d'une chose bien réglée, exacte et donc bien adaptée à sa fonction. *Justesse d'une montre.* – *Spécial.* Qualité d'un instrument de mesure dont la moyenne des indications pour une grandeur est très voisine de la valeur vraie. **2.** Précision, exactitude d'une expression, d'un ton, etc. *Justesse d'une comparaison.* **3.** Manière de faire, de penser, etc., sans erreur ni écart. *Viser avec justesse.* **4.** ***De justesse*** : de très peu. *Gagner de justesse.*

JUSTICE n.f. **1.** Principe moral qui exige le respect du droit et de l'équité. *Faire régner la justice.* ◇ ***Justice sociale***, qui exige des conditions de vie équitables pour chacun. **2.** Vertu, qualité morale qui consiste à être juste, à respecter les droits d'autrui. *Pratiquer la justice.* ◇ ***Rendre, faire justice à qqn***, réparer le tort qu'il a subi ; reconnaître ses mérites. **3.** Caractère de ce qui est juste, impartial. *Il a perdu, certes, mais ce n'est que justice.* **4.** Action par laquelle une autorité, un pouvoir judiciaire reconnaît le droit de chacun. – *Spécial.* En droit, fonction souveraine de l'État consistant à définir le droit positif et à trancher les litiges entre sujets de droit. *Demander, faire justice.* **5.** Acte par lequel s'exprime ce pouvoir, cette fonction. *Être condamné par décision de justice.* ◇ ***Se faire justice*** : se venger ; se tuer, en parlant d'un coupable, en partic. d'un meurtrier. **6.** Institution qui exerce un pouvoir juridictionnel ; ensemble de ces institutions. *Justice civile, militaire. Justice administrative.*

ENCYCL. On distingue deux ordres de juridiction : l'*ordre judiciaire* et l'*ordre administratif*. Les *tribunaux judiciaires* sont chargés de juger les litiges entre les particuliers (tribunaux d'instance ou de grande instance en matière civile) et de sanctionner les auteurs des contraventions, délits ou crimes (tribunaux de police, tribunaux correctionnels, cours d'assises). Il y a en principe un *tribunal d'instance* (tribunal de police au pénal) par arrondissement et un *tribunal de grande instance* (tribunal correctionnel au pénal) par département. Les *cours d'assises* se réunissent périodiquement dans chaque département. Les mineurs sont jugés par des tribunaux pour enfants. Les *tribunaux administratifs* sont chargés de juger la plupart des litiges avec l'Administration. À côté des tribunaux de droit commun existent des *tribunaux d'exception*, à compétence spéciale : les tribunaux des affaires de sécurité sociale, les tribunaux paritaires des baux ruraux, les tribunaux maritimes commerciaux, etc. L'appel des décisions d'un tribunal inférieur devant un tribunal supérieur est de droit pour les litiges d'une certaine importance.

JUSTICIABLE adj. et n. Qui relève de la justice, des tribunaux. ◆ adj. **1.** Qui doit répondre de ses actes. *Être justiciable de sa politique.* **2.** ***Justiciable de*** : qui relève de, qui nécessite. *Maladie justiciable d'un traitement prolongé.*

JUSTICIER, ÈRE adj. et n. **1.** Qui agit en redresseur de torts sans en avoir reçu le pouvoir légal. **2.** HIST. Se dit d'un seigneur qui avait le droit de rendre la justice.

JUSTIFIABLE adj. Qui peut être justifié.

JUSTIFIANT, E adj. THÉOL. CHRÉT. *Grâce justifiante*, qui rend juste.

JUSTIFICATEUR, TRICE adj. Qui apporte une justification. *Témoignage justificateur.*

JUSTIFICATIF, IVE adj. et n.m. Qui sert à justifier ou à prouver. *Pièces justificatives.* ◆ n.m. Exemplaire ou extrait de journal prouvant l'insertion d'un article ou d'une annonce, et envoyé à l'auteur ou à l'annonceur.

JUSTIFICATION n.f. **1.** Action de justifier, de se justifier. **2.** Preuve d'une chose par titres ou par témoins. *Justification d'identité.* ◇ ÉDIT. ***Justification du tirage*** : formule indiquant le nombre d'exemplaires d'un livre imprimé sur différentes sortes de papiers. **3.** THÉOL. CHRÉT. Acte par lequel Dieu fait passer une âme de l'état de péché à l'état de grâce. **4.** IMPRIM. Longueur d'une ligne pleine.

JUSTIFIER v.t. [5] (lat. *justificare*). **1.** Mettre hors de cause ; prouver que qqch n'est pas répréhensible. *Justifier sa conduite.* **2.** Faire admettre qqch, en établir le bien-fondé, la nécessité. *Justifier les dépenses.* **3.** IMPRIM. Donner à une ligne à composer la longueur requise (*justification*) en insérant des blancs entre les mots, les caractères. **4.** THÉOL. CHRÉT. Mettre au nombre des justes. ◆ v.t. ind. **(de)**. Apporter la preuve matérielle de. *Quittance qui justifie du paiement.* ◆ **se justifier** v.pr. Donner des preuves de son innocence ; dégager sa responsabilité.

JUTE n.m. (mot angl., du bengali *jhuto*). **1.** Fibre textile extraite des tiges d'une plante de la famille des tiliacées. **2.** TEXT. Étoffe faite avec cette fibre. *Murs tendus de jute.*

JUTER v.i. (de *jus*). Rendre du jus. *Oranges qui jutent.*

1. **JUTEUX, EUSE** adj. **1.** Qui a beaucoup de jus. *Pêche juteuse.* **2.** *Fam.* Qui rapporte beaucoup d'argent ; fructueux. *Affaire juteuse.*

2. **JUTEUX** n.m. *Arg. mil.* Adjudant.

JUVÉNAT n.m. (du lat. *juvenis*, **homme jeune**). Stage qui prépare au professorat, dans certains ordres religieux.

JUVÉNILE adj. (lat. *juvenilis*). Qui appartient à la jeunesse ; qui en a l'ardeur, la vivacité. *Enthousiasme juvénile.* ◆ n.m. SC. DE LA V. Jeune d'un animal.

JUVÉNILITÉ n.f. *Litt.* Caractère de ce qui est juvénile.

JUXTALINÉAIRE adj. (lat. *juxta*, **à côté**, et *linea*, **ligne**). Se dit d'une traduction où le texte original et la version se correspondent ligne à ligne dans deux colonnes contiguës.

JUXTAPOSABLE adj. Que l'on peut juxtaposer.

JUXTAPOSÉ, E adj. GRAMM. Se dit des propositions qui ne sont liées par aucune coordination ou subordination.

JUXTAPOSER v.t. (du lat. *juxta*, **à côté**). Poser, placer côte à côte, dans une proximité immédiate.

JUXTAPOSITION n.f. Action de juxtaposer.

Caractère Kabel

K n.m. inv. Onzième lettre de l'alphabet et la huitième des consonnes. (*K* note l'occlusive palatale sourde.)

1. KA n.m. → **KAON.**

2. KA n.m. (mot égyptien, *double*). Dans la religion égyptienne, ensemble des énergies vitales animant les dieux et les hommes.

KABBALE ou, vx, **CABALE** n.f. (hébr. *qabbalah,* tradition). Interprétation juive ésotérique et symbolique du texte de la Bible, dont le livre classique est le *Zohar,* ou *Livre de la splendeur.* (Les adeptes des sciences occultes utilisent dans un sens magique les symboles de la kabbale.)

KABBALISTE ou, vx, **CABALISTE** n. Spécialiste de la kabbale.

KABBALISTIQUE ou, vx, **CABALISTIQUE** adj. Relatif à la kabbale.

KABIG ou **KABIC** n.m. (mot breton). Veste à capuchon en drap de laine imperméable.

KABUKI [kabuki] n.m. (mot jap.). Genre théâtral traditionnel japonais où le dialogue alterne avec des parties psalmodiées ou chantées, et des intermèdes de ballet.

KABYLE adj. et n. De Kabylie ; relatif aux Kabyles, qui fait partie de ce peuple. ◆ n.m. Langue berbère parlée par les Kabyles. SYN. : *tamazight.*

KACHA n.f. (mot russe, *bouillie*). Semoule de sarrasin mondé, cuite à l'eau ou au gras.

KADDISH n.m. (de l'araméen). Prière juive récitée à la fin de chaque partie de l'office.

KAFKAÏEN, ENNE [kafkajɛ̃, ɛn] adj. Dont l'absurdité, l'illogisme rappellent l'atmosphère des romans et des nouvelles de Kafka.

KAHLER (MALADIE DE) : affection maligne caractérisée par la prolifération dans la moelle osseuse de plasmocytes qui détruisent le tissu osseux et qui sécrètent une protéine anormale. SYN. : *myélome multiple.*

KAISER [kajzœr] ou [kɛzɛr] n.m. (mot all., du lat. *Caesar*). HIST. Empereur d'Allemagne ; en partic., l'empereur Guillaume II.

KAKEMONO [kakemɔno] n.m. (mot jap., *chose suspendue*). Peinture ou calligraphie japonaise, sur soie ou papier, qui se déroule verticalement.

1. KAKI n.m. (mot jap.). Fruit du plaqueminier, jaune orangé, à pulpe molle et sucrée, ressemblant à une tomate. SYN. : *plaquemine.*

2. KAKI adj. inv. (hindi *khākī,* couleur de poussière). Brun-jaune, qui est la couleur de la tenue de campagne de nombreuses armées. ◆ n.m. Afrique. Coutil servant à faire des uniformes (quelle qu'en soit la couleur).

KALA-AZAR n.m. [pl. *kala-azars*] (mot de l'Assam). MÉD. Forme grave de leishmaniose, atteignant les viscères (foie, rate, etc.).

KALACHNIKOV [kalaʃnikɔf] n.m. ou n.f. (du nom de l'inventeur soviétique). Fusil d'assaut soviétique de 7,62 mm, à chargeur en portion de cercle contenant 30 cartouches.

KALÉIDOSCOPE n.m. (du gr. *kalos,* beau, *eidos,* aspect, et *skopein,* regarder). **1.** Appareil formé d'un tube opaque, contenant plusieurs miroirs disposés de façon que l'objet regardé ou les petits objets colorés placés dans le tube y produisent des dessins symétriques et variés. **2.** *Fig.* Suite rapide de sensations vives et variées.

KALÉIDOSCOPIQUE adj. Relatif au kaléidoscope ; mouvant.

KALIÉMIE [kaljemi] n.f. MÉD. Concentration de potassium dans le sang.

KAMI n.m. (mot jap., *seigneur*). Être surnaturel, divinité, dans la religion shintoïste.

KAMICHI n.m. (d'une langue indigène du Brésil). Oiseau échassier des marais et des prairies humides de Patagonie, aux ailes armées de deux éperons. (Long. 90 cm ; genre *Chauna ;* ordre des ansériformes, famille des anhimidés.)

KAMIKAZE [kamikaz] n.m. (mot jap., *vents divins*). **1.** En 1944 - 1945, pilote japonais volontaire pour écraser son avion chargé d'explosifs sur un objectif ; cet avion. **2.** *Par ext.* Personne téméraire qui se sacrifie pour une cause.

KAMMERSPIEL [kamərʃpil] n.m. (mot all., *théâtre de chambre*). **1.** Technique dramatique qui vise à créer sur scène une impression d'intimité par la simplification des thèmes et des décors. **2.** Genre cinématographique inspiré par cette technique dramatique.

KAMPTOZOAIRE n.m. (du gr. *kamptos,* recourbé). ZOOL. Invertébré marin microscopique pourvu d'une couronne de tentacules ciliés entourant la bouche et l'anus, et qui vit souvent en colonies sur les algues et les rochers. (Les kamptozoaires forment un embranchement, mais sont parfois rattachés aux ectoproctes.)

KANA n.m. inv. (mot jap.). Signe de l'écriture japonaise, à valeur syllabique.

KANAK adj. inv. et n. inv. Relatif aux Kanak, qui fait partie de ce peuple.

KANDJAR n.m. (ar. *khandjar*). Poignard oriental à grand pommeau et à lame étroite et recourbée.

KANGOUROU n.m. (angl. *kangaroo,* d'une langue australienne). **1.** Mammifère marsupial végétarien d'Australie et de Nouvelle-Guinée, se déplaçant par bonds grâce à des membres postérieurs très longs et une queue servant de balancier, dont la femelle porte son petit dans une poche ventrale. (Selon la taille et les mœurs terrestres ou arboricoles, on distingue les *kangourous-rats* [famille des potoroïdés], les *wallabys* et les *kangourous* proprement dits [famille des macropodidés].) **2.** *Sac kangourou,* ou *kangourou,* qui permet de porter un bébé sur le ventre.

■ **KANGOUROU.** Femelle et son petit.

KANJI [kɑ̃dʒi] n.m. inv. (mot jap.). Signe de l'écriture japonaise, à valeur idéographique.

KANNARA n.m. Langue dravidienne parlée au Karnataka.

KANTIEN, ENNE [kɑ̃sjɛ̃, ɛn] adj. et n. Qui concerne la philosophie de Kant ; qui en est partisan.

KANTISME n.m. Philosophie de Kant.

KAOLIANG [kaɔljɑ̃] n.m. (mot chin.). Sorgho à panicule lâche, cultivé en Extrême-Orient.

KAOLIN [kaɔlɛ̃] n.m. (mot chin.). Roche argileuse, blanche et friable, composée essentiellement de kaolinite et qui entre dans la composition de la porcelaine dure.

KAOLINISATION n.f. Formation du kaolin par altération des feldspaths alcalins des granites.

KAOLINITE n.f. MINÉRALOG. Silicate d'aluminium, appartenant au groupe des argiles, principal constituant du kaolin.

KAON ou **KA** n.m. PHYS. Particule élémentaire (K), neutre ou chargée, de la famille des mésons et dont la masse vaut 965 fois celle de l'électron.

KAPO n.m. (orig. incert.). Dans les camps de concentration nazis, détenu chargé de commander les autres détenus.

KAPOK [kapɔk] n.m. (mot angl., du malais). Duvet végétal, très léger et imperméable, qui forme la bourre remplissant l'intérieur des fruits de certains arbres (fromager, kapokier), utilisé pour rembourrer les coussins.

KAPOKIER n.m. BOT. **1.** Grand arbre de l'Asie tropicale, voisin du fromager. (Genre *Bombax ;* famille des bombacacées.) **2.** Tout arbre fournissant du kapok.

KAPOSI [kapozi] **(SARCOME DE) :** affection caractérisée par des sarcomes multiples de la peau, et parfois des viscères, observée en partic. au cours du sida.

KAPPA n.m. inv. Dixième lettre de l'alphabet grec (K, ϰ), correspondant au *k* français.

KARAÏTE, CARAÏTE ou **QARAÏTE** adj. et n. (hébr. *qaraïm,* fils des Écritures). Qui se rapporte aux Karaïtes, qui appartient à cette population juive minoritaire (v. partie n.pr.).

KARAKUL ou **CARACUL** [karakyl] n.m. (de *Karacol,* v. d'Ouzbékistan). **1.** Mouton d'Asie centrale, d'une race à toison longue et ondulée. **2.** La fourrure de ce mouton. (Le karakul né avant terme fournit le breitschwanz.)

KARAOKÉ n.m. (jap. *kara,* vide, et *oke,* orchestration). Divertissement collectif consistant à chanter sur une musique préenregistrée.

KARATÉ n.m. (jap. *karate,* de *kara,* vide, et *te,* main). Sport de combat et art martial d'origine japonaise, à mains et pieds nus, où les coups ne sont pas portés et sont interdits en certains endroits.

■ **KARATÉ.** Coup de pied sauté au visage.

KARATÉKA n. (jap. *karateka*). Personne qui pratique le karaté.

KARBAU ou **KÉRABAU** n.m. (mot indonésien). Buffle domestiqué de Malaisie, aux cornes très longues et très écartées. (Genre *Bubalus.*)

KARITÉ n.m. (mot wolof). Arbre de l'Afrique tropicale, dont les graines fournissent une matière grasse, le *beurre de karité,* d'usage culinaire et cosmétique. (Genre *Vitellaria ;* famille des sapotacées.)

KARMA ou **KARMAN** [karman] n.m. (mot sanskr.). Principe fondamental des religions indiennes qui repose sur la conception de la vie humaine comme maillon d'une chaîne de vies *(samsara),* selon lequel chaque vie est déterminée par les actes accomplis dans la vie précédente.

KARMAN [karman] **(MÉTHODE DE) :** technique d'avortement par aspiration, efficace au début de la grossesse.

KARST n.m. (de *Karst,* n.pr.). GÉOMORPH. Région possédant un relief karstique.

KARSTIFICATION n.f. Action des eaux d'infiltration sur un massif calcaire, qui conduit à la formation d'un relief karstique.

KARSTIQUE adj. Relatif au karst. ◇ *Relief karstique :* relief particulier aux régions calcaires et résultant de l'action, en grande partie souterraine, d'eaux qui dissolvent le carbonate de calcium. (Il aboutit à la formation de grottes, avens, lapiés, dolines, etc.)

KART [kart] n.m. (mot angl.). Petit véhicule automobile de compétition, à embrayage automatique, sans boîte de vitesses, ni carrosserie, ni suspension.

KARTING [kartiŋ] n.m. (mot angl.). Sport pratiqué avec le kart.

KASHER, CASHER [kaʃɛr] ou **CACHÈRE** adj. inv. (mot hébr., *conforme à la loi*). Se dit d'un aliment (viande, notamm.) conforme aux prescriptions rituelles du judaïsme, ainsi que du lieu où il est préparé ou vendu.

KASHROUT n.f. (mot hébr., *fait de convenir*). Ensemble des prescriptions alimentaires du judaïsme.

KASSITE adj. ANTIQ. Qui appartient aux Kassites.

KATA n.m. (mot jap., *forme*). Au judo et au karaté, ainsi que dans certains arts martiaux, enchaînement de mouvements, de coups, de parades effectué hors combat, en démonstration.

KATAKANA n.m. Écriture syllabique japonaise transcrivant les mots empruntés aux langues étrangères autres que le chinois.

KATCHINA n.m. (mot d'une langue amérindienne). Chez certains Indiens de l'Amérique du Nord, être surnaturel intermédiaire entre les dieux et les hommes ; masque qui le représente.

■ **KATCHINA.** Poupée katchina destinée à l'enseignement de la mythologie. (Musée de l'Homme, Paris.)

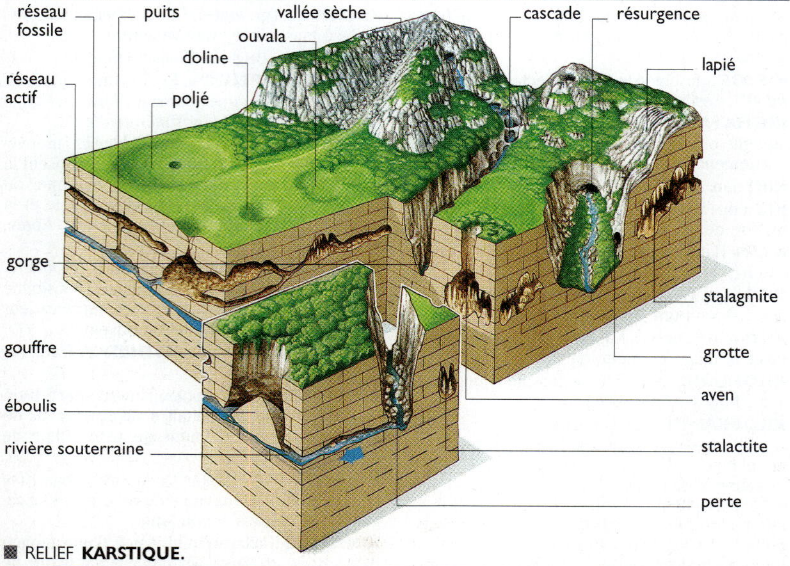

■ RELIEF **KARSTIQUE.**

KATHAKALI n.m. (mot tamoul). Théâtre dansé traditionnel du sud de l'Inde.

KAWA [kawa] ou **KAVA** n.m. (mot polynésien). Boisson euphorisante, à usage cérémoniel, tirée d'un poivrier d'une espèce commune aux îles Marquises et à Hawaii.

KAYAK [kajak] n.m. (mot inuit). **1.** Embarcation individuelle des Inuit. (Sa carcasse de bois est recouverte de peaux de phoque cousues refermées autour du siège du pagayeur.) **2.** Embarcation de sport étanche et légère, inspirée du kayak esquimau, propulsée par une pagaie double ; sport pratiqué avec cette embarcation.

■ **KAYAK**

KAYAKABLE adj. Québec. Se dit d'une rivière où l'on peut faire du kayak.

KAYAKISTE n. Sportif pratiquant le kayak.

KAZAKH, E adj. et n. **1.** Du Kazakhstan, de ses habitants. **2.** Relatif aux Kazakhs, qui fait partie de ce peuple. ◆ n.m. Langue turque parlée par les Kazakhs.

KEEPSAKE [kipsɛk] n.m. (mot angl., *souvenir*). Anc. Album orné de gravures, de dessins ou d'aquarelles, associés à des textes, qu'on offrait en cadeau, à l'époque romantique.

KEFFIEH [kɛfje] n.m. (mot ar.). Coiffure traditionnelle des Bédouins, faite d'un carré de tissu plié et maintenu sur la tête par un cordon, devenue emblème des Palestiniens.

KÉFIR n.m. → **KÉPHIR.**

KEIRETSU [kɛjrɛtsu] n.m. (mot jap.). ÉCON. Conglomérat japonais à structure horizontale rassemblant des sociétés aux multiples activités.

KEIRIN [kerin] n.m. (jap. *kei,* roue, et *rin,* course). Course cycliste de vitesse sur piste.

KELVIN [kɛlvin] n.m. (de *Kelvin,* physicien britannique). Unité de mesure de température thermodynamique (symb. K), équivalant à 1/273,16 de la température thermodynamique du point triple de l'eau. (Unité de base du SI.)

KÉMALISME n.m. HIST. Courant politique se réclamant de Mustafa Kemal.

KENDO [kɛndo] n.m. (mot jap.). Art martial d'origine japonaise dans lequel les adversaires, protégés par un casque et un plastron, luttent avec un sabre de bambou.

KÉNOTRON n.m. (du gr. *kenos,* vide). ÉLECTRON. Valve à deux électrodes utilisée pour l'alimentation des tubes à rayons X et pour le redressement des courants alternatifs de faible intensité et de haute ou très haute tension.

KENTIA [kɛntja] ou [kɛ̃sja] n.m. (de *Kent,* n. d'un cultivateur anglais). Palmier originaire de Nouvelle-Guinée et des îles Moluques, cultivé comme plante ornementale d'appartement.

KÉNYAN, E adj. et n. Du Kenya, de ses habitants.

KÉPHIR ou **KÉFIR** n.m. (mot du Caucase). Boisson fermentée gazeuse, acidulée, d'origine caucasienne, obtenue à partir du lait de vache, de chèvre, de brebis ou de chamelle.

KÉPI n.m. (alémanique *käppi,* petit bonnet). Coiffure légère munie d'une visière, portée notamm. par les officiers de l'armée de terre française.

KÉRABAU n.m. → **KARBAU.**

KÉRATINE n.f. (du gr. *keras, keratos,* corne). Scléroprotéine imperméable à l'eau, riche en soufre, composant fondamental de la couche superficielle de l'épiderme et des phanères (poils, ongles, etc.).

KÉRATINISATION n.f. Processus normal ou pathologique d'accumulation de kératine dans les cellules de l'épiderme ou d'une muqueuse.

KÉRATINISÉ, E adj. Se dit d'un tissu contenant de la kératine.

KÉRATITE n.f. Inflammation de la cornée.

KÉRATOCÔNE n.m. Maladie de la cornée caractérisée par une modification de sa courbure lui donnant progressivement la forme d'un cône.

KÉRATOPLASTIE n.f. Greffe de la cornée.

KÉRATOSE n.f. Épaississement de la couche cornée de l'épiderme, au cours de diverses affections (verrues, ichtyoses, etc.).

KÉRATOTOMIE n.f. Incision de la cornée.

KERMÈS [kɛrmɛs] n.m. (mot ar., du persan). **1.** Cochenille parasite de certains chênes et des arbres fruitiers, dont on tirait autref. une teinture rouge. **2.** *Chêne kermès :* petit chêne méditerranéen à feuilles persistantes et épineuses. (Nom sc. *Quercus coccifera.*)

KERMESSE n.f. (néerl. *kerkmisse,* messe d'église). **1.** Région. Fête patronale et foire annuelle. **2.** Fête de bienfaisance, génér. en plein air. *Kermesse de l'école, de la paroisse.*

KÉROGÈNE n.m. (gr. *kêros,* cire, et *gennân,* produire). Forme sous laquelle se présente la majeure partie de la matière organique fossilisée dans les roches. (Le kérogène, qui, au contraire des hydrocarbures, est insoluble dans les solvants organiques, est un intermédiaire commun à tous les combustibles fossiles.)

K

KÉROSÈNE n.m. (du gr. *kêros,* cire). Liquide pétrolier incolore ou jaune pâle, distillé entre 175 et 250 °C, princip. utilisé comme carburant d'aviation.

KERRIA n.m. ou **KERRIE** n.f. (de *Kerr,* botaniste angl.). Arbuste ornemental, d'origine japonaise, à fleurs jaune d'or en pompons. (Famille des rosacées.)

KETCH [kɛtʃ] n.m. (mot angl.). Voilier dont le grand mât est à l'avant et dont l'artimon est implanté en avant de la barre (à la différence du yawl).

■ KETCH

KETCHUP [kɛtʃœp] n.m. (mot angl., du hindi). Condiment d'origine anglaise, sauce épaisse à base de tomates, de saveur piquante et sucrée.

KETMIE n.f. (ar. *khatmi*). Hibiscus de l'Inde, au bois utilisé en ébénisterie. (Famille des malvacées.)

KEUF n.m. (verlan de *flic*). *Fam.* Policier.

KEUM n.m. (verlan de *mec*). *Fam.* Homme, jeune homme.

KEVLAR n.m. (nom déposé). Fibre aramide légère, robuste et très résistante au feu et à la corrosion.

KEYNÉSIANISME n.m. Ensemble des théories de l'économiste J. M. Keynes.

KEYNÉSIEN, ENNE [kɛnezjɛ̃, ɛn] adj. et n. Relatif aux théories de l'économiste J. M. Keynes, au keynésianisme ; qui en est partisan.

kF [kaɛf] n.m. inv. (abrév.). Kilofranc.

KHÂGNE ou **CAGNE** n.f. *Arg. scol.* Seconde année de classe préparatoire au concours d'entrée à l'École normale supérieure (sections littéraires).

KHÂGNEUX, EUSE ou **CAGNEUX, EUSE** n. *Arg. scol.* Élève de khâgne.

KHALIFAT n.m. → **CALIFAT.**

KHALIFE n.m. → **CALIFE.**

KHALKHA n.m. LING. Mongol.

KHAMSIN ou **CHAMSIN** [xamsin] ou [kamsin] n.m. (ar. *khamsin,* cinquantaine). Vent de sable soufflant en Égypte et sur la mer Rouge, analogue au sirocco.

1. KHAN [kɑ̃] n.m. (mot turc). Titre turc équivalant à l'origine à celui d'empereur, et porté ultérieurement par des souverains ou des nobles du Moyen-Orient ou de l'Inde.

2. KHAN [kɑ̃] n.m. (mot persan). En Orient, abri pour les voyageurs ; caravansérail.

KHANAT n.m. (de *1. khan*). Fonction, juridiction d'un khan ; pays soumis à cette juridiction.

KHARIDJISME n.m. (de l'ar. *kharadja,* sortir). Doctrine religieuse et politique d'une secte musulmane qui fit dissidence en 657 et qui pratique un islam rigoriste.

KHARIDJITE adj. et n. Relatif au kharidjisme ; qui en est partisan.

KHAT n.m. → **QAT.**

KHÉDIVAT ou **KHÉDIVIAT** n.m. Dignité de khédive.

KHÉDIVE n.m. (mot persan). Titre porté par le vice-roi d'Égypte de 1867 à 1914.

KHI n.m. inv. Vingt-deuxième lettre de l'alphabet grec (Χ, χ).

KHMER, ÈRE adj. et n. Relatif aux Khmers, qui fait partie de ce peuple. ◆ n.m. Langue de la famille môn-khmère parlée par les Khmers. SYN. : *cambodgien.*

KHOISAN ou **KHOIN** n.m. Famille de langues parlées par les Bochimans et les Hottentots.

KHÔL ou **KOHOL** [kol] n.m. (ar. *kuḥl*). Fard noirâtre provenant de la carbonisation de substances grasses, utilisé, à l'origine dans les pays arabes, pour le maquillage des yeux.

KIBBOUTZ [kibuts] n.m. (mot hébr.). En Israël, exploitation communautaire, le plus souvent agricole. Pluriel savant : *kibboutzim.*

KICK n.m. (de l'angl. *to kick,* donner des coups de pied). Dispositif de mise en marche d'un moteur de motocyclette, à l'aide du pied.

KICKER [kikœr] n.m. Belgique. Baby-foot.

KID n.m. (mot angl.). *Fam.* Enfant, gamin.

KIDNAPPER v.t. (angl. *to kidnap*). Commettre un kidnapping.

KIDNAPPEUR, EUSE n. Personne qui commet un kidnapping.

KIDNAPPING [kidnapiŋ] n.m. Enlèvement d'une personne, en partic. pour obtenir une rançon.

KIEF [kjɛf] n.m. (ar. *kaif*). *Litt.* Repos absolu observé par les Orientaux au milieu du jour.

KIF n.m. (mot ar. maghrébin, *aise, état de béatitude*). Poudre de haschisch mêlée de tabac, en Afrique du Nord.

KIF-KIF adj. inv. (de l'ar. dialectal). *Fam. C'est kif-kif :* c'est pareil.

KIG HA FARS n.m. inv. (mot breton). Potée dans laquelle on fait cuire le *fars,* préparation à base de froment ou de blé noir. (Cuisine bretonne.)

KIKI n.m. *Fam.* Cou, gorge.

KIL n.m. (abrév. de *kilo*). *Fam. Un kil de rouge :* un litre de vin rouge.

KILIM [kilim] n.m. (mot turc). Tapis d'Orient tissé.

KILO- (gr. *khilioi,* mille). Préfixe (symb. k) qui, placé devant une unité, la multiplie par 10^3.

KILO n.m. (abrév.). Kilogramme. – REM. Ne doit pas être utilisé en métrologie.

KILOFRANC n.m. Unité de compte équivalant à 1 000 francs. Abrév. : *kF.*

KILOGRAMME n.m. Unité de mesure de masse (symb. kg), équivalant à la masse du prototype en platine iridié qui a été sanctionné par la Conférence générale des poids et mesures tenue à Paris en 1889, et qui est déposé au Bureau international des poids et mesures. (Unité de base du SI.) ◇ *Kilogramme-force :* ancienne unité de force, d'emploi prohibé. (→ *newton*).

KILOHERTZ n.m. Fréquence de 1 000 hertz (symb. kHz).

KILOMÉTRAGE n.m. **1.** Action de kilométrer. **2.** Nombre de kilomètres parcourus.

KILOMÈTRE n.m. Unité pratique de distance (symb. km) valant 1 000 m. ◇ *Kilomètre par heure,* ou, *cour., kilomètre à l'heure, kilomètre-heure :* unité pratique de mesure de vitesse (symb. km/h) valant 1/3,6 (env. 0,27) mètre par seconde. *Des kilomètres-heure.* – INDUSTR. GRAPH. *Saisie au kilomètre :* saisie de texte à l'aide d'un clavier en ne se préoccupant ni de la justification ni des éventuelles coupures de mots en fin de lignes.

KILOMÉTRER v.t. [11]. **1.** Marquer d'indications kilométriques. **2.** Mesurer en kilomètres.

KILOMÉTRIQUE adj. Relatif au kilomètre.

KILOTONNE n.f. Unité servant à évaluer la puissance d'une charge nucléaire, équivalant à l'énergie dégagée par l'explosion de 1 000 tonnes de trinitrotoluène (TNT).

KILOTONNIQUE adj. Se dit d'une charge nucléaire dont les effets sont comparables à ceux produits par l'explosion d'une charge de l'ordre de 1 kilotonne d'équivalent TNT.

KILOVOLT n.m. Tension de 1 000 volts (symb. kV).

KILOWATT n.m. Puissance de 1 000 watts (symb. kW).

KILOWATTHEURE n.m. Unité d'énergie ou de travail (symb. kWh), équivalant au travail exécuté pendant 1 heure par une machine dont la puissance est de 1 kilowatt.

KILT [kilt] n.m. (mot angl.). **1.** Jupe courte, plissée, de forme portefeuille, en tartan, portée par les montagnards et faisant partie du costume national écossais. **2.** Jupe féminine ayant cette forme.

KIMBANGUISME n.m. (du nom de son fondateur, Simon *Kimbangu* [1889 - 1951]). Mouvement messianique d'inspiration chrétienne, répandu en Afrique centrale et occidentale.

KIMBERLITE n.f. (de *Kimberley,* n.pr.). Roche magmatique ultrabasique, compacte et sombre, qui peut contenir du diamant et que l'on trouve dans d'anciennes cheminées volcaniques.

KIMONO n.m. (mot jap.). **1.** Tunique japonaise très ample, d'une seule pièce, croisée devant et maintenue par une large ceinture, l'*obi.* **2.** *Par ext.* Vêtement d'intérieur consistant en un peignoir léger dont la coupe ou l'étoffe évoquent le kimono japonais. **3.** Tenue composée d'une veste et d'un pantalon amples portée par les judokas, les karatékas, etc. ◆ adj. inv. *Manche kimono :* manche ample taillée d'une seule pièce avec le corsage.

KINASE n.f. (du gr. *kinein,* stimuler). **1.** Enzyme telle que l'entérokinase, qui a pour propriété d'activer une autre enzyme. **2.** Enzyme qui transporte le phosphate d'une substance chimique à une autre.

KINÉ n. (abrév.). *Fam.* Kinésithérapeute. ◆ n.f. *Fam.* Kinésithérapie.

KINÉSIE n.f. (gr. *kinesis,* mouvement). PHYSIOL. Activité musculaire ; mouvement.

KINÉSISTE n. Belgique. Kinésithérapeute.

KINÉSITHÉRAPEUTE n. Professionnel paramédical exerçant la kinésithérapie. Abrév. *(fam.) : kiné.* SYN. : *masseur-kinésithérapeute.*

KINÉSITHÉRAPIE n.f. (du gr. *kinesis,* mouvement). Ensemble des traitements qui utilisent la mobilisation active ou passive pour donner ou rendre à un malade, à un blessé, le geste et la fonction des différentes parties du corps. Abrév. *(fam.) : kiné.*

KINESTHÉSIE ou **CINESTHÉSIE** n.f. (gr. *kinein,* se mouvoir, et *aisthêsis,* sensation). Sensibilité nerveuse consciente concernant les muscles, leur position, leur tension et leur mouvement.

KINESTHÉSIQUE ou **CINESTHÉSIQUE** adj. Relatif à la kinesthésie.

KINÉTOSCOPE n.m. Appareil inventé par Edison en 1891, et qui permettait à un spectateur de visionner individuellement de petits films de quelques mètres.

KING-CHARLES [kiŋʃarl] n.m. inv. (angl. *King Charles's spaniel,* épagneul du roi Charles). Épagneul nain anglais, à poil long.

KINKAJOU [kɛ̃kaʒu] n.m. (mot d'une langue d'Amérique du Sud). Mammifère carnivore de l'Amérique tropicale, arboricole et nocturne, à queue préhensile. (Long. 35 cm env., sans la queue ; genre *Potos,* famille des procyonidés.)

KINOIS, E adj. et n. De Kinshasa.

KIOSQUE n.m. (du turc *kyöchk*). **1.** Pavillon ouvert de tous côtés, installé dans un jardin ou sur une promenade publique. **2.** Petite boutique installée sur la voie publique pour la vente de journaux, de fleurs, etc. **3.** Superstructure d'un sous-marin, servant d'abri de navigation pour la marche en surface et de logement pour les mâts pendant la plongée.

KIOSQUIER, ÈRE ou **KIOSQUISTE** n. Personne qui tient un kiosque à journaux.

KIP n.m. Unité monétaire principale du Laos.

KIPPA n.f. (mot hébreu, *coupole*). Calotte que portent les juifs pratiquants.

KIPPER [kipœr] n.m. (mot angl.). Hareng étêté, ouvert et fumé.

KIPPOUR n.m. inv. → **YOM KIPPOUR.**

KIR n.m. (nom déposé ; du chanoine *Kir,* anc. maire et député de Dijon). Apéritif constitué par un mélange de liqueur de cassis et de vin blanc. ◇ *Kir royal :* Kir où le vin blanc est remplacé par du champagne.

KIRGHIZ, E adj. et n. **1.** Du Kirghizistan, de ses habitants. **2.** Relatif aux Kirghiz, qui appartient à ce peuple. ◆ n.m. Langue turque parlée par les Kirghiz.

KIRSCH [kirʃ] n.m. (mot all., *cerise*). Eau-de-vie extraite de cerises ou de merises fermentées.

KIT [kit] n.m. (mot angl.). Ensemble d'éléments vendus avec un plan de montage et que l'on peut assembler soi-même. *Un meuble en kit.* Recomm. off. : *prêt-à-monter.*

KITCHENETTE n.f. (de l'angl. *kitchen,* cuisine). Petite cuisine souvent intégrée à la salle de séjour. Recomm. off. : *cuisinette.*

KITSCH ou **KITCH** [kitʃ] adj. inv. et n.m. inv. (mot all., *toc*). Se dit d'un objet, d'un décor, d'une œuvre d'art dont le mauvais goût, voire la vulgarité, voulus ou non, réjouissent les uns, rebutent les autres.

KIWI [kiwi] n.m. (mot angl., d'un mot maori). **1.** ORNITH. Aptéryx. **2.** Fruit comestible de l'actinidia, à pulpe verte et à peau marron couverte d'une pilosité soyeuse.

KLAXON [klaksɔn] n.m. (nom déposé). AUTOM. Avertisseur sonore à commande mécanique ou électrique.

KLAXONNER v.i. et v.t. Faire fonctionner un Klaxon, un avertisseur sonore.

KLEENEX [klinɛks] n.m. (nom déposé). Mouchoir jetable en ouate de cellulose.

KLEPHTE ou **CLEPHTE** n.m. (gr. mod. *klephthês,* brigand). Dans la Grèce ottomane, montagnard vivant surtout de brigandage et qui lutta pour l'indépendance de son pays au XIXe siècle.

KLEPTOMANE ou **CLEPTOMANE** n. Personne atteinte de kleptomanie.

KLEPTOMANIE ou **CLEPTOMANIE** n.f. (du gr. *kleptein,* voler). Impulsion pathologique qui pousse certaines personnes à voler.

KLINEFELTER [klinfɛltœr] **(SYNDROME DE) :** affection du sexe masculin, due à une aberration chromosomique, caractérisée par une atrophie des testicules et une stérilité, et parfois associée à une déficience mentale.

KLIPPE n.f. (mot all., *écueil*). GÉOL. Lambeau de recouvrement d'une structure charriée, mis en relief par l'érosion.

KLYSTRON n.m. (du gr. *kluxein,* envoyer un jet de liquide). Tube électronique à modulation de vitesse.

KNICKERS [nikɔrs] ou [nikɛrs] n.m. pl. ou **KNICKER** n.m. (mot angl.). Pantalon large et court, serré au-dessous du genou.

KNOCK-DOWN [nɔkdawn] n.m. inv. (mot angl., de *knock,* coup, et *down,* par terre). État d'un boxeur envoyé à terre, mais qui n'est pas encore mis hors de combat.

KNOCK-OUT [nɔkawt] n.m. inv. (mot angl., de *knock,* coup, et *out,* dehors). Mise hors de combat d'un boxeur resté au moins dix secondes à terre ; état de ce boxeur. Abrév. : *K.-O.* ◆ adj. inv. Complètement étourdi ; assommé. *Mettre qqn knock-out.* Abrév. : *K.-O.*

KNOUT [knut] n.m. (mot russe). En Russie, fouet constitué de plusieurs lanières de cuir. – Châtiment corporel qui consistait à frapper le dos de qqn avec un tel fouet.

K.-O. [kao] n.m. et adj. (abrév.). Knock-out. ◆ adj. Épuisé par un effort ; assommé par un choc violent. *Être K.-O. de fatigue.*

KOALA n.m. (mot australien). Mammifère marsupial de l'Australie orientale, arboricole, à allure d'ourson, se nourrissant exclusivement de feuilles d'eucalyptus. (Long. env. 80 cm ; genre *Phascolarctos,* famille des phascolarctidés.)

■ **KOALA**

KOB ou **COB** n.m. (mot wolof). Antilope des marais de l'Afrique subsaharienne, au poil milong et rude, excellente nageuse. (Genres *Kobus* et *Redunca ;* famille des bovidés.)

KOBOLD [kɔbɔld] n.m. (mot all.). Génie familier de la mythologie germanique.

KOCH [kɔk] **(BACILLE DE) :** bactérie responsable de la tuberculose.

KODIAK n.m. (n. d'une île de l'Alaska). Ours brun d'une race de l'Alaska, le géant des carnivores actuels (3,50 m de long, 500 kg).

KOHOL n.m. → **KHÔL.**

KOINÈ [kɔjnɛ] n.f. (gr. *koinos,* commun). **1.** Dialecte attique mêlé d'éléments ioniques, qui est devenu la langue commune de tout le monde grec à l'époque hellénistique et romaine. **2.** Toute langue commune se superposant à un ensemble de dialectes sur une aire géographique donnée.

KOLA ou **COLA** n.m. (mot soudanais). **1.** Kolatier. **2.** Fruit du kolatier (aussi appelé *noix de kola*), contenant des alcaloïdes stimulants.

KOLATIER n.m. Arbre originaire d'Afrique, qui produit le kola. (Famille des sterculiacées.)

KOLINSKI [kɔlɛ̃ski] n.m. (mot russe). Fourrure d'une martre de Sibérie que l'on peut employer, teinte, pour imiter la zibeline.

KOLKHOZ ou **KOLKHOZE** n.m. (mot russe). Dans l'ex-URSS, coopérative agricole de production qui avait la jouissance de la terre qu'elle occupait et la propriété collective des moyens de production.

KOLKHOZIEN, ENNE adj. et n. Relatif à un kolkhoz ; qui en est membre.

KOMMANDANTUR [-tur] ou [-tyr] n.f. (mot all.). HIST. Commandement militaire local en région occupée par les Allemands, lors des deux guerres mondiales. – Service d'un commandement allemand ; bâtiment abritant ce service.

KOMSOMOL [kɔmsɔmɔl] n. (abrév. de mots russes). HIST. Membre d'une organisation de masse soviétique (le *Komsomol*) chargée de former la jeunesse dans l'esprit du communisme.

KONDO n.m. (mot jap.). Bâtiment principal d'un ensemble monastique bouddhique, au Japon, qui abrite le sanctuaire où est révérée l'image du Bouddha ou du bodhisattva.

KONZERN [kɔ̃zɛrn] ou [kɔntsɛrn] n.m. (mot all.). Groupement d'entreprises liées entre elles par des participations financières croisées.

KOPECK n.m. (mot russe). **1.** Monnaie divisionnaire valant 1/100 de rouble. **2.** *Fam. Pas un kopeck :* pas un sou.

KORA n.f. (mot mandingue). Harpe-luth à 21 cordes, originaire d'Afrique de l'Ouest.

KORÊ ou **CORÉ** n.f. (mot gr.). Statue de jeune fille debout, typique de l'art grec archaïque, sculptée jusqu'au tout début du Ve s. av. J.-C. Pluriel savant : *korai.*

■ **KORÊ** d'Euthydikos ; marbre, v. 530 – 510 av. J.-C. (Musée de l'Acropole, Athènes.)

KORRIGAN, E n. (mot breton). Nain ou fée des légendes bretonnes, tantôt bienveillants, tantôt malveillants.

KORSAKOFF (SYNDROME DE) : affection neurologique caractérisée par une amnésie antérograde avec fabulations, souvent associée à une polynévrite des membres inférieurs.

KOSOVAR, E adj. et n. Du Kosovo, de ses habitants.

KOT n.m. (mot néerl., *chambre*). Belgique. **1.** Chambre d'étudiant. **2.** Débarras. (Dans ce sens, on emploie aussi *kotch* ou *kotje,* que l'on prononce [kɔtʃ].)

KOTO n.m. (mot jap.). Instrument de musique extrême-oriental à cordes pincées, tendues sur une caisse de résonance plate, de forme approximativement rectangulaire, et possédant chacune leur chevalet.

KOUBBA n.f. (mot ar.). Monument élevé sur la tombe d'un marabout, en Afrique du Nord.

KOUGLOF [kuglɔf] n.m. (mot alsacien, de l'all. *Kugel,* boule). Brioche alsacienne aux raisins secs, en forme de couronne.

KOUIGN-AMANN [kwiɲaman] n.m. inv. (mot breton, *gâteau au beurre*). Galette riche en beurre et en sucre, caramélisée sur le dessus. (Spécialité de Douarnenez.)

KOULAK n.m. (mot russe). HIST. Paysan enrichi de la Russie de la fin du XIXe s. et du début du XXe s. (En 1930 - 1931, Staline entreprit la liquidation des koulaks, assimilés alors à des paysans moyens.)

KOULIBIAC n.m. (russe *koulebiaka*). Pâté brioché et farci de poisson, de viande, de chou, etc. (Cuisine russe.)

KOUMYS ou **KOUMIS** [kumis] n.m. (mot tatar). Boisson fermentée, fabriquée par les nomades de l'Asie centrale à partir de lait de jument, de chamelle ou de vache.

■ **KORA.** Joueur de kora en Guinée-Bissau.

K

KOURGANE n.m. (turc *kurgan*). PRÉHIST. En Russie, tumulus abritant des sépultures collectives, utilisé de la fin du néolithique aux derniers siècles précédant notre ère.

KOUROS ou **COUROS** [kurɔs] n.m. (mot gr.). Statue grecque archaïque représentant un jeune homme nu. Pluriel savant : *kouroi.*

KOWEÏTIEN, ENNE [kowɛtjɛ̃, ɛn] adj. et n. Du Koweït, de ses habitants.

KRAAL [kral] n.m. (mot néerl.). En Afrique du Sud, village indigène ; enclos pour le bétail.

KRACH [krak] n.m. (mot all., *craquement*). **1.** Effondrement des cours des valeurs ou des marchandises, à la Bourse. **2.** Débâcle financière, faillite brutale d'une entreprise.

KRAFT adj. (mot all., *force*). *Pâte kraft* : pâte chimique, de résistance mécanique élevée. – *Papier kraft,* ou *kraft,* n.m. : papier d'emballage très résistant fabriqué avec de la pâte kraft écrue ou blanchie.

KRAK n.m. (ar. *karāk*). HIST. Ensemble fortifié construit aux XIIe - XIIIe s. par les croisés en Palestine et en Syrie.

KREMLIN [krɛmlɛ̃] n.m. (russe *kreml,* citadelle, forteresse). HIST. Partie centrale et fortifiée des villes russes anciennes. ◇ *Spécial. Le Kremlin : v. partie n.pr.*

KREMLINOLOGUE n. Observateur de la politique soviétique, et auj. russe, cherchant à tirer au clair les intrigues et les luttes pour le pouvoir qui se déroulent au Kremlin, siège du pouvoir exécutif.

K

KREUZER [krøtzɛr] ou [-dzɛr] n.m. (mot all., de *Kreuz,* croix). Ancienne monnaie d'Autriche-Hongrie, qui valait 1/100 de florin.

KRIEK [krik] n.f. Belgique. Gueuze aromatisée à la cerise.

KRILL [kril] n.m. (norvégien *kril*). Plancton des mers froides, formé de petits crustacés (essentiellement *Euphausia superba*) transparents, et qui constitue la nourriture principale des baleines à fanons.

KRISS ou **CRISS** [kris] n.m. (malais *kris*). Poignard malais à lame ondulée en forme de flamme.

KRONPRINZ [krɔnprints] n.m. (mot all.). HIST. Titre du prince héritier, en Allemagne et en Autriche. ◇ *Spécial. Le Kronprinz : v. partie n.pr.*

KRYPTON n.m. (du gr. *kruptos,* caché). **1.** Gaz rare de l'atmosphère, utilisé dans certaines ampoules électriques. **2.** Élément chimique (Kr), de numéro atomique 36, de masse atomique 83,80.

KSAR n.m. [pl. *ksour*] (ar. *qṣar,* pl. *qṣur*). Village fortifié de l'Afrique du Nord.

KSHATRIYA ou **KSATRIYA** [kʃatrija] n.m. inv. Deuxième des quatre castes de la société hindoue, constituée par les nobles et les guerriers. Graphie savante : *kṣatriya.*

KSI ou **XI** [ksi] n.m. inv. Quatorzième lettre de l'alphabet grec (Ξ, ξ), correspondant à l'*x* français.

KUFIQUE n.m. et adj. → **COUFIQUE.**

KUMMEL n.m. (mot all., *cumin*). Liqueur alcoolique d'origine russe, à base de cumin, appréciée pour ses qualités digestives.

KUMQUAT [kumkwat] n.m. (du chin.). **1.** Arbuste voisin du mandarinier, cultivé pour ses petits fruits comestibles et pour l'ornement. (Genre *Fortunella ;* famille des rutacées.) **2.** Son fruit, consommé confit.

KUNG-FU [kuŋfu] n.m. inv. (mot chin.). Art martial chinois, assez proche du karaté.

KURDE adj. et n. Qui se rapporte aux Kurdes, appartient à ce peuple ; relatif au Kurdistan. ◆ n.m. Langue du groupe iranien parlée par les Kurdes.

KURU [kuru] n.m. (mot de Nouvelle-Guinée). MÉD. Encéphalopathie due à un prion, qui affectait certaines populations de Nouvelle-Guinée pratiquant le cannibalisme (notamm. l'ingestion rituelle du cerveau des défunts).

KWA [kwa] n.m. Groupe de langues nigéro-congolaises parlées dans l'Afrique de l'Ouest.

KWAS [kvas] ou **KVAS** n.m. (russe *kvas*). Boisson alcoolique d'origine russe, obtenue à partir de farine d'orge ou de seigle fermentée.

KWASHIORKOR [kwaʃjɔrkɔr] n.m. (mot du Ghana). Dénutrition grave par carence en protéines, observée chez les enfants du tiers-monde.

K-WAY [kawɛ] n.m. (nom déposé). Coupe-vent qui, replié dans une des poches prévues à cet effet, peut être porté en ceinture.

KYAT [kjat] n.m. Unité monétaire principale de la Birmanie.

KYRIE [kirije] ou **KYRIE ELEISON** [kirijeelejsɔn] n.m. inv. (gr. *Kurie,* Seigneur, et *eleêson,* aie pitié). **1.** Invocation grecque en usage dans la liturgie romaine et dans de nombreuses liturgies chrétiennes orientales. **2.** Musique composée sur cette invocation liturgique.

KYRIELLE n.f. (de *Kyrie*). Longue suite ininterrompue. *Une kyrielle d'injures.*

KYSTE n.m. (gr. *kustis,* vessie). **1.** MÉD. Cavité pathologique à contenu en général liquide ou semi-liquide, entourée d'une paroi propre. **2.** SC. DE LA V. Forme de résistance ou de dissémination de certains organismes vivants (protistes, champignons), à paroi épaisse et protectrice. **3.** ZOOL. Formation noduleuse apparaissant dans les tissus d'un animal, en réaction à la présence d'un parasite, et dans laquelle ce dernier demeure en vie ralentie. *Kyste hydatique de l'échinocoque.*

KYSTIQUE adj. MÉD. Relatif aux kystes ; de la nature des kystes.

KYUDO [kjudo] n.m. (mot jap.). Tir à l'arc japonais.

Caractère Lubalin

L n.m. inv. **1.** Douzième lettre de l'alphabet et la neuvième des consonnes. (*L* note la consonne latérale.) **2.** L : notation de 50 dans la numération romaine.

1. LA art. déf. fém. sing. et pron. pers. fém. sing. → **LE.**

2. LA n.m. inv. Note de musique ; sixième degré de la gamme de do. ◇ *Donner le « la » :* donner l'exemple sur lequel les autres modèlent leur comportement ; servir d'exemple.

LÀ adv. (lat. *illac*). **1.** Indique un lieu autre que celui où l'on se trouve (par oppos. à *ici*). **2.** Indique un lieu précis ou le lieu où l'on est, dans la langue courante. **3.** Indique un moment, une situation, un point précis dans le temps ; à ce point, en cela. **4.** Indique un renforcement de l'énoncé. *Vous dites là des choses incroyables.* **5.** *De là :* de ce lieu-là ; pour cette raison. – *Là contre :* contre cela. – *Par là :* par ce lieu ; dans les environs ; par ce moyen. **6.** Se place avec un trait d'union à la suite des pronoms démonstratifs et des substantifs précédés eux-mêmes de l'adj. dém. *ce (cet, cette, ces),* pour rendre la désignation plus précise. *Cet homme-là. Celui-là.* **7.** Se place avant quelques adverbes de lieu. *Là-dessus, là-bas, etc.* ◆ interj. *Là, là ! :* sert de parole apaisante, consolatrice. *Là, là ! rassurez-vous.*

LABANOTATION n.f. Système de notation chorégraphique élaboré par Rudolf von Laban.

LABARUM [labarɔm] n.m. (mot lat.). HIST. Étendard impérial sur lequel Constantin aurait fait mettre, après sa victoire sur Maxence (312), une croix et le monogramme du Christ.

LÀ-BAS adv. En un lieu situé plus bas ou plus loin.

LABBE n.m. (mot suédois). ORNITH. Stercoraire.

LABDANUM [labdanɔm] ou **LADANUM** [ladanɔm] n.m. (gr. *ladanon*). Gomme-résine extraite d'un ciste, utilisée en parfumerie.

LABEL [labɛl] n.m. (mot angl., *étiquette*). **1.** Marque spéciale créée par un syndicat professionnel et apposée sur un produit destiné à la vente, pour en certifier l'origine, les conditions de fabrication, etc. (On dit aussi *label de qualité.*) **2.** Société éditrice de disques ; marque déposée par cette société.

LABÉLISER ou **LABELLISER** v.t. Attribuer un label à. *Labéliser un produit.*

LABELLE n.m. (lat. *labellum,* petite lèvre). Pétale supérieur de la corolle des orchidées.

LABEUR n.m. (lat. *labor*). **1.** *Litt.* Travail pénible et prolongé. **2.** Ouvrage typographique de longue haleine (par oppos. à *bilboquet*). ◇ *Imprimerie de labeur :* imprimerie spécialisée dans les labeurs (par oppos. à *imprimerie de presse*).

LABIAL, E, AUX adj. (du lat. *labium,* lèvre). Relatif aux lèvres. ◇ PHON. *Consonne labiale,* ou *labiale,* n.f. : consonne dont l'articulation principale consiste en un arrondissement des lèvres (bilabiales [p], [b], [m], labiodentales [f], [v]).

LABIALISER v.t. PHON. Prononcer un phonème en arrondissant les lèvres.

LABIÉ, E adj. (du lat. *labium,* lèvre). BOT. Se dit d'une corolle gamopétale, dont les pétales soudés forment le plus souvent deux lèvres proéminentes.

LABIÉE n.f. (du lat. *labium,* lèvre). Plante dicotylédone, à fleurs zygomorphes souvent parfumées, telle que le lamier, la sauge, la menthe, la lavande, le thym, le romarin. (Les labiées forment une famille.) SYN. : *lamiacée.*

LABILE adj. (lat. *labilis,* de *labi,* glisser). **1.** Se dit d'une substance chimique instable. **2.** PSYCHOL. Se dit d'une humeur changeante. **3.** MÉD. Variable d'un moment à l'autre. *Tension artérielle labile.*

LABILITÉ n.f. **1.** Caractéristique d'un système chimique qu'une barrière d'énergie faible laisse évoluer vers un autre état (par oppos. à *inertie*). [La nitroglycérine est labile vis-à-vis de sa décomposition explosive en azote, CO_2 et H_2O.] **2.** PSYCHOL. Caractère d'une humeur labile.

LABIODENTALE adj.f. et n.f. PHON. Se dit d'une consonne réalisée avec la lèvre inférieure et les incisives supérieures (ex. : [f], [v]).

LABIUM [labjɔm] n.m. (mot lat., *lèvre*). Pièce inférieure de l'appareil buccal des insectes.

LABO n.m. (abrév.). *Fam.* Laboratoire.

LABORANTIN, E n. Personne employée dans un laboratoire d'analyses ou de recherches.

LABORATOIRE n.m. (du lat. *laborare,* travailler). **1.** Local aménagé pour faire des recherches scientifiques, des analyses biologiques, des essais industriels, des travaux photographiques, etc. Abrév. *(fam.) : labo.* ◇ *Laboratoire de langue(s) :* salle insonorisée permettant à l'étudiant de se livrer à la pratique orale de la langue à l'aide d'un magnétophone sur lequel est enregistré un modèle d'enseignement. **2.** Ensemble de chercheurs effectuant dans un lieu déterminé un programme de recherches. **3.** *Fig.* Tout lieu où une équipe travaille à l'élaboration de qqch. *Un laboratoire de l'urbanisme.*

LABORIEUSEMENT adv. Avec beaucoup de peine et de travail.

LABORIEUX, EUSE adj. et n. (lat. *laboriosus,* de *labor,* travail). Qui travaille beaucoup, assidûment. ◆ adj. **1.** Qui coûte beaucoup de travail, d'efforts ; difficile. *Une recherche laborieuse.* **2.** Qui se fait difficilement. **3.** Qui manque de spontanéité, de vivacité. *Plaisanterie laborieuse.*

LABOUR n.m. Travail du sol avec la charrue, l'araire, la houe, la bêche. ◆ pl. Terres labourées. *Marcher dans les labours.*

LABOURABLE adj. Propre à être labouré ; cultivable. *Terres labourables.*

LABOURAGE n.m. Action, manière de labourer la terre.

LABOURER v.t. (lat. *laborare,* travailler). **1.** Ouvrir et retourner la terre avec la charrue, l'araire, la houe, la bêche, afin de l'ameublir et d'enfouir ce qu'elle porte en surface. **2.** Creuser profondément le sol, le défoncer. **3.** *Fig.* Marquer une partie du corps de raies, de stries, d'écorchures profondes. *Un front labouré de rides.*

LABOUREUR n.m. **1.** Vieilli. Celui qui laboure, cultive la terre. **2.** En France, sous l'Ancien Régime, paysan qui possédait charrue et animaux de trait nécessaires pour mettre en valeur les terres qu'il louait ou dont il était propriétaire.

1. LABRADOR n.m. (de *Labrador,* n.pr.). Retriever d'une race de grande taille, à poil ras, noir ou fauve.

2. LABRADOR n.m. (de *Labrador,* n.pr.). MINÉRALOG. Feldspath de type plagioclase, répandu dans certaines roches comme la diorite.

■ **LABRADOR**

LABRE n.m. (lat. *labrum,* lèvre). **1.** Poisson marin des côtes rocheuses de l'Atlantique et de la Méditerranée, aux couleurs vives, comestible, dont une espèce est la vieille. (Long. jusqu'à 60 cm ; genre *Labrus,* ordre des perciformes.) **2.** Lèvre supérieure des insectes.

LABRIT n.m. (de *Labrit,* commune des Landes). Chien de berger des Pyrénées, à poil long.

LABYRINTHE n.m. (gr. *laburinthos*). **1.** Édifice légendaire, attribué à Dédale, dont la complexité du plan rendait l'issue introuvable (v. partie n.pr.). **2.** ARCHIT. Composition en méandres, de plan centré, du pavement de certaines grandes églises du Moyen Âge, que les fidèles suivaient à genoux. **3.** Petit bois ou plantation de haies aux allées entrelacées de telle sorte qu'on s'y égare, qu'on s'y perde facilement. **4.** Réseau compliqué de chemins où l'on a du mal à s'orienter. **5.** Complication inextricable. *Le labyrinthe de la procédure.* **6.** MÉD. Ensemble des parties qui composent l'oreille interne (limaçon ou cochlée, vestibule et canaux semi-circulaires).

LABYRINTHIQUE adj. Relatif à un labyrinthe.

LACS : LES PRINCIPALES ÉTENDUES D'EAU DOUCE

nom	région	superficie
lac Supérieur	Amérique du Nord	82 700 km²
lac Victoria	Afrique équatoriale	68 100 km²
lac Huron	Amérique du Nord	59 800 km²
lac Michigan	Amérique du Nord	58 300 km²
lac Tanganyika	Afrique orientale	31 900 km²
lac Baïkal	Sibérie	31 500 km²
Grand Lac de l'Ours	Amérique du Nord	31 100 km²
lac Malawi	Afrique orientale	30 800 km²
Grand Lac des Esclaves	Amérique du Nord	28 930 km²

LABYRINTHITE n.f. MÉD. Inflammation du labyrinthe de l'oreille interne.

LAC n.m. (lat. *lacus*). Grande étendue d'eau intérieure, génér. douce, d'origines diverses (tectonique, glaciaire, volcanique, etc.). <> *Fam. Être, tomber dans le lac :* échouer, n'aboutir à rien.

LAÇAGE ou **LACEMENT** n.m. Action, manière de lacer.

LACAUNE n. et adj. (de *Lacaune*, n.pr.). Mouton d'une race exploitée pour le lait (fromage de Roquefort) et la viande. (En France, c'est la race qui a le plus fort effectif.)

LACCOLITE n.m. (gr. *lakkos*, fosse, et *lithos*, pierre). GÉOL. Massif convexe de rochers magmatiques résultant d'une montée de magma qui n'atteint pas la surface.

LACÉDÉMONIEN, ENNE adj. et n. De Lacédémone (Sparte).

LACEMENT n.m. → **LAÇAGE.**

LACER v.t. [9] (lat. *laqueare*, de *laqueus*, lacet). Serrer, maintenir, fermer avec un lacet.

LACÉRATION n.f. Action de lacérer.

LACÉRER v.t. [11] (lat. *lacerare*, déchirer). Mettre en pièces ; déchirer. *Lacérer un livre.*

LACERIE n.f. Procédé de vannerie employé pour fabriquer de petites corbeilles en osier fin.

LACERTILIEN n.m. (du lat. *lacertus*, lézard). Reptile squamate génér. muni de pattes, de taille et de mœurs variées, tel que le lézard, le caméléon, le varan, l'orvet. (Les lacertiliens forment un sous-ordre.) SYN. : *saurien.*

LACET n.m. (de *lacs*). **1.** Cordon qu'on passe dans des œillets pour serrer un vêtement, des souliers, etc. **2.** Série de zigzags. *Route en lacet(s).* **3.** Mouvement d'oscillation d'un avion autour d'un axe vertical, passant par son centre de gravité. **4.** Nœud coulant pour prendre le gibier ; lacs.

LACEUR, EUSE n. Personne qui fait des filets pour la chasse, la pêche.

LÂCHAGE n.m. **1.** Action de lâcher qqch. **2.** *Fam.* Abandon d'une personne que l'on aidait, que l'on défendait.

1. LÂCHE adj. (de *1. lâcher*). **1.** Qui n'est pas tendu, pas serré. *Corde, nœud lâches.* **2.** *Litt.* Qui manque de précision, de densité. *Style lâche.*

2. LÂCHE adj. et n. **1.** Qui manifeste un manque de courage ; peureux, poltron. *Homme lâche.* **2.** Qui manifeste de la cruauté et de la bassesse, en s'attaquant à des êtres sans défense ; vil. *Un lâche attentat.*

LÂCHÉ, E adj. BX-ARTS. Fait avec négligence, sans fermeté. *Dessin lâché.*

LÂCHEMENT adv. Sans courage ; avec bassesse.

1. LÂCHER v.t. (lat. *laxare*). **1.** Rendre qqch moins tendu ; détendre. *Lâcher un cordage.* **2.** Cesser de tenir, de retenir qqch. *Lâcher sa proie. Lâcher les amarres.* **3.** Laisser échapper malgré soi une parole, un geste. *Lâcher une sottise.* **4.** Quitter brusquement ; abandonner. *Lâcher ses études.* <> *Lâcher pied :* abandonner une position ; céder. **5.** *Fam.* Cesser d'importuner, laisser tranquille. *Il ne m'a pas lâché de la journée.* **6.** SPORTS. Distancer un concurrent, un groupe de concurrents. *Lâcher le peloton.* ◆ v.i. Céder brutalement ; rompre, se casser. *La corde a lâché.*

2. LÂCHER n.m. Action de laisser aller, de laisser partir. *Un lâcher de ballons.*

LÂCHETÉ n.f. **1.** Manque de courage. **2.** Action indigne. *Commettre une lâcheté.*

LÂCHEUR, EUSE n. *Fam.* Personne qui abandonne ceux avec qui elle était engagée.

LACINIÉ, E adj. (lat. *laciniatus*, découpé). BOT. Se dit d'un organe qui offre des découpures profondes et étroites, en lanières.

LACIS n.m. (de *lacer*). Réseau de fils, de vaisseaux, de routes, etc., entrelacés. *Un lacis de fils de fer. Un lacis veineux.*

LACONIQUE adj. (gr. *lakonikos*, de Laconie). Qui économise les mots ; concis, bref. *Réponse laconique.*

LACONIQUEMENT adv. En peu de mots.

LACONISME n.m. Façon de parler remarquable par sa brièveté, sa concision.

LACRIMA-CHRISTI [lakrimakristi] n.m. inv. (mots lat., *larme du Christ*). Vin provenant des vignes cultivées au pied du Vésuve ; cépage qui le produit.

LACRYMAL, E, AUX adj. (lat. *lacrimalis*, de *lacrima*, larme). *Didact.* Relatif aux larmes.

LACRYMOGÈNE adj. Qui fait pleurer. *Gaz lacrymogène.*

LACRYMO-NASAL, AUX adj.m. *Canal lacrymo-nasal :* conduit reliant le sac lacrymal aux fosses nasales.

LACS [lɑ] n.m. (lat. *laqueus*). **1.** Nœud coulant pour prendre du gibier ; lacet. **2.** Ruban de toile solide employé pour exercer une traction lors d'une fracture ou d'une luxation.

LACTAIRE n.m. (du lat. *lac, lactis*, lait). Champignon basidiomycète des bois, à chapeau souvent déprimé et à lamelles, dont la chair brisée laisse écouler un lait blanc ou coloré. (Beaucoup d'espèces sont comestibles ; d'autres sont à rejeter en raison de leur âcreté. Ordre des astéroporales.)

LACTALBUMINE n.f. Albumine du lait.

LACTAME n.m. CHIM. ORG. Amide interne cyclique souvent formé par élimination d'eau à partir d'un aminoacide (nom générique).

LACTARIUM [laktarjɔm] n.m. (mot lat.). Centre de collecte et de distribution du lait maternel.

LACTASE n.f. PHYSIOL. Enzyme de la muqueuse intestinale, présente surtout chez l'enfant, qui hydrolyse le lactose du lait en glucose et en galactose.

LACTATE n.m. CHIM. ORG. Sel de l'acide lactique.

LACTATION n.f. (du lat. *lactare*, allaiter). Sécrétion et excrétion du lait.

LACTÉ, E adj. (du lat. *lac, lactis*, lait). **1.** Qui est à base de lait. *Régime lacté.* **2.** Qui ressemble au lait. *Suc lacté.* **3.** Qui contient du lait. *Farine lactée.* **4.** *La Voie lactée :* bande blanchâtre, floue, irrégulière, qui fait le tour complet de la sphère céleste. (C'est la trace dans le ciel du disque de la Galaxie ; elle doit son aspect à la multitude d'étoiles qui la composent.)

LACTESCENCE [laktesɑ̃s] n.f. *Litt.* Caractère d'un liquide qui ressemble au lait.

LACTESCENT, E adj. (lat. *lactescens, -entis*, qui devient laiteux). BOT. Qui contient un suc laiteux, un latex blanc.

LACTIFÈRE adj. ANAT. Se dit d'un canal qui conduit le lait.

LACTIQUE adj. **1.** CHIM. Se dit d'un acide-alcool $H_3C{-}CHOH{-}COOH$, qui apparaît lors de la fermentation des hexoses sous l'action des bactéries lactiques, et lors de la décomposition du glycogène pendant la contraction musculaire. **2.** *Ferments lactiques :* ensemble des bacilles isolés de divers produits laitiers, qui transforment les hexoses en acide lactique. (Ils sont utilisés contre la diarrhée.)

LACTODENSIMÈTRE n.m. Pèse-lait.

LACTOFLAVINE n.f. (lat. *lac, lactis*, lait, et *flavus*, jaune). Vitamine du groupe B, que l'on trouve dans le lait. SYN. : *riboflavine, vitamine B2.*

LACTONE n.f. CHIM. ORG. Ester cyclique, fourni par certains acides-alcools, et dont le groupe fonctionnel fait partie d'un cycle (nom générique).

LACTOSE [laktoz] n.m. CHIM. ORG. Sucre (molécule à 12 atomes de carbone) contenu dans le lait, et se dissociant en glucose et en galactose.

LACTOSÉRUM [laktoserɔm] n.m. Liquide jaune pâle séparé du caillé lors de la fabrication du fromage. SYN. : *sérum.*

LACUNAIRE adj. **1.** Qui comporte des lacunes. **2.** MÉD. Qui présente des lacunes ; qui est dû à des lacunes. *Syndrome lacunaire.* <> *Amnésie lacunaire :* oubli portant sur une ou plusieurs périodes bien circonscrites de la vie passée.

LACUNE n.f. (lat. *lacuna*). **1.** Vx. Espace vide dans l'intérieur d'un corps. **2.** Interruption dans un texte. *Manuscrit rempli de lacunes.* **3.** Ce qui manque pour compléter une chose ; défaillance, insuffisance. *Les lacunes d'une éducation.* **4.** GÉOL. Absence d'un niveau géologique dans une série stratigraphique. **5.** MÉD. Petite perte de substance dans un organe, par destruction locale. *Lacune cérébrale.*

LACUNEUX, EUSE adj. **1.** *Litt.* Qui comporte des lacunes. **2.** BOT. *Tissu lacuneux*, situé sous l'épiderme des feuilles de dicotylédones, plus ou moins alvéolé et où ont lieu les échanges gazeux.

LACUSTRE adj. (lat. *lacustris*, de *lacus*, lac). **1.** Qui vit sur les bords ou dans les eaux d'un lac. *Plante lacustre.* **2.** *Village lacustre :* village construit ou non sur pilotis, en bordure ou à proximité d'un lac. (Autref., ce type de constructions était dit *cité lacustre*, ou *palafitte*.)

LAD [lad] n.m. (mot angl.). Garçon d'écurie qui soigne les chevaux de course.

LADANG n.m. En Asie du Sud-Est, culture temporaire semi-nomade sur brûlis.

LADANUM n.m. → **LABDANUM.**

LADIN n.m. (lat. *latinus*, latin). Dialecte rhéto-roman parlé dans le Tyrol du Sud.

LADINO n.m. (mot esp.). Forme du castillan parlée dans les Balkans, en Afrique du Nord et au Proche-Orient par les descendants des Juifs expulsés d'Espagne en 1492. SYN. : *judéo-espagnol.*

LADITE adj.f. → **1. DIT.**

1. LADRE adj. et n. (lat. *Lazarus*, n. du pauvre couvert d'ulcères, dans la parabole de l'Évangile). **1.** Vx. Lépreux. **2.** *Litt.* Avare. **3.** VÉTÉR. Se dit du porc ou du bœuf qui a des cysticerques de ténia dans les muscles ou sous la langue.

2. LADRE n.m. *Taches de ladre :* parties de la peau du cheval dépourvues de pigment, rosâtres, dégarnies de poils autour des yeux, des naseaux et des parties génitales.

LADRERIE n.f. **1.** Vx. Lèpre. **2.** Anc. Hôpital où l'on recevait les lépreux. **3.** *Litt.* Avarice. **4.** VÉTÉR. Maladie du porc ou du bœuf ladres.

LADY [lɛdi] n.f. [pl. *ladys* ou *ladies*] (mot angl.). Femme de haut rang, en Angleterre.

LAGOMORPHE n.m. (du gr. *lagôs*, lièvre). Mammifère végétarien, différent des rongeurs par la présence de 4 incisives supérieures au lieu de 2, tel que le lièvre et le lapin. (Les lagomorphes forment un ordre.)

LAGON [lagɔ̃] n.m. (mot esp.). Étendue d'eau peu profonde à l'intérieur d'un atoll, ou fermée vers le large par un récif corallien.

LAGOPÈDE n.m. (gr. *lagôs*, lièvre, et lat. *pes, pedis*, pied). Oiseau gallinacé des hautes montagnes et du nord de l'Europe. (Le *lagopède des*

■ **LAGOPÈDE.** Lagopède des Alpes.

Alpes est entièrement blanc en hiver ; le *lagopède d'Écosse,* ou *grouse,* n'a pas le plumage blanc hivernal ; genre *Lagopus,* famille des tétraonidés.)

LAGOTRICHE ou **LAGOTHRIX** n.m. (gr. *lagôs,* lièvre, et *thrix, trikhos,* poil). Singe de l'Amérique du Sud, appelé aussi *singe laineux.* (Long. env. 50 cm, sans la queue ; genre *Lagothrix,* famille des cébidés.)

LAGUIOLE [lajɔl] n.m. (de *Laguiole,* n.pr.). **1.** Fromage voisin du cantal, fabriqué dans l'Aubrac. **2.** Couteau de poche à manche légèrement recourbé et à lame allongée.

LAGUIS [lagi] n.m. MAR. Cordage terminé par un nœud qui se serre par le seul poids du corps qu'il entoure.

LAGUNAGE n.m. AGRIC. Opération d'épuration des eaux résiduaires ou des lisiers consistant à les laisser séjourner dans de grands bassins.

LAGUNAIRE adj. Relatif aux lagunes.

LAGUNE n.f. (ital. *laguna*). Étendue d'eau marine retenue derrière un cordon littoral.

LAHAR n.m. (mot javanais). Coulée boueuse de flanc de volcan, aux effets parfois catastrophiques.

LÀ-HAUT adv. **1.** En un lieu situé plus haut ; au-dessus. **2.** Au ciel, dans la vie future (par oppos. à *ici-bas*).

1. LAI [lɛ] n.m. (celtique *laid*). Au Moyen Âge, petit poème narratif ou lyrique en octosyllabes à rimes plates.

2. LAI, E adj. (lat. *laicus*). *Frère lai, sœur laie :* religieux non prêtre, religieuse non admise aux vœux solennels, qui assuraient des services matériels dans les couvents.

LAÏC adj.m. et n.m. → **LAÏQUE.**

LAÏCAT n.m. Ensemble des laïques dans l'Église catholique.

LAÎCHE n.f. (bas lat. *lisca*). Plante vivace, très commune dans les zones humides, formant des touffes de longues feuilles de section triangulaire, aux bords coupants. (Famille des cypéracées.) SYN. : *carex.*

■ **LAÎCHE**

LAÏCISATION n.f. Action de laïciser.

LAÏCISER v.t. Rendre laïque. – *Spécial.* Soustraire à l'autorité religieuse, organiser selon les principes de la laïcité.

LAÏCISME n.m. Doctrine des partisans de la laïcisation des institutions.

LAÏCITÉ n.f. **1.** Caractère de ce qui est laïque, indépendant des conceptions religieuses ou partisanes. **2.** Système qui exclut les Églises de l'exercice du pouvoir politique ou administratif, et en partic. de l'organisation de l'enseignement public.

LAID, E adj. (du francique). **1.** Dont l'aspect heurte le sens esthétique, l'idée qu'on a du beau. *Laid comme un pou.* **2.** Qui s'écarte des bienséances, de ce que l'on pense être bien, moral, honnête. *Il est laid de mentir.* ◆ n.m. *Le laid :* ce qui est laid, inesthétique.

LAIDEMENT adv. D'une façon laide.

LAIDERON n.m. ou, rare, **LAIDERONNE** n.f. Jeune fille, jeune femme laide.

LAIDEUR n.f. **1.** Fait d'être laid ; caractère de ce qui est laid. *La laideur d'un visage.* **2.** Caractère de ce qui est bas, vil. *Une grande laideur de sentiments.*

1. LAIE n.f. (francique *lêha*). Femelle du sanglier.

2. LAIE n.f. (francique *laida,* chemin). Sentier rectiligne percé dans une forêt.

LAIMARGUE n.f. (gr. *laimargos,* vorace). Requin du Groenland à chair toxique, chassé par les Inuits pour son huile et son cuir. (Long. 4 m ; genre *Somniosus,* famille des squalidés.) SYN. : *dormeur.*

LAINAGE n.m. **1.** Étoffe, vêtement de laine. **2.** Toison des moutons. **3.** Opération qui donne aux tissus de laine et de coton un aspect pelucheux et doux.

LAINE n.f. (lat. *lana*). **1.** Fibre épaisse, douce et frisée provenant de la toison des moutons, utilisée comme matière textile. ◇ ***Laine crue,*** qui n'est pas apprêtée. – ***Laine à tricoter,*** en pelote, en écheveau. – *Fam.* ***Se laisser manger la laine sur le dos :*** se laisser dépouiller. **2.** *Fam.* Vêtement de laine tricoté. *Mettre une laine, une petite laine.* **3.** Fibre d'origine animale (alpaga, chameau, lapin angora, etc.). ◇ ***Laine minérale :*** matériau à base de fibres minérales, ayant plus ou moins l'aspect de la laine, et utilisé comme isolant calorifique. (On distingue, selon la provenance, la *laine de verre,* la *laine de laitier* et la *laine de roche.*) **4.** BOT. Duvet qui recouvre certaines plantes.

LAINÉ, E adj. *Peau lainée :* peausserie ayant conservé sa laine ; vêtement fait dans cette peausserie.

LAINER v.t. Opérer le lainage d'une étoffe.

LAINEUSE n.f. Machine utilisée pour lainer les tissus.

LAINEUX, EUSE adj. **1.** Qui est fait de laine épaisse. **2.** Qui a l'apparence de la laine. *Poil laineux.* **3.** Se dit d'une plante couverte de poils fins.

1. LAINIER, ÈRE adj. Relatif à la laine. *L'industrie lainière.*

2. LAINIER, ÈRE n. **1.** Industriel de la laine. **2.** Professionnel qui travaille dans l'industrie lainière.

LAÏQUE ou **LAÏC, LAÏQUE** adj. et n. (bas lat. *laicus,* gr. *laikos,* qui appartient au peuple). **1.** Qui n'appartient pas au clergé. *Un laïque* ou *un laïc.* **2.** Relatif à la laïcité ; qui en est partisan. ◆ adj. **1.** Indépendant des organisations religieuses. *État laïque. Juridiction laïque.* ◇ ***École laïque :*** école publique organisée selon les règles et les valeurs de la laïcité, avec obligation de neutralité sur le plan confessionnel. **2.** Qui est étranger à la religion, au sentiment religieux. *Un mythe laïque.*

LAIRD [lɛrd] n.m. (mot écossais, var. de *lord*). Grand propriétaire foncier, en Écosse.

LAIS [lɛ] n.m. pl. (de *laisser*). DR. Terrains que la mer, en se retirant, laisse à découvert et qui appartiennent au domaine public.

1. LAISSE n.f. (de *laisser*). Corde, lanière servant à mener un chien. ◇ ***Tenir qqn en laisse,*** l'empêcher d'agir librement.

2. LAISSE n.f. Suite de vers qui constitue une section d'un poème médiéval ou d'une chanson de geste.

3. LAISSE n.f. OCÉANOL. Zone de la plage qui se trouve découverte à marée basse. (Elle est souvent parsemée des débris que la mer abandonne au jusant.)

LAISSÉES n.f. pl. VÉNER. Fiente des sangliers.

LAISSÉ-POUR-COMPTE, LAISSÉE-POUR-COMPTE n. (pl. *laissés-, laissées-pour-compte*). Personne dont on n'a pas voulu, rejetée par un groupe social. ◆ n.m. Marchandise dont on a refusé de prendre livraison.

LAISSER v.t. (lat. *laxare,* relâcher). **1.** Ne pas prendre, ne pas employer, ne pas consommer qqch dont on pourrait disposer. *Laisser de la viande dans son assiette.* **2.** Ne pas emmener avec soi. *Laisser ses enfants à la maison.* **3.** Quitter volontairement ; abandonner. *Laisser sa famille, sa maison.* **4.** Être la cause de qqch qui se forme ou qui subsiste. *Le produit a laissé une auréole.* **5.** Perdre dans telles circonstances, en tel lieu. *Il a laissé sa vie dans cette bataille. J'y ai laissé beaucoup d'argent.* – *Spécial.* Être définitivement séparé par la mort, l'exil, etc., de. *Il laisse deux enfants.* **6.** *Litt.* ***Ne pas laisser de :*** ne pas cesser de, ne pas manquer de. *Cette réponse ne laisse pas de m'étonner.* **7.** Abandonner à qqn qqch que l'on pourrait garder. *Laisser sa part à une amie.* ◇ *Litt.* ***Laisser à qqn à penser, à juger si, ce que, etc. :*** ne pas expliquer à qqn qqch que l'on juge suffisamment clair, explicite. – ***Cela laisse à penser,*** donne à réfléchir. **8.** Remettre, confier qqch à qqn, notamm. lors d'un départ. *Laisser une lettre à la concierge. Je vous laisse le soin d'arroser les plantes.* **9.** Abandonner involontairement. *J'ai laissé mon parapluie chez toi.* **10.** Maintenir dans le même état, la même situation, la même position. *Laisser qqn à la porte. Laisser un champ en friche.* **11.** (Suivi d'un infinitif.) Ne pas empêcher de ; permettre de. *Je les ai laissés sortir. Laisser tomber un vase.* ◇ ***Laisser faire, dire :*** ne pas se soucier de ce que font, de ce que disent les autres. – *Fam.* ***Laisser tomber :*** abandonner. ◆ **se laisser** v.pr. **1.** Être, volontairement ou non, l'objet d'une action. *Se laisser surprendre.* ◇ ***Se laisser aller, se laisser vivre :*** se relâcher, s'abandonner à ses penchants. – ***Se laisser dire que...*** : entendre dire, mais sans y croire beaucoup, que. – ***Se laisser faire :*** ne pas opposer de résistance. **2.** *Fam.* Être agréable à, en parlant de choses. *Petit vin qui se laisse boire.*

LAISSER-ALLER n.m. inv. Négligence dans la tenue, dans les manières.

LAISSER-COURRE n.m. inv. VÉNER. Lieu ou moment où l'on découple les chiens.

LAISSER-FAIRE n.m. inv. Attitude qui consiste à ne pas intervenir. *Un laisser-faire généralisé.*

LAISSEZ-PASSER n.m. inv. Permis de pénétrer et de circuler sur un territoire déterminé délivré par une autorité.

LAIT n.m. (lat. *lac, lactis*). **1.** Liquide, génér. blanc, sécrété par les glandes mammaires de la femme et des femelles des mammifères, aliment très riche en graisses émulsionnées, en protides, en lactose, en vitamines, en sels minéraux et qui assure la nutrition des jeunes au début de leur vie. ◇ ***Lait en poudre :*** lait déshydraté, écrémé ou non, sucré ou non, pouvant être reconstitué par adjonction d'eau. – *Lait UHT* → **UHT. 2.** *Lait de poule :* jaune d'œuf battu dans du lait chaud avec du sucre. – ***Au lait :*** additionné de lait. *Café au lait.* – ***Frères, sœurs de lait :*** enfants nourris du

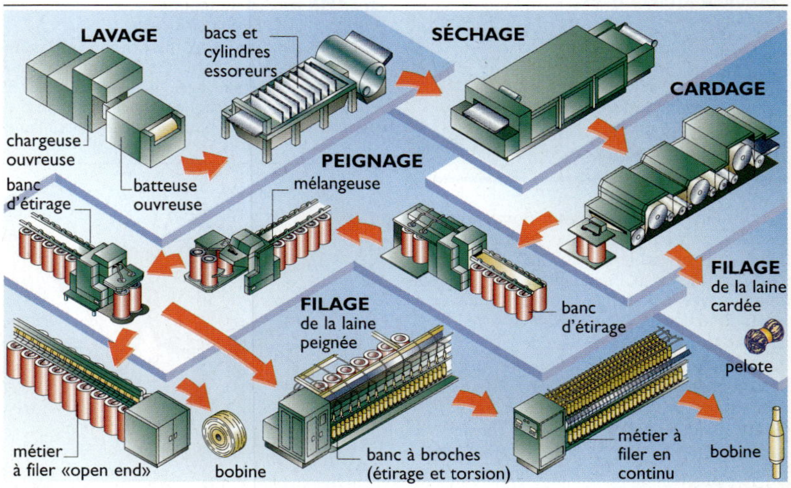

■ **LAINE.** Production des fils de laine.

LES DÉRIVÉS DU LAIT

laits liquides
entiers crus
entiers, demi-écrémés, écrémés
- pasteurisés
- stérilisés
- stérilisés UHT

laits concentrés
sucrés
non sucrés

laits en poudre

laits fermentés
traditionnels (koumys)
yaourts
- nature
- maigres
- aromatisés
- aux fruits
- liquides

crèmes
fraîches
liquides stérilisées UHT
chantilly

beurres
sans sel
salés
allégés (pâtes à tartiner)

desserts lactés
laits aromatisés
liégeois
flans
mousses
crèmes dessert
crèmes glacées

fromages au lait de vache seul
frais (petit-suisse)
à pâte molle et moisissures externes (camembert)
à pâte molle et croûte lavée (livarot)
fermentés à pâte persillée (bleus)
fermentés non cuits pressés (cantal)
fermentés cuits pressés (comté)

fromages au lait de chèvre seul
à pâte molle et croûte fleurie (chabichou)

fromages au lait de brebis seul
à pâte persillée (roquefort)

fromages de laits mélangés
(lait de vache avec lait de chèvre ou de brebis)

fromages fondus
crème de gruyère
pâtes à tartiner

produits protéiniques
caséine
concentrés de protéines
peptides

sous-produits industriels
laits reconstitués (alimentation animale)
poudre de lactosérum

lait de la même femme. – *Fam. Boire du lait, du petit-lait :* éprouver une vive satisfaction. **3.** Liquide qui ressemble au lait. *Lait d'amande, de coco, de chaux.* **4.** Préparation plus ou moins fluide, souvent parfumée, pour les soins de la peau ou le démaquillage. *Lait de toilette.*

LAITAGE n.m. Aliment à base de lait.

LAITANCE n.f. **1.** Sperme de poisson. **2.** CONSTR. Poudre blanchâtre qui apparaît parfois à la surface du béton.

LAITÉ, E adj. Qui a de la laitance. *Hareng laité.*

LAITERIE n.f. **1.** Usine où le lait est traité pour sa consommation et pour la production de produits dérivés (crème, beurre, fromage, yaourts, etc.). **2.** Industrie, commerce du lait. **3.** Local où l'on conserve le lait et où, éventuellement, on fait le beurre, le fromage, dans une ferme.

LAITERON n.m. Plante herbacée à fleurs jaunes, contenant un latex blanc et constituant une excellente nourriture pour les porcs et les lapins. (Genre *Sonchus ;* famille des composées.)

LAITEUX, EUSE adj. Qui ressemble au lait ; de couleur blanchâtre. *Teint laiteux.*

1. LAITIER, ÈRE n. Commerçant détaillant en produits laitiers. ◆ adj. **1.** Qui concerne le lait et ses dérivés. *Industrie laitière.* **2.** *Vache laitière,* ou *laitière,* n.f., élevée pour la production du lait.

2. LAITIER n.m. Sous-produit métallurgique surtout composé de silicates et formé en cours de fusion pour rassembler les impuretés.

LAITIÈRE n.f. **1.** Vache laitière. **2.** Pot à lait à anse et à couvercle.

LAITON n.m. (ar. *lāṭūn,* cuivre). Alliage de cuivre et de zinc (jusqu'à 46 %), ductile et malléable.

LAITONNAGE n.m. MÉTALL. Électrodéposition d'une couche de laiton à la surface d'une pièce.

LAITONNER v.t. Effectuer un laitonnage.

LAITUE n.f. (lat. *lactuca,* de *lac, lactis,* lait). **1.** Plante potagère annuelle, à végétation rapide, que l'on consomme en salade et dont il existe plusieurs variétés (romaine, batavia, etc.). [Genre *Lactuca ;* famille des composées.] **2.** *Laitue de mer :* ulve.

■ LAITUES

LAÏUS [lajys] n.m. (de *Laïus,* père d'Œdipe). *Fam.* Discours long et ennuyeux.

LAÏUSSER v.i. *Fam.* Faire un laïus.

LAÏUSSEUR, EUSE n. *Fam.* Personne qui a l'habitude de faire des laïus ; bavard.

LAIZE n.f. (du lat. *latus,* large). TEXT. Lé.

LAKISTE [lakist] adj. et n. (de l'angl. *lake,* lac). Se dit des poètes anglais de la fin du XVIIIe s. et du début du XIXe s., tels que Wordsworth, Coleridge, Southey, qui fréquentaient le Lake District, au nord-ouest de l'Angleterre, et qui appartiennent à la première génération du romantisme.

LALA interj. (Employée avec *ah* ou *oh.*) Exprime un sentiment de difficulté, de déception, de lassitude, d'énervement, etc.

LALLATION n.f. **1.** Défaut de prononciation de la consonne *l.* **2.** Ensemble des émissions vocales des nourrissons. SYN. : *babil, babillage.*

1. LAMA n.m. (d'un mot tibétain). Moine bouddhiste, au Tibet et en Mongolie.

2. LAMA n.m. (mot esp., du quechua). Mammifère ruminant de la cordillère des Andes, dont il existe deux races sauvages (*guanaco* et *vigogne*) et deux races domestiques (*alpaga* et *lama* proprement dit) élevées pour leur chair et leur laine, et utilisées comme bêtes de somme. (Genre *Lama ;* famille des camélidés.)

■ LAMA

LAMAGE n.m. Action de lamer.

LAMAÏQUE adj. Relatif au lamaïsme.

LAMAÏSME n.m. Forme particulière du bouddhisme au Tibet et en Asie centrale, consécutive à l'établissement du pouvoir temporel des dalaï-lamas (XVIIe s.).

LAMANAGE n.m. Pilotage des navires à l'entrée et à la sortie d'un port, dans un chenal ; amarrage des navires à quai.

LAMANEUR n.m. (anc. fr. *laman,* pilote, du moyen néerl.). Marin chargé du lamanage des navires.

LAMANTIN n.m. (de l'esp. *manatí*). Mammifère herbivore aquatique au corps massif, atteignant 3 m de long et pesant jusqu'à 500 kg, vivant dans les fleuves d'Afrique et d'Amérique tropicales. (Genre *Trichechus ;* ordre des siréniens.)

■ LAMANTIN

LAMARCKISME n.m. SC. DE LA V. Théorie transformiste exposée par Lamarck dans sa *Philosophie zoologique* (1809), qui explique l'évolution des êtres vivants par l'influence des variations du milieu sur le comportement, puis sur la morphologie des organismes. (Le lamarckisme suppose une hérédité des caractères acquis qui n'a jamais été formellement démontrée.)

LAMASERIE n.f. Couvent de lamas.

LAMBADA n.f. (mot brésilien, *coup de fouet*). Danse d'inspiration brésilienne, exécutée en couple, corps contre corps, avec ondulation des hanches et des épaules, pratiquée dans les années 1990.

1. LAMBDA [lɑ̃bda] n.m. inv. Onzième lettre de l'alphabet grec (Λ, λ), correspondant au *l* français. ◆ adj. inv. *Fam.* Qui ne se distingue par aucun trait remarquable ; moyen, quelconque. *Individu lambda.*

2. LAMBDA n.m. ANAT. Fontanelle postérieure du crâne, située entre les os pariétaux et l'occipital.

LAMBEAU n.m. (francique *labba*). **1.** Morceau d'étoffe, de papier, d'une matière quelconque déchiré, détaché, arraché. *Tomber, partir en lambeaux.* **2.** Fragment d'un ensemble, partie détachée d'un tout. *Un lambeau de peau.*

LAMBEL n.m. HÉRALD. Traverse horizontale placée en chef dans l'écu, d'où se détachent des pendants rectangulaires ou trapézoïdaux.

LAMBERT (PROJECTION) : représentation plane conique conforme directe d'une sphère ou d'un ellipsoïde, introduite par Johann Heinrich Lambert en 1772 et souvent utilisée pour le calcul des triangulations géodésiques et pour l'établissement des cartes topographiques.

LAMBI n.m. Antilles. Strombe.

LAMBIC ou **LAMBICK** n.m. (flamand *lambiek*). Bière forte fabriquée en Belgique, préparée avec du malt et du froment cru par fermentation spontanée.

LAMBIN, E adj. et n. (p.-ê. de *lambeau*). *Fam.* Qui agit avec lenteur et mollesse.

LAMBINER v.i. *Fam.* Agir avec lenteur, sans énergie ni vivacité.

LAMBLIASE n.f. Maladie parasitaire provoquée par la présence dans l'intestin grêle d'un protozoaire flagellé *(Giardia lamblia).*

LAMBOURDE n.f. (de l'anc. fr. *laon,* planche, du francique). **1.** CONSTR. **a.** Petite pièce de bois sur laquelle sont clouées les lames d'un parquet. **b.** Poutre fixée le long d'un mur et sur laquelle s'appuient les extrémités des solives d'un plancher. **2.** ARBOR. Rameau court d'un arbre fruitier, terminé par des boutons à fruits.

LAMBREQUIN n.m. (néerl. *lamperkijn,* de *lamper,* voile). **1.** Bande d'étoffe festonnée par le bas dont on décore les cantonnières de baies, les ciels de lit. **2.** Motif décoratif capricieux, à symétrie axiale, employé en céramique, en reliure. ◆ pl.

HÉRALD. Longs rubans festonnés partant du heaume et entourant l'écu.

LAMBRIS n.m. (de *lambrisser*). Revêtement en bois, marbre, stuc, etc., des parois d'une pièce, d'un plafond, d'une voûte. ◆ pl. **1.** Lames de bois profilées et rainées destinées au lambrissage. **2.** *Litt. Lambris dorés :* riche habitation ; palais.

LAMBRISSAGE n.m. Action de lambrisser ; ensemble des lambris d'un ouvrage.

LAMBRISSER v.t. Revêtir de lambris.

LAMBSWOOL [lɑ̃bswul] n.m. (angl. *lamb,* agneau, et *wool,* laine). **1.** Laine très légère provenant d'agneaux âgés de 6 à 8 mois. **2.** TEXT. Tissu fabriqué avec cette laine.

LAME n.f. (lat. *lamina*). **1.** Partie métallique d'un instrument ou d'un outil propre à couper, à trancher, à scier, à raser, à gratter. *Lame de couteau, de rasoir.* ◇ *Bonne, fine lame :* personne qui manie bien l'épée. **2.** Outil à large arête coupante. **3.** Morceau de métal ou d'autre matière dure, plat et étroit. *Une lame d'acier.* **4.** OPT. Rectangle de verre sur lequel on dépose les objets à examiner au microscope, et que l'on recouvre ensuite d'une lamelle. ◇ GÉOL. *Lame mince :* tranche très fine (0,03 mm) de roche obtenue par sciage et polissage. (Transparente à la lumière, elle permet l'observation microscopique, en lumière naturelle ou polarisée, des structures et des minéraux constitutifs de la roche.) **5.** ANAT. *Lame vertébrale :* partie postérieure et latérale d'une vertèbre. **6.** PRÉHIST. Produit de débitage de la pierre dont la longueur est au moins le double de la largeur. **7.** TEXT. Bande continue relativement étroite d'une matière apte à un usage textile. **8.** MYCOL. Lamelle. **9.** Vague de la mer, importante et bien formée. ◇ *Lame de fond :* lame de forte amplitude ; *fig.,* phénomène brutal et violent. **10.** Carte du jeu de tarot. SYN. : *arcane.*

LAMÉ, E adj. *Tissu lamé,* ou *lamé,* n.m., orné de minces lames d'or ou d'argent (ou d'imitation) ou dont le tissage comporte des fils de métal.

LAMELLAIRE adj. HISTOL. Dont la structure présente des lames, des lamelles.

LAMELLE n.f. (lat. *lamella*). **1.** Petite lame ; feuillet. *Des lamelles de mica.* **2.** Fine tranche. **3.** MYCOL. Chacun des feuillets rayonnants qui portent l'hyménium, au-dessous du chapeau, chez de nombreux champignons basidiomycètes. SYN. : *lame.* **4.** OPT. Mince lame de verre, de forme carrée ou ronde, utilisée pour recouvrir les préparations microscopiques. SYN. : *couvre-objet.* **5.** PRÉHIST. Lame de très petite taille.

LAMELLÉ, E ou **LAMELLEUX, EUSE** adj. Garni ou constitué de lamelles.

LAMELLÉ-COLLÉ n.m. (pl. *lamellés-collés*). Matériau formé de lamelles de bois assemblées par collage.

■ **LAMELLÉ-COLLÉ.** Structure du toit des tribunes du stade Roger-Serzian à Belfort (architecte : Kadir Cevirgen).

LAMELLIBRANCHE n.m. Mollusque aquatique muni d'une coquille à deux valves, dont la respiration est assurée par des lamelles branchiales, tel que l'huître, la moule. (Les lamellibranches forment une classe.) SYN. : *bivalve.*

LAMELLIFORME adj. En forme de lamelle.

LAMELLIROSTRE adj. Se dit d'un oiseau, tel le canard, qui a le bec garni sur ses bords de lamelles transversales.

LAMENTABLE adj. **1.** Qui fait pitié ; navrant, pitoyable. *Être dans un état lamentable.* **2.** Qui est mauvais à faire pitié ; minable, déplorable. *Résultat, travail lamentable.*

LAMENTABLEMENT adv. De façon lamentable.

LAMENTATION n.f. Plainte prolongée, accompagnée de gémissements et de cris. ◇ *Lamentation sur le Christ mort :* Déploration.

LAMENTER (SE) v.pr. (lat. *lamentari*). Se plaindre de son sort ; se désoler, récriminer.

LAMENTO [lamɛnto] n.m. (mot ital.). Chant de tristesse et de déploration, souvent utilisé dans le madrigal, la cantate, l'opéra italien.

LAMER v.t. MÉCAN. INDUSTR. Dresser une surface (notamm. une surface perpendiculaire à l'axe d'un trou) au moyen d'une lame tournante.

LAMIACÉE n.f. (du lat. *lamium,* ortie). BOT. Labiée.

LAMIE n.f. (lat. *lamia*). **1.** MYTH. Monstre femelle à queue de serpent qui dévore les enfants. **2.** Requin de l'Atlantique nord au corps trapu, appelé aussi *requin-taupe,* ou *touille.* (Long. 4 m ; genre *Lamna,* famille des lamnidés.)

LAMIER n.m. (du lat. *lamium*). Plante commune en Europe au bord des chemins et dans les bois, appelée couramment *ortie blanche, jaune* ou *rouge.* (Genre *Lamium ;* famille des labiées.)

LAMIFIÉ, E adj. Stratifié. ◆ n.m. Appellation commerciale du bois stratifié décoratif.

LAMINAGE n.m. **1.** Action de laminer un métal. **2.** *Fig.* Action de laminer, de réduire ; fait d'être laminé, rogné. *Le laminage des revenus.*

1. LAMINAIRE adj. PHYS. *Régime* ou *écoulement laminaire :* écoulement dans lequel les couches de fluide glissent les unes sur les autres sans échange de particules entre elles (par oppos. à *régime turbulent*).

2. LAMINAIRE n.f. (du lat. *lamina*). Algue brune des côtes rocheuses de l'Atlantique, dont le thalle rubané peut atteindre 3 m de long et qui sert d'engrais et fournit de l'iode, de la soude, de la potasse. (Genre *Laminaria ;* classe des phéophycées.)

LAMINECTOMIE n.f. Résection des lames vertébrales, premier temps de toute intervention neurochirurgicale sur la moelle épinière.

LAMINER v.t. (de *lame*). **1.** Faire subir à un produit métallurgique une déformation permanente par passage dans un laminoir. **2.** *Fig.* Diminuer jusqu'à détruire. **3.** Ruiner la santé de qqn, ses forces physiques ou psychiques. *Cette épreuve l'a laminé.*

LAMINEUR adj.m. Qui lamine. *Cylindre lamineur.*

LAMINOIR n.m. **1.** Machine pour laminer un produit métallurgique par passage entre deux cylindres d'axes parallèles et tournant en sens inverses ; usine où sont installées de telles machines. **2.** *Passer au laminoir :* être soumis à de rudes épreuves.

LAMPADAIRE n.m. (lat. médiév. *lampadarium*). Dispositif d'éclairage d'appartement ou de voie publique, à une ou plusieurs lampes montées sur un support élevé.

LAMPANT, E adj. (provenç. *lampan,* de *lampa,* briller). *Pétrole lampant,* ou *lampant,* n.m. : kérosène utilisé dans des lampes à flamme.

LAMPARO n.m. (mot provenç.). Lampe placée à l'avant du bateau, dans la pêche à feu, servant à attirer les poissons.

LAMPAS [lɑ̃pa] ou [lɑ̃pas] n.m. (du francique). **1.** Tissu d'ameublement en soie orné de grands motifs décoratifs en relief. **2.** VÉTÉR. Gonflement de la membrane qui tapisse le palais des jeunes chevaux.

LAMPASSÉ, E adj. (de *lampas*). HÉRALD. Se dit d'un quadrupède dont la langue est d'un émail particulier.

LAMPE n.f. (lat. *lampas, -adis,* du gr.). **1.** Appareil d'éclairage fonctionnant à l'électricité. *Lampe de chevet.* ◇ *Lampe de poche :* boîtier équipé d'une pile et d'une ampoule électrique. **2.** Ampoule électrique. *Griller une lampe.* ◇ *Lampe à incandescence :* lampe dans laquelle l'émission de la lumière est produite par un corps porté à l'incandescence par le passage d'un courant électrique. – *Lampe à décharge électrique :* lampe dans laquelle la lumière est produite par une décharge électrique dans un gaz ou une vapeur métallique (lampe à vapeur de mercure, de sodium, etc.). – *Lampe fluorescente :* lampe à décharge, dans laquelle la lumière est émise par une couche de substance fluorescente excitée par le rayonnement ultraviolet de la décharge. – *Lampe témoin,* signalant le fonctionnement et la mise en marche d'un appareil en s'allumant ou en s'éteignant. **3.** Récipient contenant un liquide ou un gaz combustible pour produire de la lumière. *Lampe à huile, à pétrole, à essence, à acétylène.* ◇ *Lampe de sûreté :* lampe de mine utilisable en atmosphère grisouteuse. **4.** Dispositif produisant une flamme ou un rayonnement. *Lampe à alcool. Lampe à infrarouge.* **5.** ÉLECTRON. Vieilli. Tube.

LAMPÉE n.f. *Fam.* Grande gorgée de liquide qu'on avale d'un coup. *Une lampée de vin.*

LAMPER v.t. (forme nasalisée de *laper*). *Fam.* Boire avidement, par lampées.

LAMPE-TEMPÊTE n.f. (pl. *lampes-tempête*). Lampe à pétrole dont la flamme est parfaitement protégée des intempéries.

LAMPION n.m. (ital. *lampione,* grande lampe). **1.** Lanterne vénitienne. **2.** Petit récipient contenant une matière combustible et une mèche, qui sert aux illuminations. *Lampions du 14 juillet.* ◇ *Sur l'air des lampions :* en scandant trois syllabes sur une seule note. *Crier : « remboursez ! » sur l'air des lampions.*

LAMPISTE n.m. **1.** Vx. Personne chargée de l'entretien des lampes dans une gare, une mine, etc. **2.** *Fam.* Employé subalterne à qui l'on fait injustement endosser les fautes. *S'en prendre au lampiste.*

LAMPISTERIE n.f. Vx. Lieu où l'on garde et répare les appareils d'éclairage, dans les mines, en particulier.

LAMPOURDE n.f. (provenç. *lampourdo*). Plante dont une espèce, appelée *petite bardane* ou *herbe aux écrouelles,* est dépurative. (Genre *Xanthium ;* famille des composées.)

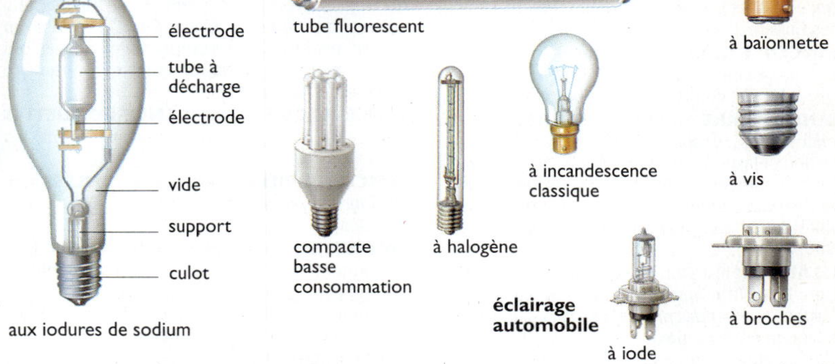

■ **LAMPE.** Types de lampes et de culots.

LAMPROIE n.f. (bas lat. *lampreda*). Vertébré aquatique sans mâchoires des eaux côtières (genre *Petromyzon*) et des fleuves (genre *Lampetra*), très primitif, anguiforme, à peau nue et gluante, apprécié pour sa chair fine et délicate. (Long. 1 m ; classe des agnathes, ordre des cyclostomes.)

■ **LAMPROIE.** Lamproie de rivière.

LAMPROPHYRE n.m. (du gr. *lampros*, brillant). Roche magmatique, génér. filonienne, caractérisée par sa richesse en mica noir ou en amphibole brune.

L

LAMPYRE n.m. (lat. *lampyris*, du gr. *lampein*, briller). Coléoptère dont la femelle, dépourvue d'ailes, est appelée *ver luisant*, en raison des organes bioluminescents de son abdomen. (Famille des lampyridés.)

LANÇAGE n.m. TRAV. PUBL. Injection, dans un sol, d'eau ou d'air comprimé au moyen de tuyaux métalliques appelés *lances*, pour faciliter l'enfoncement des pieux.

LANCE n.f. (lat. *lancea*). **1.** Arme d'hast à long manche et à fer pointu. ◇ *Litt. Rompre une lance, des lances avec qqn,* soutenir une discussion avec lui. **2.** Long bâton garni d'un tampon, pour jouter sur l'eau. **3.** Tuyau muni d'un ajutage ou d'un diffuseur servant à former et à diriger un jet d'eau. *Lance à eau, lance d'incendie.* **4.** Au Moyen Âge, unité comprenant autour d'un homme d'armes à cheval quelques combattants attachés à son service.

LANCE-AMARRE n.m. et adj. (pl. *lance-amarre[s]*). MAR. Appareil (pistolet, fusil, etc.) pour lancer une amarre soit à terre, soit d'un navire à un autre. SYN. : *porte-amarre.*

LANCE-BOMBE ou **LANCE-BOMBES** n.m. (pl. *lance-bombes*). Appareil ou dispositif installé sur un avion pour le largage des bombes.

LANCÉE n.f. **1.** Élan pris par qqn, qqch en mouvement. ◇ *Sur sa lancée :* en profitant du mouvement donné par l'élan initial. **2.** Suisse. Brusque accès de douleur ; élancement.

LANCE-FLAMME ou **LANCE-FLAMMES** n.m. (pl. *lance-flammes*). Arme employée au combat pour projeter des liquides enflammés.

LANCE-FUSÉE ou **LANCE-FUSÉES** n.m. (pl. *lance-fusées*). Vieilli. Lance-roquette multiple.

LANCE-GRENADE ou **LANCE-GRENADES** n.m. (pl. *lance-grenades*). Arme lançant des grenades.

LANCEMENT n.m. **1.** Action de lancer. **2.** Ensemble des moyens publicitaires mis en œuvre pour promouvoir qqch ou qqn. *Prix de lancement.* **3.** Belgique. Élancement.

LANCE-MISSILE ou **LANCE-MISSILES** n.m. (pl. *lance-missiles*). Matériel ou engin servant à lancer des missiles.

LANCÉOLÉ, E adj. (lat. *lanceolatus*). **1.** BOT. Se dit d'un organe terminé en forme de lance. *Feuille lancéolée.* **2.** ARCHIT. *Arc lancéolé :* lancette.

LANCE-PIERRE ou **LANCE-PIERRES** n.m. (pl. *lance-pierres*). Dispositif à deux branches, muni de deux élastiques et d'une pochette, dont on se sert pour lancer des pierres. SYN. : *fronde.* ◇ *Fam. Manger avec un lance-pierre,* très rapidement et plutôt mal. – *Fam. Être payé au lance-pierre :* être mal payé.

1. LANCER [lɑ̃se] v.t. [9] (de *lance*). **1.** Imprimer à qqch un vif mouvement qui l'envoie à travers l'espace. *Lancer des pierres, une flèche, une fusée.* **2.** Mouvoir une partie du corps d'un geste vif dans une direction. *Lancer la jambe en avant.* **3.** Regarder rapidement, dire de manière soudaine ou assez violente. *Lancer un regard, un appel, un cri de terreur.* **4.** Envoyer sans délai qqch contre qqn. *Lancer un mandat d'arrêt, un ultimatum.* **5.** Faire connaître ou reconnaître d'un large public. *C'est ce livre qui l'a lancée.* ◇ p.p. adj. *Un acteur lancé.* **6.** Donner l'élan nécessaire à. *Lancer une entreprise, une affaire.* **7.** Mettre à l'eau un navire par glissement sur sa cale de construction. **8.** *Fam.* Faire parler qqn de l'un de ses sujets favoris. *Quand on le lance sur l'automobile, il est intarissable.* **9.** VÉNER. *Lancer un cerf,* le faire sortir de l'endroit où il est. ◆ v.i. Antilles, Belgique. Élancer. ◆ **se lancer** v.pr. **1.** Se précipiter, se jeter dans une direction déterminée. *Se lancer dans le vide.* **2.** *Fig.* S'engager impétueusement dans une action. *Se lancer dans des dépenses excessives.*

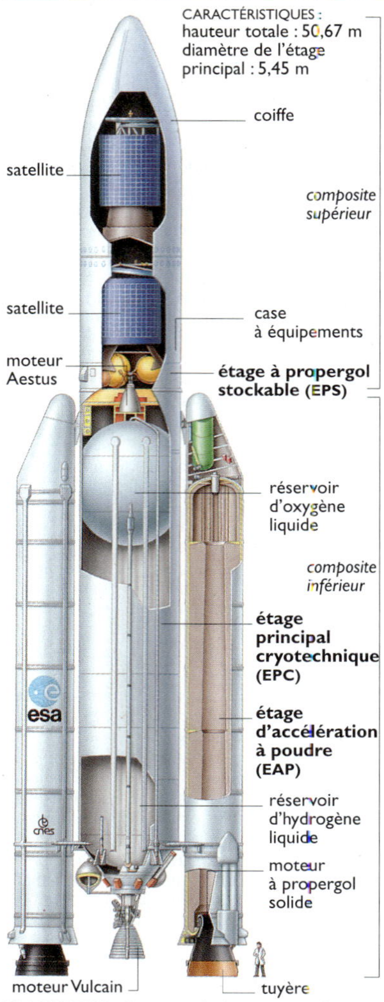

■ **LANCEUR.** Structure du lanceur spatial européen Ariane 5.

2. LANCER n.m. **1.** Épreuve d'athlétisme consistant à projeter le plus loin possible un engin (poids, disque, javelot, marteau). ◇ *Lancer franc :* au basket-ball, privilège accordé à un joueur victime d'une faute de tirer sans opposition de l'adversaire à partir d'une ligne particulière, dite *ligne de lancer franc.* **2.** *Pêche au lancer :* pêche à la ligne consistant à envoyer loin devant soi un appât ou un leurre qu'on ramène grâce à un moulinet.

LANCE-ROQUETTE ou **LANCE-ROQUETTES** n.m. (pl. *lance-roquettes*). Arme tirant des roquettes.

LANCE-TORPILLE ou **LANCE-TORPILLES** n.m. (pl. *lance-torpilles*). Dispositif servant à lancer des torpilles.

LANCETTE n.f. **1.** Anc. Petit instrument médical en forme de couteau pliant qui servait surtout à la saignée. **2.** ARCHIT. Arc brisé plus aigu que le tiers-point, dans l'art gothique. (On dit aussi *arc [en] lancette.*) SYN. : *arc lancéolé.*

1. LANCEUR, EUSE n. Personne qui lance un objet. *Un lanceur de couteaux.* – Athlète spécialisé dans le lancer.

2. LANCEUR n.m. **1.** Véhicule propulsif capable d'envoyer une charge utile dans l'espace. **2.** Sous-marin porteur de missiles stratégiques.

ENCYCL. On distingue deux grands types de lanceurs spatiaux : les fusées et les navettes. Les lanceurs traditionnels, ou *fusées,* sont dits « consommables » : ils ne servent qu'une seule fois et aucun de leurs éléments n'est récupéré. Leur silhouette est celle d'un cylindre de 30 à 60 m de haut, avec, au sommet, protégée par une coiffe, la *charge utile,* composée d'un ou de plusieurs satellites et, à la base, un groupe de *moteurs-fusées* assurant la propulsion dans l'atmosphère et dans le vide. Les fusées décollent toujours verticalement, leur déplacement étant obtenu par éjection, vers l'arrière, à vitesse très élevée, d'importantes quantités de gaz produits par les moteurs. Ceux-ci brûlent divers ergols, solides (poudres) ou liquides selon les modèles, qui constituent l'essentiel de la masse d'une fusée au moment de son décollage. Pour des raisons d'efficacité, une fusée comprend toujours plusieurs *étages,* qui fonctionnent successivement et sont largués une fois vides. Afin d'accroître les performances, des *propulseurs* d'appoint (à liquide ou à poudre) peuvent être ajoutés latéralement contre l'étage de base. Une autre particularité des fusées est la brièveté de leur fonctionnement.
En 1981, les États-Unis ont mis en service un véhicule spatial d'un type nouveau, la *navette,* à la fois lanceur et vaisseau habité, dont le principal avantage est d'être en grande partie réutilisable. L'élément principal de la navette est l'*orbiteur.* En forme d'avion à aile delta, il est conçu pour des missions en orbite basse (de 300 à 400 km d'altitude) et peut revenir se poser au sol, comme un planeur. Mais il ne peut aller seul dans l'espace : au décollage lui sont adjoints deux propulseurs auxiliaires à poudre et un énorme réservoir extérieur d'hydrogène et d'oxygène liquides, non réutilisable, destiné à l'alimentation des moteurs principaux. Pour les lancements vers l'orbite des satellites géostationnaires (ou d'autres trajectoires lointaines), la navette doit embarquer dans sa soute un propulseur supplémentaire.

LANCIER n.m. **1.** Soldat d'un corps de cavalerie, armé de la lance. **2.** *Quadrille des lanciers,* ou *les lanciers :* variante du quadrille, dansée en France v. 1850.

LANCINANT, E adj. Qui lancine ; obsédant. *Douleur lancinante. Souvenir lancinant.*

LANCINER v.t. et v.i. (lat. *lancinare*). Faire souffrir par des élancements répétés. ◆ v.t. Tourmenter de façon persistante ; obséder.

LANÇON n.m. (de *lance*). Équille.

LAND [lɑ̃d] n.m. [pl. *Länder*] (mot all.). **1.** Chacun des États de l'Allemagne. **2.** Province, en Autriche.

LANDAIS, E adj. et n. Des Landes. ◆ adj. *Course landaise :* jeu traditionnel des Landes dans lequel un homme *(l'écarteur)* doit éviter la charge d'une vache.

LANDAMMANN [lɑ̃daman] n.m. (mot alémanique). Suisse. Chef du gouvernement cantonal, dans certains cantons alémaniques.

LAND ART [lɑ̃dart] n.m. (mots angl.). Tendance de l'art contemporain apparue aux États-Unis v. 1967, caractérisée par un travail dans et sur la

■ **LAND ART.** *Spiral Jetty,* de Robert Smithson, œuvre éphémère réalisée en 1970 sur le Grand Lac Salé (Utah).

nature. (Robert Smithson [1938 - 1973], Michael Heizer, Walter De Maria, ainsi que les Anglais Richard Long et Hamish Fulton en sont les principaux représentants.)

LANDAU n.m. [pl. *landaus*] (de *Landau,* v. d'Allemagne). **1.** Voiture d'enfant composée d'une nacelle rigide à capote mobile, suspendue dans une armature de métal à roues et à guidon. **2.** Anc. Véhicule hippomobile découvert à quatre roues et à quatre places disposées vis-à-vis.

LANDE n.f. (du gaul.). Formation végétale de la zone tempérée où dominent bruyères, genêts et ajoncs ; terrain recouvert par cette végétation.

■ **LANDE.** Paysage des Grampians (Écosse).

LANDERNEAU ou **LANDERNAU** n.m. (de *Landerneau,* n.pr.). Milieu étroit et fermé ; microcosme. *Le landerneau des bouilleurs de cru.*

LANDGRAVE [lɑ̃dgrav] n.m. (all. *Land,* terre, et *Graf,* comte). HIST. **1.** Titre porté au Moyen Âge par des princes germaniques possesseurs de terres relevant directement de l'empereur (comtes d'Alsace, de Hesse et de Thuringe, notamm.). **2.** Magistrat qui rendait la justice au nom de l'empereur germanique.

LANDGRAVIAT n.m. HIST. **1.** Dignité du landgrave. **2.** Pays gouverné par un landgrave.

LANDIER n.m. (du gaul.). Haut chenet muni de crochets, parfois surmonté d'un panier métallique.

LANDSGEMEINDE [lɑ̃dsgemajndə] n.f. inv. (mot all.). Assemblée législative réunissant tous les citoyens, dans certains cantons de Suisse alémanique.

LANDTAG [lɑ̃dtag] n.m. (mot all.). Assemblée délibérante, dans les États germaniques.

LANERET n.m. Mâle du faucon lanier.

LANGAGE n.m. (de *langue*). **1.** Faculté propre à l'homme d'exprimer et de communiquer sa pensée au moyen d'un système de signes vocaux ou graphiques ; ce système. **2.** Système structuré de signes non verbaux remplissant une fonction de communication. *Langage gestuel.* **3.** Manière de parler propre à un groupe social ou professionnel, à une discipline, etc. *Le langage administratif.* **4.** Ensemble des procédés utilisés par un artiste dans l'expression de ses sentiments et de sa conception du monde. *Le langage de la peinture.* **5.** Mode d'expression propre à un sentiment, à une attitude. *Le langage de la raison.* **6.** INFORM. Ensemble de caractères, de symboles et de règles permettant de les assembler, utilisé pour donner des instructions à un ordinateur. ◇ *Langage machine :* langage directement exécutable par l'unité centrale d'un ordinateur, dans lequel les instructions sont exprimées en code binaire.

LANGAGIER, ÈRE adj. Relatif au langage.

LANGE n.m. (lat. *laneus,* de laine). Anc. Rectangle de laine ou de coton pour emmailloter un nourrisson.

LANGER v.t. [10]. Mettre des couches à un bébé, l'emmailloter dans un lange.

LANGERHANS [lɑ̃gœrɑ̃s] **(ÎLOT DE) :** chacun des petits groupes de cellules typiques du pancréas endocrine, sécrétant l'insuline et le glucagon.

LANGOUREUSEMENT adv. De façon langoureuse.

LANGOUREUX, EUSE adj. Qui exprime la langueur ; alangui.

LANGOUSTE n.f. (provenç. *langosta,* lat. *locusta,* sauterelle). Crustacé marcheur à fortes antennes, mais sans pinces, atteignant 40 cm de long, très apprécié pour sa chair. (Genre *Palinurus ;* ordre des décapodes.)

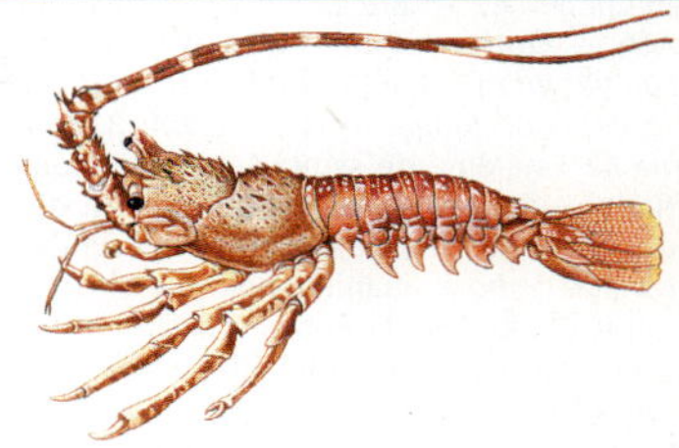

■ **LANGOUSTE**

LANGOUSTIER n.m. **1.** Bateau équipé pour la pêche à la langouste. **2.** Filet en forme de balance profonde pour prendre les langoustes.

LANGOUSTINE n.f. Crustacé décapode de la taille d'une grosse écrevisse, pêché sur les fonds de vase, au large des côtes atlantiques européennes et en Méditerranée. (Genre *Nephrops ;* famille des homaridés.)

LANGRES n.m. (de *Langres,* n.pr.). Fromage de forme tronconique, à pâte molle et fermentée, fabriqué en Haute-Marne avec du lait de vache.

LANGUE n.f. (lat. *lingua*). **I.** *Organe.* **1.** MÉD. Corps charnu, allongé, mobile, situé dans la cavité buccale et qui, chez l'homme, joue un rôle dans la déglutition, le goût et la parole. ◇ *Tirer la langue,* la sortir de la bouche en signe de moquerie ; *fig., fam.,* être dans le besoin. **2.** Cet organe, servant à la parole. ◇ *Fam. Avoir avalé sa langue :* garder le silence. – *Fam. Avoir la langue bien pendue :* parler beaucoup. – *Fam. Avoir la langue trop longue :* ne pas savoir garder un secret. – *Mauvaise langue :* personne qui se plaît à médire. – *Litt. Prendre langue :* entrer en pourparlers. – *Tenir sa langue :* garder un secret. **3.** CUIS. Langue de certains animaux (bœuf, veau) préparée pour la table. ◇ *Langue écarlate :* langue de bœuf saumurée, cuite puis introduite dans une baudruche de bœuf et dont la coloration est obtenue grâce au carmin de cochenille. **II.** *Système*

L

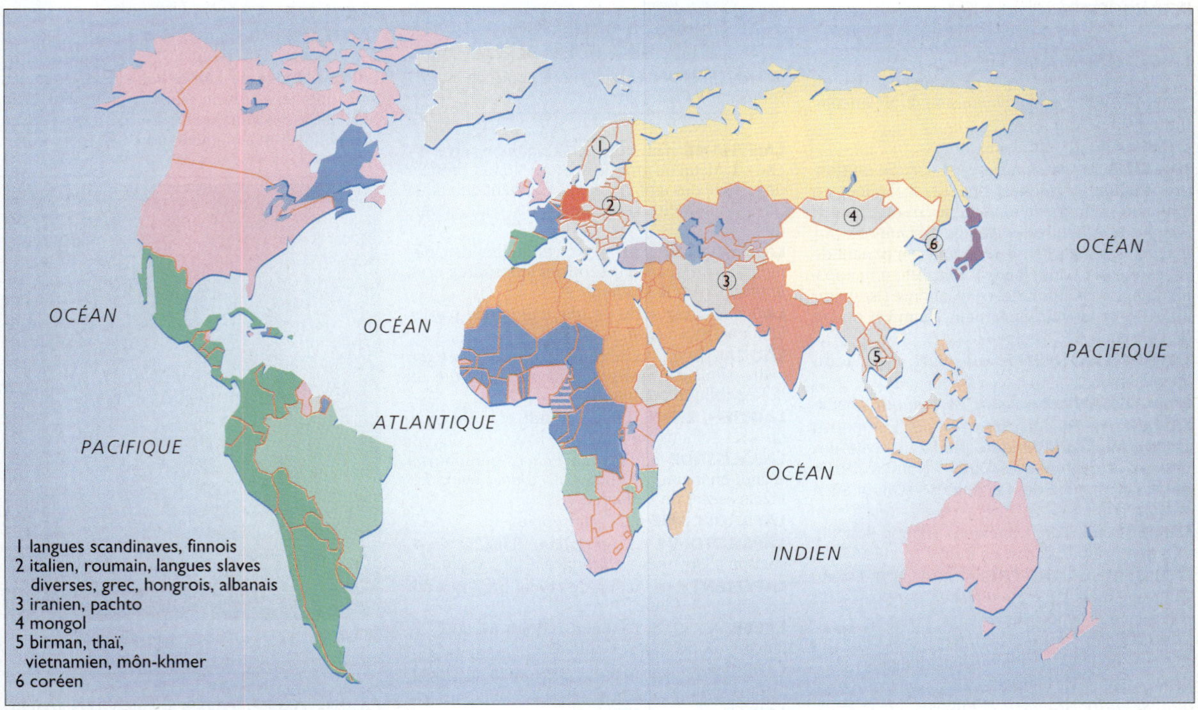

LES LANGUES DE GRANDE DIFFUSION

anglais *
français *
espagnol *
russe *
chinois *
arabe *
portugais
allemand
langues turques
hindi-ourdou
langues austronésiennes
japonais

* langues de travail de l' ONU

de communication. **1.** Système de signes verbaux propre à une communauté d'individus qui l'utilisent pour s'exprimer et communiquer entre eux. *La langue anglaise. La langue du XVIe siècle, du barreau.* ◇ ***Langue maternelle*** : première langue apprise par l'enfant, au contact de son environnement immédiat. – ***Langue vivante,*** actuellement parlée. – ***Langue morte,*** qui n'est plus parlée. – ***Langue mère,*** celle qui est à l'origine d'autres langues. – ***La langue verte*** : l'argot. **2.** ***Langue formelle*** : système de symboles conventionnels défini par les seules règles de formation de ses énoncés, sans référence au signifié des symboles. **3.** ***Langue de bois*** : manière rigide de s'exprimer en multipliant les stéréotypes et les formules figées, notamm. en politique. **III.** *Sens spécialisés.* Ce qui a la forme allongée et étroite d'une langue. *Langue de terre.* ◇ ***Langue glaciaire*** : glacier s'étendant dans une vallée en aval du névé.

LANGUE-DE-BŒUF n.f. (pl. *langues-de-bœuf*). MYCOL. Fistuline.

LANGUE-DE-CERF n.f. (pl. *langues-de-cerf*). BOT. Scolopendre.

LANGUE-DE-CHAT n.f. (pl. *langues-de-chat*). Petit gâteau sec en forme de languette arrondie.

LANGUE-DE-CHIEN n.f. (pl. *langues-de-chien*). BOT. Cynoglosse.

L

LANGUE-DE-SERPENT n.f. (pl. *langues-de-serpent*). BOT. Ophioglosse.

LANGUEDOCIEN, ENNE adj. et n. Du Languedoc. ◆ n.m. Dialecte de langue d'oc parlé en Languedoc.

LANGUETTE n.f. **1.** Pièce de forme mince, étroite et allongée. *Languette de chaussure.* **2.** OUTILL. Petite pièce plate, fixée à l'une de ses extrémités, génér. par encastrement. **3.** Lame vibrante, dans certains instruments de musique. **4.** MENUIS. Tenon continu sur la rive d'une planche, destiné à entrer dans la rainure d'une planche voisine.

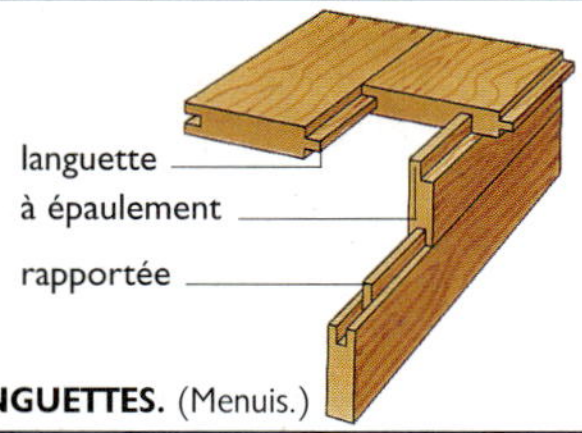

■ **LANGUETTES.** (Menuis.)

LANGUEUR n.f. (lat. *languor*). **1.** Abattement physique ou moral, qui se manifeste par un manque d'énergie, de dynamisme. **2.** Mélancolie douce et rêveuse.

LANGUIDE adj. *Litt.* Langoureux.

LANGUIR v.i. (lat. *languere*). **1.** *Litt.* Se morfondre, souffrir de qqch et dépérir. **2.** Traîner en longueur ; manquer d'animation. *La conversation languit.* **3.** Attendre longtemps. *Ne me fais pas languir.* **4.** AGRIC. S'étioler, dépérir, en parlant de végétaux. ◆ v.t. ind. **(après).** *Fam.* Attendre impatiemment et souffrir de cette attente ; soupirer après. ◆ **se languir** v.pr. **(de).** S'ennuyer du fait de l'absence de.

LANGUISSAMMENT adv. *Litt.* De façon languissante.

LANGUISSANT, E adj. *Litt.* Morne, qui languit.

LANIER n.m. Faucon du sud-est de l'Europe, du Moyen-Orient et d'Afrique, prédateur agile des oiseaux et des chauves-souris. (Nom sc. *Falco biarmicus* ; famille des falconidés.) [On dit aussi *faucon lanier.*]

LANIÈRE n.f. (du francique). Bande longue, étroite et souple, génér. en cuir.

LANIGÈRE ou **LANIFÈRE** adj. ZOOL., BOT. *Didact.* Qui porte de la laine, un duvet cotonneux ou un revêtement d'aspect tomenteux.

LANISTE n.m. (lat. *lanista*). ANTIQ. ROM. Celui qui formait, louait ou vendait des gladiateurs.

LANLAIRE adv. (onomat.). *Fam.*, vieilli. ***Envoyer qqn se faire lanlaire,*** l'envoyer promener, l'éconduire.

LANOLINE n.f. (lat. *lana,* laine, et *oleum,* huile). Graisse jaune ambré, retirée du suint du mouton et employée comme excipient pour les crèmes, les pommades auxquelles on veut incorporer une solution aqueuse.

LANSQUENET n.m. (all. *Landsknecht,* serviteur du pays). Mercenaire allemand au service de la France et du Saint Empire (XVe - XVIIe s.).

LANTANIER ou **LANTANA** n.m. (du gaul.). Arbuste grimpant originaire d'Amérique tropicale, cultivé dans les jardins. (Genre *Lantana* ; famille des verbénacées.)

LANTERNE n.f. (lat. *lanterna*). **1.** Boîte à parois transparentes qui abrite une lumière. ◇ ***Lanterne vénitienne*** : lanterne en papier translucide et colorié, employée dans les fêtes, les illuminations. SYN. : *lampion.* **2.** Signal lumineux à l'arrière du dernier véhicule d'un train. ◇ ***La lanterne rouge*** : le dernier d'une course, d'un classement. **3.** Anc. Réverbère. ◇ ***Mettre à la lanterne*** : pendre qqn à un réverbère, pendant la Révolution française. **4.** ***Lanterne magique*** : instrument d'optique utilisé autref. pour projeter l'image agrandie de figures peintes sur un support transparent. – ***Éclairer la lanterne de qqn,*** le renseigner. **5.** ARCHIT. Construction de plan centré, percée de baies, sommant un bâtiment ou une partie de bâtiment. *Tour[-]lanterne, lanterne d'escalier.* ◇ ***Lanterne des morts*** : dans certains cimetières, pilier creux d'époque médiévale dans le sommet ajouré duquel on plaçait un fanal le soir. **6.** ZOOL. ***Lanterne d'Aristote*** : appareil masticateur de l'oursin. ◆ pl. Feux de position d'un véhicule automobile. SYN. : *veilleuses.*

LANTERNEAU n.m. ARCHIT. Construction basse en surélévation sur un toit, pour l'éclairage et/ou la ventilation.

LANTERNER v.i. *Fam.* Flâner, perdre son temps. ◇ *Fam.* ***Faire lanterner qqn,*** le faire attendre.

LANTERNON n.m. ARCHIT. Petite lanterne de forme élancée au faîte d'un toit, d'un dôme.

■ **LANTERNON** surmontant le dôme de la Sorbonne, à Paris (XVIIe s.).

LANTHANE n.m. (du gr. *lanthanein,* être caché). **1.** Métal du groupe des terres rares, premier de la série des lanthanides. **2.** Élément chimique (La), de numéro atomique 57, de masse atomique 138,905 5.

LANTHANIDE n.m. Nom générique des éléments appartenant à la série des terres rares, dont le premier est le lanthane.

LAO n.m. Langue du groupe thaï parlée par les Laotiens. SYN. : *laotien.*

LAOGAI [laogaj] n.m. (chin. *lao,* travail, et *gai,* redressement). Système concentrationnaire de la République populaire de Chine.

LAOTIEN, ENNE [laɔsjɛ̃, ɛn] adj. et n. Du Laos, de ses habitants. ◆ n.m. LING. Lao.

LAPALISSADE n.f. (de *La Palice,* personnage d'une chanson). Affirmation d'une évidence niaise, vérité de La Palice.

LAPAROSCOPIE n.f. Cœlioscopie.

LAPAROTOMIE n.f. (gr. *lapara,* flanc, et *tomê,* section). Ouverture chirurgicale de l'abdomen.

LAPEMENT n.m. Action de laper ; bruit que fait un animal qui lape.

LAPER v.i. et v.t. (onomat.). Boire à coups de langue, en parlant des animaux.

LAPEREAU [lapro] n.m. (préroman *lapparo*). Jeune lapin.

LAPIAZ n.m. → **LAPIÉ.**

1. LAPIDAIRE adj. **1.** Qui concerne les pierres fines et précieuses, leur taille ; qui concerne la pierre. ◇ ***Inscription lapidaire,*** gravée sur la pierre. – ***Musée lapidaire,*** consacré à des sculptures en pierre et à des vestiges monumentaux. **2.** D'une concision brutale. *Formule lapidaire.*

2. LAPIDAIRE n.m. Professionnel qui taille et polit les pierres précieuses et fines, spécialisé soit dans le diamant *(diamantaire),* soit dans les autres gemmes ; commerçant qui vend ces pierres.

3. LAPIDAIRE n.m. (lat. *lapidarius,* de *lapis, lapidis,* pierre). **1.** Meule utilisée pour le dressage des surfaces planes. **2.** Traité sur les vertus magiques et médicinales des pierres précieuses, au Moyen Âge.

LAPIDATION n.f. Action de lapider.

LAPIDER v.t. (lat. *lapidare*). Tuer, attaquer, poursuivre à coups de pierres.

LAPIÉ ou **LAPIAZ** [lapjaz] n.m. (mot du Jura). GÉOMORPH. Ciselure superficielle d'un relief karstique, résultant de l'érosion par le ruissellement des eaux.

LAPILLI [lapili] n.m. pl. (mot ital., *petites pierres*). Projections volcaniques de petites dimensions (entre 2 et 64 mm de diamètre).

LAPIN, E n. (de *lapereau*). **1.** Mammifère végétarien, originaire de la péninsule Ibérique et d'Afrique du Nord, largement répandu et très prolifique. (Le lapin sauvage, ou *lapin de garenne,* qui est un gibier apprécié, vit sur les terrains boisés et sableux, où il creuse des terriers collectifs. Le lapin domestique est élevé princip. pour sa chair, parfois pour sa fourrure. Cri : le lapin clapit. Genre *Oryctolagus* ; ordre des lagomorphes.) ◇ *Fam.* ***Cage*** ou ***cabane à lapins*** : immeuble regroupant de nombreux appartements exigus. – *Fam.* ***Chaud lapin*** : homme d'un fort tempérament amoureux. – *Fam.* ***Coup du lapin*** : coup brutal sur la nuque. – *Fam.* ***Poser un lapin à qqn,*** ne pas venir au rendez-vous qu'on lui a fixé. **2.** Chair comestible du lapin. **3.** Fourrure de lapin.

■ **LAPIN** domestique.

LAPINER v.i. Mettre bas, en parlant de la lapine.

LAPINIÈRE n.f. Endroit où l'on élève des lapins.

LAPINISME n.m. *Fam.* Fécondité jugée excessive d'un couple, d'un peuple.

LAPIS-LAZULI ou **LAPIS** [lapis] n.m. inv. (lat. *lapis,* pierre, et *lazuli,* d'azur). Pierre fine d'un bleu intense, composée de lazurite, employée en bijouterie et en ornementation. SYN. : *outremer.*

■ **LAPIS-LAZULI.** Variété rare, de qualité gemme.

LAPON, ONE ou **ONNE** adj. et n. De Laponie ; relatif aux Lapons, qui fait partie de ce peuple. ◆ n.m. Langue finno-ougrienne parlée par les Lapons. SYN. : *same.*

LAPPING [lapiŋ] n.m. (de l'angl. *to lap,* laper). MÉCAN. INDUSTR. Rodage d'une surface métallique au moyen d'une poudre abrasive.

LAPS [laps] n.m. (lat. *lapsus,* chute). *Laps de temps :* intervalle de temps.

LAPSI n.m. pl. (du lat. *lapsus,* tombé). Aux premiers temps du christianisme, chrétiens qui, lors des persécutions, avaient renié ou fait semblant de renier leur foi.

LAPSUS [lapsys] n.m. (mot lat., *glissement*). Faute commise en parlant *(lapsus linguae)* ou en écrivant *(lapsus calami)* et qui consiste à substituer au terme attendu un autre mot. (La psychanalyse le considère comme une variété d'acte manqué.)

LAQUAGE n.m. Action de laquer.

LAQUAIS n.m. (gr. médiév. *oulakês,* du turc *ulaq,* coureur). **1.** Anc. Valet de pied qui portait la livrée. **2.** *Litt.* Homme d'un caractère servile.

1. LAQUE n.f. (mot ar., du sanskr.). **1.** Gomme-résine rouge-brun, fournie par plusieurs plantes d'Orient de la famille des anacardiacées ; vernis noir ou rouge préparé, en Chine ou au Japon, avec cette résine. **2.** Peinture brillante, à finesse de broyage élevée ; peinture pour couche de finition, lisse et tendue, ayant l'aspect d'une laque. **3.** Produit qui, vaporisé sur la chevelure, la recouvre d'un film qui maintient la coiffure. **4.** Vernis à ongles non transparent.

2. LAQUE n.m. Objet d'Extrême-Orient revêtu de nombreuses couches de laque, éventuellement peint, gravé, sculpté.

LAQUÉ, E adj. Se dit d'une volaille (canard), d'une viande (porc) enduite, entre deux cuissons, d'une sauce aigre-douce. (Cuisine chinoise.)

LAQUELLE pron. relat. → **LEQUEL.**

LAQUER v.t. Couvrir de laque, d'une couche de laque.

LAQUEUR n.m. Ouvrier qui décore des ouvrages en bois par application de laques et de vernis.

LARAIRE n.m. ANTIQ. ROM. Petit sanctuaire domestique destiné au culte des dieux lares, et qui se trouvait aussi aux différents carrefours de Rome.

LARBIN n.m. *Fam., péjor.* **1.** Domestique, valet. **2.** Homme servile.

LARCIN n.m. (lat. *latrocinium*). Petit vol commis sans effraction et sans violence ; produit de ce vol.

LARD n.m. (lat. *lardum*). **1.** Tissu adipeux sous-cutané du porc et de certains animaux. ◇ *Lard gras,* ou *gros lard :* tissu adipeux recouvrant le corps du porc dans la région du cou, du dos et du rein. – *Lard maigre,* ou *lard de poitrine :* morceau prélevé dans la poitrine du porc, qui peut être salé ou fumé, très employé en cuisine. **2.** *Fam. Faire du lard :* engraisser du fait de l'inaction. – *Fam. Gros lard :* personne grosse. – *Fam. Tête de lard :* personne entêtée et ayant mauvais caractère.

LARDER v.t. **1.** Piquer une viande de petits morceaux de lard. *Larder un rôti de bœuf.* **2.** Percer de coups ; blesser, cribler.

LARDOIRE n.f. Grosse aiguille creuse utilisée pour larder les viandes.

LARDON n.m. **1.** Petit morceau de lard pour accommoder un plat. *Omelette aux lardons.* **2.** *Fam.* Enfant.

LARE n.m. et adj. (lat. *lar, laris*). MYTH. ROM. Dieu protecteur du foyer domestique.

LARGABLE adj. Qui peut être largué.

LARGAGE n.m. Action de larguer, notamm. à partir d'un aéronef.

1. LARGE adj. (lat. *largus*). **1.** Qui a une certaine étendue dans le sens perpendiculaire à la longueur, à la hauteur. *Rivière large de plusieurs mètres. Être large d'épaules.* **2.** Qui n'est pas serré ; ample. *Vêtement large.* **3.** Important en quantité. *Faire de larges concessions.* **4.** Qui n'est pas borné, qui est sans préjugés. *Un esprit large. Des idées larges.* **5.** Qui est fait avec générosité ; généreux. *Se montrer large.* ◇ *Au sens large :* dans la plus grande extension du mot. ◆ adv. **1.** De manière large. *Mesurer large.* ◇ *Avoir vu large :* avoir prévu en trop grande quantité. **2.** *Fam. Ne pas en mener large :* être inquiet, mal à son aise.

2. LARGE n.m. **1.** Largeur. *Une table de un mètre de large.* ◇ *Être au large :* avoir de la place ; *fig.,* être à l'abri du besoin. **2.** *Le large :* la haute mer. *Vent du large.* – *Au large de :* dans les parages de ; à une certaine distance de. *Naviguer au large d'une île. Se tenir au large de qqn.* – *Au large ! :* commandement pour faire écarter une embarcation. – *Fam. Du large ! :* éloignez-vous, partez ! – *Fam. Prendre, gagner le large :* décamper.

LARGEMENT adv. **1.** De façon large ; abondamment. *Gagner largement sa vie.* **2.** Au minimum. *Il était largement onze heures.*

LARGESSE n.f. *Litt.* Libéralité, générosité. *Profiter de la largesse de qqn.* ◆ pl. Dons généreux. *Répandre ses largesses.*

LARGEUR n.f. **1.** Dimension d'un corps dans le sens perpendiculaire à la longueur. – GÉOMÉTR. Mesure du côté le plus petit d'un rectangle ; le côté lui-même. **2.** Caractère de ce qui n'est pas mesquin ; ouverture d'esprit. *Largeur d'idées, de vues.* **3.** *Fam. Se tromper dans les grandes largeurs :* se tromper complètement.

LARGE WHITE [larʒwajt] n. inv. et adj. inv. (mots angl.). Porc d'une race à robe blanche et à oreilles dressées, très répandue dans le monde entier.

LARGHETTO [largɛto] adv. (mot ital.). MUS. Selon un tempo moins lent et ample que largo. ◆ n.m. Morceau de musique exécuté dans le tempo larghetto.

LARGO adv. (mot ital.). MUS. Selon un tempo lent et ample. ◆ n.m. Morceau de musique exécuté dans le tempo largo.

LARGUE adj. (forme provenç. de *large*). MAR. Vx. **1.** Qui n'est pas tendu. *Cordage largue.* **2.** *Vent largue,* ou *largue,* n.m. : vent portant oblique par rapport à l'axe du navire. ◆ n.m. MAR. Allure du navire qui reçoit le vent largue. ◇ *Grand largue :* allure portante se rapprochant du vent arrière.

LARGUER v.t. (provenç. *largá*). **1.** MAR. Détacher, lâcher, laisser aller une amarre, une voile, etc. ◇ *Larguer les amarres :* partir. **2.** Lâcher depuis un aéronef du personnel ou du matériel muni de parachute. **3.** *Fam.* Abandonner volontairement qqn, notamm. qqn que l'on aimait. ◇ *Fam. Être largué :* être complètement dépassé dans un domaine ; être perdu, ne plus rien comprendre.

LARGUEUR n.m. Spécialiste chargé à bord d'un aéronef du parachutage de personnel ou de matériel.

LARIFORME n.m. (du bas lat. *larus,* mouette). Oiseau palmipède marin, tel que la mouette, le goéland et la sterne. (Les lariformes forment un ordre, considéré parfois comme un sous-ordre des charadriiformes.)

LARME n.f. (lat. *lacrima*). **1.** Goutte de liquide aqueux et salé produit par les glandes lacrymales, humidifiant et protégeant la cornée, et éliminé dans les fosses nasales. ◇ *Avoir la larme à l'œil :* être ému ou attendri. – *Larmes de crocodile :* larmes hypocrites. – *Pleurer à chaudes larmes :* pleurer abondamment. – *Rire aux larmes :* rire très fort. **2.** *Fig.* Petite quantité d'un liquide. *Une larme de lait dans votre café ?* **3.** ZOOL. Liquide sécrété par le larmier des cervidés.

LARME-DE-JOB n.f. (pl. *larmes-de-Job*). Graminée cultivée dans la région méditerranéenne pour ses grains décoratifs. (Nom. sc. *Coix lacryma Jobi.*)

LARMIER n.m. (de *larme*). **1.** ARCHIT. Membre horizontal en saillie sur le nu d'un mur, ou formant la partie médiane d'une corniche, génér. creusé par en dessous d'un canal qui écarte les eaux pluviales. **2.** ZOOL. Glande située au-dessous de l'angle interne de l'œil des cervidés, qui sécrète un liquide gras et odorant. – Tempe du cheval.

LARMOIEMENT n.m. **1.** Écoulement pathologique de larmes. **2.** *Péjor.* (Surtout pl.) Plaintes continuelles ; pleurnicheries. *Cessez vos larmoiements !*

LARMOYANT, E adj. **1.** Dont les yeux sont humides de larmes. *Vieillard larmoyant.* **2.** Qui cherche à attendrir. *Ton larmoyant.*

LARMOYER [larmwaje] v.i. [7]. **1.** Être plein de larmes, en parlant des yeux. **2.** *Péjor.* Se lamenter ; pleurnicher. *Larmoyer sur son sort.*

LARRON n.m. (lat. *latro*). *Litt.* Voleur. ◇ *Le bon et le mauvais larron :* les deux voleurs qui, selon les Évangiles, furent mis en croix avec Jésus-Christ et dont le premier se repentit avant de mourir. – *S'entendre comme larrons en foire :* s'entendre parfaitement. – *Le troisième larron :* celui qui tire profit de la querelle de deux autres personnes.

LARSEN [larsɛn] n.m. (de *Larsen,* n.pr.). Oscillation parasite se manifestant par un sifflement lorsque la sortie d'une chaîne électroacoustique, par ex. le haut-parleur, réagit sur son entrée (le microphone). [On dit aussi *effet Larsen.*]

LARVAIRE adj. **1.** Relatif à la larve, à son état. *Formes larvaires des insectes.* **2.** *Fig.* Qui en est à son début ; embryonnaire. *Mouvement de révolte à l'état larvaire.*

LARVE n.f. (lat. *larva,* fantôme). **1.** Forme libre apparaissant à l'éclosion de l'œuf et présentant avec la forme adulte de son espèce des différences importantes, tant par sa forme que par son régime alimentaire ou son milieu. **2.** *Fam.* Personne qui a perdu toute dignité, toute énergie, toute qualité propre à l'homme. **3.** MYTH. ROM. Fantôme malfaisant, spectre d'homme coupable d'un crime ou victime d'une mort violente.

LARVÉ, E adj. **1.** MÉD. Se dit d'une maladie qui n'est pas encore apparente ou qui ne se manifeste pas complètement. **2.** *Fig.* Qui ne s'est pas encore manifesté nettement ; latent. *Une opposition larvée.*

LARVICIDE adj. et n.m. Se dit d'une substance utilisée pour détruire des larves d'insectes.

LARYNGÉ, E [larɛ̃ʒe] ou **LARYNGIEN, ENNE** adj. Relatif au larynx. *Spasme laryngé.*

L

LARYNGECTOMIE n.f. Ablation chirurgicale du larynx.

LARYNGITE n.f. Inflammation du larynx.

LARYNGOLOGIE n.f. Étude du larynx et de ses affections.

LARYNGOSCOPE n.m. Appareil avec lequel on effectue une laryngoscopie.

LARYNGOSCOPIE n.f. Examen visuel de l'intérieur du larynx, à l'aide d'un petit instrument.

LARYNGOTOMIE n.f. Incision chirurgicale du larynx.

LARYNX n.m. (gr. *larugx,* gosier). Partie des voies respiratoires située entre le pharynx et la trachée, intervenant dans la phonation.

1. LAS [lɑs] interj. *Litt.* Hélas !

2. LAS, LASSE [lɑ, lɑs] adj. (lat. *lassus*). *Sout.* Qui éprouve, manifeste une grande fatigue physique. *Geste las.* ◇ *Être las de :* ne plus supporter ; être ennuyé, dégoûté de.

LASAGNE n.f. [pl. *lasagne(s)*] (mot ital.). Pâte alimentaire en forme de large plaque. ◆ pl. Plat fait avec ces pâtes, disposées en couches alternées avec un hachis de viande, et gratinées. (Cuisine italienne.)

LASCAR n.m. (mot persan, *soldat*). *Fam.* **1.** Individu rusé, qui aime jouer des tours. **2.** Individu quelconque ; type, gars.

LASCIF, IVE [lasif, iv] adj. (lat. *lascivus*). **1.** *Litt.* Enclin aux plaisirs de l'amour. **2.** Qui évoque la sensualité, les plaisirs de l'amour. *Danse lascive.*

LASCIVEMENT adv. De façon lascive.

LASCIVITÉ ou **LASCIVETÉ** n.f. *Litt.* Penchant, caractère lascif.

LASER [lazɛr] n.m. (acronyme, de l'angl. *light amplification by stimulated emission of radiation*). Appareil pouvant engendrer un faisceau de rayonnement cohérent dans l'espace et dans le temps, et susceptible de multiples applications (recherche scientifique, armement, médecine, télécommunications, industrie, etc.). *[V. ill. page suivante].*

LASSANT, E adj. Qui lasse par sa monotonie.

LASSER v.t. (lat. *lassare*). Rendre las ; excéder, ennuyer. *Lasser qqn par ses questions.* ◇ v.pr. *On se lasse de l'entendre.*

LASSIS n.m. (de *lacis*). Bourre de soie ; étoffe faite avec cette bourre.

LASSITUDE n.f. (lat. *lassitudo*). **1.** Sensation de fatigue physique. **2.** Dégoût mêlé d'ennui ; découragement.

LASSO n.m. (esp. *lazo,* lacet). Corde ou longue lanière de cuir tressé, terminée par un nœud coulant et utilisée pour capturer les animaux. (Le lasso est l'attribut traditionnel du gaucho, du cow-boy.)

LASTEX n.m. (nom déposé). Filé de latex recouvert de fibres textiles (coton, rayonne, Nylon, etc.).

LASTING [lastiŋ] n.m. (mot angl., *durable*). Étoffe de laine rase, brillante.

LASURE n.f. (all. *Lasur*). Produit de finition du bois par imprégnation superficielle non filmogène.

LATANIER n.m. (d'un mot des Caraïbes). Palmier des Mascareignes, cultivé parfois comme plante d'appartement. (Genre *Latania ;* famille des arécacées.)

LATENCE n.f. **1.** État de ce qui est latent. **2.** PSYCHOL. Temps écoulé entre le stimulus et la réponse correspondante. SYN. : *temps de réaction.* **3.** PSYCHAN. *Période de latence :* période de la vie sexuelle infantile de l'âge de cinq ans à la préadolescence, au cours de laquelle les acquis de la sexualité infantile seraient refoulés.

LATENT, E adj. (lat. *latens, -entis,* de *latere,* être caché). **1.** Qui existe de manière non apparente mais peut à tout moment se manifester. *Un conflit latent.* **2.** MÉD. Qui provoque peu ou pas de symptômes. **3.** ARBOR. *Œil latent :* œil à fruit qui, sur les arbres cultivés, demeure un certain temps à l'état rudimentaire. **4.** PHOTOGR. *Image latente :* image invisible d'une surface sensible impressionnée, qui n'est pas encore développée. **5.** THERMODYN. *Chaleur latente :* chaleur nécessaire pour que se produise la fusion, la vaporisation, etc., d'une substance. **6.** PSYCHAN. *Contenu latent d'un rêve :* ensemble des désirs inconscients exprimés par le rêve.

L

LATÉRAL, E, AUX adj. (lat. *lateralis,* de *latus, lateris,* flanc). **1.** Qui se trouve sur le côté. *Porte latérale.* ◇ GÉOMÉTR. *Aire latérale :* aire totale d'un solide, déduction faite de celle de sa ou de ses bases. – *Face latérale :* face d'un polyèdre, différente de sa ou de ses bases. **2.** Qui double une chose ; secondaire, annexe. *Canal latéral et canal principal.* **3.** PHON. *Consonne latérale,* ou *latérale,* n.f. : consonne occlusive laissant s'écouler l'air de chaque côté de la langue (par ex. [l], en français).

LATÉRALEMENT adv. Sur le côté.

LATÉRALISATION n.f. PSYCHOL. **1.** Spécialisation progressive, au cours de la petite enfance, de chacun des hémisphères du cerveau dans leurs fonctions respectives. **2.** Résultat de cette spécialisation ; dominance.

LATÉRALISÉ, E adj. PSYCHOL. Qui présente une latéralisation. ◇ *Enfant bien, mal latéralisé,* qui présente une latéralisation nette dans toutes les tâches *(bien latéralisé)* ou fluctuante selon les tâches *(mal latéralisé).*

LATÉRALITÉ n.f. PSYCHOL. Dominance fonctionnelle systématisée, droite ou gauche, dans l'utilisation de certains organes pairs (main, œil, pied).

LATÉRITE n.f. (lat. *later, -eris,* brique). PÉDOL. Sol rougeâtre de la zone tropicale humide, riche en hydroxyde de fer et en alumine.

LATÉRITIQUE adj. Qui est formé de latérite ou qui en contient. *Sol latéritique.* SYN. : *ferrallitique.*

LATÉRITISATION n.f. PÉDOL. Transformation d'un sol en latérite par lessivage de la silice.

LATEX n.m. (mot lat., *liqueur*). **1.** Émulsion sécrétée par certaines plantes, notamm. les plantes à caoutchouc, et ayant souvent un aspect laiteux. **2.** Émulsion aqueuse de certaines substances macromoléculaires synthétiques, utilisée dans les industries du textile, de la peinture, du papier, etc.

LATICIFÈRE n.m. BOT. Partie d'un tissu végétal qui sécrète du latex. ◆ adj. Se dit de ce tissu, de la plante qui le possède.

LATICLAVE n.m. (du lat. *latus clavus,* large bande). ANTIQ. Bande pourpre qui ornait la tunique des sénateurs romains ; la tunique elle-même.

LATIFOLIÉ, E adj. BOT. Qui a de larges feuilles.

LATIFUNDISTE [-fɔ̃-] n.m. Propriétaire d'un latifundium.

LATIFUNDIUM [latifɔ̃djɔm] n.m. [pl. *latifundiums* ou *latifundia*] (mot lat.). Grand domaine agricole exploité de façon extensive, caractéristique des économies peu développées et à forte concentration de la propriété foncière, dans lequel le travail est princip. fourni par des journaliers ou des métayers.

LATIN, E adj. et n. (lat. *latinus*). **1.** Du Latium, relatif aux Latins, qui faisait partie de ce peuple. **2.** D'un pays dont la langue a pour origine le latin. *Les Portugais, les Moldaves sont des Latins.* ◆ adj. **1.** Relatif aux pays latins, à leurs habitants. *Amérique latine.* **2.** Relatif au latin. ◇ *Alphabet latin,* utilisé pour transcrire les langues romanes et de nombreuses autres langues. **3.** *Nom latin :* nom *scientifique. **4.** Relatif à l'Église romaine d'Occident ayant le latin pour langue liturgique. *Rite latin.* **5.** MAR. *Voile latine :* voile triangulaire à antenne. – *Bâtiment latin,* gréant ces voiles latines. ◆ n.m. Langue indo-européenne que parlaient les Latins. (Le latin a survécu à l'Empire romain comme langue du christianisme en Occident et comme langue de culture.) ◇ *Bas latin :* latin parlé ou écrit après la chute de l'Empire romain et durant le Moyen Âge. – *Latin populaire* ou *vulgaire :* latin parlé qui a donné naissance aux langues romanes. – *Fam. Latin de cuisine :* jargon formé de mots français à désinences latines. – *Fam. Y perdre son latin :* n'y rien comprendre.

LATINISANT, E adj. et n. RELIG. Qui pratique le culte de l'Église latine dans un pays de rite grec.

LATINISATION n.f. Action de latiniser ; fait d'être latinisé.

LATINISER v.t. **1.** Donner une forme ou une terminaison latine à un mot. **2.** Donner le caractère latin à. *L'invasion romaine a latinisé la Gaule.* **3.** Doter une langue d'un alphabet latin.

LATINISME n.m. **1.** Idiotisme propre au latin. **2.** Emprunt au latin.

LATINISTE n. Spécialiste de la langue et de la littérature latines.

LATINITÉ n.f. **1.** Caractère latin de qqn, d'un groupe. **2.** Le monde latin, la civilisation latine. ◇ *Basse latinité :* époque où fut parlé le bas latin.

LATINO n. et adj. Aux États-Unis, immigré originaire d'Amérique latine. ◆ adj. *Fam.* Relatif à l'Amérique latine. *La musique latino.*

LATINO-AMÉRICAIN, E adj. et n. (pl. *latino-américains, es*). D'Amérique latine.

LATITUDE n.f. (lat. *latitudo, -inis,* largeur). **1.** Distance angulaire à l'équateur comptée vers le nord ou vers le sud, dans un système de coordonnées sphériques. ◇ *Latitude (géographique) d'un lieu :* latitude, mesurée en degrés le long du méridien, de la verticale du lieu par rapport au plan de l'équateur terrestre. *Une latitude de 45° nord, de 60° sud* (ou *45° N., 60° S.*). – *Basses latitudes,* voisines de l'équateur. – *Hautes latitudes,* voisines du pôle. **2.** Lieu considéré sous le rapport du climat. *Plante qui peut vivre sous toutes les latitudes.* **3.** Liberté, pouvoir d'agir à son gré. *Laisser toute latitude à qqn.*

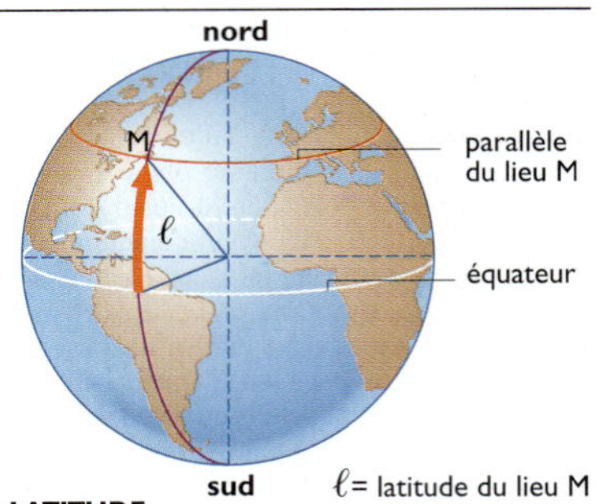

■ **LATITUDE**

LATOMIES n.f. pl. (lat. *latomiae*). ANTIQ. ROM. Vastes carrières à ciel ouvert qui servaient de prison, à Syracuse.

LATO SENSU [latosɛ̃sy] loc. adv. (mots lat.). *Didact.* Au sens large (par oppos. à *stricto sensu*).

LATRIE n.f. (gr. *latreia*). CATH. *Culte de latrie :* culte d'adoration qui n'est rendu qu'à Dieu seul (par oppos. au *culte de dulie*).

LATRINES n.f. pl. (lat. *latrina*). Lieux d'aisances sommaires, sans installations sanitaires, dans un camp, une caserne, une prison, etc.

LATS [lats] n.m. Unité monétaire principale de la Lettonie.

LATTAGE n.m. Action de latter ; ensemble de lattes, lattis.

LATTE n.f. **1.** Planchette de bois servant d'armature ou de couverture. **2.** Long sabre droit de cavalerie, au XIXe s. **3.** *Fam.* Chaussure ; pied. *Donner des coups de lattes.* **4.** Belgique. Règle plate.

LATTER v.t. Garnir de lattes.

LATTIS [lati] n.m. Garniture de lattes.

LAUDANUM [lodanɔm] n.m. (lat. *ladanum,* résine du ciste). Anc. Préparation à base d'opium utilisée comme antalgique et contre la diarrhée.

LAUDATEUR, TRICE n. *Litt.* Personne qui fait des louanges.

LAUDATIF, IVE adj. (lat. *laudativus,* de *laudare,* louer). *Sout.* Qui loue, glorifie, vante. *Article laudatif.*

LAUDES n.f. pl. (bas lat. *laudes,* louanges). CHRIST. Prière liturgique à l'aurore.

LAURACÉE n.f. Arbre ou arbuste aromatique des climats chauds, à feuillage persistant, tel que le laurier, le camphrier, le cannelier. (Les lauracées forment une famille.)

LAURE ou **LAVRA** n.f. (gr. *laura*). Grand monastère orthodoxe.

LAURÉ, E adj. (lat. *laureus,* de laurier). *Litt.* Couronné de lauriers. *Tête laurée.*

LAURÉAT, E adj. et n. (lat. *laureatus,* couronné de laurier). Qui a réussi un examen, a remporté un prix dans un concours.

LAURENTIEN, ENNE [-sjɛ̃, ɛn] adj. et n. Relatif aux Laurentides.

LAURIER n.m. (lat. *laurus*). **1.** Arbuste de la région méditerranéenne, à fleurs blanchâtres discrètes, dont les feuilles persistantes et coriaces sont utilisées comme condiment. (Dans l'Antiquité, le laurier était l'emblème de la victoire. Nom sc. *Laurus nobilis ;* famille des lauracées.) SYN. : *laurier-sauce.* **2.** Feuille de cet arbuste utilisée en cuisine. ◆ pl. *Litt.* Gloire, succès. *Les lauriers de la victoire.* ◇ *S'endormir, se reposer sur ses lauriers :* ne pas poursuivre ses efforts après un succès.

LAURIER-CERISE n.m. (pl. *lauriers-cerises*). Arbrisseau d'Europe et d'Asie Mineure, à feuilles persistantes et à fleurs blanches en grappes, utilisé dans les haies vives et dont les fruits sont toxiques. (Genre *Prunus ;* famille des rosacées.)

LAURIER-ROSE n.m. (pl. *lauriers-roses*). Arbuste à fleurs blanches, roses ou jaunes, ornemental et

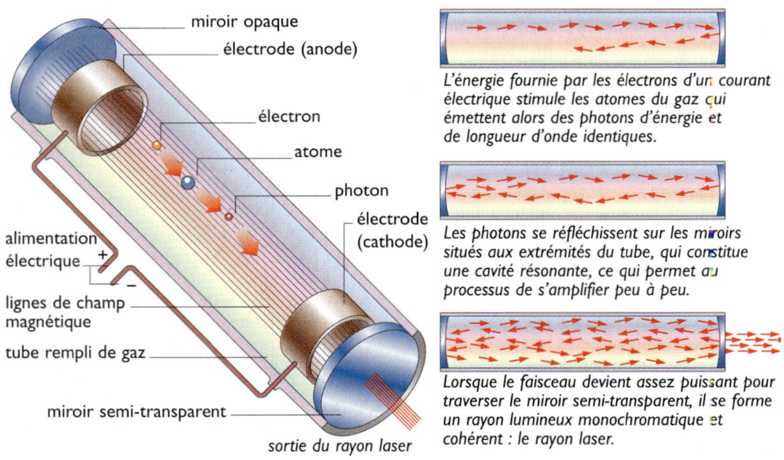

■ **LASER.** Structure et fonctionnement.

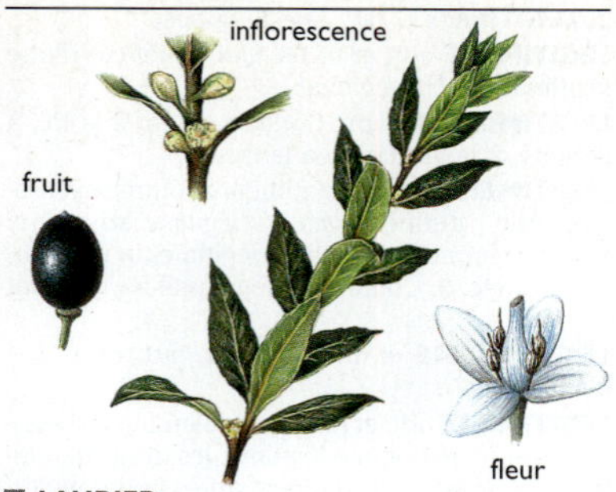

■ **LAURIER**

toxique. (Genre *Nerium ;* famille des apocynacées.)

LAURIER-SAUCE n.m. (pl. *lauriers-sauce*). Nom culinaire du laurier.

LAURIER-TIN n.m. (pl. *lauriers-tins*). Viorne des régions méditerranéennes, dont les feuilles persistantes rappellent celles du laurier. (Genre *Viburnum ;* famille des caprifoliacées.)

LAUSE ou **LAUZE** n.f. (du gaul.). Pierre plate utilisée comme dalle ou pour couvrir des bâtiments.

LAVABLE adj. Qui peut être lavé.

LAVABO n.m. (mot lat., *je laverai*). **1.** Appareil sanitaire en forme de cuvette et alimenté en eau, permettant de faire sa toilette. **2.** (Surtout pl.) Pièce contenant un ou plusieurs de ces appareils, avec toilettes attenantes, dans les collectivités, les lieux publics. **3.** CHRIST. Action du prêtre qui se lave les mains au cours de l'office eucharistique, après présentation des offrandes ; moment de l'office, lieu de l'église où se fait ce geste.

LAVAGE n.m. **1.** Action de laver. **2.** *Lavage de cerveau :* action coercitive, psychologique et physique, exercée sur une personne pour anéantir ses pensées et ses réactions personnelles, et la rendre réceptive à un nouveau comportement. **3.** MIN. Élimination de la partie stérile (gangue) des charbons ou des minerais.

LAVALLIÈRE n.f. (de Mlle de *La Vallière*). Cravate souple, nouée en deux larges boucles.

LAVANDE n.f. (ital. *lavanda,* qui sert à laver). **1.** Plante aromatique cultivée des régions méditerranéennes, à feuilles persistantes et à fleurs bleues ou violettes en épi. (Genre *Lavandula ;* famille des labiées.) **2.** Huile essentielle odorante obtenue à partir de ces fleurs. ◆ adj. inv. *Bleu lavande :* bleu mauve assez clair.

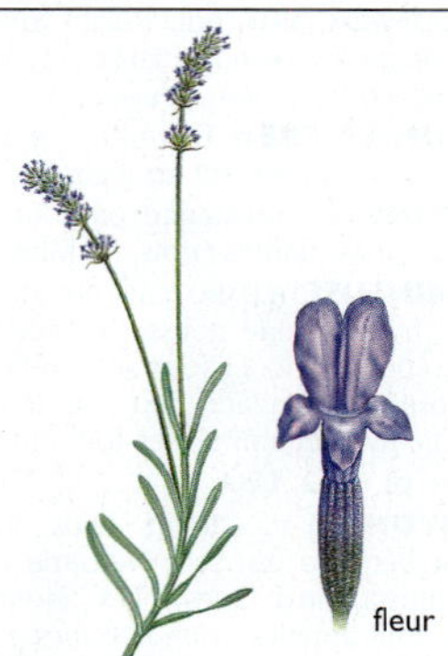

■ **LAVANDE**

LAVANDIÈRE n.f. **1.** Anc., *litt.* Femme qui lavait le linge à la main. **2.** ORNITH. Bergeronnette grise, commune dans toute l'Eurasie et en Afrique du Nord. (Nom sc. *Motacilla alba.*)

LAVANDIN n.m. Lavande hybride, cultivée pour son essence.

LAVARET n.m. (mot savoyard). Corégone des lacs alpins, notamm. du lac du Bourget, voisin du féra et de la bondelle.

LAVASSE n.f. *Fam.* Boisson (notamm. café), soupe, etc., dans laquelle on a mis trop d'eau.

LAVE n.f. (ital. *lava,* du lat. *labes,* éboulement). Magma en fusion émis par un volcan et qui, en refroidissant, se solidifie pour former une roche volcanique.

LAVÉ, E adj. **1.** Se dit d'une couleur d'un faible degré d'intensité chromatique, mêlée de blanc (par oppos. à *saturé*). **2.** Teinté ou rehaussé de lavis. *Dessin lavé.*

LAVE-AUTO n.m. (pl. *lave-autos*). Québec. Station de lavage automatique pour automobiles.

LAVE-DOS n.m. inv. Brosse munie d'un long manche pour se laver le dos.

LAVE-GLACE n.m. (pl. *lave-glaces*). Appareil envoyant un jet de liquide sur le pare-brise ou la vitre arrière d'une automobile pour les laver.

LAVE-LINGE n.m. inv. Machine à laver le linge.

LAVE-MAINS n.m. inv. Petit lavabo d'appoint, en partic. dans les toilettes.

LAVEMENT n.m. **1.** Injection d'un liquide dans le gros intestin, par l'anus, dans un but diagnostique ou thérapeutique. **2.** CHRIST. *Lavement des pieds :* cérémonie du jeudi saint célébrée en souvenir de Jésus, qui, d'après saint Jean, lava les pieds de ses douze apôtres avant la Cène.

LAVE-PONT n.m. (pl. *lave-ponts*). Balai-brosse pour laver le plancher d'un navire.

LAVER v.t. (lat. *lavare*). **1.** Nettoyer avec un liquide, notamm. avec de l'eau. *Laver la vaisselle.* ◇ *Machine à laver :* appareil muni d'un moteur pour laver le linge ou la vaisselle. – *Fam.,* vieilli. *Laver la tête à qqn,* le réprimander sévèrement. **2.** Prouver l'innocence de ; disculper. *Laver qqn d'une accusation.* ◇ *Litt. Laver une injure (dans le sang) :* se venger. **3.** *Laver un dessin, un plan,* le rehausser au lavis. **4.** MIN. Procéder au lavage. ◆ **se laver** v.pr. **1.** Laver son corps. **2.** *Se laver les mains de qqch :* décliner toute responsabilité.

LAVERIE n.f. **1.** Blanchisserie équipée de machines à laver individuelles. **2.** MIN. Atelier de lavage du minerai.

LAVE-TÊTE n.m. inv. Cuvette qui, fixée par un support au dossier d'un siège, permet, chez les coiffeurs, de laver les cheveux au-dessus d'un lavabo.

LAVETTE n.f. **1.** Carré de tissu-éponge servant à laver la vaisselle, à essuyer une table, etc. **2.** Belgique, Suisse. Carré de tissu-éponge pour se laver. **3.** *Fam.* Personne veule et sans énergie.

1. LAVEUR, EUSE n. Personne qui lave. *Un laveur de carreaux.*

2. LAVEUR n.m. CHIM. Appareil utilisé pour purifier des gaz.

LAVE-VAISSELLE n.m. inv. Appareil électroménager qui lave et sèche automatiquement la vaisselle.

LAVIS [lavi] n.m. Procédé qui tient du dessin et de la peinture, consistant dans l'emploi de l'encre de Chine ou d'une couleur quelconque unique, étendue d'eau et passée au pinceau ; œuvre exécutée par ce procédé.

LAVOIR n.m. **1.** Anc. Lieu public où on lavait le linge. **2.** MIN. Atelier de lavage pour le charbon.

LAVRA n.f. → **LAURE.**

LAVURE n.f. Eau qui a servi à laver la vaisselle.

LAWRENCIUM [lorɑ̃sjɔm] n.m. (de E. O. *Lawrence,* n.pr.). Élément chimique transuranien (Lr), de numéro atomique 103.

LAXATIF, IVE adj. et n.m. (lat. *laxativus,* de *laxare,* relâcher). Se dit d'une substance qui accélère le transit intestinal.

LAXISME n.m. (du lat. *laxus,* large). **1.** Indulgence exagérée ; tolérance excessive. **2.** THÉOL. CHRÉT. Système selon lequel on peut suivre une opinion du moment qu'elle est un tant soit peu probable.

LAXISTE adj. et n. **1.** Qui manifeste du laxisme. **2.** THÉOL. CHRÉT. Relatif au laxisme ; qui en est partisan.

LAXITÉ n.f. (lat. *laxitas*). *Didact.* État de ce qui est lâche, distendu. *La laxité d'un tissu.*

LAYETTE [lɛjɛt] n.f. (anc. fr. *laie,* tiroir). **1.** Ce qui sert à habiller un nouveau-né, un bébé. **2.** Meuble à tiroirs plats et compartimentés, servant à ranger l'outillage et les fournitures de l'horlogerie.

LAYON [lɛjɔ̃] n.m. (de *2. laie*). Petit sentier forestier.

LAZARET n.m. (ital. *lazaretto,* de *lazaro,* ladre). **1.** Établissement où l'on isole et où l'on contrôle les arrivants d'un pays où sévit une maladie contagieuse. **2.** Anc. Léproserie.

LAZARISTE n.m. (du prieuré *Saint-Lazare*). CATH. Membre de la Société des prêtres de la Mission, fondée en 1625 par saint Vincent de Paul.

LAZURITE n.f. MINÉRALOG. Feldspathoïde d'une variété bleue, constituant principal du lapis-lazuli.

LAZZARONE [ladzarɔne] n.m. [pl. *lazzarones* ou *lazzaroni*] (mot napolitain). Vx. Homme du bas peuple, à Naples.

LAZZI [ladzi] ou [lazi] n.m. [pl. *lazzi(s)*] (mot ital.). *Litt.* Plaisanterie moqueuse.

LDR n.m. (sigle de l'angl. *light dependent resistor*). ÉLECTRON. Photorésistance.

1. LE, LA art. déf. [pl. *les*] (lat. *ille, illa*). Détermine un groupe nominal dont il indique le genre, le nombre. ◇ *À la, à l'* (+ adj. ou n. fém.) : indique une façon de faire ; à la manière. *S'habiller à l'européenne.* – REM. L'article *le (les),* en combinaison avec les prép. *à* et *de,* donne les formes contractées *au, aux* et *du, des.* L'article singulier *(le, la)* s'élide en *l'* devant une voyelle ou un *h* muet : *L'enfant, l'hirondelle,* etc., sauf devant *onzième, uhlan, yacht, oui,* et quelques autres mots.

2. LE, LA pron. pers. (pl. *les*). Désigne la 3e pers. représentant une personne, un animal, une chose, en fonction de complément d'objet direct. *Je les regarde.* – REM. Le pronom singulier *(le, la)* s'élide en *l'* devant une voyelle ou un *h* muet : *Tu l'accompagneras chez elle. Cette maison de campagne, ils ne l'habitent que quelques mois dans l'année.*

LÉ n.m. (du lat. *latus,* large). **1.** TEXT. Largeur d'une étoffe entre ses deux lisières. SYN. : *laize.* **2.** COUT. Panneau d'étoffe incrusté dans une jupe pour lui donner plus d'ampleur. **3.** Largeur d'une bande de papier peint.

LEADER [lidœr] n.m. (mot angl., *guide*). **1.** Personne qui est à la tête d'un parti politique, d'un mouvement, d'un groupe ; chef. **2.** Concurrent(e), équipe qui est en tête d'une compétition sportive. **3.** Entreprise, groupe, produit qui occupe la première place dans un domaine. **4.** Avion guide d'un dispositif aérien ; son chef de bord.

LEADERSHIP [lidœrʃip] n.m. (mot angl.). Fonction de leader ; position dominante.

LEASING [liziŋ] n.m. BANQUE. (Anglic. déconseillé). Crédit-bail.

LEBEL n.m. (du n. de l'inventeur, Nicolas *Lebel* [1838 - 1891]). Fusil de calibre 8 mm, réalisé en 1886, plusieurs fois perfectionné, et employé dans l'armée française jusqu'en 1940.

LÉCHAGE ou, rare, **LÈCHEMENT** n.m. Action de lécher.

LÈCHE n.f. *Fam.* **1.** *Faire de la lèche à qqn,* le flatter bassement. **2.** Vx. Mince tranche de pain, de viande.

LÉCHÉ, E adj. *Fam.* **1.** Exécuté minutieusement. *Portrait léché.* **2.** *Ours mal léché :* personne mal élevée, grossière.

LÈCHE-BOTTES ou **LÈCHE-CUL** n. inv. *Fam.* ou *très fam.* Personne qui flatte servilement.

LÈCHEFRITE n.f. (de *lèche* et anc. fr. *froie,* frotte). Ustensile de cuisine placé sous la broche ou le gril pour recevoir le jus et la graisse d'une pièce de viande mise à rôtir.

LÈCHEMENT n.m. → **LÉCHAGE.**

LÉCHER v.t. [11] (du francique). **1.** Enlever avec la langue ; passer la langue sur. *Lécher un plat.* ◇ *Fam. Lécher les bottes à qqn,* le flatter servilement. – *Fam. Lécher les vitrines :* regarder longuement les étalages des magasins. **2.** *Litt.* Effleurer légèrement, en parlant de l'eau, du feu. *Les vagues nous lèchent les pieds.* **3.** *Fam.* Exécuter avec un soin excessif ; fignoler. *Lécher un tableau.*

1. LÉCHEUR, EUSE n. *Fam.* Vil flatteur.

2. LÉCHEUR adj.m. *Insecte lécheur,* possédant des pièces buccales qui lui permettent de lécher le nectar.

LÈCHE-VITRINES n.m. inv. ou **LÈCHE-VITRINE** n.m. (pl. *lèche-vitrines*). *Fam. Faire du lèche-vitrines :* flâner le long des rues en regardant les vitrines, les étalages des magasins.

LÉCITHINE n.f. (du gr. *lekithos,* jaune d'œuf). Lipide phosphoré complexe, abondant dans certains aliments (jaune d'œuf, soja) et dans certains organes (cerveau), et utilisé comme additif alimentaire.

LEÇON n.f. (lat. *lectio, -onis,* lecture). **1.** Enseignement donné en une séance par un professeur, un maître, à une classe, à un auditoire, à un élève. **2.** Ce que le maître donne à apprendre. *Réciter sa leçon.* **3.** Enseignement tiré d'une faute ou d'un événement. *Les leçons de l'expérience.* **4.** Avertissement profitable ; réprimande. *Donner, recevoir une bonne leçon.*

1. LECTEUR, TRICE n. **1.** Personne qui lit un livre, un journal, etc. **2.** Personne qui lit à haute voix, devant un auditoire. **3.** Personne qui, dans une maison d'édition, lit et apprécie les manuscrits proposés. **4.** Professeur étranger chargé de faire pratiquer sa langue maternelle. **5.** CATH. Anc. Clerc qui avait reçu l'un des ordres mineurs.

2. LECTEUR n.m. **1.** AUDIOVIS. Appareil qui permet de restituer des informations enregistrées (sons, textes, images) sur un support mécanique, magnétique ou optique. *Lecteur de cassettes. Lecteur laser.* **2.** INFORM. Dispositif permettant l'introduction dans un ordinateur des données stockées sur un support d'enregistrement extérieur.

LECTORAT n.m. **1.** Ensemble des lecteurs d'un quotidien, d'une revue, etc. **2.** Fonction de lecteur dans l'enseignement.

LECTURE n.f. (lat. médiév. *lectura*). **1.** Action de lire, de déchiffrer. **2.** Fait de savoir lire. *Apprendre la lecture.* **3.** Action de lire à haute voix, devant un auditoire. *Donner lecture d'un texte.* **4.** Ce qu'on lit. *Avoir de mauvaises lectures.* **5.** Analyse, interprétation d'un texte, d'une partition, etc. *Une nouvelle lecture de Lautréamont.* **6.** Discussion et vote d'un texte par une assemblée législative ; délibération sur un projet de loi. **7.** AUDIOVIS. Restitution, par un lecteur, de signaux enregistrés sous forme mécanique, magnétique ou optique. ◇ ***Lecture optique***, utilisant un procédé optoélectronique automatique. **8.** INFORM. ***Lecture en mémoire*** : sortie d'informations enregistrées dans une mémoire électronique.

LÉCYTHE n.m. (gr. *lekuthos*). ANTIQ. GR. Petit vase à corps cylindrique, à goulot étroit, à anse et à pied, destiné au parfum et devenu, à partir du ve s. av. J.-C., une offrande funéraire courante en Attique.

LED [ɛlødə] n.f. (sigle de l'angl. *light emetting diode*). Diode électroluminescente.

LEDIT adj.m. → **1. DIT.**

LÉGAL, E, AUX adj. (lat. *legalis*, de *lex, legis*, loi). Conforme à la loi ; défini par la loi.

LÉGALEMENT adv. De façon légale.

LÉGALISATION n.f. Action de légaliser.

LÉGALISER v.t. **1.** Rendre légal. **2.** Certifier l'authenticité des signatures apposées sur un acte, en parlant d'un officier public.

LÉGALISME n.m. Souci de respecter minutieusement la loi.

LÉGALISTE adj. et n. Relatif au légalisme ; qui fait preuve de légalisme.

LÉGALITÉ n.f. **1.** Caractère de ce qui est légal. **2.** Ensemble des actions qui sont conformes à la loi. *Rester dans la légalité.*

LÉGAT n.m. (lat. *legatus*, envoyé). **1.** CATH. Représentant officiel du pape. ◇ ***Légat a latere*** : cardinal de l'entourage immédiat du pape chargé d'une mission extraordinaire. **2.** ANTIQ. ROM. **a.** Sous la République, personnage chargé d'une mission diplomatique (ambassadeur), administrative (adjoint au gouverneur de province) ou militaire (lieutenant des généraux en campagne). **b.** Gouverneur de province impériale ou commandant de légion, sous l'Empire.

LÉGATAIRE n. (du lat. *legare*, léguer). Bénéficiaire d'un legs. *Légataire universel.*

LÉGATION n.f. **1.** Représentation diplomatique d'un gouvernement auprès d'un État où il n'a pas d'ambassade ; bâtiment occupé par cette représentation. **2.** CATH. Charge de légat pontifical ; étendue de pays soumise à cette charge.

LEGATO [legato] adv. (mot ital.). MUS. En liant les sons.

LÈGE adj. (néerl. *leeg*, vide). MAR. *Navire lège*, sans cargaison.

LÉGENDAIRE adj. **1.** Qui appartient à la légende ; fabuleux, mythique. *Animaux légendaires.* **2.** Qui est connu de tous ; célèbre. *Une paresse légendaire.*

LÉGENDE n.f. (lat. *legenda*, ce qui doit être lu). **1.** Récit à caractère merveilleux, où les faits historiques sont transformés par l'imagination populaire ou par l'invention poétique. **2.** Histoire déformée et embellie par l'imagination. **3.** Texte ou série de signes conventionnels expliquant une photographie, un dessin, un plan, une carte.

LÉGENDER v.t. Pourvoir une illustration d'une légende.

LÉGER, ÈRE adj. (lat. *levis*). **1.** Dont le poids est peu élevé. *Bagage léger.* **2.** Dont la densité est faible. *Métal, gaz léger.* **3.** Dont la texture, l'épaisseur est faible. *Tissu léger. Légère couche de neige.* **4.** Qui est peu concentré, peu fort. *Thé, café léger.* ◇ ***Cigarette légère***, dont la teneur en nicotine et en goudrons a été diminuée. – ***Sommeil léger***, que peu de chose suffit à troubler. **5.** Qui met en œuvre des moyens peu importants. *Chirurgie légère.* **6.** Qui est peu appuyé, qui a de la finesse. *Allure, grâce légère.* ◇ ***Avoir la main légère*** : agir avec douceur, délicatesse. **7.** Libre de soucis, de responsabilités. *Se sentir léger. Avoir le cœur léger.* **8.** Qui est peu important. *Légère différence. Peine légère.* **9.** Sans gravité ; enjoué. *Ton léger. Poésie légère.* ◇ ***Musique légère***, de variété. **10.** Qui manque de sérieux. *Se montrer un peu léger.* ◆ adj. et n.m. Dans certains sports individuels, qualifie une catégorie de poids ; se dit d'un sportif appartenant à cette catégorie. ◆ adv. *Manger léger* : manger des aliments faciles à digérer ; manger peu. ◆ loc. adv. ***À la légère*** : sans réflexion ; inconsidérément.

LÉGÈREMENT adv. **1.** De façon légère. *S'habiller légèrement.* **2.** Un peu. *Il est légèrement éméché.* **3.** À la légère ; inconsidérément. *Se conduire légèrement.*

LÉGÈRETÉ n.f. **1.** Propriété de ce qui est peu pesant, peu dense. **2.** Manière d'agir légère, fine, agile. *Bondir avec légèreté.* **3.** Caractère de ce qui est sans gravité. *Légèreté d'une punition.* **4.** Manque de sérieux. *Légèreté de caractère.*

LEGGINGS [legiŋs] n.f. pl. (mot angl.). Jambières de cuir ou de forte toile.

LEGHORN [legɔrn] n.f. (n. angl. de la ville de Livourne). Poule d'une race obtenue aux États-Unis par sélection, excellente pondeuse.

LÉGIFÉRER v.i. [11] (du lat. *legifer*, qui établit des lois). **1.** Établir des lois. **2.** Édicter des règles.

LÉGION n.f. (lat. *legio, -onis*). **1.** Unité fondamentale de l'armée romaine. (Après la réforme de Marius [108 av. J.-C.], la légion comptait env. 6 000 hommes répartis en 10 cohortes, 30 manipules et 60 centuries.) **2.** ***Légion étrangère*** : formation militaire française créée en 1831 par Louis-Philippe et composée de volontaires, en majorité étrangers. (Une légion étrangère espagnole, le *Tercio*, fut créée en 1920.) **3.** Grand nombre de personnes, d'êtres vivants. *Une légion de solliciteurs.* ◇ ***Être légion*** : être très nombreux. *Les amateurs sont légion.*

LÉGIONELLE n.f. Bactérie responsable de la légionellose.

LÉGIONELLOSE n.f. Infection contagieuse grave, d'origine bactérienne, se traduisant surtout par une pneumopathie.

LÉGIONNAIRE n.m. **1.** Soldat d'une légion romaine. **2.** Militaire de la Légion étrangère. **3.** Vieilli. *Maladie des légionnaires* : légionellose. ◆ n. Membre de l'ordre de la Légion d'honneur.

LÉGISLATEUR, TRICE adj. et n. (lat. *legislator*). Qui légifère, qui en a le pouvoir. ◆ n.m. Autorité qui a le pouvoir d'établir des lois ; la loi en général.

LÉGISLATIF, IVE adj. Relatif à la loi, au pouvoir de légiférer. *Pouvoir législatif.* ◇ ***Élections législatives***, ou ***législatives***, n.f. pl. : élections des députés de l'Assemblée nationale au suffrage universel, en France. – ***Assemblée législative*** : v. partie n.pr. – ***Corps législatif*** : assemblée élue chargée de voter les lois, sous le Consulat et le second Empire.

LÉGISLATION n.f. Ensemble des lois, des dispositions législatives d'un pays, ou concernant un domaine particulier. *La législation américaine. Législation financière.*

LÉGISLATURE n.f. Durée du mandat d'une assemblée législative.

LÉGISTE n.m. (du lat. *lex, legis*, loi). **1.** Spécialiste des lois. **2.** Dans la France du Moyen Âge, juriste spécialisé en droit civil. (Les légistes apparurent dans l'entourage des rois sous Louis IX, connurent leur apogée sous Philippe IV le Bel ; leur rôle déclina après Charles V.) ◆ adj. ***Médecin légiste***, ou ***légiste***, n., chargé d'expertises en matière de *médecine légale.

LÉGITIMATION n.f. **1.** Action de légitimer. **2.** DR. Acte par lequel on rend légitime un enfant naturel.

1. LÉGITIME adj. (lat. *legitimus*). **1.** Qui est consacré, reconnu, admis par la loi. *Autorité légitime. Mariage légitime.* **2.** Qui est fondé en raison, en droit, en justice. *Demande légitime.* ◇ ***Légitime défense*** : droit de riposter par un acte interdit (notamm. homicide, blessures et coups) et de façon proportionnée, pour se protéger ou pour protéger autrui contre un acte de violence.

2. LÉGITIME n.f. *Fam.*, vieilli. Épouse.

LÉGITIMÉ, E adj. et n. DR. Qui bénéficie d'une légitimation. *Fils légitimé.*

LÉGITIMEMENT adv. Conformément à la loi, à l'équité, à la justice ou à la raison.

LÉGITIMER v.t. **1.** Faire admettre comme excusable, juste ; justifier. *Rien ne légitime sa colère.* **2.** Faire reconnaître comme légitime un pouvoir, un titre, etc. **3.** Conférer la légitimité à un enfant naturel.

LÉGITIMISME n.m. Opinion, attitude des légitimistes.

LÉGITIMISTE adj. et n. **1.** Qui défend une dynastie considérée comme légitime, les droits héréditaires au trône. – En France, après la révolution de 1830, partisan de la branche aînée des Bourbons et de son dernier héritier direct, le comte de Chambord. (Attaché à une monarchie traditionnelle forte et à l'Église catholique, le parti légitimiste ne put s'entendre [1873] avec les orléanistes.) **2.** Qui a tendance à favoriser le pouvoir en place. *Réflexe légitimiste de l'électorat.*

LÉGITIMITÉ n.f. **1.** Qualité de ce qui est fondé en droit, en justice, en équité. **2.** DR. Qualité d'un enfant légitime.

LEGO [lego] n.m. (nom déposé). Jeu de construction en plastique, à pièces emboîtables.

LEGS [lɛg] ou [lɛ] n.m. (anc. fr. *lais*, de *laisser*, avec l'infl. du lat. *legatum*, don par testament). **1.** DR. Libéralité faite par testament au bénéfice d'une personne. ◇ ***Legs à titre particulier*** : legs d'un ou de plusieurs biens déterminés. – ***Legs à titre universel*** : legs qui porte sur un ensemble de biens, par ex. une quote-part de l'ensemble de la succession ou la totalité des meubles ou des immeubles. – ***Legs universel*** : legs qui porte sur la totalité de la succession ou seulem. sur la quotité disponible, lorsque le légataire universel est en concurrence avec des héritiers réservataires. **2.** *Litt.* Ce qu'une génération transmet aux générations suivantes ; héritage.

LÉGUER v.t. [11] (lat. *legare*). **1.** Donner par testament. **2.** *Fig.* Transmettre à ceux qui viennent ensuite. *Elle a légué son heureux caractère à ses enfants.*

1. LÉGUME n.m. (lat. *legumen, -inis*). **1.** Plante potagère dont on consomme, selon les espèces, les graines, les feuilles, les tiges, les fruits ou les racines. ◇ ***Légume vert*** : légume consommé frais peu après la cueillette ou après conservation (appertisation, congélation). – ***Légume sec*** : graine des légumineuses (haricot, pois, fève, etc.) arrivée à maturité. **2.** *Fam.* Personne réduite à une existence végétative.

2. LÉGUME n.f. *Fam. Grosse légume* : personnage important.

1. LÉGUMIER, ÈRE adj. Relatif aux légumes. *Culture légumière.* ◆ n.m. Plat creux, avec couvercle, dans lequel on sert des légumes.

2. LÉGUMIER, ÈRE n. **1.** Producteur de légumes. **2.** Belgique. Commerçant en légumes.

LÉGUMINE n.f. Substance protidique existant dans certaines graines (pois, lentilles).

LÉGUMINEUSE n.f. BOT. Plante dicotylédone dont le fruit est une gousse, exploitée comme légume (pois, haricot), fourrage (trèfle, luzerne), pour l'ornement (acacia) ou pour le bois (palissandre). [Les légumineuses forment un ordre.]

LEI n.m. pl. → **2. LEU.**

LÉIOMYOME n.m. (du gr. *leios*, lisse). MÉD. Tumeur bénigne qui se développe à partir de fibres musculaires lisses. (Les léiomyomes de l'utérus sont appelés cour. *fibromes*.)

LEIPOA [leipoa] n.m. (gr. *leios*, lisse, et *poa*, herbe). Oiseau terrestre du sud de l'Australie, au plumage terne, qui pond ses œufs dans un gigantesque nid (5 m de diamètre) de feuilles et d'humus, dont il contrôle la température jusqu'à l'éclosion. (Ordre des galliformes ; famille des mégapodidés.)

LEISHMANIE ou **LEISHMANIA** [lɛʃ-] n.f. (de *Leishman*, n.pr.). Protozoaire parasite, flagellé, commun à l'homme et aux animaux, transmis par les phlébotomes et provoquant chez l'homme les leishmanioses.

LEISHMANIOSE [lɛʃ-] n.f. MÉD. Maladie parasitaire des régions chaudes due aux leishmanies, pouvant prendre une forme viscérale grave *(kala-azar)*.

LEITMOTIV [lɛtmɔtiv] ou [lajtmɔtif] n.m. (mot all.). **1.** MUS. Motif, thème caractéristique destiné à rappeler une idée, un sentiment, un personnage. **2.** Formule, idée qui revient sans cesse dans un discours, une conversation, une œuvre littéraire. Pluriel savant : *leitmotive.*

LEK n.m. Unité monétaire principale de l'Albanie.

LÉMANIQUE adj. Relatif au lac Léman.

LEMME n.m. (gr. *lêmma*, proposition admise d'avance). MATH. Proposition déduite d'un ou de plusieurs postulats et dont la démonstration prépare celle d'un théorème.

LEMMING [lɛmiŋ] n.m. (mot norv.). Petit rongeur de l'Eurasie septentrionale, voisin du campagnol, qui pullule tous les deux à quatre ans et effectue alors des migrations massives vers le sud. (Genre principal *Lemmus ;* famille des cricétidés.)

■ **LEMMING.** Lemming des toundras.

LEMNISCATE n.f. (lat. *lemniscatus*, du gr. *lêmniskos*, ruban). GÉOMÉTR. Courbe plane, ensemble des points dont le produit des distances à deux points fixes est constant.

LEMPIRA [lɛmpira] n.m. Unité monétaire principale du Honduras.

LÉMURE n.m. (lat. *lemures*, spectres). MYTH. ROM. Spectre d'un mort ; fantôme.

LÉMURIEN n.m. (du lat. *lemures*, spectres). Mammifère primate primitif de Madagascar, d'Afrique, d'Asie méridionale et des Philippines, arboricole, végétarien ou insectivore, tel que le maki, l'aye-aye, le galago, le tarsier. (Les lémuriens forment un sous-ordre.) SYN. : *prosimien.*

LENDEMAIN n.m. (anc. fr. *l'endemain*). **1.** Jour qui suit celui où l'on est, ou celui dont on parle. **2.** Avenir plus ou moins immédiat. *Songer au lendemain.* ◇ ***Du jour au lendemain*** : dans un court espace de temps.

LENDIT [lɑ̃di] n.m. (lat. *indictum*, ce qui est fixé). HIST. Importante foire qui se tenait au Moyen Âge dans la plaine Saint-Denis.

LÉNIFIANT, E adj. *Litt.* Qui lénifie ; amollissant. *Climat lénifiant.*

LÉNIFIER v.t. [5] (du lat. *lenis*, doux). *Litt.* Atténuer, adoucir, apaiser.

LÉNINISME n.m. Doctrine de Lénine, considérée dans son apport au marxisme, notamm. en ce qui concerne la stratégie de prise du pouvoir par les partis communistes.

LÉNINISTE adj. et n. Relatif au léninisme ; qui en est partisan.

LÉNITIF, IVE adj. (du lat. *lenis*, doux). *Litt.* Lénifiant.

LENT, E adj. (lat. *lentus*, souple). **1.** Qui parcourt peu d'espace en un temps donné. *Véhicule lent.* **2.** Qui n'agit pas avec rapidité. *Esprit lent.* **3.** Qui se fait avec lenteur. *De lents progrès.* **4.** Dont l'effet tarde à se manifester ; progressif. *Poison lent.* **5.** PSYCHOL. ***Sommeil lent*** : sommeil profond.

LENTE n.f. (lat. *lens, lentis*). Œuf que le pou dépose à la base des cheveux.

LENTEMENT adv. Avec lenteur.

LENTEUR n.f. Manque de rapidité, d'activité, de vivacité dans les mouvements, dans le raisonnement. *Marcher avec lenteur. Lenteur d'esprit.*

LENTICELLE n.f. (du lat. *lens, lentis*, lentille). BOT. Pore traversant le liège d'une écorce et permettant la respiration des tissus sous-jacents. (Les lenticelles forment les petits trous visibles sur les bouchons de liège.)

LENTICULAIRE ou **LENTICULÉ, E** adj. En forme de lentille.

LENTICULE n.f. Lentille d'eau.

LENTIGO n.m. ou **LENTIGINE** n.f. (du lat. *lens, lentis*). MÉD. Petite tache de la peau. SYN. *(cour.)* : ***grain de beauté.***

LENTILLE n.f. (lat. *lenticula*). **1.** Plante annuelle cultivée, aux fruits en gousses larges contenant deux graines. (Genre *Lens ;* famille des papilionacées.) – La graine elle-même, consommée comme légume sec et qui a la forme d'un petit disque renflé en son centre. **2.** ***Lentille d'eau*** : petite plante monocotylédone aquatique, aux minuscules feuilles bombées ou trilobées, abondante à la surface des eaux stagnantes. (Genre *Lemna ;* famille des lemnacées.) SYN. : *lenticule.* **3.** Vx. Tache de rousseur. **4.** Verre taillé en forme de lentille, servant dans les instruments d'optique. ◇ ***Lentille cornéenne***, ou ***lentille*** : verre de contact qui s'applique sur la cornée sans en déborder. **5.** ***Lentille électronique*** : dispositif qui dévie les faisceaux de particules chargées, en partic. d'électrons, comme les lentilles optiques dévient les faisceaux lumineux. **6.** GÉOL. Formation géologique sédimentaire d'extension limitée, se terminant latéralement en biseau. **7.** ASTRON. ***Lentille gravitationnelle*** : objet céleste massif (galaxie, par ex.) qui a pour effet de modifier l'apparence d'astres plus lointains situés sur la même ligne de visée, en courbant par son attraction gravitationnelle les rayons lumineux issus de ces astres.

■ **LENTILLE**

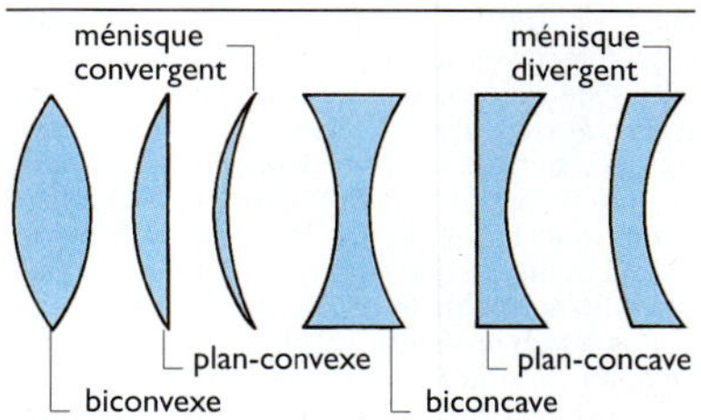

■ **LENTILLES** (optique).

LENTISQUE n.m. (lat. *lentiscus*). Arbrisseau voisin du pistachier, cultivé au Proche-Orient, et dont le tronc fournit une résine appelée *mastic*, employée comme masticatoire. (Genre *Pistacia ;* famille des anacardiacées.)

LENTIVIRUS n.m. Genre de virus de la famille des rétrovirus, dont font partie les VIH.

LENTO [lɛnto] adv. (mot ital.). MUS. Selon un tempo lent. ◆ n.m. Morceau de musique exécuté dans le tempo lento.

LÉONARD, E adj. et n. Du pays de Léon, en Bretagne.

1. LÉONIN, E adj. (lat. *leoninus*, de *leo, leonis*, lion). **1.** *Litt.* Propre au lion ; qui rappelle le lion. *Crinière léonine.* **2.** DR. Se dit d'un partage où qqn se réserve la plus grosse part, d'un contrat ou d'une clause qui avantage exagérément l'une des parties.

2. LÉONIN, E adj. (de *Léon*, chanoine du XIIe s.). *Vers léonin* : vers dont les deux hémistiches riment ensemble.

LÉOPARD n.m. (lat. *leo*, lion, et *pardus*, panthère). **1.** Panthère tachetée d'Afrique. (Long. 1,50 m ; nom sc. *Panthera pardus*, famille des félidés.) **2.** Fourrure de cet animal, aux taches en rosettes. **3.** ***Tenue léopard*** : tenue de combat camouflée, tachetée, utilisée notamm. par les parachutistes. **4.** ***Léopard de mer*** : grand phoque carnassier vivant dans l'Antarctique. (Genre *Hydrurga ;* famille des phocidés.) **5.** HÉRALD. Lion représenté la tête de face et, la plupart du temps, passant.

LÉOPARDÉ, E adj. HÉRALD. *Lion léopardé* : lion passant (et non rampant).

LÉPIDODENDRON [-dɛ̃-] n.m. (gr. *lepis, lepidos*, écaille, et *dendron*, arbre). PALÉONT. Plante arborescente fossile du carbonifère et du permien, qui atteignait 25 à 30 m de haut. (Embranchement des ptéridophytes ; ordre des lépidodendrales.)

LÉPIDOLITE n.m. Mica lithinifère, principal minerai du lithium.

LÉPIDOPTÈRE n.m. (gr. *lepis, lepidos*, écaille, et *pteron*, aile). Insecte holométabole, portant à l'état adulte quatre ailes membraneuses couvertes d'écailles microscopiques colorées, dont la larve est appelée *chenille*, la nymphe *chrysalide* et l'adulte *papillon*. (Les lépidoptères forment un ordre.)

LÉPIDOSTÉE n.m. → **LÉPISOSTÉE.**

LÉPIOTE n.f. (du gr. *lepion*, petite écaille). Champignon basidiomycète à lamelles, à chapeau couvert d'écailles, à anneau, mais sans volve, croissant dans les bois, les prés. (La coulemelle [genre *Lepiota*], comestible, est la *lépiote élevée ;* ordre des agaricales.)

LÉPISME n.m. (gr. *lepisma*). Insecte primitif à corps gris argenté dépourvu d'ailes, communément appelé *(petit) poisson d'argent*, vivant dans les lieux humides des maisons. (Long. 1 cm ; genre *Lepisma*, ordre des thysanoures.)

LÉPISOSTÉE ou **LÉPIDOSTÉE** n.m. (du gr. *lepis, -idos*, écaille). Poisson holostéen des rivières et des lacs des États-Unis, au corps allongé et aux écailles épaisses. (Long. 1,50 m.)

LÉPORIDÉ n.m. (du lat. *lepus, leporis*, lièvre). Petit mammifère lagomorphe, tel que le lièvre et le lapin. (Les léporidés forment une famille.)

LÈPRE n.f. (lat. *lepra*). **1.** Maladie infectieuse chronique plus ou moins contagieuse, due au bacille de Hansen, qui prédomine au niveau de la peau (forme lépromateuse) ou des nerfs (forme tuberculoïde). **2.** *Litt.* Vice ou mal grave qui s'étend comme la lèpre.

LÉPREUX, EUSE adj. **1.** Relatif à la lèpre. **2.** *Fig.* Couvert de taches, dont la surface est dégradée. *Murs lépreux.* ◆ adj. et n. Atteint de la lèpre.

LÉPROLOGIE n.f. Étude de la lèpre.

LÉPROMATEUX, EUSE adj. Relatif à un lépromé ; caractérisé par les lépromes.

LÉPROME n.m. Nodule sous-cutané, déformant et mutilant, caractéristique de la lèpre lépromateuse.

LÉPROSERIE n.f. Établissement réservé à l'isolement et au traitement des lépreux.

LEPTINE n.f. GÉNÉT. Protéine sécrétée sous l'influence d'un gène et jouant un rôle dans l'obésité.

LEPTOCÉPHALE n.m. (gr. *leptos*, mince, et *kephalê*, tête). Larve de l'anguille, transparente, en forme de feuille de saule, qui traverse l'Atlantique vers les côtes d'Europe en deux ans env., où elle se transforme en civelle. (Long. max. 6 à 7 cm.)

LEPTON n.m. PHYS. Particule insensible à la force nucléaire forte. (L'électron, son neutrino associé [ν_e] et leurs antiparticules sont des leptons.)

LEPTONIQUE adj. Relatif aux leptons.

LEPTOSPIRE n.m. (gr. *leptos*, mince, et fr. *spire*). Genre de bactérie de la même famille que les spirochètes, et responsable des leptospiroses.

LEPTOSPIROSE n.f. MÉD. Infection due à un leptospire, transmise par l'eau ou les morsures d'animaux, pouvant donner, en partic., de la fièvre, des douleurs, une méningite ou une jaunisse.

LEPTURE n.m. (gr. *leptos*, mince, et *oura*, queue). Coléoptère longicorne au corps allongé, brun-rouge, commun sur les fleurs dans les prés et les jardins. (Long. 1 à 2 cm ; genre *Leptura*, famille des cérambycidés.)

LEQUEL, LAQUELLE pron. relat. (pl. *lesquels, lesquelles*). Génér. précédé d'une prép., représente qqn ou qqch dont on vient de parler et dont on va parler. *Le bateau sur lequel nous naviguions.* ◆ pron. interr. Interroge sur un ou plusieurs éléments, une ou plusieurs personnes à choisir, à indiquer dans un ensemble. *Voici deux étoffes, laquelle choisissez-vous ?* (Forme avec *à* et *de* les pronoms *auquel, auxquels, auxquelles, duquel, desquels, desquelles.*)

LERCHE adv. (altér. de *cher*). *Arg. Pas lerche* : pas beaucoup.

LÉROT n.m. (de *loir*). Petit rongeur hibernant d'Europe occidentale et centrale, d'Afrique du

■ **LÉROT**

Nord et du Proche-Orient, omnivore à tendance carnivore, très agressif. (Genre *Eliomys ;* famille des gliridés.)

LES art. et pron. pl. → **LE.**

LÈS prép. → **LEZ.**

LESBIANISME n.m. Homosexualité féminine.

LESBIEN, ENNE adj. et n. De Lesbos. ◆ adj. Relatif au lesbianisme.

LESBIENNE n.f. Femme homosexuelle.

LÈSE- (lat. *laesa,* blessée). Élément placé devant un nom, le plus souvent fém., pour indiquer qu'il a été porté atteinte à ce que celui-ci désigne. *Un crime de lèse-société, de lèse-conscience.*

LÈSE-MAJESTÉ n.f. inv. Anc. *Crime de lèse-majesté :* attentat contre la personne du prince ou contre son autorité.

LÉSER v.t. [11] (du lat. *laesus,* blessé). **1.** Faire tort à qqn, à ses intérêts. **2.** Produire une lésion.

LÉSINE ou **LÉSINERIE** n.f. (ital. *lesina,* alêne, par allusion à des avares qui réparaient leurs chaussures eux-mêmes). *Litt.* ou vieilli. Épargne excessive dans les plus petites choses ; ladrerie.

LÉSINER v.i. Économiser avec excès, agir avec une trop grande économie de moyens. ◇ *Ne pas lésiner sur :* ne pas hésiter à utiliser abondamment, à faire la dépense de.

LÉSINEUR, EUSE adj. et n. *Litt.* ou vieilli. Qui lésine.

LÉSION n.f. (lat. *laesio*). **1.** Modification pathologique de la structure d'un tissu, d'un organe, visible à l'œil nu ou au microscope. **2.** DR. Préjudice qu'éprouve une partie dans un contrat ou un partage.

LÉSIONNAIRE adj. DR. Qui a un caractère de lésion ; entaché de lésion. *Contrat lésionnaire.*

LÉSIONNEL, ELLE adj. MÉD. **1.** Relatif à une lésion. **2.** Organique.

LESSIVABLE adj. Que l'on peut lessiver. *Papier peint lessivable.*

LESSIVAGE n.m. **1.** Action de lessiver. **2.** PÉDOL. Dans un sol, migration d'argile ou de limon vers un horizon inférieur sous l'action des eaux météoriques.

LESSIVE n.f. (lat. pop. *lixiva,* de *lix, licis*). **1.** Produit détersif à base de savon ou de détergents de synthèse, en poudre ou liquide, qui sert à laver les textiles ou à nettoyer. *Un baril de lessive.* **2.** Solution alcaline ou saline servant à la fabrication du savon. **3.** Action de laver le linge ; linge lavé. *Faire, étendre la lessive.* **4.** *Fam.* Exclusion rapide et massive de personnes jugées indésirables dans une collectivité.

LESSIVER v.t. **1.** Nettoyer avec de la lessive. *Lessiver les murs, du linge.* – Belgique. Laver le linge. ◇ Belgique. *Machine à lessiver :* lave-linge. **2.** CHIM. Débarrasser des parties solubles à l'aide d'une lessive. **3.** PÉDOL. Entraîner le lessivage d'un sol. *Précipitations qui lessivent le sol.* **4.** *Fam.* Faire perdre à qqn toute force physique ; épuiser, éreinter. **5.** *Fam.* Battre, écraser un adversaire. – *Spécial.* Au jeu, dépouiller qqn. **6.** *Fam. Se faire lessiver :* se faire éliminer d'un groupe, d'une fonction comme indésirable.

LESSIVEUSE n.f. **1.** Anc. Récipient en tôle galvanisée, utilisé pour faire bouillir le linge. **2.** Belgique. Lave-linge.

LESSIVIEL, ELLE adj. Relatif à la lessive. *Produits lessiviels.*

LESSIVIER n.m. Fabricant de produits de lessive.

LEST n.m. (néerl. *last*). **1.** Matière pesante placée dans les fonds d'un navire ou fixée à sa quille pour lui assurer un tirant d'eau ou une stabilité convenables. ◇ *Navire sur lest,* qui navigue sans fret. **2.** Sable emporté dans la nacelle d'un aérostat, et que l'aéronaute jette pour prendre de l'altitude ou ralentir sa descente. ◇ *Jeter, lâcher du lest :* faire un sacrifice, des concessions pour rétablir une situation compromise.

LESTAGE n.m. Action de lester.

LESTE adj. (ital. *lesto,* dégagé). **1.** Qui se meut avec agilité, aisance ; alerte, vif. *Un vieillard encore leste.* ◇ *Avoir la main leste :* être prompt à frapper, à gifler. **2.** Trop libre, qui blesse la décence ; gaulois, grivois. *Histoire, propos lestes.*

LESTEMENT adv. D'une manière leste, agile.

LESTER v.t. **1.** Charger de lest. *Lester un navire.* **2.** *Fam.* Charger en remplissant. *Lester ses poches d'objets divers.*

LET [lɛt] adj. inv. (mot angl., *obstacle*). Au tennis et au tennis de table, se dit d'une balle de service qui touche le filet et retombe dans les limites du court ou de la table, dans le camp adverse. SYN. : *net.* Recomm. off. : *filet.*

LÉTAL, E, AUX adj. (lat. *letalis,* de *letum,* mort). MÉD. Qui entraîne la mort. *Gène létal. Dose létale.*

LÉTALITÉ n.f. MÉD. Caractère de ce qui est létal ; mortalité.

LETCHI n.m. → **LITCHI.**

LÉTHARGIE n.f. (gr. *lêthargia,* de *lêthê,* oubli). **1.** Vx. Sommeil pathologique profond et prolongé, en partic. au cours de l'hystérie, de l'hypnose. **2.** *Fig.* Torpeur, nonchalance extrême.

LÉTHARGIQUE adj. **1.** Qui tient de la léthargie ; atteint de léthargie. *Sommeil léthargique.* **2.** *Fig.* Dont l'activité est très diminuée. *Industrie léthargique.*

1. LETTON, ONNE ou **ONE** adj. et n. De la Lettonie, de ses habitants.

2. LETTON ou **LETTE** n.m. Langue balte parlée en Lettonie.

LETTRAGE n.m. Marquage au moyen de lettres.

LETTRE n.f. (lat. *littera*). **1.** Chacun des signes graphiques dont l'ensemble constitue un alphabet. ◇ *En toutes lettres :* écrit sans abréviation ; écrit avec des mots (et non avec des chiffres, des signes conventionnels, etc.). – *[Par euphémisme]. Les cinq lettres, le mot de cinq lettres :* merde. **2.** Signe alphabétique envisagé dans sa forme, sa taille, etc. *Lettre minuscule, majuscule.* **3.** IMPRIM. Caractère typographique représentant une des lettres de l'alphabet. *Dessiner les lettres d'une police de caractères.* **4.** GRAV. Inscription gravée sur une estampe. ◇ *Épreuve avant la lettre,* tirée avant gravure de toute inscription. – *Fig. Avant la lettre :* avant le complet développement de qqch ; qui préfigure ce que sera l'état définitif. **5.** Sens strict des mots d'un texte, d'un discours, etc. (par oppos. à *sens profond,* à *esprit*). *Respecter la lettre de la loi.* ◇ *À la lettre, au pied de la lettre :* au sens propre, exact ; scrupuleusement, ponctuellement. – *Être, rester, devenir lettre morte,* sans effet, inutile. **6.** Message personnel écrit adressé à qqn sous enveloppe. *Lettre d'amour. Papier à lettres.* ◇ *Lettre de château :* lettre de remerciement aux personnes chez qui on a été invité à faire un séjour. – Belgique. *Lettre de mort :* faire-part de décès. – *Fam. (Passer) comme une lettre à la poste,* facilement, sans difficulté. – *Lettre ouverte :* écrit polémique ou revendicatif adressé à qqn en partic., mais rendu public simultanément. **7.** Document officiel ou privé. ◇ DR. *Lettre d'intention :* document dans lequel est déclarée l'intention de passer un contrat, de conclure un accord ultérieur. – *Lettre de voiture,* qui prouve le contrat de transport d'une marchandise. – HIST. *Lettre de cachet :* en France, sous l'Ancien Régime, lettre scellée du cachet royal, renfermant l'ordre de faire interner ou exiler un individu. – *Lettre de marque :* lettre patente que l'État délivrait, en temps de guerre, au capitaine d'un navire armé en course. – CATH. *Lettre pastorale :* mandement. ◆ pl. **1.** Culture et activités littéraires. ◇ *Homme, femme de lettres :* écrivain. **2.** Ensemble des connaissances et des études concernant la littérature, les langues, etc. (par oppos. à *sciences*). *Étudiant en lettres.*

LETTRÉ, E adj. et n. **1.** Qui a une solide culture, notamm. littéraire. **2.** Belgique. Se dit d'une personne qui sait lire et écrire.

LETTRE-TRANSFERT n.f. (pl. *lettres-transferts*). Caractère graphique se reportant sur une surface lisse par pression et frottement.

LETTRINE n.f. (ital. *letterina*). Dans les manuscrits ou les livres imprimés, grande initiale, ornée ou non, placée au début d'un chapitre ou d'un paragraphe.

LETTRISME n.m. Mouvement littéraire, fondé vers 1945 par Isidore Isou, qui fait consister la poésie dans la seule sonorité ou dans le seul aspect des lettres disposées en un certain ordre ; école artistique liée à ce mouvement et qui fait appel à des combinaisons visuelles de lettres et de signes.

1. LEU n.m. (forme anc. de *loup*). *À la queue leu leu :* à la file, à la suite les uns des autres.

2. LEU n.m. [pl. *lei*] (mot roumain). Unité monétaire principale de la Roumanie et de la Moldavie.

LEUCANIE n.f. (lat. *leucania*). Petite noctuelle aux ailes grises ou jaunes, dont la chenille vit sur les graminées. (Famille des noctuidés.)

LEUCÉMIE n.f. (gr. *leukos,* blanc, et *haima,* sang). Maladie maligne de cause inconnue, aiguë ou chronique, caractérisée par la prolifération dans la moelle osseuse (leucose), et éventuellement dans les autres organes lymphoïdes, de globules blancs ou de leurs précurseurs, qui peuvent se répandre dans le sang (leucémie proprement dite).

LEUCÉMIQUE adj. Relatif à la leucémie. ◆ adj. et n. Atteint de leucémie.

LEUCINE n.f. Acide aminé indispensable, constituant des protéines et intervenant dans le métabolisme.

LEUCITE n.f. CRISTALLOGR. Silicate d'aluminium et de potassium, de la famille des feldspathoïdes, caractéristique de certaines roches volcaniques.

LEUCOBRYUM [-brijɔm] n.m. (du gr. *leukos,* blanc). Mousse très commune au pied des arbres, où elle forme des coussins mamelonnés. (Ordre des bryales.)

LEUCOCYTAIRE adj. Qui concerne les leucocytes.

LEUCOCYTE n.m. (gr. *leukos,* blanc, et *kutos,* cavité). Cellule du sang et du tissu lymphoïde, capable de se rendre dans les différents tissus pour participer aux défenses immunitaires. (On distingue les granulocytes, les lymphocytes et les monocytes.) SYN. : *globule blanc.*

LEUCODERME adj. et n. Se dit de qqn dont la peau est de couleur blanche.

LEUCODERMIE n.f. Diminution ou absence de pigmentation de la peau, généralisée (albinisme) ou localisée. SYN. : *achromie.*

LEUCO-ENCÉPHALITE n.f. (pl. *leuco-encéphalites*). Inflammation du système nerveux central, prédominant dans la substance blanche, et souvent virale.

LEUCOME n.m. MÉD. Tache blanchâtre cicatricielle sur la cornée.

LEUCOPÉNIE n.f. Diminution du nombre des globules blancs du sang.

LEUCOPLASIE n.f. Plaque blanche sur une muqueuse, surtout celle de la bouche, due à une kératinisation, et parfois précancéreuse.

LEUCOPOÏÈSE [-pɔjɛz] n.f. Formation des globules blancs dans la moelle osseuse et dans le tissu lymphoïde.

LEUCORRHÉE n.f. Écoulement blanc, jaune ou vert, dépourvu de sang, provenant des voies génitales de la femme. SYN. : *pertes blanches.*

LEUCOSE n.f. Rare. Prolifération maligne de globules blancs dans la moelle osseuse, avec ou sans leucémie.

LEUCOTOMIE n.f. Lobotomie cérébrale partielle.

LEUDE n.m. (francique *leudi,* gens). HIST. Dans les royaumes barbares (V^{e}-VIe s.), homme de haut rang au service du roi.

1. LEUR pron. pers. inv. (lat. *illorum,* d'eux). Désigne la 3e pers. du pl., représentant des êtres ou des choses, complément d'objet indirect ou complément d'attribution ; à eux, à elles. *Elle leur a donné du chocolat. Je leur parle souvent de toi.*

2. LEUR adj. poss. [pl. *leurs*] (lat. *illorum,* d'eux). Représente un possesseur de la 3e pers. du pl., pour indiquer un rapport d'appartenance, un rapport d'ordre affectif ou social. *Elles mettent leur bonnet et leurs gants. Leurs parents. Leurs collègues.* (Dans le style soutenu, *leur* s'emploie en fonction d'attribut pour *le leur, la leur, les leurs. Cette beauté qui est leur.*) ◆ **le leur, la leur** pron. poss. (pl. *les leurs*). Celui, celle qui est à eux, à elles. *Nos voisins ont aussi un chat, mais le leur est gris.* ◇ *Les leurs :* leurs parents, leurs amis, leurs proches. – *Être (un) des leurs :* faire partie de leur groupe, partager la même activité qu'eux.

LEURRE n.m. (francique *lopr,* appât). **1.** Moyen d'attirer et de tromper ; artifice. *Ce projet n'est qu'un leurre.* **2.** FAUCONN. Morceau de cuir rouge façonné en forme d'oiseau, auquel on attache un appât et que l'on jette en l'air pour faire revenir le faucon. **3.** PÊCHE. Appât artificiel (poisson d'étain, cuiller, mouche, etc.) attaché à un hameçon. **4.** ARM. Moyen destiné à gêner la détection d'un aéronef, d'un navire ou d'un sous-marin, ou à faire dévier les armes offensives dirigées contre eux.

LEURRER v.t. **1.** Attirer par quelque espérance trompeuse. *Il s'est laissé leurrer.* **2.** FAUCONN. Dresser à revenir au leurre. ◆ **se leurrer** v.pr. Se faire des illusions ; s'illusionner. *Tu te leurres sur ses sentiments.*

LEV [lev] n.m. [pl. *leva*] (mot bulgare). Unité monétaire principale de la Bulgarie.

LEVAGE n.m. **1.** Fait de lever, en parlant d'une pâte. **2.** Action de lever, de déplacer verticalement une charge. *Appareil de levage.*

LEVAIN n.m. (de *lever*). **1.** Culture de micro-organismes utilisée pour produire une fermentation. **2.** Morceau de pâte en cours de fermentation, qui mélangé à la pâte du pain la fait lever et fermenter. **3.** *Fig., litt.* Ce qui peut faire naître, amplifier un état, un sentiment, une action. *Un levain de discorde.*

LEVALLOIS (TECHNIQUE). PRÉHIST. Technique de débitage de la pierre au paléolithique, qui permet d'obtenir des produits de forme prédéterminée (grands éclats, pointes triangulaires).

LEVANT n.m. *Litt.* Est, orient. ◆ adj.m. *Le soleil levant,* qui se lève.

LEVANTIN, E adj. et n. Vieilli. Originaire des pays de la Méditerranée orientale.

1. LEVÉ, E adj. **1.** Placé plus haut ; soulevé. *Mains levées.* ◇ *Au pied levé :* sans préparation, à l'improviste. **2.** Sorti du lit, debout. *Levée chaque jour à l'aube.* **3.** Placé verticalement ; dressé. *Pierres levées.*

2. LEVÉ ou **LEVER** n.m. TOPOGR. Établissement d'un plan, d'une carte, à partir de données de terrain, de photographies aériennes ou d'images satellitaires ; plan, carte ainsi tracés.

LEVÉE n.f. **1.** Action d'enlever, de retirer. *Levée des scellés.* ◇ *Levée du corps :* enlèvement du cercueil de la maison mortuaire ; cérémonie qui l'accompagne. – DR. *Levée d'option :* acte du bénéficiaire d'une promesse de vente qui déclare se porter acquéreur d'un bien aux conditions convenues. **2.** Action de faire cesser ; fin. *Levée de la séance.* **3. a.** Action de recueillir, de collecter ; ce qui a été collecté. *Levée des impôts.* **b.** Enlèvement des lettres de la boîte par un préposé de l'administration des postes. *Heure de la levée.* **c.** Ensemble des cartes jouées à chaque coup et ramassées par celui qui a gagné. SYN. : *pli.* **4.** *Levée de troupes :* enrôlement de soldats. – *Levée en masse :* appel de tous les hommes valides pour la défense du pays. **5.** Remblai formant digue, élevé parallèlement à un cours d'eau pour protéger la vallée des inondations. *Levée de terre. Les levées de la Loire.*

LÈVE-GLACE n.m. → **LÈVE-VITRE.**

1. LEVER v.t. [12] (lat. *levare*). **1.** Mettre plus haut, à un niveau supérieur. *Lever son verre.* **2.** Diriger vers le haut, mouvoir de bas en haut une partie du corps. *Lever la tête, la main.* ◇ *Lever les épaules :* manifester son mépris par un haussement d'épaules. – *Lever les yeux sur :* regarder, s'intéresser à. **3.** Placer verticalement, redresser ce qui était horizontal ou penché. *Lever un pont basculant.* **4.** Retirer ce qui était posé ; ôter. *Lever les scellés.* **5.** Soulever en découvrant ce qui était caché. *Lever le rideau.* ◇ *Lever le voile :* révéler ce qui était secret. **6.** Effectuer le levé d'un plan, d'une carte. **7.** CUIS. Prélever. *Lever un blanc de poulet.* **8.** Recueillir, collecter des fonds. *Lever un impôt, des capitaux.* **9.** Recruter, mobiliser. *Lever une armée.* **10.** Abolir, supprimer ce qui fait obstacle. *Lever une difficulté, une hypothèque.* **11.** *Lever l'ancre, le camp, le siège :* partir. **12.** *Lever la séance, l'audience,* la clore ; l'interrompre ; partir. **13.** Faire sortir un animal de son gîte. *Lever un lièvre.* **14.** Faire sortir du lit, mettre debout. *Lever un enfant, un malade.* ◆ v.i. **1.** Sortir de terre ; pousser. *Les blés lèvent.* **2.** Gonfler sous l'effet de la fermentation. *Le pain, la pâte lève.* ◆ **se lever** v.pr. **1.** Quitter la position couchée ou assise, se mettre debout. ◇ *Se lever de table :* quitter la table. **2.** Sortir du lit. *À quelle heure vous levez-vous ?* **3.** *Fig., litt.* Se dresser, se révolter. *Le peuple s'est levé contre la dictature.* **4.** Apparaître à l'horizon, en parlant d'un astre. *La Lune se lève.* **5. a.** Commencer à souffler, en parlant du vent. *Le mistral s'est levé tout à coup.* **b.** Se former, devenir forte, en parlant de la houle, de la mer. **6.** S'éclaircir, devenir meilleur, en parlant du temps.

2. LEVER n.m. **1.** Action de sortir du lit ; moment où l'on se lève. **2.** Apparition d'un astre au-dessus de l'horizon ; instant de cette apparition. **3.** TOPOGR. Levé. **4.** *Lever de rideau.* **a.** Moment où le rideau se lève pour découvrir la scène. **b.** Petite pièce en un acte jouée en début de spectacle. **c.** Match préliminaire, dans une réunion sportive.

LÈVE-TARD n. inv. *Fam.* Personne qui se lève habituellement à une heure tardive.

LÈVE-TÔT n. inv. *Fam.* Personne qui se lève habituellement de bonne heure.

LÈVE-VITRE ou **LÈVE-GLACE** n.m. (pl. *lève-vitres, lève-glaces*). Mécanisme servant à ouvrir ou fermer les vitres d'une automobile ; bouton servant à actionner ce mécanisme.

LEVIER n.m. **1.** Barre rigide pouvant tourner autour d'un point fixe (point d'appui ou pivot), pour remuer, soulever les fardeaux. ◇ ÉCON. *Effet de levier :* technique d'accroissement de la rentabilité des capitaux propres d'une entreprise par l'effet de l'endettement. **2.** Tige de commande d'un mécanisme. *Levier de changement de vitesse.* **3.** *Fig.* Moyen d'action ; ce qui sert à surmonter une résistance. *L'intérêt est un puissant levier.*

LÉVIGATION n.f. (du lat. *levigare,* rendre lisse). CHIM. Séparation, par entraînement dans un courant d'eau, des constituants d'un mélange préalablement réduit en poudre.

LÉVIRAT n.m. (du lat. *levir,* beau-frère). **1.** RELIG. Loi hébraïque qui obligeait un homme à épouser la veuve de son frère mort sans descendant mâle. **2.** ETHNOL. Coutume selon laquelle la ou les épouses d'un homme deviennent à sa mort les épouses de son, de ses frères.

LÉVITATION n.f. (angl. *levitation,* du lat. *levitas,* légèreté). **1.** PHYS. État d'un corps restant en équilibre au-dessus d'une surface grâce à une force compensant la pesanteur. **2.** Phénomène selon lequel certains êtres seraient soulevés du sol et s'y maintiendraient sans aucun appui naturel.

LÉVITE n.m. (mot hébr.). RELIG. Membre de la tribu de Lévi, traditionnellement chargé du service du Temple, dans l'ancien Israël.

LÉVOGYRE adj. (du lat. *laevus,* gauche). CHIM. Se dit des composés qui font tourner le plan de polarisation de la lumière dans le sens inverse des aiguilles d'une montre. (Le fructose naturel est lévogyre.) CONTR. : *dextrogyre.*

LEVRAUT n.m. Jeune lièvre.

LÈVRE n.f. (lat. *labrum*). **1.** Chacune des deux parties charnues, l'une inférieure et l'autre supérieure, de l'orifice externe de la bouche. ◇ *Du bout des lèvres :* à peine, avec réticence ; avec dédain. *Manger, sourire du bout des lèvres.* **2.** ANAT. Chacun des quatre replis cutanés de la vulve. (Les deux *grandes lèvres* sont longées en dedans par les deux *petites lèvres.*) **3.** BOT. Partie proéminente de la corolle d'une fleur formée par la soudure de certains pétales. **4.** TECHN. Bord saillant d'une ouverture. ◆ pl. MÉD. Bords d'une plaie linéaire.

LEVRETTE n.f. **1.** Femelle du lévrier. **2.** *Levrette d'Italie :* femelle du lévrier italien. SYN. : *levron.*

LEVRETTÉ, E adj. Se dit d'un animal qui a le ventre creusé comme celui d'un lévrier. *Épagneul levretté.*

LÉVRIER n.m. (de *lièvre*). Chien longiligne, à la tête allongée, au corps arqué et musclé, très rapide, propre à la chasse au lièvre. (La femelle du lévrier est la levrette.) ◇ *Lévrier italien :* levron. – *Lévrier russe :* barzoï.

LEVRON, ONNE n. La plus petite des races de lévriers. SYN. : *lévrier italien, levrette d'Italie.*

LÉVULOSE n.m. CHIM. ORG. Variété lévogyre du fructose.

LEVURE n.f. (de *1. lever*). **1.** Champignon unicellulaire à reproduction asexuée, qui produit la fermentation alcoolique des solutions sucrées ou qui fait lever les pâtes farineuses. (Les levures sont des champignons ascomycètes ; le genre le plus important est *Saccharomyces.*) **2.** *Levure chimique :* mélange de produits chimiques utilisé en pâtisserie et en biscuiterie pour faire lever la pâte. (Ce mélange est dénommé *poudre à lever* ou *poudre levante* dans la terminologie technique.)

LEXÈME n.m. LING. Élément significatif, appartenant au lexique, appelé aussi ***morphème lexical,*** par oppos. à ***morphème grammatical.***

LEXICAL, E, AUX adj. Qui concerne le lexique, le vocabulaire d'une langue.

LEXICALISATION n.f. LING. Processus par lequel une suite de morphèmes devient une unité lexicale.

LEXICALISÉ, E adj. LING. Se dit d'une suite de morphèmes fonctionnant comme une unité de lexique et employée comme un mot. *« Pomme de terre », « tout à fait » sont lexicalisés.*

LEXICOGRAPHE n. Spécialiste de lexicographie ; auteur de dictionnaires.

LEXICOGRAPHIE n.f. LING. Discipline dont l'objet est la connaissance et l'étude des mots et des expressions d'une langue déterminée, et qui vise en partic. à l'élaboration des dictionnaires.

LEXICOGRAPHIQUE adj. Relatif à la lexicographie.

LEXICOLOGIE n.f. Partie de la linguistique qui étudie le vocabulaire, considéré dans son histoire, son fonctionnement, etc.

LEXICOLOGIQUE adj. Relatif à la lexicologie.

LEXICOLOGUE n. Spécialiste de lexicologie.

LEXIE n.f. (gr. *lexis,* mot). LING. Toute unité du lexique (mot ou expression).

LEXIQUE n.m. (gr. *lexikon,* de *lexis,* mot). **1.** Ensemble des mots formant la langue d'une communauté et considéré abstraitement comme l'un des éléments constituant le code de cette langue (notamm. par oppos. à la ***grammaire***). **2. a.** Dictionnaire spécialisé regroupant les termes utilisés dans une science ou une technique. **b.** Dictionnaire bilingue succinct. **c.** Glossaire placé à la fin d'un ouvrage. **3.** Ensemble du vocabulaire employé par qqn, notamm. un écrivain, un homme politique.

LEXIS [lɛksis] n.f. (mot gr.). LOG. Énoncé considéré indépendamment de la vérité ou de la fausseté de son contenu sémantique.

LEZ ou **LÈS** [lɛ] prép. (du lat. *latus,* côté). [Conservé uniquement dans des noms de lieux.] Près de. *Lys-lez-Lannoy. Savigny-lès-Beaune.*

LÉZARD n.m. (lat. *lacertus*). **1.** Reptile très commun en Europe, princip. insectivore, dont il existe plusieurs espèces, telles que le lézard des murailles (genre *Podarcis*), le lézard vert et le lézard ocellé (genre *Lacerta*), qui atteint 60 cm de long. (Sous-ordre des lacertiliens ; famille des lacertidés.) – *Par ext.* Tout reptile du sous-ordre

■ **LÉZARD.** Lézard vert.

■ **LÉVRIER.** Lévrier arabe (sloughi).

des lacertiliens qui ressemble à un lézard (varan, iguane, etc.). ◇ *Fam. Faire le lézard :* se prélasser au soleil pour se réchauffer ou bronzer ; lézarder. **2.** Peau tannée de lézards tropicaux (iguanes, varans). **3.** *Fam.* Difficulté imprévue, problème. *Il n'y a pas de lézard, vous pouvez y aller.*

LÉZARDE n.f. **1.** Crevasse sur toute l'épaisseur d'un ouvrage de maçonnerie. — *Fig., litt.* Fissure, atteinte qui compromet la solidité de qqch, d'un état, d'un sentiment. **2.** Galon étroit d'ameublement, servant à masquer clous ou coutures.

1. LÉZARDER v.i. *Fam.* Faire le lézard.

2. LÉZARDER v.t. Produire des lézardes. ◇ v.pr. *Mur qui se lézarde.*

LI n.m. (mot chin.). Mesure itinéraire chinoise valant env. 576 mètres.

LIAGE n.m. Action de lier ; son résultat.

LIAIS [ljɛ] n.m. (probablement de *lie,* par anal. de couleur). Calcaire dur, à grain fin, pouvant être poli, et utilisé en dallages et revêtements.

LIAISON n.f. (de *lier*). **I.** *Union, jonction.* **1.** Union, jonction de plusieurs choses, de plusieurs corps ensemble. **2.** Enchaînement des parties d'un tout. *Liaison dans les idées.* ◇ ***Mots de liaison :*** conjonctions et prépositions. **3. a.** Action, manière de joindre les matériaux. ◇ ***Maçonnerie en liaison,*** dans laquelle chaque élément (pierre, brique, etc.) est posé à cheval sur le joint des éléments du rang inférieur. **b.** Mortier utilisé pour la liaison. **4.** CUIS. Opération consistant à incorporer un ingrédient (jaune d'œuf, farine, etc.) à une préparation pour l'épaissir ; cet ingrédient. **5.** PHON. Prononciation de la dernière consonne d'un mot, habituellement muette, avec la voyelle initiale du mot suivant (ex. : *les oiseaux* [lɛzwazo]). **6.** MUS. Trait réunissant deux ou plusieurs notes écrites sur le même degré et indiquant que la seconde et, le cas échéant, les suivantes ne doivent pas être attaquées de nouveau ; signe indiquant que l'on ne doit pas détacher les notes les unes des autres. **7.** CHIM. Force responsable de l'union d'atomes sous forme de molécules ou de cristaux. (Une liaison peut être ionique, métallique ou covalente. Par ext., la liaison désigne aussi les forces réunissant les ligands à l'atome central d'un complexe ou celles, dites « de London-Van der Waals », responsables de la cohésion de la matière dans ses phases condensées, liquide et solide.) **8.** MÉCAN. Ensemble de conditions particulières auxquelles est assujetti un corps solide par rapport à un autre, qui limite les mouvements possibles de l'un par rapport à l'autre et qui détermine leur degré de liberté relatif. **II.** *Relation, lien.* **1.** Communication régulièrement assurée entre deux ou plusieurs points du globe. *Liaison aérienne.* **2. a.** Action de maintenir les relations entre différents services, différents organismes. ◇ ***En liaison :*** en contact, en communication. *Rester en liaison.* **b.** MIL. Lien permanent établi entre chefs et subordonnés, entre armes, unités différentes. *Agent de liaison.* **3.** GÉNÉT. ***Liaison génétique,*** ou ***liaison :*** transmission concomitante, au fil des générations, de deux caractères individuels n'ayant aucun lien logique apparent, en raison de la proximité des gènes correspondants sur un même chromosome. SYN. : *linkage.* **4.** *Litt.* Lien entre deux personnes, reposant sur des affinités de goût, d'intérêt, de sentiment. *Liaison d'amitié, d'affaires.* **5.** Relation amoureuse suivie.

LIAISONNER v.t. CONSTR. **1.** Disposer en liaison des éléments de maçonnerie. *Liaisonner des briques.* **2.** Remplir de mortier des joints de maçonnerie.

LIANE n.f. (de *lier*). Plante dont la tige flexible grimpe en s'accrochant à un support (espèces grimpantes : vigne, lierre, clématite) ou en s'enroulant autour (plantes volubiles : liseron, haricot). [Les lianes abondent dans la forêt équatoriale.]

LIANESCENT, E adj. BOT. Qui a le port d'une liane.

1. LIANT, E adj. Qui se lie facilement avec autrui ; sociable. *Caractère, esprit liant.*

2. LIANT n.m. **1.** Matière ajoutée à une autre, qui, en se solidifiant, en agglomère les parties composantes. — CONSTR. Matériau servant à agglomérer des matières inertes (sables, graviers, etc.). **2.** Constituant non volatil des vernis et des peintures, qui assure une bonne dispersion des pigments. **3.** *Litt.* Affabilité. *Avoir du liant.*

1. LIARD n.m. (anc. fr. *liart,* grisâtre). Ancienne monnaie de cuivre qui valait trois deniers, le quart d'un sou.

2. LIARD n.m. (de *lier*). Région. (Ouest). Peuplier dont les jeunes tiges flexibles sont utilisées en vannerie.

LIAS [ljas] n.m. (mot angl., du fr. *liais*). GÉOL. Une des trois séries du système jurassique (jurassique inférieur, de - 205 à - 180 millions d'années).

LIASSE n.f. Paquet de papiers, de billets, etc., liés ensemble. *Liasse de lettres.*

LIBAGE n.m. (de l'anc. fr. *libe,* bloc de pierre). CONSTR. Quartier de roche utilisé pour les fondations d'un mur ou d'un pilier.

LIBANAIS, E adj. et n. Du Liban, de ses habitants.

LIBANISATION n.f. Processus de fragmentation d'un État, par allus. aux affrontements que connut le Liban dans les années 1980.

LIBATION n.f. (lat. *libatio,* de *libare,* verser). ANTIQ. Offrande rituelle à une divinité d'un liquide (vin, huile, lait), que l'on répandait sur le sol ou sur un autel. ◆ pl. *Faire des libations, de joyeuses libations :* boire copieusement, bien s'amuser en buvant du vin, de l'alcool.

LIBECCIO [libɛtʃjo] n.m. (mot ital.). Vent du sud-ouest qui souffle sur la Côte d'Azur et la Corse.

LIBELLE n.m. (lat. *libellus,* petit livre). *Litt.* Petit écrit satirique, parfois à caractère diffamatoire.

LIBELLÉ n.m. Formulation d'un acte, d'un document ; manière dont il est rédigé.

LIBELLER v.t. **1.** Rédiger un acte dans les formes légales ou requises. ◇ ***Libeller un chèque, un mandat,*** en spécifier le montant et la destination. **2.** *Sout.* Formuler par écrit.

LIBELLULE n.f. (du lat. *libella,* niveau, à cause du vol horizontal de l'insecte). **1.** Insecte à quatre ailes transparentes finement nervurées, aux yeux globuleux à facettes, à l'abdomen relativement court et large, volant rapidement près des eaux en capturant des insectes, et dont la larve, également carnassière, est aquatique. (Long. jusqu'à 5 cm ; genre *Libellula,* ordre des odonates.) **2.** *Cour.* Tout insecte appartenant à l'ordre des odonates (demoiselle, agrion, etc.).

LIBER [libɛr] n.m. (mot lat.). BOT. Tissu végétal assurant par ses tubes criblés la conduction de la sève élaborée, et se trouvant dans la partie profonde des racines, des tiges et de l'écorce du tronc. SYN. : *phloème.*

LIBÉRABLE adj. **1.** Se dit d'un prisonnier qui présente les conditions requises pour être libéré. **2.** Se dit d'un militaire qui va être rendu à la vie civile.

LIBÉRAL, E, AUX adj. et n. **1.** Favorable aux libertés individuelles, à la liberté de penser, à la liberté politique. *Idées libérales.* **2.** Qui appartient au libéralisme économique ou politique ; qui en est partisan. *Économie libérale. Les libéraux et les conservateurs.* ◇ ***Parti libéral :*** parti se réclamant du libéralisme politique, notamm. en Grande-Bretagne, en Allemagne, en Belgique, en Italie. ◆ adj. **1.** Qui laisse une grande liberté ; tolérant, permissif. *Un père libéral. Une éducation libérale.* **2.** ***Profession libérale :*** profession qui a pour objet un travail intellectuel effectué sans lien de subordination et dont la rémunération ne revêt aucun caractère commercial ou spéculatif. **3.** ***Arts libéraux.*** **a.** Au Moyen Âge, ensemble des disciplines intellectuelles fondamentales, divisées en deux cycles, le *trivium* (grammaire, rhétorique, dialectique) et le *quadrivium* (arithmétique, musique, géométrie, astronomie). **b.** À l'époque classique, arts dans lesquels la conception intellectuelle et l'inspiration prédominent, et, spécial., les beaux-arts (par oppos. à ***arts mécaniques***).

LIBÉRALEMENT adv. Avec libéralité ; avec libéralisme. *Interpréter libéralement une loi.*

LIBÉRALISATION n.f. Action de libéraliser.

LIBÉRALISER v.t. **1.** Rendre une économie, un régime plus libéraux. **2.** Autoriser, légaliser. *Libéraliser l'avortement.*

LIBÉRALISME n.m. **1.** Doctrine économique de la libre entreprise, selon laquelle l'État ne doit pas, par son intervention, gêner le libre jeu de la concurrence. (L'école libérale a été représentée par les économistes classiques des XVIIIe et XIXe s. : en Angleterre, Adam Smith, Thomas Robert Malthus, David Ricardo, John Stuart Mill ; en France, Jean-Baptiste Say, Frédéric Bastiat.) **2.** Doctrine politique visant à limiter les pouvoirs de l'État au regard des libertés individuelles. (Avec Locke et Montesquieu, le libéralisme politique s'est d'abord affirmé dans l'opposition à l'absolutisme monarchique, avant de connaître un développement foisonnant avec Tocqueville, Bentham, J. S. Mill, Hayek, etc.) **3.** Fait d'être libéral, tolérant. *Le libéralisme d'un directeur, d'un règlement.*

LIBÉRALITÉ n.f. **1.** *Litt.* Disposition à donner largement ; générosité. *Agir avec libéralité.* **2.** *Litt.* (Surtout pl.) Don fait avec générosité. **3.** DR. Acte par lequel qqn procure à autrui un avantage sans contrepartie.

LIBÉRATEUR, TRICE adj. Qui libère de contraintes morales ou physiques. *Un rire libérateur.* ◆ adj. et n. Qui libère du despotisme, d'une occupation étrangère. *Fêter les libérateurs.*

LIBÉRATION n.f. **1.** Action de rendre libre une personne prisonnière. ◇ ***Libération conditionnelle :*** remise en liberté d'un condamné avant l'expiration de sa peine, sous certaines conditions. **2.** Renvoi du contingent dans ses foyers après l'accomplissement de son service actif ; démobilisation. **3.** Action de délivrer un peuple de la servitude, de l'occupation étrangère. ◇ *La Libération : v. partie n.pr.* **4. a.** Décharge d'une obligation quelle que soit la cause de l'extinction (paiement, remise de dette, etc.). **b.** ***Libération d'une action :*** paiement par un actionnaire de tout ou partie du montant de l'action souscrite. **5.** Affranchissement de tout ce qui limite la liberté, le développement de qqn, d'un groupe ; émancipation. — *Spécial.* Action de mettre fin à une réglementation, à un contrôle strict. *Libération des prix.* **6.** Cessation d'une contrainte matérielle ou psychologique ; délivrance. **7.** CHIM., PHYS. Dégagement d'énergie lors d'une réaction chimique ou nucléaire. **8.** ***Vitesse de libération :*** vitesse minimale qu'il faut communiquer à un corps au départ d'un astre pour lui permettre d'échapper au champ d'attraction de cet astre. (Pour la Terre, elle est voisine de 11,2 km/s.)

LIBÉRATOIRE adj. Qui a pour effet de libérer d'une obligation, d'une dette.

LIBÉRÉ, E adj. et n. Dégagé d'une obligation, d'une peine, d'une servitude. ◆ adj. Affranchi des contraintes sociales, en matière de mœurs. *C'est une fille assez libérée.*

LIBÉRER v.t. [11] (lat. *liberare*). **1.** Remettre en liberté un prisonnier ; élargir, relâcher. **2.** MIL. Renvoyer une recrue, une classe dans ses foyers. **3.** Délivrer un pays, un peuple de la domination ou de l'occupation étrangère. **4.** Débarrasser de qqch qui entrave. *Libérer qqn de ses liens.* **5.** Décharger d'une obligation, d'une dette. **6.** Laisser partir, rendre sa liberté d'action à qqn. **7.** *Fig.* Soustraire à une contrainte physique ou morale. *Cette nouvelle me libère d'un souci.* **8.** Rendre libre un mécanisme. *Libérer le cran de sûreté d'une arme.* **9.** Dégager de ce qui obstrue, entrave. *Libérer le passage.* **10.** Rendre un lieu libre, disponible. *Libérer un appartement.* **11.** Rendre libre ce qui était soumis à des restrictions. *Libérer les échanges.* **12.** CHIM., PHYS. Dégager une énergie, une substance. *Réaction qui libère de l'oxygène.* ◆ **se libérer** v.pr. **1.** Se rendre libre de toute occupation. **2.** DR. Acquitter une dette, une obligation.

LIBÉRIEN, ENNE adj. et n. Du Liberia, de ses habitants.

LIBÉRINE n.f. MÉD., BIOCHIM. Releasing factor.

LIBÉRISTE adj. Relatif au vol à voile pratiqué avec une aile libre. ◆ n. Personne qui pratique ce sport.

LIBERO [libero] ou **LIBÉRO** n.m. (ital. *libero*). **1.** Au football, défenseur évoluant librement derrière le gardien de but et en couverture de la ligne de défense. **2.** Au volley-ball, défenseur spécialisé ne pouvant ni servir, ni attaquer, ni contrer.

LIBÉRO-LIGNEUX, EUSE adj. (pl. *libéro-ligneux, euses*). BOT. Composé de liber et de bois.

LIBERTAIRE n. et adj. Partisan de la liberté absolue de l'individu en matière politique et sociale ; anarchiste. ◆ adj. Qui relève de la doctrine libertaire.

LIBERTÉ n.f. (lat. *libertas*). **1.** État d'une personne qui n'est pas soumise à la servitude. **2.** État d'un être qui n'est pas retenu prisonnier. *Animal qui vit en liberté.* ◇ DR. ***Liberté surveillée :*** mesure

L

qui consiste, en France, à remettre un mineur délinquant à sa famille ou à une institution spécialisée sous le contrôle du juge des enfants. **3.** Possibilité de se mouvoir sans gêne ni entrave physique. *Recouvrer la liberté de ses mouvements.* **4.** Possibilité d'agir, de penser, de s'exprimer selon ses propres choix. ◇ ***Avoir toute liberté de, pour*** : pouvoir, sans aucune surveillance ni contrôle, faire telle chose, agir de telle manière. – ***Prendre la liberté de*** : se permettre de. **5.** État d'une personne qui n'est liée par aucun engagement professionnel, conjugal, etc. **6.** Attitude de qqn qui n'est pas dominé par la peur, la gêne, les préjugés. *S'expliquer en toute liberté avec qqn.* **7.** ***Liberté civile,*** ou ***liberté*** : faculté pour un citoyen de faire tout ce qui n'est pas contraire à la loi et qui ne nuit pas à autrui. – ***Liberté naturelle*** : droit que l'homme a par nature d'employer ses facultés comme il l'entend. **8.** ***Liberté individuelle*** : droit reconnu à l'individu d'aller et de venir sans entraves sur le territoire national, d'y entrer et d'en sortir à son gré. – ***Liberté de conscience, liberté du culte*** : droit de pratiquer la religion de son choix. – ***Liberté d'opinion, d'expression, de pensée*** (ou ***de penser***) : droit d'exprimer librement ses pensées, ses opinions et de les publier. – ***Liberté de réunion*** : droit accordé aux individus de délibérer des sujets de leur choix dans un local ouvert à tous, sans autorisation préalable. – ***Liberté syndicale*** : droit pour les salariés de constituer des syndicats, d'adhérer ou non à un syndicat. – ***Liberté d'enseignement*** : liberté de créer un établissement d'enseignement et, pour l'élève, de choisir entre l'enseignement public et l'enseignement privé. **9.** État de l'homme qui se gouverne selon sa raison, en l'absence de tout déterminisme. ◆ pl. **1.** Immunités et franchises. *Les libertés municipales.* **2.** ***Prendre des libertés avec qqn,*** agir avec lui trop familièrement. – ***Prendre des libertés avec un texte,*** ne pas le citer, ne pas le traduire, etc., exactement. **3.** ***Libertés publiques*** : ensemble des droits fondamentaux individuels ou collectifs proclamés ou reconnus aux personnes et aux groupes face à l'État.

LIBERTICIDE adj. et n. *Litt.* Qui porte atteinte aux libertés. *Loi liberticide.*

LIBERTIN, E adj. et n. (lat. *libertinus,* affranchi). **1.** Se disait au XVIIe s. de qqn qui manifestait son indépendance d'esprit par rapport aux enseignements du christianisme. (Le terme s'applique notamm. à Gassendi, Théophile de Viau, Saint-Évremond et Fontenelle.) **2.** *Litt.* Qui mène une vie dissolue mais raffinée. ◆ adj. *Litt.* Marqué par le libertinage, la licence des mœurs. *Propos libertins.*

LIBERTINAGE n.m. *Litt.* Manière de vivre dissolue du libertin ; licence.

LIBERTY n.m. inv. et adj. inv. (nom déposé ; du n. de l'inventeur). Tissu fin, le plus souvent en coton, à petites fleurs, employé pour l'habillement et l'ameublement.

LIBERUM VETO [liberɔmveto] n.m. inv. (mots lat.). HIST. Droit de veto qui appartenait à chaque membre de la Diète polonaise.

LIBIDINAL, E, AUX adj. PSYCHAN. Relatif à la libido. *Objet libidinal.*

LIBIDINEUX, EUSE adj. *Litt.* Qui est porté à rechercher sans cesse les plaisirs érotiques.

LIBIDO n.f. (mot lat. *désir*). PSYCHAN. Énergie psychique de la pulsion sexuelle.

LIBOURET n.m. Ligne à main, pour la pêche en mer.

LIBRAIRE n. (lat. *librarius,* de *liber,* livre). Personne qui vend des livres, des ouvrages imprimés.

LIBRAIRIE n.f. **1.** Vx. Bibliothèque. *La librairie de Montaigne.* **2.** Magasin du libraire. **3.** Activité, commerce du libraire. **4.** (Dans des noms de firmes.) Maison d'édition qui assure la vente directe d'une partie de sa production par l'intermédiaire d'un ou de plusieurs magasins qu'elle possède.

LIBRATION n.f. (lat. *libratio*). ASTRON. Oscillation d'un astre autour d'une position moyenne. – *Spécial.* Léger balancement apparent de la Lune autour de son axe, que l'on perçoit depuis la Terre.

LIBRE adj. (lat. *liber*). **I.** *Personnes.* **1.** Qui n'est pas esclave ; qui n'est pas prisonnier, retenu en captivité. *L'accusé est libre.* **2.** Qui a le pouvoir d'agir, de se déterminer à sa guise. *Vous êtes libre de refuser.* ◇ ***Libre à vous de*** : il vous est permis de. **3.** Se dit d'un État, d'un peuple qui exerce le pouvoir en toute souveraineté. **4.** Qui est sans contrainte, sans souci des règles. *Mener une vie très libre. Un couple très libre.* **5.** Qui n'est pas lié par un engagement, qui dispose de son temps. *Je suis libre ce soir à cinq heures.* **6.** Qui n'est pas marié, engagé dans une relation amoureuse. **7.** Qui se détermine indépendamment des dogmes, des idées reçues. *Un esprit libre.* ◇ ***Libre arbitre*** → **2. arbitre.** **8.** Qui n'éprouve pas de gêne dans ses relations avec autrui. *Être très libre avec qqn.* **9.** Qui ne respecte pas la décence, les convenances. *Des plaisanteries un peu libres.* **II.** *Choses.* **1.** Qui n'est pas assujetti, retenu. *Laisser ses cheveux libres.* **2.** Qui ne comporte pas d'obstacles, de contraintes. *La voie est libre.* ◇ ***Entrée libre,*** gratuite et sans formalité. – ***Temps libre,*** dont on peut disposer à sa guise. **3.** Qui n'est pas défini par un règlement, une convention, un programme, etc. *Figures libres.* **4.** ***Papier libre,*** sans en-tête ou non timbré. **5.** Se dit d'une adaptation, d'une traduction qui n'est pas tout à fait fidèle au texte original. **6.** Qui n'est pas assujetti à des contraintes fixées par le pouvoir politique ; qui ne subit aucune pression. *Une presse libre.* **7.** Qui n'est pas occupé ou réservé à qqn. *Le taxi est libre.* **8.** ALGÈBRE. ***Famille libre de vecteurs*** : famille de vecteurs linéairement indépendants.

LIBRE-ÉCHANGE n.m. (pl. *libres-échanges*). Système économique dans lequel les échanges commerciaux entre États sont libres et affranchis des droits de douane (par oppos. à *protectionnisme*).

LIBRE-ÉCHANGISME n.m. Doctrine économique visant à établir le libre-échange.

LIBRE-ÉCHANGISTE adj. et n. (pl. *libre-échangistes*). Relatif au libre-échange ; qui en est partisan.

LIBREMENT adv. **1.** Sans entrave, sans restriction, sans contrainte. *Circuler librement.* **2.** En toute liberté de choix. *Président librement élu.* **3.** Avec franchise, spontanéité. *Parler librement.*

LIBRE-PENSÉE n.f. [pl. *libres-pensées*] (calque de l'angl. *free-thinking*). **1.** Attitude, ensemble des conceptions d'un libre-penseur. **2.** Ensemble des libres-penseurs.

LIBRE-PENSEUR n.m. (pl. *libres-penseurs*). **1.** Anc. Personne qui, en matière religieuse, ne se fie qu'à la raison, refuse la sujétion aux dogmes ; libertin. **2.** Mod. Personne qui professe un rationalisme antireligieux.

LIBRE-SERVICE n.m. (pl. *libres-services*). **1.** Méthode de vente où le client se sert lui-même, dans un magasin, un restaurant. **2.** Établissement où l'on se sert soi-même.

LIBRETTISTE n. (de l'ital. *libretto,* livret). Auteur du livret d'une œuvre lyrique ou chorégraphique.

LIBYEN, ENNE adj. et n. De la Libye, de ses habitants.

1. LICE n.f. (du francique). **1.** FORTIF. Palissade de bois dont on entourait les places ou les châteaux fortifiés. – Terrain ainsi clos, qui servait aux tournois, aux joutes. **2.** Tout champ clos préparé pour des exercices, des joutes de plein air. ◇ ***Entrer en lice*** : s'engager dans une lutte ; intervenir dans une discussion.

2. LICE n.f. (lat. *lycisca,* chienne). ***Lice portière*** : chienne destinée à la reproduction.

3. LICE n.f. → **3. LISSE.**

LICENCE n.f. (lat. *licentia,* permission). **1.** *Litt.* Liberté excessive qui tend au dérèglement moral ; caractère de ce qui est licencieux, contraire à la décence. *Licence des mœurs.* **2.** Liberté que prend un écrivain, un poète avec les règles de la grammaire, de la syntaxe, de la versification. *Licence poétique.* **3.** Diplôme universitaire sanctionnant la première année d'études du second cycle. **4.** DR. ADMIN. Permis d'exercer une activité soumise à autorisation préalable. ◇ ***Licence d'importation*** ou ***d'exportation*** : autorisation délivrée par l'Administration d'importer ou d'exporter divers produits. – ***Licence d'exploitation*** : autorisation accordée par le titulaire d'un brevet d'invention pour l'exploitation de celui-ci dans des conditions et des zones déterminées. **5.** SPORTS. Document émanant d'une fédération, délivré à titre personnel, et qui permet de prendre part aux compétitions qu'elle organise.

1. LICENCIÉ, E n. et adj. **1.** Titulaire d'une licence universitaire. *Licencié en droit. Licencié ès lettres.* **2.** Titulaire d'une licence sportive.

2. LICENCIÉ, E adj. et n. Qui est privé de son emploi à la suite d'un licenciement.

LICENCIEMENT n.m. Rupture, à l'initiative de l'employeur, d'un contrat de travail à durée indéterminée. ◇ ***Licenciement individuel,*** ne concernant qu'un seul salarié et pouvant intervenir pour cause économique ou pour faute professionnelle. – ***Licenciement collectif,*** concernant plusieurs salariés d'une entreprise, génér. décidé pour des motifs d'ordre économique soit structurels soit conjoncturels et soumis à certaines formalités.

LICENCIER v.t. [5]. Renvoyer un salarié, rompre son contrat de travail.

LICENCIEUX, EUSE adj. (lat. *licentiosus,* de *licentia,* liberté). **1.** Extrêmement libre dans ses mœurs, ses écrits, ses paroles. **2.** Contraire à la pudeur, à la décence. *Chanson licencieuse.*

LICHEN [likɛn] n.m. (du gr. *leikhên,* qui lèche). **1.** Végétal cryptogame formé par l'association symbiotique d'un champignon (génér. ascomycète) et d'un organisme chlorophyllien unicellulaire (algue verte ou cyanobactérie). [Fréquents sur les rochers et sur les arbres, sous forme de thalles aplatis, foliacés ou rameux, les lichens résistent à des conditions extrêmes de température et de sécheresse.] **2.** MÉD. ***Lichen plan,*** ou ***lichen*** : affection de la peau et des muqueuses caractérisée par de petites papules violacées, sèches et dures, et des stries ou des plaques blanches.

lichen des rennes (buissonnant)

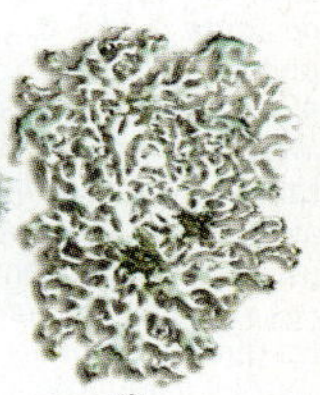

parmélie (foliacé)

Caloplaca (crustacé)

■ **LICHENS**

LICHER v.t. (de *lécher*). *Fam.,* vx. Boire.

LICHETTE n.f. **1.** *Fam.* Petit morceau, petite quantité d'un aliment. *Lichette de pain, de fromage.* **2.** Belgique. Attache, cordon servant à suspendre un vêtement, une serviette.

LICIER n.m. → **LISSIER.**

LICITATION n.f. DR. Vente aux enchères, par les copropriétaires, d'un bien indivis.

LICITE adj. (lat. *licitus,* permis). Permis par la loi. *User de moyens licites.*

LICITEMENT adv. De façon licite.

LICITER v.t. DR. Vendre par licitation.

LICOL ou **LICOU** n.m. (de *lier* et anc. fr. *col,* cou). Pièce de harnais qu'on place sur la tête des bêtes de somme pour les attacher, les mener.

LICORNE n.f. (du lat. *unicornis,* à une seule corne). Animal fabuleux représenté avec un corps de cheval portant au milieu du front une longue corne torsadée.

LICTEUR n.m. (lat. *lictor*). ANTIQ. ROM. Officier qui marchait devant les principaux magistrats, portant un faisceau de verges qui, dans certaines circonstances, enserrait une hache.

LIDO n.m. (de *Lido,* n.pr.). GÉOMORPH. Cordon littoral en position avancée à l'entrée d'une baie et pouvant isoler une lagune.

LIDOCAÏNE n.f. (nom déposé). Substance employée au cours de l'anesthésie locale.

LIE n.f. (du gaul. *liga*). **1.** Dépôt qui se forme dans les liquides fermentés (bière, vin). ◇ ***Boire le calice, la coupe jusqu'à la lie*** : endurer les pires épreuves, les pires affronts. **2.** *Litt.* Ce qu'il y a de plus vil, de plus mauvais dans une société ; rebut, racaille. *La lie du peuple.*

LIÉ, E adj. **1.** ALGÈBRE. *Famille liée :* famille de vecteurs qui n'est pas libre. **2.** Se dit d'un gène donnant avec un autre un phénomène de liaison génétique.

LIED [lid] n.m. [pl. *lieds* ou *lieder*] (mot all.). Poème chanté, à une ou à plusieurs voix, avec ou sans accompagnement, originaire des pays germaniques.

ENCYCL. Le lied prend sa source dans les pays germaniques au Moyen Âge. Après avoir été polyphonique, il devient au XVIIIe s. mélodie de salon, puis, à partir du XIXe s., œuvre de concert accompagnée au piano ou à l'orchestre, grâce à Beethoven, Schubert, Schumann, Brahms, H. Wolf, Mahler, R. Strauss, Schoenberg, Berg et Webern.

LIE-DE-VIN adj. inv. Rouge violacé.

LIÈGE n.m. (du lat. *levis,* léger). BOT. Tissu végétal épais, imperméable et léger, à parois imprégnées de subérine, fourni par l'écorce de certains arbres, en partic. du chêne-liège. SYN. : *suber.* — *Cour.* Cette partie de l'écorce, propre à divers usages commerciaux (bouchons, flotteurs, plaques, etc.).

LIÉGÉ, E adj. Garni de liège.

LIÉGEOIS, E adj. et n. De Liège. ◆ adj. *Café, chocolat liégeois :* glace au café, au chocolat nappée de crème Chantilly.

LIEN n.m. (lat. *ligamen*). **1.** Ce qui sert à lier pour maintenir ou fermer (ficelle, courroie, chaîne, etc.). **2.** Rapport logique ou de dépendance. *Lien de cause à effet.* **3.** Ce qui lie deux ou plusieurs personnes ; relation. *Les liens du sang, de l'amitié.* **4.** *Litt.* Ce qui impose une contrainte, enchaîne. *Briser, rompre ses liens. Les liens d'un serment.*

LIER v.t. [5] (lat. *ligare*). **1.** Attacher, maintenir avec un lien. *Lier une gerbe d'épis.* **2.** Joindre des éléments, établir entre eux une continuité. *Lier des lettres par un trait de plume.* ◇ *Lier des notes,* les rendre par une seule émission de voix ou de souffle, par un seul coup d'archet, etc. **3.** Maintenir, réunir à l'aide d'une substance. *Lier des pierres avec du mortier.* **4.** Épaissir une sauce, la rendre homogène avec une liaison. **5.** Constituer un lien affectif entre des personnes ; unir par un intérêt, un goût, un rapport quelconque. *L'intérêt nous lie.* ◇ *Lier amitié :* devenir amis. — *Lier conversation :* engager la conversation. — *Avoir partie liée avec qqn,* être engagé solidairement avec lui dans une affaire. **6.** Attacher par un engagement juridique ou moral. **7.** Maintenir dans un état de dépendance ; enchaîner. *Être lié par une promesse.* ◆ **se lier** v.pr. Contracter amitié avec qqn, être uni à qqn, rattaché à qqch. *Ils se sont vite liés.*

LIERNE n.f. (de *lier*). **1.** ARCHIT. Chacune des nervures qui joignent les sommets des doubleaux, des formerets ou des tiercerons à la clef, dans une voûte de style gothique flamboyant. **2.** CONSTR. Dans une charpente métallique, barre oblique reliant les pannes entre elles pour prévenir le flambage.

LIERRE n.m. (anc. fr. *l'iere,* du lat. *hedera*). **1.** Plante ligneuse grimpante, à feuilles persistantes, à baies noires toxiques, qui se fixe aux murs, aux arbres par des racines crampons. (Genre *Hedera ;* famille des araliacées.) **2.** *Lierre terrestre :* petite plante voisine du lamier, à fleurs violettes, commune dans les cultures et les friches. (Genre *Glechoma ;* famille des labiées.)

■ LIERRE

LIESSE n.f. (lat. *laetitia*). *Litt. En liesse :* se dit d'une foule qui manifeste une joie débordante.

1. LIEU n.m. [pl. *lieux*] (lat. *locus*). **1.** Partie circonscrite de l'espace où se situe une chose, où se déroule une action. *Lieu de rendez-vous.* ◇ *En tous lieux :* partout. — GÉOMÉTR. Vieilli. *Lieu géométrique :* ensemble de points vérifiant une propriété caractéristique donnée. **2.** Partie d'une région ; localité, pays. *Un lieu charmant.* **3.** Endroit, édifice, local, etc., considéré du point de vue de sa destination, de son usage. *Lieu de travail.* ◇ *Lieu de débauche :* endroit mal fréquenté (maison de prostitution, de jeu, débit de boissons). — *Lieu public :* endroit où le public a accès (jardin public, cinéma, café, etc.). **4.** *Avoir lieu :* se produire, arriver, se dérouler. *La réunion aura lieu à 10 heures.* — *Avoir lieu de, avoir tout lieu de :* avoir une raison, de bonnes raisons pour. *Nous avons tout lieu de croire qu'il est innocent.* — *Ce n'est pas le lieu de :* ce n'est pas l'endroit, le moment pour. — *Donner lieu à :* fournir l'occasion de. *Cela donnera lieu à des critiques.* — *En premier lieu :* premièrement, d'abord. — *En second lieu :* deuxièmement, ensuite. — *En dernier lieu :* enfin, finalement. — *En haut lieu :* auprès des responsables, des dirigeants. — *Il y a lieu de :* il est permis, opportun de. *Il y a lieu d'être inquiet.* — *S'il y a lieu :* le cas échéant. — *Tenir lieu de :* se substituer à, remplacer. — *Au lieu de :* à la place de ; plutôt que de. *Employer un mot au lieu d'un autre. Écoute au lieu de parler.* — *Au lieu que* (+ subj.) : plutôt que. ◆ pl. **1.** Espace constitué d'une ou plusieurs pièces ; appartement, local, maison. *Faire l'état des lieux.* **2.** Endroit précis où qqch s'est produit. *La police est sur les lieux.* **3.** Vieilli. *Lieux d'aisances :* cabinets, toilettes. **4.** *Lieux saints :* villes ou sites vénérés par les fidèles d'une religion ; *spécial.,* les localités et les sanctuaires de Palestine liés au souvenir de Jésus (v. partie n.pr. Jérusalem).

2. LIEU n.m. [pl. *lieus*] (anc. scand. *lyr*). *Lieu noir,* ou *lieu :* colin (poisson).

LIEU-DIT n.m. (pl. *lieux-dits*). Lieu qui porte un nom rappelant une particularité topographique ou historique et qui, souvent, constitue un écart d'une commune.

LIEUE n.f. (du gaul.). **1.** Anc. Mesure linéaire, de valeur variable. ◇ *Lieue de terre,* ou *lieue commune :* vingt-cinquième partie du degré terrestre comptée sur un grand cercle, soit 4,445 km. — *Lieue marine,* ou *lieue géographique :* vingtième partie du degré terrestre, soit 3 milles ou env. 5,556 km. **2.** *Être à cent lieues, à mille lieues de :* être fort éloigné de, ne pas imaginer. *J'étais à cent lieues de le croire coupable.*

LIEUSE n.f. Mécanisme conçu pour lier les gerbes ou les bottes sur un appareil de récolte.

LIEUTENANT n.m. (lat. *locum tenens,* qui tient un lieu). **1.** Personne qui seconde et remplace le chef. **2.** Officier dont le grade se situe entre celui de sous-lieutenant et celui de capitaine (→ *grade*). **3.** *Lieutenant de vaisseau :* officier de marine dont le grade correspond à celui de capitaine dans les armées de terre et de l'air (→ *grade*). **4.** HIST. *Lieutenant général du royaume :* titre conférant à un prince français le commandement général du royaume dans des circonstances exceptionnelles. **5.** HIST. **a.** *Lieutenant criminel :* magistrat établi dans chaque bailliage ou sénéchaussée pour juger les affaires criminelles. **b.** *Lieutenant général de police :* magistrat qui dirigeait la police à Paris et dans les principales villes du royaume, à partir de la fin du XVIIe siècle.

LIEUTENANT-COLONEL n.m. (pl. *lieutenants-colonels*). Officier des armées de terre, de l'air et de la gendarmerie, dont le grade est intermédiaire entre celui de commandant et celui de colonel (→ *grade*).

LIÈVRE n.m. (lat. *lepus, leporis*). **1. a.** Mammifère végétarien de l'hémisphère Nord, à longues pattes postérieures assurant une course rapide, aux oreilles très longues, qui gîte dans des dépressions du sol. (La femelle est la hase, le petit le levraut ; cri : le lièvre vagit. Genre *Lepus ;* famille des léporidés.) **b.** Chair comestible de cet animal. **2. a.** *Lever un lièvre,* le faire sortir de son gîte ; *fig.,* soulever une question, une difficulté. **b.** *Courir, chasser deux lièvres à la fois :* poursuivre deux buts différents. **3.** SPORTS. Coureur chargé de mener un train rapide au début d'une course, pour aider les autres concurrents à réaliser une bonne performance.

LIFT n.m. (de l'angl. *to lift,* soulever). Au tennis, effet donné à la balle en la frappant de bas en haut et d'arrière en avant, afin d'en augmenter et d'en accélérer le rebond.

LIFTER v.t. **1.** Au tennis, donner un effet de lift à une balle. **2.** Procéder à un lifting. ◆ v.i. Faire un lift.

LIFTIER, ÈRE n. (de l'angl. *lift,* ascenseur). Personne préposée à la manœuvre d'un ascenseur, dans un grand magasin, un hôtel.

LIFTING [liftiŋ] n.m. (mot angl.). **1.** Intervention de chirurgie esthétique consistant à enlever des bandelettes de peau et à retendre celle-ci pour supprimer les rides. Recomm. off. : *lissage.* **2.** *Fig., fam.* Opération de rajeunissement, de rénovation. *Un lifting idéologique.*

LIGAMENT n.m. (lat. *ligamentum,* de *ligare,* lier). Ensemble de fibres conjonctives serrées qui unissent deux os au niveau d'une articulation ou qui maintiennent un organe en place.

LIGAMENTAIRE adj. Relatif aux ligaments.

LIGAMENTEUX, EUSE adj. De la nature des ligaments.

LIGAND [ligɑ̃] n.m. (mot anglo-amér., du lat. *ligare,* lier). CHIM. Molécule ou ion unis à l'atome central d'un complexe par une liaison de coordination.

LIGASE n.f. Toute enzyme qui réalise une synthèse par formation d'une liaison entre deux molécules. SYN. : *synthétase.*

LIGATURE n.f. (du lat. *ligare,* lier). **1.** MÉD. Opération qui consiste à serrer et à nouer un fil autour d'un vaisseau, d'un canal, d'un tissu ; le fil lui-même. ◇ *Ligature des trompes :* méthode de stérilisation chirurgicale plus ou moins irréversible, consistant à obturer les trompes de Fallope. **2.** AGRIC. Action d'entourer d'un lien une plante, une greffe, etc. **3.** Ensemble de lettres liées qui forme un caractère unique (ex. : *œ*).

LIGATURER v.t. MÉD. Serrer avec une ligature.

LIGE adj. (du francique). **1.** HIST. Se disait d'un vassal lié à son seigneur par une forme d'hommage plus étroite que l'hommage ordinaire. **2.** *Litt. Homme lige :* personne totalement dévouée à qqn, à un groupe.

LIGÉRIEN, ENNE adj. et n. (du lat. *Liger,* Loire). Du département de la Loire. ◆ adj. De la Loire, de son bassin.

LIGIE n.f. (de *Ligie,* n. myth.). Crustacé terrestre voisin des cloportes, qui vit sur les côtes du littoral atlantique. (Long. 3 cm ; genre *Ligia ;* ordre des isopodes, famille des oniscidés.)

1. LIGNAGE n.m. ANTHROP. **1.** Groupe de filiation unilinéaire dont tous les membres se considèrent comme descendants d'un même ancêtre. ◇ *De haut lignage :* de haute noblesse. **2.** Au Moyen Âge, ensemble de parents procédant d'une même origine, par les hommes ou par les femmes (par descendance cognatique).

2. LIGNAGE n.m. IMPRIM. Nombre de lignes d'un texte imprimé.

LIGNE n.f. (lat. *linea*). **I.** *Trait.* **1. a.** Trait continu dont l'étendue se réduit pratiquement à la dimension de la longueur. **b.** MAR. *Ligne d'eau :* ligne déterminée sur la coque d'un navire par un plan parallèle à la surface de l'eau. **c.** MAR. *Ligne de charge :* ligne apposée sur la surface d'un navire et au-delà de laquelle il ne doit pas s'enfoncer. **2. a.** GÉOMÉTR. Figure qui peut être matérialisée par un fil assez fin. **b.** Ensemble des éléments se trouvant sur une même horizontale dans un tableau à double entrée (matrice, déterminant, etc.). **3. a.** Trait réel ou imaginaire qui sépare deux

■ LIÈVRE

éléments contigus ; intersection de deux surfaces. <> *Fam. Franchir la ligne jaune, blanche :* aller au-delà de ce qui est permis, toléré ; dépasser la mesure. **b.** *Ligne de ballon mort :* au rugby, limite extrême (longitudinale) du terrain, située 22 m au-delà de la ligne de but. **c.** GÉOMÉTR. *Ligne de niveau :* section d'une surface par un plan horizontal. **d.** MAR. *La Ligne :* l'équateur. **4.** Forme, contour, dessin d'un corps, d'un objet, etc. *La ligne d'une voiture.* – *Fam.* Corps mince, svelte. *Avoir, garder la ligne.* **5.** Belgique. Raie des cheveux. **6.** Trait imaginaire marquant une direction suivie de façon continue. *Aller en droite ligne.* <> *Les grandes lignes :* les points principaux d'un projet, d'un texte, etc. **7.** Règle de vie, d'action. *Ligne de conduite. Ligne d'un parti politique.* **8.** Itinéraire régulier desservi par un service de transport ; ce service. *Ligne aérienne. Pilote de ligne.* <> *Cargo, navire de ligne,* qui dessert une ligne régulière de navigation. **II.** *Fil.* **1.** Cordeau tendu pour indiquer un alignement. *Ligne de charpentier, de maçon.* **2.** Fil muni ou non d'un flotteur, terminé par un ou plusieurs hameçons pour pêcher. – *Par ext.* La canne à pêche elle-même. **3.** Installation servant au transport d'énergie électrique, à la communication. *Ligne à haute tension. Ligne téléphonique.* <> *Être en ligne,* en communication téléphonique avec un correspondant. – (Calque de l'anglo-amér. *on line*). *Services en ligne :* services télématiques accessibles à l'aide d'un ordinateur connecté au réseau téléphonique ou à un réseau câblé. – (Calque de l'anglo-amér. *off line*). *Hors ligne :* se dit d'un support d'informations préenregistré qui peut être utilisé de manière autonome par ordinateur et qui n'est pas accessible par l'intermédiaire d'une ligne de télécommunication. **III.** *Suite, série.* **1.** Suite, série continue de personnes ou de choses. *Une ligne de peupliers.* <> *Hors ligne :* exceptionnel, tout à fait supérieur. **2.** *Ligne d'arbre :* alignement des supports de vilebrequin d'un moteur. **3.** MIL. **a.** Formation dans laquelle se trouve une troupe dont les éléments (hommes, unités, moyens de combat) sont placés les uns à côté des autres ; cette troupe elle-même. <> *La ligne :* avant 1914, ensemble de régiments d'infanterie du corps de bataille. – *Monter en ligne :* aller au combat. – *Mettre en ligne :* présenter des troupes pour affronter l'ennemi. – *En première ligne :* au plus près de l'ennemi. – *Fam. Sur toute la ligne :* d'un bout à l'autre ; complètement. *Se tromper sur toute la ligne.* **b.** Ensemble de fortifications permanentes destinées à protéger une frontière. *La ligne Maginot.* **c.** *Bâtiment de ligne :* grand navire de guerre puissamment armé et formant l'élément principal d'une escadre. **4.** COMM. *Ligne de produits :* série de produits ou d'articles se complétant dans leur utilisation et unis par des qualités communes. **5.** BANQUE. Ensemble des actions ou obligations d'une même société ou d'un même type figurant dans un portefeuille de valeurs mobilières. <> *Ligne de crédit :* montant d'un crédit accordé par une banque, sur lequel viennent s'imputer les paiements que le bénéficiaire du crédit doit faire. – *Entrer en ligne de compte :* être inclus dans un compte ; avoir de l'importance. **6.** Dans certains sports de ballon, ensemble des joueurs d'une équipe occupant une place déterminée sur le terrain et dans le système de jeu. *La ligne d'attaque, la ligne des trois-quarts.* <> *Première, deuxième, troisième ligne :* au rugby, chacune des lignes d'avants constitutives de la mêlée ordonnée ; joueur de chacune de ces lignes. *Un excellent troisième ligne.* **7.** TÉLÉCOMM. Segment de droite décrit lors du balayage d'une image en télévision ou en télécopie, à l'émission ou à la réception. **8.** ZOOL. *Ligne latérale :* organe sensoriel des poissons et des larves d'amphibiens, formé par un canal sous-cutané parcourant les flancs et comportant des cellules sensibles aux vibrations de l'eau. **9.** Suite de mots écrits ou imprimés sur une longueur déterminée. <> *Aller, mettre à la ligne :* commencer une nouvelle ligne. **10.** Ensemble des générations successives de parents. <> *En ligne directe :* en descendant directement les uns des autres (par oppos. à *en ligne collatérale,* en descendant d'un frère, d'une sœur ou d'un[e] cousin[e]). **IV.** *Mesure.* **1.** Ancienne mesure française de longueur représentant la douzième partie du pouce (env. 2,25 mm). **2.** Canada. Ancienne mesure de longueur valant 3,175 mm (huitième partie du pouce).

LIGNÉE n.f. **1.** Vx. Descendance, race. **2.** ANTHROP. Série de parents par descendance unilinéaire, partie d'un lignage. **3.** SC. DE LA V. Phylum. **4.** *Fig.* Filiation spirituelle, intellectuelle, artistique. *Dans la lignée des nouveaux philosophes.*

LIGNER v.t. Marquer d'une ligne ou de lignes.

LIGNEUL n.m. (lat. pop. *lineolum*). Fil enduit de poix, utilisé par les cordonniers.

LIGNEUX, EUSE adj. (lat. *lignosus,* de *lignum,* bois). **1.** De la nature du bois. **2.** Dont la tige contient suffisamment de faisceaux lignifiés pour devenir résistante (par oppos. à *herbacé*).

LIGNICOLE adj. (du lat. *lignum,* bois). Se dit d'une espèce animale qui vit dans le bois des arbres. *Insectes lignicoles.*

LIGNIFICATION n.f. BOT. Phénomène par lequel les parois cellulosiques de certaines cellules végétales s'imprègnent de lignine et prennent la consistance du bois.

LIGNIFIER (SE) v.pr. [5]. BOT. Se changer en bois ; s'imprégner de lignine.

LIGNINE n.f. (du lat. *lignum,* bois). BIOCHIM. Substance organique complexe, constituant principal du bois qui imprègne les cellules, les fibres et les vaisseaux conducteurs, les rendant imperméables, inextensibles et rigides.

LIGNITE n.m. (du lat. *lignum,* bois). Roche d'origine organique, résultant de la décomposition incomplète de débris végétaux. (Contenant env. 70 % de carbone, le lignite a une valeur calorifique trois fois moindre, en moyenne, que la houille.)

LIGNOMÈTRE n.m. IMPRIM. Règle graduée servant au comptage des lignes d'un texte composé.

LIGOT n.m. (mot gascon). Petite botte de bûchettes enduites de résine à un bout, pour allumer le feu.

LIGOTAGE n.m. Action de ligoter.

LIGOTER v.t. (du lat. *ligare,* lier). **1.** Attacher étroitement qqn à qqch ; lui lier les membres. **2.** *Fig.* Priver qqn de sa liberté d'action, d'expression.

LIGUE n.f. (ital. *liga,* du lat. *ligare,* lier). **1.** HIST. Union formée entre plusieurs princes, en partic. pour défendre des intérêts politiques, religieux, etc. ; confédération entre plusieurs cités ou États (v. partie n.pr.). **2.** (Avec une majuscule.) Association formée pour défendre des intérêts politiques, religieux, etc. *La Ligue des droits de l'homme.*

LIGUER v.t. Unir dans une même coalition, une même alliance. ◆ **se liguer** v.pr. Unir ses efforts contre qqn, qqch.

LIGUEUR, EUSE n. **1.** Membre d'une ligue. **2.** HIST. Partisan de la Sainte Ligue sous Henri III et Henri IV.

LIGULE n.f. (lat. *ligula,* languette). BOT. Étroite languette latérale sur les fleurs externes des capitules des composées, formée par la soudure des cinq pétales. (Les ligules de la marguerite sont blanches, celles du pissenlit, jaunes.)

LIGULÉ, E adj. BOT. Se dit des fleurs à pétales soudés en ligule des capitules de composées.

LIGURE ou **LIGURIEN, ENNE** adj. et n. De la Ligurie, de ses habitants.

LILAS n.m. (ar. *lilāk,* du persan). Arbuste originaire du Moyen-Orient, cultivé pour ses grappes de fleurs odorantes, mauves ou blanches. (Genre *Syringa ;* famille des oléacées.) – Branche fleurie de cet arbre. ◆ adj. inv. D'une couleur mauve rosé.

■ **LILAS**

LILIACÉE n.f. (lat. *liliaceus,* de *lilium,* lis). BOT. Plante monocotylédone à bulbe ou à rhizome, à périanthe floral comprenant six parties, telle que le lis, la tulipe, le muguet, l'ail, le poireau, l'aloès. (Les liliacées forment une famille.)

LILIAL, E, AUX adj. *Litt.* Qui a la blancheur, la pureté du lis.

LILLIPUTIEN, ENNE [-sjɛ̃, ɛn] adj. et n. (de *Lilliput,* n.pr.). De très petite taille.

LIMACE n.f. (lat. *limax, -acis*). **1.** Mollusque gastéropode terrestre, sans coquille externe, dont certaines espèces, telles que la loche (genre *Limax*), ou la limace rouge (genre *Arion*), s'attaquent aux cultures. (Sous-classe des pulmonés.) <> *Limace de mer :* mollusque marin des eaux côtières, sans coquille, aux couleurs souvent vives. (Genre *Aeolis ;* ordre des nudibranches.) **2.** *Fam.* Personne lente et molle.

■ **LIMACE**

LIMAÇON n.m. **1.** Vieilli. Mollusque terrestre à coquille enroulée et, en partic., escargot. SYN. : *colimaçon.* **2.** Cochlée.

LIMAGE n.m. Action de limer.

LIMAILLE n.f. Matière que forment les parcelles de métal détachées par l'action de la lime.

LIMAN n.m. (mot russe, du gr. *limên,* port). Lagune isolée par un cordon littoral barrant partiellement l'embouchure d'un fleuve.

LIMANDE n.f. (de l'anc. fr. *lime*). Poisson plat dissymétrique, comestible, vivant dans la Manche et l'Atlantique. (Long. 40 cm ; genre *Limanda,* famille des pleuronectidés.) <> *Fam. Plat(e) comme une limande :* très plat(e).

■ **LIMANDE**

LIMBE n.m. (lat. *limbus,* bord). **1.** Couronne circulaire en métal ou en verre portant la graduation angulaire d'un instrument de mesure. **2.** Bord lumineux du disque d'un astre. **3.** BOT. Partie principale, élargie et étalée, de la feuille. – Partie large et étalée d'un pétale ou d'un sépale.

LIMBES n.m. pl. **1.** THÉOL. CHRÉT. Séjour où les justes de l'Ancien Testament attendaient la venue rédemptrice du Christ ; séjour de félicité des enfants morts sans baptême. **2.** *Fig.* État vague, incertain. *Projet encore dans les limbes.*

LIMBIQUE adj. MÉD. *Système limbique :* rhinencéphale.

1. LIME n.f. (lat. *lima*). **1.** Outil à main, en acier trempé, long et étroit, couvert d'entailles, utilisé pour travailler les métaux ou le bois par frottement. <> *Lime à ongles :* petite lime de métal strié ou de papier émeri destinée à raccourcir les ongles, à arrondir leur bord. **2.** Mollusque bivalve marin, à coquille finement côtelée.

2. LIME ou **LIMETTE** n.f. (ar. *līma*). Fruit comestible du limettier, de couleur verte, à peau lisse, à chair sans pépins très juteuse.

LIMER v.t. (lat. *limare*). Dégrossir, couper, polir au moyen d'une lime. ◆ **se limer** v.pr. *Se limer les ongles,* les raccourcir, les arrondir avec une lime à ongles.

LIMERICK [limrik] n.m. (mot angl.). Dans la littérature britannique, épigramme burlesque de cinq vers.

LIMES [limɛs] n.m. (mot lat., *frontière*). HIST. Sous l'Empire romain, ligne de fortifications plus ou moins continue bordant certaines frontières dépourvues de défenses naturelles.

LIMETTE n.f. → **2. LIME.**

LIMETTIER n.m. Agrume du genre *Citrus* dont le fruit est la lime. (Famille des rutacées.)

LIMEUR, EUSE adj. Qui sert à limer.

LIMICOLE adj. (lat. *limus,* fange, et *colere,* habiter). SC. DE LA V. Qui vit dans la vase ou qui y cherche sa nourriture. *Oiseau, larve limicoles.*

LIMIER n.m. (de l'anc. fr. *liem,* celui qu'on mène en laisse). **1.** Chien courant employé, dans la chasse à courre, pour la recherche du gibier. **2.** *Fam.* Policier, détective. *Les limiers de la P.J. Un fin limier.*

1. LIMINAIRE adj. (du lat. *limen, liminis,* seuil). Qui est au début d'un livre, d'un poème, d'un débat. *Déclaration liminaire.*

2. LIMINAIRE ou **LIMINAL, E, AUX** adj. PSYCHOL., PHYSIOL. Dont la valeur correspond au seuil, en parlant d'un stimulus, d'une perception.

LIMITATIF, IVE adj. Qui limite, qui fixe ou constitue une limite.

LIMITATION n.f. **1.** Action de fixer la limite, la frontière d'un terrain. **2.** Action, fait de fixer un terme, des bornes, des restrictions à qqch. *Limitation de vitesse.*

LIMITE n.f. (lat. *limes, limitis*). **1.** Ligne séparant deux pays, deux territoires, deux terrains contigus. **2.** Ligne qui circonscrit un espace, qui marque le début ou la fin d'une étendue. **3.** Ce qui marque le début ou la fin d'un espace de temps, ce qui le circonscrit. ◇ ***Limite d'âge :*** âge au-delà duquel on ne peut exercer une fonction, se présenter à un examen. **4.** Borne, point au-delà desquels ne peuvent aller ou s'étendre une action, une influence, un état, etc. *Ma patience a des limites.* ◇ ***À la limite :*** si on envisage le cas extrême. – (En appos.) ***Date, prix, vitesse, etc., limite,*** qu'on ne peut dépasser ; extrême. – PSYCHIATR. ***État limite :*** trouble psychiatrique intermédiaire entre la psychose et la névrose. **5.** MATH. ***Limite d'une fonction en un point*** c ***de son intervalle de définition :*** nombre *l* tel qu'on peut trouver des valeurs de la variable proches de *c* pour lesquelles la différence entre *l* et les valeurs prises par la fonction soit arbitrairement petite. – ***Limite d'une suite convergente :*** nombre *l* tel qu'on peut trouver un rang à partir duquel la différence entre *l* et le terme général de la suite soit arbitrairement petite. ◆ adj. *Fam.* Tout juste acceptable. *Un candidat, une plaisanterie limites.*

LIMITÉ, E adj. **1.** De peu d'étendue ; de peu d'importance ; restreint. *Une confiance limitée.* **2.** *Fam.* Sans grands moyens intellectuels ; peu inventif. *Un cinéaste limité.*

LIMITER v.t. (lat. *limitare*). **1.** Constituer la limite de ; délimiter, borner. *L'Atlantique limite la France à l'ouest.* **2.** Restreindre dans certaines limites. *Limiter ses dépenses.* ◆ **se limiter** v.pr. **1.** S'imposer des limites. **2.** Avoir pour limites.

LIMITEUR n.m. TECHN. Dispositif destiné à empêcher qu'une grandeur, par sa variation au-delà d'une certaine valeur, puisse avoir des conséquences dangereuses. *Limiteur de vitesse d'une turbine.*

LIMITROPHE adj. **1.** Situé à la frontière d'un pays, d'une région. **2.** Qui a des limites communes avec un lieu. *La France et la Suisse sont limitrophes.*

LIMIVORE adj. (du lat. *limus,* limon). SC. DE LA V. Se dit d'un animal qui se nourrit des divers éléments organiques contenus dans la vase.

LIMNÉE n.f. (du lat. *limne,* marais). Mollusque gastéropode d'eau douce, à coquille spiralée et pointue, et à respiration pulmonaire. (Long. max. 5 cm ; genre *Limnaea,* sous-classe des pulmonés.)

LIMNOLOGIE n.f. (gr. *limnê,* lac, et *logos,* science). Hydrologie lacustre.

LIMNOLOGIQUE adj. Relatif à la limnologie.

LIMOGEAGE n.m. Action de limoger.

LIMOGER v.t. [10] (de *Limoges,* n.pr.). Priver un officier, un fonctionnaire de son emploi par révocation, déplacement, etc.

1. LIMON n.m. (lat. *limus*). Roche sédimentaire détritique, continentale, de granulométrie intermédiaire entre celle des sables et celle des argiles, constituant des sols légers et fertiles.

2. LIMON n.m. (du gaul.). **1.** Chacun des deux bras de la limonière d'une voiture hippomobile. **2.** Partie rampante d'un escalier dans laquelle s'assemblent les marches et les contremarches.

LIMONADE n.f. (esp. *limonada,* de *limón,* citron). **1.** Boisson gazeuse à base de sucre, d'acides, d'essence de citron et de gaz carbonique. **2.** *Fam. La limonade :* le commerce des cafetiers.

LIMONADIER, ÈRE n. **1.** Vx. Personne qui fait le commerce de boissons au détail. **2.** Personne qui fabrique de la limonade.

LIMONAGE n.m. AGRIC. Action de répandre du limon sur des terres pauvres.

LIMONAIRE n.m. (du n. de l'inventeur). Anc. Orgue de Barbarie de la marque de ce nom.

LIMONÈNE n.m. Hydrocarbure monocyclique de la famille des terpènes, composant majoritaire de l'huile essentielle contenue dans les écorces d'oranges et de citrons.

LIMONEUX, EUSE adj. Qui contient du limon.

LIMONIÈRE n.f. **1.** Partie d'une voiture hippomobile formée de deux longues pièces de bois. **2.** Véhicule hippomobile à quatre roues, qui a un brancard à deux limons.

LIMONITE n.f. (de *1. limon*). Hydroxyde de fer d'aspect terreux, exploité comme minerai.

LIMOUGEAUD, E adj. et n. De Limoges.

LIMOUSIN, E adj. et n. **1.** Du Limousin. **2.** Se dit d'un bovin d'une race de boucherie dont la viande est très appréciée. ◆ n.m. Dialecte de langue d'oc parlé dans le Limousin.

LIMOUSINE n.f. Automobile à conduite intérieure, possédant quatre portes et six glaces latérales.

LIMPIDE adj. (lat. *limpidus*). **1.** Clair et transparent. *Une eau limpide.* **2.** *Fig.* Aisé à comprendre ; simple, clair. *Un exposé limpide.*

LIMPIDITÉ n.f. Caractère de ce qui est limpide.

LIMULE n.f. (lat. scol. *limulus*). Grand arthropode marin des Antilles et du Pacifique, à carapace massive et bombée, appelé improprement ***crabe des Moluques,*** qui vient pondre sur certaines plages. (Long. 50 cm ; genre *Xiphosura,* classe des mérostomes.)

LIN n.m. (lat. *linum*). **1.** Plante herbacée des régions tempérées, à fleurs bleues, cultivée pour sa tige, qui fournit des fibres textiles, et pour sa graine oléagineuse qui donne une farine dont on faisait des cataplasmes émollients, une huile siccative, employée notamm. en peinture, et des tourteaux utilisés pour l'alimentation du bétail. (Genre *Linum ;* famille des linacées.) ◇ ***Lin de la Nouvelle-Zélande :*** phormium. **2.** Fibre textile obtenue à partir de cette plante ; tissu fait avec cette fibre.

■ **LIN**

LINAIGRETTE n.f. (de *lin* et *aigrette*). Plante des marais, aux petits fruits secs entourés d'une houppe cotonneuse. (Genre *Eriophorum ;* famille des cypéracées.)

LINAIRE n.f. (de *lin*). Plante herbacée à fleurs en grappes jaunes, blanches, pourpres ou violettes, dont une espèce est la *ruine-de-Rome.* (Genre *Linaria ;* famille des scrofulariacées.) SYN. : *velvote.*

LINCEUL n.m. (lat. *linteolum,* petit morceau de toile de lin). Pièce de toile dans laquelle on ensevelit un mort. SYN. : *suaire.*

LINÇOIR n.m. CONSTR. Lambourde indépendante recevant un plancher au droit d'un mur affecté d'un percement et reportant les charges de part et d'autre de celui-ci.

1. LINÉAIRE adj. (lat. *linearis,* de *linea,* ligne). **1.** Qui a l'aspect continu d'une ligne. ◇ ***Mesure linéaire :*** mesure de longueur (par oppos. à ***mesure de surface*** ou ***de volume***). – ***Dessin linéaire,*** qui ne reproduit que les seuls contours d'un objet. **2.** ***Algèbre linéaire :*** étude des structures d'espaces vectoriels sur un corps ou sur un anneau. – ***Application*** ou ***fonction linéaire réelle :*** fonction de type $f(x) = a \cdot x$ où a est un réel déterminé. (Sa représentation graphique est une droite passant par l'origine du repère.) – ***Application linéaire :*** application f d'un espace vectoriel sur un autre espace vectoriel vérifiant les égalités $f(x + y) = f(x) + f(y)$ et $f(a \cdot x) = a \cdot f(x)$ pour tous les vecteurs x et y, et pour tout nombre a. – ***Combinaison linéaire de vecteurs (d'un espace vectoriel) :*** vecteur obtenu en multipliant chacun des vecteurs par un nombre (coefficient) et en additionnant les vecteurs ainsi obtenus. **3.** *Fig.* D'une grande simplicité ; sobre. *Un discours linéaire.*

2. LINÉAIRE n.m. **1.** Longueur disponible, mesurée en mètres, pour la présentation d'une marchandise dans un magasin de détail, notamm. un libre-service. **2.** Écriture syllabique de la Grèce archaïque. (Le linéaire A n'a pas été déchiffré ; le linéaire B notait le mycénien.)

LINÉAIREMENT adv. De façon linéaire.

LINÉAMENT n.m. (lat. *lineamentum,* de *linea,* ligne). **1.** *Litt.* (Surtout pl.) Chacun des traits, chacune des lignes élémentaires qui définissent le contour général des êtres, des objets, leur forme globale. *Les linéaments d'un visage.* **2.** *Fig., litt.* (Surtout pl.) Premiers traits d'un être, d'une chose appelés à se développer. *Les grands linéaments d'un ouvrage.* **3.** GÉOL. Élément linéaire presque rectiligne, génér. repérable sur des cartes topographiques à petite échelle ou sur des images satellitaires, et qui correspond à la trace en surface d'un accident tectonique profond.

LINÉARITÉ n.f. Caractère de ce qui est linéaire.

LINÉATURE n.f. IMPRIM. Nombre de lignes que comporte sur un pouce (25,4 mm) ou sur un centimètre la trame d'un cliché d'impression.

LINÉIQUE adj. *Didact.* Se dit d'une grandeur rapportée à l'unité de longueur.

LINER [lajnœr] n.m. (mot angl.). Cargo, navire de ligne.

LINGA ou **LINGAM** [lɛ̃gam] n.m. (sanskr. *linga*). Dans l'hindouisme, symbole phallique du dieu Shiva.

LINGE n.m. (lat. *lineus,* de lin). **1.** Ensemble des objets de tissu à usage vestimentaire ou domestique. ◇ ***Linge de corps :*** ensemble des sous-vêtements. – ***Linge de maison :*** ensemble des articles de tissu destinés à la literie, la toilette, la table, la cuisine. – *Fam.* ***Du beau linge :*** des gens élégants ; du beau monde. – *Fam.* ***Laver son linge sale en famille :*** limiter à ses proches les discussions sur les problèmes qui ne concernent qu'eux. – ***Être blanc comme un linge,*** très pâle. **2.** Morceau d'étoffe, de tissu. **3.** Suisse. Serviette de toilette. ◇ ***Linge de bain :*** serviette de bain.

LINGÈRE n.f. Personne chargée de l'entretien du linge d'une maison, d'une institution, d'un hôpital, etc.

LINGERIE n.f. **1.** Fabrication et commerce du linge. **2.** Lieu où l'on range le linge. **3.** Ensemble des sous-vêtements et des vêtements de nuit féminins.

LINGETTE n.f. Petite serviette jetable en cellulose, imprégnée d'une lotion et destinée à l'hygiène et au nettoyage.

LINGOT n.m. (de l'anc. provenç.). **1.** Masse de métal ou d'alliage de forme parallélépipédique obtenue par moulage dans une lingotière. **2.** *Spécial.* Masse coulée de un kilogramme d'or fin au titre de 995 millièmes. **3.** IMPRIM. Pièce de métal servant à remplir les blancs d'une forme.

LINGOTIÈRE n.f. Moule dans lequel on coule le métal en fusion pour en faire un lingot.

LINGUA FRANCA [lingwa-] n.f. inv. (mots ital.). **1.** Sabir utilisé notamm. dans les ports de la Méditerranée, du XIIIe au XIXe s. **2.** Langue auxiliaire de relation, utilisée par des groupes de langues maternelles différentes.

LINGUAL, E, AUX [lɛ̃gwal, o] adj. (du lat. *lingua,* langue). **1.** De la langue. *Muscle lingual.* **2.** Se dit d'une consonne articulée avec la langue (ex. : [d], [k], [r]).

LINGUATULE [lɛ̃gwatyl] n.f. (du bas lat. *linguatus,* en forme de langue). Arthropode vermiforme, parasite des voies respiratoires de certains vertébrés tels que les chiens. (Long. 10 cm ; classe des pentastomides.)

LINGUE n.f. (néerl. *leng*). Poisson de mer des eaux profondes de l'Atlantique nord, comestible, souvent pêché au chalut. (Genre *Molva* ; famille des gadidés.) SYN. : *julienne.*

LINGUETTE n.f. Glossette.

LINGUISTE [lɛ̃gɥist] n. (du lat. *lingua,* langue). Spécialiste de linguistique.

LINGUISTIQUE [lɛ̃gɥistik] n.f. Science qui a pour objet l'étude du langage et des langues. ◇ *Linguistique structurale :* structuralisme. ◆ adj. **1.** Qui concerne la langue comme moyen de communication. *Communauté linguistique.* **2.** Qui concerne l'apprentissage d'une langue étrangère. *Séjour linguistique à l'étranger.* **3.** Qui concerne la linguistique. *Théorie linguistique.*
ENCYCL. Tout en étant l'héritière du long passé de la grammaire, la linguistique comme telle n'apparaît qu'au XIXe s., et c'est à F. de *Saussure qu'elle doit son statut de science. Ce dernier, qui établit la distinction des concepts de « langage » et de « langue », est à l'origine de la plupart des courants structuralistes (notamm. avec N. S. Troubetskoï, R. Jakobson, L. T. Hjelmslev, G. Guillaume, A. Martinet). Aux États-Unis, un courant structuraliste, né de l'étude des langues amérindiennes, s'est développé avec l'école de L. Bloomfield, conduisant au distributionnalisme de Z. S. Harris et à la grammaire générative de N. Chomsky.

LINGUISTIQUEMENT adv. Du point de vue linguistique.

LINIER, ÈRE adj. Relatif au lin. *Industrie linière.*

LINIÈRE n.f. Champ de lin.

LINIMENT n.m. (lat. *linimentum,* de *linire,* oindre). Préparation médicamenteuse fluide, souvent grasse, destinée à l'application cutanée.

LINKAGE [linkedʒ] n.m. (de l'angl. *to link,* lier). GÉNÉT. Liaison génétique.

LINKS [links] n.m. pl. (mot angl.). Terrain, parcours de golf.

LINNÉEN, ENNE adj. SC. DE LA V. Relatif à Linné ; propre à Linné. *Classification linnéenne.*

LINO n.m. (abrév.). Linoléum.

LINOGRAVURE n.f. Procédé de gravure en relief sur linoléum.

LINOLÉINE n.f. Glycéride de l'acide linoléique, contenu dans les huiles siccatives.

LINOLÉIQUE adj. CHIM. ORG. *Acide linoléique :* acide gras diéthylénique en C_{18}.

LINOLÉUM [linɔleɔm] n.m. (angl. *linoleum,* du lat. *linum,* lin, et *oleum,* huile). Revêtement de sol imperméable, composé d'une toile de jute recouverte d'un mélange d'huile de lin, de résine et de poudre de liège agglomérée. Abrév. : *lino.*

LINON n.m. (de *lin*). Toile fine et transparente, en lin ou en coton.

LINOTTE n.f. (de *lin*). Passereau des landes de l'Europe et de l'Asie occidentale, granivore, chanteur, à dos brun et à poitrine rouge. (Long. 15 cm env. ; genre *Acanthis,* famille des fringillidés.) ◇ *Fam. Tête de linotte :* personne très étourdie.

LINOTYPE n.f. (nom déposé ; angl. *line of types,* ligne de caractères). IMPRIM. Anc. Machine de composition mécanique utilisant un clavier pour produire des lignes justifiées fondues en un seul bloc.

LINOTYPIE n.f. Anc. Composition à la Linotype.

LINOTYPISTE n. Anc. Personne qui composait sur une Linotype.

LINSANG [lɛ̃sɑ̃g] n.m. (mot javanais). Mammifère carnivore arboricole de l'Asie du Sud-Est et de l'Afrique, à pelage tacheté et à queue annelée. (Genre *Prionodon ;* famille des viverridés.)

LINTEAU n.m. (du lat. *liminaris,* du seuil). Pièce allongée horizontale au-dessus d'une baie, reportant sur les côtés de celle-ci la charge des parties supérieures.

LINTERS [lintɛrs] n.m. pl. (mot anglo-amér.). Fibres très courtes, formées de cellulose pure, restant fixées sur les graines de coton après l'égrenage, et utilisées auj. pour la réalisation des pâtes et papiers de chiffons.

LION, LIONNE n. (lat. *leo, -onis*). **1.** Grand mammifère carnivore, au pelage fauve orné d'une crinière chez le mâle, confiné auj. dans les savanes d'Afrique et dans une réserve au Nord-Ouest de l'Inde, après avoir vécu au Proche-Orient et en Europe. (Le plus souvent, ce sont les femelles qui chassent, en bandes, des proies de grande taille.) [Long. 2,60 m env. ; cri : le lion rugit. Le petit est le lionceau. Nom sc. *Panthera leo ;* famille des félidés.] ◇ *Fam. Avoir mangé du lion :* faire preuve d'une énergie inaccoutumée. – *C'est un lion :* c'est un homme courageux. – *La part du lion :* la plus grosse part. **2.** *Le Lion :* constellation et signe du zodiaque (v. partie n.pr.). – *Par ext. Lion :* personne née sous ce signe. **3.** *Lion de mer :* otarie d'une des 4 espèces de grande taille chez lesquelles le mâle porte une crinière. **4.** HÉRALD. Figure représentant un lion rampant, dressé sur ses pattes arrière, la tête de profil.

■ **LIONS** (femelle et mâle).

LIONCEAU n.m. Petit du lion.

LIPASE n.f. (du gr. *lipos,* graisse). Enzyme qui hydrolyse les lipides en formant des acides gras.

LIPIDE n.m. (du gr. *lipos,* graisse). Composant fondamental de la matière vivante, constitué d'acides gras éventuellement estérifiés, faisant partie des structures cellulaires et jouant un rôle énergétique.

LIPIDÉMIE ou **LIPÉMIE** n.f. BIOCHIM. Concentration de l'ensemble des lipides dans le sang.

LIPIDIQUE adj. Relatif aux lipides.

LIPIZZAN [lipidzɑ̃] n. et adj. (de *Lipica,* v. de Slovénie). Cheval d'une race dont l'aptitude au dressage fait la renommée de l'école espagnole de Vienne.

LIPOCHROME [-krom] n.m. BIOL. Pigment caroténoïde soluble dans les graisses et qui les colore en jaune.

LIPOGRAMME n.m. (gr. *leipein,* laisser, et *gramma,* lettre). Jeu littéraire dont les règles proscrivent l'usage d'une ou de plusieurs lettres de l'alphabet.

LIPOME n.m. (du gr. *lipos,* graisse). MÉD. Tumeur bénigne constituée de tissu graisseux siégeant sous la peau.

LIPOPHILE adj. BIOCHIM. Se dit d'une substance chimique qui a de l'affinité pour les graisses.

LIPOPHOBE adj. BIOCHIM. Se dit d'une substance chimique qui n'a pas d'affinité pour les graisses.

LIPOPROTÉINE n.f. Substance constituée d'une protéine et d'un lipide. (C'est sous cette forme que sont véhiculées les graisses du plasma sanguin.)

LIPOSOLUBLE adj. Se dit des substances chimiques solubles dans les graisses et les solvants des graisses.

LIPOSOME [-zom] n.m. Vésicule artificielle microscopique, à membrane lipidique, utilisée comme modèle d'étude des membranes biologiques et faisant l'objet de recherches pour l'introduction de substances dans les cellules d'un organisme.

LIPOSUCCION [liposysjɔ̃] ou [-syksjɔ̃] n.f. Traitement de certaines surcharges adipeuses localisées par aspiration de la graisse sous-cutanée.

LIPOTHYMIE n.f. (gr. *leipein,* laisser, et *thumos,* esprit). MÉD. Impression passagère d'évanouissement ; étourdissement.

LIPPE n.f. (mot néerl.). **1.** Lèvre inférieure épaisse et proéminente. **2.** *Fam.,* vieilli. *Faire la lippe :* faire la moue, bouder.

LIPPÉE n.f. Vx. **1.** Ce qu'on prend avec les lèvres. **2.** *Franche lippée :* bon repas qui ne coûte rien.

LIPPU, E adj. Qui a de grosses lèvres.

LIQUATION [likwasjɔ̃] n.f. (du lat. *liquare,* fondre). Séparation, par échauffement, de deux métaux alliés de fusibilités différentes.

LIQUÉFACTEUR n.m. Appareil employé pour liquéfier un gaz.

LIQUÉFACTION n.f. **1.** Action de liquéfier ; fait de se liquéfier. – *Spécial.* Action de liquéfier un gaz en le refroidissant au-dessous de sa température critique. **2.** Transformation du charbon naturel en produits hydrocarbonés liquides par action de l'hydrogène. **3.** *Fam.* État d'amollissement, d'abattement physique et intellectuel.

LIQUÉFIABLE adj. Qu'on peut liquéfier.

LIQUÉFIANT, E adj. Qui liquéfie.

LIQUÉFIER v.t. [5] (lat. *liquefacere*). **1.** Faire passer un gaz, un solide à l'état liquide. **2.** *Fam.* Ôter toute force, toute énergie à qqn. ◆ **se liquéfier** v.pr. **1.** Passer à l'état liquide. **2.** *Fam.* S'amollir, perdre toute énergie.

LIQUETTE n.f. (de *limace,* au sens arg. de chemise). *Fam.* Chemise.

LIQUEUR n.f. (lat. *liquor,* liquide). **1.** Boisson alcoolisée, préparée sans fermentation à partir d'alcool, de produits végétaux, d'eau et de produits sucrés ; eau-de-vie, sucrée ou non. **2.** Vieilli. Nom donné à certaines préparations pharmaceutiques en solution aqueuse.

LIQUIDABLE adj. Qui peut être liquidé.

LIQUIDAMBAR [likidɑ̃bar] n.m. (mot esp.). Arbre ornemental de l'Asie et de l'Amérique du Nord, dont on tire des résines balsamiques (styrax, ambre liquide). [Famille des hamamélidacées.]

LIQUIDATEUR, TRICE adj. et n. DR. Personne chargée des opérations de liquidation.

LIQUIDATIF, IVE adj. DR. Qui concerne une liquidation ; qui opère une liquidation.

LIQUIDATION n.f. **1.** Action de calculer et de fixer le montant, jusque-là indéterminé, d'un compte à régler. *Liquidation d'un impôt.* – Règlement de ce compte. **2.** BOURSE. Règlement des opérations à terme et des opérations conditionnelles. **3.** DR. Ensemble des opérations préliminaires au partage d'une indivision. *Liquidation de communauté, de succession, de société.* ◇ DR., COMM. *Liquidation judiciaire :* procédure judiciaire qui permet de réaliser l'actif et d'apurer le passif d'un commerçant, d'un artisan ou d'une société en état de cessation de paiements, en vue du règlement de ses créanciers. **4.** Fait de liquider des marchandises. **5.** *Fam.* Action de mettre fin à une situation difficile, en partic. par des mesures énergiques. **6.** *Fam.* Action de se débarrasser d'une personne gênante en l'assassinant. *La liquidation du dernier témoin.*

1. LIQUIDE adj. (lat. *liquidus*). **1.** Qui coule ou tend à couler. – Relatif à un liquide. **2.** Qui n'est pas épais ; de faible consistance. *Sauce trop liquide.* **3.** Vieilli. *Consonne liquide,* ou **liquide,** n.f. : le [l] ou le [r].

2. LIQUIDE adj. (ital. *liquido*). ÉCON. Déterminé dans son montant. *Une créance, une dette liquide.* – Qui n'est grevé d'aucune charge. ◇ *Cour. Argent liquide,* ou **liquide,** n.m. : argent immédiatement disponible, en espèces.

3. LIQUIDE n.m. (de *1. liquide*). **1.** État de la matière présenté par les corps n'ayant pas de forme propre, mais dont le volume est invariable ; corps qui se trouve dans cet état. **2.** Aliment ou boisson liquides. *Il ne peut avaler que du liquide.*

LIQUIDER v.t. **1.** DR. Procéder à la liquidation d'un impôt, d'une dette, d'un commerce, etc. **2.** Vendre des marchandises à bas prix soit en raison d'une cessation de commerce, soit pour écouler rapidement un stock. **3.** *Fam.* Mettre fin à une situation difficile, notamm. par des mesures énergiques. *Liquider de vieilles querelles.* **4.** *Fam.* Éliminer qqn, un groupe en le supprimant physiquement au besoin ; en finir avec. **5.** *Fam.* Consommer complètement un aliment, un repas ; vider un contenant.

LIQUIDIEN, ENNE adj. *Didact.* De nature liquide ; qui renferme un liquide.

LIQUIDITÉ n.f. Caractère d'une somme d'argent liquide, dont on peut disposer immédiatement ou presque. ◇ *Liquidités internationales :* ensemble de moyens de paiement, composé d'or, de devises et de droits de tirage, dont dispose un pays pour honorer ses engagements à l'égard des autres. – *Liquidité d'un actif :* capacité pour un actif d'être mobilisé ou réalisé à vue.

LIQUOREUX, EUSE [likɔrø, øz] adj. Se dit de boissons alcoolisées sucrées, de saveur douce.

LIQUORISTE n. Fabricant de liqueurs alcoolisées.

1. LIRE v.t. [86] (lat. *legere*). **1.** Reconnaître les signes graphiques d'une langue, former mentalement ou à voix haute les sons que ces signes ou leurs combinaisons représentent et leur associer un sens. *Lire le chinois, le braille.* ◇ Absol. *Cet enfant lit couramment. Il ne sait ni lire ni écrire.* **2.** Prendre connaissance du contenu d'un texte par la lecture. *Lire le journal.* **3.** Énoncer à voix haute un texte écrit, pour le porter à la connaissance d'autrui. *Lire un conte à un enfant.* **4.** Comprendre, déchiffrer un ensemble de signes autres que ceux de l'écriture. *Lire une partition musicale, un graphique.* **5. a.** Reconnaître une information présentée à un organe d'entrée ou stockée dans une mémoire d'ordinateur, afin de la transmettre vers une autre unité de la machine. **b.** Restituer sous leur forme initiale des signaux (électriques, acoustiques) enregistrés. **6.** Comprendre qqch, le discerner, le reconnaître à certains signes. *Lire de la joie dans les yeux de qqn.*

2. LIRE n.f. (ital. *lira*). Unité monétaire principale de l'Italie (ayant aussi cours à Saint-Marin et dans l'État du Vatican), devenue le 1er janvier 1999 une subdivision de l'*euro.

LIRETTE n.f. Tissage artisanal dont la trame est constituée de fines bandes de tissu.

LIS ou **LYS** [lis] n.m. (lat. *lilium*). **1.** Plante bulbeuse de l'hémisphère Nord tempéré, à grandes fleurs diversement colorées ; la fleur elle-même. – *Spécial.* Fleur du lis blanc. (Genre *Lilium* ; famille des liliacées.) ◇ *Lis Saint-Jacques :* amaryllis. **2.** HÉRALD. *Fleur de lis :* meuble héraldique qui était l'emblème de la royauté, en France. **3.** *Lis de mer :* encrine.

■ **LIS.** Lis blanc.

LISAGE n.m. (de *1. lire*). TEXT. **1.** Analyse d'un dessin pour tissu avant le perçage des cartons. **2.** Métier servant à cette opération.

LISBONNIN, E ou, *cour.*, **LISBONNAIS, E** adj. et n. De Lisbonne.

LISE n.f. (du gaul.). Région. (Ouest). Sable mouvant des bords de la mer.

LISERÉ ou **LISÉRÉ** n.m. **1.** Ruban étroit dont on borde un vêtement. **2.** Raie étroite bordant une étoffe d'une autre couleur.

LISERER [12] ou **LISÉRER** v.t. [11] (de *lisière*). Border d'un liseré.

LISERON n.m. (dimin. de *lis*). **1.** Plante volubile, fréquente dans les haies, où elle épanouit ses fleurs à corolle en entonnoir, souvent blanches. (Genres *Calystegia* et *Convolvulus* ; famille des convolvulacées.) Noms usuels : *volubilis, belle-de-jour.* **2.** *Faux liseron :* vrillée.

■ **LISERON**

LISETTE n.f. Petit maquereau, souvent consommé en marinade.

LISEUR, EUSE n. Personne qui aime lire.

LISEUSE n.f. **1.** Petit coupe-papier qui sert à marquer la page d'un livre où l'on arrête sa lecture. **2.** Couvre-livre. **3.** Vêtement féminin, chaud et léger, qui couvre le buste et les bras, et que l'on met pour lire au lit.

LISIBILITÉ n.f. Qualité de ce qui est lisible.

LISIBLE adj. **1.** Aisé à lire, à déchiffrer. *Écriture lisible.* **2.** Qui peut être lu sans fatigue, sans ennui ; digne d'être lu. **3.** *Fig.* Qui est facilement intelligible et ne recèle pas d'élément caché. *Un projet, une action lisibles.*

LISIBLEMENT adv. De façon lisible.

LISIER n.m. (mot d'origine suisse). AGRIC. Mélange liquide des urines et des excréments des animaux domestiques, en partic. des bovins et des porcins, servant d'engrais.

LISIÈRE n.f. (de l'anc. fr. *lis*). **1.** Bord d'une pièce de tissu qui en limite de chaque côté la largeur. **2.** Bord, extrémité d'un lieu ; limite. *La lisière d'un champ, d'un bois.* **3.** *Litt. Tenir en lisière(s) :* diriger avec rigueur ; exercer une tutelle sur qqn.

LISP [lisp] n.m. (acronyme de l'angl. *list processing*, traitement de liste). INFORM. Langage de programmation symbolique, utilisé notamm. en intelligence artificielle.

LISSAGE n.m. **1.** Action de lisser. **2.** TEXT. Disposition des lisses d'un métier à tisser suivant le genre d'étoffe que l'on veut obtenir. **3.** Recomm. off. pour *lifting.* **4.** STAT. Procédé d'ajustement des valeurs observées visant à leur substituer des valeurs représentables par une courbe continue et sans points anguleux.

1. LISSE adj. (de *lisser*). Qui n'offre pas d'aspérités, uni et poli. ◇ HISTOL. *Muscle lisse :* muscle à contraction involontaire contenu dans certains organes et dont les cellules vues au microscope sont dépourvues de striation transversale (par oppos. à *muscle strié*).

2. LISSE n.f. **1.** MAR. Membrure longitudinale qui maintient en place les couples d'un bateau. **2.** Pièce plate ou tube métallique placés à la partie supérieure d'un pavois ou d'une rambarde et servant de main courante ou d'appui. **3.** PAPET. Calandre utilisée pour adoucir et égaliser la surface du papier.

3. LISSE ou **LICE** n.f. (lat. *licium*). Sur un métier à tisser, fil de métal portant un maillon ou une lamelle allongée percée d'un trou dans lesquels passe le fil de chaîne. ◇ *Métier de basse lisse :* métier de tapisserie dans lequel les nappes de fils de chaîne, et donc l'ouvrage, sont disposées horizontalement. – *Métier de haute lisse,* aux nappes de fils de chaîne disposées verticalement.

LISSÉ n.m. Degré de cuisson du sucre qui forme des filaments plus ou moins fins en refroidissant. *Petit lissé, grand lissé.*

LISSER v.t. (lat. *lixare*, repasser). **1.** Rendre lisse, polir. **2.** STAT. Procéder à l'opération de lissage.

LISSEUR, EUSE n. TEXT. Personne qui exécute un lissage.

LISSEUSE n.f. Machine utilisée pour lisser les cuirs, le papier, le carton, etc.

LISSIER ou **LICIER** n.m. Praticien qui exécute des tapisseries sur métier. (Les *haute-lissiers* travaillent aux métiers de haute lisse, les *basse-lissiers,* à ceux de basse lisse.)

LISSOIR n.m. Instrument servant à lisser le sable d'un moule, le ciment, etc.

LISTAGE n.m. INFORM. **1.** Action de lister. **2.** Recomm. off. pour *listing.*

1. LISTE n.f. (germ. *līsta*, lisière). Bande de poils blancs occupant le front et le chanfrein de certains chevaux.

2. LISTE n.f. (ital. *lista*, du germ.). **1.** Suite de mots, de nombres, de noms de personnes, de choses le plus souvent inscrits l'un au-dessous de l'autre. *Dresser, établir la liste des absents.* ◇ *Liste électorale :* liste des électeurs. – *Liste noire :* ensemble de personnes que l'on considère avec suspicion, avec lesquelles on s'interdit certaines transactions, etc. – *Liste rouge :* liste des abonnés au téléphone, en France, dont le nom ne figure pas dans l'annuaire et dont le numéro ne peut être communiqué par le service des renseignements. – *Liste de mariage :* ensemble de cadeaux sélectionnés par de futurs époux, parmi lesquels parents et amis peuvent choisir pour les offrir lors du mariage. – PHARM. *Liste de substances vénéneuses,* ou *liste :* groupe de médicaments obéissant aux mêmes règles de prescription et de délivrance. (Les médicaments délivrés sur ordonnance sont répartis en une *liste I,* une *liste II* et une *liste des substances stupéfiantes.*) – *Liste de vérification :* recomm. off. pour *check-list.* **2.** Longue énumération. *La liste des signatures croît de jour en jour.* **3.** *Liste civile :* somme allouée annuellement au chef de l'État dans certains régimes monarchiques. **4.** INFORM. Tout ensemble structuré d'éléments d'information. Recomm. off. pour *listing.*

LISTEL ou **LISTEAU** n.m. (ital. *listello*). **1.** ARCHIT. Moulure plate saillante, sorte de réglet employé notamm. en combinaison avec une ou deux moulures creuses. **2.** NUMISM. Cercle périphérique présentant une saillie supérieure aux saillies du type et de la légende, sur chaque côté d'une pièce de monnaie.

LISTER v.t. **1.** Mettre en liste. **2.** INFORM. Imprimer en continu, article par article, tout ou partie des informations traitées par un ordinateur.

LISTÉRIOSE n.f. (de *listeria*, n. de la bactérie). Maladie infectieuse des animaux et de l'homme, due à une bactérie, et partic. grave chez la femme enceinte et le nouveau-né.

LISTING [listiŋ] n.m. (mot angl.). INFORM. Sortie sur une imprimante du résultat d'un traitement par ordinateur. Recomm. off. : *listage* pour cette opération, et *liste* pour son résultat.

LISTON n.m. (esp. *listón*, du germ. *līsta*). MAR. Ornement longitudinal en saillie ou en creux, s'étendant de l'avant à l'arrière d'un navire, au niveau du pont.

LIT n.m. (lat. *lectus*). **1.** Meuble sur lequel on se couche pour dormir ou se reposer. *S'allonger sur son lit. Sauter du lit.* ◇ *Lit de camp :* lit démontable composé essentiellement d'un châssis pliable et d'un fond garni de sangles ou de grosse toile. – Anc. *Lit clos :* lit accolé au mur et fermé de panneaux de bois dont certains étaient ajourés. – *Lits jumeaux :* lits de même forme placés l'un à côté de l'autre. – *Lit de jour* ou *de repos :* lit bas ou chaise longue sur lesquels on s'allonge pour se reposer (XVIIe s.). **2.** Literie, ensemble des draps, des couvertures qui garnissent un lit. ◇ *Faire un lit,* y disposer les draps et les couvertures afin qu'on puisse s'y coucher. – *Sout. Faire le lit de :* favoriser, volontairement ou non, le développement d'un phénomène jugé néfaste. – *Garder le lit, être cloué au lit :* rester au lit pour cause de maladie. – *Être tombé du lit :* se lever plus tôt que de coutume. **3.** Endroit où l'on couche, en tant que symbole de l'union conjugale. ◇ *Faire lit à part :* coucher séparément. – *Enfant du premier, du second lit,* d'un premier, d'un second mariage. **4.** Tout ce qui, sur le sol, peut être utilisé pour se coucher, s'étendre. *Lit de gazon, de feuillage.* **5.** HIST. *Lit de justice :* dans la France d'Ancien Régime, séance solennelle du parlement en présence du roi. (Le roi, retirant les pouvoirs de justice qu'il avait délégués, y imposait sa volonté.) **6.** Couche horizontale d'une matière ou d'objets quelconques sur laquelle vient reposer qqch. *Rôti qui cuit sur un lit de petits oignons.* **7.** GÉOL. Niveau de faible épaisseur d'une formation sédimentaire. **8.** MIN. Séparation naturelle de la masse de roche en bancs. **9.** CONSTR. Intervalle entre deux assises superposées, rempli ou non de liant. **10.** Partie du fond de vallée où s'écoulent les eaux d'un cours d'eau. ◇ *Lit majeur,* occupé par les eaux seulement lors des crues. – *Lit mineur* ou *apparent,* occupé en dehors des périodes de crue. **11.** MAR. *Lit du vent :* direction selon laquelle souffle le vent.

LITANIE n.f. (gr. *litaneia*, prière). *Fam.* Longue et ennuyeuse énumération. *Une litanie de réclamations.* ◆ pl. CHRIST. Prières formées d'une suite de courtes invocations, que les fidèles récitent ou chantent en l'honneur de Dieu, de la Vierge ou des saints.

LITAS [litas] n.m. Unité monétaire principale de la Lituanie.

LIT-CAGE n.m. (pl. *lits-cages*). Lit métallique pliant.

LITCHI, LETCHI ou **LYCHEE** [litʃi] n.m. (chin. *li-chi*). **1.** Arbre originaire d'Extrême-Orient, cultivé dans les régions tropicales humides pour son fruit et son bois. (Genre *Nephelium* ; famille des sapindacées.) **2.** Fruit comestible de cet arbre, contenant une pulpe blanche gorgée d'un suc savoureux.

LITEAU n.m. (anc. fr. *listel*). **1.** Raie colorée qui, vers les extrémités, traverse le linge de maison d'une lisière à l'autre. *Torchon à liteaux.* **2. a.** Baguette de bois supportant une tablette servant d'appui. **b.** Pièce de bois placée horizontalement sur les chevrons pour recevoir les tuiles ou les ardoises.

LITÉE n.f. **1.** Réunion d'animaux dans un même repaire. **2.** Portée d'une femelle, notamm. d'une femelle de sanglier.

LITER v.t. Superposer des poissons salés dans les barils ou les caques.

LITERIE n.f. Tout ce qui concerne l'équipement d'un lit (sommier, matelas, couvertures, etc.).

LITHAM [litam] n.m. (ar. *lithām*). Voile dont les femmes musulmanes et certains nomades sahariens se couvrent la face. Graphie savante : *lithām.*

LITHARGE n.f. (gr. *litharguros*, pierre d'argent). Oxyde de plomb (PbO), de couleur rouge orangé, utilisé en verrerie et dans la fabrication de composés (pigments, siccatifs, etc.).

LITHERGOL n.m. Propergol constitué d'un ergol solide et d'un ergol liquide.

LITHIASE n.f. (gr. *lithiasis*, de *lithos*, pierre). MÉD. Maladie correspondant à la présence de calculs dans un organe. *Lithiase biliaire, urinaire.*

LITHIASIQUE adj. Relatif à la lithiase. ◆ adj. et n. Atteint de lithiase.

LITHINE n.f. (du gr. *lithos*, pierre). CHIM. MINÉR. Hydroxyde de lithium.

LITHINÉ, E adj. Qui contient de la lithine.

LITHINIFÈRE adj. Qui contient du lithium.

LITHIQUE adj. (du gr. *lithos*, pierre). PRÉHIST. Relatif à une industrie de la pierre.

LITHIUM [litjɔm] n.m. **1.** Métal blanc, alcalin, le plus léger de tous les corps solides (densité 0,53), fondant à 180,54 °C. **2.** Élément chimique (Li), de numéro atomique 3, de masse atomique 6,941. (Le lithium est utilisé pour la production d'alliages légers [aluminium-lithium], pour celle du tritium, ainsi que dans des piles électriques. Certains sels de lithium sont employés en psychiatrie, notamm. contre la psychose maniaco-dépressive.)

LITHO n.f. (abrév.). *Fam.* Lithographie.

LITHOBIE n.m. (gr. *lithos*, pierre, et *bios*, vie). Mille-pattes carnassier, brun ou jaune, aux longues pattes et aux longues antennes, vivant sous les pierres, les feuilles mortes. (Long. 3 cm env. ; genre *Lithobius*, classe des myriapodes.)

LITHODOME n.m. (gr. *lithodomos*). Mollusque bivalve de la Méditerranée à coquille allongée, qui perfore les rochers calcaires grâce à une sécrétion acide. (Genre *Lithophaga* ; famille des mytilidés.) SYN. : *lithophage.*

LITHOGRAPHE n. Ouvrier ou artiste utilisant les procédés de la lithographie.

LITHOGRAPHIE n.f. (du gr. *lithos*, pierre). **1.** Art de reproduire par impression des dessins tracés avec une encre ou un crayon gras sur une pierre calcaire. (La lithographie a été inventée en 1796 par A. Senefelder.) **2.** Image, estampe obtenue par ce procédé. Abrév. *(fam.) : litho.*

LITHOGRAPHIER v.t. [5]. Reproduire, imprimer par les procédés de la lithographie.

LITHOGRAPHIQUE adj. Relatif à la lithographie. ◇ *Calcaire lithographique :* calcaire à grain fin et homogène, utilisé en lithographie.

LITHOLOGIE n.f. Nature des roches constituant une formation géologique.

LITHOLOGIQUE adj. Relatif à la lithologie.

LITHOPHAGE adj. (du gr. *lithos*, pierre). Qui ronge la pierre. *Coquillages lithophages.* ◆ n.m. ZOOL. Lithodome.

LITHOPHANIE n.f. (gr. *lithos*, pierre, et *phainein*, apparaître). Réalisation d'effets de translucidité dans la porcelaine, le verre opaque, etc., par des variations d'épaisseur de la pâte.

LITHOPONE n.m. Pigment blanc, mélange de sulfate de baryum et de sulfure de zinc, non toxique, employé en peinture.

LITHOSOL [litosɔl] n.m. Sol très peu évolué, constitué de fragments mécaniques provenant de la roche mère sous-jacente.

LITHOSPHÈRE n.f. Couche externe du globe terrestre, épaisse de 70 à 150 km, rigide, constituée par la croûte et le manteau supérieur, et limitée en profondeur par l'asthénosphère. (Cette couche est divisée en *plaques mobiles.)

LITHOSPHÉRIQUE adj. Relatif à la lithosphère.

LITHOTHAMNIUM [litɔtamnjɔm] n.m. (du gr. *thamnion*, herbe). Algue rouge de l'Atlantique et de la Méditerranée, au thalle incrusté de calcaire, à l'origine de la formation du maërl. (Famille des lithothamniées.)

LITHOTRITEUR ou **LITHOTRIPTEUR** n.m. MÉD. Appareil médical destiné à la lithotritie.

LITHOTRITIE [litotriti] ou **LITHOTRIPSIE** n.f. MÉD. Opération consistant à broyer ou à pulvériser des calculs. ◇ *Lithotritie extracorporelle,* réalisée sans pénétration dans le corps, à l'aide d'un appareil externe produisant des ondes de choc.

LITIÈRE n.f. (de *lit*). **1.** Anc. Lit couvert, porté par des hommes ou des bêtes de somme à l'aide de deux brancards. **2.** Lit de paille ou d'autres matières végétales qu'on répand dans les bâtiments d'élevage et sur lequel se couchent les animaux. ◇ *Litt. Faire litière de qqch,* n'en faire aucun cas, le mépriser. **3.** Matière faite de particules absorbantes, destinée à recueillir les déjections des animaux de compagnie, notamm. des chats. **4.** ÉCOL. *Litière végétale :* ensemble des feuilles mortes et des débris végétaux en décomposition qui recouvrent le sol des forêts.

LITIGE n.m. (lat. *litigium*, de *lis, litis*, procès). **1.** Contestation donnant lieu à procès ou à arbitrage. *Point en litige.* **2.** *Par ext.* Contestation quelconque.

LITIGIEUX, EUSE adj. Qui est en litige ; qui peut être contesté. *Cas litigieux.*

LITISPENDANCE n.f. (lat. *lis, litis*, procès, et *pendere*, être pendant). DR. Situation réalisée lorsque deux demandes, portant sur le même objet et opposant les mêmes parties, sont portées devant deux juridictions, toutes deux également compétentes.

LITORNE n.f. (mot picard). Grive à tête grise et au ventre moins tacheté que chez les autres espèces. (Long. 25 cm env. ; genre *Turdus*, famille des turdidés.)

LITOTE n.f. (gr. *litotês*, simplicité). RHÉT. Figure consistant à dire moins pour faire entendre plus. (Ex. : *Je ne te hais point* pour signifier « *je t'aime* ».)

LITRE n.m. (du gr. *litra*, poids de douze onces). **1.** Unité de volume pour les liquides ou pour les matières sèches, équivalant à 1 décimètre cube (symb. l ou L). **2.** Récipient contenant un litre ; son contenu. *Un litre en verre. Un litre d'eau.*

LITRON n.m. *Fam.* Litre de vin.

LITTÉRAIRE adj. (lat. *litterarius*). **1.** Qui concerne la littérature ; qui relève de ses techniques et de ses qualités spécifiques. *Prix littéraires. Revue littéraire.* **2.** Qui a rapport aux lettres (par oppos. à *scientifique*). *Études littéraires.* **3.** *Péjor.* Qui est trop attaché aux idées, au style, aux effets de l'expression et donne du réel une image fausse ou faussée. ◆ adj. et n. Qui a des aptitudes pour les lettres, la littérature plutôt que pour les sciences.

LITTÉRAIREMENT adv. Du point de vue littéraire.

LITTÉRAL, E, AUX adj. (bas lat. *litteralis*, de *littera*, lettre). **1.** Qui suit un mot lettre à lettre. *Transcription littérale.* **2.** Qui s'attache au sens strict d'un texte. *Traduction littérale.*

LITTÉRALEMENT adv. **1.** À la lettre. *Traduire littéralement.* **2.** Absolument, tout à fait. *Il est littéralement épuisé.*

LITTÉRALITÉ n.f. *Didact.* Caractère de ce qui est littéral.

LITTÉRARITÉ n.f. *Didact.* Ensemble des caractères formels, stylistiques, thématiques, etc., qui font qu'un texte appartient à la littérature ; caractère spécifique du texte littéraire.

LITTÉRATEUR n.m. *Souvent péjor.* Personne qui s'occupe de littérature, qui écrit.

LITTÉRATURE n.f. (lat. *litteratura*, écriture). **1.** Ensemble des œuvres écrites ou orales auxquelles on reconnaît une finalité esthétique. ◇ *C'est de la littérature :* c'est un écrit, un discours superficiel, empreint d'artifice, souvent peu sincère. **2.** Les œuvres littéraires considérées du point de vue du pays, de l'époque, du milieu où elles s'inscrivent, du genre auquel elles appartiennent. *La littérature francophone du XXe siècle.* **3.** Activité, métier de l'écrivain, de l'homme de lettres.

1. LITTORAL, E, AUX adj. (du lat. *litus, litoris*, rivage). Qui appartient au bord de la mer. ◇ *Érosion littorale :* érosion des côtes sous l'action conjuguée de la mer et des agents atmosphériques.

2. LITTORAL n.m. Étendue de pays le long des côtes, au bord de la mer.

LITTORINE n.f. (du lat. *litus, litoris*, rivage). Mollusque gastéropode très abondant sur les côtes européennes à marée basse, et dont une espèce comestible est appelée *bigorneau.* (Genre *Littorina* ; famille des littorinidés.)

LITUANIEN, ENNE adj. et n. De la Lituanie, de ses habitants. ◆ n.m. Langue balte parlée en Lituanie.

LITURGIE n.f. (gr. *leitourgia*, de *leitos*, public, et *ergon*, œuvre). **1.** CHRIST. Ensemble des règles fixant le déroulement des actes du culte. *La liturgie romaine, grecque.* **2.** CHRIST. Partie de ce culte. *La liturgie de la messe.* **3.** ANTIQ. GR. Service public (spectacle, fête, armement d'un vaisseau, etc.) dont l'organisation et les dépenses étaient prises en charge par les citoyens les plus riches.

LITURGIQUE adj. CHRIST. Relatif à la liturgie.

LIURE n.f. (de *lier*). MAR. Cordage ou pièce de charpente servant à en unir d'autres.

LIVAROT n.m. Fromage à pâte molle et à croûte lavée, fabriqué avec du lait de vache dans la région de Livarot (Calvados).

LIVE [lajv] adj. inv. et n.m. inv. (mot angl., *vivant*). Se dit d'un disque, d'une émission enregistrés sur scène devant un public.

LIVÈCHE n.f. (lat. pop. *levistica*). Plante originaire de Perse, cultivée pour ses graines dépuratives et stimulantes. (Genre *Levistium* ; famille des ombellifères.)

LIVEDO [livedo] n.m. (mot lat., *tache bleue*). MÉD. Ensemble de marbrures cutanées d'origine circulatoire, normales ou pathologiques, dessinant un réseau ou des ramifications rouge violacé.

LIVET n.m. (anc. fr. *livel*, niveau). MAR. Ligne de jonction du pont et de la coque d'un navire.

LIVIDE adj. (lat. *lividus*). De couleur plombée, extrêmement pâle ; terreux, blême, blafard. *Un teint livide.*

LIVIDITÉ n.f. *Litt.* État de ce qui est livide.

LIVING-ROOM [liviŋrum] ou **LIVING** n.m. [pl. *living-rooms, livings*] (mot angl., *pièce où l'on vit*). Salle de *séjour.

LIVRABLE adj. Qui peut ou qui doit être livré.

LIVRAISON n.f. **1.** Action de livrer une chose vendue à son acquéreur. *Livraison gratuite. Délais de livraison.* **2.** Marchandise ainsi remise. **3.** Partie d'un ouvrage qu'on délivre périodiquement aux souscripteurs au fur et à mesure de l'impression.

1. LIVRE n.m. (lat. *liber*). **1.** Assemblage de feuilles portant un texte, réunies en un volume relié ou broché. **2.** Volume imprimé considéré du point de vue de son contenu. *Le sujet d'un livre.* ◇ *Livre blanc :* recueil de documents sur un problème déterminé, publié par un gouvernement ou un organisme quelconque. – *À livre ouvert :* sans préparation, à la première lecture. **3.** Division d'un ouvrage. *Les douze livres de « l'Énéide ».* **4.** Registre sur lequel on inscrit ou note qqch. – *Spécial.* Registre sur lequel on note des comptes, des opérations commerciales. ◇ Abusif en marine. *Livre de bord,* ou *livre :* journal de bord.

2. LIVRE n.f. (lat. *libra*). **1.** Ancienne unité de poids de valeur variable. – Auj. Demi-kilogramme. **2.** Canada. Ancienne unité de masse équivalant à la *pound* britannique (symb. lb), valant 453,592 grammes.

3. LIVRE n.f. (lat. *libra*). **1.** Ancienne monnaie de compte dont la valeur a beaucoup varié suivant les temps et les lieux. *Livre parisis, tournois. Livre de Flandre.* **2.** Unité monétaire principale de Chypre, de l'Égypte, de la république d'Irlande, du Liban, de Malte, de la Syrie et de la Turquie. (Depuis le 1er janvier 1999, la livre irlandaise constitue une subdivision de l'*euro.) ◇ *Livre sterling,* ou *livre :* unité monétaire principale (symb. £) de la Grande-Bretagne et de l'Irlande du Nord.

LIVRE-CASSETTE n.m. (pl. *livres-cassettes*). Cassette contenant l'enregistrement d'un texte, d'un roman, génér. accompagnée du texte imprimé.

L

LIVRÉE n.f. **1.** Costume distinctif que portaient autref. les domestiques masculins. **2.** Pelage de certains animaux (cerfs, chevreuils). – Aspect visuel présenté par un insecte. *La livrée métallique des cétoines.*

LIVRER v.t. (lat. *liberare,* **délivrer**). **1.** Remettre qqn au pouvoir de. *Livrer des malfaiteurs à la police.* – *Spécial.* Trahir en dénonçant. *Livrer ses complices.* **2.** Abandonner qqch au pouvoir, à l'action de. *Livrer un pays à la guerre civile.* **3.** Engager un combat, le mener à terme. *Livrer bataille.* **4.** ***Livrer passage à*** : laisser passer. **5.** Remettre à un acheteur. *Livrer une commande.* **6.** Apporter une marchandise à qqn. *On vous livrera vos meubles demain.* ◆ **se livrer** v.pr. **(à)**. **1.** Se constituer prisonnier. **2.** Confier ses sentiments, ses pensées à qqn. **3.** S'abandonner sans réserve à un sentiment. *Se livrer à la joie.* **4.** S'adonner à une activité, se consacrer à ; pratiquer. *Se livrer à son sport favori.*

LIVRESQUE adj. Qui provient uniquement des livres et non de l'expérience. *Connaissances purement livresques.*

LIVRET n.m. **1.** Carnet, registre ou petite brochure. <> ***Livret de famille*** : livret remis, en France, aux personnes mariées, contenant l'extrait de l'acte de mariage. (Il est complété par les extraits des actes de naissance des enfants, notamm. ; les parents d'un enfant naturel peuvent obtenir un livret de famille.) [En Belgique, on dit *livret de mariage.*] – ***Livret matricule*** : livret établi et détenu par l'autorité militaire, où sont consignés les renseignements d'ordre militaire sur l'intéressé (états de service, spécialités, etc.). – ***Livret individuel*** ou ***militaire*** : extrait du livret matricule, remis à l'intéressé et indiquant sa situation militaire. (Ce livret a été remplacé par la carte de service national.) – ***Livret scolaire,*** mentionnant les notes d'un élève ainsi que les diverses appréciations portées sur lui. – ***Livret d'épargne*** : livret que certains établissements de crédit remettent à chacun de leurs déposants et sur lequel sont inscrits les dépôts et les retraits ainsi que les intérêts acquis. – ***Compte sur livret*** : compte ouvert par les banques à des personnes physiques et fonctionnant dans des conditions analogues à celles des livrets d'épargne. – HIST. ***Livret ouvrier*** : en France, livret rendu obligatoire sous le second Empire, sur lequel l'ouvrier devait faire inscrire son embauchage et son départ de tout établissement (supprimé en 1890). **2.** MUS. Petit livre contenant les paroles d'un œuvre lyrique. *Livret d'un opéra.* – Texte mis en musique. **3.** DANSE. Brochure donnant l'explication d'un ballet. SYN. : *argument.* **4.** Suisse. Table de multiplication.

LIVREUR, EUSE n. Personne qui livre les marchandises vendues.

LIXIVIATION n.f. (du lat. *lixivium,* **lessive**). MIN., CHIM. Opération qui consiste à faire passer lentement un solvant à travers une couche d'un produit en poudre, pour en extraire un ou plusieurs constituants solubles (parfums et alcaloïdes dans des substances organiques, or et cuivre dans des minerais).

LIXIVIER v.t. [5]. Soumettre à la lixiviation.

LLANOS [ljanos] n.m. pl. (mot esp., *plaines*). GÉOGR. Grande plaine herbeuse de l'Amérique du Sud.

LOADER [lowdər] n.m. (mot angl., **de** *to load,* **charger**). TRAV. PUBL. (Anglic. déconseillé). Chargeuse.

LOB n.m. (mot angl.). SPORTS. Coup qui consiste à faire passer la balle ou le ballon au-dessus d'un adversaire, assez haut pour qu'il ne puisse pas l'intercepter.

LOBAIRE adj. ANAT. Relatif à un lobe.

LOBBY [lɔbi] n.m. [pl. *lobbys* ou *lobbies*] (mot anglo-amér., *couloir*). Groupe de *pression.

LOBBYING [lɔbiiŋ] ou **LOBBYISME** n.m. (anglo-amér. *lobbying,* **pression**). Action menée par un lobby.

LOBBYISTE n. Membre d'un lobby.

LOBE n.m. (gr. *lobos,* **lobe de l'oreille**). **1.** ANAT. Partie de certains organes (poumon, foie, cerveau, etc.), plus ou moins séparée du reste de l'organe ou ayant une fonction propre. <> ***Lobe de l'oreille*** : partie molle et arrondie, à la base du pavillon auriculaire. **2.** ARCHIT., ARTS APPL. Découpure en arc de cercle dont la répétition sert à composer certains arcs et rosaces (dits *polylobés*), certains ornements. **3.** BOT. Division profonde et génér. arrondie d'une feuille, d'un pétale, etc.

LOBÉ, E adj. BOT. Divisé en lobes. *Feuille lobée du chêne.*

LOBECTOMIE n.f. Ablation chirurgicale d'un lobe, d'un organe.

LOBÉLIE n.f. (de *Lobel,* **médecin flamand de la fin du** XVIe **s.**). Plante ornementale des régions chaudes et tempérées, cultivée pour ses fleurs colorées. (Genre *Lobelia* ; famille des campanulacées.)

LOBER v.t. et v.i. SPORTS. Tromper par un lob ; faire un lob.

LOBOTOMIE n.f. Vieilli. Section chirurgicale des fibres nerveuses qui unissent un lobe du cerveau aux autres régions pour traiter des troubles psychiatriques. (Elle n'est plus guère employée.)

LOBULAIRE adj. Relatif au lobule.

LOBULE n.m. ANAT. Petit lobe.

LOBULÉ, E adj. ANAT. Formé de lobules.

1. LOCAL, E, AUX adj. (bas lat. *localis*). **1.** Particulier à un lieu, à une région (par oppos. à *national, général*). *Journal local. Coutumes locales. Industrie locale.* <> ***Couleur locale*** : ensemble des traits caractéristiques (usages, coutumes, etc.) d'un pays, d'une époque ; leur représentation exacte et pittoresque. **2.** Qui n'affecte qu'une partie du corps. *Douleur locale.* **3.** PHYS. Se dit d'un objet possédant la propriété de localité.

2. LOCAL n.m. Lieu, partie d'un bâtiment qui a une destination déterminée. *Les locaux du commissariat.*

LOCALEMENT adv. De façon locale, par endroits.

LOCALIER n.m. Journaliste chargé de la rubrique des faits locaux.

LOCALISABLE adj. Qui peut être localisé.

LOCALISATEUR, TRICE adj. Qui permet de localiser.

LOCALISATION n.f. **1.** Action de localiser, de situer ; fait d'être localisé ou situé dans l'espace ou le temps. *La localisation d'un engin spatial par rapport à la Terre.* **2.** Action de limiter l'extension de qqch ; fait d'être limité. *Localisation d'un conflit.* **3.** PHYSIOL. ***Localisation cérébrale*** : correspondance entre les fonctions du cortex cérébral, ou leurs anomalies, et les aires qui le constituent. **4.** ÉCON. Adaptation d'un produit, d'une activité productrice ou commerciale à une zone géographique en fonction de différents facteurs naturels, techniques, économiques, culturels et sociaux. – *Spécial.* Action de localiser un produit multimédia (cédérom, DVD) dans un pays étranger.

LOCALISER v.t. **1.** Déterminer la place, le moment, l'origine, la cause de. *Localiser le siège d'une maladie.* **2.** Arrêter l'extension de ; limiter, circonscrire. *Localiser un incendie.* **3.** Adapter et développer un produit multimédia (cédérom, DVD) dans un pays étranger.

LOCALITÉ n.f. **1.** Petite ville, bourg, village. **2.** PHYS. Propriété pour un objet de ne pouvoir agir là où il ne se trouve pas. (Une des propriétés les plus extraordinaires de la théorie quantique est que celle-ci n'est pas locale : l'effet d'une mesure sur un quanton se fait sentir instantanément sur un autre quanton éloigné, ayant interagi auparavant avec le premier.)

LOCATAIRE n. (du lat. *locare,* **louer**). Personne qui reçoit la jouissance d'une terre, d'une maison, d'un appartement en vertu d'un contrat de louage. <> ***Locataire principal*** : personne qui prend à bail un local pour le sous-louer en totalité ou en partie.

1. LOCATIF, IVE adj. Qui concerne le locataire ou la chose louée. *Un immeuble locatif.* <> ***Impôts locatifs, taxes locatives*** : impôts répartis d'après la valeur locative. – ***Réparations locatives*** : réparations qui sont, en France, à la charge du locataire. – ***Risques locatifs*** : responsabilité encourue par le locataire pour les dommages qu'il peut causer par sa faute à l'immeuble qu'il occupe. – ***Valeur locative*** : revenu que peut rapporter un bien immeuble en location.

2. LOCATIF n.m. (du lat. *locus,* **lieu**). LING. Cas qui, dans certaines langues, exprime le lieu où se passe l'action.

LOCATION n.f. (lat. *locatio,* **de** *locare,* **louer**). **1.** Action de donner ou de prendre à bail un local, un appareil, etc. *Location d'un logement, d'une voiture.* **2.** Action de retenir à l'avance une place de train, d'avion, de théâtre, etc.

LOCATION-ACCESSION n.f. (pl. *locations-accessions*). Location-vente, en matière de propriété immobilière.

LOCATION-GÉRANCE n.f. (pl. *locations-gérances*). Gérance libre.

LOCATION-VENTE n.f. (pl. *locations-ventes*). Contrat aux termes duquel un bien est loué à une personne qui, à l'expiration d'un délai fixé, a la possibilité d'en devenir propriétaire.

1. LOCH [lɔk] n.m. (néerl. *log,* **poutre**). MAR. Appareil servant à mesurer la vitesse apparente d'un navire.

2. LOCH [lɔk] n.m. (mot écossais). Lac très allongé au fond d'une vallée glaciaire, en Écosse.

LOCHE n.f. (mot gaul.). **1.** Poisson des eaux douces européennes à corps allongé, à bouche ornée de barbillons tactiles, tel que la *loche d'étang* (genre *Misgurnus*), la *loche de rivière* (genre *Cobitis*) et la *loche franche* (genre *Nemacheilus*). [Long. 10 à 30 cm ; famille des cobitidés.] SYN. : *barbote.* **2.** Poisson marin voisin de la morue, commun dans l'Atlantique Nord et en Méditerranée. (Long. 25 cm ; genres *Ciliata* et *Gaidropsarus* ; famille des gadidés.) SYN. : ***motelle.*** **3.** Région. Limace. – *Spécial.* La limace grise (*Limax agrestis*).

LOCHER v.t. (du francique *luggi,* **branlant**). Région. (Normandie). Secouer un arbre pour en faire tomber les fruits.

LOCHIES n.f. pl. (gr. *lokheia,* **accouchement**). MÉD. Écoulement par le vagin, contenant notamm. du sang, qui dure quelques semaines après l'accouchement.

LOCK-OUT [lɔkawt] n.m. inv. (de l'angl. *to lock out,* **mettre à la porte**). Fermeture temporaire d'une entreprise à l'initiative de l'employeur. (Le lock-out constitue le plus souvent une réponse patronale à une grève.)

LOCOMOBILE n.f. Anc. Machine à vapeur montée sur roues non motrices, qui servait à actionner les batteuses agricoles.

LOCOMOTEUR, TRICE adj. **1.** Qui sert à la locomotion. *Machine locomotrice.* **2.** MÉD. Relatif à la locomotion ; qui permet la locomotion. <> ***Appareil locomoteur*** : ensemble formé par le squelette, les muscles qui lui sont attachés et la partie du système nerveux contrôlant les muscles.

LOCOMOTION n.f. **1.** Fonction des êtres vivants, et notamm. des animaux, par laquelle ils assurent activement le déplacement de leur organisme tout entier. (Les principaux modes de locomotion chez les animaux sont la course, la reptation, la natation, le vol.) **2.** Action de se mouvoir d'un lieu vers un autre. *Moyens de locomotion.*

LOCOMOTIVE n.f. **1.** Machine électrique, à moteur thermique, à vapeur, à air comprimé, etc., montée sur roues et destinée à remorquer un convoi de voitures ou de wagons sur une voie ferrée. **2.** *Fig., fam.* Personne, groupe qui joue le rôle d'un élément moteur par son prestige, son talent, son activité.

LOCORÉGIONAL, E, AUX adj. ***Anesthésie locorégionale*** : anesthésie locale sélective intéressant un segment de membre, un membre ou toute une région du corps.

LOCOTRACTEUR n.m. Engin de traction sur rail actionné par un moteur thermique de faible puissance.

LOCUS [lɔkys] n.m. (mot lat., *lieu*). GÉNÉT. Emplacement d'un gène sur son chromosome.

LOCUSTE n.f. (lat. *locusta,* **sauterelle**). Criquet migrateur. (Nom sc. *Locusta migratoria* ; famille des acrididés.)

LOCUTEUR, TRICE n. LING. Sujet parlant (par oppos. à *allocutaire,* à *scripteur*). <> ***Locuteur natif*** : sujet parlant qui, ayant intériorisé les règles de grammaire de sa langue maternelle, peut porter sur les énoncés émis des jugements de grammaticalité.

LOCUTION n.f. (lat. *locutio,* **de** *loqui,* **parler**). **1.** Expression, tour de langue. *Locution familière.* **2.** GRAMM. Groupe de mots figé constituant une unité sur le plan du sens. *Locution adverbiale (tout de suite...), conjonctive (pour que...).*

LODEN [lɔdɛn] n.m. (mot all.). **1.** Lainage épais et feutré que l'on fabrique surtout au Tyrol, en Suisse et en Alsace, et qui sert à confectionner des vêtements de voyage (manteau, pèlerine, guêtres). **2.** Manteau coupé dans ce tissu.

LODS [lo] n.m. pl. (anc. fr. *los,* **louange, lat.** *laus,* **promesse**). HIST. *Lods et ventes* : redevance que le seigneur percevait lors de la vente d'une tenure par un paysan.

LŒSS [løs] n.m. (all. *Löss*). Limon d'origine éolienne, très fertile. (Déposé lors de phases climatiques froides, il recouvre de vastes surfaces en Europe, en Chine, aux États-Unis, en Argentine.)

LOF [lɔf] n.m. (néerl. *loef*). MAR. Vx. Côté d'un navire qui se trouve frappé par le vent. ◇ *Aller au lof :* se rapprocher de la direction d'où vient le vent. – *Virer lof pour lof :* virer vent arrière.

LOFER v.i. MAR. Gouverner plus près du vent (par oppos. à *abattre*).

LOFING-MATCH [lɔfiŋ-] n.m. [pl. *lofing-matchs*] (faux anglic.). SPORTS. Dans une régate, manœuvre consistant à forcer un concurrent à se placer bout au vent.

LOFT [lɔft] n.m. (mot angl.). Logement ou studio d'artiste aménagé dans un ancien local professionnel (entrepôt, atelier, usine).

LOGARITHME n.m. (gr. *logos,* rapport, et *arithmos,* nombre). MATH. *Logarithme de base* a *d'un réel strictement positif* x (a *réel strictement positif différent de 1*) : réel y positif tel que $a^y = x$ (symb. $\log_a$). – *Logarithme naturel* ou *népérien d'un nombre,* logarithme de ce nombre dans un système dont la base est le nombre e (symb. ln). – *Logarithme décimal d'un nombre,* logarithme de ce nombre dans un système dont la base est 10 (symb. log). – *Fonction logarithme népérien :* fonction définie sur l'ensemble des réels strictement positifs, obtenue comme la primitive de la fonction $x \longrightarrow \frac{1}{x}$ et qui s'annule pour $x = 1$ (notation : ln ; $x \longrightarrow \ln x$).

LOGARITHMIQUE adj. Relatif aux logarithmes. ◇ *Échelle logarithmique,* telle que les grandeurs représentées graphiquement le sont par des nombres ou des longueurs proportionnels au logarithme de ces grandeurs.

LOGE n.f. (francique *laubja*). **1.** Petit local, à l'entrée d'un immeuble, servant de logement à un gardien, à un concierge. **2.** ARCHIT. Loggia. *Les Loges du Vatican.* **3.** Compartiment cloisonné dans une salle de spectacle. *Louer une loge de balcon.* ◇ *Fam. Être aux premières loges :* être bien placé pour voir, suivre le déroulement d'un événement quelconque. **4.** Petite pièce dans laquelle se préparent les artistes de théâtre, de cinéma. **5.** BX-ARTS. Atelier où est isolé chacun des élèves participant à certains concours (notamm. le prix de Rome, jadis). **6.** ANAT. Cavité contenant un organe. *Loge hépatique.* **7.** (D'après l'angl. *lodge*). Lieu de réunion des francs-maçons. – (Avec une majuscule.) Cellule maçonnique, groupe de francs-maçons réunis sous la présidence d'un vénérable. ◇ *Grande Loge :* fédération de Loges. **8.** ZOOL. Compartiment dans lequel vit un individu, chez certaines espèces à coquille (nautile) ou coloniales (polype). **9.** BOT. Chacune des cavités délimitées au sein de l'ovaire par les cloisons des divers carpelles.

LOGEABLE adj. Suffisamment spacieux et bien conçu pour loger qqn, qqch.

LOGEMENT n.m. **1.** Action de loger ; fait de se loger. *Assurer le logement des troupes. Crise du logement.* **2.** Partie d'une maison, d'un immeuble où l'on habite ; local d'habitation. *Un logement de deux pièces.* **3.** Lieu, en partic. cavité, où vient se loger qqch. *Le logement du pêne d'une serrure.*

LOGER v.i. [10]. **1.** Avoir sa résidence permanente ou provisoire quelque part ; habiter. *Où logez-vous ?* **2.** Trouver place. *Tous les bagages logent dans le coffre.* ◆ v.t. **1.** Procurer un lieu d'habitation, un abri à. *Loger des soldats.* **2.** Faire entrer, faire pénétrer ; mettre. *Il lui a logé une balle dans le bras.* **3.** *Arg.* Repérer, localiser. *Loger un malfaiteur.*

LOGETTE n.f. ARCHIT. **1.** Petit ouvrage en saillie sur une façade, de plan allongé, à un seul étage. **2.** Petite loge.

LOGEUR, EUSE n. Personne qui loue des chambres meublées.

LOGGIA [lɔdʒja] n.f. (mot ital., *loge*). ARCHIT. Pièce, galerie, le plus souvent en étage, largement ouverte sur l'extérieur par des arcades, des baies libres, etc. SYN. : *loge.*

1. LOGICIEL n.m. INFORM. Ensemble des programmes, des procédés et des règles, et éventuellement de la documentation, relatifs au fonctionnement d'un ensemble de traitement de l'information. Recomm. off. pour *software.* ◇ *Logiciel libre :* logiciel dont l'auteur a renoncé à ses droits de propriété et que chacun peut utiliser ou modifier librement.

2. LOGICIEL, ELLE adj. INFORM. Relatif à un ou à des logiciels.

LOGICIEN, ENNE n. Spécialiste de logique.

LOGICISME n.m. **1.** PHILOS. Tendance à faire prévaloir la logique des raisonnements sur leur aspect psychologique. **2.** Doctrine, développée par G. Frege et B. Russell, selon laquelle les mathématiques seraient soumises à la formalisation de la logique et s'y réduiraient.

1. LOGIQUE n.f. (gr. *logikê,* de *logos,* raison). **1.** Science du raisonnement en lui-même, abstraction faite de la matière à laquelle il s'applique et de tout processus psychologique. ◇ *Logique formelle* ou *symbolique :* étude générale des raisonnements déductifs, abstraction faite de leur application à des cas particuliers. – *Logique mathématique :* théorie scientifique des raisonnements, excluant les processus psychologiques mis en œuvre et qui se divise en calcul des propositions et calcul des prédicats. (Son développement a permis de mener à bien la formalisation des mathématiques.) – *Logique bivalente, classique, déontique, floue, modale, plurivalente* → **bivalent, classique, déontique, flou, modal, plurivalent. 2.** Manière de raisonner juste, méthodique ; cohérence interne. *En toute logique. Sa conversation manque de logique.* **3.** Ensemble des procédés cognitifs ; leur étude. *La logique de la médecine expérimentale.* **4.** Ensemble des relations qui règlent le fonctionnement d'une organisation ou l'apparition de phénomènes. *La logique du vivant.* **5.** Processus, enchaînement de faits qui semble devoir aboutir à telle situation. *S'installer dans une logique de guerre.*

ENCYCL. Après Aristote, qui la fonde (formalisant notamm. le syllogisme), la logique retient l'attention de l'école de Mégare, des stoïciens, puis, après l'Antiquité, de la scolastique médiévale, d'Arnauld et de Nicole (les « logiciens de Port-Royal ») ou encore de Leibniz. Ce n'est qu'au XIXe s. qu'elle s'émancipe de la philosophie et, avec Bolzano, Boole et De Morgan, devient mathématique. Frege fonde la logique formelle ; le problème du fondement des mathématiques est au centre des travaux de Dedekind, de Peano, de Hilbert, de B. Russell ; ce dernier tente, ainsi que Cantor et Zermelo, de résoudre les antinomies de la théorie des ensembles. Enfin, Wittgenstein, Carnap, A. Church, Lukasiewicz, Gödel, Quine et Tarski représentent, au XXe s., les principaux courants de la logique mathématique.

2. LOGIQUE adj. **1.** Conforme aux règles de la logique, de la cohérence, du bon sens. ◇ *Lois logiques :* ensemble des formules représentant un enchaînement de propositions dans un discours vrai en tout état de cause, c'est-à-dire indépendamment de la vérité ou de la fausseté des propositions qui y figurent. **2.** Se dit de qqn qui raisonne de manière cohérente.

LOGIQUEMENT adv. De façon logique.

LOGIS n.m. (de *loger*). *Litt.* Logement.

LOGISTICIEN, ENNE n. Spécialiste de la logistique.

LOGISTIQUE n.f. (gr. *logistikos,* relatif au raisonnement). **1.** Ensemble des opérations ayant pour but de permettre aux armées de subsister, de se déplacer, de combattre et d'assurer les évacuations et le traitement médical du personnel. **2.** Ensemble des méthodes et des moyens relatifs à l'organisation d'un service, d'une entreprise, etc., et comprenant les manutentions, les transports, les conditionnements et, parfois, les approvisionnements. ◆ adj. **1.** Relatif à la logistique militaire. ◇ *Soutien logistique :* mission assurée par les organismes des services des armées (matériel, commissariat, carburant, santé, etc.). **2.** Relatif aux méthodes et aux moyens d'organisation d'une opération, d'un processus.

LOGITHÈQUE n.f. Bibliothèque de logiciels.

LOGO ou, rare, **LOGOTYPE** n.m. Représentation graphique d'une marque commerciale, du sigle d'un organisme.

LOGOGRAPHE n.m. (gr. *logos,* discours, et *graphein,* écrire). ANTIQ. GR. **1.** Historien antérieur à Hérodote. **2.** Rhéteur qui rédigeait pour autrui des accusations ou des plaidoiries.

L

CARACTÉRISTIQUES
longueur : 17,71 m ;
masse : 96 t ;
puissance : 5 600 kW ;
vitesse maximale : 200 km/h

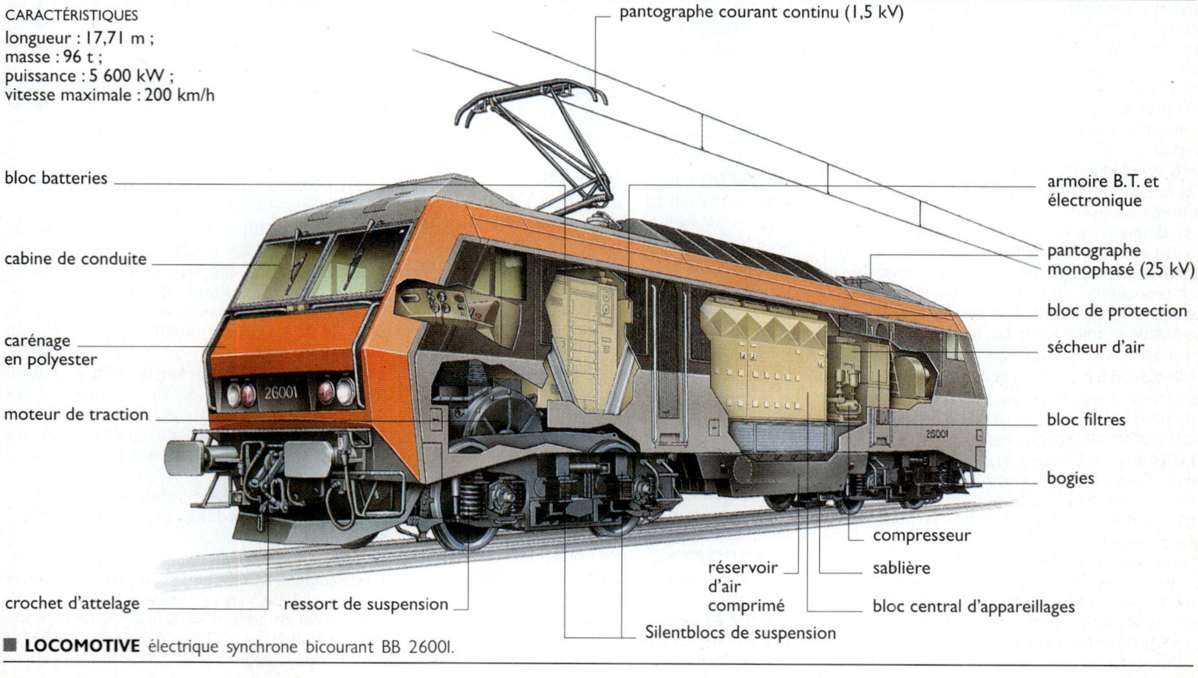

■ **LOCOMOTIVE** électrique synchrone bicourant BB 26001.

LOGOGRIPHE n.m. (gr. *logos,* parole, et *griphos,* filet). Énigme dans laquelle il faut deviner un mot à partir duquel on compose d'autres mots qu'il faut deviner également. (Ainsi, avec le mot *orange,* on peut former *ange, orge, orage, onagre, organe, rage, rang,* etc.)

LOGOMACHIE n.f. (gr. *logos,* discours, et *makhê,* combat). RHÉT. Discussion sur les mots, ou dans laquelle les interlocuteurs emploient les mêmes mots dans des sens différents.

LOGOPÉDIE n.f. (gr. *logos,* parole, et *pais, paidos,* enfant). Technique qui a pour but de corriger les défauts de prononciation chez les enfants.

LOGORRHÉE [lɔgɔre] n.f. (gr. *logos,* parole, et *rhein,* couler). **1.** Trouble du langage caractérisé par un flot de paroles, incoercible et rapide, en partic. au cours de la manie. **2.** Verbosité intarissable ; diarrhée verbale.

LOGORRHÉIQUE adj. Qui a les caractéristiques de la logorrhée.

LOGOS [lɔgɔs] n.m. (mot gr.). **1.** Rationalité suprême gouvernant le monde, chez certains philosophes (Héraclite, les stoïciens, etc.). **2.** THÉOL. CHRÉT. Verbe éternel incarné, dans l'Évangile de saint Jean.

LOGOTYPE n.m. → **LOGO.**

LOI n.f. (lat. *lex, legis*). **1.** Prescription établie par l'autorité souveraine de l'État, applicable à tous, et définissant les droits et les devoirs de chacun. *Selon la loi en vigueur. Projet de loi.* ◇ ***Avoir force de loi*** : obliger, au même titre que la loi. – ***Loi(s) fondamentale(s)*** : la Constitution ou les textes formant la Constitution d'un pays. – ***Lois fondamentales du royaume*** : dans la France d'Ancien Régime, ensemble des règles coutumières qui limitaient le pouvoir absolu du roi. (Elles portaient princip. sur la transmission du pouvoir royal.) – ***Loi d'habilitation,*** autorisant le gouvernement à prendre, par ordonnances, pendant une période limitée, des mesures qui relèvent normalement du domaine de la loi. – ***Loi organique,*** qui précise l'organisation des pouvoirs publics établis par la Constitution. – ***Loi d'orientation,*** définissant un certain nombre de principes dans un domaine donné. – ***Loi de programme*** : loi-programme. – ***Loi de règlement,*** qui a pour objet de clore les dépenses et les recettes d'un exercice budgétaire. **2.** *La loi.* **a.** l'ensemble des règles juridiques, des prescriptions légales. *Nul n'est censé ignorer la loi.* **b.** Légalité. *Se mettre hors la loi.* **3.** (Avec une majuscule.) Ce que prescrit l'autorité divine ; ensemble des prescriptions propres à une religion. ◇ ***Loi divine*** : ensemble des préceptes que Dieu a donnés aux hommes par la Révélation. *Table de la Loi. Loi mosaïque, coranique.* – ***Loi ancienne*** ou ***mosaïque*** : prescriptions contenues dans l'Ancien Testament. – ***Loi nouvelle,*** ou ***Loi du Christ*** : prescriptions contenues dans le Nouveau Testament. **4.** Règle de comportement qui s'impose à un individu ; convention établie par la morale, la vie sociale, etc. *Les lois de l'hospitalité, de l'honneur.* ◇ ***Se faire une loi de*** : s'imposer l'obligation de. – ***Loi morale*** : principe universel de détermination d'une volonté libre en vue d'une action. – ***Loi naturelle*** : ensemble des règles de conduite fondées sur la nature même de l'homme et de la société. **5.** Autorité, domination sur qqn ; volonté imposée. *Dicter sa loi. La loi du plus fort.* **6.** Ce qu'imposent les choses, les événements, les circonstances. *La loi du destin.* **7.** Principe fondamental ; condition indispensable. *Lois de l'esthétique.* **8.** Proposition générale énonçant des rapports nécessaires et constants entre des phénomènes physiques ou entre les constituants d'un ensemble. *Loi de la gravitation universelle. La loi de l'offre et de la demande.*

LOI-CADRE n.f. (pl. *lois-cadres*). Loi se bornant à définir les grands principes ou orientations d'une réforme, dont la réalisation dans le détail est confiée au pouvoir réglementaire.

LOIN adv. (lat. *longe*). **1.** À une grande distance dans l'espace ou le temps. *Arme qui porte loin. Remonter loin dans l'histoire.* ◇ ***Au loin*** : à une grande distance. *Aller au loin.* – ***De loin*** : d'une grande distance ; longtemps à l'avance ; de beaucoup. *Prévoir le danger de loin. C'est de loin la meilleure.* – ***De loin en loin*** : à de grands intervalles. – ***Aller loin*** : avoir de grandes conséquences ; être promis à un grand avenir, en parlant de qqn. *C'est une idée qui va loin. Un jeune homme qui ira loin.* – ***Aller trop loin*** : exagérer. – ***Ne pas aller loin*** : être sans valeur. – ***Voir loin*** : être doué d'une grande prévoyance. – Belgique, Suisse. ***Être loin*** : être absent. **2.** Indique une grande différence de valeur. *Il y a loin entre ce qu'il dit et ce qu'il fait.* ◆ **loin de** loc. prép. **1.** À une grande distance de. *Habiter loin de Paris.* **2.** Indique une négation renforcée. *Je suis loin de vous en vouloir.* ◇ ***Loin de là*** : bien au contraire.

LOINTAIN, E adj. **1.** Qui se trouve à une grande distance dans l'espace ou dans le temps ; éloigné. **2.** Se dit d'un parent éloigné. *Un cousin lointain.* **3.** Détaché de ce qui se passe ; absent, dédaigneux. ◆ n.m. **1.** Plan situé à une grande distance. *Dans le lointain.* **2.** (Souvent pl.) Partie d'un tableau, d'un dessin représentant les lieux et les objets les plus éloignés.

LOI-PROGRAMME n.f. (pl. *lois-programmes*). **1.** Loi autorisant le gouvernement à engager certaines dépenses dont le règlement est échelonné sur plusieurs exercices budgétaires annuels. (On dit aussi ***loi de programme*** ou ***loi d'engagement.***) **2.** Loi dépourvue de caractère contraignant qui fixe les objectifs et les moyens de l'État dans un secteur déterminé.

LOIR n.m. (lat. pop. *lis, liris*). Petit rongeur hibernant d'Europe méridionale et d'Asie Mineure, au pelage gris, frugivore, familier des maisons isolées. (Long. 15 cm ; genre *Glis,* famille des gliridés.) ◇ *Fam.* ***Dormir comme un loir,*** longtemps et profondément.

■ **LOIR**

LOISIBLE adj. ***Il est loisible de*** : il est permis, possible de.

LOISIR n.m. (lat. *licere,* être permis). Temps dont qqn peut disposer en dehors de ses occupations ordinaires. ◇ ***À loisir, tout à loisir*** : à son aise, sans se presser. – ***Avoir le loisir de*** : avoir le temps disponible, la possibilité de. ◆ pl. Distractions pendant le temps libre. *Des loisirs coûteux.*

LOKOUM n.m. → **LOUKOUM.**

LOLETTE n.f. Suisse. Tétine que l'on donne à sucer à un nourrisson pour le calmer.

LOLITA n.f. (de *Lolita,* roman de V. Nabokov). *Fam.* Nymphette.

LOLLARD n.m. (de l'all. *lullen,* chantonner à voix basse). HIST. **1.** En Allemagne et aux Pays-Bas, au XIVe s., pénitent. **2.** En Angleterre, au XIVe s., prédicateur itinérant, disciple de Wycliffe.

LOLO n.m. *Fam.* **1.** Lait, dans le langage des petits enfants. **2.** Sein.

LOMBAGO n.m. → **LUMBAGO.**

LOMBAIRE adj. (du lat. *lumbus,* rein). Relatif aux lombes. *Vertèbre lombaire.* ◆ n.f. Vertèbre lombaire.

LOMBALGIE n.f. Douleur de la région lombaire. (On dit cour. ***mal de reins.***)

LOMBARD, E adj. et n. De la Lombardie. ◆ adj. BANQUE. ***Taux lombard*** : taux appliqué aux banques commerciales en Allemagne pour leur refinancement auprès de la banque centrale.

LOMBES n.f. pl. (lat. *lumbus,* reins). ANAT. Régions de l'abdomen situées de chaque côté de la colonne vertébrale, au-dessous de la cage thoracique, au-dessus de l'os du bassin. SYN. *(cour.)* : ***reins.***

LOMBO-SACRÉ, E adj. (pl. *lombo-sacrés, es*). Qui se rapporte au sacrum et à la colonne vertébrale lombaire. *Articulation lombo-sacrée.*

LOMBOSTAT n.m. Corset orthopédique, destiné à soutenir la colonne vertébrale lombaire et sacrée.

LOMBRIC n.m. (lat. *lumbricus*). Ver annélide, appelé cour. ***ver de terre,*** qui creuse des galeries dans le sol humide, dont il se nourrit, contribuant

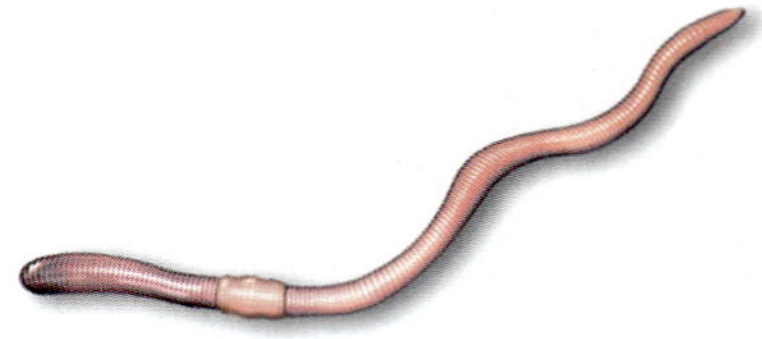

■ **LOMBRIC**

ainsi à son aération et à sa fertilité. (Long. max. 30 cm, et jusqu'à 3 m dans l'hémisphère Sud ; classe des oligochètes.)

LOMPE n.m. Lump.

LONDONIEN, ENNE adj. et n. De Londres.

1. **LONG, LONGUE** adj. (lat. *longus*). **1.** Qui a une certaine étendue d'une extrémité à l'autre. *Long de cent mètres.* **2.** Qui s'étend sur une grande distance, une grande longueur. *Longue rue.* **3.** Qui se caractérise par sa longueur (par oppos. à ***court, plat, rond,*** etc.). *Muscle long, os long.* **4.** Qui a une certaine durée. *Une attente longue de deux heures.* **5.** Qui dure longtemps. *Un long voyage.* **6.** PHON. ***Syllabe, voyelle longue,*** ou ***longue,*** n.f., dont la durée d'émission est sensible (par oppos. à ***brève***). **7.** *Fam.* Se dit d'une personne qui met beaucoup de temps à faire qqch. **8.** Se dit d'un discours, d'un texte qui a un développement important. ◆ adv. ***En dire long*** : avoir une signification importante. – ***En savoir long*** : être bien informé.

2. **LONG** n.m. **1.** Longueur. *Une table de 2 m de long.* **2.** ***De tout son long*** : de toute sa longueur. *Tomber de tout son long.* – ***Au long, tout au long*** : sans abréger, complètement. – ***De long en large*** : alternativement en longueur, puis en largeur. – ***En long et en large*** : dans les deux dimensions ; sous tous ses aspects. – ***Le long de*** : en longeant. *Le long de la rivière.*

LONGANE n.m. (chin. *long-yen,* œil de dragon). Fruit comestible d'un arbre cultivé en Chine et en Océanie (genre *Nephelium*), voisin du litchi, à chair blanche et translucide, de couleur rose ou pourpre.

LONGANIMITÉ n.f. (du lat. *longus,* long, et *animus,* esprit). *Litt.* **1.** Patience à supporter ses propres maux. **2.** Indulgence qui porte à pardonner ce qu'on pourrait punir.

LONG-COURRIER n.m. (pl. *long-courriers*). **1.** Avion de transport destiné à voler sur de très longues distances (6 000 km au moins). **2.** Navire effectuant une navigation de long cours.

LONG DRINK [lɔ̃gdrink] n.m. [pl. *long drinks*] (mots angl.). Boisson alcoolisée allongée d'eau ou de soda.

1. **LONGE** n.f. (de *long*). **1.** Courroie pour attacher un cheval, le conduire à la main ou le faire travailler circulairement autour d'un cavalier. **2.** Longue courroie pour attacher ou mener un animal.

2. **LONGE** n.f. (lat. *lumbus,* rein). *Longe de porc* : morceau du porc correspondant à la partie supérieure des régions cervicale, lombaire et sacrée. – ***Longe de veau*** : morceau correspondant aux lombes.

LONGEOLE n.f. Grosse saucisse de porc de forme allongée. (Spécialité genevoise.)

LONGER v.t. [10]. Suivre le bord de. *Longer la rivière. Le bois longe la côte.*

LONGERON n.m. Pièce maîtresse de l'ossature d'une machine, d'une aile d'avion, d'une construction en charpente, etc., disposée dans le sens de la longueur ; poutre longitudinale du tablier d'un pont.

LONGÉVITÉ n.f. (du lat. *longus,* long, et *aevum,* âge). **1.** Longue durée de vie. *La longévité des carpes.* **2.** Durée de la vie en général.

LONGICORNE adj. ENTOMOL. Se dit des insectes dotés de longues antennes. ◆ n.m. Capricorne, cérambycidé.

LONGILIGNE adj. Se dit d'une personne élancée, aux membres longs et minces. CONTR. : ***bréviligne.***

LONGITUDE n.f. (lat. *longitudo,* longueur). Distance angulaire, comptée sur l'équateur ou sur un cercle parallèle, vers l'est ou vers l'ouest, à partir d'un méridien origine, dans un système de coordonnées sphériques. (Elle s'échelonne entre 0 et 180° E. ou O. selon la position du lieu considéré

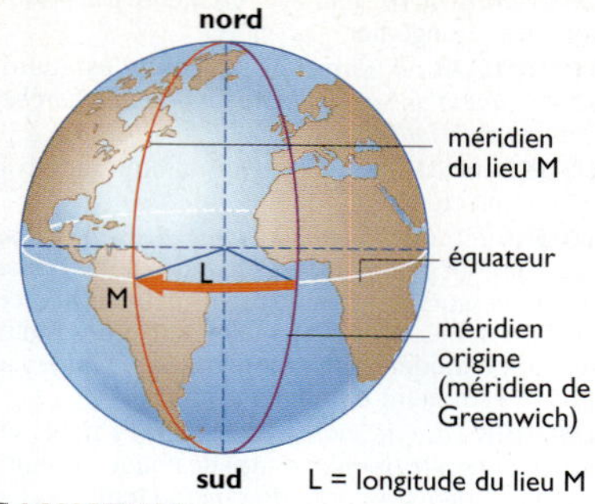

■ LONGITUDE

par rapport au méridien origine.) ◇ *Longitude (géographique) d'un lieu :* longitude, mesurée en degrés (de 0 à 180°) le long d'un parallèle, de la verticale du lieu par rapport au plan du méridien origine. *Une longitude de 68° E., de 54° O.*

LONGITUDINAL, E, AUX adj. **1.** Qui est fait dans la longueur, dans le sens de la longueur. **2.** Se dit d'une onde dont la grandeur oscillante varie dans la direction de propagation. (Le son est une vibration longitudinale.)

LONGITUDINALEMENT adv. Dans le sens de la longueur.

LONG-JOINTÉ, E adj. (pl. *long-jointés, es*). Se dit d'un cheval, d'une jument qui a les paturons trop longs.

LONG-MÉTRAGE ou **LONG MÉTRAGE** n.m. (pl. *longs[-]métrages*). Film dont la durée dépasse une heure.

LONGOTTE n.f. (de *long*). Tissu de coton épais et lourd.

LONGRINE n.f. (ital. *lungarina,* de *lungo,* long). Pièce de construction horizontale reposant sur plusieurs points d'appui, sur lesquels elle répartit la charge.

LONGTEMPS adv. Pendant un long espace de temps.

LONGUE n.f. **1.** PHON. Voyelle ou syllabe longue. **2.** MUS. Note longue. **3.** *À la longue :* avec le temps. *À la longue, tu oublieras.*

LONGUEMENT adv. Pendant un long moment.

1. LONGUET, ETTE adj. *Fam.* Qui dure un peu trop longtemps, qui est un peu trop long.

2. LONGUET n.m. Petit pain long et mince.

LONGUEUR n.f. **1.** Dimension d'une chose dans le sens de sa plus grande étendue (par oppos. à *largeur*). – GÉOMÉTR. Mesure du côté le plus grand d'un rectangle ; le côté lui-même ; distance entre les extrémités d'un segment. ◇ *Longueur d'un intervalle,* valeur de la différence entre les bornes supérieure et inférieure de cet intervalle. **2.** Unité de mesure égale à la longueur d'un cheval, d'un véhicule, d'une embarcation, etc., servant à évaluer la distance entre les concurrents à l'arrivée d'une course. *Gagner d'une courte longueur.* **3.** SPORTS. *La longueur :* spécialité sportive du saut en longueur, consistant à sauter le plus loin possible, après une course d'élan, d'une planche d'appel. **4.** Espace de temps que dure une chose, durée d'un phénomène. ◇ *À longueur de :* pendant toute la durée de. **5.** Durée supérieure à la normale, durée excessive. ◇ *Tirer les choses en longueur,* les faire durer. – *Traîner en longueur :* durer trop longtemps. ◆ pl. Développements longs et inutiles dans un texte, un film, etc.

LONGUE-VUE [lɔ̃gvy] n.f. (pl. *longues-vues*). Lunette d'approche.

LOOK [luk] n.m. (mot angl.). Anglic., *fam.* Aspect, image donnés par qqn, qqch ; allure, style. *Changer de look. Le nouveau look d'un magazine.*

LOOPING [lupiŋ] n.m. (mot angl.). Exercice de voltige aérienne consistant à faire une boucle dans un plan vertical.

LOPETTE ou **LOPE** n.f. **1.** *Arg., péjor.* Homosexuel. **2.** *Fam.* Homme veule, sans caractère.

LOPHOPHORE n.m. (gr. *lophos,* huppe, et *phoros,* qui porte). **1.** Oiseau gallinacé des forêts de l'Himalaya, à plumage éclatant et à la tête surmontée d'une crête de plumes. (Genre *Lophophorus ;* famille des phasianidés.) **2.** ZOOL. Organe formé par un panache de petits tentacules ciliés, disposés en U ou en spirale autour de la bouche, permettant la nutrition chez les brachiopodes et les bryozoaires.

LOPIN n.m. (anc. fr. *lope,* masse informe). **1.** Petite parcelle de terrain. **2.** MÉTALL. Masse métallique destinée à être formée par action mécanique à chaud.

LOQUACE [lɔkas] adj. (lat. *loquax,* bavard). Qui parle beaucoup.

LOQUACITÉ n.f. Fait d'être loquace, disposition à parler beaucoup.

LOQUE n.f. (anc. néerl. *locke,* mèche de cheveux). **1.** (Souvent pl.) Vieux vêtement, vêtement très abîmé. **2.** Belgique. Étoffe servant au nettoyage des sols, au ménage. **3.** *Fig.* Personne sans énergie, usée par les échecs, la maladie, etc. *Une loque humaine.*

LOQUET n.m. (anc. angl. *loc,* verrou). Dispositif de fermeture de porte constitué d'une barre mobile autour d'un pivot, qui se bloque dans une pièce métallique fixée au chambranle.

LOQUETEAU n.m. Petit loquet pour la fermeture des châssis, des persiennes, etc.

LOQUETEUX, EUSE adj. *Litt.* Vêtu de loques ; misérable.

LORAN n.m. (acronyme de *long range aid to navigation,* aide à longue distance à la navigation). Ancien système de radionavigation maritime ou aérienne.

LORD [lɔr] ou [lɔrd] n.m. (mot angl., *seigneur*). **1.** Titre usuel des pairs britanniques (ducs, marquis, comtes, vicomtes et barons). **2.** Membre de la Chambre des *lords (v. partie n.pr.).

LORD-MAIRE n.m. (pl. *lords-maires*). Premier magistrat de certaines villes britanniques.

LORDOSE n.f. (gr. *lordôsis,* action de se courber). ANAT. Courbure naturelle, à convexité antérieure, des parties cervicale et lombaire de la colonne vertébrale. – *Par ext.* Exagération volontaire ou pathologique de cette courbure.

LORETTE n.f. (du n. du quartier *Notre-Dame-de-Lorette,* à Paris). Anc. Jeune femme élégante et de mœurs faciles, au début du XIXe s.

LORGNER [lɔrɲe] v.t. (anc. fr. *lorgne,* louche, du germ.). **1.** Regarder du coin de l'œil, avec insistance et avec une intention particulière. **2.** Convoiter qqch secrètement. *Lorgner une place.*

LORGNETTE n.f. Petite lunette d'approche portative. ◇ *Regarder par le petit bout de la lorgnette :* ne voir les choses que sous un aspect particulier, que l'on grossit exagérément ; ne pas voir l'essentiel, avoir l'esprit étriqué.

LORGNON n.m. Paire de lunettes sans branches qu'on tient à la main ou qu'un ressort fait tenir sur le nez.

LORI n.m. (mot malais). Petit perroquet d'Océanie, au plumage très coloré, parfois élevé en volière. (Genre *Domicella ;* famille des psittacidés.)

LORICAIRE n.m. (lat. *lorica,* cuirasse). Poisson originaire de l'Amérique du Sud, au corps recouvert de plaques osseuses, qui se fixe aux rochers par une ventouse buccale, et que l'on utilise souvent dans l'aquarium pour débarrasser les vitres des algues. (Genre *Loricarius ;* famille des loricariidés.)

LORIOT n.m. (du lat. *aureolus,* d'or). Oiseau passereau jaune et noir (mâle) ou verdâtre (femelle), au chant sonore, vivant dans les bois, les vergers, où il se nourrit de fruits et d'insectes. (Long. 23 cm env. ; famille des oriolidés.)

LORIQUET n.m. (de *lori*). Petit perroquet de l'Inde, de la Malaisie et du Pacifique ouest, au plumage vert ou multicolore, souvent élevé en volière. (Genre principal *Trichoglossus ;* famille des psittacidés.)

LORIS [lɔris] n.m. (moyen néerl. *loeris,* clown). Mammifère primate arboricole de l'Inde, de mœurs nocturnes, mangeur de fruits et d'insectes, se déplaçant très lentement comme les paresseux. (Long. 20 cm ; genre *Loris,* sous-ordre des lémuriens.)

LORRAIN, E adj. et n. De la Lorraine. ◆ n.m. Dialecte de langue d'oïl parlé en Lorraine.

LORRY [lɔri] n.m. [pl. *lorrys* ou *lorries*] (mot angl.). Petit chariot à quatre roues que l'on pousse à la main sur une voie ferrée pour le transport des matériaux.

LORS [lɔr] adv. (lat. *illa hora,* à cette heure). **1.** *Depuis lors :* depuis ce temps-là. **2.** *Dès lors :* dès ce temps-là ; par conséquent. ◆ **lors de** loc. prép. À l'époque, au moment de. *Lors de son mariage.* ◆ loc. conj. **1.** *Dès lors que* (+ indic.) : du moment que ; puisque. **2.** *Litt. Lors même que* (+ conditionnel) : quand bien même, même si.

LORSQUE conj. Quand, au moment où. – REM. La voyelle *e* de *lorsque* ne s'élide que devant *il, elle, on, en, un, une.*

LOSANGE n.m. (du gaul.). Quadrilatère dont les quatre côtés ont même longueur.

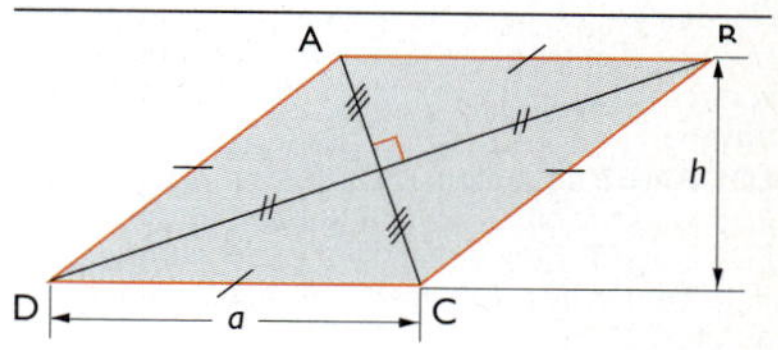

a : base *h* : hauteur
P : périmètre *A* : aire
$AC = d_1$: petite diagonale
$BD = d_2$: grande diagonale
$P = 4a$
$A = a \times h = \frac{1}{2} d_1 \times d_2$

■ LOSANGE

LOSANGÉ, E adj. Qui présente une série de losanges ; divisé en losanges.

LOSANGIQUE adj. *Didact.* En forme de losange.

LOSER [luzœr] n.m. (mot angl.). *Fam.* Perdant, minable, raté.

LOT n.m. (mot francique, *sort*). **1.** Part qui revient à chacun dans un partage. **2.** Ce qui revient à qqn dont le numéro est sorti dans une loterie. *Tirer le gros lot.* **3.** *Fig., litt.* Ce qui échoit à chacun ; ce que le hasard, le destin lui réserve. **4.** Ensemble d'articles, d'objets assortis, de marchandises vendues ensemble. **5.** Fraction d'un terrain destiné à être vendu par parcelles. **6.** INFORM. Ensemble fini de travaux destinés à être traités d'un seul tenant en différé. ◇ *Traitement par lots :* mode d'exploitation d'un ordinateur dans lequel les programmes devant être exécutés sont stockés par ordre d'arrivée, puis mis en œuvre périodiquement l'un après l'autre en fonction de leurs priorités éventuelles.

LOTE n.f. → **LOTTE.**

LOTERIE n.f. (du néerl.). **1.** Jeu de hasard qui consiste à tirer au sort des numéros qui désignent des billets gagnants et donnent droit à des lots. ◇ *Loterie nationale :* en France, loterie instituée par l'État en 1933 et supprimée en 1990. **2.** *Fig.* Ce qui est régi par le hasard.

LOTI, E adj. *Être bien, mal loti :* être favorisé, défavorisé par le sort.

LOTIER n.m. (lat. *lotus,* mélilot). Petite plante des champs et des landes, à fleurs jaunes à reflets rougeâtres, cour. appelée *trèfle cornu.* (Genre *Lotus ;* famille des papilionacées.)

LOTION [lɔsjɔ̃] n.f. (bas lat. *lotio,* de *lavare,* laver). Eau de toilette, souvent légèrement alcoolisée, utilisée pour les soins de l'épiderme ou de la chevelure. ◇ *Lotion après-rasage :* after-shave.

LOTIONNER v.t. Frictionner le cuir chevelu, l'épiderme avec une lotion.

LOTIR v.t. **1.** Diviser en lots. *Lotir un terrain pour le vendre.* **2.** Attribuer qqch à qqn, lui donner qqch en partage.

LOTISSEMENT n.m. **1.** Morcellement d'une propriété foncière par lots en vue de construire des habitations. **2.** Ensemble des habitations construites sur un terrain loti.

LOTISSEUR, EUSE n. Personne qui lotit un terrain.

LOTO n.m. (ital. *lotto,* sort). Jeu de hasard qui consiste pour chacun des joueurs à recouvrir complètement, avec des jetons tirés d'un sac, les cases numérotées qui figurent sur le ou les cartons qui lui ont été attribués. ◇ *Le Loto :* en France, jeu de hasard institué par l'État en 1976. – *Loto foot :* en France, jeu institué par l'État en 1985 sous le nom de *Loto sportif* et fondé sur des pronostics de matchs de football.

LOTTE ou **LOTE** n.f. (du gaul.). **1.** Poisson des eaux douces fraîches de l'hémisphère Nord, à chair estimée, dont la deuxième nageoire dorsale

L

est très longue. (Long. 50 cm ; genre *Lota,* famille des gadidés.) **2.** *Lotte de mer :* baudroie.

LOTUS [lɔtys] n.m. (mot lat., du gr. *lôtos*). **1.** Plante aquatique ornementale, représentée par des nénuphars (lotus blanc, genre *Nymphea*) ou par des espèces voisines (lotus bleu d'Égypte, genre *Nelumbo*). **2.** BOT. Lotier (nom générique).

1. LOUABLE adj. Digne de louanges.

2. LOUABLE adj. Qui peut être mis ou pris en location.

LOUAGE n.m. DR. **1.** Contrat par lequel une personne s'engage à laisser à une autre la jouissance d'une chose pendant un certain temps *(louage de choses)* ou à faire qqch pour elle *(louage d'ouvrage et d'industrie).* **2.** *Louage de services :* ancienne dénomination du contrat de travail.

LOUANGE n.f. Action de louer qqn. *Dire qqch à la louange de qqn.* ◆ pl. Paroles par lesquelles on fait l'éloge de qqn, de qqch. *Combler de louanges.* ◇ *Chanter les louanges de qqn,* vanter ses mérites.

LOUANGER v.t. [10]. *Sout.* Décerner des louanges à qqn.

LOUANGEUR, EUSE adj. *Sout.* Qui loue ; élogieux. *Paroles louangeuses.*

LOUBARD ou **LOUBAR** n.m. *Fam.* Jeune voyou, jeune délinquant ; loulou.

L

1. LOUCHE adj. (lat. *luscus,* borgne). **1.** Se dit d'une couleur, d'un liquide, etc., qui n'a pas un ton franc. **2.** Qui manque de franchise, de clarté ; équivoque, suspect. *Conduite louche.*

2. LOUCHE n.m. **1.** Ce qui éveille la méfiance. *Il y a du louche là-dessous.* **2.** CHIM. Léger précipité qui donne à un liquide un aspect trouble.

3. LOUCHE n.f. (du francique). Grande cuillère à long manche, pour servir le potage. ◇ *Fam. À la louche :* en grande quantité et sans finesse. – *Fam. En remettre une louche :* insister lourdement ; en rajouter.

LOUCHER v.i. Être atteint de strabisme. ◆ v.t. ind. (sur). Regarder avec envie, avoir des vues sur ; convoiter. *Loucher sur un héritage.*

LOUCHERIE n.f. ou **LOUCHEMENT** n.m. Vieilli. Strabisme.

LOUCHET n.m. (de *3. louche*). Bêche à fer long et étroit.

LOUCHEUR, EUSE n. Personne qui louche.

LOUCHON n.m. *Fam.,* vx. Personne qui louche.

1. LOUER v.t. (lat. *laudare*). **1.** Vanter les mérites ou les qualités de. **2.** *Louer Dieu,* célébrer sa grandeur, ses bienfaits. ◆ **se louer** v.pr. (de). Se montrer satisfait de. *N'avoir qu'à se louer de qqn.*

2. LOUER v.t. (lat. *locare*). **1.** Donner à bail. **2.** Prendre à bail. – Engager du personnel, des services moyennant finances et de façon provisoire. *Louer un extra pour une réception.* **3.** Réserver une place dans un train, un théâtre, etc.

LOUEUR, EUSE n. DR. Personne qui donne à louer un bien ; bailleur. *Loueur de voitures.*

LOUFIAT n.m. *Fam., péjor.* Garçon de café.

LOUFOQUE adj. et n. (de *fou*). *Fam.* Extravagant, fou, insensé.

LOUFOQUERIE n.f. *Fam.* Acte, parole de loufoque ; extravagance.

LOUGRE n.m. (angl. *lugger*). Voilier comportant en général deux mâts gréés de voiles au tiers.

LOUIS n.m. **1.** Monnaie d'or française, d'env. 6,70 g, à l'effigie de Louis XIII et de ses successeurs. **2.** Napoléon.

LOUISE-BONNE n.f. (pl. *louises-bonnes*). Poire d'une variété fondante et sucrée.

LOUKOUM ou **LOKOUM** n.m. (ar. *rāḥat al-ḥulqum,* le repos des gorges). Confiserie orientale faite d'une pâte sucrée parfumée aux amandes, à la pistache, etc.

1. LOULOU n.m. (de *loup*). Petit chien d'agrément à museau pointu et à fourrure longue et abondante.

2. LOULOU n.m. *Fam.* Loubard, voyou.

3. LOULOU, LOULOUTE n. *Fam.* Garçon, fille. *Un sacré loulou.*

LOUP n.m. (lat. *lupus*). **1.** Mammifère carnivore, à pelage gris jaunâtre, vivant en meutes dans les forêts d'Europe, d'Asie et d'Amérique, exterminé en France depuis 1930. (Cri : le loup hurle. La femelle est la louve, le petit le louveteau. Nom sc. *Canis lupus ;* famille des canidés.) ◇ *Être connu comme le loup blanc :* être connu de tout le monde. – *Hurler avec les loups :* se joindre aux autres pour critiquer ou attaquer. – *Jeune loup :* jeune homme ambitieux, soucieux de faire carrière. – *Vieux loup de mer :* marin expérimenté. – *Se jeter dans la gueule du loup :* s'exposer de sa propre initiative à un grand danger. **2.** *Loup marsupial :* thylacine. **3.** Région. (Midi). Nom donné à plusieurs poissons voraces, en partic. au bar. **4.** Masque de velours ou de satin noir, couvrant le pourtour des yeux. **5.** TECHN. Erreur, oubli, malfaçon irréparable dans la confection d'un ouvrage.

■ LOUP

LOUPAGE n.m. *Fam.* Action de louper.

LOUP-CERVIER n.m. [pl. *loups-cerviers*] (du lat. *cervarius,* qui attaque les cerfs). Lynx.

LOUPE n.f. (du francique *luppa,* masse informe de caillé). **1.** Lentille de verre convergente qui grossit les objets. ◇ *À la loupe :* d'une manière minutieuse. **2.** SYLVIC. Excroissance ligneuse qui vient sur le tronc et sur les branches de certains arbres. SYN. : *broussin, exostose.* **3.** MÉD. Kyste sébacé du cuir chevelu, dû à l'hypertrophie d'une glande sébacée. **4.** MÉTALL. Anc. Masse ferreuse ou de fonte, renfermant des scories éliminées au cours du puddlage.

LOUPÉ n.m. *Fam.* Erreur, ratage.

LOUPER v.t. (de *loup,* au sens de malfaçon). *Fam.* **1.** Ne pas réussir, mal exécuter ; échouer. **2.** Rater un rendez-vous, un moyen de transport, une occasion. ◆ v.i. *Fam. Ça n'a pas loupé :* cela s'est produit, comme il fallait s'y attendre.

LOUP-GAROU n.m. [pl. *loups-garous*] (de *loup* et de l'anc. fr. *garou,* homme-loup). Selon la légende, homme, génér. sorcier, parfois le diable lui-même, prenant l'apparence d'un loup la nuit et retrouvant forme humaine le jour ; lycanthrope.

LOUPIOT, E n. (de *loup*). *Fam.* Enfant.

LOUPIOTE n.f. (de *loupe*). *Fam.* Petite lampe.

1. LOURD, E adj. (lat. *luridus,* blême, maladroit). **1.** Dont le poids est élevé ; pesant. *Lourd fardeau.* **2.** Dont la densité est élevée. ◇ *Eau lourde :* eau constituée uniquement d'oxyde de deutérium (D_2O), employée comme ralentisseur de neutrons dans certains réacteurs nucléaires. **3.** Qui met en œuvre des moyens techniques, financiers, etc., importants. *Chirurgie lourde. Équipement lourd.* **4.** Se dit d'un sol compact, difficile à labourer. **5.** Se dit d'un aliment difficile à digérer. *Les ragoûts sont lourds.* **6.** Se dit d'un temps orageux. **7.** Se dit d'un sommeil profond. **8.** Que sa quantité, sa force, sa violence, etc., rend difficile à supporter, à faire. *Lourde faute. Lourde tâche.* ◇ *Avoir la main lourde :* frapper rudement ; peser ou verser une chose en trop grande quantité. **9.** Qui manque de finesse, d'intelligence ; maladroit. *Esprit lourd. Plaisanterie lourde.* ◆ adj. et n.m. Dans certains sports individuels, qualifie une catégorie de poids ; se dit d'un sportif appartenant à cette catégorie. ◆ adv. **1.** *Peser lourd :* avoir un poids plus élevé que la moyenne ; *fig.,* avoir une grande importance. **2.** *Fam. Il n'y en a pas lourd :* il n'y en a pas beaucoup. – *Fam. Ne pas en savoir lourd :* être très ignorant.

2. LOURD n.m. COMM. En France, marchandise pesant plus de 1 000 kg au mètre cube ; à l'étranger, marchandise cubant moins de 1,132 m^3 pour 1 016 kg.

LOURDAUD, E adj. et n. Lent, gauche et maladroit. (Le fém. est rare.)

LOURDE n.f. *Arg.* Porte. *Ferme la lourde !*

LOURDEMENT adv. **1.** Avec un grand poids. *Voiture lourdement chargée.* **2.** De tout son poids ; pesamment. *Tomber lourdement sur le sol.* **3.** *Se tromper lourdement,* grossièrement. – *Insister lourdement,* maladroitement.

LOURDER v.t. (de *lourde*). *Arg.* Mettre à la porte ; renvoyer, congédier.

LOURDEUR n.f. Caractère de ce qui est lourd. *La lourdeur d'un sac. La lourdeur de sa démarche. Lourdeur d'esprit.*

LOURDINGUE adj. *Fam.* Qui manque de vivacité intellectuelle ; lourd.

LOURE n.f. (lat. *lura,* sacoche). **1.** Cornemuse d'un type très répandu au Moyen Âge. **2.** Danse théâtrale pratiquée sous le règne de Louis XIV, en France. **3.** Pièce instrumentale issue d'une suite, de tempo modéré, de mesure à 3/4 ou 6/4, jouée avec l'instrument du même nom.

LOURER v.t. (de *loure*). MUS. Lier les notes en appuyant sur le premier temps de chaque mesure ou sur la première note de chaque temps.

LOUSSE adj. (de l'angl. *loose,* desserré). Québec. *Fam.* **1.** Se dit de ce qui n'est pas serré, qui est ample ; libre, sans entrave. *Des chaussures lousses. Laisser son chien lousse.* **2.** Se dit de qqn qui est prodigue, généreux.

LOUSTIC n.m. (de l'all. *lustig,* gai). *Fam.* Individu en qui on n'a pas grande confiance ; mauvais plaisant.

LOUTRE n.f. (lat. *lutra*). Mammifère carnivore aquatique, aux pattes palmées, mangeur de poissons, devenu rare car activement chassé pour sa fourrure soyeuse. (La loutre commune [genre *Lutra*] vit près des cours d'eau d'Eurasie et d'Amérique, et la loutre de mer [genre *Enhydra*], qui peut peser 40 kg, vit dans le Pacifique et se nourrit plutôt de coquillages, notamm. d'ormeaux ; famille des mustélidés.) – Fourrure de cet animal ; nom donné à diverses fourrures y ressemblant (ondatra, otarie à fourrure).

■ LOUTRE

1. LOUVE n.f. (lat. *lupa*). Femelle du loup.

2. LOUVE n.f. CONSTR. Outil utilisé pour la manutention des pierres de taille.

LOUVET, ETTE adj. De la couleur du poil du loup, jaune mêlé de noir, en parlant de la robe du cheval.

LOUVETEAU n.m. **1.** Jeune loup de moins de un an. **2.** Jeune de 8 à 11 ou 12 ans, dans divers mouvements de scoutisme.

LOUVETERIE [luvtri] n.f. Institution ayant pour fonction d'assurer les battues de destruction des nuisibles (sangliers, renards, etc., et autref. loups). ◇ *Lieutenant de louveterie :* fonctionnaire bénévole et assermenté appartenant à la louveterie.

LOUVETIER n.m. Lieutenant de louveterie.

LOUVETTE n.f. Jeune fille de 8 à 12 ans, dans divers mouvements de scoutisme.

LOUVOYAGE ou **LOUVOIEMENT** n.m. Action de louvoyer.

LOUVOYER [luvwaje] v.i. [7] (de *lof*). **1.** MAR. Naviguer contre le vent, tantôt sur un bord, tantôt sur l'autre. **2.** *Fig.* Prendre des détours pour atteindre un but ; biaiser.

LOVELACE [lɔvlas] n.m. (de *Lovelace,* n.pr.). *Litt.* Séducteur pervers et cynique.

LOVER v.t. (bas all. *lofen,* tourner). MAR. Rouler un cordage en anneaux superposés. ◆ **se lover** v.pr. S'enrouler sur soi-même. *Serpent qui se love sous une pierre.*

LOXODROMIE n.f. (gr. *loxos,* courbe, et *dromos,* course). Ligne coupant les méridiens sous un angle constant ; route d'un navire ou d'un avion qui suit constamment le même cap.

LOXODROMIQUE adj. Relatif à la loxodromie.

LOYAL, E, AUX [lwajal, o] adj. (lat. *legalis,* conforme à la loi). Qui obéit aux lois de l'honneur, de la probité, de la droiture. *Une femme loyale. Une conduite loyale.* ◇ *Fam. À la loyale :* sans user de coups interdits. *Se battre à la loyale.*

LOYALEMENT adv. De façon loyale.

LOYALISME n.m. Fidélité au régime établi ou à une autorité considérée comme légitime.

LOYALISTE adj. et n. Fidèle au régime établi. ◆ n.m. HIST. Colon américain demeuré fidèle aux Britanniques durant et après la guerre de l'Indépendance américaine. (Beaucoup s'exilèrent au Canada.)

LOYAUTÉ n.f. Caractère loyal de qqn, de qqch.

LOYER [lwaje] n.m. (lat. *locarium*, prix du gîte). **1.** Prix du louage d'une chose. – *Spécial.* Prix de la location d'un logement. **2.** *Loyer de l'argent :* taux d'intérêt de l'argent emprunté.

LP ou **L.P.** n.m. (sigle). Lycée professionnel.

LSD ou **L.S.D.** n.m. (abrév. de l'all. *Lysergsäurediäthylamid*). Dérivé de l'acide lysergique, hallucinogène utilisé par les toxicomanes. SYN. : *lysergamide, lysergide.*

LUBIE n.f. (du lat. *lubere*, plaire). Fantaisie soudaine, caprice extravagant.

LUBRICITÉ n.f. Caractère lubrique de qqn, de qqch.

LUBRIFIANT, E adj. et n.m. Se dit d'un produit qui lubrifie.

LUBRIFICATION n.f. Action de lubrifier.

LUBRIFIER v.t. [5] (du lat. *lubricus*, glissant). Graisser, rendre glissant pour atténuer le frottement et faciliter le fonctionnement.

LUBRIQUE adj. (lat. *lubricus*, glissant). Qui manifeste un penchant excessif pour les plaisirs charnels, la luxure.

LUBRIQUEMENT adv. Avec lubricité.

LUCANE n.m. (lat. *lucanus*, cerf-volant). Coléoptère des chênes et des châtaigniers. (Le mâle atteint 8 cm de long et porte des mandibules parfois énormes, qui lui valent son nom usuel de *cerf-volant.*)

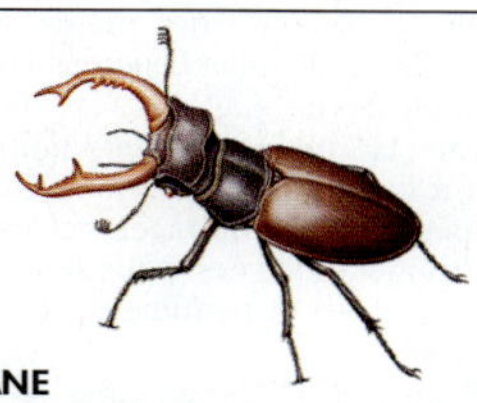

■ LUCANE

LUCANOPHILE ou **LUCANISTE** n. Cerf-voliste.

LUCARNE n.f. (du francique). **1.** Ouvrage en saillie sur un toit, comportant une ou plusieurs fenêtres donnant du jour au comble. **2.** SPORTS. Chacun des deux angles supérieurs d'un but de football, de handball ; tir effectué dans ces angles.

1. LUCERNAIRE n.m. (du lat. *lucerna*, lampe). Office religieux célébré à la tombée du jour.

2. LUCERNAIRE n.f. Méduse très commune, qui vit fixée aux algues par son ombrelle. (Classe des scyphozoaires.)

LUCIDE adj. (lat. *lucidus*). **1.** Qui est en pleine possession de ses facultés intellectuelles ; conscient. *Le blessé est lucide.* **2.** Qui manifeste de la perspicacité, de la clairvoyance, de l'objectivité dans la vision des choses. *Une analyse lucide de la situation.*

LUCIDEMENT adv. De façon lucide.

LUCIDITÉ n.f. Qualité ou état d'une personne lucide.

LUCIFÉRIEN, ENNE adj. *Litt.* Qui tient du diable ; démoniaque. ◆ n.m. Membre de certaines sectes démoniaques rendant un culte à Lucifer.

LUCIFÉRINE n.f. (du lat. *lucifer*, qui apporte la lumière). Substance contenue dans les organes lumineux de divers animaux et dont l'oxydation provoque une émission de lumière (lampyre, divers poissons).

LUCIFUGE adj. Se dit des animaux qui évitent la lumière.

LUCILIE n.f. (du lat. *lux, lucis*, lumière). Mouche d'un vert métallique, vivant sur les fleurs et les déchets organiques, et pouvant pondre sur la viande ou sur les blessures d'animaux vivants. (Long. 6 à 11 mm ; genre *Lucilia*, famille des calliphoridés.)

LUCIOLE n.f. (ital. *lucciola*, de *luce*, lumière). Coléoptère des régions chaudes, voisin du lampyre, mais chez lequel le mâle et la femelle sont pourvus d'ailes et luminescents. (Long. 1 cm ; genre *Luciola.*)

LUCITE n.f. (du lat. *lux, lucis*, lumière). MÉD. Lésion cutanée due à la lumière. SYN. : *actinite.*

LUCRATIF, IVE adj. (lat. *lucrativus*). Qui rapporte de l'argent, du profit. *Emploi lucratif.*

LUCRATIVEMENT adv. De façon lucrative.

LUCRE n.m. (lat. *lucrum*). *Litt.* Profit recherché avec avidité. *Esprit de lucre.*

LUDDISME n.m. HIST. Organisation et action des luddites.

LUDDITE [lydit] n.m. HIST. Membre d'une des bandes d'ouvriers anglais, menés par N. Ludd, qui, entre 1811 et 1816, s'organisèrent pour détruire les machines, accusées de provoquer le chômage.

LUDICIEL n.m. (lat. *ludus*, jeu, et *logiciel*). Logiciel de jeu.

LUDION n.m. (lat. *ludio*, histrion). Objet ou figurine creux et percés dans leur partie inférieure, qui montent ou descendent dans un liquide selon les variations de pression exercées à la surface de celui-ci.

LUDIQUE adj. (du lat. *ludus*, jeu). Relatif au jeu. *Activité ludique.*

LUDISME n.m. Comportement d'une personne qui cherche à jouer dans toutes les situations.

LUDO-ÉDUCATIF, IVE adj. (pl. *ludo-éducatifs, ives*). Se dit d'un logiciel ou d'un cédérom qui permet de s'instruire en s'amusant.

LUDOLOGUE n. Personne qui crée des jeux pour les médias.

LUDOTHÉCAIRE n. Personne chargée d'animer une ludothèque.

LUDOTHÈQUE n.f. Espace d'animation ludique et de prêt de jeux et jouets.

LUDWIGIA [lydviʒja] n.m. (de C. G. *Ludwig*, n.pr.). BOT. Jussieua.

LUETTE n.f. (pour *l'uette*, dimin. du lat. *uva*, grappe). Appendice charnu et mobile, prolongeant le bord postérieur du voile du palais et qui contribue à la fermeture des fosses nasales pendant la déglutition.

LUEUR n.f. (du lat. *lucere*, luire). **1.** Clarté faible ou éphémère. *Les premières lueurs de l'aube.* **2.** Éclat fugitif du regard. *Une lueur d'intérêt a brillé dans ses yeux.* **3.** Manifestation passagère et vive. *Une lueur d'espoir.*

LUFFA [lu-] n.m. (ar. *luff*). Cucurbitacée grimpante d'Afrique et d'Asie, dont la pulpe fibreuse, desséchée, constitue l'éponge végétale.

LUGE n.f. (mot savoyard, du gaul.). Petit traîneau utilisé pour glisser sur la neige ; sport pratiqué avec ce traîneau.

1. LUGER v.i. [10]. Faire de la luge. ◆ **se luger** v.pr. Suisse. *Fam.* Échouer à un examen, une élection, etc.

2. LUGER [lyʒɛr] n.m. (de M. *Luger*, n.pr.). Pistolet automatique allemand de 9 mm.

LUGEUR, EUSE n. Personne qui pratique le sport de la luge.

LUGUBRE adj. (du lat. *lugere*, être en deuil). Qui exprime ou inspire la tristesse ; funèbre, sinistre. *Des plaintes lugubres.*

LUGUBREMENT adv. De façon lugubre.

LUI pron. pers. **1.** Désigne la 3e pers. du sing. et s'emploie comme complément d'objet indirect devant un verbe ou après un impératif. *Invite-la pour lui parler. Donne-lui ses résultats.* **2.** (Au masc.) S'emploie comme sujet pour renforcer *il*, comme complément d'objet direct pour renforcer *le* ou après une préposition. *Lui, il peut le faire. Aide-le, lui. Derrière lui.*

LUIRE v.i. [77] (lat. *lucere*). **1.** Émettre ou réfléchir de la lumière ; briller. **2.** *Fig., litt.* Se manifester comme une lueur ; apparaître. *Un faible espoir luit encore.* – REM. Le passé simple *il luisit* est supplanté par *il luit.*

LUISANCE n.f. *Litt.* Qualité de ce qui luit ; éclat lumineux.

■ LUCILIE

LUISANT, E adj. Qui luit. ◇ *Ver luisant :* femelle du lampyre. ◆ n.m. Aspect d'une surface qui reluit.

LULU n.m. (onomat.). Petite alouette des landes et des prairies de montagne de l'Europe, du Moyen-Orient et de l'Afrique du Nord. (Genre *Lullula ;* famille des alaudidés.)

LUMACHELLE n.f. (de l'ital. *lumaca*, limaçon). GÉOL. Roche sédimentaire calcaire formée essentiellement par l'accumulation de coquilles fossiles.

LUMBAGO [lɔ̃bago] ou **LOMBAGO** n.m. (lat. *lumbus*, rein). MÉD. Douleur brutale et intense siégeant au niveau de la colonne vertébrale lombaire, due en général à une fissure du disque intervertébral. SYN. *(cour.) : tour de reins.*

LUMEN [lymɛn] n.m. (mot lat., *lumière*). Unité de mesure de flux lumineux (symb. lm), équivalant au flux lumineux émis dans un angle solide de 1 stéradian par une source ponctuelle uniforme située au sommet de l'angle solide et ayant une intensité lumineuse de 1 candela.

LUMIÈRE n.f. (lat. *lumen, luminis*, lumière). **1.** Rayonnement émis par des corps portés à haute température (incandescence) ou par des corps excités (luminescence), et qui est perçu par les yeux. (La lumière est constituée par des ondes électromagnétiques et sa vitesse de propagation dans le vide est de 299 792 458 m/s ; on peut aussi la considérer comme un flux de particules énergétiques dénuées de masse, les *photons.*) **2.** *Lumière zodiacale* → **zodiacal.** – *Lumière noire,* ou *lumière de Wood :* rayonnement ultraviolet invisible qui provoque la fluorescence de certains corps. **3.** Clarté du soleil ; jour. **4.** Éclairage artificiel ; ce qui produit cet éclairage. *Éteindre la lumière. Il reste une lumière allumée.* **5.** Chacune des branches d'un candélabre. **6.** Partie claire ou plus éclairée que les autres, dans une peinture, un dessin. *La distribution des lumières et des ombres.* **7.** *Habit de lumière :* habit brodé de fils brillants, que porte le matador. **8.** Ce qui éclaire l'esprit ; élément qui fait comprendre. *La lumière de la raison.* ◇ *À la lumière de :* en se référant à. – *Faire, apporter, jeter la lumière sur :* révéler les tenants et les aboutissants d'un problème, d'une affaire. – *Mettre en lumière :* faire ressortir, mettre en évidence. – *Avoir des lumières sur qqch*, posséder des connaissances, un savoir dans ce domaine. **9.** (Souvent en tournure négative.) Personne au savoir ou aux mérites éclatants. *Ce n'est pas une lumière.* **10.** Ouverture percée dans le canon des anciennes armes à feu, par laquelle on enflammait la charge. **11.** Dans les instruments d'optique à pinnules, petit trou par lequel on voit l'objet observé. **12.** ANAT. Intérieur d'un organe creux. *La lumière de l'intestin.* ◆ pl. **1.** *Les Lumières :* mouvement intellectuel et philosophique qui domine le monde des idées en Europe, au XVIIIe s., et dont les traits fondamentaux sont un rationalisme en prise sur l'expérience, ouvert au sensible et au monde des sentiments, le rejet de la métaphysique, la croyance dans le progrès et dans la perfectibilité de l'homme, le combat pour la tolérance et le respect des libertés civiles. **2.** Feux d'un véhicule automobile. *Laisser ses lumières allumées.*

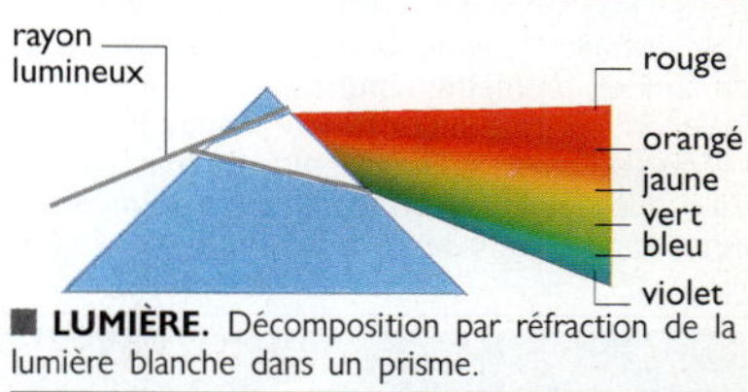

■ **LUMIÈRE.** Décomposition par réfraction de la lumière blanche dans un prisme.

LUMIGNON n.m. (lat. *lumen, luminis*, lumière). **1.** Bout de la mèche d'une bougie allumée. **2.** Petit morceau de chandelle. **3.** Lampe qui diffuse une lumière faible.

LUMINAIRE n.m. **1.** Tout appareil d'éclairage. **2.** Ensemble des lampes, des cierges utilisés dans le culte chrétien. **3.** ASTROL. Le Soleil ou la Lune.

LUMINANCE n.f. **1.** OPT. Quotient de l'intensité lumineuse d'une surface par l'aire apparente de cette surface, pour un observateur lointain. (Unité : la candela par mètre carré [cd/m²].)

L

2. *Signal de luminance :* signal qui représente la luminance des différents points d'une image, en télévision.

LUMINESCENCE n.f. Caractère propre à de nombreuses substances d'émettre de la lumière à basse température sous l'effet d'une excitation.

LUMINESCENT, E adj. **1.** Relatif à la luminescence. **2.** *Tube luminescent :* tube contenant un gaz ou une vapeur qui s'illumine lorsqu'on y produit une décharge électrique.

LUMINEUSEMENT adv. De façon lumineuse, claire. *Expliquer lumineusement un problème difficile.*

LUMINEUX, EUSE adj. **1.** Qui émet ou réfléchit la lumière. *Corps lumineux.* **2.** Qui reçoit beaucoup de lumière. *Un appartement lumineux.* **3.** *Fig.* Qui a beaucoup de lucidité ; très clair. *Intelligence lumineuse. Explication lumineuse.*

LUMINISME n.m. BX-ARTS. Tendance picturale qui privilégie les effets de lumière ou de clair-obscur (le Caravage, par ex.).

LUMINISTE adj. et n. BX-ARTS. Relatif au luminisme ; qui appartient, se rattache au luminisme.

LUMINOPHORE n.m. ÉLECTRON. Constituant élémentaire de la couche sensible d'un tube cathodique, qui émet de la lumière sous l'impact d'un faisceau d'électrons.

LUMINOSITÉ n.f. **1.** Qualité de ce qui est lumineux. **2.** ASTRON. Quantité totale d'énergie rayonnée par unité de temps par un astre.

LUMITYPE n.f. IMPRIM. Anc. Machine à composer photographique.

LUMP [lœ̃p] n.m. (mot angl.). Poisson côtier des mers froides, connu pour ses œufs qui ressemblent au caviar. (Genre *Cyclopterus ;* ordre des scorpéniformes.) SYN. : *lompe.*

1. LUNAIRE adj. (lat. *lunaris*). **1.** Qui concerne ou évoque la Lune. ◇ *Mois lunaire :* lunaison. **2.** *Fig., litt.* Chimérique, extravagant. *Projet lunaire.*

2. LUNAIRE n.f. Plante ornementale cultivée pour ses fleurs odorantes et ses fruits, qui ont la forme de disques blanc argenté de 5 cm de diamètre. (Genre *Lunaria,* famille des crucifères.) Noms usuels : *monnaie-du-pape, herbe aux écus.*

LUNAISON n.f. (bas lat. *lunatio*). Espace de temps qui s'écoule entre deux nouvelles lunes consécutives (env. 29,5 j). SYN. : *mois lunaire.*

LUNATIQUE adj. et n. Qui manifeste une humeur changeante et imprévisible.

LUNCH [lœ̃ʃ] ou [lœntʃ] n.m. [pl. *lunchs* ou *lunches*] (mot angl.). Repas léger que l'on sert en buffet à l'occasion d'une réception.

LUNDI n.m. (lat. *Lunae dies,* jour de la Lune). Premier jour de la semaine.

1. LUNE n.f. (lat. *luna*). **1.** (Avec une majuscule.) Satellite naturel de la Terre. ◇ *Nouvelle lune :* phase de la Lune dans laquelle celle-ci, se trouvant placée entre le Soleil et la Terre, tourne vers la Terre son hémisphère obscur et, de ce fait, est invisible. – *Pleine lune :* phase de la Lune dans laquelle celle-ci, se trouvant à l'opposé du Soleil par rapport à la Terre, tourne vers la Terre son hémisphère éclairé et est donc visible sous l'aspect d'un disque entier. – *Lune rousse :* appellation traditionnelle de la lunaison qui commence après Pâques. (C'est souvent une période de gelées nocturnes ou de vents froids qui font roussir les jeunes pousses.) **2.** *Être dans la lune :* être distrait. – *Demander, promettre la lune :* demander, promettre l'impossible. – *Tomber de la lune :* être surpris par un événement imprévu. – *Lune de miel :* premier temps du mariage, où est supposé régner le bonheur ; *par anal.,* moment comparable dans la relation entre deux personnes, deux pays, etc. **3.** Satellite naturel d'une planète quelconque. *Les lunes de Jupiter.* **4.** *Fam. Vieilles lunes :* idées dépassées, périmées.

ENCYCL. La Lune tourne autour de la Terre en 27 j 7 h 43 min *(révolution sidérale),* à une distance moyenne de 384 400 km. Dans le même temps, elle accomplit une rotation complète sur elle-même. Aussi présente-t-elle toujours la même face à la Terre. Dépourvue de lumière propre, elle ne fait que réfléchir la lumière qu'elle reçoit du Soleil et possède donc en permanence un hémisphère obscur et un hémisphère éclairé. Les aspects différents, ou *phases,* suivant lesquels on la voit de la Terre s'expliquent par les variations de sa position relative par rapport à notre planète et au Soleil. Ces phases se déroulent suivant un cycle de 29 j 12 h 44 min (*révolution synodique, lunaison* ou *mois lunaire*). Le rayon de la Lune est de 1 738 km, sa densité moyenne de 3,34 et sa masse n'est que le 1/81 environ de celle de la Terre. Sa surface présente de vastes plaines, tapissées de lave solidifiée *(mers lunaires)* et criblées de cratères météoritiques de dimensions variées, et des montagnes aux formes douces pouvant atteindre des altitudes élevées (8 200 m). Elle n'est entourée d'aucune atmosphère, ce qui lui vaut de connaître des températures allant d'environ + 120 °C le jour à – 170 °C la nuit. Le sol lunaire a été étudié directement de 1969 à 1972 au cours de six vols de la série « Apollo », qui permirent à douze astronautes américains de débarquer sur l'astre et d'en rapporter près de 400 kg d'échantillons.

2. LUNE n.m. Môle (poisson).

LUNÉ, E adj. *Fam. Bien, mal luné :* dans de bonnes, de mauvaises dispositions d'humeur.

1. LUNETIER, ÈRE n. Fabricant, marchand de lunettes.

2. LUNETIER, ÈRE adj. Relatif à la vente, à la fabrication de lunettes.

LUNETTE n.f. (de *lune,* à cause de la forme). **1.** Instrument d'optique destiné à l'observation des objets éloignés (en partic. des astres) et dont l'objectif est constitué d'une lentille convergente ou d'un système achromatique équivalent. ◇ *Lunette d'approche :* lunette terrestre munie d'un redresseur d'image interposé entre l'objectif et l'oculaire. – ARM. *Lunette de pointage :* lunette qui sert à viser un objectif en le grossissant. **2.** Ouverture d'une cuvette de W.-C. **3.** MÉCAN. INDUSTR. Appareil servant de guide, sur une machine-outil, à une pièce de révolution de grande longueur afin d'éviter qu'elle ne flambe sous l'effort de l'outil. **4.** ARCHIT. Portion de voûte en berceau pénétrant dans la montée d'une voûte principale, génér. en rapport avec une baie. **5.** FORTIF. En système bastionné, ouvrage extérieur d'une place, composé de deux faces et de deux flancs, et constituant une position avancée. **6.** Peinture occupant une portion cintrée de mur ; panneau supérieur, cintré d'un polyptyque. **7.** MAR. *Lunette d'étambot :* orifice percé dans l'étambot d'un navire pour le passage de l'arbre de l'hélice. **8.** *Lunette arrière :* vitre arrière d'une automobile. ◆ pl. **1.** Paire de verres correcteurs ou filtrants, enchâssés dans une monture conçue pour être placée sur le nez, devant les yeux. **2.** *Serpent à lunettes :* naja.

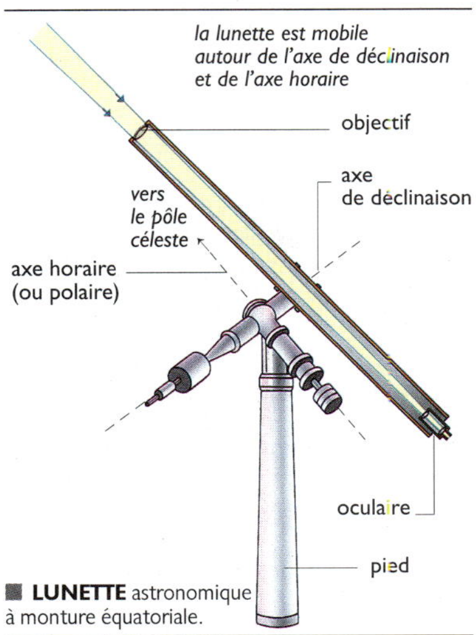

■ **LUNETTE** astronomique à monture équatoriale.

LUNETTÉ, E adj. *Fam.* Qui porte des lunettes.

LUNETTERIE n.f. Métier, commerce du lunetier.

LUNI-SOLAIRE adj. (pl. *luni-solaires*). ASTRON. Relatif à la fois à la Lune et au Soleil, à leurs mouvements et aux repères chronologiques que ceux-ci fournissent. *Calendrier luni-solaire.*

LUNULE n.f. (lat. *lunula,* petit croissant). **1.** Tache blanche en forme de croissant, située à la base de l'ongle chez l'homme. **2.** GÉOMÉTR. Surface limitée par deux arcs de cercle ayant mêmes extrémités et dont la convexité est tournée du même côté.

LUNURE n.f. Défaut rare du bois consistant en une inclusion d'aubier dans le bois de cœur.

LUPANAR n.m. (mot lat., de *lupa,* fille publique). *Litt.* Maison de prostitution.

LUPERCALES n.f. pl. (lat. *lupercalia*). ANTIQ. ROM. Fêtes annuelles célébrées à Rome le 15 février près d'une grotte, le Lupercal, en l'honneur de Faunus Lupercus, dieu des troupeaux.

LUPERQUE n.m. (lat. *lupercus*). ANTIQ. ROM. Membre de la confrérie des prêtres qui célébraient le culte de Faunus Lupercus (en partic. lors des lupercales).

LUPIN n.m. (lat. *lupinus*). Plante herbacée ou arbrisseau à feuilles palmées, dont les espèces méditerranéennes sont fourragères et les espèces nord-américaines cultivées pour leurs épis de fleurs ornementales et parfumées. (Famille des papilionacées.)

LUPIQUE adj. MÉD. Relatif au lupus. ◆ adj. et n. Atteint du lupus.

1. LUPULINE n.f. ou **LUPULIN** n.m. (lat. *lupulus,* houblon). Poudre jaune produite par les fleurs femelles de houblon et contenant des résines amères qui aromatisent la bière.

2. LUPULINE n.f. Luzerne sauvage à petites fleurs jaunes, très commune dans les champs. (Genre *Medicago.*) SYN. : *minette.*

LUPUS [lypys] n.m. (mot lat., *loup*). **1.** Vieilli. Nom de diverses affections cutanées envahissantes. **2.** *Lupus érythémateux chronique :* dermatose caractérisée par des plaques rouges avec kératose, en partic. sur le visage. – *Lupus érythémateux (aigu) disséminé :* maladie caractérisée par des plaques rouges cutanées, une altération de l'état général et des atteintes viscérales multiples.

LURETTE n.f. (de *heurette,* dimin. de *heure*). *Fam. Il y a belle lurette :* il y a bien longtemps.

LUREX n.m. (nom déposé). Fil textile gainé de polyester, qui lui donne un aspect métallique.

LURON, ONNE n. **1.** *Fam.* Personne gaie, insouciante. *Un joyeux luron.* **2.** Vieilli. Personne hardie en amour. (Dans ce sens, le fém. est rare.)

LUSIN n.m. (du néerl. *huising*). MAR. Ligne d'amarrage faite de deux fils de caret entrelacés.

croissant · premier quartier · lune gibbeuse · pleine lune · lune gibbeuse · dernier quartier · croissant

■ **LUNE.** Principales phases de la Lune.

LUSITANIEN, ENNE ou **LUSITAIN, E** adj. et n. De la Lusitanie, du Portugal.

LUSOPHONE adj. et n. De langue portugaise.

LUSTRAGE n.m. Action, manière de lustrer.

LUSTRAL, E, AUX adj. (lat. *lustralis,* expiatoire). **1.** RELIG. Qui sert à purifier. *Eau lustrale.* **2.** ANTIQ. ROM. Que l'on fait tous les cinq ans. *Sacrifice lustral.*

LUSTRATION n.f. RELIG. Rite de purification d'une personne ou d'un lieu.

1. LUSTRE n.m. (lat. *lustrum*). **1.** *Litt.* Période de cinq années. **2.** (Au pl.) Longue période. *Il y a des lustres que je ne l'ai pas vue.* **3.** ANTIQ. ROM. Sacrifice de purification pratiqué tous les cinq ans.

2. LUSTRE n.m. (ital. *lustro,* lumière). **1.** Éclat brillant de qqch ; poli. *Le vernis de Chine a un beau lustre.* **2.** *Fig., litt.* Éclat, relief. *Le lustre mondain.* **3.** Appareil décoratif d'éclairage suspendu au plafond.

LUSTRER v.t. **1.** Donner du brillant, du poli à. *Lustrer la carrosserie d'une voiture.* **2.** Rendre un vêtement brillant par le frottement, l'usure.

LUSTRERIE n.f. **1.** Fabrication des lustres et des appareils d'éclairage. **2.** Ensemble des luminaires muraux ou de plafond d'un bâtiment.

LUSTRINE n.f. (ital. *lustrino,* de *lustro,* brillant). Étoffe de coton apprêtée et lustrée.

LUT [lyt] n.m. (lat. *lutum,* limon). Enduit se durcissant par dessiccation et que l'on utilise pour boucher ou entourer des récipients au contact du feu.

LUTÉCIUM [lytesjɔm] n.m. **1.** Métal du groupe des terres rares. **2.** Élément chimique (Lu), de numéro atomique 71, de masse atomique 174,967.

LUTÉINIQUE ou **LUTÉAL, E, AUX** adj. (lat. *luteus,* jaune). Relatif au corps jaune de l'ovaire.

LUTER v.t. Boucher avec du lut.

LUTH n.m. (ar. *al-ʿūd*). Instrument de musique à 7, 13 ou 21 cordes pincées, dont le corps est en forme de demi-poire et le chevillier à angle droit avec le manche. (Il fut en vogue en Europe aux XVIe et XVIIe s.)

■ **LUTH.** Le luthiste Charles Mouton par F. De Troy (détail). (Louvre, Paris.)

LUTHÉRANISME n.m. Ensemble des Églises protestantes qui se rattachent à Luther ; doctrine théologique issue de la pensée de Luther. (Solidement implanté à la fin du XVIe s. dans l'Allemagne du Nord et du Centre, en Alsace et dans les pays scandinaves, le luthéranisme compte aujourd'hui plus de 71 millions de fidèles.)

LUTHERIE n.f. Métier, commerce du luthier.

LUTHÉRIEN, ENNE adj. et n. Qui appartient à la doctrine de Luther ; qui s'y rattache.

LUTHIER n.m. Fabricant d'instruments de musique portables à cordes (violons, guitares, etc.). [Pour les instruments de grande taille comme le clavecin, le piano, la harpe, on dit *facteur.*]

LUTHISTE n. Instrumentiste qui joue du luth.

1. LUTIN n.m. (du lat. *Neptunus,* Neptune). **1.** Petit génie malicieux. **2.** Vx. Enfant espiègle, taquin.

2. LUTIN, E adj. *Litt.* Qui est espiègle, éveillé.

LUTINER v.t. *Litt.* Poursuivre une femme de ses baisers, de ses caresses, en parlant d'un homme.

LUTRAIRE n.f. (du lat. *lutarius,* qui vit dans la vase). Grand mollusque bivalve, à coquille mince et oblongue, qui vit enfoui dans la vase des estuaires, en Méditerranée et dans l'Atlantique. (Long. 12 cm ; genre *Lutraria,* famille des mactridés.)

LUTRIN n.m. (lat. pop. *lectorinum*). Meuble à pupitre destiné à supporter les livres ouverts pour en faciliter la lecture. – *Spécial.* Ce meuble, placé dans le chœur d'une église pour porter les livres de chant liturgique.

LUTTE n.f. **1.** Affrontement, combat entre deux personnes, deux groupes, dont chacun s'efforce de faire triompher sa cause ou d'imposer sa domination à l'autre. *Entrer en lutte avec qqn. Lutte inégale.* ◇ ***De haute lutte :*** à la suite d'un effort vigoureux et continu. – ***Lutte des classes :*** antagonisme fondamental entre les classes dominantes et les classes dominées, et partic. entre le prolétariat et la bourgeoisie, dans lequel le marxisme voit le moteur de l'histoire. – ***Lutte pour la vie :*** combat que mène chaque individu, chaque espèce pour assurer sa survie ; concurrence vitale des espèces ayant pour résultat, selon Herbert Spencer et Charles Darwin, la seule survivance des plus aptes (sélection naturelle). **2.** Sport de combat dans lequel deux adversaires s'affrontent à mains nues, chacun cherchant à renverser l'autre sur le dos. ◇ ***Lutte libre :*** lutte dans laquelle les prises sur tout le corps sont autorisées. – ***Lutte gréco-romaine :*** lutte dans laquelle les prises ne peuvent être portées qu'au-dessus de la ceinture. **3.** Ensemble d'actions menées pour vaincre un mal, des difficultés. *Lutte contre le cancer.* ◇ AGRIC. ***Lutte biologique :*** défense des cultures utilisant les prédateurs ou les parasites naturels des espèces indésirables. **4.** Action de deux forces agissant en sens contraire ; antagonisme. *Lutte entre le bien et le mal.* **5.** ZOOTECHN. Accouplement, dans l'espèce ovine.

■ **LUTTE** gréco-romaine.

■ **LUTTE** libre.

LUTTER v.i. (lat. *luctare*). **1.** SPORTS. Combattre à la lutte. **2.** Entrer en lutte avec qqn, qqch. *Lutter contre le sommeil.* **3.** Entrer en concurrence, en compétition avec qqn ; rivaliser. *Lutter de vitesse.*

LUTTEUR, EUSE n. **1.** Sportif qui pratique la lutte. **2.** Personne énergique, qui aime lutter, se battre pour obtenir qqch. *C'est une lutteuse, elle réussira.*

LUTZ [lutz] ou [lytz] n.m. En patinage artistique, saut piqué, l'appel et la réception se faisant en arrière, sur l'autre jambe et sur une courbe opposée à celle du départ.

LUX [lyks] n.m. (mot lat., *lumière*). Unité de mesure d'éclairement lumineux (symb. lx), équivalant à l'éclairement d'une surface qui reçoit, d'une manière uniformément répartie, un flux lumineux de 1 lumen par mètre carré.

LUXATION n.f. Déplacement des os normalement en contact au niveau d'une articulation. SYN. *(cour.)* : ***déboîtement.***

LUXE n.m. (lat. *luxus*). **1.** Caractère de ce qui est coûteux, raffiné, somptueux. *Le luxe d'une table.* **2.** Environnement constitué par des objets coûteux ; manière de vivre coûteuse et raffinée. *Faire étalage de luxe.* ◇ ***De luxe :*** se dit d'objets, de produits, de services qui correspondent à des goûts recherchés et coûteux, et non aux besoins ordinaires de la vie. – *Fam.* ***Ce n'est pas du luxe :*** cela fait partie du nécessaire ; c'est indispensable. **3.** *Litt.* Grande abondance de qqch ; profusion. *Un grand luxe de précautions.* **4.** Ce que l'on se permet de manière exceptionnelle ; ce que l'on se permet de dire, de faire en plus, pour le plaisir. *Se payer le luxe de faire qqch.*

LUXEMBOURGEOIS, E adj. et n. Du Luxembourg, de ses habitants. ◆ n.m. Dialecte allemand parlé dans le grand-duché de Luxembourg.

LUXER v.t. (lat. *luxare*). Provoquer la luxation de. *La torsion lui a luxé le poignet.* ◇ v.pr. *Se luxer le genou.*

LUXMÈTRE n.m. (lat. *lux,* lumière, et *mètre*). Appareil servant à mesurer l'éclairement.

LUXUEUSEMENT adv. De façon luxueuse.

LUXUEUX, EUSE adj. Qui se signale par son luxe. *Ameublement luxueux.*

LUXURE n.f. (lat. *luxuria,* surabondance). *Litt.* Recherche sans retenue des plaisirs de l'amour physique, des plaisirs sensuels.

LUXURIANCE n.f. *Litt.* Fait d'être luxuriant.

LUXURIANT, E adj. (lat. *luxurians,* surabondant). Qui pousse, se développe avec abondance. *Végétation luxuriante.*

LUXURIEUX, EUSE adj. *Litt.* Qui dénote la luxure ; sensuel.

LUZERNE n.f. (provenç. *luzerno*). Plante vivace du groupe des légumineuses, riche en protéines, largement cultivée pour la qualité de son fourrage. (Genre *Medicago ;* famille des papilionacées.)

■ **LUZERNE**

LUZERNIÈRE n.f. Champ de luzerne.

LUZULE n.f. (ital. *luzziola,* de *luce,* lumière). Plante des prés et des bois de l'Eurasie tempérée, à feuilles basales plates et velues, à tige dressée portant une inflorescence terminale. (Genre *Luzula ;* famille des joncacées.)

LYCANTHROPE n.m. (gr. *lukos,* loup, et *anthrôpos,* homme). Homme transformé en loup ; loup-garou.

LYCANTHROPIE n.f. **1.** Métamorphose supposée d'un homme en loup-garou. **2.** PSYCHIATR. Délire consistant à se croire transformé en loup (et, plus génér., en bête féroce).

LYCAON [likaɔ̃] n.m. (mot lat.). Mammifère carnivore d'Afrique, rappelant à la fois le chien et l'hyène, à pelage fauve et noir, qui chasse en meute zèbres et gnous. (Famille des canidés.)

LYCÉE n.m. (gr. *lukeion*). **1.** Établissement qui dispense l'enseignement du second cycle du second degré (de la seconde à la classe terminale). ◇ ***Lycée d'enseignement général et technologique :*** établissement d'enseignement du second cycle du second degré préparant aux baccalauréats d'enseignement général, aux baccalauréats technologiques et aux brevets de technicien ainsi qu'aux concours d'entrée dans les grandes écoles, dans les classes préparatoires et aux BTS dans les sections de techniciens supérieurs. – *Lycée professionnel (LP) :* établissement d'enseignement professionnel préparant aux CAP, aux BEP et aux baccalauréats professionnels. **2.** Belgique. Établissement public d'enseignement secondaire pour les filles.

LYCÉEN, ENNE n. Élève d'un lycée. ◆ adj. Relatif au lycée, aux lycéens.

LYCÈNE n.f. (lat. *lycaena*). Papillon diurne, à ailes bleues, ou orange chez le mâle, à vol vif, et dont la chenille vit sur les légumineuses ou sur les plantes des marais. (Genre *Lycaena ;* famille des lycénidés.)

LYCHEE n.m. → **LITCHI.**

LYCHNIS [liknis] n.m. (gr. *lukhnos,* lampe). Plante de l'hémisphère Nord tempéré, comprenant de nombreuses espèces, nuisibles (nielle des blés) ou cultivées pour l'ornement. (Famille des caryophyllacées.)

LYCOPE n.m. (lat. *lycopus*). Plante des lieux humides à petites fleurs blanches, appelée aussi *patte-de-loup* ou *chanvre d'eau.* (Famille des labiées.)

LYCOPERDON n.m. (gr. *lukos,* loup, et *perdesthai,* péter). Champignon basidiomycète en forme de poire retournée, blanc, rejetant une poussière de spores à maturité. (Ordre des gastromycétales.) Nom usuel : *vesse-de-loup.*

L

LYCOPHYTE n.m. Plante cryptogame vasculaire à petites feuilles, à sporanges isolés, portés sur la face supérieure des feuilles spécialisées, telle que le lycopode, la sélaginelle, l'isoète et le lépidodendron, fossile de l'ère primaire. (Les lycophytes forment un embranchement, correspondant à l'ancienne classe des lycopodinées.)

LYCOPODE n.m. (gr. *lukos,* loup, et *pous, podos,* pied). Petite plante cryptogame vivace dont les tiges, rampantes ou dressées, portent un manchon de petites feuilles. (Ordre des lycopodiales.) Nom usuel : *pied-de-loup.*

LYCOPODIALE n.f. Plante cryptogame vasculaire, à sporange réniforme ne portant qu'un seul type de spores, telle que le lycopode. (Les lycopodiales forment un ordre.)

LYCOSE n.f. (gr. *lukos,* araignée-loup). Grosse araignée errante du sud de l'Europe et des régions tropicales qui creuse des terriers et dont une espèce est la tarentule. (Genre *Lycosa ;* famille des lycosidés.)

LYCRA n.m. (nom déposé). Élasthanne utilisé dans la confection de textiles aux propriétés élastiques.

LYDIEN, ENNE adj. et n. De la Lydie.

LYMPHANGIOME n.m. Angiome constitué de vaisseaux lymphatiques (par oppos. à *hémangiome*).

LYMPHANGITE n.f. Inflammation des vaisseaux lymphatiques.

LYMPHATIQUE adj. **1.** Relatif à la lymphe ou au système lymphatique. **2.** *Drainage lymphatique :* massage thérapeutique effectué par des mouvements doux, lents et circulaires afin de stimuler la circulation lymphatique. – *Système lymphatique :* ensemble des ganglions lymphatiques et des vaisseaux contenant la lymphe, intervenant dans le drainage des tissus et dans l'immunité. ◆ adj. et n. Qui manifeste de la nonchalance, de la mollesse.

LYMPHE n.f. (lat. *lympha,* eau). PHYSIOL. Liquide riche en protéines et en lymphocytes circulant dans le système lymphatique.

LYMPHOBLASTE n.m. Cellule du tissu lymphoïde provenant de l'activation d'un lymphocyte par un antigène.

LYMPHOCYTE n.m. Globule blanc du sang et du tissu lymphoïde responsable de l'immunité spécifique. (On distingue les lymphocytes B, capables de se transformer en plasmocytes, et les lymphocytes T.)

LYMPHOCYTOSE n.f. MÉD. Augmentation du nombre des lymphocytes dans le sang.

LYMPHOGRANULOMATOSE n.f. MÉD. *Lymphogranulomatose maligne :* maladie de *Hodgkin. – *Lymphogranulomatose bénigne :* sarcoïdose. – *Lymphogranulomatose inguinale subaiguë* ou *vénérienne :* maladie de *Nicolas-Favre.

LYMPHOGRAPHIE n.f. Radiographie des vaisseaux et des ganglions lymphatiques après injection d'une substance opaque aux rayons X.

LYMPHOÏDE adj. HISTOL. Qui se rapporte aux ganglions lymphatiques. ◇ *Tissu lymphoïde :* ensemble des lymphocytes en partie disséminés et en partie groupés en organes, jouant un rôle central dans l'immunité. – *Organe lymphoïde,* constitué de tissu lymphoïde (thymus de l'enfant, moelle osseuse, ganglions lymphatiques, amygdales, rate, etc.).

LYMPHOKINE n.f. IMMUNOL. Cytokine sécrétée par les lymphocytes.

LYMPHOME n.m. MÉD. Tumeur génér. maligne développée aux dépens du tissu lymphoïde. (On distingue la maladie de Hodgkin et les autres lymphomes, dits *non hodgkiniens.*)

LYMPHOPÉNIE n.f. MÉD. Diminution du nombre des lymphocytes dans le sang.

LYMPHORÉTICULOSE n.f. MÉD. *Lymphoréticulose bénigne d'inoculation :* infection bactérienne se traduisant par une adénopathie dans une région du corps griffée par un chat. SYN. : *maladie des griffures de chat.*

LYNCH [lintʃ] **(LOI DE)** [de *Lynch,* n. d'un juge]. Procédure qui consistait, aux États-Unis, à condamner et à exécuter séance tenante les criminels pris en flagrant délit.

LYNCHAGE n.m. **1.** Action de lyncher qqn. **2.** *Fig.* Acharnement collectif contre qqn. *Lynchage médiatique.*

LYNCHER [lɛ̃ʃe] v.t. (anglo-amér. *to lynch*). Exécuter qqn sommairement, sans jugement régulier, en parlant d'une foule, d'un groupe.

LYNX [lɛ̃ks] n.m. (gr. *lunx,* loup-cervier). Mammifère carnivore de taille moyenne, haut sur pattes, à vue perçante, vivant en Europe (loup-cervier des Alpes), en Amérique (lynx roux), en Asie et en Afrique (caracal). [Genre *Felis ;* famille des félidés.] ◇ *Avoir des yeux de lynx,* une vue perçante ; *fig.,* être capable de discerner les petits détails qui échappent en général à l'attention.

■ **LYNX.** Lynx du Canada.

LYOPHILE adj. Se dit des substances qui perdent leurs propriétés biologiques à la suite d'une opération de lyophilisation et qui les retrouvent par addition d'eau.

LYOPHILISAT n.m. Produit résultant d'une opération de lyophilisation.

LYOPHILISATION n.f. (gr. *luein,* dissoudre). Déshydratation par sublimation à basse température et sous vide que l'on fait subir à certaines substances pour les conserver. SYN. : *cryodessiccation.*

LYOPHILISER v.t. Soumettre à la lyophilisation. ◇ p.p. adj. *Café lyophilisé.*

LYRE n.f. (lat. *lyra,* d'un mot gr.). **1.** Instrument de musique à cordes pincées, surtout utilisé dans l'Antiquité et au Moyen Âge. **2.** *Lyre de dilatation :* tuyauterie doublement coudée pour absorber la dilatation due à des fluides chauds. SYN. : *col-de-cygne.*

LYRIC n.m. (mot angl.). Partie chantée d'un film ou d'une œuvre dramatique.

1. LYRIQUE adj. (lat. *lyricus,* du gr.). **1.** ANTIQ. GR. Se disait de la poésie chantée avec accompagnement de la lyre. **2.** Se dit d'un genre poétique inspiré de la poésie lyrique grecque (par oppos. à *épique* ou à *dramatique*). **3.** Se dit d'une œuvre poétique, littéraire ou artistique où s'expriment avec une certaine passion les sentiments personnels de l'auteur. ◇ *Abstraction lyrique :* tendance de l'art abstrait opposée à l'abstraction géométrique et qui se caractérise par la liberté et la spontanéité de l'expression. **4.** Qui est mis en musique et chanté. *Théâtre lyrique.* ◇ *Artiste lyrique :* chanteur d'opéra, d'opéra-comique. **5.** *Fig.* Qui est plein d'enthousiasme, d'exaltation. *Quand il parle de cinéma, il devient lyrique.*

2. LYRIQUE n.m. Poète qui pratique la poésie lyrique.

3. LYRIQUE n.f. Rare. Poésie lyrique, genre lyrique.

LYRIQUEMENT adv. Avec lyrisme.

LYRISME n.m. Expression poétique et exaltée de sentiments personnels, de passions.

LYS n.m. → **LIS.**

LYSAT n.m. BIOCHIM. Produit résultant d'une lyse.

LYSE n.f. (gr. *lusis,* dissolution). BIOL. Destruction par fragmentation d'une molécule organique d'une cellule, d'un tissu sous l'influence d'agents physiques ou chimiques.

LYSER v.t. Détruire par lyse.

LYSERGAMIDE ou **LYSERGIDE** n.m. LSD.

LYSERGIQUE adj. *Acide lysergique :* amino-acide dérivé de l'indole.

LYSIMAQUE n.f. (du n. du médecin gr. *Lusimakhos*). Plante des lieux humides de l'Eurasie et de l'Amérique du Nord, à fleurs jaunes, dont certaines espèces, telle la nummulaire, sont cultivées pour l'ornement des jardins. (Genre *Lysimachia ;* famille des primulacées.)

LYSINE n.f. Acide aminé basique indispensable, constituant des protéines.

LYSOSOME n.m. BIOL. CELL. Petit organite intracellulaire, riche en enzymes, impliqué dans la dégradation des nutriments.

LYSOZYME n.m. Enzyme bactéricide qui se trouve dans les liquides de l'organisme (salive, sang, etc.).

LYTIQUE adj. **1.** Qui provoque la lyse. *Des enzymes lytiques.* **2.** *Cocktail lytique :* mélange de puissants médicaments antalgiques et calmants utilisé en anesthésiologie ou pour effectuer une euthanasie.

m

Caractère Melior

M [ɛm] n.m. inv. **1.** Treizième lettre de l'alphabet et la dixième des consonnes. (*M* note l'occlusive nasale bilabiale.) **2.** M : notation de 1 000 dans la numération romaine.

MA adj. poss. fém. → **MON.**

MAAR n.m. (mot all.). Cratère d'explosion volcanique, occupé ou non, selon le climat, par un lac.

MABOUL, E adj. et n. (de l'ar.). *Fam.* Fou.

MAC n.m. (abrév.). *Arg.* Maquereau, proxénète.

MACABRE adj. Qui a trait à la mort ; funèbre, sinistre. *Plaisanterie macabre. Découverte macabre.*

MACACHE interj. (de l'ar.). *Fam.*, vieilli. Exprime la négation, le refus ; rien du tout, rien à faire.

MACADAM [makadam] n.m. (de *McAdam,* n.pr.). Assise de chaussée formée de pierres concassées, cylindrées et agglomérées avec un agrégat sableux ; chaussée ainsi revêtue.

MACADAMISER v.t. Recouvrir de macadam.

MACAQUE n.m. (port. *macaco,* d'un mot bantou). **1.** Singe d'Asie voisin des cercopithèques, mesurant 50 à 60 cm de long sans compter la queue. (Le *macaque rhésus,* animal sacré en Inde, est utilisé dans les laboratoires et a permis la découverte du facteur Rhésus ; genre *Macaca,* famille des cercopithécidés.) **2.** *Fam.* Personne très laide.

■ **MACAQUE.** Macaque rhésus.

MACAREUX n.m. Oiseau marin, voisin du pingouin, au plumage noir et blanc, au gros bec multicolore, vivant en colonies dans les régions tempérées fraîches de l'Atlantique nord. (Long. 30 cm ; genre *Fratercula,* famille des alcidés.)

MACARON n.m. (ital. *macarone,* macaroni). **1.** Petit gâteau rond moelleux, à base de pâte d'amandes, de blancs d'œufs et de sucre. **2.** *Fam.* Décoration, insigne de forme ronde. – *Spécial.* Vignette, insigne à caractère officiel que l'on appose sur le pare-brise d'une voiture. **3.** Ornement rond aux apprêts divers, en passementerie. **4.** Natte de cheveux enroulée sur l'oreille.

MACARONI n.m. [pl. *macaroni(s)*] (mot ital.). Pâte alimentaire de semoule de blé dur, moulée en tubes d'environ 5 mm de diamètre.

MACARONIQUE adj. *Poésie macaronique :* poésie burlesque où les mots sont mêlés de latin ou prennent une terminaison latine.

MACASSAR n.m. (anc. n. d'une ville d'Indonésie). **1.** Huile extraite des graines d'un arbre tropical, le moringa, utilisée autrefois en cosmétique capillaire. (On dit aussi *huile de Macassar.*) **2.** Ébène à veines d'un brun foncé sur un fond plus clair. (On dit aussi *bois de Macassar.*)

MACCARTISME ou **MACCARTHYSME** [makkartism] n.m. (de Joseph *McCarthy,* n.pr.). Politique de persécution et de mise à l'écart de toute personne soupçonnée de sympathies communistes menée aux États-Unis dans les années 1950 à l'instigation du sénateur McCarthy.

MACCHABÉE [makabe] n.m. *Fam.* Cadavre.

MACCHIAIOLI [makjajɔli] n.m. pl. (mot ital., de *macchia,* tache). Groupe de peintres italiens du XIXe s., en rupture avec l'académisme, et qui utilisèrent une technique de touche large, de tons contrastés. (Les plus connus de ces artistes, qui exposèrent ensemble à Florence en 1862, sont Giovanni Fattori [1825 - 1908], Silvestro Lega [1826 - 1895], Telemaco Signorini [1835 - 1901].)

MACÉDOINE n.f. (de *Macédoine,* n.pr.). Mélange de plusieurs fruits ou légumes coupés en morceaux.

MACÉDONIEN, ENNE adj. et n. De la Macédoine. ◆ n.m. Langue slave méridionale parlée principalement en Macédoine.

MACÉRATEUR n.m. Récipient où s'opère une macération.

MACÉRATION n.f. **1.** Fait de macérer. **2.** Opération consistant à faire tremper un produit alimentaire pour le parfumer ou le conserver. ◆ pl. *Litt.* Mortifications que l'on s'inflige par esprit de pénitence.

■ **MACAREUX**

MACÉRER v.t. [11] (lat. *macerare,* rendre doux). Mettre une substance, notamm. un aliment, dans un liquide pour conserver ou parfumer. ◆ v.i. Baigner longuement dans un liquide, en parlant d'un produit alimentaire.

MACERON n.m. (ital. *macerone*). Plante herbacée, aux grandes ombelles de fleurs jaunes, des terrains vagues et des falaises littorales. (Genre *Smyrnium ;* famille des ombellifères.)

MACH [mak] **(NOMBRE DE) :** rapport de la vitesse d'un mobile (projectile, avion) à celle du son dans l'atmosphère où il se déplace. (Cette unité n'est pas une véritable unité de vitesse, car la vitesse du son dans l'air est proportionnelle à la racine carrée de la température.)

MACHAON [makaɔ̃] n.m. (de *Machaon,* personnage myth.). Papillon diurne de l'hémisphère Nord tempéré, à ailes jaunes tachetées de noir, de rouge et de bleu, mesurant jusqu'à 9 cm d'envergure et appelé usuellement *porte-queue.* (La chenille du machaon, très grosse et très colorée, vit sur les ombellifères [carotte, persil, etc.] ; genre *Papilio,* famille des papilionidés.)

MÂCHE n.f. (de *mâcher*). Plante potagère à petites feuilles, que l'on mange en salade. (Genre *Valerianella ;* famille des valérianacées.) SYN. : *doucette.*

■ **MÂCHE**

MÂCHEFER [mɑʃfɛr] n.m. (de l'anc. picard *maquer,* frapper). Scorie poreuse provenant de la combustion des charbons et parfois utilisée dans la construction ou pour la réalisation de chaussées.

MÂCHEMENT n.m. Rare. Action de mâcher.

MÂCHER v.t. (lat. *masticare*). **1.** Broyer avec les dents avant d'avaler ; triturer dans la bouche. SYN. : *mastiquer.* ◇ *Fam. Mâcher la besogne, la leçon à qqn,* lui préparer son travail. – *Ne pas mâcher ses mots :* dire crûment son opinion. **2.** Couper sans netteté, en déchirant les fibres. *Outil qui mâche le bois.*

MACHETTE n.f. (esp. *machete*). Grand coutelas des régions tropicales, à lame épaisse, à poignée courte, utilisé à la volée comme outil ou comme arme.

MÂCHEUR, EUSE n. Personne qui a l'habitude de mâcher qqch. *Un mâcheur de chewing-gum.*

MACHIAVEL [makjavɛl] n.m. (de *Machiavel*, n.pr.). Personne qui fait preuve de machiavélisme.

MACHIAVÉLIQUE [makjavelik] adj. Digne de Machiavel ; rusé, perfide, tortueux.

MACHIAVÉLISME [makjavelism] n.m. **1.** Doctrine de Machiavel. **2.** Politique faisant abstraction de la morale. **3.** Caractère d'une conduite tortueuse et sans scrupules.

MÂCHICOULIS n.m. (de l'anc. fr. *macher*, écraser, et *col*, cou). FORTIF. Au Moyen Âge, galerie en encorbellement au sommet d'une muraille ou d'une tour, comportant des ouvertures permettant de défendre l'accès de celle-ci au moyen de projectiles divers ; chacune de ces ouvertures.

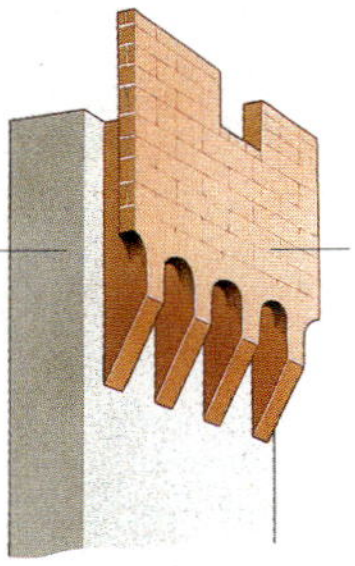

■ MÂCHICOULIS

MACHIN, E n. (de *machine*). *Fam.* (Avec une majuscule.) Personne inconnue ; personne que l'on ne peut pas ou que l'on ne veut pas nommer. ◆ n.m. *Fam.* Chose dont on ne veut pas ou dont on ne peut pas dire le nom.

MACHINAL, E, AUX adj. Se dit d'un mouvement naturel où la volonté n'a pas de part ; mécanique.

MACHINALEMENT adv. De façon machinale.

MACHINATION n.f. Ensemble d'intrigues, de menées secrètes pour faire réussir un complot, un mauvais dessein ; manœuvre.

MACHINE n.f. (lat. *machina*, du gr. *mêkhanê*, ruse, engin). **1.** Appareil ou ensemble d'appareils capable d'effectuer un certain travail ou de remplir une certaine fonction, soit sous la conduite d'un opérateur, soit d'une manière autonome. ◇ MÉCAN. *Machine simple :* dispositif mécanique dans lequel la force se transmet directement (levier, poulie, treuil, etc.). – *Machine de guerre :* dans l'Antiquité et au Moyen Âge, tout engin employé dans la guerre de siège (bélier, catapulte, baliste, etc.) ; *par ext.*, moyen offensif quelconque utilisé contre qqn. – *Machine à bois :* machine-outil pour le travail du bois. – *Machine à sous :* appareil servant de support à un jeu de hasard, dans lequel on introduit une pièce de monnaie et qui en redonne parfois plusieurs. **2.** Appareil, instrument destiné à simplifier les tâches, les travaux de la vie quotidienne. *Machine à laver.* ◇ *Machine à calculer :* machine utilisée pour effectuer des opérations sans que l'opérateur ait à procéder à un comptage. – *Machine à écrire*, ou *machine :* machine destinée à établir des documents au moyen de caractères et de symboles simulant ceux de l'imprimerie et commandés par la manœuvre des touches d'un clavier. **3.** Tout véhicule comportant un mécanisme ou un moteur. – CH. DE F. Locomotive. ◇ *Faire machine arrière :* reculer ; renoncer. **4.** Dispositif assurant la propulsion d'un navire. *Salle des machines.* **5.** THÉÂTRE. *Pièce à machine :* dans le répertoire du XVIIe s., pièce à sujet mythologique et merveilleux reposant sur l'utilisation de la machinerie. **6.** *Fig.* Grande organisation fortement structurée, à rouages complexes. *La machine administrative.* **7.** Personne dont l'action est automatique et qui semble dénuée de sentiments, de qualités humaines.

MACHINE-OUTIL n.f. (pl. *machines-outils*). Machine destinée à façonner la matière au moyen d'un outillage mis en œuvre par des mouvements et des efforts appropriés. ◇ *Machine-outil à commande numérique (MOCN) :* machine-outil pilotée par un système informatique qui obéit à un programme d'usinage spécifique à chaque pièce et met en œuvre plusieurs outils.

MACHINER v.t. (lat. *machinari*, combiner). Combiner certains moyens d'action avec de mauvais desseins ; manigancer, ourdir.

MACHINERIE n.f. **1.** Ensemble de machines employées à un travail. **2.** Local où se trouvent les machines d'un navire. **3.** THÉÂTRE. Ensemble des appareils permettant la mise en place et la manœuvre des éléments scéniques d'un spectacle (décors, accessoires, etc.).

MACHINE-TRANSFERT n.f. (pl. *machines-transferts*). Machine-outil à postes d'usinage multiples, devant lesquels les pièces à usiner sont successivement et automatiquement transférées.

MACHINISME n.m. Emploi généralisé de machines substituées à la main-d'œuvre, dans l'industrie.

MACHINISTE n. **1.** Conducteur de machines. **2. a.** Conducteur d'autobus. **b.** Belgique. Conducteur de locomotive. **3.** THÉÂTRE. Ouvrier chargé de la réalisation et de la manœuvre de la machinerie nécessaire à un spectacle.

MACHISME [matʃism] ou [maʃism] n.m. (de *macho*). Idéologie et comportement fondés sur l'idée que l'homme doit dominer la femme et qu'il faut, en tout, faire primer de supposées vertus viriles.

MACHISTE [matʃist] ou [maʃist] adj. et n.m. Qui manifeste des tendances au machisme ; phallocrate.

MACHMÈTRE [makmɛtr] n.m. Instrument servant à mesurer le nombre de Mach à bord d'un avion.

MACHO [matʃo] adj. et n.m. (mot esp., du lat. *masculus*, mâle). *Fam.* Qui fait preuve de machisme ; phallocrate.

MÂCHOIRE n.f. (de *mâcher*). **1. a.** Chacune des deux formations osseuses ou cartilagineuses sur lesquelles sont génér. implantées des dents et qui soutiennent la bouche des vertébrés, à l'exception des agnathes. – *Spécial.* Partie mobile inférieure. **b.** Pièce buccale de fonction analogue, chez divers invertébrés. **2.** TECHN. Pièce double dont les deux parties peuvent se rapprocher ou s'éloigner à volonté pour serrer et maintenir un objet. *Mâchoires d'un étau, d'une tenaille.* ◇ AUTOM. *Mâchoire de frein :* élément d'un frein à tambour, constitué d'une pièce métallique garnie à sa périphérie d'une matière à haut coefficient de frottement et qui, lors du freinage, appuie fortement sur le tambour solidaire de la roue.

MÂCHON n.m. Région. (Lyon). Restaurant où l'on sert un repas léger ; ce repas.

MÂCHONNEMENT n.m. Action de mâchonner.

MÂCHONNER v.t. **1.** Triturer avec les dents. *Mâchonner un chewing-gum.* **2.** Mordre machinalement un objet qu'on tient entre les dents. *Mâchonner son crayon.*

MÂCHOUILLER v.t. *Fam.* Mâchonner.

MÂCHURE n.f. (de l'anc. fr. *macher*, écraser, altéré d'après *mâcher*). TEXT. Partie du drap où le poil, mal tondu, est couché, écrasé.

1. MÂCHURER v.t. (lat. pop. *mascarare*, noircir avec de la suie). Vx. Barbouiller de noir.

2. MÂCHURER v.t. (de *mâchure*). Vx. Meurtrir, déchirer, mettre en lambeaux.

MACIS n.m. (lat. *macir*, écorce aromatique). Capsule, écorce de la noix muscade, utilisée comme condiment.

MACLE n.f. (francique *maskila*, maille). CRISTALLOGR. Association de plusieurs cristaux d'une même espèce minérale, mais orientés différemment, avec interpénétration partielle.

MACLÉ, E adj. Qui présente des macles.

MÂCON n.m. Vin du Mâconnais.

1. MAÇON n.m. (du francique *makjo*). Personne qui réalise la construction en maçonnerie (gros œuvre) ou les légers ouvrages (enduits, ravalements, etc.).

2. MAÇON, ONNE adj. Se dit des animaux qui se construisent une habitation avec de la terre, de la cire, etc. *Guêpe maçonne.*

3. MAÇON, ONNE n. Franc-maçon.

MAÇONNAGE n.m. Action de maçonner ; travail du maçon.

MAÇONNER v.t. Construire en maçonnerie ; réparer, boucher, revêtir avec une maçonnerie.

MAÇONNERIE n.f. **1.** Ouvrage composé de matériaux (pierres, briques, moellons, etc.) unis par un liant (mortier, plâtre, ciment, etc.) ; partie des travaux d'un bâtiment qui s'y rapporte. **2.** Franc-maçonnerie.

MAÇONNIQUE adj. Qui appartient à la franc-maçonnerie.

MACRAMÉ n.m. (de l'ar.). Dentelle d'ameublement assez lourde, obtenue avec des fils tressés et noués à la main.

MACRE n.f. (mot germ.). Plante aquatique des étangs, à feuilles flottantes ou immergées, à fleurs blanches et dont le fruit (ou *châtaigne d'eau*) renferme une amande comestible. (Genre *Trapa* ; famille des trapacées.)

1. MACREUSE n.f. (mot normand, du néerl. *meerkol*). Canard des régions boréales, à plumage sombre, qui passe l'hiver notamm. sur les côtes de France, où il se nourrit de coquillages. (Long. 50 cm ; genre *Melanitta*, famille des anatidés.)

2. MACREUSE n.f. Morceau du bœuf constitué par les muscles de l'épaule.

MACRO n.f. (abrév.). INFORM. Macro-instruction.

MACROBIOTIQUE n.f. Méthode diététique comportant un régime végétarien composé essentiellement de céréales, de légumes et de fruits. ◆ adj. Relatif à la macrobiotique.

MACROCÉPHALE adj. et n. Atteint de macrocéphalie.

MACROCÉPHALIE n.f. (gr. *makros*, grand, et *kephalê*, tête). MÉD. Augmentation anormale du volume du crâne, souvent par suite d'une hydrocéphalie.

MACROCHEIRE [-kɛr] n.m. Crabe géant des mers du Japon, voisin du maïa, aux pinces démesurées (envergure des pattes 4 m).

MACROCOSME n.m. *Le macrocosme :* l'univers dans sa relation analogique avec l'homme (*microcosme*), dans la tradition ésotérique et alchimique.

MACROCOSMIQUE adj. Du macrocosme.

MACROCYSTE ou **MACROCYSTIS** [makrɔsistis] n.m. (gr. *makros*, grand, et *kustis*, vessie). Algue brune des mers froides, voisine des laminaires, dont le thalle peut atteindre 200 m de longueur. (Classe des phéophycées.)

MACROCYTOSE n.f. Augmentation de la taille des globules rouges lors de certaines anémies.

MACROÉCONOMIE n.f. Partie de la science économique qui se propose d'expliquer les relations entre les agrégats d'une économie et envisage les faits économiques globaux.

MACROÉCONOMIQUE adj. Relatif à la macroéconomie.

MACROFAUNE n.f. ÉCOL. **1.** Ensemble des animaux observables à l'œil nu. **2.** *Macrofaune du sol :* ensemble des animaux vivant dans le sol et dont la taille est supérieure à 4 mm (mille-pattes, vers de terre, ainsi que de nombreux insectes et leurs larves).

MACROGLOBULINE n.f. Globuline de poids moléculaire élevé, aux fonctions d'anticorps.

MACROGLOBULINÉMIE n.f. Affection caractérisée par un excès de macroglobulines dans le plasma sanguin.

MACROGRAPHIE n.f. MÉTALL. Étude avec un faible grossissement de la structure d'un métal ou d'un alliage après traitement de sa surface par un réactif.

MACROGRAPHIQUE adj. Relatif à la macrographie.

MACRO-INSTRUCTION n.f. (pl. *macro-instructions*). INFORM. Instruction complexe, définissant des opérations composées à partir des instructions du répertoire de base d'un ordinateur. Abrév. : *macro.*

MACROLIDE n.m. Antibiotique bactériostatique d'usage courant (nom générique).

MACROMOLÉCULAIRE adj. **1.** Relatif aux macromolécules. **2.** *Chimie macromoléculaire :* partie de la chimie qui traite de la synthèse et des propriétés des macromolécules.

MACROMOLÉCULE n.f. Très grosse molécule, formée par l'enchaînement et la répétition d'un grand nombre de motifs élémentaires.

MACROMUTATION n.f. GÉNÉT. Mutation affectant de larges portions de chromosomes (par oppos. à *micromutation*).

MACRONUTRIMENT n.m. PHYSIOL. Élément chimique que l'organisme utilise en grandes quantités (par ex., le carbone).

M

MACRO-ORDINATEUR n.m. (pl. *macro-ordinateurs*). Ordinateur universel de moyenne ou de grande puissance.

MACROPHAGE n.m. Cellule des tissus provenant de la transformation du monocyte sanguin et capable de phagocytose.

MACROPHOTOGRAPHIE n.f. Photographie d'un très petit sujet, en donnant une image agrandie.

MACROPODE n.m. Poisson brillamment coloré, originaire du sud-est de l'Asie, appelé aussi *poisson-paradis,* qui s'élève en aquarium. (Long. 7 cm ; genre *Macropodus,* famille des anabantidés.)

MACROSCÉLIDE n.m. (gr. *makros,* grand, et *skelos,* jambe). Petit mammifère insectivore africain, se déplaçant par bonds comme les gerboises, au museau allongé et mobile, tel que le rat à trompe. (Les macroscélides forment l'ordre des macroscélidiens et la famille des macroscélididés.)

■ **MACROSCÉLIDE** (rat à trompe).

MACROSCOPIQUE adj. Qui se voit à l'œil nu.

MACROSÉISME n.m. Séisme sensible directement à l'homme (par oppos. à *microséisme*).

MACROSOCIOLOGIE n.f. Sociologie qui étudie la société globalement, à travers ses principales structures économiques, politiques, idéologiques, etc.

MACROSPORANGE n.m. BOT. Sporange femelle, produisant des macrospores.

MACROSPORE n.f. BOT. Grosse spore qui, chez certains végétaux cryptogames, donne un gamétophyte femelle.

MACROSTRUCTURE n.f. *Didact.* Structure principale, organisation générale de qqch.

MACROURE n.m. (gr. *makros,* grand, et *oura,* queue). Crustacé décapode à l'abdomen bien développé, tel que l'écrevisse, le homard, la langouste. (Les macroures forment un sous-ordre.)

MACULA n.f. (mot lat.). ANAT. Dépression de la rétine, appelée aussi *tache jaune,* située au pôle postérieur de l'œil et où l'acuité visuelle est maximale.

MACULAGE n.m. **1.** Action de maculer, de tacher. **2.** IMPRIM. Défaut d'impression qui consiste en des salissures d'encre sur les feuilles imprimées (par transfert, pression, etc.).

MACULAIRE adj. Relatif à la macula. *Dégénérescence maculaire.*

MACULATURE n.f. **1.** IMPRIM. Feuille maculée à l'impression. **2.** EMBALL. Papier grossier servant à l'emballage du papier en rames.

MACULE n.f. (lat. *macula*). **1.** IMPRIM. Mauvaise feuille d'impression (mal encrée, mal repérée, maculée). **2.** EMBALL. Papier d'emballage très ordinaire, à base de vieux papiers. **3.** MÉD. Lésion cutanée élémentaire constituée d'une petite tache, souvent rouge, non saillante (par oppos. à *papule*).

MACULER v.t. (lat. *maculare*). Couvrir de taches. *Maculer sa copie d'encre.*

MACUMBA [makumba] n.f. (mot port. du Brésil). Culte proche du vaudou, pratiqué dans certaines régions du Brésil.

MADAME n.f. (pl. *mesdames*). **1.** Titre accordé autref. aux dames de qualité et donné auj. aux femmes mariées et, de plus en plus, à toutes les femmes. (En abrégé, Mme.) **2.** Titre précédant la fonction ou la profession d'une femme. *Madame la Directrice.* **3.** HIST. (Avec une majuscule.) Titre que l'on donnait, à la cour de France, aux filles du roi, du Dauphin et à la femme de Monsieur, frère du roi.

MADAPOLAM [madapɔlam] n.m. (n. d'une v. de l'Inde). Tissu de coton blanc, à armure toile, à grain très marqué, intermédiaire entre le calicot et la percale.

MADE IN [mɛdin], expression anglaise signifiant *fabriqué en, à* et qui, suivie du nom anglais d'un pays, indique l'origine d'un produit manufacturé.

1. MADELEINE n.f. (du prénom *Madeleine*). Petit gâteau en forme de coquille bombée, constitué d'une pâte à base d'œufs battus, de sucre, de farine, de beurre fondu, parfumée au citron ou à la fleur d'oranger.

2. MADELEINE n.f. (de sainte *Madeleine*). VITIC. Nom commun à divers cépages précoces donnant du raisin de table.

MADEMOISELLE n.f. (pl. *mesdemoiselles*). **1.** Titre donné aux jeunes filles ou aux femmes célibataires. (En abrégé, Mlle.) **2.** Anc. Titre donné à une femme mariée dont le mari n'était pas noble. **3.** HIST. (Avec une majuscule.) Titre de la fille aînée du frère du roi de France.

MADÈRE n.m. Vin muté à l'alcool, produit dans l'île de Madère. ◇ *Sauce madère :* sauce brune à laquelle est incorporé du madère.

MADÉRISATION n.f. Fait pour un vin de se madériser.

MADÉRISER (SE) v.pr. En parlant d'un vin blanc ou rosé, prendre un goût de madère du fait d'une oxydation.

MADONE n.f. (ital. *madonna,* madame). Image, représentation de la Vierge Marie. ◇ *La Madone :* la Vierge.

MADRAGUE n.f. (provenç. *madraga,* de l'ar. *maḍraba*). Région. (Provence). Grande enceinte de filets pour la pêche au thon.

MADRAS [madrɑs] n.m. (de *Madras,* n.pr.). Étoffe à chaîne de soie et trame de coton, de couleurs vives.

MADRASA [madrasa] ou **MEDERSA** [mɛdɛrsa] n.f. inv. (mot ar.). Collège, université dépendant de l'autorité religieuse, dans les pays musulmans.

MADRÉ, E adj. (de l'anc. fr. *masdre,* bois veiné, du francique). Se dit de certains bois aux fibres irrégulièrement enchevêtrées, utilisés en ébénisterie et tabletterie. SYN. : *ronceux.* ◆ adj. et n. *Litt.* Inventif et retors, sous des allures bonhommes.

MADRÉPORAIRE n.m. Invertébré cnidaire, polype à squelette calcaire, très abondant dans les mers chaudes et dont les colonies forment les récifs coralliens et les atolls. (Les madréporaires forment un ordre d'hexacoralliaires.)

MADRÉPORE n.m. (ital. *madrepora,* de *madre,* mère, et *poro,* pore). Cnidaire constructeur formant des colonies de polypes à squelette calcaire (polypier), jouant un rôle déterminant dans la formation des récifs coralliens. (Ordre des madréporaires.)

■ **MADRÉPORE**

MADRIER n.m. (du lat. *materia*). Pièce de bois très épaisse, employée en construction.

MADRIGAL n.m. (pl. *madrigaux*) [ital. *madrigale*]. **1.** LITTÉR. Petite pièce en vers exprimant une pensée fine, tendre ou galante. **2.** MUS. Composition vocale polyphonique a cappella, ou monodique avec accompagnement, et qui cherche à traduire les inflexions d'un poème.

MADRIGALISTE n. Auteur de madrigaux.

MADRILÈNE adj. et n. De Madrid.

MADRURE n.f. Forme sinueuse des veines du bois madré, utilisée en ébénisterie pour les placages.

MAELSTRÖM [malstrøm] ou **MALSTROM** [malstrɔm] n.m. (mot néerl.). *Litt.* Gouffre ; tourbillon.

MAËRL [maɛrl] ou **MERL** n.m. (mot breton). Sable calcaire des rivages utilisé pour l'amendement de sols, notamm. en Bretagne.

MAESTRIA [maɛstrija] n.f. (mot ital., *maîtrise*). Aisance, perfection dans l'exécution d'une œuvre d'art, dans la réalisation de qqch ; brio, virtuosité.

MAESTRO [maɛstro] n.m. (mot ital., *maître*). Nom donné à un compositeur de musique ou à un chef d'orchestre célèbre. – *Par ext., par plais.* Nom donné à tout chef d'orchestre.

MAFÉ n.m. Afrique. Ragoût de viande ou de poisson dans une sauce à l'arachide.

MAFFLU, E adj. (du néerl. *maffelen,* mâchonner). *Litt.* Qui a de grosses joues.

MAFIA ou **MAFFIA** n.f. (mot sicilien, *hardiesse, vantardise*). **1.** *La Mafia :* organisation criminelle sicilienne dont les activités, exercées par des clans familiaux soumis à une direction collégiale occulte, reposent sur une stratégie d'infiltration de la société civile et des institutions. **2.** Association criminelle d'envergure, comparable par sa structure et ses procédés à la Mafia. **3.** *Fam., péjor.* Groupe occulte de personnes qui se soutiennent dans leurs intérêts par toutes sortes de moyens.

MAFIEUX, EUSE ou **MAFFIEUX, EUSE** adj. et n. De la Mafia ; d'une mafia.

MAFIOSO ou **MAFFIOSO** [mafjozo] n.m. (pl. *maf[f]iosi*). Membre de la Mafia.

MAGANÉ, E adj. Québec. *Fam.* **1.** Détérioré, usé. **2.** Fatigué, épuisé ; malade.

MAGANER v.t. Québec. *Fam.* Abîmer, user.

MAGASIN n.m. (de l'ar.). **1.** Local pour recevoir et conserver des marchandises, des provisions. *Magasin à blé.* **2.** Établissement de commerce plus ou moins important, où l'on vend des marchandises en gros ou au détail. ◇ *Grand magasin :* établissement de vente au détail proposant un large assortiment de marchandises sur une grande surface, génér. en étages et souvent situé en ville. – *Magasin d'usine :* grande surface où sont vendus, à des prix inférieurs à ceux du marché, des articles provenant directement d'une usine. **3.** DR. *Magasin général :* établissement exploité par des personnes de droit privé, après autorisation administrative, qui met à la disposition du public des locaux destinés à recevoir des marchandises en vue de constituer une garantie à un prêt. **4.** *Fig.* Ce qui renferme des choses diverses en grande quantité ; réservoir. *Un magasin d'idées, d'images.* **5.** Cavité qui reçoit les cartouches ou le chargeur, dans une arme à répétition. **6. a.** CINÉMA, PHOTOGR. Contenant hermétique où est enroulée, à l'abri de la lumière, la surface sensible destinée à la prise de vue(s). **b.** PHOTOGR. Dispositif recevant les diapositives et permettant l'alimentation automatique d'un projecteur.

1. MAGASINAGE n.m. **1.** Action de mettre en magasin. **2.** *Frais de magasinage :* droit que l'on paie ou frais que l'on supporte pour laisser des marchandises en dépôt dans un magasin.

2. MAGASINAGE n.m. Québec. Action de magasiner ; shopping.

MAGASINER v.i. Québec. Faire des courses dans les magasins.

MAGASINIER, ÈRE n. Employé chargé de garder les objets amenés en magasin et de tenir des états de stock.

MAGAZINE n.m. (mot angl., du fr. *magasin*). **1.** Publication périodique, le plus souvent illustrée, qui traite des sujets les plus divers. **2.** Émission de radio, de télévision traitant régulièrement de sujets appartenant à un même domaine de connaissances.

MAGDALÉNIEN, ENNE adj. et n.m. (de l'abri de la *Madeleine,* à Tursac, Dordogne). Se dit d'un ensemble de faciès culturels qui succèdent au solutréen, à la fin du paléolithique supérieur (de – 15 000 à – 10 000). [Outre l'industrie lithique, ces faciès sont caractérisés par un riche outillage osseux pour la chasse et la pêche – harpons, pointes de sagaies –, le plus souvent en bois de renne, ainsi que par un art mobilier et rupestre : Altamira, les Combarelles, Font-de-Gaume, etc.]

MAGE n.m. (lat. *magus,* du gr. *magos*). **1.** Membre de la caste sacerdotale et savante de l'Iran ancien. **2.** Personne versée dans les sciences occultes, la magie. **3.** *Les Rois mages,* ou *les Mages :* personnages qui vinrent, guidés par une étoile, adorer Jésus à Bethléem. (Une tradition très postérieure aux Évangiles leur a donné les noms de Melchior, Gaspard et Balthazar.)

MAGENTA [maʒɛ̃ta] n.m. et adj. inv. (de *Magenta,* n.pr.). PHOTOGR., IMPRIM. Rouge violacé de la synthèse soustractive trichrome.

MAGHRÉBIN, E adj. et n. Du Maghreb.

MAGHZEN n.m. → **MAKHZEN.**

MAGICIEN, ENNE n. **1.** Personne qui pratique la magie. **2.** Personne qui semble disposer d'un

M

pouvoir magique sur les êtres et les choses. **3.** Illusionniste qui produit ses effets au moyen d'accessoires truqués.

MAGIE n.f. (lat. *magia,* du gr.). **1.** Ensemble des pratiques visant à s'assurer la maîtrise de forces invisibles, immanentes à la nature ou surnaturelles, et à les faire servir aux fins qu'on se propose. ◇ *Magie noire, magie blanche,* respectivement mises en œuvre pour le mal ou pour le bien. **2.** *Fig.* Série d'effets comparables à ceux de la magie ; puissance de séduction, d'illusion. *La magie des mots.* ◇ *Comme par magie :* d'une manière inexplicable.

ENCYCL. Avant que la pensée rationaliste moderne ne la dévalorise et ne la relègue, sans l'anéantir, dans une sorte d'obscurité honteuse, la magie a produit des spéculations nombreuses et raffinées. Ainsi, entre la théurgie (magie blanche) et la goétie (magie noire), la pensée de la Renaissance, avec Cardan, Paracelse, Crollius, Della Porta, etc., a tenté de bâtir une magie naturelle, fondée sur l'idée que tout dans la nature est communication et symbole. Par ailleurs, de nombreux ethnologues, dont Lévi-Strauss, se sont intéressés de près aux modes de pensée magiques.

MAGIQUE adj. **1.** Qui relève de la magie. *Pouvoir magique.* **2.** Dont les effets sont extraordinaires, sortent du rationnel. *Spectacle magique.* **3.** Se dit de ce qui agit d'une manière surprenante. *Mot magique.* **4.** *Carré magique :* tableau carré de nombres, tel que la somme des éléments d'une ligne, d'une colonne ou d'une diagonale soit le même nombre. **5.** PSYCHOL. *Pensée magique :* forme de pensée de l'enfant, entre 2 et 7 ans, caractérisée par une confusion entre l'univers subjectif et l'univers objectif.

M

MAGIQUEMENT adv. De façon magique.

MAGISTER [maʒistɛr] n.m. (mot lat., *maître*). *Fam.,* vx. Pédant. *Faire le magister.*

MAGISTÈRE n.m. (lat. *magisterium*). **1.** CATH. Ensemble de ceux qui, détenant l'autorité au nom du Christ, ont la charge d'interpréter la doctrine révélée (pape, conciles œcuméniques, évêques). **2.** Dignité de grand maître d'un ordre religieux militaire. **3.** Composition à laquelle les alchimistes attribuaient des propriétés merveilleuses. **4.** Diplôme de haut niveau décerné par les universités et sanctionnant au minimum trois années de formation associant enseignement et stages.

MAGISTRAL, E, AUX adj. (du lat. *magister,* maître). **1.** Qui porte la marque de la supériorité, de l'excellence. *Une œuvre magistrale. Une habileté magistrale.* **2.** Qui évoque le comportement d'un maître ; impérieux, imposant. *Ton magistral.* ◇ *Cours magistral,* dont le contenu et la présentation dépendent du professeur, par oppos. aux travaux dirigés ou à d'autres formes de pédagogie qui impliquent une participation active des étudiants. **3.** *Préparation magistrale :* médicament qui se confectionne en pharmacie d'après l'ordonnance du médecin.

MAGISTRALEMENT adv. De façon magistrale.

MAGISTRAT, E n. (lat. *magistratus*). **1.** Tout fonctionnaire ou officier civil investi d'une autorité juridictionnelle (membre des tribunaux, des cours, etc.), administrative (maire, préfet, etc.) ou politique (ministre, président de la République, etc.). **2.** Personne exerçant ses fonctions au sein d'une juridiction de l'ordre judiciaire ou administratif, et en partic. membre de la magistrature du siège ou du parquet.

MAGISTRATURE n.f. **1.** Dignité, charge de magistrat ; temps pendant lequel un magistrat exerce ses fonctions. ◇ *La magistrature suprême :* la fonction de président de la République, en France. **2.** Corps des magistrats.

MAGMA n.m. (mot gr., *pâte pétrie*). **1.** Mélange formant une masse pâteuse, épaisse et visqueuse. **2.** GÉOL. Liquide silicaté qui se forme à l'intérieur de la Terre par fusion partielle du manteau supérieur et qui, en refroidissant, forme une roche volcanique ou plutonique, selon les conditions de mise en place. **3.** Mélange confus de choses abstraites.

MAGMATIQUE adj. GÉOL. Relatif au magma. *Une chambre magmatique.* ◇ *Roche magmatique :* roche provenant de la cristallisation en profondeur (roche plutonique) ou en surface (roche volcanique) d'un magma différencié.

MAGMATISME n.m. GÉOL. Formation, migration et solidification des magmas.

MAGNAN [maɲɑ̃] n.m. (mot provenç.). **1.** Région. (Midi). Ver à soie. **2.** Fourmi noire d'Afrique, très vorace, qui migre en formant d'immenses colonnes dévastant tout sur leur passage (Genre *Anoma.*)

MAGNANARELLE n.f. Région. (Midi). Femme qui pratique l'élevage des vers à soie.

MAGNANERIE n.f. Bâtiment destiné à l'élevage des vers à soie.

MAGNANIER, ÈRE n. Personne qui pratique l'élevage des vers à soie.

MAGNANIME adj. (lat. *magnus,* grand, et *animus,* esprit). Qui manifeste de la bienveillance, de la clémence, de l'indulgence.

MAGNANIMEMENT adv. Avec magnanimité.

MAGNANIMITÉ n.f. Caractère de qqn, d'un comportement qui est magnanime.

MAGNAT [magna] ou [maɲa] n.m. (du lat. *magnus,* grand). **1.** HIST. En Hongrie et en Pologne, membre des grandes familles nobles dominantes. **2.** Personnalité très importante du monde des affaires, de l'industrie, de la finance, de la presse.

MAGNER (SE) ou **MANIER (SE)** v.pr. (de *manier*). *Fam.* Se dépêcher. *Magne-toi !*

MAGNÉSIE n.f. (lat. *magnes lapis,* pierre d'aimant). CHIM. MINÉR. Oxyde ou hydroxyde de magnésium. [La magnésie anhydre MgO est une poudre blanche fondant vers 2 500 °C, que l'eau transforme en magnésie hydratée $Mg(OH)_2$.]

MAGNÉSIEN, ENNE adj. Qui contient du magnésium. ◆ adj.m. et n.m. Organomagnésien.

MAGNÉSIOTHERMIE n.f. Procédé de préparation de métaux purs utilisant le pouvoir de réduction du magnésium.

MAGNÉSITE n.f. MINÉRALOG. Carbonate de magnésium ($MgCO_3$). SYN. : *giobertite.*

MAGNÉSIUM [maɲezjɔm] n.m. **1.** Métal solide, blanc argenté, de densité 1,74, fondant à 648,8 °C. **2.** Élément chimique (Mg), de numéro atomique 12, de masse atomique 24,305 C.

ENCYCL. Sous forme divisée, le magnésium brûle dans l'air avec une flamme très lumineuse. C'est un élément nutritif très important pour les plantes car il intervient dans de nombreux métabolismes. En métallurgie, il entre dans la composition de la plupart des alliages d'aluminium, dont il améliore les propriétés mécaniques.

MAGNET [maɲɛt] n.m. (mot angl., *aimant*). Petit objet décoratif aimanté que l'on applique sur un support métallique, réfrigérateur notamment.

MAGNÉTIQUE adj. (bas lat. *magneticus,* de *magnes,* aimant minéral). **1.** Doué des propriétés de l'aimant. *Corps magnétique.* **2.** Qui concerne le magnétisme. *Champ magnétique.* **3.** *Fig.* Qui a une influence puissante et mystérieuse. *Regard magnétique.*

MAGNÉTISABLE adj. Qui peut être magnétisé.

MAGNÉTISANT, E adj. Qui provoque l'aimantation.

MAGNÉTISATION n.f. Action, manière de magnétiser.

MAGNÉTISER v.t. **1.** Communiquer une aimantation à un matériau, à un corps. **2.** *Fig.* Exercer une attraction puissante et mystérieuse sur. *Orateur qui magnétise les foules.*

MAGNÉTISEUR, EUSE n. Guérisseur censé agir à distance au moyen de son fluide magnétique, mis en œuvre notamm. par l'imposition des mains.

MAGNÉTISME n.m. **1.** Ensemble des phénomènes que présentent les matériaux aimantés. ◇ *Magnétisme terrestre :* ensemble des phénomènes magnétiques liés au globe terrestre. SYN. : *géomagnétisme.* **2.** *Magnétisme animal :* propriété occulte du corps animal qui le rendrait réceptif à l'influence des corps célestes et à celle des corps qui l'environnent, de même qu'il exercerait la sienne sur ces derniers. (La doctrine correspondante a été élaborée et diffusée au XVIIIe s. par F. Mesmer.) **3.** Attrait puissant et mystérieux exercé par qqn sur son entourage.

ENCYCL. Chacun des atomes d'un corps comporte des charges électriques en mouvement (les électrons), qui sont sensibles à l'action d'un champ magnétique extérieur. La plupart des corps sont *diamagnétiques :* leur aimantation est temporaire et de sens opposé à celui du champ extérieur. À cause de leur structure électronique, les atomes de certains matériaux (oxygène, platine) sont analogues à de petits aimants qui tendent à s'aligner dans la direction du champ ; ces corps *paramagnétiques* possèdent une faible aimantation. D'autres matériaux à structure cristalline sont *ferromagnétiques* (nickel, cobalt) ou *ferrimagnétiques* (ferrites). Ces corps se partagent en petits domaines à l'intérieur desquels tous les atomes ont une aimantation parallèle. Ces domaines tendent à s'aligner dans la direction d'un champ magnétique extérieur, ce qui confère au matériau une forte aimantation.

MAGNÉTITE n.f. Oxyde de fer, doué de magnétisme, utilisé comme minerai de fer.

MAGNÉTO n.f. ÉLECTROTECHN. Génératrice électrique où le champ inducteur est produit par un aimant permanent.

MAGNÉTOCASSETTE n.m. Magnétophone utilisant des cassettes.

MAGNÉTOCHIMIE n.f. Étude des propriétés magnétiques des combinaisons chimiques.

MAGNÉTODYNAMIQUE adj. Se dit d'un appareil dans lequel l'excitation magnétique est produite par un aimant permanent.

MAGNÉTOÉLECTRIQUE adj. Qui tient à la fois des phénomènes magnétiques et électriques.

MAGNÉTOHYDRODYNAMIQUE n.f. Domaine de la physique qui traite de la dynamique des fluides conducteurs (par ex., un gaz ionisé) en présence d'un champ magnétique. Abrév. : *MHD.* ◆ adj. Relatif à la magnétohydrodynamique.

MAGNÉTOMÈTRE n.m. Appareil destiné à la mesure d'un champ magnétique.

MAGNÉTOMÉTRIE n.f. Mesure des champs magnétiques et des propriétés magnétiques des corps.

MAGNÉTOMOTEUR, TRICE adj. *Force magnétomotrice :* grandeur scalaire égale à la circulation du vecteur champ magnétique le long d'un contour fermé. Abrév. : *f.m.m.*

MAGNÉTON n.m. PHYS. Unité élémentaire de moment magnétique propre aux domaines atomique et subatomique. (La valeur du magnéton de Bohr est $\mu = e\hbar/2m$, avec e = charge de l'électron, ħ = constante de Planck réduite, m = masse de l'électron.)

MAGNÉTO-OPTIQUE n.f. (pl. *magnéto-optiques*). Étude des propriétés optiques des substances soumises à des champs magnétiques.

MAGNÉTOPAUSE n.f. Limite externe de la magnétosphère d'une planète.

MAGNÉTOPHONE n.m. Appareil d'enregistrement et de lecture des sons par aimantation rémanente d'une bande magnétique.

MAGNÉTOSCOPE n.m. Appareil d'enregistrement et de lecture des images et du son sur bande magnétique.

MAGNÉTOSCOPER v.t. Enregistrer avec un magnétoscope.

MAGNÉTOSPHÈRE n.f. Zone dans laquelle le champ magnétique d'une planète se trouve confiné par le vent solaire.

MAGNÉTOSTATIQUE n.f. Domaine de la physique qui traite des phénomènes concernant des aimants ou des masses magnétiques au repos. ◆ adj. Relatif à la magnétostatique.

MAGNÉTOSTRICTION n.f. Déformation mécanique d'un matériau ferromagnétique, qui accompagne son aimantation.

MAGNÉTRON n.m. Tube à vide de forte puissance, générateur ou amplificateur de courants de très haute fréquence, dont le flux d'électrons est commandé à la fois par un champ électrique et par un champ magnétique.

MAGNIFICAT [maɲifikat] ou [magnifikat] n.m. inv. (mot lat.). **1.** CATH. Cantique de la Vierge Marie chanté aux vêpres. **2.** Musique composée sur ce cantique.

MAGNIFICENCE n.f. **1.** Qualité de ce qui est magnifique ; splendeur, éclat. *La magnificence d'un palais.* **2.** *Sout.* Générosité, prodigalité. — REM. À distinguer de *munificence,* malgré la proximité des sens.

MAGNIFIER v.t. [5] (lat. *magnificare,* de *magnus,* grand). Exalter la grandeur de ; glorifier, vanter. *Magnifier un exploit.*

MAGNIFIQUE adj. (lat. *magnificus*). **1.** Qui a une beauté pleine de grandeur ; somptueux, grandiose. *Un magnifique spectacle.* **2.** Qui est extrêmement beau ; superbe, splendide. *Un temps*

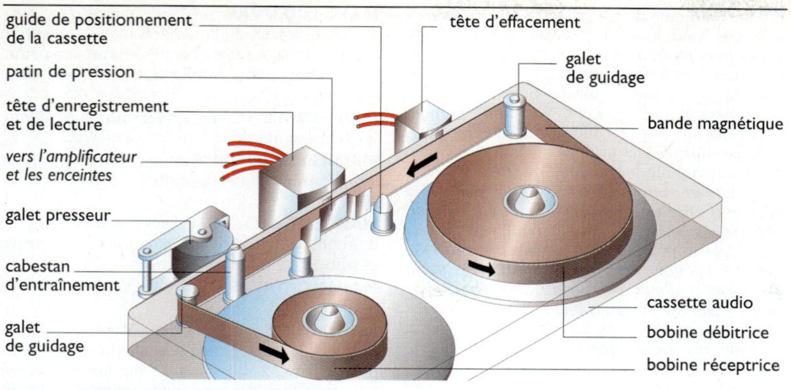

■ **MAGNÉTOPHONE.** Fonctionnement d'un magnétophone.

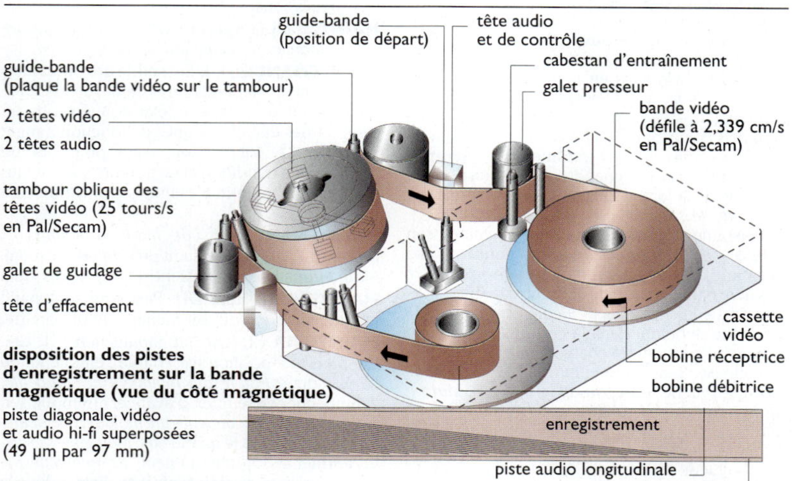

■ **MAGNÉTOSCOPE.** Fonctionnement d'un magnétoscope.

magnifique. Athlète magnifique. **3.** Qui est d'une qualité exceptionnelle. *Ce boucher a de la viande magnifique.* **4.** Qui suscite l'admiration ; remarquable. *Une découverte magnifique.*

MAGNIFIQUEMENT adv. De façon magnifique.

MAGNITUDE n.f. (lat. *magnitudo,* grandeur). **1.** ASTRON. Nombre qui caractérise l'éclat apparent *(magnitude apparente)* ou réel *(magnitude absolue)* d'un astre. (Ce nombre diminue quand l'éclat augmente.) **2.** GÉOPHYS. Représentation numérique, sur une échelle donnée, de l'importance d'un séisme.

MAGNOLIA [maɲɔlja] n.m. (du botaniste *Magnol*). Arbre ornemental originaire d'Asie et d'Amérique, à port élégant, à feuilles alternes, luisantes, à grandes fleurs d'odeur suave. (Famille des magnoliacées.)

■ **MAGNOLIA**

MAGNOLIACÉE n.f. Plante dicotylédone à grandes fleurs d'un type archaïque, telle que le tulipier, le magnolia, la badiane. (Les magnoliacées forment une famille.)

MAGNUM [magnɔm] n.m. (lat. *magnus,* grand). **1.** Grosse bouteille de vin contenant l'équivalent de deux bouteilles ordinaires (1,5 litre). *Un magnum de champagne.* **2.** Bouteille de 1,5 ou de 2 litres d'eau minérale, de jus de fruits, etc.

1. MAGOT n.m. (de *Magog,* n.pr.). **1.** Macaque d'une espèce dépourvue de queue, vivant en Afrique du Nord et à Gibraltar. (Long. 65 cm.) **2.** Figurine représentant un personnage obèse, souvent hilare ou grimaçant, nonchalamment assis.

2. MAGOT n.m. (anc. fr. *mugot,* lieu où l'on conserve les fruits). *Fam.* Somme d'argent plus ou moins importante amassée peu à peu et mise en réserve.

MAGOUILLE n.f. ou **MAGOUILLAGE** n.m. *Fam.* Lutte d'influence, série de combinaisons douteuses ou malhonnêtes entre des groupes, des organisations quelconques ou entre des personnes à l'intérieur d'un groupe.

MAGOUILLER v.t. et v.i. *Fam.* Se livrer à des magouilles.

MAGOUILLEUR, EUSE adj. et n. *Fam.* Qui magouille.

MAGRET n.m. (de *maigre*). CUIS. Filet de chair prélevé sur la poitrine d'un canard gras.

MAGYAR, E [magjar] adj. et n. Hongrois.

MAHARAJA ou **MAHARADJAH** n.m. (mot sanskr.). Titre signifiant *grand roi* et que l'on donne aux princes feudataires de l'Inde. Graphie savante : *mahārājā* ou *mahārādjāh.*

MAHARANI n.f. (mot sanskr.). Femme de maharaja. Graphie savante : *mahārānī.*

MAHATMA n.m. (mot sanskr., *grande âme*). Titre donné en Inde à des personnalités spirituelles de premier plan. *Le Mahatma Gandhi.* Graphie savante : *mahātmā.*

MAHAYANA adj. (mot sanskr., *grand véhicule*). *Bouddhisme mahayana :* bouddhisme spéculatif (par oppos. au *bouddhisme hinayana*), qui s'est surtout développé dans le nord de l'Inde, d'où il a gagné la Corée, la Chine et le Japon. Graphie savante : *mahāyāna.*

MAHDI n.m. (ar. *mahdī*). Dans l'islam, envoyé de Dieu, qui doit venir à la fin des temps pour rétablir la foi corrompue et la justice sur la Terre.

MAHDISME n.m. Manifestation religieuse de l'islam, caractérisée par l'attente ou la proclamation d'un mahdi.

MAH-JONG [maʒɔ̃] ou [maʒɔ̃g] n.m. [pl. *mah-jongs*] (mot chin., *je gagne*). Jeu de société d'origine chinoise qui se joue à quatre dans le sens inverse des aiguilles d'une montre, à l'aide de 144 pièces réparties en séries, consistant à former des combinaisons en échangeant des pièces appelées *tuiles.*

MAHOMÉTAN, E adj. et n. Vx. Musulman.

MAHONIA n.m. (de B. *McMahon,* botaniste américain). Arbrisseau originaire de l'Amérique du Nord à feuilles épineuses, à fleurs jaunes et à baies bleues, souvent cultivé dans les parcs. (Haut. 1 à 2 m ; famille des berbéridacées.)

MAHOUS, OUSSE adj. → **MAOUS.**

MAHRATTE n.m. → **MARATHE.**

MAI n.m. (lat. *Maius mensis,* mois de la déesse Maia). **1.** Cinquième mois de l'année. ◇ *Premier mai :* journée de revendication des syndicats américains dès 1884, adoptée en France par l'Internationale socialiste en 1889 et devenue fête légale et jour férié en 1947. **2.** TRAD. POP. Arbre, branche ou bouquet associés à de nombreuses coutumes de la France rurale, en partic. « arbre de mai », planté collectivement dans la nuit du 1er mai par les garçons du village en l'honneur des filles à marier.

MAÏA n.m. (lat. *maia*). Grand crabe comestible des fonds vaseux du littoral atlantique, à carapace triangulaire épineuse, aux pattes très longues. (Famille des majidés.) Nom usuel : *araignée de mer.*

MAICHE n.m. Louisiane. Marécage sans arbres, le long de la mer.

MAIE [mɛ] n.f. (lat. *magis, magidis,* sorte de plat). **1.** Coffre sur pieds qu'on utilisait autref. pour pétrir et conserver le pain. **2.** Table de pressoir.

MAÏEUR, E ou **MAYEUR, E** n. (du lat. *major,* plus grand). Belgique. Bourgmestre.

MAÏEUTIQUE n.f. (gr. *maieutikê,* art de faire accoucher). Dans la philosophie socratique, art de faire découvrir à l'interlocuteur, par une série de questions, les vérités qu'il a en lui.

1. MAIGRE adj. et n. (lat. *macer*). Qui a très peu de graisse. *Il est très maigre.* ◆ adj. **1.** Qui contient peu ou pas de matières grasses. *Fromage maigre.* **2.** *Jours maigres,* pendant lesquels les catholiques ne doivent pas manger de viande. **3.** Peu abondant ; frugal. *Un maigre repas.* **4.** Peu important ; médiocre. *Un maigre salaire.* **5.** IMPRIM. *Caractère maigre :* caractère dont la graisse est plus faible que celle du caractère normal (par oppos. à *caractère gras*). ◆ n.m. **1.** Partie maigre d'une viande, d'un jambon, etc. **2.** *Faire maigre :* ne pas manger de viande aux jours prescrits par l'Église (par oppos. à *faire gras*).

2. MAIGRE n.m. (gr. *mageiros*). Sciène.

MAIGRELET, ETTE, MAIGRICHON, ONNE ou **MAIGRIOT, OTTE** adj. Un peu maigre.

MAIGREMENT adv. De façon peu abondante.

MAIGREUR n.f. **1.** État de qqn, d'un animal qui est maigre, sans graisse. *Être d'une maigreur effrayante.* **2.** Manque d'ampleur, de richesse. *La maigreur d'un style.*

MAIGRIR v.i. Devenir maigre. ◆ v.t. Faire paraître maigre, mince.

MAIL [maj] n.m. (lat. *malleus,* marteau). **1.** Promenade publique. **2.** Voie piétonne dans un centre d'activités commerciales ou tertiaires, incluant éventuellement un ensemble résidentiel.

MAIL-COACH [mɛlkotʃ] n.m. [pl. *mail-coachs* ou *mail-coaches*] (mot angl.). Anc. Berline anglaise attelée à quatre chevaux, avec plusieurs rangs de banquettes sur le dessus de la voiture.

MAILING [meliŋ] n.m. (Anglic. déconseillé). Publipostage.

MAILLAGE n.m. **1.** Disposition, organisation en réseau. **2.** Interconnexion d'un réseau électrique.

MAILLANT, E adj. *Filet maillant* → **filet.**

1. MAILLE n.f. (lat. *macula,* tache ou maille de tissu). **1. a.** Boucle de fil reliée à d'autres boucles pour former un tricot ou un filet. ◇ *Maille à l'endroit, à l'envers :* maille dont la courbe supérieure est en avant, en arrière du tricot. **b.** Étoffe tricotée. *L'industrie de la maille.* **2.** MAR. **a.** Élément d'une chaîne d'ancre. **b.** Intervalle entre deux membrures ou entre deux varangues, sur la coque d'un navire. **3.** Annelet de fer dont on faisait les armures, au Moyen Âge. *Cotte de mailles.* **4.** TECHN. Division élémentaire d'un tamis, d'un grillage. **5.** ÉLECTROTECHN. Ensemble des conducteurs reliant les nœuds d'un réseau et formant un circuit fermé. **6.** CRISTALLOGR. Parallélépipède qui, répété périodiquement dans les trois directions de l'espace, constitue le réseau cristallin. **7.** CHASSE. Tache apparaissant sur le plumage des jeunes perdreaux et des jeunes faucons.

2. MAILLE n.f. (lat. pop. *medialia,* du lat. *medius,* demi). **1.** Petite monnaie médiévale en cuivre, de très faible valeur. **2.** *Avoir maille à partir avec qqn,* avoir un démêlé, une dispute avec lui.

MAILLECHORT [majʃɔr] ou [majʃɔrt] n.m. (des n. des inventeurs *Maillot* et *Chorier*). Alliage de cuivre, de nickel et de zinc, imitant l'argent.

MAILLER v.t. **1.** TEXT. Former des mailles par entrelacement de boucles de fil. **2.** MAR. *Mailler une chaîne,* la relier à une autre ou la fixer à une boucle au moyen d'une manille. **3.** *Fig.* Structurer en réseau ; établir des liens. *Mailler les initiatives locales.* **4.** Suisse. Tordre, fausser. ◆ v.i. CHASSE. Se couvrir de mailles, en parlant du plumage des perdreaux, des faucons.

MAILLET n.m. **1.** Gros marteau à deux têtes, en bois dur, en cuir parcheminé, en plastique, en caoutchouc, etc. **2.** Outil de sculpteur sur bois, fait d'une masse tronconique de bois dur disposée dans l'axe du manche.

MAILLOCHE n.f. (de *mail*). **1.** Gros maillet à une seule tête, cylindrique et située dans l'axe du manche, utilisé en tonnellerie, en maroquinerie, en cordonnerie, etc. **2.** INSTR. MUS. Baguette terminée par une boule garnie de matière souple pour battre certains instruments à percussion (grosse caisse, xylophone, vibraphone, etc.).

MAILLON n.m. **1.** Chaînon. ◇ *Être un maillon de la chaîne,* un élément d'un système organisé, d'une hiérarchie. **2.** MAR. Partie d'une chaîne d'ancre comprise entre deux manilles d'assemblage, d'une longueur de 30 m.

MAILLOT n.m. (de *1. maille*). **1.** Vêtement souple, génér. en tissu à mailles, qui couvre le corps en totalité ou jusqu'à la taille et qui se porte sur la peau. ◇ *Maillot de corps :* sous-vêtement couvrant le torse. **2.** *Maillot de bain,* ou *maillot :* vêtement de bain. **3.** Vêtement collant ne couvrant que le haut du corps. *Maillot d'un coureur cycliste.* ◇ *Maillot jaune :* maillot de couleur jaune que revêt le premier du classement général dans le Tour de France cycliste ; ce cycliste ou sa position de leader, attestée par le port de ce maillot. **4.** Anc. Lange dont on enveloppait un enfant.

MAILLOTIN n.m. Pressoir à olives.

MAILLURE n.f. BOIS. Aspect donné par les rayons ligneux sur une section radiale d'une pièce de bois.

MAIN n.f. (lat. *manus*). **I.** *Partie du corps.* **1.** Organe de la préhension et de la sensibilité, muni de cinq doigts, qui constitue l'extrémité des membres supérieurs de l'homme. ◇ *Avoir sous la main,* à sa portée. – *À pleines mains :* en tenant fermement ; en emplissant ses mains ; avec largesse. – *Des deux mains :* avec empressement. – *Avoir le cœur sur la main :* être très généreux. – *Prêter la main :* aider. – Vieilli. *Agir sous main,* secrètement. **2.** Cet organe, servant à donner, à recevoir ou à exprimer qqch. ◇ *Tendre la main :* demander l'aumône. – *De la main à la main :* sans passer par un intermédiaire ; en espèces, dans une transaction non reconnue ou frauduleuse. – *En main(s) propre(s) :* au destinataire lui-même. – *De main en main :* d'une personne à l'autre. – *De première main :* directement. – *De seconde main :* indirectement. – *Avoir la main :* aux cartes, être le premier à jouer. – *Voter à main levée,* exprimer son suffrage par ce geste de la main. **3.** La main, considérée comme un instrument. ◇ *Se faire la main :* s'essayer à un travail. – *Perdre la main :* perdre son habileté manuelle ; perdre l'habitude de faire qqch. – *Mettre la main à la pâte :* participer à un travail ; aider. – *Mettre la dernière main à un travail,* le terminer. – *Litt. De longue main :* par un travail long et mûrement réfléchi. **4.** La main, utilisée pour frapper ou manier les armes. ◇ *Lever la main sur qqn,* s'apprêter à le frapper ; le frapper effectivement. – *À main armée :* les armes à la main. **5.** La main comme symbole de l'aide, de l'acceptation. ◇ *Tendre la main à qqn,* lui offrir son aide ; lui faire une offre de réconciliation. – *Demander, obtenir la main de qqn :* demander, obtenir une jeune fille en mariage. **6.** La main comme symbole de l'action, de l'effort. ◇ *Avoir la main heureuse, malheureuse :* avoir, ne pas avoir de chance dans un tirage au sort, une tombola, etc. ; réussir, échouer dans ce qu'on entreprend. – *Avoir les mains libres :* avoir toute liberté d'agir. – *Mains libres :* se dit d'un récepteur téléphonique conçu pour être utilisé sans être tenu en main. **7.** La main comme symbole de la possession ou du pouvoir, de l'autorité. ◇ *Changer de mains :* passer d'un possesseur à un autre. – *Mettre la main sur qqn,* l'arrêter. – *Mettre la main sur qqch,* le découvrir alors qu'on le cherchait. – *Faire main basse sur qqch,* s'en emparer indûment. – *Prendre en main :* se charger de. – *Fam., par plais. Se prendre par la main :* s'obliger à faire qqch. – *Reprendre en main :* redresser une situation compromise. – *Passer la main :* renoncer à ses pouvoirs, les transmettre. – *Avoir la haute main sur :* commander. **8.** La main comme symbole de la force violente. ◇ *Ne pas y aller de main morte :* agir avec brutalité. **II.** *Sens spécialisés.* **1.** Personne, considérée du point de vue de son activité. ◇ *En bonnes mains :* confié à une personne capable. **2.** *Première main :* première ouvrière d'une maison de couture, capable d'exécuter tous les modèles. – *Petite main :* autref., personne débutant dans la couture ; *fig.,* simple exécutant mais qui est chargé d'une tâche génér. minutieuse. **3. a.** Faute commise par un footballeur qui touche le ballon de la main. **b.** *Main à main :* exercice d'équilibre au cours duquel deux acrobates (un porteur et un voltigeur) multiplient les élévations en se tenant par les mains. **4.** Unité de longueur égale à la largeur d'une main. **5.** *Main courante.* **a.** Partie supérieure d'une rampe d'escalier, d'une barre d'appui, etc. **b.** COMPTAB. Brouillard. **6.** Ensemble de 25 feuilles de papier, ou vingtième de rame. **7.** Rapport du grammage d'un papier à son épaisseur. ◇ *Avoir de la main :* pour un papier, donner au toucher une impression d'épaisseur. **8.** Afrique. Portion d'un régime de bananes. **9.** Extrémité des membres antérieurs des vertébrés tétrapodes, notamm. des mammifères. **10.** HIST. *Main de justice :* main d'ivoire à trois doigts levés, placée à l'extrémité du bâton royal de France, symbole de l'autorité judiciaire.

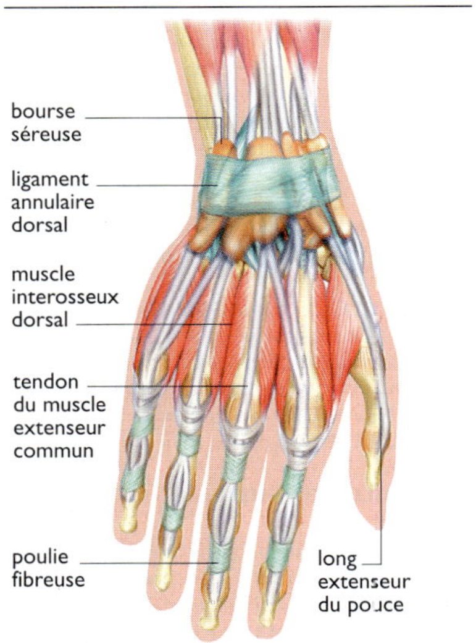

■ **MAIN.** Vue dorsale.

MAINATE n.m. (mot malais). Passereau originaire du Sud-Est asiatique, au plumage noir et au bec jaune, excellent imitateur de la voix humaine. (Genre *Gracula* ; famille des sturnidés.)

MAIN-D'ŒUVRE n.f. (pl. *mains-d'œuvre*). **1.** Façon, travail de l'ouvrier dans la confection d'un ouvrage. **2.** Ensemble des salariés, en partic. des ouvriers, d'un établissement, d'une région, d'un pays.

MAIN-FORTE n.f. sing. *Prêter main-forte à qqn,* lui venir en aide.

MAINLEVÉE n.f. DR. Acte qui arrête les effets d'une saisie, d'une opposition, d'une hypothèque.

MAINMISE n.f. **1.** Action de s'emparer de qqch. **2.** Action de s'assurer une domination exclusive et souvent abusive sur qqch.

MAINMORTABLE adj. HIST. Qui est sujet à la mainmorte.

MAINMORTE n.f. **1.** HIST. Au Moyen Âge, droit de succession perçu par le seigneur sur les biens de ses serfs. **2.** DR. *Bien de mainmorte :* bien appartenant à des personnes morales (associations, communautés, hospices, etc.), non transmissible de main en main et échappant au régime des successions.

MAINT, E adj. (du germ.). *Litt.* Un grand nombre de. *En mainte occasion. Maintes fois.*

MAINTENANCE n.f. **1.** Ensemble des opérations permettant de maintenir un système, un matériel, un appareil, etc., dans un état donné ou de lui restituer des caractéristiques de fonctionnement spécifiées. **2.** MIL. Action ayant pour but de maintenir en condition et en nombre suffisant les effectifs et le matériel des unités d'une armée en opération.

MAINTENANT adv. (de *main* et *tenant*). À présent ; à partir de l'instant présent. ◆ loc. conj. *Maintenant que :* à présent que, dès lors que.

MAINTENEUR n.m. *Litt.* Personne soutenant, maintenant qqch qui est menacé de disparaître.

MAINTENIR v.t. [28] (lat. *manutenere*). **1.** Garder dans une position fixe, stable ; empêcher de se disloquer. *Poutre qui maintient la charpente.* **2.** Empêcher de remuer, d'avancer ; immobiliser. *Avoir du mal à maintenir un malade qui délire.* **3.** Conserver dans le même état. *Maintenir la paix.* **4.** Affirmer avec force ; soutenir. *Je maintiens que cela est vrai.* ◆ **se maintenir** v.pr. Rester dans le même état, dans la même situation.

MAINTIEN n.m. **1.** Manière de se tenir ; attitude. **2.** Action de faire durer, de conserver. *Le maintien des traditions.* ◇ DR. ADMIN. *Maintien de l'ordre :* ensemble des mesures de sécurité prises par l'autorité compétente pour prévenir ou réprimer les actions de nature à troubler l'ordre public. – DR. *Maintien dans les lieux :* mesure qui permet à l'occupant de bonne foi d'un logement de rester dans les lieux malgré la volonté du propriétaire. – MIL. *Maintien sous les drapeaux :* mesure par laquelle le gouvernement décide de conserver temporairement sous les drapeaux les hommes ayant achevé leur service actif.

MAÏOLIQUE n.f. → **MAJOLIQUE.**

MAÏORAL, E, AUX ou **MAYORAL, E, AUX** adj. Belgique. Relatif au bourgmestre, au maïeur.

MAÏORAT ou **MAYORAT** n.m. Belgique. Fonction de bourgmestre, de maïeur.

MAIRE n. (du lat. *major,* plus grand). Premier magistrat municipal, qui est l'organe exécutif de la commune. ◇ *Maire d'arrondissement :* maire élu dans chaque arrondissement de Paris, de Lyon et de Marseille. ◆ n.m. HIST. *Maire du palais :* chef des fidèles de l'entourage d'un roi mérovingien.

MAIRESSE n.f. *Fam.,* vieilli. **1.** Femme d'un maire. **2.** Femme exerçant les fonctions de maire.

MAIRIE n.f. **1.** Fonction de maire. **2.** Édifice où se trouvent les services de l'administration municipale. **3.** Administration municipale. *Employée de mairie.*

1. MAIS adv. (lat. *magis,* davantage). *Litt. N'en pouvoir mais :* ne pouvoir rien à qqch.

2. MAIS conj. **1.** Indique une opposition. *Ce n'est pas vert mais bleu.* **2.** Introduit une objection, une restriction, une précision. *Ce vin est bon mais un peu sec.* **3.** Introduit une transition. *Mais parlons d'autre chose.* **4.** Marque le renforcement d'une réponse, d'une exclamation. *Mais bien sûr que je la connais !*

MAÏS n.m. (esp. *maíz,* d'une langue haïtienne). Céréale de grande dimension, à tige génér. unique et très forte, à gros épi portant des grains en rangs serrés, très largement cultivée dans le

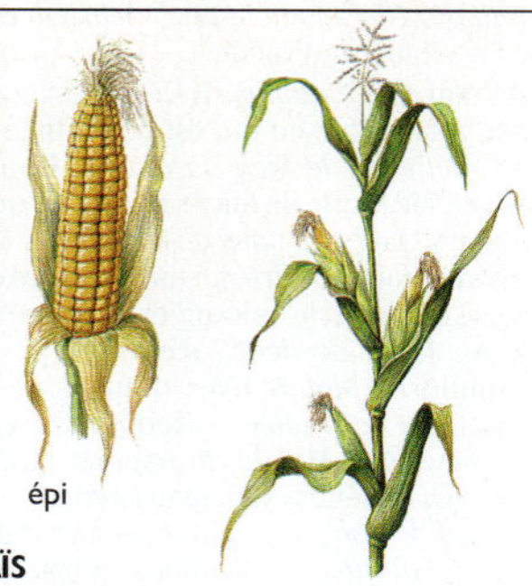

■ **MAÏS**

monde pour l'alimentation humaine (grains) et, surtout, animale (grains ou plante entière). [Genre *Zea* ; famille des graminées.]

MAÏSERIE [maizri] n.f. **1.** Usine où l'on traite le maïs pour en extraire fécule, glucose, etc. **2.** Activité industrielle liée à la transformation du maïs.

MAISON n.f. (lat. *mansio,* de *manere,* demeurer). **1.** Bâtiment d'habitation. *Rue bordée de maisons.* – *Spécial.* Bâtiment construit pour n'abriter qu'une famille, par oppos. à l'*appartement* des immeubles collectifs. *Acheter une maison à la campagne.* **2.** Logement où l'on habite. *Rester à la maison.* **3.** *Maison mobile :* recomm. off. pour *mobile home.* **4.** ASTROL. Chacune des douze divisions égales du ciel, en relation analogique avec un signe du zodiaque, qui permettent aux astrologues de situer la position des planètes à la naissance de qqn et d'établir son horoscope. **5.** Édifice public ou privé servant à un usage particulier. *Maison de retraite, de repos.* ◇ *Maison des jeunes et de la culture* → **MJC. 6.** Entreprise commerciale ou industrielle. *Maison de vins en gros.* ◇ *Maison de titres :* établissement qui gère des portefeuilles de valeurs mobilières. **7.** Ensemble des membres d'une même famille. *Le fils, la fille de la maison.* ◇ *De bonne maison :* de famille honorable. **8.** Ensemble des familles, le plus souvent nobles, issues d'une souche commune. **9.** HIST. *Maison du roi, de l'empereur :* ensemble des personnes civiles (maison civile) et militaires (maison militaire) attachées à la personne du souverain. ◆ adj. inv. **1.** Fabriqué par la maison, sur place, dans un restaurant ; qui n'est pas fabriqué industriellement. *Tarte maison.* **2.** Particulier à une entreprise, à un établissement d'enseignement, etc. *Ingénieurs maison. Un diplôme maison.*

MAISONNÉE n.f. Ensemble des personnes d'une famille vivant dans la même maison.

MAISONNETTE n.f. Petite maison.

MAISTRANCE [mɛstrɑ̃s] n.f. (de *maistre,* anc. forme de *maître*). Cadre des sous-officiers de carrière de la Marine nationale.

1. MAÎTRE, MAÎTRESSE n. (lat. *magister*). **1.** Personne qui commande, gouverne, exerce une autorité. **2.** Personne qui enseigne, professeur, instituteur. *Maîtres du premier, du second degré.* **3.** Personne qui possède un animal domestique et s'en occupe. *Le maître a rappelé son chien.*

2. MAÎTRE n.m. **1.** Personne qui enseigne qqch. *Maître nageur.* ◇ *Maître d'armes,* qui enseigne l'escrime. – *Maître auxiliaire :* professeur non titulaire assurant l'intérim d'un emploi vacant de professeur titulaire. – *Maître de conférences :* membre titulaire de l'enseignement supérieur qui organise les travaux dirigés et contribue aux travaux de recherche. (Ce titre a remplacé celui de *maître assistant.*) – Vx. *Maître à danser :* professeur de danse. **2.** Personne qui dirige l'exécution de qqch. *Maître d'équipage.* ◇ *Maître d'œuvre :* personne ou organisme qui dirige un chantier du bâtiment après avoir élaboré les plans de l'ouvrage ; responsable de l'organisation et de la réalisation d'un vaste ouvrage. – *Maître d'ouvrage,* ou *maître de l'ouvrage :* personne physique ou morale pour le compte de laquelle une construction est réalisée. – Vieilli. *Maître de forges :* propriétaire, dirigeant d'un établissement sidérurgique. – *Maître de chapelle :* personne qui dirige les chanteurs et les musiciens dans une église. – *Maître de ballet :* responsable chargé des répétitions des danseurs et de la réalisation de spectacles chorégraphiques. – *Maître du jeu :* dans un jeu de rôle, joueur qui crée ou anime le scénario du jeu et en dirige le déroulement en fonction de l'action des participants. **3.** Personne dont on est le disciple ; artiste, écrivain éminent qui est pris comme modèle. ◇ *Maître à penser :* philosophe ou personnalité ayant une importante influence idéologique. SYN. : *maître-penseur.* **4.** BX-ARTS. **a.** Vx. Artiste qui dirigeait un atelier. **b.** Artiste du passé dont on ignore le nom et dont on a reconstitué une partie de l'œuvre. (On le désigne en faisant suivre le mot « Maître » du nom de la ville où il travaillait, ou du titre de son œuvre clef, du nom de son commanditaire, d'un monogramme qui lui servait de signature, etc.) *Le Maître de Moulins. Le Maître de l'Annonciation d'Aix.* **5.** *Passer maître en, dans :* devenir très habile dans un art, un métier, etc. – *Trouver son maître :* rencontrer qqn qui vous est supérieur en qqch. **6.** *Second maître, maître premier, maître, maître principal :* grades des officiers mariniers de la Marine nationale (→ *grade*). **7.** Titre donné aux avocats, à certains officiers ministériels. (En abrégé, Me.) *L'étude de Me X.* **8.** *Maître des requêtes :* membre du Conseil d'État chargé en France de présenter un rapport sur les affaires qui lui sont soumises. **9.** Artisan admis à la maîtrise, dans un métier où subsistent des traditions de corporation. ◇ Suisse. *Maître d'état :* artisan responsable d'un secteur de la construction d'une maison.

3. MAÎTRE, MAÎTRESSE adj. **1.** Qui a un rôle capital, essentiel. *L'idée maîtresse d'un ouvrage.* **2.** Qui est le plus important dans son genre. *La branche maîtresse d'un arbre.* **3.** Se dit de la plus forte carte à jouer dans la couleur et de la personne qui la détient. *Valet maître. Être maître à cœur.* **4.** *Maîtresse femme :* femme énergique, déterminée. **5.** *Être maître de qqch, de faire qqch,* en disposer librement ; être libre de le faire.

MAÎTRE-À-DANSER n.m. (pl. *maîtres-à-danser*). Compas d'épaisseur à branches croisées pour la mesure ou le report d'une dimension intérieure.

MAÎTRE-AUTEL n.m. (pl. *maîtres-autels*). Autel principal d'une église.

MAÎTRE-CHIEN n.m. (pl. *maîtres-chiens*). Responsable du dressage et de l'utilisation d'un chien, dans les corps spécialisés de la police et de l'armée.

MAÎTRE-COUPLE ou **MAÎTRE COUPLE** n.m. (pl. *maîtres[-]couples*). **1.** Couple situé à l'endroit où un navire est le plus large. **2.** PHYS. Aire de la section droite du cylindre engendré par un solide en mouvement.

MAÎTRE-CYLINDRE n.m. (pl. *maîtres-cylindres*). AUTOM. Piston actionné par la pédale de frein et qui envoie du liquide sous pression dans le système de freinage.

MAÎTRE-PENSEUR n.m. (pl. *maîtres-penseurs*). Maître à penser.

M

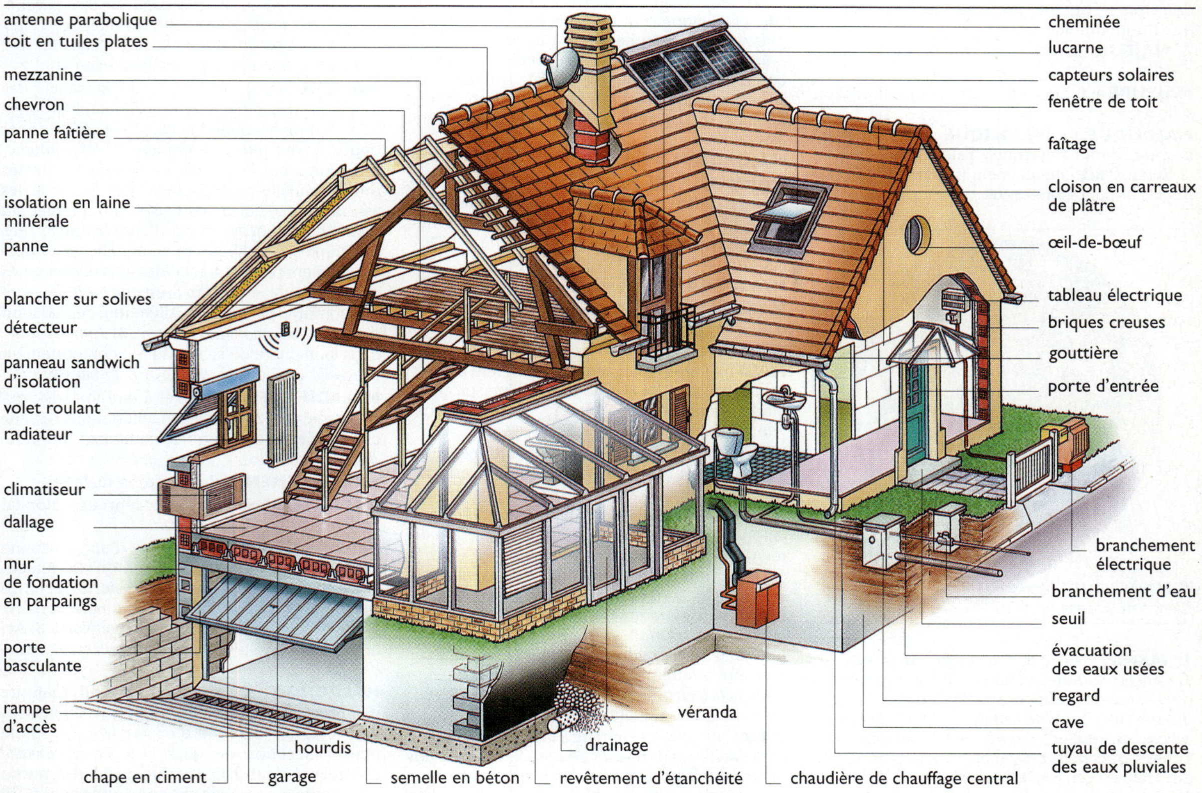

■ **MAISON.** Éléments, parties ou espaces constituant une maison individuelle.

MAÎTRESSE n.f. Femme avec laquelle un homme a des relations sexuelles en dehors du mariage.

MAÎTRISABLE adj. Que l'on peut maîtriser.

MAÎTRISE n.f. **1.** Domination de soi ; sang-froid. *Avoir la maîtrise de ses émotions.* ◇ *Maîtrise de soi :* qualité de qqn qui se domine, qui maîtrise ses réactions. **2.** Domination scientifique, technique, etc., incontestée. *La maîtrise de l'énergie nucléaire.* **3.** Perfection, sûreté d'exécution dans une technique, un art ; virtuosité. **4.** Vx. Qualité de maître dans une corporation ou un corps analogue. ◇ Suisse. *Maîtrise fédérale :* brevet supérieur qui autorise un artisan à s'installer à son compte et à former des apprentis. **5.** Ensemble des contremaîtres et des chefs d'équipe. **6.** Grade universitaire sanctionnant le second cycle de l'enseignement supérieur. **7.** MUS. École de chant et ensemble des chantres d'une église.

MAÎTRISER v.t. **1.** Se rendre maître de forces difficilement contrôlables. *Maîtriser un incendie.* **2.** Soumettre, contenir un être vivant par la force. *Maîtriser un forcené.* **3.** Dominer ses états affectifs, ses réactions. ◆ **se maîtriser** v.pr. Rester, redevenir maître de soi.

MAÏZENA [maizena] n.f. (nom déposé). Farine de maïs spécialement préparée pour être utilisée en cuisine.

MAJESTÉ n.f. (lat. *majestas*). **1.** Caractère de grandeur, de dignité, de noblesse. **2.** (Avec une majuscule.) Titre des empereurs, des rois. *Sa Majesté l'impératrice.* ◇ *Sa Majesté Très Chrétienne :* le roi de France. – *Sa Majesté Catholique :* le roi d'Espagne. **3.** Apparence, air pleins de grandeur, de noblesse. *Paraître en scène avec majesté.* **4.** BX-ARTS. *Christ, Vierge, saint en majesté,* représentés assis sur un trône dans une attitude hiératique.

MAJESTUEUSEMENT adv. Avec majesté.

MAJESTUEUX, EUSE adj. Empreint de majesté, plein de grandeur.

1. MAJEUR, E adj. (lat. *major*). **1.** Plus grand, plus considérable, plus important. *La majeure partie.* ◇ *En majeure partie :* pour la plus grande partie. **2.** Qui a atteint l'âge de la majorité. **3.** Très important. *Raison majeure.* ◇ *Cas de force majeure :* événement qu'on ne peut éviter et dont on n'est pas responsable. **4.** MUS. Se dit des intervalles de 2ᵉ, 3ᵉ, 6ᵉ et 7ᵉ formés entre la tonique et les autres notes d'une gamme majeure. ◇ *Mode majeur,* ou *majeur,* n.m., dans lequel les intervalles formés à partir de la tonique sont majeurs, et caractérisé par la succession, dans la gamme, de deux tons, un demi-ton, trois tons et un demi-ton. – *Gamme majeure :* gamme diatonique du mode majeur.

2. MAJEUR n.m. Doigt du milieu de la main ; médius.

MAJEURE n.f. LOG. Première proposition d'un syllogisme.

MAJOLIQUE ou **MAÏOLIQUE** n.f. (ital. *maiolica,* de l'île de Majorque). Faïence italienne de la Renaissance, initialement inspirée de la céramique hispano-mauresque.

■ **MAJOLIQUE.** Grand plat à décor historié, en faïence de Faenza, v. 1530. (Louvre, Paris.)

1. MAJOR n.m. (du lat. *major,* plus grand). **1.** Officier supérieur chargé de l'administration d'un corps de troupes, appelé depuis 1975 *chef des services administratifs.* ◇ *Major général :* officier général adjoint du chef d'état-major des armées, des chefs d'état-major des trois armées et du directeur général de la gendarmerie. **2.** Depuis 1975, grade le plus élevé des sous-officiers des armées (→ *grade*). **3.** Officier d'un grade égal à celui de commandant, en France, sous l'Ancien Régime. **4.** Anc. Médecin militaire. **5.** Premier d'une promotion. **6.** Suisse. Officier commandant un bataillon. ◇ *Major de table :* personne qui préside un banquet, anime une soirée.

2. MAJOR n.f. (de l'angl. *major companies,* entreprises les plus importantes). Entreprise faisant partie des plus puissantes sociétés de son secteur.

MAJORANT n.m. ALGÈBRE. *Majorant d'un sous-ensemble A d'un ensemble ordonné E :* élément *a* de E tel que tout élément *x* de A est inférieur à *a.*

MAJORAT n.m. HIST. Bien inaliénable attaché à un titre de noblesse et transmis avec le titre à l'héritier du titulaire.

MAJORATION n.f. Action de majorer ; augmentation.

MAJORDOME n.m. (ital. *maggiordomo,* lat. *major domus,* chef de la maison). Maître d'hôtel de grande maison.

MAJORER v.t. **1.** Augmenter le montant d'une facture, d'un impôt, etc. ; relever. *Majorer des salaires.* **2.** ALGÈBRE. Déterminer un majorant à un ensemble.

MAJORETTE n.f. Jeune fille en uniforme de fantaisie qui parade lors de fêtes et de défilés.

MAJORITAIRE adj. **1.** Qui appartient à la majorité ; qui s'appuie sur une majorité. ◇ *Scrutin majoritaire,* dans lequel est proclamé élu le candidat ayant obtenu le plus grand nombre de suffrages. **2.** Se dit de personnes en plus grand nombre que d'autres. *Ici, les femmes sont majoritaires.* **3.** Se dit d'un actionnaire qui détient la majorité du capital dans une entreprise ; se dit de la participation elle-même.

MAJORITAIREMENT adv. En majorité ; à la majorité.

MAJORITÉ n.f. (du lat. *major,* plus grand). **1.** Âge auquel, selon la loi, une personne acquiert la pleine capacité d'exercer ses droits *(majorité civile)* ou est reconnue responsable de ses actes *(majorité pénale).* [En France, la majorité est fixée à 18 ans.] **2.** Le plus grand nombre, la plus grande partie (par oppos. à *minorité*). *Il y a une majorité de filles dans cette classe.* ◇ *Majorité silencieuse :* partie majoritaire de la population, dont les opinions sont supposées rester inexprimées, sans écho, comparées à celles des minorités agissantes. **3.** Le plus grand nombre des voix ou des suffrages dans une assemblée. ◇ *Majorité absolue,* exigeant la moitié des suffrages exprimés plus un. – *Majorité qualifiée* ou *renforcée,* pour laquelle la loi exige que soient réunis plus de suffrages que pour la majorité absolue. – *Majorité relative* ou *simple,* celle obtenue par un candidat qui recueille plus de suffrages que ses concurrents. **4.** Parti ou coalition de partis détenant le plus grand nombre de sièges dans une assemblée.

MAJORQUIN, E adj. et n. De Majorque.

MAJUSCULE adj. (lat. *majusculus,* un peu plus grand). *Lettre majuscule,* ou *majuscule,* n.f. : lettre plus grande que les autres et de forme différente (par oppos. à *minuscule*). SYN. : *capitale.*

MAKAIRE n.m. ZOOL. Marlin.

MAKHZEN [makzɛn] ou **MAGHZEN** [magzɛn] n.m. (de l'ar.). Au Maroc, gouvernement du sultan.

MAKI n.m. (mot malgache). Mammifère primate à museau allongé et à longue queue, propre à Madagascar. (Genre *Lemur ;* sous-ordre des lémuriens.)

MAKILA n.m. (mot basque). Canne ferrée, plombée à l'extrémité inférieure et dont la poignée mobile contient une pointe acérée.

MAKIMONO n.m. (mot jap., *rouleau*). Peinture japonaise composée et déroulée horizontalement.

1. MAL adv. (lat. *male*). **1.** D'une manière contraire à la morale. *Agir, se conduire mal.* **2.** D'une manière non satisfaisante. *Écrire, parler mal.* ◇ *Aller mal :* être en mauvaise santé, physique ou morale. – *Être, se mettre mal avec qqn,* être brouillé, se brouiller avec lui. – *Prendre mal qqch,* s'en offenser. ◆ loc. adv. *Fam. Pas mal :* en assez grande quantité.

2. MAL adj. inv. **1.** Contraire à la morale. *C'est mal de tricher. Je n'ai rien dit de mal.* **2.** *Ce n'est pas plus mal :* c'est satisfaisant. **3.** En mauvaise forme, en mauvaise santé. *Être bien mal, très mal.* ◇ *Être au plus mal,* à l'article de la mort. **4.** *Fam. N'être pas mal,* bien de sa personne. – *Fam. On est mal,* dans une situation difficile.

3. MAL n.m. (lat. *malum*). **1.** Ce qui est contraire au bien, à la vertu ; ce qui est condamné par la morale. *Discerner le bien du mal.* **2.** Ce qui est susceptible de nuire, de faire souffrir ; ce qui n'est pas adapté. *Quel mal vous a-t-il fait ?* ◇ *Faire du mal à qqn,* le faire souffrir, lui nuire. – *Dire du mal de qqn,* le dénigrer, le calomnier. **3. a.** Souffrance physique. *Maux de dents, d'estomac.* ◇ *Avoir mal :* souffrir. – *Mal de tête :* douleur au niveau du crâne. SYN. : *céphalée.* – *Avoir mal au cœur :* avoir la nausée. – *Mal des transports :* ensemble des troubles ressentis en bateau *(mal de mer),* en avion *(mal de l'air),* en voiture. – *Mal des montagnes* ou *d'altitude :* ensemble des troubles dus à un séjour en montagne. **b.** Maladie. *Le mal a progressé.* ◇ *Mal blanc :* panaris. – *Grand mal :* épilepsie généralisée classique, dont les crises comportent une perte de conscience, une chute et des convulsions. – *Petit mal :* épilepsie dont la forme la plus typique est représentée par les absences. **4.** Souffrance morale ; nostalgie. *Le mal du pays.* ◇ *Être en mal de qqch,* souffrir de son absence. – *Mal du siècle :* mélancolie et désenchantement de la jeunesse à l'époque romantique. **5.** Peine, travail. *Se donner du mal.* ◇ *Avoir du mal (à) :* éprouver de la difficulté (à). **6.** Mauvais côté de qqch. ◇ *Prendre une chose en mal,* s'en offenser.

MALABAR n.m. (de *Malabār,* région de l'Inde). *Fam.* Homme grand et fort.

MALABSORPTION n.f. MÉD. Affection due à un trouble de l'absorption des aliments par l'intestin, provoquant une dénutrition.

MALACHITE [-kit] n.f. (gr. *malakhê,* mauve, plante dont la couleur des feuilles rappelle celle du minéral). Carbonate de cuivre hydraté, d'un beau vert, utilisé en joaillerie et en tabletterie.

MALACOLOGIE n.f. (gr. *malakos,* mou, et *logos,* science). Étude des mollusques.

MALACOSTRACÉ n.m. (gr. *malakos,* mou, et *ostrakon,* coquille). Crustacé génér. doté de deux paires d'antennes et d'yeux composés, tel que les eucarides (langouste, crabe), les isopodes (cloporte), les amphipodes (gammare). [Les malacostracés forment une sous-classe.]

MALADE adj. et n. (lat. *male habitus,* mal disposé). Dont la santé est altérée. ◆ adj. **1.** Qui est atteint d'une maladie. *Dents malades. Cœur malade.* **2.** Qui est en mauvais état. *Une industrie malade.* **3.** Qui se trouve dans un état psychologique ou physique proche du malaise. *J'étais malade de voir ça. Nous étions malades de rire.* **4.** *Fam.* Un peu dérangé intellectuellement.

MALADIE n.f. **1.** Altération de la santé, des fonctions des êtres vivants (animaux et végétaux), en partic. quand la cause est connue (par oppos. à *syndrome*). ◇ *Maladie professionnelle,* provoquée par l'exercice de certaines activités professionnelles. – *Assurance maladie :* celle des assurances sociales françaises qui permet au salarié de percevoir, en cas d'arrêt de travail, des indemnités journalières et de bénéficier du remboursement partiel ou total des frais occasionnés par sa maladie. – *Fam. En faire une maladie :* être très contrarié par qqch. **2.** Altération, dégradation de qqch. *Les maladies du vin.* **3.** *Fam.* Trouble dans la manière de se conduire ; comportement excessif ; passion. *La maladie de la vitesse.*

MALADIF, IVE adj. **1.** Sujet à être malade ; qui a l'air malade. **2.** Dont les manifestations ressemblent à celles des troubles mentaux ; morbide. *Jalousie maladive.*

MALADIVEMENT adv. De façon maladive.

MALADRERIE n.f. (de *ladre,* lépreux). Hôpital de lépreux, au Moyen Âge.

MALADRESSE n.f. **1.** Caractère d'une personne maladroite, de ses gestes, de ce qu'elle réalise. *Remarquer la maladresse d'un dessin.* **2.** Défaut de savoir-faire dans la conduite, dans les actions. *Sa maladresse a fait échouer les négociations.* **3.** Action maladroite ; impair. *Accumuler les maladresses.*

MALADROIT, E adj. et n. **1.** Qui manque d'adresse, d'aisance dans ses mouvements, ses gestes. **2.** Qui manque d'expérience, de sûreté pour l'exécution de qqch. *Un jeune cinéaste encore maladroit.* **3.** Qui manifeste un manque de diplomatie, de tact, de sens de l'opportunité. *Tu as été maladroit, tu n'aurais pas dû lui dire cela.*

MALADROITEMENT adv. De façon maladroite.

MALAGA n.m. **1.** Raisin récolté dans la région de Málaga. **2.** Vin liquoreux fait avec ce raisin.

MAL-AIMÉ, E n. (pl. *mal-aimés, es*). Personne qui souffre du rejet des autres.

MALAIRE adj. et n.m. (du lat. *mala,* joue). Se dit de l'os qui forme la saillie de la pommette.

MALAIS, E adj. et n. Relatif aux Malais, qui appartient à ce peuple. ◆ n.m. Langue du groupe indonésien, parlée dans la péninsule malaise et sur les côtes de l'Insulinde.

MALAISE n.m. (de *2. mal* et *aise*). **1.** Sensation pénible causée par un trouble physiologique ; indisposition. *Éprouver un malaise.* **2.** État d'inquiétude, de mécontentement ; crise larvée. *Le malaise social.*

MALAISÉ, E adj. Qui n'est pas facile, pas commode à faire.

MALAISÉMENT adv. Avec difficulté.

MALAISIEN, ENNE adj. et n. De la Malaisie, de ses habitants.

MALANDRE n.f. (bas lat. *malandria*). VÉTÉR. Crevasse située au pli du jarret des chevaux.

MALANDRIN n.m. (ital. *malandrino,* voleur). *Litt.* Bandit de grand chemin ; voleur, brigand.

MALAPPRIS, E adj. et n. Qui est mal éduqué ; grossier, goujat. (Le fém. est rare.)

MALARD ou **MALART** n.m. Région. Mâle des canards sauvages ou domestiques.

MALARIA n.f. (ital. *mala aria,* mauvais air). Vieilli. Paludisme.

MALAVISÉ, E adj. *Litt.* Qui agit sans discernement.

MALAXAGE n.m. Action de malaxer.

MALAXER v.t. (lat. *malaxare,* amollir). **1.** Pétrir une substance pour la ramollir, la rendre plus homogène. *Malaxer du beurre.* **2.** Masser, triturer du bout des doigts une partie du corps.

MALAXEUR n.m. et adj.m. Appareil muni d'une cuve, servant à mélanger intimement plusieurs produits par un moyen mécanique.

MALAYALAM [malajalam] n.m. Langue dravidienne parlée au Kerala.

MALAYO-POLYNÉSIEN, ENNE adj. et n.m. (pl. *malayo-polynésiens, ennes*). LING. Austronésien.

MALBAR, MALBARAISE n. Réunion. Indien non musulman.

MALBÂTI, E adj. Se dit d'une personne mal faite. (On écrit aussi *mal bâti.*)

MALBEC n.m. Cépage rouge, très répandu en France.

MALBOUFFE n.f. *Fam.* Mauvaise alimentation, nuisible à la santé.

MALCHANCE n.f. **1.** Mauvaise chance, déveine. *Il est poursuivi par la malchance.* ◇ ***Jouer de malchance*** : ne pas avoir de chance dans une action. **2.** Hasard malheureux ; situation défavorable ; issue malheureuse.

MALCHANCEUX, EUSE adj. et n. En butte à la malchance.

MALCOMMODE adj. Qui n'est pas commode, pas pratique.

MALDONNE n.f. **1.** Erreur dans la distribution des cartes ; fausse donne. **2.** *Fam.* ***Il y a maldonne*** : c'est un malentendu ; il y a erreur.

MÂLE n.m. (lat. *masculus*). **1.** Être vivant organisé pour féconder, dans l'acte de la génération. **2.** *Fam., péjor.* Homme. **3.** *Fam.* Homme vigoureux, moralement ou physiquement. ◆ adj. **1.** BIOL. Qui appartient au sexe fécondant, porteur de cellules reproductrices plus nombreuses, plus petites et plus mobiles que celles du sexe femelle. **2.** Qui est du sexe masculin. ◇ ***Fleur mâle*** : fleur qui ne porte que des étamines. **3.** Qui présente des caractéristiques (force, énergie, etc.) génér. attribuées à un homme. *Une voix mâle.* **4.** TECHN. Se dit d'une pièce, d'un instrument qui portent un saillant destiné à entrer dans une autre pièce, appelée *femelle.*

MALÉDICTION n.f. (du lat. *maledicere,* maudire). **1.** *Litt.* Action de maudire. **2.** Sort hostile auquel on semble ne pouvoir échapper ; fatalité. *La malédiction est sur moi.*

MALÉFICE n.m. (lat. *maleficium*). *Litt.* Sortilège, pratique magique, visant à nuire.

MALÉFIQUE adj. *Litt.* Qui a une influence surnaturelle et malfaisante.

MALÉKISME ou **MALIKISME** n.m. École théologique, morale et juridique de l'islam sunnite, issue de Malik ibn Anas (715 - 795), caractérisée par son rigorisme et qui prédomine au Maghreb.

MALENCONTREUSEMENT adv. De façon malencontreuse.

MALENCONTREUX, EUSE adj. (de *2. mal* et anc. fr. *encontre,* rencontre). Qui cause de l'ennui en survenant mal à propos. *Remarque malencontreuse.*

MAL-EN-POINT adj. inv. En mauvais état de santé, de fortune, de situation. *Un blessé bien mal-en-point.* (On écrit aussi *mal en point.*)

MALENTENDANT, E adj. et n. Se dit de qqn dont l'acuité auditive est diminuée.

MALENTENDU n.m. Fait de se méprendre sur qqch, notamm. sur le sens d'une parole, d'un mot. *Faire cesser un malentendu.*

MAL-ÊTRE n.m. inv. Sentiment de profond malaise.

MALFAÇON n.f. Défaut, défectuosité dans un ouvrage, un travail.

MALFAISANCE [-fə-] n.f. *Litt.* Disposition à faire du mal ; action nuisible.

MALFAISANT, E [-fə-] adj. Qui fait, qui cause du mal ; nuisible. *Influence malfaisante.*

MALFAITEUR n.m. Individu qui commet des vols, des crimes.

MALFAMÉ, E adj. (du lat. *fama,* renommée). Qui est fréquenté par des individus de mauvaise réputation. *Un bar malfamé.* (On écrit aussi *mal famé.*)

MALFORMATION n.f. Altération morphologique congénitale d'un tissu, d'un organe du corps humain. *Malformation cardiaque.*

MALFRAT n.m. (du languedocien *malfar,* mal faire). *Fam.* Malfaiteur, truand.

MALGACHE adj. et n. De Madagascar, de ses habitants. ◆ n.m. Langue du groupe indonésien parlée à Madagascar.

MALGRACIEUX, EUSE adj. *Litt.* Qui manque d'amabilité, de courtoisie ; bourru.

MALGRÉ prép. **1.** Contre le gré, la volonté de. *Faire qqch malgré soi.* **2.** En dépit de. *Sortir malgré la pluie.* ◇ ***Malgré tout.*** **a.** En dépit de tous les obstacles. **b.** Pourtant. ◆ **malgré que** loc. conj. Bien que ; quoique. *Malgré qu'il fasse froid.* ◇ *Litt.* ***Malgré que j'en aie, que tu en aies, etc.*** : bien que cela me, te, etc., contrarie. — REM. Excepté dans l'expression littéraire, l'emploi de *malgré que* est critiqué.

MALHABILE adj. Qui manque d'habileté manuelle, d'adresse.

MALHABILEMENT adv. De façon malhabile.

MALHEUR n.m. (de *2. mal* et *heur*). **1.** Situation pénible qui affecte douloureusement qqn. *C'est dans le malheur qu'on connaît ses vrais amis.* **2.** Événement fâcheux, funeste. *Un malheur n'arrive jamais seul.* ◇ *Fam.* ***Faire un malheur*** : se livrer à des accès de violence ou faire un éclat ; obtenir un grand succès. **3.** Sort hostile ; malchance. *Le malheur a voulu qu'elle rentre à ce moment-là.* ◇ ***Jouer de malheur*** : avoir une malchance persistante. — ***Porter malheur*** : avoir une influence néfaste. **4.** ***Par malheur*** : par un fâcheux concours de circonstances.

MALHEUREUSEMENT adv. Par malheur.

MALHEUREUX, EUSE adj. et n. **1.** Qui est dans une situation pénible, douloureuse. *Un homme malheureux.* **2.** Qui inspire la pitié. *S'occuper des malheureux.* ◆ adj. **1.** Qui exprime le malheur, la douleur. *Un air malheureux.* **2.** Qui se termine mal ; qui échoue. *Une expérience malheureuse.* **3.** Qui n'a pas de chance ; qui subit un échec. *Les candidats malheureux.* **4.** Qui a pour conséquence le malheur ; désastreux. *Faire une rencontre malheureuse.* **5.** (Avant le n.) Sans valeur, sans importance ; misérable. *Un malheureux coin de terre.*

MALHONNÊTE adj. **1.** Qui enfreint les règles de la probité, de l'honnêteté. *Une transaction malhonnête.* **2.** Qui choque la décence, la pudeur ; inconvenant. *Faire des propositions malhonnêtes à une femme.*

MALHONNÊTEMENT adv. De façon contraire à la probité.

MALHONNÊTETÉ n.f. **1.** Caractère malhonnête de qqn, de son comportement. *Malhonnêteté d'un joueur.* **2.** Action contraire à l'honnêteté. *Commettre une malhonnêteté.*

MALI n.m. Belgique. Déficit.

MALICE n.f. (lat. *malitia,* méchanceté). Penchant à dire ou à faire de petites méchancetés ironiques, des taquineries ; moquerie.

MALICIEUSEMENT adv. Avec malice.

MALICIEUX, EUSE adj. Qui a de la malice ; malin, taquin.

MALIEN, ENNE adj. et n. Du Mali, de ses habitants.

MALIGNEMENT adv. Avec malignité.

MALIGNITÉ n.f. (lat. *malignitas,* méchanceté). **1.** *Litt.* Méchanceté mesquine, tendance à faire le mal. *La malignité publique.* **2.** Caractère grave d'une affection ; en partic., caractère cancéreux d'une tumeur.

MALIKISME n.m. → **MALÉKISME.**

MALIN, IGNE adj. et n. (lat. *malignus,* méchant). **1.** Qui manifeste une intelligence malicieuse, de l'astuce, de l'ingéniosité ; fin, rusé, habile. *Une personne, une réponse très maligne. Un sourire malin.* ◇ ***Faire le malin*** : vouloir se mettre en avant, vouloir faire de l'esprit. (En parlant d'une personne, la forme fém. *maline* tend à se substituer à celle de *maligne.*) **2.** *Litt.* ***Le Malin,*** ou ***l'esprit malin*** : le démon. ◆ adj. **1.** ***Ce n'est pas malin*** : c'est stupide. — ***Ce n'est pas bien malin*** : ce n'est pas très difficile. **2.** Qui montre de la malveillance. *Il éprouve un malin plaisir à relever les erreurs.* **3.** MÉD. ***Tumeur maligne*** : tumeur cancéreuse.

MALINES n.f. (de *Malines,* v. de Belgique). Dentelle belge très fine, exécutée aux fuseaux, et dont les motifs sont cernés d'un fil plat qui leur donne un léger relief.

MALINGRE adj. (de *mal* et anc. fr. *haingre,* décharné). Qui est d'une constitution délicate, fragile.

MALINOIS n.m. (de *Malines,* v. de Belgique). Chien de berger belge à poil court, de couleur fauve.

MALINTENTIONNÉ, E adj. Qui manifeste de mauvaises intentions.

MALIQUE adj. (du lat. *malum,* pomme). CHIM. ORG. Se dit d'un diacide-alcool qui se trouve dans les pommes et les fruits acides.

MALLE n.f. (du francique *malha*). **1.** Coffre de bois, de cuir, etc., de grandes dimensions, où l'on enferme les objets que l'on emporte en voyage. ◇ *Fam.* ***Se faire la malle*** : partir sans prévenir, s'enfuir. **2.** Vx. ***Malle arrière*** : coffre arrière d'une automobile. **3.** Anc. Malle-poste.

MALLÉABILISATION n.f. MÉTALL. Traitement thermique de recuit, rendant malléable une fonte fragile et dure.

MALLÉABILISER v.t. Procéder à la malléabilisation de.

MALLÉABILITÉ n.f. **1.** Caractère de qqn, de son esprit, qui est docile, malléable. **2.** Qualité d'un métal malléable.

MALLÉABLE adj. (lat. *malleatus,* battu au marteau). **1.** Qui se laisse influencer ; docile. *Un enfant encore malléable.* **2.** MÉTALL. Se dit d'un métal que l'on peut façonner et réduire facilement en feuilles sans qu'il se rompe.

MALLÉOLAIRE adj. Relatif à une malléole.

MALLÉOLE n.f. (lat. *malleolus,* petit marteau). Apophyse de l'extrémité inférieure du tibia ou du péroné, faisant partie de la cheville.

MALLE-POSTE n.f. (pl. *malles-poste*). Anc. Voiture hippomobile qui faisait surtout le service des dépêches. SYN. : *malle.*

MALLETTE n.f. **1.** Petite valise, génér. rigide. **2.** Belgique. Cartable d'écolier.

MAL-LOGÉ, E n. (pl. *mal-logés, es*). Personne dont les conditions d'habitation ne sont pas satisfaisantes.

MALLOPHAGE n.m. (du gr. *mallos,* toison). Petit insecte aptère vivant en parasite externe, princip. sur les oiseaux, et appelé, de ce fait, *pou d'oiseaux.* (Les mallophages forment un ordre.)

MALM n.m. (mot angl., *variété de calcaire*). Une des trois séries du système jurassique (jurassique supérieur, de - 154 à - 135 millions d'années).

MALMENER v.t. [12]. **1.** Battre, rudoyer, traiter qqn durement ; maltraiter. *La foule malmena le voleur.* **2.** Mettre un adversaire dans une situation difficile, au cours d'un combat. *Son adversaire l'a malmené au premier round.*

MALMIGNATTE n.f. Araignée des régions méditerranéennes, très voisine de la veuve noire, mais à abdomen noir tacheté de rouge, et dont la morsure est dangereuse. (Long. 15 mm ; genre *Latrodectus,* famille des théridiidés.)

MALNUTRITION n.f. Excès, insuffisance ou déséquilibre des apports alimentaires ; défaut d'utilisation des aliments par l'organisme.

MALODORANT, E adj. Qui a mauvaise odeur ; puant, fétide.

MALONIQUE adj. CHIM. ORG. Se dit d'un diacide provenant de l'oxydation de l'acide malique.

MALOTRU, E n. (lat. *male astrucus,* né sous une mauvaise étoile). Personne grossière, mal élevée.

MALOUIN, E adj. et n. De Saint-Malo.

MALOYA n.m. Réunion. Ancienne danse des esclaves noirs, devenue l'une des formes de l'expression musicale créole.

MALPIGHIE [malpigi] n.f. (de *Malpighi,* n.pr.). Plante d'Amérique tropicale, cultivée en serre pour ses fleurs roses ou rouges en ombelle et dont une espèce à fruits comestibles est appelée *cerisier des Antilles.* (Famille des malpighiacées.)

MALPOLI, E adj. et n. *Fam.* Qui fait preuve de manque d'éducation, qui choque la bienséance ; mal élevé.

MALPOSITION n.f. Position anormale d'un organe, surtout dans le cas d'une dent.

MALPROPRE adj. Vieilli ou Québec. Qui manque de propreté ; sale. *Des mains malpropres.* ◆ adj. et n. Malhonnête, contraire à la décence, à la morale. *Conduite malpropre.* ◇ *Fam. Comme un malpropre :* sans ménagement et d'une façon indigne. *Il s'est fait renvoyer comme un malpropre.*

MALPROPREMENT adv. De façon malpropre.

MALPROPRETÉ n.f. **1.** Vieilli ou Québec. Défaut de propreté ; saleté. **2.** Acte, propos malhonnête, inconvenant ; indécence, malhonnêteté.

MALSAIN, E adj. **1.** Susceptible de nuire à la santé physique ou morale ; dangereux. *Nourriture malsaine. Quartier, film malsain.* **2.** Qui ne paraît pas sain et suscite le rejet. *Un individu malsain.* **3.** Qui manifeste de la perversité. *Curiosité malsaine.*

MALSÉANT, E adj. *Sout.* Qui n'est pas convenable ; déplacé, grossier, inconvenant.

MALSONNANT, E adj. *Litt.* Se dit de mots, de paroles contraires à la bienséance, à la pudeur.

MALSTROM n.m. → **MAELSTRÖM.**

MALT n.m. (mot angl.). Produit utilisé pour fabriquer la bière, obtenu à partir de grains d'orge trempés, germés, séchés à chaud puis dégermés.

MALTAGE n.m. Opération de conversion de l'orge en malt.

MALTAISE n.f. (de *Malte,* n.pr.). Orange d'une variété sucrée.

MALTASE n.f. Enzyme des sucs digestifs qui hydrolyse le maltose en glucose.

MALTE (FIÈVRE DE) : brucellose.

MALTER v.t. Convertir l'orge en malt.

MALTERIE n.f. **1.** Usine où l'on réalise le maltage. **2.** Ensemble des activités industrielles liées à la fabrication du malt.

MALTEUR n.m. **1.** Personne travaillant dans une malterie. **2.** Industriel de la malterie.

MALTHUSIANISME n.m. (de Thomas Robert *Malthus,* n.pr.). **1.** Doctrine de Malthus. **2.** Toute doctrine d'inspiration comparable, préconisant une restriction de la procréation ; cette restriction. **3.** ÉCON. Ralentissement volontaire de la production, de l'expansion économique.

MALTHUSIEN, ENNE adj. et n. **1.** Qui appartient aux doctrines de Malthus ; qui en est partisan. **2.** Opposé à l'expansion économique ou démographique.

MALTOSE n.m. BIOCHIM. Glucide provenant de l'hydrolyse de l'amidon, et formé de deux molécules de glucose.

MALTÔTE n.f. (de *mal* et anc. fr. *tolte,* imposition). HIST. Taxe extraordinaire levée en France à partir de 1291, durant quelques décennies, sur toutes les marchandises.

MALTRAITANCE n.f. *Didact.* Fait de maltraiter un enfant, une personne âgée ou dépendante, etc. ; l'ensemble des mauvais traitements eux-mêmes.

MALTRAITER v.t. **1.** Soumettre qqn, un animal à de mauvais traitements ; brutaliser. *Maltraiter des prisonniers.* **2.** Traiter durement. *Auteur maltraité par la critique.*

MALUS [malys] n.m. (mot lat., *mauvais*). Majoration d'une prime d'assurance automobile en fonction du nombre d'accidents survenus annuellement aux assurés et dans lesquels leur responsabilité se trouve engagée. CONTR. : *bonus.*

MALVACÉE n.f. (du lat. *malva,* mauve). Plante dicotylédone dialypétale, aux nombreuses étamines, telle que la mauve, l'hibiscus, le cotonnier. (Les malvacées forment une famille.)

MALVEILLANCE n.f. **1.** Intention de nuire. *Incendie attribué à la malveillance.* **2.** Disposition d'esprit agressive à l'égard de qqn.

MALVEILLANT, E adj. (de *mal* et anc. fr. *vueillant,* voulant). Qui manifeste une volonté de nuire à autrui. *Un esprit malveillant.*

MALVENU, E adj. **1.** Hors de propos ; déplacé. *Une réflexion malvenue.* **2.** *Litt. Être malvenu à, de :* être peu fondé à, peu qualifié pour. (On écrit aussi *mal venu.*)

MALVERSATION n.f. (du lat. *male versari,* se comporter mal). Détournement de fonds dans l'exercice d'une charge.

MAL-VIVRE n.m. inv. Fait de mener une existence insatisfaisante, source de malaise. *Le mal-vivre des chômeurs.*

MALVOISIE n.m. (de *Malvoisie,* n. d'une ville de Grèce). **1.** Vin grec doux et liquoreux. – *Spécial.* Vin obtenu avec le cépage malvoisie. **2.** Nom de divers cépages cultivés sur le pourtour méditerranéen, donnant des vins liquoreux.

MALVOYANT, E adj. et n. **1.** Se dit d'une personne dont l'acuité visuelle est très diminuée. **2.** *Cour.* Amblyope.

MAMAN n.f. Mère, dans le langage affectif, surtout celui des enfants.

MAMBA [mɑ̃mba] n.m. Grand serpent d'Afrique tropicale, très venimeux et agressif. (Long. 4 m ; genre *Dendroaspis,* famille des élapidés.)

MAMBO [mɑ̃bo] n.m. (mot esp.). **1.** Danse d'origine cubaine, exécutée en couple, proche de la rumba, à la mode au milieu des années 1960, aux États-Unis et en Europe. **2.** Musique de danse d'origine cubaine, de mesure à 2/4, mêlant les rythmes de la rumba et du swing, et utilisant la batterie de jazz.

MAMELLE n.f. (lat. *mamilla*). Glande placée sur la face ventrale du tronc des femelles des mammifères, sécrétant après la gestation le lait dont se nourrissent les jeunes. (Le nombre de mamelles varie de une paire à six paires selon les espèces.)

MAMELON n.m. **1.** Éminence charnue qui s'élève au centre du sein ou de la mamelle. **2.** Sommet, colline de forme arrondie ; croupe. *Les mamelons boisés des Vosges.*

MAMELONNÉ, E adj. *Litt.* Qui porte des proéminences en forme de mamelons. *Un paysage mamelonné.*

MAMELOUK ou **MAMELUK** [mamluk] n.m. (de l'ar.). HIST. **1.** Soldat esclave faisant partie d'une milice qui joua un rôle considérable dans l'histoire de l'Égypte et, épisodiquement, en Inde (v. partie n.pr.). **2.** Cavalier d'un escadron de la Garde de Napoléon Ier.

MAMELU, E adj. *Fam.* Qui a de grosses mamelles, de gros seins.

MAMIE, MAMY ou **MAMMY** n.f. Grand-mère, dans le langage enfantin.

MAMILLAIRE [mamilɛr] adj. ANAT. Relatif au mamelon. ◆ n.f. Cactacée charnue d'origine mexicaine, à surface couverte de mamelons épineux, à grandes fleurs, cultivée en serre.

MAMMAIRE adj. (du lat. *mamma,* mamelle). Relatif au sein ou à la mamelle. ◇ *Glande mammaire :* glande contenue dans le sein ou la mamelle, sécrétant le lait.

MAMMALIEN, ENNE adj. Relatif aux mammifères.

MAMMALOGIE n.f. Partie de la zoologie qui traite des mammifères.

MAMMECTOMIE ou **MASTECTOMIE** n.f. Ablation chirurgicale du sein.

MAMMIFÈRE n.m. Animal vertébré caractérisé par la présence de mamelles, d'une peau génér. couverte de poils, d'un cœur à quatre cavités, d'un encéphale relativement développé, par une température constante et une reproduction presque toujours vivipare. (Les mammifères forment une classe.)

ENCYCL. Apparus à la fin du trias (220 millions d'années), les mammifères ne deviennent importants qu'au début de l'ère tertiaire. Extrêmement diversifiés (plus de 4 000 espèces), ils ont conquis tous les milieux : terrestre, aérien (chauve-souris), aquatique (dauphin) et souterrain (taupe). Leur poids varie de 2 g (musaraigne pachyure) à 150 tonnes (baleine bleue). Leurs principales caractéristiques sont : l'abondance des glandes cutanées (sudoripares, sébacées, mammaires, etc.) et des phanères (poils, cornes et ongles), la possession de trois sortes de dents (incisives, canines, dents jugales), d'un cœur, complètement cloisonné, qui isole totalement la circulation pulmonaire de la circulation générale, d'un système nerveux central très développé et d'une température centrale constante et élevée. Tous les mammifères sont vivipares, sauf les monotrèmes.

MAMMITE n.f. Mastite.

MAMMOGRAPHIE n.f. Radiographie de la glande mammaire.

MAMMOPLASTIE n.f. Intervention de chirurgie plastique sur le sein.

MAMMOUTH n.m. (mot russe, d'une langue sibérienne). Mammifère proboscidien fossile du quaternaire, voisin de l'éléphant d'Asie, qui s'est éteint il y a moins de 10 000 ans et dont on a retrouvé des cadavres entiers dans les glaces de Sibérie. (Couvert d'une toison laineuse, il possédait d'énormes défenses recourbées et mesurait 3 m de haut ; nom sc. *Elephas primigenius.*)

■ MAMMOUTH

MAMMY n.f. → **MAMIE.**

MAMOURS n.m. pl. (de *ma amour,* forme anc. de *mon amour*). *Fam.* Grandes démonstrations de tendresse ; câlins, caresses. *Faire des mamours à qqn.*

MAM'SELLE ou **MAM'ZELLE** n.f. (abrév.). *Fam.* Mademoiselle.

MAMY n.f. → **MAMIE.**

MAN [mɑ̃] n.m. (du francique *mado*). Larve du hanneton, appelée aussi *ver blanc.*

MANA n.m. (mot polynésien, *force*). **1.** Chez les Polynésiens, puissance surnaturelle qui rend efficace l'affirmation de l'autorité, partic. celle du chef, et qui peut s'opposer au système des tabous. **2.** *Par ext.* Dans de nombreuses sociétés, force surnaturelle conférant une efficacité magique ou charismatique.

MANADE n.f. (mot provenç.). Troupeau de taureaux, de chevaux, en Camargue.

MANAGEMENT [manadʒmɛnt] ou [manaʒmɑ̃] n.m. (mot angl., de *to manage,* diriger). **1.** Ensemble des techniques de direction, d'organisation et de gestion de l'entreprise. **2.** Ensemble des dirigeants d'une entreprise.

1. MANAGER [manadʒœr] ou [manadʒɛr] n.m. ou **MANAGEUR, EUSE** n. (angl. *manager,* de *to manage,* diriger). **1.** Spécialiste du management ; dirigeant d'entreprise. **2.** Personne qui gère les intérêts d'un sportif, qui entraîne une équipe.

2. MANAGER [manadʒe] ou [manaʒe] v.t. [10]. **1.** Faire du management ; organiser, diriger une affaire, un service, etc. **2.** Entraîner des sportifs, être leur manager.

MANAGÉRIAL, E, AUX adj. Relatif au management.

MANANT n.m. (du lat. *manere,* rester). **1.** Paysan, vilain ou habitant d'un village, dans la France d'Ancien Régime. **2.** *Litt.* Homme grossier ; rustre.

MANCEAU, ELLE adj. et n. De la ville, de la région du Mans.

MANCELLE n.f. (lat. pop. *manicella,* de *manus,* main). Chacune des deux courroies fixées sur les côtés du mantelet, et qui servent à supporter les traits dans les attelages à deux chevaux.

MANCENILLE [mɑ̃snij] n.f. (esp. *manzanilla,* petite pomme). Fruit du mancenillier, qui ressemble à une petite pomme d'api.

MANCENILLIER [mɑ̃snije] n.m. Arbre originaire des Antilles et d'Amérique équatoriale, au suc très toxique, et dont le fruit, considéré comme comestible, doit être consommé avec prudence. (Genre *Hippomane ;* famille des euphorbiacées.)

1. MANCHE n.m. (lat. *manicum,* de *manus,* main). **1.** Partie par laquelle on tient un instrument, un outil. ◇ *Fam. Être du côté du manche,* du côté du plus fort. **2.** Os apparent des côtelettes et des gigots. ◇ *Fam. Tomber sur un manche :* rencontrer une difficulté. **3.** Partie d'un instrument de musique à cordes fixée à la caisse, supportant la touche et le chevillier. **4.** *Fam. Se débrouiller, s'y prendre comme un manche :* se montrer incapable, maladroit.

2. MANCHE n.f. (lat. *manica,* de *manus,* main). **1.** Partie du vêtement qui entoure le bras. *Manche ballon, bouffante, gigot.* ◇ *Fam. Retrousser ses manches :* se mettre au travail avec ardeur. – *Fam. C'est une autre paire de manches :* c'est tout différent et plus difficile. – *Avoir qqn dans sa manche,* avoir du crédit auprès de lui. **2.** Au jeu, une des parties liées que l'on est convenu de jouer. **3.** *Manche à air :* tube en toile placé au sommet d'un mât, sur un aérodrome, pour indiquer la direction du vent ; conduit métallique servant à aérer l'intérieur d'un navire.

3. MANCHE n.f. (provenç. *mancho,* quête). *Fam. Faire la manche :* mendier.

MANCHERON n.m. **1.** Chacune des deux poignées d'une charrue à traction animale. **2.** Manche très courte couvrant le haut du bras.

MANCHETTE n.f. **1.** Poignet à revers d'une chemise ou d'un chemisier, à quatre boutonnières que l'on réunit souvent avec des boutons de manchette. SYN. : *poignet mousquetaire.* **2.** Bracelet étroit et long enserrant le poignet. (On dit aussi *bracelet-manchette.*) **3.** Coup porté avec l'avant-bras. **4.** Titre en gros caractères en tête de la première page d'un journal. **5.** IMPRIM. Note ou addition marginale dans un texte à composer.

MANCHON n.m. **1.** Rouleau de fourrure dans lequel on met les mains pour les préserver du froid. **2.** Pièce cylindrique servant à réunir l'extrémité de deux tuyaux. **3.** MÉCAN. INDUSTR. Pièce d'accouplement des arbres de transmission. **4.** Rouleau de feutre sur lequel se fabrique le papier.

1. MANCHOT, E adj. et n. (lat. *mancus,* estropié). Estropié ou privé d'une main ou d'un bras. ◇ *Fam. Ne pas être manchot :* être adroit, habile.

2. MANCHOT n.m. Oiseau piscivore des régions antarctiques, dont les membres antérieurs, impropres au vol, sont transformés en nageoires. (Dix-huit espèces, dont le *manchot empereur,* le *manchot royal* et le *gorfou ;* famille des sphéniscidés.)

■ **MANCHOT.** Manchot empereur.

MANCIE n.f. (gr. *manteia*). *Didact.* Divination obtenue par quelque procédé que ce soit.

MANDALA n.m. (mot sanskr., *cercle*). Dans le bouddhisme du Grand Véhicule et dans le tantrisme, diagramme géométrique dont les couleurs symboliques, les enceintes concentriques, etc., figurent l'univers et servent de support à la méditation. Graphie savante : *maṇḍala.*

MANDALE n.f. (p.-ê. arg. ital. *mandolino,* coup de pied). *Arg.* Gifle.

MANDANT, E n. Personne qui, par un mandat, donne à une autre pouvoir de la représenter dans un acte juridique.

MANDARIN n.m. (port. *mandarim,* du malais). **1.** HIST. Appellation donnée par les Européens aux fonctionnaires de l'Empire chinois, choisis parmi les lettrés, diplômés par concours. **2.** *Péjor.* Personnage important et influent dans son milieu. – *Spécial.* Professeur d'université. **3.** LING. Forme dialectale du chinois, parlée par plus de 70 % de la population, et qui sert de base à la langue commune officielle actuelle, le *putonghua.* **4.** Canard originaire d'Extrême-Orient, introduit en Europe comme oiseau d'ornement pour son splendide plumage. (Genre *Aix ;* famille des anatidés.)

MANDARINAT n.m. **1.** HIST. Dignité, fonction de mandarin ; le corps des mandarins chinois. **2.** *Péjor.* Pouvoir arbitraire détenu dans certains milieux par des intellectuels influents.

MANDARINE n.f. (esp. *mandarina,* orange des mandarins). Fruit du mandarinier, sorte de petite orange douce et parfumée, dont l'écorce est facile à décoller.

MANDARINIER n.m. Arbre du genre *Citrus,* très proche de l'oranger, cultivé pour son fruit, la mandarine. (Famille des rutacées.)

MANDAT n.m. (lat. *mandatum*). **1.** DR. Pouvoir qu'une personne donne à une autre d'agir en son nom. ◇ *Mandat d'amener, de comparution :* ordre de faire comparaître qqn devant un juge immédiatement ou à la date et à l'heure indiquées par le mandat. – *Mandat d'arrêt, de dépôt :* ordre d'arrêter, de conduire qqn en prison. – *Mandat légal :* mandat conféré par la loi, qui désigne la personne chargée d'en représenter une autre pour l'accomplissement d'un ou de plusieurs actes juridiques. – HIST. *Territoire sous mandat :* territoire dont l'administration était confiée à une puissance étrangère, partic. après la Première Guerre mondiale. **2.** DR. Mission que les citoyens confient à certains d'entre eux par voie élective d'exercer en leur nom le pouvoir politique ; durée de cette mission. *Mandat parlementaire.* ◇ *Mandat impératif :* mandat tel que l'élu est, en principe, tenu de se conformer au programme qu'il a exposé à ses mandants. (Il est illégal en France.) **3.** Titre remis par le service des postes pour faire parvenir une somme à un correspondant. *Envoyer un mandat.* **4. a.** DR., COMM. Effet négociable par lequel une personne doit payer à une autre une somme d'argent. **b.** FIN. Pièce comptable qui, accompagnée d'un titre de règlement, permet le paiement d'une dépense publique.

MANDATAIRE n. (lat. *mandatarius*). Personne qui a reçu mandat ou procuration pour représenter son mandant dans un acte juridique. ◇ DR. *Mandataire(-)liquidateur :* mandataire chargé, par décision de justice, de représenter les créanciers et de procéder, le cas échéant, aux opérations de liquidation judiciaire d'une entreprise.

MANDAT-CARTE n.m. (pl. *mandats-cartes*). Mandat postal payable en espèces, établi sur une formule remplie par l'expéditeur.

MANDAT-CONTRIBUTIONS n.m. (pl. *mandats-contributions*). Mandat-carte réservé au paiement des contributions.

MANDATEMENT n.m. **1.** Action de mandater. **2.** DR. Ordonnancement.

MANDATER v.t. **1.** Donner à qqn le pouvoir d'agir en son nom, l'investir d'un mandat. **2.** Payer qqch sous la forme d'un mandat.

■ **MANDALA** tibétain : tanka du XIXe s.
(Musée Guimet, Paris.)

MANDAT-LETTRE n.m. (pl. *mandats-lettres*). Mandat, encaissable dans un bureau de poste, adressé par l'émetteur au bénéficiaire.

MANDATURE n.f. Durée d'un mandat politique électif.

MANDCHOU, E [mɑ̃tʃu] adj. et n. De la Mandchourie.

MANDÉ n.m. Groupe de langues nigéro-congolaises parlées par les Mandé. SYN. : *mandingue.*

MANDÉEN, ENNE adj. et n. Relatif au mandéisme ; adepte du mandéisme.

MANDÉISME n.m. (de l'araméen). Doctrine religieuse à caractère gnostique, née vers le IIe s. de notre ère, et dont il reste quelques milliers d'adeptes en Iraq.

MANDEMENT n.m. CATH. Écrit d'un évêque à ses diocésains ou à son clergé pour éclairer un point de doctrine ou pour donner des instructions. SYN. : *lettre pastorale.*

MANDER v.t. (lat. *mandare*). *Litt.* Demander, faire venir qqn.

MANDIBULAIRE adj. De la mandibule.

MANDIBULATE n.m. ZOOL. Antennate.

MANDIBULE n.f. (du lat. *mandere,* mâcher). **1.** Os de la mâchoire inférieure de l'homme et des vertébrés. SYN. : *maxillaire inférieur.* **2.** Pièce buccale paire des crustacés, des myriapodes et des insectes, située en avant des mâchoires. **3.** *Fam.* (Souvent pl.) Mâchoire. ◇ *Fam. Jouer des mandibules :* manger.

MANDINGUE adj. et n. Qui se rapporte aux Mandé, fait partie de ces peuples. ◆ n.m. Mandé.

MANDOLINE n.f. (ital. *mandolino*). Instrument de musique à cordes doubles pincées et à caisse de résonance le plus souvent bombée.

MANDOLINISTE n. Instrumentiste qui joue de la mandoline.

MANDORLE n.f. (ital. *mandorla*). Gloire en forme d'amande qui entoure le Christ triomphant dans certaines représentations médiévales.

MANDRAGORE n.f. (lat. *mandragoras,* du gr.). Plante des régions méditerranéennes et de l'Asie du Sud, dont la racine, tubérisée et bifurquée, rappelant vaguement la forme d'un corps humain, aux propriétés mydriatiques, passait pour avoir des vertus magiques. (Genre *Mandragora ;* famille des solanacées.)

MANDRILL [-dril] n.m. (mot angl.). Singe des forêts d'Afrique centrale, voisin du babouin, au museau rouge bordé de sillons faciaux bleus. (Long. 80 cm ; genre *Papio,* famille des cercopithécidés.)

■ **MANDRILL** mâle.

MANDRIN n.m. (provenç. *mandre*). **1.** MÉCAN. INDUSTR. Appareil qui se fixe sur une machine-outil ou sur un outil portatif, et qui permet de serrer l'élément tournant et d'assurer son entraînement en rotation. **2.** Outil d'ajustage servant à la finition de trous de formes particulières. **3.** Tube creux servant au bobinage du papier.

MANDUCATION n.f. (du lat. *manducare,* manger). *Didact.* Ensemble des actions mécaniques qui préparent les aliments contenus dans la bouche à passer dans l'œsophage ; action de manger.

MANÉCANTERIE n.f. (lat. *mane,* le matin, et *cantare,* chanter). Anc. École de chant attachée à une paroisse et destinée à former les enfants de chœur.

M

MANÈGE n.m. (ital. *maneggio*). **1. a.** Ensemble des exercices destinés à apprendre à un cavalier à monter, à dresser correctement son cheval. *Faire du manège.* **b.** Lieu où se pratiquent ces exercices d'équitation. *Manège couvert.* **2.** Attraction foraine où des véhicules miniatures, des figures d'animaux (à l'origine, des chevaux de bois) servant de montures aux enfants, sont fixés sur un plancher circulaire animé d'un mouvement rotatif. **3.** Piste d'un cirque. **4.** En danse classique, enchaînement de pas effectués selon un parcours circulaire. **5.** Manière habile, étrange ou trompeuse de se conduire, d'agir ; ensemble de manœuvres, d'agissements.

MÂNES n.m. pl. (lat. *manes*). **1.** MYTH. ROM. Âmes des morts, considérées comme des divinités. **2.** *Litt.* Aïeux considérés comme vivant dans l'au-delà.

MANETON n.m. (de *manette*). Partie d'un vilebrequin ou d'une manivelle sur laquelle est articulée la tête de bielle.

MANETTE n.f. (de *main*). Levier de commande manuelle de certains organes de machines.

MANGA n.m. (mot jap.). Bande dessinée japonaise ; dessin animé qui s'en inspire.

MANGANATE n.m. Sel M_2MnO_4, où M est un métal monovalent.

MANGANÈSE n.m. (ital. *manganese*). **1.** Métal grisâtre, de densité 7,43, fondant à 1 244 °C. **2.** Élément chimique (Mn), de numéro atomique 25, de masse atomique 54,938 0. (Très dur et très cassant, le manganèse se trouve dans la nature à l'état d'oxyde ; on l'utilise surtout comme métal d'alliage dans la fabrication des aciers spéciaux.)

MANGANEUX adj.m. Se dit de l'oxyde et des sels du manganèse dans l'état d'oxydation + 2.

MANGANINE n.f. (nom déposé). Alliage de cuivre, de manganèse et de nickel utilisé dans les résistances électriques de haute précision.

MANGANIQUE adj.m. Se dit de l'oxyde et des sels du manganèse dans l'état d'oxydation + 3.

MANGANITE n.m. Sel dérivant de l'anhydride manganeux MnO_2.

MANGEABLE adj. **1.** Que l'on peut manger ; comestible. **2.** Qui est tout juste bon à manger.

MANGEAILLE n.f. *Fam.* Nourriture abondante et de médiocre qualité.

MANGE-MIL n.m. inv. Afrique. Petit oiseau vivant en bande et causant des dégâts importants aux récoltes de céréales.

MANGEOIRE n.f. Auge où mangent le bétail, les animaux de basse-cour.

MANGEOTTER v.t. et v.i. *Fam.* Manger sans appétit, en petite quantité.

1. MANGER v.t. [10] (lat. *manducare*). **1.** Absorber, avaler un aliment, après l'avoir mâché ou non, afin de se nourrir. *Manger du poisson, de la soupe.* – Absol. Absorber des aliments, prendre un repas. *Manger trop vite. Manger au restaurant.* ◇ v.pr. *Les radis se mangent avec du sel.* **2.** *Fam. Manger le morceau :* faire des aveux, des révélations ; dénoncer ses complices. – *Fam. Manger ses mots,* les prononcer mal. – *Manger des yeux :* regarder avidement. **3.** Abîmer, détruire en rongeant. *Pull mangé par les mites.* **4.** Entamer, ronger une matière. *La rouille mange le fer.* **5.** Dépenser, dilapider ce que l'on possède. *Manger tout son héritage.* ◇ *Manger de l'argent,* en dépenser en pure perte, en perdre. **6.** Consommer pour son fonctionnement. *Une voiture qui mange trop d'huile.* ◇ *Fam. Ça ne mange pas de pain :* ça ne demande pas de gros efforts ; ça n'engage à rien.

2. MANGER n.m. **1.** Ce qu'on mange ; nourriture, repas. *On peut apporter son manger.* **2.** Fait de manger. *En perdre le boire et le manger.*

MANGE-TOUT ou **MANGETOUT** n.m. inv. Haricot ou pois dont on mange la cosse aussi bien que les grains.

MANGEUR, EUSE n. Personne qui mange, beaucoup ou peu ; personne qui aime manger tel ou tel aliment. *Un gros mangeur. Une mangeuse de fruits.*

MANGEURE [mɑ̃ʒyr] n.f. Vx. Endroit mangé d'une étoffe, d'un pain, etc.

MANGLE n.f. (mot esp., du malais). Fruit du manglier.

MANGLIER n.m. Palétuvier du genre *Rhizophora,* constituant principal de la mangrove, à fruit comestible.

MANGONNEAU n.m. (bas lat. *manganum,* du gr.). Sorte de catapulte utilisée au Moyen Âge.

MANGOUSTAN n.m. (port. *mangustão,* du malais). Fruit du mangoustanier, au goût délicat.

MANGOUSTANIER n.m. Arbre fruitier originaire de Malaisie, surtout cultivé en Extrême-Orient dans les zones tropicales humides. (Genre *Garcinia ;* famille des clusiacées.)

MANGOUSTE n.f. (esp. *mangosta,* du marathe). Petit mammifère carnivore d'Afrique et d'Asie méridionale, dont certaines espèces sont des prédateurs de serpents, et qui peuvent partiellement en supporter le venin. (En Inde, les mangoustes sont souvent domestiquées pour lutter contre les rats ; long. 50 cm env. ; famille des viverridés.)

MANGROVE n.f. (mot angl.). Formation végétale caractéristique des régions côtières intertropicales, constituée de forêts impénétrables de palétuviers, qui fixent leurs fortes racines dans les baies aux eaux calmes, où se déposent boues et limons.

MANGUE n.f. (port. *manga,* du tamoul). Fruit charnu du manguier, dont la pulpe jaune est savoureuse et très parfumée.

MANGUIER n.m. Arbre originaire d'Asie du Sud, au feuillage dense, vert foncé, cultivé dans les régions tropicales pour son fruit, la mangue. (Genre *Mangifera ;* famille des anacardiacées.)

MANIABILITÉ n.f. Qualité de ce qui est maniable.

MANIABLE adj. **1.** Qui est facile à manier ou à manœuvrer. *Un appareil photo très maniable. Voiture maniable.* **2.** Qui se laisse diriger ; docile, malléable, souple. *Un caractère maniable.*

MANIACO-DÉPRESSIF, IVE adj. et n. (pl. *maniaco-dépressifs, ives*). Se dit d'une psychose caractérisée par l'alternance plus ou moins régulière d'accès d'excitation maniaque et d'accès de dépression mélancolique chez un même sujet ; se dit des malades ainsi atteints.

MANIAQUE adj. et n. (lat. médiév. *maniacus*). **1.** Qui manifeste une obsession pour qqch, une exigence, notamm. au sujet de la propreté, de l'ordre. *Il est très maniaque dans le choix de ses cravates. Soin maniaque. Une maniaque de l'exactitude.* **2.** Qui a des habitudes bizarres, un peu ridicules. *Un vieux garçon maniaque.* **3.** PSYCHIATR. Relatif à la manie ; atteint de manie.

MANIAQUERIE n.f. *Fam.* Comportement d'une personne maniaque, qui a un souci excessif du détail.

MANICHÉEN, ENNE [-keɛ̃, ɛn] adj. et n. **1.** Relatif au manichéisme ; qui en est adepte. **2.** Qui juge les choses selon les principes du bien et du mal, sans nuances. *Conception manichéenne du monde.*

MANICHÉISME [-ke-] n.m. **1.** Religion fondée par Mani, au IIIe s. apr. J.-C., qui professe un strict dualisme opposant les principes du bien et du mal. (Répandu en Asie, puis en Extrême-Orient, le manichéisme fut une religion missionnaire rivale du christianisme jusqu'au Moyen Âge. Son influence se fit sentir chez les bogomiles et les cathares.) **2.** Conception qui divise toute chose en deux parties, dont l'une est considérée tout entière avec faveur et l'autre rejetée sans nuance.

MANICLE ou **MANIQUE** n.f. (lat. *manicula,* petite main). Gantelet.

MANIE n.f. (lat. *mania,* folie, du gr.) **1.** Habitude, goût bizarre ou ridicule qui provoque la moquerie ou l'irritation. *Avoir la manie de se regarder dans la glace.* **2.** Goût excessif, déraisonnable pour qqch ; obsession de l'esprit, idée fixe. *Avoir la manie du rangement. La manie de la persécution.* **3.** PSYCHIATR. État d'excitation pathologique, observé notamm. au cours de la psychose maniaco-dépressive, caractérisé par l'agitation, l'exaltation ludique de l'humeur, l'accélération désordonnée de la pensée.

MANIEMENT n.m. **1.** Action ou façon de manier, d'utiliser un instrument, un outil, de se servir d'un moyen quelconque. *Le maniement de cette machine est simple. Le maniement de la langue.* ◇ *Maniement d'armes :* suite de mouvements réglementaires effectués par les militaires avec leurs armes pour défiler, rendre les honneurs, etc. **2.** Gestion, administration de qqch. *Le maniement des affaires.* **3.** Dépôt graisseux qui se forme en différents points du corps d'un animal de boucherie, que l'on palpe à la main pour déterminer l'état d'engraissement du sujet vivant.

1. MANIER v.t. [5] (de *main*). **1.** Tenir qqch entre ses mains ; manipuler. *Manier un objet fragile avec précaution.* **2.** Se servir d'un appareil, d'un instrument ; utiliser ; manœuvrer un véhicule, une machine. *Apprendre à manier le pinceau. Voiture difficile à manier.* **3.** Employer, combiner avec habileté des idées, des mots, des sentiments. *Manier l'ironie.* **4.** Pétrir à la main de la farine et une substance grasse pour les mêler intimement.

2. MANIER (SE) v.pr. ⟶ **MAGNER (SE).**

MANIÈRE n.f. (de l'anc. fr. *manier,* habile). **1.** Façon particulière d'être ou d'agir. *Parler d'une manière brutale.* ◇ *C'est une manière de parler :* ce qui est dit ne doit pas être pris au pied de la lettre. **2.** *De manière à :* de façon à, afin de. – *De manière que* (+ subj.) : indique le but ; pour que, afin que. – *De telle manière que* (+ indic.) : indique la conséquence ; de telle sorte que. **3.** Façon de dessiner, de peindre, de composer particulière à un artiste ; style propre à un écrivain. *La manière de Raphaël.* ◇ *À la manière de :* à l'imitation de. **4.** GRAV. *Manière noire :* procédé de gravure à l'eau-forte dans lequel le graveur, à l'aide du brunissoir, fait apparaître le motif désiré en clair, avec toute la gamme possible des demi-teintes, sur un fond noir obtenu par grenage. SYN. : *mezzotinto.* ◆ pl. **1.** Façons habituelles de parler ou d'agir en société. *Avoir des manières désinvoltes.* **2.** Attitude pleine d'affectation. ◇ *Faire des manières :* agir, parler sans simplicité ; se faire prier. – *Sans manières :* en toute simplicité.

MANIÉRÉ, E adj. Qui manque de naturel, de simplicité ; précieux.

MANIÉRISME n.m. (ital. *manierismo*). **1.** Manque de naturel, affectation, en partic. en matière artistique et littéraire. **2.** BX-ARTS. Forme d'art qui s'est développée en Italie puis en Europe au XVIe s., sous l'influence de la *manière* des grands maîtres de la Renaissance. (Le maniérisme se caractérise par des effets irréalistes de raffinement ou d'emphase, par l'élongation élégante des corps, parfois par une tendance au fantastique ; on peut citer parmi ses représentants : le Pontormo, J. Romain, le Parmesan, le Tintoret, divers artistes de l'école de *Fontainebleau, J. Metsys, Spranger, Arcimboldo, le Greco, etc. ; architecture et sculpture ont été également touchées.) **3.** PSYCHIATR. Caractère affecté et surchargé des moyens de communication (langage, gestes, mimiques) au cours de certains troubles mentaux.

MANIÉRISTE adj. et n. **1.** *Péjor.* Qui verse dans le maniérisme. **2.** Qui se rattache au maniérisme artistique.

MANIEUR, EUSE n. Personne qui manie qqch. *Un fin manieur d'épée.* ◇ *Manieur d'argent :* homme d'affaires, financier. – *Manieur d'hommes :* personne qui fait preuve de qualités de chef, qui sait diriger, mener les hommes.

MANIF n.f. (abrév.). *Fam.* Manifestation sur la voie publique.

MANIFESTANT, E n. Personne qui prend part à une manifestation sur la voie publique.

MANIFESTATION n.f. **1.** Action de manifester un sentiment ; témoignage, marque. *Des manifestations de tendresse.* **2.** Fait de se manifester. *Quelles sont les manifestations de la maladie ?* **3.** Événement organisé dans un but commercial, culturel, etc. **4.** Rassemblement collectif, défilé de personnes organisé sur la voie publique, et destiné à exprimer publiquement une opinion politique, une revendication. Abrév. *(fam.) : manif.*

1. MANIFESTE adj. (lat. *manifestus*). Dont la nature, la réalité, l'authenticité s'imposent avec évidence. *Son erreur est manifeste.*

2. MANIFESTE n.m. (ital. *manifesto*). **1.** Écrit public par lequel un chef d'État, un gouvernement, un parti, etc., expose son programme, son point de vue politique, ou rend compte de son action. **2.** Exposé théorique par lequel des artistes, des écrivains lancent un mouvement artistique, littéraire. *Manifeste du surréalisme.* – Œuvre d'art ayant une valeur équivalente à un tel exposé. **3.** Document de bord d'un avion comportant l'itinéraire du vol, le nombre de passagers et la quantité de fret emportée. **4.** Tableau descriptif des marchandises formant la cargaison d'un navire, à l'usage des douanes.

MANIFESTEMENT adv. De façon manifeste, patente ; visiblement.

M

MANIFESTER v.t. (lat. *manifestare*). Exprimer, faire connaître, donner des preuves de. *Manifester sa volonté, son courage. Son discours manifeste une grande détermination.* ◆ v.i. Faire une démonstration collective publique, y participer. *Manifester pour la paix.* ◆ **se manifester** v.pr. **1.** Apparaître au grand jour, se faire reconnaître à tel signe. *La maladie se manifeste d'abord par des boutons.* **2.** Donner des signes de son existence, se faire connaître. *Un seul candidat s'est manifesté.*

MANIFOLD [-fɔld] n.m. (mot angl.). Carnet de notes, de factures, etc., permettant d'établir des copies de documents.

MANIGANCE n.f. (du lat. *manus,* main). [Souvent pl.] Petite manœuvre secrète qui a pour but de tromper.

MANIGANCER v.t. [9]. Préparer qqch secrètement et avec des moyens plus ou moins honnêtes. *Manigancer un mauvais coup.*

MANIGUETTE n.f. (altér. de l'ital. *meleghetta*). Graine de l'amome, de goût poivré. SYN. : *graine de paradis.*

1. MANILLE n.f. **1.** Jeu de cartes par levées, génér. pratiqué à quatre, deux contre deux, avec un jeu de 32 cartes et où le dix et l'as sont les cartes maîtresses. **2.** Au jeu de manille, le dix de chaque couleur.

2. MANILLE n.f. (lat. *manicula*). Étrier métallique fermé par un axe fileté, servant à relier deux longueurs de chaîne, des câbles, des voilures, etc.

3. MANILLE n.m. (de *Manille,* n.pr.). **1.** Cigare estimé provenant des Philippines. **2.** *Chanvre de Manille,* ou *manille :* fibre tirée de l'abaca.

MANILLON n.m. L'as de chaque couleur, au jeu de la manille.

MANIOC n.m. (du tupi). Plante vivrière tropicale dont la racine tubérisée comestible fournit des produits alimentaires divers, notamm. le tapioca. (Genre *Manihot ;* famille des euphorbiacées.)

MANIP ou **MANIPE** n.f. (abrév.). **1.** *Fam.* Manœuvre obscure visant à manipuler qqn. **2.** *Arg. scol.* Manipulation scientifique, expérience (de physique, de chimie, etc.).

MANIPULABLE adj. Que l'on peut manipuler.

1. MANIPULATEUR, TRICE n. Personne qui manipule.

2. MANIPULATEUR n.m. Dispositif manuel ou automatique servant à former un signal télégraphique, ou à moduler une onde porteuse par un tel signal.

MANIPULATION n.f. **1.** Action ou manière de manipuler un objet, un appareil ; maniement. *La manipulation des explosifs est dangereuse.* **2.** Spécialité du prestidigitateur qui, par sa seule dextérité, fait apparaître et disparaître des objets. **3.** Manœuvre destinée à tromper. *Manipulation électorale.* **4.** Exercice au cours duquel des élèves, des chercheurs, etc., réalisent une expérience ; cette expérience même. **5.** GÉNÉT. *Manipulations génétiques :* ensemble des opérations de modification de l'ADN de cellules et de micro-organismes, effectuées dans le cadre du génie génétique. **6.** MÉD. (Souvent pl.) Technique thérapeutique médicale, chirurgicale, ou de certaines médecines parallèles, consistant à mobiliser avec les mains une partie du corps, en général une articulation. *Manipulations vertébrales.*

MANIPULE n.m. (lat. *manipulus,* poignée). MIL. Unité tactique de base de la légion romaine, composée de deux centuries (200 hommes).

MANIPULER v.t. (du lat. *manipulus,* poignée). **1.** Tenir un objet dans ses mains lors d'une utilisation quelconque ; manier. **2.** Manœuvrer un appareil, le faire fonctionner avec la main. *Apprendre à manipuler une caméra.* **3.** Tenir qqch à la main ou avec un instrument pour le soumettre à certaines opérations. *Manipuler des produits toxiques avec des gants.* **4.** Transformer par des opérations plus ou moins honnêtes ; trafiquer. *Manipuler les statistiques.* **5.** Amener insidieusement qqn à tel ou tel comportement, le diriger à sa guise ; manœuvrer. *Se laisser manipuler par un parti.*

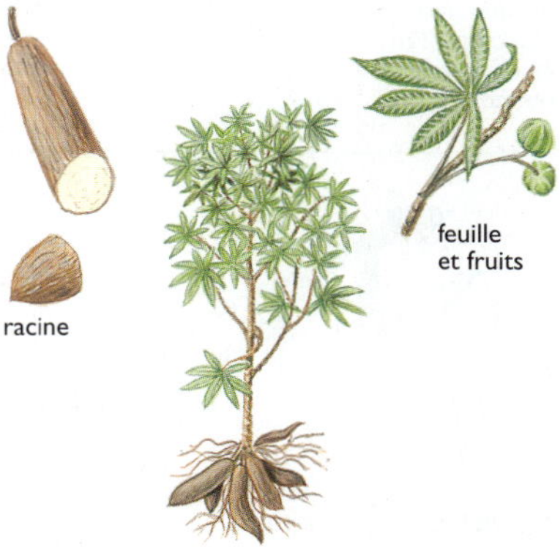

■ MANIOC

MANIQUE n.f. (lat. *manicula*). **1.** Manicle. **2.** Gant ou petit carré de tissu matelassé servant à tenir les plats chauds.

MANITOU n.m. (mot algonquien). **1.** Chez certains Indiens d'Amérique du Nord, autorité surnaturelle pouvant s'incarner dans des personnes ou dans des objets. **2.** *Fam.* Personnage puissant dans un certain domaine d'activité. *Un grand manitou de la presse.*

MANIVELLE n.f. (du lat. *manicula,* mancheron de charrue). **1.** Levier coudé deux fois à angle droit, à l'aide duquel on imprime un mouvement de rotation. ◇ *Premier tour de manivelle :* début du tournage d'un film. **2.** Bielle reliée à l'axe du pédalier d'une bicyclette et portant la pédale.

1. MANNE n.f. (lat. médiév. *manna,* de l'hébr.). **1.** Nourriture providentielle et miraculeuse envoyée aux Hébreux lors de leur traversée du désert du Sinaï après leur sortie d'Égypte. **2.** *Litt.* Aubaine, chose providentielle. **3.** BOT. Exsudat sucré provenant de différents végétaux (mélèze, eucalyptus). **4.** PÊCHE. *Manne des pêcheurs* ou *des poissons :* nourriture des poissons, constituée par les myriades d'éphémères qui s'abattent sur les cours d'eau en été, et qui peut servir d'appât.

2. MANNE n.f. (moyen néerl. *manne*). Grand panier qui servait au transport des marchandises.

1. MANNEQUIN n.m. (moyen néerl. *mannekijn,* de *man,* homme). **1.** Forme humaine sur laquelle les couturières essaient et composent en partie les modèles, ou qui sert à exposer ceux-ci dans les étalages. **2.** Dans une maison de couture, personne sur laquelle le couturier essaie ses modèles, et qui présente sur elle-même les nouveaux modèles de collection au public. **3.** Figure en ronde bosse d'homme ou d'animal, cheval en partic., articulée, destinée aux peintres, aux sculpteurs pour l'étude des attitudes du corps.

2. MANNEQUIN n.m. (moyen néerl. *mannekijn,* de *manne*). Panier à claire-voie, dont se servent en partic. les horticulteurs.

MANNITOL n.m. ou **MANNITE** n.f. CHIM. ORG. Substance organique comportant six fonctions alcool, à goût sucré, existant dans la manne du frêne.

MANNOSE n.m. BIOCHIM. Glucide du groupe des hexoses, dérivant de la mannite.

MANODÉTENDEUR n.m. Dispositif permettant de ramener la pression d'un fluide comprimé à la pression d'utilisation.

MANŒUVRABILITÉ n.f. *Didact.* Qualité d'un véhicule, d'un bateau, d'un aéronef manœuvrable ; maniabilité.

MANŒUVRABLE adj. Se dit d'un véhicule, d'un bateau, d'un aéronef facile à manœuvrer, maniable.

1. MANŒUVRE n.f. **1.** Ensemble d'opérations permettant de mettre en marche, de faire fonctionner une machine, un véhicule, un aéronef, etc. **2.** Action de diriger un véhicule, un appareil de transport ; mouvement ou série de mouvements que détermine cette action. *La manœuvre d'un avion, d'une automobile. Faire une manœuvre pour se garer.* **3.** Action exercée sur la marche d'un navire par le jeu de la voilure, de la machine ou du gouvernail ; évolution, mouvement particuliers que détermine cette action. *Manœuvre d'accostage.* **4.** MAR. Cordage appartenant au gréement d'un navire. **5.** Action ou manière de combiner les mouvements de formations militaires dans un dessein déterminé. **6.** (Surtout pl.) Exercice d'instruction militaire. **7.** Ensemble de moyens employés pour obtenir un résultat. *Il a tenté une ultime manœuvre pour faire passer son projet.* ◇ *Fausse manœuvre :* action inappropriée, mal exécutée ou exécutée à contretemps, et susceptible d'avoir des conséquences fâcheuses.

2. MANŒUVRE n.m. Salarié affecté à des travaux ne nécessitant pas de connaissances professionnelles spéciales et qui est à la base de la hiérarchie des salaires.

MANŒUVRER v.t. (lat. *manu operare,* travailler avec la main). **1.** Mettre en action un appareil, une machine ; faire fonctionner. *Manœuvrer une pompe.* **2.** Faire exécuter une manœuvre à un

■ LE MANIÉRISME

De Florence à Prague en passant par Fontainebleau, les Pays-Bas, etc., les artistes du XVIe s. ont cherché à renchérir sur le génie de leurs aînés Raphaël, Léonard, Michel-Ange...

Spranger. *Salmacis et Hermaphrodite* (v. 1581). Le récit d'Ovide (la nymphe d'un lac de Carie s'éprend du jeune fils de dieux qui s'y baigne) donne au peintre l'occasion d'exalter la beauté des corps. (Kunsthistorisches Museum, Vienne.)

Pontormo. *Déposition de croix,* retable du maître-autel de l'église S. Felicità à Florence (v. 1527) : complexité de la composition rythmique et suavité chromatique font de ce grand panneau un chef-d'œuvre.

véhicule ; diriger, conduire. **3.** Amener une personne à agir dans le sens que l'on souhaite ; se servir de qqn comme moyen pour parvenir à ses fins ; manipuler. ◆ v.i. **1.** Exécuter une manœuvre, un exercice d'instruction militaire. *Troupe qui manœuvre.* **2.** Combiner et employer certains moyens, plus ou moins détournés, pour atteindre un objectif. *Il va falloir manœuvrer habilement.*

MANŒUVRIER, ÈRE adj. et n. **1.** Qui sait obtenir ce qu'il veut par des moyens habiles. **2.** Qui est habile à faire manœuvrer des troupes, un navire.

MANOGRAPHE n.m. Manomètre enregistreur.

MANOIR n.m. (du lat. *manere*, rester). Habitation ancienne et de caractère, d'une certaine importance, mais n'ayant pas rang de château, à la campagne.

MANOMÈTRE n.m. (gr. *manos*, rare, et *metron*, mesure). Instrument servant à mesurer la pression d'un fluide.

MANOMÉTRIE n.f. Mesure des pressions des fluides.

MANOMÉTRIQUE adj. Qui concerne la manométrie.

MANOQUE n.f. (mot picard). Petite botte de feuilles de tabac.

MANOSTAT n.m. Appareil servant à maintenir constante la pression d'un fluide dans une enceinte.

M

MANOUCHE adj. et n. (du tsigane *manuš*, homme). **1.** Qui se rapporte aux Manouches, fait partie de cette population. **2.** *Par ext.* Tsigane.

MANOUVRIER n.m. Dans la France d'Ancien Régime, ouvrier, le plus souvent agricole, qui accomplissait des travaux saisonniers pour le compte d'autrui.

MANQUANT, E adj. Qui manque, qui est en moins. *Les pièces manquantes d'un dossier.* ◆ adj. et n. Se dit de qqn qui est absent. *Élèves manquants.*

MANQUE n.m. **1.** Fait de manquer, de faire défaut ; insuffisance ou absence de ce qui serait nécessaire. *Manque de main-d'œuvre compétente.* ◇ *Par manque de :* en raison de l'absence de qqch ; faute de. – ***Manque à gagner*** *:* perte portant sur un bénéfice escompté et non réalisé. **2.** ***État de manque*** *:* ensemble de troubles physiques (spasmes, douleurs, etc.) liés à l'arrêt volontaire ou accidentel d'une drogue, chez un toxicomane. SYN. : ***syndrome de sevrage.*** **3.** À la roulette, l'une des six chances simples, comprenant tous les numéros de 1 à 18 inclus (par oppos. à *passe*). ◆ **à la manque** loc. adj. *Fam.* Mauvais, défectueux, raté. *Conducteur à la manque.*

1. MANQUÉ, E adj. **1.** Qui n'est pas réussi ; raté, défectueux. *Ouvrage manqué.* **2.** Auquel on n'a pu assister, que l'on n'a pu honorer. *Cours manqué. Rendez-vous manqué.* **3.** Qui n'est pas devenu ce qu'il devait ou prétendait être. *Avocat manqué.* ◇ *Fam.* ***Garçon manqué*** *:* fille ayant les comportements d'un garçon.

2. MANQUÉ n.m. ***Moule à manqué*** *:* moule à pâtisserie, rond et plat, à bord assez haut et roulé.

MANQUEMENT n.m. Action de manquer à un devoir, à une loi, à une règle. *De graves manquements à la discipline.*

MANQUER v.i. (ital. *mancare*, être insuffisant). **1.** Faire défaut ; être en quantité insuffisante. *L'argent manque.* **2.** Être absent de son lieu de travail, d'études. *Plusieurs élèves manquent aujourd'hui.* ◆ v.t. ind. **1. (à).** Faire défaut à. *Les forces lui manquent.* **2. (à).** Se soustraire, se dérober à une obligation morale. *Manquer à son devoir, à sa parole.* **3. (à).** *Litt.* Se conduire de manière irrespectueuse à l'égard de. *Manquer à un supérieur.* **4. (de).** Ne pas avoir, ou ne pas disposer en quantité suffisante de. *Manquer du nécessaire. Manquer d'argent.* **5. (de).** Être sur le point de ; faillir. *Il a manqué de se faire écraser* (ou *se faire écraser*). **6.** ***Ne pas manquer de*** *:* ne pas oublier, ne pas omettre de. *Je ne manquerai pas de le lui dire.* ◆ v.t. **1.** Ne pas réussir qqch ; rater. *Manquer son coup.* **2.** Ne pas réussir à atteindre, ne pas toucher. *La balle l'a manqué.* ◇ ***Ne pas manquer qqn,*** ne pas laisser échapper l'occasion de lui donner une leçon, de se venger de lui. **3.** Laisser échapper ; rater. *Manquer une belle occasion.* **4.** Ne pas rencontrer comme prévu. *Manquer un ami à qui l'on avait donné rendez-vous.* – Arriver trop tard pour prendre un moyen de transport. *Manquer son train, son avion.*

MANSARDE n.f. (de François *Mansart*, n.pr.). Pièce de comble, en principe sous toit brisé, avec un mur incliné.

MANSARDÉ, E adj. Disposé en mansarde. *Chambre mansardée.*

MANSE n.m. ou n.f. (lat. médiév. *mansa*, du lat. *manere*, résider). HIST. Habitation rurale avec ses dépendances et des terres cultivables, constituant une unité familiale d'exploitation agricole, dans la France du VIIe au IXe siècle.

MANSION n.f. (lat. *mansio*, habitation). THÉÂTRE. Chacune des parties indépendantes du décor, fortement individualisées et servant de cadre à un épisode de l'action, dans le théâtre médiéval (représentation des mystères, en partic.).

MANSUÉTUDE [mɑ̃sɥetyd] n.f. (lat. *mansuetudo*). *Litt.* Disposition d'esprit qui incline à une bonté indulgente.

MANTA n.f. (mot esp., *couverture*). Mante (poisson).

1. MANTE n.f. (provenç. *manta*). Anc. Ample cape à capuchon froncé, portée par les femmes.

2. MANTE n.f. (gr. *mantis*, prophétesse). **1.** Insecte carnassier à la petite tête triangulaire très mobile, aux pattes antérieures ravisseuses, qui chasse à l'affût. (Long. 5 cm ; ordre des dictyoptères, genre *Mantis.*) Noms usuels : ***mante religieuse, mante prie-Dieu.*** **2.** Grande raie cornue de l'Atlantique tropical, vivipare, qui se nourrit de plancton. (Envergure 5 m, poids 1 000 kg ; genre *Mobula*, famille des mobulidés.) SYN. : ***raie manta*** ou ***manta.***

■ **MANTE.** Mante religieuse.

MANTEAU n.m. (lat. *mantellum*, dimin. de *mantum*, manteau). **1.** Vêtement à manches longues, boutonné devant, que l'on porte sur les autres vêtements pour se protéger du froid. ◇ *Sous le manteau :* clandestinement, en dehors des formes légales ou régulières. *Livre vendu sous le manteau.* **2.** Construction qui délimite le foyer d'une cheminée et fait saillie dans la pièce. **3.** GÉOPHYS. Partie d'une planète tellurique, en partic. de la Terre, intermédiaire entre la croûte et le noyau. **4. a.** HÉRALD. Ornement extérieur de l'écu, formé d'une draperie doublée d'hermine. **b.** THÉÂTRE. ***Manteau d'Arlequin*** *:* partie supérieure du cadre mobile de la scène, simulant une draperie. **5.** ZOOL. **a.** Chez les oiseaux et les mammifères, région dorsale, quand elle est d'une autre couleur que celle du reste du corps. **b.** Chez les mollusques, repli du tégument qui recouvre la masse viscérale et dont la face externe sécrète souvent une coquille qui n'y reste pas adhérente.

MANTELÉ, E adj. ZOOL. Dont le dos est d'une couleur différente de celle du corps. *Corneille mantelée.*

MANTELÉE n.f. Xanthie (papillon).

MANTELET n.m. Cape de femme en tissu léger, à capuchon, à pans longs devant et écourtée derrière.

MANTILLE n.f. (lat. *mantilla*). Longue écharpe de dentelle souvent noire que les femmes portent sur la tête ou sur les épaules.

MANTIQUE n.f. (gr. *mantikê*). Art, pratique de la divination.

MANTISSE n.f. (lat. *mantissa*, addition). ***Mantisse d'un décimal*** a : différence égale à $a - E(a)$, où $E(a)$ désigne la partie entière de a.

MANTRA n.m. (mot sanskr., *instrument de pensée*). Dans l'hindouisme et le bouddhisme, syllabe ou phrase sacrée dotée d'un pouvoir spirituel.

MANUBRIUM [manybrijɔm] n.m. (mot lat., *manche, poignée*). **1.** ANAT. Partie supérieure du sternum, sur laquelle s'articulent les clavicules. **2.** ZOOL. Chez les méduses, tube axial, garni ou non de tentacules, à l'extrémité duquel s'ouvre la bouche.

1. MANUCURE n. (lat. *manus*, main, et *curare*, soigner). Personne chargée des soins esthétiques des mains, et en partic. des ongles.

2. MANUCURE n.f. Ensemble des soins esthétiques des mains et en partic. des ongles.

MANUCURER v.t. Donner des soins aux mains de qqn, lui faire les ongles.

1. MANUEL, ELLE adj. (lat. *manualis*, de *manus*, main). **1.** Qui relève du travail des mains, de l'activité de la main (par oppos. à *intellectuel*). *Habileté manuelle.* **2.** Qui requiert l'intervention active de l'homme, de sa main (par oppos. à *automatique*). *Commande manuelle.* ◇ ***Médecine manuelle*** *:* technique thérapeutique où prédominent les manipulations (se dit surtout des médecines parallèles). [La chiropractie et l'ostéopathie sont des médecines manuelles.] ◆ adj. et n. **1.** Qui est tourné vers les activités manuelles. *Il est surtout manuel. C'est un manuel.* **2.** Qui exerce un métier manuel. *Travailleur manuel.*

2. MANUEL n.m. Ouvrage didactique ou scolaire qui expose les notions essentielles d'un art, d'une science, d'une technique, etc.

MANUÉLIN, E adj. (de *Manuel Ier*, n.pr.). Se dit du style décoratif abondant et complexe qui caractérise l'architecture gothique portugaise à la fin du XVe s. et au début du XVIe s.

■ ART **MANUÉLIN.** Portail de la chapelle de l'université de Coimbra, aménagée par Marco Pires autour de 1520.

MANUELLEMENT adv. **1.** Avec la main, en se servant de la main. **2.** Par une opération manuelle. *Dispositif qui fonctionne manuellement.*

MANUFACTURE n.f. (lat. médiév. *manufactura*, travail à la main). **1.** Établissement industriel réalisant des produits manufacturés. *Manufacture d'armes.* (Ne se dit plus que pour certains établissements.) **2.** HIST. ***Manufacture royale*** *:* en France, sous l'Ancien Régime, établissement industriel appartenant à des particuliers et bénéficiant de privilèges royaux. – ***Manufacture royale d'État*** *:* établissement appartenant à l'État et travaillant essentiellement pour lui.

MANUFACTURÉ, E adj. *Produit manufacturé,* issu de la transformation en usine de matières premières.

MANUFACTURER v.t. Transformer industriellement en produits finis des matières premières.

MANUFACTURIER, ÈRE adj. Relatif aux manufactures, à leur production.

MANU MILITARI loc. adv. (mots lat., *par la main militaire*). **1.** Par l'emploi de la force publique, de la troupe. **2.** En utilisant la force physique. *Expulser un chahuteur manu militari.*

MANUSCRIT, E adj. (lat. *manu scriptus*, écrit à la main). Qui est écrit à la main. *Une page manuscrite.* ◆ n.m. **1.** Ouvrage écrit à la main. **2.** IMPRIM. Texte destiné à la composition, qu'il soit écrit à la main ou dactylographié. (Auj., on emploie souvent *tapuscrit* pour désigner le manuscrit dactylographié.)

MANUTENTION n.f. (du lat. *manu tenere*, tenir avec la main). **1.** Manipulation, déplacement de marchandises en vue de l'emmagasinage, de l'expédition, de la vente. **2.** Local réservé à ces opérations.

MANUTENTIONNAIRE n. Personne effectuant des travaux de manutention.

MANUTENTIONNER v.t. Soumettre à des opérations de manutention. *Manutentionner des marchandises.*

MANZANILLA [mɑ̃zanilja] n.m. (mot esp.). Vin de Jerez, très sec, légèrement amer.

MAOÏSME n.m. Théorie et philosophie politique de Mao Zedong.

MAOÏSTE adj. et n. Relatif au maoïsme ; qui en est partisan.

MAOUS, OUSSE ou **MAHOUS, OUSSE** adj. *Fam.* Grand, gros.

MAPPEMONDE [mapmɔ̃d] n.f. (lat. *mappa mundi,* nappe du monde). **1.** Carte représentant le globe terrestre divisé en deux hémisphères. **2.** (Abusif en géographie). Sphère représentant le globe terrestre.

MAQUÉE n.f. Belgique. Fromage blanc du genre caillebotte.

MAQUER v.t. *Très fam.* Exploiter une prostituée, être son souteneur.

MAQUERAISON n.f. Saison de la pêche du maquereau (l'été, en Bretagne).

1. MAQUEREAU n.m. (néerl. *makelaer*). Poisson de mer à chair estimée, à dos bleu-vert zébré de noir, s'approchant des côtes au printemps et en été, objet d'une pêche industrielle en vue de la conserverie. (Long. jusqu'à 40 cm ; genre *Scomber,* famille des scombridés.)

■ MAQUEREAU

2. MAQUEREAU n.m. (moyen néerl. *makelâre,* courtier). *Très fam.* Proxénète, souteneur.

MAQUERELLE n.f. *Très fam.* Tenancière de maison close. (On dit aussi *mère maquerelle.*)

MAQUETTE n.f. (ital. *macchietta,* petite tache). **1.** Petit modèle en terre, en cire, etc., d'une sculpture. **2. a.** Représentation en trois dimensions, à échelle réduite, d'un bâtiment, d'un décor de théâtre, etc. **b.** *Spécial.* Modèle réduit vendu en pièces détachées prêtes à monter. **3.** Projet plus ou moins poussé pour la conception graphique d'un imprimé destiné à en permettre la réalisation. **4.** Projet destiné à définir la structure d'un organisme, d'une entreprise, etc. *Une nouvelle maquette de l'armée de terre.*

MAQUETTISTE n. **1.** Professionnel capable d'exécuter une maquette d'après des plans, des dessins, des données numérisées. **2.** Personne spécialisée dans l'élaboration, la conception, la mise en pages des imprimés.

MAQUIGNON n.m. (du néerl. *makelen,* trafiquer). **1.** Marchand de chevaux. – *Par ext.* Marchand de bétail, notamm. de bovins. **2.** Personne qui use en affaires de moyens frauduleux, de procédés indélicats. – REM. Le fém. *maquignonne* est rare.

MAQUIGNONNAGE n.m. **1.** Métier de maquignon. **2.** Manœuvres frauduleuses employées dans les affaires et les négociations ; marchandage honteux.

MAQUIGNONNER v.t. Maquiller un animal pour tromper sur son âge, pour dissimuler ses défauts.

MAQUILLAGE n.m. **1.** Action, manière de maquiller ou de se maquiller. **2.** Ensemble de produits servant à se maquiller. **3.** *Fig.* Action de maquiller pour falsifier, tromper.

MAQUILLER v.t. (néerl. *maken,* faire). **1.** Mettre en valeur le visage, les traits au moyen de produits cosmétiques, notamm. de produits colorés qui dissimulent les imperfections et embellissent ; farder. **2.** *Fig.* Modifier pour donner une apparence trompeuse. *Maquiller les faits.* ◆ **se maquiller** v.pr. Se grimer ou se farder.

MAQUILLEUR, EUSE n. Spécialiste du maquillage. – *Spécial.* Personne dont le métier consiste à maquiller les artistes, les acteurs.

MAQUIS n.m. (corse *macchia*). **1.** Dans les régions méditerranéennes, association végétale touffue et dense qui caractérise les sols siliceux des massifs anciens et qui est composée d'arbustes (chênes verts, chênes-lièges), de myrtes, de bruyères, d'arbousiers et de lauriers-roses. ◇ ***Prendre le maquis*** : se réfugier, après avoir commis un délit, dans une zone peu accessible couverte par le maquis, dans les régions méditerranéennes. **2.** HIST. Lieu retiré, génér. dans les montagnes ou les forêts, où se groupaient les résistants armés au cours de la Seconde Guerre mondiale ; groupe de ces résistants. *Le maquis du Vercors.* ◇ ***Prendre le maquis*** : rejoindre les résistants du maquis, sous l'Occupation. **3.** *Fig.* Complication inextricable. *Le maquis de la procédure.* **4.** Afrique. Bar, dancing.

MAQUISARD n.m. Résistant d'un maquis, sous l'Occupation.

MARABOUT n.m. (port. *marabuto,* de l'ar. *murābiṭ*). **1.** Dans les pays musulmans, saint personnage, objet de la vénération populaire durant sa vie et après sa mort. – Afrique. Musulman réputé pour ses pouvoirs magiques ; devin, guérisseur. **2.** Tombeau d'un marabout. **3.** Tente ronde à toit conique. **4.** Grande cigogne des régions chaudes de l'Ancien Monde, à la tête et au cou dénudés, au bec fort et épais, qui se nourrit de petits animaux et de charognes. (Envergure plus de 3 m ; genre *Leptoptilos,* famille des ciconiidés.)

■ MARABOUT

MARABOUTAGE n.m. Afrique. Action de marabouter ; ensemble des pratiques à la fois magiques et religieuses des marabouts.

MARABOUTER v.t. Afrique. Jeter, en recourant à un marabout, un sort à qqn.

MARACA n.f. (mot esp.). Instrument à percussion d'origine sud-américaine, constitué par une coque contenant des grains durs, destiné à scander le rythme des danses. *Une paire de maracas.*

MARAGING [maredʒiŋ] adj. inv. *Acier maraging* → **acier.**

MARAÎCHAGE n.m. Culture intensive des légumes et de certains fruits, en plein air ou sous abri.

1. MARAÎCHER, ÈRE adj. (de *marais*). Relatif au maraîchage. *Culture maraîchère.*

2. MARAÎCHER, ÈRE n. Personne pratiquant le maraîchage.

MARAÎCHIN, E adj. et n. Qui appartient au Marais breton ou au Marais poitevin.

MARAIS n.m. (francique *marisk*). **1.** Région basse où sont accumulées, sur une faible épaisseur, des eaux stagnantes, caractérisée par une végétation (aunes, roseaux, plantes aquatiques, etc.) et une faune particulières. *Le Marais poitevin.* **2.** *Fig.* Activité, situation, lieu, etc., où des difficultés sans fin retardent l'action ; bourbier. **3.** HIST. *Le Marais : v. partie n.pr.* **4.** *Marais salant* : ensemble de bassins et de canaux, où le sel est produit par évaporation des eaux de mer sous l'action du soleil et du vent. **5.** Ancien marécage assaini consacré à la culture maraîchère.

MARANS [marɑ̃] n.f. et adj. inv. (de *Marans,* commune de Charente-Maritime). Poule d'une race française réputée pour la production de gros œufs, de couleur roux foncé, à la coquille épaisse.

MARANTA n.m. ou **MARANTE** n.f. (de *Maranta,* n. d'un botaniste). Plante monocotylédone des régions tropicales, cultivée pour ses rhizomes, dont on tire l'arrow-root. (Famille des marantacées.)

1. MARASME n.m. (gr. *marasmos,* consomption). **1.** Ralentissement important ou arrêt de l'activité économique ou commerciale. **2.** Affaiblissement des forces morales ; découragement, dépression. *Comment le sortir de son marasme ?* **3.** Dénutrition grave par insuffisance des apports énergétiques, observée en partic. dans le tiers-monde.

2. MARASME n.m. Champignon à pied coriace, dont une espèce est consommée sous le nom de *faux mousseron.* (Genre *Marasmius* ; ordre des agaricales.)

MARASQUE n.f. (ital. *marasca*). Cerise d'une variété amère originaire de Dalmatie, qui sert à fabriquer le marasquin.

MARASQUIN n.m. (ital. *maraschino*). Liqueur ou eau-de-vie tirée de la marasque.

MARATHE, MAHRATTE ou **MARATHI** n.m. Langue indo-aryenne parlée dans l'État de Maharashtra, en Inde. Graphie savante : *marāṭhī.*

MARATHON n.m. (de *Marathon,* nom d'une v. grecque). **1.** Course à pied de grand fond (42,195 km) constituant une discipline olympique. **2.** Négociation longue et difficile, débat laborieux, mettant à rude épreuve la résistance des participants. *Le marathon de Bruxelles sur les prix agricoles.*

MARATHONIEN, ENNE n. Coureur de marathon.

MARÂTRE n.f. (bas lat. *matrastra,* seconde femme du père). **1.** Vx. Épouse du père, pour les enfants nés d'un autre mariage de celui-ci. SYN. : *belle-mère.* **2.** Mauvaise mère.

MARAUD, E n. (n. du matou, dans l'ouest de la France). Vx. Coquin, drôle.

MARAUDAGE n.m. **1.** Vol de denrées commis par des gens de guerre en campagne ; rapine. **2.** DR. Vol de récoltes, de fruits, de légumes encore sur pied. SYN. : *maraude.*

MARAUDE n.f. **1.** DR. Maraudage. **2.** *Taxi en maraude* : taxi qui circule à vide en quête de clients, au lieu de stationner.

MARAUDER v.i. (de *maraud*). **1.** DR. Commettre un maraudage. **2.** Être en maraude, en parlant d'un taxi.

MARAUDEUR, EUSE n. DR. Personne qui se livre à la maraude.

MARAVÉDIS [maravedi] n.m. (esp. *maravedí,* de l'ar.). Monnaie de billon frappée en Espagne à partir de la fin du Moyen Âge.

MARBRE n.m. (lat. *marmor*). **1.** Roche calcaire ayant subi un faible métamorphisme. (Dur, souvent veiné de couleurs variées, le marbre peut recevoir un beau poli, ce qui le fait employer en art et comme pierre ornementale.) – Toute pierre pouvant recevoir un beau poli, et utilisée en sculpture ou en marbrerie. ◇ ***Gravé, inscrit dans le marbre*** : établi de façon sûre et définitive. – ***De marbre*** : froid et insensible ; impassible, impavide. *Rester de marbre face aux attaques.* **2.** Objet, statue en marbre. – Plateau, tablette de marbre. *Le marbre d'une commode.* **3.** TECHN. Surface en fonte dure, parfaitement plane, servant à vérifier la planéité d'une surface ou utilisée comme plan de référence dans le traçage. **4. a.** IMPRIM. Table sur laquelle on place les pages pour les imposer, les formes pour les corriger. – Table de presse sur laquelle on place la forme dont on doit tirer l'épreuve. **b.** IMPRIM., PRESSE. Texte composé en attente de mise en pages, pour un journal ou un périodique.

MARBRÉ, E adj. Marqué de veines ou de taches évoquant le marbre.

MARBRER v.t. **1.** Décorer de dessins, de couleurs rappelant les veines du marbre. **2.** Marquer la peau, le corps de marbrures.

MARBRERIE n.f. Industrie de transformation et de mise en œuvre des marbres et des roches dures ; lieu où se pratique cette activité.

1. MARBRIER, ÈRE adj. Relatif au marbre, à la marbrerie.

2. MARBRIER n.m. Industriel, artisan, commerçant du secteur de la marbrerie.

MARBRIÈRE n.f. Carrière de marbre.

MARBRURE n.f. **1.** Décor imitant les veines, les taches du marbre. **2.** Tache cutanée rouge violacé d'origine vasculaire.

1. MARC [mar] n.m. (francique *marka*). **1.** Ancienne unité de masse. (Un marc valait 8 onces locales : 244,75 g à Paris.) **2.** DR. *Au marc le franc* : se dit d'un partage fait entre les intéressés au prorata de leurs créances ou de leurs intérêts dans une affaire.

2. MARC [mar] n.m. (de l'anc. fr. *marcher,* fouler). **1.** Résidu des fruits, en partic. du raisin, que l'on a pressés pour en extraire le jus. **2.** Eau-de-vie obtenue en distillant du marc de raisin. **3.** Résidu de certaines substances que l'on a fait infuser, bouillir, etc. *Marc de café.*

M

MARCASSIN n.m. (p.-ê. de *marque,* à cause des raies sur le dos). Petit du sanglier âgé de moins de six mois, au pelage rayé horizontalement de noir et de blanc.

MARCASSITE ou **MARCASITE** n.f. (ar. *marqachīṭā*). MINÉRALOG. Sulfure de fer, cristallisant dans le système orthorhombique.

MARCEL n.m. (du prénom). Débardeur (tricot).

MARCESCENCE [marsesɑ̃s] n.f. BOT. Caractère d'un organe marcescent.

MARCESCENT, E [marsesɑ̃, ɑ̃t] adj. (du lat. *marcescere,* flétrir). BOT. Se dit d'un organe qui se flétrit sur la plante sans se détacher. *Feuille marcescente.*

1. MARCHAND, E adj. **1.** Qui a rapport au commerce. ◇ *Valeur marchande :* valeur d'un objet dans le commerce. – *Qualité marchande :* qualité normale d'un produit dans le commerce, par rapport aux qualités supérieures (extra, surfine, etc.). – *Prix marchand :* prix auquel les commerçants vendent et achètent entre eux. **2.** *Denrée marchande :* denrée qui est à vendre, ou qui se vend facilement. **3.** *Ville marchande :* ville où il se fait beaucoup de commerce, qui vit grâce au commerce. **4.** *Marine marchande :* flotte qui assure le transport des voyageurs et des marchandises.

2. MARCHAND, E n. (du lat. *mercatus,* marché). **1.** Personne qui fait du négoce, qui est habile dans l'art du négoce. *Une civilisation de marchands.* **2.** Commerçant qui vend des marchandises, des produits. *Marchand de légumes, de meubles, de journaux.* ◇ Vieilli. *Marchand de couleurs :* droguiste. – *Marchand de biens :* commerçant qui, à titre habituel, achète des immeubles, des fonds pour les revendre. – *Péjor. Marchand de canons :* fabricant d'armes de guerre. – *Péjor. Marchand de sommeil :* hôtelier, logeur qui exploite ses clients. – *Fam., péjor. Marchand de soupe :* directeur d'une institution scolaire privée qui ne songe qu'au profit ; mauvais restaurateur. **3.** *Entrecôte marchand de vin :* entrecôte poêlée servie avec une sauce à base d'échalotes hachées, de vin rouge et de crème fraîche.

MARCHANDAGE n.m. **1.** Action de marchander pour obtenir qqch à meilleur prix. **2.** Tractation laborieuse à des fins plus ou moins honorables. *Marchandages électoraux.* **3.** DR. Contrat par lequel un sous-entrepreneur fournit à l'entrepreneur de la main-d'œuvre qu'il rétribue lui-même.

MARCHANDER v.t. **1.** Discuter le prix d'une marchandise pour l'obtenir à meilleur compte. *Marchander un meuble ancien.* ◇ Absol. *Elle aime marchander.* **2.** *Litt.* Accorder à regret, avec parcimonie ou en exigeant certains avantages. *Ne pas marchander les éloges.* ◆ v.i. DR. Conclure un contrat de marchandage.

MARCHANDEUR, EUSE n. Personne qui a l'habitude de marchander en achetant.

MARCHANDISAGE n.m. Ensemble des techniques assurant, grâce à une stratégie adaptée, la meilleure diffusion commerciale des produits. SYN. (anglic. déconseillé) : *merchandising.*

MARCHANDISE n.f. **1.** Objet, produit qui se vend et s'achète. ◇ *Tromper sur la marchandise :* faire payer trop cher ou donner autre chose que ce que l'on avait promis. **2.** *Fig.* Ce que qqn cherche à placer, à faire accepter en le présentant sous son jour le plus favorable. *Faire valoir sa marchandise.*

MARCHANTIA [marʃɑ̃tja] n.f. (de *Marchant,* n.pr.). Petite plante cryptogame commune dans les lieux tempérés humides. (Classe des hépatiques.)

1. MARCHE n.f. (de *marcher*). **1.** Action, fait de marcher, mode de locomotion de l'homme. *La marche et la course.* – Manière de marcher. *Marche rapide, lente.* ◇ *Marche forcée* → **forcé.** **2.** Action de marcher considérée comme une activité physique, un exercice sportif ; discipline de l'athlétisme qui consiste en des courses de fond que les compétiteurs doivent accomplir en marchant sans que leurs deux pieds quittent le sol simultanément. **3.** Action de marcher considérée du point de vue de la distance parcourue. *Une longue marche en forêt.* **4. a.** Déplacement d'une troupe à pied. **b.** Déplacement à pied d'un groupe constituant une manifestation publique d'opinion. *Marche pour la paix.* **c.** *Ouvrir, fermer la marche :* marcher dans les premiers, dans les derniers rangs, au sein d'un défilé, d'un groupe. **5.** Pièce de musique destinée à régler les pas d'un groupe, d'une troupe. *Une marche aux accents entraînants.* **6.** Déplacement d'un véhicule. *Être assis dans le sens de la marche.* ◇ *Monter, descendre en marche :* monter d'un véhicule, en descendre alors que celui-ci est en marche. **7.** Mouvement d'un astre. *La marche de la Lune.* **8. a.** Fonctionnement d'un mécanisme *La marche d'une horloge.* ◇ *Être en marche :* fonctionner, en parlant d'un mécanisme, d'une machine ; *fig.,* commencer à avancer, à se manifester. *Un grand mouvement d'opinion est en marche.* – *Mettre en marche :* déclencher le fonctionnement de, faire marcher. **b.** Fonctionnement d'un organisme, d'une institution, d'une entreprise. *Donner des instructions pour la bonne marche du service.* **9.** Progression, déroulement dans le temps. *Suivre la marche d'une maladie. Troubler la marche d'un procès.* **10.** Surface plane sur laquelle on pose le pied pour monter ou pour descendre un escalier. – *Par ext.* La marche et sa contremarche. **11.** Pédale du métier à tisser à bras reliée aux fils de chaîne.

■ **MARCHE.** Le Portugais José Urbano au 20 km marche.

2. MARCHE n.f. (francique *marka,* frontière). **1.** Sous les Carolingiens, territoire jouant le rôle de zone de protection militaire, à proximité d'une frontière ou dans une région mal pacifiée. (Le gouvernement des marches était confié à des marquis ou à des margraves.) **2.** Mod. Zone périphérique d'un État, mal soumise ou menacée par un pays voisin. *Les marches de la Russie, de la Chine.*

MARCHÉ n.m. (lat. *mercatus*). **I.** *Lieu.* **1.** Lieu public, en plein air ou couvert, où l'on vend et où l'on achète des marchandises. ◇ *Marché d'intérêt national (MIN) :* marché de produits agricoles ou alimentaires institué en France par décret après consultation des collectivités locales, des chambres de commerce et d'industrie, et des branches d'agriculture intéressées. **2.** Réunion périodique de commerçants ambulants qui vendent, au détail et au comptant, dans un lieu dépendant du domaine public, des marchandises à emporter. ◇ *Faire son marché, le marché :* aller acheter ses provisions sur un marché public ou dans les magasins. **3.** Ville, pays où se fait princip. le commerce d'un produit déterminé ou de plusieurs. *Anvers est l'un des principaux marchés mondiaux de pierres précieuses.* **II.** *Bourse, économie.* **1.** Débouché économique ; ensemble de clients qui achètent ou peuvent acheter un produit ou un service. *Conquérir de nouveaux marchés.* ◇ *Étude de marché :* étude prévisionnelle des débouchés d'un produit donné, ou des produits d'une branche d'activité, d'un pays, etc. – *Part de marché :* pourcentage des ventes d'un produit, d'une entreprise, d'une marque, par rapport au total des ventes des produits similaires sur un marché déterminé. – *Segment de marché :* groupe homogène et distinct de personnes possédant en commun un certain nombre de caractéristiques qui permettent d'ajuster la politique de produits d'une entreprise et sa stratégie publicitaire. **2.** Lieu théorique où se rencontrent l'offre et la demande ; état de l'offre et de la demande. *Le marché de la voiture d'occasion.* ◇ *Économie de marché :* système économique dans lequel les mécanismes naturels tendent à assurer seuls, à l'exclusion de toute intervention des monopoles ou de l'État, l'équilibre de l'offre et de la demande. – *Marché à la baisse,* dans lequel l'offre l'emporte sur la demande. – *Marché en hausse,* dans lequel la demande l'emporte sur l'offre. – *Marché du travail :* situation de l'offre et de la demande d'emploi dans une région, un pays ou par rapport à un type d'activité. – *Sur le marché :* parmi les produits en vente, commercialisés, distribués. **3.** BOURSE. *Marché au comptant,* sur lequel la livraison et le règlement des capitaux suivent immédiatement la négociation. – *Marché financier,* sur lequel s'effectuent les négociations de valeurs à revenu fixe et variable, les émissions de titres et, d'une manière générale, les opérations sur capitaux à long terme. – *Marché de gré à gré,* dont les règles sont librement fixées par les parties au moment de leur opération. – *Marché gris :* lieu fictif de cotation et d'échange anticipé d'une valeur avant son admission officielle à la cote. – *Marché interbancaire,* permettant aux banques de se refinancer ou de placer leurs excédents de trésorerie. – *Marché libre,* où les négociations au comptant sont réalisées directement par les acheteurs et les vendeurs. – *Marché monétaire,* sur lequel s'effectuent les transactions à court terme entre banques et institutions financières. – *Marché officiel* ou *principal,* sur lequel sont négociées les valeurs admises à la cote officielle. – *Marché à prime,* sur lequel l'acheteur de titres se réserve la faculté, vis-à-vis du vendeur, soit d'exécuter le contrat passé, soit de l'annuler contre paiement d'un dédit, ou prime. – *Marché à terme international de France* → **MATIF.** – *Marché à option,* où s'échangent des options, c'est-à-dire des droits contractuels d'achat ou de vente d'une quantité déterminée d'un actif à prix fixe dans un certain délai. – *Nouveau marché,* destiné à de jeunes sociétés à fort potentiel de croissance. – *Second marché :* marché français où des valeurs mobilières sont admises à des conditions moins strictes que celles qu'implique la cote officielle. **4.** *Marché commun : v. partie n.pr.* Union européenne. **III.** *Accord.* **1.** Tractation, accord impliquant un échange à titre onéreux de biens ou de services ; convention d'achat et de vente. *Marché avantageux.* ◇ *Marché public :* contrat par lequel un entrepreneur s'engage, moyennant un paiement convenu, à fournir une prestation à l'Administration. (En principe, la passation des marchés publics a lieu par adjudication ou appel d'offres.) – *Marché de gré à gré :* contrat administratif impliquant la liberté de choix du cocontractant par l'Administration. **2.** Toute convention arrêtée entre deux personnes ; arrangement convenu. ◇ *Mettre le marché en main à qqn,* lui donner nettement le choix de conclure l'accord ou de rompre. – *Par-dessus le marché :* en plus de ce qui a été convenu, stipulé ; de plus, en outre. **3.** *Bon marché :* d'un prix peu élevé. – *À bon marché :* à bas prix ; *fig.,* à peu de frais, sans grande peine. *Acheter à bon marché. En être quitte à bon marché.* – *Faire bon marché de qqch,* en faire peu de cas ; ne pas l'épargner. *Faire bon marché de sa santé.*

MARCHÉAGE n.m. Branche du marketing, coordination de l'ensemble des actions commerciales en termes de dosage et de cohérence. SYN. (anglic. déconseillé) : *marketing mix.*

MARCHEPIED n.m. **1.** Marche ou série de marches qui servent à monter dans un véhicule (autocar, voiture de chemin de fer, etc.) ou à en descendre. **2.** Escabeau à deux ou trois marches. **3.** *Fig.* Moyen de progresser, de réaliser ses ambitions, de s'élever socialement. *Se faire un marchepied de qqn, de qqch.* **4.** Antilles. Paillasson.

MARCHER v.i. (du francique). **1.** Se déplacer, se mouvoir en mettant un pied devant l'autre. *Marcher vite.* ◇ *Marcher sur les traces, les pas de qqn,* suivre son exemple, l'imiter. – *Marcher droit :* avoir une conduite irréprochable. **2.** Mettre le pied sur, dans qqch, lors de son déplacement. *Marcher dans une flaque d'eau.* **3.** En parlant d'un véhicule, d'un mobile, se mouvoir, se déplacer. *Navire qui marche à vingt nœuds.* **4.** Être en état de marche, fonctionner, en parlant d'un appareil, d'un organe, etc. *Cette montre marche. Son cœur marche mal.* **5.** Être en activité, en parlant d'organismes, de services, etc. **6.** Se dérouler correctement ; faire des progrès ; prospérer. *Une affaire qui marche.* **7.** *Fam.* Accepter une affaire, consentir à participer à qqch avec qqn. *C'est entendu, je marche avec vous.* ◇ *Ça marche :* c'est d'accord. **8.** *Fam.* Faire preuve de crédulité. *Tu peux lui* *raconter n'importe quoi, elle marche.* ◇ *Faire marcher qqn,* le taquiner ; jouer de sa crédulité ou de sa gentillesse pour obtenir beaucoup de lui.

MARCHEUR, EUSE n. **1.** Personne qui marche, qui aime marcher. **2.** Personne qui pratique la marche sportive.

MARCHEUSE n.f. Figurante muette dans un opéra, au music-hall, etc.

MARCIONISME [marsjɔnism] n.m. Hérésie chrétienne de Marcion (IIe s. de notre ère), prônant un dualisme analogue à celui des gnostiques et opposant le Dieu de justice de l'Ancien Testament au Dieu d'amour du Nouveau Testament.

MARCONI adj. inv. (du n.pr. *Marconi,* à cause du haubanage évoquant une antenne de TSF). MAR. Se dit d'un type de gréement très utilisé en yachting, caractérisé par un mât à pible (d'une seule pièce) et une grand-voile triangulaire hissée avec une seule drisse.

MARCOPHILIE n.f. PHILAT. Collection des marques, flammes et oblitérations apposées sur les objets postaux.

MARCOTTAGE n.m. Procédé de multiplication végétative des plantes, par lequel une tige aérienne est mise en contact avec le sol et s'y enracine avant d'être isolée de la plante mère.

MARCOTTE n.f. (moyen fr. *marquot*). AGRIC. Branche tenant à la plante mère, couchée en terre pour y prendre racine et fournir un nouveau sujet.

MARCOTTER v.t. Pratiquer le marcottage de.

MARDI n.m. (lat. *Martis dies,* jour de Mars). Deuxième jour de la semaine. ◇ *Mardi gras :* dernier jour avant le début du carême.

MARE n.f. (anc. scand. *marr,* lac). **1.** Petite étendue d'eau dormante. **2.** Grande quantité de liquide répandu ; flaque. *Une mare de sang.*

MARÉCAGE n.m. (de *maresc,* anc. forme de *marais*). **1.** Étendue de terrain couverte de marais. **2.** *Litt.* Lieu, situation où l'on risque les compromissions, l'abaissement moral. *Il s'est engagé dans un marécage d'affaires douteuses.*

MARÉCAGEUX, EUSE adj. **1.** Relatif aux marécages. **2.** *Terrain marécageux :* situation difficile où rien n'est sûr, où l'on ne sait pas à qui ni à quoi se fier.

MARÉCHAL n.m. [pl. *maréchaux*] (francique *marhskalk,* domestique chargé des chevaux). **1.** Dans de nombreux pays, dignité ou grade d'un officier général. ◇ *Maréchal de France :* officier général titulaire d'une dignité d'État, conférée à certains commandants en chef victorieux devant l'ennemi. (Son insigne est un bâton de commandement.) **2.** *Maréchal des logis, maréchal des logis-chef :* sous-officier des armes anciennement montées (gendarmerie, cavalerie, artillerie et train), d'un grade correspondant à ceux de sergent et de sergent-chef dans les autres armes de l'armée de terre. **3.** HIST. *Maréchal de camp :* officier général des armées de l'Ancien Régime et de la Restauration. **4.** Maréchal-ferrant.

MARÉCHALAT n.m. Dignité de maréchal.

MARÉCHALE n.f. Femme d'un maréchal.

MARÉCHALERIE n.f. Atelier, métier du maréchal-ferrant.

MARÉCHAL-FERRANT n.m. (pl. *maréchaux-ferrants*). Artisan qui ferre les chevaux. (On dit aussi *maréchal.*)

MARÉCHAUSSÉE n.f. **1.** Sous l'Ancien Régime, corps de troupes à cheval chargé d'assurer la sécurité publique et qui, réorganisé en 1791, a pris le nom de *gendarmerie nationale.* **2.** *Fam. La maréchaussée :* la gendarmerie, les gendarmes.

MARÉE n.f. (de *mer*). **1.** Mouvement oscillatoire du niveau de la mer, dû à l'attraction de la Lune et du Soleil sur la masse d'eau des océans. ◇ *Marée montante :* flot ou flux. – *Marée haute :* maximum du flot. – *Marée descendante :* reflux ou jusant. – *Marée basse :* fin du jusant. – *Échelle de marée :* planche verticale placée à poste fixe et portant des graduations sur lesquelles on lit la hauteur d'eau. – *Coefficient de marée :* nombre compris entre 20 et 120, caractéristique de chaque marée et indicatif du niveau de celle-ci. **2.** Foule considérable en mouvement ; grand nombre de choses qui déferlent en un lieu. *Une marée humaine envahit la place. La marée de voitures qui descend vers le sud.* **3.** Phénomène de masse évoquant le flux par son caractère irrésistible, inéluctable. *La marée montante du chômage.* **4.** Ensemble des produits frais de la mer destinés à la consommation (poissons, crustacés, coquillages). **5.** ASTRON. Déformation d'un astre sous l'action gravitationnelle d'un ou de plusieurs autres. **6.** *Marée rouge :* coloration en rouge des eaux marines littorales due à une prolifération d'algues rouges unicellulaires. (La forte toxicité de ces algues provoque la mort de nombreux poissons.) – *Marée noire :* arrivée sur un rivage de nappes de pétrole provenant d'un navire qui a été accidenté ou qui a purgé ses réservoirs, ou de l'éruption accidentelle d'une tête de puits sous-marine.

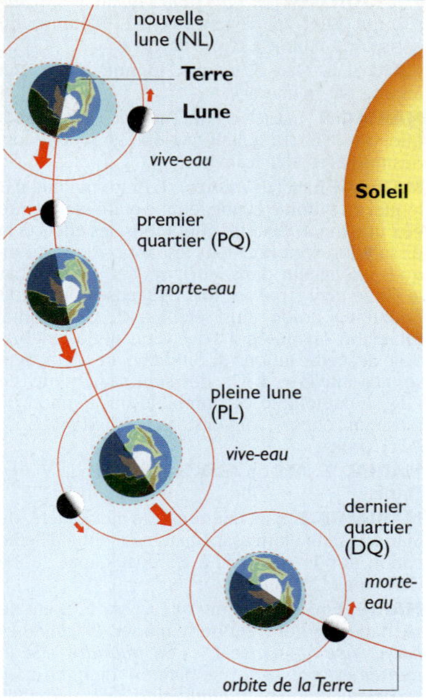

■ **MARÉE.** Le phénomène des marées.

ENCYCL. Bien que leur production relève d'un mécanisme théorique simple, les marées se manifestent d'une façon extrêmement complexe, et de manière très variable suivant les lieux où on les observe. Leur allure et leur amplitude sont en effet liées non seulement à la position relative de la Terre, du Soleil et de la Lune, qui se modifie chaque jour, mais également aux irrégularités du contour et de la profondeur des bassins océaniques. D'une façon générale, le phénomène, auquel la rotation de la Terre conjuguée au mouvement orbital de la Lune confère, en un lieu donné, son caractère périodique, peut être considéré comme la superposition d'un grand nombre d'ondes et présente, selon les endroits, un caractère *diurne* (une haute et une basse mer toutes les 24 h 50 min), *semi-diurne* (deux hautes mers et deux basses mers en 24 h 50 min) ou *mixte* (inégalités dans la durée des hautes et des basses mers). Dans les mers fermées, les amplitudes sont le plus souvent nulles ou presque nulles. Au contraire, sur les rivages précédés d'une vaste plate-forme continentale, elles sont très élevées : jusqu'à 16,2 m dans la baie de Fundy (Canada) ; env. 13 m dans la baie du Mont-Saint-Michel.

MARÉGRAPHE n.m. Appareil enregistrant les variations du niveau de la mer.

MARELLE n.f. (anc. fr. *merel,* jeton). Jeu d'enfant qui consiste à pousser à cloche-pied un palet dans des cases tracées sur le sol.

MARÉMOTEUR, TRICE adj. Relatif à la force motrice des marées, ou qui l'utilise. *Usine marémotrice.*

1. MARENGO [marɛ̃go] n.m. (de *Marengo,* n.pr.). Drap dont le fond noir est parsemé de petits effets blancs à peine apparents.

2. MARENGO adj. inv. *Poulet, veau (à la) marengo :* poulet ou veau détaillé en morceaux et cuit dans une sauce à base de vin blanc avec des tomates et des champignons.

MARENNES n.f. Huître creuse élevée dans la région de Marennes.

MAREYAGE n.m. Travail, commerce du mareyeur.

MAREYEUR, EUSE n. (de *marée*). Commerçant en gros vendant aux poissonniers et aux écailleurs les produits frais de la mer.

MARGARINE n.f. (gr. *margaron,* perle). Matière grasse alimentaire, de consistance molle, faite avec de l'eau et diverses huiles et graisses le plus souvent végétales (arachide, soja, noix de coco).

MARGAUDER v.i. → **MARGOTER.**

MARGAUX n.m. Vin de Médoc rouge très réputé produit sur la commune de Margaux (Gironde).

MARGAY [margɛ] n.m. (d'un mot tupi). Chat sauvage du Mexique et de l'Amérique du Sud au pelage tacheté comme celui de l'ocelot. (Nom sc. *Felis wiedi ;* famille des félidés.)

MARGE n.f. (lat. *margo, marginis,* bord). **1.** Espace blanc laissé autour d'une page imprimée ou écrite. *Porter des annotations dans les marges d'un livre, en marge.* **2.** *Fig.* **a.** Intervalle de temps ou liberté d'action dont on dispose, entre certaines limites, pour le choix, l'exécution de qqch. *Se donner une marge de réflexion. Avoir une grande marge de manœuvre, d'initiative.* ◇ *Avoir de la marge :* disposer d'un temps, d'une latitude suffisants pour agir. **b.** Tolérance, écart possible admis dans une évaluation. *Prévoir une marge d'erreur.* **3. a.** BANQUE. Différence entre le montant d'un crédit accordé et la valeur des biens remis en gage pour obtenir le remboursement de ce crédit. **b.** *Marge bénéficiaire :* différence entre le prix de vente et le prix de revient d'un bien, génér. exprimée en pourcentage du prix de vente. **c.** *Marge brute d'autofinancement (MBA) :* cash-flow. **4.** *En marge de :* plus ou moins en dehors, à l'écart de. *Vivre en marge de la société.* **5.** GÉOPHYS. *Marge continentale :* ensemble formé par la plate-forme continentale et la pente continentale qui la limite. (On distingue les *marges actives,* qui sont le site de phénomènes géodynamiques importants [volcanisme, séismes], des *marges passives* ou *stables,* qui sont des zones calmes.)

MARGELLE n.f. (dimin. de *marge*). Pierre ou assise de pierres qui forme le rebord d'un puits, d'une fontaine, etc.

MARGER v.t. [10]. IMPRIM. Placer la feuille à imprimer sur la machine en position correcte par rapport à la forme d'impression.

1. MARGEUR, EUSE n. IMPRIM. Ouvrier(ère) qui marge.

2. MARGEUR n.m. Dispositif qui, sur une machine à écrire, permet de régler la largeur de la marge sur le papier.

1. MARGINAL, E, AUX adj. **1.** Qui est écrit dans la marge. *Notes marginales.* **2.** Qui a une valeur, un rôle accessoires, secondaires. *Occupations marginales.* **3.** ÉCON. *Entreprise marginale :* entreprise dont le prix de revient est sensiblement égal au prix de vente le plus élevé pratiqué sur le marché. – *Prix marginal :* valeur au-dessous de laquelle il n'est plus possible, pour une entreprise, de vendre sans perdre de l'argent. **4.** BOT. Se dit de ce qui est situé sur les bords d'un organe. *Poils marginaux.*

2. MARGINAL, E, AUX adj. et n. Se dit de qqn qui vit en marge de la société organisée, faute de pouvoir s'y intégrer ou par refus de se soumettre à ses normes.

MARGINALEMENT adv. De façon marginale, annexe ; accessoirement.

MARGINALISATION n.f. Fait de devenir marginal, d'être marginalisé.

MARGINALISER v.t. **1.** Placer en marge, mettre à l'écart ; situer en dehors de ce qui est essentiel, principal, central. *Marginaliser une formation politique.* **2.** Tendre à exclure qqn, un groupe de la société, à lui faire perdre son intégration sociale. *Crise qui marginalise des catégories entières de la population.*

MARGINALISME n.m. Théorie économique selon laquelle la valeur d'échange d'un produit donné est déterminée par l'utilité de sa dernière unité disponible. (Le marginalisme fut développé vers 1870 par le Britannique William Stanley Jevons, le Français Léon Walras et l'Autrichien Carl Menger.)

MARGINALITÉ n.f. Caractère, état d'une personne ou d'une chose marginale.

MARGINER v.t. *Didact.* Annoter dans la marge un texte, un livre.

MARGOTER, MARGOTTER ou **MARGAUDER** v.i. (de *margot,* nom de divers oiseaux). Pousser son cri, en parlant de la caille.

MARGOUILLAT n.m. (de l'anc. fr. *margouiller,* souiller). Agame des savanes africaines au sud du

Sahara, insectivore, actif et diurne. (Genre *Agama ;* famille des agamidés.)

MARGOUILLIS n.m. (de l'anc. v. *marguillier,* souiller, du lat. *marga,* marne). *Fam.,* vx. Gâchis ; boue mêlée d'ordures.

MARGOULETTE n.f. (de l'anc. fr. *goule,* gueule). *Fam.* Mâchoire, bouche, figure. ◇ *Fam. Se casser la margoulette :* se casser la figure, tomber.

MARGOULIN n.m. (mot dial.). *Fam.* Commerçant, homme d'affaires peu scrupuleux.

MARGOUSIER n.m. BOT. Melia.

MARGRAVE n.m. (all. *Markgraf,* comte de la frontière). HIST. Titre donné aux chefs militaires des marches, dans l'Empire carolingien, puis à certains princes du Saint Empire.

MARGRAVIAT n.m. HIST. **1.** État, dignité de margrave. **2.** Seigneurie, juridiction d'un margrave.

MARGUERITE n.f. (lat. *margarita,* perle, mot gr.). **1.** Plante herbacée dont les inflorescences forment de grands capitules de fleurs jaunes au centre, blanches et ligulées à la périphérie. (Nom commun à plusieurs espèces de la famille des composées, spécial. du genre *Leucanthemum.*) **2.** Roue portant à sa périphérie les caractères d'impression, sur certaines machines à écrire et sur certaines imprimantes d'ordinateurs.

M

■ MARGUERITE

MARGUILLIER [margije] n.m. (du lat. *matricularis,* qui tient un registre). HIST. Membre du conseil de fabrique d'une paroisse.

MARI n.m. (lat. *maritus*). Homme uni à une femme par le mariage.

MARIACHI [marjatʃi] n.m. (mot esp.). Au Mexique, musicien ambulant qui joue en groupe lors des mariages, des festivités.

MARIAGE n.m. (de *marier*). **1.** Acte solennel par lequel un homme et une femme établissent entre eux une union dont les conditions, les effets et la dissolution sont régis par les dispositions juridiques en vigueur dans leur pays (en France, par le Code civil), par les lois religieuses ou par la coutume ; union ainsi établie. **2.** Cérémonie, réception organisée à l'occasion de la célébration de cette union. **3.** Situation de deux personnes mariées. **4.** Un des sept sacrements de l'Église catholique. **5.** Combinaison, réunion de plusieurs choses, organismes, etc. *Mariage de deux firmes.*

MARIAL, E, ALS ou **AUX** adj. Relatif à la Vierge Marie.

MARIANISTE n.m. Membre de la Société de Marie, institut clérical spécialement voué à l'éducation, fondé en 1817, à Bordeaux, par l'abbé Guillaume Chaminade.

MARIÉ, E n. **1.** Personne qui est sur le point de se marier ou qui vient de se marier. *Un marié en habit. Vive la mariée !* ◇ ***Se plaindre que la mariée est trop belle :*** se plaindre de qqch dont on devrait se louer. **2.** *Jeune marié(e) :* personne dont le mariage est récent.

MARIE-JEANNE n.f. inv. *Fam.* Haschisch, marijuana.

MARIE-LOUISE n.f. (pl. *maries-louises*). Passe-partout biseauté ou à gorge, placé au bord intérieur d'un cadre.

MARIER v.t. [5] (lat. *maritare*). **1.** Unir par le lien conjugal. **2.** Donner en mariage. *Marier sa fille.* **3.** Associer des choses qui peuvent se combiner. *Marier des couleurs entre elles.* ◆ **se marier** v.pr. Contracter mariage.

MARIE-SALOPE n.f. (pl. *maries-salopes*). MAR. Chaland à fond mobile destiné à recevoir les vases extraites par une drague puis à les transporter en haute mer.

MARIEUR, EUSE n. Personne qui aime s'entremettre pour faciliter des mariages.

MARIGOT n.m. En Afrique, bras mort d'un fleuve ou d'une rivière, ou mare d'eau stagnante ; plus génér., tout petit cours d'eau.

MARIJUANA ou **MARIHUANA** [marirwana] n.f. (mot hispano-amér.). Substance que forment les feuilles et les sommités fleuries des pieds femelles du chanvre indien *(Cannabis sativa),* utilisée comme drogue.

MARIMBA [marimba] n.m. (mot port., d'une langue africaine). Xylophone, probablement d'origine africaine, dont chaque lame est prolongée par un résonateur en forme de tube.

1. MARIN, E adj. (lat. *marinus,* de *mare,* mer). **1.** Qui relève de la mer, qui y vit, qui en provient. *Courants marins. Sel marin.* **2.** Qui sert à la navigation sur mer ou qui en relève. *Carte marine.* **3.** Qui tient bien la mer ; qui est à l'aise en mer. *Bateau marin.* ◇ ***Avoir le pied marin :*** savoir se déplacer à bord d'un bateau malgré le roulis, le tangage ; ne pas être sujet au mal de mer.

2. MARIN n.m. **1.** Personne dont la profession est de naviguer sur mer. **2.** Homme habile dans l'art de la navigation sur mer. *Les Phéniciens, peuple de marins.* **3.** MÉTÉOROL. Vent du sud-est, très pluvieux, qui souffle sur le Languedoc, la Montagne Noire et les Cévennes.

MARINA n.f. (mot ital., *plage*). Ensemble immobilier construit en bord de mer, et comprenant à la fois habitations et installations portuaires pour les bateaux de plaisance.

MARINADE n.f. **1.** Mélange liquide aromatique composé de vinaigre, de sel, d'épices, etc., dans lequel on fait macérer viandes et poissons avant de les cuire. **2.** Viande, poisson marinés.

MARINAGE n.m. CUIS. Action de faire mariner ; fait de mariner.

1. MARINE n.f. **1.** Ensemble de ce qui relève de l'art de la navigation sur mer. **2.** Ensemble des gens de mer, des navires et des activités qui s'y rapportent. **3.** Ensemble des navires et des acti-

■ LA MARINE MARCHANDE

Les flottes de commerce comportent désormais, pour le transport du fret, une large panoplie de navires spécialisés : porte-conteneurs, pétroliers, minéraliers, transporteurs de produits chimiques, transporteurs de gaz, etc. Le transport des passagers s'effectue à l'aide de paquebots (croisières) ou de transbordeurs. La mise en service de navires plus rapides au fonctionnement largement automatisé permet de réduire les coûts d'exploitation.

◁ **Le paquebot** *Splendor of the seas.* Construit aux Chantiers de l'Atlantique, à Saint-Nazaire, pour le compte d'une compagnie norvégienne, et livré en 1996, ce paquebot, doté de 11 ponts, peut accueillir plus de 2 000 passagers et constitue un véritable palace flottant.

Navire porte-conteneurs. ▷ La mise en conteneurs d'une partie du fret maritime permet d'automatiser les opérations de chargement et de déchargement. Les navires passent ainsi moins de temps dans les ports et peuvent effectuer des rotations accélérées.

Pétrolier et remorqueurs. Quelque 7 000 pétroliers sillonnent les mers du globe, les plus gros chargés d'environ 300 000 t de brut. Pour prévenir les risques de pollution accidentelle, les modèles les plus récents sont munis d'une double coque, plus résistante en cas d'échouement ou d'abordage.

■ LA MARINE MILITAIRE

Les marines de guerre ne se distinguent réellement des marines marchandes qu'à l'époque des grandes rivalités maritimes, aux xve-xvie s. Au xixe s., la mise en œuvre de nouvelles techniques (propulsion à vapeur, blindage en fer puis en acier, artillerie utilisant des canons rayés, obus explosifs, etc.) donne au navire de ligne (cuirassé) un rôle prépondérant. Depuis la Seconde Guerre mondiale, porte-avions et sous-marins à propulsion nucléaire tiennent un rôle primordial dans la stratégie de la guerre navale moderne.

Galion anglais (xvie s.). Le galion fut, à l'origine, utilisé par les Espagnols pour leur commerce avec l'Amérique latine. Plus fin et plus rapide que la nef, possédant en général deux ponts, ce navire reste, jusqu'à la fin du xviie s., le principal navire de guerre.

Vaisseau de ligne français (xviiie s.). À partir du xviiie s., le navire de guerre par excellence est le navire de ligne, à la puissante artillerie, qui reste le maître des mers jusqu'au milieu du xixe s., lorsque la vapeur détrône la voile.

Cuirassé britannique *Dreadnought* (1906). Au début du xxe s., muni d'une forte artillerie et protégé par un épais blindage, le cuirassé devient le navire principal des marines de guerre jusqu'à la Seconde Guerre mondiale.

Frégate antiaérienne française (1988). Depuis l'apparition du porte-avions et l'augmentation du rayon d'action des avions basés à terre, il a fallu protéger les flottes de combat par des bâtiments spécialement équipés pour la défense antiaérienne. Ces navires sont munis de systèmes électroniques perfectionnés ainsi que de missiles.

Patrouilleur rapide lance-missiles français ▷ de type *La Combattante III.* Les progrès technologiques ont permis aux marines de nombreux pays de se doter de puissants moyens de combat, très efficaces dans un certain nombre de conflits régionaux, en équipant des navires de faible tonnage (vedettes) de missiles tactiques antiaériens et/ou antinavires.

Frégate *La Fayette.* L'évolution accélérée des progrès techniques modifie de façon constante la constitution des flottes modernes. En France, les frégates de type *La Fayette,* destinées à contrôler les espaces outre-mer et à participer au règlement de crises limitées hors d'Europe, présentent dans leur conception un certain nombre d'innovations techniques telles que l'utilisation de matériaux absorbant les ondes radar.

vités de navigation relevant d'une même catégorie. *Marine marchande. Marine de pêche, de plaisance.* ◇ ***Marine de guerre***, ou ***marine militaire*** : ensemble des forces navales et aéronavales d'un État, destinées à la guerre sur mer. **4.** Puissance navale, marine militaire d'un État. *S'engager dans la marine.* ◇ ***Artillerie, infanterie, troupes de marine*** : formations de l'armée de terre chargées de la sécurité des territoires français d'outre-mer et constituant une part importante des forces terrestres d'intervention. **5.** Tableau représentant une vue de mer, de port, etc.

2. MARINE n.m. (mot angl.). Soldat d'un corps spécialisé américain.

MARINER v.t. **1.** Mettre en marinade, faire tremper dans une marinade. **2.** MIN. Enlever les produits d'abattage après un tir de mine. ◆ v.i. **1.** Tremper dans une marinade, en parlant d'un aliment. **2.** *Fam.* Attendre longtemps, en général dans une situation inconfortable ou peu agréable. *Il m'a fait mariner une heure dans sa salle d'attente.*

MARINGOUIN n.m. (mot tupi). Louisiane, Québec. Moustique ou insecte piqueur voisin (cousin, par ex.).

1. MARINIER, ÈRE adj. **1.** Qui appartient à la marine. ◇ ***Officier marinier*** : sous-officier de la Marine nationale appartenant au cadre de maistrance. **2.** ***Arche marinière*** : arche d'un pont, plus large que les autres, sous laquelle s'effectue la navigation.

M

2. MARINIER, ÈRE n. Batelier.

MARINIÈRE n.f. **1.** Blouse très ample, qui se passe par la tête, souvent ornée d'un col carré dans le dos. **2.** ***Moules (à la) marinière***, cuites dans leur jus additionné de vin blanc, d'oignons hachés et aromatisé aux fines herbes.

MARIOL, MARIOLE ou **MARIOLLE** adj. et n. (ital. *mariolo,* filou). *Fam.* **1.** Malin, roublard. **2.** ***Faire le mariole*** : faire l'intéressant ; plastronner, se vanter.

MARIOLOGIE n.f. Partie de la théologie catholique concernant la Vierge Marie.

MARIONNETTE n.f. (de *Marion,* n.pr.). **1.** Petite figure de bois, de carton ou de tissu qu'une personne cachée fait mouvoir avec la main ou grâce à des fils. **2.** Personne frivole, sans caractère, que l'on manœuvre à sa guise.

MARIONNETTISTE n. Montreur, manipulateur de marionnettes.

MARISQUE n.f. (lat. *marisca,* figue sauvage). Tuméfaction sur le pourtour de l'anus, reliquat d'une hémorroïde résorbée.

MARISTE n.m. Membre de deux congrégations catholiques vouées à la Vierge : la Société de Marie (de Lyon), ou pères maristes, qui se consacre aux tâches missionnaires, et les Petits Frères de Marie, ou frères maristes, institut enseignant composé de religieux laïcs.

MARITAL, E, AUX adj. (lat. *maritalis*). DR. Qui relève du mari.

MARITALEMENT adv. Comme des époux, sans être mariés légalement. *Vivre maritalement.*

MARITIME adj. (lat. *maritimus,* de *mare,* mer). **1.** Qui est au bord de la mer. **2.** Relatif à la mer ou à la navigation sur mer. *Trafic maritime.*

MARITORNE n.f. (n. d'une servante d'auberge, dans *Don Quichotte*). *Litt.* Fille, femme mal faite, malpropre et acariâtre.

MARIVAUDAGE n.m. **1.** LITTÉR. Langage raffiné et précieux utilisé dans l'expression de la passion amoureuse et dont le modèle est le théâtre de Marivaux. **2.** *Litt.* Badinage spirituel et superficiel ; échange de propos galants et raffinés.

MARIVAUDER v.i. (de *Marivaux,* n.pr.). *Litt.* Se livrer au marivaudage, au badinage galant.

MARJOLAINE n.f. (lat. médiév. *maiorana*). Plante aromatique d'Europe et d'Asie, voisine du thym, dont les feuilles sont utilisées comme condiment. (Genre *Origanum ;* famille des labiées.) SYN. : *origan.*

MARK n.m. (mot all.). **1.** Dénomination usuelle du Deutsche Mark, unité monétaire principale de l'Allemagne (symb. DM), devenue le 1er janvier 1999 une subdivision de l'*euro. **2.** ***Mark convertible*** : unité monétaire principale de la Bosnie-Herzégovine. **3.** ***Mark finlandais***, ou ***markka*** : unité monétaire principale de la Finlande, devenue le 1er janvier 1999 une subdivision de l'*euro.

MARKETING [marketiŋ] n.m. (mot angl.). Ensemble des actions coordonnées (étude de marché, publicité, promotion sur le lieu de vente, stimulation du personnel de vente, recherche de nouveaux produits, etc.) qui concourent au développement des ventes d'un produit ou d'un service. ◇ ***Marketing direct*** : méthode de vente permettant de prospecter à distance une clientèle ciblée (téléphone, coupons-réponse, messages multimédias, etc.). – (Anglic. déconseillé). *Marketing mix :* marchéage.

MARLI n.m. (p.-ê. de *Marly,* v. des Yvelines). Limite séparant l'aile du fond d'une assiette ou d'un plat.

MARLIN n.m. Grand poisson téléostéen des mers chaudes, voisin de l'espadon, dont le rostre constitue un trophée apprécié dans la pêche au gros. (Long. 2,50 m ; genre *Makaira,* famille des istiophoridés.) SYN. : *makaire.*

MARLOU n.m. (mot dial.). *Fam.* Souteneur ; voyou.

MARMAILLE n.f. (de *marmot*). *Fam* Bande, troupe désordonnée et bruyante de tout jeunes enfants. ◆ n.m. Réunion. Enfant.

MARMELADE n.f. (port. *marmelada,* de *marmelo,* coing). **1.** Compote de fruits coupés en morceaux et cuits avec du sucre jusqu'à ce qu'ils aient une consistance de purée. **2.** *Fam.* ***En marmelade*** : réduit en bouillie ; en piteux état ; écrasé, meurtri. *Le boxeur avait le nez en marmelade.*

MARMENTEAU adj.m. et n.m. (lat. pop. *materiamentum*). DR. Se dit d'un arbre de haute tige servant à la décoration, et que les usufruitiers n'ont pas le droit de faire couper.

MARMITE n.f. (anc. fr. *marmite,* hypocrite). **1.** Récipient avec couvercle, sans manche (à la différence de la casserole), et muni d'anses, dans lequel on fait cuire les aliments ; son contenu. **2.** ***Marmite de Papin***, ou ***marmite à pression*** : vase clos muni d'une soupape de sûreté et dans lequel on peut élever l'eau liquide à une température supérieure à celle de l'ébullition à l'air libre. **3.** GÉOMORPH. ***Marmite de géants*** : cavité que l'érosion creuse, par le frottement de graviers et de galets, dans une roche assez homogène pour s'user sans s'émietter. **4.** *Arg. mil.,* vx. Obus de gros calibre, pendant la Première Guerre mondiale.

MARMITON n.m. Apprenti attaché au service de la cuisine, dans un restaurant.

MARMONNEMENT n.m. Action de marmonner ; bruit fait en marmonnant.

MARMONNER v.i. (onomat.). Murmurer entre ses dents, d'une manière confuse et, souvent, avec hostilité. ◆ v.t. Dire en murmurant entre ses dents. *Marmonner des injures.*

MARMORÉEN, ENNE adj. (lat. *marmoreus,* de marbre). **1.** Qui a la nature ou l'aspect du marbre. **2.** *Litt.* Froid, dur, blanc comme le marbre. *Pâleur marmoréenne.*

MARMOT n.m. (anc. fr. *marmote,* guenon). **1.** *Fam.* Petit enfant. **2.** Anc. Figurine grotesque ou de fantaisie qui, souvent, servait de heurtoir. ◇ Vx. ***Croquer le marmot*** : attendre longtemps et en vain.

MARMOTTE n.f. **1.** Mammifère rongeur dont une espèce vit dans les Alpes entre 1 500 et 3 000 m d'altitude, et hiberne plusieurs mois dans un terrier. (Long. 50 cm ; genre *Marmotta,* famille des sciuridés.) ◇ ***Dormir comme une marmotte***, profondément et longuement. **2.** Boîte à échantillons des voyageurs de commerce.

■ MARMOTTE

MARMOTTEMENT n.m. Action de marmotter ; murmure d'une personne qui marmotte.

MARMOTTER v.t. et v.i. (onomat.). *Fam.* Murmurer confusément et entre ses dents.

MARMOUSET n.m. (anc. fr. *marmote,* guenon). **1.** BX-ARTS. Figurine grotesque, souvent accroupie. *Marmouset sculpté sur une miséricorde.* **2.** *Fam.,* vieilli. Petit garçon ; homme de petite taille. **3.** Chenet orné d'une petite tête. **4.** ZOOL. Ouistiti ou tamarin. ◆ pl. HIST. Nom sous lequel les ducs de Bourgogne et de Berry désignèrent les anciens conseillers de Charles V, rappelés au gouvernement par Charles VI en 1388.

1. MARNAGE n.m. OCÉANOL. Différence entre la hauteur de la pleine mer et celle de la basse mer.

2. MARNAGE n.m. AGRIC. Opération consistant à marner une terre.

MARNE n.f. (mot gaul.). Roche sédimentaire argileuse contenant une forte proportion (de 35 à 65 %) de calcaire, et que l'on utilise pour amender les sols acides ou pour fabriquer le ciment.

MARNER v.t. AGRIC. Amender un sol pauvre en calcaire par incorporation de marne. ◆ v.i. *Fam.* Travailler dur.

MARNEUX, EUSE adj. Qui est de la nature de la marne ; qui en contient.

MARNIÈRE n.f. Carrière de marne.

MAROCAIN, E adj. et n. Du Maroc, de ses habitants.

MAROILLES [marwal] n.m. (n. d'une commune du Nord). Fromage au lait de vache, à pâte molle et à croûte lavée, fabriqué en Thiérache.

MAROLLIEN n.m. (de *Marolles,* n. d'un anc. quartier de Bruxelles). Argot des faubourgs de Bruxelles, à base de français et de flamand.

MARONITE adj. et n. (de *Saint-Maron,* monastère situé au sud d'Antioche). Se dit d'un fidèle de l'Église maronite. ◆ adj. ***Église maronite*** : Église catholique de rite syrien implantée surtout au Liban. (Constitués au VIIe s. en communauté autonome, les maronites proclamèrent leur communion avec l'Église de Rome au XIIe s. Le centre principal de l'Église maronite se trouve au Liban, où elle joue un rôle important et où réside le patriarche.)

MARONNER v.i. (mot du Nord-Ouest, *miauler*). *Fam.* **1.** Exprimer son mécontentement en marmonnant ; rager. **2.** Attendre trop longtemps. *Il m'a fait maronner trois heures.*

MAROQUIN n.m. (de *Maroc*). **1.** Peau de chèvre tannée au moyen de produits végétaux, utilisée princip. pour la reliure et la maroquinerie. **2.** *Fam.,* vieilli. Portefeuille ministériel.

MAROQUINAGE n.m. Action de maroquiner.

MAROQUINER v.t. Tanner et corroyer une peau à la façon du maroquin.

MAROQUINERIE n.f. **1.** Fabrication du maroquin. **2.** Industrie, fabrication, commerce de petits objets en cuir ; ces objets eux-mêmes.

MAROQUINIER, ÈRE n. Personne qui travaille dans la maroquinerie.

MAROTTE n.f. (dimin. de *Marie*). **1.** Sceptre surmonté d'une tête grotesque coiffée d'un capuchon garni de grelots, attributs de la Folie. **2.** Tête en bois, en carton, etc., dont se servent les modistes, les coiffeurs. **3.** *Fam.* Idée fixe, manie.

MAROUETTE n.f. (provenç. *maroueto,* marionnette). Petit râle crépusculaire des régions marécageuses d'Eurasie occidentale, nichant parfois en France. (Long. 20 cm ; genre *Porzana,* famille des rallidés.)

MAROUFLAGE n.m. Action de maroufler.

MAROUFLER v.t. (de *maroufle,* colle forte). Coller une toile peinte sur un mur, un panneau de bois, une toile plus forte. (On maroufle également du papier sur de la toile.)

MARQUAGE n.m. Action de marquer, d'apposer ou de faire une marque sur qqch. ◇ ***Marquage radioactif*** : introduction de radioéléments dans une molécule, une substance, un organisme vivant, permettant de les suivre dans leurs déplacements.

MARQUANT, E adj. **1.** Qui fait impression, qui laisse une trace. *Les faits marquants de l'actualité.* **2.** Qui est remarquable par sa situation, son mérite. *Une personnalité marquante.*

MARQUE n.f. **1.** Trace de contact, empreinte laissée par un corps sur un autre. *La marque des pas sur la neige.* **2.** Trace laissée sur le corps par un coup, un choc, etc. *La marque d'une brûlure.* **3.** Anc. Flétrissure. **4.** ***Marque de fabrique, de commerce, de service***, ou ***marque*** : tout signe servant à distinguer des produits, des objets, des services. – DR. *Marque déposée* → **déposé. 5.** Ensemble des produits fabriqués, vendus sous une marque ; firme, entreprise qui est propriétaire de cette marque. *Les grandes marques de champagne.* ◇ *De marque :* se dit d'un produit qui sort d'une maison dont la marque est connue ; de qualité. **6.** Trace, signe, objet qui sert à repérer, à reconnaître qqch. *Retrouver la page d'un livre grâce à une marque.* **7.** SPORTS. Nombre de points acquis par chaque équipe ou par chaque adversaire au cours d'une compétition. SYN. : *score.* **8.** Jeton, fiche dont on se sert à certains jeux. **9.** Insigne, attribut d'une fonction, d'une dignité, d'un grade, etc. ◇ *Personnalité de marque :* personnage, hôte important. **10.** Pavillon ou guidon hissé au mât du bâtiment de guerre à bord duquel est embarqué l'officier général ou supérieur commandant le groupe et, le cas échéant, le ministre de tutelle de la Marine ou le chef de l'État. **11.** ÉCON. *Taux de marque :* rapport entre la marge bénéficiaire et le prix de vente. **12.** Caractère propre, trait distinctif. *Un film qui porte la marque de son réalisateur.* **13.** Signe, indice qui révèle, atteste qqch ; preuve, témoignage. *Prodiguer à qqn des marques d'estime.* **14.** LING. Trait pertinent dont la présence ou l'absence permet d'opposer deux formes ou deux éléments linguistiques dont les autres traits sont identiques (par ex. le trait de voisement qui oppose le phonème [b], dit *marqué,* au phonème [p], dit *non marqué*). ◆ pl. **1.** Repères placés par un athlète pour régler son élan et réussir son appel. *Prendre ses marques.* ◇ *À vos marques ! :* en athlétisme, ordre donné par le starter pour amener les athlètes sur la ligne de départ. **2.** *Fig.* Ensemble de repères délimitant un territoire, une zone d'influence. *Chercher, trouver, perdre ses marques.*

MARQUÉ, E adj. **1.** Qui apparaît avec netteté. *Une différence marquée.* **2.** *Visage marqué,* cerné, ridé, aux traits accusés. **3.** Se dit de qqn qui est engagé dans qqch, ou compromis par ses agissements antérieurs. *Elle est marquée politiquement. Il est trop marqué pour arbitrer ce conflit.*

MARQUE-PAGE n.m. (pl. *marque-page[s]*). Papier, carton, marque quelconque qui sert à retrouver une page dans un livre.

MARQUER v.t. (anc. fr. *merchier,* faire une marque). **1.** Faire ou laisser une marque visible, une trace. *Le coup a légèrement marqué la carrosserie.* **2.** Laisser une marque, une trace dans le caractère ou la personnalité de qqn. *Son éducation très rigoureuse l'a marquée.* **3.** Signaler, distinguer par un repère, un signe. *Marquer du linge.* **4.** Indiquer par écrit ; noter, inscrire. *Marquer un rendez-vous sur un agenda.* **5.** Fournir une indication, en parlant d'un instrument de mesure. *L'altimètre marquait neuf mille pieds.* **6.** Souligner, rendre plus apparent, plus sensible. *Marquer un temps d'arrêt, une pause.* ◇ MIL. *Marquer le pas :* continuer à frapper le sol avec les pieds, selon la cadence du pas, sans avancer ; *fig.,* ralentir, cesser de progresser, en parlant d'un processus. **7.** Faire ressortir, accuser, en partic. en parlant d'un vêtement ; souligner. *Robe qui marque la taille.* **8.** Faire connaître à autrui ; manifester, exprimer. *Marquer sa désapprobation.* **9.** Être le signe de ; indiquer, révéler, exprimer. *Un geste qui marque beaucoup de générosité.* **10.** PHYS. NUCL. Procéder au marquage radioactif. *Marquer une molécule.* **11.** Anc. Soumettre un condamné à la peine infamante de la flétrissure (marque au fer rouge). **12.** SPORTS. **a.** Réussir un but, un essai, un panier. ◇ Absol. *Ils ont marqué dans les dernières minutes du match.* **b.** *Marquer un adversaire,* rester dans sa proximité immédiate et le surveiller étroitement pour contrecarrer ses initiatives, dans un sport d'équipe. ◆ v.i. **1.** Faire une marque, laisser une trace. *Ce composteur ne marque plus.* **2.** Laisser une impression, un souvenir durables, en parlant d'événements. *Ces faits ont marqué dans ma vie.* **3.** *Fam. Marquer bien, mal :* avoir bon, mauvais aspect ; faire bonne, mauvaise impression.

MARQUETER v.t. [16] (de *marquer*). Revêtir, orner de marqueterie.

MARQUETERIE [markɛtri] ou [markətri] n.f. **1.** Assemblage décoratif de lamelles de bois d'essences et de couleurs variées ou encore de feuilles de métaux, de nacre, d'écaille, etc., employé en revêtement, notamm. sur un ouvrage d'ébénisterie. **2.** *Fig.* Ensemble formé d'éléments disparates ; mosaïque. *Une marqueterie de nationalités.*

MARQUETEUR, EUSE n. Ouvrier qui pratique la marqueterie.

1. MARQUEUR, EUSE n. **1.** Personne qui marque les points dans un jeu, un sport. **2.** Joueur qui marque un but, un essai, un panier, etc., ou qui en marque fréquemment.

2. MARQUEUR n.m. **1.** Crayon-feutre formant un trait large. **2.** MÉD. **a.** Substance présente naturellement ou introduite dans un milieu (organisme, lame de microscope, etc.), que l'on détecte ou dont on suit le cheminement afin de faire un diagnostic, d'étudier un phénomène. **b.** Substance que l'on introduit en très faible quantité dans un milieu, et que l'on sait retrouver grâce à une propriété physique particulière (radioactivité, fluorescence). SYN. : *traceur.* **c.** Substance présente naturellement dans l'organisme, caractéristique d'un état physiologique particulier ou d'une maladie. *Marqueur tumoral.* **3.** Segment de l'ADN permettant de localiser un gène voisin ; caractère dépendant d'un gène (groupe sanguin, par ex.) permettant de différencier des individus. **4.** ARCHÉOL. *Marqueur chronologique :* tout artefact ou phénomène particulier propre à un faciès culturel, permettant de fournir un repère chronologique.

MARQUIS n.m. (anc. fr. *marchis*). **1.** HIST. À l'époque carolingienne, seigneur de rang comtal qui était préposé à la garde d'une marche territoriale. **2.** Titre de noblesse entre ceux de duc et de comte.

MARQUISAT n.m. **1.** Titre, dignité de marquis. **2.** Fief d'un marquis.

MARQUISE n.f. **1.** Femme d'un marquis. **2.** Auvent vitré placé au-dessus d'une porte d'entrée, d'un perron, etc. **3.** Bague à chaton oblong, couvrant la première phalange. **4.** Bergère à deux places, sorte de demi-canapé (XVIIIe s.). **5.** Entremets glacé, intermédiaire entre la mousse et le parfait, servi avec une crème anglaise. *Marquise au chocolat.*

MARQUOIR n.m. Instrument de tailleur, de couturière pour marquer.

MARRAINE n.f. (du lat. *mater,* mère). **1.** CHRIST. Femme qui présente un enfant au baptême ou à la confirmation et qui se porte garante de sa fidélité à l'Église. **2.** Femme qui préside au baptême d'un navire, d'un ouvrage d'art, etc. **3.** Femme qui présente qqn dans un club, une société pour l'y faire entrer. **4.** *Marraine de guerre :* correspondante d'un soldat pendant une guerre.

MARRANE n.m. (esp. *marrano*). HIST. Juif d'Espagne ou du Portugal converti de force au catholicisme et qui continuait à pratiquer en secret sa religion.

MARRANT, E adj. *Fam.* Amusant, comique.

MARRE adv. (de *se marrer*). *Fam. (Il) y en a marre :* ça suffit. – *Fam. En avoir marre (de) :* en avoir assez (de), être excédé (par).

MARRER (SE) v.pr. (anc. fr. *se marrir,* s'ennuyer). *Fam.* Rire ou se divertir, s'amuser.

MARRI, E adj. (de l'anc. fr. *se marrir,* s'ennuyer). *Litt.* Fâché, attristé, contrarié.

1. MARRON n.m. (du radical préroman *marr-,* caillou). **1.** Fruit comestible de certaines variétés cultivées de châtaigniers. ◇ *Marron glacé :* marron confit dans du sucre et glacé au sirop. – *Tirer les marrons du feu :* courir des risques pour le seul profit d'autrui. **2.** *Marron d'Inde :* graine du marronnier d'Inde, riche en amidon mais non comestible, dont certaines préparations sont utilisées contre les troubles circulatoires (varices, hémorroïdes). **3.** Couleur brun-rouge. **4.** *Fam.* Coup de poing. ◆ adj. inv. Brun-rouge.

2. MARRON, ONNE adj. (mot des Antilles, de l'esp. *cimarrón*). **1.** HIST. Se disait d'un esclave noir fugitif, dans l'Amérique coloniale. **2.** Se dit des sociétés (Aluku, Njuka, etc.) issues du regroupement de ces esclaves fugitifs, et de ceux qui appartiennent à ces sociétés. (On précise fréquemment en disant *noir marron.*) **3.** Qui exerce une profession libérale dans des conditions illégales ; malhonnête. *Médecin, avocat marron.* **4.** Antilles. Clandestin, illégal.

3. MARRON adj. *Fam. Être marron, être fait marron :* être dupé, attrapé, refait.

MARRONNIER n.m. **1.** Châtaignier d'une variété cultivée, qui produit le marron. **2.** Grand arbre à feuilles composées palmées, dont une espèce, dite *marronnier d'Inde* (bien qu'originaire des Balkans), à fleurs blanches, est souvent plantée sur les voies publiques. (Haut. 25 m ; genre *Aesculus,* famille des hippocastanacées.) **3.** Article de presse sur un événement qui se reproduit à date fixe.

■ **MARRONNIER.** Marronnier d'Inde.

MARRUBE n.m. (lat. *marrubium*). Plante herbacée des terrains vagues et des prés secs, à odeur de thym. (Genre *Marrubium* ; famille des labiées.)

MARS [mars] n.m. (lat. *martius,* de Mars). **1.** Troisième mois de l'année. **2.** Papillon diurne des régions boisées de l'Eurasie tempérée, brun tacheté de blanc, avec des reflets bleus ou violets changeants. (Genre *Apatura ;* famille des nymphalidés.)

MARSALA n.m. (de *Marsala,* v. de Sicile). Vin de liqueur produit en Sicile.

MARSAULT [marso] n.m. (lat. *marem salicem*). Saule très répandu dans les bois humides de l'Europe et de l'Asie occidentale, et dont le bois sert à faire des perches à houblon. (Nom sc. *Salix caprea ;* famille des salicacées.)

MARSEILLAIS, E adj. et n. De Marseille.

MARSHMALLOW [marʃmalo] n.m. (mot angl., *guimauve*). Guimauve molle enrobée de sucre glace et d'amidon.

MARSOUIN n.m. (anc. scand. *marsvin,* porc de mer). **1.** Mammifère cétacé voisin du dauphin, mesurant 1,50 m, commun dans l'Atlantique, où il suit souvent les navires. (Genre *Phocaena ;* famille des phocaenidés.) SYN. : *cochon de mer.* **2.** *Arg. mil.* Militaire de l'infanterie de marine.

■ **MARSOUIN**

MARSUPIAL, E, AUX adj. (du lat. *marsupium,* bourse). Se dit d'un organe propre aux marsupiaux. *Poche marsupiale. Os marsupial.* ◆ n.m. Mammifère primitif, à placentation courte suivie de la mise bas d'une larve qui gagne le marsupium et y poursuit son développement, tel que le kangourou, la sarigue, le koala. (Les marsupiaux, qui constituent la sous-classe des métathériens, sont répandus surtout en Australie et en Nouvelle-Guinée, ainsi qu'aux Moluques et en Amérique tropicale.)

MARSUPIUM [-pjɔm] n.m. (mot lat.). Poche ventrale des marsupiaux, s'ouvrant vers l'avant (kangourou) ou vers l'arrière (koala), et qui contient les mamelles.

MARTAGON n.m. (esp. *martagón*). Lis des prairies et des bois de basse montagne, à fleurs rose maculé de pourpre. (Nom sc. *Lilium martagon ;* famille des liliacées.)

MARTE n.f. → **MARTRE.**

1. MARTEAU n.m. (lat. pop. *martellus*). **1.** Outil de percussion formé d'une tête en acier dur trempé et d'un manche. *(V. ill. page suivante).*

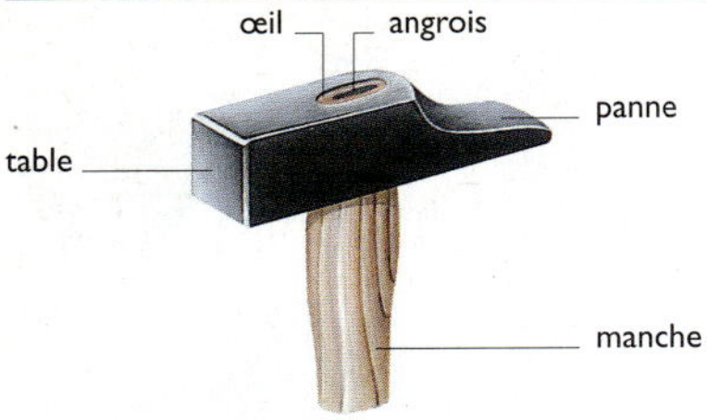

■ **MARTEAU**

■ **MARTEAU.** Lancer du marteau.

2. Battant métallique servant de heurtoir à une porte. 3. Pièce d'horlogerie qui frappe les heures sur un timbre. 4. Pièce garnie de feutre qui frappe la corde d'un piano. 5. Sphère métallique (7,257 kg) munie d'un fil d'acier et d'une poignée, que lancent les athlètes ; épreuve d'athlétisme pratiquée avec cet objet. 6. SYLVIC. Instrument qui porte une empreinte en relief, servant à marquer certains arbres. 7. TECHN. Appareil constitué d'un outil (fleuret, burin) et d'un corps cylindrique dans lequel se meut un piston qui frappe l'outil sous l'effet d'un choc pneumatique, hydraulique ou électrique et qui sert à briser ou à perforer des matériaux. *Marteau piqueur. Marteau perforateur.* 8. ANAT. Premier osselet de l'oreille moyenne, dont le manche est solidaire du tympan et dont la tête s'articule avec l'enclume. 9. ZOOL. Requin-marteau. ◆ pl. DANSE. Mouvements alternatifs de tension des jambes, exécutés par le danseur accroupi, caractéristiques de la danse russe traditionnelle et au cours desquels seuls les talons frappent le sol.

2. **MARTEAU** adj. *Fam. Être marteau :* être fou.

MARTEAU-PILON n.m. (pl. *marteaux-pilons*). Machine-outil de forge destinée à provoquer la déformation du métal par action d'une masse tombante.

MARTEAU-PIOLET n.m. (pl. *marteaux-piolets*). Instrument d'alpiniste analogue au piolet, mais à manche plus court et à panne formant masse, permettant de poser des pitons ou de tailler la glace.

MARTEL n.m. (lat. *martellus,* marteau). *Se mettre martel en tête :* se faire beaucoup de souci.

MARTELAGE n.m. 1. TECHN. Action de marteler ; façonnage ou forgeage au marteau. 2. SYLVIC. Marque faite avec le marteau aux arbres qui doivent être abattus ou réservés.

MARTÈLEMENT [martɛlmɑ̃] n.m. 1. Action de marteler ; bruit qui en résulte. 2. Bruit cadencé rappelant celui des coups de marteau. *Le martèlement des pas d'une troupe en marche.* 3. Action de répéter systématiquement qqch afin de le faire pénétrer dans l'esprit de qqn.

MARTELER v.t. [12]. 1. Frapper, forger, façonner au moyen du marteau. 2. Frapper fort et à coups redoublés ; ébranler par un bruit fort et répété. 3. Articuler avec force, en détachant les mots. *Marteler ses phrases.* 4. *Marteler la cervelle, la tête de qqn :* en parlant d'une idée, d'une phrase, etc., revenir sans cesse à l'esprit ; obséder.

MARTENSITE [-tɛ̃-] n.f. (du n. de l'ingénieur all. *Martens*). Composant de l'acier et de certains autres métaux ou alliages, résultant de la trempe, après transformation de l'austénite.

MARTENSITIQUE [-tɛ̃-] adj. 1. Qui renferme de la martensite. 2. *Structure martensitique :* structure du même type que celle des aciers contenant de la martensite, observée dans d'autres alliages.

1. **MARTIAL, E, AUX** [marsjal, o] adj. (lat. *martialis,* de *Mars,* dieu de la Guerre). 1. *Litt.* Qui manifeste des dispositions combatives, belliqueuses ; guerrier. *Un discours martial.* 2. Se dit d'une attitude décidée, résolue, qui cherche à en imposer. *Prendre un air martial.* 3. a. *Cour martiale :* tribunal militaire d'exception (XVIIIe - XIXe s.). b. *Loi martiale :* loi d'exception confiant le maintien de l'ordre aux autorités militaires. 4. *Arts martiaux :* ensemble des sports de combat d'origine japonaise (ou plus génér. asiatique), tels que le judo, le karaté, l'aïkido, le kendo.

2. **MARTIAL, E, AUX** [marsjal, o] adj. MÉD. 1. Qui contient du fer. 2. Qui se rapporte au fer. *Anémie par carence martiale.*

MARTIEN, ENNE [marsjɛ̃, ɛn] adj. Relatif à la planète Mars. ◆ n. Habitant imaginaire de Mars.

MARTIN-CHASSEUR n.m. (pl. *martins-chasseurs*). Oiseau au bec puissant des forêts tropicales de l'Ancien Monde, voisin du martin-pêcheur, qui chasse les insectes et les reptiles. (Genres *Halcyon* et *Dacelo ;* famille des alcédinidés.)

1. **MARTINET** n.m. (de *Martin,* n.pr.) Oiseau ressemblant à l'hirondelle, mais à ailes plus étroites et à queue plus courte, qui chasse les insectes au vol et ne vient jamais à terre, sauf pour nidifier. (Présent en Europe de mai au début d'août, il hiverne en Afrique. Genre *Apus ;* ordre des micropodiformes.)

2. **MARTINET** n.m. Fouet formé de plusieurs lanières de cuir fixées à un manche.

MARTINGALE n.f. (provenç. *martegalo,* de Martigues). 1. Bande de tissu placée à la taille dans le dos d'un vêtement pour le resserrer. 2. Courroie du harnais qui s'oppose à l'élévation exagérée de la tête du cheval. 3. Système de jeu qui prétend, selon des principes fondés sur le calcul des probabilités, assurer un bénéfice certain dans les jeux de hasard.

MARTINI n.m. (nom déposé). Vermouth rouge ou blanc de la marque de ce nom.

MARTINIQUAIS, E adj. et n. De la Martinique, de ses habitants.

MARTINISME n.m. 1. Doctrine occultiste de Martinez Pasqualis. 2. Doctrine mystique de Claude de Saint-Martin, qui considère le Christ comme intermédiaire unique avec Dieu.

MARTIN-PÊCHEUR n.m. (pl. *martins-pêcheurs*). Petit oiseau d'Eurasie au plumage très coloré, vivant près des cours d'eau, qui plonge avec rapidité pour prendre de petits poissons. (Long. 16 cm env. ; genre *Alcedo ;* ordre des coraciiformes, famille des alcédinidés.)

■ **MARTIN-PÊCHEUR**

MARTRE ou **MARTE** n.f. (du germ.). Mammifère carnivore d'Eurasie et d'Amérique du Nord, à fourrure soyeuse, dont il existe trois espèces, la martre proprement dite, la fouine et la zibeline. (Genre *Martes ;* famille des mustélidés.)

MARTYR, E n. (gr. *martus, marturos,* témoin). 1. Chrétien mis à mort ou torturé en témoignage de sa foi. 2. Personne qui a souffert la mort pour sa foi religieuse ou pour une cause à laquelle elle s'est sacrifiée. *Les martyrs de la Résistance.* ◆ adj. Qui souffre de mauvais traitements systématiques. *Une enfant martyre.*

MARTYRE n.m. (lat. *martyrium*). 1. Torture, supplice, mort que qqn endure, génér. pour la défense de sa foi, de sa cause. 2. Grande douleur physique ou morale ; état, situation extrêmement pénibles. *Souffrir le martyre.*

MARTYRISER v.t. Faire endurer de cruels traitements à ; torturer, persécuter.

MARTYRIUM [martirjɔm] n.m. (mot lat.). Dans le christianisme primitif, monument, chapelle élevés autour de la tombe d'un martyr.

MARTYROLOGE n.m. 1. Liste ou catalogue des martyrs et des saints. 2. *Litt.* Liste des victimes d'une cause. *Le martyrologe de la Résistance.*

MARXIEN, ENNE adj. Relatif à Karl Marx, à ses œuvres.

MARXISANT, E adj. Qui tend vers le marxisme, est influencé par lui.

MARXISME n.m. Ensemble des conceptions philosophiques, économiques, sociales et politiques de Karl Marx, de Friedrich Engels et de leurs continuateurs.

ENCYCL. Pour le marxisme, la lutte des classes est le moteur de l'histoire ; le projet de révolution socialiste et de réalisation du communisme s'inscrit dans cette perspective. L'antagonisme des classes tenant à la place que celles-ci occupent dans la production matérielle, l'analyse des conditions économiques de production, et plus particulièrement l'analyse du mode de production capitaliste (avec la théorie de la *plus-value*) constituent la base du *matérialisme historique* et le socle d'une réflexion critique et révolutionnaire qui s'étend à tous les aspects de l'existence sociale : chez ceux qui se sont réclamés de Marx et Engels (Lénine, Trotski, Staline, Mao Zedong mais aussi K. Kaustky, E. Bernstein, G. Plekhanov, R. Luxemburg, G. Lukács, A. Gramsci, l'école de Francfort, H. Lefebvre, L. Althusser, etc.), cette réflexion a suivi des voies largement divergentes.

MARXISME-LÉNINISME n.m. sing. Doctrine qui voit dans Lénine le véritable continuateur de Marx et qui synthétise leurs pensées.

MARXISTE adj. et n. Qui concerne le marxisme ; qui en est partisan.

MARXISTE-LÉNINISTE adj. et n. (pl. *marxistes-léninistes*). Relatif au marxisme-léninisme ; qui en est partisan.

MARYLAND [marilɑ̃d] n.m. (n. d'un État américain). Tabac qui provient du Maryland.

MAS [mɑ] ou [mas] n.m. (mot provenç.). Maison de campagne, ferme, en Provence.

MASCARA n.m. (mot angl., de l'ital. *maschera,* masque). Produit cosmétique coloré pour le maquillage des cils.

MASCARADE n.f. (ital. *mascherata*). 1. Réunion ou défilé de personnes déguisées et masquées. 2. Déguisement étrange, accoutrement ridicule. 3. *Péjor.* Mise en scène trompeuse ; comédie, imposture. *Ce procès n'a été qu'une mascarade.*

MASCARET n.m. (mot gascon). Remontée brusque des eaux, qui se produit dans certains estuaires au moment du flux et qui progresse rapidement vers l'amont sous la forme d'une vague déferlante.

MASCARON n.m. (ital. *mascherone*). Masque sculpté de fantaisie pouvant décorer l'agrafe d'un arc, la panse d'un vase, l'orifice d'une fontaine, etc.

MASCARPONE n.m. (mot ital.). Fromage à pâte molle, très crémeux, fabriqué en Lombardie avec du lait de vache.

MASCOGNE n.f. Suisse. Tricherie.

MASCOTTE n.f. (provenç. *mascoto,* sortilège). Objet, personne ou animal considérés comme des porte-bonheur, des fétiches.

1. **MASCULIN, E** adj. (lat. *masculinus,* de *masculus,* mâle). 1. Qui appartient au mâle, à l'homme, qui a ses caractères. *Voix masculine.* 2. Qui manifeste des caractères considérés comme propres à l'homme. *Une femme masculine.* 3. Qui est composé d'hommes. *Population masculine.* 4. a. Qui appartient au genre dit *masculin.* b. *Rime masculine :* rime qui ne finit pas par un *e* muet ou une syllabe muette.

2. **MASCULIN** n.m. Un des genres grammaticaux qui s'applique, en français, à la plupart des noms d'êtres mâles et à une partie des noms désignant des choses.

MASCULINISATION n.f. 1. Action de masculiniser ; son résultat. 2. Fait de se masculiniser.

MASCULINISER v.t. 1. Donner un caractère masculin à. 2. BIOL. Provoquer l'apparition de caractères sexuels masculins. ◆ **se masculiniser** v.pr. Comporter un plus grand nombre d'hommes qu'auparavant, en parlant d'une profession, d'un milieu, etc.

MASCULINITÉ n.f. Caractère masculin ; ensemble des caractères propres à l'homme ou jugés tels.

M

MASER [mazɛr] n.m. (acronyme de l'angl. *microwave amplification by stimulated emission of radiation*). Amplificateur de micro-ondes par émission stimulée de rayonnement électromagnétique, dispositif fonctionnant suivant les mêmes principes que le laser, mais pour des ondes électromagnétiques non visibles.

MASKINONGÉ n.m. (de l'algonquien). Grand poisson d'eau douce d'Amérique du Nord, voisin du brochet. (Long. 2,50 m ; genre *Esox*, famille des ésocidés.)

MASO adj. et n. (abrév.). *Fam.* Masochiste.

MASOCHISME [mazɔʃism] n.m. (de L. von Sacher-*Masoch*, romancier autrichien). **1.** Déviation sexuelle dans laquelle le sujet ne trouve le plaisir que dans la douleur physique et les humiliations qui lui sont infligées. **2.** Comportement d'une personne qui semble rechercher les situations où elle souffre, se trouve en difficulté, etc.

MASOCHISTE adj. Relatif au masochisme. ◆ adj. et n. Atteint de masochisme. Abrév. *(fam.) : maso.*

MASQUAGE n.m. **1.** Action de masquer qqch, de l'occulter. **2.** INDUSTR. GRAPH. Technique de correction utilisée en photogravure pour améliorer la qualité de la sélection des couleurs.

MASQUE n.m. (ital. *maschera*). **1.** Faux visage de carton peint, de matière plastique, de tissu, etc., dont on se couvre la figure pour se déguiser ou dissimuler son identité. *Masque de carnaval.* ◇ ***Lever, tomber le masque*** : révéler sa vraie nature tenue jusqu'alors secrète. – ***Arracher son masque à qqn***, révéler, dévoiler sa duplicité. **2.** Vx. Personne qui porte un masque. **3.** Forme stylisée du visage ou du corps (humain ou animal), ayant une efficacité rituelle. (Les masques de certains peuples, véritables œuvres d'art, peuvent représenter un homme, une force surnaturelle, un animal sacré ou une entité divine exerçant symboliquement une fonction rituelle précise.) **4.** *Litt.* Apparence, aspect du visage. *Présenter un masque impénétrable.* **5.** MÉD. ***Masque de (la) grossesse*** : chloasma. **6.** Moulage de la face, pris sur le vif ou sur un défunt. *Masque mortuaire.* **7.** Préparation, souvent sous forme de crème, de pâte ou de gel, utilisée en application pour les soins esthétiques du visage. **8.** Appareil médical que l'on applique sur le nez et la bouche pour administrer les anesthésiques gazeux et l'oxygène. **9.** Accessoire des plongeurs subaquatiques, isolant de l'eau les yeux et le nez. **10.** Protection pour le visage utilisée dans certaines professions, certains sports. *Masque d'apiculteur, de soudeur, d'escrimeur.* **11.** ***Masque à gaz*** : appareil individuel de protection contre les gaz toxiques. **12.** TRAV. PUBL. ***Masque de barrage*** : couche de béton imperméable et souple, placée sur la face amont d'un barrage pour le rendre étanche.

■ **MASQUE.** L'un des masques d'initiation porté lors de la circoncision chez les Tshokwe d'Angola et du Congo. (Musée d'ethnographie, Neuchâtel.)

MASQUÉ, E adj. **1.** Qui porte un masque. *Visage masqué. Danseur masqué.* ◇ ***Bal masqué*** : bal où l'on va sous un déguisement. **2.** MIL. ***Tir masqué*** : tir exécuté par-dessus un obstacle.

MASQUER v.t. **1.** Couvrir d'un masque. **2.** Dérober à la vue ; cacher, dissimuler. *Ces arbres masquent la maison.* **3.** Soustraire à la connaissance, cacher sous de fausses apparences. *Masquer un déficit.* **4.** MAR. ***Masquer une voile***, la brasser de telle façon que le vent la frappe par-devant. ◆ v.i. MAR. Avoir ses voiles frappées par-devant par le vent, en parlant d'un navire.

MASSACRANTE adj.f. *Fam.* ***Être d'une humeur massacrante*** : être de très mauvaise humeur.

MASSACRE n.m. **1.** Action de massacrer. **2.** *Fam.* Exécution très maladroite d'un travail, d'une opération ; ratage, gâchis. *Ne découpez pas le poulet avec ce couteau, vous allez faire un massacre.* **3.** *Fam.* ***Faire un massacre*** : remporter un grand succès. **4.** ***Jeu de massacre*** : jeu forain qui consiste à renverser des poupées à bascule avec des balles. **5.** VÉNER. Trophée de chasse formé de la tête et des bois d'un cervidé, de la tête d'un sanglier, séparée du corps et naturalisée.

MASSACRER v.t. (lat. pop. *matteuculare*). **1.** Tuer sauvagement et en masse des êtres, des gens sans défense ou en situation d'infériorité ; exterminer. *Massacrer une population civile.* **2.** *Fam.* Abîmer, endommager par un travail maladroit, une opération mal menée. – Représenter, exécuter maladroitement une œuvre, au point de la défigurer. *Massacrer un concerto.*

MASSACREUR, EUSE n. **1.** Personne qui commet un massacre. **2.** *Fam.* Personne qui, par une exécution maladroite, gâte un travail, une œuvre.

MASSAGE n.m. **1.** Action de pratiquer différentes manipulations avec les mains (presser, pétrir, pincer, etc.) sur une partie du corps ou un organe. (Les massages médicaux sont réalisés par un kinésithérapeute.) **2.** ***Massage cardiaque*** : traitement de l'arrêt cardiaque basé sur des compressions rythmées du cœur.

MASSALIOTE adj. et n. (de *Massalia*, n. grec de Marseille). De l'antique Marseille.

1. MASSE n.f. (lat. *massa*). **I.** *Quantité, volume.* **1.** Grande quantité d'une matière, d'une substance sans forme précise. *Masse de terre, de pierres.* **2.** Quantité, volume importants de liquide, de gaz formant une unité. *La masse du sang en circulation.* **3.** Volume d'un objet important par ses dimensions et par son poids ; bloc compact dont on ne distingue pas les parties. *Apercevoir au loin la masse du château.* ◇ ***Dans la masse*** : dans un seul bloc de matière homogène. *Travailler, sculpter, usiner dans la masse.* – ***Comme une masse*** : sans réagir ; de tout son poids, comme une chose inanimée, inerte. *S'affaisser, tomber comme une masse.* **4.** Réunion d'éléments distincts de même nature, rassemblés en un tout indistinct. *Reconnaître sa voiture dans la masse des véhicules.* **5.** ARCHIT. ***Plan de masse*** : plan à petite échelle, ne donnant d'un ensemble de bâtiments que les contours et souvent, par des ombres, une indication des volumes. SYN. : *plan-masse.* **6.** ÉCON. ***Masse monétaire*** : ensemble des billets en circulation, des monnaies divisionnaires et des dépôts à vue. **7. a.** Caisse spéciale d'un groupe, en partic. d'un atelier de peinture ou de sculpture, à laquelle chacun contribue pour sa quote-part. *Masse d'un atelier des Beaux-Arts.* **b.** DR. Ensemble des biens d'une succession, d'une société ou d'un groupement. **II.** *Sens scientifiques.* **1.** PHYS. Quotient de la force appliquée à un corps par l'accélération que cette force imprime au mouvement de ce corps *(masse inerte)* ; grandeur qui caractérise un corps relativement à l'attraction qu'il subit de la part d'un autre *(masse pesante).* [L'identification de la masse inerte et de la masse pesante est à la base de la théorie de la relativité générale.] **2. a.** PHYS. ***Masse spécifique*** ou ***volumique*** : quotient de la masse d'un corps par son volume. **b.** CHIM. ***Nombre de masse*** : nombre total de particules (protons et neutrons) constituant le noyau d'un atome. – ***Unité de masse atomique*** : unité de mesure de masse *atomique (symb. u) égale au douzième de la masse du nucléide ^{12}C et valant approximativement $1{,}660\ 56 \times 10^{-27}$ kilogramme. – ***Masse molaire*** : masse d'une mole de substance. **3.** ASTRONAUT. ***Rapport de masse*** : rapport entre la masse d'une fusée au lancement et sa masse à l'achèvement de la combustion des ergols. **4.** NUCL. ***Masse critique*** : quantité minimale de substance fissile nécessaire pour qu'une réaction en chaîne puisse s'établir spontanément et se maintenir. **5.** MÉTÉOROL. ***Masse d'air*** : volume d'air assez étendu dont les caractéristiques physiques (pression, température, degré d'humidité) présentent une relative homogénéité. **6.** ÉLECTROTECHN. **a.** Ensemble des pièces conductrices qui, dans une installation électrique, sont mises en communication avec le sol. **b.** Ensemble métallique d'une automobile par où se ferment les circuits de l'équipement électrique. **III.** *Grand nombre.* **1.** Grande quantité d'éléments formant un tout ; grand nombre de personnes. *Elle a réuni une masse de documents sur cette question. La masse des estivants se presse sur les plages.* ◇ ***En masse*** : en grand nombre. *Arrivée en masse.* – *Fam.* ***Des masses*** : beaucoup. *Des comme ça, tu risques pas d'en trouver des masses.* **2.** Le commun des hommes, le plus grand nombre. *Un spectacle destiné à la masse.* ◇ ***De masse*** : qui concerne la grande majorité du corps social, considérée comme culturellement homogène. *Communication de masse.* ◆ pl. Le peuple, les classes populaires. *Les masses laborieuses.*

2. MASSE n.f. (lat. pop. *mattea*). **1.** Outil formé d'une lourde tête métallique ou en bois fixée à un long manche, et servant à frapper, à casser, à enfoncer, etc. **2.** ***Masse d'armes*** : arme formée d'un manche assez souple surmonté d'une masse métallique, souvent garnie de pointes, en usage au Moyen Âge et jusqu'au XVIe siècle.

MASSELOTTE n.f. (dimin. de *masse*). **1.** Volume de métal ajouté à une pièce de fonderie pour augmenter sa compacité. **2.** Petite masse d'un système mécanique agissant par inertie, gravité ou force centrifuge, souvent ajoutée à un organe en mouvement pour l'équilibrer.

MASSEPAIN n.m. (ital. *marzapane*, de l'ar.). Petit biscuit rond, fait avec des amandes, du sucre et des blancs d'œufs.

1. MASSER v.t. (ar. *mass*, palper). Faire un massage.

2. MASSER v.t. Rassembler, disposer en masse. *Masser des troupes.* ◇ v.pr. *La foule s'est massée pour voir le défilé.*

MASSÉTER [masetɛr] adj.m. et n.m. (mot gr., de *masâsthai*, mâcher). Se dit d'un muscle masticateur, qui élève la mâchoire inférieure.

MASSETTE n.f. **1.** Petite masse utilisée notamm. par les carriers, les maçons, les plâtriers. **2.** Grande plante monocotylédone du bord des étangs, dite ***roseau-massue*** ou ***quenouille***, dont les fleurs femelles forment un épi compact d'aspect brun et velouté. (Genre *Typha* ; famille des typhacées.)

■ **MASSETTE**

MASSEUR, EUSE n. Personne qui effectue des massages. ◇ ***Masseur-kinésithérapeute*** : kinésithérapeute.

MASSICOT n.m. (de *Massiquot*, n. de l'inventeur). **1.** Machine à couper le papier en feuilles. **2.** Machine permettant la mise aux dimensions du bois de placage déroulé ou tranché.

MASSICOTER v.t. Couper au massicot.

MASSIER, ÈRE n. Dans un atelier de peinture ou de sculpture, élève chargé de recueillir les cotisations (masse) et de pourvoir aux dépenses communes.

1. MASSIF, IVE adj. **1.** Qui forme un bloc compact ; qui n'est ni creux, ni plaqué, ni mélangé. *Un meuble en acajou massif.* **2.** Qui a une apparence épaisse, lourde, compacte. *Formes massives.* **3.** Qui est donné, fait, ou qui existe en grande quantité. *Dose massive de médicaments.* **4.** Qui groupe un grand nombre de personnes. *Manifestation massive.* **5.** ASTRON. Qui possède une forte masse. *Étoile massive.*

2. MASSIF n.m. **1.** Ensemble de plantes fleuries ou d'arbustes, dans un parterre. *Un massif de tulipes.* **2.** Ensemble de hauteurs présentant un caractère montagneux. *Le massif des Vosges.* **3.** ARCHIT. Ouvrage plein de maçonnerie épaulant une construction (contrefort, culée, etc.).

MASSIFICATION n.f. Adaptation d'un phénomène à la masse, au grand nombre ; transformation en phénomène de masse. *La massification de la culture.*

MASSIFIER v.t. [5]. Opérer la massification de.

MASSIQUE adj. PHYS. **1.** Qui concerne la masse. **2.** Se dit d'une grandeur rapportée à l'unité de masse. *Volume massique. Chaleur massique.* ◇ *Concentration massique* → **concentration.**

MASSIVEMENT adv. De façon massive ; en grande quantité, en grand nombre.

MASSIVITÉ n.f. Caractère massif de qqch.

MASS MEDIA [-medja] n.m. pl. (mots angl.). Moyens de *communication de masse (télévision, radio, presse, cinéma, etc.).

MASSORE ou **MASSORAH** n.f. (hébr. *massorah,* tradition). Annotation destinée à fixer le texte hébreu de la Bible et à remédier aux altérations dans la transmission du texte au cours des siècles.

MASSORÈTE n.m. Érudit juif, auteur de massores.

MASSUE n.f. (de *masse,* marteau). Bâton noueux, beaucoup plus gros à un bout qu'à l'autre, utilisé comme arme contondante dès l'Antiquité. ◇ *Coup de massue :* événement catastrophique et brutal qui abat, bouleverse ; prix excessif à payer auquel on ne s'attendait pas. – *Argument massue,* qui laisse sans réplique l'interlocuteur. *Des arguments massues.*

MASTABA n.m. (de l'ar.). Monument funéraire trapézoïdal abritant caveau et chapelle, construit pour les notables de l'Égypte pharaonique de l'Ancien Empire.

MASTARD n.m. *Fam.* Individu grand et fort ; costaud.

MASTECTOMIE n.f. → **MAMMECTOMIE.**

MASTÈRE n.m. (de l'angl. *master,* maître). Diplôme à finalité professionnelle, délivré par certaines grandes écoles, sanctionnant une formation spécialisée obtenue en un an au moins.

MASTIC n.m. (gr. *mastikhê,* gomme de lentisque). **1.** Pâte malléable durcissant au contact de l'air, servant à boucher des trous ou des joints, à faire adhérer des objets de nature différente, etc. **2.** IMPRIM. Erreur dans la composition typographique (en partic., mélange des caractères). **3.** Résine jaunâtre qui s'écoule du lentisque. ◆ adj. inv. Beige clair.

MASTICAGE n.m. Action de mastiquer, de mettre du mastic.

MASTICATEUR, TRICE adj. Qui concerne ou qui intervient dans la mastication. *Muscle masticateur.*

MASTICATION n.f. Action de mâcher.

MASTICATOIRE adj. et n.m. Se dit d'une substance qu'on mâche, sans l'avaler (tel le chewing-gum), pour exciter la sécrétion de la salive.

MASTIFF n.m. (mot angl., du fr. *mâtin*). Chien à corps trapu, voisin du dogue de Bordeaux.

1. MASTIQUER v.t. (lat. *masticare*). Mâcher.

2. MASTIQUER v.t. Coller, joindre, boucher avec du mastic.

MASTITE n.f. (du gr. *mastos,* mamelle). MÉD. Inflammation de la glande mammaire. SYN. : *mammite.*

MASTOC adj. inv. (p.-ê. de l'all. *Mastochs,* bœuf à l'engrais, ou de *massif*). *Fam.* Qui a des formes lourdes, épaisses.

MASTOCYTE n.m. Cellule du tissu conjonctif qui sécrète des substances chimiques participant aux réactions immunitaires et à la coagulation du sang, et qui est impliquée dans les phénomènes d'allergie.

MASTODONTE n.m. (gr. *mastos,* mamelle, et *odous, odontos,* dent). **1.** Mammifère fossile de la fin du tertiaire et du début du quaternaire, voisin de l'éléphant, mais muni de molaires mamelonnées et, parfois, de deux paires de défenses. (Une espèce américaine s'est éteinte il y a seulement 10 000 ans.) **2.** *Fam.* Personne, animal ou chose énorme.

MASTOÏDE adj. (gr. *mastoeidês,* qui a l'apparence d'une mamelle). ANAT. *Apophyse mastoïde,* ou *mastoïde,* n.f. : éminence placée à la partie inférieure et postérieure de l'os temporal, en arrière de l'oreille.

MASTOÏDIEN, ENNE adj. MÉD. Relatif à l'apophyse mastoïde. ◇ *Cavités, cellules mastoïdiennes :* cavités de l'apophyse mastoïde, en communication avec la caisse du tympan.

MASTOÏDITE n.f. MÉD. Inflammation de l'apophyse mastoïde, due génér. à une otite aiguë.

MASTOLOGIE n.f. Discipline médicale qui étudie le sein et ses maladies. SYN. : *sénologie.*

MASTOPATHIE n.f. Toute affection des seins.

MASTOSE n.f. Vieilli. Toute affection du sein non cancéreuse ni inflammatoire (kystes multiples, par ex.).

MASTROQUET n.m. *Fam.,* vieilli. **1.** Marchand de vin au détail. **2.** Débit de boissons ; café.

MASTURBATION n.f. Action de masturber, de se masturber. SYN. : *onanisme.*

MASTURBER v.t. (lat. *manus,* main, et *stuprare,* polluer). Procurer le plaisir sexuel par l'excitation manuelle des parties génitales. ◆ **se masturber** v.pr. Se livrer à la masturbation sur soi-même.

M'AS-TU-VU n. inv. (question qu'emploient les acteurs évoquant entre eux leurs succès). *Fam.* Personne vaniteuse.

MASURE n.f. (bas lat. *mansura,* demeure). Maison misérable, délabrée.

1. MAT [mat] n.m. (ar. *māta,* il est mort). Aux échecs, position du roi qui est en échec, sans pouvoir se mettre hors de prise, ce qui termine la partie. ◆ adj. inv. Aux échecs, se dit du roi en position de mat, du joueur dont le roi est dans une telle situation.

2. MAT, E [mat] adj. (lat. *mattus,* humide). **1.** Qui n'a pas d'éclat, de poli. *Or mat. Photographie sur papier mat.* **2.** Qui n'a pas de transparence, n'est pas lumineux. *Verre mat.* ◇ *Teint mat, peau mate,* légèrement bistre. **3.** Qui n'a pas de résonance. *Son mat.*

3. MAT [mat] n.m. (mot angl., *natte*). MATÉR. Feutre de fibres de verre coupées et agglomérées par un liant organique, utilisé dans la fabrication des plastiques armés, des stratifiés, etc.

MÂT [mɑ] n.m. (francique *mast*). **1.** Longue pièce de bois ou de métal, de section génér. circulaire, dressée verticalement ou obliquement sur le pont d'un voilier, maintenue par des haubans et destinée à porter la voilure. ◇ *Grand mât :* mât principal d'un voilier. – *Mât de charge :* dispositif comprenant une corne montée sur un pivot ainsi que divers organes de manœuvre, et servant à embarquer et à débarquer les marchandises à bord d'un navire. **2.** Longue pièce plantée dans le sol, au sommet de laquelle on hisse des drapeaux, des signaux, etc. – CH. DE F. Support des signaux et des disques. ◇ *Mât de cocagne* → **cocagne. 3.** Longue perche fixe servant aux exercices des gymnastes.

MATABICHE n.m. (du port. *matar o bicho,* tuer la bête). Afrique. Pot-de-vin, bakchich.

MATADOR n.m. (mot esp., de *matar,* tuer). Dans les courses de taureaux, celui qui, ayant reçu l'alternative, est chargé de la mise à mort de l'animal.

MATAF n.m. *Arg.* Matelot.

MATAGE n.m. **1.** ORFÈVR. Action de matir un métal précieux. **2.** Action de travailler au matoir, de refouler une matière malléable à froid.

MATAMORE n.m. (esp. *Matamoros,* tueur de Maures, personnage de la comédie espagnole). Personne qui n'est courageuse qu'en paroles ; faux brave ; fanfaron.

MATCH [matʃ] n.m. [pl. *matchs* ou *matches*] (mot angl.). Compétition sportive disputée entre deux concurrents, deux équipes. *Un match de tennis, de football.* – *Par ext.* Compétition économique, politique, etc., entre États, organismes, etc.

MATCHICHE [matʃiʃ] n.f. (du port.). **1.** Danse d'origine brésilienne, exécutée en couple, à la mode vers 1914 aux États-Unis et en Europe. **2.** Pièce instrumentale de tempo vif, à deux temps.

MATCH-PLAY [matʃplɛ] n.m. [pl. *match-plays*] (mot angl.). Au golf, compétition se jouant trou par trou.

MATÉ n.m. (mot esp., du quechua). Houx d'Amérique du Sud *(Ilex paraguariensis),* dont les feuilles torréfiées fournissent une infusion stimulante et diurétique ; cette boisson.

MATEFAIM n.m. (de *2. mater* et *faim*). Crêpe très épaisse. (Spécialité lyonnaise et franc-comtoise.)

MATELAS n.m. (ar. *maṭraḥ,* tapis). **1.** Pièce de literie, génér. capitonnée, rembourrée de laine, de mousse, ou à ressorts, et destinée à garnir le sommier. ◇ *Matelas pneumatique :* enveloppe gonflable de toile caoutchoutée ou de plastique, utilisée pour le camping, la plage, etc. **2.** Épaisse couche d'un matériau mou, souple ou meuble. *Matelas de feuilles.* ◇ *Matelas d'air :* couche d'air aménagée entre deux parois, dans une construction.

MATELASSAGE n.m. Procédé de rembourrage d'un siège, d'un coussin, etc., qui maintient la couche intérieure par des piqûres ou des boutons.

MATELASSÉ, E adj. et n.m. Se dit d'un tissu doublé d'une couche moelleuse maintenue par des piqûres.

MATELASSER v.t. **1.** Procéder au matelassage de. **2.** Doubler une étoffe avec un tissu matelassé.

MATELASSIER, ÈRE n. Personne qui confectionne ou répare les matelas.

MATELASSURE n.f. Ce qui sert à rembourrer, à faire des matelas.

MATELOT n.m. (moyen néerl. *mattenoot,* compagnon). **1.** Homme d'équipage qui, à bord, participe à la manœuvre et à l'entretien du navire. **2.** Militaire du rang, dans la Marine nationale (premier grade).

MATELOTAGE n.m. MAR. Ensemble des travaux relatifs à la manœuvre et au service du gabier.

MATELOTE n.f. Préparation faite de poissons coupés en morceaux, cuits dans du vin avec des oignons. *Matelote d'anguilles au vin blanc.* (S'emploie aussi en appos. : *sauce matelote.*)

1. MATER v.t. (de *1. mat*). Aux échecs, mettre le roi, l'adversaire en position de mat. – Absol. Faire mat.

2. MATER v.t. (de *2. mat*). **1.** Réduire à l'impuissance, à l'obéissance. **2.** Empêcher le développement, se rendre maître de ; réprimer. *Mater une révolte.* **3.** ORFÈVR. Matir. **4.** Effectuer un matage. ◇ *Mater une soudure,* la battre avec un matoir.

3. MATER v.t. (fr. d'Algérie, de l'esp. *matar,* tuer). *Fam.* **1.** Regarder, surveiller. **2.** Épier avec convoitise ; reluquer.

MÂTER v.t. Pourvoir un navire de son ou de ses mâts.

MÂTEREAU n.m. Petit mât de faible diamètre.

MATÉRIALISATION n.f. **1.** Action de matérialiser ; fait de se matérialiser. *Matérialisation d'un projet.* – *Spécial.* Action de matérialiser une voie, un emplacement, etc. **2.** PHYS. Transformation d'énergie rayonnante en particules de masse non nulle.

MATÉRIALISER v.t. (du lat. *materia,* matière). **1.** Donner une forme concrète, une réalité sensible à. *La rivière matérialise la frontière.* – *Didact.* Considérer comme matériel. *Philosophie qui matérialise l'âme.* **2.** Rendre concret, effectif ; réaliser, concrétiser. *Matérialiser un projet.* **3.** Rendre visible ; signaliser. *Matérialiser une piste cyclable*

■ **MASTODONTE.** Reconstitution du genre *Gomphotherium.*

par des lignes vertes. ◆ **se matérialiser** v.pr. Devenir réel ; se concrétiser, se réaliser.

MATÉRIALISME n.m. **1.** PHILOS. Doctrine selon laquelle rien d'autre n'existe que la matière, la pensée et tous les phénomènes dits « spirituels » en relevant eux aussi (par oppos. à *spiritualisme*). ◇ *Matérialisme dialectique :* philosophie marxiste qui, liant une conception matérialiste du monde et l'héritage de la dialectique de Hegel, voit dans l'univers un tout matériel dont la dynamique est assurée par le jeu de contradictions internes. – *Matérialisme historique :* conception marxiste de l'histoire qui fait dépendre, en dernière instance, tous les phénomènes historiques, politiques et sociaux du facteur économique, et attribue un rôle moteur à la lutte des classes. **2.** Manière de vivre, état d'esprit orientés vers la recherche des satisfactions et des plaisirs matériels.

ENCYCL. Le matérialisme, en tant que courant philosophique, remonte à l'Antiquité (Démocrite, Épicure, Lucrèce). À l'époque moderne, c'est essentiellement à partir du XVIIIe s. (Helvétius, Holbach, La Mettrie) qu'il se développe, associant le plus souvent une conception mécaniste de la matière et une proclamation d'athéisme, avant d'imprégner largement, au XIXe s. et au-delà, la pensée scientifique. Sur ce fond se détache le matérialisme de Marx, dont la perspective dialectique renouvelle profondément le contenu et la portée de la doctrine.

MATÉRIALISTE adj. et n. **1.** Qui appartient au matérialisme ; qui en est partisan. **2.** Orienté vers la seule recherche des satisfactions matérielles.

MATÉRIALITÉ n.f. **1.** Caractère de ce qui est matériel. **2.** DR. Circonstance matérielle qui constitue un acte. *Contester la matérialité d'un fait.*

MATÉRIAU n.m. **1.** Substance, matière, d'origine naturelle ou artificielle, utilisée pour la fabrication d'objets, de machines, ou pour la construction de bâtiments, de véhicules, etc. (On distingue trois grandes familles de matériaux : les *matériaux bruts* [produits de carrière, matériaux de construction, etc.], les *matériaux structurels* [aciers, verres, ciments, etc.] et les *matériaux supports* [silicium des semi-conducteurs, cuivre des conducteurs, etc.] ; par des mélanges appropriés entre groupes, on réalise des *composites.*) **2.** Matière de base, ensemble d'informations utilisable pour une recherche, la rédaction d'un ouvrage, etc. ; matériel. *Cette enquête lui a fourni le matériau de sa thèse.* ◆ pl. Informations, documents recueillis et combinés pour former un tout. *Les matériaux d'un procès. Rassembler des matériaux pour la rédaction d'un dictionnaire.*

MATÉRIEL, ELLE adj. (lat. *materialis,* de *materia,* matière). **1.** Formé de matière (par oppos. à *spirituel, intellectuel,* etc.). *L'univers matériel.* ◇ MÉCAN. *Point matériel :* élément dont la masse est supposée concentrée en un point. **2.** Qui concerne les objets et non les personnes. *Dégâts matériels. Accident dû à une défaillance matérielle et non à une erreur humaine.* **3. a.** Qui existe effectivement ; réel, tangible. *Obstacle matériel.* **b.** Qui est considéré d'un point de vue purement concret, en dehors de toute subjectivité. *Être dans l'impossibilité matérielle de faire qqch.* ◇ *Temps matériel :* temps nécessaire pour accomplir une action. **4.** Qui concerne les nécessités de la vie humaine, les moyens financiers de l'existence. *Confort matériel.* ◆ n.m. **1.** Ensemble des objets, des instruments nécessaires pour le bon fonctionnement d'une exploitation, d'un établissement, la pratique d'un sport, d'une activité, etc. **2.** Matière de base ; matériau. **3.** Ensemble des équipements nécessaires aux forces armées. ◇ *Service du matériel,* chargé, dans les armées de terre et de l'air, de la gestion et du maintien en condition des matériels. **4.** Ensemble des éléments physiques d'un système informatique. Recomm. off. pour *hardware.* **5.** Rare. *Matériel génétique :* ADN. ◆ n.f. *Fam.,* vieilli. *La matérielle :* l'argent nécessaire pour vivre. *Assurer la matérielle.*

MATÉRIELLEMENT adv. **1.** D'une manière concrète, objective ; effectivement. *C'est matériellement impossible.* **2.** Sur le plan financier, matériel.

MATERNAGE n.m. **1.** Ensemble des soins courants qu'une mère, ou la personne qui la remplace, prodigue à un nourrisson. – PSYCHOL. Relation établie entre le thérapeute et son patient sur ce modèle. **2.** Action de materner, de protéger excessivement qqn.

MATERNEL, ELLE adj. (lat. *maternus*). **1.** Propre à la mère. *Allaitement maternel.* **2.** Qui concerne les mères. ◇ *Hôtel maternel :* établissement qui héberge les mères célibataires. **3.** Qui rappelle, imite le comportement d'une mère. *Gestes maternels.* ◇ *École maternelle,* ou *maternelle,* n.f. : école facultative mixte accueillant les enfants de deux à six ans. – *Maison maternelle :* établissement qui, dans le cadre de la protection maternelle et infantile, a pour but de prévenir les abandons d'enfant. **4.** Qui vient de la mère ; qui est du côté de la mère. *Grands-parents maternels.* ◇ *Langue maternelle* → **langue.**

MATERNELLEMENT adv. De façon maternelle.

MATERNER v.t. **1.** PSYCHOL. Établir une relation de maternage avec qqn. **2.** Entourer de soins excessifs ; surprotéger.

MATERNISÉ, E adj. Se dit d'un lait de vache modifié industriellement pour avoir une composition la plus proche possible de celle du lait de femme.

MATERNITÉ n.f. (lat. *maternitas,* de *mater,* mère). **1.** État, qualité de mère. ◇ *Assurance maternité :* assurance sociale française qui prend en charge les frais médicaux et pharmaceutiques de la grossesse, de l'accouchement et l'indemnité de repos *(congé maternité).* **2.** Fait de mettre un enfant au monde. *Elle a eu trois maternités rapprochées.* **3.** DR. Lien de droit entre une mère et son enfant. **4.** Établissement, service d'un hôpital, d'une clinique où s'effectuent la surveillance médicale de la grossesse et l'accouchement. **5.** Œuvre d'art représentant une mère avec son enfant.

MATH ou **MATHS** n.f. pl. (abrév.). Mathématiques. *Un cours de math. Être fort en maths.* ◇ *Math sup, math spé :* mathématiques supérieures, mathématiques spéciales.

MATHÉMATICIEN, ENNE n. Personne qui fait de la recherche et/ou de l'enseignement en mathématiques.

MATHÉMATIQUE n.f. (gr. *mathêmatikos,* de *mathêma,* science). **1.** (Au pl.) Science qui étudie par le moyen du raisonnement déductif les propriétés d'êtres abstraits (nombres, figures géométriques, fonctions, espaces, etc.) ainsi que les relations qui s'établissent entre eux. **2.** (Au sing.) Ensemble des disciplines mathématiques envisagées comme constituant un tout organique. **3.** *Mathématiques supérieures :* première année de classe préparatoire aux concours des grandes écoles scientifiques. Abrév. : *math sup.* – *Mathématiques spéciales :* seconde année de classe préparatoire à ces mêmes concours. Abrév. : *math spé.* ◆ adj. **1.** Relatif aux mathématiques. **2.** Qui exclut toute incertitude, toute inexactitude. *Précision mathématique.* ◇ *C'est mathématique :* c'est logique, inévitable.

ENCYCL. Les premières mathématiques sont pratiques : « art » des calculs pour le « gestionnaire »

M

SYMBOLES MATHÉMATIQUES

symbole	explication
THÉORIE DES ENSEMBLES	
$\in$	élément de, appartient à
$\notin$	n'appartient pas à
$\subset$	sous-ensemble de, inclus dans
$\cup$	réunion, union
$\cap$	intersection
$\{x_i\}$	ensemble des éléments x_i
$\varnothing$	ensemble vide
ARITHMÉTIQUE, ALGÈBRE	
$=$	égal
$\simeq$ ou $\approx$	approximativement égal
$\equiv$	identique
$\neq$	différent
$<$	plus petit que
$>$	plus grand que
$\leqslant$	plus petit que ou égal à
$\geqslant$	plus grand que ou égal à
$+$	plus
$-$	moins
$\cdot$ ou $\times$	multiplié par
: ou / ou —	divisé par
$\sum_{i=1}^{n} a_i$	somme $a_1 + a_2 + \ldots + a_n$
$\prod_{i=1}^{n} a_i$	produit $a_1 \cdot a_2 \cdot \ldots \cdot a_n$
a^n	a à la puissance n
$\sqrt{a}$	racine carrée de a
$\sqrt[n]{a}$	racine $n^{\text{ième}}$ de a
$n!$	factorielle n
C_n^p	nombre combinaison de n éléments pris p à p
$\lvert a \rvert$	module ou valeur absolue de a
$\log_b$	logarithme de base b
log	logarithme de base 10
ln	logarithme népérien, de base e
i	nombre imaginaire unité, $i^2 = -1$
$\vec{a} \cdot \vec{b}$	produit scalaire de deux vecteurs
$\vec{a} \wedge \vec{b}$	produit vectoriel de deux vecteurs
$(a_{ik}) = A$	matrice A de coefficients a_{ik}
$\lvert a_{ik} \rvert = \det A$	déterminant d'une matrice carrée A
$\equiv (\text{mod } m)$	congruent modulo m

symbole	explication
ANALYSE	
$]a, b[$	intervalle ouvert $a < x < b$
$[a, b]$	intervalle fermé $a \leqslant x \leqslant b$
∞	infini
$\rightarrow$	tend vers, converge vers
lim	limite
d	symbole de différentiation
$\frac{dy}{dx}$, y'	dérivée de y par rapport à x
$\frac{d^n y}{dx^n}$, $y^{(n)}$	dérivée d'ordre n de y par rapport à x
∂	symbole de dérivation partielle
Δ ou δ	variation
$\int$	intégrale simple
$\iint$	intégrale double
$\iiint$	intégrale triple
$\int_a^b f(x)\,dx$	intégrale définie
GÉOMÉTRIE	
$\parallel$ ou //	parallèle
$\perp$	orthogonale ou perpendiculaire
$\frown$	angle
$^\circ$	degré d'angle
$'$	minute d'angle
$''$	seconde d'angle
$\widehat{AB}$	arc AB
$[AB]$	segment AB
$\overrightarrow{AB}$	vecteur AB
$\lVert \overrightarrow{AB} \rVert$	norme du vecteur AB
$\overline{AB}$	mesure algébrique de AB
AB	longueur AB
(AB)	droite AB
sin	sinus
cos	cosinus
tg	tangente
cotg	cotangente
arc sin	arc sinus
sh	sinus hyperbolique
LOGIQUE	
$\neg$	non (négation)
$\wedge$	et (conjonction)
$\vee$	ou (disjonction)
$\Rightarrow$	si – alors (implication)
$\Leftrightarrow$	si et seulement si (équivalence)
$\exists$	il existe (quantificateur existentiel)
$\forall$	pour tout (quantificateur universel)

et l' « ingénieur » ; elles apparaissent dans les civilisations babylonienne et égyptienne. Avec l'éclosion d'une science des démonstrations rationnelles mettant en œuvre une *démarche hypothético-déductive,* la mathématique au sens moderne, dont Thalès est l'un des premiers représentants, émerge dans la civilisation hellène. Jusqu'au XIXe s., les postulats d'Euclide ont été des vérités d'évidence que personne ne cherchait à discuter. Ils se fondaient sur une vision du monde physique idéalisée (existence de lignes droites, par ex.), dans le droit-fil du platonisme. Gauss puis Bolyai, Lobatchevski et Riemann élaborèrent alors des géométries pour lesquelles l'axiome d'Euclide sur les parallèles n'est pas vérifié, mais où l'aspect déductif est rigoureux. Ces géométries non euclidiennes, contradictoires entre elles, mettaient fin à vingt-deux siècles d' « évidences » mathématiques. Hilbert régla la question des contradictions : les axiomes d'une théorie mathématique ne sont plus des vérités évidentes ou non, mais des relations considérées comme « vraies », en se souciant uniquement de la compatibilité des axiomes entre eux. Les mathématiques deviennent alors la science des *systèmes formels,* traitant d'objets abstraits. De nouvelles disciplines apparaissent : *algèbre abstraite, topologie, théorie des ensembles,* etc. Cantor fonde cette dernière, qui permet de trouver les mêmes structures (de groupe, de corps, etc.) dans des situations très diverses : les mathématiques deviennent aussi une *science des structures.* Des contradictions ne tardent pas à réapparaître : certains ensembles « paradoxaux » soulèvent, de nouveau, la question de l'existence en mathématiques. Pour exister, un « être mathématique » doit-il rejoindre l'intuition ou l'expérience ? Pour les mathématiciens *intuitionnistes* comme Brouwer, chaque pas d'une démonstration s'effectue à la lumière d'une intuition, laquelle n'a pas de plus sûr garant qu'elle-même. On ne doit considérer un objet mathématique comme existant que si l'on possède un moyen d'y accéder de manière « constructive ». Avec la tendance *constructiviste,* s'opposant aux théories de Cantor, Dedekind et Weierstrass, Kronecker considère l'arithmétique, fondée sur les nombres entiers positifs, comme seule véritable « création divine ». Aujourd'hui, ces oppositions se sont atténuées, en particulier à la suite des travaux de Gödel sur la *consistance* de l'arithmétique. Le développement de la logique depuis la seconde moitié du XIXe s., avec Boole, Russell et Whitehead, a grandement contribué au travail de formalisation et à son succès. Pour résoudre les problèmes posés par la place que les mathématiques classiques accordent à l'intuition et à l'objectivité des définitions initiales, s'est mise en place une *logique formelle,* construite sur la base du symbolisme mathématique. Ce formalisme constitue une tentative d'unification de la logique et de la mathématique, unification consacrée au XXe s. par le travail du groupe Bourbaki.

M

MATHÉMATIQUEMENT adv. **1.** Au point de vue mathématique, de façon mathématique. **2.** Avec une exactitude rigoureuse. **3.** Inévitablement ; immanquablement.

MATHÉMATISATION n.f. Processus par lequel un objet est intégré à une méthodologie et/ou à une théorie mathématique.

MATHÉMATISER v.t. Appliquer, introduire des méthodes mathématiques dans un domaine. *Mathématiser une théorie économique.*

MATHEUX, EUSE n. *Fam.* Personne, étudiant doués pour les mathématiques.

MATHUSALEM [matyzalɛm] n.m. (de *Mathusalem,* n.pr.). Grosse bouteille de champagne d'une contenance de huit bouteilles champenoises ordinaires (6 litres).

MATIÈRE n.f. (lat. *materia*). **1.** Substance, réalité constitutive des corps, douée de propriétés physiques. ◇ SC. DE LA V. *La matière vivante :* la matière dont sont faits les êtres vivants. **2.** CHIM. *Quantité de matière :* nombre de moles. **3.** PHILOS. Corps, réalité matérielle (par oppos. à *âme,* à *esprit*). **4.** Substance particulière dont est faite une chose et connaissable par ses propriétés. *Matière combustible. Matière picturale d'un tableau.* **5.** *Matière première :* matériau d'origine naturelle qui

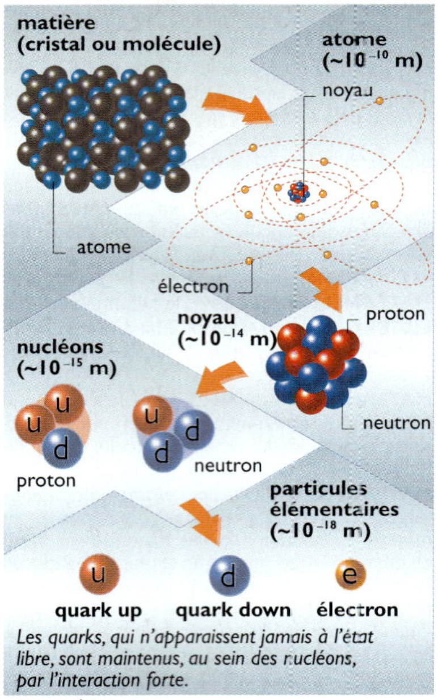

■ **MATIÈRE.** Trois particules suffisent à constituer toute la matière stable : les deux quarks up et down, et l'électron.

est l'objet d'une transformation et d'une utilisation économique. (On distingue, communément, les matières premières *agricoles* [animales ou végétales], les matières premières *minérales* et les matières premières *énergétiques.*) **6.** Ce qui peut constituer le fond, le sujet d'un ouvrage, d'une étude. *Il y a là matière à un roman. Ces questionnaires lui ont fourni la matière première de son enquête.* ◇ *Entrée en matière :* introduction d'un exposé, d'une étude, etc. – *Entrer en matière :* aborder un sujet. – *Table des matières :* liste fournissant l'indication des sujets traités dans un ouvrage, et leur référence. **7.** Ce qui est l'objet d'une étude systématique, d'un enseignement. *Matières artistiques, littéraires.* **8. a.** Ce qui fournit l'occasion, ce qui est la cause de. *Donner matière à discussion. Être, donner matière à rire.* **b.** *En matière de, en matière* (+ adj.) : en ce qui concerne tel domaine. *En matière de sport, en matière sportive.* **9.** Domaine déterminé en droit par la nature même des choses dont a à connaître une autorité.

MATIÉRISME n.m. ART MOD. Accent mis, dans la peinture abstraite, sur la présence physique de la matière que travaille l'artiste (emploi d'une couche picturale épaisse, souvent additionnée de matériaux hétérogènes).

MATIÉRISTE adj. et n. Qui relève du matiérisme ; qui pratique le matiérisme.

MATIF ou **M.A.T.I.F.** [matif] n.m. (acronyme de *Marché à terme international de France*). Marché français où se concluent des contrats portant sur des taux d'intérêt, des devises, des indices boursiers, et essentiellement destiné à protéger les détenteurs d'actifs financiers contre les fluctuations des cours de ceux-ci.

MATIFIANT, E adj. Se dit d'un produit cosmétique qui rend la peau mate, l'empêche de briller.

MATIN n.m. (lat. *matutinum*). **1.** Début du jour. *Quatre heures du matin.* **2.** Partie du jour comprise entre le lever du soleil et midi. ◇ *De bon matin, de grand matin :* de bonne heure. ◆ adv. **1.** De bonne heure. *Se lever matin.* **2.** Dans la matinée. *Dimanche matin.*

1. MÂTIN n.m. (du lat. *mansuetus,* apprivoisé). Gros chien de garde. – *Spécial.* Chien massif et trapu, voisin du dogue de Bordeaux, dont il existe plusieurs races en Europe méridionale.

2. MÂTIN, E n. *Fam.,* vieilli. Personne vive, délurée. ◆ interj. *Fam.,* vx. *Mâtin ! :* marque l'étonnement ou l'admiration.

MATINAL, E, AUX adj. **1.** Propre au matin. *Brise matinale.* **2.** Qui se lève de bonne heure.

MÂTINÉ, E adj. **1.** Qui n'est pas de race pure. *Épagneul mâtiné de dogue.* **2.** Qui est mêlé à qqch d'autre. *Un français mâtiné d'italien.*

MATINÉE n.f. **1.** Temps qui s'écoule depuis le point du jour jusqu'à midi. ◇ *Faire la grasse matinée :* rester tard au lit le matin. **2.** Spectacle qui a lieu l'après-midi.

MÂTINER v.t. Couvrir une chienne de race, en parlant d'un chien de race différente ou d'un corniaud.

MATINES n.f. pl. CHRIST. Premier office divin chanté avant le lever du jour. (On l'appelle auj. *office de lectures.*)

MATINEUX, EUSE adj. et n. Vx ou *litt.* Qui a l'habitude de se lever de bon matin.

MATIR v.t. ORFÈVR. Rendre mat un métal précieux (par oppos. à *brunir*). SYN. : *mater.*

MATITÉ n.f. État de ce qui est mat.

MATOIR n.m. Outil en acier trempé qui sert à mater, à matir.

MATOIS, E adj. et n. (de l'arg. *mate,* voleur, filou). *Litt.* Qui a de la ruse et de la finesse.

MATON, ONNE n. (de *3. mater*). *Arg.* Gardien de prison.

MATORRAL n.m. [pl. *matorrals*] (mot esp., *buisson*). Formation végétale des pays méditerranéens, plus ouverte que le maquis et constituée de cistes, d'oliviers sauvages, etc., forme dégradée de la forêt à chêne vert.

MATOS [matos] n.m. *Fam.* Matériel.

MATOU n.m. Gros chat mâle, génér. non castré.

MATRAQUAGE n.m. Action de matraquer.

MATRAQUE n.f. (de l'ar.). Arme contondante, faite le plus souvent d'un cylindre de bois ou de caoutchouc durci.

MATRAQUER v.t. **1.** Frapper à coups de matraque. – *Fig.* Critiquer durement. **2.** *Fam.* Demander à un client un prix excessif pour un produit, un service. **3.** Répéter avec insistance un slogan, une image publicitaire, une musique, etc.

MATRAQUEUR, EUSE n. Personne qui matraque.

MATRAS [matra] n.m. Récipient à long col, de forme sphérique ou ovoïde, utilisé dans les laboratoires de chimie.

MATRIARCAL, E, AUX adj. Relatif au matriarcat ; conforme aux principes du matriarcat. *Société matriarcale.*

MATRIARCAT n.m. (lat. *mater,* mère, et gr. *arkhê,* commandement). ANTHROP. Système social, politique et juridique dans lequel les femmes sont réputées exercer une autorité prépondérante dans la famille et où elles occupent des fonctions politiques.

MATRIÇAGE n.m. MÉTALL. Forgeage à chaud de produits à l'aide d'une matrice.

MATRICAIRE n.f. (de *matrice*). Plante herbacée odorante, dont une espèce, la petite camomille *(Matricaria chamomilla),* est utilisée, comme l'anthémis, en tisanes. (Famille des composées.)

MATRICE n.f. (lat. *matrix, matricis*). **1.** Vieilli. Utérus. **2.** ALGÈBRE. *Matrice (à n lignes et à p colonnes) :* tableau rectangulaire de nombres disposés suivant *n* lignes et *p* colonnes, *n* et *p* pouvant être égaux *(matrice carrée).* **3.** ADMIN. *Matrice cadastrale :* document énumérant les parcelles appartenant à chaque propriétaire dans la commune. – *Matrice du rôle des contributions :* registre original d'après lequel sont établis les rôles des contributions dans chaque commune. **4.** TECHN. Outillage en creux ou en relief, servant à reproduire une empreinte sur un objet soumis à son action. **5.** Substance fondamentale, riche en fibres, qui constitue la fraction organique d'un tissu minéralisé. *Matrice osseuse. Matrice cartilagineuse.*

MATRICER v.t. [9]. TECHN. Former une pièce au moyen de matrices.

MATRICIDE n.m. (lat. *matricidium*). *Litt.* Crime d'une personne qui a tué sa mère.

MATRICIEL, ELLE adj. ALGÈBRE. Relatif aux matrices. *Calcul matriciel.*

MATRICLAN n.m. ANTHROP. Clan fondé sur la filiation matrilinéaire.

1. MATRICULE n.f. (bas lat. *matricula,* petit registre). Registre où sont inscrits les noms de tous les individus qui entrent dans un hôpital, une prison, un corps de troupes, etc. ; inscription sur ce registre.

2. MATRICULE n.m. MIL. Numéro d'inscription sur la matricule ; numéro d'identification des véhicules et matériels militaires.

MATRILIGNAGE n.m. Groupe de filiation matrilinéaire.

MATRILINÉAIRE adj. ANTHROP. Se dit d'un mode de filiation dans lequel seule l'ascendance par les femmes est prise en compte pour la transmission du nom, des statuts, de l'appartenance à une unité sociale (clan, par ex.) et pour le choix du groupe dans lequel on doit se marier (par oppos. à *patrilinéaire*).

MATRILOCAL, E, AUX adj. ANTHROP. Se dit du mode de résidence d'un couple, dans lequel l'époux vient habiter dans la famille de sa femme. SYN. : *uxorilocal*.

MATRIMONIAL, E, AUX adj. (du lat. *matrimonium*, mariage). Qui a rapport au mariage. ◇ *Régime matrimonial* : régime qui règle la répartition et la gestion des biens entre époux. – *Agence matrimoniale* : établissement commercial qui met en rapport des personnes désireuses de se marier.

MATRIOCHKA n.f. (mot russe). Chacune des poupées gigognes en bois peint d'une série ; cette série. SYN. : *poupée russe*.

MATRONE n.f. (lat. *matrona*). **1.** ANTIQ. ROM. Femme mariée ; mère de famille. **2.** Femme d'âge mûr et d'allure imposante. – *Péjor.* Femme corpulente aux manières vulgaires. **3.** Accoucheuse, autref., ou dans les pays où la profession de sage-femme n'est pas réglementée.

MATRONYME n.m. Nom de famille transmis par la mère (par oppos. à *patronyme*).

MATTE n.f. (anc. fr. *matte*, lait caillé). Substance métallique sulfureuse résultant de la première fusion d'un minerai traité et pas assez épuré.

MATTHIOLE n.f. (de *Matthioli*, botaniste ital.). Plante du littoral atlantique et méditerranéen, cultivée pour l'ornement des jardins sous les noms de *giroflée rouge* et de *violier*. (Genre *Matthiola* ; famille des crucifères.)

MATURATION n.f. (lat. *maturatio*, de *maturare*, mûrir). **1.** Processus menant au développement complet d'un phénomène, à la plénitude d'une faculté. *Maturation d'un talent.* **2.** EMBRYOL. **a.** Évolution d'un organe animal ou végétal vers la maturité. **b.** Évolution de l'organisme humain vers son état adulte, par oppos. à la *croissance*, qui désigne l'évolution des mensurations. *Maturation sexuelle.* **3.** BIOCHIM. Processus par lequel une cellule fait subir à un précurseur d'une protéine diverses modifications biochimiques destinées à la transformer en une molécule active (enzyme, hormone, etc.). **4.** MÉTALL. Maintien à une température voisine de la température ambiante d'un produit en alliage d'aluminium préalablement trempé, destiné à en améliorer les qualités mécaniques. SYN. : *vieillissement*.

MATURE adj. **1.** Arrivé à maturité. – *Spécial.* Arrivé à une maturité psychologique. **2.** Se dit du poisson prêt à frayer.

MÂTURE n.f. Ensemble des mâts d'un navire.

MATURITÉ n.f. (lat. *maturitas*, de *maturus*, mûr). **1.** BOT. État d'un fruit mûr. **2.** Période de la vie caractérisée par le plein développement physique, affectif et intellectuel. **3.** État de l'intelligence, d'une faculté qui a atteint son plein développement. – *Spécial.* Sûreté du jugement (génér. propre à l'âge mûr). *Manquer de maturité.* **4.** Suisse. Examen de fin d'études secondaires, homologue du baccalauréat français.

MATUTINAL, E, AUX adj. Vx ou *litt.* Qui appartient au matin.

MAUBÈCHE n.f. (mot dial.). Bécasseau hivernant sur les côtes sableuses et les vasières, en France notamm., représenté par deux espèces, la *maubèche des estuaires* et la *maubèche des champs*. (Long. 25 cm env. ; genre *Calidris*, famille des scolopacidés.)

MAUDIRE v.t. [84] (lat. *maledicere*). **1.** *Litt.* Vouer à la damnation éternelle. **2.** *Litt.* Appeler la malédiction, la colère divine sur qqn. **3.** Exprimer son impatience, sa colère contre. *Maudire le sort.*

MAUDIT, E adj. et n. **1.** Voué à la damnation éternelle. ◇ *Le Maudit* : le démon. **2.** Réprouvé, rejeté par la société. *Poète maudit.* ◆ adj. (Avant le n.) Qui contrarie, dont on a sujet de se plaindre. *Cette maudite pluie !*

MAUGRÉER v.i. (de l'anc. fr. *maugré*, chagrin). *Sout.* Manifester sa mauvaise humeur, son mécontentement. ◆ v.t. *Sout.* Marmonner des injures, des paroles désagréables.

MAUL n.m. (de l'angl. *to maul*, malmener). Au rugby, regroupement de joueurs, debout, entourant le porteur du ballon. (Le fait que le ballon ne soit pas au sol permet de distinguer la mêlée ouverte du maul.)

MAURANDIA n.f. (de *Maurandy*, n.pr.). Plante du Mexique et de l'Arizona, parfois grimpante, dont les fleurs à grande corolle tubuleuse sont recherchées pour orner les tonnelles. (Genre *Asarina* ; famille des scrofulariacées.)

MAURE ou **MORE** adj. et n. (lat. *Maurus*, Africain). **1. a.** ANTIQ. ROM. Qui appartenait à la Mauritanie ancienne (actuel Maghreb). **b.** Musulman, dans l'Espagne du Moyen Âge. **2.** Qui se rapporte aux Maures de l'époque actuelle, qui appartient à ce peuple. **3.** HÉRALD. *Tête de Maure* : figure représentant une tête de Noir, portant un tortil d'argent.

1. MAURESQUE ou **MORESQUE** adj. Relatif aux Maures. ◆ n.f. Femme maure.

2. MAURESQUE n.f. Pastis additionné de sirop d'orgeat.

MAURICIEN, ENNE adj. et n. De l'île Maurice, de ses habitants.

MAURISTE n.m. Membre de la congrégation bénédictine de Saint-Maur.

MAURITANIEN, ENNE adj. et n. De la Mauritanie, de ses habitants.

MAUSER [mozɛr] n.m. (du n. des frères Wilhelm et Paul von *Mauser* [1834 - 1882 et 1838 - 1914]). **1.** Fusil adopté en 1872 par l'Allemagne. **2.** Type de pistolet automatique.

MAUSOLÉE n.m. (de *Mausole*, n.pr.). Monument funéraire de grandes dimensions, à l'architecture somptueuse.

MAUSSADE adj. (de *mal* et anc. fr. *sade*, agréable). **1.** Qui manifeste une humeur chagrine, désagréable. *Personne, mine maussade.* **2.** Qui inspire l'ennui, la tristesse. *Temps maussade.*

MAUSSADERIE n.f. *Litt.* Fait d'être maussade ; mauvaise humeur.

MAUVAIS, E adj. (lat. pop. *malifatius*, de *male fatum*, mauvais sort). **1.** Qui peut nuire, présenter un danger ; dangereux, nuisible. *Ce climat est mauvais pour lui.* ◇ OCÉANOL. *Mer mauvaise*, très agitée. **2.** Qui n'est pas de bonne qualité, qui présente des défauts. *Du mauvais pain.* **3.** Qui ne convient pas ; défavorable, inopportun. *Arriver au mauvais moment.* **4.** De valeur nulle ou faible ; qui rapporte peu, qui est insuffisant. *Avoir une mauvaise note. Mauvaise récolte. Mauvaise affaire.* **5.** Qui provoque une réaction défavorable, qui déplaît. *Faire mauvais effet. Ce gâteau a mauvais goût.* ◇ *Fam. L'avoir, la trouver mauvaise* : être mécontent, déçu de qqch. **6.** Dépourvu de qualités morales ; qui aime à faire le mal. *C'est un homme mauvais.* **7.** Qui manifeste de la méchanceté. *Un mauvais sourire.* **8.** Contraire à la morale ou à la loi. *Commettre une mauvaise action.* **9.** *Mauvaise tête* : personne sujette à des coups de tête, qui n'a pas bon caractère. **10.** Qui manque de qualité, de talent. *Mauvais acteur.* ◆ n.m. Ce qui est mauvais, désagréable. *Il y a du bon et du mauvais dans ce projet.* ◆ adv. **1.** *Il fait mauvais* : le temps n'est pas beau. **2.** *Sentir mauvais* : exhaler une odeur fétide.

MAUVE n.f. (lat. *malva*). Plante à fleurs roses ou violacées commune dans les terrains vagues ou cultivés. (Famille des malvacées.) ◆ adj. et n.m. Couleur violet pâle.

■ **MAUVE**

MAUVÉINE n.f. Colorant violet dérivé de l'aniline (nom générique). [Les mauvéines ne sont plus employées auj.]

MAUVIETTE n.f. (dimin. de *mauvis*). **1.** Vx. Alouette devenue grasse à la fin de l'été. **2.** *Fam.* Personne chétive, maladive ou peu courageuse.

MAUVIS n.m. (anglo-saxon *maew*, mouette). Petite grive du nord de l'Europe à la chair estimée. (Long. 22 cm env. ; genre *Turdus*, famille des turdidés.)

1. MAXI adj. inv. Se dit d'un vêtement très long. *Robe maxi.* ◆ n.m. *Le maxi* : habillement fait de jupes et de manteaux longs. *La mode du maxi.*

2. MAXI adj. inv. (abrév.). *Fam.* Maximal. *Sur cette voiture, c'est la vitesse maxi.* ◆ adv. *Fam.* Au maximum ; tout au plus. *Tu peux en tirer cent euros maxi.*

MAXILLAIRE [maksilɛr] adj. (lat. *maxillaris*, de *maxilla*, mâchoire). Qui se rapporte aux mâchoires ou aux os des mâchoires. ◆ n.m. **1.** Chacun des trois os des mâchoires. **2.** *Maxillaire supérieur*, ou *maxillaire* : chacun des deux os faisant partie de la mâchoire supérieure. **3.** *Maxillaire inférieur* : os de la mâchoire inférieure. SYN. : *mandibule*.

MAXILLE [maksil] n.f. (lat. *maxilla*). Pièce buccale paire des insectes, des crustacés, etc., située en arrière des mandibules.

MAXILLIPÈDE [maksilipɛd] n.m. ZOOL. Appendice pair des crustacés, situé entre les mâchoires et les pattes, et servant surtout à tenir les proies. SYN. : *patte-mâchoire*.

MAXILLO-FACIAL, E, AUX adj. Qui se rapporte aux maxillaires et au reste de la face. *Chirurgie maxillo-faciale.*

1. MAXIMA (A) loc. adj. inv. → **A MAXIMA.**

2. MAXIMA n.m. pl. → **MAXIMUM.**

MAXIMAL, E, AUX adj. **1.** Qui constitue ou atteint le plus haut degré. **2.** ALGÈBRE. *Élément maximal* : élément d'un ensemble ordonné tel qu'il n'existe aucun autre élément qui lui soit supérieur.

MAXIMALISME n.m. Tendance à préconiser des solutions extrêmes, notamm. en politique (par oppos. à *minimalisme*).

MAXIMALISTE adj. et n. Qui relève du maximalisme ; qui en est partisan.

MAXIME n.f. (du lat. *maxima sententia*, sentence générale). Formule brève énonçant une règle de morale ou de conduite, ou une réflexion d'ordre général.

MAXIMISATION ou **MAXIMALISATION** n.f. Action de maximiser.

MAXIMISER ou **MAXIMALISER** v.t. **1.** Donner la plus haute valeur possible à une grandeur, un fait, une idée, etc. **2.** Porter une quantité au plus haut degré.

MAXIMUM [maksimɔm] n.m. [pl. *maximums* ou *maxima*] (mot lat., *le plus grand*). **1.** Le plus haut degré atteint par qqch ou que qqch puisse atteindre. *Le maximum de risques.* ◇ *Au maximum* : au plus, dans le pire des cas ; au plus haut degré. *Utiliser qqch au maximum.* **2.** Limite supérieure d'une condamnation pénale. *Être condamné au maximum.* **3.** ALGÈBRE. Plus grand élément d'un ensemble ordonné. ◇ *Maximum d'une fonction*, la plus grande des valeurs de cette fonction dans un intervalle de la variable ou dans son domaine de définition. ◆ adj. (Emploi critiqué). Maximal. (*Maximal* est préconisé par l'Académie des sciences.)

MAXWELL [makswɛl] n.m. (de J. C. *Maxwell*, n.pr.). Anc. Unité de flux magnétique (symb. Mx), dans le système c.g.s. électromagnétique.

1. MAYA adj. et n. Qui se rapporte aux Mayas, appartient à cet ensemble de peuples. ◆ n.m. Famille de langues indiennes de l'Amérique centrale.

2. MAYA n.f. (sanskr. *māyā*, illusion). Dans la pensée hindoue, apparence illusoire qui cache la réalité et provoque l'ignorance.

MAYEN [majɛ̃] n.m. (lat. *maius*, mai). Suisse. Dans le Valais, pâturage d'altitude moyenne, comportant des bâtiments rudimentaires, où les troupeaux séjournent en été ; ces bâtiments.

MAYEUR, E n. → **MAÏEUR.**

MAYONNAISE n.f. (p.-ê. de *Port-Mahon,* n.pr.). Sauce froide composée d'une émulsion de jaune d'œuf, de moutarde et d'huile. ◇ *Fam. La mayonnaise prend, ne prend pas :* la situation évolue de façon positive, négative.

MAYORAL, E, AUX adj. → **MAÏORAL.**

MAYORAT n.m. → **MAÏORAT.**

MAZAGRAN n.m. (de *Mazagran,* anc. n. d'une v. d'Algérie). **1.** Vx. Café froid ou chaud, servi dans un verre profond. **2.** Récipient épais, en faïence, en forme de verre à pied bas, sans anse, pour boire le café.

MAZAMA n.m. *Mazama rouge :* cariacou.

MAZARINADE n.f. HIST. Chanson ou pamphlet publiés contre Mazarin pendant la Fronde.

MAZDÉEN, ENNE adj. Du mazdéisme.

MAZDÉISME n.m. (de l'avestique *mazdāh,* sage). Religion de l'Iran ancien, réformée, au VIIe s. av. J.-C., par Zarathushtra. (Le mazdéisme est une religion dualiste : le monde est le théâtre d'une lutte opposant le principe du Mal [Ahriman ou Angra-Mainyu] et le principe du Bien [Ahura-Mazda ou Ormuzd], le triomphe final devant revenir à ce dernier. Le livre sacré du mazdéisme est l'Avesta.) SYN. : *zoroastrisme.*

MAZETTE n.f. (normand *mesette,* mésange). Vx. **1.** Personne qui manque d'énergie, d'habileté. **2.** Joueur maladroit, en partic. aux échecs. ◆ interj. Vieilli. Exprime l'admiration, l'étonnement. *Mazette ! trois millions, rien que ça !*

M

MAZOT n.m. Suisse. Petit bâtiment rural et montagnard.

MAZOUT [mazut] n.m. (du russe). Fioul domestique.

MAZOUTER v.t. Polluer par le mazout. ◆ v.i. Se ravitailler en mazout, en parlant d'un navire.

MAZURKA n.f. (mot polon.). **1.** Danse d'origine polonaise (Mazurie), exécutée en couple, pratiquée comme danse folklorique puis comme danse de salon, à la mode en Europe dans la seconde moitié du XIXe s. **2.** Pièce instrumentale à trois temps.

ME pron. pers. Désigne la 1re pers. du sing., représentant celui, celle qui parle en fonction de complément d'objet direct ou indirect, de complément d'attribution. *Je m'inquiète. Il me semble. Tu me le donnes ?*

MEA CULPA ou **MEA-CULPA** [meakylpa] n.m. inv. (mots lat. tirés du Confiteor, *par ma faute*). **1.** Aveu d'une faute commise ; coup dont on se frappe la poitrine en prononçant ces paroles. **2.** *Faire, dire son mea culpa :* reconnaître ses torts.

MÉANDRE n.m. (gr. *Maiandros,* le Méandre, fleuve sinueux d'Asie Mineure). **1.** Sinuosité d'une vallée modelée par un cours d'eau. **2.** *Fig.* Procédé indirect et tortueux. *Les méandres de la diplomatie.* **3.** ARCHIT. Ornement courant du type des grecques ou des postes, onde de certains guillochis.

MÉAT n.m. (lat. *meatus,* passage). **1.** BOT. Cavité intercellulaire des végétaux. **2.** ANAT. Orifice de certains conduits. ◇ *Méat urinaire :* orifice externe de l'urètre.

MEC n.m. *Fam.* **1.** Garçon, homme. *Venez, les mecs !* **2.** Mari, amant, compagnon. *Elle vient avec son mec.*

MÉCANICIEN, ENNE n. **1.** Spécialiste de la mécanique physique. **2.** Personne effectuant le montage et les réparations courantes d'ensembles mécaniques. Abrév. *(fam.) : mécano.* **3.** Ouvrier exécutant à la machine certains travaux dans le prêt-à-porter. ◆ n.m. CH. DE F. Agent de conduite d'un engin moteur (locomotive, automotrice, etc.).

1. MÉCANIQUE n.f. (du gr. *mêkhanê,* machine). **1.** Combinaison d'organes propres à produire ou à transmettre des mouvements. **2.** Domaine de la physique ayant pour objet l'étude des forces et des mouvements. ◇ *Mécanique céleste :* branche de l'astronomie qui étudie le mouvement des astres sous l'action de la gravitation universelle. – *Mécanique quantique* ou *ondulatoire :* dénominations originelles de la physique *quantique. – *Mécanique statistique* → **statistique.** – *Mécanique des fluides* → **fluide.** **3.** Étude des machines, de leur construction et de leur fonctionnement. **4.** Machine considérée du point de vue du fonctionnement de ses organes mécaniques. *Une belle mécanique.* **5.** *Litt.* Ensemble des moyens utilisés dans le fonctionnement d'une activité. *La mécanique politique.*

ENCYCL. La mécanique dite « classique » s'est développée depuis l'Antiquité, avec notamm. Archimède, jusqu'au XVIIe s., avec Galilée, Newton ou Huygens. Elle comprend trois grands domaines : la *statique,* étude de l'équilibre et de l'action des forces sur les corps en l'absence du mouvement ; la *cinématique,* description de l'espace, du temps et des mouvements indépendamment de leurs causes ; la *dynamique,* étude des mouvements sous l'action des forces.
Au XVIIIe s., les progrès de la mécanique consistent en une meilleure formulation mathématique de la mécanique de Newton, ce qui constitue la *mécanique rationnelle.*
À la fin de ce siècle, Lagrange fonde la *mécanique analytique* en rassemblant toutes les branches de la mécanique (statique et hydrostatique, dynamique et hydrodynamique) et en mettant les équations de la dynamique sous une forme plus générale et plus simple. À la même époque se développe la *mécanique des fluides,* tant appliquée que théorique.
Au XIXe s., les développements concernent le mouvement relatif, les théories de l'élasticité, de la capillarité, de la propagation des mouvements dans les milieux continus et la formulation des équations générales. Dans la seconde moitié du XIXe s. est fondée la *mécanique statistique,* étroitement liée à la thermodynamique.
Enfin, au XXe s., la mécanique contribuera, avec l'électromagnétisme, à la construction de nouveaux domaines de la physique : théories de la relativité (Einstein) ou physique quantique (de Broglie).

2. MÉCANIQUE adj. **1.** Se dit de ce qui concerne le mouvement et ses propriétés. *Lois mécaniques. L'action mécanique des vents.* **2.** Se dit de certaines opérations techniques effectuées à la machine ; se dit de produits ainsi fabriqués. *Tissage mécanique. Tuile mécanique.* **3.** Qui est mis en mouvement par une machine, qui comporte un mécanisme. *Jouet mécanique.* **4.** Qui relève du fonctionnement d'une machine, d'un mécanisme, et en partic. du moteur d'un véhicule. *Difficultés, ennuis mécaniques.* **5.** Qui ne dépend pas de la volonté ; machinal. *Un geste mécanique.*

MÉCANIQUEMENT adv. **1.** De façon mécanique, machinale. **2.** Du point de vue de la mécanique.

MÉCANISATION n.f. Action de mécaniser.

MÉCANISER v.t. **1.** Introduire l'emploi des machines dans une activité, dans une installation. *Mécaniser l'agriculture.* **2.** Rendre une action mécanique, automatique ; automatiser.

MÉCANISME n.m. **1.** Combinaison de pièces disposées de façon à obtenir un résultat déterminé (entraînement, freinage, etc.) ; ensemble de celles-ci. *Régler un mécanisme. Démonter le mécanisme d'une horloge.* **2.** Mode de fonctionnement d'un ensemble d'éléments dépendant les uns des autres. *Mécanisme du corps humain. Un mécanisme de défense.* **3.** PHILOS. Conception selon laquelle l'ensemble des phénomènes naturels s'explique par les seules lois de cause à effet.

MÉCANISTE adj. et n. PHILOS. Relatif au mécanisme ; qui en est partisan.

MÉCANO n.m. (abrév.). *Fam.* Mécanicien.

MÉCANOGRAPHE n. Personne qui était chargée de transcrire, en perforations, à l'aide d'une machine, des données alphabétiques ou numériques sur des cartes spéciales.

MÉCANOGRAPHIE n.f. (gr. *mêkhanê,* machine, et *graphein,* écrire). Ancienne méthode de dépouillement, de tri ou d'établissement de documents administratifs, comptables ou commerciaux, fondée sur l'utilisation de machines qui traitaient mécaniquement des cartes perforées.

MÉCANOGRAPHIQUE adj. Relatif à la mécanographie.

MÉCANOTHÉRAPIE n.f. (gr. *mêkhanê,* machine, et *therapeuein,* soigner). Kinésithérapie effectuée au moyen d'appareils mécaniques (poulies, contrepoids, etc.).

MECCANO n.m. (nom déposé). Jeu de construction composé de lames percées de trous équidistants et de boulons.

MÉCÉNAT n.m. Protection, soutien financier accordés à des activités culturelles, scientifiques, sportives, etc.

MÉCÈNE n.m. (de *Mécène,* n.pr.). Personne physique ou morale qui soutient les artistes, les savants, les écrivains, etc., par un financement, le cas échéant par des commandes.

MÉCHAGE n.m. **1.** MÉD. Action de placer une mèche. **2.** Désinfection d'une cuve, d'un tonneau par combustion d'une mèche soufrée à l'intérieur du récipient.

MÉCHAMMENT adv. **1.** De façon méchante, dure. *Agir méchamment.* **2.** *Fam.* À un très haut degré ; très, extrêmement. *Elle était méchamment en colère.*

MÉCHANCETÉ n.f. **1.** Penchant à faire du mal. *Agir par méchanceté.* **2.** Action, parole méchante. *Faire, dire des méchancetés.*

MÉCHANT, E adj. et n. (de l'anc. fr. *meschoir,* mal tomber). Qui manifeste de la malveillance, une volonté de nuire ; mauvais. *Homme méchant. Regard méchant.* ◆ adj. **1.** (Souvent avant le n.) Qui attire des ennuis, cause des difficultés ; dangereux, néfaste. *S'attirer une méchante affaire.* **2.** (Souvent avant le n.) Se dit d'un enfant insupportable, turbulent. **3.** (Après le n.) Se dit d'un animal agressif, qui cherche à attaquer. **4.** (Souvent avant le n.) *Litt.* Qui n'a aucune valeur ou compétence. *Un méchant poète.* **5.** (Souvent avant le n.) *Fam.* Extraordinaire, étonnant, remarquable. *Tu as une méchante bagnole.*

1. MÈCHE n.f. (lat. pop. *micca,* du gr. *muxa*). **1.** Cordon au cœur d'une bougie ou servant à conduire un liquide combustible dans une lampe. **2.** Touffe de cheveux. **3.** Gaine de coton contenant de la poudre noire et servant à mettre le feu à une arme, à une mine, à un explosif. ◇ *Mèche lente :* bickford. – *Fam. Découvrir, vendre la mèche :* trouver, livrer un secret. **4.** Toile imprégnée de soufre que l'on fait brûler dans les tonneaux pour les désinfecter. **5.** MÉD. Bande de tissu (gaze, par ex.) introduite dans une plaie, une cavité, pour drainer un épanchement ou tarir un saignement. **6.** TEXT. Ruban formé par l'assemblage de fibres textiles qui alimente le métier à filer. **7.** Bout de ficelle attaché à la lanière d'un fouet. **8.** INSTR. MUS. Touffe de crins de cheval tendus entre les extrémités d'un archet et qui frotte les cordes. **9.** Outil rotatif en acier servant à percer des trous. **10.** Axe du gouvernail d'un navire.

2. MÈCHE n.f. (ital. *mezzo,* moyen). **1.** *Fam. Être de mèche avec qqn,* être son complice. **2.** *Arg. Y a pas mèche :* il n'y a pas moyen, c'est impossible.

MÉCHER v.t. [11]. Procéder au méchage d'une cuve à vin, d'un tonneau.

MÉCHOUI [meʃwi] n.m. (ar. *machwī*). Mouton ou agneau cuit en entier à la broche ; repas où l'on sert cet animal rôti. (Cuisine d'Afrique du Nord.)

MECHTA [meʃta] n.f. (ar. *machtā*). En Algérie et en Tunisie, hameau.

MÉCOMPTE n.m. *Sout.* Espérance trompée ; déception, désillusion. *Affaire n'apportant que des mécomptes.*

MÉCONDUIRE (SE) v.pr. [78]. Belgique. Se conduire mal.

MÉCONDUITE n.f. Belgique. Mauvaise conduite, débauche.

MÉCONIUM [mekɔnjɔm] n.m. (gr. *mêkônion,* suc de pavot). Matière contenue dans l'intestin du fœtus et expulsée après la naissance.

MÉCONNAISSABLE adj. Transformé au point d'être malaisé à reconnaître. *La maladie l'a rendu méconnaissable.*

MÉCONNAISSANCE n.f. *Sout.* Fait de méconnaître, d'ignorer.

MÉCONNAÎTRE v.t. [71]. *Sout.* Ne pas comprendre, ne pas voir les qualités de ; ne pas apprécier à sa juste valeur ; méjuger, mésestimer. *Méconnaître l'importance d'une découverte.*

MÉCONNU, E adj. et n. Qui n'est pas apprécié selon son mérite. *Une artiste méconnue.*

MÉCONTENT, E adj. et n. Qui n'est pas satisfait, qui éprouve du ressentiment.

MÉCONTENTEMENT n.m. Sentiment, état d'indignation de qqn, d'un groupe qui est mécontent.

MÉCONTENTER v.t. Rendre mécontent, exciter le mécontentement de.

MÉCOPTÈRE n.m. (gr. *mêkos,* longueur, et *pteron,* aile). Insecte portant deux paires d'ailes égales et dont la tête est prolongée vers le bas en un rostre, tel que la panorpe. (Les mécoptères forment un ordre.)

MÉCRÉANT, E n. (p. présent de l'anc. fr. *mescroire*). Vieilli. Personne irréligieuse, qui n'a pas de religion.

MÉDAILLE n.f. (ital. *medaglia*). **1.** Pièce de métal, génér. circulaire, portant un dessin, une inscription en relief, frappée en l'honneur d'une personne ou en souvenir d'un événement. (Les médailles sont d'une taille génér. un peu supérieure à celle des plus grandes monnaies.) ◇ ***Médailles commémoratives*** : décorations attribuées aux militaires ayant participé à certaines guerres (guerres mondiales, Indochine, etc.). **2.** Pièce de métal représentant un sujet de dévotion ou portée comme breloque. *Médaille de la Vierge. Médaille en or.* **3.** Pièce de métal donnée en prix dans certains concours, certaines épreuves sportives, en récompense d'actes de dévouement, etc. ◇ ***Médaille d'or, d'argent, de bronze*** : chacune des médailles attribuées aux trois premiers d'une épreuve olympique ou d'un championnat international ; titre correspondant ; athlète ayant obtenu ce titre. **4.** Petite pièce de métal portée comme plaque d'identité par les animaux.

MÉDAILLÉ, E adj. et n. Décoré d'une médaille ayant valeur de récompense.

MÉDAILLER v.t. Honorer, décorer qqn d'une médaille.

MÉDAILLEUR n.m. Artiste qui crée des médailles ; graveur en médailles.

MÉDAILLIER n.m. **1.** Collection de médailles. **2.** Meuble à tiroirs plats conçu pour abriter une telle collection.

MÉDAILLON n.m. (ital. *medaglione*). **1.** Médaille sans revers qui dépasse en poids et en taille les médailles ordinaires. **2.** Bijou de forme circulaire ou ovale, dans lequel on place un portrait, des cheveux, etc. **3.** Bas-relief ou autre élément décoratif circulaire ou ovale. **4.** Préparation culinaire de forme ronde ou ovale.

MEDAL PLAY [mɛdəlplɛ] n.m. [pl. *medal plays*] (angl. *medal,* médaille, et *play,* jeu). Au golf, compétition fondée sur le décompte des coups pour l'ensemble du parcours.

MÈDE adj. et n. De la Médie ; qui se rapporte aux Mèdes, appartenait à ce peuple. ◆ adj. Médique.

MÉDECIN n.m. (lat. *medicus*). Titulaire du diplôme de docteur en médecine ; personne qui exerce la médecine. ◇ ***Médecin de famille*** : généraliste qui suit à long terme plusieurs personnes d'une famille. – ***Médecin traitant,*** qui donne des soins au cours d'une maladie. – ***Médecin des armées*** : officier du corps des médecins militaires, depuis 1968.

MÉDECIN-CONSEIL n.m. (pl. *médecins-conseils*). Médecin attaché à un organisme (assurance maladie, compagnie d'assurances privée, etc.), chargé de donner un avis médical motivé sur les cas qui lui sont soumis.

MÉDECINE n.f. (lat. *medicina*). **1.** Ensemble des connaissances scientifiques et des moyens mis en œuvre pour la prévention, la guérison ou le soulagement des maladies, blessures ou infirmités. ◇ ***Médecine générale*** : médecine qui s'occupe de toutes les pathologies et de l'ensemble de l'organisme. **2.** Système médical particulier. *La médecine homéopathique.* **3. a.** ***Médecine légale*** : spécialité exercée par un médecin légiste chargé d'effectuer des expertises ou des constatations ayant pour objet d'aider la justice pénale ou civile dans la recherche de la vérité. **b.** ***Médecine sociale*** : ensemble des connaissances portant sur les conséquences médicales des lois et des phénomènes sociaux (législation sociale, médecine du travail, etc.). **c.** ***Médecine du travail*** : branche de la médecine dont le rôle est de prévenir et de surveiller les troubles ou les accidents dus à l'activité professionnelle. **4.** ***Médecine de ville,*** exercée en dehors de l'hôpital. **5.** Profession de médecin.

ENCYCL. Les professions médicales ont une activité autonome, contrairement aux professions paramédicales, tandis que les guérisseurs ont un statut variable selon les pays. La médecine curative soigne les maladies déjà manifestes, par opposition à la fois à la prévention, au dépistage et à la médecine exercée dans le cadre administratif. Par ailleurs, parallèlement à la consultation individuelle, l'épidémiologie et la santé publique s'intéressent aux facteurs collectifs.

MÉDECINE-BALL n.m. → **MEDICINE-BALL.**

MEDERSA n.f. inv. → **MADRASA.**

MÉDIA n.m. (de *mass media*). **1.** Tout support de diffusion de l'information (radio, télévision, presse imprimée, livre, ordinateur, vidéogramme, satellite de télécommunication, etc.) constituant à la fois un moyen d'expression et un intermédiaire transmettant un message à l'intention d'un groupe. (On trouve aussi *médium* ou *medium* au sing., et *media,* n.m. inv.) **2.** *Média de groupe* : organe d'information ou de communication dont les usagers ou les destinataires appartiennent à un même groupe, qu'il s'agisse d'une collectivité territoriale, d'un groupement autour d'un intérêt particulier ou d'une caractéristique commune (radio, télévision locale, par ex.). **3.** *Plan média* : recherche d'une combinaison de médias et de supports permettant d'atteindre par la publicité le maximum de consommateurs.

MÉDIALE n.f. (lat. *medialis,* milieu). STAT. Valeur centrale partageant un ensemble de données statistiques en deux groupes égaux.

MÉDIAN, E adj. (lat. *medius,* qui est au milieu). **1.** Qui se trouve au milieu. *Ligne médiane.* **2.** ANAT. *Nerf médian* : principal nerf de la flexion du membre supérieur, agissant sur l'avant-bras et la main. **3.** GÉOMÉTR. *Plan médian (d'un tétraèdre)* : plan passant par une arête et le milieu de l'arête opposée.

MÉDIANE n.f. **1.** GÉOMÉTR. Dans un triangle, droite passant par un sommet et par le milieu du côté opposé. **2.** STAT. Nombre répartissant les termes d'une série numérique, rangée par valeurs non décroissantes, en deux groupes de même fréquence.

MÉDIANTE n.f. (lat. *medians,* au milieu). MUS. Note située au troisième degré d'une gamme diatonique.

MÉDIAPLANNEUR n.m. PUBL. Personne chargée de concevoir et de mettre en application un plan *média.

MÉDIAPLANNING n.m. Choix et achat des supports en vue d'une campagne de publicité.

MÉDIASTIN n.m. (du lat. *mediastinus,* qui se tient au milieu). ANAT. Espace compris entre les deux poumons.

MÉDIAT, E adj. **1.** Qui n'a rapport, qui ne touche à une chose que par une autre ; qui est intermédiaire. *Juridiction médiate.* **2.** *Sout.* Qui se fait indirectement, qui passe par un intermédiaire. *Relation médiate.*

1. MÉDIATEUR, TRICE adj. (bas lat. *mediator,* de *mediare,* être au milieu). Qui sert d'intermédiaire, d'arbitre, de conciliateur. *Puissance médiatrice.* ◆ n. Personne qui effectue une médiation. *Le médiateur de la paix.* ◇ ***Médiateur de la République*** : autorité indépendante jouant en France le rôle d'intermédiaire entre les pouvoirs publics et les particuliers dans les conflits concernant le fonctionnement des services publics. – ***Médiateur européen*** : personne nommée par le Parlement européen et chargée de régler à l'amiable les litiges entre les particuliers européens et les institutions communautaires.

2. MÉDIATEUR, TRICE adj. GÉOMÉTR. *Plan médiateur (d'un segment de l'espace)* : plan perpendiculaire au segment en son milieu. ◆ n.m. *Médiateur chimique* : substance synthétisée et libérée par une cellule (neuromédiateur, cytokine, prostaglandine, etc.), intervenant dans un processus de l'organisme (conduction nerveuse, inflammation, etc.).

MÉDIATHÈQUE n.f. Organisme chargé de la conservation et de la mise à la disposition du public d'une collection de documents qui figurent sur des supports variés (bande magnétique, disque, film, papier, etc.).

MÉDIATION n.f. (bas lat. *mediatio*). **1.** Entremise destinée à amener un accord ; arbitrage. *Offrir sa médiation.* **2.** DR. Procédure de règlement des conflits qui consiste dans l'interposition d'une tierce personne (le médiateur) chargée de proposer une solution de conciliation aux parties en litige. **3.** PHILOS. Articulation entre deux êtres ou deux termes au sein d'un processus dialectique ou dans un raisonnement.

MÉDIATIQUE adj. **1.** Relatif aux médias. **2.** Rendu populaire grâce aux médias. *Une personnalité très médiatique.*

MÉDIATIQUEMENT adv. Du point de vue des médias ; par les médias.

MÉDIATISATION n.f. Action de médiatiser.

1. MÉDIATISER v.t. (de *média*). Faire passer, diffuser par les médias ; donner une grande publicité à.

2. MÉDIATISER v.t. (de *médiat*). **1.** *Didact.* Servir d'intermédiaire pour transmettre qqch. **2.** PHILOS. Instaurer une médiation.

MÉDIATOR n.m. (du lat. *mediator*). Lamelle rigide servant à toucher les cordes de certains instruments de musique (mandoline, balalaïka, banjo, guitare, etc.). SYN. : *plectre.*

MÉDIATRICE n.f. GÉOMÉTR. **1.** *Médiatrice (d'un segment du plan)* : droite perpendiculaire au segment en son milieu. **2.** *Médiatrice d'un triangle* : médiatrice d'un côté du triangle.

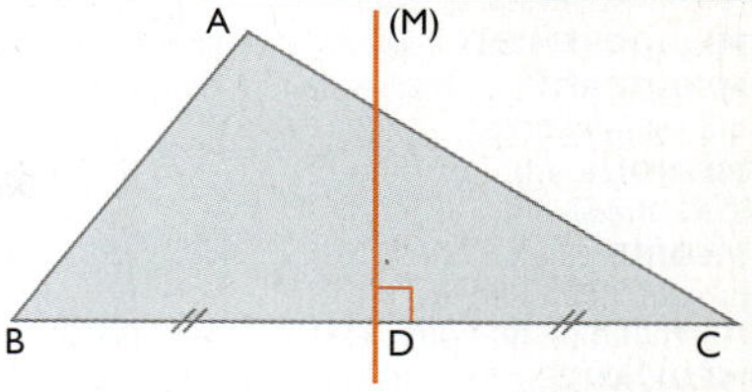

BD = DC

(M) : médiatrice du côté BC

■ **MÉDIATRICE** d'un triangle.

MÉDICAL, E, AUX adj. **1.** De la médecine ; des médecins. **2.** Qui relève de la médecine, en dehors de la chirurgie. *Traitement médical.* **3.** *Professions médicales,* celles des médecins, des chirurgiens-dentistes et des sages-femmes. **4.** *Visiteur, délégué médical* : représentant des laboratoires pharmaceutiques et des fabricants de matériel auprès des professions médicales et pharmaceutiques.

MÉDICALEMENT adv. Du point de vue de la médecine.

MÉDICALISATION n.f. Action de confier qqch aux soins des médecins, tout en développant les moyens nécessaires. *Médicalisation de la grossesse. Médicalisation d'une contrée isolée.*

MÉDICALISÉ, E adj. Qui fait l'objet d'une médicalisation.

MÉDICALISER v.t. Effectuer une médicalisation.

MÉDICAMENT n.m. (lat. *medicamentum*). Substance ou préparation administrée en vue de traiter ou de prévenir une maladie, ou de restaurer, corriger, modifier des fonctions organiques.

MÉDICAMENTEUX, EUSE adj. Relatif au médicament ; de la nature du médicament.

MÉDICASTRE n.m. (ital. *medicastro*). Vx. Mauvais médecin, charlatan.

MÉDICATION n.f. (lat. *medicatio*). Emploi thérapeutique d'un médicament.

MÉDICINAL, E, AUX adj. Qui a des propriétés thérapeutiques. *Une plante médicinale.*

MEDICINE-BALL [mɛdsinbol] ou **MÉDECINE-BALL** n.m. [pl. *medicine-balls, médecine-balls*] (angl. *medicine,* remède, et *ball,* ballon). Ballon plein et lourd, utilisé pour les exercices d'assouplissement et de musculation.

MÉDICINIER n.m. Arbuste à graines purgatives de l'Amérique du Sud, voisin du manioc, dont l'huile est utilisée en savonnerie. (Genre *Jatropha* ; famille des euphorbiacées.)

MÉDICO-LÉGAL, E, AUX adj. **1.** Relatif à la médecine légale. **2.** *Institut médico-légal* : établissement destiné à recevoir des cadavres, en partic. pour pratiquer certains examens demandés par les magistrats en vue de rechercher les causes de la mort. (C'est le nom, notamm., de la morgue de Paris.)

MÉDICO-PÉDAGOGIQUE adj. (pl. *médico-pédagogiques*). Se dit d'une institution pédagogique placée sous contrôle médical et accueillant des adolescents ayant des troubles psychologiques, pour les initier à la vie professionnelle.

MÉDICO-PSYCHOLOGIQUE adj. (pl. *médico-psychologiques*). Qui relève d'une thérapeutique tenant compte de l'organique et du psychique.

MÉDICO-SOCIAL, E, AUX adj. Relatif à la médecine sociale.

MÉDICO-SPORTIF, IVE adj. (pl. *médico-sportifs, ives*). Relatif à la médecine du sport.

MÉDIÉVAL, E, AUX adj. (du lat. *medium aevum,* moyen âge). Relatif au Moyen Âge.

MÉDIÉVISME n.m. Expression propre au Moyen Âge.

MÉDIÉVISTE n. Spécialiste du Moyen Âge.

MÉDINA n.f. (ar. *madīna*). Vieille ville, par oppos. à la ville neuve européenne, dans les pays d'Afrique du Nord, en partic. au Maroc et en Tunisie.

MÉDIOCRATIE [-si] n.f. Pouvoir exercé par des médiocres.

MÉDIOCRE adj. (lat. *mediocris,* qui tient le milieu). **1.** Qui est au-dessous de la moyenne ;

M

modique, insuffisant. *Revenus médiocres.* **2.** Qui a peu de capacités dans un domaine. *Élève médiocre en anglais.* **3.** Qui est sans éclat, sans intérêt ; quelconque. *Film médiocre.* ◆ adj. et n. Dont les qualités intellectuelles sont faibles ; dont l'esprit est mesquin, borné.

MÉDIOCREMENT adv. De façon médiocre.

MÉDIOCRITÉ n.f. État, caractère de qqn, de ce qui est médiocre.

MÉDIQUE adj. Relatif aux Mèdes, à la Médie. SYN. : *mède.*

MÉDIRE v.t. ind. **(de)** [83]. Tenir sur qqn des propos malveillants ; révéler ses défauts avec l'intention de lui nuire. *Médire de ses voisins.*

MÉDISANCE n.f. **1.** Action de médire, de dénigrer. **2.** (Souvent pl.) Propos de qqn qui médit. *Se répandre en médisances.*

MÉDISANT, E adj. et n. Qui médit. ◆ adj. Qui manifeste de la médisance. *Propos médisants.*

MÉDITATIF, IVE adj. et n. Qui manifeste du goût pour la méditation ; rêveur, pensif. *Air, esprit méditatif.*

MÉDITATION n.f. (lat. *meditatio*). **1.** Action de réfléchir, de penser profondément à un sujet, à la réalisation de qqch. *Cet ouvrage est le fruit de ses méditations.* **2.** Attitude qui consiste à s'absorber dans une réflexion profonde. **3.** Oraison mentale sur un sujet religieux ; application de l'esprit à un tel sujet.

M

MÉDITER v.t. (lat. *meditari,* **réfléchir**). **1.** Soumettre à une profonde réflexion. *Méditer une vérité. Méditez mon conseil.* **2.** Préparer par une longue réflexion. *Méditer un projet. Il médite de partir.* ◆ v.t. ind. **(sur)**. Se livrer à de profondes réflexions sur. *Méditer sur la fuite du temps.* ◆ v.i. S'absorber dans ses pensées, dans la méditation.

MÉDITERRANÉEN, ENNE adj. De la Méditerranée, des régions qui l'entourent. ◇ *Climat méditerranéen :* un des deux types de climat *subtropical, caractérisé par des étés chauds et secs, et des hivers génér. doux et pluvieux, typique de l'ouest des continents (Californie, par ex.) et des régions du pourtour méditerranéen. ◆ n. Originaire ou habitant des régions qui bordent la Méditerranée.

1. MÉDIUM [medjɔm] n.m. (lat. *medium,* milieu). **1.** MUS. Registre moyen d'une voix, d'un instrument. **2.** PEINT. Liant. **3.** MOBIL. Aggloméré de fines particules de bois, très compact, susceptible de coloration et de poli.

2. MÉDIUM [medjɔm] n. (de l'angl.). Personne susceptible de jouer les intermédiaires entre le monde des vivants et le monde des esprits, selon le spiritisme.

3. MÉDIUM n.m. → **MÉDIA.**

MÉDIUMNIQUE adj. Qui a trait à la médiumnité.

MÉDIUMNITÉ [medjɔmnite] n.f. Faculté que posséderaient les médiums de servir d'interprètes aux esprits.

MÉDIUS [medjys] n.m. (du lat. *digitus medius,* **doigt du milieu**). Doigt du milieu de la main ; majeur.

MÉDOC n.m. Vin rouge provenant de la région du Médoc, au nord de Bordeaux.

MÉDULLA n.f. (lat. *medulla,* moelle). Partie centrale de certains organes (par oppos. à *cortex*). SYN. : *médullaire.*

MÉDULLAIRE adj. (du lat. *medulla,* moelle). **1.** Relatif à la moelle épinière. **2.** Relatif à la moelle osseuse. ◇ *Canal médullaire :* canal axial des os longs, qui contient de la moelle osseuse. **3.** Relatif à la médulla. **4.** BOT. Relatif à la moelle d'une plante, d'un lichen. ◆ n.f. Médulla.

MÉDULLEUX, EUSE adj. BOT. Se dit d'une tige remplie de moelle.

MÉDULLOSURRÉNALE adj.f. et n.f. MÉD. Se dit de la partie centrale de la glande surrénale, sécrétant l'adrénaline et la noradrénaline.

MÉDUSE n.f. (de *Méduse,* n.pr.). Animal marin, représentant la forme nageuse et sexuée de nombreux cnidaires, fait d'une ombrelle contractile, transparente et d'aspect gélatineux, dont le bord porte des filaments urticants et la face inférieure la bouche et génér. les tentacules. (Dans certaines espèces, la larve est un polype fixé au fond marin ; embranchement des cnidaires.)

MÉDUSÉ, E adj. Qui manifeste un grand étonnement, de la stupeur. *En rester médusé. Un air médusé.*

MÉDUSER v.t. Frapper de stupeur ; stupéfier.

MEETING [mitiŋ] n.m. (mot angl., de *to meet,* **rencontrer**). **1.** Réunion publique organisée par un parti, un syndicat, etc., pour informer et débattre d'un sujet politique ou social. **2.** Réunion sportive. *Meeting aérien. Meeting d'athlétisme.*

MÉFAIT n.m. **1.** Action mauvaise, nuisible et, en partic., crime ou délit. *Commettre un méfait.* **2.** Résultat néfaste, effet nuisible de qqch. *Les méfaits du tabac.*

MÉFIANCE n.f. État d'esprit de qqn qui se tient sur ses gardes face à qqn d'autre ou à propos de qqch. *Éveiller la méfiance de qqn.*

MÉFIANT, E adj. et n. Qui manifeste de la méfiance.

MÉFIER (SE) v.pr. **(de)** [5]. **1.** Manquer de confiance, être soupçonneux. *Se méfier de qqn, de ses conseils.* **2.** Faire attention, se tenir sur ses gardes. *La rue est glissante : méfie-toi !*

MÉFORME n.f. Mauvaise condition physique d'un sportif.

MÉG- ou **MÉGA-** (gr. *megas,* grand). Préfixe (symb. M) qui placé devant une unité la multiplie par un million [10^6].

MÉGA n.m. (abrév.). *Cour.* Mégaoctet.

MÉGABIT n.m. INFORM. Unité de mesure (symb. Mbit ou Mb), équivalant à 2^{20} bits.

MÉGACARYOCYTE n.m. HISTOL. Cellule géante de la moelle osseuse, dont les fragments constituent les plaquettes sanguines.

MÉGACÉROS [-rɔs] n.m. (de *méga-* et gr. *keras,* **corne**). Grand cerf fossile du quaternaire de l'Eurasie dont la ramure atteignait 3 m d'envergure.

MÉGACÔLON n.m. MÉD. Dilatation importante et permanente d'un segment du côlon, parfois congénitale, accompagnée d'une constipation opiniâtre.

MÉGAFLOPS n.m. Unité de mesure de la puissance d'un système informatique qui correspond au traitement d'un million d'opérations en virgule flottante par seconde (symb. Mflops).

MÉGAHERTZ n.m. Un million de hertz (symb. MHz).

MÉGALÉRYTHÈME n.m. *Mégalérythème épidémique :* cinquième maladie.

MÉGALITHE n.m. (gr. *megas,* grand, et *lithos,* **pierre**). Monument érigé avec un seul ou plusieurs blocs de pierre assemblés (menhirs, dolmens, allées couvertes, cromlechs).

■ **MÉGALITHE.** Alignement de menhirs de Carnac.

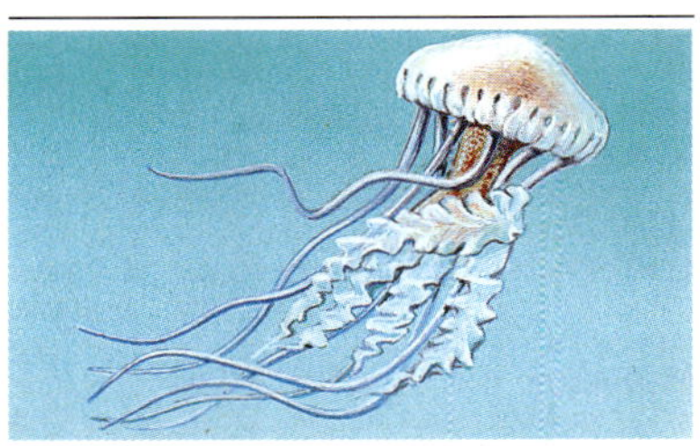

■ **MÉDUSE**

MÉGALITHIQUE adj. Fait de mégalithes ; relatif aux mégalithes.

MÉGALITHISME n.m. Coutume, usage de l'édification des mégalithes.

ENCYCL. En Europe occidentale, le phénomène mégalithique est caractérisé par la construction de grandes architectures de pierre, principalement funéraires et collectives. Il se développe du Vᵉ au IIIᵉ millénaire sur les rives de la Baltique, des îles Britanniques, de la Bretagne et de la Normandie au néolithique. Au chalcolithique et à l'âge du bronze, les sépultures deviennent individuelles.

MÉGALO adj. et n. (abrév.). *Fam.* Mégalomane ; mégalomaniaque.

MÉGALOMANE n. **1.** PSYCHIATR. Atteint de mégalomanie. **2.** *Cour.* Qui manifeste des idées de grandeur, un orgueil excessif. Abrév. *(fam.) : mégalo.*

MÉGALOMANIAQUE adj. Relatif à la mégalomanie. Abrév. *(fam.) : mégalo.*

MÉGALOMANIE n.f. (gr. *megas,* grand, et *mania,* folie). **1.** PSYCHIATR. Délire de grandeur au cours de divers troubles psychiatriques. SYN. *(cour.) : folie des grandeurs.* **2.** *Cour.* Surestimation par qqn de sa valeur physique ou intellectuelle, de sa puissance.

MÉGALOPOLE, MÉGALOPOLIS [-lis] ou **MÉGAPOLE** n.f. (gr. *megas, -alos,* grand, et *polis,* **ville**). Très grande agglomération urbaine ou ensemble de grandes villes voisines.

MÉGALOPTÈRE n.m. (gr. *megas, -alos,* grand, et *pteron,* aile). Insecte doté de quatre longues ailes membraneuses, à larve aquatique carnivore, tel que le sialis. (Les mégaloptères forment un ordre.)

MÉGAOCTET n.m. INFORM. Unité de mesure (symb. Mo), équivalant à 2^{20} octets.

MÉGAPHONE n.m. (gr. *megas,* grand, et *phonê,* **voix**). Appareil qui amplifie les sons de la voix ; porte-voix.

MÉGAPODE n.m. (gr. *megas,* grand, et *pous, podos,* **pied**). Oiseau terrestre d'Océanie, aux pattes très fortes, qui assure l'incubation de ses œufs en construisant au sol un nid gigantesque, exploitant la chaleur solaire, volcanique ou la fermentation de substances organiques, tel que le leipoa d'Australie.

MÉGAPOLE n.f. → **MÉGALOPOLE.**

MÉGAPTÈRE n.m. (gr. *megas,* grand, et *pteron,* **aile**). Cétacé à fanons, doté de longues nageoires, appelé cour. *baleine à bosse.* (Long. 15 m env. ; famille des balénoptéridés.) SYN. : *jubarte.*

MÉGARDE (PAR) loc. adv. (de l'anc. fr. *se mesgarder,* se mal garder). Par inadvertance, par erreur. *Par mégarde, j'ai pris cette clé au lieu de l'autre.*

MÉGARON [megarɔn] n.m. (gr. *megaron*). ANTIQ. GR. Grande salle rectangulaire, à foyer fixe central, qui caractérise le premier type d'habitation, en Crète, à Mycènes, etc.

MÉGATHÉRIUM [-rjɔm] n.m. (gr. *megas,* grand, et *thêrion,* bête). Grand mammifère fossile, voisin des actuels paresseux, des terrains tertiaires et quaternaires d'Amérique du Sud, qui atteignait 4,50 m de long. (Ordre des édentés.)

MÉGATONNE n.f. Unité servant à évaluer la puissance d'un explosif nucléaire, équivalent de l'énergie produite par l'explosion de un million de tonnes de trinitrotoluène (TNT).

MÉGÈRE n.f. (de *Mégère,* n.pr.). Femme acariâtre, emportée et méchante.

MÉGIR ou **MÉGISSER** v.t. (anc. fr. *mégier,* soigner). CUIRS. Tanner une peau à l'alun.

MÉGIS n.m. Bain de cendre, d'eau et d'alun qui était employé pour mégir les peaux.

MÉGISSERIE n.f. Industrie, commerce des peaux mégissées. – *Par ext.* Industrie de transformation des peaux de faibles dimensions par un mode quelconque de tannage.

MÉGISSIER n.m. **1.** Personne qui mégit les peaux. **2.** Tanneur de petites peaux.

MÉGOHM n.m. Un million d'ohms (symb. MΩ).

MÉGOT n.m. (p.-ê. du dial. *mégauder,* téter). Bout d'une cigarette ou d'un cigare que l'on a fini de fumer.

MÉGOTAGE n.m. *Fam.* Action de mégoter.

MÉGOTER v.i. *Fam.* Faire des économies sur de petites choses ; lésiner. *Il mégote sur tout.*

MÉHARÉE n.f. Voyage à dos de méhari.

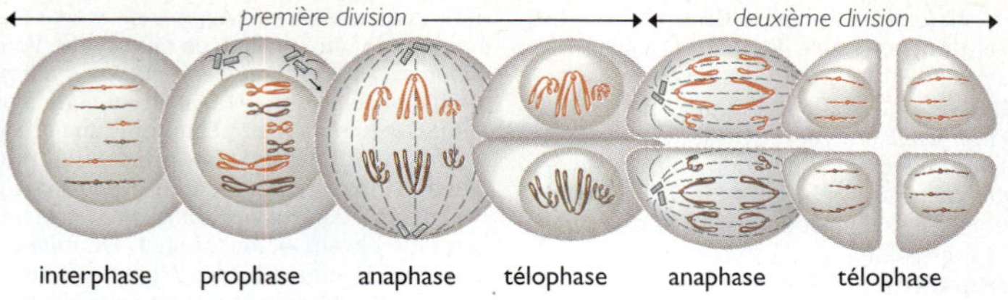

■ **MÉIOSE.** Les phases de la méiose.

MÉHARI n.m. [pl. *méharis* ou *méhara*] (ar. *mahārī*, pl. de *mahriyya*). Nom donné au dromadaire en Afrique du Nord et au Sahara.

MÉHARISTE n. Personne qui monte un méhari.

MEILLEUR, E adj. (lat. *melior*). **1.** Plus favorable, plus clément, plus généreux. *L'espoir d'un monde meilleur. Il est meilleur qu'il (n') en a l'air.* (Comparatif de supériorité de *bon.*) **2.** Qui atteint le plus haut degré de bonté, de qualité dans son domaine. *La meilleure des femmes. Que la meilleure gagne ! Les plats les meilleurs.* (Superlatif de *bon.*) **3.** *Fam. C'est la meilleure (de l'année) !*, l'histoire la plus incroyable, l'événement le plus étonnant. **4.** *Fam. J'en passe et des meilleures :* je ne vous raconte pas tout. ◆ n.m. *Le meilleur :* ce qui est excellent chez qqn ou dans qqch. *Donner le meilleur de soi-même.* – (Emploi critiqué). *Prendre le meilleur sur qqn :* prendre le dessus ; l'emporter sur. ◆ adv. *Il fait meilleur :* le temps s'est amélioré. *Il fait meilleur qu'hier.*

MÉIOSE n.f. (gr. *meiôsis*, décroissance). BIOL. CELL. Double division de la cellule aboutissant à la réduction de moitié du nombre des chromosomes, et qui se produit au moment de la formation des cellules reproductrices, ou gamètes. (À l'issue de la méiose, chaque cellule diploïde forme ainsi quatre gamètes haploïdes.)

MÉIOTIQUE adj. Relatif à la méiose.

MEITNÉRIUM [majtnɛrjɔm] n.m. (de Lise *Meitner*, n.pr.). Élément chimique artificiel (Mt), de numéro atomique 109.

MÉJUGER v.t. [10]. *Litt.* Porter un jugement défavorable ou erroné sur. ◆ v.t. ind. **(de).** *Litt.* Se tromper sur. *Méjuger de ses capacités.* ◆ **se méjuger** v.pr. *Litt.* Se sous-estimer.

MÉL n.m. (abrév. de *messagerie électronique*). Recomm. off. pour *e-mail.*

MELÆNA ou **MÉLÉNA** n.m. (du gr. *melaina*, noire). MÉD. Élimination par l'anus de sang noir due à la présence, dans l'intestin, de sang digéré.

MÉLAMINE n.f. CHIM. ORG. Composé ($C_3H_6N_6$) obtenu par polymérisation du cyanamide et employé pour la fabrication de résines synthétiques préparées par condensation avec le formaldéhyde ; les résines ainsi obtenues.

MÉLAMINÉ, E adj. et n.m. Se dit d'un support recouvert de mélamine.

MÉLAMPYRE n.m. (gr. *melas*, noir, et *puros*, grain). Plante herbacée à longues bractées bordées de crêtes dentées, qui parasite les racines de nombreuses plantes, notamm. des céréales. (Genre *Melampyrum ;* famille des scrofulariacées.)

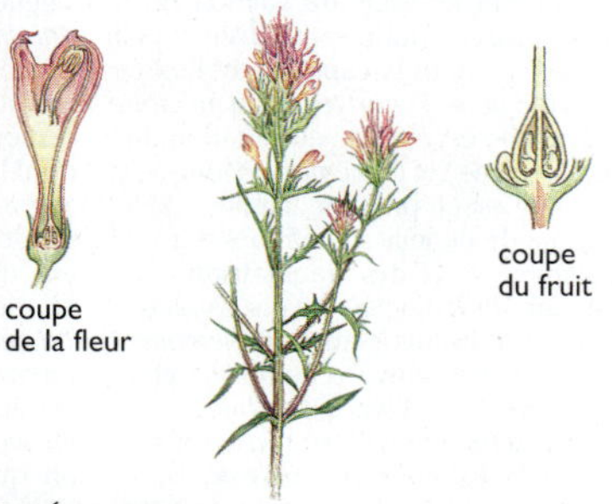

■ **MÉLAMPYRE**

MÉLANCOLIE n.f. (lat. *melancholia*, du gr. *melas, -anos*, noir, et *kholê*, bile). **1.** État de dépression, de tristesse vague, de dégoût de la vie. ◇ *Fam. Ne pas engendrer la mélancolie :* être très gai. **2.** Caractère de ce qui inspire cet état. *La mélancolie d'un paysage d'automne.* **3.** PSYCHIATR. Dépression intense caractérisée par un ralentissement psychomoteur, une tristesse avec douleur morale et idées de suicide, et constituant l'une des phases de la psychose maniaco-dépressive.

MÉLANCOLIQUE adj. et n. **1.** Qui manifeste de la mélancolie, une tristesse vague. **2.** PSYCHIATR. Atteint de mélancolie. ◆ adj. Qui provoque la mélancolie. *Paysage mélancolique.*

MÉLANCOLIQUEMENT adv. De façon mélancolique.

MÉLANÉSIEN, ENNE adj. et n. De la Mélanésie. ◆ n.m. Groupe de langues de la famille austronésienne parlées en Mélanésie.

MÉLANGE n.m. (de *mêler*). **1.** Action de mêler, de mettre ensemble des substances diverses. *Faire un mélange de couleurs.* – *Spécial.* Absorption, dans un temps relativement court, de boissons alcoolisées de nature différente. *Éviter les mélanges.* **2.** Substance obtenue en mêlant. **3.** Réunion de choses ou d'êtres de nature différente. *Style qui est un mélange d'ancien et de moderne.* ◇ *Sans mélange :* pur, parfait. *Bonheur sans mélange.* **4.** CHIM. Association de plusieurs corps sans réaction chimique. ◇ *Mélange détonant* → **détonant.** ◆ pl. **1.** Recueil de textes portant sur des sujets variés. *Mélanges littéraires.* **2.** Ouvrage composé d'articles divers, offert en hommage à un professeur par ses collègues et ses disciples.

MÉLANGÉ, E adj. Composé d'éléments différents. *Assistance très mélangée.*

MÉLANGER v.t. [10]. **1.** Mettre ensemble pour former un tout. *Mélanger des liquides.* **2.** Mettre en désordre. *Mélanger ses dossiers.* ◇ *Mélanger les cartes*, les battre. **3.** Mêler en un tout confus ; confondre. *Mélanger les dates.*

MÉLANGEUR n.m. **1.** Appareil servant à mélanger des substances gazeuses, pâteuses ou solides. **2.** Appareil de robinetterie à deux têtes et à un bec, permettant d'obtenir un mélange d'eau froide et d'eau chaude.

MÉLANINE n.f. (du gr. *melas, -anos*, noir). Pigment foncé, brun à noir, présent notamm. dans la peau, les phanères et l'iris.

MÉLANIQUE adj. **1.** Relatif à la mélanine ; qui en contient. *Pigment mélanique.* **2.** Relatif au mélanisme. *Mutation mélanique.*

MÉLANISME n.m. (du gr. *melas, -anos*, noir). Pigmentation noire de la peau et des phanères, apparaissant parfois chez certains animaux, provoquée par une production excessive de mélanine. (Le mélanisme est une mutation récessive.)

MÉLANOCYTE n.m. (du gr. *melas, -anos*, noir, et *kutos*, creux). Cellule de la peau de l'homme et des vertébrés assurant la synthèse de la mélanine.

MÉLANODERME adj. et n. (du gr. *melas, -anos*, noir, et *derma*, peau). Se dit de qqn dont la peau est de couleur noire.

MÉLANODERMIE n.f. MÉD. Coloration foncée de la peau, due à une surcharge en pigment, en partic. en mélanine.

MÉLANOME n.m. MÉD. Tumeur contenant un pigment ou développée à partir des mélanocytes et siégeant génér. sur la peau. ◇ Rare. *Mélanome bénin :* grain de beauté. SYN. : *lentigo, nævus pigmentaire commun.* – *Mélanome malin*, cancéreux. SYN. : *nævo-carcinome.*

MÉLANOSE n.f. (gr. *melanôsis*, tache). MÉD. Accumulation de pigment dans les tissus.

MÉLASSE n.f. (lat. *mellaceum*, vin cuit). **1.** Résidu sirupeux non cristallisable de la fabrication du sucre, utilisé notamm. pour l'alimentation du bétail. **2.** *Fam.* Mélange confus. ◇ *Fam. Être dans la mélasse*, dans une situation inextricable ou dans la misère. **3.** PHYS. *Mélasse optique :* assemblage de faisceaux laser servant à capturer et à refroidir des atomes.

MÉLATONINE n.f. Hormone sécrétée par l'épiphyse, qui intervient notamm. dans la régulation des rythmes biologiques.

MELBA adj. inv. (du n. d'une cantatrice). *Pêche, poire, fraises Melba*, pochées au sirop, servies sur une couche de glace à la vanille et nappées de crème Chantilly.

MELCHITE adj. et n. → **MELKITE.**

MELDOIS, E adj. et n. De Meaux.

MÊLÉ, E adj. Formé d'éléments divers, disparates. *Une société très mêlée.*

MÉLÉAGRINE n.f. (de *Méléagre*, n. myth.). Huître perlière. SYN. : *pintadine.*

MÊLÉ-CASSIS, MÊLÉ-CASS ou **MÊLÉ-CASSE** n.m. inv. *Fam.*, vieilli. Mélange d'eau-de-vie et de cassis. ◇ *Fam.*, vieilli. *Voix de mêlé-cass :* voix éraillée, rauque.

MÊLÉE n.f. **1.** Combat opiniâtre et confus où on lutte corps à corps. **2.** Rixe, bousculade entre un certain nombre de personnes ; bagarre. *Perdre ses lunettes dans la mêlée.* **3.** Lutte, conflit d'intérêts, de passions. *Être au-dessus de la mêlée politique.* **4.** SPORTS. Phase du jeu de rugby sanctionnant une faute, où les avants de chaque équipe se mettent face à face en s'arc-boutant et tentent de récupérer le ballon lancé sur le sol au milieu d'eux par le demi de mêlée (dans ce cas, la mêlée est dite *fermée* ou *ordonnée*) ; ensemble des joueurs qui participent à cette phase de jeu ; pack. ◇ *Mêlée ouverte :* mêlée que les avants forment spontanément. (À distinguer du *maul.*) [On dit aussi *mêlée spontanée*, en référence à la *mêlée ordonnée.*]

MÉLÉNA n.m. → **MELÆNA.**

MÊLER v.t. (bas lat. *misculare*). **1.** Mettre ensemble des choses diverses. *Mêler des couleurs, des odeurs. Mêler un peu d'eau avec du vin.* **2.** Mettre dans le plus grand désordre ; emmêler, embrouiller. *Il a mêlé toutes mes photos.* **3.** Faire participer qqn à une action ; impliquer. *Mêler qqn à une affaire.* ◆ **se mêler** v.pr. **1.** Se fondre, entrer dans un tout ; se mélanger, fusionner. *Les eaux des deux rivières se mêlent au confluent.* **2.** Se joindre à un groupe ; participer à une activité. *Se mêler à un cortège. Se mêler à la conversation.* **3.** Intervenir dans qqch, en partic. de manière inopportune. *Ne te mêle pas de ses affaires !*

MÊLE-TOUT n. inv. Région. (Nord) ; Belgique. Personne qui s'occupe de ce qui ne la regarde pas.

MÉLÈZE n.m. (mot dauphinois). Arbre des montagnes d'Europe, conifère à aiguilles caduques insérées par touffes. (Haut. 20 à 35 m ; genre *Larix*, famille des pinacées.)

■ **MÉLÈZE.** Mélèze d'Europe.

MELIA [melja] n.m. (mot gr., *frêne*). Arbre ornemental à longues grappes de fleurs odorantes, originaire d'Asie occidentale, souvent appelé *acajou de Ceylan.* (Famille des méliacées.) SYN. : *margousier.*

MÉLIACÉE n.f. Plante dicotylédone arborescente des régions chaudes, au bois très recherché en ébénisterie, telle que le melia et l'acajou. (Les méliacées forment une famille.)

MÉLILOT n.m. (du gr. *meli*, miel, et *lôtos*, lotus). Herbe fourragère aux petites fleurs odorantes

M

jaunes ou blanches, à feuilles trilobées, utilisée en parfumerie et en pharmacopée. (Genre *Melilotus ;* famille des papilionacées.)

MÉLI-MÉLO n.m. (pl. *mélis-mélos*). *Fam.* Mélange confus, désordonné.

MÉLINITE n.f. (du lat. *melinus,* couleur de coing). Explosif à base d'acide picrique.

MÉLIORATIF, IVE adj. et n.m. (du lat. *melior,* meilleur). LING. Se dit d'un terme qui présente sous un aspect favorable l'idée ou l'objet désignés (par oppos. à *péjoratif*). *Adjectifs mélioratifs.*

MÉLISSE n.f. (gr. *melissa,* abeille). Plante mellifère aromatique des régions méditerranéennes et d'Asie occidentale, antispasmodique et stomachique. (Genre *Melissa ;* famille des labiées.) SYN. : *citronnelle.* ◇ *Mélisse des bois :* mélitte.

MÉLITOCOCCIE [-ksi] n.f. (du lat. *Melita,* Malte). MÉD. Brucellose.

MÉLITTE n.f. (lat. sc. *melittis*). Plante mellifère vivace, à grosses fleurs roses ou blanches, appelée aussi *mélisse des bois.* (Famille des labiées.)

MELKITE ou **MELCHITE** [mɛlkit] adj. et n. (syriaque *melech,* roi). **1.** Se dit des fidèles orthodoxes ou catholiques d'un des patriarcats melkites. **2.** *Patriarcats melkites :* patriarcats orthodoxes d'Alexandrie, d'Antioche et de Jérusalem. (Ils se séparèrent de Rome en 1054, mais il existe, depuis 1724, un patriarcat melkite catholique qui a autorité sur l'Orient.)

MELLAH n.m. (ar. *mallāḥ,* saloir). Anc. Quartier juif, dans les villes marocaines.

MELLIFÈRE adj. (du lat. *mel, mellis,* miel, et *ferre,* porter). **1.** Se dit d'un insecte qui produit du miel. SYN. : *mellifique.* **2.** Se dit d'une plante qui produit un suc avec lequel les abeilles font le miel.

MELLIFICATION n.f. Élaboration du miel par les abeilles.

MELLIFIQUE adj. Mellifère.

MELLIFLU, E ou **MELLIFLUE** (selon l'Académie) adj. *Litt.* Qui a la douceur, la suavité du miel.

MÉLO n.m. (abrév.). *Fam.* Mélodrame.

MÉLODIE n.f. (gr. *melôdia*). **1.** Suite de sons formant un air. **2.** Poème chanté avec accompagnement, dans la musique française. (G. Fauré, C. Debussy, M. Ravel ont composé des mélodies.) **3.** Suite harmonieuse de mots, de phrases, etc., propre à charmer l'oreille. *La mélodie d'un vers.*

MÉLODIEUSEMENT adv. De façon mélodieuse.

MÉLODIEUX, EUSE adj. Dont la sonorité est agréable à l'oreille ; harmonieux.

MÉLODIQUE adj. Relatif à la mélodie.

MÉLODISTE n. Musicien qui compose des mélodies.

MÉLODRAMATIQUE adj. **1.** Qui relève du mélodrame. *Genre mélodramatique.* **2.** Qui évoque le mélodrame par son emphase, son exagération. *Ton mélodramatique.*

MÉLODRAME n.m. (gr. *melos,* cadence, et *drama,* action théâtrale). **1.** ANTIQ. GR. Dialogue de tragédie chanté entre le coryphée et un personnage. **2.** Au XVIe s., drame dans lequel une musique instrumentale alterne avec le dialogue des personnages. **3.** Drame populaire, né à la fin du XVIIIe s., où sont accumulées des situations pathétiques et des coups de théâtre. Abrév. *(fam.) : mélo.*

MÉLOÉ n.m. (lat. sc. *meloe*). Insecte coléoptère vésicant, noir ou bleu, à reflets métalliques, dépourvu d'ailes membraneuses et aux élytres très courts. (Famille des méloïdés.)

MÉLOMANE n. et adj. Amateur de musique, partic. de musique classique.

MELON n.m. (lat. *melo, -onis*). **1.** Plante annuelle rampante, cultivée pour ses fruits, demandant de la chaleur et de la lumière. (Nom sc. *Cucumis melo ;* famille des cucurbitacées.) **2.** Fruit de cette plante, arrondi ou ovoïde, vert, jaune ou brun clair, à chair orangée ou vert clair, sucrée et parfumée. **3.** *Melon d'eau :* pastèque. **4.** *Chapeau melon,* ou *melon :* chapeau rond et bombé à bords étroits, ourlés sur les côtés. **5.** Renflement plus ou moins volumineux du front, chez certains mammifères cétacés (dauphin, globicéphale).

MÉLONGÈNE ou **MÉLONGINE** n.f. (mot dial.). Vx. Aubergine.

MELONNIÈRE n.f. Terrain, serre où l'on cultive le melon.

MÉLOPÉE n.f. (gr. *melopœia*). **1.** ANTIQ. Chant rythmé qui accompagnait la déclamation. **2.** Chant monotone et triste.

MÉLOPHAGE n.m. (du gr. *mêlon,* brebis, et *phagein,* manger). Mouche aptère, parasite des moutons dont elle suce le sang. (Genre *Melophagus ;* famille des hippoboscidés.)

MELTING-POT [mɛltiŋpɔt] n.m. [pl. *melting-pots*] (mot angl., *creuset*). **1.** HIST. Brassage et assimilation d'éléments démographiques divers, en partic. aux États-Unis, au XIXe s. **2.** Endroit où se rencontrent des personnes d'origines variées, des idées différentes.

MEMBRANAIRE adj. Relatif à une membrane.

MEMBRANE n.f. (lat. *membrana,* peau qui recouvre les membres). **1.** Enveloppe souple entourant un organe, une cellule *(membrane plasmique),* un organite cellulaire. ◇ *Fausse membrane :* enduit blanchâtre se formant sur les muqueuses, en partic. au cours de l'angine diphtérique. **2.** Chacune des trois enveloppes fermant en bas la cavité amniotique, et se rompant à l'accouchement. **3.** Pièce d'une mince couche de matière souple et génér. élastique. ◇ *Membrane vibrante :* dans un haut-parleur, membrane qui engendre des ondes sonores en vibrant sous l'impulsion d'un dispositif électromagnétique, électrostatique, etc. ; dans un instrument de musique, membrane qui vibre, notamm. sous l'effet d'une percussion (tambours), de la vibration d'une corde (banjo), d'une colonne d'air (mirliton). **4.** CHIM. Mince paroi d'une substance poreuse que l'on interpose entre deux milieux et qui permet d'éliminer ou de concentrer certains constituants par osmose, dialyse, filtration, etc. ◇ *Membrane semi-perméable,* qui permet le passage de certaines substances et en arrête d'autres.

MEMBRANEUX, EUSE adj. De la nature des membranes ; contenant une ou des membranes.

MEMBRE n.m. (lat. *membrum*). **1.** Appendice attaché par paires sur le tronc de l'homme et des vertébrés tétrapodes, servant à la locomotion et à la préhension. *Membres inférieurs et membres supérieurs.* ◇ *Membre viril :* pénis. **2.** Personne, groupe faisant partie d'un ensemble, d'une association, etc. *Les membres d'un club.* ◇ (En appos.) *Pays, État membre :* pays faisant partie d'une communauté internationale ; État faisant partie d'une fédération. **3.** ARCHIT. Élément structurel, ou ensemble de moulures. **4.** ALGÈBRE. Dans une égalité ou une inégalité, chacun des deux termes figurant de part et d'autre du signe. **5.** LING. Partie d'un constituant ou constituant d'une unité de rang supérieur. *Membre de phrase.*

MEMBRÉ, E adj. **1.** *Litt. Bien, mal membré :* qui a les membres vigoureux, faibles. **2.** *Fam. Bien membré :* se dit d'un homme dont le sexe est partic. développé.

MEMBRON n.m. CONSTR. Baguette en plomb ou en zinc protégeant la ligne de brisis d'un toit mansardé.

MEMBRU, E adj. *Litt.* Qui a de gros membres.

MEMBRURE n.f. **1.** Ensemble des membres du corps humain. **2.** CONSTR. Forte pièce en bois ou en métal, servant de point d'appui à une charpente ou à un assemblage de pièces ajustées. **3.** Couple, en construction navale.

MÊME adj. (lat. pop. *metipsimus,* de *egomet ipse,* moi-même). **1.** (Avant le n.) Marque la similitude, l'identité totale. *Avoir les mêmes goûts.* **2.** (Après le n.) Marque une insistance ; souligne une précision. *Ces plantes mêmes. Être la bonté même. Les plus grands maîtres eux-mêmes.* ◇ *De soi-même :* spontanément. ◆ adv. **1.** Marque un renforcement. *Aujourd'hui même.* **2.** Marque un renchérissement, une gradation. *Je vous dirai même que... Même moi je n'ai pas su répondre.* ◇ *À même :* directement. *Dormir à même le sol.* – *De même :* de la même manière. *Agissez de même !* – *Être à même de :* être en état, en mesure de. *Vous êtes à même de vous renseigner.* – *Mettre à même de :* mettre en état de. – (Emploi critiqué). *Tout de même, quand même :* néanmoins, malgré tout. *Il a réussi tout de même.* ◆ pron. indéf. Indique l'identité, la ressemblance. *Je connais ce disque, j'ai le même.* ◇ *Revenir au même :* être au fond la même chose. ◆ loc. conj. **1.** *De même que :* ainsi que, comme. **2.** *Fam. Même que :* au point que. – REM. *Même* est adj. et variable quand il précède le substantif *(commettre cent fois les mêmes fautes) ;* lorsqu'il suit un pronom personnel auquel il est joint par un trait d'union *(eux-mêmes). Même* est adv. et inv. quand il modifie un adj., un verbe, etc. *(même eux étaient malades ; ils sont réservés et même timides ; ces murs même ont des oreilles).*

■ **MELON**

MÉMÉ n.f. **1.** Grand-mère, dans le langage enfantin. **2.** *Fam., péjor.* Femme d'un certain âge, installée dans sa vie domestique, familiale.

MÊMEMENT adv. Vx. De même.

MÉMENTO [memɛ̃to] n.m. (du lat. *memento,* souviens-toi). **1.** Agenda, carnet où l'on inscrit ce dont on veut se souvenir. **2.** Livre où est résumé l'essentiel d'une question. *Mémento d'histoire.* **3.** CATH. Prière du canon de la messe commençant par ce mot.

MÉMÈRE n.f. **1.** Grand-mère, dans le langage enfantin. **2.** *Fam.* Femme d'un certain âge et, le plus souvent, de forte corpulence. **3.** Québec. *Fam.* Personne bavarde, indiscrète ; commère.

MÉMÉRER v.i. [11]. Québec. *Fam.* Bavarder, faire des commérages.

1. MÉMOIRE n.f. (lat. *memoria*). **1.** Activité biologique et psychique qui permet d'emmagasiner, de conserver et de restituer des informations. ◇ *De mémoire :* en s'aidant seulement de la mémoire. – *De mémoire d'homme :* du plus loin qu'on se souvienne. – *Pour mémoire :* à titre de rappel. **2.** Aptitude à se souvenir. *Avoir bonne, mauvaise mémoire.* **3.** L'esprit, en tant que siège des souvenirs. *Chercher, fouiller dans sa mémoire.* **4.** Souvenir qu'on garde de qqn, de qqch ; ce qui reste ou restera dans l'esprit des hommes. *Dictateur de sinistre mémoire.* ◇ *Mémoire collective :* ensemble des souvenirs spécifiques d'une communauté, d'une nation. – *À la mémoire de :* en l'honneur d'un mort, d'un événement passé. – *Lieu de mémoire :* site (monument, musée, vestiges industriels, etc.), œuvre, objet aptes à symboliser l'appartenance d'une collectivité à son passé, son patrimoine. **5.** INFORM. Organe d'un ordinateur qui permet l'enregistrement, la conservation et la restitution des données. ◇ *Mémoire cache :* mémoire de faible capacité et de temps d'accès très court disposée entre l'unité centrale et d'autres supports de mémoire, afin d'accélérer certaines opérations dans un ordinateur. (On dit aussi *un cache.*) – *Mémoire de masse :* mémoire externe de grande capacité. – *Mémoire morte (ROM) :* mémoire non volatile dont le contenu n'est accessible qu'en lecture et ne peut être modifié par l'utilisateur. – *Mémoire vive (RAM) :* mémoire volatile, dont le contenu peut être lu ou modifié au gré de l'utilisateur.

ENCYCL. La mémoire humaine est multiforme. Les différences de capacité de rétention des individus, selon que les informations à mémoriser concernent le cours de l'action ou des événements passés, conduisent à distinguer la *mémoire immédiate,* dont la capacité est limitée (appelée aussi *mémoire à court terme* ou *mémoire de travail* quand elle est étudiée en situation de résolution de problème) et la *mémoire à long terme,* dont la capacité est en principe illimitée. Afin de rendre compte de déficits spécifiques dus à l'âge, à des maladies ou à des traumatismes affectant de manière différenciée divers aspects de la mémoire, on distingue aussi la *mémoire épisodique* (qui concerne les événements) et la *mémoire sémantique* (relative à des faits, à des connaissances générales), ainsi que la *mémoire déclarative* et la *mémoire procédurale,* opposition qui reprend la distinction classique entre savoir et savoir-faire.

2. MÉMOIRE n.m. **1.** Écrit sommaire exposant des faits, des idées. **2.** Exposé scientifique ou littéraire en vue d'un examen, d'une communication dans une société savante. **3.** Relevé des sommes dues à un fournisseur. **4.** DR. Acte de procédure contenant les prétentions et arguments des parties, devant certaines juridictions.

◆ pl. (Avec une majuscule.) Relation écrite des événements marquants d'une période par qqn qui en a été le témoin ou un des acteurs. *Les Mémoires de Saint-Simon.*

MÉMORABLE adj. Digne d'être conservé dans la mémoire.

MÉMORANDUM [memɔrɑ̃dɔm] n.m. (lat. *memorandum,* qu'on doit se rappeler). **1.** DR. INTERN. Note diplomatique contenant l'exposé sommaire de l'état d'une question. **2.** Note de service adressée à une ou plusieurs personnes pour leur rappeler, leur notifier qqch. Abrév. *(fam.)* : *mémo.*

MÉMORIAL n.m. (pl. *mémoriaux*). **1.** (Avec une majuscule.) Ouvrage dans lequel sont consignés des faits mémorables. **2.** Monument ou musée commémoratif. **3.** Mémoire servant à l'instruction d'une affaire diplomatique.

MÉMORIALISTE n. Auteur de Mémoires historiques ou littéraires.

MÉMORIEL, ELLE adj. Relatif à la mémoire.

MÉMORISABLE adj. Qui peut être mémorisé.

MÉMORISATION n.f. Action de mémoriser.

MÉMORISER v.t. **1.** Fixer dans sa mémoire. **2.** INFORM. Conserver une information dans une mémoire.

MENAÇANT, E adj. Qui exprime une menace ; qui laisse prévoir une menace, un danger. *Geste menaçant. Temps menaçant.*

MENACE n.f. (lat. pop. *minacia,* de *minae,* menaces). **1.** Parole, geste, acte par lesquels on exprime la volonté qu'on a de faire du mal à qqn, par lesquels on manifeste sa colère. *Proférer des menaces de mort.* **2.** Signe, indice qui laisse prévoir un danger. *Menace de pluie, de guerre.*

MENACÉ, E adj. En danger.

MENACER v.t. [9]. **1.** Chercher à intimider par des menaces. *Menacer qqn de mort. Menacer de sévir.* **2.** Constituer un danger, un sujet de crainte pour. *Une crise nous menace.* **3.** Laisser craindre ; risquer de. *La neige menace de tomber.* – Absol. Être à craindre. *L'orage menace.* ◇ *Menacer ruine :* être dans un état de délabrement qui laisse craindre un prochain écroulement.

MÉNADE n.f. (gr. *mainas, -ados,* de *mainesthai,* être fou). ANTIQ. GR. Bacchante adonnée aux transes sacrées. SYN. : *thyiade.*

MÉNAGE n.m. (lat. *mansio,* demeure). **1.** Homme et femme vivant ensemble et formant la base de la famille. *Un ménage avec deux enfants.* ◇ *Scène de ménage :* violente querelle entre époux. – *Se mettre en ménage :* se marier ou vivre maritalement. – *Faire bon, mauvais ménage :* s'accorder bien, mal. **2.** ÉCON. Unité élémentaire de population (couple, personne seule, communauté) résidant dans un même logement, envisagée dans sa fonction économique de consommation. *Les dépenses des ménages.* **3.** Ensemble de ce qui concerne la vie domestique, l'organisation matérielle du foyer. *Subvenir aux frais du ménage.* ◇ *Monter son ménage :* acheter le nécessaire à la vie domestique. **4.** Ensemble de ce qui concerne l'entretien, la propreté d'un intérieur. ◇ *Faire le ménage :* ranger et nettoyer un local ; *fig.,* réorganiser qqch en se débarrassant de ce qui est inutile ou gênant ; mettre de l'ordre dans qqch. – *Faire des ménages :* assurer contre rémunération les travaux ménagers. – *Femme* ou *homme de ménage :* personne qui fait des ménages chez un particulier, dans une entreprise, etc.

MÉNAGÉ, E adj. CHIM. *Oxydation ménagée :* oxydation au cours de laquelle les conditions de réaction sont soigneusement contrôlées de façon à éviter la formation de produits non souhaités.

MÉNAGEMENT n.m. Attitude destinée à ménager qqn ; précaution, égard.

1. MÉNAGER v.t. [10] (de *ménage*). **1.** Employer avec économie, avec mesure ; épargner, économiser. *Ménager son revenu. Ménager ses forces.* ◇ *Ménager ses paroles :* parler peu. – *Ne pas ménager ses expressions :* parler brutalement ou crûment. **2.** Traiter avec égards, avec respect, pour ne pas déplaire, indisposer ou fatiguer. *Ménagez-le, il sort de maladie. Ménager un adversaire.* ◇ *Ménager les oreilles de qqn,* éviter de le choquer ou de le blesser. **3.** *Ménager une ouverture, un passage,* les pratiquer, les créer. **4.** Préparer avec soin ou avec prudence. *Ménager une surprise. Ménager une porte de sortie.* ◆ **se ménager** v.pr. **1.** Économiser ses forces, prendre soin de sa santé. **2.** Se réserver qqch, s'arranger pour en disposer. *Se ménager quelques heures de repos.*

2. MÉNAGER, ÈRE adj. Relatif aux soins du ménage. *Occupations ménagères.* ◇ *Équipement ménager :* ensemble des appareils domestiques destinés à faciliter les tâches ménagères.

MÉNAGÈRE n.f. **1.** Femme qui a soin du ménage, qui s'occupe de l'administration du foyer. **2.** Service de couverts de table (cuillères, fourchettes, etc.) dans leur coffret.

MÉNAGERIE n.f. (de *ménage*). **1.** Collection d'animaux de toutes espèces, entretenus pour l'étude ou pour la présentation au public. **2.** Lieu où l'on entretient ces animaux.

MENCHEVIQUE ou **MENCHEVIK** [mɛnʃevik] adj. et n. (mot russe). HIST. De la fraction minoritaire du Parti ouvrier social-démocrate russe qui s'opposa, à partir de 1903, aux bolcheviques et que ceux-ci éliminèrent après octobre 1917.

MENDEL [mɛ̃dɛl] **(LOIS DE)** [de G. *Mendel,* n.pr.]. Ensemble des règles décrivant la transmission des caractères héréditaires dans les cas les plus simples, et constituant la base de la génétique.

MENDÉLÉVIUM [mɛ̃delevjɔm] n.m. (de *Mendeleïev,* chimiste russe). Élément chimique transuranien (Md), de numéro atomique 101, obtenu artificiellement à partir de l'einsteinium.

MENDÉLIEN, ENNE [mɛ̃deljɛ̃, ɛn] adj. Relatif aux lois de Mendel ; qui obéit à ces lois.

MENDIANT, E n. **1.** Personne qui mendie. **2.** *Les quatre mendiants,* ou *mendiant,* n.m. : dessert composé de quatre fruits secs : figues, raisins secs, amandes, noisettes (par allusion à la couleur de l'habit des quatre ordres mendiants principaux). ◆ adj. *Ordres mendiants :* ordres religieux fondés à partir du XIIIe s., auxquels leur règle impose la pauvreté. (Les quatre ordres les plus anciens et les plus importants sont les carmes, les franciscains, les dominicains et les augustins. Le concile de Trente a autorisé les ordres mendiants à acquérir des revenus, au lieu de vivre seulement de la bienfaisance des fidèles.)

MENDICITÉ n.f. (lat. *mendicitas*). **1.** Action de mendier. **2.** Condition de celui qui mendie. *Être réduit à la mendicité.*

MENDIER v.i. [5] (lat. *mendicare*). Demander l'aumône, la charité. ◆ v.t. **1.** Demander comme une aumône. *Mendier du pain.* **2.** Solliciter humblement ou avec insistance. *Mendier des éloges.*

MENDIGOT, E n. *Fam.,* vx. Mendiant.

MENDIGOTER v.t. et v.i. *Fam.,* vx. Mendier.

MENDOLE n.f. (anc. provenç. *amendolle*). Poisson osseux des côtes méditerranéennes et de l'Atlantique nord, gris argenté avec des raies brunes, à chair peu estimée. (Long. 20 cm ; genre *Spicara,* famille des maenidés.)

MENEAU n.m. (du bas lat. *medianus,* qui est au milieu). ARCHIT. Montant fixe divisant une fenêtre en compartiments, notamm. dans l'architecture du Moyen Âge et de la Renaissance. (Il peut être recoupé par un ou plusieurs croisillons.)

MENÉE n.f. **1.** VÉNER. Voie d'un cerf qui fuit. **2.** Région. ou Suisse. Congère.

MENÉES n.f. pl. Manœuvres secrètes et malveillantes pour faire réussir un projet ; machination.

MENER v.t. [12] (lat. *minari,* menacer). **1.** Faire aller avec soi ; conduire quelque part ; accompagner, emmener. *Mener des enfants à l'école.* **2.** Transporter à telle destination ; conduire. *Le taxi vous mènera à la gare.* ◇ *Mener qqn en bateau* → **bateau. 3.** Permettre d'accéder à un lieu. *Ce chemin mène à la plage.* – *Fig.* Faire accéder à, guider, diriger vers. *Indices qui mènent au coupable.* ◇ *Mener loin :* avoir de graves conséquences pour qqn. **4.** Conduire fermement, avec autorité ; être en tête de ; diriger, commander. *Mener les troupes au combat. Mener la marche. Mener une entreprise.* ◇ *Mener la vie dure à qqn,* lui rendre la vie pénible, en partic. en exerçant sur lui une autorité brutale. **5.** Exercer un rôle directeur dans un domaine ; assurer le déroulement de. *Mener les débats. Mener une enquête. Bien mener ses affaires.* ◇ *Mener une vie... :* vivre de telle ou telle façon. *Mener une vie agréable.* – *Mener qqch à bien,* le faire réussir. **6.** GÉOMÉTR. Tracer. *Mener une circonférence par trois points.* ◆ v.t. et v.i. SPORTS. **1.** Avoir l'avantage sur un adversaire. *Mener par deux buts à zéro.* **2.** Être en tête d'une course.

MÉNESTREL n.m. (lat. *ministerium,* service). Au Moyen Âge, musicien de basse condition qui récitait ou chantait des vers en s'accompagnant d'un instrument de musique.

MÉNÉTRIER n.m. (de *ménestrel*). Anc. Dans les campagnes, homme qui jouait d'un instrument de musique pour faire danser.

MENEUR, EUSE n. **1.** Personne qui, par son ascendant et son autorité, dirige un mouvement, notamm. populaire ou insurrectionnel. ◇ *Meneur d'hommes :* personne qui sait par son autorité entraîner les autres à sa suite. **2.** *Meneur de jeu.* **a.** Animateur d'un jeu, d'un spectacle. **b.** SPORTS. Joueur qui anime une équipe, qui conduit ses évolutions.

MENHIR [menir] n.m. (breton *men,* pierre, et *hir,* longue). Monument mégalithique constitué d'un seul bloc de pierre vertical. SYN. : *pierre levée.*

MENIN, E [me-] n. (esp. *menino*). HIST. En Espagne, jeune homme, jeune fille attachés à la personne des enfants royaux.

MÉNINGE n.f. (lat. *meninga,* gr. *mênigx*). Chacune des trois membranes (pie-mère, arachnoïde, dure-mère) entourant l'encéphale et la moelle épinière. ◆ pl. *Fam.* Cerveau, esprit. *Se fatiguer les méninges.*

MÉNINGÉ, E adj. Relatif aux méninges. ◇ *Syndrome méningé :* ensemble des troubles provoqués par une irritation des méninges, quelle qu'en soit la cause.

MÉNINGIOME n.m. MÉD. Tumeur bénigne des méninges, développée à partir de l'arachnoïde.

MÉNINGITE n.f. Inflammation des méninges, en partic. d'origine infectieuse, se traduisant par de la fièvre, une raideur de la nuque, des maux de tête et des vomissements.

MÉNINGITIQUE adj. Relatif à la méningite.

MÉNINGOCOQUE n.m. MÉD. Bactérie responsable de méningites.

MÉNINGO-ENCÉPHALITE n.f. (pl. *méningo-encéphalites*). MÉD. Inflammation simultanée de l'encéphale et des méninges.

MÉNISCAL, E, AUX adj. MÉD. Relatif à un ménisque.

MÉNISCOGRAPHIE n.f. Radiographie du ménisque du genou après injection d'un produit opaque aux rayons X dans l'articulation.

MÉNISQUE n.m. (gr. *mêniskos,* petite lune). **1.** Lentille de verre convexe d'un côté et concave de l'autre. *Ménisque convergent, divergent.* **2.** Surface incurvée qui forme l'extrémité supérieure d'une colonne de liquide contenue dans un tube. **3.** ANAT. Lame de cartilage située entre deux os, dans certaines articulations comme celle du genou.

MENNONITE n. Membre d'une branche issue de l'anabaptisme, fondée par le réformateur néerlandais Menno Simonsz (1496 - 1561), surtout implantée en Amérique (amish de Pennsylvanie).

MÉNOLOGE n.m. (gr. *mên, mênos,* mois, et *logos,* discours). Livre liturgique de l'Église grecque, correspondant au martyrologe latin.

MÉNOPAUSE n.f. (gr. *mên, mênos,* mois, et *pausis,* cessation). **1.** Cessation de l'activité des ovaires chez la femme, vers 50 ans, caractérisée notamm. par l'arrêt définitif de la menstruation ; époque où elle se produit. **2.** *Par ext.* Arrêt définitif de l'activité des ovaires à la suite d'une maladie ou d'une ablation chirurgicale.

MÉNOPAUSÉE adj.f. Se dit d'une femme dont la ménopause est accomplie.

MÉNOPAUSIQUE adj. Relatif à la ménopause.

MENORA [menora] n.f. (mot hébr.). Chandelier à sept branches, un des principaux objets du culte hébraïque.

MÉNORRAGIE n.f. MÉD. Augmentation de l'abondance ou de la durée des règles.

MENOTTE n.f. (dimin. de *main*). *Fam.* Petite main ; main d'enfant. ◆ pl. Bracelets métalliques avec lesquels on attache les poignets des prisonniers.

MENOTTER v.t. (de *menottes*). Passer les menottes à.

MENSE [mɑ̃s] n.f. (lat. *mensa,* table). HIST. Part des biens fonciers d'un évêché ou d'un monastère affectée, à l'époque carolingienne, à l'usage personnel des évêques, des abbés, des chanoines ou des moines.

MENSONGE n.m. (lat. pop. *mentionica,* de *mentiri,* mentir). **1.** Action de mentir, d'altérer la vérité. **2.** Affirmation contraire à la vérité.

M

MENSONGER, ÈRE adj. Fondé sur un mensonge ; faux, trompeur. *Promesse mensongère.*
MENSONGÈREMENT adv. De façon mensongère.
MENSTRUATION n.f. (de *menstrues*). Phénomène physiologique caractérisé par un écoulement sanguin périodique (règles) dû à l'élimination de la muqueuse utérine, se produisant chez la femme, lorsqu'il n'y a pas eu fécondation, de la puberté à la ménopause.
MENSTRUEL, ELLE adj. Relatif à la menstruation. ◇ *Cycle menstruel :* succession des règles et, par ext., ensemble des phénomènes périodiques (ovariens, vaginaux, etc.) qui lui sont rattachés ; chacune des périodes comprises entre ces phénomènes.
MENSTRUES n.f. pl. (lat. *menstrua,* de *mensis,* mois). Vx. Règles.
MENSUALISATION n.f. Action de mensualiser.
MENSUALISER v.t. **1.** Rendre mensuel un paiement, un salaire. **2.** Payer au mois ; faire passer à une rémunération mensuelle qqn qui était payé à l'heure, à la journée, etc.
MENSUALITÉ n.f. **1.** Somme versée chaque mois. *Payer par mensualités.* **2.** Salaire mensuel.
1. MENSUEL, ELLE adj. (du lat. *mensis,* mois). Qui se fait, qui paraît tous les mois. *Revue, paiement mensuels.* ◆ n.m. Publication qui paraît chaque mois.

2. MENSUEL, ELLE n. Salarié mensualisé.
MENSUELLEMENT adv. Par mois ; chaque mois.
MENSURATION n.f. (bas lat. *mensuratio*). Mesure des dimensions de tout ou partie du corps (tour de taille, tour de hanches, etc.). ◆ pl. Ces dimensions elles-mêmes.
MENTAL, E, AUX adj. (bas lat. *mentalis,* de *mens, mentis,* esprit). **1.** Relatif aux fonctions intellectuelles, au psychisme. *État mental. Maladies mentales.* **2.** Qui se fait exclusivement dans l'esprit, sans être exprimé à haute voix ni écrit. *Calcul mental.* ◆ n.m. *Le mental :* l'ensemble des dispositions mentales, psychiques de qqn ; l'esprit.
MENTALEMENT adv. Par la pensée, sans s'exprimer à haute voix.
MENTALISATION n.f. PSYCHOL. Intellectualisation des conflits psychiques.
MENTALISME n.m. **1.** Conception selon laquelle la psychologie a pour objet l'étude des divers états de conscience et pour méthode privilégiée l'introspection. **2.** LING. Conception selon laquelle le contenu est l'élément déterminant de la structure de la langue.
MENTALITÉ n.f. **1.** Ensemble des manières d'agir, de penser de qqn. **2.** SOCIOL. Ensemble des habitudes intellectuelles, des croyances, des comportements caractéristiques d'un groupe.
MENTERIE n.f. *Fam.,* vieilli ou Québec. Mensonge.
MENTEUR, EUSE adj. et n. Qui ment ; qui a l'habitude de mentir.
MENTHE n.f. (gr. *minthê*). **1.** Plante aromatique des lieux humides, velue, à fleurs roses ou blanches, fréquemment cultivée. (Genre *Mentha ;* famille des labiées.) **2.** Essence de cette plante utilisée pour son arôme et ses propriétés médicinales.

■ MENTHE

MENTHOL [mɑ̃tɔl] ou [mɛ̃tɔl] n.m. Alcool terpénique extrait de l'essence de menthe.
MENTHOLÉ, E adj. Qui contient du menthol.
MENTION [mɑ̃sjɔ̃] n.f. (lat. *mentio,* de *mens, mentis,* esprit). **1.** Action de signaler, de citer ; fait d'être signalé, cité. *Faire mention d'un événement.* **2.** Indication, note dans un texte, un formulaire. *Barrer la mention inutile.* **3.** Appréciation, souvent favorable, donnée par un jury sur une personne, un travail, dans un examen, un concours, une compétition. *Obtenir le baccalauréat avec la mention bien.*
MENTIONNER v.t. Faire mention de ; citer.
MENTIR v.i. [26] (lat. *mentiri*). **1.** Donner pour vrai ce qu'on sait être faux ou nier ce qu'on sait être vrai. ◇ *Sans mentir :* sans exagérer. **2.** Tromper par de fausses apparences. *Cette photographie ne ment pas.*
MENTISME n.m. (lat. *mens, mentis,* esprit). PSYCHOL. Défilement rapide et presque incoercible des idées et des images dans la pensée.
MENTON n.m. (lat. *mentum*). Partie saillante du visage, au-dessous de la bouche.
MENTONNET n.m. CH. DE F. Boudin.
MENTONNIER, ÈRE adj. Relatif au menton.
MENTONNIÈRE n.f. **1.** Bande passant sous le menton et retenant une coiffure. – *Spécial.* Pièce entourant le menton et assurant la tenue d'un casque. **2.** ARM. Pièce articulée d'un casque servant à protéger le bas de la figure (XVe - XVIIIe s.). **3.** MÉD. Appareil orthopédique pour les fractures du maxillaire inférieur, prenant appui sur le menton et faisant le tour du crâne. **4.** Accessoire épousant la forme du menton et servant à maintenir le violon pendant le jeu.
MENTOR [mɛ̃tɔr] n.m. (de *Mentor,* n.pr.). *Litt.* Guide attentif ; conseiller expérimenté.
1. MENU, E adj. (lat. *minutus,* amoindri). **1.** Qui a peu de volume, d'épaisseur, d'importance. *Menus morceaux. Taille menue. Menus frais.* ◇ *À pas menus :* à tout petits pas. – *Menue monnaie :* monnaie de peu de valeur. – *Litt. Menu peuple :* gens de basse condition. – *Menus plaisirs :* dépenses d'agrément occasionnelles. **2.** Se dit d'une personne mince, frêle. *Une enfant toute menue.* ◆ adv. En petits morceaux. *Hacher menu.* ◆ n.m. *Par le menu :* en tenant compte des moindres détails. *Raconter une anecdote par le menu.*
2. MENU n.m. **1.** Liste détaillée des plats servis à un repas. **2.** Repas à prix fixe servi dans un restaurant (par oppos. au repas ***à la carte,*** dont les plats sont choisis par le client). **3.** INFORM. Liste de commandes ou d'options offertes au choix d'un utilisateur, qui s'affiche sur l'écran de visualisation d'un ordinateur lors d'un travail, d'une consultation en mode conversationnel. ◇ *Menu déroulant* → **déroulant. 4.** *Fam.* Ordre du jour, programme.
MENU-CARTE n.m. (pl. *menus-cartes*). Menu à prix fixe proposant un choix d'entrées, de plats et de desserts.
MENUET n.m. (dimin. de *menu*). **1.** Danse de bal et danse théâtrale, née à la cour de Louis XIV, exécutée en couple, en vogue jusqu'à la Révolution en France et jusqu'au milieu du XIXe s. dans toute l'aristocratie européenne. **2.** MUS. Pièce instrumentale à trois temps qui, à la fin du XVIIe s., s'intègre à la suite et, au XVIIIe s., à la symphonie.
MENUISE n.f. (lat. *minutia*). Petit poisson à frire, comme le jeune sprat ou le hareng.
MENUISER v.t. (lat. pop. *minutiare,* rendre menu). Travailler du bois en menuiserie.
MENUISERIE n.f. **1.** Activité artisanale ou industrielle du menuisier. **2.** Ouvrage du menuisier. **3.** Atelier de menuisier. **4.** ***Menuiserie métallique :*** métallerie.
MENUISIER, ÈRE n. Artisan qui réalise des ouvrages en bois pour le bâtiment, constitués de pièces relativement petites (par oppos. au ***charpentier***) ou des meubles sans placage ni ornement (par oppos. à l'***ébéniste***).
MÉNURE n.m. (gr. *mênê,* lune, et *oura,* queue). Passereau d'Australie, de la taille d'un faisan, et qui doit son nom d'*oiseau-lyre* aux longues plumes recourbées de la queue des mâles. (Genre *Menura ;* famille des ménuridés.)

■ **MÉNURE** mâle.

MÉNYANTHE n.m. (gr. *minuanthes,* qui fleurit peu de temps). Plante des étangs européens, à feuilles à trois folioles (d'où son nom de *trèfle d'eau*), à fleurs gamopétales blanches et garnies de poils. (Genre *Menyanthes ;* famille des ményanthacées.)
MÉPHISTOPHÉLIQUE adj. *Litt.* Digne de Méphistophélès ; diabolique. *Rire méphistophélique.*
MÉPHITIQUE adj. (du lat. *mephitis,* odeur infecte). Qui a une odeur répugnante ou toxique.
MÉPHITISME n.m. Caractère de ce qui est méphitique ; pollution de l'air par des exhalaisons méphitiques.
MÉPLAT, E adj. **1.** TECHN. Se dit d'une pièce de bois, de métal qui a plus de largeur que d'épaisseur. **2.** ***Bas-relief méplat,*** où le motif se présente comme un jeu de surfaces planes, qui sont les parties épargnées (non entaillées) du matériau mis en œuvre. ◆ n.m. **1.** Partie relativement plane. *Les méplats du visage.* **2.** TECHN. Pièce méplate.
MÉPRENDRE (SE) v.pr. **(sur)** [61]. *Sout.* Se tromper sur qqn, qqch ; prendre une personne ou une chose pour une autre. ◇ *À s'y méprendre :* au point de se tromper.
MÉPRIS n.m. **1.** Sentiment par lequel on juge qqn, sa conduite condamnables, indignes d'estime, d'attention. **2.** Fait de ne tenir aucun compte de qqch. *Mépris des conventions, de la richesse.* ◇ *Au mépris de :* sans tenir compte de. *Agir au mépris du danger.*
MÉPRISABLE adj. Digne de mépris.
MÉPRISANT, E adj. Qui manifeste du mépris. *Sourire méprisant.*
MÉPRISE n.f. Erreur commise sur qqn, qqch. *Commettre une lourde méprise.* ◇ *Par méprise :* par suite d'une erreur.
MÉPRISER v.t. **1.** Avoir ou témoigner du mépris pour qqn, qqch. *Mépriser la lâcheté.* **2.** Ne faire aucun cas de. *Mépriser le danger.*
MER n.f. (lat. *mare*). **1.** Très vaste étendue d'eau salée qui couvre une partie de la surface du globe ; partie définie de cette étendue. *La mer Rouge.* ◇ *Armée de mer :* ensemble des navires et des formations aériennes et terrestres relevant de la marine militaire. – *Homme de mer :* marin. – *Pleine mer :* la partie de la mer éloignée du rivage ; le large. – *Mal de mer :* mal des transports dû aux oscillations d'un bateau ; naupathie. – *Prendre la mer :* quitter le mouillage, en parlant d'un bateau. **2.** DR. *Mer nationale :* eaux intérieures. – *Mer territoriale :* eaux territoriales. – *Mer fermée :* mer qui n'a qu'un seul État riverain et qui communique avec la mer libre par un détroit dominé par cet État. – *Mer intérieure :* mer bordée par un seul État et considérée comme faisant partie de son territoire. – *Haute mer :* partie de la mer libre, en principe, de la juridiction des États. **3.** Ensemble des villes, des plages qui bordent la mer. *Aller à la mer pour les vacances. Préférer la mer à la montagne.* **4.** Eau de la mer ou de l'océan. *La mer est chaude.* ◇ *Fam. Ce n'est pas la mer à boire :* ce n'est pas très difficile. – *Une goutte d'eau dans la mer :* un apport, un effort insignifiant. **5.** Marée. ◇ *Basse mer :* marée basse. – *Haute mer,* ou *pleine mer :* marée haute. **6.** ASTRON. Vaste étendue plane, sombre, de la surface lunaire, constituée de laves solidifiées et génér. bordée de montagnes. **7.** Grande quantité de liquide, d'une chose quelconque. *Mer de sable.*
MERCANTI n.m. (ital. *mercante,* marchand). *Péjor.* Commerçant malhonnête, âpre au gain.
MERCANTILE adj. (de l'ital.). Animé par l'appât du gain, le profit. *Esprit mercantile.*
MERCANTILISME n.m. **1.** *Litt.* État d'esprit mercantile. **2.** ÉCON. Doctrine économique élaborée au XVIe et au XVIIe s. à la suite de la découverte des mines d'or et d'argent américaines, selon laquelle les métaux précieux constituent la richesse essentielle des États, et qui préconise une politique protectionniste (en Espagne, le bullionisme ; en France, le colbertisme).
MERCANTILISTE adj. et n. ÉCON. Relatif au mercantilisme ; qui en est partisan.
MERCAPTAN n.m. (du lat. *mercurium captans,* qui capte le mercure). CHIM. ORG. Composé d'odeur fétide, dérivant d'un alcool dans lequel l'oxygène est remplacé par du soufre. SYN. : *thiol.*

MERCENAIRE adj. (lat. *mercenarius,* de *merces,* salaire). *Litt.* Qui ne travaille que pour un salaire ; qui est inspiré par le profit. ◆ n.m. Soldat qui sert pour de l'argent un gouvernement étranger.

MERCERIE n.f. (lat. *merx, mercis,* marchandise). **1.** Ensemble des articles destinés à la couture, aux travaux d'aiguille. **2.** Commerce, magasin du mercier.

MERCERISAGE n.m. (de *Mercer,* n.pr.). Traitement à la soude des fils et des tissus de coton afin de leur donner un aspect brillant et soyeux.

MERCERISER v.t. Traiter par mercerisage. ◇ p.p. adj. *Coton mercerisé.*

MERCHANDISING [mɛrʃɑ̃diziŋ] ou [-daj-] n.m. (Anglic. déconseillé). Marchandisage.

1. MERCI n.f. (lat. *merces, mercedis,* salaire). *Litt. Demander merci :* demander grâce. – *Dieu merci :* grâce à Dieu, heureusement. – ***À la merci de qqn, de qqch :*** à la discrétion de qqn ; soumis à l'influence, à l'action de qqch. – ***Sans merci :*** sans pitié.

2. MERCI interj. et n.m. Terme de politesse dont on use pour remercier. *Vous pouvez lui dire un grand merci. Vous m'avez rendu service, merci !*

MERCIER, ÈRE n. Personne vendant de la mercerie.

MERCREDI n.m. (lat. *Mercurii dies,* jour de Mercure). Troisième jour de la semaine. ◇ CHRIST. *Mercredi des Cendres :* le premier jour du carême, lors duquel le célébrant impose les cendres sur le front des fidèles en signe de pénitence.

MERCURE n.m. (lat. *Mercurius,* n.pr.). **1.** Métal blanc très brillant, de densité 13,6, liquide à la température ordinaire, qui se solidifie à - 38,87 °C et bout à 356,58 °C. **2.** Élément chimique (Hg), de numéro atomique 80, de masse atomique 200,59.
ENCYCL. Le mercure existe dans la nature à l'état de sulfure (cinabre). Il est employé à la construction d'appareils de physique (baromètres et thermomètres, notamm.) et à l'extraction de l'or avec lequel il s'allie facilement pour former un amalgame.

MERCUREUX adj.m. Se dit de l'oxyde de mercure Hg_2O et des sels du mercure dans l'état d'oxydation + 1.

MERCUREY n.m. Vin de Bourgogne rouge, récolté dans la région de Mercurey.

1. MERCURIALE n.f. **1.** Dans la France d'Ancien Régime, assemblée des différentes chambres du parlement qui se tenait à l'origine le mercredi et au cours de laquelle étaient dénoncés des abus commis dans l'administration de la justice ; discours prononcé dans cette assemblée. **2.** *Litt.* Remontrance, réprimande d'une certaine vivacité.

2. MERCURIALE n.f. (lat. *mercurialis,* de *Mercure,* dieu du Commerce). Bulletin reproduisant les cours des denrées vendues sur un marché public ; l'ensemble de ces cours eux-mêmes.

3. MERCURIALE n.f. (du lat. *mercurialis herba,* herbe de Mercure). Plante commune dans les champs, les bois, à fleurs verdâtres, à odeur désagréable, toxique. (Genre *Mercurialis ;* famille des euphorbiacées.)

MERCURIEL, ELLE adj. Qui contient du mercure.

MERCURIQUE adj. Se dit de l'oxyde de mercure HgO et des sels du mercure dans l'état d'oxydation + 2.

MERCUROCHROME n.m. (nom déposé). Composé organique mercuriel de couleur rouge, dont les solutions aqueuses sont antiseptiques.

MERDE n.f. (lat. *merda*). **1.** *Vulg.* Excrément de l'homme et de quelques animaux. **2.** *Très fam.* (Souvent pl.) Ennui, difficulté. *Je n'ai que des merdes en ce moment.* ◇ *Très fam.* ***Être dans la merde :*** se trouver dans une situation difficile, inextricable. **3.** *Très fam.* Être ou chose sans valeur. ◇ *Très fam. **De merde :*** mauvais, détestable, très gênant. *Un temps de merde.* ◆ interj. *Très fam.* Exprime la colère, l'indignation, le mépris, etc. *Et merde !*

MERDER v.i. *Très fam.* Ne pas réussir.

MERDEUX, EUSE adj. *Très fam.* **1.** Mauvais, qui ne donne pas satisfaction. **2.** Mal à l'aise, en partic. pour avoir commis une maladresse, un impair ; gêné, confus. *Se sentir merdeux.* ◆ n. *Très fam.* Personne mal élevée ou prétentieuse.

MERDIER n.m. *Très fam.* **1.** Grand désordre. **2.** Situation complexe, confuse, où il n'y a que des difficultés.

MERDIQUE adj. *Très fam.* Mauvais, sans valeur.

MERDOYER [mɛrdwaje] v.i. [7]. *Fam.* S'empêtrer dans ses réponses ; avoir des difficultés pour faire qqch.

1. MÈRE n.f. (lat. *mater*). **1.** Femme qui a mis au monde un ou plusieurs enfants. *Mère de famille.* ◇ ***Mère célibataire :*** femme non mariée qui élève seule son ou ses enfants. **2.** Personne qui agit en mère, qui manifeste des sentiments maternels. *Tu es une mère pour moi.* **3.** Femelle d'un animal qui a eu des petits. **4.** Supérieure d'un couvent. **5.** *Fam. **La mère X :*** madame X. **6.** *Litt.* Pays, lieu où une chose a commencé ; source, cause, origine. *La Grèce, mère des arts. L'oisiveté est la mère de tous les vices.* ◇ ***Mère patrie :*** pays où l'on est né, patrie considérée sur le plan affectif. **7.** (En appos.) ***Idée mère :*** idée principale, de laquelle procèdent d'autres idées. – ***Maison mère :*** principal établissement d'une communauté, notamm. religieuse. – ***Société mère :*** société ayant sous sa dépendance financière d'autres sociétés, dites *filiales.* **8.** ***Mère du vinaigre :*** pellicule visqueuse qui se forme à la surface des liquides alcooliques, constituée par l'accumulation de micro-organismes de l'espèce *Acetobacter xylinum,* capables de transformer l'alcool en acide acétique.

2. MÈRE adj. (lat. *merus,* pur). ***Mère goutte :*** première huile qui sort des olives pressées.

MÈRE-GRAND n.f. (pl. *mères-grand*). Vx. Grand-mère.

MÉRENS [merɛ̃s] n.m. (n. d'une commune de l'Ariège). Poney d'une race originaire des montagnes de l'Ariège, utilisé pour le tourisme équestre.

MERGUEZ [mɛrgɛz] n.f. (de l'ar.). Saucisse fraîche pimentée, à base de bœuf ou de bœuf et de mouton, et consommée grillée ou frite. (Spécialité d'Afrique du Nord.)

MERGULE n.m. (bas lat. *mergulus,* de *mergus,* plongeon). Oiseau palmipède marin de l'Atlantique nord, voisin du pingouin, à bec très court, qui se nourrit de zooplancton. (Famille des alcidés.)

1. MÉRIDIEN, ENNE adj. (lat. *meridianus,* de *meridies,* midi). **1.** ASTRON. Se dit du plan qui, en un lieu, comprend la verticale de ce lieu et l'axe du monde. **2.** ASTRON. Se dit d'un instrument servant à observer les astres dans le plan du méridien. *Lunette méridienne.* **3.** GÉOMÉTR. Se dit d'un plan qui contient l'axe d'une surface de révolution.

2. MÉRIDIEN n.m. **1.** Lieu des points ayant même longitude, à la surface de la Terre ou de tout autre astre. ◇ ***Méridien origine,*** ou ***premier méridien :*** méridien choisi conventionnellement comme origine des longitudes. (Le méridien origine international passe par l'ancien observatoire de Greenwich, à 2° 20′ 14″ à l'ouest de celui de Paris.) **2.** ASTRON. Plan défini, en un lieu, par la verticale locale et l'axe du monde. (On dit aussi *plan méridien.*) ◇ ***Méridien magnétique :*** plan vertical contenant la direction du champ magnétique terrestre. **3.** ASTRON. Demi-grand cercle de la sphère céleste limité aux pôles et passant par le zénith, en un lieu donné. **4.** Chacun des trajets qui, dans la théorie de l'acupuncture, est emprunté par l'énergie, dans le corps et à sa surface.

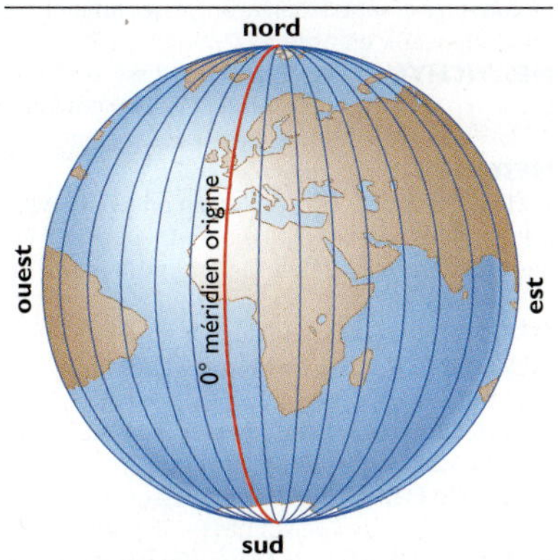

■ MÉRIDIENS

1. MÉRIDIENNE n.f. **1.** GÉOMÉTR. Intersection d'une surface de révolution et d'un demi-plan ayant pour frontière l'axe de cette surface. **2.** GÉOGR. Chaîne de triangulation orientée suivant un méridien.

2. MÉRIDIENNE n.f. **1.** *Litt.* Sieste. **2.** Canapé, lit de repos à deux chevets de hauteur inégale réunis par un dossier, à la mode sous l'Empire.

MÉRIDIONAL, E, AUX adj. et n. (lat. *meridionalis,* de *meridies,* midi). Du midi de la France. *Accent méridional.* ◆ adj. Situé au sud. *La côte méridionale de la Grande-Bretagne. Le portail méridional d'une cathédrale.*

MERINGUE n.f. Pâtisserie légère, à base de blancs d'œufs battus et de sucre, que l'on fait cuire au four à feu doux.

MERINGUER v.t. Garnir de meringue.

MÉRINOS [merinos] n.m. (esp. *merino,* de l'ar.). **1.** Mouton très répandu dans le monde, dont il existe plusieurs races, à laine fine et très estimée. **2.** Étoffe fabriquée avec la laine de ce mouton.

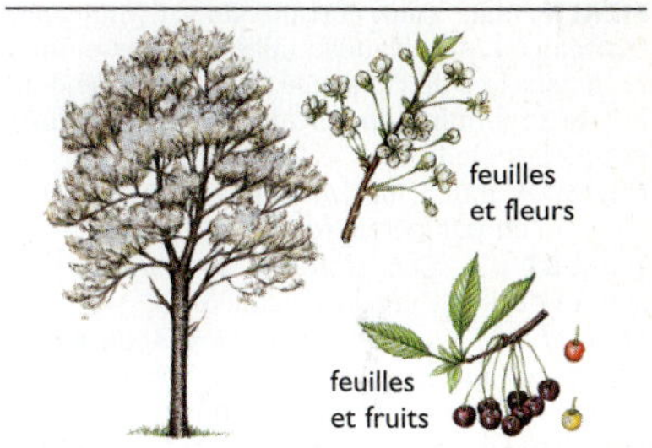

■ **MERISIER** en fleurs.

MERISE n.f. (de *amer* et *cerise*). Fruit du merisier, noir, suret et peu charnu.

MERISIER n.m. Cerisier sauvage, appelé aussi *cerisier des oiseaux,* dont le bois est apprécié en ébénisterie. (Haut. 25 m env. ; nom sc. *Prunus avium ;* famille des rosacées.)

MÉRISME n.m. (gr. *merisma,* délimitation). LING. Trait distinctif constituant des phonèmes.

MÉRISTÈME n.m. (du gr. *meristos,* partagé). BOT. Tissu végétal formé de cellules indifférenciées, siège de divisions rapides et nombreuses, situé à l'extrémité des tiges et des racines, et qui contribue à la croissance de la plante.

MÉRITANT, E adj. Qui a du mérite.

MÉRITE n.m. (lat. *meritum,* gain). **1.** Ce qui rend qqn, sa conduite dignes d'estime, de récompense. *Tout le mérite de cette entreprise lui revient.* **2.** Ensemble des qualités intellectuelles et morales partic. dignes d'estime. *Des gens de mérite.* **3.** Qualité louable de qqn, qqch. *Il a le mérite d'être très ponctuel.* **4.** ***Ordre national du *Mérite :*** v. *partie n.pr.*

MÉRITER v.t. **1.** Avoir droit à juste titre à qqch ; être digne de récompense ou passible de châtiment. *Mériter des éloges, une punition.* **2.** Présenter les conditions requises pour obtenir. *Cette lettre mérite une réponse. Cela mérite réflexion.* ◆ v.t. ind. **(de).** ***Bien mériter de la patrie,*** avoir droit à sa reconnaissance.

MÉRITOCRATIE [-si] n.f. Système selon lequel le mérite doit déterminer la position sociale.

MÉRITOIRE adj. Digne d'estime, de récompense ; louable. *Faire des efforts méritoires pour réussir.*

MERL n.m. → **MAËRL.**

MERLAN n.m. (de *merle*). **1.** Poisson des côtes d'Europe occidentale, pêché activement pour sa chair tendre et légère. (Long. 20 à 40 cm ; genre *Merlangus,* famille des gadidés.) **2.** *Fam.,* vx. Coiffeur.

■ **MERLAN**

MERLE n.m. (lat. *merula*). Oiseau passereau d'Europe et d'une partie de l'Asie, voisin de la grive, à plumage sombre (noir chez le mâle, brun chez la femelle). [Cri : le merle siffle, jase, chante. Genre *Turdus* ; famille des turdidés.] ◇ *Fam. Merle blanc :* personne ou objet introuvable.

■ **MERLE**

MERLETTE n.f. Merle femelle.

MERLIN n.m. (mot lorrain, du lat. *marculus,* marteau). **1.** Anc. Marteau utilisé pour assommer les bovins lors de l'abattage. **2.** Forte masse dont la tête se termine en biseau d'un côté, utilisée pour fendre le bois.

MERLON n.m. (ital. *merlone*). FORTIF. Partie pleine d'un parapet entre deux créneaux.

MERLOT n.m. Cépage rouge ou blanc, cultivé surtout dans le Bordelais.

MERLU n.m. (anc. provenç. *merlus,* de *merle,* merlan, et anc. fr. *luz,* brochet). Poisson marin commun dans l'Atlantique, à dos gris, portant deux nageoires dorsales et une anale, dépourvu de barbillon mentonnier, et commercialisé sous le nom de *colin* ou *saumon blanc.* (Long. 1 m env. ; genre *Merluccius,* famille des gadidés.)

MERLUCHE n.f. (anc. provenç. *merluce,* var. de *merlus,* merlu). **1.** Morue, merlu, ou autre poisson gadidé, vendu séché et non salé. **2.** Nom commercial de divers poissons comme le merlu et la lingue.

MÉROSTOME n.m. ZOOL. Arthropode primitif aquatique et marcheur, représenté par les gigantostracés fossiles et la limule, seul survivant actuel. (Les mérostomes forment une classe de chélicérates.)

MÉROU n.m. (esp. *mero*). Poisson osseux pouvant atteindre, dans les mers chaudes, 2 m de long et peser plus de 100 kg, à la chair très estimée. (Famille des serranidés.)

■ **MÉROU**

MÉROVINGIEN, ENNE adj. Relatif à la dynastie des Mérovingiens.

MERRAIN n.m. (lat. pop. *materiamen,* bois). **1.** Planche obtenue en débitant un billot de bois, et servant à façonner une douve de tonneau. **2.** VÉNER. Tronc des bois du cerf ou du chevreuil d'où partent les andouillers. SYN. : *perche.*

MÉRULE n.m. ou n.f. (lat. sc. *merulius*). Champignon basidiomycète voisin des polypores, redoutable destructeur du bois des charpentes et des planchers des maisons humides.

MERVEILLE n.f. (ital. *mirabilia*). **1.** Ce qui inspire une grande admiration par sa beauté, sa grandeur, sa valeur. *Les merveilles de la nature.* ◇ *À merveille :* très bien, parfaitement. – *Faire merveille, des merveilles :* obtenir un remarquable résultat ; faire qqch d'étonnant, de très difficile. – *Les Sept Merveilles du monde :* les sept ouvrages les plus remarquables de l'Antiquité (les pyramides d'Égypte, les jardins suspendus de Sémiramis à Babylone, la statue en or et ivoire de Zeus Olympien par Phidias, le temple d'Artémis à Éphèse, le mausolée d'Halicarnasse, le colosse de Rhodes, le phare d'Alexandrie). – *La huitième merveille du monde :* chose remarquable en son genre. **2.** Pâtisserie faite de pâte frite, de formes diverses, que l'on mange saupoudrée de sucre. SYN. : *oreillette.*

MERVEILLEUSE n.f. HIST. Femme élégante et excentrique, sous le Directoire.

MERVEILLEUSEMENT adv. De façon merveilleuse.

MERVEILLEUX, EUSE adj. Qui suscite l'admiration par ses qualités extraordinaires, exceptionnelles. ◆ n.m. **1.** Ce qui s'éloigne du cours ordinaire des choses ; ce qui paraît miraculeux, surnaturel. **2.** Intervention de moyens et d'êtres surnaturels dans une œuvre littéraire, en partic. dans le conte et dans l'épopée.

MÉRYCISME n.m. (gr. *mêrukismos,* rumination). MÉD. Comportement pathologique de rumination d'aliments d'abord déglutis, puis régurgités et mastiqués sans arrêt.

MES adj. poss. Pl. de *mon, ma.*

MESA [mesa] n.f. (mot esp., *table*). GÉOMORPH. Plateau constitué par les restes d'une coulée volcanique mise en relief par l'érosion.

MÉSAISE [mezɛz] n.m. *Litt.,* vieilli. État de malaise physique ou moral.

MÉSALLIANCE n.f. Mariage avec une personne de classe ou de fortune considérée comme inférieure.

MÉSALLIER (SE) v.pr. [5]. Épouser une personne de classe jugée inférieure.

MÉSANGE n.f. (francique *meisinga*). Petit passereau insectivore, au plumage parfois rehaussé de teintes vives, répandu dans le monde entier. (Les mésanges [genre *Parus*], telles que la mésange bleue, la mésange charbonnière, la nonnette, la meunière, forment la famille des paridés.)

■ **MÉSANGE.** Mésange bleue.

MÉSANGETTE n.f. Cage à trébuchet, pour prendre les petits oiseaux.

MÉSAVENTURE n.f. Aventure désagréable, fâcheuse ; déboire.

MÉSAXONIEN adj.m. et n.m. ZOOL. Imparidigité.

MESCALINE n.f. (mexicain *mexcalli,* peyotl). Alcaloïde hallucinogène extrait d'une cactacée mexicaine, le peyotl.

MESCLUN [mɛsklœ̃] n.m. (mot provenç.). Mélange de jeunes plants de salades de diverses espèces et de plantes aromatiques.

MESDAMES n.f. pl. Pl. de *madame.*

MESDEMOISELLES n.f. pl. Pl. de *mademoiselle.*

MÉSENCÉPHALE n.m. (gr. *mesos,* au milieu, et *encéphale*). ANAT. Région de l'encéphale située au sommet du tronc cérébral et comprenant les pédoncules cérébraux en avant, et les tubercules quadrijumeaux en arrière.

MÉSENCHYME [mezɑ̃ʃim] n.m. Tissu de l'embryon à partir duquel se forment le tissu conjonctif, les vaisseaux, les muscles et le squelette.

MÉSENTENTE n.f. Mauvaise entente.

MÉSENTÈRE n.m. (gr. *mesos,* au milieu, et *enteron,* intestin). ANAT. Repli du péritoine reliant les anses de l'intestin grêle à la paroi postérieure de l'abdomen.

MÉSENTÉRIQUE adj. Relatif au mésentère.

MÉSESTIME n.f. *Litt.* Mauvaise opinion que l'on a de qqn.

MÉSESTIMER v.t. *Sout.* Apprécier qqn, qqch au-dessous de sa valeur.

MÉSINTELLIGENCE n.f. *Litt.* Défaut d'entente, d'accord entre des personnes.

MESMÉRISME n.m. (de Franz *Mesmer,* médecin all.). Doctrine de Mesmer ; magnétisme animal.

MÉSO-AMÉRICAIN, E adj. (pl. *méso-américains, es*). Relatif à la Méso-Amérique.

MÉSOBLASTE ou **MÉSODERME** n.m. EMBRYOL. Feuillet embryonnaire situé entre l'endoblaste et l'ectoblaste, et qui fournit le squelette, le derme, la musculature, les reins et le sang.

MÉSOBLASTIQUE ou **MÉSODERMIQUE** adj. Relatif au mésoblaste.

MÉSOCARPE n.m. BOT. Couche moyenne d'un fruit, entre l'épicarpe (la « peau ») et l'endocarpe (noyau ou graines), qui correspond à la partie comestible, charnue et juteuse.

MÉSOÉCONOMIE n.f. Partie de la science économique analysant les sous-ensembles économiques, à mi-chemin de la macroéconomie et de la microéconomie.

MÉSOLITHIQUE n.m. et adj. (gr. *mesos,* au milieu, et *lithos,* pierre). Période chronologique de - 9000 à - 5000, intermédiaire entre le paléolithique et le néolithique, qui est marquée par un réchauffement climatique postglaciaire.

MÉSOMÈRE adj. En état de mésomérie.

MÉSOMÉRIE n.f. CHIM. Caractère d'un composé dont la distribution électronique est telle que la molécule est représentée comme la coexistence de plusieurs formules limites, distinctes non par la position des noyaux mais par la répartition des électrons. (Ce formalisme, qui permet, par ex., de représenter le benzène, est dû à L. Pauling.)

MÉSOMORPHE adj. PHYS. Se dit d'états de la matière (par ex. smectique, nématique), intermédiaires entre l'état amorphe et l'état cristallin. ◇ *Corps mésomorphe :* cristal liquide.

MÉSON n.m. (du gr. *mesos,* médian). PHYS. Particule d'interaction forte (hadron), composée d'un quark et d'un antiquark (par oppos. à *baryon*).

MÉSOPAUSE n.f. GÉOPHYS. Zone de transition entre la mésosphère et la thermosphère.

MÉSOPOTAMIEN, ENNE adj. et n. De la Mésopotamie.

MÉSOSPHÈRE n.f. GÉOPHYS. Région de l'atmosphère qui s'étend entre la stratosphère et la thermosphère, de 50 à 85 km d'altitude environ.

MÉSOTHÉRAPIE n.f. Technique de traitement local, parfois considérée comme une médecine douce, consistant à injecter dans le derme, avec un appareil muni de plusieurs aiguilles, des doses minimes de médicaments.

MÉSOTHORAX n.m. ENTOMOL. Deuxième division du thorax des insectes, entre le prothorax et le métathorax, qui porte les ailes antérieures et la deuxième paire de pattes. SYN. : *écusson.*

MÉSOZOAIRE n.m. ZOOL. Organisme parasite de certains invertébrés marins (mollusques, étoiles de mer, vers, etc.), formé seulement d'une vingtaine de cellules bordées de cils. (Les mésozoaires forment un minuscule embranchement.)

MÉSOZOÏQUE n.m. et adj. GÉOL. Ère géologique correspondant aux systèmes trias, jurassique et crétacé. (Le mésozoïque s'étend de - 245 à - 65 millions d'années ; il est caractérisé par le développement des gymnospermes, l'abondance des bélemnites et des ammonites, la prépondérance et la variété des reptiles, l'apparition des oiseaux et des mammifères.) SYN. : *secondaire.*

MESQUIN, E adj. (ital. *meschino,* chétif). Qui manque de grandeur, de générosité ; petit, médiocre. *Un procédé mesquin.*

MESQUINEMENT adv. Avec mesquinerie.

MESQUINERIE n.f. Caractère de ce qui est mesquin ; acte mesquin, parole mesquine ; petitesse.

MESS [mɛs] n.m. (mot angl.). Lieu où les officiers, les sous-officiers d'un corps ou d'une garnison prennent leurs repas.

MESSAGE n.m. (du lat. *missus,* envoyé). **1.** Information, nouvelle transmise à qqn. **2.** Communication adressée avec une certaine solennité à qqn, à une assemblée, à une nation. *Message télévisé du chef de l'État.* **3.** LING. Toute séquence de discours produite par un locuteur dans le cadre de la communication linguistique. **4.** Annonce publicitaire ou promotionnelle de courte durée diffusée sur un support audiovisuel. **5.** Pensée profonde, incitation adressée aux hommes par un être d'exception, un écrivain, un artiste. *Le message de Gandhi.*

MESSAGER, ÈRE n. **1.** Personne chargée de transmettre un message. **2.** Ce qui annonce qqch. *Les hirondelles sont les messagères du printemps.*

3. (En appos.) BIOCHIM. *ARN messager :* l'un des acides ribonucléiques, qui est la copie d'un gène de l'ADN et qui est traduit en une protéine.

MESSAGERIE n.f. **1.** (Souvent pl.) Transport rapide de marchandises (colis) par fer, route, eau ou air. **2.** (Souvent pl.) Entreprise chargée du routage, de l'acheminement, de la distribution d'ouvrages imprimés (presse, librairie). **3.** *Messagerie électronique :* service d'envoi de messages en temps réel ou différé entre des personnes connectées sur un réseau télématique. SYN. : *courrier électronique, télémessagerie.* Abrév. : *mél.*

MESSE n.f. (lat. ecclés. *missa,* action de renvoyer). **1.** Célébration fondamentale du culte catholique, dont l'acte central commémore, sous la forme du pain et du vin de la dernière Cène, le sacrifice du Christ sur la croix. ◇ *Messe basse :* messe dont toutes les parties sont lues et récitées, et non chantées ; *fam.,* entretien à voix basse entre deux personnes. – *Messe chantée :* grand-messe. – *Messe de minuit :* messe célébrée dans la nuit de Noël. – *Messe des morts* ou *de requiem :* messe que l'on dit pour le repos de l'âme des morts. – *Messe solennelle* ou *pontificale :* messe chantée par un prélat. – *Fam. La messe est dite :* l'affaire est entendue, les jeux sont faits. **2.** Musique composée pour une grand-messe.

ENCYCL. Sous le nom de *messes* ont été composées, depuis le XIIIe s., un grand nombre d'œuvres vocales a cappella destinées à illustrer les textes liturgiques. Les plus célèbres compositeurs de messes ont été Guillaume de Machaut, Dufay, Ockeghem, Josquin Des Prés, Roland de Lassus, Palestrina, Victoria. À partir du XVIIe s., la messe devient concertante et admet les instruments, avec Formé (1567 - 1638), Charpentier, Lotti (v. 1667 - 1740), Bach *(Messe en si mineur),* Mozart, Haydn, Beethoven *(Missa solemnis),* Schubert, Liszt, Gounod, Bruckner.

MESSEOIR v.t. ind. ou v. impers. [53] (de *seoir*). *Litt.* Ne pas convenir. *Un peu d'humour ne messied pas. Il messied d'être en retard au théâtre.*

MESSIANIQUE adj. Relatif au Messie, au messianisme.

MESSIANISME n.m. **1.** Attente et espérance du Messie, dans la Bible. **2.** Croyance en la venue d'un libérateur ou d'un sauveur qui mettra fin à l'ordre présent, considéré comme mauvais, et instaurera un ordre nouveau dans la justice et le bonheur.

MESSIDOR n.m. (lat. *messis,* moisson, et gr. *dôron,* don). HIST. Dixième mois du calendrier républicain, commençant le 19 ou le 20 juin et finissant le 18 ou le 19 juillet.

MESSIE n.m. (lat. *messias,* araméen *meshiḥā,* oint, sacré par le Seigneur). **1.** (Avec une majuscule.) Dans le judaïsme, envoyé de Dieu qui rétablira Israël dans ses droits et inaugurera l'ère de la justice. ◇ *Être attendu comme le Messie,* comme un sauveur, avec un grand espoir. **2.** (Avec une majuscule.) Chez les chrétiens, le Christ. **3.** *Fig.* Celui dont on attend le salut, personnage providentiel.

MESSIED (IL) → **MESSEOIR.**

MESSIEURS [mesjø] n.m. pl. Pl. de *monsieur.*

MESSIN, E adj. et n. De Metz.

MESSIRE n.m. (anc. fr. *mes,* mon, et *sire*). Titre d'honneur donné autref. aux personnes nobles et plus tard réservé au chancelier de France.

MESURABLE adj. Que l'on peut mesurer.

MESURAGE n.m. Action de mesurer.

MESURE n.f. (lat. *mensura*). **1.** Action d'évaluer une grandeur d'après son rapport avec une grandeur de même espèce, prise comme unité et comme référence ; grandeur, dimension ainsi évaluée. *Appareil de mesure. La mesure du temps.* ◇ *Prendre les mesures de qqn,* mesurer son corps ou une partie de son corps en vue de confectionner ou de choisir un vêtement. – *Sur mesure :* confectionné d'après des mesures prises sur la personne même ; *fig.,* particulièrement bien adapté. *Un emploi du temps sur mesure.* – *Le sur-mesure :* v. à son ordre alphabétique. **2.** *Fig.* Élément de comparaison et d'appréciation ; proportion, quantité proportionnelle. *Ces événements n'ont pas de commune mesure. L'homme est la mesure de toute chose.* ◇ *À mesure (que) :* en même temps (que) et en proportion. – *Dans une certaine mesure :* jusqu'à un certain point, dans une certaine proportion. – *Donner sa mesure, la mesure de son talent :* montrer ce dont on est capable. – *Être en mesure de :* pouvoir faire qqch, être à même de. **3.** Quantité servant d'unité de base pour l'évaluation d'une grandeur. *Mesures légales.* (→ *tableau des *unités*). – Récipient de contenance déterminée servant à mesurer des volumes. *Des mesures en étain.* ◇ *Faire bonne mesure :* donner à un acheteur un peu au-delà de ce qui lui revient ; donner généreusement. **4.** MUS. Division du temps musical en unités égales, matérialisées dans la partition par des barres verticales dites *barres de mesure. Mesure à deux, à trois temps.* ◇ *En mesure :* dans la cadence convenable à l'exécution du morceau. – *Battre la mesure :* indiquer le rythme, la cadence par des gestes convenus. **5.** VERSIF. Quantité de syllabes exigée par le rythme du vers. **6.** Quantité ou grandeur considérée comme utile ou normale. *Savoir garder la juste mesure.* ◇ *Passer, dépasser la mesure :* aller au-delà de ce qui est permis, régulier, convenable. **7.** Retenue dans l'action, le comportement, le jugement ; modération. *Parler avec mesure.* **8.** Moyen mis en œuvre en vue d'un résultat déterminé. *Mesure conservatoire. Je vais prendre les mesures qui s'imposent.*

MESURÉ, E adj. **1.** Fait avec mesure ; lent. *À pas mesurés.* **2.** Qui manifeste de la circonspection, de la modération. *Ton mesuré. Être mesuré dans ses actes.*

MESURER v.t. (bas lat. *mesurare*). **1.** Déterminer une quantité par le moyen d'une mesure. *Mesurer la hauteur d'un bâtiment.* **2.** Évaluer l'importance de. *Mesurer les pertes subies.* **3.** *Litt.* Déterminer qqch proportionnellement à autre chose ; proportionner, régler sur. *Mesurer le châtiment à l'offense.* **4.** Déterminer avec modération. *Mesurer sa dépense, ses paroles.* **5.** Donner avec parcimonie. *Mesurer la nourriture à qqn.* ◆ **se mesurer** v.pr. *Se mesurer avec, à qqn,* lutter avec lui, se comparer à lui.

MESURETTE n.f. **1.** Cuillère servant à doser des liquides, des poudres, etc. **2.** *Fam.* Mesure, décision sans grande portée ; réformette.

MESUREUR n.m. **1.** Personne préposée à la mensuration et à la pesée d'objets divers. **2.** Appareil ou instrument permettant d'effectuer diverses mesures ou analyses. (Peut s'employer en appos. : *verre mesureur.*)

MÉSUSAGE n.m. *Litt.* Usage abusif ou détourné de qqch.

MÉSUSER v.t. ind. **(de).** *Litt.* Faire un mauvais usage de.

MÉTA n.m. (nom déposé). Métaldéhyde, employé en tablettes comme combustible solide.

MÉTABOLE adj. ENTOMOL. Se dit d'un insecte qui subit une métamorphose.

MÉTABOLIQUE adj. Du métabolisme.

MÉTABOLISER v.t. Transformer une substance dans le cadre du métabolisme, en parlant d'une cellule, d'un organe.

MÉTABOLISME n.m. (du gr. *metabolê,* changement). BIOCHIM. **1.** Ensemble des réactions chimiques de transformation de matière et d'énergie, catalysées par des enzymes, qui s'accomplissent dans tous les tissus de l'organisme vivant. ◇ *Métabolisme de base :* dépense minimale d'énergie de l'organisme, pour assurer sa survie. **2.** Ensemble des réactions biochimiques concernant une substance donnée. *Métabolisme du glucose.*

MÉTABOLITE n.m. BIOCHIM. Produit de transformation d'une substance dans l'organisme.

MÉTACARPE n.m. (gr. *metakarpion*). ANAT. Ensemble des cinq os constituant le squelette de la paume de la main, compris entre le carpe et les phalanges.

MÉTACARPIEN, ENNE adj. et n.m. ANAT. Se dit de chacun des cinq os du métacarpe.

MÉTACENTRE n.m. MAR. Point d'intersection du plan longitudinal d'un navire et de la verticale passant par le centre de carène, lorsque le navire est incliné.

MÉTACENTRIQUE adj. MAR. *Courbe métacentrique :* lieu des métacentres d'un navire dans toutes les inclinaisons possibles. – *Hauteur* ou *distance métacentrique :* hauteur du métacentre au-dessus du centre de gravité correspondant à une inclinaison nulle du navire.

MÉTACOGNITION n.f. PSYCHOL. Connaissance personnelle d'un individu sur ses capacités et ses fonctionnements cognitifs.

MÉTACONNAISSANCE n.f. Connaissance sur des connaissances.

MÉTAIRIE n.f. (de *métayer*). **1.** Propriété foncière exploitée selon un contrat de métayage. **2.** Ensemble des bâtiments de la métairie.

MÉTAL n.m. [pl. *métaux*] (lat. *metallum,* mine). **1.** Corps simple caractérisé par un éclat particulier, dit *éclat métallique,* une aptitude à la déformation, une tendance marquée à former des cations, et conduisant génér. bien la chaleur et l'électricité. **2.** Matériau constitué d'un de ces éléments chimiques ou de leur mélange (alliage). ◇ *Métaux précieux :* l'or, l'argent, le palladium, le platine. **3.** HÉRALD. L'or ou l'argent, par oppos. aux *couleurs* et aux *fourrures.*

MÉTALANGAGE n.m. ou **MÉTALANGUE** n.f. **1.** Langage permettant de décrire une langue naturelle. **2.** Langage de description d'un autre langage formel ou informatique.

MÉTAL-CARBONYLE n.m. (pl. *métaux-carbonyles*). CHIM. Combinaison d'un métal avec le monoxyde de carbone.

MÉTALDÉHYDE n.m. Trimère de l'aldéhyde acétique, corps solide blanc, employé comme combustible et pour détruire les limaces.

MÉTALINGUISTIQUE adj. Qui concerne le métalangage.

MÉTALLERIE n.f. CONSTR. Fabrication et pose des ouvrages métalliques pour le bâtiment. SYN. : *menuiserie métallique.*

MÉTALLIER, ÈRE n. Spécialiste de la métallerie. SYN. : *serrurier.*

MÉTALLIFÈRE adj. Qui renferme un métal.

MÉTALLIQUE adj. **1.** Constitué par du métal. *Câble métallique. Encaisse métallique.* ◇ CHIM. *Liaison métallique :* liaison dans laquelle une très forte délocalisation des électrons maintient les atomes d'un métal. **2.** Qui a l'apparence du métal ; qui évoque le métal par sa dureté, sa sonorité, son éclat, etc. *Voix métallique.*

MÉTALLISATION n.f. Action de métalliser.

MÉTALLISER v.t. **1.** Revêtir une surface d'une couche de métal ou d'alliage aux fins de protection ou de traitement. **2.** Donner un éclat métallique à.

MÉTALLISEUR adj.m. Se dit d'un appareil qui sert à métalliser. *Pistolet métalliseur.*

MÉTALLO n.m. (abrév.). *Fam.* Ouvrier métallurgiste.

MÉTALLOCHROMIE [metalokrɔmi] n.f. Technique de coloration de la surface des métaux.

MÉTALLOGÉNIE n.f. Étude de la formation et de la mise en place des gîtes métallifères.

MÉTALLOGRAPHIE n.f. Étude de la structure et des propriétés des métaux et de leurs alliages.

MÉTALLOGRAPHIQUE adj. Relatif à la métallographie.

MÉTALLOÏDE n.m. (gr. *metallon,* métal, et *eidos,* aspect). Vx. Non-métal.

MÉTALLOPLASTIQUE adj. *Joint métalloplastique :* joint composé d'une feuille d'amiante serrée entre deux minces feuilles de cuivre, et utilisé comme joint de culasse.

MÉTALLOPROTÉINE n.f. BIOCHIM. Protéine associée à des composés contenant des métaux.

MÉTALLURGIE n.f. (du gr. *metallourgeîn,* exploiter une mine). Ensemble des procédés et des techniques d'extraction, d'élaboration, de formage et de traitement des métaux et des alliages. ◇ *Métallurgie des poudres :* ensemble des procédés de la métallurgie permettant d'obtenir des produits ou des pièces par compression et frittage à chaud à partir de poudres métalliques.

MÉTALLURGIQUE adj. Relatif à la métallurgie.

MÉTALLURGISTE n.m. Personne qui travaille dans la métallurgie. Abrév. *(fam.) : métallo.*

MÉTALOGIQUE n.f. Discipline qui a pour objet la description des propriétés d'une théorie logique déterminée et d'assurer son axiomatisation et sa formalisation. ◆ adj. Relatif à la métalogique.

MÉTAMATHÉMATIQUE n.f. Théorie déductive qui a pour objet d'établir certaines propriétés des théories mathématiques déjà formalisées. ◆ adj. Relatif à la métamathématique.

MÉTAMÈRE n.m. **1.** EMBRYOL. Unité anatomique de l'embryon, répétée un certain nombre de fois de la tête à la région caudale. SYN. : *somite.* **2.** ZOOL. Anneau, segment. *Les métamères du lombric, du mille-pattes.*

MÉTAMÉRIE n.f. Caractéristique des animaux dont le corps est formé d'une suite de métamères.

MÉTAMÉRISÉ, E adj. EMBRYOL. Divisé en métamères.

MÉTAMORPHIQUE adj. Relatif au métamorphisme. ◇ *Roche métamorphique* : roche qui a subi un ou plusieurs métamorphismes.

MÉTAMORPHISER v.t. Transformer une roche par métamorphisme.

MÉTAMORPHISME n.m. (de *méta-* et du gr. *morphê,* forme). GÉOL. Dans la croûte terrestre, transformation à l'état solide d'une roche préexistante sous l'effet de la température et de la pression avec recristallisation des minéraux. (Le *métamorphisme de contact,* localisé, est lié à l'intrusion de roches magmatiques ; le *métamorphisme régional,* qui affecte une portion de la croûte terrestre, est lié à l'orogenèse.)

MÉTAMORPHOSABLE adj. Qui peut être métamorphosé.

MÉTAMORPHOSE n.f. (gr. *meta,* après, et *morphê,* forme). **1.** Changement d'une forme en une autre. **2.** EMBRYOL. Transformation importante et brutale du corps et du mode de vie, au cours de leur développement, de certains animaux, comme les amphibiens et de nombreux invertébrés. **3.** Changement complet dans l'état, le caractère d'une personne, dans l'aspect des choses.

MÉTAMORPHOSER v.t. **1.** Changer la forme, la nature ou l'individualité d'un être. *Mercure métamorphosa Argus en paon.* **2.** Changer profondément l'aspect ou le caractère de. ◆ **se métamorphoser** v.pr. Changer complètement de forme, d'aspect, d'état.

MÉTAPHASE n.f. BIOL. CELL. Deuxième phase de la division cellulaire (mitose), pendant laquelle les chromosomes se regroupent sur le plan équatorial de la cellule.

MÉTAPHORE n.f. (gr. *metaphora,* transport). RHÉT. Procédé par lequel on transporte la signification propre d'un mot à une autre signification qui ne lui convient qu'en vertu d'une analogie, d'une comparaison sous-entendue. (Ex. : *la* lumière *de l'esprit, la* fleur *de l'âge,* brûler *de désir,* ficelle *au sens de « pain », etc.*). ◇ *Métaphore morte* : métaphore lexicalisée, dont la qualité figurative et poétique n'est plus ressentie. – *Métaphore filée* : métaphore longuement développée par une suite d'associations métonymiques.

MÉTAPHORIQUE adj. Qui relève de la métaphore ; qui abonde en métaphores.

MÉTAPHORIQUEMENT adv. De façon métaphorique.

MÉTAPHOSPHORIQUE adj. *Acide métaphosphorique* : acide HPO_3, formé à partir de l'oxyde du phosphore dans l'état d'oxydation + 5.

MÉTAPHYSE n.f. Partie des os longs située entre la diaphyse et l'épiphyse.

MÉTAPHYSICIEN, ENNE n. Spécialiste de la métaphysique.

MÉTAPHYSIQUE n.f. (gr. *meta ta phusika,* après la physique, cette connaissance étant, dans les œuvres d'Aristote, traitée après la physique). **1.** Science de l'être en tant qu'être, recherche et étude des premiers principes et des causes premières, connaissance rationnelle des réalités transcendantes et des choses en elles-mêmes. – Conception propre à un philosophe dans ces domaines. *La métaphysique de Heidegger.* **2.** Ensemble des connaissances tirées de la raison seule, indépendamment de l'expérience, chez Kant, qui leur dénie le statut de connaissance à proprement parler. **3.** Interrogation sur la conduite humaine en général, dans l'existentialisme. **4.** *(Souvent péjor.).* Spéculation sur des choses abstraites, n'aboutissant à aucune solution des problèmes réels. ◆ adj. **1.** Relatif à la métaphysique. **2.** Qui a un caractère trop abstrait. **3.** BX-ARTS. *Peinture métaphysique* : courant pictural italien du début du XXe s., illustré par De Chirico, Carrà, Morandi et caractérisé par une transposition onirique de la réalité, un climat de tension et d'« inquiétante étrangeté ».

MÉTAPHYSIQUEMENT adv. D'un point de vue métaphysique.

MÉTAPLASIE n.f. MÉD. Transformation d'un tissu vivant en un autre, à la suite d'une irritation.

MÉTAPSYCHIQUE adj. Parapsychologique. ◆ n.f. Parapsychologie.

MÉTAPSYCHOLOGIE n.f. PSYCHAN. Partie de la doctrine freudienne qui se présente comme devant éclairer l'expérience à partir de principes généraux.

MÉTASTABLE adj. CHIM., PHYS. Se dit d'un système qui n'est pas stable en théorie, mais qui paraît tel en raison d'une vitesse de transformation très faible.

MÉTASTASE n.f. (gr. *metastasis,* changement). MÉD. Foyer pathologique secondaire, infectieux ou surtout cancéreux, dû à la propagation à distance d'un foyer primitif (par voie sanguine, lymphatique, etc.).

MÉTASTASER v.i. et v.t. Produire des métastases.

MÉTASTATIQUE adj. Relatif aux métastases ; de la nature des métastases.

MÉTATARSE n.m. (gr. *meta,* après, et *tarsos,* plat du pied). Partie du squelette du pied comprise entre le tarse et les orteils, et qui reste verticale dans la marche chez les vertébrés onguligrades ou digitigrades.

MÉTATARSIEN, ENNE adj. et n.m. Se dit de chacun des cinq os du métatarse.

MÉTATHÉORIE n.f. LOG. Étude des propriétés d'un système formel au moyen d'une métalangue. (La métathéorie étudie notamm. les concepts de consistance, de complétude et d'indépendance des axiomes.)

MÉTATHÉRIEN n.m. Marsupial.

MÉTATHÈSE n.f. (gr. *metathesis,* déplacement). LING. Déplacement de voyelles, de consonnes ou de syllabes à l'intérieur d'un mot. (Ainsi, l'anc. fr. *formage* est devenu *fromage.*)

MÉTATHORAX n.m. ENTOMOL. Troisième division du thorax des insectes, qui porte les ailes et les pattes postérieures.

MÉTAYAGE [metɛjaʒ] n.m. Contrat d'exploitation agricole dans lequel un propriétaire donne à bail un domaine rural pour une durée déterminée contre partage des fruits et des pertes.

MÉTAYER, ÈRE [metɛje, ɛr] n. (de *meitié,* forme anc. de *moitié*). Exploitant agricole lié au propriétaire foncier par un contrat de métayage.

MÉTAZOAIRE n.m. (gr. *meta,* après, et *zôon,* animal). Animal pluricellulaire (par oppos. à *protozoaire*).

MÉTEIL n.m. (du lat. *mixtus,* mélangé). Mélange de seigle et de blé semés et récoltés ensemble.

MÉTEMPSYCOSE [metɑ̃psikoz] n.f. (gr. *metempsukhôsis*). Réincarnation de l'âme après la mort dans un corps humain, dans celui d'un animal ou dans un végétal.

MÉTENCÉPHALE n.m. ANAT. Partie de l'encéphale embryonnaire d'où dérivent le cervelet et la protubérance annulaire.

MÉTÉO n.f. (abrév.). **1.** *Fam.* Météorologie. **2.** Bulletin météorologique. *Écouter la météo.* **3.** Conditions atmosphériques. *Si la météo le permet.*

MÉTÉORE n.m. (gr. *meteôra,* choses élevées dans les airs). **1.** Tout phénomène observé dans l'atmosphère, à l'exception des nuages. **2.** Phénomène lumineux qui résulte de la chute dans l'atmosphère terrestre d'un corps solide venant de l'espace. SYN. *(cour.)* : *étoile filante.* **3.** *Fig.* Personne ou chose qui brille d'un éclat très vif mais passager.

MÉTÉORIQUE adj. **1.** Relatif à un ou à des météores. *Averse météorique.* **2.** Se dit des phénomènes prenant leur source dans l'atmosphère. *Eaux météoriques. Érosion météorique.*

MÉTÉORISATION n.f. Modifications en surface subies par les roches au contact de l'atmosphère.

MÉTÉORISME n.m. MÉD. Accumulation de gaz dans l'intestin, se traduisant par un gonflement du ventre.

MÉTÉORITE n.f. Fragment de corps céleste qui tombe à la surface d'un astre, en partic. de la Terre. ◇ Vx. *Météorite ferreuse* : sidérite.

ENCYCL. On estime qu'il tombe chaque année sur la Terre environ 10 000 t de matière météoritique. L'essentiel arrive au sol sous forme de poussières. Mais on observe aussi des chutes de météorites dont la masse se chiffre en kilogrammes ou en tonnes. Les débris de matière provenant de comètes passées près du Soleil donnent naissance à des essaims de météorites. Lorsque la Terre rencontre de tels essaims, on observe de nombreuses étoiles filantes qui semblent toutes émaner d'une même région du ciel, le radiant (par ex. les Perséides, chaque année, autour du 12 août ; les Léonides, tous les 33 ans, autour du 17 novembre, etc.).

MÉTÉORITIQUE adj. Relatif à une ou à des météorites. ◇ *Cratère météoritique* → **cratère.**

MÉTÉOROLOGIE n.f. (gr. *meteôrologia*). **1.** Branche de la géophysique qui se consacre à l'étude des éléments du temps (températures, précipitations, vents, pression, etc.) et à la recherche de modèles sur les mouvements de l'atmosphère. **2.** Organisme chargé de ces études. Abrév. *(fam.)* : *météo.*

ENCYCL. La météorologie est l'une des branches principales de la géophysique externe (avec l'hydrologie et l'océanologie physique), l'atmosphère étant la dernière enveloppe de la Terre. En météorologie, la théorie est fondée sur la mécanique des fluides et la thermodynamique, avec une

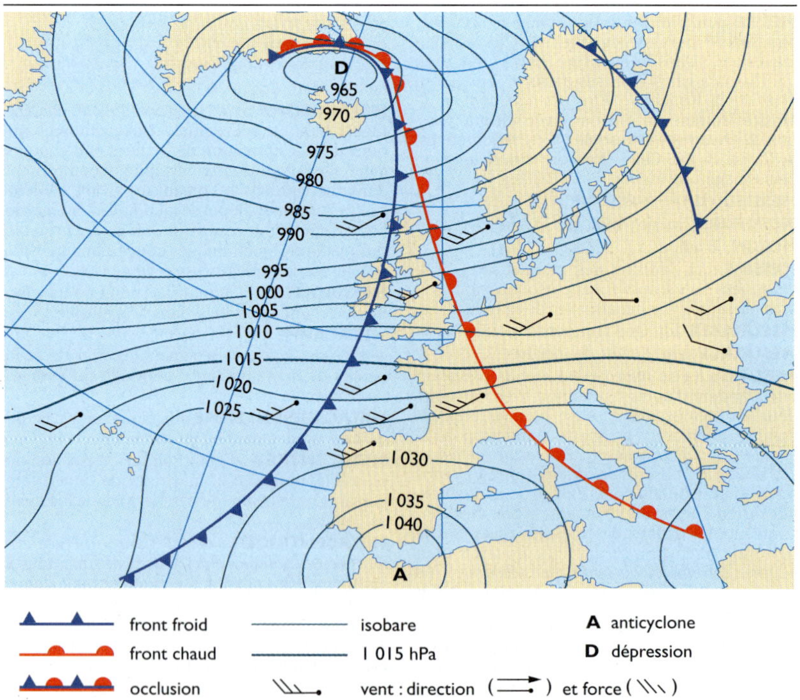

■ **MÉTÉOROLOGIE.** Exemple de courant perturbé d'ouest (les vents circulent de l'ouest vers l'est, entre la dépression et l'anticyclone), avec les principaux symboles utilisés.

finalité pratique : la prévision du temps. Les autres tâches sont multiples : observations et mesures (grâce aux stations, aux radiosondages, etc.) à la surface de la Terre et dans l'atmosphère ; analyse des données ; transmission de celles-ci au niveau international ; archivage climatologique ; diffusion des prévisions et des statistiques climatiques ; analyses hydrologiques ; étude des pollutions atmosphériques ; recherches sur les techniques instrumentales (radars) et spatiales (satellites, tels ceux de la famille Meteosat), les modèles de prévision, le climat, l'océan, etc. La météorologie progresse grâce à l'amélioration de la télédétection satellitaire et à celle de la coopération internationale, qui s'exerce au sein de l'Organisation météorologique mondiale (OMM). Le premier satellite météorologique fut Tiros 1 (É-U) en 1960.
Les applications de la météorologie concernent de nombreux secteurs : assistance aéronautique, marine (pêche, activités pétrolières, etc.), agricole (en liaison avec les études d'agroclimatologie). Enfin, les prévisions servent aussi à la planification et à la gestion des chantiers, aux transports routiers, à la gestion de la production d'électricité, etc. Des prévisions spécialisées concernent les risques d'avalanches, de feux de forêt, de pollutions, de crues et de cyclones.

MÉTÉOROLOGIQUE adj. Qui concerne la météorologie, le temps qu'il fait.

MÉTÉOROLOGUE ou **MÉTÉOROLOGISTE** n. Spécialiste de la météorologie.

MÉTÈQUE n.m. (gr. *metoikos*). **1.** ANTIQ. GR. Étranger domicilié dans une cité et jouissant d'un statut particulier. **2.** *Péjor.* Étranger établi en France et dont le comportement est jugé défavorablement.

MÉTHACRYLATE n.m. Ester de l'acide méthacrylique.

MÉTHACRYLIQUE adj. Se dit d'un acide carboxylique et de résines qui en dérivent et qui servent à la fabrication de verres de sécurité.

MÉTHADONE n.f. Substance morphinique de synthèse, utilisée comme succédané de l'héroïne dans le traitement de substitution de certains toxicomanes.

MÉTHANAL n.m. (pl. *méthanals*). CHIM. ORG. Aldéhyde *formique.

MÉTHANE n.m. (du gr. *methu,* boisson fermentée). Gaz incolore (CH_4), de densité 0,554, brûlant à l'air avec une flamme pâle. (Il se dégage des matières en putréfaction et constitue le gaz des marais. C'est le constituant essentiel du grisou et du gaz naturel.)

MÉTHANIER, ÈRE adj. Qui se rapporte à l'industrie du méthane, à son transport. *Terminal méthanier. Navire méthanier.* ◆ n.m. Cargo conçu pour le transport du gaz naturel (méthane) liquéfié.

MÉTHANISER v.t. Transformer des déchets, des ordures en méthane.

MÉTHANOÏQUE adj. CHIM. ORG. *Acide méthanoïque :* acide *formique.

MÉTHANOL n.m. Alcool *méthylique.

MÉTHÉMOGLOBINE n.f. Hémoglobine altérée d'une manière réversible et impropre au transport de l'oxygène.

MÉTHÉMOGLOBINÉMIE n.f. MÉD. Accumulation pathologique de méthémoglobine dans les globules rouges, notamm. lors d'intoxications par des substances chimiques.

MÉTHIONINE n.f. BIOCHIM. Acide aminé soufré indispensable à la croissance et à l'équilibre de l'organisme, présent dans les protéines.

MÉTHODE n.f. (lat. *methodus*). **1.** Marche rationnelle de l'esprit pour arriver à la connaissance ou à la démonstration d'une vérité. ◇ *Méthode expérimentale :* procédure qui consiste à observer les phénomènes, à en tirer des hypothèses et à vérifier les conséquences de ces hypothèses par une expérimentation scientifique. **2.** Manière ordonnée de mener qqch. *Procéder avec méthode.* **3.** Ensemble ordonné de manière logique de principes, de règles, d'étapes permettant de parvenir à un résultat ; technique, procédé. *Méthodes de fabrication.* **4.** Ensemble des règles qui permettent l'apprentissage d'une technique, d'une science. — Ouvrage groupant logiquement les éléments d'une science, d'un enseignement. *Méthode de lecture.*

MÉTHODIQUE adj. **1.** Qui procède d'une méthode. *Vérifications méthodiques.* ◇ PHILOS. *Doute méthodique :* chez Descartes, doute volontaire amenant à révoquer tout ce qui a été admis jusqu'alors, afin de laisser place au seul critère de l'évidence et de reconstruire le savoir sur une base inébranlable. **2.** Qui agit avec méthode.

MÉTHODIQUEMENT adv. Avec méthode.

MÉTHODISME n.m. Mouvement religieux protestant fondé en Angleterre au XVIIIe s. par John Wesley, afin de promouvoir le « réveil » de l'Église anglicane. (Les méthodistes, env. 30 millions auj., sont répandus dans le monde entier.)

MÉTHODISTE adj. et n. Relatif au méthodisme ; qui le professe.

MÉTHODOLOGIE n.f. **1.** Étude systématique, par observation, de la pratique scientifique, des principes qui la fondent et des méthodes de recherche qu'elle utilise. **2.** Ensemble des méthodes et des techniques d'un domaine particulier. **3.** *Cour.,* abusif en sciences. Manière de faire, de procéder ; méthode.

MÉTHODOLOGIQUE adj. Relatif à la méthodologie.

MÉTHYLE n.m. Radical univalent ($-CH_3$) dérivé du méthane. ◇ *Chlorure de méthyle :* liquide (CH_3Cl) qui se liquéfie à - 24 °C, employé comme agent frigorigène.

MÉTHYLÈNE n.m. (gr. *methu,* boisson fermentée, et *hulê,* bois). **1.** Radical divalent CH_2, maillon dans la chaîne des hydrocarbures saturés. ◇ *Bleu de méthylène :* colorant doué d'un pouvoir antiseptique faible. **2.** Espèce chimique (CH_2), fortement réactive, qui s'additionne sur les liaisons éthyléniques ou s'insère dans des liaisons simples (par ex. le chlorure de méthylène CH_2Cl_2).

MÉTHYLIQUE adj. CHIM. ORG. Se dit de composés dérivés du méthane. ◇ *Alcool méthylique :* alcool CH_3OH extrait des goudrons de bois ou préparé synthétiquement et utilisé comme solvant, combustible et matière première pour de nombreuses synthèses. SYN. : *méthanol.*

MÉTHYLORANGE n.m. CHIM. Hélianthine.

METICAL [metikal] n.m. (pl. *meticals*). Unité monétaire principale du Mozambique.

MÉTICULEUSEMENT adv. De façon méticuleuse.

MÉTICULEUX, EUSE adj. (lat. *meticulosus,* craintif). Qui manifeste une attention, un soin particuliers au moindre détail ; minutieux. *Un esprit méticuleux. Propreté méticuleuse.*

MÉTICULOSITÉ n.f. Caractère d'une personne, d'une action méticuleuse.

MÉTIER n.m. (lat. *ministerium,* service). **1.** Profession caractérisée par une spécificité exigeant une formation, de l'expérience, etc., et entrant dans un cadre légal ; toute activité dont on tire des moyens d'existence. *Choisir, apprendre, exercer un métier.* **2.** HIST. Ancien nom de la *corporation* (avant le XVIIIe s.). **3.** Savoir-faire, habileté technique résultant de l'expérience, d'une longue pratique ; secteur d'activité dans lequel une entreprise a acquis ce savoir-faire. *Avoir du métier. Les métiers d'une entreprise.* **4.** *Fig.* Fonction, rôle présentant certains des caractères d'une profession. *Le métier de parents.* **5.** Machine servant à travailler les textiles. *Métier à tisser, à tricoter.* **6.** Armature de bois rectangulaire ou circulaire sur laquelle on tend un ouvrage à broder.

MÉTIS, ISSE [metis] adj. et n. (lat. *mixtus,* mélangé). **1.** Qui est issu de l'union de deux personnes de couleur de peau différente. **2.** BOT., ZOOTECHN. Se dit d'un hybride obtenu à partir de deux variétés différentes de la même espèce. **3.** *Toile métisse,* ou *métis,* n.m. : toile dont la chaîne est en coton et la trame en lin. *Draps de métis.*

MÉTISSAGE n.m. **1.** Union féconde entre hommes et femmes de groupes humains présentant un certain degré de différenciation génétique. ◇ *Métissage culturel :* production culturelle (musique, littérature, etc.) résultant de l'influence mutuelle de civilisations en contact. **2.** Croisement de variétés végétales différentes, mais appartenant à la même espèce. **3.** ÉLEV. Croisement entre animaux de la même espèce, mais de races différentes, destiné à créer, au bout de quelques générations, une race aux caractéristiques intermédiaires.

MÉTISSER v.t. Croiser par métissage.

MÉTONYMIE n.f. (gr. *metônumia,* changement de nom). RHÉT. Procédé par lequel un concept est désigné par un terme désignant un autre concept qui lui est relié par une relation nécessaire (l'effet par la cause, le contenu par le contenant, le tout par la partie, etc.). [Ex. : *il s'est fait* refroidir (tuer) ; *toute la* ville *dort* (les habitants) ; *une fine* lame (escrimeur).]

MÉTONYMIQUE adj. Qui relève de la métonymie.

MÉTOPE n.f. (gr. *meta,* après, et *opê,* ouverture). ARCHIT. Partie de la frise dorique entre deux triglyphes ; panneau sculpté remplissant cet espace.

MÉTRAGE n.m. **1.** Action de métrer. **2.** Longueur en mètres, notamm. d'un coupon d'étoffe, d'un film. **3.** CINÉMA. *Court(-)métrage, long(-)métrage, moyen(-)métrage :* v. à leur ordre alphabétique.

1. MÈTRE n.m. (lat. *metrum,* mesure, gr. *metron*). **1.** Unité de longueur (symb. m), égale à la longueur du trajet parcouru dans le vide par la lumière pendant une durée de 1/299 792 458 de seconde. (Unité de base du SI.) **2.** Objet servant à mesurer et ayant la longueur d'un mètre.
ENCYCL. Le mètre avait été primitivement défini comme une longueur égale à la dix millionième partie du quart du méridien terrestre. Depuis la 1re Conférence générale des poids et mesures (Paris, 1889) et jusqu'en octobre 1960, il était représenté par la distance, à la température de 0 °C, des axes de deux traits parallèles tracés sur le prototype international en platine iridié déposé au pavillon de Breteuil, à Sèvres. De 1960 à 1983, le mètre a été défini à partir d'une des radiations émises par une lampe à décharge contenant l'isotope 86 du krypton. L'utilisation de lasers ayant permis une détermination très précise de la vitesse de la lumière, la nouvelle définition du mètre a été rattachée à la valeur de cette grandeur (résolution de la 17e Conférence générale des poids et mesures, octobre 1983).

M

2. MÈTRE n.m. (gr. *metron,* mesure). **1.** Dans la prosodie grecque et latine, groupe déterminé de syllabes longues ou brèves, comprenant deux temps marqués. **2.** Forme rythmique d'une œuvre poétique ; vers.

MÉTRÉ n.m. **1.** Mesure d'une construction, d'un ouvrage quelconques. **2.** Devis détaillé de tous travaux dans le bâtiment.

MÉTRER v.t. [11]. Effectuer un métré.

MÉTREUR, EUSE n. **1.** Personne qui établit des métrés pour un architecte, un entrepreneur. **2.** Personne chargée de contrôler l'état d'avancement d'un travail de construction par la mesure des éléments réalisés.

1. MÉTRIQUE adj. **1.** Relatif au mètre. ◇ *Système métrique :* ensemble des mesures ayant pour base le mètre. (→ *système*). — *Quintal métrique :* masse de 100 kg (symb. q). — *Tonne métrique :* masse de 1 000 kg (symb. t). [On utilise le qualificatif *métrique* dans les cas où il pourrait y avoir une confusion avec d'autres unités de masse, par ex. la tonne américaine, ou *short ton.*] **2.** Se dit d'ondes radio dont la longueur d'onde est comprise entre 1 et 10 m. **3.** *Géométrie métrique,* qui étudie les propriétés des figures invariantes par les isométries. **4.** ALGÈBRE. Se dit d'un ensemble E muni d'une distance.

2. MÉTRIQUE n.f. LITTÉR. **1.** Science qui étudie les éléments dont sont formés les vers. **2.** Système de versification propre à un poète, à un pays, à une langue. ◆ adj. Relatif à la mesure du vers.

MÉTRISATION n.f. Conversion des mesures au système métrique.

MÉTRITE n.f. (du gr. *mêtra,* matrice). MÉD. Toute inflammation de l'utérus, en partic. de la muqueuse de son corps (endométrite) ou de son col (cervicite).

1. MÉTRO n.m. (abrév. de *chemin de fer métropolitain*). **1.** Chemin de fer souterrain ou aérien à traction électrique qui dessert les quartiers d'une grande ville et de sa banlieue ; ensemble des installations de ce moyen de transport. **2.** Rame d'un tel chemin de fer. *Rater le dernier métro.* *(V. ill. page suivante).*

2. MÉTRO adj. et n. (abrév.). *Fam.* Se dit d'une personne originaire de la métropole, dans les départements et territoires français d'outre-mer.

3. MÉTRO n.m. Afrique. Franc français.

■ **MÉTRO.** Rame de métro à Caracas (Venezuela).

MÉTROLOGIE n.f. (gr. *metron,* mesure, et *logos,* science). Science des mesures.

MÉTROLOGIQUE adj. Relatif à la métrologie.

MÉTROLOGISTE ou **MÉTROLOGUE** n. Spécialiste de la métrologie.

M

MÉTRONOME n.m. (gr. *metron,* mesure, et *nomos,* règle). Appareil servant à marquer la pulsation rythmique d'un morceau de musique. (Il contrôle la régularité des temps et précise la vitesse d'exécution des différents temps.)

MÉTROPOLE n.f. (gr. *mêtêr,* mère, et *polis,* ville). **1.** État considéré par rapport à ses colonies, ses territoires extérieurs. **2.** Capitale politique ou économique d'une région, d'un État. ◇ ***Métropole d'équilibre :*** en France, grand centre urbain provincial devant contribuer à contrebalancer l'influence de Paris pour en limiter la croissance. **3.** Centre le plus important dans un domaine particulier. *Hollywood, la métropole du cinéma.* **4.** CHRIST. Chef-lieu d'une province ecclésiastique et siège de l'archevêque métropolitain. SYN. : *archevêché.*

1. MÉTROPOLITAIN, E adj. **1.** Qui appartient à une métropole, à la mère patrie. **2.** Qui appartient à une métropole ecclésiastique. *Église métropolitaine.* ◇ ***Archevêque métropolitain,*** ou ***métropolitain,*** n.m. : archevêque qui a juridiction sur une province ecclésiastique. ◆ adj. et n. De la métropole.

2. MÉTROPOLITAIN n.m. Vieilli ou *terme administratif.* Métro.

MÉTROPOLITE n.m. RELIG. Prélat orthodoxe qui occupe un rang intermédiaire entre le patriarche et les archevêques.

MÉTRORRAGIE n.f. (gr. *mêtra,* matrice, et *rhagê,* rupture). MÉD. Hémorragie utérine survenant en dehors des règles. SYN. : *pertes rouges.*

METS [mɛ] n.m. (du lat. *missus,* mis sur la table). Tout aliment apprêté qui entre dans la composition d'un repas.

METTABLE adj. Se dit d'un vêtement que l'on peut mettre, porter.

METTEUR n.m. **1.** *Metteur en scène :* personne qui règle la réalisation scénique d'une œuvre dramatique ou lyrique en dirigeant les acteurs et en harmonisant les divers éléments de la représentation (texte, décor, musique, etc.) ; réalisateur d'un film. **2.** *Metteur en ondes :* spécialiste de la mise en ondes d'émissions radiophoniques. **3.** *Metteur en pages :* personne qui effectue la mise en pages d'un ouvrage.

METTRE v.t. [64] (lat. *mittere,* envoyer). **1.** Placer qqch ou qqn dans un endroit déterminé. *Mettre ses clefs dans son sac. Mettre un enfant au lit.* **2.** Disposer sur le corps ; revêtir, porter. *Mettre une robe neuve, un chapeau, des lunettes.* **3.** Ajouter une chose à une autre ; inclure dans un tout ; insérer, introduire. *Mettre du sel dans une sauce. Mettre son nom sur une liste. Mettre le doute dans les esprits.* **4.** Placer dans une certaine position, une certaine situation. *Mettre à l'envers, à l'endroit. Mettre qqn à la tête d'un groupe. Mettre un employé à la retraite.* **5.** Faire fonctionner un appareil ; actionner un mécanisme. *Mettre le contact, le verrou. Mettre la radio.* **6.** Faire résider, consister ; placer, fonder. *Chacun met son bonheur où il lui plaît.* **7.** Employer certains moyens à qqch ; utiliser, consacrer, investir, dépenser. *Mettre six mois à répondre à une lettre. Enfin, te voilà ! Tu y as mis le temps ! Mettre mille euros dans un tableau. Mettre tout son cœur dans un travail.* ◇ ***Y mettre du sien :*** faire des concessions, contribuer à. – *Fam.* ***En mettre un coup :*** donner son plein effort. **8.** Modifier la forme, la structure de qqch. *Mettre un vase en miettes. Mettre une pièce en vers. Mettre en ordre. Mettre un mot au pluriel.* **9.** Faire passer dans un certain état physique ou moral. *Mettre qqn en colère. La promenade l'a mis en forme. L'incident les mit en joie.* **10.** Soumettre à une action. *Mettre de l'eau à chauffer.* **11.** *Fam.* ***Mettons, mettez :*** supposons, supposez. ◆ **se mettre** v.pr. **1.** Occuper un lieu, une fonction, une situation ; se placer. *Se mettre à table. Se mettre devant les autres.* **2.** Prendre une certaine position. *Se mettre debout.* **3.** S'habiller de telle manière, avec tel vêtement. *Se mettre en uniforme. N'avoir rien à se mettre.* **4.** Commencer à être dans tel état, dans telle situation. *Se mettre en nage. Se mettre en frais.* **5.** Commencer à faire qqch. *Se mettre au travail. Se mettre à fumer.* **6.** *Se mettre en tête, dans la tête, dans l'esprit :* s'imaginer ; vouloir absolument.

MEUBLANT, E adj. DR. *Meubles meublants :* objets qui servent à meubler et à garnir un logement.

1. MEUBLE adj. (lat. *mobilis,* mobile). **1.** GÉOL. Se dit d'une formation dont les éléments ont peu ou pas de cohésion (limons, vases, sables, cendres volcaniques, etc.). **2.** Qui se fragmente, se laboure facilement. *Sol, terre meubles.*

2. MEUBLE adj. DR. **a.** *Bien meuble par nature :* bien corporel susceptible d'être déplacé (par oppos. à *bien immeuble*). **b.** *Bien meuble par détermination de la loi :* bien incorporel que la loi assimile aux précédents (créances, hypothèques, etc.).

3. MEUBLE n.m. **1.** Tout objet mobile servant à l'aménagement, voire à la décoration d'un lieu d'habitation (notamm. lit, armoire, table, siège, luminaire) ou d'un bureau. **2.** DR. Bien meuble. **3.** HÉRALD. Figure héraldique occupant une place variable dans l'écu. SYN. : *pièce.*

MEUBLÉ, E adj. et n.m. Se dit d'un appartement loué avec le mobilier.

MEUBLER v.t. **1.** Garnir, équiper de meubles. **2.** Remplir un vide ; occuper une période de temps. *Savoir meubler ses loisirs.* ◆ v.i. Produire un effet d'ornementation. *Étoffe qui meuble bien.*

MEUF [mœf] n.f. (verlan de *femme*). *Fam.* Femme, notamm. jeune femme.

MEUGLEMENT n.m. Cri sourd et prolongé des bovins ; beuglement.

MEUGLER v.i. (bas lat. *mugilare,* de *mugire*). Pousser des meuglements ; beugler.

MEULAGE n.m. Action de meuler.

1. MEULE n.f. (lat. *mola*). **1.** Lourd cylindre en pierre, servant à moudre les grains, à écraser les olives. *La meule d'un moulin.* **2.** Corps solide de forme circulaire constitué de matière abrasive, qui sert à aiguiser, à polir. **3.** Grande pièce cylindrique de fromage. *Meule de gruyère.* **4.** Suisse. *Fam. Faire la meule :* harceler qqn pour obtenir qqch.

2. MEULE n.f. **1.** Tas de gerbes de céréales, ou tas de paille ou de foin, lié ou en vrac, constitué pour la conservation de ces produits. **2.** Anc. Tas de bois recouvert de gazon, que l'on carbonise en plein air pour fabriquer du charbon de bois. **3.** HORTIC. Anc. Couche à champignons.

3. MEULE n.f. *Arg.* Motocyclette, cyclomoteur.

MEULER v.t. Usiner ou dresser à la meule.

MEULIÈRE n.f. Roche sédimentaire siliceuse employée autref. en région parisienne à la fabrication de meules à grain et utilisée par la suite en construction. (On dit aussi *pierre meulière.*)

MEULON n.m. Petit tas de paille, de foin ou d'autres fourrages.

MEUNERIE n.f. **1.** Usine pour la transformation des grains en farine. **2.** Industrie de la transformation des grains en farine. SYN. : *minoterie.*

1. MEUNIER, ÈRE adj. (lat. *molinarius*). Qui concerne la meunerie. ◆ n. **1.** Personne qui dirige une meunerie ou un moulin. ◇ *Échelle de meunier* → **échelle.** **2.** *Truite, sole, etc. (à la) meunière,* farinée, cuite au beurre à la poêle, citronnée et servie dans son jus de cuisson.

2. MEUNIER n.m. **1.** Chevaine. **2.** Blatte. **3.** Variété de pinot à grains noirs servant à préparer les vins de Champagne.

MEUNIÈRE n.f. Mésange d'Europe et d'Asie, à longue queue. (Genre *Aegithalos ;* famille des paridés.)

MEURETTE n.f. (anc. fr. *murette,* sauce). Sauce au vin rouge, avec des croûtons, accompagnant les œufs, le poisson, etc.

MEURSAULT [mœrso] n.m. (n. d'une commune de la Côte-d'Or). Vin de Bourgogne réputé, issu du cépage chardonnay.

MEURTRE n.m. (de *meurtrir*). Action de tuer volontairement un être humain.

MEURTRIER, ÈRE n. Personne qui commet ou qui a commis un meurtre. ◆ adj. Propre à causer la mort ; qui provoque la mort de beaucoup de monde. *Épidémie meurtrière.*

MEURTRIÈRE n.f. Ouverture étroite, souvent verticale, pratiquée dans le mur d'un ouvrage fortifié pour lancer des projectiles sur les assaillants.

MEURTRIR v.t. (francique *murthrjan,* assassiner). **1.** Blesser par un choc qui laisse une marque sur la peau ; contusionner. **2.** Endommager un fruit par choc ou par contact ; taler. **3.** *Fig.* Blesser moralement ; marquer. *Cette humiliation l'a meurtri.*

MEURTRISSURE n.f. **1.** Contusion marquée par une tache bleuâtre. **2.** Partie d'un fruit endommagée par un choc.

MEUTE [møt] n.f. (du lat. *motus,* mû). **1.** Ensemble de chiens dressés pour la chasse à courre. **2.** *Fig.* Foule, bande de gens acharnés contre qqn. *Une meute de créanciers.*

MeV, symb. de mégaélectronvolt (un million d'électronvolts), unité pratique d'énergie utilisée en physique des particules.

MÉVENTE n.f. Vente inférieure aux prévisions, ou en baisse notable.

MEXICAIN, E adj. et n. Du Mexique, de ses habitants.

MÉZIGUE ou **MÉZIG** pron. pers. *Arg.* Moi.

MEZZANINE [mɛdzanin] n.f. (ital. *mezzanino,* entresol). **1.** ARCHIT. Niveau intermédiaire ménagé dans une pièce haute de plafond. **2.** Petit étage compris entre l'orchestre et le balcon, dans un théâtre ; corbeille.

MEZZA VOCE [mɛdzavɔtʃe] loc. adv. (mots ital.). À mi-voix.

MEZZO-SOPRANO [mɛdzosɔprano] n.m. ou n.f. [pl. *mezzo-sopranos*] (mots ital.). Voix de femme plus grave et plus étendue que le soprano ; chanteuse qui possède une voix de mezzo-soprano.

MEZZOTINTO [mɛdzotinto] n.m. inv. (ital. *mezzo tinto,* demi-teinte). GRAV. Manière noire.

Mflops n.m. (abrév.). Symbole du mégaflops.

MHD ou **M.H.D.** n.f. (abrév.). Magnétohydrodynamique.

MI- (lat. *medius,* qui est au milieu). Préfixe qui se joint à certains mots par un trait d'union et qui signifie *à moitié, à demi, au milieu de. À mi-jambe. Toile mi-fil, mi-coton. La mi-août.* ◇ ***Mi-figue, mi-raisin*** → **figue.**

MI n.m. inv. Note de musique, troisième degré de la gamme de *do.*

MIAM ou **MIAM-MIAM** interj. *Fam.* Indique que qqch est appétissant, alléchant. *Miam ! Ça a l'air bon, ce que tu prépares !*

MIAOU n.m. (onomat.). Cri du chat, miaulement.

MIASMATIQUE adj. *Litt.* Qui exhale des miasmes.

MIASME n.m. (gr. *miasma,* souillure). [Surtout pl.] Émanation dangereuse de matières putrides dégageant une odeur désagréable.

MIAULEMENT n.m. Cri du chat et de certaines espèces voisines.

MIAULER v.i. (onomat.). Pousser son cri, en parlant du chat et de certains carnassiers.

MI-BAS n.m. inv. Longue chaussette fine, s'arrêtant au-dessous du genou. SYN. : *demi-bas.*

MI-BOIS (À) loc. adv. MENUIS. *Assemblage à mi-bois,* réalisé en entaillant deux pièces de bois sur la moitié de leur épaisseur.

MICA n.m. (mot lat. *parcelle*). MINÉRALOG. Silicate d'aluminium et de potassium brillant et clivable, abondant dans les roches magmatiques et métamorphiques. (Les deux principaux micas sont la biotite [ou *mica noir*], à lamelles hexagonales, et la muscovite [ou *mica blanc*], utilisée pour sa transparence et son infusibilité.)

MICACÉ, E adj. Qui contient du mica.

MI-CARÊME n.f. (pl. *mi-carêmes*). Jeudi de la troisième semaine du carême, que l'on célèbre par des fêtes.

MICASCHISTE [mikaʃist] n.m. Roche métamorphique feuilletée, formée de lits de mica séparés par de petits cristaux de quartz.

MICELLAIRE adj. Constitué de micelles.

MICELLE n.f. (du lat. *mica,* parcelle). Particule mesurant entre 0,001 et 0,3 micromètre, formée d'un agrégat de molécules semblables, et donnant un système colloïdal.

MICHE n.f. (du lat. *mica,* parcelle). Gros pain rond. – Belgique, Suisse. Petit pain rond. ◆ pl. *Fam.* Fesses.

MICHELINE n.f. (de *Michelin,* n.pr.). CH. DE F. **1.** Autorail qui était monté sur pneumatiques spéciaux (1932 - 1953). **2.** *Cour.,* abusif. Tout autorail.

MI-CHEMIN (À) loc. adv. Vers le milieu du chemin qui mène quelque part. ◆ **à mi-chemin de** loc. prép. Entre deux choses, à une étape intermédiaire. *À mi-chemin du rire et des larmes.*

MICHETON n.m. *Arg.* Client d'un(e) prostitué(e).

MI-CLOS, E adj. À moitié fermé. *Yeux mi-clos.*

MICMAC n.m. (du moyen fr. *meutemacre,* rébellion). *Fam.* Situation suspecte et embrouillée ; imbroglio.

MICOCOULIER n.m. (mot provenç.). Arbre ou arbuste des régions tempérées et tropicales, dont une espèce méditerranéenne, au bois très dur, sert à faire des manches d'outils, des cannes. (Haut. jusqu'à 25 m ; genre *Celtis,* famille des ulmacées.)

MICOQUIEN n.m. (du gisement de *la Micoque,* aux Eyzies-de-Tayac). PRÉHIST. Faciès industriel correspondant à l'acheuléen final et marquant la transition avec le paléolithique moyen. ◆ **micoquien, enne** adj. Du micoquien.

MI-CORPS (À) loc. adv. Au milieu du corps, jusqu'au milieu du corps.

MI-CÔTE (À) loc. adv. À la moitié de la côte.

MI-COURSE (À) loc. adv. **1.** Vers le milieu de la course. **2.** Au milieu du chemin à parcourir pour atteindre un but.

MICR- ou **MICRO-** (gr. *mikros,* petit). Préfixe (symb. µ) qui, placé devant une unité, la divise par un million (10^6).

1. MICRO n.m. (abrév.). Microphone.

2. MICRO n.m. (abrév.). *Fam.* Micro-ordinateur.

3. MICRO n.f. (abrév.). *Fam.* Micro-informatique.

MICROALVÉOLE n.f. AUDIOVIS. Très petite alvéole, et spécial. chacune de celles qui constituent la piste d'un enregistrement numérique sur disque compact. SYN. : *microcuvette.*

MICROANALYSE n.f. Analyse chimique portant sur des masses de substance faibles, par convention de 0,1 à 5 mg.

MICROBALANCE n.f. Balance utilisée pour mesurer de très petites masses.

MICROBE n.m. (gr. *mikros,* petit, et *bios,* vie). **1.** (Vx en biologie). Micro-organisme. **2.** *Fam.* Personne chétive, petite ou sans envergure.

MICROBIEN, ENNE adj. Relatif aux micro-organismes.

MICROBILLE n.f. Particule de pigment, d'agent abrasif, de charge inerte, obtenue par micronisation.

MICROBIOLOGIE n.f. Ensemble des disciplines biologiques (bactériologie, mycologie, virologie et parasitologie) qui s'occupent des micro-organismes.

MICROBIOLOGISTE n. Spécialiste de microbiologie.

MICROBOUTURAGE n.m. BIOL. Micropropagation.

MICROBRASSERIE n.f. Québec. Brasserie artisanale ou disposant de moyens de production plus ou moins modestes.

MICROCASSETTE n.f. Cassette magnétique miniaturisée.

MICROCÉPHALE adj. et n. (gr. *mikros,* petit, et *kephalê,* tête). Atteint de microcéphalie.

MICROCÉPHALIE n.f. Diminution anormale du volume du crâne.

MICROCHIMIE n.f. Chimie portant sur des quantités de matière de l'ordre du milligramme.

MICROCHIRURGIE n.f. Chirurgie pratiquée sous le contrôle du microscope, avec des instruments miniaturisés.

MICROCIRCUIT n.m. Circuit électronique de très petites dimensions, composé de circuits intégrés, de transistors, de diodes, de résistances et de capacités, et enfermé dans un boîtier étanche.

MICROCLIMAT n.m. Climat régnant dans une petite couche de l'atmosphère adjacente à une surface quelconque (sol, roche, etc.), et de dimension inférieure au décamètre. (Cette notion est parfois étendue de façon abusive à une petite région [ville, vallée, etc.] ; il vaut mieux alors parler de *climat local.*)

MICROCLINE n.m. MINÉRALOG. Feldspath potassique.

MICROCOSME n.m. (gr. *mikros,* petit, et *kosmos,* monde). **1.** En philosophie et dans les doctrines ésotériques, être constituant un monde en réduction dont la structure reflète le monde *(macrocosme)* auquel il appartient. – *Spécial.* L'homme ainsi considéré par rapport à l'Univers. (Ce thème a particulièrement imprégné la Renaissance.) **2.** Milieu social replié sur lui-même.

MICROCOSMIQUE adj. Relatif au, à un microcosme.

MICRO-CRAVATE n.m. (pl. *micros-cravates*). ÉLECTROACOUST. Micro miniaturisé, que l'on peut accrocher aux vêtements.

MICROCRISTAL n.m. (pl. *microcristaux*). MÉTALL. Cristal microscopique formant la structure des principaux alliages.

MICROCUVETTE n.f. AUDIOVIS. Microalvéole.

MICROCYTOSE n.f. Diminution de la taille des globules rouges, lors de certaines anémies.

MICRODISSECTION n.f. BIOL. Dissection faite sous le microscope sur des cellules ou des êtres de petite taille.

MICROÉCONOMIE n.f. Branche de la science économique étudiant les comportements individuels des agents économiques.

MICROÉCONOMIQUE adj. Relatif à la microéconomie.

MICROÉDITION n.f. Publication assistée par ordinateur (PAO).

MICROÉLECTRONIQUE n.f. Technologie des composants, des circuits, des assemblages électroniques miniaturisés.

MICROFAUNE n.f. ÉCOL. Ensemble des animaux de très petite taille (arthropodes, mollusques, protozoaires, etc.) présents dans un milieu donné.

MICROFIBRE n.f. Fibre textile très fine (titre inférieur à 1 décitex), utilisée pour conférer à un produit des propriétés particulières ou pour abaisser les limites d'aptitude à la filature.

MICROFICHE n.f. Film en feuilles rectangulaires comportant une ou plusieurs images de dimensions très réduites.

MICROFILM n.m. Film en rouleau ou en bande composé d'une série d'images de dimensions très réduites.

MICROFILMER v.t. Reproduire des documents sur microfilm.

MICROFLORE n.f. Flore microbienne d'un milieu donné.

MICROFORME n.f. Tout support d'information comportant des images de dimensions très réduites.

MICROFRACTOGRAPHIE n.f. Technique d'examen des cassures des matériaux, en partic. des métaux, au microscope.

MICROGLOBULINE n.f. Protéine faisant partie du système HLA, présente également dans le sang.

MICROGRAPHIE n.f. **1.** Étude au microscope de très petits objets, notamm. de la structure des métaux et alliages. **2.** Ensemble des opérations liées à l'utilisation des microformes.

MICROGRAPHIQUE adj. Relatif à la micrographie.

MICROGRAVITÉ n.f. Micropesanteur.

MICROGRENU, E adj. GÉOL. Se dit des roches magmatiques filoniennes caractérisées par une texture en petits grains visibles seulement au microscope.

MICRO-INFORMATIQUE n.f. (pl. *micro-informatiques*). Domaine de l'informatique relatif à la fabrication et à l'utilisation des micro-ordinateurs. Abrév. *(fam.) : micro.* ◆ adj. Relatif à la micro-informatique.

MICRO-INTERVALLE n.m. (pl. *micro-intervalles*). MUS. Intervalle plus petit qu'un demi-ton.

MICRO-IRRIGATION n.f. (pl. *micro-irrigations*). Technique d'irrigation dans laquelle l'eau est apportée à faible dose seulement à proximité directe des plantes.

MICROLITE n.m. Dans une roche volcanique, petit cristal allongé (en partic. plagioclase), visible seulement au microscope.

MICROLITHE n.m. (gr. *mikros,* petit, et *lithos,* pierre). PRÉHIST. Petite pièce de pierre taillée souvent destinée à être enchâssée ou emmanchée.

MICROLITHIQUE adj. Relatif au microlithe.

MICROLITIQUE adj. Se dit d'une roche volcanique formée essentiellement de microlites.

MICROMANIPULATEUR n.m. Appareil permettant d'effectuer diverses interventions (usinage, assemblage, etc.) sur de très petites pièces observées au microscope.

MICROMÉCANIQUE n.f. Ensemble des techniques concernant la conception, la fabrication et le fonctionnement des objets mécaniques de très petites dimensions.

MICROMÉTÉORITE n.f. Météorite de très petites dimensions.

MICROMÈTRE n.m. **1.** Instrument permettant de mesurer avec une grande précision des longueurs ou des angles très petits. **2.** Un millionième de mètre (symb. µm).

MICROMÉTRIE n.f. Mesure des très petites dimensions.

MICROMÉTRIQUE adj. Relatif à la micrométrie. ◇ *Vis micrométrique,* à pas très fin et à tête graduée, permettant de réaliser des réglages très précis.

M

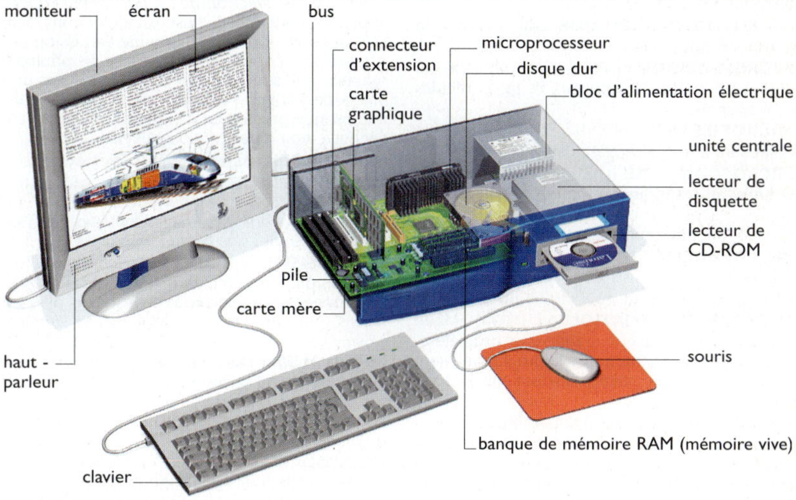

■ MICRO-ORDINATEUR

MICROMODULE n.m. Circuit électronique de très petite dimension imprimé sur une mince plaquette de céramique.

MICROMUTATION n.f. GÉNÉT. Mutation ponctuelle sur un chromosome (par oppos. à *macromutation*).

MICRON n.m. Ancien nom du micromètre (appellation non légale).

MICRONÉSIEN, ENNE adj. et n. **1.** De la Micronésie. **2.** Des États fédérés de Micronésie, de leurs habitants.

MICRONISATION n.f. Réduction d'un corps solide en particules (microbilles) ayant des dimensions de l'ordre du micromètre.

MICRONISER v.t. Procéder à une micronisation.

MICRONUTRIMENT n.m. PHYSIOL. Oligoélément.

MICRO-ONDE n.f. (pl. *micro-ondes*). Onde électromagnétique d'une longueur comprise entre 1 m et 1 mm.

MICRO-ONDES n.m. inv. Four à cuisson très rapide utilisant les micro-ondes.

MICRO-ORDINATEUR n.m. (pl. *micro-ordinateurs*). Ordinateur construit autour d'un microprocesseur auquel on adjoint l'environnement logiciel et matériel (écran, clavier) nécessaire au traitement complet de l'information. Abrév. *(fam.) : micro.* *(V. ill. page précédente).*

MICRO-ORGANISME n.m. (pl. *micro-organismes*). Être vivant microscopique tel que les bactéries, les virus, les champignons unicellulaires (levures) et les protistes. (Appelés autrefois *microbes,* les micro-organismes jouent un rôle essentiel dans les cycles écologiques, mais certaines espèces sont pathogènes.)

MICROPESANTEUR n.f. Pesanteur très réduite, au moins inférieure au millième de la pesanteur terrestre normale. SYN. : *microgravité.*

MICROPHONE n.m. ÉLECTROACOUST. Appareil qui transforme les vibrations sonores en oscillations électriques. Abrév. : *micro.*

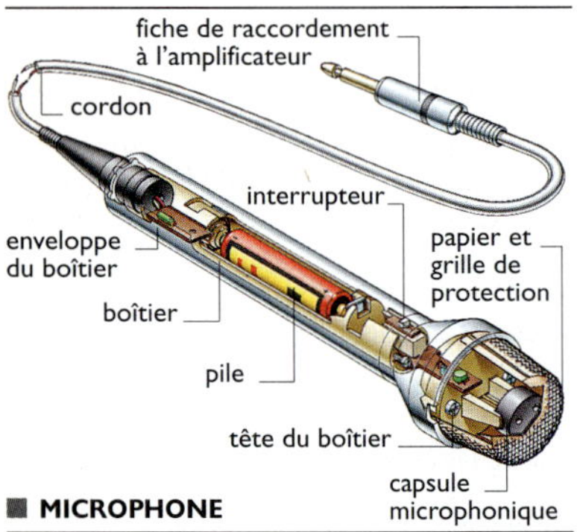

■ **MICROPHONE**

MICROPHONIQUE adj. Relatif à un microphone.

MICROPHOTOGRAPHIE n.f. Photographie des préparations microscopiques.

MICROPHOTOGRAPHIQUE adj. Relatif à la microphotographie.

MICROPHYSIQUE n.f. Partie de la physique qui étudie les atomes, les noyaux et les particules élémentaires.

MICROPILULE n.f. Pilule contraceptive ne contenant que des progestatifs.

MICROPODIFORME n.m. Oiseau à pattes très courtes, au comportement alimentaire très spécialisé, tel que le martinet et le colibri. (Les micropodiformes constituent un ordre.)

MICROPROCESSEUR n.m. ÉLECTRON., INFORM. Processeur miniaturisé dont tous les éléments sont rassemblés en un seul circuit intégré.

MICROPROGRAMMATION n.f. INFORM. Mode d'organisation de la commande d'un ordinateur, dans lequel les instructions du programme sont exécutées par une suite d'instructions élémentaires.

MICROPROPAGATION n.f. BIOL. Multiplication végétale non sexuée à partir de fragments de plantes réalisée par culture in vitro sur milieu stérile et utilisée à l'échelle industrielle pour la production des rosiers, des orchidées, etc. SYN. : *microbouturage.*

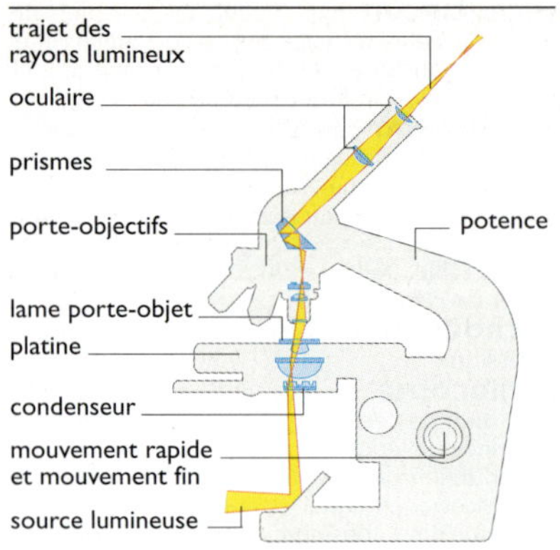

microscope optique

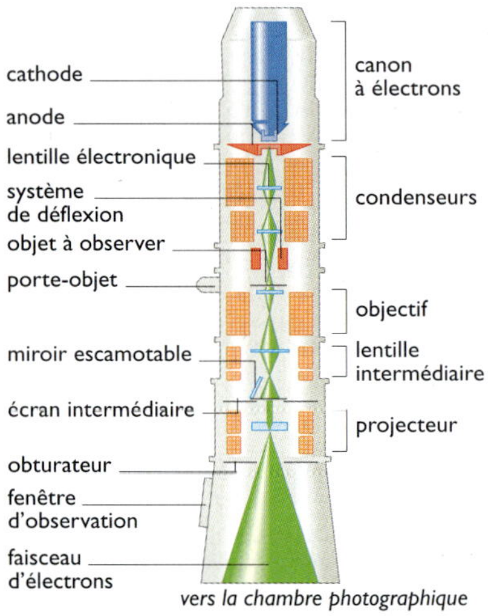

microscope électronique

■ **MICROSCOPES.** Principes de fonctionnement.

MICROPYLE n.m. (de *micro-* et gr. *pulê,* porte). BOT. Petit orifice dans les téguments de l'ovule des végétaux phanérogames, permettant la fécondation.

MICROSATELLITE n.m. ASTRONAUT. Petit satellite, pesant généralement moins de 100 kg, placé à bord d'un lanceur comme passager auxiliaire, en même temps qu'une charge utile principale.

MICROSCOPE n.m. (gr. *mikros,* petit, et *skopein,* observer). Instrument d'optique composé de plusieurs lentilles, qui sert à regarder les objets très petits. ◇ *Microscope électronique :* appareil analogue au microscope optique, dans lequel les rayons lumineux sont remplacés par un faisceau d'électrons. (Il peut grossir jusqu'à 500 000 fois.) – *Microscope électronique à balayage (MEB) :* appareil dans lequel un faisceau d'électrons focalisé sur l'objet à observer entraîne l'émission par celui-ci d'électrons secondaires et de photons, signaux qui sont ensuite transformés en une image de l'objet. – *Microscope à effet tunnel :* microsonde permettant d'explorer une surface à l'échelle atomique, et utilisant l'*effet *tunnel.*

MICROSCOPIE n.f. Examen au microscope.

MICROSCOPIQUE adj. **1.** Fait au moyen du microscope. **2.** Qui ne peut être vu qu'avec un microscope. *Particules microscopiques.* **3.** Très petit, minuscule. *Une écriture microscopique.*

MICROSÉISME n.m. GÉOPHYS. Séisme de très faible amplitude, détectable seulement au moyen d'instruments, qui se produit de façon plus ou moins permanente (par oppos. au *macroséisme*).

MICROSILLON [-si-] n.m. Disque phonographique portant cent spires en moyenne au centimètre de rayon, et dont la gravure permet une audition de 25 minutes environ par face de 30 cm de diamètre.

MICROSOCIOLOGIE n.f. Étude des relations sociales au sein des petits groupes.

MICROSONDE n.f. Appareil qui permet, grâce à l'impact d'un faisceau d'électrons sur une lame mince, de doser les éléments que contient cette lame.

MICROSPORANGE n.m. BOT. Sporange produisant des microspores.

MICROSPORE n.f. BOT. Spore fournie par certains cryptogames, plus petite que la spore femelle et qui germe en donnant un gamétophyte mâle.

MICROSTRUCTURE n.f. *Didact.* Structure dépendant d'une structure plus vaste.

MICROTECHNIQUE n.f. Technique applicable à la conception, la fabrication, la réparation, etc., d'objets de très petites dimensions.

MICROTOME n.m. Instrument permettant de découper des tissus animaux ou végétaux en tranches de quelques micromètres (*microtome* proprement dit), ou quelques centièmes de micromètre d'épaisseur *(ultramicrotome),* en vue d'un examen au microscope.

MICROTRACTEUR n.m. Petit tracteur agricole pour le jardinage et le maraîchage.

MICROTRAUMATISME n.m. MÉD. Traumatisme très léger, sans conséquence lorsqu'il est unique, mais dont la répétition peut entraîner des manifestations pathologiques.

MICRO-TROTTOIR n.m. (pl. *micros-trottoirs*). Enquête d'opinion effectuée au hasard dans la rue, pour une radio ou une télévision.

MICROTUBULE n.m. BIOL. CELL. Fine structure cytoplasmique cylindrique, constituant des centrioles, des fibres du fuseau mitotique, des structures ciliaires (cils et flagelles), d'une partie du squelette cellulaire et qui intervient dans le transport intracellulaire de substances, ainsi que dans la mobilité cellulaire.

MICROVILLOSITÉ n.f. HISTOL. Petite saillie effilée de la surface cellulaire, dans les épithéliums glandulaires.

MICTION [miksjɔ̃] n.f. (bas lat. *mictio*). PHYSIOL. Action d'uriner. – REM. À distinguer de *mixtion.*

MIDDLE JAZZ [midəldʒaz] n.m. inv. (mots anglo-amér.). Ensemble des styles de jazz qui succédèrent à ceux de La Nouvelle-Orléans et de Chicago et restèrent en vogue jusqu'à l'apparition du be-bop, au début des années 40, sans pour autant disparaître complètement.

1. MIDI n.m. (de *mi-* et anc. fr. *di,* du lat. *dies,* jour). **1.** Milieu du jour ; heure, moment du milieu du jour (douzième heure). ◇ *Chercher midi à quatorze heures :* chercher des difficultés là où il n'y en a pas. – Belgique. *Heure, temps de midi :* heure du déjeuner. **2.** *Litt.* Le milieu d'une durée, surtout en parlant de l'existence humaine. ◇ *Le démon de midi :* les tentations d'ordre sexuel qui assaillent l'homme vers le milieu de la vie. **3.** Le sud comme point cardinal ; la direction sud. *Exposition au midi.* **4.** (Avec une majuscule.) Région sud de la France. *L'accent du Midi.*

2. MIDI adj. inv. (acronyme de l'angl. *musical instrument digital interface,* interface numérique pour instrument de musique). Se dit de l'interface normalisée qui permet le transfert d'informations en temps réel entre divers instruments de musique électroniques.

MIDINETTE n.f. (de *midi* et *dînette*). *Fam.* **1.** Vx. Jeune ouvrière parisienne de la couture et de la mode. **2.** Jeune fille à la sentimentalité naïve.

MIDRASH [midraʃ] n.m. (mot hébr., de *darash,* scruter). Méthode d'exégèse rabbinique de la Bible qui, au-delà du sens littéral fixé à partir d'un certain moment de l'histoire, tend à rechercher dans les écrits bibliques une signification plus profonde. Pluriel savant : *midrashim.*

1. MIE n.f. (de *mica,* parcelle). Partie intérieure du pain. ◇ *Fam.,* vieilli. *À la mie de pain :* sans valeur.

2. MIE n.f. (de *m'amie,* mon amie). *Litt.,* vx. Amie. *Ma mie.*

MIEL n.m. (lat. *mel*). Substance sucrée et parfumée produite par les abeilles, à partir du nectar des fleurs ou de sécrétions de certaines plantes, qu'elles transforment dans leur jabot et entreposent dans les alvéoles de la ruche. ◇ *Être tout miel,* ou *être tout sucre, tout miel,* d'une affabilité hypocrite. – *Faire son miel de :* se servir avec profit de qqch.

MIELLAT n.m. Produit sucré élaboré par divers pucerons à partir de la sève des végétaux, et dont se nourrissent certaines abeilles et fourmis.

MIELLÉ, E adj. Propre au miel ; qui rappelle le miel. *Odeur miellée.*

MIELLÉE n.f. BOT. Production saisonnière intense du nectar par les fleurs.

MIELLEUSEMENT adv. D'un ton mielleux.

MIELLEUX, EUSE adj. D'une douceur hypocrite. *Paroles mielleuses.*

MIEN, MIENNE pron. poss. (lat. *meus*). Précédé de *le, la, les,* désigne ce qui est à moi. *C'est votre opinion, ce n'est pas la mienne.* ◇ *Les miens :* ma famille, mes proches. ◆ adj. poss. *Litt.* Qui est à moi. *Je ne fais pas mienne votre proposition. Un mien ami.*

MIETTE n.f. (de *1. mie*). **1.** Petit fragment qui tombe du pain, d'un gâteau quand on le coupe. ◇ *Ne pas perdre une miette de qqch,* y prêter une grande attention. **2.** *Fig.* Ce qui reste de qqch ; bribe, parcelle, débris. *Les miettes d'une fortune.* ◇ *En miettes :* en petits morceaux.

MIEUX adv. (lat. *melius*). **1.** (Comparatif de *bien.*) De façon plus convenable, plus avantageuse, plus favorable. *Ça vaut mieux. Elle se porte mieux.* ◇ *Aimer mieux :* préférer. – *À qui mieux mieux :* à l'envi, avec émulation. – *De mieux en mieux :* en s'améliorant. – *Être, aller mieux :* être en meilleure santé. – *Tant mieux ! :* expression de satisfaction dont on se sert pour se féliciter d'une chose. **2.** (Avec un déterminant.) Superlatif de *bien. C'est la mieux faite.* ◇ *Au mieux :* aussi bien que possible ; dans le meilleur des cas. – *Acheter, vendre au mieux :* exécuter un ordre (de vente ou d'achat) au premier cours coté à la Bourse du jour, quelles que soient les conditions du marché. – *Faute de mieux :* à défaut d'une chose plus avantageuse, plus agréable. ◆ n.m. **1.** Ce qui est préférable, plus avantageux. *Le mieux est d'y aller.* **2.** État meilleur ; amélioration. *Le médecin a constaté un mieux.*

MIEUX-ÊTRE n.m. inv. Amélioration du confort, de la santé, etc.

MIÈVRE adj. Qui est d'une grâce affectée et fade ; qui manque de vigueur, d'accent.

MIÈVREMENT adv. Avec mièvrerie.

MIÈVRERIE n.f. Caractère de qqn, de qqch qui est fade, affecté, mièvre ; action, propos mièvres, insipides.

MI-FER (À) loc. adv. MÉCAN. INDUSTR. Se dit d'un assemblage réalisé en entaillant deux pièces de fer sur la moitié de leur épaisseur.

MIGMATITE n.f. (du gr. *migma,* mélange). MINÉRALOG. Roche métamorphique profonde ayant subi un début d'anatexie et dans laquelle des gneiss sont séparés par des zones granitiques.

MIGNARD, E adj. (de *mignon*). *Litt.* D'une délicatesse, d'une douceur affectée.

MIGNARDISE n.f. **1.** *Litt.* Manque de naturel ; grâce affectée. **2.** Œillet vivace très parfumé, souvent utilisé pour la garniture des bordures. **3.** (Surtout pl.) Petite pâtisserie servie en assortiment à la fin d'un repas.

1. MIGNON, ONNE adj. (de *minet*). **1.** *Fam.* Qui a de la grâce, de la délicatesse. *Visage mignon.* **2.** *Fam.* Gentil, aimable, complaisant. *Mets le couvert, tu seras mignon.* ◇ *Péché mignon :* petit défaut auquel on s'abandonne volontiers. **3.** *Filet mignon :* morceau de bœuf, de porc, de veau coupé dans la pointe du filet. ◆ n. Terme de tendresse en parlant à un enfant, à une jeune personne. *Mon mignon. Viens, ma mignonne.*

2. MIGNON n.m. HIST. Nom donné aux favoris d'Henri III, très efféminés.

MIGNONNET, ETTE adj. *Fam.,* vx. Petit et mignon.

MIGNONNETTE n.f. **1.** Petit gravillon roulé. **2.** Poivre concassé. **3.** Petite fleur (nom commun au réséda, à une saxifrage, à l'œillet mignardise et à d'autres petites fleurs). **4.** Échantillon d'alcool, d'apéritif.

MIGNOTER v.t. (de l'anc. fr. *mignot,* gentil). *Fam.,* vx. Traiter délicatement ; choyer, dorloter.

MIGRAINE n.f. (gr. *hêmi,* à demi, et *kranion,* crâne). **1.** MÉD. Affection caractérisée par des accès de maux de tête intenses touchant la moitié du crâne. **2.** *Cour.,* abusif en médecine. Mal de tête en général.

MIGRAINEUX, EUSE adj. Relatif à la migraine. ◆ adj. et n. Atteint de migraine.

MIGRANT, E adj. et n. Se dit de qqn qui effectue une migration.

MIGRATEUR, TRICE adj. et n.m. Se dit d'un animal qui effectue des migrations.

MIGRATION n.f. (lat. *migratio*). **1.** Déplacement de population d'un pays dans un autre, pour s'y établir. **2.** Déplacement quotidien ou saisonnier de populations entières de certaines espèces animales, entre deux zones géographiques distinctes, ou entre deux habitats différents propres à une même espèce. **3.** PÉDOL. Entraînement, par les eaux, de diverses substances du sol (ions, particules, etc.). **4.** SC. DE LA V. Déplacement d'une cellule, d'une larve de parasite dans un organisme. ◇ *Migration larvaire,* au cours de laquelle les larves de parasite se déplacent dans l'organisme de l'hôte afin d'y trouver les conditions optimales à leur développement. **5.** BIOL. Déplacement d'une substance ou d'une molécule dans un milieu.

MIGRATOIRE adj. Relatif aux migrations.

MIGRER v.i. Effectuer une migration.

MIHRAB [mirab] n.m. (ar. *miḥrāb*). Dans une mosquée, niche creusée dans le mur indiquant la direction de La Mecque (qibla).

MI-JAMBE (À) loc. adv. À la hauteur du milieu de la jambe.

MIJAURÉE n.f. (de *mijolée,* mot dial.). Femme, jeune fille qui a des manières affectées et ridicules.

MIJOTER v.t. (de l'anc. fr. *musgode,* provision de vivres, du germ.). **1.** Faire cuire lentement et à petit feu. **2.** *Fig., fam.* Préparer de longue main, avec soin, dans le secret. *Mijoter un complot.* ◆ v.i. Cuire lentement. *Faire mijoter un ragoût.*

MIJOTEUSE n.f. Cocotte électrique permettant une cuisson prolongée à feu doux.

MIKADO n.m. (mot jap., *souverain*). **1.** Empereur du Japon. **2.** Jeu de jonchets pratiqué à l'aide de longues et fines baguettes de différentes couleurs, chaque couleur correspondant à un nombre donné de points.

1. MIL adj. num. → **1. MILLE.**

2. MIL n.m. (lat. *milium*). Céréale à petit grain, telle que le millet et le sorgho, cultivée en zone tropicale sèche.

MILAN n.m. (lat. pop. *milanus*). Oiseau rapace diurne des régions chaudes et tempérées de l'Ancien Monde, à queue longue et fourchue, chasseur de rongeurs. (Envergure jusqu'à 1,50 m ; genre *Milvus,* famille des accipitridés.)

MILANAIS, E adj. et n. De Milan. ◆ adj. *Escalope milanaise,* panée à l'œuf et frite.

MILDIOU n.m. (angl. *mildew*). Maladie des plantes cultivées (vigne, pomme de terre, céréales, etc.), provoquée par des champignons phycomycètes microscopiques, affectant surtout les jeunes pousses et les feuilles.

MILDIOUSÉ, E adj. Attaqué par le mildiou.

MILE [majl] n.m. (mot angl.). Mesure itinéraire anglo-saxonne valant environ 1 609 m.

MILER [majlœr] n.m. (mot angl.). **1.** SPORTS. Athlète spécialiste du demi-fond (1 500 m, mile). **2.** TURF. Cheval qui court sur de petites distances (mile).

MILIAIRE adj. (lat. *miliarus,* de *milium,* millet). Se dit d'une affection caractérisée par des lésions petites et nombreuses ; se dit des lésions elles-mêmes. ◇ *Tuberculose miliaire,* ou *miliaire,* n.f. : granulie. ◆ n.f. *Miliaire cutanée,* ou *miliaire :* éruption de petites lésions surélevées et vésiculeuses d'origines diverses.

MILICE n.f. (lat. *militia,* service militaire). **1.** Du Moyen Âge au XVIIIe s., troupe levée dans les communes pour renforcer l'armée régulière. **2.** Belgique. Service militaire. **3.** Suisse. *Armée de milice :* armée composée de citoyens soldats rapidement mobilisables grâce à de fréquentes périodes d'instruction. **4.** Organisation paramilitaire constituant l'élément de base de certains partis totalitaires ou de certaines dictatures. **5.** *La Milice : v. partie n.pr.* Milice française.

MILICIEN, ENNE n. Personne appartenant à une milice. ◆ n.m. **1.** Belgique. Jeune homme qui accomplit son service militaire ; appelé. **2.** HIST. Membre de la Milice.

MILIEU n.m. (de *mi-* et *lieu*). **1.** Lieu également éloigné de tous les points du pourtour ou des extrémités de qqch. ◇ GÉOMÉTR. *Milieu d'un segment :* point situé à égale distance des extrémités du segment. **2.** Ce qui occupe une position intermédiaire. *La rangée du milieu.* ◇ *Au milieu de :* au centre, dans la partie centrale de ; parmi. – *Au beau milieu de, en plein milieu de :* alors que qqch bat son plein, est à son moment le plus fort. **3.** DANSE. Exercices que l'on exécute au centre de la classe, sans appui à la barre. **4.** *Milieu de terrain :* au football, joueur chargé d'assurer la liaison entre défenseurs et attaquants ; ensemble des joueurs tenant ce rôle dans une équipe. **5.** Moment également éloigné du début et de la fin d'une période de temps. *Le milieu de la nuit.* **6.** Position modérée entre deux partis extrêmes. *Juste milieu.* **7.** Espace matériel dans lequel un corps est placé. – CHIM., PHYS. Substance dans laquelle se produit une réaction, un phénomène et qui est caractérisée par certaines propriétés. ◇ PHYSIOL. *Milieu intérieur :* ensemble des liquides dans lesquels baignent les cellules vivantes chez les animaux supérieurs, c'est-à-dire notamm. le plasma sanguin et le liquide interstitiel des tissus. – MICROBIOL. *Milieu de culture :* produit nutritif artificiel, qui permet la multiplication des micro-organismes en nombre suffisant pour les étudier. **8.** ÉCOL. Ensemble des facteurs physico-chimiques et biologiques qui agissent sur un être vivant ou une espèce, dans le lieu où ils vivent ordinairement ; ce lieu. ◇ *Milieu naturel :* écosystème. – *Milieu géographique :* ensemble des caractéristiques naturelles (relief, climat, etc.) et humaines (environnement politique, économique, etc.) influant sur la vie des hommes. **9.** Entourage social, groupe de personnes parmi lesquelles qqn vit habituellement ; la société dont il est issu. *Milieu populaire.* **10.** *Le milieu :* l'ensemble des personnes en marge de la loi, qui vivent de trafics illicites, des revenus de la prostitution.

MILITAIRE adj. (lat. *militaris,* de *miles,* soldat). **1.** Qui concerne les armées, leurs membres, les opérations de guerre. **2.** Considéré comme propre à l'armée. *Exactitude militaire.* ◆ n. Personne qui fait partie des forces armées.

MILITAIREMENT adv. Par la force armée.

MILITANCE n.f. Activité militante.

MILITANT, E adj. Qui lutte, combat pour une idée, une opinion, un parti. ◆ n. Membre actif d'une organisation politique, syndicale, etc.

MILITANTISME n.m. Attitude, activité du militant.

MILITARISATION n.f. Action de militariser.

MILITARISER v.t. **1.** Donner un caractère, une structure militaire à. **2.** Pourvoir de forces armées.

MILITARISME n.m. **1.** Système politique fondé sur la prépondérance de l'armée. **2.** Exaltation des valeurs militaires et du rôle de l'armée, considérés comme garants de l'ordre.

MILITARISTE adj. et n. Relatif au militarisme ; qui en est partisan.

MILITARO-INDUSTRIEL, ELLE adj. (pl. *militaro-industriels, elles*). *Complexe militaro-industriel :* ensemble imbriqué des décideurs politiques, des responsables militaires et des industriels chargés d'assurer la fourniture de leurs matériels aux forces armées.

MILITER v.i. (du lat. *miles,* soldat). **1.** Participer à la vie d'un parti, d'une organisation, d'une association, et se charger d'en défendre, d'en diffuser les idées, les revendications. **2.** Constituer un argument en faveur de ou contre qqn, qqch. *Cela ne milite pas en votre faveur.*

MILK-SHAKE [milkʃɛk] n.m. [pl. *milk-shakes*] (mot anglo-amér.). Boisson frappée, à base de lait aromatisé.

MILLAGE [milaʒ] n.m. (de *2. mille*). Québec. Distance comptée en milles.

MILLAS n.m. → **MILLIASSE.**

1. MILLE adj. num. et n.m. inv. (lat. *milia,* pl. de *mille*). **1.** Dix fois cent. (Dans les dates, on écrit indifféremment *mille* ou *mil.*) *Deux mille hommes. L'an deux mille.* **2.** Millième, dans l'expression d'un rang. *Numéro mille.* ◇ *Mettre, taper dans le mille :* deviner juste ; atteindre son objectif. **3.** Nombre indéterminé, mais considérable. *Courir mille dangers.* ◇ *Fam. Des mille et des cents :* de très fortes sommes.

2. MILLE n.m. (de *1. mille*). **1.** Mesure itinéraire romaine, qui valait mille doubles pas (1 481,5 m). **2.** Unité de mesure internationale pour les distances en navigation aérienne ou maritime. (Le mille vaut, par convention, 1 852 m, sauf dans les pays du Commonwealth, où il vaut 1 853,18 m.) [On dit aussi *mille nautique* ou *mille marin.*] **3.** Québec. Anc. Équivalent du mile anglo-saxon.

1. MILLE-FEUILLE n.f. (pl. *mille-feuilles*). BOT. Achillée.

M

2. MILLE-FEUILLE n.m. (pl. *mille-feuilles*). Gâteau de pâte feuilletée garni de crème pâtissière.

MILLEFIORI [millefjɔri] n.m. inv. (mot ital.). Objet de verre, souvent utilisé comme presse-papiers, décoré intérieurement d'une mosaïque formée de sections de baguettes de verre de plusieurs couleurs.

MILLE-FLEURS n.f. inv. Tapisserie du XVe s. ou du début du XVIe s., dont le fond est semé de petites plantes fleuries.

1. MILLÉNAIRE adj. (lat. *millenarius*). Qui existe depuis mille ans ou plus. *Arbres millénaires.*

2. MILLÉNAIRE n.m. Dix siècles ou mille ans.

MILLÉNARISME n.m. **1.** Ensemble de croyances à un règne terrestre eschatologique du Messie et de ses élus, censé devoir durer mille ans. **2.** Mouvement ou système de pensée en rupture avec l'ordre social et politique existant, réputé décadent et perverti, et attendant une rédemption collective (retour à un paradis perdu, ou avènement d'un homme charismatique).

MILLÉNARISTE adj. et n. Qui appartient au millénarisme ; qui en est adepte.

MILLENIUM [milenjɔm] n.m. L'Âge d'or attendu par les millénaristes.

MILLE-PATTES n.m. inv. Nom usuel des animaux appartenant à la classe des myriapodes. (Ils ont en fait de 10 à 175 paires de pattes.)

M

MILLEPERTUIS n.m. Plante vivace à fleurs jaunes surmontées d'une touffe de nombreuses étamines, aux feuilles ponctuées de taches translucides qui les font croire criblées de trous, utilisée en infusions vulnéraires et en homéopathie. (Genre *Hypericum ;* famille des guttiféracées.)

MILLÉPORE n.m. Animal marin formant des colonies de polypes construisant un squelette calcaire massif. (Embranchement des cnidaires ; ordre des hydrocoralliaires.)

MILLERAIES [milrɛ] n.m. Tissu de velours à côtes très fines et très serrées.

MILLERANDAGE n.m. (du lat. *millium,* millet, et *granum,* grain). VITIC. Accident occasionné par la coulure, et qui entraîne un arrêt du développement des grains de raisin.

MILLERANDÉ, E adj. Atteint de millerandage.

MILLÉSIME n.m. (lat. *millesimus,* de *mille,* mille). Série de chiffres indiquant l'année d'émission d'une pièce de monnaie, de la récolte du raisin ayant servi à faire un vin, de la production d'une voiture, etc.

MILLÉSIMER v.t. Attribuer un millésime à.

MILLET [mijɛ] n.m. (dimin. de *2. mil*). Nom donné à plusieurs graminées, en partic. à une céréale *(Panicum miliaceum)* qui est d'un grand usage en Afrique, notamm. dans la zone sahélienne.

MILLI- (du lat. *mille,* mille). Préfixe (symb. m) qui, placé devant une unité, la divise par 10^3.

MILLIAIRE [miljɛr] adj. ANTIQ. ROM. Se disait des bornes placées au bord des voies romaines pour indiquer les milles.

MILLIAMPÈRE n.m. Millième d'ampère (symb. mA).

MILLIAMPÈREMÈTRE n.m. ÉLECTR. Ampèremètre gradué en milliampères.

MILLIARD n.m. **1.** Mille millions (10^9). **2.** Quantité extrêmement grande. *Des milliards d'insectes.*

MILLIARDAIRE adj. et n. Qui possède un capital ou des revenus d'au moins un milliard d'une unité monétaire donnée.

MILLIARDIÈME adj. num. ord. et n. Qui occupe un rang marqué par le nombre 10^9. ◆ n.m. et adj. Quantité désignant le résultat d'une division par 10^9.

MILLIASSE n.f. ou **MILLAS** [mijas] n.m. (de *millet*). Région. (Sud-Ouest). Bouillie de farine de maïs refroidie, puis mise à frire ou à griller.

MILLIBAR n.m. MÉTÉOROL. Unité de pression atmosphérique (symb. mbar), remplacée auj. par l'hectopascal, et égale à un millième de bar.

MILLIÈME adj. num. ord. et n. Qui occupe un rang marqué par le nombre 1 000. ◆ n.m. et adj. Quantité désignant le résultat d'une division par 1 000. ◆ n.m. MÉTROL. **1.** Unité d'angle, égale à l'angle sous lequel on voit une hauteur de 1 m à 1 000 m. **2.** Unité de mesure du titre en métal précieux d'un produit. (Lorsqu'un kilogramme de produit contient *n* grammes de métal précieux, son titre en métal précieux est de *n* millièmes.)

MILLIER n.m. **1.** Quantité, nombre de mille, d'environ mille. *Un millier de personnes étaient présentes.* **2.** Grand nombre indéterminé. *Des milliers d'étoiles.*

MILLIGRAMME n.m. Millième de gramme (symb. mg).

MILLILITRE n.m. Millième de litre (symb. ml).

MILLIMÈTRE n.m. Millième de mètre (symb. mm).

MILLIMÉTRIQUE ou **MILLIMÉTRÉ, E** adj. Relatif au millimètre ; gradué en millimètres.

MILLION [miljɔ̃] n.m. (ital. *milione*). Mille fois mille (10^6).

MILLIONIÈME adj. num. ord. et n. Qui occupe un rang marqué par le nombre 10^6. ◆ n.m. et adj. Quantité désignant le résultat d'une division par 10^6.

MILLIONNAIRE adj. et n. Se dit d'une personne très riche, dont le capital ou les revenus dépassent un million d'une unité monétaire donnée. ◆ adj. Se dit d'une ville ou d'une agglomération dont la population atteint ou dépasse le million d'habitants.

MILLIVOLT n.m. Millième de volt (symb. mV).

MILLIVOLTMÈTRE n.m. ÉLECTR. Voltmètre gradué en millivolts.

MILONGA n.f. (mot amérindien, d'une langue africaine). **1.** Danse argentine, exécutée en couple, proche du tango, en vogue au début du XXe s. **2.** Air chanté d'Amérique du Sud, accompagné à la guitare.

MILORD [milɔr] n.m. (angl. *my lord,* mon seigneur). Vx. Homme riche et élégant. *Être habillé comme un milord.*

MILOUIN n.m. (du lat. *miluus,* milan). Canard du type fuligule, des régions lacustres et palustres de l'Eurasie, qui hiverne notamm. en Europe occidentale. (Le mâle est gris clair, avec la tête rousse et la poitrine noire, tandis que la femelle est plus terne. Genre *Aythya*, famille des anatidés.)

MI-LOURD adj.m. (pl. *mi-lourds*). Dans certains sports, qualifie une catégorie de poids. ◆ adj.m. et n.m. Se dit d'un sportif appartenant à cette catégorie.

MIME n.m. (lat. *mimus,* du gr.). **1.** Genre de comédie poétique où l'acteur représente par gestes l'action, les sentiments. **2.** Art qui consiste à imiter par l'expression des gestes une action dramatique, une situation, une attitude. ◆ n. **1.** Acteur spécialisé dans le genre du mime. **2.** Personne qui imite bien les gestes, les attitudes, le parler d'autrui ; imitateur.

MIMER v.t. **1.** Exprimer une attitude, un sentiment, une action par les gestes, par les jeux de physionomie, sans utiliser la parole. *Mimer la douleur.* **2.** Imiter d'une façon plaisante une personne, ses gestes, ses manières.

MIMÉTIQUE adj. Relatif au mimétisme.

MIMÉTISME n.m. (du gr. *mimeisthai,* imiter). **1.** Propriété que possèdent certaines espèces animales (le caméléon, certaines araignées, par ex.) de se confondre, par la forme ou la couleur, avec l'environnement ou avec les individus d'une autre espèce mieux protégée ou moins redoutée. **2.** Reproduction machinale des gestes, des attitudes d'autrui.

MIMI n.m. *Fam.* **1.** Chat, dans le langage enfantin. **2.** Baiser, caresse. *Faire un mimi sur la joue.* ◆ adj. inv. *Fam.* Mignon. *Qu'elle est mimi !*

1. MIMIQUE adj. Qui mime, qui exprime par le geste. *Langage mimique.*

2. MIMIQUE n.f. **1.** Expression de la pensée par le geste, les jeux de physionomie. **2.** Ensemble d'expressions du visage. *Une mimique expressive.*

MIMODRAME n.m. Fable dramatique représentée par un enchaînement de gestes expressifs.

MIMOLETTE n.f. (de *mi-* et *mollet,* un peu mou). Fromage voisin de l'édam, mais plus gros, fabriqué en France.

MIMOSA n.m. (du lat. *mimus,* mime, par allusion à la contractilité de la plante). **1.** Arbre ou arbuste d'origine tropicale du genre *Acacia,* cultivé pour ses fleurs jaunes en petites boules très odorantes. (Une espèce de mimosa fournit le bois d'amourette, utilisé notamm. en tabletterie.) **2.** Plante légumineuse originaire d'Amérique tropicale, à fleurs roses, appelée usuellement *sensitive,* car ses feuilles se replient au moindre contact. (Genre *Mimosa.*) **3.** *Œuf mimosa :* œuf dur dont chaque moitié est farcie d'une mayonnaise épaissie du jaune écrasé.

MIMOSACÉE n.f. Plante légumineuse des régions chaudes, telle que l'acacia, le mimosa des fleuristes et la sensitive. (Les mimosacées forment une famille.)

MI-MOYEN adj.m. (pl. *mi-moyens*). Dans certains sports, qualifie une catégorie de poids. ◆ adj.m. et n.m. Se dit d'un sportif appartenant à cette catégorie.

MIN [min] n.m. Dialecte chinois parlé au Fujian, à Taïwan et à Hainan.

MINABLE adj. et n. (de *miner*). *Fam.* D'une pauvreté, d'une médiocrité pitoyable. *Un résultat minable. Une bande de minables.*

MINABLEMENT adv. *Fam.* De manière minable.

MINAGE n.m. Action de miner.

MINARET n.m. (turc *minare*). Tour d'une mosquée, du haut de laquelle le muezzin fait les cinq appels à la prière quotidienne.

MINAUDER v.i. (de *1. mine*). Faire des mines, des manières pour séduire.

MINAUDERIE n.f. **1.** Action de minauder. **2.** (Souvent pl.) Mines affectées ; simagrées. *Faire des minauderies.*

MINAUDIER, ÈRE adj. et n. Qui minaude, qui fait des mines.

MINAUDIÈRE n.f. (nom déposé). Boîte, souvent d'orfèvrerie, portée à la main comme accessoire de la toilette féminine et contenant en général un nécessaire de maquillage.

MINBAR [minbar] n.m. (mot ar.). Chaire à prêcher, dans une mosquée.

1. MINCE adj. (de l'anc. fr. *mincier,* couper en menus morceaux). **1.** Qui est peu épais. *Couper la viande en tranches minces.* **2.** Qui a peu de largeur, qui est fin. *Taille mince. Un mince filet d'eau.* ◇ *Mince comme un fil :* très mince. **3.** *Litt.* Qui a peu d'importance ; insignifiant. *Un mérite bien mince.*

2. MINCE interj. *Fam.* Marque l'admiration ou le mécontentement. *Mince alors ! Tu as vu cette voiture ! Mince ! Je me suis trompé.*

MINCEUR n.f. État, caractère de qqn, de qqch qui est mince.

MINCIR v.i. Devenir plus mince. ◆ v.t. Faire paraître plus mince. *Cette veste te mincit.*

MINDEL [mindɛl] n.m. (n. d'une riv. all.). GÉOL. Glaciation quaternaire alpine, de – 650 000 à – 300 000 ans.

1. MINE n.f. (breton *min,* bec). **1.** Aspect de la physionomie indiquant certains sentiments ou l'état du corps. *Mine réjouie.* ◇ *Avoir bonne mine :* avoir un visage qui dénote la bonne santé ; *fam., iron.,* avoir l'air ridicule. – *Avoir mauvaise mine :* avoir le visage défait ; paraître malade. – *Faire bonne, mauvaise, grise mine à qqn,* lui faire bon, mauvais accueil. **2.** Apparence, aspect extérieur. *Juger sur la mine.* ◇ *Fam. Faire mine de :* faire semblant de. – *Fam. Mine de rien :* sans en avoir l'air. – *Fam. Ne pas payer de mine :* ne pas inspirer confiance par son apparence ; n'avoir l'air de rien. ◆ pl. *Faire des mines :* minauder, faire des simagrées.

2. MINE n.f. (p.-ê. du gaul. *meina,* minerai). **1.** Gîte de substance minérale ou fossile se trouvant dans le sous-sol ou en surface. (→ *carrière*). ◇ *Métaux de la mine de platine* → **platine.** **2.** Cavité creusée dans le sol pour extraire du charbon, un minerai ou une substance utile. *Descendre dans la mine.* – Ensemble des installations nécessaires à l'exploitation d'un gisement. **3.** *Fig.* Fonds riche de qqch, ressource importante.

■ **MIMOSAS**

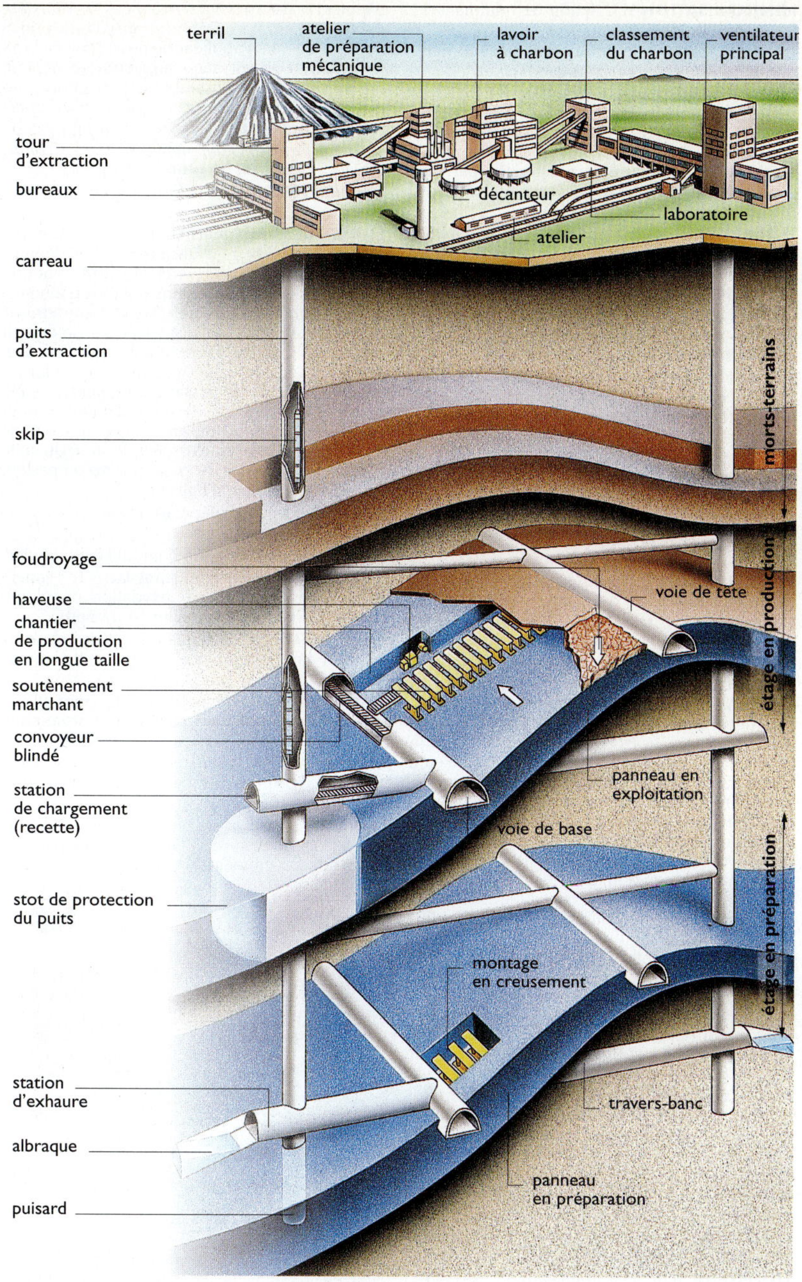

■ **MINE.** Exploitation souterraine de charbon dans un gisement de faible pente.

Ce livre est une mine d'informations. **4.** Galerie souterraine pratiquée en vue de détruire au moyen d'une charge explosive un ouvrage fortifié ennemi. **5.** Charge explosive sur le sol, sous terre ou dans l'eau et qui agit soit directement par explosion, soit indirectement par éclats ou effets de souffle. (Il existe des mines terrestres [antichars, antipersonnel, fixes, bondissantes], marines [acoustiques, à dépression, magnétiques, etc.].) **6.** Petit bâton de graphite ou d'une autre matière formant le cœur d'un crayon et qui marque le papier.

3. MINE n.f. (gr. *mnâ*). ANTIQ. GR. Ancienne unité de masse valant 1/60 du talent.

MINER v.t. **1.** MIL. Poser des mines. **2.** Creuser lentement en dessous, à la base ; éroder, saper. *L'eau mine la pierre.* **3.** *Fig.* Attaquer, ruiner peu à peu, lentement ; ronger, consumer. *Le chagrin la mine.*

MINERAI n.m. (de *2. mine*). Roche contenant des minéraux utiles en proportion notable.

MINÉRAL, E, AUX adj. (lat. *mineralis*, de *minera*, mine). Relatif aux minéraux, aux roches. *Une substance minérale.* ◇ *Chimie minérale :* partie de la chimie qui traite des corps tirés du règne minéral (par oppos. à *chimie organique*). [On dit aussi *chimie inorganique.*] – *Eau minérale :* eau qui contient des minéraux en dissolution, et qu'on emploie en boisson ou en bains, à des fins thérapeutiques. – Vieilli. *Règne minéral :* ensemble des minéraux (par oppos. à *règne animal* et à *règne végétal*). ◆ n.m. Solide naturel homogène, caractérisé par une structure atomique ordonnée et une composition chimique précise, et constituant les roches de la croûte terrestre. (On distingue les *minéraux amorphes*, où les molécules sont disposées sans ordre [obsidienne, opale, etc.], et les *minéraux cristallisés*, où les molécules ou les atomes sont régulièrement distribués [quartz, mica, etc.].)

MINÉRALIER n.m. Cargo conçu pour le transport des cargaisons en vrac, des minerais.

MINÉRALIER-PÉTROLIER n.m. (pl. *minéraliers-pétroliers*). Pétrolier-minéralier.

MINÉRALISATEUR, TRICE adj. et n.m. Se dit d'un élément (chlore, fluor, soufre, etc.) qui se combine à un métal, lors de la cristallisation d'un magma, ce qui a pour effet de concentrer cette substance. ◆ n.m. BIOL., ÉCOL. Micro-organisme (bactérie) assurant la minéralisation des substances organiques.

MINÉRALISATION n.f. **1.** GÉOL. Transformation d'un métal par un agent minéralisateur. **2.** État d'une eau chargée d'éléments minéraux solubles. **3.** Accumulation locale de substances minérales. **4.** BIOL., ÉCOL. Stade ultime de la décomposition des substances organiques sous la forme de sels minéraux, de gaz carbonique et d'eau.

MINÉRALISÉ, E adj. Qui contient des matières minérales. *Eau faiblement minéralisée.*

MINÉRALISER v.t. Produire une minéralisation.

MINÉRALOCORTICOÏDE adj. et n.m. MÉD. Se dit d'un corticoïde du groupe de l'aldostérone, agissant sur l'eau et les minéraux du corps.

MINÉRALOGIE n.f. Domaine de la géologie qui étudie la composition chimique et les propriétés physiques des minéraux et leur formation.

MINÉRALOGIQUE adj. **1.** Relatif à la minéralogie. **2.** *Numéro, plaque minéralogiques :* numéro, plaque d'immatriculation des véhicules automobiles enregistrés par l'administration des Mines, en France. (Cette dénomination, officielle jusqu'en 1929, est restée en usage dans la langue courante.)

MINÉRALOGISTE n. Spécialiste de minéralogie.

MINÉRALURGIE n.f. Ensemble des techniques d'extraction et de concentration des minéraux à partir de minerais bruts extraits des mines. SYN. : *valorisation des minerais.*

MINERVAL n.m. [pl. *minervals*] (mot lat.). Belgique. Droits de scolarité.

MINERVE n.f. (de *Minerve*, n.pr.). MÉD. Appareil orthopédique placé autour du cou pour immobiliser la colonne vertébrale.

MINERVOIS n.m. Vin rouge récolté dans le Minervois.

MINESTRONE n.m. (mot ital.). Soupe aux légumes et au lard additionnée de petites pâtes ou de riz. (Cuisine italienne.)

MINET, ETTE n. *Fam.* **1.** Chat, chatte. *Un adorable petit minet.* **2.** Terme d'affection. *Mon minet, ma minette.* **3.** Vieilli. Jeune homme, jeune fille à la mode, d'allure affectée.

1. MINETTE n.f. (dimin. de *2. mine*). Minerai de fer sédimentaire, naguère exploité en Lorraine.

2. MINETTE n.f. Lupuline (plante).

1. MINEUR n.m. **1.** Personne qui travaille dans les mines. **2.** Militaire qui pose des mines. **3.** *Mineur continu :* engin d'abattage mécanique comportant un tambour tournant garni de pics à l'extrémité d'un bras orientable, qui permet de creuser des galeries ou d'abattre du minerai.

■ **MINEUR** continu.

2. MINEUR, E adj. (lat. *minor*, plus petit). **1.** D'une importance, d'un intérêt secondaires, accessoires. *Problème mineur. Affaire mineure.* **2.** MUS. Se dit de l'intervalle musical qui est plus petit d'un demi-ton chromatique que l'intervalle majeur formé du même nombre de degrés. ◇ *Mode mineur*, ou *mineur*, n.m. : mode dans lequel les intervalles formés à partir de la tonique sont mineurs ou justes, et caractérisé par la succession, dans la gamme, de un ton, un demi-ton, deux tons, un demi-ton, un ton et demi, un demi-ton.

3. MINEUR, E adj. et n. Qui n'a pas encore atteint l'âge de la majorité légale. (En France, 18 ans.) ◇ DR. PÉN. *Détournement* ou *enlèvement de mineur :* fait d'enlever ou de faire enlever un mineur à l'autorité à laquelle il est confié.

MINEURE n.f. LOG. Seconde proposition d'un syllogisme.

MINI adj. inv. Se dit d'un vêtement très court. *Des shorts mini.* ◆ n.m. *Le mini :* l'habillement féminin particulièrement court. *La mode du mini.*

MINIATURE n.f. (du lat. *miniare,* enduire au minium). **1.** Image peinte participant à l'enluminure d'un manuscrit. **2.** Petite peinture finement exécutée, telle que scène gracieuse ou portrait, et qui est soit encadrée, soit traitée en médaillon, soit employée pour décorer une boîte, une tabatière. ◇ *En miniature :* en réduction. ◆ adj. Extrêmement petit ; qui est la réduction de qqch. *Autos miniatures.*

■ **MINIATURE** d'al-Wasiti illustrant un manuscrit du XIIIᵉ s. du *Livre des Séances* (XIIᵉ s.) d'al-Hariri. (BNF, Paris.)

■ **MINIATURE** « À la fontaine de Fortune », extraite du *Livre du Cœur d'amour épris* (v. 1465). [Bibliothèque nationale, Vienne.]

MINIATURISATION n.f. Action de miniaturiser.

MINIATURISER v.t. TECHN. Fabriquer un appareil, un mécanisme sous de très petites dimensions.

MINIATURISTE n. Peintre en miniatures.

MINIBUS ou **MINICAR** n.m. Petit autocar.

MINICASSETTE n.f. Cassette audio de petit format.

MINICHAÎNE n.f. Chaîne haute fidélité très compacte.

MINIDISQUE n.m. Disque numérique à enregistrement magnétique et lecture optique, au format inférieur à celui d'un CD.

MINIER, ÈRE adj. Relatif aux mines.

MINIGOLF n.m. Golf miniature.

MINIJUPE n.f. Jupe très courte, s'arrêtant à mi-cuisse.

1. MINIMA (A) loc. adj. inv. → **A MINIMA.**

2. MINIMA n.m. pl. → **MINIMUM.**

MINIMAL, E, AUX adj. **1.** Qui a atteint son minimum. *Température minimale.* **2.** ART MOD. Se dit d'une œuvre réduite à des formes géométriques strictes ainsi qu'à des modalités élémentaires de matière ou de couleur. **3.** ALGÈBRE. *Élément minimal :* élément d'un ensemble ordonné tel qu'il n'existe aucun autre élément qui lui soit inférieur.

ENCYCL. Apparu aux États-Unis durant les années 1960, l'*art minimal* (angl. *minimal art*) s'est opposé à l'expressionnisme abstrait en s'appuyant sur l'exemple d'artistes comme A. Reinhardt, Ellsworth Kelly (peinture « hard-edge »), B. Newman, le sculpteur D. Smith. Il se manifeste par des travaux en trois dimensions (« structures primaires »), d'un dépouillement non dénué de puritanisme, souvent à base de matériaux industriels : œuvres de D. Judd, R. Morris, Carl Andre, Dan Flavin, Sol LeWitt, qui visent non à une expression d'ordre esthétique, mais à un constat physique de l'objet en soi et à une mise en jeu de l'espace dans lequel il s'intègre.

MINIMALISATION n.f. Action de minimaliser ; fait d'être minimalisé.

MINIMALISER v.t. Réduire jusqu'au seuil minimal. *Minimaliser les coûts de production.*

MINIMALISME n.m. **1.** Recherche des solutions requérant le minimum de moyens, d'efforts (par oppos. à *maximalisme*). **2.** ART MOD. Art minimal. **3.** Tendance esthétique, littéraire, théâtrale et musicale contemporaine caractérisée par une économie extrême des moyens artistiques mis en œuvre.

MINIMALISTE adj. et n. **1.** Qui relève du minimalisme ; qui en est partisan. **2.** Qui appartient, se rattache à l'art minimal.

1. MINIME adj. (lat. *minimus,* très petit). Qui est très petit, peu important, peu considérable. *Dépenses minimes.*

2. MINIME n. et adj. Jeune sportif appartenant à une tranche d'âge dont les limites varient selon les sports autour de 13 ans.

3. MINIME n.m. CATH. Religieux membre d'un ordre mendiant institué au XVᵉ s. par saint François de Paule, à Cosenza (Italie).

MINIMEX n.m. (acronyme de *minimum de moyens d'existence*). Belgique. Revenu minimum d'insertion.

MINIMEXÉ, E n. Belgique. Personne bénéficiaire du minimex.

MINIMISATION n.f. Action de minimiser ; fait d'être minimisé.

MINIMISER v.t. Accorder une moindre importance à ; réduire l'importance de ; sous-estimer. *Minimiser le rôle de qqn. Minimiser un incident.*

MINIMUM [minimɔm] n.m. (pl. *minimums* ou *minima*) [mot lat., *la plus petite chose*]. **1.** Le plus petit degré auquel qqch peut être réduit. *Prendre le minimum de risques.* ◇ *Au minimum :* pour le moins, sans pouvoir être inférieur à. **2.** DR. Peine la plus faible qui puisse être appliquée pour un cas déterminé. *Être condamné au minimum.* **3.** ALGÈBRE. Plus petit élément d'un ensemble ordonné. ◇ *Minimum d'une fonction,* la plus petite des valeurs de cette fonction dans un intervalle donné ou dans son domaine de définition. **4.** *Minima sociaux :* en France, ensemble des allocations (RMI, minimum vieillesse, parent isolé, etc.) garanties aux personnes ne disposant pas de ressources suffisantes. – *Minimum vieillesse :* montant au-dessous duquel ne peut être liquidé un avantage de l'assurance vieillesse, lorsque certaines conditions d'âge et d'activité sont remplies. ◆ adj. (Emploi critiqué). Minimal. *Des températures minimums.* (*Minimal* est préconisé par l'Académie des sciences.)

MINI-ORDINATEUR n.m. (pl. *mini-ordinateurs*). Ordinateur de bonne performance, utilisé de manière autonome ou comme élément périphérique d'un ordinateur central ou d'un réseau informatique.

MINIPILULE n.f. Pilule contraceptive d'usage courant, faiblement dosée en œstrogène.

MINISATELLITE n.m. ASTRONAUT. Petit satellite, pesant génér. entre 100 et 500 kg.

MINISTÈRE n.m. (lat. *ministerium,* service). **1.** Fonction, charge de ministre ; temps pendant lequel on l'exerce. **2.** Ensemble des ministres ou cabinet qui composent le gouvernement d'un État. **3.** Administration dépendant d'un ministre ; bâtiment où se trouvent ses services. **4.** *Ministère public :* magistrature établie auprès d'une juridiction et requérant l'application des lois au nom de la société. (On dit aussi *magistrature debout, parquet.*) **5.** RELIG. Ensemble des fonctions, des charges que l'on exerce. – *Spécial.* Sacerdoce.

■ ART **MINIMAL.** Œuvre sans titre (1979) de Don Judd. (MNAM, Paris.)

MINISTÉRIEL, ELLE adj. Relatif au ministre ou au ministère. *Fonctions ministérielles.* ◇ *Office, officier ministériel* → **office, officier.**

MINISTRABLE adj. et n. Susceptible de devenir ministre.

MINISTRE n. (lat. *minister,* serviteur). Membre du gouvernement d'un État à la tête d'un département ministériel. ◇ *Premier ministre :* chef du gouvernement, dans certains régimes parlementaires. – *Ministre d'État :* titre honorifique attribué en France à certains ministres, en raison de leur personnalité ou de l'importance que l'on veut donner à leur domaine. (Le ministre d'État est génér. chargé d'une mission particulière.) – *Ministre délégué,* chargé d'exercer en France pour le compte d'un ministre certaines des missions de ce dernier. ◆ n.m. CHRIST. Vieilli. Pasteur du culte réformé. ◇ *Ministre du culte :* prêtre ou pasteur chargé d'un service d'Église.

MINITEL n.m. (nom déposé). Terminal d'interrogation vidéotex français.

MINITÉLISTE n. Personne qui utilise un Minitel.

MINIUM [minjɔm] n.m. (mot lat.). **1.** Pigment rouge-orangé obtenu par oxydation du plomb fondu. **2.** Peinture antirouille au minium.

MINIVAGUE n.f. Assouplissement des cheveux grâce à une permanente légère ; cette permanente.

MINNESANG [minəsɑ̃g] n.m. sing. (mot all., de *Minne,* amour, et *Sang,* chanson). Poésie courtoise allemande des XIIᵉ et XIIIᵉ siècles.

MINNESÄNGER [minəsɛŋgər] n.m. inv. (mot all.). Poète courtois du Moyen Âge, en Allemagne.

MINOEN [minɔɛ̃] n.m. (de *Minos,* n.pr.). Période de l'histoire de la Crète préhellénique, depuis le IIIᵉ millénaire jusqu'à 1100 av. J.-C. ◆ **minoen, enne** adj. Du minoen. *L'art minoen.*

■ ART **MINOEN.** *L'Oiseau bleu,* peinture murale de Cnossos ; v. 1500 av. J.-C. (Musée d'Iráklion, Crète.)

MINOIS n.m. (de *1. mine*). Visage délicat et gracieux d'enfant, de jeune fille, de jeune femme. *Un frais minois.*

MINON n.m. Suisse. Chaton (inflorescence). ◆ pl. Suisse. Amas de poussière ; chatons.

MINORANT adj.m. et n.m. ALGÈBRE. *Élément minorant d'une partie A d'un ensemble ordonné E :* élément *a* de E inférieur à tous les éléments de cette partie A.

MINORATIF, IVE adj. *Litt.* Qui minore.

MINORATION n.f. Action de minorer.

MINORER v.t. **1.** Diminuer l'importance de ; minimiser. *Minorer un incident.* **2.** Porter à une valeur inférieure. *Minorer les prix de 10 %.* **3.** ALGÈBRE. Déterminer un minorant.

MINORITAIRE adj. et n. Qui appartient à la minorité ; qui s'appuie sur une minorité.

1. MINORITÉ n.f. (du lat. *minor,* plus petit). **1.** État d'une personne qui n'a pas atteint l'âge de la majorité. **2.** Période de la vie de qqn pendant laquelle il n'est pas légalement responsable de ses actes et n'a pas l'exercice de ses droits.

2. MINORITÉ n.f. (angl. *minority*). **1.** Ensemble de personnes, de choses inférieures en nombre par rapport à un autre ensemble. **2.** *Spécial.* Groupe de personnes réunissant le moins de voix dans une élection, un vote. ◇ *Minorité de blocage,* celle qui empêche que soit valablement prise une décision pour laquelle la loi exige une majorité qualifiée. **3.** Ensemble de ceux qui se différencient au sein d'un même groupe (par oppos. à *majorité*). ◇ *Minorité nationale :* groupe se distinguant de la majorité de la population par ses particularités ethniques, sa religion, sa langue ou ses traditions. – *Minorité agissante :* groupe, catégorie de personnes qui poursuivent des fins communes et dont l'action, socialement influente, est source de changements.

MINORQUIN, E adj. et n. De Minorque.

MINOT n.m. Région. (Sud-Est). Enfant, gamin.

MINOTERIE n.f. (de l'anc. fr. *minot,* farine de blé). Meunerie.

MINOTIER n.m. Industriel exploitant une minoterie.

MINOU n.m. (de *minet*). *Fam.* **1.** Chat, dans le langage enfantin. **2.** Terme d'affection. *Mon minou.*

MINQUE n.f. Belgique. Halle aux poissons, dans les localités côtières.

MINUIT n.m. **1.** Milieu de la nuit. **2.** Douzième heure après midi ; instant marqué vingt-quatre heures ou zéro heure. *Le train part à minuit.*

MINUS [minys] n.m. (du lat. *minus habens,* qui a le moins). *Fam.* Personne sans envergure ; minable.

MINUSCULE adj. (lat. *minusculus,* de *minor,* plus petit). Très petit. *Minuscules flocons de neige.* ◇ *Lettre minuscule,* ou *minuscule,* n.f. : petite lettre (par oppos. à *majuscule*).

MINUTAGE n.m. Action de minuter.

MINUTAIRE adj. DR. Qui a le caractère d'un original. *Acte minutaire.*

1. MINUTE n.f. (du lat. *minutus,* menu). **1.** Unité de temps (symb. min), valant 60 secondes. **2.** Court espace de temps. *Je reviens dans une minute.* ◇ *La minute de vérité :* le moment exceptionnel et décisif où la vérité éclate. **3.** MÉTROL. Unité d'angle plan (symb. ′), valant 1/60 de degré, soit π/10 800 radian. (On l'appelle parfois *minute sexagésimale.*) ◆ interj. *Fam. Minute !, minute papillon ! :* attendez !, doucement !

2. MINUTE n.f. (du lat. *minutus,* menu). DR. Écrit original d'un jugement ou d'un acte notarié, dont il ne peut être délivré aux intéressés que des copies (*grosses* ou *expéditions*) ou des extraits.

MINUTER v.t. (de *1. minute*). Fixer avec précision la durée, le déroulement de. *Minuter un spectacle.*

MINUTERIE n.f. **1.** Appareil à mouvement d'horlogerie, destiné à assurer un contact électrique pendant un laps de temps déterminé. *Minuterie d'escalier.* **2.** Partie du mouvement d'une horloge qui sert à marquer les divisions de l'heure.

MINUTEUR n.m. Appareil à mouvement d'horlogerie, permettant de régler la durée d'une opération ménagère.

MINUTIE [minysi] n.f. (lat. *minutia,* très petite parcelle). Application attentive et scrupuleuse aux détails.

MINUTIER [-tje] n.m. Registre contenant les minutes des actes d'un notaire.

MINUTIEUSEMENT adv. Avec minutie.

MINUTIEUX, EUSE adj. Qui manifeste une grande attention portée jusqu'aux moindres détails ; méticuleux. *Élève, travail minutieux.*

MIOCÈNE n.m. et adj. (gr. *meiôn,* moins, et *kainos,* récent). Série du cénozoïque, entre l'oligocène et le pliocène (de - 23,5 à - 5,3 millions d'années), qui a vu l'apparition des mammifères évolués (singes, ruminants, mastodontes, dinothériums).

MIOCHE n. (de *1. mie*). *Fam.* Jeune enfant.

MI-PARTI, E adj. (de l'anc. fr. *mipartir,* partager). Composé de deux parties égales, mais dissemblables. *Costume mi-parti jaune et vert.* ◇ HIST. *Chambres mi-parties :* dans la France des XVIe et XVIIe s., chambres des parlements composées par moitié de magistrats protestants et de magistrats catholiques.

MIPS [mips] n.m. (acronyme de *million d'instructions par seconde*). INFORM. Unité de mesure de la puissance d'un ordinateur, correspondant à un million d'instructions exécutées par seconde.

MIR n.m. (mot russe). HIST. En Russie, assemblée gérant les affaires d'une commune paysanne, qui avait notamm. pour tâche de répartir les terres par lots entre les familles pour un temps donné ; la commune paysanne elle-même.

MIRABELLE n.f. (de *Mirabel,* n.pr.). **1.** Petite prune jaune, douce et parfumée. **2.** Eau-de-vie faite avec ce fruit.

MIRABELLIER n.m. Prunier cultivé qui produit les mirabelles. (Famille des rosacées.)

MIRABILIS [mirabilis] n.m. (mot lat., *admirable*). Plante herbacée, originaire d'Afrique et d'Amérique, souvent cultivée pour ses grandes fleurs colorées qui s'ouvrent la nuit (d'où son nom usuel de *belle-de-nuit*). [Famille des nyctaginacées.]

MIRACIDIUM [mirasidjɔm] n.m. Première forme larvaire des vers trématodes (douves, bilharzies).

MIRACLE n.m. (lat. *miraculum,* prodige). **1.** Phénomène interprété comme résultant d'une intervention divine. ◇ *Crier au miracle :* s'extasier, marquer bruyamment un étonnement admiratif. **2.** Fait, résultat étonnant, extraordinaire ; hasard merveilleux, chance exceptionnelle. *C'est un miracle qu'il en soit sorti vivant.* ◇ *Par miracle :* de façon heureuse et inattendue ; par bonheur. **3.** (En appos.) D'une efficacité surprenante ; exceptionnel. *Un médicament miracle.* **4.** Au Moyen Âge, drame religieux mettant en scène l'intervention miraculeuse d'un saint ou de la Vierge.

MIRACULÉ, E adj. et n. **1.** Se dit de qqn qui a été guéri par un miracle. **2.** Qui a échappé, par une chance exceptionnelle, à une catastrophe.

MIRACULEUSEMENT adv. De façon miraculeuse ; par miracle.

MIRACULEUX, EUSE adj. **1.** Qui tient du miracle. *Guérison miraculeuse.* **2.** Étonnant, extraordinaire par ses effets. *Remède miraculeux.*

MIRADOR n.m. (mot esp., de *mirar,* regarder). Tour d'observation ou de surveillance, pour la garde d'un camp de prisonniers, d'un dépôt, etc.

MIRAGE n.m. (de *mirer*). **1.** Phénomène d'optique qui donne l'illusion que des objets éloignés ont une ou plusieurs images. (Ce phénomène, observable dans les régions où se trouvent superposées des couches d'air de températures différentes [déserts, banquise], est dû à la densité inégale de ces couches et, par suite, à la courbure des rayons lumineux.) **2.** *Fig.* Apparence séduisante et trompeuse ; chimère. *Le mirage de la célébrité.* **3.** Action de mirer un œuf. **4.** ASTRON. *Mirage gravitationnel :* ensemble des images d'un astre lointain qui sont dues à la courbure des rayons lumineux issus de cet astre provoquée par la présence d'un objet massif situé sur la ligne de visée et plus proche de l'observateur.

MIRBANE n.f. *Essence de mirbane :* nitrobenzène.

MIRE n.f. (de *mirer*). **1.** Règle graduée ou signal fixe utilisés pour le nivellement, en géodésie ou en topographie. **2. a.** Dessin de traits de largeur et d'orientation différentes, servant à étudier les limites de netteté d'un objectif photographique ou d'une surface sensible. **b.** Image comportant divers motifs géométriques, qui permet d'optimiser le réglage des postes récepteurs de télévision. **3.** ARM. *Cran de mire :* échancrure pratiquée dans la hausse d'une arme à feu et servant à la visée. – *Ligne de mire :* ligne droite déterminée par le milieu du cran de mire ou de l'œilleton et par le sommet du guidon d'une arme à feu. – *Point de mire :* point que l'on veut atteindre avec une arme à feu ; *fig.,* personne, chose qui est l'objet de tous les regards, de toutes les convoitises.

MIRE-ŒUF ou **MIRE-ŒUFS** n.m. (pl. *mire-œufs*). Appareil qui sert à observer par transparence l'intérieur des œufs au moyen de la lumière électrique.

MIREPOIX n.f. (du n. du duc de *Mirepoix*). Préparation d'oignons, de carottes, de jambon ou de lard de poitrine que l'on ajoute à certains plats ou à certaines sauces pour en relever la saveur.

MIRER v.t. (lat. *mirari,* admirer). **1.** *Litt.* Refléter. *Les arbres mirent leurs branches dans la rivière.* **2.** AVIC. Observer un œuf à contre-jour ou au moyen d'un mire-œuf afin de s'assurer de l'état de son contenu. ◆ **se mirer** v.pr. *Litt.* **1.** Se regarder dans un miroir ou dans une surface réfléchissante. *Narcisse se mirait dans l'eau des sources.* **2.** Se refléter sur une surface.

MIRETTES n.f. pl. *Fam.* Yeux.

MIREUR, EUSE n. Personne qui effectue le mirage des œufs.

MIRIFIQUE adj. (lat. *mirificus*). *Fam.* Étonnant, merveilleux, surprenant.

MIRLIFLORE ou **MIRLIFLOR** n.m. (lat. *mille flores,* parfum aux mille fleurs). Vx. Jeune élégant qui parade, qui fait l'intéressant.

MIRLITON n.m. (d'un anc. refrain). Instrument de musique en forme de tube dont les extrémités sont pourvues de membranes qui vibrent sous l'effet de l'air insufflé par l'une des deux ouvertures latérales, ce qui transforme et amplifie la voix. ◇ *Fam. De mirliton :* se dit de sons, d'un air de musique, de vers de mauvaise qualité.

MIRMIDON n.m. → **MYRMIDON.**

MIRMILLON [mirmijɔ̃] n.m. (lat. *mirmillo*). ANTIQ. ROM. Gladiateur armé d'un bouclier, d'une courte épée et d'un casque, qui luttait habituellement contre le rétiaire.

MIRO adj. et n. (de *mirer*). *Fam.* Qui a une mauvaise vue ; myope.

MIROBOLANT, E adj. *Fam.* Qui est trop extraordinaire pour pouvoir se réaliser. *Promesses mirobolantes.*

MIROIR n.m. (de *mirer*). **1.** Verre poli et métallisé (génér. avec de l'argent, de l'étain ou de l'aluminium) qui réfléchit les rayons lumineux. ◇ *Miroir aux alouettes :* instrument monté sur un pivot et garni de petits morceaux de miroir qu'on fait tourner au soleil pour attirer les alouettes et d'autres petits oiseaux ; *fig.,* ce qui fascine par une apparence trompeuse. – PSYCHOL. *Écriture en miroir,* où les lettres et les mots se succèdent de droite à gauche, lisible dans un miroir. (Elle apparaît fréquemment chez les jeunes gauchers.) – *Épreuve du miroir :* étude de la réaction du sujet à son image spéculaire. – PSYCHAN. *Stade du miroir :* selon J. Lacan, première étape décisive de la structuration du sujet, qui se met en place entre 6 et 18 mois, lorsque l'enfant identifie sa propre image dans un miroir. **2.** Surface polie, métallique, ayant les mêmes usages que le verre poli. ◇ MAR. *Miroir d'appontage :* système optique permettant aux pilotes d'effectuer seuls leur manœuvre d'appontage sur un porte-avions. **3.** *Litt.* Surface unie qui réfléchit les choses. *Le miroir des eaux.* ◇ *Miroir d'eau :* bassin sans jet d'eau ni fontaine. **4.** *Fig.* Ce qui offre l'image, le reflet de qqch. *Exposition qui est le miroir de la technologie du siècle.*

MIROITANT, E adj. Qui miroite.

MIROITEMENT n.m. Éclat, reflet produit par une surface qui miroite.

MIROITER v.i. (de *miroir*). Réfléchir la lumière avec des éclats scintillants. ◇ *Faire miroiter :* faire entrevoir comme possible pour séduire. *On lui a fait miroiter une part des bénéfices.*

MIROITERIE n.f. Industrie, commerce de miroirs ; atelier, magasin de miroitier.

MIROITIER, ÈRE n. Personne qui confectionne ou vend des miroirs.

MIROTON ou **MIRONTON** n.m. Plat de tranches de bœuf bouilli accommodé avec des oignons et du vin blanc.

MIRV [mirv] n.m. (acronyme de l'angl. *multiple independently targetable reentry vehicle*). Partie d'une ogive nucléaire constituée de têtes multiples qui peuvent être guidées chacune sur un objectif particulier.

MISAINE n.f. (ital. *mezzana*). *Mât de misaine :* mât de l'avant d'un navire, situé entre le grand mât et le beaupré. – *Voile de misaine,* ou *misaine :* basse voile du mât de misaine.

MISANDRE adj. et n (gr. *miseîn,* haïr, et *andros,* homme). Qui manifeste une hostilité systématique à l'égard des hommes (par oppos. à *misogyne*).

MISANDRIE n.f. Mépris ou haine envers les hommes.

MISANTHROPE adj. et n. (gr. *miseîn,* haïr, et *anthrôpos,* homme). Qui aime la solitude, qui fuit ses semblables ; bourru, insociable.

MISANTHROPIE n.f. Disposition d'esprit qui pousse à fuir la compagnie des gens.

MISANTHROPIQUE adj. Qui a le caractère de la misanthropie.

MISCELLANÉES [miselane] n.f. pl. (lat. *miscellanea,* choses mêlées). LITTÉR. Recueil composé d'articles, d'études variés.

MISCIBILITÉ n.f. *Didact.* Aptitude à former avec un autre corps un mélange homogène.

MISCIBLE [misibl] adj. (du lat. *miscere,* mêler). *Didact.* Qui a la propriété de miscibilité.

MISE n.f. (p. passé fém. de *mettre*). **1.** Action de placer qqch, qqn dans un lieu particulier, dans une position particulière. *Mise en bouteilles, en sac. Mise à l'endroit, à l'envers. Mise à la porte.* **2.** *Mise à prix.* **a.** Détermination du prix de vente

M

d'un objet. somme à partir de laquelle démarrent les enchères dans une vente publique. **b.** Suisse. Vente aux enchères. **3.** *Mise à :* inscription dans telle liste, tel document. *Mise à l'ordre du jour d'une question. Mise à l'index d'un ouvrage jugé subversif.* **4.** Action de risquer de l'argent au jeu, ou dans une affaire ; cet argent. *Mise de fonds importante. Doubler sa mise.* ◇ ***Sauver la mise à qqn,*** le tirer d'une situation où il risque de tout perdre. **5.** Action de faire passer qqch dans un nouvel état ou une nouvelle situation ; son résultat. *Mise en gerbe, en tas. Mise en veilleuse, en état de marche.* ◇ ***Mise en eau d'un barrage :*** remplissage du bassin de retenue. – ***Mise sous tension :*** opération d'alimentation d'une installation électrique. – ***Mise en forme :*** ensemble des opérations permettant d'obtenir un produit de forme donnée (par déformation plastique, enlèvement de matière, assemblage d'éléments différents, etc.). – ASTRONAUT. ***Mise à feu :*** allumage d'un moteur-fusée. – ***Mise à poste :*** ensemble des manœuvres qui permettent à un satellite de passer de l'orbite fournie par son lanceur à l'orbite qu'exige sa mission et d'acquérir une orientation convenable dans l'espace. – ***Mise sur orbite :*** ensemble des opérations qui permettent de placer un engin spatial sur une orbite donnée, autour de la Terre ou de tout autre astre. SYN. : *satellisation.* **6.** Action d'organiser, de disposer selon un certain ordre, pour une certaine finalité. *Mise en ordre.* ◇ ***Mise en page(s) :*** assemblage, d'après la maquette, des divers éléments de texte et d'illustration d'un livre, d'un journal, etc., pour obtenir des pages montées en vue de l'impression. – ***Mise au point :*** opération qui consiste, dans un instrument d'optique, à rendre l'image nette ; assemblage, mise en place et réglage d'éléments mécaniques ou électriques ; *fig.,* explication destinée à éclaircir, à régler des questions restées jusque-là dans le vague. – SCULPT. ***Mise(-)aux(-)points :*** technique de reproduction d'un modèle en ronde bosse par report sur l'ébauche des points les plus caractéristiques du volume à reproduire. – ***Mise en plis :*** opération qui consiste à mettre en boucles les cheveux mouillés en vue de la coiffure à réaliser après le séchage. – DR. ***Mise en état :*** préparation d'une affaire sous le contrôle d'un juge en vue de sa venue à l'audience pour y être jugée. **7. a.** ***Mise en scène :*** réalisation scénique ou cinématographique d'une œuvre lyrique ou dramatique, d'un scénario ; présentation dramatique et arrangée d'un événement. **b.** ***Mise en ondes :*** réalisation radiophonique d'une œuvre, d'une émission. **8.** Action de donner l'impulsion initiale à une opération ou à un mécanisme en vue de les faire fonctionner. *Mise en chantier.* ◇ ***Mise en service :*** opération par laquelle une installation, une machine neuve, etc., est utilisée pour la première fois en service normal. **9.** Action de faire apparaître d'une certaine manière. *Mise en évidence, en lumière.* **10.** Action d'établir certaines relations. *Mise en contact, en contradiction.* **11.** Action d'amener une personne à une situation déterminée. *Mise en liberté. Mise à la retraite.* ◇ ***Mise en garde :*** acte de défense décrété par un État, un gouvernement en cas de menace de conflit, pour assurer la sécurité du pays ; avertissement. – ***Mise à pied :*** suspension temporaire du contrat de travail, notamm. par mesure disciplinaire. **12.** Manière de se vêtir, d'être habillé. *Une mise élégante.* ◇ *Litt. De mise :* convenable, opportun (souvent dans une phrase négative). *Un tel comportement n'est pas de mise ici.*

MISER v.t. (de *mise*). **1.** Engager, déposer une mise, un enjeu. *Miser une grosse somme sur un cheval.* **2.** Suisse. Vendre ou acheter dans une vente aux enchères. ◆ v.t. ind. **(sur)**. **1.** Se déclarer sûr de la réussite de qqn, du succès de qqch ; parier. *Miser sur le candidat de dernière heure.* **2.** Compter sur qqch, sur son existence, pour aboutir à un résultat. *Miser sur la Bourse pour s'enrichir.*

MISÉRABILISME n.m. Tendance littéraire et artistique caractérisée par un goût systématique pour la représentation de la misère humaine.

MISÉRABILISTE adj. Qui relève du misérabilisme.

MISÉRABLE adj. et n. (lat. *miserabilis*). Qui manque de ressources ; indigent, nécessiteux. ◆ adj. **1.** De nature à susciter la pitié ; déplorable. *Fin misérable.* **2.** Digne de mépris, sans valeur. *Un misérable acte de vengeance.* **3.** Qui a peu de prix, peu de valeur ; minime. *Salaire misérable.*

MISÉRABLEMENT adv. De façon misérable.

MISÈRE n.f. (lat. *miseria*). **1.** État d'extrême pauvreté, de faiblesse, d'impuissance ; manque grave de qqch. **2.** Événement douloureux, qui suscite la pitié. **3.** Chose de peu d'importance. **4.** BOT. Tradescantia. **5.** Belgique. *Chercher misère à qqn,* lui chercher querelle. ◆ pl. Ce qui rend la vie douloureuse, incommode, pénible. *Les petites misères de l'existence.* ◇ *Fam.* ***Faire des misères à qqn,*** le taquiner, le tracasser.

MISERERE [mizerere] n.m. inv. ou **MISÉRÉRÉ** n.m. (lat. *miserere,* aie pitié). Psaume dont la traduction dans la Vulgate commence par ce mot, l'un des sept psaumes de la pénitence ; pièce de musique chantée, composée sur les paroles de ce psaume.

MISÉREUX, EUSE adj. et n. Qui est dans la misère ; pauvre. ◆ adj. Qui donne l'impression de la misère. *Un quartier miséreux.*

MISÉRICORDE n.f. (lat. *misericordia*). **1.** *Sout.* Pitié qui pousse à pardonner à un coupable, à faire grâce à un vaincu ; pardon accordé par pure bonté. *Implorer miséricorde.* **2.** Sorte de console placée sous le siège relevable d'une stalle d'église et servant, quand ce siège est relevé, à s'appuyer tout en ayant l'air d'être debout. ◆ interj. Vx. Marque la surprise accompagnée de regret, de peine ou de dépit, l'effroi, etc.

MISÉRICORDIEUX, EUSE adj. *Litt.* Enclin à la miséricorde, au pardon.

MISOGYNE adj. et n. (gr. *miseîn,* haïr, et *gunê,* femme). Qui manifeste une hostilité systématique à l'égard des femmes (par oppos. à *misandre*).

MISOGYNIE n.f. Haine, mépris envers les femmes.

MISONÉISME n.m. (du gr. *miseîn,* haïr, et *neos,* nouveau). Rare. Aversion pour tout ce qui est nouveau, pour tout changement.

MISONÉISTE adj. et n. Rare. Qui fait preuve de misonéisme.

MISPICKEL n.m. (mot all.). MINÉRALOG. Sulfure de fer et d'arsenic.

MISS [mis] n.f. (mot angl., *mademoiselle*). **1.** *Fam.* Jeune fille. **2.** Reine de beauté. *Miss France.*

MISSEL n.m. (lat. *missalis liber,* livre de messe). CATH. Livre qui contient les textes de la liturgie de la messe.

MISSI DOMINICI [misidɔminisi] n.m. pl. (mots lat., *envoyés du maître*). HIST. Agents nommés par Charlemagne, qui allaient deux par deux, un clerc et un laïque, pour assurer le contrôle et la surveillance des autorités locales.

MISSILE n.m. (mot angl., du lat. *missile,* arme de jet). Projectile faisant partie d'un système d'arme à charge militaire classique ou nucléaire, doté d'un système de propulsion automatique et guidé sur tout ou partie de sa trajectoire par autoguidage ou téléguidage. ◇ ***Missile de croisière :*** missile propulsé par un réacteur, dont la trajectoire est notamm. déterminée par comparaison entre le terrain survolé et les données mémorisées fournies par satellite.

ENCYCL. Les missiles sont balistiques ou non suivant que leur trajectoire comporte ou non une phase balistique après l'extinction des moteurs-fusées où le missile, à la façon d'un projectile, est soumis aux seules forces de gravitation. En fonction de leur point de lancement et de leur objectif, les missiles sont classés en missiles *air-air, air-sol, sol-sol, mer-mer, air-mer,* etc. On distingue les missiles tactiques, armes du combat terrestre, naval ou aérien (portée inférieure à 1 100 km), des missiles stratégiques (portée de 1 100 à 12 000 km), de type IRBM ou ICBM, qui sont lancés de silos ou de sous-marins. Tous peuvent être munis d'une charge nucléaire.

MISSILIER n.m. Militaire spécialisé dans le service des missiles.

MISSION n.f. (lat. *missio,* action d'envoyer). **1.** Charge donnée à qqn d'accomplir une tâche définie. *Recevoir, remplir une mission.* **2.** Fonction temporaire et déterminée dont un gouvernement, une organisation charge qqn, un groupe. *Parlementaire en mission.* **3.** Ensemble des personnes chargées d'accomplir une tâche déterminée. *Mission scientifique.* **4.** But élevé, devoir inhérent à une fonction, une profession, une activité et au rôle social qu'on lui attribue. **5.** CHRIST. **a.** Organisation visant à la propagation de la foi. **b.** Établissement de missionnaires. **c.** Suite de prédications pour la conversion des infidèles ou des pécheurs.

MISSIONNAIRE n. Prêtre, pasteur, religieux employé dans une mission. ◆ adj. Relatif aux missions, à la propagation de la foi.

MISSIVE n.f. (du lat. *missus,* envoyé). *Litt.* Lettre quelconque. ◆ adj.f. DR. *Lettre missive :* tout écrit confié à un particulier ou à la poste pour le faire parvenir à son destinataire.

MISTELLE n.f. (esp. *mistela,* de *misto,* mélangé). Moût de raisin auquel on a ajouté de l'alcool pour en arrêter la fermentation.

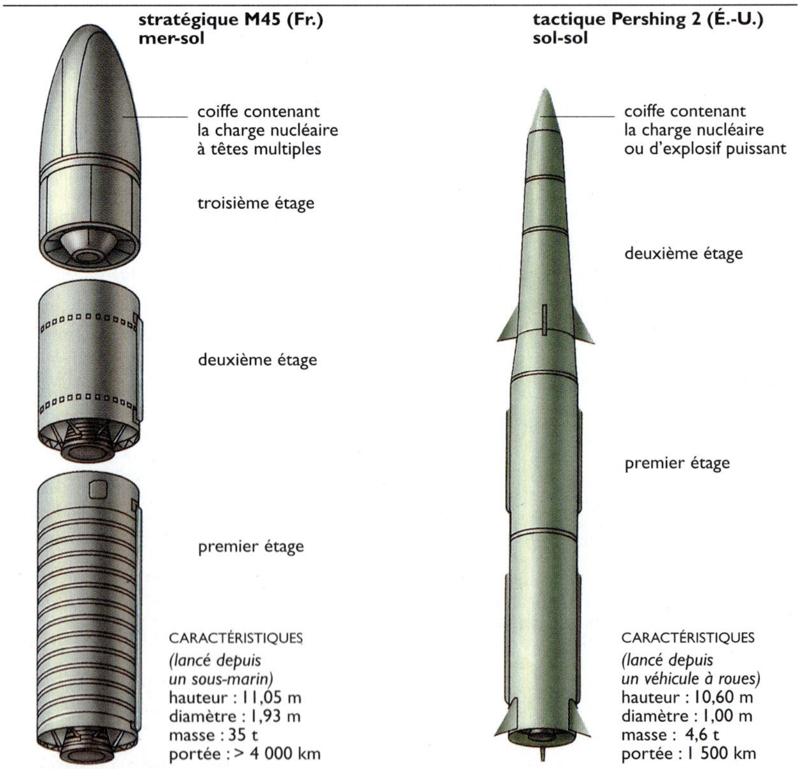

■ **MISSILES** nucléaires.

MISTIGRI n.m. (de *miste,* var. de *mite,* n. fam. du chat, et *gris*). **1.** *Fam.* Chat. **2.** À certains jeux de cartes, valet de trèfle.

MISTON, ONNE n. *Fam.,* vx. Gamin.

MISTOUFLE n.f. *Fam.,* vx. Misère.

MISTRAL n.m. [pl. *mistrals*] (mot provenç.). Vent du nord violent, froid, turbulent et sec, qui souffle le long de la vallée du Rhône et en Méditerranée de Sète à Toulon.

MITA n.f. (mot inca). HIST. Travail forcé auquel les Espagnols astreignaient les Indiens dans leurs colonies américaines.

MITAGE n.m. (de *se miter*). Multiplication de résidences dispersées dans un espace rural.

MITAINE n.f. (anc. fr. *mite,* gant). **1.** Gant qui ne couvre que les premières phalanges. **2.** Québec, Suisse. Moufle.

MITAN n.m. **1.** Vieilli, région. ou Acadie. Milieu, centre. *Le mitan du lit.* **2.** *Arg.,* vieilli. *Le mitan :* le milieu des criminels.

MITARD n.m. *Arg.* Cachot d'une prison.

MITE n.f. (moyen néerl. *mîte,* racloir). **1.** Teigne. **2.** *Mite du fromage :* petit acarien qui vit sur la croûte de certains fromages.

MITÉ, E adj. Troué par les mites. *Couverture mitée.*

1. MI-TEMPS n.f. inv. Chacune des deux périodes d'égale durée que comportent certains sports d'équipe, comme le football, le rugby ; temps d'arrêt qui sépare ces deux périodes.

2. MI-TEMPS n.m. inv. Temps de travail équivalent à la moitié de la normale. ◇ *À mi-temps :* pendant la moitié de la durée normale du travail.

MITER (SE) v.pr. Être attaqué, abîmé par les mites. *Étoffe qui se mite.*

MITEUX, EUSE adj. Pitoyable par son manque d'importance, de valeur.

MITHRIACISME ou **MITHRAÏSME** n.m. Culte de Mithra.

MITHRIAQUE adj. Relatif au culte de Mithra.

MITHRIDATISER v.t. Immuniser contre un poison par une accoutumance progressive.

MITHRIDATISME n.m. ou **MITHRIDATISATION** n.f. (de *Mithridate,* qui, selon la légende, s'était accoutumé aux poisons). Tolérance à l'égard d'une substance toxique telle qu'un morphinique, acquise par l'ingestion de doses progressivement croissantes de cette substance.

MITIGATION n.f. (du lat. *mitigare,* adoucir). DR. *Mitigation des peines :* substitution d'une peine plus douce à la peine infligée par les juges, en raison de la faiblesse physique du condamné.

MITIGÉ, E adj. **1.** Se dit d'un jugement, d'un sentiment qui n'est pas tranché, net ; tiède, nuancé. *Le projet a reçu un accueil mitigé.* **2.** Qui est devenu moins vigoureux, moins strict ; relâché. *Un zèle mitigé.* **3.** (Emploi critiqué). *Mitigé de :* mêlé de. *Éloges mitigés de critiques.*

MITIGER v.t. [10] (lat. *mitigare,* adoucir). Vieilli. Rendre moins rigoureux, moins strict ; adoucir.

MITIGEUR n.m. Appareil de robinetterie permettant un réglage manuel ou thermostatique de la température et du débit de l'eau.

MITOCHONDRIE [mitɔkɔ̃dri] n.f. (gr. *mitos,* filament, et *khondros,* grain). BIOL. CELL. Organite cytoplasmique de la cellule, limité par une double membrane, qui synthétise l'adénosine triphosphate (ATP), source universelle d'énergie pour les êtres vivants. (Long. 2 à 5 µm ; largeur 0,5 µm.)

MITONNER v.i. (de *miton,* mie de pain, dans l'Ouest). Mijoter, en parlant d'aliments. ◆ v.t. **1.** Faire mijoter un aliment. **2.** Préparer qqch peu à peu, avec soin. *Mitonner sa vengeance.*

MITOSE n.f. (du gr. *mitos,* filament). BIOL. CELL. Mode usuel de division de la cellule vivante, assurant le maintien d'un nombre constant de chromosomes. (La mitose comporte quatre phases : prophase, métaphase, anaphase et télophase.) SYN. : *caryocinèse.*

MITOTIQUE adj. Relatif à la mitose.

MITOYEN, ENNE adj. (de *moitié*). Qui appartient à deux propriétaires voisins et sépare leurs biens. *Mur mitoyen.*

MITOYENNETÉ n.f. Caractère de ce qui est mitoyen.

MITRAILLADE n.f. Décharge simultanée de nombreuses armes à feu.

MITRAILLAGE n.m. Action de mitrailler.

MITRAILLE n.f. (anc. fr. *mitaille,* menu métal). **1.** Anc. Amas de ferrailles dont on chargeait les canons. **2.** *Obus à mitraille :* obus rempli de galettes de fonte, qui se morcellent à l'éclatement du projectile. **3.** Décharge d'obus, de balles. **4.** Ensemble de menus déchets de métal ou d'alliage. **5.** *Fam.* Menue monnaie de métal.

MITRAILLER v.t. **1.** Tirer par rafales sur. **2.** *Fam.* Photographier ou filmer qqn, qqch sans interruption et sous tous les angles. **3.** *Mitrailler qqn de questions,* le soumettre à un grand nombre de questions.

MITRAILLETTE n.f. Pistolet-mitrailleur.

MITRAILLEUR n.m. Servant d'une mitrailleuse.

MITRAILLEUSE n.f. Arme automatique, de petit ou moyen calibre (inférieur à 20 mm), à tir tendu et par rafales, montée sur un affût. (Mise au point à la fin du XIXe s., douée d'une grande précision, elle arme les unités d'infanterie, les engins blindés, les avions, etc.)

MITRAL, E, AUX adj. (de *mitre*). **1.** *Valvule mitrale :* valvule située entre l'oreillette et le ventricule gauches du cœur. **2.** Relatif à la valvule mitrale. *Insuffisance mitrale. Rétrécissement mitral.*

MITRE n.f. (lat. *mitra,* bandeau, du gr.). **1.** Coiffure liturgique de cérémonie portée par le pape, les évêques et certains abbés. **2.** ANTIQ. Ornement en forme de bandeau triangulaire de la tiare assyrienne. **3.** CONSTR. Appareil coiffant le sommet d'un conduit de cheminée pour empêcher la pluie ou le vent d'y pénétrer. **4.** ZOOL. Mollusque gastéropode marin à coquille fusiforme. (Genre *Mitra ;* famille des mitridés.)

MITRÉ, E adj. CATH. Qui a droit à la mitre ; qui porte la mitre.

MITRON n.m. (de *mitre*). **1.** Apprenti boulanger ou pâtissier. **2.** CONSTR. Extrémité supérieure d'un conduit de cheminée, surmontée éventuellement d'une mitre.

MI-VOIX (À) loc. adv. En émettant un faible son de voix.

MIXAGE n.m. (de l'angl. *mix,* mélange). ÉLECTROACOUST. Mélange de signaux sonores provenant d'enregistrements différents.

1. MIXER v.t. Procéder au mixage de.

2. MIXER [miksœr] ou **MIXEUR** n.m. (de l'angl.). Appareil électrique servant à broyer et à mélanger des denrées alimentaires.

MIXITÉ n.f. Caractère d'un groupe, d'une équipe, d'un établissement scolaire comprenant des personnes des deux sexes.

MIXTE adj. (lat. *mixtus,* mêlé). **1.** Formé d'éléments de nature, d'origine différentes. **2.** Qui comprend des personnes des deux sexes, ou appartenant à des formations différentes. *Équipe mixte. École mixte.* **3.** *Mariage mixte,* entre deux personnes de nationalité, de race ou de religion différentes. **4.** ALGÈBRE. *Produit mixte de trois vecteurs,* produit scalaire du premier par le produit vectoriel des deux autres.

MIXTION [mikstjɔ̃] n.f. (lat. *mixtio*). PHARM. Action de mélanger des substances dans un liquide pour la composition d'un médicament. – REM. À distinguer de *miction.*

MIXTURE n.f. **1.** Mélange de plusieurs substances (solutions alcooliques, médicaments, etc.). **2.** Mélange quelconque dont le goût est désagréable.

MJC ou **M.J.C.** n.f. (sigle de *maison des jeunes et de la culture*). Établissement destiné à favoriser la diffusion et la pratique des activités culturelles les plus diverses, notamm. chez les jeunes.

MKSA ou **M.K.S.A.** (sigle). Ancien système d'unités, à l'origine du SI, et dans lequel les unités fondamentales étaient le mètre, le kilogramme, la seconde et l'ampère.

MMPI n.m. (sigle de *Minnesota multiphasic personality inventory*). PSYCHOL. Questionnaire destiné à explorer plusieurs traits de la personnalité.

MNÉMONIQUE adj. (gr. *mnêmonikos*). *Didact.* Relatif à la mémoire. SYN. : *mnésique.*

MNÉMOTECHNIQUE adj. (gr. *mnêmê,* mémoire, et *tekhnê,* art). Se dit d'un procédé capable d'aider la mémoire par des associations mentales.

MNÉSIQUE adj. *Didact.* Mnémonique.

MOA n.m. (mot maori). Dinornis.

MOABITE adj. et n. Du pays de Moab, de ses habitants.

MOB n.f. (abrév.). *Fam.* Mobylette.

1. MOBILE adj. (lat. *mobilis,* de *movere,* mouvoir). **1.** Qui peut se mouvoir ; qu'on peut enlever ou changer de position. *Classeur à feuillets mobiles. Cloison mobile.* ◇ IMPRIM. *Caractère mobile :* élément d'un ensemble de caractères typographiques fondus séparément. **2.** Qui est amené ou qui est prêt à se déplacer, à changer d'activité. *Une main-d'œuvre mobile.* **3.** Se dit de troupes qui peuvent se déplacer rapidement. ◇ Anc. *Garde républicaine mobile :* gendarmerie mobile. – *Garde nationale mobile :* formation militaire organisée de 1868 à 1871 avec les jeunes gens qui n'étaient pas appelés au service militaire. **4.** Se dit d'un matériel informatique, audiovisuel ou de télécommunication qui peut s'utiliser lors de déplacements, sans nécessité de branchement. SYN. : *nomade.* ◇ *Communication, téléphonie mobile,* à l'usage de personnes possédant un poste mobile ou se déplaçant à bord de véhicules. – *Téléphone mobile :* radiotéléphone. **5.** Qui est animé d'un mouvement constant, ou dont l'aspect change constamment. *La surface mobile des eaux. Visage mobile.* **6.** Dont la date, la valeur n'est pas fixe. ◇ *Fêtes mobiles :* fêtes chrétiennes dont la date varie en fonction de la date de Pâques.

2. MOBILE n.m. **1.** Corps ou point en mouvement. *La vitesse d'un mobile.* **2.** Œuvre d'art composée d'éléments articulés, susceptible de mouvement sous l'action de l'air, d'un moteur. (Les premiers mobiles ont été conçus par A. Calder.) **3.** Motif qui pousse qqn à agir, qui détermine certaines de ses conduites. *L'intérêt est son seul mobile.* **4.** Motif qui conduit une personne à commettre une infraction. *Chercher le mobile d'un crime.* **5.** MIL. Soldat de la Garde nationale mobile. **6.** Téléphone mobile.

MOBILE HOME [mɔbilom] n.m. [pl. *mobile homes*] (mot anglo-amér.). Caravane de très grande dimension, aux normes de la construction, immobilisée sur des plots et destinée à l'habitation principale. Recomm. off. : *maison mobile.*

MOBIL-HOME [mɔbilom] n.m. [pl. *mobil-homes*] (anglo-amér. *mobile home*). Caravane de grande dimension, hors gabarit routier, destinée à une occupation temporaire de loisirs, et conservant ses moyens de mobilité. Recomm. off. : *résidence mobile.*

1. MOBILIER, ÈRE adj. **1.** DR. Qui concerne les biens meubles. *Effets mobiliers. Valeurs mobilières.* **2.** PRÉHIST. *Art mobilier :* ensemble des petits objets d'art.

2. MOBILIER n.m. **1.** Ensemble des meubles destinés à l'usage personnel et à l'aménagement d'une habitation. **2.** Ensemble des meubles et objets d'équipement destinés à un usage particulier. *Mobilier scolaire.* **3.** DR. Ensemble des biens meubles qui dépendent d'un patrimoine. **4.** *Mobilier national :* meubles meublants appartenant à l'État. – *Mobilier urbain :* ensemble des équipements installés au bénéfice des usagers sur la voie publique et dans les lieux publics.

MOBILISABLE adj. MIL. Qui peut être mobilisé.

MOBILISATEUR, TRICE adj. Qui mobilise. *Mot d'ordre mobilisateur.* ◇ *Centre mobilisateur :* organisme de l'armée chargé de la mobilisation.

MOBILISATION n.f. Action de mobiliser.

MOBILISER v.t. **1.** Prendre toutes les mesures nécessaires pour que les forces militaires d'un pays puissent assurer sa défense ; adapter la structure de son économie et de son administra-

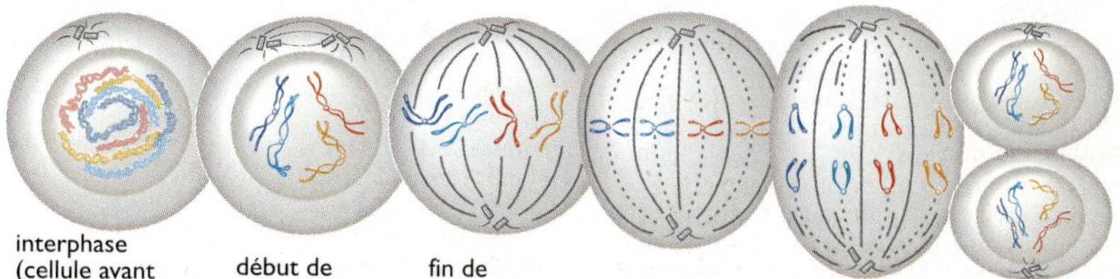

■ **MITOSE.** Les phases de la mitose.

M

tion aux nécessités du temps de guerre. **2.** Faire appel à l'action de qqn, d'un groupe. *Mobiliser les adhérents d'une association.* **3.** Être d'un intérêt suffisant pour faire agir qqn, un groupe. *Cette mesure a mobilisé les militants.* **4.** Mettre en jeu des forces, y faire appel, les réunir en vue d'une action. *Mobiliser les ressources d'un pays pour lutter contre la crise.* **5.** BANQUE. Céder à terme une créance moyennant un prix donné. **6.** DR. Ameublir. **7.** MÉD. Mettre en mouvement des articulations pour en rétablir la souplesse, en parlant d'un kinésithérapeute ; faire déambuler un malade. ◆ **se mobiliser** v.pr. Rassembler toute son énergie pour l'accomplissement de qqch ; être motivé et prêt à agir.

MOBILITÉ n.f. (lat. *mobilitas*). **1.** Facilité à se mouvoir, à être mis en mouvement, à changer, à se déplacer. ◇ ***Mobilité de la main-d'œuvre*** : pour les salariés, passage d'une région d'emploi à une autre ; changement de profession, de qualification. – ***Mobilité sociale*** : changement de position sociale, professionnelle d'un individu, d'un groupe ; situation caractérisée par ce changement. **2.** Caractère de ce qui change, est fluctuant, instable. *Mobilité de caractère.*

MÖBIUS [møbjys] **(RUBAN DE)** [de A. F. *Möbius,* n.pr.]. Surface qui ne possède qu'une seule face et qu'un seul bord.

M

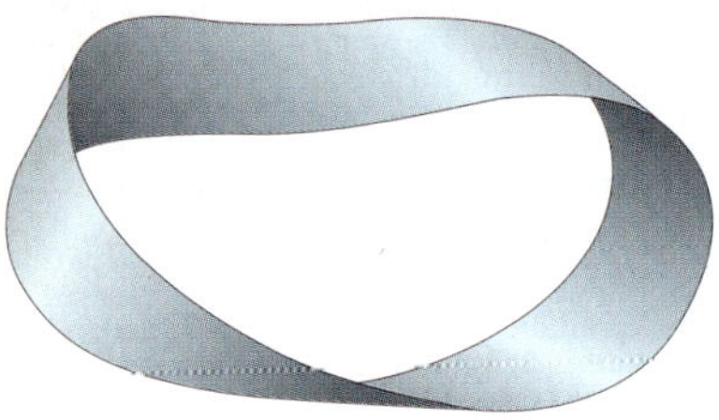

■ RUBAN DE **MÖBIUS**

MOBLOT n.m. (de *1. mobile*). *Fam.,* vx. Soldat de la Garde nationale mobile.

MOBYLETTE n.f. (nom déposé). Cyclomoteur de la marque de ce nom. – (Abusif). Tout cyclomoteur, quelle que soit sa marque.

MOCASSIN n.m. (algonquien *mockasin*). **1.** Chaussure des Indiens de l'Amérique du Nord, en peau de chevreuil ou d'orignal mégie ou non. **2.** Chaussure basse, souple et sans lacets. **3.** Serpent américain, venimeux, voisin des crotales mais dépourvu de « sonnette » caudale, dont une espèce a des mœurs aquatiques. (Famille des vipéridés.)

MOCHE adj. (de *amocher*). *Fam.* **1.** Physiquement ou moralement laid. **2.** Désagréable, pénible. *C'est moche ce qui t'arrive.*

MOCHETÉ n.f. *Fam.* Personne ou chose laide.

MODAL, E, AUX adj. **1.** GRAMM. Qui se rapporte aux modes du verbe. *Formes modales.* **2.** MUS. Se dit d'une musique utilisant d'autres modes que le majeur et le mineur. **3.** PHILOS. Relatif aux modes de la substance, de l'essence. ◇ ***Logique modale*** : logique qui prend en compte la modalité des propositions.

MODALISATION n.f. LING. Ensemble des moyens linguistiques traduisant la relation entre le locuteur et son énoncé (comme les adverbes *peut-être, certainement,* etc., les niveaux de langue, les déictiques).

MODALITÉ n.f. **1.** Condition, particularité qui accompagne un fait, un acte juridique. *Fixer les modalités d'un paiement.* **2.** MUS. Échelle modale d'un morceau, par oppos. à la *tonalité.* **3.** PHILOS., LOG. Caractère d'un jugement, d'une proposition, qui fait qu'ils sont possibles ou impossibles, nécessaires ou contingents.

1. MODE n.f. (lat. *modus,* manière). **1.** Manière passagère d'agir, de vivre, de penser, etc., liée à un milieu, à une époque déterminés. ◇ ***À la mode*** : suivant le goût du moment ; en vogue. – ***À la mode de*** : à la manière de. – ***À la mode de Bretagne*** : se dit de parents (cousin, oncle, neveu, etc.) qui ont entre eux un rapport de descendance directe par rapport à des cousins germains ; se dit de personnes ayant un lien de parenté éloigné. **2.** Manière particulière de s'habiller conformément au goût d'une certaine société. *La mode parisienne.* **3.** Commerce, industrie de la toilette. *Les ouvrières de la mode.* **4.** CUIS. *Bœuf mode,* piqué de lard et cuit avec carottes et oignons.

2. MODE n.m. (lat. *modus,* manière). **1.** Manière générale dont un phénomène se présente, dont une action se fait ; méthode. *Mode de vie.* **2.** GRAMM. Manière dont le verbe exprime l'état ou l'action. (En français, il y a six modes : l'*indicatif,* le *subjonctif,* le *conditionnel,* l'*impératif,* l'*infinitif* et le *participe.*) **3.** MUS. Échelle à structure définie dans le cadre de l'octave et caractérisée par la disposition de ses intervalles. **4.** PHILOS. Détermination d'une substance, d'une essence. **5.** STAT. Valeur d'un caractère quantitatif discret ayant la fréquence la plus élevée ; centre d'une classe présentant la fréquence la plus élevée.

ENCYCL. C'est à tort, semble-t-il, que les musicologues ont appliqué rétrospectivement aux musiques grecque et médiévale la définition usuelle du mot *mode.* Les « modes » antiques sont en réalité des échelles types inséparables de formules caractéristiques, selon une conception encore fréquente dans les musiques archaïques ou orientales, échelles liées à une notion de hauteur, de timbre, d'échos. Il en serait de même dans la musique byzantine primitive. Les huit modes grégoriens sont un décalque des huit tons byzantins ayant pris les noms des modes grecs : dorien, lydien, phrygien, mixolydien et hypodorien, hypolydien, hypophrygien, hypomixolydien. Ils sont caractérisés par leur note finale et la place, toujours de *mi* à *fa* et de *si* à *do,* qu'occupent les demi-tons. Leur note initiale permet de les situer (ainsi, le mode phrygien, qui commence par un *mi,* est dit aussi *mode de mi*). Au XVIe s., les règles de la tonalité classique fixées ne connaissaient plus que le mode majeur, dont la structure unique (1 ton, 1 ton, 1/2 ton, 1 ton, 1 ton, 1 ton, 1/2 ton) fut établie à partir de *do,* et le mode mineur, dont la structure unique utilise celle du mode majeur mais prévoit un 1/2 ton à la place du ton entre le 5e et le 6e degré. Au XXe s., le jazz et certaines écoles de la musique contemporaine ont tenté d'utiliser de nouveau les ressources des modes.

MODELAGE n.m. Action de modeler un objet, une figure ; la chose modelée.

MODÈLE n.m. (ital. *modello*). **1.** Ce qui est donné pour servir de référence, de type. *Modèle d'écriture.* **2.** Ce qui est donné, ou choisi, pour être reproduit. *Copier un modèle.* **3.** *Spécial.* Personne qui pose pour un photographe, un peintre, un sculpteur, etc. **4.** Personne ou objet qui représente idéalement une catégorie, un ordre, une qualité, etc. *Un modèle de classicisme. Un modèle de loyauté, d'hypocrisie.* **5.** Prototype d'un objet. – *Spécial.* Modelage en terre, en cire, en plâtre, etc., constituant le prototype d'une sculpture. **6.** MÉTALL. Pièce en bois, en métal, en matière plastique, en cire, ayant, au retrait près, la même forme que les pièces à mouler et destinée à la réalisation des moules de fonderie. **7.** ***Modèle réduit*** : reproduction à petite échelle d'une machine, d'un véhicule, d'un navire, etc. **8.** *Didact.* Structure formalisée utilisée pour rendre compte d'un ensemble de phénomènes qui possèdent entre eux certaines relations. ◇ ***Modèle mathématique*** : représentation mathématique d'un phénomène physique, économique, humain, etc., réalisée afin de pouvoir mieux étudier celui-ci. **9.** Représentation schématique d'un processus, d'une démarche raisonnée. *Modèle linguistique.* ◆ adj. (Seulem. épithète.) Parfait en son genre. *Un écolier modèle. Une ferme modèle.*

MODELÉ n.m. **1.** Relief des formes, en sculpture, en peinture. *Le modelé délicat d'une figure.* **2.** GÉOMORPH. Aspect que l'érosion donne au relief. *Modelé glaciaire, désertique, karstique.*

MODELER v.t. [12] (de *modèle*). **1.** Pétrir de la terre, de la cire ou tout autre matériau plastique pour obtenir une forme. **2.** Donner une forme, un relief particulier à. *L'érosion modèle le relief.* **3.** *Fig.* Fixer d'après un modèle ; conformer, régler. *Il modèle sa conduite sur celle de ses frères.* ◆ **se modeler** v.pr. **(sur).** Régler sa conduite sur qqn, qqch.

MODELEUR, EUSE n. **1.** Artiste qui exécute des sculptures ou des modèles de sculptures en terre, en cire, en plâtre, etc. **2.** MÉTALL. Personne qui fait des modèles pour le moulage des pièces coulées.

MODÉLISATION n.f. *Didact.* Établissement des modèles, notamm. des modèles utilisés en automatique, en informatique, en recherche opérationnelle et en économie.

MODÉLISER v.t. *Didact.* Procéder à la modélisation de.

MODÉLISME n.m. Activité d'une personne qui fabrique des modèles réduits.

MODÉLISTE n. **1.** Personne qui fait des dessins de mode. **2.** Personne qui fabrique des modèles réduits.

MODEM [mɔdɛm] n.m. (acronyme de ***modulateur démodulateur***). Appareil électronique utilisé en télécommunication et en transmission de données qui assure la modulation des signaux émis et la démodulation des signaux reçus. (Il permet notamm. l'échange d'informations entre des ordinateurs par le réseau téléphonique.)

MODÉNATURE n.f. (ital. *modanatura*). ARCHIT. Choix et caractère des profils et des proportions des moulures et autres éléments en relief ou en creux qui animent les différentes parties d'un bâtiment, notamm. les façades.

1. MODÉRATEUR, TRICE adj. et n. (lat. *moderator*). Qui retient dans les bornes de la modération. *Jouer un rôle de modérateur.* ◆ adj. *Ticket modérateur* : quote-part du coût des soins que l'assurance maladie laisse, en France, à la charge de l'assuré. ◆ adj. et n.m. MÉD. Rare. Inhibiteur.

2. MODÉRATEUR n.m. NUCL. Substance (eau ordinaire, eau lourde, graphite) qui diminue la vitesse des neutrons résultant d'une fission nucléaire et permet une réaction en chaîne.

MODÉRATION n.f. **1.** Caractère, comportement de qqn qui est éloigné de toute position excessive, qui fait preuve de pondération, de mesure dans sa conduite. *Réponse pleine de modération.* **2.** Action de freiner, de tempérer qqch, de ralentir un mouvement. **3.** Action de limiter, de réduire. *Modération d'un impôt.* ◇ ***Engagement de modération*** : accord aux termes duquel les entreprises conviennent avec les pouvoirs publics de ne pas dépasser un certain pourcentage de hausse de prix.

MODERATO [mɔderato] adv. (mot ital.). MUS. Selon un tempo modéré. *Allegro moderato.* ◆ n.m. Passage exécuté moderato.

MODÉRÉ, E adj. **1.** Qui n'est pas exagéré, excessif. *Payer un prix modéré.* **2.** Éloigné de tout excès, mesuré. *Être modéré dans ses paroles.* ◆ adj. et n. Partisan d'une politique génér. conservatrice éloignée des solutions extrêmes.

MODÉRÉMENT adv. Avec modération ; sans excès.

MODÉRER v.t. [11] (lat. *moderari,* de *modus,* mesure). Diminuer la force, l'intensité excessive de ; freiner, tempérer. *Modérer sa colère, ses propos, ses dépenses.* ◆ **se modérer** v.pr. S'écarter de tout excès ; se contenir. *Modère-toi, ce n'est pas si grave.*

MODERN DANCE [mɔdɛrndɑ̃s] n.f. [pl. *modern dances*] (mots anglo-amér.). Courant américain de la *danse moderne.

ENCYCL. Fortement imprégnée des théories de François Delsarte sur le mouvement, la modern dance s'est épanouie dans les années 1930, proposant de nouveaux langages gestuels et imposant trois grandes techniques : celles de Martha Graham, Doris Humphrey et Lester Horton. Elle ne cesse d'évoluer grâce à la diversité des personnalités qui la représentent (J. Limón, A. Ailey, H. Holm, A. Nikolais), à la multiplication des échanges, notamm. avec la danse moderne européenne, et aux remises en question parfois radicales de la part de chorégraphes comme M. Cunningham.

1. MODERNE adj. (bas lat. *modernus,* de *modo,* récemment). **1.** Qui appartient au temps présent ou à une époque relativement récente. *Science moderne. Peinture moderne.* **2.** Qui bénéficie des progrès les plus récents. *Équipement très moderne.* **3.** Qui est fait selon les techniques et le goût contemporains (par oppos. à *ancien*). *Mobilier moderne.* **4.** Qui s'adapte à l'évolution des mœurs. *Un grand-père moderne.* **5.** Qui a pour objet l'étude des langues et littératures vivantes (par oppos. à ***classique***). *Lettres modernes.* **6.** Qui est conforme à l'usage actuel d'une langue (par oppos. à ***vieux, vieilli, classique***). **7.** ***Histoire moderne,*** celle qui concerne la période qui va de la chute de Constantinople (1453) à la fin du XVIIIe s. (partic., à 1789 pour la France). **8.** ARCHIT. ***Mouvement moderne*** : architecture fonctionnelle, aux formes orthogonales, sans ornements, créée par Le Corbusier, Gropius, Mies van der Rohe, les architectes du groupe De Stijl, etc., et qui s'est répandue dans de nombreux pays au cours des années 1925 - 1935. SYN. : *style international.*

ENCYCL. Chaque époque qualifie de *moderne,* au sens de « contemporain et novateur », ce qui, dans l'effort d'expression qui lui est propre, s'oppose à la tradition ; il en est ainsi pour la *modernité* célébrée par Baudelaire, pour le *modern style* de 1900 et, bien sûr, pour les ruptures « avant-gardistes » intervenues au XXe s. dans le domaine des arts (cubisme, dadaïsme, constructivisme, musique sérielle, etc.) et de l'architecture (jusqu'au *postmodernisme*).

■ MOUVEMENT **MODERNE.** La villa Guggenbühl, Paris (XIVe arrond.), œuvre de l'architecte André Lurçat, représentative du mouvement moderne.

2. **MODERNE** n.m. **1.** Ce qui est moderne. **2.** Écrivain, artiste de l'époque contemporaine. *Les modernes.*

MODERNISATEUR, TRICE adj. et n. Qui modernise.

MODERNISATION n.f. Action de moderniser.

MODERNISER v.t. Rajeunir, donner une forme plus moderne, adaptée aux techniques présentes. *Moderniser son mobilier, l'agriculture.* ◆ **se moderniser** v.pr. Se conformer aux usages modernes ; se transformer pour s'y adapter.

MODERNISME n.m. **1.** Goût, recherche de ce qui est moderne. **2. a.** Mouvement littéraire hispano-américain de la fin du XIXe s., qui a subi l'influence du Parnasse et du symbolisme français (principal représentant : Rubén Darío). **b.** Mouvement littéraire et artistique brésilien, né à São Paulo en 1922, et qui cherche ses thèmes dans la nature et la culture nationales (principaux représentants : Mário de Andrade, Oswald de Andrade). **3.** CATH. Ensemble de doctrines et de tendances qui ont pour objet commun de renouveler l'exégèse, la doctrine sociale et le gouvernement de l'Église pour les mettre en accord avec les données de la critique historique moderne, et avec les nécessités de l'époque où l'on vit. (On donne en partic. ce nom à la crise religieuse qui a marqué le pontificat de Pie X [1903 - 1914] en France et en Italie surtout. Les idées modernistes furent condamnées en 1907.)

MODERNISTE adj. et n. **1.** Se dit de ce qui se veut moderne, d'un partisan de ce qui est moderne. **2.** Qui relève du modernisme.

MODERNITÉ n.f. **1.** Caractère de ce qui est moderne. **2.** Les temps modernes (en général, entendus comme la période ouverte par la révolution industrielle), par oppos. à la *postmodernité.*

MODERN STYLE n.m. inv. et adj. inv. (mots angl.). Art nouveau.

MODESTE adj. (lat. *modestus,* modéré). **1.** Qui manifeste de la modestie, une absence d'orgueil. *Être modeste dans ses prétentions. Maintien modeste.* **2.** D'une grande simplicité, sans faste, sans éclat. *Logement, train de vie modeste. Un modeste repas.* **3.** De peu d'importance. *Un revenu modeste. Une modeste contribution.*

MODESTEMENT adv. Avec modestie.

MODESTIE n.f. **1.** Qualité d'une personne modérée dans l'appréciation qu'elle a d'elle-même. **2.** Pièce de tissu placée dans l'échancrure d'un haut de vêtement féminin pour atténuer un décolleté trop profond.

MODICITÉ n.f. (bas lat. *modicitas*). Caractère de ce qui est modique, peu considérable en quantité, en valeur, etc.

MODIFIABLE adj. Qui peut être modifié.

MODIFICATEUR, TRICE adj. Propre à modifier.

MODIFICATIF, IVE adj. Qui modifie. *Avis modificatif.*

MODIFICATION n.f. Changement qui se fait dans une chose, dans une personne.

MODIFIER v.t. [5] (lat. *modificare*). **1.** Changer, sans en altérer la nature essentielle, la forme, la qualité de. *Modifier une loi.* **2.** GRAMM. En parlant d'un adverbe, déterminer ou préciser le sens d'un verbe, d'un adjectif ou d'un autre adverbe.

MODILLON n.m. (ital. *modiglione*). ARCHIT. Ornement saillant répété de proche en proche sous une corniche, comme s'il la soutenait.

MODIQUE adj. (lat. *modicus*). De peu d'importance ; de faible valeur. *Une modique somme.*

MODIQUEMENT adv. De façon modique. *Modiquement rétribué.*

MODISTE n. Personne qui confectionne ou vend des chapeaux de femme.

MODULABLE adj. Qui peut être modulé.

MODULAIRE adj. **1.** Qui est constitué d'un ensemble de modules. **2.** Qui se conforme à un système dimensionnel ayant un module pour unité de base.

MODULANT, E adj. Qui module.

MODULATEUR, TRICE adj. *Didact.* Qui produit une modulation. ◆ n.m. TECHN. Dispositif réalisant l'opération de modulation.

MODULATION n.f. (lat. *modulatio,* de *modulus,* cadence). **1.** Chacun des changements de ton, d'accent, d'intensité dans l'émission d'un son, en partic. dans l'inflexion de la voix. **2.** MUS. Passage d'une tonalité à une autre au cours d'un morceau. **3.** PEINT. Procédé, utilisé en partic. par Cézanne, qui substitue les rapports de couleurs (chaudes, froides...) au modelé par l'ombre et la lumière pour suggérer volumes et profondeur. **4.** Variation, adaptation, modification de qqch selon certains critères ou certaines circonstances. *Modulation des prix.* **5.** PHYS. Variation dans le temps d'une caractéristique d'un phénomène (amplitude, fréquence, etc.) en fonction des valeurs d'une caractéristique d'un autre phénomène. **6.** TECHN. Processus par lequel une grandeur (amplitude, fréquence, etc.) caractéristique d'une oscillation, appelée *porteuse,* est astreinte à suivre les variations d'un signal, dit *signal modulant.* ◇ *Modulation d'amplitude :* modulation par laquelle on astreint l'amplitude de la porteuse à varier proportionnellement aux valeurs instantanées du signal modulant. – *Modulation de fréquence :* modulation par laquelle on astreint la fréquence de la porteuse à varier proportionnellement aux valeurs instantanées du signal modulant ; bande de fréquences dans laquelle sont diffusées des émissions de radio selon ce procédé. – *Modulation d'impulsion :* modulation faisant varier certaines caractéristiques d'impulsions qui, en l'absence de modulation, se suivent, identiques entre elles, à intervalles réguliers.

MODULE n.m. (lat. *modulus,* mesure). **1.** Unité fonctionnelle susceptible d'être utilisée conjointement à d'autres éléments de même nature. *Les modules d'une bibliothèque.* **2.** Dans un programme éducatif, unité d'enseignement qu'un étudiant, un élève combine à d'autres, afin de personnaliser sa formation. **3. a.** ARCHIT. Dans l'architecture antique et classique, commune mesure conventionnelle d'une ordonnance, correspondant génér. au demi-diamètre du fût de la colonne dans sa partie basse. **b.** TECHNOL. Unité de coordination modulaire permettant l'emploi d'éléments standardisés industriels. **4.** ASTRONAUT. Partie d'un véhicule spatial constituant une unité à la fois structurelle et fonctionnelle. **5.** HYDROL. Débit moyen annuel d'un cours d'eau. (Le *module absolu* est donné en mètres cubes par seconde ; ex. : Seine, 500 m^3/s ; Amazone, 200 000 m^3/s.) **6.** MÉCAN. INDUSTR. Quotient du diamètre primitif d'un engrenage par le nombre de dents. **7.** NUMISM. Diamètre d'une monnaie, d'une médaille. **8.** ALGÈBRE. *Module d'un nombre complexe* $z = a + ib$: nombre réel positif ayant pour carré $a^2 + b^2$. – *Module sur un anneau commutatif A :* groupe additif muni d'une loi de composition externe sur A satisfaisant aux mêmes axiomes que ceux des espaces vectoriels.

MODULER v.t. (lat. *modulari,* de *modulus,* cadence). **1.** Exécuter, rendre avec des inflexions variées. *Moduler des sons, des couleurs.* **2.** Adapter d'une manière souple à des circonstances diverses. *Moduler les horaires de travail.* **3.** TECHN. Effectuer la modulation de. ◆ v.i. MUS. Passer d'une tonalité à une autre, au cours d'un morceau.

MODULO adj. inv. ALGÈBRE. *Congruence modulo* p : relation d'équivalence entre deux entiers dont la différence est un multiple de *p.*

MODULOR n.m. (nom déposé ; de *module* et *nombre d'or*). Système de proportions architecturales breveté en 1945 par Le Corbusier, et fondé sur le nombre d'or.

MODUS VIVENDI [mɔdysvivɛ̃di] n.m. inv. (mots lat., *manière de vivre*). **1.** Accord permettant à deux parties en litige de s'accommoder d'une situation en réservant la solution du litige sur le fond. **2.** Accommodement, arrangement dans une relation, une manière de vivre ; compromis. *Trouver un modus vivendi.*

MOELLE [mwal] n.f. (lat. *medulla*). **1.** *Moelle osseuse,* ou *moelle :* substance molle contenue dans différents os. (On distingue la *moelle rouge,* hématopoïétique, et la *moelle jaune,* contenant surtout de la graisse.) **2.** *Moelle épinière :* partie du système nerveux central située dans la colonne vertébrale, jouant d'une part un rôle de centre nerveux responsable de certains réflexes, et d'autre part un rôle de conduction des messages entre les nerfs qui lui sont rattachés et l'encéphale. **3.** BOT. Région axiale du cylindre central de la tige et de la racine, occupée génér. par les grosses cellules, non chlorophylliennes. **4.** *Fig., litt.* Partie essentielle, substance de qqch. *La moelle d'un récit.* **5.** *Jusqu'à la moelle (des os) :* très profondément. *Nous étions glacés jusqu'à la moelle.*

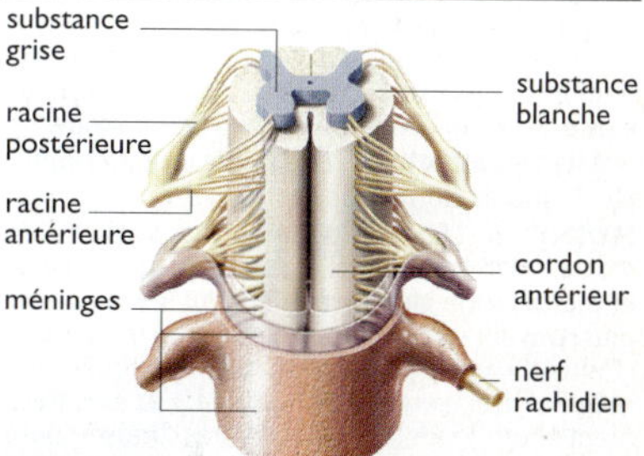

■ **MOELLE.**
La moelle épinière et les nerfs rachidiens.

MOELLEUSEMENT adv. De façon confortable, agréable.

MOELLEUX, EUSE [mwalø, øz] adj. **1.** Doux et agréable au toucher et comme élastique. *Un lit moelleux.* **2.** Agréable à goûter, à entendre, à voir. *Une omelette moelleuse.* ◇ *Vin moelleux :* vin qui n'est ni très doux ni très sec.

MOELLON [mwalɔ̃] n.m. (lat. pop. *mutulio,* corbeau). CONSTR. Pierre, non taillée ou grossièrement taillée, de petites dimensions.

MOERE ou **MOËRE** [mwɛr] ou [mur] n.f. (moyen néerl. *moer,* marais). GÉOGR. En Flandre, équivalent du polder.

MŒURS [mœr] ou [mœrs] n.f. pl. (lat. *mores*). **1.** Coutumes et usages communs à une société, un peuple, une époque. *Les mœurs des Romains.* **2.** ÉTHOL. Habitudes particulières à chaque espèce animale. *Les mœurs des abeilles.* **3.** Habitudes de vie ; comportements individuels. *Avoir des mœurs simples.* **4. a.** Ensemble des principes, des règles morales régissant une société, en partic. sur le plan sexuel. ◇ DR. *Attentat aux mœurs :* atteinte à la liberté d'autrui par un comportement sexuel imposé avec ou sans violence (viol, agressions sexuelles), ou dont le caractère public heurte les conceptions morales (outrage aux bonnes mœurs, outrage public à la pudeur). **b.** Conduites individuelles considérées par rapport à ces règles. *Femme de mœurs légères.*

MOFETTE n.f. (ital. *moffetta,* de *muffa,* moisissure). Fumerolle dont la température est inférieure à 100 °C, riche en eau et en gaz carbonique, et souvent située à proximité de sources thermales.

MOFLER v.t. (du wallon *mofe,* moufle). Belgique. *Fam.* Recaler.

MOHAIR [mɔɛr] n.m. (mot angl., de l'ar.). Poil de la chèvre angora, dont on fait des laines à tricoter ; étoffe faite avec cette laine.

MOHO n.m. (de Andrija *Mohorovičić,* n.pr.). GÉOL. Discontinuité définissant la transition entre la croûte et le manteau, caractérisée par une augmentation brutale de la vitesse des ondes sismiques longitudinales.

1. MOI pron. pers. (lat. *me*). Désigne la 1re pers. du sing. représentant celui, celle qui parle, en fonction de sujet pour renforcer *je,* comme complément après une préposition ou un impératif, ou comme attribut. ◇ ***À moi ! :*** au secours ! – ***De vous à moi, entre vous et moi :*** en confidence, entre nous.

2. MOI n.m. inv. **1.** Ce qui constitue l'individualité, la personnalité du sujet. **2.** Personnalité qui s'affirme en excluant les autres ; égoïsme. *Le moi est haïssable.* **3.** PHILOS. Sujet pensant. **4.** PSYCHAN. Dans la deuxième topique freudienne, instance distinguée du ça et du surmoi et qui permet une défense de l'individu contre la réalité et contre les pulsions. SYN. : *ego.* ◇ ***Moi idéal :*** position du moi relevant de l'imaginaire ou du narcissisme infantile.

MOIE n.f. → **MOYE.**

MOIGNON n.m. (de l'anc. fr. *moing,* mutilé). **1.** Extrémité restante d'un membre amputé, audessous de la dernière articulation (par ex. audessous du genou). **2.** (Abusif en zoologie). Membre rudimentaire. *Les manchots n'ont qu'un moignon d'aile.* **3.** Ce qui reste d'une grosse branche cassée ou coupée. SYN. : *chicot.*

MOINDRE adj. (lat. *minor*). **1.** Plus petit en dimensions, en quantité, en intensité. *Un moindre prix. Vitesse moindre.* **2.** (Avec l'art. déf.) Le plus petit, le moins important, le moins grand. *Le moindre bruit l'effraie.* **3.** Suisse. *Fam.* Maladif, affaibli. *Il se sent moindre en ce moment.* **4.** STAT. ***Méthode des moindres carrés :*** méthode qui permet de trouver la moyenne la plus probable parmi les résultats de plusieurs observations.

MOINDREMENT adv. *Litt. Pas le moindrement :* pas le moins du monde.

MOINE n.m. (lat. ecclés. *monachus,* solitaire, du gr.). **1.** CHRIST. Homme lié par des vœux religieux et menant une vie essentiellement spirituelle, le plus souvent en communauté dans un monastère. (Cette appellation ne peut être appliquée aux religieux non soumis à la clôture.) **2.** Anc. Récipient dans lequel on plaçait des braises pour chauffer un lit. **3.** Phoque des mers chaudes et de la Méditerranée, à pelage gris tacheté. (Genre *Monachus.*) **4.** Grand vautour noir des plaines et des montagnes boisées de l'Europe méditerranéenne et orientale et d'Asie centrale. (Genre *Aegypius ;* famille des accipitridés.)

MOINEAU n.m. (de *moine,* à cause de la couleur du plumage). **1.** Oiseau passereau originaire d'Eurasie, répandu dans le monde entier, abondant dans les villes (*moineau franc* ou, *fam., pierrot*) et dans les champs (*moineau friquet*). [Cri : le moineau pépie. Genre *Passer ;* famille des plocéidés.] ◇ *Fam.* ***Manger comme un moineau,*** très peu. – *Fam.* ***Tête, cervelle de moineau :*** personne étourdie, écervelée. **2.** *Fam.* Individu, en partic. individu désagréable ou malhonnête. *Un drôle de moineau. Un vilain moineau.*

■ **MOINEAU**

MOINE-SOLDAT n.m. (pl. *moines-soldats*). Militant inconditionnel d'une cause, d'un parti.

MOINILLON n.m. *Fam.* Jeune moine.

1. MOINS adv. (lat. *minus*). **1.** Indique une infériorité de qualité, de quantité, de prix. *Moins beau. Moins d'hommes. Moins cher.* ◇ ***À moins :*** pour un moindre prix ; pour un motif moins important. – ***Au moins :*** si ce n'est davantage ; en tout cas ; de toute façon. *Il a au moins cinquante ans. Tu pourrais au moins la laisser parler.* – ***Du moins :*** néanmoins, en tout cas. *C'est du moins ce que je pense.* – ***N'être rien moins que :*** être bel et bien, véritablement. *Il n'est rien moins qu'un héros.* **2.** Précédé de l'art. défini, sert de superlatif à l'adv. *peu. C'est la moins agréable des îles.* ◇ ***À tout le moins, pour le moins, tout du moins :*** en tout cas, avant tout. ◆ **prép.** Indique une soustraction. *8 moins 3 égale 5.* ◆ **à moins de** loc. prép. **1.** Au-dessous de, à un prix moindre que. *À moins de cent euros, j'achète.* **2.** (Suivi d'un inf.) Sauf si, excepté si. *À moins d'être très riche.* ◆ **à moins que** loc. conj. (Suivi du subj.) Sauf si. *À moins qu'il ne soit trop tard* ou *qu'il soit trop tard.*

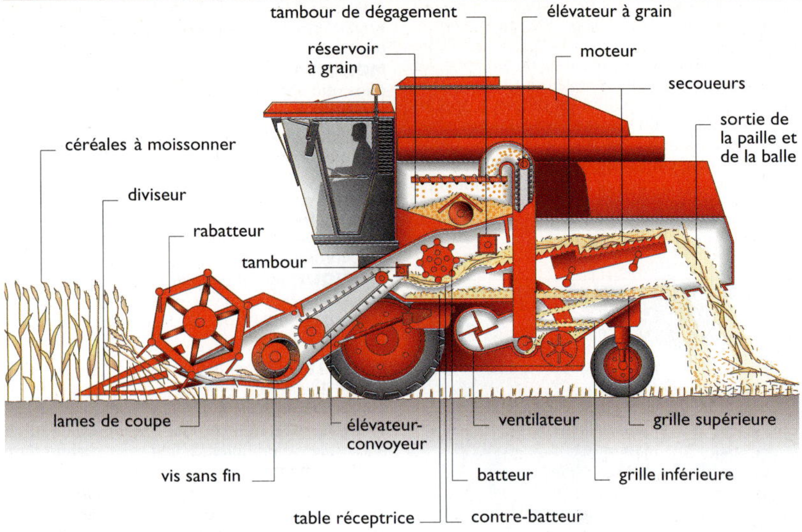

■ **MOISSONNEUSE-BATTEUSE**

2. MOINS n.m. Signe noté « – » utilisé pour représenter une soustraction ou pour l'écriture des nombres négatifs.

MOINS-DISANT n.m. (pl. *moins-disants*). DR. Personne qui, dans une adjudication, fait l'offre de prix la plus basse.

MOINS-PERÇU n.m. (pl. *moins-perçus*). DR. Ce qui est dû et n'a pas été perçu.

MOINS-VALUE n.f. (pl. *moins-values*). **1.** Diminution de la valeur d'un objet ou d'un droit appréciée à deux moments différents. **2.** Différence négative entre le prix de cession et le prix d'acquisition d'un bien ou d'un titre. CONTR. : *plus-value.*

MOIRAGE n.m. Reflet chatoyant d'une substance ou d'un objet moiré.

MOIRE n.f. (angl. *mohair,* de l'ar.). **1.** Étoffe à reflet changeant, obtenue en écrasant le grain du tissu avec une calandre spéciale ; ce reflet. **2.** *Litt.* Reflets changeants et chatoyants d'une surface, d'un objet.

MOIRÉ, E adj. Qui offre les reflets de la moire. ◆ n.m. Effet de la moire. *Le moiré d'une étoffe.*

MOIRER v.t. Donner un aspect moiré à une étoffe.

MOIRURE n.f. *Litt.* Effet de moire.

MOIS n.m. (lat. *mensis*). **1.** Chacune des douze divisions de l'année civile. **2.** Espace de temps d'environ trente jours. **3.** Unité de travail et de salaire correspondant à un mois légal ; ce salaire lui-même. *Toucher son mois.* **4.** Somme due pour un mois de location, de services, etc.

MOISE n.f. (lat. *mensa,* table). CONSTR. Couple de deux pièces de charpente jumelles assemblées de façon à enserrer et à maintenir d'autres pièces ; chacune des pièces de ce couple.

MOÏSE [mɔiz] n.m. (de *Moïse,* n.pr.). Berceau portatif en osier, capitonné.

MOISER v.t. Réunir à l'aide de moises.

MOISI n.m. Partie moisie de qqch ; moisissure. *Enlever le moisi d'un fruit.*

MOISIR v.i. (lat. *mucere,* de *mucus,* morve). **1.** Se couvrir de moisissure. *Le pain a moisi.* **2.** *Fam.* Rester, attendre longtemps au même endroit. *Je n'ai aucune envie de moisir ici.* **3.** *Fam.* Rester inutilisé, improductif. *C'est de l'argent qui moisit.* ◆ v.t. Couvrir de moisissure. *La pluie a moisi les raisins.*

MOISISSURE n.f. **1.** Champignon dont on ne distingue que les filaments du mycélium, sous la forme d'un feutrage velouté, blanc ou coloré, d'odeur souvent caractéristique. (Quelques moisissures sont parasites de végétaux [mildiou] ou d'animaux [muguet], mais la plupart sont saprophytes, pouvant gâter les aliments ou être utilisées pour la fabrication de fromages et d'antibiotiques [pénicillium].) **2.** Corruption de qqch sous l'effet de ces champignons ; partie moisie de qqch.

MOISSINE n.f. VITIC. Fragment de sarment que l'on cueille avec la grappe et qui sert à la suspendre pour la conserver fraîche plus longtemps.

MOISSON n.f. (lat. *messio*). **1.** Action de récolter les blés et d'autres céréales parvenus à maturité ; époque de cette récolte. **2.** Céréale qui est récoltée ou à récolter. *Rentrer la moisson.* **3.** Grande quantité de choses amassées, recueillies. *Engranger une moisson de fiches.*

MOISSONNAGE n.m. Action, manière de moissonner.

MOISSONNER v.t. **1.** Faire la moisson des céréales. *Moissonner le blé.* ◇ Absol. *Ils vont commencer à moissonner.* **2.** *Litt.* Recueillir, amasser en quantité. *Moissonner des renseignements.*

MOISSONNEUR, EUSE n. Personne qui fait la moisson.

MOISSONNEUSE n.f. Machine utilisée pour la moisson.

MOISSONNEUSE-BATTEUSE n.f. (pl. *moissonneuses-batteuses*). Machine servant à récolter les plantes à graines, notamm. les céréales, qui coupe, bat, trie et nettoie les grains.

MOISSONNEUSE-LIEUSE n.f. (pl. *moissonneuses-lieuses*). Machine qui coupe les céréales et les lie en gerbes.

MOITE adj. (lat. pop. *muscidus*). **1.** Légèrement humide sous l'effet de la transpiration. *Avoir les mains moites.* **2.** Imprégné d'humidité. *Chaleur moite.*

MOITEUR n.f. **1.** Légère humidité de la peau. **2.** État de ce qui est moite, humide. *La moiteur de l'air.*

MOITIÉ n.f. (lat. *medietas*). **1.** Chacune des parties égales d'un tout divisé en deux. *Cinq est la moitié de dix.* ◇ ***À moitié :*** à demi, en partie. – ***De moitié :*** dans la proportion de un sur deux. – ***À moitié prix,*** ou ***moitié prix :*** pour la moitié du prix normal, ordinaire. – ***Moitié..., moitié... :*** en partie..., en partie... *Couverture moitié grise, moitié blanche.* – ***Moitié-moitié :*** d'une égale quantité de chacun des composants ; à parts égales. **2.** Une des deux parties à peu près égales d'un espace, d'une durée, d'une action. *Faire la moitié du chemin. Il est absent la moitié du temps.* ◇ ***À moitié chemin :*** au milieu de la distance à parcourir ; avant d'avoir achevé une action entreprise. – ***Être, se mettre de moitié :*** participer à égalité avec qqn aux risques et aux résultats d'une entreprise. – ***Être pour moitié dans qqch,*** en être responsable pour une part. **3.** *Fam.* Épouse.

MOITIR v.t. Vx. Rendre moite.

MOKA n.m. (de *Moka,* v. du Yémen). **1.** Café d'une variété estimée, riche en caféine. **2.** Infusion de ce café. **3.** Gâteau fait d'une génoise fourrée d'une crème au beurre parfumée au café.

MOL adj.m. sing. → **MOU.**

1. MOLAIRE adj. CHIM. Relatif à la mole. ◇ *Concentration molaire* → **concentration.**

2. MOLAIRE n.f. (lat. *molaris,* de *mola,* meule). Grosse dent placée à la partie moyenne et postérieure des maxillaires, qui sert à broyer les aliments. (La forme des molaires, chez les mammifères, est en rapport avec le régime alimentaire.)

MÔLAIRE adj. MÉD. Relatif à la môle hydatiforme. *Grossesse môlaire.*

MOLALITÉ n.f. CHIM. Concentration molaire massique.

MOLARITÉ n.f. CHIM. Concentration molaire volumique.

MOLASSE n.f. (de l'anc. fr. *mol,* mou). Formation sédimentaire détritique, contenant notamm. des grès calcaires, déposée dans les zones orogéniques en fin de plissement et provenant de l'érosion de reliefs jeunes avoisinants.

MOLDAVE adj. et n. De la Moldavie, État indépendant, ou de la Moldavie, région roumaine ; de leurs habitants. ◆ n.m. Forme du roumain parlée en Moldavie.

MOLE n.f. (de *molécule-gramme*). Unité de quantité de matière (symb. mol), équivalant à la quantité de matière d'un système contenant autant d'entités élémentaires qu'il y a d'atomes dans 0,012 kg de carbone 12. (Unité de base du SI.)

1. MÔLE n.m. (ital. *molo*). Ouvrage en maçonnerie qui protège l'entrée d'un port ou divise un bassin en darses.

2. MÔLE n.f. (lat. *mola,* meule). Gros poisson des mers d'Europe occidentale, au corps presque circulaire, appelé également *lune* ou *poisson-lune.* (Long. jusqu'à 2 m ; poids 1 000 kg.)

3. MÔLE n.f. (lat. *mola,* meule). MÉD. ***Môle hydatiforme,*** ou ***môle :*** dégénérescence du placenta le transformant en grappes de vésicules, faisant disparaître l'embryon, et s'évacuant spontanément ou par curetage.

MOLÉCULAIRE adj. Relatif aux molécules ; constitué de molécules.

MOLÉCULE n.f. (lat. *moles,* masse). Assemblage d'atomes de composition fixe, de taille et de géométrie bien définies, identique pour toute portion d'un corps pur. (Cet état discret de la matière [par ex. : sucre, chlorophylle] se distingue d'états continus de la matière, tels que le cristal [par ex. : chlorure de sodium, fer].)

MOLÉCULE-GRAMME n.f. (pl. *molécules-grammes*). **1.** Anc. Mole d'une substance formée de molécules. **2.** Masse molaire moléculaire.

MOLÈNE n.f. (de l'anc. fr. *mol,* mou). Plante des lieux incultes, dont une espèce est le bouillon-blanc. (Genre *Verbascum ;* famille des scrofulariacées.)

MOLESKINE n.f. (angl. *moleskin,* peau de taupe). Toile de coton fin recouverte d'un enduit et d'un vernis imitant le cuir.

MOLESTER v.t. (lat. *molestare,* ennuyer). Faire subir des violences physiques à. *Les supporters ont molesté l'arbitre.*

MOLETAGE n.m. MÉCAN. INDUSTR. Action de réaliser au moyen de molettes des stries sur une surface de révolution d'une pièce ; ensemble de ces stries.

MOLETER v.t. [16]. Effectuer un moletage.

MOLETTE n.f. (lat. *mola,* meule). **1.** Pièce cylindrique striée servant notamm. à actionner un mécanisme mobile (clé à molette, jumelles, etc.). **2.** TECHN. Outil de coupe des tunneliers pour le travail en roche dure. **3.** TECHN. Cône denté d'un trépan de forage. **4.** ÉQUIT. Partie mobile de certains éperons, en forme de roue étoilée. **5.** Suisse. Pierre à aiguiser.

MOLIÈRE n.m. (de *Molière,* n.pr.). Distinction honorifique décernée annuellement en France dans le domaine du théâtre.

MOLINISME n.m. Système théologique du jésuite Luis Molina, qui voulait concilier la liberté humaine et l'action de la grâce divine.

MOLINISTE adj. et n. Relatif à Molina ; qui est partisan du molinisme.

MOLLAH [mɔla], **MULLA** ou **MULLAH** [mula] n.m. (ar. *mawlā,* seigneur). Dans l'islam, titre donné aux personnalités religieuses, aux docteurs de la loi, partic. dans les mondes turco-iranien et indien.

MOLLARD n.m. *Vulg.* Crachat épais.

MOLLASSE adj. (anc. fr. *mol,* mou). Qui est trop mou, qui manque de consistance ; flasque. *Chairs mollasses.* ◆ adj. et n.f. *Fam.* Qui est mou, apathique. *Regarde-moi cette grande mollasse !*

MOLLASSERIE n.f. *Fam.* Caractère d'une personne d'une mollesse excessive.

MOLLASSON, ONNE adj. et n. *Fam.* Qui est très mou, sans énergie.

MOLLEMENT adv. **1.** Avec nonchalance, abandon. *Être mollement étendu sur un divan.* **2.** Sans conviction ; faiblement. *Protester mollement.*

MOLLESSE n.f. (de l'anc. fr. *mol,* mou). État, caractère de qqch, de qqn qui est mou.

1. MOLLET n.m. (anc. fr. *mol,* mollet). Saillie que font les muscles de la partie postérieure de la jambe, entre la cheville et le pli du genou.

2. MOLLET, ETTE adj. (dimin. de l'anc. fr. *mol,* mou). **1.** *Litt.* Un peu mou. *Lit mollet.* **2.** ***Œuf mollet :*** œuf bouilli peu de temps dans sa coque, pour que le blanc soit coagulé, le jaune restant liquide. – ***Pain mollet :*** petit pain au lait. – REM. Le fém. est rare.

MOLLETIÈRE n.f. et adj.f. (de *1. mollet*). Bande de cuir ou de toile qui couvrait la jambe de la cheville au jarret.

MOLLETON n.m. (de *2. mollet*). Tissu épais, de coton ou de laine, doux, moelleux et chaud.

MOLLETONNER v.t. Garnir ou doubler de molleton. *Molletonner un couvre-lit.* ◇ p.p. adj. *Gants molletonnés.*

MOLLIR v.i. Devenir mou, perdre de sa force, de son énergie, de sa vigueur. *Sentir ses jambes mollir. Le vent mollit.* ◆ v.t. MAR. *Mollir un cordage,* le détendre.

MOLLISOL n.m. PÉDOL. Partie superficielle d'un gélisol, qui dégèle pendant une partie de l'année.

MOLLO adv. *Fam.* Sans forcer ; doucement. *Allez-y mollo.*

MOLLUSCUM [mɔlyskɔm] n.m. (mot lat., *nœud de l'érable*). MÉD. ***Molluscum contagiosum :*** petite tumeur cutanée bénigne, d'origine virale et contagieuse, arrondie et de couleur blanche ou rose. – ***Molluscum pendulum :*** fibrome cutané bénin, mou, blanc ou rose et relié à la peau par un pédicule.

MOLLUSQUE n.m. (lat. sc. *molluscum,* de *mollusca nux,* noix à écorce molle). Invertébré aquatique ou des lieux humides, au corps mou, portant sur sa face dorsale un *manteau* souvent couvert d'une coquille et, sur sa face ventrale, un *pied.* (Les trois classes principales de mollusques sont : les gastéropodes [escargot], les lamellibranches [moule] et les céphalopodes [pieuvre].)

MOLOCH [mɔlɔk] n.m. (de *Moloch,* n.pr.). Lézard des déserts australiens, mangeur de fourmis, au corps recouvert d'énormes épines. (Long. 20 cm ; genre *Moloch,* famille des agamidés.)

MOLOSSE n.m. (gr. *molossos,* du pays des Molosses). Gros chien de garde.

MOLOSSOÏDE adj. et n.m. Se dit de chiens à tête et corps massifs, aux petites oreilles et au museau court, tels que les dogues, les mastiffs et certaines races de montagne.

MOLURE n.m. (gr. *molouros*). Grand python de l'Asie du Sud-Est et de l'Indonésie. (Long. 6 m ; famille des pythonidés.)

MOLYBDÈNE n.m. (gr. *molubdaina,* de *molubdos,* plomb). **1.** Métal blanc, dur, cassant et peu fusible. **2.** Élément chimique (Mo), de numéro atomique 42, de masse atomique 95,94.

MOLYBDÉNITE n.f. Sulfure de molybdène.

MOLYBDIQUE adj. CHIM. MINÉR. Se dit de l'anhydride MoO_3 et des acides correspondants.

MOMBIN n.m. Fruit comestible, à saveur acidulée, d'un arbre de l'Amérique tropicale et des Antilles. (Genre *Spondias ;* famille des anacardiacées.)

MÔME n. *Fam.* Enfant. ◆ n.f. *Fam.* Jeune fille. *Une jolie môme.*

MOMENT n.m. (lat. *momentum*). **I.** *Temps.* **1.** Espace de temps considéré dans sa durée plus ou moins brève. *Cela dure depuis un bon moment. Passer de longs moments à rêver. J'arrive dans un moment.* ◇ ***En un moment :*** en très peu de temps. – ***Un moment ! :*** attendez ! – ***À tout moment :*** continuellement, sans cesse. – ***Par moments :*** par intervalles, de temps à autre. – ***Sur le moment :*** sur l'instant, sur le coup. – ***Au moment de :*** sur le point de. **2.** Espace de temps considéré du point de vue de son contenu, des événements qui s'y situent. *Un moment de panique. C'est un mauvais moment à passer.* ◇ ***Avoir de bons moments :*** être sympathique, agréable à vivre par périodes, de façon irrégulière ; connaître des périodes heureuses. **3.** Temps présent. *La mode du moment.* ◇ ***En ce moment, pour le moment :*** actuellement, pour l'instant. **4.** Instant opportun ; occasion. *Ce n'est pas le moment de partir. Attendre le moment favorable.* **II.** *Sens scientifiques.* **1. a.** ***Moment cinétique :*** vecteur égal au moment du vecteur quantité de mouvement. **b.** ***Moment d'un couple de forces,*** produit de l'une des forces du couple par le bras de levier de ce couple. **c.** ***Moment électrique d'un dipôle :*** produit de la charge électrique d'un des deux pôles par la distance qui les sépare. **d.** ***Moment d'une force par rapport à un point O,*** produit de la force par le bras de levier de cette force. (La grandeur vectorielle associée est égale au produit vectoriel de $\overrightarrow{OA}$ [où A est le point d'application de la force $\vec{F}$] par $\vec{F}$.) **2.** ALGÈBRE. ***Moment d'un bipoint*** (A, B) ***par rapport à un point O de l'espace :*** produit vectoriel de $\overrightarrow{OA}$ et d'un vecteur quelconque $\vec{V}$ de direction (AB). **3.** STAT. ***Moment*** (*d'ordre* n) ***d'une variable statistique,*** moyenne des puissances $n^{\text{ièmes}}$ de ces valeurs pondérée par les effectifs de leurs classes respectives. ◆ loc. conj. **1.** ***Au moment où :*** lorsque, précisément. **2.** ***Du moment que :*** puisque.

MOMENTANÉ, E adj. Qui ne dure qu'un moment, qu'un instant.

MOMENTANÉMENT adv. De façon momentanée ; temporairement, provisoirement.

MOMERIE n.f. (de l'anc. fr. *momer,* se déguiser). *Litt.,* vieilli. Affectation ridicule de sentiments qu'on n'éprouve pas, en partic. de sentiments religieux.

MÔMERIE n.f. (de *môme*). *Fam.* (Surtout pl.) Enfantillage.

MOMIE n.f. (ar. *mūmiya*). **1.** Cadavre conservé au moyen de matières balsamiques, par l'embaumement. **2.** Vieilli. Personne figée dans des idées surannées. **3.** *Fam.* Personne très sèche et très maigre, dont les os du visage saillent sous la peau.

■ **MOMIE** égyptienne d'époque ptolémaïque (Louvre, Paris).

MÔMIER, ÈRE adj. et n. (de *momerie*). Suisse. *Péjor.* Bigot, puritain.

MOMIFICATION n.f. Action de momifier ; fait de se momifier.

MOMIFIER v.t. [5]. Transformer un corps en momie. ◆ **se momifier** v.pr. Devenir inerte, physiquement ou intellectuellement ; se fossiliser.

MON, MA adj. poss. [pl. *mes*] (lat. *meus*). Représente un possesseur de la 1re pers. du sing., celui, celle qui parle, pour indiquer un rapport d'appartenance, un rapport d'ordre affectif ou social. *Mon stylo. Mes idées. Mes parents. Mon général.* – REM. *Mon* s'emploie pour *ma* devant un nom ou un adj. fém. commençant par une voyelle ou un *h* muet. *Mon amie. Mon histoire.*

MONACAL, E, AUX adj. (du lat. *monachus,* moine). Propre au genre de vie des moines. *Vie monacale.*

MONACHISME [-ʃism] ou [-kism] n.m. **1.** État de moine ; vie monastique. **2.** Institution monastique.

ENCYCL. La vie monastique, si elle n'est pas spécifique au christianisme, occupe dans cette religion une place particulièrement importante.

M

Le monachisme chrétien naît en Orient, sous l'influence de saint Antoine et de son disciple Pacôme. Il se manifeste d'abord sous une forme érémitique (anachorètes du désert), puis évolue dans le sens d'une vie en collectivité (cénobites). Ses règles sont formulées au IVe s. par saint Basile de Césarée. En Occident, la vie monastique se développe véritablement à partir du VIe s., sous l'impulsion de saint Benoît de Nursie, dont la règle l'emporte bientôt sur les formes de piété et de vie plus ascétiques apportées sur le continent par les moines irlandais (saint Colomban).

MONADE n.f. (gr. *monas, -ados,* de *monos,* seul). PHILOS. Chez Leibniz, substance de nature spirituelle, simple, active et indivisible, dont le nombre est infini et dont tous les êtres sont composés.

MONADELPHE adj. (gr. *monos,* seul, et *adelphos,* frère). BOT. Se dit d'une fleur dont les étamines sont soudées entre elles, comme chez le genêt, la rose trémière.

MONADOLOGIE n.f. ou **MONADISME** n.m. Théorie des monades.

MONARCHIE n.f. (gr. *monos,* seul, et *arkhein,* commander). **1.** Régime dans lequel l'autorité est exercée par un individu et par ses délégués. **2.** Régime politique dans lequel le chef de l'État est un roi ou un empereur héréditaire ; État ainsi gouverné. *La monarchie britannique.* ◇ *Monarchie absolue,* où le pouvoir du monarque n'est contrôlé par aucun autre. (En vigueur en France sous l'Ancien Régime, elle était en fait limitée par les *lois fondamentales du royaume.) – *Monarchie constitutionnelle,* où l'autorité du prince est soumise à une Constitution. – *Monarchie parlementaire :* monarchie constitutionnelle dans laquelle le gouvernement est responsable devant le Parlement.

MONARCHIEN n.m. HIST. Sous la Révolution française, membre de l'Assemblée nationale partisan d'une monarchie à l'anglaise.

MONARCHIQUE adj. Propre à la monarchie.

MONARCHISME n.m. Doctrine politique des partisans de la monarchie.

MONARCHISTE adj. et n. Qui est partisan de la monarchie.

MONARQUE n.m. (gr. *monos,* seul, et *arkhein,* commander). **1.** Chef de l'État, dans une monarchie ; roi, souverain. **2.** Papillon diurne qui migre, par millions, au printemps et en automne. (Genre *Danaus ;* famille des nymphalidés.)

MONASTÈRE n.m. (gr. *monastêrion*). Maison, ensemble des bâtiments qu'habitent des moines ou des moniales.

MONASTIQUE adj. (gr. *monastikos,* solitaire). Relatif aux moines ou aux moniales.

MONAURAL, E, AUX adj. (gr. *monos,* seul, et lat. *auris,* oreille). Monophonique.

MONAZITE n.f. (all. *Monazit*). MINÉRALOG. Phosphate de cérium, de lanthane ou de thorium.

MONCEAU n.m. (lat. *monticellus,* petit mont). **1.** Élévation formée par un amoncellement d'objets. *Un monceau d'ordures.* **2.** Grande quantité de choses. *Des monceaux d'erreurs.*

MONDAIN, E adj. (lat. *mundanus*). **1.** Relatif à la vie sociale et aux divertissements de la haute société, des classes fortunées. *Dîner mondain. Chronique mondaine.* ◇ *Danseur mondain :* professionnel qui fait danser les clientes dans un dancing. **2.** RELIG. Relatif à la vie séculière. **3.** PHILOS. Se dit de ce qui concerne le monde extérieur, dans la pensée phénoménologique. **4.** *Brigade mondaine,* ou, *fam.*, *la mondaine,* n.f. : ancienne dénomination de la brigade des stupéfiants et du proxénétisme de la préfecture de police de Paris. ◆ adj. et n. Qui adopte les manières en usage dans la société des gens en vue ; qui aime les mondanités. *Il est très mondain.*

MONDANITÉ n.f. **1.** Caractère de ce qui relève de la vie mondaine. **2.** Fréquentation du beau monde ; goût pour ce genre de vie. ◆ pl. Habitudes de vie propres aux gens du monde ; politesses conventionnelles. *Fuir les mondanités.*

MONDE n.m. (lat. *mundus*). **1.** Ensemble de tout ce qui existe ; univers. *La création du monde. Les lois qui gouvernent le monde.* **2.** La nature, ce qui constitue l'environnement des êtres humains. *Enfant qui découvre le monde.* **3.** Ensemble de choses ou d'êtres considérés comme formant un tout organisé. *Le monde sous-marin. Le monde des abeilles.* **4.** Ensemble de choses abstraites, de concepts considérés comme formant un univers. *Le monde des idées. Le monde du rêve, de la folie.* ◇ *Se faire (tout) un monde de :* attribuer une importance exagérée à. **5.** Écart important, grande différence. *Il y a un monde entre eux.* **6.** La Terre ; la surface terrestre ; le globe terrestre. *Faire le tour du monde.* ◇ *Au bout du monde :* dans un endroit éloigné. – *Courir, parcourir le monde :* voyager beaucoup. – *L'Ancien Monde :* l'Europe, l'Asie et l'Afrique. – *Le Nouveau Monde :* l'Amérique. **7.** La Terre, considérée comme le séjour de l'homme. ◇ *Ce bas monde :* le monde terrestre, par oppos. au monde céleste, au paradis. – *Mettre au monde :* accoucher ; donner naissance à un enfant. – *Venir au monde :* naître. – *Aller dans l'autre monde :* mourir. – *Pour rien au monde :* en aucun cas. **8.** Ensemble des êtres humains vivant sur la Terre. *Cette guerre concerne le monde entier.* **9.** Ensemble de personnes ; grand nombre de personnes ou nombre indéterminé de personnes. *Il y a du monde ? Pas grand monde.* ◇ *Avoir du monde,* des invités. *Avoir du monde à dîner.* **10. a.** Les gens, l'ensemble des personnes à qui on a affaire. *Elle connaît bien son monde.* ◇ *Tout le monde :* tous les gens ; chacun. **b.** Vieilli. Ensemble des personnes qui sont au service de qqn. **c.** Entourage de qqn ; famille proche. *Avoir tout son monde autour de soi.* **11.** Milieu, groupe social défini par une caractéristique, un type d'activité. *Être du même monde. Le monde des affaires. Le monde des arts.* ◇ *Le petit monde :* les enfants. **12.** Ensemble des personnes constituant la haute société, les classes sociales les plus aisées, qui se distinguent par leur luxe, leurs divertissements. *Les gens du monde. Femme du monde.* ◇ *Beau monde :* société brillante, élégante. **13.** *Litt.* Vie séculière, profane, par oppos. à la vie religieuse. *Se retirer du monde.*

MONDER v.t. (lat. *mundare,* purifier). **1.** Émonder. **2.** Enlever la pellicule qui enrobe le noyau de certains fruits secs. *Monder des amandes.*

MONDIAL, E, AUX adj. Qui concerne le monde entier. ◆ n.m. SPORTS. Championnat du monde.

MONDIALEMENT adv. Dans le monde entier.

MONDIALISATION n.f. Fait de devenir mondial, de se mondialiser ; globalisation.

MONDIALISER v.t. Donner à qqch un caractère mondial, une extension qui intéresse le monde entier. ◇ v.pr. *L'économie s'est mondialisée.*

MONDIALISME n.m. **1.** Doctrine qui vise à réaliser l'unité politique du monde considéré comme une communauté humaine unique. **2.** Prise en considération des problèmes politiques, culturels, etc., dans une optique mondiale.

MONDIALISTE adj. et n. Qui relève du mondialisme ; qui en est partisan.

MONDOVISION n.f. (de *monde* et *télévision*). Transmission d'images de télévision entre divers continents par l'intermédiaire de satellites relais de télécommunications.

MONÉGASQUE adj. et n. De Monaco, de ses habitants.

MONEL n.m. (nom déposé). Alliage de cuivre et de nickel résistant à la corrosion.

MONÈME n.m. LING. Morphème, dans la terminologie de la linguistique fonctionnelle.

MONEP ou **M.O.N.E.P.** [monɛp] n.m. (acronyme de *marché des options négociables de Paris*). Marché français où s'achètent et se vendent des options portant sur des produits financiers.

MONERGOL n.m. Propergol composé d'un seul ergol (eau oxygénée, hydrazine, etc.).

MONÉTAIRE adj. (lat. *monetarius,* de *moneta,* monnaie). Relatif à la monnaie, aux monnaies.

MONÉTARISME n.m. Courant de la pensée économique, représenté notamm. par Milton Friedman, qui insiste sur l'importance de la politique monétaire dans la régulation de la vie économique pour lutter contre l'inflation.

MONÉTARISTE adj. et n. Relatif au monétarisme ; qui en est partisan.

MONÉTIQUE n.f. (nom déposé). Ensemble des dispositifs utilisant l'informatique et l'électronique dans les transactions bancaires (cartes de paiement, terminaux de points de vente, etc.).

MONÉTISATION n.f. **1.** Action de transformer des métaux en monnaie. **2.** Introduction de nouvelles formes de moyen de paiement dans le circuit économique.

MONÉTISER v.t. Effectuer la monétisation de. *Monétiser de l'or.*

MONGOL, E adj. et n. **1.** De la Mongolie, de ses habitants. **2.** Qui se rapporte aux Mongols, appartient à cet ensemble de peuples. ◆ n.m. Groupe de langues altaïques parlées par les Mongols. SYN. : *khalkha.*

MONGOLIEN, ENNE adj. et n. Vieilli. Trisomique.

MONGOLISME n.m. Vieilli. Trisomie 21.

MONGOLOÏDE adj. Qui rappelle le type mongol.

MONIALE n.f. Religieuse contemplative à vœux solennels.

MONILIA n.m. (lat. *monile,* collier). Champignon qui se développe sur les poires, les pommes, les cerises, les abricots, etc., et provoque leur pourriture. (Genre *Sclerotinia ;* classe des ascomycètes.)

MONILIOSE n.f. Maladie des fruits due au monilia, et cour. appelée *rot brun.*

MONISME n.m. (du gr. *monos,* seul). PHILOS. Doctrine selon laquelle tout ce qui est se ramène, sous les apparences de la multiplicité, à une seule réalité fondamentale (par oppos. à *dualisme,* à *pluralisme*).

1. MONITEUR, TRICE n. (du lat. *monitor,* qui avertit). **1.** Personne chargée d'enseigner ou de faire pratiquer certaines activités, certains sports. *Moniteur de ski.* **2.** Doctorant bénéficiant, en plus d'une allocation de recherche, d'une rémunération en échange de laquelle il assure en université et sous la responsabilité d'un tuteur un certain nombre d'heures d'enseignement. **3.** Personne chargée de l'encadrement des enfants dans les activités collectives extrascolaires. *Monitrice de colonie de vacances.* Abrév. *(fam.) : mono.* **4.** Afrique. Fonctionnaire de rang subalterne employé dans le développement agricole ; enseignant de rang inférieur à celui d'instituteur.

2. MONITEUR n.m. **1.** INFORM. Écran de visualisation associé à un micro-ordinateur. **2.** INFORM. Programme de contrôle permettant de surveiller l'exécution de plusieurs programmes n'ayant aucun lien entre eux. **3.** MÉD. Appareil électronique permettant un monitorage permanent et automatique, et déclenchant une alarme au moment d'un trouble (irrégularité cardiaque, par ex.).

MONITION n.f. (lat. *monitio,* action d'avertir). DR. CANON. Avertissement officiel de l'autorité ecclésiastique.

MONITOIRE n.m. et adj. (lat. *monitorius*). DR. CANON. Monition publique qu'un juge ecclésiastique adresse à la personne qui a connaissance d'un fait pour l'obliger à témoigner.

MONITOR n.m. (mot anglo-amér.). **1.** MAR. Bâtiment cuirassé de moyen tonnage et de faible tirant d'eau d'un type utilisé, notamm. aux États-Unis, à la fin du XIXe s. et au début du XXe s. **2.** MIN. Canon à eau sous pression utilisé pour l'abattage des roches tendres.

MONITORAGE ou **MONITORING** [-riŋ] n.m. (angl. *monitoring,* de *monitor,* surveillant). Surveillance médicale en continu ou à intervalles rapprochés, effectuée par mesure de paramètres ou par enregistrement de phénomènes divers (contractions utérines, battements cardiaques, etc.).

MONITORAT n.m. Formation pour la fonction de moniteur ; cette fonction.

MÔN-KHMER, ÈRE [monkmɛr] adj. et n.m. (pl. *môn-khmers, ères*). LING. Se dit d'un groupe de langues parlées en Asie du Sud-Est continentale.

MONNAIE n.f. (de *Juno Moneta,* Junon la Conseillère, dans le temple de laquelle les Romains frappaient la monnaie). **1.** Pièce de métal frappée par l'autorité souveraine pour servir aux échanges. ◇ *Battre monnaie :* fabriquer, émettre de la monnaie. – *Fausse monnaie,* qui imite frauduleusement la monnaie légale. **2. a.** Instrument légal des paiements. *Monnaie de papier.* ◇ *Monnaie de réserve :* monnaie détenue par les banques d'émission et utilisée parallèlement à l'or dans les règlements internationaux. – *Monnaie centrale,* émise par la banque centrale. – *Monnaie de compte :* unité monétaire non représentée matériellement et utilisée uniquement pour les comptes. – *Servir de monnaie d'échange :* être utilisé comme moyen d'échange dans une négociation. **b.** Unité monétaire adoptée par un État. *La monnaie du Chili est le peso.* **3.** Équivalent de la valeur d'un billet ou d'une pièce en billets ou pièces de moindre valeur.

M

LES MONNAIES DU MONDE

pays	monnaie	code iso
Afghanistan	afghani	AFA
Afrique du Sud	rand	ZAL
Albanie	lek	ALL
Algérie	dinar algérien	DZD
Allemagne	euro et Deutsche Mark	EUR DEM
Andorre	euro, peseta espagnole et franc français	EUR ESP FRF
Angola	kwanza	AON
Antigua-et-Barbuda	dollar des Caraïbes orientales	XCD
Arabie saoudite	riyal saoudien	SAR
Argentine	peso argentin	ARS
Arménie	dram arménien	AMD
Australie	dollar australien	AUD
Autriche	euro et schilling	EUR ATS
Azerbaïdjan	manat azerbaïdjanais	AZM
Bahamas	dollar des Bahamas	BSD
Bahreïn	dinar de Bahreïn	BHD
Bangladesh	taka	BDT
Barbade	dollar de la Barbade	BBD
Belgique	euro et franc belge	EUR BEF
Belize	dollar de Belize	BZD
Bénin	franc CFA	XOF
Bhoutan	ngultrum et roupie indienne	BTN INR
Biélorussie	rouble biélorusse	BYR
Birmanie (Myanmar)	kyat	MMK
Bolivie	boliviano	BOB
Bosnie-Herzégovine	mark convertible	BAM
Botswana	pula	BWP
Brésil	real brésilien	BRL
Brunei	dollar de Brunei	BND
Bulgarie	lev bulgare	BGN
Burkina	franc CFA	XOF
Burundi	franc du Burundi	BIF
Cambodge	riel	KHR
Cameroun	franc CFA	XAF
Canada	dollar canadien	CAD
Cap-Vert	escudo du Cap-Vert	CVE
centrafricaine (République)	franc CFA	XAF
Chili	peso chilien	CLP
Chine	yuan	CNY
Chypre	livre cypriote	CYP
Colombie	peso colombien	COP
Comores	franc des Comores	KMF
Congo	franc CFA	XAF
Congo (République démocratique du)	franc congolais	CDF
Corée du Nord	won nord-coréen	KPW
Corée du Sud	won	KRW
Costa Rica	colón costaricain	CRC
Côte d'Ivoire	franc CFA	XOF
Croatie	kuna	HRK
Cuba	peso cubain	CUP
Danemark	krone (couronne danoise)	DKK
Djibouti	franc de Djibouti	DJF
dominicaine (République)	peso dominicain	DOP
Dominique	dollar des Caraïbes orientales	XCD
Égypte	livre égyptienne	EGP
Émirats arabes unis	dirham des EAU	AED
Équateur	dollar des États-Unis	USD
Érythrée	nakfa	ERN
Espagne	euro et peseta espagnole	EUR ESP
Estonie	kroon (couronne estonienne)	EEK
États-Unis	dollar des États-Unis	USD
Éthiopie	birr éthiopien	ETB
Fidji	dollar fidjien	FJD
Finlande	euro et markka (mark finlandais)	EUR FIM
France	euro et franc français	EUR FRF
Gabon	franc CFA	XAF
Gambie	dalasi	GMD
Géorgie	lari	GEL
Ghana	cedi	GHC
Grande-Bretagne	livre sterling	GBP
Grèce	euro et drachme	EUR GRD
Grenade	dollar des Caraïbes orientales	XCD
Guatemala	quetzal	GTQ
Guinée	franc guinéen	GNF
Guinée-Bissau	franc CFA	XOF
Guinée équatoriale	franc CFA	XAF
Guyana	dollar de la Guyana	GYD
Haïti	gourde	HTG
Honduras	lempira	HNL
Hongrie	forint	HUF
Inde	roupie indienne	INR
Indonésie	rupiah (roupie indonésienne)	IDR
Iran	rial iranien	IRR
Iraq	dinar irakien	IQD
Irlande	euro et livre irlandaise	EUR IEP
Islande	krona (couronne islandaise)	ISK
Israël	shekel	ILS
Italie	euro et lire italienne	EUR ITL
Jamaïque	dollar de la Jamaïque	JMD
Japon	yen	JPY
Jordanie	dinar jordanien	JOD
Kazakhstan	tenge	KZT
Kenya	shilling du Kenya	KES
Kirghizistan	som	KGS
Kiribati	dollar australien	AUD
Koweït	dinar koweïtien	KWD
Laos	kip	LAK
Lesotho	loti	LSL
Lettonie	lats letton	LVL
Liban	livre libanaise	LBP
Liberia	dollar libérien	LRD
Libye	dinar libyen	LYD
Liechtenstein	franc suisse	CHF
Lituanie	litas lituanien	LTL
Luxembourg	euro et franc luxembourgeois	EUR LUF
Macédoine	denar	MKD
Madagascar	franc malgache	MGF
Malaisie	ringgit (dollar de la Malaisie)	MYR
Malawi	kwacha	MWK
Maldives	rufiyaa (roupie des Maldives)	MVR
Mali	franc CFA	XOF
Malte	livre maltaise	MTL
Maroc	dirham	MAD
Marshall (îles)	dollar des États-Unis	USD
Maurice	roupie mauricienne	MUR
Mauritanie	ouguiya	MRO
Mexique	peso mexicain	MXN
Micronésie (États fédérés de)	dollar des États-Unis	USD
Moldavie	leu moldave	MDL
Monaco	euro et franc français	EUR FRF
Mongolie	tugrik	MNT
Mozambique	metical	MZM
Namibie	dollar namibien	NAD
Nauru	dollar australien	AUD
Népal	roupie népalaise	NPR
Nicaragua	córdoba oro	NIO
Niger	franc CFA	XOF
Nigeria	naira	NGN
Norvège	krone (couronne norvégienne)	NOK
Nouvelle-Zélande	dollar néo-zélandais	NZD
Oman	rial omanais	OMR
Ouganda	shilling ougandais	UGX
Ouzbékistan	soum	UZS
Pakistan	roupie pakistanaise	PKR
Palaos	dollar des États-Unis	USD
Panamá	balboa	PAB
Papouasie-Nouvelle-Guinée	kina	PGK
Paraguay	guarani	PYG
Pays-Bas	euro et florin néerlandais	EUR NLG
Pérou	sol	PEN
Philippines	peso philippin	PHP
Pologne	złoty	PLN
Portugal	euro et escudo portugais	EUR PTE
Qatar	riyal du Qatar	QAR
Roumanie	leu	ROL
Russie	rouble russe	RUB
Rwanda	franc rwandais	RWF
Saint-Kitts-et-Nevis	dollar des Caraïbes orientales	XCD
Sainte-Lucie	dollar des Caraïbes orientales	XCD
Saint-Marin	euro et lire italienne	EUR ITL
Saint-Vincent-et-les Grenadines	dollar des Caraïbes orientales	XCD
Salomon (îles)	dollar des îles Salomon	SBD
Salvador	colón salvadorien	SVC
Samoa	tala	WST
São Tomé et Príncipe	dobra	STD
Sénégal	franc CFA	XOF
Seychelles	roupie des Seychelles	SCR
Sierra Leone	leone	SLL
Singapour	dollar de Singapour	SGD
Slovaquie	koruna (couronne slovaque)	SKK
Slovénie	tolar	SIT
Somalie	shilling somalien	SOS
Soudan	dinar soudanais	SDD
Sri Lanka	roupie de Sri Lanka	LKR
Suède	krona (couronne suédoise)	SEK
Suisse	franc suisse	CHF
Suriname	florin de Suriname	SRG
Swaziland	lilangeni	SZL
Syrie	livre syrienne	SYP
Tadjikistan	somoni	TJS
Taïwan	dollar de Taïwan	TWD
Tanzanie	shilling tanzanien	TZS
Tchad	franc CFA	XAF
tchèque (République)	koruna (couronne tchèque)	CZK
Thaïlande	baht	THB
Togo	franc CFA	XOF
Tonga	pa'anga	TOP
Trinité-et-Tobago	dollar de Trinité-et-Tobago	TTD
Tunisie	dinar tunisien	TND
Turkménistan	manat	TMM
Turquie	livre turque	TRL
Tuvalu	dollar australien	AUD
Ukraine	hrivna	UAH
Union européenne	euro	EUR
Uruguay	peso uruguayen	UYU
Vanuatu	vatu	VUV
Vatican	euro et lire italienne	EUR ITL
Venezuela	bolivar	VEB
Viêt Nam	dong	VND
Yémen	rial yéménite	YER
Yougoslavie	dinar yougoslave	YUM
Zambie	kwacha	ZMK
Zimbabwe	dollar du Zimbabwe	ZWD

M

Faire la monnaie de cent euros. **4.** Ensemble de pièces ou de coupures de faible valeur que l'on porte sur soi. *Avez-vous de la monnaie ?* ◇ *Petite monnaie :* pièces de faible valeur. **5.** *Rendre la monnaie :* donner la différence entre la valeur d'un billet, d'une pièce et le prix exact d'une marchandise. – *Rendre à qqn la monnaie de sa pièce,* user de représailles envers lui, lui rendre la pareille.

MONNAIE-DU-PAPE n.f. (pl. *monnaies-du-pape*). Lunaire (plante).

MONNAYABLE adj. **1.** Qui peut être monnayé. *Métal monnayable.* **2.** Dont on peut tirer un profit ; susceptible d'être rémunéré, payé. *Talent monnayable.*

MONNAYAGE n.m. Fabrication de la monnaie.

MONNAYER [mɔnɛje] v.t. [6]. **1.** Convertir un métal en monnaie. **2.** Tirer un profit, de l'argent de. *Vedette de cinéma qui monnaie ses souvenirs.* **3.** Afrique. Rendre la monnaie sur une somme.

MONNAYEUR [mɔnɛjœr] n.m. **1.** Personne qui effectue la frappe de la monnaie. **2.** Appareil qui fait automatiquement la monnaie de la somme introduite.

1. MONO n. (abrév.). *Fam.* Moniteur, monitrice.

2. MONO n.f. (abrév.). *Fam.* Monophonie.

MONOACIDE adj. et n.m. CHIM. Se dit d'un acide qui ne libère qu'un seul ion H_3O^+ par molécule.

MONOAMINE n.f. BIOCHIM. Substance telle qu'une catécholamine, ne possédant qu'un radical amine $-NH_2$.

MONOAMINE-OXYDASE n.f. (pl. *monoamines-oxydases*). Enzyme qui détruit par oxydation les monoamines en excès dans l'organisme. ◇ *Inhibiteur de la monoamine-oxydase* → **IMAO.**

MONOATOMIQUE adj. CHIM. Se dit d'un corps simple constitué d'atomes isolés.

MONOBASE n.f. Base monobasique.

MONOBASIQUE adj. CHIM. Se dit d'une base qui ne libère qu'un seul ion OH^- par molécule.

MONOBLOC adj. et n.m. TECHN. Qui est fait d'une seule pièce, d'un seul bloc. *Châssis monobloc.*

MONOCÂBLE adj. Qui n'a qu'un seul câble. ◆ n.m. Support de transport aérien fait d'un seul câble sans fin, à la fois porteur et tracteur.

MONOCAMÉRAL, E, AUX adj. (du lat. *camera,* chambre). Qui ne comporte qu'une seule chambre, qu'une seule assemblée parlementaire. *Système monocaméral.*

MONOCAMÉRISME ou **MONOCAMÉRALISME** n.m. Système politique dans lequel le Parlement est composé d'une seule chambre.

MONOCATÉNAIRE adj. BIOCHIM. Se dit d'une macromolécule telle que l'ARN, formée d'une seule chaîne polymère.

MONOCHROMATEUR [-kro-] n.m. Dispositif optique fournissant une radiation monochromatique.

MONOCHROMATIQUE [-kro-] adj. PHYS. Se dit d'un rayonnement électromagnétique ayant une fréquence unique.

MONOCHROME [-kro-] adj. Qui est d'une seule couleur. ◆ n.m. Toile, tableau non figuratifs se réduisant à une surface plus ou moins uniforme d'une seule couleur (Rodtchenko, Y. Klein...).

MONOCHROMIE n.f. Caractère de ce qui est monochrome.

MONOCLE n.m. (gr. *monos,* seul, et lat. *oculus,* œil). Verre correcteur unique que l'on fait tenir dans l'arcade sourcilière.

MONOCLINAL, E, AUX adj. Se dit d'un relief structural (cuesta, crêt, barre) ou d'une série sédimentaire dont les couches inclinées sont affectées par un faible pendage. (Le Bassin parisien a une structure monoclinale.)

MONOCLINIQUE adj. CRISTALLOGR. *Système monoclinique :* système cristallin dont la maille élémentaire est un prisme oblique ayant pour base un losange.

MONOCLONAL, E, AUX adj. GÉNÉT. Qui appartient à un seul clone cellulaire. ◇ *Anticorps monoclonal :* anticorps sécrété, dans l'organisme ou en laboratoire, par un clone de lymphocytes et utilisé pour le diagnostic ou le traitement immunodépresseur.

MONOCOLORE adj. Se dit d'un gouvernement qui est l'émanation d'un seul des partis représentés au Parlement.

MONOCOQUE adj. Se dit d'une structure de véhicule automobile combinant carrosserie et châssis, et composée d'éléments en tôle soudés, formant un ensemble qui résiste à la flexion et à la torsion. ◆ n.m. Bateau, voilier à une seule coque (par oppos. à *multicoque*).

1. MONOCORDE adj. (lat. *monochordon*). Qui est émis sur une seule note et ne varie pas ; monotone. *Chant monocorde.*

2. MONOCORDE adj. et n.m. (lat. *monochordos*). Se dit d'un instrument de musique à une seule corde.

MONOCORPS adj. et n.m. AUTOM. Se dit d'un véhicule dont le profil ne présente de décrochement ni à l'avant ni à l'arrière.

MONOCOTYLÉDONE n.f. (gr. *monos,* seul, et *kotulêdôn,* cavité). Plante angiosperme dont la graine contient une plantule à un seul cotylédon, et qui présente des feuilles aux nervures parallèles et des fleurs dont la symétrie est souvent d'ordre 3. (Les monocotylédones constituent une classe, dont les principales familles sont les graminées, les liliacées, les orchidacées et les palmiers.)

MONOCRISTAL n.m. (pl. *monocristaux*). **1.** MINÉRALOG. Domaine d'un milieu cristallin possédant une périodicité parfaite. (En général, un cristal est formé d'agrégats de monocristaux.) **2.** PHYS. Cristal homogène dont les plans réticulaires ont une orientation uniforme dans tout le volume.

MONOCULAIRE adj. Relatif à un seul œil. *Vision monoculaire.*

MONOCULTURE n.f. **1.** Culture unique ou largement dominante d'une espèce végétale (vigne, maïs, café, etc.) dans une région ou une exploitation. **2.** Culture de la même espèce végétale pendant plusieurs années sur un même terrain.

MONOCYCLE n.m. Cycle à une seule roue, utilisé dans les cirques.

MONOCYCLIQUE adj. **1.** Se dit d'un composé chimique dont la formule renferme un cycle. **2.** ZOOL. Se dit d'espèces animales ne présentant qu'un cycle sexuel par an.

MONOCYLINDRE adj. et n.m. Se dit d'un moteur à un seul cylindre.

MONOCYTE n.m. (du gr. *kutos,* creux). Globule blanc du sang qui passe dans les différents tissus, où il se transforme en macrophage.

MONODÉPARTEMENTAL, E, AUX adj. DR. ADMIN. *Région monodépartementale,* qui ne compte qu'un seul département (Guadeloupe, Guyane, Martinique, Réunion).

MONODIE n.f. (bas lat. *monodia,* du gr.). MUS. Chant à une voix.

MONODIQUE adj. Se dit d'un chant à une seule voix.

MONŒCIE [mɔnesi] n.f. BOT. Caractère d'une plante monoïque.

MONOGAME adj. **1.** Qui n'a qu'un seul conjoint légitime. **2.** Qui se conforme au système de la monogamie. *Société monogame.* **3.** ÉTHOL. Se dit de certains animaux (oiseaux, notamm.) qui forment des couples stables et durables.

MONOGAMIE n.f. (gr. *monos,* seul, et *gamos,* mariage). Système juridique dans lequel un homme ou une femme ne peut avoir plusieurs conjoints simultanément. (La monogamie s'oppose à la polyandrie et à la polygynie, les deux formes de la polygamie.)

MONOGAMIQUE adj. Relatif à la monogamie.

MONOGATARI n.m. (mot jap.). Genre littéraire japonais qui regroupe à la fois des contes très courts, parfois mêlés de vers, génér. réunis en recueils, et des œuvres romanesques d'une grande étendue.

MONOGÉNIQUE adj. Se dit d'une maladie génétique due à une anomalie d'un seul gène.

MONOGÉNISME n.m. ANTHROP. Théorie selon laquelle toutes les races humaines dériveraient d'un type, d'une population, voire d'un couple, uniques (par oppos. à *polygénisme*).

MONOGRAMME n.m. **1.** Chiffre composé des lettres ou des principales lettres d'un nom entrelacées en un seul caractère. **2.** Marque ou signature abrégée.

MONOGRAPHIE n.f. Étude détaillée sur un point précis d'histoire, de science, de littérature, sur une personne, sa vie, etc.

MONOGRAPHIQUE adj. Qui a le caractère d'une monographie.

MONOÏ [mɔnɔj] n.m. inv. (mot polynésien). Huile parfumée d'origine tahitienne, tirée de la noix de coco et des fleurs de tiaré.

MONOÏQUE adj. (gr. *monos,* seul, et *oikos,* demeure). BOT. Se dit d'une plante à fleurs unisexuées mais où chaque pied porte des fleurs mâles et des fleurs femelles (comme le maïs, le noisetier, etc.). SYN. : *androgyne.* CONTR. : *dioïque.*

MONOKINI n.m. (formation plaisante sur *Bikini*). Vieilli. Maillot de bain féminin ne comportant qu'un slip et pas de soutien-gorge.

MONOLINGUE adj. et n. Qui ne parle qu'une langue (par oppos. à *bilingue, trilingue,* etc.). ◆ adj. Rédigé en une seule langue. *Dictionnaire monolingue.* SYN. : *unilingue.*

MONOLINGUISME [mɔnɔlɛ̃gɥism] n.m. État d'une personne, d'une région, d'un pays monolingues.

MONOLITHE adj. et n.m. (gr. *monos,* seul, et *lithos,* pierre). **1.** Se dit d'un ouvrage formé d'un seul bloc de pierre. **2.** ARCHIT. Se dit d'un monument taillé dans le roc.

MONOLITHIQUE adj. **1.** Formé d'un seul bloc de pierre. **2.** *Fig.* Qui présente l'aspect d'un bloc homogène, rigide, où il n'y a pas de place pour la contradiction. *Parti monolithique.*

MONOLITHISME n.m. Caractère de ce qui est monolithique, rigide.

MONOLOGUE n.m. (gr. *monologos,* qui parle seul). **1.** Discours que se tient à lui-même un personnage de théâtre. ◇ *Monologue comique :* pièce médiévale à un seul personnage, qui fait la satire d'un type social ou psychologique. **2.** Discours de qqn qui se parle tout haut à lui-même ou qui, dans la conversation, ne laisse pas parler les autres ou ne tient pas compte de leur avis.

MONOLOGUER v.i. Tenir un monologue.

MONOMANIAQUE adj. Relatif à la monomanie. ◆ adj. et n. Atteint de monomanie.

MONOMANIE n.f. **1.** PSYCHIATR. Vx. Nom donné à une affection psychique qui n'affecte que partiellement l'esprit. **2.** *Cour.* Idée fixe.

1. MONÔME n.m. (gr. *monos,* seul, et *nomos,* portion). Expression algébrique de la forme a_nx^n, le coefficient a_n étant un élément non nul d'un anneau commutatif unitaire.

2. MONÔME n.m. (par jeu de mots avec le précédent, formé sur *seul-homme*). *Arg. scol.* Cortège d'étudiants marchant en file indienne en se tenant par les épaules, jadis traditionnel en France après la fin des examens.

MONOMÈRE adj. et n.m. CHIM. Se dit d'un motif ou module de base pouvant former de nouvelles liaisons avec d'autres, identiques ou différents. (Selon le nombre de motifs liés, la molécule résultante est un *oligomère* [petit nombre d'unités] ou un *polymère* [très grand nombre d'unités].)

MONOMÉTALLISME n.m. Système monétaire qui n'admet qu'un étalon monétaire, génér. l'or ou l'argent (par oppos. à *bimétallisme*).

MONOMÉTALLISTE adj. et n. Relatif au monométallisme ; qui en est partisan.

MONOMOTEUR adj.m. et n.m. Se dit d'un avion équipé d'un seul moteur.

MONONUCLÉAIRE n.m. Globule blanc (monocyte ou lymphocyte) n'appartenant pas à la catégorie des granulocytes.

MONONUCLÉÉ, E adj. Se dit d'une cellule, en partic. d'un globule blanc, qui a un noyau unique et non segmenté en lobes.

MONONUCLÉOSE n.f. MÉD. Augmentation du nombre des lymphocytes sanguins, dont certains prennent un aspect anormal. ◇ *Mononucléose infectieuse :* infection virale bénigne qui se manifeste par une angine, une augmentation de volume des ganglions lymphatiques et de la rate, une très grande fatigue et une mononucléose sanguine.

MONOPARENTAL, E, AUX adj. Se dit d'une famille où l'enfant ou les enfants sont élevés par un seul parent.

MONOPARENTALITÉ n.f. Situation d'une famille monoparentale.

MONOPARTISME n.m. Système politique fondé sur l'existence d'un parti unique.

MONOPHASÉ, E adj. Se dit des tensions ou des courants alternatifs simples ainsi que des installations correspondantes (par oppos. à *polyphasé*).

MONOPHONIE n.f. Technique de la reproduction des sons enregistrés ou transmis par radio, au moyen d'une seule voie (disque, amplificateur, radiorécepteur classique, etc.) [par oppos. à *stéréophonie*]. Abrév. *(fam.) : mono.*

MONOPHONIQUE adj. Qui concerne la monophonie. SYN. : *monaural.*

MONOPHYSISME n.m. (gr. *monos,* seul, et *phusis,* nature). CHRIST. Doctrine du Ve s. affirmant l'union du divin et de l'humain dans le Christ en une seule nature. (Condamné par le concile de Chalcédoine en 451, le monophysisme survit dans quelques Églises orientales.)

MONOPHYSITE adj. et n. Relatif au monophysisme ; qui en est partisan.

MONOPLACE adj. Se dit d'un véhicule à une seule place. ◆ n.f. Automobile à une place, spécial. conçue pour les compétitions.

MONOPLAN adj. et n.m. Se dit d'un avion qui ne possède qu'un seul plan de sustentation.

MONOPLÉGIE n.f. (du gr. *plêgê,* coup). Paralysie d'un seul membre.

MONOPOLE n.m. (gr. *monos,* seul, et *pôlein,* vendre). **1.** Privilège exclusif, de droit ou de fait, que possède un individu, une entreprise ou un organisme public de fabriquer, de vendre ou d'exploiter certains biens ou services. **2.** *Fig.* Possession exclusive de qqch. *S'attribuer le monopole de la vérité.*

MONOPOLEUR, EUSE adj. et n. ÉCON. Monopoliste.

MONOPOLISATEUR, TRICE n. Personne qui monopolise qqch.

MONOPOLISATION n.f. Action de monopoliser.

MONOPOLISER v.t. **1.** Exercer son monopole sur une production, un secteur d'activité. **2.** Accaparer pour son seul profit ; se réserver. *Monopoliser la parole.*

MONOPOLISTE adj. et n. ÉCON. Qui exerce, détient un monopole. SYN. : *monopoleur.*

MONOPOLISTIQUE adj. ÉCON. Qui a la forme d'un monopole ; qui tend vers le monopole ou s'y apparente. *Pratiques monopolistiques.*

MONOPOLY n.m. (nom déposé). Jeu de société dans lequel les joueurs doivent acquérir des terrains et des immeubles, figurés sur un plateau, jusqu'à en obtenir le monopole.

MONOPROCESSEUR adj.m. et n.m. Se dit d'un système informatique possédant une seule unité de traitement.

MONOPSONE n.m. (du gr. *opsônein,* s'approvisionner). ÉCON. Marché caractérisé par la présence d'un acheteur unique et d'une multitude de vendeurs.

MONOPTÈRE adj. et n.m. (du gr. *pteron,* aile). ARCHIT. Se dit d'un monument circulaire entouré d'une rangée unique de colonnes.

MONORAIL adj. et n.m. **1.** Se dit d'un chemin de fer n'utilisant qu'un seul rail de roulement. **2.** Se dit d'un dispositif de manutention comportant un rail unique, génér. suspendu.

MONOSACCHARIDE [-saka-] n.m. BIOCHIM. Ose.

MONOSÉMIQUE adj. LING. Se dit d'un mot qui n'a qu'un seul sens. CONTR. : *polysémique.*

MONOSKI n.m. Ski sur lequel on pose les deux pieds pour glisser sur l'eau ou sur la neige ; discipline pratiquée avec ce ski.

MONOSPACE n.m. Voiture particulière spacieuse et monocorps.

MONOSPERME adj. BOT. Se dit des fruits et des divisions de fruits qui ne contiennent qu'une seule graine.

MONOSYLLABE adj. Se dit d'un vers qui n'a qu'une seule syllabe. SYN. : *monosyllabique.* ◆ n.m. **1.** Mot, vers monosyllabe. **2.** Phrase réduite à un ou deux mots assez courts. *Répondre par monosyllabes.*

MONOSYLLABIQUE adj. **1.** Monosyllabe. **2.** Qui est formé de monosyllabes. *Vers monosyllabique.* **3.** Se dit des langues où la plupart des mots sont monosyllabes (par ex. le chinois).

MONOTHÉISME n.m. (du gr. *theos,* dieu). Religion qui n'admet qu'un seul dieu.

MONOTHÉISTE adj. et n. Relatif au monothéisme ; qui le professe. (Le judaïsme, le christianisme et l'islam sont des religions monothéistes.)

MONOTHÉLISME n.m. (du gr. *thelein,* vouloir). CHRIST. Doctrine du VIIe s. selon laquelle il n'y aurait eu dans le Christ qu'une seule volonté, la volonté divine. (Le monothélisme fut condamné en 681 par le troisième concile de Constantinople.)

MONOTONE adj. (du gr. *tonos,* ton). **1.** Qui est toujours sur le même ton. *Chant monotone.* **2.** Qui lasse par son rythme, ses intonations sans variété. *Acteur monotone.* **3.** Sans imprévu ; uniforme. *Soirée monotone.* **4.** MATH. *Fonction monotone (sur un intervalle) :* fonction croissante ou décroissante sur tout l'intervalle.

MONOTONIE n.f. Caractère, état de ce qui est monotone. *Monotonie d'une voix, d'un paysage.*

MONOTRACE adj. AVIAT. Se dit d'un train d'atterrissage dont les roues principales sont toutes situées dans l'axe du fuselage.

MONOTRÈME n.m. (du gr. *trêma,* trou). Mammifère primitif d'Australie, de Tasmanie et de Nouvelle-Guinée qui présente un mélange de caractères archaïques (reproduction ovipare, anatomie du squelette rappelant celle des reptiles) et très spécialisés (bec corné, dépourvu de dents), tel que l'ornithorynque et l'échidné. (Les monotrèmes forment une sous-classe.) SYN. : *protothérien.*

1. MONOTYPE n.m. **1.** Estampe obtenue à partir d'une planche sur laquelle le motif a été fraîchement peint, et non gravé. **2.** Yacht à voile faisant partie d'une série de bateaux identiques, tous construits sur le même plan.

2. MONOTYPE n.f. (nom déposé). IMPRIM. Machine à composer produisant des lignes justifiées en caractères mobiles.

MONOVALENT, E adj. CHIM. Univalent.

MONOXYDE n.m. CHIM. Oxyde qui contient un seul atome d'oxygène dans sa molécule. ◇ *Monoxyde de carbone :* gaz (CO) très toxique, résultant d'une combustion incomplète de produits carbonés.

MONOXYLE adj. Qui est fabriqué, taillé dans une seule pièce de bois. *Pirogue, tambour monoxyles.*

MONOZYGOTE adj. EMBRYOL. Se dit de jumeaux issus d'un même œuf, ou *vrais jumeaux.* SYN. : *univitellin.* CONTR. : *bivitellin, dizygote.*

MONSEIGNEUR n.m. (pl. *messeigneurs* ou *nosseigneurs*). **1.** Titre donné aux princes d'une famille souveraine, aux prélats. Abrév. : *Mgr.* **2.** (Avec une majuscule.) Titre du Grand Dauphin, fils de Louis XIV, et, après lui, des Dauphins de France.

MONSIEUR [məsjø] n.m. (pl. *messieurs*). **1.** Titre donné, par civilité, à un homme à qui l'on s'adresse, oralement ou par écrit. (Précède la fonction quand on la nomme : *Monsieur le Professeur.*) Abrév. : *M.* ; au pl. : *MM.* **2.** Appellation respectueuse utilisée par un serveur, un employé, etc., pour s'adresser à un client, au maître de maison ou pour parler de lui. *Monsieur désire ? Monsieur est absent.* **3.** *Péjor. Faire le monsieur :* jouer à l'homme important. — *Un vilain monsieur :* un individu peu estimable. **4.** (Avec une majuscule.) Titre du frère puîné du roi de France, à partir de la seconde moitié du XVIe s.

MONSIGNOR [-ɲɔr] ou **MONSIGNORE** [-ɲɔre] n.m. [pl. *monsignors, monsignori*] (ital. *monsignore,* monseigneur). Prélat de la cour pontificale.

MONSTERA [mɔ̃stera] n.m. (mot lat.). Plante grimpante et rameuse originaire de l'Amérique tropicale, aux grandes feuilles profondément découpées, aux racines pendantes, appréciée comme plante d'appartement. (Famille des aracées.)

MONSTRANCE n.f. Pièce d'orfèvrerie médiévale, ancêtre de l'ostensoir, qui servait à montrer ou à exposer aux fidèles l'hostie consacrée.

MONSTRE n.m. (lat. *monstrum*). **1.** Être vivant présentant une importante malformation. (L'étude des monstres est la tératologie.) **2.** Être fantastique de la mythologie, des légendes. **3.** Animal, objet effrayant par sa taille, son aspect. *Monstres marins.* **4.** Personne d'une laideur repoussante. **5. a.** Personne qui suscite l'horreur par sa cruauté, sa perversité. **b.** Personne qui effraie ou suscite une profonde antipathie par un défaut, un vice qu'elle présente à un degré extrême. *Un monstre d'égoïsme.* **6.** *Monstre sacré :* comédien très célèbre ; personnage hors du commun, auréolé d'une gloire mythique. ◆ adj. *Fam.* Prodigieux, énorme ; extraordinaire. *Une chance monstre.*

MONSTRUEUSEMENT adv. **1.** D'une manière monstrueuse. *Il a agi monstrueusement.* **2.** Avec excès, prodigieusement. *C'est monstrueusement laid.*

MONSTRUEUX, EUSE adj. **1.** Excessivement laid ; horrible. *Un masque monstrueux.* **2.** Prodigieux, extraordinaire par une taille hors du commun. *Un potiron monstrueux.* **3.** Qui dépasse les limites de ce que l'on peut imaginer, tolérer ; horrible, abominable. *Crime monstrueux.*

MONSTRUOSITÉ n.f. **1.** Caractère de ce qui est monstrueux. **2.** Chose monstrueuse. **3.** Malformation grave, déformant le corps.

MONT n.m. (lat. *mons, montis*). **1.** Grande élévation naturelle au-dessus du terrain environnant. *Le mont Everest. Les monts d'Arrée.* ◇ *Promettre monts et merveilles,* des choses extraordinaires mais peu réalisables. **2.** GÉOMORPH. Forme structurale d'une région plissée, correspondant à la couche dure d'un anticlinal. **3.** ANAT. *Mont de Vénus :* éminence large couverte de poils, formée par le tissu sous-cutané devant le pubis, chez la femme. SYN. : *pénil.*

MONTAGE n.m. **1.** Action de porter du bas vers le haut. **2. a.** TECHN. Assemblage des différentes pièces d'un appareil, d'un ensemble mécanique, d'un meuble. *Montage d'une bibliothèque.* **b.** Choix et assemblage raisonné des plans d'un film, des bandes enregistrées pour une émission de radio, etc. ◇ CINÉMA. *Montage alterné* ou *parallèle,* qui présente en alternance deux actions simultanées. **c.** IMPRIM. Assemblage des films portant les textes et les illustrations qui sont copiés ensemble sur la forme d'impression. **3.** ÉLECTRON. *Montage symétrique :* circuit amplificateur à deux tubes ou à deux transistors, l'un amplifiant les alternances positives, l'autre les alternances négatives du signal. SYN. : *push-pull.* **4.** BOURSE. *Montage financier :* ensemble de procédés permettant à une entreprise de se procurer des ressources sur le marché des capitaux bancaires ou financiers.

MONTAGNARD, E adj. et n. Qui est de la montagne, habite les montagnes. ◇ HIST. *Les Montagnards : v. partie n.pr.*

MONTAGNE n.f. (lat. *mons, montis,* mont). **1.** Élévation naturelle du sol, caractérisée par une forte dénivellation entre les sommets et le fond des vallées. ◇ *Montagne à vaches,* peu élevée et dont l'ascension ne présente pas de difficultés. **2.** *Climat de montagne :* climat propre aux régions de montagne, indépendamment de la zone climatique où elles se situent. (Génér., les températures sont plus faibles et les précipitations plus abondantes.) **3.** Région de forte altitude choisie comme lieu de villégiature. *Passer ses vacances à la montagne.* **4.** *Montagnes russes :* attraction foraine constituée de montées et de descentes abruptes sur lesquelles roulent très rapidement des rames de petites voitures. **5.** *Fig.* Amoncellement important d'objets. *Une montagne de livres.* **6.** HIST. *La Montagne : v. partie n.pr.*

MONTAGNES : LES PRINCIPAUX SOMMETS	
ASIE (HIMALAYA)	
Everest	8 848 m
K2	8 611 m
Kangchenjunga	8 586 m
Lhotse	8 545 m
Makalu	8 515 m
AMÉRIQUE (ANDES)	
Aconcagua	6 959 m
AFRIQUE	
Kilimandjaro	5 895 m
EUROPE (ALPES)	
mont Blanc	4 808 m

MONTAGNEUX, EUSE adj. Où il y a beaucoup de montagnes.

MONTAISON n.f. **1.** PÊCHE. Migration par laquelle certains poissons (notamm. les saumons) quittent l'eau salée pour remonter les fleuves et s'y reproduire ; saison de cette migration. **2.** Montée en graine d'une plante.

MONTALBANAIS, E adj. et n. De Montauban.

MONTANISME n.m. CHRIST. Hérésie chrétienne du IIe s. professée par Montanus.

MONTANISTE adj. et n. Relatif au montanisme ; qui en est partisan.

1. MONTANT n.m. **1.** Élément vertical d'un ensemble, destiné à servir de support ou de

M

renfort. **2.** Élément vertical, central ou latéral, du cadre d'un vantail ou d'un châssis de fenêtre, de porte. **3.** Chacune des deux pièces latérales auxquelles sont fixés les échelons d'une échelle.

2. MONTANT n.m. **1.** Total d'un compte, d'une recette, d'une somme quelconque. **2.** ÉCON. *Montants compensatoires monétaires :* taxes et subventions destinées à compenser les différentes parités monétaires dans la CEE et à harmoniser la circulation intracommunautaire des produits agricoles.

3. MONTANT, E adj. **1.** *Marée montante,* qui recouvre le rivage ; flot, flux. **2.** MIL. *Garde montante,* celle qui va prendre son service.

MONTBÉLIARD, E n. et adj. (de *Montbéliard,* n.pr.). Bovin d'une race française à robe pie rouge, surtout exploitée pour la production de lait.

MONT-BLANC n.m. [pl. *monts-blancs*] (de *Mont-Blanc,* n.pr.). Entremets froid fait d'un dôme de crème Chantilly entouré d'une bordure de purée de marrons.

MONT-DE-PIÉTÉ n.m. [pl. *monts-de-piété*] (ital. *monte di pietà,* banque de charité). Vx. Caisse de crédit municipal.

MONTE n.f. **1.** Action, manière de monter à cheval. **2.** Accouplement, dans les espèces équine, bovine, caprine et porcine ; époque de cet accouplement.

M

MONTÉ, E adj. **1.** Pourvu d'une monture, d'un cheval. ◇ ***Être bien, mal monté :*** avoir un bon, un mauvais cheval. – Anc. *Troupes montées :* armes qui utilisaient le cheval (cavalerie, artillerie, train). **2.** Pourvu du nécessaire. *Être bien monté en cravates.* **3.** Dont les différentes parties sont assemblées. **4.** *Coup monté :* coup préparé à l'avance et en secret. **5.** *Fam.* Irrité. *Il est très monté contre nous.*

MONTE-CHARGE n.m. (pl. *monte-charge[s]*). Appareil élévateur permettant de transporter des charges d'un étage à l'autre.

MONTÉE n.f. **1.** Action de monter sur un lieu élevé. **2.** Chemin par lequel on monte au sommet d'une éminence ; pente raide. **3.** Trajectoire d'un aéronef, d'une fusée qui s'élèvent. **4.** ARCHIT. Chacune des deux parties comprises entre le faîte et les supports latéraux d'un arc, d'une voûte. **5.** Fait d'être porté à un niveau plus élevé. *La montée des eaux.* ◇ ***Montée de lait :*** début de la sécrétion lactée, après l'accouchement. **6.** Élévation en quantité, en valeur, en intensité. *La montée des prix.* ◇ ***Montée en puissance :*** progression spectaculaire de la production ou de l'utilisation d'un produit, de la popularité de qqn, etc. **7.** Afrique. Début de la demi-journée de travail.

MONTE-EN-L'AIR n.m. inv. *Fam.,* vieilli. Cambrioleur.

MONTÉNÉGRIN, E adj. et n. Du Monténégro, de ses habitants.

MONTE-PLAT ou **MONTE-PLATS** n.m. (pl. *monte-plats*). Petit monte-charge assurant la circulation des plats, de la vaisselle entre la cuisine et la salle à manger.

MONTER v.i. (lat. pop. *montare,* de *mons,* mont). **1.** [auxil. *être*]. Se transporter en un lieu plus élevé. *Monter sur une colline, à la tribune.* **2.** [auxil. *être*]. Se placer sur un animal, sur ou dans un véhicule. *Monter à cheval, en avion.* **3.** [auxil. *être*]. *Fam. Monter à Paris :* aller de la province (surtout, du Midi) vers Paris. **4.** [auxil. *être*]. Avoir de l'avancement. *Monter en grade.* **5.** [auxil. *être*]. Suivre une pente, s'élever en pente. *La route monte en lacet jusqu'au col.* **6.** [auxil. *être*]. Croître en hauteur ; atteindre telle ou telle élévation. *Une construction qui monte rapidement. La tour Eiffel monte à plus de trois cents mètres.* **7.** [auxil. *être* ou *avoir*]. Atteindre un niveau plus élevé. *La rivière est montée après l'orage, a monté après l'orage.* **8.** [auxil. *avoir*]. Passer du grave à l'aigu. *La voix monte par tons et demi-tons.* ◇ ***Le ton monte :*** les esprits s'échauffent, la discussion devient plus âpre. **9.** [auxil. *avoir*]. Atteindre un degré, un prix plus élevé. *Les denrées alimentaires ont monté.* **10.** [auxil. *avoir*]. Atteindre un total de. *Ça peut monter jusqu'à mille euros.* ◆ v.t. [auxil. *avoir*]. **1.** Parcourir de bas en haut ; gravir. *Monter un escalier.* **2.** Utiliser un animal comme monture. *Monter un cheval.* **3.** Transporter dans un lieu plus élevé. *Monter une valise au troisième étage.* **4.** Accroître la valeur, la force, l'intensité de qqch, en hausser le niveau. *Cet hôtel a monté ses prix.* **5.** *Monter une mayonnaise, des blancs en neige, etc. :* battre les ingrédients d'une préparation culinaire pour en augmenter la consistance et le volume. **6.** *Fig.* Encourager l'hostilité envers qqn. *On les a montés contre nous.* **7.** Pourvoir du nécessaire. *Monter sa maison, son ménage.* **8.** Assembler les différentes parties de ; mettre en état de fonctionner. *Monter une charpente, une tente.* **9.** Effectuer le montage d'un film, d'une bande magnétique, etc. **10.** Sertir dans une monture. *Monter un diamant.* **11.** Mettre sur pied ; organiser. *Monter une entreprise, un complot.* ◇ *Fam. Monter le coup à qqn,* l'induire en erreur. **12.** *Monter un spectacle, une pièce de théâtre,* en organiser la représentation, la mise en scène. ◆ **se monter** v.pr. **1.** S'élever à un total de. *Les frais se montent à cent euros.* **2.** Se pourvoir du nécessaire. *Se monter en linge.* **3.** *Fam. Se monter la tête :* s'exciter, s'exalter.

MONTE-SAC ou **MONTE-SACS** n.m. (pl. *monte-sacs*). Appareil servant à monter des sacs.

MONTEUR, EUSE n. **1.** Professionnel qui assemble les diverses pièces constitutives d'un ensemble. **2.** CINÉMA. Technicien chargé du montage.

MONTGOLFIÈRE [mɔ̃gɔlfjɛr] n.f. (de *Montgolfier,* n.pr.). Aérostat dont la sustentation est assurée par de l'air chauffé par un foyer situé sous le ballon.

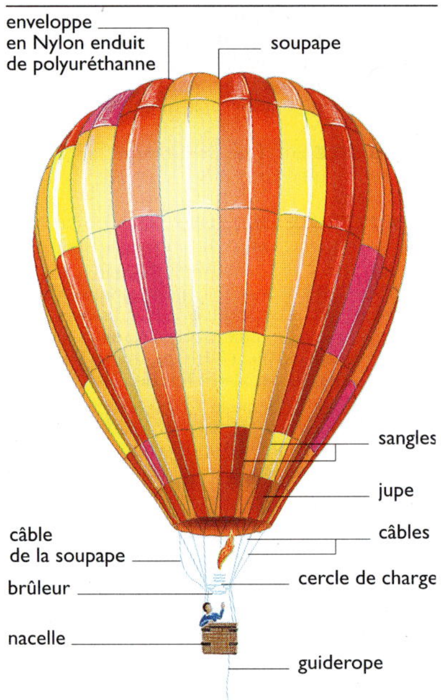

■ **MONTGOLFIÈRE**

MONTICULE n.m. Petit mont, petite élévation du sol.

MONTJOIE n.f. Anc. Monceau de pierres pour marquer les chemins ou pour rappeler un événement important.

MONTMORENCY [mɔ̃mɔrɑ̃si] n.f. (n. d'une commune d'Île-de-France). Cerise d'une variété acidulée utilisée dans l'industrie (confitures, eau-de-vie) et la pâtisserie.

MONTMORILLONITE [mɔ̃mɔrijɔnit] n.f. MINÉRALOG. Silicate hydraté d'aluminium, avec un peu de magnésie, constituant une variété d'argile.

MONTOIR n.m. *Côté du montoir,* ou *montoir :* côté gauche du cheval, où l'on se met en selle. – *Côté hors montoir :* côté droit du cheval.

MONTOIS, E adj. et n. De Mont-de-Marsan.

MONTRABLE adj. Qui peut être montré.

MONTRACHET [mɔ̃raʃɛ] n.m. Vin blanc sec issu du cépage chardonnay, grand cru de la côte de Beaune.

1. MONTRE n.f. **1.** Petit appareil portatif servant à donner l'heure et d'autres indications (date, par ex.). ◇ *Montre mécanique :* montre dont l'énergie est fournie par un ressort. – *Montre à quartz :* montre électronique dont le résonateur est un cristal de quartz entretenu électroniquement. – *Montre en main :* en un temps précis, vérifié. – *Course contre la montre :* épreuve cycliste sur route dans laquelle les concurrents, partant à

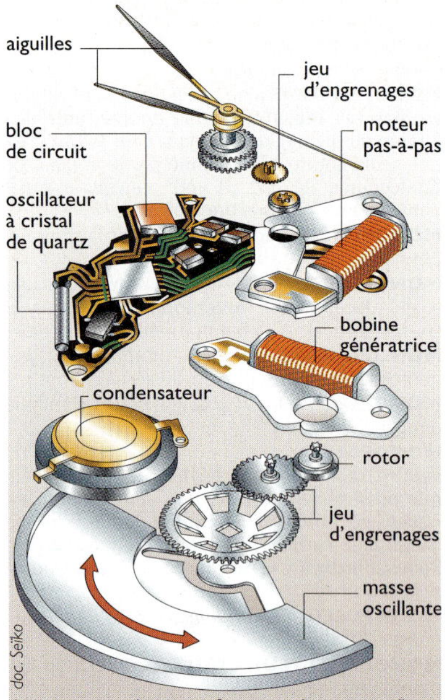

Le mouvement du poignet fait tourner la masse oscillante sur elle-même. Un jeu d'engrenages amplifie la rotation, transformée par le rotor en charge magnétique. La bobine génératrice produit un courant dont l'énergie est emmagasinée dans le condensateur. L'oscillateur à cristal de quartz oscille et le bloc de circuit produit un signal électrique précis que le moteur pas-à-pas convertit en mouvement rotatif, transmis aux aiguilles par un autre jeu d'engrenages.

■ **MONTRE.** Fonctionnement d'une montre à quartz à aiguilles.

intervalles réguliers, sont chronométrés individuellement ; *fig.,* action ou entreprise qui doit être réalisée en un temps limité, très bref. **2.** *Montre marine :* chronomètre utilisé à bord des bateaux pour les calculs de navigation astronomique.

2. MONTRE n.f. (de *montrer*). *Sout.* **1.** *Être en montre :* être exposé en vitrine. **2.** *Faire montre de :* montrer, manifester, faire preuve de. *Faire montre de prudence.*

MONTRÉALAIS, E [mɔ̃realɛ, ɛz] adj. et n. De Montréal.

MONTRE-BRACELET n.f. (pl. *montres-bracelets*). Bracelet-montre.

MONTRER v.t. (lat. *monstrare*). **1.** Faire voir, exposer aux regards. *Montrer ses bijoux.* **2.** Indiquer, désigner par un geste, un signe. *Montrer qqn du doigt.* **3.** Faire paraître ; manifester. *Montrer du courage.* **4.** Faire constater par l'esprit ; prouver, démontrer, enseigner. *Montrer qu'on a raison.* ◆ **se montrer** v.pr. **1.** Apparaître à la vue. **2.** Se révéler effectivement ; s'avérer être. *Se montrer intransigeant.*

MONTREUR, EUSE n. Personne qui montre un spectacle, une attraction. *Montreur d'ours.*

MONTUEUX, EUSE adj. (lat. *montuosus*). *Litt.* Accidenté, coupé de collines.

MONTURE n.f. (de *monter*). **1.** Bête sur laquelle on monte pour se faire porter ; bête de selle. *Cavalier chevauchant sa monture.* **2.** Partie d'un objet qui sert à fixer, à assembler l'élément principal. *La monture d'une paire de lunettes, d'une bague.*

MONUMENT n.m. (lat. *monumentum*). **1.** Ouvrage d'architecture ou de sculpture destiné à perpétuer le souvenir d'un personnage ou d'un événement. ◇ ***Monument funéraire,*** élevé sur une sépulture. **2.** Édifice remarquable par sa beauté ou son ancienneté. ◇ ***Monument public :*** ouvrage d'architecture ou de sculpture appartenant à l'État ou à une collectivité territoriale. – ***Monument historique :*** édifice, objet mobilier ou autre vestige du passé qu'il importe de conserver dans le patrimoine national pour les souvenirs qui s'y rattachent ou pour sa valeur artistique. **3. a.** Toute œuvre considérable, digne de durer. ◇ ***Être un monument de :*** présenter une caractéristique, une particularité, surtout négative, à un degré extrême. *C'est un monument de sottise.*

b. Tout ce qui est propre à attester qqch, à en transmettre le souvenir (vestige, document, œuvre d'art, objet quelconque).

ENCYCL. En France, la création du premier poste d'*inspecteur des Monuments historiques* remonte à 1830, celle de la *Commission supérieure*, à 1837. Une loi de 1913 a institué le classement des monuments, objets mobiliers et œuvres d'art jugés les plus importants. Une autre loi a institué en 1927 l'inscription à l'*Inventaire supplémentaire* d'autres témoignages historiques et artistiques. (Bénéficient auj. de ces deux mécanismes de protection plus de 38 000 édifices ou parties d'édifice, y compris des témoignages d'archéologie industrielle, et plus de 200 000 objets.) En 1943 a été instaurée une protection des abords des grands monuments, en 1962 la procédure des secteurs sauvegardés (noyaux historiques des villes). Un *Inventaire général des monuments et richesses artistiques de la France* a été entrepris en 1962 également. Il existe un organisme mondial, l'*ICOMOS (Conseil international des monuments et des sites).*

MONUMENTAL, E, AUX adj. **1.** Qui a les qualités de proportions, de style, de force propres à un monument. **2.** Qui est hors des normes habituelles. *Erreur, bêtise monumentale.* **3.** Relatif aux monuments. *Plan monumental de Paris.*

MONUMENTALITÉ n.f. Caractère monumental, puissance d'une œuvre d'art, éventuellement sans égard à ses dimensions.

1. MOQUE n.f. (bas all. *mokke*, cruche). Région. Tasse pour boire le cidre.

2. MOQUE n.f. (lat. *mucus*). Suisse. Morve.

MOQUER v.t. *Litt.* Railler, tourner en ridicule. *Moquer les travers de qqn.* ◆ **se moquer** v.pr. **(de). 1.** Faire un objet de plaisanterie de ; railler. **2.** Ne faire nul cas de ; mépriser. *Se moquer du qu'en-dira-t-on, du danger.* **3.** Prendre qqn pour un sot, essayer de le tromper. *Je n'aime pas que l'on se moque de moi.*

MOQUERIE n.f. **1.** Action ou habitude de se moquer. *Être en butte à la moquerie des gens.* **2.** Action, parole par laquelle on se moque ; raillerie. *Exciter les moqueries de son entourage.*

MOQUETTE n.f. Tapis vendu au mètre, cloué ou collé, souvent d'une seule couleur, recouvrant génér. tout le sol d'une pièce.

MOQUETTER v.t. Recouvrir de moquette.

1. MOQUEUR, EUSE adj. et n. Qui manifeste un goût pour la moquerie, la raillerie. *Rire, regard moqueur. Personne moqueuse.*

2. MOQUEUR n.m. **1.** Oiseau passereau des bois et des jardins des États-Unis et du Sud canadien, agressif et bruyant, qui imite le chant des autres oiseaux. (Famille des mimidés.) **2.** Oiseau des savanes africaines, au plumage irisé, doté d'un long bec recourbé et d'une queue allongée. (Ordre des coraciiformes ; famille des phœniculidés.)

MORACÉE n.f. (du lat. *morus*, mûrier). BOT. Plante dicotylédone apétale des régions chaudes, telle que le mûrier, le figuier, l'arbre à pain. (Les moracées forment une famille.)

MORAILLON n.m. (du provenç. *moralha*, pièce de fer). TECHN. Système de fermeture fait d'une languette articulée sur le dormant d'une porte, sur l'abattant d'un coffre, d'une valise, etc.

MORAINE n.f. (savoyard *morêna*). GÉOMORPH. Ensemble de roches transportées ou déposées par un glacier.

MORAINIQUE adj. Relatif aux moraines.

1. MORAL, E, AUX adj. (du lat. *mores*, mœurs). **1.** Qui relève de la morale, concerne les règles de conduite. *Jugement moral.* **2.** Conforme à ces règles ; admis comme honnête, juste. *Avoir le sens moral.* **3.** Relatif à l'esprit, à la pensée (par oppos. à *matériel*, à *physique*). *Avoir la force morale de lutter.*

2. MORAL n.m. sing. **1.** Ensemble des facultés mentales, de la vie psychique. *Le physique influe sur le moral.* **2.** État d'esprit, disposition à supporter qqch. *Avoir bon moral.*

MORALE n.f. **1.** Ensemble de normes, de règles de conduite propres à une société donnée. ◇ *Faire la morale à qqn*, lui adresser des exhortations, des recommandations morales ; le réprimander. **2.** Ensemble des règles de conduite tenues pour universellement valables. **3.** PHILOS. Théorie du bien et du mal, fixant par des énoncés normatifs les fins de l'action humaine. **4.** Précepte, conclusion pratique que l'on veut tirer d'une histoire, d'un fait. *La morale de la fable.*

MORALEMENT adv. **1.** Conformément à la morale. *Agir moralement.* **2.** Du point de vue de la morale. *Être moralement responsable.* **3.** Quant au moral. *Moralement, la malade va mieux.*

MORALISANT, E adj. Qui moralise.

MORALISATEUR, TRICE adj. et n. Qui donne des leçons de morale.

MORALISATION n.f. Action de moraliser, de rendre moral.

MORALISER v.t. **1.** Rendre conforme à la morale. *Moraliser la vie politique, une profession.* **2.** *Litt.* Faire la morale à qqn ; réprimander. *Moraliser un enfant.* ◆ v.i. Faire des réflexions morales.

MORALISME n.m. Attachement formaliste et étroit à une morale.

MORALISTE n. Auteur qui écrit sur les mœurs, la nature humaine. ◆ adj. Empreint de moralisme.

MORALITÉ n.f. **1.** Adéquation d'une action, d'un fait, etc., à une morale. *Geste d'une moralité exemplaire.* **2.** Attitude, conduite morale ; principes. *Une femme d'une moralité irréprochable.* **3.** Conclusion morale que suggère une histoire, un événement. **4.** Au Moyen Âge, œuvre théâtrale en vers qui mettait en scène des personnages allégoriques et avait pour objet l'édification morale.

MORASSE n.f. (ital. *moraccio*, noiraud). IMPRIM. Dernière épreuve d'une page de journal, tirée avant le clichage des formes, pour une révision générale.

MORATOIRE adj. (lat. *moratorius*, de *morari*, retarder). DR. **1.** Qui accorde un délai. **2.** *Intérêts moratoires* → **intérêt.** ◆ n.m. **1.** DR. Acte par lequel un créancier accorde à son débiteur des délais de paiement pour s'acquitter de ses dettes en raison des circonstances (guerre ou crise économique, notamm.). **2.** Suspension volontaire d'une action ; délai que l'on s'accorde avant de poursuivre une activité dans un domaine donné. *Moratoire nucléaire.*

MORAVE adj. et n. De la Moravie. ◆ adj. *Frères moraves :* mouvement religieux chrétien né au XVe s., en Bohême, parmi les hussites. (Les frères moraves, dispersés après la défaite de la Montagne Blanche [1620], forment aux États-Unis, en Amérique du Sud et en Bohême des groupes missionnaires importants.) SYN. : *frères bohêmes.*

MORBIDE adj. (lat. *morbidus*, de *morbus*, maladie). **1.** Propre à la maladie ; pathologique. *État morbide.* **2.** Qui a un caractère malsain, pervers. *Goûts morbides.*

MORBIDESSE n.f. (ital. *morbidezza*). **1.** *Litt.* Grâce maladive ; langueur. **2.** PEINT. Caractère suave et délicat du modelé des chairs.

MORBIDITÉ n.f. MÉD. **1.** Caractère de ce qui est morbide. **2.** Rapport entre le nombre des malades et celui d'une population.

MORBIER n.m. (de *Morbier*, commune du Jura français). **1.** Fromage cylindrique pesant de 5 à 12 kg, au lait de vache, à pâte pressée, fabriqué dans le Jura. (Il a la particularité de présenter en son milieu une raie noire faite avec du noir de fumée.) **2.** Suisse. Horloge comtoise d'appartement.

MORBILLEUX, EUSE adj. (du lat. *morbilli*, rougeole). MÉD. Propre à la rougeole.

MORBLEU interj. (de *mort de Dieu*). Vx. Juron marquant la colère, l'impatience, etc.

MORCE n.f. Suisse. Bouchée.

MORCEAU n.m. (anc. fr. *mors*, du lat. *morsus*, morsure). **1.** Partie d'un tout, d'une matière, d'un aliment, d'un corps. ◇ *Fam. Enlever, emporter le morceau :* réussir, avoir gain de cause. — *Fam. Casser, cracher, lâcher, manger le morceau :* parler, avouer. **2.** Fragment d'une œuvre écrite. *Recueil de morceaux choisis.* **3.** Œuvre musicale prise isolément ; fragment d'œuvre musicale. *Interpréter un morceau de Couperin.* **4.** Œuvre ou partie d'une œuvre d'art (peinture, sculpture, etc.) considérée sous le rapport de sa qualité, de son achèvement.

MORCELABLE adj. Que l'on peut morceler.

MORCELER v.t. [16]. Diviser en morceaux, en parties. *Morceler un héritage.*

MORCELLEMENT n.m. Action de morceler ; fait d'être morcelé.

MORDACHE n.f. (du lat. *mordax, -acis*, tranchant). **1.** Plaque en matériau malléable qu'on place sur les mâchoires d'un étau pour serrer une pièce sans l'endommager. **2.** Suisse. *Fam.* Bagou, faconde.

MORDACITÉ n.f. (lat. *mordacitas*). *Litt.* Caractère de ce qui est mordant ; causticité.

MORDANÇAGE n.m. (de *mordant*). **1.** MÉTALL. Décapage aux acides d'une surface métallique. **2.** Application d'un mordant sur une étoffe, sur les poils d'une fourrure. **3.** PHOTOGR. Opération fixant un colorant sur une surface réceptrice.

MORDANCER v.t. [9]. Effectuer un mordançage.

1. MORDANT, E adj. **1.** Qui entame en rongeant. *Acide mordant.* **2.** *Fig.* Corrosif par son esprit ; incisif, piquant. *Ironie mordante.*

2. MORDANT n.m. **1.** Vivacité, énergie, entrain dans l'attaque. **2.** Caractère vif, agressif d'une réplique, d'une manière de s'exprimer ; causticité. **3.** Agent corrosif employé pour attaquer un métal en surface, dans la gravure à l'eau-forte, en partic. **4.** Substance qu'on applique sur une étoffe, sur les poils d'une fourrure, en teinture, pour fixer les colorants sur la fibre. **5.** MUS. Ornement, surtout en usage dans la musique ancienne, formé de la note écrite, de sa seconde inférieure ou supérieure et du retour à la note écrite.

MORDICANT, E adj. (du lat. *mordicare*, mordiller). Vx. Qui provoque un picotement.

MORDICUS [mɔrdikys] adv. (mot lat., *en mordant*). *Fam.* Avec une fermeté opiniâtre. *Soutenir, affirmer qqch mordicus.*

MORDILLAGE ou **MORDILLEMENT** n.m. Action de mordiller.

MORDILLER v.t. Mordre légèrement et à de nombreuses reprises.

MORDORÉ, E adj. (de *more* et *doré*). D'un brun chaud avec des reflets dorés.

MORDORURE n.f. *Litt.* Couleur mordorée.

MORDRE v.t. ou v.t. ind. [59] (lat. *mordere*). **1.** Serrer, saisir fortement avec les dents en entamant, en blessant. *Le chien l'a mordu. Mordre son crayon.* — Absol. Attaquer avec les dents. *Ce chien risque de mordre.* ◇ *Mordre à l'appât, à l'hameçon*, s'en saisir, en parlant du poisson ; *fig.*, se laisser prendre à qqch, en parlant de qqn. — *Ça mord :* le poisson mord à l'appât. — *Fam. Mordre à qqch*, y prendre goût, s'y mettre. *Elle mord aux mathématiques.* **2.** Entamer une matière ; pénétrer, ronger. *La lime mord le métal. La vis mord dans le bois.* **3.** Trouver prise ; s'accrocher. *L'ancre n'a pas mordu le fond.* **4.** Attaquer la planche à graver, en parlant de l'eau-forte, d'un mordant. **5.** Aller au-delà de la limite fixée ; empiéter sur. *La balle a mordu la ligne, sur la ligne.* — Absol. Réaliser un saut mordu. *À son troisième essai, il a mordu.* ◇ *Mordre sur :* empiéter légèrement sur un espace, une période. ◆ **se mordre** v.pr. *Fam. Se mordre les doigts de qqch*, s'en repentir amèrement.

MORDU, E adj. **1.** *Fam.* Passionnément amoureux. **2.** Se dit d'un saut (longueur, triple saut) amorcé au-delà de la limite permise. ◆ adj. et n. *Fam.* Passionné. *Elle est mordue de cinéma. C'est un mordu de jazz.*

MORE adj. et n. → **MAURE.**

MORELLE n.f. (du lat. pop. *morellus*, brun). Plante à petites fleurs, du genre *Solanum*, représentée par des espèces comestibles (pomme de terre, tomate, aubergine) et des formes sauvages toxiques (douce-amère). [Famille des solanacées.]

MORÈNE n.f. Plante des eaux stagnantes, à feuilles flottantes cordiformes et à fleurs blanches. (Genre *Hydrocharis ;* famille des hydrocharitacées.)

MORESQUE adj. → **1. MAURESQUE.**

MORFAL, E, ALS n. *Fam.* Personne qui mange avec un appétit vorace.

MORFIL n.m. (de *mort* et *fil*). Excédent de métal qui reste attaché au tranchant d'un outil que l'on vient d'affûter.

MORFLER v.i. *Fam.* Encaisser un coup dur, une punition.

MORFONDRE (SE) v.pr. [59] (du radical *murr-*, museau, et *fondre*, prendre froid). S'ennuyer à attendre trop longtemps ; être triste.

MORGANATIQUE adj. (germ. *Morgan*, matin, et *geba*, don). Se dit du mariage d'un prince avec une personne de rang inférieur, qui reste exclue des dignités nobiliaires ; se dit de la femme ainsi épousée et des enfants nés de ce mariage.

M

MORGANITE n.f. MINÉRALOG. Pierre fine, béryl de couleur rose.

MORGON n.m. Vin d'un cru renommé du Beaujolais.

1. MORGUE n.f. (de l'anc. fr. *morguer,* dévisager, lat. *murricare,* faire la moue). *Sout.* Attitude hautaine, méprisante.

2. MORGUE n.f. (de *1. morgue*). **1.** Établissement où sont provisoirement conservés les cadavres non identifiés ou justiciables d'une expertise médico-légale. SYN. : ***institut médico-légal.*** **2.** Salle où, dans un hôpital, une clinique, on garde momentanément les morts.

MORIBOND, E adj. et n. (lat. *moribundus*). Qui est près de mourir ; agonisant, mourant.

MORICAUD, E adj. et n. (de *maure*). *Fam.* (Souvent péjor. et raciste.) Qui a la peau très brune.

MORIGÉNER v.t. [11] (lat. *morigerari,* être complaisant). *Litt.* Réprimander, gronder, sermonner.

MORILLE n.f. (du lat. *maurus,* brun foncé). Champignon ascomycète des bois et des montagnes, à chapeau alvéolé, toxique cru mais comestible après cuisson. (Genre *Morchella* ; ordre des pezizales.)

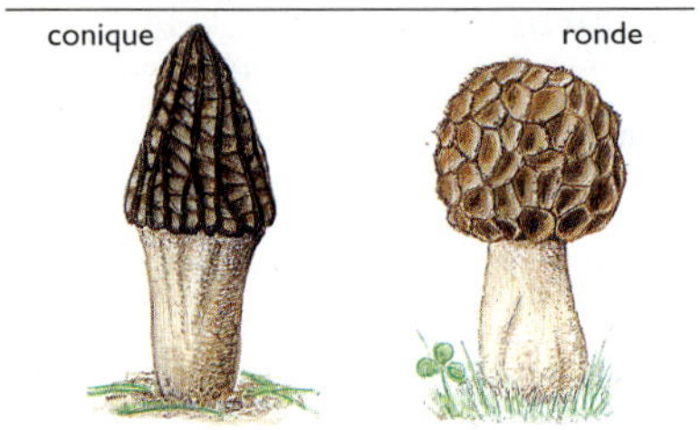

■ **MORILLES**

MORILLON n.m. (de l'anc. fr. *morel,* brun). Canard du type fuligule, à plumage noir et blanc chez le mâle, qui niche en Europe et en Asie, et hiverne en Afrique orientale. (Long. 42 cm ; genre *Aythya,* famille des anatidés.)

MORINGA n.m. Arbre des régions tropicales de l'Asie et de l'Afrique dont les graines fournissent une huile employée en parfumerie et en horlogerie. (Famille des moringacées.)

MORIO n.m. Papillon de l'hémisphère Nord tempéré, voisin des vanesses, à ailes brunes bordées de jaune et de taches bleues. (Genre *Nymphalis* ; famille des nymphalidés.)

MORION n.m. (esp. *morrión*). Casque léger de fantassin, d'origine espagnole, caractérisé par ses bords relevés en nacelle et par une crête en croissant (XVIe - XVIIe s.).

MORISQUE adj. et n. (esp. *morisco,* du lat. *maurus*). Se dit d'un musulman d'Espagne converti, souvent par la contrainte, au catholicisme. (Convertis entre 1499 et 1526, les morisques furent expulsés d'Espagne de 1609 à 1614.)

MORMON, E n. et adj. (mot anglo-amér.). Membre d'un mouvement religieux, dit aussi *Église de Jésus-Christ des saints des derniers jours,* fondé aux États-Unis en 1830 par Joseph Smith. (Fondateurs de Salt Lake City, les mormons donnèrent à l'État de l'Utah un essor remarquable après l'abandon de certains aspects de leur doctrine [autonomie théocratique et polygamie]. Leur doctrine tire ses sources de la Bible et du *Livre de Mormon,* ouvrage de Smith publié en 1830.)

1. MORNE adj. (du francique *mornôn,* être triste). **1.** Empreint de tristesse. *Un regard morne.* **2.** Qui, par sa monotonie, inspire la tristesse. *Une morne plaine.* **3.** Sans éclat ; terne. *Style morne.*

2. MORNE n.m. (mot créole, de l'esp. *morro,* monticule). Antilles. Colline.

MORNIFLE n.f. (rad. *murr-,* museau, et anc. fr. *nifler*). *Fam.,* vieilli. Gifle donnée du revers de la main.

1. MOROSE adj. (lat. *morosus,* de *mores,* mœurs). **1.** Empreint de tristesse, d'amertume, de pessimisme ; qui inspire de tels sentiments. **2.** Se dit d'un secteur économique peu actif.

2. MOROSE adj. (lat. *morosus,* qui s'attarde). THÉOL. CHRÉT. ***Délectation morose*** : complaisance avec laquelle l'esprit s'attarde à une pensée qu'il devrait repousser.

MOROSITÉ n.f. Caractère morose.

MORPHÈME n.m. (du gr. *morphê,* forme). LING. Unité minimale de signification. (On distingue les *morphèmes grammaticaux* [par ex. *-ent,* marque de la 3e personne du pluriel des verbes] et les *morphèmes lexicaux,* ou *lexèmes* [par ex. *prudent* dans *imprudemment, voi-* dans *voient*].)

MORPHINE n.f. (de *Morphée,* dieu des Songes). Stupéfiant, alcaloïde principal de l'opium, utilisé pour son puissant effet antalgique.

MORPHING [mɔrfiŋ] n.m. (mot anglo-amér., du gr.). CINÉMA. Transformation continue, animée, d'une image en une autre.

MORPHINIQUE adj. Se dit de ce qui se rapporte à la morphine ; se dit des médicaments apparentés à la morphine. SYN. : *opiacé.* ◆ n.m. Médicament morphinique.

MORPHINOMANE n. Toxicomane qui s'adonne à la morphinomanie.

MORPHINOMANIE n.f. Toxicomanie à la morphine.

MORPHOGÈNE adj. EMBRYOL. Se dit des actions et des agents qui influencent la forme et la structure des organismes.

MORPHOGENÈSE n.f. **1.** GÉOMORPH. Création et évolution des formes du relief terrestre. **2.** EMBRYOL. Développement progressif des organes au cours de la vie embryonnaire.

MORPHOLOGIE n.f. (gr. *morphê,* forme, et *logos,* science). **1.** Étude de la forme et de la structure externe des êtres vivants. **2.** Aspect général du corps humain. *La morphologie d'un athlète.* **3.** LING. Partie de la grammaire qui étudie la forme des mots et les variations de leurs désinences.

MORPHOLOGIQUE adj. LING. Relatif à la morphologie.

MORPHOPSYCHOLOGIE n.f. Étude des corrélations qui existeraient chez l'homme entre type morphologique et caractéristiques psychiques fondamentales.

MORPION n.m. (de *mords,* impér. de *mordre,* et *pion,* fantassin). **1.** *Fam.* Pou du pubis. **2.** *Fam., péjor.* Garçon très jeune, petit gamin. **3.** Jeu de stratégie dans lequel chacun des deux adversaires s'efforce d'être le premier à aligner cinq fois son propre repère (pion, croix, rond, etc.) sur les intersections d'un quadrillage.

MORS [mɔr] n.m. (lat. *morsus,* morsure). **1.** Pièce métallique fixée à la bride et passée dans la bouche du cheval sur les barres, qui permet de le conduire. (Le *mors de filet* agit sur les commissures des lèvres ; le *mors de bride,* plus puissant, agit sur les barres.) ◇ *Prendre le mors aux dents* : en parlant d'un cheval, s'emporter ; *fam.,* se mettre subitement en colère ; montrer subitement une grande ardeur, une grande énergie. **2.** OUTILL. Chacune des mâchoires d'un étau, d'une pince, de tenailles, etc. ◆ pl. REL. Partie de la couverture faisant charnière entre le dos et le plat de la reliure.

1. MORSE n.m. (russe *morj,* du lapon). Mammifère marin des régions arctiques, au corps épais, aux canines supérieures transformées en défenses et qui se nourrit de mollusques. (Long. 5 m env. ; poids 1 t env. ; genre *Odobenus,* ordre des pinnipèdes.)

■ **MORSE**

2. MORSE n.m. (p.-ê. de *mors*). MÉCAN. INDUSTR. *Cône morse* : emmanchement conique, permettant le centrage et l'entraînement d'un arbre, d'un mandrin, d'un outil de coupe, etc.

3. MORSE n.m. (de Samuel *Morse,* n. de l'inventeur). *Code Morse,* ou *morse* : code télégraphique utilisant un alphabet conventionnel fait de traits et de points, et, quant au son, de longues et de brèves. (Depuis le 1er février 1999, le code Morse a été abandonné pour les communications maritimes au profit d'un système satellitaire.)

alphabet

a	• —	n	— •
b	— • • •	o	— — —
c	— • — •	p	• — — •
d	— • •	q	— — • —
e	•	r	• — •
f	• • — •	s	• • •
g	— — •	t	—
h	• • • •	u	• • —
i	• •	v	• • • —
j	• — — —	w	• — —
k	— • —	x	— • • —
l	• — • •	y	— • — —
m	— —	z	— — • •

chiffres

1	• — — — —	6	— • • • •
2	• • — — —	7	— — • • •
3	• • • — —	8	— — — • •
4	• • • • —	9	— — — — •
5	• • • • •	0	— — — — —

signaux divers

point • — • — • — erreur • • • • • • • •

début de transmission : — • — • —

fin de transmission : • — • — •

■ **MORSE.** Le code Morse.

MORSURE n.f. (lat. *morsus,* morsure). **1.** Action de mordre ; plaie faite en mordant. **2.** Action d'entamer une matière. *La morsure de la lime.* – GRAV. Attaque du métal par l'acide. **3.** *Fig.* Vive attaque, effet nuisible d'un élément naturel. *Les morsures du gel.*

1. MORT n.f. (lat. *mors, mortis*). **1.** Cessation complète et définitive de la vie. *Périr de mort violente. Mort naturelle, accidentelle.* ◇ ***Être à la mort, à deux doigts de la mort, à l'article de la mort, sur son lit de mort,*** sur le point de mourir. – ***Être entre la vie et la mort,*** en grand danger de mourir. – ***Mort apparente*** ou ***clinique*** : arrêt ou ralentissement extrême des fonctions vitales donnant l'apparence de la mort, mais encore réversible sous traitement. – ***Mort cérébrale*** : arrêt irréversible de toute activité cérébrale, correspondant en général à la définition légale de la mort. – ***Mort subite*** : décès brutal d'une personne en bonne santé apparente, dont la cause (affection cardiaque, par ex.) reste inconnue ou n'est diagnostiquée qu'à l'autopsie. – *Spécial.* ***Mort subite*** ou ***inexpliquée du nourrisson*** : décès brutal d'un nourrisson en bonne santé apparente, sans cause connue, même à l'autopsie, premier facteur de mortalité avant l'âge de un an. – *Litt.* ***Souffrir mille morts*** : subir de terribles souffrances. – ***La mort dans l'âme*** : avec un regret très vif, mêlé de chagrin. **2. a.** ***Peine de mort*** : peine criminelle suprême, peine capitale (supprimée en France par la loi du 9 octobre 1981). **b.** ***Mort civile*** : peine entraînant la privation de tous les droits civils, abolie en 1854. **3.** PSYCHAN. ***Pulsion de mort*** : selon Freud, type de pulsion, autodestructrice ou destructrice, qui s'oppose aux pulsions de vie. (Visant la réduction des tensions, elle correspond à la tendance de l'organisme à revenir à son origine, à son état premier de non-vie.) **4.** *Fig.* Cessation complète d'activité ; extinction. *La mort du petit commerce.* **5.** ***À mort.*** **a.** De manière mortelle. *Blessé à mort.* **b.** *Fam.* De toutes ses forces ; à un degré intense. *Freiner à mort. Être fâché à mort.* **c.** ***À mort !, mort à... !*** : cris pour réclamer la mort de qqn ou le conspuer.

2. MORT, E adj. (lat. *mortuus*). **1.** Qui a cessé de vivre. *Mort de froid.* **2.** Qui semble sans vie. *Un regard mort.* ◇ *Fam.* ***Être mort*** : être épuisé. – ***Être mort de qqch*** : éprouver une sensation, ressentir qqch à un haut degré. *Être mort de fatigue, de froid, de peur.* – ***Plus mort que vif*** : se dit de qqn qui, sous l'empire de la peur, paraît incapable de réagir et semble mort. **3. a.** Qui manque d'animation, d'activité. *Ville morte.* ◇ ***Temps mort*** : au basket-ball et au volley-ball, minute de repos accordée à la demande d'une équipe ; *fig.,* moment où il n'y a pas d'activité, d'action. **b.** Qui n'a pas d'efficacité ou qui n'en a plus ; hors d'usage. *Ces piles sont mortes.* **c.** ***Bras mort*** : bras d'un cours d'eau où le courant est très faible, où l'eau stagne. – ***Eau morte,*** stagnante. – ***Vallée morte*** : vallée qui n'est plus drainée par un cours d'eau. **4.** ***Angle mort.*** **a.** Partie du champ visuel occupée par un obstacle masquant ce qui se trouve derrière lui. **b.** MIL. Zone de terrain dérobée à la vue par un obstacle, ou non battue par le feu. **5.** Au rugby, se dit d'un ballon qui n'est plus

M

jouable (arrêt de jeu, sortie hors des limites). ◇ *Ligne de ballon mort :* ligne située de 12 à 22 m parallèlement à la ligne de but, et au-delà de laquelle le ballon est mort.

3. MORT, E n. **1.** Personne décédée. *Honorer la mémoire des morts.* **2.** Dépouille mortelle ; cadavre. *Porter un mort en terre.* **3.** MIL. *Aux morts ! :* sonnerie et batterie pour honorer le souvenir de ceux qui sont morts pour la patrie. ◆ n.m. **1.** Au bridge, celui des quatre joueurs qui étale son jeu sur la table ; la série des cartes de ce joueur. **2.** *Faire le mort :* faire semblant d'être mort ; ne donner aucun signe de vie, ne pas manifester sa présence. **3.** *Fam. La place du mort,* celle qui est à côté du conducteur, dans une automobile, et qui est réputée la plus dangereuse en cas de collision.

MORTADELLE n.f. (ital. *mortadella*). Gros saucisson cuit à sec, emballé sous boyau de grande taille et qui se présente à la coupe sous la forme d'une pâte fine rose où se détachent des dés de graisse. (Spécialité italienne.)

MORTAISAGE n.m. Action de mortaiser.

MORTAISE n.f. **1.** Cavité de section génér. rectangulaire, pratiquée dans une pièce de bois ou de métal, pour recevoir le tenon d'une autre pièce assemblée. **2.** MÉCAN. INDUSTR. Rainure pratiquée dans un alésage et destinée à recevoir une clavette.

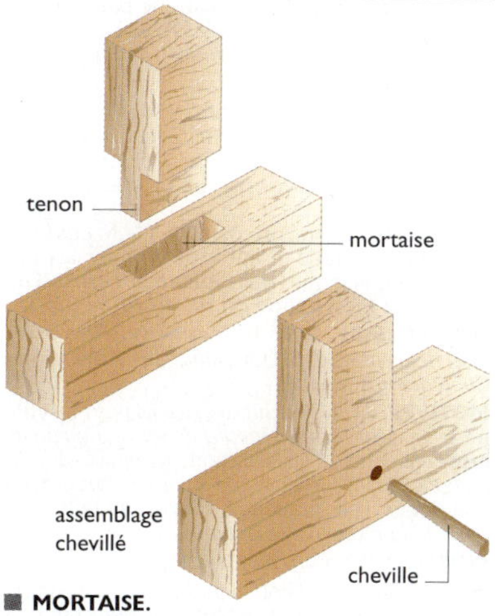

■ **MORTAISE.** Assemblages à tenon et mortaise.

MORTAISER v.t. Pratiquer une mortaise dans.

MORTAISEUSE n.f. Machine-outil pour creuser les mortaises.

MORTALITÉ n.f. (lat. *mortalitas*). **1.** Phénomène de la mort, considéré du point de vue du nombre. *La mortalité due aux épidémies.* **2.** Rapport du nombre des décès à l'effectif moyen de la population, durant une période donnée. ◇ *Mortalité infantile :* rapport du nombre de décès d'enfants (nés vivants) de moins de un an au nombre de naissances durant la même année.

MORT-AUX-RATS [mɔrora] n.f. inv. Préparation empoisonnée, le plus souvent à base d'arsenic, destinée à détruire les rats, les rongeurs.

MORT-BOIS n.m. (pl. *morts-bois*). Bois sans valeur que forment les arbustes, les broussailles, les ronces, etc.

MORTE-EAU n.f. (pl. *mortes-eaux*). *Marée de morte-eau,* ou *morte-eau :* marée de faible amplitude, qui se produit lorsque la Lune est en quadrature (par oppos. à *vive-eau*).

MORTEL, ELLE adj. (lat. *mortalis*). **1.** Sujet à la mort. *Tous les hommes sont mortels.* **2.** Qui cause la mort. *Maladie mortelle.* **3.** *Fam.* Très pénible ou très ennuyeux ; sinistre. *Une soirée mortelle.* **4.** *Ennemi mortel,* que l'on hait profondément. **5.** CHRIST. *Péché mortel,* qui fait perdre la grâce sanctifiante et entraîne la damnation éternelle. ◆ n. *Litt.* ou *par plais.* Être humain. *Un heureux mortel.*

MORTELLEMENT adv. **1.** D'un coup mortel. *Être blessé mortellement.* **2.** À un très haut degré ; très, extrêmement. *Discours mortellement ennuyeux.*

MORTE-SAISON n.f. (pl. *mortes-saisons*). Période où l'activité est très faible pour un commerce, une industrie, etc.

MORTIER n.m. (lat. *mortarium,* auge). **1.** Récipient en matière dure, à fond hémisphérique, où l'on broie, avec un pilon, des aliments, certaines substances (pharmaceutiques, en partic.), etc. **2.** Mélange constitué de sable, d'un liant (chaux ou ciment), éventuellement d'adjuvants, et d'eau, utilisé pour liaisonner les éléments d'une construction, pour exécuter des chapes et des enduits. **3.** Bouche à feu à âme lisse, pour le tir courbe, notamm. sur des objectifs masqués ou enterrés. **4.** Bonnet des magistrats de la Cour de cassation et de la Cour des comptes.

■ **MORTIER** de 120 mm en action pendant la guerre du Golfe.

MORTIFÈRE adj. **1.** *Didact.* Qui cause la mort. **2.** *Par exagér.* Qui est d'un ennui mortel. *Discours mortifère.*

MORTIFIANT, E adj. Qui mortifie, humilie.

MORTIFICATION n.f. **1.** Pratique ascétique par laquelle, en s'infligeant des souffrances corporelles, on cherche à se préserver du péché ou à s'en purifier. **2.** Blessure d'amour-propre ; humiliation. **3.** MÉD. Nécrose. **4.** CUIS. Faisandage.

MORTIFIER v.t. [5] (lat. *mortificare,* de *mors,* mort). **1.** Soumettre le corps à la mortification. **2.** Blesser dans son amour-propre ; humilier. *Votre refus m'a mortifié.* **3.** MÉD. Nécroser. **4.** CUIS. Faisander. *Mortifier du gibier.*

MORTINATALITÉ n.f. DÉMOGR. Rapport du nombre des enfants mort-nés à celui des naissances au cours d'une même période.

MORT-NÉ, E adj. et n. (pl. *mort-nés, mort-nées*). Se dit d'un enfant mort soit in utero après 180 jours de grossesse, soit pendant l'accouchement, avant d'avoir respiré. — VÉTÉR. Se dit d'un animal (veau, poulain) mort dans des circonstances comparables. ◆ adj. Qui échoue dès le commencement. *Projet mort-né.*

MORTUAIRE adj. (lat. *mortuarius*). Relatif aux morts, aux cérémonies, aux formalités qui concernent un décès. *Drap, chambre mortuaire.* ◇ *Maison mortuaire,* où une personne est décédée. (En Belgique, on dit *la mortuaire.*) — DR. *Registre mortuaire :* registre des décès d'une localité. — *Extrait mortuaire :* copie d'un acte extrait de ce registre.

MORUE n.f. (p.-ê. celtique *mor,* mer, et anc. fr. *luz,* brochet). **1.** Gros poisson des mers froides, consommé frais sous le nom de *cabillaud,* salé sous le nom de *morue verte,* séché sous le nom de *merluche,* et du foie duquel on tire une huile riche en vitamines A et D. (Long. jusqu'à 1,50 m ; genre *Gadus,* famille des gadidés.) ◇ *Morue noire :* églefin. **2.** *Fam. Habit à queue de morue :* habit de cérémonie à pans longs et effilés ; frac. **3.** *Injur.,* vieilli. Prostituée ; femme.

■ **MORUE**

MORULA n.f. (mot lat., *petite mûre*). EMBRYOL. Premier stade du développement de l'embryon, qui se présente sous la forme d'une sphère dont la surface a l'aspect d'une mûre.

1. MORUTIER, ÈRE adj. Relatif à la morue, à sa pêche. ◆ n.m. Bateau équipé pour la pêche à la morue.

2. MORUTIER n.m. Pêcheur de morues.

MORVANDIAU adj.m. et n.m. ou **MORVANDEAU, ELLE** adj. et n. Du Morvan.

MORVE n.f. (de *vorme,* var. anc. de *gourme*). **1.** VÉTÉR. Maladie contagieuse des équidés (cheval, âne), souvent mortelle, transmissible à l'homme et due à un bacille produisant des ulcérations des fosses nasales. (Les animaux atteints de morve doivent être abattus.) **2.** *Par ext.* Sécrétion des muqueuses du nez.

MORVEUX, EUSE adj. **1.** Qui a la morve au nez. *Enfant morveux.* ◇ *Se sentir morveux :* se sentir gêné, confus d'une maladresse ou d'une erreur que l'on a commise. **2.** VÉTÉR. Qui est atteint de la morve. ◆ n. *Fam.* **1.** Petit garçon, petite fille ; gamin. **2.** Personne jeune qui prend des airs d'importance.

MOS [mos] n.m. (acronyme de l'angl. *metal oxide semiconductor*). ÉLECTRON. Transistor à effet de champ, à grille isolée par une couche d'oxyde de silicium, utilisé dans les circuits intégrés.

1. MOSAÏQUE n.f. (ital. *mosaico*). **1.** Assemblage de pièces multicolores de matériaux durs, dites *tesselles,* juxtaposées pour former un dessin et liées par un ciment ; art d'exécuter ce type d'ouvrage. *Mosaïque murale. Mosaïque de galets.* — REL. Décor de reliure obtenu par l'application de morceaux de peau de couleurs variées. **2.** *Fig.* Ensemble d'éléments juxtaposés et disparates. *Une mosaïque d'États.* **3.** AGRIC. Symptôme de nombreuses maladies à virus des plantes, déterminant sur leurs feuilles des taches de diverses couleurs ; nom donné à ces maladies. *Mosaïque du tabac.* **4.** GÉNÉT. **a.** Mode d'hérédité où les caractères parentaux sont répartis par plaques sur le corps de l'hybride. **b.** État d'un individu présentant plusieurs populations de cellules, ayant des gènes ou des chromosomes différents, à la suite d'une anomalie survenue pendant la vie embryonnaire. ◆ adj. *Pavage mosaïque :* revêtement de chaussée constitué par des pavés de petites dimensions posés en quart de cercle sur une fondation de béton.

■ **MOSAÏQUE** dans l'église Sant'Apollinare Nuovo à Ravenne ; art byzantin, VIe s.

2. MOSAÏQUE adj. (lat. *mosaicus,* de *Moïse*). Relatif à Moïse, au mosaïsme. *La Loi mosaïque.* (v. partie n.pr. Torah).

MOSAÏSME n.m. Ensemble des doctrines et des institutions que le peuple d'Israël reçut de Dieu par l'intermédiaire de Moïse.

MOSAÏSTE n. Artiste ou artisan qui fait des mosaïques.

MOSAN, E adj. *Art mosan :* art qui s'est développé à l'époque romane dans la région de la Meuse moyenne et inférieure, illustré notamm. par la dinanderie, l'orfèvrerie et l'émaillerie.

MOSCOVITE adj. et n. De Moscou.

MOSQUÉE n.f. (de l'ar.). Édifice cultuel de l'islam. *(V. ill. p. suivante).*

MOT n.m. (bas lat. *muttum,* grognement). **1.** Élément de la langue constitué d'un ou de plusieurs phonèmes et susceptible d'une transcription graphique comprise entre deux blancs. *Mot mal orthographié.* ◇ *Au bas mot :* en évaluant au plus bas. — *Avoir des mots avec qqn,* se quereller avec lui. — *Péjor. Grand mot :* terme emphatique. — *Gros mot :* terme grossier, injurieux. — *Jouer sur les mots,* tirer parti des équivoques qu'ils peuvent

M

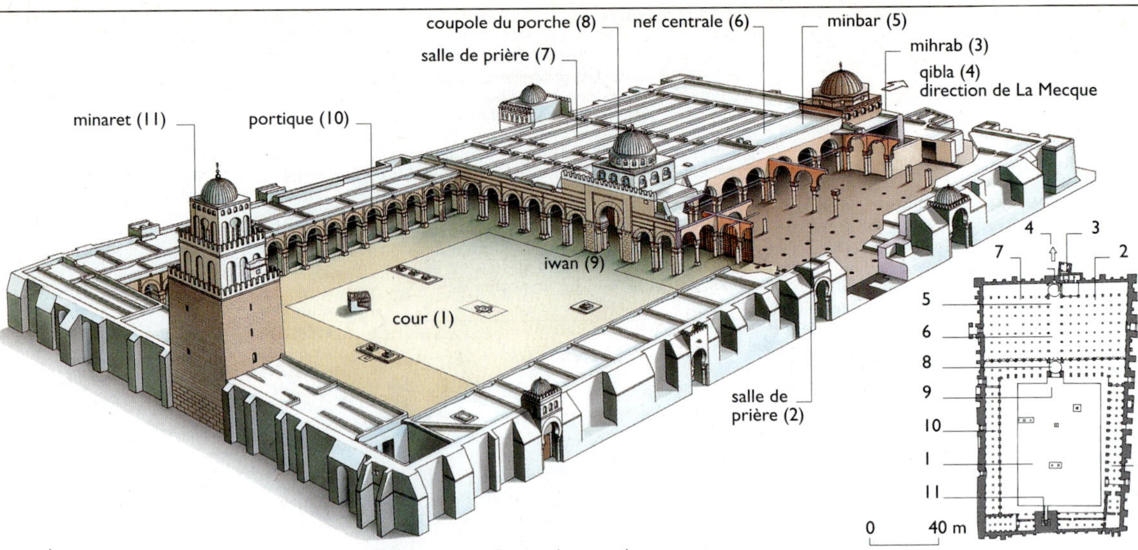

■ **MOSQUÉE.** Ensemble et plan de la Grande Mosquée de Kairouan, Tunisie (VIIIe-IXe s.).

présenter. – *Mot à mot, mot pour mot :* littéralement ; sans rien changer. – *Mots croisés :* v. à son ordre alphabétique. – *Se payer de mots :* parler au lieu d'agir. **2.** Petit nombre de paroles, de phrases. *Dire un mot à l'oreille de qqn. Écrire un mot.* ◇ *Avoir le dernier mot, ne pas avoir dit son dernier mot* ⟶ **dernier.** – *Avoir son mot à dire :* être en droit de donner son avis. – *Bon mot, mot d'esprit :* parole spirituelle. – *En un mot :* brièvement. – *Le fin mot de l'histoire, de l'affaire,* son sens caché. – *Mot(-)clé,* celui qui donne l'explication d'un problème. – *Mot d'ordre :* consigne donnée en vue d'une action déterminée. – *Prendre qqn au mot,* accepter sur-le-champ une proposition qu'il a faite. – *Se donner le mot :* se mettre d'accord, convenir de ce qu'il faut dire ou faire. – *Toucher un mot à qqn de qqch,* lui en parler brièvement. **3. a.** Sentence, parole historique. **b.** Parole remarquable par la drôlerie, le bonheur de l'expression, l'invention verbale. *C'est un mot que l'on attribue à plusieurs humoristes. Mot d'auteur.* **4.** INFORM. Élément d'information stocké ou traité d'un seul tenant dans un ordinateur.

MOTARD, E n. *Fam.* Motocycliste. ◆ n.m. Motocycliste de la police, de la gendarmerie ou de l'armée.

MOT-CLÉ ou **MOT-CLEF** n.m. (pl. *mots-clés, mots-clefs*). *Didact.* Mot qui, une fois indexé, permet d'identifier, de sélectionner un article dans un fichier.

MOTEL n.m. (mot anglo-amér.). Hôtel situé à proximité des grands itinéraires routiers, spécial. aménagé pour accueillir les automobilistes.

MOTELLE n.f. ZOOL. Loche de mer.

MOTET n.m. (de *mot*). MUS. Composition à une ou à plusieurs voix, avec ou sans accompagnement, le plus souvent religieuse, apparue au XIIIe s. et destinée à l'origine à embellir la monodie liturgique.

1. MOTEUR, TRICE adj. (lat. *motor,* de *motus,* mû). **1.** Qui produit un mouvement, qui le transmet. **2.** Se dit d'un nerf qui assure la motricité d'un organe.

2. MOTEUR n.m. **1.** Appareil qui transforme en énergie mécanique d'autres formes d'énergie. ◇ *Moteur thermique :* moteur transformant l'énergie thermique en énergie mécanique. – *Moteur à combustion interne :* moteur dans lequel les gaz de combustion fournissent, par leur expansion, la force agissant sur le mécanisme (cas du moteur à explosion, du moteur Diesel, de la turbine à gaz). – *Moteur à combustion externe :* moteur dans lequel l'énergie calorifique fournie par le combustible n'agit pas directement sur les parties mécaniques (cas de la turbine à vapeur, de la machine à vapeur). – *Moteur à réaction :* moteur dans lequel l'action mécanique est réalisée par l'éjection d'un flux gazeux à grande vitesse, qui crée une certaine quantité de mouvement. (Cette quantité de mouvement s'obtient soit en aspirant de l'air à l'avant du mobile et en le rejetant vers l'arrière à une vitesse plus élevée [turboréacteurs, statoréacteurs], soit en empruntant au mobile une partie de sa masse [moteurs-fusées].) – *Moteur électrique :* moteur transformant l'énergie électrique en énergie mécanique. – *Moteur linéaire :* moteur électrique servant à mouvoir un véhicule et dont le stator et le rotor sont en translation rectiligne l'un par rapport à l'autre. **2.** INFORM. *Moteur de recherche :* logiciel qui facilite la localisation sur le réseau Internet de fichiers ou d'adresses de serveurs sur un thème donné. **3.** *Fig* Personne qui dirige ; instigateur. *Il est le moteur de l'entreprise.* **4.** *Fig.* Cause d'action, motif déterminant. *Le moteur de l'expansion.* ◇ *Premier moteur :* chez Aristote, Dieu, cause de tout changement.

MOTEUR-FUSÉE n.m. (pl. *moteurs-fusées*). Propulseur à réaction utilisé en aviation et en astronautique, qui emporte le comburant et le combustible nécessaires à son fonctionnement.

MOTIF n.m. (du lat. *movere,* mouvoir). **1.** Raison d'ordre intellectuel qui pousse à faire qqch, à agir. *Un motif louable, honnête.* **2.** DR. Partie du jugement où le juge indique les raisons de sa décision. – (Au pl.) Ces raisons elles-mêmes. **3. a.** ARTS APPL. Thème, structure ornementale qui, le plus souvent, se répète. **b.** MUS. Dessin mélodique ou rythmique, plus ou moins long et pouvant, dans le développement de l'œuvre, subir des modifications ou des transpositions. **4.** PEINT. Modèle, thème plastique d'une œuvre (en partic. d'une peinture de paysage) ; partie de ce thème. ◇ *Aller sur le motif :* aller peindre en plein air, d'après nature. **5.** CRISTALLOGR. *Motif cristallin :* arrangement des atomes d'une maille cristalline, dont la répétition engendre le réseau cristallin.

MOTILITÉ n.f. PHYSIOL. Aptitude à effectuer des mouvements spontanés ou réactionnels, chez l'être vivant. – *Par ext.* Ensemble des mouvements d'un organe. *Motilité intestinale.*

MOTION n.f. (lat. *motio,* mise en mouvement). Texte soumis à l'approbation d'une assemblée par un de ses membres ou par une partie de ses membres. *Voter une motion.* – *Spécial.* Un tel texte, soumis au vote d'une assemblée parlementaire.

MOTIVANT, E adj. Qui motive.

MOTIVATION n.f. **1.** Ensemble des motifs qui expliquent un acte. **2.** LING. Relation entre la forme et le contenu d'un signe. **3.** PSYCHOL. Processus physiologique et psychologique responsable du déclenchement, de la poursuite et de la cessation d'un comportement. **4.** ÉCON. *Étude de motivation :* étude visant à déterminer les facteurs psychologiques qui expliquent l'achat d'un produit, sa prescription ou son rejet.

MOTIVÉ, E adj. **1.** Justifié par des motifs ; explicité. *Refus motivé.* **2.** Qui a une, des motivations. *Candidat très motivé.*

MOTIVER v.t. **1.** Fournir des motifs pour justifier un acte. *Motiver un renvoi par un manquement grave.* **2.** Être la justification, la cause de. *La méfiance motive son attitude.* **3.** Créer chez qqn les conditions qui poussent à agir ; stimuler. *La réussite la motive à poursuivre.*

MOTO n.f. (abrév.). Motocyclette.

MOTOBALL [motobol] n.m. Sport motocycliste opposant, sur un terrain de football, deux équipes de cinq joueurs s'efforçant d'envoyer un ballon dans le but adverse.

MOTOCISTE n. Vendeur et réparateur de motocycles.

MOTOCROSS n.m. Épreuve motocycliste sur un circuit fermé et très accidenté.

MOTOCULTEUR n.m. AGRIC. Machine automotrice à un seul essieu, conduite à l'aide de mancherons, utilisée pour la culture maraîchère, en arboriculture et en jardinage.

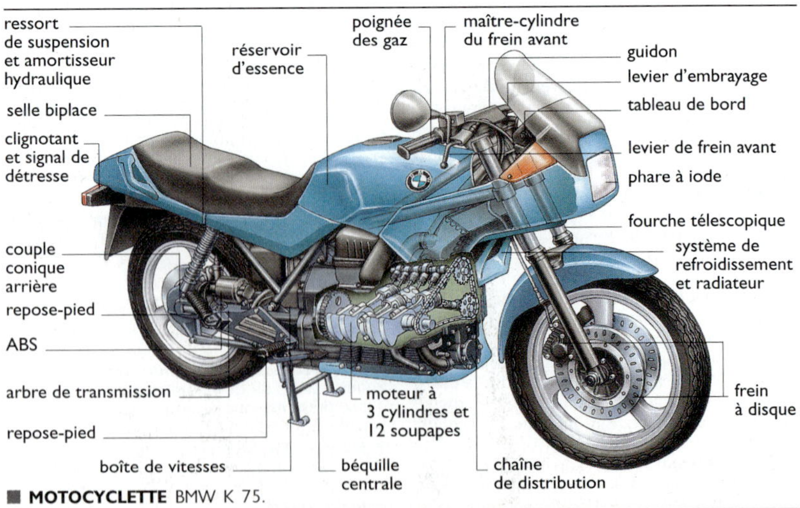

■ **MOTOCYCLETTE** BMW K 75.

doc. : VAG

moteur à explosion à injection 16 soupapes

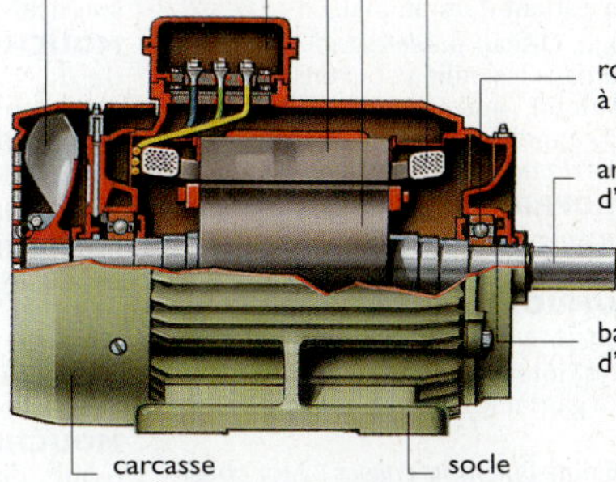

doc. : CEM

moteur électrique asynchrone à usage industriel

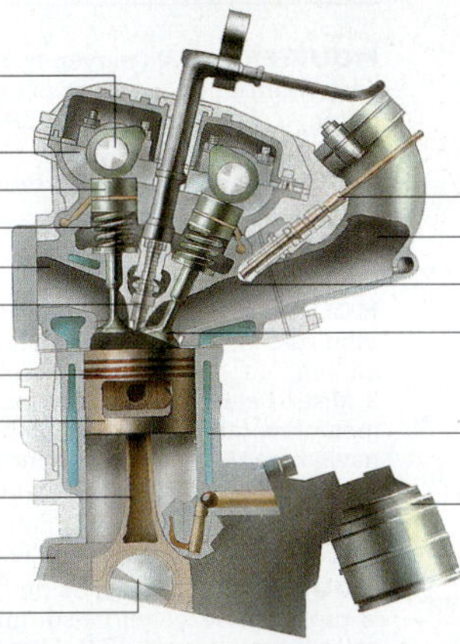

détail des soupapes et de l'injection

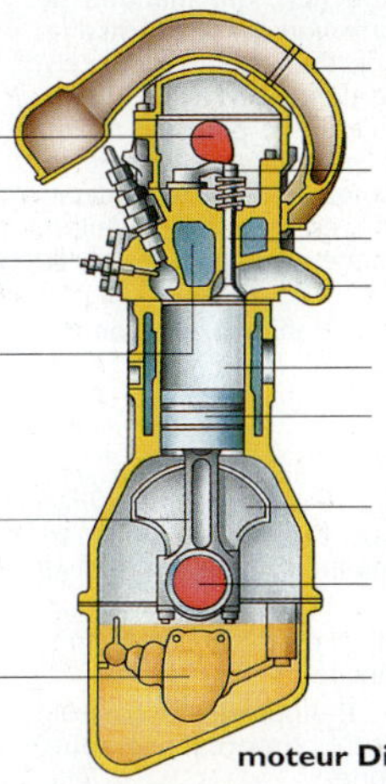

doc. : Perkins

moteur Diesel

■ **MOTEURS**

■ **MOTOCROSS**

■ **MOTOCYCLISME.** Course dans la catégorie des 750 cm³.

MOTOCULTURE n.f. Utilisation de machines motorisées dans l'agriculture.

MOTOCYCLE n.m. Cycle mû par un moteur. (Il existe trois groupes de motocycles : le *cyclomoteur,* dont la cylindrée n'excède pas 50 cm³, le *vélomoteur,* dont la cylindrée n'excède pas 125 cm³, et la *motocyclette.*)

MOTOCYCLETTE n.f. Véhicule à deux roues, actionné par un moteur à explosion de plus de 125 cm³. Abrév. : *moto.*

MOTOCYCLISME n.m. Ensemble des activités sportives disputées sur motocyclettes et side-cars.

MOTOCYCLISTE n. Personne qui conduit une motocyclette. ◆ adj. Relatif à la moto.

MOTOMARINE n.f. Québec. Petite embarcation à une ou deux places, propulsée par le jet d'eau d'un moteur à turbine ; scooter des mers.

MOTONAUTIQUE adj. Relatif au motonautisme.

MOTONAUTISME n.m. Sport de la navigation sur des embarcations rapides à moteur.

MOTONEIGE n.f. Petit véhicule ouvert à une ou à deux places, muni de skis à l'avant et d'une chenille à l'arrière, pour circuler sur la neige. SYN. : *scooter des neiges.*

MOTONEIGISME n.m. Pratique de la motoneige.

MOTONEIGISTE n. Personne qui pratique la motoneige.

MOTOPAVER [-pavœr] n.m. (mot angl.). TRAV. PUBL. Engin automoteur malaxant des granulats avec un liant, avant de les déposer en couche régulière.

MOTOPOMPE n.f. Pompe actionnée par un moteur.

MOTOR-HOME n.m. [pl. *motor-homes*] (mot angl., de *motor,* moteur, et *home,* maison). Véhicule automobile aménagé pour servir d'habitation. Recomm. off. : *autocaravane.*

MOTORISATION n.f. **1.** Action de motoriser ; fait d'être motorisé. **2.** Équipement d'un véhicule automobile en un type déterminé de moteur (moteur à essence ou moteur Diesel, en partic.).

MOTORISÉ, E adj. **1.** Doté de moyens de transport automobiles. *Troupes motorisées.* **2.** *Fam. Être motorisé :* disposer d'un véhicule.

MOTORISER v.t. **1.** Rare. Munir d'un moteur. *Motoriser une barque.* **2.** Doter de véhicules, de machines à moteur. *Motoriser l'agriculture.*

MOTORISTE n. **1.** Spécialiste de la réparation et de l'entretien des moteurs des véhicules. **2.** Industriel qui fabrique des moteurs, en partic. dans le domaine aérospatial.

MOTORSHIP [mɔtɔrʃip] n.m. (mot angl.). Navire de commerce propulsé par un moteur Diesel.

MOTRICE n.f. CH. DE F. Automotrice tractant plusieurs voitures. *Motrice de métro.*

MOTRICITÉ n.f. PHYSIOL. Ensemble des fonctions biologiques qui assurent le mouvement, chez l'homme et les animaux.

MOTS CROISÉS ou **MOTS-CROISÉS** n.m. pl. Jeu qui consiste à trouver des mots qui s'entrecroisent dans une grille d'après des définitions plus ou moins énigmatiques. *Faire des mots croisés.* (On dit aussi *un mots[-]croisés.*)

MOTS-CROISISTE n. (pl. *mots-croisistes*). Verbicruciste.

MOTTE n.f. (du prélatin *mŭtta*). **1.** Morceau de terre plus ou moins compact résultant du labour. **2.** Petit cube de terre et de tourbe mélangées et pressées, dans lequel on sème une ou deux graines pour obtenir un plant de fleur ou de plante potagère. **3.** FORTIF. À l'époque du haut Moyen Âge, tertre artificiel entouré d'un fossé servant d'assise aux premiers châteaux forts en bois. **4.** Masse de beurre pour la vente au détail. **5.** MÉTALL. Moule en sable séparé de son châssis avant la coulée du métal.

MOTTER (SE) v.pr. CHASSE. Se cacher derrière les mottes, en parlant d'un animal.

MOTTEUX n.m. Oiseau passereau du genre traquet, répandu dans les milieux ouverts de l'Eurasie et de l'Afrique, qui se nourrit de vers et d'insectes, et appelé aussi *cul-blanc.* (Long. 16 cm ; genre *Œnanthe,* famille des turdidés.)

1. MOTU PROPRIO [mɔtyprɔprijo] loc. adv. (mots lat., *de son propre mouvement*). *Didact.* Spontanément, sans y être incité.

2. MOTU PROPRIO n.m. inv. CATH. Acte législatif promulgué par le pape de sa propre initiative.

MOTUS [mɔtys] interj. (de *mot*). *Fam.* S'emploie pour engager à garder le silence. *Motus et bouche cousue !*

MOT-VALISE n.m. (pl. *mots-valises*). Mot constitué par l'amalgame de la partie initiale d'un mot et de la partie finale d'un autre (par ex. *franglais,* formé de *français* et *anglais*).

1. MOU ou **MOL, MOLLE** adj. (lat. *mollis*). **1.** Qui cède facilement au toucher ; qui manque de dureté. *Pâte molle. Beurre mou.* **2.** MAR. Se dit d'un voilier qui, sous l'action du vent, a tendance à abattre (par oppos. à *ardent*). **3.** PHYS. Se dit des rayons X les moins pénétrants. **4.** *Sciences molles* → **science.** ◆ adj. et n. Qui manque d'énergie, de vivacité ou de vigueur morale, de force de caractère. – REM. *Mol,* adj. m., est employé devant un mot masculin sing. commençant par une voyelle ou un *h* muet.

2. MOU n.m. Poumon des animaux de boucherie.

MOUCHAGE n.m. Action de moucher, de se moucher.

MOUCHARABIEH [muʃarabje] n.m. (ar. *machrabiyya*). Grillage fait de petits bois tournés, permettant de voir sans être vu, dans l'architecture arabe traditionnelle ; balcon, logette garnis d'un tel grillage.

1. MOUCHARD, E adj. et n. (de *mouche*). *Fam., péjor.* Dénonciateur, délateur.

2. MOUCHARD n.m. **1.** Appareil de contrôle enregistreur, en partic. chronotachygraphe. **2.** *Fam.* Judas d'une porte.

MOUCHARDAGE n.m. *Fam.* Action de moucharder ; dénonciation.

MOUCHARDER v.t. *Fam.* Dénoncer qqn. ◆ v.i. *Fam.* Pratiquer le mouchardage.

MOUCHE n.f. (lat. *musca*). **1.** Insecte diptère aux formes trapues, aux antennes courtes, doté de pièces buccales suceuses ou piqueuses. (Sous-ordre des brachycères.) ◇ *Mouche armée :* stratiome. – Québec. *Mouche à feu :* luciole. – *Fam. Comme des mouches :* en grand nombre, en masse. *Tomber, mourir comme des mouches.* – *Fine mouche :* personne très rusée. – *Pattes de mouche :* écriture fine et peu lisible. – *Prendre la mouche :* se vexer et s'emporter mal à propos, pour peu de chose. (En Suisse, on dit *piquer la mouche.*) – *Fam. Quelle mouche le pique ? :* pourquoi se fâche-t-il ? **2.** PÊCHE. Leurre imitant un insecte. **3.** Petite touffe de poils au-dessous de la lèvre inférieure. **4.** Petite rondelle de taffetas noir que les femmes, aux XVIIe et XVIIIe s., se collaient sur le visage ou sur la gorge pour mettre en valeur la blancheur de leur peau. **5.** Point noir au centre d'une cible. ◇ *Faire mouche :* placer un projectile au centre de la cible ; toucher le point sensible ou névralgique. **6.** SPORTS. **a.** En escrime, bouton qui garnit la pointe d'un fleuret pour la rendre inoffensive. **b.** En boxe, catégorie de poids ; boxeur appartenant à cette catégorie. *Poids mouche.*

ENCYCL. La *mouche domestique* est nuisible par les micro-organismes qu'elle transporte sur ses pattes et sa trompe ; les *mouches verte* (lucilie) et *bleue* pondent sur la viande ; la *mouche tsé-tsé,* ou *glossine,* transmet la maladie du sommeil ; la *mouche charbonneuse,* ou *stomoxe,* pique les bestiaux ; la *mouche du vinaigre* (drosophile) est très utilisée dans la recherche en génétique.

■ **MOUCHE**

MOUCHER v.t. (bas lat. *muccare*). **1.** Débarrasser les narines des sécrétions nasales. **2.** *Moucher une chandelle,* en éteindre la flamme en prenant la mèche entre ses doigts. **3.** *Fam.* Réprimander, remettre à sa place. ◆ **se moucher** v.pr. Moucher son nez.

MOUCHERON n.m. Petit insecte diptère voisin de la mouche, comme la simulie ou le chironome.

MOUCHERONNER v.i. Saisir des insectes à la surface de l'eau, en parlant des poissons.

MOUCHET n.m. Suisse. Petite touffe.

MOUCHETÉ, E adj. **1.** Tacheté, en parlant du pelage de certains animaux, d'une étoffe, d'un bois, etc. **2.** Se dit des céréales atteintes de certaines maladies causées par des champignons qui forment sur les grains une poussière noire. **3.** *À fleurets mouchetés* → **fleuret.**

MOUCHETER v.t. [16]. **1.** Marquer de petits points disposés plus ou moins régulièrement. *Moucheter une étoffe.* **2.** Garnir d'une mouche la pointe d'un fleuret.

MOUCHETIS n.m. CONSTR. Crépi à aspect granuleux exécuté par projection de mortier sur un mur.

MOUCHETTE n.f. **1.** MENUIS. Rabot pour faire les baguettes et les moulures. **2.** ARCHIT. Soufflet aux contours en courbe et contre-courbe, l'un des éléments des remplages de fenêtres dans le style gothique flamboyant.

MOUCHETURE n.f. **1.** ZOOL. Tache naturelle sur le pelage de certains animaux. *Les mouchetures de la panthère.* **2.** Ornement donné à une étoffe en la mouchetant.

MOUCHOIR n.m. **1.** Petit carré de tissu fin servant à se moucher. ◇ *Arriver, se tenir dans un mouchoir,* dans un peloton très serré ou à très peu de distance l'un de l'autre ; obtenir des résultats très voisins, dans une épreuve, un concours, etc. **2.** Vx ou Afrique. Étoffe utilisée par les femmes pour se couvrir la tête ; fichu, foulard.

MOUCHURE n.f. Rare. Mucosité qu'on retire du nez en se mouchant.

MOUCLADE n.f. (de *moucle,* var. dial. de *2. moule*). Plat de moules au vin blanc et à la crème, aromatisé au curry ou au safran. (Cuisine charentaise.)

MOUDJAHID n.m. [pl. *moudjahidine* ou *moudjahidin*] (de l'ar. *djihād,* guerre sainte). Combattant de divers mouvements de libération nationale du monde musulman.

MOUDRE v.t. [65] (lat. *molere*). Réduire en poudre avec un moulin, une meule ; broyer, concasser. *Moudre du blé, du café.*

MOUE n.f. (francique *mauwa*). Grimace faite par mécontentement, en avançant les lèvres. *Une moue boudeuse. Faire la moue.*

MOUETTE n.f. (du francique). Oiseau marin, voisin du goéland, se nourrissant de mollusques et de petits poissons, vivant sur les côtes et remontant parfois les grands fleuves. (Chez plusieurs espèces, le mâle est doté d'un capuchon de plumes noires ou brunes durant l'été ; genre principal *Larus,* famille des laridés.) ◇ *Mouette ravisseuse :* stercoraire.

■ **MOUETTE.** Mouette rieuse.

MOUFETTE ou **MOUFFETTE** n.f. (ital. *mofetta,* du germ.). Mammifère carnivore d'Amérique, au pelage blanc et noir, qui éloigne les prédateurs en projetant à plusieurs mètres un liquide irritant et nauséabond sécrété par ses glandes anales. (La moufette est le principal vecteur de la rage aux États-Unis ; genre *Mephitis,* famille des mustélidés.) SYN. : *sconse.*

1. MOUFLE n.f. (bas lat. *muffula,* du germ.). **1.** Gant, génér. fourré, où il n'y a de séparation que pour le pouce. **2.** Assemblage de poulies dans une même chape, qui permet de soulever de très lourdes charges.

2. MOUFLE n.m. Partie réfractaire d'un four dans laquelle sont disposés les produits à traiter pour les protéger soit de l'action directe du chauffage, soit de l'action oxydante de l'air.

MOUFLET, ETTE n. *Fam.* Petit enfant.

MOUFLON n.m. (ital. *muflone*). Ruminant sauvage des montagnes de l'Europe et de l'Amérique du Nord, voisin du mouton, aux puissantes cornes enroulées. (Genre *Ovis ;* famille des bovidés.)

■ **MOUFLON**

MOUFTER v.i. [3] (moyen fr. *mouveter,* agiter). *Fam.* (Surtout en tournure négative.) Parler, protester. *Accepter sans moufter. Les enfants n'ont pas moufté.*

MOUILLABILITÉ n.f. PHYS. Propriété d'un solide mouillable.

MOUILLABLE adj. PHYS. Qui peut se laisser mouiller par un liquide.

MOUILLAGE n.m. **1.** Action de mouiller, d'imbiber d'eau. **2.** Action d'ajouter de l'eau au lait, au vin, etc., dans une intention frauduleuse. **3.** Mise à l'eau de mines sous-marines. **4.** Emplacement favorable à l'ancrage d'un bâtiment de navigation. **5.** Manœuvre pour jeter l'ancre.

MOUILLANCE n.f. PHYS. Propriété qu'a un agent mouillant d'augmenter l'aptitude du liquide dans lequel il est dissous à mouiller une surface.

MOUILLANT, E adj. **1.** Se dit d'un liquide qui a la propriété de s'étendre sur une surface entrant en contact avec lui. **2.** *Agent mouillant,* ou *mouillant,* n.m. : corps qui, mélangé à un liquide, lui permet de mouiller un solide plus facilement que s'il était pur.

MOUILLE n.f. **1.** HYDROL. Creux entre les bancs d'alluvions du lit d'une rivière. **2.** MAR. Avarie causée à une cargaison par l'humidité ou par une rentrée d'eau.

MOUILLÉ, E adj. **1.** PHON. Se dit d'une consonne articulée avec le son [j] (par ex. : *n* dans *manière*). **2.** *Voix mouillée (de larmes),* où l'on sent percer l'émotion, les larmes.

MOUILLEMENT n.m. CUIS. Arrosage d'un mets pendant sa cuisson.

MOUILLER v.t. (du lat. *mollis,* mou). **1.** Rendre humide, imbiber d'eau. *Mouiller du linge.* ◇ *Fam. Mouiller son maillot, sa chemise :* faire de gros efforts, se dépenser sans compter. **2.** PHYS. Pour un liquide en contact avec une surface, présenter une interface de raccordement faisant un angle aigu avec la surface. **3.** Ajouter de l'eau à ; couper. *Mouiller du vin.* **4.** Ajouter à un mets du liquide pour composer une sauce. *Mouiller un ragoût.* **5.** Mettre à l'eau ; immerger. *Mouiller des mines sous-marines. Mouiller l'ancre.* **6.** *Fam.* Compromettre qqn, l'impliquer dans une affaire. ◆ v.i. **1.** MAR. Jeter l'ancre. **2.** *Fam.* Avoir peur. ◆ **se mouiller** v.pr. **1.** Être touché par la pluie, par l'eau. **2.** *Fam.* Prendre des responsabilités, des risques dans une affaire ; se compromettre.

MOUILLÈRE n.f. AGRIC. Partie de champ ou de pré ordinairement humide.

MOUILLETTE n.f. Petit morceau de pain long et mince qu'on trempe dans les œufs à la coque.

MOUILLEUR n.m. **1.** Appareil pour mouiller, humecter. SYN. : *mouilloir.* **2.** MAR. Appareil fixé sur le flanc avant d'un navire pour maintenir les ancres et les mouiller à la demande. ◇ *Mouilleur de mines :* aéronef, petit bâtiment ou sous-marin spécialement aménagé pour immerger des mines.

MOUILLOIR n.m. Mouilleur.

MOUILLON n.m. Suisse. Humidité ; flaque.

MOUILLURE n.f. **1.** Action de mouiller. **2.** État de ce qui est humide. **3.** PHON. Palatalisation.

MOUISE n.f. (all. dial. *mues,* bouillie). *Fam.* Misère ; difficultés. *Être dans la mouise.*

MOUJIK n.m. (mot russe). Paysan, dans la Russie d'ancien régime.

MOUJINGUE n. (de l'esp. *muchacho*). *Fam.,* vieilli. Enfant, mouflet.

MOUKÈRE ou **MOUQUÈRE** n.f. (mot algérien, de l'esp. *mujer*). *Fam.* Femme.

MOULAGE n.m. (de *mouler*). **1.** Action de verser, de disposer dans des moules des métaux, des plastiques, des pâtes céramiques, etc. **2.** Action de prendre d'un objet une empreinte destinée à servir de moule. **3.** Reproduction d'un objet faite au moyen d'un moule.

MOULANT, E adj. Se dit d'un vêtement qui moule le corps.

1. MOULE n.m. (lat. *modulus,* mesure). **1.** Objet présentant une empreinte creuse dans laquelle on introduit une matière pulvérulente, pâteuse ou liquide qui prend, en se solidifiant, la forme de l'empreinte. **2.** Récipient dont il existe des formes diverses et servant au moulage et éventuellement à la cuisson de certains mets. *Moule à gaufre, à tarte, à charlotte.* **3.** *Fig.* Modèle imposé, type selon lequel on construit qqch, on façonne qqn. *Esprits sortant du même moule.*

2. MOULE n.f. (lat. *musculus,* coquillage). **1.** Mollusque lamellibranche comestible, à coquille bivalve sombre, vivant fixé par un byssus sur les rochers battus par la mer ou dans les estuaires. (L'élevage des moules, ou *mytiliculture,* se pratique sur toutes les côtes françaises ; genre *Mytilus,* famille des mytilidés.) ◇ *Moule d'étang :* anodonte. – *Moule de rivière :* mulette. **2.** *Fam.* Personne sans énergie, maladroite ; mollasson.

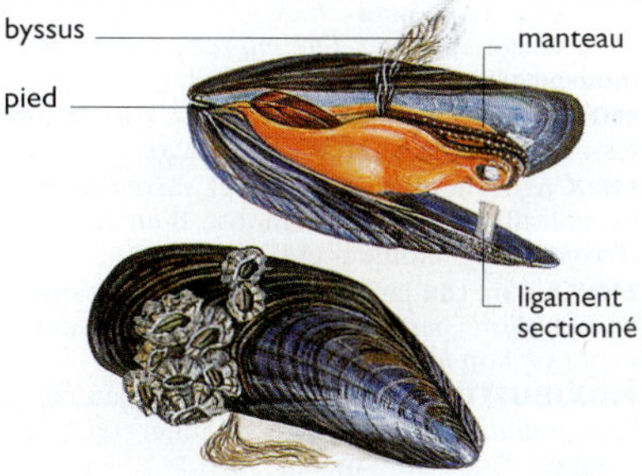

■ **MOULE.** Vue anatomique et vue externe.

MOULÉ, E adj. **1.** *Écriture moulée,* dont les lettres sont bien formées. **2.** *Lettre moulée :* lettre tracée à la main et imitant une lettre d'imprimerie.

MOULER v.t. **1.** Exécuter un moulage. *Mouler une statue.* **2.** Prendre l'empreinte de. **3.** Accuser les contours en épousant la forme de. *Robe moulant le corps.*

MOULEUR, EUSE n. Personne qui exécute des moulages.

MOULIÈRE n.f. Lieu au bord de la mer où l'on élève les moules ; parc à moules.

MOULIN n.m. (bas lat. *molinum,* de *mola,* meule). **1.** Machine à moudre les grains de céréales ; bâtiment où elle est installée. ◇ *Moulin à eau, à vent,* mû par l'énergie hydraulique, éolienne. – *Apporter de l'eau au moulin de qqn,* lui donner des arguments qui confirment ses dires. – *Entrer quelque part comme dans un moulin,* comme on veut, sans contrôle. – *Se battre contre des moulins à vent,* contre des ennemis qui n'existent qu'en imagination, contre des chimères (par allusion à Don Quichotte). **2.** Appareil servant à moudre, à broyer du grain, des aliments. *Moulin à café, à légumes.* ◇ Anc. *Moulin à huile :* pressoir à huile. – *Fam. Moulin à paroles :* personne très bavarde. **3.** TEXT. Appareil utilisé pour mouliner des fils textiles. **4.** *Fam.* Moteur d'avion, de voiture, de moto. **5.** *Moulin à prières :* cylindre que les bouddhistes font tourner au moyen d'une poignée pour accumuler les mérites de la récitation des formules sacrées qu'il contient.

MOULINAGE n.m. Action de mouliner.

MOULIN-À-VENT n.m. inv. Vin d'un cru réputé du Beaujolais.

MOULINER v.t. **1.** Réunir et tordre ensemble plusieurs fils textiles de façon à les consolider. **2.** Écraser avec un moulin à légumes. **3.** *Fam.* Traiter des données en grande quantité, en parlant d'un ordinateur.

MOULINET n.m. **1.** Appareil fixé au manche d'une canne à pêche et dont l'élément essentiel est une bobine sur laquelle est enroulée la ligne. **2.** Petit appareil qui fonctionne selon un mouvement de rotation. *Le moulinet d'une crécelle.* **3.** Mouvement tournant rapide que l'on fait avec un bâton, avec ses bras, etc., souvent pour empêcher un adversaire d'approcher. *Faire de grands moulinets avec une canne.* **4.** Appareil à hélice pour mesurer la vitesse d'un courant d'eau.

MOULINETTE n.f. (nom déposé). **1.** Petit moulin manuel ou électrique pour broyer les aliments. **2.** *Fam. Passer qqch à la Moulinette,* le réduire en morceaux, le broyer, l'anéantir ; *fig.,* l'analyser minutieusement. *Passer une série de propositions à la Moulinette.*

MOULOUD ou **MULUD** [mulud] n.m. (de l'ar. *Mūlūd al-Nabī,* anniversaire du Prophète). Fête religieuse musulmane qui célèbre l'anniversaire de la naissance du Prophète.

MOULT [mult] adj. inv. (lat. *multum*). Vx ou *par plais.* Beaucoup de. *Donner moult détails.* (*Moult* est parfois variable : *moultes fois.*)

MOULU, E adj. (de *moudre*). **1.** Réduit en poudre. *Café moulu.* **2.** *Fam.* Brisé de fatigue, de coups ; rompu. *Avoir le corps moulu.*

MOULURATION n.f. Ensemble des moulures dans un ouvrage d'architecture ou dans un meuble.

MOULURE n.f. (de *mouler*). **1.** Ornement linéaire, en relief ou en creux, présentant un profil constant et servant à souligner une forme architecturale, à mettre en valeur un objet. *Les moulures d'une corniche.* **2.** *Moulure électrique :* latte creuse destinée à recevoir des fils électriques.

MOULURER v.t. **1.** Orner de moulures. **2.** Exécuter une moulure sur une pièce de bois, une maçonnerie, etc.

MOULURIÈRE n.f. Machine destinée à la fabrication des moulures.

MOUMOUTE n.f. *Fam.* **1.** Perruque. **2.** Veste en peau de mouton retournée.

MOUQUÈRE n.f. → **MOUKÈRE.**

MOURANT, E adj. et n. Qui est proche de la mort. ◆ adj. Près de disparaître, qui s'affaiblit. *Voix mourante.*

MOURIR v.i. [30] [auxil. *être*] (lat. *mori*). **1.** Cesser de vivre, en parlant d'un être animé. *Mourir de vieillesse.* ◇ *Mourir de sa belle mort,* de mort naturelle et non de mort accidentelle ou violente. **2.** Cesser de vivre, en parlant d'une plante, d'un organe, etc. ; dépérir. *Plante qui meurt faute d'eau.* **3.** S'affaiblir progressivement, s'éteindre doucement. *Laisser le feu mourir.* **4.** Cesser d'exister ; disparaître. *Entreprise, civilisation qui meurt.* **5.** *Mourir de :* être affecté à un très haut degré par. *Mourir de faim, de peur, d'ennui.* – *C'est à mourir de rire :* c'est extrêmement drôle. ◆ **se mourir** v.pr. *Litt.* Être près de s'éteindre ; être en passe de disparaître.

MOUROIR n.m. *Fam., péjor.* Établissement où les personnes âgées ou gravement malades terminent leur vie.

MOURON n.m. (du moyen néerl. *muer*). **1.** Petite plante commune dans les cultures et les chemins, à fleurs rouges ou bleues, toxique pour les animaux. (Genre *Anagallis ;* famille des primulacées.) **2.** *Mouron des oiseaux,* ou *mouron blanc :* stellaire à petites fleurs. (Famille des caryophyllacées.) **3.** *Fam. Se faire du mouron :* se faire du souci.

MOURRE n.f. (ital. dial. *morra*). Vx. Jeu dans lequel deux joueurs se montrent simultanément un certain nombre de doigts en annonçant la somme présumée des doigts dressés.

MOUSMÉ n.f. (du jap.). **1.** Vx. Jeune fille, jeune femme, au Japon. **2.** *Fam.* Femme, fille en général.

MOUSQUET n.m. (ital. *moschetto*). Arme à feu portative employée aux XVIe et XVIIe s. (Introduit en France après la bataille de Pavie [1525], le mousquet s'utilisa jusqu'en 1650 appuyé sur une fourche pour le tir.)

MOUSQUETAIRE n.m. (de *mousquet*). Gentilhomme d'une des deux compagnies à cheval de la maison du roi (XVIIe - XVIIIe s.). ◇ *Bottes à la mousquetaire,* à revers. – *Gants à la mousquetaire,* à large crispin. – *Poignet mousquetaire :* manchette.

MOUSQUETERIE n.f. Vx. Décharge de mousquets ou de fusils qui tirent en même temps.

1. MOUSQUETON n.m. Arme à feu plus légère et plus courte que le fusil, en usage jusqu'à la Seconde Guerre mondiale.

2. MOUSQUETON n.m. ALP., SPÉLÉOL. Boucle métallique qu'une lame élastique ou un ergot articulé maintient fermée, constituant un système d'accrochage susceptible d'être engagé ou dégagé rapidement.

MOUSSAGE n.m. CHIM. Introduction dans un latex naturel ou synthétique d'un courant d'air finement divisé, permettant d'obtenir une texture cellulaire ou spongieuse.

MOUSSAILLON n.m. *Fam.* Petit mousse, jeune marin.

MOUSSAKA n.f. (turc *musakka*). Plat commun aux Balkans, à la Grèce et à la Turquie, composé de couches alternées d'aubergines, de mouton haché et de sauce béchamel épaisse, cuit au four.

MOUSSANT, E adj. Qui produit de la mousse.

1. MOUSSE n.m. (ital. *mozzo*). Marin de moins de dix-sept ans.

2. MOUSSE n.f. (francique *mosa*). Plante cryptogame formée d'un tapis de courtes tiges feuillues serrées les unes contre les autres, vivant sur le sol, les arbres, les murs, les toits. (Embranchement des bryophytes ; classe des muscinées.) ◇ *Mousse de chêne :* lichen dont on extrait une substance utilisée en parfumerie. (Genre *Evernia.*)

M

3. MOUSSE n.f. (de *2. mousse*). **1.** Couche liquide contenant des bulles d'air, à la surface de certains liquides ; écume. **2.** *Fam.* Verre de bière. **3.** Préparation culinaire dont les ingrédients ont été battus et présentant une consistance onctueuse. *Mousse de foie.* ◇ *Mousse au chocolat :* crème à base de chocolat et de blancs d'œufs battus. **4.** Matière plastique cellulaire. **5.** *Point mousse :* point de tricot qui ne comporte que des mailles à l'endroit.

4. MOUSSE adj. (lat. *mutilus,* tronqué). Vieilli. Qui n'est pas aigu, pas tranchant ; émoussé. *Pointe mousse.*

MOUSSELINE n.f. (ital. *mussolina,* tissu de Mossoul). Tissu de coton, de soie, de laine, léger, souple et transparent. ◆ adj. inv. **1.** *Pommes mousseline :* purée de pommes de terre très légère. **2.** *Sauce mousseline :* sauce hollandaise additionnée de crème fouettée. **3.** *Verre mousseline :* verre dépoli orné de motifs translucides imitant la mousseline, employé pour vitrer des châssis de porte, de fenêtre.

MOUSSER v.i. Produire de la mousse. *Le champagne mousse.* ◇ *Fam. Faire mousser qqn, qqch,* les faire valoir de manière exagérée.

MOUSSERON n.m. (bas lat. *mussirio*). Nom usuel de plusieurs petits champignons comestibles, des genres *Marasme (faux mousseron)* ou *Tricholoma (mousseron de la Saint-Georges).*

MOUSSEUX, EUSE adj. Qui mousse. – Se dit d'un vin ou d'un cidre contenant du gaz carbonique sous pression et qui, fraîchement débouché, produit une légère mousse. ◆ n.m. Tout vin mousseux autre que le champagne.

MOUSSOIR n.m. Vx. Ustensile servant à faire mousser le chocolat.

MOUSSON n.f. (néerl. *mouçon,* ar. *mausim,* saison). Courant atmosphérique de la zone intertropicale, résultant du franchissement de l'équateur par les alizés, et génér. associé à des pluies abondantes. (Les pluies de mousson apportent plus de 80 % des précipitations sur des régions habitées par la moitié de la population mondiale.)

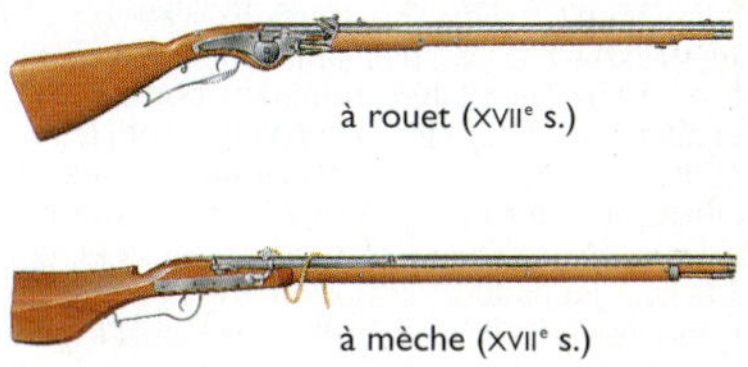

■ **MOUSQUETS**

MOUSSU, E adj. Couvert de mousse. *Un banc moussu.*

MOUSTACHE n.f. (ital. *mostaccio,* du gr.). **1.** Ensemble des poils qui garnissent le dessus de la lèvre supérieure, chez l'homme. **2.** Ensemble des poils latéraux, longs et raides, à rôle sensoriel, du museau de certains animaux. SYN. : *vibrisses.*

MOUSTACHU, E adj. et n. Qui a une moustache, de la moustache.

MOUSTÉRIEN, ENNE adj. et n.m. (du *Moustier,* n.pr.). PRÉHIST. Se dit du complexe de plusieurs faciès culturels du paléolithique moyen dont les industries lithiques contiennent de nombreux racloirs, obtenus ou non suivant la technique Levallois par les hommes de Neandertal (- 70 000 à - 35 000).

MOUSTIQUAIRE n.f. **1.** Rideau de tulle, de mousseline dont on entoure les lits pour se préserver des moustiques. **2.** Châssis en toile métallique placé aux fenêtres et ayant le même usage.

MOUSTIQUE n.m. (esp. *mosquito*). **1.** Insecte diptère à abdomen allongé et à longues pattes fragiles, dont la femelle pique la peau de l'homme et des animaux pour se nourrir de leur sang (le mâle se nourrissant du nectar des fleurs), tel que le cousin, commun en Europe, l'anophèle, vecteur du paludisme, la stégomyie, qui transmet la dengue et la fièvre jaune. **2.** *Fam.* Enfant ; personne petite et malingre.

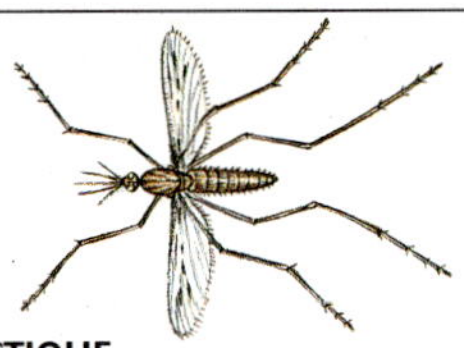

■ **MOUSTIQUE**

MOÛT n.m. (lat. *mustum*). **1.** Jus de raisin non fermenté à partir duquel se fait la vinification. **2.** Jus de fruits, de végétaux, que l'on fait fermenter pour préparer des boissons alcooliques.

MOUTARD n.m. *Fam.* **1.** Petit garçon. **2.** (Au pl.) Enfants.

MOUTARDE n.f. (de *moût*). **1.** Plante annuelle, très commune en Europe et en Asie, voisine du chou, à fleurs jaunes et dont les graines fournissent le condiment du même nom. (On distingue la *moutarde blanche* [genre *Sinapis*] et la *moutarde noire,* ou *sénevé* [genre *Brassica*] ; famille des crucifères.) **2.** Graine de cette plante. (Pulvérisée, la moutarde servait à préparer les sinapismes.) **3.** Condiment préparé avec des graines de moutarde broyées et du vinaigre. ◇ *Fam. **La moutarde lui monte au nez*** : il commence à se fâcher. ◆ adj. inv. D'une couleur jaune verdâtre.

■ **MOUTARDE**

MOUTARDIER n.m. **1.** Fabricant de moutarde. **2.** Petit pot dans lequel on sert la moutarde sur la table.

MOUTIER n.m. (lat. *monasterium*). Vx. Monastère. (Subsiste dans des noms de villes.)

MOUTON n.m. (lat. pop. *multo,* bélier, du gaul.). **I.** *Animal.* **1.** Mammifère ruminant porteur d'une épaisse toison bouclée (laine), dont seul le mâle adulte (bélier), chez certaines races, porte des cornes annelées et spiralées, et que l'on élève pour sa chair, sa laine et, dans certains cas, pour son lait. (Poids 40 à 150 kg ; longévité env. 10 ans ; le mouton femelle est la brebis, le jeune, l'agneau. Cri : le mouton bêle. Genre *Ovis ;* famille des bovidés, tribu des caprins.) ◇ ***Revenons à nos moutons*** : revenons à notre sujet, mettons fin à cette digression. (Allusion à une scène de *la Farce de Maître Pathelin.*) – ***Un mouton à cinq pattes*** : un phénomène, une chose, une personne extrêmement rare. **2.** Viande, cuir ou fourrure de cet animal. **II.** *Personne.* **1.** Homme crédule, moutonnier ou d'humeur douce. **2.** *Arg.* Compagnon de cellule d'un prisonnier, chargé d'obtenir de lui des aveux, des informations. **3.** *Fam.* ***Mouton noir*** : personne qui, dans une famille, un groupe, etc., est ressentie comme très différente et tenue plus ou moins à l'écart. **III.** *Sens spécialisés.* **1.** Dispositif utilisé pour enfoncer dans le sol, par percussion, des pieux servant d'appui aux fondations d'une construction. **2.** Machine à forger ou à estamper agissant par le choc d'une masse frappante sur la pièce à former. **3.** Appareil d'essai de choc pour matériaux métalliques. ◆ pl. **1.** Petites lames couvertes d'écume apparaissant sur la mer par brise de force moyenne. **2.** Petits nuages floconneux. **3.** Amas de poussière d'aspect laineux ; chaton.

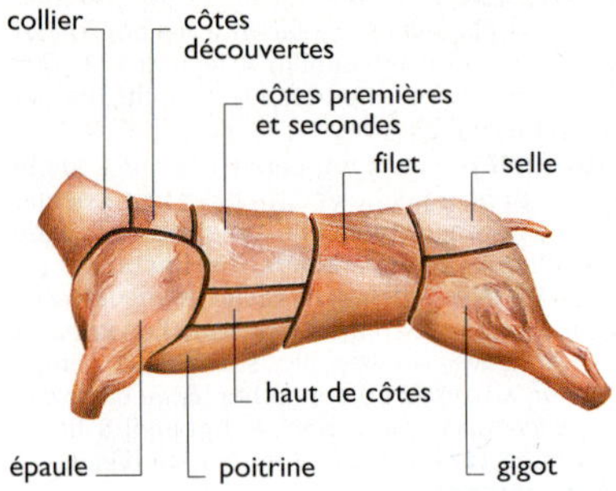

■ **MOUTON.** Les morceaux de boucherie.

MOUTONNÉ, E adj. *Ciel moutonné,* couvert de petits nuages blancs (cirrocumulus).

MOUTONNEMENT n.m. Fait de moutonner ; aspect de la mer, du ciel qui moutonne.

MOUTONNER v.i. **1.** Se briser en produisant une écume blanche, en parlant de la mer. *Les vagues moutonnent.* **2.** Se couvrir de petits nuages blancs et pommelés. *Ciel qui moutonne.*

MOUTONNERIE n.f. Rare. Caractère moutonnier ; esprit d'imitation.

MOUTONNEUX, EUSE adj. Qui moutonne, qui se couvre de vagues ou de nuages.

MOUTONNIER, ÈRE adj. **1.** Relatif au mouton. *Élevage moutonnier.* **2.** Qui suit aveuglément et stupidement l'exemple des autres. *Foule moutonnière.*

MOUTURE n.f. (lat. pop. *molitura,* de *molere,* moudre). **1.** Action ou manière de moudre les céréales, le café ; produit résultant de cette opération. **2.** Nouvelle présentation d'un thème, d'un sujet déjà traité auparavant. *C'est le même livre, dans une mouture à peine différente.* **3.** ***Première mouture*** : premier état d'une œuvre littéraire, d'un projet, etc. *Première mouture d'un rapport.*

MOUVANCE n.f. (de *mouvoir*). **1.** Domaine dans lequel qqn ou qqch exerce son influence. *La mouvance surréaliste.* **2.** HIST. Dans le système féodal, ensemble des biens, terres ou droits qui dépendaient d'une seigneurie. **3.** *Litt.* Caractère de ce qui est mouvant.

MOUVANT, E adj. **1.** Qui bouge sans cesse, qui n'est pas stable. *Foule, situation mouvante.* **2.** Qui a peu de consistance, qui s'affaisse. *Sables mouvants.*

MOUVEMENT n.m. (du lat. *movere,* mouvoir). **1.** Déplacement, changement de position d'un corps dans l'espace. *Mouvement d'un astre.* ◇ PHYS. ***Quantité de mouvement d'un point matériel,*** vecteur égal au produit de la masse de ce point par son vecteur vitesse. – ***Mouvement perpétuel*** : mouvement qui serait capable de fonctionner indéfiniment sans apport et sans dépense d'énergie. (L'impossibilité de son existence découle des lois de la thermodynamique.) **2.** Ensemble de mécanismes engendrant le déplacement régulier d'une machine, d'un de ses organes. *Mouvement d'horlogerie.* **3.** Rare. Action de déplacer. ◇ ***Mouvement des terres*** : transport en remblai des déblais utilisables, étudié en vue du moindre coût. **4.** Action ou manière de se mouvoir, de déplacer le corps, une partie du corps ; ensemble des gestes, des déplacements du corps. *Mouvement de tête. Exécuter un mouvement de danse. Se donner du mouvement.* ◇ ***Faux mouvement*** : mouvement inhabituel du corps provoquant une douleur ou entraînant une maladresse. – ***Mouvement anormal*** : geste involontaire, répétitif et d'aspect inhabituel, d'origine psychologique ou neurologique (tic, tremblement, etc.). – *Fam. **En deux temps trois mouvements*** : très rapidement. **5.** Ensemble des déplacements d'un groupe. *Mouvements de foule.* – MIL. Déplacement d'une formation militaire dans un but tactique. **6.** Animation dans un lieu ; agitation. *Quartier plein de mouvement.* **7.** Variation évolutive ; fluctuation. *Mouvement des prix. Mouvement des idées.* ◇ *Fam. **Être dans le mouvement*** : être au courant de l'actualité, des nouveautés. **8.** Action collective visant à un changement. *Mouvement insurrectionnel, littéraire.* ◇ HIST. ***Parti du Mouvement*** : *v. partie n.pr.* **9.** Organisation politique, syndicale, culturelle, etc. **10.** Impulsion, élan qui porte à manifester un sentiment. *Mouvement de colère. Agir de son propre mouvement.* ◇ ***Avoir un bon mouvement*** : se montrer obligeant, généreux. **11.** Animation, vivacité, rythme d'une œuvre littéraire, artistique ; partie d'une œuvre considérée dans sa dynamique. *Le mouvement d'une phrase. Mouvement oratoire.* **12.** MUS. **a.** Degré de vitesse de la mesure, indiqué par des termes génér. italiens ou par un nombre correspondant à une graduation du métronome. **b.** Partie d'une œuvre musicale, notamm. d'une symphonie. **13.** TOPOGR. ***Mouvement de terrain*** : portion de terrain présentant une forme particulière qui la distingue du terrain avoisinant.

MOUVEMENTÉ, E adj. Agité, troublé par des événements subits. *Séance mouvementée.*

MOUVEMENTER v.t. Modifier le montant d'un compte bancaire ou postal.

MOUVOIR v.t. [41] (lat. *movere*). **1.** Mettre en mouvement ; remuer ; faire changer de place. **2.** Faire agir ; pousser. *Être mû par l'intérêt.* ◆ **se mouvoir** v.pr. Être en mouvement.

MOVIOLA n.f. CINÉMA. Visionneuse sonore professionnelle utilisée pour le montage.

MOX n.m. (acronyme de l'angl. *mixed oxyde*). Combustible nucléaire composé d'un mélange d'oxydes de plutonium et d'uranium.

MOXA n.m. (du jap.). Instrument utilisé pour la moxibustion (par ex. bâton d'armoise incandescent que l'on approche de la peau).

MOXIBUSTION n.f. Traitement, apparenté à l'acupuncture, consistant à chauffer un point cutané à l'aide d'un moxa.

MOYE [mwa] ou **MOIE** n.f. (du bas lat. *mediare,* de *medius,* qui est au milieu). Couche tendre discontinue dans une pierre de carrière dure.

MOYÉ, E [mwaje] adj. Qui contient des moyes.

1. MOYEN, ENNE [mwajɛ̃, ɛn] adj. (lat. *medianus,* du milieu). **1.** Qui se situe entre deux extrêmes. *Homme de taille moyenne. Personne d'âge moyen.* ◇ ***Cours moyen (CM)*** : classes (cours moyen 1re année, cours moyen 2e année) où l'on reçoit les enfants de neuf à onze ans dans l'enseignement du premier degré. – LING. ***Moyen français*** : stade intermédiaire du français (entre l'ancien français et le français classique), parlé entre le XIVe et le XVIe s. – GRAMM. *Voix moyenne,* ou *moyen,* n.m. : voix de la conjugaison grecque, notamm., qui exprime un retour de l'action sur le sujet (pronominal réfléchi ou réciproque, en français). – LOG. ***Moyen terme*** : élément d'un syllogisme commun à la majeure et à la mineure. **2.** Qui n'est ni bon ni mauvais ; médiocre, ordinaire. *Élève moyen. Intelligence moyenne.* ◇ ***Français moyen*** : personne représentative de la masse des Français. **3.** Qui est obtenu en calculant une moyenne. *Prix moyen.* ◆ adj. et n.m. En boxe et dans certains sports, qualifie une catégorie de poids ; se dit d'un sportif appartenant à cette catégorie.

2. MOYEN n.m. **1.** Ce qui sert d'intermédiaire, ce qui permet de faire qqch. *La fin justifie les moyens.* ◇ ***Au moyen de, par le moyen de*** : en faisant usage de, par l'entremise de. – ***Moyen de transport*** : véhicule permettant de se déplacer. – ***Employer les grands moyens*** : prendre des mesures énergiques, décisives. – ***Moyens du bord,*** ceux dont on peut disposer immédiatement ; expédients. **2.** GRAMM. Voix moyenne. **3.** DR. Présentation des arguments par une partie à un procès. ◆ pl. **1.** Ressources pécuniaires ; fortune, richesse. *Vivre selon ses moyens.* **2.** Capacités, aptitudes physiques ou intellectuelles. *Perdre tous ses moyens.* ◇ *Par ses propres moyens :* avec ses seules ressources. **3.** ARITHM. *Les moyens :* les termes B et C de la proportion $\frac{A}{B}=\frac{C}{D}$.

MOYEN ÂGE n.m. sing. Période de l'histoire du monde située entre l'Antiquité et l'époque moderne. (En Europe, on situe traditionnellement le Moyen Âge entre la disparition de l'Empire romain en Occident [476] et la chute de Constantinople [1453]. Il se caractérise notamm. par le morcellement politique et par une société agricole divisée en une classe noble et une classe paysanne asservie.) ◇ *Haut Moyen Âge,* du Vᵉ s. à l'an mille environ. *(V. carte page suivante).*

MOYENÂGEUX, EUSE adj. **1.** Vieilli. Médiéval. **2.** *Fam., péjor.* Qui évoque le Moyen Âge ; suranné. *Idées moyenâgeuses.*

MOYEN-COURRIER n.m. et adj. (pl. *moyen-courriers*). Avion de transport destiné à voler sur des distances moyennes (génér. inférieures à 2 000 km).

MOYEN-MÉTRAGE ou **MOYEN MÉTRAGE** n.m. (pl. *moyens[-]métrages*). Film dont la durée (de 30 à 60 min) se situe entre celle du court-métrage et celle du long-métrage.

MOYENNANT prép. (de *moyenner,* négocier). Au moyen de ; à la condition de. *Moyennant cette somme.*

MOYENNE n.f. **1.** Quantité, chose, état qui tient le milieu entre plusieurs autres, qui est éloigné des extrêmes et correspond au type le plus répandu. *Une intelligence au-dessus de la moyenne.* **2.** Valeur unique servant à représenter un ensemble de nombres. ◇ *Moyenne arithmétique (de plusieurs nombres) :* somme de plusieurs nombres divisée par le nombre de termes ou par la somme des coefficients qui leur sont affectés *(moyenne pondérée).* – *Moyenne quadratique (de plusieurs nombres),* racine carrée de la moyenne arithmétique de leurs carrés. – *Moyenne géométrique de* n *nombres,* racine $n^{ième}$ de leur produit. – *Moyenne harmonique (de plusieurs nombres),* nombre ayant pour inverse la moyenne des inverses de ces nombres. – DR. *Moyenne de liste,* ou *plus forte moyenne :* mode de calcul d'attribution des sièges dans un scrutin à la proportionnelle. **3.** *Spécial.* Note égale à la moitié de la note maximale qui peut être attribuée à un devoir ou à une copie d'examen. **4.** Vitesse moyenne. *Rouler à 80 km/h de moyenne.* **5.** *En moyenne :* en évaluant la moyenne ; en compensant les différences en sens opposés. *Une espérance de vie de soixante-neuf ans en moyenne.*

MOYENNEMENT adv. De façon moyenne ; ni peu ni beaucoup.

MOYENNER v.t. *Fam.,* vieilli. *Il n'y a pas moyen de moyenner :* il n'est pas possible de parvenir à un résultat satisfaisant.

MOYEN-ORIENTAL, E, AUX adj. Qui se rapporte au Moyen-Orient.

MOYETTE [mwajɛt] n.f. (dimin. de l'anc. fr. *meie,* meule). AGRIC. Petit tas de gerbes dressées dans un champ pour permettre au grain de sécher.

MOYEU [mwajø] n.m. (lat. *modiolus,* petit vase). **1.** Pièce centrale sur laquelle sont assemblées les pièces qui doivent tourner autour d'un axe. **2.** Pièce centrale traversée par l'essieu, dans la roue d'un véhicule.

MOZABITE ou **MZABITE** adj. et n. Du Mzab.

MOZAMBICAIN, E adj. et n. Du Mozambique, de ses habitants.

MOZARABE adj. et n. (mot esp., de l'ar.). Se dit des chrétiens d'Espagne qui conservèrent leur religion sous la domination musulmane, mais adoptèrent la langue et les coutumes arabes. ◆ adj. Se dit d'un art chrétien d'Espagne dans lequel s'est manifestée une influence du décor islamique (Xᵉ s. et début du XIᵉ s., surtout dans les régions restées libres de l'Espagne du Nord).

MOZZARELLE ou **MOZZARELLA** [mɔdza-] n.f. (ital. *mozzarella*). Fromage à pâte molle et à caillé plastique, fabriqué en Italie, autref. avec du lait de bufflonne, auj. surtout avec du lait de vache.

MP3 n.m. INFORM. Format de compression numérique dédié à la transmission rapide et au téléchargement de fichiers musicaux sur Internet.

MRBM n.m. (sigle de l'angl. *medium range ballistic missile*). Missile de portée moyenne, comprise entre 800 et 2 800 km.

MSBS ou **M.S.B.S.** n.m. (sigle de *mer-sol balistique stratégique*). Missile stratégique français lancé par les sous-marins nucléaires lanceurs d'engins.

1. MST ou **M.S.T.** n.f. (sigle). Maladie *sexuellement transmissible.

2. MST ou **M.S.T.** n.f. (sigle). Maîtrise de sciences et techniques.

m.t.s. (sigle). Anc. Système d'unités utilisant le mètre, la tonne et la seconde.

1. MU n.m. inv. Douzième lettre de l'alphabet grec (Μ, μ), correspondant au *m* français.

2. MU n.m. PHYS. Muon.

MUCILAGE n.m. (bas lat. *mucilago,* de *mucus,* morve). **1.** BOT. Substance liquide, riche en glucides, produite par de nombreux végétaux, et qui se gonfle au contact de l'eau en donnant des solutions visqueuses. (Les algues en sont partic. riches, ainsi que certains fruits, comme le coing.) **2.** PHARM. Liquide visqueux formé par la solution d'une gomme dans l'eau, utilisé comme laxatif.

MUCILAGINEUX, EUSE adj. Qui contient un mucilage ; qui en a l'aspect.

MUCINE n.f. BIOCHIM. Glycoprotéine, constituant organique principal du mucus.

MUCOR n.m. (mot lat., *moisissure*). MYCOL. Moisissure blanche à sporanges foncés, se développant sur le pain humide, le crottin, etc. (Classe des zygomycètes ; ordre des mucorales.)

MUCOSITÉ n.f. (du lat. *mucosus,* muqueux). Produit visqueux contenant du mucus, parfois accumulé sur une muqueuse.

MUCOVISCIDOSE [-visi-] n.f. Maladie héréditaire, sévère et fréquente, de la sécrétion glandulaire exocrine, atteignant surtout le pancréas et les bronches, et entraînant des troubles digestifs et respiratoires chroniques.

MUCRON n.m. (lat. *mucro*). BOT. Prolongement en pointe courte et raide d'un organe (feuille, par ex.).

MUCUS [mykys] n.m. (mot lat., *morve*). Sécrétion visqueuse contenant des protéines et des glucides sous forme de mucines, produite par les

■ L'ART DU HAUT MOYEN ÂGE

La chute de l'Empire romain d'Occident, au Vᵉ s., ouvre une période de morcellement de l'Europe qui se manifeste, dans les arts, par de très grands contrastes. La stylisation des formes, l'abstraction décorative dominent, en opposition avec l'esthétique gréco-romaine ; à la fin de la période, cependant, la « Renaissance carolingienne » tente de renouer avec celle-ci.

Orfèvrerie mérovingienne. Fibule en argent doré, émail et pierres fines (VIᵉ s.) provenant de Douvrend (Seine-Maritime). Le jeu décoratif, abstrait en dépit du motif de têtes d'oiseaux au bec recourbé, est caractéristique de l'art du métal des peuples germaniques. (Musée des Antiquités, Rouen.)

Architecture wisigothique. Baptistère de l'église San Miguel de Tarrasa, en Catalogne, probablement construit au VIIᵉ s. et modifié au IXᵉ s. La construction en pierre d'époque wisigothique – ici, huit colonnes monolithes supportent une coupole par l'intermédiaire d'arcs surhaussés – préfigure l'art roman.

Enluminure carolingienne. *Saint Marc,* miniature en pleine page de l'*Évangéliaire de Charlemagne* (v. 781-783). On perçoit dans l'illustration le retour, sous l'influence des traditions paléochrétienne et byzantine, à une certaine figuration naturaliste. (BNF, Paris.)

Enluminure irlandaise. Page ouvrant une section d'un *Évangéliaire* irlandais du VIIIᵉ s. La grande lettre ornée unit entrelacs, spirales, triskèles et quelques motifs animaliers, tout un décor foisonnant qui se souvient des arts celtique (La Tène) et germanique. (Bibliothèque de l'abbaye de Saint-Gall.)

MOYEN ÂGE : LE MONDE OCCIDENTAL XIIIe - XVe S.

- Limites du Saint Empire vers 1400
- La maison de Habsbourg vers 1385
- La maison de Luxembourg en 1402
- Possessions et comptoirs vénitiens au XIVe s.
- La Hanse (XIVe-XVe s.) : Villes ; Comptoirs ; Voies maritimes hanséatiques
- Possessions et comptoirs génois
- Royaume d'Aragon et son extension en Méditerranée
- Empire byzantin vers 1402
- Empire ottoman : vers le milieu du XIVe s. ; dans la 2ème moitié du XIVe s.
- Grande-principauté de Moscou : en 1300 ; en 1462 (Ivan III)
- États bourguignons (XIVe s.)
- Conquêtes d'Édouard Ier d'Angleterre à la fin du XIIIe s.
- Possessions anglaises en France : en 1360 ; en 1380
- Union de Kalmar (1397)
- Timur Lang (Tamerlan)
- Batailles

cellules des muqueuses et jouant un rôle de protection.

MUDÉJAR, E [mydeʒar] ou [mudexar] adj. et n. (mot esp., de l'ar.). Se dit des musulmans restés en Castille après la reconquête chrétienne (XIe - XVe s.). ◆ adj. Se dit d'un art pratiqué dans l'Espagne chrétienne du XIIIe au XVIe s. (après la Reconquête) et se caractérisant par l'emploi de techniques et de formes décoratives islamiques.

MUDRA [mudra] n.f. (mot sanskr.). Geste rituel des mains et position particulière des doigts, ayant une signification religieuse ou symbolique, et utilisés entre autres par les danseurs traditionnels de l'Inde. Graphie savante : *mudrā*.

MUE n.f. (de *muer*). **1. a.** Changement dans le plumage, le poil, la peau, auquel les animaux vertébrés sont sujets à certaines époques de l'année ; époque où arrive ce changement. **b.** Rejet total et reconstitution du tégument chitineux, permettant la croissance des arthropodes ; ce tégument abandonné. SYN. : *exuvie*. **2.** Changement qui s'opère dans le timbre de la voix des jeunes gens au moment de la puberté ; temps où arrive ce changement.

MUER v.i. (lat. *mutare*, changer). **1.** Subir la mue, en parlant de certains animaux. (Les serpents, les oiseaux, les arthropodes muent.) **2.** Subir les modifications de la mue lors de la puberté. ◆ v.t. *Litt.* Transformer en. *Elle fut muée en statue de sel.* ◆ **se muer** v.pr. (en). *Litt.* Se transformer, se changer.

MUESLI [mɥɛsli] ou **MUSLI** [mysli] n.m. (alémanique *müesli*). Mélange de flocons de céréales et de fruits secs sur lequel on verse du lait froid, et que l'on consomme notamm. au petit déjeuner.

MUET, ETTE adj. et n. (anc. fr. *mu*, lat. *mutus*). Qui n'a pas l'usage de la parole. *Être sourd et muet de naissance.* ◆ adj. **1.** Qui est momentanément empêché de parler par un sentiment violent. *Être muet d'admiration.* **2.** Qui refuse de parler, qui s'abstient volontairement de parler. **3.** Se dit d'un sentiment qui ne se manifeste pas par des paroles. *Un désespoir muet.* **4.** THÉÂTRE. Se dit d'un acteur qui n'a pas de texte à dire, d'une scène ou d'une action sans paroles. **5.** *Cinéma muet*, ou *muet*, n.m., qui ne comportait pas l'enregistrement de la parole ou des sons. **6.** PHON. Se dit d'une unité graphique non prononcée (par ex. le *b* dans *plomb*, le *l* dans *fils*). ◇ *H muet*, qui n'empêche pas la liaison. **7.** Qui ne parle pas de qqch, n'en fait pas mention. *La loi est muette à ce sujet.* **8.** Qui ne comporte pas les indications habituellement présentes. *Carte de géographie muette.* ◇ *Carte muette :* carte qui, au restaurant, ne mentionne pas les prix des plats, et qui est destinée aux personnes invitées.

MUETTE n.f. (de *meute*). Vx. Cabane, local destinés à abriter la mue des cerfs, des faucons, etc.

MUEZZIN [mɥedzin] n.m. (turc *müezzin*, de l'ar. *mu'adhdhin*). Dans l'Islam, fonctionnaire religieux chargé d'appeler, du haut du minaret de la mosquée, aux cinq prières quotidiennes.

MUFFIN [mœfin] n.m. (mot angl.). Petit pain au lait à pâte levée qu'on sert avec le thé.

MUFLE n.m. (moyen fr. *moufle*, visage rebondi). **1.** Extrémité du museau de certains mammifères. **2.** *Péjor.* Homme sans éducation ; goujat, malotru.

MUFLERIE n.f. *Péjor.* Comportement du mufle ; manque de délicatesse ; grossièreté.

MUFLIER n.m. (de *mufle*). Plante d'origine méditerranéenne, souvent cultivée pour ses fleurs

■ MUFLIER

décoratives rappelant un mufle d'animal. (Genre *Antirrhinum ;* famille des scrofulariacées.) SYN. : *gueule-de-loup.*

MUFTI ou **MUPHTI** n.m. (mot ar.). Interprète officiel de la loi musulmane. Graphie savante : *muftī.*

MUGE n.m. (lat. *mugil*). Poisson à tête massive, vivant près des côtes, à chair estimée, et dont les œufs servent à préparer la poutargue. (Genre *Mugil ;* famille des mugilidés.) SYN. : *mulet.*

MUGIR v.i. (lat. *mugire*). **1.** Crier, en parlant de certains bovidés. **2.** Produire un son comparable à un mugissement. *La sirène mugit.*

MUGISSANT, E adj. Qui mugit.

MUGISSEMENT n.m. **1.** Cri sourd et prolongé des animaux de l'espèce bovine. **2.** Bruit qui ressemble à ce cri. *Le mugissement des flots.*

MUGUET n.m. (anc. fr. *mugue,* musc, à cause de l'odeur). **1.** Plante des sous-bois de l'hémisphère Nord tempéré, à petites fleurs blanches d'une odeur douce et agréable, qui fleurit en mai. (Genre *Convallaria ;* famille des liliacées.) **2.** Candidose de la muqueuse buccale, formant des plaques blanches.

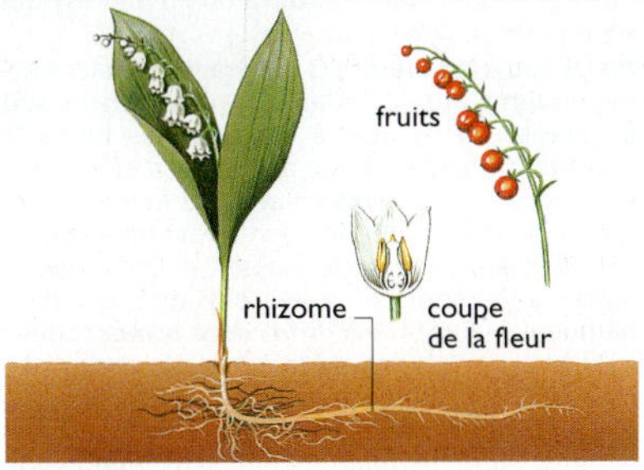

■ **MUGUET**

MUID [mɥi] n.m. (lat. *modius,* mesure). **1.** Anc. Mesure de capacité dont la valeur variait selon les pays et les marchandises (à Paris, 274 l pour le vin). **2.** Futaille de la capacité d'un muid.

MULARD, E n. et adj. (de *mulet*). Hybride du canard commun et du canard musqué.

MULASSIER, ÈRE adj. Relatif à la production des mulets.

MULÂTRE adj. et n. (esp. *mulato,* de *mulo,* mulet). Né d'un Noir et d'une Blanche, ou d'une Noire et d'un Blanc.

MULÂTRESSE n.f. Vieilli. Femme mulâtre.

1. MULE n.f. (du lat. *mulleus,* de couleur rouge). Pantoufle laissant le talon découvert. ◇ *Mule du pape :* pantoufle blanche du pape, brodée d'une croix d'or.

2. MULE n.f. (lat. *mula*). Mulet femelle, presque toujours stérile.

MULE-JENNY [mylʒeni] n.f. [pl. *mule-jennys*] (mot angl.). Métier à filer employé au XIXe s., qui constituait un perfectionnement de la jenny.

1. MULET n.m. (lat. *mulus*). **1.** Hybride mâle d'un âne et d'une jument, toujours stérile. (L'hybride d'un cheval et d'une ânesse est appelé *bardot.*) **2.** *Fam.* Voiture de remplacement, dans une course automobile.

2. MULET n.m. (lat. *mullus,* rouget). Muge.

MULETA [mulɛta] n.f. (mot esp.). Morceau d'étoffe écarlate dont se sert le matador pour travailler et fatiguer le taureau avant de lui porter l'estocade.

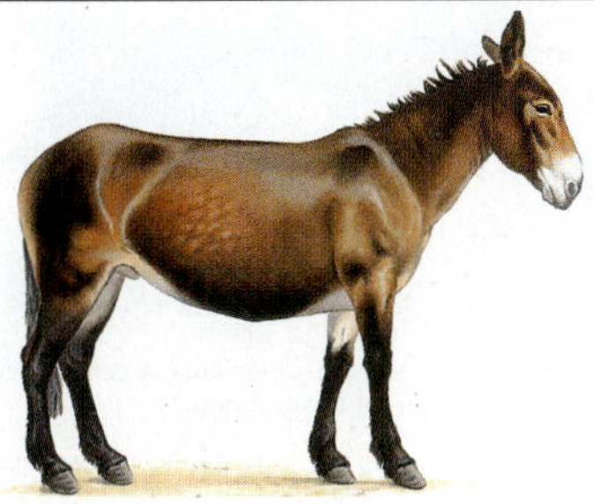

■ **MULET**

1. MULETIER, ÈRE adj. *Chemin muletier,* étroit et escarpé, autref. emprunté par les mulets.

2. MULETIER, ÈRE n. Personne qui conduit des mulets.

MULETTE n.f. (dimin. de *moule*). Mollusque bivalve des rivières du nord et de l'est de la France, produisant parfois des perles de petite taille. (Long. 10 cm env. ; genre *Unio.*) SYN. : *moule de rivière.*

MULLA ou **MULLAH** n.m. → **MOLLAH.**

MÜLLER (CANAUX DE) : organes embryonnaires dont dérivent, dans le sexe féminin, les trompes de Fallope, l'utérus et le vagin.

MULON n.m. (anc. fr. *mule,* tas de foin). Tas de sel recouvert d'argile pour assurer sa conservation, dans les marais salants.

MULOT n.m. (bas lat. *mulus,* taupe). Petit rongeur gris fauve des bois et des plaines d'Europe et d'Asie. (Genre *Apodemus ;* famille des muridés.)

MULSION n.f. (bas lat. *mulsio*). AGRIC. Action de traire.

MULTICARTE adj. Se dit d'un représentant titulaire de plusieurs cartes de représentation.

MULTICELLULAIRE adj. BIOL. Formé de plusieurs cellules. SYN. : *pluricellulaire.*

MULTICOLORE adj. Qui présente un grand nombre de couleurs.

MULTICONFESSIONNEL, ELLE adj. Où coexistent plusieurs religions.

MULTICOQUE adj. et n.m. Se dit d'un bateau et, en partic., d'un voilier comportant plusieurs coques (catamaran, trimaran, prao, etc.) [par oppos. à *monocoque*].

MULTICOUCHE adj. Qui comprend plusieurs couches.

MULTICRITÈRE adj. INFORM. *Recherche multicritère :* examen du contenu d'un document pour y repérer les éléments qui répondent à plusieurs critères définis par l'utilisateur.

MULTICULTURALISME n.m. **1.** Coexistence de plusieurs cultures dans une société, un pays. **2.** Courant de pensée américain qui remet en cause l'hégémonie culturelle des couches blanches dirigeantes à l'égard des minorités (ethniques, sexuelles, etc.) et plaide en faveur d'une pleine reconnaissance de ces dernières. (Le multiculturalisme a notamm. pour représentants les philosophes M. Walzer et C. Taylor.)

MULTICULTURALISTE adj. et n. Relatif au multiculturalisme ; favorable au multiculturalisme, à son institutionnalisation.

MULTICULTUREL, ELLE adj. Qui relève de plusieurs cultures.

MULTIDIFFUSION n.f. Diffusion par plusieurs réseaux ; diffusion de différents canaux.

MULTIDIMENSIONNEL, ELLE adj. Qui a des dimensions multiples ; qui concerne des niveaux, des domaines variés. *Développement multidimensionnel d'une entreprise.* ◇ STAT. *Analyse multidimensionnelle :* analyse des données relatives à un grand nombre d'éléments, représentés comme points d'un espace vectoriel à plusieurs dimensions.

MULTIDISCIPLINAIRE adj. Pluridisciplinaire.

MULTIETHNIQUE adj. Pluriethnique.

MULTIFENÊTRE adj. INFORM. Se dit d'un logiciel permettant l'utilisation simultanée de plusieurs fenêtres sur un écran.

MULTIFILAIRE adj. TEXT. Qui comprend plusieurs fils ou brins.

MULTIFONCTION ou **MULTIFONCTIONS** adj. Se dit d'un appareil remplissant à lui seul plusieurs fonctions.

MULTIFORME adj. Qui a plusieurs formes.

MULTIGRADE adj. Se dit d'un produit dont les propriétés s'étendent simultanément à plusieurs spécifications, et notamm. de certaines huiles lubrifiantes pour moteurs. ◇ *Huile multigrade :* huile de graissage à haut indice de viscosité qui peut servir en toutes saisons.

MULTILATÉRAL, E, AUX adj. **1.** Se dit d'un accord économique ou politique, de relations intervenant entre plusieurs pays. **2.** Qui engage plusieurs parties.

MULTILINÉAIRE adj. ALGÈBRE. Se dit d'une application à plusieurs variables qui est linéaire par rapport à chacune d'elles.

MULTILINGUE adj. **1.** Qui existe, qui se fait en plusieurs langues différentes. **2.** Qui peut utiliser couramment plusieurs langues. SYN. : *plurilingue.*

MULTILINGUISME [-lɛ̃gɥism] n.m. Situation d'une région, d'un État, etc., où sont parlées plusieurs langues. SYN. : *plurilinguisme.*

MULTIMÉDIA adj. Qui utilise ou concerne plusieurs médias. *Groupe industriel multimédia.* ◆ n.m. Ensemble des techniques et des produits qui permettent l'utilisation simultanée et interactive de plusieurs modes de représentation de l'information (textes, sons, images fixes ou animées).

MULTIMÈTRE n.m. Appareil regroupant un ampèremètre, un voltmètre, un ohmmètre et, parfois, un capacimètre.

MULTIMILLIARDAIRE adj. et n. Se dit d'une personne plusieurs fois milliardaire.

MULTIMILLIONNAIRE adj. et n. Se dit d'une personne plusieurs fois millionnaire.

MULTINATIONAL, E, AUX adj. **1.** Qui concerne plusieurs nations. **2.** *Société multinationale,* ou *multinationale,* n.f. : groupe industriel, commercial ou financier dont les activités et les capitaux se répartissent entre plusieurs États.

MULTINATIONALISATION n.f. Processus qui conduit les entreprises à concevoir leur stratégie à l'échelle internationale pour accéder à la demande et optimiser leur production en tirant profit des avantages des différents pays.

MULTINÉVRITE n.f. MÉD. Affection caractérisée par des névrites atteignant successivement et de façon asymétrique plusieurs troncs nerveux.

MULTINORME adj. Se dit d'un récepteur de télévision qui peut fournir des images provenant d'émetteurs de normes différentes. SYN. : *multistandard.*

MULTIPARE adj. et n.f. (du lat. *parere,* enfanter). **1.** Se dit d'une femme qui a mis au monde plusieurs enfants (par oppos. à *primipare, nullipare*). **2.** Se dit d'une femelle qui met bas plusieurs petits en une seule portée (par oppos. à *unipare*). [La laie est multipare.] **3.** Se dit d'une femelle domestique qui a effectué plusieurs mises bas.

MULTIPARITÉ n.f. BIOL. Caractère d'une femelle, d'une espèce multipare.

MULTIPARTISME n.m. Système politique caractérisé par la multiplicité des partis.

MULTIPARTITE adj. Qui regroupe plusieurs partis politiques. *Un gouvernement multipartite.*

MULTIPLE adj. (lat. *multiplex*). **1.** Qui se produit de nombreuses fois ; qui existe en plusieurs exemplaires. *À de multiples reprises.* **2.** Qui est composé de plusieurs parties. ◇ *Grossesse multiple,* donnant naissance à deux enfants ou plus. ◆ n.m. **1.** Nombre entier qui contient un autre nombre entier plusieurs fois exactement. (8 est un multiple de 2.) ◇ *Multiple commun à plusieurs nombres,* nombre entier multiple de chacun de ces nombres. – *Plus petit commun multiple (de plusieurs nombres) [PPCM],* le plus petit des multiples communs à ces nombres. **2.** ART MOD. Œuvre, objet conçus par un artiste pour être édités en plusieurs exemplaires.

MULTIPLET n.m. **1.** INFORM. Ensemble de bits dont la combinaison permet de représenter un chiffre, une lettre ou un signe sous la forme binaire que traite un ordinateur. **2.** PHYS. Ensemble d'états différents d'une même particule élémentaire, d'énergies très voisines.

MULTIPLEX adj. et n.m. (mot lat.). **1.** Se dit d'une liaison par voie hertzienne ou téléphonique faisant intervenir des participants qui se trouvent en des lieux distincts. **2.** Se dit d'un matériel, d'une installation ou d'un signal dans lesquels un multiplexage est réalisé ou mis en œuvre. SYN. : *multivoie.*

MULTIPLEXAGE n.m. **1.** TÉLÉCOMM. **a.** Division d'une voie de transmission commune en plusieurs voies distinctes pouvant transmettre simultanément des signaux indépendants dans le même sens. **b.** Combinaison de signaux indépendants en un seul signal composite destiné à être transmis sur une voie commune. **2.** AUTOM. Technique consistant à relier par un câble unique, selon une architecture en réseau, différents équipements électriques ou électroniques d'un véhicule. (On réduit ainsi la longueur du câblage et le nombre de connexions.)

MULTIPLEXE n.m. Cinéma comportant un grand nombre de salles de projection. (On dit aussi *complexe multisalle.*)

MULTIPLEXEUR n.m. TÉLÉCOMM. Dispositif permettant le multiplexage.

MULTIPLIABLE adj. Qui peut être multiplié.

MULTIPLICANDE n.m. ARITHM. Nombre à multiplier par un autre appelé *multiplicateur.* (Dans 3 fois 4, égal à 4 + 4 + 4, 4 est le multiplicande.)

MULTIPLICATEUR, TRICE adj. Qui multiplie. ◆ n.m. ARITHM. Nombre par lequel on multiplie un autre appelé *multiplicande.* (Dans 3 fois 4, égal à 4 + 4 + 4, 3 est le multiplicateur.) ◇ *Théorie du multiplicateur :* théorie économique selon laquelle tout accroissement d'investissement productif détermine une augmentation du revenu global plus importante que cet accroissement d'investissement.

MULTIPLICATIF, IVE adj. MATH. **1.** Qui concerne la multiplication. **2.** Qui multiplie. ◇ *Groupe multiplicatif :* groupe dont la loi est notée ×.

MULTIPLICATION n.f. **1.** ARITHM. Opération (notée, en partic., × ou ·) associant à deux nombres, l'un appelé *multiplicande,* l'autre *multiplicateur,* un troisième nombre appelé *produit.* ◇ *Table de multiplication :* tableau donnant le produit, l'un par l'autre, des dix premiers nombres entiers. **2.** MÉCAN. INDUSTR. Rapport dans lequel la vitesse de rotation de l'arbre entraîné est supérieure à celle de l'arbre entraînant, tournant à vitesse moindre. **3.** BIOL. Augmentation du nombre d'individus d'une espèce vivante, soit par reproduction sexuée, soit par fragmentation d'un seul sujet *(multiplication végétative).* **4.** Augmentation en nombre ; accroissement. *Multiplication des points de vente.*

M

MULTIPLICATIVEMENT adv. MATH. De façon multiplicative.

MULTIPLICITÉ n.f. Nombre considérable.

MULTIPLIER v.t. [5] (lat. *multiplicare*). **1.** Augmenter le nombre, la quantité de. *Multiplier les efforts pour réussir.* **2.** Procéder à la multiplication d'un nombre par un autre. ◆ v.i. Effectuer une multiplication. ◆ **se multiplier** v.pr. **1.** Se répéter un grand nombre de fois. *Les incidents frontaliers se multiplient.* **2.** Se reproduire, augmenter en nombre par voie de génération. **3.** *Litt.* Faire preuve d'une activité extrême en donnant l'impression qu'on est partout à la fois.

MULTIPLIEUR n.m. INFORM. Organe d'un calculateur analogique ou numérique permettant d'effectuer le produit de deux nombres.

MULTIPOINT ou **MULTIPOINTS** adj. Se dit d'une serrure comportant plusieurs pênes dormants actionnés simultanément par le même organe de manœuvre.

MULTIPOLAIRE adj. Qui a plus de deux pôles (par oppos. à *bipolaire*). *Un monde multipolaire.*

MULTIPOSTE adj. et n.m. Se dit d'un micro-ordinateur auquel peuvent être reliés directement plusieurs postes de travail.

MULTIPRISE n.f. Prise de courant électrique permettant de relier plusieurs appareils au réseau. SYN. : *prise multiple.*

MULTIPROCESSEUR adj.m. et n.m. Se dit d'un système informatique possédant plusieurs unités de traitement qui fonctionnent en se partageant un même ensemble de mémoires et d'unités périphériques.

MULTIPROGRAMMATION n.f. Mode d'exploitation d'un ordinateur permettant l'exécution imbriquée dans le temps de plusieurs programmes avec une même machine.

MULTIPROGRAMMÉ, E adj. INFORM. Multitâche.

MULTIPROPRIÉTÉ n.f. Technique juridique permettant aux associés membres d'une société civile immobilière d'avoir la jouissance exclusive d'un bien immeuble chacun à leur tour pendant un temps donné. SYN. : *propriété saisonnière.* (On parle en France de *jouissance à temps partagé.*)

MULTIRACIAL, E, AUX adj. Où coexistent plusieurs races.

MULTIRÉCIDIVISTE n. DR. Auteur de plusieurs récidives.

MULTIRISQUE adj. *Assurance multirisque,* ou *multirisque,* n.f. : assurance couvrant simultanément plusieurs risques, comme le vol et l'incendie.

MULTISALLE ou **MULTISALLES** adj. Se dit d'un cinéma qui comporte plusieurs salles de projection. ◇ *Complexe multisalle :* multiplexe.

MULTISERVICE adj. Qui permet l'accès à plusieurs services de télécommunication. *Carte à mémoire multiservice.*

MULTISOUPAPES adj. Se dit d'un moteur qui comporte plus de deux soupapes par cylindre.

MULTISTADES adj. CHIM. *Synthèse multistades* → **synthèse.**

MULTISTANDARD adj. TÉLÉV. Multinorme.

MULTISUPPORT adj. inv. et n.m. Se dit d'un contrat d'assurance-vie composé de plusieurs unités de compte (actions et obligations du monde entier), qui permet divers types de placements.

MULTITÂCHE adj. INFORM. Se dit d'un ordinateur conçu pour la multiprogrammation. SYN. : *multiprogrammé.*

MULTITRAITEMENT n.m. INFORM. Exécution simultanée de plusieurs programmes dans plusieurs processeurs d'un même ordinateur.

MULTITUBE adj. ARM. Se dit d'un canon composé de plusieurs tubes accolés.

MULTITUBULAIRE adj. Aquatubulaire.

MULTITUDE n.f. (lat. *multitudo*). **1.** Très grand nombre. *Une multitude d'enfants, d'oiseaux.* **2.** Rassemblement en grand nombre d'êtres vivants, de personnes. **3.** *Litt. La multitude :* le commun des hommes, la masse, la foule.

MULTIVARIÉ, E adj. STAT. *Analyse multivariée :* technique permettant de tester l'effet de l'introduction d'une variable supplémentaire sur la relation primitivement observée entre deux variables.

MULTIVIBRATEUR n.m. ÉLECTRON. Bascule.

MULTIVOIE adj. et n.m. TÉLÉCOMM. Multiplex.

MULUD n.m. → **MOULOUD.**

MUNGO [mungo] n.m. Haricot à petit grain, originaire d'Extrême-Orient. (Les grains de mungo germés sont appelés *germes de soja.* Genre *Vigna ;* famille des papilionacées.)

MUNICHOIS, E [mynikwa, az] adj. et n. De Munich. ◆ n. HIST. Partisan des accords de *Munich.

MUNICIPAL, E, AUX adj. (lat. *municipalis*). Relatif à l'administration d'une commune. ◇ *Officier municipal :* élu, fonctionnaire qui participe à l'administration d'une commune. – *Élections municipales,* ou *municipales,* n.f. pl. : élections du conseil municipal au suffrage universel, en France.

MUNICIPALISATION n.f. Action de municipaliser.

MUNICIPALISER v.t. Faire passer sous le contrôle de la municipalité.

MUNICIPALITÉ n.f. **1.** Territoire soumis à une organisation municipale. **2.** Ensemble formé par le maire et ses adjoints. **3.** Québec. *Municipalité régionale de comté (MRC) :* collectivité territoriale regroupant des municipalités (villes ou villages) et, parfois, des territoires non organisés.

MUNICIPE n.m. (lat. *municipium*). ANTIQ. Cité italienne soumise à Rome, participant à ses charges financières et militaires, mais se gouvernant par ses propres lois.

MUNIFICENCE n.f. (lat. *munificentia,* de *munus,* cadeau, et *facere,* faire). *Litt.* Disposition qui porte à faire des libéralités, à être très généreux. – REM. À distinguer de *magnificence,* malgré la proximité de sens.

MUNIFICENT, E adj. *Litt.* Très généreux. *Un hôte munificent.*

MUNIR v.t. (lat. *munire,* fortifier). Pourvoir de ce qui est nécessaire, utile. *Munir d'argent. Munir une lampe d'un abat-jour.* ◆ **se munir** v.pr. **(de).** Prendre avec soi. *Se munir de provisions pour une longue route.*

MUNITION n.f. (lat. *munitio,* fortification). [Surtout pl.] Ce qui est nécessaire à l'approvisionnement des armes à feu (cartouches, charges de poudre, fusées, etc.).

MUNSTER [mœ̃stɛr] n.m. (de *Munster,* v. d'Alsace). Fromage affiné à pâte molle, à l'odeur forte, fabriqué avec du lait de vache dans les Vosges.

MUNTJAC [mœ̃ntʒak] n.m. (d'une langue de Java). Petit mammifère cervidé du Sud-Est asiatique, aux bois courts plantés sur des chevilles osseuses permanentes, et dont le cri est une sorte d'aboiement. (Genres *Muntiacus* et *Elaphodus.*)

MUON n.m. (de *mu* et *électron*). Particule élémentaire (μ) de la famille des leptons, de charge électrique positive ou négative égale à celle de l'électron, et 207 fois plus massive que celui-ci. SYN. : *mu.*

MUPHTI n.m. → **MUFTI.**

MUQARNAS [mukarna] n.m. pl. (mot ar.). Niches formant support et qui permettent, dans l'architecture islamique, de passer du plan carré de la salle à celui, circulaire, de la coupole. (Ornant les voûtes, les muqarnas deviennent foisonnants et purement décoratifs.)

MUQUEUSE n.f. HISTOL. Membrane qui tapisse la plupart des organes creux et des cavités du corps.

MUQUEUX, EUSE adj. (lat. *mucosus,* de *mucus,* morve). Relatif aux mucosités ou au mucus ; qui sécrète du mucus.

MUR n.m. (lat. *murus*). **1.** Ouvrage en maçonnerie, en terre, etc., qui, dans un plan vertical, sert à enclore un espace, à soutenir des terres, à constituer les côtés d'une maison et à en supporter les étages. ◇ *Se cogner, se taper la tête contre les murs :* désespérer de parvenir à une solution. – *Coller qqn au mur,* le fusiller. – *Entre quatre murs :* à l'intérieur d'un lieu clos de murs, d'un bâtiment. – *Fam. Aller (droit) dans le mur :* courir à l'échec, au désastre. – *Être au pied du mur,* face à ses responsabilités. – *Être le dos au mur :* ne plus pouvoir reculer, être obligé de faire face. – *Fam. Faire le mur :* sortir sans permission (notamm. d'une caserne, d'un internat), en escaladant un mur. – *Mur d'escalade,* ou *mur artificiel :* paroi de béton, de bois, aménagée spécial. pour la pratique de la varappe. – URBAN. *Mur peint :* mur d'immeuble, souvent aveugle, animé d'une composition picturale fondée ou non sur le trompe-l'œil. **2.** MIN. Éponte située au-dessous du minerai (par oppos. à *toit*). **3.** Paroi naturelle, pente abrupte. *Skieur qui descend un mur.* **4.** *Fig.* Ce qui constitue un obstacle, ce qui isole, sépare. *Les gendarmes formaient un mur devant les manifestants. Le mur de la vie privée.* **5.** SPORTS. **a.** Au football, écran formé, entre le but et le tireur d'un coup franc, par un groupe de joueurs adverses serrés les uns contre les autres. **b.** En équitation, obstacle constitué de caissons légers superposés, dont le faîte est arrondi. **6.** TECHN. *Mur du son :* ensemble des phénomènes aérodynamiques qui se produisent lorsqu'un mobile se déplace dans l'atmosphère à une vitesse voisine de celle du son. – *Mur de la chaleur :* ensemble des phénomènes calorifiques qui se produisent lorsqu'un mobile se déplace à très grande vitesse dans l'atmosphère et qui limitent fortement les performances des aéronefs. ◆ pl. **1.** Limites d'une ville, d'un immeuble. ◇ *Être dans ses murs :* être propriétaire de l'appartement, de la maison qu'on habite. **2.** DR. COMM. Local à usage commercial indépendant du fonds de commerce.

MÛR, E adj. (lat. *maturus*). **1.** Se dit d'un fruit, d'une graine complètement développés, prêts à être récoltés. **2.** MÉD. Se dit d'un bouton, d'un abcès près de percer. **3.** Se dit de qqn qui a atteint

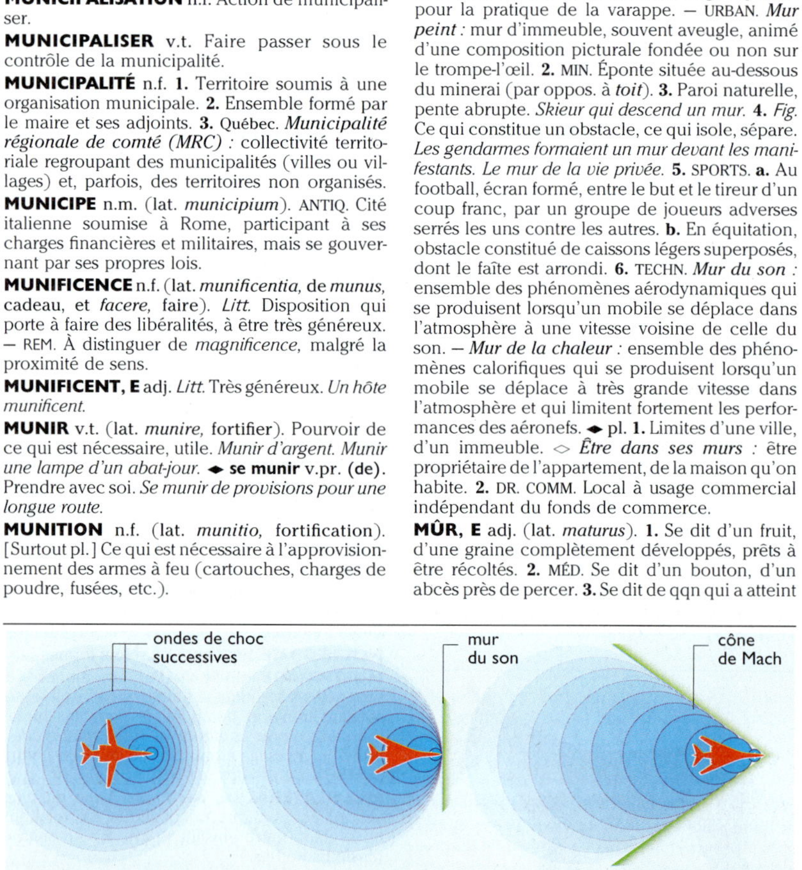

■ **MUR DU SON :** lorsqu'un mobile atteint la vitesse du son, il se déplace à la même vitesse que les ondes de pression qu'il engendre. Il crée alors une onde de choc sonore. À une vitesse supersonique, les ondes de pression s'inscrivent à l'intérieur d'un cône, le « cône de Mach ».

son plein développement physique ou intellectuel. **4.** Se dit de ce qui, après une longue évolution, est amené au stade de la réalisation. ◇ *Après mûre réflexion :* après avoir bien réfléchi.

MURAGE n.m. Action de murer.

MURAILLE n.f. **1.** Mur épais, d'une certaine hauteur. **2.** Surface verticale abrupte. **3.** Partie de la coque d'un navire depuis la flottaison jusqu'au plat-bord. **4.** Partie extérieure du sabot du cheval.

MURAL, E, AUX adj. Appliqué, fait sur un mur. *Carte, peinture murale.*

MURALISME n.m. Courant artistique du XXe s., essentiellement mexicain, caractérisé par l'exécution de grandes peintures murales sur des thèmes populaires ou de propagande nationale (artistes principaux : Rivera, Orozco, Siqueiros).

MURALISTE adj. et n. Relatif au muralisme ; qui appartient, se rattache au muralisme.

MÛRE n.f. (anc. fr. *meure,* lat. *morum*). **1.** Fruit du mûrier. **2.** Fruit comestible de la ronce.

MÛREMENT adv. Après de longues réflexions.

MURÈNE n.f. (lat. *muraena*). Poisson des mers tropicales et tempérées chaudes, vivant dans les anfractuosités des fonds rocheux, à corps allongé comme l'anguille, très vorace et à la morsure dangereuse. (Long. max. 1,50 m ; ordre des anguilliformes.)

■ **MURÈNE**

MURÉNIDÉ n.m. Poisson téléostéen à corps allongé dépourvu d'écailles et de nageoires pectorales, tel que la murène. (Les murénidés forment une famille.)

MURER v.t. **1.** Boucher avec de la maçonnerie. *Murer une porte.* **2.** Enfermer dans un lieu en bouchant, en supprimant les issues. *L'éboulement a muré les mineurs dans la galerie.* **3.** Entourer de murs, de murailles. ◆ **se murer** v.pr. **1.** Rester enfermé chez soi ; rester à l'écart des autres. **2.** *Fig.* S'enfermer dans un état. *Se murer dans son orgueil.*

MURET n.m. ou **MURETTE** n.f. Petit mur.

MUREX n.m. (mot lat.). Mollusque gastéropode à coquille couverte de pointes, qui attaque les autres mollusques en perçant leur coquille, et dont une espèce méditerranéenne fournissait jadis la pourpre. (Famille des muricidés.)

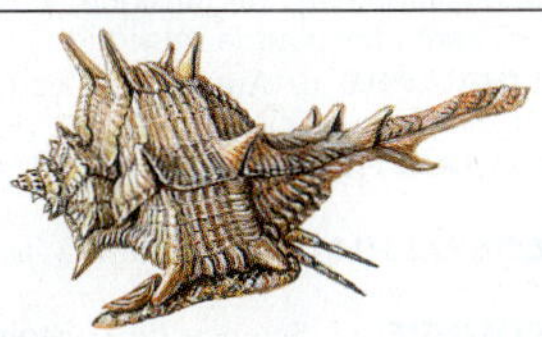

■ **MUREX**

MURIDÉ n.m. (du lat. *mus, muris,* rat). Petit rongeur à longue queue, dont plusieurs espèces, telles que le rat, la souris, le mulot, sont commensales de l'homme et peuvent lui être nuisibles. (Les muridés forment une famille.)

MÛRIER n.m. **1.** Arbre ou arbuste ornemental des régions tempérées de l'Asie et de l'Amérique, à suc laiteux et à feuilles caduques, à fruits noirs, blancs ou rouges selon l'espèce. (Genre *Morus ;* famille des moracées.) ◇ *Mûrier noir,* cultivé pour ses fruits. – *Mûrier blanc,* dont les feuilles nourrissent le ver à soie. **2.** (Abusif en botanique). Ronce. (Genre *Rubus.*)

MURIN n.m. Chauve-souris répandue en Europe et en Asie Mineure, qui niche souvent l'été dans les greniers des châteaux et les clochers des églises. (Envergure 30 à 40 cm ; genre *Myotis,* famille des vespertilionidés.)

MÛRIR v.i. **1.** Devenir mûr, arriver à maturité. *Le raisin mûrit en automne.* **2.** *Fig.* Évoluer, se développer de manière favorable. *Idées qui mûrissent.* **3.** Prendre, acquérir de la sagesse, de l'expérience. ◆ v.t. **1.** Rendre mûr un fruit, une graine. *Le soleil mûrit les fruits.* **2.** *Fig.* Porter à l'état de maturité, de complet développement. *Mûrir un projet.* **3.** Rendre sage, expérimenté. *Les épreuves l'ont mûrie.*

MÛRISSAGE ou **MÛRISSEMENT** n.m. Maturation de certains produits.

MÛRISSANT, E adj. Qui est en train de mûrir.

MÛRISSERIE n.f. Entrepôt dans lequel on fait mûrir les fruits, en partic. les bananes.

MURMEL n.m. (mot all.). Fourrure de marmotte, rappelant celles de la martre ou du vison.

MURMURANT, E adj. *Litt.* Qui fait entendre un murmure.

MURMURE n.m. (lat. *murmur*). **1.** Bruit de voix léger, sourd et prolongé. **2.** Suite de paroles, de plaintes sourdes marquant le mécontentement individuel ou collectif. *Obéir sans murmure.* **3.** *Litt.* Bruissement léger, prolongé. *Le murmure d'un ruisseau.*

MURMURER v.i. **1.** Faire entendre un bruit de voix sourd et prolongé. **2.** Faire entendre une sourde protestation, une manifestation peu explicite de mécontentement. **3.** *Litt.* Faire entendre un bruissement léger. ◆ v.t. Dire à voix basse, confidentiellement. *Murmurer des secrets à l'oreille d'une amie.*

MUR-RIDEAU n.m. (pl. *murs-rideaux*). CONSTR. Enveloppe non porteuse d'un bâtiment à structure en acier ou en béton, construite avec des éléments modulaires souvent largement vitrés.

MUSACÉE n.f. (d'un mot ar., *banane*). BOT. Plante monocotylédone tropicale aux fleurs à cinq étamines, telle que le bananier ou le strelitzia. (Les musacées forment une famille.)

MUSAGÈTE adj.m. (gr. *Mousêgetês*). MYTH. GR. *Apollon musagète :* Apollon conducteur des Muses.

MUSARAIGNE n.f. (bas lat. *musaranea,* souris-araignée). Petit mammifère à museau pointu, très actif et vorace, qui se nourrit de vers, d'insectes et de grosses proies telles que grenouilles et poissons, qu'il paralyse grâce à sa salive venimeuse. (La musaraigne commune, ou *musette,* a la taille d'une souris, mais le pachyure [genre *Suncus*], dont le corps mesure 4 cm de long et pèse 2 g, est le plus petit de tous les mammifères. Ordre des insectivores ; famille des soricidés.)

■ **MUSARAIGNE**

MUSARD, E adj. et n. Vx. Qui perd son temps à des riens.

MUSARDER v.i. (de *muser*). Perdre son temps, s'amuser à des riens ; flâner.

MUSARDISE n.f. *Litt.* Action ou habitude de musarder.

MUSC [mysk] n.m. (lat. *muscus*). Substance odorante utilisée en parfumerie et produite par certains mammifères, en partic. par un cervidé, le *porte-musc* mâle. ◇ *Musc végétal :* huile tirée de la mauve musquée.

MUSCADE n.f. (mot provenç.). **1.** Fruit du muscadier, dont la graine (noix [de] muscade) est utilisée comme condiment et fournit le beurre de muscade. **2.** Accessoire de prestidigitateur en forme de muscade, génér. fait de liège, utilisé pour certains escamotages. ◇ *Passez muscade :* le tour est joué ; se dit de qqch qui passe presque inaperçu.

MUSCADET n.m. (de *muscat*). Vin blanc sec de la région nantaise.

MUSCADIER n.m. Arbre ou arbrisseau originaire des Moluques, qui fournit la muscade. (Genre *Myristica ;* famille des myristicacées.)

MUSCADIN n.m. (de l'ital. *moscardino,* pastille au musc). HIST. Sous la Révolution française, après la Terreur, jeune élégant vêtu de façon excentrique et adversaire actif des Jacobins.

MUSCADINE n.f. Vigne d'une variété canadienne ; vin que produit cette vigne.

MUSCARDIN n.m. (ital. *moscardino*). Petit rongeur hibernant et frugivore de l'Europe et de l'Asie Mineure, voisin du loir, au pelage brun-orangé. (Genre *Muscardinus ;* famille des gliridés.)

MUSCARDINE n.f. (provenç. *muscardino*). Maladie contagieuse des vers à soie, produite par un champignon dont le mycélium envahit les tissus.

MUSCARI n.m. (du lat. *muscus,* musc). Plante voisine de la jacinthe, à grappes de petites fleurs bleues. (Genre *Muscari ;* famille des liliacées.)

■ **MUSCARI**

MUSCARINE n.f. (du lat. *musca,* mouche, en référence à l'amanite tue-mouches). Alcaloïde toxique extrait de certains champignons (clitocybe de l'olivier, par ex.).

MUSCAT n.m. (mot provenç., de *musc*). Cépage dont les baies ont une saveur musquée caractéristique ; vin doux et sucré obtenu avec ce cépage. ◆ adj.m. Se dit de certains fruits à saveur musquée, notamm. du raisin. (Le fém. *muscate,* rare, est attesté.)

MUSCINAL, E, AUX [mysinal, o] adj. BOT. Relatif aux mousses.

MUSCINÉE [mysine] n.f. (du lat. *muscus,* mousse). BOT. Plante cryptogame à spores contenues dans une urne fermée par un opercule et portée par un pédicelle, telle que les mousses. (Les muscinées forment une classe de bryophytes.)

MUSCLE n.m. (lat. *musculus,* petite souris). **1.** Organe capable de se contracter et d'assurer le mouvement ou la résistance aux forces extérieures. **2.** *Fig.* Force physique ou morale ; énergie, vigueur. *Avoir du muscle.*

ENCYCL. On distingue : les *muscles lisses* ou *viscéraux,* dont la contraction est involontaire et inconsciente (dans la paroi du tube digestif, des bronches, des artères, etc.) ; les *muscles striés squelettiques,* insérés sur les os, dont la contraction est volontaire et qui assurent les mouvements du corps ; le *muscle strié cardiaque* ou *myocarde,* dont la contraction est involontaire et automatique.

MUSCLÉ, E adj. **1.** Qui a les muscles bien développés. **2.** *Fig.* Qui use volontiers de la force ;

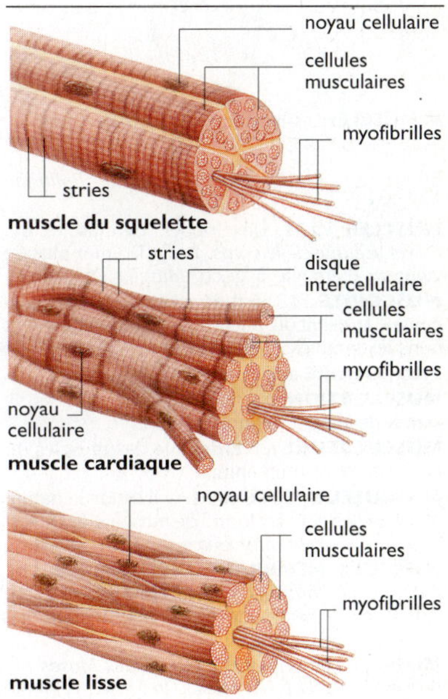

■ **MUSCLE.** Les trois sortes de muscles de l'organisme.

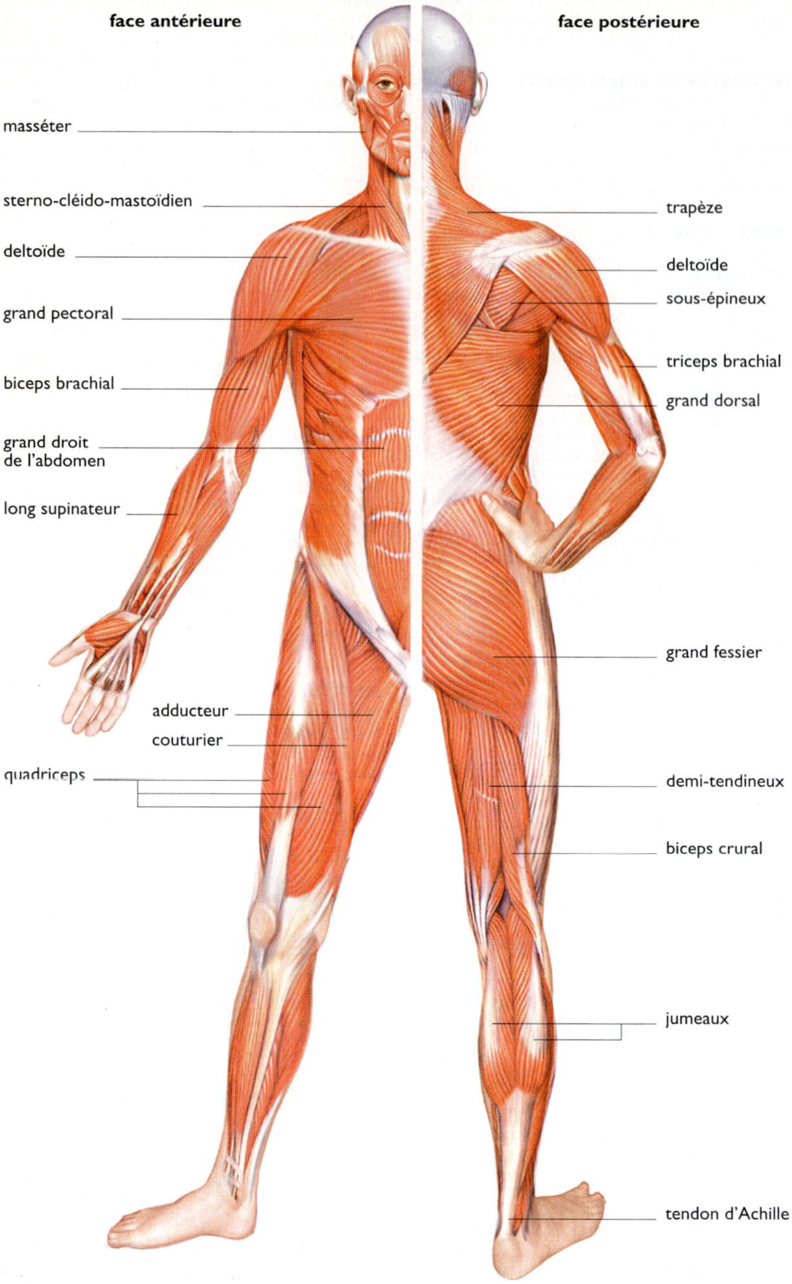

■ **MUSCLE.** Les muscles superficiels du corps.

brutal, autoritaire. *Régime musclé. Politique musclée.*

MUSCLER v.t. **1.** Développer les muscles de. *L'exercice muscle le corps.* **2.** *Fig.* Donner plus de vigueur, d'énergie à qqch. *Muscler l'économie.*

MUSCOVITE n.f. (angl. *Muscovy,* verre de Moscovie). MINÉRALOG. Mica blanc, souvent présent dans les granites.

MUSCULAIRE adj. Propre aux muscles.

MUSCULATION n.f. Ensemble d'exercices visant à développer la musculature.

MUSCULATURE n.f. Ensemble des muscles du corps humain, d'un animal.

MUSCULEUX, EUSE adj. **1.** Qui est de la nature des muscles ; qui est formé de muscles. **2.** Qui est très musclé. *Bras musculeux.*

MUSCULO-MEMBRANEUX, EUSE adj. (pl. *musculo-membraneux, euses*). ANAT. Se dit d'une structure qui comporte des éléments membraneux et musculaires.

MUSE n.f. (lat. *musa,* du gr.). **1.** *Les Muses : v. partie n.pr.* **2.** *Litt. Les Muses, la Muse :* symbole de la poésie. – *Taquiner la Muse :* s'essayer, en amateur, à faire des vers. **3.** (Avec une minuscule.) Inspiratrice d'un poète, d'un écrivain.

MUSÉAL, E, AUX adj. *Didact.* Relatif aux musées. *Politique muséale d'une ville.*

MUSEAU n.m. (bas lat. *musus*). **1.** Partie antérieure, génér. allongée et plus ou moins pointue, de la face de certains mammifères, située au-dessus de la bouche et dont l'extrémité forme le mufle. **2.** Région analogue de divers autres vertébrés, notamm. des poissons. **3.** Préparation de charcuterie à base notamm. de mufle et de menton de porc ou de bœuf, cuite, pressée et moulée. **4.** *Fam.* Visage.

MUSÉE n.m. (gr. *mouseîon,* temple des Muses). **1.** Lieu, établissement où est conservée, exposée, mise en valeur une collection d'œuvres d'art, d'objets d'intérêt culturel, scientifique ou technique. *Musée du Prado. Musée lapidaire. Musée de l'Automobile.* ◇ *Direction des musées de France (DMF) :* service central qui administre, depuis Paris, les principaux musées publics nationaux, municipaux ou autres (« classés » ou « contrôlés »). **2.** ANTIQ. GR. (Avec une majuscule.) Sanctuaire consacré aux Muses. – *Spécial.* Grand édifice élevé par Ptolémée Ier à Alexandrie, qui abritait une bibliothèque célèbre dans le monde antique.

MUSELER v.t. [16] (de l'anc. fr. *musel,* museau). **1.** Mettre une muselière à. *Museler un chien.* **2.** *Fig.* Empêcher de s'exprimer, réduire au silence. *Museler la presse.*

MUSELET n.m. (de l'anc. fr. *musel,* museau). Armature de fil de fer qui maintient le bouchon des bouteilles de champagne, de cidre et de mousseux.

MUSELIÈRE n.f. (de l'anc. fr. *musel,* museau). Appareil que l'on met au museau de certains animaux, des chiens notamm., pour les empêcher de mordre, de paître ou de téter.

MUSELLEMENT n.m. Action de museler.

MUSÉOGRAPHE n. Spécialiste de muséographie.

MUSÉOGRAPHIE n.f. Ensemble des notions techniques nécessaires à la présentation et à la bonne conservation des œuvres, des objets que détiennent les musées.

MUSÉOLOGIE n.f. Science de l'organisation des musées, de la conservation et de la mise en valeur de leurs collections.

MUSÉOLOGUE n. Spécialiste de muséologie.

MUSER v.i. (de l'anc. fr. *mus,* museau). *Litt.* S'amuser à des riens ; flâner.

MUSEROLLE n.f. (ital. *museruola*). Élément du harnais qui entoure la partie inférieure de la tête du cheval et qui l'empêche d'ouvrir la bouche.

1. MUSETTE n.f. (anc. fr. *muse,* de *muser,* jouer de la musette). **1.** Instrument de musique à air, composé d'un réservoir en forme de sac alimenté par un soufflet et muni d'un ou de deux tuyaux à anches (chalumeaux) et de quelques grands tuyaux (bourdons). **2.** MUS. Pièce instrumentale de tempo modéré, de mesure à 2/4, 3/4 ou 6/8. **3.** Danse théâtrale, interprétée dans les opéras français du XVIIIe s. **4.** *Bal musette :* bal populaire où l'on danse au son de l'accordéon (à l'origine, de la musette).

2. MUSETTE n.f. Sac de toile porté en bandoulière.

3. MUSETTE n.f. (de l'anc. fr. *muset,* musaraigne). Musaraigne commune d'Europe, qui se dirige par écholocation. (Genre *Crocidura ;* famille des soricidés.)

MUSÉUM [myzeɔm] n.m. (lat. *museum*). Musée consacré aux sciences naturelles.

MUSICAL, E, AUX adj. **1.** Propre à la musique. *Art musical.* **2.** Qui comporte de la musique. *Soirée musicale. Film musical.* **3.** Qui a les caractères de la musique ; harmonieux. *Voix musicale.*

MUSICALEMENT adv. **1.** Du point de vue musical. **2.** D'une manière harmonieuse.

MUSICALITÉ n.f. Qualité de ce qui est musical.

MUSIC-HALL [myzikol] n.m. [pl. *music-halls*] (mot angl.). **1.** Établissement spécialisé dans des spectacles de fantaisie, de variétés. **2.** Genre de spectacle de variétés, avec tours de chants, numéros de comiques, danses et, parfois, attractions.

MUSICIEN, ENNE adj. et n. **1.** Qui compose ou exécute des morceaux de musique. **2.** Qui a du goût, des aptitudes pour la musique.

MUSICOGRAPHE n. Auteur qui écrit sur la musique, sur les musiciens.

MUSICOGRAPHIE n.f. Activité du musicographe.

MUSICOGRAPHIQUE adj. Relatif à la musicographie.

MUSICOLOGIE n.f. Science de l'histoire de la musique et de la théorie musicale.

MUSICOLOGIQUE adj. Relatif à la musicologie.

MUSICOLOGUE n. Spécialiste de la musicologie.

MUSICOTHÉRAPIE n.f. Psychothérapie basée sur l'écoute ou sur la pratique de la musique.

MUSIQUE n.f. (lat. *musica,* de *musa,* muse). **1.** Art de combiner les sons ; ensemble des productions de cet art ; théorie de cet art. *Apprendre la musique.* ◇ *Musique de chambre* → **chambre.** – *Fam. C'est toujours la même musique :* c'est toujours la même chose. – *Fam. Connaître la musique :* savoir d'expérience de quoi il s'agit. **2.** Notation écrite d'airs musicaux. ◇ *Réglé comme du papier à musique :* ordonné de manière précise, rigoureuse. **3.** Orchestre, fanfare. *Le régiment défile, musique en tête.* ◇ *Musique militaire :* formation musicale appartenant aux forces armées. **4.** Belgique, Québec, Suisse. *Musique à bouche :* harmonica. **5.** Suite de sons produisant une impression harmonieuse. *La musique d'un vers.*

MUSIQUETTE n.f. *Fam.* Petite musique facile, sans valeur artistique.

MUSLI n.m. → **MUESLI.**

MUSOIR n.m. (de *museau*). TRAV. PUBL. Extrême pointe d'une digue ou d'une jetée.

MUSQUÉ, E adj. **1.** Qui est parfumé de musc ; qui rappelle l'odeur du musc. **2.** Qui évoque l'odeur du muscat (raisin). **3.** *Bœuf musqué :* ovibos. – *Canard musqué :* canard de Barbarie. – *Rat musqué :* ondatra.

MUSSIPONTAIN, E adj. et n. De Pont-à-Mousson.

MUST [mœst] n.m. (mot angl., *obligation*). *Fam.* Ce qu'il faut absolument faire ou avoir fait pour être à la mode.

MUSTANG [mystɑ̃g] n.m. (mot anglo-amér., de l'anc. esp. *mestengo*, vagabond). Cheval d'Amérique du Nord, descendant de chevaux espagnols, vivant à l'état sauvage.

MUSTÉLIDÉ n.m. (du lat. *mustela*, belette). Mammifère carnivore de taille petite à moyenne, aux pattes courtes, au corps allongé, tel que la belette, l'hermine, le putois, le blaireau, les martres. (Les mustélidés forment une famille.)

MUSULMAN, E adj. (de l'ar. *muslim*, croyant, fidèle). Qui concerne l'islam. ◆ adj. et n. Qui professe la religion islamique.

MUTABILITÉ n.f. Aptitude à subir des mutations.

MUTABLE adj. Susceptible de muter.

MUTAGE n.m. Action de muter un moût.

MUTAGÈNE adj. GÉNÉT. Susceptible de provoquer des mutations chez les êtres vivants.

MUTAGENÈSE n.f. GÉNÉT. Production d'une mutation.

MUTANT, E adj. et n. **1.** GÉNÉT. Se dit d'un animal ou d'un végétal qui présente des caractères nouveaux par rapport à l'ensemble de ses ascendants. **2.** Se dit d'un être extraordinaire qui, dans les récits de science-fiction, procède d'une mutation, partic. d'une mutation de l'espèce humaine.

MUTATEUR n.m. ÉLECTROTECHN. Convertisseur statique d'énergie qui modifie la forme du courant délivré par une source d'énergie électrique (redresseur, onduleur, par ex.).

MUTATION n.f. (lat. *mutatio*, de *mutare*, changer). **1.** Changement durable ; évolution. *Les mutations historiques.* **2.** GÉNÉT. Apparition brusque, dans tout ou partie des cellules d'un être vivant, d'un changement dans la structure de certains gènes, transmis aux générations suivantes si les gamètes sont affectés. **3.** Changement d'affectation d'un employé, d'un fonctionnaire. **4.** DR. Transmission de la propriété d'un bien, d'un droit. ◇ *Droits de mutation :* droits d'enregistrement à acquitter à l'administration fiscale par le bénéficiaire de la mutation, à l'occasion de certains transferts. **5.** *Jeu de mutation :* jeu d'orgue utilisant pour une touche un ou plusieurs tuyaux, compléments du son fondamental.

MUTATIONNISME n.m. SC. DE LA V. Théorie de l'évolution, émise par De Vries en 1901, qui attribue aux mutations un rôle essentiel et à la sélection naturelle un rôle mineur dans l'apparition d'espèces nouvelles. (L'évolution est alors perçue comme un processus discontinu.)

MUTATIONNISTE adj. et n. Relatif au mutationnisme ; qui en est partisan.

MUTATIS MUTANDIS [mytatismytɑ̃dis] loc. adv. (mots lat., *en changeant ce qui doit être changé*). En faisant les changements nécessaires. *Ces deux situations peuvent, mutatis mutandis, être comparées.*

MUTAZILISME n.m. École théologique musulmane fondée à Bassora au VIIIe s. et qui disparut au XIIIe s. ; doctrine de cette école, affirmant notamm. que Dieu respecte la liberté humaine et soutenant le monothéisme strict.

MUTAZILITE n.m. (de l'ar. *i'tazala*, ceux qui séparent). Adepte du mutazilisme.

1. MUTER v.t. (de *muet*). Arrêter la fermentation alcoolique dans les moûts de raisin en les additionnant d'alcool ou en les soumettant à l'action de l'anhydride sulfureux.

2. MUTER v.t. (lat. *mutare*, changer). Changer d'affectation, de poste. ◆ v.i. GÉNÉT. Être affecté par une mutation.

MUTILANT, E adj. Qui entraîne une mutilation.

MUTILATEUR, TRICE adj. et n. *Litt.* Qui mutile.

MUTILATION n.f. **1.** Perte partielle ou complète d'un membre ou d'un organe externe. **2.** Retranchement d'une ou plusieurs parties d'une œuvre d'art ; déformation, altération, dégradation.

MUTILÉ, E n. Personne dont le corps a subi une mutilation.

MUTILER v.t. (lat. *mutilare*). **1.** Retrancher un membre ou un organe. **2.** Détériorer, détruire partiellement ; défigurer, tronquer. *Mutiler une statue, un tableau, un monument, la vérité.*

1. MUTIN, E adj. (de l'anc. fr. *meute*, émeute). *Litt.* Espiègle, malicieux.

2. MUTIN n.m. Personne qui se mutine, qui s'est mutinée.

MUTINÉ, E adj. et n. Engagé dans une mutinerie.

MUTINER (SE) v.pr. Refuser collectivement et ouvertement de se soumettre aux ordres de l'autorité (militaire, policière...) à laquelle on est assujetti ; se révolter. *Les prisonniers se mutinent.*

MUTINERIE n.f. Action de se mutiner. *La mutinerie du cuirassé « Potemkine ».*

MUTIQUE adj. MÉD. Qui présente un mutisme.

MUTISME n.m. (du lat. *mutus*, muet). **1.** Attitude de celui qui ne veut pas exprimer sa pensée, qui garde le silence. **2.** MÉD. Absence d'expression verbale, en partic. d'origine psychiatrique.

MUTITÉ n.f. (bas lat. *mutitas*). MÉD. Impossibilité de parler, à la suite de lésions des centres nerveux ou des organes de la phonation, de troubles psychiatriques ou d'une surdité dans l'enfance.

MUTUALISER v.t. Faire passer un risque, une dépense à la charge d'une mutualité, d'une collectivité.

MUTUALISME n.m. **1.** ÉCOL. Relation durable entre deux espèces ou deux populations, avantageuse pour toutes les deux. (La symbiose est un cas de mutualisme très poussé.) **2.** Mutualité.

MUTUALISTE adj. et n. Qui appartient à la mutualité, à une mutuelle. ◆ adj. *Société mutualiste :* organisme de droit privé sans but lucratif, offrant à ses adhérents un système d'assurance et de protection sociale. SYN. : *mutuelle.*

MUTUALITÉ n.f. **1.** Système de solidarité entre les membres d'un groupe professionnel à base d'entraide mutuelle. SYN. : *mutualisme.* **2.** Ensemble des sociétés mutualistes.

MUTUEL, ELLE adj. (lat. *mutuus*, réciproque). Qui s'échange entre deux ou plusieurs personnes, qui implique un comportement simultané et réciproque. *Une mutuelle admiration.*

MUTUELLE n.f. Société mutualiste.

MUTUELLEMENT adv. Avec réciprocité.

MUTUELLISME n.m. Principe d'entraide réciproque, qui est à la base des mutuelles.

MUTUELLISTE n. Partisan du mutuellisme.

MUTULE n.f. (lat. *mutulus*, du gr.). ARCHIT. Modillon plat, génér. orné de gouttes, placé sous le larmier, juste au-dessus du triglyphe, dans l'entablement dorique.

MYALGIE n.f. (gr. *mus*, muscle, et *algos*, douleur). Douleur musculaire.

MYASTHÉNIE n.f. Maladie neurologique auto-immune, caractérisée par un blocage de la plaque motrice provoquant une grande fatigabilité musculaire.

MYCÉLIEN, ENNE adj. Relatif au mycélium.

MYCÉLIUM [miseljɔm] n.m. (lat. *mycelium*). MYCOL. Appareil végétatif des champignons, formé de filaments (hyphes) souterrains et ramifiés, et cour. appelé *blanc de champignon.*

MYCÉNIEN, ENNE adj. et n. De Mycènes. ◆ adj. *Art mycénien :* art développé dans le monde achéen au IIe millénaire av. J.-C. ◆ n.m. La plus ancienne forme connue du grec, que transcrivait une écriture syllabique (le linéaire B).

MYCOBACTÉRIE n.f. Genre de bactéries telles que l'agent de la tuberculose (bacille de Koch) ou celui de la lèpre (bacille de Hansen).

MYCODERME n.m. (gr. *mukês*, champignon, et *derma*, peau). Levure se développant à la surface des boissons fermentées ou sucrées. (Une espèce produit l'acescence du vin et sert à la préparation du vinaigre.)

MYCOLOGIE n.f. Étude scientifique des champignons.

MYCOLOGIQUE adj. Relatif à la mycologie.

MYCOLOGUE n. Spécialiste de la mycologie.

MYCOPLASME n.m. Genre de bactéries responsables de pneumopathies infectieuses ou de MST.

MYCORHIZE n.f. (gr. *mukês*, champignon, et *rhiza*, racine). Association symbiotique d'un champignon inférieur avec les racines d'une plante (chêne, hêtre, orchidacées).

MYCOSE n.f. (du gr. *mukês*, champignon). MÉD. Toute infection (candidose, par ex.) due à un champignon inférieur parasite.

MYCOSIQUE adj. Relatif aux mycoses ; de la nature des mycoses.

MYDRIASE n.f. (gr. *mudriasis*). MÉD. Dilatation physiologique ou pathologique de la pupille. CONTR. : *myosis.*

MYDRIATIQUE adj. et n.m. Se dit d'une substance, d'un médicament qui provoque la mydriase.

MYE [mi] n.f. (gr. *muax*, moule). Mollusque bivalve comestible à coquille oblongue, vivant enfoncé dans le sable ou l'argile des côtes atlantiques et méditerranéennes. (Long. 10 cm ; genre *Mya*, famille des myidés.)

MYÉLENCÉPHALE n.m. ANAT. Partie du cerveau de l'embryon à partir de laquelle se forme le bulbe rachidien.

MYÉLINE n.f. HISTOL. Substance lipidique et protéique formant une gaine autour de certaines fibres nerveuses et servant à accélérer la conduction des messages nerveux.

MYÉLINISÉ, E adj. Entouré de myéline.

MYÉLITE n.f. (du gr. *muelos*, moelle). Toute inflammation de la moelle épinière.

MYÉLOCYTE n.m. HISTOL. Cellule de la moelle osseuse, précurseur d'un granulocyte.

MYÉLOGRAMME n.m. Examen permettant de déterminer le pourcentage respectif des différents types de cellules de la moelle osseuse, prélevées par ponction au cours du diagnostic de certaines maladies du sang.

M

MYÉLOGRAPHIE n.f. (du gr. *muelos*, moelle). Radiographie de la moelle épinière après injection, à sa périphérie, d'un liquide opaque aux rayons X.

MYÉLOÏDE adj. MÉD. **1.** Qui concerne la moelle osseuse. **2.** Qui concerne les granulocytes et les monocytes sanguins ainsi que leurs précurseurs dans la moelle osseuse (par oppos. à *lymphoïde*). *Leucémie myéloïde.*

MYÉLOME n.m. Tumeur de la moelle osseuse. ◇ *Myélome multiple*, ou *myélome :* maladie de Kahler.

MYÉLOPATHIE n.f. Toute affection de la moelle épinière.

MYGALE n.f. (gr. *mugalê*, musaraigne). Araignée qui creuse un terrier fermé par un opercule, et qui se nourrit de petits vertébrés et d'insectes. (Certaines mygales de l'Amérique tropicale atteignent 18 cm de long. La morsure de la mygale est très douloureuse mais rarement dangereuse. Famille des théraphosidés.)

■ **MYGALE**

MYLONITE n.f. PÉTROL. Roche ayant subi un broyage tectonique intense et dont le grain est très fin.

MYOCARDE n.m. (gr. *mus*, muscle, et *kardia*, cœur). Partie principale de la paroi du cœur, constituée surtout de tissu musculaire et comprise entre le péricarde et l'endocarde.

MYOCARDIOPATHIE n.f. Nom donné à certaines maladies du muscle cardiaque, comportant une dilatation du cœur ou un épaississement de ses parois. SYN. : *cardiomyopathie.*

MYOCARDITE n.f. Toute inflammation du myocarde.

MYOCASTOR n.m. Ragondin.

MYOFIBRILLE n.f. Fibrille contractile constitutive de la cellule musculaire.

MYOGLOBINE n.f. BIOCHIM. Protéine du muscle dont la structure ressemble à celle de l'hémoglobine, et qui joue un rôle analogue.

MYOLOGIE n.f. Partie de l'anatomie qui étudie les muscles.

MYOME n.m. Tumeur bénigne formée à partir de tissu musculaire strié ou lisse.

MYOMECTOMIE n.f. Ablation chirurgicale d'un myome.

MYOPATHE adj. et n. Atteint de myopathie.

MYOPATHIE n.f. (du gr. *mus*, muscle). Affection des muscles. – *Spécial.* Affection héréditaire des muscles, primitive, dégénérative, qui évolue progressivement vers l'atrophie et la faiblesse musculaire. SYN. : *dystrophie musculaire.*

MYOPE adj. et n. (gr. *muôps*). **1.** Atteint de myopie. **2.** *Fig.* Qui manque de discernement, de perspicacité, de prévoyance. *La myopie du pouvoir.*

MYOPIE n.f. **1.** Trouble de la réfraction de l'œil dans lequel l'image se forme en avant de la rétine, quand on regarde au loin. **2.** *Fig.* Manque de discernement, de perspicacité, de prévoyance.

MYORELAXANT, E adj. et n.m. Se dit d'un médicament qui favorise la détente des muscles striés squelettiques (par oppos. à *antispasmodique*).

MYOSINE n.f. Protéine constituante des myofibrilles, qui joue un rôle important dans la contraction du muscle.

MYOSIS [mjozis] n.m. (mot lat., du gr. *muein,* cligner des yeux). MÉD. Rétrécissement physiologique ou pathologique de la pupille. CONTR. : *mydriase.*

MYOSITE n.f. MÉD. Inflammation du tissu musculaire.

MYOSOTIS [mjɔzɔtis] n.m. (gr. *muosôtis,* oreille de souris). Plante à fleurs bleues, très petites et élégantes, appelée usuellement *oreille-de-souris.* (Genre *Myosotis ;* famille des borraginacées.)

MYOTIQUE adj. et n.m. Se dit d'une substance, d'un médicament qui provoque le myosis.

MYRIADE n.f. (du gr. *murias,* dix mille). Quantité innombrable, indéfinie. *Des myriades d'étoiles.*

MYRIAPODE n.m. (gr. *murias,* dix mille, et *pous, podos,* pied). Arthropode terrestre doté de nombreux segments portant chacun une ou deux paires de pattes, d'une paire d'antennes, de mandibules broyeuses, et respirant par des trachées, tel que la scolopendre, l'iule, le gloméris. (Les myriapodes forment une classe.) SYN. *(cour.) : mille-pattes.*

MYRIOPHYLLE n.f. Plante aquatique à feuilles allongées en fines lanières, dont quelques espèces américaines sont utilisées fréquemment pour décorer les aquariums. (Genre *Myriophyllum ;* famille des haloragacées.)

MYRMÉCOPHILE adj. et n. (du gr. *murmêx,* fourmi). ZOOL. Se dit des espèces animales qui vivent en permanence dans les fourmilières ou au contact des fourmis.

MYRMIDON ou **MIRMIDON** n.m. (lat. *Myrmidon,* n. d'un peuple). *Litt.* Petit homme insignifiant.

MYROBALAN ou **MYROBOLAN** n.m. (gr. *muron,* parfum, et *balanos,* gland). Fruit séché de divers badamiers de l'Inde, riche en tanin, utilisé en tannerie et, autref., en pharmacie.

MYROSINE n.f. (du gr. *muron,* parfum). BIOCHIM. Enzyme des graines de moutarde, qui libère l'essence de moutarde.

MYROXYLE ou **MYROXYLON** n.m. (gr. *muron,* parfum, et *xulon,* bois). Arbre de l'Amérique tropicale fournissant des résines odorantes (baume du Pérou, baume de Tolú). [Famille des papilionacées.]

MYRRHE n.f. (lat. *myrrha,* du gr.). Gomme-résine odorante fournie par un arbre d'Arabie du genre *Commiphora.* (Famille des burséracées.)

MYRTACÉE n.f. BOT. Plante dicotylédone des régions chaudes, à glandes odorantes, telle que le myrte et l'eucalyptus. (Les myrtacées forment une famille.)

MYRTE n.m. (gr. *murtos*). Arbuste aromatique originaire d'Amérique tropicale, toujours vert, très abondant sur le littoral méditerranéen. (Genre *Myrtus.*)

MYRTILLE [mirtij] ou [mirtil] n.f. (de *myrte*). Baie noire comestible voisine de l'airelle, produite par un sous-arbrisseau des montagnes d'Europe et d'Amérique du Nord ; cet arbrisseau. (Genre *Vaccinium ;* famille des éricacées.)

■ MYRTILLE

1. MYSTÈRE n.m. (lat. *mysterium,* du gr. *mustês,* initié). **1.** Ce qui est incompréhensible, caché, inconnu. *Les mystères de la vie.* ◇ *Faire mystère de :* tenir secret. **2.** Élément obscur, inconnu ; problème difficile à résoudre. *Il y a un mystère là-dessous.* **3.** RELIG. Vérité de foi inaccessible à la seule raison humaine et qui ne peut être connue que par une révélation divine. **4.** Au Moyen Âge, drame religieux qui mettait en scène des épisodes de la vie des saints ou la Passion du Christ. (Sa représentation durait plusieurs jours et se déroulait génér. sur une place publique. L'un des plus célèbres mystères est le *Mystère de la Passion* d'Arnoul Gréban.) **5.** ANTIQ. Dans certaines religions originaires de Grèce ou d'Orient, ensemble de rites initiatiques et secrets, liés au culte d'une divinité, dont la révélation devait apporter le salut. *Religions à mystères.*

2. MYSTÈRE n.m. (nom déposé). Crème glacée fourrée de meringue et enrobée de praliné.

MYSTÉRIEUSEMENT adv. De façon mystérieuse.

MYSTÉRIEUX, EUSE adj. **1.** Qui contient un sens caché. *Des paroles mystérieuses.* **2.** Difficile à comprendre ; inconnu. *Le monde mystérieux des abîmes sous-marins.* **3.** Tenu secret. *Ils se sont rencontrés en un lieu mystérieux.* **4.** Se dit de qqn dont on ignore l'identité ou qui s'entoure de mystère. *Un mystérieux visiteur.*

MYSTICÈTE n.m. (lat. sc. *mysticetus*). Mammifère cétacé mangeur de plancton, portant des fanons et dépourvu de dents, comme la baleine. (Les mysticètes forment un sous-ordre.)

MYSTICISME n.m. (de *mystique*). **1.** Attitude religieuse ou philosophique qui affirme la possibilité d'une union parfaite avec Dieu ou l'Absolu dans la contemplation ou l'extase ; doctrine qui admet la réalité de cette union. **2.** Doctrine ou croyance fondée sur le sentiment religieux ou lui faisant une très grande place. – Tendance à se fonder sur le sentiment, et notamm. sur le sentiment religieux, sur l'intuition et non sur la raison.

MYSTIFIABLE adj. Qui peut être mystifié.

MYSTIFIANT, E adj. Qui mystifie.

MYSTIFICATEUR, TRICE adj. et n. Qui mystifie, qui aime à mystifier ; auteur d'une mystification.

MYSTIFICATION n.f. **1.** Action de mystifier, de tromper qqn. **2.** Ce qui constitue une duperie, un mythe intellectuel ou moral ; imposture.

MYSTIFIER v.t. [5] (du gr. *mustês,* initié). **1.** Abuser de la crédulité de qqn pour s'amuser à ses dépens. **2.** Tromper, en donnant de la réalité une idée séduisante mais fausse. – REM. À distinguer de *mythifier.*

1. MYSTIQUE adj. (lat. *mysticus*). **1.** Qui concerne les mystères de la religion. *Le baptême, naissance mystique.* **2.** Qui appartient au mysticisme. *Les phénomènes mystiques.* ◆ adj. et n. **1.** Qui pratique le mysticisme, qui a une foi religieuse intense. **2.** Dont le caractère est exalté, qui recherche l'absolu en toutes choses.

2. MYSTIQUE n.f. **1.** Partie de la théologie qui traite de l'approche non rationnelle de la réalité spirituelle supérieure. **2.** Croyance absolue qui se forme autour d'une idée, d'une personne. **3.** Ensemble de pratiques, de connaissances, d'œuvres relevant du mysticisme. *Mystique chrétienne, juive. La mystique rhénane.*

MYTHE n.m. (gr. *muthos,* récit). **1.** Récit populaire ou littéraire mettant en scène des êtres surhumains et des actions remarquables. (S'y expriment, sous le couvert de la légende, les principes et les valeurs de telle ou telle société, et, plus génér., y transparaît la structure de l'esprit humain.) **2.** Construction de l'esprit qui ne repose pas sur un fond de réalité. **3.** Représentation symbolique qui influence la vie sociale. *Le mythe du progrès.*

MYTHIFIER v.t. [5]. Donner un caractère de mythe à. – REM. À distinguer de *mystifier.*

MYTHIQUE adj. Qui concerne les mythes ; légendaire. *Animal mythique.*

MYTHOLOGIE n.f. **1.** Ensemble des mythes et des légendes propres à un peuple, à une civilisation, à une région. – *Spécial.* Mythes et légendes de la civilisation gréco-romaine. **2.** Étude systématique des mythes. *La mythologie comparée.* **3.** Ensemble de croyances se rapportant à un même thème et s'imposant au sein d'une collectivité. *Mythologie de la vedette.*

MYTHOLOGIQUE adj. Relatif à la mythologie.

MYTHOLOGUE n. Spécialiste de la mythologie.

MYTHOMANE n. Personne atteinte de mythomanie.

MYTHOMANIAQUE adj. Relatif à la mythomanie.

MYTHOMANIE n.f. Tendance pathologique (ou normale, chez l'enfant) à la fabulation et au mensonge.

MYTILICULTEUR, TRICE n. Personne qui élève des moules.

MYTILICULTURE n.f. (lat. *mytilus,* moule, et *culture*). Élevage des moules.

MYXINE n.f. (gr. *muxinos,* sorte de poisson). Vertébré marin des fonds vaseux, très primitif, sans mâchoires, au corps anguiforme, à peau nue très visqueuse, parasite des poissons. (Long. 60 cm ; genre *Myxina,* classe des agnathes.)

MYXŒDÈME [miksødɛm] ou [miksedɛm] n.m. (du gr. *muxa,* morve). Infiltration avec épaississement de la peau typique de l'hypothyroïdie. – *Par ext.* Hypothyroïdie.

MYXOMATOSE n.f. (du gr. *muxa,* morve). Maladie infectieuse du lapin, due à un virus.

MYXOMYCÈTE n.m. (gr. *muxa,* morve, et *mukês,* champignon). Champignon inférieur, dépourvu de mycélium, formant des masses gélatineuses à nombreux noyaux (ou *plasmodes*) capables de ramper sur le sol, et produisant des gamètes mobiles, tel que l'agent responsable de la hernie du chou. (Les myxomycètes forment une classe.)

MZABITE adj. et n. → **MOZABITE.**

Caractère Novarese

N n.m. inv. **1.** Quatorzième lettre de l'alphabet et la onzième des consonnes. (*N* note l'occlusive nasale dentale ; placé après une voyelle, *n* la nasalise : *an* [ɑ̃], *on* [ɔ̃], etc.) **2.** N. : abrév. de nord. **3.** $\mathbb{N}$: ensemble des nombres entiers naturels, zéro compris. – $\mathbb{N}^*$: ensemble des entiers naturels, zéro exclu.

$\mathbf{N}^{\text{ième}}$, N-IÈME ou **NIÈME** [ɛnjɛm] adj. et n. **1.** Énième. *La n-ième itération d'un algorithme.* **2.** Se dit de ce qui occupe le rang *n*, d'un nombre élevé à la puissance *n*. *Racine* $n^{ième}$.

NA interj. Exclamation enfantine qui sert à renforcer une affirmation ou une négation de caractère souvent capricieux. *J'irai pas, na !*

NABAB [nabab] n.m. (hindi *nawab*). **1.** Dans l'Inde musulmane, gouverneur ou grand officier de la cour des empereurs moghols. **2.** Homme riche qui fait étalage de son opulence.

NABATÉEN, ENNE adj. Relatif aux Nabatéens.

NABI n.m. (mot hébr.). **1.** Prophète hébreu. **2.** Artiste membre d'un groupe postimpressionniste de la fin du XIXe s. ◆ adj. inv. Relatif aux nabis, à leur art.

ENCYCL. Le groupe des nabis est constitué en 1888, à Paris, par de jeunes artistes qu'influencent à la fois l'école de Pont-Aven, le japonisme et l'enseignement de G. Moreau. Les principaux peintres du groupe sont Sérusier, M. Denis, Bonnard, Vuillard, Paul Ranson (1864 - 1909), Ker Xavier Roussel (1867 - 1944) ; la plupart d'entre eux accordent une place importante, dans leur œuvre, à des travaux décoratifs.

■ **NABIS.** *Le Talisman* (1888), par Paul Sérusier. (Musée d'Orsay, Paris.)

NABLE n.m. (du néerl. *nagel,* boulon). MAR. Ouverture pratiquée au voisinage de la quille d'une embarcation et permettant d'évacuer l'eau séjournant dans les fonds.

NABOT, E n. (de *nain* et *bot*). *Péjor.* Personne de très petite taille. (Le fém. est rare.)

NABUCHODONOSOR [-kɔ-] n.m. (de *Nabuchodonosor,* n.pr.). Grosse bouteille de champagne d'une contenance de 20 bouteilles champenoises ordinaires.

NACELLE n.f. (bas lat. *navicella,* de *navis,* navire). **1.** *Litt.* Petite barque sans mât ni voile. **2.** Panier suspendu à un ballon, où prennent place les aéronautes. **3.** Coque carénée suspendue ou portée par un bras, dans laquelle prend place la personne effectuant certains travaux. **4.** Carénage contenant le groupe propulseur d'un avion. **5.** Partie d'un landau, d'une poussette, d'un porte-bébé, etc., en toile, sur laquelle on couche ou on assied le bébé.

NACRE n.f. (anc. ital. *naccaro*). Substance dure, irisée, riche en calcaire, produite par le manteau de certains mollusques à l'intérieur de leur coquille et utilisée en bijouterie, en tabletterie et pour la réalisation d'implants dentaires. (La nacre des coquilles, tel le burgau, est faite de couches planes, tandis que les perles fines sont constituées par des couches sphériques et concentriques formées autour d'un nucléus.)

NACRÉ, E adj. Qui a l'apparence, le miroitement irisé de la nacre.

NACRER v.t. *Litt.* Donner l'aspect de la nacre à. *La lune nacrait la surface du lac.*

NADIR n.m. (de l'ar.). Point de la sphère céleste représentatif de la direction verticale descendante en un lieu donné (par oppos. à *zénith*).

NÆVO-CARCINOME [nevo-] n.m. (pl. *nævocarcinomes*). Mélanome malin.

NÆVUS [nevys] n.m. (mot lat., *tache*). MÉD. Malformation circonscrite de la peau formant une grosseur ou une tache, telle qu'un angiome. ◇ *Nævus pigmentaire* ou *mélanique,* contenant des cellules sécrétant de la mélanine. – *Nævus pigmentaire commun :* grain de beauté. Pluriel savant : *nævi.*

NAGAÏKA n.f. (mot russe). Fouet de cuir des Cosaques.

NAGARI n.f. Devanagari. Graphie savante : *nāgarī.*

NAGE n.f. **1.** Action, manière de nager. ◇ *Nage libre :* style de nage dont le choix est laissé aux concurrents, dans une épreuve de natation (en pratique, le crawl, qui est la nage la plus rapide). – *Être en nage,* couvert de sueur. – *À la nage.* **a.** En nageant. *Traverser une rivière à la nage.* **b.** Mode de préparation de certains crustacés servis dans un court-bouillon. **2.** MAR. Action de ramer.

NAGEOIRE n.f. Membre ou appendice large et plat permettant à de nombreux animaux aquatiques (poissons, cétacés, tortues, etc.) de se soutenir et d'avancer dans l'eau.

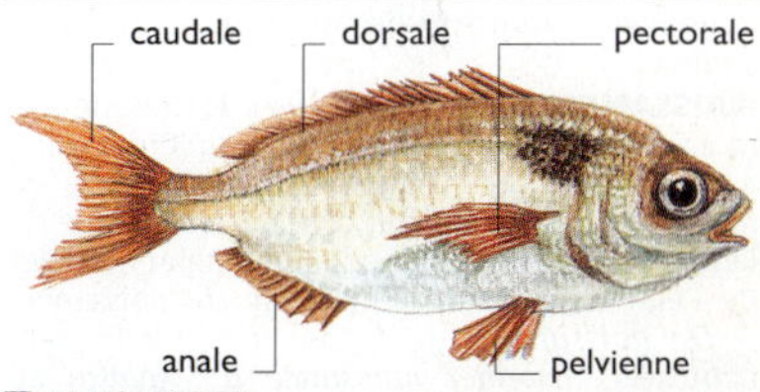

■ **NAGEOIRES**

NAGER v.i. [10] (lat. *navigare,* naviguer). **1.** Se déplacer à la surface de l'eau ou dans l'eau par des mouvements appropriés. ◇ *Nager entre deux eaux :* ménager deux partis opposés ; hésiter, être perdu. – *Fam. Savoir nager :* savoir se débrouiller. – *Fam. Nager dans un vêtement,* y être trop au large. **2.** Flotter sur un liquide. *Le bois nage sur l'eau.* **3.** *Fam.* Être dans l'embarras ; ne pas comprendre. *Je nage dans ce dossier.* **4.** *Litt.* Être plongé dans un sentiment, un état. *Nager dans la joie.* **5.** MAR. Ramer. ◆ v.t. **1.** Pratiquer tel ou tel type de nage. *Nager le crawl.* **2.** Disputer une épreuve de natation. *Nager le cent mètres.*

NAGEUR, EUSE n. **1.** Personne qui nage, qui sait nager. ◇ *Maître nageur :* professeur de natation. – *Nageur de combat :* militaire spécialement entraîné pour des opérations sous-marines. **2.** MAR. Rameur. ◆ adj. Se dit d'un animal dont le mode de locomotion principal est la nage. *Crustacé nageur.*

NAGUÈRE adv. (de *n'a guère*). *Litt.* Il y a quelque temps.

NAHUATL [nawatl] n.m. Langue parlée par les Nahua, et jadis adoptée par les Aztèques comme langue littéraire.

NAÏADE n.f. (lat. *naias, naiadis,* du gr.). **1.** MYTH. GR. (Souvent avec une majuscule.) Nymphe des rivières, des fontaines, des ruisseaux. **2.** Plante monocotylédone des eaux douces ou saumâtres à feuilles longues et fines. (Genre *Naias ;* famille des naïadacées.)

NAÏF, ÏVE adj. et n. (lat. *nativus,* naturel). **1.** Confiant et simple, par inexpérience ou par nature ; candide, ingénu. **2.** D'une crédulité, d'une candeur excessive. *Réponse naïve. Il me prend pour un naïf.* ◆ adj. **1.** *Litt.* Naturel, spontané, sincère. *Grâces naïves de l'enfance.* **2.** LOG. *Théorie naïve :* théorie mathématique qui n'est pas axiomatisée. **3.** Se dit d'un art (peinture, princip.) pratiqué par des autodidactes doués d'un sens plastique naturel et ne prétendant pas

■ ART **NAÏF** : *Carnaval* (1952), par le peintre haïtien Wilson Bigaud. (Art Center, New York.)

à l'art « savant » (académique ou d'avant-garde). ◆ n.m. Peintre pratiquant l'art naïf.

NAIN, NAINE n. et adj. (lat. *nanus*). Personne, animal ou chose de très petite taille. ◇ *Nain de jardin* : figurine représentant un personnage légendaire, utilisée pour décorer les jardins. ◆ adj. ASTRON. *Étoile naine,* ou *naine,* n.f. : type d'étoile de petite dimension et de luminosité moyenne ou faible, qui tire son énergie de la fusion d'hydrogène en hélium, à l'instar du Soleil. ◆ n.f. *Naine blanche* : petite étoile très dense et de très faible luminosité, dont la matière, extrêmement comprimée, est formée d'électrons. (C'est l'ultime stade d'évolution des étoiles dont la masse ne dépasse pas 1,4 fois celle du Soleil.) ◆ n.m. *Nain jaune* : jeu de cartes pour 3 à 8 joueurs qui se joue avec 52 cartes, un tableau et des jetons.

NAIRA n.m. Unité monétaire principale du Nigeria.

NAISSAIN n.m. (de *naître*). Ensemble des larves nageuses d'huîtres, de moules, avant leur fixation.

NAISSANCE n.f. (lat. *nascentia*). **1.** Commencement de la vie indépendante pour un être vivant, au sortir de l'organisme maternel. ◇ *Acte de naissance* : acte de l'état civil faisant preuve de la naissance, dressé immédiatement par l'officier de l'état civil dès la déclaration de naissance. – *De naissance* : de façon congénitale, non acquise. – *Donner naissance à* : mettre au monde qqn ; produire qqch. – *Prendre naissance* : naître, commencer, avoir son origine. **2.** Mise au monde. *Naissance difficile.* ◇ *Naissance double, triple, etc.,* de jumeaux, de triplés, etc. **3.** Enfant qui naît. *Il y aura bientôt une naissance dans la famille.* **4.** Endroit, point où commence qqch, partic. une partie du corps. *La naissance de la gorge.* **5.** Moment où commence qqch. *Naissance du jour.* **6.** Fait pour qqch d'apparaître, de commencer. *Naissance d'une idée.*

NAISSANT, E adj. Qui naît, qui commence à être, à paraître.

NAÎTRE v.i. [72] [auxil. *être*] (lat. *nasci*). **1.** Venir au monde. ◇ *Être né pour* : avoir des aptitudes spéciales pour. – *Ne pas être né d'hier, de la dernière pluie* : avoir de l'expérience ; être malin, avisé. – *Faire naître* : provoquer l'apparition de ; produire. **2.** Commencer à exister, à se manifester. *Le conflit est né d'intérêts opposés.* **3.** *Litt.* Avoir son origine, en parlant d'un phénomène naturel. *Le jour naît.*

NAÏVEMENT adv. Avec naïveté.

NAÏVETÉ n.f. **1.** Simplicité d'une personne qui manifeste naturellement ses idées, ses sentiments ; ingénuité. **2.** Excès de crédulité. *Être d'une grande naïveté.* **3.** (Surtout pl.) Propos qui échappe par ignorance ; bêtise. *Dire des naïvetés.*

NAJA n.m. (mot cinghalais). Cobra.

NAMIBIEN, ENNE adj. et n. De la Namibie, de ses habitants.

NANA n.f. *Fam.* **1.** Jeune fille, jeune femme. **2.** Personne de sexe féminin, quel que soit son âge.

NANAN n.m. *Fam.,* vx. *C'est du nanan* : c'est délicieux ; c'est très facile.

NANAR n.m. *Fam.* **1.** Objet, marchandise invendable. **2.** Film inintéressant, médiocre ; navet.

NANDOU n.m. (du guarani). Gros oiseau ratite des pampas d'Amérique du Sud, au plumage brun, aux pattes à trois doigts. (Haut. 1,70 m ; genre *Rhea,* famille des rhéidés.)

NANDROLONE n.f. Médicament anabolisant dérivé de la testostérone, qui stimule l'activité musculaire et mentale. (→ *dopage*).

NANISER [3] ou **NANIFIER** v.t. [5]. Traiter une plante de manière à l'empêcher de grandir.

NANISME n.m. (du lat. *nanus,* nain). **1.** État d'un individu caractérisé par une taille très petite due à des causes diverses (maladie osseuse héréditaire, insuffisance hormonale, etc.). **2.** État d'une plante naine.

NANKIN [nɑ̃kɛ̃] n.m. Taffetas de coton, jaune chamois, fabriqué d'abord à Nankin.

NANO-, préfixe (symb. n) qui, placé devant une unité, la divise par 10^9.

NANOMÈTRE n.m. Unité de mesure de longueur (symb. nm), équivalant à un milliardième de mètre.

NANOPHYSIQUE n.f. Domaine de la physique concernant la fabrication et la mesure d'objets à l'échelle de l'atome.

NANOTECHNOLOGIE n.f. TECHN. Application de la microélectronique à la fabrication de dispositifs ou de structures à l'échelle du nanomètre.

NANSOUK [nɑ̃suk] ou **NANZOUK** n.m. (du hindi). Tissu de coton léger d'aspect soyeux, utilisé en lingerie et en broderie.

NANTI, E adj. et n. *(Souvent péjor.).* Qui ne manque de rien ; riche. *L'égoïsme des nantis.*

NANTIR v.t. (de l'anc. fr. *nant,* gage). **1.** DR. CIV. Remettre une chose à un créancier en garantie d'une dette. **2.** *Litt.* Munir, pourvoir. ◆ **se nantir** v.pr. **(de).** *Litt.* Prendre avec soi.

NANTISSEMENT n.m. **1.** Contrat par lequel un débiteur remet une chose à son créancier pour garantir sa dette. **2.** Bien remis en nantissement. (On parle d'*antichrèse* lorsque le bien nanti est immeuble et de *gage* lorsqu'il est meuble.)

NANZOUK n.m. → **NANSOUK.**

NAOS [naɔs] n.m. (mot gr.). **1.** Salle centrale du temple grec, abritant la statue du dieu. SYN. : *cella.* **2.** Dans l'Égypte pharaonique, édicule en bois ou en pierre abritant, au cœur du temple, la statue du dieu.

NAPALM n.m. (mot anglo-amér.). Essence gélifiée utilisée pour le chargement de projectiles incendiaires.

NAPEL n.m. (lat. *napus,* navet). Aconit d'une espèce à fleurs d'un bleu violacé, commune en montagne. (Nom sc. *Aconitum napellus.*)

NAPHTA n.m. (mot lat., du gr.). Distillat du pétrole, intermédiaire entre l'essence et le kérosène.

NAPHTALÈNE n.m. Hydrocarbure aromatique $C_{10}H_8$, formé de deux noyaux benzéniques accolés, constituant principal de la naphtaline.

NAPHTALINE n.f. Naphtalène impur du commerce, utilisé comme antimite.

NAPHTE n.m. (lat. *naphta,* du gr.). **1.** Vx. Pétrole. **2.** Mod. Mélange de liquides inflammables résultant de la décomposition par pyrogénation des matières organiques.

NAPHTOL n.m. CHIM. ORG. Phénol $C_{10}H_7OH$, dérivé du naphtalène, utilisé comme antiseptique et dans la fabrication des colorants et des parfums synthétiques (nom générique).

NAPOLÉON n.m. Pièce d'or française de 20 F, frappée à partir du Consulat et restée en usage jusqu'à la Première Guerre mondiale. SYN. : *louis.*

NAPOLÉONIEN, ENNE adj. Relatif à Napoléon Ier, à sa dynastie.

NAPOLITAIN, E adj. et n. De Naples. ◆ adj. *Tranche napolitaine* : glace disposée par couches diversement parfumées et servie en tranches.

NAPPAGE n.m. Action de napper.

NAPPE n.f. (lat. *mappa*). **1.** Linge dont on couvre la table pour les repas. **2.** Vaste étendue d'un liquide ou d'un gaz, en surface ou sous terre. *Nappe d'eau, de pétrole. Nappe de brouillard. Nappe phréatique.* ◇ *Nappe de feu* : vaste étendue embrasée. – HYDROL. *Écoulement* ou *ruissellement en nappe* : écoulement rapide des eaux en une mince pellicule qui couvre toute la surface d'un versant, dans les régions où la couverture végétale est discontinue. **3.** TEXT. Ensemble de fibres textiles, à la sortie d'une machine, disposées en couche régulière. **4.** GÉOMÉTR. Partie connexe d'une surface.

NAPPER v.t. CUIS. Recouvrir un mets d'une sauce, d'une crème, d'un fondant.

NAPPERON n.m. Petite pièce de toile brodée destinée à décorer un meuble ou à le protéger.

NARCISSE n.m. (de *Narcisse,* n.pr.). **1.** Herbe vivace et bulbeuse, aux feuilles allongées, aux fleurs printanières blanches *(narcisse des poètes)*

■ **NARCISSE.** Narcisse des poètes.

ou jaunes *(jonquille).* [Genre *Narcissus* ; famille des amaryllidacées.] ◇ *Narcisse des bois* : coucou. **2.** *Litt.* Homme amoureux de sa propre image.

NARCISSIQUE adj. Relatif au narcissisme. ◆ adj. et n. Atteint de narcissisme.

NARCISSISME n.m. **1.** Admiration de soi ; attention exclusive portée à soi-même. **2.** PSYCHAN. Investissement du sujet sur lui-même.

NARCOANALYSE n.f. PSYCHIATR. Technique d'investigation psychologique visant à la résurgence de souvenirs oubliés, par l'injection intraveineuse d'un hypnotique provoquant la baisse du niveau de vigilance.

NARCODOLLAR n.m. (de l'anglo-amér. *narcotics,* stupéfiants). Dollar utilisé dans le trafic de stupéfiants. ◆ pl. Profits réalisés en dollars par les trafiquants de stupéfiants.

NARCOLEPSIE n.f. (gr. *narkê,* sommeil, et *lêpsis,* action de prendre). MÉD. Affection caractérisée par des accès brusques de sommeil.

NARCOSE n.f. (du gr. *narkê,* sommeil). Sommeil artificiel obtenu par administration de médicaments, en partic. au cours d'une anesthésie générale.

NARCOTIQUE adj. et n.m. (gr. *narkôtikos,* qui engourdit). Se dit d'une substance qui provoque un assoupissement, un relâchement musculaire et une diminution ou une abolition de la sensibilité.

NARCOTRAFIQUANT, E n. (de l'anglo-amér. *narcotics,* stupéfiants). Trafiquant de drogue.

NARD n.m. (gr. *nardos*). BOT. **1.** Graminée à feuilles dures et raides, commune dans les prés humides. (Genre *Nardus.*) **2.** Nom commun à plusieurs espèces odoriférantes (lavande, ail, valériane).

NARGUER v.t. (lat. pop. *naricare,* nasiller). **1.** Regarder avec insolence et supériorité, en se moquant. **2.** Braver par défi ; mépriser.

NARGUILÉ ou **NARGHILÉ** [nargile] n.m. (mot persan). Pipe orientale, à long tuyau flexible, dans laquelle la fumée passe par un flacon rempli d'eau parfumée avant d'arriver à la bouche.

NARINE n.f. (lat. *naris*). Chacune des deux ouvertures du nez, chez l'homme et chez les animaux (spécial. mammifères).

NARQUOIS, E adj. (de l'anc. fr. *narquin,* soldat vagabond). Malicieux et moqueur ; railleur. *Air, sourire narquois.*

NARRATEUR, TRICE n. Personne qui narre, qui fait, conduit un récit.

NARRATIF, IVE adj. Qui relève de la narration.

NARRATION n.f. (lat. *narratio, -onis*). **1.** Récit, exposé détaillé d'une suite de faits. **2.** Manière dont ces faits sont racontés. **3.** *Spécial.,* vieilli. Exercice scolaire qui consistait à faire un récit écrit sur un sujet donné.

NARRER v.t. (lat. *narrare*). *Litt.* Exposer dans le détail, faire connaître par un récit.

NARSE n.f. Région. (Massif central). Fondrière tourbeuse ; marécage.

NARTHEX [nartɛks] n.m. (mot gr.). ARCHIT. Portique ou vestibule transversal, à l'entrée de certaines églises paléochrétiennes et médiévales, où se tenaient les catéchumènes et les pénitents.

NARVAL n.m. [pl. *narvals*] (mot norv.). Mammifère cétacé odontocète des mers arctiques, atteignant 4 m de long, appelé autref. *licorne de mer* en raison de la longue dent torsadée (2 à 3 m) que porte le mâle. (Genre *Monodon* ; famille des monodontinés.)

NASAL, E, AUX adj. (du lat. *nasus,* nez). **1.** Du nez ; relatif au nez. ◇ *Fosse nasale* : chacune des deux cavités limitées en haut par la base du crâne, en dehors par les orbites, en bas par le

■ NARVAL

palais, et constituant le siège de l'odorat et la première partie des voies respiratoires. **2.** PHON. Se dit d'un phonème pendant l'articulation duquel le voile du palais est abaissé, ce qui permet à l'air expiré de s'écouler, en partie (voyelles) ou totalement (consonnes), à travers les fosses nasales.

NASALISATION n.f. PHON. Action de nasaliser un son ; état d'un son nasalisé.

NASALISER v.t. PHON. Donner un timbre nasal à une voyelle, à une consonne.

NASALITÉ n.f. PHON. Caractère nasal d'un son.

NASARDE n.f. Vieilli. Léger coup, chiquenaude donnés sur le nez.

NASDAQ n.m. (nom déposé ; acronyme de l'anglo-amér. *National Association of securities dealers automated quotation*). Marché boursier américain créé en 1971 et destiné à de nouvelles sociétés à fort potentiel de croissance, notamm. dans le secteur des technologies de pointe ; indice boursier de ce marché.

1. NASE ou **NAZE** n.m. (ital. *naso*, nez). *Arg.* Nez.

2. NASE ou **NAZE** adj. (arg. *nase*, syphilitique). *Fam.* **1.** Cassé, hors d'usage. *La télé est nase.* **2.** Idiot, stupide ou un peu fou. **3.** Malade ou très fatigué.

NASEAU n.m. (du lat. *nasus*, nez). **1.** Narine de certains grands mammifères herbivores, spécial. du cheval et du bœuf. **2.** *Fam. Les naseaux :* le nez.

NASILLARD, E adj. Qui nasille, qui vient du nez. *Voix nasillarde.*

NASILLEMENT n.m. Action de nasiller ; bruit d'une voix, d'un son nasillards.

NASILLER v.i. (du lat. *nasus*, nez). **1.** Parler du nez ; émettre un son nasillard. **2.** Pousser son cri, en parlant du canard.

NASILLEUR, EUSE n. Personne qui nasille.

NASIQUE n.m. (du lat. *nasica*, au grand nez). Singe de Bornéo, au nez proéminent, mou et plat chez le mâle, qui se nourrit de bourgeons et de feuilles. (Genre *Nasalis ;* famille des cercopithécidés.)

NASONNEMENT n.m. Modification de la voix, due à une résonance nasale excessive.

NASSE n.f. (lat. *nassa*). **1.** Instrument de pêche constitué d'un panier conique doté d'une entrée en goulot et se terminant en pointe, duquel le poisson, une fois entré, ne peut plus ressortir. **2.** Mollusque gastéropode carnassier à coquille striée, vivant sur les côtes de l'Europe, où il commet des dégâts dans les parcs à huîtres. (Genre *Nassarius ;* famille des nassariidés.)

NATAL, E, ALS adj. (lat. *natalis*, de *natus*, naissance). Se dit du lieu où l'on est né. *Pays natal.*

NATALISTE adj. Qui vise à favoriser la natalité.

NATALITÉ n.f. Rapport du nombre des naissances à l'effectif moyen de la population, durant une période donnée.

NATATION n.f. (lat. *natatio*, de *natare*, nager). Sport de la nage. ◇ *Natation synchronisée* ou *artistique :* ballet nautique comportant un certain nombre de figures notées.

NATATOIRE adj. ZOOL. Se dit d'un organe qui sert à la nage, ou qui la facilite, chez certains animaux. *Palette, vessie natatoire.*

NATEL n.m. inv. (nom déposé ; abrév. de l'all. *national Telefon*). Suisse. Téléphonie mobile ; téléphone portable.

NATICE n.f. (du lat. *natex*). Mollusque gastéropode des plages de l'Europe occidentale, dont la coquille rappelle celle d'un escargot. (Genres *Natica* et *Polinices ;* famille des naticidés.)

NATIF, IVE adj. et n. (lat. *nativus*). *Natif de :* qui est né à ; originaire de. *Il est natif de Lyon, c'est un natif de Lyon.* ◆ adj. **1.** *Litt.* Qui est inné, naturel ; que l'on a de naissance. *Dispositions natives pour la musique.* **2.** MINÉRALOG. Se dit d'un métal que l'on trouve à l'état pur dans une roche.

NATION n.f. (lat. *natio*). **1.** Grande communauté humaine, le plus souvent installée sur un même territoire et qui possède une unité historique, linguistique, culturelle, économique plus ou moins forte. ◇ *Les Premières Nations :* au Canada, les Amérindiens et les Inuits. **2.** DR. Communauté politique distincte des individus qui la composent et titulaire de la souveraineté.

NATIONAL, E, AUX adj. **1.** Relatif à une nation ; qui lui appartient. *Hymne national.* **2.** Qui intéresse l'ensemble d'un pays (par oppos. à *régional, local*). *Équipe nationale.* ◇ *Route nationale,* ou *nationale,* n.f. : route construite et entretenue par l'État. **3.** Se dit d'un parti politique qui prétend s'identifier aux intérêts de la nation ; nationaliste.

NATIONALISATION n.f. Transfert à la collectivité publique de la propriété de certains moyens de production appartenant à des particuliers, en vue soit de mieux servir l'intérêt public, soit d'assurer l'indépendance de l'État ou d'interdire la réalisation de bénéfices privés dans certaines activités, soit de sanctionner les propriétaires pour leurs agissements passés.

NATIONALISER v.t. Procéder à la nationalisation de.

NATIONALISME n.m. **1.** Doctrine qui affirme la prééminence de l'intérêt de la nation par rapport aux intérêts des groupes, des classes, des individus qui la constituent. **2.** Mouvement politique d'individus qui veulent imposer la prédominance de la nation à laquelle ils appartiennent dans tous les domaines.

NATIONALISTE adj. et n. Qui appartient au nationalisme ; qui en est partisan.

NATIONALITÉ n.f. **1.** Appartenance juridique d'une personne à la population d'un État. **2.** État, condition d'un peuple constitué en corps de nation ; cette nation elle-même. **3.** Communauté d'individus unis par la langue, l'histoire, les traditions, l'aspiration à se constituer en État ou à se voir reconnaître des droits spécifiques. ◇ HIST. *Principe des nationalités,* qui affirme le droit de ces communautés à se constituer en État autonome. (Proclamé par la Révolution française, il joua un rôle essentiel dans l'Europe du XIXe s.)

NATIONAL-POPULISME n.m. sing. Populisme aux tendances xénophobes, voire racistes, particulièrement prononcées.

NATIONAL-SOCIALISME n.m. sing. Mouvement nationaliste et raciste (plus partic., antisémite), dont la doctrine, exposée par Adolf Hitler dans *Mein Kampf* (1925 - 1926), a servi d'idéologie politique à l'Allemagne de 1933 à 1945. SYN. : *nazisme.*

ENCYCL. Fondé à Munich en 1920, le Parti national-socialiste domina l'Allemagne de 1933 (accession de Hitler au pouvoir) à 1945. Il lui imposa un régime reposant sur la dictature du Führer, l'embrigadement des masses, l'expansion du Grand Reich, le terrorisme d'État (dont les SS et la Gestapo furent les agents) et l'extermination des Juifs et des Tsiganes.

NATIONAL-SOCIALISTE adj. et n. (pl. *nationaux-socialistes*). Qui appartient au national-socialisme ; qui en est partisan. SYN. : *nazi.* — REM. On rencontre parfois le fém. *nationale-socialiste.*

NATIONAUX n.m. pl. Citoyens d'une nation (par oppos. à *étrangers*). *Les consuls défendent les intérêts de leurs nationaux.*

NATIVISME n.m. PSYCHOL. Théorie selon laquelle l'espace et le temps sont donnés dans les sensations elles-mêmes et non acquis par expérience. CONTR. : *génétisme.*

NATIVITÉ n.f. (lat. *nativitas*). CHRIST. Fête anniversaire de la naissance de Jésus-Christ, de la Vierge et de Jean-Baptiste. ◇ *La Nativité.* **a.** Naissance de Jésus ; fête de Noël. **b.** Représentation artistique de la naissance de Jésus.

NATOUFIEN n.m. (du site de *Nattuf,* près de Jérusalem). Faciès culturel du mésolithique, antérieur au néolithique précéramique de Palestine et d'Israël, où apparaissent de véritables villages, où la chasse et la récolte de graminées sauvages coexistent. ◆ **natoufien, enne** adj. Du natoufien.

NATRÉMIE n.f. Concentration du sodium dans le sang.

NATRON ou **NATRUM** [natrɔm] n.m. (ar. *natrūn*). Carbonate de sodium hydraté. (Il servait aux Égyptiens pour conserver les momies.)

NATTAGE n.m. Action de natter ; état de ce qui est natté.

NATTE n.f. (lat. *matta*). **1.** Tissu de paille ou de joncs entrelacés. **2.** Tresse faite de brins de matières diverses. **3.** Tresse de cheveux.

NATTER v.t. Tresser des cheveux en natte.

NATTIER, ÈRE n. Personne qui fabrique des nattes, des tapis tissés en fibres de jonc ou de roseau.

NATURALISATION n.f. **1.** DR. Octroi discrétionnaire par les autorités d'un État de la nationalité de cet État à un étranger ou à un apatride qui la demande. **2.** ÉCOL. Acclimatation naturelle et durable des plantes, des animaux dans un lieu éloigné de leur région d'origine, consécutive à leur introduction volontaire ou accidentelle. **3.** Action de donner à un animal mort l'apparence du vivant, par taxidermie.

NATURALISÉ, E n. et adj. Personne qui a obtenu sa naturalisation. ◆ adj. **1.** Se dit d'une espèce

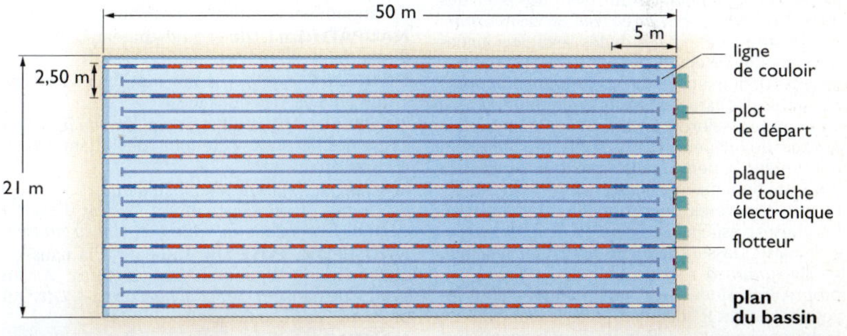

brasse

nage papillon

crawl

nage sur le dos

■ NATATION

végétale acclimatée dans une région différente de sa région d'origine. **2.** Se dit d'un animal mort qui a subi une naturalisation ; empaillé.

NATURALISER v.t. **1.** Donner à un étranger, à un apatride la nationalité d'un État. **2.** Acclimater définitivement qqch. *Naturaliser un mot étranger.* **3.** Conserver un animal par naturalisation.

NATURALISME n.m. **1.** École littéraire et artistique du XIXe s. qui, par l'application à l'art des méthodes de la science positive, visait à reproduire la réalité avec une objectivité parfaite et dans tous ses aspects, même les plus vulgaires. **2.** BX-ARTS. Imitation fidèle de la nature, s'opposant tant à la stylisation qu'à l'idéalisme, au symbolisme. **3.** PHILOS. Doctrine qui affirme que la nature n'a pas d'autre cause qu'elle-même et que rien n'existe en dehors d'elle.

ENCYCL. En littérature, l'école naturaliste se constitue entre 1860 et 1880 sous la double influence du réalisme de Flaubert et du positivisme de Taine. Par leur souci du document vrai, les Goncourt appartiennent déjà au naturalisme. Mais c'est Zola qui incarne la nouvelle esthétique, dont il se fait le théoricien (*le Roman expérimental,* 1880) : il fonde la vérité du roman sur l'observation scrupuleuse de la réalité et soumet l'individu au déterminisme de l'hérédité et du milieu. *Les Soirées de Médan* (1880), qui rassemblent autour de Zola, Maupassant, Léon Hennique (1851 - 1935), Henry Céard (1851 - 1924), Paul Alexis (1847 - 1901) et Huysmans, forment le manifeste de l'école nouvelle, à laquelle se rattachent A. Daudet, Mirbeau, J. Renard, Vallès.
Au théâtre, le naturalisme est un mouvement européen, illustré par des théoriciens (Zola), des dramaturges (Ibsen, Strindberg, G. Hauptmann, Tchekhov), des metteurs en scène (A. Antoine, Stanislavski). Lié à l'apparition, au tournant du siècle, de la mise en scène, il vise à la reproduction exacte du milieu social contemporain.

NATURALISTE n. **1.** SC. DE LA V. Personne qui se livre à l'étude des plantes, des minéraux, des animaux. **2.** Taxidermiste. ◆ adj. et n. Relatif au naturalisme ; adepte du naturalisme.

NATURE n.f. (lat. *natura*). **1.** Ensemble des êtres et des choses qui constituent l'univers, le monde physique ; réalité. *Les merveilles de la nature.* **2.** Ensemble du monde physique, considéré en dehors de l'homme. **3.** Ensemble de ce qui, dans le monde physique, n'apparaît pas comme transformé par l'homme. *Passer une semaine en pleine nature.* ◇ *Dans la nature :* dans un lieu indéterminé, mais éloigné ou difficilement accessible. *S'égailler dans la nature.* **4.** Ensemble des lois qui paraissent maintenir l'ordre des choses et des êtres. *La nature ne fait rien en vain.* ◇ Vieilli. *Crime, vice contre nature :* conduites sexuelles jugées déviantes. **5.** Ensemble des caractères fondamentaux qui définissent les êtres. ◇ *Nature humaine :* ensemble des caractères estimés communs à tous les hommes. – *Forcer la nature :* vouloir faire plus que ce qu'on peut. **6.** Ensemble des traits qui constituent la personnalité physique ou morale d'un être humain. *Une nature indolente.* **7.** Ensemble des caractères, des propriétés qui définissent les choses ; espèce. *Des emplois de toute nature.* – GRAMM. Classe à laquelle appartient un mot. ◇ *De nature à :* susceptible de, capable de ; propre à. **8.** Modèle réel qu'un artiste a sous les yeux ; ensemble des êtres et des choses de l'environnement réel. *Peindre d'après nature. Une figure plus petite que nature.* ◇ PEINT. *Nature morte :* représentation d'objets divers (fruits, fleurs, aliments, gibier). **9.** *En nature :* en produits du sol, en objets réels et non en argent. *Cadeaux, avantages en nature.* – *Fam. Payer en nature :* accorder ses faveurs en échange d'un service rendu. ◆ adj. inv. **1.** Au naturel, sans préparation ; sans addition ni mélange. *Omelette, café nature.* **2.** *Fam.* Naturel, spontané. *Elle est très nature.*

NATUREL, ELLE adj. **1.** Qui appartient à la nature, qui en est le fait, qui est propre au monde physique (par oppos. à *surnaturel*). *Phénomène naturel.* **2.** Qui est issu directement de la nature, du monde physique, qui n'est pas dû au travail de l'homme (par oppos. à *artificiel, synthétique*). *Gaz naturel.* ◇ *Mort naturelle,* qui ne résulte ni d'un accident ni d'un meurtre. **3.** Qui n'est pas altéré, modifié, falsifié. *Jus de fruits naturel.* **4.** Qui tient à la nature d'une personne, qui n'a pas été acquis ni modifié. *Couleur naturelle des cheveux.* **5.** Conforme à l'ordre normal des choses, au bon sens, à la raison. ◇ *C'est (tout) naturel :* c'est bien normal, cela va de soi. **6.** Qui s'exprime ou agit selon sa nature profonde ; qui exclut toute affectation, toute contrainte. *Garder un air naturel.* ◇ PHILOS. *Religion naturelle :* ensemble de croyances et de préceptes relatifs à Dieu et à la morale, fondés sur les seules données de la raison et de la conscience morale. **7.** ARITHM. *Entier naturel,* ou *naturel,* n.m. : chacun des nombres entiers positifs de la suite 0, 1, 2, 3, 4, ... qui constituent l'ensemble ℕ. **8.** DR. *Enfant naturel :* enfant né hors mariage (par oppos. à *enfant légitime*). ◆ n. Vieilli. Personne originaire d'un lieu ; indigène, natif. ◆ n.m. **1.** Ensemble des tendances et des caractères qui appartiennent à un individu ; tempérament. *Être d'un naturel jaloux.* **2.** Absence d'affectation dans les sentiments, les manières. *Manque de naturel.* **3.** *Au naturel :* préparé ou conservé sans assaisonnement. *Thon au naturel.*

NATURELLEMENT adv. **1.** Par une impulsion naturelle, conformément à sa nature. *Être naturellement gai.* **2.** D'une manière aisée, simple. *Cela s'explique naturellement.* **3.** Par une conséquence logique, d'une manière inévitable. *Naturellement, elle n'est pas encore arrivée.*

NATURISME n.m. **1.** Tendance à suivre de près la nature ; doctrine hygiénique et sportive appliquant cette tendance. **2.** Pratique du nudisme.

NATURISTE adj. et n. Qui appartient au naturisme, au nudisme ; qui pratique le naturisme.

NATUROPATHE n. Personne qui exerce la naturopathie.

NATUROPATHIE n.f. Ensemble de méthodes de soins faisant partie des médecines douces et visant à renforcer les défenses de l'organisme par des moyens considérés comme naturels (hygiène de vie, diététique, massages, phytothérapie, etc.).

NAUCORE n.f. (gr. *naûs,* navire, et *koris,* punaise). Insecte carnivore des eaux stagnantes de l'Europe et du Proche-Orient. (Long. 15 cm ; genre *Naucoris,* ordre des hétéroptères.)

NAUFRAGE n.m. (lat. *naufragium*). **1.** Perte d'un bâtiment en mer. ◇ *Faire naufrage :* couler, disparaître sous les flots, en parlant d'un bateau, de ses passagers, de son équipage. **2.** *Fig.* Ruine complète. *Le naufrage d'une entreprise.*

NAUFRAGÉ, E adj. et n. Qui a fait naufrage.

NAUFRAGER v.i. [10]. *Litt.* Faire naufrage.

NAUFRAGEUR, EUSE n. **1.** Anc. Personne qui, par de faux signaux ou d'autres manœuvres, provoquait des naufrages pour s'emparer des épaves, de la cargaison. **2.** *Litt.* Personne qui cause la ruine d'autrui.

NAUMACHIE [nomaʃi] n.f. (gr. *naumakhia*). ANTIQ. ROM. Spectacle d'un combat naval ; grand bassin aménagé pour un tel spectacle.

NAUPATHIE n.f. (du gr. *naûs,* bateau). MÉD. Mal de mer.

NAUPLIUS [noplijys] n.m. (mot lat.). Première forme larvaire des crustacés.

NAUSÉABOND, E adj. (lat. *nauseabundus*). Qui cause des nausées ; écœurant, dégoûtant. *Odeur nauséabonde.*

NAUSÉE n.f. (lat. *nausea,* mal de mer). **1.** Envie de vomir. *Avoir des nausées.* **2.** *Fig.* Profond dégoût. *Ces façons de faire donnent la nausée.*

NAUSÉEUX, EUSE adj. **1.** Relatif à la nausée ; qui provoque la nausée. *État nauséeux.* **2.** Qui souffre de nausées. *Se sentir nauséeux.* **3.** *Litt.* Qui provoque le dégoût moral.

NAUTILE n.m. (gr. *nautilos,* matelot). Mollusque céphalopode des mers chaudes, à coquille spiralée et cloisonnée à l'intérieur, qui existe depuis l'ère primaire. (Diamètre 20 cm ; genre *Nautilus.*)

■ **NAUTILE**

NAUTIQUE adj. (lat. *nauticus,* naval). **1.** Qui appartient à la navigation ; qui relève du domaine de la navigation. **2.** Se dit des sports pratiqués sur l'eau.

NAUTISME n.m. Ensemble des sports nautiques, et notamm. la navigation de plaisance.

NAUTONIER n.m. (du lat. *nauta,* matelot). *Litt.* Personne qui conduit un navire, une barque.

NAVAJA [navaʒa] ou [navaxa] n.f. (mot esp.). Long couteau espagnol, à lame effilée, légèrement recourbée.

NAVAL, E, ALS adj. (lat. *navalis,* de *navis,* navire). **1.** Qui concerne la navigation. *Construction navale.* **2.** Relatif aux marines de guerre. ◇ *École navale : v. partie n.pr.*

NAVALISATION n.f. Opération permettant l'installation et l'emploi, sur un navire de guerre, d'une arme ou d'un matériel conçus initialement pour être employés à terre ou sur un aéronef.

NAVARIN n.m. (de *navet*). Ragoût de mouton préparé avec des pommes de terre, des navets, des carottes, etc.

NAVARRAIS, E adj. et n. De la Navarre.

NAVEL n.f. (mot angl., *nombril*). Orange d'une variété caractérisée par la formation d'un fruit secondaire interne.

NAVET n.m. (du lat. *napus*). **1.** Plante potagère très proche du colza, mais à racine comestible ; cette racine. (Nom sc. *Brassica napus ;* famille des crucifères.) **2.** *Fam.* Œuvre littéraire ou artistique sans valeur, sans intérêt.

1. NAVETTE n.f. (anc. fr. *nef,* navire). **1. a.** Instrument de métier à tisser renfermant la bobine de trame et qui, par un mouvement de va-et-vient, introduit la duite entre les fils de chaîne. ◇ *Faire la navette :* aller et venir de façon continuelle. **b.** Pièce de la machine à coudre qui renferme la canette. **2.** Véhicule effectuant des liaisons courtes et régulières entre deux lieux. ◇ ASTRONAUT. *Navette spatiale :* véhicule aérospatial réutilisable, conçu pour assurer différentes missions en orbite basse autour de la Terre. (→ *lanceur*). **3.** DR. CONSTIT. Va-et-vient d'une proposition ou d'un projet de loi d'une assemblée à l'autre, en régime bicaméral, qui permet l'adoption d'un texte identique. **4.** CHRIST. Petit récipient qui contient l'encens destiné à être brûlé pendant les offices liturgiques.

■ **NAVETTE** spatiale : atterrissage de l'orbiteur *Columbia* au retour d'une mission dans l'espace.

2. NAVETTE n.f. (de *navet*). Plante cultivée voisine du colza, dont les graines fournissent une huile. (Nom sc. *Brassica rapa ;* famille des crucifères.)

NAVETTEUR, EUSE [navɛtœr, øz] ou [naftœr, øz] n. Belgique. Personne qui se déplace quotidiennement par un moyen de transport en commun entre son domicile et son lieu de travail.

NAVICULE n.f. (lat. *navicula,* petit bateau). Diatomée microscopique vert bleuâtre, qui confère sa coloration à l'huître verte. (Classe des bacillariophycées.)

NAVIGABILITÉ n.f. **1.** État d'un cours d'eau, d'un canal navigable. **2.** État d'un navire pouvant tenir la mer, d'un avion pouvant voler. *Certificat de navigabilité.*

NAVIGABLE adj. Où l'on peut naviguer. *Rivière navigable.*

NAVIGANT, E adj. et n. Se dit du personnel appartenant aux équipages des avions, par oppos. au personnel au sol.

NAVIGATEUR, TRICE n. **1.** Membre de l'équipage d'un navire ou d'un avion, chargé de relever le chemin parcouru et de déterminer la route à suivre. **2.** Personne qui navigue, qui fait de longs voyages sur mer. *Navigateur solitaire.* **3.** Assistant du pilote, dans un rallye automobile. (On dit aussi *copilote.*) ◆ n.m. INFORM. Logiciel client pour l'affichage de pages Web au format HTML, qui permet l'activation de liens hypertextes pour aller de site en site. SYN. : *fureteur, logiciel de navigation.*

NAVIGATION n.f. **1.** Action de naviguer, de conduire d'un point à un autre un véhicule maritime, fluvial, aérien ou spatial. **2.** Technique

du déplacement des véhicules maritimes, aériens ou spatiaux, de la détermination de leur position et de leur route ou de leur trajectoire. **3.** INFORM. Action de naviguer. ◇ *Logiciel de navigation :* navigateur.
ENCYCL. Initialement pratiquée par l'observation de repères connus ou identifiés sur une carte *(navigation à vue),* la navigation est devenue beaucoup plus précise grâce à l'utilisation de réseaux d'émetteurs radioélectriques. Ceux-ci ont d'abord été placés au sol (systèmes Decca, Loran, etc.) ; ils sont à présent embarqués à bord de satellites (systèmes GPS *[Global Positioning System],* Navstar et Glonass). Les techniques de navigation astronomique, fondées sur la mesure de hauteur des astres, ont été remplacées, à bord des avions et des bateaux, par la *navigation inertielle,* confiant le guidage à un système gyroscopique entièrement autonome.

NAVIGUER v.i. (lat. *navigare*). **1.** Voyager sur l'eau ou dans l'atmosphère. **2.** Faire suivre à un navire ou à un avion une route déterminée. *Naviguer au compas.* **3.** Se comporter à la mer. *Bateau qui navigue bien.* **4.** INFORM. Passer d'une information à une autre dans un document hypertexte ou hypermédia, d'un site à un autre sur Internet ou un réseau Intranet. SYN. : *surfer.* **5.** *Savoir naviguer :* savoir diriger habilement ses affaires en évitant les obstacles.

NAVIPLANE n.m. Aéroglisseur conçu selon la technique du coussin d'air à jupes souples.

NAVIRE n.m. (du lat. *navigium*). **1.** Bâtiment ponté, d'assez fort tonnage, destiné à la navigation en pleine mer, par oppos. au *bateau,* destiné à la navigation intérieure. **2.** *Cour.* Bateau.

NAVIRE-ATELIER n.m. (pl. *navires-ateliers*). MIL. Navire destiné au soutien des bâtiments de surface amenés à opérer à grandes distances d'arsenaux ou d'installations portuaires.

NAVIRE-CITERNE n.m. (pl. *navires-citernes*). Navire de charge dont les cales constituent ou contiennent des citernes pour le transport des cargaisons liquides en vrac. SYN. : *tanker.*

NAVIRE-ÉCOLE n.m. (pl. *navires-écoles*). Navire conçu pour l'apprentissage du métier de marin.

NAVIRE-HÔPITAL n.m. (pl. *navires-hôpitaux*). Navire aménagé pour le transport des malades et des blessés, notamm. en temps de guerre.

NAVIRE-JUMEAU n.m. (pl. *navires-jumeaux*). Navire possédant les mêmes caractéristiques de construction qu'un autre. SYN. : *sister-ship.*

NAVIRE-USINE n.m. (pl. *navires-usines*). Navire spécialement aménagé pour le traitement en mer du poisson (filetage, congélation, conserves) ou des cétacés.

NAVISPHÈRE n.f. MAR. Instrument représentant la sphère céleste, et qui, une fois réglé pour le lieu d'observation, permet au navigateur d'identifier un astre observé au sextant.

NAVRANT, E adj. **1.** Qui cause une vive affliction. **2.** Très regrettable, décourageant.

NAVRÉ, E adj. Qui manifeste de la tristesse, de la compassion ou de la confusion. *Il avait l'air navré. J'en suis navrée.*

NAVREMENT n.m. *Litt.* État de très grande affliction.

NAVRER v.t. (du norrois). Causer une grande peine, une vive affliction à.

NĀY n.m. → **NEY.**

NAZARÉEN, ENNE adj. De Nazareth. ◇ *École nazaréenne :* groupe de peintres allemands du XIXe s. ◆ n.m. *Le Nazaréen :* nom donné par les Juifs à Jésus. ◆ n.m. pl. *Les nazaréens :* nom donné aux premiers chrétiens dans les Actes des Apôtres.
ENCYCL. BX-ARTS. D'esprit religieux, les nazaréens s'installèrent à partir de 1810 env. à Rome, où ils vécurent en confrérie et s'inspirèrent de l'idéalisme des primitifs italiens. Les plus connus d'entre eux sont Friedrich Overbeck (1789 - 1869), qui demeura toute sa vie à Rome, et Peter von Cornelius (1783 - 1867), qui travailla et enseigna à Munich, Düsseldorf et Berlin.

NAZE n.m. et adj. → **NASE.**

NAZI, E adj. et n. National-socialiste.

NAZILLON, ONNE n. *Fam., péjor.* Jeune nazi ; néonazi.

NAZISME n.m. National-socialisme.

N.B., abrév. de *nota bene.*

NBC ou **N.B.C.,** sigle de *nucléaire, biologique, chimique,* utilisé pour désigner les armes de ce type (appelées aussi *armes spéciales*) et les mesures ou moyens pour s'en protéger.

NE adv. (lat. *non*). Indique une négation dans le groupe verbal, en corrélation avec *pas, point, rien, aucun,* etc. (Le *ne* explétif s'emploie seul sans idée de négation dans les propositions subordonnées comparatives ou dans celles qui dépendent d'un verbe exprimant la crainte, le doute, etc. *Il est plus riche que vous ne pensez ; je crains qu'il ne vienne.*)

NÉ, E adj. (de *naître*). **1.** (En composition.) De naissance. *Aveugle-né.* **2.** *Bien né :* d'une famille honorable (ou, anc., noble).

NÉANDERTALIEN, ENNE adj. (de *Neandertal,* en Allemagne). Se dit d'un homme fossile, très proche de l'homme actuel, dont il constitue une sous-espèce, qui peuplait l'Europe, le Proche-Orient et l'Afrique du Nord entre 150 000 et 30 000 ans avant notre ère. (Nom sc. *Homo sapiens neandertalensis.*) ◆ n.m. Homme néandertalien. (On dit aussi *homme de Neandertal.*)

NÉANMOINS adv. (de *néant* et *moins*). Marque une opposition ; pourtant, malgré cela. *Ce sacrifice est pénible, néanmoins il est nécessaire.*

NÉANT n.m. (lat. pop. *ne gentem,* personne). **1.** Le non-être ; ce qui n'existe pas. ◇ *Tirer qqch du néant,* le créer. **2.** Ce qui n'a pas encore d'existence ou qui a cessé d'être. ◇ *Tirer qqn du néant,* l'aider à s'élever dans l'échelle sociale à partir d'une situation misérable.

NÉANTISER v.t. **1.** PHILOS. Chez Sartre, en parlant de la conscience, rejeter dans le néant tout ce qui ne correspond pas à sa visée. **2.** *Litt.* Faire disparaître ; anéantir, éliminer.

NEBKA n.f. (de l'ar.). GÉOMORPH. Petite dune formée à l'abri d'une touffe de végétation.

NÉBULEUSE n.f. **1.** ASTRON. Vaste nuage de gaz et de poussières interstellaires. ◇ Anc. *Nébuleuse spirale* ou *extragalactique :* galaxie. **2.** *Fig.* Rassemblement d'éléments hétéroclites, aux relations imprécises et confuses.
ENCYCL. Les *nébuleuses diffuses* sont formées surtout d'hydrogène neutre, et appelées, de ce

■ **NÉBULEUSE** planétaire NGC 6853 dans la constellation du Petit Renard.

■ **NAVIRE.** Gréement, coque et superstructures d'un navire à voiles.

fait, « régions H I ». Elles se manifestent notamm. par une émission intense de rayonnement radioélectrique à 21 cm de longueur d'onde. Au voisinage des étoiles chaudes, sources puissantes de rayonnement ultraviolet, l'excitation du gaz interstellaire engendre les *nébuleuses brillantes*, constituées majoritairement d'hydrogène ionisé, d'où leur nom de « régions H II ». La formation de nouvelles étoiles s'effectue au sein de nébuleuses complexes et denses, s'étendant sur des centaines d'années de lumière et appelées *nuages moléculaires* parce qu'elles renferment de nombreuses molécules (et non plus seulement des atomes ou des ions).
Certaines nébuleuses sont, au contraire, associées au stade final de l'évolution stellaire : c'est le cas des *nébuleuses planétaires* (ainsi nommées en raison de leur aspect lorsqu'on les observe avec de petits instruments, qui rappelle celui des planètes), enveloppes gazeuses sphériques éjectées par des étoiles devenues instables, qui se diluent progressivement dans l'espace, et des *restes de supernovae*, enveloppes éjectées lors de l'explosion cataclysmique d'étoiles massives. Enfin, les *nébuleuses obscures* sont des nébuleuses constituées majoritairement de poussières, qui absorbent la lumière des astres situés derrière et se détachent en ombres chinoises sur le fond étoilé du ciel.

N

NÉBULEUX, EUSE adj. (lat. *nebulosus*, de *nebula*, nuage). **1.** Obscurci par les nuages. *Ciel nébuleux.* **2.** Qui manque de précision ; vague, confus. *Projet nébuleux.*

NÉBULISATION n.f. Pulvérisation très fine d'un médicament liquide dans les voies aériennes supérieures.

NÉBULISER v.t. Faire une nébulisation.

NÉBULISEUR n.m. Appareil médical pour les nébulisations.

NÉBULOSITÉ n.f. **1.** MÉTÉOROL. Nuage ayant l'apparence d'une légère vapeur. — Fraction de ciel couverte par des nuages à un moment donné. **2.** *Litt.* Manque de clarté ; flou.

1. NÉCESSAIRE adj. (lat. *necessarius*). **1.** Dont on a absolument besoin ; essentiel, primordial. *L'eau est nécessaire à la vie.* **2.** Dont on ne peut se passer ; indispensable. *Le silence lui est nécessaire pour travailler.* **3.** Exigé pour que qqch se produise, réussisse. *Prendre les mesures nécessaires pour mettre fin à un conflit.* **4. a.** Qu'il est impossible d'empêcher ; inéluctable, inévitable, obligatoire. *Conséquence nécessaire.* **b.** Qui ne peut pas ne pas se produire dans des conditions données, au sein d'un processus donné (par oppos. à *contingent*). **5.** LOG. Qui dépend de la logique et correspond à une loi de la pensée. **6.** PHILOS. Dont l'existence ne dépend d'aucune cause, d'aucune condition. *Dieu, Être nécessaire.*

2. NÉCESSAIRE n.m. **1.** Ce qui est indispensable pour les besoins de la vie. *Manquer du nécessaire.* **2.** Ce qui est essentiel, important. *Faites le nécessaire.* **3.** Boîte, sac, mallette, etc., qui renferme divers objets destinés à un usage précis. *Nécessaire de couture.*

NÉCESSAIREMENT adv. **1.** À tout prix ; absolument. *Il faut nécessairement que cela soit fait.* **2.** En vertu d'une conséquence inévitable.

NÉCESSITÉ n.f. (lat. *necessitas*). **1.** Caractère de ce qui est nécessaire ; chose, condition ou moyen nécessaires. *La nécessité de gagner sa vie.* ◇ *De première nécessité :* qui correspond à un besoin fondamental ; dont on ne peut guère ou dont on ne peut pas se passer. **2.** DR. *État de nécessité :* situation dans laquelle un particulier ou un gouvernement accomplit une action constituant une infraction aux lois mais qui, du fait des circonstances, bénéficie légalement de l'impunité.

NÉCESSITER v.t. Rendre nécessaire ; exiger, réclamer. *Ceci nécessite quelques explications.*

NÉCESSITEUX, EUSE adj. et n. Qui manque du nécessaire ; indigent.

NECK [nɛk] n.m. (mot angl., *cou*). GÉOL. Piton de lave, correspondant à l'emplacement d'une ancienne cheminée volcanique, mis en relief par l'érosion.

NEC PLUS ULTRA [nɛkplyzyltra] n.m. inv. (mots lat., *pas au-delà*). Ce qu'il y a de mieux.

NÉCROBIE n.f. (gr. *nekros*, mort, et *bios*, vie). Insecte coléoptère, dont une espèce vit sur les cadavres desséchés et les matières en décomposition, et dont une autre s'attaque au lard et au jambon. (Long. env. 5 mm ; genre *Necrobia*, famille des clérídés.)

NÉCROLOGE n.m. Registre paroissial contenant les noms des morts avec la date de leur décès.

NÉCROLOGIE n.f. **1.** Liste de personnes notables décédées au cours d'un certain espace de temps. **2.** Notice biographique consacrée à une personne décédée récemment. **3.** Avis de décès dans un journal ; rubrique contenant de tels avis.

NÉCROLOGIQUE adj. Relatif à la nécrologie.

NÉCROLOGUE n. Auteur de nécrologies.

NÉCROMANCIE n.f. (gr. *nekros*, mort, et *manteia*, prédiction). Évocation des morts pour connaître l'avenir ou une chose cachée.

NÉCROMANCIEN, ENNE n. ou **NÉCROMANT** n.m. Personne qui pratique la nécromancie.

NÉCROPHAGE adj. Qui se nourrit de cadavres.

NÉCROPHILE adj. et n. Atteint de nécrophilie.

NÉCROPHILIE n.f. Trouble psychiatrique caractérisé par des actes commis sur des cadavres (actes sexuels, mutilations, etc.).

NÉCROPHORE n.m. (gr. *nekrophoros*, qui transporte les morts). Insecte coléoptère qui enterre les cadavres d'animaux avant d'y déposer ses œufs. (Long. 2 cm ; genre *Necrophorus*, famille des silphidés.)

NÉCROPOLE n.f. (gr. *nekros*, mort, et *polis*, ville). **1.** ANTIQ. Vaste lieu de sépultures. **2.** *Litt.* Grand cimetière.

NÉCROPSIE n.f. Vx. Autopsie.

NÉCROSE n.f. (gr. *nekrôsis*, mortification). MÉD. Mort d'une cellule ou d'un tissu à l'intérieur d'un organisme vivant. SYN. : *mortification.*

NÉCROSER v.t. Produire la nécrose de. SYN. : *mortifier.* ◇ v.pr. *Organe qui se nécrose.*

NÉCROTIQUE adj. **1.** Relatif à la nécrose ; de la nature de la nécrose. **2.** Qui est le siège d'une nécrose.

NECTAIRE n.m. (de *nectar*). BOT. Organe végétal sécrétant le nectar. (Il peut s'agir d'une glande spécialisée située dans la fleur ou d'une différenciation de certains pétales ou de certaines feuilles.)

NECTAR n.m. (mot lat., du gr. *nektar*). **1.** MYTH. GR. Breuvage divin à base de miel, qui procurait l'immortalité à ceux qui en buvaient. **2.** BOT. Liquide sucré sécrété par les nectaires des plantes entomophiles. **3.** Boisson à base de jus ou de purée de fruits additionnés d'eau et de sucre. *Nectar d'abricot.* **4.** *Litt.* Boisson délicieuse.

NECTARIFÈRE adj. Qui sécrète le nectar.

NECTARINE n.f. Pêche à peau lisse dont le noyau n'adhère pas à la chair.

NECTARIVORE adj. Qui se nourrit de nectar.

NECTON n.m. (du gr. *nêktos*, qui nage). ZOOL. Ensemble des animaux marins qui nagent activement (par oppos. à *plancton*).

NÉERLANDAIS, E adj. et n. Des Pays-Bas, de leurs habitants. ◆ n.m. Langue germanique parlée princip. aux Pays-Bas et en Belgique.

NÉERLANDOPHONE adj. et n. De langue néerlandaise.

NEF n.f. (lat. *navis*). **1.** Grand navire à voiles, au Moyen Âge. **2.** Partie d'une église de plan allongé qui s'étend depuis le chœur ou le transept jusqu'à la façade principale ou au narthex ; chacun des vaisseaux parallèles pouvant composer cette partie (*nefs principale, latérales*).

NÉFASTE adj. (lat. *nefastus*, interdit par la loi divine). **1.** *Litt.* Marqué par des événements funestes, tragiques. *Journée néfaste.* **2.** Qui peut avoir des conséquences fâcheuses, susceptibles de faire du mal ; nuisible. *Influence néfaste.* **3.** ANTIQ. ROM. Se dit d'un jour où il était défendu par la religion de vaquer aux affaires publiques.

NÈFLE n.f. (bas lat. *mespila*, du gr.). **1.** Fruit du néflier, qui se consomme blet. **2.** *Fam. Des nèfles ! :* rien à faire !, pas du tout !, pas question !

NÉFLIER n.m. Arbuste originaire de l'Europe méridionale et de l'Asie occidentale, épineux à l'état sauvage, cultivé pour son fruit, la nèfle. (Genre *Mespilus ;* famille des rosacées.)

NÉGATEUR, TRICE adj. et n. *Litt.* Qui est porté à tout nier, à tout critiquer.

1. NÉGATIF, IVE adj. (du lat. *negare*, nier). **1.** Qui marque le refus. *Réponse négative.* **2.** Qui se borne à refuser, à contredire sans proposer d'éléments constructifs. *Critique négative.* **3.** Se dit de ce qui peut être considéré comme l'inverse, le contraire d'une chose. **4.** MATH. *Nombre négatif :* nombre inférieur à zéro. **5.** *Charge électrique négative :* l'une des deux formes d'électricité statique, de même nature que celle que l'on développe sur un morceau de verre frotté avec de la soie.

2. NÉGATIF n.m. Phototype dont l'image représente, en noir et blanc, l'inverse des luminosités du sujet, ou, en couleur, les couleurs complémentaires à celles du sujet. (Le négatif sert au tirage des épreuves positives.)

NÉGATION n.f. (lat. *negatio, -onis*, de *negare*, nier). **1.** Action de nier qqch. **2.** Action de rejeter, de ne faire aucun cas de qqch. **3.** *Être la négation de qqch :* être en complète contradiction avec qqch. **4.** GRAMM. Mot ou groupe de mots servant à nier, comme *ne, non, pas*, etc. **5.** LOG. *Négation d'une proposition* p : proposition qui résulte de la proposition *p* par l'ajout du connecteur ¬ (« ¬ *p* » se lit « non-*p* »). [¬ *p* n'est vrai que si *p* est faux.] — *Principe de la double négation :* principe selon lequel s'il est faux que A soit faux, alors A est vrai.

NÉGATIONNISME n.m. Doctrine niant la réalité du génocide des Juifs par les nazis, et l'existence des chambres à gaz. (→ *révisionnisme*).

NÉGATIVE n.f. *Répondre par la négative :* répondre par un refus, une négation.

NÉGATIVEMENT adv. De façon négative.

NÉGATIVISME n.m. **1.** Attitude de refus systématique, de dénigrement. **2.** PSYCHOL. Ensemble des conduites de refus et d'opposition qui traduisent une rupture du contact avec autrui.

NÉGATIVITÉ n.f. **1.** Caractère de ce qui est négatif, non constructif. **2.** État d'un corps électrisé négativement.

NÉGATOSCOPE n.m. Boîte à lumière pour l'examen par transparence des films radiographiques.

NÉGLIGÉ n.m. **1.** État de qqn dont la tenue est négligée. **2.** Vx. Léger vêtement féminin d'intérieur.

NÉGLIGEABLE adj. **1.** Qui peut être négligé, dont on peut ne pas tenir compte. **2.** *Traiter qqn, qqch comme (une) quantité négligeable*, ne pas tenir compte de son opinion, de son existence, le juger sans importance.

NÉGLIGEMMENT [-ʒa-] adv. Avec négligence.

NÉGLIGENCE n.f. (lat. *negligentia*). **1.** Manque de soin, d'application, d'exactitude ; laisser-aller. **2.** Faute légère, manque de précision. *Négligence de style.* **3.** DR. Faute non intentionnelle résultant d'un manque de vigilance.

NÉGLIGENT, E adj. et n. (lat. *negligens, -entis*). Qui montre de la négligence. ◆ adj. DR. Qui n'accomplit pas un acte ou une action juridiques qu'il aurait dû faire.

NÉGLIGER v.t. [10] (lat. *negligere*). **1.** Laisser de côté, omettre de faire. *Négliger ses devoirs.* **2.** Laisser sans soin, ne pas cultiver. *Négliger sa tenue, ses talents.* **3.** Traiter sans attention ; délaisser. *Négliger ses amis.* ◆ **se négliger** v.pr. Ne plus prendre soin de sa personne.

NÉGOCE n.m. (lat. *negotium*, occupation, de *nec*, ne pas, et *otium*, loisir). *Sout.* Ensemble des opérations d'un commerçant ; activité commerciale.

NÉGOCIABILITÉ n.f. Qualité d'un titre représentatif d'un droit ou d'une créance qui permet leur transmission à un tiers.

NÉGOCIABLE adj. Qui peut être négocié. *Effet de commerce négociable.*

NÉGOCIANT, E n. Personne qui fait du commerce en gros.

NÉGOCIATEUR, TRICE n. **1.** Personne chargée de négocier pour le compte de son gouvernement. *Les négociateurs d'un traité.* **2.** Personne qui sert d'intermédiaire dans une affaire pour favoriser un accord.

NÉGOCIATION n.f. **1.** Action de négocier, de discuter les affaires communes entre des parties en vue d'un accord. *La négociation d'un contrat.* **2.** Ensemble de discussions, de pourparlers entre des personnes, des partenaires sociaux, des représentants qualifiés d'États, menés en vue d'aboutir à un accord sur les problèmes posés. *Négociations sur le désarmement.* ◇ *Négociation collective :* négociation entre les représentants des salariés et des employeurs en vue de l'élaboration d'une convention collective définissant les conditions d'emploi et de travail d'une catégorie de salariés. **3.** Transmission des effets de commerce.

NÉGOCIER v.t. [5] (lat. *negotiari*, faire du commerce). **1.** Traiter, discuter en vue d'un accord. *Négocier la paix avec l'ennemi.* ◇ p.p. adj. *Solution négociée.* **2.** Monnayer un titre, une valeur. **3.** (Calque de l'angl. *to negociate*). *Négo-*

cier un virage, manœuvrer pour le prendre dans les meilleures conditions. ◆ v.i. Engager des pourparlers en vue de régler un différend ou de mettre fin à un conflit ; traiter.

NÉGONDO n.m. ⟶ **NEGUNDO.**

1. NÈGRE, NÉGRESSE n. (esp. *negro,* du lat. *niger,* noir). **1.** Personne de couleur noire. (La connotation fréquemment raciste de ce mot rend préférable l'emploi du terme *Noir.*) ◇ *Nègre blanc :* albinos appartenant à une population de couleur noire. **2.** Anc. Esclave noir. *Les nègres d'une plantation.* ◇ *Fam. Travailler comme un nègre :* travailler très dur, sans relâche. ◆ n.m. **1.** *Fam.* Personne qui prépare ou rédige anonymement, pour qqn qui le signe, un travail littéraire, artistique ou scientifique. **2.** *Nègre en chemise :* entremets au chocolat nappé d'une crème anglaise.

2. NÈGRE adj. Qui appartient aux Noirs, à la culture des Noirs. ◇ *L'art nègre :* l'art négro-africain considéré en tant que source d'inspiration, au XXe s., de certains courants de l'art occidental (fauvisme, cubisme, expressionnisme). – *Nègre blanc :* qui vise à concilier des avis contraires ; ambigu. *Des motions nègre blanc.* (Invariable dans ce sens.)

NÉGRIER, ÈRE adj. Relatif à la traite des Noirs. *Navire négrier.* ◆ n.m. **1.** Personne qui faisait la traite des Noirs. **2.** Bâtiment qui servait à ce commerce. **3.** *Par ext.* Employeur qui traite ses employés comme des esclaves.

NÉGRILLON, ONNE n. Vieilli ou *péjor.* **1.** Enfant noir. **2.** Enfant de race blanche très brun de teint.

NÉGRITUDE n.f. Ensemble des valeurs culturelles et spirituelles propres aux Noirs, et revendiquées par eux. (Cette notion, qui retourne en positif ce que le terme « nègre » a de péjoratif, est due à Léopold Sédar Senghor et à Aimé Césaire.)

NÉGRO-AFRICAIN, E adj. (pl. *négro-africains, es*). Relatif aux Noirs d'Afrique. *Langues négro-africaines.*

NÉGROÏDE adj. et n. *Souvent péjor.* ou *raciste.* Qui rappelle les caractéristiques morphologiques des Noirs, notamm. celles du visage.

NEGRO SPIRITUAL [negrospiritwol] n.m. [pl. *negro spirituals*] (mot anglo-amér.). Chant religieux collectif d'inspiration chrétienne, né au XVIIIe s. parmi les esclaves noirs des États-Unis, exprimant souvent la misère humaine. SYN. : *spiritual.* (Parmi les interprètes de negro spirituals, on peut citer Mahalia Jackson.)

NÉGUENTROPIE n.f. Entropie négative, caractérisant la quantité d'informations dont on dispose au sujet d'un système informatique ou cybernétique.

NEGUNDO [negɔ̃do] ou **NÉGONDO** n.m. (mot malais). Érable ornemental originaire d'Amérique du Nord, à feuilles composées parfois panachées de blanc. (Famille des acéracées.)

NÉGUS [negys] n.m. (mot éthiopien). HIST. Titre des souverains d'Éthiopie.

NEIGE n.f. (de *neiger*). **1.** Précipitation de cristaux de glace agglomérés en flocons, dont la plupart sont ramifiés, parfois en étoile. (Quand la température des basses couches de l'atmosphère est inférieure à 0 °C, la neige se forme par la présence, dans un nuage, de noyaux de condensation faisant cesser le phénomène de surfusion.) ◇ *Neiges permanentes* (dites improprement *neiges éternelles*) : neiges amoncelées dans les parties les plus élevées des massifs montagneux, qui peuvent donner naissance aux glaciers. – *Blanc comme neige :* très blanc ; *fig.,* innocent. **2.** La montagne, l'hiver ; les sports d'hiver. *Aller à la neige.* **3.** *Neige carbonique :* anhydride carbonique solidifié. **4.** CUIS. *En neige :* se dit de blancs d'œufs battus jusqu'à former une mousse blanche et consistante. *Monter des blancs en neige.* – *Œufs à la neige :* blancs montés en neige, cuits dans du lait bouillant et servis sur une crème anglaise. **5.** *Arg.* Drogue (cocaïne ou héroïne) sous forme de poudre blanche.

■ **NEIGE.** Quelques formes caractéristiques des cristaux de neige.

NEIGEOTER v. impers. *Fam.* Neiger faiblement.

NEIGER v. impers. [10] (lat. pop. *nivicare,* de *nix, nivis,* neige). Tomber, en parlant de la neige.

NEIGEUX, EUSE adj. Couvert de neige. ◇ *Temps neigeux :* état de l'atmosphère caractérisé par des chutes de neige.

NELUMBO [nelɔ̃bo] ou **NÉLOMBO** n.m. (mot cinghalais). Plante aquatique voisine du nénuphar, dont une espèce est le lotus sacré des hindous. (Famille des nélumbonacées.)

NEM [nɛm] n.m. (mot vietnamien). Petite crêpe de farine de riz fourrée (soja, viande, vermicelles, etc.), roulée et frite. (Cuisine vietnamienne.)

NÉMATHELMINTHE n.m. Ver cylindrique, sans anneaux et ni véritable cœlome, mais doté d'un tube digestif, tel que les nématodes. (Les némathelminthes forment un embranchement.)

NÉMATIQUE adj. (du gr. *nêma, nêmatos,* fil). PHYS. Se dit de l'état mésomorphe, plus voisin de l'état liquide que de l'état cristallin, dans lequel les molécules, très allongées, peuvent se déplacer parallèlement les unes par rapport aux autres.

NÉMATOBLASTE n.m. ZOOL. Cnidoblaste.

NÉMATOCÈRE n.m. (gr. *nêma,* fil, et *keras,* antenne). Insecte diptère au corps et aux pattes grêles, doté d'antennes longues, tel que le moustique. (Les nématocères forment un sous-ordre.)

NÉMATOCYSTE n.m. (gr. *nêma,* fil, et *kustis,* vessie). Organe urticant des cnidaires. SYN. : *cnidocyste.*

NÉMATODE n.m. (du gr. *nêma,* fil). Ver cylindrique et effilé, génér. de très petite taille, pullulant dans le sol, et dont quelques grandes espèces (ascaris, oxyures) vivent en parasites de l'homme et des mammifères. (Les nématodes forment une classe de némathelminthes.)

NÉMÉENS adj.m. pl. ANTIQ. GR. *Jeux Néméens,* célébrés à Némée, en l'honneur de Zeus.

NÉMERTE n.m. ou n.f. ou **NÉMERTIEN** [nemɛrsjɛ̃] n.m. (gr. *Nêmertês,* la Véridique, n. d'une des Néréides). Ver en forme de long et fin ruban, à la courte trompe protractile, vivant enfoui dans la vase du littoral, et atteignant 10 m de long. (Les némertes forment un embranchement.)

NEMI ou **N.E.M.I.** [nemi] n.m. (acronyme de *nouvelle échelle métrique de l'intelligence*). Test destiné à évaluer l'âge mental des enfants âgés de 3 à 12 ans.

NÉNÉ n.m. *Fam.* Sein.

NÉNETTE n.f. *Fam.* **1.** *Se casser la nénette :* se fatiguer, notamm. à réfléchir. **2.** Jeune fille, jeune femme.

NÉNIES n.f. pl. (lat. *nenia*). ANTIQ. GR. ET ROM. Chant funèbre.

NENNI adv. Vx. Non.

NÉNUPHAR n.m. (ar. *nīnūfar*). Plante aquatique, souvent cultivée dans les pièces d'eau pour ses larges feuilles flottantes et pour ses grosses fleurs solitaires à pétales blancs, jaunes ou rouges. (Genres *Nymphaea, Victoria,* etc. ; famille des nymphéacées.)

NÉO-CALÉDONIEN, ENNE adj. et n. (pl. *néo-calédoniens, ennes*). De la Nouvelle-Calédonie.

NÉOCLASSICISME n.m. **1.** Tendance artistique et littéraire de la fin du XVIIIe s. et du début du XIXe s., qui s'est appuyée sur les exemples de l'Antiquité classique ou du classicisme du XVIIe s. *(V. ill. page suivante).* **2.** Courant chorégraphique du XXe s., initié par les chorégraphes des *Ballets russes de Diaghilev, enrichissant la danse académique d'éléments caractéristiques (positions avec pieds parallèles et mouvements décalés notamm.). [Les principaux représentants de ce courant sont Fokine, Lifar, Balanchine puis R. Petit et M. Béjart.] **3.** Tendance à revenir à un certain classicisme, par réaction contre les audaces d'une période antérieure.

ENCYCL. Les découvertes archéologiques du XVIIIe s. (Pompéi, notamm.) ont engendré le courant néoclassique, antithèse du baroque et du rococo. Parmi les architectes, on peut citer Soufflot puis Ledoux en France, R. Adam puis John Soane (1753 - 1837) en Grande-Bretagne, Schinkel en Allemagne. Canova est le plus doué des sculpteurs. En France, les peintres, tels David, Jean-Baptiste Regnault (1754 - 1829) ou Girodet-Trioson, sont liés aux idéologies révolutionnaire, puis impériale.

NÉOCLASSIQUE adj. Qui appartient, se rattache au néoclassicisme. ◇ *Danse néoclassique* ⟶ **néoclassicisme.** – ÉCON. *École néoclassique :* courant de pensée qui, à la fin du XIXe s., renouvela l'analyse économique, en partic. celle de la valeur. (Elle fut représentée, notamm., par L. Walras et A. Marshall.)

NÉOCOLONIALISME n.m. Politique visant à rétablir, sous des formes nouvelles, une domination sur les anciens pays colonisés devenus indépendants.

NÉOCOLONIALISTE adj. et n. Relatif au néocolonialisme ; qui en est partisan.

NÉOCOMMUNISME n.m. Régime politique ayant succédé aux régimes communistes disparus tout en en conservant ou en en rétablissant de nombreux traits et méthodes ; ensemble des conceptions correspondantes.

NÉOCORTEX n.m. Partie la plus complexe du cortex cérébral, occupant chez l'homme la quasi-totalité de la surface des hémisphères.

NÉODARWINISME n.m. (de *Darwin,* n.pr.). SC. DE LA V. Théorie de l'évolution selon laquelle les mutations génétiques, aléatoires et porteuses d'une valeur sélective favorable ou défavorable, sont ensuite soumises à la sélection naturelle et déterminent ainsi l'apparition de nouvelles formes animales ou végétales.

NÉODYME n.m. (du gr. *didumos,* double). **1.** Métal du groupe des terres rares. **2.** Élément chimique (Nd), de numéro atomique 60, de masse atomique 144,24.

NÉOFASCISME n.m. Tendance politique italienne s'inscrivant dans la postérité du fascisme.

NÉOFASCISTE adj. et n. Relatif au néofascisme ; qui en est partisan.

NÉOFORMATION n.f. Rare. Néoplasie.

NÉOFORMÉ, E adj. Qui résulte d'une néoplasie.

NÉOGÈNE n.m. et adj. (gr. *neos,* nouveau, et *genos,* naissance). GÉOL. Système du cénozoïque, précédant le quaternaire. (Le néogène se situe au tertiaire, de – 23,5 à – 1,64 million d'années ; il est subdivisé en miocène et pliocène.)

NÉOGOTHIQUE adj. et n.m. Se dit d'un style qui, au XIXe s. surtout, s'est inspiré du gothique.

NÉOGRAMMAIRIEN, ENNE adj. et n. Se dit d'une école de linguistes allemands de la fin du XIXe s., d'inspiration scientiste.

NÉOGREC, NÉOGRECQUE adj. BX-ARTS. Qui s'inspire de la Grèce classique.

NÉO-IMPRESSIONNISME n.m. Mouvement pictural de la fin du XIXe s., fondé sur le divisionnisme, dont Seurat fut l'initiateur et Signac l'un des principaux propagateurs.

NÉO-IMPRESSIONNISTE adj. et n. (pl. *néo-impressionnistes*). Qui appartient, se rattache au néo-impressionnisme.

NÉOKANTISME n.m. Mouvement philosophique issu du kantisme, dominé par la recherche d'une morale (école axiologique de Bade), d'une théorie de la connaissance et d'une méthode (école de Marburg).

NÉOLIBÉRALISME n.m. ÉCON. Doctrine libérale, apparue dans les années 1970, qui accepte une intervention limitée de l'État.

■ **NÉNUPHAR**

■ LE NÉOCLASSICISME

À l'origine de ce mouvement européen se trouvent l'influence de la philosophie des Lumières, la redécouverte de l'Antiquité par l'archéologie (études menées à Rome, Pompéi, Paestum, Athènes ; gravures de Piranèse), l'enseignement de théoriciens comme Winckelmann, un approfondissement général de la réflexion sur l'art. Les prises de position contre le baroque et le rococo reflètent également une réaction morale contre la société aristocratique.

Louis David. *Les licteurs rapportent à Brutus les corps de ses fils,* grande toile exposée à Paris, au Salon, en août 1789. Selon la légende, Brutus (Lucius Junius) a fondé la république romaine en chassant les Tarquins de Rome ; ses deux fils ayant conspiré avec les rois déchus, il les a fait exécuter. Chez David, l'étude sur modèle vivant a autant d'importance que l'inspiration antique (architecture, statuaire, composition en frise des bas-reliefs), d'où la qualité plastique de ses figures, unie à la leçon morale (ici fort extrême) escomptée du sujet historique. (Louvre, Paris.)

Antonio Canova. *Psyché ranimée par le baiser de l'Amour* (1793), détail du groupe en marbre. Recherchant la forme idéale, sous l'influence, notamment, de Winckelmann, le sculpteur italien puise tantôt à des sources antiques sévères, tantôt – comme ici –, à la grâce alexandrine. (Louvre, Paris.)

NÉOLITHIQUE n.m. (gr. *neos,* nouveau, et *lithos,* pierre). Période de mutations majeures dans l'évolution des sociétés humaines, correspondant à la domestication des plantes et des animaux, à la sédentarisation, à la fabrication de la céramique, au tissage et au polissage des outils en pierre dure. ◆ adj. Relatif au néolithique.

NÉOLITHISATION n.f. PRÉHIST. Passage du stade de prédateurs, pour les chasseurs-cueilleurs-pêcheurs, à celui de producteurs de nourriture. (Cette mutation, survenue dès le IXe millénaire au Proche-Orient, s'est diffusée en direction de l'Europe occidentale le long du Danube [danubien] et en Méditerranée [cardial].)

NÉOLOCAL, E, AUX adj. ANTHROP. Se dit d'un mode de résidence où les époux demeurent dans une localité autre que celles de leurs parents (pères et mères).

NÉOLOGIE n.f. LING. Ensemble des processus de formation des néologismes (dérivation, composition, siglaison, emprunt, etc.).

NÉOLOGIQUE adj. Relatif à la néologie, aux néologismes.

NÉOLOGISME n.m. Mot ou expression de création ou d'emprunt récents ; sens nouveau d'un mot ou d'une expression existant déjà dans la langue.

NÉOMERCANTILISME n.m. ÉCON. Doctrine modernisée du mercantilisme, prônant un certain protectionnisme et des interventions de l'État pour aider l'économie nationale.

NÉOMORTALITÉ n.f. Mortalité des nouveau-nés.

1. NÉON n.m. (gr. *neon,* nouveau). **1.** Gaz rare de l'atmosphère. **2.** Élément chimique (Ne), de numéro atomique 10, de masse atomique 20,179 7. **3.** Éclairage par tube fluorescent au néon, et, par ext., par tube fluorescent quel qu'il soit ; le tube lui-même. *Changer un néon.*

2. NÉON n.m. Petit poisson d'ornement originaire d'Amazonie, très grégaire, apprécié des aquariophiles pour sa livrée bleu électrique et rouge. (Long. 4 cm ; genre *Paracheirodon* ou *Hyphessobrycon,* famille des characidés.)

NÉONATAL, E, ALS adj. Relatif au nouveau-né. *Médecine néonatale.*

NÉONATALOGIE n.f. Discipline médicale qui a pour objet l'étude du nouveau-né et le traitement de ses maladies.

NÉONAZI, E adj. et n. Relatif au néonazisme ; qui en est partisan.

NÉONAZISME n.m. Mouvement d'extrême droite puisant son inspiration dans le national-socialisme.

NÉOPHYTE n. (gr. *neos,* nouveau, et *phuein,* faire naître). **1.** Dans l'Église primitive, nouveau converti. **2.** Adepte récent d'une doctrine, personne récemment entrée dans un parti, une association.

NÉOPILINA n.m. Mollusque très primitif des profondeurs du Pacifique sud, seul représentant actuel de la classe des monoplacophores, disparue au carbonifère.

NÉOPLASIE n.f. MÉD. Formation d'un tissu nouveau, en partic. d'un tissu tumoral. – *Par ext.,* abusif. Le tissu ainsi formé, ou *néoplasme.*

NÉOPLASIQUE adj. Qui concerne la néoplasie ; de la nature de la néoplasie.

NÉOPLASME n.m. MÉD. Tissu qui résulte du processus de néoplasie ; tumeur.

NÉOPLASTICISME n.m. Doctrine de l'art abstrait propre à Mondrian.

NÉOPLATONICIEN, ENNE adj. et n. Qui appartient au néoplatonisme ; qui s'y rattache.

NÉOPLATONISME n.m. **1.** Doctrine philosophique développée à Alexandrie (IIIe s.) et qui opère la synthèse du système platonicien et d'éléments mystiques. (Plotin en est le principal représentant.) **2.** Tout système inspiré du platonisme.

NÉOPOSITIVISME n.m. Positivisme logique.

NÉOPOSITIVISTE adj. et n. Qui concerne le néopositivisme ; qui en est partisan.

NÉOPRÈNE n.m. (nom déposé). Élastomère synthétique thermoplastique.

NÉORÉALISME n.m. Mouvement cinématographique né en Italie au lendemain de la Seconde Guerre mondiale.

ENCYCL. Inauguré par *Ossessione* (1943) de L. Visconti, le néoréalisme a marqué la volonté de revenir à la réalité humaine et sociale de l'Italie, que le cinéma fasciste avait travestie ou occultée. Ce mouvement novateur, qui privilégiait les décors naturels et les acteurs non professionnels, se développa très vite après 1945, regroupant des personnalités artistiques très diverses : R. Rossellini, V. De Sica, G. De Santis (1917 - 1997), A. Lattuada (né en 1914), le scénariste C. Zavattini (1902 - 1989). L'expérience néoréaliste prit fin dès le début des années 50, mais son importance aura été fondamentale dans l'évolution ultérieure du cinéma italien.

NÉORÉALISTE adj. et n. Qui appartient au néoréalisme ; qui s'en réclame.

NÉORURAL, E, AUX n. Personne d'origine urbaine installée dans une zone rurale pour y exercer une activité professionnelle.

NÉOTECTONIQUE n.f. GÉOL. Tectonique, génér. récente, affectant un relief déjà formé.

NÉOTÉNIE n.f. (du gr. *teinein,* étendre). BIOL. Persistance, chez un animal apte à se reproduire, de caractères larvaires ou juvéniles. (Un exemple extrême en est fourni par l'axolotl.)

NÉOTHOMISME n.m. Système théologique dont le pape Léon XIII (1878 - 1903) voulut faire le point de départ d'un renouveau intellectuel dans l'Église et qui, pour manifester l'actualité de la pensée de saint Thomas d'Aquin, insère la théologie thomiste classique dans une problématique moderne. (Principaux représentants : J. Maritain, É. Gilson, M. D. Chenu, K. Rahner, Y. Congar.)

NÉOTTIE n.f. (gr. *neotteia*). Orchidée saprophyte des forêts de hêtres, sans chlorophylle, cour. appelée *nid-d'oiseau.* (Genre *Neottia.*)

NÉO-ZÉLANDAIS, E adj. et n. (pl. *néo-zélandais, es*). De la Nouvelle-Zélande, de ses habitants.

1. NÉPALAIS, E adj. et n. Du Népal, de ses habitants.

2. NÉPALAIS ou **NÉPALI** n.m. Langue indo-aryenne parlée au Népal.

NÈPE n.f. (lat. *nepa,* scorpion). Insecte carnassier des eaux stagnantes de l'Eurasie, large et plat, respirant l'air par un tube abdominal et dont la piqûre est douloureuse. (Long. 2 cm ; ordre des hétéroptères, genre *Nepa.*) SYN. : *scorpion d'eau.*

NÉPENTHÈS [nepɛ̃tɛs] n.m. (d'un mot gr.). **1.** ANTIQ. GR. Remède magique contre la tristesse. **2.** Plante carnivore de l'Asie tropicale, de l'Océanie et de Madagascar, dont les feuilles en vrille se terminent par une petite urne membraneuse surmontée d'un couvercle, où peuvent tomber les proies. (Famille des népenthacées.)

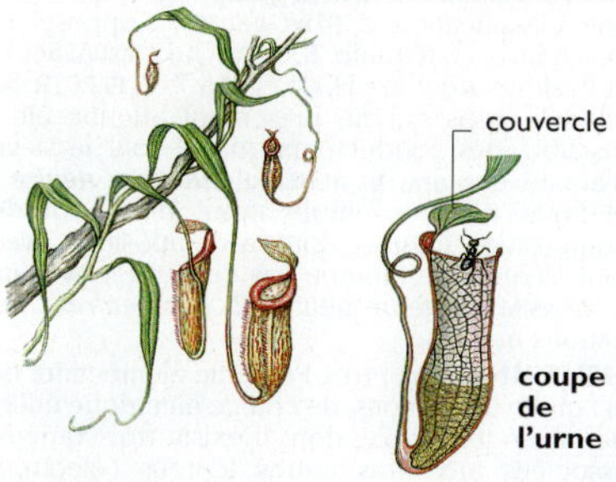

■ **NÉPENTHÈS**

NÉPÉRIEN, ENNE adj. (de John *Neper,* n.pr.). *Fonction logarithme népérien* → **logarithme.**

NÉPHÉLÉMÉTRIE n.f. (du gr. *nephelê,* nuage). Procédé de mesure de la concentration d'une émulsion, par comparaison de sa transparence avec celle d'une préparation étalon.

NÉPHÉLINE n.f. MINÉRALOG. Aluminosilicate de sodium, un des principaux feldspathoïdes.

NÉPHRECTOMIE n.f. Ablation chirurgicale d'un rein.

NÉPHRÉTIQUE adj. (du gr. *nephros,* rein). Qui concerne les reins. *Colique néphrétique.*

NÉPHRIDIE n.f. Organe excréteur des invertébrés, jouant le rôle des reins.

NÉPHRITE n.f. (gr. *nephros,* rein). **1.** MÉD. Inflammation du rein. – Abusif. Néphropathie. **2.** MINÉRALOG. Silicate de magnésium, de fer et de calcium, variété fibreuse d'amphibole. (La néphrite est, avec la jadéite, un des constituants du jade.)

NÉPHROLOGIE n.f. Discipline médicale qui s'intéresse au rein et à ses maladies.

NÉPHROLOGUE n. Médecin spécialiste de néphrologie.

NÉPHRON n.m. Élément microscopique fondamental du rein, constitué d'un glomérule qui forme l'urine par filtration du sang, suivi d'un tubule, qui débouche dans les calices.

NÉPHROPATHIE n.f. Toute maladie du rein ; toute maladie diffuse du rein.

NÉPOTISME n.m. (ital. *nepotismo,* du lat. *nepos,* neveu). **1.** Attitude de certains papes qui accordaient des faveurs particulières à leurs parents. **2.** Abus qu'une personne en place fait de son crédit en faveur de sa famille.

NEPTUNISME n.m. (de *Neptune,* dieu romain de la Mer). GÉOL. Anc. Théorie qui donnait une origine marine à toute roche (par oppos. à *plutonisme*).

NEPTUNIUM [nɛptynjɔm] n.m. **1.** Métal transuranien radioactif. **2.** Élément chimique (Np), de numéro atomique 93, de masse atomique 237,048 2.

NÉRÉ n.m. (du mandingue). Afrique. Arbre dont les racines et les graines sont utilisées en médecine traditionnelle. (Famille des mimosacées.)

NÉRÉIDE n.f. ou **NÉRÉIS** [nereis] n.m. ou n.f. (gr. *nereis,* nymphe de la mer). Ver marin carnassier vivant dans la vase ou sur les rochers des côtes de l'Europe occidentale. (Long. 20 à 30 cm ; embranchement des annélides, classe des polychètes.)

NERF [nɛr] n.m. (lat. *nervus,* ligament). **1.** Cordon blanchâtre composé de fibres nerveuses, conduisant les messages moteurs du système nerveux central vers les organes, et les messages sensitifs et sensoriels en sens inverse. **2.** (Abusif). Dans la viande, ligament ou aponévrose. *Viande pleine de nerfs.* ◇ *Nerf de bœuf :* cravache, matraque faite d'une verge de bœuf ou de taureau étirée et desséchée. **3.** Ce qui fait la force de qqch, l'énergie physique ou morale de qqn. *Moteur qui manque de nerf. Il a du nerf.* **4.** Ce qui est à la base, au principe d'une action efficace. ◇ *Le nerf de la guerre :* l'argent. **5.** REL. Chacune des nervures transversales disposées parfois sur le dos d'un livre relié. ◆ pl. *Cour.* Système nerveux considéré comme le siège de l'équilibre mental et de la capacité à garder son calme. *Avoir les nerfs solides.* ◇ *Fam. Avoir ses nerfs, avoir les nerfs en boule, en pelote :* être dans un état de grand agacement. – *Fam. Taper, porter sur les nerfs :* causer un vif agacement. – *Être, vivre sur les nerfs,* dans un état de tension nerveuse permanente. – *Guerre des nerfs :* ensemble de procédés (intoxication, désinformation, etc.) visant à affaiblir, à déstabiliser l'adversaire. – *Passer ses nerfs sur qqn, sur qqch,* manifester contre cette personne, cette chose une irritation dont la cause est ailleurs. – *Fam. Paquet, boule de nerfs :* personne très nerveuse, irritable.

NÉRITIQUE adj. (du gr. *nêritês,* coquillage de mer). Se dit des zones marines situées au-dessus du plateau continental, des organismes qui y vivent ou des formations qui s'y déposent.

NÉROLI n.m. (du n. d'une princesse ital. qui aurait introduit ce parfum en France). Huile essentielle obtenue par distillation des fleurs du bigaradier.

NÉRONIEN, ENNE adj. *Litt.* Qui est digne de Néron, de sa cruauté.

NERPRUN [nɛrprœ̃] n.m. (lat. *niger prunus,* prunier noir). Arbuste parfois épineux, à fruits noirs, du genre *Rhamnus,* tel que la bourdaine. (Famille des rhamnacées.)

NERVATION n.f. BOT., ENTOMOL. Disposition des nervures d'une feuille, d'une aile d'insecte.

NERVEUSEMENT adv. **1.** De façon nerveuse. **2.** Sur le plan nerveux.

NERVEUX, EUSE adj. (lat. *nervosus,* vigoureux). **1.** Qui relève du système nerveux. ◇ *Tissu nerveux :* ensemble des neurones, des cellules et des structures (névroglie, tissu conjonctif, etc.) qui leur sont associées. – *Système nerveux :* ensemble d'organes et de structures constitués de tissus nerveux, assurant la réception sensitive et sensorielle, la commande motrice, la coordination des organes et des fonctions du corps, et la vie psychique. – *Système nerveux somatique,* qui régit les relations du corps avec l'extérieur, notamm. la motricité. – *Système nerveux végétatif* ou *autonome :* ensemble des systèmes nerveux sympathique et parasympathique qui règlent le fonctionnement des viscères. SYN. : *système neurovégétatif.* – *Centre nerveux :* groupe de neurones qui fait partie de la substance grise du système nerveux central, et qui est le siège d'une fonction nerveuse déterminée. **2.** Relatif à l'équilibre mental. *Tension nerveuse.* **3.** Qui est dû à la nervosité ou qui l'exprime. *Un rire nerveux.* **4.** Qui manifeste une certaine agitation ; excité, fébrile, impatient. **5.** Qui manifeste de la vivacité, de la vigueur. *Style nerveux.* ◇ *Moteur nerveux, voiture nerveuse,* qui a de bonnes reprises. ◆ adj. et n. Qui est dominé par des nerfs irritables ; très émotif. *Personne nerveuse. Un grand nerveux.*

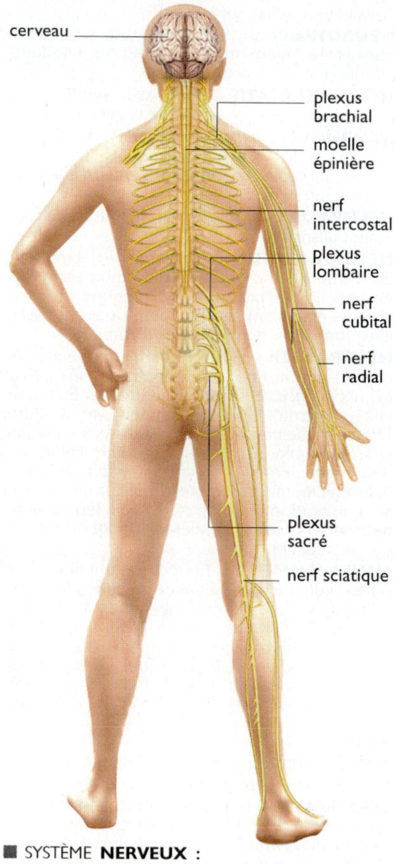

■ SYSTÈME **NERVEUX :**
le cerveau, la moelle et les nerfs périphériques.

NERVI n.m. (mot provenç.). Homme de main, tueur.

NERVOSITÉ n.f. **1.** État d'excitation nerveuse passagère. *Donner des signes de nervosité.* **2.** État permanent ou momentané d'irritabilité ou d'inquiétude. *La nervosité de l'opinion.*

NERVURE n.f. (de *nerf*). **1.** ARCHIT. Grosse moulure d'une voûte, en partic. d'une voûte gothique. (Les nervures sont, en général, la partie visible des arcs constituant l'ossature de cette voûte.) **2.** BOT. Filet saillant, souvent ramifié, formé par les tubes conducteurs de la sève et parcourant le limbe d'une feuille. **3.** COUT. Petit pli debout, formant garniture en relief sur un vêtement. **4.** ENTOMOL. Filet de l'aile des insectes.

NERVURER v.t. Rare. Pourvoir, orner de nervures.

NESCAFÉ n.m. (nom déposé). Café soluble.

N'EST-CE PAS adv. **1.** S'emploie pour appeler l'acquiescement de l'interlocuteur à ce qui vient d'être dit. *Vous viendrez, n'est-ce pas ?* **2.** S'emploie à l'intérieur d'une phrase comme une simple articulation ou un renforcement. *La question, n'est-ce pas, reste ouverte.*

NESTORIANISME n.m. Hérésie chrétienne du Vᵉ s., professée par Nestorius.
ENCYCL. Au lieu d'attribuer à l'unique personne de Jésus-Christ les deux natures divine et humaine, Nestorius enseignait qu'en Jésus-Christ coexistaient deux personnes, l'une divine, l'autre humaine. La pensée de Nestorius survit dans l'Église nestorienne, qui, prospère au XIIIᵉ s., est maintenant réduite à quelques communautés regroupées, pour la plupart, au nord de l'Iraq.

NESTORIEN, ENNE adj. et n. Qui appartient au nestorianisme ; qui s'y rattache.

1. NET, NETTE adj. (lat. *nitidus,* brillant). **1.** Sans tache ; propre. *Une glace nette.* ◇ *Avoir les mains nettes, la conscience nette :* être moralement irréprochable. **2.** Bien marqué, bien distinct. *Une cassure nette. Une différence très nette.* ◇ *Vue nette :* vue qui distingue bien les objets. **3.** Qui ne prête à aucun doute. *Nette amélioration.* ◇ *Fam. Ne pas être net :* être un peu fou ; être louche, suspect. **4.** Dont on a déduit tout élément étranger (par oppos. à *brut*). *Poids, prix, salaire net.* ◇ *Faire place nette :* débarrasser un endroit de tout ce qui gêne. – *Net de :* exempt de, non susceptible de. *Net d'impôt.* ◆ adv. **1.** Brutalement, tout d'un coup. *Objet qui s'est cassé net.* **2.** Sans ambiguïté ni ménagement. *Refuser net.* ◆ n.m. *Au net :* sous une forme définitive et propre. *Mettre une copie au net.*

2. NET adj. inv. (mot angl., *filet*). SPORTS. Let, au tennis, au tennis de table, au volley-ball. Recomm. off. : *filet.*

3. NET n.m. (abrév.). *Le Net :* Internet.

NETCAM [nɛtkam] n.f. (de *Internet* et *caméra*). Webcam.

NÉTÉCONOMIE n.f. Économie née du développement des start-up sur Internet.

NETSUKE [nɛtsyke] n.m. inv. (mot jap.). Dans le costume traditionnel japonais, figurine servant de contrepoids aux objets attachés à la ceinture.

NETTEMENT adv. D'une manière nette, claire, incontestable.

NETTETÉ n.f. Caractère de ce qui est net.

NETTOIEMENT n.m. Ensemble des opérations ayant pour objet de nettoyer.

NETTOYAGE n.m. Action de nettoyer ; son résultat. ◇ *Fam. Nettoyage par le vide :* élimination énergique de tout ce qui encombre.

NETTOYANT n.m. Produit de nettoyage.

NETTOYER v.t. [7] (de *1. net*). **1.** Rendre net, propre, en débarrassant de ce qui salit, encombre. *Nettoyer une chambre.* **2.** Débarrasser un lieu d'éléments indésirables, dangereux. *La police a nettoyé ce quartier.* **3.** *Fam.* Vider un lieu de

N

son contenu. *Les voleurs ont nettoyé l'appartement.* **4.** *Fam.* Faire perdre tout son argent, ses biens à qqn. *Il s'est fait nettoyer au poker.* **5.** *Fam.* Tuer, assassiner, liquider.

1. NETTOYEUR, EUSE n. Personne qui nettoie.

2. NETTOYEUR n.m. **1.** Appareil de nettoyage domestique utilisant un jet d'eau sous pression. **2.** Québec. Pressing, teinturerie.

NEUCHÂTELOISE n.f. (de *Neuchâtel,* n.pr.). Pendule murale dont la forme, inspirée du style Louis XV, a été élaborée par les horlogers du Jura suisse.

1. NEUF adj. num. et n.m. inv. (lat. *novem*). **1.** Nombre qui suit huit dans la suite des entiers naturels. ◇ ***Preuve par neuf*** : méthode de contrôle des opérations arithmétiques fondée sur le fait que tout nombre et la somme des chiffres qui le constituent ont même reste dans la division euclidienne par neuf. **2.** Neuvième. *Charles IX.*

2. NEUF, NEUVE adj. (lat. *novus,* nouveau). **1.** Fait depuis peu et qui n'a pas ou presque pas servi. *Maison neuve. Bicyclette neuve.* **2.** Qui n'a pas encore été dit, traité. *Pensée neuve. Sujet neuf.* **3.** Qui ne répète pas l'expérience antérieure, qui est libre des préjugés auxquels conduit l'habitude. *Un regard neuf.* ◆ n.m. Ce qui est neuf. ◇ ***À neuf*** : de façon à apparaître comme neuf. – ***De neuf*** : avec des choses neuves.

NEUFCHÂTEL [nøʃatɛl] n.m. Fromage au lait de vache, à la pâte onctueuse, fabriqué à Neufchâtel-en-Bray.

NEUME [nøm] n.m. (gr. *pneuma,* souffle). MUS. Ancien signe de notation musicale, simple ou composé, évoquant notamm. l'ornementation de toute mélodie du plain-chant.

NEUNEU adj. et n. (pl. *neuneus*). *Fam.* Niais, sot, bêtifiant. *Une émission neuneu.*

NEURAL, E, AUX adj. ANAT. Relatif au système nerveux.

NEURASTHÉNIE n.f. (gr. *neuron,* nerf, et *astheneia,* manque de force). **1.** PSYCHIATR. Vx. Névrose dont l'existence n'est plus réellement reconnue, et qui était dominée par la fatigue, la tristesse, l'indécision et divers troubles somatiques. **2.** *Cour.* État d'abattement, de tristesse et de pessimisme.

NEURASTHÉNIQUE adj. Relatif à la neurasthénie. ◆ adj. et n. Atteint de neurasthénie.

NEURINOME n.m. Tumeur bénigne d'un nerf, développée à partir de la gaine des fibres nerveuses.

NEUROBIOLOGIE n.f. Discipline qui étudie le fonctionnement des neurones.

NEUROCHIRURGICAL, E, AUX adj. Relatif à la neurochirurgie.

NEUROCHIRURGIE n.f. Chirurgie du système nerveux.

NEUROCHIRURGIEN, ENNE n. Médecin spécialisé en neurochirurgie.

NEURODÉPRESSEUR adj.m. et n.m. PHARM. Se dit d'une substance qui diminue l'activité du système nerveux, comme un neuroleptique ou un hypnotique.

NEUROENDOCRINIEN, ENNE adj. Relatif à la neuroendocrinologie.

NEUROENDOCRINOLOGIE n.f. Discipline médicale qui étudie les interactions entre le système nerveux et les hormones.

NEUROFIBROMATOSE n.f. Maladie héréditaire caractérisée par des tumeurs bénignes, surtout disséminées au niveau de la peau et du système nerveux. SYN. : *maladie de Recklinghausen.*

NEUROLEPTIQUE adj. et n.m. Se dit d'un médicament psychotrope utilisé princip. dans le traitement des psychoses et dans celui de l'agitation d'origine psychiatrique.

NEUROLINGUISTIQUE [-lɛ̃gɥistik] n.f. Étude des rapports entre le langage et les structures cérébrales.

NEUROLOGIE n.f. Spécialité médicale qui étudie le système nerveux et soigne ses maladies.

NEUROLOGIQUE adj. Relatif à la neurologie ; relatif au système nerveux ou à ses maladies.

NEUROLOGUE n. Médecin spécialiste de neurologie.

NEUROMÉDIATEUR n.m. Médiateur chimique synthétisé et libéré par un neurone, permettant à celui-ci de transmettre des messages en se fixant sur d'autres cellules. SYN. : *neurotransmetteur.*

NEUROMUSCULAIRE adj. Qui concerne à la fois les muscles et le système nerveux.

NEURONAL, E, AUX ou **NEURONIQUE** adj. Relatif au neurone.

NEURONE n.m. Cellule de base du tissu nerveux, capable de recevoir, d'analyser et de produire des informations. (La partie principale, ou corps cellulaire du neurone, est munie de prolongements, les dendrites et l'axone.)

NEUROPATHIE n.f. Toute affection du système nerveux. ◇ ***Neuropathie périphérique,*** ou ***neuropathie*** : toute affection du système nerveux périphérique, c'est-à-dire des nerfs et des ganglions.

NEUROPEPTIDE n.m. Substance peptidique servant de neuromédiateur dans le système nerveux central (enképhaline, endorphine, etc.).

NEUROPHYSIOLOGIE n.f. Physiologie du système nerveux.

NEUROPHYSIOLOGIQUE adj. Relatif à la neurophysiologie.

NEUROPLÉGIQUE adj. et n.m. Se dit d'une substance qui paralyse la transmission des messages nerveux.

NEUROPSYCHIATRE n. Anc. Spécialiste de neurologie et de psychiatrie.

NEUROPSYCHIATRIE n.f. Nom donné naguère à la psychiatrie, avant qu'elle ne se sépare de la neurologie.

NEUROPSYCHOLOGIE n.f. Étude des relations entre les fonctions psychologiques supérieures et les structures cérébrales.

NEUROPSYCHOLOGIQUE adj. Relatif à la neuropsychologie.

NEUROPSYCHOLOGUE n. Spécialiste de neuropsychologie.

NEUROSCIENCES n.f. pl. Ensemble des disciplines scientifiques qui étudient le système nerveux.

NEUROTOMIE n.f. Incision chirurgicale d'un nerf, pour le réparer ou le sectionner.

NEUROTONIE n.f. Anomalie bénigne du fonctionnement du système nerveux végétatif comportant de la nervosité, des réflexes vifs et divers symptômes (palpitations, diarrhée, etc.).

NEUROTONIQUE adj. et n. Atteint de neurotonie.

NEUROTOXINE n.f. Toxine affectant le système nerveux.

NEUROTRANSMETTEUR n.m. Neuromédiateur.

NEUROTRANSMISSION n.f. PHYSIOL. Transmission des messages nerveux par l'intermédiaire d'un neuromédiateur.

NEUROTROPE adj. Se dit des substances chimiques et des micro-organismes qui ont une forte affinité pour le système nerveux.

NEUROVÉGÉTATIF, IVE adj. MÉD. *Système neurovégétatif* : système *nerveux végétatif.

NEURULA n.f. (d'après *morula*). Stade embryonnaire des vertébrés succédant à la gastrula, et pendant lequel se forme la première ébauche du système nerveux.

NEUTRALISANT, E adj. Qui neutralise, propre à neutraliser.

NEUTRALISATION n.f. **1.** Action de neutraliser ; fait d'être neutralisé. **2.** CHIM. Combinaison des protons libérés par un acide protique avec un nombre égal d'anions OH^- fournis par une base, avec formation de molécules d'eau.

NEUTRALISER v.t. **1.** Annuler l'effet de, empêcher d'agir par une action contraire. *Neutraliser la concurrence.* **2.** Déclarer neutres un État, une ville, un territoire, des personnels, etc. **3.** CHIM. Effectuer une neutralisation. *Neutraliser une solution.* **4.** Amoindrir, atténuer la force, l'effet de. *Neutraliser un rouge trop vif en y mêlant du blanc.* **5.** Arrêter momentanément le trafic, la circulation sur une portion de route ou de voie ferrée. ◆ **se neutraliser** v.pr. S'annuler réciproquement, se contrebalancer.

NEUTRALISME n.m. **1.** Doctrine impliquant le refus d'adhérer à une alliance militaire, de s'intégrer à un groupe de puissances. **2.** BIOL. Théorie, développée notamm. par M. Kimura, qui tient l'évolution des espèces pour un processus essentiellement aléatoire, dans lequel les mutations ponctuelles ne sont majoritairement ni bénéfiques ni défavorables, mais « neutres », et ne sont donc pas directement soumises à la sélection naturelle.

NEUTRALISTE adj. et n. Relatif au neutralisme ; favorable à la neutralité ou au neutralisme.

NEUTRALITÉ n.f. **1.** État d'une personne qui reste neutre, de ce qui est neutre. **2.** Situation d'un État qui demeure à l'écart d'un conflit entre deux ou plusieurs autres États. **3.** PSYCHAN. Attitude de l'analyste durant la cure, qui doit s'efforcer de ne pas privilégier ses valeurs et s'abstenir de tout conseil. **4.** CHIM., PHYS. État, qualité d'un corps ou d'un milieu neutres.

NEUTRE adj. (lat. *neuter,* ni l'un ni l'autre). **1.** Qui ne prend parti ni pour l'un ni pour l'autre des camps, dans un conflit, une discussion, un désaccord, etc. ; impartial, objectif. **2.** Se dit d'un pays qui ne participe pas aux hostilités engagées entre d'autres pays. **3.** Qui n'est marqué par aucun accent, aucun sentiment. *Une voix, un ton neutres.* **4.** Se dit d'une teinte qui n'est ni franche ni vive. **5.** Se dit du genre grammatical qui, dans une classification à trois genres, s'oppose au masculin et au féminin. **6.** CHIM. Qui n'est ni acide ni basique, dont le pH est égal à 7. **7.** ÉLECTR. Se dit des corps qui ne présentent aucune électrisation, des conducteurs qui ne sont le siège d'aucun courant. **8.** ALGÈBRE. ***Élément neutre*** : élément d'un ensemble muni d'une loi de composition interne, dont la composition avec tout élément ne modifie pas ce dernier. ◆ n.m. **1.** GRAMM. Le genre neutre. **2.** *Les neutres* : les nations neutres.

NEUTRINO n.m. PHYS. Particule élémentaire de la famille des leptons, de charge électrique nulle, de masse très faible, dont il existe trois variétés associées aux trois autres leptons (électron, muon, tauon).

NEUTRON n.m. **1.** PHYS. NUCL. Particule électriquement neutre, de la famille des hadrons, constituant, avec les protons, les noyaux des atomes. (La diffraction des neutrons permet de déterminer la structure atomique des solides cristallins. Leur impact sur les noyaux lourds [uranium, plutonium] produit les réactions de fission nucléaire.) **2.** ARM. ***Bombe à neutrons*** : charge thermonucléaire dont le rayonnement neutronique a été augmenté, et les effets de souffle, de chaleur et de radioactivité réduits. (Permettant d'anéantir les êtres vivants, elle laisserait intacts les matériels et les installations.) **3.** *Étoile à neutrons* → **étoile.**

NEUTRONIQUE adj. Relatif au neutron. ◆ n.f. Étude des faisceaux de neutrons et de leurs interactions.

NEUTRONOGRAPHIE n.f. Radiographie effectuée au moyen d'un faisceau de neutrons. (C'est une technique utilisée pour effectuer des contrôles non destructifs.)

NEUTROPÉNIE n.f. MÉD. Diminution du nombre de certains globules blancs dans le sang, les granulocytes neutrophiles.

NEUTROPHILE adj. HISTOL. Se dit d'une cellule, d'un élément d'un tissu ayant une affinité pour les colorants neutres. ◆ n.m. Cellule (en partic. granulocyte) neutrophile.

NEUVAIN n.m. Strophe ou poème de neuf vers.

NEUVAINE n.f. CATH. Suite de prières, d'actes de dévotion poursuivis pendant neuf jours, en vue d'obtenir une grâce particulière.

NEUVIÈME adj. num. ord. et n. Qui occupe un rang marqué par le nombre neuf. ◇ ***Le neuvième art*** : la bande dessinée. ◆ adj. num. et n.m. Se dit d'une quantité désignant le résultat d'une division par neuf. ◆ n.f. MUS. Intervalle de neuf degrés.

NEUVIÈMEMENT adv. En neuvième lieu.

NE VARIETUR [nevarjetyr] loc. adj. inv. et loc. adv. (mots lat., *afin qu'il n'y soit rien changé*). Se dit d'une édition, d'un acte juridique dans leur forme définitive.

NÉVÉ n.m. (mot valaisan). **1.** Partie amont d'un glacier où la neige, évoluant par tassement et fusion partielle, se transforme en glace. **2.** Plaque de neige isolée, mais relativement importante, persistant en été.

NEVEU n.m. (lat. *nepos, -otis*). Fils du frère ou de la sœur.

NÉVRALGIE n.f. (gr. *neuron,* nerf, et *algos,* douleur). Douleur vive ressentie sur le trajet d'un nerf sensitif ou dans son territoire.

NÉVRALGIQUE adj. **1.** Qui appartient à la névralgie ; qui est de la nature de la névralgie. **2.** *Point névralgique* : point où les atteintes à l'intérêt d'un pays, à l'amour-propre d'un individu sont les plus sensibles ; point sensible.

NÉVRAXE n.m. ANAT. Rare. Ensemble formé par l'encéphale et la moelle épinière ; système nerveux central.

NÉVRITE n.f. (gr. *neuron,* nerf). Inflammation d'un nerf.

NÉVRITIQUE adj. Relatif à la névrite.

NÉVROGLIE n.f. (gr. *neuron,* nerf, et *gloios,* glu). HISTOL. Ensemble de cellules associées aux neurones du système nerveux central, assurant leur nutrition, leur soutien, leur défense et la synthèse de myéline. SYN. : *glie*.

NÉVROPATHE adj. et n. Vieilli. Atteint de névropathie ; atteint de névrose.

NÉVROPATHIE n.f. Vieilli. Nom donné jadis à certains troubles psychiques, avec prépondérance d'une faiblesse générale.

NÉVROPTÈRE n.m. (gr. *neuron,* nervure, et *pteron,* aile). Ancien ordre d'insectes auj. démembré en planipennes et mégaloptères.

NÉVROSE n.f. (du gr. *neuron,* nerf). Affection psychique perturbant peu la personnalité et la vie sociale, et dont le sujet est conscient.
ENCYCL. La cause des névroses est psychologique ou, parfois, biochimique. La limite avec l'état normal n'est pas nette, le sujet n'ayant pas, en général, un caractère (ou une personnalité) pathologique et restant conscient de son trouble. Les symptômes mentaux (anxiété, par ex.) peuvent s'associer à des signes somatiques (spasmes, par ex.) et à des troubles du comportement (agitation, par ex.). On distingue classiquement les névroses d'angoisse, obsessionnelle, phobique et hystérique.

NÉVROSÉ, E adj. et n. Atteint de névrose.

NÉVROTIQUE adj. Relatif à la névrose.

NEW-LOOK [njuluk] adj. inv. et n.m. inv. (mot anglo-amér., *style nouveau*). **1.** Se dit de la mode ample et longue lancée en 1947 par C. Dior. **2.** Se dit de ce qui se présente sous un nouvel aspect, sur le plan politique, économique, social, etc.

NEWSMAGAZINE [njuzmagazin] ou **NEWS** [njuz] n.m. (mot angl.). Hebdomadaire en couleurs consacré à l'actualité politique, économique, sociale, culturelle, etc.

NEWTON [njutɔn] n.m. (du physicien angl. sir Isaac *Newton*). PHYS. Unité de mesure de force (symb. N), équivalant à la force qui communique à un corps ayant une masse de 1 kg une accélération de 1 m/s^2.

NEWTONIEN, ENNE adj. Relatif au système de Newton.

NEW WAVE [njuwɛv] n.f. inv. (mots angl., *nouvelle vague*). Courant de la musique pop, apparu en Grande-Bretagne à la fin des années 1970, en réaction contre le mouvement punk, et caractérisé par une esthétique distanciée avec utilisation d'instruments électroniques et effets musicaux destinés à créer un climat « planant ».

NEW-YORKAIS, E [nujɔrkɛ, ɛz] adj. et n. (pl. *new-yorkais, es*). De New York.

NEY ou **NÂY** [nɛ] n.m. (mot persan, *roseau*). Flûte de roseau du Proche-Orient, à 6 ou 7 trous, sans embouchure, ni encoche, ni anche.

NEZ [ne] n.m. (lat. *nasus*). **1.** Partie saillante du visage, entre la bouche et le front, première partie des voies respiratoires et siège de l'odorat. *Nez droit, aquilin.* ◇ *Fam. Avoir un verre dans le nez :* être un peu ivre. – *Pied de nez :* geste de moquerie que l'on fait en appuyant sur l'extrémité du nez le bout du pouce d'une main tenue ouverte et les doigts écartés. – *Ne pas voir plus loin que le bout de son nez :* manquer de clairvoyance, de prévoyance. – *Fam. Mener qqn par le bout du nez,* lui faire faire tout ce qu'on veut. – *Fam. Montrer le bout du nez :* apparaître, se montrer à peine. – *Fam. Avoir qqn dans le nez,* ne pas le supporter ; lui en vouloir. – *Sentir à plein nez,* très fort. *Ça sent le gaz à plein nez.* **2.** Finesse de l'odorat ; flair. *Ce chien a du nez.* ◇ *Avoir du nez, avoir le nez fin, creux :* être perspicace. **3.** *Se trouver nez à nez avec qqn,* face à face. – *Mettre le nez dehors :* sortir. – *Regarder qqn sous le nez,* l'examiner avec indiscrétion, le toiser avec insolence. – *Au nez (et à la barbe) de qqn,* devant lui, sans se cacher. – *Passer sous le nez de qqn,* lui échapper. – *Fam. Se casser le nez :* trouver porte close ; échouer. – *Fam. Mettre, fourrer le nez dans qqch,* s'en occuper, le plus souvent indiscrètement. – Belgique. *Fam. Faire de son nez :* faire de l'embarras. **4. a.** Avant du fuselage d'un avion ou d'une fusée. *Piquer du nez.* **b.** MAR. Proue d'un navire. **5.** GÉOGR. Cap, promontoire. **6.** TECHN. Partie saillante de certains objets, de certaines pièces. **7.** PARFUM. Créateur de parfums.

NGV ou **N.G.V.** n.m. (sigle de *navire à grande vitesse*). Appellation générique des navires rapides (hydroptères, catamarans, monocoques) utilisés pour le transport de passagers ou de fret.

NI conj. (lat. *nec*). S'emploie comme coordination (addition ou alternative) dans les phrases négatives. *Elle n'a laissé ni son nom ni son adresse.* (*Ni,* le plus souvent répété, s'emploie avec la négation simple *ne.*)

NIABLE adj. (Surtout en tournure négative.) Qui peut être nié. *Ce n'est pas niable.*

NIAIS, E adj. et n. (du lat. *nidus,* nid). Naïf et un peu sot.

NIAISEMENT adv. De façon niaise.

NIAISER v.i. Québec. *Fam.* **1.** Perdre son temps à des riens. **2.** Faire ou dire des niaiseries. ◆ v.t. Québec. *Fam. Niaiser qqn,* le faire marcher.

NIAISERIE n.f. **1.** Caractère niais. **2.** Acte, parole niaises, stupides ; sottise.

NIAISEUX, EUSE adj. et n. Québec. *Fam.* Niais, sot.

NIAOULI [njauli] n.m. (mot de Nouvelle-Calédonie). Arbre d'Australie, de Nouvelle-Calédonie et de Nouvelle-Guinée, qui fournit une essence utilisée en parfumerie et en pharmacie. (Genre *Melaleuca ;* famille des myrtacées.)

NIB adv. *Arg.* Rien. *C'est un bon à nib.*

NICAM [nikam] n.m. inv. (acronyme de l'angl. *near instantaneously companded audio multiplex,* multiplex audio compressé presque instantanément). Procédé de codage de la radiodiffusion qui apporte à la télévision un son de haute fidélité, numérique et stéréophonique.

NICARAGUAYEN, ENNE [nikaragwajɛ̃, ɛn] adj. et n. Du Nicaragua, de ses habitants.

1. NICHE n.f. (de *nicher*). **1.** Renfoncement ménagé dans un mur et pouvant recevoir une statue, un meuble, etc. **2.** Renfoncement aménagé dans un objet quelconque. **3.** Petite cabane servant d'abri à un chien. **4.** *Niche écologique :* ensemble des conditions d'habitat, de régime alimentaire et de mœurs propres à une espèce vivante déterminée. (L'habitat constitue l'« adresse » d'une espèce, la niche écologique, sa « profession ».) **5.** ÉCON. *Niche commerciale* ou *technologique :* petit segment de marché, ciblé en termes de clientèle ou de produit, généralement nouveau et peu exploité.

2. NICHE n.f. *Fam.,* vieilli. Farce jouée à qqn.

NICHÉE n.f. **1.** Ensemble des oiseaux d'une même couvée encore au nid. **2.** *Fam.* Groupe de jeunes enfants d'une même famille.

NICHER v.i. (du lat. *nidus,* nid). Faire son nid. SYN. : *nidifier.* ◆ **se nicher** v.pr. **1.** Faire son nid. **2.** Se loger, s'installer dans un endroit caché. *Où s'est-il niché ?*

NICHET n.m. Œuf en plâtre, en marbre, etc., qu'on met dans un nid où l'on veut que les poules aillent pondre.

NICHOIR n.m. **1.** Cage pour faire couver les oiseaux. **2.** Panier pour faire couver les oiseaux de basse-cour.

NICHON n.m. *Très fam.* Sein de femme.

NICKEL [nikɛl] n.m. (all. *Kupfernickel*). **1.** Métal d'un blanc grisâtre, brillant, de densité 8,9, et fondant à 1 453 °C. **2.** Élément chimique (Ni), de numéro atomique 28, de masse atomique 58,71. ◆ adj. inv. *Fam.* Parfaitement propre, rangé ; impeccable. *C'est nickel chez eux.*

NICKELAGE n.m. Action de nickeler.

NICKELER v.t. [16]. Recouvrir d'une couche de nickel.

NICODÈME n.m. (de *Nicodème,* n. d'un personnage de l'Évangile). *Litt.,* vieilli. Homme simple, borné, niais.

NIÇOIS, E adj. et n. De Nice. ◆ adj. *Salade niçoise :* plat froid composé d'un mélange de tomates, d'oignons, d'œufs durs, d'olives, d'anchois, etc., assaisonnés à l'huile d'olive et au vinaigre.

NICOL n.m. (de William *Nicol,* n.pr.). Dispositif cristallin permettant d'obtenir de la lumière polarisée, et utilisé dans les expériences de polarisation.

NICOLAIER [nikɔlajɛr] **(BACILLE DE) :** bactérie responsable du tétanos.

NICOLAÏSME n.m. **1.** Doctrine gnostique d'une secte chrétienne du Ier s. **2.** Pratique de ceux qui, aux Xe et XIe s., n'admettaient pas le célibat ecclésiastique.

NICOLAÏTE n.m. Adepte du nicolaïsme.

NICOLAS-FAVRE (MALADIE DE) : maladie sexuellement transmissible due à un germe du genre *Chlamydia.* SYN. : *lymphogranulomatose inguinale subaiguë* ou *vénérienne.*

NICOTINAMIDE n.m. Substance réunie avec l'acide nicotinique sous le terme de *vitamine PP,* impliquée dans les réactions d'oxydoréduction des cellules.

NICOTINE n.f. (de Jean *Nicot,* n.pr.). Principal alcaloïde du tabac, dont la teneur varie de 1 à 8 % dans les feuilles des espèces cultivées, et qui est un excitant du système nerveux végétatif.

NICOTINIQUE adj. *Acide nicotinique :* substance réunie avec son amide, la nicotinamide, sous le terme de *vitamine PP.*

NICTITANT, E adj. (du lat. *nictare,* clignoter). ORNITH. *Membrane nictitante :* troisième paupière, qui, chez les oiseaux et les reptiles, se déplace horizontalement devant l'œil.

NID n.m. (lat. *nidus*). **1.** Abri que se construisent divers animaux (oiseaux, poissons, insectes, etc.) pour y déposer leurs œufs (les oiseaux, en outre, y couvent leurs œufs et y élèvent leurs jeunes). **2.** Habitation que se ménagent certains animaux. *Nid de souris, de guêpes.* **3.** *Fig.* Habitation confortable, propice à l'intimité. *Un nid d'amoureux.* **4.** Lieu où se regroupent des individus dangereux ; repaire. *Un nid de brigands.* ◇ *Nid d'aigle :* construction difficilement accessible, dans la montagne. **5.** *Nid à poussière :* endroit propice à l'accumulation de poussière.

NIDA n.m. (abrév.). MATÉR. Nid-d'abeilles.

NIDATION n.f. BIOL., MÉD. Implantation de l'œuf ou du jeune embryon dans la muqueuse utérine des mammifères et de la femme.

NID-D'ABEILLES n.m. (pl. *nids-d'abeilles*). **1.** BROD. Point d'ornement exécuté sur un plissé de tissu, de manière à retenir les plis régulièrement suivant un dessin géométrique. **2.** Tissu qui présente des alvéoles légèrement en relief. **3.** MATÉR. Matériau dont la structure alvéolaire (qui

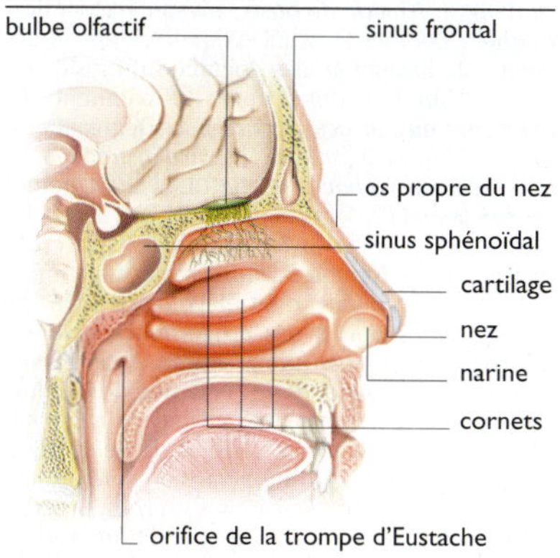

■ **NEZ.** L'intérieur d'une fosse nasale.

■ **NIDS**

N

constitue génér. la partie centrale d'une structure sandwich) rappelle celle des rayons d'une ruche. Abrév. : *nida*.

NID-DE-PIE n.m. (pl. *nids-de-pie*). Poste d'observation situé sur le mât avant de certains navires et où se tient l'homme de vigie.

NID-DE-POULE n.m. (pl. *nids-de-poule*). Trou dans une chaussée.

NID-D'OISEAU n.m. (pl. *nids-d'oiseau*). Néottie.

NIDIFICATION n.f. Construction d'un nid.

NIDIFIER v.i. [5]. Construire son nid.

NIÉBÉ n.m. (mot wolof). Afrique. Plante voisine du haricot cultivée en Afrique de l'Ouest. (Genre *Vigna* ; famille des légumineuses.)

NIÈCE n.f. (lat. *neptis*). Fille du frère ou de la sœur.

NIELLAGE n.m. ou **NIELLURE** n.f. Art et action de nieller ; produit de cet art.

1. NIELLE n.m. (du lat. *nigellus*, noirâtre). ARTS APPL. Incrustation décorative d'une substance de couleur noire (à base de sulfures métalliques) dans les parties préalablement incisées d'une surface de métal.

2. NIELLE n.f. **1.** Plante à fleurs pourpres, adventice des champs de céréales et dont les graines sont toxiques. (Genre *Agrostemma* ; famille des caryophyllacées.) **2.** Maladie produite par une anguillule sur les céréales, dont elle bloque la floraison.

NIELLER v.t. ARTS APPL. Orner de nielles.

NIELLURE n.f. → **NIELLAGE**.

N-IÈME ou **NIÈME** adj. et n. → **N**ième.

NIER [nje] v.t. [5] (lat. *negare*). Dire qu'une chose n'existe pas, n'est pas vraie ; rejeter comme faux. *Nier un fait. Je ne nie pas que la chose ne soit possible* ou *qu'elle soit possible. Elle nie l'avoir vu.*

NIETZSCHÉEN, ENNE [nitʃeɛ̃, ɛn] adj. et n. Qui concerne la philosophie de Nietzsche ; qui s'y rattache.

NIFE [nife] n.m. (de *nickel* et *fer*). GÉOPHYS. Vieilli. Partie centrale de la Terre (noyau), constituée de nickel et de fer.

NIGAUD, E adj. et n. (dimin. de *Nicodème*, n.pr.). Qui agit d'une manière sotte, maladroite.

NIGAUDERIE n.f. Vieilli. Caractère, action de nigaud.

NIGELLE n.f. (du lat. *nigellus*, noirâtre). Plante des terrains vagues ou cultivés, à fleurs bleues et à feuilles divisées en lanières. (Genre *Nigella* ; famille des renonculacées.)

NIGÉRIAN, E adj. et n. Du Nigeria, de ses habitants.

NIGÉRIEN, ENNE adj. et n. Du Niger, de ses habitants.

NIGÉRO-CONGOLAIS, E adj. (pl. *nigéro-congolais, es*). Se dit d'une famille de langues d'Afrique noire. (Cette famille, la plus étendue et celle qui compte le plus de locuteurs, se divise en six groupes : ouest-atlantique, mandé, gour ou voltaïque, kwa, adamaoua-oubanguien et bénoué-congo [essentiellement les langues bantoues].)

NIGHT-CLUB [najtklœb] n.m. [pl. *night-clubs*] (mots angl.). Boîte de nuit.

NIHILISME n.m. (du lat. *nihil*, rien). **1.** Tendance révolutionnaire de l'intelligentsia russe des années 1860, caractérisée par le rejet des valeurs de la génération précédente. **2.** PHILOS. Doctrine niant qu'il existe un quelconque absolu, et pouvant amener à dénier tout fondement aux valeurs morales, tout sens à l'existence.

NIHILISTE adj. et n. Relatif au nihilisme ; qui en est partisan.

NIKKEI [nikɛj] **(INDICE)** [nom déposé]. Indice boursier créé en 1949 au Japon, établi à partir du cours de 225 sociétés.

NILGAUT [nilgo] n.m. (mot hindi). Antilope des régions boisées de l'Inde, dont seul le mâle porte des cornes, très courtes. (Haut. au garrot 1,40 m ; genre *Boselaphus*, famille des bovidés.)

NILLE [nij] n.f. OUTILL. Manchon cylindrique mobile entourant l'axe de la poignée d'une manivelle, permettant de tourner celle-ci sans frottement dans la main.

NILLES n.f. pl. (lat. *nodiculus*, petit nœud). Suisse. Articulations des doigts.

NILO-SAHARIEN, ENNE adj. (pl. *nilo-sahariens, ennes*). Se dit d'une famille de langues d'Afrique noire occupant une zone discontinue entre le chamito-sémitique et le nigéro-congolais.

NILOTIQUE adj. Se dit d'un groupe de langues nilo-sahariennes parlées dans la région du haut Nil.

NIMBE n.m. (lat. *nimbus*). **1.** Cercle lumineux placé autour de la tête des dieux et des empereurs romains déifiés, puis, dans l'iconographie chrétienne, autour de celle du Christ et des saints ; auréole. **2.** *Litt.* Halo lumineux, auréole entourant qqn, qqch.

NIMBER v.t. **1.** Orner d'un nimbe. **2.** *Litt.* Entourer d'un halo. *Sommets neigeux que le soleil couchant nimbe de rose.*

NIMBO-STRATUS [nɛ̃bostratys] n.m. inv. (lat. *nimbus*, nuage, et *stratus*, étendu). Nuage bas, en couches épaisses de couleur grise, caractéristique du mauvais temps (pluies ou neige).

■ NIMBO-STRATUS

N'IMPORTE adv. (de *2. importer*). *N'importe qui, quoi, lequel* : une personne, une chose quelconques. – *N'importe où, quand, comment* : dans un lieu, dans un temps, d'une manière quelconques. ◆ interj. C'est sans importance.

NINAS [ninas] n.m. (esp. *niñas*). Cigarillo de type courant.

NIOBIUM [njɔbjɔm] n.m. (mot all.). **1.** Métal gris, associé au tantale dans ses minerais, et utilisé en métallurgie (superalliages, supraconducteurs). **2.** Élément chimique (Nb), de numéro atomique 41, de masse atomique 92,906 4.

NIOLO n.m. (de *Niolo*, n.pr.). Fromage au lait de brebis ou de chèvre, fabriqué en Corse.

NIPPE n.f. (anc. fr. *guenipe*, guenille). *Fam.* Vêtement. ◆ pl. *Fam.* Vêtements usagés.

NIPPER v.t. *Fam.* Habiller.

NIPPON, ONNE ou **ONE** adj. et n. (d'un mot jap.). Du Japon ; japonais.

NIQUE n.f. (de l'anc. fr. *niquer*, faire un signe de tête). Vieilli. *Faire la nique à qqn*, lui faire un signe de mépris ou de moquerie.

NIQUER v.t. **1.** *Vulg.* Avoir des relations sexuelles avec. **2.** *Très fam.* Tromper, duper.

NIRVANA n.m. (mot sanskr.). Extinction de la douleur, qui correspond à la libération du cycle des réincarnations, dans la pensée orientale (bouddhisme, notamm.). Graphie savante : *nirvāṇa*.

NISSART n.m. Dialecte de langue d'oc parlé dans la région de Nice.

NITRANT, E adj. Qui provoque la nitration d'une molécule, d'un produit.

NITRATATION n.f. Transformation d'un nitrite en nitrate. (Dans le sol, cette transformation se fait spontanément en présence d'une bactérie, le nitrobacter.)

NITRATE n.m. Sel de l'acide nitrique. *Nitrate d'argent.*

NITRATE-FUEL [-fjul] n.m. [pl. *nitrates-fuels*] (mots angl.). Mélange explosif composé de nitrate d'ammonium et de fioul.

NITRATER v.t. Ajouter du nitrate à.

NITRATION n.f. **1.** Traitement chimique par l'acide nitrique, ou par d'autres agents nitrants. **2.** Réaction de substitution qui introduit dans une molécule organique le radical NO_2.

NITRE n.m. (lat. *nitrum*, mot gr.). Vx. Salpêtre.

NITRÉ, E adj. *Dérivé nitré* : composé de formule générale $R{-}NO_2$, dans lequel le groupe NO_2 est directement lié à un atome de carbone par son atome d'azote.

NITRER v.t. Soumettre à la nitration.

NITREUX, EUSE adj. **1.** CHIM. MINÉR. Relatif à l'acide HNO_2 et à son anhydride N_2O_3. **2.** Se dit des bactéries, comme le nitrosomonas, qui réalisent la nitrosation.

NITRIFIANT, E adj. Qui produit la nitrification.

NITRIFICATION n.f. BIOCHIM. Transformation de l'azote ammoniacal en nitrates, génér. sous l'action de bactéries, notamm. le nitrobacter.

NITRIFIER v.t. [5]. Transformer en nitrate.

NITRILE n.m. Composé organique dont la formule contient le radical $-C{\equiv}N$. ◇ *Nitrile acrylique* : acrylonitrile.

NITRIQUE adj. **1.** Se dit des bactéries, comme le nitrobacter, qui interviennent dans la nitrification. **2.** CHIM. MINÉR. *Acide nitrique* : composé oxygéné dérivé de l'azote (HNO_3), acide fort et oxydant.

NITRITE n.m. Sel de l'acide nitreux.

NITROBACTER [-tɛr] n.m. Bactérie aérobie du sol, qui oxyde les nitrites en nitrates.

NITROBENZÈNE [-bɛ̃-] n.m. Dérivé nitré du benzène, connu, en parfumerie, sous le nom d'*essence de mirbane*. (Il entre dans la composition de certains explosifs et sert à préparer l'aniline.)

NITROCELLULOSE n.f. Ester nitrique de la cellulose. (Elle sert à la fabrication du collodion et des poudres sans fumée.)

NITROGÈNE n.m. Vx. Azote.

NITROGLYCÉRINE n.f. Ester nitrique de la glycérine, liquide huileux, jaunâtre. (C'est un explosif puissant, qui entre dans la composition de la dynamite.)

NITROSATION n.f. **1.** Transformation de l'ammoniaque en acide nitreux ou en nitrites. (Dans le sol, cette transformation se fait en présence d'une bactérie, le nitrosomonas.) **2.** Réaction chimique qui introduit le radical –NO dans une molécule organique.

NITROSÉ, E adj. Se dit de composés organiques renfermant le radical –NO.

NITROSOMONAS [nitrozɔmɔnas] n.m. Bactérie provoquant la nitrosation.

NITROSYLE [nitrozil] n.m. Radical univalent –NO.

NITRURATION n.f. MÉTALL. Traitement thermochimique de durcissement superficiel d'alliages ferreux par l'azote.

NITRURE n.m. Combinaison de l'azote avec un métal.

NITRURER v.t. Traiter un alliage ferreux par nitruration.

NIVAL, E, AUX adj. (du lat. *nix, nivis*, neige). *Didact.* Relatif à la neige ; dû à la neige. ◇ *Régime nival* : régime des cours d'eau alimentés par la fonte des neiges (hautes eaux au printemps et basses eaux en hiver).

NIVÉAL, E, AUX adj. Se dit des plantes qui fleurissent en plein hiver, ou qui peuvent vivre dans la neige.

NIVEAU n.m. (anc. fr. *livel*, du lat. *libella*). **1.** Hauteur de qqch par rapport à un plan horizontal de référence. *Le niveau du fleuve a monté.* ◇ HYDROL. *Niveau de base* : niveau en fonction duquel s'élabore le profil d'équilibre des cours d'eau. **2.** Ensemble des locaux situés sur un même plan horizontal dans un bâtiment. *Le deuxième niveau des parkings.* **3.** Degré atteint dans un domaine ; valeur. *Niveau d'instruction. Ils sont au même niveau.* ◇ PSYCHOL. *Niveau mental* ou *intellectuel* : degré d'efficacité intellectuelle d'un sujet, apprécié par divers tests psychotechniques. – *Niveau scolaire* : importance des acquisitions scolaires d'un élève, appréciée notamm. par rapport à des programmes officiels. **4.** Valeur atteinte par une grandeur. *Niveau d'audition.* ◇ *Niveau d'énergie* : chacune des valeurs possibles de l'énergie d'une particule, d'un noyau d'atome, d'une molécule, etc. **5.** Échelon d'un ensemble organisé, position dans une hiérarchie. *Tous les niveaux de l'État sont concernés.* **6.** ÉCON. *Niveau de vie* : mesure des conditions réelles d'existence d'un individu, d'une famille ou d'une population prise dans son ensemble. **7.** LING.

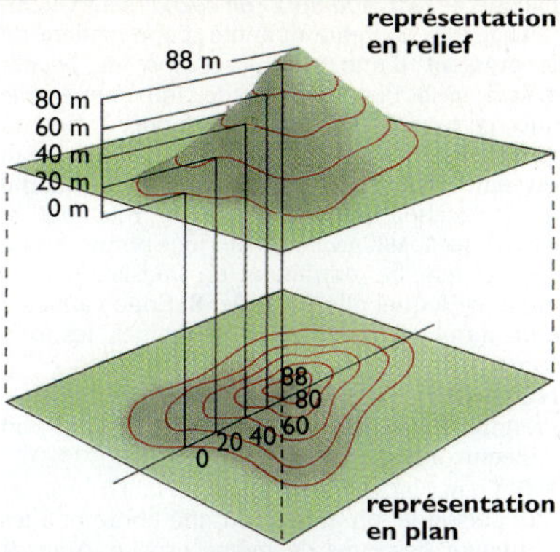

■ COURBES DE **NIVEAU.** L'équidistance des courbes est de 20 m.

Niveau de langue : chacun des registres (familier, littéraire, etc.) d'une même langue qu'un locuteur peut employer en fonction de son niveau social, culturel, de ses interlocuteurs, etc. **8.** État d'un plan horizontal. ◇ *De niveau :* sur le même plan horizontal. – CARTOGR. *Courbe de niveau :* ligne joignant les points de même altitude. SYN. : *isohypse.* – *Surface de niveau.* **a.** Lieu des points d'un liquide en équilibre où s'exerce la même pression. **b.** Surface normale aux lignes de champ, dans un champ de vecteurs. – ARM. *Angle de niveau :* angle formé par la ligne de tir avec le plan horizontal. (→ *tir*). **9.** Instrument qui permet de vérifier l'horizontalité d'une surface. ◇ *Niveau à bulle (d'air) :* niveau composé d'un tube de verre dans lequel se trouvent un liquide très mobile (alcool ou éther) et une bulle gazeuse. – TOPOGR. *Niveau à lunette :* instrument de visée constitué d'une lunette horizontale fixée sur deux colliers horizontaux formant alidade.

NIVELAGE n.m. Action de niveler.

NIVELER v.t. [16]. **1.** Égaliser le niveau d'une surface. *Niveler un terrain.* **2.** *Fig.* Rendre égal. **3.** TOPOGR. Mesurer ou vérifier avec un niveau.

NIVELEUR, EUSE adj. et n. Qui nivelle, égalise.

NIVELEURS n.m. pl. (angl. *levellers*). Républicains anglais qui, pendant la guerre civile (1647 - 1649), tout en étant fermement hostiles à la monarchie, s'opposèrent aux tendances autoritaires de Cromwell.

NIVELEUSE n.f. Engin de terrassement tracté, équipé d'une lame orientable, servant à niveler un sol.

NIVELLE n.f. TOPOGR. Niveau à bulle que l'on dispose sur un niveau à lunette pour en contrôler l'horizontalité.

NIVELLEMENT n.m. **1.** Action de mesurer les différences de hauteur, ou de déterminer un ensemble d'altitudes. **2.** Aplanissement des accidents du relief par l'érosion. **3.** Action d'égaliser un terrain, de le rendre plan. **4.** *Fig.* Action d'égaliser les fortunes, les conditions sociales, etc.

NIVÉOLE n.f. (du lat. *niveus,* neigeux). Plante voisine du perce-neige, mais plus tardive. (Genre *Leucoium ;* famille des amaryllidacées.)

NIVERNAIS, E adj. et n. De Nevers ; de la Nièvre.

NIVICOLE adj. (du lat. *nix, nivis,* neige). ÉCOL. Se dit d'un animal ou d'une plante qui vit dans les zones enneigées. *Le saule nain est nivicole.*

NIVO-GLACIAIRE adj. (pl. *nivo-glaciaires*). *Régime nivo-glaciaire :* régime des cours d'eau alimentés par la fonte des neiges et des glaciers (hautes eaux de printemps et d'été, basses eaux d'hiver).

NIVO-PLUVIAL, E, AUX adj. *Régime nivo-pluvial :* régime des cours d'eau alimentés par la fonte des neiges et par les pluies (hautes eaux de printemps et d'automne, basses eaux d'été).

NIVÔSE n.m. (du lat. *nivosus,* neigeux). HIST. Quatrième mois du calendrier républicain, commençant le 21, le 22 ou le 23 décembre et finissant le 19, le 20 ou le 21 janvier.

NIXE n.f. (all. *Nix*). Nymphe des eaux, dans la mythologie germanique.

NÔ n.m. inv. (mot jap.). Drame lyrique japonais, combinant la musique, la danse et la poésie. Graphie savante : *nō.*

NOBEL n. Personne qui a reçu le prix Nobel.

NOBÉLISABLE adj. et n. Susceptible de recevoir le prix Nobel.

NOBÉLIUM [nɔbeljɔm] n.m. (de *Nobel,* n.pr.). Élément chimique transuranien (No), de numéro atomique 102.

NOBILIAIRE adj. Qui appartient, qui est propre à la noblesse. *Titre nobiliaire.* ◆ n.m. Registre des familles nobles d'une province ou d'un État.

NOBLAILLON, ONNE n. *Péjor.* Personne de petite noblesse.

NOBLE adj. et n. (lat. *nobilis,* illustre). Qui appartient à la catégorie sociale qui, de par la naissance ou la décision des souverains, jouit de certains privilèges. ◆ adj. **1.** Qui appartient à un noble, à la noblesse. *Sang noble.* **2.** Qui a de la dignité, de la grandeur, qui manifeste de l'élévation. *De nobles sentiments.* **3.** Qui suscite l'admiration, le respect par sa distinction, sa majesté. *Un port de tête et un maintien très nobles.* **4.** Qui se distingue par sa qualité ; supérieur. *Un matériau noble.*

NOBLEMENT adv. De façon noble.

NOBLESSE n.f. **1.** Condition de noble. *Noblesse héréditaire.* **2.** Classe sociale constituée par les nobles ; aristocratie. ◇ *Noblesse d'épée,* acquise au Moyen Âge par des services militaires ; *par ext.,* ensemble des familles de noblesse ancienne. – *Noblesse de robe,* formée de bourgeois anoblis grâce aux fonctions ou aux charges qu'ils avaient exercées. **3.** Caractère de qqn, de qqch qui est grand, élevé, généreux. *La noblesse de cœur.* **4.** *Recevoir, conquérir ses lettres de noblesse :* avoir acquis officiellement une grande notoriété ; être élevé à une certaine dignité.

NOBLIAU n.m. Homme de petite noblesse ou de noblesse contestable.

NOCE n.f. (lat. *nuptiae*). Festin et réjouissances qui accompagnent un mariage ; ensemble des personnes qui y participent. ◇ *Noces d'argent, d'or, de diamant,* célébrées au bout de 25, 50, 60 ans de mariage. – *Épouser en secondes noces,* par un second mariage. – *Fam. Faire la noce :* mener une vie dissolue ; faire la fête, prendre part à une partie de plaisir en buvant, en mangeant avec excès. – *Fam. Ne pas être à la noce :* être dans une situation critique, gênante.

NOCEBO [nosebo] **(EFFET) :** apparition d'effets indésirables bénins, d'origine surtout psychologique, après administration d'un médicament inactif ou qui ne peut lui-même produire ces effets. (Par anal. avec *effet placebo.*)

NOCEUR, EUSE n. *Fam.* Personne qui fait la noce, qui mène une vie de débauche.

NOCHER n.m. (lat. *nauclerus,* pilote). *Litt.* Pilote, homme chargé de conduire un navire, une barque. ◇ *Litt. Le nocher des Enfers :* Charon.

NOCICEPTION n.f. PHYSIOL. Sensibilité à la douleur.

NOCIF, IVE adj. (lat. *nocivus,* de *nocere,* nuire). **1.** Qui est de nature à nuire à l'organisme. *Des émanations nocives.* **2.** Moralement dangereux ; pernicieux. *Théories nocives.*

NOCIVITÉ n.f. Caractère de ce qui est nocif.

NOCTAMBULE adj. et n. (lat. *nox, noctis,* nuit, et *ambulare,* marcher). Qui aime sortir tard le soir, se divertir la nuit.

NOCTAMBULISME n.m. Comportement des personnes qui aiment à se promener, à se divertir pendant la nuit.

NOCTILUQUE n.f. (lat. *noctilucus,* qui brille la nuit). Protozoaire luminescent, parfois si abondant dans le plancton qu'il rend la mer phosphorescente la nuit. (Diamètre 1 mm.)

NOCTUELLE n.f. (lat. *noctua,* chouette). Papillon de nuit dont les chenilles sont souvent nuisibles. (Nom commun à de nombreuses espèces, dont la plupart appartiennent à la famille des noctuidés.)

NOCTUIDÉ n.m. Papillon nocturne aux très nombreuses espèces, dont les chenilles causent souvent d'importants dégâts aux cultures (céréales, légumes, arbres fruitiers, coton, etc.). [Les noctuidés forment une famille.]

NOCTULE n.f. Chauve-souris commune en Europe, en Asie et au Maroc. (Long. 9 cm sans la queue ; envergure 40 cm ; genre *Nyctalus,* famille des vespertilionidés.)

1. NOCTURNE adj. (lat. *nocturnus,* de *nox, noctis,* nuit). **1.** Qui a lieu pendant la nuit. *Tapage nocturne.* **2.** Se dit d'une espèce, d'un animal qui est actif surtout ou exclusivement pendant la nuit. CONTR. : *diurne.*

2. NOCTURNE n.m. **1.** Pièce instrumentale d'un caractère rêveur et mélancolique. **2.** Partie de l'office des matines. **3.** Oiseau nocturne. **4.** Tableau représentant un effet de nuit.

3. NOCTURNE n.f. **1.** Ouverture en soirée d'établissements de commerce, d'institutions culturelles. **2.** Réunion sportive en soirée.

NOCUITÉ n.f. (du lat. *nocuus,* nuisible). Caractère de qqch qui est nocif, dangereux pour la santé.

NODAL, E, AUX adj. (du lat. *nodus,* nœud). **1.** HISTOL. Se dit d'un tissu du cœur qui produit automatiquement des influx électriques et les conduit dans l'ensemble du myocarde afin qu'ils provoquent les contractions. **2.** PHYS. Relatif aux nœuds d'une surface ou d'une corde vibrantes. **3.** OPT. *Points nodaux :* points de l'axe d'un système optique centré, par lesquels passent un rayon incident et le rayon émergent correspondant lorsque ces rayons sont parallèles.

NODOSITÉ n.f. (du lat. *nodosus,* noueux). **1.** BOT. Caractère d'un végétal, d'un arbre qui présente de nombreux nœuds. **2.** BOT. Région d'une radicelle ou d'une tige hypertrophiée par la présence d'un rhizobium, notamm. chez les légumineuses. **3.** MÉD. Structure anormale circonscrite, arrondie et dure.

NODULAIRE adj. MÉD. Relatif aux nœuds, aux nodules.

NODULE n.m. (lat. *nodulus,* petit nœud). **1.** MÉD. Structure anormale ou normale formant une saillie arrondie de consistance ferme ; petite nodosité. **2.** Petite concrétion minérale ou rocheuse, de forme grossièrement arrondie, contenue dans une roche dont elle se différencie par sa composition. ◇ *Nodule polymétallique :* concrétion minérale disposée sur le fond des océans et résultant d'encroûtements d'oxydes métalliques (fer, manganèse, magnésium, etc.) autour d'un noyau.

NODULEUX, EUSE adj. **1.** Qui a beaucoup de petits nœuds. **2.** GÉOL. Qui contient des nodules.

1. NOËL n.m. (lat. *natalis dies,* jour de naissance). **1.** CHRIST. Fête de la naissance du Christ, célébrée le 25 décembre. ◇ *Arbre de Noël :* sapin, épicéa que l'on orne et illumine à l'occasion de la fête de Noël. – *Père Noël :* personnage légendaire chargé de distribuer des cadeaux aux enfants pendant la nuit de Noël. **2.** Période autour de cette fête. *Partir à Noël.* **3.** PÉTROLE. *Arbre-de-Noël :* v. à son ordre alphabétique. ◆ n.f. *La Noël :* la fête de Noël, la période de Noël.

2. NOËL n.m. Cantique célébrant la Nativité. – Chanson populaire inspirée par la fête de Noël. – Transcription instrumentale d'un noël.

NOÈME n.m. (gr. *noêma,* pensée). PHILOS. Objet intentionnel de la pensée, pour la phénoménologie.

NOÈSE n.f. (gr. *noêsis,* intelligence). PHILOS. Acte de la pensée, pour la phénoménologie.

NOÉTIQUE adj. Relatif à la noèse.

NŒUD n.m. (lat. *nodus*). **1.** Entrecroisement qui réunit étroitement deux brins, deux fils, deux cordes, etc., ou simple enlacement serré d'un brin, d'un fil, d'une corde, etc., sur lui-même. *Faire un nœud à ses lacets.* ◇ *Nœud coulant,* qui se serre ou se desserre sans se dénouer. – *Fam. Sac de nœuds :* affaire très embrouillée, pleine de pièges et d'embûches. **2.** Ornement constitué d'une étoffe nouée. *Mettre un nœud dans ses cheveux.* **3.** Endroit où se croisent plusieurs voies de communication. *Nœud ferroviaire. Nœud d'un réseau de télécommunications.* **4.** *Fig.* **a.** Ce qui constitue le point essentiel d'une question, la difficulté d'un problème. **b.** LITTÉR. Moment d'une pièce de théâtre, d'un roman où l'intrigue est arrivée à son point essentiel, mais où le dénouement reste incertain. **5.** MÉD. Amas cellulaire globuleux. **6.** PHYS. Point fixe d'une corde vibrante, d'un système d'ondes stationnaires (par oppos. à *ventre*). **7.** ÉLECTROTECHN. Point de jonction de deux ou de plusieurs branches d'un réseau électrique. **8.** ASTRON., ASTRONAUT. Chacun des deux points d'intersection de l'orbite d'un corps céleste ou d'un engin spatial avec un plan de référence (plan de l'écliptique dans le cas d'une planète, plan de l'équateur de sa planète dans le cas d'un satellite, etc.). **9.** Unité de vitesse, utilisée en navigation maritime ou aérienne, équivalant à 1 mille marin par heure, soit 0,514 4 m par seconde. **10.** BOT. **a.** Point de la tige où s'insère une feuille ; région du tronc d'un arbre d'où part une branche et où les fibres ligneuses prennent

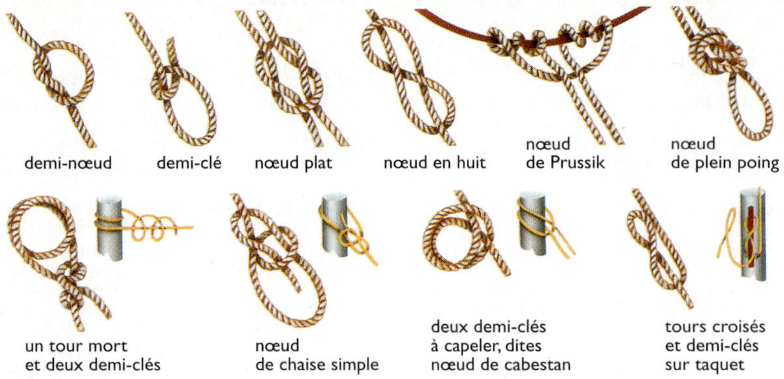

■ **NŒUD.** Les nœuds les plus usités.

une orientation nouvelle. **b.** Partie plus dure et plus sombre dans le bois, vestige d'un nœud.

1. NOIR, E adj. (lat. *niger*). **1.** Se dit de la sensation produite par l'absence ou par l'absorption totale des rayons lumineux (par oppos. à *blanc,* à *couleurs*) ; se dit des objets produisant cette sensation. *Des cheveux noirs. De l'encre noire.* ◇ PHYS. ***Corps noir*** : corps idéal qui absorbe intégralement tout le rayonnement qu'il reçoit. **2.** Très sale, crasseux. *Avoir les mains noires.* **3.** De couleur relativement foncée. *Raisin noir. Lunettes noires.* **4.** Qui est sans luminosité ; obscur, sombre. *Nuit noire. Un long couloir tout noir.* **5.** Qui marque ou manifeste le pessimisme, la tristesse, le malheur, etc. *Des idées noires.* **6.** *Litt.* Inspiré par la perversité, la méchanceté, la colère, etc. *Une âme noire. De noirs desseins.* ◇ ***Regard noir,*** qui exprime la colère. **7.** Qui est marqué par le malheur, le désastre ; funeste. *Lundi noir. Série noire.* **8.** *Fam.* Ivre. *Il est complètement noir.* **9.** Relatif aux Noirs. *Population noire.* **10.** ***Travail noir*** : activité professionnelle non déclarée et qui échappe illicitement aux réglementations en matière sociale, fiscale, etc. (On dit aussi ***travail au noir.***) – ***Caisse noire*** : fonds qui n'apparaissent pas en comptabilité et que l'on peut utiliser sans contrôle. – ***Marché noir*** : marché parallèle, trafic clandestin de marchandises, notamm. de denrées. **11.** Qui est lié aux forces des ténèbres, aux forces du mal. *Magie noire.* ◇ ***Messe noire*** : parodie de la messe célébrée en l'honneur du démon, dans le culte satanique. **12.** ***Roman noir*** : roman *gothique ; *par ext.,* fiction romanesque, notamm. policière, qui unit les scènes de violence à la peinture réaliste d'une société sordide. *Le roman noir américain.*

2. NOIR, E n. (Avec une majuscule.) Personne mélanoderme, ayant la peau noire. *Des Noirs. Une Noire.* (Le terme s'emploie par oppos. à *Blanc,* à *Jaune.*)

3. NOIR n.m. **1.** Caractère d'absence complète de lumière, de couleurs ; degré extrême de l'assombrissement. **2.** Obscurité complète ; nuit, ténèbres. *Avoir peur du noir.* **3.** Matière colorante noire. *Un tube de noir.* ◇ ***Noir de fumée*** : pigments industriels noirs, constitués par de fines particules de carbone, obtenus par combustion de composés hydrocarbonés. (Parmi ceux-ci, le *noir de carbone* sert notamm. au renforcement mécanique des pneumatiques.) – ***Noir d'aniline*** : colorant noir violacé, très solide, obtenu par oxydation de l'aniline et utilisé pour la teinture des textiles. – BX-ARTS. ***Noir d'ivoire*** : pigment noir obtenu par calcination d'os très durs, utilisé en peinture. **4.** Vêtement ou couleur de deuil. *Être en noir.* **5.** ***Noir sur blanc*** : par écrit, formellement. – IMPRIM. ***En noir au blanc*** : se dit d'une reproduction avec inversion des valeurs, un texte, un trait noir devenant blanc, et inversement. SYN. : ***en réserve.*** **6.** *Fam.* ***Petit noir,*** ou ***noir*** : tasse de café sans lait, dans un débit de boissons. **7.** MIL. Centre d'une cible de tir. **8.** ZOOL. ***Poche du noir*** : organe des céphalopodes contenant l'encre. **9.** ***En noir et blanc*** : qui ne comporte que des valeurs de noir, de blanc et de gris, qui n'est pas en couleurs. *Film en noir et blanc.* **10.** ***Broyer du noir*** : être triste, mélancolique. – ***Pousser les choses au noir, voir tout en noir*** : être très pessimiste. **11.** ***Au noir*** : en pratiquant le travail noir. (En Belgique, on dit ***en noir.***)

NOIRÂTRE adj. Qui tire sur le noir.

NOIRAUD, E adj. et n. Qui a les cheveux noirs et le teint brun.

NOIRCEUR n.f. **1.** État de ce qui est noir. *La noirceur de l'ébène.* – Québec. Obscurité. ◇ Québec. ***À la noirceur*** : à la nuit tombée. **2.** *Litt.* Méchanceté extrême ; perfidie. *La noirceur d'un crime.*

NOIRCIR v.t. (lat. *nigrescere*). **1.** Rendre noir. ◇ *Fam.* ***Noircir du papier*** : écrire abondamment ou écrire des choses de peu de valeur. **2.** Peindre sous des couleurs noires, inquiétantes. *Noircir la situation.* ◆ v.i. Devenir noir. *Le bois noircit au feu.* ◆ **se noircir** v.pr. **1.** Devenir noir. *Le ciel se noircit.* **2.** *Fam.,* vieilli. S'enivrer.

NOIRCISSEMENT n.m. Action, fait de noircir.

NOIRCISSURE n.f. Tache noire.

NOIRE n.f. MUS. Note égale au quart de la ronde, représentée par le chiffre 4.

NOISE n.f. (lat. *nausea,* mal de mer). ***Chercher noise, des noises à qqn,*** lui chercher querelle.

NOISERAIE n.f. Endroit planté de noyers ou de noisetiers.

NOISETIER n.m. Arbuste des bois et des haies de l'hémisphère Nord tempéré, dont le fruit est la noisette. (Haut. max. 7 m ; genre *Corylus,* famille des bétulacées.) SYN. : ***coudrier.***

■ **NOISETIER**

NOISETTE n.f. (dimin. de *noix*). **1.** Fruit du noisetier, dont l'amande, contenue dans une coque ligneuse, est comestible. **2.** Petite quantité d'une matière de la grosseur d'une noisette. *Une noisette de beurre.* **3.** ***Pommes noisettes*** : pommes de terre tournées en forme de noisettes et rissolées. – ***Café noisette,*** additionné d'une petite quantité de lait. ◆ adj. inv. D'un brun clair tirant sur le roux. *Des yeux noisette.* ◇ ***Beurre noisette*** : beurre chauffé à la poêle jusqu'à ce qu'il prenne une couleur noisette.

NOIX n.f. (lat. *nux, nucis*). **1.** Fruit à coque ligneuse, entourée d'une écorce verte dite *brou,* produit par le noyer. **2.** Fruit de divers arbres ou arbustes à enveloppe ligneuse. *Noix de coco. Noix (de) muscade. Noix vomique.* ◇ ***Noix de pécan*** : pacane. – *Fam.* ***À la noix (de coco)*** : sans valeur, négligeable. **3.** Petite quantité d'une matière de la grosseur d'une noix. *Une noix de beurre.* **4.** *Fam.,* vieilli. Personne stupide ; imbécile. *Quelle noix, ce type !* **5.** *Fam.,* vieilli. ***Des noix !*** : rien du tout !, pas question ! **6.** ***Noix de veau*** : morceau du veau formé par les muscles de la partie interne de la cuisse, qui est débité en rôtis ou en escalopes. **7.** MÉCAN. INDUSTR. Pièce pourvue d'un filetage femelle, entraînant en translation l'élément sur lequel elle est fixée. **8.** Roue cannelée d'un moulin broyeur pour les graines, les tourteaux, etc.

NOLISER v.t. (du lat. *naulum,* fret). Vx ou Québec. Prendre en location un véhicule de transport collectif ; affréter.

NOM n.m. (lat. *nomen*). **1.** Mot servant à désigner une personne, un animal ou une chose et à les distinguer des êtres de même espèce. *Nom de famille. Ce type d'arbre porte le nom de « peuplier ».* ◇ ***De nom*** : par le nom seulement. *Je le connais de nom, mais je ne l'ai jamais vu.* – ***Ne pas avoir de nom*** : être inqualifiable. **2.** Prénom ou ensemble formé par le nom de famille et le prénom. ◇ *Fam.* ***Petit nom*** : prénom usuel. **3.** Personnage célèbre dans un domaine. *Les plus grands noms de la littérature.* **4.** ***Se faire un nom*** : devenir célèbre. **5.** ***Nom commercial*** : dénomination sous laquelle une personne physique ou morale exploite un fonds de commerce ; établissement commercial. **6.** Mot considéré comme titre d'une qualité, comme qualificatif. *Être digne du nom d'ami.* ◇ ***Au nom de*** : de la part ou à la place de ; en considération de. *Agir au nom de qqn. Au nom de ce que vous avez de plus cher.* **7.** ***Nom scientifique*** : désignation officielle et internationale d'une espèce animale ou végétale, utilisant la nomenclature binominale de Linné, exprimée le plus souvent en latin ou en grec. (Le nom scientifique de la carotte est *Daucus carotta.*) **8.** GRAMM. Catégorie grammaticale regroupant les mots qui désignent soit une espèce ou un représentant de l'espèce *(noms communs),* soit un individu particulier *(noms propres).* SYN. : ***substantif.***

NOMADE adj. et n. (gr. *nomas, nomados,* qui fait paître). **1.** Se dit des peuples, des sociétés dont le mode de vie comporte des déplacements continuels (par oppos. à ***sédentaire***). **2.** *Par ext.* Qui n'a pas de domicile fixe et qui se déplace fréquemment. ◆ adj. AUDIOVIS., INFORM., TÉLÉCOMM. Mobile.

NOMADISER v.i. Vivre en nomade.

NOMADISME n.m. Mode de vie des nomades. *Le nomadisme des régions désertiques.* ◇ ***Nomadisme pastoral*** : genre de vie nomade dans lequel l'élevage est la ressource exclusive ou principale.

NO MAN'S LAND [nomanslɑ̃d] n.m. inv. (loc. angl., *terre d'aucun homme*). **1.** Territoire inoccupé entre les premières lignes de deux belligérants. **2.** Zone complètement dévastée, abandonnée.

NOMBRABLE adj. Que l'on peut compter.

NOMBRE n.m. (lat. *numerus*). **1. a.** Notion fondamentale des mathématiques, dérivant du besoin de dénombrer, de classer les objets ou de mesurer les grandeurs, mais qui ne peut faire l'objet d'une définition stricte. (Partant des entiers naturels [$\mathbb{N}$], les mathématiques ont construit, par prolongements successifs, les ensembles des nombres relatifs [$\mathbb{Z}$], décimaux [$\mathbb{D}$], rationnels [$\mathbb{Q}$], réels [$\mathbb{R}$] et complexes [$\mathbb{C}$].) **b.** ***Loi des grands nombres*** : loi concernant la fréquence de réalisation d'un événement ayant une probabilité d'arrivée déterminée, et selon laquelle la possibilité d'un écart de quelque importance entre la fréquence et la probabilité diminue avec le nombre des épreuves. **c.** ***Nombre d'or*** : nombre égal à $\frac{1+\sqrt{5}}{2}$, soit env. 1,618, et correspondant à une proportion considérée comme partic. esthétique ; rang d'une année quelconque dans un cycle de dix-neuf ans au terme duquel les phases de la Lune se reproduisent aux mêmes dates. **d.** PHYS. ***Nombre caractéristique*** : rapport sans dimensions de certaines grandeurs physiques relatives à un phénomène, et qui en facilite l'analyse théorique (nombre de Mach, par ex.). **2.** Ensemble, collection de personnes ou de choses. ◇ ***En nombre*** : en grande quantité, en masse. – ***Nombre de, bon nombre de*** : beaucoup

N

de, plusieurs. – *Sans nombre :* innombrable. – *Le plus grand nombre :* la majorité des gens. – *Faire nombre :* constituer un ensemble nombreux. – *Être du nombre :* être parmi les participants. – *Au nombre de :* dans un groupe de, parmi ; comme faisant partie de. **3.** LING. Catégorie grammaticale qui permet l'opposition entre le singulier et le pluriel.

NOMBRER v.t. *Litt.* Dénombrer.

NOMBREUX, EUSE adj. **1.** Qui est en grand nombre. *De nombreux oiseaux chantaient.* **2.** Qui comprend un grand nombre d'éléments. *Famille nombreuse.*

NOMBRIL [nɔ̃bri] ou [nɔ̃bril] n.m. (lat. *umbilicus*). Ombilic. ◇ *Fam. Se prendre pour le nombril du monde :* se donner une importance exagérée.

NOMBRILISME n.m. *Fam.* Égocentrisme narcissique.

NOMBRILISTE adj. et n. *Fam.* Se dit d'une personne qui fait preuve de nombrilisme.

NOME n.m. (gr. *nomos*). Division administrative de l'ancienne Égypte et de la Grèce moderne.

NOMENCLATURE n.f. (lat. *nomenclatura,* désignation par le nom). **1.** Ensemble des termes techniques d'une discipline, présentés selon un classement méthodique. *La nomenclature chimique.* **2.** Ensemble des entrées d'un dictionnaire.

NOMENKLATURA [nɔmɛnklatura] n.f. (mot russe, *liste de noms*). **1.** HIST. En URSS, liste des postes de direction politique et économique, et des personnes susceptibles de les occuper. **2.** *Par ext.* Ensemble de personnes jouissant de prérogatives particulières ; classe des personnes en vue, des privilégiés.

NOMINAL, E, AUX adj. (du lat. *nomen, nominis,* nom). **1.** Relatif au nom d'une personne. *Erreur nominale.* ◇ *Appel nominal,* qui se fait en désignant les noms. **2.** Qui n'a que le nom, sans avoir les avantages ou les pouvoirs réels de la fonction. *Chef nominal d'un parti.* ◇ *Valeur nominale :* valeur inscrite sur une monnaie, un effet de commerce ou une valeur mobilière, qui correspond à la valeur théorique d'émission et de remboursement. **3.** GRAMM. Relatif au nom. *L'infinitif est une forme nominale du verbe.* **4.** Se dit d'une caractéristique, d'une performance d'un appareil, d'une machine, etc., annoncée par le constructeur ou prévue par le cahier des charges.

NOMINALEMENT adv. De façon nominale.

NOMINALISATION n.f. Action de nominaliser.

NOMINALISER v.t. LING. Transformer une phrase en un groupe nominal (ex. : *le chauffeur est prudent* ⟶ *la prudence du chauffeur*).

NOMINALISME n.m. Doctrine philosophique selon laquelle les mots ne désignent pas la réalité, mais seulement notre représentation de celle-ci. (Conception défendue du Moyen Âge au XXe s., de Guillaume d'Occam à W. Quine en passant par T. Hobbes, J. Locke, É. Bonnot de Condillac, etc.)

NOMINALISTE adj. et n. Relatif au nominalisme ; qui en est partisan.

1. NOMINATIF, IVE adj. (du lat. *nominare,* appeler). **1.** Qui contient, énumère des noms. *État nominatif des employés.* **2.** *Titre nominatif :* se dit d'un titre dont la preuve de propriété résulte de l'inscription du nom de son possesseur sur un registre de la société émettrice (par oppos. à *titre au porteur*).

2. NOMINATIF n.m. LING. Cas exprimant la fonction grammaticale de sujet ou d'attribut dans les langues à déclinaison.

NOMINATION n.f. (lat. *nominatio*). Désignation d'une personne à un emploi, à une fonction ou à une dignité.

NOMINATIVEMENT adv. En spécifiant le nom ; par le nom. *Être appelé nominativement.*

NOMINER v.t. (angl. *to nominate,* proposer). Sélectionner des personnes, des œuvres pour un prix, une distinction. (Calque de l'anglais, critiqué mais d'un usage courant dans la langue journalistique.) Recomm. off. : *sélectionner.*

NOMMAGE n.m. INFORM. Dénomination, désignation de l'adresse d'un site Internet.

NOMMÉ, E adj. et n. Qui est appelé, qui porte tel ou tel nom. *Louis XII, nommé le Père du peuple. Le nommé Legrand.* ◆ adj. *À point nommé* ⟶ **point.**

NOMMÉMENT adv. En désignant ou en étant désigné par le nom. *Être accusé nommément.*

NOMMER v.t. (lat. *nominare*). **1.** Désigner par un nom. **2.** Qualifier d'un nom. *Vous nommez poète ce pauvre rimailleur !* **3.** Choisir pour remplir certaines fonctions. *On l'a nommé directeur.* **4.** Instituer en qualité de. *Nommer qqn son héritier.* ◆ **se nommer** v.pr. **1.** Avoir pour nom. **2.** Se faire connaître par son nom. *Il ne s'est même pas nommé.*

NOMOTHÈTE n.m. (gr. *nomothetês*). ANTIQ. GR. À Athènes, au IVe s., membre d'une commission chargée de réviser les lois.

1. NON adv. (lat. *non*). **1.** Indique la négation en réponse à une question. *Viendrez-vous ? – Non.* **2.** Équivaut à une proposition négative. *Je lui ai demandé s'il viendrait, il m'a répondu que non. Il part, moi non.* **3.** Indique une demande de confirmation ; n'est-ce pas ? *C'est ce qu'il a affirmé, non ?* **4.** Sur un ton interrogatif, marque l'étonnement, le refus provisoire de croire à ce qui vient d'être dit. *Il n'est pas arrivé. – Non ?* **5.** Dans une phrase exclamative, marque l'étonnement, l'indignation. *Ah non, vous ne sortirez pas !* **6.** Devant un participe, un adjectif ou un nom, en constitue la négation, le contraire. *Non vérifiable.* **7.** *Non plus :* équivaut à *aussi* dans une phrase négative. *Lui non plus n'en veut pas.* – *Non seulement... mais encore* ou *mais aussi :* pas seulement, pas uniquement. ◆ loc. conj. *Non que, non pas que :* indiquent que l'on écarte la cause que l'on pourrait supposer pour y substituer la cause véritable. *Il ne réussit pas, non qu'il soit paresseux, mais parce qu'il est malchanceux.*

2. NON n.m. inv. Expression du refus, du désaccord. *Un non catégorique.*

NON ACCOMPLI, E adj. et **NON-ACCOMPLI** n.m. LING. Se dit d'une forme verbale exprimant qu'une action est considérée dans son déroulement. SYN. : *imperfectif.*

NON-ACTIVITÉ n.f. État d'un fonctionnaire, d'un militaire de carrière temporairement sans emploi.

NONAGÉNAIRE adj. et n. (lat. *nonageni*). Âgé de quatre-vingt-dix à quatre-vingt-dix-neuf ans.

NON-AGRESSION n.f. Absence d'agression ; fait de ne pas attaquer. ◇ *Pacte de non-agression :* convention conclue entre des États qui s'engagent à ne pas régler leurs différends par la force.

NON ALIGNÉ, E adj. et **NON-ALIGNÉ, E** n. Qui pratique le non-alignement.

NON-ALIGNEMENT n.m. Politique de neutralité vis-à-vis des deux blocs antagonistes, occidental et communiste, observée pendant la guerre froide par certains États du tiers-monde.

NON ANIMÉ, E adj. et **NON-ANIMÉ** n.m. LING. Se dit d'un nom désignant une chose (objet ou entité abstraite).

NONANTAINE n.f. Belgique. Nombre de quatre-vingt-dix ou environ ; âge d'environ quatre-vingt-dix ans.

NONANTE adj. num. (lat. *nonaginta*). Belgique, Suisse. Quatre-vingt-dix.

NONANTIÈME adj. num. ord. et n. Belgique, Suisse. Quatre-vingt-dixième.

NON-ASSISTANCE n.f. Fait de s'abstenir volontairement de porter assistance à qqn. *Être poursuivi pour non-assistance à personne en danger.*

NON-BELLIGÉRANCE n.f. État d'un pays qui, sans être totalement neutre dans un conflit, ne prend pas part aux opérations militaires.

NON BELLIGÉRANT, E adj. et **NON-BELLIGÉRANT, E** n. Qui ne participe pas à un conflit.

NONCE n.m. (ital. *nunzio,* envoyé). CATH. *Nonce apostolique,* ou *nonce :* prélat chargé de représenter le pape auprès d'un gouvernement étranger.

NONCHALAMMENT adv. Avec nonchalance.

NONCHALANCE n.f. (de l'anc. fr. *chaloir,* être d'intérêt pour). **1.** Absence d'ardeur, d'énergie, de zèle. **2.** Manque de vivacité, lenteur naturelle ou affectée dans l'attitude.

NONCHALANT, E adj. et n. Qui manifeste de la nonchalance, un manque de zèle ou de vivacité. *Élève nonchalant. Démarche nonchalante.*

NONCIATURE n.f. Fonction d'un nonce ; exercice de cette charge. – Résidence du nonce.

NON COMBATTANT, E adj. et **NON-COMBATTANT, E** n. Se dit du personnel militaire qui ne prend pas une part effective au combat.

NON COMPARANT, E adj. et **NON-COMPARANT, E** n. DR. Qui fait défaut en justice.

NON-COMPARUTION n.f. DR. Fait de s'abstenir de comparaître en justice.

NON COMPTABLE adj. et **NON-COMPTABLE** n.m. LING. Se dit d'un nom représentant une matière, une abstraction ou un objet unique et ne pouvant être employé avec des numéraux.

NON-CONCILIATION n.f. DR. Défaut de conciliation.

NON-CONCURRENCE n.f. DR. *Clause de non-concurrence :* clause intégrée dans un contrat de travail, interdisant dans certaines conditions à un salarié l'exercice d'activités professionnelles pouvant nuire à son employeur.

NON-CONFORMISME n.m. Attitude d'indépendance à l'égard des usages établis, des idées reçues.

NON CONFORMISTE adj. et **NON-CONFORMISTE** n. **1.** Qui manifeste du non-conformisme, de l'originalité. **2.** Se dit d'un protestant qui ne suit pas la religion anglicane, en Angleterre.

NON-CONFORMITÉ n.f. Défaut de conformité.

NON-CONTRADICTION n.f. LOG. Propriété de toute théorie déductive, dans laquelle une même proposition ne peut être à la fois démontrée et réfutée. SYN. : *consistance.* ◇ *Principe de non-contradiction* ⟶ **contradiction.**

NON CROYANT, E adj. et **NON-CROYANT, E** n. Qui n'appartient à aucune confession religieuse.

NON-CUMUL n.m. DR. *Non-cumul des peines :* principe légal français selon lequel seule la peine la plus forte est prononcée à l'encontre d'une personne reconnue coupable de plusieurs crimes au cours d'une même procédure.

NON-DÉNONCIATION n.f. DR. Fait de ne pas révéler une infraction dont on a eu connaissance. *Non-dénonciation de crime, de sévices.*

NON DESTRUCTIF, IVE adj. *Contrôle non destructif* ⟶ **contrôle.**

NON DIRECTIF, IVE adj. **1.** Qui n'est pas directif, n'impose pas de contraintes strictes. *Supérieur non directif.* **2.** Où l'on évite toute pression sur l'interlocuteur. ◇ *Entretien non directif :* technique d'entretien par laquelle l'interviewer, par une attitude neutre, cherche à laisser paraître les désirs et les résistances de l'interviewé.

NON-DIRECTIVITÉ n.f. Attitude, méthode non directive.

NON-DISCRIMINATION n.f. Attitude des personnes qui refusent de traiter différemment les gens selon leur appartenance ethnique, sociale, politique, etc.

NON-DISSÉMINATION n.f. Non-prolifération.

NON-DIT n.m. Ce que l'on évite de dire, ce que l'on tait, génér. de manière délibérée.

NON-DROIT n.m. Ensemble des situations qui ne sont pas concernées par la règle de droit, qu'elles soient ou non réglementées.

NONE n.f. (lat. *nona,* neuvième). **1.** ANTIQ. ROM. Quatrième partie du jour, commençant après la neuvième heure, c'est-à-dire vers 3 heures de l'après-midi. **2.** CHRIST. Partie de l'office monastique ou du bréviaire qui se récite à 15 heures.

NONES n.f. pl. (lat. *nonae*). ANTIQ. ROM. Septième jour de mars, mai, juillet et octobre ; cinquième jour des autres mois.

NON-ÊTRE n.m. inv. PHILOS. **1.** Ce qui n'a pas d'existence, de réalité. **2.** Absence d'être.

NON EUCLIDIEN, ENNE adj. Se dit d'une géométrie qui n'utilise pas l'axiome d'Euclide.

NON-ÉVÉNEMENT ou **NON-ÉVÈNEMENT** n.m. Événement dont on attendait des informations ou un effet particulier et qui n'a pas la portée escomptée.

NON-EXÉCUTION n.f. DR. Défaut d'exécution.

NON-EXISTENCE n.f. Fait de ne pas être, de ne pas exister.

NON-FERREUX n.m. MÉTALL., MIN. Métal entrant dans la composition des alliages qui ne contiennent pas de fer (cuivre, aluminium, zinc, etc.).

NON FIGURATIF, IVE adj. et **NON-FIGURATIF, IVE** n. ART MOD. Abstrait.

NON-FIGURATION n.f. ART MOD. Art abstrait.

NON-FUMEUR, EUSE n. Personne qui ne fume pas. – REM. Peut s'employer en appos. *Compartiment non-fumeurs.*

NON-INGÉRENCE n.f. Attitude qui consiste à ne pas s'ingérer dans les affaires d'autrui.

NON-INITIÉ, E n. et **NON INITIÉ, E** adj. Personne profane dans un certain domaine.

NON-INSCRIT, E n. et **NON INSCRIT, E** adj. Parlementaire qui n'est affilié ni apparenté à aucun groupe politique.

N

NON-INTERVENTION n.f. Attitude d'un État qui n'intervient pas dans les affaires des autres États, lorsqu'il n'y est pas directement intéressé.

NON-JOUISSANCE n.f. DR. Privation de la jouissance d'un droit, d'un titre.

NON-LIEU n.m. (pl. *non-lieux*). DR. *Arrêt, ordonnance de non-lieu,* ou *non-lieu :* décision du juge d'instruction ou de la chambre d'accusation, selon laquelle il n'y a pas lieu de poursuivre en justice.

NON MARCHAND, E adj. ÉCON. Se dit du secteur de l'économie qui, visant à satisfaire des besoins d'intérêt général, met à la disposition des consommateurs à titre gratuit ou semi-gratuit des biens ou des services, en principe collectifs.

NON-MÉTAL n.m. (pl. *non-métaux*). CHIM. Corps simple non métallique, n'ayant génér. pas d'éclat métallique, mauvais conducteur de la chaleur et de l'électricité, et dont les composés oxygénés sont des oxydes, neutres ou acides.

NON-MOI n.m. inv. PHILOS. Ensemble de tout ce qui est distinct du moi.

NONNE n.f. (bas lat. *nonna*). Vx. Religieuse.

NONNETTE n.f. **1.** *Fam.* Jeune religieuse. **2.** Petit pain d'épice rond. **3.** Mésange européenne à tête noire et à ailes gris-brun. (Nom sc. *Parus palustris ;* famille des paridés.)

NONOBSTANT prép. et adv. (de *non* et lat. *obstans, -antis,* empêchant). *Sout.* Sans se laisser arrêter par ce qui va contre ; en dépit de, cependant.

NON-PAIEMENT n.m. Défaut de paiement.

NONPAREIL, EILLE adj. *Litt.* Qui n'a pas son pareil ; inégalable.

NON-PROLIFÉRATION n.f. Politique visant à interdire la possession d'armes nucléaires aux pays n'en disposant pas. SYN. : *non-dissémination.*

NON-RECEVOIR n.m. inv. *Fin de non-recevoir.* **a.** DR. Moyen de défense qui tend à faire écarter une demande en justice, mais sans examen du fond de celle-ci. **b.** *Cour.* Refus catégorique. *Opposer une fin de non-recevoir à qqn.*

NON-RÉPONSE n.f. Réponse à une question, à un problème, qui ne constitue qu'un faux-fuyant.

NON-REPRÉSENTATION n.f. DR. *Non-représentation d'enfant :* refus de restituer un enfant mineur aux personnes qui ont le droit de le réclamer.

NON-RÉSIDENT n.m. Personne ayant sa résidence habituelle à l'étranger.

NON-RESPECT n.m. Fait de ne pas respecter une obligation légale, réglementaire, etc.

NON-RETOUR n.m. inv. *Point de non-retour :* moment à partir duquel on ne peut plus annuler une action en cours, revenir en arrière.

NON-SALARIÉ, E n. Personne dont l'activité professionnelle n'est pas rémunérée par un salaire (commerçant, membre d'une profession libérale, etc.).

NON-SENS n.m. inv. Phrase ou parole dépourvue de sens ; chose absurde.

NON SPÉCIALISTE adj. et **NON-SPÉCIALISTE** n. Qui n'est pas spécialiste dans un domaine.

NON STANDARD adj. *Analyse* ou *mathématique non standard :* domaine des mathématiques, développé en 1966 par A. Robinson, visant à étendre les règles de l'arithmétique à des nombres « infiniment grands » ou « infiniment petits ». (L'analyse non standard renouvelle l'analyse infinitésimale ; elle trouve de nombreuses applications, en partic. dans les problèmes de physique mathématique qui font appel à la notion d'infini et nécessitent des traitements lourds sur ordinateur.)

NON-STOP [nɔnstɔp] adj. inv. (mot angl.). **1.** Sans interruption ; continu. *Vol non-stop de Paris à Miami.* **2.** SPORTS. *Descente non-stop,* ou *non-stop,* n.f. inv. : à skis, descente d'entraînement effectuée avant la compétition, génér. d'une seule traite, afin de reconnaître la piste. ◆ n.m. inv. Activité ininterrompue.

NON-TISSÉ n.m. Étoffe obtenue par assemblage mécanique, chimique ou thermique de fibres ou de filaments textiles.

NONUPLER v.t. Multiplier par neuf.

NON-USAGE n.m. Cessation ou défaut d'usage ou de jouissance d'un droit.

NON-VALEUR n.f. **1.** État d'une propriété qui ne produit aucun revenu. **2.** Chose ou personne sans valeur. **3.** Recette prévue et qui ne s'est pas réalisée ; créance considérée comme irrécupérable.

NON-VIOLENCE n.f. **1.** Principe de conduite en vertu duquel on renonce à la violence comme moyen d'action politique. **2.** Abstention de toute violence, dans quelque domaine que ce soit.

NON VIOLENT, E adj. et **NON-VIOLENT, E** n. Qui est partisan de la non-violence. ◆ adj. Qui ne participe d'aucune violence.

NON-VOYANT, E n. Personne qui ne voit pas ; aveugle.

NOPAL n.m. [pl. *nopals*] (du nahuatl). Opuntia cultivé autref. pour l'élevage de la cochenille, dont les rameaux aplatis sont consommés en salade et dont les fruits (figues de Barbarie) sont comestibles. (Famille des cactacées.)

NORADRÉNALINE n.f. Neuromédiateur sécrété par le système nerveux central, les nerfs sympathiques et les glandes médullosurrénales.

NORD n.m. inv. et adj. inv. (angl. *north*). **1.** L'un des quatre points cardinaux, situé dans la direction de l'étoile Polaire. Abrév. : *N.* ◇ *Fam. Perdre le nord :* ne plus savoir où l'on en est, perdre la tête. **2.** (Avec une majuscule.) Partie du globe terrestre ou d'un pays située vers ce point. *Le Nord canadien. Elle habite le Nord.* **3.** (Avec une majuscule.) Ensemble des pays industrialisés (situés dans l'hémisphère Nord) [par oppos. à *pays en développement*]. *Dialogue Nord-Sud.*

NORD-AFRICAIN, E adj. et n. (pl. *nord-africains, es*). De l'Afrique du Nord.

NORD-AMÉRICAIN, E adj. et n. (pl. *nord-américains, es*). De l'Amérique du Nord.

NORD-CORÉEN, ENNE adj. et n. (pl. *nord-coréens, ennes*). De la Corée du Nord, de ses habitants.

NORDÉ ou **NORDET** n.m. (de *nord-est*). MAR. Vent soufflant de la direction du nord-est.

NORD-EST [nɔrɛst] ou [nɔrdɛst] n.m. inv. et adj. inv. **1.** Point de l'horizon ou partie du monde situés entre le nord et l'est. **2.** Partie d'un pays située au nord-est par rapport au centre.

NORDICITÉ n.f. Québec. Caractère nordique d'un lieu, d'une région.

NORDIQUE adj. et n. Du nord de l'Europe. ◆ adj. Québec. Relatif aux régions situées le plus au nord.

NORDIR v.i. MAR. Tourner au nord, en parlant du vent.

NORDISTE adj. et n. **1.** Se dit d'un partisan des États du Nord pendant la guerre de Sécession (1861 - 1865), aux États-Unis. **2.** Du département du Nord ou de la Région Nord-Pas-de-Calais, en France.

NORD-OUEST [nɔrwɛst] ou [nɔrdwɛst] n.m. inv. et adj. inv. **1.** Point de l'horizon ou partie du monde situés entre le nord et l'ouest. **2.** Partie d'un pays située au nord-ouest par rapport au centre.

NORD-VIETNAMIEN, ENNE adj. et n. (pl. *nord-vietnamiens, ennes*). Du Viêt Nam du Nord, avant la réunification de ce pays, en 1975.

NORIA n.f. (mot esp., de l'ar.). **1.** Machine hydraulique formée de godets attachés à une chaîne sans fin, plongeant renversés et remontant pleins. **2.** *Fig.* Série d'allers et retours ininterrompus de véhicules de transport. *Une noria de camions.*

NORMAL, E, AUX adj. **1.** Qui est conforme à une moyenne considérée comme une norme ; qui n'a rien d'exceptionnel ; ordinaire, habituel. *Une taille normale. Une vie normale.* **2.** Qui ne présente aucun trouble pathologique. **3.** Anc. *École normale primaire :* établissement de l'enseignement public où l'on formait les instituteurs. – *École *normale supérieure : v. partie n.pr.* **4.** CHIM. Se dit d'une solution titrée, servant aux dosages chimiques et contenant une mole d'éléments actifs par litre. **5.** GÉOMÉTR. Perpendiculaire. ◇ *Vecteur normal à une droite* ou *à un plan en un point,* vecteur directeur de la perpendiculaire à cette droite ou à ce plan en ce point.

NORMALE n.f. **1.** État normal, habituel. *Revenir à la normale.* **2.** GÉOMÉTR. Droite perpendiculaire. ◇ *Normale à une courbe (en un point),* perpendiculaire à la tangente de la courbe en ce point.

NORMALEMENT adv. **1.** De façon normale. **2.** En principe.

NORMALIEN, ENNE n. Élève ou ancien élève d'une école normale (primaire ou supérieure).

NORMALISATEUR, TRICE adj. et n. Qui normalise.

NORMALISATION n.f. **1.** Action de normaliser. **2.** Ensemble de règles techniques résultant de l'accord des producteurs et des usagers, et visant à spécifier, unifier et simplifier qqch, en vue d'un meilleur rendement dans tous les domaines de l'activité humaine.

NORMALISÉ, E adj. HABILL. *Taille normalisée :* taille d'un vêtement de confection établie selon les mesures moyennes d'un échantillonnage d'individus.

NORMALISER v.t. **1.** Faire revenir à une situation normale. *Normaliser des relations diplomatiques.* **2.** Soumettre à la normalisation ; rendre conforme à la norme. ◆ **se normaliser** v.pr. Devenir normal.

NORMALITÉ n.f. **1.** Caractère de ce qui est conforme à une norme, considéré comme l'état normal. **2.** CHIM. Rapport de la concentration d'une solution titrée à celle de la solution normale.

NORMAND, E adj. et n. **1.** De la Normandie. **2.** Se dit d'un bovin d'une race bonne productrice de lait et de viande, à robe caractéristique tachetée, comprenant toujours les trois couleurs blond, noir (bringé) et blanc. **3.** *Réponse de Normand :* réponse ambiguë. ◆ n.m. Dialecte de langue d'oïl parlé en Normandie.

■ **NORMAND.** Vache de race normande.

NORMATIF, IVE adj. Dont on dégage des règles ou des préceptes ; qui établit une norme. *Grammaire normative.*

NORMATIVITÉ n.f. *Didact.* État de ce qui est régulier, conforme à une norme.

NORME n.f. (lat. *norma,* équerre, règle). **1.** État habituel, conforme à la règle établie. **2.** Critère, principe auquel se réfère tout jugement de valeur moral ou esthétique. **3.** TECHN. Règle fixant les conditions de réalisation d'une opération, de l'exécution d'un objet ou de l'élaboration d'un produit dont on veut unifier l'emploi ou assurer l'interchangeabilité. *Une norme ISO.* ◇ *Norme de productivité :* productivité moyenne d'une branche économique. **4.** GÉOMÉTR. Longueur d'un vecteur. (Le vecteur nul est le seul à avoir une norme nulle ; la norme de la somme de deux vecteurs est inférieure ou égale à la somme de leurs normes ; la norme du produit d'un vecteur par un nombre est égale au produit de sa norme par ce nombre.)

NORMÉ, E adj. ALGÈBRE. *Espace vectoriel normé :* espace vectoriel muni d'une norme.

NORMOGRAPHE n.m. Plaquette transparente en plastique, traversée par des fentes ayant la forme de lettres, de chiffres, etc., et qui servent à en effectuer le tracé.

NOROÎT ou **NOROIS** n.m. (de *nord-ouest*). MAR. Vent soufflant du nord-ouest.

NORROIS n.m. (angl. *north,* nord). Langue germanique parlée par les anciens peuples de la Scandinavie, et qui est l'ancêtre des langues scandinaves actuelles.

NORVÉGIEN, ENNE adj. et n. De la Norvège, de ses habitants. ◆ n.m. **1.** Langue scandinave par-

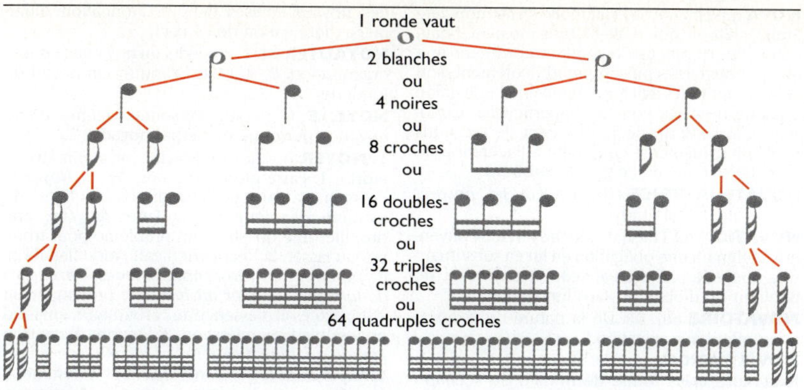

■ **NOTE.** Les figures de notes et leurs valeurs relatives.

lée en Norvège. **2.** Voilier à arrière pointu, sans tableau.

NOS adj. poss. Pl. de *notre*.

NOSÉMOSE n.f. (du gr. *nosos*, maladie). Maladie contagieuse de l'appareil digestif des abeilles, causée par un protozoaire.

NOSOCOMIAL, E, AUX adj. (gr. *nosos*, maladie, et *komeîn*, soigner). Se dit d'une infection contractée lors d'un séjour en milieu hospitalier.

NOSOGRAPHIE n.f. Classification des maladies.

NOSOLOGIE n.f. Discipline qui définit les maladies et établit la nosographie.

NOSOPHOBIE n.f. Crainte exagérée d'attraper une maladie (cancérophobie, par ex.).

NOSTALGIE n.f. (gr. *nostos*, retour, et *algos*, douleur). **1.** Tristesse et état de langueur causés par l'éloignement du pays natal ; mal du pays. **2.** Regret attendri ou désir vague accompagné de mélancolie. *Avoir la nostalgie des vacances.*

NOSTALGIQUE adj. et n. Qui est atteint de nostalgie, de regret du passé, du pays natal. ◆ adj. Qui provoque la nostalgie ; inspiré par la nostalgie. *Chanson nostalgique.*

NOSTOC n.m. MICROBIOL. Cyanobactérie bleu verdâtre dont certaines espèces forment des plaques gélatineuses sur les sols humides, alors que d'autres sont des constituants de lichens.

NOTA BENE [nɔtabene] ou **NOTA** n.m. inv. (loc. lat., *notez bien*). Note mise dans la marge ou au bas d'un texte écrit. Abrév. : *N. B.*

NOTABILITÉ n.f. Notable, personnalité.

1. NOTABLE adj. (lat. *notabilis*, de *notare*, désigner). Digne d'être noté ; important, remarquable. *Des progrès notables.*

2. NOTABLE n.m. Personne qui a une situation sociale de premier rang dans une ville, une région. ◇ HIST. *Assemblée des notables* : dans la France d'Ancien Régime, assemblée de membres des trois ordres, auxquels les rois demandaient avis dans certains cas.

NOTABLEMENT adv. D'une manière notable, appréciable ; beaucoup.

NOTAIRE n.m. (lat. *notarius*, scribe). Officier public et ministériel qui reçoit et rédige les actes, les contrats, etc., pour leur conférer un caractère authentique, obligatoire dans certains cas.

NOTAMMENT adv. Spécialement, particulièrement, entre autres.

NOTARIAL, E, AUX adj. Qui se rapporte aux notaires, à leurs fonctions.

NOTARIAT n.m. **1.** Ensemble de la profession notariale. **2.** Fonction, charge de notaire.

NOTARIÉ, E adj. Se dit d'un acte passé devant notaire.

NOTATEUR, TRICE n. Spécialiste de la notation chorégraphique.

NOTATION n.f. **1.** Action d'indiquer, de représenter par un système de signes conventionnels ; ce système. *Notation algébrique, chorégraphique, musicale.* **2.** Courte remarque. **3.** Action d'attribuer une note. *Notation du baccalauréat.* **4.** BANQUE. Ensemble d'études et d'instruments d'analyse permettant d'évaluer la surface financière d'un emprunteur et les risques qu'il représente.

NOTE n.f. (lat. *nota*). **1.** Courte indication que l'on écrit pour se rappeler qqch. *Prendre des notes.* **2.** Brève communication écrite destinée à informer, notamm. dans un contexte administratif. *Note de service.* ◇ *Note diplomatique* : correspondance entre un ministère des Affaires étrangères et les agents d'une mission diplomatique. **3.** Afrique. Lettre, missive. **4.** Courte remarque, annotation apportant un commentaire, un éclaircissement sur un texte. *Notes en marge, en bas de page.* **5.** Marque distinctive ; touche, nuance. *Une note de gaieté.* **6.** PARFUM. Composant essentiel ou assemblage de composants d'une odeur. **7.** Appréciation, souvent chiffrée, de la valeur de qqn, de sa conduite, de son travail, etc. *Une note de 12/20.* **8.** Détail d'un compte à acquitter ; facture. *Note d'hôtel.* **9.** MUS. Signe conventionnel qui indique par sa position sur la portée la hauteur d'un son musical et par sa forme, dite *figure de note*, la durée relative de ce son. – Son musical donné ; syllabe ou lettre le désignant. *Chanter les notes de la gamme* (*do* ou *ut, ré, mi, fa, sol, la, si*). ◇ *Note naturelle*, non altérée par un dièse ou un bémol. – *Note réelle*, appartenant à l'harmonie classique. – *Note étrangère*, n'appartenant pas à l'harmonie classique. – *Note piquée*, surmontée d'un point, attaquée de manière incisive et détachée avec vivacité. – *Note détachée*, non liée aux autres. – *Note liée*, incluse dans une liaison. **10.** *Donner la note* : indiquer le ton ; indiquer ce qu'il convient de faire. – *Être dans la note* : faire ce qui convient. – *Fausse note* : détail qui choque. – *La note juste* : le détail exact, en accord avec la situation. – *Forcer la note* : exagérer.

ENCYCL. Les syllabes servant à désigner les sept notes de la gamme ont été empruntées par un moine du Xe s., Gui d'Arezzo, à l'hymne à saint Jean-Baptiste. Ce sont les premières syllabes des vers de la première strophe : *Ut* queant laxis / *Re*sonare fibris / *Mi*ra gestorum / *Fa*muli tuorum / *Sol*ve polluti / *La*bii reatum / *S*ancte *I*ohannes. Au XVIIe s., *ut*, difficile à solfier, fut remplacé par *do*, plus euphonique. Ces noms de notes sont utilisés dans tous les pays de langue latine.

NOTER v.t. (lat. *notare*). **1.** Faire une marque sur ce qu'on veut retenir. *Noter un passage.* **2.** Mettre par écrit. *Noter un rendez-vous.* **3.** Prendre garde à. *Notez bien ce que je vous dis.* **4.** Constater après observation. *Ne pas noter de changements importants.* **5.** Écrire de la musique avec des signes convenus. *Noter un air.* **6.** Apprécier le travail, la valeur de qqn. *Noter des devoirs.*

NOTICE n.f. (lat. *notitia*, connaissance). Exposé succinct, résumé par écrit sur un sujet particulier ; ensemble d'indications sommaires.

NOTIFICATIF, IVE adj. Qui sert à notifier qqch.

NOTIFICATION n.f. Action de notifier ; avis.

NOTIFIER v.t. [5]. Faire connaître à qqn dans les formes légales ou en usage ; faire part de, avertir de. *Notifier à l'accusé l'arrêt de la cour.*

NOTION n.f. (lat. *notio*, connaissance). **1.** Idée qu'on a de qqch ; concept. **2.** Connaissance élémentaire de qqch. *Avoir des notions de géographie.*

NOTIONNEL, ELLE adj. **1.** Relatif à une notion. **2.** *Emprunt notionnel* : emprunt fictif servant de base aux contrats traités sur le MATIF.

NOTOIRE adj. (lat. *notorius*, qui fait connaître). Connu d'un très grand nombre de personnes ; public, célèbre. *Criminel notoire.*

NOTOIREMENT adv. Incontestablement, manifestement.

NOTONECTE n.f. (gr. *nôtos*, dos, et *nêktos*, nageur). Insecte des eaux stagnantes d'Europe, du Proche-Orient et d'Afrique du Nord, qui nage sur le dos et se nourrit de débris animaux et végétaux. (Long. 15 mm ; ordre des hétéroptères.)

NOTORIÉTÉ n.f. **1.** Caractère d'une personne ou d'un fait notoire ; renommée, réputation, renom. ◇ DR. *Acte de notoriété* : acte destiné à attester un fait notoire et constant, et délivré par un officier public ou un magistrat. **2.** *Indice de notoriété* : pourcentage d'individus capables de citer spontanément une marque (*notoriété spontanée*) ou de déclarer connaître une marque d'après une liste (*notoriété assistée*).

NOTRE adj. poss. (pl. *nos*). **1.** Représente un possesseur de la 1re pers. du pl., ceux, celles qui parlent, pour indiquer un rapport de possession, un rapport d'ordre affectif ou social. *Notre livre. Nos parents. Notre professeur.* **2.** Remplace *mon* ou *ma* dans le style officiel (pluriel de majesté). *Tel est notre bon plaisir.*

NÔTRE pron. poss. (lat. *noster*). Précédé de *le, la, les*, désigne ce qui est à nous. *Cette valise n'est pas la nôtre.* ◇ *Les nôtres* : nos proches. ◆ adj. *Faire nôtre(s) qqch*, l'adopter, le reconnaître comme s'il était à nous, de nous.

NOTRE-DAME n.f. sing. Titre que les catholiques donnent à la Vierge Marie ; nom donné aux églises qui lui sont consacrées.

NOTULE n.f. (bas lat. *notula*, de *nota*, marque). Courte annotation à un texte ; bref exposé sur une question.

NOUAGE n.m. **1.** Action de nouer. **2.** Opération de tissage qui consiste à nouer les fils d'une chaîne terminée à ceux de la chaîne nouvelle qui lui succède.

NOUAISON n.f. ARBOR. Période correspondant au développement du jeune ovaire en fruit, chez les arbres fruitiers et la vigne. SYN. : *nouure*.

NOUBA n.f. (ar. *nūba*). **1.** Anc. Musique de régiment des tirailleurs nord-africains. **2.** *Fam.* Fête, noce. *Faire la nouba.*

1. NOUE n.f. (mot gaul.). Vx. Terre grasse et humide fournissant des herbages pour le bétail.

2. NOUE n.f. (lat. *navis*, navire). CONSTR. **1.** Arête rentrante formée par la rencontre des versants de deux toits ; pièce de charpente formant cette arête. **2.** Lame de plomb, de zinc ou rangée de tuiles creuses placées dans cet angle.

NOUÉ, E adj. *Avoir la gorge nouée*, contractée, serrée par l'émotion.

NOUER v.t. (lat. *nodare*). **1.** Faire un nœud à ; réunir par un nœud. *Nouer une cravate.* **2.** Lier, tenir qqch attaché, fermé par un lien auquel on a fait un nœud. *Nouer ses cheveux.* **3.** Former des liens plus ou moins étroits avec qqn, un groupe. *Nouer une amitié.* ◇ *Nouer la conversation*, l'engager. **4.** *Litt.* Organiser dans le détail ; élaborer, ourdir. *Nouer un complot.*

NOUET n.m. CUIS. Vx. Linge dans lequel on a placé une substance pour la faire infuser ou cuire dans l'eau bouillante.

NOUEUX, EUSE adj. **1.** Se dit du bois qui a beaucoup de nœuds. *Un arbre au tronc noueux.* **2.** Qui présente des nodosités. *Des doigts noueux.*

NOUGAT n.m. (mot provenç.). Confiserie de sucre, de miel et de blancs d'œufs frais ou desséchés, additionnée d'amandes, de noisettes ou de pistaches. (Spécialité de Montélimar.)

NOUGATINE n.f. **1.** Nougat dur, fait d'amandes broyées et de caramel. **2.** Génoise pralinée et garnie d'amandes ou de noisettes grillées et hachées.

NOUILLE n.f. (all. *Nudel*). **1.** Pâte alimentaire en forme de longue lanière mince et plate. **2.** *Style nouille* : nom parfois donné à l'Art nouveau. ◆ adj. et n.f. *Fam.* Se dit d'une personne sans énergie ou peu dégourdie.

NOULET n.m. (de *2. noue*). CONSTR. **1.** Pénétration de deux combles de hauteur différente, déterminant deux noues. **2.** Ensemble des pièces de charpente constituant les arêtes de ces deux noues.

NOUMÉNAL, E, AUX adj. Relatif au noumène (par oppos. à *phénoménal*).

NOUMÈNE n.m. (gr. *nooumenon*). PHILOS. Pour Kant, chose en soi, au-delà de toute expérience possible (par oppos. à *phénomène*).

NOUNOU n.f. Nourrice, dans le langage enfantin.

N

NOUNOURS [nunurs] n.m. Ours en peluche, dans le langage enfantin.

NOURRAIN n.m. (du lat. *nutrire,* nourrir). **1.** Jeune poisson utilisé pour repeupler un étang. **2.** Jeune porc après le sevrage et au début de la période d'engraissement.

NOURRI, E adj. *Feu, tir nourri,* intense.

NOURRICE n.f. (lat. *nutrix, nutricis*). **1.** Femme qui allaite des enfants en bas âge. ◇ Vieilli. *Nourrice sèche :* femme qui élève un enfant au biberon. **2.** Femme qui garde des enfants à son domicile contre rémunération. (On dit aussi auj., en France, ***assistante maternelle*** ou ***gardienne.***) **3.** Réservoir de carburant de secours. **4.** CONSTR. Réserve d'eau d'où partent plusieurs tuyauteries d'alimentation d'un immeuble (colonnes montantes, par ex.).

NOURRICIER, ÈRE adj. *Litt.* Qui nourrit, procure la nourriture. *Terre nourricière.* ◇ Vx. *Père nourricier :* père adoptif.

NOURRIR v.t. (lat. *nutrire*). **1.** Fournir des aliments à ; faire vivre en donnant des aliments. *Nourrir qqn. Nourrir des animaux.* **2.** Donner les moyens de vivre et de subsister. *Il a cinq personnes à nourrir.* **3.** *Litt.* Donner une formation à qqn, lui fournir des idées, etc. **4.** Entretenir, faire durer un sentiment. *Nourrir un espoir.* **5.** Entretenir en accroissant l'importance de qqch. *Le bois stocké nourrissait l'incendie.* **6.** Renforcer la matière d'un discours, d'un texte, d'une œuvre, etc. *Nourrir la conversation d'anecdotes amusantes.* ◆ **se nourrir** v.pr. **1.** Absorber des aliments. **2.** Tirer sa force, sa substance de. *Préjugés qui se nourrissent de l'ignorance.* ◇ *Se nourrir d'illusions :* entretenir des illusions qui donnent une raison d'espérer, de vivre.

NOURRISSAGE n.m. Action de nourrir un animal d'élevage.

NOURRISSANT, E adj. Qui nourrit beaucoup.

NOURRISSEUR n.m. **1.** Personne qui engraisse du bétail pour la boucherie. **2.** *Nourrisseur automatique :* appareil permettant la distribution automatique d'aliments aux animaux.

NOURRISSON n.m. Enfant en bas âge, depuis l'âge de 29 jours jusqu'à deux ans.

NOURRITURE n.f. **1.** Action de nourrir un être vivant. *Assurer la nourriture du bétail.* **2.** Toute substance qui sert à l'alimentation des êtres vivants. *Oiseau qui cherche sa nourriture. Une nourriture saine.* **3.** *Litt.* Ce qui nourrit le cœur, l'esprit. *Les nourritures intellectuelles.*

NOUS pron. pers. (lat. *nos*). **1.** Désigne la 1re pers. du pl. représentant un groupe dont fait partie la personne qui parle. **2.** Remplace *je* dans le style officiel (pluriel de majesté).

NOUURE [nuyr] n.f. ARBOR. Nouaison.

NOUVEAU, ELLE ou **NOUVEL, ELLE** adj. (lat. *novellus*). **1.** Qui existe, qui est connu depuis peu. *Mots nouveaux.* **2.** Qui vient après qqn ou qqch de même espèce, qui vient les remplacer, leur succéder ou s'y ajouter. *Le nouveau directeur.* **3.** Qui possède des qualités originales ; inédit. *Techniques nouvelles.* **4.** (Avec une valeur d'adverbe, mais variable devant les adj. ou des p. passés pris comme noms.) Qui est tel depuis peu. *Des nouveaux riches.* (*Nouvel,* adj. m., est employé devant un mot masculin singulier commençant par une voyelle ou un *h* muet.) ◆ adj. et n. Qui est depuis peu quelque part, qui exerce depuis peu une activité ; novice. *Être nouveau dans le métier.* ◆ n.m. Ce qui est original, inattendu ; ce qui change la situation. *Il y a du nouveau.* ◇ *À nouveau, de nouveau :* une fois de plus.

NOUVEAU-NÉ, E adj. et n. (pl. *nouveau-nés, es*). Qui vient de naître ; se dit d'un enfant entre la naissance et l'âge de 28 jours.

NOUVEAUTÉ n.f. **1.** Qualité de ce qui est nouveau ; chose nouvelle. **2.** Livre récemment publié. **3.** Produit nouveau de l'industrie, de la mode. ◇ Vieilli. *Magasin de nouveautés,* qui vend des articles de mode.

1. NOUVELLE n.f. Première annonce d'un événement arrivé depuis peu ; cet événement. *Répandre une nouvelle.* ◆ pl. **1.** Renseignements sur la santé, la situation, etc., de qqn que l'on connaît. *Donner de ses nouvelles.* **2.** Informations sur les événements du monde diffusées par les médias.

2. NOUVELLE n.f. (ital. *novella*). LITTÉR. Récit bref qui présente une intrigue simple où n'interviennent que peu de personnages.

NOUVELLEMENT adv. *Litt.* Depuis peu.

NOUVELLISTE n. LITTÉR. Auteur de nouvelles.

N

NOVA n.f. [pl. *novae*] (lat. *nova stella,* nouvelle étoile). Étoile qui devient brusquement beaucoup plus lumineuse (semblant constituer une étoile nouvelle), puis reprend lentement son éclat primitif. (Il s'agit le plus souvent d'une naine blanche dont les couches superficielles explosent, à la suite du déclenchement de réactions nucléaires, lui-même consécutif à l'accrétion de la matière d'une étoile géante voisine.)

NOVATEUR, TRICE adj. et n. (du lat. *novare,* renouveler). Qui innove.

NOVATION n.f. (bas lat. *novatio*). **1.** DR. Convention éteignant une obligation en lui en substituant une nouvelle par changement de créancier, de débiteur ou d'objet. **2.** Rare. Innovation.

NOVATOIRE adj. DR. De la nature de la novation ; relatif à la novation.

NOVÉLISATION n.f. (de l'angl. *novel,* roman). Réécriture, sous forme de roman, du scénario d'un film, d'un feuilleton.

NOVEMBRE n.m. (du lat. *novem,* neuf, l'année romaine commençant au mois de mars). Onzième mois de l'année.

NOVER v.t. DR. Effectuer une novation.

NOVICE n. et adj. (lat. *novicius,* de *novus,* nouveau). Personne peu expérimentée ; débutant. *Il est novice dans le métier.* ◆ n. CHRIST. Personne qui accomplit son noviciat.

NOVICIAT n.m. CHRIST. **1.** Temps d'épreuve et de préparation (de 12 mois à 3 ans) imposé aux candidats à la vie religieuse et qui s'achève par la prononciation des vœux. **2.** Ensemble des locaux qui sont réservés aux novices, dans un monastère.

NOVLANGUE n.f. (mot angl. créé par G. Orwell dans son roman *1984*). Langage convenu et rigide destiné à dénaturer la réalité.

NOYADE [nwajad] n.f. Asphyxie par afflux d'un liquide dans les voies respiratoires, en partic. à la suite d'une immersion dans l'eau.

NOYAU [nwajo] n.m. (lat. *nodus,* nœud). **I.** *Partie centrale.* **1.** Partie centrale de certains fruits charnus (drupes), formée d'un endocarpe lignifié qui entoure la graine ou amande. *Noyau de pêche, de prune.* **2. a.** PHYS. Partie centrale de l'atome, formée de protons et de neutrons, autour de laquelle gravitent les électrons et où est rassemblée la quasi-totalité de la masse de l'atome. **b.** BIOL. CELL. Organite central et vital de toute cellule vivante, limité par une double membrane perforée de nombreux pores, contenant les chromosomes et un ou plusieurs nucléoles. (La présence d'un noyau caractérise les cellules dites *eucaryotes.*) **c.** GÉOPHYS. Partie centrale du globe terrestre, constituée du noyau externe, fluide, et du noyau interne, solide (la graine). **d.** ASTRON. Partie solide, permanente d'une comète ; partie centrale et la plus dense d'une étoile, où se déroulent les réactions thermonucléaires ; partie centrale et la plus dense d'une planète ; région centrale d'une galaxie, où la densité et la luminosité sont maximales ; région centrale d'une tache solaire. **3. a.** CONSTR. Support vertical d'un escalier tournant, portant les marches du côté opposé au mur de cage. **b.** ÉLECTROTECHN. Pièce magnétique autour de laquelle sont disposés des enroulements. **c.** MÉTALL. Pièce résistant à l'alliage en fusion, que l'on introduit dans un moule de fonderie pour obtenir des parties creuses sur la pièce moulée. **4.** MÉTÉOROL. *Noyau de condensation :* particule très fine en suspension dans l'atmosphère (aérosol), sur laquelle s'opère la condensation et, éventuellement, la solidification de la vapeur d'eau. **5.** MÉD. Centre nerveux de l'encéphale formant une petite masse isolée. **6.** ALGÈBRE. Dans l'application linéaire f d'un espace vectoriel E dans un espace vectoriel F, sous-espace de E (noté Ker f) formé des vecteurs dont l'image dans F est le vecteur nul. **II.** *Groupe d'individus.* **1.** Petit groupe de personnes à l'origine d'un groupe plus vaste, ou qui en constitue l'élément essentiel. *Le noyau d'une colonie.* **2.** *Noyau dur.* **a.** Élément essentiel, central, de qqch. **b.** Partie la plus intransigeante, la plus déterminée d'un groupe. **c.** Petit groupe d'actionnaires qui détiennent le pouvoir dans une société industrielle ou commerciale. **3.** Petit groupe cohérent agissant dans un milieu hostile ou dominant. *Noyaux de résistance.*

NOYAUTAGE n.m. **1.** Tactique qui consiste à infiltrer dans un syndicat, un parti, etc., des personnes qui ont pour rôle de le désorganiser ou d'en prendre le contrôle. **2.** MÉTALL. Ensemble des noyaux utilisés dans la fabrication d'une pièce ; fabrication de ceux-ci.

NOYAUTER v.t. **1.** Procéder au noyautage d'une organisation. **2.** MÉTALL. Fabriquer un noyau de fonderie.

NOYÉ, E n. et adj. Personne victime d'une noyade ; personne morte par noyade.

1. NOYER [nwaje] v.t. [7] (lat. *necare,* mettre à mort). **1.** Faire mourir par noyade. ◇ *Noyer le poisson :* fatiguer un poisson pris à la ligne, de manière à l'amener à la surface ; *fig., fam.,* embrouiller une question, un problème pour tromper ou lasser. **2.** Recouvrir d'eau ; mouiller abondamment. *Les crues ont noyé les terres. Yeux noyés de larmes.* ◇ *Noyer un moteur :* provoquer un afflux excessif d'essence au carburateur, qui rend impossible la combustion. **3.** Étendre d'une trop grande quantité d'eau. *Noyer son vin, une sauce.* **4.** *Noyer dans le sang :* réprimer très violemment. *Noyer une révolte dans le sang.* – *Noyer son chagrin, sa peine (dans l'alcool),* boire pour les oublier. **5.** Enfermer, prendre dans une masse solide. *Armature noyée dans le béton.* **6.** *Fig.* Faire disparaître dans une masse confuse ; plonger dans la confusion. *Noyer l'essentiel dans des détails.* ◆ **se noyer** v.pr. **1.** Périr par immersion. **2.** *Fig.* Perdre pied, se laisser submerger ; se perdre. *Se noyer dans les détails.* ◇ *Se noyer dans un verre d'eau :* éprouver de grandes difficultés devant un très petit obstacle. **3.** Fondre, disparaître dans un tout. *Petite imperfection qui se noie dans la masse.*

2. NOYER n.m. (lat. *nux, nucis,* noix). **1.** Grand arbre des régions tempérées, produisant les noix. (Haut. 10 à 25 m ; longévité 300 à 400 ans ; genre *Juglans,* famille des juglandacées.) **2.** Bois de cet arbre, utilisé en ébénisterie massive et plaquée.

■ NOYER

NPI ou **N.P.I.** n.m. (sigle). Nouveau pays *industrialisé.

NTSC (SYSTÈME) [sigle de *national television system committee*]. Système américain de télévision en couleurs, normalisé en 1953.

1. NU n.m. inv. Treizième lettre de l'alphabet grec (Ν, ν), correspondant au *n* français.

2. NU, E adj. (lat. *nudus*). **1.** Qui n'est pas vêtu. *Se baigner nu.* – Sans accessoires. ◇ *Se battre à mains nues,* sans arme. – *À l'œil nu :* sans l'aide d'un instrument d'optique. **2.** Sans végétation. *Paysage nu et désolé.* **3.** Sans ornement. *Murs nus.* ◇ *Style nu,* dépouillé. – ***La vérité toute nue,*** sans fard. **4.** Qui n'est pas enveloppé, protégé. *Fil électrique nu.* ◇ *Épée nue,* hors du fourreau. (*Nu* reste invariable devant les noms *jambes, pieds* et *tête,* employés sans article ; il s'y joint par un trait d'union et constitue avec eux des expressions toutes faites : *nu-jambes, nu-pieds, nu-tête.*) ◆ n.m. **1.** BX-ARTS. Représentation du corps humain totalement ou largement dévêtu, dénudé. *Un nu de*

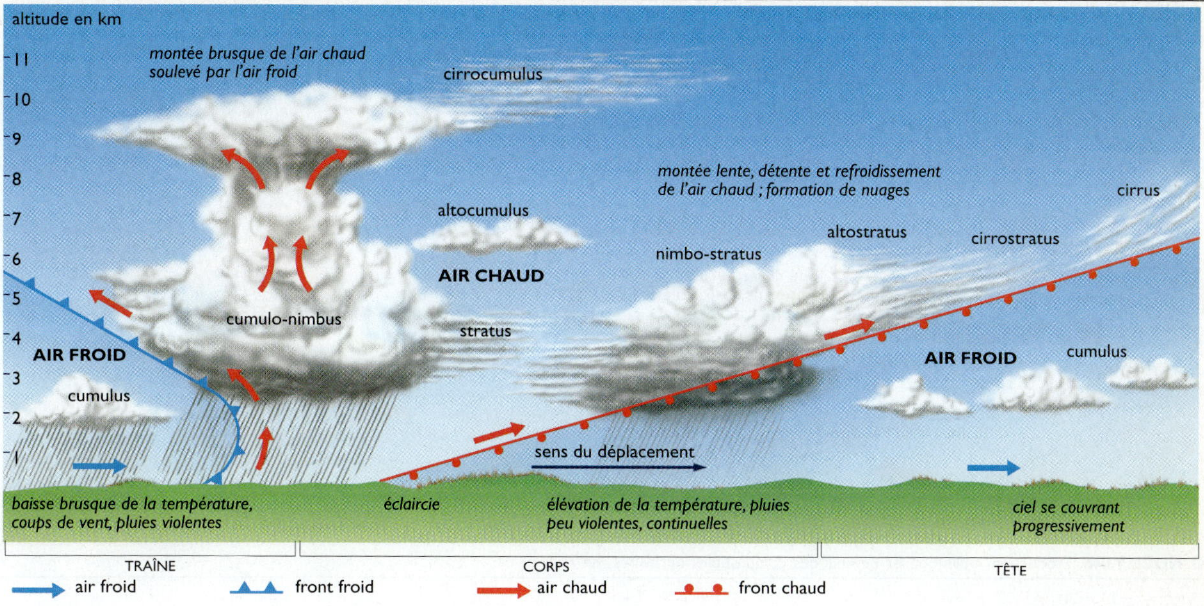

■ SYSTÈME **NUAGEUX.** Ensemble des formations nuageuses accompagnant une perturbation des zones tempérées se déplaçant d'ouest en est.

Renoir. **2.** CONSTR. *Nu de mur :* partie de mur sans aucune saillie. **3.** *Mettre à nu :* découvrir ; *fig.,* dévoiler.

NUAGE n.m. (lat. *nubes*). **1.** Ensemble visible de particules d'eau très fines, liquides ou solides, maintenues en suspension dans l'atmosphère par les mouvements verticaux de l'air. (Il existe dix genres de nuages, distingués selon leur développement et leur altitude : altocumulus, altostratus, cirrocumulus, cirrostratus, cirrus, cumulonimbus, cumulus, nimbo-stratus, strato-cumulus et stratus.) ◇ ***Être dans les nuages :*** être distrait, rêveur. **2.** Tout ce qui forme une masse légère et en suspension. *Nuage de fumée, de poussière.* ◇ ***Nuage de lait :*** petite quantité de lait que l'on verse dans le thé, le café. **3.** ASTRON. ***Nuage moléculaire :*** vaste étendue de matière interstellaire dont le gaz se trouve principalement sous forme de molécules. (→ ***nébuleuse***). **4.** *Fig.* Ce qui trouble la sérénité ; menace plus ou moins précise. *Avenir chargé de nuages. Bonheur sans nuages.*

■ **NUAGE** moléculaire près de l'étoile *rhô Ophiuchi* (visible en haut, au centre, entourée d'une nébulosité bleue).

NUAGEUX, EUSE adj. **1.** Couvert de nuages. *Ciel nuageux.* ◇ ***Système nuageux :*** ensemble ordonné des formations de nuages lors d'une perturbation atmosphérique cyclonique. **2.** *Fig.* Qui manque de clarté, de netteté, de rigueur ; confus. *Esprit nuageux.*

NUANCE n.f. (de *nue*). **1.** Chacun des degrés, des tons différents d'une même couleur, ou chacun des degrés, des teintes intermédiaires entre deux couleurs. **2.** Différence légère, subtile, peu sensible entre des choses, des sentiments, des idées, etc., de même nature. *Saisir les nuances d'une pensée.* ◇ ***Être sans nuances :*** être intransigeant, tout d'une pièce. **3.** MUS. Chacun des différents degrés d'intensité et d'expressivité que l'on peut donner aux sons dans l'exécution.

NUANCER v.t. [9]. **1.** Ménager des gradations dans les couleurs, dans leur pureté, leur intensité, leur valeur lumineuse. *Nuancer un rouge avec de l'orangé.* **2.** Exprimer sa pensée en tenant compte des différences les plus subtiles. *Nuancer ses jugements.*

NUANCIER n.m. Carton, petit album présentant les différentes nuances d'un produit coloré (peinture, maquillage, etc.).

NUBIEN, ENNE adj. et n. De la Nubie.

NUBILE adj. (lat. *nubilis,* de *nubere,* se marier). Se dit d'une fille en âge de se marier ; pubère.

NUBILITÉ n.f. État d'une jeune fille nubile ; âge nubile.

NUBUCK n.m. (probablement de l'angl. *new buck,* nouveau daim). Cuir de bovin poncé sur fleur présentant un aspect velouté semblable à celui du daim.

NUCELLE n.m. (lat. *nucella,* petite noix). BOT. Partie principale de l'ovule d'une angiosperme, qui disparaît lorsque l'ovule se transforme en graine.

NUCLÉAIRE adj. (du lat. *nucleus,* noyau). **1.** Relatif au noyau de l'atome, à l'énergie qui en est issue, à la physique qui l'étudie. ◇ ***Arme nucléaire :*** arme qui utilise l'énergie nucléaire. (Les armes nucléaires comprennent les armes *atomiques,* ou *de fission,* et les armes *thermonucléaires,* ou *de fusion.* Elles emploient divers vecteurs : bombe d'avion, obus, missile, roquette, etc.) – ***Combustible nucléaire :*** matière contenant des nucléides fissiles qui, placée dans un réacteur, permet d'y développer une réaction nucléaire en chaîne. (En moyenne, chaque année, en France, 1 200 t de combustibles usés sont produits ; 350 t sont entreposées sur place en piscine ; 850 t sont retraitées qui donnent 9 t de plutonium, 30 t de produits de fission et 810 t d'uranium.) *[V. ill. page suivante].* – ***Puissance nucléaire :*** pays doté de l'arme nucléaire. **2.** BIOL. CELL. Qui appartient au noyau de la cellule. *Membrane nucléaire.* **3.** *Famille nucléaire* → **famille.** ◆ n.m. *Le nucléaire :* l'ensemble des techniques, des industries qui concourent à la mise en œuvre de l'énergie nucléaire.

NUCLÉARISATION n.f. Action de nucléariser.

NUCLÉARISER v.t. **1.** Remplacer des sources d'énergie traditionnelles par l'énergie nucléaire. **2.** Doter un pays d'armes nucléaires.

NUCLÉÉ, E adj. BIOL. CELL. Se dit d'une cellule qui possède un ou plusieurs noyaux.

NUCLÉIDE ou **NUCLIDE** n.m. Noyau atomique caractérisé par son nombre de protons et de neutrons.

NUCLÉIQUE adj. *Acide nucléique :* substance de la cellule constituée de nucléotides. (On distingue l'acide désoxyribonucléique ou ADN, et les acides ribonucléiques ou ARN.)

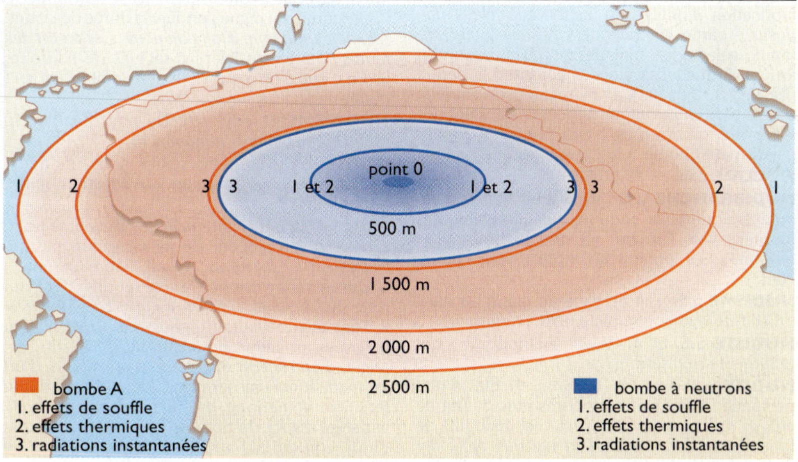

■ ARME **NUCLÉAIRE.** Explosion d'une bombe A : très fort effet de souffle, fort effet thermique, et peu de radiations. Explosion d'une bombe à neutrons : faible effet de souffle, faible effet thermique, et radiations nombreuses et intenses.

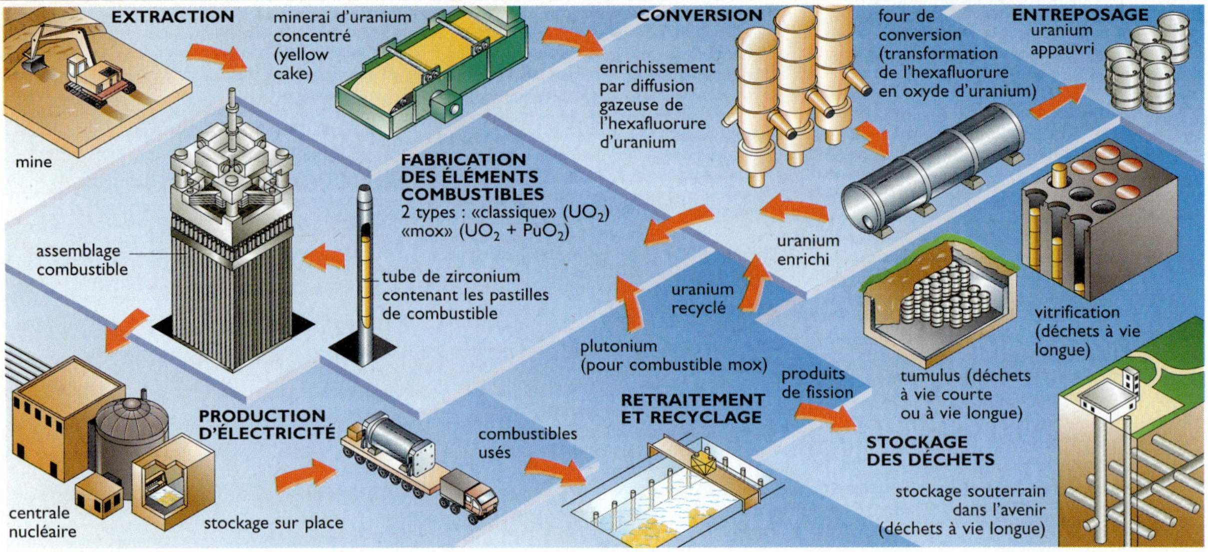

■ **NUCLÉAIRE.** Production, utilisation et devenir des combustibles nucléaires, en France.

NUCLÉOLE n.m. Corps sphérique très riche en ARN, situé à l'intérieur du noyau des cellules.

NUCLÉOLYSE n.f. Traitement des hernies discales consistant à détruire le nucleus pulposus par injection d'une enzyme protéolytique.

NUCLÉON n.m. PHYS. NUCL. Particule (proton ou neutron) constituant le noyau d'un atome.

NUCLÉONIQUE adj. Relatif aux nucléons.

NUCLÉOPHILE adj. et n.m. Se dit d'une molécule ou d'un ion ayant une configuration électronique qui les rend susceptibles de donner une paire d'électrons. ◆ adj. Se dit des réactions où ils interviennent.

NUCLÉOPROTÉINE n.f. ou **NUCLÉOPROTÉIDE** n.m. Substance qui résulte de la combinaison d'une protéine avec un acide nucléique, en partic. l'ADN des chromosomes.

NUCLÉOSIDE [-zid] n.m. BIOCHIM. Substance de la cellule formée d'une base azotée purique ou pyrimidique et d'un glucide, le ribose ou le désoxyribose, et entrant dans la composition des nucléotides.

NUCLÉOSYNTHÈSE [-sɛ̃-] n.f. ASTRON. Formation des éléments chimiques par réactions nucléaires au sein des étoiles *(nucléosynthèse stellaire)* ou dans les premiers instants après le big bang *(nucléosynthèse primordiale).*

NUCLÉOTIDE n.m. BIOCHIM. Molécule biologique résultant de l'union d'un nucléoside avec l'acide phosphorique, intervenant dans le métabolisme de la cellule (ATP) et entrant dans la composition des acides nucléiques.

NUCLÉUS ou **NUCLEUS** [nykleys] n.m. (lat. *nucleus,* noyau). **1.** PRÉHIST. Bloc de roche dont on extrayait des éclats ou des lames destinés à la fabrication d'outils fins. **2.** ANAT. *Nucleus pulposus :* partie centrale des disques intervertébraux, gélatineuse mais ferme. (L'expulsion en arrière du nucleus pulposus constitue la hernie discale.) **3.** GÉOL., BIOL. Petit fragment de coquille ou grain de sable autour duquel cristallisent des minéraux, en couches concentriques. (Ce processus peut aboutir à la constitution de perles.)

NUCLIDE n.m. → **NUCLÉIDE.**

NUDIBRANCHE n.m. Mollusque gastéropode marin, dépourvu de coquille, aux branchies nues tournées vers l'arrière, tel que la doris. (Les nudibranches forment un ordre d'opisthobranches.)

NUDISME n.m. Fait de vivre au grand air dans un état de nudité complète. SYN. : *naturisme.*

NUDISTE adj. et n. Relatif au nudisme ; qui pratique le nudisme.

NUDITÉ n.f. (bas lat. *nuditas*). **1.** État d'une personne, d'une partie du corps nue. **2.** État de ce que rien ne garnit, de ce qui est dépouillé de tout ornement. *La nudité d'un mur sans tableaux.* **3.** *Litt.* Absence de fioritures ; simplicité. *Nudité d'un style.* **4.** BX-ARTS. Corps représenté nu.

NUE n.f. (lat. *nubes,* nuage). *Litt.,* vieilli. Nuages. ◆ pl. *Porter aux nues :* exalter, louer excessivement. – *Tomber des nues :* être extrêmement surpris.

NUÉE n.f. (de *nue*). **1.** *Litt.* Gros nuage épais. *Nuée d'orage.* ◇ *Nuée ardente :* nuage de gaz à très haute température, chargé de débris de lave, et qui s'écoule à grande vitesse sur les flancs d'un volcan lors de certaines éruptions. **2.** Multitude dense, compacte de petits animaux volants (insectes, oiseaux), évoquant un nuage. *Une nuée de criquets.*

NUEMENT adv. → **NÛMENT.**

NUE-PROPRIÉTÉ n.f. (pl. *nues-propriétés*). DR. Droit de propriété ne conférant à son titulaire que le droit de disposer d'un bien, mais non d'en user et d'en percevoir les fruits.

NUER v.t. *Litt.* Disposer des couleurs selon les nuances ; nuancer.

NUIRE v.t. ind. **(à)** [77] (lat. *nocere*). **1.** Faire du tort, du mal, causer un dommage à. **2.** Constituer un danger, une gêne, un obstacle pour.

NUISANCE n.f. (Souvent pl.) Tout facteur de la vie urbaine ou industrielle qui constitue une gêne, un préjudice, un danger pour la santé, pour l'environnement.

NUISETTE n.f. Chemise de nuit très courte.

NUISIBLE adj. Qui nuit, qui cause des dommages, fait du tort à. *Excès nuisibles à la santé.* ◆ n.m. Animal (rongeur, insecte, etc.) parasite ou destructeur.

NUIT n.f. (lat. *nox, noctis*). **1.** Durée comprise entre le coucher et le lever du soleil en un lieu donné. ◇ *De nuit :* pendant la nuit. – *Nuit et jour :* sans arrêt ni le jour ni la nuit ; continuellement. – *Nuit bleue :* nuit marquée par une série d'actions terroristes ou criminelles coordonnées. **2.** Obscurité qui règne pendant la durée de la nuit. *À la nuit tombante. Il fait nuit noire.* ◇ *La nuit des temps :* les temps les plus reculés de l'histoire. **3.** Prix que l'on paie pour une nuit à l'hôtel ; nuitée.

NUITAMMENT adv. *Litt.* De nuit, pendant la nuit. *Un vol commis nuitamment.*

NUITÉE n.f. Durée de séjour dans un hôtel, comptée génér. de midi au jour suivant à midi ; nuit d'hôtel.

NUL, NULLE adj. (lat. *nullus*). [Devant le nom, suivi de *ne* ou précédé de *sans.*] Aucun, pas un. *Nul espoir n'est permis.* ◆ adj. (Après le nom.) **1.** Qui est sans existence, qui se réduit à rien ; qui reste sans résultat. *Différence nulle. Élection nulle.* **2.** Sans aucune valeur. *Devoir nul.* **3.** MATH. Qui a zéro pour valeur, pour mesure. **4.** Se dit d'un angle, d'un secteur angulaire, d'un dièdre, d'un segment dont la mesure vaut zéro. **5.** Se dit d'une fonction numérique qui, à toute valeur de la variable, associe le nombre zéro. ◆ adj. et n. Se dit de qqn qui n'a aucune intelligence, aucune compétence. *Elle est nulle. Un nul.* ◇ *Être nul en qqch,* totalement ignorant dans ce domaine. ◆ pron. indéf. *Litt.* Personne. *Nul n'est prophète en son pays.*

NULLARD, E adj. et n. *Fam.* Se dit d'une personne sans valeur, sans aucune compétence.

NULLEMENT adv. Aucunement, pas du tout.

NULLIPARE adj. et n.f. **1.** MÉD. Se dit d'une femme qui n'a jamais accouché (par oppos. à *primipare, multipare*). **2.** Se dit d'une femelle de mammifère avant sa première gestation.

NULLITÉ n.f. **1.** Manque total de talent, de valeur. **2.** Personne sans compétence. *C'est une nullité.* **3.** DR. Inefficacité d'un acte juridique, résultant de l'absence d'une des conditions de fond ou de forme requises pour sa validité.

NÛMENT ou **NUEMENT** [nymɑ̃] adv. *Litt.* Sans déguisement ; simplement, carrément. *Dire nûment la vérité.*

NUMÉRAIRE n.m. (bas lat. *numerarius*). Toute monnaie en espèces ayant cours légal. *Payer en numéraire plutôt que par chèque.* ◆ adj. Se dit de la valeur légale des espèces monnayées.

NUMÉRAL, E, AUX adj. et n.m. Se dit d'un terme qui exprime une idée de nombre *(adjectif numéral cardinal)* ou de rang *(adjectif numéral ordinal).* ◆ adj. Se dit des symboles (lettres, chiffres, etc.) servant à représenter les nombres dans un système de numération.

NUMÉRATEUR n.m. (du lat. *numerare,* compter). ARITHM. Terme d'une fraction placé au-dessus de la barre horizontale.

NUMÉRATION n.f. **1.** Action de compter, de dénombrer. **2.** Méthode qui permet l'écriture et la lecture des entiers naturels, puis, par prolongement, celles des décimaux et, par extension, des réels. **3.** MÉD. *Numération globulaire :* dénombrement des globules rouges et des globules blancs dans une unité de volume du sang. – *Numération-formule sanguine :* examen associant une numération globulaire et une formule leucocytaire.

NUMÉRIQUE adj. (du lat. *numerus,* nombre). **1.** Qui relève des nombres ; qui se fait avec les nombres, est représenté par un nombre. ◇ TÉLÉCOMM. *Diffusion numérique hertzienne :* procédé de transmission des signaux de radiodiffusion sonore ou de télévision sous forme numérique et par voie hertzienne. (On dit aussi, cour., *le numérique hertzien.*) **2.** Qui est évalué ou se traduit en nombre, en quantité. *Supériorité numérique.* ◆ adj. et n.m. TECHN. Se dit de la représentation d'informations ou de grandeurs physiques au moyen de caractères tels que des chiffres, ou au moyen de signaux à valeurs discrètes ; se dit des systèmes, dispositifs ou procédés employant ce mode de représentation (par oppos. à *analogique*).

NUMÉRIQUEMENT adv. Du point de vue du nombre ; sous forme numérique.

NUMÉRISATION n.f. Action de numériser.

NUMÉRISÉ, E adj. Se dit d'un examen radiologique dans lequel l'image est formée par un ordinateur. *Angiographie numérisée.*

NUMÉRISER v.t. TECHN. Exprimer sous forme numérique une information analogique.

NUMÉRISEUR n.m. TECHN. Dispositif de numérisation.

NUMÉRO n.m. (ital. *numero,* du lat. *numerus,* nombre). **1.** Chiffre, nombre qui indique la place d'une chose dans une série. ◇ ***Le numéro un (deux, etc.) de :*** personne ou chose qui occupe la première place (la deuxième, etc.) dans un groupe, une organisation. – Suisse. *Numéro postal :* code postal. **2.** Nombre identifiant les fascicules d'une publication en série appartenant à une même parution. – *Par ext.* Chaque exemplaire. ◇ ***La suite au prochain numéro :*** ce qui reste à faire est renvoyé à plus tard. **3.** Billet portant un chiffre et permettant de participer au tirage d'une loterie. ◇ ***Tirer le bon numéro :*** bénéficier d'un concours de circonstances particulièrement heureux ; avoir de la chance. **4.** Chacune des parties d'un spectacle de cirque, de music-hall, etc. ◇ *Fam.* ***Faire son numéro :*** se faire remarquer, se donner en spectacle. **5.** *Fam.* Personnage singulier. *Un drôle de numéro.*

NUMÉROLOGIE n.f. Art supposé de tirer de l'analyse numérique de caractéristiques individuelles telles que le nom, le prénom, la date de naissance, etc., des conclusions sur le caractère des personnes et des pronostics sur leur avenir.

NUMÉROLOGUE n. Spécialiste de numérologie.

NUMÉROTAGE n.m. Action de porter un numéro d'ordre ou de classement sur qqch.

NUMÉROTATION n.f. Attribution d'un numéro d'ordre ou de classement à qqch ; ordre de classement.

NUMÉROTER v.t. Effectuer une numérotation ; marquer d'un numéro.

NUMÉROTEUR n.m. Appareil pour numéroter.

NUMERUS CLAUSUS [nymerysklozys] n.m. (mots lat., *nombre arrêté*). Nombre auquel on limite la quantité de personnes admises à une fonction, à un grade, etc., conformément à une réglementation préalablement établie.

NUMIDE adj. et n. De la Numidie, des Numides.

NUMISMATE n. Personne versée dans la connaissance des monnaies et médailles ; négociant en monnaies et médailles.

NUMISMATIQUE n.f. (du gr. *nomisma,* monnaie). Étude scientifique des monnaies, médailles, jetons, etc. ◆ adj. Relatif aux monnaies et aux médailles.

NUMMULAIRE n.f. (lat. *nummulus,* petit écu). BOT. Lysimaque.

NUMMULITE n.f. (du lat. *nummus,* pièce de monnaie). Protozoaire fossile du début du tertiaire (paléogène), dont le test calcaire de forme lenticulaire, pouvant atteindre 8 cm de diamètre, servait probablement de flotteur. (Ordre des foraminifères.)

NUMMULITIQUE n.m. et adj. GÉOL. Paléogène. ◆ adj. Qui contient des nummulites.

NUNATAK n.m. (mot inuit). Pointe rocheuse isolée perçant la glace d'un inlandsis ou d'un glacier.

NUNCHAKU [nunʃaku] n.m. (mot jap.). Fléau d'armes d'origine japonaise.

NUNUCHE adj. et n.f. *Fam.* Un peu niais ; sot.

NUOC-MÂM [nɥɔkmam] n.m. inv. (mot vietnamien). Condiment du Viêt Nam, obtenu par macération de poisson dans une saumure.

NU-PIEDS n.m. inv. Sandale constituée d'une semelle mince retenue au pied par des lanières.

NU-PROPRIÉTAIRE, NUE-PROPRIÉTAIRE n. et adj. (pl. *nus-propriétaires, nues-propriétaires*). Propriétaire d'un bien sur lequel une autre personne exerce un droit d'usufruit, d'usage ou d'habitation.

NUPTIAL, E, AUX adj. (du lat. *nuptiae,* noces). **1.** Relatif à la cérémonie du mariage, au jour du mariage. *Bénédiction nuptiale.* **2.** Qui concerne l'union entre les époux. *Anneau nuptial.*

NUPTIALITÉ n.f. Rapport du nombre de mariages à l'effectif moyen de la population durant une période donnée.

NUQUE n.f. (ar. *nukhā'*). Partie postérieure du cou, au-dessous de l'occiput.

NURAGHE [nurage] n.m. [pl. *nuraghes* ou *nuraghi*] (mot sarde). Construction cyclopéenne sarde, datant de l'âge du bronze (à partir du IIe millénaire av. J.-C.) et qui servait probablement de refuge ou de forteresse.

■ **NURAGHE** aux environs d'Alghero ; IIe millénaire avant J.-C.

NURAGIQUE adj. Relatif à la civilisation qui édifia les nuraghes. (Caractérisée par les nuraghes et par des statuettes en bronze au style schématique et vigoureux, la civilisation nuragique fut à son apogée entre le XVe et le VIe s. av. J.-C.)

NURSE [nœrs] n.f. (mot angl.). Vieilli. Bonne d'enfant, gouvernante.

NURSERY [nœrsəri] n.f. [pl. *nurserys* ou *nurseries*] (mot angl.). **1.** Vieilli. Pièce réservée aux enfants dans une maison. **2.** Local où l'on peut changer les bébés, faire chauffer les biberons, dans certains lieux publics (aéroports, stations-service, etc.). **3.** Lieu d'élevage de poissons, de crustacés.

NURSING [nœrsiŋ] ou **NURSAGE** n.m. (angl. *nursing*). MÉD. Ensemble des soins prodigués par l'infirmière et l'aide soignante ; ensemble des soins d'hygiène et de confort prodigués aux personnes dépendantes.

NUTATION n.f. (lat. *nutatio,* balancement de la tête). **1.** MÉCAN. Petit mouvement périodique qu'effectue l'axe de rotation d'un corps animé d'un mouvement de type gyroscopique, autour de la position moyenne de cet axe. – *Spécial.* Petit mouvement périodique que subit l'axe de rotation de la Terre autour de sa position moyenne et qui s'ajoute à la *précession. **2.** BOT. Mouvement lent, imperceptible à l'œil, souvent hélicoïdal, exécuté par l'extrémité d'une tige, d'une racine, d'une feuille, au cours de la croissance.

NUTRIMENT n.m. PHYSIOL. **1.** Substance chimique contenue telle quelle dans les aliments ou provenant de leur digestion, et que les cellules utilisent directement dans leur métabolisme (acide aminé, glucose, etc.). **2.** Rare. Élément chimique contenu dans l'alimentation (carbone, potassium, etc.).

NUTRITIF, IVE adj. (du lat. *nutrire,* nourrir). **1.** Qui nourrit. *Substance nutritive.* **2.** Qui contient en abondance des éléments ayant la propriété de nourrir ; nourrissant. **3.** Relatif à la nutrition. *Valeur nutritive d'un aliment.*

NUTRITION n.f. (du lat. *nutrire,* nourrir). **1.** Ensemble des processus d'absorption et d'utilisation des aliments, indispensable à l'organisme pour assurer son entretien et ses besoins en énergie. **2.** Discipline qui étudie ces processus.

NUTRITIONNEL, ELLE adj. Relatif à la nutrition.

NUTRITIONNISTE n. Médecin spécialiste de la nutrition et des troubles qui l'affectent.

NYCTAGINACÉE n.f. (du gr. *nux, nuktos,* nuit). Plante dicotylédone apétale des régions chaudes, fréquemment ornementale, telle que la bougainvillée, le mirabilis. (Les nyctaginacées forment une famille.)

NYCTALOPE adj. et n. (gr. *nuktalôps,* qui voit la nuit). Affecté, doué de nyctalopie.

NYCTALOPIE n.f. Faculté de voir la nuit que l'on observe chez certains animaux et chez certains individus.

NYCTHÉMÉRAL, E, AUX adj. *Didact.* Relatif au nycthémère ; qui a la durée du nycthémère. *Rythme nycthéméral.*

NYCTHÉMÈRE n.m. (gr. *nux, nuktos,* nuit, et *hêmera,* jour). *Didact.* Durée de vingt-quatre heures, comportant un jour et une nuit. (Le nycthémère est une unité physiologique de temps, comprenant, pour l'homme et pour la plupart des animaux, une période de veille et une période de sommeil.)

NYLON n.m. (nom déposé). **1.** Polyamide, mis au point par W. Carothers en 1937, utilisé pour la production d'objets moulés, de fibres textiles, etc. (Bien que désignant souvent les polyamides en général, le Nylon est, à l'origine, le polyamide-6,6.) **2.** Fibre, tissu obtenus à partir de ce produit.

NYMPHAL, E, ALS ou **AUX** adj. ENTOMOL. Relatif à une nymphe d'insecte.

NYMPHALIDÉ n.m. Papillon diurne aux couleurs vives, aux chenilles épineuses, tel que les vanesses, le paon de jour, le mars, le morio. (Les nymphalidés forment une famille.)

NYMPHE n.f. (gr. *numphê,* jeune fille). **1.** MYTH. GR. ET ROM. Divinité féminine représentée sous les traits d'une jeune fille et personnifiant divers aspects de la nature. **2.** *Par ext.* Jeune fille gracieuse et bien faite. **3.** ANAT. Chacune des petites lèvres de la vulve. **4.** ENTOMOL. Forme que prennent certains insectes, à l'issue de leur développement larvaire.

NYMPHÉA n.m. Nénuphar dont une espèce est le lotus sacré des Égyptiens. (Famille des nymphéacées.)

NYMPHÉE n.m. (gr. *numphaion*). **1.** ANTIQ. Lieu ou sanctuaire dédié aux nymphes. **2.** ARCHIT., JARD. Construction (parfois une grotte artificielle) élevée au-dessus ou autour d'une source, d'une fontaine.

NYMPHETTE n.f. Très jeune fille au physique attrayant et aux manières aguichantes.

NYMPHOMANE n.f. Femme atteinte de nymphomanie.

NYMPHOMANIE n.f. Exagération des besoins sexuels chez la femme.

NYMPHOSE n.f. ENTOMOL. Transformation d'une larve d'insecte en nymphe.

NYSTAGMUS [nistagmys] n.m. (gr. *nustagma,* action de baisser la tête). Succession normale ou pathologique de petits mouvements involontaires et saccadés des yeux, généralement dans le sens horizontal.

N

Caractère Optima

O n.m. inv. **1.** Quinzième lettre de l'alphabet et la quatrième des voyelles. (*O* sert à noter la voyelle postérieure fermée arrondie [o] ou *o fermé* et la voyelle postérieure ouverte arrondie [ɔ] ou *o ouvert.*) **2.** O. : abrév. de ouest.

Ô interj. *Litt.* **1.** Sert à invoquer, interpeller. *Ô mon Dieu. Ô Paul !* **2.** Marque l'intensité d'une émotion. *Ô joie !*

OARISTYS [-tis] n.f. (gr. *oaristus*). *Litt.* Conversation tendre ; idylle.

OASIEN, ENNE adj. et n. Des oasis.

OASIS [ɔazis] n.f. (mot gr., de l'égyptien). **1.** Petite région fertile grâce à la présence d'eau, dans un désert. **2.** *Fig.* Lieu, situation qui procure du calme ; refuge. *Une oasis de silence.*

OBÉDIENCE n.f. (lat. *oboediencia,* obéissance). **1.** CATH. Obéissance à un supérieur ecclésiastique. ◇ HIST. *Lettre d'obédience :* en France, lettre délivrée par un supérieur à un religieux ou à une religieuse, lui permettant d'enseigner (1850 - 1881). **2.** Dépendance d'une maison religieuse par rapport à une maison principale. **3.** Fidélité, soumission à une autorité spirituelle, politique ou philosophique. **4.** Groupement de loges maçonniques à l'échelon national.

OBÉIR v.t. ind. **[à]** (lat. *oboedire*). **1.** Se soumettre à la volonté de qqn, à un règlement. *Obéir à ses parents, à ses supérieurs, à la loi.* **2.** Céder à une incitation, à un sentiment. *Obéir à ses instincts.* **3.** Répondre au mouvement commandé, fonctionner correctement. *Les freins n'obéissent plus.* **4.** Être soumis à une force, à une nécessité naturelle. *Les corps obéissent à la pesanteur.* — REM. *Obéir* peut s'employer au passif : *Quand je donne un ordre, j'aime être obéi.*

OBÉISSANCE n.f. Action de celui qui obéit ; fait d'obéir. ◇ *Obéissance passive :* soumission aveugle aux ordres reçus.

OBÉISSANT, E adj. Qui fait preuve d'obéissance.

OBEL ou **OBÈLE** n.m. (lat. *obelus,* broche). PALÉOGR. Marque utilisée pour noter un passage douteux ou interpolé dans les anciens manuscrits.

OBÉLISQUE n.m. (gr. *obeliskos,* broche à rôtir). Pierre levée, génér. monolithe, de section quadrangulaire, terminée par un pyramidion. (Gravé de hiéroglyphes, l'obélisque était, dans l'Égypte pharaonique, un symbole solaire que sa forme et sa fonction — capter les rayons de l'astre — apparentaient à la pyramide.)

OBÉRER v.t. [11] (du lat. *obaeratus,* endetté). *Litt.* **1.** Faire peser une lourde charge financière sur. **2.** Compromettre par des engagements anticipés. *Cette décision obère l'avenir.*

OBÈSE adj. et n. (lat. *obesus,* gras). Atteint d'obésité.

OBÉSITÉ n.f. Excès de poids par augmentation de la masse adipeuse de l'organisme.

OBI n.f. (mot jap.). Large et longue ceinture de soie portée au Japon sur le kimono.

OBIER n.m. (ital. *obbio*). Arbrisseau du genre viorne, dont une forme cultivée doit son nom de *boule-de-neige* à ses fleurs blanches ou verdâtres groupées en inflorescences sphériques. (Haut. 2 à 4 m ; genre *Viburnum.*)

OBIT [ɔbit] n.m. (lat. *obitus,* mort). CATH. Service religieux célébré par fondation pour un défunt à la date anniversaire de sa mort.

OBITUAIRE adj. CATH. *Registre obituaire,* ou *obituaire,* n.m. : registre renfermant la liste des défunts pour l'anniversaire desquels on doit prier ou célébrer un obit.

OBJECTAL, E, AUX adj. PSYCHAN. Relatif à l'objet.

OBJECTER v.t. (lat. *objectare,* placer devant). Répondre en opposant une objection à ce qui a été dit. *Elle n'a rien objecté à mes arguments.*

OBJECTEUR n.m. *Objecteur de conscience :* jeune homme qui, avant son incorporation, se déclare, en raison de ses convictions religieuses ou philosophiques, opposé en toute circonstance à l'usage personnel des armes.

1. OBJECTIF, IVE adj. (lat. *objectus,* placé devant). **1.** Qui existe indépendamment de la pensée (par oppos. à *subjectif*). *La réalité objective.* **2.** Qui ne fait pas intervenir d'éléments affectifs ou personnels dans ses jugements ; impartial. **3.** Dont on ne peut contester le caractère scientifique. **4.** *Allié objectif :* personne, groupe dont le comportement sert les intérêts de qqn avec qui il n'a pas nécessairement d'affinités.

2. OBJECTIF n.m. **1.** But, cible que qqch, qqn doit atteindre. *Les objectifs d'une politique.* — MIL. Point, ligne ou zone de terrain à battre par le feu (bombardement) ou à conquérir par le mouvement et le choc (attaque). **2.** OPT. Élément d'un instrument d'optique qui est tourné vers l'objet que l'on veut observer, et qui fournit une image à l'oculaire. **3.** PHOTOGR. Système optique d'un appareil de prise de vue ou de projection, qui permet de former l'image sur une surface sensible ou sur un écran.

OBJECTION n.f. Argument opposé à une affirmation. ◇ *Objection de conscience :* refus de porter les armes pour des raisons de conscience (philosophiques, religieuses...).

OBJECTIVATION n.f. Action d'objectiver.

OBJECTIVEMENT adv. **1.** De façon objective, en s'en tenant à la réalité des faits. *Rendre compte objectivement des événements.* **2.** PHILOS. En se plaçant du point de vue de l'objet.

OBJECTIVER v.t. **1.** PSYCHOL. Rapporter à une réalité extérieure. *Objectiver des sensations.* **2.** Traduire par des mots un état intérieur diffus, une pensée. *Objectiver ses sentiments.*

OBJECTIVISME n.m. Absence systématique de parti pris, par mise à l'écart des données subjectives.

OBJECTIVITÉ n.f. **1.** Qualité d'une personne qui porte un jugement objectif, qui sait faire abstraction de ses préférences (par oppos. à *subjectivité*). **2.** Qualité de ce qui est conforme à la réalité, de ce qui décrit avec exactitude (par oppos. à *subjectivité*). *L'objectivité d'un récit.*

OBJET n.m. (lat. *objectum,* chose placée devant). **1.** Toute chose concrète, perceptible par la vue, le toucher. **2.** Chose solide considérée comme un tout, fabriquée par l'homme et destinée à un certain usage. **3.** *Objet d'art,* qui résulte d'une création artistique (princip. dans le domaine des arts appliqués et s'agissant d'un objet de dimensions limitées). **4.** Ce sur quoi porte une activité, un sentiment, etc. *L'objet de l'astronomie*

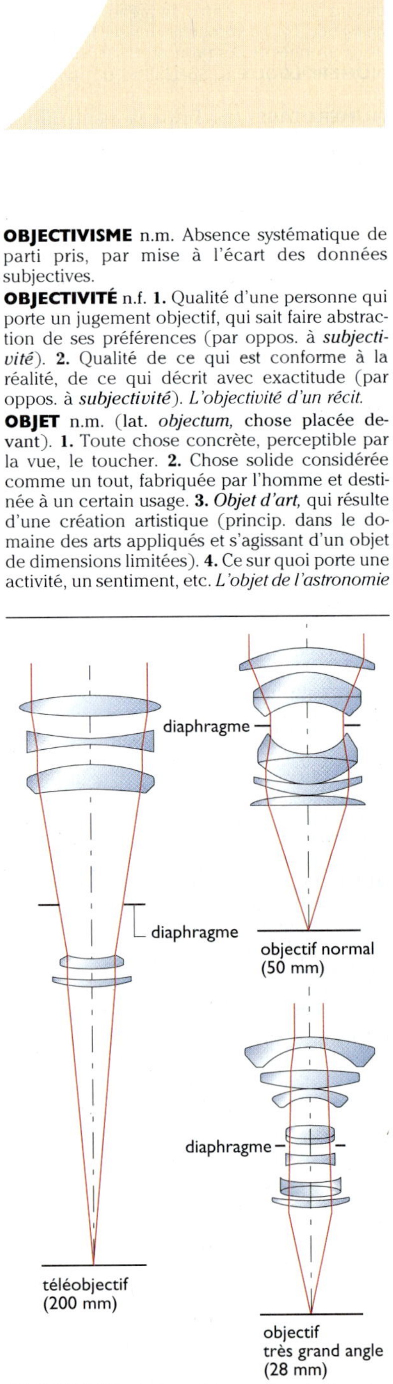

■ **OBJECTIFS** photographiques. Organisation des lentilles et trajet du faisceau lumineux.

est l'étude des astres. Cette jeune femme est l'objet de toute son affection. **5.** But d'une action, d'un comportement. *Toutes ces précautions ont pour objet la sécurité publique.* ◇ ***Sans objet*** *:* sans motivation, sans fondement. – ***Remplir son objet*** *:* atteindre le but proposé. **6.** DR. **a.** Bien, prestation sur lesquels porte un droit, une obligation. **b.** Résultat auquel tend une action en justice. **7.** PSYCHAN. Ce qui oriente l'existence de l'être humain en tant que sujet désirant. **8.** GRAMM. ***Complément d'objet*** *:* nom, groupe nominal ou pronom complément du verbe, qui désigne l'être ou la chose qui subit l'action exprimée par le verbe. (On distingue le *complément d'objet direct [COD],* qui dépend d'un verbe transitif direct, du *complément d'objet indirect [COI],* qui dépend d'un verbe transitif indirect ; on appelle *complément d'objet second [COS]* le complément d'objet indirect d'un verbe qui a aussi un complément d'objet direct.) **9.** INFORM. ***Programmation par objets*** *:* mode de programmation dans lequel les données et les procédures qui les manipulent sont regroupées en entités appelées *objets.* – ***Langage à objets, langage orienté objets*** *:* langage adapté à la programmation par objets.

OBJURGATION n.f. (du lat. *objurgare,* blâmer). *Litt.* (Surtout pl.) **1.** Remontrance, mise en garde sévère, en partic. pour dissuader qqn. **2.** Prière pressante ; adjuration.

OBLAT, E [ɔbla, at] n. (du lat. *oblatus,* offert). **1.** Laïque qui s'agrège à un monastère sans prononcer de vœux. **2.** Religieux de certaines congrégations.

OBLATIF, IVE adj. PSYCHOL. Qui fait passer les besoins d'autrui avant les siens propres.

OBLATION n.f. (bas lat. *oblatio*). Action par laquelle on offre qqch à Dieu ; offrande à Dieu du pain et du vin précédant la consécration, pendant l'office eucharistique.

OBLATS n.m. pl. CATH. **1.** Le pain et le vin de l'eucharistie. **2.** Dons à l'occasion d'une messe (cierge, quête, etc.).

OBLIGATAIRE n. BOURSE. Porteur d'une, de plusieurs obligations. ◆ adj. Fait d'obligations. *Emprunt obligataire.*

OBLIGATION n.f. **1.** Contrainte, devoir qu'impose nt la loi, la morale, les conventions sociales, les circonstances, etc. ◇ ***L'obligation de*** *:* la nécessité de. *Être dans l'obligation de partir.* **2.** DR. Lien de droit par lequel une personne est tenue de faire ou de ne pas faire qqch. ◇ ***Obligation scolaire*** *:* disposition légale qui impose d'assurer ou de faire assurer l'instruction de l'enfant dont on est responsable, entre 6 et 16 ans. **3.** BOURSE. Titre négociable, représentant une des fractions égales d'un prêt consenti à une société privée ou à une collectivité publique lors de l'émission d'un emprunt (dit *emprunt obligataire*). ◇ BANQUE. ***Obligation cautionnée*** *:* crédit accordé par l'État à une entreprise pour différer le paiement de certains impôts.

OBLIGATOIRE adj. **1.** Imposé par la loi ou des circonstances particulières ; exigé par les conventions sociales. *Présence obligatoire.* **2.** *Fam.* Inévitable, inéluctable.

OBLIGATOIREMENT adv. **1.** De façon obligatoire. **2.** *Fam.* Fatalement, forcément.

OBLIGÉ, E adj. et n. *Sout.* Redevable, reconnaissant. *Je vous suis très obligé. Je suis votre obligé.* ◆ adj. Commandé par une nécessité ou une obligation ; nécessaire. *Conséquence obligée.* ◇ *Fam.* ***C'est obligé*** *:* c'est forcé, obligatoire.

OBLIGEAMMENT [-ʒa-] adv. De façon obligeante, de manière à rendre service.

OBLIGEANCE n.f. Disposition, penchant à rendre service, à faire plaisir. *Elle est d'une extrême obligeance.*

OBLIGEANT, E adj. Qui manifeste le goût d'obliger, de faire plaisir ; aimable.

OBLIGER v.t. [10] (lat. *obligare,* de *ligare,* lier). **1.** Imposer comme devoir, lier par une loi, une convention. *Cet accord oblige les deux parties.* **2.** Contraindre, forcer, mettre dans la nécessité de. *Obliger qqn à partir, au départ. Être obligé de travailler.* **3.** *Sout.* Rendre service par complaisance, être agréable à. *Obliger un ami.*

OBLIQUE adj. (lat. *obliquus*). **1.** Qui est de biais, dévié par rapport à une ligne, à un plan horizontal, vertical. **2.** DR. ***Action oblique*** *:* action intentée par un créancier au nom et pour le compte de son débiteur négligent et insolvable. **3.** LING. ***Cas oblique*** *:* cas, tels le datif, le génitif, etc., exprimant des fonctions considérées comme secondaires (par oppos. aux fonctions de *sujet* et de *complément*). **4.** ANAT. ***Muscle oblique,*** ou ***oblique,*** n.m. : nom de plusieurs muscles de l'organisme. *Muscle grand oblique de l'abdomen.* ◆ n.f. GÉOMÉTR. Droite qui coupe une autre droite ou un autre plan sans lui être perpendiculaire.

OBLIQUEMENT adv. De façon oblique ; selon une direction, une disposition oblique.

OBLIQUER v.i. Prendre une direction un peu différente de la direction primitive ; quitter le chemin principal.

OBLIQUITÉ [ɔblikɥite] n.f. Inclinaison d'une ligne, d'une surface sur une autre. ◇ ASTRON. ***Obliquité de l'écliptique*** *:* angle de 23° 26′ que forme l'écliptique avec l'équateur céleste.

OBLITÉRATEUR, TRICE adj. Qui oblitère. ◆ n.m. Appareil pour oblitérer des timbres, des reçus, des quittances, etc.

OBLITÉRATION n.f. Action d'oblitérer.

OBLITÉRER v.t. [11] (lat. *oblitterare,* effacer). **1.** Couvrir d'une empreinte, d'une marque, un timbre, un document, etc. **2.** *Litt.* Effacer progressivement. *Le temps a oblitéré ses souvenirs.* **3.** *Didact.* Obstruer un organe creux (par ex. une artère), un orifice naturel.

OBLONG, OBLONGUE adj. (lat. *oblongus*). De forme allongée.

OBNUBILATION n.f. PSYCHIATR. Obscurcissement de la conscience, accompagné d'un ralentissement des processus intellectuels.

OBNUBILÉ, E adj. PSYCHIATR. Qui souffre d'obnubilation.

OBNUBILER v.t. (lat. *obnubilare,* couvrir de nuages). **1.** Obscurcir les facultés mentales, fausser le jugement de. *La peur de mal faire l'obnubile.* **2.** *Être obnubilé par,* obsédé par.

OBOLE n.f. (gr. *obolos*). **1.** Petite offrande, contribution peu importante en argent. *Verser son obole à une œuvre.* **2.** NUMISM. Unité de monnaie et de poids de la Grèce antique, qui valait le sixième de la drachme.

OBOMBRER v.t. *Litt.* Couvrir d'ombre.

OBSCÈNE adj. (lat. *obscenus,* de mauvais augure). **1.** Qui blesse ouvertement la pudeur par des représentations d'ordre sexuel ; indécent. **2.** *Par ext.* Qui choque par son caractère scandaleux, immoral. *Cet étalage de richesse est obscène.*

OBSCÉNITÉ n.f. **1.** Caractère de ce qui est obscène. **2.** Parole, acte obscène.

OBSCUR, E adj. (lat. *obscurus*). **1.** Qui n'est pas ou qui est mal éclairé ; sombre. *Lieu obscur.* ◇ ***Salle obscure*** *:* salle de cinéma. **2.** Difficile à comprendre. *Pensée obscure.* **3.** Secret, effacé. *Mener une existence obscure.*

OBSCURANTISME n.m. Attitude d'opposition à l'instruction, à la raison et au progrès.

OBSCURANTISTE adj. et n. Qui relève de l'obscurantisme ; qui défend l'obscurantisme.

OBSCURCIR v.t. Rendre obscur. ◆ **s'obscurcir** v.pr. Devenir obscur.

OBSCURCISSEMENT n.m. Action d'obscurcir ; fait de s'obscurcir.

OBSCURÉMENT adv. **1.** De façon obscure, peu intelligible, confuse. **2.** De manière à rester ignoré. *Finir obscurément sa vie.*

OBSCURITÉ n.f. État de ce qui est obscur. *L'obscurité d'une pièce, d'un texte. Auteur resté toute sa vie dans l'obscurité.*

OBSÉDANT, E adj. Qui obsède, qui importune.

OBSÉDÉ, E adj. et n. Qui est la proie d'une obsession, d'une idée fixe. – *Spécial.* Qui est la proie d'obsessions de nature sexuelle.

OBSÉDER v.t. [11] (lat. *obsidere,* assiéger). **1.** Occuper de façon exclusive, s'imposer sans cesse à l'esprit de. *Cette idée m'obsède.* **2.** *Sout.* Importuner par une présence, des demandes incessantes. *Tâchez d'éconduire ces solliciteurs qui vous obsèdent.*

OBSÈQUES n.f. pl. (lat. *obsequiae,* de *obsequi,* suivre). Cérémonie des funérailles.

OBSÉQUIEUSEMENT adv. De façon obséquieuse.

OBSÉQUIEUX, EUSE adj. (lat. *obsequiosus*). Poli et empressé à l'excès ; servile.

OBSÉQUIOSITÉ n.f. Caractère d'une personne obséquieuse, de son comportement.

OBSERVABLE adj. Qui peut être observé.

OBSERVANCE n.f. **1.** Action d'observer fidèlement une règle religieuse ; cette règle. **2.** *Par ext.* Communauté religieuse considérée par rapport à la règle qu'elle observe. *L'observance bénédictine.* ◇ ***Stricte observance*** *:* branche d'un ordre religieux qui, après des réformes, suit de nouveau la règle primitive. **3.** Action d'observer une prescription, une coutume, de se conformer à une règle de conduite. **4.** Respect des instructions et des prescriptions du médecin.

OBSERVATEUR, TRICE n. **1.** Personne qui regarde, assiste à qqch en spectateur. – *Spécial.* Personne présente dans un débat, une commission, mais qui ne peut intervenir ni voter. **2.** Personne dont la mission est de regarder le déroulement de certains événements afin d'en rendre compte. *Un observateur des Nations unies.* – MIL. Personne qui surveille les positions ennemies, observe le combat. **3.** Individu considéré sous le rapport de la position qu'il occupe dans l'espace et des circonstances particulières suivant lesquelles les phénomènes se présentent à lui. *Un observateur placé face au nord.* ◆ adj. Qui sait observer et regarder avec un esprit critique.

OBSERVATION n.f. **1.** Action de regarder avec attention les êtres, les choses, les événements, les phénomènes pour les étudier, les surveiller, en tirer des conclusions. ◇ ***Esprit d'observation*** *:* disposition ou habileté à observer. **2.** MIL. Surveillance systématique de l'ennemi en vue d'obtenir des renseignements. **3.** MÉD. **a.** Surveillance d'un malade pendant un temps donné, pour préciser le diagnostic ou vérifier l'évolution de son état. *Mettre un malade en observation.* **b.** Dossier rapportant les résultats de l'examen clinique et des examens complémentaires, et les réflexions du médecin. **4.** Compte rendu, ensemble de remarques, de réflexions de qqn qui a observé, étudié qqch. *Consigner ses observations sur un registre.* **5.** Remarque faite sur les propos de qqn. *Le discours appelle deux observations.* **6.** Légère réprimande. *Cette absence lui a valu une observation.* **7.** Action de se conformer à ce qui est prescrit. *L'observation du Code de la route.*

OBSERVATOIRE n.m. **1.** Établissement spécialement affecté aux observations astronomiques, météorologiques ou volcanologiques. **2.** Lieu d'où l'on peut observer, aménagé pour l'observation. **3.** Organisme, groupe chargé d'observer des faits politiques, économiques, sociaux. *Observatoire de l'immobilier.*

■ **OBSERVATOIRE** astronomique du Mauna Kea (Hawaii).

OBSERVER v.t. (lat. *observare*). **1.** Examiner attentivement, considérer avec attention pour étudier. *Observer les étoiles.* **2.** Regarder attentivement pour surveiller, contrôler. *Observer les faits et gestes de ses voisins.* **3.** Prêter attention à ; remarquer, constater, noter. *J'observe que vous allez de mieux en mieux. Il lui a fait observer qu'il était interdit de fumer.* **4.** Respecter, se conformer à ce qui est prescrit par la loi, les usages, etc. *Ne pas observer le Code de la route.* **5.** Adopter de façon durable et volontaire un comportement. *Observer un silence prudent.* ◆ **s'observer** v.pr. **1.** Surveiller, contrôler ses moindres réactions. **2.** S'épier, se surveiller réciproquement.

OBSESSION n.f. (lat. *obsessio*). **1.** PSYCHIATR. Idée, sentiment, image souvent absurdes ou incongrus qui surgissent dans la conscience et l'assiègent, bien que le sujet soit conscient de leur caractère anormal. **2.** Ce qui obsède, idée fixe.

OBSESSIONNEL, ELLE adj. PSYCHIATR. Qui relève de l'obsession. ◇ ***Névrose obsessionnelle*** *:* névrose dont les symptômes sont des obsessions et des rituels. – ***Trouble obsessionnel compulsif*** *:* affection psychique caractérisée par des obsessions et des compulsions. (Le trouble obsessionnel compulsif correspond à la dénomination classique de *névrose obsessionnelle.*) ◆ adj. et n. Qui manifeste une tendance à l'obsession ; qui est atteint d'une névrose obsessionnelle.

OBSIDIENNE n.f. (de *Obsius,* n. de celui qui, selon Pline, découvrit cette roche). Roche volcanique vitreuse de couleur sombre à noire.

OBSIDIONAL, E, AUX adj. (du lat. *obsidio, -onis,* siège). FORTIF. Qui concerne le siège d'une ville. ◇ ***Fièvre obsidionale :*** psychose collective frappant une population assiégée.

OBSOLESCENCE n.f. (du lat. *obsolescere,* perdre de sa valeur). *Sout.* Fait d'être périmé. – *Spécial.* Dépréciation d'une machine, d'un équipement par le seul fait de l'évolution technique, et non de l'usure résultant de son fonctionnement.

OBSOLESCENT, E adj. *Sout.* Frappé d'obsolescence.

OBSOLÈTE adj. (lat. *obsoletus*). **1.** *Sout.* Se dit d'un mot, d'un terme sorti de l'usage ; désuet. **2.** Déprécié, périmé par obsolescence.

OBSTACLE n.m. (lat. *obstaculum,* de *obstare,* se tenir devant). **1.** Ce qui empêche d'avancer, s'oppose à la marche. **2.** *Fig.* Ce qui empêche ou retarde une action, une progression. *Se heurter à des obstacles insurmontables.* ◇ ***Faire obstacle à qqch, qqn,*** s'opposer à eux d'une manière quelconque. **3.** SPORTS. Chacune des difficultés placées sur une piste, et que l'on doit franchir (hippisme, course à pied, en partic.). *Course, saut d'obstacles.*

OBSTÉTRICAL, E, AUX adj. Relatif à la grossesse, à l'accouchement ou à l'obstétrique.

OBSTÉTRICIEN, ENNE n. Médecin spécialiste d'obstétrique.

OBSTÉTRIQUE n.f. (lat. *obstetrix,* accoucheuse). Discipline médicale qui traite de la grossesse et de l'accouchement.

OBSTINATION n.f. Caractère d'une personne obstinée ; entêtement, persévérance.

OBSTINÉ, E adj. et n. Entêté dans ses opinions, ses actions ; opiniâtre, têtu. *Enfant obstiné.* ◆ adj. **1.** Qui marque de l'obstination ; assidu. *Travail obstiné.* **2.** Difficile à réprimer ; constant, répété. *Toux obstinée.*

OBSTINÉMENT adv. Avec obstination.

OBSTINER (S') v.pr. (lat. *obstinare*). Refuser d'abandonner ; persévérer, s'entêter. *S'obstiner dans un refus, à refuser.* ◇ Absol. *Il nie et s'obstine.*

OBSTRUCTIF, IVE adj. MÉD. Se dit d'une affection qui cause ou qui comprend une obstruction.

OBSTRUCTION n.f. (lat. *obstructio*). **1.** Engorgement d'un conduit, d'une canalisation, etc. *L'obstruction d'un égout.* **2.** MÉD. Blocage de l'écoulement dans un conduit naturel (par ex. l'intestin, l'uretère, une artère). **3.** Tactique, ensemble de manœuvres employés pour entraver le bon déroulement d'une action, d'un processus, d'un débat. ◇ ***Faire obstruction :*** empêcher la réalisation de qqch. **4.** SPORTS. Action de s'opposer de façon irrégulière au jeu de l'adversaire.

OBSTRUCTIONNISME n.m. Obstruction systématique dans une assemblée, spécial. dans une assemblée parlementaire.

OBSTRUCTIONNISTE adj. et n. Qui fait systématiquement de l'obstruction.

OBSTRUER v.t. (lat. *obstruere,* construire devant). Boucher par un obstacle ; barrer.

OBTEMPÉRER v.t. ind. **(à)** [11] (lat. *obtemperare*). *Sout.* Obéir à un ordre, se soumettre à une injonction. *Obtempérer à une sommation.*

OBTENIR v.t. [28] [auxil. *avoir*] (lat. *obtinere,* maintenir). **1.** Parvenir à se faire accorder ce que l'on désire. *Obtenir un délai.* **2.** Atteindre un résultat ; parvenir à ce que qqch se produise. *Obtenir le baccalauréat. J'ai obtenu qu'il s'en aille.*

OBTENTION n.f. Fait d'obtenir, en partic. à la suite d'essais, de recherches, d'un travail.

OBTURATEUR, TRICE adj. **1.** Qui sert à obturer. **2.** ANAT. ***Trou obturateur :*** trou de l'os iliaque, situé sous le pubis et l'articulation de la hanche. ◆ n.m. **1.** Objet qui sert à obturer. **2.** PHOTOGR. Dispositif permettant de régler la durée d'exposition d'une surface sensible. **3.** Organe de robinetterie qui sert à interrompre ou à établir le passage dans une conduite d'eau, de gaz, de vapeur.

OBTURATION n.f. Action, manière d'obturer.

OBTURER v.t. (lat. *obturare,* boucher). **1.** Boucher hermétiquement par l'introduction ou l'application d'un corps. **2.** Combler la cavité d'une dent cariée avec un amalgame.

OBTUS, E [ɔpty, yz] adj. (lat. *obtusus,* émoussé). **1.** Qui manque de finesse, de perspicacité, de sagacité ; borné. *Esprit obtus.* **2.** GÉOMÉTR. Se dit d'un angle dont la mesure est comprise strictement entre 90° et 180°.

OBTUSANGLE [ɔptyzɑ̃gl] adj. Se dit d'un triangle qui a un angle obtus.

OBUS n.m. (all. *Haubitze,* obusier, du tchèque). Projectile de forme cylindro-ogivale, de calibre égal ou supérieur à 20 mm, lancé par une bouche à feu. (On distingue les obus pleins, ou *perforants,*

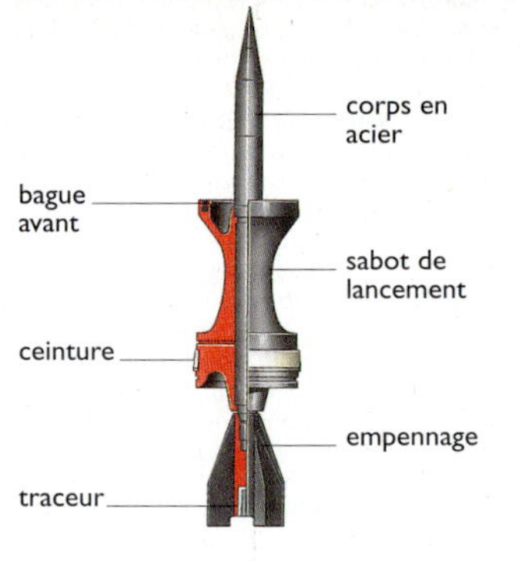

■ **OBUS** antichar (obus-flèche).

et les obus remplis de balles ou de matières explosives, toxiques, fumigènes, nucléaires, etc.)

OBUSIER n.m. Canon relativement court qui peut effectuer du tir direct, du tir plongeant et du tir vertical.

OBVIE adj. (lat. *obvius*). PHILOS. Qui vient spontanément à l'esprit ; évident. *Sens obvie.*

OBVIER v.t. ind. **(à)** [5] (lat. *obviare,* aller à la rencontre de). *Litt.* Prévenir qqch de fâcheux en prenant les mesures nécessaires, en y faisant obstacle ; remédier à. *Obvier à un oubli.*

OC adv. (anc. occitan *oc,* oui). ***Langue d'oc :*** ensemble des dialectes romans parlés dans la moitié sud de la France (par oppos. à ***langue d'oïl***). SYN. *(cour.)* ***: occitan.***

OCARINA n.m. (mot ital., de *oca,* oie). Petit instrument de musique populaire, à vent, de forme ovoïde et percé de trous.

OCCASE n.f. (abrév.). *Fam.* Occasion.

OCCASION n.f. (lat. *occasio,* de *occidere,* tomber). **1.** Conjoncture, circonstance qui vient à propos. *Profiter de l'occasion.* ◇ ***À l'occasion :*** le cas échéant. **2.** Circonstance qui détermine un événement, une action. *J'apprends que vous venez à Bordeaux, ce sera une occasion de nous voir.* ◇ ***À l'occasion de :*** lors de ; en prenant pour motif, pour prétexte. *Donner une fête à l'occasion d'un anniversaire.* **3.** Objet (meuble, voiture, etc.) vendu ou acheté de seconde main, de troisième main ; activité consistant à vendre ces objets. *Marché de l'occasion.* ◇ ***D'occasion :*** qui n'est pas vendu ou acheté neuf. *Voiture d'occasion.*

OCCASIONNALISME n.m. PHILOS. Doctrine des causes occasionnelles développée par Malebranche.

OCCASIONNEL, ELLE adj. **1.** Qui arrive, se produit occasionnellement, par hasard ; accidentel, irrégulier. *Rencontre occasionnelle. Travail occasionnel.* **2.** Qui est tel occasionnellement (par oppos. à ***habituel***). *Client occasionnel.* **3.** PHILOS. ***Cause occasionnelle :*** chez Malebranche, cause naturelle apparente d'un phénomène quelconque, qui ne fait que donner occasion à la causalité divine, seule causalité véritable, de s'exercer et de le produire réellement.

OCCASIONNELLEMENT adv. De temps en temps, quelquefois.

OCCASIONNER v.t. Être l'occasion, la cause de, entraîner (qqch de fâcheux, le plus souvent). *Cette soirée lui a occasionné de folles dépenses.*

OCCIDENT n.m. (du lat. *occidens,* qui se couche). **1.** Ouest, couchant. **2.** ***L'Occident :*** l'ensemble des pays d'Europe occidentale et d'Amérique du Nord. – *Spécial.* L'ensemble des pays membres du pacte de l'Atlantique Nord. – ***L'Église d'Occident :*** les Églises de rite latin, par oppos. aux Églises de rite oriental.

OCCIDENTAL, E, AUX adj. **1.** Situé à l'ouest, à l'occident. **2.** Qui a trait aux pays membres du pacte de l'Atlantique Nord. **3.** Qui relève de la civilisation qui s'est développée à l'ouest de l'Europe et étendue à l'Amérique du Nord, du mode de vie des pays correspondants, par oppos. aux civilisations d'Afrique, d'Orient, d'Extrême-Orient et d'Amérique latine. ◆ n. (Avec une majuscule.) Personne qui appartient à la civilisation occidentale, à l'un des pays qui s'y rattachent.

OCCIDENTALISATION n.f. Action d'occidentaliser.

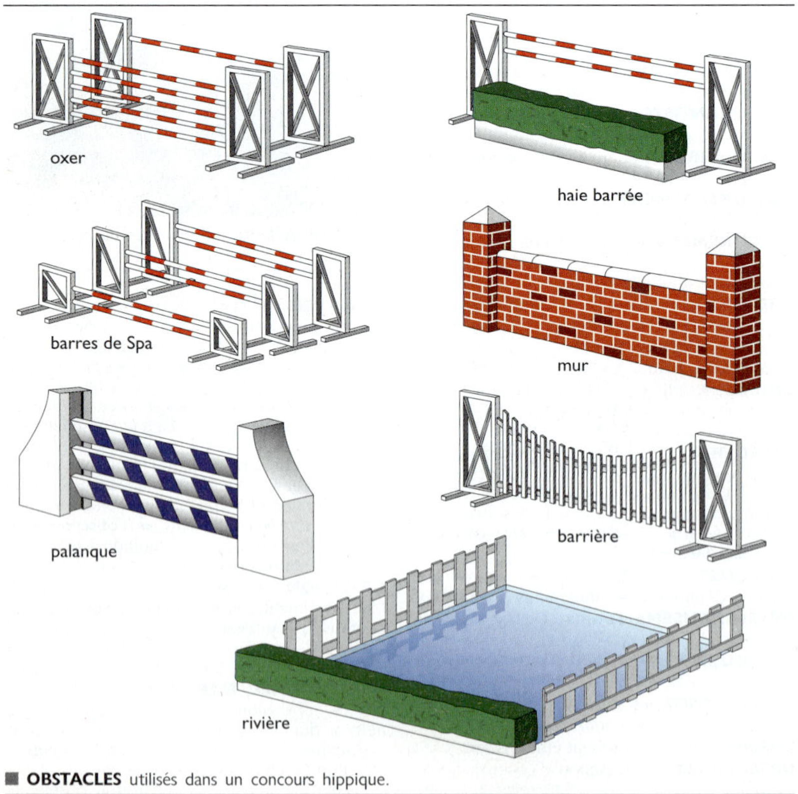

■ **OBSTACLES** utilisés dans un concours hippique.

OCCIDENTALISER v.t. Modifier un peuple, une société par le contact avec les valeurs et la civilisation de l'Occident, donné en modèle.

OCCIDENTALISTE adj. et n. HIST. Membre de l'intelligentsia russe du XIXe s. partisan du développement de la Russie sur le modèle européen (par oppos. à *slavophile*).

OCCIPITAL, E, AUX adj. Qui appartient à l'occiput. ◇ *Lobe occipital :* partie postérieure de chaque hémisphère cérébral, centre de la vision. – *Os occipital,* ou *occipital,* n.m. : os qui forme la paroi postérieure et inférieure du crâne. – *Trou occipital :* trou dans l'os occipital par où passe l'axe cérébro-spinal.

OCCIPUT [ɔksipyt] n.m. (mot lat., de *caput,* tête). Partie inférieure et postérieure de la tête.

OCCIRE [ɔksir] v.t. (lat. *occidere*). *Litt.* ou *par plais.* (Seulem. à l'inf. et au p. passé *occis, e.*) Faire mourir, tuer.

OCCITAN, E [ɔksitɑ̃, an] adj. et n. De l'Occitanie. ◆ n.m. Langue d'oc.

ENCYCL. L'occitan (ainsi appelé auj. de préférence à *langue d'oc,* et dit aussi *provençal,* au sens large) fut au Moyen Âge une grande langue de culture (avec les troubadours) ; alors relativement unifiée, puis confrontée au morcellement dialectal, elle a amorcé au XIXe s., avec le félibrige, un mouvement de renaissance qui se poursuit de nos jours. On distingue trois grandes aires dialectales : le nord-occitan (limousin, auvergnat, vivaro-alpin), l'occitan moyen, qui est le plus proche de la langue médiévale (languedocien et provençal au sens restreint), le gascon (à l'ouest de la Garonne).

OCCITANISME n.m. Mouvement de défense de la langue et de la culture occitanes.

OCCLUSIF, IVE adj. **1.** MÉD. Qui produit ou comprend une occlusion. **2.** PHON. *Consonne occlusive,* ou *occlusive,* n.f. : consonne dont l'articulation comporte une occlusion, comme [p], [t], [k], [g], [b], [d].

OCCLUSION n.f. (lat. *occlusio*). **1.** MÉD. Fermeture pathologique partielle ou complète d'un conduit, d'un orifice de l'organisme ; obstruction. *Occlusion intestinale.* **2.** MÉD. Fermeture des bords d'une ouverture naturelle (lèvres, par ex.), normale, pathologique ou thérapeutique. **3.** Position des mâchoires lorsqu'on serre les dents. **4.** PHON. Fermeture complète et momentanée en un point du canal vocal. **5.** CHIM. Emprisonnement de substances par d'autres, par des mécanismes divers (absorption, adsorption, combinaison, etc.). **6.** MÉTÉOROL. Dans une perturbation des zones tempérées, mécanisme d'expulsion progressive en altitude, puis de disparition de l'air chaud, qui marque la phase finale de l'évolution d'un système de front.

OCCULTATION n.f. (lat. *occultatio*). **1.** Action d'occulter, de cacher qqch. **2.** ASTRON. Disparition momentanée d'un astre derrière un autre de diamètre apparent supérieur.

OCCULTE adj. (lat. *occultus*). **1.** Dont la cause, les buts, la procédure restent cachés ; mystérieux. **2.** *Sciences occultes :* doctrines et pratiques concernant des faits échappant à l'explication rationnelle, génér. fondées sur la croyance en des correspondances entre les choses et les êtres, et présentant le plus souvent un caractère ésotérique (alchimie, magie, mantique, etc.).

OCCULTER v.t. (lat. *occultare,* cacher). **1.** Passer sous silence ; dissimuler. **2.** ASTRON. En parlant d'un astre, cacher un autre astre par occultation. **3.** Rendre invisible un signal lumineux dans un périmètre donné.

OCCULTISME n.m. Étude et pratique des sciences occultes ; ensemble de celles-ci.

OCCULTISTE adj. et n. Qui relève de l'occultisme ; adepte de l'occultisme.

OCCUPANT, E adj. et n. Qui occupe un lieu, un pays.

OCCUPATION n.f. **1.** Action de se rendre maître militairement d'une ville, d'un pays. ◇ HIST. *L'Occupation : v. partie n.pr.* **2.** Fait d'occuper un lieu, de stationner sur un terrain, d'en prendre possession. *Occupation d'un local par la force.* **3.** DR. Mode d'acquisition de la propriété par la prise de possession d'un bien vacant. **4.** Ce à quoi on occupe son temps (activité de loisir ou travail). *La musique est son occupation favorite. Avoir de multiples occupations.*

OCCUPÉ, E adj. **1.** Qui est sous occupation ennemie. *Territoires occupés.* **2.** Qui est pris, utilisé par qqn. *Toutes les cabines sont occupées. La ligne téléphonique est occupée.* **3.** Qui est pris par une tâche, une activité ; qui n'est pas disponible.

OCCUPER v.t. (lat. *occupare*). **1.** Remplir un espace. *Le lit occupe toute la chambre.* **2.** Remplir, exercer une fonction, une charge. *Occuper un poste subalterne.* **3.** Avoir la possession, l'usage d'un lieu. *Les enfants occupent le premier étage.* **4.** Rester en masse en un lieu pour manifester un mécontentement, une revendication, etc. *Occuper une usine.* **5.** S'installer et établir son autorité sur un territoire militairement, par la force. *Occuper la zone frontalière. Occuper un pays conquis.* **6.** Donner du travail à ; employer. *L'agriculture occupe une faible partie de la population.* **7.** Trouver une occupation à qqn. *Occuper les enfants les jours de pluie.* **8.** Absorber, remplir le temps, la pensée de qqn. *Ses études l'occupent beaucoup. La pêche occupe ses loisirs.* ◆ **s'occuper** v.pr. **(de)**. Travailler, consacrer son temps à. *Elle s'occupe d'enfants inadaptés.* – Absol. Avoir une activité, n'être pas oisif. *C'est un homme qui sait s'occuper.*

1. OCCURRENCE n.f. (lat. *occurrere,* se présenter). **1.** CHRIST. Rencontre de deux fêtes liturgiques occurrentes. **2.** *En l'occurrence, en pareille occurrence :* dans cette circonstance, en ce cas.

2. OCCURRENCE n.f. (angl. *occurrence*). **1.** LING. Apparition d'une unité linguistique (phonologique, grammaticale ou lexicale) dans un corpus ; cette unité. **2.** LOG. Place occupée par un symbole dans une formule.

OCCURRENT, E adj. CHRIST. *Fête occurrente,* qui tombe le même jour qu'une autre.

OCÉAN n.m. (lat. *oceanus,* d'un mot gr.). **1.** Vaste étendue du globe terrestre couverte par l'eau de mer. **2.** Division majeure de l'océan mondial, constituant une entité géographique régionale. *L'océan Indien.* ◇ *L'Océan :* l'océan Atlantique, en France. **3.** *Fig.* Grande quantité, immensité. *Un océan de verdure.*

OCÉANE adj.f. *Litt.* De l'Océan, qui a trait à l'Océan. *Étendues océanes. La brise océane.*

OCÉANIEN, ENNE adj. et n. De l'Océanie.

OCÉANIQUE adj. Relatif à l'océan. ◇ *Climat tempéré océanique* → **tempéré.**

OCÉANOGRAPHE n. Spécialiste d'océanographie.

OCÉANOGRAPHIE n.f. Étude physique, chimique et biologique des eaux marines. SYN. : *hydrologie marine.*

OCÉANOGRAPHIQUE adj. Relatif à l'océanographie.

OCÉANOLOGIE n.f. Ensemble des disciplines scientifiques (physique, chimie et biologie) et des techniques (prospection, exploitation) relatives à l'étude et à l'utilisation du domaine océanique.

ENCYCL. Vaste domaine des sciences de la Terre, l'océanologie n'a pris un véritable essor que depuis quelques dizaines d'années. Ses objectifs sont au nombre de trois : l'*étude des fonds et des littoraux,* analysés dans leurs formes (échosondage, sondage, bathymétrie, sonographie, etc.), dans leurs structures (anomalies magnétiques, campagnes sismiques, forages, etc.) et leur cou-

O

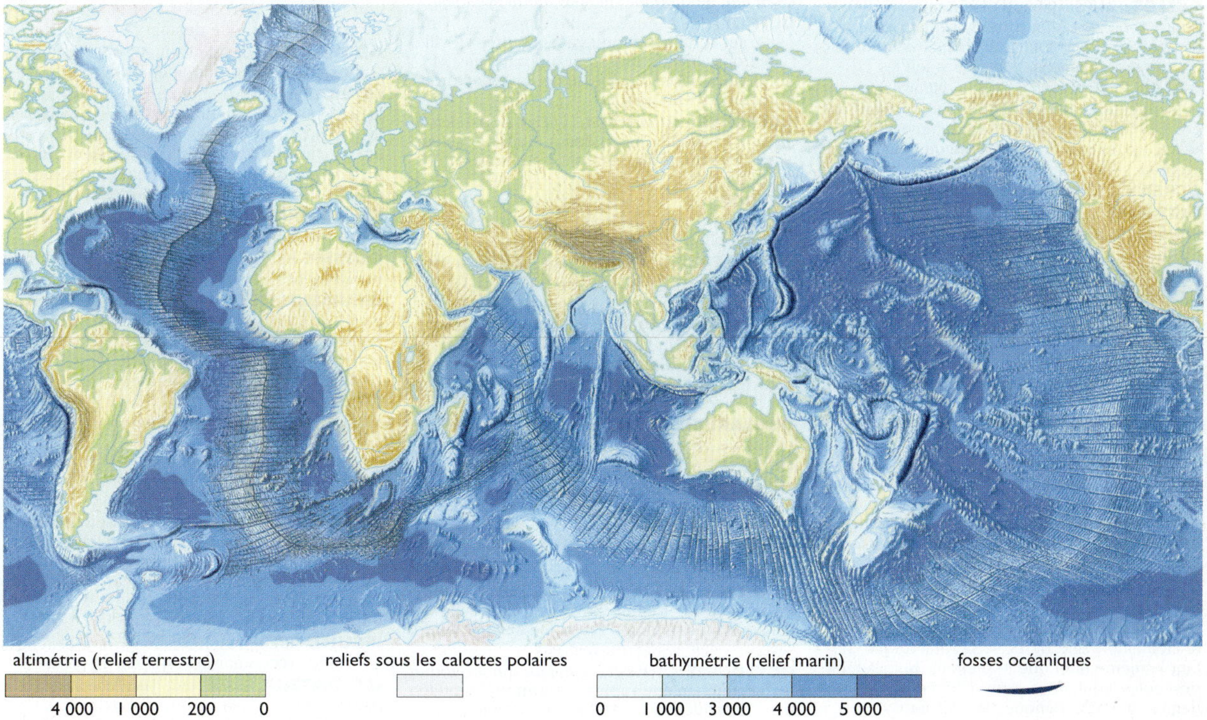

■ **OCÉANIQUE.** Carte des fonds océaniques.

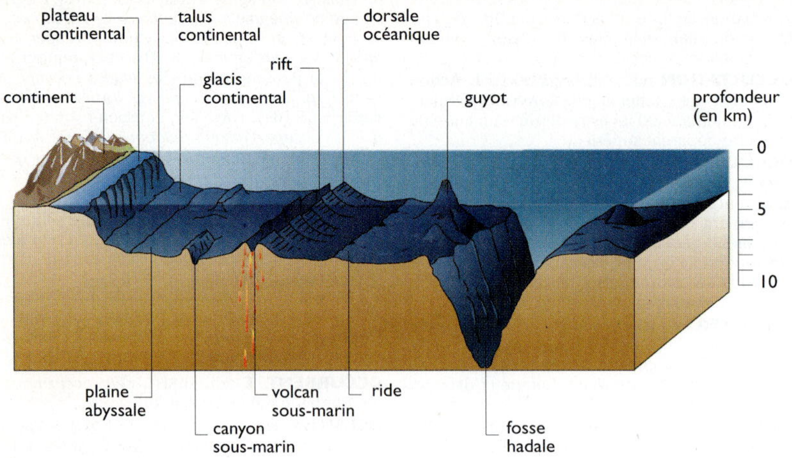

■ **OCÉANIQUE.** Géomorphologie des fonds océaniques.

verture sédimentaire (carottage, dragage) ; l'*étude des eaux* dans leur nature physico-chimique (salinité, température, densité, masses, bilan hydrologique), leurs mouvements (courants superficiels et courants de profondeur, ondes océaniques, dont les marées) et leurs relations avec l'atmosphère, dans le cadre des recherches en climatologie ; l'*étude des espèces animales et végétales* vivant sur le fond (benthos), flottant (plancton) ou nageant dans l'eau (necton), dont le but est moins de classer et de répertorier les espèces que de définir la productivité en matière vivante (biomasse) en fonction des conditions écologiques (énergie thermique, sels nutritifs) de façon à aider à l'amélioration des pêches et au développement des techniques d'aquaculture. Aux données des navires en station s'ajoutent celles acquises à partir d'un réseau de bouées ou de satellites (télédétection).

OCÉANOLOGIQUE adj. Relatif à l'océanologie.

OCÉANOLOGUE n. Spécialiste d'océanologie.

OCELLE n.m. (lat. *ocellus,* petit œil). **1.** Œil simple de nombreux arthropodes (insectes, arachnides, etc.). **2.** Tache ronde, évoquant un œil, sur l'aile d'un insecte, le plumage d'un oiseau, le pelage d'un mammifère, etc.

OCELLÉ, E [ɔsele] adj. Parsemé d'ocelles, de taches évoquant les ocelles.

OCELOT n.m. (du nahuatl). Félin sauvage d'Amérique tropicale à fourrure grise tachetée très recherchée ; cette fourrure. (Long. 65 cm env. ; nom sc. *Felis pardalis,* famille des félidés.)

OCRE n.f. (gr. *ôkhra*). Terre argileuse souvent pulvérulente, colorée en jaune ou en rouge par des oxydes de fer et utilisée comme colorant. ◆ adj. inv. et n.m. Couleur jaune ou rouge mêlée de brun.

OCRER v.t. Teindre, colorer en ocre.

OCTAÈDRE n.m. et adj. (bas lat. *octaedros*). Polyèdre à huit faces. (Les faces de l'octaèdre régulier sont des triangles équilatéraux de même aire.)

OCTAÉDRIQUE adj. Qui a la forme d'un octaèdre.

OCTAL, E, AUX adj. (du lat. *octo,* huit). Qui a pour base le nombre huit.

OCTANE n.m. **1.** Hydrocarbure saturé (C_8H_{18}) existant dans l'essence de pétrole. **2.** *Indice d'octane :* indice mesurant la valeur antidétonante d'un carburant par comparaison avec un carburant étalon.

OCTANT n.m. (lat. *octans*). **1.** GÉOMÉTR. Huitième de cercle, arc de 45°. **2.** Anc. Instrument servant à prendre en mer des hauteurs d'astres et des distances, analogue au sextant mais dont le limbe était d'un octant.

OCTANTE adj. num. (lat. *octoginta*). Vx ou région. Quatre-vingts.

OCTAVE n.f. (lat. *octavus,* huitième). **1.** MUS. **a.** Huitième degré de l'échelle diatonique, portant le même nom que le premier. **b.** Ensemble des notes contenues dans l'intervalle de huit degrés. **2.** CATH. Période de huit jours qui suit chacune des grandes fêtes de l'année ; dernier jour de cette huitaine.

OCTAVIER v.i. [5]. MUS. Faire entendre accidentellement l'octave haute d'un son, au lieu du son lui-même, en parlant d'un instrument. *La clarinette a tendance à octavier dans l'aigu.*

OCTET [ɔktɛ] n.m. **1.** INFORM. Multiplet comprenant huit éléments binaires. **2.** CHIM. *Règle de l'octet :* règle selon laquelle les seuls éléments de la seconde ligne de la classification périodique, du lithium au néon, admettent un maximum de huit électrons de valence.

OCTOBRE n.m. (lat. *october,* huitième, l'année romaine commençant en mars). Dixième mois de l'année.

OCTOCORALLIAIRE n.m. ZOOL. Alcyonaire.

OCTOGÉNAIRE adj. et n. (lat. *octogenarius*). Qui a entre quatre-vingts et quatre-vingt-neuf ans.

OCTOGONAL, E, AUX adj. Qui a la forme d'un octogone.

OCTOGONE n.m. et adj. (gr. *oktagônes,* à huit angles). GÉOMÉTR. Polygone à huit angles, et donc huit côtés.

OCTOPODE adj. Rare. Qui a huit pieds ou tentacules. ◆ n.m. Mollusque céphalopode possédant huit tentacules (poulpe, argonaute). [Les octopodes forment un ordre.]

OCTOSTYLE adj. ARCHIT. Qui présente huit colonnes de front. *Temple octostyle.*

OCTOSYLLABE adj. et n.m. ou **OCTOSYLLABIQUE** adj. Se dit d'un vers qui a huit syllabes.

OCTROI n.m. **1.** Action, fait d'octroyer. **2.** Droit perçu sur certaines denrées à leur entrée en ville. (L'octroi a été définitivement supprimé en 1948.) **3.** Administration chargée de percevoir ce droit ; bureau où il était perçu.

OCTROYER [ɔktrwaje] v.t. [7] (lat. pop. *auctoridiare*). Concéder, accorder à titre de faveur. ◆ **s'octroyer** v.pr. Prendre sans permission. *S'octroyer un jour de repos.*

OCTUOR n.m. (lat. *octo,* huit). MUS. **1.** Composition à huit parties. **2.** Groupe de huit instrumentistes ou chanteurs.

OCTUPLE adj. et n.m. Qui vaut huit fois autant.

OCTUPLER v.t. Multiplier par huit.

OCULAIRE adj. (lat. *oculus,* œil). **1.** De l'œil. *Globe oculaire.* **2.** *Témoin oculaire,* qui a vu la chose dont il témoigne. ◆ n.m. Système optique d'une lunette, d'un microscope, etc., placé du côté de l'œil de l'observateur et qui sert à examiner l'image fournie par l'objectif.

OCULARISTE n. Personne qui prépare des pièces de prothèse oculaire.

OCULISTE n. Ophtalmologiste.

OCULOGYRE adj. Se dit d'un nerf, d'un muscle qui commande les mouvements des yeux, en partic. leur rotation.

OCULOMOTEUR, TRICE adj. Relatif à la motricité des yeux.

OCULUS [ɔkylys] n.m. (mot lat., *œil*). ARCHIT. Petite baie de forme circulaire ou proche du cercle, munie ou non d'un panneau vitré. Pluriel savant : *oculi.* SYN. : *œil-de-bœuf.*

OCYTOCINE n.f. (du gr. *okutokos,* qui provoque un accouchement rapide). Hormone sécrétée par l'hypothalamus et stockée dans la posthypophyse, favorisant les contractions de l'utérus lors de l'accouchement.

ODALISQUE n.f. (turc *odaliq*). **1.** Esclave attachée au service des femmes du sultan, dans l'Empire ottoman. **2.** *Litt.* Femme d'un harem.

ODE n.f. (gr. *ôdê,* chant). **1.** Chez les Anciens, poème destiné à être chanté. **2.** Poème lyrique divisé en strophes semblables entre elles par le nombre et la mesure des vers et destiné soit à célébrer de grands événements ou de hauts personnages *(ode héroïque),* soit à exprimer des sentiments plus familiers *(ode anacréontique).* **3.** MUS. Poème mis en musique.

ODÉON n.m. (lat. *odeum,* petit théâtre). Édifice à gradins, couvert, génér. de plan semi-circulaire, et destiné, dans l'Antiquité, aux auditions musicales.

ODEUR n.f. (lat. *odor*). **1.** Émanation transmise par un fluide (air, eau) et perçue par l'appareil olfactif. **2.** *Mourir en odeur de sainteté :* mourir en état de perfection chrétienne. – *Fam. Ne pas être en odeur de sainteté auprès de qqn,* ne pas être apprécié, estimé de lui.

ODIEUSEMENT adv. De façon odieuse.

ODIEUX, EUSE adj. (lat. *odiosus,* de *odium,* haine). **1.** Qui provoque la haine, l'indignation ; abject, ignoble. *Meurtre odieux.* **2.** Extrêmement désagréable à vivre, à supporter. *Passer une soirée odieuse. Un enfant odieux.*

ODOMÈTRE n.m. (gr. *hodos,* route, et *metron,* mesure). Instrument servant à mesurer un trajet parcouru par une voiture ou par un piéton. (Dans ce dernier cas, on l'appelle *podomètre.*)

ODONATE n.m. (du gr. *odous, odontos,* dent). Insecte chasseur, doté de gros yeux et de quatre longues ailes transversales, tel que la libellule, l'æschne, la demoiselle. (Les odonates forment un ordre.)

ODONTALGIE n.f. (gr. *odous, odontos,* dent, et *algos,* douleur). MÉD. Mal de dents.

ODONTOCÈTE n.m. (du gr. *odous, odontos,* dent). Mammifère cétacé pourvu de nombreuses dents coniques, mangeur de grosses proies, tel que le cachalot, le dauphin, l'orque. (Les odontocètes forment un sous-ordre.)

ODONTOÏDE adj. ANAT. *Apophyse odontoïde :* saillie de la deuxième vertèbre cervicale.

ODONTOLOGIE n.f. MÉD. Spécialité qui étudie les dents et soigne leurs anomalies. SYN. : *dentisterie.*

ODONTOLOGISTE n. Praticien qui exerce l'odontologie. SYN. : *dentiste, chirurgien-dentiste.*

ODONTOMÈTRE n.m. Règle graduée servant à déterminer le nombre et l'écartement des dentelures d'un timbre-poste.

ODONTOSTOMATOLOGIE n.f. MÉD. Discipline constituée par l'odontologie et la stomatologie combinées ; chirurgie dentaire.

ODORANT, E adj. (de l'anc. fr. *odorer,* sentir). Qui exhale, répand une odeur.

ODORAT n.m. (lat. *odoratus*). Sens permettant la perception des odeurs, dont les récepteurs sont localisés dans les fosses nasales chez les vertébrés, sur les antennes chez les insectes, et qui joue un rôle de premier plan chez la plupart des espèces, tant aquatiques que terrestres.

ODORIFÉRANT, E adj. *Litt.* Qui répand une odeur, en général une odeur agréable.

ODYSSÉE n.f. (gr. *Odusseia,* Odyssée). Voyage mouvementé, riche d'incidents, de péripéties.

ŒCUMÉNIQUE [eky-] ou [øky-] adj. (gr. *oikoumenê gê,* terre habitée). **1.** *Didact.* Universel. ◇ CHRIST. *Concile œcuménique,* dont la convocation a été notifiée à l'ensemble des évêques. **2.** CHRIST. Relatif à l'œcuménisme.

ŒCUMÉNISME [eky-] ou [øky-] n.m. CHRIST. Mouvement qui préconise l'union de toutes les Églises chrétiennes en une seule.

ENCYCL. Débutant réellement lors de la conférence internationale protestante d'Édimbourg (1910), l'œcuménisme contemporain s'est traduit par la création, en 1948, du *Conseil œcuménique des Églises (COE). Longtemps étrangère à ce mouvement, l'Église catholique multiplie, depuis le deuxième concile du Vatican (1962), les contacts avec les non-catholiques mais refuse toujours de devenir membre du COE.

ŒCUMÉNISTE [eky-] ou [øky-] adj. et n. Qui relève de l'œcuménisme ; qui en est partisan.

ŒDÉMATEUX, EUSE [œde-] ou [ede-] adj. Relatif à l'œdème ; de la nature de l'œdème.

ŒDÉMATIÉ, E [œde-] ou [ede-] adj. Se dit d'un organe, d'une région du corps siège d'un œdème.

ŒDÈME [œdɛm] ou [edɛm] n.m. (gr. *oidêma*, tumeur). MÉD. Accumulation anormale de liquide provenant du sang dans les espaces intercellulaires d'un tissu.

ŒDICNÈME [edik-] ou [ødik-] n.m. (lat. sc. *œdicnemus*). Oiseau échassier au plumage terne, au bec court, qui niche en Europe occidentale et en Asie centrale. (Ordre des charadriiformes ; genre *Burhinus*, famille des burhinidés.)

ŒDIPE [edip] ou [ødip] n.m. PSYCHAN. *Complexe d'Œdipe*, ou *œdipe* : ensemble des investissements amoureux et hostiles que l'enfant fait sur ses parents durant le stade phallique (attachement érotique au parent de sexe opposé, haine envers celui de même sexe tenu pour un rival) et dont l'issue ultérieure normale est l'identification avec le parent de même sexe.

ŒDIPIEN, ENNE [edi-] ou [ødi-] adj. PSYCHAN. Relatif au complexe d'Œdipe.

ŒIL [œj] n.m. [pl. *yeux*] (lat. *oculus*). **I.** *Organe*. **1.** Organe pair de la vue, formé, chez les mammifères, du globe oculaire et de ses annexes (paupières, cils, glandes lacrymales, etc.). **2.** Cet organe en tant que partie du visage et élément de la physionomie. *Avoir les yeux bleus.* ◇ *Fam.* ***Pour les beaux yeux de qqn***, pour lui seul, de façon désintéressée. – *Fam.* ***Entre quatre yeux***, ou ***entre quat'z-yeux*** [ɑ̃trəkatzjø] : en tête à tête. **3.** Cet organe, en tant qu'il manifeste les traits permanents du caractère, les émotions, les sentiments, ou sert à l'expression des désirs, des pensées. ◇ ***Faire de l'œil à qqn***, lui faire signe en clignant de l'œil, soit pour marquer la connivence, soit pour l'aguicher. – ***Ouvrir de grands yeux*** : paraître très étonné. **4.** Cet organe considéré dans sa fonction, la vision, ou comme symbole de la faculté d'observation, de la perspicacité, de la vigilance. *Voir une chose de ses propres yeux.* ◇ *Fam.* ***À l'œil*** : gratuitement. – ***Avoir l'œil*** : veiller, prendre garde. – ***Avoir l'œil sur***, ***avoir***, ***tenir qqn à l'œil***, le surveiller. – ***Fermer les yeux sur qqch***, faire semblant de ne pas le voir. – ***L'œil du maître***, sa surveillance. – ***Mauvais œil*** : regard de certaines personnes qui, selon une superstition populaire, porterait malheur. – ***N'avoir pas froid aux yeux*** : avoir du courage, de l'énergie. – ***Ne pas avoir les yeux dans sa poche*** : être très observateur. – ***Ouvrir l'œil*** : être attentif. – ***Ouvrir les yeux*** : voir la réalité telle qu'elle est. – ***Sauter aux yeux***, ***crever les yeux*** : être évident. – *Fam.* ***Se battre l'œil de qqch***, s'en moquer complètement. – *Fam.* ***Sortir par les yeux*** : avoir été trop vu et finir par provoquer le dégoût. – ***Voir tout par ses yeux***, par soi-même. – *Fam.* ***Mon œil !*** : s'emploie pour exprimer l'incrédulité. **5.** Cet organe considéré dans les mouvements qui lui sont propres. ◇ ***Ne pas pouvoir fermer l'œil de la nuit*** : ne pas pouvoir dormir. – ***Fermer les yeux à qqn***, l'assister au moment de sa mort. **6.** ***Œil composé*** ou ***à facettes***, formé par la réunion de nombreux yeux simples, ou *ommatidies*, chez les insectes et les crustacés. **7.** ***Œil de verre***, ou ***œil artificiel*** : prothèse en divers matériaux, qu'on met à la place d'un œil énucléé. **8.** Manière de voir ; sentiment. *Voir les choses d'un œil favorable.* **II.** *Sens spécialisés*. **1.** (pl. *œils*). Trou pratiqué dans un outil ou une pièce mécanique pour le passage ou l'articulation d'une autre pièce. *L'œil d'un marteau.* **2.** (pl. *œils*). IMPRIM. Partie supérieure du caractère, formant relief et représentant le dessin de la lettre qu'on imprime sur le papier. **3.** Point végétatif situé à l'aisselle d'une feuille ou à l'extrémité d'un rameau, évoluant soit en rameau, soit en fleur. **4. a.** Trou du pain ou du fromage. **b.** Lentille de graisse à la surface du bouillon. **5.** Partie centrale d'un cyclone tropical caractérisée par des vents faibles et un temps peu nuageux et autour de laquelle tournent des vents violents. **6.** (pl. *œils*). MAR. Boucle formée à l'extrémité d'un filin. **7.** Judas optique. *Œil d'une porte.*

ENCYCL. L'œil humain est un globe limité par trois membranes : la *sclère*, coque protectrice, formant en avant la *cornée* ; la *choroïde*, pigmentée et nourricière, se prolongeant en avant par l'*iris*, percé de la *pupille*, à ouverture variable suivant l'intensité de la lumière incidente ; la *rétine*, nerveuse et sensible à l'excitant lumineux, reliée à l'encéphale par le *nerf optique*, et sur laquelle se dessinent les images fournies par les milieux antérieurs transparents de l'œil (cornée, humeur aqueuse, cristallin, vitré).

Les *muscles ciliaires*, à la limite de l'iris et de la choroïde, font varier la convergence du cristallin, permettant l'accommodation, dont l'amplitude diminue pendant la vieillesse (presbytie). Les *muscles oculomoteurs*, fixés à l'extérieur de la sclère, produisent les mouvements du globe oculaire dans l'orbite. L'œil peut présenter des défauts de réfraction (myopie, hypermétropie, astigmatisme) et des anomalies, généralement héréditaires, dans la vision des couleurs (daltonisme, achromatopsie).

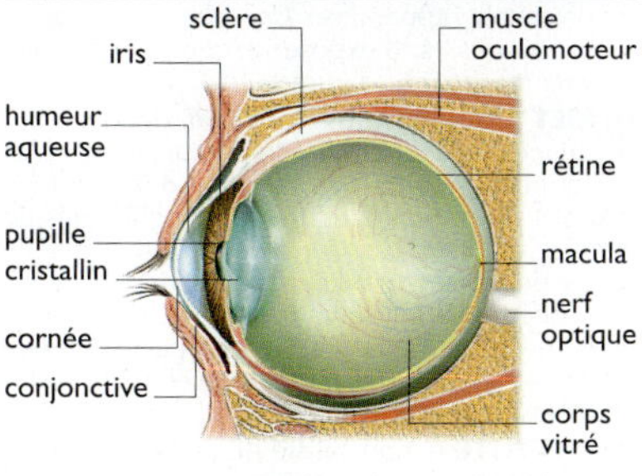

■ **ŒIL.** Coupe de profil.

ŒIL-DE-BŒUF n.m. (pl. *œils-de-bœuf*). ARCHIT. **1.** Lucarne à fenêtre ronde ou ovale. **2.** Oculus.

ŒIL-DE-CHAT n.m. (pl. *œils-de-chat*). MINÉRALOG. Pierre fine, variété de quartz avec des inclusions fibreuses, aux reflets chatoyants.

ŒIL-DE-PERDRIX n.m. (pl. *œils-de-perdrix*). **1.** Cor entre deux doigts de pied, ramolli par macération. **2.** Suisse. Vin rosé à base de pinot noir.

ŒIL-DE-PIE n.m. (pl. *œils-de-pie*). MAR. Ouverture pratiquée dans les bandes de ris et dans les bords d'une voile pour y passer les garcettes de ris, un filin ou une manille.

ŒIL-DE-TIGRE n.m. (pl. *œils-de-tigre*). MINÉRALOG. Pierre fine, variété d'amiante, aux reflets chatoyants, moins rare que l'œil-de-chat.

ŒILLADE n.f. Coup d'œil furtif, lancé pour marquer la tendresse ou la connivence. *Jeter une œillade à qqn.*

ŒILLÈRE n.f. **1.** Petite coupe pour baigner l'œil. **2.** Partie de la bride qui protège l'œil du cheval et l'empêche de voir de côté. ◇ ***Avoir des œillères*** : ne pas comprendre certaines choses par étroitesse d'esprit.

1. ŒILLET [œjɛ] n.m. (de *œil*). **1.** Petite pièce métallique évidée, de forme ronde ou ovale, qui sert de renfort à une perforation faite sur une ceinture, une courroie, une bâche, etc. ; cette perforation elle-même. **2.** Anneau de papier autocollant renforçant les perforations des feuilles mobiles d'un classeur. **3.** Endroit où l'on fait cristalliser le sel, dans les marais salants.

2. ŒILLET [œjɛ] n.m. Plante herbacée aux fleurs parfumées, aux feuilles très découpées, fréquemment cultivée en jardin. (Genre *Dianthus* ; famille des caryophyllacées.) ◇ ***Œillet d'Inde*** : tagetes.

■ **ŒILLETS**

ŒILLETON n.m. **1.** OPT. Extrémité du tube d'une lunette ou d'un microscope, qui détermine la position de l'œil. **2.** AGRIC. Rejeton que produisent certaines plantes (artichaut, bananier) et que l'on utilise pour leur multiplication.

ŒILLETONNAGE n.m. AGRIC. Multiplication des plantes par séparation et plantation d'œilletons.

ŒILLETONNER v.t. Pratiquer l'œilletonnage de.

ŒILLETTE n.f. (anc. fr. *olie*, olive). Pavot cultivé pour ses graines, dont on tire une huile comestible et utilisée en peinture ; cette huile.

ŒKOUMÈNE [ekumɛn] n.m. → **ÉCOUMÈNE.**

ŒNANTHE [enɑ̃t] ou [ønɑ̃t] n.f. (gr. *oinanthê*, fleur de vigne). Plante herbacée des zones humides, à petites fleurs blanches ou roses, très toxique. (Famille des ombellifères.)

ŒNANTHIQUE [enɑ̃t-] ou [ønɑ̃t-] adj. Relatif à l'arôme des vins.

ŒNOLISME [enɔ-] ou [ønɔ-] n.m. (gr. *oinos*, vin). Alcoolisme dû à l'abus du vin.

ŒNOLOGIE [enɔ-] ou [ønɔ-] n.f. (gr. *oinos*, vin). Science et technique de la fabrication et de la conservation des vins.

ŒNOLOGIQUE adj. Relatif à l'œnologie.

ŒNOLOGUE n. Spécialiste d'œnologie.

ŒNOMÉTRIE [enɔ-] ou [ønɔ-] n.f. Détermination de la richesse des vins en alcool.

ŒNOMÉTRIQUE adj. Relatif à l'œnométrie.

ŒNOTHÈQUE [enɔ-] ou [ønɔ-] n.f. Magasin spécialisé dans la vente des vins de cru.

ŒNOTHÉRACÉE [enɔ-] ou [ønɔ-] n.f. Plante dicotylédone à longs fruits infères, telle que le fuchsia, l'épilobe, l'onagre. (Les œnothéracées forment une famille.) SYN. : *onagracée*.

ŒNOTHÈRE ou **ŒNOTHERA** [enɔ-] ou [ønɔ-] n.m. (gr. *oinothêras*). Plante herbacée d'origine américaine, aux grandes fleurs jaunes ou rougeâtres réunies en grappes, aux graines riches en huile. (Famille des œnothéracées.) SYN. : *onagre*.

ŒRSTED [œrstɛd] n.m. (de *Œrsted*, n.pr.). PHYS. Anc. Unité c.g.s. de champ magnétique.

ŒSOPHAGE [ezɔfaʒ] ou [ezɔ-] n.m. (du gr. *oisophagos*, qui porte ce qu'on mange). Partie du tube digestif qui s'étend du pharynx jusqu'au cardia de l'estomac, et dont les parois, par leurs mouvements, assurent la descente du bol alimentaire. (L'œsophage des oiseaux est muni d'une poche, le jabot.)

ŒSOPHAGIEN, ENNE ou **ŒSOPHAGIQUE** adj. Relatif à l'œsophage.

ŒSOPHAGITE n.f. MÉD. Inflammation de l'œsophage.

ŒSTRADIOL [ɛs-] n.m. PHYSIOL. Principale hormone œstrogène de l'ovaire.

ŒSTRAL, E, AUX [ɛstral, o] adj. BIOL. Relatif à l'œstrus. ◇ ***Cycle œstral*** : modifications périodiques des organes génitaux femelles, en rapport avec la libération des ovules.

ŒSTRE [ɛstr] n.m. (gr. *oistros*, taon). Mouche qui pond près des narines des moutons et des chèvres, et dont la larve se développe dans les os du crâne, provoquant des vertiges chez l'animal. (Genre *Œstrus* ; famille des œstridés.)

ŒSTROGÈNE [ɛs-] ou, vx, **ESTROGÈNE** n.m. et adj. Hormone sécrétée par l'ovaire, assurant la formation, le maintien et le fonctionnement des organes génitaux et des seins chez la femme.

ŒSTROPROGESTATIF, IVE [ɛs-] adj. Relatif à la fois aux œstrogènes et aux progestatifs ; qui contient ces deux types d'hormones.

ŒSTRUS [ɛstrys] n.m. (mot lat., du gr. *oistros*, fureur). BIOL. Ensemble des phénomènes physiologiques et comportementaux qui précèdent et accompagnent l'ovulation chez la femelle des mammifères.

ŒUF [œf] ([ø] au pl.) n.m. (lat. *ovum*). **1.** EMBRYOL. Corps organique, sphérique ou oblong, produit et pondu par la plupart des animaux pluricellulaires, constitué par un ovule fécondé (zygote) ou non (œuf vierge), plus ou moins riche en vitellus, et protégé par une ou plusieurs

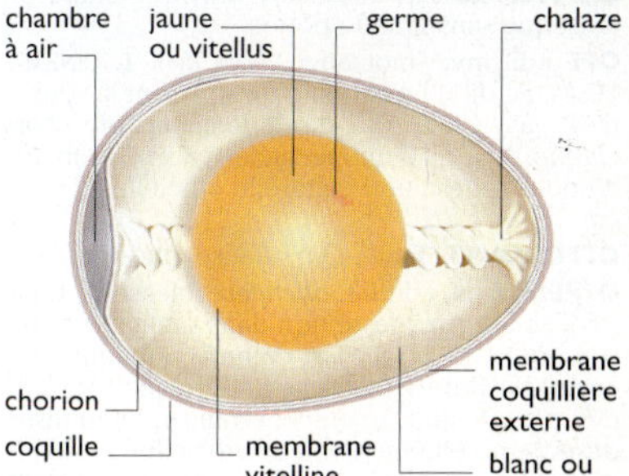

■ **ŒUF** de poule.

membranes. (Chez les reptiles et les oiseaux, l'œuf proprement dit, ou *jaune,* est entouré par l'albumen *[blanc]* et protégé par une coquille calcaire poreuse.) — EMBRYOL. Cellule résultant de la fécondation, et qui, par division, donne un nouvel être, animal ou végétal. SYN. : *zygote.* ◇ EMBRYOL. *Œuf vierge,* ou *œuf :* gamète femelle mûr, pondu mais non encore fécondé. — *Dans l'œuf :* dès le commencement, à l'origine. *Étouffer une révolte dans l'œuf.* **2.** Produit comestible de la ponte de certains oiseaux, poissons, etc. *Œufs de lump.* — *Spécial.* Œuf de poule. ◇ ***Œuf sur le plat, au plat,*** ou ***œuf (au) miroir :*** œuf cuit légèrement, sans le brouiller, dans un corps gras. — *Fam.* ***Va te faire cuire un œuf ! :*** va-t'en et débrouille-toi !, va au diable ! — ***Mettre tous ses œufs dans le même panier :*** placer tous ses espoirs, tous ses fonds dans une même affaire. — *Fam.* Imbécile, empoté. *Quel œuf !* ◇ ***Marcher sur des œufs :*** parler, agir avec la plus grande prudence. — Belgique. *Fam.* ***Avoir un œuf à peler avec qqn,*** un compte à régler avec lui. **3.** Bonbon, confiserie en forme d'œuf. ◇ ***Œuf de Pâques :*** œuf en chocolat, en sucre, en nougat, etc., que l'on offre à Pâques. **4.** *Par anal.* Objet en bois en forme d'œuf qu'on met dans une chaussette pour la tendre, tandis qu'on la reprise. ◇ ***Position en œuf :*** à skis, position aérodynamique de recherche de vitesse, skis parallèles, écartés, genoux fléchis et buste incliné en avant.

O

ŒUFRIER n.m. Ustensile de cuisine utilisé pour faire cuire en même temps plusieurs œufs à la coque. SYN. : *coquetière.*

ŒUVÉ, E adj. PÊCHE. Qui porte des œufs, en parlant d'un poisson ou d'un crustacé femelle.

1. ŒUVRE n.f. (lat. *opera,* travail). **1.** *Litt.* Travail, tâche, activité. ◇ ***Se mettre à l'œuvre :*** commencer à travailler. — ***Juger qqn à l'œuvre,*** selon ses actes. — ***Mettre en œuvre qqch,*** y recourir, l'appliquer. — ***Mise en œuvre :*** action de mettre en œuvre ; début de réalisation. **2.** Ce qui résulte d'un travail ; production, réalisation. *Cette décoration est l'œuvre de toute la classe.* **3.** Production artistique ou littéraire ; ensemble des réalisations d'un écrivain, d'un artiste. *Une œuvre d'art. L'œuvre de Sartre, de Chopin.* **4.** Organisation à but religieux, humanitaire ou philanthropique. *Faire un don à une œuvre.* ◆ pl. **1.** Actions humaines jugées du point de vue moral ou religieux. *La foi et les œuvres.* ◇ ***Bonnes œuvres :*** ensemble d'actions charitables accomplies dans le cadre d'une organisation religieuse. **2.** MAR. ***Œuvres mortes :*** partie émergée d'un navire. — ***Œuvres vives :*** partie d'un navire située au-dessous de la ligne de flottaison ; *fig., litt.,* partie vitale, essentielle de qqch. *Entreprise touchée dans ses œuvres vives par la crise.*

2. ŒUVRE n.m. (lat. *opera,* travaux). **1.** Ensemble des productions d'un artiste, notamm. de celles réalisées au moyen d'une technique particulière. *L'œuvre gravé de Pissarro.* **2.** CONSTR. *Gros œuvre :* ensemble des ouvrages (fondations, murs, planchers, etc.) constituant la structure d'une construction. — *Second œuvre :* ensemble des ouvrages d'achèvement d'une construction (fermetures, revêtements, équipements, etc.). — ***Être à pied d'œuvre,*** à proximité immédiate de l'ouvrage en construction ou du travail à faire ; *fig.,* prêt à commencer un travail. — ***Hors(-)œuvre,*** ou ***hors d'œuvre :*** se dit d'un bâtiment qui en touche un autre, plus important, sans s'y intégrer. **3.** ALCHIM. *Le grand œuvre :* la transmutation des métaux en or ; la fabrication de la pierre philosophale.

ŒUVRER v.i. Travailler à obtenir qqch, spécial. à réaliser qqch d'important. *Œuvrer au rétablissement économique du pays. J'œuvre pour assurer votre sécurité.*

ŒUVRETTE n.f. *Fam.* Petite œuvre littéraire ou artistique sans grande portée.

OFF adj. inv. (mot angl., *hors de*). **1.** CINÉMA, TÉLÉV. Se dit d'une voix, d'un son dont la source n'est pas visible sur l'écran. Recomm. off. : *hors champ.* **2.** Se dit d'un spectacle organisé en marge d'une manifestation culturelle officielle. *Festival off.*

OFFENSANT, E adj. Qui offense, blessant.

OFFENSE n.f. (du lat. *offendere,* blesser). **1.** Parole, action qui blesse qqn dans sa dignité, dans son honneur. **2.** Outrage commis publiquement envers le président de la République, un chef d'État ou de gouvernement étranger, un ministre des Affaires étrangères ou un agent diplomatique d'un État étranger, et qui constitue un délit. **3.** RELIG. Faute, péché qui offense Dieu.

OFFENSÉ, E adj. et n. Qui a subi une offense, qui est atteint dans son honneur.

OFFENSER v.t. **1.** Blesser qqn dans sa dignité, son honneur. ◇ ***Soit dit sans vous offenser :*** sans vouloir vous vexer, sans intention désobligeante à votre égard. **2.** RELIG. *Offenser Dieu :* pécher. **3.** Enfreindre un principe, une règle, ne pas les respecter. *Offenser le bon goût.* ◆ **s'offenser** v.pr. **(de).** Considérer qqch comme une offense ; se vexer de.

OFFENSEUR n.m. Personne qui offense.

OFFENSIF, IVE adj. (du lat. *offendere,* attaquer). **1.** Qui attaque, sert à attaquer. *Armes offensives.* **2.** Qui a une attitude, un esprit combatif. *Il est très offensif dans ses questions.*

OFFENSIVE n.f. **1.** Action d'envergure menée par une force armée et destinée à imposer à l'ennemi sa volonté, à le chasser de ses positions et à le détruire. **2.** Initiative, attaque visant à faire reculer qqn ou qqch. *Offensive diplomatique.* ◇ ***Passer à l'offensive, prendre l'offensive :*** attaquer. **3.** Action d'un phénomène naturel prenant le caractère d'une attaque brusque. *Offensive de l'hiver, du froid.*

OFFENSIVEMENT adv. De façon offensive.

OFFERTOIRE n.m. (du lat. *offerre,* offrir). CHRIST. **1.** Partie de l'office eucharistique pendant laquelle le célébrant accomplit l'oblation du pain et du vin. **2.** Pièce instrumentale exécutée au moment de l'offertoire.

1. OFFICE n.m. (lat. *officium,* service). **1.** Fonction, charge exercée par qqn ; rôle joué par qqch. *Remplir son office.* ◇ ***Faire office de :*** jouer le rôle de. — ***D'office :*** par voie d'autorité, sans demande préalable. **2.** Établissement public ou privé se consacrant à une activité déterminée ; agence, bureau. *Office de publicité.* **3.** DR. (Avec une majuscule.) Service public doté de la personnalité morale et de l'autonomie financière, intervenant dans le domaine économique. **4.** DR. *Office ministériel :* fonction conférée à vie par nomination de l'autorité publique ; charge. **5.** HIST. Dans la France d'Ancien Régime, fonction publique confiée par le roi à un particulier rétribué sous forme de gages. (La vente des offices, ou vénalité, se généralise à partir de la fin du XVe s. Devenus héréditaires, moyennant le versement d'un droit annuel, en 1604, les offices sont abolis le 4 août 1789.) **6.** CHRIST. *Office divin,* ou *office :* ensemble des prières et des cérémonies réparties à des heures déterminées de la journée. **7.** Envoi périodique d'un nombre limité de livres, venant de paraître ou réimprimés, par un éditeur aux libraires. ◆ pl. *Bons offices :* service, assistance ; *spécial.,* intervention bienveillante d'une personne, d'un État en vue d'amener deux groupes, deux États à négocier. *Requérir les bons offices de qqn.*

2. OFFICE n.m. (lat. *officium*). Pièce attenante à la cuisine où l'on dispose tout ce qui intéresse le service de la table. (On disait autref. *une office.*)

OFFICIAL n.m. DR. CANON. Juge ecclésiastique délégué par l'évêque pour exercer la juridiction contentieuse.

OFFICIALISATION n.f. Action d'officialiser.

OFFICIALISER v.t. Rendre officiel.

OFFICIANT adj.m. et n.m. RELIG. Qui célèbre l'office ; célébrant. *Prêtre officiant.*

1. OFFICIEL, ELLE adj. (angl. *official,* du bas lat. *officialis*). **1.** Qui émane du gouvernement, de l'Administration ; qui a un caractère légal. *Nomination officielle. Texte officiel.* **2.** Organisé par les autorités. *Cérémonie officielle.* **3.** Qui a une fonction dans un gouvernement. *Personnage officiel.* **4.** Qui est donné pour vrai par une autorité quelconque, mais qui laisse supposer une autre réalité. *La version officielle des événements.*

2. OFFICIEL n.m. **1.** Personne qui a une fonction publique. **2.** Personne qui a une fonction dans l'organisation d'épreuves sportives, de concours, etc.

OFFICIELLEMENT adv. De façon officielle ; de source officielle.

1. OFFICIER v.i. [5] (lat. *officiare,* de *officium,* service). **1.** RELIG. Célébrer l'office divin. **2.** *Iron.* Travailler de façon solennelle. *Officier à la cuisine.*

2. OFFICIER n.m. (lat. *officium,* fonction publique). **1.** Militaire qui a un grade au moins égal à celui de sous-lieutenant ou d'enseigne de vaisseau. ◇ ***Officier général :*** général ou amiral. — *Officier subalterne :* sous-lieutenant, lieutenant, enseigne ou lieutenant de vaisseau, capitaine. — *Officier supérieur :* commandant, lieutenant-colonel, colonel ou capitaine de corvette, capitaine de frégate, capitaine de vaisseau. **2.** HIST. Titulaire d'un office. ◇ ***Officier de l'état civil :*** personne responsable en France de la tenue et de la conservation des registres de l'état civil. — *Officier ministériel :* personne (huissier, notaire, etc.) titulaire d'un office ministériel. — ***Officier de police :*** fonctionnaire de la police (lieutenant, capitaine, commandant) chargé de missions d'investigation ou d'encadrement. (Le corps des officiers de police est né de la fusion, en 1995, entre le corps des inspecteurs de police et celui des officiers de paix.) — ***Officier de police judiciaire :*** agent public (maire, policier, gendarme, etc.) chargé de constater une infraction, d'en rassembler les preuves et de livrer son auteur à la justice. — Anc. ***Officier de paix,*** chargé de l'encadrement des gardiens de la paix. — ***Officier public :*** titulaire d'une fonction, dont les affirmations et les constatations ont un caractère authentique (officier de l'état civil, huissier, notaire). **3.** Titulaire de certains titres honorifiques. ◇ ***Officier de la Légion d'honneur :*** personne titulaire d'un grade supérieur à celui de chevalier. — ***Grand officier de la Légion d'honneur :*** personne ayant un grade supérieur à celui de commandeur et inférieur à celui de grand-croix.

OFFICIEUSEMENT adv. De façon officieuse.

OFFICIEUX, EUSE adj. (lat. *officiosus,* de *officium,* service rendu). Qui émane d'une source autorisée, tout en n'ayant pas l'authenticité garantie. *Cette communication n'est encore qu'officieuse.*

OFFICINAL, E, AUX adj. Se dit d'un médicament inscrit dans une pharmacopée, préparé par avance et conservé dans l'officine du pharmacien. ◇ ***Herbe, plante officinale,*** dont on se sert en pharmacie.

OFFICINE n.f. (lat. *officina,* atelier). **1.** Ensemble des locaux où le pharmacien entrepose, prépare et vend les médicaments au public ; pharmacie. **2.** *Péjor.* Endroit où se trame qqch de secret, de nuisible, de mauvais. *Une officine d'espionnage.*

OFFRANDE n.f. (lat. *offerenda*). **1.** Don fait à une divinité ou déposé dans un temple avec une intention religieuse. **2.** Don volontaire et, le plus souvent, modeste. *Verser une offrande.*

OFFRANT n.m. *Le plus offrant :* la personne qui offre le plus haut prix. *Adjuger au plus offrant.*

OFFRE n.f. **1.** Action d'offrir ; ce qui est offert. *Accepter une offre avantageuse.* ◇ ***Appel d'offres :*** mode de passation des marchés publics par lequel l'Administration choisit librement son cocontractant après une mise en concurrence préalable des candidats. — ***Offre publique d'achat*** → **OPA.** — ***Offre publique d'échange*** → **OPE.** — ***Offre publique de retrait*** → **OPR.** — ***Offre publique de vente*** → **OPV. 2.** Action de proposer un contrat, un marché, un service à une autre personne. *Offre d'emploi.* **3.** ÉCON. Quantité d'un bien ou d'un service qui peut être vendue sur le marché à un prix donné. ◇ ***Loi de l'offre et de la demande :*** loi économique déterminant le prix où s'équilibrent le volume de l'offre d'un produit ou d'un service et celui de la demande.

OFFREUR, EUSE n. ÉCON. Personne qui offre qqch à qqn (par oppos. à *demandeur*).

OFFRIR v.t. [23] (lat. *offerre*). **1.** Donner, présenter en cadeau. *Offrir des fleurs.* **2.** Faire une proposition d'achat ou de rémunération. *Combien m'offrez-vous pour ce travail ?* **3.** Mettre à la disposition de qqn ; proposer spontanément. *Offrir son bras à qqn pour l'aider à marcher. Offrir l'hospitalité.* **4.** Donner lieu à ; comporter, procurer. *Cette solution offre de nombreux avantages.* ◆ **s'offrir** v.pr. **1.** Se proposer pour faire qqch. *S'offrir à aider qqn.* **2.** S'accorder le plaisir de ; se payer. *S'offrir un voyage.* **3.** En parlant de qqch, se présenter, apparaître. *Une chance inespérée s'offre à vous.* **4.** S'exposer à qqch. *S'offrir aux regards.*

OFFSET [ɔfsɛt] n.m. inv. (angl. *off,* dehors, et *to set,* placer). IMPRIM. Procédé d'impression à plat par double décalque de la forme d'impression, d'abord sur le blanchet de caoutchouc, puis de celui-ci sur le papier. ◇ ***Plaque offset :*** feuille mince de métal portant l'image imprimante, dans ce procédé. ◆ adj. inv. et n.f. inv. Se dit de la machine utilisée dans l'impression par le procédé offset. ◆ adj. inv. Se dit du papier utilisé dans l'impression par offset.

OFFSETTISTE n. Spécialiste de l'offset.

OFFSHORE ou **OFF SHORE** [ɔfʃɔr] adj. inv. et n.m. [pl. *offshores, off shores*] (mot angl., *au* *large*). **1.** Se dit de la prospection, du forage et de l'exploitation des gisements de pétrole situés au large des rivages. **2.** BANQUE. (Anglic. déconseillé). Extraterritorial. **3.** Se dit d'un sport motonautique de grande vitesse sur un bateau très puissant ; le bateau lui-même.

OFFUSQUER v.t. (lat. *offuscare,* de *fuscus,* sombre). Heurter qqn dans sa dignité, ses opinions ; choquer, déplaire à. ◆ **s'offusquer** v.pr. **(de)**. Se froisser, se choquer. *S'offusquer d'un refus.*

OFLAG [ɔflag] n.m. (mot all., acronyme, de *Offizierlager,* camp d'officiers). En Allemagne, pendant la Seconde Guerre mondiale, camp de prisonniers de guerre réservé aux officiers.

OGHAMIQUE adj. (de *Ogham,* inventeur mythique de cette écriture). Se dit de l'écriture alphabétique utilisée au début de l'ère chrétienne pour noter l'irlandais.

OGIVAL, E, AUX adj. ARCHIT. **1.** Relatif à l'ogive. **2.** Relatif à l'arc brisé ; qui en a la forme.

OGIVE n.f. **1.** ARCHIT. Arc diagonal de renfort bandé sous la voûte gothique, dont il facilite la construction et dont il reporte la poussée vers les angles. ◇ *Voûte sur croisée d'ogives,* ou *voûte d'ogives,* construite sur le plan d'une voûte d'arêtes, mais qui s'appuie ou semble s'appuyer, dans le cas le plus simple, sur l'entrecroisement de deux arcs diagonaux. (Dans cette voûte, caractéristique de la construction gothique, les ogives sont génér. des arcs en plein cintre, les doubleaux et formerets d'encadrement étant, eux, des arcs brisés.) **2.** ARM. Partie antérieure d'un projectile, de forme conique ou ogivale. ◇ *Ogive nucléaire,* renfermant une ou plusieurs charges nucléaires dont sont dotés certains missiles ou projectiles. (On dit aussi *tête nucléaire.*)

OGM ou **O.G.M.** [oʒeɛm] n.m. (sigle). Organisme génétiquement modifié.

ENCYCL. Porteurs d'un ou plusieurs gènes provenant d'autres organismes (bactéries, champignons, plantes, animaux ou homme), les OGM possèdent un ou plusieurs caractères nouveaux, issus des organismes donneurs, qu'ils expriment dans leur croissance, leur vigueur, leur capacité à élaborer des substances biologiques, etc. Les OGM sont princip. utilisés pour la fabrication de composés biochimiques (substances thérapeutiques, matières premières) et pour l'amélioration de la production agricole (plantes résistant aux parasites, au gel, aux herbicides, etc.). En France et dans plusieurs pays, la loi fixe les conditions de fabrication, d'utilisation et de distribution des OGM. Ainsi, l'autorisation de mise en culture n'est accordée qu'aux variétés ne présentant ni risque de dissémination, ni risque lié à la consommation.

OGRE, OGRESSE n. (lat. *Orcus,* n. d'une divinité infernale). **1.** Dans les contes de fées, géant vorace qui mange les petits enfants. **2.** *Fam.* Personne vorace.

OH interj. Marque la surprise, l'indignation. *Oh ! Vous étiez là ! Oh, la crapule !*

OHÉ interj. S'emploie pour appeler. *Ohé ! Vous venez ?*

OHM n.m. (de *Ohm,* n.pr.). Unité de mesure de résistance électrique (symb. Ω), équivalant à la résistance électrique entre deux points d'un conducteur lorsqu'une différence de potentiel constante de 1 volt, appliquée entre ces deux points, produit dans ce conducteur un courant de 1 ampère, ledit conducteur n'étant le siège d'aucune force électromotrice.

OHMIQUE adj. Relatif à l'ohm.

OHMMÈTRE [ɔmmɛtr] n.m. Appareil servant à mesurer la résistance électrique d'un conducteur.

OÏDIUM [ɔidjɔm] n.m. (gr. *ôon,* œuf). Maladie produite sur certaines plantes par des champignons du groupe des ascomycètes, caractérisée par l'apparition d'un feutrage blanc d'aspect farineux à la surface des organes parasités. (L'oïdium de la vigne est la plus redoutable de ces maladies.)

OIE n.f. (lat. *avica,* de *avis,* oiseau). **1.** Oiseau palmipède massif, au long cou et au bec large, dont on connaît plusieurs espèces sauvages (celles qui passent en France viennent des régions arctiques et hivernent dans le Midi) et une espèce domestique, que l'on élève pour sa chair et son foie surchargé de graisse par gavage. (Le mâle est le *jars,* les jeunes les *oisons ;* cri : l'oie criaille, siffle, cacarde. Genre *Anser ;* famille des

■ **OIE** domestique.

anatidés.) ◇ *Oies du Capitole :* oies sacrées qui sauvèrent Rome (390 av. J.-C.) en prévenant par leurs cris Manlius et les Romains de l'attaque nocturne des Gaulois. – *Pas de l'oie :* pas de parade militaire en usage dans certaines armées. – *Jeu de l'oie :* jeu de hasard dans lequel deux dés règlent le déplacement du pion de chaque joueur sur un circuit où des figures d'oies sont disposées toutes les neuf cases. **2.** *Fam.* Personne sotte, niaise. ◇ *Fam. Oie blanche :* jeune fille candide et un peu sotte.

OIGNON [ɔɲɔ̃] n.m. (lat. *unio, unionis*). **1.** Plante potagère dont le bulbe, d'une saveur et d'une odeur fortes et piquantes, est très employé en cuisine. (Nom sc. *Allium cepa ;* famille des liliacées.) – Ce bulbe. ◇ *Fam. Aux petits oignons :* préparé avec un soin particulier ; parfait. – *Fam. Ce ne sont pas tes oignons, occupe-toi de tes oignons :* ça ne te regarde pas. – *Fam. En rang d'oignons :* sur une seule ligne. – *Pelure d'oignon* → **pelure. 2.** Bulbe souterrain de certaines plantes (lis, tulipe, etc.). **3.** Grosse montre de gousset de forme bombée. **4.** Durillon avec inflammation se formant à la base du gros orteil.

■ **OIGNONS**

OIGNONADE n.f. Mets accommodé avec beaucoup d'oignons.

OÏL [ɔjl] adv. (ancienne forme de *oui*). *Langue d'oïl :* ensemble des dialectes romans parlés dans la moitié nord de la France (picard, wallon, champenois, francien, normand, gallo, etc.), par oppos. à *langue d'oc.*

OINDRE v.t. [62] (lat. *ungere*). **1.** Frotter d'huile ou d'une substance grasse. *On oignait les athlètes pour la lutte.* **2.** CHRIST. Procéder à l'onction de.

OING ou **OINT** [wɛ̃] n.m. (lat. *unctum,* onguent). Graisse servant à oindre.

OINT, E adj. et n. RELIG. Se dit d'une personne qui a été consacrée par une onction liturgique.

OISEAU n.m. (lat. pop. *aucellus,* dimin. du lat. *avis,* oiseau). **1.** Vertébré ovipare, couvert de plumes, à respiration pulmonaire, à sang chaud, dont les membres postérieurs servent à la marche, dont les membres antérieurs, ou ailes, sont adaptés au vol, et dont les mâchoires, dépourvues de dents, forment un bec corné. (Les oiseaux forment une classe regroupant près de 9 000 espèces, dont la moitié de passereaux.) ◇ *À vol d'oiseau :* en ligne droite. – *Avoir un appétit d'oiseau,* un très petit appétit. – *Avoir une cervelle d'oiseau :* être très étourdi. – *Fam. Donner à qqn des noms d'oiseau,* l'injurier. – *Être comme l'oiseau sur la branche :* être pour très peu de temps dans un endroit. – Belgique. *Oiseau sans tête :* paupiette. **2.** *Fam., péjor.* Individu quelconque. *Un drôle d'oiseau.* ◇ *Oiseau rare :* personne qui possède des qualités peu communes.

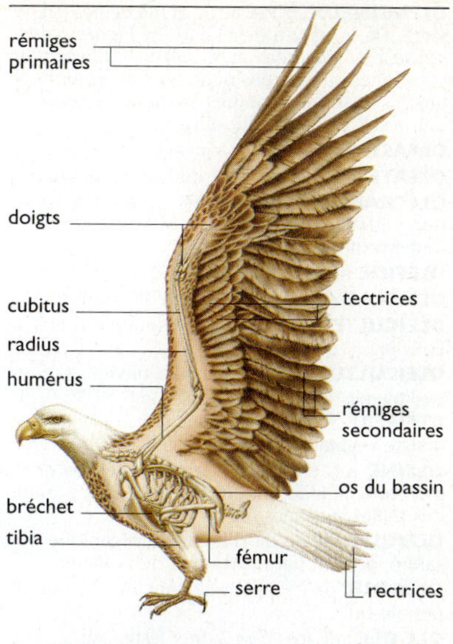

■ **OISEAU.** Anatomie d'un aigle.

OISEAU-LYRE n.m. (pl. *oiseaux-lyres*). Ménure.

OISEAU-MOUCHE n.m. (pl. *oiseaux-mouches*). Colibri.

OISEAU-TROMPETTE n.m. (pl. *oiseaux-trompettes*). Agami.

OISELET n.m. *Litt.* Petit oiseau.

OISELEUR n.m. Personne qui prend des petits oiseaux au filet ou au piège.

OISELIER, ÈRE n. Personne qui élève et vend des oiseaux.

OISELLE n.f. *Fam.* Jeune fille naïve, niaise.

OISELLERIE n.f. Commerce de l'oiselier.

OISEUX, EUSE adj. (lat. *otiosus*). Inutile, sans intérêt à cause de son caractère superficiel et vain. *Discussion oiseuse.*

OISIF, IVE adj. et n. (de *oiseux*). Qui n'a pas d'occupation ; qui dispose de beaucoup de loisirs ; désœuvré. ◆ adj. Qui se passe dans l'oisiveté. *Mener une vie oisive.*

OISILLON n.m. Jeune oiseau.

OISIVETÉ n.f. État d'une personne oisive ; désœuvrement.

OISON n.m. Petit de l'oie.

O.K. [ɔke] interj. (abrév. de l'anglo-amér. *oll korrect,* orthographe fautive pour *all correct*). *Fam.* D'accord, c'est entendu. ◆ adj. inv. *Fam.* Qui est correct, qui convient ; parfait. *Tout est O.K.*

OKA n.m. (de *Oka,* n.pr.). Fromage québécois à pâte ferme, proche du Port-Salut français.

OKAPI n.m. (mot africain). Mammifère ruminant du Congo, voisin de la girafe, mais à cou plus court et à pelage rayé sur les membres. (Haut. au garrot 1 m ; genre *Okapia,* famille des girafidés.)

■ **OKAPI**

OKOUMÉ n.m. (mot africain). Arbre de l'Afrique équatoriale, au bois rose, utilisé notamm. dans la fabrication du contreplaqué. (Genre *Aucumea ;* famille des burséracées.)

OLA n.f. (mot esp., *vague*). Ovation du public d'une enceinte sportive, consistant à se lever à tour de rôle afin de produire un mouvement d'ensemble comparable à une ondulation.

OLÉ ou **OLLÉ** interj. (esp. *olé*). S'emploie pour encourager, en partic. dans les corridas.

OLÉACÉE n.f. (du lat. *olea,* olive). Arbre ou arbuste à fleurs gamopétales, tel que l'olivier, le jasmin, le lilas, le frêne et le troène. (Les oléacées forment une famille.)

OLÉAGINEUX, EUSE adj. (lat. *oleagineus,* d'olivier). De la nature de l'huile. ◇ *Plante oléagineuse,* ou *oléagineux,* n.m. : plante cultivée pour ses graines ou ses fruits riches en lipides, dont on tire des huiles alimentaires ou industrielles (soja, tournesol, arachide, lin, olivier).

OLÉASTRE n.m. Olivier sauvage.

OLÉATE n.m. Sel ou ester de l'acide oléique.

OLÉCRANE n.m. (gr. *ôlenê,* bras, et *kranion,* tête). ANAT. Apophyse du cubitus, formant la saillie postérieure du coude.

OLÉFINE n.f. Alcène.

OLÉICOLE adj. Qui concerne l'oléiculture.

OLÉICULTEUR, TRICE n. Personne qui cultive l'olivier.

OLÉICULTURE n.f. (du lat. *olea,* olivier). Culture de l'olivier.

OLÉIFÈRE adj. Qui contient une huile ou une graisse végétale.

OLÉINE n.f. CHIM. ORG. Triester oléique de la glycérine, liquide qui entre dans la composition des huiles végétales.

OLÉIQUE adj. Se dit d'un acide organique non saturé, produit par l'hydrolyse de l'oléine.

OLÉODUC n.m. Pipeline servant au transport du pétrole brut.

OLÉ OLÉ adj. inv. *Fam.* Libre, leste, osé.

OLÉOMÈTRE n.m. Appareil servant à mesurer la teneur en huile des graines oléagineuses.

OLÉOPNEUMATIQUE adj. (du lat. *oleum,* huile). Se dit d'un type de suspension sans ressort pour véhicules automobiles, qui combine l'emploi d'éléments contenant de l'huile sous pression et celui d'enceintes remplies d'air ou de gaz. SYN. : *hydropneumatique.*

OLÉOPROTÉAGINEUX, EUSE adj. et n.m. Se dit d'une plante cultivée pour ses graines riches en lipides et en protides, dont on tire à la fois des huiles alimentaires et des tourteaux pour l'alimentation du bétail (soja, tournesol, colza).

OLÉORÉSINE n.f. BIOL. Produit visqueux et insoluble dans l'eau, exsudé par diverses plantes. (La térébenthine est une oléorésine.)

OLÉUM [ɔleɔm] n.m. Acide sulfurique partiellement déshydraté.

OLFACTIF, IVE adj. (du lat. *olfacere,* flairer). Relatif à l'olfaction.

OLFACTION n.f. PHYSIOL. Fonction qui permet à l'odorat de s'exercer.

OLIBRIUS [ɔlibrijys] n.m. (bas lat. *Olybrius,* n.pr.). *Fam.* Individu qui se distingue par une excentricité stupide.

OLIFANT ou **OLIPHANT** n.m. (de *éléphant*). Petit cor d'ivoire des chevaliers du Moyen Âge.

OLIGARCHIE n.f. (gr. *oligo,* peu nombreux, et *arkhê,* commandement). Régime politique où l'autorité est entre les mains de quelques personnes ou de quelques familles puissantes ; ensemble de ces personnes, de ces familles.

OLIGARCHIQUE adj. Qui relève d'une oligarchie.

OLIGARQUE n.m. Membre d'une oligarchie.

OLIGISTE n.m. et adj. (du gr. *oligistos,* très peu). MINÉRALOG. Hématite cristallisée, colorant souvent des roches sédimentaires (grès, argile).

OLIGOCÈNE n.m. (gr. *oligos,* peu, et *kainos,* récent). GÉOL. Série du cénozoïque, entre l'éocène et le miocène (de - 34 à - 23,5 millions d'années).

OLIGOCHÈTE [-kɛt] n.m. (gr. *oligos,* peu, et *khaitê,* longs cheveux). Ver annélide aux soies peu nombreuses, tel que le ver de terre (lombric). [Les oligochètes forment une classe.]

OLIGOCLASE n.f. MINÉRALOG. Feldspath de la série des plagioclases, abondant dans les roches magmatiques peu différenciées.

OLIGODENDROCYTE n.m. HISTOL. Cellule de la névroglie, responsable de la formation des gaines de myéline des neurones.

OLIGOÉLÉMENT n.m. BIOCHIM. Élément chimique nécessaire, à l'état de traces, à la croissance ou à la vie des animaux et des végétaux (par ex. fer, manganèse, zinc, iode, magnésium, cobalt, etc.). SYN. : *micronutriment.*

OLIGOMÈRE adj. et n.m. CHIM. Se dit d'un composé ne comportant qu'un petit nombre d'unités monomères.

OLIGOPHRÈNE adj. et n. Vieilli. Qui est atteint d'oligophrénie.

OLIGOPHRÉNIE n.f. (gr. *oligos,* peu, et *phrên,* pensée). PSYCHIATR. Vieilli. Déficience mentale.

LES JEUX OLYMPIQUES D'ÉTÉ

date	lieu	pays	nombre de nations	nombre de concurrents
1896	Athènes	Grèce	14	245
1900	Paris	Fr.	19	1 078
1904	Saint Louis	É-U	13	687
1908	Londres	G-B	22	2 035
1912	Stockholm	Suède	28	2 437
1920	Anvers	Belg.	29	2 607
1924	Paris	Fr.	44	3 072
1928	Amsterdam	P-B	46	2 884
1932	Los Angeles	É-U	37	1 333
1936	Berlin	All.	49	3 936
1948	Londres	G-B	59	4 092
1952	Helsinki	Finl.	69	5 429
1956	Melbourne	Austr.	67	3 178
1960	Rome	Ital.	83	5 313
1964	Tokyo	Jap.	93	5 133
1968	Mexico	Mex.	112	5 498
1972	Munich	RFA	121	7 121
1976	Montréal	Can.	92	6 043
1980	Moscou	URSS	80	5 283
1984	Los Angeles	É-U	140	6 802
1988	Séoul	Corée du Sud	159	8 473
1992	Barcelone	Esp.	169	9 368
1996	Atlanta	É-U	197	10 744
2000	Sydney	Austr.	199	10 651

OLIGOPOLE n.m. ÉCON. Marché dans lequel il n'y a que quelques vendeurs face à une multitude d'acheteurs (par oppos. à *oligopsone*).

OLIGOPSONE n.m. (gr. *oligos,* peu, et *opsônion,* approvisionnement). ÉCON. Marché caractérisé par la présence d'un très petit nombre d'acheteurs face à de très nombreux vendeurs (par oppos. à *oligopole*).

OLIGOTHÉRAPIE n.f. MÉD. Traitement des maladies par des oligoéléments, pratiqué par diverses médecines douces (acupuncture, naturopathie, etc.).

OLIGURIE n.f. MÉD. Diminution de la quantité d'urine émise.

OLIPHANT n.m. → **OLIFANT.**

OLIVAIE n.f. Oliveraie.

OLIVAISON n.f. Récolte des olives ; saison où l'on fait cette récolte.

OLIVÂTRE adj. Qui tire sur le vert olive ; verdâtre.

OLIVE n.f. (lat. *oliva*). **1.** Fruit à noyau, ellipsoïdal, de l'olivier, dont on tire une huile alimentaire. ◇ *Olive noire,* cueillie mûre et directement mise en saumure. – *Olive verte,* cueillie avant maturité, adoucie par un traitement à l'aide d'une solution de soude puis lavée et conservée dans la saumure. **2.** Objet ou ornement répété en chapelet ayant la forme d'une olive. – *Spécial.* Petit interrupteur de forme ellipsoïdale placé sur un fil électrique. **3.** *Olive bulbaire,* ou *olive :* chacune des deux éminences ovoïdes de la face antérieure du bulbe rachidien. **4.** ZOOL. **a.** Donax. **b.** Mollusque gastéropode marin des mers chaudes, à coquille brillante et allongée. (Genre *Oliva ;* famille des olividés.) ◆ adj. inv. Qui a la couleur vert clair, un peu jaunâtre, de l'olive verte.

OLIVERAIE n.f. Terrain planté d'oliviers. SYN. : *olivaie.*

OLIVET n.m. (de *Olivet,* commune du Loiret). Fromage fabriqué avec du lait de vache, dans l'Orléanais.

OLIVÉTAIN, E n. Membre de la congrégation bénédictine du Mont-Olivet, fondée au XIVe s. en Italie.

OLIVETTE n.f. **1.** Rare. Oliveraie. **2.** Variété tardive de raisin de table, à grains en forme d'olive. **3.** Tomate d'une variété à fruit allongé, oblong.

OLIVIER n.m. Arbre au feuillage persistant, exigeant une grande luminosité et un climat doux, cultivé surtout dans le bassin méditerranéen, qui fournit l'olive. (L'olivier était dans l'Antiquité un emblème de fécondité et un symbole de paix et de gloire. Genre *Olea ;* famille des oléacées.)

OLIVINE n.f. MINÉRALOG. Péridot de couleur vert olive, commun dans les basaltes, les gabbros et les péridotites. (Son altération donne la serpentine.)

OLLÉ interj. → **OLÉ.**

OLOGRAPHE ou **HOLOGRAPHE** adj. (gr. *holos,* entier, et *graphein,* écrire). DR. *Testament olographe,* écrit en entier, daté et signé de la main du testateur.

OLYMPE n.m. (gr. *Olumpos,* mont Olympe). *L'Olympe.* **a.** *Litt.* L'ensemble des dieux qui, dans la mythologie gréco-romaine, habitaient sur l'Olympe. **b.** *Poét.* Le ciel.

OLYMPIADE n.f. Espace de quatre ans entre deux célébrations successives des jeux Olympiques. ◆ pl. (Emploi critiqué). Jeux Olympiques.

OLYMPIEN, ENNE adj. **1.** Relatif à l'Olympe. ◇ *Les dieux olympiens :* les douze principales divinités grecques (Zeus, Poséidon, Arès, Héphaïstos, Apollon, Hermès, Aphrodite, Héra, Athéna, Artémis, Déméter, Hestia). **2.** Majestueux et serein, à l'image des dieux de l'Olympe. *Calme olympien.*

OLYMPIQUE adj. **1.** *Jeux Olympiques.* **a.** ANTIQ. GR. Jeux panhelléniques, qui se célébraient tous les quatre ans, depuis 776 av. J.-C., à Olympie, en l'honneur de Zeus Olympien et qui comprenaient non seulement des épreuves sportives, mais aussi des concours musicaux et littéraires. (Ils furent supprimés en 394 par Théodose.) **b.** Mod. Compétition sportive internationale, rénovée en 1893 par le baron Pierre de Coubertin et qui a lieu tous les quatre ans depuis 1896. Abrév. : *JO.* (On distingue les *jeux Olympiques d'hiver* [consacrés aux sports de neige et de glace] et les *jeux Olympiques d'été* [consacrés aux autres sports]. Les JO d'hiver et d'été, qui avaient traditionnellement lieu la même année, se déroulent en alternance tous les

■ **OLIVIER**

large). **1.** Se dit de la prospection, du forage et de l'exploitation des gisements de pétrole situés au large des rivages. **2.** BANQUE. (Anglic. déconseillé). Extraterritorial. **3.** Se dit d'un sport motonautique de grande vitesse sur un bateau très puissant ; le bateau lui-même.

OFFUSQUER v.t. (lat. *offuscare,* de *fuscus,* sombre). Heurter qqn dans sa dignité, ses opinions ; choquer, déplaire à. ◆ **s'offusquer** v.pr. (de). Se froisser, se choquer. *S'offusquer d'un refus.*

OFLAG [ɔflag] n.m. (mot all., acronyme, de *Offizierlager,* camp d'officiers). En Allemagne, pendant la Seconde Guerre mondiale, camp de prisonniers de guerre réservé aux officiers.

OGHAMIQUE adj. (de *Ogham,* inventeur mythique de cette écriture). Se dit de l'écriture alphabétique utilisée au début de l'ère chrétienne pour noter l'irlandais.

OGIVAL, E, AUX adj. ARCHIT. **1.** Relatif à l'ogive. **2.** Relatif à l'arc brisé ; qui en a la forme.

OGIVE n.f. **1.** ARCHIT. Arc diagonal de renfort bandé sous la voûte gothique, dont il facilite la construction et dont il reporte la poussée vers les angles. ◇ *Voûte sur croisée d'ogives,* ou *voûte d'ogives,* construite sur le plan d'une voûte d'arêtes, mais qui s'appuie ou semble s'appuyer, dans le cas le plus simple, sur l'entrecroisement de deux arcs diagonaux. (Dans cette voûte, caractéristique de la construction gothique, les ogives sont génér. des arcs en plein cintre, les doubleaux et formerets d'encadrement étant, eux, des arcs brisés.) **2.** ARM. Partie antérieure d'un projectile, de forme conique ou ogivale. ◇ *Ogive nucléaire,* renfermant une ou plusieurs charges nucléaires dont sont dotés certains missiles ou projectiles. (On dit aussi *tête nucléaire.*)

OGM ou **O.G.M.** [oʒeɛm] n.m. (sigle). Organisme génétiquement modifié.

ENCYCL. Porteurs d'un ou plusieurs gènes provenant d'autres organismes (bactéries, champignons, plantes, animaux ou homme), les OGM possèdent un ou plusieurs caractères nouveaux, issus des organismes donneurs, qu'ils expriment dans leur croissance, leur vigueur, leur capacité à élaborer des substances biologiques, etc. Les OGM sont princip. utilisés pour la fabrication de composés biochimiques (substances thérapeutiques, matières premières) et pour l'amélioration de la production agricole (plantes résistant aux parasites, au gel, aux herbicides, etc.). En France et dans plusieurs pays, la loi fixe les conditions de fabrication, d'utilisation et de distribution des OGM. Ainsi, l'autorisation de mise en culture n'est accordée qu'aux variétés ne présentant ni risque de dissémination, ni risque lié à la consommation.

OGRE, OGRESSE n. (lat. *Orcus,* n. d'une divinité infernale). **1.** Dans les contes de fées, géant vorace qui mange les petits enfants. **2.** *Fam.* Personne vorace.

OH interj. Marque la surprise, l'indignation. *Oh ! Vous étiez là ! Oh, la crapule !*

OHÉ interj. S'emploie pour appeler. *Ohé ! Vous venez ?*

OHM n.m. (de *Ohm,* n.pr.). Unité de mesure de résistance électrique (symb. Ω), équivalant à la résistance électrique entre deux points d'un conducteur lorsqu'une différence de potentiel constante de 1 volt, appliquée entre ces deux points, produit dans ce conducteur un courant de 1 ampère, ledit conducteur n'étant le siège d'aucune force électromotrice.

OHMIQUE adj. Relatif à l'ohm.

OHMMÈTRE [ɔmmɛtr] n.m. Appareil servant à mesurer la résistance électrique d'un conducteur.

OÏDIUM [ɔidjɔm] n.m. (gr. *ôon,* œuf). Maladie produite sur certaines plantes par des champignons du groupe des ascomycètes, caractérisée par l'apparition d'un feutrage blanc d'aspect farineux à la surface des organes parasités. (L'oïdium de la vigne est la plus redoutable de ces maladies.)

OIE n.f. (lat. *avica,* de *avis,* oiseau). **1.** Oiseau palmipède massif, au long cou et au bec large, dont on connaît plusieurs espèces sauvages (celles qui passent en France viennent des régions arctiques et hivernent dans le Midi) et une espèce domestique, que l'on élève pour sa chair et son foie surchargé de graisse par gavage. (Le mâle est le *jars,* les jeunes les *oisons ;* cri : l'oie criaille, siffle, cacarde. Genre *Anser ;* famille des

■ **OIE** domestique.

anatidés.) ◇ *Oies du Capitole :* oies sacrées qui sauvèrent Rome (390 av. J.-C.) en prévenant par leurs cris Manlius et les Romains de l'attaque nocturne des Gaulois. – *Pas de l'oie :* pas de parade militaire en usage dans certaines armées. – *Jeu de l'oie :* jeu de hasard dans lequel deux dés règlent le déplacement du pion de chaque joueur sur un circuit où des figures d'oies sont disposées toutes les neuf cases. **2.** *Fam.* Personne sotte, niaise. ◇ *Fam. Oie blanche :* jeune fille candide et un peu sotte.

OIGNON [ɔɲɔ̃] n.m. (lat. *unio, unionis*). **1.** Plante potagère dont le bulbe, d'une saveur et d'une odeur fortes et piquantes, est très employé en cuisine. (Nom sc. *Allium cepa ;* famille des liliacées.) – Ce bulbe. ◇ *Fam. Aux petits oignons :* préparé avec un soin particulier ; parfait. – *Fam. Ce ne sont pas tes oignons, occupe-toi de tes oignons :* ça ne te regarde pas. – *Fam. En rang d'oignons :* sur une seule ligne. – *Pelure d'oignon* → **pelure.** **2.** Bulbe souterrain de certaines plantes (lis, tulipe, etc.). **3.** Grosse montre de gousset de forme bombée. **4.** Durillon avec inflammation se formant à la base du gros orteil.

■ **OIGNONS**

OIGNONADE n.f. Mets accommodé avec beaucoup d'oignons.

OÏL [ɔjl] adv. (ancienne forme de *oui*). *Langue d'oïl :* ensemble des dialectes romans parlés dans la moitié nord de la France (picard, wallon, champenois, francien, normand, gallo, etc.), par oppos. à *langue d'oc.*

OINDRE v.t. [62] (lat. *ungere*). **1.** Frotter d'huile ou d'une substance grasse. *On oignait les athlètes pour la lutte.* **2.** CHRIST. Procéder à l'onction de.

OING ou **OINT** [wɛ̃] n.m. (lat. *unctum,* onguent). Graisse servant à oindre.

OINT, E adj. et n. RELIG. Se dit d'une personne qui a été consacrée par une onction liturgique.

OISEAU n.m. (lat. pop. *aucellus,* dimin. du lat. *avis,* oiseau). **1.** Vertébré ovipare, couvert de plumes, à respiration pulmonaire, à sang chaud, dont les membres postérieurs servent à la marche, dont les membres antérieurs, ou ailes, sont adaptés au vol, et dont les mâchoires, dépourvues de dents, forment un bec corné. (Les oiseaux forment une classe regroupant près de 9 000 espèces, dont la moitié de passereaux.) ◇ *À vol d'oiseau :* en ligne droite. – *Avoir un appétit d'oiseau,* un très petit appétit. – *Avoir une cervelle d'oiseau :* être très étourdi. – *Fam. Donner à qqn des noms d'oiseau,* l'injurier. – *Être comme l'oiseau sur la branche :* être pour très peu de temps dans un endroit. – Belgique. *Oiseau sans tête :* paupiette. **2.** *Fam., péjor.* Individu quelconque. *Un drôle d'oiseau.* ◇ *Oiseau rare :* personne qui possède des qualités peu communes.

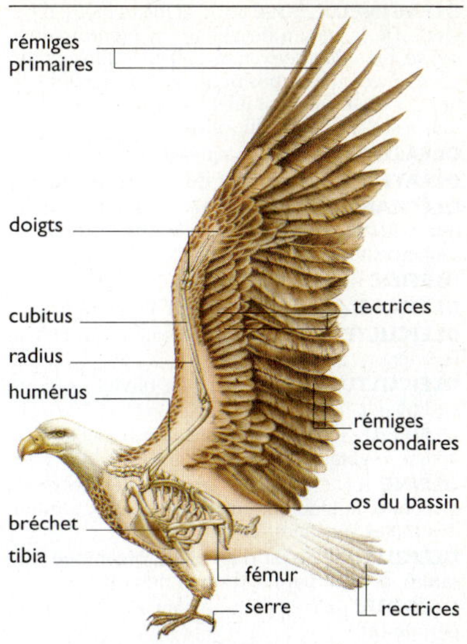

■ **OISEAU.** Anatomie d'un aigle.

OISEAU-LYRE n.m. (pl. *oiseaux-lyres*). Ménure.

OISEAU-MOUCHE n.m. (pl. *oiseaux-mouches*). Colibri.

OISEAU-TROMPETTE n.m. (pl. *oiseaux-trompettes*). Agami.

OISELET n.m. *Litt.* Petit oiseau.

OISELEUR n.m. Personne qui prend des petits oiseaux au filet ou au piège.

OISELIER, ÈRE n. Personne qui élève et vend des oiseaux.

OISELLE n.f. *Fam.* Jeune fille naïve, niaise.

OISELLERIE n.f. Commerce de l'oiselier.

OISEUX, EUSE adj. (lat. *otiosus*). Inutile, sans intérêt à cause de son caractère superficiel et vain. *Discussion oiseuse.*

OISIF, IVE adj. et n. (de *oiseux*). Qui n'a pas d'occupation ; qui dispose de beaucoup de loisirs ; désœuvré. ◆ adj. Qui se passe dans l'oisiveté. *Mener une vie oisive.*

OISILLON n.m. Jeune oiseau.

OISIVETÉ n.f. État d'une personne oisive ; désœuvrement.

OISON n.m. Petit de l'oie.

O.K. [ɔke] interj. (abrév. de l'anglo-amér. *oll korrect,* orthographe fautive pour *all correct*). *Fam.* D'accord, c'est entendu. ◆ adj. inv. *Fam.* Qui est correct, qui convient ; parfait. *Tout est O.K.*

OKA n.m. (de *Oka,* n.pr.). Fromage québécois à pâte ferme, proche du Port-Salut français.

OKAPI n.m. (mot africain). Mammifère ruminant du Congo, voisin de la girafe, mais à cou plus court et à pelage rayé sur les membres. (Haut. au garrot 1 m ; genre *Okapia,* famille des girafidés.)

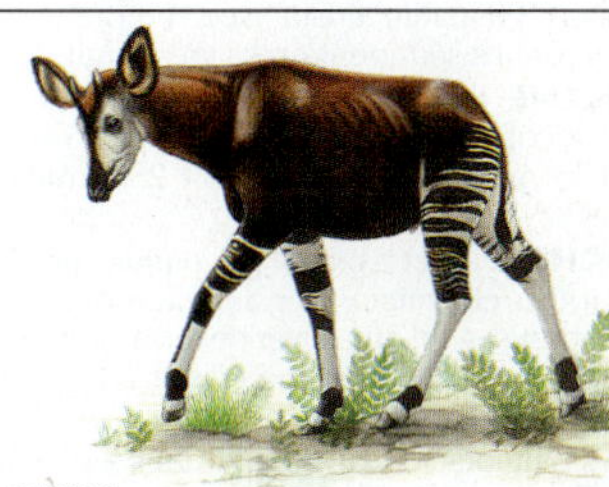

■ **OKAPI**

OKOUMÉ n.m. (mot africain). Arbre de l'Afrique équatoriale, au bois rose, utilisé notamm. dans la fabrication du contreplaqué. (Genre *Aucumea ;* famille des burséracées.)

OLA n.f. (mot esp., *vague*). Ovation du public d'une enceinte sportive, consistant à se lever à tour de rôle afin de produire un mouvement d'ensemble comparable à une ondulation.

OLÉ ou **OLLÉ** interj. (esp. *olé*). S'emploie pour encourager, en partic. dans les corridas.

OLÉACÉE n.f. (du lat. *olea,* olive). Arbre ou arbuste à fleurs gamopétales, tel que l'olivier, le jasmin, le lilas, le frêne et le troène. (Les oléacées forment une famille.)

OLÉAGINEUX, EUSE adj. (lat. *oleagineus,* d'olivier). De la nature de l'huile. ◇ *Plante oléagineuse,* ou *oléagineux,* n.m. : plante cultivée pour ses graines ou ses fruits riches en lipides, dont on tire des huiles alimentaires ou industrielles (soja, tournesol, arachide, lin, olivier).

OLÉASTRE n.m. Olivier sauvage.

OLÉATE n.m. Sel ou ester de l'acide oléique.

OLÉCRANE n.m. (gr. *ôlenê,* bras, et *kranion,* tête). ANAT. Apophyse du cubitus, formant la saillie postérieure du coude.

OLÉFINE n.f. Alcène.

OLÉICOLE adj. Qui concerne l'oléiculture.

OLÉICULTEUR, TRICE n. Personne qui cultive l'olivier.

OLÉICULTURE n.f. (du lat. *olea,* olivier). Culture de l'olivier.

OLÉIFÈRE adj. Qui contient une huile ou une graisse végétale.

OLÉINE n.f. CHIM. ORG. Triester oléique de la glycérine, liquide qui entre dans la composition des huiles végétales.

OLÉIQUE adj. Se dit d'un acide organique non saturé, produit par l'hydrolyse de l'oléine.

OLÉODUC n.m. Pipeline servant au transport du pétrole brut.

OLÉ OLÉ adj. inv. *Fam.* Libre, leste, osé.

OLÉOMÈTRE n.m. Appareil servant à mesurer la teneur en huile des graines oléagineuses.

OLÉOPNEUMATIQUE adj. (du lat. *oleum,* huile). Se dit d'un type de suspension sans ressort pour véhicules automobiles, qui combine l'emploi d'éléments contenant de l'huile sous pression et celui d'enceintes remplies d'air ou de gaz. SYN. : *hydropneumatique.*

OLÉOPROTÉAGINEUX, EUSE adj. et n.m. Se dit d'une plante cultivée pour ses graines riches en lipides et en protides, dont on tire à la fois des huiles alimentaires et des tourteaux pour l'alimentation du bétail (soja, tournesol, colza).

OLÉORÉSINE n.f. BIOL. Produit visqueux et insoluble dans l'eau, exsudé par diverses plantes. (La térébenthine est une oléorésine.)

OLÉUM [ɔleɔm] n.m. Acide sulfurique partiellement déshydraté.

OLFACTIF, IVE adj. (du lat. *olfacere,* flairer). Relatif à l'olfaction.

OLFACTION n.f. PHYSIOL. Fonction qui permet à l'odorat de s'exercer.

OLIBRIUS [ɔlibrijys] n.m. (bas lat. *Olybrius,* n.pr.). *Fam.* Individu qui se distingue par une excentricité stupide.

OLIFANT ou **OLIPHANT** n.m. (de *éléphant*). Petit cor d'ivoire des chevaliers du Moyen Âge.

OLIGARCHIE n.f. (gr. *oligo,* peu nombreux, et *arkhê,* commandement). Régime politique où l'autorité est entre les mains de quelques personnes ou de quelques familles puissantes ; ensemble de ces personnes, de ces familles.

OLIGARCHIQUE adj. Qui relève d'une oligarchie.

OLIGARQUE n.m. Membre d'une oligarchie.

OLIGISTE n.m. et adj. (du gr. *oligistos,* très peu). MINÉRALOG. Hématite cristallisée, colorant souvent des roches sédimentaires (grès, argile).

OLIGOCÈNE n.m. (gr. *oligos,* peu, et *kainos,* récent). GÉOL. Série du cénozoïque, entre l'éocène et le miocène (de - 34 à - 23,5 millions d'années).

OLIGOCHÈTE [-kɛt] n.m. (gr. *oligos,* peu, et *khaitê,* longs cheveux). Ver annélide aux soies peu nombreuses, tel que le ver de terre (lombric). [Les oligochètes forment une classe.]

OLIGOCLASE n.f. MINÉRALOG. Feldspath de la série des plagioclases, abondant dans les roches magmatiques peu différenciées.

OLIGODENDROCYTE n.m. HISTOL. Cellule de la névroglie, responsable de la formation des gaines de myéline des neurones.

OLIGOÉLÉMENT n.m. BIOCHIM. Élément chimique nécessaire, à l'état de traces, à la croissance ou à la vie des animaux et des végétaux (par ex. fer, manganèse, zinc, iode, magnésium, cobalt, etc.). SYN. : *micronutriment.*

OLIGOMÈRE adj. et n.m. CHIM. Se dit d'un composé ne comportant qu'un petit nombre d'unités monomères.

OLIGOPHRÈNE adj. et n. Vieilli. Qui est atteint d'oligophrénie.

OLIGOPHRÉNIE n.f. (gr. *oligos,* peu, et *phrên,* pensée). PSYCHIATR. Vieilli. Déficience mentale.

LES JEUX OLYMPIQUES D'ÉTÉ

date	lieu	pays	nombre de nations	nombre de concurrents
1896	Athènes	Grèce	14	245
1900	Paris	Fr.	19	1 078
1904	Saint Louis	É-U	13	687
1908	Londres	G-B	22	2 035
1912	Stockholm	Suède	28	2 437
1920	Anvers	Belg.	29	2 607
1924	Paris	Fr.	44	3 072
1928	Amsterdam	P-B	46	2 884
1932	Los Angeles	É-U	37	1 333
1936	Berlin	All.	49	3 936
1948	Londres	G-B	59	4 092
1952	Helsinki	Finl.	69	5 429
1956	Melbourne	Austr.	67	3 178
1960	Rome	Ital.	83	5 313
1964	Tokyo	Jap.	93	5 133
1968	Mexico	Mex.	112	5 498
1972	Munich	RFA	121	7 121
1976	Montréal	Can.	92	6 043
1980	Moscou	URSS	80	5 283
1984	Los Angeles	É-U	140	6 802
1988	Séoul	Corée du Sud	159	8 473
1992	Barcelone	Esp.	169	9 368
1996	Atlanta	É-U	197	10 744
2000	Sydney	Austr.	199	10 651

OLIGOPOLE n.m. ÉCON. Marché dans lequel il n'y a que quelques vendeurs face à une multitude d'acheteurs (par oppos. à *oligopsone*).

OLIGOPSONE n.m. (gr. *oligos,* peu, et *opsônion,* approvisionnement). ÉCON. Marché caractérisé par la présence d'un très petit nombre d'acheteurs face à de très nombreux vendeurs (par oppos. à *oligopole*).

OLIGOTHÉRAPIE n.f. MÉD. Traitement des maladies par des oligoéléments, pratiqué par diverses médecines douces (acupuncture, naturopathie, etc.).

OLIGURIE n.f. MÉD. Diminution de la quantité d'urine émise.

OLIPHANT n.m. → **OLIFANT.**

OLIVAIE n.f. Oliveraie.

OLIVAISON n.f. Récolte des olives ; saison où l'on fait cette récolte.

OLIVÂTRE adj. Qui tire sur le vert olive ; verdâtre.

OLIVE n.f. (lat. *oliva*). **1.** Fruit à noyau, ellipsoïdal, de l'olivier, dont on tire une huile alimentaire. ◇ *Olive noire,* cueillie mûre et directement mise en saumure. – *Olive verte,* cueillie avant maturité, adoucie par un traitement à l'aide d'une solution de soude puis lavée et conservée dans la saumure. **2.** Objet ou ornement répété en chapelet ayant la forme d'une olive. – *Spécial.* Petit interrupteur de forme ellipsoïdale placé sur un fil électrique. **3.** *Olive bulbaire,* ou *olive :* chacune des deux éminences ovoïdes de la face antérieure du bulbe rachidien. **4.** ZOOL. **a.** Donax. **b.** Mollusque gastéropode marin des mers chaudes, à coquille brillante et allongée. (Genre *Oliva ;* famille des olividés.) ◆ adj. inv. Qui a la couleur vert clair, un peu jaunâtre, de l'olive verte.

OLIVERAIE n.f. Terrain planté d'oliviers. SYN. : *olivaie.*

OLIVET n.m. (de *Olivet,* commune du Loiret). Fromage fabriqué avec du lait de vache, dans l'Orléanais.

OLIVÉTAIN, E n. Membre de la congrégation bénédictine du Mont-Olivet, fondée au XIVe s. en Italie.

OLIVETTE n.f. **1.** Rare. Oliveraie. **2.** Variété tardive de raisin de table, à grains en forme d'olive. **3.** Tomate d'une variété à fruit allongé, oblong.

OLIVIER n.m. Arbre au feuillage persistant, exigeant une grande luminosité et un climat doux, cultivé surtout dans le bassin méditerranéen, qui fournit l'olive. (L'olivier était dans l'Antiquité un emblème de fécondité et un symbole de paix et de gloire. Genre *Olea ;* famille des oléacées.)

OLIVINE n.f. MINÉRALOG. Péridot de couleur vert olive, commun dans les basaltes, les gabbros et les péridotites. (Son altération donne la serpentine.)

OLLÉ interj. → **OLÉ.**

OLOGRAPHE ou **HOLOGRAPHE** adj. (gr. *holos,* entier, et *graphein,* écrire). DR. *Testament olographe,* écrit en entier, daté et signé de la main du testateur.

OLYMPE n.m. (gr. *Olumpos,* mont Olympe). *L'Olympe.* **a.** *Litt.* L'ensemble des dieux qui, dans la mythologie gréco-romaine, habitaient sur l'Olympe. **b.** *Poét.* Le ciel.

OLYMPIADE n.f. Espace de quatre ans entre deux célébrations successives des jeux Olympiques. ◆ pl. (Emploi critiqué). Jeux Olympiques.

OLYMPIEN, ENNE adj. **1.** Relatif à l'Olympe. ◇ *Les dieux olympiens :* les douze principales divinités grecques (Zeus, Poséidon, Arès, Héphaïstos, Apollon, Hermès, Aphrodite, Héra, Athéna, Artémis, Déméter, Hestia). **2.** Majestueux et serein, à l'image des dieux de l'Olympe. *Calme olympien.*

OLYMPIQUE adj. **1.** *Jeux Olympiques.* **a.** ANTIQ. GR. Jeux panhelléniques, qui se célébraient tous les quatre ans, depuis 776 av. J.-C., à Olympie, en l'honneur de Zeus Olympien et qui comprenaient non seulement des épreuves sportives, mais aussi des concours musicaux et littéraires. (Ils furent supprimés en 394 par Théodose.) **b.** Mod. Compétition sportive internationale, rénovée en 1893 par le baron Pierre de Coubertin et qui a lieu tous les quatre ans depuis 1896. Abrév. : *JO.* (On distingue les *jeux Olympiques d'hiver* [consacrés aux sports de neige et de glace] et les *jeux Olympiques d'été* [consacrés aux autres sports]. Les JO d'hiver et d'été, qui avaient traditionnellement lieu la même année, se déroulent en alternance tous les

■ **OLIVIER**

LES JEUX OLYMPIQUES D'HIVER

date	lieu	pays	nombre de nations	nombre de concurrents
1924	Chamonix	Fr.	16	258
1928	Saint-Moritz	Suisse	25	464
1932	Lake Placid	É-U	17	252
1936	Garmisch-Partenkirchen	All.	28	668
1948	Saint-Moritz	Suisse	28	669
1952	Oslo	Norv.	30	694
1956	Cortina d'Ampezzo	Ital.	32	820
1960	Squaw Valley	É-U	30	665
1964	Innsbruck	Autr.	36	1 091
1968	Grenoble	Fr.	37	1 158
1972	Sapporo	Jap.	35	1 006
1976	Innsbruck	Autr.	37	1 123
1980	Lake Placid	É-U	37	1 072
1984	Sarajevo	Youg.	49	1 274
1988	Calgary	Can.	57	1 423
1992	Albertville	Fr.	64	1 801
1994	Lillehammer	Norv.	67	1 739
1998	Nagano	Jap.	72	2 177

deux ans depuis 1994.) **2.** Relatif aux jeux Olympiques. **3.** Conforme aux règles des jeux Olympiques. *Piscine olympique.*

OLYMPISME n.m. Ensemble des phénomènes sociaux, culturels et économiques liés aux jeux Olympiques ; idéal olympique.

OMANAIS, E adj. et n. Du sultanat d'Oman, de ses habitants.

OMBELLE n.f. (lat. *umbella,* parasol). BOT. Inflorescence dans laquelle les pédoncules partent tous d'un même point pour s'élever au même niveau, comme les rayons d'un parasol.

OMBELLÉ, E adj. Disposé en ombelle.

OMBELLIFÈRE n.f. (de *ombelle* et lat. *ferre,* porter). Plante dicotylédone herbacée, à petites fleurs disposées en ombelles, comestible (carotte, persil, céleri) ou vénéneuse (ciguë). [Les ombellifères forment une vaste famille.]

OMBELLULE n.f. BOT. Chacune des ombelles partielles dont l'ensemble constitue l'ombelle de certaines ombellifères, comme la carotte.

OMBILIC n.m. (lat. *umbilicus*). **1. a.** EMBRYOL. Orifice de l'abdomen, chez le fœtus, où s'attache le cordon ombilical. **b.** ANAT. Cicatrice du cordon ombilical, au milieu du ventre. SYN. *(cour.) : nombril.* **2.** ARTS APPL. Point central et saillant d'un bouclier, d'un plat en métal ou en céramique. **3.** Plante des rochers et des murs, à feuilles charnues circulaires et à fleurs jaunâtres en grappes. (Genre *Umbilicus ;* famille des crassulacées.) **4.** GÉOMORPH. Élargissement et approfondissement d'une vallée glaciaire.

OMBILICAL, E, AUX adj. ANAT., EMBRYOL. Relatif à l'ombilic. ◆ n.m. ASTRONAUT., OCÉANOL. Connecteur reliant un engin ou une personne à des dispositifs d'alimentation, de contrôle, etc., par un faisceau de câbles et de canalisations.

OMBILIQUÉ, E adj. MÉD. Muni en son centre d'une dépression ressemblant à un ombilic.

OMBLE n.m. (altér. de *amble*). Poisson d'eau douce voisin du saumon, à chair délicate. (L'*omble chevalier* vit dans les lacs de montagne de l'Europe occidentale ; l'*omble* ou *saumon de fontaine,* importé des États-Unis, préfère les eaux courantes. Genre *Salvelinus ;* famille des salmonidés.)

OMBRAGE n.m. Ensemble de branches, de feuilles d'arbres qui donnent de l'ombre ; cette ombre. ◇ *Porter, faire ombrage à qqn,* lui inspirer de l'inquiétude ou du ressentiment. – *Prendre ombrage de qqch,* s'en offenser.

OMBRAGÉ, E adj. Couvert d'ombrages. *Un lieu ombragé.*

OMBRAGER v.t. [10]. Couvrir de son ombre, former ombrage sur.

OMBRAGEUX, EUSE adj. **1.** Se dit d'un cheval, d'une mule, etc., qui a peur de son ombre ou d'un objet inaccoutumé. **2.** Qui s'alarme de la moindre chose ; susceptible, soupçonneux. *Un caractère ombrageux.*

1. OMBRE n.m. (lat. *umbra,* poisson de couleur sombre). Poisson des rivières tempérées fraîches de l'Europe, voisin du saumon et de l'omble, qui se nourrit de larves d'insectes. (Long. 30 cm ; genre *Thymallus,* famille des salmonidés.)

2. OMBRE n.f. (lat. *umbra*). **1.** Zone sombre due à l'absence de lumière ou à l'interception de la lumière par un corps opaque. ◇ *À l'ombre de :* à l'abri de ; sous la protection de. – *Faire de l'ombre à qqn,* prendre trop d'importance par rapport à lui. – *Fam. Mettre, être à l'ombre :* mettre, être en prison. – *Ombres chinoises,* ou *théâtre d'ombres :* spectacle constitué par la projection sur un écran de l'ombre de silhouettes ou d'objets découpés. – *Vivre, rester dans l'ombre,* dans le secret, effacé. – *Zone d'ombre :* ce qui est incertain ou inconnu. **2.** Légère apparence ; reflet, trace. *Sans l'ombre d'un doute.* ◇ *Litt. Courir après une ombre :* se livrer à des espérances chimériques. **3.** BX-ARTS. (Surtout pl.) Partie assombrie d'un dessin, d'une peinture. ◇ *Une ombre au tableau :* un inconvénient, un élément inquiétant dans une situation plutôt favorable. **4.** MYTH. Esprit d'un mort conservant dans l'au-delà une apparence humaine immatérielle.

3. OMBRE n.f. (de *Ombrie,* n.pr.). *Terre d'ombre :* ocre brune qui sert de pigment en peinture.

OMBRELLE n.f. (ital. *ombrello,* du lat. *umbrella,* parasol). **1.** Petit parasol portatif de femme. **2.** ZOOL. Masse convexe, transparente, gélatineuse mais ferme, formant l'essentiel du corps des méduses.

OMBRER v.t. (lat. *umbrare*). Mettre des ombres à un dessin, un tableau.

OMBRETTE n.f. Oiseau échassier de l'Afrique tropicale et de Madagascar, se nourrissant de petits animaux aquatiques. (Ordre des ciconiiformes ; genre *Scopus,* famille des scopidés.)

OMBREUX, EUSE adj. *Litt.* Où il y a de l'ombre.

OMBRINE n.f. Poisson marin de l'Atlantique tropical et de la Méditerranée, voisin de la sciène. (Long. 30 à 60 cm ; genre *Umbrinus,* famille des sciénidés.)

OMBUDSMAN [ɔmbydsman] n.m. (mot suédois). Personnalité indépendante chargée d'examiner les plaintes des citoyens contre l'Administration, dans les pays scandinaves.

OMÉGA n.m. inv. Dernière lettre de l'alphabet grec (Ω, ω), notant un *o* long ouvert.

OMELETTE n.f. (anc. fr. *alumelle,* petite lame). **1.** Plat composé d'œufs battus et cuits dans une poêle. **2.** *Omelette norvégienne :* entremets composé d'une glace enrobée d'un soufflé chaud.

OMERTA n.f. (ital. *omertà*). Loi du silence, que prétendent faire régner la Mafia, la Camorra, etc., et dont l'injonction première est de ne jamais révéler le nom de l'auteur d'un délit.

OMETTRE v.t. [64] (lat. *omittere*). **1.** *Sout.* Oublier ou négliger de faire ou de dire qqch. **2.** Ne pas mentionner, prendre en compte dans une énumération, un ensemble ; passer sous silence.

OMICRON [ɔmikrɔn] n.m. inv. Quinzième lettre de l'alphabet grec (Ο, ο), notant un *o* bref fermé.

OMIS n.m. MIL. Jeune homme assujetti aux obligations du service national qui n'a pas été recensé avec sa classe d'âge.

OMISSION n.f. (bas lat. *omissio*). **1.** Action d'omettre, de négliger. *Mentir par omission.* **2.** Ce qui est omis ; oubli, lacune.

OMMATIDIE n.f. (gr. *ommation,* petit œil). ZOOL. Chacun des yeux élémentaires dont l'ensemble constitue l'œil composé de certains arthropodes.

1. OMNIBUS [ɔmnibys] n.m. (mot lat., *pour tous*). **1.** Anc. Voiture fermée de transport en commun, à quatre roues, d'abord hippomobile, puis automobile. **2.** Train omnibus.

2. OMNIBUS [ɔmnibys] adj. **1.** ÉLECTROTECHN. Se dit d'un appareil ou d'un dispositif capable de se prêter à divers usages dans une installation électrique. **2.** CH. DE F. *Train omnibus,* desservant toutes les stations de son parcours.

OMNICOLORE adj. *Didact.* Qui présente toutes sortes de couleurs.

OMNIDIRECTIF, IVE ou **OMNIDIRECTIONNEL, ELLE** adj. Se dit d'une antenne d'émission ou de réception qui émet les ondes avec la même intensité dans toutes les directions ou qui les reçoit avec la même efficacité, quelle que soit la direction d'où elles émanent.

OMNIPOTENCE n.f. (lat. *omnipotentia*). *Didact.* Toute-puissance, pouvoir absolu.

OMNIPOTENT, E adj. (lat. *omnipotens*). Dont l'autorité est absolue ; tout-puissant.

OMNIPRATICIEN, ENNE n. Médecin *généraliste.

OMNIPRÉSENCE n.f. Présence constante en tous lieux.

OMNIPRÉSENT, E adj. Présent continuellement en tous lieux.

OMNISCIENCE n.f. Science, connaissance universelle. *L'omniscience divine.*

OMNISCIENT, E adj. (du lat. *sciens,* sachant). Qui sait tout ou paraît tout savoir.

OMNISPORTS adj. Qui concerne plusieurs sports. *Salle omnisports.*

OMNIUM [ɔmnjɔm] n.f. Belgique. Assurance tous risques.

OMNIVORE adj. et n. (lat. *omnis,* tout, et *vorare,* dévorer). Se dit d'un animal qui se nourrit indifféremment d'aliments divers. (Les mammifères omnivores ont souvent des molaires aux tubercules arrondis.)

OMOPLATE n.f. (gr. *ômos,* épaule, et *platê,* surface plate). Os plat, large, mince et triangulaire, situé à la partie postérieure de l'épaule et constituant avec la clavicule la ceinture scapulaire.

ON pron. indéf. (lat. *homo,* homme). [Toujours sujet.] **1.** Désigne une personne, un groupe de personnes indéterminées ; quelqu'un, des gens. *On frappe à la porte. Plus on est de fous plus on rit.* **2.** Désigne des personnes éloignées dans le temps ou l'espace. *On vivait mieux autrefois.* ◆ pron. pers. *Fam.* **1.** Désigne le locuteur *(je). On fait ce qu'on peut !* **2.** Désigne le locuteur et le groupe auquel il appartient *(nous). Nous, on n'y peut rien.* **3.** Désigne l'interlocuteur *(tu, vous). Alors, on se promène ?* – REM. L'accord peut se faire au féminin et au pluriel : *On est élégante aujourd'hui ! On est tous égaux devant la loi.* On peut être précédé d'un *l* euphonique : *Il faut que l'on se voie.*

ONAGRACÉE n.f. BOT. Œnothéracée.

1. ONAGRE n.f. (gr. *onagra*). BOT. Œnothère.

2. ONAGRE n.m. (gr. *onagros*). **1.** Mammifère ongulé sauvage d'Iran et d'Inde, intermédiaire entre le cheval et l'âne, très proche de l'hémione. (Genre *Equus ;* famille des équidés.) **2.** ARM. Sorte de catapulte utilisée par les Romains.

ONANISME n.m. (de *Onan,* n.pr.). Masturbation.

ONC, ONCQUES ou **ONQUES** [ɔ̃k] adv. (lat. *unquam*). Vx ou *par plais.* Jamais.

1. ONCE n.f. (lat. *uncia,* douzième partie). **1.** Douzième de la livre romaine, valant 27,288 g. **2.** Seizième de l'ancienne livre de Paris, valant 30,594 g. **3.** Ancienne unité anglo-saxonne de masse (symb. oz), égale à 1/16 de livre et valant 28,35 g (31,103 g pour les métaux précieux). **4.** *Une once de :* une très petite quantité de.

2. ONCE n.f. (anc. fr. *lonce,* du lat. *lynx*). Grand félin des forêts montagneuses de l'Himalaya et de l'Altaï, au pelage clair et tacheté, très rare. (Nom sc. *Panthera uncia.*) SYN. : *panthère des neiges.*

ONCHOCERCOSE [ɔ̃kɔsɛrkoz] n.f. (gr. *ogkos,* courbure, et *kerkos,* queue). MÉD. Filariose atteignant la peau et l'œil.

ONCIAL, E, AUX adj. (de *1. once*). LING. *Écriture onciale,* ou *onciale,* n.f., composée de capitales aux contours arrondis, utilisée du IVe au VIIe s.

ONCLE n.m. (lat. *avunculus*). Frère du père ou de la mère. – *Par ext.* Mari de la tante.

ONCOGÈNE adj. (du gr. *ogkos,* grosseur). Cancérogène. ◆ n.m. MÉD. Gène naturel ou d'origine virale capable de stimuler la multiplication d'une cellule, mais dont l'excès d'activité provoque le cancer.

ONCOLOGIE n.f. Cancérologie.

ONCOTIQUE adj. PHYSIOL. *Pression oncotique :* pression osmotique due à des particules, en partic. des protéines, en suspension dans un liquide.

ONCQUES adv. → **ONC.**

ONCTION n.f. (lat. *unctio,* de *ungere,* oindre). **1.** CHRIST. Application d'huile sainte sur une personne pour la consacrer à Dieu, lui conférer la grâce de lutter contre le mal ou contre la maladie. **2.** MÉD. Friction douce de la peau avec une substance grasse. **3.** *Litt.* Douceur particulière dans les gestes et la manière de parler. *Un discours plein d'onction.*

ONCTUEUX, EUSE adj. (lat. *unctum,* de *ungere,* oindre). **1.** Dont la consistance, à la fois légère et douce, donne au toucher l'impression d'un corps gras. *Pommade onctueuse.* **2.** D'une consistance moelleuse et douce et d'une saveur veloutée. *Fromage onctueux.*

ONCTUOSITÉ n.f. Qualité de ce qui est onctueux.

ONDATRA n.m. (d'une langue amérindienne). Mammifère rongeur originaire de l'Amérique du Nord, mais actuellement répandu en Europe et en Asie, de mœurs très proches de celles du castor, à fourrure recherchée. (Long. 60 cm ; genre *Ondatra,* famille des arvicolidés.) SYN. : *rat musqué.*

O

ONDE n.f. (lat. *unda*). **1.** Mouvement de la surface de l'eau, d'un liquide qui forme des rides concentriques qui se soulèvent et s'abaissent à la suite d'un choc. **2.** *Litt.* Eau de la mer, d'un lac, etc. **3.** Ligne, dessin présentant des sinuosités, des cercles concentriques. **4.** PHYS. **a.** Modification de l'état physique d'un milieu matériel ou immatériel, qui se propage à la suite d'une action locale avec une vitesse finie, déterminée par les caractéristiques des milieux traversés. (On distingue les *ondes mécaniques* [ondes sonores, vagues dans un liquide, etc.], qui se propagent par vibration de la matière, et les *ondes électromagnétiques* [ondes radio, lumière, etc.], qui se propagent en dehors de tout support matériel, dans le vide.) ◇ *Onde amortie,* dont l'amplitude décroît régulièrement (par oppos. à l'*onde entretenue,* dont l'amplitude reste constante). **b.** *Longueur d'onde :* distance minimale entre deux points consécutifs de même phase d'un mouvement qui se propage en ligne droite. – *Fam. Être sur la même longueur d'onde :* se comprendre, parler le même langage. **c.** *Ondes métriques,* dont la longueur est comprise entre 1 et 10 m (fréquences de 300 à 30 MHz, dites *très hautes fréquences ;* abrév. *THF* ou, anglic. *VHF*). – *Ondes décamétriques,* ou *ondes courtes,* dont la longueur dans le vide est comprise entre 1 et 10 décamètres (fréquences de 30 à 3 MHz, dites *hautes fréquences ;* abrév. *HF*). – *Ondes hectométriques,* ou *ondes moyennes,* ou *petites ondes,* dont la longueur dans le vide est comprise entre 1 et 10 hectomètres (fréquences de 3 000 à 300 kHz, dites *moyennes fréquences ;* abrév. *MF*). – *Ondes kilométriques,* ou *ondes longues,* ou *grandes ondes,* dont la longueur dans le vide est comprise entre 1 et 10 kilomètres (fréquences de 300 à 30 kHz, dites *basses fréquences ;* abrév. *BF*). **d.** *Fonction d'onde :* fonction caractérisant l'état d'un quanton et dont le carré du module représente la densité de probabilité de présence du quanton. **5.** *Onde de choc.* **a.** AVIAT. Surface de discontinuité des vitesses due à la compression de l'air aux grandes vitesses et qui se crée dans les régions où la vitesse d'écoulement dépasse celle du son. (Tout mobile se déplaçant à une vitesse supersonique crée une onde de choc.) **b.** *Fig.* Répercussion, conséquence de qqch, le plus souvent fâcheuse. **6.** *Ondes Martenot :* instrument de musique électronique à clavier, qui transforme des oscillations électriques en oscillations mécaniques dans un haut-parleur. ◆ pl. *Les ondes :* la radio, les émissions radiodiffusées (parfois aussi : la radio et la télévision).

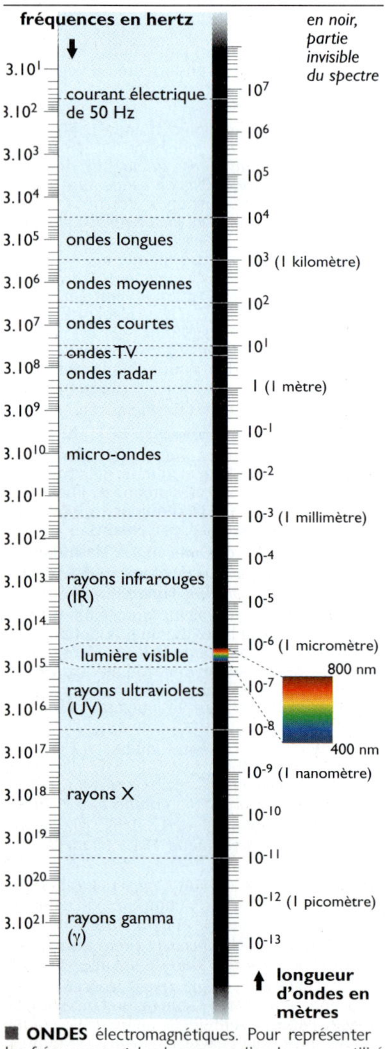

■ **ONDES** électromagnétiques. Pour représenter les fréquences et les longueurs d'onde, on a utilisé une échelle logarithmique.

ONDÉ, E adj. *Litt.* Qui forme des ondes, des sinuosités.

ONDÉE n.f. Averse.

ONDEMÈTRE n.m. Appareil servant à mesurer la longueur des ondes électromagnétiques.

ONDIN, E n. (de *onde*). Génie des eaux, dans les mythologies germanique et scandinave. (Rare au masc.)

ON-DIT n.m. inv. (Surtout pl.) Rumeur, nouvelle répétée de façon incontrôlable.

ONDOIEMENT [ɔ̃dwamɑ̃] n.m. **1.** *Litt.* Mouvement d'ondulation. **2.** CATH. Baptême administré en cas d'urgence, et réduit à l'ablution d'eau accompagnée des paroles sacramentelles.

ONDOYANT, E adj. *Litt.* **1.** Qui ondoie, qui se meut en formant des ondes ; ondulant. **2.** *Fig.* Qui change selon les circonstances ; inconstant, versatile. *Un caractère ondoyant.*

ONDOYER [ɔ̃dwaje] v.i. [7]. *Litt.* **1.** Flotter souplement en s'élevant et en s'abaissant alternativement ; onduler. **2.** Former une ligne sinueuse. *La route ondoie dans la vallée.* ◆ v.t. CATH. Baptiser par ondoiement.

ONDULANT, E adj. Qui ondule.

ONDULATION n.f. (bas lat. *undula,* petite onde). **1.** Mouvement léger et régulier d'un fluide qui s'abaisse et s'élève alternativement. *L'ondulation des vagues.* **2.** (Surtout pl.) Mouvement se propageant par vagues successives. *Les ondulations d'un champ de blé.* **3.** Succession de petites hauteurs et de faibles dépressions. *Ondulation du terrain.* **4.** Forme sinueuse, mouvement des cheveux qui frisent. **5.** ÉLECTR. Composante alternative du courant fourni par les redresseurs.

ONDULATOIRE adj. **1.** Qui a les caractères, la forme d'une onde (par oppos. à *corpusculaire*). *Mouvement ondulatoire.* **2.** PHYS. Qui concerne les ondes. ◇ *Mécanique ondulatoire :* forme initiale de la théorie *quantique, créée en 1924 par L. de Broglie, selon laquelle à toute particule en mouvement est associée une onde périodique.

ONDULÉ, E adj. **1.** Qui présente des ondulations. **2.** Se dit de tôles, de plaques de matière plastique, qui présentent une alternance régulière de reliefs et de creux. **3.** *Carton ondulé :* carton présentant des cannelures régulièrement espacées, contrecollées sur une ou deux faces avec un papier de couverture.

ONDULER v.i. Avoir un léger mouvement sinueux. *Les blés ondulent.* ◆ v.t. Donner une forme ondulante à. *Onduler ses cheveux.*

ONDULEUR n.m. ÉLECTROTECHN. Mutateur qui transforme un courant unidirectionnel en un système de courants alternatifs.

ONDULEUX, EUSE adj. *Litt.* Qui présente des ondulations plus ou moins régulières.

ONE-MAN-SHOW [wanmanʃo] n.m. inv. (mots angl., *spectacle d'un seul homme*). Spectacle de variétés où l'artiste est seul sur scène. Recomm. off. : *spectacle solo* ou *solo.*

ONÉREUX, EUSE adj. (lat. *onerosus,* de *onus,* charge). Qui occasionne des frais importants. *Séjour onéreux.* ◇ *Sout. À titre onéreux :* en payant.

ONE-STEP [wanstɛp] n.m. [pl. *one-steps*] (mots angl., *un pas*). Anc. Danse américaine, en vogue après la Première Guerre mondiale.

ONG ou **O.N.G.** [ɔɛnʒe] n.f. (sigle de *organisation non gouvernementale*). Organisme dont le financement est assuré essentiellement par des dons privés et qui se voue à l'aide humanitaire sous une ou plusieurs de ses différentes formes (assistance médicale ou technique dans les pays non industrialisés, aide aux plus démunis dans les pays développés, secours en cas de catastrophe ou de guerre, etc.).

ONGLE n.m. (lat. *ungula*). Lame cornée d'origine épidermique qui couvre le dessus du bout des doigts et des orteils chez l'homme et un grand nombre d'animaux vertébrés. ◇ *Jusqu'au bout des ongles :* à un degré extrême ; à la perfection.

ONGLÉ, E adj. *Litt.* Pourvu d'ongles.

ONGLÉE n.f. Engourdissement douloureux du bout des doigts causé par un grand froid, premier stade de la gelure.

ONGLET n.m. **1.** Petite entaille où l'on peut placer l'ongle. *L'onglet d'une lame de canif.* **2.** MENUIS. Extrémité d'une pièce de bois qui forme un angle de 45°. *Assemblage à onglet.* ◇ *Boîte à onglets :* boîte ouverte, en forme de canal, dans les parois de laquelle sont pratiquées des entailles qui guident la scie selon un angle déterminé. **3.** Échancrure pratiquée dans les bords des feuillets d'un livre, d'un cahier, d'un carnet pour signaler un chapitre ou une section. **4.** INSTR. MUS. Bague, prolongée par une lame de métal, glissée à l'extrémité du doigt pour pincer les cordes d'un instrument. **5.** BOT. Partie inférieure et rétrécie d'un pétale. **6.** GÉOMÉTR. Partie d'un solide de révolution limitée par deux méridiens. **7.** Morceau du bœuf tiré des muscles du diaphragme, qui fournit des biftecks appréciés.

ONGLON n.m. ZOOL. Étui corné du sabot des ruminants, des suidés et des éléphants.

ONGUENT [ɔ̃gɑ̃] n.m. (lat. *unguentum*). Anc. Forme pharmaceutique contenant surtout des résines et des corps gras, qui était destinée à l'application cutanée.

ONGUICULÉ, E [ɔ̃gɥi-] adj. et n. ZOOL. Se dit des mammifères pourvus d'ongles plats ou de griffes.

ONGULÉ, E adj. (du lat. *ungula,* ongle). ZOOL. Dont les doigts sont terminés par des sabots. ◆ n.m. Mammifère herbivore doté de sabots, tel que les proboscidiens (éléphants), les périssodactyles (cheval, rhinocéros) et les artiodactyles (ruminants, suidés, camélidés).

ONGULIGRADE adj. et n.m. SC. DE LA V. Qui marche sur des sabots.

ONIRIQUE adj. **1.** Relatif au rêve, à l'onirisme. **2.** *Litt.* Qui évoque le rêve, qui est inspiré par le rêve. *Littérature onirique.*

ONIRISME n.m. (gr. *oneiros,* songe). PSYCHOL. **1.** Ensemble des images, des phénomènes du rêve. **2.** PSYCHIATR. Délire constitué de représentations concrètes, enchaînées comme celles du rêve et vécues intensément, le plus souvent d'origine infectieuse ou toxique. – État mental ressemblant à un mauvais rêve, caractérisé par une anxiété et des hallucinations visuelles, auditives ou tactiles.

ONIROMANCIE n.f. (gr. *oneiromantis*). Divination par les rêves.

ONIROMANCIEN, ENNE n. Personne qui pratique l'oniromancie.

ONIROTHÉRAPIE n.f. Psychothérapie fondée sur l'utilisation d'une pensée ressemblant à celle du rêve (par ex. description d'un fantasme en partant d'une image).

ONOMASIOLOGIE n.f. LING. Étude sémantique qui part du concept et recherche les signes linguistiques qui lui correspondent (par oppos. à *sémasiologie*).

ONOMASTIQUE n.f. (du gr. *onoma*, nom). LING. Branche de la lexicologie qui étudie l'origine des noms propres. (→ *anthroponymie* et *toponymie*).

ONOMATOPÉE n.f. (gr. *onomatopoiia*, création de mots). Création de mot par imitation phonétique de l'être ou de la chose désignés ; ce mot lui-même (ex. : *cocorico, glouglou*).

ONOMATOPÉIQUE adj. *Didact.* Qui concerne l'onomatopée.

ONQUES adv. → **ONC.**

ONTIQUE adj. PHILOS. Chez Heidegger, qui relève de l'étant (par oppos. à *ontologique*).

ONTOGENÈSE ou **ONTOGÉNIE** n.f. (du gr. *ôn, ontos*, être). EMBRYOL. Développement de l'individu depuis l'œuf fécondé jusqu'à l'état adulte.

ONTOLOGIE n.f. (gr. *ôn, ontos*, être, et *logos*, science). PHILOS. **1.** Étude de l'être en tant qu'être, de l'être en soi. **2.** Étude de l'existence en général, dans l'existentialisme.

ONTOLOGIQUE adj. PHILOS. **1.** Relatif à l'ontologie. ◇ *Preuve ontologique de l'existence de Dieu :* argument sur la considération de l'essence divine nécessairement pourvue de toutes les perfections, ce qui implique (puisque l'existence est une perfection) que Dieu existe. (Elle a été formulée par saint Anselme, reprise par Descartes et critiquée par Kant.) **2.** Chez Heidegger, qui relève de l'être (par oppos. à *ontique*).

ONUSIEN, ENNE adj. Relatif à l'ONU.

ONYCHOPHAGIE [ɔnikɔfaʒi] n.f. (gr. *onux, onukhos*, ongle, et *phagein*, manger). MÉD. Habitude de se ronger les ongles.

ONYCHOPHORE [ɔnikɔfɔr] n.m. ZOOL. Arthropode tel que le péripate. (Les onychophores forment une classe.)

ONYX n.m. (gr. *onux*, ongle, à cause de sa transparence). Variété d'agate caractérisée par des raies concentriques de diverses couleurs.

ONYXIS [-ksis] n.m. (gr. *onux*, ongle). MÉD. Inflammation de l'ongle.

ONZAIN n.m. Strophe ou poème de onze vers.

ONZE adj. num. et n.m. inv. (lat. *undecim*). **1.** Nombre qui suit dix dans la suite des entiers naturels. **2.** Onzième. *Louis XI.* ◆ n.m. inv. (Avec l'art. déf. et un adj. ou un complément du nom.) Équipe de football. *Le onze tricolore.*

ONZIÈME adj. num. ord. et n. Qui occupe un rang marqué par le nombre onze. ◆ n.m. et adj. Quantité désignant le résultat d'une division par onze.

ONZIÈMEMENT adv. En onzième lieu.

OOCYTE n.m. → **OVOCYTE.**

OOGAMIE n.f. Reproduction sexuée dans laquelle les gamètes mâle et femelle ont une taille, un aspect et un comportement différents. (L'oogamie est une forme poussée de l'hétérogamie.)

OOGONE [ɔɔ-] n.f. (gr. *ôon*, œuf, et *gonê*, génération). BOT. Organe femelle de certaines thallophytes, dans lequel se forment les oosphères.

OOLITHE ou **OOLITE** [ɔɔ-] n.f. ou n.m. (gr. *ôon*, œuf, et *lithos*, pierre). GÉOL. Petite concrétion sphérique (0,5 à 2 mm), formée de couches concentriques précipitant autour d'un noyau (débris, grain de sable, etc.). ◆ n.f. Calcaire à oolithes.

OOLITHIQUE adj. Se dit d'une roche qui contient des oolithes.

OOSPHÈRE [ɔɔ-] n.f. (du gr. *ôon*, œuf). BOT. Gamète femelle, homologue, chez les végétaux, de l'ovule des animaux.

OOTHÈQUE [ɔɔ-] n.f. (gr. *ôon*, œuf, et *thêkê*, boîte). ZOOL. Coque dans laquelle sont enfermés les œufs des insectes dictyoptères et orthoptères.

OPA ou **O.P.A.** [ɔpea] n.f. (sigle de *offre publique d'achat*). Offre par laquelle une société fait connaître au public son intention d'acquérir un certain nombre de titres d'une autre société pour en prendre le contrôle.

OPACIFICATION n.f. Action d'opacifier.

OPACIFIER v.t. [5]. Rendre opaque.

OPACIMÉTRIE n.f. Mesure de l'opacité de certains liquides ou gaz.

OPACITÉ n.f. (lat. *opacitas*). **1.** État de ce qui est opaque, qui ne laisse pas passer la lumière. **2.** *Litt.* Ombre épaisse ; obscurité totale. **3.** *Fig., litt.* Caractère de ce qui ne peut être compris.

■ OPALE

OPALE n.f. (lat. *opalus*). Pierre fine, à reflets irisés, variété de silice hydratée. (Les irisations sont dues à la réfraction de la lumière dans les petites sphères microscopiques de silice qui constituent le minéral. Elle font de l'opale une gemme très estimée en joaillerie.)

OPALESCENCE n.f. *Litt.* Teinte, reflet d'opale.

OPALESCENT, E adj. *Litt.* ou *didact.* Qui prend une teinte, un reflet d'opale.

OPALIN, E adj. Qui a l'aspect laiteux et bleuâtre de l'opale, ses reflets irisés. *Teinte opaline.*

OPALINE n.f. **1.** Verre opalin blanc ou coloré. **2.** Objet fait avec cette matière.

OPALISATION n.f. Action d'opaliser.

OPALISER v.t. VERR. Donner un aspect opalin à une matière, à un verre.

OPAQUE adj. (lat. *opacus*, épais). **1.** Qui ne se laisse pas traverser par la lumière. *Verre opaque.* **2.** Où règne une obscurité totale ; sombre, impénétrable. *Nuit opaque.* **3.** *Fig.* Dont on ne peut pénétrer le sens ; incompréhensible. *Texte opaque.*

OP ART [ɔpart] n.m. [pl. *op arts*] (angl. *optical art*, art optique). ART MOD. Tendance qui, au sein de l'art cinétique, privilégie les effets optiques générateurs d'illusion de mouvement.

OPCVM ou **O.P.C.V.M.** n.m. (sigle de *organisme de placements collectifs en valeurs mobilières*). Organisme qui regroupe les sicav et les fonds communs de placement.

OPE ou **O.P.E.** [ɔpeə] n.f. (sigle de *offre publique d'échange*). Offre par laquelle une société fait connaître au public son intention d'échanger ses propres titres contre ceux d'une société qu'elle désire contrôler.

OPÉABLE adj. et n.f. Se dit d'une société qui peut faire l'objet d'une OPA ou d'une OPE.

OPEN [ɔpœn] ou [ɔpɛn] adj. inv. (mot angl., *ouvert*). **1.** Se dit d'une compétition réunissant amateurs et professionnels. *Tournoi open.* **2.** *Billet open :* billet d'avion, de chemin de fer non daté et utilisable à la date choisie par l'acheteur. ◆ n.m. Compétition open. Recomm. off. : *tournoi ouvert.*

OPENFIELD [ɔpœnfild] n.m. (mot angl., *champ ouvert*). GÉOGR. Campagne.

OPÉRA n.m. (ital. *opera*). **1.** Œuvre dramatique mise en musique, composée d'une partie orchestrale (ouverture, interludes, entractes, etc.) et d'une partie chantée répartie entre le récitatif, les airs, les ensembles (duos, trios, etc.) et les chœurs. ◇ *Opera seria*, ou *grand opéra*, dont l'action est tragique. **2.** Genre musical constitué par les opéras. (Apparu au début du XVIIe s., le genre est notamm. représenté par les œuvres de C. Monteverdi, H. Purcell, G. F. Haendel, W. A. Mozart, G. Verdi, R. Wagner, C. Debussy, G. Puccini, A. Berg.) **3.** Théâtre où se jouent des œuvres musicales. **4.** *Opéra de Pékin :* jingxi.

OPÉRA-BALLET n.m. (pl. *opéras-ballets*). **1.** Œuvre dramatique composée de chants et de danses, non soumise à la règle de l'unité d'action. **2.** Genre lyrique et chorégraphique spécifiquement français constitué par les opéras-ballets. (Il fut notamm. illustré au XVIIIe s. par les œuvres de A. Campra et J.-P. Rameau.)

OPÉRABLE adj. Se dit d'un malade qui peut être opéré.

OPÉRA-BOUFFE ou **OPÉRA BOUFFE** n.m. [pl. *opéras(-)bouffes*] (ital. *opera buffa*, de *buffa*, ridicule). **1.** Œuvre lyrique en français sur un sujet parodique. (Œuvres de J. Offenbach notamm.) **2.** Opéra dont le sujet est léger ou comique. (On dit aussi *opera buffa.*)

OPÉRA-COMIQUE n.m. (pl. *opéras-comiques*). **1.** Opéra dans lequel alternent des épisodes parlés et chantés. **2.** Genre musical constitué par les opéras-comiques.

OPÉRANDE n.m. INFORM., MATH. Donnée intervenant dans une opération, une instruction.

OPÉRANT, E adj. Qui opère, produit un effet.

1. OPÉRATEUR, TRICE n. **1.** Personne qui fait fonctionner un appareil. *Opérateur radio.* ◇ CINÉMA. *Opérateur de prises de vues :* cadreur. – *Chef opérateur :* directeur de la *photographie. **2.** Personne qui exécute des opérations de Bourse. ◆ n.m. **1.** Entreprise qui exploite un réseau de télécommunications. **2.** Entreprise ou personne qui met en place une opération financière.

2. OPÉRATEUR n.m. INFORM., MATH. Symbole représentant une opération logique ou mathématique. *L'opérateur de division.*

OPÉRATION n.f. (lat. *operatio*). **1.** Ensemble organisé des processus qui concourent à l'effet, à l'action d'une fonction, d'un organe, etc. *Les opérations de la digestion.* ◇ THÉOL. CHRÉT. *Opération du Saint-Esprit :* action du Saint-Esprit sur la Vierge Marie au moment de l'incarnation. – *Fam., par plais. Par l'opération du Saint-Esprit :* par un moyen mystérieux, comme par miracle. **2.** Action concrète et méthodique, individuelle ou collective, qui vise à tel résultat. *Les opérations nécessaires à la confection d'un livre. Opération de sauvetage.* **3.** MIL. Ensemble des combats et manœuvres exécutés dans une région en vue d'atteindre un objectif précis. **4. a.** ARITHM. Calcul, à l'aide des tables d'addition et de multiplication, d'une somme, d'une différence, d'un produit ou d'un quotient. *Apprendre les quatre opérations.* **b.** ALGÈBRE. Loi de *composition interne. **5.** Affaire dont on évalue le résultat financier. *Cet achat est une bonne opération.* ◇ *Opération de Bourse :* action d'acheter ou de vendre des valeurs de Bourse. **6.** Intervention chirurgicale.

OPÉRATIONNEL, ELLE adj. **1.** Qui est prêt à entrer en activité, à réaliser parfaitement une, des opérations. **2.** Relatif aux opérations militaires. – *Spécial.* Se dit d'une formation, d'un engin capables d'être engagés en opération. **3.** *Recherche opérationnelle :* ensemble des techniques rationnelles d'analyse et de résolution de problèmes concernant, notamm., l'activité économique et visant à élaborer les décisions les plus efficaces pour aboutir au meilleur résultat.

OPÉRATOIRE adj. **1.** Relatif à une intervention chirurgicale. *Choc opératoire.* ◇ *Bloc opératoire* → **bloc. 2.** Qui permet de progresser dans un raisonnement, une expérience, et n'a de valeur que pour cette application. **3.** Qui sert à effectuer des opérations logiques, à former des concepts. *Théorie opératoire.*

OPERCULAIRE adj. EMBALL. Qui se rapporte à un opercule ; qui fait office d'opercule.

OPERCULE n.m. (lat. *operculum*, couvercle). **1.** ZOOL. **a.** Pièce paire qui recouvre les branchies chez les poissons osseux et ne laisse qu'une fente postérieure, l'ouïe. **b.** Pièce cornée qui ferme la coquille des mollusques gastéropodes prosobranches. **c.** Mince couvercle de cire qui obture les cellules des abeilles. **2.** EMBALL. Pièce servant de couvercle.

OPERCULÉ, E adj. ZOOL. Qui est muni d'un opercule.

OPÉRÉ, E adj. et n. Qui a subi une intervention chirurgicale.

OPÉRER v.t. [11] (lat. *operari*, travailler). **1.** Accomplir une action, effectuer une série d'actes permettant d'obtenir, d'accomplir qqch. *Opérer une reconversion.* **2.** Avoir pour résultat ; produire. *Les vacances ont opéré sur lui un heureux changement.* **3.** Effectuer une action, une opération de calcul, de chimie, etc. *Opérer une addition, un mélange.* **4.** Pratiquer une intervention chirurgicale. ◇ Absol. *Il faut opérer.* ◆ v.i. **1.** Procéder, agir d'une certaine manière. *Opérer avec méthode.* **2.** Produire un effet, être efficace ; agir. *Le charme a opéré.* ◆ **s'opérer** v.pr. Se produire, avoir lieu. *Une transformation s'est opérée en lui.*

OPÉRETTE n.f. **1.** Opéra-comique de caractère léger. ◇ *D'opérette :* qui paraît factice, qu'on ne peut pas prendre au sérieux. *Soldat d'opérette.* **2.** Genre musical constitué par les opérettes.

OPÉRON n.m. GÉNÉT. Groupe de gènes voisins sur le chromosome et qui concourent à l'accomplissement d'une même fonction cellulaire.

OPHIDIEN n.m. (du gr. *ophis*, serpent). Reptile dépourvu de membres, qui se déplace par reptation et tue ses proies par strangulation ou par injection de venin. (Le sous-ordre des ophidiens comprend tous les serpents.)

OPHIOGLOSSE n.m. Petite fougère des prairies humides, appelée aussi *langue-de-serpent*, formée d'une large fronde indivise et surmontée d'un organe fertile en épi portant les sporanges.

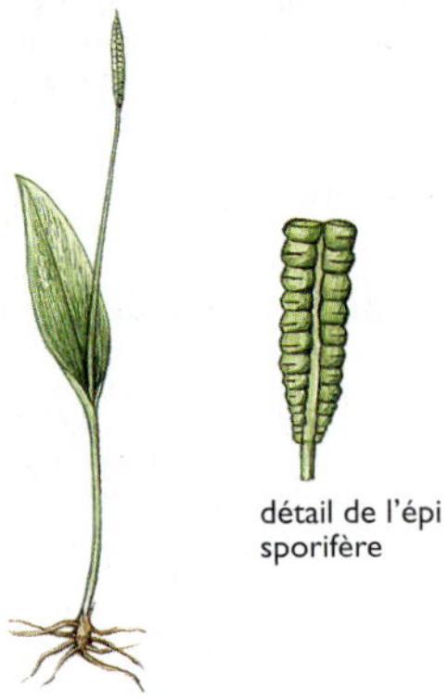

■ **OPHIOGLOSSE**

O

OPHIOLITE n.f. (gr. *ophis*, serpent, et *lithos*, pierre). GÉOL. Ensemble stratifié de roches magmatiques, génér. considéré comme un fragment de croûte océanique disloquée et remontée sur la croûte continentale, dans le cadre de la tectonique des plaques. (Une ophiolite comprend de bas en haut des roches ultrabasiques, des gabbros, des basaltes sous forme de pillow-lavas surmontés de radiolarites.)

OPHIOLITIQUE adj. Relatif aux ophiolites.

OPHITE n.m. (lat. *ophites*, du gr.). Marbre d'un vert foncé rayé de filets jaunes entrecroisés ou marqué de taches blanchâtres.

OPHIURE n.f. (gr. *ophis*, serpent, et *oura*, queue). Invertébré échinoderme marin au corps discoïdal, d'où partent cinq longs bras, grêles et souples. (Les ophiures forment la classe des ophiurides.)

■ **OPHIURE**

OPHRYS [ɔfris] n.m. (gr. *ophrus*, sourcil). Orchidée terrestre vivace d'Europe et d'Asie occidentale dont les fleurs ressemblent, selon l'espèce, à des araignées, des mouches, des abeilles ou des bourdons. (Famille des orchidacées.)

OPHTALMIE n.f. (gr. *ophthalmos*, œil). Affection inflammatoire de l'œil.

OPHTALMIQUE adj. Relatif à l'œil.

OPHTALMOLOGIE n.f. Spécialité médicale dont l'objet est l'étude de l'œil et de ses annexes (paupières, par ex.), et le traitement des affections correspondantes.

OPHTALMOLOGIQUE adj. Relatif à l'ophtalmologie.

OPHTALMOLOGISTE ou **OPHTALMOLOGUE** n. Médecin spécialisé en ophtalmologie. SYN. : *oculiste*.

OPHTALMOMÈTRE n.m. Instrument utilisé pour l'ophtalmométrie.

OPHTALMOMÉTRIE n.f. Mesure de la courbure de la cornée, et donc de l'astigmatisme.

OPHTALMOSCOPE n.m. Instrument utilisé pour l'ophtalmoscopie.

OPHTALMOSCOPIE n.f. Examen de la partie postérieure de la rétine (fond d'œil) à travers la pupille.

OPIACÉ, E adj. et n.m. Se dit d'une substance contenant de l'opium. ◆ adj. Morphinique.

OPILION n.m. (lat. *opilio*, berger). Arthropode aux pattes longues et grêles, sans venin ni soie, possédant un corps segmenté dont les deux parties sont réunies en une seule masse, tel que les faucheux. (Les opilions forment une sous-classe d'arachnides.)

OPIMES adj.f. pl. (lat. *opimus*, riche). ANTIQ. *Dépouilles opimes :* armes du général ennemi tué et dépouillé de la propre main du général romain, qui les consacrait à Jupiter.

OPINEL n.m. (nom déposé). Couteau fermant à manche en bois et doté d'une virole.

OPINER v.t. ind. (lat. *opinari*). Apporter son appui à une proposition, à une opinion ; acquiescer à. *Il opina à ce que je venais de dire.* ◇ *Opiner de la tête, du bonnet, du chef :* approuver sans mot dire, par un simple signe.

OPINIÂTRE adj. (de *opinion*). **1.** Qui manifeste de la ténacité, de la persévérance, de l'obstination ; acharné. *Travail, personne, lutte opiniâtres.* **2.** Qui est durable dans son état ; qui persiste. *Toux opiniâtre.*

OPINIÂTREMENT adv. Avec opiniâtreté.

OPINIÂTRETÉ n.f. *Litt.* Volonté tenace ; fermeté, acharnement. *Travailler avec opiniâtreté.*

OPINION n.f. (lat. *opinio*). **1.** Jugement, avis émis sur un sujet. *Se forger une opinion après un débat.* ◇ *Avoir bonne opinion de :* estimer, apprécier. – DR. *Partage d'opinions :* situation d'un tribunal au sein duquel aucune majorité ne se dégage au cours du délibéré. **2.** *L'opinion publique*, ou *l'opinion :* la manière de penser la plus répandue dans une société, celle de la majorité du corps social ; cette majorité. ◆ pl. Ensemble des croyances, des convictions philosophiques, religieuses, politiques d'une personne, d'un groupe. *Être inquiété pour ses opinions.*

OPIOMANE n. Toxicomane qui s'adonne à l'opium.

OPIOMANIE n.f. Toxicomanie due à l'usage de l'opium.

OPISTHOBRANCHE n.m. (du gr. *opisthen*, de derrière). Mollusque gastéropode marin, à aspect de limace, à branchies orientées vers l'arrière ou sur le côté. (Les opisthobranches forment une sous-classe, subdivisée en nudibranches et tectibranches.)

OPISTHODOME n.m. (gr. *opisthen*, de derrière, et *domos*, maison). ANTIQ. Partie postérieure d'un temple grec, à l'opposé du pronaos.

OPISTHOTONOS [-nɔs] n.m. (du gr. *opisthen*, de derrière). MÉD. Contracture généralisée incurvant le corps en arrière, observée dans le tétanos et la méningite.

OPIUM [ɔpjɔm] n.m. (gr. *opion*, suc de pavot). **1.** Suc épaissi qui s'écoule d'incisions faites aux capsules de diverses espèces de pavot et qui, génér. fumé, provoque un état d'euphorie suivi d'une phase stuporeuse. (L'opium est un stupéfiant dont sont extraites la morphine, la codéine et l'héroïne.) **2.** *Fig.* Ce qui agit à la manière d'une drogue en apportant l'oubli, en causant un engourdissement moral et intellectuel, etc. *Son opium, c'est le travail.*

OPONCE n.m. → **OPUNTIA.**

OPOPANAX n.m. (gr. *opos*, suc, et *panax*, nom de plante). Ombellifère à fleurs jaunes de l'Europe méditerranéenne et de l'Asie occidentale, qui fournit une gomme-résine aromatique utilisée en parfumerie ; parfum fabriqué avec cette gomme-résine.

OPOSSUM [ɔpɔsɔm] n.m. (mot algonquien). Petit marsupial carnivore d'Amérique, au museau pointu, à longue queue écailleuse et préhensile. (Famille des didelphidés.) ◇ *Spécial. Opossum de Virginie*, à fourrure épaisse et soyeuse, appelé aussi *sarigue* (genre *Didelphis*) ; fourrure de cet animal. – *Opossum d'Australie :* phalanger.

OPPIDUM [ɔpidɔm] n.m. (mot lat.). ARCHÉOL. Lieu fortifié établi sur une hauteur. Pluriel savant : *oppida*.

OPPORTUN, E adj. (lat. *opportunus*, qui conduit au port). Qui convient au temps, au lieu, aux circonstances ; qui survient à propos.

OPPORTUNÉMENT adv. De façon opportune ; au bon moment.

OPPORTUNISME n.m. Attitude consistant à régler sa conduite selon les circonstances du moment, et selon ses intérêts.

OPPORTUNISTE adj. et n. Qui manifeste de l'opportunisme. ◆ adj. MÉD. Se dit d'un germe qui ne devient pathogène que dans un organisme dont les défenses immunitaires sont affaiblies ; se dit de l'infection due à ce type de germe.

OPPORTUNITÉ n.f. **1.** Caractère de ce qui est opportun. **2.** [Emploi critiqué]. (Calque de l'angl. *opportunity*). Occasion favorable.

OPPOSABILITÉ n.f. **1.** DR. Qualité d'un moyen de défense qu'il est possible de faire valoir en justice contre un adversaire, ou d'un contrat dont on peut se prévaloir vis-à-vis d'un tiers. **2.** Caractère opposable d'un doigt.

OPPOSABLE adj. **1.** Se dit d'un doigt qui peut être mis en face des autres doigts, et serré contre eux. (Chez l'homme, le pouce est opposable aux autres doigts.) **2.** Qui peut être opposé à qqch, utilisé contre qqch. *Argument opposable à un projet de loi.* **3.** Se dit d'un acte juridique ou d'un jugement dont les tiers doivent tenir compte.

OPPOSANT, E adj. et n. **1.** Qui forme une opposition. *Partie opposante dans un procès.* **2.** Se dit d'une personne qui s'oppose à une décision, à un gouvernement, à une majorité, etc.

OPPOSÉ, E adj. **1.** Qui est situé vis-à-vis ; qui va dans la direction inverse. *Rejoindre la rive opposée.* **2.** Qui est de nature différente ; contradictoire. *Intérêts opposés.* **3.** Qui n'accepte pas qqch ; hostile. *Être opposé à la violence.* **4.** BOT. Se dit de feuilles insérées par deux au même nœud, comme chez l'ortie. **5. a.** GÉOMÉTR. *Demi-droites opposées*, qui sont portées par une même droite et n'ont qu'un seul point commun. – *Angles opposés par le sommet :* angles de même sommet dont les côtés sont des demi-droites opposées deux à deux. **b.** ARITHM. *Nombres opposés*, qui ont pour somme zéro. (Ils ont même valeur absolue et des signes contraires.) ◆ n.m. **1.** *L'opposé :* ce qui est dans le sens, dans l'ordre inverse ; le contraire. – *À l'opposé de :* du côté opposé à ; au contraire de. **2.** ARITHM. Nombre opposé d'un autre.

OPPOSER v.t. (lat. *opponere*). **1.** Mettre vis-à-vis, en correspondance ou en contraste. *Opposer deux motifs d'ornementation.* **2.** Placer une chose de manière qu'elle fasse obstacle à une autre. *Opposer une digue aux flots.* **3.** Présenter comme objection, comme contradiction ; objecter. *Opposer des arguments valables.* **4.** Mettre face à face dans une compétition, un affrontement. *Opposer une équipe à une autre.* **5.** Comparer en soulignant les différences. *Opposer les avantages de la mer et de la montagne.* ◆ **s'opposer** v.pr. **1.** Ne pas accepter qqch ; faire obstacle à. *S'opposer à un mariage.* **2.** Être divergent, incompatible. *Nos opinions s'opposent.*

OPPOSITE (À L') loc. adv. (lat. *oppositus*, opposé). *Litt.* Vis-à-vis, à l'opposé.

OPPOSITION n.f. (bas lat. *oppositio*). **1.** Disposition de choses différentes placées vis-à-vis ou en juxtaposition. *Opposition de couleurs.* **2.** Différence extrême, contradiction ; situation de choses ou de personnes qui s'affrontent. *Opposition de caractères.* **3.** Action de s'opposer, de résister, de faire obstacle à qqn, à qqch. *Faire de l'opposition systématique.* **4.** DR. **a.** Acte par lequel une personne empêche légalement l'accomplissement d'un acte (opposition à mariage, à paiement, etc.) ou rend un titre indisponible entre les

■ **OPOSSUM.** Opossum laineux.

mains de son dépositaire. **b.** Voie de recours civile ou pénale qui permet aux personnes ayant été déjà jugées par défaut de faire à nouveau juger leur affaire, en leur présence, par la même juridiction. **5.** Ensemble des partis et des forces politiques opposés à la majorité parlementaire, au gouvernement qui en est issu. **6.** PSYCHOL. *Crise d'opposition,* dans laquelle l'enfant, vers 3 ans, affirme son autonomie par une attitude de refus systématique. (Notion développée par H. Wallon.) **7.** ASTRON. Situation de deux astres du système solaire qui se trouvent, par rapport à la Terre, en des points diamétralement opposés de la sphère céleste.

OPPOSITIONNEL, ELLE adj. et n. Qui est dans l'opposition politique.

OPPRESSANT, E adj. Qui accable, oppresse.

OPPRESSÉ, E adj. Qui éprouve une gêne respiratoire.

OPPRESSER v.t. (lat. *oppressus,* de *opprimere,* opprimer). **1.** Provoquer une oppression respiratoire. **2.** Être la cause d'un malaise moral ; accabler. *Ce souvenir m'oppresse.*

OPPRESSEUR n.m. Personne qui opprime.

OPPRESSIF, IVE adj. Qui tend à opprimer ; despotique.

OPPRESSION n.f. **1.** Fait d'oppresser ; sensation d'être oppressé. **2.** Malaise psychique sourd, un peu angoissant, qui étreint. **3.** Action d'opprimer, d'accabler sous une autorité tyrannique. *Lutter contre l'oppression.*

OPPRIMANT, E adj. Qui opprime.

OPPRIMÉ, E adj. et n. Qu'on opprime.

OPPRIMER v.t. (lat. *opprimere*). Soumettre à une autorité répressive ; écraser sous la tyrannie.

OPPROBRE n.m. (lat. *opprobrium*). *Litt.* **1.** Réprobation publique qui s'attache à des actions jugées condamnables. **2.** Cause, sujet de honte. *Fils qui est l'opprobre de sa famille.* **3.** État d'abjection, d'avilissement. *Vivre dans l'opprobre.*

OPR ou **O.P.R.** n.f. (sigle de *offre publique de retrait*). Offre visant à sortir certains titres du marché boursier.

OPSONINE n.f. (du gr. *opson,* aliment). IMMUNOL. Anticorps qui, en se fixant sur les micro-organismes, favorise leur phagocytose par des globules blancs.

OPTATIF, IVE adj. et n.m. (du lat. *optare,* souhaiter). LING. Se dit d'une forme, d'un mode qui exprime le souhait. (Ex. : le subjonctif, en français : *puisse-t-il venir !*)

OPTER v.i. (lat. *optare,* choisir). Faire un choix entre plusieurs possibilités ; choisir.

OPTICIEN, ENNE n. Personne qui vend ou fabrique des instruments d'optique et, notamm., des verres correcteurs pour la vue.

OPTIMAL, E, AUX adj. Se dit de ce qui est le meilleur, le plus favorable. SYN. : *optimum.*

OPTIMALISATION ou **OPTIMISATION** n.f. Action d'optimaliser ou d'optimiser ; fait d'être optimalisé ou optimisé.

OPTIMALISER ou **OPTIMISER** v.t. Donner à une machine, une entreprise le rendement optimal en créant les conditions les plus favorables ou en en tirant le meilleur parti possible.

OPTIMISME n.m. (du lat. *optimus,* le meilleur). **1.** PHILOS. Doctrine qui affirme que la somme des biens l'emporte sur celle des maux, ou même (chez Leibniz) que le monde est le meilleur des mondes possibles. **2.** Tendance à prendre les choses du bon côté, à être confiant dans l'avenir.

OPTIMISTE adj. et n. Qui fait preuve d'optimisme.

OPTIMUM [ɔptimɔm] n.m. [pl. *optimums* ou *optima*] (mot lat., *le meilleur*). État, degré de développement de qqch jugé le plus favorable au regard de circonstances données. ◆ adj. Optimal. *Températures optimums* ou *optima.*

OPTION [ɔpsjɔ̃] n.f. (lat. *optio,* choix). **1.** Fait d'opter ; choix à faire, parti à prendre ; choix fait, parti qui a été pris. ◇ *À option :* qui fait l'objet d'un choix. *Matière à option à l'examen.* **2.** Accessoire ou équipement facultatif non prévu sur le modèle d'origine, que l'on peut ou non acheter moyennant un supplément de prix. **3.** Promesse d'achat ou de location qui, pour être effective, doit être confirmée avant une date limite. *Prendre une option sur un appartement.* ◇ *Levée d'option* → **levée. 4.** DR. Faculté de choisir entre plusieurs situations juridiques.

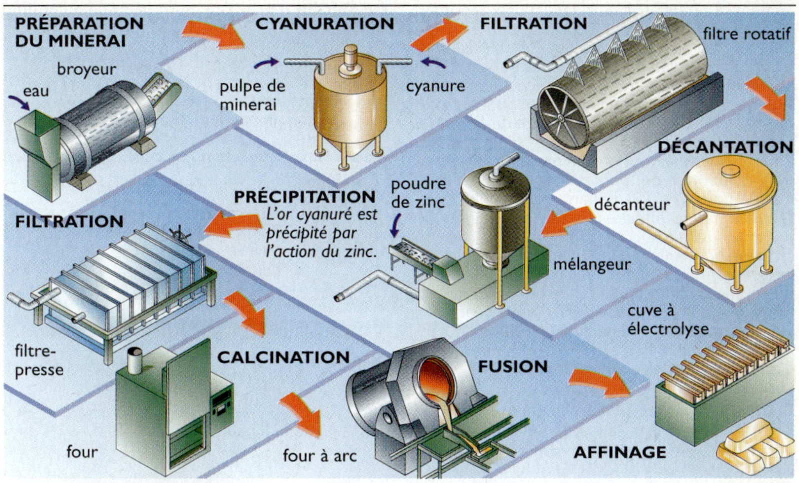

■ **OR.** Élaboration de l'or.

OPTIONNEL, ELLE adj. Qui donne lieu à un choix, à une option.

1. OPTIQUE adj. (gr. *optikos*). **1.** Relatif à la vision. ◇ *Angle optique :* angle dont le sommet correspond à l'œil de l'observateur et dont les côtés passent par les extrémités de l'objet considéré. (On dit aussi ***angle de vision.***) – *Nerf optique :* nerf reliant l'œil à l'encéphale et formant la deuxième paire de nerfs crâniens. (Chez l'homme, les deux nerfs optiques s'entrecroisent partiellement au chiasma optique.) **2.** Relatif à l'optique ; qui sert en optique ; qui est fondé sur les lois de l'optique. ◇ *Centre optique :* point de l'axe d'une lentille tel qu'à tout rayon lumineux intérieur à la lentille, et passant par ce point, correspondent un rayon incident et un rayon émergent parallèles l'un à l'autre.

2. OPTIQUE n.f. **1.** Partie de la physique qui traite des propriétés de la lumière et des phénomènes de la vision. **2.** Fabrication, commerce des instruments et des appareils utilisant, notamm., les propriétés des lentilles et des miroirs (dits *instruments d'optique*). **3.** Partie d'un appareil formée de lentilles, de miroirs ou de leurs combinaisons (par oppos. à *monture,* à *boîtier*). **4.** *Fig.* Manière de juger particulière ; point de vue. *Dans l'optique du gouvernement, cette réforme est indispensable.*

OPTOÉLECTRONIQUE n.f. Étude, conception de dispositifs associant l'électronique et l'optique ou mettant en œuvre l'interaction de phénomènes optiques et électroniques. ◆ adj. Relatif à l'optoélectronique.

OPTOMÈTRE n.m. Appareil utilisé pour l'optométrie. SYN. : *réfractomètre.*

OPTOMÉTRIE n.f. MÉD. Mesure de la réfraction de l'œil et de ses anomalies (amétropies).

OPTRONIQUE n.f. (de *optique* et *électronique*). Utilisation de l'optoélectronique à des fins militaires. ◆ adj. Relatif à l'optronique.

OPULENCE n.f. **1.** Grande richesse, extrême abondance de biens matériels. **2.** *Litt.* Ampleur, caractère opulent de qqch.

OPULENT, E adj. (lat. *opulentus,* de *opes,* richesses). **1.** Très riche. **2.** Qui a des formes corporelles développées. *Poitrine opulente.*

OPUNTIA [ɔpɔ̃sja] ou **OPONCE** n.m. (lat. *opuntius,* de la ville d'Oponte). Plante grasse originaire d'Amérique, à rameaux épineux en forme de raquette. (*Opuntia ficus-indica* est le figuier d'Inde ou figuier de Barbarie. Famille des cactacées.)

■ **OPUNTIA**

OPUS [ɔpys] n.m. (mot lat., *œuvre*). **1.** Terme qui, suivi d'un numéro, sert à situer un morceau de musique dans la production d'un compositeur. (Souvent abrégé : *op.*) **2.** ARCHIT., CONSTR. Appareil. ◇ *Opus reticulatum* → **réticulé.** – *Opus incertum :* appareil fait de moellons irréguliers, mais qui s'ajustent entre eux.

OPUSCULE n.m. (lat. *opusculum*). Petit ouvrage, petit livre.

OPV ou **O.P.V.** n.f. (sigle de *offre publique de vente*). Offre lancée, contrairement à l'OPA et à l'OPE, par un ou plusieurs actionnaires d'une société pour céder une partie de leurs actions au public à un certain prix.

1. OR n.m. (lat. *aurum*). **1.** Métal précieux d'un jaune brillant, de densité 19,3, et qui fond à 1 064°C. **2.** Élément chimique (Au), de numéro atomique 79, de masse atomique 196,966 5. **3.** Alliage de ce métal avec d'autres métaux (argent, cuivre, nickel, zinc, etc.), utilisé en bijouterie, en dentisterie, etc. *Dent en or. Or blanc, jaune, rose, rouge, vert.* ◇ *Or moulu :* parcelles ténues d'or en feuille qu'on emploie, en amalgame avec du mercure, pour dorer au feu le bronze et d'autres métaux. **4.** Monnaie d'or. **5.** ***Affaire en or,*** très avantageuse. – *À prix d'or :* très cher. – *C'est de l'or en barre,* une valeur très sûre. – *En or :* parfait. – *Cœur d'or :* personne généreuse. – *Règle d'or :* précepte que l'on a tout intérêt à suivre. – *Âge d'or :* temps heureux d'une civilisation ; époque de bonheur, de prospérité. – *Nombre d'or* → **nombre.** – *Livre d'or :* registre où les visiteurs inscrivent leur nom, notent leurs éloges et leurs réflexions. *Livre d'or d'une exposition.* **6.** *Or noir :* pétrole. **7.** HÉRALD. Un des deux métaux employés comme émail, représenté jaune et uni. ◆ **adj. inv.** *Valeur or :* valeur exprimée en une unité monétaire convertible en or. – DR. ***Clause or :*** clause d'un contrat par laquelle l'obligation du débiteur est exprimée en valeur or.

ENCYCL. L'or est le plus malléable et le plus ductile de tous les métaux ; on peut le réduire en feuilles de 1/10 000 de millimètre d'épaisseur. Il est mou, d'où la nécessité pour certains usages de l'allier à d'autres éléments métalliques (Cu, Ni, etc.). Inaltérable dans l'air et dans l'eau à toute température, l'or est attaqué par le chlore et le brome, et se dissout dans le mercure. Aucun acide isolé n'agit sur lui, mais il est dissous par l'eau régale. L'or est présent dans des roches aurifères en place (souvent des filons) exploitées dans des mines, ou dans des alluvions aurifères (placers) exploitées en rivière ou en carrière. Il est extrait par amalgamation et la récupération métallurgique finale se fait par cyanuration.

La plus grande partie de l'or mondial est thésaurisée par les banques d'émission et sert aux transactions financières internationales. Le reste sert en bijouterie, en orfèvrerie, en dentisterie et dans l'industrie, électronique notamm. L'or est employé pour sa conductibilité électrique et thermique, son caractère inoxydable à chaud, sa résistance à la corrosion.

Avant la loi du 4 janvier 1994, le seul alliage légal autorisé sur le marché français était le 750 millièmes (18 carats), soit un alliage d'or comportant au moins 75 % de métal précieux. Depuis cette date, deux nouveaux titres ont été autorisés sur le marché français : 585 millièmes (14 carats) et 375 millièmes (9 carats). Seuls les alliages d'or supérieurs à 18 carats peuvent être qualifiés d'*or 750 millièmes,* les autres devant être désignés par l'appellation *alliage d'or 585* ou *375 millièmes.* Pour être certifié, tout objet d'or ou d'alliage d'or doit comporter un poinçon de garantie (tête d'aigle pour l'or 750 millièmes, coquille Saint-Jacques pour les alliages d'or 585 millièmes, trèfle pour les alliages d'or 375 millièmes) et un poinçon particulier au fabricant. Préparé avec de l'argent et/ou du cuivre, l'alliage 750 millièmes a une couleur différente selon les quantités respectives de ces deux métaux : 25 % d'argent (or vert), 19 % d'argent et 6 % de cuivre (or blanc), 12,5 % d'argent et 12,5 % de cuivre (or jaune), 6 % d'argent et 19 % de cuivre (or rose), 25 % de cuivre (or rouge).

2. OR conj. (lat. *hac hora,* à cette heure). Marque une transition d'une idée à une autre ; introduit une circonstance particulière dans un récit. *Or, il arriva ce que précisément il redoutait.*

ORACLE n.m. (lat. *oraculum*). **1.** ANTIQ. Réponse d'une divinité au fidèle qui la consultait ; divinité qui rendait cette réponse ; sanctuaire où cette réponse était rendue. **2.** Dans la Bible, volonté de Dieu annoncée par les prophètes. **3.** *Litt.* Décision jugée infaillible et émanant d'une personne de grande autorité. *On attend son avis comme un oracle.* **4.** *Litt.* Personne considérée comme infaillible.

ORAGE n.m. (anc. fr. *ore,* vent). **1.** Perturbation atmosphérique violente, associée à un cumulonimbus, et accompagnée d'éclairs, de tonnerre, de rafales, d'averses de pluie ou de grêle. ◇ *Orage magnétique :* intense perturbation transitoire du champ magnétique terrestre due aux éruptions solaires. **2.** *Fig., litt.* (Surtout pl.) Ce qui vient troubler violemment un état de calme ou de sécurité. *Les orages de l'amour.* **3.** Trouble dans la vie personnelle ou les relations entre individus, qui se manifeste de manière plus ou moins tumultueuse ; brouille, dispute. *Sentir venir l'orage.* ◇ *Il y a de l'orage dans l'air,* une tension, une nervosité qui laisse présager un éclat.

ORAGEUSEMENT adv. *Litt.* De façon orageuse, tumultueuse.

ORAGEUX, EUSE adj. **1.** Qui caractérise l'orage. *Temps orageux.* **2.** *Fig.* Agité, troublé. *Vie, séance orageuse.*

ORAISON n.f. (lat. *oratio,* discours). **1.** Prière mentale sous forme de méditation. **2.** Courte prière liturgique récitée, au nom de l'assemblée, par le célébrant d'un office. **3.** *Oraison funèbre :* discours public prononcé en l'honneur d'un mort illustre.

ORAL, E, AUX adj. (du lat. *os, oris,* bouche). **1.** De la bouche ; qui concerne la bouche. *Cavité orale.* **2.** Fait de vive voix, transmis par la voix (par oppos. à *écrit*). *Témoignage oral. Tradition orale.* – Qui appartient à la langue parlée (par oppos. à *scriptural*). **3.** PHON. Se dit d'un phonème dans l'émission duquel l'air expiré s'écoule par la seule cavité buccale (par oppos. à *nasal*). *Voyelles orales.* **4.** PSYCHAN. *Stade oral :* premier stade de l'évolution libidinale, caractérisé par le plaisir que le nourrisson trouve dans l'alimentation, l'activité de la bouche et des lèvres. ◆ n.m. Examen ou partie d'examen qui consiste uniquement en interrogations et réponses verbales (par oppos. à *écrit*).

ORALEMENT adv. Par la parole.

ORALISER v.t. *Didact.* Dire à haute voix.

ORALITÉ n.f. **1.** Caractère oral. *Oralité d'une tradition.* **2.** Caractère d'une civilisation dans laquelle la culture est essentiellement ou exclusivement orale. **3.** PSYCHAN. Ensemble des caractéristiques du stade oral.

ORANGE n.f. (de l'ar. *narandj*). Fruit comestible de l'oranger, de forme sphérique à ovale, d'un jaune mêlé de rouge, et dont la pulpe est juteuse et sucrée. ◇ *Orange amère :* bigarade. ◆ adj. inv. et n.m. De la couleur de l'orange.

ORANGÉ, E adj. Qui tire sur la couleur de l'orange. ◇ *Lumière orangée :* une des six couleurs principales visibles issues de la décomposition du spectre solaire, et située entre le jaune et le rouge. ◆ n.m. **1.** Couleur orangée. **2.** HÉRALD. Couleur particulière à l'armorial anglais.

ORANGEADE n.f. Boisson faite de jus d'orange, de sucre et d'eau.

ORANGEAT n.m. Écorce d'orange hachée finement et confite.

ORANGER n.m. Arbre de petite taille du groupe des agrumes, à feuilles persistantes, cultivé dans les pays méditerranéens et dans les régions chaudes et qui produit les oranges. (Genre *Citrus ;* famille des rutacées.) ◇ *Eau de fleur d'oranger :* essence extraite par distillation des fleurs du bigaradier et utilisée comme arôme en pâtisserie.

■ ORANGER

ORANGERAIE n.f. Terrain planté d'orangers.

ORANGERIE n.f. Local où l'on abrite pendant l'hiver les agrumes cultivés en caisses.

ORANGETTE n.f. Petite orange amère utilisée en confiserie.

ORANGISTE n. et adj. **1.** En Angleterre, partisan de Guillaume III d'Orange, opposé au parti catholique, qui soutenait Jacques II (1688). **2.** Protestant de l'Irlande du Nord.

ORANG-OUTAN ou **ORANG-OUTANG** [ɔrɑ̃utɑ̃] n.m. [pl. *orangs-outan(g)s*] (mot malais, *homme des bois*). Grand singe anthropoïde végétarien de Sumatra et Bornéo, aux bras très longs, à la fourrure peu fournie et d'un brun roux. (Haut. 1,60 m ; genre *Pongo,* famille des pongidés.)

■ ORANG-OUTAN

ORANT, E n. (du lat. *orare,* prier). ANTIQ. Personnage représenté dans l'attitude de la prière.

ORATEUR, TRICE n. (lat. *orator*). **1.** Personne qui prononce un discours devant des assistants. **2.** Personne éloquente, qui sait parler en public.

1. ORATOIRE adj. (lat. *oratorius*). *Didact.* Qui concerne l'art de parler en public. *Talent oratoire.*

2. ORATOIRE n.m. (du lat. *orare,* prier). **1.** Chapelle de dimensions restreintes, génér. située dans une maison particulière. **2.** (Avec une majuscule.) Nom donné à deux congrégations : l'*Oratoire d'Italie et l'*Oratoire de France (v. partie n.pr.).

ORATORIEN n.m. Membre d'une des deux congrégations de l'Oratoire.

ORATORIO n.m. (mot ital.). Composition musicale dramatique, à sujet religieux ou parfois profane, avec récitatifs, airs, chœurs et orchestre.

ORBE n.m. (lat. *orbus,* cercle). *Litt.* Surface circulaire, cercle.

ORBICULAIRE adj. (du lat. *orbiculus,* petit cercle). *Didact.* Qui est rond, qui décrit une circonférence. ◇ ANAT. *Muscle orbiculaire :* muscle circulaire entourant la bouche, l'orifice palpébral.

ORBITAIRE adj. Relatif à l'orbite de l'œil.

ORBITAL, E, AUX adj. ASTRON. Relatif à l'orbite d'une planète, d'un satellite. ◇ *Station orbitale* → **station.** – *Véhicule orbital :* orbiteur.

ORBITALE n.f. PHYS. *Orbitale atomique, moléculaire :* distribution spatiale d'un électron dans un atome, des électrons de liaison dans une molécule.

ORBITE n.f. (lat. *orbita,* ligne circulaire). **1.** Courbe décrite par un corps céleste (planète, satellite, etc.) en mouvement périodique autour d'un autre de plus grande masse sous l'effet de la gravitation. ◇ *Mise sur orbite :* ensemble des opérations permettant de placer un satellite artificiel sur une orbite déterminée. **2.** *Fig.* Zone d'action ; sphère d'influence. *Être dans l'orbite d'une personnalité politique.* **3.** Cavité osseuse de la face, dans laquelle l'œil est placé.

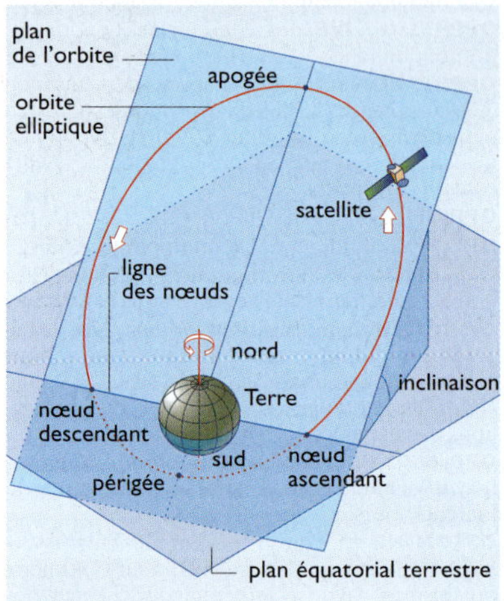

■ **ORBITE** d'un satellite de la Terre.

ORBITER v.i. Décrire une orbite, en parlant d'un corps céleste ou d'un satellite artificiel.

ORBITEUR n.m. Partie d'un engin spatial qui reste en orbite autour d'un astre pour accomplir sa mission. SYN. : *véhicule orbital.* – *Spécial.* Élément habité, satellisable et récupérable, de la navette spatiale américaine.

ORCANETTE n.f. (anc. fr. *alcanne,* henné). Plante cultivée dans les régions méditerranéennes pour sa racine, qui fournit un colorant rouge utilisé en micrographie comme marqueur des corps gras. (Genre *Alkana ;* famille des borraginacées.)

ORCHESTRAL, E, AUX [-kɛs-] adj. Relatif à l'orchestre.

ORCHESTRATEUR, TRICE [-kɛs-] n. Musicien qui compose des orchestrations.

ORCHESTRATION [-kɛs-] n.f. **1.** Répartition des différentes parties d'une composition musicale entre les instruments de l'orchestre. **2.** *Fig.* Action d'orchestrer une action, un événement. *L'orchestration du ralliement d'un opposant à la majorité.*

ORCHESTRE [ɔrkɛstr] n.m. (lat. *orchestra,* du gr. *orkheîsthai,* danser). **1.** Ensemble d'instrumentistes constitué pour exécuter de la musique ; ensemble des instruments dont ils jouent. **2.** Lieu d'un théâtre, d'un cinéma où se situent les sièges du rez-de-chaussée, face à la scène. **3.** ANTIQ. Zone circulaire du théâtre, comprise entre la scène et les sièges des spectateurs, et où évoluait le chœur.

ENCYCL. Assez réduit au XVIIIe s. – les cordes prédominaient –, l'orchestre, au XIXe s., avec Beethoven, Berlioz, Wagner, est grossi de nombreux cuivres et gagne en ampleur et en intensité. Au XXe s., l'orchestre s'est considérablement enrichi, notamm. de percussions et d'instruments électroniques. La recherche de répartitions différentes des masses sonores et des timbres conduit fréquemment à faire varier sa disposition traditionnelle, parfois en séparant totalement les différentes sections d'instruments à l'intérieur du lieu d'exécution.

ORCHESTRER v.t. **1.** Procéder à l'orchestration d'une composition musicale. **2.** *Fig.* Organiser de manière à donner le maximum d'ampleur et de retentissement. *Mouvement de mécontentement orchestré par un parti.*

ORCHIDACÉE [ɔrki-] n.f. (du gr. *orkhis,* testicule). Plante monocotylédone, souvent épiphyte, remarquable par ses fleurs à trois pétales, aux couleurs et aux formes spectaculaires (et dont on cultive surtout les espèces tropicales), telle que l'orchis, l'ophrys, le sabot-de-Vénus, le cattleya, le vanillier. (Les orchidacées forment une vaste famille.)

ORCHIDÉE [ɔrkide] n.f. Plante de la famille des orchidacées ; fleur de cette plante.

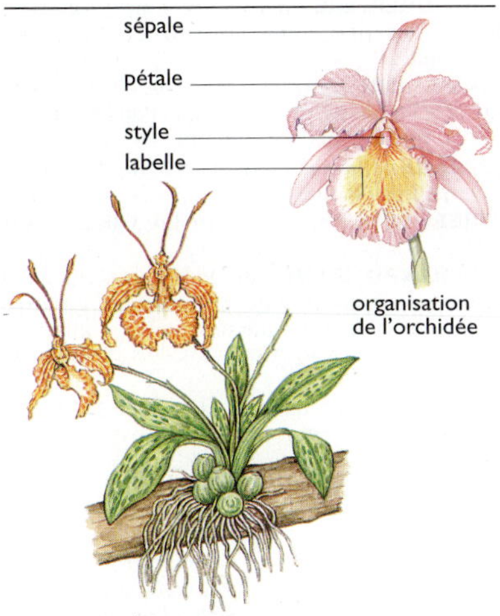

■ **ORCHIDÉE.** Oncidium.

ORCHIS [ɔrkis] n.m. (gr. *orkhis,* testicule). Orchidée de l'hémisphère Nord tempéré à racines tuberculeuses, à fleurs pourpres ou roses, en épis, dont le labelle est muni d'un éperon nectarifère.

ORCHITE [ɔrkit] n.f. (du gr. *orkhis,* testicule). MÉD. Inflammation du testicule.

ORDALIE n.f. (du francique). HIST. Épreuve judiciaire dont l'issue, réputée dépendre de Dieu ou d'une puissance surnaturelle, établit la culpabilité ou l'innocence d'un accusé. (Les ordalies étaient en usage au Moyen Âge sous le nom de *jugement de Dieu.*)

ORDALIQUE adj. PSYCHOL. Se dit d'une conduite comportant une prise de risque mortel, par laquelle le sujet, génér. adolescent, tente de se poser en maître de son destin.

1. ORDINAIRE adj. (lat. *ordinarius,* placé en rang). **1.** Qui est conforme à l'ordre des choses, à l'usage habituel ; courant. *Une semaine ordinaire.* **2.** Qui ne dépasse pas le niveau commun ; médiocre. *Une qualité ordinaire.*

2. ORDINAIRE n.m. **1.** Niveau habituel, commun ; ce qui est courant, banal. ◇ *Comme à l'ordinaire :* comme d'habitude. – *D'ordinaire :* habituellement. **2.** Ce qu'on sert habituellement à un repas ; menu habituel. *Cela améliore l'ordinaire.* **3.** MIL. Réunion d'hommes du rang dont l'alimentation est organisée et gérée en commun. **4.** DR. CANON. *L'ordinaire du lieu :* ecclésiastique qui exerce une juridiction sur un diocèse, une abbaye, etc.

ORDINAIREMENT adv. Habituellement ; le plus souvent.

ORDINAL, E, AUX adj. (bas lat. *ordinalis,* de *ordo, ordinis,* rang). **1.** *Adjectif numéral ordinal,* qui exprime le rang, l'ordre d'un élément au sein d'un ensemble (ex. : *premier, deuxième, troisième,* etc.). [→ *cardinal*]. **2.** *Nombre ordinal :* nombre entier indiquant la place occupée par les objets d'un ensemble quand ils sont rangés dans un certain ordre.

ORDINAND n.m. CHRIST. Clerc appelé à recevoir un ordre sacré.

ORDINATEUR n.m. **1.** Machine automatique de traitement de l'information, obéissant à des programmes formés par des suites d'opérations arithmétiques et logiques. **2.** *Ordinateur individuel* ou *personnel :* micro-ordinateur construit autour d'un microprocesseur, à l'usage des particuliers. SYN. (anglic.) : *PC.*

ENCYCL. Un ordinateur comprend une partie matérielle, constituée de circuits électroniques hautement intégrés, et des logiciels. La partie matérielle regroupe un ou des processeurs, une mémoire, des unités d'entrée-sortie et des unités de communication. Le processeur exécute, instruction après instruction, le ou les programmes contenus dans la mémoire. Les unités d'entrée-sortie sont constituées de claviers, d'écrans d'affichage, d'unités de stockage sur disques ou sur bandes magnétiques, d'imprimantes, etc. Elles permettent l'introduction des données et la sortie des résultats. Les unités de communication autorisent la mise en relation de l'ordinateur avec des terminaux ou avec d'autres ordinateurs et la connexion à des services télématiques (bases de données, services en ligne, etc.). Les logiciels sont écrits dans un langage que l'ordinateur est capable de traduire en une série limitée d'instructions élémentaires directement exécutables par les circuits électroniques. L'enchaînement des instructions est susceptible d'être modifié par les résultats mêmes des opérations effectuées ou par l'arrivée de nouvelles informations venues de l'extérieur. La fonction d'un ordinateur se limite à ordonner, classer, calculer, trier, rechercher, éditer, représenter des informations qui ont au préalable été codifiées selon une représentation binaire.

ORDINATION n.f. (lat. *ordinatio,* action de mettre en ordre). RELIG. **1.** Rite sacramentel par lequel un chrétien, génér. au cours d'une messe, reçoit des mains d'un évêque le sacrement de l'ordre. **2.** Dans la religion protestante, acte par lequel l'Église confère à une personne la charge d'un ministère. (Les anglicans et les luthériens la réservent aux pasteurs.) SYN. : *consécration.*

ORDINOGRAMME n.m. INFORM. Représentation graphique de l'enchaînement des opérations d'un programme. SYN. : *organigramme.*

ORDO n.m. inv. (mot lat., *ordre*). CATH. Calendrier liturgique indiquant pour chaque jour l'ordonnance de la messe et des offices.

1. ORDONNANCE n.f. **1.** Action de disposer, d'arranger selon un ordre ; disposition des éléments d'un ensemble. *L'ordonnance d'un repas.* **2.** Prescription d'un médecin ; document sur lequel elle est portée. **3. a.** Acte pris par le gouvernement, avec l'autorisation du Parlement, dans des domaines qui relèvent normalement de la loi. **b.** Acte juridictionnel ou d'administration judiciaire émanant d'un magistrat du siège. **4.** HIST. En France, texte de loi émanant du roi, qui concernait plusieurs matières et s'appliquait à l'ensemble du royaume. **5.** MIL. *Officier d'ordonnance :* officier qui remplit les fonctions d'aide de camp.

2. ORDONNANCE n.f. ou n.m. Anc. Militaire mis à la disposition d'un officier pour son service personnel.

ORDONNANCEMENT n.m. **1.** Organisation, agencement méthodique. **2.** DR. Acte par lequel, après avoir liquidé les droits d'un créancier, un administrateur donne l'ordre à un comptable public de payer sur sa caisse. SYN. : *mandatement.* **3.** ÉCON. *Service d'ordonnancement,* chargé de contrôler l'avancement d'une commande aux différents stades de fabrication, depuis sa mise en œuvre jusqu'à l'expédition au client.

ORDONNANCER v.t. [9]. **1.** Disposer dans un certain ordre ; agencer. *Ordonnancer une passation des pouvoirs.* **2.** DR. Délivrer un ordre de payer une somme sur la caisse d'un comptable public.

ORDONNANCIER n.m. **1.** Registre officiel sur lequel le pharmacien doit, dans certains cas, inscrire le nom du médicament délivré, celui du malade et celui du médecin. **2.** Bloc de papier utilisé pour rédiger les ordonnances.

ORDONNATEUR, TRICE n. **1.** Personne qui ordonne, règle selon un certain ordre. ◇ *Ordonnateur des pompes funèbres :* personne qui accompagne et dirige des convois mortuaires. **2.** Administrateur qui a qualité pour ordonnancer une dépense publique.

ORDONNÉ, E adj. **1.** Qui a de l'ordre et de la méthode. *Élève ordonné.* **2.** Où il y a de l'ordre ; bien rangé. *Maison ordonnée.* **3.** ALGÈBRE. *Ensemble ordonné :* ensemble muni d'une relation d'ordre.

ORDONNÉE n.f. GÉOMÉTR. Deuxième coordonnée d'un point d'un espace affine muni d'un repère cartésien.

ORDONNER v.t. (lat. *ordinare,* mettre en rang). **1.** Mettre en ordre ; classer, ranger. *Ordonner ses idées.* ◇ ALGÈBRE. *Ordonner un polynôme :* écrire les termes dans l'ordre, croissant ou décroissant, des exposants de la variable. **2.** Donner l'ordre de ; commander. *On nous a ordonné le silence, de nous taire.* **3.** En parlant d'un médecin, prescrire qqch dans une ordonnance. *Il m'a ordonné des antibiotiques.* **4.** RELIG. Consacrer par l'ordination.

ORDOVICIEN n.m. (de *Ordovicies,* n. d'un ancien peuple). GÉOL. Système du paléozoïque, entre le cambrien et le silurien. (L'ordovicien est la deuxième période de l'ère primaire, de – 500 à – 435 millions d'années.) ◆ **ordovicien, enne** adj. De l'ordovicien.

ORDRE n.m. (lat. *ordo, ordinis,* rang). **I.** *Disposition, agencement.* **1.** Manière dont les éléments d'un ensemble organisé sont placés les uns par rapport aux autres ; disposition, arrangement. *L'ordre d'un parc, d'un jardin.* ◇ ALGÈBRE. *Ordre* ou *relation d'ordre sur un ensemble,* relation binaire, réflexive, antisymétrique et transitive dans cet ensemble. – *Ordre d'une surface* ou *d'une courbe algébrique,* degré de l'équation la définissant. – GÉOMÉTR. *Ordre d'un axe* (Δ) *d'un polygone P* (ou *d'un solide S*) : entier n tel qu'une rotation d'axe (Δ), d'angle $\frac{2\pi}{n}$, laisse P (ou S) invariant. **2.** Succession d'éléments rangés, classés d'une manière déterminée ; principe qui détermine le rang de chacun des éléments dans cette succession. *Ordre alphabétique, chronologique.* ◇ *Ordre du jour :* liste des questions qu'une assemblée délibérante doit examiner tour à tour. – *C'est à l'ordre du jour :* cela fait l'objet des débats, des conversations du moment ; c'est d'actualité. **3.** Disposition des objets lorsqu'ils sont rangés, mis à la place qui est la leur. *Mettre de l'ordre dans ses papiers. Pièce en ordre.* ◇ *Mettre bon ordre à :* porter remède à, faire cesser une situation fâcheuse. **4.** Tendance spontanée à disposer les choses à leur place, à les ranger ; qualité de qqn qui sait ranger, qui range volontiers. *Avoir de l'ordre.* **5.** Manière d'agir ou de raisonner dans laquelle les étapes de l'action, de la pensée se suivent selon une succession logi-

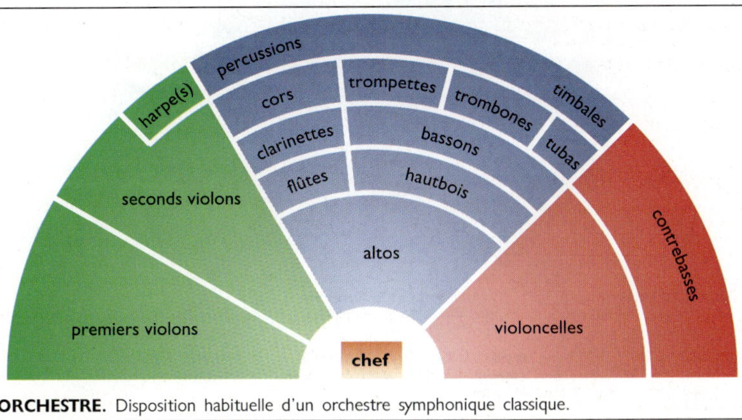

■ **ORCHESTRE.** Disposition habituelle d'un orchestre symphonique classique.

■ **ORDRE.** Les ordres grecs et romains.

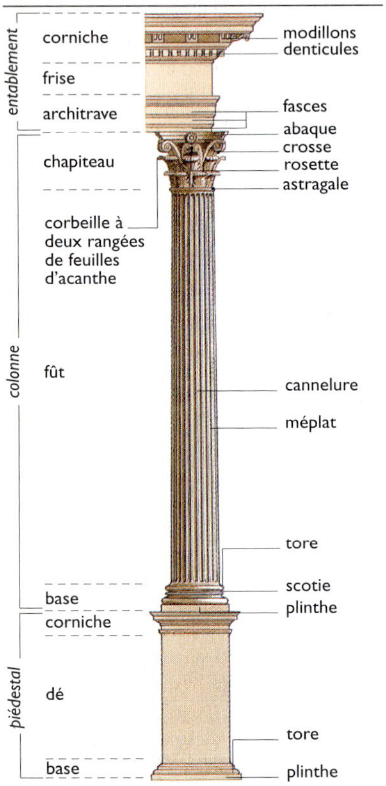

■ **ORDRE.** Détail d'une colonne corinthienne.

que, cohérente. *Procéder avec ordre et méthode.* **6. a.** Ensemble de règles qui garantissent le fonctionnement social. *La loi et l'ordre.* **b.** Respect des lois et des règlements qui régissent un groupe ; absence de troubles, paix civile. *Ordre public.* **7. a.** *Spécial.* Absence de troubles sur la place publique. ◇ ***Forces de l'ordre,*** chargées du maintien de l'ordre et de la sécurité publique. – ***Service d'ordre d'une manifestation,*** ensemble des personnes qui l'encadrent et qui veillent à ce qu'elle se déroule sans incident. **b.** HIST. *Ordre moral : v. partie n.pr.* **8.** Ensemble des lois qui régissent l'enchaînement des causes et des effets. *L'ordre de l'univers, de la nature. C'est dans l'ordre des choses.* **II.** *Classification, domaine.* **1.** Catégorie dans laquelle se classent des choses, des personnes ; rang, classe. *Dans cet ordre d'idées... Des affaires du même ordre.* ◇ ***De premier ordre*** : de grande qualité ; supérieur en son genre. **2.** DR. Ensemble des tribunaux de même nature. *L'ordre judiciaire. L'ordre administratif.* **3.** SC. DE LA V. Division de la classification des êtres vivants, intermédiaire entre la classe et la famille. (L'homme appartient à l'ordre des primates.) **4.** RELIG. Sacrement constitutif de la hiérarchie de l'Église catholique. ◇ ***Ordres majeurs*** ou ***sacrés*** : ordres comprenant le diaconat, la prêtrise et l'épiscopat. – ***Ordres mineurs,*** dénommés aujourd'hui ***ministères*** et correspondant à des fonctions de lecteur et de servant d'autel. **5.** Société de personnes liées par des vœux solennels. *Ordres monastiques. La franc-maçonnerie est un ordre initiatique.* ◇ ***Entrer dans les ordres*** : se faire prêtre, religieux ou religieuse. **6.** Organisme auquel les membres de certaines professions libérales sont légalement tenus d'appartenir. *Ordre des avocats, des médecins, des architectes.* **7.** Compagnie honorifique instituée pour récompenser le mérite personnel. *Ordre de la Légion d'honneur. Ordre national du Mérite.* **8.** HIST. Chacune des trois classes (clergé, noblesse et tiers état) qui composaient la société française sous l'Ancien Régime. **9.** ARCHIT. Chacun des systèmes de proportions modulaires et d'ornementation appliqués à la construction dans l'Antiquité puis dans les Temps modernes ; chaque niveau d'une élévation comportant soubassement (stylobate, piédestal), supports (colonnes ou pilastres) et entablement. **III.** *Injonction, directive.* **1.** Acte par lequel une personne, une autorité commande à qqn de faire qqch ; commandement, consigne. *Donner des ordres. Nous avons reçu l'ordre de ne pas sortir.* ◇ *Mot d'ordre* → **mot. 2.** *Spécial.* Texte émanant d'un échelon du commandement militaire et communiqué officiellement aux échelons subordonnés. ◇ ***Ordre de mission,*** enjoignant à un militaire d'exécuter une mission et l'accréditant à cet effet. – ***Ordre du jour*** : texte émanant du commandement militaire, notifiant l'ensemble des ordres pour la journée. – ***Ordre de l'armée, de la division, du régiment,*** émanant du commandement de l'une de ces formations. *Citation d'une unité, d'un militaire à l'ordre de l'armée pour sa belle conduite.* **3.** INFORM. Directive pour l'unité de commande d'un organe périphérique d'ordinateur. **4.** ***Ordre de Bourse*** : mandat donné à un intermédiaire d'acheter ou de vendre des valeurs mobilières ou des marchandises.

ENCYCL. ARCHIT. On distingue trois ordres grecs, ayant chacun leur style propre : le dorique, l'ionique et le corinthien. Les Romains ont créé le toscan, le dorique romain et le composite. La redécouverte des monuments antiques et l'interprétation du traité romain de Vitruve ont engendré dès le XVe s., avec la Renaissance italienne, une architecture utilisant avec plus ou moins de liberté ces ordres, leurs modules, leur modénature et leurs ornements spécifiques.

ORDRÉ, E adj. Suisse. Ordonné.

ORDURE n.f. (de l'anc. fr. *ord,* repoussant, du lat. *horridus*). **1.** Action, parole grossière, vile, sale. *Proférer des ordures.* **2.** Personne vile, abjecte. *Il s'est conduit comme une ordure.* ◆ pl. Déchets, détritus de la vie quotidienne. *Ordures ménagères.* ◇ ***Boîte à ordures*** : poubelle. – ***Mettre aux ordures*** : mettre au rebut, jeter.

ORDURIER, ÈRE adj. **1.** Qui exprime des grossièretés, des obscénités. **2.** Qui contient des obscénités.

ÖRE ou **ØRE** [ørə] n.m. Monnaie divisionnaire de la Suède *(öre),* du Danemark et de la Norvège *(øre),* valant 1/100 de couronne.

ORÉADE n.f. (du gr. *oreos,* montagne). MYTH. GR. Nymphe des montagnes.

ORÉE n.f. (lat. *ora,* bord). *Litt.* Bord, lisière d'un bois.

OREILLARD, E adj. Se dit d'un animal qui a les oreilles longues et pendantes. ◆ n.m. Chauve-souris insectivore aux grandes oreilles, commune en Europe et en Asie. (Genre *Plecotus* ; famille des vespertilionidés.)

OREILLE n.f. (lat. *auricula,* de *auris*). **1.** Organe de l'ouïe et, en partic., partie externe de l'organe, placée de chaque côté de la tête. ◇ ***Frotter, tirer les oreilles de qqn,*** le châtier, le réprimander pour un méfait. – ***Se faire tirer l'oreille*** : résister, se faire prier longtemps. – ***Avoir l'oreille basse*** : être humilié, confus, penaud. – ***Montrer le bout de l'oreille*** : laisser deviner son vrai caractère, ses véritables projets. – ***Dire qqch à l'oreille de qqn,*** tout bas et en approchant sa bouche de son oreille. – ***Venir aux oreilles de qqn,*** être porté à sa connaissance. – ***Avoir l'oreille de qqn,*** avoir sa confiance, être écouté de lui. – ***Tendre l'oreille*** : écouter attentivement. **2.** Sens par lequel on perçoit les sons ; ouïe. **3.** Aptitude à reconnaître les sons musicaux, les mélodies, et à s'en souvenir. *Avoir de l'oreille.* **4.** Chacune des saillies, chacun des appendices qui se présentent par paires et sont destinés à la préhension de certains objets. *Oreilles d'une marmite, d'un écrou.* **5.** MAR. Partie saillante des pattes d'une ancre.

ENCYCL. L'oreille de l'homme et des mammifères, située principalement dans l'os temporal, se compose de trois parties, externe, moyenne et interne. L'*oreille externe* comprend le pavillon et le conduit auditif externe fermé par le tympan. L'*oreille moyenne* contient la caisse du tympan – communiquant avec le pharynx par la trompe d'Eustache – dans laquelle une chaîne de trois osselets (marteau, enclume, étrier) sert à transmettre à l'oreille interne les vibrations du tympan.

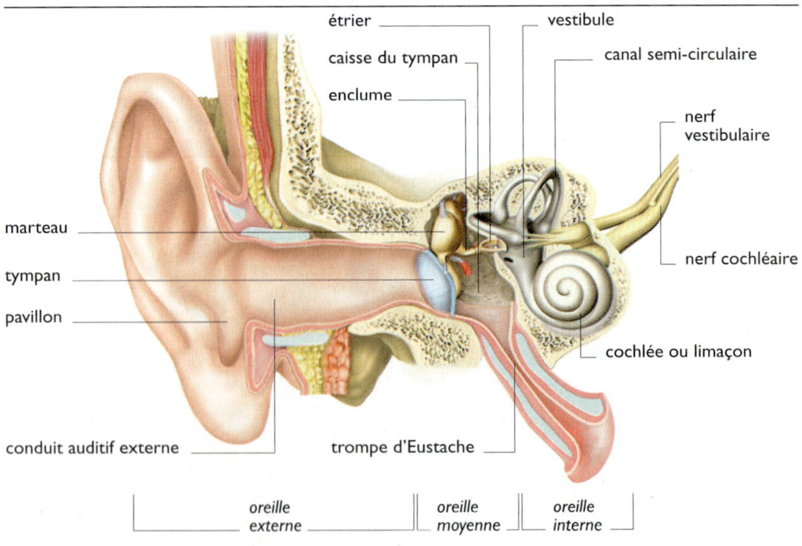

■ **OREILLE.** Anatomie de l'oreille.

L'*oreille interne*, ou *labyrinthe*, a une partie postérieure – servant à l'équilibration – formée du vestibule et des canaux semi-circulaires, et une partie antérieure – servant à l'audition – appelée aussi *cochlée*.

OREILLE-DE-MER n.f. (pl. *oreilles-de-mer*). Haliotide.

OREILLE-DE-SOURIS n.f. (pl. *oreilles-de-souris*). Myosotis.

OREILLER [ɔreje] n.m. Coussin carré ou rectangulaire qui soutient la tête quand on est couché.

OREILLETTE n.f. **1.** Chacune des deux cavités du cœur situées au-dessus et en arrière des ventricules, avec lesquels elles communiquent, et qui reçoivent le sang des veines. **2.** Chacune des parties rabattables d'une coiffure, qui servent à protéger les oreilles. **3.** TÉLÉV. Petit récepteur adapté à la forme de l'oreille, qui permet d'entendre ce que communique la régie ou de suivre une émission hors du plateau. **4.** Merveille (pâtisserie).

OREILLON n.m. Moitié d'abricot dénoyauté. ◆ pl. Infection contagieuse due à un virus, qui atteint surtout les enfants et se manifeste par un gonflement et une inflammation des glandes parotides.

ORÉMUS [ɔremys] n.m. (lat. *oremus*, prions, mot prononcé dans les messes en latin par le prêtre pour inviter à la prière). *Fam.*, vx. Prière.

ORÉOPITHÈQUE n.m. (gr. *oreos*, montagne, et *pithêkos*, singe). Grand primate fossile de la fin de l'ère tertiaire, découvert en Toscane, doté de longs bras comme les gibbons, mais qui n'a de parenté avec aucun grand singe actuel.

ORES [ɔr] adv. (lat. *hac hora*, à cette heure). *D'ores et déjà :* dès maintenant.

ORFÈVRE n. (lat. *aurum*, or, et anc. fr. *fevre*, artisan). Personne qui fait ou qui vend les gros ouvrages de métaux précieux (vermeil, or et argent princip.) tels que vaisselle de table, objets de toilette, luminaires, etc. ◇ *Être orfèvre en la matière*, y être expert, habile.

ORFÉVRÉ, E adj. Travaillé par un orfèvre ; ouvragé finement comme une pièce d'orfèvrerie.

ORFÈVRERIE n.f. **1.** Art, métier, commerce de l'orfèvre. **2.** Ensemble des objets que fabrique l'orfèvre.

ORFRAIE [ɔrfrɛ] n.f. (lat. *ossifraga*, qui brise les os). **1.** Vx. Pygargue. **2.** *Pousser des cris d'orfraie :* pousser des cris épouvantables, très aigus (par confusion avec *effraie*).

ORGANDI n.m. (altér. du n. de la ville d'*Ourguentch*, en Asie centrale). Mousseline de coton légère, très apprêtée, utilisée pour la confection de robes, de corsages et de linge de table.

ORGANE n.m. (lat. *organum*). **1.** Partie d'un organisme vivant bien circonscrite dans l'espace, et qui remplit une fonction qui lui est propre. **2.** Voix humaine. *Avoir un bel organe.* **3.** Pièce, partie d'une machine assurant une fonction déterminée. **4.** Publication, média qui est le porte-parole d'un groupe, d'un parti. **5.** Ce qui sert d'intermédiaire, d'instrument. *Les magistrats, organes de la justice.*

ORGANEAU n.m. **1.** Fort anneau métallique scellé dans la maçonnerie d'un quai pour amarrer les bateaux. **2.** Anneau d'une ancre sur lequel s'amarre la chaîne ou le câble.

ORGANELLE n.f. → **ORGANITE.**

ORGANICIEN, ENNE n. Spécialiste de la chimie organique.

ORGANICISME n.m. **1.** MÉD. Doctrine qui professait que toute maladie se rattache à la lésion d'un organe. **2.** SOCIOL. Doctrine du XIXe s. qui comparait les modes d'organisation et de fonctionnement des sociétés à ceux des êtres vivants.

ORGANICISTE adj. et n. Relatif à l'organicisme ; qui en était partisan.

ORGANIGRAMME n.m. **1.** Graphique représentant la structure d'une organisation (entreprise, groupement, etc.), avec ses divers éléments et leurs relations. **2.** INFORM. Ordinogramme.

ORGANIQUE adj. **1.** SC. DE LA V. Relatif aux organes, aux tissus vivants, aux êtres organisés. *Vie organique.* **2.** MÉD. Se dit d'une maladie, d'un trouble dus à une lésion d'un organe ou de plusieurs (par oppos. à *fonctionnel*). SYN. : *lésionnel.* **3. a.** Qui est inhérent à la structure, à la constitution de qqch. – MIL. Qui relève d'un corps de troupes ou d'une grande unité. **b.** Se dit d'un ensemble qui forme un tout. *Groupement organique.* **4.** *Chimie organique :* partie de la chimie qui étudie les composés du carbone (par oppos. à *chimie minérale*). – *Composé organique*, qui relève de la chimie organique. **5.** GÉOL. *Roche organique :* roche sédimentaire (charbon, pétrole, etc.), issue de la transformation de débris d'organismes vivants. **6.** *Architecture organique :* courant de l'architecture du XXe s. qui emprunte aux formes de la nature l'idée de certaines de ses structures et articulations, et tend le plus souvent à une liaison étroite avec les sites naturels (F. L. Wright, Aalto, etc.).

ORGANIQUEMENT adv. **1.** De façon organique ; profondément, intimement. **2.** Du point de vue de la structure d'un ensemble.

ORGANISABLE adj. Qui peut être organisé.

1. ORGANISATEUR, TRICE adj. et n. Qui organise, sait organiser.

2. ORGANISATEUR n.m. EMBRYOL. Partie de l'embryon précoce (stade blastula) qui provoque la différenciation des territoires embryonnaires.

ORGANISATEUR-CONSEIL n.m. (pl. *organisateurs-conseils*). Professionnel capable de déterminer les structures propres à assurer la marche d'une entreprise au mieux des objectifs qui lui sont assignés.

ORGANISATION n.f. **1.** Action d'organiser, de structurer, d'arranger. **2.** Manière dont les différents organes ou parties d'un ensemble complexe, d'une société, d'un être vivant sont structurés, agencés ; la structure, l'agencement eux-mêmes. – *Spécial.* Manière dont un État, une administration, un service sont constitués. **3.** Groupement, association, génér. d'une certaine ampleur, qui se propose des buts déterminés. *Organisation syndicale.* ◇ *Organisation internationale :* groupement composé d'États, à vocation soit universelle, soit régionale ou continentale. (Les organisations internationales ont notamm. pour objet la sécurité collective des États et la promotion de la condition humaine dans la communauté mondiale.) – *Organisation non gouvernementale* → **ONG.**

ORGANISATIONNEL, ELLE adj. Qui concerne l'organisation de qqch.

ORGANISÉ, E adj. **1.** Qui a reçu une organisation ; qui est aménagé d'une certaine façon. **2.** BIOL. Pourvu d'organes dont le fonctionnement constitue la vie. **3.** Qui sait organiser sa vie, ses affaires. *Être méticuleux et organisé.*

ORGANISER v.t. (de *organe*). **1.** Combiner, disposer les éléments d'un ensemble pour en assurer le bon fonctionnement. *Organiser un ministère.* **2.** Préparer une action dans le détail et en coordonner le déroulement. *Organiser une conférence de presse.* ◆ **s'organiser** v.pr. **1.** Ordonnancer, coordonner son travail, ses affaires de façon efficace, harmonieuse. **2.** Prendre forme ; s'agencer de manière satisfaisante.

ORGANISEUR n.m. (anglo-amér. *organizer*). **1.** Agenda à feuillets mobiles, divisé en plusieurs sections, destiné à structurer un emploi du temps professionnel. **2.** Agenda électronique.

ORGANISME n.m. **1.** Être vivant, animal ou végétal, organisé. ◇ *Organisme génétiquement modifié* → **OGM.** **2.** *Spécial.* Corps humain. **3.** Ensemble des services, des bureaux affectés à une tâche.

ORGANISTE n. (du lat. *organum*, orgue). Instrumentiste qui joue de l'orgue.

ORGANITE n.m. ou **ORGANELLE** n.f. BIOL. CELL. Chacun des éléments distincts, entourés d'une membrane, présents dans le cytoplasme de la cellule eucaryote (noyau, centrosome, plastes, mitochondries, etc.).

ORGANOCHLORÉ, E adj. et n.m. Se dit d'un produit organique de synthèse dérivé du chlore et utilisé notamm. comme insecticide, fongicide ou réfrigérant.

ORGANOGENÈSE n.f. EMBRYOL. Formation et croissance des organes au sein d'un être vivant au cours de son développement.

ORGANOLEPTIQUE adj. Se dit de ce qui est capable d'affecter un récepteur sensoriel. *Substance organoleptique.*

ORGANOLOGIE n.f. Étude des instruments de musique.

ORGANOMAGNÉSIEN adj.m. et n.m. Se dit d'un composé organique contenant au moins une liaison carbone-magnésium. (Les organomagnésiens sont d'importants réactifs de synthèse.) SYN. *(cour.) : magnésien.*

ORGANOMÉTALLIQUE adj. et n.m. Se dit d'un composé organique renfermant au moins une liaison carbone-métal.

ORGANOPHOSPHORÉ, E adj. et n.m. Se dit d'un produit chimique de synthèse (insecticide, fongicide, etc.) dérivé du phosphore.

ORGANSIN n.m. (altér. du n. de la ville d'*Ourguentch*, en Asie centrale). **1.** Fil formé de deux fils de soie grège tordus séparément dans un sens puis ensemble en sens inverse. **2.** Fil de chaîne, dans le tissage utilisant l'organsin.

ORGANSINER v.t. TEXT. Tordre ensemble des fils de soie pour en faire de l'organsin.

ORGASME n.m. (du gr. *orgân*, bouillonner d'ardeur). Point culminant du plaisir sexuel.

ORGASMIQUE ou **ORGASTIQUE** adj. Relatif à l'orgasme.

1. ORGE n.f. (lat. *hordeum*). **1.** Céréale dont les épis portent de longues barbes, cultivée pour son grain utilisé dans l'alimentation animale et pour la fabrication de la bière, et récoltée aussi sous forme de fourrage vert ; sa graine. (Genre *Hordeum ;* famille des graminées.) **2.** *Sucre d'orge :* bâtonnet de sucre cuit (autref. avec une décoction d'orge), coloré et aromatisé.

2. ORGE n.m. *Orge mondé :* grains d'orge débarrassés de leur première enveloppe. – *Orge perlé :* grains d'orge dont on a enlevé toutes les enveloppes et qu'on a réduits en petites boules farineuses.

■ **ORGE**

ORGEAT [ɔrʒa] n.m. *Sirop d'orgeat :* sirop préparé autref. à partir d'une décoction d'orge, auj. avec du lait d'amande et de l'eau de fleur d'oranger.

ORGELET n.m. (bas lat. *hordeolus*, grain d'orge). Petit furoncle qui se développe sur le bord de la paupière. SYN. *(cour.) : compère-loriot.*

ORGIAQUE adj. **1.** *Litt.* Qui tient de l'orgie. **2.** ANTIQ. Relatif aux orgies rituelles propres au culte de certains dieux grecs et romains.

ORGIE n.f. (lat. *orgia, -orum*, mot gr., *fêtes de Dionysos*). **1.** Partie de débauche où l'on se livre à toutes sortes d'excès. **2.** Abondance excessive de qqch ; profusion. *Une orgie de lumière.* ◆ pl. ANTIQ. Rites secrets des mystères de certains dieux (notamm. Dionysos chez les Grecs et Bacchus chez les Romains), pendant lesquels les participants étaient pris de délire sacré.

ORGUE n.m. (lat. *organum*). **1.** (Fém. au pl.) Instrument de musique à un ou plusieurs claviers, à vent et à tuyaux, en usage princip. dans les églises. *Orgue de chœur* ou *petites orgues. Grand orgue de tribune* ou *grandes orgues.* ◇ *Jeu d'orgue :* série de tuyaux d'un orgue correspondant à un même timbre. – *Orgue électrique*, dans lequel un dispositif électrique déclenche la traction des claviers au sommier. – *Orgue électronique*, qui produit des sons grâce à des signaux électriques transformés en signaux mécaniques amplifiés. **2.** (Par altér. de *Barberi*, n. d'un fabricant d'orgues de Modène). *Orgue de Barbarie :* instrument de musique mécanique des musiciens ambulants, dans lequel l'entrée de l'air qui met en vibration les tuyaux sonores est réglée par le défilement de bandes de carton perforées entraî-

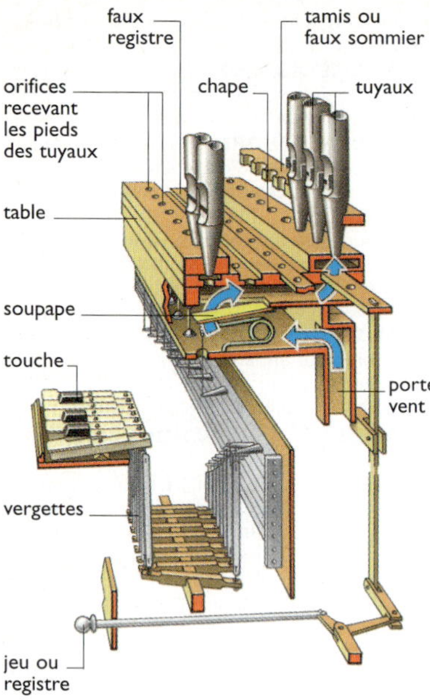

■ **ORGUE.** Mécanisme d'un orgue classique.

■ **ORGUE** (1768) de G. Herterich, abbaye bénédictine d'Ettal, en Bavière.

■ **ORGUE.** Les orgues basaltiques de la Chaussée des Géants, en Irlande du Nord.

nées au moyen d'une manivelle. **3.** *Orgue à parfums, orgue du parfumeur :* meuble à étagères sur lesquelles sont rangées les essences nécessaires à la composition des parfums. **4.** ZOOL. *Orgue de mer :* tubipore. ◆ pl. **1.** GÉOL. Prismes d'une grande régularité, formés lors du refroidissement d'une coulée de lave, basaltique le plus souvent, perpendiculairement à sa surface. (Ils peuvent atteindre 30 à 45 m de haut.) **2.** ARM. *Orgues de Staline :* nom donné par les Allemands aux lance-roquettes multitubes d'artillerie utilisés par l'URSS pendant la Seconde Guerre mondiale.

ORGUEIL [ɔrgœj] n.m. (du francique). **1.** Estime excessive de sa propre valeur. **2.** Sentiment de fierté légitime ; amour-propre, dignité. **3.** Objet, sujet de fierté. *Cette enfant est l'orgueil de la famille.*

ORGUEILLEUSEMENT adv. Avec orgueil.

ORGUEILLEUX, EUSE adj. et n. Qui manifeste de l'orgueil, de la prétention.

ORICHALQUE [-kalk] n.m. (gr. *oreikhalkos,* laiton). ANTIQ. Alliage de cuivre.

ORIEL n.m. (mot angl., de l'anc. fr. *orel,* galerie). ARCHIT. Ouvrage vitré en surplomb, formant une sorte de balcon clos sur un ou plusieurs étages. SYN. : *bow-window.*

ORIENT n.m. (du lat. *oriens,* qui se lève). **1.** Est, levant. **2.** *L'Orient :* les pays situés à l'est de la partie occidentale de l'Europe (l'Asie, une partie de l'Afrique du Nord-Est, avec l'Égypte, et, anc., une partie de l'Europe balkanique). — ANTIQ. *L'Orient ancien :* ensemble des pays du Moyen-Orient (Anatolie, Mésopotamie, Iran et golfe Persique notamm.) qui ont pratiqué l'écriture et connu la vie urbaine. **3.** BIJOUT. Ensemble des reflets irisés d'une perle. **4.** Dans la franc-maçonnerie, ville où se trouve une loge.

ORIENTABLE adj. Que l'on peut orienter.

ORIENTAL, E, AUX adj. **1.** Qui se trouve à l'est, à l'orient. **2.** Qui relève de la civilisation qui s'est développée à l'est de l'Europe, du mode de vie des pays correspondants. *Europe orientale.* **3.** Se dit d'un parfum assez lourd, vanillé, fleuri et épicé. **4.** *Chat oriental,* ou *oriental,* n.m. : chat proche du siamois, à robe marbrée ou unie. ◆ n. (Avec une majuscule.) Personne qui appartient à la civilisation orientale, à l'un des pays qui s'y rattachent.

■ **ORIENTAL.** Chat oriental.

ORIENTALISME n.m. **1.** Ensemble des disciplines qui ont pour objet l'étude des civilisations orientales. **2.** Goût pour les choses de l'Orient. **3.** Genre pictural et littéraire, très vivant au XIXe s., qui s'attache à la description de paysages, de scènes et de personnages de l'Afrique du Nord et du Moyen-Orient.

ORIENTALISTE adj. Qui se rapporte à l'orientalisme. ◆ n. **1.** Spécialiste des civilisations orientales. **2.** Artiste qui se rattache à l'orientalisme.

ORIENTATION n.f. **1.** Action de déterminer, du lieu où l'on se trouve, la direction des points cardinaux. ◇ *Sens de l'orientation :* aptitude à savoir où l'on se situe, à retrouver facilement son chemin. — ÉTHOL. *Réaction d'orientation :* réaction d'un animal provoquée par un stimulus externe (physique ou chimique) dont la source est un objet, un congénère, un individu d'une autre espèce ou un facteur de l'environnement (lumière, chaleur, humidité, pesanteur), et qui se traduit par un déplacement, ou une stabilisation de la posture, selon une orientation précise. — SPORTS. *Course d'orientation :* compétition sportive consistant à accomplir à pied, le plus rapidement possible, un parcours balisé, en s'aidant d'une carte et d'une boussole. **2.** Manière dont qqch est disposé par rapport aux points cardinaux. *Orientation plein sud d'une chambre.* **3.** Action d'orienter qqn dans ses études, le choix de son métier. ◇ *Orientation scolaire et professionnelle :* détermination de la meilleure voie, dans l'enseignement secondaire, professionnel et supérieur, en fonction des aptitudes et des motivations du sujet, ainsi que du marché de l'emploi. **4.** Direction prise par une action, une activité. *Orientation d'une enquête.* **5.** Conformité à une tendance politique, idéologique, etc. *Orientation laïque de la politique scolaire.* **6.** ALGÈBRE. *Orientation d'un espace vectoriel,* répartition de l'ensemble des bases de cet espace en deux classes d'équivalence, celle des bases dites *directes* et celle des bases dites *rétrogrades.* (Sur la droite, l'orientation est fixée par le choix des points d'abscisse 0 et 1.)

ORIENTÉ, E adj. **1.** Qui a une position, une direction déterminée. **2.** ALGÈBRE. Se dit d'un espace vectoriel muni d'une orientation. **3.** Marqué par une idéologie ; qui est au service d'une cause, notamm. politique.

ORIENTEMENT n.m. TOPOGR. Angle d'une direction visée avec le nord, compté dans le sens inverse des aiguilles d'une montre.

ORIENTER v.t. (de *orient*). **1.** Disposer qqch par rapport aux points cardinaux. **2.** Tourner, diriger qqch dans une certaine direction. **3.** Indiquer la direction à prendre à qqn. *Orienter le public vers la sortie.* **4.** Diriger, engager qqn, qqch dans une certaine voie. *Orienter le débat.* ◇ *Spécial. Orienter un élève,* lui conseiller, lui choisir telle voie professionnelle, telles études. **5.** Diriger qqn vers un service, une personne. *Orienter un malade vers un service spécialisé.* ◆ **s'orienter** v.pr. **1.** Reconnaître, du lieu où l'on est, la direction des points cardinaux. **2.** Trouver, retrouver son chemin. **3.** Tourner son action, ses activités vers qqch.

ORIENTEUR, EUSE n. Personne chargée de l'orientation scolaire et professionnelle. ◆ adj. MIL. *Officier orienteur :* officier chargé de conseiller et d'orienter les futures recrues vers l'armée et la fonction qui correspondent le mieux à leur profil.

ORIFICE n.m. (lat. *orificum,* de *os, oris,* bouche). Ouverture qui donne entrée dans une cavité, qui fait communiquer un conduit avec l'extérieur ou une autre structure.

ORIFLAMME n.f. (lat. *aurea flamma,* flamme d'or). **1.** Bannière d'apparat, longue et effilée. **2.** HIST. Enseigne féodale de l'abbaye de Saint-Denis, adoptée par les rois de France du XIIe au XVe s. **3.** Affichette publicitaire suspendue, notamm. dans les bus ou les rames de métro.

ORIGAMI n.m. (mot jap.). Art traditionnel japonais du papier plié.

ORIGAN n.m. (gr. *origanon*). Marjolaine.

ORIGINAIRE adj. **1.** Qui vient de, qui tire son origine de tel lieu. *Il est originaire de Savoie.* **2.** Que l'on tient de son origine, qui existe à l'origine ; originel. *Tare originaire.*

ORIGINAIREMENT adv. À l'origine.

ORIGINAL, E, AUX adj. **1.** Qui émane directement de l'auteur, de la source, de la première rédaction. *Un texte original.* ◇ *Édition originale :* première édition d'un ouvrage imprimé. — *Gravure originale :* gravure, estampe conçue et exécutée par un même artiste (par oppos. à la *gravure d'interprétation,* d'après un modèle que le graveur a puisé dans l'œuvre d'autrui). **2.** Qui semble se produire pour la première fois ; qui n'imite pas. *Pensée originale.* **3.** Qui écrit, compose d'une manière neuve, personnelle. *Musicien original.* **4.** Qui ne ressemble à aucun autre ; excentrique. *Un caractère original.* ◆ n. Personne dont le comportement sort de l'ordinaire. *C'est un vieil original.* ◆ n.m. Modèle, ouvrage, texte primitif, document authentique (par oppos. à *copie, traduction, reproduction,* etc.).

ORIGINALEMENT adv. De façon originale.

ORIGINALITÉ n.f. **1.** Caractère de ce qui est original, nouveau, singulier. **2.** Marque, preuve de fantaisie, ou de bizarrerie, d'excentricité. **3.** Capacité d'une personne à innover ; personnalité.

ORIGINE n.f. (lat. *origo, originis*). **1.** Commencement de l'existence de qqch ; naissance, début. *L'origine du monde.* ◇ *À l'origine, dès l'origine :* au début. **2.** Ce qui provoque l'apparition de qqch ; source, cause. *L'origine d'une fortune.* **3.** Milieu d'où qqn est issu ; ascendance, extraction. *Des origines bourgeoises.* **4.** Temps, lieu, milieu d'où est issu qqch ; provenance. *Bière d'origine belge. Mot d'origine latine.* **5.** GÉOMÉTR. *Origine d'un axe :* point d'abscisse nulle. – *Origine d'un repère :* point commun aux axes de coordonnées. (Ses coordonnées sont toutes égales à zéro.)

ORIGINEL, ELLE adj. Qui remonte jusqu'à l'origine. ◇ CHRIST. *Péché originel :* péché qui entache tous les hommes, en tant que descendants d'Adam et Ève.

ORIGINELLEMENT adv. Dès l'origine.

ORIGNAL n.m. [pl. *orignaux*] (basque *oregnac*). Québec. Élan du Canada.

ORIN n.m. (moyen néerl. *ooring*). MAR. **1.** Filin assujetti à un objet immergé (ancre, grappin, etc.), d'une longueur suffisante pour que la bouée qui lui est fixée reste visible à marée haute. **2.** Filin de retenue d'une mine sous-marine.

ORIOLE n.m. ORNITH. Troupiale.

ORIPEAUX n.m. pl. (anc. fr. *orie,* doré, et *pel,* peau). **1.** *Litt.* Vêtements usés qui ont conservé un reste de splendeur. **2.** *Fig.* Apparence illusoire de grandeur, d'éclat ; vernis.

ORIYA n.m. Langue indo-aryenne parlée dans l'État d'Orissa, en Inde. Graphie savante : *oriyā.*

ORL ou **O.R.L.** [oɛrɛl] n.f. (sigle). Oto-rhino-laryngologie. ◆ n. Oto-rhino-laryngologiste.

ORLE n.m. (de l'anc. fr. *orler,* ourler, du lat. *ora,* bord). HÉRALD. Bordure réduite ne touchant pas les bords de l'écu.

ORLÉANISME n.m. **1.** Opinion des partisans de la maison d'Orléans qui accéda au trône de France en 1830 avec Louis-Philippe. **2.** DR. Régime parlementaire dans lequel le chef de l'État a un rôle prépondérant, le gouvernement étant responsable à la fois devant lui et devant le Parlement.

ORLÉANISTE adj. et n. Relatif à l'orléanisme ; qui en est partisan. (Au début de la IIIe République, les orléanistes, gallicans et libéraux, attachés au drapeau français et au régime parlementaire, ne purent s'entendre avec les légitimistes pour restaurer la monarchie.)

ORLON n.m. (nom déposé). Fibre textile synthétique (acrylique).

ORMAIE ou **ORMOIE** n.f. Lieu planté d'ormes.

ORME n.m. (lat. *ulmus*). Arbre atteignant de 20 à 30 m de haut, à feuilles dentelées, souvent planté, dont le bois solide et souple est utilisé en charpenterie et en ébénisterie. (L'espèce est actuellement menacée par une maladie, la graphiose. Famille des ulmacées.)

■ ORME

1. ORMEAU n.m. Jeune orme.

2. ORMEAU, ORMET ou **ORMIER** n.m. (lat. *auris maris,* oreille de mer). Haliotide. SYN. : *oreille-de-mer.*

ORNE n.m. (lat. *ornus*). Frêne du sud de l'Europe, à fleurs blanches odorantes et dont on extrait la manne. (Nom sc. *Fraxinus ornus.*)

ORNEMANISTE n. Anc. Dessinateur et/ou graveur en meubles, objets d'art et motifs ornementaux.

ORNEMENT n.m. (lat. *ornamentum*). **1.** Élément qui orne, agrémente un ensemble, ajoute qqch qui embellit. ◇ *Ornement courant :* motif décoratif qui se répète en suite linéaire. – *D'ornement :* purement décoratif. *Plantes d'ornement.* **2.** Chacun des vêtements liturgiques particuliers que revêtent les ministres du culte catholique. **3.** MUS. Groupe de notes brèves, écrites ou improvisées, destinées à embellir ou varier une mélodie vocale ou instrumentale.

■ **ORNEMENTS** courants.

ORNEMENTAL, E, AUX adj. Qui sert ou peut servir d'ornement ; décoratif.

ORNEMENTATION n.f. Action, art, manière de disposer des ornements ; effet qui en résulte.

ORNEMENTER v.t. Enrichir d'ornements.

ORNER v.t. (lat. *ornare*). **1.** Embellir en ajoutant un, des éléments décoratifs. *Orner une façade de caryatides.* – *Fig.* Rendre plus attrayant ; enjoliver. *Orner son récit d'anecdotes.* **2.** Servir d'ornement à ; parer. *Une bague ornait sa main.*

ORNIÉRAGE n.m. Déformation permanente de la surface d'une chaussée, due à la circulation et qui crée une ornière.

ORNIÈRE n.f. (lat. *orbita*). Sillon plus ou moins profond creusé dans le sol des chemins par les roues des véhicules. ◇ *Sortir de l'ornière :* se dégager de la routine ou d'une situation difficile.

ORNITHISCHIEN [-tiskjɛ̃] n.m. Reptile dinosaurien tel que l'iguanodon et le stégosaure, dont la structure du bassin évoque celle d'un oiseau. (Les ornithischiens forment un ordre.)

ORNITHOGALE n.m. (gr. *ornis, ornithos,* oiseau, et *gala,* lait). Plante bulbeuse, à fleurs blanches ou verdâtres, dont une espèce est la *dame-d'onze-heures.* (Genre *Ornithogalum ;* famille des liliacées.)

ORNITHOLOGIE n.f. Partie de la zoologie qui étudie les oiseaux.

ORNITHOLOGIQUE adj. Relatif à l'ornithologie.

ORNITHOLOGISTE ou **ORNITHOLOGUE** n. Spécialiste d'ornithologie.

ORNITHOMANCIE n.f. (gr. *ornithomanteia*). ANTIQ. Divination par le vol ou le chant des oiseaux.

ORNITHOPHILIE n.f. Intérêt pour les oiseaux non domestiques, leur observation, leur élevage et leur maintien en captivité.

ORNITHORYNQUE [ɔrnitɔrɛ̃k] n.m. (gr. *ornis, ornithos,* oiseau, et *runkhos,* bec). Mammifère monotrème d'Australie et de Tasmanie, à bec de canard, à pattes palmées et à queue plate, lui permettant de creuser des galeries près de l'eau. (Long. 40 cm env. ; genre *Ornithorhynchus,* sous-classe des monotrèmes.)

ORNITHOSE n.f. Infection due à une bactérie du genre *Chlamydia,* transmise des oiseaux à l'homme, chez qui elle prend la forme d'une pneumopathie.

OROBANCHE n.f. (gr. *orobankhê*). Plante sans chlorophylle, à fleurs gamopétales, qui vit en parasite sur les racines d'autres plantes (labiées, légumineuses, etc.). [Famille des orobanchacées.]

OROGÈNE n.m. GÉOL. Système montagneux résultant du plissement d'une portion instable de l'écorce terrestre.

OROGENÈSE n.f. (gr. *oros,* montagne, et *genesis,* génération). GÉOL. Ensemble des processus de formation des chaînes de montagnes. *L'orogenèse alpine.*

OROGÉNIQUE adj. Relatif à l'orogenèse. ◇ *Mouvements orogéniques :* mouvements lents de l'écorce terrestre à l'origine des chaînes de montagnes.

OROGRAPHIE n.f. Agencement des reliefs terrestres.

OROGRAPHIQUE adj. Relatif à l'orographie.

ORONGE n.f. (provenç. *ouronjo,* orange). Nom usuel de plusieurs amanites, telles que l'amanite des Césars *(oronge vraie),* comestible très recherché, et l'amanite tue-mouches *(fausse oronge)* à chapeau rouge tacheté de blanc, toxique.

■ **ORONGES**

OROPHARYNX n.m. (lat. *os, oris,* bouche). Partie moyenne du pharynx, en arrière de la bouche.

ORPAILLAGE n.m. Exploitation artisanale d'alluvions aurifères.

ORPAILLEUR n.m. (de l'anc. fr. *harpailler,* saisir). Personne qui lave les alluvions aurifères pour en retirer les paillettes d'or.

■ **ORNITHORYNQUE**

ORPHELIN, E n. (bas lat. *orphanus*). Enfant qui a perdu son père et sa mère, ou l'un des deux. ◆ adj. *Maladie orpheline :* maladie héréditaire rare pour laquelle il n'existe pas de traitement spécifique, faute d'investissements de recherche.

ORPHELINAT n.m. Établissement où l'on élève des orphelins.

ORPHÉON n.m. (de *Orphée*). Chorale de voix d'hommes ou de voix mixtes d'enfants.

ORPHÉONISTE n. Membre d'un orphéon.

ORPHIE n.f. (du néerl.). Poisson au corps très élancé, à bec fin et pointu, à squelette vert pâle, encore appelé *aiguille, aiguillette, bécassine de mer.* (Long. 60 cm ; genre *Belonis,* famille des bélonidés.)

ORPHIQUE adj. et n. *Didact.* Relatif à Orphée, à l'orphisme.

ORPHISME n.m. (de *Orphée*). **1.** Courant religieux de la Grèce antique, qui se rattache à Orphée, le maître des incantations. (Source d'une abondante littérature entre le VIe s. av. J.-C. et la fin du paganisme, l'orphisme enseignait la nécessité, pour l'âme, de se délivrer de la prison du corps par l'ascèse et l'initiation.) **2.** PEINT. Tendance du cubisme visant à une construction abstraite des formes par la couleur, représentée au premier chef par R. Delaunay. (Son nom lui fut donné par Apollinaire en 1913.)

ORPIMENT n.m. (lat. *aurum,* or, et *pigmentum,* piment). Sulfure d'arsenic, de couleur jaune vif.

ORPIN n.m. (de *orpiment*). Plante grasse herbacée des rocailles et lieux arides, aux feuilles charnues, aux fleurs ornementales. (Famille des crassulacées.) SYN. : *sedum.*

ORQUE n.f. (lat. *orca*). Épaulard.

ORSEC (PLAN) [acronyme de *organisation des secours*]. Programme français d'organisation des secours qui permet au préfet de mobiliser, en cas de catastrophe, tous les moyens, publics et privés, de son département.

ORSEILLE n.f. (catalan *orcella*). Colorant tiré d'une espèce de lichen répandue sur les côtes rocheuses de la Méditerranée, utilisé en teinture.

ORTEIL [ɔrtɛj] n.m. (lat. *articulus,* jointure). Doigt de pied. – *Spécial.* Le plus gros doigt du pied, appelé aussi *gros orteil.*

ORTHÈSE n.f. Appareil orthopédique destiné à soutenir une fonction locomotrice déficiente et fixé contre la partie atteinte (attelle, gouttière, corset, plâtre, etc.).

ORTHOCENTRE n.m. (du gr. *orthos,* droit). GÉOMÉTR. Point d'intersection des hauteurs d'un triangle.

ORTHOCHROMATIQUE adj. Se dit d'une surface photographique sensible à toutes les couleurs sauf au rouge.

ORTHODONTIE [-si] n.f. Partie de l'odontologie qui a pour objet la correction des anomalies de position des dents.

ORTHODONTISTE n. Spécialiste d'orthodontie.

ORTHODOXE adj. et n. (gr. *orthos,* droit, et *doxa,* opinion). **1.** RELIG. Qui professe l'orthodoxie. **2.** Qui est conforme au dogme, à la doctrine d'une religion (par oppos. à *hérétique*). **3.** Conforme aux principes d'une doctrine quelconque, aux usages, à l'opinion commune. ◆ adj. *Églises orthodoxes :* Églises chrétiennes orientales, séparées de Rome depuis 1054, mais restées fidèles à la doctrine définie par le concile de Chalcédoine (451).

ENCYCL. Rassemblées sous la primauté d'honneur du patriarche œcuménique de Constantinople, les Églises orthodoxes (env. 180 millions de fidèles) comprennent notamment les trois anciens patriarcats d'Alexandrie, d'Antioche et de Jérusalem, les patriarcats plus récents de Géorgie, de Bulgarie, de Serbie, de Russie et de Roumanie, ainsi que les Églises autocéphales de Chypre, de Grèce, de Pologne, d'Albanie, de la République tchèque et de Slovaquie.

ORTHODOXIE n.f. **1.** Caractère de ce qui est orthodoxe. **2.** Ensemble des doctrines des Églises orthodoxes.

ORTHODROMIE n.f. (du gr. *orthodromein,* courir en ligne droite). Ligne de plus courte distance entre deux points de la surface de la Terre. (C'est l'arc de grand cercle qui les joint, en supposant la Terre sphérique.)

ORTHODROMIQUE adj. Relatif à l'orthodromie.

ORTHOGENÈSE n.f. SC. DE LA V. Mode d'évolution d'une lignée au long de laquelle un caractère déterminé change par degrés dans la même direction évolutive.

ORTHOGÉNIE n.f. MÉD. **1.** Contrôle des naissances appliqué à certains couples, pour diminuer le risque de maladies héréditaires. (L'orthogénie, appelée alors *eugénisme,* peut aussi viser à une hypothétique amélioration génétique de l'espèce humaine.) **2.** *Par ext.* Contrôle des naissances.

ORTHOGÉNISME n.m. Étude scientifique de l'orthogénie.

ORTHOGONAL, E, AUX adj. (lat. *orthogonus,* à angle droit). En géométrie élémentaire, perpendiculaire. ◇ *Vecteurs orthogonaux d'un espace vectoriel euclidien :* deux vecteurs dont le produit scalaire est nul. – *Base orthogonale (d'un espace vectoriel) :* base formée de vecteurs deux à deux orthogonaux. – *Projection orthogonale :* projection dont la direction est perpendiculaire à l'axe ou au plan de projection. – *Symétrie orthogonale :* symétrie axiale.

ORTHOGONALEMENT adv. Selon une direction orthogonale.

ORTHOGONALITÉ n.f. Propriété pour deux droites, deux plans, deux vecteurs, un plan et une droite, etc., d'être orthogonaux. SYN. : *perpendicularité.*

ORTHOGRAPHE n.f. (gr. *orthos,* droit, et *graphein,* écrire). **1.** Ensemble des règles et des usages qui régissent la manière d'écrire les mots d'une langue ; maîtrise qu'on en a. *Réforme de l'orthographe. Avoir une bonne orthographe.* **2.** Manière correcte d'écrire un mot. *Mot qui a deux orthographes.*

ORTHOGRAPHIER v.t. [5]. Écrire un mot en suivant les règles de l'orthographe.

ORTHOGRAPHIQUE adj. Relatif à l'orthographe. ◇ *Signes orthographiques :* cédille, trait d'union, accents, etc.

ORTHONORMÉ, E ou **ORTHONORMAL, E, AUX** adj. ALGÈBRE. *Base orthonormée* ou *orthonormale :* base orthogonale dont les vecteurs ont tous une norme égale à 1.

ORTHOPÉDIE n.f. (gr. *orthos,* droit, et *paideia,* éducation). Partie de la médecine et de la chirurgie qui a pour objet le traitement des affections du squelette, des articulations, de l'appareil locomoteur.

ORTHOPÉDIQUE adj. Relatif à l'orthopédie.

ORTHOPÉDISTE n. Médecin spécialiste d'orthopédie.

ORTHOPHONIE n.f. Rééducation du langage oral, en partic. de la prononciation, et écrit.

ORTHOPHONIQUE adj. Relatif à l'orthophonie.

ORTHOPHONISTE n. Auxiliaire médical spécialisé en orthophonie.

ORTHOPHOSPHORIQUE adj. *Acide orthophosphorique :* forme hydratée la plus stable de l'acide phosphorique.

ORTHOPNÉE n.f. Gêne respiratoire qui oblige le malade à rester debout ou assis.

ORTHOPTÈRE n.m. Insecte broyeur, génér. adapté au saut, à métamorphoses incomplètes et dont les ailes membraneuses ont des plis droits, comme le criquet, la sauterelle, le grillon. (Les orthoptères forment un ordre.)

ORTHOPTIE [-psi] ou **ORTHOPTIQUE** n.f. (gr. *orthos,* droit, et *optikos,* qui concerne la vue). Discipline paramédicale qui étudie les défauts de la motilité de l'œil et de la vision binoculaire (strabisme, hétérophorie, insuffisance de convergence, etc.), et les traite par la rééducation.

ORTHOPTIQUE adj. Relatif à l'orthoptie.

ORTHOPTISTE n. Auxiliaire médical spécialisé en orthoptie.

ORTHORHOMBIQUE adj. CRISTALLOGR. *Système orthorhombique :* système cristallin dont la maille élémentaire est un parallélépipède rectangle.

ORTHOSCOPIQUE adj. Se dit d'un objectif photographique ou d'un oculaire bien corrigé de la distorsion.

ORTHOSE n.f. MINÉRALOG. Feldspath potassique $[K(Si_3AlO_8)]$, souvent maclé, abondant dans les granites et les gneiss.

ORTHOSTATE n.m. (du gr. *orthostatês,* dressé). ARCHÉOL. Bloc de pierre dressé constituant le support d'autres blocs ; bloc ou dalle, ornés ou non, formant l'assise inférieure d'un mur.

ORTHOSTATIQUE adj. MÉD. Relatif à l'orthostatisme.

ORTHOSTATISME n.m. MÉD. Station debout.

ORTHOSYMPATHIQUE adj. MÉD. *Système nerveux orthosympathique :* système nerveux sympathique.

ORTIE n.f. (lat. *urtica*). **1.** Plante herbacée à petites fleurs verdâtres, aux larges feuilles dentées couvertes de poils qui renferment un liquide irritant (acide formique). [Famille des urticacées.] ◇ *Ortie blanche :* lamier blanc. **2.** *Ortie de mer :* actinie.

■ ORTIE

ORTOLAN n.m. (lat. *hortolanus,* jardinier). Bruant d'Europe et d'Asie occidentale, recherché pour sa chair délicate. (Famille des embérizidés.)

ORVET [ɔrvɛ] n.m. (de l'anc. fr. *orb,* aveugle). Lézard apode insectivore gris ou doré répandu dans toute l'Europe, dont la queue se brise facilement par autotomie, d'où son nom de *serpent de verre.* (Long. 30 à 50 cm ; genre *Anguis,* famille des anguidés.)

ORYCTÉROPE n.m. (gr. *oruktêr,* fouisseur, et *ops,* vue). Mammifère des savanes africaines, aux longues oreilles, au museau terminé en groin, qui vit le jour dans un terrier et sort la nuit pour manger termites et fourmis qu'il capture à l'aide de sa longue langue visqueuse. (Long. 1,20 m sans la queue ; poids 70 kg. C'est le seul représentant de l'ordre des tubulidentés.)

■ ORYCTÉROPE

ORYX n.m. (mot lat., du gr.). Antilope d'Afrique et d'Arabie aux cornes longues et effilées, annelées et légèrement incurvées, dont une espèce est l'algazelle.

1. OS ou **O.S.** [oɛs] n. (sigle). Ouvrier spécialisé.

2. OS [ɔs] (au pl. [o]) n.m. (lat. *os, ossis*). **1.** Organe dur et solide qui constitue la charpente de l'homme et des vertébrés. ◇ *Grand os, os crochu :* noms de deux os du carpe. – *Os à moelle :* os d'un animal de boucherie qui contient de la moelle et qu'on met notamm. dans le pot-au-feu. – *N'avoir que la peau et les os :* être très maigre. – *Fam. Sac d'os, paquet d'os :* personne très maigre. – *Fam. Ne pas faire de vieux os :* ne pas vivre très longtemps ; ne pas rester longtemps quelque part. – *Très fam. L'avoir dans l'os :* subir un échec. – *Très fam. Jusqu'à l'os :* complètement. – *Donner un os à ronger à qqn,* lui faire une maigre faveur, lui laisser quelques miettes d'une grosse affaire. **2.** Matière constituée d'os, avec laquelle on fabrique certains objets. *Manche de couteau en os.* **3.** *Os de seiche :* coquille interne dorsale de la seiche, formée d'une plaque allongée, poreuse, calcaire, faisant fonction de stabilisateur. **4.** *Fig., fam.* Difficulté, problème. *Tomber sur un os. Il y a un os.*

ENCYCL. On distingue les *os courts* (vertèbres, os du carpe, du tarse), les *os plats* (omoplate, os iliaque, os de la voûte du crâne) et les *os longs*

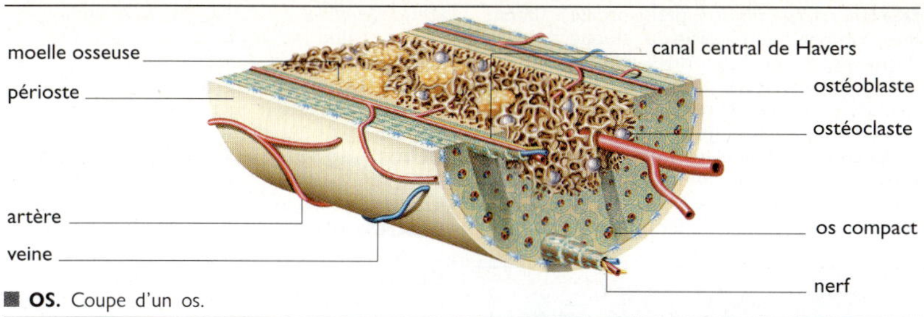

■ **OS.** Coupe d'un os.

(fémur, humérus, tibia, radius...). Un os long comprend une partie moyenne, ou diaphyse – formée de tissu osseux compact et creusée d'une cavité axiale contenant de la moelle jaune constituée surtout de graisse –, et deux extrémités, ou épiphyses – formées de tissus osseux spongieux, dont les multiples petites cavités contiennent de la moelle rouge hématopoïétique qui fournit les cellules du sang. Un os est entouré d'une solide membrane conjonctive, le périoste, sauf au niveau des surfaces articulaires, où il est recouvert de cartilage.

OSCABRION n.m. Chiton (mollusque).

OSCAR n.m. (de *Oscar*, prénom). **1.** Récompense cinématographique, matérialisée par une statuette attribuée chaque année, à Hollywood, à des artistes et à des techniciens du film. **2.** Récompense décernée par un jury dans divers domaines. *L'oscar de la publicité, de l'emballage.*

OSCILLAIRE [ɔsilɛr] n.f. Cyanobactérie formant des filaments animés d'un mouvement pendulaire régulier, dans l'eau ou les endroits humides. (Genre *Oscillatoria.*)

OSCILLANT, E [ɔsilɑ̃, ɑ̃t] adj. Qui oscille.

OSCILLATEUR [ɔsilatœr] n.m. **1.** Appareil produisant des courants électriques alternatifs périodiques de fréquence déterminée. **2.** PHYS. Système, mécanique ou électrique, qui est le siège d'un phénomène périodique. ◇ *Oscillateur harmonique :* oscillateur dont l'élongation est une fonction sinusoïdale du temps.

OSCILLATION [ɔsilasjɔ̃] n.f. **1.** PHYS. Phénomène caractérisé par une ou plusieurs grandeurs oscillantes. ◇ *Oscillation électrique :* succession des courants de décharge et de charge qui circulent dans un circuit électrique. SYN. : *décharge oscillante.* **2.** Mouvement de va-et-vient. *Les oscillations d'un pendule.* **3.** *Fig.* Changement alternatif et irrégulier ; fluctuation. *Les oscillations de l'opinion publique.* **4.** Cycle complet d'un oscillateur durant une période.

OSCILLATOIRE adj. De la nature de l'oscillation.

OSCILLER [ɔsile] v.i. (bas lat. *oscillare*, balancer). **1.** Être animé d'un mouvement alternatif et régulier. *Le pendule oscille.* **2.** Être animé d'un mouvement de va-et-vient quelconque qui menace l'équilibre, la régularité, etc. ; vaciller. *La statue oscille sur sa base.* **3.** *Fig.* Hésiter entre des attitudes contraires ; balancer. *Le gouvernement oscille entre la fermeté et le laxisme.* **4.** Varier entre deux niveaux. *Les réserves de pétrole oscillent entre 30 et 75 jours.*

OSCILLOGRAMME [ɔsilɔ-] n.m. Image qui apparaît sur l'écran d'un oscillographe.

OSCILLOGRAPHE [ɔsilɔ-] n.m. Appareil permettant d'observer et d'enregistrer les variations d'une grandeur physique variable en fonction du temps.

OSCILLOSCOPE [ɔsilɔ-] n.m. Appareil servant à visualiser les variations temporelles d'une grandeur physique. (Il est constitué d'un canon à électrons produisant un faisceau, qui peut être dévié horizontalement et verticalement grâce à l'application d'un signal électrique sur des plaques, réalisant ainsi une représentation visuelle de courbes sur un écran luminescent.)

OSCULATEUR, TRICE adj. (du lat. *osculari*, baiser). GÉOMÉTR. *Cercle osculateur en un point d'une courbe plane,* cercle tangent en ce point à la courbe et ayant pour rayon le rayon de courbure de la courbe en ce point. (On dit aussi *cercle de courbure.*) – *Plan osculateur en un point M d'une courbe gauche :* plan défini par la tangente et la normale principale en M.

OSCULE n.m. (lat. *osculum*, petite bouche). ZOOL. Grand pore excréteur à la surface des éponges.

OSE n.m. (de *glucose*). BIOCHIM. Glucide simple ne comportant qu'une seule chaîne carbonée et n'ayant pas de ramifications (par oppos. à *oside*). SYN. : *monosaccharide.*

OSÉ, E adj. **1.** Fait avec audace ; risqué. *Tentative osée.* **2.** Qui choque la bienséance ; cru. *Plaisanterie osée.*

OSEILLE n.f. (du lat. *acidulus*, aigrelet). **1.** Plante potagère vivace à feuilles comestibles disposées en rosette, qui doivent leur goût acide à la présence d'oxalate de potassium. (Famille des polygonacées.) **2.** *Fam.* Argent. **3.** *Sel d'oseille :* oxalate de potassium, qui a la propriété d'enlever les taches de rouille.

OSER v.t. (bas lat. *ausare*). **1.** Avoir la hardiesse, le courage de ; se permettre de. *Oser se plaindre.* **2.** *Litt.* Tenter, entreprendre avec courage, avec audace ; risquer. *C'est un homme à tout oser.* **3.** Suisse. Avoir la permission de. *Est-ce que j'ose entrer ?*

OSERAIE n.f. Lieu planté d'osiers.

OSIDE n.m. BIOCHIM. Glucide constitué par l'assemblage de plusieurs oses, et pouvant faire partie des holosides ou des hétérosides.

OSIER n.m. (bas lat. *auseria*). Saule à rameaux jaunes, longs et flexibles, servant à tresser des paniers, des corbeilles, à faire des liens, etc. ; ces rameaux. (Nom sc. *Salix viminalis.*)

OSIÉRICULTURE n.f. Culture de l'osier.

OSMANLI, E [ɔsmɑ̃li] adj. et n. Rare. Ottoman. ◆ n.m. Langue turque telle qu'elle était parlée dans l'Empire ottoman.

OSMIQUE adj. Se dit de l'anhydride OsO_4, employé en histologie.

OSMIUM [ɔsmjɔm] n.m. (du gr. *osmê*, odeur). **1.** Métal de la mine du *platine, fondant vers 3 040 °C. **2.** Élément chimique (Os), de numéro atomique 76, de masse atomique 190,23.

OSMIURE n.m. CHIM. MINÉR. Combinaison de l'osmium avec un autre corps simple.

OSMOMÈTRE n.m. Appareil servant à mesurer la pression osmotique.

OSMONDE n.f. Grande fougère des bois humides et des marais, dont les sporanges sont portés par des feuilles spéciales, parfois cultivée pour l'ornement. (Genre *Osmunda ;* famille des osmundacées.)

OSMOSE n.f. (gr. *ôsmos*, poussée). **1.** Transfert du solvant d'une solution diluée vers une solution concentrée au travers d'une membrane dite *permsélective.* (Dans les organismes vivants, des transferts d'eau par osmose s'effectuent en permanence à travers la membrane des cellules.) ◇ *Osmose électrique :* électro-osmose. – *Osmose inverse :* transfert inverse de l'osmose normale, obtenu en exerçant sur la solution concentrée une pression supérieure à la pression osmotique, et utilisé pour dessaler l'eau, concentrer des jus de fruits, etc. **2.** *Fig.* Influence réciproque ; interpénétration. *Osmose entre deux civilisations voisines.*

■ **OSMONDE.** Osmonde royale.

OSMOTIQUE adj. Relatif à l'osmose. ◇ *Pression osmotique :* pression devant s'exercer dans une solution pour l'empêcher d'attirer de l'eau par osmose. *La pression osmotique du plasma sanguin.*

OSQUE adj. Relatif aux Osques.

OSSATURE n.f. **1.** Les os en général, sans tenir compte de leur emplacement (par oppos. à *squelette*). *Avoir une forte ossature.* **2.** Structure qui soutient un ensemble ou lui donne sa rigidité ; squelette, charpente. *L'ossature d'un immeuble.* – *Fig.* Plan, canevas. *L'ossature d'un discours.*

OSSÉINE n.f. Substance contenue dans la matrice du tissu osseux.

OSSELET n.m. **1.** Petit os. **2.** Petit os du pied du mouton ; pièce de forme identique utilisée dans le jeu des osselets. **3.** *Osselet de l'oreille :* petit os de l'oreille moyenne des vertébrés tétrapodes, transmettant les vibrations sonores du tympan à l'oreille interne. (Chez les mammifères, il existe trois osselets : le *marteau*, l'*enclume* et l'*étrier.*) ◆ pl. Jeu d'adresse consistant le plus souvent à lancer des osselets et à les rattraper sur le dos de la main.

OSSEMENTS n.m. pl. Os décharnés d'hommes ou d'animaux morts.

OSSEUX, EUSE adj. **1.** Qui possède des os ou qui est constitué par de l'os. *Squelette osseux.* ◇ *Poisson osseux :* ostéichtyen (par oppos. à *poisson cartilagineux*). **2.** Dont les os sont saillants. *Main osseuse.* **3.** MÉD. Relatif aux os. ◇ *Tissu osseux :* tissu constituant la partie dure des os.

OSSIFICATION n.f. PHYSIOL. Formation de tissu osseux à partir d'un tissu conjonctif (*ossification dermique* ou *endoconjonctive*) ou cartilagineux (*ossification enchondrale*). ◇ *Point d'ossification :* zone où débute un phénomène d'ossification.

OSSIFIER (S') v.pr. [5]. Se transformer en tissu osseux.

OSSO-BUCO [ɔsobuko] n.m. inv. (mot ital., *os à trou*). Jarret de veau coupé en tranches, poêlé et cuit dans une préparation à base d'oignons, de tomates et de vin blanc. (Cuisine italienne.)

OSSU, E adj. *Litt.* Qui a de gros os.

OSSUAIRE n.m. (bas lat. *ossuarium*). Bâtiment ou excavation où l'on entasse des ossements humains, près d'un champ de bataille, d'un cimetière, etc.

OST ou **HOST** [ɔst] n.m. (lat. *hostis*, ennemi, troupe armée). HIST. Armée, à l'époque féodale. ◇ *Service d'ost,* ou *ost :* au Moyen Âge, service militaire que les vassaux devaient à leur suzerain.

OSTÉALGIE n.f. (gr. *osteon*, os, et *algos*, douleur). MÉD. Rare. Douleur osseuse.

OSTÉICHTYEN n.m. Poisson à squelette interne ossifié. (Les ostéichtyens forment une classe comprenant l'immense majorité des poissons, à l'exception des requins et des raies [chondrichtyens].) SYN. : *poisson osseux.*

OSTÉITE n.f. Toute inflammation des os. – *Spécial.* Ostéomyélite.

OSTENSIBLE adj. (du lat. *ostendere*, montrer). *Sout.* Que l'on ne cache pas ; qui est fait avec l'intention d'être vu. *Un mépris ostensible.*

OSTENSIBLEMENT adv. De façon ostensible.

OSTENSOIR n.m. (du lat. *ostensus*, montré). CATH. Pièce d'orfèvrerie dans laquelle on expose à l'autel l'hostie consacrée.

OSTENTATION n.f. (lat. *ostentatio*, de *ostendere*, montrer). Étalage indiscret d'un avantage ou d'une qualité ; attitude de qqn qui cherche à se faire remarquer ; affectation.

OSTENTATOIRE adj. Qui manifeste de l'ostentation ; affecté.

OSTÉOBLASTE n.m. Cellule osseuse peu différenciée, capable d'élaborer la matrice minéralisée avant de se transformer en ostéocyte.

OSTÉOCHONDROSE ou **OSTÉOCHONDRITE** [-kɔ̃-] n.f. Affection de l'os en phase de croissance, correspondant à une nécrose localisée sur une épiphyse, une vertèbre, etc.

OSTÉOCLASTE n.m. HISTOL. Cellule de l'os qui détruit le tissu osseux vieilli, avant sa reconstruction par les ostéoblastes.

OSTÉOCYTE n.m. Cellule de base du tissu osseux.

OSTÉOGÈNE adj. Qui sert à former le tissu osseux. *Couche ostéogène du périoste.*

OSTÉOGENÈSE ou **OSTÉOGÉNIE** n.f. Formation du tissu osseux.

OSTÉOLOGIE n.f. Partie de l'anatomie qui étudie les os.

OSTÉOLYSE n.f. Destruction de tissu osseux, physiologique (et compensée par l'ostéogenèse) ou pathologique (myélome, métastases osseuses, etc.).

OSTÉOMALACIE n.f. (gr. *osteon,* os, et *malakia,* mollesse). Déminéralisation des os due notamm. à une carence en vitamine D, et équivalente chez l'adulte du rachitisme.

OSTÉOME n.m. Tumeur bénigne constituée de tissu osseux.

OSTÉOMYÉLITE n.f. Infection d'un os.

OSTÉOPATHE n. Personne qui pratique l'ostéopathie.

OSTÉOPATHIE n.f. **1.** Toute maladie des os. **2.** Médecine douce visant à soigner les maladies par des manipulations des membres, des vertèbres ou du crâne.

OSTÉOPHYTE n.m. MÉD. Petite excroissance d'un os, souvent près d'une articulation atteinte par l'arthrose.

OSTÉOPLASTIE n.f. Restauration chirurgicale d'un os à l'aide de fragments osseux.

OSTÉOPOROSE n.f. MÉD. Fragilité diffuse des os due à une déminéralisation par raréfaction de la matrice protéique. (Très fréquente chez les femmes après la ménopause, elle expose à des fractures des vertèbres et du col du fémur.)

OSTÉOSARCOME n.m. MÉD. Tumeur maligne des os.

OSTÉOSYNTHÈSE n.f. Immobilisation chirurgicale d'une fracture à l'aide d'un matériel varié (clou, vis, plaque, etc.).

OSTÉOTOMIE n.f. Section chirurgicale d'un os, par ex. pour redresser l'un des deux fragments.

OSTINATO n.m. (mot ital.). MUS. Motif mélodique ou rythmique répété obstinément, génér. à la basse d'une œuvre.

OSTIOLE n.m. (lat. *ostiolum,* petite porte). BOT. Orifice respiratoire microscopique du stomate, présent en grand nombre à la face inférieure des feuilles chez les plantes dicotylédones et sur les deux faces des feuilles des monocotylédones.

OSTRACISME n.m. (du gr. *ostrakon,* tesson de poterie qui servait à l'expression des suffrages). **1.** ANTIQ. GR. Procédure en usage à Athènes, permettant aux membres de l'ecclésia de bannir pour dix ans un homme politique dont ils redoutaient la puissance ou l'ambition. **2.** Action d'exclure qqn d'un groupe, d'un parti, de le tenir à l'écart. *Être frappé d'ostracisme.*

OSTRACODE n.m. (du gr. *ostrakon,* coquille). Très petit crustacé inférieur à carapace bivalve, nageant grâce à ses antennes, tel que la daphnie. (Les ostracodes forment une sous-classe.)

OSTRACON [-kɔn] n.m. [pl. *ostraca*] (gr. *ostrakon,* coquille). ARCHÉOL. Coquille ou tesson de poterie qui servait de support pour l'écriture ou le dessin (vote, esquisse, plan, etc.).

OSTRÉICOLE adj. (lat. *ostrea,* huître, et *colere,* cultiver). Relatif à l'ostréiculture.

OSTRÉICULTEUR, TRICE n. Personne qui pratique l'ostréiculture.

OSTRÉICULTURE n.f. Élevage des huîtres.

1. OSTROGOTH, E, OSTROGOT, E [ɔstrɔgo, ɔt] ou **OSTROGOTHIQUE** adj. Relatif aux Ostrogoths.

2. OSTROGOTH ou **OSTROGOT** [ɔstrɔgo] n.m. *Fam.* **1.** Homme qui ignore les bienséances, la politesse. **2.** *Un drôle d'ostrogoth :* un individu bizarre.

OTAGE n.m. (anc. fr. *hostage,* logement, les otages logeant génér. chez celui à qui ils étaient livrés). **1.** Personne prise ou livrée comme garantie de l'exécution de certaines conventions militaires ou politiques. *Laisser des otages à l'ennemi.* **2.** Personne dont on s'empare et qu'on utilise comme moyen de pression contre qqn, un État, pour l'amener à céder à des exigences.

OTALGIE n.f. (gr. *oûs, ôtos,* oreille, et *algos,* douleur). MÉD. Douleur d'oreille.

OTARIE n.f. (gr. *ôtarion,* petite oreille). Mammifère marin piscivore, voisin du phoque, dont il se distingue par la présence de pavillons aux oreilles et par des membres plus longs permettant un déplacement plus aisé sur terre. (Les otaries, dont certaines espèces portent une crinière chez le mâle et sont alors dites ***lions de mer,*** vivent presque toutes sur les côtes de l'hémisphère Sud, formant parfois des rassemblements de plusieurs milliers d'individus.) [Ordre des pinnipèdes.]

■ **OTARIE.** Otarie de Californie.

ÔTÉ prép. *Litt.* En ôtant ; excepté. *Ouvrage excellent, ôté deux ou trois chapitres.*

ÔTER v.t. (lat. *obstare,* faire obstacle). **1.** Enlever une chose de l'endroit où elle est ; retirer. *Ôter un objet de la table.* **2.** Enlever ce que l'on porte sur soi ; quitter. *Ôter son manteau, ses gants.* **3.** Retrancher d'une autre chose. *Ôter deux de quatre.* **4.** Déposséder ou débarrasser qqn de ; enlever, retirer. *Ôter son emploi à qqn. Ôtez-lui cette idée de l'esprit.* ◆ **s'ôter** v.pr. *Fam.* Se retirer, s'écarter de quelque part ; partir. *Ôte-toi de là !*

OTIQUE adj. MÉD. Relatif à l'oreille.

OTITE n.f. (du gr. *oûs, ôtos,* oreille). Toute inflammation de l'oreille.

OTOCYON n.m. (gr. *oûs, ôtos,* oreille, et *kuôn,* chien). Renard de l'est et du sud de l'Afrique, aux oreilles très développées, qui se nourrit presque exclusivement d'insectes. (Long. 60 cm ; genre *Otocyon,* famille des canidés.)

OTOLITHE n.f. (gr. *oûs, ôtos,* oreille, et *lithos,* pierre). MÉD. Concrétion minérale contenue à l'état normal dans l'organe de l'équilibration (oreille interne).

OTOLOGIE n.f. Étude de l'oreille et de ses maladies.

OTO-RHINO-LARYNGOLOGIE n.f. Spécialité médicale qui s'occupe des maladies des oreilles, du nez, du larynx et de la gorge. Abrév. : *ORL.*

OTO-RHINO-LARYNGOLOGISTE ou, *fam.,* **OTO-RHINO** n. (pl. *oto-rhino-laryngologistes, oto-rhinos*). Médecin spécialisé en oto-rhino-laryngologie. Abrév. : *ORL.*

OTORRAGIE n.f. MÉD. Écoulement de sang par l'oreille.

OTORRHÉE n.f. MÉD. Écoulement par l'oreille.

OTOSCOPE n.m. Petit instrument médical pour l'otoscopie.

OTOSCOPIE n.f. Examen clinique du tympan et du conduit auditif externe.

OTOSPONGIOSE n.f. Affection de l'oreille qui provoque une surdité par ankylose de l'étrier.

1. OTTOMAN, E adj. Relatif aux Ottomans, à la période de l'Empire turc ottoman (début du XIVe s. - 1922).

2. OTTOMAN n.m. Étoffe de soie à grosses côtes, tramée coton.

OTTOMANE n.f. Canapé de plan ovale, dont le dossier se prolonge par des joues enveloppantes (XVIIIe s.).

OTTONIEN, ENNE adj. (de *Otton Ier* le Grand). Se dit de l'époque préromane de l'architecture et de l'art allemands, qui va approximativement de 950 à 1030.

OU conj. (lat. *aut*). **1.** Indique une alternative ou une équivalence. *Blanc ou noir.* (*Ou* peut être renforcé par *bien* ou, *fam.,* par *alors.*) **2.** Introduit une équivalence, une explication en d'autres termes. *Lutèce ou l'ancien Paris.*

OÙ adv. et pron. relat. (lat. *ubi*). **1.** Avec valeur relative, marque le lieu et le temps. *La maison où j'habite. Le jour où je vous ai rencontrée.* ◇ *Là où :* au lieu dans lequel. – *Où que* (+ subj.) : en quelque lieu que. **2.** Avec valeur interrogative, marque le lieu, le but. *Où courez-vous ? Où cela vous mènera-t-il ?* ◇ *D'où :* de quel endroit, de quelle origine. – *Par où :* par quel endroit.

OUAILLE [waj] n.f. (anc. fr. *oeille,* du lat. *ovis,* brebis). *Litt.* ou *par plais.* (Souvent pl.) Fidèle, par rapport au pasteur spirituel. *Un curé et ses ouailles.*

OUAIS [wɛ] adv. (altér. de *oui*). *Fam.* **1.** Oui. **2.** Exprime le doute, la raillerie. *Ouais ! Tu ne me feras pas avaler ça.*

OUANANICHE n.f. (mot amérindien). Saumon d'eau douce du nord-est de l'Amérique du Nord.

OUAOUARON n.m. (mot amérindien). Grenouille géante d'Amérique du Nord, aussi appelée ***grenouille taureau.***

OUATE [wat] n.f. (ital. *ovatta,* de l'ar.). Laine, soie, filasse, coton préparés soit pour être placés sous la doublure des objets de literie ou des vêtements, soit pour servir à des pansements. ◇ *Ouate de cellulose :* matière absorbante constituée par la superposition de minces couches de cellulose. – *Ouate hydrophile :* ouate purifiée par lavages dans de l'eau alcaline. – REM. On dit indifféremment *de la ouate* ou *de l'ouate.*

OUATÉ, E adj. Qui donne une impression de douceur ou de confort douillet. *Une atmosphère ouatée.*

OUATER v.t. Garnir, doubler d'ouate.

OUATINE n.f. Nappe de fibre textile cousue entre deux tissus légers, et utilisée comme doublure de vêtement.

OUATINER v.t. Doubler de ouatine.

OUBLI n.m. **1.** Fait d'oublier, de perdre le souvenir de qqn, de qqch. *L'oubli d'un détail important.* **2.** Manquement aux règles, à des habitudes. *L'oubli des convenances.* **3.** Défaillance de la mémoire, de l'attention ; étourderie.

OUBLIABLE adj. *Péjor.* Qui peut ou qui doit être oublié. *Un roman oubliable.*

OUBLIE n.f. Anc. Gaufre mince et légère, roulée en cylindre. *Marchand d'oublies.*

OUBLIER v.t. [5] (lat. pop. *oblitare*). **1.** Ne plus savoir qqch ; être incapable de se le remémorer. *Oublier une date.* **2.** Ne pas se souvenir de qqch par un défaut d'attention. *J'avais oublié qu'il devait venir.* ◇ *Oublier l'heure :* ne pas prêter attention à l'heure et se mettre ainsi en retard. **3.** Abandonner derrière soi, ne pas prendre par étourderie ; laisser. *Oublier ses gants, son parapluie.* **4.** Ne plus être préoccupé par qqch. *Oublier ses soucis.* **5.** Ne plus s'occuper de qqn ; délaisser. *Oublier ses amis.* **6.** Ne pas tenir compte de qqch ; n'en faire aucun cas ; manquer à une obligation ; négliger. *Oublier ses promesses.* **7.** *Sout.* Pardonner. *Oublier une injure.* ◆ **s'oublier** v.pr. **1.** Disparaître de la mémoire. *Tout cela s'oubliera vite.* **2.** Faire abnégation de soi ; ne plus penser à ses intérêts. ◇ *Par plais. Ne pas s'oublier :* être très attentif à ses intérêts. **3.** Manquer aux convenances. ◇ *S'oublier à :* se relâcher au point de. *S'oublier à dire un gros mot.* **4.** *Fam.* Faire ses besoins à un endroit inapproprié. *Le chat s'est oublié sur le tapis.*

OUBLIETTE n.f. (de *oublier*). [Surtout pl.] **1.** Cachot où l'on enfermait ceux qui étaient condamnés à la prison perpétuelle. **2.** Fosse couverte d'une trappe, où l'on faisait tomber ceux dont on voulait se débarrasser. **3.** Endroit où l'on relègue qqch, qqn que l'on veut oublier. *Le projet est tombé dans les oubliettes.*

OUBLIEUX, EUSE adj. *Litt.* **1.** Qui ne garde pas le souvenir de qqch, de qqn ; qui ne s'en préoccupe pas. *Être oublieux des bienséances.* **2.** Qui est sujet à oublier, en partic. les bienfaits reçus.

OUCHE n.f. (lat. *olca*). Vx. Parcelle enclose proche des bâtiments de ferme, consacrée aux cultures vivrières ou fourragères.

OUD n.m. inv. (ar. *ūd,* morceau de bois). Luth composé d'une caisse piriforme, d'un manche

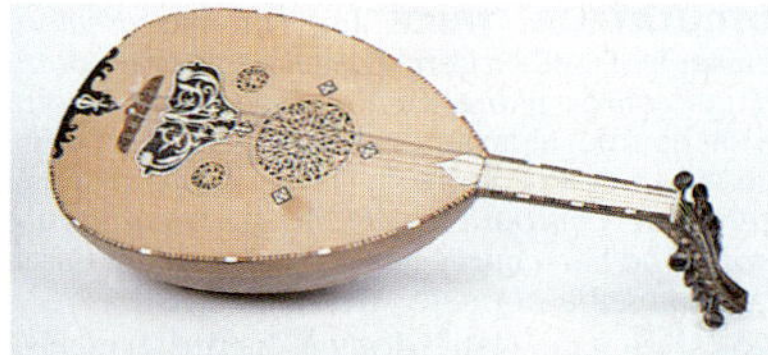

■ **OUD**

court sans frettes et de cordes doubles, utilisé en Afrique du Nord, au Proche-Orient et dans la péninsule arabique.

OUDLER [udlœr] n.m. Au tarot, chacune des trois cartes (le un, le vingt et un d'atout et l'excuse) qui jouent un rôle important dans les enchères.

OUED [wɛd] n.m. (ar. *wādī*). **1.** Rivière, en Afrique du Nord. **2.** Cours d'eau, le plus souvent intermittent, des régions sèches.

OUEST n.m. inv. (angl. *west*). **1.** L'un des quatre points cardinaux, situé du côté de l'horizon où le soleil se couche. SYN. : *occident*. Abrév. : *O*. **2.** Lieu situé de ce côté. **3.** (Avec une majuscule.) Partie du globe terrestre ou ensemble des régions d'un pays situées vers ce point. *Visites des États de l'Ouest.* **4.** Partie d'un pays, d'une région, d'une ville située dans cette direction. *Habiter l'ouest de Paris.* **5.** (Avec une majuscule.) Ensemble des États du pacte de l'Atlantique. ◆ adj. inv. Situé du côté de l'ouest. *La côte ouest.*

OUEST-ALLEMAND, E adj. (pl. *ouest-allemands, es*). De la République fédérale d'Allemagne, dite ***Allemagne de l'Ouest***, au temps de la partition du pays en RFA et RDA (1949 - 1990).

OUF interj. Exprime le soulagement après une épreuve pénible ou désagréable, un effort. *Ouf ! Voilà une bonne chose de faite ! Ouf ! il est parti.* ◇ *Fam.* ***Ne pas laisser à qqn le temps de dire ouf, de faire ouf***, ne pas lui laisser le temps de souffler, de respirer, de dire le moindre mot.

OUGANDAIS, E adj. et n. De l'Ouganda, de ses habitants.

OUGRIEN, ENNE adj. et n.m. Se dit d'un groupe de langues de la famille ouralienne, de leurs locuteurs (Hongrois, Khanty, Mansi).

OUGUIYA [ugija] n.m. Unité monétaire principale de la Mauritanie.

1. OUI adv. (de l'anc. fr. *o*, cela, et du pronom *il*). **1.** Indique l'approbation, l'affirmation en réponse à une question. **2.** Équivaut à une proposition affirmative. *Je lui ai demandé si elle acceptait, elle m'a répondu que oui. Je crois que oui.* **3.** Marque l'impatience. *Tu te décides, oui ? Oui, j'arrive.*

2. OUI n.m. inv. Expression de l'approbation, de l'accord. *Un oui franc et massif.* ◇ ***Pour un oui ou pour un non*** : à tout bout de champ, sans motif sérieux.

OUÏ-DIRE n.m. inv. Ce qu'on sait par la rumeur publique. ◇ ***Par ouï-dire*** : pour l'avoir entendu dire.

1. OUÏE [wi] n.f. (de *ouïr*). **1.** Sens par lequel sont perçus les sons. *Les chiens ont l'ouïe fine.* ◇ *Fam.* ***Être tout ouïe*** : être prêt à écouter attentivement qqn ou qqch. **2.** Chez les poissons, chacune des deux fentes de rejet de l'eau respiratoire, situées sous le rebord postérieur des opercules ; chacun de ces opercules eux-mêmes. **3.** Chacune des ouvertures pratiquées sur le capot d'un appareil ou d'une machine. **4.** Chacune des ouvertures en forme d'S pratiquées dans la table d'harmonie de certains instruments à cordes (violon, violoncelle, etc.), mettant la caisse de résonance en relation avec l'air ambiant. SYN. : *esse*.

2. OUÏE ou **OUILLE** [uj] interj. (onomat.). **1.** Exprime la douleur. *Ouïe, je me suis brûlé !* **2.** Exprime la surprise, la contrariété, l'inquiétude. *Ouille, ouille, ouille ! Il ne reste que deux minutes !*

OUILLAGE n.m. Action d'ouiller.

OUILLER v.t. (anc. fr. *aouiller*, remplir jusqu'à l'œil). Remplir avec le même vin un fût qui a perdu une partie de son contenu pour une cause quelconque, notamm. l'évaporation.

OUILLÈRE, OUILLIÈRE [ujɛr] ou **OULLIÈRE** [uljɛr] n.f. (de l'anc. fr. *ouiller*, creuser). AGRIC. Mode d'exploitation de la vigne dans lequel les espaces entre les rangées de ceps sont larges et affectés à d'autres cultures.

OUÏR v.t. [38] (lat. *audire*, entendre). *Litt.* ou *par plais.* Entendre, percevoir les sons par l'oreille. *J'ai ouï dire que.* – REM. Auj., n'est usité qu'à l'inf. présent, au p. passé *ouï, e* et aux temps composés.

OUISTITI n.m. (onomat.). **1.** Petit singe arboricole d'Amérique tropicale, à queue touffue et aux fortes griffes. (Haut. env. 20 cm ; genre *Callithrix*, famille des callithricidés.) SYN. : *marmouset*. **2.** *Fam.* ***Un drôle de ouistiti*** : une personne bizarre.

OUKASE ou **UKASE** [ukaz] n.m. (russe *oukaz*, ordre). **1. a.** HIST. Édit du tsar, en Russie. **b.** Décret rendu par l'État, dans l'ancienne Union soviétique, et auj. en Russie. **2.** *Litt.* Décision autoritaire et arbitraire.

OULÉMA n.m. → **ULÉMA.**

OULLIÈRE n.f. → **OUILLÈRE.**

OUMIAK n.m. (mot inuit). Embarcation de grandes dimensions des Inuits, faite de peaux de phoque cousues.

OUOLOF adj. et n.m. → **WOLOF.**

OURAGAN n.m. (esp. *huracán*, d'une langue caraïbe). **1.** Cyclone tropical de l'Atlantique nord et de la mer des Caraïbes. **2.** *Fig.* Déchaînement impétueux, explosion de sentiments, de passions. *Un ouragan de protestations.*

OURALIEN, ENNE adj. **1.** De l'Oural. **2.** Se dit d'une famille de langues réunissant le finno-ougrien et le samoyède.

OURALO-ALTAÏQUE adj. (pl. *ouralo-altaïques*). LING. Se dit d'un vaste ensemble qui réunirait les langues ouraliennes et altaïques.

OURAQUE n.m. (gr. *ourakhos*, de *oûron*, urine). EMBRYOL. Cordon fibreux, reliquat embryonnaire du canal de l'allantoïde, tendu de l'ombilic au sommet de la vessie.

OURDIR v.t. (lat. *ordiri*). **1.** TEXT. Préparer la chaîne sur l'ourdissoir, avant de la monter sur le métier à tisser. **2.** *Fig., litt.* Tramer, machiner. *Ourdir une conspiration.*

OURDISSAGE n.m. TEXT. Action d'ourdir.

OURDISSOIR n.m. TEXT. Machine servant à étaler en nappe et à tendre les fils de la chaîne.

OURDOU ou **URDU** [urdu] n.m. Langue indo-aryenne parlée en Inde du Nord et au Pakistan. (L'usage de l'alphabet arabo-persan est sa principale différence avec le hindi, autre forme de la même langue, dite *hindoustani*.) Graphie savante : *urdū*.

OURÉBI n.m. Petite antilope de la savane africaine, à la robe gris fauve. (Haut. au garrot 60 cm ; genre *Ourebia*, famille des bovidés.)

OURLER v.t. (lat. pop. *orulare*, de *ora*, bord). Faire un ourlet à.

OURLET n.m. (dimin. de *orle*). Repli cousu au bord d'une étoffe. ◇ ***Faux ourlet*** : ourlet formé avec un morceau de tissu rajouté.

OURLIEN, ENNE adj. (de l'anc. fr. *ourles*, oreillons). Relatif aux oreillons ; dû aux oreillons.

OURS [urs] n.m. (lat. *ursus*). **1.** Grand mammifère carnivore à la longue fourrure, à la queue courte, à la marche plantigrade. (Cri : l'ours grogne, gronde ; le petit est l'ourson. Famille des ursidés.) **2.** *Fam.* Personne qui fuit le monde. *Un vieil ours solitaire.* **3.** Jouet en peluche ayant l'apparence d'un ourson. **4.** Encadré où doivent figurer, sur chaque exemplaire d'un journal ou d'un ouvrage, les noms de l'imprimeur, du directeur de la publication, des principaux rédacteurs, etc.

ENCYCL. Atteignant 3 m de long pour un poids variant de 450 kg (ours brun) à 600 kg (ours blanc), l'ours est le plus grand carnivore terrestre. Parmi les 7 espèces d'ours, l'*ours brun* d'Europe (genre *Ursus*), d'Amérique (où il est appelé *grizzli*) et du nord de l'Asie se nourrit de fruits, de miel, de saumons et de petits animaux ; l'*ours noir*, ou *baribal*, est plus petit et ne vit qu'en Amérique du Nord ; l'*ours blanc*, ou *ours polaire* (genre *Thalarctos*), vit dans les régions arctiques où il mène une existence largement aquatique, se nourrissant de phoques et de poissons ; l'*ours des cocotiers* (genre *Helarctos*), des forêts tropicales du Sud-Est asiatique, est le plus petit des ours. Une espèce européenne aujourd'hui

■ **OUISTITI.** Ouistiti à pinceaux.

■ **OURS**

éteinte, l'*ours des cavernes (Ursus spelaeus)*, fut chassée et vénérée par les néandertaliens.

OURSE n.f. (lat. *ursa*). Ours femelle.

OURSIN n.m. (autre forme du mot *hérisson*). Animal échinoderme des fonds marins, à test globuleux formé de plaques calcaires, couvert de piquants mobiles, et dont les glandes reproductrices sont comestibles. (Classe des échinides.) SYN. : *châtaigne de mer, hérisson de mer*.

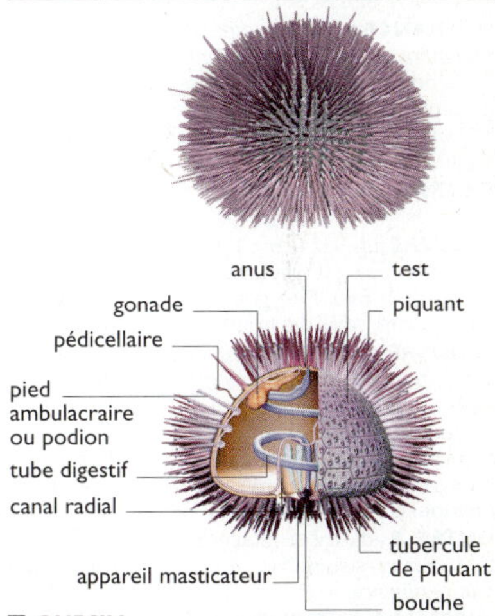

■ **OURSIN**

OURSON n.m. Petit de l'ours.

OUST ou **OUSTE** interj. (onomat.). *Fam.* S'emploie pour chasser qqn ou pour l'obliger à se hâter. *Allez, ouste ! Filez ! Ouste là ! Pressez !*

OUT [awt] adv. (mot angl., *dehors*). **1.** Au tennis, se dit pour informer les joueurs que la balle a franchi les limites du jeu. **2.** En boxe, se dit pour signifier la mise définitive hors de combat. ◆ adj. inv. *Fam.* **1.** Qui est hors de combat, hors de compétition. **2.** Qui n'est plus dans le coup ; dépassé. *Du matériel out, bon pour la casse.*

OUTARDE n.f. (lat. *avis tarda*, oiseau lent). Oiseau échassier d'Afrique, d'Asie occidentale et de certaines régions d'Europe, au corps lourd, recherché pour sa chair savoureuse. (La *grande outarde*, qui passe en France en hiver, est devenue très rare ; on rencontre surtout la *petite outarde*, ou *canepetière*. Ordre des gruiformes ; genre *Otis*, famille des otididés.) – Québec. Bernache (oiseau).

OUTIL [uti] n.m. (lat. *utensilia*, ustensiles). **1.** Objet fabriqué, utilisé manuellement ou sur une machine pour réaliser une opération déterminée. **2.** *Fig.* Élément d'une activité utilisé comme moyen, comme instrument. *Les statistiques sont un simple outil d'aide à la gestion.* **3.** *Fam.*, vieilli. Personne maladroite, inefficace ou bizarre. *Vous êtes un drôle d'outil, vous !*

OUTILLAGE n.m. **1.** Ensemble des outils nécessaires à une profession ou à un travail. **2.** Service chargé des outils, dans une entreprise.

OUTILLÉ, E adj. Qui a les outils nécessaires à un travail.

OUTILLER v.t. Munir des outils, des instruments nécessaires pour faire qqch ; équiper en machines un atelier, une usine.

OUTILLEUR n.m. Personne qui fabrique, à la main ou sur machine, et qui met au point des calibres, moules, outillages et montages de fabrication.

OUTPLACEMENT [awtplasmɑ̃] n.m. (mot angl.). Ensemble des techniques visant à la recherche d'un nouvel emploi pour des salariés licenciés ou en cours de licenciement.

OUTPUT [awtput] n.m. (de l'angl. *to put out,* **produire, mettre dehors**). ÉCON. Résultat d'une production (par oppos. à *input, intrant*).

OUTRAGE n.m. (de *2. outre*). **1.** Grave offense, atteinte à l'honneur, à la dignité de qqn ; affront, injure. **2.** DR. Parole, geste, menace, etc., par lesquels un individu exprime sciemment son mépris à un dépositaire de l'autorité ou de la force publique, et qui constituent une infraction. **3.** Manquement, atteinte à une règle, un principe. ◇ DR. ***Outrage aux bonnes mœurs*** : délit qui consistait en France à porter atteinte à la moralité publique par écrits, dessins, photographies, paroles ou images présentant un caractère pornographique. **4.** *Litt.* ***Faire subir les derniers outrages à une femme,*** la violer.

OUTRAGEANT, E adj. Qui outrage ; insultant.

OUTRAGER v.t. [10]. Offenser vivement ; insulter.

OUTRAGEUSEMENT adv. De façon excessive.

OUTRAGEUX, EUSE adj. *Litt.* Excessif. *Se vanter de manière outrageuse.*

OUTRANCE n.f. **1.** Caractère de ce qui est outré. *Jugement qui perd de sa valeur par son outrance.* **2.** Action ou parole qui passe les bornes, la mesure. *Les outrances de sa conduite ont choqué.* **3.** ***À outrance*** : jusqu'à l'excès ; jusqu'à la victoire totale. *Combat, guerre à outrance.*

OUTRANCIER, ÈRE adj. Qui pousse les choses à l'excès.

1. OUTRE n.f. (lat. *uter*). **1.** Peau de bouc cousue en forme de sac, pour conserver et transporter des liquides. **2.** *Fam.* ***Être gonflé, plein comme une outre*** : être gavé de nourriture ; avoir trop bu.

2. OUTRE prép. (lat. *ultra,* au-delà de). En plus de. *Apporter, outre les témoignages, des preuves écrites.* ◇ ***Outre mesure*** : au-delà de la normale, du raisonnable ; à l'excès. ◆ adv. *Passer outre* : ne pas tenir compte de qqch, d'une interruption, d'un avis. ◆ **en outre** loc. adv. De plus. ◆ **outre que** loc. conj. En plus du fait que.

OUTRÉ, E adj. **1.** *Litt.* Exagéré. *Compliment outré.* **2.** Indigné, scandalisé. *Je suis outré de tant d'impertinence.*

OUTRE-ATLANTIQUE adv. De l'autre côté de l'Atlantique ; en Amérique du Nord et en partic. aux États-Unis.

OUTRECUIDANCE n.f. *Sout.* **1.** Confiance excessive en soi-même ; présomption, prétention. *Il a eu l'outrecuidance de penser qu'il réussirait là où tout le monde avait échoué.* **2.** Désinvolture impertinente ; arrogance, impudence. *Répondre avec outrecuidance.*

OUTRECUIDANT, E adj. (de *2. outre* et anc. fr. *cuider,* penser). Qui manifeste de l'outrecuidance ; présomptueux, impudent.

OUTRE-MANCHE adv. Au-delà de la Manche, par rapport à la France ; en Grande-Bretagne.

OUTREMER n.m. Lapis-lazuli. ◆ adj. inv. et n.m. D'un bleu intense.

OUTRE-MER adv. Au-delà des mers, par rapport à la France. *Aller s'établir outre-mer.* ◇ *Outre-mer (France d')* : *v. partie n.pr.*

OUTREPASSÉ, E adj. ARCHIT. *Arc outrepassé* : arc qui se prolonge par deux petits segments rentrants au-dessous de sa ligne de plus grande ouverture.

OUTREPASSER v.t. Aller au-delà de ce qui est permis, de ce qui est légal. *Outrepasser ses pouvoirs.*

OUTRER v.t. (de *2. outre*). **1.** Porter les choses au-delà de la juste raison, leur donner une importance ou une expression exagérée, excessive ; exagérer, grossir. *Outrer la vérité.* **2.** Provoquer une vive indignation chez ; scandaliser. *Vos paroles l'ont outré.*

OUTRE-RHIN adv. Au-delà du Rhin, par rapport à la France ; en Allemagne.

OUTRE-TOMBE (D') loc. adj. inv. D'au-delà de la tombe, de la mort. *Mémoires d'outre-tombe.*

OUTSIDER [awtsajdœr] n.m. (mot angl., *personne qui est en dehors*). Concurrent dont les chances de remporter une compétition sont réduites, mais non négligeables (par oppos. à *favori*).

OUVALA n.f. (mot serbe). GÉOMORPH. Dans les régions de relief karstique, vaste dépression résultant de la coalescence de plusieurs dolines.

OUVERT, E adj. **1.** Qui n'est pas fermé, clos ; qui laisse un passage ; où l'on peut entrer. *Porte ouverte. Pièce ouverte.* ◇ TOPOL. ***Ensemble ouvert,*** ou *ouvert,* n.m. : élément de la topologie $\mathcal{T}$ définie sur un espace topologique (E, $\mathcal{T}$). [La notion d'ouvert est une notion de base de la topologie ; une topologie est définie sur un ensemble E par la donnée d'une famille de sous-ensembles, les ouverts, vérifiant trois axiomes : une réunion quelconque d'ouverts est un ouvert, l'intersection de deux ouverts est un ouvert, l'ensemble vide et l'ensemble tout entier sont des ouverts.] – ***Intervalle ouvert (d'un ensemble ordonné)*** : intervalle ne contenant pas ses extrémités. **2.** Qui est en communication avec l'extérieur ; qui est accessible à qqn. *Jardin ouvert au public.* ◇ ***Rade ouverte*** : mouillage exposé au vent, à l'ennemi, etc. – ***Ville ouverte*** : ville qui n'est pas fortifiée ou que l'on renonce à défendre en temps de guerre. – DR. ***Milieu ouvert*** : régime pénitentiaire caractérisé par des structures ou des formules d'accueil plus libres, par l'absence de précautions matérielles et physiques contre l'évasion, en fonction de la personnalité du délinquant. – ***Tenir table ouverte*** : recevoir journellement à sa table des invités. – Suisse. *Vin ouvert* : vin vendu en carafe dans un café, un restaurant. **3.** Qui se confie facilement ; franc. *Caractère ouvert.* **4.** Qui témoigne la confiance, exprime la franchise. *Visage ouvert.* **5.** Qui est accueillant, accessible. *Milieu ouvert.* **6.** Qui est capable de comprendre, de s'intéresser à ; intelligent, vif. *Être ouvert aux idées nouvelles. Esprit ouvert.* **7.** Qui se manifeste publiquement ; déclaré. *Guerre ouverte.* **8.** PHON. **a.** Se dit d'une voyelle prononcée avec une ouverture plus ou moins grande du canal vocal (*è ouvert,* noté [ɛ]). **b.** *Syllabe ouverte,* terminée par une voyelle. **9.** SPORTS. Dont le résultat est incertain, en raison de la valeur sensiblement égale des adversaires, des concurrents. *Compétition très ouverte.* **10.** DANSE. Se dit du danseur, de la danseuse qui est en *dehors.

OUVERTEMENT adv. De façon ouverte, manifeste. *Parler ouvertement.*

OUVERTURE n.f. **1.** Action d'ouvrir ; fait d'être ouvert ; état de ce qui est ouvert. *L'ouverture d'un coffre. L'ouverture des magasins.* **2. a.** Fait d'être ouvert, réceptif ; possibilité de communiquer avec l'extérieur. *Ouverture d'esprit. Ouverture sur le monde.* **b.** Attitude politique visant à des rapprochements, des alliances avec d'autres. **3. a.** Action d'inaugurer, de commencer. *Ouverture de la chasse.* ◇ MIL. ***Ouverture du feu*** : déclenchement du tir. **b.** Dans certains jeux, début d'une partie. **c.** DR. Point de départ d'une situation juridique ou d'un droit. ◇ ***Ouverture d'une succession,*** moment où il devient possible de la recueillir. **d.** MUS. Composition instrumentale au début d'un opéra, d'un oratorio, d'une grande œuvre, que l'on trouve, notamm. au XVIIIe s., sous la forme sonate. **4.** Espace vide dans un corps ; fente, trou. *Faire une ouverture dans un mur.* **5.** Écartement, espacement. *Ouverture de compas.* **6.** En danse classique, orientation vers l'extérieur des pieds et des hanches, obtenue par rotation de la hanche. ◇ AUTOM. ***Ouverture des roues avant*** : divergence donnée aux roues avant motrices. **7.** OPT. Surface d'un système optique exposée aux rayons lumineux. ◇ PHOTOGR. ***Ouverture relative d'un objectif*** : rapport du diamètre utile de l'objectif à la distance focale. **8.** MIN. Dimension d'un chantier mesurée perpendiculairement aux parois. **9.** En rugby, à la sortie d'une mêlée, action d'adresser le ballon aux trois-quarts, génér. par l'intermédiaire du demi d'ouverture, pour qu'ils déploient une attaque. ◆ pl. En politique, premières propositions, premières négociations. *Ouvertures de paix.*

OUVRABILITÉ n.f. CONSTR. Propriété d'un béton fraîchement gâché de se laisser aisément mettre en place dans les moules et coffrages.

OUVRABLE adj. (de *ouvrer*). **1.** Qui peut être travaillé, ouvré. *Matière ouvrable.* **2.** ***Jour ouvrable,*** consacré normalement au travail. (Tous les jours de la semaine sont des jours ouvrables sauf le jour de repos hebdomadaire [en principe le dimanche] et les jours fériés et chômés.)

OUVRAGE n.m. (de *œuvre*). **1.** Action de travailler ; travail, tâche, besogne. *Se mettre à l'ouvrage.* **2.** Objet produit par le travail, notamm. celui d'un ouvrier, d'un artiste. *Un ouvrage de menuiserie, de sculpture.* ◇ ***Ouvrage d'art*** : construction de grande importance (pont, tunnel, etc.) entraînée par l'établissement d'une voie de communication. – DR. ***Ouvrage public*** : bien immeuble relevant du domaine public, sur lequel sont souvent réalisés des travaux publics, et utilisé à des besoins d'intérêt général. **3.** Travail d'aiguille ou de tricot. ◇ ***Boîte à ouvrage,*** dont la disposition intérieure en casiers permet de ranger tout ce qui est nécessaire à la couture. **4.** Texte scientifique ou littéraire ; livre. *Publier un ouvrage.* **5.** Partie d'un haut-fourneau au-dessus du creuset, dans laquelle débouchent les tuyères à vent. **6.** FORTIF. Élément autonome d'une fortification capable de résister même après encerclement. ◆ n.f. *Fam., souvent par plais. **De la belle ouvrage*** : du beau travail.

OUVRAGÉ, E adj. Finement travaillé, décoré.

OUVRAGER v.t. [10]. Travailler qqch avec une grande minutie.

OUVRAISON n.f. TEXT. Opération de filature consistant à ouvrir les flocons de fibres de matières premières textiles.

OUVRANT, E adj. Conçu de manière à pouvoir être ouvert. *Toit ouvrant d'une automobile.* ◆ n.m. (Surtout pl.) Partie qui peut s'ouvrir ou se fermer (porte, croisée, etc.).

OUVRÉ, E adj. (lat. *operatus*). **1.** Façonné. *Fer ouvré.* **2.** Travaillé, décoré avec soin. *Lingerie ouvrée.* **3.** ***Jour ouvré,*** où l'on travaille.

OUVREAU n.m. Ouverture pratiquée dans les fours pour en contrôler la marche ou pour y cueillir le verre en fusion.

OUVRE-BOÎTE ou **OUVRE-BOÎTES** n.m. (pl. *ouvre-boîtes*). Instrument coupant, manuel ou électrique, pour ouvrir les boîtes de conserve.

OUVRE-BOUTEILLE ou **OUVRE-BOUTEILLES** n.m. (pl. *ouvre-bouteilles*). Décapsuleur.

OUVRE-HUÎTRE ou **OUVRE-HUÎTRES** n.m. (pl. *ouvre-huîtres*). Couteau à lame courte et forte permettant d'ouvrir les huîtres.

OUVRER v.t. (lat. *operare*). **1.** TECHN. Façonner, travailler, orner. *Ouvrer du bois, de la lingerie.* **2.** Procéder à l'ouvraison de matières textiles.

OUVREUR, EUSE n. **1.** Personne qui ouvre qqch. *Ouvreur d'huîtres.* **2.** Au bridge, joueur qui commence les enchères. **3.** Skieur qui ouvre la piste lors d'une compétition de ski. **4.** Personne chargée de placer les spectateurs dans un théâtre, un cinéma. ◆ n.m. Demi d'ouverture, au rugby.

OUVREUSE n.f. TEXT. Machine servant à désagréger et à nettoyer les fibres agglomérées de la laine, du coton ou de la soie.

OUVRIER, ÈRE n. (lat. *operarius*). **1.** Personne salariée ayant une fonction de production et qui se livre à un travail manuel pour le compte d'un employeur. ◇ ***Ouvrier à façon,*** à qui l'on fournit la matière à mettre en œuvre pour un prix forfaitaire. – ***Ouvrier spécialisé (OS)*** : ouvrier dont le travail ne nécessite aucune formation spécifique, par oppos. à l'***ouvrier qualifié, hautement qualifié*** ou ***professionnel,*** dont l'apprentissage a été sanctionné au minimum par un certificat d'aptitude professionnelle. **2.** *Litt.* Agent, artisan. *Être l'ouvrier de son destin.* ◆ adj. Qui concerne les ouvriers ; qui est composé, constitué d'ouvriers. *Cité ouvrière.*

OUVRIÈRE n.f. ENTOMOL. Chez les insectes sociaux (abeilles, fourmis, termites), individu stérile assurant la nutrition, la construction du nid, les soins aux larves, la défense de la colonie.

OUVRIÉRISME n.m. Tendance à donner la priorité à la classe ouvrière (quant aux revendications, à l'exercice des responsabilités), en fonction de la supériorité morale et du rôle moteur qu'on lui attribue.

OUVRIÉRISTE adj. et n. Qui relève de l'ouvriérisme ; qui fait preuve d'ouvriérisme.

OUVRIR v.t. [23] (lat. *aperire*). **1.** Dégager ce qui est fermé ; déplacer ce qui empêche une communication entre l'intérieur et l'extérieur. *Ouvrir une armoire, une bouteille.* – Absol. Ouvrir la porte. *On sonne, va ouvrir.* **2.** Faire une ouverture dans qqch ; entamer, inciser. *Un coup de poing lui a ouvert l'arcade sourcilière.* **3.** Écarter les parties repliées ou fermées de qqch ; déplier, étaler. *Ouvrir un parapluie. Ouvrir un livre. Ouvrir les yeux, la bouche.* ◇ *Fam.* ***L'ouvrir*** : ouvrir la bouche, parler. **4.** Faire fonctionner, mettre en marche ; allumer, brancher. *Ouvrir la radio.* **5.** Rendre possible l'accès à ; faire communiquer avec l'extérieur. *Ouvrir un port. Ouvrir ses frontières.* **6.** Rendre réceptif au monde extérieur ; stimuler. *Ouvrir l'esprit de qqn. Ouvrir l'appétit.* **7.** Être l'initiateur de qqch ; commencer, inaugurer. *Ouvrir la chasse, le bal.* ◇ SPORTS. ***Ouvrir la marque, le score*** : inscrire le premier point au score. – ***Ouvrir une piste de ski,*** y faire la première trace pour s'assurer de son état ou pour établir un temps de référence avant une compétition. **8.** Faire fonctionner pour la première fois ; créer, fonder. *Ouvrir une école, un commerce.* ◇ ***Ouvrir un compte*** : faire établir un compte bancaire à son nom et y verser des fonds. – ***Ouvrir un emprunt*** : émettre un emprunt dans le public, en parlant de l'État, d'une collectivité publique. ◆ v.i. **1.** Donner accès à un lieu. *Porte qui ouvre sur le jardin.* **2.** Devenir accessible au public. *Le magasin ouvre demain.* **3.** JEUX. Commencer la partie, la mise, les enchères. **4.** Au rugby, pratiquer une ouverture. ◆ **s'ouvrir** v.pr. **1.** Présenter une ouverture, un passage ; accepter. *Pays qui s'ouvre au tourisme.* **2.** Se développer, s'épanouir. *Fleur qui s'ouvre. Jeune esprit qui s'ouvre.* **3.** Se couper une partie du corps. *S'ouvrir la lèvre.* **4.** Commencer par. *La fête s'ouvrit sur un discours.* **5.** *Sout. S'ouvrir à qqn,* se confier à lui.

OUVROIR n.m. (de *ouvrer*). Dans les communautés de femmes, lieu où les religieuses s'assemblent pour travailler.

OUZBEK, E ou **UZBEK, E** [uzbɛk] adj. et n. De l'Ouzbékistan, de ses habitants ; des Ouzbeks en général. ◆ n.m. Langue turque parlée par les Ouzbeks.

OUZO n.m. (mot grec). Liqueur parfumée à l'anis, d'origine grecque.

OVAIRE n.m. (lat. *ovum,* œuf). **1.** Gonade femelle paire, où se forment les ovules et qui produit des hormones (œstrogènes, progestérone). **2.** BOT. Partie renflée et creuse du pistil, qui contient les ovules et formera le fruit après la fécondation.

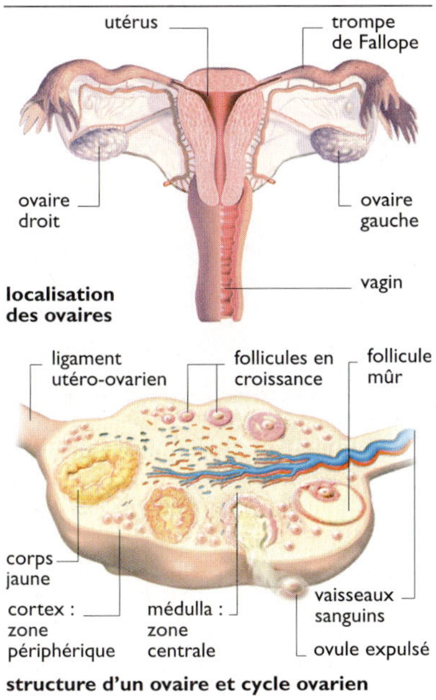

localisation des ovaires

structure d'un ovaire et cycle ovarien

■ **OVAIRE**

OVALBUMINE n.f. BIOCHIM. Albumine du blanc d'œuf.

OVALE adj. (du lat. *ovum,* œuf). **1.** Qui a la forme d'un œuf. **2.** GÉOMÉTR. Se dit de toute courbe plane, fermée, convexe et allongée, ayant deux axes de symétrie orthogonaux comme l'ellipse. **3.** Se dit d'une surface plane limitée par une courbe ovale. **4.** ***Le ballon ovale,*** ou ***l'ovale,*** n.m. : le rugby. ◆ n.m. **1.** Figure, forme ovale. *L'ovale du visage.* **2.** GÉOMÉTR. Courbe ovale.

OVALISATION n.f. MÉCAN. INDUSTR. Défaut de circularité d'une surface cylindrique de révolution.

OVALISER v.t. Rendre ovale.

OVARIECTOMIE n.f. Ablation chirurgicale d'un ou des deux ovaires.

OVARIEN, ENNE adj. Relatif à l'ovaire.

OVARITE n.f. Rare. Affection inflammatoire ou dystrophique d'un ou des deux ovaires.

OVATION n.f. (lat. *ovatio*). **1.** Série d'acclamations, d'honneurs rendus à qqn par une assemblée, par la foule. **2.** ANTIQ. ROM. Récompense accordée au général victorieux, inférieure au triomphe.

OVATIONNER v.t. Saluer par une ovation ; acclamer.

OVE n.m. (lat. *ovum,* œuf). Ornement architectural en relief, en forme d'œuf, répété en suite linéaire.

OVÉ, E adj. *Didact.* Ovoïde.

OVERDOSE [ɔvœrdoz] n.f. (mot angl.). **1.** Surdose. **2.** *Fig., fam.* Dose excessive. *Overdose de musique.*

OVERDRIVE [ɔvœrdrajv] n.m. (mot angl.). AUTOM. Dispositif à train d'engrenages dont le rapport de multiplication se combine à un ou plusieurs rapports de la boîte de vitesses principale.

OVIBOS [ɔvibɔs] n.m. (lat. *ovis,* brebis, et *bos,* bœuf). Mammifère ruminant du Groenland et du Nord canadien, paraissant tenir à la fois du bœuf et du mouton, au corps massif recouvert d'une épaisse toison de longs poils. (Haut. au garrot 1,20 m ; famille des bovidés.) SYN. : *bœuf musqué.*

OVIDUCTE n.m. (lat. *ovum,* œuf, et *ductus,* conduit). Conduit qui achemine les ovules issus de l'ovaire dans l'utérus (animaux vivipares) ou hors du corps (animaux ovipares).

OVIN, E adj. (du lat. *ovis,* brebis). Qui concerne les brebis, les moutons. ◆ n.m. Animal de l'espèce ovine.

OVINÉ n.m. Caprin.

OVIPARE adj. et n. (lat. *ovum,* œuf, et *parere,* engendrer). Qui se reproduit par des œufs pondus avant ou après fécondation, mais avant éclosion (par oppos. à *vivipare*).

OVIPARITÉ n.f. Mode de reproduction des animaux ovipares.

OVIPOSITEUR ou **OVISCAPTE** n.m. ZOOL. Tarière.

OVNI n.m. (acronyme de *objet volant non identifié*). **1.** Objet (« soucoupe volante ») ou phénomène fugitif observé dans l'atmosphère et dont la nature n'est pas identifiée par les témoins. **2.** *Fam.* Personne inclassable, atypique ; phénomène, création hors normes, sans références connues. *Un ovni littéraire.*

OVOCYTE ou **OOCYTE** [ɔɔsit] n.m. SC. DE LA V. Cellule de la lignée germinale femelle des animaux, formée à partir d'une ovogonie et n'ayant pas encore achevé l'ovogenèse.

OVOGENÈSE n.f. BIOL. Formation des gamètes femelles chez les animaux.

OVOGONIE n.f. BIOL. Cellule souche de la lignée germinale femelle des animaux, dont l'accroissement et la multiplication donnent les ovocytes.

OVOÏDE ou **OVOÏDAL, E, AUX** adj. (du lat. *ovum,* œuf). Dont la forme ressemble à celle d'un œuf.

OVOTIDE n.m. BIOL. Cellule de la lignée germinale femelle des animaux qui achève l'ovogenèse.

OVOVIVIPARE adj. et n. Se dit d'un animal qui se reproduit par œufs, mais qui les conserve dans ses voies génitales jusqu'à l'éclosion des jeunes, l'embryon se développant uniquement à partir des réserves accumulées dans l'œuf.

OVOVIVIPARITÉ n.f. Mode de reproduction des animaux ovovivipares.

OVULAIRE adj. Qui concerne l'ovule.

OVULATION n.f. PHYSIOL. Expulsion d'un ovule par l'ovaire, chez la femme et les animaux femelles. SYN. : *ponte ovulaire.*

OVULATOIRE adj. Relatif à l'ovulation ; qui comporte une ovulation.

OVULE n.m. (lat. *ovum,* œuf). **1.** HISTOL. Gamète femelle arrivé à maturité, apte à être fécondé. **2.** BOT. Petit organe contenu dans l'ovaire, qui renferme la cellule femelle, ou oosphère, et qui fournira la graine après la fécondation par le pollen. **3.** PHARM. ***Ovule gynécologique,*** ou ***ovule*** : forme pharmaceutique ovoïde contenant un médicament et destinée à être placée dans le vagin.

OVULER v.i. Avoir une ovulation ; être le siège d'une ovulation.

OXACIDE [ɔksasid] n.m. CHIM. MINÉR. Acide contenant de l'oxygène.

OXALATE [ɔksalat] n.m. Sel ou ester de l'acide oxalique.

OXALIDE n.f. ou **OXALIS** [ɔksalis] n.m. (lat. *oxalis,* oseille). Plante herbacée à fleurs jaunes ou pourpres, riche en oxalate de potassium, dont certaines espèces, telle l'alléluia, sont cultivées pour l'ornement. (Famille des oxalidacées.)

OXALIQUE adj. ***Acide oxalique*** : acide organique (COOH–COOH), qui donne à l'oseille son goût particulier.

OXER [ɔksɛr] n.m. (mot angl.). ÉQUIT. Obstacle de concours composé de deux plans verticaux de barres parallèles, séparés par une distance variable.

OXFORD [ɔksfɔr] ou [ɔksfɔrd] n.m. (du n. de la ville anglaise). Toile de coton rayée ou quadrillée, très solide, utilisée en partic. dans la chemiserie.

OXHYDRIQUE adj. Se dit d'un mélange d'hydrogène et d'oxygène ; se dit du chalumeau produisant la combustion de ce mélange.

OXHYDRYLE n.m. CHIM. MINÉR. Hydroxyle.

OXIME n.f. CHIM. Composé contenant le groupement =N–OH et formé par élimination d'eau entre l'hydroxylamine et un aldéhyde ou une cétone (nom générique).

OXO adj. inv. CHIM. Se dit d'une réaction, d'un procédé de synthèse qui, à partir d'oléfines et d'un mélange d'oxyde de carbone et d'hydrogène, permet d'obtenir des composés aliphatiques oxygénés.

OXONIUM [-njɔm] n.m. Ion univalent H_3O^+.

OXYACÉTYLÉNIQUE adj. Relatif à un mélange d'oxygène et d'acétylène, au chalumeau produisant la combustion de ce mélange, au soudage utilisant ce chalumeau.

OXYCARBONÉ, E adj. Combiné à l'oxyde de carbone. *Hémoglobine oxycarbonée.*

OXYCHLORURE n.m. Combinaison d'un corps avec l'oxygène et le chlore.

OXYCOUPAGE n.m. Procédé de coupage thermique par oxydation, génér. à l'aide d'un chalumeau.

OXYDABLE adj. Qui peut être oxydé.

OXYDANT, E adj. et n.m. Se dit d'un corps qui a la propriété d'oxyder.

OXYDASE n.f. Enzyme qui active l'oxygène et le fixe sur une substance chimique.

OXYDATION n.f. Combinaison avec l'oxygène et, plus génér., réaction dans laquelle un atome ou un ion perd des électrons ; état de ce qui est oxydé. ◇ ***Oxydation anodique*** : procédé de revêtement électrolytique de pièces métalliques par formation de couches protectrices du métal de base.

OXYDE n.m. (gr. *oxus,* acide). CHIM. Corps résultant de la combinaison de l'oxygène avec un autre élément. *Oxyde de carbone.*

OXYDER v.t. **1.** Faire passer à l'état d'oxyde. **2.** Combiner avec l'oxygène. **3.** Faire perdre des électrons à un atome, à un ion. ◆ **s'oxyder** v.pr. Passer à l'état d'oxyde.

OXYDORÉDUCTASE n.f. Toute enzyme qui effectue une réaction d'oxydoréduction.

OXYDORÉDUCTION n.f. CHIM. Action d'un corps oxydant sur un corps réducteur, avec à la fois oxydation du réducteur et réduction de l'oxydant. (Les phénomènes d'oxydoréduction qui permettent la respiration cellulaire des organismes vivants sont assurés par des enzymes.)

OXYGÉNATION n.f. Action d'oxygéner.

O

OXYGÈNE n.m. (gr. *oxus,* acide, et *gennan,* engendrer). **1.** Gaz incolore, inodore et sans saveur, de densité 1,105, et qui se liquéfie à - 182,96 °C. **2.** Élément chimique (O), de numéro atomique 8, de masse atomique 15,999 4. **3.** Air pur. *Respirer l'oxygène à la campagne.* **4.** *Fig.* Ce qui permet de progresser, ce qui redonne du dynamisme, un souffle nouveau. ◇ *Donner de l'oxygène, un ballon d'oxygène à :* insuffler un dynamisme nouveau ; stimuler.

ENCYCL. L'oxygène a été découvert par Scheele et Priestley, indépendamment l'un de l'autre, entre 1771 et 1774. À partir de 1775, Lavoisier montra qu'il existait dans l'air et dans l'eau, et fit ressortir son rôle dans les combustions et la respiration. Il lui donna ce nom parce qu'il croyait sa présence indispensable à la constitution des acides.

Élément le plus abondant du globe terrestre, l'oxygène existe à l'état libre dans l'atmosphère et il forme les 8/9 de la masse de l'eau. Représentant la moitié (en masse) de la croûte terrestre, il figure dans les silicates et les carbonates, ainsi que dans la plupart des substances organiques. La fixation d'oxygène, dite *combustion,* dégage en général de la chaleur ; elle peut être vive ou lente. À l'exception des halogènes et de l'azote, tous les non-métaux peuvent brûler dans l'oxygène en donnant les oxydes les plus stables (H_2O, SO_2, etc.). Hormis l'or et le platine, les métaux peuvent également brûler dans l'oxygène. Beaucoup de métaux s'oxydent à froid dans l'air, mais leur corrosion fait souvent intervenir la vapeur d'eau et le gaz carbonique de l'air. Enfin, la respiration produit elle-même une oxydation de substances organiques dans les tissus, ensemble de réactions qui libèrent l'énergie dont ceux-ci ont besoin.

Dans l'industrie, on prépare l'oxygène, en même temps que l'azote, par distillation fractionnée de l'air liquide. Il est employé à la constitution d'atmosphères artificielles et en médecine. On l'utilise dans les chalumeaux, en sidérurgie et dans l'industrie chimique.

OXYGÉNÉ, E adj. **1.** Qui contient de l'oxygène. ◇ *Eau oxygénée :* solution aqueuse de peroxyde d'hydrogène, utilisée comme antiseptique et hémostatique. **2.** *Cheveux oxygénés,* décolorés avec de l'eau oxygénée.

OXYGÉNER v.t. [11]. Opérer la combinaison d'un corps avec l'oxygène. ◆ **s'oxygéner** v.pr. *Fam.* Respirer l'air pur. *Aller s'oxygéner à la campagne.*

OXYGÉNOTHÉRAPIE n.f. Traitement par administration d'oxygène gazeux, par ex. en cas d'insuffisance respiratoire.

OXYHÉMOGLOBINE n.f. Combinaison instable d'hémoglobine et d'oxygène, qui donne sa couleur rouge vif au sang sortant des poumons.

OXYLITHE n.f. CHIM. MINÉR. Mélange de peroxydes de sodium et de potassium qui, en présence d'eau, dégage de l'oxygène.

OXYMORE ou **OXYMORON** n.m. (gr. *oxumôron,* de *oxus,* piquant, et *môros,* émoussé). RHÉT. Rapprochement de deux mots qui semblent contradictoires. (Ex. : *un silence éloquent.*) SYN. : *alliance de mots.*

OXYSULFURE n.m. Composé d'oxygène et de soufre.

OXYTON adj. et n.m. (gr. *oxus,* aigu, et *tonos,* ton). PHON. Se dit d'un mot ayant l'accent tonique sur la syllabe finale.

OXYURE [ɔksjyr] n.m. (gr. *oxus,* aigu, et *ouron,* queue). Ver nématode, parasite de l'intestin de l'homme (genre *Enterobius*), du cheval et des ruminants (genre *Oxyuris*), responsable de l'oxyurose.

OXYUROSE n.f. Parasitose due aux oxyures. – *Spécial.* Parasitose fréquente surtout chez l'enfant, caractérisée par des démangeaisons anales.

OYAT [ɔja] n.m. (mot picard). Graminée des littoraux sablonneux, utilisée pour la fixation des dunes. (Genre *Ammophila.*) SYN. : *ammophile, gourbet.*

■ OYAT

OZALID n.m. (nom déposé). IMPRIM. Épreuve en positif tirée sur papier sensibilisé à l'aide de composés diazoïques, soumise pour bon à graver.

OZÈNE n.m. (gr. *ozaina,* puanteur). MÉD. Rhinite chronique accompagnée de croûtes à l'odeur fétide.

OZONATION n.f. Action d'ozoner, notamm. lors du traitement de l'eau.

OZONE n.m. (du gr. *ozein,* exhaler une odeur). Corps simple gazeux, à l'odeur forte, au pouvoir très oxydant, dont la molécule (O_3) est formée de trois atomes d'oxygène. ◇ *Trou dans la couche d'ozone,* ou *trou d'ozone :* zone de la stratosphère où l'on observe chaque année une diminution temporaire de la concentration en ozone. (Causé par la réaction d'atomes de chlore, issus des chlorofluorocarbures, qui détruisent les molécules d'ozone, le trou d'ozone réside à présent en quasi-permanence au-dessus de l'Antarctique.)

ENCYCL. L'ozone est un constituant naturel de la haute atmosphère (ozone stratosphérique) et un polluant dans la basse atmosphère (ozone troposphérique). Plus instable que l'oxygène à basse température, il peut être obtenu à partir de celui-ci vers 1 500 °C. On l'emploie, dans l'industrie, à la stérilisation des eaux, au blanchiment des textiles et à la synthèse de certaines essences végétales. Il est également produit de façon naturelle par réaction photochimique, dans la stratosphère (ozonosphère), où il joue le rôle d'écran vis-à-vis du rayonnement ultraviolet.

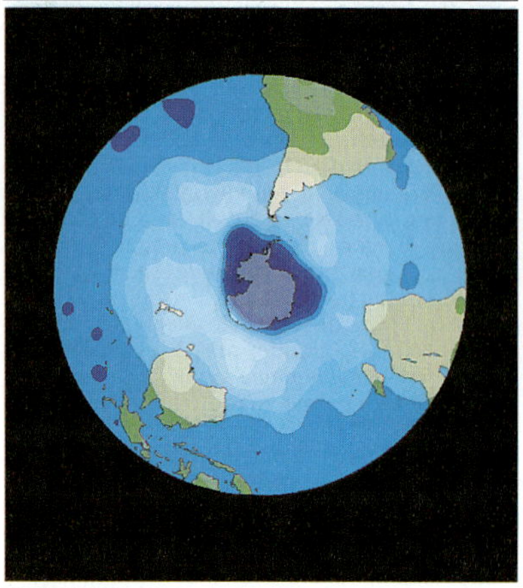

■ **OZONE.** Carte de la concentration atmosphérique totale en ozone de l'hémisphère Sud, le 8 oct. 1995, obtenue à partir des données d'un satellite météorologique américain TIROS. La concentration décroît du bleu clair au bleu sombre, ce qui permet d'observer le « trou d'ozone » sur l'Antarctique.

OZONÉ, E adj. Qui renferme de l'ozone ; qui a été traité par l'ozone.

OZONER v.t. Faire agir de l'ozone sur un corps (notamm. de l'eau) pour le stériliser ou le transformer.

OZONEUR n.m. Appareil servant à préparer l'oxygène ou l'air ozonés.

OZONIDE n.m. Adduit entre l'ozone et une liaison éthylénique.

OZONOSPHÈRE n.f. Région de la stratosphère située entre 20 et 50 km d'altitude, qui contient la quasi-totalité de l'ozone atmosphérique.

p

Caractère Palatino

P n.m. inv. **1.** Seizième lettre de l'alphabet et la douzième des consonnes. **2.** p. : abrév. de *pour* (dans *p. cent*) et de *page.* **3.** MUS. p. : abrév. de *piano.* **4.** RELIG. P. : abrév. de *père.*

ENCYCL. La lettre *p* note l'occlusive bilabiale sourde [p]. Suivie de *h*, elle note un [f] *(éléphant, pharmacien).* Elle est parfois muette à la finale *(coup, loup)* et à l'intérieur des mots (*compte* et ses composés, par ex.). Elle se fait entendre en liaison à la finale des adv. *trop* et *beaucoup : trop élevé* [tropelve], *beaucoup entendu* [bokupɑ̃tɑ̃dy].

PACAGE n.m. (lat. *pascuum,* pâturage). **1.** Lieu où l'on mène paître le bétail. – *Spécial.* Parcours. **2.** Action de faire paître le bétail. *Droit de pacage.*

PACAGER v.t. [10]. Faire paître, faire pâturer le bétail. ◆ v.i. Paître.

PACANE n.f. (mot algonquien). Noix ovale, à coque mince, fruit du pacanier. SYN. : *noix de pécan.*

PACANIER n.m. Grand arbre des lieux frais et humides du sud-est des États-Unis, voisin de l'hickory, dont le fruit est la noix de pécan ou pacane. (Nom sc. *Carya illinoinensis ;* famille des juglandacées.)

PACEMAKER [pɛsmɛkər] n.m. (mot angl., *régulateur du pas, de l'allure*). Anglic. déconseillé. Stimulateur cardiaque.

PACHA n.m. (mot turc). **1.** Dans l'Empire ottoman, titre honorifique attaché à de hautes fonctions, et notamm. à celles de gouverneur de province. ◇ *Fam. Une vie de pacha :* une vie sans souci, dans l'abondance. **2.** MAR. *Arg. Le pacha :* le commandant.

PACHALIK n.m. (mot turc). HIST. Territoire soumis au gouvernement d'un pacha.

PACHTO ou **PACHTOU** n.m. Langue indo-européenne du groupe iranien parlée en Afghanistan. (Elle s'écrit avec l'alphabet arabe.) SYN. : *afghan.*

PACHYDERME [-ʃi-] n.m. (du gr. *pakhus,* épais, et *derma,* peau). Mammifère ongulé de grande taille, à peau épaisse, tel que l'éléphant, l'hippopotame, le rhinocéros. (Les pachydermes constituaient autrefois un ordre.)

PACHYDERMIE n.f. MÉD. Épaississement pathologique de la peau.

PACHYURE [pakjyr] n.m. (gr. *pakhus,* épais, et *oura,* queue). Musaraigne d'Europe méridionale, d'Asie Mineure et d'Afrique, dont une espèce, le *pachyure étrusque (Suncus etruscus),* est le plus petit de tous les mammifères. (Long. 4 cm sans la queue ; poids 1,5 à 2 g, famille des soricidés.)

PACIFICATEUR, TRICE adj. et n. Qui apaise les troubles, rétablit la paix.

PACIFICATION n.f. Action de pacifier.

PACIFIER v.t. [5] (lat. *pax, pacis,* paix, et *facere,* faire). **1.** Rétablir le calme, la paix dans une région, un pays en état de guerre. **2.** *Litt.* Apaiser le trouble dans un esprit, une conscience.

1. PACIFIQUE adj. **1.** Qui manifeste un désir de paix. *Homme, souverain pacifique.* **2.** Qui se passe dans la paix ; qui tend à la paix. *Action pacifique.*

2. PACIFIQUE adj. De l'océan Pacifique ou des pays qui le bordent.

PACIFIQUEMENT adv. De façon pacifique.

PACIFISME n.m. Courant de pensée préconisant la recherche de la paix internationale par la négociation, le désarmement, la non-violence.

PACIFISTE adj. et n. Qui appartient au pacifisme ; qui en est partisan.

PACK [pak] n.m. (mot angl., *paquet*). **1.** Emballage, conditionnement qui réunit plusieurs bouteilles, flacons ou pots pour en faciliter le stockage et le transport. **2.** SPORTS. Ensemble des avants d'une équipe de rugby. **3.** Dans les régions polaires, ensemble des glaces flottantes arrachées à la banquise par les courants marins et les vents.

PACKAGE [pakɛdʒ] ou [pakadʒ] n.m. (mot angl.). Ensemble de marchandises ou de services proposés groupés à la clientèle. – *Spécial.* AUDIOVIS. Achat d'un ensemble de programmes à un même vendeur.

PACKAGER [pakadʒœr] ou **PACKAGEUR** [pakaʒœr] n.m. (angl. *packager*). Sous-traitant qui se charge de la réalisation partielle ou totale d'un livre pour le compte d'un éditeur.

PACKAGING [pakadʒiŋ] n.m. (mot angl., *emballage*). **1.** PUBL. Technique de l'emballage et du conditionnement des produits. **2.** L'emballage lui-même. Recomm. off. : *conditionnement.* **3.** Activité du packager.

PACOTILLE n.f. (esp. *pacotilla*). Marchandise de peu de valeur. ◇ *De pacotille :* de qualité médiocre ; sans grande valeur.

PACQUAGE n.m. Action de pacquer.

PACQUER v.t. (du moyen fr. *pakke,* ballot). Mettre en baril le poisson salé.

PACS [paks] n.m. (acronyme de *pacte civil de solidarité*). Contrat, institué par la loi en 1999, conclu entre deux personnes célibataires de même sexe ou de sexe différent, séparées par plus de trois degrés de parenté, pour organiser leur vie commune. (Déclaré conjointement au tribunal d'instance, le pacs a des conséquences juridiques immédiates [aide mutuelle et matérielle] ou différées [fiscalité, dons, legs, succession, etc.].)

PACSER v.i. ou **PACSER (SE)** v.pr. *Fam.* Conclure un pacs avec qqn.

PACSON n.m. *Arg.* Paquet.

PACTE n.m. (lat. *pactum*). Accord, convention solennelle entre États ou entre particuliers.

PACTISER v.i. **1.** Conclure un pacte. *Pactiser avec l'ennemi.* **2.** Avoir une indulgence coupable pour qqch ; transiger. *Pactiser avec le crime.*

PACTOLE n.m. (n. d'une rivière de Lydie qui charriait de l'or). Source de richesse.

PADAN, E adj. (lat. *padanus*). Relatif au Pô, à la plaine du Pô.

PADDOCK [padɔk] n.m. (mot angl., *enclos*). **1.** Enclos dans une prairie, pour les juments poulinières et leurs poulains. **2.** Piste circulaire située dans l'enceinte du pesage, où les chevaux tournent au pas, promenés en main par leurs lads, avant une course. **3.** *Arg.* Lit.

PADDY n.m. (mot angl., du malais). Riz non décortiqué. (On dit aussi *riz paddy.*)

PADICHAH n.m. (mot persan). Titre du sultan ottoman.

PADINE n.f. Petite algue brune dont les frondes, en éventail, s'enroulent en cornet. (Genre *Padina ;* classe des phéophycées.)

PADOU ou **PADOUE** n.m. (de *Padoue,* n.pr.). Ruban de fil et de soie.

PÆAN n.m. → **PÉAN.**

PAELLA [paɛla] ou [paelja] n.f. (mot esp.). Plat espagnol à base de riz au safran, doré à l'huile et cuit au bouillon, garni de viande, de poissons, de crustacés, etc.

1. PAF interj. Exprime le bruit d'un coup, d'une rupture brusque, d'une chute, etc. *Et paf !*

2. PAF adj. inv. (onomat.). *Fam.* Ivre.

3. PAF n.m. inv. (acronyme de *paysage audiovisuel français*). Ensemble des chaînes de télévision et de radiodiffusion sonore autorisées à émettre sur le territoire national.

PAGAIE [pagɛ] n.f. (du malais). Rame courte, à pelle large, qui se manie sans être fixée à l'embarcation.

PAGAILLE ou **PAGAÏE** [pagaj] n.f. (du provenç. *en pagaio,* en désordre). *Fam.* Désordre, confusion. *C'est la pagaille dans cette maison.* ◇ *Fam. En pagaille :* en grande quantité.

PAGANISER v.t. Rendre païen.

PAGANISME n.m. (du lat. *paganus,* paysan). Nom donné par les chrétiens des premiers siècles au polythéisme auquel les populations paysannes de l'Empire romain restèrent longtemps fidèles.

PAGAYER [pagɛje] v.i. [6]. Manier une pagaie ; diriger une embarcation à l'aide d'une pagaie.

PAGAYEUR, EUSE n. Personne qui pagaie.

1. PAGE n.f. (lat. *pagina*). **1.** Chacun des deux côtés d'une feuille ou d'un feuillet de papier. *Une page blanche.* ◇ IMPRIM. *Belle page :* page de droite d'un livre. – *Fausse page :* page de gauche. **2.** Feuille ou feuillet. *Déchirer une page.* **3.** Ce qui est écrit, imprimé sur la page. *Apprendre une page par cœur.* **4.** Passage d'une œuvre littéraire ou musicale. *Les plus belles pages de Racine, de Mozart.* **5.** *Fam. Être à la page,* au fait de l'actualité ; au goût du jour. **6.** INFORM. *Page Web :* document multimédia au format HTML, contenant des liens vers d'autres documents. (Il est accessible sur un serveur Web, grâce à une adresse unique *[URL],* et peut être affiché depuis un navigateur.) – *Page d'accueil :* première page d'un site Web qui s'affiche lors d'une connexion, fournissant une présentation générale du site et donnant accès à l'ensemble des rubriques qu'il contient.

2. PAGE n.m. (gr. *paidion,* petit garçon). Anc. Jeune noble placé au service d'un seigneur.

3. PAGE n.m. → **PAGEOT.**

PAGE-ÉCRAN n.f. (pl. *pages-écrans*). INFORM. Quantité, ensemble d'informations affichées ou susceptibles d'être affichées simultanément sur un écran de visualisation.

PAGEL ou **PAGEOT** n.m. (de l'anc. provenç.). Poisson marin de couleur gris-rose argenté, dont une espèce est pêchée sur les côtes d'Espagne et commercialisée sous le nom de *daurade rose.* (Genre *Pagellus ;* famille des sparidés.)

PAGEOT, PAJOT ou **PAGE** n.m. *Arg.* Lit.

PAGET (MALADIE CUTANÉO-MUQUEUSE DE) : plaque cancéreuse ou précancéreuse siégeant habituellement autour du mamelon d'un sein, parfois au niveau de la vulve.

PAGET (MALADIE OSSEUSE DE) : affection des os caractérisée par une structure osseuse grossière, des déformations et des douleurs.

PAGINATION n.f. Numérotation des pages d'un livre, des feuillets d'un manuscrit.

PAGINER v.t. Folioter.

PAGNE n.m. (esp. *paño*). Morceau d'étoffe ou de matière végétale tressée, drapé autour de la taille et couvrant des hanches aux cuisses.

PAGODE n.f. (mot port., du sanskr. *bhagavat,* saint, divin). **1.** Édifice religieux bouddhique, en Extrême-Orient. – *Spécial.* Pavillon à toitures étagées de la Chine et du Japon. **2.** (En appos.) *Manche pagode,* qui va s'évasant vers le poignet.

PAGODON n.m. Petite pagode.

PAGRE n.m. (lat. *pagrus,* du gr.). Poisson commun en Méditerranée, à chair estimée, dont une espèce est commercialisée sous le nom de *daurade royale.* (Genre *Sparus ;* famille des sparidés.)

PAGURE n.m. (du gr. *pagauros,* qui a la queue en forme de corne). Crustacé décapode, très commun sur les côtes de l'Europe occidentale, et qui protège son abdomen mou dans la coquille vide d'un gastropode. SYN. : *bernard-l'ermite.*

■ **PAGURE** ou bernard-l'ermite.

PAGUS [pagys] n.m. (mot lat.). Circonscription territoriale rurale, à l'époque gallo-romaine, puis au haut Moyen Âge. Pluriel savant : *pagi.*

PAHLAVI ou **PEHLVI** n.m. Langue iranienne qui fut celle de la civilisation sassanide et de la littérature mazdéenne.

PAIE [pɛ] ou **PAYE** [pɛj] n.f. **1.** Paiement des salaires ou des soldes. *Jour de paie.* ◇ *Fam. Ça fait une paie :* ça fait longtemps. **2.** Salaire ou solde. *Toucher sa paie. Dépenser toute sa paie.* ◇ ***Bulletin, feuille*** ou ***fiche de paie :*** pièce justificative récapitulant notamm. les éléments de calcul (nombre d'heures, retenues sociales, etc.) d'un salaire, d'un traitement.

PAIEMENT ou **PAYEMENT** [pɛmɑ̃] n.m. Action de payer une somme d'argent en exécution d'une obligation ; somme payée. *Paiement en espèces.*

PAÏEN, ENNE adj. et n. (lat. *paganus,* paysan). **1.** Adepte des cultes polythéistes de l'Antiquité, et partic. du polythéisme gréco-latin (par oppos. à *chrétien*). **2.** Adepte d'une religion polythéiste ou fétichiste. **3.** *Litt.* Impie, mécréant.

PAIERIE [pɛri] n.f. Bureau d'un trésorier-payeur.

PAILLAGE n.m. Action de pailler.

PAILLARD, E adj. et n. (de *paille*). Qui est porté à la licence sexuelle ; libertin. ◆ adj. Se dit de paroles, de textes grivois, égrillards.

PAILLARDISE n.f. **1.** Comportement d'une personne paillarde. **2.** Action, parole paillarde.

PAILLASSE n.f. (de *paille*). **1.** Grand sac rembourré de paille (ou de balle d'avoine, de feuilles, etc.) et servant de matelas. **2.** Plan de travail d'un évier, à côté de la cuve. **3.** Plan de travail carrelé, à hauteur d'appui, dans un laboratoire de chimie, de pharmacie, etc.

PAILLASSON n.m. **1. a.** Petite natte épaisse, en fibres dures, que l'on place au seuil d'une habitation pour essuyer les semelles des chaussures ; essuie-pieds, tapis-brosse. **b.** *Fig., fam.* Personne servile. **2.** HORTIC. Natte de paille dont on couvre les couches et les plantes pour les abriter contre le froid. **3.** Paille tressée dont on fait des chapeaux.

PAILLASSONNAGE n.m. Action de paillassonner.

PAILLASSONNER v.t. HORTIC. Couvrir de paillassons.

PAILLE n.f. (lat. *palea,* balle de blé). **1.** Tige de graminée, et en partic. de céréale, coupée et dépouillée de son grain. ◇ ***Tirer à la courte paille :*** tirer au sort en faisant choisir au hasard des brins de paille de longueur inégale. – *Fam., souvent iron. Une paille :* presque rien. **2.** Matière que forment ensemble ces tiges. *Un chapeau de paille.* ◇ ***Vin de paille :*** vin blanc liquoreux, obtenu avec des raisins qu'on a laissé se déshydrater sur la paille. – ***Papier paille :*** papier d'emballage à base de paille. – *Être sur la paille,* dans la misère. – ***Homme de paille :*** prête-nom dans une affaire malhonnête. **3.** Petit tuyau utilisé pour boire un liquide en l'aspirant. SYN. : *chalumeau.* **4.** MÉTALL. Défaut de surface des produits forgés ou laminés, constitué par une cavité allongée et de faible épaisseur. **5.** *Paille de fer :* tampon formé de longs copeaux métalliques, utilisé pour gratter, notamm. pour décaper les parquets. ◆ adj. inv. D'une couleur jaune pâle.

PAILLÉ, E adj. **1.** Qui a la couleur de la paille. **2.** MÉTALL. Qui présente une, des pailles.

PAILLE-EN-QUEUE n.m. (pl. *pailles-en-queue*). Phaéton (oiseau).

1. PAILLER n.m. (lat. *palearium,* grenier à paille). **1.** Lieu (hangar, grenier) où l'on entrepose la paille. **2.** Meule de paille.

2. PAILLER v.t. AGRIC. Enchausser.

PAILLETAGE n.m. Action de pailleter.

PAILLETÉ, E adj. Couvert de paillettes.

PAILLETER v.t. [16]. Orner, semer de paillettes.

PAILLETTE n.f. **1.** Parcelle d'or que l'on trouve dans les sables aurifères. **2.** Petite lamelle d'une matière plus ou moins brillante et rigide. *Paillette de mica. Savon en paillettes.* – Petite lamelle d'une matière brillante utilisée pour orner certaines étoffes, certains vêtements. *Costume à paillettes du clown blanc.* ◆ pl. *Péjor.* Le monde des apparences, de l'inauthenticité. *Les paillettes du show-business.*

PAILLIS n.m. Couche de paille ou d'un autre matériau dont on recouvre le sol pour en maintenir la fraîcheur ou pour préserver certains fruits (fraises, melons) du contact de la terre.

PAILLON n.m. **1.** Lamelle, plaque de métal brillante qu'on place sous un émail translucide ou une pierre de bijouterie pour leur fournir un fond miroitant. **2.** Manchon de paille destiné à protéger une bouteille.

PAILLOTE n.f. Hutte à toit de paille, dans les pays chauds.

PAIN n.m. (lat. *panis*). **1.** Aliment fait d'une pâte composée essentiellement de farine, d'eau, de sel et de levure (ou de levain), pétrie et fermentée puis cuite au four. *Du pain, le pain.* ◇ ***Pain de campagne :*** pain à croûte épaisse, fait à partir de levain et de farine de blé obtenue par mouture à la meule, dont la pâte était pétrie à la main ; auj., plus souvent, pain de farine bise, à croûte farinée, imitant le pain de campagne à l'ancienne. – ***Pain complet,*** où entrent de la farine brute et du petit son. – ***Pain fantaisie*** ou ***de fantaisie,*** vendu à la pièce, par oppos. au ***gros pain,*** vendu au poids. – ***Pain de mie,*** cuit au moule, pour qu'il ne se forme que très peu de croûte, et contenant éventuellement certains additifs (matières grasses, sucre, etc.). – ***Pain moulé,*** cuit en plaçant les pâtons dans un moule ou sur une plaque creusés d'emplacements pour les recevoir. – ***Pain noir,*** à la farine de blé, de sarrasin et de seigle. – ***Pain viennois :*** pain dont la pâte peut contenir du sucre, du lait, des matières grasses, des œufs. – ***Pain perdu :*** entremets fait de pain ou de brioche rassis trempés dans du lait et des œufs, sucrés et frits. **2.** Masse façonnée de cet aliment. *Un pain.* ◇ ***Pain rond,*** en forme de demi-boule. – ***Pain long,*** en forme de long cylindre aplati. (Le *pain de fantaisie* [700 g], le *pain parisien* [400 ou 500 g], le *bâtard* et la *baguette* [300 g], le *petit pain* [50 g] sont des pains longs.) – Belgique. ***Pain français :*** tout pain de forme allongée. **3.** Symbole de la nourriture. *Gagner durement son pain.* ◇ ***Enlever, ôter à qqn le pain de la bouche,*** lui retirer une partie ou la totalité de ses moyens de subsistance. – ***Avoir du pain sur la planche :*** avoir beaucoup de travail à faire. – ***Manger son pain blanc (le premier) :*** jouir de circonstances favorables qui ne dureront pas. – ***Je ne mange pas de ce pain-là :*** je n'use pas de ces procédés douteux, malhonnêtes, etc. **4.** (Avec un complément ou un adj.) Désigne certaines pâtisseries. ◇ ***Pain au chocolat :*** petite pâtisserie fourrée avec une barre de chocolat. – ***Pain d'épice*** ou ***d'épices :*** gâteau de farine de seigle au sucre, au miel et aux aromates (anis, girofle, cannelle, etc.). – ***Pain de Gênes,*** fait d'une pâte à biscuit à laquelle sont incorporées des amandes pilées. **5.** CUIS. Préparation moulée en forme de pain. *Pain de poisson, de légumes.* **6.** Masse d'une matière moulée. *Pain de cire, de savon.* ◇ ***Pain de sucre. a.*** Masse de sucre blanc en forme de cône. **b.** GÉOMORPH. Piton au sommet arrondi, caractéristique des régions de climat tropical humide. **7.** BOT. ***Arbre à pain :*** artocarpus. – ***Pain de singe :*** fruit comestible du baobab. **8.** *Fam.* Coup (de poing, notamm.).

1. PAIR, E adj. (lat. *par, paris,* égal). **1.** MATH. Se dit d'un nombre dont le reste lors de la division par deux est nul. ◇ ***Fonction paire :*** fonction numérique de la variable réelle, qui est définie et prend la même valeur pour deux valeurs opposées quelconques de la variable. **2.** ANAT. ***Organes pairs,*** qui sont au nombre de deux. (Les poumons, les reins sont des organes pairs.)

2. PAIR n.m. **1.** Égalité de change de deux monnaies, entre deux pays. **2.** Égalité entre le cours nominal d'une valeur mobilière et son cours boursier. *Titre au pair.* **3.** Évaluation de deux monnaies d'après la quantité de métal qu'elles représentent. **4.** *Au pair :* logé, nourri et percevant une petite rémunération en échange de certains services. *Être, travailler au pair.* – ***De pair :*** ensemble, sur le même rang. *Aller, marcher de pair.* – ***Hors (de) pair :*** sans égal ; exceptionnel, supérieur.

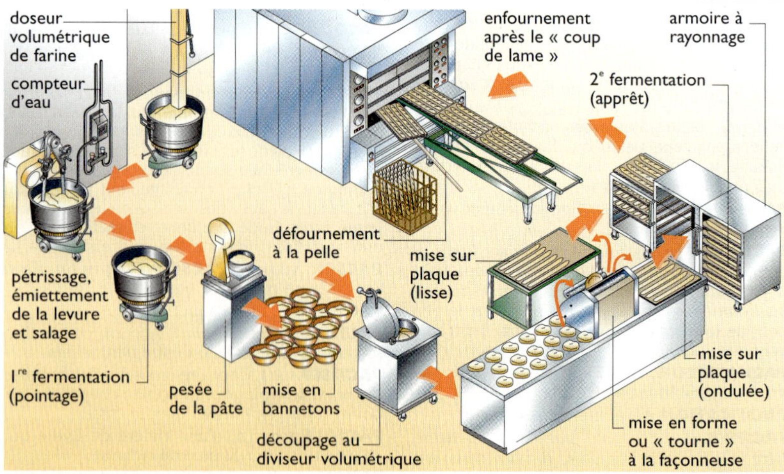

■ **PAIN.** La fabrication du pain.

3. PAIR n.m. **1.** Personne semblable quant à la dignité, au rang. *Être jugé par ses pairs.* **2.** HIST. Dans la France du Moyen Âge et de l'Ancien Régime, ecclésiastique ou noble de haut rang doté par le roi de privilèges honorifiques ou juridictionnels. – Seigneur d'une terre érigée en pairie. **3.** HIST. Membre de la Chambre des pairs ou Chambre haute, en France, de 1814 à 1848. **4.** (D'après l'angl. *peer*). Membre de la Chambre des *lords, en Grande-Bretagne.

PAIRAGE n.m. TÉLÉV. Défaut d'entrelacement des lignes d'une image de télévision, entraînant une réduction de la finesse de l'image dans le sens vertical.

PAIRE n.f. (lat. pop. *paria,* choses égales). **1.** Réunion de deux choses identiques ou symétriques, utilisées ensemble ou formant un objet unique. *Une paire de gants. Une paire de lunettes, de ciseaux.* **2.** Ensemble de deux éléments (êtres ou choses). *Une paire d'amis. Une paire de claques.* **3.** MATH. Ensemble comportant deux éléments. **4.** Couple d'animaux formé par le mâle et la femelle d'une même espèce.

PAIRESSE n.f. HIST. **1.** Épouse d'un pair. **2.** Femme titulaire d'une pairie, en Grande-Bretagne.

PAIRIE n.f. HIST. **1.** Titre, dignité de pair. **2.** Fief, domaine auquel la dignité de pair était attachée.

PAIRLE n.m. HÉRALD. Pièce honorable en forme d'Y partant de la pointe de l'écu pour aboutir aux deux angles du chef.

PAISIBLE adj. (de l'anc. fr. *pais,* paix). **1.** D'humeur douce et tranquille. *Un homme paisible.* **2.** Que rien ne trouble ; où règne le calme et la tranquillité. *Quartier paisible.* **3.** DR. Qui n'est pas troublé dans la jouissance ou la possession d'un bien.

PAISIBLEMENT adv. De manière paisible.

PAISSANCE n.f. (de *paître*). DR. Pacage du bétail sur un terrain communal.

PAISSEAU n.m. (lat. *paxillus*). AGRIC. Région. Échalas.

PAÎTRE v.t. [71] (lat. *pascere*). Manger en broutant. *Paître l'herbe.* ◆ v.i. Manger de l'herbe en broutant. *Mener, faire paître un troupeau.* SYN. : *pacager.* ◇ *Fam. Envoyer paître qqn,* l'éconduire vivement, avec humeur. – REM. Le passé simple et les temps composés sont peu employés.

PAIX [pɛ] n.f. (lat. *pax, pacis*). **1.** Situation d'un pays qui n'est pas en guerre. *Maintenir la paix.* ◇ *Paix armée,* dans laquelle chacun se tient sur le pied de guerre. **2.** Cessation des hostilités ; traité mettant fin à l'état de guerre. *Signer, ratifier la paix.* ◇ *Paix de Dieu :* au Moyen Âge, interdiction par l'Église de tout acte hostile envers les non-combattants (agriculteurs, clercs, femmes...). – *Paix des braves :* accord conclu sur la base de concessions mutuelles, après un long conflit. **3.** État de concorde, d'accord entre les membres d'un groupe, d'une nation. *Vivre en paix avec ses voisins.* ◇ *Faire la paix :* se réconcilier. **4.** Tranquillité, quiétude exempte de bruit, d'agitation, de désordre. *La paix de la nature, des bois.* **5.** Tranquillité, sérénité de l'esprit. *Avoir la conscience en paix.* ◆ interj. Pour réclamer le silence, le calme. *La paix !*

PAJOT n.m. → **PAGEOT.**

PAKISTANAIS, E adj. et n. Du Pakistan, de ses habitants.

1. PAL n.m. [pl. *pals*] (lat. *palus*). **1.** Pieu aiguisé à une extrémité. ◇ *Supplice du pal,* qui consistait à enfoncer un pal dans le corps du condamné. **2.** HÉRALD. Pièce honorable, large bande verticale au milieu de l'écu. **3.** *Pal injecteur :* instrument destiné à injecter dans le sol des liquides insecticides.

2. PAL (SYSTÈME) [acronyme de l'angl. *phase alternating line*]. Système de télévision en couleurs, d'origine allemande.

PALABRE n.f. ou n.m. (esp. *palabra,* parole). **1.** *Péjor.* (Surtout pl.) Discussion, conversation longue et oiseuse. *D'interminables palabres.* **2.** Afrique. Débat coutumier entre les hommes d'une communauté villageoise. – *Spécial.* Procès devant un tribunal coutumier.

PALABRER v.i. **1.** Discuter longuement et de manière oiseuse ; tenir des palabres. **2.** Afrique. **a.** Se plaindre, demander justice. **b.** Se disputer, se quereller. **c.** Marchander.

PALACE n.m. (mot angl.). Hôtel luxueux.

PALADIN n.m. (du lat. *palatinus,* du palais). **1.** Seigneur de la suite de Charlemagne, dans la tradition des chansons de geste. **2.** Chevalier errant.

PALAFITTE n.m. (ital. *palafitta*). ARCHÉOL. Vieilli. Village lacustre.

1. PALAIS n.m. (lat. *palatium*). **1.** Vaste et somptueuse résidence d'un chef d'État, d'un personnage important, d'un riche particulier. **2.** Vaste édifice public destiné à un usage d'intérêt général. *Palais des Sports.* **3.** *Palais de justice,* ou, *ellipt., le Palais :* bâtiment départemental où siègent les tribunaux.

2. PALAIS n.m. (lat. *palatum*). Paroi supérieure de la bouche séparant celle-ci des fosses nasales. ◇ *Voûte du palais,* ou *palais dur :* partie antérieure, osseuse, du palais. – *Voile du palais,* ou *palais mou :* partie postérieure, musculo-membraneuse et mobile, du palais. – *Avoir le palais fin :* être gourmet.

PALAN n.m. (ital. *palanco*). Appareil de levage comportant un mécanisme démultiplicateur (poulies, moufles, train d'engrenages, tambour, etc.) qui permet de soulever des charges avec un effort moteur relativement faible.

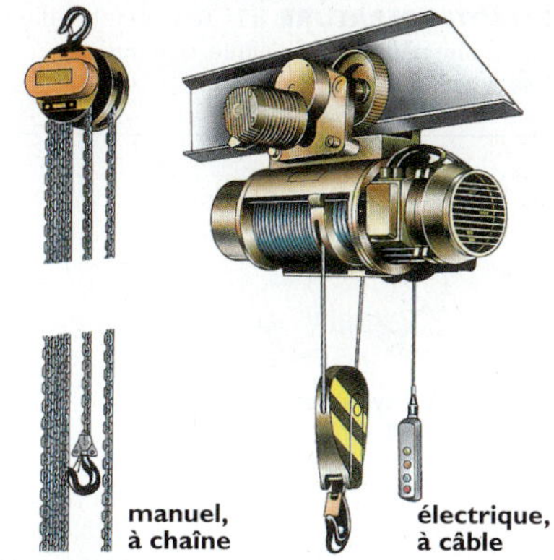

■ **PALANS**

PALANCHE n.f. (lat. pop. *palanca,* levier). Tige de bois servant à porter sur l'épaule deux charges accrochées à chacune des extrémités.

PALANÇON n.m. (anc. fr. *palanc,* pieu). CONSTR. Pièce de bois utilisée pour garnir un torchis.

PALANGRE n.f. (mot provenç., du gr. *panagron,* grand filet). Ligne pour la pêche en mer constituée d'une corde le long de laquelle sont attachées des empiles munies d'hameçons.

PALANGROTTE n.f. (provenç. *palangrotto*). Ligne plombée pour la pêche en mer, enroulée autour d'une plaque de liège et manœuvrée à la main.

PALANQUE n.f. (ital. *palanca*). Chacune des planches superposées qui constituent l'un des obstacles du concours hippique.

PALANQUÉE n.f. **1.** MAR. Charge manipulée à l'aide d'une élingue, d'un palan. **2.** *Fig.* Grand nombre, multitude. *Une palanquée de nouveautés.*

PALANQUER v.i. Utiliser un palan. ◆ v.t. Lever avec un palan.

PALANQUIN n.m. (port. *palanquim,* du sanskr.). Chaise ou litière portée à bras d'hommes ou installée sur le dos d'un animal (chameau, éléphant), dans les pays orientaux.

PALASTRE n.m. → **PALÂTRE.**

PALATAL, E, AUX adj. et n.f. (du lat. *palatum,* palais). PHON. Se dit d'une voyelle ou d'une consonne qui a son point d'articulation situé dans la région du palais dur (par ex. le [j] de *fille* ou le [i] de *ici*).

PALATALISATION n.f. PHON. Modification subie par un phonème dont l'articulation se trouve reportée dans la région du palais dur. SYN. : *mouillure.*

PALATALISER v.t. PHON. Transformer un phonème par palatalisation.

PALATIAL, E, AUX [palasjal, sjo] adj. Relatif à un palais, aux palais (édifices).

1. PALATIN, E adj. (lat. *palatinus*). **1.** HIST. Se disait d'un homme lié au palais d'un souverain. *Les comtes palatins du Saint Empire.* **2.** Du Palatinat. **3.** Qui dépend d'un palais. ◆ n.m. HIST. Premier des grands officiers de la couronne de Hongrie.

2. PALATIN, E adj. ANAT. Du palais.

PALATINAT n.m. Dignité d'Électeur palatin.

PALÂTRE ou **PALASTRE** n.m. (de *1. pale*). Plaque de tôle sur laquelle est fixé le mécanisme d'une serrure.

1. PALE n.f. (lat. *pala,* pelle). **1.** Élément en forme d'aile vrillée fixé au moyeu d'une hélice. **2.** Partie plate d'un aviron, qui entre dans l'eau. **3.** TECHN. Petite vanne d'une retenue d'eau.

2. PALE ou **PALLE** n.f. (lat. *palla,* tenture). CATH. Linge carré et rigide qui sert à couvrir le calice pendant la messe.

PÂLE adj. (lat. *pallidus*). **1.** Se dit d'un teint peu coloré, d'une blancheur terne. *Figure pâle.* **2.** Qui a le teint pâle ; blême, blafard. ◇ *Arg. mil. Se faire porter pâle :* se faire porter malade. **3.** Se dit d'une couleur dont la tonalité est atténuée ; qui est d'une teinte peu marquée. *Rose pâle. Un ciel pâle.* **4.** Se dit d'une lumière faible, sans éclat. *Une pâle lueur.* **5.** *Fig.* Qui manque d'éclat, de relief, d'originalité ; terne. *Un pâle imitateur.*

PALÉ, E adj. HÉRALD. Divisé verticalement en un nombre pair de parties égales d'émaux alternés.

PALE-ALE [pɛlɛl] n.f. [pl. *pale-ales*] (mot angl.). Bière blonde anglaise.

PALÉE n.f. Rang de pieux, de palplanches enfoncés au mouton pour soutenir un ouvrage en terre, en maçonnerie ou en charpente.

PALEFRENIER, ÈRE n. (anc. provenç. *palafren,* palefroi). Personne qui panse, soigne les chevaux.

PALEFROI n.m. (bas lat. *paraveredus,* cheval de poste). HIST. Cheval de parade ou de marche (par oppos. au *destrier,* le cheval de bataille).

PALÉMON n.m. (gr. *Palaimôn,* n. myth.). Grosse crevette rose, aussi appelée *bouquet.* (Genre *Leander.*)

PALÉOBIOGÉOGRAPHIE n.f. (du gr. *palaios,* ancien). Étude de la répartition géographique des êtres vivants au cours des époques géologiques.

PALÉOBOTANIQUE n.f. Paléontologie végétale.

PALÉOCÈNE n.m. GÉOL. Série du cénozoïque précédant l'éocène (de – 65 à – 53 millions d'années).

PALÉOCHRÉTIEN, ENNE adj. Relatif aux premiers chrétiens, à leur art.

■ ART **PALÉOCHRÉTIEN** : le Bon Pasteur, statuette en ivoire découverte près de Rome, fin du IIIe s. apr. J.-C. (Louvre, Paris.)

PALÉOCLIMAT n.m. Nature du climat d'une époque géologique.

PALÉOCLIMATOLOGIE n.f. Étude et reconstitution des climats passés.

PALÉOÉCOLOGIE n.f. Étude des relations entre les organismes fossiles et leur milieu.

PALÉOENVIRONNEMENT n.m. Ensemble des caractéristiques biologiques et physico-chimiques des milieux d'une région à un moment de son histoire.

PALÉOGÈNE n.m. et adj. Système du cénozoïque précédant le néogène. (Le paléogène se situe au tertiaire, de – 65 à – 23,5 millions d'années ; il est subdivisé en paléocène, éocène et oligocène.) SYN. : *nummulitique.*

PALÉOGÉOGRAPHIE n.f. Étude de la géographie des continents aux époques géologiques.

PALÉOGRAPHE n. Spécialiste de paléographie.

PALÉOGRAPHIE n.f. Science des écritures anciennes. (La paléographie retrace l'histoire des écritures et apprend à déchiffrer et à dater les documents qui nous ont conservé les textes anciens.)

PALÉOGRAPHIQUE adj. Relatif à la paléographie, aux écritures anciennes.

PALÉOHISTOLOGIE n.f. Étude des tissus animaux et végétaux conservés dans les fossiles.

PALÉOLITHIQUE n.m. et adj. (gr. *palaios,* ancien, et *lithos,* pierre). Première période de la préhistoire, caractérisée par l'apparition puis le développement de l'industrie de la pierre, et par une économie de prédation.

ENCYCL. S'étendant sur plusieurs millions d'années, le paléolithique se termine vers le Xe millénaire avec le réchauffement postglaciaire. Le paléolithique est divisé en trois sous-périodes : inférieure ou ancienne, moyenne et supérieure. En Europe, le paléolithique inférieur se poursuit jusqu'aux environs de - 150 000, le moyen jusque vers - 40 000 et le supérieur jusqu'à - 9 000. Le paléolithique supérieur européen est subdivisé en périgordien ancien (châtelperronien), aurignacien, périgordien supérieur (gravettien), solutréen et magdalénien. Il est marqué par l'apparition de l'ancêtre direct de l'homme moderne, *Homo sapiens sapiens,* et par la production d'objets à caractère artistique.

PALÉOMAGNÉTISME n.m. Magnétisme terrestre au cours des temps géologiques ; étude de celui-ci, notamm. dans les laves. (Le paléomagnétisme est l'un des arguments principaux de la tectonique des plaques.)

PALÉONTOLOGIE n.f. Science des êtres vivants ayant peuplé la Terre aux époques géologiques, fondée sur l'étude des fossiles.

PALÉONTOLOGIQUE adj. Relatif à la paléontologie.

PALÉONTOLOGUE ou **PALÉONTOLOGISTE** n. Spécialiste de paléontologie.

PALÉO-OCÉANOGRAPHIE n.f. Étude et reconstitution des océans et des fonds marins au cours des temps géologiques.

PALÉORELIEF n.m. GÉOL. Ancien relief recouvert de sédiments.

PALÉOSIBÉRIEN, ENNE adj. Se dit d'une famille de langues parlées en Sibérie orientale.

PALÉOSOL n.m. Sol ancien formé dans des conditions de climat et de végétation différentes, recouvert par des dépôts ou des sols plus récents.

PALÉOTEMPÉRATURE n.f. Température d'un âge, d'une période géologique, obtenue par analyse géochimique.

PALÉOTHÉRIUM [-terjɔm] n.m. (gr. *palaios,* ancien, et *thērion,* bête sauvage). Mammifère ongulé fossile du début de l'ère tertiaire (éocène), proche de l'actuel tapir, dont on a trouvé les restes notamm. dans la butte Montmartre, à Paris.

PALÉOZOÏQUE n.m. et adj. Ère géologique correspondant aux systèmes allant du cambrien au permien. (Le paléozoïque s'étend de - 540 à - 245 millions d'années ; il est caractérisé par la conquête des continents par les organismes et par les orogenèses calédonienne et hercynienne.) SYN. : *primaire.*

PALERON n.m. (de *1. pale*). BOUCH. Morceau de demi-gros correspondant au membre antérieur du bœuf.

PALESTINIEN, ENNE adj. et n. De la Palestine, de ses habitants. – *Cour.* Du peuple arabe qui habite cette région.

PALESTRE n.f. (gr. *palaistra*). ANTIQ. Partie du gymnase grec et des thermes romains où se pratiquaient les exercices physiques, en partic. la lutte.

PALET n.m. (de *1. pale*). Pierre plate et ronde ou disque épais qu'on lance le plus près possible d'un but matérialisé, dans certains jeux. – Rondelle que les hockeyeurs sur glace propulsent avec une crosse.

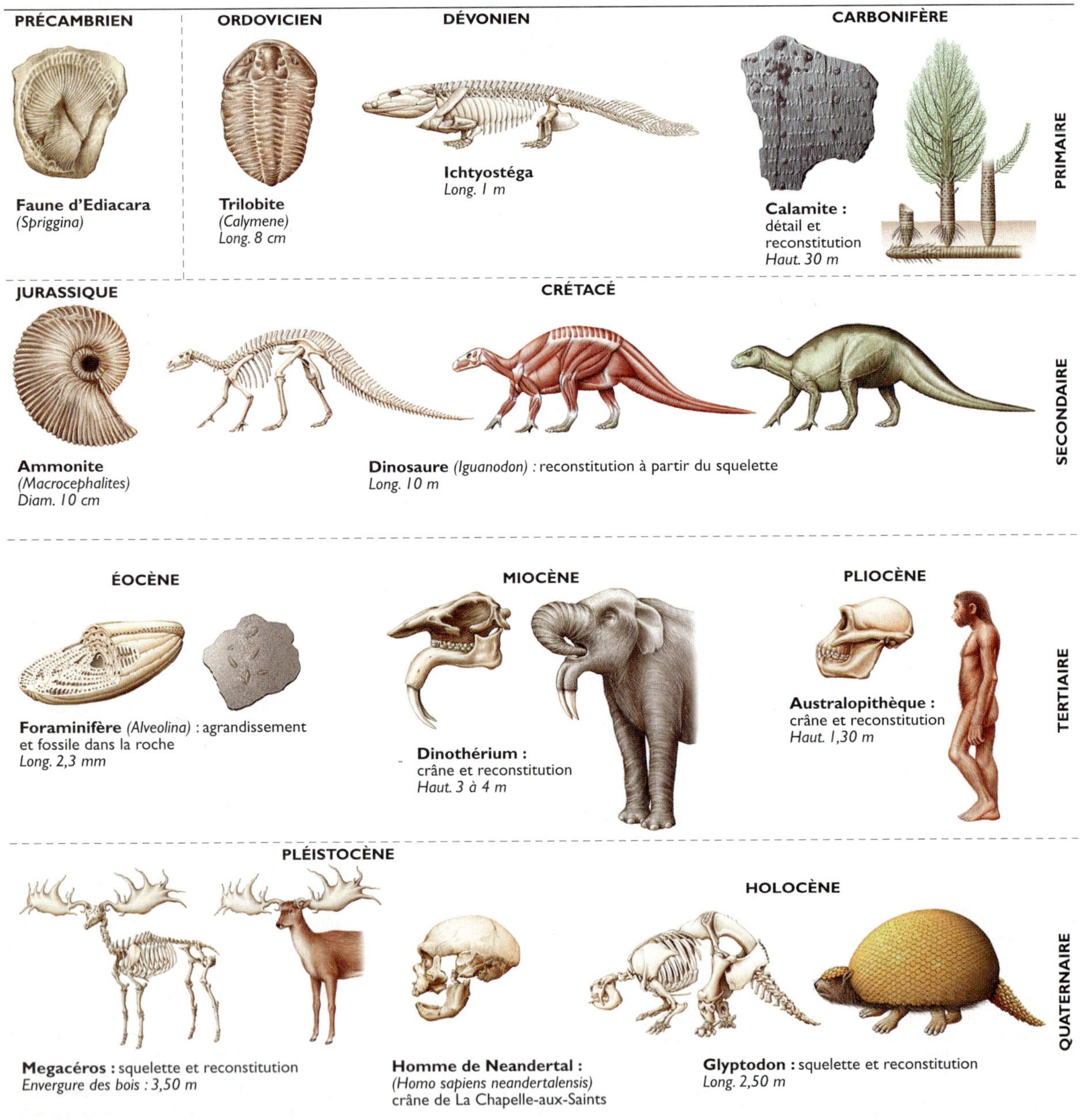

■ **PALÉONTOLOGIE.** Squelettes ou fossiles d'êtres vivants ayant peuplé la Terre à différentes époques géologiques.

PALETOT [palto] n.m. (anc. angl. *paltok*, jaquette). Veste ample et confortable, qui arrive à mi-cuisse, que l'on porte sur d'autres vêtements. ◇ *Fam. Tomber sur le paletot à qqn*, l'attaquer par surprise, le malmener.

PALETTE n.f. (de *1. pale*). **1.** Instrument large, aplati servant à divers usages. *Palette de potier.* **2.** Plaque percée d'un trou pour le pouce, sur laquelle les peintres disposent et mêlent leurs couleurs. **3.** Ensemble des couleurs habituellement utilisées par un peintre. **4.** *Fig.* Ensemble d'objets différents mais de même nature ; gamme, éventail. *Une large palette de tissus d'ameublement.* **5.** Plateau de chargement destiné à la manutention des marchandises par chariots élévateurs à fourche ; charge de ce plateau. **6.** BOUCH. Morceau du mouton et du porc, comprenant l'omoplate et la chair qui la recouvre. **7.** *Palette électronique* ou *graphique* : système de création d'images utilisant l'écran d'une station de travail ou d'un micro-ordinateur. **8.** *Palette natatoire* : organe caudal des crustacés nageurs, formé par le telson et les derniers appendices abdominaux aplatis ; membre large et plat, utilisé comme une pagaie, chez certains vertébrés tétrapodes marins (tortue, plésiosaure, manchot, otarie).

PALETTISABLE adj. Se dit d'une marchandise qui peut être chargée sur palette.

PALETTISATION n.f. Action de palettiser.

PALETTISER v.t. **1.** Organiser des expéditions, des transports, etc., à l'aide de palettes. **2.** Charger sur des palettes. *Palettiser du papier.*

PALETTISEUR n.m. Appareil servant à palettiser des marchandises.

PALÉTUVIER n.m. (mot tupi). Arbre caractéristique des mangroves, aux racines aériennes très développées et dont le fruit (mangle), en forme de fléchette, se fiche fortement dans la vase lors de sa chute. (Genres *Avicennia, Rhizophora*, etc. ; famille des rhizophoracées.)

■ PALÉTUVIER

PÂLEUR n.f. (lat. *pallor*). Aspect, couleur de ce qui est pâle ; état d'une personne pâle.

PALI n.m. (mot hindi). Langue des anciens textes religieux du bouddhisme méridional, apparentée au sanskrit. Graphie savante : *pāli*.

PÂLICHON, ONNE adj. *Fam.* Un peu pâle.

PALICINÉSIE n.f. (gr. *palin*, à nouveau, et *kinêsis*, mouvement). PSYCHOPATHOL. Répétition incoercible d'un même geste par le sujet.

PALIER n.m. (anc. fr. *paele*, poêle). **1.** Plateforme ménagée entre deux volées d'escalier. **2.** Partie horizontale entre deux déclivités d'une voie ferrée, d'une route. **3.** *Fig.* Phase de stabilité dans le cours d'une évolution. ◇ *Par paliers* : par étapes. *Procéder par paliers.* **4.** MÉCAN. INDUSTR. Organe mécanique supportant et guidant un arbre tournant. **5.** AVIAT. *Vol en palier*, qui s'effectue à altitude constante.

PALIÈRE adj.f. (de *palier*). *Marche palière*, qui est de plain-pied avec un palier. – *Porte palière*, qui s'ouvre sur un palier.

PALILALIE n.f. (gr. *palin*, de nouveau, et *lalein*, parler). PSYCHIATR., PSYCHOPATHOL. Répétition de un ou de plusieurs mots, de syllabes, d'onomatopées, sur un rythme parfois très rapide, dans les démences, les troubles schizophréniques et certaines affections neurologiques.

PALIMPSESTE [palɛ̃psɛst] n.m. (gr. *palimpsêstos*, gratté de nouveau). Manuscrit sur parchemin dont la première écriture a été lavée ou grattée et sur lequel un nouveau texte a été écrit.

PALINDROME n.m. et adj. (gr. *palin*, de nouveau, et *dromos*, course). Mot ou groupe de mots qui peut être lu indifféremment de gauche à droite ou de droite à gauche. (Ex. : *Ésope reste ici et se repose.*)

PALINGÉNÉSIE n.f. (gr. *palin*, de nouveau, et *genesis*, génération). **1.** Retour cyclique des mêmes événements ou du même type d'événements, dans certaines conceptions philosophiques (stoïcisme, notamm.) ou religieuses. **2.** *Litt.* Retour à la vie, nouvelle vie.

PALINODIE n.f. (gr. *palin*, de nouveau, et *ôdê*, chant). **1.** *Litt.* Rétractation ou désaveu de ce qu'on a dit ou fait ; brusque changement d'opinion. **2.** Pièce de vers dans laquelle l'auteur rétracte ce qu'il a exprimé précédemment.

PÂLIR v.i. **1.** Devenir subitement pâle, blême. *Pâlir de colère.* ◇ *Faire pâlir qqn de dépit, de jalousie*, lui inspirer un dépit, une jalousie violents. **2.** Perdre de sa luminosité, de son éclat. *Ces couleurs ont pâli au soleil.* ◇ *Son étoile pâlit* : son influence, son crédit diminue. ◆ v.t. *Litt.* Rendre pâle. *La maladie a pâli ses traits.*

PALIS n.m. (de *1. pal*). Pieu enfoncé avec d'autres pour former une clôture continue.

PALISSADE n.f. (de *palis*). **1.** Clôture formée de pieux ou de planches plus ou moins jointifs. **2.** Mur de verdure fait d'arbres ou d'arbustes taillés verticalement.

PALISSADER v.t. **1.** Entourer de palissades. **2.** Disposer, tailler en palissade.

PALISSADIQUE adj. BOT. Se dit du parenchyme chlorophyllien, à cellules serrées, de la face supérieure des feuilles.

PALISSAGE n.m. Opération qui consiste à attacher un rameau, une branche, une tige à un support (mur, treillage, fils de fer, etc.) pour le maintenir dans une direction déterminée. *Palissage de la vigne.*

PALISSANDRE n.m. (d'une langue de la Guyane). Bois lourd et dur, gris à rouge vif, à l'aspect veiné caractéristique, utilisé en ébénisterie et provenant de diverses espèces d'arbres d'Amérique tropicale et de Madagascar.

PÂLISSANT, E adj. Qui pâlit.

PALISSER v.t. Procéder au palissage de.

PALISSON n.m. (de *palis*). Instrument utilisé en chamoiserie pour assouplir les peaux.

PALISSONNER v.t. Assouplir au palisson.

PALIURE n.m. (gr. *paliouros*). Arbrisseau fortement épineux de l'Europe méditerranéenne et de l'Asie occidentale, utilisé pour former des haies, parfois appelé *épine du Christ*. (Genre *Paliurus* ; famille des rhamnacées.)

PALLADIANISME n.m. ARCHIT. Style ou théorie s'inspirant de Palladio.

PALLADIEN, ENNE adj. ARCHIT. Propre à Palladio, à son style.

1. PALLADIUM [paladjɔm] n.m. (gr. *Palladion*, statue sacrée de Pallas, à Troie). ANTIQ. Objet sacré dont la possession était considérée comme un gage de sauvegarde de la cité.

2. PALLADIUM [paladjɔm] n.m. (mot angl., d'après *Pallas*). **1.** Métal précieux, blanc, ductile et dur, de densité 11,4 et qui fond à 1 549 °C. **2.** Élément chimique (Pd), de numéro atomique 46, de masse atomique 106,42. (Catalyseur d'hydrogénation en surface, il peut emmagasiner de grandes quantités d'hydrogène dans sa masse.)

PALLE n.f. → **2. PALE.**

PALLÉAL, E, AUX adj. (du lat. *palla*, manteau). ZOOL. Qui concerne le manteau des mollusques. ◇ *Cavité* ou *chambre palléale*, contenant les organes respiratoires des mollusques.

PALLIATIF, IVE adj. et n.m. MÉD. Se dit d'un traitement qui n'agit pas directement sur la maladie (en partic. un traitement symptomatique), ou qui la soulage sans pouvoir la guérir. ◆ adj. *Soins palliatifs* : ensemble des soins et de l'accompagnement psychologique apportés à un malade en fin de vie. ◆ n.m. Moyen provisoire de détourner un danger ; expédient pour écarter un obstacle. *Trouver un palliatif.*

PALLIER v.t. [5] (bas lat. *palliare*, couvrir d'un manteau). Remédier d'une manière incomplète ou provisoire à. *Pallier les conséquences d'une erreur.* – REM. La construction *pallier à*, courante, est incorrecte.

PALLIUM [paljɔm] n.m. (mot lat.). **1.** Manteau romain d'origine grecque. **2.** CATH. Petite étole de laine blanche à croix noires, insigne papal porté aussi par certains dignitaires de l'Église.

PALMACÉE n.f. BOT. Arécacée.

PALMAIRE adj. (du lat. *palma*, paume). ANAT. De la paume de la main.

PALMARÈS [palmarɛs] n.m. (lat. *palmares*, dignes de la palme). **1.** Liste de lauréats. *Le palmarès d'un concours.* **2.** Liste de succès, de victoires. *Un sportif au palmarès éloquent.* **3.** Recomm. off. pour *hit-parade*.

PALMARIUM [palmarjɔm] n.m. (du lat. *palma*, palmier). Serre où sont cultivés des palmiers.

PALMAS [palmas] n.f. pl. (esp. *palma*, paume de la main). Battements rythmés des mains, dans la danse et le chant flamencos.

PALMATIFIDE ou **PALMIFIDE** adj. BOT. Se dit d'une feuille palmée dont les divisions atteignent le milieu du limbe.

PALMATILOBÉ, E adj. BOT. Se dit d'une feuille palmée formée de lobes peu découpés.

PALMATISÉQUÉ, E adj. BOT. Se dit d'une feuille palmée dont les divisions atteignent la base du limbe.

PALMATURE n.f. MÉD. Malformation d'une main dont les doigts sont réunis par une membrane ; cette membrane.

PALME n.f. (lat. *palma*). **1.** Feuille de palmier. ◇ *Vin de palme* : boisson fermentée obtenue à partir de certains palmiers. **2.** Symbole de la victoire, matérialisé par une décoration, un insigne, un prix. ◇ *Remporter la palme* : l'emporter sur d'autres ; triompher. **3.** Décoration, distinction dont l'insigne représente une, des palmes. *Palmes académiques.* – Insigne de bronze en forme de laurier porté sur le ruban de certaines décorations et indiquant une citation à l'ordre de l'armée. **4.** Nageoire en caoutchouc qui s'ajuste au pied et qui augmente la vitesse, la puissance de la nage.

PALMÉ, E adj. **1.** Dont la structure, la forme sont celles d'une palme. **2.** ZOOL. Dont les doigts sont réunis par une palmure. *Pattes palmées du canard, de la grenouille.* **3.** MÉD. Atteint de palmature. *Doigts palmés.* **4.** BOT. Se dit d'une feuille simple divisée en segments qui se rejoignent au sommet du pétiole, ou d'une feuille composée dont les folioles sont disposées de cette manière.

PALMER [palmɛr] n.m. (du n. de l'inventeur, Jean-Louis *Palmer*). Instrument de précision à tambour micrométrique pour la mesure des épaisseurs et des diamètres extérieurs.

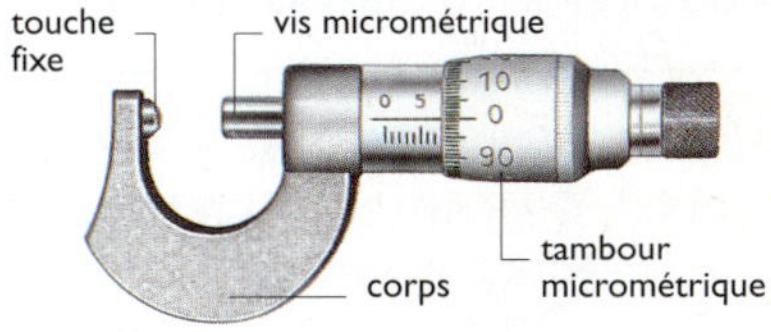

■ PALMER

PALMERAIE n.f. Lieu planté de palmiers.

PALMETTE n.f. **1.** BX-ARTS, ARTS APPL. Ornement en forme de palme stylisée. **2.** ARBOR. Forme d'un arbre fruitier palissé sur des fils de fer dont les branches latérales sont étalées symétriquement par rapport à un axe vertical. *Taille en palmette.*

PALMIER n.m. **1.** Arbre des régions chaudes du globe, à fleurs unisexuées, dont la tige, ou stipe, se termine par un bouquet de feuilles (palmes), souvent pennées, et dont de nombreuses espèces

P

■ **PALMIER.** Palmier à huile.

fournissent des produits alimentaires (dattes, noix de coco, huile de palme, chou palmiste) ou industriels (raphia, rotin, ivoire végétal). [Les palmiers constituent la famille des palmacées, ou arécacées.] ◇ *Cœur de palmier :* palmite. **2.** Gâteau sec plat, en pâte feuilletée, dont la forme évoque vaguement une palmette.

PALMIFIDE adj. ⟶ **PALMATIFIDE.**

PALMIPÈDE n.m. et adj. (lat. *palma,* paume, et *pes, pedis,* pied). Oiseau aquatique présentant une palmure aux doigts, tel que cygne, pingouin, pélican, albatros ou grèbe. (Les palmipèdes constituent un groupe de convergence adaptative, formé de six ordres distincts.)

PALMISTE n.m. Palmier représenté par plusieurs espèces (arec, cocotier des Maldives, notamm.) et dont le bourgeon terminal est consommé sous le nom de *chou palmiste.*

PALMITE n.m. Moelle comestible du palmier, cour. appelée *cœur de palmier.*

PALMITINE n.f. Ester de la glycérine et de l'acide palmitique, l'un des constituants des corps gras.

PALMITIQUE adj.m. CHIM. ORG. *Acide palmitique :* acide gras saturé, constituant fréquent des graisses naturelles du groupe des glycérides.

PALMURE n.f. (du lat. *palma,* paume). ZOOL. Membrane reliant les doigts de certains vertébrés aquatiques (palmipèdes, loutre, grenouille).

PALOIS, E adj. et n. De Pau.

PALOMBE n.f. (lat. *palumbus*). Pigeon ramier.

PALONNIER n.m. (de *pal*). **1.** Barre répartissant à ses deux extrémités l'effort qui s'exerce en son centre. **2.** AVIAT. Barre et, par ext., tout dispositif de transmission se manœuvrant au pied et agissant sur la gouverne de direction d'un avion. **3.** SPORTS. Barre, poignée aux deux bouts de laquelle sont attachés les deux brins formant l'extrémité divisée de la corde de traction d'un skieur nautique. **4.** AGRIC. Barre aux extrémités de laquelle sont fixés les traits d'un véhicule à traction animale, d'une charrue.

PALOT n.m. (de *1. pale*). Bêche étroite pour retirer les vers, les coquillages, etc., du sable, de la vase.

PÂLOT, OTTE adj. *Fam.* Un peu pâle.

PALOURDE n.f. (lat. *peloris*). Clovisse.

PALOX n.m. (nom déposé). Grande caisse destinée à contenir des fruits ou certains légumes, mesurant génér. 100 × 120 × 75 cm.

■ **PALOURDE**

PALPABLE adj. **1.** Qui se fait sentir au toucher. **2.** Qui est évident ; contrôlable, vérifiable.

PALPATION n.f. Partie de l'examen clinique dans laquelle le médecin cherche une anomalie perceptible au toucher ou à la pression des doigts.

PALPE n.m. (de *palper*). Petit appendice antérieur mobile des arthropodes, constituant ordinairement deux paires, les palpes maxillaires et les palpes labiaux.

PALPÉBRAL, E, AUX adj. (du lat. *palpebra,* paupière). Des paupières. *Réflexe palpébral.*

PALPER v.t. (lat. *palpare*). **1.** Examiner, apprécier en touchant avec la main, les doigts. *Palper une étoffe.* **2.** *Fam.* Toucher, recevoir de l'argent.

PALPEUR n.m. Capteur servant à contrôler la position d'un objet ou à réguler une grandeur, un état physique (chaleur, en partic.). *Plaque électrique à palpeur.*

PALPITANT, E adj. **1.** Qui palpite. *Avoir le cœur palpitant.* **2.** *Fig.* Qui suscite un intérêt très vif, mêlé d'émotion ; passionnant. *Aventures palpitantes.* ◆ n.m. *Fam.* Cœur.

PALPITATION n.f. **1.** Mouvement de ce qui palpite. **2.** *Spécial.* (Surtout pl.) Perception désagréable des battements cardiaques.

PALPITER v.i. (lat. *palpitare*). **1.** Être agité de mouvements convulsifs, de frémissements, en parlant d'un être que l'on vient de tuer, de sa chair. **2.** *Litt.* Manifester une sorte d'agitation, de frémissement, en parlant de qqch. *Une flamme qui palpite avant de s'éteindre.* **3.** Battre plus fort et plus vite, en parlant du cœur.

PALPLANCHE n.f. (de *pal* et *planche*). Profilé métallique de section spéciale, planté avec d'autres dans un sol meuble ou immergé pour former une paroi étanche.

PALSAMBLEU interj. (altér. euphémique de *par le sang de Dieu*). Juron ancien, souvent mis dans la bouche des personnages de comédie ou de roman.

PALTOQUET n.m. (de *paletot,* casaque de paysan). *Fam.,* vieilli. Rustre. — Mod. Personnage insignifiant et prétentieux.

PALU n.m. *Fam.* Paludisme.

PALUCHE n.f. *Fam.* Main.

PALUD [paly] ou **PALUDE** n.m. (lat. *palus, -udis*). Vx. Marais.

PALUDÉEN, ENNE adj. (du lat. *palus, -udis,* marais). **1.** Relatif au paludisme. SYN. : *paludique, palustre.* **2.** Des marais. *Plante paludéenne.*

PALUDIER, ÈRE n. Personne qui travaille dans les marais salants.

PALUDINE n.f. Mollusque gastéropode vivipare des cours d'eau et des étangs. (Long. 3 à 4 cm.)

PALUDIQUE adj. Paludéen.

PALUDISME n.m. (du lat. *palus, paludis,* marais). Maladie parasitaire des régions chaudes et marécageuses due au plasmodium et transmise par un moustique, l'anophèle.

ENCYCL. Le paludisme est la maladie la plus répandue dans le monde. Il se manifeste surtout par des accès de fièvre intermittente suivant un rythme caractéristique de trois ou quatre jours, avec anémie, splénomégalie, altération de l'état général. Une seule espèce, *Plasmodium falciparum,* est responsable des formes mortelles. Le traitement fait appel aux médicaments antipaludéens. La prévention repose sur les médicaments et la protection contre les moustiques, et bénéficiera peut-être plus ou moins rapidement d'un vaccin.

PALUSTRE adj. (lat. *paluster*). **1.** Qui vit ou qui croît dans les marais. *Coquillages palustres.* **2.** Paludéen.

PALYNOLOGIE n.f. (du gr. *palunein,* répandre de la farine). Étude des pollens actuels et fossiles.

PÂMER (SE) v.pr. (lat. *spasmare,* avoir un spasme). *Litt.* S'évanouir, tomber en syncope. ◇ *Se pâmer de :* être comme sur le point de défaillir sous l'effet d'un sentiment, d'une émotion. *Se pâmer de joie, d'aise, d'effroi.*

PÂMOISON n.f. Vieilli ou *litt.* Évanouissement, syncope. *Tomber en pâmoison.*

PAMPA n.f. (mot esp., du quechua). Vaste prairie d'Amérique du Sud.

PAMPERO [-pe-] n.m. (mot esp.). Vent froid et violent de la pampa.

PAMPHLET n.m. (mot angl., d'un n.pr.). Écrit satirique, génér. court et violent, dirigé contre qqn, une institution, un groupe, etc.

PAMPHLÉTAIRE n. Auteur de pamphlets. ◆ adj. Qui a les caractères du pamphlet. *Littérature pamphlétaire.*

PAMPILLE n.f. Chacune des petites pendeloques constituant une sorte de frange ornementale, dans un ouvrage de passementerie, de bijouterie.

PAMPLEMOUSSE n.m. ou n.f. (néerl. *pompel,* gros, et *limoes,* citron). Fruit du pamplemoussier, comestible, jaune, au goût acidulé et légèrement amer.

PAMPLEMOUSSIER n.m. Arbre du groupe des agrumes, du genre *Citrus,* qui produit les pamplemousses.

PAMPRE n.m. (lat. *pampinus*). **1.** Jeune pousse de vigne de l'année avant sa lignification. **2.** BX-ARTS, ARTS APPL. Ornement figurant un rameau de vigne sinueux, avec feuilles et grappes.

1. PAN n.m. (lat. *pannus,* morceau d'étoffe). **1.** Partie tombante et flottante d'un vêtement ; grand morceau d'étoffe. *Pan de chemise, de rideau.* **2. a.** Partie de mur, face d'un ouvrage de maçonnerie ou de charpente. **b.** *Pan coupé :* surface de construction oblique qui remplace l'angle que formerait la rencontre de deux murs. **c.** Ossature d'un mur dont les intervalles sont comblés par des matériaux de remplissage. *Pan de bois, de fer.* **3.** Partie importante de qqch. *Tout un pan de ma vie s'écroule.* **4.** Face d'un corps polyédrique. *Écrou à six pans.*

2. PAN interj. (onomat.). Exprime un bruit sec, un coup, un éclatement. *Pan ! Un coup de feu.*

PANACÉE n.f. (gr. *panakeia*). Remède universel à toutes les maladies. — *Fig.* Prétendu remède à tous les problèmes (notamm. moraux, sociaux).

PANACHAGE n.m. Action de panacher. — *Spécial.* Inscription par l'électeur, sur un même bulletin de vote, de candidats appartenant à des listes différentes, autorisée dans certains scrutins.

PANACHE n.m. (ital. *pennaccio,* du lat. *penna,* plume). **1.** Assemblage de plumes flottantes servant d'ornement. *Panache d'un casque.* **2.** Objet, forme évoquant un panache par son aspect mouvant, ondoyant. *Un panache de fumée.* **3.** ARCHIT. Surface concave, appareillée en éventail, d'un pendentif ou d'une trompe. **4.** *Fig.* Éclat, brio. *Un discours plein de panache.* — Bravoure gratuite, pleine d'élégance et d'allant. *Dans cette affaire, il a fait preuve d'un certain panache.*

PANACHÉ, E adj. **1.** Qui présente des couleurs diverses. *Tulipe panachée.* **2.** Composé d'éléments différents. *Style panaché. Fruits panachés.* ◇ *Glace panachée,* composée de différents par-

■ **PAMPA.** La pampa humide d'Argentine.

fums. – *Liste panachée :* liste électorale résultant d'un panachage. **3.** *Demi panaché,* ou *panaché,* n.m. : demi composé de bière et de limonade.

PANACHER v.t. **1.** Orner de couleurs variées. **2.** Composer d'éléments divers. ◇ *Panacher une liste électorale,* la composer par panachage. ◆ **se panacher** v.pr. Prendre des couleurs variées.

PANACHURE n.f. Ensemble de motifs ou de taches de couleur tranchant sur un fond de couleur différente.

PANADE n.f. (provenç. *panado,* du lat. *panis,* pain). **1.** Vx. Soupe faite de pain bouilli dans de l'eau ou du lait. **2.** *Fam.* Misère. *Être, tomber dans la panade.*

PANAFRICAIN, E adj. **1.** De l'ensemble du continent africain, des nations qui le composent. **2.** Relatif au panafricanisme.

PANAFRICANISME n.m. Doctrine politique, mouvement tendant à regrouper, à rendre solidaires les nations du continent africain.

PANAIRE adj. Relatif au pain. *Fermentation panaire.*

PANAIS n.m. (lat. *pastinaca*). Plante bisannuelle à fleurs jaunes, dont la variété potagère *(Pastinaca sativa)* possède une racine très utilisée naguère comme légume et comme aliment pour le bétail. (Famille des ombellifères.)

PANAMA n.m. (de *Panamá*). Chapeau souple, tressé avec la feuille d'un arbuste d'Amérique centrale.

PANAMÉEN, ENNE adj. et n. De la république de Panamá, de ses habitants.

PANAMÉRICAIN, E adj. **1.** Relatif au continent américain tout entier. **2.** Relatif au panaméricanisme.

PANAMÉRICANISME n.m. Doctrine politique, mouvement tendant à établir une solidarité des nations à l'échelle du continent américain.

PANARABISME n.m. Doctrine politique, mouvement tendant à regrouper les nations de langue et de civilisation arabes.

1. PANARD, E adj. (mot provenç., *boiteux*). Se dit d'un cheval dont les pieds sont tournés en dehors.

2. PANARD n.m. *Fam.* Pied.

PANARIS [panari] n.m. (lat. *panaricium*). Infection aiguë du doigt. SYN. *(cour.) : mal blanc, tourniole.*

PANATELA ou **PANATELLA** [panatela] n.m. (mot esp.). Cigare de La Havane, mince et allongé.

PANATHÉNÉES n.f. pl. (gr. *pan,* tout, et *Athenê,* Athéna). ANTIQ. GR. Fêtes célébrées chaque année en juillet, à Athènes, en l'honneur d'Athéna.

PANAX n.m. (mot lat.). Arbrisseau d'Amérique du Nord et d'Asie orientale dont une espèce cultivée fournit le ginseng. (Famille des araliacées.)

PAN-BAGNAT n.m. [pl. *pans-bagnats*] (mot provenç.). Petit pain rond coupé en deux, garni de tomate, de salade, d'œuf dur, de thon et d'anchois, et arrosé d'huile d'olive. (Spécialité provençale.)

PANCARTAGE n.m. Affichage, dans un lieu public, d'indications destinées aux usagers.

PANCARTE n.f. (gr. *pan,* tout, et *khartês,* livre). Panneau, plaque portant une inscription ou un avis destiné au public.

PANCETTA [pɑ̃tʃeta] n.f. (mot ital.). Charcuterie italienne faite de poitrine de porc salée, roulée et séchée.

PANCHEN-LAMA [panʃɛnlama] n.m. [pl. *panchen-lamas*] (chin. *bānchán* et tibétain *blama*). Second personnage de la hiérarchie du bouddhisme tibétain, après le dalaï-lama.

PANCHROMATIQUE adj. CINÉMA, PHOTOGR. Se dit d'une surface sensible à toutes les couleurs.

PANCHRONIQUE adj. LING. Qui embrasse une longue période de temps sans variation.

PANCLASTITE n.f. (gr. *pan,* tout, et *klastos,* brisé). Explosif constitué d'un mélange de dioxyde d'azote et d'un combustible liquide.

PANCRACE n.m. (gr. *pan,* tout, et *kratos,* force). ANTIQ. GR. Combat gymnique combinant la lutte et le pugilat.

PANCRÉAS [pɑ̃kreas] n.m. (gr. *pan,* tout, et *kreas,* chair). Organe glandulaire situé dans l'abdomen, au-dessous et en arrière de l'estomac, qui sécrète le suc pancréatique (déversé dans l'intestin pour servir à la digestion) ainsi que deux hormones, l'insuline et le glucagon, excrétées dans le sang pour la régulation du métabolisme du glucose.

PANCRÉATECTOMIE n.f. Ablation chirurgicale du pancréas.

PANCRÉATIQUE adj. Du pancréas.

PANCRÉATITE n.f. Inflammation du pancréas.

PANDA n.m. (mot népalais). Mammifère de l'ordre des carnivores, mais végétarien, dont il existe deux espèces : le *grand panda* (genre *Ailuropoda*), des forêts de Chine centrale, très rare, qui se nourrit de pousses de bambou, et le *petit panda* (genre *Ailurus*), au pelage roux, noir et blanc, ressemblant à un raton laveur, qui vit dans les forêts montagneuses de l'Himalaya oriental et de la Chine méridionale et se nourrit de feuilles, de fruits et d'insectes. (Famille des ursidés.)

■ **PANDA.** Petit et grand pandas.

PANDANUS [pɑ̃danys] n.m. (malais *pandang*). Plante ornementale à port de palmier, originaire des régions tropicales de l'Océanie et de l'Ancien Monde. (Famille des pandanacées.)

PANDÉMIE n.f. Épidémie qui s'étend sur un ou plusieurs continents.

PANDÉMONIUM [pɑ̃demɔnjɔm] n.m. (angl. *pandemonium,* du gr. *pan,* tout, et *daimôn,* démon). *Litt.* **1.** (Avec une majuscule.) Capitale supposée de l'enfer. **2.** Lieu où règnent la corruption et le désordre. – Lieu plein d'agitation et de bruit.

PANDIT [pɑ̃dit] n.m. (mot sanskr.). Titre honorifique donné dans l'Inde, notamm. aux érudits.

PANDORE n.m. (n. d'un gendarme popularisé par une chanson de Nadaud). *Fam.,* vieilli. Gendarme.

PANÉ, E adj. Cuit, grillé dans un enrobage d'œuf battu et de chapelure. *Escalope panée.*

PANÉGYRIQUE n.m. (gr. *panêgurikos*). **1.** Parole, écrit à la louange de qqn, de qqch. **2.** Éloge sans réserve ou excessif.

PANÉGYRISTE n. Auteur d'un panégyrique.

PANEL [panɛl] n.m. (mot angl., *tableau*). **1.** SOCIOL. Échantillon permanent de population destiné à être interrogé à intervalles réguliers pour des enquêtes, des sondages, des études de marché. **2.** Groupe de spécialistes réuni devant un auditoire pour débattre d'une question donnée et en dégager une présentation d'ensemble.

PANER v.t. (du lat. *panis,* pain). Enrober un aliment de chapelure avant de le faire griller, de le poêler.

PANERÉE n.f. Vieilli. Contenu d'un panier.

PANETERIE [pantri] ou [panɛtri] n.f. Lieu où l'on conserve et distribue le pain dans les communautés, les grands établissements.

PANETIER n.m. HIST. Officier chargé du pain à la cour d'un souverain.

PANETIÈRE n.f. (de *pain*). Anc. **1.** Sac pour le pain, les provisions. **2.** Petit meuble à claire-voie où l'on conservait le pain (Provence, XVIIIe s.).

PANETON n.m. (de *panier*). Petit panier doublé de toile, où les boulangers mettent le pâton.

PANGERMANISME n.m. Doctrine politique, mouvement visant à regrouper en un État unique toutes les populations d'origine germanique.

PANGERMANISTE adj. et n. Relatif au pangermanisme ; qui en est partisan.

PANGOLIN n.m. (malais *panggoling*). Mammifère d'Afrique et d'Asie, couvert d'écailles, se nourrissant de termites et de fourmis. (Long. 1 m env. ; genre *Manis,* ordre des pholidotes.)

■ **PANGOLIN**

PANHELLÉNIQUE [panelenik] adj. Qui concerne tous les Grecs.

PANIC n.m. (lat. *panicum*). Graminée des lieux cultivés ou du bord des chemins, dont une espèce, parfois cultivée comme plante fourragère, est aussi appelée *millet des oiseaux.* (Genre *Panicum.*)

PANICAUT n.m. (mot provenç., du lat. *panis,* pain, et *cardus,* chardon). Plante des terres incultes et des sables littoraux, appelée aussi *chardon bleu,* aux feuilles épineuses bleuâtres, et dont plusieurs espèces sont cultivées comme ornementales. (Genre *Eryngium ;* famille des ombellifères.)

PANICULE n.f. (lat. *panicula,* de *panus,* épi). BOT. Inflorescence en grappe ressemblant à un épi mais dont les fleurs sont pédonculées. *Panicules de maïs, de roseau.*

PANICULÉ, E adj. BOT. Qui porte des fleurs en panicule.

PANIER n.m. (lat. *panarium,* corbeille à pain). **1.** Ustensile avec anse ou poignées, en osier ou en autres matières (bois, métal, etc.), et servant à contenir ou à transporter des provisions, des marchandises, des objets. ◇ *Panier à salade :* panier à jour permettant de secouer la salade pour l'égoutter ; *fam.,* voiture cellulaire. – *Mettre au panier :* jeter aux ordures. – *Mettre dans le même panier :* englober dans un même jugement péjoratif. – *Panier percé :* personne très dépensière. **2.** Contenu d'un panier. ◇ *Le fond du panier :* le rebut (par oppos. à *dessus du panier,* ce qu'il y a de meilleur). – *Le panier de la ménagère :* la part du budget d'un ménage destinée aux dépenses alimentaires et d'entretien de la maison, et qui sert au calcul du coût de la vie. – *Fam. Panier de crabes :* collectivité dont les membres se détestent et cherchent à se nuire. **3.** Au basket-ball, but formé d'un filet sans fond monté sur une armature circulaire ; tir au but réussi. **4.** Anc. Jupon garni de cercles de baleine ou de jonc (porté de 1718 à la Révolution), qui soutenait l'ampleur de la jupe.

PANIÈRE n.f. Grande corbeille d'osier à deux anses.

PANIER-REPAS n.m. (pl. *paniers-repas*). Panier ou paquet contenant un repas froid destiné à un voyageur, à un excursionniste, etc.

PANIFIABLE adj. Que l'on peut utiliser pour faire du pain. *Céréale panifiable.*

PANIFICATION n.f. Ensemble des opérations qui permettent la fabrication du pain.

PANIFIER v.t. [5]. Transformer en pain.

PANINI n.m. [pl. *panini(s)*] (mot ital.). Sandwich d'origine italienne, fait avec un petit pain mi-cuit que l'on garnit et passe ensuite au grille-pain.

PANIQUANT, E adj. Qui suscite la panique.

PANIQUARD, E n. *Fam., péjor.* Personne qui cède facilement à la panique, qui s'affole pour peu de chose.

PANIQUE n.f. (du dieu *Pan*). **1.** Terreur subite et violente, incontrôlable et de caractère souvent collectif. **2.** *Attaque de panique :* crise d'angoisse aiguë, en partic. au cours d'une névrose d'angoisse. ◆ adj. **1.** *Peur panique :* peur soudaine, irraisonnée. **2.** *Trouble panique :* répétition d'attaques de panique, en partic. au cours d'une dépression.

P

PANIQUER v.i. ou **PANIQUER (SE)** v.pr. *Fam.* Céder à la panique ; s'affoler. ◆ v.t. *Fam.* Affoler. *Les responsabilités le paniquent.*

PANISLAMIQUE adj. Relatif au panislamisme.

PANISLAMISME n.m. Mouvement politique et religieux, partic. actif au XIXe s., visant à unir sous une même autorité tous les peuples de religion musulmane.

PANKA n.m. (hindi *pankha*). Écran suspendu au plafond, manœuvré au moyen de cordes et employé dans les pays chauds comme ventilateur.

1. PANNE n.f. (lat. *penna,* plume). Étoffe comparable au velours, mais à poils plus longs et moins serrés.

2. PANNE n.f. Graisse qui entoure les rognons du porc.

3. PANNE n.f. (anc. fr. *penne,* plume, du lat. *penna*). **1.** Arrêt de fonctionnement accidentel et momentané. *Panne de moteur. Tomber en panne.* ◇ *Panne sèche,* due à un manque de carburant. – *Être en panne :* devoir interrompre son activité, son discours pour une raison fortuite. – *Fam. Être en panne de qqch,* en manquer. **2.** MAR. *Mettre en panne :* orienter la ou les voiles de manière à arrêter le navire dans sa marche.

4. PANNE n.f. (var. de *penne,* plume). Partie étroite de la tête d'un marteau, opposée au côté plat. – Partie plate et tranchante d'un piolet.

5. PANNE n.f. (gr. *phatnê,* crèche). Pièce horizontale de la charpente d'un toit, posée sur les arbalétriers et portant les chevrons. ◇ *Panne faîtière :* faîtage.

PANNEAU n.m. (lat. *pannelus,* petit pan). **1.** Partie plane d'un ouvrage de menuiserie, de maçonnerie, etc., génér. quadrangulaire. **2.** Élément préfabriqué, plaque destinée à être utilisée comme matériau de construction, de remplissage, de revêtement, dans le bâtiment, en menuiserie, etc. *Panneau de fibres, de particules.* **3.** Élément plan de bois, de métal, etc., portant des indications, des inscriptions, ou destiné à en porter. *Panneau d'affichage.* **4.** BX-ARTS. **a.** Planche ou assemblage de planches servant de support à une peinture ; tableau. **b.** Compartiment peint ou sculpté d'un polyptyque, d'un retable. **5.** MAR. Élément plan et rigide fermant une écoutille. *Panneaux de cale.* **6.** COUT. Pièce de tissu rapportée de façon apparente dans un vêtement pour l'orner ou pour lui donner de l'ampleur. **7.** CHASSE. Filet que l'on tend pour prendre le gibier. ◇ *Tomber, donner dans le panneau :* se laisser prendre, duper.

PANNEAUTER v.t. et v.i. CHASSE. Braconner avec des panneaux.

PANNERESSE n.f. (de *panneau*). Pierre de taille ou brique d'un mur ayant une de ses faces longues en parement (par oppos. à *boutisse*). SYN. : *carreau.*

PANNETON [pantɔ̃] n.m. (de l'anc. fr. *penon,* petit étendard). Partie d'une clé, à l'extrémité de la tige, qui fait mouvoir le pêne en tournant dans la serrure.

PANNICULE n.m. (lat. *panniculus,* petit pan d'étoffe). ANAT. *Pannicule adipeux :* couche de tissu cellulaire située sous la peau et où s'accumule la graisse.

PANONCEAU n.m. (de l'anc. fr. *penon,* étendard). **1.** Écusson placé à la porte des officiers ministériels. **2.** Petit panneau. *Panonceau à la porte d'un hôtel.*

PANOPHTALMIE n.f. MÉD. Inflammation généralisée du globe oculaire.

PANOPLIE n.f. (gr. *panoplia,* armure d'un hoplite). **1.** Collection d'armes disposées sur un panneau de manière à constituer une décoration. **2.** Jouet constitué par un ensemble de pièces de déguisement et d'accessoires caractéristiques d'un personnage ou d'une profession. *Panoplie de Robin des Bois, d'infirmière.* **3.** Ensemble d'objets, d'éléments semblables ; ensemble des moyens d'action dont on dispose dans une situation donnée. *La panoplie des sanctions administratives.*

PANOPTIQUE adj. ARCHIT. Se dit d'un édifice dont on peut, d'un poste d'observation prévu à cet effet, embrasser par la vue tout l'intérieur. *Prison panoptique.*

PANORAMA n.m. (mot angl., du gr. *pan,* tout, et *horama,* spectacle). **1.** Vaste paysage qu'on découvre d'une hauteur. **2.** *Fig.* Vue d'ensemble. *Panorama de la littérature contemporaine.* **3.** BX-ARTS. Anc. Long tableau peint en trompe-l'œil, développé sur les murs d'une rotonde dont le spectateur occupe le centre (fin XVIIIe - XIXe s.).

PANORAMIQUE adj. Qui offre les caractères d'un panorama ; qui permet de découvrir un vaste paysage. *Vue panoramique.* ◆ n.m. CINÉMA, TÉLÉV. Mouvement de caméra consistant en une rotation de celle-ci autour d'un axe ; effet visuel résultant de ce mouvement.

PANORPE n.f. (gr. *pan,* tout, et *horpêx,* aiguillon). Insecte carnivore à ailes membraneuses tachetées de brun, dont le mâle possède un abdomen terminé par un organe copulateur en forme de pince recourbée. (Long. 3 cm env. ; genre *Panorpa,* ordre des mécoptères.)

PANOSSE n.f. (lat. *panuccia,* guenille). Région. (Savoie) ; Suisse. Serpillière.

PANOSSER v.t. Région. (Savoie) ; Suisse. Nettoyer à l'aide d'une panosse ; passer à la panosse.

PANSAGE n.m. Action de panser un cheval, un animal domestique.

PANSE n.f. (lat. *pantex,* intestins). **1.** Première poche de l'estomac des ruminants, où les végétaux absorbés s'entassent avant la mastication. SYN. : *rumen.* **2.** *Fam.* Ventre ; gros ventre. **3.** Partie arrondie et renflée de certains objets. *Panse d'une cruche.* **4.** Partie d'une cloche où frappe le battant. **5.** Partie arrondie de certaines lettres (*a, b, p, q,* etc.).

PANSEMENT n.m. **1.** Action de panser une plaie. **2.** Ensemble du matériel utilisé pour couvrir une plaie, la protéger et favoriser sa guérison (compresses, bande, etc.). ◇ *Pansement digestif, gastrique :* médicament formant une couche protectrice sur une muqueuse du tube digestif, de l'estomac.

PANSER v.t. (lat. *pensare,* soigner). **1.** Appliquer un pansement. *Panser une plaie, un blessé.* **2.** *Fig.* Adoucir une douleur morale en consolant ; soulager. *Panser un cœur meurtri.* **3.** Faire la toilette d'un animal domestique, en partic. d'un cheval.

PANSLAVE adj. Qui concerne l'ensemble des Slaves.

PANSLAVISME n.m. Doctrine qui valorise l'identité commune que partageraient les différents peuples slaves et qui préconise leur union politique, en génér. sous l'égide de la Russie. (Le panslavisme a été notamm. développé par N. I. Danilevski [1822 - 1885].)

PANSU, E adj. **1.** *Fam.* Qui a une grosse panse, un gros ventre. **2.** Se dit d'un objet fortement renflé. *Bonbonne pansue.*

PANTAGRUÉLIQUE adj. Qui évoque Pantagruel, l'énormité de son appétit.

PANTALON n.m. (de *Pantalon,* personnage de la comédie italienne). **1.** Culotte à longues jambes descendant jusqu'aux pieds. **2.** Partie d'un décor de théâtre destinée à donner une perspective dans l'ouverture d'une fenêtre ou d'une porte.

PANTALONNADE n.f. **1.** Farce, bouffonnerie grossière. **2.** Subterfuge grotesque et méprisable ; pirouette, dérobade. **3.** Démonstration ridicule et hypocrite d'un sentiment.

PANTELANT, E adj. (de *panteler*). *Litt.* **1.** Vx. Haletant. **2.** *Chair pantelante :* chair encore palpitante d'un être que l'on vient de tuer. **3.** *Fig.* En proie à une vive émotion.

PANTELER v.i. [16] (lat. pop. *pantasiare,* rêver). *Litt.* **1.** Vx. Haleter. **2.** Rare. Être pantelant.

PANTENNE n.f. (provenç. *pantano*). MAR. *Gréement en pantenne,* en désordre. – *Vergues en pantenne,* hissées obliquement, en signe de deuil.

PANTHÉISME n.m. (gr. *pan,* tout, et *theos,* dieu). **1.** Système religieux, philosophique qui identifie Dieu et le monde. *Le panthéisme de Spinoza.* **2.** Divinisation de la nature.

PANTHÉISTE adj. et n. Relatif au panthéisme ; qui en est partisan.

PANTHÉON n.m. (gr. *pan,* tout, et *theos,* dieu). **1.** Temple que les Grecs et les Romains consacraient à tous leurs dieux. **2.** Ensemble des dieux d'une religion. **3.** Monument où sont déposés les corps des hommes illustres d'une nation. *Le Panthéon de Paris.* **4.** *Fig.* Ensemble de personnes qui se sont illustrées dans un domaine. *Le panthéon littéraire.*

PANTHÈRE n.f. (gr. *panthêr*). Mammifère carnivore des régions tropicales d'Afrique et d'Asie méridionale, au pelage jaune tacheté de noir ; fourrure de cet animal. (Nom sc. *Panthera pardus* ; famille des félidés.) ◇ *Panthère d'Afrique :* léopard. – *Panthère des neiges :* once.

■ **PANTHÈRE.** Panthère d'Afrique ou léopard.

PANTIÈRE n.f. (gr. *panthêr*). Grand filet tendu verticalement pour prendre des oiseaux, en partic. les pigeons sauvages.

PANTIN n.m. (anc. fr. *pantine,* écheveau de soie). **1.** Figurine burlesque articulée, en carton, en bois découpé, etc., dont on fait bouger les membres en tirant sur un fil. **2.** Personne influençable et versatile.

PANTOGRAPHE n.m. (gr. *pan,* tout, et *graphein,* écrire). **1.** Instrument formé de quatre tiges articulées, servant à reproduire mécaniquement un dessin, le cas échéant à une échelle différente. **2.** CH. DE F. Dispositif articulé de captage du courant sur les locomotives et automotrices électriques, frottant sur la caténaire.

PANTOIRE n.f. (de *pente*). MAR. Filin dont une extrémité est assujettie à un point fixe et dont l'autre porte une poulie, un œil ou une cosse.

PANTOIS, E adj. (de l'anc. fr. *pantoisier,* haleter). Déconcerté par un événement imprévu ; stupéfait, interdit. *Être tout pantois. Rester pantois.*

PANTOMÈTRE n.m. Anc. Instrument servant, en arpentage, à mesurer des angles et à mener des perpendiculaires.

PANTOMIME n.f. (gr. *pantomimos,* qui imite tout). **1.** Art du mime. **2.** Pièce mimée. **3.** *Péjor.* Comportement outré, ridicule.

PANTOTHÉNIQUE adj. (gr. *pantothen,* de toutes parts). *Acide pantothénique :* vitamine présente dans la plupart des aliments et faisant partie de l'acétylcoenzyme A. SYN. : *vitamine B5.*

PANTOUFLARD, E adj. et n. *Fam.* Se dit d'une personne casanière.

PANTOUFLE n.f. **1.** Chausson sans talon ni tige. **2.** *Fig., fam.* Situation d'un fonctionnaire qui pantoufle ; dédit qu'il doit à l'État.

PANTOUFLER v.i. *Fam.* Quitter la fonction publique pour entrer dans une entreprise privée, en parlant d'un fonctionnaire.

PANTOUM n.m. (mot malais). Poème à forme fixe emprunté à la poésie malaise et composé d'une suite de quatrains à rimes croisées.

PANURE n.f. Chapelure.

PANURGISME n.m. (de *Panurge,* personnage de Rabelais). Comportement passif et grégaire ; conformisme. *Le panurgisme des vacanciers.*

PANZER [pɑ̃dzɛr] n.m. (mot all.). Engin blindé allemand, pendant la Seconde Guerre mondiale.

PAO ou **P.A.O.** [peao] n.f. (sigle). Publication assistée par ordinateur.

PAON [pɑ̃] n.m. (lat. *pavo, pavonis*). **1.** Oiseau gallinacé originaire d'Asie, dont le mâle porte une livrée bleutée à reflets métalliques et une longue traîne de plumes ocellées qu'il relève et déploie en éventail *(roue)* dans la parade, et dont une espèce, le paon bleu de l'Inde, est domestique. (Long. totale plus de 2,50 m ; cri : le paon criaille, braille ; famille des phasianidés.) *[V. ill. page 742].* ◇ *Être vaniteux comme un paon,* très vaniteux. – *Se parer des plumes du paon :* se prévaloir de mérites usurpés. **2.** Papillon aux ailes ocellées, tel que le *paon de jour* et le *paon de nuit.* (Nom commun à plusieurs espèces diurnes [nymphalidés] et nocturnes [saturniidés].)

LES PAPES

Saint Pierre († 64 ou 67).
Saint Lin (67-76).
Saint Clet (76-88).
Saint Clément Ier (88-97).
Saint Évariste (97-105).
Saint Alexandre Ier (105-115).
Saint Sixte Ier (115-125).
Saint Télesphore (125-136).
Saint Hygin (136-140).
Saint Pie Ier (140-155).
Saint Anicet (155-166).
Saint Soter (166-175).
Saint Éleuthère (175-189).
Saint Victor Ier (189-199).
Saint Zéphyrin (199-217).
Saint Calixte (217-222).
Saint Urbain Ier (222-230).
Saint Pontien (230-235).
Saint Antère (235-236).
Saint Fabien (236-250).
Saint Corneille (251-253).
Saint Lucius Ier (253-254).
Saint Étienne Ier (254-257).
Saint Sixte II (257-258).
Saint Denys (259-268).
Saint Félix Ier (269-274).
Saint Eutychien (275-283).
Saint Caïus (283-296).
Saint Marcellin (296-304).
Saint Marcel Ier (308-309).
Saint Eusèbe (309).
Saint Miltiade (311-314).
Saint Sylvestre Ier (314-335).
Saint Marc (336).
Saint Jules Ier (337-352).
Libère (352-366).
Saint Damase Ier (366-384).
Saint Sirice (384-399).
Saint Anastase Ier (399-401).
Saint Innocent Ier (401-417).
Saint Zosime (417-418).
Saint Boniface Ier (418-422).
Saint Célestin Ier (422-432).
Saint Sixte III (432-440).
Saint Léon Ier le Grand (440-461).
Saint Hilaire (461-468).
Saint Simplice (468-483).
Saint Félix III (II) [483-492].
Saint Gélase Ier (492-496).
Anastase II (496-498).
Saint Symmaque (498-514).
Saint Hormisdas (514-523).
Saint Jean Ier (523-526).
Saint Félix IV (III) [526-530].
Boniface II (530-532).
Jean II (533-535).
Saint Agapet (535-536).
Saint Silvère (536-537).
Vigile (537-555).
Pélage Ier (556-561).
Jean III (561-574).
Benoît Ier (575-579).
Pélage II (579-590).
Saint Grégoire Ier le Grand (590-604).
Sabinien (604-606).
Boniface III (607).
Saint Boniface IV (608-615).
Dieudonné Ier ou saint Adéodat (615-618).
Boniface V (619-625).
Honorius Ier (625-638).
Séverin (640).
Jean IV (640-642).
Théodore Ier (642-649).
Saint Martin Ier (649-655).
Saint Eugène Ier (654-657).
Saint Vitalien (657-672).
Dieudonné II ou Adéodat (672-676).
Domnus ou Donus (676-678).
Saint Agathon (678-681).
Saint Léon II (682-683).
Saint Benoît II (684-685).
Jean V (685-686).
Conon (686-687).
Saint Serge ou Sergius Ier (687-701).
Jean VI (701-705).
Jean VII (705-707).
Sisinnius (708).
Constantin (708-715).
Saint Grégoire II (715-731).
Saint Grégoire III (731-741).
Saint Zacharie (741-752).
Étienne II (III) [752-757].
Saint Paul Ier (757-767).
Étienne III (IV) [768-772].
Adrien Ier (772-795).
Saint Léon III (795-816).
Étienne IV (V) [816-817].
Saint Pascal Ier (817-824).
Eugène II (824-827).
Valentin (827).
Grégoire IV (827-844).
Serge ou Sergius II (844-847).
Saint Léon IV (847-855).
Benoît III (855-858).
Saint Nicolas Ier le Grand (858-867).
Adrien II (867-872).
Jean VIII (872-882).
Marin Ier (882-884).
Saint Adrien III (884-885).
Étienne V (VI) [885-891].
Formose (891-896).
Boniface VI (896).
Étienne VI (VII) [896-897].
Romain (897).
Théodore II (897).
Jean IX (898-900).
Benoît IV (900-903).
Léon V (903).
Serge ou Sergius III (904-911).
Anastase III (911-913).
Landon (913-914).
Jean X (914-928).
Léon VI (928).
Étienne VII (VIII) [928-931].
Jean XI (931-935).
Léon VII (936-939).
Étienne VIII (IX) [939-942].
Marin II (942-946).
Agapet II (946-955).
Jean XII (955-964).
Léon VIII (963-965).
[Benoît V, antipape (964-966)].
Jean XIII (965-972).
Benoît VI (973-974).
Benoît VII (974-983).
Jean XIV (983-984).
Jean XV (985-996).
Grégoire V (996-999).
[Jean XVI, antipape (997-998)].
Sylvestre II (999-1003).
Jean XVII (1003).
Jean XVIII (1004-1009).
Serge ou Sergius IV (1009-1012).
Benoît VIII (1012-1024).
Jean XIX (1024-1032).
Benoît IX (1032-1044).
Sylvestre III (1045).
Grégoire VI (1045-1046).
Clément II (1046-1047).
Benoît IX, de nouveau (1047-1048).
Damase II (1048).
Saint Léon IX (1049-1054).
Victor II (1055-1057).
Étienne IX (X) [1057-1058].
[Benoît X, antipape (1058-1060)].
Nicolas II (1059-1061).
Alexandre II (1061-1073).
Saint Grégoire VII (1073-1085).
Bienheureux Victor III (1086-1087).
Bienheureux Urbain II (1088-1099).
Pascal II (1099-1118).
Gélase II (1118-1119).
Calixte II (1119-1124).
Honorius II (1124-1130).
Innocent II (1130-1143).
Célestin II (1143-1144).
Lucius II (1144-1145).
Bienheureux Eugène III (1145-1153).
Anastase IV (1153-1154).
Adrien IV (1154-1159).
Alexandre III (1159-1181).
Lucius III (1181-1185).
Urbain III (1185-1187).
Grégoire VIII (1187).
Clément III (1187-1191).
Célestin III (1191-1198).
Innocent III (1198-1216).
Honorius III (1216-1227).
Grégoire IX (1227-1241).
Célestin IV (1241).
Innocent IV (1243-1254).
Alexandre IV (1254-1261).
Urbain IV (1261-1264).
Clément IV (1265-1268).
Bienheureux Grégoire X (1271-1276).
Bienheureux Innocent V (1276).
Adrien V (1276).
Jean XXI (1276-1277).
Nicolas III (1277-1280).
Martin IV (1281-1285).
Honorius IV (1285-1287).
Nicolas IV (1288-1292).
Saint Célestin V (1294).
Boniface VIII (1294-1303).
Bienheureux Benoît XI (1303-1304).

PAPES D'AVIGNON

Clément V (1305-1314).
Jean XXII (1316-1334).
Benoît XII (1334-1342).
Clément VI (1342-1352).
Innocent VI (1352-1362).
Bienheureux Urbain V (1362-1370).
Grégoire XI (1370-1378).

GRAND SCHISME D'OCCIDENT

Papes romains.
Urbain VI (1378-1389).
Boniface IX (1389-1404).
Innocent VII (1404-1406).
Grégoire XII (1406-1415).

Papes d'Avignon.
Clément VII (1378-1394).
Benoît XIII (1394-1423).

Papes de Pise.
Alexandre V (1409-1410).
Jean XXIII (1410-1415).

LES PAPES APRÈS LE GRAND SCHISME

Martin V (1417-1431).
Eugène IV (1431-1447).
Nicolas V (1447-1455).
Calixte III (1455-1458).
Pie II (1458-1464).
Paul II (1464-1471).
Sixte IV (1471-1484).
Innocent VIII (1484-1492).
Alexandre VI (1492-1503).
Pie III (1503).
Jules II (1503-1513).
Léon X (1513-1521).
Adrien VI (1522-1523).
Clément VII (1523-1534).
Paul III (1534-1549).
Jules III (1550-1555).
Marcel II (1555).
Paul IV (1555-1559).
Pie IV (1559-1565).
Saint Pie V (1566-1572).
Grégoire XIII (1572-1585).
Sixte Quint (1585-1590).
Urbain VII (1590).
Grégoire XIV (1590-1591).
Innocent IX (1591).
Clément VIII (1592-1605).
Léon XI (1605).
Paul V (1605-1621).
Grégoire XV (1621-1623).
Urbain VIII (1623-1644).
Innocent X (1644-1655).
Alexandre VII (1655-1667).
Clément IX (1667-1669).
Clément X (1670-1676).
Bienheureux Innocent XI (1676-1689).
Alexandre VIII (1689-1691).
Innocent XII (1691-1700).
Clément XI (1700-1721).
Innocent XIII (1721-1724).
Benoît XIII (1724-1730).
Clément XII (1730-1740).
Benoît XIV (1740-1758).
Clément XIII (1758-1769).
Clément XIV (1769-1774).
Pie VI (1775-1799).
Pie VII (1800-1823).
Léon XII (1823-1829).
Pie VIII (1829-1830).
Grégoire XVI (1831-1846).
Bienheureux Pie IX (1846-1878).
Léon XIII (1878-1903).
Saint Pie X (1903-1914).
Benoît XV (1914-1922).
Pie XI (1922-1939).
Pie XII (1939-1958).
Bienheureux Jean XXIII (1958-1963).
Paul VI (1963-1978).
Jean-Paul Ier (1978).
Jean-Paul II (élu en 1978).

■ **PAON**

PAONNE [pan] n.f. Rare. Femelle du paon, au plumage terne.

PAPA n.m. (gr. *pappas,* père). Père, dans le langage affectif, surtout celui des enfants. ◇ *Fam. À la papa :* sans hâte ; sans risque. – *Fam. De papa :* désuet, démodé, vieux jeu.

PAPAÏNE n.f. (de *papaye*). Enzyme extraite du latex du papayer.

P

PAPAL, E, AUX adj. Du pape. *Les terres papales.*

PAPARAZZI [paparadzi] n.m. [pl. *paparazzi(s)*] (mot ital., pl. de *paparazzo,* reporter photographe). *Péjor.* Photographe de presse.

PAPAS [papas] n.m. (gr. *pappas,* père). Prêtre d'une Église chrétienne d'Orient.

PAPAUTÉ n.f. **1.** Dignité, fonction de pape. **2.** Administration, gouvernement d'un pape ; durée de son pontificat.

PAPAVÉRACÉE n.f. (lat. *papaver,* pavot). Plante dicotylédone à pétales séparés et caducs, telle que le pavot, le coquelicot, la chélidoine. (Les papavéracées forment une famille.)

PAPAVÉRINE n.f. MÉD. Un des alcaloïdes de l'opium, utilisé traditionnellement en médecine comme antispasmodique.

PAPAYE [papaj] n.f. (mot caraïbe). Fruit comestible du papayer, semblable à un gros melon et dont on extrait la papaïne.

PAPAYER [papaje] n.m. Arbre cultivé dans les régions chaudes pour son fruit (papaye) et qui fournit également la papaïne. (Nom sc. *Carica papaya ;* famille des caricacées.)

PAPE n.m. (gr. *pappas,* père). **1.** Chef élu de l'Église catholique romaine. *Le pape est l'évêque de Rome. (V. tableau page 741).* **2.** *Fam.* Personne jouissant d'une autorité indiscutée. *André Breton, le pape du surréalisme.* **3.** Passerine.

1. PAPELARD, E adj. (de l'anc. fr. *paper,* manger gloutonnement). *Litt.* Hypocrite.

2. PAPELARD n.m. *Fam.* Papier.

PAPELARDISE n.f. *Litt.* Hypocrisie.

PAPERASSE [papras] n.f. Papier, écrit, en partic. administratif, sans valeur ou encombrant.

PAPERASSERIE n.f. Excès de paperasse, abus d'écritures administratives.

PAPERASSIER, ÈRE adj. et n. Qui se complaît dans la paperasse, la paperasserie.

PAPESSE n.f. **1.** Femme pape, selon une légende. *La papesse Jeanne.* **2.** *Fam.* Femme qui jouit d'une grande autorité dans son domaine. *La papesse de la psychanalyse.*

PAPET n.m. (du lat. *pappare,* manger). Suisse. Plat traditionnel du canton de Vaud, constitué d'une bouillie de pommes de terre et de poireaux accompagnée de saucisses.

PAPETERIE [papɛtri] ou [paptri] n.f. **1.** Magasin où l'on vend du papier, des fournitures scolaires et des articles de bureau. **2.** Fabrication du papier ; fabrique de papier.

PAPETIER, ÈRE n. **1.** Personne qui fabrique du papier. **2.** Personne qui tient une papeterie. ◆ adj. Relatif au papier. *Industrie papetière.*

PAPETTE n.f. Suisse. **1.** Bouillie. **2.** Boue.

PAPI n.m. → **PAPY.**

PAPIER n.m. (lat. *papyrus*). **1.** Matière faite de fibres végétales réduites en une pâte étalée et séchée en couche mince, et qui sert à écrire, à imprimer, à envelopper, etc. ◇ ***Papier à lettres,*** d'une pâte fine, utilisé pour la correspondance. – ***Papier écolier :*** papier réglé destiné aux devoirs des écoliers, aux écritures courantes. – ***Papier à musique,*** sur lequel sont imprimées des portées, pour écrire la musique. – ***Papier à dessin,*** apprêté, blanc et solide. – ***Papier journal,*** de qualité très ordinaire, sur lequel on imprime les journaux. – ***Papier d'emballage,*** résistant, destiné à envelopper des objets volumineux ou pesants. – ***Papier cristal :*** papier translucide, glacé et lustré sur les deux faces. – ***Papier peint :*** papier décoratif dont on tapisse les murs intérieurs. – ***Papier mâché,*** réduit en menus morceaux et mélangé à de l'eau additionnée de colle, de manière à former une pâte que l'on peut modeler, façonner. – ***Avoir une figure de papier mâché,*** d'une pâleur maladive. – PHOTOGR. ***Papier sensible :*** papier utilisé pour le tirage. – ***Papier de verre,*** enduit d'une préparation abrasive et servant à poncer, à polir. **2.** Feuille, morceau de cette matière. *Mettre un papier à la corbeille.* ◇ ***Papiers collés, découpés,*** utilisés par certains artistes (Braque, Matisse, etc.) dans des compositions graphiques ou picturales ; nom donné à ces techniques, à ces œuvres. **3.** Feuille très mince d'un métal. *Papier d'aluminium, d'argent.* **4.** Feuille écrite ou imprimée ; document. *Papiers personnels.* ◇ ***Sur le papier :*** théoriquement, en principe. **5. a.** Article, dans la presse écrite. – Reportage, court exposé sur un sujet, dans la presse radiodiffusée, télévisée. **b.** Effet de commerce, valeur mobilière. ◆ pl. **1.** ***Papiers d'identité,*** ou ***papiers :*** pièces d'identité. *Police ! Vos papiers !* **2.** *Fam.* ***Être dans les petits papiers de qqn,*** jouir de sa faveur, de son estime.

PAPIER-CALQUE n.m. (pl. *papiers-calque*). Papier translucide permettant de recopier un dessin sur lequel il est appliqué. SYN. : ***calque.***

PAPIER-ÉMERI n.m. (pl. *papiers-émeri*). Papier dont la surface est recouverte d'une couche de produit abrasif.

PAPIER-FILTRE n.m. (pl. *papiers-filtres*). Papier poreux destiné à la filtration des liquides.

PAPIER-MONNAIE n.m. (pl. *papiers-monnaies*). Monnaie fiduciaire, génér. non convertible en métal précieux.

PAPILIONACÉ, E adj. (lat. *papilio, -onis,* papillon). BOT. ***Corolle papilionacée,*** dont l'aspect rappelle celui d'un papillon et qui se compose de cinq pétales (l'*étendard,* deux *ailes,* les deux derniers formant la *carène*). ◆ n.f. Plante légumineuse à corolle papilionacée, ornementale (genêt, glycine), fourragère (luzerne, trèfle, vesce), légumière (haricot, pois, lentille) ou oléagineuse (soja, arachide). [Les papilionacées forment une vaste famille.] SYN. : *fabacée.*

PAPILLAIRE [papilɛr] adj. Qui se rapporte à une papille, aux papilles.

PAPILLE [papij] n.f. (lat. *papilla*). Petite éminence plus ou moins arrondie qui s'élève à la surface d'un tissu, d'un organe, par ex. à la surface de la langue *(papilles gustatives).*

PAPILLOMAVIRUS [papijɔmavirys] n.m. Genre de virus responsable de lésions cutanées et muqueuses plus ou moins contagieuses (verrues, condylomes, cancer du col de l'utérus, etc.).

PAPILLOME [papijom] n.m. MÉD. Toute tumeur bénigne développée sur la peau ou sur certaines muqueuses à partir d'un épithélium de revêtement. (Certains papillomes sont des verrues, d'autres des condylomes.)

PAPILLON n.m. (lat. *papilio, -onis*). **1.** Forme adulte des insectes lépidoptères, pourvue de quatre ailes couvertes de très fines écailles, dont il existe des espèces diurnes, à antennes en forme de massue et aux couleurs vives, et des espèces nocturnes ou crépusculaires, à antennes plumeuses et aux couleurs ternes. (La larve est appelée *chenille* et la nymphe, *chrysalide.*) ◇ ***Nœud papillon :*** nœud de cravate en forme de papillon. **2.** Style de nage, dérivé de la brasse, dans lequel les bras sont ramenés latéralement au-dessus de l'eau. (On dit aussi ***brasse papillon.***) **3.** ***Papillon de mer :*** gonelle. **4.** PHYS. ***Effet papillon :*** image proposée par E. N. Lorenz pour appréhender les phénomènes physiques liés au chaos et selon laquelle une petite perturbation dans un système peut avoir des conséquences considérables et imprévisibles. (Par ex., dans l'atmosphère, le souffle dû au battement d'une

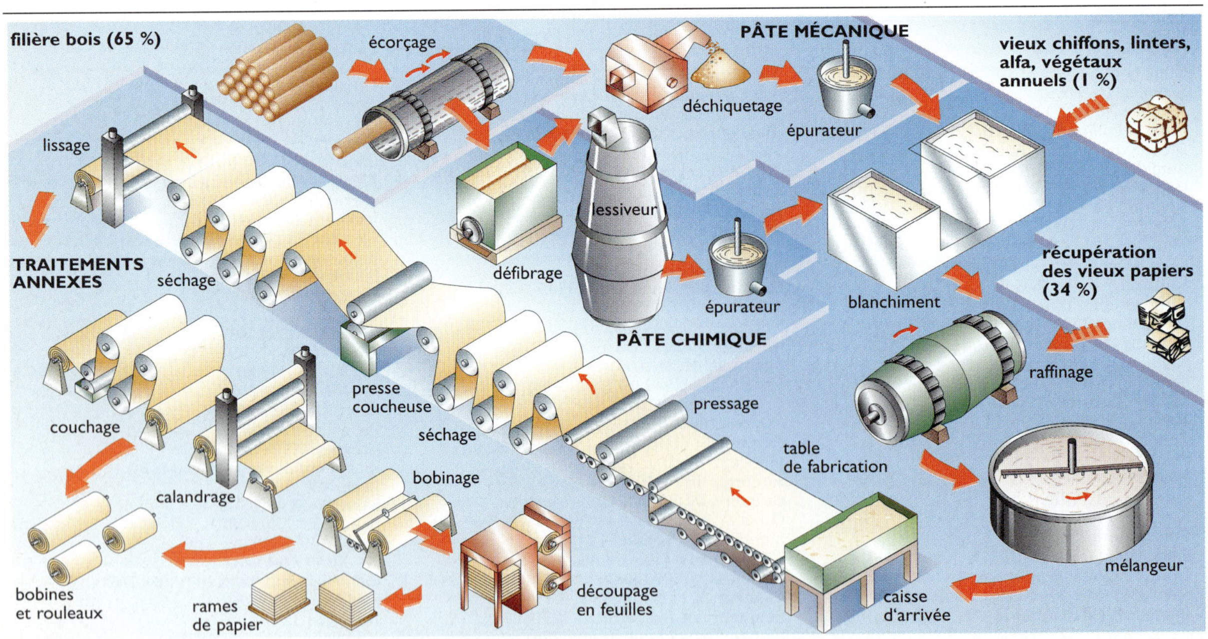

■ **PAPIER.** Fabrication du papier et du carton.

grand paon de nuit
Saturnia pyri
Europe, Afrique du Nord, Proche-Orient

sphinx du laurier-rose
Daphnis nerii
Europe méridionale

sphinx tête-de-mort
Acherontia atropos
Eurasie, Afrique, Indonésie

bombyx de l'ailante
Samia cynthia
Inde

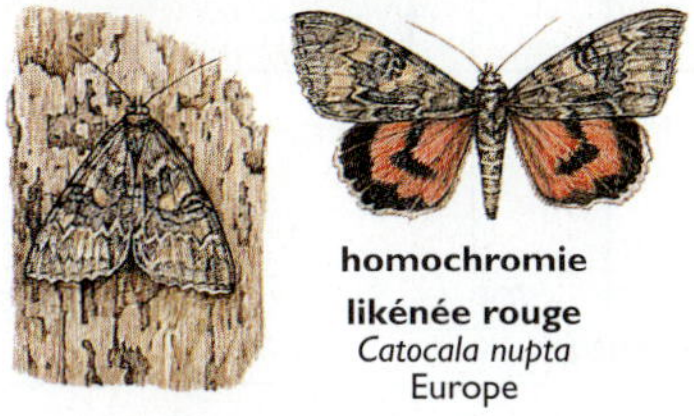

homochromie
likénée rouge
Catocala nupta
Europe

mimétisme

grand monarque
Danaus plexippus
Amérique du Nord

vice-roi
Basilarchia archippus
Amérique du Nord

livrée dissuasive
papillon-chouette
Caligo prometheus
Colombie

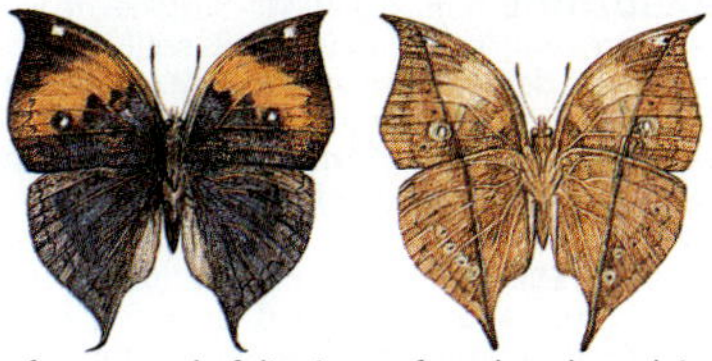

face ventrale foliacée — face dorsale cachée

dissimulation
papillon-feuille
Kallima inachus
Asie du Sud-Est

mâle

femelle

dimorphisme sexuel
Morpho cypris
Amérique du Sud tropicale

forme *levana* (printemps)

forme *prorsa* (été)

dimorphisme saisonnier
carte géographique
Araschnia levana
Europe, Asie

grand mars changeant
Apatura iris
Europe, Asie tempérée

grande tortue
Nymphalis polychloros
Eurasie, Afrique du Nord

tabac d'Espagne
Argynnis paphia
Eurasie, Afrique du Nord

citron de Provence
Gonepteryx cleopatra
Europe méridionale, Asie tempérée, Afrique du Nord

Armandia lidderdalei
Inde du Nord à Chine occidentale

morio
Nymphalis antiopa
Europe occidentale, Asie, Amérique du Nord

paon du jour
Vanessa io
Europe, Asie

zygène de la filipendule
Zygaena filipendulae
Europe

ornithoptère
Ornithoptera priamus
Australie du Nord, Nouvelle-Guinée, îles Salomon

Eustera troglophylla
Gabon

grand porte-queue
Papilio machaon
Europe, Afrique du Nord, Asie tempérée

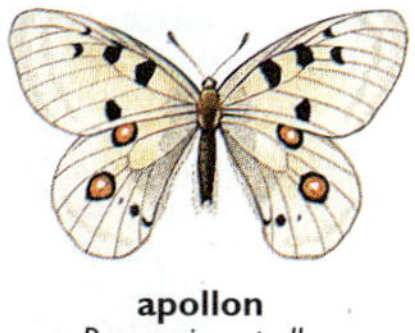

apollon
Parnassius apollo
Europe tempérée, au-dessus de 1 000 m

flambé
Iphiclides podalirius
Europe méridionale

diane
Zerynthia rumina
Europe du Sud-Est, Proche-Orient

uranie malgache
Chrysiridia riphearia
Madagascar

aile de papillon pourrait déclencher une tempête à des milliers de kilomètres de là.) **5.** *Fam.* Avis de contravention. **6.** OUTILL. Écrou à ailettes, qu'on serre et desserre à la main. **7.** HYDROL. Pièce plate pivotant autour de son axe de symétrie et permettant de régler un débit par le masquage plus ou moins complet d'une ouverture.

PAPILLONNAGE ou **PAPILLONNEMENT** n.m. Action de papillonner.

PAPILLONNANT, E adj. Qui papillonne.

PAPILLONNER v.i. **1.** Être agité d'un mouvement rapide évoquant les ailes d'un papillon. *Yeux qui papillonnent.* **2.** Passer constamment d'une chose ou d'une personne à une autre.

PAPILLONNEUR, EUSE n. Personne qui pratique la brasse papillon.

PAPILLOTAGE n.m. **1.** Mouvement incessant et involontaire des yeux, des paupières. **2.** Effet produit par le miroitement de lumières vives, par le mouvement d'objets brillants ou colorés.

PAPILLOTANT, E adj. Qui papillote.

PAPILLOTE n.f. (de l'anc. fr. *papillot,* dimin. de *papillon*). **1.** Anc. Morceau de papier sur lequel on enroule en boucle une mèche de cheveux pour la friser ; la mèche de cheveux elle-même. **2.** Papier sulfurisé ou feuille d'aluminium, dont on enveloppe certains aliments pour les cuire au four ou à la vapeur. **3.** Papier enveloppant un bonbon ; bonbon ainsi présenté. **4.** Ornement de papier enroulé et découpé dont on entoure le manche d'un gigot ou d'une côtelette.

P

PAPILLOTEMENT n.m. Scintillement qui trouble ou fatigue la vue.

PAPILLOTER v.i. **1.** Être animé de reflets mouvants ; scintiller. **2.** En parlant de l'œil, de la paupière, être animé d'un mouvement continuel, qui empêche de fixer un objet.

PAPION n.m. (altér. de *babouin*). Singe cynocéphale. (Nom commun à plusieurs espèces du genre *Papio,* telles que l'hamadryas, le drill, etc.)

PAPISME n.m. *Péjor.* Terme employé surtout par les protestants, du XVIe au XIXe s., pour désigner le catholicisme romain.

PAPISTE n. *Péjor.* Nom que les protestants donnaient aux catholiques romains.

PAPIVORE n. *Fam.* Grand lecteur.

PAPOTAGE n.m. *Fam.* Bavardage frivole.

PAPOTER v.i. (anc. fr. *papeter,* bavarder). *Fam.* Bavarder ; dire des choses insignifiantes.

PAPOU, E adj. et n. De Papouasie, qui se rapporte aux Papous.

PAPOUILLE n.f. *Fam.* (Souvent pl.) Chatouillement. *Faire des papouilles à qqn.*

PAPRIKA n.m. (mot hongr.). Condiment en poudre provenant d'un piment doux *(Capsicum annuum)* cultivé en Hongrie.

PAPULE n.f. (lat. *papula*). MÉD. Lésion cutanée élémentaire ayant l'aspect d'une petite saillie ferme de couleur variable (par oppos. à *macule*), par ex. au cours de l'urticaire.

PAPULEUX, EUSE adj. MÉD. Formé de papules ; couvert de papules.

PAPY ou **PAPI** n.m. Grand-père, dans le langage enfantin.

PAPY-BOOM [papibum] n.m. (pl. *papy-booms*). Augmentation de la proportion de personnes âgées dans une population. – *Spécial.* Génération des enfants du baby-boom arrivée à l'âge de la retraite.

PAPYROLOGIE n.f. Science relative à l'étude des papyrus égyptiens, grecs et latins.

PAPYROLOGUE n. Spécialiste de papyrologie.

PAPYRUS [papirys] n.m. (mot lat., du gr.). **1.** Plante voisine du souchet européen, poussant sur les rives du Nil et des fleuves d'Afrique centrale. (Haut. jusqu'à 3 m ; famille des cypéracées.) **2.** Feuille pour l'écriture, fabriquée par les anciens Égyptiens à partir de la tige de cette plante. **3.** Manuscrit sur papyrus.

PÂQUE n.f. (gr. *paskha,* hébr. *pessah,* passage). **1.** (Avec une majuscule.) Fête annuelle juive qui commémore la sortie d'Égypte du peuple hébreu, sa libération et l'annonce de sa rédemption messianique. **2.** Agneau pascal. *Manger la pâque.*

PAQUEBOT n.m. (angl. *packet-boat*). Grand navire aménagé pour le transport des passagers.

PÂQUERETTE n.f. (de *Pâques*). Petite marguerite blanche, très commune en Europe, où elle fleurit dans les prés presque toute l'année. (Nom sc. *Bellis perennis.*) ◇ *Fam. **Au ras des pâquerettes*** : à un niveau très sommaire, très élémentaire ; sans recul ni perspective, sans élévation.

PÂQUES n.m. (de *pâque*). Fête annuelle de l'Église chrétienne, qui commémore la résurrection de Jésus-Christ. ◇ *Fam.,* vieilli. ***Faire Pâques avant les Rameaux*** : être enceinte avant le mariage. ◆ n.f. (Au pl.) **1.** (Avec une minuscule.) La fête de Pâques. *Joyeuses pâques.* ◇ ***Faire ses pâques*** : communier au cours du temps pascal, selon la prescription de l'Église. **2.** ***Pâques fleuries*** : le dimanche des Rameaux.

ENCYCL. Suivant une règle traditionnellement attribuée, mais à tort semble-t-il, au concile de Nicée (325), la fête de Pâques est fixée au premier dimanche après la pleine lune qui a lieu soit le jour de l'équinoxe de printemps (21 mars), soit aussitôt après cette date. Pâques est donc au plus tôt le 22 mars. Si la pleine lune est le 20 mars, la suivante sera le 18 avril (29 jours après). Si ce jour est un dimanche, Pâques sera le 25 avril. Ainsi, la fête de Pâques oscille entre le 22 mars et le 25 avril, et de sa date dépend celle des autres fêtes mobiles.

PAQUET n.m. (anc. fr. *pacque,* mot néerl.). **1. a.** Réunion de plusieurs choses attachées ou enveloppées ensemble. *Un paquet de linge.* ◇ *Fam. **Mettre le paquet*** : n'épargner aucun effort, employer tous les moyens dont on dispose. *Elle a mis le paquet pour réussir ses examens.* – *Fam. **Risquer le paquet*** : risquer gros dans une entreprise hasardeuse. – *Fam. **Recevoir, avoir son paquet*** : subir une critique sévère mais justifiée. **b.** Objet enveloppé, attaché pour être transporté plus facilement. *Expédier un paquet par la poste.* **2.** *Fam.* Masse importante, grande quantité de qqch. *Il a un paquet d'actions.* **3.** Ensemble d'objets de même nature, ensemble de dispositions, etc. *Paquet de mesures.* **4.** IMPRIM. Réunion de plusieurs lignes composées en caractères typographiques mobiles et liées ensemble. **5.** INFORM. Ensemble de données organisées dans un certain format et acheminées en bloc au sein d'un réseau d'ordinateurs. **6.** ***Paquet de mer*** : grosse vague qui s'abat sur un bateau, le quai d'un port, etc., en déferlant.

PAQUETAGE n.m. Ensemble des effets et des objets d'équipement d'un soldat, disposés réglementairement.

PAQUETER v.t. [16]. Mettre en paquet, faire un paquet.

1. PAR prép. (lat. *per,* par le moyen de). **1.** Indique l'espace traversé, la direction, la position. *Passer par Paris. Arriver par la gauche.* ◇ ***De par*** : quelque part dans ; à travers. *De par le monde.* **2.** Indique le temps, les circonstances. *Par un beau jour d'été. Comme par le passé.* **3.** Indique le moyen, la manière. *Arriver par bateau. Classer par ordre alphabétique.* **4.** Indique la cause, l'origine. *Agir par intérêt.* ◇ ***De par*** : du fait de, étant donné ; par l'ordre ou l'autorité de. *De par ses origines. De par la loi.* **5.** Indique l'agent. *Faire réparer sa voiture par un garagiste.* **6.** Indique la distribution. *Un seul ticket par personne.*

2. PAR n.m. (mot angl., *égalité*). Au golf, nombre de coups nécessaires pour réussir un trou ou effectuer l'ensemble du parcours, égal à celui qui est établi par un excellent joueur et servant de repère.

PARA n.m. (abrév.). *Fam.* Parachutiste. – *Spécial.* Parachutiste militaire.

PARABELLUM [parabɛllɔm] n.m. (mot all., d'après le lat. *Si vis pacem, para bellum,* v. pages **roses**). Pistolet automatique de gros calibre en usage jusqu'à la Seconde Guerre mondiale dans l'armée allemande.

PARABIOSE n.f. SC. DE LA V. Procédé expérimental de greffe, dit aussi ***greffe siamoise,*** qui met en association deux organismes animaux et qui permet certaines observations physiologiques, notamm. sur la régulation hormonale.

1. PARABOLE n.f. (gr. *parabolê,* comparaison). Court récit allégorique chargé d'un enseignement moral ou religieux qui reste implicite. *La parabole du Bon Samaritain, dans l'Évangile.* ◇ ***Parler par paraboles,*** d'une manière voilée ou obscure.

■ **PÂQUERETTES**

2. PARABOLE n.f. **1.** GÉOMÉTR. Courbe plane dont chaque point est équidistant d'un point fixe appelé *foyer* et d'une droite fixe appelée *directrice.* (La parabole est une courbe de la famille des coniques.) **2.** TÉLÉV. Antenne parabolique destinée à la réception de programmes de télévision directe.

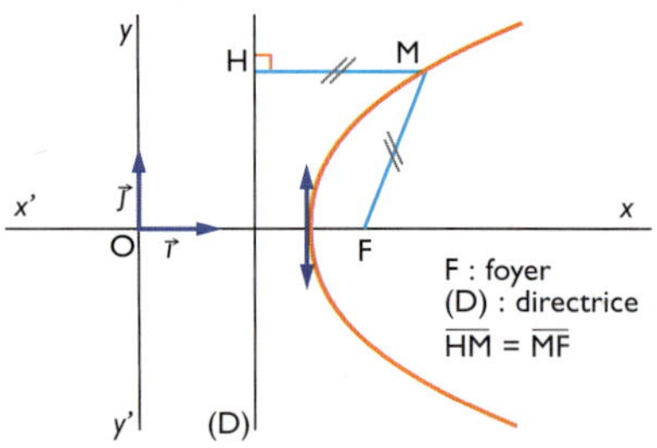

■ **PARABOLE**

PARABOLIQUE adj. En forme de parabole ou de paraboloïde de révolution. *Trajectoire, antenne parabolique.*

PARABOLIQUEMENT adv. GÉOMÉTR. En décrivant une parabole.

PARABOLOÏDE n.m. GÉOMÉTR. Surface de second degré dont les sections planes sont soit des paraboles ou des ellipses *(paraboloïde elliptique),* soit des hyperboles ou des paraboles *(paraboloïde hyperbolique).* ◇ ***Paraboloïde de révolution,*** engendré par une parabole tournant autour de son axe.

PARACENTÈSE [parasɛ̃tɛz] n.f. (gr. *parakentêsis,* ponction). MÉD. Création d'un orifice dans une partie du corps pour évacuer un épanchement liquidien. – *Spécial.* Paracentèse du tympan.

PARACÉTAMOL n.m. Médicament analgésique et antipyrétique courant.

PARACHÈVEMENT n.m. *Sout.* Action de parachever ; fait d'être parachevé.

PARACHEVER v.t. [12]. Mener à son complet achèvement avec un soin particulier.

PARACHIMIE n.f. Secteur d'activité regroupant la production et la commercialisation des spécialités de l'industrie chimique (médicaments, peintures, etc.).

PARACHRONISME [-krɔ-] n.m. (gr. *para,* à côté de, et *khronos,* temps). Faute de chronologie qui consiste à situer un événement à une époque plus tardive que celle où il s'est réellement produit.

PARACHUTAGE n.m. Action de parachuter.

PARACHUTAL, E, AUX adj. *Vol parachutal* → **vol.**

PARACHUTE n.m. (de *2. parer* et *chute*). **1.** Appareil destiné à ralentir la chute d'une personne ou d'un objet tombant d'une grande hauteur et constitué essentiellement d'une voilure en tissu léger reliée par des cordelettes (suspentes) à un système d'attache, à un harnais. – Appareil semblable utilisé pour freiner certains avions à l'atterrissage. **2.** Dispositif de sécurité d'un ascenseur, qui bloque la cabine en cas de rupture du câble.

PARACHUTER v.t. **1.** Larguer d'un aéronef avec un parachute. *Parachuter des troupes, du matériel.* **2.** *Fam.* Désigner brusquement qqn pour un emploi, une fonction où sa nomination n'était pas prévue.

PARACHUTISME n.m. Technique, sport du saut en parachute. ◇ ***Parachutisme ascensionnel*** : sport consistant à se faire tirer en parachute par un véhicule ou un bateau à moteur.

PARACHUTISTE n. **1.** Personne qui pratique le parachutisme. **2.** Militaire appartenant à une unité aéroportée, spécial. entraîné à combattre après avoir été parachuté. Abrév. *(fam.)* : *para.* ◆ adj. MIL. *Troupes, unités parachutistes* : unités composées de parachutistes entraînés à combattre par petits groupes (commandos) ou dans le cadre d'une grande unité aéroportée.

PARACLET [paraklɛ] n.m. (gr. *paraklêtos,* avocat). CHRIST. *Le Paraclet* : le Saint-Esprit.

1. PARADE n.f. (de *1. parer*). **1.** Exhibition, étalage que l'on fait de qqch pour attirer l'attention sur soi, pour se faire valoir. *Faire parade de son savoir.* ◇ ***De parade*** : destiné à servir d'ornement ; *fig.,* purement extérieur, de façade, peu sincère. *Arme de parade. Un non-conformisme de* *parade.* **2.** Cérémonie militaire où les troupes sont rassemblées pour une revue, un défilé. **3.** ÉTHOL. Ensemble de comportements instinctuels de séduction précédant l'accouplement, observé chez de nombreuses espèces animales. **4.** Scène burlesque jouée à la porte d'un théâtre forain pour engager le public à entrer.

2. PARADE n.f. (de *2. parer*). **1.** Action de parer un coup, une attaque en escrime, en boxe, etc. **2.** Défense, riposte immédiate et génér. efficace à une attaque. *Trouver la parade à une accusation.*

3. PARADE n.f. (esp. *parada*). ÉQUIT. Arrêt brusque d'un cheval au manège.

PARADER v.i. **1.** Prendre un air avantageux pour attirer l'attention ; se pavaner, s'exhiber. **2.** Défiler, manœuvrer, en parlant de troupes.

PARADEUR, EUSE n. Personne qui aime à parader.

PARADIGMATIQUE adj. **1.** LING. Qui appartient à un paradigme (par oppos. à *syntagmatique*). **2.** PSYCHOL. Se dit d'un objet, d'un comportement, d'un cas clinique qui a un caractère exemplaire.

PARADIGME n.m. (gr. *paradeigma*). **1.** LING. Ensemble des formes fléchies d'un mot pris comme modèle (déclinaison ou conjugaison) ; ce mot lui-même. **2.** LING. Ensemble des unités qui peuvent être substituées les unes aux autres dans un contexte donné. **3.** LOG. Modèle théorique de pensée qui oriente la recherche et la réflexion scientifiques. **4.** PHILOS. Chez Platon, idée, en tant que type exemplaire dont participent les choses sensibles. **5.** PSYCHOL. Procédure méthodologique qui constitue un modèle de référence.

PARADIS n.m. (gr. *paradeisos,* jardin). **1.** RELIG. Séjour des âmes des justes après la mort. ◇ *Il ne l'emportera pas au paradis :* il ne restera pas impuni. **2.** *Paradis terrestre,* ou *paradis :* jardin de délices où Dieu plaça Adam et Ève, dans la Genèse. **3.** Séjour enchanteur ; état le plus heureux dont on puisse jouir. ◇ (Par allusion au titre d'une œuvre de Baudelaire). *Les paradis artificiels :* les plaisirs que procurent les stupéfiants. **4.** *Paradis fiscal :* pays ou place financière qui fait bénéficier d'avantages fiscaux les personnes qui y font des opérations, des dépôts, etc. **5.** THÉÂTRE. Poulailler. **6.** Pommier d'une espèce utilisée comme porte-greffe, qui donne peu de vigueur aux arbres mais facilite la mise à fruit. **7.** *Oiseau de paradis :* paradisier. **8.** *Graine de paradis :* graine de l'amome. SYN. : *maniguette.*

PARADISIAQUE adj. Qui évoque le paradis.

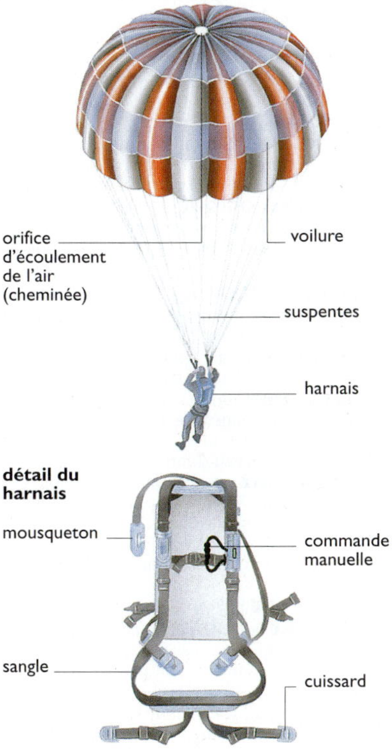

■ **PARACHUTE** et harnais.

PARADISIER n.m. Oiseau passereau de Nouvelle-Guinée, dont le mâle porte un plumage aux couleurs variées et deux plumes caudales longues et fines. (Famille des paradiséidés.) SYN. : *oiseau de paradis.*

PARADOR n.m. (mot esp.). Hôtel espagnol géré par l'État et génér. installé dans un château ou un bâtiment à caractère historique.

PARADOS [parado] n.m. FORTIF. Terrassement protégeant les défenseurs d'un rempart ou d'une tranchée contre les coups de revers.

PARADOXAL, E, AUX adj. **1.** Qui tient du paradoxe. **2.** *Sommeil paradoxal :* phase du sommeil pendant laquelle le relâchement musculaire est maximal alors que l'activité cérébrale rappelle celle de l'état de veille. (La majorité des rêves y prendrait place.)

PARADOXALEMENT adv. De façon paradoxale.

PARADOXE n.m. (gr. *paradoxos,* de *para,* contre, et *doxa,* opinion). **1.** Pensée, opinion contraire à l'opinion commune. **2.** LOG. Antinomie.

PARAFE n.m. → **PARAPHE.**

PARAFER v.t. → **PARAPHER.**

PARAFEUR n.m. → **PARAPHEUR.**

PARAFFINAGE n.m. Action de paraffiner.

PARAFFINE n.f. (lat. *parum affinis,* qui a peu d'affinité). **1.** PÉTROLE. Hydrocarbure saturé acyclique. SYN. : *alcane.* **2.** CHIM. INDUSTR. Substance blanche faite d'un mélange d'hydrocarbures saturés solides caractérisés par leur inertie chimique, utilisée notamm. dans la fabrication des bougies et de certains emballages.

PARAFFINER v.t. Enduire, imprégner de paraffine. ◇ p.p. adj. *Papier paraffiné.*

PARAFISCAL, E, AUX adj. Relatif à la parafiscalité.

PARAFISCALITÉ n.f. Ensemble des taxes et des cotisations perçues, sous l'autorité de l'État, au profit d'administrations, d'organismes autonomes.

PARAFOUDRE n.m. (de *2. parer* et *foudre*). Dispositif destiné à préserver les appareils et les lignes électriques contre les effets de la foudre.

PARAGE n.m. BOUCH. Action de parer la viande.

PARAGES n.m. pl. (esp. *paraje,* lieu de station). **1.** MAR. Étendue de mer proche d'un lieu. *Les parages d'Ouessant.* **2.** Région environnant un lieu quelconque ; voisinage, abords. ◇ *Dans les parages :* dans le voisinage immédiat.

PARAGRAPHE n.m. (gr. *paragraphos,* écrit à côté). **1.** Subdivision d'un texte en prose, marquée par un retour à la ligne au début et à la fin. **2.** Signe typographique (§) indiquant une telle subdivision. *Page 12, § 3.*

PARAGRÊLE adj. inv. et n.m. (de *2. parer* et *grêle*). Se dit d'un dispositif servant à empêcher la grêle de tomber et à la transformer en pluie.

PARAGUAYEN, ENNE [-gwɛ-] adj. et n. Du Paraguay, de ses habitants.

PARAISON n.f. (de *1. parer*). Masse de verre pâteux préparée avant son façonnage.

1. PARAÎTRE v.i. [71] [auxil. *être* ou *avoir*] (lat. *parere*). **1.** Se présenter à la vue ; apparaître. *Une étoile paraît dans le ciel.* **2.** Manifester sa présence alors que l'on est attendu. *Paraître en public.* **3.** Être visible ; se manifester, transparaître. *Sa vanité paraît dans tout ce qu'il fait.* ◇ *Sans qu'il y paraisse :* sans que cela se voie. **4.** Être publié. *Ce livre a paru, est paru l'an dernier.* **5.** (Suivi d'un attribut.) Avoir l'apparence de ; sembler. *Elle paraît souffrante.* **6.** Se faire remarquer par une apparence avantageuse ; briller. *Chercher à paraître.* **7.** *Il paraît, il paraîtrait que, paraît-il :* on dit que, le bruit court que. – *À ce qu'il paraît :* selon les apparences.

2. PARAÎTRE n.m. *Litt. Le paraître :* l'apparence.

PARALANGAGE n.m. Ensemble des moyens de communication naturels qui, sans faire partie du système linguistique, accompagnent et renforcent la parole (gestes, mimiques, etc.).

PARALITTÉRAIRE adj. De la paralittérature.

PARALITTÉRATURE n.f. Ensemble des productions textuelles que le discours critique et le jugement social excluent du champ littéraire au nom des normes esthétiques et culturelles qu'ils valorisent (le roman-photo, le roman-feuilleton, la bande dessinée, etc.).

PARALLACTIQUE adj. ASTRON. De la parallaxe.

PARALLAXE n.f. (gr. *parallaxis,* changement). **1.** Déplacement de la position apparente d'un corps, dû à un changement de position de l'observateur. **2.** ASTRON. *Parallaxe d'un astre,* angle sous lequel on verrait, de cet astre, une longueur conventionnellement choisie (rayon équatorial de la Terre, pour les astres du système solaire ; demi-grand axe de l'orbite terrestre, pour les étoiles). **3.** *Parallaxe de visée :* angle formé par l'axe optique et l'axe de visée d'un appareil (viseur et objectif d'un appareil photo, par ex.). – *Erreur de parallaxe :* erreur commise en lisant obliquement la graduation d'un appareil.

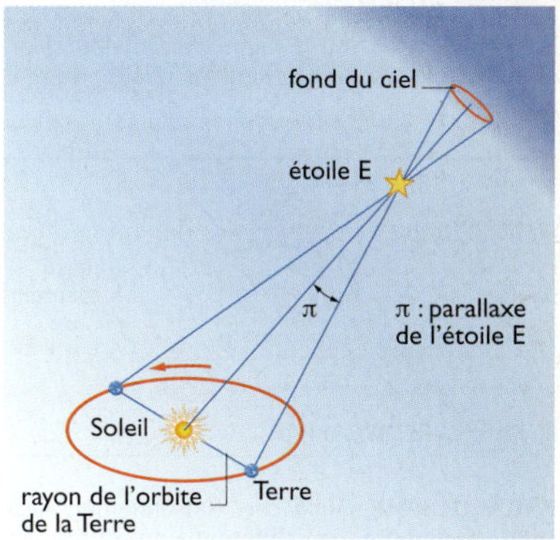

■ **PARALLAXE** annuelle d'une étoile.

PARALLÈLE adj. (gr. *parallêlos,* de *para,* à côté, et *allêlous,* l'un l'autre). **1.** GÉOMÉTR. Se dit de droites coplanaires ou de plans sans point commun ou confondus. ◇ *Droite parallèle à un plan,* droite parallèle à une droite de ce plan. **2.** Qui se développe dans la même direction ou en même temps ; semblable. *Mener des actions parallèles.* **3.** ANTHROP. Se dit de certains parents (oncles et tantes, cousins, neveux) liés à Ego par un chaînon de germains de même sexe (par oppos. à *croisé*). **4.** Qui existe, s'exerce en même temps qu'autre chose mais en dehors d'un cadre légal ou officiel (et souvent de manière illicite, clandestine). *Marché parallèle. Police parallèle.* **5.** *Médecine parallèle :* médecine douce. ◆ n.f. **1.** GÉOMÉTR. Droite parallèle à une autre droite ou à un plan. **2.** FORTIF. Tranchée ou communication enterrée parallèlement au front. **3.** ÉLECTROTECHN. *En parallèle :* en dérivation. CONTR. : *en série.* ◆ n.m. **1.** Chacun des cercles imaginaires parallèles à l'équateur et servant à mesurer la latitude. *Parallèles et méridiens.* ◇ ASTRON. *Parallèle de hauteur :* almicantarat. **2.** GÉOMÉTR. Section d'une surface de révolution par un plan perpendiculaire à l'axe. **3.** Comparaison suivie entre deux ou plusieurs sujets. *Mettre en parallèle.*

PARALLÈLEMENT adv. De façon parallèle.

PARALLÉLÉPIPÈDE n.m. (gr. *parallêlos* et *epipedon,* surface plane). Polyèdre à six faces, parallèles deux à deux. (Ses faces sont des parallélo-

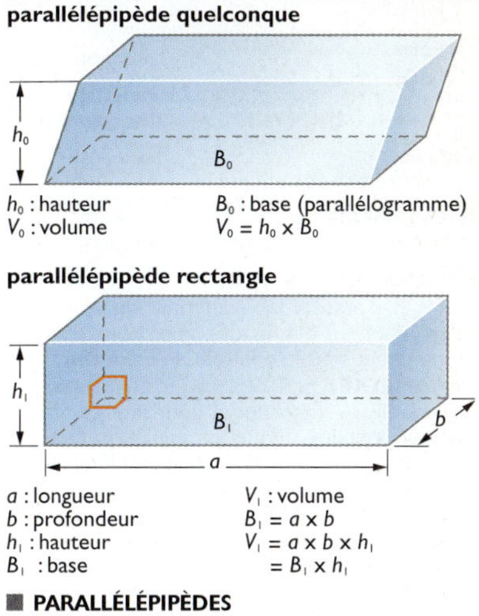

■ **PARALLÉLÉPIPÈDES**

P

grammes.) ◇ *Parallélépipède droit :* parallélépipède dont les arêtes sont perpendiculaires au plan de base. – *Parallélépipède rectangle :* parallélépipède droit dont toutes les faces sont des rectangles.

PARALLÉLÉPIPÉDIQUE adj. Qui a la forme d'un parallélépipède.

PARALLÉLISME n.m. **1.** État de ce qui est parallèle. **2.** Évolution similaire ou ressemblance de faits, de choses que l'on compare. **3.** INFORM. Technique d'accroissement des performances d'un système informatique fondée sur l'utilisation simultanée de plusieurs processeurs. (Quand le nombre de processeurs est très important, on parle de *parallélisme massif.*)

PARALLÉLOGRAMME n.m. Quadrilatère plan dont les côtés opposés sont parallèles deux à deux.

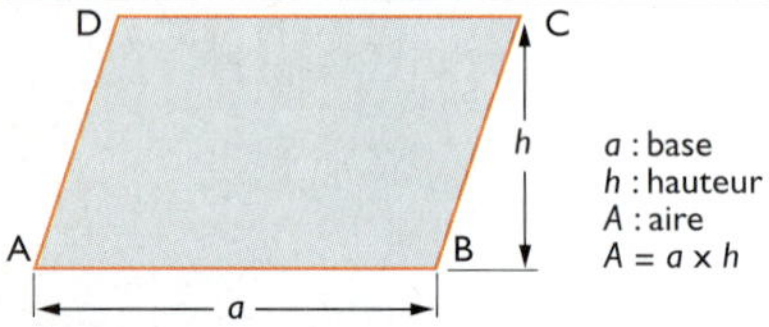

■ PARALLÉLOGRAMME

P

PARALOGISME n.m. *Didact.* Raisonnement faux fait de bonne foi (à la différence du sophisme).

PARALYMPIQUE adj. Relatif aux jeux Paralympiques. ◇ *Jeux Paralympiques :* compétitions handisport qui se déroulent quelques jours après les jeux Olympiques.

PARALYSANT, E adj. De nature à paralyser.

PARALYSÉ, E adj. et n. Atteint, frappé de paralysie.

PARALYSER v.t. **1.** Frapper de paralysie. **2.** *Fig.* Empêcher d'agir, de produire ; frapper d'impuissance ; neutraliser, bloquer. *Une grève paralyse les transports en commun.*

PARALYSIE n.f. (gr. *paralusis,* relâchement). **1.** MÉD. Déficience complète de la force musculaire, secondaire à une lésion du système nerveux. **2.** *Fig.* Impossibilité d'agir ; arrêt complet. *Paralysie de l'économie.*

PARALYTIQUE adj. et n. MÉD. Atteint de paralysie.

PARAMAGNÉTIQUE adj. Doué de paramagnétisme.

PARAMAGNÉTISME n.m. Propriété des substances qui s'aimantent, génér. faiblement à température ambiante, lorsqu'elles sont placées dans un champ magnétique extérieur. (Ces corps sont attirés par les aimants.)

PARAMÉCIE n.f. (gr. *paramêkês,* oblong). Protozoaire cilié de grande taille (150 µm), commun dans les eaux douces stagnantes.

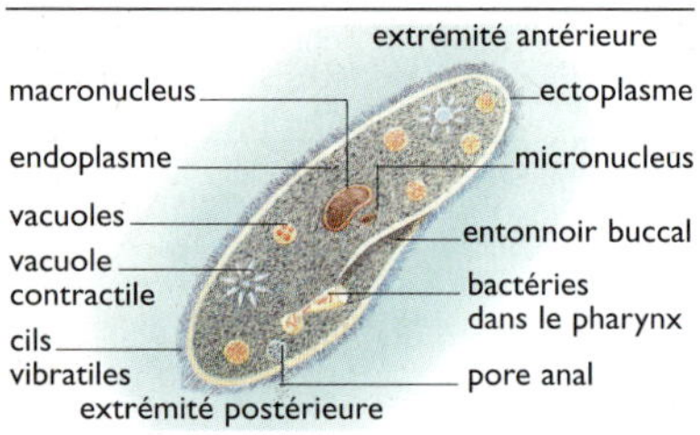

■ PARAMÉCIE

PARAMÉDICAL, E, AUX adj. Se dit des disciplines, des professions ayant trait à la santé mais intervenant, en dehors des soins courants, à la demande et sous le contrôle de médecins.

PARAMÈTRE n.m. **1.** MATH. **a.** Élément autre que la variable ou l'inconnue, désignant un coefficient en fonction duquel on peut exprimer une proposition ou les solutions d'un problème. **b.** *Paramètre d'une parabole,* distance de son foyer à sa directrice. **2.** STAT. Grandeur mesurable permettant de présenter, de façon plus simple, les caractéristiques principales d'un ensemble statistique. **3.** INFORM. Variable dont la valeur, l'adresse ou le nom ne sont précisés qu'à l'exécution du programme. **4.** Élément important à prendre en compte pour évaluer une situation, comprendre un phénomène.

PARAMÉTRER v.t. [11]. **1.** Définir les paramètres de. **2.** INFORM. Dans la conception d'un programme, remplacer certaines informations par des paramètres.

PARAMÉTRIQUE adj. Se dit d'une équation algébrique dans laquelle l'un au moins des coefficients dépend d'un paramètre. ◇ *Équations paramétriques (d'une courbe du plan) :* couple de deux fonctions $x(t)$ et $y(t)$, donnant pour chaque valeur de t les coordonnées x et y d'un point de la courbe.

PARAMILITAIRE adj. Qui possède les caractéristiques d'une armée, qui en imite la structure et l'organisation. *Groupes paramilitaires.* ◆ n. Membre d'une organisation paramilitaire.

PARANÉOPLASIQUE adj. Se dit d'un trouble évoluant parallèlement à un cancer, et de manifestations pathologiques ayant un rapport de causalité avec un cancer.

PARANGON n.m. (esp. *parangón,* comparaison). *Sout.* Modèle, type accompli. *Un parangon de vertu.*

PARANGONNAGE n.m. Action de parangonner.

PARANGONNER v.t. IMPRIM. Assembler dans une même ligne de composition des caractères de corps différents.

PARANOÏA n.f. (mot gr., *folie*). **1.** Maladie psychiatrique correspondant à la personnalité paranoïaque ou au délire paranoïaque. **2.** Comportement de qqn, d'un groupe qui a tendance à se croire persécuté ou agressé.

PARANOÏAQUE adj. Relatif à la paranoïa. ◇ *Délire paranoïaque :* psychose chronique caractérisée par un délire bien construit dont les thèmes prépondérants sont la persécution et la revendication. – *Personnalité, caractère* ou *constitution paranoïaque :* personnalité pathologique caractérisée par la rigidité, la méfiance, l'orgueil, le raisonnement à postulat faux, et pouvant aboutir au délire paranoïaque. ◆ adj. et n. Atteint de paranoïa. Abrév. *(fam.) : parano.*

PARANOÏDE adj. PSYCHIATR. *Délire paranoïde :* forme de schizophrénie caractérisée par un délire incohérent à thèmes multiples (persécution, hypocondrie, etc.).

PARANORMAL, E, AUX adj. et n.m. Se dit de certains phénomènes, d'existence établie ou non, dont le mécanisme et les causes, inexpliqués dans l'état actuel de la connaissance, seraient imputables à des forces de nature inconnue, d'origine notamm. psychique (perception extrasensorielle, psychokinésie, etc.).

PARAPENTE n.m. Planeur ultraléger et souple, permettant de pratiquer le vol libre en s'élançant d'un versant montagneux, du sommet d'une falaise, etc. ; sport pratiqué avec ce type de planeur.

■ PARAPENTE

PARAPENTISTE n. Personne qui pratique le parapente.

PARAPET n.m. (ital. *parapetto,* qui protège la poitrine). **1.** Muret formant garde-corps. **2.** FORTIF. Mur, talus permettant aux défenseurs d'un ouvrage fortifié de tirer en étant à couvert du feu ennemi.

PARAPÉTROLIER, ÈRE adj. Se dit d'activités liées à l'industrie du pétrole.

PARAPHARMACIE n.f. Commerce des produits destinés à l'hygiène ou aux soins courants, et dont la distribution n'est pas réservée aux pharmacies ; ensemble de ces produits ; boutique où on les vend.

PARAPHASIE n.f. Trouble du langage, présent au cours des aphasies, caractérisé par la substitution de syllabes et de mots à d'autres.

PARAPHE ou **PARAFE** n.m. (lat. *paraphus,* du gr. *paragraphein,* écrire à côté). **1.** DR. Signature abrégée, souvent formée des initiales, utilisée notamm. pour l'approbation des renvois et des ratures dans un acte officiel. **2.** Trait de plume accompagnant la signature.

PARAPHER ou **PARAFER** v.t. Marquer, signer d'un paraphe.

PARAPHEUR ou **PARAFEUR** n.m. Classeur, dossier dans lequel le courrier est présenté à la signature.

PARAPHIMOSIS [-zis] n.m. MÉD. Étranglement de la base du gland de la verge par le prépuce, au cours d'un phimosis.

PARAPHLÉBITE n.f. MÉD. Phlébite d'une veine sous-cutanée. SYN. : *périphlébite.*

PARAPHRASE n.f. (gr. *paraphrasis*). **1.** Développement explicatif d'un texte. **2.** *Péjor.* Commentaire verbeux et diffus d'un texte. **3.** LING. Énoncé synonyme d'un autre énoncé moins long.

PARAPHRASER v.t. Commenter, amplifier par une paraphrase.

PARAPHRASTIQUE adj. *Didact.* Qui a le caractère d'une paraphrase. *Énoncé paraphrastique.*

PARAPHRÉNIE n.f. (du gr. *phrên,* pensée). Psychose chronique caractérisée par un délire d'une grande richesse imaginative où dominent les thèmes fantastiques, mais n'altérant pas l'adaptation du sujet à la vie quotidienne.

PARAPHYSE n.f. (du gr. *phusa,* vessie). MYCOL. Poil stérile accompagnant les éléments producteurs de spores, chez les champignons.

PARAPLÉGIE n.f. (gr. *para,* contre, et *plêgê,* choc). Paralysie des deux membres inférieurs.

PARAPLÉGIQUE adj. et n. Atteint de paraplégie.

PARAPLUIE n.m. (de *2. parer* et *pluie*). **1.** Accessoire portatif formé d'une étoffe tendue sur une armature pliante et d'un manche, destiné à se protéger de la pluie. ◇ *Fam. Ouvrir le parapluie :* prendre toutes les précautions nécessaires pour ne pas avoir à endosser de responsabilités, à subir de désagréments. **2.** *Parapluie nucléaire :* protection nucléaire assurée par une grande puissance à ses alliés. **3.** *Arg.* Passe pour ouvrir les serrures à pompe.

PARAPODE n.m. ZOOL. Organe natatoire, couvert de nombreuses soies, des annélides marines (néréides).

PARAPSYCHIQUE adj. Parapsychologique.

PARAPSYCHOLOGIE n.f. Étude des phénomènes paranormaux ayant une origine psychique, ou jugés tels. SYN. : *métapsychique.*

PARAPSYCHOLOGIQUE adj. De la parapsychologie. SYN. : *métapsychique, parapsychique.*

PARAPSYCHOLOGUE n. Spécialiste de parapsychologie.

PARAPUBLIC, IQUE adj. Qui s'apparente au secteur public. ◆ n.m. *Le parapublic :* le secteur parapublic.

PARASCÈVE n.f. (gr. *paraskeuê,* préparatif). Veille du sabbat, dans la religion juive.

PARASCOLAIRE adj. Qui est en relation avec l'enseignement donné à l'école, qui le complète, sans être explicitement mentionné dans les programmes d'un niveau donné, d'une classe.

PARASEXUALITÉ n.f. MICROBIOL. Ensemble des phénomènes de sexualité primitive, sans fécondation proprement dite ni méiose, observés chez les bactéries (transfert d'un matériel génétique d'une bactérie à l'autre par un pont cytoplasmique).

PARASISMIQUE adj. Antisismique.

PARASITAIRE adj. **1.** Dû à un parasite, aux parasites ; relatif aux parasites. **2.** Qui vit, qui se développe à la manière d'un parasite.

PARASITE n.m. (gr. *parasitos,* commensal, de *sitos,* nourriture). **1.** Personne qui vit dans l'oisiveté, aux dépens des autres, de la société. **2.** BIOL. Être vivant qui puise les substances qui lui sont nécessaires dans ou sur l'organisme d'un autre, appelé *hôte.* (Le mildiou de la vigne, le ténia de l'homme sont des parasites.) **3.** MÉD. Être vivant, microscopique ou non, pouvant pénétrer dans l'organisme ou vivre à sa surface, à l'exclusion des bactéries et des virus. ◆ pl. Perturbations dans la réception de signaux radioélectriques. *Parasites d'origine atmosphérique, industrielle.* ◆ adj. **1.** Inutile et gênant. *Des constructions parasites.* **2.** BIOL. Qui vit en parasite. *Plante parasite.*

PARASITER v.t. **1.** Vivre en parasite aux dépens de qqn, au détriment d'un être vivant. **2.** Perturber un signal radioélectrique par des parasites.

PARASITISME n.m. **1.** État, mode de vie du parasite. **2.** BIOL. Condition de vie des parasites, des êtres vivants qui en parasitent d'autres.

PARASITOLOGIE n.f. Étude des organismes parasites. *Parasitologie médicale.*

PARASITOSE n.f. Maladie due à un parasite.

PARASOL n.m. (ital. *parasole,* de *para-,* contre, et *sole,* soleil). **1.** Objet pliant en forme de grand parapluie, destiné à protéger du soleil. **2.** *Pin parasol,* dont le houppier, étalé au sommet d'un haut fût, évoque un parasol.

PARASTATAL, E, AUX adj. (du lat. *status,* État). Belgique. Semi-public. *Institutions parastatales.*

PARASYMPATHIQUE adj. et n.m. MÉD. Se dit de la partie du système nerveux végétatif qui agit par l'intermédiaire de l'acétylcholine, et met l'organisme au repos (ralentissement du cœur, stimulation de la digestion, etc.).

PARASYMPATHOLYTIQUE adj. et n.m. Anticholinergique.

PARASYMPATHOMIMÉTIQUE adj. et n.m. Cholinergique.

PARASYNTHÉTIQUE adj. et n.m. LING. Se dit d'un mot formé par l'addition à une base d'un préfixe et d'un suffixe (par ex. *invivable*).

PARATAXE n.f. LING. Juxtaposition de phrases, sans mot de liaison explicitant le rapport qui les unit (ex. : *Il fait beau, je vais me promener*).

PARATEXTE n.m. Ensemble des éléments textuels d'accompagnement d'une œuvre écrite (titre, dédicace, préface, notes, etc.).

PARATHORMONE n.f. Hormone sécrétée par les glandes parathyroïdes, augmentant la concentration du calcium sanguin et résorbant le tissu osseux.

PARATHYROÏDE adj. et n.f. Se dit de chacune des quatre glandes endocrines situées derrière la thyroïde, qui sécrètent la parathormone.

PARATHYROÏDIEN, ENNE adj. Des parathyroïdes ; produit par les parathyroïdes.

PARATONNERRE n.m. (de *2. parer* et *tonnerre*). Dispositif destiné à protéger les bâtiments des effets de la foudre ; partie visible (pointe de choc) de ce dispositif. (Les paratonnerres actuels couronnent la pointe d'éléments radioactifs ; ceux-ci créent une zone ionisée, à faible différence de potentiel par temps calme, élevée par temps d'orage, ce qui annule les charges atmosphériques.)

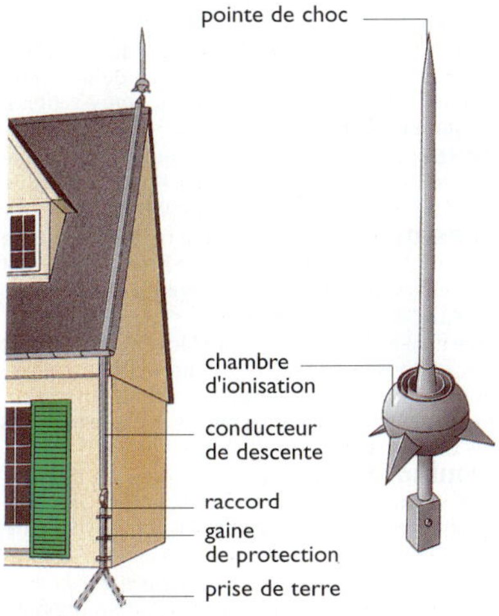

■ **PARATONNERRE.** Installation de paratonnerre à pointe couronnée d'éléments radioactifs.

PARÂTRE n.m. **1.** Vx. Beau-père. **2.** Rare. Mauvais père.

PARATYPHIQUE adj. Relatif à une des fièvres paratyphoïdes.

PARATYPHOÏDE adj. et n.f. Se dit d'une maladie voisine de la fièvre typhoïde.

PARAVALANCHE n.m. Construction destinée à protéger des avalanches.

PARAVENT n.m. Meuble composé de panneaux verticaux articulés entre eux, servant à isoler, à masquer qqch ou à protéger des courants d'air.

PARBLEU interj. (euphémisme pour *par Dieu*). Vieilli. Souligne une évidence, exprime l'approbation. *Il était content ? – Parbleu !*

PARC n.m. (bas lat. *parricus,* enclos). **1.** Terrain boisé enclos, assez vaste, ménagé pour l'agrément, la promenade, ou servant de réserve de gibier. (Il est souvent la dépendance d'une grande demeure, d'un château.) **2.** Grand jardin public. *Le parc de la Tête-d'Or, à Lyon.* **3.** ÉCOL. *Parc national, parc naturel régional :* vaste étendue de territoire à l'intérieur de laquelle la faune, la flore et le milieu naturel en général sont protégés de l'action destructrice de l'homme. *Les parcs nationaux français des Alpes, des Pyrénées.* **4.** *Parc de loisirs :* vaste terrain aménagé spécial. pour les loisirs et comportant diverses installations destinées à la détente et à l'amusement, en partic. des enfants (jeux d'adresse ou de force, équipements sportifs, attractions, manèges, etc.). **5.** *Parc de stationnement,* ou *parc :* emplacement spécial. aménagé pour le stationnement des véhicules automobiles. SYN. : *parking.* **6.** Ensemble d'équipements, de matériels, d'installations de même nature dont dispose un pays, une entreprise, etc. *Le parc automobile, immobilier suisse.* **7.** Emplacement de stockage à l'air libre. *Parc à ferrailles.* **8.** Québec. *Parc industriel :* zone périurbaine aménagée pour recevoir des entreprises industrielles et commerciales. **9.** Petit enclos où l'on place les enfants en bas âge pour qu'ils s'y ébattent sans danger. **10.** Installation littorale ou de pleine mer pour l'élevage des animaux marins (huîtres, notamm.). **11. a.** Clôture mobile faite de claies, à l'intérieur de laquelle on enferme les moutons. **b.** Pâtis entouré de fossés ou de clôtures où l'on met du bétail.

PARCAGE n.m. **1.** Action de parquer. **2.** AGRIC. Action de faire séjourner un troupeau de moutons dans un parc que l'on déplace à intervalles réguliers pour fertiliser le sol par les déjections.

PARCELLAIRE adj. Constitué de parcelles ; divisé en parcelles.

PARCELLE n.f. (lat. *particula*). **1.** Petite partie, petit morceau ; fragment. **2.** Partie d'un terrain d'un seul tenant, génér. de même culture ou de même utilisation, constituant une unité cadastrale. – Afrique. Lot de terrain bâti ou à bâtir.

PARCELLISATION ou **PARCELLARISATION** n.f. Action de parcelliser.

PARCELLISER ou **PARCELLARISER** v.t. **1.** Diviser en parcelles, en petits éléments. **2.** Fractionner une tâche complexe en opérations élémentaires. ◇ p.p. adj. *Travail parcellisé.*

PARCE QUE loc. conj. **1.** Introduit la cause, le motif. *On se chauffe parce qu'on a froid.* – Employé seul, marque le refus ou l'impossibilité de répondre. *Pourquoi ne voulez-vous pas le rencontrer ? – Parce que.* **2.** *Fam.* Marque une coordination. *Vous partez ? Parce que je suis à vous dans deux minutes.* – REM. La voyelle *e* de *que* ne s'élide que devant *il, elle, on, en, un, une.*

PARCHEMIN n.m. (gr. *pergamênê,* peau de Pergame). **1.** Peau d'animal (surtout de mouton, de chèvre) spécial. traitée pour l'écriture ou la reliure. **2.** Document écrit sur parchemin. *Déchiffrer d'antiques parchemins.* – *Spécial.* Titre de noblesse. **3.** *Fam.* Diplôme universitaire.

PARCHEMINÉ, E adj. Qui a la consistance ou l'aspect du parchemin. ◇ *Peau parcheminée,* sèche et ridée.

PARCHET n.m. (lat. *parricus,* parc). Suisse. Parcelle de vigne.

PARCIMONIE n.f. (du lat. *parsus,* épargné). Épargne rigoureuse, jusque dans les plus petites choses. ◇ *Avec parcimonie :* avec une mesure extrême ; en s'en tenant au strict minimum. *Faire des éloges avec parcimonie.*

PARCIMONIEUSEMENT adv. Avec parcimonie.

PARCIMONIEUX, EUSE adj. Qui fait preuve de parcimonie ; qui témoigne de parcimonie.

PARCMÈTRE n.m. Appareil indiquant le temps de stationnement payant pour les automobiles et percevant le droit correspondant grâce à un dispositif automatique d'encaissement de la monnaie.

PARCOTRAIN n.m. Parking payant mis par la SNCF à la disposition des usagers du chemin de fer.

PARCOURIR v.t. [33]. **1.** Traverser, visiter dans toute son étendue, en allant et venant dans diverses directions. *Parcourir une ville.* **2.** Accomplir un trajet déterminé. *Parcourir une région du nord au sud.* **3.** Examiner, lire rapidement. *Parcourir un livre.*

PARCOURS n.m. **1.** Chemin, trajet suivi pour aller d'un point à un autre. *Le parcours d'un autobus.* **2.** Trajet semé d'obstacles qu'un cavalier doit faire parcourir à sa monture, dans une épreuve hippique. – Trajet effectué par un joueur de golf qui place successivement la balle dans chacun des trous du terrain ; le terrain lui-même. ◇ *Incident de parcours :* difficulté imprévue retardant la réalisation d'un projet. **3.** Terrain non cultivé fournissant une faible production de plantes fourragères, que l'on fait pâturer par les herbivores domestiques. SYN. : *pacage.* **4.** Ensemble des étapes, des stades par lesquels passe qqn, en partic. dans sa carrière. **5.** *Parcours du combattant :* parcours effectué par les militaires à titre d'entraînement au combat, sur un terrain spécial. aménagé comportant des obstacles variés ; ce terrain lui-même ; *fig.,* série d'épreuves rencontrées dans la réalisation de qqch.

PAR-DELÀ loc. prép. De l'autre côté de.

PAR-DERRIÈRE loc. adv. et loc. prép. → **DERRIÈRE.**

PAR-DESSOUS loc. adv. et loc. prép. → **DESSOUS.**

PARDESSUS n.m. Vêtement long masculin qui se porte par-dessus les autres vêtements ; manteau.

PAR-DESSUS loc. adv. et loc. prép. → **DESSUS.**

PAR-DEVANT loc. adv. et loc. prép. → **DEVANT.**

PAR-DEVERS loc. prép. **1.** DR. Devant, en présence de. *Par-devers le juge.* **2.** *Sout. Par-devers soi :* en sa possession. *Vous n'auriez pas dû retenir des documents par-devers vous.*

PARDI interj. (de *par Dieu*). Souligne une évidence, exprime l'approbation. *S'il l'a fait, c'est qu'il y trouvait son intérêt, pardi !*

PARDIEU interj. (de *par Dieu*). Vx. Renforce une affirmation. *Pardieu, quelle ardeur !*

PARDON n.m. **1.** Action de pardonner ; rémission d'une faute, d'une offense. *Demander pardon à qqn. Accorder son pardon.* **2.** CATH. Pèlerinage religieux annuel et fête populaire, en Bretagne. **3.** *Grand Pardon :* Yom Kippour. **4.** Formule de politesse, pour s'excuser ou pour faire répéter ce qu'on n'a pas entendu, compris. « *Pardon, je vous dérange ?* » « *Pardon ? Qu'avez-vous dit ?* » **5.** *Fam.* Formule pour souligner la pensée, renforcer l'expression. *Lui, il est déjà grand, mais son frère, alors, pardon !*

PARDONNABLE adj. Qui peut être pardonné.

PARDONNER v.t. **1.** Renoncer à punir une faute, à se venger d'une offense. **2.** Avoir de l'indulgence pour ; excuser. *Pardonnez ma franchise.* **3.** Accepter sans dépit, sans jalousie. *On ne lui pardonne pas ses succès.* ◆ v.t. ind. (à). **1.** Cesser d'entretenir à l'égard de qqn de la rancune ou de l'hostilité pour ses fautes. **2.** *Ça ne pardonne pas :* cela ne manque jamais d'avoir de graves conséquences. *L'alcool au volant, ça ne pardonne pas.*

PARÉAGE n.m. → **PARIAGE.**

PARE-BALLES adj. inv. Qui protège des balles. ◇ *Gilet pare-balles :* gilet de protection en plastique ou en métal contre les projectiles. ◆ n.m. inv. Dispositif qui protège des balles. *Pare-balles d'un stand de tir.*

PARE-BRISE n.m. inv. Plaque de verre spécial ou de matière transparente à l'avant de l'habitacle d'un véhicule.

PARE-CHOCS n.m. inv. Dispositif débordant l'aplomb d'un véhicule automobile à l'avant et à l'arrière, et destiné à protéger la carrosserie des petits chocs dans la circulation ou lors des parcages.

PARÈDRE n. et adj. (gr. *paredros,* qui siège à côté). RELIG. Divinité associée, à un rang subalterne, au culte et aux fonctions d'une autre divinité.

P

PARE-ÉCLATS n.m. inv. Dispositif (terrassement, blindage, etc.) de protection contre les éclats de projectiles.

PARE-ÉTINCELLES n.m. inv. Garde-feu.

PARE-FEU adj. inv. Qui protège du feu, de l'incendie. *Porte pare-feu.* ◆ n.m. inv. **1.** Coupe-feu ; pare-étincelles. **2.** (Calque de l'angl. *firewall*). INFORM. Équipement situé entre le réseau Internet et le réseau privé d'une entreprise pour accroître la sécurité de ce dernier en filtrant le trafic en provenance ou à destination d'Internet.

PARE-FUMÉE n.m. inv. Dispositif destiné à canaliser ou à diriger la fumée qui s'échappe d'une cheminée.

PARÉGORIQUE adj. (du gr. *parêgorein,* adoucir). *Élixir parégorique :* teinture anisée d'opium camphré, employée autref. contre la diarrhée.

PAREIL, EILLE adj. (du lat. *par, paris,* égal). **1.** Qui présente une exacte ressemblance ou une similitude avec ; semblable, analogue, identique. *Deux livres pareils.* **2.** De cette nature, de cette sorte ; tel. *En pareil cas.* ◆ n. **1.** Personne égale, de même condition, de même mentalité ; semblable. *Vous et vos pareils.* ◇ *Ne pas avoir son pareil pour :* être supérieur à n'importe qui dans un domaine. *Elle n'a pas son pareil, sa pareille pour organiser des soirées.* **2.** *Sans pareil :* supérieur en son genre ; incomparable. – *Fam. C'est du pareil au même :* c'est exactement la même chose. – *Rendre la pareille à qqn,* lui faire subir le traitement qu'on a reçu de lui. ◆ adv. *Fam.* De la même façon. *Ils sont toujours habillés pareil.*

PAREILLEMENT adv. De la même manière ; aussi. *Je le désire pareillement.*

PAREMENT n.m. (de *1. parer*). **1.** Revers des manches ou de l'encolure de certains vêtements. **2.** CONSTR. Face extérieure et apparente d'un ouvrage (en maçonnerie, menuiserie, etc.).

PAREMENTER v.t. Revêtir d'un parement.

PAREMENTURE n.f. **1.** Doublure des devants d'un manteau, qui forme revers d'encolure. **2.** Toile utilisée pour doubler les revers des manches ou de l'encolure.

PARENCHYMATEUX, EUSE adj. Du parenchyme ; formé de parenchyme.

PARENCHYME [parɑ̃ʃim] n.m. (gr. *paregkhuma,* de *paregkhein,* répandre sur). **1.** HISTOL. Tissu assurant la fonction propre d'un organe (par oppos. à *stroma*). – *Spécial.* Tissu sécréteur d'une glande. **2.** BIOL. Tissu fondamental des végétaux supérieurs, formé de cellules vivantes peu différenciées, aux parois minces, et assurant différentes fonctions.

PARENT, E n. (lat. *parens, -entis,* de *parere,* enfanter). Toute personne avec qui l'on a un lien de parenté. *Un lointain parent.* ◇ *Traiter qqn en parent pauvre,* le traiter sans considération, le négliger. ◆ n.m. Le père ou la mère. ◆ pl. **1.** Le père et la mère. **2.** *Litt.* Les ancêtres. *Issu de parents illustres.* ◆ adj. *Litt.* Qui a des traits communs avec qqn, qqch d'autre. *Ces deux interprétations sont parentes.*

PARENTAL, E, AUX adj. Des parents, du père et de la mère. *Autorité parentale.* ◇ *Congé parental d'éducation :* congé sans solde que peut prendre l'un des deux parents lors de la naissance ou de l'adoption d'un enfant.

PARENTALES ou **PARENTALIES** n.f. pl. ANTIQ. ROM. Fêtes annuelles en l'honneur des morts.

PARENTALITÉ n.f. Fonction de parent, notamm. sur les plans juridique, moral et socioculturel.

PARENTÉ n.f. **1.** Relation de consanguinité ou d'alliance qui unit des personnes entre elles. **2.** DR. Lien juridique qui unit des personnes qui descendent l'une de l'autre (*parenté directe* ou *en ligne directe*) ou qui descendent d'un ancêtre commun (*parenté collatérale* ou *en ligne collatérale*). **3.** ANTHROP. *Système de parenté :* ensemble cohérent de relations existant entre les parents d'une même famille, d'un même groupe, selon l'un des modes possibles de prise en compte et de valorisation de la place qu'ils occupent les uns par rapport aux autres. (Sont à considérer les systèmes de filiation ou de descendance, les systèmes d'alliance ou de mariage, les systèmes de relations collatérales et les systèmes cognatiques fondés le plus souvent sur la relation frère-sœur.) **4.** Ensemble des parents par le sang et par alliance. *Il a une nombreuse parenté.* **5.** Ressemblance, point commun entre des choses ; analogie, affinité. *Parenté de deux opinions.*

PARENTÈLE n.f. **1.** Vieilli. Ensemble des parents. **2.** ANTHROP. Ensemble de parents reliés entre eux aussi bien par les hommes que par les femmes (par parenté cognatique).

PARENTÉRAL, E, AUX adj. (du gr. *enteron,* intestin). MÉD. Se dit de l'administration d'un médicament qui se fait par une voie autre que digestive (intramusculaire, intraveineuse, etc.).

PARENTHÈSE n.f. (gr. *parenthesis,* action de mettre auprès de). **1.** Élément (phrase, membre de phrase, mot) qui interrompt la continuité syntaxique d'un discours, d'un texte, et apporte une information accessoire. **2.** Chacun des deux signes typographiques ( ) qui indiquent l'intercalation d'un tel élément. – Ensemble de ces deux signes et leur contenu. – MATH. Signes ( ) utilisés comme symbole d'association ou pour indiquer des calculs prioritaires. **3.** Remarque incidente, accessoire ; digression. *J'en ai terminé avec cette parenthèse.* ◇ *Par parenthèse, entre parenthèses :* sans rapport avec ce qui précède ou ce qui suit ; incidemment. **4.** Laps de temps considéré comme à part dans le cours des événements. ◇ *Mettre qqch entre parenthèses,* le laisser momentanément de côté.

PARÉO n.m. (mot tahitien). **1.** Vêtement traditionnel tahitien, pièce d'étoffe nouée au-dessus de la poitrine ou à la taille et qui couvre les jambes jusqu'au-dessous du genou. **2.** Longue jupe drapée inspirée du paréo tahitien.

1. PARER v.t. (lat. *parare,* disposer). **1.** Garnir d'objets qui embellissent ; orner, décorer. *Parer une salle pour un bal.* **2.** Revêtir de beaux habits, d'ornements élégants. **3.** CUIS. Apprêter pour l'usage ou la consommation. ◇ *Parer la viande,* lui enlever les nerfs, la graisse, etc., afin de la rendre propre à la consommation ou d'en améliorer la présentation. **4.** MAR. Préparer ; tenir prêt à servir. *Parer une ancre.* ◇ p.p. adj. *Paré !* ◆ **se parer** v.pr. **(de)**. **1.** Se vêtir avec soin, élégance. *Se parer de ses plus beaux atours.* **2.** *Litt.* S'adjuger, s'attribuer plus ou moins indûment. *Se parer d'un faux titre.*

2. PARER v.t. (ital. *parare*). Se protéger d'une attaque, d'un coup en les détournant de soi ; esquiver. ◆ v.t. ind. **(à)**. **1.** Se prémunir contre qqch ; se préserver de. *Parer au danger, à toute éventualité.* **2.** *Parer au plus pressé :* s'occuper de ce qui est le plus urgent.

PARÈRE n.m. (du lat. *parere,* paraître). DR. Certificat attestant l'existence d'un usage déterminé.

PARÉSIE n.f. (gr. *paresis,* relâchement). MÉD. Paralysie partielle entraînant une simple diminution de la force musculaire.

PARE-SOLEIL n.m. inv. Dispositif protégeant des rayons directs du soleil (notamm. écran articulé et orientable, dans une automobile ; accessoire en tronc de cône qui s'adapte à l'objectif, en photographie).

PARESSE n.f. (lat. *pigritia*). **1.** Répugnance au travail, à l'effort ; goût pour l'inaction ; oisiveté, fainéantise. **2.** Manque d'énergie dans une action ; apathie. *Avoir la paresse d'écrire.* **3.** Lenteur anormale dans le fonctionnement d'un organe. *Paresse intestinale.*

PARESSER v.i. Se laisser aller à la paresse.

PARESSEUSEMENT adv. Sans manifester de force, d'énergie ; mollement.

1. PARESSEUX, EUSE adj. et n. Qui manifeste de la paresse. ◆ adj. Lent dans son fonctionnement. *Estomac paresseux.*

2. PARESSEUX n.m. Mammifère xénarthre d'Amérique du Sud, arboricole et végétarien, aux mouvements très lents. (L'aï ou bradype [genre *Bradypus*], l'unau [genre *Choloepus*] sont des paresseux.)

PARESTHÉSIE n.f. (gr. *para,* à côté, et *aisthêsis,* sensation). Trouble de la sensibilité qui se traduit par une sensation spontanée anormale mais non douloureuse (fourmillement, picotement, etc.).

PARFAIRE v.t. [89] (lat. *perficere*). Achever, mener à son complet développement, à la perfection. *Parfaire une œuvre.*

1. PARFAIT, E adj. (lat. *perfectus*). **1.** Qui réunit toutes les qualités ; qui est sans défaut. *Bonheur, calme, travail parfait.* ◇ *C'est parfait !,* ou *parfait ! :* tout est pour le mieux. **2.** Qui présente toutes les caractéristiques propres à sa catégorie, à son espèce. *Un parfait homme du monde.* **3.** *Bois parfait,* dont les vaisseaux, constitués de cellules lignifiées ayant résorbé leurs membranes transversales, forment des tubes continus (par oppos. à *aubier*).

2. PARFAIT n.m. **1.** Crème glacée au café moulée en forme de cône. **2.** GRAMM. Temps du verbe qui marque un état présent résultant d'une action passée. SYN. : *accompli, perfectif.* **3.** HIST. Chez les cathares, croyant qui avait reçu le baptême de l'esprit (*consolamentum*) et qui était soumis à une recherche constante de la perfection.

PARFAITEMENT adv. **1.** De façon parfaite ; impeccablement. *Connaître parfaitement une langue.* **2.** D'une manière absolue, complète ; totalement, complètement, absolument. *Un endroit parfaitement calme.* **3.** Renforce une affirmation ; oui, certainement, à coup sûr. *Vous oseriez le lui dire ? – Parfaitement !*

PARFILAGE n.m. Action de parfiler.

PARFILER v.t. Défaire fil à fil une étoffe, un galon, afin de récupérer l'or ou l'argent qui recouvrait les fils de soie.

PARFOIS adv. Quelquefois ; selon les circonstances. *Il venait parfois nous voir. Il était parfois seul, parfois accompagné.*

PARFONDRE v.t. [59] (lat. *perfundere,* mélanger). VERR. Incorporer par fusion des matières colorantes à l'émail ou au verre.

PARFUM n.m. (ital. *perfumo*). **1.** Odeur agréable ; senteur. *Le parfum des roses.* **2.** Substance aromatique d'origine naturelle ou synthétique utilisée pour donner à la peau, au corps, aux vêtements, une odeur agréable ; mélange de telles substances. *Un flacon de parfum. Un parfum à l'essence de jasmin.* **3.** Arôme donné à certains aliments (notamm. aux glaces, aux sorbets). **4.** *Arg. Au parfum :* au courant, informé de qqch. *Être, mettre au parfum.*

PARFUMER v.t. (ital. *perfumare*). **1.** Remplir, imprégner d'une bonne odeur. **2.** Imprégner de parfum. *Parfumer du linge.* **3.** Aromatiser. *Parfumer une crème au citron.* ◆ **se parfumer** v.pr. Répandre du parfum sur soi.

PARFUMERIE n.f. **1.** Fabrication ou commerce des parfums. **2.** Magasin, rayon d'un magasin où l'on vend des parfums et des produits de beauté. **3.** Ensemble des parfums et des produits de toilette à base de parfum.

PARFUMEUR, EUSE n. **1.** Personne qui crée ou fabrique des parfums. **2.** Personne qui fait commerce des parfums et des produits de beauté.

PARHÉLIE n.m. (gr. *para,* à côté, et *hêlios,* soleil). MÉTÉOROL. Phénomène optique (tache colorée) dû à la réflexion de la lumière solaire sur un nuage de petits cristaux de glace en suspension.

PARI n.m. (de *parier*). **1.** Convention par laquelle des personnes soutenant des opinions contradictoires s'engagent à verser une somme d'argent à celle d'entre elles qui se trouvera avoir raison ou à la faire bénéficier d'un avantage quelconque. *Engager, faire, tenir, gagner un pari.* – Affirmation qu'un événement hypothétique se produira, sans enjeu défini. ◇ PHILOS. *Pari de Pascal* ou *pascalien :* argument des *Pensées* destiné à montrer aux incroyants qu'en pariant sur l'existence de Dieu ils ont tout à gagner et rien à perdre. **2.** Jeu d'argent où le gain dépend de l'issue d'une compétition (épreuve hippique, notamm.). ◇ *Pari mutuel :* organisme détenant en France le monopole de l'organisation et de l'enregistrement des paris sur les courses de chevaux, effectués sur les hippodromes et en dehors (*Pari mutuel urbain* ou *PMU*). – *Pari jumelé, tiercé* → **jumelé, tiercé.**

PARIA n.m. (mot port., du tamoul). **1.** Intouchable, en Inde. **2.** Personne tenue à l'écart, méprisée de tous. *Être traité en paria, comme un paria.*

PARIADE n.f. **1.** ORNITH. Saison où les oiseaux se rassemblent par paires avant de s'accoupler ; cet accouplement. **2.** *Par ext.* Couple d'oiseaux.

PARIAGE ou **PARÉAGE** n.m. (bas lat. *pariare,* être égal). Dans la France du Moyen Âge, contrat pour la possession ou l'exploitation d'une terre, génér. conclu entre des religieux et un possesseur ou un seigneur laïque (le plus souvent le roi, sous les Capétiens).

PARIDIGITÉ, E adj. et n.m. Se dit d'un mammifère ongulé qui a un nombre pair de doigts à chaque patte. (Les paridigités actuels sont les artiodactyles.)

PARIER v.t. ind. [5] (bas lat. *pariare,* être égal). Faire un pari. *Parier sur le favori, sur un outsider.* ◆ v.t. **1.** Mettre en jeu une somme dans un pari. *Il a parié dix euros que c'était elle qui avait raison.* **2.** Affirmer, soutenir comme très probable, comme presque certain. *Je parie qu'il viendra.*

PARIÉTAIRE n.f. (lat. *paries, -etis,* muraille). Plante herbacée, qui croît sur les rochers ou sur les murs, à petites fleurs verdâtres réunies à la base des feuilles, et appelée également *casse-pierre, perce-muraille.* (Genre *Parietaria ;* famille des urticacées.)

PARIÉTAL, E, AUX adj. (du lat. *paries, -etis,* paroi). **1.** ANAT. Se dit d'un élément (partie d'organe, membrane, etc.) en rapport avec la paroi d'une cavité (thoracique, abdominale, etc.). *Péritoine pariétal.* ◇ ***Os pariétal,*** ou ***pariétal,*** n.m. : os situé sur le côté de la voûte du crâne, au-dessus de l'os temporal. – ***Lobe pariétal :*** lobe cérébral situé en regard de l'os pariétal, derrière le lobe frontal, qui joue un rôle dans la sensibilité de la peau, la connaissance du corps et de l'espace, et le langage. **2.** BOT. ***Placentation pariétale,*** dans laquelle les ovules sont disposés contre la paroi de l'ovaire, au niveau des soudures entre les carpelles, comme chez les orchidées. **3.** Peint, dessiné ou gravé sur les parois d'un rocher, d'une grotte. *Peinture pariétale.* SYN. : ***rupestre.***

PARIEUR, EUSE n. Personne qui parie.

PARIGOT, E adj. et n. *Fam.* Parisien.

PARIPENNÉ, E adj. BOT. Se dit de feuilles composées pennées se terminant au sommet par deux folioles opposées (pois, vesce, etc.).

PARIS-BREST n.m. inv. Pâtisserie en pâte à choux, en forme de couronne, saupoudrée d'amandes et fourrée de crème pralinée.

PARISETTE n.f. (de *Paris*). Plante des bois humides, à baies toxiques bleuâtres, et dont chaque tige porte une rosette de quatre feuilles surmontée d'une fleur solitaire. (Genre *Paris ;* famille des liliacées.) SYN. : ***raisin de renard.***

PARISIANISME n.m. **1.** Expression, tournure propre au français parlé à Paris. **2.** Usage, habitude, manière d'être propres aux Parisiens. **3.** Tendance à n'accorder d'importance qu'à Paris, qu'à ce qui s'y fait.

PARISIEN, ENNE adj. et n. De Paris.

PARISIS [parizi] adj. inv. NUMISM. Se dit de la monnaie frappée à Paris, par oppos. à la monnaie frappée à Tours. *Livre parisis et livre tournois.*

PARISYLLABIQUE adj. et n.m. (lat. *par, paris,* égal, et *syllabique*). LING. Se dit des mots latins qui ont dans leur déclinaison le même nombre de syllabes au nominatif et au génitif singulier (par oppos. à ***imparisyllabique***).

PARITAIRE adj. Qui est formé d'un nombre égal de représentants de chaque partie ; où les deux parties sont représentées à égalité.

PARITARISME n.m. Courant d'idées qui préconise le recours aux organismes paritaires pour traiter des accords entre patronat et salariat.

PARITÉ n.f. (du lat. *par, paris,* égal). **1.** Égalité parfaite ; conformité. *Parité entre les salaires masculins et féminins.* **2.** Égalité, dans deux pays, de la valeur d'échange de deux monnaies ; taux de change d'une monnaie par rapport à une autre. **3.** ARITHM. Fait pour un nombre d'être pair ou impair. **4.** PHYS. Grandeur physique conservée lors des processus dont les lois sont invariantes par réflexion spatiale.

1. PARJURE n.m. Faux serment ; violation de serment. *Commettre un parjure.*

2. PARJURE adj. et n. Qui prononce un faux serment ; qui viole son serment.

PARJURER (SE) v.pr. (lat. *perjurare*). Violer son serment ; faire un faux serment.

PARKA n.f. ou n.m. (mot inuit, *peau*). Manteau court à capuche, en tissu imperméable.

PARKÉRISATION n.f. (nom déposé). MÉTALL. Phosphatation profonde des pièces métalliques, constituant une protection contre la corrosion.

PARKING [parkiŋ] n.m. (mot angl.). Parc de stationnement automobile ; chacun des emplacements de ce parc.

PARKINSON [parkinsɔn] **(MALADIE DE) :** affection dégénérative du système nerveux central, de cause inconnue, caractérisée par un tremblement, une raréfaction et une lenteur des mouvements, et une rigidité musculaire.

PARKINSONIEN, ENNE adj. Qui se rapporte à la maladie de Parkinson ou lui ressemble. ◆ adj. et n. Qui est atteint de la maladie de Parkinson.

PARLANT, E adj. **1.** Se dit de ce qui est très expressif, suggestif. *Un portrait parlant.* **2.** Qui n'a pas besoin de commentaires ; très convaincant ; éloquent. *Preuves parlantes.* **3.** TECHN. Qui reproduit ou enregistre la parole. *Machine parlante. L'horloge parlante.* ◇ ***Le cinéma parlant,*** ou ***le parlant,*** n.m., qui comporte l'enregistrement de la parole, de la musique et des sons (par oppos. à ***cinéma muet***). **4.** HÉRALD. ***Armes parlantes :*** armes dont certains éléments sont en relation avec le nom des possesseurs.

PARLÉ, E adj. **1.** Exprimé, réalisé par la parole. *Journal parlé.* **2.** Qui relève de la forme ou de l'emploi oraux d'une langue, par oppos. à sa forme ou à son emploi écrits. *Français, arabe parlé.* ◆ n.m. Ce qui est parlé, dit, par oppos. à ce qui est chanté, à ce qui est écrit. *Le parlé et le chant, dans un opéra-comique.*

PARLEMENT n.m. (de *1. parler*). **1.** (Avec une majuscule.) Assemblée ou ensemble des assemblées exerçant le pouvoir législatif. – *Spécial.* Ensemble des deux chambres, dans les pays où existe le bicamérisme. (En France, le Parlement comprend l'Assemblée nationale et le Sénat.) **2.** HIST. Dans la France du Moyen Âge et de l'Ancien Régime, institution judiciaire, administrative et politique. (Le parlement de Paris, issu de la Curia regis et organisé au XIVe s., ainsi que les parlements de province devaient enregistrer les textes législatifs émanant du roi. S'ils ne les approuvaient pas, ils pouvaient exercer le droit de remontrance.)

1. PARLEMENTAIRE adj. Du Parlement. ◇ ***Régime parlementaire,*** dans lequel le gouvernement est responsable devant le Parlement.

2. PARLEMENTAIRE n. **1.** Membre du Parlement. **2.** Personne qui, en temps de guerre, est chargée de parlementer avec l'ennemi.

PARLEMENTARISME n.m. Régime parlementaire.

PARLEMENTER v.i. Discuter en vue d'un accommodement. – *Spécial.* Tenir des pourparlers avec l'ennemi ; négocier avec lui les termes d'un accord.

1. PARLER v.i. (bas lat. *parabolare*). **1.** Articuler des paroles. *Enfant qui commence à parler.* **2.** Manifester, exprimer sa pensée par la parole, communiquer avec qqn. *Parler en termes choisis. Parler en public. Parler avec un ami.* ◇ ***Parler en l'air,*** à la légère, sans réfléchir. – ***Parler d'or,*** avec justesse, pertinence, sagesse. – *Fam.* ***Tu parles ! :*** se dit pour approuver ou, iron., pour marquer le doute, l'incrédulité. *Eux, courageux ? Tu parles !* – (Précédé d'un adv.) ***... parlant :*** de tel point de vue. *Humainement parlant.* **3.** Manifester, exprimer sa pensée autrement que par la parole, le langage articulé. *Parler par gestes.* **4.** Révéler ce qui devait être tenu caché ; avouer. *Son complice a parlé.* **5.** Ne pas nécessiter d'explications détaillées ; être éloquent, révélateur. *Les faits parlent d'eux-mêmes.* ◆ v.t. ind. **1. (à).** Adresser la parole à qqn. *Parler à un ami. Il n'ose pas lui parler.* ◇ ***Trouver à qui parler :*** avoir affaire à un interlocuteur ou à un adversaire capable de résister, de l'emporter. – ***Parler au cœur :*** toucher, émouvoir. **2. (de).** S'entretenir de tel ou tel sujet ; faire part de ses pensées, de son avis sur. *Parler du temps.* ◇ ***C'est qqn qui fait parler de lui,*** qui est connu (en bonne ou en mauvaise part). **3. (de).** Avoir pour sujet, pour thème, en parlant d'un écrit, d'un film. *De quoi parle ce livre ?* **4. (de).** Évoquer qqn, qqch., en parlant de qqch. *Ici, tout me parle de lui.* **5. (de).** Annoncer son intention, son envie de. *Elle a parlé de venir nous voir.* ◆ v.t. ***Parler une langue,*** en faire usage ; pouvoir s'exprimer dans cette langue. ◆ **se parler** v.pr. Communiquer par le langage articulé ; s'adresser la parole. *Ils recommencent à se parler.*

2. PARLER n.m. **1.** Langage, manière de s'exprimer. *Un parler truculent.* **2.** LING. Moyen de communication linguistique (langue, dialecte, patois particuliers à une région).

PARLER-VRAI n.m. (pl. *parlers-vrai*). Manière sincère et simple de s'exprimer, notamm. dans le domaine politique ; authenticité, franchise.

PARLEUR, EUSE n. *Péjor.* ***Un beau parleur :*** qqn qui s'exprime avec trop de recherche, qui s'écoute parler.

PARLOIR n.m. Salle où l'on reçoit les visiteurs dans certains établissements (scolaires, religieux, pénitentiaires, etc.).

PARLOTE ou **PARLOTTE** n.f. *Fam.* Conversation insignifiante, oiseuse.

PARLURE n.f. Québec. Vx ou *litt.* Manière de s'exprimer particulière à qqn, à un groupe (accent, vocabulaire, tournures).

PARME adj. inv. et n.m. **1.** De la couleur mauve de la violette de Parme. **2.** CH. DE F. Se dit de la couleur caractéristique des signaux d'annonce d'arrêt ou de limitation de vitesse.

PARMÉLIE n.f. (lat. *parmelia*). Lichen formant des plaques foliacées jaune verdâtre sur les pierres, les troncs d'arbres.

PARMENTIER adj. inv. (de *Parmentier,* n.pr.). *Hachis parmentier,* ou *parmentier,* n.m. : purée de pommes de terre garnie d'un hachis de viande et gratinée au four.

PARMESAN, E adj. et n. De Parme ; du duché de Parme. ◆ n.m. Fromage italien au lait de vache, à pâte très dure, qu'on utilise comme fromage à râper.

PARMI prép. (de *par* et *mi,* au milieu). [Devant un nom au pl. ou un nom collectif.] **1.** Au milieu de. *Se frayer un chemin parmi la foule.* **2.** Au nombre de. *Compter qqn parmi ses amis.*

1. PARNASSIEN, ENNE adj. et n. LITTÉR. Qui appartient au groupe du Parnasse (v. partie n.pr. Parnasse contemporain).

2. PARNASSIEN n.m. Papillon aux ailes postérieures ocellées de rouge, commun dans les régions montagneuses d'Europe et d'Asie centrale. (Genre *Parnassius ;* famille des papilionidés.) SYN. : ***apollon.***

PARODIE n.f. (gr. *parôdia*). **1.** Imitation des procédés caractéristiques d'un style dans une intention burlesque ou satirique. **2.** Imitation grossière. *Une parodie de procès.*

PARODIER v.t. [5]. Faire la parodie de.

PARODIQUE adj. Qui tient de la parodie.

PARODISTE n. Auteur d'une parodie.

PARODONTAL, E, AUX adj. Du parodonte.

PARODONTE n.m. ANAT. Ensemble des tissus de soutien de la dent (os alvéolaire, ligaments, gencives).

PARODONTISTE n. Chirurgien-dentiste spécialisé dans les soins du parodonte.

PARODONTOLOGIE n.f. Partie de l'odontologie qui étudie le parodonte.

PARODONTOLYSE n.f. Destruction du parodonte.

PARODONTOPATHIE n.f. Affection du parodonte, en partic. dégénérative.

PAROI n.f. (lat. *paries, -etis*). **1.** Mur, cloison qui sépare une pièce d'une autre. **2.** Surface matérielle qui délimite intérieurement un objet creux. **3.** ANAT. Partie qui circonscrit une cavité du corps ou un organe creux. **4.** Surface latérale d'une cavité naturelle. *La paroi d'une grotte.* **5.** Versant rocheux uni, proche de la verticale, en montagne.

PAROIR n.m. Outil servant à parer, dans différents corps de métier (tonnellerie, maréchalerie, etc.).

PAROISSE n.f. (gr. *paroikia,* groupement d'habitations). Territoire sur lequel s'exerce le ministère d'un curé, d'un pasteur.

PAROISSIAL, E, AUX adj. D'une paroisse.

1. PAROISSIEN, ENNE n. Fidèle d'une paroisse. ◇ *Fam.* ***Un drôle de paroissien :*** un drôle d'individu.

2. PAROISSIEN n.m. CATH. Missel à l'usage des fidèles.

PAROLE n.f. (lat. *parabola*). **1.** Faculté de parler, propre à l'être humain. *L'homme, être doué de parole.* **2.** Fait de parler. *Un silence plus éloquent que la parole.* **3. a.** Fait de parler devant autrui, en public. ◇ ***Prendre la parole :*** commencer à parler. **b.** Possibilité, droit de parler dans un groupe, une assemblée. *Avoir, demander la parole.* ◇ ***Passer la parole à qqn,*** lui permettre de parler à son tour ; l'y inviter. **4.** Capacité personnelle à parler, à s'exprimer oralement. *Elle a la parole facile.* **5.** LING. Usage concret qu'un individu fait de la langue. **6.** ***La parole de Dieu, la bonne parole :*** l'Évangile. **7.** Mot ou suite de mots, phrase. *Il n'a pas prononcé une parole de toute la journée.* ◇ ***C'était une parole en l'air,*** prononcée sans sérieux, à la légère. – ***De belles paroles :*** des discours prometteurs qui restent sans suite. – ***Parole ! :*** à certains jeux de cartes, interjection signifiant que l'on ne fait pas d'enchère ou que l'on ne déclare pas d'atout. **8.** Assurance donnée à qqn ; engagement, promesse. *Donner sa parole.* ◇ ***Rendre sa parole à qqn,*** le délier d'une promesse. – ***Être de parole, n'avoir qu'une parole :*** respecter ses engagements. – ***Sur parole :*** sur une simple affirmation ; sur la garantie de la bonne foi. *Je vous crois sur parole. Libéré sur parole.* ◆ pl. ***Les paroles :*** le texte d'une chanson, par oppos. à la musique.

PAROLIER, ÈRE n. Personne qui écrit des textes destinés à être mis en musique.

PARONOMASE n.f. (gr. *paronomasia*). STYL. Figure qui consiste à rapprocher des paronymes

P

dans une phrase. (Ex. : *Qui se ressemble s'assemble.*)

PARONYME adj. et n.m. (gr. *para,* à côté, et *onoma,* mot). Se dit de mots de sens différents mais de formes relativement voisines. (Ex. : *conjecture* et *conjoncture, collision* et *collusion.*)

PARONYMIE n.f. Caractère des paronymes.

PARONYQUE n.f. (gr. *parônukhis,* de *onux,* ongle, par analogie de forme). Plante herbacée des régions tempérées chaudes de l'hémisphère Nord, à petites fleurs vertes ou blanches, parfois cultivée dans les jardins de rocaille. (Genre *Paronychia ;* famille des caryophyllacées.)

PAROS [parɔs] n.m. Marbre blanc de Páros.

PAROTIDE adj. et n.f. (gr. *para,* à côté, et *oûs, ôtos,* oreille). MÉD. Se dit de la plus importante des glandes salivaires, située derrière la mandibule et sous l'oreille.

PAROTIDIEN, ENNE adj. Relatif à la parotide.

PAROTIDITE n.f. MÉD. Inflammation de la parotide.

PAROUSIE n.f. (gr. *parousia,* arrivée). THÉOL. CHRÉT. Retour glorieux du Christ, à la fin des temps, en vue du Jugement dernier.

PAROXYSME n.m. (gr. *paroxusmos,* action d'exciter). **1.** Plus haut degré d'un sentiment, d'une douleur, d'un phénomène, etc. **2.** MÉD. Phase d'une maladie pendant laquelle tous les symptômes se manifestent avec leur maximum d'intensité.

P

PAROXYSTIQUE, PAROXYSMIQUE ou **PAROXYSMAL, E, AUX** adj. Du paroxysme ; qui présente les caractères d'un paroxysme.

PAROXYTON n.m. (gr. *paroxutonos*). LING. Mot ayant l'accent tonique sur l'avant-dernière syllabe.

PARPAILLOT, E n. (provenç. *parpaioun,* papillon). Vx, *péjor.,* ou auj. *par plais.* Calviniste français ; protestant.

PARPAING [parpɛ̃] n.m. (du lat. pop. *perpetaneus,* ininterrompu). **1.** Pierre de taille qui occupe toute l'épaisseur d'un mur. **2.** Aggloméré parallélépipédique moulé et comprimé, employé en maçonnerie.

PARQUER v.t. **1.** Enfermer des personnes dans un espace étroit. *Parquer des réfugiés dans un camp.* **2.** Mettre dans un lieu entouré d'une clôture. *Parquer des bœufs.* **3.** Mettre en stationnement ; garer. *Parquer une voiture.* ◆ v.i. Être dans un parc. *Les moutons parquent.*

PARQUET n.m. (de *parc*). **1.** Assemblage de planches (dites *lames de parquet*) formant un revêtement de sol intérieur. **2.** MAR. Assemblage de tôles formant plate-forme ou constituant le sol d'un compartiment du navire. *Parquet de chauffe.* **3.** *Parquet d'élevage :* petit parc, enclos pour l'élevage des poules, des faisans. **4.** PEINT. Système de lattes de maintien ajouté au revers d'un tableau peint sur bois, pour l'empêcher de jouer exagérément. **5.** DR. Ensemble des magistrats qui exercent les fonctions du ministère public. SYN. : *magistrature debout.*

PARQUETAGE n.m. **1.** Action de parqueter. **2.** Ouvrage de parquet.

PARQUETER v.t. [16]. Garnir d'un parquet. *Parqueter une chambre.*

PARQUETEUR n.m. Menuisier qui fabrique, pose ou répare les parquets.

PARQUETIER n.m. Magistrat du parquet.

PARQUEUR, EUSE ou **PARQUIER, ÈRE** n. Ostréiculteur qui élève les huîtres d'un parc.

PARRAIN n.m. (lat. *pater,* père). **1.** CHRIST. Homme qui présente un enfant au baptême ou à la confirmation et se porte garant de sa fidélité à l'Église. **2.** Homme qui préside au baptême d'une cloche, au lancement d'un navire, etc. – Homme qui donne un nom à qqn, à qqch. **3.** Homme qui présente qqn dans un club, une société, pour l'y faire entrer. **4.** Homme qui présentait le novice à sa réception à la chevalerie. **5.** Chef mafieux.

PARRAINAGE n.m. **1.** Qualité, fonction de parrain ou de marraine. **2.** Soutien moral accordé à qqn, à qqch. **3.** Méthode publicitaire fondée sur le financement d'une activité (sportive, culturelle, audiovisuelle, etc.) et destinée à rapprocher dans l'esprit du public une marque de cette activité. Recomm. off. pour *sponsoring.*

PARRAINER v.t. **1.** Soutenir qqn, s'en porter garant ; patronner une œuvre, un projet. **2.** PUBL. Recomm. off. pour *sponsoriser.*

PARRAINEUR n.m. Recomm. off. pour *sponsor.*

1. PARRICIDE n.m. Meurtre du père ou de la mère ou de tout autre ascendant légitime.

2. PARRICIDE adj. et n. (lat. *parricida*). Qui a commis un parricide.

PARSEC [parsɛk] n.m. (de *parallaxe* et *seconde*). ASTRON. Unité (symb. pc) correspondant à la distance à la Terre d'une étoile dont la parallaxe annuelle est égale à une seconde de degré. (Le parsec vaut 3,26 années de lumière, soit quelque 30 000 milliards de kilomètres.)

PARSEMER v.t. [12]. **1.** Couvrir une surface de choses répandues çà et là ; recouvrir. *Parsemer une allée de gravillons.* **2.** *Litt.* Être répandu çà et là sur une surface, une étendue. *Les étoiles parsèment le ciel.*

PARSI, E n. et adj. (du persan). Zoroastrien de l'Inde. (Les zoroastriens restés en Iran s'appellent *guèbres.*)

PART n.f. (lat. *pars, partis*). **1.** Partie d'un tout ; portion résultant d'une division, d'un partage. *Faire quatre parts d'un gâteau.* ◇ *Faire la part de :* tenir compte de. *Faire la part du hasard.* – *Faire la part du feu :* abandonner, pour ne pas tout perdre, ce qui ne peut plus être sauvé, préservé. **2.** Ce qui revient, ce qui échoit à qqn. *Avoir la meilleure part.* ◇ *À part entière :* qui jouit de tous les droits attachés à telle qualité, telle catégorie. *Citoyen à part entière.* – *Avoir, prendre part à :* participer à ; jouer un rôle dans. – *Faire part de qqch à qqn,* l'en informer. – *Pour ma (sa, etc.) part :* en ce qui me (le, etc.) concerne. – *Prendre en bonne, en mauvaise part,* du bon, du mauvais côté ; interpréter en bien ou en mal. **3.** (Avec un possessif.) Ce qu'on apporte en partage ; contribution. *Fournir sa part d'efforts. Payer sa part.* **4.** DR. **a.** Chacune des fractions d'un patrimoine attribuée à un copartageant. ◇ *Part virile :* résultat de la division de la valeur d'un bien indivis par le nombre des propriétaires. **b.** *Part sociale,* ou *part :* portion déterminée du capital social appartenant à l'associé d'une société civile ou commerciale. (Pour certaines sociétés, on parle d'*action.*) **5.** DR. FISC. Unité de base servant au calcul de l'impôt sur le revenu. (Le nombre de parts est proportionnel au nombre de personnes qui composent la famille.) **6.** *À part.* **a.** Différent des autres, du reste. *Ça, c'est un cas à part.* **b.** Séparément. *J'ai rangé vos affaires à part.* **c.** Excepté. *À part ses petites manies, elle est plutôt agréable.* – *À part moi (soi, etc.) :* en moi-même, en soi-même, etc. ; *litt.,* en mon (son, etc.) for intérieur. **7.** *Autre part :* en un autre endroit ; ailleurs. – *De part en part :* à travers, en passant d'un côté à l'autre. *Percer de part en part.* – *De toute(s) part(s) :* de tous côtés ; partout. – *D'une part..., d'autre part... :* d'un côté, d'un point de vue..., de l'autre... – *D'autre part :* de plus, en outre. – *Nulle part :* en aucun lieu. – *Quelque part :* v. à son ordre alphabétique. **8.** *De la part de qqn,* en son nom ; venant de lui. *Remettez-lui ce paquet de ma part.*

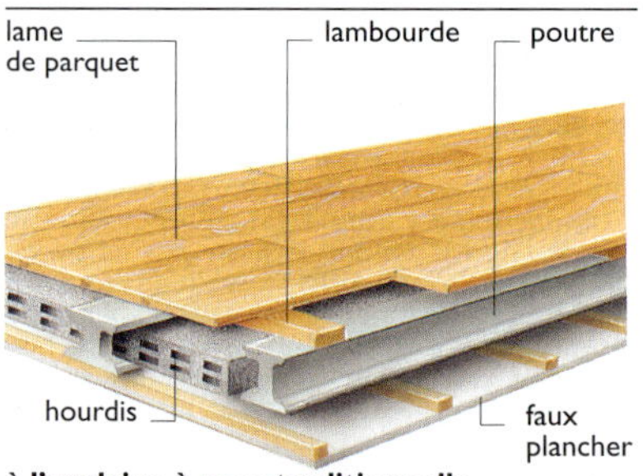

à l'anglaise, à pose traditionnelle

mosaïque, collé sur chape de ciment

à bâtons rompus

à points de Hongrie

■ **PARQUETS**

PARTAGE n.m. **1.** Action de partager, de diviser en portions, en parties. *Le partage d'un gâteau.* **2.** ARITHM. Action de diviser une grandeur ou un nombre en parties. ◇ *Partage proportionnel,* dans lequel les parties sont proportionnelles à des coefficients donnés. **3.** DR. Acte qui règle les parts d'une succession ou qui met fin à une indivision. ◇ *Partage d'ascendant :* acte par lequel une personne répartit de son vivant ses biens entre ses descendants, par donation ou par testament. **4.** Fait de partager, d'avoir qqch en commun avec qqn, avec d'autres. ◇ *Sans partage :* sans restriction, sans réserve ; entier, total. *Un amour sans partage.* **5.** HYDROL. *Ligne de partage des eaux :* crête plus ou moins élevée séparant deux bassins hydrographiques. **6.** *Litt.* Ce qui échoit à qqn ; part, sort. *L'exil est son partage.* ◇ *Recevoir en partage,* comme don naturel ; avoir pour lot.

PARTAGEABLE adj. Qui peut être partagé.

PARTAGER v.t. [10]. **1.** Diviser en parts ; fractionner, morceler. *Partager un terrain.* **2.** Diviser en parts destinées à être attribuées à des personnes différentes, à des usages divers, etc. *Partager ses biens entre ses proches.* **3.** Séparer en parties distinctes. *Raie qui partage en deux une chevelure.* **4.** Donner une part de ce que l'on possède, de ce dont on dispose. *Je vais partager mes provisions avec vous.* **5.** Avoir en commun avec qqn, avec d'autres. *Elle partage son appartement avec une amie.* **6.** Diviser en groupes dont les avis diffèrent, s'opposent. *Question qui partage l'opinion publique.* **7.** *Être partagé :* être animé de tendances, de sentiments contradictoires. – *Sentiment partagé,* éprouvé par plusieurs personnes.

PARTAGEUR, EUSE adj. Qui partage de bon gré. *Il n'est pas très partageur.*

PARTAGEUX, EUSE n. et adj. Vieilli. Partisan du partage des propriétés, des terres.

PARTANCE n.f. *En partance :* se dit d'un bateau, d'un train, de voyageurs sur le point de partir.

1. PARTANT, E n. **1.** Personne qui part. **2.** Concurrent (personne, cheval, véhicule, etc.) qui prend le départ d'une course, qui est présent sur la ligne de départ. ◆ adj. *Fam. Être partant (pour) :* être disposé, prêt (à).

2. PARTANT conj. *Litt.* Par conséquent. « *Plus d'amour, partant plus de joie* » (La Fontaine).

PARTENAIRE n. (angl. *partner*). **1.** Personne avec qui on est associé contre d'autres, dans un jeu. **2. a.** Personne avec qui l'on pratique certaines activités (danse, sport, etc.) **b.** Personne, groupe auxquels on s'associe pour la réalisation d'un projet. *Chercher des partenaires financiers.* **c.** Personne avec qui l'on a une relation sexuelle. **3.** Pays qui entretient avec un ou plusieurs autres des relations politiques, économiques, etc. *Les partenaires européens.* **4.** *Partenaires sociaux :* représentants du patronat et des syndicats d'une branche professionnelle, de la direction et du personnel d'une entreprise, considérés en tant que parties dans des négociations, des accords.

PARTENARIAL, E, AUX adj. Relatif au partenariat, notamm. dans le domaine social. *Négociations partenariales.*

PARTENARIAT n.m. Système associant des partenaires sociaux ou économiques.

PARTERRE n.m. **1.** Partie d'un jardin où fleurs, bordures, gazon, etc., forment une composition décorative (parfois des *broderies). **2.** Rez-de-chaussée d'une salle de théâtre à l'italienne ; les spectateurs placés au parterre. **3.** Public, assistance. *Un parterre d'industriels.*

PARTHÉNOGENÈSE n.f. (du gr. *parthenos,* vierge). SC. DE LA V. Reproduction à partir d'un ovule ou d'une oosphère non fécondés. (La parthénogenèse s'observe fréquemment chez les pucerons et les hyménoptères, occasionnellement chez les amphibiens et les oiseaux ; elle a été obtenue expérimentalement chez la lapine.)

PARTHÉNOGÉNÉTIQUE adj. BIOL. De la parthénogenèse ; issu d'une parthénogenèse. *Embryon parthénogénétique.*

1. PARTI n.m. (de l'anc. fr. *partir,* partager). **1.** Association de personnes constituée en vue d'une action politique. *Les militants d'un parti.* ◇ *Système des partis :* organisation de la vie politique accordant un rôle prépondérant aux partis. – *Système du parti unique,* où un seul parti est autorisé, exerce le pouvoir. – *Esprit de parti :* partialité en faveur de son propre parti ; sectarisme. **2.** Ensemble de personnes ayant des opinions, des aspirations, des affinités communes. *Le parti des honnêtes gens, des mécontents.* **3.** Vx. Petit groupe de soldats chargés d'une reconnaissance, d'un coup de main, etc. **4.** Résolution, décision à prendre pour agir ; solution. *Hésiter entre deux partis.* ◇ *Prendre parti :* se prononcer pour ou contre ; prendre position ; choisir, se décider. – *Parti pris :* opinion préconçue, résolution prise d'avance. **5.** BX-ARTS. Ensemble des choix faits par l'architecte, par l'artiste quant aux caractères essentiels de l'œuvre à réaliser. **6.** *Faire un mauvais parti à qqn,* le maltraiter, le mettre à mal. – *Tirer parti de :* utiliser, faire servir au mieux de ses possibilités. **7.** Vieilli ou *par plais.* Personne à marier considérée du point de vue de sa situation sociale, de sa fortune. *Un beau parti.*

2. PARTI, E adj. *Fam.* Ivre. *Il est un peu parti.*

3. PARTI, E adj. (de l'anc. fr. *partir,* partager). HÉRALD. *Écu parti,* divisé verticalement en deux parties égales.

PARTIAIRE [parsjɛr] adj. DR. Anc. *Colon partiaire :* agriculteur qui partageait les récoltes avec le propriétaire foncier.

PARTIAL, E, AUX [parsjal, o] adj. (lat. médiév. *partialis,* de *pars,* part). Qui fait preuve d'un parti pris injuste ; qui manque d'équité.

PARTIALEMENT adv. Avec partialité.

PARTIALITÉ [parsjalite] n.f. Attitude partiale ; caractère partial d'une opinion, d'un jugement, etc.

PARTICIPANT, E adj. et n. Qui participe.

PARTICIPATIF, IVE adj. Qui correspond à une participation financière. ◇ *Prêts participatifs :* prêts à taux d'intérêt variable assortis d'une clause de participation du prêteur aux résultats de l'entreprise mais ne donnant pas droit à intervention dans la gestion de l'entreprise. – *Titres participatifs :* titres qui, à mi-chemin de l'action et de l'obligation, ne donnent pas de droit de vote mais sont assortis d'une rémunération fixe garantie et d'un supplément en fonction des résultats de la société.

PARTICIPATION n.f. **1.** Action, fait de participer ; collaboration. **2.** Action de payer sa part ; contribution. *Participation aux frais.* **3.** Fait de recevoir une part d'un profit. – Système dans lequel les salariés sont associés aux profits et, le cas échéant, à la gestion de leur entreprise. **4.** Fait de détenir une fraction du capital d'une société. ◇ *Société en participation :* société non immatriculée, dépourvue de la personnalité morale, constituée par deux ou plusieurs personnes qui ne veulent génér. pas en révéler l'existence aux tiers. **5.** DR. *Participation aux acquêts :* régime matrimonial conventionnel selon lequel, à la dissolution du mariage, chacun des époux a droit à une somme égale à la moitié des acquêts réalisés par l'autre.

PARTICIPE n.m. (lat. *participium*). GRAMM. Forme verbale impersonnelle, qui joue tantôt le rôle d'adjectif (variable), tantôt celui de verbe. *Participe présent, passé.*

PARTICIPER v.t. ind. **[à]** (lat. *participare*). **1.** S'associer, prendre part à qqch. *Participer à une manifestation.* **2.** Payer sa part de, cotiser pour. *Participer aux frais du repas.* **3.** Avoir part à qqch, recevoir sa part de. *Participer aux bénéfices d'une société.* **4.** *Litt. Participer de qqch,* en présenter certains caractères.

PARTICIPIAL, E, AUX adj. Du participe ; de la nature du participe. ◇ *Proposition participiale,* ou *participiale,* n.f., dont le verbe est un participe.

PARTICULARISATION n.f. Action de particulariser.

PARTICULARISER v.t. Différencier par des caractères particuliers.

PARTICULARISME n.m. Fait, pour une minorité, d'affirmer ses particularités culturelles, linguistiques, etc., et de lutter pour les préserver ; ensemble de ces particularités.

PARTICULARITÉ n.f. Caractère particulier de qqn, de qqch ; caractéristique.

PARTICULE n.f. (lat. *particula,* petite part). **1.** Très petite partie d'un élément matériel, d'un corps. *De fines particules de calcaire, de sable.* ◇ PHYS. *Particule élémentaire,* ou *particule :* constituant fondamental de l'Univers apparaissant, dans l'état actuel des connaissances, comme non décomposable en d'autres éléments. **2.** GRAMM. Petit mot invariable servant à préciser le sens d'autres mots ou à indiquer des rapports grammaticaux (par ex. *-ci* dans *celui-ci*). **3.** Préposition *de* ou élément qui précède certains noms de famille (ceux de familles nobles, en partic.).

ENCYCL. Le concept de « particule » est à la base de la description physique de l'Univers : il permet de rendre compte aussi bien des propriétés de la *matière que des forces qui s'exercent entre ses différents constituants.
L'*atome est formé d'un noyau entouré d'un nuage d'*électrons.* Ce noyau est lui-même constitué de protons et de neutrons qui, eux, se composent de *quarks.* Comme l'électron, les *quarks, dont on connaît six variétés (dites « saveurs »), semblent dépourvus de structure interne et ne peuvent pas être isolés ; ils forment des édifices, les *hadrons.* On compte plusieurs centaines de hadrons, répartis en *baryons,* composés de trois quarks (comme les nucléons), et en *mésons,* assemblages quark-antiquark. Il existe aussi, outre l'électron, deux particules analogues, mais plus lourdes et instables : le *muon* et le *tauon.* À chacune de ces trois particules est associée un *neutrino,* électriquement neutre, qui apparaît dans la radioactivité β. Ces six particules (électron, muon, tauon et leurs neutrinos respectifs), insensibles à l'interaction nucléaire dite « forte », forment le groupe des *leptons.*
Une autre classification des particules est fondée sur la valeur de leur *spin.* La matière est formée de particules de spin demi-entier : les *fermions.* Les *bosons,* particules de spin entier, jouent le rôle de médiateur entre les particules de matière : leur échange entre les fermions assure la transmission des interactions. À chaque interaction fondamentale est associé un boson spécifique. Si le *graviton,* censé véhiculer l'interaction gravitationnelle, n'a toujours pas été découvert, on connaît déjà le *photon,* responsable de la force électromagnétique, les trois bosons, dits « intermédiaires » (W^+, W^-, Z^0), de l'interaction faible et les huit *gluons* porteurs de l'interaction forte.

1. PARTICULIER, ÈRE adj. (lat. *particularis*). **1.** Propre à qqch, à qqn. *Plante particulière à un climat.* **2.** Affecté en propre à qqn, à qqch ; privé. *Avoir une voiture particulière.* **3.** Qui concerne spécial. qqn ; personnel, individuel. *Raisons particulières.* **4.** Se dit de ce qui distingue qqn ou qqch (par oppos. à *général*) ; remarquable, spécial, spécifique. *Signe particulier.* **5.** Qui n'est pas ordinaire, pas courant ; qui se distingue par qqch d'anormal, souvent jugé péjorativement. *Une affaire très particulière. Film d'un genre particulier.* **6.** Qui est défini, limité, précis. *Sur ce point particulier, nous ne l'approuvons pas.* ◆ n.m. Ce qui est particulier ; ensemble de détails, détail. *Le particulier et le général.* ◇ *En particulier.* **a.** À part, séparément ; en tête à tête. *Je l'ai rencontrée en particulier.* **b.** Spécialement, notamment. *Elle est très douée, en particulier pour la musique.*

2. PARTICULIER n.m. Personne privée, par oppos. aux collectivités professionnelles, administratives, etc.

PARTICULIÈREMENT adv. De façon particulière ; spécialement.

PARTIE n.f. (de l'anc. fr. *partir,* partager). **1.** Portion, élément d'un tout. *Les différentes parties d'une machine. Passer une partie de ses vacances à la mer.* ◇ *Faire partie de :* être un élément d'un ensemble ; appartenir à. – *En partie :* pour seulement une fraction, une part ; pas totalement. *Le bâtiment a été en partie détruit.* – ALGÈBRE. *Partie d'un ensemble,* sous-ensemble de cet ensemble. **2.** MUS. Chacune des voix, instrumentales ou vocales, d'une composition musicale. *Partie de soprano, de basse.* **3.** Durée pendant laquelle des adversaires s'opposent, dans un jeu, un sport ; totalité des coups à jouer, des points à gagner pour déterminer un gagnant et un perdant. *Partie de cartes, de tennis.* **4.** Action complexe, menée dans un but déterminé et dont l'enjeu est assez important ; lutte, compétition. *Gagner, perdre la partie.* ◇ *Quitter la partie :* abandonner la lutte ; renoncer. **5.** Divertissement collectif. *Partie de chasse, de pêche.* ◇ *Ce n'est que partie remise :* c'est simplement différé, mais cela se fera, aura lieu. **6.** Domaine de compétence ; profession, spécialité. *Être très fort dans sa partie.* **7.** DR. Chacune des personnes qui plaident l'une contre l'autre. ◇ *Prendre qqn à partie,* s'en prendre, s'attaquer à lui. **8.** Chacune des personnes qui prennent part à une négociation ou qui s'engagent mutuellement par une convention, un contrat. ◆ pl. *Fam. Les parties :* les organes génitaux masculins.

1. PARTIEL, ELLE adj. **1.** Qui ne constitue ou qui ne concerne qu'une partie d'un tout. *Des résultats partiels.* ◇ MATH. *Dérivée partielle :* dérivée d'une fonction $f(x, y,... z)$ de plusieurs variables par rapport à l'une des variables, les autres étant supposées constantes, notée $f'(x)$ ou $\frac{\delta f}{\delta x}$ et dite dérivée par rapport à *x.* **2.** Qui n'a lieu, n'existe que pour une partie ; incomplet. *Éclipse partielle.* ◇ *Élection partielle,* ou *partielle,* n.f. : élection faite en dehors des élections générales, à la suite d'un décès, d'une démission, etc.

2. PARTIEL n.m. **1.** Dans l'enseignement supérieur, épreuve portant sur une partie du programme d'un examen, dans le contrôle continu des connaissances, et constituant un élément de la note finale. **2.** ACOUST. Chacun des sons émis par un corps vibrant à chacune de ses fréquences de résonance.

PARTIELLEMENT adv. En partie, pour une part. *Une déclaration partiellement vraie.*

PARTIR v.i. [31] [auxil. *être*] (lat. *partiri,* partager). **1.** Quitter un lieu ; se mettre en route ; s'en aller. *Partir en vacances, pour l'Amérique.* **2.** *Partir de :* avoir pour commencement, pour origine, pour point de départ. *Trois routes partent du village. Son geste part d'une bonne intention.* – *À partir de :* à dater de, depuis. – *Fam. C'est parti :* l'action est commencée. – *Fam. Être mal parti :* commencer dans des conditions telles que la réussite paraît compromise. **3.** Se mettre en marche, commencer à fonctionner ; être déclenché, lancé. *Moteur qui part difficilement. Le coup est parti tout seul.* **4.** S'enlever, disparaître, en parlant de qqch ; se détacher. *Cette tache ne partira pas. Un bouton est parti.*

1. PARTISAN n.m. (ital. *partigiano*). **1.** Personne dévouée à une organisation, à un parti, à un idéal, à qqn, etc. **2.** Combattant volontaire n'appartenant pas à une armée régulière. ◆ adj. *Partisan de :* favorable à. *Il, elle est partisan de ce projet.* – REM. Le fém. *partisante* est familier.

2. PARTISAN, E adj. *Péjor.* De parti pris, inspiré par l'esprit de parti. *Des querelles partisanes.*

PARTITA n.f. (mot ital.). MUS. Variation ou série de variations sur un thème. – Sonate de chambre pour le violon ou le clavier. Pluriel savant : *partite.*

PARTITEUR n.m. AGRIC. Appareil destiné à répartir l'eau d'un canal d'irrigation.

PARTITIF, IVE adj. et n.m. (lat. *partitus,* partagé). GRAMM. Qui exprime l'idée de partie par rapport au tout. *Article partitif.*

PARTITION n.f. (lat. *partitio,* partage). **1.** Vx ou *didact.* Division, séparation. **2.** Partage politique d'une unité territoriale. *La partition de l'Inde.* **3.** ALGÈBRE. *Partition d'un ensemble,* famille de parties non vides de cet ensemble, deux à deux disjointes et dont la réunion est égale à l'ensemble. **4.** MUS. Ensemble des parties d'une composition musicale réunies pour être lues simultanément ; feuillet, cahier où ces parties sont transcrites. **5.** HÉRALD. Division d'un écu en parties égales d'émaux alternés.

PARTOUT adv. **1.** En tout lieu, n'importe où. **2.** Indique une parité de score entre deux adversaires ou deux équipes. *5 partout. Une manche partout.*

PARTOUZE ou **PARTOUSE** n.f. *Fam.* Ébats sexuels à plus de deux personnes.

PARTURIENTE [partyrjɑ̃t] n.f. (du lat. *parturire,* être en couches). MÉD. Femme qui accouche.

PARTURITION n.f. (bas lat. *parturitio*). **1.** MÉD. Accouchement naturel. **2.** Mise bas des animaux.

PARURE n.f. **1.** *Litt.* Ce qui pare, orne, embellit. **2. a.** Ensemble de bijoux assortis (collier, bracelet, pendants d'oreilles, etc.). **b.** Ensemble assorti de pièces de linge. *Une parure de lit.* **3.** ZOOL. *Parure de noces :* livrée saisonnière plus colorée de divers animaux vertébrés à la saison des amours. **4.** Ce qui est enlevé à la viande (graisse, os, etc.) ou au poisson (arêtes, tête, etc.) lorsqu'on les pare.

PARURERIE n.f. Fabrication et commerce des articles destinés à agrémenter l'habillement féminin (fleurs artificielles, boutons, etc.).

PARURIER, ÈRE n. Fabricant, commerçant en articles de parurerie.

PARUTION n.f. Fait de paraître, d'être publié (pour un livre, un article, etc.) ; date, moment de la publication.

PARVENIR v.i. [28] [auxil. *être*] (lat. *pervenire*). **1.** Arriver, venir jusqu'à un terme, à un point donné, dans une progression. **2.** Arriver à destination. *Ma lettre lui est parvenue.* **3.** *Parvenir à :* réussir, arriver à. *Parvenir à convaincre qqn.* **4.** S'élever socialement, réussir ; faire fortune.

PARVENU, E n. *Péjor.* Personne qui s'est élevée au-dessus de sa condition première sans avoir acquis les manières, la culture, le savoir-vivre qui conviendraient à son nouveau milieu.

PARVIS n.m. (du bas lat. *paradisus,* paradis, du gr.). Place qui s'étend devant l'entrée principale d'une église (parfois, auj., d'un grand bâtiment public).

P

1. PAS n.m. (lat. *passus*). **I.** *Déplacement.* **1.** Mouvement que fait l'homme ou l'animal en portant un pied devant l'autre pour se déplacer. ◇ *Pas à pas, à pas comptés :* sans se hâter, lentement ; *fig.,* progressivement. — *À grands pas :* à longues enjambées ; *fig.,* rapidement. — *À pas de loup :* sans bruit. — *Faire les cent pas :* aller et venir pour tromper l'attente, en signe d'impatience, etc. — *Faire un faux pas :* trébucher ; *fig.,* commettre une erreur, un impair. — *Faire le(s) premier(s) pas :* faire des avances ; prendre l'initiative d'une relation, d'une rencontre. **2.** Manière de marcher ; démarche, allure. *Un pas lourd, gracieux.* ◇ *Pas de course,* de qqn qui court. — *Pas de gymnastique :* pas de course régulier et cadencé. — MIL. *Pas de route :* pas normal, non cadencé, utilisé pour des marches. — *Pas accéléré :* pas cadencé plus rapide que le pas normal. — *Pas redoublé :* pas de vitesse double du pas cadencé normal. — *Pas de charge :* pas très rapide. **3.** L'allure la plus lente des animaux quadrupèdes, caractérisée par la pose successive des quatre membres. *Passer du pas au trot puis au galop.* **4.** Longueur d'une enjambée. *Avancez de trois pas.* — *Fig.* Cheminement, progression. *Un grand pas vers la paix.* **5.** Empreinte des pieds de qqn qui marche. *Des pas dans la neige.* **6.** Mouvement exécuté par un danseur avec ses pieds. *Faire un pas de danse.* **7.** Fragment d'une œuvre chorégraphique exécuté par un ou plusieurs danseurs. *Pas de deux. Pas de quatre.* ◇ *Grand pas de deux,* ou *pas de deux (classique) :* fragment traditionnel d'un ballet classique (partic. fréquent dans les ballets de M. Petipa), exécuté par un danseur et une danseuse, et comprenant trois parties : adage, variations du danseur puis de la danseuse, coda. **II.** *Sens spécialisés.* **1.** *Le pas d'une porte,* son seuil. **2.** *Pas de tir.* **a.** Emplacement aménagé pour les tireurs, sur un champ ou un stand de tir. **b.** Zone d'où décolle un véhicule aérospatial et où sont situés les équipements nécessaires aux ultimes préparatifs de son lancement. SYN. : *aire de lancement.* **3. a.** (Dans quelques noms géographiques.) Détroit ; passage resserré. *Le pas de Calais.* **b.** *Franchir, sauter le pas :* se décider à faire qqch de difficile ou que l'on fait pour la première fois et que l'on appréhende. — *Mauvais pas :* endroit où il est dangereux de passer ; *fig.,* situation difficile. **4.** *Céder, donner le pas à qqn,* le laisser passer, lui donner la priorité. — *Prendre le pas sur :* devancer, précéder. **5.** MÉCAN. INDUSTR. Distance constante qui sépare deux points d'intersection consécutifs d'une hélice circulaire, du filet d'une vis, d'un écrou avec une génératrice, ou les plans médians de deux dents consécutives d'un pignon, mesurée parallèlement à l'axe de rotation.

2. PAS adv. (lat. *passus,* pas). **1.** (Employé avec *ne* ou, *fam.,* sans *ne.*) Indique une négation dans un groupe verbal. *Elle ne voudra pas. Être ou ne pas être. Ne viendrez-vous pas ? T'en fais pas !* **2.** (Employé sans *ne.*) Indique une négation dans une réponse, une exclamation, devant un adjectif, un participe ; indique une absence devant un nom. *« En reprendrez-vous ? — Pas du tout. » Pas si vite ! Des fraises pas mûres. Pas un bruit.*

PAS-À-PAS adj. inv. et n.m. inv. Se dit d'un mécanisme ou d'un moteur permettant de faire progresser d'une quantité fixe, appelée *pas,* une coordonnée linéaire ou angulaire à la réception d'un signal de commande, souvent de nature électrique.

1. PASCAL, E, ALS ou **AUX** adj. (bas lat. *paschalis*). Qui concerne la fête de Pâques ou la Pâque juive. *Le temps pascal.*

2. PASCAL n.m. [pl. *pascals*] (de Blaise *Pascal*). Unité mécanique SI de contrainte et de pression (symb. Pa), équivalant à la contrainte ou à la pression uniforme qui, agissant sur une surface plane de 1 m², exerce perpendiculairement à cette surface une force totale de 1 newton.

3. PASCAL n.m. inv. INFORM. Langage de programmation adapté au traitement d'applications scientifiques.

PASCALIEN, ENNE adj. Qui concerne la pensée de Blaise Pascal. *Le pari pascalien.*

PASCAL-SECONDE n.m. (pl. *pascals-secondes*). Unité de mesure de viscosité dynamique (symb. Pa·s).

PAS-D'ÂNE n.m. inv. **1.** BOT. Tussilage. **2.** Escalier dont les marches, parfois inclinées, ont une faible hauteur et un très large giron.

PAS-DE-PORTE n.m. inv. Somme que paie un commerçant afin d'obtenir la jouissance d'un local, soit directement du bailleur, soit par l'acquisition du droit d'un locataire en place.

PAS-GRAND-CHOSE n. inv. *Péjor.* Personne qui ne mérite guère de considération, d'estime.

PASHMINA n.m. (mot persan). Laine très fine et chaude provenant du duvet d'une chèvre de l'Himalaya, et tissée pour en faire des châles ; le châle lui-même.

PASIONARIA [pasjɔnarja] n.f. (mot esp.). Femme qui défend activement une cause.

PASO-DOBLE [pasodɔbl] n.m. inv. (mots esp., *pas double*). **1.** Danse d'origine espagnole, exécutée en couple et caractérisée par des postures inspirées de la corrida, à la mode dans les années 1930 en Europe. **2.** Pièce instrumentale de tempo vif à 2/4.

PASSABLE adj. Qui est d'une qualité moyenne ; acceptable. *Un devoir passable. Un vin passable.*

PASSABLEMENT adv. **1.** De façon passable ; moyennement. **2.** De façon notable ; assez, plutôt. *Un discours passablement ennuyeux.*

PASSACAILLE n.f. (esp. *pasacalle,* de *pasar,* passer, et *calle,* rue). **1.** MUS. Pièce instrumentale appartenant parfois à une suite, apparentée à la chaconne et consistant en variations sur une basse obstinée. **2.** Danse théâtrale complexe, interprétée notamm. dans les opéras de J.-B. Lully, de M. A. Charpentier et de A. Campra.

PASSADE n.f. (ital. *passata*). **1.** Courte liaison amoureuse. **2.** Attachement, engouement passager pour qqch.

PASSAGE n.m. **1.** Action, fait de passer. *Le passage des hirondelles. Le passage du rire aux larmes.* ◇ DR. *Droit de passage :* droit de passer sur la propriété d'autrui. (La servitude de passage est légale en cas d'enclave.) **2.** Lieu où l'on passe. *Ôtez-vous du passage.* ◇ *Passage obligé :* condition, action nécessaire pour la réalisation d'un projet. *Son élection à la mairie est un passage obligé.* **3. a.** Petite rue passant sous le premier étage des maisons sur une partie au moins de son parcours. **b.** Voie piétonne couverte ; galerie marchande. *Le passage des Panoramas, à Paris.* **4. a.** *Passage pour piétons,* ou *passage protégé :* surface balisée que les piétons doivent emprunter pour traverser une rue. — *Passage souterrain,* aménagé sous une route, une voie ferrée pour les piétons, les automobiles. **b.** CH. DE F. *Passage à niveau :* croisement au même niveau d'une voie ferrée et d'une route, d'un chemin. — *Passage supérieur, passage inférieur,* où la voie ferrée est franchie par une route qui passe au-dessus, en dessous. **5.** Tapis étroit et long. **6.** Somme payée pour emprunter une voie, un moyen de transport, notamm. maritime ou fluvial, etc. *Payer un passage élevé.* **7.** Fragment d'une œuvre littéraire, musicale. *J'ai lu quelques passages de ce roman.* **8.** Moment où l'on passe. ◇ *De passage :* qui reste peu de temps dans un endroit. *Un étranger de passage à Paris.* — *Avoir un passage à vide,* un moment où l'on se sent fatigué, où l'on a les idées confuses, etc. **9.** ASTRON. Phénomène au cours duquel un observateur terrestre voit un corps céleste traverser le disque d'un autre corps céleste, plus gros. *Les passages de Mercure et de Vénus devant le Soleil.* ◇ *Passage d'un astre au méridien :* instant où un astre traverse le plan méridien, en un lieu donné. **10.** ANTHROP. *Rites de passage :* rites, cérémonies qui sanctionnent les différentes étapes du cycle de vie des membres d'une société (accession au statut d'adulte, au mariage, au statut d'ancêtre, etc.).

1. PASSAGER, ÈRE adj. **1.** Qui ne fait que passer en un lieu. *Un hôte passager.* **2.** De brève durée. *Un malaise passager.* **3.** Emploi critiqué. Très fréquenté ; passant. *Une rue passagère.*

2. PASSAGER, ÈRE n. Personne qui emprunte un moyen de transport sans en assurer la marche ni faire partie du personnel, de l'équipage.

PASSAGÈREMENT adv. De manière passagère ; pour peu de temps.

1. PASSANT n.m. **1.** Anneau à l'extrémité libre d'une courroie ou d'une sangle, servant à recevoir et à maintenir l'autre extrémité. **2.** Chacune des bandes étroites de tissu cousues au pantalon pour y glisser la ceinture.

2. PASSANT, E adj. Où il passe beaucoup de gens, de véhicules ; fréquenté. *Une rue passante.*

3. PASSANT, E n. Personne qui circule à pied dans un lieu, dans une rue.

4. PASSANT, E adj. HÉRALD. Se dit d'un animal représenté sur ses pieds, dans l'attitude de la marche (par oppos. à *rampant*).

PASSATION n.f. **1.** Action d'écrire, de rédiger dans la forme juridiquement prescrite. ◇ COMPTAB. *Passation d'écriture :* inscription d'une opération sur un livre de comptes. **2.** *Passation des pouvoirs :* acte, cérémonie officialisant la transmission des pouvoirs.

PASSAVANT n.m. **1.** MAR. Passage entre l'avant et l'arrière d'un navire (passerelle, espace entre un rouf et le bastingage, etc.). **2.** DR. Document qui, en matière de douanes ou de contributions indirectes, autorise la circulation de marchandises ou de boissons.

1. PASSE n.m. (abrév.). *Fam.* Passe-partout.

2. PASSE n.f. **1.** SPORTS. Action de passer le ballon ou le palet à un partenaire, dans les jeux d'équipe (football, rugby, hockey, etc.). **2.** TECHN. Passage de l'outil, dans une opération répétitive, cyclique. *Passe d'ébauchage et passe de finition d'un taraudage.* **3.** *Fam.* Rencontre tarifée d'une personne qui se prostitue avec un client. ◇ *Fam. Maison, hôtel de passe,* de prostitution. **4.** Mouvement par lequel le torero fait passer, à l'aide de la muleta, le taureau près de lui. **5.** Mouvement de la main du magnétiseur, de l'hypnotiseur, près du sujet, de son corps ou de son visage, pour l'endormir ou le mettre en état de suggestion, notamm. à des fins thérapeutiques. **6.** *Passe d'armes :* enchaînement d'attaques, de parades, de ripostes, en escrime ; *fig.,* vif échange verbal. **7.** MAR. Passage étroit praticable à la navigation ; chenal. **8.** *Passe à poissons :* ouvrage (écluse, échelle, ascenseur, etc.) permettant la remontée des poissons en amont d'un barrage de rivière. (Au Québec, on dit *passe migratoire* ou *échelle à poissons.*) **9.** *Être dans une bonne, une mauvaise passe,* dans une situation avantageuse, difficile. — *Être en passe de :* être sur le point de, en situation de. *Il est en passe de réussir.* — *Mot de passe.* **a.** Mot ou phrase convenus par lesquels on se fait reconnaître. **b.** INFORM. Chaîne de caractères confidentielle qui authentifie l'utilisateur d'un ordinateur ou d'un service. **10.** À la roulette, pari sur les numéros qui vont du 19 inclus au 36 inclus ; cette série de numéros (par oppos. à *manque*). **11.** Mise que doit faire chaque joueur, à certains jeux. **12.** IMPRIM. Quantité de papier prévue en sus du chiffre officiel du tirage pour compenser les pertes occasionnelles et les feuilles de mise en train. SYN. : *gâche.*

1. PASSÉ prép. **1.** Marque la postériorité dans l'espace ; au-delà de. *Passé le pont, tournez à gauche.* **2.** Marque la postériorité dans le temps ; après. *Passé ce jour, vous paierez une amende.*

2. PASSÉ, E adj. **1.** Se dit du temps écoulé, révolu. *L'an passé.* **2.** Se dit d'une étoffe, d'une couleur qui a perdu de son éclat ; défraîchi.

3. PASSÉ n.m. **1.** Temps écoulé ; vie écoulée antérieurement à un présent donné. *Le passé, le présent et l'avenir. Songer au passé.* ◇ *Par le passé :* autrefois. **2.** GRAMM. Ensemble des formes du verbe situant l'énoncé dans un moment antérieur à l'instant présent. ◇ *Passé antérieur,* marquant qu'un fait s'est produit avant un autre dans le passé. (Ex. : *dès qu'il* EUT FINI *d'écrire, il fut* *soulagé.*) – *Passé composé,* formé avec un auxiliaire, et donnant un fait pour accompli. (Ex. : *cette semaine, j'*AI *beaucoup* LU.) – *Passé simple,* marquant un fait achevé dans un passé révolu ou historique. (Ex. : *Napoléon* MOURUT *à Sainte-Hélène.*)

PASSE-BANDE adj. inv. ÉLECTRON. Se dit d'un filtre ne laissant passer qu'une certaine bande de fréquences.

PASSE-BAS adj. inv. ÉLECTRON. Se dit d'un filtre qui ne laisse passer que les fréquences inférieures à une fréquence donnée.

PASSE-CRASSANE n.f. inv. Poire d'hiver d'une variété à chair fondante et juteuse. SYN. : *crassane.*

PASSE-DROIT n.m. (pl. *passe-droits*). Faveur accordée contre le droit, le règlement, l'usage.

PASSÉE n.f. **1.** Chasse à l'affût du gibier d'eau (canards, bécasses) que l'on tire au vol à un point de son passage ; moment où ce gibier passe. **2.** CHASSE. Coulée du lièvre et du renard. **3.** Suisse. *Avoir une mauvaise passée :* être dans une mauvaise passe.

PASSE-HAUT adj. inv. ÉLECTRON. Se dit d'un filtre qui ne laisse passer que les fréquences supérieures à une fréquence donnée.

PASSÉISME n.m. Attitude de repli sur les valeurs du passé ; attachement excessif à ces valeurs.

PASSÉISTE adj. et n. Attaché au passé, aux traditions ; partisan du retour au passé.

PASSE-LACET n.m. (pl. *passe-lacets*). Grosse aiguille à long chas et à pointe mousse utilisée pour glisser un lacet dans des œillets, un élastique dans un ourlet, etc.

PASSEMENT n.m. (de *passer*). Galon dont on orne des rideaux, des habits, des sièges, etc.

PASSEMENTERIE n.f. **1.** Ensemble des articles tissés ou tressés (passements, franges, macarons, etc.) utilisés comme garniture dans l'ameublement ou, plus rarement, dans l'habillement. **2.** Fabrication, commerce de ces articles.

PASSEMENTIER, ÈRE n. Personne qui fabrique ou vend de la passementerie.

PASSE-MONTAGNE n.m. (pl. *passe-montagnes*). Coiffure de tricot qui couvre la tête et le cou, ne laissant que le visage à découvert.

PASSE-PARTOUT n.m. inv. **1.** Clé ouvrant plusieurs serrures. Abrév. *(fam.) : passe.* **2.** Large bordure de carton ou de papier fort dont on peut entourer un dessin, une gravure, une photo ; cadre à fond ouvrant. **3.** Scie à lame large, avec une poignée à chaque extrémité, pour débiter de grosses pièces (troncs d'arbres, quartiers de pierre, etc.). ◆ adj. inv. Dont on peut faire usage en toutes circonstances ; d'un emploi très étendu ; banal. *Mot, réponse passe-partout.*

PASSE-PASSE n.m. inv. *Tour de passe-passe :* tour d'adresse des prestidigitateurs ; *fig.,* artifice ; tromperie adroite.

PASSE-PIED n.m. (pl. *passe-pieds*). **1.** Danse d'origine bretonne exécutée en couple, pratiquée, sous une forme stylisée très vive et légère, comme danse de bal et danse théâtrale (fin du XVIIe s. - milieu du XVIIIe s.). **2.** Pièce instrumentale génér. à trois temps, de caractère vif et léger, appartenant parfois à une suite.

PASSE-PLAT n.m. (pl. *passe-plats*). Ouverture pratiquée dans une cloison pour passer directement les plats et les assiettes de la cuisine à la salle à manger.

PASSEPOIL n.m. **1.** Bande de tissu, de cuir, etc., prise en double dans une couture et formant une garniture en relief. **2.** Liseré qui borde la couture de l'uniforme de certaines armes, dont il constitue un signe distinctif.

PASSEPOILÉ, E adj. Garni d'un passepoil.

PASSEPORT n.m. Document délivré à ses ressortissants par une autorité administrative nationale en vue de certifier leur identité au regard des autorités étrangères et de leur permettre de circuler librement hors des frontières. ◇ *Demander, recevoir ses passeports :* solliciter ou se voir imposer son départ en cas de difficultés diplomatiques, en parlant d'un ambassadeur.

PASSER v.i. [auxil. *être* ou, plus rarement, *avoir*] (lat. pop. *passare,* de *passus,* pas). **1.** Aller, se déplacer en un mouvement continu. *Les voitures passent dans la rue.* **2.** Aller à travers ; traverser. *Passer par Paris, par les bois.* – *Fig.* Se trouver dans tel état, traverser telle situation. *Passer par de graves difficultés.* ◇ *Il faudra bien en passer par là,* en venir à faire cela, s'y résoudre. – *Laisser passer :* ne pas s'opposer à ; ne pas remarquer, ne pas corriger. **3.** Se manifester de manière fugitive, en parlant de qqch. *Quelle idée t'est passée par la tête ? Une lueur d'ironie passa dans son regard.* **4.** Aller dans un lieu pour un court moment. *Passer voir qqn à l'hôpital.* ◇ *En passant :* sans s'attarder. *Jeter un coup d'œil en passant.* – *Passer sur :* ne pas s'arrêter à, éviter de parler de. *Passons sur les détails.* ◇ Absol. *Bref ! Passons.* **5. a.** Aller, faire mouvement en franchissant une limite ou un obstacle, en ayant à vaincre une résistance. *Marchandises qui passent en fraude. Fenêtre qui laisse passer l'air.* **b.** Couler au travers d'un filtre, d'un tamis. *Le café passe.* **c.** Être digéré. *Le déjeuner ne passe pas.* – *Fig., fam.* Être admis, toléré. *Il m'a fait une observation qui n'est pas passée.* **d.** Être admis, accepté ; être adopté. *Passer dans la classe supérieure. Cette loi ne passera jamais.* **6.** Venir dans une certaine position, à un certain rang. *Son intérêt passe avant tout.* **7.** Vieilli. Dépasser. *Le jupon passe sous la robe.* **8. a.** Aller d'un lieu dans un autre. *Passer au salon, dans le salon.* **b.** Changer d'état, de situation. *Passer de vie à trépas.* – Être promu à telle fonction. *Il est passé chef de service.* **c.** En venir à. *Passer aux aveux.* **d.** Se joindre à, rejoindre le parti, le camp adverse. *Passer dans l'opposition. Passer à l'ennemi.* **e.** Se transmettre à un autre possesseur. *À sa mort, la propriété passera à ses fils.* **9.** Se soumettre à, subir. *Passer une visite médicale.* ◇ *Y passer :* subir une fâcheuse nécessité, une épreuve, un désagrément ; *fam.,* mourir. *Il était très malade, j'ai même cru qu'il allait y passer.* **10.** Se produire en public ; être représenté, projeté. *Passer à la télévision. Ce film passe dans quelques salles.* **11.** *Passer pour :* être considéré comme. *Il passe pour un original.* **12.** S'écouler, en parlant du temps. *Trois minutes passèrent.* **13.** Avoir une durée limitée ; cesser d'être. *La mode passe. La douleur va passer.* **14.** Perdre son éclat, en parlant d'une couleur, d'une étoffe. ◆ v.t. [auxil. *avoir*]. **1.** Franchir, traverser une limite, un obstacle. *Passer le seuil d'une maison. Passer une rivière sur un pont. Passer la frontière.* – Subir un examen, ses épreuves ; réussir à un examen. *Passer le bac.* **2.** Faire aller d'un lieu dans un autre ; faire traverser. *Passer des marchandises en fraude. Passer la tête à la fenêtre.* – Exposer, soumettre à l'action de. *Passer un bistouri à la flamme pour le stériliser.* ◇ *Passer au fil de l'épée :* tuer, exécuter au moyen de l'épée. **3.** Filtrer une substance à travers un tamis, une passoire, etc. *Passer un bouillon.* **4.** Donner, tendre qqch à qqn. *Passe-moi le sel.* **5.** Laisser derrière soi ; devancer. *Passer qqn à la course.* **6.** Vieilli. Aller au-delà de ; dépasser. *Cela passe mes forces.* **7.** Omettre, sauter. *Passer une ligne.* – JEUX. Absol. S'abstenir de jouer ou d'annoncer, quand vient son tour. *Je passe...* **8.** *Passer qqch à qqn,* lui permettre qqch de blâmable ; le lui pardonner. *On passe tous ses caprices à cet enfant.* **9.** Laisser s'écouler, employer du temps, dans telles conditions, de telle manière. *Passer ses vacances à la mer. Passer son week-end à lire.* **10.** Faire cesser un besoin, un désir, une impulsion en lui donnant libre cours ; satisfaire, contenter, assouvir. *Passer sa colère sur qqn.* **11.** Ternir les couleurs. *Le soleil a passé ces bleus.* **12.** Étendre sur une surface. *Passer une couche de peinture sur un meuble.* **13.** Mettre sur soi, enfiler rapidement. *Passer une veste.* **14.** Inscrire une écriture comptable. *Passer un article en compte.* **15.** Conclure un accord. *Passer une convention, un traité.* ◆ **se passer** v.pr. **1.** Avoir lieu, arriver, se produire. *La scène se passe à Marseille.* **2.** S'écouler, en parlant du temps. *Deux semaines se sont passées.* **3.** *Se passer de :* s'abstenir de. *Se passer de tabac.* – Ne pas nécessiter, ne pas appeler qqch, autre chose. *Ça se passe de tout commentaire !*

PASSERAGE n.f. Plante à petites fleurs blanchâtres disposées en grappes terminales, qui fournissait autref. une épice et passait pour guérir la rage. (Genre *Lepidium ;* famille des crucifères.)

PASSEREAU ou **PASSÉRIFORME** n.m. (du lat. *passer,* moineau). Oiseau génér. petit et de mœurs arboricoles, chanteur et bâtisseur de nids, pourvu de pattes à quatre doigts (trois en avant et un, doté d'une forte griffe, en arrière), tel que le moineau, le merle, le rossignol, le corbeau. (Les passereaux forment un ordre regroupant plus de la moitié des espèces d'oiseaux.)

PASSERELLE n.f. (de *passer*). **1.** Pont souvent étroit réservé aux piétons. **2.** Escalier ou plan incliné mobile permettant l'accès à un avion, un navire. *Passerelle d'embarquement.* **3.** *Fig.* Passage, communication. *Ménager une passerelle entre deux cycles d'études.* **4.** MAR. Partie pontée la plus élevée de la structure d'un navire à propulsion mécanique, s'étendant d'un bord à l'autre du bâtiment et permettant une vue circulaire totale de l'horizon. (Elle contient la barre, les instruments de navigation, les commandes directes de la machine, les contrôles de sécurité et les appareils de liaison radio avec les stations à terre.) **5.** THÉÂTRE. Passage situé au-dessus d'une scène, à l'usage des techniciens.

PASSERINE n.f. Passereau des États-Unis, d'Amérique centrale et des Antilles, de la taille d'un moineau, aux couleurs éclatantes, et dont plusieurs espèces peuvent être élevées en captivité. (Genre *Passerina ;* famille des embérizidés.) SYN. : *pape.*

PASSEROSE n.f. Rose trémière.

PASSE-TEMPS n.m. inv. Occupation divertissante, qui fait passer le temps agréablement.

PASSE-TOUT-GRAIN n.m. inv. Vin de Bourgogne provenant pour un tiers de pinot et pour deux tiers de gamay.

PASSEUR, EUSE n. **1.** Personne qui conduit un bac, un bateau pour traverser un cours d'eau. **2.** Personne qui fait passer une frontière clandestinement à des personnes ou à des marchandises taxées, prohibées. **3.** SPORTS. Personne qui effectue une passe.

P

PASSE-VELOURS n.m. inv. Amarante.

PASSE-VITE n.m. inv. Belgique, Suisse. Presse-purée.

PASSIBLE adj. (lat. *passibilis,* de *passus,* ayant souffert). *Passible de :* qui encourt telle peine ou qui peut entraîner son application. *Délit passible d'un an de prison.*

1. PASSIF, IVE adj. (bas lat. *passivus,* susceptible de souffrir). **1.** Qui n'agit pas de soi-même, qui n'accomplit pas d'action. *Être le témoin passif d'un événement.* **2.** Qui ne fait que subir ; qui manque d'énergie ; apathique. *Ne restez donc pas passif, réagissez ! Un gros garçon mou et passif.* **3.** GRAMM. *Forme, voix passive :* forme, ensemble des formes verbales (constituées, en français, de l'auxiliaire *être* et du participe passé du verbe actif) indiquant que le sujet subit l'action, laquelle est accomplie par l'agent. CONTR. : *actif.* **4.** CHIM. Se dit d'un métal devenu non réactif par passivation. **5.** ÉLECTR. Se dit d'un élément de circuit, d'un circuit qui ne comporte pas de source d'énergie. **6.** HIST. *Citoyen passif :* citoyen qui n'a pas le droit de vote, partic. dans le cadre du suffrage censitaire (par oppos. à *citoyen actif*). **7.** *Défense passive :* ensemble des moyens mis en œuvre en temps de guerre pour protéger les populations civiles contre les attaques aériennes.

2. PASSIF n.m. **1.** Ensemble des dettes d'une personne physique ou morale. **2.** COMPTAB. Ce qui, dans le bilan d'une entreprise, d'une société, d'une association, figure l'ensemble des dettes à l'égard des associés et des tiers (fonds propres, réserves, provisions, dettes à long, moyen et court terme et, le cas échéant, bénéfice net) [par oppos. à *actif*]. **3.** GRAMM. Forme, voix passive.

PASSIFLORE n.f. (lat. *passio, -onis,* passion, et *flos, floris,* fleur). Plante herbacée ou arbrisseau des régions tropicales, dont les fleurs possèdent des organes qui ont valu à cette plante le nom de *fleur de la Passion* car ils évoquent les instruments de la Passion (couronne d'épines, clous, marteaux). [Le fruit de *Passiflora edulis* est le *fruit de la Passion,* celui de *Passiflora ligularis* est la *grenadille ;* famille des passifloracées.]

PASSIM [pasim] adv. (mot lat., *çà et là*). En de nombreux autres passages d'une œuvre citée, d'un livre. *Page douze et passim.*

PASSING-SHOT [pasiŋʃɔt] n.m. [pl. *passing-shots*] (mot angl.). Au tennis, balle rapide et liftée passant l'adversaire monté à la volée.

PASSION n.f. (lat. *passio, -onis,* de *pati,* souffrir). **1.** Mouvement violent, impétueux de l'être vers ce qu'il désire ; émotion puissante et continue qui domine la raison. *La passion amoureuse.* **2.** Objet de ce désir, de cet attachement. *Elle a été la grande passion de sa vie.* **3.** Inclination très vive. *C'est une femme qui a la passion de son métier.* **4.** CHRIST. *La Passion :* les derniers jours de la vie de Jésus, de son arrestation à sa mort. **5.** MUS. (Avec une majuscule.) Oratorio sur le sujet de la

Passion. **6.** *Fruit de la Passion :* fruit comestible de certaines espèces de passiflores.

PASSIONISTE n.m. Membre d'une congrégation catholique fondée en 1720 par saint Paul de la Croix, et dont le but est la propagation, par des missions, de la dévotion à la Passion de Jésus-Christ.

PASSIONNANT, E adj. Qui passionne ; excitant, captivant.

PASSIONNÉ, E adj. et n. Animé par la passion. *Débat passionné. Un passionné de cinéma.*

PASSIONNEL, ELLE adj. **1.** Inspiré par la passion amoureuse. *Crime passionnel.* **2.** De la passion ; relatif aux passions. *État passionnel.*

PASSIONNELLEMENT adv. De manière passionnelle.

PASSIONNÉMENT adv. Avec passion.

PASSIONNER v.t. **1.** Intéresser vivement ; captiver. *Ce roman m'a passionné.* **2.** Donner un caractère animé, violent à. *Passionner un débat.* ◆ **se passionner** v.pr. **(pour).** Prendre un intérêt très vif à.

PASSIVATION n.f. CHIM., MÉTALL. Modification de la surface des métaux, qui les rend moins sensibles aux agents chimiques. – Traitement de la surface des métaux et des alliages ferreux (par la phosphatation, notamm.) qui produit cette modification.

PASSIVEMENT adv. De façon passive.

PASSIVER v.t. CHIM. Rendre passif.

PASSIVITÉ n.f. Caractère passif de qqn, d'un comportement ; inertie, apathie.

PASSOIRE n.f. **1.** Ustensile de cuisine percé de petits trous, dans lequel on égoutte les aliments, ou au moyen duquel on filtre sommairement certains liquides. *Passoire à thé.* **2.** *Fam.* Ce qui ne retient, ne contrôle rien. *Cette frontière est une passoire.*

1. PASTEL n.m. (ital. *pastello*). BX-ARTS. **1.** Bâtonnet fait d'un matériau colorant aggloméré. **2.** Dessin, génér. polychrome, exécuté au pastel. ◆ adj. inv. Se dit de couleurs, de tons clairs et doux.

2. PASTEL n.m. (mot provenç.). Plante à petites fleurs jaunes en grappes, cultivée autref. pour ses feuilles, qui fournissent une teinture bleue. (Famille des crucifères.) SYN. : *guède, isatis.*

PASTELLISTE n. Artiste qui travaille au pastel.

PASTENAGUE n.f. (mot provenç.). Grande raie des côtes européennes, possédant sur la queue un aiguillon venimeux. (Long. max. 1,50 m ; genre *Dasyatis,* famille des dasyatidés.)

PASTÈQUE n.f. (port. *pateca,* de l'ar.). Plante cultivée dans les régions chaudes et le bassin méditerranéen pour son gros fruit à pulpe rouge très juteuse et rafraîchissante ; ce fruit. (Nom sc. *Citrullus lanatus ;* famille des cucurbitacées.) SYN. : *melon d'eau.*

■ PASTÈQUE

PASTEUR n.m. (lat. *pastor,* de *pascere,* paître). **1.** *Litt.* Homme qui garde les troupeaux ; berger. **2.** *Litt.* Prêtre ou évêque, en tant qu'il a charge d'âmes (ses « brebis »). ◇ *Le Bon Pasteur :* Jésus-Christ. **3.** Ministre du culte protestant.

PASTEURELLA n.f. (de *Pasteur,* n.pr.). Genre de bactérie, transmis par des animaux d'élevage et responsable de la pasteurellose.

PASTEURELLOSE n.f. VÉTÉR., MÉD. Infection qui affecte de nombreuses espèces animales, due à une bactérie du genre *Pasteurella,* parfois transmissible à l'homme.

PASTEURIEN, ENNE ou **PASTORIEN, ENNE** adj. De Pasteur ; qui constitue une application de ses théories. ◆ n. Chercheur de l'Institut Pasteur.

PASTEURISATION n.f. (de *Pasteur,* n.pr.). Traitement de certains produits alimentaires (lait, crème, bière, jus de fruits, etc.), consistant à détruire les micro-organismes, notamm. pathogènes, par chauffage (entre 60 et 90 °C), sans ébullition, suivi d'un refroidissement brusque ; conservation des aliments par ce procédé.

PASTEURISER v.t. Opérer la pasteurisation de.

PASTICHE n.m. (ital. *pasticcio,* pâté). Imitation des procédés caractéristiques d'un style visant à son exacte reproduction.

PASTICHER v.t. Faire le pastiche d'un artiste, d'un écrivain, imiter son style, sa manière.

PASTICHEUR, EUSE n. Auteur de pastiches.

PASTILLAGE n.m. **1.** TECHN. Fabrication de pastilles. **2.** Imitation en pâte de sucre d'un objet, en confiserie. **3.** Procédé décoratif consistant à rapporter sur une poterie des motifs modelés à part.

PASTILLE n.f. (esp. *pastilla*). **1.** Petit bonbon génér. rond et plat. *Pastille de menthe.* **2.** Forme pharmaceutique sucrée qu'on laisse fondre dans la bouche en vue d'un traitement local. **3.** TECHN. Matériau conditionné génér. sous forme d'un petit cylindre. **4.** Motif décoratif de forme ronde. *Jupe à pastilles.*

PASTILLEUSE n.f. TECHN. Appareil, machine servant au pastillage.

PASTIS [pastis] n.m. (mot provenç.). **1.** Boisson apéritive alcoolisée parfumée à l'anis, qui se boit étendue d'eau. **2.** *Fam.* Situation embrouillée, confuse. *Quel pastis !*

PASTORAL, E, AUX adj. (du lat. *pastor,* berger). **1.** Des pasteurs, des bergers. *Vie pastorale.* – AGRIC. Relatif à l'élevage nomade. **2.** *Litt.* Qui évoque la campagne, la vie champêtre sur un mode idéalisé. *Poésie pastorale.* **3.** CHRIST. Du pasteur, du ministre du culte en tant qu'il a charge d'âmes.

PASTORALE n.f. **1.** Pièce de théâtre, peinture dont les personnages sont des bergers, des bergères. **2.** Pièce de musique de caractère champêtre. **3.** CHRIST. Partie de la théologie qui concerne le ministère sacerdotal ; action dans ce ministère et ensemble des principes qui l'inspirent.

PASTORALISME n.m. Élevage de ruminants sur des terres faiblement productives dont la végétation naturelle est utilisée comme unique ou principale source de nourriture.

PASTORAT n.m. PROT. Dignité, fonction de pasteur ; durée de cette fonction.

PASTORIEN, ENNE adj. → **PASTEURIEN.**

PASTOUREAU, ELLE n. *Litt.* Petit berger, petite bergère. ◆ n.m. Membre de la *croisade des pastoureaux (v. partie n.pr.).

PASTOURELLE n.f. *Litt.* Genre lyrique du Moyen Âge dans lequel une bergère dialogue avec un chevalier qui cherche à la séduire.

PAT [pat] adj. inv. et n.m. (ital. *patta,* de *patto,* lat. *pactum,* accord). Aux échecs, se dit du roi quand, seule pièce restant à jouer, il ne peut être déplacé sans être mis en échec. (Le pat rend la partie nulle.)

PATACHE n.f. (mot esp., de l'ar.). Anc. Voiture publique peu confortable.

PATACHON n.m. (de *patache*). *Fam. Mener une vie de patachon,* une vie désordonnée de plaisirs et de débauche.

PATAGIUM [-ʒjɔm] n.m. (mot latin, *frange*). ZOOL. Membrane tendue le long des flancs et des pattes, et permettant à divers mammifères et reptiles de planer d'arbre en arbre.

PATAPHYSIQUE n.f. « Science des solutions imaginaires », inventée par Alfred Jarry. ◆ adj. De la pataphysique.

PATAPOUF n.m. *Fam.* Enfant, homme lourd et embarrassé. *Un gros patapouf.*

PATAQUÈS n.m. (de la phrase plaisante *je ne sais pas-t'-à qui est-ce*). **1. a.** Faute de liaison qui consiste à prononcer un *t* pour un *s,* ou vice versa, ou à confondre deux lettres quelconques (comme dans *ce n'est point-z-à moi*). **b.** Faute de langage grossière. **2.** Discours confus, inintelligible ; charabia. **3.** Situation embrouillée, confuse.

PATARAS [pataras] n.m. MAR. Étai arrière partant du sommet du mât.

PATARIN n.m. (ital. *patarino*). HIST. **1.** Membre d'une association chrétienne fondée au XIe s. à Milan pour la réforme du clergé. **2.** Cathare d'Italie.

PATAS [patas] n.m. Singe africain au pelage roux, voisin des cercopithèques mais de mœurs moins arboricoles, appelé aussi *singe pleureur.* (Genre *Erythrocebus ;* famille des cercopithécidés.)

PATATE n.f. (esp. *batata*). **1.** *Fam.* Pomme de terre. ◇ *Fam. En avoir gros sur la patate :* éprouver un vif ressentiment ou une profonde tristesse. – *Fam. Patate chaude :* problème embarrassant que personne ne veut régler et que chacun essaie de faire résoudre par un autre. *Ce dossier, c'est une patate chaude.* **2.** *Fam.* Personne stupide. **3.** *Patate douce,* ou *patate :* plante voisine du volubilis, cultivée dans les régions chaudes pour son tubercule comestible ; ce tubercule. (Nom sc. *Ipomoea batatas ;* famille des convolvulacées.) SYN. : *ipomée.*

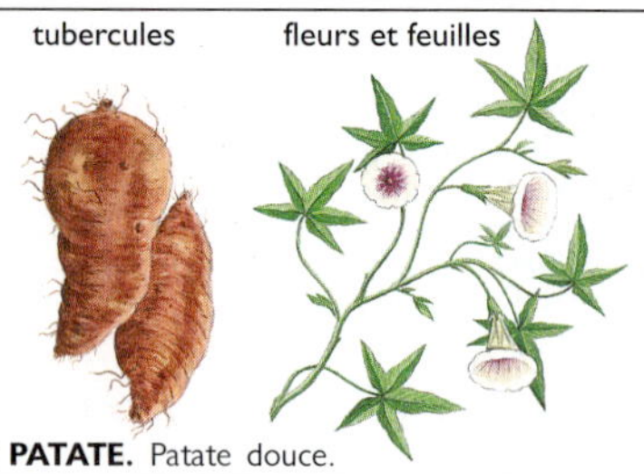

■ **PATATE.** Patate douce.

PATATI PATATA loc. adv. *Fam.* Évoque ou résume de longs bavardages, ou des paroles que l'on peut deviner. *Et patati, et patata !*

PATATOÏDE n.m. Surface au contour irrégulier dont la forme évoque la section longitudinale d'une pomme de terre. ◇ GÉOMÉTR. *Patatoïde de révolution :* volume engendré par un patatoïde tournant autour d'un de ses grands axes.

PATATRAS [patatra] interj. Exprime le bruit d'une chose qui tombe avec fracas. *Patatras ! Toute la vaisselle par terre !*

PATAUD, E n. et adj. (de *patte*). **1.** Jeune chien à grosses pattes. **2.** *Fam.* Personne lourde et lente, aux mouvements gauches, embarrassés. – Personne maladroite, qui manque de tact, de délicatesse.

PATAUGAS [patogas] n.m. (nom déposé). Chaussure montante de forte toile utilisée notamm. pour la randonnée.

PATAUGEAGE n.m. Action de patauger.

PATAUGEOIRE n.f. Bassin peu profond réservé à la baignade des jeunes enfants, dans une piscine notamment.

PATAUGER v.i. [10] (de *1. patte*). **1.** Marcher dans une eau bourbeuse, sur un sol détrempé. **2.** *Fig., fam.* S'embarrasser, s'embrouiller dans des difficultés. *Patauger dans un exposé.*

PATAUGEUR, EUSE n. Personne qui patauge.

PATCH n.m. (mot angl.). Anglic. **1.** MÉD. Timbre. **2.** CHIRURG. Petit élément plat et souple, naturel ou synthétique, servant de prothèse, par ex. pour fermer une brèche. Recomm. off. : *pièce.*

PATCHOULI n.m. (angl. *patchleaf*). Plante originaire de l'Inde et de Chine occidentale dont on extrait un parfum. (Genres *Pogostemon* et *Microtoena ;* famille des labiées.) – Ce parfum.

PATCHWORK [patʃwœrk] n.m. (mot angl.). **1.** Ouvrage fait de morceaux de tissu ou de tricot de couleurs différentes, souvent vives, cousus les uns aux autres. *Couvre-pied en patchwork.* **2.** *Fig.* Ensemble quelconque formé d'éléments hétérogènes, disparates. *Un patchwork de nationalités.*

PÂTE n.f. (bas lat. *pasta*). **1.** Préparation à base de farine délayée (à l'eau, au lait), pétrie le plus souvent avec d'autres ingrédients (levure, sel, sucre, etc.) et destinée à être consommée cuite, princip. sous forme de pain ou de gâteau. **2.** Constitution, tempérament d'une personne. *Elle est d'une pâte à vivre cent ans.* ◇ *Fam. Une bonne pâte :* une personne de caractère facile et bon. **3.** *Pâtes alimentaires,* ou *pâtes :* produits prêts à l'emploi culinaire, fabriqués génér. à partir de pâte de semoule de blé dur, et se présentant sous des formes variées (vermicelles, nouilles, macaronis, etc.). **4.** Préparation de composition variable, de consistance intermédiaire entre le liquide et le solide, et destinée à des usages divers. *Des pâtes de fruits. Pâte dentifrice. Pâte céramique.* ◇ *Pâte à bois :* mastic de colle forte et de sciure de bois, qui sert à boucher les fentes d'une pièce de bois. SYN. : *futée.* **5.** PEINT. Matière picturale épaisse. **6.** *Pâte à papier :* matière fibreuse d'origine végétale servant à la fabrication du papier ; au cours de la fabrication, cette même matière, en suspension dans l'eau, additionnée ou non de substances (charges, colorants, adhésifs, etc.). **7.** PÉTROL. Substance constituée de très petits cristaux entourant les phénocristaux, dans une roche volcanique.

PÂTÉ n.m. **1.** Préparation à base de hachis de viande ou de poisson, cuite enrobée d'une pâte feuilletée *(pâté en croûte)* ou dans une terrine ; cette préparation conservée en boîte. **2.** ***Pâté impérial :*** petite crêpe roulée, farcie de divers ingrédients et frite. (Spécialité chinoise.) **3.** *Fam.* Tache d'encre sur du papier. **4.** ***Pâté de maisons :*** groupe de maisons isolé par des rues ; îlot. **5.** Petit tas de sable humide moulé que les enfants confectionnent par jeu.

PÂTÉE n.f. **1.** Mélange d'aliments réduits en pâte, de consistance plus ou moins épaisse, avec lequel on nourrit les animaux domestiques. **2.** *Fam.* Correction, volée de coups. *Recevoir une pâtée.* – *Fam.* Défaite écrasante. *Prendre la pâtée.*

1. PATELIN n.m. (forme dial. de *pâtis*). *Fam.* Pays, région, village.

2. PATELIN, E adj. (de *Pathelin,* n.pr.). *Litt.* D'une douceur insinuante et hypocrite ; mielleux. *Un ton patelin.*

PATELINER v.i. Vx. Se comporter de manière pateline, faire le patelin.

PATELLE n.f. (lat. *patella*). Mollusque gastéropode comestible à coquille conique, très abondant sur les rochers découverts à marée basse, cour. appelé ***bernicle, bernique,*** ou ***chapeau chinois.*** (Taille 5 cm env. ; sous-classe des prosobranches.)

■ **PATELLE**

PATÈNE n.f. (lat. *patena,* plat). CHRIST. Petit plat rond destiné à recevoir l'hostie.

PATENÔTRE [patnotr] n.f. (lat. *Pater noster,* Notre Père). *Litt.,* vieilli. Prière. – *Spécial., péjor.* Prière dite machinalement, à voix basse et sans articuler. *Marmotter des patenôtres.*

PATENT, E adj. (lat. *patens, -entis,* ouvert). **1.** Que chacun peut observer ; évident, manifeste. *C'est un fait patent. Il est patent que ...* **2.** HIST. ***Lettres patentes :*** dans la France d'Ancien Régime, lettres notifiant une décision royale, qui étaient expédiées ouvertes et scellées du grand sceau. *Lettres patentes d'anoblissement.*

PATENTAGE n.m. (de l'angl. *patent*). MÉTALL. Trempe en bain de plomb ou de sel qu'on fait subir aux fils d'acier devant présenter des caractéristiques particulières (résistance à la torsion, au pliage, etc.).

PATENTE n.f. (de *lettres patentes*). **1.** Taxe annuelle acquittée naguère par les commerçants, les industriels, les membres de certaines professions libérales, remplacée auj. par la taxe professionnelle. **2.** MAR. ***Patente de santé :*** certificat sanitaire délivré à un navire en partance. **3.** Québec. *Fam.* **a.** Objet quelconque ; machin, bidule. **b.** Invention, procédé ingénieux.

PATENTÉ, E adj. **1.** Anc. Qui paie patente. *Commerçant patenté.* **2.** *Fam.* Attitré, confirmé. *Défenseur patenté d'une institution.*

PATENTER v.t. Québec. *Fam.* Réparer sommairement ; bricoler.

PATENTEUX, EUSE adj. et n. Québec. *Fam.* Se dit d'un bricoleur souvent ingénieux.

PATER [patɛr] n.m. inv. (mot lat.). Prière en latin qui commence par les mots *Pater noster,* « Notre Père ». *Dire des Pater.*

PATÈRE n.f. (lat. *patera,* coupe). **1.** ARCHÉOL. Coupe à boire évasée et peu profonde. **2.** Ornement en forme de rosace. **3.** Support fixé à un mur pour accrocher des vêtements ou pour soutenir des rideaux, des tentures.

PATERFAMILIAS [patɛrfamiljas] n.m. (mot lat.). **1.** ANTIQ. ROM. Chef de famille. **2.** *Par plais.* Père autoritaire.

PATERNALISME n.m. Attitude de qqn qui se conduit envers ceux sur qui il exerce une autorité comme un père vis-à-vis de ses enfants ; manière de diriger, de commander avec une bienveillance autoritaire et condescendante.

PATERNALISTE adj. et n. Relatif au paternalisme ; qui témoigne, fait preuve de paternalisme.

PATERNE adj. (lat. *paternus,* paternel). *Litt.* D'une bienveillance doucereuse.

PATERNEL, ELLE adj. **1.** Du père. *Domicile paternel.* **2.** Qui est du côté du père, de sa famille. *Grands-parents paternels.* **3.** Qui évoque un père par son affectueuse sollicitude ; protecteur, indulgent. *Ton paternel.* ◆ n.m. *Fam.* Père.

PATERNELLEMENT adv. En père, comme un père.

PATERNITÉ n.f. **1.** État, qualité de père. – DR. Lien juridique entre un père et ses enfants. ◇ ***Paternité légitime,*** dans le cadre du mariage. – ***Paternité naturelle,*** hors du mariage. – ***Paternité adoptive,*** résultant d'une adoption. **2.** Qualité d'auteur, d'inventeur. *Revendiquer la paternité d'une découverte.*

PÂTEUX, EUSE adj. **1.** Qui a la consistance, intermédiaire entre le liquide et le solide, d'une pâte. *Matière pâteuse.* ◇ ***Encre pâteuse,*** qui présente un dépôt bourbeux. – ***Fusion pâteuse :*** passage progressif de l'état solide à l'état liquide, caractéristique des verres et, plus génér., des solides amorphes. – ***Avoir la bouche, la langue pâteuse,*** encombrée d'une salive épaisse et comme chargée d'une pâte (après l'ivresse, notamm.). – ***Voix pâteuse,*** confuse et mal timbrée. **2.** *Fig.* Qui manque d'aisance ; qui est lourd et embarrassé. *Discours, style pâteux.*

PATHÉTIQUE adj. (gr. *pathêtikos,* émouvant). **1.** Qui touche profondément, qui suscite une vive émotion par son caractère douloureux ou dramatique. *Un appel pathétique.* **2.** ANAT. ***Nerf pathétique,*** ou ***pathétique,*** n.m. : nerf qui innerve un des muscles obliques de l'œil. ◆ n.m. Caractère pathétique. *Le pathétique d'une situation.*

PATHÉTIQUEMENT adv. De façon pathétique.

PATHÉTISME n.m. *Litt.* Caractère de ce qui est pathétique.

PATHOGÈNE adj. (gr. *pathos,* souffrance, et *gennân,* engendrer). Qui peut provoquer une maladie. *Virus pathogène.*

PATHOGENÈSE ou **PATHOGÉNIE** n.f. Étude du processus par lequel apparaît et se développe une maladie.

PATHOGÉNIQUE adj. Relatif à la pathogenèse.

PATHOGNOMONIQUE [patɔgnɔmɔnik] adj. MÉD. Spécifique d'une maladie. (Un symptôme pathognomonique suffit, à lui seul, à établir un diagnostic.)

PATHOLOGIE n.f. **1.** Étude des maladies, de leurs causes et de leurs symptômes. **2.** Ensemble des manifestations d'une maladie, des effets morbides qu'elle entraîne.

PATHOLOGIQUE adj. **1.** Qui tient de la pathologie ; anormal, morbide. *Une peur pathologique de l'eau.* **2.** Qui relève de la pathologie en tant que science. *Anatomie pathologique.*

PATHOLOGIQUEMENT adv. **1.** De façon pathologique ; anormalement. **2.** Du point de vue de la pathologie.

PATHOLOGISTE n. Médecin ayant une expérience de la pathologie et traitant les maladies.

PATHOMIMIE n.f. PSYCHIATR. Imitation des symptômes d'une maladie, due à un trouble psychologique.

PATHOS [patos] n.m. (mot gr., *passion*). *Péjor.* Recherche inopportune d'effets de style dramatiques ; propos pleins d'emphase et peu clairs.

PATIBULAIRE adj. (du lat. *patibulum,* gibet). Propre à un individu qui inspire de la méfiance ; louche, suspect, inquiétant. *Mine, air patibulaires.*

PATIEMMENT [pasjamɑ̃] adv. Avec patience.

1. PATIENCE [pasjɑ̃s] n.f. (lat. *patientia*). **1.** Aptitude à supporter avec constance ou résignation les maux, les désagréments de l'existence. ◇ ***Prendre son mal en patience,*** s'efforcer de le supporter sans se plaindre. – ***Patience ! :*** s'emploie pour exhorter au calme, ou comme formule de menace. *Patience ! Il va finir par arriver.* **2.** Qualité de qqn qui peut attendre longtemps sans irritation ni lassitude. ◇ ***Perdre patience :*** ne plus supporter d'attendre, de subir. **3.** Capacité à persévérer, esprit de suite, constance dans l'effort. **4.** JEUX. Réussite.

2. PATIENCE [pasjɑ̃s] n.f. (du gr. *lapathon*). Plante voisine de l'oseille, dont une espèce était naguère consommée comme les épinards. (Genre *Rumex ;* famille des polygonacées.)

1. PATIENT, E [-sjɑ̃, ɑ̃t] adj. **1.** Qui a de la patience ; qui la manifeste. *De patientes recherches.* **2.** PHILOS. Qui subit l'action (notamm., d'un agent physique) ; passif. (L'être est agent ou patient.)

2. PATIENT, E [-sjɑ̃, ɑ̃t] n. Personne qui consulte un médecin.

PATIENTER [-sjɑ̃-] v.i. Prendre patience, attendre sans irritation.

PATIN n.m. (de *1. patte*). **1.** Pièce, mobile ou fixe, adaptée à un objet pour en permettre le glissement sur un support. **2.** Pièce de tissu (génér. du feutre) sur laquelle on pose le pied pour avancer en glissant sur un parquet, sans risque de le rayer ou de le salir. **3.** ***Patin à glace :*** dispositif constitué d'une lame fixée sous une chaussure et destiné à glisser sur la glace. – ***Patin à roulettes :*** roller. **4.** Pièce d'usure d'un organe de machine ou d'un mécanisme venant frotter sur une surface, soit pour servir d'appui à un ensemble en mouvement (guidage), soit pour absorber de la puissance en excédent (freinage). **5.** Chacun des éléments rigides articulés qui constituent une chenille d'un véhicule. **6.** CH. DE F. Partie plane inférieure d'un rail qui repose sur les traverses.

1. PATINAGE n.m. **1.** Pratique du patin à glace, du patin à roulettes. ◇ ***Patinage artistique :*** exhibition sur glace composée de figures imposées ou libres, de sauts acrobatiques et de danse, présentée en compétition ou en spectacle. – ***Patinage de vitesse :*** course sur glace avec patins.

■ **PATINAGE.** Figure de patinage artistique.

■ **PATINAGE.** Épreuve de patinage de vitesse.

P

2. Rotation sans entraînement des roues motrices d'un véhicule, par suite d'une adhérence insuffisante.

2. PATINAGE n.m. Action de donner à un objet une patine artificielle ; fait de se patiner.

PATINE n.f. (ital. *patina*). **1.** Coloration et aspect que prennent certains objets, certaines surfaces avec le temps. *Patine d'une statue, d'un bibelot. Patine d'un vieux mur.* – Altération chimique, naturelle et stable, de la surface du bronze. **2.** Lustrage, coloration artificielle de divers objets, dont les bronzes, pour les protéger ou les embellir.

1. PATINER v.i. (de *1. patte*). **1.** Glisser, avancer avec des patins à glace, à roulettes. **2.** Glisser par manque d'adhérence. *Roue qui patine.* **3.** Québec. Tergiverser, louvoyer. *Un politicien qui sait patiner.*

2. PATINER v.t. (de *patine*). Revêtir d'une patine. ◇ v.pr. *Bronzes qui se patinent.*

PATINETTE n.f. Trottinette.

PATINEUR, EUSE n. Personne qui patine.

PATINOIRE n.f. **1.** Lieu aménagé pour le patinage sur glace. **2.** Surface très glissante. *Une vraie patinoire, ce dallage !*

PATIO [patjo] ou [pasjo] n.m. (mot esp.). Cour intérieure, souvent à portique, de maisons de type espagnol.

PÂTIR v.i. (lat. *pati*, subir). Subir un dommage à cause de ; souffrir. *Les oliviers ont pâti du gel.*

PÂTIS n.m. (lat. *pastus*, pâture). Lande ou friche où l'on fait paître le bétail.

PÂTISSER v.t. En pâtisserie, travailler une pâte.

PÂTISSERIE n.f. **1.** Préparation, sucrée ou salée, de pâte travaillée, garnie de façons diverses et cuite au four ; gâteau. **2.** Profession, commerce, boutique du pâtissier. **3.** *Péjor.* Motif en staff, en stuc servant à décorer, spécial. les plafonds.

PÂTISSIER, ÈRE n. Personne qui confectionne ou qui vend de la pâtisserie. ◆ adj. ***Crème pâtissière*** *:* crème cuite, assez épaisse, souvent parfumée, qui garnit certaines pâtisseries (choux, éclairs, etc.).

PÂTISSON n.m. (mot provenç.). Courge d'une variété dont le fruit, de couleur crème, est presque semi-sphérique avec un rebord en festons. (On l'appelle aussi *artichaut d'Israël,* ou *bonnet-de-prêtre.*)

PATOCHE n.f. *Fam.*, vx. Grosse main.

PATOIS n.m. Parler local employé par une communauté génér. rurale et restreinte.

PATOISANT, E adj. et n. Qui s'exprime en patois.

PÂTON n.m. **1.** Morceau de pâte à pain mis en forme avant cuisson. **2.** AGRIC. Pâtée pour la volaille.

PATOUILLER v.i. (de *1. patte*). *Fam.* Patauger. ◆ v.t. *Fam.* Manier, tripoter avec maladresse ou indiscrètement ; tripatouiller.

PATRAQUE adj. (mot provenç., de l'esp.). *Fam.* **1.** Un peu fatigué ou souffrant. *Se sentir patraque.* **2.** Vieilli. Se dit d'un mécanisme qui fonctionne mal ; détraqué.

PÂTRE n.m. (lat. *pastor*). *Litt.* Homme qui fait paître un troupeau.

PATRIARCAL, E, AUX adj. (du gr. *patriarkhês*, chef de famille). **1.** RELIG. Propre aux patriarches de la Bible. **2.** *Litt.* D'un patriarche ; qui relève de son autorité. **3.** ANTHROP. Relatif au patriarcat ; conforme aux principes du patriarcat. *Société patriarcale.*

PATRIARCAT n.m. **1.** CHRIST. Dignité, fonction de patriarche. – Territoire sur lequel s'exerce la juridiction d'un patriarche. **2.** ANTHROP. Système social, politique et juridique fondé sur la filiation patrilinéaire et dans lequel les pères exercent une autorité exclusive ou prépondérante. (Cas notamm. de la Rome antique.)

PATRIARCHE n.m. (lat. *patriarcha*). **1.** Grand ancêtre du peuple d'Israël, dans la Bible. **2.** *Litt.* Vieillard respectable, qui vit entouré d'une nombreuse famille. **3.** Titre honorifique donné dans l'Église latine à quelques évêques de sièges importants et anciens. **4.** Évêque d'un siège épiscopal ayant autorité sur des sièges secondaires, dans les Églises chrétiennes d'Orient. ◇ ***Patriarche œcuménique*** *:* titre porté par le patriarche de Constantinople.

PATRICE n.m. (lat. *patricius*, de *pater*). ANTIQ. ROM. Haut dignitaire de l'Empire romain, à partir de Constantin.

PATRICIAT n.m. **1.** ANTIQ. ROM. Dignité de patricien ; rang des familles patriciennes. – Ensemble des patriciens. **2.** Au Moyen Âge et à l'époque moderne, groupe social supérieur dans certaines républiques urbaines.

PATRICIEN, ENNE n. (lat. *patricius*). ANTIQ. ROM. Citoyen appartenant à la classe aristocratique (par oppos. à ***plébéien***). ◆ adj. *Litt.* Noble. *Famille patricienne.*

PATRICLAN n.m. ANTHROP. Clan structuré par la filiation patrilinéaire.

PATRIE n.f. (lat. *patria*). **1.** Communauté politique d'individus vivant sur le même sol et liés par un sentiment d'appartenance à une même collectivité, notamm. culturelle, linguistique ; pays habité par une telle communauté. **2.** Pays, province, ville d'origine d'une personne.

PATRILIGNAGE n.m. Groupe de filiation patrilinéaire.

PATRILINÉAIRE adj. ANTHROP. Se dit d'un mode de filiation dans lequel seule l'ascendance par les hommes est prise en compte pour la transmission du nom, des statuts, de l'appartenance à une unité sociale (clan, par ex.) et pour le choix du groupe dans lequel on doit se marier (par oppos. à *matrilinéaire*).

PATRILOCAL, E, AUX adj. ANTHROP. **1.** Se dit d'un mode de résidence où les enfants, mariés ou non, résident chez leur père. **2.** Virilocal.

PATRIMOINE n.m. (lat. *patrimonium*, de *pater*, père). **1.** Ensemble des biens hérités du père et de la mère ; ensemble des biens de famille. **2.** Bien, héritage commun d'une collectivité, d'un groupe humain. **3.** GÉNÉT. ***Patrimoine génétique, héréditaire*** *:* génome.

PATRIMONIAL, E, AUX adj. Du, d'un patrimoine.

PATRIOTE adj. et n. (gr. *patriôtês*). **1.** Qui aime sa patrie, qui s'efforce de la servir. **2.** HIST. Se disait des partisans de la Révolution française, en 1789.

PATRIOTIQUE adj. Relatif au patriotisme.

PATRIOTIQUEMENT adv. En patriote.

PATRIOTISME n.m. Amour de la patrie.

PATRISTIQUE n.f. Étude de la vie et de la doctrine des *Pères de l'Église. SYN. : *patrologie.* ◆ adj. Relatif aux Pères de l'Église.

PATROLOGIE n.f. **1.** Collection des écrits des Pères de l'Église. **2.** Patristique.

1. PATRON, ONNE n. (lat. *patronus*, avocat). **1.** Chef d'une entreprise industrielle ou commerciale ; employeur par rapport à ses employés. **2.** Professeur, maître qui dirige un travail de recherche. *Patron de thèse.* **3.** Commandant d'un bateau de pêche. **4.** Saint, sainte dont on porte le nom ; saint, sainte à qui une église est dédiée ; saint protecteur, sainte protectrice. *Sainte Geneviève, patronne de Paris.* **5.** ANTIQ. ROM. Citoyen puissant accordant sa protection à d'autres citoyens (ses clients).

2. PATRON n.m. (de *1. patron*). **1.** Modèle en tissu, en papier fort, etc., d'après lequel on taille un vêtement. ◇ ***Tailles demi-patron, patron, grand patron*** *:* chacune des trois tailles masculines, en bonneterie. **2.** Modèle servant à exécuter certains travaux d'artisanat, d'arts décoratifs. **3.** Pochoir pour le coloriage.

PATRONAGE n.m. **1.** Appui, soutien accordé par un personnage influent, un organisme. **2.** Protection d'un saint. **3.** Organisation, œuvre qui veille sur les enfants, les adolescents, en partic. en organisant leurs loisirs pendant les congés ; siège d'une telle organisation. *Patronage laïc, paroissial.*

PATRONAL, E, AUX adj. **1.** Du patronat. **2.** Du saint patron. *Fête patronale.*

PATRONAT n.m. Ensemble des patrons, des chefs d'entreprise (par oppos. à *salariat*).

PATRONNER v.t. Soutenir par son patronage.

PATRONNESSE adj.f. Vieilli. *Dame patronnesse :* femme qui patronne une œuvre de bienfaisance.

PATRONYME n.m. (gr. *patêr*, père, et *onuma*, nom). Nom de famille (par oppos. à *prénom*).

PATRONYMIQUE adj. *Nom patronymique :* patronyme ; nom commun à tous les descendants d'un même ancêtre illustre (par ex. les Mérovingiens, descendants de Mérovée).

PATROUILLE n.f. (de l'anc. fr. *patrouiller*, patauger dans la boue). Mission de surveillance, de renseignements ou de liaison confiée à une petite formation militaire (terrestre, aérienne ou navale) ou policière ; cette formation elle-même.

PATROUILLER v.i. Effectuer une, des patrouilles ; aller en patrouille.

PATROUILLEUR n.m. MIL. **1.** Membre, élément d'une patrouille (soldat, aéronef, etc.). **2.** Petit bâtiment de guerre spécial. conçu pour les patrouilles, les missions de surveillance et de contrôle.

1. PATTE n.f. **1.** Membre ou appendice pair des animaux, supportant le corps et assurant génér. la fonction de locomotion. (Les insectes ont trois paires de pattes.) ◇ *Fam.* ***Coup de patte*** *:* allusion, critique, trait malveillant lancé au passage. – ***Marcher à quatre pattes,*** sur les mains et les genoux (ou les pieds), en parlant de personnes. – ***Montrer patte blanche*** *:* présenter toutes les garanties nécessaires pour être admis quelque part. – *Fam.* ***Retomber sur ses pattes*** *:* sortir sans dommage d'un mauvais pas. – *Fam.* ***Tirer dans les pattes à qqn,*** lui causer sournoisement des difficultés. – *Fam.* ***Tomber sous la patte de qqn,*** se trouver à sa merci. **2.** *Fam.* Pied, jambe. *Se casser une patte.* **3.** *Fam.* Main. *De grosses pattes aux doigts courts.* **4.** Habileté de la main particulière à un artiste, à un artisan. *La patte d'un peintre.* **5.** ***Pantalon à pattes d'éléphant,*** dont les jambes s'évasent du genou aux chevilles. **6.** ***Pattes de lapin,*** ou ***pattes*** *:* favoris très courts. **7.** BOT. ***Patte d'ours*** *:* berce. **8.** Accessoire métallique servant à fixer, à maintenir, à assembler. **9.** Languette de cuir, d'étoffe, etc., servant à maintenir, à fermer, à décorer un vêtement. **10.** MAR. Pièce triangulaire de chacun des bras d'une ancre.

2. PATTE n.f. (germ. *paita*, vêtement). Suisse. Chiffon, torchon.

PATTÉ, E adj. (de *1. patte*). HÉRALD. Dont les extrémités vont en s'élargissant. *Croix pattée.*

PATTE-DE-LOUP n.f. (pl. *pattes-de-loup*). BOT. Lycope.

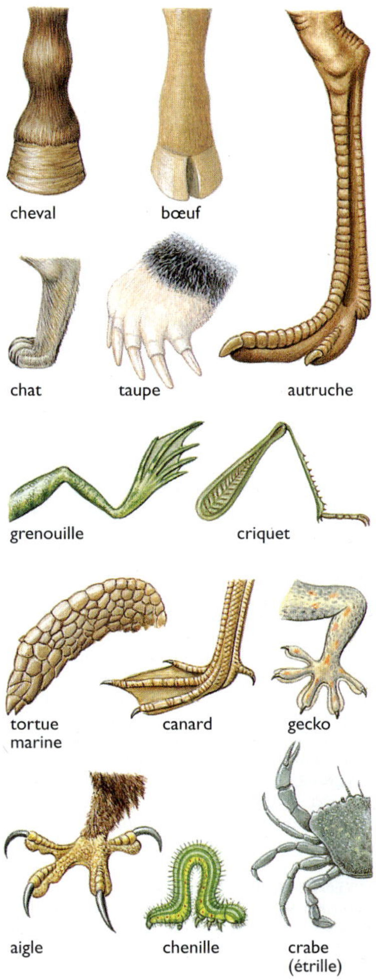

■ **PATTE.** Différents types de pattes.

PATTE-D'OIE n.f. (pl. *pattes-d'oie*). **1.** Carrefour où les voies s'ouvrent selon des directions obliques les unes par rapport aux autres. **2.** Rides divergentes à l'angle externe de l'œil. **3.** ANAT. Ensemble de trois tendons de muscles de la cuisse, insérés sur la partie supérieure de la face interne du tibia.

PATTE-MÂCHOIRE n.f. (pl. *pattes-mâchoires*). ZOOL. Maxillipède.

PATTEMOUILLE n.f. Linge mouillé que l'on utilise pour repasser à la vapeur.

PATTERN [patərn] ou [patɛrn] n.m. (mot angl., *modèle*). Modèle simplifié d'une structure, en sciences humaines.

PATTIER n.m. Suisse. *Jurer comme un pattier,* comme un charretier.

PATTINSONAGE [patinsɔnaʒ] n.m. (de *Pattinson,* chimiste angl.). MÉTALL. Ancien procédé de séparation de l'argent et du plomb par liquation.

PATTU, E adj. **1.** *Fam.* Qui a de grosses pattes. *Chien pattu.* **2.** Dont le haut des pattes porte des plumes. *Pigeon pattu, buse pattue.*

PÂTURABLE adj. Qui peut être utilisé comme pâturage.

PÂTURAGE n.m. **1.** Lieu où le bétail pâture. **2.** Action, droit de faire pâturer le bétail.

PÂTURE n.f. (bas lat. *pastura,* de *pascere,* paître). **1.** Vx. Nourriture des animaux. **2.** Action de pâturer. **3.** Lieu où l'on fait paître le bétail. **4.** *Fig., litt.* Ce qui alimente, entretient un besoin, un désir, une faculté. *Les romans ont servi de pâture à son imagination.* ◇ *Jeter, livrer en pâture :* abandonner qqn ou qqch à l'action d'autrui. *Jeter un scandale en pâture à la presse.*

PÂTURER v.t. et v.i. AGRIC. Paître.

PÂTURIN n.m. Plante très commune dans les prairies, au bord des chemins, etc., utilisée comme fourrage. (Genre *Poa ;* famille des graminées.)

PATURON n.m. (de l'anc. fr. *empasturer,* entraver). Partie de la jambe du cheval, entre le boulet et le sabot, correspondant à la première phalange.

PAUCHOUSE n.f. → **POCHOUSE.**

PAULETTE n.f. (de Charles *Paulet,* financier français du XVIIe s.). HIST. En France, sous l'Ancien Régime, droit annuel payé par le titulaire d'un office pour en jouir comme d'un bien privé. (Établie par édit en 1604, la paulette assura l'hérédité des offices et fut abolie en 1789.)

PAULIEN, ENNE adj. (de *Paulus,* jurisconsulte romain). DR. *Action paulienne,* par laquelle un créancier demande en justice la révocation d'un acte accompli, en violation de ses droits, par son débiteur. SYN. : *action révocatoire.*

PAULINIEN, ENNE adj. Relatif à saint Paul.

1. PAULISTE n.m. Membre de la congrégation catholique missionnaire, fondée en 1858 à New York, et dédiée à saint Paul.

2. PAULISTE adj. et n. De São Paulo.

PAULOWNIA [polɔnja] n.m. (de Anna *Paulowna,* fille du tsar Paul Ier). Arbre ornemental originaire de l'Extrême-Orient, à fleurs mauves odorantes, à grandes feuilles. (Haut. jusqu'à 15 m ; famille des scrofulariacées.)

PAUME n.f. (lat. *palma*). **1.** Intérieur, creux de la main, entre le poignet et les doigts. **2.** Jeu de balle qui se joue avec une raquette en terrain ouvert *(longue paume)* ou clos *(courte paume).*

PAUMÉ, E adj. et n. *Fam.* Se dit d'une personne déprimée, indécise, dépassée par les événements, ou qui ne peut s'adapter à une situation, qui vit en dehors de la réalité.

PAUMÉE n.f. HIST. Colée.

PAUMELLE n.f. (de *paume*). **1.** MENUIS. Ferrure double qui permet le pivotement d'une porte, d'une fenêtre, d'un volet, etc. (À la différence de la charnière, les deux parties, l'une fixe, portant un gond, l'autre mobile, peuvent être séparées.) **2.** TECHN. Bande de cuir renforcée au creux de la main par une plaque métallique, utilisée par les selliers, les voiliers, etc., pour pousser l'aiguille.

PAUMER v.t. *Fam.* Perdre, égarer. ◆ **se paumer** v.pr. *Fam.* Perdre son chemin, s'égarer.

PAUMOYER [pomwaje] v.t. [7]. MAR. Haler (un cordage, une chaîne d'ancre, etc.), serrer main sur main, largeur de paume après largeur de paume.

PAUPÉRISATION n.f. Appauvrissement progressif et continu d'une population.

PAUPÉRISER v.t. Frapper de paupérisation.

PAUPÉRISME n.m. (angl. *pauperism,* du lat. *pauper,* pauvre). État de très grande indigence d'une population, d'un groupe humain.

PAUPIÈRE n.f. (lat. *palpebra*). Chacun des deux voiles musculo-membraneux qui, en se rapprochant, recouvrent et protègent la partie antérieure de l'œil. *Paupière supérieure, inférieure.*

PAUPIETTE n.f. (anc. fr. *poupe,* partie charnue). Mince tranche de viande roulée autour d'une farce et braisée. *Paupiette de veau.*

PAUSE n.f. (lat. *pausa*). **1.** Arrêt momentané d'une activité, d'un travail, génér. consacré au repos. *Faire une pause, la pause.* ◇ Belgique. *Faire les pauses :* travailler en équipes par roulement. **2.** Suspension dans le déroulement d'un processus. *Marquer une pause dans des réformes.* **3.** MUS. Silence de la durée d'une ou de plusieurs mesures ; signe (barre horizontale sous la quatrième ligne de la portée) qui note ce silence.

PAUSE-CAFÉ n.f. (pl. *pauses-café*). *Fam.* Pause pour prendre le café.

PAUSE-CARRIÈRE n.f. (pl. *pauses-carrière*). Belgique. Année sabbatique durant laquelle le salarié perçoit une rémunération réduite.

PAUSER v.i. **1.** MUS. Faire une pause. **2.** Région. *Faire pauser qqn,* le faire attendre.

PAUVRE adj. et n. (lat. *pauper*). Qui a peu de ressources, de biens, d'argent. ◆ adj. **1.** Dépourvu de biens, de richesses, de ressources ; misérable. **2.** Qui dénote le manque d'argent. *De pauvres habits.* **3.** *Pauvre en :* qui contient peu de ; qui manque de. *Eau pauvre en sels minéraux.* **4.** (Avant le n.) Qui attire la pitié, la commisération ; malheureux. *Le pauvre homme !* **5.** Qui produit peu ; qui est peu fécond. *Terre pauvre.* **6.** Qui manque d'éléments ; insuffisant, médiocre. *Vocabulaire pauvre.* **7.** ART MOD. *Art pauvre :* tendance, princip. italienne, de l'art contemporain.

ENCYCL. Apparu v. 1965 - 1967, l'art pauvre *(arte povera)* recourt pour ses assemblages et ses installations à des matériaux non artistiques et souvent frustes tels que la terre, le plomb, le fer, la graisse, le feutre, la brique, auxquels peuvent s'ajouter des inscriptions, des néons, une sonorisation, etc. Il a pour principaux représentants M. Merz, Giovanni Anselmo, Jannis Kounellis, Gilberto Zorio ainsi que d'autres, aux modes d'expression divergents, tels Giuseppe Penone ou Michelangelo Pistoletto.

■ ART **PAUVRE.** *Struttura che mangia* (1968), par Giovanni Anselmo. Granite, laitue fraîche, déchets. (MNAM, Paris.)

PAUVREMENT adv. **1.** Dans la pauvreté. *Vivre pauvrement.* **2.** De manière piètre, insuffisante, malhabile ; médiocrement, insuffisamment, maladroitement. *C'est pauvrement dit.*

PAUVRESSE n.f. Vieilli. Femme sans ressources, indigente ; mendiante.

PAUVRET, ETTE n. *Fam.* Marque la commisération ; pauvre petit(e). *Oh, le pauvret !*

PAUVRETÉ n.f. **1.** Manque d'argent, de ressources ; état d'une personne pauvre. **2.** Aspect de ce qui dénote le manque de ressources ; dénuement apparent. *La pauvreté d'un intérieur.* **3.** État de ce qui est pauvre, peu fécond ; infécondité, stérilité, insuffisance. *Pauvreté d'un sol.*

PAVAGE n.m. **1.** Action de paver. **2.** Revêtement d'un sol, constitué de pavés ou d'éléments de petite taille et de forme plus ou moins régulière. *Pavage en mosaïque.*

PAVANE n.f. (ital. *pavana,* de *Pava,* Padoue). **1.** Danse de cour, noble et solennelle, probablement d'origine italienne, exécutée en cortège de couples fermés, en Europe (XVe - XVIe s.). **2.** Pièce instrumentale à 2/4, de caractère noble et lent, qui, dans la suite ancienne, est suivie de la gaillarde (XVIe - XVIIe s.).

PAVANER (SE) v.pr. (de *pavane,* avec infl. de *paon*). Marcher ou se tenir immobile en prenant des poses avantageuses ; faire l'important ; parader.

PAVÉ n.m. **1.** Bloc épais d'un matériau dur (pierre, bois autref., etc.), génér. de forme cubique, utilisé pour le revêtement des chaussées. ◇ *Un pavé dans la mare :* une vérité, une révélation brutale qui provoque une perturbation. **2.** Revêtement formé de tels blocs. *Le pavé du boulevard.* ◇ *Être sur le pavé :* être sans domicile, sans emploi. — *Tenir le haut du pavé :* tenir le premier rang, être en vue. **3. a.** *Fam.* Livre très épais, d'une lecture souvent ardue. *Un indigeste pavé de huit cents pages.* **b.** *Fam.* Texte trop long et mal rédigé. **c.** Texte journalistique ou, plus souvent, publicitaire, de grandes dimensions, mis en valeur par un encadré, une typographie particulière, etc. **4. a.** Bifteck très épais et tendre. *Pavé aux herbes.* **b.** Mode d'apprêt d'une substance alimentaire présentant la forme d'un pavé. *Pavé de foie gras. Pavé au chocolat.* **5.** GÉOMÉTR. Parallélépipède rectangle. **6.** INFORM. *Pavé numérique :* sur un clavier d'ordinateur, ensemble distinct de touches numériques et de touches d'opérations.

PAVEMENT n.m. Sol de dalles, de carreaux, de mosaïque.

PAVER v.t. (lat. *pavire,* niveler). Revêtir un sol de pavés.

PAVEUR n.m. Ouvrier qui effectue un pavage.

PAVIE n.f. (de *Pavie,* n. d'une ville ital.). Pêche d'une variété dont la chair, jaune ou blanche, adhère à l'épiderme et au noyau.

PAVILLON n.m. (lat. *papilio, -onis,* papillon). **1.** Maison particulière de petite ou de moyenne dimension. **2.** Bâtiment ou corps de bâtiment de plan sensiblement carré. **3.** Vx. Toit d'un véhicule automobile. **4.** Une des trois enceintes d'un champ de courses (par oppos. à *pesage,* à *pelouse*). **5.** Partie extérieure visible de l'oreille, lame cartilagineuse recouverte de peau (plissée et fixe chez l'homme, mobile chez de nombreux mammifères) où s'ouvre le conduit auditif externe. **6. a.** Extrémité évasée d'un instrument de musique à vent. **b.** Dispositif de forme variable (tube évasé, cornet, tronc de cône, etc.) servant à concentrer, à diriger des ondes acoustiques. *Haut-parleur à pavillon.* **7.** MAR. Drapeau. *Pavillon national.* ◇ *Baisser pavillon :* s'avouer vaincu ; renoncer, céder. **8.** CATH. Étoffe dont on recouvre le ciboire. **9.** HÉRALD. Drapé en dôme qui surmonte le manteau encadrant les armoiries des souverains.

PAVILLONNAIRE adj. Relatif aux pavillons d'habitation. *Zone pavillonnaire.*

PAVILLONNERIE n.f. Endroit où sont gardés les pavillons, les drapeaux (à bord d'un navire, en partic.). — Atelier où l'on fabrique les pavillons.

PAVIMENTEUX, EUSE adj. (du lat. *pavimentum,* dalles). HISTOL. Se dit d'un tissu aux cellules plates et serrées. *Épithélium pavimenteux.*

PAVLOVIEN, ENNE adj. De Pavlov ; relatif aux expériences, aux théories de Pavlov.

PAVOIS n.m. (ital. *pavese,* de Pavie). **1.** HIST. Grand bouclier des Germains et des Francs. (Lors de leur accession au pouvoir, les rois étaient promenés sur un pavois devant leurs troupes.) ◇ *Litt. Élever sur le pavois :* mettre à l'honneur ; exalter. **2.** MAR. Partie de la muraille d'un navire s'élevant au-dessus d'un pont découvert et servant de protection, de garde-corps. **3.** MAR. Ornementation de fête des navires. ◇ *Petit pavois,* constitué de pavillons nationaux hissés en tête de chaque mât. — *Grand pavois,* constitué par le petit pavois et par une guirlande de pavillons de signaux tendue de l'avant à l'arrière et passant par le haut des mâts.

PAVOISEMENT n.m. *Litt.* Action de pavoiser un navire, un lieu, etc.

PAVOISER v.t. Orner un navire, un édifice, une rue, etc., de pavillons, de drapeaux. ◆ v.i. *Fam.* Manifester une grande joie, une grande fierté, en partic. à l'occasion d'une réussite, d'un succès. ◇ ***Il n'y a pas de quoi pavoiser*** : il n'y a pas de quoi être fier.

PAVOT n.m. (lat. *papaver*). Plante très voisine du coquelicot, cultivée soit pour ses fleurs ornementales, soit, dans le cas du pavot somnifère, pour ses capsules, qui fournissent l'opium, et pour ses graines, qui donnent l'huile d'œillette. (Famille des papavéracées.)

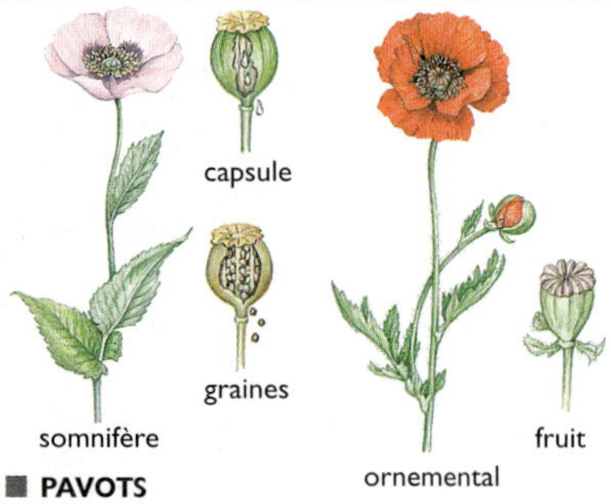

■ **PAVOTS**

P

PAYABLE adj. Qui peut ou qui doit être payé à telle personne, à telle date, de telle manière, etc.

PAYANT, E adj. **1.** Qui paie. *Hôtes payants.* **2.** Que l'on paie. *Spectacle payant.* **3.** *Fam.* Profitable, rentable. *Elle a su attendre, ça a été payant.*

PAYE n.f. → **PAIE.**

PAYEMENT n.m. → **PAIEMENT.**

PAYER [peje] v.t. [6] (lat. *pacare,* pacifier). **1.** Verser une somme due ; acquitter une dette, un droit, un impôt, etc. **2.** Verser la somme due pour. *Payer des achats.* ◇ ***Payer cher qqch,*** l'obtenir au prix de grands sacrifices. – ***Il me le paiera*** : je me vengerai de lui. **3.** Donner à qqn ce qui lui est dû (une somme d'argent, le plus souvent). *Payer un fournisseur. Payer en espèces, en nature.* ◇ ***Je suis payé pour le savoir*** : je l'ai appris à mes dépens. **4.** Récompenser, dédommager. *Payer qqn de ses efforts.* ◇ ***Payer qqn de retour,*** reconnaître ses services, son affection, etc., par des services, une affection semblables. **5.** Racheter par un châtiment subi ; expier. *Il a payé son crime.* **6.** *Litt.* ***Payer d'audace, d'effronterie*** : faire preuve d'audace ; obtenir à force d'audace. – ***Payer de sa personne*** : s'engager personnellement en affrontant les difficultés, les dangers, etc. ◆ v.i. *Fam.* Être profitable, rentable. *C'est un commerce qui paie.* ◆ **se payer** v.pr. **1.** Retenir une somme d'argent en paiement. *Voilà cent euros, payez-vous.* **2.** *Fam.* Acheter pour soi ; s'offrir le luxe, le plaisir de. *Se payer une robe neuve.* **3.** *Fam.* Devoir subir qqn, qqch, les supporter. **4.** *Fam.* Battre, agresser qqn. **5.** *Très fam.* Avoir avec qqn des rapports sexuels. **6.** *Fam.* ***Se payer la tête de qqn,*** se moquer de lui.

PAYEUR, EUSE adj. et n. Qui paie. ◆ n.m. Agent ou fonctionnaire qui paie des dépenses, des traitements, des rentes, etc.

1. PAYS [pei] n.m. (lat. *pagensis,* de *pagus,* canton). **1.** Territoire d'une nation ; nation, État. – Ensemble des habitants d'une nation. **2.** Région, contrée envisagée d'un point de vue historique, climatique, économique, etc. *Pays chauds.* ◇ ***Le pays,*** celui où l'on se trouve ou dont on parle. *Les gens du pays.* – ***Voir du pays*** : voyager. **3.** Lieu, région d'origine. ◇ ***Mal du pays*** : nostalgie de la terre natale. – ***Être, se trouver en pays de connaissance,*** en présence de personnes ou de choses qu'on connaît bien. **4.** ADMIN. En France, entité territoriale créée pour tirer parti de cohérences géographiques, historiques, économiques ou sociales, dans le cadre de l'aménagement du territoire. **5.** Vieilli ou région. Village, localité. *Un petit pays de deux cents habitants.*

2. PAYS, E [pei, iz] n. *Fam.,* vieilli. Personne du même village, de la même région.

PAYSAGE [peizaʒ] n.m. **1.** Étendue de terre qui s'offre à la vue. – Une telle étendue, caractérisée par son aspect. *Paysage montagneux, urbain.* **2.** Représentation d'un paysage, d'un site naturel ou, moins souvent, d'un site urbain par la peinture, le dessin, la photographie, etc. ◇ ***Paysage historique, animé*** ou ***composé*** : paysage idéalisé dans lequel figurent des personnages ou des scènes mythologiques, religieux, etc. **3.** *Fig.* Aspect d'ensemble, situation dans un domaine. *Paysage politique, audiovisuel.*

PAYSAGER, ÈRE adj. Qui rappelle un paysage naturel. *Jardin, parc paysager.*

PAYSAGISTE n. et adj. **1.** Artiste qui s'est spécialisé dans la représentation de paysages. **2.** Architecte ou jardinier qui conçoit des jardins, des espaces verts et des parcs.

PAYSAN, ANNE [peizɑ̃, an] n. **1.** Personne qui vit à la campagne de ses activités agricoles. SYN. : ***agriculteur, cultivateur, exploitant agricole.*** (Ces synonymes sont souvent employés à cause du sens péjoratif du mot.) **2.** *Péjor.* Rustre, lourdaud. ◆ adj. Des paysans ; relatif aux paysans. *Vie paysanne.*

PAYSANNAT n.m. ÉCON. Ensemble des paysans ; condition de paysan.

PAYSANNERIE n.f. Ensemble des paysans.

1. PC [pese] n.m. (sigle de l'angl. *personal computer,* ordinateur personnel). Ordinateur individuel.

2. PC ou **P.C.** [pese] n.m. (sigle). Poste de commandement.

PCB ou **P.C.B.** n.m. (abrév. de *polychlorobiphényle*). CHIM. ORG. Composé aromatique dont la décomposition à chaud peut produire des furannes et des dioxines.

PCR n.f. (sigle de l'angl. *polymerase chain reaction*). Amplification génique.

P-DG ou **P.-D.G.** [pedeʒe] n.m. (sigle). Président-directeur général.

PÉAGE n.m. (du lat. *pes, pedis,* pied). Droit que l'on paie pour emprunter une autoroute, un pont, etc. ; lieu où est perçu ce droit. ◇ TÉLÉV. ***Chaîne à péage,*** dont certains programmes ne sont accessibles qu'aux usagers abonnés. (On dit aussi *chaîne cryptée.*)

PÉAGISTE n. Personne qui perçoit un péage. *Les péagistes d'une autoroute.*

PÉAN ou **PÆAN** [peɑ̃] n.m. (gr. *paian*). ANTIQ. GR. Hymne guerrier en l'honneur d'Apollon.

PEAU n.f. (lat. *pellis*). **1.** Organe constituant le revêtement extérieur du corps de l'homme et des animaux. ◇ ***Se mettre dans la peau de qqn,*** se mettre mentalement à sa place pour comprendre sa pensée, ses réactions. *Acteur qui se met dans la peau de son personnage.* – *Fam.* ***Peau de vache*** : personne dont la sévérité va jusqu'à la dureté. – *Injur.* ***Vieille peau*** : femme âgée. – ***Être bien, mal dans sa peau*** : se sentir à l'aise, mal à l'aise ; plein d'allant, déprimé. – ***Faire peau neuve*** : changer de vêtements ; *fig.,* changer complètement de conduite, d'opinion. – *Fam.* ***Avoir qqn dans la peau,*** en être passionnément amoureux. – ***Risquer sa peau,*** sa vie. – ***Vendre chèrement sa peau*** : se défendre vigoureusement avant de succomber. – *Fam.* ***Faire la peau à qqn,*** le tuer. – ***Avoir la peau dure*** : être très résistant. **2.** Dépouille d'animal destinée au tannage. *Une peau de renard.* **3.** BOT. Enveloppe détachable de certains légumes ou fruits. *Peau de banane.* **4.** Pellicule se formant à la surface du lait chauffé ; croûte recouvrant certains fromages. **5.** ÉLECTROMAGN. ***Effet de peau*** : phénomène physique dans lequel la valeur efficace de la densité du courant est plus grande près de la surface qu'à l'intérieur d'un conducteur.

ENCYCL. La peau est constituée de trois tissus superposés, l'épiderme – comprenant une couche riche en kératine –, le derme et l'hypoderme. Ses annexes sont les phanères (poils, ongles), et les glandes sébacées et sudoripares. Par ailleurs, le derme contient les récepteurs sensoriels sensibles à la pression ou à la température, ainsi que les fibres nerveuses dont l'activation produit la douleur.

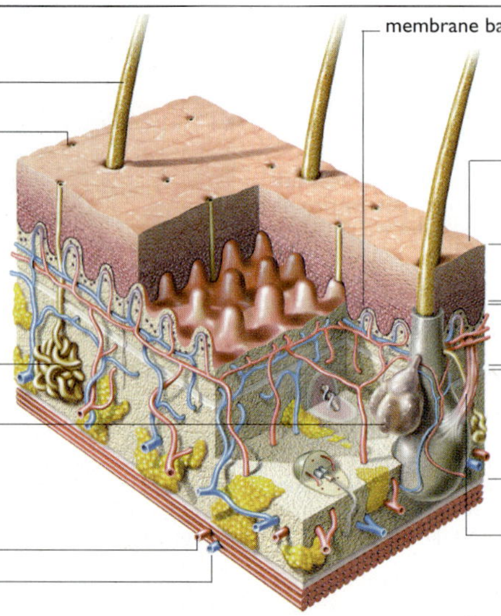

■ **PEAU.** Structure de la peau.

PEAUCIER adj.m. et n.m. Se dit d'un muscle qui s'attache à la peau et qui, au niveau du visage, participe à la mimique.

PEAUFINER v.t. **1.** Nettoyer, polir à la peau de chamois. **2.** Mettre au point, parachever avec un soin minutieux.

PEAU-ROUGE adj. (pl. *peaux-rouges*). Des Peaux-Rouges.

PEAUSSERIE n.f. **1.** Industrie, commerce, travail des peaux. **2.** Marchandise, article de peau.

PEAUSSIER n.m. **1.** Personne qui prépare les peaux. **2.** Commerçant en peaux.

PEbd [peəbede] n.m. inv. (abrév. de *polyéthylène basse densité*). Polyéthylène obtenu par polymérisation de l'éthylène sous très haute pression (supérieure à 10^8 Pa), solide translucide utilisé notamm. en extrusion-soufflage (production de films d'emballage, de sacs, etc.).

PÉBRINE n.f. (provenç. *pebrino,* de *pebre,* poivre). Maladie des vers à soie causée par un sporozoaire et caractérisée par des taches noires évoquant un saupoudrage de poivre.

PÉBROC ou **PÉBROQUE** n.m. (de *2. pépin*). *Fam.* Parapluie.

PÉCAÏRE [pekaire] interj. (mot provenç.). Région. (Midi). Sert à exprimer une commisération affectueuse. *Pécaïre ! Pauvre petite !*

PÉCAN n.m. (angl. *pecan*). *Noix de pécan* : pacane.

PÉCARI n.m. (mot caraïbe). **1.** Petit porc sauvage d'Amérique du Sud, du Mexique et du sud des

■ **PÉCARI**

États-Unis, qui se nourrit de végétaux épineux. (Genre *Tayassu ;* famille des suidés.) **2.** Cuir de cet animal.

PECCADILLE n.f. (esp. *pecadillo*). Faute légère, sans gravité.

PECCANT, E adj. MÉD. Vx. *Humeurs peccantes,* mauvaises.

PECHBLENDE [pɛʃblɛ̃d] n.f. (all. *Pech,* poix, et *Blende,* sulfure). MINÉRALOG. Oxyde d'uranium (UO_2), qui constitue le principal minerai de ce métal et auquel peut être associé du radium.

1. PÊCHE n.f. (lat. *persicus,* de Perse). **1.** Fruit comestible du pêcher, à chair juteuse et à noyau dur. ◇ *Pêche abricot,* à chair jaune. – *Peau, teint de pêche,* rose et velouté. **2.** *Fam.* Coup de poing. **3.** *Fam. Avoir la pêche :* se sentir plein d'allant, de dynamisme. ◆ adj. inv. D'un rose pâle légèrement doré.

2. PÊCHE n.f. **1.** Action, manière de pêcher. *Aller à la pêche.* **2.** Ensemble des poissons, des produits pêchés. *Vendre sa pêche.* **3.** Lieu où l'on pêche. *Pêche gardée.*

PÉCHÉ n.m. (lat. *peccatum,* faute). **1.** RELIG. Transgression consciente et volontaire de la loi divine. *Péché mortel. Péché originel. Péché véniel.* **2.** *Cour. Péché mignon* → **mignon.**

PÉCHER v.i. [11] (lat. *peccare*). **1.** RELIG. Commettre un péché, des péchés. **2.** Commettre une erreur ; faillir. *Pécher par excès d'optimisme.* **3.** Présenter un défaut. *Cet exposé pèche par sa longueur.*

1. PÊCHER n.m. Arbre originaire d'Asie orientale, cultivé dans les régions tempérées, dont le fruit est la pêche. (Nom sc. *Prunus persica ;* famille des rosacées.)

■ **PÊCHER**

2. PÊCHER v.t. (lat. *piscari*). **1.** Prendre ou chercher à prendre du poisson, des animaux aquatiques. *Pêcher la truite, l'écrevisse.* ◇ *Pêcher en eau trouble :* chercher à tirer profit d'une situation confuse. **2.** *Fam.* Aller chercher, trouver qqch d'inhabituel, d'étonnant. *Où a-t-il pêché cette nouvelle ?*

PECHÈRE ou **PEUCHÈRE** interj. Région. (Midi). Sert à exprimer l'attendrissement, la pitié, à renchérir sur ce qui vient d'être dit, etc. *Peuchère ! Elle est gentille, cette petite !*

PÊCHERIE n.f. **1.** Lieu où l'on pêche. **2.** Lieu où le poisson pêché est traité (fumé, en partic.).

PÊCHETTE n.f. Balance pour pêcher les écrevisses.

PÉCHEUR, ERESSE n. (lat. *peccator*). Personne qui a commis ou commet des péchés. ◇ *Ne pas vouloir la mort du pécheur :* ne pas demander de sanctions excessives.

PÊCHEUR, EUSE n. (lat. *piscator*). Personne qui pratique la pêche par métier ou par plaisir. (Peut s'employer en appos. : *marins pêcheurs.*)

PÉCLOTER v.i. (de *péclot,* verrou). Suisse. **1.** Mal fonctionner, en parlant d'un moteur, d'un appareil. **2.** Avoir une santé fragile, chancelante.

PÉCOPTÉRIS [pekɔpteris] n.m. (gr. *pekos,* toison, et *pteris,* fougère). Fougère arborescente fossile des terrains houillers.

PÉCORE n.f. (ital. *pecora,* brebis). *Fam.* Femme stupide, prétentieuse.

PECTEN [-ɛn] n.m. (mot lat., *peigne*). Peigne (mollusque).

PECTINE n.f. (du gr. *pêktos,* coagulé). BIOCHIM. Gélifiant contenu dans de nombreux végétaux et utilisé comme épaississant dans les industries alimentaire (confitures) et pharmaceutique.

PECTINÉ, E adj. (lat. *pectinatus,* de *pectinare,* peigner). *Didact.* En forme de peigne.

PECTIQUE adj. BIOCHIM. De la nature de la pectine ; qui en contient.

1. PECTORAL, E, AUX adj. (du lat. *pectus, -oris,* poitrine). **1.** De la poitrine. ◇ CHRIST. *Croix pectorale,* que les évêques et les chanoines portent sur la poitrine. – *Nageoires pectorales :* nageoires paires antérieures des poissons. **2.** Vieilli. Se dit de médicaments destinés au traitement des affections broncho-pulmonaires.

2. PECTORAL n.m. **1.** Ornement ou protection couvrant le haut de la poitrine. **2.** Lourd pendentif trapézoïdal, attribut des pharaons. **3.** Pièce d'étoffe précieuse portée par le grand prêtre, chez les Hébreux. SYN. : *rational.* **4.** Partie de l'armure romaine protégeant la poitrine.

■ **PECTORAL** égyptien en forme de pylône (Saqqarah, XIXe dynastie).

PECTORAUX n.m. pl. Muscles situés à la partie antérieure et latérale du thorax. *Gonfler les pectoraux.*

PÉCULE n.m. (lat. *peculium,* de *pecunia,* argent). **1.** Petit capital économisé peu à peu. **2.** Somme remise à un détenu à sa sortie de prison, pour rémunérer le travail qu'il a effectué pendant son incarcération. **3.** Somme versée à un militaire qui quitte l'armée sans avoir servi assez longtemps pour avoir droit à une retraite.

PÉCUNE n.f. Vx ou *par plais.* Argent, ressources. *Avoir quelque pécune.*

PÉCUNIAIRE adj. **1.** Qui a rapport à l'argent. *Situation pécuniaire difficile.* **2.** Qui consiste en argent. *Soutien pécuniaire.*

PÉCUNIAIREMENT adv. Du point de vue pécuniaire, relativement à l'argent.

PED ou **P.E.D.** [peøde] n.m. (sigle). Pays en *développement.

PÉDAGOGIE n.f. (gr. *paidagôgia*). **1.** Théorie, science de l'éducation des enfants. **2.** Qualité du bon pédagogue ; sens pédagogique. *Manquer de pédagogie.* **3.** Méthode d'enseignement. *Utiliser une pédagogie entièrement nouvelle.*

PÉDAGOGIQUE adj. **1.** Relatif à la pédagogie. **2.** Conforme aux exigences de la pédagogie.

PÉDAGOGIQUEMENT adv. Du point de vue pédagogique ; avec pédagogie.

PÉDAGOGUE n. **1.** Enseignant, éducateur. **2.** Théoricien de la pédagogie. ◆ n. et adj. Personne qui a le sens, le don de l'enseignement.

PÉDALAGE n.m. Action de pédaler.

PÉDALE n.f. (ital. *pedale,* du lat. *pes, pedis,* pied). **1.** Organe d'un appareil, d'une machine, d'un véhicule, que l'on actionne avec le pied. ◇ *Fam. Perdre les pédales :* ne plus savoir ce que l'on dit ou ce que l'on fait. **2.** Levier, touche d'un instrument de musique qui s'actionne avec le pied. *Pédales d'un piano* (commandant l'intensité et la tenue du son), *d'un orgue* (jeu des notes basses), *d'une harpe* (changement de tonalité). *Pédale d'une timbale* (accord). ◇ *Fam. Mettre la pédale douce :* baisser le ton ; éviter de dramatiser. **3.** MUS. Son tenu ou répété, souvent employé à la basse, et appartenant ou non aux accords qui se succèdent pendant sa durée. **4.** *Très fam., injur.* Pédéraste, homosexuel.

PÉDALER v.i. **1.** Actionner une ou des pédales, notamm. celles d'une bicyclette. **2.** Rouler à bicyclette. ◇ *Fam. Pédaler dans la choucroute, dans la semoule, dans le yaourt, etc. :* se démener, agir de manière confuse et inefficace.

PÉDALEUR, EUSE n. *Fam.* Cycliste.

PÉDALIER n.m. **1.** Ensemble mécanique comprenant les pédales, les manivelles et le ou les plateaux d'une bicyclette. **2.** Clavier actionné par les pieds de l'organiste. – Système de pédales du piano.

PÉDALO n.m. (nom déposé). Embarcation reposant sur des flotteurs, mue par de petites roues à aubes actionnées par les pieds.

PÉDANT, E adj. et n. (ital. *pedante*). Qui fait prétentieusement étalage de son savoir ; cuistre.

PÉDANTERIE n.f. ou **PÉDANTISME** n.m. Affectation de savoir, d'érudition du pédant ; caractère de ce qui est pédant.

PÉDANTESQUE adj. *Litt.* Propre au pédant.

PÉDÉ n.m. *Très fam., injur.* Homosexuel.

PÉDÉRASTE n.m. (gr. *paiderastês,* de *pais, paidos,* enfant, et *erastês,* amoureux). Personne qui pratique la pédérastie.

PÉDÉRASTIE n.f. **1.** Attirance sexuelle d'un homme adulte pour les jeunes garçons ; relation physique fondée sur cette attirance. **2.** *Par ext.* Homosexualité masculine.

PÉDÉRASTIQUE adj. Relatif à la pédérastie.

PÉDESTRE adj. (lat. *pedestris*). Qui se fait à pied. *Randonnée pédestre.*

PÉDESTREMENT adv. Rare. À pied.

PÉDIATRE n. (gr. *pais, paidos,* enfant, et *iatros,* médecin). Médecin spécialiste de pédiatrie.

PÉDIATRIE n.f. Spécialité médicale consacrée aux maladies infantiles.

PÉDIATRIQUE adj. Relatif à la pédiatrie ; relatif à l'enfant, vu sous l'angle de la médecine.

PEDIBUS [pedibys] adv. (mot lat.). *Fam.* À pied. *Il a fallu y aller pedibus.*

PÉDICELLAIRE n.m. ZOOL. Minuscule organe de défense situé sur le tégument des échinodermes (oursins, étoiles de mer), en forme de pince à trois mors.

PÉDICELLE n.m. (lat. *pedicellus,* dimin. de *pes, pedis,* pied). BIOL. Petit pédoncule.

PÉDICELLÉ, E adj. BIOL. Porté par un pédicelle.

1. PÉDICULAIRE adj. (du lat. *pediculus,* pou). MÉD. Relatif aux poux ; causé par les poux.

2. PÉDICULAIRE n.f. Plante herbacée dont une espèce, la *pédiculaire des marais,* est appelée aussi *herbe aux poux.* (Genre *Pedicularis ;* famille des scrofulariacées.)

PÉDICULE n.m. (lat. *pediculus,* de *pes, pedis,* pied). BIOL., MÉD. Structure allongée et étroite, servant de support ou d'attache, ou reliant deux organes ou deux parties de l'organisme. *Pédicule d'un champignon. Pédicule d'une tumeur. Pédicule du foie.*

PÉDICULÉ, E adj. Qui a un pédicule.

PÉDICULOSE n.f. MÉD. Ensemble des lésions cutanées liées à la présence de poux, et dues surtout au grattage. – *Par ext.,* abusif en médecine. Présence de poux sur la peau.

PÉDICURE n. (lat. *pes, pedis,* pied, et *cura,* soin). Professionnel paramédical qui effectue les soins des pieds.

PÉDIEUX, EUSE adj. ANAT. Qui appartient au pied.

PEDIGREE [pedigre] n.m. (mot angl.). Généalogie d'un animal de race ; document qui l'atteste.

PÉDILUVE n.m. (lat. médiév. *pediluvium,* bain de pieds). Bassin peu profond que doivent traverser les baigneurs pour gagner les plages ou les bassins d'une piscine publique.

PÉDIMENT n.m. (angl. *pediment,* fronton). GÉOMORPH. Glacis d'érosion développé dans une roche dure au pied d'un relief, dans les régions arides ou semi-arides.

PÉDIPALPE n.m. ZOOL. Appendice pair propre aux arachnides, situé en arrière des chélicères et développé en pince chez les scorpions.

PÉDIPLAINE n.f. GÉOMORPH. Étendue presque plane des régions arides, due à l'extension des pédiments et au recul des inselbergs.

PÉDOGENÈSE n.f. (du gr. *pedon,* sol). PÉDOL. Processus de formation et d'évolution des sols.

PÉDOLOGIE n.f. (gr. *pedon,* sol, et *logos,* science). Étude des sols, de leurs caractéristiques chimiques, physiques et biologiques, de leur évolution.

PÉDOLOGUE n. Spécialiste de pédologie.

PÉDONCULAIRE adj. Relatif à un pédoncule.

PÉDONCULE n.m. (lat. *pedunculus,* petit pied). **1.** ANAT. Structure anatomique allongée et étroite portant un organisme vivant ou reliant deux organes ou deux parties du corps. *Pédoncules cérébraux.* **2.** BOT. Queue d'une fleur ou d'un fruit.

PÉDONCULÉ, E adj. BOT. Porté par un pédoncule (par oppos. à *sessile*).

PÉDOPHILE adj. et n. (gr. *pais, paidos,* enfant, et *philos,* ami). Qui manifeste de la pédophilie.

PÉDOPHILIE n.f. Attirance sexuelle d'un adulte pour les enfants.

PÉDOPSYCHIATRE n. Psychiatre spécialisé en pédopsychiatrie.

PÉDOPSYCHIATRIE n.f. Psychiatrie de l'enfant et de l'adolescent.

PEDZER v.i. (du provenç. *empega,* poisser). Suisse. *Fam.* **1.** Coller. **2.** *Fig.* S'attarder.

PEELING [piliŋ] n.m. (mot angl.). Anglic. Exfoliation de la peau par un procédé chimique ou physique dans un but esthétique (cicatrices d'acné, par ex.).

PÉGASE n.m. (de *Pégase,* n. myth.). Poisson de l'océan Indien, aux nageoires pectorales très développées, en forme d'ailes. (Long. 15 cm env. ; ordre des pégasiformes.)

P

PEGC ou **P.E.G.C.** [peəʒese] n.m. (sigle). Professeur d'enseignement général de collège. (Ce corps professoral est appelé à disparaître.)

PEGMATITE n.f. (du gr. *pêgma,* concrétion). Roche magmatique grenue à très grands cristaux, souvent associée aux granites et contenant en abondance des éléments ordinairement rares tels que le lithium, le bore, l'uranium.

PÉGOSITÉ n.f. (de *pégueux*). Faculté d'un adhésif de maintenir ensemble instantanément deux supports.

PÈGRE n.f. (ital. dial. *pegro,* lâche). Milieu des voleurs, des escrocs, etc.

PÉGUEUX, EUSE adj. (de l'anc. fr. *pege,* poix). **1.** Région. (Midi). Poisseux. **2.** Se dit d'un adhésif permettant l'adhérence instantanée de deux supports.

PEhd [peaʃde] n.m. inv. (abrév. de *polyéthylène haute densité*). MATÉR. Polyéthylène obtenu par polymérisation de l'éthylène à de hautes pressions (env. 10^8 Pa), présentant une bonne résistance mécanique, thermique et chimique, et utilisé par extrusion-soufflage pour la production de bouteilles, flacons, etc.

PEHLVI n.m. → **PAHLAVI.**

PEIGNAGE n.m. TEXT. Opération consistant à peigner les fibres textiles avant la filature.

PEIGNE n.m. (lat. *pecten, pectinis*). **1.** Instrument à dents fines et serrées qui sert à démêler et à coiffer les cheveux. *Peigne en matière plastique, en écaille.* ◇ *Passer au peigne fin :* examiner en détail, notamm. en cherchant, en explorant, en fouillant. **2.** Instrument analogue, de forme génér. incurvée, pour retenir les cheveux. **3.** Instrument pour peigner et carder les fibres textiles. **4.** Cadre monté sur le battant d'un métier à tisser, comportant un grand nombre de dents entre lesquelles passent les fils de chaîne. **5.** Mollusque bivalve à coquille côtelée, dont le genre comporte plusieurs espèces comestibles, parmi lesquelles la coquille Saint-Jacques. (Famille des pectinidés.) SYN. : *pecten.* **6.** Rangée de poils à l'extrémité de certains articles des pattes d'arthropodes (araignée, abeille).

PEIGNÉ n.m. TEXT. **1.** Tissu fabriqué avec des fibres peignées. **2.** Ruban composé de longues fibres textiles parallèles.

PEIGNE-CUL n.m. (pl. *peigne-cul[s]*). *Très fam., péjor.* **1.** Individu méprisable. **2.** Vieilli. Individu lourd et ennuyeux.

PEIGNÉE n.f. *Fam.* Volée de coups, correction.

PEIGNER v.t. **1.** Démêler les cheveux, la barbe avec un peigne ; coiffer avec un peigne. **2.** TEXT. Apprêter, démêler et épurer des fibres textiles avec des peignes ou à la peigneuse.

PEIGNETTE n.f. Suisse. Personne tatillonne ou avare.

PEIGNEUSE n.f. Machine à peigner les matières textiles.

PEIGNOIR n.m. **1.** Vêtement ample, en tissu éponge, pour la sortie du bain. **2.** Vêtement féminin d'intérieur, en tissu léger. **3.** Blouse légère destinée à protéger les vêtements, dans un salon de coiffure, un institut de beauté.

PEIGNURES n.f. pl. Cheveux qui tombent de la tête quand on se coiffe.

PEINARD, E adj. (de *peine*). *Fam.* Tranquille, à l'abri des risques et des tracas.

PEINARDEMENT adv. *Fam.* Tranquillement.

PEINDRE v.t. [62] (lat. *pingere*). **1.** Enduire, couvrir de peinture. *Peindre un mur.* **2.** Représenter par l'art de la peinture. *Peindre un paysage, une composition abstraite.* ◇ Absol. *Peindre sur verre.* **3.** Figurer, dessiner avec de la peinture. *Peindre des numéros.* **4.** *Litt.* Décrire, représenter par la parole, l'écriture, etc. *Il a peint la scène avec beaucoup d'humour.* ◆ **se peindre** v.pr. Être apparent, se manifester. *La joie s'est peinte sur son visage.*

PEINE n.f. (lat. *poena*). **1.** Douleur morale ; affliction. *Laisser qqn dans la peine.* **2.** Sentiment de tristesse, de contrariété ; chagrin. *Faire de la peine à qqn.* **3.** Sentiment d'inquiétude. ◇ *Se mettre en peine :* s'inquiéter. – *Être bien en peine de :* être fort embarrassé pour. **4.** Travail, effort pour venir à bout d'une difficulté ; fatigue. ◇ *Avoir de la peine à :* parvenir difficilement à. – *Ça vaut la peine :* c'est assez important pour justifier l'effort que l'on fait. – *Ce n'est pas la peine :* cela ne sert à rien, c'est inutile. – *En être pour sa peine :* voir ses efforts rester sans résultat. – *Homme, femme de peine,* sans qualification déterminée, qui fait les travaux pénibles. – *Mourir à la peine,* en travaillant. – *Perdre sa peine :* faire des efforts inutiles. – *Donnez-vous la peine de :* veuillez. **5.** DR. Punition, sanction appliquée à qqn en répression d'une infraction. ◇ *Peine afflictive et infamante :* peine criminelle qui ôte au condamné à la fois la liberté (ou la vie, naguère) et l'honneur. – *Prescription de la peine :* délai au-delà duquel la peine ne peut plus être mise en exécution. – *Sous peine de :* sous la menace de telle peine ; *fig.,* pour éviter le risque de tel événement fâcheux. **6.** Châtiment infligé par Dieu au pécheur. ◇ *Peines éternelles :* souffrances de l'enfer. – *Être comme une âme en peine :* se sentir triste et désemparé. ◆ **à peine** loc. adv. **1.** Depuis très peu de temps. *À peine était-il parti.* **2.** Presque pas, tout juste. *Savoir à peine lire.*

ENCYCL. DR. On distingue, en France : 1° les *peines criminelles* qui sanctionnent les crimes : la réclusion ou la détention criminelle à temps ou à perpétuité ; 2° les *peines correctionnelles* qui sanctionnent les délits : emprisonnement, amende, jour-amende. Dans certains cas, le législateur a prévu des peines alternatives ou de substitution (travail d'intérêt général, interdictions...) ; 3° les *peines de police* qui sanctionnent les contraventions. Les peines complémentaires (interdiction de séjour, par ex.) s'ajoutent ou peuvent s'ajouter aux peines principales. On distingue également les *peines de droit commun* des *peines politiques* (détention criminelle).

PEINER v.t. Faire de la peine à ; attrister, désoler. *Votre remarque l'a peinée.* ◆ v.i. Éprouver de la fatigue, de la difficulté. *Peiner pour réussir. Peiner à trouver un compromis.*

PEINTRE n.m. (lat. *pictor,* de *pingere,* peindre). **1.** Personne, artiste qui exerce l'art de la peinture, à titre professionnel ou en amateur. (On rencontre le fém. *une peintre.*) **2.** *Peintre en bâtiment,* ou *peintre :* personne dont le métier consiste à effectuer les travaux de peinture ou la pose du papier peint.

PEINTRE-GRAVEUR n.m. (pl. *peintres-graveurs*). Artiste qui fait de la gravure originale, par oppos. à la reproduction.

PEINTURE n.f. **1.** Matière colorante liquide propre à recouvrir une surface, constituée de pigments de couleur dispersés dans un liant fluide ou pâteux destiné à sécher. **2.** Action de recouvrir une surface, un support avec cette matière. **3.** Ouvrage de représentation ou d'invention (tableau, fresque, etc.) fait de couleurs délayées que l'on étale, génér. au pinceau, sur une surface préparée à cet effet. **4.** Art et technique de l'expression, figurative ou non, par les formes et les couleurs, dans les deux dimensions de la toile, du panneau, de la feuille de papier, du mur, etc. ◇ *Fam. Ne pas pouvoir voir qqn en peinture,* ne pas pouvoir le supporter. **5.** Ensemble des œuvres d'un peintre, d'un pays, d'une époque. *La peinture hollandaise du XVIIe s.* **6.** Description, évocation imagée. *La peinture des mœurs.*

PEINTURE-ÉMULSION n.f. (pl. *peintures-émulsions*). Peinture dont le liant est constitué par une émulsion.

PEINTURER v.t. **1.** *Fam.* Barbouiller de peinture ; peinturlurer. **2.** Antilles, Québec. Couvrir de peinture.

PEINTURLURER v.t. *Fam.* Peindre grossièrement ou avec des couleurs criardes.

PÉJORATIF, IVE adj. et n.m. (du lat. *pejor, -oris,* pire). Qui comporte un sens défavorable, une nuance dépréciative (ex. : les suffixes *-ard, -asse,* les mots *chauffard, lavasse,* etc.) [par oppos. à *mélioratif*].

PÉJORATIVEMENT adv. *Didact.* D'une manière péjorative.

PÉKAN n.m. Martre du Canada *(Martes pennanti),* à la fourrure brun foncé, très estimée ; cette fourrure.

PÉKET n.m. → **PÉQUET.**

PÉKIN ou **PÉQUIN** n.m. **1.** *Arg. mil.* Civil. **2.** *Fam.* Individu quelconque.

PÉKINÉ, E adj. et n.m. (de *Pékin,* n.pr.). TEXT. Se dit d'un tissu présentant des rayures alternativement brillantes et mates.

1. PÉKINOIS, E adj. et n. De Pékin. ◆ n.m. LING. Mandarin tel qu'il se parle dans le nord de la Chine.

2. PÉKINOIS n.m. Petit chien de compagnie à poil long et à tête massive, au museau aplati.

PELADE n.f. (de *peler*). Maladie qui fait tomber par plaques les cheveux et les poils.

PELAGE n.m. (du lat. *pilus,* poil). Ensemble des poils d'un animal ; fourrure, robe, toison.

PÉLAGIANISME n.m. Hérésie chrétienne du moine Pélage, qui minimisait le rôle de la grace et exaltait la primauté et l'efficacité de l'effort personnel dans la pratique de la vertu. (Le pélagianisme fut condamné notamm. par le concile d'Éphèse, en 431.)

PÉLAGIEN, ENNE adj. et n. Relatif au pélagianisme ; qui en est partisan.

PÉLAGIQUE adj. (du gr. *pelagos,* mer). De la haute mer. *Faune pélagique.* ◇ *Dépôts pélagiques :* dépôts des fonds marins.

PELAGOS [pelagɔs] n.m. (mot gr., *mer*). ZOOL. Ensemble des organismes pélagiques.

PÉLAMIDE n.f. (gr. *pêlamus, -udos*). **1.** Bonite. **2.** Serpent venimeux des océans Indien et Pacifique, adapté à la vie marine. (Long. 80 cm ; famille des hydrophiidés.)

PELARD adj.m. *Bois pelard,* ou *pelard,* n.m. : bois de chêne dont on a ôté l'écorce pour faire du tan.

PÉLARGONIUM [pelargɔnjɔm] n.m. (du gr. *pelargos,* cigogne). Plante à fleurs ornementales et parfumées originaire des régions chaudes, voisine du géranium et souvent commercialisée sous ce nom. (Famille des géraniacées.)

PELÉ, E adj. **1.** Dont les poils, les cheveux sont tombés. **2.** Dont la végétation est rare ou desséchée. *Collines pelées.* ◆ n.m. *Fam. Quatre pelés et un tondu :* très peu de personnes.

PÉLÉCANIFORME n.m. Oiseau palmipède, à palmure unissant les quatre doigts, tel que le pélican, le cormoran, le fou, la frégate. (Les pélécaniformes constituent un ordre.)

PÉLÉEN, ENNE ou **PELÉEN, ENNE** adj. (de la montagne *Pelée*). GÉOL. *Éruption* ou *dynamisme péléens,* caractérisés par l'émission de laves très visqueuses, sous forme de dômes ou d'aiguilles, et par des explosions très violentes provoquant la formation de nuées ardentes.

1. PÊLE-MÊLE adv. (anc. fr. *mesle-mesle*). En désordre, en vrac. *Jeter quelques vêtements pêle-mêle dans un sac.*

2. PÊLE-MÊLE n.m. inv. Cadre, sous-verre destiné à recevoir plusieurs photographies, plusieurs images, etc.

PELER v.t. [12] (bas lat. *pilare,* enlever le poil). **1.** Ôter la peau d'un fruit, d'un légume, l'écorce d'un arbre. *Peler un oignon.* **2.** Enlever de la surface d'un cuir une couche mince. ◆ v.i. **1.** Perdre sa peau par lamelles, par plaques. **2.** *Fam. Peler de froid :* avoir très froid.

PÈLERIN n.m. (lat. *peregrinus*). **1.** Personne qui fait un pèlerinage. ◇ *Prendre son bâton de pèlerin :* partir en pèlerinage ; *fig.,* faire un périple pour promouvoir une idée, une doctrine. **2.** Criquet migrateur *(Locusta migratoria)* dont l'aire d'extension s'étend depuis l'Inde jusqu'au Maroc et dont les nuées ravagent la végétation, les cultures. **3.** Requin-pèlerin. **4.** Faucon des zones rocheuses et boisées du monde entier, au vol très rapide, le plus employé des oiseaux de fauconnerie. (Nom sc. *Falco peregrinus.*)

PÈLERINAGE n.m. **1.** Voyage fait vers un lieu de dévotion dans un esprit de piété ; ce lieu. **2.** Visite faite pour honorer la mémoire de qqn en un lieu où il a vécu.

PÈLERINE n.f. **1.** Vêtement féminin couvrant les épaules et la poitrine. **2.** Manteau sans manches, couvrant les épaules.

PÉLIADE n.f. (du gr. *pelios,* noirâtre). Vipère à museau arrondi, vivant dans la moitié nord de la France et dans les montagnes. (Long. 70 cm ; nom sc. *Vipera berus,* famille des vipéridés.)

PÉLICAN n.m. (lat. *pelicanus,* du gr.). Gros oiseau palmipède au long bec pourvu d'une poche extensible où sont emmagasinés les poissons destinés à la nourriture des jeunes. (Envergure jusqu'à 3 m ; genre *Pelecanus,* famille des pélécanidés.)

■ **PÉLICAN**

PELISSE n.f. (du lat. *pellis,* peau). Manteau garni intérieurement de fourrure.

PELLAGRE n.f. (du lat. *pellis,* peau). Maladie due à une carence en vitamine PP et se manifestant par des lésions cutanées, des troubles digestifs, psychiques et neurologiques.

PELLAGREUX, EUSE adj. Relatif à la pellagre. ◆ adj. et n. Atteint de la pellagre.

PELLE n.f. (lat. *pala*). **1.** Outil formé d'une plaque, souvent incurvée et arrondie, ajustée à un manche et servant, notamm., à creuser la terre, à déplacer des matériaux en grains, en morceaux, etc. ◇ *Fam. À la pelle* : en grande quantité. – *Fam. Ramasser une pelle* : faire une chute ; échouer. **2.** *Pelle mécanique* : engin automoteur pour l'exécution de terrassements, agissant par un godet situé à l'extrémité d'un bras articulé. SYN. : *pelleteuse.* **3.** Extrémité plate et large d'un aviron.

■ **PELLE** mécanique.

PELLE-BÊCHE n.f. (pl. *pelles-bêches*). Petite pelle carrée à manche court.

PELLE-PIOCHE n.f. (pl. *pelles-pioches*). Petite pelle dont la lame est articulée sur le manche, et qui peut être utilisée soit comme une pelle, soit comme une pioche.

PELLER v.t. [17]. Suisse. Pelleter. *Peller la neige.*

PELLET [pelɛ] n.m. (mot angl., *boule*). MÉTALL. Boulette de minerai, notamm. de minerai de fer, réduit en poudre et humidifié pour faciliter sa réduction en haut-fourneau.

PELLETAGE n.m. Action de pelleter.

PELLETÉE n.f. **1.** Volume de matériaux enlevé en une fois avec une pelle. *Une pelletée de terre.* **2.** *Fig., fam.* Grande quantité. *Pelletée d'injures.*

PELLETER v.t. [16]. Remuer ou déplacer avec une pelle.

PELLETERIE [pɛltri] n.f. (du lat. *pellis,* peau). **1.** Industrie, commerce et travail des peaux et fourrures à l'intention des fourreurs. **2.** Ensemble des peaux, des fourrures préparées par le pelletier.

PELLETEUR, EUSE n. (de *pelleter*). Personne qui manie la pelle, qui travaille avec une pelle.

PELLETEUSE n.f. Pelle mécanique.

PELLETIER, ÈRE n. Personne qui travaille dans la pelleterie.

PELLICULAGE n.m. Application d'une pellicule transparente sur un support génér. imprimé, destinée à le protéger et à en améliorer l'aspect.

PELLICULAIRE adj. Qui forme une pellicule, une fine membrane.

PELLICULE n.f. (lat. *pellicula,* petite peau). **1.** Bande souple de matière plastique recouverte d'une couche (ou surface) sensible, destinée à la photographie, au cinéma. SYN. : *film.* **2.** Petite squame blanche qui se détache du cuir chevelu à la suite d'une infection par un champignon. **3.** Mince feuille d'un matériau souple. **4.** Peau, membrane mince. *Pellicule des grains de raisin.* **5.** Matière solidifiée ou déposée en couche mince à la surface de qqch. *Une pellicule de givre sur une vitre.*

PELLICULER v.t. Procéder au pelliculage de.

PELLICULEUX, EUSE adj. Qui a des pellicules. *Cheveux pelliculeux.*

PELLUCIDE adj. (lat. *pellucidus,* de *per,* à travers, et *lucidus,* luisant). BIOL. *Membrane* ou *zone pellucide* : membrane d'enveloppe de l'ovule.

PÉLOBATE n.m. (du gr. *pêlos,* boue, et *bainein,* marcher). Crapaud nocturne, vivant enfoui dans les sols meubles, dont il existe trois espèces en Europe. (Famille des pélobatidés.)

PÉLODYTE n.m. (gr. *pêlos,* boue, et *dutês,* plongeur). Petit crapaud fouisseur vivant en France, en Belgique et dans la péninsule Ibérique. (Long. 5 cm ; famille des pélobatidés.)

PÉLOPONNÉSIEN, ENNE adj. et n. Du Péloponnèse.

PELOTAGE n.m. *Fam.* Action de peloter.

PELOTARI n.m. (mot basque). Joueur de pelote.

PELOTE n.f. (du lat. *pila,* balle). **1.** Boule formée de fils, de cordes, de rubans, etc., roulés sur eux-mêmes. ◇ *Fam. Avoir les nerfs en pelote* : être énervé. – *Fam.,* vieilli. *Faire sa pelote* : amasser petit à petit des profits, des économies. **2.** Balle du jeu de pelote basque, du jeu de paume. **3.** *Pelote basque,* ou *pelote* : ensemble des sports traditionnels du Pays basque, dans lequel les joueurs *(pelotaris)* lancent la balle *(pelote)* contre un fronton ou contre les murs d'un local couvert *(trinquet),* à main nue ou avec une raquette de bois *(pala),* ou encore avec un étroit panier d'osier recourbé *(chistera).* **4.** Petit coussinet pour piquer des aiguilles, des épingles. **5.** ZOOL. Coussinet plantaire. **6.** Amas de débris alimentaires non digérés, que rejettent certains animaux (pelote de régurgitation, pelote fécale).

■ **PELOTE** basque au grand chistera.

PELOTER v.t. *Fam.* Caresser, toucher de façon sensuelle en palpant.

PELOTEUR, EUSE adj. et n. *Fam.* Qui pelote.

PELOTON n.m. **1.** Petite pelote. **2. a.** SPORTS. Groupe compact de concurrents dans une course. **b.** *Peloton d'exécution* : groupe de soldats chargés de fusiller un condamné. **c.** Petite unité élémentaire constitutive de l'escadron, dans la cavalerie, l'arme blindée, la gendarmerie ou le train. **d.** *Peloton d'instruction* : groupe de militaires qui reçoivent une formation particulière pour devenir gradés, spécialistes.

PELOTONNEMENT n.m. Action de pelotonner, de se pelotonner.

PELOTONNER v.t. Mettre en pelote, en peloton. ◆ **se pelotonner** v.pr. Se blottir en repliant bras et jambes près du tronc.

PELOUSE n.f. (anc. fr. *peleus,* du lat. *pilosus,* poilu). **1.** Terrain planté d'une herbe dense, d'un gazon régulièrement tondus. **2.** Végétation dense et rase, rappelant le gazon, qui pousse en montagne au printemps. **3.** Partie gazonnée d'un stade, d'un champ de courses. – *Spécial.* L'une des trois enceintes d'un champ de courses, délimitée par la ou les pistes (par oppos. à ***pavillon,*** à ***pesage***).

PELTÉ, E adj. (lat. *pelta*). BOT. Se dit d'une feuille (de capucine, par ex.) dont le pétiole est fixé au milieu du limbe.

PELUCHE n.f. (de l'anc. fr. *peluchier,* éplucher). **1.** Étoffe analogue au velours, ayant d'un côté des poils très longs, soyeux et brillants. **2.** Jouet en peluche, représentant le plus souvent un animal.

PELUCHÉ, E adj. Se dit d'une étoffe, d'une plante qui a de longs poils.

PELUCHER v.i. Prendre un aspect qui rappelle la peluche, en parlant d'un tissu dont l'usure relève ou détache les fibres, les poils.

PELUCHEUX, EUSE adj. Qui peluche ; qui a l'aspect de la peluche.

PELURE n.f. (de *peler*). **1.** Peau ôtée d'un fruit, d'un légume. **2.** *Fam.* Vêtement. – *Spécial.* Vêtement de dessus (manteau, imperméable, etc.). **3.** *Papier pelure* : papier à écrire très fin et légèrement translucide. **4.** *Pelure d'oignon.* **a.** Chacune des tuniques qui enveloppent un bulbe d'oignon et des écailles superposées qui composent ce bulbe. **b.** Vin, et en partic. vin rosé, dont la robe, d'une teinte orangée à fauve, évoque la pelure des oignons.

PELVIEN, ENNE adj. (du lat. *pelvis,* bassin). MÉD. Du pelvis. ◇ *Ceinture pelvienne,* formée, chez les mammifères, des deux os iliaques et du sacrum, et reliant les membres inférieurs ou postérieurs au tronc. – *Nageoire pelvienne* : nageoire abdominale paire des poissons, qui s'insère, selon l'espèce, à l'arrière (juste en avant de l'anus) ou à l'avant, près des pectorales.

PELVIMÉTRIE n.f. Mensuration du pelvis avant l'accouchement, en partic. sur des radiographies.

PELVIS [pɛlvis] n.m. (mot lat.). ANAT. Partie inférieure du bassin. SYN. : *petit bassin.*

PEMMICAN [pɛmikɑ̃] n.m. (mot angl., de l'algonquien). Préparation de viande séchée et mélangée avec de la graisse et des baies, utilisée en Amérique du Nord par les Indiens des plaines, puis par les trappeurs, les explorateurs, etc.

PEMPHIGUS [pɑ̃figys] n.m. (gr. *pemphix, -igos,* bulle). MÉD. Nom de diverses affections caractérisées par la formation, sur la peau et les muqueuses, de bulles remplies de liquide.

PÉNAL, E, AUX adj. (du lat. *poena,* châtiment). Relatif aux infractions et aux peines qui peuvent frapper leurs auteurs. *Droit pénal.* ◇ *Code pénal* : recueil de lois et de règlements concernant les infractions (contraventions, délits, crimes), et déterminant les peines qui leur sont applicables. ◆ n.m. *Le pénal.* **a.** La voie pénale (par oppos. à ***civil***). **b.** La juridiction pénale.

PÉNALEMENT adv. Du point de vue pénal.

PÉNALISANT, E adj. Qui pénalise, désavantage, constitue un handicap. *Réglementations douanières pénalisantes pour les exportations.*

PÉNALISATION n.f. **1.** SPORTS. Désavantage infligé à un concurrent, à une équipe qui a commis une faute au cours d'une épreuve, d'un match. **2.** Fait d'être pénalisé, désavantagé.

PÉNALISER v.t. **1.** SPORTS. Frapper d'une pénalité ; infliger une pénalisation à. **2.** Être la cause d'une infériorité, constituer un handicap pour. *Dispositions fiscales qui pénalisent certaines entreprises.*

PÉNALISTE n. DR. Spécialiste de droit pénal.

PÉNALITÉ n.f. **1.** Peine, sanction. – *Spécial.* Sanction qui frappe un délit d'ordre fiscal.

2. Au rugby, sanction pour un manquement aux règles ; exécution de cette sanction par l'équipe non fautive ; points marqués par celle-ci à cette occasion.

PENALTY [penalti] n.m. [pl. *penaltys* ou *penalties*] (mot angl.). Sanction prise contre une équipe pour une faute grave commise par un de ses joueurs dans sa surface de réparation, au football. *Siffler, tirer un penalty.* Recomm. off. : ***coup de pied de réparation.*** ◇ ***Point de penalty,*** situé à 11 m du but, où le ballon est placé pour l'exécution d'un penalty.

PÉNATES n.m. pl. (lat. *penates*). **1.** MYTH. ROM. Divinités du foyer ; statues, effigies de ces divinités. **2.** *Fam.* Maison, foyer. *Regagner ses pénates.*

PENAUD, E adj. (de *peine*). Confus, embarrassé, honteux après avoir commis une maladresse, subi une mésaventure.

PENCE n.m. pl. → **PENNY.**

PENCHANT n.m. **1.** Tendance qui incline à un certain comportement, vers un certain but. **2.** Attirance, sympathie que l'on éprouve pour qqn. *Penchant amoureux.*

PENCHER v.t. (lat. pop. *pendicare,* de *pendere,* pendre). Incliner vers le bas ou de côté. *Pencher la tête.* ◆ v.i. **1.** Ne pas être d'aplomb, être incliné. *Le mur penche.* **2.** ***Pencher pour, vers*** *:* être porté à, avoir tendance à, préférer. *Il penche pour la seconde solution.* ◆ **se pencher** v.pr. **1.** Courber son corps en avant ; avoir le corps incliné dans une direction. *Se pencher à la fenêtre. Se pencher en arrière.* **2.** ***Se pencher sur*** *:* examiner attentivement ; s'occuper de, s'intéresser à. *Se pencher sur un problème, une question.*

P

PENDABLE adj. Vx. Passible de la pendaison. ◇ Mod. ***Un tour pendable*** *:* une méchante plaisanterie, une mauvaise farce.

PENDAGE n.m. GÉOL. Pente d'un niveau stratigraphique, d'un filon.

PENDAISON n.f. **1.** Action de pendre qqn, de se pendre. *Condamné à la pendaison.* **2.** Action de pendre qqch.

1. PENDANT, E adj. **1.** Qui pend. *Langue pendante.* **2.** DR. En instance, non résolu. **3.** ARCHIT. ***Clef pendante*** *:* clef de voûte sur croisée d'ogives qui présente un élément décoratif en forte saillie sous les nervures.

2. PENDANT n.m. (de *pendre*). **1.** Chacune des deux pièces de mobilier ou de décoration, des deux œuvres d'art, etc., qui constituent une paire destinée à former symétrie. **2.** Personne, chose semblable, égale, complémentaire. *Il est le pendant de sa sœur.* **3.** ***Pendant d'oreille*** *:* bijou qui pend au lobe de l'oreille.

3. PENDANT prép. Introduit la durée, la période au cours de laquelle se déroule une action, un fait. *Pendant l'été, le voyage, la semaine.* ◆ **pendant que** loc. conj. Dans le temps que, tandis que. *Tais-toi pendant qu'elle parle !* — Puisque. *Pendant que j'y pense.*

PENDARD, E n. *Fam.,* vieilli. Vaurien, fripon.

PENDELOQUE n.f. (de l'anc. fr. *pendeler,* pendiller). **1.** Ornement suspendu à une boucle d'oreille, à un bracelet. **2.** Ornement (morceau de cristal taillé à facettes, en partic.) suspendu à un lustre ou à un candélabre.

PENDENTIF n.m. (du lat. *pendens, -entis,* qui pend). **1.** Bijou suspendu à une chaînette de cou, à un collier. **2.** ARCHIT. Chacun des triangles sphériques concaves ménagés entre les grands arcs supportant une coupole et qui permettent de passer du plan carré au plan circulaire. (La *trompe* est une autre solution au même problème.)

PENDERIE n.f. Placard, petite pièce ou partie d'une armoire où l'on suspend des vêtements.

PENDILLER v.i. Être suspendu en oscillant légèrement en l'air.

PENDILLON n.m. Pièce qui reçoit la tige du balancier d'une pendule et la relie à l'échappement.

PENDJABI [pɛndʒabi] n.m. Langue indo-aryenne parlée au Pendjab.

PENDOIR n.m. Corde ou crochet pour suspendre les viandes de boucherie.

PENDOUILLER v.i. *Fam.* Pendre mollement, de manière ridicule, disgracieuse, etc.

PENDRE v.t. [59] (lat. *pendere*). **1.** Attacher qqch par le haut de façon que la partie inférieure tombe librement vers le sol. *Pendre un lustre.* **2.** Mettre à mort en suspendant par le cou. ◇ ***Dire pis que pendre de qqn,*** en dire le plus grand mal. ◆ v.i. **1.** Être suspendu. *Les fruits pendent aux arbres.* ◇ *Fam.* ***Pendre au nez de qqn,*** risquer fort de lui arriver, en parlant d'une chose fâcheuse. **2.** Tomber trop bas. *Cette robe pend d'un côté.* ◆ **se pendre** v.pr. **1.** S'accrocher en se retenant par le haut ; se suspendre. **2.** Se suicider par pendaison.

PENDU, E adj. Attaché par le haut ; suspendu, accroché. ◇ ***Être pendu au téléphone,*** l'utiliser longtemps, souvent. — ***Être pendu aux lèvres, aux paroles de qqn,*** l'écouter avec une attention passionnée. ◆ adj. et n. Mort par pendaison.

PENDULAIRE adj. **1.** Relatif au pendule. *Mouvement pendulaire.* **2.** CH. DE F. ***Train pendulaire*** *:* train dont les voitures s'inclinent dans les courbes en fonction de la vitesse, du rayon de la courbe et du dévers de la voie, de manière à garantir le confort des passagers, à grande vitesse. **3.** ***Migration pendulaire*** *:* déplacement quotidien du domicile au lieu de travail et du lieu de travail au domicile. ◆ n. Suisse. Personne qui effectue une migration pendulaire.

1. PENDULE n.m. (du lat. *pendulus,* qui est suspendu). **1.** Corps solide suspendu à un point fixe et oscillant sous l'action de la pesanteur. — PHYS. Tout système matériel animé, sous l'action d'une force tendant à le ramener à sa position d'équilibre, d'un mouvement oscillatoire autour d'un point ou d'un axe. *Pendule élastique, magnétique, de torsion.* **2.** Instrument de radiesthésie consistant en une petite masse, souvent sphérique, d'un corps pesant, oscillant au bout d'un fil ou d'une chaînette dont l'opérateur tient l'extrémité entre les doigts.

2. PENDULE n.f. **1.** Appareil horaire, mécanique ou électrique, posé horizontalement ou fixé sur un mur. ◇ *Fam.* ***Remettre les pendules à l'heure*** *:* adapter son attitude, son action à la situation actuelle ; en sport, revenir à son niveau de performance habituel après une période de méforme, de mauvais résultats. **2.** Organe régulateur des horloges, pendules, etc. **3.** *Fam.* ***En faire une pendule*** *:* exagérer l'importance de qqch qui n'en vaut pas la peine.

PENDULER v.i. ALP., SPÉLÉOL. Effectuer au bout d'une corde un mouvement pendulaire.

PENDULETTE n.f. Petite pendule, souvent portative.

PENDULIER, ÈRE n. Personne spécialisée dans la fabrication et le montage des mouvements d'horlogerie de grande taille.

PÊNE n.m. (lat. *pessulus,* verrou). Pièce mobile d'une serrure qui, actionnée par une clef, ferme la porte en s'engageant dans la gâche. ◇ ***Pêne demi-tour*** *:* pêne en biseau maintenu en place par un ressort, et qui fonctionne avec une poignée, une clé, etc.

PÉNÉPLAINE n.f. (lat. *paene,* presque, et *plaine*). GÉOMORPH. Surface caractérisée par des pentes faibles, des vallées évasées et des dépôts superficiels, stade final du cycle d'érosion d'un relief, en l'absence d'un rajeunissement de celui-ci.

PÉNÉTRABILITÉ n.f. *Litt.* Qualité de ce qui est pénétrable, de ce qui se laisse pénétrer.

PÉNÉTRABLE adj. **1.** Que l'on peut pénétrer, où l'on peut pénétrer. **2.** *Litt.* Compréhensible, intelligible.

PÉNÉTRANT, E adj. **1.** Qui pénètre. *Une pluie pénétrante.* **2.** *Fig.* Doué de pénétration ; perspicace. *Un esprit pénétrant.*

PÉNÉTRANTE n.f. Voie de communication allant de la périphérie vers le centre d'une ville, des confins au cœur d'une région (par oppos. à *radiale*).

PÉNÉTRATION n.f. **1.** Action de pénétrer. **2.** Faculté de comprendre des sujets difficiles ; perspicacité, sagacité. **3.** ***Taux de pénétration*** *:* pourcentage d'une population donnée touché par un support publicitaire.

PÉNÉTRÉ, E adj. Rempli d'un sentiment, d'une opinion ; convaincu. *Homme pénétré de son importance.* ◇ ***Ton, air pénétré,*** convaincu ou, par plais., d'une gravité affectée.

PÉNÉTRER v.t. [11] (lat. *penetrare*). **1.** Passer à travers, entrer dans. *La pluie a pénétré mon imperméable.* **2.** Parvenir à deviner, à découvrir les sentiments, les idées de qqn. *Pénétrer les intentions d'autrui.* **3.** Toucher profondément, intimement. *Émotion qui vous pénètre le cœur, l'âme.* ◆ v.i. S'introduire dans un lieu. *Pénétrer dans une maison.* ◆ **se pénétrer** v.pr. **(de).** S'imprégner profondément d'une idée, d'un sentiment, etc. *Se pénétrer d'une vérité.*

PÉNÉTROMÈTRE n.m. MÉTROL. Instrument permettant de mesurer, par pénétration, la résistance, la dureté d'un corps, d'une surface (sol, revêtement de chaussée, etc.).

PÉNIBILITÉ n.f. *Didact.* Caractère de ce qui est pénible. *La pénibilité d'une tâche.*

PÉNIBLE adj. (de *peine*). **1.** Qui se fait avec difficulté, fatigue, souffrance. *Un travail pénible.* **2.** Qui cause une peine morale, qui afflige. *Une pénible nouvelle.* **3.** *Fam.* Se dit d'une personne désagréable, difficile à supporter.

PÉNIBLEMENT adv. Avec peine.

PÉNICHE n.f. (esp. *pinaza,* de *pino,* pin). Long bateau à fond plat pour le transport fluvial des marchandises.

PÉNICILLINASE n.f. Enzyme présente chez certaines bactéries, qui détruit la pénicilline.

PÉNICILLINE [penisilin] n.f. (angl. *penicillin*). Médicament antibiotique bactéricide. (La première pénicilline, produite par un champignon du genre *Penicillium,* fut découverte en 1928 par Alexander Fleming.)

PÉNICILLIUM [penisiljɔm] n.m. (lat. *penicillium*). Champignon ascomycète qui se développe sous la forme d'une moisissure verte dans certains fromages (roquefort, bleu...), blanche sur d'autres (camembert), ainsi que sur les fruits (agrumes) et les confitures, et dont une espèce, *Penicillium notatum,* fournit la pénicilline.

PÉNIEN, ENNE adj. Du pénis.

PÉNIL [penil] n.m. (lat. pop. *pectiniculum*). ANAT. Mont de Vénus.

PÉNINSULAIRE adj. Relatif à une péninsule, à ses habitants.

PÉNINSULE n.f. (lat. *paeninsula,* de *paene,* presque, et *insula,* île). Grande presqu'île.

PÉNIS [penis] n.m. (lat. *penis*). MÉD. Organe mâle de la copulation et de la miction. SYN. : *verge.*

PÉNITENCE n.f. (lat. *paenitentia*). CHRIST. **1. a.** Repentir, regret d'avoir offensé Dieu, accompagné de la ferme intention de ne plus recommencer. *Faire pénitence.* **b.** Un des sept sacrements de l'Église catholique, par lequel le prêtre absout les péchés. **2.** Peine imposée au pénitent par le confesseur. — Mortification que l'on s'impose pour expier ses péchés.

PÉNITENCERIE n.f. CATH. ***Sacrée Pénitencerie apostolique*** *:* tribunal chargé auprès du Saint-Siège des cas réservés et de la concession des indulgences.

PÉNITENCIER n.m. **1.** Anc. Établissement où étaient subies les longues peines privatives de liberté. **2.** CATH. Prêtre désigné par l'évêque avec pouvoir d'absoudre certains cas réservés.

PÉNITENT, E n. CHRIST. Personne qui confesse ses péchés au prêtre. ◆ n.m. Membre de certaines confréries qui, par esprit de pénitence, s'imposent des pratiques de piété et de charité, et qui portent un costume à cagoule lors des solennités religieuses.

PÉNITENTIAIRE adj. Relatif aux prisons, à l'incarcération, aux détenus. *Régime pénitentiaire.*

PÉNITENTIAUX adj.m. pl. RELIG. ***Psaumes pénitentiaux*** *:* groupe de sept psaumes qui ont pour thème la pénitence.

PÉNITENTIEL, ELLE adj. CHRIST. Relatif à la pénitence. *Liturgie pénitentielle.*

PENNAGE n.m. (de *penne*). FAUCONN. Ensemble des plumes d'âge identique, notamm. chez les oiseaux de proie.

PENNE n.f. (lat. *penna*). **1.** Longue plume de l'aile (rémige) ou de la queue (rectrice) des oiseaux. **2.** Chacun des éléments en plume de l'empennage d'une flèche. **3.** MAR. Extrémité supérieure de l'antenne d'une voile latine.

PENNÉ, E adj. (lat. *pennatus*). BOT. Dont les nervures sont disposées de part et d'autre d'un pétiole commun, comme les barbes d'une plume. *Feuilles, folioles pennées.*

PENNIFORME adj. BOT. Qui a la forme d'une plume.

PENNON n.m. (de *penne*). **1.** Flamme que portait tout gentilhomme partant en guerre avec ses vassaux pour servir un banneret. **2.** MAR. Penon.

PENNY [pɛni] n.m. (mot angl.). **1.** (pl. *pence* [pɛns]). Monnaie divisionnaire de la Grande-Bretagne et de la république d'Irlande, valant 1/100 de livre. (Avant le passage de la Grande-Bretagne au système décimal [1971], le penny valait 1/12 de shilling et 1/240 de livre.) **2.** (pl. *pennies* [peniz]). Pièce de cette valeur.

PÉNOLOGIE n.f. Étude des peines qui sanctionnent les infractions pénales, et de leurs modalités d'application.

PÉNOMBRE n.f. (lat. *paene,* presque, et *ombre*). **1.** Lumière faible, demi-jour. ◇ *Rester dans la pénombre,* dans une situation obscure, sans gloire. **2.** PHYS. État d'une surface incomplètement éclairée par un corps lumineux dont un corps opaque intercepte en partie les rayons.

PENON ou **PENNON** n.m. (de *penne*). MAR. Petite girouette ou banderole en étamine indiquant la direction du vent.

PENSABLE adj. (Surtout en emploi négatif.) Que l'on peut imaginer, concevoir. *Ce n'est pas pensable.*

PENSANT, E adj. Qui pense, qui est capable de penser. ◇ *Tête pensante :* organisateur d'un groupe ; cerveau.

PENSE-BÊTE n.m. (pl. *pense-bêtes*). Liste, indication quelconque destinée à rappeler une tâche à accomplir.

1. PENSÉE n.f. **1.** Faculté de penser, activité de l'esprit. – Activité psychique rationnelle, par concepts, visant la connaissance. **2.** Esprit. *Chasser une idée de sa pensée.* ◇ *En pensée, par la pensée :* dans l'esprit, par l'imagination. **3.** Façon de penser ; opinion, point de vue. *Parler sans déguiser sa pensée.* **4.** Ensemble des idées, des doctrines d'un individu, d'un groupe. *La pensée d'un philosophe.* ◇ *Péjor. La pensée unique :* l'ensemble des opinions dominantes, conventionnelles, des idées reçues, dans les domaines économique, politique et social. **5.** Manière dont l'activité de l'esprit s'exprime. *Avoir une pensée claire, ordonnée.* **6.** Acte particulier de l'esprit qui se porte sur un objet. *Pensée ingénieuse.* **7.** Brève réflexion écrite ; sentence, maxime. *Une pensée de La Rochefoucauld.*

2. PENSÉE n.f. Petite plante ornementale voisine de la violette, aux fleurs veloutées roses, jaunes ou violettes, non parfumées. (Genre *Viola ;* famille des violacées.)

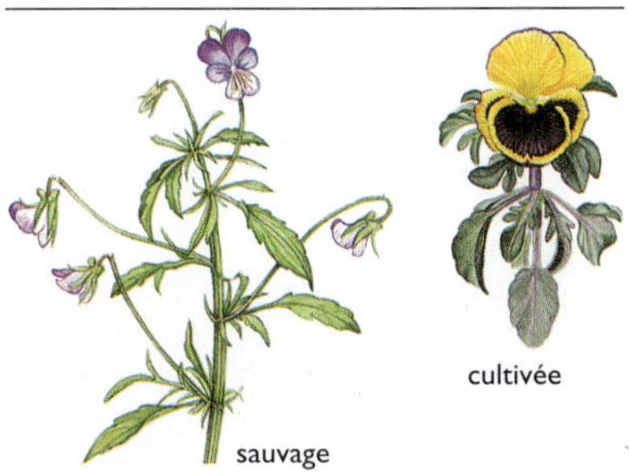

■ PENSÉES

PENSER v.i. (bas lat. *pensare,* peser). **1.** Former des idées dans son esprit ; concevoir des notions, des opinions, par l'activité de l'intelligence, par la réflexion. **2.** Avoir une certaine opinion. *Je pense comme vous.* ◆ v.t. **1.** Avoir dans l'esprit, avoir pour opinion. *Il dit ce qu'il pense.* **2.** Avoir la conviction de, que ; croire. *Je pense qu'elle a raison.* **3.** Avoir l'intention de. *Nous pensons partir bientôt.* **4.** Concevoir, imaginer en fonction d'une fin déterminée. *Penser un projet dans ses moindres détails.* ◆ v.t. ind. **(à). 1.** Diriger sa pensée vers, appliquer son attention à ; avoir en tête. *Il pense à autre chose.* ◇ *Faire penser à :* évoquer par une ressemblance. – *Sans penser à mal :* sans mauvaise intention. **2.** Se souvenir à temps de. *As-tu pensé à son anniversaire ?* **3.** Prendre en considération ; envisager. *Penser aux conséquences de ses actes.*

PENSEUR, EUSE n. **1.** Personne qui s'applique à penser, à réfléchir, à méditer. **2.** Personne dont la pensée personnelle exerce une influence notable par sa qualité, sa profondeur.

PENSIF, IVE adj. Qui donne l'impression d'une méditation profonde ; songeur.

PENSION n.f. (lat. *pensio, -onis,* paiement). **1.** Somme d'argent versée par un organisme social, par l'État, à qqn, pour subvenir à ses besoins, rétribuer d'anciens services, l'indemniser, etc. *Pension de retraite. Pension de guerre.* – Belgique. Retraite. *Prendre sa pension.* **2. a.** Somme que l'on verse pour être logé, nourri. **b.** Fait d'être logé, nourri moyennant rétribution. *Prendre pension chez l'habitant.* **3. a.** Établissement d'enseignement privé où les élèves peuvent être internes. SYN. : *pensionnat.* **b.** *Pension de famille :* hôtel modeste où les clients sont logés dans des conditions rappelant la vie familiale. **4.** BANQUE. *Pension d'effets :* opération consistant en une cession d'effets au comptant, associée à un engagement de rachat à terme à une date convenue.

PENSIONNAIRE n. **1.** Personne qui est logée et nourrie moyennant pension dans un hôtel, chez un particulier, etc. **2.** Élève interne, dans un établissement scolaire. **3.** Acteur qui reçoit un traitement fixe (en partic., à la Comédie-Française, par oppos. au *sociétaire*). **4.** Étudiant, jeune artiste dont le séjour d'études est payé par une fondation, par l'État. *Pensionnaire à la villa Médicis.* **5.** HIST. *Grand pensionnaire :* chef du pouvoir exécutif, dans les Provinces-Unies (XVIe - XVIIIe s.), qui était en même temps gouverneur *(pensionnaire)* de la province de Hollande.

PENSIONNAT n.m. Pension ; ensemble des élèves d'un tel établissement.

PENSIONNÉ, E adj. et n. **1.** Qui reçoit une pension. *Pensionné de guerre.* **2.** Belgique. Retraité.

PENSIONNER v.t. Allouer une pension à.

PENSIVEMENT adv. De manière pensive.

PENSUM [pɛ̃sɔm] n.m. (mot lat., *tâche*). **1.** Vieilli. Devoir supplémentaire imposé à un élève pour le punir. **2.** Travail ou besogne intellectuelle ennuyeux, pénibles. *Ce rapport, quel pensum !*

PENTACLE [pɛ̃takl] n.m. (du gr. *pente,* cinq). OCCULT. Figure géométrique ayant la forme d'une étoile à cinq branches, à laquelle on attribue une valeur de talisman.

PENTADACTYLE [pɛ̃-] adj. ZOOL. Qui a cinq doigts.

PENTADÉCAGONE n.m. → **PENTÉDÉCAGONE.**

PENTAÈDRE [pɛ̃-] n.m. et adj. (gr. *pente,* cinq, et *hedra,* base). GÉOMÉTR. Polyèdre à cinq faces.

PENTAGONAL, E, AUX adj. Qui a la forme d'un pentagone.

PENTAGONE [pɛ̃-] n.m. (gr. *pente,* cinq, et *gônia,* angle). GÉOMÉTR. Polygone qui a cinq angles, et donc cinq côtés. ◇ *Le Pentagone : v. partie n.pr.*

PENTAMÈRE [pɛ̃-] adj. et n.m. (gr. *pente,* cinq, et *meros,* partie). **1.** BIOL. Qui présente une symétrie rayonnée de base cinq. (L'étoile de mer est pentamère.) SYN. : *pentaradié.* **2.** Se dit d'un insecte dont le tarse est divisé en cinq parties.

PENTAMÈTRE [pɛ̃-] n.m. Vers de cinq syllabes.

PENTANE [pɛ̃-] n.m. CHIM. ORG. Hydrocarbure saturé (C_5H_{12}).

PENTAPOLE [pɛ̃-] n.f. (gr. *pente,* cinq, et *polis,* ville). ANTIQ. Union politique ou alliance de cinq cités.

PENTARADIÉ, E [pɛ̃-] adj. Pentamère.

PENTARCHIE [pɛ̃-] n.f. (gr. *pente,* cinq, et *arkhê,* commandement). Ensemble d'autorités ou d'États exerçant à cinq une suprématie de fait.

PENTATHLON [pɛ̃-] n.m. (du gr.). **1.** ANTIQ. GR. Concours d'athlétisme comportant cinq exercices (lutte, course, saut, disque et javelot). **2.** *Pentathlon moderne,* ou *pentathlon :* discipline olympique comportant cinq épreuves (cross, équitation, natation, escrime, tir).

PENTATOME [pɛ̃-] n.f. Punaise commune en Europe sur les feuilles des arbres et des arbustes, telle que la *pentatome des baies,* ou *punaise des bois,* et la *pentatome rayée,* marquée de bandes longitudinales rouges et noires. (Famille des pentatomidés.)

PENTATONIQUE [pɛ̃-] adj. MUS. Constitué de cinq sons. *Échelle pentatonique.*

PENTE n.f. (lat. *pendita,* de *pendere,* pendre). **1.** Déclivité, inclinaison d'un terrain, d'une surface. *Une forte pente.* ◇ *Rupture de pente :* changement brusque de l'inclinaison d'une pente. **2.** Inclinaison d'une surface, considérée dans son expression arithmétique, sa figuration géométrique. (Une pente de 3 % représente une différence de niveau de 3 m sur une distance horizontale de 100 m.) ◇ *Pente d'une droite,* tangente de l'angle que fait cette droite avec l'axe des abscisses. – *Ligne de plus grande pente,* ou *ligne de pente d'un plan,* droite qui, de toutes les droites de ce plan, fait le plus grand angle avec un plan horizontal. – *Ligne de plus grande pente,* ou *ligne de pente d'une surface,* coupant à angle droit les courbes de niveau. – GÉOMORPH. *Pente limite :* pente minimale nécessaire au fonctionnement d'un processus de transport sur les versants. – *Pente d'équilibre :* pente au-dessous de laquelle un processus de transport sur les versants cesse de fonctionner. **3.** Terrain, chemin incliné par rapport à l'horizontale. *Pentes enneigées.* ◇ *Remonter la pente :* être dans une situation qui s'améliore, après une période de difficultés. **4.** Tendance naturelle, souvent fâcheuse ; inclination, penchant. *Sa pente naturelle le porte à boire.* ◇ *Être sur une pente glissante, savonneuse, dangereuse :* suivre une voie qui conduit à l'échec, à la chute ou à la déchéance. – *Être sur la mauvaise pente :* s'engager dans une voie contraire aux exigences morales, sociales, etc.

PENTECÔTE n.f. (gr. *pentekostê hêmera,* cinquantième jour). **1.** Fête juive célébrée sept semaines après le second jour de la Pâque, en souvenir de la remise des tables de la Loi à Moïse. **2.** Fête chrétienne célébrée le septième dimanche après Pâques, en mémoire de la descente du Saint-Esprit sur les apôtres.

PENTECÔTISME n.m. Mouvement, doctrine des pentecôtistes.

PENTECÔTISTE n. Membre de l'un des mouvements religieux protestants qui, nés au début du XXe s., affirment que les dons visibles du Saint-Esprit opèrent toujours aujourd'hui, comme dans l'Église primitive. ◆ adj. Relatif au pentecôtisme.

PENTÉDÉCAGONE ou **PENTADÉCAGONE** [pɛ̃-] n.m. Polygone qui a quinze angles, et donc quinze côtés.

PENTOSE [pɛ̃-] n.m. BIOCHIM. Ose à cinq atomes de carbone (nom générique).

PENTRITE [pɛ̃-] n.f. Explosif constitué par un ester nitrique cristallisé, très puissant et très sensible.

PENTU, E adj. En pente ; incliné, en parlant d'un terrain.

PENTURE n.f. (lat. pop. *penditura*). Bande métallique ou ferrure qui soutient sur ses gonds une porte, un volet.

PÉNULTIÈME adj. (lat. *paene,* presque, et *ultimus,* dernier). *Didact.* Avant-dernier. ◆ adj. et n.f. Se dit de l'avant-dernière syllabe d'un mot, d'un vers.

PÉNURIE n.f. (lat. *penuria*). Manque de ce qui est nécessaire. *Pénurie d'énergie, de main-d'œuvre.*

PÉON [peɔn] n.m. [pl. *péons* ou *péones*] (esp. *peón*). Paysan, ouvrier agricole, en Amérique du Sud.

PEP [pɛp] n.m. (de l'angl. *pepper,* poivre). *Fam.,* vieilli. Dynamisme, vitalité. *Avoir du pep.*

PÉPÉ n.m. **1.** Grand-père, dans le langage enfantin. **2.** *Fam.* Homme d'un certain âge.

PÉPÉE n.f. *Fam.,* vieilli. Jeune femme, jeune fille jolie et bien faite.

PÉPÈRE n.m. **1.** Grand-père, dans le langage enfantin. **2.** *Fam.* Gros homme, gros garçon d'allure paisible. ◆ adj. *Fam.* Tranquille, paisible, confortable. *Une petite vie pépère.*

PÉPETTES ou **PÉPÈTES** n.f. pl. *Fam.,* vieilli. Argent.

PÉPIE n.f. (lat. *pituita,* pituite). Pellicule qui se forme sur la langue des oiseaux atteints d'affections respiratoires, et qui les empêche de manger mais non de boire. ◇ *Fam. Avoir la pépie :* avoir très soif.

PÉPIEMENT n.m. Cri des jeunes oiseaux.

PÉPIER v.i. [5] (onomat.). Crier, en parlant des petits oiseaux, des poussins.

1. PÉPIN n.m. **1.** Chacune des graines d'une baie, d'un agrume, d'un pépon. *Fruits à pépins et fruits à noyau.* **2.** *Fam.* Accident, ennui, désagrément.

2. PÉPIN n.m. (du n. d'un personnage de vaudeville). *Fam.* Parapluie.

PÉPINIÈRE n.f. **1.** Lieu où l'on cultive des plants d'arbres fruitiers, forestiers ou d'ornement destinés à être transplantés. – Ensemble de ces jeunes plants. **2.** *Fig.* Lieu, établissement d'où sortent en grand nombre des personnes destinées à une profession, à une activité. *Le conservatoire est une pépinière de jeunes talents.*

PÉPINIÉRISTE n. Personne qui cultive une pépinière.

PÉPITE n.f. (esp. *pepita,* pépin). **1.** Petite masse de métal natif, notamm. d'or. **2.** *Pépite de chocolat :* petit morceau de chocolat de forme allongée dont on garnit les biscuits, les gâteaux.

PÉPLUM [peplɔm] n.m. (lat. *peplum,* du gr. *peplos*). **1.** ANTIQ. GR. Tunique sans manches, s'agrafant sur l'épaule, portée par les femmes. **2.** *Fam.* Film d'aventures s'inspirant de l'histoire ou de la mythologie antiques.

PÉPON ou **PÉPONIDE** n.m. (lat. *pepo, -onis,* melon, concombre). AGRIC. Fruit des cucurbitacées.

PEPPERMINT [pepərmint] n.m. (mot angl., de *pepper,* poivre, et *mint,* menthe). Liqueur de menthe.

PEPSINE n.f. (du gr. *pepsis,* digestion). PHYSIOL. Enzyme du suc gastrique, qui commence la digestion des protéines.

PEPTIDE n.m. BIOCHIM. Molécule constituée par la condensation d'un petit nombre de molécules d'acides aminés.

PEPTIDIQUE adj. BIOCHIM. **1.** *Liaison peptidique :* groupement O=C–NH, formé par élimination d'eau entre un acide carboxylique et une amine. (Ce module structural unit les acides aminés consécutifs dans les chaînes polypeptidiques présentes dans les protéines.) **2.** Relatif aux peptides ; de la nature des peptides.

PÉQUENOT n.m. ou **PÉQUENAUD, E** n. (de *pékin*). *Fam., péjor.* Paysan.

PÉQUET ou **PÉKET** [pekε] n.m. Belgique. Eau-de-vie parfumée au genièvre.

PÉQUIN n.m. → **PÉKIN.**

PÉQUISTE adj. et n. Du PQ (Parti québécois, au Québec) ; partisan du Parti québécois.

PERBORATE n.m. Sel de l'acide borique, oxydant, utilisé comme détergent.

PERÇAGE n.m. **1.** Action de percer. **2.** Piercing.

PERCALE n.f. (persan *pergāla,* toile très fine). Tissu de coton ras et très serré.

PERCALINE n.f. Toile de coton légère et lustrée utilisée pour les doublures.

PERÇANT, E adj. **1.** Très vif, pénétrant. *Froid perçant.* **2.** Se dit d'un son aigu et puissant. *Voix perçante.* **3.** D'une grande acuité. *Vue perçante.*

PERCE n.f. **1.** Outil servant à percer. **2.** *Mettre un tonneau en perce,* y faire un trou pour en tirer le contenu. **3.** MUS. Canal axial d'un instrument à vent.

PERCÉE n.f. **1.** Ouverture, trouée ménageant un chemin ou dégageant une perspective. **2. a.** MIL. Action de rompre et de traverser une position défensive adverse. **b.** Franchissement de la défense adverse, dans les sports collectifs (football, rugby, etc.). **3.** Progrès rapide et spectaculaire. *Une percée technologique.*

PERCEMENT n.m. Action de percer, de pratiquer une ouverture, un passage.

PERCE-MURAILLE n.f. (pl. *perce-murailles*). Pariétaire.

PERCE-NEIGE n.m. inv. ou n.f. inv. Plante des prés et des bois, dont les fleurs blanches s'épanouissent à la fin de l'hiver, quand le sol est encore recouvert de neige. (Genre *Galanthus ;* famille des amaryllidacées.)

■ PERCE-NEIGE

PERCE-OREILLE n.m. (pl. *perce-oreilles*). Forficule.

PERCE-PIERRE n.f. (pl. *perce-pierres*). Plante des murs, des rochers (nom commun à plusieurs espèces, parmi lesquelles la saxifrage et la criste-marine).

PERCEPTEUR n.m. (du lat. *perceptus,* recueilli). Fonctionnaire du Trésor, chargé essentiellement de recouvrer les impôts directs.

PERCEPTIBILITÉ n.f. *Didact.* Qualité, caractère de ce qui est perceptible.

PERCEPTIBLE adj. **1.** Qui peut être saisi, perçu par les sens. *Objet perceptible à la vue.* **2.** Qui peut être compris, perçu par l'esprit. *Intention, ironie perceptible.*

PERCEPTIBLEMENT adv. Rare. De façon perceptible.

PERCEPTIF, IVE adj. PSYCHOL. Relatif à la perception.

PERCEPTION n.f. (lat. *perceptio, -onis*). **1.** Recouvrement des impôts par le percepteur. **2.** Fonction, emploi de percepteur. – Bureau du percepteur. **3.** Fait de percevoir par les sens, par l'esprit. *La perception des couleurs, des odeurs. Avoir une perception claire de la situation.* **4.** PSYCHOL. Représentation consciente à partir des sensations ; conscience d'une, des sensations.

PERCER v.t. [9] (du lat. *pertusus,* troué). **1.** Faire un trou de part en part dans ; perforer. *Percer une planche.* ◇ *Percer qqn de coups,* le blesser, le tuer en lui portant des coups avec une arme pointue. – *Litt. Percer le cœur :* faire une grande peine à ; affliger. **2.** Pratiquer une ouverture, ouvrir un passage. *Percer une fenêtre, une rue.* **3.** Passer au travers de ; traverser. *Vent, pluie qui perce les vêtements.* ◇ *Percer les oreilles, les tympans :* faire mal aux oreilles, en parlant d'un son très aigu et puissant. **4.** Découvrir, comprendre ce qui était caché, secret. *Percer un mystère. Percer qqn à jour.* ◆ v.i. **1.** Apparaître, poindre en se frayant un passage à travers qqch. *Le soleil perce à travers les nuages.* – S'ouvrir en se vidant, en parlant d'un abcès ; crever. **2.** Se manifester au grand jour. *Rien n'a percé des délibérations.* **3.** Acquérir de la notoriété. *Cette chanteuse est en train de percer.*

PERCET n.m. Suisse. Perçoir.

PERCEUR, EUSE n. Personne qui perce.

PERCEUSE n.f. Machine, outil servant à percer.

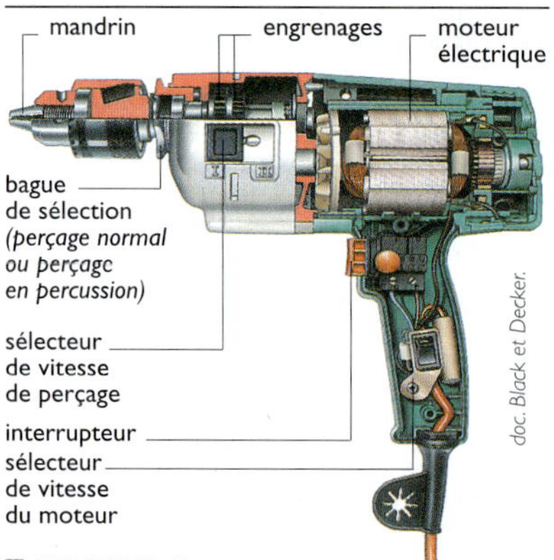

■ PERCEUSE électrique portative.

PERCEVABLE adj. Se dit d'une somme qui peut être perçue.

PERCEVOIR v.t. [39] (lat. *percipere*). **1.** Saisir par les sens ou par l'esprit. *Percevoir un son. Percevoir les nuances d'une pensée.* **2.** Recevoir, recueillir de l'argent. *Percevoir des impôts.*

1. PERCHAGE n.m. Fait de percher, de se percher, pour les oiseaux.

2. PERCHAGE n.m. MÉTALL. Opération d'affinage du cuivre, du zinc ou de l'étain impurs par introduction de perches de bois vert dans le bain de métal en fusion pour le brasser.

1. PERCHE n.f. (lat. *perca*). Poisson des lacs et des cours d'eau lents de l'hémisphère Nord, à deux nageoires dorsales épineuses, vorace, à chair estimée. (Long. jusqu'à 50 cm ; genre *Perca,* ordre des perciformes.) ◇ *Perche soleil* ou *arc-en-ciel,* aux belles couleurs, originaire des États-Unis (genre *Lepomis*). – *Perche goujonnière :* grémille. – *Perche de mer :* serran.

2. PERCHE n.f. (lat. *pertica*). **1.** Pièce longue, mince et de section ronde d'une matière dure (bois, en partic.). *Perche d'échafaudage.* ◇ *Tendre la perche à qqn,* lui offrir l'occasion de mettre fin à une situation difficile, l'aider à se tirer d'embarras. – *Fam. Une grande perche :* une personne grande et maigre. **2.** SPORTS. **a.** En athlétisme, longue tige de fibre de verre (naguère de bois, de métal léger) utilisée pour le saut à la

■ PERCHE

■ PERCHE. Saut à la perche.

perche. **b.** *Saut à la perche,* ou *perche :* spécialité sportive consistant à franchir, au moyen d'une perche, une barre posée sur des taquets. **3.** CINÉMA, TÉLÉV. Long support mobile au bout duquel est suspendu le micro et qui permet de placer celui-ci au-dessus des comédiens, en dehors du champ de la caméra. **4.** Tige métallique permettant aux tramways, aux trolleybus de capter le courant des fils aériens. **5.** Pièce longue et rigide du téléski que le skieur saisit pour être tiré. **6.** VÉNER. Merrain. **7.** Ancienne mesure de surface, qui variait suivant les régions.

PERCHER v.i. **1.** Se poser sur une branche, un perchoir, etc., en parlant d'un oiseau. **2.** *Fam.* Loger, demeurer, en partic. en un lieu élevé. *Percher au dernier étage.* ◆ v.t. Placer en un endroit élevé. *Percher un livre sur la plus haute étagère d'une bibliothèque.* ◆ **se percher** v.pr. **1.** Percher, en parlant d'un oiseau. **2.** Monter, se tenir en un endroit élevé, en parlant de qqn ; se jucher. *Il s'est perché sur un lampadaire pour voir le défilé.*

PERCHERON, ONNE adj. et n. **1.** Du Perche. **2.** Se dit d'une race de chevaux de trait originaires du Perche, grands et puissants.

■ PERCHERON

PERCHEUR, EUSE adj. Se dit d'un oiseau qui a l'habitude de percher.

PERCHIS n.m. Très jeune futaie dont les arbres ont entre 10 et 20 cm de diamètre.

PERCHISTE n. **1.** Sauteur à la perche. **2.** CINÉMA, TÉLÉV. Technicien chargé du maniement de la perche. **3.** Employé d'un remonte-pente qui tend les perches aux skieurs et veille à leur bon défilement.

PERCHLORATE [pεrklɔrat] n.m. CHIM. MINÉR. Sel de l'acide perchlorique.

PERCHLORIQUE adj.m. CHIM. MINÉR. *Acide perchlorique :* le plus oxygéné des acides du chlore, $HClO_4$.

PERCHMAN [pεrʃman] n.m. (de *2. perche* et angl. *man*). CINÉMA. Faux anglic. déconseillé. Perchiste.

PERCHOIR n.m. **1.** Lieu où perchent les volatiles, les oiseaux domestiques ; bâton qui leur sert d'appui. **2.** *Fam.* Lieu où qqn se perche. ◇ *Spécial. Le perchoir :* le siège du président, à l'Assemblée nationale, en France.

PERCIFORME n.m. Poisson téléostéen à nageoires dotées de rayons épineux, tel que la perche, le maquereau, le mérou ou le gobie. (Les perciformes forment un ordre très vaste.)

PERCIPIENT n.m. PARAPSYCHOL. Personne qui reçoit d'une autre (l'agent) une information télépathique.

PERCLUS, E adj. (lat. *perclusus,* obstrué). Privé, complètement ou en partie, de la faculté de se mouvoir. *Être perclus de rhumatismes.*

PERCNOPTÈRE n.m. (gr. *perknos,* noirâtre, et *pteron,* aile). Petit vautour au plumage clair des régions méditerranéennes du Moyen-Orient et d'Afrique, qui se nourrit de charognes et pille les nids d'oiseaux. (Famille des accipitridés.)

PERÇOIR n.m. Outil pour percer.

PERCOLATEUR n.m. (du lat. *percolare,* filtrer). Appareil servant à faire du café à la vapeur par percolation.

PERCOLATION n.f. **1.** Circulation d'un fluide à travers une substance poreuse. **2.** HYDROL. Pénétration lente des eaux de pluie dans le sol.

PERCUSSION n.f. (lat. *percussio, -onis*). **1.** *Didact.* Choc résultant de l'action brusque d'un corps sur un autre. – *Spécial.* Choc du percuteur d'une arme à feu contre l'amorce, provoquant la détonation. **2.** MUS. *Instrument à percussion,* dont on tire le son en le frappant avec les mains, des baguettes, des mailloches, etc. **3.** MÉD. Partie de l'examen clinique dans laquelle le médecin frappe avec ses doigts le ventre ou le thorax, pour déceler une sonorité anormale. **4.** PRÉHIST. *Percussion directe :* attaque directe au percuteur du bloc de matière première. – *Percussion indirecte :* taille de la pierre à l'aide d'une pièce intermédiaire entre le percuteur et le nucléus.

PERCUSSIONNISTE n. Instrumentiste qui joue d'un instrument à percussion ou de plusieurs.

PERCUTANÉ, E adj. Transdermique.

PERCUTANT, E adj. **1.** Qui produit un choc, une percussion. ◇ *Obus percutant,* qui éclate à l'impact (par oppos. à *obus fusant*). – *Tir percutant,* qui utilise de tels projectiles. **2.** Qui atteint son but avec force, sûreté ; frappant, saisissant. *Un argument percutant.*

PERCUTER v.t. (lat. *percutere,* frapper). Venir frapper dans un mouvement. *Les marteaux du piano percutent les cordes.* ◆ v.i. **1.** Exploser au choc, en parlant d'un projectile percutant. *Obus qui retombe sans avoir percuté.* **2.** *Fam.* Comprendre. *Il a du mal à percuter.* ◆ v.t. et v.i. Heurter avec une grande violence. *La voiture a percuté (contre) un mur.*

PERCUTEUR n.m. **1.** Pièce métallique dont la pointe frappe l'amorce d'un projectile (cartouche, obus, etc.) et la fait détoner, dans une arme à feu. **2.** PRÉHIST. Instrument utilisé pour tailler la pierre afin d'obtenir des outils, des lames ou des éclats. ◇ *Percuteur dur :* bloc de pierre utilisé pour la percussion, lors de la taille d'un outil. – *Percuteur organique :* fragment d'os génér. utilisé pour la finition de la taille d'un outil.

PERDABLE adj. Qui peut être perdu.

PERDANT, E adj. et n. Qui perd. *L'équipe perdante.* ◇ *Partir perdant :* entreprendre qqch sans croire à la réussite.

PERDITANCE n.f. ÉLECTR. Conductance équivalente, représentant les pertes dans l'isolation, dans une installation électrique.

PERDITION n.f. (lat. *perditio, -onis*). **1.** *En perdition :* se dit d'un navire en danger de faire naufrage, de se perdre ; se dit d'une entreprise, d'un groupe menacés d'être ruinés, anéantis. **2.** THÉOL. CHRÉT. État de péché menant à la ruine de l'âme. – Ruine morale. *Lieu de perdition.*

PERDRE v.t. [59] (lat. *perdere*). **1.** Cesser de posséder, d'avoir à sa disposition un bien, un avantage. *Perdre son emploi.* **2. a.** Cesser d'avoir une partie de soi, un caractère essentiel ; être privé d'une faculté. *Perdre ses cheveux. Perdre son éclat. Perdre la vue.* ◇ *Perdre la raison, la tête :* ne plus avoir tout son bon sens ; devenir fou. **b.** Abandonner un comportement ; ne plus éprouver un sentiment. *Perdre une habitude. Perdre courage.* **3. a.** Ne plus pouvoir trouver ; égarer. *J'ai perdu mes clefs.* **b.** Ne plus suivre, ne plus contrôler. *Perdre la trace de qqn.* ◇ *Perdre de vue :* cesser d'être en relation avec qqn, de s'occuper de qqch. **4. a.** Être séparé de qqn par la mort. *Perdre un proche.* **b.** Être quitté par qqn. *L'entreprise a perdu en un an le tiers de ses effectifs.* **5.** Ne pas remporter ; avoir le dessous dans une lutte, une compétition. *Perdre un procès, une bataille.* ◇ *Perdre du terrain :* se laisser distancer par son adversaire, ses concurrents. **6.** Faire un mauvais emploi de. *Perdre son temps.* – Ne pas profiter de ; laisser passer, échapper. *Perdre une occasion.* ◇ *Ne rien perdre pour attendre :* ne pas échapper à une punition ou à une revanche. *Vous ne perdez rien pour attendre !* **7.** Faire subir un grave préjudice matériel ou moral à ; causer la ruine ou la mort de. *Le jeu le perdra.* ◆ v.i. **1.** Avoir le dessous ; être vaincu, battu. *Elle déteste perdre.* **2.** Faire une perte d'argent. *Perdre sur une marchandise. Perdre gros.* ◆ **se perdre** v.pr. **1.** Ne plus trouver son chemin ; s'égarer. *Se perdre dans un bois.* ◇ *Se perdre dans les détails,* s'y attarder trop longuement. – *S'y perdre :* ne plus rien comprendre. **2.** Cesser d'être perceptible ; disparaître. *Se perdre dans la foule.* **3.** Devenir inutilisable ; s'avarier. *Avec la chaleur, les marchandises se sont perdues.* – Cesser d'être en usage. *Cette coutume s'est perdue.*

PERDREAU n.m. Perdrix de l'année, qui constitue un gibier estimé.

PERDRIX n.f. (lat. *perdix, perdicis*). Oiseau gallinacé au corps trapu, commun en Europe et en Asie, qui niche dans un creux du sol. (La *perdrix grise* [genre *Perdix*], dans le nord et le centre de la France, et la *perdrix rouge* [genre *Alectoris*], au sud de la Loire, sont très recherchées comme gibier. Cri : la perdrix cacabe ; famille des phasianidés.)

■ **PERDRIX**

PERDU, E adj. **1.** Se dit d'un avantage, d'un bien dont on est définitivement privé. *Fortune perdue.* **2.** Que l'on ne retrouve plus ; égaré. *Objets perdus.* **3.** Qui échappe à toute direction, à tout contrôle. ◇ *Balle perdue,* qui a manqué son but et peut aller se loger n'importe où. **4.** Qui a été mal employé ou employé sans profit ; devenu inutile ou inutilisable. *Temps perdu. Peine perdue.* ◇ *À mes moments perdus :* à mes moments de loisir, quand je n'ai rien d'autre à faire. **5.** Privé de sa fortune, de sa réputation ; ruiné. *Un homme perdu.* ◇ *Litt. Perdu de :* dont la prospérité est très menacée du fait de. *Être perdu de dettes.* **6.** Qui est menacé dans sa vie ; dont la situation, le cas sont désespérés. *Un malade perdu.* **7.** Situé à l'écart ; isolé. *Pays perdu.* **8.** *Être perdu dans ses réflexions, ses pensées,* y être plongé au point de n'être sensible à rien d'autre. ◆ n. *Fam. Comme un (une) perdu(e) :* de toutes ses forces, avec toute son énergie. *Crier comme un perdu.*

PERDURER v.i. *Litt.* **1.** Durer éternellement. **2.** Continuer d'être ; se perpétuer.

PÈRE n.m. (lat. *pater*). **1.** Homme qui a engendré un ou plusieurs enfants. ◇ *Placement de père de famille,* sûr, mais de revenu modeste. – *De père en fils :* par transmission successive du père aux enfants. *Métier qui se transmet de père en fils.* **2.** Parent mâle d'un animal. *Ce poulain a pour père un étalon fameux.* **3.** Homme ayant autorité reconnue pour élever un, des enfants au sein de la cellule familiale, qu'il les ait ou non engendrés. **4.** Homme qui agit en père, qui manifeste des sentiments paternels. *Il a été pour moi plus qu'un ami, un père.* ◇ *Père spirituel :* celui qui dirige la conscience de qqn ; guide spirituel ; *par ext.,* celui qui joue un rôle prépondérant dans l'évolution personnelle de qqn, dans sa formation intellectuelle, etc. **5.** THÉÂTRE. *Rôle de père noble :* rôle grave et digne de père âgé. **6.** Afrique. Tout homme âgé que l'on respecte. **7.** Afrique. Oncle paternel. (On dit aussi *père cadet* ou *petit père,* par oppos. à *vrai père.*) **8.** CHRIST. *Le Père :* la première personne de la Trinité. *Dieu le Père. Le Père éternel.* **9.** *Le père de :* l'initiateur, le créateur, le fondateur de. *Auguste Comte, le père du positivisme.* **10.** *Les Pères de l'Église :* les écrivains de l'Antiquité chrétienne (IIe - VIIe s.), dont les œuvres font autorité en matière de foi. **11.** Titre donné aux prêtres réguliers et séculiers. – Afrique. Prêtre de race blanche (par oppos. à *abbé*). **12.** *Fam.* Suivi du nom propre, sert à désigner un homme d'un certain âge ou à s'adresser à lui, avec une nuance de bonhomie ou de condescendance. *Le père Mathurin.* ◆ pl. **1.** (Avec un possessif.) *Litt. Nos pères :* nos ancêtres. **2.** *Pères blancs :* missionnaires appartenant à une congrégation catholique fondée en 1868 par le cardinal Lavigerie pour évangéliser l'Afrique.

PÉRÉGRIN n.m. (lat. *peregrinus,* étranger). ANTIQ. ROM. Homme libre qui n'était ni citoyen romain ni latin.

PÉRÉGRINATION n.f. (du lat. *peregrinari,* voyager). [Surtout pl.] Série d'allées et venues incessantes, de déplacements en de nombreux endroits.

PÉREMPTION n.f. (du lat. *perimere,* détruire). **1.** DR. Prescription qui anéantit les actes de procédure lorsqu'un certain délai s'est écoulé sans qu'un nouvel acte intervienne. **2.** *Date de péremption,* au-delà de laquelle un produit, en partic. un médicament, ne doit plus être utilisé.

PÉREMPTOIRE adj. (lat. *peremptus,* détruit). **1.** À quoi l'on ne peut rien répliquer ; catégorique. **2.** DR. Qui a force obligatoire.

PÉREMPTOIREMENT adv. *Sout.* De façon péremptoire.

PÉRENNANT, E adj. (de *pérenne*). BOT. Qui peut vivre, subsister plusieurs années. (Les rhizomes, les bulbes, etc., sont des organes pérennants.)

PÉRENNE adj. (lat. *perennis,* durable). **1.** HYDROL. *Rivière, source pérenne,* dont l'écoulement est permanent. **2.** BOT. Abusif. Pérennant. **3.** *Sout.* Se dit de ce qui dure longtemps ou depuis longtemps. *Marque de fabrique, institution pérenne.*

PÉRENNISATION n.f. *Didact.* Action de pérenniser.

PÉRENNISER v.t. *Didact.* **1.** Rendre durable, perpétuel. **2.** Titulariser dans sa fonction.

PÉRENNITÉ n.f. (lat. *perennitas*). *Didact., litt.* Caractère de ce qui dure toujours ou très longtemps.

PÉRÉQUATION n.f. (du lat. *paraequare,* égaliser). **1.** Répartition des charges, des impôts, etc., tendant à une égalité. ◇ ÉCON. *Système de péréquation,* tendant à placer dans une situation d'égalité les diverses entreprises d'une même branche, ou à financer une aide à l'importation ou à l'exportation. **2.** Rajustement du montant des traitements, des pensions.

PERESTROÏKA [perɛstrɔika] n.f. (mot russe, *reconstruction, restructuration*). HIST. En URSS, politique de restructuration économique mise en œuvre par M. Gorbatchev à partir de 1985 et s'appuyant notamm. sur la pratique de la glasnost.

PERFECTIBILITÉ n.f. *Litt.* Caractère de ce qui est perfectible.

PERFECTIBLE adj. Susceptible d'être perfectionné ou de se perfectionner.

PERFECTIF n.m. GRAMM. Accompli.

PERFECTION n.f. (lat. *perfectio, -onis,* achèvement). **1.** Qualité, état de ce qui est parfait, qui n'est pas susceptible d'amélioration. ◇ *À la perfection :* d'une manière parfaite. **2.** Personne, chose parfaite en son genre.

PERFECTIONNEMENT n.m. Action de perfectionner, de se perfectionner ; amélioration.

PERFECTIONNER v.t. Rendre plus proche de la perfection ; améliorer. ◆ **se perfectionner** v.pr. **1.** Devenir meilleur. **2.** Améliorer ses connaissances ; progresser.

PERFECTIONNISME n.m. Recherche excessive de la perfection en toute chose.

PERFECTIONNISTE adj. et n. Qui fait preuve de perfectionnisme, qui le dénote.

PERFIDE adj. et n. (lat. *perfidus,* trompeur). *Litt.* Qui cache un désir de nuire ; fourbe, sournois.

PERFIDEMENT adv. *Litt.* Avec perfidie.

PERFIDIE n.f. *Litt.* **1.** Caractère d'une personne perfide, de sa conduite. **2.** Acte ou parole perfides. *Dire des perfidies.*

PERFOLIÉ, E adj. BOT. Se dit d'une feuille dont la base enserre complètement la tige qui la porte, comme si cette dernière la traversait de part en part.

PERFORAGE n.m. Action de perforer.

PERFORANT, E adj. **1.** Qui perfore. ◇ *Projectile perforant,* doté d'un noyau de métal dur qui le rend capable de percer les blindages. **2.** ANAT. Se dit de certains nerfs et de certaines artères qui traversent de part en part une structure anatomique.

PERFORATEUR, TRICE adj. et n.m. Qui perfore, sert à perforer.

…ATION n.f. **1.** Action de perforer ; trou … résulte. **2.** MÉD. Ouverture dans la paroi …n organe, par blessure ou lors d'une maladie.

…ERFORATRICE n.f. **1.** Machine servant à perforer. **2.** Outil rotatif pour creuser des trous de mine.

PERFORER v.t. (lat. *perforare*). Pratiquer un trou dans ; percer.

PERFORMANCE n.f. (mot angl., de l'anc. fr. *parformer,* accomplir). **1.** Résultat obtenu par un athlète, par un cheval de course, etc., dans une épreuve ; chiffre qui mesure ce résultat. **2.** Réussite remarquable ; exploit. *Faire si vite un tel travail, c'est une performance.* **3.** Résultat obtenu dans l'exécution d'une tâche. ◇ PSYCHOL. *Test de performance :* épreuve non verbale destinée à mesurer certaines aptitudes intellectuelles. **4.** LING. En grammaire générative, mise en œuvre par les locuteurs de la compétence linguistique dans la production et la réception d'énoncés concrets. **5.** ART MOD. Mode d'expression artistique contemporain qui consiste à produire des gestes, des actes, un événement dont le déroulement temporel constitue l'œuvre. SYN. : *action.* ◆ pl. TECHN. Indications chiffrées caractérisant les possibilités optimales d'un matériel, d'une machine, d'un véhicule, etc. ; ces possibilités.

PERFORMANT, E adj. Capable de bonnes ou de très bonnes performances ; compétitif. *Produit, appareil performant. Entreprise performante.* ◇ *Ski performant,* ou *performant,* n.m. : ski de vitesse, de grande longueur (1,75 à 2 m).

PERFORMATIF, IVE adj. LING. Se dit d'un verbe, d'un énoncé qui constitue simultanément l'action qu'il exprime. *Énoncés performatifs* (ex. : *je promets, je jure*). ◆ n.m. Verbe performatif.

PERFUSER v.t. Pratiquer une perfusion.

PERFUSION n.f. (lat. *perfusio, -onis,* de *perfundere,* verser sur). Introduction lente et continue dans l'organisme (génér. par une veine) d'une solution contenant éventuellement un médicament ou d'un produit sanguin. SYN. : *goutte-à-goutte.*

PERGÉLISOL [-sɔl] n.m. PÉDOL. Partie profonde d'un gélisol, minérale et gelée en permanence. SYN. : *permafrost, permagel.*

PERGOLA n.f. (mot ital.). Petite construction faite de poutrelles reposant sur des piliers légers et pouvant supporter des plantes grimpantes.

PÉRI n.f. (persan *pari,* ailé). Sorcière ou fée, dans la tradition arabo-persane.

PÉRIANTHE n.m. (gr. *peri,* autour, et *anthos,* fleur). BOT. Ensemble des enveloppes florales (calice et corolle) qui entourent les étamines et le pistil.

PÉRIARTHRITE n.f. Inflammation des éléments (par ex. des tendons) qui entourent une articulation.

PÉRIASTRE n.m. ASTRON. Point de l'orbite d'un astre gravitant autour d'un autre où la distance des deux corps est minimale. CONTR. : *apoastre.*

PÉRIBOLE n.m. (gr. *peribolos*). ANTIQ. GR. Enceinte monumentale autour d'un temple grec ; espace planté d'arbres délimité par cette enceinte.

PÉRICARDE n.m. (gr. *peri,* autour, et *kardia,* cœur). ANAT. Membrane séreuse, formée de deux feuillets, qui enveloppe le cœur.

PÉRICARDIQUE adj. Du péricarde.

PÉRICARDITE n.f. MÉD. Inflammation du péricarde.

PÉRICARPE n.m. (gr. *peri,* autour, et *karpos,* fruit). BOT. Partie du fruit issue du développement de la paroi de l'ovaire, qui entoure et protège la graine. (L'épicarpe, le mésocarpe et l'endocarpe constituent le péricarpe.)

PÉRICHONDRE [-kɔ̃-] n.m. (gr. *peri,* autour, et *khondros,* cartilage). HISTOL. Membrane de tissu conjonctif qui revêt les cartilages non articulaires.

PÉRICLITER v.i. (lat. *periclitari,* de *periculum,* péril). Aller à la ruine ; décliner. *Affaire qui périclite.*

PÉRICYCLE n.m. BOT. Zone la plus externe du cylindre central de la tige et de la racine.

PÉRIDINIEN n.m. (du gr. *peridineîn,* tournoyer). Protiste marin et d'eau douce à deux flagelles, contenant des pigments jaunes ou bruns et souvent de la chlorophylle. (Certaines espèces sont luminescentes [noctiluques] et d'autres rendent les moules et les huîtres très toxiques en s'accumulant dans celles-ci ; les péridiniens forment une classe.) SYN. : *dinoflagellé.*

PÉRIDOT n.m. MINÉRALOG. Silicate de magnésium et de fer présent dans les roches basiques (basalte) et ultrabasiques (péridotite), dont la variété la plus courante est l'olivine.

PÉRIDOTITE n.f. Roche magmatique grenue ultrabasique du manteau, constituée princip. d'olivine et pouvant contenir des pyroxènes, du grenat, etc.

PÉRIDURAL, E, AUX adj. MÉD. Qui est situé, qui se fait autour de la dure-mère. SYN. : *épidural.* ◇ *Anesthésie péridurale,* ou *péridurale,* n.f. : anesthésie régionale du bassin par une injection dans l'espace péridural, en passant entre deux vertèbres, pratiquée surtout au cours de l'accouchement.

PÉRIF ou **PÉRIPH** n.m. (abrév.). *Fam.* Boulevard périphérique.

PÉRIGÉE n.m. (gr. *peri,* autour, et *gê,* terre). ASTRON. Point de l'orbite d'un corps gravitant autour de la Terre le plus rapproché de celle-ci. CONTR. : *apogée.*

PÉRIGLACIAIRE adj. GÉOMORPH. Se dit des régions proches des glaciers, où l'alternance du gel et du dégel joue un rôle prépondérant dans les phénomènes d'érosion et de transport ; se dit de ces phénomènes eux-mêmes. *Érosion périglaciaire.*

PÉRIGORDIEN n.m. (de *Périgord,* n.pr.). Faciès industriel du début du paléolithique supérieur subdivisé en périgordien ancien ou *châtelperronien* et périgordien supérieur ou *gravettien.*

PÉRIGOURDIN, E adj. et n. Du Périgord, de Périgueux. (Pour le Périgord, on dit parfois aussi *périgordin.*)

PÉRIHÉLIE n.m. (gr. *peri,* autour, et *hêlios,* soleil). ASTRON. Point de l'orbite d'une planète ou d'une comète le plus proche du Soleil. CONTR. : *aphélie.*

PÉRI-INFORMATIQUE n.f. Ensemble des activités concernant les composants périphériques d'un système informatique (terminaux, liaisons, imprimantes, etc.) ; ensemble de ces composants eux-mêmes.

PÉRIL n.m. (lat. *periculum*). *Litt.* **1.** Situation, état où un danger menace l'existence de qqn ou de qqch. *Être, mettre en péril.* **2.** Danger, risque. *Courir de graves périls.* ◇ *Au péril de qqch,* au risque de le perdre.

PÉRILLEUSEMENT adv. *Litt.* D'une façon périlleuse ; dangereusement.

PÉRILLEUX, EUSE [perijø, øz] adj. (de *péril,* d'apr. le lat. *periculosus*). Où il y a du péril ; dangereux.

PÉRIMÉ, E adj. **1.** Qui n'est plus valable, plus valide. *Carte d'identité périmée.* **2.** Qui n'est plus d'actualité ; désuet, dépassé. *Idées, conceptions périmées.*

PÉRIMER (SE) v.pr. (lat. *perimere,* détruire). Perdre sa valeur, sa validité après un certain délai.

PÉRIMÈTRE n.m. (gr. *perimetros*). **1.** GÉOMÉTR. Mesure de la longueur d'une courbe fermée ; somme des mesures des côtés d'un polygone. **2.** Contour d'un espace quelconque. *Périmètre d'un champ.* — Étendue quelconque ; surface. *Dans un vaste périmètre.*

PÉRINATAL, E, ALS ou **AUX** adj. MÉD. Se dit de la période entre la fin de la grossesse et les premiers jours de vie.

PÉRINATALITÉ n.f. Période périnatale.

PÉRINATALOGIE n.f. Discipline médicale qui étudie la physiologie et la pathologie périnatale.

PÉRINÉAL, E, AUX adj. Du périnée.

PÉRINÉE n.m. (gr. *perineos*). ANAT. Région du corps fermant en bas le petit bassin, traversée par la terminaison des voies urinaires, génitales et digestives.

PÉRIODE n.f. (lat. *periodus,* du gr.). **1.** Espace de temps. *Les travaux s'étendront sur une période assez longue.* **2.** Espace de temps caractérisé par certains événements ; époque. *Traverser une période difficile.* **3.** MÉD. Phase d'une maladie. *Période d'incubation.* **4.** MIL. Temps d'instruction militaire de durée limitée, destiné à préparer le réserviste à son emploi de mobilisation. **5.** GÉOL. Subdivision géochronologique des ères géologiques. (L'équivalent stratigraphique de la période est le système.) **6.** PHYS. **a.** Intervalle de temps constant séparant deux passages successifs de certaines grandeurs variables (dites *périodiques*) par la même valeur, avec même sens de la variation. **b.** Inverse de la fréquence d'un phénomène périodique. **c.** *Période d'un radioélément,* temps au bout duquel la moitié de la masse de ce radioélément s'est désintégrée. **7.** ASTRON., ASTRONAUT. *Période de révolution :* intervalle de temps entre deux passages consécutifs d'un corps en mouvement orbital en un même point de son orbite. **8.** Plus petit nombre T tel que la fonction f vérifie $f(x+T)=f(x)$ pour tout x. ◇ *Période d'un développement décimal illimité :* partie formée des décimales qui se répètent indéfiniment. **9.** SPORTS. Mi-temps. (Désigne uniquement les parties d'un match et non pas le temps de repos entre celles-ci.) **10.** CHIM. Ensemble des éléments figurant sur une même ligne dans la classification périodique des éléments. **11.** RHÉT. Phrase de prose assez longue et de structure complexe, dont les constituants sont organisés de manière à donner une impression d'équilibre et d'unité. ◆ pl. Vx. Règles. *Avoir ses périodes.*

PÉRIODICITÉ n.f. *Didact.* Caractère de ce qui est périodique ; fréquence.

PERIODIQUE [pɛr-] adj. (de *iode*). CHIM. MINÉR. Se dit de l'acide HIO_4.

PÉRIODIQUE adj. (lat. *periodicus,* du gr.). **1.** Qui revient, qui se reproduit à intervalles fixes. *Une publication périodique.* ◇ MÉD. *Maladie périodique :* affection héréditaire méditerranéenne, caractérisée par des accès de fièvre et de douleurs abdominales et articulaires. — *Serviette, garniture, tampon périodiques :* bande absorbante ou petit rouleau comprimé d'ouate de cellulose qui constituent une protection externe ou interne pour les femmes pendant leurs règles. **2.** CHIM. *Classification périodique des éléments :* tableau des *éléments d'après l'ordre croissant de leurs numéros atomiques, qui groupe par colonnes les éléments dont les atomes ont la même structure électronique. **3.** MATH. **a.** Se dit d'une fonction de la variable réelle qui est définie et reprend la même valeur lorsque la variable subit un accroissement égal à une valeur fixe (dite *période*). **b.** Se dit d'un développement décimal illimité qui admet une période. ◆ n.m. Publication qui paraît à intervalles réguliers (hebdomadaire, mensuel, trimestriel, semestriel, annuel, etc.).

PÉRIODIQUEMENT adv. De façon périodique, régulière ; par périodes.

PÉRIOSTE n.m. (gr. *peri,* autour, et *osteon,* os). HISTOL. Membrane de tissu conjonctif qui entoure les os.

PÉRIOSTITE n.f. MÉD. Inflammation du périoste et du tissu osseux sous-jacent.

PÉRIPATE n.m. (du gr. *peripateîn,* se promener). Invertébré arthropode des régions chaudes et humides, évoquant la limace mais doté de nombreuses pattes très courtes, qui immobilise les insectes, dont il se nourrit, en projetant une substance gluante. (Long. 2 à 15 cm ; classe des onychophores.)

PÉRIPATÉTICIEN, ENNE adj. et n. (gr. *peripatêtikos,* de *peripateîn,* se promener, parce qu'Aristote enseignait en marchant). Relatif à la doctrine d'Aristote ; qui en est partisan.

PÉRIPATÉTICIENNE n.f. *Litt.* ou *par plais.* Prostituée qui racole dans la rue.

PÉRIPÉTIE [peripesi] n.f. (gr. *peripeteia,* événement imprévu). **1.** Changement imprévu ; incident. *Les péripéties d'un voyage.* **2.** LITTÉR. Revirement subit dans une situation, une intrigue, menant au dénouement (théâtre, roman).

PÉRIPH n.m. → **PÉRIF.**

PÉRIPHÉRIE n.f. (gr. *periphereia,* circonférence). **1.** Ce qui s'étend sur le pourtour de qqch. *La périphérie d'une région.* **2.** Ensemble des quartiers éloignés du centre d'une ville. *Périphérie très peuplée.* **3.** ÉCON. Ensemble des pays en développement, de leurs économies, par oppos. au centre que constituent les pays industrialisés avancés.

PÉRIPHÉRIQUE adj. **1.** De la périphérie ; situé à la périphérie. ◇ *Boulevard périphérique,* ou *périphérique,* n.m. : voie de circulation rapide pour automobiles, entourant une ville. Abrév. *(fam.) : périf* ou *périph.* **2.** MÉD. Situé à la périphérie du corps, d'un organe ; qui est sous la dépendance d'un autre organe. *Système nerveux périphérique.* **3.** INFORM. Qui n'appartient ni à l'unité de traitement ni à la mémoire centrale d'un système informatique. ◆ n.m. INFORM. Élément périphérique d'un système informatique (mémoire auxiliaire, modem, imprimante, console, etc.).

PÉRIPHLÉBITE n.f. MÉD. Paraphlébite.

PÉRIPHRASE n.f. (gr. *periphrasis*). **1.** Expression formée de plusieurs mots, que l'on substitue à un mot unique. (Ex. : *La messagère du printemps* pour *l'hirondelle.*) **2.** Détour de langage ; circonlocution. *Parler par périphrases.*

PÉRIPHRASTIQUE adj. Qui forme une périphrase.

PÉRIPLE n.m. (gr. *periploos,* navigation autour). **1.** Voyage de découverte, d'exploration par voie maritime, autour du globe, d'un continent, d'une mer. **2.** *Cour.* Long voyage comportant beaucoup d'étapes.

PÉRIPTÈRE adj. et n.m. (gr. *peri,* autour, et *pteron,* aile). ARCHIT. Se dit d'un édifice entouré de tous côtés d'un péristyle à une seule rangée de colonnes.

PÉRIR v.i. [auxil. *avoir*] (lat. *perire*). *Litt.* **1.** Mourir. *Périr noyé. Périr d'ennui.* **2.** Tomber en ruine, dans l'oubli, etc. ; disparaître.

PÉRISCOLAIRE adj. Qui complète l'enseignement scolaire. *Activités périscolaires.*

PÉRISCOPE n.m. (gr. *peri,* autour, et *skopein,* examiner). Instrument d'optique formé de lentilles et de prismes à réflexion totale, permettant de voir par-dessus un obstacle. ◇ *Périscope d'un sous-marin,* permettant l'observation en surface lors des plongées à faible profondeur.

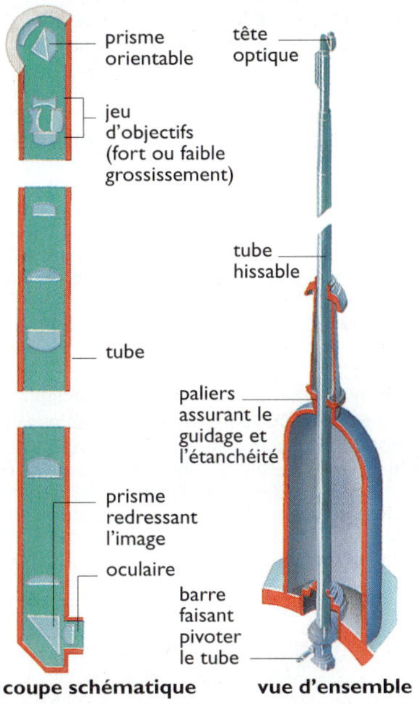

■ **PÉRISCOPE** de sous-marin.

PÉRISCOPIQUE adj. **1.** Se dit d'un dispositif optique à grand champ. *Objectif, verres périscopiques.* **2.** MIL. Qui permet l'observation au périscope. *Immersion périscopique d'un sous-marin.*

PÉRISÉLÈNE n.m. (gr. *peri,* autour, et *selênê,* lune). Point de l'orbite d'un corps gravitant autour de la Lune le plus proche de celle-ci.

PÉRISPERME n.m. BOT. Tissu de réserve de certaines graines telles que celles du poivrier.

PÉRISSABLE adj. **1.** Susceptible de s'altérer. *Denrées périssables.* **2.** *Litt.* Qui est destiné à périr, à disparaître. *L'homme est un être périssable.*

PÉRISSODACTYLE n.m. et adj. (gr. *perissos,* superflu, et *daktulos,* doigt). Mammifère ongulé tel que le rhinocéros, le tapir, le cheval, etc., qualifié d'*imparidigité* car le pied présente un doigt médian prédominant et repose sur le sol par un nombre impair de doigts. (Les périssodactyles forment un ordre.) SYN. : *mésaxonien.*

PÉRISSOIRE n.f. (de *périr*). Embarcation longue et étroite, mue le plus souvent au moyen d'une pagaie double.

PÉRISTALTIQUE adj. (du gr. *peristellein,* envelopper). Relatif au péristaltisme.

PÉRISTALTISME n.m. PHYSIOL. Mouvement de certains organes tubulaires (tube digestif, par ex.), dû à des contractions musculaires de leur paroi et permettant la progression de leur contenu.

PÉRISTOME n.m. (gr. *peri,* autour, et *stoma,* ouverture). **1.** ZOOL. Bord de l'ouverture de la coquille des mollusques gastéropodes. **2.** MICROBIOL. Sillon à la surface de certains protozoaires ciliés (paramécie), au fond duquel se trouve l'ouverture buccale.

PÉRISTYLE n.m. (lat. *peristylum,* du gr. *peri,* autour, et *stulos,* colonne). Colonnade formant portique soit autour d'un édifice, soit autour d'une cour, d'une place. – Colonnade formant porche devant un édifice.

PÉRITEL (PRISE) [nom déposé]. Prise normalisée permettant l'introduction directe dans un téléviseur d'images provenant d'un magnétoscope, d'un jeu vidéo, d'un micro-ordinateur.

PÉRITÉLÉPHONIE n.f. Ensemble des services et des appareils associés à un poste téléphonique (répondeur, compteur de taxes individuelles, etc.).

PÉRITÉLÉVISION n.f. Ensemble des appareils pouvant être raccordés à un téléviseur (magnétoscope, jeu vidéo, etc.).

PÉRITHÈCE n.m. (gr. *peri,* autour, et *thêkê,* étui). Organe reproducteur des champignons pyrénomycètes, en forme de bouteille microscopique, s'ouvrant par un orifice étroit, et dans lequel se développent les asques.

PÉRITOINE n.m. (gr. *peritonaion,* ce qui est tendu autour). ANAT. Membrane séreuse de l'abdomen comprenant un feuillet pariétal qui tapisse la paroi et un feuillet viscéral qui enveloppe les organes.

PÉRITONÉAL, E, AUX adj. Du péritoine.

PÉRITONITE n.f. Inflammation du péritoine.

PÉRIURBAIN, E adj. Situé aux abords immédiats d'une ville.

PERLAN n.m. Suisse. Vin blanc de Genève.

PERLANT, E adj. et n.m. Se dit d'un vin dans lequel se forment quelques bulles de gaz carbonique lorsqu'on le verse dans un verre.

PERLE n.f. (ital. *perla*). **1.** Concrétion globuleuse, brillante et dure, formée de nacre qui s'est agglomérée en couches concentriques autour d'un corps étranger entre le manteau et la coquille de certains mollusques, en partic. des huîtres, et qui est utilisée en joaillerie. **2.** Petite boule percée d'un trou pour l'enfilage. ◇ *Fam.* ***Enfiler des perles*** : s'occuper de futilités ; rester inactif. **3.** Goutte de liquide ronde et brillante. *Perle de rosée, de sang.* **4.** ARCHIT., ARTS APPL. Petite boule figurée en demi-relief, dont la répétition en chapelet, le long d'une moulure, constitue un ornement courant. **5.** Personne, chose remarquable, sans défaut. – *Spécial.* Employée de maison irréprochable. **6.** *Fam.* Erreur grossière, ridicule, notamm. dans une copie d'élève. **7.** ENTOMOL. Insecte ressemblant à l'éphémère, vivant près de l'eau, où se développe sa larve carnivore. (Ordre des plécoptères.)

ENCYCL. Les huîtres perlières pêchées près des rives de l'océan Indien et du Pacifique furent longtemps la source des *perles fines.* Les *perles de culture,* provenant des élevages d'huîtres perlières du Japon et d'Australie, sont obtenues par l'insertion d'une boule de nacre taillée, autour de laquelle l'huître sécrète des couches perlières constituées de cristaux de carbonate de calcium reliés par une matière organique.

PERLÉ, E adj. **1.** Orné de perles. *Tissu perlé.* **2.** Qui rappelle la forme, l'éclat, la disposition des perles. ◇ *Coton perlé* : fil retors mercerisé. – *Grève perlée* → **2. grève.**

PERLÈCHE ou **POURLÈCHE** n.f. MÉD. Inflammation de la commissure des lèvres.

PERLER v.t. Vieilli. Accomplir à la perfection, avec beaucoup de soin ; peaufiner. *Perler un ouvrage.* ◆ v.i. Se former en gouttelettes. *La sueur lui perle au front.*

PERLIER, ÈRE adj. **1.** Relatif aux perles. *Industrie perlière.* **2.** Qui renferme, qui produit des perles. *Huître perlière.*

PERLIMPINPIN n.m. *Fam. Poudre de perlimpinpin* : poudre vendue comme remède universel par les charlatans.

PERLINGUAL, E, AUX [-gwal, gwo] adj. MÉD. *Voie perlinguale* : voie sublinguale.

PERLITE n.f. (de *perle*). MÉTALL. Constituant microscopique des alliages ferreux, formé de lamelles alternées de ferrite et de cémentite résultant de la transformation de l'austénite.

PERLON n.m. (de *perle*). **1.** Grondin de l'Atlantique et de la Méditerranée, aux nageoires pectorales de grande taille et bordées de bleu. (Nom sc. *Trigla lucerna* ; famille des triglidés.) **2.** Requin primitif de la Méditerranée et du golfe de Gascogne à sept paires de fentes branchiales. (Long. 3 m ; genre *Heptranchias* ; famille des hexanchidés.)

PERLOT n.m. Petite huître des côtes de la Manche.

PERLOUSE ou **PERLOUZE** n.f. *Fam.* Perle.

PERMAFROST [pɛrmafrɔst] n.m. (mot angl.). PÉDOL. Pergélisol.

PERMAGEL n.m. PÉDOL. Pergélisol.

PERMANENCE n.f. **1.** Caractère de ce qui est permanent. ◇ *En permanence* : sans interruption ; continûment. **2.** Service chargé d'assurer le fonctionnement d'une administration, d'un organisme, etc., de manière continue ; lieu où se tient ce service. **3.** Salle d'un collège, d'un lycée, où les élèves travaillent sous surveillance en dehors des heures de cours.

PERMANENCIER, ÈRE n. Personne qui assure une permanence.

1. PERMANENT, E adj. (lat. *permanens, -entis,* qui dure). **1.** Qui dure sans discontinuer ni changer. *Un souci permanent.* **2.** Qui ne cesse pas ; qui exerce une activité de façon continuelle. *Envoyé permanent d'un journal.*

2. PERMANENT, E n. Membre rémunéré par une organisation politique, syndicale, etc., pour assurer des tâches administratives notamm.

PERMANENTE n.f. Traitement que l'on fait subir aux cheveux pour les onduler ou les friser de façon plus ou moins durable.

PERMANGANATE n.m. Sel de l'acide permanganique.

PERMANGANIQUE adj. CHIM. MINÉR. Se dit de l'anhydride Mn_2O_7 et de l'acide correspondant $HMnO_4$.

PERMÉABILITÉ n.f. **1.** Propriété des corps perméables. ◇ BIOL. CELL. *Perméabilité sélective* : propriété des membranes biologiques de ne laisser passer que certaines substances. **2.** *Perméabilité magnétique (absolue)* : capacité d'une substance à se laisser traverser par un flux magnétique, exprimée par le rapport de l'induction magnétique créée dans cette substance au champ magnétique inducteur.

PERMÉABLE adj. (du lat. *permeare,* passer au travers). **1.** Qui se laisse traverser par des liquides (et notamm. par l'eau), par des gaz. *Un terrain perméable.* **2.** Qui est ouvert aux influences extérieures. *Une personne perméable à certaines idées.*

PERMETTRE v.t. [64] (lat. *permittere*). **1.** Donner la liberté, le pouvoir de faire, de dire. *Ses parents lui ont permis de sortir dimanche.* **2.** Accepter qu'une chose soit ; autoriser, tolérer. *Le règlement ne permet pas de stationner ici.* **3.** Donner le moyen, l'occasion de ; rendre possible. *Venez, si vos occupations vous le permettent.* ◆ **se permettre** v.pr. Prendre la liberté de ; s'autoriser à. *Elle s'est permis de le lui dire.*

PERMIEN n.m. (de *Perm,* n. d'une ville russe). Système du paléozoïque qui a succédé au carbonifère. (Le permien est la dernière période de l'ère primaire, de - 295 à - 245 millions d'années.) ◆ **permien, enne** adj. Du permien.

PERMIS n.m. Autorisation officielle, document écrit requis pour exercer certaines activités, effectuer certains actes. *Permis de chasse. Permis de construire* (en Belgique : ***permis de bâtir***). *Permis de conduire, d'inhumer.*

PERMISSIF, IVE adj. Caractérisé par une tendance générale à permettre, à tolérer, plutôt qu'à interdire et à punir. *Société permissive.*

PERMISSION n.f. (du lat. *permissus,* permis). **1.** Action de permettre ; autorisation. *Demander, donner la permission de.* **2.** Congé de courte durée accordé à un militaire.

PERMISSIONNAIRE n.m. Militaire titulaire d'une permission.

PERMISSIVITÉ n.f. Fait d'être permissif.

PERMITTIVITÉ n.f. (angl. *permittivity*). ÉLECTROMAGN. Grandeur caractéristique d'un diélectrique, rapport de l'induction électrique au champ électrique. SYN. : *constante diélectrique.*

PERMSÉLECTIF, IVE adj. CHIM. Se dit de membranes dont la perméabilité s'exerce de façon sélective vis-à-vis des molécules ou des ions dissous.

PERMUTABILITÉ n.f. *Didact.* Caractère de ce qui est permutable.

PERMUTABLE adj. Qui peut être permuté.

PERMUTATION n.f. **1.** Action, fait de permuter ; son résultat. – Échange d'un poste, d'un emploi contre un autre. **2.** MATH. Bijection d'un ensemble sur lui-même. (Le nombre de permutations d'un ensemble de *m* objets est *m* ! [factorielle *m*].)

PERMUTER v.t. (lat. *permutare*). Intervertir deux choses, les substituer l'une à l'autre, les changer réciproquement de place. ◆ v.i. Échanger un poste, un emploi, un horaire avec qqn. *Il a permuté avec un collègue.*

PERNICIEUSEMENT adv. *Litt.* De manière pernicieuse.

PERNICIEUX, EUSE adj. (du lat. *pernicies*, ruine). **1.** Nuisible à la santé ; dangereux. *Excès pernicieux.* **2.** MÉD. Vieilli. Se dit de certaines affections particulièrement graves. *Accès pernicieux de paludisme.* **3.** Nuisible d'un point de vue moral, social ; subversif. *Doctrines pernicieuses.*

PÉRONÉ n.m. (gr. *peronê*, cheville). Os long et grêle de la partie externe de la jambe, en arrière du tibia. SYN. : ***fibula***.

PÉRONIER, ÈRE adj. ANAT. Du péroné ; en rapport anatomique avec le péroné. *Artère péronière.*

PÉRONISME n.m. Pratique politique, doctrine appliquée en Argentine par le président Perón.

PÉRONISTE adj. et n. Relatif au péronisme ; qui en est partisan.

P

PÉRONNELLE n.f. (n. d'un personnage de chanson). *Fam.*, vieilli. Fille, femme sotte et bavarde.

PÉRORAISON n.f. (lat. *peroratio*, d'apr. *oraison*). **1.** RHÉT. Conclusion d'un discours. **2.** *Péjor.* Discours ennuyeux, pédant de qqn qui pérore.

PÉRORER v.i. (lat. *perorare*, plaider). *Péjor.* Discourir longuement et avec emphase.

PÉROREUR, EUSE n. *Péjor.* Personne qui pérore.

PER OS [pɛrɔs] loc. adv. (mots lat.). PHARM. Par la bouche.

PEROXYDASE n.f. BIOCHIM. Enzyme qui utilise l'oxygène des peroxydes pour oxyder d'autres substances.

PEROXYDE n.m. CHIM. Composé organique ou minéral contenant deux atomes d'oxygène adjacents RO–OR'.

PEROXYDER v.t. Transformer en peroxyde.

PERPENDICULAIRE adj. (du lat. *perpendiculum*, fil à plomb). **1.** Se dit d'une droite orthogonale à une autre, en lui étant sécante. ◇ ***Droite perpendiculaire à un plan***, qui est perpendiculaire à toutes les droites du plan qu'elle rencontre. – ***Plans perpendiculaires***, tels qu'une droite de l'un est perpendiculaire à l'autre. **2.** ARCHIT. ***Style perpendiculaire*** : style de la dernière phase du gothique anglais, apparu dans la seconde moitié du XIVe s., caractérisé par de grands fenestrages à subdivisions rectilignes en même temps que par des voûtes en éventail. ◆ n.f. Droite perpendiculaire à une autre ou à un plan.

PERPENDICULAIREMENT adv. De façon perpendiculaire.

PERPENDICULARITÉ n.f. GÉOMÉTR. Orthogonalité.

PERPÉTRATION n.f. DR. PÉN. Action de perpétrer.

PERPÉTRER v.t. [11] (lat. *perpetrare*, accomplir). Commettre, exécuter un acte criminel.

PERPETTE (À) ou **PERPÈTE (À)** loc. adv. *Fam.* **1.** À perpétuité ; très longtemps. **2.** À une grande distance ; très loin.

PERPÉTUATION n.f. *Litt.* Fait de perpétuer, de se perpétuer.

PERPÉTUEL, ELLE adj. (lat. *perpetualis*). **1.** Qui dure indéfiniment ; qui n'a pas de fin, ne s'interrompt pas ; continuel. *Mouvement perpétuel. C'est un perpétuel souci.* **2.** Très fréquent ; habituel. *Ce sont de perpétuelles jérémiades.* **3.** Qui dure toute la vie. *Rente perpétuelle.* – Qui est tel pour la vie. *Secrétaire perpétuel.*

PERPÉTUELLEMENT adv. D'une manière perpétuelle ; continuellement, toujours.

PERPÉTUER v.t. (lat. *perpetuare*). *Sout.* Rendre perpétuel ; faire durer toujours ou longtemps. ◇ v.pr. *Certaines traditions se perpétuent.*

PERPÉTUITÉ n.f. *Litt.* Durée perpétuelle ou très longue ; caractère de ce qui est perpétuel. ◇ ***À perpétuité*** : pour toujours ; pour toute la vie.

PERPLEXE adj. (lat. *perplexus*, équivoque). Indécis, embarrassé face à une situation ; qui ne sait quelle décision prendre.

PERPLEXITÉ n.f. Embarras d'une personne perplexe ; indécision, irrésolution.

PERQUISITION n.f. (du lat. *perquisitus*, recherché). DR. PÉN. Acte d'enquête ou d'instruction consistant en une inspection minutieuse effectuée par un juge ou un officier de police judiciaire sur les lieux où peuvent se trouver des éléments de preuve d'une infraction (souvent, le domicile d'un suspect, d'où l'expression « visite domiciliaire »).

PERQUISITIONNER v.i. Faire une perquisition. ◆ v.t. Fouiller au cours d'une perquisition.

PERRÉ n.m. (de *pierre*). Mur, revêtement en pierres sèches ou en maçonnerie qui protège et renforce un ouvrage.

PERRIÈRE n.f. (de *pierre*). MIL. Au Moyen Âge, machine de guerre à contrepoids pour lancer des projectiles.

PERRON n.m. (de *pierre*). Escalier extérieur de quelques marches se terminant par une plate-forme sur laquelle donne une porte d'entrée.

PERROQUET n.m. (de *Pierre*, employé comme terme d'affection). **1.** Oiseau grimpeur des régions tropicales, au plumage coloré, au bec crochu et puissant, qui se nourrit de fruits ou de graines. (Cri : le perroquet jase. Le perroquet gris, ou *jaco* [genre *Psittacus*], originaire d'Afrique occidentale, est un habile parleur ; famille des psittacidés.) ◇ ***Parler, répéter comme un perroquet***, sans comprendre ce que l'on dit. **2.** Boisson composée de pastis et de sirop de menthe (parfois de café), dont la couleur évoque celle du plumage du perroquet. **3.** MAR. Voile haute, carrée, s'établissant au-dessus des huniers.

■ **PERROQUET.** Perroquet gris.

PERRUCHE n.f. (anc. fr. *perrique*, de l'esp. *perico*). **1.** Oiseau du Sud-Est asiatique et de l'Australie, voisin du perroquet mais plus petit et muni d'une longue queue, apprécié en oisellerie pour son plumage coloré, tel *Melopsittacus undulatus.* (Famille des psittacidés.) **2.** MAR. Voile haute du mât d'artimon, s'établissant au-dessus du perroquet.

PERRUQUE n.f. (ital. *parrucca*, chevelure). **1.** Coiffure postiche de cheveux naturels ou artificiels. **2.** *Fam.* Travail effectué par qqn pour son propre profit, notamm. pendant les heures payées par l'employeur ou en utilisant les installations, les matériaux, etc., appartenant à celui-ci.

PERRUQUIER n.m. Personne qui fabrique, qui vend des perruques, des postiches.

PERS, E [pɛr, pɛrs] adj. (bas lat. *persus*, de Perse). *Litt.* D'une couleur intermédiaire entre le bleu et le vert.

1. PERSAN, E adj. et n. De la Perse (depuis la conquête par les Arabes Omeyyades, au VIIe s.). *La littérature persane.* ◆ n.m. Langue du groupe iranien parlée en Iran, en Afghanistan et au Tadjikistan. SYN. : ***iranien***.

2. PERSAN n.m. et adj.m. Chat à poil long et soyeux, à face aplatie.

■ **PERSAN.** Chat persan roux.

PERSE adj. et n. De la Perse (avant la conquête arabe). *L'Empire perse.* ◆ n.m. *Vieux perse*, ou ***perse*** : langue indo-européenne parlée dans l'Empire achéménide et qui est l'ancêtre du pahlavi (moyen perse) et du persan (iranien moderne).

PERSÉCUTÉ, E adj. et n. Qui est victime ou se croit victime d'une persécution.

PERSÉCUTER v.t. (lat. *persequi*, poursuivre). **1.** Opprimer par des mesures tyranniques et cruelles. **2.** Importuner sans cesse ; harceler qqn, s'acharner sur lui.

PERSÉCUTEUR, TRICE adj. et n. Qui persécute.

PERSÉCUTION n.f. **1.** Action de persécuter. – *Spécial.* Ensemble de mesures violentes, cruelles et arbitraires prises à l'égard d'une communauté religieuse, ethnique, etc. **2.** PSYCHOPATHOL. ***Délire de persécution*** : croyance pathologique d'un sujet convaincu d'être l'objet d'attaques et d'hostilité de la part de personnes réelles ou imaginaires.

PERSÉIDES n.f. pl. (de *Persée*, n. d'une constellation). ASTRON. Météores qui paraissent provenir de la constellation de Persée, observables en partic. vers le 12 août.

PERSEL n.m. CHIM. MINÉR. Sel dérivant d'un peroxyde qui, au contact de l'eau, donne de l'eau oxygénée.

PERSÉVÉRANCE n.f. Qualité ou action de qqn qui persévère ; constance, ténacité.

PERSÉVÉRANT, E adj. et n. Qui persévère.

PERSÉVÉRATION n.f. MÉD. Stéréotypie.

PERSÉVÉRER v.i. [11] (lat. *perseverare*). Demeurer ferme et résolu dans une décision, une action entreprise ; persister.

PERSICAIRE n.f. (du lat. *persicus*, pêcher). BOT. Renouée, d'une espèce parfois cultivée pour ses fleurs roses ou blanches. (Nom sc. *Polygonum persicaria* ; famille des polygonacées.)

PERSIENNE n.f. (anc. fr. *persien*, de Perse). Contrevent fermant une baie, comportant (à la différence du *volet*, plein) un assemblage à claire-voie de lamelles inclinées.

PERSIFLAGE n.m. *Sout.* Action de persifler ; raillerie.

PERSIFLER v.t. (de *siffler*). *Sout.* Ridiculiser par des propos ironiques, se moquer en raillant.

PERSIFLEUR, EUSE adj. et n. *Sout.* Qui persifle.

PERSIL [pɛrsi] n.m. (lat. *petroselinum*, du gr.). Petite plante herbacée potagère, annuelle ou bisannuelle, utilisée en garniture et comme condiment dans des préparations culinaires. (Nom sc. *Petroselinum crispum* ; famille des ombellifères.)

■ **PERSIL.** Persil plat, ou commun.

PERSILLADE n.f. Persil haché, souvent additionné d'ail, que l'on ajoute, en fin de cuisson, à certains plats.

PERSILLÉ, E adj. **1.** *Fromage persillé*, qui développe dans sa pâte des moisissures vert-bleu (roquefort, bleu d'Auvergne). **2.** *Viande persillée*, parsemée de petits filaments de graisse. **3.** Accompagné de persil haché. *Du jambon persillé.*

PERSILLÈRE n.f. Pot rempli de terre et percé de trous, dans lequel on fait pousser du persil en toutes saisons.

PERSIQUE adj. De l'ancienne Perse.

PERSISTANCE n.f. **1.** Action de persister ; opiniâtreté, obstination. *Il nie avec persistance.* **2.** Fait de persister ; caractère de ce qui persiste. *La persistance du mauvais temps.*

TECHNIQUES, SUPPORTS, MÉTAMORPHOSES :

LES ARTS DE L'IMAGE

Palette de couleurs pour la porcelaine, fin du XVIIIe s.

G. Zocchi, atelier de peintre, XVIIIe s.

Peinture d'une icône, l'artiste et son aide au travail, XVe s.

Les images nous sont si familières que nous oublions comment elles sont nées, comment elles sont faites ; les pages suivantes résument cette aventure. Plutôt que d'esquisser une histoire de l'art, nous avons choisi de présenter les arts de l'image, c'est-à-dire les procédés mis en œuvre par les artistes en fonction des supports, des matières et des instruments utilisés. La sélection concerne des images planes et se réfère à des œuvres anciennes qui correspondent autant que possible à la période où les différentes techniques sont apparues. Quelques œuvres de l'art populaire et d'artistes contemporains figurent à titre de comparaison. Si diverses soient-elles par le style, la technique, les matériaux, toutes ces images ont en commun d'être de singulières « traces » d'hommes.

Artisan libraire, Italie, XVIe s.

Warhol, Campbell's Soup Cans, *1965.*

A. Roehn, la Leçon de dessin, *XIXe s.*

À MÊME LE CORPS

VISAGES DÉCORÉS

James Cook introduit en anglais le verbe *to tattoo* (tatouer), parent du mot *tatau* des Polynésiens, et divulgue des images de visages indigènes marqués et décorés.

Nouvelle-Zélande, portrait d'un Maori, 1er voyage de J. Cook, lavis original de S. Parkinson, 1770.

Dentelures et chevrons sont peints à même le visage tandis qu'une coiffure de couleur vive forme contraste.

Nouvelle-Guinée, Aborigène de Papouasie.

CORPS PEINT

Les bras et la poitrine largement soulignés de traits blancs emplis d'ocre, cet Aborigène souffle dans un tronc d'arbuste.

Australie, Aborigène.

TATOUAGES

Le noir de fumée ou l'encre de Chine sont utilisés couramment dans les tatouages, mais aussi de nombreux colorants naturels et artificiels.

Japon, exécution d'un tatouage.

Le tatouage peut être un signe de reconnaissance sociale ; il possède alors un caractère initiatique et magique.

Japon, membres d'un groupe religieux.

THÉÂTRE

Les visages peints du clown blanc ou de l'auguste au nez rouge sont populaires en Occident, comme l'est au sud de l'Inde la peinture savante des danseurs du kathakali.

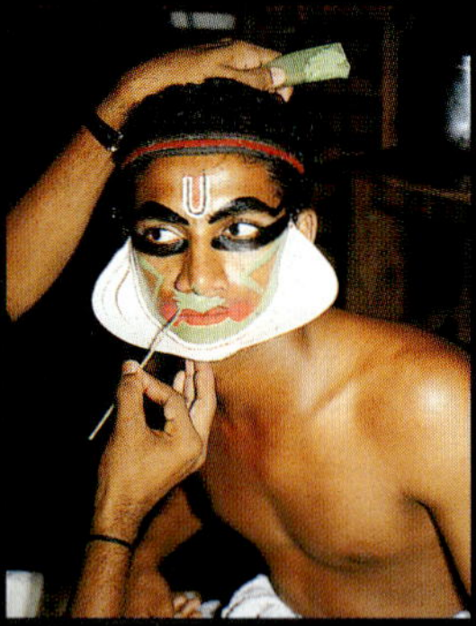

Inde, début d'exécution d'un masque peint pour un spectacle de kathakali.

De l'Australie au Canada, de l'Europe à l'Afrique et à la Chine, les peintures sur le corps humain et sur les parois des roches sont en usage partout à travers le monde depuis trente mille ans environ. Dessins et formes colorées sont réalisés avec des instruments de fortune : un morceau de silex pour graver, le doigt pour tracer un trait, la main pour étendre la couleur, mais aussi des pinceaux, certains rudimentaires, faits de tiges effilochées, d'autres perfectionnés, avec des crins assemblés.
Les colorants sont trouvés sur place ; les principaux sont les rouges et les ocres fournis par les argiles ; l'oxyde de manganèse récupéré au bas des parois des grottes donne le noir, la calcite en provenance des roches calcaires apporte le blanc (stalactites et stalagmites sont composées de calcite). Ces colorants sont mélangés à de l'eau pour obtenir des pâtes plus ou moins fluides, mais parfois à d'autres diluants, y compris éventuellement l'urine.

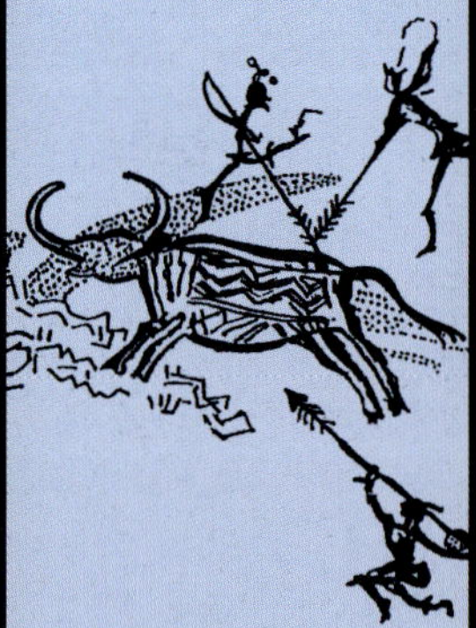

Une copie fidèle permet d'étudier les graphismes avec précision.

Inde, Madhya Pradesh, Bhimbetka, relevé par W. S. Wakantar, date non déterminée.

ART RUPESTRE

FIGURES AU TRAIT

Parmi les plus anciennes peintures rupestres connues, ces personnages font partie d'un groupe déployé sur une longue paroi et qui recouvre d'autres figures.

Tanzanie, - 30 000 ?

GRATTAGES, GRAVURES ET SUPERPOSITIONS

Cette grande figure mesure plus de 2,5 m. Une interprétation symbolique se rapporte au vol des oiseaux, une observation réaliste y voit un personnage gravissant une échelle.

États-Unis, Texas, Panther Cave, Seminole Canyon, - 15 000 ?

SOUFFLAGE

Accumulation de mains « négatives » : la main posée sur la paroi joue le rôle de pochoir, la peinture étant projetée soit en la crachant, soit en la soufflant à travers un os creux. Quand l'image résulte de l'empreinte directe de la main enduite de couleur sur la paroi, elle est dite « positive ».

Argentine, Patagonie, Cueva de las Manos, - 8000.

DESSIN AU BLANC CALCAIRE
Mesurant plus de 2 m, cet animal plus ou moins imaginaire est tracé sur une paroi rocheuse en plein air.
Chine, Alashan, - 10 000 / - 7000.

FORMES ET COULEURS
Le rouge provenant d'un oxyde de fer naturel est soigneusement étalé à l'intérieur du contour de ce bison recroquevillé.
Espagne, Altamira, - 10 000.

PEINTURE
Le personnage porte un masque. Ici la peinture est soulignée de blanc, ailleurs la forme naît d'un agencement de taches juxtaposées sans contour de l'ensemble.
Afrique, tassili des Ajjer, site d'aouanrhet, v. - 6000.

DESSINS GRAVÉS
Figures de monstres marins réalisées par des pêcheurs.
Les rochers sont ici recouverts d'eau.
Canada, Vancouver, Nanaimo, date incertaine.

PEINTURE «RADIOSCOPIQUE»
Les Aborigènes représentent l'aspect extérieur d'un humain ou d'un animal, mais parfois aussi certains constituants internes (ici la colonne vertébrale).

Australie, Territoire du Nord, date incertaine.

ESTOMPE
Dans ce bestiaire, le noir de certains rhinocéros est dégradé par frottage pour donner une impression de relief.
France, Vallon-Pont-d'Arc, « grotte Chauvet », - 30 000 / - 25 000.

GRAVURE
Les incisions de silex sur la paroi laissent apparaître l'image d'un mammouth.
France, Rouffignac, - 10 000.

DESSIN AU NOIR DE MANGANÈSE
La silhouette de ce cerf a été réalisée avec le doigt.

France, Niaux, - 10 000.

LIGNES ET COULEURS
Le tracé du cheval est superposé aux différents ocres qui recouvrent la roche. Les taches de calcaire blanc se sont développées par la suite.

France, calanque de Cassis près de Marseille, grotte Cosquer, - 28 000.

GÉOGLYPHE
Des tracés géants pouvant aller jusqu'à 8 km, lisibles seulement en altitude, ont été produits au Pérou voici environ 2 000 ans. Cette figure dessinée d'une seule ligne continue a la forme d'une araignée.

Pérou, Nazca, 200 av. J.-C. / 600 apr. J.-C.

Artisan égyptien travaillant sur un panneau.

Dès les premières civilisations, la peinture est posée sur les murs des édifices. Les mortiers pour broyer les couleurs, les palettes de peintres, les pinceaux plus ou moins larges sont utilisés comme aujourd'hui.
La diversité des couleurs augmente avec l'utilisation de nouveaux éléments naturels réduits en poudre et dilués (par exemple le lapis-lazuli pour le bleu ou le carbone pour le noir), et grâce aux teintes artificielles obtenues par des réactions chimiques. Les peintures murales peuvent être réalisées sur des murs secs ou en incorporant les couleurs à l'enduit encore humide, ce sont les fresques.

« Quand les couleurs ont été soigneusement appliquées sur le revêtement encore humide, elles ne se détachent plus mais sont fixées pour toujours ; et cela parce que la chaux dépouillée dans les fours de son eau, devenue vide par porosité, comme contrainte par un besoin de se nourrir, absorbe tout ce qui, par hasard, se trouve à son contact. […] Dès qu'elle est redevenue sèche, elle se reconstitue au point de sembler avoir les qualités propres à sa nature. »
Vitruve, Ier s. av. J.-C.

PEINTURES MURALES

FRESQUE
Le palais de Minos était décoré de fresques dominées par les couleurs bleue et jaune ; il n'en reste que des fragments.
Crète, Cnossos, « la Parisienne », h : 22 cm, v. 1500 av. J.-C.

MAÎTRISE
Fresque romaine réalisée d'après une œuvre grecque antérieure de quatre siècles. Composition, couleurs, volumes, drapés témoignent de l'habileté de l'artiste.
Italie, Pompéi, « Persée délivrant Andromède », h : 1,20 m, Ier s. apr. J.-C.

DÉTAILS
L'artiste surajoute parfois à sa fresque des détails qu'une première exécution trop rapide ne lui avait pas permis de réaliser ; il utilise alors comme liant l'eau, la colle et parfois la cire fondue.
France, Montoire-sur-le-Loir, chapelle Saint-Gilles, XIIe s.

UN PANNEAU PARMI D'AUTRES
Cette fresque a été découverte en 1944 sous un enduit ; elle appartient à une série dont une dizaine de scènes subsistent intactes.

Italie, Castelseprio, « Fuite en Égypte », 1,40 x 1,10 m, VIIIe s.

PEINTURE
La plupart des peintures murales de l'Antiquité sont réalisées sur enduit sec ; les couleurs y sont variées dès l'origine.
Égypte, tombe de Menna, v. 1300 av. J.-C.

TRIBULATIONS
Ces fresques du XIIe s. ont été restaurées aux XVIe et XVIIe, puis recouvertes de chaux au XIXe pour faire place à un nouveau décor, et enfin nettoyées vers 1950…
Yougoslavie, Macédoine, Nerezi, église Saint-Panteleimon, Simeon Theodokos, v. 1164.

PLAFOND
Une scène parmi l'ensemble des fresques qui ornent la voûte d'une grande abbatiale.
France, abbaye de Saint-Savin, « l'Arche de Noé » (détail), v. 1100.

TROMPE-L'ŒIL
La technique de Giotto couronne l'art de la fresque ; il donne ici l'illusion d'une sculpture.
Italie, Padoue, chapelle des Scrovegni, « la Foi », v. 1303-1305.

TRANSITION
Au Ier millénaire av. J.-C., des peintures remplacent les portraits en bas-relief ; ici la représentation du costume imitant la sculpture marque cette transition.
Assyrie, Tell Ahmar (aujourd'hui Til Barsip en Syrie), VIIIe s. av. J.-C.

RESTAURATION
Fresques de Michel-Ange restaurées à partir de 1980 pour retrouver les couleurs supposées être celles d'origine.
Italie, Vatican, chapelle Sixtine, « Naissance d'Ève » (détail), 1508-1512.

Vasari, Saint Luc patron des peintres (détail), XVIe s.

Les peintures se réalisent sur de multiples supports : pierre, ivoire, bois, papyrus, parchemin, papier… Les techniques et les couleurs utilisées ne sont pas très différentes de celles rencontrées pour la peinture des murs à sec, sauf que les petits formats permettent d'utiliser des couleurs plus rares, et plus chères, y compris l'argent et l'or.
Après avoir été poncés, les supports sont recouverts d'un enduit permettant à la peinture d'apparaître dans tout son éclat et de ne pas baver si elle est liquide.
Les couleurs sont composées de pigments colorés mélangés à un diluant et à un produit siccatif. Principaux diluants : eau et gomme (détrempe), eau et œuf émulsionné (tempera), cire fondue employée à chaud (encaustique), huiles minérales ou végétales (huile), eau et latex (acrylique). Les diluants conditionnent les techniques.

Artiste peignant une scène allégorique. (Italie, T. Arizzara, autoportrait, XVIIIe s.)

SUPPORTS

PAPYRUS

Les tiges de papyrus sont découpées en fines lamelles placées côte à côte ; une seconde couche est posée perpendiculairement à la première. Le tout est martelé pour que le suc de la plante colle l'ensemble.

Égypte, offrande, Livre des morts non daté.

CUIR

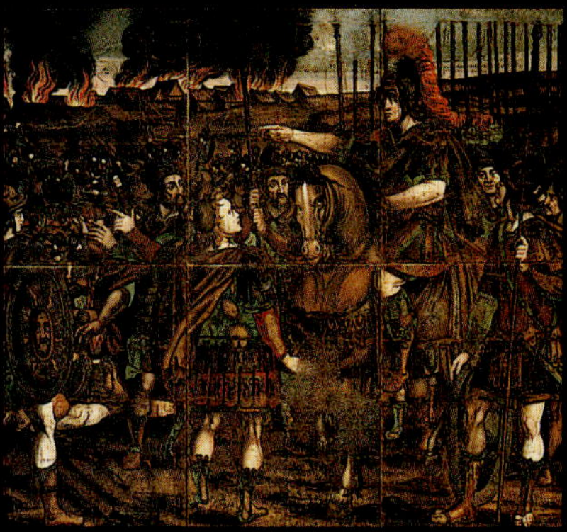

Les tentures de cuir peint sont d'autant plus rares que leur matière se désagrège avec le temps ; la conservation est assurée aujourd'hui en les collant sur un support.
France, d'après les gravures de Tempesta, Histoire de Scipion, XVIIe s.

CALCAIRE

Fragment portant un dessin coloré.
Égypte, profil royal, v. 1200 av. J.-C.

CARTON

Peinture sur fond d'or. Le support de cette miniature est un carton épais composé de plusieurs couches collées.
Italie, B. Bembo, valet d'un jeu de tarot, XVe s.

MARBRE

Peinture monochrome sur marbre.

Italie, Herculanum, joueuses d'osselets, fin du Ier s.

PARCHEMIN

Les peaux sont traitées, poncées et recouvertes d'un enduit imperméable. Plusieurs pigments apparaissent dans chaque ton : trois bleus (lapis, indigo et folium sapphireum), trois jaunes, deux rouges…
Art irlandais, évangéliaire de Lindisfarne, saint Marc, v. 698 apr. J.-C.

TOILE

Économie, augmentation des formats, plus grande légèreté sont les avantages des peintures sur toile par rapport aux panneaux. Ce tableau a été peint à l'époque où Monet réalise ses « Nymphéas ».

France, Monet, Bras de Seine près de Giverny, *1897.*

PAPIER

Les œuvres sur papier sont souvent d'une fragilité extrême.
Turquie, R. H. Nigari, Soliman le Magnifique, 1560.

SOIE

Peinture à la détrempe. La soie est revêtue d'un apprêt de colle mélangée avec de l'alun appliqué en trois couches. Les couleurs de cette œuvre indienne sont analogues à celles utilisées en Occident : principalement bleu d'azurite, vert de malachite, jaune d'orpiment, vermillon de cinabre, noir de carbone, or métallique.
Inde, Scènes de la vie de Bouddha, *VIIe - VIIIe s.*

Palette avec pinceaux de Delacroix.

« C'est avec quatre couleurs seules, pour les blancs celui de Melos, pour les jaunes le sil attique, pour les rouges la sinopis du Pont, pour les noirs l'atrament, qu'Apelle, Aétion, Mélanthios, Nikomakos ont exécuté leurs œuvres immortelles. »
Pline l'Ancien, Ier s. apr. J.-C.

Table à peinture de Delacroix.

« On peut broyer les couleurs de toute espèce avec la même sorte d'huile, et les poser sur un travail de bois, mais seulement pour les objets qui peuvent être séchés au soleil : car, chaque fois que vous avez appliqué une couleur, vous ne pouvez en superposer une autre si la première n'est pas séchée. »
Théophile, XIIe s.

Chaise avec palette de Picasso.

TECHNIQUES

TEMPERA

La peinture à la tempera continue d'être utilisée bien après Van Eyck, y compris, comme ici, pour des œuvres majeures.
Italie, Botticelli, le Printemps *(détail), v. 1478.*

HUILE

Tous les détails de cette peinture sur toile fine ont été analysés. On apprend ainsi que les couleurs des fenêtres ont été posées dans un ordre inverse à l'étage et au rez-de-chaussée.

Hollande, Vermeer, la Ruelle, *v. 1657-1658.*

EAU

Cette aquarelle est soulignée à la mine de plomb et rehaussée de gouache.

France, Delacroix, Tête de lion rugissant, *v. 1833-1835.*

ACRYLIQUE

Les pigments sont broyés à l'eau et dispersés dans un latex. D'abord utilisées dans l'industrie, ces peintures très adhésives sont devenues d'un usage courant chez les artistes à partir des années 1960.
États-Unis, Lichtenstein, « Whaam ! », 1963.

Vasari, atelier du peintre (détail), XVIe s.

L'exécution de l'œuvre témoigne de la maîtrise de l'artiste dans sa recherche d'effets comme la transparence ou la perspective, dans ses préférences pour la réalité ou l'illusion, dans son goût pour les intérieurs ou le plein air. En même temps, l'artiste se fait l'interprète de sentiments qui s'expriment avec plus ou moins de liberté en fonction de sa culture et du cadre social dans lequel il évolue.

« Pour faire de la peinture il faut connaître les possibilités de la peinture. »
Juan Gris, XXe s.

« La perspective est le gouvernail et le frein de la peinture. »
Léonard de Vinci, fin du XVe s.

EXÉCUTION

RESSEMBLANCE

Pour éviter toute confusion, le peintre a mentionné le nom du modèle : « Jehan roy de France. »
France, attribué à Girart d'Orléans, Jean II le Bon, v. 1360.

TRANSPARENCES

L'huile sèche plus lentement que les peintures à l'œuf ; son emploi est très ancien, mais assez rare avant Van Eyck. En peignant par couches superposées, il obtient des effets encore inconnus dans les transparences et la précision des détails.
Flandres, Van Eyck, Agneau mystique *(détail), 1432.*

PERSPECTIVE

Les lignes non parallèles au plan du tableau convergent vers un « point de fuite » au centre de l'image.
Italie, attribué à Francesco di Giorgio Martini, Vue de la cité idéale, *XVe s.*

RACCOURCI

Tableau exécuté à la tempera sur panneau. Les effets de la perspective sont appliqués au corps humain.
Italie, Mantegna, l'Agonie du Christ au jardin des Oliviers *(détail), v. 1460.*

INTERPRÉTATION

RÉALISME
Le souci de l'exactitude peut aller jusqu'au trompe-l'œil.
Flandres, A. Mignon, Nature morte, *XVIIᵉ s.*

COPIE
Exemple rare d'un artiste qui exécute une peinture en copiant une de ses propres gravures.
Angleterre, W. Hogarth, les Élections *(détail), 1754-1755.*

REFLETS
La nature, les nuages, le visage reflétés dans l'eau sont sans doute les premières images que l'homme a observées – avant de réaliser les peintures rupestres. Le mythe de Narcisse qui meurt de ne pouvoir saisir son image exprime cette fascination.
France, N. B. Lépicié, Narcisse, *XVIIIe s.*

PLEIN AIR
Le peintre sort de son atelier pour aller « sur le motif ».
France, Corot, Volterra, le Municipe, *XIXe s.*

ILLUSION
Quand les pattes d'un cheval au galop quittent le sol, elles sont repliées sous lui et non allongées devant et derrière.
France, Géricault, le Derby à Epsom, *1821.*

RESPECT

Ces portraits accompagnant des momies égyptiennes visent la ressemblance. Ce serait ici le « portrait d'Aline ». Le support est une toile de lin collée sur un panneau de bois. Peinture à la détrempe, stuc et feuille d'or.
Égypte, Fayoum, IIe s. apr. J.-C.

LIBERTÉ

L'artiste propose la figure que lui dicte son imagination en s'inspirant de son propre environnement. Peinture et décoration à la feuille d'or.
Constantinople ?, école byzantine, saint Jean.

OBÉISSANCE
Cette icône est parmi les plus anciennes conservées. Le support est un panneau de bois enduit de colle qui reçoit une couche de plâtre mêlée de poudre d'albâtre. Par la suite, la composition des icônes obéira à des modèles rigoureux parfois réalisés à l'aide de pochoirs.
Syrie, icône de saint Pierre, VIe - VIIe s.

MISE EN SCÈNE
La mise en situation dans le décor et la beauté du costume font un peu oublier l'exactitude du portrait.

Espagne, Velázquez, Portrait de l'Infant Felipo Prospero, *1659.*

VÉRITÉ
Rien n'échappe à l'observation aiguë de Rembrandt quand il s'observe lui-même.

Hollande, Rembrandt, Autoportrait, *v. 1657.*

ALLÉGORIE
L'image de la femme enceinte prend ici une dimension mythique. Peinture à l'huile et or, sur toile.

Autriche, Klimt, Espérance II, *1907-1908.*

Artiste dessinant selon une méthode décrite par Dürer. (Gravure sur bois, 1538.)

Dessiner c'est désigner, c'est montrer avec le doigt, avec la pointe effilée d'un crayon, d'une plume, d'un pinceau. « Dessein » (le projet) et « dessin » (la représentation) sont le même mot : le tracé d'un plan est aussi bien le projet d'une construction future que la représentation de cette construction réalisée. De même pour les dessins d'un visage, d'un corps, d'un paysage : les images qui représentent le Créateur en train de dessiner le monde avec son compas montrent l'espoir de faire coïncider l'idée avec la réalité. Parchemin et papier, mais aussi métal, verre, céramique et n'importe quelle matière peuvent servir de support pour un dessin. Les instruments sont les plus simples de ceux qui sont utilisés dans les arts de l'image.

Pierre noire et mines de couleur sur un papier teinté de rose pâle.
Allemagne, Holbein le Jeune, portrait de Thomas Wriothesley, XVIe s.

Le docteur Gachet et Cézanne.

« Je soutiens que le dessin, ce principe créateur et vivifiant de la peinture et de la sculpture, posséda toute sa perfection dès l'origine des choses. »
Vasari, XVIe s.

LE TRAIT

INTAILLE
Le dessin est gravé sur un médaillon qui forme le fond d'une coupe. Dans une intaille les traits sont gravés en creux ; si la gravure apparaissait en relief, ce serait un camée.
Perse, « Coupe de Salomon », VIe s.

PLUME
Le manuscrit original est réalisé à la plume et à l'encre brune ; des copies en ont été faites dès l'origine.
École de Reims, copie du psautier d'Utrecht (détail), v. 820.

NOIR DE FUMÉE
Dessin au noir de fumée avec rehauts d'or et de couleurs.
Inde, portrait d'un jeune homme, 2e moitié du XVIIe s.

FUSAIN
Le charbon de bois est l'un des matériaux les plus anciennement utilisés pour le dessin, malheureusement sa trace est friable et doit être fixée.
France, Matisse, Visage féminin, *XXe s.*

TIRE LIGNE
Œuvre réalisée avec les instruments du dessin industriel.
Suisse, Klee,
Grand-père orientable, *1930.*

MINE DE PLOMB
L'éclat du papier est ici atténué par de légers passages de fusain.
France, Picasso, portrait d'Igor Stravinsky.

LA COULEUR

PAPIER PRÉPARÉ
Dessin sur papier rose-orangé préparé par l'artiste, exécuté à la pointe d'argent, souligné à la plume pour l'encre noire et rehaussé de blanc.
Italie, Verrocchio, tête de femme, XVe s.

PIERRE NOIRE ET LAVIS
Pierre noire, sanguine, lavis de couleurs. Le crayon graphite est d'abord utilisé pour l'écriture ; il est utilisé par les artistes seulement au XVIIe siècle. La « pierre noire » est une tige de plomb effilée.
France, F. Clouet, Jeanne d'Albret, v. 1548.

TROIS CRAYONS
L'appellation « trois crayons » désigne l'utilisation fréquente du noir (pierre noire), du rouge (sanguine) et du blanc (craie).
France, Watteau, Flore, *XVIIIe s.*

LA DÉMARCHE

PASTEL
Les craies naturelles, trop friables, sont reconstituées sous forme de bâtonnets compacts : les pigments réduits en poudre sont mélangés à de la gomme arabique ou à de la colle animale. Les premiers bâtonnets de ce type sont apparus à la Renaissance.
France, Quentin de La Tour, portrait de Voltaire, 1735.

LAVIS
Pinceau et plume à l'encre brune.
Italie, Tiepolo, groupe (détail d'un visage), XVIIIe s.

CRAYON GRAS
L'effet d'ombre et de lumière est obtenu en utilisant le grain du papier.
France, Seurat,
Femme tenant une ombrelle, *v. 1883.*

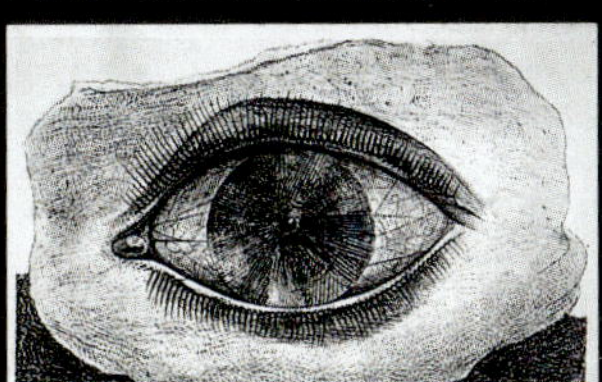

FROTTAGE
La feuille de papier est posée sur une texture en léger relief, pierre, bois, feuille végétale… et frottée à la mine de plomb. Les formes obtenues conduisent au dessin définitif.
France, Ernst, Roue de lumière, *1925.*

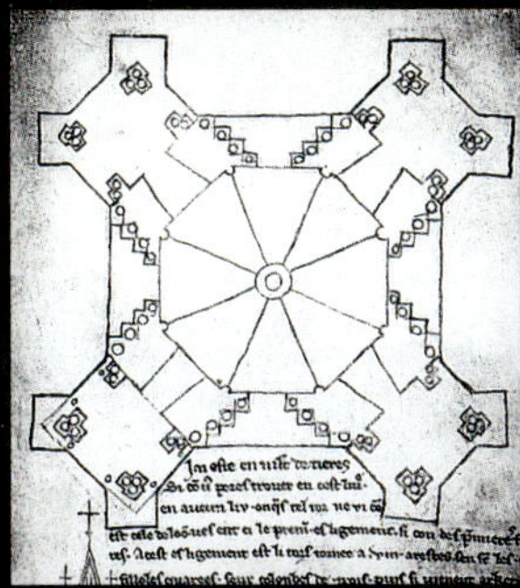

RELEVÉ
Dans son carnet, Villard de Honnecourt donne les premiers plans d'architecture au sens moderne du terme.
France, Villard de Honnecourt, plan des tours de la cathédrale de Laon, v. 1230-1235.

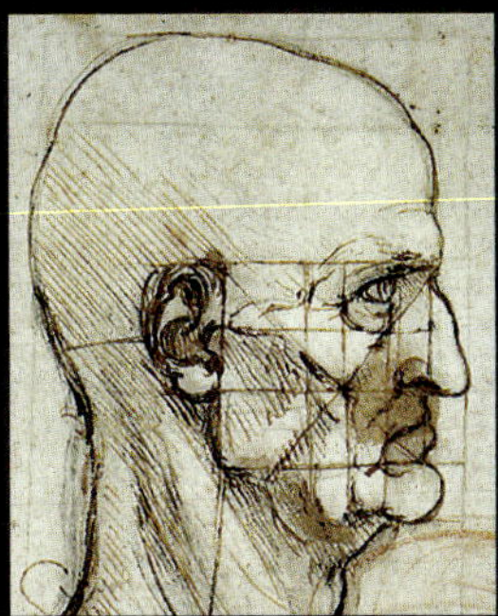

RECHERCHE
Analyse des proportions du visage.
Italie, Léonard de Vinci, buste d'homme de profil (détail), 1490.

ÉTUDE
Plume et pinceau jettent sur la feuille un chevalier susceptible de s'intégrer à un tableau futur.
Hollande, Rubens,
Cavalier en armure, *XVIIe s.*

ESQUISSE
Lavis bistre avec crayon noir sur papier.
France, Poussin, étude du Christ portant sa croix, XVIIe s.

PORTRAIT
La mine de plomb très dure est aiguisée comme la pointe d'une aiguille.
France, Ingres, portrait du violoniste Paganini, XIXe s.

COLLAGE
Découpages de journal, carton, papier, avec gouache et fusain.
France, Braque, le Quotidien, *1912-1913.*

CROQUIS
Dessin cursif à la plume.
Autriche, Schiele, Personnage étendu, *1918.*

HUMOUR
L'absurde prend une forme visuelle.
Roumanie - États-Unis, Steinberg,
le Nez, *1967.*

Les peintures sur céramique sont cuites à des températures atteignant 980 °C pour les faïences, 1 280 °C pour les grès et davantage encore pour les porcelaines, ce qui rend les couleurs inaltérables. Après avoir tourné ou modelé sa pièce, le céramiste la laisse sécher – et dans certains cas la cuit une première fois – avant de poser des oxydes sur ou sous une couverte, ou encore mélangés avec celle-ci. À froid, les oxydes n'ont pas leurs couleurs définitives ; elles se révéleront à la cuisson, et c'est à l'artiste expérimenté d'anticiper le résultat ; il est guidé par des essais effectués sur des palettes d'échantillons. Les modes de fabrication des céramiques de l'Antiquité sont toujours difficiles à préciser ; les indications sont données à titre de premiers repères.

Assiette échantillon de couleurs pour porcelaine.

Dès son premier emploi, le mot « émail » désigne les matières colorantes fixées par vitrification sur la terre, le verre, le métal. Par la suite un émail représente l'objet lui-même quand il est œuvre d'orfèvrerie. L'or fond à 1 064 °C, l'argent à 960 °C ; les matières vitreuses utilisées doivent donc être fusibles à basse température. Pour éviter les mélanges quand plusieurs émaux sont utilisés pour un même décor, l'orfèvre creuse des alvéoles (émaux champlevés) ou installe des séparations (émaux cloisonnés).

CÉRAMIQUE

ENGOBE
Ici, la terre rouge est posée sur l'argile claire ; la poterie est cuite ensuite. L'appellation « engobe » date du XIXe s.
Égypte, Nagada, vase de terre cuite, v. 3500 av. J.-C.

CÉRAMIQUE MURALE
D'abord construit en briques crues que l'on a modelées, et décorées, ce mur a été démonté pour la cuisson, puis réinstallé.
Iran, Suse, « Frise des Archers » (détail), VIe - IVe s. av. J.-C.

TABLEAU ÉMAILLÉ

Cet ensemble de plus de deux cents carreaux forme une véritable peinture émaillée.
France, Rouen, « Histoire de Noé » (détail), v. 1550.

GLAÇURE
Cette couleur bleue caractéristique est obtenue par cuisson d'un mélange riche en minerai de cuivre. Le dessin noir sous glaçure transparente est lui obtenu à l'aide d'un oxyde.
Égypte, musicien, v. 1300 av. J.-C.

FIGURES ROUGES
Cette appellation est propre aux céramiques grecques. Les figures sur le fond rouge de l'argile sont délimitées par le vernis noir.
Grèce, coupe, Phénix et Briséis, Ve s. av. J.-C.

MAJOLIQUE
« Majolique » est une appellation ancienne désignant une faïence à pâte ferrugineuse calcaire recouverte d'émaux colorés à base d'étain.
Italie, Faenza, assiette du service d'Albert V de Bavière, 1576.

FAÏENCE
Le décor est dessiné avec un oxyde de cuivre pour le vert et un oxyde de fer pour le brun sur un fond d'émail clair.
Égypte, fragment d'un carreau, v. 1200 av. J.-C.

CAMAÏEU
Décor de grand feu au cobalt sur émail blanc.
Pays-Bas, Delft, décor attribué à C. Boumeester, XVIIe s.

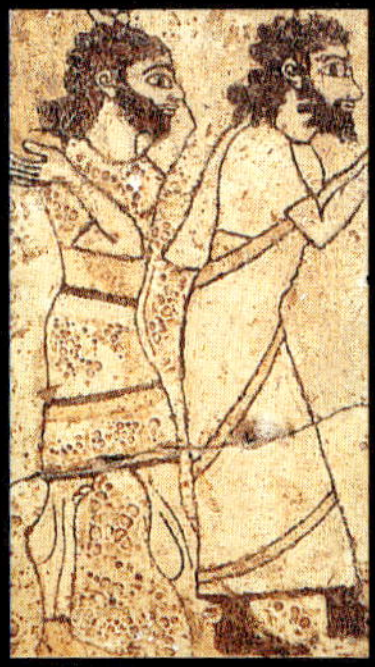

TERRE CUITE
Le dessin est réalisé avec un émail coloré à l'oxyde.
Mésopotamie, fragment de terre cuite, VIIIe s. av. J.-C.

ÉMAIL
L'émail blanc qui recouvre ce pavé sert de fond au dessin bleu obtenu par l'oxyde de cobalt.
Turquie, carreau en étoile, 1re moitié du XIIIe s.

MAÎTRISE
Ces carreaux dessinés à des centaines d'exemplaires témoignent de l'habileté des décorateurs.
Pays-Bas, Delft, panneau décoratif (détail), XVIIIe s.

ÉMAUX

Figures gravées sur cuivre doré, rehaussées d'un émail noir sur un fond émaillé bleu.
Autriche, Nicolas de Verdun, retable de Klosterneuburg, 1181.

Émail cloisonné de Limoges.
France, saint Paul, XIIe s.

Plat en bronze et émaux placés dans des alvéoles.
Allemagne, « Ascension d'Alexandre », XIIe s.

Lapis-lazuli, cornaline et pierres taillées sont incrustés dans l'épaisseur de l'or.
Égypte, bracelet décoré d'un œil, v. 930 av. J.-C.

Le mot « mosaïque » est apparenté à « muse » et à « musique ».
Des pierres, fixées par un ciment sur un sol ou sur un mur, décorent des architectures ; l'orfèvrerie propose des assemblages précieux ; la marqueterie assemble des éléments de marbre ou de bois de formes différentes. Les couleurs sont celles des matériaux dans leur état naturel ; plus les morceaux utilisés sont petits, plus les variations de couleurs sont subtiles.

ORFÈVRERIE

INSERTION

Lapis-lazuli, pierre rouge, coquille sont utilisés dans cette composition. Les fragments sont insérés dans du bitume qui maintient l'ensemble en séchant.
Moyen-Orient, étendard d'Our (détail), v. 2500 av. J.-C.

ACCUMULATION

Profusion d'or, d'émaux, de pierreries.
Byzance, retable dit Pala d'oro (détail), 976, restauré en 1105 et 1345, Venise, basilique Saint-Marc.

MOSAÏQUES

GALETS

Cette mosaïque est la plus ancienne qui nous soit parvenue ; les pierres sont utilisées telles quelles.
Grèce, Pella, Chasse au lion (détail), IVe s. av. J.-C.

NUANCES

Les pierres sont d'abord rangées par couleurs, selon des nuances dont le nombre peut atteindre plusieurs centaines ; le travail consiste à reproduire le modèle fourni par l'artiste en insérant une par une les tesselles dans un ciment encore humide.
Turquie, Antioche, « Jugement de Pâris », IIe s. apr. J.-C.

DORURE

Le verre est aussi utilisé.
Les cubes de verre sont teintés dans la masse ou dorés en appliquant la feuille d'or sur leur face postérieure.
Italie, Ravenne, mausolée de Galla Placidia, saint Laurent (détail), Ve s. apr. J.-C.

TESSELLES

Les éléments de ce pavement sont des pierres taillées en forme de cubes de 0,5 à 1 cm de côté, nommées tesselles. Leur épaisseur permet de conserver l'image dans une relative intégrité malgré l'usure due au passage.
Italie, Pompéi, IVe s. av. J.-C.

RÉCUPÉRATION

Maison décorée entièrement à l'intérieur et à l'extérieur avec des morceaux de faïence et de porcelaine récupérés dans les décharges.
France, Chartres, R. Isidore, maison Picassiette (détail), v. 1930.

Les mosaïques ont d'abord été employées presque exclusivement pour décorer des sols.
Italie, Ostie, place des Corporations, IIe s. av. J.-C.

STYLISATION

Sur un fond d'or, les ondulations de la mer répondent aux lignes horizontales de l'arche.
Italie, Venise, « Arche de Noé » (détail), XIIe s., basilique Saint-Marc.

MARQUETERIE DE MARBRE

Chaque morceau possède sa forme propre.
Les interstices sont emplis de bitume pour mettre le dessin en valeur.
Italie, « Histoire de Judith » (détail), v. 1370, cathédrale de Ravenne.

MARQUETERIE

Perspective composée avec un assemblage de bois d'essences différentes.
Italie, Bologne, Fra Damiano da Bergamo, stalle de chœur, 1530, église Saint-Dominique.

L'apôtre saint Simon, Cologne, 1320.

Les vitraux sont des marqueteries de verres colorés dans la masse par l'adjonction d'oxyde au cours de la fusion qui s'effectue selon les cas entre 1 200 et 1 500 °C. Des ombres et des détails nommés « grisailles », qui peuvent être rajoutés au pinceau, exigent une nouvelle cuisson, vers 600 °C, pour être fixés. Les verres sont ensuite découpés selon des gabarits puis réunis par des bordures en plomb malléable à la température ordinaire. Il existe aussi aujourd'hui des vitraux aux verres très épais maintenus dans du ciment.

L'artiste confie un dessin au maître verrier qui s'y conformera avec précision.
France, Léger, maquette d'un vitrail pour l'église d'Audincourt, 1951.

VITRAUX

GRATTAGE
Les traits sur les visages ont été obtenus par grattage d'une grisaille appliquée sur le fond jaune.
France, cathédrale de Troyes, scène de la vie du Christ, fin du XIIe s.

DÉCOUPES
Les plombs épousent les formes.
France, Sainte-Chapelle de Paris, la Résurrection des morts, 1re moitié du XIIIe s.

GRISAILLE
Motifs géométriques réalisés sur un fond de verres blancs.
France, Berry, donatrice et évêque, fin du XIIIe s.

JAUNE D'ARGENT
Apparu au XVe s, il permet de peindre le verre à la manière des grisailles. Ici, le support est en verre blanc et les plombs soulignent la perspective de la scène sans intervenir dans le dessin des personnages.
France, joueurs d'échecs, vers 1440.

TEXTILES

Deux techniques principales interviennent dans la réalisation des images en textile. La tapisserie les produit par l'entrecroisement sur un métier de fils ou de laines de couleur et la broderie les réalise à l'aiguille sur une étoffe qui sert de support. Ces deux procédés peuvent se combiner. Les tapis destinés à couvrir le sol peuvent être tissés ou brodés mais aussi noués quand les brins de laine sont attachés un par un sur un canevas ou une trame. Quant aux images sur textile, elles peuvent être peintes ou imprimées.

FEUTRE COLORÉ
Scythes, princesse sur un trône, Ve s. av. J.-C.

MATÉRIAUX
Laine et lin sont les matériaux de base du tissage en Égypte, attesté dès 3000 av. J.-C.
Égypte, tête d'Hermès, Ve s.

IMPRESSION
Ce vêtement est coupé selon un modèle classique dans l'Antiquité. L'impression est réalisée en rouge sur une toile de lin blanche.
Égypte, vêtement liturgique.

TEINTURES
La variété des couleurs témoigne de l'art des teintures dans l'Antiquité.
Égypte, textile copte, Dionysos, VIIe s.

BASSE LISSE
Dans la basse lisse le métier est horizontal. Le lissier place le modèle sous les fils de chaîne pour se guider avec précision.
France, Arras, le Bal des sauvages *(détail),* XVe s.

APPROCHE DE LA PEINTURE
Dans tous les cas le lissier tisse en voyant l'envers de la tapisserie ; l'image sera donc inversée par rapport au modèle ; ici l'œuvre cherche à rivaliser avec la peinture.
France, Aubusson, paysage chinois, 2e moitié du XVIIIe s.

EXACTITUDE
L'art du lissier consiste à respecter dans ses moindres détails la maquette de l'artiste.
Flandres, la Dame à la licorne *(détail), 1500.*

BRODERIE
Point fendu, point couché, petit point sont utilisés dans cette broderie de soie polychrome et or.
Angleterre, arbre de Jessé, début du XIVe s.

TISSAGE
Iran, scène de chasse, XVIe s.

IMPRESSION
Rare exemple d'un décor imprimé sur velours.
France, Mucha, fin du XIXe s.

EMPREINTES

Crète, Cnossos, art minoen, 1700 - 1400 av. J.-C.

SCEAU CYLINDRIQUE
Le cylindre est sculpté en creux pour faire apparaître l'image en relief en le roulant sur une plaque d'argile crue.
Sumer, v. 3500 - 3200 av. J.-C.

MONNAIE
Le sceau est gravé dans un morceau de métal très dur qui, frappé au marteau, laisse son empreinte dans le métal plus mou de la pièce.
Grèce, IVe s. av. J.-C.

Les travaux de l'imprimerie (école française, XVIIe s.).

L'empreinte permet d'obtenir plusieurs exemplaires d'une même image. Le dessin est inversé sur le support pour se retrouver à l'endroit sur l'estampe. Les techniques varient selon les supports : bois, métal ou pierre. Dans tous les cas, une nouvelle couche d'encre doit être déposée sur l'empreinte à chaque tirage. Quand l'estampe est en couleurs, il faut autant de plaques ou de pierres que de couleurs.

GRAVURES SUR BOIS

Coloris à la gouache.
Asie centrale, Dunhaung, Xe s.

Subtilité dans les effets monochromes.
Allemagne, Dürer, projection et perspective, XVIe s.

Illusion d'optique.
Hollande, M. C. Escher, l'Air et l'eau, *1938.*

Noir et blanc.
France, gravure pour l'œuvre de François Villon, 1497.

Coloris au lavis et à la gouache.
France, Chartres, G. Alabre, Saint Louis, 2e moitié du XVIIIe s.

PAPIER PEINT
Les scènes de ce paysage panoramique comportant au total 25 bandes de 0,53 m ont été réalisées avec 2 027 planches et 85 couleurs.
France, manufacture Dufour, Télémaque dans l'île de Calypso (détail), v. 1840.

Gravure sur bois.
Les parties blanches sont creusées dans le bois et laissent en relief les traits du dessin qui recevront l'encre ; celle-ci se déposera sur la feuille lors de l'impression.

La fabrication des estampes (Japon, XIXe s.).

Tirage en couleurs. *Japon, Hokusai,* le Chantier, *1830.*

Imprimerie en taille douce (porcelaine de Sèvres, XIXᵉ s.).

Gravure sur métal.

Burin : l'artiste creuse des sillons en poussant un ciseau d'acier sur la plaque de métal : celle-ci est ensuite encrée avec un chiffon ; l'encre est retenue dans les stries du dessin et le reste, bien essuyé. Une feuille de papier humide est posée sur la plaque, et l'ensemble, protégé de feutres, passé entre deux rouleaux exerçant une forte pression ; l'encre se dépose sur la feuille pour donner l'estampe.

Taille douce : le principe est identique mais l'artiste dessine avec une pointe fine sur la plaque de cuivre pour obtenir des nuances.

Eau-forte : le dessin est exécuté avec une pointe fine sur la plaque de cuivre recouverte d'un vernis qui laisse apparaître le métal, et la plaque est plongée dans une solution acide qui attaque le cuivre aux endroits dégagés. Le vernis est ensuite retiré et le tirage s'effectue comme précédemment.

Presse lithographique (porcelaine de Sèvres, XIXᵉ s.).

Lithographie.

L'artiste utilise un crayon gras ou des encres et dessine ou peint sur des pierres calcaires préparées.

Le lithographe dépose ensuite l'encre du tirage sur la pierre avec un rouleau caoutchouté ; celle-ci est retenue aux endroits du dessin.

L'encrage et le tirage sur la presse ainsi que la manipulation des pierres exigent un effort physique important.

GRAVURES SUR MÉTAL

Eau-forte : l'utilisation du vernis dur des luthiers remplace les vernis mous utilisés auparavant.

France, Callot, les Misères et malheurs de la guerre, *« l'Arbre des pendus », 1633.*

Gravure sur acier : technique traditionnelle et tirage industriel.

Grande-Bretagne, premier timbre-poste, le « one penny » noir, 1840.

L'aquatinte est une gravure à l'eau-forte dont certains effets imitent le lavis.

Espagne, Goya, les Caprices, *« Admirez comme ils sont sérieux », 1799.*

Une estampe peut combiner plusieurs techniques.

Grande-Bretagne, Napoléon et William Pitt se partagent le monde, *1805.*

Les techniques modernes permettent d'obtenir l'image en positif : dans le même sens que le dessin original.

(Italie, billet de 1 000 lires, 1990.)

LITHOGRAPHIE

Crayon lithographique.

France, Daumier, « Gaudry et Lecomte », 1833.

MONOTYPE

L'artiste exécute son œuvre sur une plaque de cuivre avec une encre grasse sans attaquer le métal. Il imprime ensuite normalement. Son dessin ne sert qu'une fois mais les effets obtenus sont subtils.

France, Degas, Après le bain, *fin du XIXᵉ s.*

Perfection des à-plats.

Grande-Bretagne, Beardsley, Isolde, *XIXᵉ s.*

HÉLIOGRAVURE

Application industrielle de techniques manuelles antérieures pour réaliser de grands tirages.

Grande-Bretagne, E.P. Henry, Une aube hivernale, *1895.*

CHROMOLITHOGRAPHIE

Le support est une plaque de zinc et le tirage s'effectue à la machine.

France, A. Sauvage, le Premier Enfant, *fin du XIXᵉ s.*

OFFSET

L'image du cliché sur métal est reportée sur un cylindre caoutchouté qui imprime la feuille.

Italie, H. Pratt, Corto Maltese, *1967.*

Pour réaliser des images, artisans et artistes travaillèrent longtemps à la main, avec quelques outils : stylets, calames, plumes, pinceaux, crayons, etc. Chacun marque de sa personnalité (de son style) sa production.
Avec les révolutions industrielles, de nouvelles sources d'images vont apparaître.
Avec la photographie puis le cinéma, une machinerie complexe, d'abord optico-chimique, de plus en plus optico-électronique, entre en action. L'intervention du créateur se situe soit avant la « prise de vues » : choix des angles, du champ, de l'éclairage, etc., soit après, lors du développement, de la « révélation », de l'image argentique.
Avec les radioscopie, microscopie électronique, échographie et autres RMN, il s'agit de voir « à l'intérieur », sans détruire ce qui dissimule ou protège cet intérieur. On fait appel aux ruses des savants : propriétés des rayonnements ionisants (radioscopie), des ultrasons (échographie), des champs magnétiques (résonance magnétique nucléaire), et à l'informatique.
Mais la lecture précise du réel représenté par ces images est réservée aux spécialistes.
Enfin, avec les images dites « virtuelles », la réalité dans tous ses aspects (formes, couleurs, sons, dimensions, en relation avec la position et l'action de l'observateur) est « simulée ».
D'abord destinées aux professionnels (simulateurs de vol, par exemple), les technologies de la réalité virtuelle gagnent aujourd'hui l'industrie des loisirs (jeux) et les médias.

DE LA MAIN AUX MACHINES

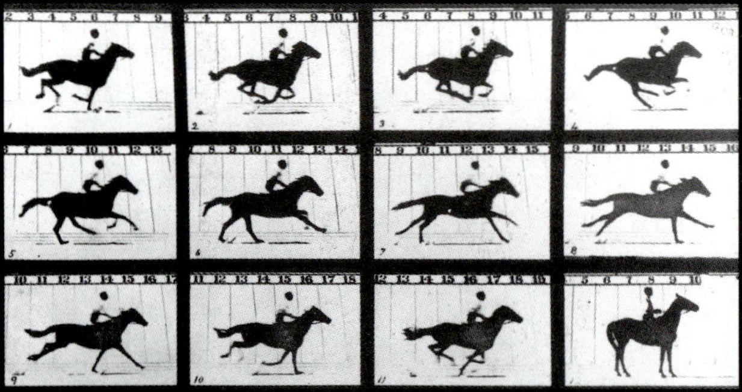

ANALYSE DU MOUVEMENT
Ou quand la photographie change notre compréhension de la réalité : avec Muybridge, les chevaux au galop des anciennes peintures sont soudain devenus « irréels ».
États-Unis, Muybridge, les Allures du cheval, *1878.*

DESSIN PHOTOGÉNIQUE
La plante est seulement posée sur une plaque sensibilisée au chlorure d'argent. En somme une « photographie » très simple.
Grande-Bretagne, A. Atkins, XIXe s.

POSE
La photographie a très vite remplacé le portrait peint, apportant notamment un effet de vérité troublant et empreint de nostalgie et permettant à des artistes comme Nadar de « révéler » une part de vérité de leurs modèles.
France, Nadar, portrait de Tourgueniev.

RÉSONANCE MAGNÉTIQUE NUCLÉAIRE

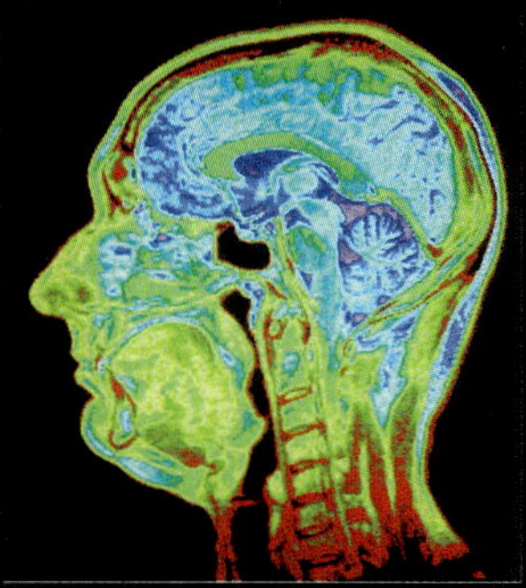

Explorer l'intérieur des corps et des organes — notamment celui de la pensée et des émotions, le cerveau — sous tous les angles sans un seul coup de bistouri : la médecine sait aujourd'hui « sonder les reins et les cœurs », littéralement.
France, coupe du cerveau.

HOLOGRAPHIE
La photographie et le cinéma « en relief » ne sont plus tout à fait des rêves : les propriétés des faisceaux laser permettent la réalisation d'images (hologrammes) en trois dimensions avec un effet de volume saisissant ; l'objet est vraiment là, impalpable, mais il est là.
France, G. Charpak participe à la copie holographique d'un vase antique.

RÉALITÉ VIRTUELLE
Pour être dans la réalité virtuelle il faut, pour tromper nos sens, s'abstraire de la réalité réelle à l'aide de tout un attirail futuriste.

Imaginaire du jeu électronique.

CINÉMA
Au cinéma (non documentaire) le réel enregistré par la caméra est totalement reconstitué : mais ces fictions, quand elles sont réussies, deviennent… vraisemblables.
On y croit, on est pris.
États-Unis, C. Chaplin dans la Ruée vers l'or, *1925.*

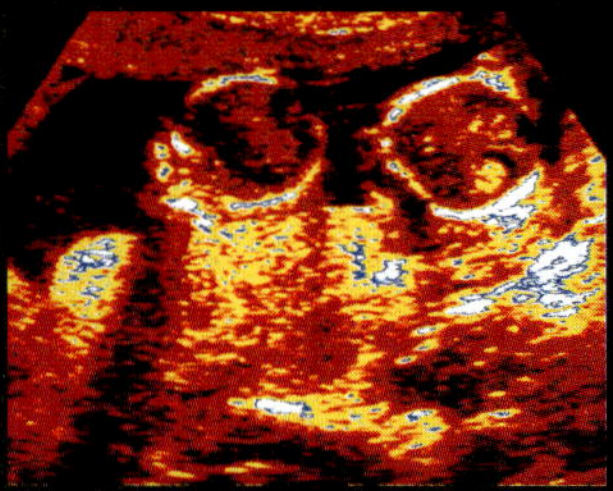

ÉCHOGRAPHIE
Ce sont les premières images de l'enfant dans l'album photo familial : les échographies prénatales sont à la frontière entre la médecine et l'histoire individuelle.
France, diagnostic d'une grossesse de jumeaux.

ACTEURS VIRTUELS
Pourquoi ne pas remplacer acteurs et présentateurs par des images animées ? Déjà les jeux vidéo font grand usage de ces êtres immatériels, jeunes, beaux et… si dociles.

Présentatrice de télévision.

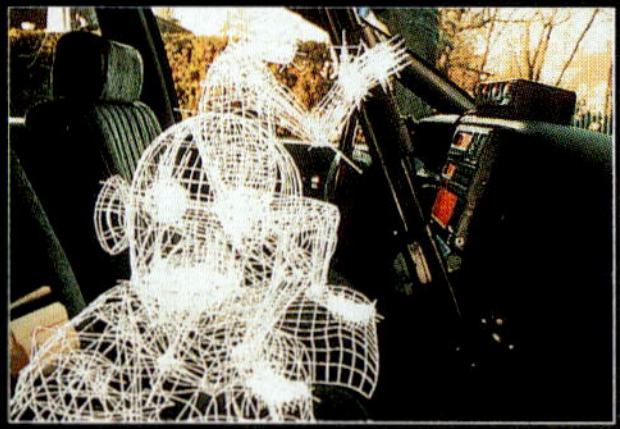

EFFETS SPÉCIAUX
Les technologies de l'ère numérique permettent des « trucages » raffinés : la manipulation des images, au cinéma notamment, est imperceptible.

PERSISTANT, E adj. **1.** Qui persiste, qui ne disparaît pas ; continu, durable. *Une odeur, une fièvre persistante.* **2.** BOT. Se dit du feuillage de certains arbres, qui reste vert et ne tombe pas en hiver. CONTR. : *caduc.*

PERSISTER v.i. (lat. *persistere*). **1.** Demeurer ferme, constant dans ses décisions, ses actions, etc. ; s'obstiner, persévérer. *Persister dans sa résolution. Il persiste à croire à l'impossible.* ◇ DR. *Persiste et signe :* formule conclusive des déclarations faites à la police, à l'autorité judiciaire, dans un procès-verbal. **2.** Continuer d'exister ; durer. *Un symptôme qui persiste.*

PERSONA GRATA loc. adj. inv. (mots lat., *personne bienvenue*). **1.** Se dit d'un membre du personnel diplomatique agréé dans ses fonctions de représentant d'un État par la puissance étrangère auprès de laquelle il est accrédité (par oppos. à *persona non grata*). **2.** *Litt.* Se dit de qqn en faveur, bien considéré.

PERSONÉ, E adj. (du lat. *persona*, masque). BOT. Se dit d'une fleur à pétales soudés, close par une saillie interne à la base des pétales, lui donnant l'aspect d'un masque de théâtre ou d'un mufle d'animal, comme chez les scrofulariacées.

PERSONNAGE n.m. **1.** Personne imaginaire représentée dans une œuvre de fiction ; rôle joué par un acteur. **2.** Manière de se comporter dans la vie courante, comparée à un rôle. *Il prend un air distant, ça fait partie de son personnage.* **3.** Personne en vue, influente. *Un personnage important.* **4.** Personne considérée du point de vue de son comportement, de son aspect extérieur. *Un triste, un odieux personnage.*

PERSONNALISATION n.f. Fait de personnaliser.

PERSONNALISER v.t. **1.** Donner à qqch qui existe en de très nombreux exemplaires, à un objet de série un caractère singulier, personnel, en partic. en le décorant. **2.** Adapter à chaque cas particulier, à chaque personne. *Personnaliser le crédit.*

PERSONNALISME n.m. Philosophie qui fait de la personne humaine, du sujet individuel, la valeur essentielle, la fin principale. (Il a été illustré par Renouvier, Scheler et surtout Mounier.)

PERSONNALISTE adj. et n. Qui se rapporte au personnalisme ; qui en est partisan.

PERSONNALITÉ n.f. (lat. *personalitas*). **1.** Ensemble des comportements, des aptitudes, des motivations, etc., dont l'unité et la permanence constituent l'individualité, la singularité de chacun. ◇ PSYCHOL. *Test de personnalité :* test *projectif. — ANTHROP. *Personnalité de base :* ensemble des comportements liés à l'éducation spécifique d'une société, d'un groupe social. — *Personnalité pathologique :* ensemble des altérations de la personnalité caractérisant une affection psychiatrique (personnalité hystérique, paranoïaque, etc.). — *Personnalité juridique :* qualité d'une personne juridique, physique ou morale. **2.** Force, énergie avec laquelle s'exprime le caractère, l'originalité de qqn. *Avoir de la personnalité.* **3.** Personne connue en raison de son rôle social, de son influence. *De hautes personnalités.* **4.** *Didact.* Caractère de ce qui est personnel, de ce qui s'applique à une personne en tant que telle. *Personnalité de l'impôt.*

1. PERSONNE n.f. (lat. *persona*). **1.** Être humain ; individu. *Qui sont ces personnes ? Un groupe d'une dizaine de personnes.* ◇ *Grande personne :* personne adulte, dans le langage enfantin surtout. *Laisse parler les grandes personnes ! — Spécial.* Jeune fille, femme. *Une charmante personne.* **2.** Individu considéré en lui-même. *Je conteste ses idées, mais je respecte sa personne.* — Individu envisagé sous le rapport de l'apparence ou de la présence physique. *Être bien fait de sa personne.* ◇ *En personne :* soi-même. — *Par personne interposée :* par l'intermédiaire de qqn. **3.** DR. Individu titulaire de droits et d'obligations. *L'éminente dignité de la personne humaine.* ◇ *Personne morale :* groupement d'individus auquel la loi reconnaît une personnalité juridique distincte de celle de ses membres (par oppos. à *personne physique,* l'individu). **4.** THÉOL. CHRÉT. *Les trois personnes divines :* le Père, le Fils et le Saint-Esprit (la Trinité). **5.** GRAMM. Forme que prennent le verbe et le pronom permettant de distinguer le ou les locuteurs *(première personne),* le ou les auditeurs *(deuxième personne),* celui, ceux, celle(s) ou ce dont on parle *(troisième personne).*

2. PERSONNE pron. indéf. masc. sing. **1.** (Avec la négation *ne.*) Aucun être, nul. *Personne n'est venu.* **2.** (Sans la négation.) Quelqu'un, quiconque. *Je suis parti sans que personne s'en aperçoive.*

1. PERSONNEL, ELLE adj. **1.** Propre à qqn, à une personne. *Fortune personnelle.* **2.** Qui porte la marque d'une individualité singulière ; original, particulier. *Des idées très personnelles.* **3.** Qui ne pense qu'à soi ; égoïste. *Il est trop personnel.* **4.** GRAMM. *Mode personnel :* mode de la conjugaison dont les terminaisons marquent le changement de personne (indicatif, conditionnel, impératif et subjonctif) [par oppos. à *mode impersonnel*]. — *Pronom personnel :* pronom qui désigne un être ou une chose et qui sert à marquer la personne grammaticale (ex. : *je, tu, il*).

2. PERSONNEL n.m. Ensemble des personnes employées par un service public, une entreprise, un particulier, etc., ou exerçant le même métier.

PERSONNELLEMENT adv. **1.** En personne. *L'avez-vous vu personnellement ?* **2.** Quant à soi, pour sa part. *Personnellement, je ne le crois pas.*

PERSONNE-RESSOURCE n.f. (pl. *personnes-ressources*). Québec. Expert choisi pour ses connaissances dans un domaine particulier.

PERSONNIFICATION n.f. Action de personnifier ; incarnation, type.

PERSONNIFIER v.t. [5]. **1.** Représenter une chose inanimée, une idée abstraite sous l'apparence d'une personne ; constituer une telle représentation. *Vieillard chenu tenant un sablier et personnifiant le temps.* **2.** Réaliser dans sa personne une qualité, un état, etc., de manière exemplaire. *Elle personnifie la bonté.*

PERSPECTIF, IVE adj. Qui donne une représentation en perspective. *Vue perspective.*

PERSPECTIVE n.f. (lat. médiév. *perspectiva*, de *perspicere*, voir à travers). **1.** Art, technique de la représentation en deux dimensions, sur une surface plane, des objets en trois dimensions tels qu'ils apparaissent vus à une certaine distance et dans une position donnée. ◇ *Perspective cavalière,* établie d'un point de vue rejeté à l'infini, selon un système qui conserve le parallélisme des lignes. — *Perspective aérienne,* qui est exprimée, en peinture, par la dégradation des valeurs et des teintes. **2.** Aspect que présentent, du lieu où on les regarde, divers objets vus de loin ou considérés comme un tout. *Une vaste, une belle perspective.* ◇ ARCHIT. *Ouvrage en perspective (accélérée),* conçu de manière à produire l'effet d'un espace en profondeur plus vaste qu'il ne l'est en réalité. **3.** URBAN. Grande avenue ou promenade rectiligne. **4.** Attente d'événements considérés comme probables. *Il a la perspective d'une belle situation.* ◇ *En perspective :* dans l'avenir ; en vue. **5.** Manière de voir ; point de vue. *Perspective historique.*

PERSPICACE adj. (lat. *perspicax, -acis*). Qui a de la pénétration ; qui comprend, juge avec clairvoyance et sagacité.

PERSPICACITÉ n.f. Qualité d'une personne, d'un esprit perspicaces ; clairvoyance, sagacité.

PERSPIRATION n.f. (lat. *perspiratio*). PHYSIOL. **1.** Ensemble des échanges respiratoires qui se font à travers la peau, les téguments. **2.** Évaporation de l'eau à la surface de la peau, soit d'une manière insensible, soit après transpiration.

PERSUADER v.t. (lat. *persuadere*). Amener qqn à croire, à faire, à vouloir qqch ; convaincre. *Elle l'a persuadé de revenir.* ◇ *Être persuadé de qqch,* en être sûr, certain. ◆ **se persuader** v.pr. **1.** Parvenir à se convaincre de qqch. *Persuadez-vous bien de mon estime !* **2.** S'imaginer à tort ; se figurer. *Ils se sont persuadés* (ou *persuadé*) *qu'on les trompait.* (L'accord du participe est facultatif.)

PERSUASIF, IVE adj. Capable de persuader ; convaincant.

PERSUASION n.f. (lat. *persuasio*). **1.** Action de persuader. *Recourir à la persuasion plutôt qu'à la force.* **2.** Fait d'être persuadé ; conviction.

PERSULFATE n.m. CHIM. MINÉR. Persel obtenu par électrolyse d'un sulfate.

PERSULFURE n.m. CHIM. MINÉR. Composé ayant un groupement S—S. SYN. : *disulfure.*

PERTE n.f. (lat. pop. *perdita*, de *perditus*, perdu). **1.** Fait d'avoir perdu qqch, de ne plus le retrouver. *La perte d'un document.* **2.** Fait d'être privé de ce que l'on possédait, de ce dont on pouvait disposer, tel qu'un bien matériel ou moral, une faculté physique ou intellectuelle, un avantage, etc. *La perte d'une fortune. La perte d'un membre.* ◇ *À perte de vue :* aussi loin que s'étend la vue ; très loin. **3.** Fait de perdre une somme d'argent ; somme perdue, dommage financier. ◇ *À perte :* en perdant de l'argent. **4.** Fait d'être privé de la présence d'un proche par la mort ou la séparation ; dommage éprouvé du fait de cette disparition, de cette absence. *La perte d'un être cher.* **5.** Issue malheureuse ; échec, insuccès. *Perte d'un procès.* **6.** Mauvais emploi ; gaspillage. *Perte de temps.* **7.** Destruction d'un bien matériel ; disparition. *Perte corps et biens d'un navire.* **8.** Ruine matérielle ou morale. *Aller à sa perte.* ◇ *Avec perte(s) et fracas :* sans ménagement et avec éclat. **9.** *En perte de vitesse :* se dit d'un avion dont la vitesse est devenue insuffisante pour le soutenir dans l'air ; *fig.,* se dit d'une personne qui perd de sa popularité, de son prestige, de son dynamisme, etc. **10.** *Pertes de puissance,* ou *pertes :* différence entre la puissance absorbée et la puissance utile d'un dispositif. — *Perte de charge :* diminution de la pression d'un fluide circulant dans une tuyauterie. **11.** HYDROL. Disparition totale ou partielle d'un cours d'eau par infiltration dans des roches poreuses, le plus souvent calcaires. ◆ pl. **1.** Militaires perdus par une armée à la suite d'une bataille, d'un conflit. **2.** *Pertes blanches :* leucorrhée. — *Pertes rouges :* métrorragie.

P

PERTINEMMENT [-namɑ̃] adv. **1.** *Savoir pertinemment qqch,* le savoir parfaitement. **2.** *Sout.* De façon pertinente. *Parler pertinemment.*

PERTINENCE n.f. **1.** Caractère de ce qui est pertinent. **2.** DR. Qualité des moyens de droit, des preuves, des articles invoqués, qui sont parfaitement adaptés au fond de la cause.

PERTINENT, E adj. (lat. *pertinens, -entis*, concernant). **1.** Qui se rapporte exactement à ce dont il est question ; approprié. *Une remarque tout à fait pertinente.* **2.** LING. Qui joue un rôle distinctif dans la structure d'une langue. *Trait pertinent.*

PERTUIS n.m. (de l'anc. fr. *pertucer*, percer). **1.** GÉOGR. Sur les côtes de l'ouest de la France, détroit entre une île et le continent, entre deux îles ; dans le Jura, passage d'un versant à l'autre. **2.** Vx. Ouverture, trou.

PERTUISANE n.f. (de l'ital. *partigiana*). Hallebarde légère à long fer triangulaire (XVe - XVIIe s.).

PERTURBATEUR, TRICE adj. et n. Qui cause du trouble, du désordre.

PERTURBATION n.f. (lat. *perturbatio*). **1.** Trouble qui entraîne une altération ; dérangement, désordre. **2.** MÉTÉOROL. Modification de l'état de l'atmosphère, caractérisée par des vents violents et des précipitations. **3.** ASTRON. Effet, sur le mouvement orbital d'un corps céleste autour d'un autre, de toute force s'ajoutant à l'attraction du corps principal.

PERTURBÉ, E adj. Se dit de qqn qui est troublé, désorienté ; se dit de qqch qui est désorganisé. *Trafic perturbé.*

PERTURBER v.t. (lat. *perturbare*). Empêcher le déroulement, le fonctionnement normal de ; déranger, troubler.

PÉRUVIEN, ENNE adj. et n. Du Pérou, de ses habitants.

PERVENCHE n.f. (lat. *pervinca*). **1.** Plante herbacée des lieux ombragés, aux fleurs bleu clair ou mauves, aux pétales incurvés. (Genre *Vinca ;* famille des apocynacées.) **2.** *Fam.* Contractuelle de la police parisienne, naguère vêtue d'un uniforme bleu pervenche. ◆ adj. inv. De la couleur bleu clair ou bleu-mauve de la pervenche. *Des yeux pervenche.*

■ PERVENCHE

PERVERS, E adj. et n. (lat. *perversus,* renversé). **1.** Qui manifeste de la perversité ; méchant, cruel. *Individu, acte, conseil pervers.* **2.** PSYCHIATR. Atteint de perversion. — *Spécial.* Atteint de perversion sexuelle. ◆ adj. *Effet pervers :* conséquence indirecte, incidence détournée d'une action concertée, qui n'est pas conforme ou qui est contraire au résultat espéré, recherché.

PERVERSION n.f. (lat. *perversio,* renversement). **1.** Action de pervertir ; fait d'être perverti. **2.** PSYCHIATR. Trouble mental poussant le sujet à des actes considérés comme immoraux ou antisociaux. ◇ *Perversion sexuelle,* ou *perversion :* comportement consistant à rechercher de façon régulière le plaisir sexuel en dehors du rapport avec pénétration vaginale entre deux partenaires de sexe opposé (exhibitionnisme, fétichisme, etc.). **3.** Altération négative ; corruption. *La perversion des institutions politiques.* — Altération d'une fonction. *Perversion de l'odorat, du goût.*

PERVERSITÉ n.f. Disposition active à faire le mal intentionnellement.

PERVERTIR v.t. (lat. *pervertere,* renverser). **1.** Transformer, changer en mal ; corrompre. *Pervertir la jeunesse.* **2.** Altérer la fonction normale de ; dénaturer. *Pervertir le goût.* ◆ **se pervertir** v.pr. Devenir mauvais ; se corrompre.

PERVERTISSEMENT n.m. *Litt.* Action de pervertir ; état de ce qui est perverti ; corruption.

P

PERVIBRAGE n.m. ou **PERVIBRATION** n.f. CONSTR. Traitement du béton au pervibrateur.

PERVIBRATEUR n.m. CONSTR. Appareil vibrant qui, introduit dans la masse d'un béton frais, améliore son ouvrabilité.

PERVIBRER v.t. CONSTR. Soumettre le béton à la pervibration.

PESADE [pəzad] n.f. (ital. *posata,* action de se poser). ÉQUIT. Exercice de haute école où le cheval se dresse sur ses membres postérieurs.

PESAGE n.m. **1.** Action de peser ; détermination des masses et des poids. SYN. : *pesée.* **2.** Dans certains sports (boxe, haltérophilie, hippisme, etc.), action de peser les concurrents avant une épreuve. (Pour les sports autres que l'hippisme, on dit aussi *pesée.*) — Lieu réservé à cette opération ; enceinte du champ de course autour de cet endroit (par oppos. à *pavillon, pelouse*).

PESAMMENT adv. **1.** Avec un grand poids ; lourdement. *Être pesamment chargé.* **2.** Avec lourdeur ; sans grâce. *Danser pesamment.*

PESANT, E adj. **1.** Qui pèse, lourd à porter. *Une malle pesante.* — *Fig.* Pénible à supporter moralement. *Atmosphère très pesante.* **2.** Sans vivacité ; lent. *Gestes pesants.* ◆ n.m. *Valoir son pesant d'or :* avoir une très grande valeur.

PESANTEUR n.f. **1.** Résultante des accélérations exercées sur les diverses parties d'un corps au repos à la surface de la Terre ; force d'attraction qui en résulte. (La pesanteur se traduit par l'existence d'une force verticale, le poids du corps, appliquée au centre de gravité, et proportionnelle à la masse de celui-ci.) ◇ *Intensité de la pesanteur :* quotient (symb. *g*) du poids d'un corps par sa masse. (L'intensité de la pesanteur dépend de la latitude et de l'altitude ; sa valeur à Paris est d'environ 9,81 m/s^2.) **2.** Sensation de gêne, de lourdeur. *Pesanteur d'estomac.* **3.** *Fig.* Manque de finesse, de légèreté ; lourdeur, lenteur. *Pesanteur d'esprit.* **4.** (Surtout pl.) Force d'inertie, résistance au changement, en partic. dans le domaine social. *Les pesanteurs administratives.*

PÈSE-ACIDE n.m. (pl. *pèse-acide[s]*). Densimètre pour mesurer la concentration des solutions acides.

PÈSE-ALCOOL n.m. inv. Alcoomètre.

PÈSE-BÉBÉ n.m. (pl. *pèse-bébé[s]*). Balance spécial. conçue pour peser les nourrissons.

PESÉE n.f. **1.** Pesage. *La pesée d'une marchandise.* **2.** Quantité pesée en une fois. **3.** Effort fait en pesant, en appuyant ; pression exercée sur un objet. **4.** SPORTS. Pesage.

PÈSE-ESPRIT n.m. inv. Vx. Alcoomètre.

PÈSE-LAIT n.m. inv. Instrument pour mesurer la densité du lait. SYN. : *lactodensimètre.*

PÈSE-LETTRE n.m. (pl. *pèse-lettre[s]*). Petite balance ou peson pour peser les lettres.

PÈSE-LIQUEUR n.m. (pl. *pèse-liqueur[s]*). Alcoomètre pour liqueurs.

PÈSE-MOÛT n.m. (pl. *pèse-moût[s]*). Glucomètre.

PÈSE-PERSONNE n.m. (pl. *pèse-personne[s]*). Petite balance plate à cadran gradué, sur laquelle on monte pour se peser.

PESER v.t. [12] (lat. *pensare*). **1.** Déterminer, par comparaison avec l'unité de masse, la masse d'un corps. **2.** Déterminer telle quantité d'une substance ayant une masse donnée. *Peser 2 kg de carottes. Peser 10 g de réactif.* **3.** Examiner attentivement, évaluer avec soin. *Peser le pour et le contre.* ◇ *Peser ses paroles, ses mots,* les choisir soigneusement, en mesurant toute leur portée. ◆ v.i. **1.** Avoir un certain poids. *Le platine pèse plus lourd que l'or. Ce qu'elle peut peser, cette valise !* **2.** *Fig.* Avoir telle importance, représenter telle valeur. *Société qui pèse un milliard en Bourse.* **3.** *Peser sur :* appuyer, exercer une pression sur. *Peser sur un levier.* — *Peser sur une décision,* l'influencer. — *Peser sur l'estomac :* procurer une digestion difficile. **4.** *Peser à :* être pénible à supporter pour ; importuner, fatiguer. *Sa présence me pèse.*

PÈSE-SEL n.m. (pl. *pèse-sel[s]*). Densimètre pour mesurer la concentration des solutions salines.

PÈSE-SIROP n.m. (pl. *pèse-sirop[s]*). Densimètre pour mesurer la teneur en sucre des sirops.

PESETA [pezeta] ou [peseta] n.f. (mot esp.). Unité monétaire principale de l'Espagne (ayant aussi cours en principauté d'Andorre), devenue le 1er janvier 1999 une subdivision de l'*euro.

PESETTE n.f. Petite balance de précision pour les monnaies, les bijoux, etc.

PESEUR, EUSE n. Anc. Personne qui pèse ou qui vérifie des pesées.

PESEUSE n.f. Appareil automatique de pesage, utilisé notamm. pour le conditionnement de produits alimentaires.

PESEUSE-ENSACHEUSE n.f. (pl. *peseuses-ensacheuses*). Appareil automatique servant à mettre en sac, selon un poids unitaire déterminé, des produits en vrac.

PÈSE-VIN n.m. inv. Alcoomètre pour le vin.

PESO [pezo] ou [peso] n.m. (mot esp.). Unité monétaire principale de plusieurs pays d'Amérique latine et des Philippines.

PESON n.m. Instrument de pesage constitué soit d'un ressort muni d'un index se déplaçant le long d'une échelle graduée *(peson à ressort),* soit d'un fléau coudé portant un contrepoids fixe *(peson à contrepoids).*

PESSAH, nom hébreu de la Pâque juive.

PESSAIRE n.m. (gr. *pessos,* tampon). MÉD. Anc. Anneau placé dans le vagin et qui maintient l'utérus en cas de prolapsus.

PESSE n.f. (lat. *picea,* de *pix,* poix). Herbe aquatique des eaux peu profondes, à rhizome rampant, à tiges creuses, à feuilles groupées en verticilles. (Genre *Hippuris ;* famille des hippuridacées.)

PESSIMISME n.m. (du lat. *pessimus,* très mauvais). Tournure d'esprit qui porte à n'envisager les choses, les événements que sous leur plus mauvais aspect, à estimer que tout va mal.

PESSIMISTE adj. et n. Qui fait preuve de pessimisme ; enclin au pessimisme.

PESTE n.f. (lat. *pestis*). **1.** Maladie infectieuse contagieuse, endémique et épidémique, due au bacille de Yersin et transmise du rat à l'homme par les piqûres de puces. (On distingue la *peste bubonique,* directement transmise par les puces, et la *peste pulmonaire,* transmise d'homme à homme par inhalation.) ◇ *Choisir entre la peste et le choléra,* entre deux solutions tout aussi dommageables. — *Litt. Peste soit de..., peste du... :* maudit soit. **2. a.** Personne ou chose nuisible, néfaste, dangereuse. ◇ *La peste brune :* le nazisme. **b.** *Fam.* Enfant espiègle, turbulent. *Petite peste !* **3.** VÉTÉR. Maladie virale qui atteint les animaux de basse-cour, les bovins, les porcins, les équidés (nom commun à plusieurs affections).

PESTER v.i. Manifester en paroles de la mauvaise humeur, de l'irritation contre qqn, contre des événements contraires.

PESTEUX, EUSE adj. **1.** Relatif à la peste. **2.** Se dit d'un animal qui a la peste.

PESTICIDE adj. et n.m. (mot angl.). Se dit d'un produit chimique destiné à lutter contre les parasites animaux et végétaux nuisibles aux cultures.

PESTIFÉRÉ, E adj. et n. (lat. *pestifer,* pestilentiel). **1.** Se dit d'un malade atteint de la peste. **2.** *Fig.* Se dit d'une personne avec qui les autres évitent toute relation.

PESTILENCE n.f. Odeur infecte, putride.

PESTILENTIEL, ELLE adj. Qui dégage une odeur infecte. *Air pestilentiel.*

1. PET [pɛ] n.m. (lat. *peditum*). *Fam.* Gaz intestinal qui sort de l'anus avec bruit.

2. PET [pɛt] n.m. (de *péter*). *Fam.* Coup violent résultant d'un choc brutal ; trace laissée par ce coup. *Il y a un pet sur l'aile de la voiture.*

3. PET [pɛt] n.m. inv. (abrév. de *polyéthylène téréphtalate*). Matière plastique recyclable utilisée pour la fabrication de bouteilles pour boissons.

PETA- (du gr. *penta,* cinq). Préfixe (symb. P) qui, placé devant une unité, la multiplie par 10^{15}.

PÉTAINISTE adj. et n. Se dit des partisans du maréchal Pétain, entre 1940 et 1944.

PÉTALE n.m. (gr. *petalon,* feuille). Chacun des éléments qui composent la corolle d'une fleur, formés d'un limbe coloré et d'un onglet qui les rattache au calice.

PÉTANQUE n.f. (provenç. *pé,* pied, et *tanco,* fixé au sol). Jeu de boules originaire du midi de la France, dans lequel le but est une boule plus petite en bois, dite *cochonnet,* et qui se joue sur un terrain non préparé.

PÉTANT, E adj. *Fam.* Se dit d'une heure sonnante, exacte, précise. *À huit heures pétantes.*

PÉTARADANT, E adj. Qui pétarade.

PÉTARADE n.f. (provenç. *petarrada*). **1.** Suite de détonations, d'explosions. **2.** Vx. Suite de pets que font certains animaux en ruant.

PÉTARADER v.i. Faire entendre une pétarade.

PÉTARD n.m. (de *1. pet*). **1. a.** Petite pièce d'artifice produisant un bruit sec et fort, utilisée comme signal acoustique (chemin de fer) ou, traditionnellement, lors de réjouissances. ◇ *Fam., vieilli. Lancer un pétard,* une nouvelle à sensation. **b.** Charge d'explosif, destinée à produire un effet de destruction. **2.** *Fam.* Bruit, tapage, scandale. ◇ *Fam. Être en pétard,* en colère. **3.** *Fam.* Cigarette de marijuana ou de haschisch. **4.** *Fam.* Pistolet. **5.** *Fam.* Derrière.

PÉTASE n.m. (lat. *petasus,* mot gr.). ANTIQ. GR. Chapeau à larges bords.

PÉTAUDIÈRE n.f. (de la cour du roi *Pétaud,* personnage légendaire). *Fam.* Lieu, groupe, etc., où règnent la confusion et le désordre, où chacun agit à sa guise.

PÉTAURE n.m. Mammifère marsupial volant d'Australie, dont une espèce est le phalanger volant. (Genres *Petaurus* et *Schoinobates ;* famille des pétauridés.)

PÉTAURISTE n.m. (gr. *petauristêr*). Écureuil volant de grande taille, des forêts d'Asie centrale et méridionale, capable d'effectuer des sauts planés de plus de 100 m. (Genre *Petaurista ;* famille des sciuridés.)

PET-DE-NONNE n.m. (pl. *pets-de-nonne*). Petit beignet de pâte à choux, gonflé et très léger.

PÉTÉCHIE n.f. (ital. *petecchia,* peste). MÉD. Petite tache rouge sur la peau, caractéristique du purpura.

PÉTER v.i. [11]. **1.** *Vulg.* Faire un, des pets. **2.** *Fam.* Faire entendre un bruit sec et bref, une ou des détonations. *Le bois vert pète dans le feu.* **3.** *Fam.* Se rompre, se casser. *Le câble a pété net.* ◆ v.t. *Fam.* **1.** Casser, briser. *Péter une lampe.* **2.** *Péter le (du) feu, les (des) flammes :* déborder d'énergie, de dynamisme. — *Péter les plombs, les boulons :* perdre la tête. **3.** Belgique. Recaler à un examen.

PÈTE-SEC adj. inv. et n. inv. *Fam.* Qui manifeste de l'autoritarisme, de la raideur.

PÉTEUX, EUSE n. et adj. *Fam.* **1.** Personne peureuse, poltronne. *Se sauver comme un péteux.* **2.** Personne, et en partic. personne jeune, aux manières prétentieuses, qui prend des airs d'autorité. ◆ adj. *Fam.* Honteux d'une maladresse, d'une faute commise ; penaud, déconfit. *Se sentir péteux, tout péteux.*

PÉTILLANT, E adj. Qui pétille. *Vin pétillant.*

PÉTILLEMENT n.m. **1.** Bruit léger produit par ce qui pétille. **2.** Vif éclat ; scintillement.

PÉTILLER v.i. **1.** Éclater en produisant de petits bruits secs et rapprochés. *Bois qui pétille en brûlant.* **2.** Dégager des bulles de gaz, mousser légèrement. *Le champagne pétille.* **3.** Briller d'un vif éclat. *Des yeux qui pétillent.* ◇ ***Pétiller de*** : briller par ; manifester avec éclat. *Elle pétille d'intelligence.*

PÉTIOLE [pesjɔl] n.m. (lat. *petiolus*, petit pied). BOT. Partie rétrécie reliant le limbe d'une feuille à la tige.

PÉTIOLÉ, E [-sjɔ-] adj. BOT. Porté par un pétiole.

PETIOT, E adj. et n. *Fam.* Tout petit.

1. **PETIT, E** adj. (bas lat. *pittitus*). **1.** De taille peu élevée ; de faible hauteur. *Un petit homme. Un petit arbre.* ◇ ***Se faire tout petit*** : s'efforcer de ne pas se faire remarquer, de passer inaperçu. **2.** Dont les dimensions, la superficie, le volume sont inférieurs à la mesure normale ou ordinaire. *Petit paquet. Petit jardin.* **3.** Qui n'a pas encore atteint le terme de sa croissance ; jeune ou très jeune. *Un petit enfant.* **4.** Dont la valeur est faible ; qui n'est pas élevé en nombre, en quantité. *Petite somme.* **5.** Qui est peu considérable par son intensité ou sa durée. *Petite pluie.* **6.** Qui n'a pas beaucoup d'importance, d'intérêt. *Petite affaire.* **7.** Qui manifeste de la mesquinerie, de l'étroitesse d'esprit. *C'est petit de sa part.* **8.** Qui occupe un rang modeste dans la société, dans une activité professionnelle. *Un petit commerçant. Les petites gens.* **9.** *Fam.* **a.** S'emploie comme terme d'amitié, d'affection. *Mon petit ami. Mon petit gars.* **b.** S'emploie comme terme de mépris. *Mon petit monsieur.* ◆ adv. **1.** ***Voir petit*** : envisager les choses de façon étriquée, mesquinement. **2.** ***En petit*** : sur une petite échelle. **3.** ***Petit à petit*** : peu à peu ; progressivement. ◆ n. **1.** Garçon ou fille jeune. *La cour des petits.* **2.** Personne de petite taille. *Mettre les petits devant.* **3.** Enfant de qqn. *Le petit Untel.*

2. **PETIT** n.m. **1.** Jeune animal. *La chatte et ses petits.* ◇ *Fam.* ***Faire des petits*** : s'agrandir, en parlant de qqch, d'un bien. **2.** Personne, entreprise peu importante par le rang, l'influence. **3.** Aux tarots, atout le plus faible. **4.** Ce qui est petit. *L'infiniment petit.*

PETIT-BEURRE n.m. (pl. *petits-beurre*). Petit gâteau sec rectangulaire au beurre.

PETIT-BOIS n.m. (pl. *petits-bois*). Chacun des éléments de faible section qui divisent un vantail (de fenêtre, par ex.) et maintiennent les vitres.

PETIT-BOURGEOIS, PETITE-BOURGEOISE adj. et n. (pl. *petits-bourgeois, petites-bourgeoises*). *Péjor.* Qui manifeste le conformisme, les conceptions étriquées jugées caractéristiques de la petite bourgeoisie. *Préjugés petits-bourgeois.*

PETIT DÉJEUNER n.m. (pl. *petits déjeuners*). Premier repas pris le matin.

PETIT-DÉJEUNER v.i. *Fam.* Prendre le petit déjeuner, le repas du matin. *Nous petit-déjeunons vers 8 heures.*

PETITE-FILLE n.f. (pl. *petites-filles*). Fille du fils ou de la fille, par rapport à un grand-père, à une grand-mère.

PETITEMENT adv. **1.** À l'étroit. *Être petitement logé.* **2.** De manière modeste ; chichement. *Manger, vivre petitement.* **3.** Avec mesquinerie. *Juger petitement.*

PETITESSE n.f. **1.** État, caractère de ce qui est petit, de faible dimension. *Petitesse d'un objet, d'un revenu.* **2.** Caractère mesquin, absence de générosité. *Petitesse d'esprit.* **3.** (Souvent pl.) Acte mesquin. *Commettre des petitesses.*

PETIT-FILS n.m. (pl. *petits-fils*). Fils du fils ou de la fille, par rapport à un grand-père, à une grand-mère.

PETIT-FOUR n.m. (pl. *petits-fours*). Menue pâtisserie de la taille d'une bouchée, faite d'une pâte sèche ou fourrée de crème et glacée au fondant, ou constituée d'un fruit déguisé ou de pâte d'amandes, que l'on sert en assortiment.

PETIT-GRIS n.m. (pl. *petits-gris*). **1.** Écureuil commun *(Sciurus vulgaris)*, d'une race sibérienne ou russe au pelage d'hiver gris argenté apprécié en pelleterie (famille des sciuridés) ; fourrure de cet animal. **2.** Petit escargot comestible à coquille grisâtre finement rayée de brun. (Nom sc. *Helix aspersa* ; famille des hélicidés.)

PÉTITION n.f. (lat. *petitio*, de *petere*, demander). **1.** Écrit adressé par une ou plusieurs personnes à une autorité pour exprimer une opinion, une plainte, présenter une requête. **2.** DR. ***Pétition d'hérédité*** : action en justice permettant à un héritier de faire reconnaître son titre. **3.** ***Pétition de principe*** : raisonnement vicieux consistant à tenir pour vrai ce qui fait l'objet même de la démonstration.

PÉTITIONNAIRE n. Personne qui présente ou signe une pétition.

PÉTITIONNER v.i. Présenter une pétition ; protester par pétition.

PETIT-LAIT n.m. (pl. *petits-laits*). Liquide résiduel de l'écrémage du lait (lait écrémé), de la fabrication du beurre (babeurre), de la fabrication du fromage (lactosérum). ◇ *Fam.* ***Ça se boit comme du petit-lait***, facilement ; en grande quantité tant c'est agréable.

PETIT-MAÎTRE, PETITE-MAÎTRESSE n. (pl. *petits-maîtres, petites-maîtresses*). Vieilli. Jeune élégant aux manières affectées et prétentieuses.

PETIT-NÈGRE n.m. sing. *Fam.* Français rudimentaire et incorrect, dans lequel les éléments grammaticaux tels que déterminants et désinences sont omis ou mal employés.

PETIT-NEVEU, PETITE-NIÈCE n. (pl. *petits-neveux, petites-nièces*). Fils, fille du neveu ou de la nièce. SYN. : ***arrière-neveu, arrière-nièce.***

PÉTITOIRE adj. (bas lat. *petitorius*). DR. ***Action pétitoire***, ou ***pétitoire***, n.m. : action judiciaire relative à l'exercice d'un droit immobilier.

PETIT POIS n.m. (pl. *petits pois*). Graine ronde et verte du pois, enfermée dans une gousse, ou cosse.

PETITS-ENFANTS n.m. pl. Enfants du fils ou de la fille.

PETIT-SUISSE n.m. (pl. *petits-suisses*). Fromage frais moulé en forme de petit cylindre.

PÉTOCHE n.f. *Fam.* Peur.

PÉTOIRE n.f. *Fam.* Mauvais fusil, vieux fusil. – Vieille arme à feu.

PÉTOLE n.f. Suisse. Crotte de chèvre ; crotte de chocolat de cette forme.

PETON n.m. *Fam.* Petit pied, pied menu.

PÉTONCLE n.m. (lat. *pectunculus*, petit peigne). Mollusque bivalve comestible, vivant sur les fonds sableux des côtes d'Europe occidentale, appelé cour. ***amande de mer.*** (Diamètre 6 cm env. ; genre *Glycymeris.*)

PÉTOUILLER v.i. Suisse. *Fam.* Ne pas se décider ; traîner, tarder.

PÉTRARQUISME n.m. LITTÉR. Imitation du lyrisme de Pétrarque, amoureux et raffiné.

PÉTREL n.m. (angl. *petrel*). Oiseau marin des régions froides ou tempérées, qui se nourrit de plancton à la surface de l'eau et qui ne vient à terre que pour nicher. (Long. 20 cm env. ; ordre des procellariiformes, famille des procellariidés.)

PÉTREUX, EUSE adj. (lat. *petrosus*, de *petra*, pierre). ANAT. Qui se rapporte au rocher de l'os temporal.

PÉTRIFIANT, E adj. **1.** Se dit d'une eau qui pétrifie, qui incruste du calcite, de l'aragonite. **2.** *Litt.* Qui stupéfie, paralyse. *Peur pétrifiante.*

PÉTRIFICATION n.f. **1.** Transformation de la substance d'un corps organique en une matière minérale. (Un fossile est souvent le résultat d'une pétrification.) **2.** Incrustation d'un corps qui, plongé dans certaines eaux calcaires, se couvre d'une couche de calcite.

PÉTRIFIER v.t. [5] (lat. *petra*, pierre, et *facere*, faire). **1.** Changer en pierre. – Transformer la substance d'un corps organique en une matière minérale. **2.** Couvrir, incruster d'une couche minérale. **3.** *Fig.* Frapper de stupeur ; paralyser par l'émotion, la peur, etc.

PÉTRIN n.m. (lat. *pistrinum*, meule). **1.** Coffre, appareil dans lequel on pétrit la pâte à pain. **2.** *Fam.* Situation difficile, pénible dont on ne voit pas l'issue. *Être dans le pétrin.*

PÉTRIR v.t. (bas lat. *pistrire*). **1.** Presser de nombreuses fois, malaxer, travailler une pâte, notamm. la pâte à pain. **2.** Presser, malaxer dans sa main. **3.** *Litt.* Imprimer sa marque à, former, façonner qqn, un esprit, etc. ◇ ***Être pétri d'orgueil, de contradictions, etc.***, plein d'orgueil, de contradictions, etc.

PÉTRISSAGE n.m. Action de pétrir. – Technique de massage consistant à presser les tissus du bout des doigts ou entre les doigts et la paume.

PÉTRISSEUR, EUSE adj. et n. Qui pétrit la pâte, notamm. la pâte à pain.

PÉTROCHIMIE n.f. Chimie des dérivés du pétrole ; ensemble de ses développements scientifiques, techniques, industriels.

PÉTROCHIMIQUE adj. De la pétrochimie. *L'industrie pétrochimique.*

PÉTROCHIMISTE n. Spécialiste de pétrochimie.

PÉTRODOLLAR n.m. Dollar provenant des ventes de pétrole par les pays exportateurs, placé par l'entremise du système bancaire international.

PÉTROGALE n.m. (gr. *petros*, pierre, et *galê*, belette). Petit kangourou des régions rocheuses d'Australie, encore appelé ***wallaby des rochers.*** (Famille des macropodidés.)

PÉTROGENÈSE n.f. (du gr. *petros*, pierre). GÉOL. Processus de formation des roches.

PÉTROGLYPHE n.m. ARCHÉOL. Signe, motif gravé ou incisé sur la roche.

PÉTROGRAPHE n. Spécialiste de pétrographie.

PÉTROGRAPHIE n.f. Branche de la pétrologie qui a pour objet la description et la systématique des roches.

PÉTROGRAPHIQUE adj. Relatif à la pétrographie.

PÉTROLE n.m. (lat. médiév. *petroleum*, huile de pierre). Roche se présentant sous la forme d'une huile minérale plus ou moins fluide, visqueuse, combustible, formée princip. d'hydrocarbures, de couleur claire à très foncée et d'une densité variant de 0,8 à 0,95. ◇ ***Équivalent pétrole*** : masse de pétrole qui fournirait la même quantité

P

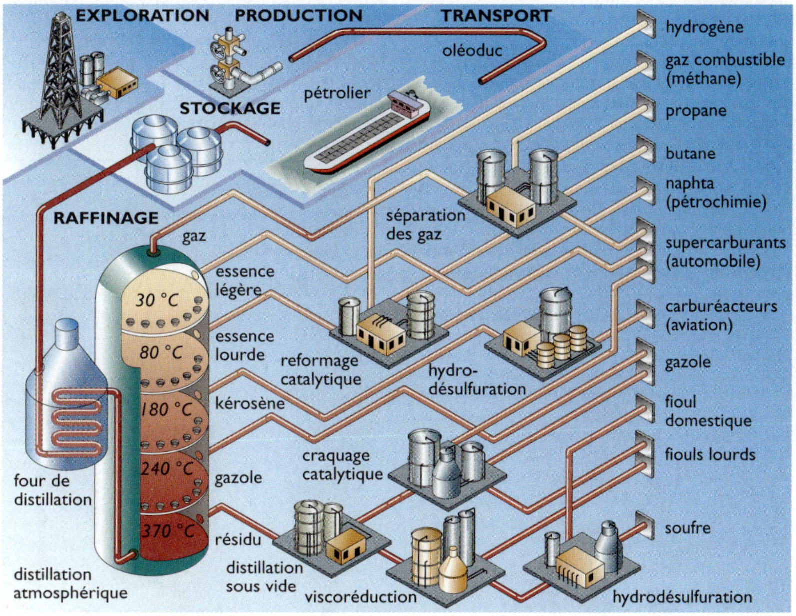

■ **PÉTROLE.** La chaîne pétrolière, de l'extraction au raffinage.

d'énergie que celle produite par une autre source (charbon, nucléaire, etc.) ou que celle consommée par un utilisateur ou un ensemble d'utilisateurs (chauffage, transports, etc.).

ENCYCL. Le pétrole est le résultat de la lente dégradation bactériologique d'organismes aquatiques végétaux et animaux qui, il y a des dizaines, voire des centaines de millions d'années, ont proliféré dans les mers et se sont accumulés en couches sédimentaires. L'ensemble des produits issus de cette dégradation, hydrocarbures et composés volatils, mêlé aux sédiments et aux résidus organiques, est contenu dans la *roche mère ;* c'est de celle-ci que le pétrole, expulsé sous l'effet du compactage provoqué par la sédimentation, a migré pour imprégner des sables ou des roches plus poreuses et plus perméables, telles que grès ou calcaires. Les gisements se localisent toujours en un point singulier ou dans une anomalie naturelle de ces roches, que l'on appelle *roches-réservoirs* ou *roches-magasins.* Une couche imperméable, marne ou argile par ex., formant piège, permet l'accumulation des hydrocarbures et les empêche ainsi de s'échapper. Le pétrole se présente le plus souvent surmonté d'une couche d'hydrocarbures gazeux et se situe génér. au-dessus d'une couche d'eau salée plus dense que lui. L'épaisseur d'un gisement varie entre quelques mètres et plusieurs centaines de mètres. Sa longueur peut atteindre plusieurs dizaines de kilomètres au Moyen-Orient. Outre les principaux types d'hydrocarbures (paraffines, oléfines, aromatiques, notamm.) qui se trouvent en proportions très variables d'un gisement à l'autre, le pétrole contient diverses substances (soufre, eau salée, traces de métaux, etc.) qui le rendent pratiquement inutilisable à l'état brut. Le raffinage est l'ensemble des opérations industrielles mises en œuvre pour traiter et transformer le pétrole brut en carburants, essences spéciales, combustibles et produits divers. Le pétrole demeure la principale source mondiale d'énergie.

P

PÉTROLETTE n.f. *Fam.,* vieilli. Motocyclette de petite cylindrée.

PÉTROLEUSE n.f. **1.** HIST. Femme du peuple qui, pendant la Commune (1871), aurait utilisé du pétrole pour allumer des incendies. **2.** *Fam.* Adhérente d'un parti, d'un syndicat, etc., au militantisme véhément. **3.** *Fam.* Femme impétueuse.

1. PÉTROLIER, ÈRE adj. Relatif au pétrole. *Industrie pétrolière. Produits pétroliers.* ◆ n.m. Navire-citerne pour le transport en vrac du pétrole.

2. PÉTROLIER n.m. Personne qui travaille dans l'industrie du pétrole.

PÉTROLIER-MINÉRALIER n.m. (pl. *pétroliers-minéraliers*). Navire conçu pour transporter indifféremment du pétrole et des minerais. (On dit aussi *minéralier-pétrolier.*)

PÉTROLIFÈRE adj. Qui contient du pétrole. *Un gisement pétrolifère.*

PÉTROLOGIE n.f. (du gr. *petros,* roche). Domaine de la géologie qui concerne l'étude des mécanismes de formation des roches à travers leur distribution, leur structure, leurs propriétés.

PÉTROLOGUE n. Spécialiste de la pétrologie.

PÉTULANCE n.f. Ardeur exubérante ; vivacité.

PÉTULANT, E adj. (lat. *petulans, -antis,* querelleur). Qui manifeste de la pétulance ; vif, impétueux.

PÉTUN n.m. (du guarani *petyma*). Vx. Tabac.

PÉTUNER v.i. Vx. Priser ou fumer du tabac.

PÉTUNIA n.m. (de *pétun*). Plante ornementale d'origine sud-américaine, aux fleurs violettes, roses ou blanches, en forme de cornet. (Famille des solanacées.)

■ PÉTUNIAS

PEU adv. (lat. *paucum*). **1.** À peine ; faiblement, rarement. *Il travaille peu. Nous l'avons peu vue.* **2. a.** En petite quantité. *Boire peu.* **b.** *Un peu de :* une petite quantité de. *Un peu de café.* **3.** (Emploi nominal.) **a.** Une quantité faible, négligeable. *Peu lui suffit.* **b.** Un petit nombre de personnes. *Peu le savent.* **4.** *À peu près, à peu de chose près :* environ, presque. – *Avant peu, dans peu, sous peu :* bientôt. – *De peu :* avec une faible différence ; tout juste. *Vous l'avez ratée de peu.* – *Depuis peu :* récemment. – *Peu à peu :* progressivement, lentement ; insensiblement. – *Quelque peu, (un) tant soit peu :* légèrement, à peine. – (Suivi d'un conditionnel ou d'un imparfait.) *Pour un peu :* il aurait suffi de peu de chose pour que. *Pour un peu, il se serait installé chez moi.* – *Fam. Très peu pour moi :* cela ne m'intéresse pas, ne me concerne pas. ◆ loc. conj. *Pour peu que :* pourvu que ; dans la mesure où. *Il travaille bien, pour peu qu'il s'en donne la peine.* – *Si peu que :* si faiblement que ce soit.

PEUCÉDAN n.m. (lat. *peucedanum,* du gr.). Plante herbacée vivace, à fleurs blanches ou jaunes. (Haut. max. 1,50 m ; famille des ombellifères.)

PEUCHÈRE interj. → **PECHÈRE.**

PEUH [pø] interj. Exprime le mépris, le dédain. *Peuh ! C'est tout ?*

PEUPLADE n.f. *(Souvent péjor.).* Groupement humain de faible ou de moyenne importance peuplant un territoire non clairement délimité, à la culture jugée archaïque.

PEUPLE n.m. (lat. *populus*). **1.** Ensemble d'hommes habitant ou non sur un même territoire et constituant une communauté sociale ou culturelle. *Les peuples amérindiens.* **2.** Ensemble d'hommes habitant sur un même territoire, régis par les mêmes lois et formant une nation. *Le peuple français, américain, malien, etc.* **3.** Ensemble des citoyens en tant qu'ils exercent des droits politiques. *Un élu du peuple.* **4.** *Le peuple :* la masse, les gens de condition modeste ou anonymes, par oppos. aux possédants, aux élites, aux franges en vue de la population. **5.** Vieilli. Foule, multitude. ◇ *Fam. Du peuple :* beaucoup de gens ; du monde. *Il y en a, du peuple !*

PEUPLÉ, E adj. Où il y a des habitants, où vit une population plus ou moins nombreuse.

PEUPLEMENT n.m. **1.** Action de peupler. **2.** État d'un territoire, d'une région peuplés. *Peuplement fort, faible.* **3.** ÉCOL. Ensemble des populations ou des différentes espèces qui présentent une écologie semblable et occupent le même habitat. *Peuplement d'une forêt en oiseaux insectivores.*

PEUPLER v.t. **1.** Établir, installer un groupement humain, une espèce animale ou végétale dans une région, sur un territoire. *Peupler un étang d'alevins.* **2.** Vivre dans un endroit en assez grand nombre ; occuper. *Les premiers hommes qui ont peuplé ce désert.* ◆ **se peupler** v.pr. Se remplir de monde, d'habitants.

PEUPLERAIE n.f. Lieu planté de peupliers.

PEUPLIER n.m. (lat. *populus,* peuplier). Arbre des régions tempérées et humides de l'hémisphère Nord, dont le tronc étroit peut s'élever à une grande hauteur et dont le bois est recherché en menuiserie et en papeterie. (Haut. max. 30 m ; genre *Populus,* famille des salicacées.) ◇ *Peuplier tremble,* d'une espèce des bois humides, aux feuilles tremblant à la moindre brise. (Nom sc. *Populus tremula.*) – *Peuplier blanc,* à l'écorce blanche ou grise, souvent cultivé. (Nom sc. *Populus alba.*) – *Peuplier pyramidal* ou *d'Italie,* au port fastigié, planté le long des routes. (Nom sc. *Populus nigra.*)

■ PEUPLIER

PEUR n.f. (lat. *pavor*). **1.** Sentiment de forte inquiétude, d'alarme, en présence ou à la pensée d'un danger, d'une menace. *Avoir peur. Prendre peur. Faire peur à qqn.* ◇ *En être quitte pour la peur :* n'avoir éprouvé que de la frayeur et aucun autre dommage. – *Avoir plus de peur que de mal :* éprouver surtout de la frayeur, et n'avoir que des dommages légers, des atteintes physiques sans gravité. **2.** État de crainte, de frayeur dans une situation précise. ◇ *Une peur bleue :* une peur très vive. – HIST. *La Grande Peur : v. partie n.pr.* – *De peur de, que :* par crainte de, dans la crainte que. *De peur d'une méprise. De peur qu'on ne se méprenne.*

PEUREUSEMENT adv. De façon peureuse.

PEUREUX, EUSE adj. et n. Qui manifeste de la peur, de la crainte face à un danger.

PEUT-ÊTRE adv. Indique le doute, la possibilité. *Elle viendra peut-être. Peut-être neigera-t-il demain.*

PEYOTL [pejɔtl] n.m. (du nahuatl). Plante cactacée non épineuse du Mexique, dont on extrait un alcaloïde hallucinogène très puissant, la mescaline.

PÈZE n.m. *Fam.* Argent.

PEZIZALE n.f. Champignon ascomycète tel que la pezize, l'helvelle, la morille. (Les pezizales forment un ordre.)

PEZIZE [pəziz] n.f. (gr. *pezis*). Champignon ascomycète comestible des bois, formant des coupes brunes, rouges ou orangées. (Ordre des pezizales.)

PFENNIG [pfɛnig] n.m. (mot all.). Monnaie divisionnaire valant 1/100 de Deutsche Mark.

PFF, PFFT ou **PFUT** interj. Exprime le dédain, l'indifférence. *Pfut... ! Ça m'est égal !*

PGCD ou **P.G.C.D.** n.m. (sigle). ARITHM. Plus grand commun *diviseur.

pH [peaʃ] n.m. (sigle de *potentiel hydrogène*). CHIM. Nombre sans dimension caractérisant l'acidité ou la basicité d'un milieu ; mesure de celui-ci. (Une solution est acide si son pH est inférieur à 7, basique s'il est supérieur à 7.)

PHACOCHÈRE n.m. (gr. *phakos,* lentille, et *khoîros,* cochon). Mammifère ongulé voisin du sanglier, aux défenses incurvées, haut sur pattes, abondant dans les savanes d'Afrique. (Haut. au garrot 80 cm env. ; genre *Phacochœrus,* famille des suidés.)

■ PHACOCHÈRE

PHAÉTON n.m. (de *Phaéton,* n.pr.). **1.** Anc. Voiture hippomobile haute, à quatre roues, légère et découverte, à deux sièges parallèles tournés vers l'avant. **2.** Oiseau marin des mers tropicales, appelé aussi *paille-en-queue* à cause des longs filets blancs qui prolongent les plumes rectrices. (Ordre des procellariiformes ; famille des phaétonidés.)

PHAGE n.m. Bactériophage.

PHAGOCYTAIRE adj. Relatif à la phagocytose, aux phagocytes.

PHAGOCYTE n.m. (gr. *phagein,* manger, et *kutos,* cavité). HISTOL. Cellule de l'organisme capable d'effectuer la phagocytose (macrophage, par ex.). ◇ *Système des phagocytes mononucléés :* ensemble de cellules comprenant les monocytes du sang et les différents macrophages des tissus, et jouant un rôle de base dans l'immunité.

PHAGOCYTER v.t. **1.** HISTOL. Détruire par phagocytose. **2.** *Fig.* Absorber et neutraliser à la façon des phagocytes. *Grand parti qui phagocyte un groupuscule politique.*

PHAGOCYTOSE n.f. Processus par lequel certaines cellules (amibes, globules blancs) englobent des particules ou d'autres cellules par leurs pseudopodes, les absorbent puis les digèrent.

PHALANGE n.f. (gr. *phalagx,* gros bâton). **1.** Chacun des segments articulés qui composent les doigts et les orteils ; le premier de ces segments à partir de la base du doigt (par oppos. à *phalangine,* à *phalangette*). **2.** Chacun des petits os qui constituent le squelette de ces segments. **3.** ANTIQ. GR. **a.** Formation de combat des hoplites disposés en une masse profonde de plusieurs rangs, à l'époque classique. **b.** Formation des fantassins macédoniens disposés en une masse compacte protégée par des boucliers et hérissée de longues lances (sarisses), à l'époque hellénistique. **4.** HIST. Groupement politique et paramilitaire, d'inspiration souvent fasciste.

PHALANGER n.m. Mammifère marsupial d'Australie et de Nouvelle-Guinée ressemblant au renard ou à la sarigue. (Famille des phalangéridés.) SYN. : *opossum d'Australie.* ◇ *Phalanger volant :* pétaure d'Australie orientale, de grande taille, capable de planer sur plus de 100 m grâce à son patagium très développé. (Genre *Schoinobates ;* famille des pétauridés.)

PHALANGÈRE n.f. Plante des régions tropicales de l'Ancien Monde, dont une espèce sud-africaine, à feuilles rubanées vertes ou panachées de blanc, est cultivée pour l'ornement. (Famille des liliacées.) SYN. : *chlorophytum.*

PHALANGETTE n.f. Dernière phalange des quatre derniers doigts ou orteils.

PHALANGINE n.f. Deuxième phalange des quatre derniers doigts ou orteils.

PHALANGISTE n. et adj. Membre d'une phalange, groupement politique et paramilitaire.

PHALANSTÈRE n.m. (de *phalange*). Vaste association de production au sein de laquelle les travailleurs vivent en communauté, dans le système de Fourier.

PHALAROPE n.m. (gr. *phalaros,* tacheté de blanc, et *pous,* pied). Oiseau migrateur et limicole des régions marécageuses littorales ou continentales de l'hémisphère Nord, qui hiverne en mer. (Genre *Phalaropus ;* ordre des charadriiformes, famille des scolopacidés.)

PHALÈNE n.f. (gr. *phalaina*). Grand papillon géomètre dont plusieurs espèces sont nuisibles aux cultures ou aux arbres forestiers. (Famille des géométridés.)

PHALLIQUE adj. Relatif au phallus, à sa forme, au culte du phallus. – PSYCHAN. Relatif au phallus, à sa fonction symbolique. ◇ *Stade phallique :* phase de la sexualité infantile, entre 3 et 6 ans, pendant laquelle, pour les deux sexes, les pulsions s'organisent autour du phallus.

PHALLOCENTRISME n.m. Tendance à tout ramener, d'un point de vue explicatif, à la symbolique du phallus, à la place primordiale qu'elle occuperait dans la culture. – *Par ext.* Tendance à privilégier, dans les faits, l'homme et le point de vue masculin.

PHALLOCRATE adj. et n.m. (gr. *phallos,* phallus, et *kratos,* pouvoir). Qui manifeste une adhésion à la phallocratie.

PHALLOCRATIE [falɔkrasi] n.f. Attitude tendant à assurer et à justifier la domination des hommes, de l'élément mâle de la société, sur les femmes.

PHALLOCRATIQUE adj. Relatif à la phallocratie.

PHALLOÏDE adj. **1.** En forme de phallus. **2.** *Amanite phalloïde :* amanite d'une espèce mortellement toxique, très commune dans les bois de feuillus, à chapeau olivâtre ou jaunâtre, à lamelles blanches, apparaissant en été et en automne. (Famille des amanitacées.)

PHALLOTOXINE n.f. BIOCHIM. Principe toxique produit par l'amanite phalloïde et quelques autres champignons mortels. (Les principales phallotoxines sont la *phalloïdine,* la *phalline* et la *phallacidine.*)

PHALLUS [falys] n.m. (gr. *phallos*). **1.** ANTIQ. Représentation du membre viril en érection, symbole de la fécondité de la nature. **2.** PSYCHAN. Symbole du sexe masculin érigé. **3.** Champignon basidiomycète de forme phallique et à l'odeur nauséabonde à maturité. (Ordre des phallales.) SYN. : *satyre.*

PHANÈRE n.m. (du gr. *phaneros,* apparent). ZOOL. Production protectrice apparente de l'épiderme des vertébrés (poils, plumes, ongles, griffes, sabots, etc.).

PHANÉROGAME adj. et n.m. ou n.f. (gr. *phaneros,* visible, et *gamos,* mariage). BOT. Se dit d'une plante vasculaire se reproduisant par fleurs et graines, telle que les angiospermes et les gymnospermes (par oppos. à *cryptogame*). [Les phanérogames forment un embranchement.] SYN. : *spermatophyte.*

PHANIE n.f. OPT. Caractéristique de l'intensité lumineuse apparente d'une source par rapport à l'intensité lumineuse objective.

PHANOTRON n.m. (du gr. *phanos,* lumineux, et de *électron*). Redresseur de courant formé d'un tube électronique à vapeur de mercure.

PHANTASME n.m. → **FANTASME.**

PHARAON n.m. (lat. *pharao, -onis,* de l'égyptien). Souverain de l'Égypte ancienne.

PHARAONIQUE ou **PHARAONIEN, ENNE** adj. **1.** Relatif aux pharaons, à leur époque. *L'Égypte pharaonique.* **2.** *Fig.* Qui évoque les pharaons par son gigantisme.

1. PHARE n.m. (de *Pharos,* n. d'une anc. île située près d'Alexandrie). **1.** Tour élevée portant au sommet une puissante source lumineuse destinée à guider les navires durant la nuit. – Dispositif analogue pour la navigation aérienne. *Phare d'un terrain d'aviation.* **2.** Projecteur de lumière placé à l'avant d'un véhicule. – Feu de route, position où ce dispositif éclaire le plus (par oppos. à *code,* à *feu de croisement*). *Un appel de phares.* **3.** *Litt.* Personne ou chose qui sert de guide ou de modèle. – (En appos., avec ou sans trait d'union.) Se dit de ce qui sert de modèle, est en vue. *Une pensée phare. Des produits-phares.*

■ **PHARE.** Les deux modes d'éclairage d'une lampe de phare d'automobile.

2. PHARE n.m. (de *fard,* avec infl. de *1. phare*). MAR. Vx. Mât d'un navire, gréé de ses vergues et de ses voiles. *Le phare d'artimon.* ◇ Mod. *Gréement à phares carrés,* dans lequel tous les mâts sont pourvus de voiles carrées.

PHARILLON n.m. Anc. Réchaud suspendu à l'avant d'un bateau de pêche, servant à allumer un feu de bois destiné à attirer les poissons. *Pêche au pharillon.*

PHARISAÏSME n.m. **1.** Attachement exagéré aux détails de la pratique religieuse ; ritualisme, formalisme. **2.** Manifestation ostentatoire et hypocrite de vertu ou de piété.

PHARISIEN, ENNE n. et adj. (gr. *pharisaios,* de l'araméen). **1.** Membre d'une secte juive apparue au IIe s. av. J.-C. qui prétendait observer rigoureusement et strictement la loi de Moïse mais qui, dans l'Évangile, est accusée de formalisme et d'hypocrisie. **2.** Vieilli. Personne dont la piété, la vertu sont purement extérieures. – Mod. Personne qui affecte un respect minutieux d'une morale toute formelle et qui s'en autorise pour juger avec sévérité les actions d'autrui.

PHARMACEUTIQUE adj. Qui relève de la pharmacie ; qui concerne le médicament, qui est de sa nature. *Spécialité pharmaceutique.* ◇ *Forme pharmaceutique :* état sous lequel un médicament est présenté (comprimés, sirop, etc.). SYN. : *forme galénique.*

PHARMACIE n.f. (gr. *pharmakeia,* de *pharmakon,* remède). **1.** Science des médicaments, de leur conception, de leur composition, de leur préparation et de leur distribution. **2.** Magasin, local où l'on prépare et où l'on met des médicaments à la disposition du public ou des professionnels de la santé. *Pharmacie d'un hôpital.* **3.** Petite armoire ou petite trousse portative où l'on range les médicaments.

PHARMACIEN, ENNE n. Titulaire d'un diplôme de docteur en pharmacie, qui exerce en partic. dans un laboratoire ou dans une pharmacie.

PHARMACOCINÉTIQUE n.f. Étude de ce que deviennent les médicaments dans l'organisme (absorption, distribution, fixation dans les tissus, transformation, élimination). ◆ adj. Relatif à la pharmacocinétique.

P

PHARMACODÉPENDANCE n.f. MÉD. **1.** Toxicomanie due à un médicament. **2.** Toxicomanie.

PHARMACODYNAMIE n.f. Étude des effets des médicaments sur l'organisme.

PHARMACODYNAMIQUE adj. Qui concerne l'action des médicaments sur l'organisme.

PHARMACOLOGIE n.f. Science médicale et pharmaceutique qui s'occupe des médicaments et des autres substances actives sur l'organisme.

PHARMACOLOGIQUE adj. Qui se rapporte à la pharmacologie ; qui se rapporte au médicament dans l'organisme.

PHARMACOLOGUE ou **PHARMACOLOGISTE** n. Médecin spécialiste de pharmacologie.

PHARMACOPÉE n.f. (gr. *pharmakopoiia*). **1.** (Avec une majuscule.) Recueil officiel des pharmaciens contenant la nomenclature des médicaments et leur description (composition, effets, etc.), naguère appelé *Codex,* en France. **2.** Ensemble des médicaments disponibles. *La pharmacopée traditionnelle chinoise.*

PHARMACOVIGILANCE n.f. Centralisation, contrôle et diffusion des informations sur les effets indésirables des médicaments.

PHARYNGAL, E, AUX adj. et n.f. Se dit d'une consonne articulée en rapprochant la racine de la langue et la paroi arrière du pharynx.

PHARYNGÉ, E ou **PHARYNGIEN, ENNE** adj. Relatif au pharynx.

PHARYNGITE n.f. Inflammation du pharynx.

PHARYNX [farɛ̃ks] n.m. (gr. *pharugx,* gorge). Conduit musculaire et membraneux s'ouvrant en haut sur les fosses nasales et la bouche, en bas sur le larynx et l'œsophage, et où se croisent la voie digestive et la voie respiratoire.

PHASE n.f. (gr. *phasis*). **1.** Chacun des changements, des aspects successifs d'un phénomène en évolution ; chacun des intervalles de temps marqués par ces changements. **2.** Chacun des aspects différents que présentent la Lune et certaines planètes selon leur position par rapport à la Terre et au Soleil. **3.** CHIM., PHYS. Partie homogène d'un système. *L'eau et la glace sont deux phases d'un même corps pur.* **4.** PHYS. Quantité dépendante du temps, dont le cosinus représente la variation d'une grandeur sinusoïdale. ◇ PHYS. *En phase :* se dit de phénomènes périodiques de même fréquence qui varient de la même façon et qui présentent des maximums et des minimums simultanés. – *Fig. Être en phase avec qqn, qqch,* être en accord, en harmonie avec eux.

PHASEMÈTRE n.m. ÉLECTROTECHN. Appareil qui sert à mesurer le déphasage entre deux courants alternatifs de même fréquence.

PHASIANIDÉ n.m. (gr. *phasianos,* faisan). Oiseau gallinacé tel que la poule, la perdrix, la caille, le colin, le faisan, le paon. (Les phasianidés forment une famille de galliformes, incluant parfois aussi la pintade et le dindon.)

PHASME n.m. (gr. *phasma,* apparition). Insecte sans ailes des régions chaudes, dont le corps allongé ressemble aux brindilles ou aux branches sur lesquelles il vit. (Trois espèces, appelées ***bacilles*** ou ***bâtonnets,*** vivent dans le sud de l'Europe.) [Ordre des phasmides.]

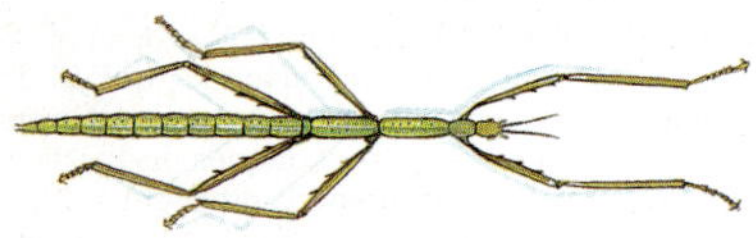

■ **PHASME.** Bacille de Rossi.

PHASMIDE ou **PHASMOPTÈRE** n.m. Insecte des régions chaudes au corps très allongé, imitant une brindille ou une feuille par sa forme et sa couleur, tel que le phasme et la phyllie. (Les phasmides forment un ordre.)

PHELLODERME n.m. (du gr. *phellos,* liège). BOT. Tissu engendré vers l'intérieur par l'assise génératrice de l'écorce, qui produit également le liège, à l'extérieur.

PHELLOGÈNE adj. BOT. Se dit d'un tissu végétal qui produit le liège.

PHÉNAKISTISCOPE n.m. (gr. *phenax, -akos,* trompeur, et *skopein,* examiner). Appareil mis au point par J. *Plateau en 1832 et qui procurait l'illusion du mouvement par la persistance des images rétiniennes.

PHÉNANTHRÈNE n.m. CHIM. ORG. Hydrocarbure cyclique ($C_{14}H_{10}$), isomère de l'anthracène, utilisé dans la fabrication des colorants.

PHÉNATE n.m. Sel du phénol. SYN. : *phénolate.*

PHENCYCLIDINE [fɛ̃siklidin] n.f. Anesthésique et stupéfiant doté de propriétés hallucinogènes, d'une grande toxicité. SYN. *(fam.) : poudre d'ange.*

PHÉNÉTIQUE adj. SC. DE LA V. Se dit d'une méthode de classification fondée sur l'évaluation mathématique de la ressemblance globale entre les organismes et prenant en compte, de manière équivalente, le maximum de caractères.

PHÉNICIEN, ENNE adj. et n. De la Phénicie. ◆ n.m. Langue sémitique ancienne appartenant au groupe cananéen, et dont l'alphabet est considéré comme l'ancêtre de toutes les écritures alphabétiques.

PHÉNIQUE adj. Vieilli. *Acide phénique :* phénol.

PHÉNIQUÉ, E adj. CHIM. Additionné d'acide phénique. *Eau phéniquée.*

PHÉNIX n.m. (mot gr., *pourpre*). **1.** *Le Phénix : v. partie n.pr.* **2.** *Litt.* Personne exceptionnelle, unique en son genre. **3.** BOT. Phœnix.

PHÉNOBARBITAL n.m. (pl. *phénobarbitals*). Médicament barbiturique utilisé contre l'épilepsie et les convulsions.

PHÉNOCRISTAL n.m. (pl. *phénocristaux*). CRISTALLOGR. Cristal de grande dimension dans une roche magmatique.

PHÉNOL n.m. (du gr. *phainein,* briller). CHIM. ORG. **1.** Dérivé oxygéné du benzène (C_6H_5OH), présent dans le goudron de houille, utilisé comme désinfectant et dans l'industrie des colorants, des matières plastiques, des médicaments, des explosifs, etc. **2.** Tout composé analogue au phénol, dérivant des hydrocarbures benzéniques.

PHÉNOLATE n.m. CHIM. ORG. Phénate.

PHÉNOLIQUE adj. CHIM. ORG. Qui dérive du phénol, d'un phénol.

PHÉNOLOGIE n.f. ÉCOL. Étude de l'influence des climats sur les phénomènes biologiques saisonniers végétaux (feuillaison, floraison, etc.) et animaux (migration, hibernation, etc.).

PHÉNOMÉNAL, E, AUX adj. **1.** Qui tient du phénomène ; étonnant, extraordinaire, prodigieux. *Des sommes phénoménales.* **2.** PHILOS. Relatif au phénomène (par oppos. à *nouménal*).

PHÉNOMÉNALEMENT adv. De façon étonnante, extraordinaire.

PHÉNOMÈNE n.m. (gr. *phainomenon,* ce qui apparaît). **1.** Fait observable ; événement. *Chercher les causes d'un phénomène.* – PHILOS. Pour Kant, ce qui est perçu par les sens, ce qui apparaît et se manifeste à la conscience (par oppos. à *noumène*). **2.** Fait, événement qui frappe par sa nouveauté ou son caractère exceptionnel. **3.** Être humain ou animal exhibé en public pour quelque particularité rare. *Phénomène de cirque, de foire.* **4.** *Fam.* Individu original, excentrique.

PHÉNOMÉNISME n.m. PHILOS. Conception selon laquelle toute réalité est de l'ordre du phénomène. CONTR. : *substantialisme.*

PHÉNOMÉNOLOGIE n.f. PHILOS. **1.** Étude descriptive des phénomènes, d'un ensemble de phénomènes. **2.** Méthode philosophique développée par Husserl et visant à fonder la philosophie comme science rigoureuse. (Elle procède par un retour aux données immédiates de la conscience, permettant de saisir les structures transcendantes de celle-ci et les essences des êtres.) – Mouvement philosophique s'inspirant de cette méthode. (S'y rattachent Merleau-Ponty, Sartre, Levinas.) ◇ ***Phénoménologie de l'esprit :*** chez Hegel, étude du devenir de la conscience, de son élévation de la sensation individuelle au savoir absolu.

PHÉNOMÉNOLOGIQUE adj. Relatif à la phénoménologie.

PHÉNOMÉNOLOGUE n. Philosophe qui utilise la méthode phénoménologique.

PHÉNOPLASTE n.m. Résine artificielle obtenue par condensation du phénol ou de ses dérivés avec des aldéhydes.

PHÉNOTHIAZINE n.f. Médicament prescrit comme antihistaminique, hypnotique ou neuroleptique (nom générique).

PHÉNOTYPE n.m. (gr. *phainein,* montrer, et *tupos,* marque). GÉNÉT. Ensemble des caractères apparents (morphologiques, chimiques, etc.) d'un organisme, d'une cellule, résultant de l'expression du génotype et de l'influence du milieu (par oppos. à ***génotype***).

PHÉNOTYPIQUE adj. Relatif au phénotype.

PHÉNYLALANINE n.f. BIOCHIM. Acide aminé présent dans les protéines et précurseur de la tyrosine et des catécholamines.

PHÉNYLCÉTONURIE n.f. Maladie héréditaire due au déficit d'une enzyme provoquant une accumulation de phénylalanine et qui, non traitée, entraîne une déficience intellectuelle sévère.

PHÉNYLE n.m. CHIM. ORG. Radical $-C_6H_5$ univalent, dérivé du benzène.

PHÉNYLIQUE adj. CHIM. ORG. Se dit des composés contenant le radical phényle.

PHÉOCHROMOCYTOME n.m. Tumeur bénigne ou maligne de la médullosurrénale, provoquant des accès d'hypertension artérielle.

PHÉOPHYCÉE n.f. (gr. *phaios,* sombre, et *phukos,* algue). Algue marine pluricellulaire renfermant un pigment brun masquant la chlorophylle *(fucoxanthine),* telle que la laminaire, le fucus et la sargasse. (Les phéophycées forment une classe.) SYN. : *algue brune.*

PHÉROMONE ou **PHÉRORMONE** n.f. ÉTHOL. Substance chimique qui, émise à dose infime par un animal dans le milieu extérieur, provoque chez ses congénères des comportements spécifiques.

PHI n.m. inv. Vingt et unième lettre de l'alphabet grec (Φ, φ), correspondant au *ph* français.

PHILANTHE n.m. (gr. *philos,* ami, et *anthos,* fleur). Grosse guêpe fouisseuse qui paralyse les abeilles d'un coup d'aiguillon, se nourrit du contenu sucré de leur estomac, puis les utilise comme source de nourriture pour ses larves. (Long. 12 à 18 mm ; ordre des hyménoptères.)

PHILANTHROPE n. (gr. *philos,* ami, et *anthrôpos,* homme). **1.** Vieilli. Personne qui aime tous les hommes ; ami du genre humain. **2.** Personne qui cherche à améliorer le sort de ses semblables par des dons en argent, la fondation ou le soutien d'œuvres, etc. **3.** Personne qui agit de manière désintéressée, sans rechercher le profit.

PHILANTHROPIE n.f. Fait d'être philanthrope, de se conduire en philanthrope.

PHILANTHROPIQUE adj. De la philanthropie ; inspiré par la philanthropie.

PHILATÉLIE n.f. (gr. *philos,* ami, et *ateleia,* affranchissement de l'impôt). **1.** Étude, collection des timbres-poste et des objets connexes tels que les marques d'affranchissement. **2.** Commerce des timbres de collection et des objets connexes.

PHILATÉLIQUE adj. Relatif à la philatélie.

PHILATÉLISTE n. **1.** Collectionneur de timbres-poste et d'objets connexes. **2.** Marchand de timbres de collection et d'objets connexes.

PHILHARMONIE n.f. Association musicale formée d'amateurs ou de professionnels, qui donne des concerts publics.

PHILHARMONIQUE adj. Se dit de certaines associations musicales (groupe de musiciens amateurs, grands orchestres symphoniques).

PHILIPPIN, E adj. et n. Des Philippines, de leurs habitants.

PHILIPPINE n.f. (all. *Vielliebchen,* bien-aimé). Jeu qui consiste à se partager deux amandes jumelles, le gagnant étant celui qui, le lendemain, dit le premier à l'autre « Bonjour Philippine ».

PHILIPPIQUE n.f. (des *Philippiques,* discours de Démosthène). *Litt.* Discours violent dirigé contre qqn.

PHILISTIN n.m. (arg. des étudiants all.). *Litt.* Personne à l'esprit vulgaire, fermée aux lettres, aux arts, aux nouveautés.

PHILISTINISME n.m. *Litt.,* rare. Nature, caractère du philistin.

PHILO n.f. (abrév.). *Fam.* Philosophie.

PHILODENDRON [-dɛ̃-] n.m. (gr. *philos,* ami, et *dendron,* arbre). **1.** Plante d'ornement originaire d'Amérique tropicale, aux larges feuilles entières ou profondément découpées. (Famille des aracées.) **2.** HORTIC. Forme jeune de monstera.

■ **PHILODENDRON**

PHILOLOGIE n.f. **1.** Étude d'une langue ou d'une famille de langues, fondée sur l'analyse critique des textes. **2.** Établissement ou étude critique de textes par la comparaison des manuscrits ou des éditions, par l'histoire.

PHILOLOGIQUE adj. Relatif à la philologie.

PHILOLOGUE n. Spécialiste de philologie.

PHILOSOPHALE adj.f. *Pierre philosophale :* pierre qui, selon les alchimistes, pouvait opérer la transmutation des métaux en or. – *Chercher la pierre philosophale,* qqch d'impossible à trouver.

PHILOSOPHE n. (gr. *philosophos,* ami de la sagesse). **1.** Spécialiste de philosophie. **2.** Penseur qui élabore une doctrine, un système philosophique. **3.** HIST. Partisan des idées nouvelles, des « Lumières », au XVIIIe s. ◆ adj. et n. Se dit de qqn qui supporte les épreuves avec constance et résignation, qui prend la vie du bon côté.

PHILOSOPHER v.i. **1.** Tenir une réflexion sur des problèmes philosophiques. **2.** Argumenter, raisonner sur un sujet quel qu'il soit. – *Péjor.* Raisonner abstraitement et de manière oiseuse.

PHILOSOPHIE n.f. **1.** Domaine de la culture constitué par un ensemble d'interrogations, de réflexions et de recherches à caractère rationnel menées depuis l'Antiquité grecque sur l'être, les causes, les valeurs, etc., et mettant en jeu, dans la diversité des voies empruntées et des réponses retenues, le rapport de l'homme au monde et à son propre savoir. **2.** Matière d'enseignement des établissements secondaires et supérieurs ; étude de la philosophie. Abrév. *(fam.) : philo.* **3.** Étude des principes fondamentaux d'une activité, d'une pratique ; réflexion sur leur sens et leur légitimité. *Philosophie des sciences, de l'art, du droit.* **4.** Doctrine, système philosophique d'un auteur, d'une école, d'une époque, etc. *La philosophie de Platon.* **5.** Sagesse acquise avec l'expérience des difficultés ; constance, fermeté d'âme. *Subir un revers avec philosophie.* **6.** Conception de qqch fondée sur un ensemble de principes ; l'ensemble de ces principes. *Une nouvelle philosophie de l'entreprise.*

ENCYCL. La philosophie a d'abord été une réflexion scientifique sur la nature et les causes qui font qu'existent l'univers, l'homme, la société. La pensée occidentale se manifeste dans ce sens dès le VIIe s. av. J.-C. en Grèce où Platon et Aristote (IVe s. av. J.-C.) constituent les grandes figures de cet effort de réflexion. Avec le christianisme, la philosophie se sépare peu à peu de la théologie. Le Moyen Âge (Bacon), la Renaissance (Machiavel) posent la problématique de l'homme dans le monde et dans la cité. Les XVIe et XVIIe s. avec Copernic et Descartes commencent à distinguer la philosophie des problèmes physiques ; la science conquiert alors son autonomie. La réflexion sur l'homme, sa morale et sa liberté, se précise avec les systèmes de Leibniz, Spinoza, puis Kant. Ce dernier marque l'autonomie de la philosophie par rapport à la métaphysique, considérée comme une spéculation sur ce qui dépasse l'expérience. Hegel invente une nouvelle manière d'approcher l'histoire, Marx se propose non plus d'interpréter le monde, mais de le transformer. Nietzsche fait de la philosophie un moyen d'échapper à toutes les servitudes de l'esprit. Les sciences de l'homme se constituent et se dégagent de la philosophie : la psychologie, la sociologie acquièrent leur autonomie, cependant qu'avec Freud naît la psychanalyse ; la logique se constitue en discipline indépendante avec Frege. Husserl pose les fondements de la phénoménologie et Heidegger fait porter sa réflexion sur l'ontologie.

PHILOSOPHIQUE adj. **1.** Relatif à la philosophie. **2.** Empreint de philosophie, de sagesse.

PHILOSOPHIQUEMENT adv. **1.** Du point de vue philosophique. **2.** Avec sagesse, sérénité ; en philosophe.

PHILTRE n.m. (lat. *philtrum*). Breuvage magique propre à inspirer l'amour.

PHIMOSIS [fimozis] n.m. (mot gr.). Étroitesse du prépuce, qui empêche de découvrir le gland.

PHLÉBITE n.f. (gr. *phlebs, phlebos,* veine). Phlébothrombose.

PHLÉBOGRAPHIE n.f. Radiographie des veines.

PHLÉBOLOGIE n.f. Discipline médicale qui s'occupe des troubles des veines.

PHLÉBOLOGUE n. Médecin qui exerce la phlébologie.

PHLÉBOTHROMBOSE n.f. Thrombose d'une veine, pouvant aboutir à une inflammation (thrombophlébite). SYN. *(cour.) : phlébite.*

PHLÉBOTOME n.m. Insecte diptère hématophage des régions méditerranéennes et tropicales, qui peut transmettre la leishmaniose. (Genre *Phlebotomus.*)

PHLEGMON [flɛgmɔ̃] n.m. (gr. *phlegmonê,* de *phlegein,* brûler). MÉD. Inflammation suppurée infiltrant les tissus, et pouvant se condenser en abcès.

PHLÉOLE n.f. → **FLÉOLE.**

PHLOÈME n.m. (du gr. *phloios,* écorce). BOT. Liber.

PHLOGISTIQUE n.m. (du gr. *phlox, phlogos,* flamme). Vx. Fluide imaginé au XVIIe s., notamm. par G. *Stahl, pour expliquer la combustion.

PHLOX [flɔks] n.m. (mot gr., *flamme*). Plante originaire d'Amérique du Nord, cultivée pour ses fleurs aux couleurs vives. (Famille des polémoniacées.)

PHLYCTÈNE n.f. (gr. *phluktaina,* pustule). MÉD. Lésion cutanée élémentaire, grande (bulle) ou petite (vésicule), formée d'une poche en saillie remplie de liquide. SYN. *(cour.) : cloque.*

pH-MÈTRE [peaʃmɛtr] n.m. (pl. *pH-mètres*). Appareil de mesure du pH.

PHOBIE n.f. (gr. *phobos,* effroi). **1.** Aversion très vive ; peur instinctive. **2.** PSYCHIATR. Crainte déraisonnable déclenchée par un objet, une personne, une situation, et dont le sujet reconnaît génér. le caractère inadapté.

PHOBIQUE adj. Qui a les caractères de la phobie. *Névrose phobique.* ◆ adj. et n. Atteint de phobie.

PHOCÉEN, ENNE adj. et n. **1.** De Phocée. **2.** De Marseille.

PHOCOMÉLIE n.f. (gr. *phôkê,* phoque, et *mêlos,* membre). Malformation caractérisée par l'atrophie des membres, mains et pieds semblant s'attacher directement sur le tronc.

PHŒNIX [feniks] ou **PHÉNIX** n.m. (lat. *phœnix*). Palmier d'un genre représenté par une quinzaine d'espèces, dont le dattier, cultivé pour ses baies charnues, et plusieurs espèces ornementales.

PHOLADE n.f. (gr. *phôlas, -ados*). Mollusque bivalve à coquille blanche sans charnière, qui creuse des trous dans les rochers. (Long. 10 cm env. ; genre *Pholas,* famille des pholadidés.)

PHOLIDOTE n.m. (du gr. *pholidôtos,* écailleux). Mammifère édenté, doté d'une longue langue gluante, au corps recouvert d'écailles cornées, tel que le pangolin. (Les pholidotes forment un ordre.)

PHOLIOTE n.f. (lat. sc. *pholiota*). Champignon basidiomycète à lamelles écartées jaunes ou brunes, croissant en touffes à la base des vieux arbres, dont quelques espèces sont comestibles. (Famille des agaricacées.)

PHONATEUR, TRICE ou **PHONATOIRE** adj. Relatif à la production des sons vocaux.

PHONATION n.f. (du gr. *phônê,* voix). Ensemble des facteurs qui concourent à la production de la voix.

PHONE n.m. ACOUST. Unité sans dimension servant à comparer l'intensité des sons et des bruits du point de vue de l'impression physiologique causée.

PHONÉMATIQUE ou **PHONÉMIQUE** adj. LING. Relatif aux phonèmes. ◆ n.f. Partie de la phonologie qui étudie les phonèmes et leurs traits distinctifs.

PHONÈME n.m. (gr. *phônêma*). LING. Son d'une langue, défini par les propriétés distinctives (traits pertinents) qui l'opposent aux autres sons de cette langue.

PHONÉTICIEN, ENNE n. Spécialiste de phonétique.

PHONÉTIQUE adj. Relatif aux sons du langage. ◇ *Écriture phonétique :* écriture où chaque signe graphique correspond à un son du langage et réciproquement. – *Alphabet phonétique international (API),* le plus utilisé des répertoires de caractères graphiques conventionnels destinés à transcrire les sons des différentes langues. ◆ n.f. **1.** Étude scientifique des sons du langage et des processus de la communication parlée. **2.** Représentation par des signes conventionnels de la prononciation des mots d'une langue.

PHONÉTIQUEMENT adv. **1.** Du point de vue de la phonétique. **2.** En écriture phonétique.

PHONÉTISME n.m. LING. Ensemble des particularités phonétiques d'une langue.

PHONIATRE n. Médecin spécialiste de phoniatrie.

PHONIATRIE n.f. Spécialité médicale qui étudie les troubles de la phonation.

PHONIE n.f. (abrév.). **1.** Téléphonie, radiotéléphonie. **2.** *Message en phonie,* émis avec la voix, par oppos. à *en graphie,* en utilisant le morse.

PHONIQUE adj. Relatif aux sons ou à la voix.

PHONO n.m. (abrév.). Phonographe.

PHONOCAPTEUR, TRICE adj. Se dit d'un dispositif, d'un appareil qui permet de lire la gravure d'un enregistrement phonographique.

PHONOGÉNIE n.f. Aptitude, qualité phonogénique.

PHONOGÉNIQUE adj. Dont la voix, le son se prête à de bons enregistrements, de bonnes reproductions.

PHONOGRAMME n.m. **1.** LING. Signe graphique représentant un son ou une suite de sons (par oppos. à *idéogramme*). **2.** Produit résultant de la fixation, sur tout support, de sons créés et composés par un auteur.

PHONOGRAPHE n.m. (gr. *phônê,* voix, et *graphein,* écrire). Anc. Appareil de reproduction du son par des procédés mécaniques. Abrév. : *phono.*

PHONOGRAPHIQUE adj. Relatif à l'enregistrement des sons par gravure. ◇ *Enregistrement phonographique,* sur tous disques, par oppos. aux enregistrements sur bande magnétique.

PHONOLITE n.f. (gr. *phônê,* voix, et *lithos,* pierre). Roche volcanique acide, visqueuse, contenant des feldspaths et des feldspathoïdes et qui se débite en dalles sonores à la percussion.

PHONOLITIQUE adj. Formé de phonolite.

PHONOLOGIE n.f. Étude des phonèmes, du point de vue de leur fonction dans une langue donnée et des relations d'opposition et de contraste qu'ils ont dans le système des sons de cette langue *(système phonologique).*

PHONOLOGIQUE adj. Relatif à la phonologie.

PHONOLOGUE n. Spécialiste de phonologie.

PHONON n.m. Quantum d'oscillation associé aux vibrations des atomes dans un réseau cristallin.

PHONOTHÈQUE n.f. Lieu où sont rassemblés et mis à la disposition des usagers des documents sonores constituant des archives de la parole.

PHOQUE n.m. (lat. *phoca,* du gr.). **1.** Mammifère marin voisin de l'otarie, mais à cou court et aux oreilles sans pavillon, vivant surtout dans les mers froides des régions arctiques et antarctiques, mais aussi dans des eaux plus chaudes (*phoque moine* de la Méditerranée, presque éteint). [Certaines espèces, tel l'éléphant de mer, dépassent 5 m de long ; ordre des pinnipèdes.] **2.** Fourrure de cet animal.

■ **PHOQUE.** Veau marin.

PHORMIUM [fɔrmjɔm] ou **PHORMION** n.m. (mot lat., du gr.). Plante d'ornement appelée aussi *lin de Nouvelle-Zélande,* car ses feuilles fournissent des fibres textiles. (Famille des agavacées.)

PHOSGÈNE n.m. (gr. *phôs,* lumière, et *gennân,* engendrer). Gaz ($COCl_2$) extrêmement toxique, intermédiaire dans la fabrication de colorants et utilisé comme arme chimique.

PHOSPHATAGE n.m. Enrichissement du sol en phosphates par apport d'engrais.

PHOSPHATASE n.f. Enzyme qui hydrolyse les esters de l'acide phosphorique pour en détacher ce dernier.

PHOSPHATATION n.f. Procédé thermochimique de protection des alliages ferreux par formation superficielle d'une couche de phosphates métalliques complexes.

PHOSPHATE n.m. (du gr. *phôs,* lumière). **1.** Sel de l'acide phosphorique. **2.** Minéral caractérisé par le radical $(PO_4)^{3-}$, comme l'apatite ou la turquoise. **3.** Roche sédimentaire contenant des minéraux phosphatés. (Les phosphates sont exploités comme matière première de l'industrie chimique, en partic. pour la production d'engrais.) **4.** AGRIC. Engrais phosphaté.

PHOSPHATÉ, E adj. Qui contient du phosphate. *Engrais phosphaté.*

PHOSPHATER v.t. Procéder au phosphatage.

PHOSPHÈNE n.m. (gr. *phôs,* lumière, et *phainein,* briller). Phénomène lumineux bref apparaissant dans le champ visuel, de cause variée (déchirure de la rétine, par ex.).

PHOSPHINE n.f. Composé organique dérivant de l'hydrogène phosphoré PH_3 (nom générique). [Les phosphines ont un comportement chimique analogue à celui des amines.]

PHOSPHITE n.m. Sel de l'acide phosphoreux.

PHOSPHOCALCIQUE adj. Qui a trait au phosphore et au calcium ; qui contient du phosphore et du calcium.

PHOSPHOLIPIDE n.m. Tout lipide contenant du phosphore.

PHOSPHOPROTÉINE n.f. Toute substance constituée d'une protéine et d'acide phosphorique.

PHOSPHORE n.m. (gr. *phôs,* lumière, et *phoros,* qui porte). **1.** Non-métal dont la forme allotropique blanche a une densité de 1,82, fond à 44,1 °C et bout à 280 °C. **2.** Élément chimique (P), de numéro atomique 15, de masse atomique 30,973 7.

ENCYCL. Le phosphore existe dans la nature à l'état de phosphates ; on en trouve également dans les os, le système nerveux, l'urine, et dans la laitance des poissons. Les formes allotropiques les plus répandues sont le *phosphore blanc,* légèrement ambré, très inflammable, lumineux dans l'obscurité, hautement toxique, et le *phosphore rouge,* non toxique. Le phosphore blanc se transforme, abandonné à la lumière, en phosphore rouge, plus stable.

PHOSPHORÉ, E adj. Qui contient du phosphore.

PHOSPHORER v.i. *Fam.* Déployer une activité intellectuelle intense ; réfléchir beaucoup.

PHOSPHORESCENCE n.f. **1.** Luminescence dans laquelle l'émission de lumière persiste un temps appréciable (de 10^{-8} seconde à plusieurs jours) après qu'a cessé l'excitation (par oppos. à *fluorescence*). **2.** Émission de lumière par certains êtres vivants. *La phosphorescence du lampyre.* **3.** (Impropre en physique). Luminescence du phosphore. – Luminescence, quelle qu'elle soit.

PHOSPHORESCENT, E adj. Doué de phosphorescence.

PHOSPHOREUX, EUSE adj. **1.** Qui contient du phosphore. *Alliage phosphoreux.* **2.** CHIM. MINÉR. Se dit de l'anhydride (P_2O_3) formé par la combustion lente du phosphore, et de l'acide (H_3PO_3) correspondant.

PHOSPHORIQUE adj. CHIM. MINÉR. Se dit de l'anhydride (P_2O_5) formé par la combustion vive du phosphore, et de l'acide (H_3PO_4) correspondant.

PHOSPHORITE n.f. Roche sédimentaire des cavités karstiques, riche en phosphates.

PHOSPHORYLATION n.f. CHIM. ORG. Réaction par laquelle un radical phosphoryle se fixe sur un composé organique (le plus souvent un ose).

PHOSPHORYLE n.m. CHIM. MINÉR. Radical de valence 3 formé d'un atome de phosphore et d'un atome d'oxygène.

PHOSPHURE n.m. CHIM. MINÉR. Corps composé de phosphore et d'un autre élément.

PHOT [fɔt] n.m. Anc. Unité c.g.s. d'éclairement (1 phot = 10^4 lux).

PHOTO n.f. (abrév.). **1.** Photographie. *Faire de la photo.* **2.** Image photographique. *De jolies photos.* ◇ *Fam. (Il n') y a pas photo :* il n'y a pas de comparaison possible ; la différence est évidente. ◆ adj. inv. Photographique. *Des appareils photo.*

PHOTOCATHODE n.f. Cathode d'une cellule photoélectrique.

PHOTOCHIMIE n.f. Branche de la chimie qui étudie les réactions chimiques sous l'action de la lumière.

PHOTOCHIMIQUE adj. Qui concerne la photochimie ou les effets chimiques de la lumière.

PHOTOCOMPOSER v.t. Composer un texte par photocomposition.

PHOTOCOMPOSEUSE n.f. Machine pour la photocomposition.

PHOTOCOMPOSITEUR ou **PHOTOCOMPOSEUR** n.m. Personne, entreprise spécialisée dans la photocomposition.

PHOTOCOMPOSITION n.f. IMPRIM. Procédé de composition fournissant directement des textes sur films photographiques.

PHOTOCONDUCTEUR, TRICE adj. Qui présente ou utilise le phénomène de photoconduction. SYN. : *photorésistant.*

PHOTOCONDUCTION n.f. ÉLECTRON. Propriété de certaines substances dont la conduction électrique varie sous l'effet d'un rayonnement lumineux.

PHOTOCOPIE n.f. Procédé de reproduction rapide des documents par photographie (fabrication de plaques offset) ou xérographie (copies sur papier) ; reproduction ainsi obtenue.

PHOTOCOPIER v.t. [5]. Faire la photocopie d'un document.

PHOTOCOPIEUSE n.f. ou **PHOTOCOPIEUR** n.m. Appareil de photocopie.

PHOTOCOPILLAGE n.m. (de *photocopie* et *pillage*). DR. Action de photocopier un ouvrage, partiellement ou en totalité. (C'est un délit.)

PHOTODIODE n.f. Diode à semi-conducteur dans laquelle un rayonnement lumineux incident détermine une variation du courant électrique.

PHOTODISSOCIATION n.f. Dissociation d'une molécule sous l'action de la lumière.

PHOTOÉLASTICIMÉTRIE n.f. Méthode d'analyse optique des contraintes ou des déformations subies par les solides, fondée sur la photoélasticité.

PHOTOÉLASTICITÉ n.f. Propriété que présentent certaines substances transparentes isotropes de devenir biréfringentes sous l'influence de déformations élastiques.

PHOTOÉLECTRICITÉ n.f. PHYS. Production d'électricité par l'action de la lumière ; électricité ainsi produite.

PHOTOÉLECTRIQUE adj. Qui a trait à la photoélectricité. ◇ *Effet photoélectrique :* propriété qu'ont certains métaux d'émettre des électrons sous l'effet de radiations lumineuses dont la fréquence est supérieure à un seuil caractéristique du métal *(seuil photoélectrique)*. – *Cellule photoélectrique :* dispositif utilisant l'effet photoélectrique ; *spécial.,* instrument de mesure de l'intensité du rayonnement lumineux, utilisé notamm. en photographie.

PHOTOÉMETTEUR, TRICE adj. Susceptible d'effet photoélectrique.

PHOTO-FINISH [fɔtofiniʃ] n.f. [pl. *photos-finish*] (de l'angl. *finish,* arrivée). Appareil photographique enregistrant automatiquement l'ordre des concurrents à l'arrivée d'une course ; photographie ainsi obtenue.

PHOTOGENÈSE n.f. Vx. Bioluminescence.

PHOTOGÉNIQUE adj. **1.** Dont l'image photographique ou cinématographique produit un bel effet. *Visage photogénique.* **2.** CHIM. Relatif aux effets chimiques de la lumière sur certains corps.

PHOTOGÉOLOGIE n.f. Ensemble des techniques de télédétection qui, à partir de photographies aériennes ou d'images satellitaires, permettent d'établir la géologie d'une région.

PHOTOGRAMME n.m. CINÉMA, PHOTOGR. L'un des vingt-quatre instantanés inscrits sur la pellicule en une seconde ; agrandissement photographique obtenu à partir de l'un d'entre eux.

PHOTOGRAMMÉTRIE n.f. Application de la stéréophotographie aux levés topographiques, aux relevés des formes et des dimensions des objets, des reliefs, etc.

PHOTOGRAPHE n. **1.** Personne qui pratique la photographie comme amateur ou comme professionnel. **2.** Commerçant, artisan qui développe, tire des clichés, vend du matériel photographique.

PHOTOGRAPHIE n.f. (gr. *phôs, phôtos,* lumière, et *graphein,* tracer). **1. a.** Technique permettant de fixer l'image des objets sur une surface rendue sensible à la lumière par des procédés chimiques. **b.** Cette technique, employée comme moyen d'expression artistique ; art du photographe. Abrév. : *photo.* ◇ CINÉMA, TÉLÉV. ***Directeur de la photographie :*** technicien responsable de la prise de vues. SYN. : *chef opérateur.* **2.** Image obtenue par cette technique. *Album de photographies.* Abrév. : *photo.* **3.** Description, reproduction précise et fidèle de qqch. *Ce sondage donne une photographie de l'opinion.*

ENCYCL. Inventée à partir de 1816 par N. Niépce puis perfectionnée notamm. par Daguerre et W. H. F. Talbot, la photographie est fondée sur la transformation de composés sous l'action de la lumière ou de radiations actiniques. Dans un appareil photographique, essentiellement constitué d'une chambre noire sur laquelle est monté un objectif, une image est formée par réactions photochimiques sur un support revêtu d'une mince couche de l'un de ces composés. La prise de vue permet d'obtenir l'image latente, instable et non visible. L'émulsion impressionnée doit être traitée (développement) dans des bains provoquant des transformations chimiques qui donnent des composés stables et insensibles à la lumière. On obtient alors soit l'image négative servant au tirage des épreuves, soit l'image positive (diapositive) pouvant être projetée.

L'émulsion noir et blanc est constituée d'un support sur lequel est coulée une couche de gélatine contenant des cristaux de sels d'argent en suspension. La photographie en couleurs est fondée sur le principe selon lequel trois couleurs fondamentales (rouge, vert et bleu) suffisent pour reproduire toutes les autres. Ce mélange est dit « additif ». Les procédés photographiques additifs sont rares et, de nos jours, la plupart des émulsions reposent sur un mélange « soustractif » des couleurs. Dans les procédés soustractifs trichromes, on utilise les couleurs complémentaires des précédentes : jaune, magenta et cyan. Les films comportent, superposées, trois images monochromes, chacune d'une des couleurs citées. Lors de la projection d'une diapositive, ces couches agissent comme des filtres et permettent la reproduction des couleurs par soustraction des couleurs complémentaires contenues dans la lumière blanche émise par la lampe.

Dans les appareils de photographie numérique, les images sont mémorisées par un microprocesseur intégré au boîtier. Un dispositif permet la visualisation de celles-ci sur écran vidéo, leur traitement à l'aide d'un ordinateur, mais aussi leur transmission par différents réseaux numériques. Des images sur papier peuvent être obtenues à l'aide d'une imprimante couleur.

PHOTOGRAPHIER v.t. [5]. **1.** Obtenir par la photographie l'image de. **2.** Imprimer fortement dans sa mémoire l'image de. **3.** Décrire, représenter avec une grande fidélité et une grande précision. *Photographier une situation.*

PHOTOGRAPHIQUE adj. **1.** Relatif à la photographie ; qui sert à faire de la photographie. **2.** Qui a la fidélité, la précision de la photographie.

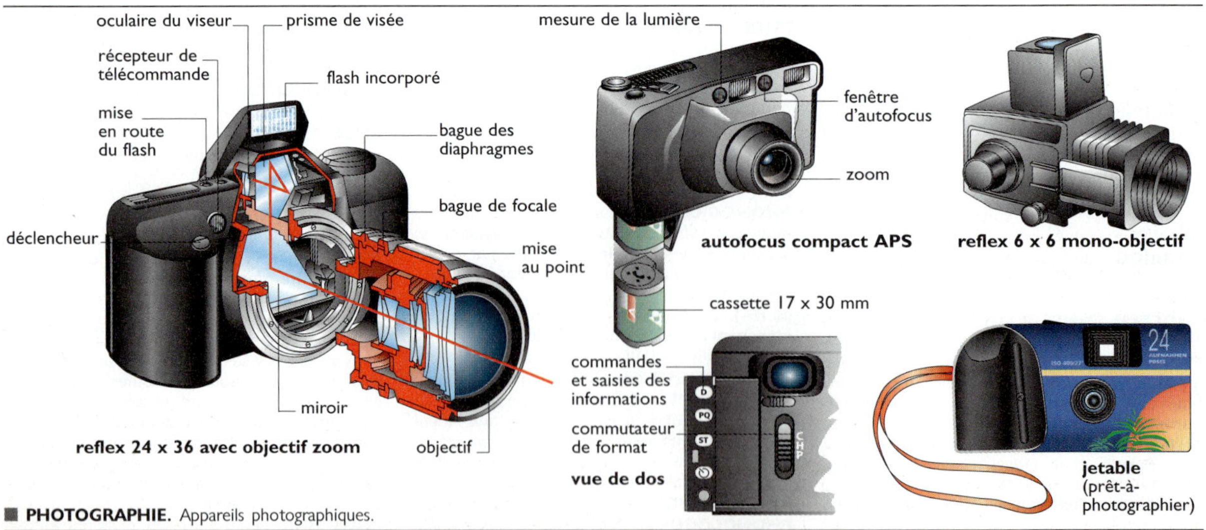

■ **PHOTOGRAPHIE.** Appareils photographiques.

PHOTOGRAPHIQUEMENT adv. Par la photographie.

PHOTOGRAVEUR n.m. Personne, entreprise spécialisée dans la photogravure.

PHOTOGRAVURE n.f. Technique de reproduction imprimée des illustrations par des procédés photographiques et chimiques (morsure à l'acide des planches insolées).

PHOTO-INTERPRÉTATION n.f. (pl. *photos-interprétations*). Interprétation (repérage, identification et analyse des éléments figurés) des photographies aériennes ou des images spatiales.

PHOTOJOURNALISME n.m. Technique journalistique qui repose sur l'utilisation de l'image photographique comme moyen d'information.

PHOTOJOURNALISTE n. Reporter-photographe.

PHOTOLITHOGRAPHIE n.f. ÉLECTRON. Technique associant la photographie et la gravure chimique ou ionique, qui permet de répéter des millions de fois sur un substrat de silicium les motifs utilisés pour la réalisation de circuits intégrés.

PHOTOLUMINESCENCE n.f. Luminescence provoquée par un rayonnement visible, ultraviolet ou infrarouge.

PHOTOLYSE n.f. Décomposition chimique par la lumière.

PHOTOMATON n.m. (nom déposé). Appareil qui prend et développe automatiquement des photographies d'identité.

PHOTOMÉCANIQUE adj. INDUSTR. GRAPH. Se dit de tout procédé de reproduction et d'impression utilisant des clichés photographiques.

PHOTOMÈTRE n.m. OPT. Instrument de mesure de l'intensité d'une source lumineuse.

PHOTOMÉTRIE n.f. Partie de la physique qui traite de la mesure des grandeurs relatives aux rayonnements lumineux ; cette mesure.

PHOTOMÉTRIQUE adj. Relatif à la photométrie.

PHOTOMONTAGE n.m. Montage ou collage réalisé à partir de plusieurs images photographiques.

PHOTOMULTIPLICATEUR, TRICE adj. *Cellule photomultiplicatrice,* ou *photomultiplicateur,* n.m. : cellule photoélectrique à multiplication d'électrons.

PHOTON n.m. PHYS. Particule spécifique de la lumière (du groupe des bosons), porteuse des interactions électromagnétiques.

PHOTONIQUE adj. Relatif aux photons.

PHOTOPÉRIODE n.f. Durée du jour, considérée du point de vue de ses effets biologiques.

PHOTOPÉRIODISME n.m. Réaction des êtres vivants, notamm. des plantes et des animaux hibernants, aux variations de la durée des périodes de lumière et d'obscurité, au cours de nycthémères successifs.

PHOTOPHOBIE n.f. Tendance à éviter la lumière et la gêne qu'elle provoque, lors de certaines maladies (kératite, migraine, par ex.).

PHOTOPHORE n.m. (gr. *phôtophoros,* de *phôs, phôtos,* lumière, et *pherein,* porter). **1.** Appareil d'éclairage extérieur composé d'une tulipe de verre abritant une bougie. **2.** Petit vase ou globe de verre abritant une bougie ou une veilleuse.

PHOTOPILE n.f. Dispositif transformant un rayonnement électromagnétique en courant électrique. SYN. : *cellule photovoltaïque, cellule* ou *pile solaire.*

PHOTOPOLYMÈRE adj. Se dit d'un plastique sensibilisé dans la masse et utilisé pour la confection de clichés et de formes d'impression typographiques.

PHOTORÉCEPTEUR n.m. HISTOL. Cellule réceptrice visuelle (cône ou bâtonnet de la rétine).

PHOTOREPORTAGE n.m. Reportage constitué essentiellement de documents photographiques.

PHOTORÉSISTANCE n.f. ÉLECTRON. Résistor présentant une résistance très élevée dans l'obscurité et une résistance faible à la lumière. SYN. : *LDR.*

PHOTORÉSISTANT, E adj. Photoconducteur.

PHOTO-ROBOT n.f. (pl. *photos-robots*). Portrait-robot.

PHOTO-ROMAN n.m. (pl. *photos-romans*). Roman-photo.

PHOTOSENSIBILISATION n.f. MÉD. Excès de sensibilité de la peau au rayonnement solaire, dû à un cosmétique, à un médicament.

PHOTOSENSIBILITÉ n.f. PHYS., PHYSIOL. Sensibilité aux radiations lumineuses.

PHOTOSENSIBLE adj. Sensible aux rayonnements lumineux. *Émulsion, plaque photosensible.*

PHOTOSPHÈRE n.f. Couche superficielle lumineuse d'une étoile, spécial. du Soleil, d'où provient la quasi-totalité du rayonnement visible de l'astre.

PHOTOSTOPPEUR, EUSE n. Personne qui photographie les passants et leur propose la vente de leur portrait.

PHOTOSTYLE n.m. INFORM. Dispositif en forme de crayon, comportant un élément photosensible, et qui permet l'utilisation interactive d'un ordinateur grâce à ses déplacements sur un écran de visualisation. SYN. : *crayon optique, crayon électronique.*

PHOTOSYNTHÈSE n.f. BIOCHIM. Chez les plantes vertes et certaines bactéries, processus de fabrication de matière organique à partir de l'eau et du gaz carbonique de l'atmosphère, utilisant la lumière solaire comme source d'énergie et qui produit un dégagement d'oxygène (par oppos. à *chimiosynthèse*).

PHOTOSYNTHÉTIQUE adj. Relatif à la photosynthèse ; qui pratique la photosynthèse.

PHOTOTACTISME n.m. BIOL. **1.** Réaction des êtres unicellulaires à une variation d'intensité lumineuse. **2.** Réponse locomotrice d'attraction ou de répulsion d'un organisme ou d'une cellule mobiles face à une source lumineuse.

PHOTOTAXIE n.f. BIOL. Réaction spontanée, génétiquement programmée, d'un organisme vivant face à une source lumineuse, qui se traduit par un déplacement (phototactisme) ou une simple orientation (phototropisme) par rapport à cette source.

PHOTOTHÈQUE n.f. Collection d'archives photographiques ; lieu où elle est conservée.

PHOTOTHÉRAPIE n.f. MÉD. Traitement, en partic. des affections cutanées, par la lumière ou par les ultraviolets.

PHOTOTRANSISTOR n.m. Transistor utilisant l'effet photoélectrique.

PHOTOTROPISME n.m. BIOL. Tropisme déclenché par une source lumineuse. – *Spécial.* Orientation de la croissance des organismes fixés (notamm. les végétaux) par rapport à la lumière.

PHOTOTYPE n.m. Image photographique visible et stable, négative ou positive, obtenue après exposition et traitement d'une surface sensible.

PHOTOTYPIE n.f. Procédé d'impression au moyen de plaques de verre garnies de gélatine encrée.

PHOTOVOLTAÏQUE adj. Qui a trait à la conversion de l'énergie lumineuse en énergie électrique. ◇ *Cellule photovoltaïque* : photopile.

PHRAGMITE n.m. (du gr. *phragma,* clôture). **1.** Roseau commun à grandes tiges très raides, à feuilles aiguës, utilisé en vannerie. (Genre *Arundo* ; famille des graminées.) **2.** Fauvette des joncs, répandue dans les marécages, de l'Europe à l'Asie centrale et à l'Afrique. (Genre *Acrocephalus* ; famille des sylviidés.)

PHRASE n.f. (gr. *phrasis,* de *phrazein,* expliquer). **1.** Unité élémentaire d'un énoncé, formée de plusieurs mots ou groupes de mots *(propositions)* dont la construction présente un sens complet. ◇ *Faire des phrases* : tenir un discours creux, conventionnel. – *Sans phrases* : sans commentaire, sans détour. – *Phrase toute faite* : formule conventionnelle ; cliché. – *Petite phrase* : élément d'un discours, en partic. politique, repris par les médias pour son impact potentiel sur l'opinion. **2.** MUS. Suite de notes formant une unité mélodique expressive.

PHRASÉ n.m. MUS. Art d'interpréter une pièce musicale en respectant la dynamique expressive de ses phrases (accents mélodiques, pauses, rythme...) ; l'interprétation elle-même.

PHRASÉOLOGIE n.f. **1.** Ensemble des constructions et des expressions propres à une langue, un milieu, une spécialité, une époque. *Phraséologie judiciaire.* **2.** *Péjor.* Assemblage de formules pompeuses, de termes compliqués ou vides de sens.

PHRASER v.t. MUS. Jouer une phrase musicale, un air en mettant en évidence, par des respirations et des accents convenablement placés, le développement de la ligne mélodique.

PHRASEUR, EUSE n. *Péjor.* Personne qui s'exprime avec affectation et grandiloquence.

PHRASTIQUE adj. LING. Relatif à la phrase.

PHRATRIE n.f. (gr. *phratria*). **1.** ANTIQ. GR. Groupement de familles, subdivision de la tribu remplissant des fonctions religieuses et civiles. **2.** ANTHROP. Ensemble de plusieurs clans ou tribus.

PHRÉATIQUE adj. (du gr. *phrear, -atos,* puits). GÉOL. Se dit d'une nappe aquifère, imprégnant les roches, formée par l'infiltration des eaux de pluie et alimentant des puits ou des sources.

PHRÉNIQUE adj. (du gr. *phrên,* diaphragme). ANAT. Diaphragmatique. ◇ *Nerf phrénique,* qui commande les contractions du diaphragme.

PHRÉNOLOGIE n.f. (gr. *phrên,* pensée, et *logos,* science). Anc. Étude du caractère et des fonctions intellectuelles de l'homme d'après la conformation externe du crâne. (Fondée par F. J. Gall, elle est auj. complètement abandonnée.)

PHRYGANE n.f. (gr. *phruganon,* bois mort). Insecte doté de quatre fines ailes membraneuses et velues, dont la larve, aquatique, est appelée *porte-bois* ou *traîne-bûches,* à cause du fourreau protecteur qu'elle construit autour d'elle en agglomérant des débris de végétaux et des grains de sable. (Genre *Phryganea ;* ordre des trichoptères.)

■ PHRYGANE

larve dans son fourreau (porte-bois)

■ **PHRYGIEN.** « Des patriotes exaltés arrachent la couronne du buste de Voltaire pour lui substituer le bonnet phrygien. » Détail d'une gouache des frères Lesueur. (Musée Carnavalet, Paris.)

PHRYGIEN, ENNE adj. et n. De la Phrygie. ◆ adj.m. *Bonnet phrygien* : coiffure semblable au bonnet d'affranchi de la Rome antique et qui devint pendant la Révolution, sous le nom de *bonnet rouge,* l'emblème de la liberté, de la république.

PHTALÉINE n.f. Indicateur de pH, incolore en milieu acide ou neutre, rouge pourpre en milieu basique.

PHTALIQUE adj. *Acide phtalique* : dérivé du naphtalène utilisé dans la fabrication de colorants, de résines synthétiques.

PHTIRIASE n.f. (du gr. *phtheir,* pou). Pédiculose du pubis.

PHTISIE n.f. (gr. *phthisis,* dépérissement). Vx. Tuberculose pulmonaire.

PHTISIOLOGIE n.f. Vieilli. Partie de la pneumologie qui s'occupe de la tuberculose.

PHTISIQUE adj. et n. Vx. Atteint de phtisie.

PHYCOCYANINE n.f. (gr. *phûkos,* algue, et *kuanos,* bleu). Pigment bleu qui masque souvent la chlorophylle chez les cyanobactéries et certaines algues rouges, leur conférant une couleur bleue, glauque ou violacée.

PHYCOÉRYTHRINE n.f. (gr. *phûkos,* algue, et *eruthros,* rouge). Pigment rouge propre aux algues rouges et à certaines cyanobactéries, qui leur permet de capter les radiations lumineuses en eau profonde.

PHYCOMYCÈTE n.m. (gr. *phûkos,* algue, et *mukês,* champignon). Champignon inférieur, à mycélium non cloisonné, produisant des spores ou des cellules reproductrices sexuées mobiles, tel que les agents du mildiou. (Les phycomycètes forment une classe.)

PHYLACTÈRE n.m. (du gr. *phullatein,* protéger). **1.** Chacun des deux petits étuis renfermant un morceau de parchemin où sont inscrits des versets de la Torah et que les juifs pieux portent attachés au front et au bras gauche, lors de certaines prières. SYN. : *tefillin.* **2.** ICON. Banderole. **3.** Bulle, dans une bande dessinée.

PHYLÉTIQUE adj. Relatif à un phylum.

PHYLLADE n.m. (gr. *phullas,* feuillage). Roche schisteuse à laquelle de très fines paillettes de mica donnent un aspect soyeux.

PHYLLIE n.f. (gr. *phullon,* feuille). Insecte des régions tropicales au corps aplati imitant les feuilles des arbres. (Genre *Phyllium ;* ordre des phasmides.)

■ **PHYLLIE**

P

PHYLLOTAXIE n.f. BOT. Foliation.

PHYLLOXÉRA [filɔksera] n.m. (gr. *phullon,* feuille, et *xêros,* sec). **1.** Puceron parasite dont une espèce *(Phylloxera vastatrix)* s'attaque aux racines de la vigne. **2.** Maladie de la vigne causée par cet insecte. (Le phylloxéra fut introduit accidentellement en France avec des plants américains vers 1865 et détruisit plus de la moitié du vignoble ; celui-ci fut reconstitué par des greffes sur plants américains résistant au parasite.)

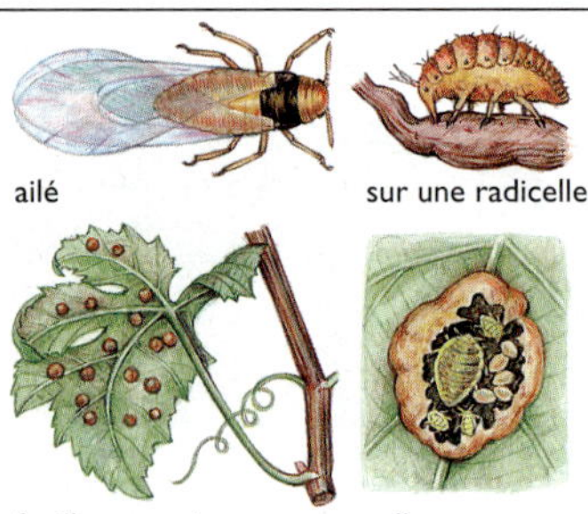

■ **PHYLLOXÉRA** et feuille de vigne parasitée.

PHYLLOXÉRIEN, ENNE ou **PHYLLOXÉRIQUE** adj. Relatif au phylloxéra.

PHYLOGENÈSE ou **PHYLOGÉNIE** n.f. (gr. *phûlon,* tribu, et *genesis,* origine). BIOL. Histoire de la formation et de l'évolution d'une espèce, d'un phylum, etc.

PHYLOGÉNÉTIQUE ou **PHYLOGÉNIQUE** adj. Relatif à la phylogenèse.

PHYLUM [filɔm] n.m. (gr. *phûlon,* tribu). BIOL. Série évolutive de formes animales ou végétales dérivant d'un même ancêtre et caractérisées par un même plan global d'organisation. (Dans la classification, le phylum correspond le plus souvent à l'embranchement.) SYN. : *lignée.*

PHYSALIE n.f. (gr. *phusalis,* vessie). Grande méduse des mers tempérées et chaudes, formée d'une vésicule flottante soutenant des polypes reproducteurs, nourriciers, et des filaments urticants longs de plusieurs mètres. (Embranchement des cnidaires ; ordre des siphonophores.)

PHYSALIS [fizalis] n.m. (mot gr.). Plante ornementale, d'origine américaine, dont le calice, après floraison, s'accroît en une sorte de cage membraneuse, orangée, entourant une grosse baie. SYN. : *alkékenge, coqueret, amour-en-cage.*

PHYSE n.f. Mollusque gastéropode pulmoné d'eau douce, à coquille senestre. (Long. 1 cm ; genre *Physa.*)

PHYSIATRE n. Québec. Médecin spécialiste de physiatrie.

PHYSIATRIE n.f. Québec. Branche de la médecine qui prévient et traite les troubles de l'appareil locomoteur.

PHYSICALISME n.m. PHILOS. Théorie qui affirme que le langage de la physique peut constituer un langage universel convenant à toutes les sciences. (Le physicalisme a été élaboré par certains représentants du cercle de Vienne, Carnap notamm.)

PHYSICIEN, ENNE n. Spécialiste de physique.

PHYSICO-CHIMIE n.f. (pl. *physico-chimies*). Branche de la chimie qui applique les lois de la physique à l'étude des systèmes chimiques.

PHYSICO-CHIMIQUE adj. (pl. *physico-chimiques*). **1.** Qui relève à la fois de la physique et de la chimie. **2.** Relatif à la physico-chimie.

PHYSICO-MATHÉMATIQUE adj. (pl. *physico-mathématiques*). Qui concerne à la fois la physique et les mathématiques.

PHYSIOCRATE n. Adepte de la physiocratie.

PHYSIOCRATIE [fizjɔkrasi] n.f. (gr. *phusis,* nature, et *kratos,* pouvoir). Au XVIIIe s., doctrine de certains économistes qui, avec Quesnay, considéraient la terre et l'agriculture comme les sources essentielles de la richesse.

PHYSIOCRATIQUE adj. Relatif à la physiocratie.

PHYSIOGNOMONIE [fizjɔgnɔmɔni] n.f. (gr. *phusis,* nature, et *gnômôn,* qui connaît). Anc. Science qui se proposait de connaître les hommes par l'étude de la conformation de leur corps, de leur visage. (Développée par Cardan et Della Porta à la Renaissance, et par Lavater au XVIIIe s., elle a parfois été employée à des fins divinatoires.)

PHYSIOLOGIE n.f. Science qui étudie le fonctionnement normal d'un organisme vivant ou de ses parties. ◇ *Physiologie pathologique :* physiopathologie.

PHYSIOLOGIQUE adj. **1.** Relatif à la physiologie. **2.** Se dit du fonctionnement normal de l'organisme humain.

PHYSIOLOGIQUEMENT adv. Du point de vue physiologique.

PHYSIOLOGISTE n. Spécialiste de physiologie.

PHYSIONOMIE n.f. (gr. *phusis,* nature, et *gnômôn,* qui connaît). **1.** Ensemble des traits du visage ayant un caractère particulier et exprimant l'humeur, le tempérament, le caractère. *Physionomie ouverte, renfrognée, chagrine.* **2.** Caractère, aspect qu'une chose possède en propre, qui la singularise. *Physionomie d'un quartier. Physionomie d'un scrutin.*

PHYSIONOMISTE adj. et n. Qui est capable de reconnaître immédiatement une personne déjà rencontrée.

PHYSIOPATHOLOGIE n.f. Étude des troubles du fonctionnement de l'organisme ou de ses parties, au cours des maladies. SYN. : *physiologie pathologique.*

PHYSIOTHÉRAPIE n.f. **1.** Traitement des affections articulaires et musculaires au moyen d'agents physiques (chaleur, froid, électricité, etc.). **2.** Québec, Suisse. Kinésithérapie.

1. PHYSIQUE n.f. (gr. *phusikê,* de *phusis,* nature). Science qui étudie les propriétés générales de la matière, de l'espace, du temps, et établit les lois qui rendent compte des phénomènes naturels. ◇ *Physique du globe :* géophysique.

ENCYCL. Ce qu'on entend aujourd'hui par « physique » a longtemps été appelé – d'Aristote à Newton – *philosophie naturelle.* La physique moderne, essentiellement expérimentale et mathématique, s'est développée grâce à l'amélioration des instruments d'observation, à l'élaboration de théories mathématiques et au rassemblement de lois disparates en un ensemble cohérent fondé sur des définitions et des principes clairement formulés.
La mécanique a joué un rôle pilote dans le développement de la physique, car c'est elle qui a pris le plus tôt un « tour » scientifique. Avec celle-ci commence donc le véritable essor des sciences physiques, au début du XVIIe s. (Kepler, Galilée, Huygens), avant que Newton ne fonde la dynamique (1687). Au XVIIIe s., de nombreux savants (Euler, d'Alembert, Lagrange) en développeront les applications, notamm. en créant la mécanique des fluides. La reconnaissance de l'existence du vide et de la pression atmosphérique intervient au cours du XVIIe s., surtout grâce à Pascal. Kepler fonde l'optique géométrique, et Huygens amorce la théorie ondulatoire de la lumière, qui se heurte à la conception corpusculaire, défendue princip. par Newton. Avec la démonstration par Galilée, au début du XVIIe s., de l'identité de nature entre les corps célestes et les corps terrestres, et la théorie de la gravitation universelle, formulée par Newton à la fin du XVIIe s., la physique est désormais universelle.
Au XIXe s., l'électricité connaît un essor remarquable, et Maxwell donne les équations de l'électromagnétisme. Une autre théorie générale voit le jour : la thermodynamique, amorcée par Lavoisier et Laplace au XVIIIe s. à travers l'étude de la chaleur, puis réellement fondée par Sadi Carnot (1824), qui élucide le premier les liens entre la chaleur et la production d'énergie mécanique. La mécanique statistique (Maxwell, Boltzmann) tente alors de rendre compte au niveau microscopique des lois de la thermodynamique en faisant intervenir la notion de probabilité.
La fin du XIXe s. voit l'élaboration de principes qui vont entraîner une révision des conceptions fondamentales de la physique. Les théories de la relativité établissent un lien entre masse et énergie, et conduisent à une conception entièrement nouvelle de la gravitation et des relations entre masse, espace et temps. Après la découverte des quanta par Planck en 1900, Einstein démontre l'existence d'un grain de lumière, le photon. De nouveau s'affrontent les deux conceptions, ondulatoire et corpusculaire, de la lumière. Cette opposition n'est surmontée que par la création de la mécanique quantique, en 1924 - 1926, avec L. de Broglie, Heisenberg, Schrödinger, affinée et complétée princip. par Dirac et Pauli.
Après la reconnaissance de l'existence des atomes se pose la question de leur structure. Un premier modèle, fondé sur les quanta, est élaboré par Bohr en 1913. La structure même du noyau ne commence à être précisée qu'à partir de 1930, avec la découverte du neutron (1930 - 1932), d'où procède la constitution de la physique nucléaire, qui, en 1939, conduit à la réalisation de la fission d'atomes très lourds. Après la Seconde Guerre mondiale prend naissance une physique encore plus fine, celle des particules élémentaires, ou physique des hautes énergies.

■ **PHYSALIS**

2. PHYSIQUE adj. **1.** Qui appartient à la nature, s'y rapporte. *Géographie physique.* **2.** Qui concerne le corps humain. *Culture, éducation physique.* **3.** Relatif à la physique. *Propriétés physiques d'un corps.* ◇ *Sciences physiques :* la physique et la chimie. **4.** *Médecine physique :* utilisation diagnostique ou thérapeutique des agents physiques (lumière, chaleur, froid, électricité, etc.).

3. PHYSIQUE n.m. **1.** Aspect extérieur, général d'une personne. ◇ *Avoir le physique de l'emploi,* un physique conforme au rôle interprété, ou, par ext., au métier exercé. **2.** Corps humain vu en partic. sous l'angle de la constitution ou de l'état de santé. *Le physique influe sur le moral.*

PHYSIQUEMENT adv. **1.** Du point de vue de la physique. *Phénomène physiquement inexplicable.* **2.** Au physique, en ce qui concerne l'aspect physique. *Elle n'est pas mal physiquement.* **3.** Du point de vue sexuel. *Ils ne s'entendent pas physiquement.*

PHYSISORPTION [fizisɔrpsjɔ̃] n.f. CHIM., PHYS. Phénomène d'adsorption dont le mécanisme est dû à des actions physiques.

PHYSOSTIGMA n.m. (gr. *phusa,* vésicule, et *stigma,* stigmate). Plante volubile de Guinée dont les graines, très toxiques, fournissent l'ésérine. (Famille des papilionacées.)

PHYTÉLÉPHAS [fitelefas] n.m. (gr. *phuton,* plante, et *elephas,* éléphant). Palmier de l'Amérique tropicale, dont une espèce produit des graines qui fournissent l'ivoire végétal. (Famille des arécacées.)

PHYTOCIDE adj. et n.m. Se dit d'un produit susceptible de tuer les végétaux.

PHYTOFLAGELLÉ n.m. BOT. Protiste flagellé contenant de la chlorophylle (euglène, chlamydomonas, par ex.).

PHYTOGÉOGRAPHIE n.f. Étude de la distribution des plantes sur la Terre.

PHYTOHORMONE n.f. Hormone végétale.

PHYTOPATHOLOGIE n.f. Étude des maladies des plantes.

PHYTOPHAGE adj. et n.m. ÉCOL. Se dit d'un animal, d'un insecte en partic., qui se nourrit de matières végétales.

PHYTOPHARMACIE n.f. Étude et préparation des produits destinés au traitement des maladies des plantes.

PHYTOPLANCTON n.m. Plancton végétal.

PHYTOSANITAIRE adj. Relatif aux soins à donner aux plantes, à leur protection contre leurs ennemis naturels.

PHYTOSOCIOLOGIE n.f. Étude des associations végétales.

PHYTOTHÉRAPEUTE n. Personne, médecin qui traite les maladies par phytothérapie.

PHYTOTHÉRAPIE n.f. Traitement des maladies par les plantes.

PHYTOTRON n.m. Laboratoire équipé pour l'étude des conditions physiques et chimiques nécessaires au développement des plantes.

PHYTOZOAIRE n.m. Invertébré aquatique pouvant présenter une ressemblance superficielle avec un végétal. (L'ancien embranchement des phytozoaires regroupait les échinodermes, les cnidaires, les spongiaires, les ectoproctes, les kamptozoaires et les ciliés.) SYN. : *zoophyte.*

PI n.m. inv. **1.** Seizième lettre de l'alphabet grec (Π, π), correspondant au *p* français. **2.** MATH. Réel transcendant, noté π, qui est le rapport constant de la circonférence d'un cercle à son diamètre, soit approximativement 3,141 6. ◆ n.m. PHYS. Pion.

PIACULAIRE adj. (lat. *piacularis,* expiatoire). *Didact.* Expiatoire.

PIAF n.m. *Fam.* Moineau.

PIAFFANT, E adj. Qui piaffe d'impatience.

PIAFFEMENT n.m. Action de piaffer.

1. PIAFFER v.i. (onomat.). **1.** En parlant du cheval, frapper la terre d'un membre antérieur. **2.** *Piaffer d'impatience :* s'agiter, trépigner sous l'effet de l'impatience.

2. PIAFFER n.m. ÉQUIT. Figure de haute école dans laquelle le cheval trotte sur place en levant alternativement deux de ses membres opposés en diagonale.

PIAILLARD, E ou **PIAILLEUR, EUSE** adj. et n. *Fam.* Qui piaille, crie sans cesse.

PIAILLEMENT n.m. Action de piailler ; bruit d'oiseaux, de personnes qui piaillent.

PIAILLER v.i. (onomat.). **1.** En parlant des oiseaux, pousser des cris aigus et répétés. **2.** *Fam.* Crier sans cesse ; criailler.

PIAILLERIE n.f. *Fam.* Criaillerie.

PIAN n.m. (mot tupi). Maladie tropicale infectieuse et contagieuse, due à un tréponème et provoquant des lésions cutanées.

1. PIANISSIMO adv. (mot ital.). MUS. Avec un très faible degré d'intensité sonore. Abrév. : *PP.*

2. PIANISSIMO n.m. (pl. *pianissimos* ou *pianissimi*). MUS. Passage joué dans la nuance pianissimo.

PIANISTE n. Instrumentiste qui joue du piano.

PIANISTIQUE adj. Relatif au piano. *Technique pianistique.*

1. PIANO n.m. (de *pianoforte*). **1.** Instrument de musique à cordes frappées par de petits marteaux et à clavier. ◇ *Piano droit,* dont les cordes et la table d'harmonie sont verticales. – *Piano à queue,* dont les cordes et la table d'harmonie sont horizontales et dont la longueur est de 2,50 m à 2,75 m. – *Piano demi-queue :* piano à queue d'une longueur de 2,10 m. (On dit aussi *un demi-queue.*) – *Piano quart-de-queue :* piano à queue d'une longueur de 1,50 m. (On dit aussi *un quart-de-queue.*) – *Piano crapaud :* petit piano à queue. (On dit aussi *un crapaud.*) – *Piano préparé,* dont le son est transformé par l'adjonction entre et sur les cordes d'objets ou de matériaux (clous, bouchons, morceaux de bois, de métal, de caoutchouc, etc.) qui modifient la résonance des cordes. – *Fam. Piano à bretelles :* accordéon. **2.** MUS. Passage joué dans la nuance piano. **3.** TECHN. Grand fourneau occupant le milieu de la cuisine, dans un restaurant, un hôtel.

■ **PIANO.** Piano demi-queue.

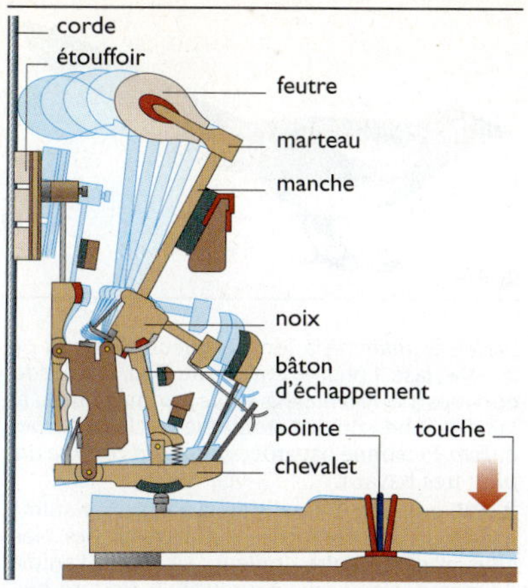

■ **PIANO.** Mécanisme de percussion d'un piano droit.

2. PIANO adv. (mot ital.). MUS. Avec un faible degré d'intensité sonore. Abrév. : *P.* ◇ *Fam. Aller, y aller piano,* doucement.

PIANO-BAR n.m. (pl. *pianos-bars*). Bar dans lequel un pianiste entretient une ambiance musicale.

PIANOFORTE [pjanofɔrte] n.m. inv. (mot ital.). Instrument à cordes frappées et à clavier, inventé au XVIIIe s., dont l'évolution a donné naissance au piano moderne.

PIANOTAGE n.m. Action de pianoter.

PIANOTER v.i. **1.** Jouer du piano maladroitement. **2.** Tapoter sur qqch avec les doigts. **3.** *Par ext.* Taper sur les touches d'un clavier de matériel informatique, de Minitel.

PIAPIATER v.i. (onomat.). *Fam.* Bavarder.

PIASSAVA n.m. (port. *piaçaba,* du tupi). Fibre extraite d'un palmier d'Amérique du Sud et utilisée en brosserie.

PIASTRE n.f. (ital. *piastra,* lame de métal). **1.** Monnaie divisionnaire de l'Égypte, du Liban et de la Syrie, valant 1/100 de livre. **2.** Québec. *Fam.* Dollar canadien. **3.** ARCHIT. Piécette.

PIAULE [pjol] n.f. *Fam.* Chambre.

PIAULEMENT n.m. Cri aigu ; piaillement.

PIAULER v.i. (onomat.). **1.** Pousser des cris aigus, en parlant des poulets, de certains oiseaux. **2.** *Fam.* Crier en pleurant, en parlant des enfants.

PIAUTE n.f. Suisse. *Fam.* Jambe.

PIAZZA [pjadza] n.f. (mot ital., *place*). Espace libre piétonnier lié à un ensemble architectural.

PIB ou **P.I.B.** [peibe] n.m. (sigle). Produit intérieur brut.

PIBALE n.f. Région. (Ouest). Civelle.

PIBLE (À) loc. adj. (de l'anc. fr. *pible,* peuplier). MAR. *Mât à pible,* d'une seule pièce.

1. PIC n.m. (lat. *picus*). Oiseau grimpeur tel que le pivert (genre *Picus*) et le pic épeiche (genre *Dendrocopos*), qui creuse l'écorce des arbres grâce à des coups de bec rapides, pour en faire sortir les larves. (Ordre des piciformes ; famille des picidés.)

2. PIC n.m. (de *1. pic*). **1.** Sorte de pioche légère, à une ou deux extrémités terminées en pointe, utilisée par les mineurs et les terrassiers. **2.** Outil de coupe des machines d'abattage mécanique.

3. PIC n.m. (anc. provenç. *pic,* sommet). **1.** Montagne isolée, dont le sommet a une forme de pointe. *Le pic du Midi de Bigorre.* **2.** *Fig.* Maximum d'intensité atteint par un phénomène. *Pic d'audience, de pollution.* **3.** MAR. Extrémité de la corne d'un gréement aurique.

4. PIC (À) loc. adv. (de *piquer*). **1.** De manière verticale. ◇ *Couler à pic,* directement au fond de l'eau. **2.** *Fam.* Au bon moment, à point nommé. *Vous arrivez à pic.*

1. PICA n.m. (mot lat., *pie*). MÉD. Tendance à ingérer des substances non comestibles, en partic. chez les enfants ou les malades mentaux.

2. PICA n.m. Unité anglo-saxonne de mesure typographique, divisée en 12 points *(point pica)* et correspondant à 4,217 mm.

PICADOR n.m. (mot esp.). Cavalier qui, dans une corrida, fatigue le taureau avec une pique.

PICAGE n.m. VÉTÉR. Comportement anormal, dû génér. à une carence alimentaire, qui conduit certains jeunes oiseaux d'élevage, notamm. les poulets, à se becqueter et à s'arracher les plumes entre eux.

PICAILLONS n.m. pl. (mot savoyard, de l'anc. provenç. *piquar,* sonner). *Fam.* Argent.

PICARD, E adj. et n. De la Picardie. ◆ n.m. Dialecte de langue d'oïl de la Picardie et de l'Artois.

PICAREL n.m. (de l'anc. provenç. *piquar,* piquer). Poisson osseux, voisin de la mendole, abondant en Méditerranée et dans les eaux marocaines et portugaises de l'Atlantique. (Long. 20 cm env. ; genre *Spicara,* famille des maenidés.)

PICARESQUE adj. (de l'esp. *pícaro,* vaurien). LITTÉR. Se dit des romans, des pièces de théâtre dont le héros est un aventurier issu du peuple et volontiers vagabond, voleur ou mendiant. (*Lazarillo de Tormes* [1554] est le premier roman picaresque.)

PICCOLO n.m. (mot ital., *petit*). Petite *flûte traversière.

PICHENETTE n.f. (provenç. *pichouneta,* petite). *Fam.* Petit coup appliqué avec le doigt replié et brusquement détendu ; chiquenaude.

PICHET n.m. (anc. fr. *pichier*). Petite cruche à anse et à bec.

PICHOLINE [-ʃo-] n.f. (provenç. *pichoulino*). Petite olive à bout pointu, que l'on consomme génér. verte, marinée, en hors-d'œuvre.

PICKLES [pikœls] n.m. pl. (mot angl.). Petits légumes, fruits confits dans du vinaigre aromatisé et utilisés comme condiment.

PICKPOCKET [pikpɔkɛt] n.m. (mot angl., de *to pick,* enlever, et *pocket,* poche). Voleur à la tire.

PICK-UP [pikœp] n.m. inv. (de l'angl. *to pick up,* recueillir). **1.** Vieilli. Dispositif qui transforme en impulsions électriques les vibrations mécaniques enregistrées sur un disque noir. – Vieilli. Électrophone. **2.** AGRIC. Organe de ramassage placé à l'avant des moissonneuses-batteuses ou des ramasseuses-presses. **3.** AUTOM. Véhicule utilitaire léger comportant un plateau non recouvert, avec ridelles.

PICO- (ital. *piccolo,* petit). Préfixe (symb. p) qui, placé devant une unité, la divise par 10^{12}.

PICOLER v.i. et v.t. (de l'ital. *piccolo,* petit). *Fam.* Boire de l'alcool.

PICORER v.t. (de *piquer,* voler). **1.** Saisir de la nourriture avec le bec, en parlant des oiseaux. **2.** Prendre çà et là des aliments ; grignoter. ◇ Absol. *Elle ne mange rien, elle picore.*

PICOT n.m. (de *pic*). **1.** Outil pour dégrader les joints de maçonnerie. **2.** Implant très dur, serti dans une pièce d'acier (par ex., les molettes des tunneliers). **3.** Petite dent au bord d'un passement, d'une dentelle, etc. **4.** Filet pour prendre les poissons plats.

■ **PIC.** Pic épeiche.

P

PICOTAGE n.m. Action de picoter.

PICOTE n.f. Vx. Variole.

PICOTÉ, E adj. Marqué d'un grand nombre de petits points.

PICOTEMENT n.m. Sensation de piqûre légère et répétée.

PICOTER v.t. (de *piquer*). **1.** Causer un, des picotements. *La fumée picote les yeux.* **2.** Piquer avec le bec ; becqueter. *L'oiseau picote les fruits.*

PICOTIN n.m. (de *picoter*). Anc. Mesure d'avoine pour un cheval (à Paris, 2,50 l).

PICOULET n.m. Suisse. Ronde du folklore romand.

PICPOUL n.m. Cépage blanc cultivé dans le Midi et le Sud-Ouest.

PICRATE n.m. (gr. *pikros,* amer). **1.** Sel de l'acide picrique. **2.** *Fam.* Vin de mauvaise qualité.

PICRIQUE adj. *Acide picrique :* acide obtenu par l'action de l'acide nitrique sur le phénol, utilisé dans la fabrication de la mélinite.

PICRIS [pikris] n.m. ou **PICRIDE** n.f. (gr. *pikris,* laitue amère). Plante herbacée à fleurs jaunes voisine du pissenlit, commune dans les prés et les chemins. (Genre *Picris ;* famille des composées.)

PICROCHOLINE [pikrɔkɔlin] adj.f. (du gr. *pikros,* amer, et *kholê,* bile). *Guerre picrocholine.* **a.** LITTÉR. Guerre opposant Picrochole à Grandgousier et à Gargantua dans *Gargantua,* roman de Rabelais. **b.** Conflit entre des institutions, des individus, aux péripéties souvent burlesques et dont le motif apparaît obscur ou insignifiant.

P

PICTOGRAMME n.m. Dessin, signe d'une écriture pictographique. – *Spécial.* Dessin schématique normalisé destiné à donner, notamm. dans les lieux publics, certaines indications simples telles que direction de la sortie, interdiction de fumer, emplacement des toilettes.

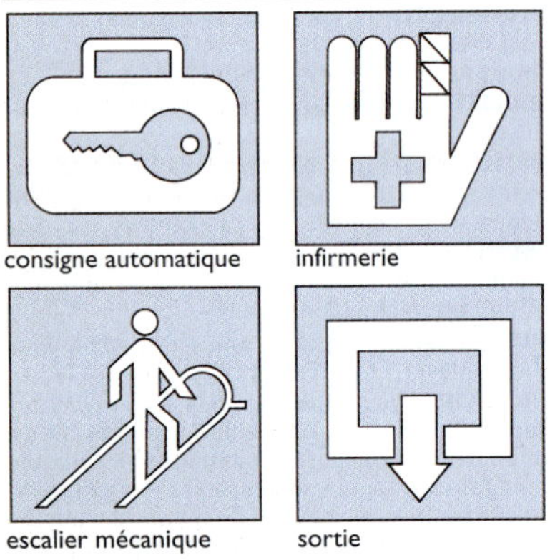

■ **PICTOGRAMMES**

PICTOGRAPHIE n.f. **1.** Écriture formée de pictogrammes. **2.** Utilisation de pictogrammes pour la communication de messages.

PICTOGRAPHIQUE adj. (du lat. *pictus,* peint). Se dit d'une écriture dans laquelle les concepts sont représentés par des scènes figurées ou par des symboles complexes.

PICTORIALISME n.m. Courant qui s'épanouit dans la pratique de la photographie, de la fin du XIXe s. aux alentours des années 1920, et qui s'efforçait de rendre l'image photographique unique, à l'égal de l'œuvre peinte.

PICTURAL, E, AUX adj. (du lat. *pictura*). De la peinture, relatif à la peinture en tant qu'art.

PIC-VERT n.m. → **PIVERT.**

PIDGIN [pidʒin] n.m. (prononciation chinoise de l'angl. *business*). **1.** Nom donné aux langues de relation nées du contact de l'anglais avec diverses langues d'Asie ou d'Océanie (*pidgin-english* ou *pidgin* avec le chinois, *pidgin mélanésien* ou *bichlamar* avec les langues mélanésiennes). **2.** *Par ext.* Langue seconde née du contact de langues européennes avec des langues d'Asie ou d'Afrique et permettant l'intercompréhension des communautés. (Un pidgin est bien plus complet qu'un sabir, mais à la différence d'un créole n'est la langue maternelle de personne.)

1. PIE n.f. (lat. *pica*). **1.** Oiseau passereau de l'hémisphère Nord tempéré, à plumage noir

■ **PIE**

bleuté et blanc et à longue queue. (Cri : la pie jacasse, jase. Long. 45 cm ; genre *Pica,* famille des corvidés.) **2.** *Fromage à la pie ;* fromage frais, au lait de vache, souvent aromatisé aux fines herbes. **3.** *Fam.* Personne bavarde. ◇ *Bavard comme une pie :* très bavard.

2. PIE adj. inv. **1.** Se dit de la robe d'un animal lorsqu'elle est composée de larges taches blanches et d'une autre couleur ; se dit de l'animal lui-même. *Une vache pie rouge.* **2.** *Voiture pie :* voiture de police à carrosserie noir et blanc.

3. PIE adj.f. (lat. *pia,* pieuse). *Litt. Œuvre pie :* œuvre pieuse.

PIÈCE n.f. (bas lat. *petia,* du gaul.). **1.** Espace habitable d'un logement délimité par des murs ou des cloisons. – Chacun de ces espaces, à l'exception de la cuisine, des sanitaires et des dégagements, dans un descriptif d'appartement. *Un appartement de trois pièces* (ou *un trois-pièces*). **2.** Morceau de métal plat, génér. façonné en disque, et servant de valeur d'échange, de monnaie. *Une pièce de un euro.* ◇ *Donner la pièce à qqn,* un pourboire. **3. a.** Ouvrage dramatique. *Une pièce en trois actes.* ◇ *Litt. Faire pièce à qqn,* le contrecarrer, le mettre en échec. **b.** Composition littéraire, musicale. *Une pièce de vers. Une pièce pour hautbois.* **c.** Œuvre, spécial. en matière d'arts appliqués, de sculpture ou d'art contemporain. **4.** Document écrit servant à apporter une information, à établir un fait, etc. *Les pièces d'un dossier. Pièces justificatives.* ◇ *Pièce à conviction,* destinée à servir d'élément de preuve dans un litige, un procès-verbal, etc. – *Juger sur pièces, avec pièces à l'appui :* juger directement la chose considérée, au lieu de s'en rapporter à autrui. **5.** HÉRALD. Meuble. ◇ *Pièce honorable :* pièce occupant une surface égale au tiers de celle de l'écu. **6.** Partie constitutive d'un tout ; morceau, fragment. *La pièce de résistance d'un repas.* – Élément d'un ensemble, d'une collection. *Les pièces d'un service de table.* ◇ *Un vêtement une, deux, trois pièce(s),* composé de un ou plusieurs éléments. **7.** Partie constitutive d'un ensemble mécanique. *Les pièces d'un moteur.* ◇ *Pièce détachée, de rechange,* que l'on peut acquérir isolément pour remplacer un élément usagé, détérioré. **8.** Figure ou pion du jeu d'échecs. **9.** MÉD. *Pièce anatomique :* partie d'un cadavre disséquée et préparée pour l'étude, l'observation. **10.** *De toutes pièces :* sans utiliser aucun élément existant préalablement ; entièrement. *Forger une histoire de toutes pièces.* – *Fait de pièces et de morceaux :* composé de parties disparates. – *Mettre, tailler en pièces :* détruire ; mettre en déroute. – *Tout d'une pièce :* d'un seul morceau, d'un seul bloc ; *fig.,* se dit d'une personne, d'un caractère entier, sans souplesse. **11. a.** *Pièce d'artillerie :* bouche à feu, canon ; ensemble de ses servants. – *Pièce de bétail :* tête de bétail. – *Pièce de drap, de coton, etc. :* rouleau de drap, de coton, etc. – *Pièce d'eau :* bassin, petit étang dans un jardin, un parc. – *Pièce de terre :* champ. – *Pièce de vin :* tonneau de vin. **b.** Morceau de tissu pour le raccommodage d'un vêtement. *Mettre une pièce à un pantalon.* **c.** CHIRURG. Recomm. off. pour *patch.* **d.** *Une belle pièce :* une grosse prise faite par un chasseur, un pêcheur. – *Une pièce de collection, de musée :* une œuvre, un objet de grande qualité, digne de figurer dans un musée. **e.** Suisse. Gâteau. *Petite pièce, pièce sèche.* ◇ *Pièce montée :* grande pâtisserie architecturée, d'effet décoratif, souvent formée de petits choux disposés en pyramide. **f.** *À la pièce, aux pièces :* en proportion du travail réalisé. *Être payé aux pièces.* – *Fam. On n'est pas aux pièces :* on a tout le temps, on n'est pas pressé. – *Cent euros pièce, la pièce,* l'unité. – *Pièce à pièce :* un objet après l'autre. *Acquérir du mobilier pièce à pièce.*

PIÉCETTE n.f. **1.** Petite pièce de monnaie. **2.** ARCHIT., ARTS APPL. Petit disque vu de trois quarts dont la répétition en chapelet constitue un ornement courant. (Il peut aussi être de profil, associé à des perles ou à des olives.) SYN. : *piastre, pirouette.*

PIED n.m. (lat. *pes, pedis*). **I.** *Partie du corps.* **1.** Partie terminale du membre inférieur, articulée avec la jambe, permettant l'appui au sol dans la station debout et la marche. ◇ *À pied :* en marchant ; sans être transporté par un véhicule ou une monture. – *Fam. Ça lui fera les pieds :* ça lui servira de leçon ; ça lui apprendra. – *Faire du pied à qqn,* lui toucher le pied avec le sien pour attirer son attention, en signe de connivence ou dans une intention galante. – *Faire des pieds et des mains :* se démener. – Belgique. *Jouer avec les pieds de qqn,* se moquer de lui, l'abuser. – *Lever le pied :* en parlant d'un automobiliste, atténuer la pression sur la pédale d'accélérateur ; ralentir ; *fig.,* s'en aller subrepticement ; déguerpir. – *Fam. Mettre les pieds quelque part,* y aller, y passer. – *Mettre à pied un salarié,* suspendre son activité pendant un certain temps, sans salaire (par mesure disciplinaire, notamm.). – *Le pied d'un lit,* l'extrémité où se trouvent les pieds du dormeur (par oppos. à *chevet*). – DANSE. *Pied dans la main :* mouvement acrobatique exécuté en équilibre sur une jambe tendue, consistant à déplier, à tendre et à lever l'autre jambe, dont on tient le pied dans la main. – *Pied plat :* déformation du pied par affaiblissement de la voûte plantaire, donnant un appui au sol trop large. **2.** *Avoir pied :* trouver dans l'eau le sol ferme sous ses pieds de telle sorte que la tête reste au-dessus de la surface. – *Être sur pied :* être debout, rétabli après une maladie. – *Mettre qqch sur pied,* l'organiser, le mettre en état de fonctionner. – *Perdre pied :* perdre son appui sur le fond ; *fig.,* perdre contenance ou ne plus pouvoir suivre ce qui se dit, se fait. – *Prendre pied :* s'établir solidement, fermement. – *Portrait en pied,* représentant la totalité du corps d'une personne debout. **3.** *Pied à pied :* pas à pas ; *fig.,* graduellement, insensiblement. – *De pied ferme :* sans reculer ; *fig.,* avec la ferme résolution de ne pas céder. **4.** Partie terminale de la patte des mammifères et des oiseaux. **5.** Organe musculeux des mollusques lamellibranches et gastéropodes, qui leur sert au déplacement. SYN. : *sole pédieuse.* **II.** *Sens spécialisés.* **1.** Partie inférieure d'une chose élevée. *Le pied d'un mur.* ◇ *Mettre qqn au pied du mur,* le mettre en demeure de prendre parti, de répondre. **2.** GÉOMÉTR. *Pied d'une perpendiculaire :* point d'intersection d'une perpendiculaire à une droite ou à un plan avec cette droite ou ce plan. **3.** Partie d'un objet (meuble, ustensile, etc.) servant de support. – Ce qui sert d'assise. ◇ *Donner du pied à une échelle,* l'éloigner de son appui par en bas pour qu'elle soit plus stable. **4.** BOT. Partie du tronc ou de la tige d'un végétal qui est le plus près du sol. **5.** Arbre, plante, en tant qu'unité. *Un pied de vigne.* ◇ *Sur pied :* avant que la récolte ne soit effectuée. *Vendre des oranges sur pied.* **6. a.** Anc. Mesure de longueur qui valait 0,324 8 m. **b.** (Calque de l'angl. *foot*). Unité de longueur valant 12 pouces, soit 30,48 cm, encore en usage dans certains pays anglo-saxons. ◇ *Sur un, sur le pied de :* en prenant pour mesure, pour base ; sur un plan de. *Discuter sur un pied d'égalité.* – *Sur un grand pied :* avec un grand train de vie. – *Au petit pied :* en petit, en raccourci ; sans grandeur. *Un tyran au petit pied.* – *Sur le pied de guerre :* se dit d'une armée telle qu'elle est organisée en temps de guerre ; *fig.,* prêt à agir. **7.** *Pied à coulisse :* instrument de précision pour la mesure des épaisseurs et des diamètres. **8.** *Fam. Prendre son pied :* éprouver un vif plaisir (sexuel, notamm.). – *Fam. C'est le pied ! :* c'est très agréable ; c'est parfaitement réussi. **9.** Groupe de syllabes constituant la mesure élémentaire du vers, dans la métrique grecque et latine.

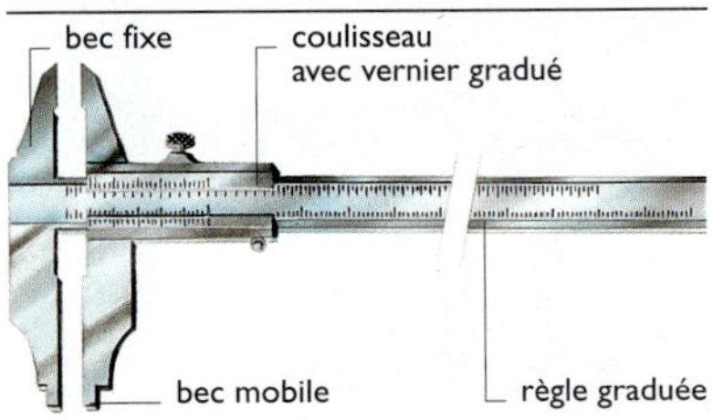

■ **PIED.** Pied à coulisse.

PIED-À-TERRE [pjetatɛr] n.m. inv. Logement que l'on n'occupe qu'occasionnellement, pour de courts séjours.

PIED-D'ALOUETTE n.m. (pl. *pieds-d'alouette*). BOT. Delphinium.

PIED-DE-BICHE n.m. (pl. *pieds-de-biche*). **1.** Levier métallique à tête aplatie et fendue, servant à l'arrachage des clous. **2.** Pièce d'une machine à coudre qui maintient et guide l'étoffe, et entre les branches de laquelle passe l'aiguille. **3.** Pied galbé d'un meuble de style Louis XV, se terminant par un sabot fourchu.

PIED-DE-CHEVAL n.m. (pl. *pieds-de-cheval*). Nom usuel des exemplaires de grande taille de l'huître commune comestible *Ostrea edulis.*

PIED-DE-LION n.m. (pl. *pieds-de-lion*). BOT. Edelweiss.

PIED-DE-LOUP n.m. (pl. *pieds-de-loup*). BOT. Lycopode.

PIED-DE-MOUTON n.m. (pl. *pieds-de-mouton*). MYCOL. Hydne.

PIED-DE-POULE adj. inv. et n.m. (pl. *pieds-de-poule*). Se dit d'un tissu dont les fils de chaîne et de trame, de couleurs différentes, sont croisés de manière à former un dessin évoquant l'empreinte d'une patte de poule.

PIED-DE-ROI n.m. (pl. *pieds-de-roi*). Québec. Règle pliante de menuisier.

PIED-DE-VEAU n.m. (pl. *pieds-de-veau*). BOT. Arum.

PIED-D'OISEAU n.m. (pl. *pieds-d'oiseau*). Petite plante herbacée des terrains sablonneux, à fleurs roses ou blanches. (Genre *Ornithopus ;* famille des papilionacées.)

PIED-DROIT n.m. → **PIÉDROIT.**

PIÉDESTAL n.m. [pl. *piédestaux*] (ital. *piedestallo*). Socle d'une colonne, d'une statue, d'un vase décoratif, composé d'une base, d'un dé et d'une corniche. ◇ ***Mettre qqn sur un piédestal,*** lui témoigner une vive admiration ; le considérer comme supérieur aux autres, l'idéaliser. – ***Descendre, tomber de son piédestal :*** perdre tout son prestige.

PIEDMONT n.m. → **PIÉMONT.**

PIED-NOIR n. (pl. *pieds-noirs*). *Fam.* Français d'origine européenne installé en Afrique du Nord, et plus partic. en Algérie, jusqu'à l'indépendance de ce pays. ◆ adj. Relatif aux pieds-noirs. – REM. L'accord de l'adj. au fém., bien que rare, est attesté *(la foule pied-noire).*

PIÉDOUCHE n.m. (ital. *pieduccio,* petit pied). Petit piédestal pour buste ou statuette, le plus souvent de section circulaire.

PIED-PLAT n.m. (pl. *pieds-plats*). Vx. Personne grossière ou servile.

PIÉDROIT ou **PIED-DROIT** n.m. (pl. *piédroits, pieds-droits*). **1.** Chacune des parties latérales verticales qui supportent la naissance d'un arc. **2.** Chacun des montants latéraux d'une baie, d'un manteau de cheminée. SYN. : *jambage.*

PIÈGE n.m. (lat. *pedica,* de *pes, pedis,* pied). **1.** Engin, dispositif pour attirer et prendre des animaux. **2.** *Fig.* Moyen détourné dont on se sert contre une personne pour la tromper, la mettre dans une situation difficile. *Tomber dans un piège.* – Difficulté cachée. *Dictée pleine de pièges.*

PIÉGEAGE n.m. Action de piéger.

PIÉGER v.t. [15]. **1.** Chasser au moyen de pièges. **2.** *Fig.* Prendre au piège, faire tomber dans un piège. **3.** ***Piéger un lieu, un véhicule, etc.,*** y disposer un engin, une charge qui explose par contact. **4.** Parvenir à retenir, à fixer un phénomène physique. *Piéger de l'énergie, des particules.*

PIÉGEUR, EUSE n. Personne qui chasse au moyen de pièges.

PIE-GRIÈCHE [pigrijɛʃ] n.f. [pl. *pies-grièches*] (de *pie* et anc. fr. *griesche,* grecque). Passereau des bois et des haies de l'Europe, de l'Asie occidentale et de l'Afrique, à bec crochu, dont une espèce empale ses proies (insectes et lézards) sur les épines des arbustes. (Genre *Lanius ;* famille des laniidés.)

PIE-MÈRE n.f. [pl. *pies-mères*] (lat. *pia mater,* pieuse mère, parce qu'elle entoure le cerveau). HISTOL. La plus profonde des méninges, en contact avec le système nerveux.

PIÉMONT ou **PIEDMONT** n.m. (de *pied* et de *mont*). GÉOMORPH. Plaine alluviale glaciaire, étalée en un glacis continu, de pente faible, au pied d'un massif montagneux.

PIÉMONTAIS, E adj. et n. Du Piémont.

PIERCING [pirsiŋ] n.m. (mot angl.). Pratique consistant à percer la peau du corps ou certains organes, pour y fixer un bijou ; ce bijou. (On dit aussi *perçage.*)

PIÉRIDE n.f. (gr. *Pieris,* Muse). Papillon à ailes blanches ou jaunâtres plus ou moins tachetées selon l'espèce, et dont la chenille, verte ou jaune, se nourrit des feuilles du chou, de la rave, du navet, etc. (Famille des piéridés.)

PIERRAILLE n.f. Amas de petites pierres ; étendue parsemée de pierres.

PIERRE n.f. (lat. *petra*). **1.** Matière minérale dure et solide, élément essentiel de l'écorce terrestre, que l'on trouve à l'état naturel agglomérée en blocs ou en masses de taille inégale. (Désigne abusivement ce qu'en géologie on dénomme *roche.*) ◇ ***Pierre à chaux :*** carbonate de calcium naturel. – ***Pierre à plâtre :*** gypse. – Anc. ***Pierre à fusil :*** silex blond très dur qui donne des étincelles provoquées par le frottement sur l'acier. – Vieilli. ***Âge de la pierre taillée, de la pierre polie :*** paléolithique, néolithique. – ***Un cœur de pierre :*** une personne dure, insensible. **2.** Morceau, fragment de cette matière, façonné ou non. ◇ ***Jeter la pierre à qqn,*** l'accuser, le blâmer. – ***Pierre à briquet :*** morceau de ferrocérium dont le frottement sur une molette produit des étincelles. **3.** Morceau de cette matière utilisé pour bâtir, paver, etc. ◇ ***Pierre de taille :*** bloc de roche taillé et destiné à être utilisé sans enduit extérieur dans une construction. – ***En pierres sèches :*** en moellons posés les uns sur les autres, sans mortier ni liant. – *Litt.* ***Ne pas laisser pierre sur pierre d'une construction,*** la démolir, la détruire complètement. – ***Pierre levée :*** menhir. – ISL. ***Pierre noire :*** pierre sacrée conservée dans la Kaba. – ***La pierre :*** les constructions, l'immobilier. *Investir dans la pierre.* **4.** Fragment d'un minéral recherché pour sa couleur, son éclat, sa pureté et employé en joaillerie, en bijouterie, en ornementation. (Les variétés transparentes sont les gemmes.) ◇ ***Pierre dure :*** nom donné à divers minéraux (allant des *pierres fines* à certains marbres) susceptibles d'un beau poli, avec lesquels on sculpte des objets d'art et on réalise des ouvrages d'incrustation ou de mosaïque. – ***Pierre fine :*** gemme ou pierre utilisée en bijouterie (aigue-marine, améthyste, topaze, tourmaline, turquoise, etc.) ou pour la sculpture de petits objets d'art (améthyste, calcédoines, cristal de roche, lapis-lazuli et autres *pierres dures*). – ***Pierre de lune :*** adulaire. – ***Pierre précieuse :*** gemme utilisée en joaillerie (diamant, émeraude, rubis, saphir). **5.** MÉD. Vx. Calcul de la vessie, de la vésicule biliaire, etc. **6.** Chacune des petites concrétions dures qui se forment dans la pulpe de certains fruits (de la poire, notamm.).

PIERRÉ n.m. ou **PIERRÉE** n.f. CONSTR. Conduit en pierres sèches, pour l'écoulement des eaux.

PIERRERIES n.f. pl. Pierres précieuses et pierres fines utilisées en bijouterie et en joaillerie.

PIERREUX, EUSE adj. **1.** Couvert de pierres. *Un chemin pierreux.* **2.** De la nature de la pierre ; qui rappelle la pierre. *Une concrétion pierreuse.*

PIERRIER n.m. **1.** Lieu où le sol est couvert de pierres. **2.** AGRIC. Puits plein de pierres, destiné à recevoir les eaux d'infiltration. **3.** Anc. Machine de guerre, bouche à feu lançant des pierres, des boulets.

PIERROT n.m. (dimin. de *Pierre*). **1.** Homme déguisé en Pierrot, personnage de la comédie italienne. **2.** *Fam.* Moineau.

PIETÀ [pjeta] n.f. inv. (mot ital.). Tableau, sculpture représentant une Vierge de *pitié.

PIÉTAILLE n.f. (lat. pop. *peditalia,* de *pes, pedis,* pied). *La piétaille.* **a.** Vx. L'infanterie. – *Par plais.* Les piétons. **b.** *Péjor.* Les petits, les subalternes.

PIÉTÉ n.f. (lat. *pietas*). **1.** Dévotion, attachement respectueux et fervent à Dieu et à la religion. **2.** Affection, attachement tendre. *Piété filiale.*

PIÉTEMENT ou **PIÈTEMENT** n.m. TECHN. Ensemble des pieds d'un meuble, d'un siège et des traverses qui les relient.

PIÉTER v.i. [11] (de *pied*). CHASSE. Avancer en courant, en parlant d'un oiseau.

PIÉTIN n.m. **1.** Maladie du pied du mouton. **2.** Maladie cryptogamique des céréales, qui, selon l'espèce de champignon qui en est la cause, provoque une cassure de la tige *(piétin verse)* ou la stérilité de l'épi *(piétin échaudage).*

P

■ LES PIERRES PRÉCIEUSES

Les quatre minéraux considérés comme des pierres précieuses sont le diamant, l'émeraude, le saphir et le rubis. Le premier est une des formes allotropiques du carbone ; le second, de la famille des silicates, est un type de béryl ; les deux derniers sont des variétés de corindon.

Diamant. Diamant brut dans sa gangue de kimberlite (Afrique du Sud).

Émeraude. Émeraude brute dans sa gangue de quartz et de pyrite (Colombie).

Saphir. Saphirs roulés et arrondis provenant d'un gisement alluvionnaire.

Rubis. Rubis aux formes émoussées extraits de sables alluviaux.

PIÉTINANT, E adj. Qui piétine.

PIÉTINEMENT n.m. Action de piétiner.

PIÉTINER v.i. **1.** S'agiter en remuant vivement les pieds ; trépigner. *Piétiner d'impatience.* **2.** Effectuer les mouvements de la marche en avançant très peu ou pas du tout. *Le convoi piétinait.* **3.** *Fig.* Ne faire aucun progrès, ne pas avancer. *Cette affaire piétine.* ◆ v.t. **1.** Frapper avec les pieds, fouler aux pieds de manière vive et répétée. *Piétiner le sol.* **2.** Ne pas respecter ; malmener, s'acharner contre. *Piétiner la loi.*

PIÉTISME n.m. Mouvement religieux né au XVIIe s. dans l'Église luthérienne allemande, mettant l'accent sur l'expérience religieuse individuelle.

PIÉTISTE adj. et n. (mot all., du lat. *pietas,* piété). Qui concerne le piétisme ; qui le pratique.

1. PIÉTON, ONNE n. Personne qui circule à pied.

2. PIÉTON, ONNE ou **PIÉTONNIER, ÈRE** adj. Réservé aux piétons ; relatif aux piétons.

PIÉTONNIER n.m. Belgique. Zone réservée aux piétons.

PIÉTRAIN n.m. et adj.m. (n. d'une commune de Belgique). Porc d'une race à robe blanche tachée de noir, d'origine belge, réputée pour son aptitude à fournir des carcasses maigres très bien conformées.

PIÈTRE adj. (lat. *pedester, -tris,* qui va à pied). *Sout.* Qui est de peu de valeur ; très médiocre.

P

PIÈTREMENT adv. *Sout.* Médiocrement.

1. PIEU n.m. [pl. *pieux*] (lat. *palus*). Pièce longue, cylindrique ou prismatique, en bois, en métal ou en béton armé, que l'on enfonce ou que l'on confectionne dans le sol.

2. PIEU n.m. [pl. *pieux*] (p.-ê. var. picarde de *peau*). *Fam.* Lit.

PIEUSEMENT adv. De façon pieuse.

PIEUTER (SE) v.pr. *Fam.* Se mettre au lit.

PIEUVRE n.f. (lat. *polypus*). **1.** Mollusque céphalopode portant huit bras munis de ventouses (tentacules), vivant dans les creux de rochers près des côtes et se nourrissant de crustacés, de mollusques. (Ordre des octopodes ; genre principal *Octopus.*) SYN. : *poulpe.* **2.** *Litt.* Personne avide, insatiable, qui ne lâche pas sa proie.

■ PIEUVRE

PIEUX, EUSE adj. (lat. *pius*). Qui a de la piété ; qui manifeste de la piété.

PIÈZE n.f. (du gr. *piezein,* presser). Anc. Unité m.t.s. de pression (1 pièze = 10^3 pascals).

PIÉZO-ÉLECTRICITÉ n.f. [pl. *piézo-électricités*] (du gr. *piezein,* presser). PHYS. Apparition de charges électriques à la surface de certains cristaux soumis à une contrainte (effet direct) ; variation des dimensions de ces cristaux quand on leur applique une tension électrique (effet inverse).

PIÉZO-ÉLECTRIQUE adj. (pl. *piézo-électriques*). Relatif à la piézo-électricité.

PIÉZOGRAPHE n.m. PHYS. Appareil de mesure piézo-électrique des pressions ou des forces vibratoires.

PIÉZOMÈTRE n.m. **1.** Instrument pour mesurer la compressibilité des liquides. **2.** HYDROL. Appareil pour mesurer le niveau piézométrique.

PIÉZOMÉTRIQUE adj. *Surface, niveau piézométriques :* surface, niveau supérieurs de l'eau d'une nappe aquifère.

1. PIF interj. (onomat.). [Souvent répété ou suivi de *paf.*] Exprime un bruit sec, un claquement, une détonation. *Pif ! paf ! Ça a claqué.*

2. PIF n.m. *Fam.* Nez. ◇ *Fam. Au pif :* au pifomètre.

PIFER ou **PIFFER** v.t. *Fam.* (Surtout en tournure négative.) Supporter. *Il ne peut pas le pifer.*

PIFOMÈTRE n.m. *Fam.* Intuition, flair. ◇ *Fam. Au pifomètre :* à vue de nez, au hasard, en suivant son intuition.

1. PIGE n.f. (de *piger,* mesurer). **1.** Longueur arbitraire prise comme référence ; objet matériel (baguette, règle, etc.) de longueur arbitraire servant d'instrument de mesure par comparaison. **2.** Article écrit par un journaliste, un rédacteur et payé au nombre de lignes ; mode de rémunération du travail ainsi réalisé. *Travailler à la pige.*

2. PIGE n.f. *Fam. Faire la pige à qqn,* faire mieux que lui, le surpasser.

3. PIGE n.f. *Fam.* Année (surtout, année d'âge). *Il a 35 piges.*

PIGEON n.m. (lat. *pipio,* pigeonneau). **1.** Oiseau granivore, au bec court et droit, aux ailes courtes et au vol rapide, de mœurs sociales et parfois migratrices, représenté en Europe par le *pigeon biset,* le *pigeon ramier* (ou palombe) et le *pigeon colombin.* (Cri : le pigeon roucoule. Genre *Columba ;* famille des columbidés.) ◇ *Pigeon voyageur,* qui revient à son nid quel que soit le lieu où on le lâche, très utilisé autref. pour la transmission des messages. – *Pigeon migrateur :* espèce nord-américaine *(Ectopistes migratorius)* qui se déplaçait par dizaines de millions d'individus et qui fut exterminée à la fin du XIXe s. – *Pigeon couronné :* goura. **2.** *Pigeon vole :* jeu d'enfant qui consiste à répondre rapidement à la question : tel être, tel objet vole-t-il ? **3.** *Fam.* Homme naïf, facile à duper, à plumer. **4.** *Pigeon d'argile :* disque d'argile servant de cible au ball-trap et au skeet. SYN. : *plateau d'argile.* **5.** CONSTR. Poignée de plâtre gâché. **6.** PÊCHE. Chacune des demi-mailles par lesquelles on commence les filets.

■ PIGEONS

PIGEONNANT, E adj. Se dit d'un soutien-gorge qui maintient la poitrine haute et ronde ; se dit de la poitrine ainsi maintenue.

PIGEONNE n.f. Femelle du pigeon.

PIGEONNEAU n.m. Jeune pigeon.

PIGEONNER v.t. *Fam.* Tromper, duper.

PIGEONNIER n.m. Petit bâtiment aménagé pour l'élevage des pigeons domestiques.

1. PIGER v.t. [10] (du lat. pop. *pedicus,* qui prend au piège). **1.** *Fam.* Comprendre, saisir. *Ne rien piger.* **2.** Québec. Prendre au hasard, tirer au sort. *Piger un numéro.*

2. PIGER v.t. [10] (lat. pop. *pinsiare,* écraser). Mesurer avec une pige.

PIGISTE n. Journaliste, rédacteur, etc., payé à la pige.

PIGMENT n.m. (lat. *pigmentum*). **1.** Substance naturelle colorée produite par les organismes animaux ou végétaux. **2.** Substance insoluble dans l'eau et dans la plupart des milieux de suspension usuels, douée d'un pouvoir colorant et opacifiant élevé, destinée à donner une coloration superficielle au support sur lequel on l'applique.

PIGMENTAIRE adj. Relatif à un pigment.

PIGMENTATION n.f. **1.** Formation, accumulation de pigments dans les tissus vivants, en partic. dans la peau. **2.** Coloration par un pigment.

PIGMENTER v.t. Colorer avec un pigment.

PIGNADE ou **PIGNADA** n.f. (occitan *pinada*). Région. (Sud-Ouest). Lieu planté de pins maritimes.

PIGNE n.f. Région. Pomme de pin.

PIGNOCHER v.i. (moyen fr. *espinocher,* s'occuper à des bagatelles). Vieilli. Manger sans appétit, par petits morceaux.

1. PIGNON n.m. (lat. *pinna,* créneau). Partie supérieure, génér. triangulaire, d'un mur de bâtiment, parallèle aux fermes et portant les versants du toit. ◇ *Avoir pignon sur rue :* avoir une situation bien établie. – *Mur pignon,* portant un pignon (par oppos. à *mur gouttereau*).

2. PIGNON n.m. (de *peigne*). La plus petite des roues dentées d'un engrenage cylindrique ou conique. (La plus grande se nomme *roue.*) ◇ *Pignon de renvoi,* servant à communiquer le mouvement entre deux parties d'un mécanisme éloignées l'une de l'autre. – Roue dentée située sur l'axe de la roue arrière d'une bicyclette (par oppos. au *plateau*).

3. PIGNON n.m. (anc. provenç. *pinhon,* cône de pin). **1.** Pin d'une espèce méditerranéenne à graine comestible, dit aussi *pin parasol ;* graine de ce pin. **2.** ZOOL. Donax.

PIGNORATIF, IVE adj. (du lat. *pignus, -oris,* gage). DR. Relatif au gage.

PIGNOUF n.m. *Fam.* **1.** Individu mal élevé, se conduisant avec mesquinerie ou sans-gêne. **2.** Belgique, Suisse. Sot, importun, lourdaud.

PIGOUILLER v.t. Acadie. **1.** Tisonner. *Pigouiller le feu.* **2.** Taquiner, harceler.

PILAF ou **PILAW** [pilav] n.m. (turc *pilav*). Riz d'abord revenu dans une matière grasse et cuit ensuite à l'eau bouillante. (On dit aussi *riz pilaf.*)

PILAGE n.m. Action de piler.

PILAIRE adj. (du lat. *pilus,* poil). Relatif aux poils.

PILASTRE n.m. (ital. *pilastro*). **1.** ARCHIT. Membre vertical formé par une faible saillie rectangulaire d'un mur, génér. muni d'une base et d'un chapiteau similaires à ceux de la colonne. (→ *dosseret*). **2.** Montant à jour placé entre les travées d'une grille pour la renforcer.

PILAW n.m. → **PILAF.**

PILCHARD [-ʃar] n.m. (mot angl.). Sardine. – *Spécial.* Sardine de grande taille (20 cm et plus).

1. PILE n.f. (lat. *pila,* colonne). Côté d'une pièce de monnaie opposé à la face et portant génér. l'indication de la valeur de la pièce. ◇ *Pile ou face :* jeu de hasard qui consiste à parier sur le côté que présentera, en retombant au sol, une pièce de monnaie jetée en l'air.

2. PILE n.f. (lat. *pila,* colonne). **1.** Amas, tas d'objets placés les uns sur les autres. *Une pile de bois. Une pile de livres.* **2.** *Pile électrique,* ou *pile :* appareil qui transforme directement l'énergie développée dans une réaction chimique en énergie électrique. – *Pile à combustible :* appareil qui transforme directement en énergie électrique l'énergie chimique d'un couple combustible-comburant, stocké à l'extérieur de l'appareil. – *Pile solaire :* photopile. – Vieilli. *Pile atomique :* réacteur nucléaire. **3.** Pilier massif. – Massif de maçonnerie soutenant les arches d'un pont, les retombées de deux voûtes successives.

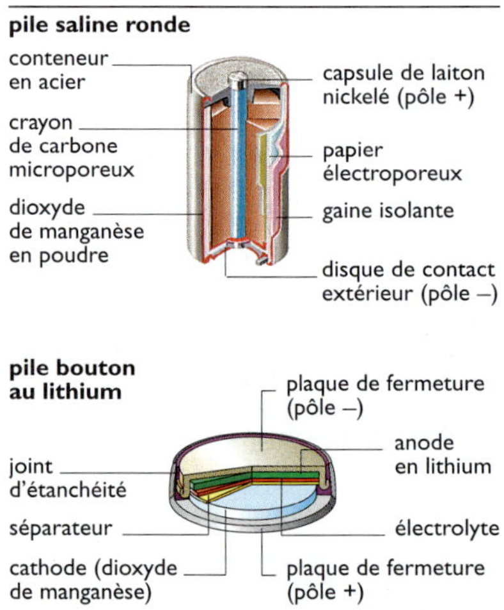

■ PILES électriques.

3. PILE n.f. (lat. *pila,* mortier). Bac utilisé pour le raffinage de la pâte à papier.

4. PILE n.f. *Fam.* Volée de coups ; défaite écrasante. *Flanquer la pile à qqn.*

5. PILE adv. (de *1. pile*). *Fam.* Très exactement, de façon précise. *À 9 heures pile, je pars.* ◇ *S'arrêter pile,* brusquement. – *Fam. Tomber pile :* arriver, survenir au bon moment. – *Fam. Tomber pile sur qqch :* trouver exactement ce que l'on cherchait.

PILE-POIL adv. (de *5. pile* et *au poil*). *Fam.* Précisément, exactement. *Arriver pile-poil à un rendez-vous.*

1. PILER v.t. (lat. *pilare,* enfoncer). **1.** Broyer, réduire en poudre ou en très petits morceaux. *Piler des amandes.* **2.** *Fam.* Infliger une défaite écrasante à qqn ; battre.

2. PILER v.i. (de *5. pile*). *Fam.* Freiner brutalement.

PILET n.m. Canard sauvage des marécages et des estuaires de l'Eurasie et de l'Amérique du Nord, à longue queue pointue, et qui hiverne en Afrique. (Long. 60 cm ; nom sc. *Anas acuta,* famille des anatidés.)

PILEUX, EUSE adj. (lat. *pilosus*). Relatif aux poils ; qui contient des poils, qui en est couvert. *Système pileux peu fourni.*

PILIER n.m. (de *2. pile*). **1.** ARCHIT. Tout support vertical autre que la colonne. (Dans l'architecture ancienne, il peut être carré, fait de colonnes engagées dans un noyau, fasciculé, etc.) – MIN. Volume de minerai abandonné, temporairement ou définitivement, pour soutenir le toit d'une exploitation souterraine. **2.** *Fig.* Personne, chose qui sert de support, de base à qqch, qui en assure la stabilité. **3.** Au rugby, chacun des deux avants de première ligne, qui encadrent le talonneur dans la mêlée. **4.** *Fam. Pilier de :* personne qui passe beaucoup de temps dans un lieu, qui n'en bouge guère. *Pilier de bar.* **5.** Suisse. *Pilier public :* emplacement réservé, dans chaque commune, à l'affichage des informations officielles.

PILIFÈRE adj. BOT. Qui porte des poils.

PILI-PILI n.m. inv. Afrique. Piment rouge à goût très fort produit par un arbuste des régions chaudes *(Capsicum frutescens)* ; condiment fabriqué avec ce piment.

PILIPINO n.m. LING. Tagal.

PILLAGE n.m. Action de piller ; ensemble des dégâts qui en résultent.

PILLARD, E adj. et n. Qui pille.

PILLER v.t. (du lat. *pilleum,* chiffon). **1.** Dépouiller un lieu des biens, des richesses qui s'y trouvent, en usant de violence, en causant des destructions. *Piller une ville.* **2.** Voler par des détournements frauduleux. *Piller les caisses de l'État.* **3.** Plagier une œuvre, un auteur.

PILLEUR, EUSE n. Personne qui vole, qui pille.

PILLOW-LAVA [pilolava] n.f. [pl. *pillow-lavas*] (angl. *pillow,* coussin, et *lava,* lave). GÉOL. Lave basaltique de forme ellipsoïdale (grand axe d'env. 1 m), à surface vitreuse, résultant de l'émission de lave en fusion dans la mer. (On dit aussi *lave en coussins.*)

PILOCARPE n.m. (gr. *pilos,* feutre, et *karpos,* fruit). Jaborandi.

PILOCARPINE n.f. PHARM. Alcaloïde extrait du jaborandi, utilisé en collyre dans le traitement du glaucome.

PILON n.m. (de *1. piler*). **1. a.** Instrument pour broyer, malaxer et fouler à la main une substance dans un mortier. **b.** Lourde masse mue mécaniquement, destinée à un usage analogue. *Pilon à papier.* ◇ ***Mettre un livre au pilon,*** en détruire l'édition, ou les exemplaires invendus ; pilonner. **c.** Réunion. Mortier en pierre. **2.** Partie inférieure d'une cuisse de volaille. **3.** *Fam.* Jambe de bois.

PILONNAGE n.m. Action de pilonner.

PILONNER v.t. **1.** Écraser, broyer au pilon. – Mettre un livre au pilon. **2.** Soumettre à un bombardement intensif. *Pilonner une position.*

PILORI n.m. (lat. *pila,* pilier). Poteau ou pilier où étaient exposés des criminels, notamm. dans la France d'Ancien Régime. ◇ ***Mettre, clouer qqn au pilori,*** le signaler à l'indignation publique, le désigner comme coupable.

PILO-SÉBACÉ, E adj. (pl. *pilo-sébacés, es*). HISTOL. Relatif au poil et à la glande sébacée qui lui est annexée.

PILOSITÉ n.f. (du lat. *pilus,* poil). **1.** ANAT. Revêtement que forment les poils sur la peau ; ensemble des poils. **2.** TEXT. Nombre de poils dépassant du corps d'un fil. (La pilosité conditionne le toucher du produit ainsi que le comportement du fil lors de son utilisation.)

PILOT n.m. Gros pieu de bois à pointe ferrée utilisé pour construire un pilotis.

PILOTAGE n.m. Action, art de piloter. ◇ ***Pilotage sans visibilité (PSV) :*** pilotage d'un avion sans vue directe du sol, avec les seuls instruments (gyroscopes, notamm.).

PILOTE n. (ital. *pilota,* du gr. *pêdon,* gouvernail). **1.** Professionnel qui conduit un avion, une voiture de course, un engin blindé, etc. *Pilote de course.* ◇ ***Pilote d'essai :*** professionnel chargé de vérifier en vol les performances et la résistance d'un nouvel avion. – ***Pilote de ligne :*** professionnel chargé de la conduite d'un avion sur une ligne commerciale. – ***Pilote de chasse :*** pilote militaire chargé d'exécuter une mission de combat à bord d'un avion armé. **2.** Professionnel qualifié qui guide les navires dans les passages difficiles, à l'entrée des ports. **3.** *Litt.* Personne qui sert de guide. **4.** (En appos., avec ou sans trait d'union.) Qui sert d'exemple, de modèle, qui ouvre la voie. *Une classe-pilote. Des industries pilotes.* ◆ n.m. **1.** ***Pilote automatique :*** dispositif, génér. gyroscopique, qui permet la conduite d'un avion sans intervention de l'équipage ; dispositif mécanique ou électronique qui assure à un bateau la conservation d'un cap fixé, sans intervention humaine. **2.** Poisson osseux des mers chaudes et tempérées qui suit les navires et passait autref. pour guider les requins. (Long. 70 cm ; genre *Naucrates,* famille des carangidés.) **3.** Prototype d'un journal, d'un magazine, d'une émission télévisée. (Pour une publication, on dit aussi ***numéro zéro.***)

1. PILOTER v.t. (de *pilot*). Enfoncer des pilots.

2. PILOTER v.t. (de *pilote*). **1.** Conduire un avion, une voiture, un navire, etc., en tant que pilote. **2.** Guider une ou plusieurs personnes dans une ville, un musée, etc. **3.** Être aux commandes de ; diriger. *Piloter une entreprise, une équipe.*

PILOTIN n.m. Élève officier qui prépare ses diplômes de la marine marchande sur un navire de commerce.

PILOTIS n.m. Ensemble de pilots qu'on enfonce dans un sol peu consistant ou qui sont immergés pour soutenir une construction.

PILOU n.m. Tissu de coton pelucheux.

PILS [pils] n.f. Belgique. Bière blonde.

1. PILULAIRE adj. En forme de pilule. ◆ n.m. VÉTÉR. Instrument que l'on emploie pour faire ingérer des pilules aux animaux.

2. PILULAIRE n.f. Fougère aquatique aux feuilles filiformes, dont les sporanges sont enfermés dans des enveloppes en forme de petites pilules. (Genre *Pilularia ;* famille des marsiléacées.)

PILULE n.f. (lat. *pilula,* petite balle). **1.** Forme pharmaceutique petite et sphérique, destinée à être avalée en entier. ◇ *Fam.* ***Avaler la pilule :*** croire un mensonge ; supporter une chose pénible sans protester. – *Fam.* ***Dorer la pilule à qqn,*** tenter de lui faire croire qu'une chose désagréable ne l'est pas. **2.** Pilule contraceptive œstroprogestative. ◇ ***Pilule du lendemain :*** pilule œstroprogestative ou progestative pure, utilisable dans les 72 heures suivant un rapport sexuel.

PILULIER n.m. Petite boîte pour ranger des médicaments (pilules, gélules, etc.).

PILUM [pilɔm] n.m. (mot lat.). ANTIQ. Javelot de l'infanterie romaine.

PIMBÊCHE n.f. *Fam.* Jeune fille ou femme prétentieuse, qui fait des manières.

PIMBINA n.m. (de l'algonquien). Viorne du Canada à baies rouges comestibles ; la baie elle-même.

PIMENT n.m. (lat. *pigmentum*). **1.** Plante annuelle dont il existe plusieurs espèces, cultivées pour leurs fruits : le *piment rouge* ou *brûlant,* qui est utilisé comme condiment ; le *piment doux* ou *poivron,* comme légume. (Genre *Capsicum ;* famille des solanacées.) **2.** *Fig.* Ce qui met, ajoute un élément piquant ou licencieux à qqch.

■ **PIMENTS.** Piment doux et piment brûlant.

PIMENTER v.t. **1.** Assaisonner de piment. *Pimenter une sauce.* **2.** *Fig.* Rendre excitant, plus intéressant. *Un récit pimenté.*

PIMPANT, E adj. (de l'anc. fr. *pimper,* enjôler). Qui a un air de fraîcheur et d'élégance ; coquet. *Une toilette pimpante.*

PIMPRENELLE n.f. (du lat. *piper,* poivre). Plante herbacée à petites fleurs pourpres formant des têtes globuleuses, appelée aussi sanguisorbe. (Genre *Sanguisorba ;* famille des rosacées.)

PIN n.m. (lat. *pinus*). Conifère à feuilles en aiguilles longues et souples, insérées le plus souvent par deux, dont le fruit est un cône d'écailles ligneuses *(pomme de pin)* portant chacune deux graines, et qui peut atteindre 50 m de hauteur. (De nombreuses espèces sont exploitées pour leur bois de menuiserie et de charpente *[pin sylvestre, pin cembro],* pour le reboisement *[pin d'Autriche],* pour la fixation des dunes *[pin maritime],* etc. Genre *Pinus ;* famille des pinacées.)

■ **PIN.** Pin sylvestre.

PINACÉE n.f. Arbre résineux à aiguilles génér. persistantes, portant des fruits en cône s'ouvrant à maturité, tel que le sapin, le pin, l'épicéa et le mélèze. (Les pinacées forment la principale famille de conifères.) SYN. : *abiétacée.*

PINACLE n.m. (lat. *pinnaculum,* faîte). ARCHIT. Amortissement élancé se terminant en forme de cône ou de pyramide effilés et qui se place notamm. au sommet d'une culée, dans l'architecture gothique. ◇ *Litt.* ***Porter au pinacle :*** placer très haut, faire un très grand éloge de.

PINACOTHÈQUE n.f. (gr. *pinax, -akos,* tableau, et *thêkê,* boîte). Musée de peinture.

PINAILLAGE n.m. *Fam.* Action de pinailler.

PINAILLER v.i. *Fam.* Critiquer, ergoter sur des questions de détail, sur des riens ; perdre du temps par souci de perfection.

PINAILLEUR, EUSE n. *Fam.* Personne qui pinaille.

PINARD n.m. (de *pinot*). *Fam.* Vin.

PINARDIER n.m. (de *pinard*). **1.** Navire-citerne aménagé pour le transport du vin en vrac. **2.** *Fam.* Marchand de vin en gros.

PINASSE n.f. (de *pin*). Région. (Sud-Ouest). Bateau de pêche à fond plat.

PINÇAGE n.m. AGRIC. Pincement.

PINÇARD, E adj. et n.m. Se dit d'un cheval qui s'appuie sur la pince du sabot en marchant.

PINCE n.f. **1.** Outil à branches articulées dont les extrémités, plates ou rondes, servent à saisir, à tenir qqch. ◇ ***Pince universelle :*** pince réunissant plusieurs fonctions *(pince plate, pince coupante, pince à tubes).* **2.** Dispositif à deux branches pour pincer. *Pince à épiler. Pince à linge.* **3.** Barre de fer aplatie à un bout et servant de levier. **4.** Appendice préhensile de certains crustacés, muni de deux mors articulés. *Pince de crabe.* **5.** *Fam.* Main. *Se serrer la pince.* **6.** Partie antérieure de la paroi du sabot du cheval. **7.** Incisive médiane des mammifères herbivores domestiques. **8.** COUT. Pli cousu sur l'envers d'un vêtement pour l'ajuster plus près du corps.

PINCÉ, E adj. Qui exprime du dédain, de la froideur. *Prendre des airs pincés.* ◇ ***Avoir les lèvres pincées,*** minces et serrées.

PINCEAU n.m. (lat. *peniculus,* petite queue). **1.** Instrument formé d'un assemblage serré de poils ou de fibres fixé à l'extrémité d'un manche, utilisé pour peindre, pour coller, etc. *Pinceau de soie.* **2.** Faisceau lumineux de faible ouverture. **3.** *Fam.* Pied, jambe. *S'emmêler les pinceaux.*

PINCÉE n.f. Petite quantité d'une matière poudreuse ou granulée, que l'on peut prendre entre deux ou trois doigts. *Une pincée de sel.*

PINCELIER n.m. PEINT. Petit récipient pour le nettoyage des pinceaux.

PINCEMENT n.m. **1.** Action, fait de pincer. ◇ *Pincement au cœur :* sensation passagère de peur, d'anxiété ou de tristesse que l'on ressent notamm. à l'annonce d'une mauvaise nouvelle. **2.** AGRIC. Suppression des bourgeons ou de l'extrémité des rameaux pour faire refluer la sève sur d'autres parties du végétal. SYN. : *pinçage.* **3.** AUTOM. Très faible différence d'écartement existant à l'arrêt entre l'arrière et l'avant des roues directrices d'une automobile, et qui s'annule à la vitesse d'utilisation du véhicule, sous l'effet du couple dû à la chasse.

PINCE-MONSEIGNEUR n.f. (pl. *pinces-monseigneur*). Levier court à bout plat, utilisé notamm. pour forcer les portes.

PINCE-NEZ n.m. inv. Anc. Lorgnon qui tient sur le nez grâce à un ressort.

PINCE-OREILLE n.m. (pl. *pince-oreilles*). Forficule.

PINCER v.t. [9] (anc. fr. *pincier,* saisir). **1.** Presser, serrer plus ou moins fort qqch entre ses doigts. ◇ *Pincer les cordes d'un instrument de musique,* les faire vibrer en les tirant avec les doigts. – *Fam. En pincer pour qqn,* en être amoureux. **2.** Donner une sensation de pincement. *Le froid leur pinçait les joues.* ◇ Absol. *Fam. Ça pince :* il fait très froid. **3.** AGRIC. Opérer le pincement de. *Pincer la vigne.* **4.** Serrer étroitement ; coincer. *La porte lui a pincé un doigt.* ◇ *Pincer les lèvres,* les rapprocher en les serrant. **5.** *Fam.* Prendre sur le fait ; arrêter. *Pincer un voleur.*

PINCE-SANS-RIRE adj. inv. et n. inv. Se dit d'une personne qui fait ou dit qqch de drôle, ou qui se moque de qqn, en arrivant à rester impassible.

PINCETTE n.f. **1.** (Surtout pl.) Ustensile à deux branches pour attiser le feu. ◇ *Fam. Ne pas être à prendre avec des pincettes :* être très sale ; être de très mauvaise humeur. **2.** Petite pince à deux branches pour les travaux minutieux. *Pincette de bijoutier.* **3.** Suisse. Pince à linge.

PINCHARD, E adj. et n. (de *pêcher,* par analogie de couleur avec sa fleur). Se dit de la robe d'un cheval gris de fer ; se dit de ce cheval lui-même.

PINÇON n.m. Marque que l'on garde sur la peau lorsqu'elle a été pincée.

PINÇURE n.f. Sensation d'être pincé.

PINÉAL, E, AUX adj. (du lat. *pinea,* pomme de pin). **1.** Relatif à l'épiphyse du cerveau. ◇ Vx. *Glande pinéale :* épiphyse. **2.** ZOOL. *Œil* ou *organe pinéal :* organe visuel des reptiles, génér. rudimentaire, dérivé de l'épiphyse affleurant sous la peau, au sommet du crâne.

PINEAU n.m. (de *pin*). Vin de liqueur originaire des Charentes, obtenu par mutage du jus de raisin frais au moyen de cognac.

PINÈDE, PINERAIE ou **PINIÈRE** n.f. Bois de pins.

PINÈNE n.m. CHIM. ORG. Famille de quatre hydrocarbures terpéniques. (L'α-*pinène,* qui a 10 atomes de carbone, est le constituant principal des huiles essentielles de pin, d'eucalyptus, de genévrier, etc.)

PINGOUIN n.m. (néerl. *pinguin*). Oiseau palmipède des mers arctiques, piscivore, qui niche sur les côtes de l'Europe occidentale. (Long. 40 cm env. ; genre *Alca,* famille des alcidés.)

■ **PINGOUIN**

PING-PONG [piŋpɔ̃g] n.m. [pl. *ping-pongs*] (onomat.). Tennis de table.

PINGRE n. et adj. *Péjor.* Personne qui n'aime pas dépenser son argent ; avare.

PINGRERIE n.f. Avarice sordide ; mesquinerie.

PINIÈRE n.f. → **PINÈDE.**

PINNE n.f. (lat. *pinna,* mot gr.). Grand mollusque bivalve des mers chaudes et tempérées à coquille triangulaire, appelé cour. *jambonneau de mer.* (Long. 60 cm env. ; genre *Pinna.*)

PINNIPÈDE n.m. (lat. *pinna,* nageoire, et *pes, pedis,* pied). Mammifère carnivore adapté à la vie marine, aux pattes transformées en nageoires et au corps fusiforme, tel que le phoque, le morse, l'otarie. (Les pinnipèdes forment un ordre.)

PINNOTHÈRE n.m. (lat. *pinoteres*). Petit crabe à carapace blanchâtre vivant dans les moules, les coques, etc. (Genre *Pinnotheres.*)

PINNULE n.f. (lat. *pinnula,* petite aile). **1.** TOPOGR. Plaque de métal percée d'un œilleton, placée à angle droit aux extrémités d'une alidade et servant à prendre des alignements sur le terrain. **2.** BOT. Foliole de fougère.

PINOCYTOSE n.f. (du gr. *pinein,* boire). BIOL. CELL. Inclusion dans une cellule de petites molécules en solution, issues du milieu extérieur à la cellule.

PINOT n.m. (de *pin*). Cépage français renommé, cultivé notamm. en Bourgogne.

PIN-PON interj. Sert à imiter le bruit de la sirène des pompiers.

PIN'S [pins] n.m. inv. (angl. *pin,* punaise). Petit badge métallique muni d'une pointe de punaise, qui se fixe à un embout à travers un vêtement. Recomm. off. : *épinglette.*

PINSCHER [pinʃɛr] n.m. (mot all.). Chien d'agrément d'origine allemande, à la robe de couleur noir et feu ou acajou.

PINSON n.m. (lat. *pincio, -onis*). Oiseau passereau chanteur et granivore de l'Europe et de l'Asie, à plumage multicolore. (Cri : le pinson ramage. Famille des fringillidés.) ◇ *Gai comme un pinson :* très gai.

■ **PINSON.** Pinson du Nord.

PINTADE n.f. (port. *pintada*). Oiseau gallinacé originaire d'Afrique, acclimaté dans le monde entier et dont la forme domestique, au plumage noirâtre pointillé de blanc, est élevée pour sa chair. (Cri : la pintade criaille. Genre *Numidia ;* famille des phasianidés.)

■ **PINTADE**

PINTADEAU n.m. Jeune pintade.

PINTADINE n.f. Huître perlière. (Genre *Pinctada.*) SYN. : *méléagrine.*

PINTE n.f. (lat. *pinctus,* pourvu d'une marque). **1.** Unité de mesure de capacité, valant 0,568 l en Grande-Bretagne et 0,47 l aux États-Unis. **2.** Anc. Mesure française de capacité pour les liquides, qui valait 0,93 l à Paris ; récipient de cette capacité. ◇ *Fam. Se faire, se payer une pinte de bon sang :* se réjouir beaucoup. **3.** Québec. **a.** Anc. Mesure de capacité pour les liquides valant 1,136 l. **b.** *Fam.* Litre. *Une pinte de lait.* **4.** Suisse. Débit de boissons.

PINTER v.i. et v.t. *Fam.* Boire beaucoup. ◇ v.pr. *Fam. Il s'est pinté hier soir.*

PINTOCHER v.i. (de *pinte*). Suisse. Boire avec excès des boissons alcoolisées.

PIN-UP [pinœp] n.f. inv. (de l'angl. *to pin up,* épingler). Jolie fille peu vêtue dont on épingle la photo au mur. – *Par ext.* Toute jolie fille au charme sensuel.

PINYIN [pinjin] n.m. (mot chin.). Système de transcription phonétique des idéogrammes chinois, adopté en République populaire de Chine depuis 1958. (Le pinyin est fondé sur la prononciation du pékinois.)

PIOCHAGE n.m. Action de piocher.

PIOCHE n.f. (de *2. pic*). Outil formé d'un fer allongé et pointu, muni d'un manche, servant à creuser la terre et à défoncer. ◇ *Fam. Tête de pioche :* personne très têtue.

PIOCHER v.t. **1.** Creuser, remuer la terre avec une pioche. **2.** *Fam.,* vieilli. Travailler avec ardeur. *Piocher un concours.* ◆ v.i. Fouiller dans un tas pour prendre qqch.

PIOCHEUR, EUSE n. **1.** Personne qui pioche. **2.** *Fam.,* vieilli. Personne qui travaille beaucoup.

PIOLET n.m. (piémontais *piola,* hache). Canne d'alpiniste ferrée à un bout et munie d'un petit fer de pioche à l'autre, utilisée surtout pour les courses de neige et de glace.

1. PION n.m. (bas lat. *pedo, -onis,* fantassin). **1.** Chacune des huit plus petites pièces du jeu d'échecs. ◇ *N'être qu'un pion sur l'échiquier :* jouer un rôle mineur, avoir peu de liberté d'action. **2.** Chacune des pièces du jeu de dames. ◇ *Pousser ses pions, faire avancer son pion :* entreprendre d'habiles manœuvres pour l'emporter dans une discussion, étendre ses prérogatives ou s'assurer le pouvoir.

2. PION, PIONNE n. *Arg. scol.* Surveillant.

3. PION ou **PI** n.m. (de *pi* et *électron*). PHYS. Particule fondamentale (π) dont la masse est environ 273 fois celle de l'électron et qui est le vecteur essentiel des interactions fortes.

PIONCÉE n.f. Suisse. *Fam.* Sommeil profond.

PIONCER v.i. [9]. *Fam.* Dormir.

PIONNIER, ÈRE n. (de *1. pion*). **1.** Personne qui fait les premières recherches dans un domaine, qui prépare la route à d'autres. *Les pionniers de la biologie. Les pionniers de l'espace.* **2.** Personne qui part défricher des contrées inhabitées, incultes. *Les pionniers de l'Ouest américain.* **3.** HIST. En URSS, enfant ou adolescent qui appartenait à une organisation éducative contrôlée par l'État. ◆ n.m. Soldat employé aux terrassements. ◆ adj. Se dit d'un projet, d'une réalisation qui sont les premiers dans leur genre ; d'avant-garde. *Une expérience pionnière.*

PIORNE n.f. Suisse. Personne qui piorne, pleurniche.

PIORNER v.i. Suisse. Pleurnicher, geindre.

PIOUPIOU n.m. *Fam.,* vieilli. Jeune soldat.

PIPA n.m. (mot de la Guyane hollandaise). Gros crapaud d'Amérique tropicale, au corps très aplati, dont la femelle incube ses œufs dans des vésicules logées dans son dos. (Genre *Pipa ;* famille des pipidés.)

PIPE n.f. (de *piper*). **1.** Objet formé d'un fourneau et d'un tuyau, servant à fumer ; son contenu. ◇ *Fam. Par tête de pipe :* par personne. – *Fam. Nom d'une pipe ! :* juron de surprise ou d'indignation. – *Fam. Casser sa pipe :* mourir. **2.** Tuyau, conduit. *Pipe d'aération.* **3.** Grande futaille.

PIPEAU n.m. **1.** Petite flûte à six trous, en bois ou, le plus souvent, en matière plastique. **2.** CHASSE. Appeau. **3.** *Fam. C'est du pipeau :* ce n'est pas sérieux ; c'est inefficace. ◆ pl. CHASSE. Gluaux.

PIPÉE n.f. Chasse consistant à prendre les oiseaux aux gluaux après les avoir attirés au moyen d'un pipeau.

PIPELET, ETTE n. (n. d'un personnage des *Mystères de Paris,* d'Eugène Sue). *Fam.* **1.** Concierge. **2.** Personne bavarde, qui aime les potins. *Quel pipelet, celui-là !*

PIPELINE ou **PIPE-LINE** [piplin] ou [pajplajn] n.m. [pl. *pipe-lines*] (mot angl.). **1.** Canalisation pour le transport à distance de liquides, notamm. du pétrole (oléoduc), ou de gaz (gazoduc). **2.** INFORM. Mode d'organisation d'un processeur, qui permet d'accroître la vitesse de traitement grâce à l'exécution simultanée, par étapes successives, de plusieurs instructions.

P

PIPER v.t. (lat. *pipare,* glousser). **1.** CHASSE. Pratiquer la pipée. **2.** *Fam. Ne pas piper (mot) :* garder le silence. **3.** *Piper les dés, les cartes,* les truquer.

PIPÉRACÉE n.f. (du lat. *piper,* poivre). Plante dicotylédone apétale des régions chaudes, telle que le poivrier. (Les pipéracées forment une famille.)

PIPERADE [piperad] n.f. (mot béarnais, de *piper,* poivron). Mets composé de tomates, de poivrons cuits et d'œufs brouillés. (Cuisine basque.)

PIPÉRONAL n.m. (pl. *pipéronals*). CHIM. ORG. Héliotropine.

PIPETTE n.f. **1.** Petit tube pour prélever un liquide. **2.** *Fam. Ne pas valoir pipette :* ne rien valoir.

PIPI n.m. *Fam.* Urine. ◇ *Fam. Faire pipi :* uriner.

1. PIPIER, ÈRE adj. Qui concerne les pipes, leur fabrication.

2. PIPIER, ÈRE n. Personne qui fabrique des pipes.

PIPISTRELLE n.f. (ital. *pipistrello*). Petite chauve-souris commune de l'Europe à l'Asie centrale. (Envergure 20 à 25 cm ; genre *Pipistrellus,* famille des vespertilionidés.)

PIPIT [pipit] ou **PITPIT** [pitpit] n.m. (onomat.). Oiseau passereau insectivore des prairies et des landes de l'hémisphère Nord, dont plusieurs espèces, telles la farlouse et la spioncelle, sont communes en Europe. (Genre *Anthus ;* famille des motacillidés.)

PIPO n. *Arg. scol.* Polytechnicien, polytechnicienne.

PIQUAGE n.m. Action de piquer un tissu, un papier, etc.

PIQUANT, E adj. **1.** Qui pique. *Barbe piquante.* ◇ *Sauce piquante,* avec des échalotes, des câpres, des cornichons, du vin blanc et du vinaigre. **2.** Qui provoque l'intérêt, excite la curiosité. *Détail piquant.* **3.** *Litt.* Qui pique au vif ; blessant, caustique. ◆ n.m. **1.** Épine d'une plante ou d'un animal. *Les piquants d'un cactus, d'un oursin.* **2.** *Litt.* Ce qu'il y a de curieux, d'intéressant ou de cocasse dans qqch. *Le piquant de la situation.*

1. PIQUE n.f. (de *2. pic*). Arme ancienne composée d'un fer plat et pointu placé au bout d'une hampe de bois. ◇ *Fam. Lancer des piques à qqn,* lui faire des réflexions blessantes ou méchantes.

2. PIQUE n.m. Une des quatre couleurs du jeu de cartes, dont le dessin évoque un fer de pique noir ; carte de cette couleur.

1. PIQUÉ, E adj. **1.** Cousu par un point de couture. *Ourlet mal piqué.* **2.** Marqué de petits trous, de petites taches (moisissures, par ex.). *Ce coffre est piqué par les vers.* ◇ *Fam. Ce n'est pas piqué des vers :* ce n'est vraiment pas banal, c'est très étonnant. **3.** Se dit d'une boisson devenue aigre au goût. **4.** *Fam.* Se dit d'une personne originale ou à l'esprit un peu dérangé.

2. PIQUÉ n.m. **1.** Étoffe de coton formée de deux tissus appliqués l'un sur l'autre et unis par des points formant des dessins. **2.** Pour un avion, descente subite suivant une trajectoire proche de la verticale. **3.** DANSE. Mouvement qui consiste à faire passer le poids du corps d'un pied sur l'autre en étant sur la pointe ou la demi-pointe. **4.** PHOTOGR. Qualité d'une image bien contrastée et qui restitue le maximum de détails.

PIQUE-ASSIETTE n. (pl. *pique-assiette[s]*). *Fam.* Personne qui a l'habitude de se faire nourrir par les autres.

PIQUE-BŒUF n.m. (pl. *pique-bœuf[s]*). **1.** Garde-bœuf. **2.** Oiseau passereau des savanes africaines, à plumage terne et au puissant bec jaune, qui se perche sur les grands mammifères herbivores et se nourrit de leurs parasites. (Genre *Buphagus ;* famille des sturnidés.)

PIQUE-FEU n.m. inv. Tisonnier.

PIQUE-FLEUR ou **PIQUE-FLEURS** n.m. (pl. *pique-fleurs*). Objet servant à maintenir en place les fleurs dans un vase, ou qui constitue lui-même un vase.

PIQUE-NIQUE n.m. [pl. *pique-niques*] (de *piquer,* picorer, et de l'anc. fr. *nique,* petite chose). Repas pris en plein air, au cours d'une promenade.

PIQUE-NIQUER v.i. Faire un pique-nique.

PIQUE-NIQUEUR, EUSE n. (pl. *pique-niqueurs, euses*). Personne qui pique-nique.

PIQUE-NOTE ou **PIQUE-NOTES** n.m. (pl. *pique-notes*). Tige sur laquelle on enfile des feuillets de notes, des factures, etc.

PIQUER v.t. (lat. pop. *pikkare*). **1.** Percer la peau avec qqch de pointu. *Piquer son doigt avec une épingle.* **2.** Enfoncer par la pointe. *Piquer une aiguille dans une pelote.* **3.** Introduire une aiguille dans un tissu. **4.** Injecter un produit par piqûre. *Piquer un chien contre la rage.* — *Spécial.* Faire à un animal une piqûre entraînant la mort. *Ils ont fait piquer leur chien.* **5.** Enfoncer son dard, son aiguillon, son stylet dans la peau, en parlant d'un insecte, d'un scorpion ou (abusif) d'un serpent. *Une guêpe m'a piqué.* **6.** Parsemer de petits trous, en parlant d'un insecte. *Les vers piquent le bois.* — Parsemer de taches d'humidité. **7.** Fixer avec une pointe. *Piquer un papillon sur une planche.* **8.** Prendre avec qqch de pointu. *Piquer une olive avec une fourchette.* **9.** CUIS. Percer de trous une pièce de viande pour y introduire de l'ail, du lard, etc. *Piquer d'ail un gigot.* **10.** Coudre des étoffes ensemble à la main ou à la machine. **11.** MUS. *Piquer une note,* l'exécuter d'un coup sec et détaché. **12.** Produire une sensation âpre au goût ou à l'odorat, ou aiguë sur la peau. *Cette moutarde pique la langue. Le froid pique la peau.* **13.** *Litt.* Exciter un sentiment. ◇ *Piquer qqn au vif,* irriter son amour-propre. — *Fam. Piquer une crise, une colère :* avoir une crise, une colère subite. — *Fam. Piquer un fard* → **fard.** **14.** *Fam.* Prendre, voler. ◆ v.i. **1.** En parlant d'une boisson, commencer à aigrir sous l'effet de bactéries acétiques. *Ce vin pique.* **2.** AVIAT. Effectuer une descente suivant une trajectoire de très forte pente. **3.** *Piquer du nez :* pencher vers l'avant ; en parlant de qqn, laisser tomber sa tête en avant en s'assoupissant. **4.** ÉQUIT. *Piquer des deux :* donner vivement des éperons à un cheval. ◆ **se piquer** v.pr. **1.** Se blesser légèrement. *Se piquer avec une épine.* **2.** *Fam.* S'injecter de la drogue. **3.** *Litt.* Se fâcher. *Il se pique d'un rien.* **4.** *Litt.* **a.** Tirer vanité de qqch ou s'en vanter. *Elle se pique d'être belle.* **b.** Prétendre être connaisseur dans un certain domaine et en tirer vanité. *Se piquer de musique, de théâtre.* **5.** *Se piquer au jeu :* prendre intérêt à qqch que l'on avait entrepris sans ardeur.

1. PIQUET n.m. (de *piquer*). **1.** Petit pieu destiné à être enfoncé dans la terre. ◇ Vieilli. *Mettre un enfant au piquet,* le punir en l'envoyant au coin dans une classe, debout et immobile. **2.** *Piquet de grève :* groupe de grévistes génér. placés à l'entrée du lieu de travail pour en interdire l'accès. **3.** *Piquet d'incendie :* détachement de soldats formé pour la lutte contre le feu.

2. PIQUET n.m. Jeu qui se joue à deux avec trente-deux cartes.

PIQUETAGE n.m. **1.** Action de piqueter. **2.** Québec. *Faire du piquetage :* manifester aux abords du lieu de travail, en parlant de grévistes.

PIQUETER v.t. [16]. **1.** Tacheter de petits points isolés. **2.** Marquer un alignement au moyen de piquets. ◆ v.i. Québec. Faire du piquetage.

PIQUETEUR, EUSE n. Québec. Personne qui participe à un piquetage.

1. PIQUETTE n.f. (de *piquer*). **1.** Boisson que l'on fabriquait en faisant passer de l'eau sur du marc de raisin ou en laissant macérer certains fruits écrasés dans de l'eau. **2.** *Fam.* Mauvais vin.

2. PIQUETTE n.f. (de *1. pique*). *Fam.* Défaite cuisante ; échec. *Quelle piquette il a prise !*

1. PIQUEUR, EUSE adj. Se dit de certains insectes (taon, moustique, punaise, cigale, etc.) qui ont des organes propres à piquer, notamm. des pièces buccales.

2. PIQUEUR, EUSE n. Ouvrier qui pique à la machine.

3. PIQUEUR n.m. Dans les houillères, mineur qui travaillait au pic ou au marteau piqueur.

4. PIQUEUR ou **PIQUEUX** n.m. VÉNER. Personne qui s'occupe de la meute au chenil et pendant la chasse.

PIQUIER n.m. MIL. Soldat armé d'une pique.

PIQÛRE n.f. **1.** Perforation de la peau ou d'une muqueuse faite par un instrument, un insecte, une plante, etc. ; la plaie ainsi produite. **2.** *Cour.* Perforation de la peau par un instrument pointu, au cours d'une injection, d'une ponction, etc. **3.** Trou laissé dans un matériau par un insecte. **4.** Tache d'humidité, notamm. sur du papier. **5.** Sensation vive et qui provoque une forte démangeaison. *Piqûre d'ortie.* ◇ *Piqûre d'amour-propre :* vexation légère. **6.** COUT. Série de points serrés réunissant deux tissus.

PIRANHA [piraɲa] n.m. (mot port., du tupi). Poisson carnassier très vorace qui vit en bande dans les eaux douces d'Amazonie. (Long. max. 40 cm ; genre *Serrasalmus,* famille des characidés.)

■ **PIRANHA**

PIRATAGE n.m. Action de pirater.

PIRATE n.m. (lat. *pirata*). **1.** Bandit qui parcourait les mers pour piller des navires de commerce (à distinguer de *corsaire*). **2.** *Pirate de l'air :* personne qui, par la menace, détourne un avion en vol. **3.** INFORM. **a.** Recomm. off. pour *hacker.* **b.** *Cour.* Personne qui contourne à des fins malveillantes les protections d'un logiciel, d'un ordinateur ou d'un réseau informatique. ◆ adj. Qui a un caractère illicite ; clandestin. *Une radio pirate.*

PIRATER v.t. **1.** Reproduire une œuvre sans payer les droits de reproduction ; imiter frauduleusement. **2.** INFORM. Accéder par effraction à un système informatique en vue d'en copier, d'en modifier ou d'en détériorer les informations. **3.** *Fam.* Escroquer. ◆ v.i. Se livrer à la piraterie.

PIRATERIE n.f. **1.** Crime, acte de déprédation commis en mer contre un navire, son équipage ou sa cargaison. **2.** *Piraterie aérienne :* détournement illicite d'un avion par une ou plusieurs personnes se trouvant à bord. **3.** INFORM. Action de pirater. **4.** Vol effronté, escroquerie.

PIRE adj. (lat. *pejor*). **1.** (Comparatif de *mauvais.*) Plus mauvais, plus nuisible. *Il est devenu pire qu'avant.* **2.** (Superlatif de *mauvais.*) Le plus mauvais, le plus nuisible. *C'est la pire des catastrophes.* ◆ n.m. *Le pire :* ce qu'il y a de plus mauvais, de plus regrettable. — *Pratiquer la politique du pire :* provoquer une situation plus mauvaise pour en tirer parti.

PIRIFORME adj. (du lat. *pirum,* poire). En forme de poire.

PIROGUE n.f. (esp. *piragua*). Embarcation légère d'Amérique, d'Afrique et d'Océanie, de forme allongée, propulsée à la voile ou à la pagaie.

PIROGUIER n.m. Conducteur de pirogue.

PIROJKI [pirɔʃki] n.m. inv. (mot russe). Petit pâté farci de viande, de poisson, etc. (Cuisine russe.)

PIROLE ou **PYROLE** n.f. (lat. *pirus,* poirier). Petite plante vivace des forêts de conifères de l'hémisphère Nord, à fleurs blanches ou verdâtres disposées génér. en grappes. (Genre *Pyrola ;* famille des pyrolacées.)

PIROPLASMOSE n.f. VÉTÉR. Affection parasitaire causée par des protozoaires et transmise à certains animaux (chiens, chevaux, ovins, bovins) par les tiques.

PIROUETTE n.f. (anc. fr. *pirouelle,* toupie). **1.** Tour complet qu'on fait sur la pointe ou sur le talon d'un seul pied, sans changer de place. — DANSE. Tour sur soi-même, exécuté en appui sur une seule jambe tendue. **2.** Exercice de dressage dans lequel le cheval fait une volte sur place en pivotant autour de l'un de ses membres postérieurs. **3.** *Fig.* Changement brusque d'opinion. ◇ *S'en tirer, répondre par une pirouette :* éviter une question embarrassante en répondant à côté. **4.** ARCHIT. Piécette.

PIROUETTER v.i. Tourner sur ses talons.

1. PIS [pi] n.m. (lat. *pectus,* poitrine). Mamelle de certaines femelles laitières (vache, brebis, etc.).

2. PIS [pi] adv. et adj. (lat. *pejus*). *Litt.* Plus mauvais, plus mal ; pire. *C'est encore pis, c'est bien pis que je ne pensais.* ◇ *De mal en pis :* de plus en plus mal. — *Au pis aller :* dans l'hypothèse la plus défavorable. — *Tant pis :* c'est dommage.

PIS-ALLER [pizale] n.m. inv. Solution à laquelle il faut recourir, faute de mieux.

PISAN, E adj. et n. De Pise.

P

PISCICOLE adj. (du lat. *piscis,* poisson). Relatif à la pisciculture.

PISCICULTEUR, TRICE n. Personne qui élève des poissons.

PISCICULTURE n.f. Production de poissons par l'élevage.

PISCIFORME adj. En forme de poisson.

PISCINE n.f. (lat. *piscina,* vivier). **1.** Bassin artificiel pour la natation. **2.** *Piscine de désactivation,* ou *piscine :* bassin rempli d'eau dans lequel sont entreposés les combustibles nucléaires usés jusqu'à ce que leur activité ait décru au-dessous d'un niveau déterminé.

PISCIVORE adj. et n. ÉCOL. Qui se nourrit de poissons. SYN. : *ichtyophage.*

PISÉ n.m. (du lat. *pinsare,* broyer). Matériau de construction constitué de terre argileuse et de cailloux, moulé sur place à l'aide de banches.

PISIFORME adj. et n.m. (du lat. *pisum,* pois). ANAT. Se dit d'un des os du carpe.

PISOLITE ou **PISOLITHE** n.f. (gr. *pisos,* pois, et *lithos,* pierre). PÉTROL. Concrétion calcaire de la grosseur d'un pois.

PISOLITIQUE ou **PISOLITHIQUE** adj. Qui contient des pisolites.

PISSALADIÈRE n.f. (du provenç.). Tarte niçoise en pâte à pain, garnie d'oignons, de filets d'anchois et d'olives noires.

PISSAT n.m. Urine de certains animaux domestiques (vache, âne).

PISSE n.f. *Très fam.* Urine.

PISSE-FROID n.m. inv. *Fam.* Homme qui ne rit jamais, ennuyeux, morose ; pisse-vinaigre.

PISSEMENT n.m. Rare. Action de pisser, partic. du sang.

PISSENLIT n.m. (de *pisser,* à cause de ses vertus diurétiques). Plante à fleurs jaunes en capitules, appelée aussi *dent-de-lion,* à feuilles dentelées comestibles, et dont les petits fruits secs sont surmontés d'une aigrette qui facilite leur dissémination par le vent. (Genre *Taraxacum ;* famille des composées.) ◇ *Fam. Manger les pissenlits par la racine :* être mort et enterré.

■ **PISSENLIT**

PISSER v.t. et v.i. (lat. pop. *pissiare*). *Très fam.* **1.** Uriner. ◇ *Pisser du sang :* évacuer du sang avec l'urine ; laisser échapper un flot de sang, en parlant d'une plaie, d'un organe. **2.** Couler ou s'écouler abondamment. *La tuyauterie pisse de partout.* **3.** *Pisser de la copie :* rédiger abondamment et mal.

PISSETTE n.f. Récipient de laboratoire souple qui, par légère pression, produit un jet de liquide.

PISSEUR, EUSE n. **1.** *Très fam.* Personne qui pisse. **2.** *Fam. Pisseur de copie :* journaliste, écrivain très médiocre.

PISSEUX, EUSE adj. *Fam.* **1.** Qui est imprégné d'urine. *Linge pisseux.* **2.** Se dit d'une couleur jaunie, terne. *Un vert pisseux.*

PISSE-VINAIGRE n.m. inv. *Fam.* **1.** Personne très avare. **2.** Personne maussade ; pisse-froid.

PISSOIR n.m. *Fam.* Urinoir.

PISSOTIÈRE n.f. *Fam.* Urinoir public.

PISTACHE n.f. (lat. *pistacium*). Graine du pistachier, utilisée en confiserie et en cuisine. ◆ adj. inv. *Vert pistache :* vert clair.

PISTACHIER n.m. Arbre des régions chaudes, dont plusieurs espèces fournissent des essences utilisées dans la fabrication de vernis et une autre *(Pistacia vera)* produit des pistaches. (Famille des anacardiacées.) ◇ *Faux pistachier :* staphylier.

PISTAGE n.m. Action de pister.

PISTARD, E n. Coureur cycliste spécialisé dans les épreuves sur piste.

PISTE n.f. (ital. *pista,* du bas lat. *pistare,* piler). **1.** Trace laissée par un animal. **2.** Ensemble d'indications, d'indices, de présomptions qui orientent les recherches de qqn lancé à la poursuite de qqn d'autre ; chemin, voie ainsi tracés. *Suivre, perdre une piste.* ◇ *Brouiller les pistes :* faire perdre les traces de, rendre les recherches difficiles. **3. a.** Chemin rudimentaire ; sentier. **b.** Chemin réservé aux cyclistes, aux cavaliers, etc. **c.** Pente balisée pour les descentes à ski. **4.** Terrain spécial. aménagé pour les épreuves d'athlétisme, les courses de chevaux, le sport automobile, etc. ; en athlétisme et en cyclisme, ensemble des courses sur piste, par oppos. aux courses sur route. *Se consacrer à la piste.* **5. a.** CIRQUE. Espace circulaire, traditionnellement de 13 m de diamètre, au centre du chapiteau, où se déroulent, notamm., les exercices équestres et acrobatiques. **b.** Surface plane, génér. circulaire, aménagée pour danser, patiner, etc. **6.** Bande de terrain aménagée pour le décollage et l'atterrissage des avions. **7.** TECHN. Élément linéaire d'un support mobile d'informations enregistrées (bande magnétique, disque). ◇ *Piste sonore :* partie de la bande d'un film ou d'une bande magnétique servant à enregistrer et à reproduire les sons.

PISTER v.t. Suivre à la piste.

PISTEUR n.m. Personne qui entretient et surveille les pistes de ski.

PISTIL [pistil] n.m. (lat. *pistillus,* pilon). BOT. Ensemble des pièces femelles d'une fleur, résultant de la soudure de plusieurs carpelles, et comprenant l'ovaire, le style et le stigmate. SYN. : *gynécée.*

PISTOLE n.f. (tchèque *pichtal,* arme à feu). **1.** Ancienne monnaie d'or, notamm. espagnole. **2.** Ancienne monnaie de compte française, valant 10 livres.

PISTOLET n.m. (de *pistole*). **1.** Arme à feu individuelle, courte et légère, approvisionnée par un chargeur. *Pistolet automatique.* ◇ *Fam. Un drôle de pistolet :* une personne un peu bizarre. **2.** Dispositif manuel associé à une pompe et projetant ou diffusant un liquide. *Pistolet à essence, à peinture.* **3.** Planchette qui servait à tracer des courbes au tire-ligne. **4.** *Fam.* Urinal. **5.** Belgique. Petit pain rond ou allongé.

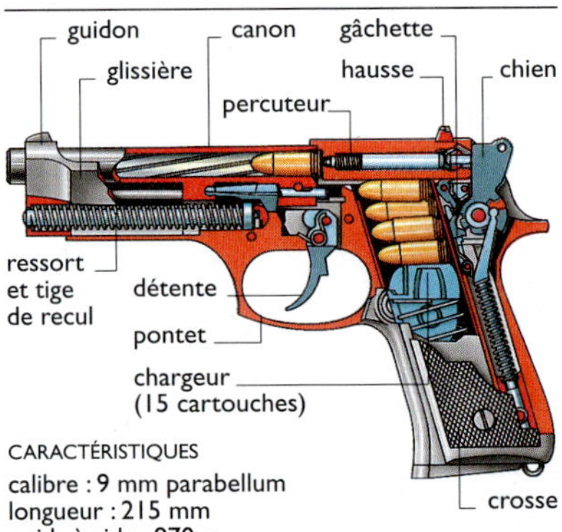

CARACTÉRISTIQUES
calibre : 9 mm parabellum
longueur : 215 mm
poids à vide : 970 g

■ **PISTOLET** automatique Beretta.

PISTOLET-MITRAILLEUR n.m. (pl. *pistolets-mitrailleurs*). Arme automatique individuelle, tirant par rafales. Abrév. : *P.-M.* SYN. : *mitraillette.*

PISTOLEUR n.m. Peintre au pistolet.

PISTON n.m. (ital. *pistone*). **1.** Disque se déplaçant dans le corps d'une pompe ou dans le cylindre d'un moteur à explosion ou d'une machine à vapeur. ◇ *Piston rotatif :* organe moteur de certains moteurs à explosion, d'une forme spéciale, qui tourne autour d'un axe au lieu d'être animé d'un mouvement alternatif. **2.** Mécanisme de certains instruments de musique à vent, grâce auquel on peut avoir tous les degrés de l'échelle chromatique. *Cornet à pistons.* **3.** *Fam.* Appui donné à qqn pour obtenir plus facilement une faveur, un avantage. *Arriver par piston.* **4.** *Arg. scol.* Élève préparant ou ayant intégré l'École centrale ; cette école.

PISTONNER v.t. *Fam.* Appuyer qqn pour qu'il obtienne une place, un avantage, etc. ; recommander.

PISTOU n.m. (de l'anc. provenç. *pistar,* broyer). **1.** Soupe provençale de légumes, liée au pistou. **2.** Préparation culinaire faite de basilic et d'ail pilés au mortier et liés à l'huile d'olive. (Spécialité provençale.)

PITA n.m. (mot gr.). Pain non levé que l'on fourre de viande, de fromage ou de légumes. (Spécialité grecque et libanaise.)

PITANCE n.f. (de *pitié*). *Litt.* Nourriture journalière. *Une maigre pitance.*

PITBULL ou **PIT-BULL** [pitbul] ou [pitbyl] n.m. [pl. *pit-bulls*] (angl. *pit,* arène, et *bull,* taureau). Chien issu de divers croisements, notamm. entre des terriers *(bull-terriers)* anglais ou américains, utilisé à l'origine dans des combats de chiens.

PITCH n.m. (angl. *to pitch,* enfoncer). Au golf, balle restant à l'endroit où elle est tombée.

PITCHOUN, E ou **PITCHOUNET, ETTE** n. (provenç. *pitchoun,* petit). Région. (Midi). Terme d'affection pour désigner un petit enfant. ◆ adj. Petit. *Il est un peu pitchoun pour son âge.*

PITCHPIN [pitʃpɛ̃] n.m. (mot angl.). Conifère d'Amérique du Nord, dont on utilise le bois en ébénisterie. (Famille des pinacées.)

PITE [pit] n.f. (esp. *pita*). Matière textile extraite des fibres de l'agave du Mexique.

PITEUSEMENT adv. De manière piteuse.

PITEUX, EUSE adj. (de *pitié*). **1.** Propre à exciter une pitié où se mêle de la raillerie, du mépris ; minable, déplorable. *Être en piteux état.* **2.** *Fam. Faire piteuse mine :* avoir un air triste, confus.

PITHÉCANTHROPE n.m. (gr. *pithêkos,* singe, et *anthrôpos,* homme). PALÉONT. Hominidé fossile découvert à Java, de l'espèce *Homo erectus.*

PITHIATISME n.m. (gr. *peithein,* persuader, et *iatos,* guérissable). Vieilli. Hystérie.

PITHIVIERS n.m. (de *Pithiviers,* n.pr.). Gâteau fourré à la pâte d'amandes.

PITIÉ n.f. (lat. *pietas,* piété). **1.** Sentiment qui rend sensible aux souffrances, aux malheurs d'autrui ; compassion. *Faire pitié. Avoir pitié.* ◇ *Par pitié ! :* de grâce ! – *Vierge de pitié,* représentée éplorée, le corps du Christ reposant sur ses genoux, après la descente de Croix. SYN. : *pietà.* **2.** *Fam. À faire pitié :* très mal. *Elle dessine à faire pitié.*

PITON n.m. **1.** Clou ou vis dont la tête est en forme d'anneau ou de crochet. **2.** Pointe d'une montagne élevée. *Le piton des Neiges, à la Réunion.*

PITONNAGE n.m. Action de pitonner.

PITONNER v.t. Planter des pitons dans une paroi rocheuse. ◆ v.i. Québec. *Fam.* **1.** Utiliser un appareil à clavier (calculatrice, ordinateur, téléphone...). *Pitonner toute la journée.* **2.** Pratiquer le zapping.

PITOYABLE adj. **1.** Qui éveille un sentiment de pitié ; triste. *Aspect pitoyable.* **2.** Sans valeur ; mauvais, lamentable. *Un spectacle pitoyable.*

PITOYABLEMENT adv. De façon pitoyable.

PITPIT n.m. → **PIPIT.**

PITRE n.m. (var. dial. de *piètre*). Personne qui fait des farces ; bouffon.

PITRERIE n.f. Plaisanterie, grimace de pitre.

PITTORESQUE adj. et n.m. (ital. *pittoresco,* de *pittore,* peintre). **1.** Qui frappe la vue, l'attention par sa beauté, son originalité. *Site pittoresque. Aimer le pittoresque.* **2.** Qui a du relief, de l'originalité, de la fantaisie ; vivant, coloré. *Un personnage, un récit pittoresque.*

PITTOSPORUM [pitɔspɔrɔm] n.m. (mot lat., du gr. *pitta,* poix). Arbuste originaire d'Asie orientale et d'Océanie, à feuilles vivaces et à fleurs odorantes. (Famille des pittosporacées.)

PITUITAIRE adj. **1.** Rare. Hypophysaire. **2.** Relatif à la muqueuse des fosses nasales.

PITUITE n.f. (lat. *pituita*). MÉD. **1.** Liquide glaireux régurgité le matin, en partic. en cas de gastrite chez les alcooliques. **2.** Anc. L'une des humeurs de l'organisme, selon la médecine ancienne.

PITYRIASIS [pitirjazis] n.m. (gr. *pituriasis,* de *pituron,* son du blé). MÉD. Dermatose dont les lésions sont couvertes de fines squames (nom générique).

PIVE n.f. (lat. *pipa,* flûte). Suisse. Cône, fruit des conifères.

PIVERT ou **PIC-VERT** n.m. [pl. *pics-verts*] (de *pic,* oiseau). Pic de grande taille, d'Europe et d'Asie Mineure, à plumage vert et jaune sur le corps et à tête rouge. (Long. 32 cm ; nom sc. *Picus viridis,* famille des picidés.)

PIVOINE n.f. (gr. *paiônia*). Plante à bulbe de l'Eurasie tempérée que l'on cultive pour ses

■ **PIVOINES**

grosses fleurs rouges, roses ou blanches. (Genre *Paeonia* ; famille des renonculacées.)

PIVOT n.m. **1.** Pièce cylindrique qui sert de support à une autre pièce et lui permet de tourner sur elle-même. **2.** Tige d'une pièce prothétique dentaire, enfoncée dans la racine. **3.** BOT. Racine principale, qui s'enfonce verticalement dans la terre. **4.** Agent, élément principal de qqch. *Être le pivot d'une entreprise.* **5.** Au basket-ball, joueur(euse) chargé(e), en raison de sa très grande taille, de jouer sous le panneau pour tirer des paniers ou prendre la balle au rebond ; pivotement que peut effectuer un joueur recevant le ballon à l'arrêt en tournant autour d'un de ses pieds resté fixe (dit *pied de pivot*). **6.** *Cours pivot :* dans le cadre du SME-bis, équivalence en euros de chacune des monnaies des pays ne faisant pas partie de la zone euro. – *Taux pivot :* rapport entre elles des monnaies adhérant au SME-bis, en fonction du cours pivot.

PIVOTANT, E adj. **1.** Qui pivote. *Siège pivotant.* **2.** BOT. *Racine pivotante,* très grosse par rapport aux radicelles et s'enfonçant verticalement dans la terre. (La carotte est une racine pivotante.)

PIVOTEMENT n.m. Mouvement que peuvent prendre, l'un par rapport à l'autre, deux corps reliés par un seul point.

PIVOTER v.i. **1.** Tourner sur un pivot, autour d'un axe ; tourner sur soi-même. **2.** BOT. S'enfoncer verticalement dans la terre.

PIXEL n.m. (contraction de l'angl. *picture element*). TECHN. Le plus petit élément de teinte homogène d'une image enregistrée (photographie, télévision, télécommunications).

PIZZA [pidza] n.f. (mot ital.). Galette de pâte à pain garnie de tomates, d'anchois, d'olives, de fromage, etc., cuite dans un four de boulanger. (Spécialité italienne.)

PIZZAIOLO [pidzajolo] n.m. [pl. *pizzaiolos* ou *pizzaioli*] (mot ital.). Personne qui confectionne les pizzas dans une pizzeria.

PIZZERIA [pidzerja] n.f. (mot ital.). Restaurant où l'on sert surtout des pizzas ; magasin dans lequel on vend des pizzas à emporter.

PIZZICATO [pidzikato] n.m. [pl. *pizzicatos* ou *pizzicati*] (mot ital.). Pincement des cordes d'un instrument à archet.

PJ ou **P.J.** n.f. (abrév.). Police judiciaire.

pK n.m. CHIM. Nombre sans dimension caractérisant le degré de dissociation ionique d'un électrolyte à une température donnée ; mesure de ce degré.

PLACAGE n.m. (de *plaquer*). **1.** Feuille de bois de faible épaisseur obtenue par tranchage ou par déroulage. **2.** Revêtement d'une matière commune par une matière précieuse ou plus dure. – *Spécial.* Revêtement de certains meubles par des feuilles collées de bois de belle qualité. *Placage en acajou.* **3.** SPORTS. Plaquage.

PLACARD n.m. (de *plaquer*). **1.** Assemblage de menuiserie fermé par une porte et occupant génér. une encoignure ou un renfoncement. *Placard à balais.* **2.** *Fam.* Poste dépourvu de responsabilité où l'on relègue qqn, dans une entreprise, une administration. *Un placard doré.* **3.** Avis affiché publiquement. ◇ *Placard publicitaire :* annonce publicitaire occupant une surface importante, dans un journal, une revue. **4.** IMPRIM. Épreuve en colonnes, pour les corrections.

PLACARDER v.t. Afficher un texte imprimé, une affiche sur les murs.

PLACARDISER v.t. *Fam.* Mettre qqn au placard ; écarter, reléguer.

PLACE n.f. (lat. *platea,* rue large). **1.** Espace qu'occupe ou que peut occuper qqn, qqch. ◇ *Sur place :* à l'endroit même dont il est question. – *Demeurer en place :* ne pas bouger. – *Ne pas tenir en place :* s'agiter sans cesse. – *Être en place,* à l'endroit convenable pour fonctionner, entrer en action. – *Mise en place :* installation préliminaire à une action, à une activité donnée. – *Faire place à :* être remplacé par. – *Prendre la place de :* être substitué à. – *À la place de :* au lieu de. – *À votre place :* si j'étais dans votre cas. **2.** Rang obtenu dans un classement ; rang qu'une personne ou une chose doit occuper. *Rester à sa place.* ◇ *Remettre qqn à sa place,* le rappeler aux convenances, le réprimander. – *Tenir sa place :* remplir convenablement sa fonction, son rôle. **3.** Rang dans une file d'attente. *Je te garde ta place.* **4.** Emplacement réservé à un voyageur dans un moyen de transport, à un spectateur dans une salle. **5.** Emplacement pour garer une voiture. ◇ TRANSP. Vieilli. *Voiture de place :* voiture de louage avec chauffeur, sorte de taxi de luxe payé au forfait pour une course. **6.** Emploi rémunéré. *Perdre sa place.* ◇ *Homme en place,* qui occupe une fonction qui lui donne de la considération. **7.** ÉCON. *Place financière, place commerciale :* lieu de cotation, de négociation, ville où fonctionne une Bourse ; ensemble des négociants, des banquiers d'une telle ville. – *Chèque hors place,* dont le tireur et le bénéficiaire sont titulaires de comptes dans des banques ne relevant pas de la même chambre de compensation (par oppos. à *chèque sur place*). **8.** Espace public découvert, dans une agglomération. ◇ FORTIF. Anc. *Place d'armes :* lieu de rassemblement des troupes dans une ville de garnison. **9.** *Place forte,* ou *place :* ville défendue par des fortifications ; ville de garnison. – *Entrer dans la place :* s'introduire dans un milieu, en partic. dans un milieu fermé. – *Être maître de la place :* agir en maître.

PLACÉ, E adj. **1.** *Être bien, mal placé :* être dans une situation favorable, défavorable. **2.** *Personne haut placée,* qui a une position sociale ou hiérarchique élevée, une fonction importante. **3.** TURF. *Cheval placé :* cheval qui arrive dans les trois premiers d'une course de plus de sept concurrents ou dans les deux premiers d'une course de quatre à sept concurrents.

PLACEBO [plasebo] n.m. (mot lat., *je plairai*). MÉD. Substance et, par ext., traitement pouvant améliorer des symptômes chez certains malades, mais sans activité thérapeutique reconnue scientifiquement autre que psychologique. – *Péjor.* Traitement que l'on juge inefficace. ◇ *Effet placebo :* action bénéfique d'un placebo ; *par ext.,* toute action thérapeutique d'origine psychologique. *L'effet placebo d'une visite chez le médecin.*

PLACEMENT n.m. **1.** Action de placer de l'argent ; capital ainsi placé ; investissement. **2.** Action de procurer un emploi à qqn. *Bureau de placement.* **3.** Action de mettre selon un certain ordre.

PLACENTA [plasɛ̃ta] n.m. (mot lat., *galette*). **1.** Organe reliant l'embryon à l'utérus maternel pendant la gestation ou la grossesse. **2.** BOT. Région de l'axe ou de la paroi de l'ovaire où sont fixés les ovules.

PLACENTAIRE adj. Relatif au placenta. ◆ n.m. ZOOL. Euthérien.

PLACENTATION n.f. **1.** Formation du placenta chez les animaux. **2.** BOT. Disposition des ovules dans l'ovaire des plantes à fleurs.

1. PLACER v.t. [9]. **1.** Mettre à une certaine place, à un endroit déterminé. *Placer les invités à table. Placer des livres dans une bibliothèque.* ◇ MUS. *Placer sa voix,* lui donner le registre et le timbre qui conviennent le mieux à sa propre tessiture. **2.** Assigner une place, un rang à. *Placer son intérêt au-dessus de tout.* **3.** Procurer un emploi à. *L'école place ses anciens élèves à la fin de leur cycle d'études.* **4.** Introduire dans un récit, une conversation. *Placer un bon mot.* ◇ *Fam.* (Souvent en tournure négative.) *En placer une :* intervenir dans une conversation ; répliquer à un interlocuteur. **5.** Mettre de l'argent, des fonds dans une entreprise ; investir dans l'intention de faire fructifier. **6.** Vendre qqch à qqn ou le lui faire adopter. *Les grossistes ont du mal à placer leurs stocks.* ◆ **se placer** v.pr. **1.** Prendre un certain rang. *Se placer parmi les premiers.* **2.** *Fam.* Se mettre en bonne position pour réussir ; se faire valoir avec une habileté quelque peu retorse. *Elle sait se placer.*

2. PLACER [plasɛr] n.m. (mot esp.). Gisement sédimentaire détritique de minéraux lourds ou précieux (or, platine, diamant, gemmes, par ex.), le plus souvent alluvionnaire.

PLACET [plasɛ] n.m. (mot lat., *il plaît*). **1.** DR. Copie de l'assignation contenant les prétentions du demandeur adressée au tribunal pour sa mise au rôle. SYN. : *réquisition d'audience.* **2.** Vx. Demande par écrit pour obtenir justice, solliciter une grâce, etc. **3.** Suisse. Partie d'un siège sur laquelle on s'assoit.

PLACETTE n.f. Petite place d'une ville.

PLACEUR, EUSE n. Personne qui place les spectateurs dans une salle de spectacle, qui indique à chacun son rang dans une cérémonie, etc.

PLACIDE adj. (lat. *placidus*). Qui garde son calme en toute circonstance ; paisible, serein.

PLACIDEMENT adv. Avec placidité.

PLACIDITÉ n.f. Caractère placide ; sérénité.

PLACIER n.m. **1.** Représentant qui prospecte la clientèle et vend les articles à domicile. **2.** Personne qui loue les places d'un marché public aux commerçants et aux forains.

PLACODERME n.m. PALÉONT. Poisson cartilagineux de l'ère primaire au corps recouvert d'une cuirasse articulée. (Long. jusqu'à 6 m. Les placodermes forment une sous-classe.)

PLACOPLÂTRE n.m. (nom déposé). Matériau de construction constitué de panneaux standardisés de plâtre coulé entre deux feuilles de carton.

PLACOTAGE n.m. Québec. *Fam.* Bavardage.

PLACOTER v.t. et v.i. (p.-ê. de *clapoter*). Québec. *Fam.* Dire, raconter ; bavarder.

P

PLAÇURE n.f. REL. Ensemble des opérations qui, après la pliure, complètent les cahiers en y ajoutant des hors-texte et des gardes.

PLAFOND n.m. (de *plat* et *fond*). **1.** Surface horizontale formant la partie supérieure d'une pièce, d'un lieu couvert, d'un véhicule, etc. ◇ *Faux plafond :* second plafond placé au-dessous d'un plafond, pour permettre la circulation de fluides, le passage de gaines et de réseaux divers. – *Plafond flottant,* indépendant de l'ossature du plancher et servant notamm. à diminuer la transmission des bruits. **2.** Peinture décorant un plafond. **3.** Limite supérieure d'une vitesse, d'une valeur, etc. *Prix plafond.* ◇ *Fam. Crever le plafond :* dépasser la limite normale. – *Spécial.* Limite supérieure de l'assiette des cotisations de la Sécurité sociale ou d'un régime complémentaire. **4. a.** Altitude maximale que peut atteindre un aéronef. **b.** *Plafond nuageux :* hauteur moyenne de la base des nuages au-dessus du sol.

PLAFONNAGE n.m. Action de plafonner.

PLAFONNÉ, E adj. *Salaire plafonné :* fraction maximale d'un salaire soumise aux cotisations de la Sécurité sociale.

PLAFONNEMENT n.m. État de ce qui atteint sa limite supérieure. *Plafonnement des prix.*

PLAFONNER v.i. Atteindre sa vitesse, sa valeur, sa hauteur maximale. *Cette voiture plafonne à 180 km/h. Les salaires, les ventes plafonnent.* ◆ v.t. Exécuter le plafond d'une pièce.

PLAFONNEUR n.m. Plâtrier spécialisé dans la réalisation des plafonds.

PLAFONNIER n.m. Système d'éclairage fixé au plafond d'une pièce, d'un véhicule, etc.

PLAGE n.f. (ital. *piaggia*). **1.** Étendue de sable ou de galets au bord de la mer, sur la rive d'un cours d'eau, d'un lac. **2.** Station balnéaire. *Les plages bretonnes.* **3.** Surface délimitée d'une chose, d'un lieu, etc. *Plage arrière d'un pont de navire.* ◇ *Plage arrière d'une voiture :* tablette située sous la lunette arrière. – *Plage d'un disque :* partie de l'enregistrement figurant sur l'une des faces d'un disque, qui correspond à une œuvre ou à un extrait d'œuvre. **4.** Laps de temps, durée limitée. *Des plages musicales dans un programme de radio.* **5.** Écart entre deux mesures, deux possibilités. *Une plage très étroite.*

PLAGIAIRE n. (lat. *plagiarius,* du gr.). Personne qui plagie les œuvres des autres ; démarqueur.

PLAGIAT n.m. Action de plagier qqch ou qqn ; copie.

PLAGIER v.t. [5]. Piller les œuvres d'autrui en donnant pour siennes les parties copiées.

PLAGIOCLASE n.m. (gr. *plagios,* oblique, et *klasis,* brisure). MINÉRALOG. Feldspath le plus courant, contenant du calcium et du sodium, qui est le minéral essentiel des roches magmatiques.

PLAGISTE n. Personne qui s'occupe de la location et de l'entretien des cabines, des parasols, des matelas, etc., sur une plage.

1. PLAID [plɛ] n.m. (lat. *placitum,* ce qui est conforme à la volonté). HIST. Assemblée des grands (comtes et évêques) à l'époque franque ; sa décision, son jugement.

2. PLAID [plɛd] n.m. (mot angl.). **1.** Couverture de voyage à carreaux. **2.** Grande pièce de tissu de laine à carreaux, qui tient lieu de manteau dans le costume national écossais.

PLAIDABLE adj. Qui peut être plaidé.

PLAIDANT, E adj. Qui plaide.

PLAIDER v.t. (de *1. plaid*). **1.** Défendre oralement en justice la cause d'une partie. ◇ ***Plaider coupable*** : se défendre en admettant sa culpabilité. **2.** Exposer dans sa plaidoirie. *Plaider la légitime défense.* ◇ ***Plaider le faux pour savoir le vrai*** : dire qqch qu'on sait faux pour amener qqn à dire la vérité. ◆ v.i. **1.** Défendre une partie, une cause, un accusé devant une juridiction. *L'avocat plaide.* ◇ ***Plaider contre qqn,*** soutenir contre lui une action en justice. **2.** ***Plaider pour, en faveur de qqn, qqch,*** être à son avantage. *Son passé plaide en sa faveur.*

PLAIDEUR, EUSE n. Personne qui plaide sa cause dans un procès, qui est en procès.

PLAIDOIRIE n.f. Exposé oral d'un avocat visant, dans une affaire pénale, à défendre un prévenu ou un accusé et, plus génér., à soutenir une cause devant un tribunal.

P

PLAIDOYER n.m. (de *1. plaid*). **1.** Discours prononcé devant un tribunal pour défendre une cause. **2.** Défense d'une opinion, d'une personne, etc.

PLAIE n.f. (lat. *plaga,* coup). **1.** Rupture de la continuité de la peau, provoquée en partic. par un agent extérieur mécanique ; lésion d'un viscère sous-jacent à cette rupture. *Une plaie au poignet.* **2.** *Fig., litt.* Cause de douleur, de chagrin. ◇ ***Mettre le doigt sur la plaie*** : trouver exactement où est le mal. – ***Remuer, retourner, enfoncer le fer*** ou ***le couteau dans la plaie*** : insister lourdement sur un sujet douloureux. **3.** Personne ou événement désagréables. *Quelle plaie, cette pluie !*

PLAIGNANT, E n. et adj. Personne qui dépose une plainte contre une autre, ou qui fait un procès à qqn.

PLAIN, E adj. (lat. *planus*). HÉRALD. Se dit d'un écu d'un seul émail, sans meubles.

PLAIN-CHANT n.m. (pl. *plains-chants*). Chant d'église médiéval à une voix, de rythme libre, récité, mélodique ou orné.

PLAINDRE v.t. [62] (lat. *plangere*). Éprouver de la compassion pour qqn. *Je ne le plains pas, il l'a cherché !* ◇ ***Être, ne pas être à plaindre*** : mériter ou non la compassion des autres. – Vieilli. ***Ne pas plaindre sa peine, son temps*** : se dépenser sans compter. ◆ **se plaindre** v.pr. **1.** Exprimer sa souffrance ; se lamenter. **2.** Manifester son mécontentement. *Elle se plaint surtout du bruit.*

PLAINE n.f. (du lat. *planus,* uni). **1.** Étendue plate, aux vallées peu enfoncées. *La plaine d'Alsace.* **2.** HIST. ***La Plaine*** : *v. partie n.pr.* le Marais.

PLAIN-PIED (DE) loc. adv. **1.** Au même niveau. *Deux pièces de plain-pied.* **2.** Sur un pied d'égalité. *Se sentir de plain-pied avec qqn.*

PLAINTE n.f. **1.** Parole, cri, gémissement provoqués par une douleur physique ou morale. **2.** Mécontentement que l'on exprime ; récrimination. **3.** Dénonciation en justice d'une infraction par la personne qui en a été la victime. *Porter plainte. Déposer une plainte contre qqn.*

PLAINTIF, IVE adj. Qui a l'accent d'une plainte. *Voix, ton plaintifs.*

PLAINTIVEMENT adv. D'une voix plaintive.

PLAIRE v.i. ou v.t. ind. **(à)** [90] (lat. *placere*). Être agréable, exercer de l'attrait, un charme sur qqn ; provoquer de l'intérêt. *Elle fait tout pour plaire. Cette peinture me plaît beaucoup.* ◇ ***Comme il vous plaira*** : selon vos désirs. – Suisse. ***À bien plaire*** : à l'amiable. ◆ v. impers. ***S'il te plaît, s'il vous plaît*** : formule de politesse exprimant une demande, un ordre. – ***Plaît-il ?*** : formule de politesse pour faire répéter ce qu'on a mal entendu. – *Litt.* ***Plût, plaise au ciel que*** : formules de souhait ou de regret. ◆ **se plaire** v.pr. **1.** Se convenir, s'aimer l'un l'autre. *Ils se plaisent beaucoup.* **2.** Prendre plaisir à faire qqch, à se trouver quelque part. **3.** Prospérer, en parlant des végétaux, des animaux. *Cette plante se plaît à l'ombre.*

PLAISAMMENT adv. De façon plaisante.

PLAISANCE n.f. **1.** ***De plaisance*** : que l'on utilise ou que l'on pratique pour l'agrément, pendant les loisirs. *Bateau, navigation de plaisance.* **2.** ***La plaisance*** : la navigation de plaisance.

PLAISANCIER, ÈRE n. Personne qui pratique la navigation de plaisance.

PLAISANT, E adj. Qui procure de l'agrément ; qui fait rire ; drôle. ◆ n.m. **1.** ***Le plaisant de*** : le côté amusant, curieux de qqch. **2.** ***Mauvais plaisant*** : personne qui aime jouer de mauvais tours, faire de mauvaises farces.

PLAISANTER v.i. **1.** Dire des choses drôles ; ne pas parler sérieusement. *Elle plaisante tout le temps. Cette fois, je ne plaisante pas !* **2.** Faire des choses avec l'intention de faire rire ou par jeu. ◇ ***Ne pas plaisanter avec, sur qqch,*** être très strict sur ce chapitre. ◆ v.t. Se moquer gentiment de qqn.

PLAISANTERIE n.f. **1.** Chose que l'on dit ou que l'on fait pour amuser. ◇ ***Comprendre la plaisanterie,*** ne pas s'en irriter, accepter qu'on plaisante sur soi. **2.** Chose ridicule ou très facile à faire. *Faire cela, c'est une plaisanterie pour elle !*

PLAISANTIN n.m. **1.** Personne qui aime plaisanter, faire rire. **2.** *Péjor.* Personne peu sérieuse, en qui on ne peut avoir confiance.

PLAISIR n.m. (du lat. *placere,* plaire). **1.** État de contentement que crée chez qqn la satisfaction d'une tendance, d'un besoin, d'un désir ; bien-être. *J'ai lu ce roman avec plaisir. Le plaisir et la douleur.* ◇ ***Faire plaisir à qqn,*** lui être agréable. – ***Avec plaisir*** : volontiers. – ***À plaisir*** : par caprice. – ***Avoir, mettre, prendre un malin plaisir à*** : faire qqch en se réjouissant de l'inconvénient qui en résultera pour autrui. – ***Au plaisir (de vous revoir)*** : formule d'adieu. – ***Fais-moi le plaisir de...*** : formule pour demander ou ordonner qqch. – ***Je vous souhaite bien du plaisir*** : se dit ironiquement à qqn qui va faire qqch de difficile, de désagréable. – HIST. ***Car tel est notre bon plaisir*** : sous l'Ancien Régime, formule terminale des actes royaux pour affirmer le pouvoir du roi. **2.** Ce qui plaît, ce qui procure à qqn un sentiment de contentement. **3.** ***Le plaisir*** : le plaisir des sens ; *spécial.,* jouissance, satisfaction sexuelle. **4.** PSYCHAN. ***Principe de plaisir*** : principe régissant le fonctionnement psychique, selon lequel l'activité psychique a pour but d'éviter le déplaisir et de procurer le plaisir (par oppos. à ***principe de réalité***).

1. PLAN n.m. (lat. *planum*). **1.** Représentation graphique d'un ensemble de constructions, d'un bâtiment, d'une machine, etc. *Dessiner les plans d'une maison.* – Représentation à différentes échelles d'une ville, d'un quartier, etc. *Le plan de Marseille.* ◇ ***Plan d'occupation des sols (POS)*** : document d'urbanisme fixant les conditions d'affectation et d'utilisation des sols dans une commune. – ***Plan d'alignement*** : document qui fixe ou modifie les limites des voies publiques. **2.** Surface plane. ◇ ***Plan de travail*** : surface horizontale formant table. – ***Plan de cuisson*** : plaque encastrable supportant des brûleurs à gaz ou des plaques électriques. **3.** ***Plan d'eau*** : étendue d'eau sur laquelle on peut, notamm., pratiquer les sports nautiques. **4.** GÉOMÉTR. Surface illimitée qui contient toute droite joignant deux de ses points. – Espace affine de dimension 2. **5. a.** Projet élaboré avant une réalisation. *Faire le plan d'un voyage.* ◇ ***Dresser des plans*** : faire des projets. – Belgique. ***Tirer son plan*** : se débrouiller. **b.** *Fam.* Projet d'activité, de loisir, génér. concerté. *Avoir un plan ciné.* **c.** Disposition générale d'un ouvrage. *Plan d'une tragédie.* ◇ ***Laisser en plan*** : laisser inachevé ; abandonner. **6.** Aspect sous lequel on considère qqn, qqch. *Sur tous les plans.* **7.** ***Sur le même plan*** : au même niveau. – ***Sur le plan, au plan de*** : du point de vue de. *Sur le plan esthétique, spirituel, pratique.* **8.** AVIAT. ***Plan de vol*** : document écrit par le pilote d'un avion avec des indications sur l'itinéraire, l'altitude, etc. **9.** Ensemble des mesures gouvernementales prises en vue de planifier l'activité économique. *Plan quinquennal.* **10.** ***Plan comptable*** : document qui fixe les règles et les principes en matière de comptes des entreprises ; liste et classification des comptes. – ***Plan social*** : ensemble des mesures qu'un employeur doit prendre, dans le cadre d'un projet de licenciements pour motif économique, afin d'éviter les licenciements ou d'en limiter le nombre et afin de favoriser le reclassement des salariés dont le licenciement ne pourrait être évité. **11.** ***Premier plan*** : ce qui se trouve le plus près de l'observateur, dans un paysage, un tableau, une photographie (par oppos. à ***arrière-plan***). – ***Second plan*** : ce qui se trouve derrière les éléments du premier plan. **12.** CINÉMA. **a.** Suite continue d'images enregistrées par la caméra au cours d'une même prise. ◇ ***Plan fixe*** : plan enregistré par une caméra immobile. **b.** Façon de cadrer la scène filmée. ◇ ***Plan général,*** qui montre la totalité d'un paysage ou un large espace. – ***Plan d'ensemble,*** qui montre le lieu de l'action. – ***Plan moyen,*** qui montre un ou plusieurs personnages en pied. – ***Plan américain,*** où le personnage est cadré à mi-cuisse. – ***Plan rapproché,*** où le personnage est cadré à la hauteur de la taille ou de la poitrine. – ***Gros plan,*** qui montre un visage ou un objet.

2. PLAN, E adj. (lat. *planus*). **1.** Sans inégalités de niveau ; plat, uni. *Miroir plan.* **2.** Se dit d'une surface ou d'une figure dont tous les points sont dans un même plan. **3.** ***Géométrie plane*** : étude des figures planes.

PLANAGE n.m. TECHN. Action de planer qqch.

PLANAIRE n.f. (lat. sc. *planarius,* plat). Ver plat aquatique, libre et non annelé, à bouche ventrale, à pouvoir de régénération très développé. (Les formes marines sont souvent très colorées. Classe des turbellariés.)

PLANANT, E adj. **1.** *Fam.* Qui fait planer, qui met dans un état de bien-être. **2.** Se dit d'un genre de musique pop, d'origine anglaise ou allemande, joué fréquemment à l'aide d'instruments électroniques, en vogue dans les années 1970, proche de la musique psychédélique et privilégiant les pièces longues aux atmosphères oniriques.

PLANARISATION n.f. (de *Planar,* nom déposé). ÉLECTRON. Ensemble des techniques permettant de réaliser les dispositifs semi-conducteurs sur des épaisseurs de matériau ne dépassant pas quelques millièmes de millimètre.

PLANCHE n.f. (bas lat. *planca*). **1.** Pièce de bois sciée, nettement plus large qu'épaisse. *Assembler, raboter des planches.* ◇ ***Planche à repasser*** : planche recouverte de tissu, souvent montée sur pieds et dont une extrémité est arrondie, utilisée pour repasser. – ***Planche à dessin*** : plateau de

■ **PLAN.** Échelle des plans : les cadrages possibles d'une scène de film (*Rio Lobo,* H. Hawks, 1970).

■ **PLANCHE.** Planches à voile.

bois plan, sur lequel les dessinateurs fixent leur papier ; table de dessinateur dont l'élément essentiel est constitué par un tel plateau, le plus souvent inclinable. — *Planche à découper, à pain, à pâtisserie* : tablette de bois pour couper la viande, le pain, pétrir la pâte, etc. — *Faire la planche* : rester étendu à la surface de l'eau sur le dos et sans faire de mouvements. **2. a.** *Planche à roulettes* : planche montée sur quatre roues, sur laquelle on se déplace, on exécute des sauts, des figures, etc. ; sport ainsi pratiqué. SYN. : *skateboard.* **b.** *Planche à voile* : flotteur plat muni d'une voile fixée à un mât articulé, utilisé pour la voile de loisir ou de compétition ; sport ainsi pratiqué. **c.** Québec. *Planche à neige* : surf des neiges. **d.** *Planche d'appel* : planche de niveau avec la piste d'élan, à partir de laquelle les sauteurs (saut en longueur, triple saut) prennent leur appel et au-delà de laquelle le saut est dit « mordu ». **e.** *Planche de bord* : élément d'habillage placé dans l'habitacle d'une automobile, au-dessous du pare-brise, et qui supporte les organes de contrôle du fonctionnement et du déplacement du véhicule, ainsi que les appareils d'aide à la conduite. **3.** *Planche de salut* : dernier espoir, dernière ressource dans une situation désespérée. **4.** MAR. Passerelle jetée entre un navire et le quai près duquel il est accosté. ◇ *Jours de planche* : délai accordé au capitaine d'un navire pour charger ou décharger une cargaison. SYN. : *starie.* **5.** Illustration ou ensemble d'illustrations occupant dans un livre la plus grande partie ou la totalité d'une page. **6.** Plaque de métal, de bois, etc., sur laquelle on effectue un travail de gravure pour en tirer des estampes ; chacune de ces estampes. **7.** *Planche à billets* : plaque gravée sur laquelle on tire les billets de banque. — *Fam. Faire marcher la planche à billets* : multiplier les billets de banque en circulation, en provoquant l'inflation. **8.** Portion de jardin affectée à une culture. *Une planche de salades.* ◆ pl. *Les planches* : le théâtre, la scène.

PLANCHE-CONTACT n.f. (pl. *planches-contacts*). Tirage par contact de toutes les vues d'un film sur une même feuille de papier sensible.

PLANCHÉIAGE n.m. CONSTR. **1.** Revêtement de sol en planches. **2.** Garniture de planches.

PLANCHÉIER v.t. [5]. Garnir d'un plancher, de planches.

1. PLANCHER n.m. **1. a.** Élément de construction horizontal entre deux étages d'une maison, d'un bâtiment, etc. **b.** Sol d'une pièce d'habitation. ◇ *Fam. Débarrasser le plancher* : partir. — *Fam. Le plancher des vaches* : la terre ferme. **c.** *Plancher technique* : faux plancher formant des caissons utilisés pour le passage de gaines et de canalisations diverses. **2.** Paroi inférieure d'un véhicule. ◇ *Fam. Avoir le pied au plancher* : accélérer au maximum. **3.** (Souvent en appos.) Niveau minimal, seuil inférieur. *Des prix planchers.*

2. PLANCHER v.i. **1.** *Arg. scol.* Être interrogé à un examen ; faire un exposé. **2.** *Fam.* Travailler sur un texte. *Plancher sur un rapport.*

PLANCHETTE n.f. **1.** Petite planche. **2.** Petite table pour lever les plans.

PLANCHISTE n. Personne qui pratique la planche à voile. SYN. : *véliplanchiste.*

PLANÇON ou **PLANTARD** n.m. (de *planter*). SYLVIC. Branche ou tige d'osier, de saule ou de peuplier utilisée comme bouture.

PLAN-CONCAVE adj. (pl. *plan-concaves*). OPT. Dont une face est plane et l'autre concave.

PLAN-CONVEXE adj. (pl. *plan-convexes*). OPT. Dont une face est plane et l'autre convexe.

PLANCTON n.m. (du gr. *plagkton,* qui erre). Ensemble des êtres de très petite taille en suspension dans la mer ou dans l'eau douce (par oppos. à *necton*).

PLANCTONIQUE adj. Relatif au plancton.

PLANE n.f. Outil à lame concave muni de deux poignées à ses extrémités, servant à dégrossir les pièces de bois.

PLANÉ adj.m. *Fam. Faire un vol plané,* une chute par-dessus qqch.

PLANÉITÉ n.f. Caractère d'une surface plane.

PLANELLE n.f. (du lat. *planus*). Suisse. Carreau, brique de carrelage.

1. PLANER v.t. (bas lat. *planare,* unir). TECHN. Rendre plan, uni.

2. PLANER v.i. (du lat. *planus,* qui est à niveau). **1.** Se soutenir en l'air, les ailes étendues, sans mouvement apparent, en parlant d'un oiseau. **2.** Évoluer sous la seule sollicitation de son poids et des forces aérodynamiques, en parlant d'un planeur, d'un avion dont le moteur n'est pas en marche, ou de certains animaux (écureuils volants, par ex.). **3.** Flotter dans l'air. — *Fig.* Peser d'une manière plus ou moins menaçante. *Un mystère plane sur cette affaire.* **4.** *Fam.* Ne pas avoir le sens des réalités. **5.** *Fam.* Être dans un état de bien-être euphorique, en partic. du fait de l'absorption d'une drogue.

PLANÉTAIRE adj. **1.** Qui se rapporte aux planètes. *Mouvement planétaire.* — Qui a l'aspect d'une planète. *Nébuleuse planétaire.* ◇ *Système planétaire* : ensemble des planètes gravitant autour d'une étoile, en partic. du Soleil. **2.** Qui se comporte comme une planète. *Électron planétaire.* **3.** Relatif à la Terre entière ; mondial. *Un phénomène planétaire.* ◆ n.m. **1.** MÉCAN. INDUSTR. Pignon monté directement sur les arbres à commander, dans un mécanisme différentiel. **2.** Modèle réduit du système solaire, qui reproduit le mouvement des planètes.

PLANÉTAIREMENT adv. À l'échelle de la planète ; mondialement.

PLANÉTARISATION n.f. Propagation dans le monde entier d'un phénomène humain local.

PLANÉTARIUM [planetarjɔm] n.m. Installation qui représente les mouvements des astres sur une voûte hémisphérique, grâce à des projections lumineuses.

PLANÈTE n.f. (gr. *planêtês,* vagabond). **1.** Corps céleste non lumineux par lui-même, qui gravite autour d'une étoile, spécial. du Soleil. ◇ *Petite planète* : astéroïde. — *Planète inférieure, supérieure* : planète plus proche, plus éloignée du Soleil que la Terre. **2.** *La planète.* **a.** La Terre. **b.** *Fig.* Le petit monde, le domaine de. *La planète informatique.*

ENCYCL. On connaît autour du Soleil neuf planètes principales, qui sont, de la plus proche du Soleil à la plus éloignée : Mercure, Vénus, la Terre, Mars, Jupiter, Saturne, Uranus, Neptune et Pluton (→ *solaire*). Elles se répartissent en deux familles : près du Soleil, les planètes telluriques (Mercure, Vénus, la Terre, Mars), petites mais denses, dotées d'une croûte solide, et qui ont profondément évolué depuis leur formation ; plus loin du Soleil, les planètes géantes (Jupiter, Saturne, Uranus et Neptune), nettement plus massives et plus volumineuses, mais peu denses et dont l'atmosphère, à base d'hydrogène et d'hélium, a gardé une composition très proche de celle de la nébuleuse dont elles sont issues. Pluton, encore mal connue, paraît s'apparenter aux planètes telluriques par ses dimensions et aux planètes géantes par sa densité. Le système solaire renferme aussi une multitude d'astéroïdes. Un très grand nombre d'étoiles possèdent vraisemblablement des planètes, mais, avec les moyens actuels, celles-ci ne peuvent être détectées que par des méthodes indirectes. On pense avoir découvert un système planétaire en formation autour de l'étoile β *Pictoris,* distante de 53 années de lumière, et l'on suspecte auj. la présence de planètes autour de plusieurs dizaines d'étoiles.

PLANÉTOLOGIE n.f. Science qui a pour objet l'étude des planètes.

PLANEUR n.m. Aéronef sans moteur qui vole en utilisant les courants atmosphériques.

PLANEUSE n.f. TECHN. Machine à dresser mécaniquement les tôles.

PLANÈZE n.f. (mot auvergnat). Plateau basaltique très plat et à faible pente, qui résulte de l'érosion de coulées sur les flancs d'un volcan. *La planèze de Saint-Flour.*

PLANIFIABLE adj. Qui peut être planifié.

PLANIFICATEUR, TRICE adj. et n. Qui s'occupe de planification.

PLANIFICATION n.f. **1.** Action de planifier. **2.** Encadrement du développement économique d'un pays par les pouvoirs publics. **3.** *Planification familiale* : ensemble des méthodes permettant aux parents de décider du nombre et de l'espacement des naissances, et en partic. des méthodes permettant d'éviter la grossesse ; utilisation ou organisation de ces méthodes.

PLANIFIER v.t. [5]. Organiser, régler selon un plan le développement de. *Planifier l'économie.*

PLANIMÉTRAGE n.m. Mesure d'une aire à l'aide d'un planimètre.

PLANIMÈTRE n.m. Instrument qui sert à mesurer les aires des surfaces planes sur une carte ou sur un plan.

PLANIMÉTRIE n.f. TOPOGR. Détermination de la projection, sur un plan horizontal, de chaque point d'un terrain dont on veut lever le plan.

PLANIMÉTRIQUE adj. Relatif à la planimétrie.

PLANIPENNE n.m. Insecte aux ailes finement nervurées et ramenées par-dessus le corps au repos, tel que le fourmilion. (Les planipennes forment un ordre.)

PLANISPHÈRE n.m. Carte représentant les deux hémisphères terrestres ou célestes. — Carte représentant les deux hémisphères d'un astre autre que la Terre. *Planisphère de la Lune, de Mars.*

PLAN-MASSE n.m. (pl. *plans-masses*). ARCHIT. Plan de *masse.

PLANNING [planiŋ] n.m. (mot angl.). **1.** Plan de travail détaillé ; plan de production, de fabrication. **2.** (Anglic. déconseillé). *Planning familial* : planification familiale.

PLANOIR n.m. Ciselet à bout aplati.

PLANORBE n.f. (lat. sc. *planorbis*). Mollusque gastéropode pulmoné des eaux douces calmes, dont la coquille est enroulée dans un plan. (Diamètre 3 cm env.)

PLAN-PLAN adj. inv. *Fam., péjor.* Se dit de qqn de très attaché à son confort, qui mène une vie tranquille. — Se dit d'une chose sans intérêt, sans relief, sans originalité. *Un film plan-plan.*

PLANQUE n.f. *Fam.* **1.** Cachette. **2.** Situation où l'on est à l'abri, où l'on ne court pas de risque (en partic. en temps de guerre). **3.** Emploi bien rémunéré et où le travail est facile.

PLANQUÉ, E n. *Fam.* Personne qui a trouvé une planque.

PLANQUER v.t. *Fam.* Mettre à l'abri ; cacher. *Planquer ses économies.* ◆ v.i. *Arg.* Se cacher pour surveiller, épier ; être en faction. ◆ **se planquer** v.pr. *Fam.* Se mettre à l'abri ; se cacher.

PLAN-RELIEF n.m. (pl. *plans-reliefs*). Maquette représentant en élévation et à échelle réduite une ville, une place forte.

PLAN-SÉQUENCE n.m. (pl. *plans-séquences*). CINÉMA. Suite continue d'images correspondant à une séquence ou à une scène entière, génér. longue, filmée sans arrêter la caméra.

PLANSICHTER [plɑ̃siʃtɛr] n.m. (all. *Plan,* plan, et *Sichter,* blutoir). Appareil servant à trier par tamisage, selon leur grosseur, les produits de la mouture des grains de blé.

PLANT n.m. (de *planter*). Jeune plante que l'on vient de planter ou que l'on doit repiquer.

PLANTAGE n.m. **1.** *Fam.* Erreur, faute. *Un plantage dans les calculs.* **2.** *Fam.* Échec total. *Un plantage aux élections.* **3.** Suisse. Jardin potager.

1. PLANTAIN n.m. (lat. *plantago*). **1.** Plante à feuilles ovales en rosette, aux fleurs minuscules

■ **PLANTAIN**

en épis cylindriques, et dont les graines servent à nourrir les oiseaux en cage. (Famille des plantaginacées.) **2.** *Plantain d'eau* : plante des étangs de l'hémisphère Nord tempéré, à fleurs blanches. (Genre *Alisma* ; famille des alismatacées.) SYN. : *alisma, flûteau.*

2. PLANTAIN n.m. (esp. *plátano,* banane). Bananier dont le fruit *(banane plantain)* est consommé cuit comme légume.

PLANTAIRE adj. Relatif à la plante du pied.

PLANTARD n.m. → **PLANÇON.**

PLANTATION n.f. **1.** Action de planter ; manière de planter ou d'être planté. **2.** Ensemble de végétaux plantés en un endroit ; terrain planté. **3.** Grande exploitation agricole des pays tropicaux. *Une plantation de caféiers.*

1. PLANTE n.f. (lat. *planta*). **1.** Tout végétal pluricellulaire vivant fixé en terre et dont la partie supérieure s'épanouit dans l'air ou dans l'eau douce. *Racines, tige, feuillage d'une plante.* **2.** Végétal de petite taille ou dont la partie principale ne se transforme pas en matière ligneuse (par oppos. à *arbre*). **3.** *Fam. Une belle plante* : une belle femme, d'allure saine et vigoureuse.

2. PLANTE n.f. ANAT. *Plante du pied,* ou *plante* : face inférieure du pied.

PLANTER v.t. **1.** Mettre en terre une plante, un arbrisseau, un tubercule, une bouture pour qu'ils s'y développent. **2.** Garnir un lieu d'arbres, de végétaux. *Avenue plantée d'arbres.* **3.** Enfoncer dans une matière plus ou moins dure. *Planter un piquet.* **4.** Poser, placer debout, installer. *Planter une tente, le décor d'un film.* **5.** *Fam.* Abandonner, quitter brusquement. *Elle m'a planté là, au coin de la rue.* **6.** *Planter ses yeux, son regard sur qqn,* le fixer avec insistance. ◆ **se planter** v.pr. **1.** Se camper debout et immobile. *Il s'est planté devant moi.* **2.** *Fam.* Percuter accidentellement qqch ; avoir un accident de voiture, de moto, etc. **3.** *Fam.* **a.** Faire une erreur, se tromper. *Elle s'est plantée dans ses prévisions.* **b.** Subir un échec. *Il a essayé de monter une affaire, mais il s'est planté.* ◆ **se planter** v.pr. ou **planter** v.i. *Fam.* Cesser de fonctionner, en parlant d'un ordinateur, d'un logiciel.

PLANTEUR n.m. **1.** Propriétaire d'une plantation, dans les pays tropicaux. **2.** *Punch planteur,* ou *planteur* : cocktail à base de rhum, de sirop de canne et de jus de fruits.

PLANTEUSE n.f. Machine agricole utilisée pour planter les pommes de terre.

PLANTIGRADE adj. et n.m. Se dit d'un mammifère qui marche sur toute la plante des pieds, et non sur les seuls doigts. (L'ours est un plantigrade.)

PLANTOIR n.m. Outil formé d'un cylindre terminé par un cône métallique, servant à faire des trous dans la terre pour y mettre des plants.

PLANTON n.m. (de *planter*). **1.** Personne (soldat, en partic.) qui assure des liaisons entre différents services. ◇ *Fam. Faire le planton* : attendre debout assez longtemps. **2.** Afrique. Garçon de bureau. **3.** Suisse. Plant destiné à être repiqué.

PLANTULE n.f. Embryon d'une plante contenu dans la graine ; germe.

PLANTUREUSEMENT adv. En abondance.

PLANTUREUX, EUSE adj. (anc. fr. *plentiveux,* du lat. *plenus,* plein). **1.** D'une grande abondance ; copieux. *Un dîner plantureux.* **2.** Bien en chair ; épanoui. *Elle a des formes plantureuses.* **3.** *Litt.* Fertile. *Une vallée plantureuse.*

PLAQUAGE n.m. **1.** Action de plaquer une surface, de la recouvrir d'un placage. **2.** SPORTS. Au rugby, action de plaquer. SYN. : *placage.*

PLAQUE n.f. **1.** Élément d'une matière quelconque, plein, relativement peu épais par rapport à sa surface, et rigide. *Plaque de marbre. Plaque d'égout en fonte.* ◇ *Plaque de propreté* : plaque de matière plastique, de métal, etc., fixée sur une porte autour de la serrure pour protéger la peinture, le bois. – *Fam. Être, mettre à côté de la plaque* : se tromper, manquer le but. **2.** Pièce de métal portant une indication ; insigne de certaines professions, de certains grades. *Plaque d'immatriculation d'un véhicule. Plaque de garde-chasse.* **3.** Couche peu épaisse, plus ou moins étendue, de certaines matières. *Une plaque de verglas.* ◇ *Plaque à vent* : croûte de neige agglomérée par le vent, surmontant la neige poudreuse et dont l'instabilité peut provoquer une avalanche. – GÉOL. *Plaque lithosphérique,* ou *plaque* : unité structurale rigide, mais mobile, d'environ 100 km d'épaisseur, qui constitue avec d'autres unités semblables l'enveloppe rocheuse de la Terre. **4.** PHOTOGR. Lame de verre recouverte d'une émulsion sensible à la lumière. **5.** Foyer d'un appareil de cuisson électrique. – Plan ou table de cuisson. **6. a.** ÉLECTRON. Anode d'un tube électronique. **b.** *Plaque d'accumulateur* : électrode d'un accumulateur, constituée par un cadre inerte supportant une pâte de matière active. **7.** *Plaque tournante.* **a.** CH. DE F. Anc. Plateau circulaire horizontal pivotant sur un axe, utilisé pour diriger les véhicules ferroviaires vers une voie ayant une orientation différente de la voie d'arrivée ou pour changer l'orientation d'une locomotive. **b.** *Fig.,* mod. Centre de multiples opérations ; chose ou personne occupant une position centrale, à partir de laquelle tout rayonne. **8.** Suisse. *Plaque à gâteau* : moule à tarte. **9.** MÉD. Surface où siègent des lésions d'une maladie dermatologique ; tache cutanée. *Une plaque d'eczéma.* ◇ *Sclérose en plaques* → **sclérose. 10.** PHYSIOL. *Plaque motrice* : jonction entre la cellule nerveuse et la cellule du muscle strié squelettique, grâce à laquelle le message nerveux déclenche la contraction. **11.** *Plaque dentaire* : enduit constitué de salive, de débris alimentaires et de bactéries, qui se forme à la surface des dents et des gencives, et qui favorise la carie.

PLAQUÉ n.m. **1.** Métal commun recouvert d'or ou d'argent. *Montre en plaqué or.* SYN. : *doublé.* **2.** Bois recouvert d'une feuille de placage.

PLAQUEMINE n.f. BOT. Kaki.

PLAQUEMINIER n.m. (mot créole). Arbre au bois dur, noir et lourd, dont une espèce, originaire d'Asie, fournit le kaki. (Genre *Diospyros ;* famille des ébénacées.)

PLAQUE-MODÈLE n.f. (pl. *plaques-modèles*). MÉTALL. Plaque montée sur une machine à mouler et comportant la partie de modèle située du même côté de la surface de joint.

PLAQUER v.t. (moyen néerl. *placken,* coller). **1.** Appliquer fortement, étroitement contre qqch. *Le souffle de l'explosion l'a plaqué au mur.* **2.** Appliquer de manière à rendre plat et lisse. *Plaquer ses cheveux sur son front.* **3.** Au rugby, faire tomber un adversaire qui porte le ballon en le saisissant aux jambes ou par une partie du corps située sous les épaules (faute de quoi, le plaquage serait dit « dangereux » et donnerait lieu à une pénalité). **4.** *Plaquer un accord,* au piano, en jouer simultanément toutes les notes (par oppos. à *arpéger*). **5.** Recouvrir un métal commun d'une feuille mince de métal précieux. **6.** Appliquer des feuilles de bois précieux ou de belle qualité sur du bois ordinaire. **7.** *Fam.* Abandonner, quitter soudainement. *Elle l'a plaqué du jour au lendemain.*

PLAQUETTAIRE adj. HISTOL. Relatif aux plaquettes du sang. *Antiagrégant plaquettaire.*

PLAQUETTE n.f. **1.** Livre de faible épaisseur. *Une plaquette de poèmes.* – Brochure qui donne des informations sur un produit, un service, une société, etc. *Une plaquette publicitaire.* **2.** Petite plaque, de forme le plus souvent rectangulaire, de certaines substances, notamm. alimentaires. *Plaquette de beurre, de chocolat.* **3.** PHARM. Conditionnement de médicament, comportant une plaque munie d'alvéoles destinées à contenir chacune une unité de prise (comprimé, gélule, etc.). *Plaquette de pilules.* **4.** AUTOM. Pièce qui supporte la garniture de frein dans un frein à disque. *Changer les plaquettes.* **5.** Petite plaque métallique frappée, comme une médaille, en l'honneur d'un personnage, en souvenir d'un événement, etc. **6.** HISTOL. Petit élément du sang, fragment d'une cellule de la moelle osseuse, qui joue un rôle fondamental dans l'hémostase. SYN. : *thrombocyte.*

PLAQUEUR, EUSE n. Ouvrier, artisan qui réalise des travaux de placage.

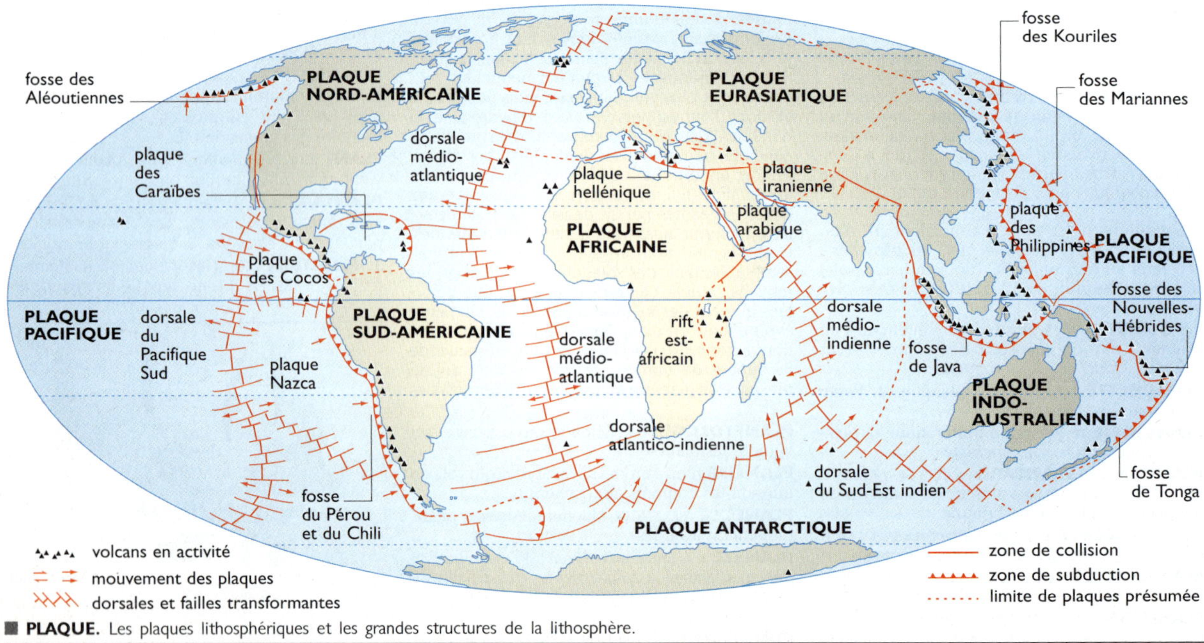

■ **PLAQUE.** Les plaques lithosphériques et les grandes structures de la lithosphère.

PLASMA n.m. (mot gr., *ouvrage façonné*). **1.** BIOCHIM. Partie liquide du sang, dans laquelle les éléments cellulaires (globules rouges, globules blancs, plaquettes) sont en suspension. **2.** PHYS. Fluide composé de molécules gazeuses, d'ions et d'électrons. (On estime que 99 % de la matière de l'Univers est sous forme de plasma.)

PLASMAPHÉRÈSE n.f. Technique de prélèvement sanguin consistant à ne conserver que le plasma avant de restituer les cellules, par ex. pour transfuser ce plasma à des malades.

PLASMATIQUE adj. BIOCHIM. Relatif au plasma.

PLASMIDE n.m. GÉNÉT. Fragment d'ADN de certains micro-organismes (notamm. de bactéries), séparé et indépendant du fragment principal (chromosome).

PLASMIQUE adj. **1.** PHYS. Formé de plasma. **2.** BIOL. *Membrane plasmique :* membrane entourant la cellule vivante.

PLASMOCYTAIRE adj. Relatif au plasmocyte.

PLASMOCYTE n.m. HISTOL. Cellule du tissu lymphoïde provenant de la transformation d'un lymphocyte B, et spécialisée dans la sécrétion d'anticorps.

PLASMODE n.m. BIOL. CELL. Cellule à plusieurs noyaux, formée par une série de divisions du noyau initial sans division du cytoplasme, que l'on rencontre surtout chez les champignons myxomycètes.

PLASMODIUM [plasmɔdjɔm] n.m. MÉD. Hématozoaire responsable du paludisme.

PLASMOLYSE n.f. BIOL. CELL. Diminution de volume d'une cellule vivante plongée dans une solution hypertonique, due à une perte de l'eau qu'elle contenait.

PLASMOPARA n.m. Champignon parasite de la vigne, agent du mildiou. (Classe des siphomycètes ; ordre des péronosporales.)

PLASTE n.m. (du gr. *plastos,* façonné). BIOL. CELL. Organite des cellules végétales chargé, notamm., d'amidon ou de chlorophylle *(chloroplaste).*

PLASTIC n.m. (mot angl.). Explosif *plastique.

PLASTICAGE n.m. → **PLASTIQUAGE.**

PLASTICIEN, ENNE n. **1.** Artiste qui se consacre aux arts plastiques. **2.** Personne travaillant dans l'industrie de la matière plastique.

PLASTICINE n.f. SPORTS. Substance que l'on dispose en couche derrière la planche d'appel pour garder l'empreinte du pied du sauteur lorsque le saut est mordu.

PLASTICITÉ n.f. **1.** Caractéristique d'une matière très malléable. — BX-ARTS. Qualité sculpturale. **2.** Souplesse, capacité d'adaptation. *Plasticité du caractère de l'enfant.* **3.** PHYSIOL. Aptitude d'un tissu lésé à se reconstituer.

PLASTICULTURE n.f. Culture qui recourt aux matériaux en matière plastique pour constituer des abris (tunnels, serres, etc.) ou pour le paillage artificiel (culture des fraises, des melons, etc.).

PLASTIE n.f. Toute opération de chirurgie plastique.

PLASTIFIANT n.m. MATÉR. Produit ajouté à une matière pour en accroître la plasticité.

PLASTIFICATION n.f. Action de plastifier.

PLASTIFIER v.t. [5]. **1.** Recouvrir d'une pellicule de matière plastique transparente. *Plastifier une carte d'identité.* **2.** Ajouter un plastifiant à.

PLASTIQUAGE ou **PLASTICAGE** n.m. Action de plastiquer.

1. PLASTIQUE adj. (lat. *plasticus,* du gr. *plastikos,* qui concerne le modelage). **1.** Qui peut être façonné par modelage ; malléable. *L'argile est plastique.* **2.** *Matière plastique,* ou *plastique,* n.m. : matière synthétique constituée essentiellement de macromolécules et susceptible d'être modelée ou moulée, génér. à chaud et sous pression. **3.** *Explosif plastique,* ou *plastique,* n.m. : explosif à base de pentrite et d'un plastifiant, d'une consistance proche de celle du mastic de vitrier, et qui ne détone que par l'action d'un dispositif d'amorçage. (On écrit aussi *plastic.*) **4.** Qui vise à donner des corps, des objets une représentation, une impression esthétiques. *La beauté plastique d'une mise en scène.* **5.** *Arts plastiques,* ceux qui sont producteurs ou reproducteurs de volumes, de formes (princip. la sculpture et la peinture). **6.** *Chirurgie plastique :* partie de la chirurgie qui vise à restaurer la forme, l'aspect ou la fonction d'un organe ou d'une partie du corps.

2. PLASTIQUE n.f. *Didact.* **1.** Art de sculpter. *La plastique grecque.* **2.** Type de beauté. *La belle plastique d'un danseur.* **3.** Effet esthétique des formes considérées en elles-mêmes.

3. PLASTIQUE n.m. **1.** Matière plastique. **2.** Explosif plastique. SYN. : *plastic.*

PLASTIQUER v.t. Faire sauter, endommager avec du plastique.

PLASTIQUEUR, EUSE n. Auteur d'un attentat au plastique.

PLASTISOL n.m. Pâte obtenue par dispersion d'une poudre de PVC dans un plastifiant, utilisée pour l'enduction de tissus et de papier.

PLASTRON n.m. (ital. *piastrone,* haubert). **1.** Empiècement cousu sur le devant d'un corsage ou d'une chemise d'homme. **2.** Anc. Pièce de devant de la cuirasse. **3.** En escrime, veste rembourrée que porte le maître d'armes pour le travail individuel. **4.** Détachement militaire figurant l'ennemi, dans un exercice.

MATIÈRES PLASTIQUES : PRINCIPALES UTILISATIONS EN FONCTION DE LEURS CARACTÉRISTIQUES

THERMOPLASTIQUES	
polyacryliques	
polyméthacrylate de méthyle (PPMA)	fibres synthétiques, verres de lunettes, vitrages, équerres, règles, lentilles, articles de coiffure...
polyacrylonitrile (PAN)	films alimentaires, flaconnage (chimie, médecine)
cellulosiques	
éthers (méthyl-, éthyl-, benzylcellulose), esters (nitrates, acétates, butyrates, hydrates)	articles ménagers, de bureau ou de coiffure, emballages pour cosmétiques, optique
polyamides (PA)	textiles artificiels (Nylon), interrupteurs et prises électriques, engrenages, vis, appareils électroménagers, seringues, équipement automobile
polyesters saturés	
polytéréphtalate d'éthylène (PET)	bouteilles pour boissons gazeuses, tissus, films (photo, cinéma), rubans, composants électriques ou électroniques
polytéréphtalate de butylène (PBT)	pièces mécaniques ou pièces isolantes soumises à des températures élevées
polycarbonates (PC)	disques compacts, casques de moto, vitrages de sécurité, matériel optique...
polyoléfines	
polyéthylène (PE)	sacs, films, flacons, casiers à bouteilles, jouets, seaux, cuvettes, tuyaux souples, citernes...
polypropylène (PP)	films pour emballage alimentaire, filtres, pompes, pare-chocs et réservoirs d'automobiles...
polyuréthannes thermoplastiques (TPU)	fils, câbles, chaussures de ski, planches à voile, joints d'étanchéité, amortisseurs de bruits...
styréniques	
polystyrène (PS)	pots de yaourts, barquettes, armoires de toilette, contre-portes de réfrigérateurs et congélateurs...
polystyrène expansé (PSE)	panneaux isolants, emballages antichocs
acrylonitrile-butadiène-styrène (ABS)	capots d'aspirateurs, coques de sièges d'automobiles, boîtiers de Minitel, ordinateurs...
polychlorure de vinyle (PVC)	
PVC souple	tissus enduits pour habillement et maroquinerie, gaines d'isolation, rubans adhésifs, bâches...
PVC rigide	tuyaux d'installations sanitaires, fenêtres, volets, gouttières, câbles électriques, revêtements de sol, emballages alimentaires ou chimiques
polyacétals ou polyoxyméthylènes (POM)	engrenages, ressorts, vis, biellettes, pièces de frottement, robinetterie, outillage portatif...
polyacétate de vinyle (PVAC) et dérivés	peintures, vernis à séchage rapide
polymères fluorés	
polytétrafluoroéthylène (PTFE)	revêtements anti-adhésifs (poêles), tuyaux, paliers, coussinets, joints, fibres textiles techniques
THERMODURCISSABLES	
aminoplastes	
mélanine formaldéhyde (MF)	colles, vaisselle de camping, électroménager
résine urée formaldéhyde (UF)	colles pour contreplaqués, vernis, mousses, manches de casseroles
époxy (EP)	appareillage électrique, scellements, colles, aéronautique, extraction pétrolière, bateaux, raquettes de tennis, clubs de golfs
phénoplastes (PF)	pièces mécaniques rigides ou résistant à des températures élevées
polyesters insaturés (UP)	fibres textiles, vernis, cannes à pêche, coques de bateaux, éléments de carrosseries, mastics
silicones (SI)	bases de crèmes, de lotions et de pommades, prothèses, joints hydrofuges ou d'isolation électrique, peintures, élastomères
polyuréthannes thermodurcissables (PU)	mousses de garnissage de sièges et de literie, colles

PLASTRONNER v.i. *Fam.* Prendre une attitude fière, assurée.

PLASTURGIE n.f. Ensemble des procédés et des techniques de transformation des matières plastiques ; industrie qui met en œuvre ces procédés, ces techniques.

PLASTURGISTE n. Personne travaillant dans la plasturgie.

1. PLAT, E adj. (lat. pop. *plattus,* du gr. *platus*). **1.** Dont la surface est unie, qui a peu de relief. *Sol plat. Front plat.* **2.** *Mer plate :* mer sans vagues. – *Calme plat :* absence de vent sur la mer ; *fig.,* état, situation où rien de notable ne se produit. **3.** Qui a peu de creux. *Assiette plate.* ◇ *Wagon plat,* ou *plat,* n.m. : wagon constitué seulement par un plancher génér. entouré d'un bord bas rabattable ou de ranchers. **4.** Dont la surface est plane et proche de l'horizontale. *Maison à toit plat.* – GÉOMÉTR. Se dit d'un angle constitué de deux demi-droites concourantes et opposées, et dont la mesure vaut 180°. **5.** Qui a peu d'épaisseur. *Chaussures à talons plats.* ◇ *Nœud plat :* nœud marin faisant peu de saillie. **6.** Dépourvu de force, de saveur. *Un vin plat.* ◇ *Eau plate :* eau de boisson non gazeuse. **7.** PEINT. *Teinte plate,* peinte en aplat, sans dégradé ni effets de matière. **8.** *Rimes plates :* rimes qui se suivent deux à deux (deux masculines, deux féminines). **9.** Qui montre de la bassesse, de la servilité. *Il est trop plat devant ses supérieurs.* ◇ *Faire de plates excuses :* présenter des excuses avec un excès d'humilité qui marque la bassesse. **10.** *À plat :* sur la surface la plus large. *Poser un livre à plat.* – *Être à plat :* être dégonflé, en parlant d'un pneu, ou déchargé, en parlant d'un accumulateur ; *fam.,* être fourbu, manquer de courage, d'énergie. – *Tomber à plat :* être un échec. – *Labour à plat :* labour caractérisé par le renversement des bandes de terre du même côté. – *Mettre, remettre qqch à plat,* en reconsidérer un à un tous les éléments, procéder à une révision d'ensemble susceptible de conduire à de nouvelles décisions. **11.** SPORTS. Se dit d'une course de plat. *Le 400 m plat.*

2. PLAT n.m. **1.** Partie plate de qqch. *Le plat de la main.* **2.** Produit sidérurgique étroit et de faible épaisseur, utilisé en construction métallique. **3.** REL. Chacun des deux côtés de la couverture d'un livre. **4.** *Plat de côtes :* partie du bœuf comprenant les côtes prises dans le milieu de leur longueur et les muscles correspondants. (On dit aussi *plates côtes.*) **5.** *Fam. Faire du plat à qqn,* le flatter ou le courtiser. **6.** *Course de plat,* ou *plat :* course pratiquée sur une piste sans obstacles (par oppos. à *course de haies*). **7.** CH. DE F. Wagon plat.

3. PLAT n.m. **1.** Pièce de vaisselle de table plus grande que l'assiette, sur laquelle on sert les mets ; son contenu. ◇ *Fam. Mettre les petits plats dans les grands :* préparer un repas très soigné. – *Fam. Mettre les pieds dans le plat :* intervenir de façon maladroite ou brutale. **2.** Chacun des éléments d'un repas. *Préparer un plat.* ◇ *Plat du jour :* plat principal, différent chaque jour, inscrit au menu d'un restaurant. – *Fam. Faire tout un plat de qqch,* lui donner une importance exagérée.

PLATANE n.m. (lat. *platanus,* du gr.). Arbre de l'hémisphère Nord tempéré, aux larges feuilles palmées, à l'écorce se détachant par plaques, planté le long des avenues et des routes. (Haut. 35 m ; famille des platanacées.) ◇ *Faux platane :* érable sycomore.

PLATANISTE n.m. Dauphin très primitif vivant dans certains grands fleuves de l'Inde (Gange, Indus). [Long. 2,50 m ; genre *Platanista,* famille des platanistidés.]

PLAT-BORD n.m. (pl. *plats-bords*). MAR. Latte de bois entourant le pont d'un navire.

PLATE n.f. **1.** Canot à fond plat, utilisé notamm. pour calfater ou nettoyer les navires. **2.** Huître plate à chair blanche.

PLATEAU n.m. (de *plat*). **1.** Support plat et rigide qui sert à transporter, à présenter des objets divers, notamm. de la vaisselle, des aliments. **2.** Partie d'une balance recevant les poids *(masses marquées)* ou les matières à peser. **3.** *Plateau de chargement :* dispositif mobile dont le plancher supporte une certaine quantité de marchandises constituant une « unité de charge ». **4.** Étendue de terrain relativement plane, pouvant être située à des altitudes variées, mais toujours entaillée de vallées encaissées (à la différence de la plaine). **5.** *Plateau continental :* prolongement du continent sous la mer, limité par le talus continental et s'étendant à des profondeurs génér. inférieures à 200 m. SYN. : *plate-forme continentale* ou *littorale.* **6.** Partie haute d'une courbe, d'un graphique, à peu près horizontale ; niveau stationnaire d'un phénomène susceptible de variations. **7.** Scène d'un théâtre ; lieu où sont plantés les décors et où évoluent les acteurs, dans un studio de cinéma ou de télévision. ◇ *Spécial., fam. Le plateau :* le siège du président du Sénat, en France. **8.** *Plateau technique :* ensemble du matériel, des installations dont dispose un établissement, un cabinet médical. **9.** Pièce circulaire où l'on place les disques, sur un tourne-disque. **10.** Roue dentée constitutive du pédalier, servant à mouvoir, par l'intermédiaire d'une chaîne, la roue arrière d'une bicyclette (par oppos. à *pignon*). ◇ *Plateau d'embrayage :* pièce circulaire sur laquelle s'appuie le disque d'embrayage. **11.** Bois brut de sciage ne présentant que deux faces sciées parallèles et d'une épaisseur supérieure à 22 mm. **12.** *Plateau d'argile :* pigeon d'argile.

PLATEAU-REPAS n.m. (pl. *plateaux-repas*). Plateau compartimenté où l'on peut mettre tous les éléments d'un repas servi dans un self-service, en avion, etc. ; repas servi sur ce plateau.

PLATE-BANDE n.f. (pl. *plates-bandes*). **1.** Espace de terre plus ou moins large qui entoure un carré de jardin, où l'on plante des fleurs, des arbustes, etc. ◇ *Fam. Marcher sur les plates-bandes de qqn,* empiéter sur ses attributions, ses prérogatives. **2.** ARCHIT. Linteau appareillé à claveaux.

1. PLATÉE n.f. Contenu d'un plat.

2. PLATÉE n.f. (lat. *platea*). CONSTR. Massif de fondation s'étendant sous l'ensemble d'un bâtiment.

PLATE-FORME n.f. (pl. *plates-formes*). **1.** Étendue de terrain relativement plane, naturelle ou artificielle, située en hauteur par rapport au terrain environnant. **2.** CH. DE F. Surface supérieure d'un remblai, supportant le ballast. **3.** Support plat, de dimensions très variables, souvent surélevé, destiné à recevoir certains matériels, certains équipements, etc. **4.** Partie arrière de certains véhicules urbains de transport en commun, dépourvue de siège, et où les voyageurs se tiennent debout. **5.** Structure utilisée pour le forage ou l'exploitation des puits de pétrole sous-marins. **6.** FORTIF. Emplacement aménagé pour la mise en batterie d'une arme lourde. **7.** *Plate-forme élévatrice :* appareil de manutention formé d'un élément horizontal dont on peut faire varier la hauteur. **8.** *Plate-forme structurale :* surface correspondant au dégagement, par l'érosion, d'une couche géologique dure. **9.** *Plate-forme continentale* ou *littorale :* plateau continental. **10.** Ensemble d'idées constituant la base d'un programme politique ou revendicatif. *Plate-forme électorale.*

PLATELAGE n.m. (de l'anc. fr. *platel,* plateau). Plancher de charpente.

PLATEMENT adv. **1.** De façon plate, banale. *S'exprimer platement.* **2.** De façon basse, servile. *Il s'est excusé platement.*

■ **PLATANE**

PLATERESQUE adj. (de l'esp. *plata,* argent). ARCHIT. Se dit d'un style d'architecture espagnol au décor très chargé, rappelant certaines orfèvreries (début du XVIe siècle).

PLATEURE n.f. MIN. Couche de faible pente (de 0° à env. 25°).

PLATHELMINTHE n.m. (gr. *platus,* large, et *helmins,* ver). Ver au corps aplati, dépourvu de cavité viscérale, vivant en milieu aquatique (planaire) ou en parasite interne des animaux (douve, ténia). [Les plathelminthes forment un embranchement.] SYN. : *platode, ver plat.*

PLATINAGE n.m. Application d'une mince couche de platine sur un métal.

1. PLATINE n.f. (de *plat*). **1.** Dans un appareil de lecture de disque microsillon, ensemble comprenant le châssis, le plateau avec son système d'entraînement et la tête de lecture. **2.** Dans un magnétophone, ensemble comprenant le dispositif d'entraînement de la bande magnétique, les commandes associées et les têtes magnétiques. **3.** Plaque soutenant les pièces du mouvement d'une montre. **4.** Plaque de métal percée pour faire passer l'aiguille d'une machine à coudre ou la clef d'une serrure. **5.** Plate-forme qui sert de support dans un microscope et où l'on place l'objet à étudier. **6.** Plaque des anciennes armes à feu, reliant toutes les pièces utiles au départ du coup.

2. PLATINE n.m. (anc. esp. *platina*). **1.** Métal précieux blanc-gris, de densité 21,4, et qui fond à 1 772 °C. **2.** Élément chimique (Pt), de numéro atomique 78, de masse atomique 195,08. **3.** *Mousse de platine :* platine spongieux, à propriétés catalytiques, obtenu par la calcination de certains de ses sels. – *Métaux de la mine de platine :* métaux rares (palladium, iridium, rhodium et ruthénium) qui accompagnent le platine dans ses minerais. SYN. : *platinoïde.* ◆ adj. inv. *Blond platine,* ou *platine :* blond presque blanc.
ENCYCL. Le platine, que l'on trouve allié à d'autres métaux dans des sables produits par la désagrégation de roches anciennes, est un métal assez dur, ductile et malléable. Il ne s'oxyde à aucune température et résiste à l'action de nombreux acides. Il est employé pour la fabrication de récipients (creusets, capsules), dans lesquels on peut effectuer des réactions à température élevée ou en présence de certains acides. On l'emploie aussi en chimie comme catalyseur, pour la construction d'appareils de précision et en joaillerie.

PLATINÉ, E adj. **1.** D'un blond très pâle. *Cheveux platinés.* **2.** *Vis platinée* → **vis.**

PLATINER v.t. **1.** Recouvrir de platine. **2.** Teinter en blond très pâle.

PLATINIFÈRE adj. Qui contient du platine.

PLATINITE n.f. Alliage de fer et de nickel, ayant même coefficient de dilatation que le platine.

PLATINOÏDE n.m. Métal de la mine de *platine.

PLATITUDE n.f. **1.** Manque d'originalité ; banalité. *Un roman d'une rare platitude.* **2.** Parole banale, poncif, lieu commun. *Il ne dit que des platitudes.* **3.** *Litt.* Acte empreint de bassesse, de servilité, d'obséquiosité.

PLATODE n.m. (du gr. *platus,* large). Plathelminthe.

PLATONICIEN, ENNE adj. et n. Relatif à la philosophie de Platon ; adepte du platonisme.

PLATONIQUE adj. (de *Platon,* n.pr.). **1.** Se dit d'un amour, d'une passion purement idéals, sans relations charnelles. **2.** *Litt.* Sans effet, sans aboutissement. *Des protestations toutes platoniques.*

PLATONIQUEMENT adv. De façon platonique.

PLATONISME n.m. Philosophie de Platon et de ses disciples.

PLÂTRAGE n.m. Action de plâtrer.

PLÂTRAS n.m. CONSTR. Débris de matériaux.

PLÂTRE n.m. (de *emplâtre*). **1.** Matériau résultant de la cuisson modérée du gypse, employé sous forme de poudre blanche qui, mélangée à l'eau, fait prise en formant une masse à la fois solide et tendre. *Boucher un trou avec du plâtre.* **2.** Ouvrage moulé en plâtre ; sculpture (modèle ou reproduction) en plâtre. **3.** MÉD. Appareil de contention moulé directement sur le patient, à partir de tarlatane imprégnée de plâtre ou d'un autre matériau (résine, par ex.). ◆ pl. Légers ouvrages de bâtiments (ravalement, enduits, etc.). *Tous les plâtres sont à refaire.*

PLÂTRER v.t. **1.** Couvrir de plâtre. *Plâtrer un mur.* **2.** Amender une terre avec du plâtre. **3.** Immobiliser un segment de membre par un plâtre.

PLÂTRERIE n.f. **1.** Usine dans laquelle est produit le plâtre. SYN. : *plâtrière.* **2.** Partie des travaux de construction faite par le plâtrier.

PLÂTREUX, EUSE adj. Qui contient du plâtre ou qui en a l'aspect. *Fromage plâtreux.*

PLÂTRIER n.m. Personne qui fabrique ou emploie du plâtre. – *Spécial.* Personne qui construit des cloisons en plâtre, qui enduit au plâtre les murs et les plafonds.

PLÂTRIÈRE n.f. **1.** Carrière de pierre à plâtre. **2.** Plâtrerie.

PLATYRHINIEN n.m. (gr. *platus,* large, et *rhis, rhinos,* nez). Singe du Nouveau Monde, de mœurs souvent arboricoles, à queue préhensile et à narines écartées, tel que le ouistiti, l'atèle. (Les platyrhiniens forment un sous-ordre.)

PLAUSIBILITÉ n.f. *Litt.* Caractère de ce qui est plausible, de ce qui peut être admis.

PLAUSIBLE adj. (du lat. *plaudere,* applaudir). **1.** Qui peut être considéré comme vrai. *Alibi plausible.* **2.** Que l'on peut admettre comme valable. *Hypothèse plausible.*

PLAY-BACK [plɛbak] n.m. inv. (mots angl.). Interprétation mimée d'un enregistrement sonore effectué préalablement. *Chanter en play-back.* Recomm. off. : ***présonorisation.***

PLAY-BOY [plɛbɔj] n.m. [pl. *play-boys*] (mots angl., *viveur*). Jeune homme élégant et fortuné, à la mode, qui recherche les succès féminins et les plaisirs de la vie facile.

PLÈBE n.f. (lat. *plebs*). **1.** ANTIQ. ROM. Classe populaire de la société (par oppos. à *patriciat*). **2.** *Litt., péjor.* Peuple, bas peuple ; populace.

PLÉBÉIEN, ENNE adj. **1.** ANTIQ. ROM. De la plèbe (par oppos. à *patricien*). **2.** *Péjor.* Sans éducation, peu raffiné. *Avoir des goûts plébéiens.*

PLÉBISCITAIRE adj. Qui se rapporte à un plébiscite.

PLÉBISCITE n.m. (lat. *plebiscitum*). **1.** Scrutin par lequel un homme ayant accédé au pouvoir demande à l'ensemble des citoyens de lui manifester leur confiance en se prononçant par « oui » ou par « non » sur un texte donné. **2.** Consultation au cours de laquelle la population d'un territoire est appelée à choisir l'État dont elle veut relever. **3.** ANTIQ. ROM. Loi votée par l'assemblée de la plèbe.

PLÉBISCITER v.t. Élire, approuver à une très forte majorité.

PLÉCOPTÈRE n.m. (du gr. *plektos,* tressé). Insecte au corps allongé prolongé par deux cerques, aux longues antennes, à larve aquatique, tel que la perle. (Les plécoptères forment un ordre.)

PLECTRE n.m. (gr. *plêktron*). Médiator.

PLÉIADE n.f. (gr. *Pleias,* n. d'un groupe d'étoiles). *Litt.* Groupe important (de personnes, en partic.).

1. PLEIN, E adj. (lat. *plenus*). **1.** Qui est tout à fait rempli de. *Un verre plein d'eau. Une salle pleine de monde.* ◇ *Fam.* ***Plein comme un œuf*** : qui ne peut contenir plus. **2.** Qui contient qqch en grande quantité ; bourré, couvert. *Lettre pleine de fautes.* **3. a.** Sans réserves ; total, complet. *Donner pleine satisfaction.* ◇ MAR. ***À pleines voiles*** : avec toutes les voiles. – ***Pleins pouvoirs*** : délégation du pouvoir législatif accordée temporairement par un Parlement à un gouvernement ; autorisation de traiter au nom de la puissance ou de la personne que l'on représente. **b.** Entier, complet. *La pleine lune. Travailler à temps plein.* **c.** Dont toute la masse est occupée par une matière. *Porte pleine.* **4.** Rond et bien en chair. *Un visage plein.* ◇ ***Voix pleine*** : voix forte, sonore. **5.** *Fam.* Se dit d'une femelle qui porte des petits. *Chatte pleine.* SYN. : ***gravide.*** **6.** Entièrement occupé, préoccupé. *Un romancier plein de son sujet.* **7.** *Fam.* ***Être plein*** : être ivre. **8.** ***En plein*** : dans le milieu ; complètement. *En plein dans le mille. Donner en plein dans un piège.* – ***En plein air*** : à l'air libre. – ***En plein jour*** : au milieu de la journée. – ***En pleine rue*** : dans la rue. – ***En plein vent*** : exposé au vent. – ***En pleine terre*** : dans le sol même.

2. PLEIN n.m. **1.** Espace complètement occupé par la matière. *Il y a des pleins et des vides.* **2.** Contenu total d'un réservoir. *Faire le plein d'essence.* ◇ ***Faire le plein d'une salle, des voix, etc.*** : remplir la salle au maximum, obtenir le maximum de voix, etc. **3.** Partie forte et large d'une lettre calligraphiée (par oppos. à *délié*). **4.** Marée haute. ◇ ***Battre son plein*** : être haute, en parlant de la mer ; *fig.,* en être au moment où il y a le plus de monde, d'animation, en parlant d'une réunion, d'une fête, etc.

3. PLEIN prép. *Fam. En avoir plein le dos, plein les bottes (de)* : être fatigué ou dégoûté (de, par). ◆ adv. *Fam.* **1.** Beaucoup ; en grande quantité. *Tu en veux ? J'en ai plein.* **2.** ***Plein de*** : indique une grande quantité. *Il y a plein de monde sur les routes.* – ***Tout plein*** : tout à fait ; très. *C'est mignon tout plein.*

PLEINEMENT adv. Entièrement, tout à fait, sans réserve. *Il est parti pleinement rassuré.*

PLEIN-EMPLOI ou **PLEIN EMPLOI** n.m. sing. Emploi de toute la main-d'œuvre disponible dans un pays.

PLEIN-TEMPS n.m. (pl. *pleins-temps*). Activité professionnelle absorbant la totalité du temps de travail. ◇ ***À plein-temps*** : en utilisant la totalité du temps de travail.

PLEIN-VENT n.m. (pl. *pleins-vents*). Arbre planté loin des murs et des clôtures. (On dit aussi *arbre de plein vent.*)

PLÉISTOCÈNE n.m. et adj. (gr. *pleistos,* nombreux, et *kainos,* nouveau). Première série du système quaternaire, débutant il y a 1,64 million d'années.

PLÉNIER, ÈRE adj. (de *plein*). Se dit d'une assemblée, d'une réunion, etc., où tous les membres sont convoqués.

PLÉNIPOTENTIAIRE n. (lat. *plenus,* plein, et *potentia,* puissance). Agent diplomatique muni des pleins pouvoirs. ◆ adj. *Ministre plénipotentiaire* : représentant de l'État à la place d'un ambassadeur.

PLÉNITUDE n.f. (lat. *plenitudo*). **1.** *Litt.* Totalité, intégralité. *Garder la plénitude de ses facultés.* **2.** État le plus élevé de qqch ; sentiment de contentement absolu.

PLÉNUM [plenɔm] n.m. (lat. *plenum,* plein). Réunion plénière d'une assemblée, d'un organisme.

PLÉONASME n.m. (gr. *pleonasmos,* surabondance). Répétition de mots dont le sens est identique. (Ex. : *Monter en haut.*)

PLÉONASTIQUE adj. Qui constitue un pléonasme.

PLÉSIOMORPHE adj. (du gr. *plêsios,* proche, voisin). SC. DE LA V. Dans l'analyse cladistique, se dit d'un caractère biologique non spécifique du taxon étudié, et considéré comme primitif et ancestral. CONTR. : *apomorphe.*

PLÉSIOMORPHIE n.f. État plésiomorphe d'un caractère biologique.

PLÉSIOSAURE n.m. (gr. *plêsios,* voisin, et *saura,* lézard). PALÉONT. Reptile marin fossile du jurassique et du crétacé, au corps massif muni de quatre palettes natatoires, au long cou souple et à petite tête. (Long. jusqu'à 12 m.)

PLÉTHORE n.f. (gr. *plêthôrê,* surabondance d'humeurs). **1.** Abondance excessive. **2.** MÉD. **a.** Vx. Abondance excessive du sang, des humeurs, dans la médecine ancienne. **b.** Mod. Obésité.

PLÉTHORIQUE adj. **1.** En nombre excessif ; surabondant. **2.** MÉD. Obèse.

PLEUR n.m. (Surtout pl.) **1.** *Litt.* Larme. *Verser, répandre des pleurs. Être en pleurs.* **2.** ***Pleurs de la vigne*** : sève qui s'écoule après la taille.

PLEURAGE n.m. ÉLECTROACOUST. Variation parasite de la hauteur des sons, résultant de fluctuations lentes de la vitesse de rotation d'un disque ou de la vitesse de défilement d'une bande magnétique.

PLEURAL, E, AUX adj. (du gr. *pleura,* côté). De la plèvre.

PLEURANT n.m. SCULPT. Chacun des personnages d'allure affligée, souvent encapuchonnés, qui, dans certains tombeaux du Moyen Âge, évoquent le cortège funèbre du défunt.

PLEURARD, E adj. et n. *Fam.* Qui pleure souvent. ◆ adj. Plaintif. *Une voix pleurarde.*

PLEURER v.i. (lat. *plorare*). **1.** Verser des larmes. *Pleurer de rage, de rire.* ◇ ***Pleurer sur*** : déplorer. **2.** Être affecté de pleurage. **3.** Laisser échapper la sève, en parlant des arbres et de la vigne fraîchement taillés. ◆ v.t. **1.** Déplorer la disparition, la mort de qqn ou la perte de qqch. *Pleurer un proche.* **2.** *Fam. Ne pas pleurer sa peine, son argent, etc.,* ne pas les épargner.

PLEURÉSIE n.f. (du gr. *pleura,* côté). MÉD. Épanchement de liquide dans la cavité pleurale.

PLEURÉTIQUE adj. Relatif à la pleurésie.

PLEUREUR, EUSE adj. Se dit de certains arbres dont les branches retombent vers le sol. *Saule pleureur.*

PLEUREUSE n.f. Femme dont on loue les services pour pleurer les morts, dans certaines régions de l'Europe du Sud.

PLEURNICHEMENT n.m. ou **PLEURNICHERIE** n.f. **1.** Habitude, fait de pleurnicher. **2.** Douleur feinte, peu sincère.

PLEURNICHER v.i. **1.** Pleurer souvent et sans raison. *Cet enfant pleurniche pour des riens.* **2.** Se lamenter d'un ton larmoyant.

PLEURNICHEUR, EUSE ou **PLEURNICHARD, E** adj. et n. Qui pleurniche.

PLEURODYNIE n.f. (gr. *pleura,* côté, et *odunê,* douleur). MÉD. Vive douleur thoracique localisée, observée surtout dans les affections de la plèvre.

PLEURONECTIFORME n.m. (gr. *pleura,* côté, et *nêktos,* nageant). Poisson osseux à corps aplati latéralement, vivant couché sur un côté et dont l'autre côté porte les deux yeux, tel que la sole, le turbot, la plie, la limande. (Les pleuronectiformes constituent un ordre.)

PLEUROTE n.m. (gr. *pleura,* côté, et *ous, otos,* oreille). Champignon basidiomycète comestible, à chapeau en entonnoir, à pied court et excentré, qui vit sur le tronc des arbres et qui se prête bien à la culture. (Ordre des agaricales.)

PLEUTRE n.m. et adj. (du flamand). *Litt.* Homme sans courage ; lâche, veule, couard.

PLEUTRERIE n.f. *Litt.* Lâcheté.

PLEUVASSER, PLEUVINER ou **PLEUVOTER** v. impers. *Fam.* Pleuvoir légèrement ; bruiner.

PLEUVOIR v. impers. [54] (lat. *pluere*). Tomber, en parlant de la pluie. *Il pleut à verse.* ◆ v.i. Tomber, arriver en abondance. *Les bombes pleuvaient sur la ville. Les critiques, les injures pleuvent.* ◇ ***Comme s'il en pleuvait*** : en abondance.

PLÈVRE n.f. (du gr. *pleura,* côté). Membrane séreuse qui tapisse le thorax et enveloppe les poumons.

PLEXIGLAS [plɛksiglas] n.m. (nom déposé). Matière plastique *(polyméthacrylate de méthyle)* dure, transparente, déformable à chaud, employée en partic. comme verre de sécurité.

PLEXUS [plɛksys] n.m. (mot lat., *entrelacement*). ANAT. Amas de filets nerveux ou vasculaires enchevêtrés et réunis entre eux par des anastomoses. ◇ ***Plexus solaire*** ou ***cœliaque*** : amas de ganglions et de filets nerveux végétatifs, situé devant l'aorte à la hauteur de l'estomac.

PLEYON [plɛjɔ̃] n.m. (anc. fr. *ploion,* branche flexible). AGRIC. Brin d'osier servant à faire des liens.

1. PLI n.m. **1.** Partie repliée en double, ou pincée, d'une matière souple (étoffe, papier, cuir, etc.). *Les plis d'un rideau, d'un soufflet d'accordéon.* **2.** Marque qui résulte d'une pliure. ◇ ***Faux pli,*** ou ***pli*** : pliure faite à une étoffe là où il ne devrait pas y en avoir. – *Fam.* ***Ça ne fait pas un pli*** : cela ne présente aucune difficulté ; cela se produit infailliblement. **3.** Ride, sillon ou bourrelet de la peau. *Les plis du front.* ◇ ANAT. ***Pli cutané,*** ou ***pli*** : sillon cutané situé sous une région protubérante (bourrelet adipeux, sein, fesse) ou dans la zone de flexion d'une articulation (pli de l'aine). *Une dermatose des plis.* **4.** Enveloppe de lettre ; lettre. *Un pli confidentiel.* **5.** Ondulation d'une étoffe, d'un tissu flottant. *Plis d'une toge, d'un drapé.* – GÉOL. Ondulation des couches de terrain sédimentaires, qui peut être soit convexe *(anticlinal),* soit concave *(synclinal).* ◇ ***Axe d'un pli*** : direction du pli. **6.** Forme particulière, spécifique, sous laquelle se présente une chose souple. *Le pli d'une robe, d'une chevelure.* ◇ ***Prendre le pli de,*** l'habitude de. – ***Un mauvais pli*** : une mauvaise habitude. **7.** Aux cartes, levée.

2. PLI n.m. (angl. *ply,* couche). Chacune des couches de bois constituant un panneau de contreplaqué.

PLIABLE adj. Facile à plier ; flexible.

PLIAGE n.m. Action de plier.

PLIANT, E adj. Articulé de manière à pouvoir être replié sur soi. *Lit pliant. Mètre pliant.* ◆ n.m. Siège repliable, génér. sans bras ni dossier.

PLIE n.f. (bas lat. *platessa*). Poisson plat à chair estimée, commun dans la Manche et l'Atlantique, remontant parfois les estuaires. (Long. 40 cm env. ; genre *Pleuronectes,* famille des pleuronectidés.) SYN. : ***carrelet.***

PLIÉ n.m. DANSE. Fléchissement d'un ou de deux genoux, le plus souvent sur place. *Faire des pliés.*

PLIEMENT n.m. Rare. Action de plier ; fait de se plier ou de plier.

P

PLIER v.t. [5] (lat. *plicare*). **1.** Mettre en double une ou plusieurs fois en rabattant sur elle-même une chose souple. *Plier une nappe, un drap.* **2.** Rabattre les unes sur les autres les parties articulées d'un objet. *Plier une tente, un éventail.* **3.** Courber qqch de flexible. *Plier de l'osier.* **4.** *Fig.* Faire céder ; assujettir. *Plier qqn à sa volonté.* ◆ v.i. **1.** S'affaisser, se courber sous l'effet d'un poids, d'une pression. *L'étagère plie sous le poids des livres.* **2.** Céder, reculer, se soumettre par force. *Plier devant l'autorité.* ◆ **se plier** v.pr. (**à**). Se soumettre à.

PLIEUR, EUSE n. Personne qui plie.

PLIEUSE n.f. Machine à plier (le papier, la tôle notamm.).

PLINTHE n.f. (gr. *plinthos,* brique). CONSTR. Bande, saillie au bas d'un mur, à la base d'une colonne, etc.

PLIOCÈNE n.m. et adj. (gr. *pleiôn,* plus, et *kainos,* nouveau). Série du cénozoïque, succédant au miocène. (C'est la dernière période du tertiaire, de - 5,3 à - 1,64 million d'années.)

PLIOIR [plijwar] n.m. **1.** Lame de bois ou d'os utilisée par le relieur pour plier les feuilles. **2.** Petite planchette sur laquelle on enroule une ligne de pêche.

PLISSAGE n.m. Action de plisser.

PLISSÉ, E adj. Qui présente des plis. *Jupe plissée.* ◆ n.m. Tissu plissé ; ensemble de plis. *Le plissé d'une chemise.*

PLISSEMENT n.m. **1.** Action de plisser ; ensemble de plis. **2.** GÉOL. Déformation de couches sédimentaires liée à une ou plusieurs orogenèses. *Plissement alpin, calédonien, hercynien.*

PLISSER v.t. (de *plier*). Marquer de plis. *Plisser une jupe.* ◆ v.i. Faire des plis, présenter des faux plis. *Cette étoffe plisse.*

PLISSEUSE n.f. Machine à plisser les étoffes.

PLIURE n.f. **1.** Marque formée par un pli. **2.** IMPRIM. Action de plier les feuilles d'un livre. – Atelier où s'exécute ce travail.

PLOC interj. (onomat.). Évoque le bruit de la chute d'un objet dans l'eau ou à plat sur le sol.

PLOCÉIDÉ n.m. (gr. *plokê,* action de tresser). Passereau granivore de l'Ancien Monde, tel que le moineau, le tisserin, la veuve. (Les plocéidés forment une famille.)

PLOIEMENT n.m. *Litt.* Action, fait de ployer.

PLOMB [plɔ̃] n.m. (lat. *plumbum*). **1.** Métal d'un gris bleuâtre, de densité 11,35, qui fond à 327,5 °C et bout à 1 740 °C. **2.** Élément chimique (Pb), de numéro atomique 82, de masse atomique 207,2. **3.** *De plomb.* **a.** Lourd, écrasant, accablant. *Un soleil de plomb.* **b.** Se dit d'une période marquée par la violence, le terrorisme. *Les années de plomb.* – ***Mettre du plomb dans la tête, dans la cervelle à qqn,*** le rendre plus responsable, moins léger. **4.** Coupe-circuit à fil de plomb. **5.** Petite masse de plomb ou d'un autre métal, servant à lester un fil à plomb. ◇ ***À plomb :*** verticalement. **6.** Balle, grain de plomb dont on charge une arme à feu. ◇ ***Avoir du plomb dans l'aile :*** être atteint dans sa santé, sa fortune, sa réputation. **7.** Caractère typographique en alliage à base de plomb ; composition d'imprimerie utilisant ces caractères. *Corriger sur le plomb.* **8.** TECHN. Morceau de métal (plomb, fonte, etc.) fixé à une ligne de sonde, à une ligne de pêche, à un filet pour les lester. **9.** Sceau des douanes certifiant qu'un colis a acquitté certains droits. **10.** Baguette de plomb présentant une section en H et servant à maintenir les verres découpés d'un vitrail.

ENCYCL. On trouve le plomb dans la nature surtout à l'état de sulfure (galène) et, aussi, souvent allié à l'argent (plomb argentifère). Le plomb est utilisé en feuilles ou en plaques, dans la lutte contre la corrosion, pour revêtir les toits, les gouttières, les parois des chambres de plomb dans la fabrication de l'acide sulfurique, etc., ainsi que dans la protection contre les rayonnements ; il entre aussi dans la composition d'alliages à bas point de fusion et d'alliages antifriction. Le nitrate et l'acétate, ses principaux sels solubles, sont très toxiques et peuvent entraîner des empoisonnements aigus ou chroniques (saturnisme).

PLOMBAGE n.m. **1.** Action de plomber. **2.** MÉD. Action d'obturer une dent avec un amalgame ; l'amalgame lui-même.

PLOMBAGINE n.f. (lat. *plumbago, -inis,* mine de plomb). Graphite naturel appelé aussi *mine de plomb.*

PLOMBE n.f. *Fam.* Heure. *Il vient dans deux plombes.*

PLOMBÉ, E adj. **1.** Garni de plomb. *Canne plombée.* **2.** Scellé par un plomb, par des plombs. *Wagon plombé.* **3.** ***Dent plombée,*** obturée avec un amalgame. **4.** Couleur de plomb ; livide. *Teint plombé.*

PLOMBÉE n.f. Charge de plomb d'une ligne de pêche.

PLOMBER v.t. **1.** Garnir de plomb. **2.** *Fig.* Entraîner vers le bas ; handicaper ; compromettre. *Dette qui plombe les résultats. Parti plombé par les scandales.* **3.** Sceller un colis, un wagon, etc., d'un sceau de plomb. **4.** CONSTR. Vérifier, à l'aide d'un fil à plomb, la verticalité d'un ouvrage. **5.** MÉTALL. Appliquer du plomb sur une pièce ou une surface, pour la protéger. **6.** Obturer une dent avec un amalgame.

PLOMBERIE n.f. **1.** Métier, ouvrage, atelier du plombier. **2.** Ensemble des installations et canalisations domestiques ou industrielles d'eau et de gaz, d'évacuation des eaux usées ; ensemble des appareils sanitaires alimentés par ces canalisations.

PLOMBEUR n.m. Gros rouleau servant à tasser la terre.

PLOMBEUX, EUSE adj. (lat. *plombosus*). Qui contient du plomb, et partic. du plomb divalent.

PLOMBIER n.m. Personne qui effectue les travaux de plomberie.

PLOMBIÈRES n.f. (de *Plombières,* n. de ville). Glace aux fruits confits.

PLOMBIFÈRE adj. Qui contient du plomb.

PLOMBURE n.f. Ensemble des plombs d'un vitrail.

PLONGE n.f. *Faire la plonge :* laver la vaisselle dans un café, dans un restaurant.

PLONGEANT, E adj. Dirigé vers le bas. ◇ ***Tir plongeant,*** exécuté selon un angle de niveau inférieur à 45°.

PLONGÉE n.f. **1.** Action de plonger, de s'enfoncer dans l'eau ; séjour plus ou moins prolongé en immersion complète. ◇ ***Sous-marin en plongée,*** naviguant au-dessous de la surface de la mer. – *Plongée sous-marine :* activité consistant à descendre sous la surface de l'eau, muni d'appareils divers (tuba, scaphandre, palmes, etc.), soit à titre sportif, soit à des fins scientifiques, industrielles ou militaires. **2.** Mouvement de descente plus ou moins rapide. *L'avion fit une plongée.* **3.** Point de vue de haut en bas ; vue plongeante. *Avoir une plongée sur la mer.* **4.** CINÉMA, PHOTOGR. Prise de vue(s) dirigée de haut en bas.

PLONGEMENT n.m. Action de plonger qqch dans un liquide.

PLONGEOIR [plɔ̃ʒwar] n.m. Plate-forme, tremplin d'où l'on plonge dans l'eau.

1. PLONGEON [plɔ̃ʒɔ̃] n.m. Oiseau palmipède de l'hémisphère Nord, à long bec droit et au corps fuselé, qui capture les poissons en nageant sous l'eau et qui hiverne sur les côtes. (Long. 70 cm ; genre *Gavia,* ordre des gaviiformes.)

2. PLONGEON n.m. **1.** Action de se lancer dans l'eau d'une hauteur plus ou moins grande. ◇ *Fam. Faire le plongeon :* essuyer un échec dans une opération financière ; faire faillite. **2.** Chute de qqn, de qqch qui tombe en avant ou de très haut. *La voiture a fait un plongeon dans le ravin.* **3.** Dans différents sports de ballon, détente horizontale, bras en avant, pour tirer, intercepter, détourner ou aplatir le ballon.

PLONGER v.t. [10] (lat. pop. *plumbicare,* de *plumbum,* plomb). **1.** Faire entrer qqch entièrement ou en partie dans un liquide. *Plonger un bâton dans l'eau.* **2.** Enfoncer vivement ; introduire. *Plonger la main dans un sac.* **3.** ***Plonger son regard, ses yeux sur qqn, qqch, dans qqch,*** les regarder de haut en bas ou de façon insistante. **4.** *Fig.* Mettre brusquement ou complètement dans un certain état physique ou moral. *Ma réponse la plongea dans l'embarras.* ◆ v.i. **1.** S'enfoncer entièrement dans l'eau. *Sous-marin qui plonge.* **2.** Sauter dans l'eau, la tête et les bras en avant. – Effectuer un plongeon. **3.** Aller du haut vers le bas ; descendre brusquement vers qqch, piquer dessus. *Rapace qui plonge sur sa proie.* **4.** Être enfoncé profondément dans qqch. *Racines qui plongent dans le sol.* ◆ **se plonger** v.pr. Se livrer entièrement à une activité, s'y absorber. *Se plonger dans la lecture.*

1. PLONGEUR, EUSE n. **1.** Personne qui plonge, qui est habile à plonger. *Ce plongeur a un très bon style.* **2.** Personne qui pratique la plongée sous-marine. – *Spécial.* Spécialiste chargé d'intervenir sous l'eau. *Plongeur sauveteur. Plongeur démineur.* **3.** Personne chargée de laver la vaisselle dans un café, dans un restaurant.

2. PLONGEUR n.m. Oiseau aquatique plongeant sous l'eau pour se nourrir, tel que le plongeon.

PLOT n.m. (var. de *blot,* forme anc. de *bloc*). **1.** ÉLECTROTECHN. Pièce métallique faisant contact. **2.** Ensemble des plateaux ou des feuillets obtenus en sciant une grume, et empilés dans leur ordre d'origine. **3.** Dans une piscine, cube numéroté sur lequel se place le nageur au départ de la course. **4.** Suisse. Billot.

PLOUC n. et adj. *Fam., péjor.* Paysan ; personne fruste.

PLOUF interj. Imite le bruit que fait un objet en tombant dans un liquide.

PLOUTOCRATE n. *Didact.* ou *péjor.* Personnage influent, puissant par sa richesse.

PLOUTOCRATIE [plutɔkrasi] n.f. (gr. *ploutos,* richesse, et *kratos,* pouvoir). Gouvernement où le pouvoir appartient aux riches.

PLOYABLE adj. *Litt.* Qui peut être ployé.

PLOYER [plwaje] v.t. [7] (lat. *plicare*). *Litt.* **1.** Tordre en fléchissant ou en courbant. *Le vent ploie la cime des arbres.* **2.** *Fig.* Faire céder, faire fléchir, briser la résistance de qqn. ◆ v.i. **1.** Plier, fléchir. *Charpente qui ploie.* **2.** *Fig.* Céder devant qqch, en être accablé. *Ployer sous le joug.*

PLUCHES n.f. pl. *Fam.* Épluchures de légumes, en partic. de pommes de terre. ◇ *Fam. Corvée de pluches,* d'épluchage.

PLUIE n.f. (lat. *pluvia*). **1.** Précipitation d'eau atmosphérique sous forme de gouttes. (La pluie résulte de l'ascendance de l'air, qui, se refroidissant, provoque la condensation en gouttelettes de la vapeur d'eau qu'il contient ; le nuage qui se forme ne donne des pluies qu'avec l'accroissement de la taille des gouttelettes, qui ne peuvent plus demeurer en suspension.) ◇ ÉCOL. *Pluies acides* → **1. acide.** – ***Faire la pluie et le beau temps :*** être très influent. – ***Parler de la pluie et du beau temps :*** parler de choses banales. – Afrique. *Pluie des mangues :* pluie de courte durée survenant pendant la saison sèche. **2.** Chute d'objets serrés, en grand nombre. *Une pluie de cendres.* – *Fig.* Ce qui est dispensé, distribué en abondance. *Une pluie de récompenses.*

PLUMAGE n.m. Ensemble des plumes recouvrant un oiseau.

PLUMAISON n.f. Rare. Action de plumer un oiseau.

PLUMARD ou **PLUME** n.m. *Fam.* Lit.

PLUMASSERIE n.f. Métier, travail et commerce du plumassier.

PLUMASSIER, ÈRE n. Personne qui prépare et vend des plumes en vue de leur emploi dans la mode et l'ornementation.

1. PLUME n.f. (lat. *pluma,* duvet). **1.** Organe produit par l'épiderme des oiseaux, homologue d'une écaille, formé d'une tige souple et creuse (calamus) portant des barbes, et servant au vol, à la protection du corps et au maintien d'une température constante. ◇ *Fam.* ***Voler dans les plumes à qqn,*** se jeter sur lui, l'attaquer ou le critiquer. **2.** Tuyau des grosses plumes, de l'oie par ex., taillé en pointe, dont on se servait pour écrire. – Morceau de métal en forme de bec et qui, fixé à un porte-plume, à un stylo, sert à écrire. *Plume en or.* ◇ ***La plume à la main :*** en écrivant. – ***Prendre la plume :*** écrire. – ***Vivre de sa plume :*** faire profession d'écrivain. **3.** ZOOL. Coquille interne des calmars, ressemblant à une longue

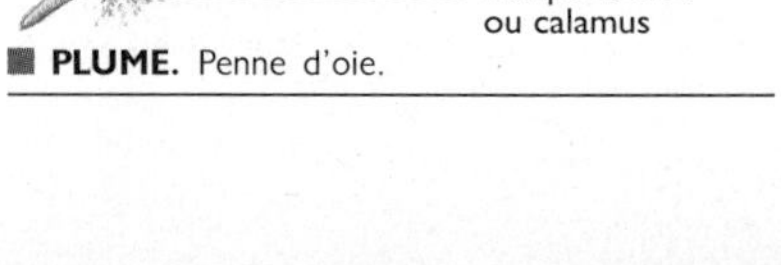

■ **PLUME.** Penne d'oie.

P

feuille cornée, rigide et translucide. **4.** Catégorie de poids, dans certains sports de combat. ◆ n.m. Boxeur, sportif de la catégorie poids plume.

2. PLUME n.m. → **PLUMARD.**

PLUMEAU n.m. Ustensile de ménage fait génér. de plumes assemblées autour d'un manche et servant à épousseter.

PLUMER v.t. **1.** Arracher les plumes d'une volaille, d'un oiseau. **2.** *Fam.* Dépouiller qqn de son argent ; escroquer.

PLUMET n.m. Bouquet de plumes ornant une coiffure. *Plumet de casque, de shako.*

PLUMETIS [plymti] n.m. (de *plumet*). **1.** Point de broderie exécuté sur un fort bourrage. **2.** Étoffe de coton légère imitant cette broderie.

PLUMEUX, EUSE adj. Qui a l'aspect des plumes.

PLUMIER n.m. Boîte oblongue servant à ranger des stylos, des crayons, etc.

PLUMITIF n.m. **1.** *Fam.* Écrivain, journaliste médiocre. **2.** Registre sur lequel le greffier résume les principaux faits d'une audience. SYN. : *registre d'audience.*

PLUM-PUDDING [plumpudiŋ] n.m. [pl. *plum-puddings*] (mots angl.). Pudding d'une variété caractérisée par l'emploi de graisse de bœuf. (Spécialité britannique préparée pour Noël *[Christmas pudding].*)

PLUMULE n.f. (lat. *plumula*). ORNITH. Chacune des petites plumes dont la réunion forme le duvet.

PLUPART (LA) n.f. (de *la plus part*). Le plus grand nombre de. *La plupart sont de votre avis. La plupart des spectateurs ont aimé ce film.* ◇ *La plupart du temps :* le plus souvent. – *Pour la plupart :* en grande majorité.

PLURAL, E, AUX adj. (lat. *pluralis*). *Didact.* Qui contient plusieurs unités. ◇ *Vote plural :* système de vote qui attribue plusieurs voix à certains électeurs.

PLURALISME n.m. **1.** Conception qui admet la pluralité des opinions et des tendances en matière politique, sociale, économique, syndicale, etc. **2.** PHILOS. Doctrine selon laquelle il n'existe que des êtres individuels, sans liens entre eux, irréductibles à l'unité d'une quelconque substance (par oppos. à *monisme,* à *dualisme*).

PLURALISTE adj. et n. Relatif au pluralisme ; qui en est partisan.

PLURALITÉ n.f. Fait d'être plusieurs. *La pluralité des partis.*

PLURIANNUEL, ELLE adj. Qui dure plusieurs années.

PLURICAUSAL, E, ALS ou **AUX** adj. *Didact.* Qui a plusieurs causes.

PLURICELLULAIRE adj. Multicellulaire.

PLURIDIMENSIONNEL, ELLE adj. *Didact.* Qui a plusieurs dimensions.

PLURIDISCIPLINAIRE adj. Qui concerne simultanément plusieurs disciplines. SYN. : *multidisciplinaire.*

PLURIDISCIPLINARITÉ n.f. Caractère de ce qui est pluridisciplinaire (enseignement, méthode de recherche, etc.).

PLURIEL, ELLE adj. (lat. *pluralis*). Qui marque la pluralité, le pluriel. ◆ n.m. GRAMM. Forme particulière d'un mot indiquant un nombre supérieur à l'unité. (En français, « s » et « x » sont les marques écrites du pluriel des noms et des adjectifs.)

PLURIETHNIQUE adj. Constitué de plusieurs peuples ou sociétés. *État pluriethnique.* SYN. : *multiethnique.*

PLURILATÉRAL, E, AUX adj. Qui concerne plus de deux parties. *Un accord plurilatéral.*

PLURILINGUE adj. Multilingue.

PLURILINGUISME n.m. Multilinguisme.

PLURIPARTISME n.m. Système politique admettant l'existence de plusieurs partis.

PLURISÉCULAIRE adj. Qui s'étend sur plusieurs siècles.

PLURIVALENT, E adj. **1.** CHIM. Qui peut avoir plusieurs valences. **2.** *Didact.* Qui peut prendre plusieurs valeurs, plusieurs formes. **3.** *Logique plurivalente :* logique qui admet plus de deux valeurs de vérité (par oppos. à *logique bivalente*).

PLURIVOQUE adj. *Didact.* Qui a plusieurs valeurs, plusieurs sens.

1. PLUS [ply] ou [plys] ([plyz] devant une voyelle ou un *h* muet) adv. (lat. *plus*). **1.** Indique une addition, une quantité. *Une table plus six chaises. Ils furent plus de mille à venir.* ◇ *Tout au plus,* ou *au plus :* au maximum. – *Bien plus, de plus, qui plus est :* en outre. – *D'autant plus, raison de plus :* à plus forte raison. – *Sans plus :* sans rien ajouter. – *Tant et plus :* beaucoup. – *Ni plus ni moins :* tout autant. – *Plus ou moins :* à peu près. – *Plus d'un :* un certain nombre. *Plus d'un village a été détruit.* **2.** Indique un degré dans la formation du comparatif et du superlatif de supériorité. *Il est plus intelligent que vous ne croyez. Elle est la plus adroite.* ◇ *De plus en plus :* en augmentation constante. – *Des plus* (+ adj.) : parmi les plus. *Un travail des plus facile(s).* **3.** Marque la cessation d'une action, d'un état. *Il ne travaille plus. Il n'est plus fatigué. Plus un arbre à l'horizon.* (Dans ce dernier exemple, se prononce [ply] ou [plyz].)

2. PLUS [plys] n.m. **1.** Signe de l'addition, figuré génér. par une croix (+) et qui se place entre les deux quantités que l'on veut additionner. **2.** *Un plus :* qqch de mieux, un progrès, une amélioration.

PLUSIEURS adj. et pron. indéf. pl. (lat. *plures,* plus nombreux). Plus d'un, un certain nombre. *Faire plusieurs voyages. Plusieurs l'ont dit.*

PLUS-QUE-PARFAIT [plyskəparfɛ] n.m. (pl. *plus-que-parfaits*). GRAMM. Temps du verbe qui exprime une action passée antérieure à une autre action passée. (Ex. : *J'avais fini* quand vous êtes arrivé.)

PLUS-VALUE n.f. (pl. *plus-values*). **1.** Accroissement de la valeur d'une ressource, d'un avoir. **2.** Différence positive entre le prix de cession et le prix d'acquisition d'un bien ou d'un titre. CONTR. : *moins-value.* **3.** Augmentation du prix de travaux par suite de difficultés imprévues. **4.** Dans le marxisme, différence entre la valeur tirée d'une quantité de travail et ce qui est payé au travailleur pour entretenir sa force de travail. (La plus-value est, selon Marx, le ressort de l'exploitation capitaliste.)

PLUTON n.m. (de *Pluton,* n. myth.). GÉOL. Masse de magma qui s'est solidifié lentement, en profondeur, dans la croûte terrestre.

PLUTONIQUE adj. (de *pluton*). GÉOL. Se dit des roches magmatiques qui se sont mises en place en profondeur et qui présentent une structure grenue (granite, gabbro, syénite, etc.).

PLUTONISME n.m. **1.** Théorie attribuant la genèse des roches plutoniques à la chaleur et à des processus de fusion (par oppos. à *neptunisme*). **2.** Mise en place en profondeur du magma.

PLUTONIUM [plytɔnjɔm] n.m. **1.** Métal transuranien de la famille des actinides. **2.** Élément chimique (Pu), de numéro atomique 94.
ENCYCL. Obtenu lors de l'irradiation de l'uranium, le plutonium est utilisé comme combustible nucléaire, dans les surgénérateurs ou dans les centrales « classiques » (combustible mox), et dans l'armement nucléaire. Sa toxicité est extrême, puisque sa dose létale est de l'ordre du microgramme.

PLUTÔT adv. (de *plus* et *tôt*). **1.** De préférence à. *Lisez plutôt ce livre (que celui-là).* ◇ *Plutôt que de :* au lieu de. *Plutôt que de parler, vous feriez mieux d'écouter.* **2.** *Ou plutôt :* en réalité, pour mieux dire. *Elle est partie, ou plutôt s'est enfuie.* **3.** Dans une certaine mesure ; assez, passablement. *Son discours est plutôt ennuyeux.*

PLUVIAL, E, AUX adj. (du lat. *pluvia,* pluie). Qui provient de la pluie. *Eaux pluviales.* ◇ *Régime pluvial :* régime des cours d'eau qui se caractérise par une alimentation à prédominance de pluie.

PLUVIAN n.m. (de *pluvier*). Petit oiseau échassier insectivore des fleuves d'Afrique tropicale (du Nil, notamm.), qui picore les restes de nourriture dans la gueule ouverte des crocodiles. (Genre *Pluvianus ;* famille des glaréolidés.)

PLUVIER n.m. (du lat. *pluere,* pleuvoir). Oiseau échassier qui niche dans les toundras et les zones marécageuses du nord de l'Eurasie et de l'Amérique du Nord, et migre plus au sud en hiver, notamm. en Europe occidentale. (Genre *Pluvialis ;* famille des charadriidés.)

PLUVIEUX, EUSE adj. Caractérisé par la pluie.

PLUVIOMÈTRE n.m. Appareil servant à mesurer la pluviosité d'un lieu.

PLUVIOMÉTRIE n.f. Étude de la répartition des pluies dans l'espace et dans le temps ; cette répartition.

PLUVIOMÉTRIQUE adj. Relatif à la pluviométrie.

PLUVIÔSE n.m. (lat. *pluviosus,* pluvieux). HIST. Cinquième mois du calendrier républicain (du 20, 21 ou 22 janvier au 18, 19 ou 20 février).

PLUVIOSITÉ n.f. Quantité moyenne de pluie tombée en un lieu pendant un temps donné.

PLV ou **P.L.V.** n.f. (sigle de *publicité sur le lieu de vente*). Promotion publicitaire au moyen d'affichettes, de présentoirs, de factices, etc., installés chez le détaillant ; ce matériel.

PM ou **P.M.** n.f. (sigle). Préparation militaire.

P.-M. n.m. (sigle). Pistolet-mitrailleur.

PMA ou **P.M.A.** [peɛma] n.m. pl. (sigle de *pays les moins avancés*). Ensemble des pays considérés comme les plus pauvres du monde.

PME ou **P.M.E.** [peɛmə] n.f. (sigle déposé de *petites et moyennes entreprises*). Entreprise employant, selon la classification de l'INSEE, moins de 500 salariés.

PMI ou **P.M.I.** [peɛmi] n.f. (sigle déposé de *petites et moyennes industries*). PME relevant du secteur de l'industrie.

PMU ou **P.M.U.** [peɛmy] n.m. (sigle). Pari mutuel urbain.

PNB ou **P.N.B.** n.m. (sigle). Produit national brut.

PNEU n.m. [pl. *pneus*] (abrév. de *pneumatique*). *Cour.* Pneumatique.

PNEUMALLERGÈNE n.m. Allergène pénétrant l'organisme par voie respiratoire.

1. PNEUMATIQUE adj. (gr. *pneumatikos,* de *pneuma,* souffle). **1.** Rare. Relatif à l'air ou aux gaz. ◇ *Machine pneumatique :* machine qui servait à faire le vide dans un récipient. **2.** Qui fonctionne à l'aide d'air comprimé. *Marteau pneumatique.* **3.** Qui prend sa forme utilisable quand on le gonfle d'air. *Matelas pneumatique.* **4.** Relatif aux os creux des oiseaux, dont la cavité est remplie d'air provenant des sacs aériens. **5.** Anc. *Carte pneumatique,* ou *pneumatique,* n.m. : correspondance sur imprimé spécial expédiée dans certaines villes, d'un bureau postal à un autre, par des tubes à air comprimé.

2. PNEUMATIQUE n.m. **1.** Bandage déformable et élastique en caoutchouc, que l'on fixe à la jante des roues de certains véhicules (automobiles, cycles, motocycles, etc.) et qui, gonflé d'air, absorbe les irrégularités du sol et favorise le déplacement sans glissement du véhicule. Abrév. *(cour.) : pneu.* **2.** Anc. Carte pneumatique.

PNEUMATOPHORE n.m. BOT. Racine de divers arbres croissant dans l'eau (cyprès chauve, palétuvier, etc.), qui pousse verticalement hors de l'eau et participe à la fixation de l'oxygène.

PNEUMOCONIOSE n.f. Maladie pulmonaire due à l'inhalation prolongée de poussières, en partic. minérales (anthracose, silicose, etc.).

PNEUMOCOQUE n.m. Bactérie du genre des streptocoques, pouvant provoquer des infections (pneumonies, otites, méningites, etc.).

PNEUMOCYSTOSE n.f. Pneumopathie due à un parasite, survenant chez les sujets immunodéprimés.

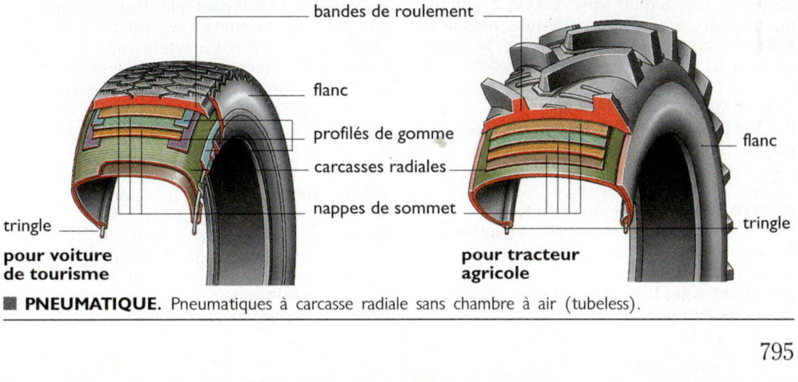

■ **PNEUMATIQUE.** Pneumatiques à carcasse radiale sans chambre à air (tubeless).

P

PNEUMOGASTRIQUE adj. et n.m. Se dit d'un nerf crânien sensitif et moteur, essentiellement parasympathique, qui descend jusqu'à l'abdomen et innerve de nombreux organes. SYN. : *vague.*

PNEUMOLOGIE n.f. Spécialité médicale qui traite du poumon, des bronches, de la plèvre et de leurs maladies.

PNEUMOLOGUE n. Médecin spécialiste en pneumologie.

PNEUMONECTOMIE n.f. Ablation chirurgicale d'un poumon.

PNEUMONIE n.f. (du gr. *pneumôn,* poumon). Pneumopathie infectieuse.

PNEUMOPATHIE n.f. Toute affection du poumon. ◇ *Pneumopathie infectieuse :* infection des poumons, en partic. bactérienne ou virale. SYN. *(cour.) : pneumonie.*

PNEUMOPÉRITOINE n.m. Épanchement de gaz dans le péritoine, pathologique ou provoqué pour réaliser une cœlioscopie.

PNEUMOTHORAX n.m. Épanchement de gaz dans la cavité pleurale, pathologique ou provoqué pour réaliser une endoscopie de la plèvre.

POCHADE n.f. (de *pochoir*). **1.** Peinture exécutée prestement, en quelques coups de pinceau. **2.** Œuvre littéraire sans prétention, écrite rapidement.

P

POCHARD, E n. *Fam.* Ivrogne.

POCHARDER (SE) v.pr. *Fam.,* vieilli. Se saouler.

1. POCHE n.f. (francique *pokka*). **1.** Partie d'un vêtement en forme de petit sac où l'on peut mettre de menus objets. *Poche coupée, appliquée ou plaquée.* ◇ *De poche :* se dit d'un objet de petites dimensions, que l'on peut porter sur soi. *Lampe de poche.* – Se dit de livres édités dans un format réduit, tirés à un relativement grand nombre d'exemplaires. ◇ *Argent de poche :* somme destinée aux petites dépenses personnelles. – *Fam. Se remplir les poches, s'en mettre plein les poches :* s'enrichir, souvent malhonnêtement. – *De sa poche :* avec son argent. – *En être de sa poche :* essuyer une perte d'argent. – *Fam. C'est dans la poche :* c'est réussi, c'est une affaire réglée. – *Ne pas avoir, ne pas garder sa langue dans sa poche :* parler avec facilité. – *Ne pas avoir ses yeux dans la poche :* être observateur. **2. a.** Sac, contenant de toutes dimensions, quelle que soit la matière. *Poche en papier, en plastique.* **b.** Partie, compartiment d'un sac, d'un cartable, etc. **c.** *Poche à douille :* petit sac, souvent en forme d'entonnoir, utilisé, par ex., pour remplir ou décorer de crème la pâtisserie. **3.** Filet pour chasser le petit gibier. **4.** Cavité de l'organisme, normale ou pathologique. ◇ *Poche des eaux :* cavité amniotique ; partie inférieure de cette cavité, dont la paroi se rompt à l'accouchement. – *Poche marsupiale :* marsupium. **5.** Fluide contenu dans une cavité souterraine. *Poche de gaz.* **6.** Déformation, faux pli d'un tissu, d'un vêtement. **7.** Récipient qui reçoit un métal en fusion et le transporte du four jusqu'au moule de coulage.

2. POCHE n.f. (lat. *poppia,* cuillère en bois). Région., Suisse. Louche, cuillère à pot.

3. POCHE n.m. Livre de poche.

POCHER v.t. **1.** Esquisser rapidement un petit tableau. **2.** *Pocher l'œil, un œil à qqn,* le frapper en provoquant une tuméfaction. **3.** Faire cuire ou chauffer des aliments dans un liquide frémissant.

POCHETÉE n.f. *Fam.,* vieilli. Personne niaise, stupide.

POCHETTE n.f. **1.** Enveloppe, sachet en papier, en tissu, etc., servant à contenir un, des objets. *Mettre des photos dans leur pochette.* **2.** Étui plat qui protège certains objets (disques, notamm.). **3.** Sac à main plat et sans poignée. **4.** Mouchoir de fantaisie destiné à agrémenter la poche supérieure d'une veste. **5.** Anc. Violon de très petite taille. *Pochette de maître à danser.*

POCHETTE-SURPRISE n.f. (pl. *pochettes-surprises*). Cornet de papier contenant des objets dont la nature n'est pas connue au moment de l'achat.

POCHOIR n.m. Plaque de carton, de métal, de plastique découpée, permettant de peindre facilement la forme évidée sur un support quelconque.

POCHON n.m. **1.** Petit sac, sachet. **2.** Région., Suisse. Petite louche.

POCHOTHÈQUE n.f. Librairie ou rayon de librairie où l'on vend des livres de poche.

POCHOUSE ou **PAUCHOUSE** n.f. (mot dial., de *pocher*). Matelote de poissons de rivière au vin blanc. (Spécialité bourguignonne.)

PODAGRE adj. et n. (gr. *pous, podos,* pied, et *agra,* prise). Vx. Qui souffre de la goutte.

PODAIRE n.f. (du gr. *pous, podos,* pied). GÉOMÉTR. Ensemble des pieds des perpendiculaires menées d'un point fixe du plan d'une courbe aux tangentes à cette courbe.

PODESTAT [pɔdɛsta] n.m. (ital. *podestà,* lat. *potestas, -atis,* puissance). HIST. Premier magistrat de certaines villes d'Italie aux XIIIe et XIVe siècles.

PODION [pɔdjɔn] n.m. (mot gr., *petit pied*). ZOOL. Ventouse ambulacraire des échinodermes. Pluriel savant : *podia.*

PODIUM [pɔdjɔm] n.m. (gr. *podion,* petit pied). **1.** Plate-forme installée pour accueillir les vainqueurs d'une épreuve sportive, les participants à un jeu, à un récital, etc. ; estrade. **2.** ANTIQ. ROM. Dans un théâtre, un amphithéâtre, mur bas isolant les gradins de l'orchestre ou de l'arène, et qui supportait les places d'honneur. **3.** ARCHIT. Soubassement avec un ou plusieurs degrés d'accès.

PODOLOGIE n.f. (du gr. *pous, podos,* pied). Discipline paramédicale qui étudie le pied et ses maladies.

PODOLOGUE n. Auxiliaire médical qui exerce la podologie.

PODOMÈTRE n.m. (du gr. *pous, podos,* pied). Odomètre qui compte le nombre de pas faits par un piéton et indique ainsi, approximativement, la distance parcourue.

PODZOL [pɔdzɔl] n.m. (mot russe, *cendreux*). Sol acide (siliceux), à horizon intermédiaire noir cendreux, des régions froides et humides.

PODZOLIQUE adj. Relatif aux podzols.

PODZOLISATION n.f. Transformation d'un sol en podzol.

PŒCILE [pesil] n.m. (gr. *poikilê*). ANTIQ. GR. Portique grec orné de peintures.

PŒCILOTHERME adj. et n.m. → **POÏKILOTHERME.**

1. POÊLE [pwal] n.m. (lat. *pallium,* manteau). Drap mortuaire dont le cercueil est couvert pendant les funérailles. *Tenir les cordons du poêle.*

2. POÊLE [pwal] n.m. (lat. *pensilis,* suspendu). **1.** Appareil de chauffage à combustible. *Poêle à bois, à charbon.* **2.** Québec. *Fam.* Cuisinière. *Poêle électrique.*

3. POÊLE [pwal] n.f. (lat. *patella*). Ustensile de cuisine à long manche, en métal, peu profond, pour frire, fricasser.

POÊLÉE n.f. Contenu d'une poêle.

POÊLER v.t. Cuire à la poêle.

POÊLON [pwalɔ̃] n.m. Casserole en terre ou en métal épais, à manche creux.

POÈME n.m. (gr. *poiêma,* de *poieîn,* faire). **1.** Texte ayant les caractères de la poésie. *Poème épique, élégiaque.* ◇ *Poème à forme fixe,* dont la structure (nombre des vers et des strophes, nature des rimes) est fixée par des règles. – *Poème en prose :* texte bref, narratif, descriptif ou argumentatif visant à un effet poétique mais renonçant aux conventions du vers. – *Fam. C'est (tout) un poème, un vrai poème :* c'est inénarrable, incroyable. **2.** MUS. *Poème symphonique :* œuvre orchestrale construite sur un argument littéraire, philosophique, etc. (H. Berlioz, F. Liszt, R. Strauss).

POÉSIE n.f. (gr. *poiêsis*). **1.** Art de combiner les sonorités, les rythmes, les mots d'une langue pour évoquer des images, suggérer des sensations, des émotions. **2.** Genre poétique. *Poésie épique, lyrique.* **3.** Œuvre, poème en vers de peu d'étendue. *Réciter une poésie.* **4.** Caractère de ce qui touche la sensibilité, émeut. *La poésie d'un paysage.*

POÈTE n.m. (gr. *poiêtês*). **1.** Écrivain qui pratique la poésie. **2.** Personne sensible à ce qui est beau, émouvant. **3.** Personne qui manque de réalisme ; rêveur, idéaliste.

POÉTESSE n.f. Femme poète.

POÉTIQUE adj. **1.** Relatif à la poésie ; propre à la poésie. *Œuvre, style poétiques.* **2.** Plein de poésie, qui touche, émeut. ◆ n.f. **1.** Théorie de la création littéraire, de la littérarité. **2.** Ensemble des principes littéraires commandant l'écriture et la composition d'une œuvre ou impliqués par celles-ci. *La poétique de Mallarmé.*

POÉTIQUEMENT adv. De façon poétique.

POÉTISATION n.f. Action de poétiser.

POÉTISER v.t. Rendre poétique ; idéaliser, embellir. *Poétiser des souvenirs.*

POGNE n.f. *Fam.* Main.

POGNON n.m. (de l'anc. fr. *poigner,* saisir avec la main). *Fam.* Argent.

POGONOPHORE n.m. (du gr. *pôgôn,* barbe). Animal vermiforme qui vit, fixé sur les grands fonds marins, dans un tube chitineux, à bouche garnie de tentacules, dépourvu de système respiratoire et digestif. (Les pogonophores forment un petit embranchement.)

POGROM ou **POGROME** [pɔgrɔm] n.m. (russe *pogrom*). **1.** HIST. Émeute accompagnée de pillage et de meurtres, dirigée contre une communauté juive (d'abord dans l'Empire russe, partic. en Pologne, en Ukraine et en Bessarabie entre 1881 et 1921). **2.** Toute émeute dirigée contre une communauté ethnique ou religieuse.

POIDS n.m. (lat. *pensum,* ce qu'une chose pèse). **1.** Résultante des forces exercées sur un corps en repos à la surface de la Terre. (Le poids est égal au produit de la masse du corps par l'intensité de la pesanteur.) *Le poids de l'air.* ◇ Vieilli. *Poids moléculaire :* masse moléculaire. **2.** *Cour.* Masse d'un corps. *Le poids de ce sac est de deux kilos.* ◇ *Au poids de l'or :* très cher. **3.** Caractère, effet d'une chose pesante. *Un poids très lourd.* ◇ *Faire le poids :* être assez lourd pour équilibrer la balance ; *fig.,* avoir l'autorité, les qualités requises. – *Poids mort :* fardeau inutile. **4. a.** Morceau de métal de masse déterminée et indiquée en unités légales, servant à peser d'autres corps. (En physique, on parle de *masse marquée.*) ◇ *Avoir deux poids, deux mesures :* juger différemment selon la situation, la diversité des intérêts. **b.** Corps pesant suspendu aux chaînes d'une horloge, qui, en descendant, lui fournit son énergie. **c.** SPORTS. Sphère métallique pesant 7,257 kg pour les hommes, 4 kg pour les femmes, qu'on lance d'un seul bras le plus loin possible, dans les concours d'athlétisme ; lancer du poids. **5.** *Poids lourd.* **a.** Véhicule automobile destiné au transport des charges lourdes ou volumineuses. **b.** Personne, groupe ou réalisation qui occupe une place prépondérante dans son domaine. *Un poids lourd de la distribution.* **6.** *Fig.* **a.** Sensation de gêne, de lourdeur. *Avoir un poids sur l'estomac.* **b.** Ce qui est pénible à supporter ; ce qui oppresse, accable, tourmente. *Le poids du remords.* **7.** Importance, influence. *Cela donne du poids à vos paroles.* ◇ *De poids :* important. *Un argument de poids.*

POIGNANT, E adj. (de l'anc. fr. *poindre,* piquer). Qui cause une vive douleur morale.

POIGNARD n.m. (lat. *pugnus,* poing). Arme formée d'un manche et d'une lame courte et pointue.

POIGNARDER v.t. Frapper avec un poignard. ◇ *Poignarder qqn dans le dos,* lui nuire traîtreusement.

POIGNE [pwaɲ] n.f. (de *poing*). **1.** Force de la main, du poignet. *Une poigne de fer.* **2.** *Fam.* Énergie dans l'exercice de l'autorité. *Un homme à poigne.*

POIGNÉE n.f. **1.** Quantité d'une matière que la main fermée contient. *Une poignée de sel.* – *Fig.* Petit nombre de personnes. *Une poignée de lecteurs.* ◇ *À poignée(s), par poignée(s) :* à pleine(s) main(s), en abondance. **2.** *Poignée de main :* geste par lequel on serre la main de qqn pour le saluer. **3.** Partie d'un objet par où on le saisit, l'empoigne. *Poignée d'une valise.* **4.** *Fam. Poignée d'amour :* amas adipeux à la taille, en partic. d'un homme.

POIGNET n.m. (de *poing*). **1.** Région du membre supérieur située entre la main et l'avant-bras, et contenant le carpe. ◇ *À la force du, des poignet(s) :* en se servant seulement de ses bras ; *fig.,* uniquement par ses efforts personnels, par ses propres moyens. **2.** Extrémité de la manche d'un vêtement. *Poignet de chemise.*

POÏKILOTHERME ou **PŒCILOTHERME** [pesilɔtɛrm] adj. et n.m. (gr. *poikilos,* variable, et *thermos,* chaleur). PHYSIOL. Se dit des animaux dont la température varie avec celle du milieu, comme les reptiles, les poissons, etc. SYN. : *hétérotherme.* CONTR. : *homéotherme.*

POIL n.m. (lat. *pilus*). **1.** Production filiforme, riche en kératine, du tégument de certains animaux. – *Spécial.* Production filiforme de la peau des mammifères et de l'homme. ◇ *Fam. Avoir un poil dans la main :* être paresseux. – *Fam. Un poil de :* une très petite quantité de. – *Fam. À un poil près :* à très peu de chose près ; presque. – *Fam. Au poil :* parfait, pleinement satisfaisant ; parfaitement. – *Fam. Caresser, prendre qqn dans le sens du poil,* ménager sa susceptibilité, le flatter. – *Fam. Être de bon, de mauvais poil,* de bonne, de mauvaise humeur. **2.** Pelage. *Le poil d'un cheval.* ◇ *Monter un cheval à poil :* monter à cru. – *Fam. À poil :* tout nu. – *Fam. Reprendre du poil de la bête :* reprendre des forces ou du courage. – *Fam. De tout poil :* de toute espèce. **3. a.** Partie velue d'une étoffe. *Tissu à long poil.* **b.** *Velours à trois, à six poils,* dont la trame est formée de trois, de six fils de soie ou de coton. – *Litt. Brave à trois poils :* homme très courageux. **4.** BOT. Organe filamenteux et duveteux, formé parfois d'une seule cellule très allongée, produit par l'épiderme de certains organes de la plante.

POILANT, E adj. *Fam.* Très drôle.

POIL-DE-CAROTTE adj. inv. *Fam.* Se dit des cheveux d'un roux lumineux, éclatant.

POILER (SE) v.pr. *Fam.* Rire de bon cœur.

POILU, E adj. Couvert de poils ; velu. ◆ n.m. *Fam.* Soldat français, pendant la Première Guerre mondiale.

POINÇON n.m. (lat. *punctum,* de *pungere,* piquer). **1.** Tige de métal pointue servant à percer ou à graver. **2.** Bloc d'acier trempé gravé en relief, servant à frapper, à former les matrices, ou coins, des monnaies et des médailles. **3.** Instrument en acier trempé servant à insculper une pièce d'orfèvrerie ; la marque elle-même (notamm. celle qui garantit le titre du métal). **4.** Emporte-pièce à compression servant à découper, à former, etc. **5.** Pièce de charpente joignant verticalement le milieu de l'entrait d'une ferme à la rencontre des arbalétriers.

POINÇONNAGE ou **POINÇONNEMENT** n.m. Action de poinçonner.

POINÇONNER v.t. **1.** Marquer au poinçon. **2.** Percer, découper à la poinçonneuse. **3.** Perforer des billets de train, de métro pour attester un contrôle.

POINÇONNEUR, EUSE n. Employé qui perforait les tickets dans une gare, une station de métro.

POINÇONNEUSE n.f. Machine pour poinçonner.

POINDRE v.i. [62] (lat. *pungere,* piquer). *Litt.* **1.** Commencer à paraître, en parlant du jour. **2.** Commencer à sortir de terre, en parlant des plantes.

POING n.m. (lat. *pugnus*). Main fermée. *Un coup de poing.* ◇ *Faire le coup de poing :* se battre au cours d'une rixe. – *Dormir à poings fermés,* profondément. – *Pieds et poings liés :* totalement impuissant. – *Taper du poing sur la table :* imposer sa volonté brutalement ou avec éclat au cours d'une discussion.

POINSETTIA [pwɛ̃sesja] n.m. (de J. R. *Poinsett,* botaniste). Plante d'intérieur originaire du Mexique, aux fleurs entourées de larges bractées très colorées. (Famille des euphorbiacées.)

1. POINT n.m. (lat. *punctum*). **I.** *Signe graphique.* **1. a.** Signe de ponctuation. (On utilise en français le *point final* [.], le *point-virgule* [;], les *deux-points* [:], le *point d'interrogation* [?], le *point d'exclamation* [!], les *points de suspension* [...].) ◇ *Un point, c'est tout :* il n'y a rien à ajouter. **b.** Petit signe supérieur du *i* et du *j.* **2.** MUS. **a.** Signe (.) placé à droite d'une note ou d'un silence pour augmenter sa durée de moitié. **b.** *Point d'orgue :* signe (𝄐) placé au-dessus d'une note ou d'un silence pour en augmenter la durée à volonté ; *fig.,* interruption dont la durée semble très longue, pesante ; point culminant d'un phénomène. **3. a.** Dans les pays anglo-saxons et, souvent, dans les machines électroniques, signe utilisé à la place de la virgule pour la numération décimale. **b.** Signe utilisé pour symboliser un produit de deux facteurs (par ex. : $g = 9{,}81\ m \cdot s^{-2}$). **II.** *Unité.* **1.** Unité d'une échelle de notation d'un travail scolaire, d'une épreuve, etc. *Combien faut-il de points pour être reçu ?* **2.** Unité de compte dans un jeu, un match, avec ou sans spécification de valeur. *Jouer une partie en cent points.* ◇ *Marquer un point :* prendre un avantage ; *fig.,* montrer sa force, sa supériorité. – *Rendre des points :* donner des points d'avance à un adversaire ; *fig.,* accorder un avantage à qqn considéré comme plus faible que soi. **3.** Unité de compte dans un système de calcul (pourcentage, indice, cote, etc.). *Ce parti a perdu trois points aux élections.* **4.** Unité de calcul des avantages d'assurance vieillesse, dans certains régimes de retraite. **5.** IMPRIM. Unité de mesure déterminant la force du corps des caractères. **6.** PEINT. Unité conventionnelle de surface des toiles, variable selon le format des châssis en vente dans le commerce (répartis en trois catégories selon leurs proportions : « figure », « paysage », « marine »). **7.** THERMODYN. *Point de fusion, d'ébullition, de liquéfaction :* température à laquelle un corps entre en fusion, en ébullition ou se liquéfie. **III.** *Couture, chirurgie.* **1.** Suite de deux piqûres faites dans une étoffe au moyen d'une aiguille enfilée de fil, de coton, etc. *Coudre à petits points.* ◇ *Point devant, arrière :* point fait en plantant toujours l'aiguille en avant, en arrière du dernier point effectué. – *Point de croix :* point de broderie formé par deux points réalisés en biais et se croisant en leur milieu. – *Point de tige :* point bouclé qui, une fois terminé, fait l'effet d'une torsade. **2.** Manière particulière d'entrelacer le ou les fils dans le travail aux aiguilles, au crochet, aux fuseaux, etc. ◇ *Point d'Alençon,* à motif floral assemblé sur réseau de tulle. – *Point de Hongrie :* disposition, motif en arêtes de poisson (s'agissant de tissage, mais aussi de parquets). – *À point noué :* se dit d'un tapis obtenu par une succession plus ou moins dense de nœuds des fils de trame sur les fils de chaîne. **3.** *Point de suture :* fil passant d'un bord à l'autre d'une plaie pour la fermer, et noué sur le côté (par oppos. à ***surjet***). **IV.** *Endroit, position.* **1.** Endroit précis et nettement délimité. *Point d'arrivée, de départ.* ◇ *Point d'attache,* où l'on retourne habituellement. – *Point d'eau,* où se trouve une source, un puits, dans une région aride. **2.** GÉOMÉTR. Élément d'un espace affine. (On peut le concevoir comme une figure géométrique sans dimension ou comme l'intersection de deux lignes.) **3.** *Faire le point :* déterminer la position d'un navire, d'un aéronef ; *fig.,* déterminer où l'on en est dans une affaire, dans un processus quelconque. **4.** *Point mort.* **a.** MÉCAN. INDUSTR. Endroit de la course d'un organe mécanique où il ne reçoit plus d'impulsion de la part du moteur. **b.** État de qqch, d'une situation qui cesse d'évoluer sans avoir atteint son terme. **c.** Position de commande du dispositif de changement de vitesse d'un véhicule, telle qu'aucune vitesse n'est en prise. **d.** *Point mort bas, haut :* position d'un piston la plus rapprochée, la plus éloignée de l'axe du vilebrequin. **e.** Chiffre d'affaires minimal qu'une entreprise doit réaliser pour couvrir la somme de ses coûts fixes et de ses coûts variables. **5.** *Point d'appui.* **a.** Ce qui sert de support, de base à qqn, à qqch. **b.** MIL. Zone, terrain organisés pour assurer la défense d'une place. **6.** *Point sensible* ou *névralgique.* **a.** MIL. Lieu dont le sabotage ou la destruction par l'adversaire diminuerait gravement le potentiel de guerre. **b.** Sujet sur lequel une personne se montre susceptible. **7.** *Point blanc :* nom donné à certains comédons de la peau, de nature kystique. – *Point noir.* **a.** Nom donné à certains comédons de la peau. **b.** Endroit où la circulation est difficile ou dangereuse. **c.** *Fig.* Difficulté, obstacle. **8.** *Point de côté :* douleur localisée, située sur le côté du thorax ou de l'abdomen ; en partic., douleur aiguë survenant à l'effort (course à pied, par ex.). **V.** *Instant précis.* **1.** *Point du jour :* moment où le soleil commence à poindre, à paraître. **2.** *À point.* **a.** CUIS. Au degré de cuisson convenable (spécial., entre « bien cuit » et « saignant », pour la viande). **b.** À propos, au bon moment. – *À point nommé :* à propos, opportunément. **3. a.** *Sur le point de :* indique un futur immédiat ; près de. **b.** *Au point que, à tel point que :* marque la conséquence ; tellement que. **VI.** *Question, situation.* **1.** Question particulière, problème précis. *N'insistez pas sur ce point !* ◇ *Point de :* question précise dans tel domaine particulier. *Soulever un point de droit, de méthode.* **2.** État, situation particuliers. *Se trouver au même point.* ◇ *Être mal en point :* être dans un piteux état, être malade. **3.** *Au point :* parfaitement prêt. – *Au dernier point :* extrêmement. – *De point en point :* exactement. – *En tout point :* entièrement. – *Mise au point* ⟶ **mise.**

2. POINT adv. (lat. *punctum,* point). *Litt.* ou région. (Avec la négation *ne.*) Pas. *Il n'a point d'argent.* ◇ *Point n'est besoin :* il n'y a pas besoin.

POINTAGE n.m. **1.** Action de pointer, de marquer d'un point, de contrôler. **2.** Action de pointer, de diriger une arme, une lunette, etc., sur un objectif.

POINT DE VUE n.m. (pl. *points de vue*). **1.** Place de l'observateur, endroit où l'on voit le mieux un paysage, un édifice, etc. **2.** Manière de considérer les choses, opinion particulière.

POINTE n.f. (bas lat. *puncta,* estocade). **I.** *Extrémité.* **1.** Bout très aigu d'un objet servant à piquer, à percer. *Pointe d'aiguille, d'épingle.* ◇ *À la pointe de l'épée :* par la force des armes. **2.** PRÉHIST. Extrémité d'une arme de jet. **3.** Extrémité la plus fine d'une chose. *Pointe d'un clocher.* ◇ *Pointe d'asperge :* bourgeon terminal comestible d'une asperge. **4.** HÉRALD. Partie inférieure de l'écu. **5.** *La pointe des pieds :* le bout des pieds ; les orteils. **6.** Langue de terre qui s'avance dans la mer. *La pointe du Raz.* **7.** Élément le plus avancé d'un ensemble offensif. *Pointe d'une armée.* ◇ *À la pointe de :* à l'avant-garde de. – *De pointe :* d'avant-garde. **8.** Fichu, morceau d'étoffe triangulaire. **9.** *En pointe :* dont l'extrémité va en s'amincissant, se termine par un bout pointu. **II.** *Outil.* **1. a.** Outil servant à piquer, à percer, à amorcer un trou *(pointe carrée, pointe à ferrer),* à tracer *(pointe à tracer),* etc. **b.** Aiguille emmanchée, de types divers, qu'emploie notamm. le graveur à l'eau-forte pour entailler le vernis. **c.** *Pointe sèche :* estampe obtenue à l'aide d'une planche métallique non vernie, attaquée directement à la pointe. **d.** *Pointe tubulaire :* instrument de dessin permettant de tracer des traits d'un diamètre calibré. **2.** Clou avec ou sans tête, de même grosseur sur toute sa longueur. **3.** MÉD. Vieilli. *Pointe de feu :* petite cautérisation par la chaleur, à l'aide d'un instrument. **III.** *Sens figurés et spécialisés.* **1.** *Litt. À la pointe du jour :* à la première clarté du jour. **2.** *Pousser, faire une pointe jusqu'à... :* poursuivre sa route, son chemin jusqu'à. **3.** Trait d'esprit, jeu de mots ou d'idées ; allusion ironique, blessante. **4.** Très petite quantité de ; soupçon. *Une pointe d'ail, de piment. Une pointe d'ironie.* **5.** Moment où une activité, un phénomène (consommation de gaz, d'électricité, circulation routière, etc.) connaissent leur intensité maximale. *Heures de pointe.* **6.** *En* ou *de pointe :* avec un seul aviron par rameur. CONTR. : *en* ou *de couple.* ◆ pl. **1.** En danse classique, manière de se tenir sur l'extrémité des orteils tendus verticalement dans des chaussons à bout rigide. **2.** Chaussons de danse à bout rigide pour faire des pointes. **3.** *Chaussures à pointes,* ou *pointes :* chaussures utilisées pour la pratique de l'athlétisme.

1. POINTEAU n.m. (de *pointe*). **1.** Poinçon en acier servant à marquer, à l'aide d'un marteau, la place d'un trou à percer. **2.** Tige métallique conique pour régler le débit d'un fluide à travers un orifice.

2. POINTEAU n.m. (de *1. pointer*). Employé qui contrôle les entrées et les sorties des ouvriers, dans une usine.

1. POINTER v.t. (de *1. point*). **1.** Marquer d'un point, d'un signe indiquant une vérification, un contrôle. *Pointer un mot.* – *Spécial.* Marquer les noms des personnes présentes ou absentes sur une liste. **2.** Contrôler les heures d'entrée et de sortie des ouvriers, des employés. *Machine à pointer.* **3.** MUS. *Pointer une note,* la marquer d'un point qui augmente de moitié sa valeur. **4.** TECHN. Amorcer des trous avec le pointeau. **5.** Diriger sur un point, dans une direction. *Pointer son doigt vers qqn.* **6.** INFORM. Déplacer le pointeur sur l'écran d'un ordinateur jusqu'à l'amener sur l'élément à sélectionner. ◇ *Pointer une arme,* la diriger sur un objectif. **7.** *Fig.* Signaler, mettre en lumière ; dénoncer. *Pointer une difficulté.* ◆ v.i. **1.** Enregistrer son heure d'arrivée ou de départ sur une pointeuse. **2.** Au jeu de boules, à la pétanque, lancer sa boule aussi près que possible du but en la faisant rouler (par oppos. à *tirer*). ◆ **se pointer** v.pr. *Fam.* Arriver, se présenter à un endroit.

2. POINTER v.t. (de *pointe*). Dresser en pointe. *Chien qui pointe les oreilles.* ◆ v.i. **1.** *Litt.* S'élever, se dresser verticalement. *Les arbres pointent au-dessus des toits.* **2.** Commencer à paraître. *Le jour pointe à l'horizon.*

3. POINTER [pwɛtɛr] n.m. (mot angl.). Chien d'arrêt d'origine anglaise.

1. POINTEUR, EUSE n. **1.** Personne qui fait un pointage pour vérification ou examen. **2.** Soldat

P

chargé de pointer une arme. **3.** Joueur de boules ou de pétanque qui pointe.

2. POINTEUR n.m. INFORM. Curseur, génér. en forme de flèche, qui suit sur l'écran d'un ordinateur les mouvements de la souris et qui indique la zone de l'écran qui sera affectée lorsque l'utilisateur cliquera.

POINTEUSE n.f. **1.** Machine servant à enregistrer l'heure d'arrivée et de départ d'un salarié. **2.** Machine-outil servant à usiner avec une très haute précision des trous cylindriques.

POINTIL n.m. → **PONTIL.**

POINTILLAGE n.m. Action de pointiller ; son résultat.

POINTILLÉ n.m. **1.** Trait discontinu fait de points. **2.** *En pointillé :* d'une manière peu explicite mais qui laisse deviner ce que sera telle ou telle chose.

POINTILLER v.i. et v.t. Faire des points avec le burin, le crayon, le pinceau, etc.

POINTILLEUX, EUSE adj. (ital. *puntiglioso*). Exigeant jusque dans les détails ; susceptible dans ses rapports avec les autres. *Examinateur pointilleux.*

POINTILLISME n.m. **1.** PEINT. Divisionnisme. **2.** PSYCHOL. Appréhension de la réalité par détails successifs.

POINTILLISTE adj. et n. Relatif au pointillisme ; adepte du pointillisme.

1. POINTU, E adj. **1.** Terminé en pointe ; aigu. **2.** *Voix, ton pointus,* de timbre aigu, aigre. **3.** Qui présente un degré très élevé, très poussé de spécialisation. *Avoir une formation pointue.* ◆ adv. *Parler pointu,* de la manière sèche et affectée que les Méridionaux attribuent aux Parisiens.

2. POINTU n.m. Embarcation de pêche et de promenade utilisée en Méditerranée.

POINTURE n.f. (bas lat. *punctura,* piqûre). **1.** Nombre qui indique la dimension des chaussures, des gants, des coiffures. **2.** *Fam. Une grosse pointure,* ou *une pointure :* une personne d'une grande valeur dans son domaine.

POINT-VIRGULE n.m. (pl. *points-virgules*). Signe de ponctuation (;) qui indique une pause intermédiaire entre la virgule et le point.

POIRE n.f. (lat. *pirum*). **1.** Fruit du poirier, de forme oblongue, charnu et sucré. ◇ *Fam. Couper la poire en deux :* partager par moitié les avantages et les inconvénients ; composer, transiger. – *Fam. Garder une poire pour la soif :* se réserver qqch pour les besoins à venir. **2.** Objet en forme de poire. *Poire électrique.* ◇ *Poire d'angoisse :* instrument de torture qui servait de bâillon. **3.** *Fam.* Face, figure. ◆ n.f. et adj. *Fam.* Personne qui se laisse facilement duper. *Comment peut-on être aussi poire ?*

POIRÉ n.m. Boisson provenant de la fermentation du jus de poires fraîches.

POIREAU n.m. (lat. *porrum*). **1.** Plante potagère comestible, bisannuelle, aux longues feuilles vertes engainantes, formant à leur base un cylindre dont la partie enterrée, blanche, est la plus appréciée. (Nom sc. *Allium porrum ;* famille des liliacées.) **2.** *Fam. Faire le poireau :* attendre.

■ **POIREAU**

POIREAUTER v.i. *Fam.* Faire le poireau, attendre.

POIRÉE n.f. (de l'anc. fr. *por,* poireau). Bette d'une variété dite *bette à carde,* voisine de la betterave, dont on consomme les feuilles, les côtes et les pétioles.

POIRIER n.m. **1.** Arbre fruitier des régions tempérées qui produit la poire. (Genre *Pyrus ;* famille des rosacées.) – Bois de cet arbre, rouge et dur, utilisé en ébénisterie. **2.** *Faire le poirier :* se tenir en équilibre à la verticale, la tête et les mains appuyées sur le sol.

■ **POIRIER**

POIS n.m. (lat. *pisum*). **1.** Plante annuelle cultivée dans les régions tempérées pour ses graines, consommées comme légume *(petits pois)* ou servant à l'alimentation animale. (Nom sc. *Pisum sativum ;* famille des papilionacées.) ◇ *Pois mange-tout,* dont on consomme la cosse et les graines. **2.** Graine de cette plante. ◇ *Pois cassés :* pois secs décortiqués divisés en deux, consommés surtout en purée. **3.** *Pois chiche* → **chiche. 4.** *Pois de senteur :* plante légumineuse grimpante, cultivée pour ses grappes de fleurs très parfumées. (Genre *Lathyrus.*) SYN. : *gesse odorante.* **5.** Petit disque de couleur différente de celle du fond, disposé, avec d'autres, de manière à former un motif ornemental sur une étoffe, un papier, un objet, etc. *Cravate à pois.*

■ **POIS**

POISE n.m. (de *Poiseuille,* n.pr.). MÉTROL. Anc. Unité c.g.s. de viscosité dynamique valant 0,1 pascal-seconde.

POISON n.m. (lat. *potio, potionis,* breuvage). **1.** Toute substance qui détruit ou altère les fonctions vitales. (L'arsenic est un poison.) **2.** *Fig.* Ce qui exerce une influence dangereuse, pernicieuse. *Cette doctrine est un poison.* **3.** *Fam.* **a.** Personne méchante, acariâtre. **b.** Enfant insupportable, capricieux.

POISSARD, E adj. (mot d'anc. fr., *voleur*). Vieilli. Qui imite le langage, les mœurs attribués au bas peuple.

POISSARDE n.f. Vieilli. **1.** Marchande de la halle, au langage grossier. **2.** Femme grossière.

POISSE n.f. *Fam.* Malchance.

POISSER v.t. (de *poix*). **1.** Salir en rendant collant, gluant. *La confiture poisse les doigts.* **2.** *Fam.* Arrêter, prendre qqn en train de commettre une faute. *Il s'est fait poisser.*

POISSEUX, EUSE adj. Qui poisse ; gluant, collant.

POISSON n.m. (lat. *piscis*). **1.** Vertébré aquatique génér. ovipare, à respiration branchiale, muni de nageoires paires (pectorales et pelviennes) et impaires (dorsales, caudale et anales), à la peau le plus souvent recouverte d'écailles. ◇ *Poisson porc-épic :* diodon. – *Poisson rouge :* carassin doré. – *Poisson volant :* exocet. – *Poissons plats :* pleuronectiformes. – *Être comme un poisson dans l'eau :* être parfaitement à l'aise dans la situation où l'on se trouve. **2.** ENTOMOL. *(Petit) poisson d'argent :* lépisme. ◆ pl. *Les Poissons :* constellation et signe du zodiaque (v. partie n.pr.). – *Par ext. Poissons :* personne née sous ce signe.

ENCYCL. La classe des poissons (20 000 espèces), très hétérogène, regroupe les chondrichtyens (poissons à squelette cartilagineux, tels que les raies et les requins) et les ostéichtyens (poissons osseux) ; ces derniers comportent un groupe dominant, les téléostéens (carpe, anguille, saumon, perche, etc.) et divers petits groupes de poissons primitifs ou spécialisés : chondrostéens (esturgeon), holostéens (lépisostée), crossoptérygiens (cœlacanthe) et dipneustes.

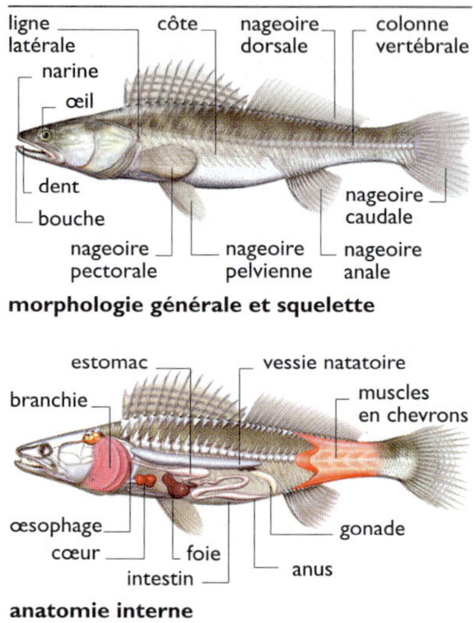

■ **POISSON.** Anatomie du sandre.

POISSON-CHAT n.m. (pl. *poissons-chats*). **1.** Poisson d'eau douce originaire d'Amérique du Nord, voisin du silure, à longs barbillons, répandu dans les cours d'eau d'Europe centrale. (Genre *Ameiurus.*) **2.** *Par ext.* Silure.

■ **POISSON-CHAT**

POISSON-ÉPÉE n.m. (pl. *poissons-épées*). Espadon.

POISSON-GLOBE n.m. (pl. *poissons-globes*). Tétrodon.

POISSON-LUNE n.m. (pl. *poissons-lunes*). Môle.

POISSONNERIE n.f. Marché, magasin où l'on vend du poisson, des fruits de mer, des crustacés.

POISSONNEUX, EUSE adj. Qui abonde en poissons. *Eaux poissonneuses.*

POISSONNIER, ÈRE n. Personne qui vend du poisson, des fruits de mer, des crustacés.

POISSONNIÈRE n.f. Récipient de cuisine de forme oblongue pour la cuisson du poisson au court-bouillon.

POISSON-PARADIS n.m. (pl. *poissons-paradis*). Macropode.

POISSON-PERROQUET n.m. (pl. *poissons-perroquets*). Scare.

POISSON-SCIE n.m. (pl. *poissons-scies*). Poisson sélacien des mers chaudes et tempérées, intermédiaire entre les raies et les requins, au long rostre bordé de dents. (Long. jusqu'à 7 m ; genre *Pristis,* famille des pristidés.)

POITEVIN, E adj. et n. De Poitiers ; du Poitou.

POITRAIL n.m. (lat. *pectorale,* de *pectus,* poitrine). **1.** Devant du corps du cheval et des quadrupèdes domestiques, situé en dessous de l'encolure, entre les épaules. **2.** *Fam.* Buste, torse de qqn. **3.** Partie du harnais placée sur le poitrail du cheval. **4.** CONSTR. Grosse poutre formant linteau au-dessus d'une grande baie.

POITRINAIRE adj. et n. Vx ou Antilles. Se dit d'une personne atteinte d'une affection pulmonaire, en partic. de la tuberculose.

POITRINE n.f. (lat. pop. *pectorina,* de *pectus,* poitrine). **1.** Thorax ; face antérieure du thorax. **2.** Seins de la femme ; gorge. **3.** Vx. Ensemble des organes contenus dans la cavité thoracique, spécial. les poumons. *Mourir de la poitrine.* ◇ *Voix de poitrine :* partie la plus grave de la tessiture d'une voix, faisant intervenir la résonance de la poitrine. **4.** Région antérieure du corps de certains animaux, entre le cou et le ventre. **5.** BOUCH. Partie inférieure de la cage thoracique des animaux de boucherie. *Poitrine de veau.*

POIVRADE n.f. **1.** Sauce chaude accompagnant le gibier ou les viandes rouges et faite à partir d'une marinade réduite et liée avec un roux. **2.** Sauce vinaigrette au poivre. **3.** *Artichaut poivrade :* petit artichaut violet pouvant se consommer cru avec du sel et du poivre.

POIVRE n.m. (lat. *piper*). **1.** Épice à saveur forte et piquante, formée par les baies (appelées *grains*) du poivrier, habituellement moulues ou concassées. ◇ *Poivre noir,* dont les baies sont séchées. – *Poivre blanc,* dont les baies sont débarrassées de leur peau, puis séchées. – *Poivre vert,* dont les baies cueillies vertes sont conservées par surgélation ou dans du vinaigre. – *Cheveux, barbe poivre et sel,* grisonnants. **2.** *Poivre de Cayenne :* condiment tiré d'une espèce de piment. – *Poivre sauvage,* ou *petit poivre :* gattilier.

POIVRÉ, E adj. **1.** Assaisonné de poivre. **2.** *Fam.* Licencieux ou grossier. *Plaisanterie poivrée.*

POIVRER v.t. Assaisonner de poivre. ◆ **se poivrer** v.pr. *Fam.* S'enivrer.

POIVRIER n.m. **1.** Arbuste grimpant des régions tropicales produisant le poivre. (Genre *Piper ;* famille des pipéracées.) **2.** Poivrière.

POIVRIÈRE n.f. **1.** Plantation de poivriers. **2.** Petit ustensile de table où l'on met le poivre. SYN. : *poivrier.* **3.** FORTIF. Échauguette cylindrique à toit conique.

POIVRON n.m. (de *poivre*). **1.** Piment doux à gros fruits verts, jaunes ou rouges. (Nom sc. *Capsicum annuum ;* famille des solanacées.) **2.** Fruit de cette plante, utilisé en cuisine comme légume.

POIVROT, E n. *Fam.* Ivrogne.

POIX n.f. (lat. *pix, picis*). Mélange mou et collant, à base de résines et de goudrons végétaux. (La poix était utilisée autref. comme matériau d'étanchéité ou pour enduire les bandelettes d'embaumement, auj. en cordonnerie pour amalgamer les brins des fils de couture.)

POKER [pɔkɛr] n.m. (mot angl.). **1.** Jeu de cartes par combinaisons, d'origine américaine, opposant de 3 à 7 joueurs et qui se joue avec un jeu de 52 cartes. ◇ *Coup de poker :* tentative hasardeuse. – *Partie de poker :* opération, en partic. politique ou commerciale, dans laquelle on recourt au bluff pour l'emporter. **2.** Réunion de quatre cartes de même valeur, à ce jeu. **3.** (Angl. *poker dice*). *Poker d'as :* jeu de hasard qui se joue avec cinq dés dont les faces représentent des cartes, et dont les combinaisons sont identiques à celles du poker.

1. POLAIRE adj. **1. a.** Relatif à un pôle ; relatif aux pôles. – ASTRONAUT. Se dit de l'orbite d'un satellite passant au-dessus des pôles de l'astre dont ce satellite subit l'attraction. – *Par ext.* Se dit du satellite lui-même. **b.** Du voisinage d'un pôle terrestre. *Région polaire.* ◇ *Cercle polaire :* cercle parallèle à l'équateur et situé à 66° 34′ de latitude nord ou sud, qui marque la limite des zones polaires, où, lors des solstices, il fait jour ou nuit pendant vingt-quatre heures. **c.** *Climat polaire :* climat froid et sec en hiver, frais et peu pluvieux en été. **2.** Qui évoque les régions du pôle. *Paysage polaire.* – Très froid ; glacial. *Température, froid, vent polaires.* **3.** Relatif aux pôles d'un aimant ou d'un électroaimant. **4.** CHIM. Se dit d'une molécule assimilable à un pôle électrique. **5.** *Coordonnées polaires d'un point M :* couple (ρ, θ) où ρ est la mesure de OM (O étant le pôle) et θ (angle polaire) est l'angle $(\vec{i}, \vec{OM})$, avec $\vec{i}$ vecteur unitaire orientant l'axe de référence (axe polaire). **6.** TEXT. Se dit d'une fibre émerisée, à base de polyester, utilisée pour la confection de vêtements chauds, isolants, coupe-vent.

2. POLAIRE n.m. Textile polaire.

3. POLAIRE n.f. AVIAT. Courbe représentant les variations du coefficient de portance en fonction du coefficient de traînée d'une aile ou d'un avion, lorsque l'angle d'attaque varie.

POLAQUE n.m. Cavalier polonais au service de la France, aux XVIIe et XVIIIe siècles.

POLAR n.m. *Fam.* Roman, film policier.

POLARD, E adj. et n. (de *polarisé*). *Fam.* Préoccupé, obsédé par un seul sujet, une seule question. – *Arg. scol.* Préoccupé uniquement par ses études, studieux à l'excès.

POLARIMÈTRE n.m. OPT. Instrument servant à mesurer la rotation du plan de polarisation de la lumière.

POLARIMÉTRIE n.f. OPT. Mesure de la rotation du plan de polarisation de la lumière, utilisée en partic. en analyse chimique pour déterminer la concentration d'une solution en substance ayant une activité optique.

POLARISATION n.f. **1.** Propriété des ondes électromagnétiques (et plus spécial. de la lumière) de présenter une répartition privilégiée de l'orientation des vibrations qui les composent. **2.** Propriété des particules élémentaires, des noyaux de présenter une orientation privilégiée de leur spin. **3.** Dans un électrolyseur, une pile, un accumulateur parcourus par un courant, production d'une force électromotrice de sens opposé à celle qui engendre le courant. **4.** MÉD. Apparition ou création de pôles. *La polarisation progressive d'une cellule.* SYN. : *polarité.* **5.** *Fig.* Concentration de l'attention, des activités, des influences sur un même sujet. *La polarisation de l'opinion.*

POLARISÉ, E adj. OPT. Qui a subi une polarisation. *Lumière polarisée.*

POLARISER v.t. (de *polaire*). **1.** Faire subir une polarisation optique, électrochimique, etc. **2.** Concentrer, réunir en un point ou sur deux points opposés. **3.** *Fig.* Attirer l'attention, la faire converger sur soi. *Orateur qui polarise l'attention de son auditoire.* ◆ **se polariser** v.pr. (sur). Concentrer, orienter toute son attention sur. *L'opinion s'est polarisée sur ce scandale.*

POLARISEUR n.m. et adj.m. OPT. Appareil servant à polariser la lumière.

POLARITÉ n.f. **1.** ÉLECTROTECHN. Qualité qui permet de distinguer les pôles d'un générateur. **2.** PHYS. Qualité liée aux pôles d'un aimant et à la direction de l'induction magnétique extérieure. **3.** MÉD. Polarisation.

POLAROGRAPHIE n.f. Méthode d'analyse des métaux dans des solutions salines qui repose sur la mesure de la tension de polarisation dans l'électrolyse.

POLAROID [-rɔid] n.m. (nom déposé). **1.** Appareil photographique à développement instantané ; la photographie obtenue avec ce type d'appareil. **2.** Feuille transparente polarisant la lumière qui la traverse.

POLATOUCHE n.m. (polon. *polatucha*). Écureuil volant d'une espèce de l'Eurasie septentrionale. (Long. 30 cm ; genre *Pteromys,* famille des sciuridés.)

POLDER [pɔldɛr] n.m. (mot néerl.). Terre gagnée sur la mer, plus rarement sur des eaux intérieures (lacs, marais, etc.), endiguée, drainée et mise en valeur.

POLDÉRISATION n.f. Transformation d'une région en polder.

PÔLE n.m. (lat. *polus,* mot gr., *axe du monde*). **1.** Chacun des deux points d'intersection de l'axe de rotation d'un astre avec la surface de cet astre. **2.** *Pôle céleste,* ou *pôle :* chacun des deux points d'intersection de la sphère céleste et du prolongement de l'axe de rotation de la Terre. *Le pôle Sud.* **3.** *Pôle magnétique :* chacun des deux points d'intersection de l'axe magnétique d'un astre avec sa surface. **4.** MATH. **a.** Point de l'espace qui sert à définir des transformations telles que les homothéties, les similitudes, les rotations, etc. **b.** Chacune des extrémités du diamètre d'une sphère, perpendiculaire au plan d'un cercle tracé sur cette sphère. **c.** Point d'un plan à partir duquel on repère les points, en coordonnées polaires. **5.** MÉD. Chacune des extrémités de certains organes, de certaines cellules. **6.** Chose qui est en opposition avec une autre. **7.** *Pôles d'un aimant :* extrémités de l'aimant, où la force d'attraction est à son maximum. **8.** ÉLECTROTECHN. Borne. **9.** *Fig.* Entité jouant un rôle central, attractif. *Un pôle d'insertion.* ◇ *Pôle d'attraction :* ce qui attire l'attention, l'intérêt. **10. a.** *Pôle de développement :* région industrielle ou secteur d'activité exerçant un rôle d'entraînement sur le développement de l'économie. **b.** *Pôle de conversion :* zone bénéficiant de subventions pour des créations d'entreprises, le reclassement de salariés, des équipements publics, etc.

POLÉMARQUE n.m. (gr. *polemos,* guerre, et *arkhos,* commandant). ANTIQ. GR. Chef militaire, dans de nombreuses cités. (À Athènes, le polémarque, l'un des archontes, avait aussi des pouvoirs religieux et judiciaires.)

POLÉMIQUE n.f. (du gr. *polemikos,* relatif à la guerre). Vive controverse publique, menée le plus souvent par écrit. ◆ adj. Qui critique, vise à la polémique.

POLÉMIQUER v.i. Faire de la polémique.

POLÉMISTE n. Personne qui polémique, fait de la polémique.

POLÉMOLOGIE n.f. (du gr. *polemos,* guerre). Étude de la guerre considérée comme phénomène d'ordre social et psychologique.

POLENTA [pɔlɛnta] n.f. (mot ital.). Bouillie, galette de farine de maïs (en Italie) ou de châtaignes (en Corse).

POLE POSITION n.f. [pl. *pole positions*] (mots angl., *position en flèche*). **1.** Position en première ligne et à la corde, au départ d'une course automobile, octroyée au pilote qui a réussi le meilleur temps aux essais qualificatifs. **2.** *Fig.* Meilleure place, place de tête détenue par qqn.

1. POLI, E adj. Dont la surface est assez lisse pour refléter la lumière. *Du marbre poli.* ◆ n.m. Qualité, aspect d'une surface polie. ◇ GÉOMORPH. *Poli désertique, glaciaire,* produit sur la surface des roches par l'érosion due au vent, aux glaciers.

2. POLI, E adj. Qui observe les usages, les règles de la politesse ; affable, courtois.

1. POLICE n.f. (du gr. *politeia,* organisation politique). **1.** Ensemble des mesures ayant pour but de garantir l'ordre public. *Pouvoir de police.* ◇ *Police administrative,* qui a pour but d'assurer la tranquillité, la salubrité et la sécurité publiques par des mesures préventives. – *Police judiciaire (PJ),* qui a pour but de constater les infractions à la loi pénale, d'en rassembler les preuves et d'en rechercher les auteurs. **2. a.** Administration, force publique qui veille au maintien de la sécurité publique. ◇ *Faire la police :* surveiller, maintenir l'ordre. **b.** Ensemble des agents de cette administration. ◇ *Police secours :* service de police affecté aux secours d'urgence. – *Tribunal de police :* tribunal compétent pour juger des contraventions. **3.** MIL. Anc. *Salle de police :* local disciplinaire où les soldats punis étaient consignés.

2. POLICE n.f. (anc. provenç. *polissia,* quittance, du gr. *apodeixis,* preuve). **1.** *Police d'assurance :* document écrit qui consigne les clauses d'un contrat d'assurance. **2.** IMPRIM. *Police de caractères,* ou *police :* fonte.

POLICÉ, E adj. *Litt.* Qui a atteint un certain degré de civilité, de raffinement.

POLICEMAN [pɔlisman] n.m. [pl. *policemans* ou *policemen*] (mot angl.). Agent de police, dans les pays de langue anglaise.

POLICER v.t. [9]. *Litt.* Civiliser, adoucir les mœurs de.

POLICHINELLE n.m. (napolitain *Pulecenella,* ital. *Pulcinella*). **1.** (Avec une majuscule.) Personnage grotesque, bossu et pansu, du théâtre de marionnettes, issu de la comédie italienne. ◇ *Secret de Polichinelle :* prétendu secret, chose connue de tous. **2.** Jouet (marionnette, pantin, poupée) en forme de Polichinelle. **3.** Personne ridicule, en qui l'on ne peut placer sa confiance ; pantin, fantoche.

1. POLICIER, ÈRE adj. **1.** De la police, relatif à la police. *Une enquête policière.* **2.** Qui s'appuie sur la police. *Régime, État policier.* **3.** *Film, roman*

policier, dont l'intrigue repose sur une enquête criminelle.
2. POLICIER, ÈRE n. Membre de la police.
POLICLINIQUE n.f. (gr. *polis,* ville, et *clinique*). Établissement ou partie d'établissement dépendant d'une commune, où l'on donne des consultations sans hospitaliser ; dispensaire. – REM. À distinguer de *polyclinique.*
POLICOLOGIE n.f. Étude de l'organisation de la police, de son fonctionnement.
POLIMENT adv. De façon polie.
POLIO n. (abrév.). *Fam.* Sujet atteint de poliomyélite. ◆ n.f. *Fam.* Poliomyélite.
POLIOMYÉLITE n.f. (gr. *polios,* gris, et *muelos,* moelle). Inflammation de la substance grise de la moelle épinière. ◇ *Poliomyélite antérieure aiguë,* ou *poliomyélite :* infection virale de la moelle épinière, endémique et épidémique, provoquant parfois des paralysies, éventuellement suivies de séquelles. Abrév. *(fam.) : polio.*
POLIOMYÉLITIQUE adj. Relatif à la poliomyélite. ◆ adj. et n. Atteint des séquelles de la poliomyélite antérieure aiguë. Abrév. *(fam.) : polio.*
POLIORCÉTIQUE adj. et n.f. (du gr. *poliorkheîn,* assiéger). MIL. Se dit de l'art d'assiéger les villes.
POLIR v.t. (lat. *polire*). **1.** Rendre poli, donner un aspect uni et luisant à une surface. *Polir un métal.* **2.** *Litt.* Parachever avec soin ; parfaire. *Polir ses phrases.*

P

POLISSABLE adj. Qui peut être poli.
POLISSAGE n.m. Action de polir.
POLISSEUSE n.f. Machine de marbrerie servant à polir des roches.
POLISSOIR n.m. **1.** Instrument pour polir. **2.** PRÉHIST. Bloc de pierre dure utilisé au néolithique pour le polissage des haches taillées, et qui se reconnaît aux traces de rainures.
POLISSON, ONNE adj. et n. (de l'anc. arg. *polir,* vendre). **1.** Se dit d'un enfant espiègle, désobéissant ; galopin. **2.** Qui manifeste de la licence ; grivois. *Une chanson polissonne.*
POLISSONNER v.i. Vieilli. Se comporter en polisson.
POLISSONNERIE n.f. Vieilli. Action, propos de polisson.
POLISTE n.m. (gr. *polistês,* bâtisseur de villes). Guêpe sociale européenne fabriquant des nids découverts et composés seulement de quelques alvéoles. (Famille des vespidés.)
POLITESSE n.f. (ital. *pulitezza*). **1.** Ensemble des règles de savoir-vivre, de courtoisie en usage dans une société ; respect de ces règles. **2.** Action, parole conforme à ces règles.
POLITICARD, E adj. et n. *Péjor.* Dépourvu de scrupule et d'envergure politique.
POLITICIEN, ENNE n. (angl. *politician*). Personne qui fait de la politique, qui exerce des responsabilités politiques. ◆ adj. *Péjor.* Qui relève d'une politique intrigante et intéressée. *La politique politicienne.*
1. POLITIQUE adj. (gr. *politikos,* de *polis,* ville). **1.** Relatif à l'organisation du pouvoir dans l'État, à son exercice. *Institutions politiques.* ◇ *Homme politique,* qui s'occupe des affaires publiques. – *Philosophie politique :* étude comparative des formes de pouvoir pratiquées dans les États et des autres formes possibles. – *Science politique :* analyse des formes de pouvoir exercées dans les États et des institutions. – *Droits politiques :* droits en vertu desquels un citoyen peut participer à l'exercice du pouvoir, directement ou par son vote. – *Prisonnier politique,* ou *politique,* n. : personne emprisonnée pour des motifs politiques (par oppos. à *prisonnier de droit commun*). **2.** *Litt.* Habile, intéressé. *Invitation toute politique.* ◆ n.m. Ce qui est politique. *Le politique et le social.*
2. POLITIQUE n.f. **1.** Ensemble des options prises collectivement ou individuellement par le gouvernement d'un État ou d'une société dans les domaines relevant de son autorité. *Politique extérieure.* **2.** Manière d'exercer l'autorité dans un État ou une société. *Politique libérale.* **3.** Manière concertée d'agir, de conduire une affaire ; stratégie. *Avoir une politique des prix.*
3. POLITIQUE n. **1.** Personne qui s'occupe des affaires publiques, qui fait de la politique. **2.** Prisonnier politique.

POLITIQUE-FICTION n.f. (pl. *politiques-fictions*). Fiction fondée sur l'évolution, imaginée dans le futur, d'une situation politique présente.
POLITIQUEMENT adv. **1.** D'un point de vue politique. **2.** *Litt.* Avec habileté, à-propos.
POLITISATION n.f. Action de politiser ; fait d'être politisé.
POLITISER v.t. **1.** Donner un caractère politique à qqch. *Politiser un débat.* **2.** Donner une formation, une conscience politique à qqn.
POLITOLOGIE n.f. Étude des faits politiques dans l'État et dans la société.
POLITOLOGUE n. Spécialiste de politologie.
POLJÉ [pɔlje] n.m. (mot slave). GÉOMORPH. Vaste dépression fermée dans les régions karstiques.
1. POLKA n.f. (mot polon.). **1.** Danse populaire originaire de Bohême, exécutée en couple, caractérisée par la répétition de quatre demi-pas rapides, à la mode comme danse de salon au milieu du XIXe s. dans toute l'Europe. **2.** Pièce instrumentale, de tempo assez rapide, de mesure à 2/4, en vogue au XIXe siècle.
2. POLKA adj. inv. *Pain polka :* pain légèrement aplati, marqué de dessins en quadrillé.
POLLAKIURIE n.f. (gr. *pollakis,* souvent, et *ouron,* urine). MÉD. Trouble caractérisé par des mictions fréquentes et peu abondantes.
POLLEN [pɔlɛn] n.m. (mot lat., *farine*). Poudre que forment les grains microscopiques produits par les étamines des plantes à fleurs, et dont chacun constitue un élément reproducteur mâle.

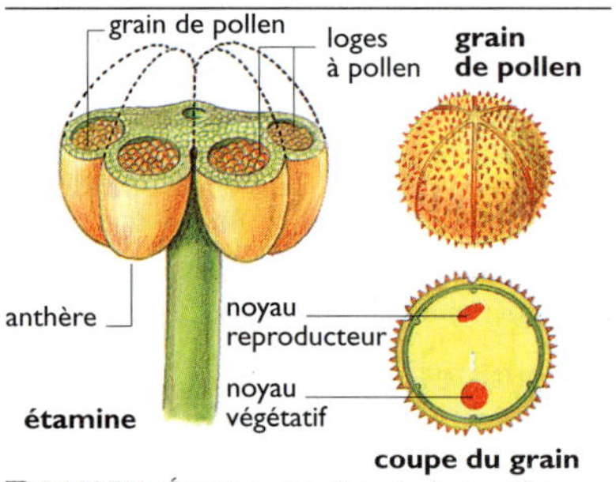

■ **POLLEN.** Étamine et pollen de la menthe.

POLLICITATION n.f. (lat. *pollicitatio, -onis,* de *polliceri,* promettre). DR. Offre de conclure une convention.
POLLINIE n.f. Masse de grains de pollen agglomérés chez les orchidacées, les asclépiadacées.
POLLINIQUE adj. Relatif au pollen.
POLLINISATION n.f. Transport du pollen des étamines jusqu'au stigmate d'une fleur de la même espèce, permettant la fécondation.
POLLINOSE n.f. MÉD. Ensemble des troubles allergiques provoqués chez un sujet par les pollens.
POLLUANT, E adj. et n.m. Se dit d'un produit, d'un agent responsable d'une pollution.
POLLUER v.t. (lat. *polluere*). **1.** Souiller, dégrader ; rendre malsain ou dangereux par pollution. **2.** Vieilli. Salir, souiller.
POLLUEUR, EUSE adj. et n. Se dit d'une personne, d'une industrie, etc., qui pollue, accroît la pollution.
POLLUTION n.f. **1.** Dégradation d'un milieu naturel par des substances chimiques, des déchets industriels ou ménagers. – Dégradation de l'environnement humain par une, des nuisances. *Pollution sonore.* **2.** MÉD. Émission involontaire de sperme, survenant en partic. pendant le sommeil.
POLO n.m. (mot angl., du tibétain). **1.** Sport qui oppose deux équipes de quatre cavaliers munis chacun d'un long maillet au moyen duquel ils doivent envoyer une balle de bois dans les buts adverses. **2.** Chemise de sport en tricot, à col rabattu, génér. en jersey.
POLOCHON n.m. *Fam.* Traversin.
POLONAIS, E adj. et n. **1.** De Pologne, de ses habitants. **2.** MATH. *Notation polonaise :* notation des opérations logiques ou logico-mathématiques dans laquelle les opérateurs précèdent *(notation préfixée)* ou suivent *(notation postfixée)* les opérandes sur lesquels ils portent. ◆ n.m. Langue slave occidentale parlée en Pologne.

POLONAISE n.f. **1.** Danse nationale polonaise, exécutée en couple, partic. populaire au milieu du XIXe s. **2.** Pièce instrumentale, ou vocale et instrumentale, de mesure à 3/4, de caractère solennel, en vogue aux XVIIIe et XIXe siècles.
POLONIUM [pɔlɔnjɔm] n.m. (de *Polonia,* Pologne, pays d'origine de M. Curie). **1.** Métal radioactif souvent associé au radium dans ses minerais. **2.** Élément chimique (Po), de numéro atomique 84. (Le polonium est la première substance radioactive découverte par P. et M. Curie en 1898 dans la pechblende, d'où ils l'ont extrait.)
POLTRON, ONNE adj. et n. (ital. *poltrone*). Qui prend peur au moindre danger ; peureux, couard.
POLTRONNERIE n.f. Caractère ou action d'un poltron ; lâcheté, couardise.
POLYACIDE n.m. CHIM. Corps possédant plusieurs fonctions acide.
POLYACRYLIQUE adj. et n.m. Se dit des polymères et copolymères des acides acryliques.
POLYADDITION n.f. CHIM. Réaction de formation de polymère sans élimination.
POLYAKÈNE n.m. BOT. Fruit composé de plusieurs akènes, comme chez la clématite.
POLYALCOOL n.m. Corps ayant plusieurs fonctions alcool. SYN. : *polyol.*
POLYAMIDE n.m. Copolymère résultant de la polycondensation soit d'un diacide et d'une diamine, soit d'un aminoacide sur lui-même, utilisé dans la fabrication des fibres textiles. (Le Nylon, par ex., est un polyamide.)
POLYAMINE n.f. CHIM. ORG. Composé ayant plusieurs fonctions amine.
POLYANDRE adj. **1.** SOCIOL. Qui pratique la polyandrie. **2.** BOT. Qui a plusieurs étamines.
POLYANDRIE n.f. **1.** SOCIOL. Fait, pour une femme, d'avoir plusieurs maris. (Cas particulier de la polygamie.) **2.** BOT. Caractère d'une plante polyandre.
POLYARTHRITE n.f. Arthrite atteignant simultanément plusieurs articulations. ◇ *Polyarthrite rhumatoïde :* rhumatisme inflammatoire et auto-immun de cause inconnue, chronique, prédominant aux mains et aux pieds, et pouvant aboutir, sans traitement, à des déformations et à une impotence.
POLYBUTADIÈNE n.m. CHIM. ORG. Polymère du butadiène, utilisé dans la fabrication des caoutchoucs synthétiques.
POLYCARBONATE n.m. Matière plastique transparente et très résistante aux chocs, dont la chaîne est formée par la répétition régulière de fonctions carbonate organique, et utilisée comme emballage alimentaire, pour les casques de moto ou autres accessoires de sécurité.
POLYCARPIQUE adj. BOT. **1.** Dont la fleur possède plusieurs carpelles non soudés. **2.** Se dit d'une plante vivace qui fleurit plusieurs fois au cours de sa vie.
POLYCENTRIQUE adj. Relatif au polycentrisme.
POLYCENTRISME n.m. Existence de plusieurs centres de direction, de décision, dans une organisation, un système.
POLYCHÈTE [pɔlikɛt] n.m. (gr. *polus,* beaucoup, et *khaitê,* crinière). Ver annélide marin à nombreuses soies latérales, tel que la néréide, l'arénicole et l'aphrodite. (Les polychètes forment une classe.)
POLYCHLOROBIPHÉNYLE n.m. → **PCB.**
POLYCHLORURE n.m. *Polychlorure de vinyle :* PVC.

■ **POLO.** Phase d'un match.

POLYCHROÏSME [pɔlikrɔism] n.m. OPT. Propriété d'un corps transparent de présenter des couleurs différentes selon l'incidence de la lumière.

POLYCHROME [pɔlikrom] adj. De plusieurs couleurs.

POLYCHROMIE n.f. Caractère de ce qui est polychrome.

POLYCLINIQUE n.f. Établissement hospitalier où l'on soigne des maladies diverses. – REM. À distinguer de *policlinique.*

POLYCONDENSAT n.m. Résultat d'une polycondensation.

POLYCONDENSATION n.f. CHIM. Réaction de formation de macromolécules mettant en jeu des espèces chimiques renfermant plusieurs monomères différents.

POLYCOPIÉ n.m. Texte, cours polycopié. Abrév. *(fam.) : poly.*

POLYCOPIER v.t. [5]. Reproduire un document par un procédé de duplication.

POLYCOURANT adj. inv. CH. DE F. Se dit d'une automotrice ou d'une locomotive électrique qui fonctionne à partir de plusieurs types de courant, alternatif ou continu.

POLYCULTURE n.f. Culture d'espèces végétales différentes dans une même exploitation agricole, dans une même région, etc.

POLYCYCLIQUE adj. CHIM. ORG. Se dit d'un composé organique ayant plusieurs cycles.

POLYDACTYLIE n.f. Malformation caractérisée par la présence de doigts ou d'orteils supplémentaires.

POLYDIPSIE n.f. (du gr. *dipsa,* soif). MÉD. Besoin exagéré de boire, surtout au cours d'un diabète.

POLYÈDRE adj. (gr. *polus,* nombreux, et *hedra,* base). *Angle* ou *secteur polyèdre :* portion illimitée d'espace dont la frontière est la réunion de parties planes, celles-ci *(faces)* étant des secteurs angulaires du même sommet, appelé *sommet du secteur polyèdre.* ◆ n.m. Solide de l'espace de dimension 3 dont la frontière est la réunion de parties de plans *(faces)* qui présentent des côtés communs *(arêtes).*

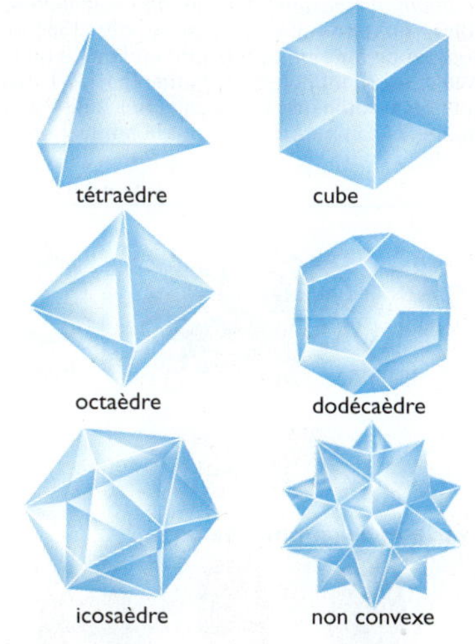

■ **POLYÈDRE.** Les cinq polyèdres réguliers convexes et un polyèdre régulier non convexe.

POLYÉDRIQUE adj. Qui a la forme d'un polyèdre.

POLYÉLECTROLYTE n.m. et adj. Polymère porteur de nombreux groupements ionisés, anioniques ou cationiques, à raison souvent de un par unité monomère. (L'héparine est un polyélectrolyte.)

POLYEMBRYONIE n.f. Formation de plusieurs embryons à partir de cellules résultant des premières divisions d'un œuf unique.

POLYESTER [pɔliɛstɛr] n.m. CHIM. Copolymère résultant de la condensation de polyacides avec des alcools non saturés ou avec des glycols, utilisé notamm. dans la fabrication de fibres textiles.

POLYÉTHER n.m. CHIM. ORG. Polymère de formule $-(R-O)_n-$, où R peut être aliphatique ou aromatique (nom générique).

POLYÉTHYLÈNE n.m. Matière plastique résultant de la polymérisation de l'éthylène. Abrév. : *PE.*

POLYGALE ou **POLYGALA** n.m. (du gr. *polugalos,* au lait abondant). Plante herbacée vivace à fleurs bleues, roses ou blanches, appelée autref. *herbe au lait,* car elle était censée augmenter la production laitière des vaches. (Famille des polygalacées.)

POLYGAME adj. et n.m. (gr. *polus,* nombreux, et *gamos,* mariage). Se dit d'un homme qui pratique la polygamie. ◆ adj. **1.** ANTHROP. Se dit d'une société où règne la polygamie. **2.** BOT. Se dit d'une plante qui présente à la fois des fleurs hermaphrodites et des fleurs unisexuées, mâles et femelles, sur le même pied.

POLYGAMIE n.f. **1. a.** ANTHROP. Fait d'être marié à plusieurs conjoints, soit pour un homme *(polygynie),* soit pour une femme *(polyandrie) ;* organisation sociale légitimant de telles unions. **b.** *Cour.* Fait, pour un homme, d'être marié simultanément à plusieurs femmes. **2.** BOT. Caractère d'une plante polygame.

POLYGÉNIQUE adj. **1.** Relatif au polygénisme. **2.** GÉOMORPH. Se dit d'une forme de relief qui a été façonnée par des processus de morphogenèse différents. **3.** Se dit d'une maladie génétique due à une anomalie de plusieurs gènes.

POLYGÉNISME n.m. ANTHROP. Théorie selon laquelle l'espèce humaine tirerait son origine de plusieurs souches différentes (par oppos. à *monogénisme*).

POLYGLOBULIE n.f. Augmentation pathologique de la masse totale des globules rouges.

POLYGLOTTE adj. et n. (gr. *polus,* nombreux, et *glôtta,* langue). Qui parle plusieurs langues.

POLYGONACÉE n.f. Plante dicotylédone apétale, dont le fruit, minuscule, affecte la forme d'un trièdre aux arêtes parfois ailées, telle que l'oseille, la renouée, la rhubarbe et le sarrasin. (Les polygonacées forment une famille.)

POLYGONAL, E, AUX adj. **1.** Qui a plusieurs angles, et donc plusieurs côtés. **2.** Qui a la forme d'un polygone.

POLYGONATION n.f. TOPOGR. Opération préliminaire au lever d'un terrain, consistant à établir un réseau de lignes brisées dont les points d'intersection forment un canevas.

POLYGONE n.m. (gr. *polus,* nombreux, et *gônia,* angle). **1.** GÉOMÉTR. Figure le plus souvent plane formée par une ligne polygonale fermée, suite de segments *(côtés),* dont chacun a une extrémité commune *(sommet)* avec le précédent et le suivant. **2.** MIL. Champ de tir et de manœuvre où sont notamm. effectués les essais de projectiles et d'explosifs.

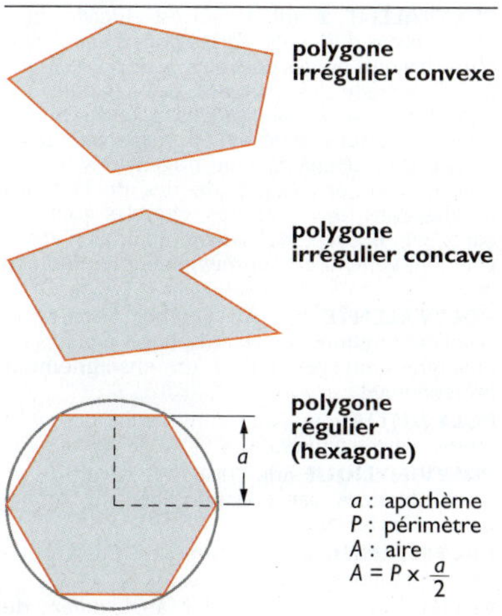

■ **POLYGONES**

POLYGRAPHE n. *(Souvent péjor.).* Auteur qui écrit sur des sujets variés.

POLYGYNIE n.f. (gr. *polus,* nombreux, et *gunê,* épouse). ANTHROP. Fait, pour un homme, d'être marié à plusieurs femmes. (Cas particulier de la polygamie.)

POLYHOLOSIDE n.m. BIOCHIM. Glucide formé d'un très grand nombre d'oses, comme l'amidon, la cellulose, le glycogène. SYN. : *polyoside, polysaccharide.*

POLYIODURE n.m. Anion de formule I^-_{2n+1} résultant de la condensation de l'anion iodure I^- et de molécules d'iodes I_2.

POLYLOBÉ, E adj. *Didact.* À plusieurs lobes ; découpé en lobes.

POLYMÈRE adj. et n.m. CHIM. Se dit d'un corps formé par polymérisation.

POLYMÉRIE n.f. CHIM. Isomérie entre deux polymères dont l'un a une masse moléculaire égale ou 2, 3, *n* fois supérieure à celle de l'autre.

POLYMÉRISABLE adj. Qui peut être polymérisé.

POLYMÉRISATION n.f. CHIM. Réaction qui enchaîne des molécules de faible masse moléculaire (monomères) pour en faire des composés de masse moléculaire élevée (macromolécules).

POLYMÉRISER v.t. Produire la polymérisation de.

POLYMÉTALLIQUE adj. *Nodule polymétallique* → **nodule.**

POLYMORPHE adj. **1.** *Didact.* Qui se présente sous diverses formes. **2.** BIOL. Qui présente un polymorphisme.

POLYMORPHISME n.m. **1.** Propriété de ce qui est polymorphe. **2.** CRISTALLOGR. Propriété que possèdent certaines substances de cristalliser sous plusieurs formes. (La calcite et l'aragonite sont deux formes du carbonate de calcium $CaCO_3$.) **3.** BIOL. Caractère des espèces dont les individus de même sexe présentent des formes diverses d'un individu à l'autre.

POLYNÉSIEN, ENNE adj. et n. De la Polynésie, de ses habitants. ◆ n.m. Groupe de langues parlées en Polynésie, branche de la famille austronésienne.

POLYNÉVRITE n.f. Atteinte simultanée, bilatérale et symétrique, de plusieurs nerfs, de nature inflammatoire ou non.

POLYNÔME n.m. (gr. *polus,* nombreux, et *nomos,* division). Somme algébrique de monômes.

POLYNOMIAL, E, AUX adj. Relatif aux polynômes.

POLYNUCLÉAIRE adj. BIOL. Se dit d'une cellule dont le noyau, formé de plusieurs lobes, paraît multiple. ◆ n.m. Abusif. Granulocyte.

POLYOL n.m. Polyalcool.

POLYOLÉFINE n.f. CHIM. ORG. Polymère obtenu à partir de monomères hydrocarbonés tels que l'éthylène et le propylène (nom générique).

POLYOSIDE n.m. Polyholoside.

POLYPE n.m. (gr. *polus,* nombreux, et *pous,* pied). **1.** ZOOL. Forme fixée des cnidaires (par oppos. à la forme libre, ou ***méduse***), comportant un corps cylindrique à paroi double souvent couronné de tentacules et une cavité digestive en cul-de-sac ; individu affectant cette forme. **2.** MÉD. Tumeur molle, sessile ou pédiculée, le plus souvent bénigne, qui se développe sur une muqueuse.

POLYPEPTIDE n.m. BIOCHIM. Structure moléculaire résultant de la condensation d'un nombre important (de 10 à 100) de molécules d'acides aminés.

POLYPEPTIDIQUE adj. Relatif aux polypeptides.

POLYPHASÉ, E adj. ÉLECTROTECHN. Se dit des tensions ou des courants alternatifs qui comportent plusieurs grandeurs sinusoïdales de même fréquence et déphasées l'une par rapport à l'autre d'un angle constant, ainsi que des installations correspondantes (par oppos. à ***monophasé***).

POLYPHONIE n.f. (gr. *polus,* nombreux, et *phônê,* voix). **1.** Art, technique de l'écriture musicale à plusieurs parties (en partic., à plusieurs parties vocales superposées en contrepoint). **2.** Pièce chantée à plusieurs voix.
ENCYCL. Aux XIIe et XIIIe s., les œuvres des compositeurs de l'école de Notre-Dame de Paris (Léonin, Pérotin) sont les premières manifestations d'écriture à plusieurs voix, mais il faut attendre le XIVe s. pour que s'affirme la sensibilité à l'harmonie qui s'appuie sur une basse dont le rôle deviendra déterminant. Josquin des Prés, G. Dufay, G. P. da Palestrina, R. de Lassus sont les maîtres de cet art qui, après 1600, sera également transposé dans le domaine instrumental (fugue). Au XVIIIe s., J.-S. Bach en sera le plus illustre représentant.

POLYPHONIQUE adj. **1.** Qui comporte plusieurs voix, qui constitue une polyphonie. **2.** *Chanson polyphonique :* pièce musicale à plusieurs parties vocales (XVIe siècle).

POLYPHONISTE n. Compositeur, musicien qui pratique la polyphonie.

POLYPIER n.m. ZOOL. Squelette calcaire sécrété par les polypes, solitaires ou coloniaux, chez nombre de cnidaires (en partic. chez ceux qui participent à la constitution des récifs coralliens).

POLYPLACOPHORE n.m. Mollusque marin à coquille aplatie formée de huit plaques calcaires articulées, vivant fixé sur les rochers littoraux, tel que le chiton. (Les polyplacophores forment une classe.)

POLYPLOÏDE adj. GÉNÉT. Se dit d'une cellule, d'un organisme qui a plus de deux lots de chromosomes. (Chez l'homme, les cellules cancéreuses sont souvent polyploïdes.)

POLYPNÉE n.f. (du gr. *pnein*, respirer). MÉD. Accélération du rythme respiratoire.

POLYPODE n.m. Fougère des rochers et des murs humides, à feuilles profondément lobées, très commune. (Genre *Polypodium* ; ordre des filicales, famille des polypodiacées.)

■ **POLYPODE**

POLYPORE n.m. Champignon basidiomycète à chapeau étalé, sans pied, coriace, dont de nombreuses espèces poussent sur les troncs des arbres. (Ordre des polyporiales.)

POLYPROPYLÈNE n.m. Matière plastique obtenue par polymérisation du propylène, très utilisée notamm. en corderie. Abrév. : *PP*.

POLYPTÈRE n.m. Poisson osseux d'un type primitif des eaux douces d'Afrique, aux écailles très épaisses, à la nageoire dorsale décomposée en une série de pointes. (Long. 1,20 m ; superordre des brachioptérygiens.)

POLYPTYQUE n.m. (gr. *poluptukhos*, aux nombreux replis). BX-ARTS. Ensemble de panneaux peints ou sculptés liés entre eux, comprenant souvent des volets pouvant se replier sur une partie centrale.

■ **POLYPTYQUE** de la Résurrection, école siennoise, XIVe s. (Pinacothèque de Sansepolcro, Toscane.)

POLYRADICULONÉVRITE n.f. NEUROL. Atteinte des racines de plusieurs nerfs.

POLYSACCHARIDE [-saka-] n.m. Polyholoside.

POLYSÉMIE n.f. (gr. *polus*, nombreux, et *sêma*, signe). LING. Propriété d'un mot qui présente plusieurs sens.

POLYSÉMIQUE adj. Qui présente plusieurs sens ; qui relève de la polysémie. CONTR. : *monosémique*.

POLYSOC adj. Se dit d'une charrue qui a plusieurs socs.

POLYSTYRÈNE n.m. Matière thermoplastique obtenue par polymérisation du styrène. Abrév. : *PS*.

POLYSULFURE n.m. CHIM. MINÉR. Composé sulfuré possédant une chaîne d'atomes de soufre. (On utilise les polysulfures de calcium, de baryum ou de sodium contre les champignons parasites.)

POLYSYLLABE ou **POLYSYLLABIQUE** adj. et n.m. Qui a plusieurs syllabes.

POLYSYNODIE n.f. HIST. Système de gouvernement, pratiqué en France de 1715 à 1718, dans lequel chaque ministre est remplacé par un conseil.

POLYSYNTHÉTIQUE adj. LING. Se dit d'une langue dans laquelle les diverses parties de la phrase se soudent en une sorte de long mot composé (cas de l'esquimau et de nombreuses langues indiennes).

POLYTECHNICIEN, ENNE n. Élève ou ancien élève de l'École polytechnique.

POLYTECHNIQUE adj. **1.** Vx. Qui concerne plusieurs techniques, plusieurs sciences. **2.** Mod. *École *polytechnique* : *v. partie n.pr.*

POLYTÉTRAFLUOROÉTHYLÈNE n.m. Polymère de formule $(CF_2–CF_2)_n$, ayant une inertie chimique à peu près totale, une grande stabilité thermique et d'excellentes propriétés antiadhésives. Abrév. : *PTFE*.

POLYTHÉISME n.m. Religion qui admet l'existence de plusieurs dieux.

POLYTHÉISTE adj. et n. Relatif au polythéisme ; adepte du polythéisme.

POLYTHERME adj. et n.m. Se dit d'un navire de charge conçu pour le transport à différentes températures de marchandises réfrigérées variées.

POLYTONAL, E, AUX adj. Relatif à la polytonalité.

POLYTONALITÉ n.f. Technique d'écriture musicale qui utilise simultanément plusieurs tonalités.

POLYTOXICOMANIE n.f. Usage simultané ou alterné de plusieurs drogues.

POLYTRANSFUSÉ, E adj. et n. Qui a reçu des transfusions sanguines répétées.

POLYTRAUMATISME n.m. Présence de plusieurs lésions traumatiques, menaçant la vie d'un blessé.

POLYTRIC n.m. (du gr. *trix*, cheveu). Mousse des bois, aux feuilles raides et piquantes, dont les sporogones peuvent dépasser 10 cm de haut. (Genre *Polytricum* ; ordre des eubryales.)

POLYURÉTHANNE ou **POLYURÉTHANE** n.m. Matière plastique employée dans l'industrie des peintures, des vernis ou pour faire des mousses et des élastomères. Abrév. : *PU*.

POLYURIE n.f. MÉD. Émission d'une quantité d'urine supérieure à la normale.

POLYVALENCE n.f. Caractère de ce qui est polyvalent ; qualité de qqn qui a plusieurs spécialités, plusieurs compétences.

POLYVALENT, E adj. **1.** Qui est efficace dans plusieurs cas différents. *Vaccin polyvalent.* **2.** Qui offre plusieurs usages possibles. *Salle polyvalente.* **3.** Qui possède des aptitudes, des capacités variées. *Une secrétaire polyvalente.* **4.** CHIM. Dont la valence est supérieure à 1. **5.** *Inspecteur polyvalent*, ou *polyvalent*, n.m. : agent des impôts pouvant vérifier l'exactitude des déclarations fiscales dans les entreprises, chez les commerçants, etc. **6.** *Lycée polyvalent*, à la fois d'enseignement général et d'enseignement technologique.

POLYVALENTE n.f. Au Québec, école secondaire publique où sont dispensés à la fois un enseignement général et un enseignement professionnel.

POLYVINYLE n.m. Nom commercial des polymères polyvinyliques.

POLYVINYLIQUE adj. CHIM. ORG. Se dit de résines obtenues par polymérisation de monomères dérivés du vinyle.

POLYVITAMINE n.f. Médicament réunissant plusieurs vitamines.

POMELO [pɔmelo] n.m. (mot anglo-amér., du lat. *pomum*, fruit). **1.** Arbre du groupe des agrumes. (Nom sc. *Citrus maxima*.) **2.** Fruit de cet arbre, semblable à un gros pamplemousse à peau et à pulpe jaunes ou rouge rosé, de saveur légèrement amère. SYN. : *grape-fruit*.

POMÉRANIEN, ENNE adj. et n. De Poméranie.

POMERIUM n.m. → **POMŒRIUM**.

POMEROL n.m. Vin rouge, grand cru du Bordelais, récolté sur la commune de Pomerol.

POMICULTEUR, TRICE n. Personne qui cultive les arbres produisant des fruits à pépins.

POMMADE n.f. (ital. *pomata*). **1.** Préparation pharmaceutique molle et grasse, que l'on applique sur la peau ou les muqueuses. **2.** Vieilli. Préparation cosmétique parfumée, utilisée pour les cheveux ou la peau. **3.** *Fam. Passer de la pommade à qqn*, le flatter pour en obtenir qqch.

POMMADER v.t. Enduire de pommade.

POMMARD n.m. (n. d'une commune de la Côte-d'Or). Vin de Bourgogne rouge.

1. POMME n.f. (lat. *pomum*, fruit). **1.** Fruit du pommier, drupe à pépins comestible, ronde et charnue, que l'on consomme frais ou cuit (compote, gelée, pâtisserie) et dont le jus fermenté fournit le cidre. ◇ *Fam. Tomber dans les pommes* : s'évanouir. – *Fam. Aux pommes* : très bien, très réussi. **2.** BOT. Cœur du chou, de la laitue formé de feuilles serrées. **3.** *Pomme de pin* : fruit du pin. **4.** *Pomme d'amour.* **a.** Région. Tomate. **b.** Pomme enrobée de sucre et plantée au bout d'un bâtonnet, souvent vendue dans les foires. **5.** Objet dont la forme évoque une pomme. *La pomme d'une canne. Une pomme de douche.* ◇ MAR. *Pomme de mât* : petite pièce de bois en forme de boule, ou d'une forme voisine, au bout d'un mât. – *Pomme d'arrosoir* : pièce tronconique, percée de petits trous, qui s'adapte au tuyau d'un arrosoir. **6.** ANAT. *Pomme d'Adam* : saillie placée à la partie antérieure du cou masculin, formée par le cartilage thyroïde. **7.** *Fam.* Tête, crâne. **8.** *Arg.* Individu crédule ou niais. **9.** *Fam. Ma pomme, ta pomme, etc.* : moi, toi, etc. *Ça, c'est pour ma pomme.*

2. POMME n.f. Pomme de terre. *Bifteck aux pommes.*

POMMÉ, E adj. Se dit d'une plante qui a un cœur arrondi comme une pomme. *Chou pommé.*

POMMEAU n.m. (de l'anc. fr. *pom*). **1.** Extrémité renflée de la poignée d'une canne, d'un parapluie, d'une épée, etc. **2.** Boule en caoutchouc terminant la canne à pêche à lancer. **3.** Partie antérieure de l'arçon d'une selle de cheval. **4.** Suisse. Personnage sans importance ; exécutant.

POMME DE TERRE n.f. (pl. *pommes de terre*). **1.** Plante originaire d'Amérique du Sud, cultivée pour ses tubercules riches en amidon. (Nom sc. *Solanum tuberosum* ; famille des solanacées.) [Bien qu'introduite en Europe dès 1534, la pomme de terre ne se répandit en France qu'au XVIIIe s., sous l'influence de Parmentier.] **2.** Tubercule comestible de cette plante, très utilisé dans l'alimentation humaine et pour la fabrication de fécule.

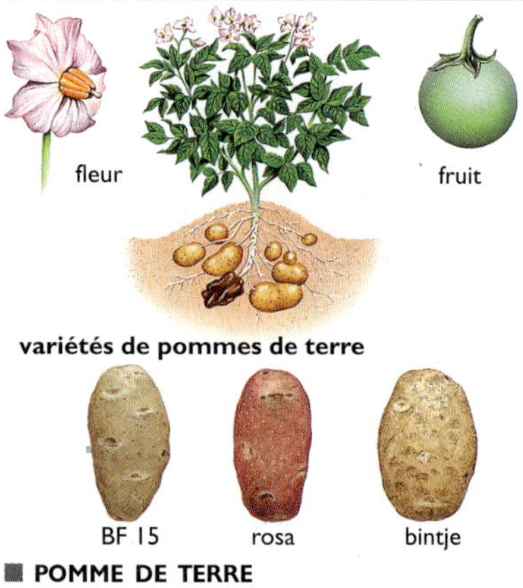

■ **POMME DE TERRE**

POMMELÉ, E adj. **1.** Se dit de la robe d'un cheval, grise et marquée de taches rondes plus claires ou blanches ; se dit de l'animal lui-même. *Un cheval pommelé.* **2.** Couvert de petits nuages blancs ou grisâtres, de forme arrondie. *Ciel pommelé.*

POMMELER (SE) v.pr. [16]. Se couvrir de petits nuages, en parlant du ciel.

POMMELLE n.f. (var. de *paumelle*). Plaque métallique perforée et placée à l'entrée d'une conduite pour arrêter les déchets solides.

POMMER v.i. Se former en pomme, en parlant des choux, des laitues, etc.

POMMERAIE n.f. Lieu planté de pommiers.

POMMETTE n.f. Partie supérieure, la plus saillante, de la joue.

■ **POMMIER**

POMMIER n.m. Arbre fruitier très répandu dans les régions tempérées, à feuilles ovales et dentées, à fleurs blanches ou roses, qui produit la pomme. (Nom sc. *Malus pumila* ; famille des rosacées.)

POMŒRIUM ou **POMERIUM** [pɔmerjɔm] n.m. (lat. *pomœrium*). ANTIQ. ROM. Limite sacrée autour de la ville de Rome, où il était interdit d'enterrer les morts, de bâtir, de labourer et de porter les armes.

POMOLOGIE n.f. Partie de l'arboriculture qui traite des fruits à pépins.

POMOLOGUE ou **POMOLOGISTE** n. Spécialiste de pomologie.

POMPAGE n.m. **1.** Action de pomper. ◇ *Station de pompage :* installation, sur le trajet d'un pipeline, pour pomper le fluide transporté (pétrole, par ex.). **2.** PHYS. *Pompage hertzien, pompage optique :* technique consistant à soumettre un corps à une irradiation hertzienne ou lumineuse pour modifier la répartition des atomes dans leurs divers niveaux d'énergie, et utilisée, notamm., dans les lasers.

1. POMPE n.f. (lat. *pompa*, du gr. *pompê*, procession). *Sout.* Cérémonial somptueux, déploiement de faste. *La pompe d'un couronnement.* ◇ *En grande pompe :* avec beaucoup d'éclat. ◆ pl. **1.** *Service des pompes funèbres :* service public ou privé chargé de l'organisation des funérailles. **2.** RELIG. Vieilli. Vanités du monde, faux plaisirs mondains.

2. POMPE n.f. (mot néerl.). **1.** Appareil pour aspirer, refouler ou comprimer les fluides. ◇ *Pompe aspirante,* dans le corps de laquelle le liquide monte par l'effet de la pression atmosphérique, lorsque le piston s'élève. – *Pompe aspirante et foulante,* dans le corps de laquelle le liquide est aspiré par l'ascension du piston, qui ensuite le refoule dans un tuyau latéral. – *Pompe*

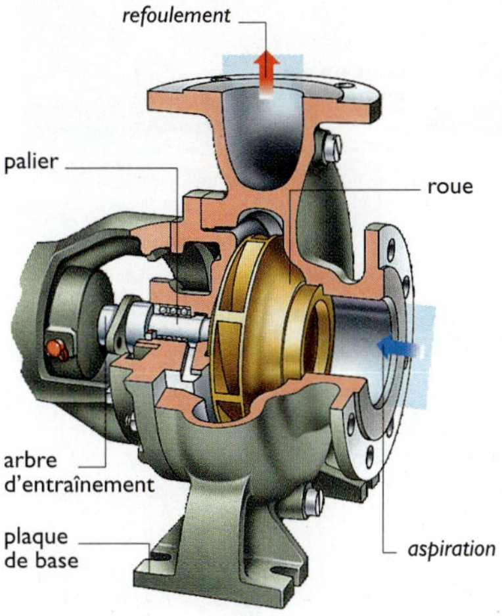

■ **POMPE** centrifuge à roue.

à incendie : pompe pour éteindre le feu au moyen d'un jet d'eau continu très puissant. – *Pompe à vélo :* petite pompe à air pour gonfler les chambres à air des pneus de bicyclettes. – *Pompe d'injection :* pompe qui introduit directement le combustible sous pression dans les cylindres, dans un moteur à combustion interne. **2.** Appareil utilisé pour la distribution et la vente au détail des carburants. *Pompe à essence.* **3.** *Pompe à chaleur :* appareil prélevant de la chaleur à un milieu à basse température pour en fournir à un milieu à température plus élevée. **4.** BIOL. *Pompe ionique :* complexe de protéines enzymatiques de la membrane cellulaire, qui assure le transport actif de certains ions contre le gradient de leur concentration. **5.** *Fam.* Chaussure. ◇ *Fam. Marcher, être à côté de ses pompes :* ne pas avoir les idées nettes ; être indécis, désorienté, très distrait, etc. **6.** *Fam.* Mouvement de gymnastique qui consiste à soulever le corps, à plat ventre sur le sol, en poussant sur les bras. **7.** *Fam. À toute(s) pompe(s) :* très vite. **8.** *Serrure à pompe :* serrure de sûreté dans laquelle la clef doit pousser un ou plusieurs ressorts pour pouvoir agir sur le pêne.

POMPÉIEN, ENNE adj. **1.** Qui se rapporte à Pompéi ; inspiré du style antique de Pompéi. *Décor pompéien.* **2.** Qui se rapporte à Pompée.

POMPER v.t. **1.** Puiser, aspirer un fluide au moyen d'une pompe. **2.** Absorber un liquide. *L'éponge a pompé toute l'eau.* **3.** En parlant d'un être vivant, aspirer un liquide. *L'éléphant pompe l'eau avec sa trompe.* **4.** *Fam.* Boire beaucoup de vin, d'alcool. **5.** *Fam.* Fatiguer, épuiser. *Ce travail l'a complètement pompé.* ◇ *Fam. Pomper l'air à qqn,* l'ennuyer. **6.** *Arg. scol.* Copier, tricher en copiant.

POMPETTE adj. *Fam.* Un peu ivre.

POMPEUSEMENT adv. Avec emphase.

POMPEUX, EUSE adj. Qui est empreint d'une solennité excessive ou déplacée. *Discours pompeux.*

1. POMPIER n.m. Personne faisant partie d'un corps organisé pour combattre les incendies, intervenir en cas de sinistre et effectuer des opérations de sauvetage. (Les pompiers de Paris, créés en 1716, font partie de l'armée depuis 1811 et forment auj. une brigade du génie. Le bataillon de marins-pompiers de Marseille est composé de membres de la marine nationale, commandés par un capitaine de vaisseau.) SYN. : *sapeur-pompier.* ◇ *Fam. Fumer comme un pompier :* fumer beaucoup.

■ **POMPIERS.** Grande échelle en action lors d'un incendie.

2. POMPIER, ÈRE adj. D'un académisme emphatique, en parlant d'un style, d'un art ou de qqn qui le pratique. ◆ n.m. **1.** Art, style, genre pompier. **2.** Artiste pompier.

POMPIÉRISME n.m. Art pompier.

POMPILE n.m. (lat. *pompilus*). Insecte à l'abdomen finement pédiculé, orange et noir, qui pond ses œufs sur les araignées après les avoir paralysées d'un coup d'aiguillon. (Ordre des hyménoptères.)

POMPISTE n. Personne préposée au fonctionnement d'un appareil de distribution de carburant.

POMPON n.m. **1.** Touffe serrée de fibres textiles formant une houppe arrondie, qui sert d'ornement dans le costume et l'ameublement. ◇ *Fam., souvent iron. Avoir, tenir le pompon :* l'emporter sur les autres. – *Fam. C'est le pompon ! :* c'est le comble ! **2.** *Rose, chrysanthème, dahlia pompon,* appartenant à des variétés à petites fleurs et aux pétales nombreux.

POMPONNER v.t. Arranger avec beaucoup d'attention, de soin la toilette de ; parer. ◆ **se pomponner** v.pr. Apprêter sa toilette avec beaucoup de coquetterie, de soin.

PONANT n.m. (lat. pop. *sol ponens,* soleil couchant). **1.** Région. ou *litt.* Ouest, occident. *Le ponant et le levant.* **2.** Vent d'ouest, dans le Midi. **3.** Anc., région. (Midi). Océan.

PONANTAIS n.m. Vx. Marin des côtes françaises de l'Atlantique.

PONÇAGE n.m. TECHN. Action de poncer.

PONCE adj. (lat. *pomex*). *Pierre ponce,* ou *ponce,* n.f. : roche pyroclastique claire et poreuse, légère (flottant sur l'eau) et friable, qui sert à polir.

1. PONCEAU n.m. Petit pont.

2. PONCEAU adj. inv. (de *paon*). De la couleur rouge vif du coquelicot.

PONCER v.t. [9]. **1.** TECHN. Polir, décaper avec un abrasif (ponce, émeri, etc.), à la main ou à la machine. **2.** BX-ARTS. Reproduire un dessin par le procédé du poncif.

PONCEUSE n.f. TECHN. Machine à poncer.

PONCEUX, EUSE adj. De la nature de la ponce. *Tuf ponceux.*

PONCHO [pɔ̃ʃo] ou [pɔntʃo] n.m. (mot esp.). **1.** Manteau fait d'une pièce rectangulaire de laine tissée, avec une ouverture pour passer la tête, en usage en Amérique latine. **2.** Chausson d'intérieur dont le dessus en tricot forme chaussette.

PONCIF n.m. (de *ponce*). **1.** Dessin dont les lignes et les contours, piqués de trous, peuvent être reproduits sur du papier ou du tissu au moyen d'une poudre colorante (autref. à base de ponce) ; motif souvent reproduit. **2.** Lieu commun, idée sans originalité.

PONCTION n.f. (lat. *punctio, -onis,* piqûre). **1.** MÉD. Introduction d'un instrument pointu (par ex. une aiguille creuse) dans un organe ou une cavité pour en retirer un gaz ou un liquide. ◇ *Ponction lombaire,* pratiquée entre deux vertèbres lombaires pour prélever du liquide céphalorachidien. – *Ponction veineuse,* faite dans une veine superficielle du bras pour prélever du sang ; prise de sang. **2.** Action de prélever une partie importante de qqch, en partic. une somme d'argent.

PONCTIONNER v.t. **1.** MÉD. Prélever ou vider par une ponction. **2.** Prendre de l'argent à ; prélever de l'argent sur le compte de.

PONCTUALITÉ n.f. Qualité d'une personne ponctuelle, qui arrive à l'heure ; exactitude, régularité.

PONCTUATION n.f. Action, manière de ponctuer. ◇ *Signes de ponctuation :* signes graphiques tels que le point, la virgule, les tirets, etc., marquant les pauses entre phrases ou éléments de phrases, ainsi que les rapports syntaxiques.

PONCTUEL, ELLE adj. (du lat. *punctum,* point). **1.** Qui arrive à l'heure ; exact, régulier. *Elle est toujours très ponctuelle.* **2.** Qui porte sur un détail ; qui vise un objectif isolé ou limité. *Opération ponctuelle.* **3.** OPT. Constitué par un point. *Image ponctuelle.* ◇ ASTRON., OPT. *Source ponctuelle :* source lumineuse qui peut être assimilée à un point. **4.** GÉOMÉTR. Dont les éléments sont des points.

PONCTUELLEMENT adv. De manière ponctuelle.

PONCTUER v.t. **1.** Marquer un texte de signes de ponctuation. **2.** Renforcer certains mots par des gestes ou des exclamations. **3.** MUS. Marquer les repos en composant ou en exécutant une partition.

PONDAISON n.f. ORNITH. Époque de la ponte, chez les oiseaux.

PONDÉRABLE adj. (de *pondérer*). Qui peut être pesé ; qui a une masse mesurable.

PONDÉRAL, E, AUX adj. *Didact.* Relatif au poids.

PONDÉRATEUR, TRICE adj. Qui pondère, maintient l'équilibre.

PONDÉRATION n.f. **1.** Caractère d'une personne pondérée. **2.** Juste équilibre de tendances contraires, dans le domaine politique ou social. **3.** STAT. Attribution à chacun des éléments servant à élaborer une moyenne, un indice, etc., d'un coefficient qui exprime son importance relative.

PONDÉRÉ, E adj. **1.** Qui sait se contrôler ; calme, modéré dans ses manières, ses prises de position, etc. **2.** STAT. Dont la valeur a été calculée par une méthode de pondération.

PONDÉRER v.t. [11] (lat. *ponderare,* de *pondus, ponderis,* poids). **1.** Équilibrer qqch par qqch d'autre qui l'atténue. *Pondérer les pouvoirs de*

P

l'exécutif par l'indépendance du législatif. **2.** STAT. Procéder à la pondération des variables entrant dans le calcul d'un indice, d'une note, etc.

PONDÉREUX, EUSE adj. et n.m. Se dit d'un matériau de densité élevée utilisé dans l'industrie. (Les pondéreux sont souvent transportés en grand volume à un faible coût.)

PONDEUR, EUSE adj. Qui pond ; qui pond souvent. ◇ *Poule pondeuse,* ou *pondeuse,* n.f. : poule élevée pour la production d'œufs destinés à la consommation.

PONDOIR n.m. Endroit (caisse, panier, etc.) spécial. aménagé pour la ponte des poules.

PONDRE v.t. [59] (lat. *ponere,* poser). **1.** Produire, déposer un, des œufs, en parlant de la femelle d'un ovipare. **2.** *Fam.* Écrire, rédiger. *Pondre un rapport.*

PONETTE n.f. Jument poney.

PONEY [pɔnɛ] n.m. (angl. *pony*). Cheval de petite taille, surtout utilisé pour l'équitation enfantine.

■ **PONEY.** Poney pottock.

PONGÉ ou **PONGÉE** n.m. (angl. *pongee*). Taffetas de soie léger et souple.

PONGIDÉ n.m. (de *pongo,* n. africain d'un singe). Primate anthropoïde tel que le chimpanzé, l'orang-outan et le gorille. (Les pongidés forment une famille.)

PONGISTE n. (de *ping-pong*). Joueur(euse) de tennis de table.

PONT n.m. (lat. *pons, pontis*). **1.** Ouvrage, construction permettant de franchir une dépression, un obstacle, notamm. un cours d'eau, un bras de mer, une voie ferrée, une route. ◇ *Pont basculant :* pont dont le tablier est mobile autour d'un axe de rotation horizontal. – *Pont levant :* pont dont le tablier se relève par une translation verticale, tout en restant horizontal. – *Pont mobile :* pont dont le tablier est mobile en partie ou en totalité. – *Pont suspendu :* pont (d'une longueur pouvant dépasser 1 km), dont le tablier est supporté par des câbles métalliques. – *Pont tournant :* pont dont le tablier pivote autour d'un axe vertical. – *Pont à haubans :* pont (de 250 à 1 000 m de long), dont le tablier est maintenu par des câbles obliques rectilignes accrochés à des pylônes. – *Pont de bateaux :* pont fait de bateaux reliés entre eux. – *Couper, brûler les ponts :* rompre les relations avec qqn. – *Faire un pont d'or à qqn,* lui offrir beaucoup d'argent pour le décider à faire qqch. **2. a.** *Pont élévateur :* appareil de levage pour entretenir et réparer la partie inférieure d'un véhicule à hauteur d'homme. **b.** *Pont roulant :* appareil de levage permettant de déplacer des charges dans le parallélépipède que constitue son ossature. **3.** *Pont aérien :* liaison aérienne entre deux points séparés par une zone où les autres communications sont impossibles ou trop lentes. **4.** *Pont aux ânes :* démonstration graphique du théorème sur le carré de l'hypoténuse ; *fig.,* difficulté qui n'arrête que les ignorants. **5.** *Ponts et chaussées :* administration (corps national interministériel) qui, en France, est chargée des travaux de génie civil (ponts, routes, voies navigables, ports, etc.). **6. a.** Figure d'acrobatie au sol dans laquelle le corps, arqué en arrière, repose sur les pieds et sur les mains. **b.** ÉLECTR. Dispositif formé de quatre branches placées en quadrilatère comportant des éléments tels que résistances, condensateurs, etc., et de deux branches diagonales, l'une portant la source de courant, l'autre, un appareil de mesure, et qui sert à mesurer des impédances, des fréquences, etc. **c.** AUTOM. *Pont arrière :* ensemble formé par l'essieu arrière et certains organes de transmission, en partic. le différentiel, sur un véhicule à roues arrière motrices. **d.** *Pantalon à pont :* pantalon comportant par-devant un pan d'étoffe qui se rabat. **7.** MAR. Ensemble des planches ou des tôles, disposées de manière à former une surface d'un seul tenant, qui couvrent le creux d'une coque de navire ou le divisent horizontalement en compartiments (dits *entreponts*). *Le pont supérieur* (ou *le pont*) *et les ponts inférieurs.* ◇ *Pont de cloisonnement :* pont jusqu'où s'élèvent les cloisons étanches transversales. – *Pont d'envol :* partie supérieure d'un porte-avions, constituant la piste de décollage et d'atterrissage. **8.** *Fig.* Ce qui réunit, forme une jonction ou une transition. *Pont jeté entre le passé et l'avenir.* **9.** Jour ouvrable mais qui, situé entre deux jours fériés ou chômés, est aussi chômé. **10.** MUS. **a.** Transition entre le premier et le deuxième thème, dans un allégro de sonate. **b.** En jazz, deuxième partie du thème (symbolisée par B dans une suite de mesures de forme AABA). **11.** NEUROL. *Pont de Varole :* protubérance annulaire.

PONTAGE n.m. **1.** CHIRURG. Opération qui consiste à réunir deux canaux, en partic. deux segments artériels, par un greffon ou par un tube prothétique mis parallèlement à une zone obstruée ou rétrécie. **2.** CHIM. Établissement de liaisons transversales entre les chaînes adjacentes de macromolécules ; formation de ponts, par un atome ou un ligand, dans les composés organométalliques.

PONT-BASCULE n.m. (pl. *ponts-bascules*). Dispositif de pesage, du type bascule, pour les charges très lourdes (camions, wagons, etc.).

PONT-CANAL n.m. (pl. *ponts-canaux*). Pont permettant le passage d'un canal au-dessus d'une voie, d'un cours d'eau.

1. PONTE n.m. (de *1. ponter*). **1.** Aux jeux de hasard, celui des joueurs qui joue contre le banquier. **2.** *Fam.* Personne ayant un grand pouvoir, une grande autorité dans un domaine quelconque.

2. PONTE n.f. **1.** Action de pondre ; saison pendant laquelle les animaux pondent. **2.** Quantité d'œufs pondus. **3.** *Ponte ovulaire :* ovulation.

PONTÉ, E adj. Se dit d'une embarcation dont le creux est couvert par un pont. *Canot ponté.*

PONTÉE n.f. Ensemble des marchandises embarquées sur le pont d'un navire.

1. PONTER v.i. (de l'anc. fr. *pont,* posé). Aux jeux de hasard, miser contre le banquier.

2. PONTER v.t. **1.** Établir un pont sur un navire. **2.** CHIRURG. Réunir par pontage.

PONTET n.m. Pièce métallique protégeant la détente d'une arme à feu portative.

PONTIER n.m. **1.** Conducteur d'un pont roulant. **2.** Personne chargée de la manœuvre d'un pont mobile.

PONTIFE n.m. (lat. *pontifex*). **1.** Titre donné aux évêques et, en partic., au pape, évêque de Rome, appelé *souverain pontife.* **2.** ANTIQ. ROM. Membre du plus important collège sacerdotal. ◇ *Grand pontife :* chef du collège des pontifes. **3.** *Fam.* Homme gonflé de son importance, prétentieux.

PONTIFIANT, E adj. *Fam.* Qui pontifie.

PONTIFICAL, E, AUX adj. **1.** Qui se rapporte au pape et aux évêques. *Insignes pontificaux.* **2.** ANTIQ. ROM. Qui se rapporte aux pontifes. ◆ n.m. Rituel des cérémonies propres au pape et aux évêques.

PONTIFICAT n.m. (lat. *pontificatus*). **1.** Dignité, fonction de pape ; durée de cette fonction. **2.** ANTIQ. ROM. Dignité de pontife ou de grand pontife.

PONTIFIER v.i. [5]. **1.** *Fam.* Prendre des airs d'importance ; parler avec emphase, avec prétention. **2.** Célébrer un office pontifical.

PONTIL [pɔ̃til] ou **POINTIL** [pwɛ̃til] n.m. (de *pointe*). Masse de verre à l'état de demi-fusion qui permet de fixer un objet de verre en fabrication au bout d'une barre de fer ; cette barre.

PONT-L'ÉVÊQUE n.m. inv. (n. d'une ville du Calvados). Fromage au lait de vache, à pâte molle, carré, fabriqué en Normandie.

PONT-LEVIS [pɔ̃ləvi] n.m. (pl. *ponts-levis*). Élément de pont mobile autour d'un axe, qui s'abaisse sur un élément fixe du pont ou sur le bord d'un fossé pour donner accès à un ouvrage fortifié et se relève pour en interdire l'entrée.

PONTON n.m. (lat. *ponto, pontonis,* bac). **1. a.** Appontement servant de débarcadère. **b.** Plate-forme flottante. *Ponton de ski nautique.* **2.** Vieux navire désarmé servant de dépôt de matériel, de navire-école, de prison, etc. **3.** Construction flottante et plate pour le transport de matériel dans les ports.

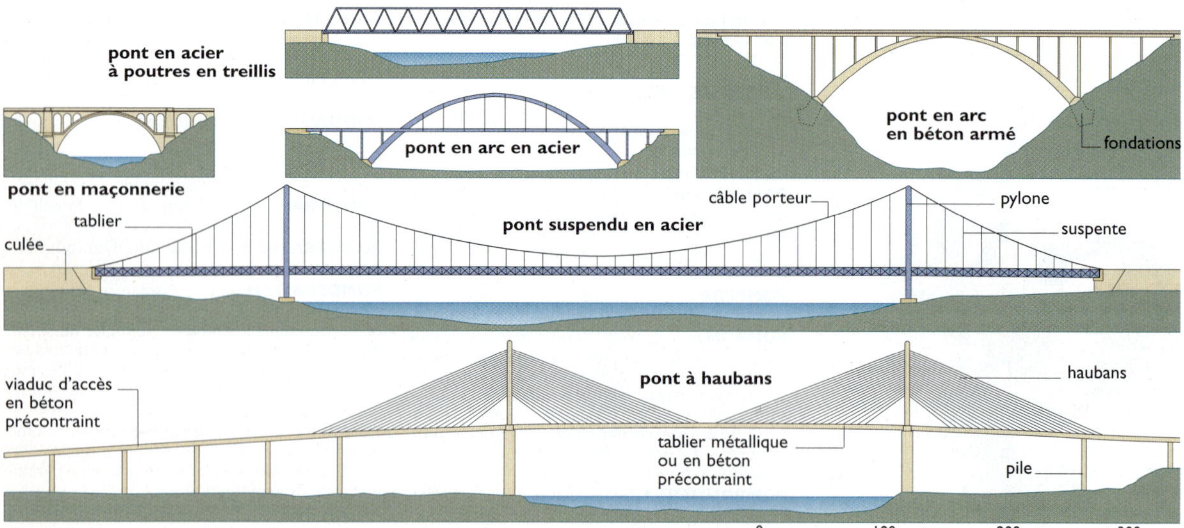

■ **PONTS**

■ LE POP ART

En réaction contre la subjectivité de l'expressionnisme abstrait, les « pop artistes » britanniques, puis américains, ont porté leur intérêt sur une culture populaire formée par les images de la vie moderne et des médias : publicités, photos de presse, stars, bandes dessinées, objets usuels. Par contrecoup, le pop art a inspiré à son tour un style nouveau des images publicitaires et du design à travers le monde.

Claes Oldenburg. *Deux Hamburgers* (1962), plâtre peint. L'objet est fortement grossi et cet agrandissement d'une réalité triviale constitue une sorte de réalisme expressionniste, opposé à l'expressionnisme abstrait d'un Pollock ou d'un Franz Kline. (MOMA, New York.)

David Hockney. *Deux garçons dans une piscine* (1965). Froideur impersonnelle et schématisme caractérisent l'image, mais aussi goût de l'anecdote et recherche décorative : de là à revenir aux traditions de la peinture figurative, il n'y a qu'un pas, que l'artiste franchit dès cette époque dans d'autres œuvres. (Galerie Felicity Samuel, Londres.)

Tom Wesselmann. *Grand Nu américain n° 98* (1967), peinture acrylique sur métal. Par le principe du collage, un dialogue s'instaure entre le corps féminin et les éléments familiers de la vie quotidienne : les lèvres éclatantes, le sein et le fruit gonflés, le cendrier avec sa houppe de fumée, le Kleenex aussi composent une sorte de vivant blason du « glamour ». (Musée Wallraf-Richartz-Ludwig, Cologne.)

■ **PONTON-GRUE**

PONTON-GRUE n.m. (pl. *pontons-grues*). Ponton supportant une grue, pour embarquer ou débarquer des charges lourdes dans un port.

PONTONNIER n.m. Militaire du génie spécialisé dans la construction des ponts.

PONT-PROMENADE n.m. (pl. *ponts-promenade[s]*). Pont réservé à la promenade des passagers, sur un paquebot.

PONT-RAIL n.m. (pl. *ponts-rails*). Pont portant une voie ferrée.

PONT-ROUTE n.m. (pl. *ponts-routes*). Pont portant une route.

PONTUSEAU n.m. (anc. fr. *pontereau,* petit pont). PAPET. **1.** Tige de métal qui traverse les vergeures de la forme, dans la fabrication du papier vergé ; trace laissée par cette tige. **2.** Sur les machines à papier modernes, rouleau supportant la toile de la machine.

POOL [pul] n.m. (mot angl., *montant des enjeux*). **1.** Groupement de producteurs, d'entreprises similaires, qui s'entendent momentanément pour contingenter la production, unifier les conditions d'exploitation. ◇ *Pool bancaire :* ensemble de banques qui s'associent temporairement pour une opération de crédit. **2.** Ensemble de personnes effectuant le même travail dans une entreprise.

1. POP [pɔp] n.f. ou n.m. ou **POP MUSIC** [pɔpmyzik] ou [-mjuzik] n.f. [pl. *pop musics*] (mot anglo-amér.). Musique populaire d'origine anglo-saxonne, issue princip. du rock and roll, enrichie d'influences diverses (jazz, folksong, musique classique, électronique, etc.) et liée au phénomène de contestation culturelle et sociale des années 60.

2. POP adj. inv. Relatif à la pop. *Des groupes pop.*

POPAH n.m. Polynésie. Européen, Blanc ; étranger.

POP ART [pɔpart] n.m. [pl. *pop arts*] (mot angl., abrév. de *popular art*). Courant contemporain des arts plastiques, qui utilise, pour ses compositions, des objets de la vie quotidienne et des images empruntées à la publicité, aux magazines, etc. (Né à Londres au milieu des années 50, le pop art s'est imposé aux États-Unis avec, notamm., R. Lichtenstein, C. Oldenburg, A. Warhol, J. Rosenquist, T. Wesselmann.)

POP-CORN [pɔpkɔrn] n.m. inv. (mot anglo-amér., de *to pop,* éclater, et *corn,* maïs). Aliment composé de grains de maïs éclatés à la chaleur, sucrés ou salés.

POPE n.m. (russe *pop*). Prêtre de l'Église orthodoxe slave.

POPELINE n.f. (angl. *poplin*). **1.** Anc. Étoffe légère à chaîne de soie et trame de laine. **2.** Tissu très serré de coton ou de soie, utilisé princip. pour la confection de chemises.

POPINÉE n.f. Nouvelle-Calédonie. Femme kanak.

POPLITÉ, E adj. (du lat. *poples, -itis,* jarret). ANAT. Qui se rapporte à la partie postérieure du genou. ◇ *Creux poplité :* région située en arrière de l'articulation du genou.

1. POPOTE n.f. *Fam.* **1.** Cuisine. *Faire la popote.* **2.** Table, lieu où plusieurs personnes (spécial. des militaires) prennent leurs repas en commun ; association que forment ces personnes pour leurs dépenses communes.

2. POPOTE adj. inv. *Fam.* Très préoccupé par les détails, les soins du ménage ; pantouflard et prosaïque.

POPOTIN n.m. (par redoublement de *pot*). *Fam.* Derrière, fesses. ◇ *Fam. Se manier le popotin :* se dépêcher.

POPULACE n.f. (ital. *popolaccio,* de *popolo,* peuple). *Péjor.* Bas peuple, classe défavorisée de la population à laquelle on prête des goûts et des mœurs vulgaires.

POPULACIER, ÈRE adj. *Péjor.* Propre à la populace ; vulgaire.

POPULAGE n.m. (lat. *populus,* peuplier). Plante vivace toxique à belles fleurs jaunes et à larges feuilles, qui croît dans les lieux humides. (Genre *Caltha ;* famille des renonculacées.) SYN. : *souci d'eau, souci des marais.*

POPULAIRE adj. (lat. *popularis,* de *populus,* peuple). **1.** Qui appartient au peuple ; qui concerne le peuple ; issu du peuple. *Expression populaire. Gouvernement populaire. Art populaire. (V. ill. page suivante).* **2.** Qui s'adresse au peuple, au public le plus nombreux ; qui est jugé conforme aux goûts de la population la moins cultivée. *Roman populaire.* **3.** Connu et aimé de tous, du plus grand nombre ; qui a la faveur du plus grand nombre. *Chanteur populaire. Cette mesure n'est pas très populaire.* **4.** LING. **a.** Qui relève, sans être grossier ni vulgaire, du parler utilisé par des personnes d'un milieu social peu cultivé et, au-delà, de la reprise d'éléments de ce parler par volonté de paraître spontané et sans façon dans la communication courante. **b.** Se dit d'une forme qui résulte d'une évolution phonétique et non d'un emprunt. (Par ex., *livrer,* qui vient du latin *liberare,* est une forme populaire, alors que *libérer* est une forme dite *savante.*)

POPULAIREMENT adv. D'une manière populaire ; dans le langage populaire.

POPULARISATION n.f. Action de populariser ; fait d'être popularisé.

POPULARISER v.t. Rendre populaire ; faire connaître par le plus grand nombre.

POPULARITÉ n.f. Fait d'être connu, aimé du plus grand nombre. ◇ *Soigner sa popularité :* se comporter de façon à conserver la faveur générale.

POPULATION n.f. (mot angl., du bas lat.). **1.** Ensemble des habitants d'un espace déterminé (continent, pays, etc.). **2.** Ensemble des personnes constituant, dans un espace donné, une catégorie particulière. *La population rurale.* **3. a.** Ensemble des animaux ou végétaux de même espèce vivant sur un territoire déterminé.

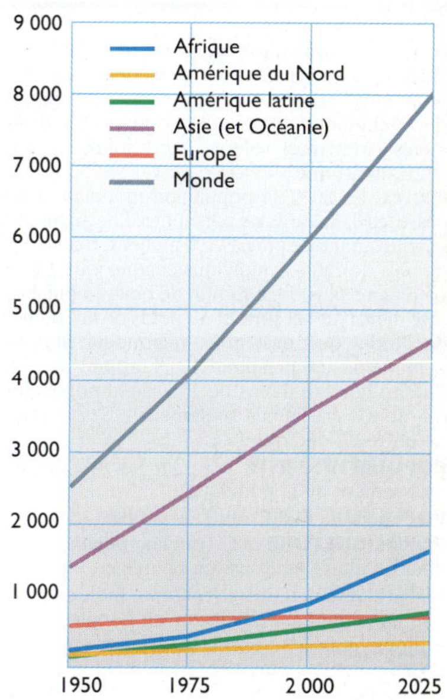

■ **POPULATION.** La population mondiale.

P

P

■ L'ART POPULAIRE

La notion d'art populaire s'applique à des objets produits et diffusés au sein des classes populaires, ainsi qu'à d'autres formes d'expression traditionnelles (littérature orale, chanson, musique, danse, jeux...). Le domaine des objets matériels est aussi vaste que sont diverses leurs techniques de fabrication, qui donnent à ces objets une valeur artistique plus ou moins marquée.

Turquie. *Karagöz,* marionnette turque. Le théâtre turc Karagöz – du nom de son héros principal, qui signifie « œil noir » – consiste en la projection sur un écran d'images translucides en couleurs de personnages représentant divers types sociaux. Les marionnettes ou les silhouettes découpées du théâtre d'ombres (dont l'existence est attestée dès la fin du XIe s. en Chine) constituent une expression culturelle originale dans de nombreux pays.

France. Épi de faîtage du XVIIIe s., en terre vernissée. Couronnant les points caractéristiques de la toiture des maisons traditionnelles, figuratifs – comme ici – ou non, les épis de faîtage en céramique étaient notamm. usuels en Normandie. (Musée des Arts et Traditions populaires, Paris.)

Allemagne. Armoire paysanne bavaroise datée de 1778. Son décor peint comporte quatre grands panneaux évoquant les saisons, encadrés de fleurs et d'ornements de style rocaille. (Musée national bavarois, Munich.)

France. Ex-voto provenant du midi de la France, daté de 1892. Petite peinture, objet symbolique ou plaque portant un texte, l'ex-voto se place dans un lieu de culte en remerciement d'une grâce que l'on croit avoir obtenue du ciel. Le présent tableautin évoque l'événement survenu : deux femmes faisant la toilette d'un bébé le laissent tomber dans un chaudron d'eau bouillante ; il est miraculeusement sauvé. (Coll. priv.)

b. ASTRON. *Population stellaire :* ensemble des étoiles d'une galaxie qui possèdent certaines propriétés intrinsèques communes (âge, composition chimique, etc.). **4.** STAT. Ensemble d'éléments (individus, valeurs, etc.) soumis à une étude statistique.

ENCYCL. En 2000, la population mondiale a dépassé les 6 milliards de personnes. Elle augmente chaque année de près de 100 millions, c'est-à-dire de plus de 250 000 individus chaque jour. L'Asie concentre plus de la moitié de cette population mondiale (du fait surtout du poids de la Chine et de l'Inde, qui, ensemble, regroupent plus de 2 milliards de personnes). L'Europe (avec la Russie) compte moins de 15 % de la population du monde (la France seulement 1 %) et sa part ne cesse de décroître.

POPULATIONNISTE adj. Qui favorise un accroissement de la population.

POPULEUX, EUSE adj. Très peuplé.

POPULICULTURE n.f. (du lat. *populus,* peuplier). Culture intensive du peuplier.

POPULISME n.m. **1.** *Souvent péjor.* Attitude politique consistant à se réclamer du peuple, de ses aspirations profondes, de sa défense contre les divers torts qui lui sont faits. **2.** Idéologie et mouvement politiques des années 1870, en Russie, préconisant une voie spécifique vers le socialisme. **3.** Idéologie de certains mouvements de libération nationale, notamm. en Amérique latine. **4.** Mouvement littéraire qui s'attache à la description de la vie des milieux populaires.

POPULISTE adj. et n. Relatif au populisme ; qui en est partisan.

POPULO n.m. *Fam.* **1.** Peuple, populace. **2.** Foule, grand nombre de personnes.

POQUER v.i. (flamand *pokken,* frapper). Au jeu de boules, jeter sa boule en l'air de manière qu'elle retombe sans rouler.

POQUET n.m. (de *poquer*). Trou dans lequel on sème plusieurs graines. *Semis en poquet.*

PORC [pɔr] n.m. (lat. *porcus*). **1.** Mammifère ongulé omnivore, largement domestiqué, au museau terminé par un groin. (Le *porc domestique* ou *cochon* est élevé pour sa chair et son cuir. Le *porc sauvage* est le *sanglier.* Le porc mâle s'appelle *verrat,* la femelle *truie,* les petits *porcelets, cochonnets* ou *gorets.* Cri : le porc grogne. Genre *Sus ;* famille des suidés, ordre des artiodactyles.) ◇ *Porc charcutier,* destiné à la consommation après abattage au poids d'env. 100 kg. **2.** Viande de cet animal. **3.** Peau tannée de cet animal. **4.** *Fig., fam.* Homme sale, débauché ou glouton.

PORCELAINE n.f. (ital. *porcellana*). **1.** Mollusque gastéropode apprécié des collectionneurs pour sa coquille vernissée et émaillée de couleurs vives, assez commun dans les mers chaudes. (Long. jusqu'à 15 cm ; genre *Cypræa.*) **2.** Produit céramique à pâte dure, translucide, vitrifiée, recouvert d'une glaçure incolore. *Vase, vaisselle de porcelaine.* **3.** Objet de porcelaine.

ENCYCL. La *porcelaine véritable,* ou *dure,* de fabrication très ancienne en Extrême-Orient, est faite d'un mélange de kaolin, de feldspath et de quartz. Un début de cuisson est opéré (800 - 1 050 °C), qui permet d'obtenir le dégourdi ; puis une couverte feldspathique est appliquée et cuite à haute température (1 250 - 1 450 °C), afin de lui conférer sa dureté qui la rend inrayable à l'acier. En Europe, sa fabrication commence à Meissen v. 1710, à Sèvres v. 1770. Auparavant ont été mises au point des imitations suppléant au manque de kaolin : ce sont les *porcelaines tendres.* Après une première cuisson à 1 200 °C, le biscuit obtenu est revêtu d'une glaçure plombeuse cuite entre 900 et 1 000 °C. À ce type appartiennent les réalisations de Saint-Cloud, Chantilly, Vincennes, Strasbourg, etc.

■ **PORCELAINE** dure. « Petit joueur de biniou », statuette du milieu du XVIIIe s., manufacture de Meissen. (Musée Cognacq-Jay, Paris.)

1. PORCELAINIER, ÈRE n. Fabricant, marchand de porcelaine ; ouvrier qui travaille dans une fabrique de porcelaine.

2. PORCELAINIER, ÈRE adj. Relatif à la porcelaine.

PORCELET n.m. Jeune porc.

■ **PORC-ÉPIC.** Porc-épic africain.

PORC-ÉPIC [pɔrkepik] n.m. [pl. *porcs-épics*] (ital. *porcospino*). **1.** Gros mammifère rongeur au dos recouvert de longs piquants qui se détachent aisément en cas d'agression. (Les porcs-épics américains [famille des éréthizontidés] sont arboricoles, tandis que ceux d'Afrique, d'Asie et d'Europe du Sud-Est [famille des hystricidés] ont des mœurs terrestres.) **2.** *Fam.* Personne revêche, irritable.

PORCHAISON n.f. VÉNER. Saison (automne) où le sanglier, très gras, est bon à chasser.

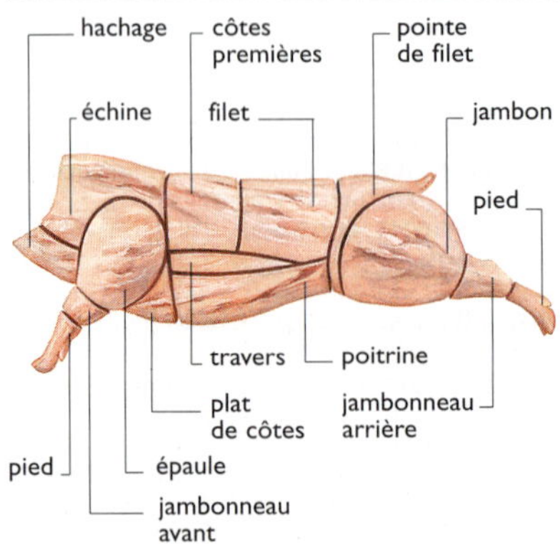

■ **PORC.** Les morceaux de boucherie du porc.

PORCHE n.m. (lat. *porticus*). **1.** Vestibule, entrée d'un immeuble. **2.** Espace couvert, hors œuvre ou dans œuvre, en avant d'une ou de plusieurs portes d'entrée d'un édifice.

PORCHER, ÈRE n. (du lat. *porcus,* porc). Personne qui garde, qui soigne les porcs.

PORCHERIE n.f. **1.** Bâtiment où l'on élève des porcs. **2.** *Fam.* Lieu extrêmement sale, désordonné.

PORCIN, E adj. **1.** Du porc. **2.** Qui évoque un porc. *Des petits yeux porcins.* ◆ n.m. **1.** Mammifère ongulé non ruminant, à canines développées en défenses, tel que le porc, le sanglier, le pécari et l'hippopotame. (Les porcins forment un ordre.) SYN. : *suiforme.* **2.** Animal de l'espèce porcine (verrat, truie, porcelet, porc charcutier, etc.).

PORE n.m. (lat. *porus,* du gr. *poros,* trou). **1.** Très petit orifice à la surface de la peau par où s'écoulent la sueur ou le sébum. ◇ *Par tous ses pores :* par toute sa personne, dans tout son comportement. *Il suait la peur par tous ses pores.* **2.** Très petit orifice des tubes des champignons, des parties aériennes des plantes (feuilles, par ex.). **3.** Trou, interstice dans la texture d'une matière solide compacte.

POREUX, EUSE adj. **1.** Qui présente des pores ; dont la texture comporte de très nombreux petits trous. **2.** *Par ext.* Perméable.

PORION n.m. (mot picard). Contremaître, dans une exploitation minière.

PORNO adj. (abrév.). *Fam.* Pornographique. *Un film porno.* ◆ n.m. *Fam.* **1.** Genre pornographique. **2.** Film pornographique.

PORNOGRAPHE n. Auteur spécialisé dans la pornographie.

PORNOGRAPHIE n.f. (gr. *pornê,* prostituée, et *graphein,* décrire). Représentation complaisante de sujets, de détails obscènes, dans une œuvre littéraire, artistique ou cinématographique.

PORNOGRAPHIQUE adj. Relatif à la pornographie.

POROPHORE n.m. CHIM. Substance incorporée à une matière plastique lors de la fabrication de matériaux alvéolaires et spongieux.

POROSITÉ n.f. **1.** État de ce qui est poreux. **2.** Rapport du volume des vides d'un matériau, d'un produit, d'une roche (notamm. dans un gisement d'hydrocarbures) au volume total.

PORPHYRA n.f. Algue rouge des côtes de l'Atlantique et de la Méditerranée, à thalle foliacé et translucide. (Sous-classe des bangiées.)

PORPHYRE n.m. (gr. *porphura,* pourpre). Roche magmatique à grands cristaux de feldspath et à pâte colorée (rouge, verte, bleue, noire), utilisée en décoration.

PORPHYRIE n.f. Maladie héréditaire dans laquelle un déficit de diverses enzymes provoque une accumulation de porphyrines, donnant notamm. des symptômes cutanés (nom générique).

PORPHYRINE n.f. BIOCHIM. Substance formée de quatre cycles de pyrrole et entrant dans la composition de l'hémoglobine et de la chlorophylle.

PORPHYRIQUE adj. Qui tient du porphyre ; qui en contient.

PORPHYROGÉNÈTE adj. et n. (gr. *porphurogenêtos,* né dans la Chambre de la Pourpre, à Byzance). HIST. Se dit d'un fils d'empereur byzantin né pendant le règne de son père.

PORPHYROÏDE adj. Se dit d'une variété de granite qui contient de gros cristaux de feldspath.

PORQUE n.f. (anc. provenç. *porca*). Large membrure renforçant la coque d'un navire.

PORREAU n.m. Suisse. Poireau.

PORRIDGE [pɔridʒ] n.m. (mot angl.). Bouillie de flocons d'avoine.

1. PORT n.m. (lat. *portus*). **1.** Abri naturel ou artificiel pour les navires, aménagé pour l'embarquement et le débarquement du fret et des passagers. *Port maritime, fluvial.* ◇ *Port autonome :* grand port maritime de commerce administré par un établissement public national. – *Arriver à bon port :* arriver à destination sans accident. – *Faire naufrage en arrivant au port :* échouer au moment de réussir. **2.** Ville bâtie auprès, autour d'un port. **3.** *Litt.* Lieu de repos ; abri, refuge. *S'assurer un port dans la tempête.* **4.** INFORM. Interface physique qui gère et synchronise les échanges de données entre l'unité centrale d'un ordinateur et ses périphériques externes.

2. PORT n.m. (mot occitan). Col de montagne, dans les Pyrénées.

3. PORT n.m. **1.** Action de porter sur soi ; fait d'avoir sur soi. *Le port du chapeau. Le port de la barbe.* **2.** Action de porter, de soulever. ◇ MIL. *Port d'armes :* attitude du soldat qui présente les armes. **3.** Action, fait de transporter. ◇ MAR. *Port en lourd :* masse totale que peut charger un navire (cargaison, soutes, avitaillement, etc.), exprimée en tonnes métriques. (Par convention, c'est toujours le port en lourd qui est cité quand on parle d'un navire de charge : *pétrolier de 10 000 t de port en lourd,* ou *de 10 000 t.*) **4.** Prix du transport d'une lettre, d'un paquet postal. ◇ *Port dû :* paiement du transport effectué par le destinataire. **5.** Manière dont une personne se tient, marche ; maintien. *Un port de reine.* **6.** BOT. Disposition des branches et des feuilles d'un végétal, caractérisant sa silhouette. *Le port élancé du peuplier pyramidal.*

PORTABILITÉ n.f. Caractère d'un appareil, d'un matériel ou d'un logiciel portable.

PORTABLE adj. **1.** Que l'on peut transporter manuellement. **2.** Se dit d'un vêtement que l'on peut mettre, porter. **3.** INFORM. Se dit d'un programme capable de fonctionner, sans grande modification, sur des ordinateurs de types différents. **4.** DR. Qui doit être payé, remis chez le créancier, le destinataire (par oppos. à *quérable*). ◆ n.m. Appareil (notamm. poste de télévision, micro-ordinateur, radiotéléphone) portable.

■ **PORTABLE.** Structure d'un téléphone portable.

PORTAGE n.m. **1.** Transport d'une charge à dos d'homme. **2.** Québec. **a.** Transport par voie de terre d'une embarcation et de son contenu, lorsque la navigation est impossible. *Portage le long d'un rapide.* **b.** Sentier utilisé pour cette opération. **3.** Distribution d'un journal à domicile.

PORTAIL n.m. **1.** Porte principale, adaptée aux véhicules, d'une cour de ferme, d'un jardin, etc. **2.** Composition monumentale comportant une ou plusieurs portes, sur une façade d'édifice (d'église, en partic.). **3.** INFORM. Site conçu pour être le point d'entrée sur Internet et proposant aux utilisateurs des services thématiques et personnalisés.

PORTAL, E, AUX adj. ANAT. Relatif à la veine porte.

PORTANCE n.f. **1.** PHYS. Force perpendiculaire à la direction de la vitesse et dirigée vers le haut, résultant du mouvement d'un corps dans un fluide. (La sustentation d'un avion est assurée par la portance qu'engendre le mouvement de l'air autour des ailes.) **2.** TRAV. PUBL. Aptitude d'un terrain à supporter des charges.

1. PORTANT n.m. **1.** Montant qui soutient les décors d'un théâtre. **2.** Tringle à vêtements soutenue par des montants, à laquelle on accroche des cintres. **3.** SPORTS. Armature métallique portant le point d'appui des avirons à l'extérieur du bordé, sur certaines embarcations.

2. PORTANT, E adj. *Être bien, mal portant :* être en bonne, en mauvaise santé.

3. PORTANT, E adj. **1.** AVIAT. Se dit de ce qui assure la sustentation. *Surface portante.* **2.** MAR. *Allures portantes :* allures d'un voilier comprises entre le vent arrière et le vent de travers.

PORTATIF, IVE adj. Se dit d'un objet de taille et de poids réduits, conçu pour être facilement porté avec soi.

1. PORTE n.f. (lat. *porta*). **1.** Ouverture, baie permettant d'accéder à un lieu fermé ou enclos et d'en sortir. ◇ *De porte en porte :* de maison en maison ; d'un appartement à l'autre. – *Opération, journée, etc., porte(s) ouverte(s),* pendant laquelle la possibilité de visiter librement une entreprise, un service public, etc., est offerte au public. – *Prendre, gagner la porte :* sortir. – *Mettre à la porte :* chasser, renvoyer. – *Refuser sa porte à qqn,* lui interdire l'entrée de sa maison. – Vieilli ou Belgique. *Trouver porte de bois,* porte close. – Belgique. *À la porte :* à l'extérieur. – *Aux portes de :* tout près de. *Les ennemis étaient aux portes de Paris.* **2.** Panneau mobile, vantail qui permet de fermer une baie de porte. *Porte en bois, vitrée, blindée.* – Battant, vantail fermant autre chose qu'une baie. *Porte d'un buffet.* **3.** *Fig., sout.* Ce qui est considéré comme moyen d'accès, introduction. *La porte des honneurs, des dignités.* ◇ *Entrer par la grande, par la petite porte :* accéder d'emblée à un poste important dans une filière, une carrière ou, au contraire, commencer par un emploi modeste. – *Frapper à la bonne porte :* s'adresser à la personne qui convient. – *C'est la porte ouverte à :* c'est la possibilité que qqch de négatif se produise. *C'est la porte ouverte à bien des excès.* – *Ouvrir, fermer la porte à qqch,* le permettre ; le refuser, l'exclure. **4.** Anc. Ouverture, accès ménagés dans l'enceinte fortifiée d'une ville. **5.** Emplacement d'une ancienne porte de ville ; quartier qui l'environne. *Habiter (à la) porte de Versailles, à Paris.* **6.** En ski, espace compris entre deux piquets surmontés de fanions, et dont le franchissement est obligatoire dans les épreuves de slalom. **7.** ÉLECTRON. Circuit logique élémentaire possédant une sortie et plusieurs entrées, conçu de manière à fournir un signal de sortie quand un certain nombre de conditions sont remplies. **8.** MÉD. Service d'un établissement où l'on reçoit les malades de l'extérieur, notamm. en cas d'urgence et en vue d'une hospitalisation. *Consultation de (la) porte.*

P

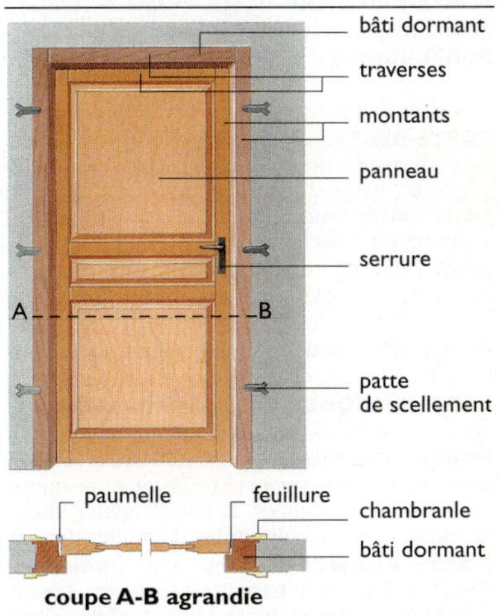

■ **PORTE.** Éléments d'une porte.

2. PORTE adj. (de *1. porte*). ANAT. *Veine porte,* qui conduit le sang depuis l'intestin, le pancréas, la rate et l'estomac jusqu'au foie.

1. PORTÉ, E adj. **1.** *Être porté à :* être enclin à. – *Être porté sur :* éprouver un goût très vif pour. **2.** *Ombre portée,* projetée par un objet sur un autre (par oppos. à *ombre propre*).

2. PORTÉ ou **PORTER** n.m. DANSE. Pose ou mouvement au cours duquel le danseur soulève sa partenaire.

PORTE-AÉRONEFS n.m. inv. Bâtiment de guerre spécial. aménagé pour le transport, le décollage et l'appontage des aéronefs (avions, hélicoptères, avions à décollage court).

PORTE-À-FAUX n.m. inv. Partie d'un ouvrage, d'une construction, etc., qui n'est pas à l'aplomb de son point d'appui. ◇ *En porte(-)à(-)faux :* qui porte à faux ; *fig.,* dont la situation est ambiguë, mal assurée.

PORTE-AIGUILLE n.m. (pl. *porte-aiguille[s]*). **1.** CHIRURG. Pince servant à tenir l'aiguille lors des sutures. **2.** COUT. Pièce, dans une machine, où se fixe l'aiguille. **3.** Étui pour les aiguilles à coudre.

PORTE-AMARRE n.m. (pl. *porte-amarre[s]*). MAR. Lance-amarre.

PORTE-À-PORTE n.m. inv. Démarchage à domicile.

PORTE-AUTOS n.m. inv. Véhicule routier ou ferroviaire pour le transport des automobiles, génér. à deux plates-formes superposées.

PORTE-AVIONS n.m. inv. Bâtiment de guerre spécial. aménagé pour le transport, le décollage et l'appontage d'avions classiques.

■ **PORTE-AVIONS.** Le porte-avions français *Charles-de-Gaulle* en 1999.

PORTE-BAGAGES n.m. inv. **1.** Dispositif accessoire d'un véhicule (bicyclette, motocyclette, voiture de sport) pour arrimer les bagages. **2.** Filet, treillis, casier, etc., destiné à recevoir les bagages à main, dans un véhicule de transports en commun.

PORTE-BALAI n.m. (pl. *porte-balai[s]*). ÉLECTROTECHN. Gaine qui maintient dans une position convenable les balais d'une machine électrique tournante (moteur, générateur).

PORTE-BANNIÈRE n. (pl. *porte-bannière[s]*). Personne qui porte une bannière.

PORTE-BARGE n.m. (pl. *porte-barge[s]*). Navire de charge transportant sa cargaison dans des barges embarquées.

PORTE-BÉBÉ n.m. (pl. *porte-bébé[s]*). **1.** Nacelle ou petit siège munis de poignées servant à transporter un bébé. **2.** Sac ou harnais en tissu fort permettant de transporter un bébé contre soi, sur le ventre ou dans le dos.

PORTE-BILLET ou **PORTE-BILLETS** n.m. (pl. *porte-billets*). Petit portefeuille destiné à contenir des billets de banque.

PORTE-BONHEUR n.m. inv. Objet, bijou, etc., qui est censé porter chance.

PORTE-BOUQUET n.m. (pl. *porte-bouquet[s]*). Petit vase à fleurs destiné à être accroché.

PORTE-BOUTEILLE ou **PORTE-BOUTEILLES** n.m. (pl. *porte-bouteilles*). **1.** Casier pour ranger les bouteilles couchées. **2.** Panier, génér. divisé en cases, pour transporter les bouteilles debout.

PORTE-BRANCARD n.m. (pl. *porte-brancard[s]*). Pièce du harnais (sangle ou boucle métallique) qui maintient un brancard de voiture hippomobile.

PORTE-CARTE ou **PORTE-CARTES** n.m. (pl. *porte-cartes*). **1.** Petit portefeuille à loges transparentes pour les pièces d'identité, les cartes de visite, etc. **2.** Étui pliant pour les cartes routières.

PORTE-CIGARE ou **PORTE-CIGARES** n.m. (pl. *porte-cigares*). Étui à cigares.

PORTE-CIGARETTE ou **PORTE-CIGARETTES** n.m. (pl. *porte-cigarettes*). Étui à cigarettes.

PORTE-CLEFS ou **PORTE-CLÉS** n.m. inv. Anneau ou étui pour porter les clefs.

PORTE-CONTENEURS n.m. inv. Navire spécial. aménagé pour le transport des conteneurs.

PORTE-COPIE n.m. (pl. *porte-copie[s]*). Support, pupitre destiné à maintenir les documents que l'on imprime.

PORTE-COUTEAU n.m. (pl. *porte-couteau[x]*). Ustensile de table sur lequel on pose l'extrémité du couteau, pour ne pas salir la nappe.

PORTE-CRAYON n.m. (pl. *porte-crayon[s]*). Tube de métal dans lequel on met un crayon ou un reste de crayon.

PORTE-CROIX n.m. inv. Celui qui porte la croix devant le pape ou un prélat dans une cérémonie religieuse.

PORTE-DOCUMENT ou **PORTE-DOCUMENTS** n.m. (pl. *porte-documents*). Serviette plate ne comportant qu'une seule poche.

PORTE-DRAPEAU n.m. (pl. *porte-drapeau[x]*). **1.** Personne qui porte le drapeau d'un régiment ou le fanion, la bannière d'une association. **2.** Chef d'un mouvement ; chef de file.

PORTÉE n.f. **1.** Distance la plus grande à laquelle une arme peut lancer un projectile. ◇ ***À portée de :*** qui peut être atteint, touché par. *Être à portée de vue, de voix, de main.* – ***Être à la portée de qqn,*** lui être accessible. **2.** Capacité intellectuelle. *Un esprit d'une grande portée.* ◇ ***C'est hors de sa portée :*** cela dépasse ses facultés de compréhension. **3.** Capacité que présente une chose à produire un effet ; efficacité, force. *Événement d'une portée considérable.* **4.** CONSTR., TRAV. PUBL. Distance séparant deux points d'appui consécutifs d'une construction, d'un élément long. *Portée d'un pont, d'une poutre.* **5.** MÉCAN. INDUSTR. Partie d'une pièce qui sert d'appui ou de butée à une autre. **6.** MUS. Série de cinq lignes horizontales, équidistantes et parallèles, utilisée pour noter la musique. **7.** BIOL. Ensemble des petits qu'une femelle porte et met bas en une fois.

PORTE-ÉPÉE n.m. (pl. *porte-épée[s]*). Pièce de cuir ou d'étoffe fixée à la ceinture pour soutenir le fourreau de l'épée.

PORTE-ÉTENDARD n.m. (pl. *porte-étendard[s]*). Officier qui porte l'étendard d'un corps de cavalerie.

PORTE-ÉTRIVIÈRE n.m. (pl. *porte-étrivière[s]*). Chacun des supports métalliques fixés de chaque côté d'une selle et dans lesquels passent les étrivières.

PORTEFAIX [pɔrtəfɛ] n.m. Anc. Homme dont le métier était de porter des fardeaux.

PORTE-FANION n.m. (pl. *porte-fanion[s]*). Gradé qui porte le fanion d'un général.

PORTE-FENÊTRE n.f. (pl. *portes-fenêtres*). Porte vitrée, souvent à deux battants, qui ouvre sur une terrasse, un balcon, etc.

PORTEFEUILLE n.m. **1.** Petit étui muni de poches, qui se plie et dans lequel on met des billets de banque, des papiers d'identité, etc. **2.** Vieilli. Enveloppe de carton, de cuir, etc., dans laquelle on met des papiers, des dessins, etc. **3.** Titre, fonction de ministre ; département ministériel. **4.** Ensemble des effets de commerce, des valeurs mobilières appartenant à une personne ou à une entreprise.

PORTE-FORT n.m. inv. DR. Engagement garantissant l'acceptation d'un tiers ; personne qui prend cet engagement.

PORTE-GLAIVE n.m. (pl. *porte-glaive[s]*). ZOOL. Xiphophore.

PORTE-GREFFE n.m. (pl. *porte-greffe[s]*). ARBOR. Sujet sur lequel on fixe le ou les greffons.

PORTE-HAUBAN n.m. (pl. *porte-haubans*). Plate-forme horizontale en saillie sur la muraille des grands navires à voiles, à laquelle sont fixés les haubans et qui permet de donner à ceux-ci un écartement suffisant.

PORTE-HÉLICOPTÈRES n.m. inv. Navire de guerre spécial. équipé pour le transport, le décollage et l'appontage des hélicoptères.

PORTE-JARRETELLES n.m. inv. Pièce de lingerie féminine, ceinture à laquelle sont fixées les jarretelles.

PORTE-LAME n.m. (pl. *porte-lame[s]*). Support de la lame d'une faucheuse, d'une moissonneuse ou d'une machine-outil.

PORTELONE n.m. (ital. *portellone*). Porte de chargement de grande dimension pratiquée dans la muraille d'un navire.

PORTE-MALHEUR n.m. inv. Être, objet censé porter malheur.

PORTEMANTEAU n.m. **1.** Support mural ou sur pied pour suspendre les manteaux, les vêtements. **2.** Potence qui permet de hisser une embarcation le long de la muraille d'un navire.

PORTEMENT n.m. *Portement de Croix :* représentation de Jésus portant sa croix.

PORTE-MENU n.m. (pl. *porte-menu[s]*). **1.** Support permettant de présenter le menu sur la table devant chaque convive. **2.** Cadre qui reçoit le menu, à la porte d'un restaurant.

PORTEMINE n.m. Instrument pour écrire, constitué d'un tube qui renferme une mine de graphite dont la sortie est déclenchée par un poussoir. SYN. : *stylomine.*

PORTE-MONNAIE n.m. inv. **1.** Petit étui en matière souple (cuir, tissu, etc.) pour mettre les pièces de monnaie. **2.** INFORM. ***Porte-monnaie électronique :*** dispositif servant à régler des achats en ligne grâce à un code secret, réapprovisionné auprès d'une société spécialisée.

PORTE-MONTRE n.m. (pl. *porte-montre[s]*). Support, de table ou mural, où l'on peut placer, accrocher une montre (parfois plusieurs).

PORTE-OBJET n.m. (pl. *porte-objet[s]*). **1.** Lame sur laquelle on place l'objet à examiner au microscope. **2.** Platine sur laquelle on place cette lame.

PORTE-OUTIL n.m. (pl. *porte-outil[s]*). Organe d'une machine-outil qui reçoit l'outil.

PORTE-PAPIER n.m. (pl. *porte-papier[s]*). Dispositif (boîte, support de rouleau) destiné à recevoir du papier hygiénique.

PORTE-PAQUET n.m. (pl. *porte-paquet[s]*). Belgique. Porte-bagages d'une bicyclette.

PORTE-PARAPLUIE n.m. (pl. *porte-parapluie[s]*). Ustensile dans lequel on dépose les parapluies.

PORTE-PAROLE n. inv. Personne qui parle au nom d'autres personnes, d'un groupe. ◆ **n.m. inv.** Journal qui se fait l'interprète de qqn, d'un groupe.

PORTE-PLUME n.m. (pl. *porte-plume[s]*). Instrument servant de manche pour les plumes à écrire ou à dessiner.

PORTE-QUEUE n.m. (pl. *porte-queue[s]*). ENTOMOL. Machaon.

1. PORTER v.t. (lat. *portare*). **1.** Soutenir un poids, une charge ; être chargé de. *Porter un sac sur ses épaules.* **2. a.** Avoir dans son corps pendant la grossesse ou la gestation. *Femelle qui porte des petits.* **b.** Produire, en parlant d'un végétal. *Un arbre qui porte de beaux fruits.* ◇ ***Porter ses fruits :*** donner un bon résultat, avoir des conséquences heureuses. **3.** Avoir sur soi comme vêtement, comme ornement, comme marque distinctive, etc. *Porter un veston, des lunettes.* **4.** Tenir une partie du corps de telle ou telle manière. *Porter la tête haute.* **5. a.** Laisser paraître sur soi, présenter. *Porter un air de gaieté sur le visage.* ◇ ***Porter bien son âge :*** paraître vigoureux, alerte, en dépit de l'âge. **b.** Présenter telle marque, tel signe. *Ce document porte la date d'hier.* **6.** Être désigné par tel nom, tel surnom, tel titre. *Elle porte son nom de jeune fille.* **7. a.** Faire aller, déplacer d'un endroit à un autre. *Porter de l'argent à la banque.* ◇ ***Porter un coup à qqn, la main sur qqn,*** le frapper. – ***Porter tort à qqn,*** lui causer un préjudice, un dommage moral. – ***Porter une œuvre à la scène, à l'écran,*** l'adapter pour le théâtre, le cinéma. **b.** Diriger, mouvoir vers. *Porter un verre à ses lèvres. Porter ses regards sur l'horizon.* ◇ *Litt.* ***Porter ses pas en un lieu,*** s'y transporter. **8.** Inscrire, faire figurer quelque part. *Porter une mention sur un document.* **9.** Inciter, pousser qqn à qqch, à faire qqch. *Son tempérament la porte à l'indulgence.* **10.** ***Porter un sentiment à qqn,*** l'éprouver à son égard. *Il lui porte une haine tenace.* ◆ v.i. **1.** ***Porter sur.*** **a.** Reposer sur, être soutenu par. *Le poids de la voûte porte sur quatre colonnes.* **b.** Avoir pour objet ; se rapporter à. *Leur divergence porte sur un détail.* **2.** ***Porter à faux :*** n'être pas à l'aplomb de son point d'appui, en parlant d'une charge, d'une pièce. **3. a.** Toucher le but ; atteindre son objectif. *Le coup a porté. Cette critique a porté.* **b.** Avoir telle portée. *Carabine qui porte à 500 m.* **4.** ***Porter contre :*** toucher, heurter. *Sa tête a porté contre le mur.* – ***Porter à la tête :*** enivrer, étourdir. *Boissons, vapeurs d'alcool qui portent à la tête.* **5.** MAR. **a.** ***Porter à :*** avoir telle direction, en parlant du vent ou du courant. *Le courant porte au large.* **b.** ***Laisser porter :*** prendre une allure moins près du vent. ◆ **se porter** v.pr. **1.** Avoir tel état de santé. *Se porter bien, mal.* **2.** Se présenter en tant que. *Se porter candidat aux élections.* **3.** En parlant d'un vêtement, devoir être mis de telle manière. *Les jupes se portent court cette année.* **4.** Aller, se diriger vers. *Elle s'est portée à la rencontre des nouveaux arrivants.* **5.** *Sout.* Se laisser aller à, en venir jusqu'à. *Il s'est porté à des voies de fait.*

2. PORTER n.m. → **2. PORTÉ.**

3. PORTER [pɔrtɛr] n.m. (mot angl.). Bière anglaise, brune et amère.

PORTE-REVUES n.m. inv. Accessoire de mobilier dans lequel on range des revues, des journaux.

PORTERIE n.f. Loge du portier, dans une communauté religieuse.

PORTE-SAVON n.m. (pl. *porte-savon[s]*). Support ou récipient disposé près d'un évier, d'une baignoire, etc., pour recevoir le savon.

PORTE-SERVIETTE n.m. (pl. *porte-serviette[s]*). Support pour suspendre les serviettes de toilette. ◆ n.m. inv. Pochette pour ranger une serviette de table.

1. PORTEUR, EUSE adj. **1.** Qui porte ou supporte qqch. *Mur, essieu porteur.* **2.** ***Mère porteuse*** : femme qui porte un enfant provenant d'un ovule prélevé sur une autre femme à qui l'enfant est rendu à la naissance. (Cette pratique est illégale dans certains pays.) **3.** Qui est promis à un développement certain, qui est riche de possibilités (surtout commerciales, techniques). *Marché porteur. Créneau porteur.* **4.** ***Onde porteuse,*** ou ***porteuse,*** n.f. : onde électromagnétique dont l'amplitude ou la fréquence est astreinte par une modulation à suivre les variations d'un signal, lors d'une transmission.

2. PORTEUR, EUSE n. **1.** Personne dont le métier est de porter des bagages, des colis, notamm. dans une gare. **2.** Personne au profit de laquelle un effet de commerce a été souscrit ou endossé. ◇ ***Au porteur*** : mention inscrite sur un effet de commerce ou sur un chèque dont le bénéficiaire n'est pas désigné nominativement. **3.** Détenteur d'un titre dit *titre au porteur,* c'est-à-dire d'une valeur mobilière transmissible de la main à la main et dont le possesseur est considéré comme le propriétaire (par oppos. à ***titre nominatif***). **4.** Personne qui porte sur soi, qui est en possession de qqch. *Porteur d'une arme.* **5.** ***Porteur de germes*** : sujet convalescent ou parfaitement sain qui héberge un micro-organisme et risque de le transmettre à des personnes qui y sont sensibles.

PORTE-VOIX n.m. inv. Instrument destiné à diriger et à amplifier le son de la voix, formé d'un pavillon évasé (souvent associé auj. à un haut-parleur). SYN. : *mégaphone.*

PORTFOLIO [pɔrtfoljo] n.m. (mot angl.). Ensemble d'estampes ou de photographies, à tirage limité, réunies sous emboîtage.

1. PORTIER, ÈRE n. **1.** Employé qui se tient à l'entrée de certains établissements publics (hôtels et cabarets, notamm.) pour accueillir et guider les clients. **2.** Personne qui garde la porte d'un couvent, d'un monastère. **3.** CATH. Anc. Clerc qui avait reçu l'un des quatre ordres mineurs (supprimé en 1972). **4.** Vx. Concierge.

2. PORTIER n.m. *Portier électronique* : dispositif composé d'un clavier, d'un bouton et, parfois, d'une clé, placé à l'entrée d'un bâtiment pour en permettre l'accès grâce à un code.

1. PORTIÈRE n.f. **1.** Porte d'une voiture automobile ou d'une voiture de chemin de fer. **2.** Tenture, tapisserie destinée à masquer une porte.

2. PORTIÈRE adj.f. ÉLEV. Se dit d'une femelle en âge d'avoir des petits. *Brebis portière.*

PORTILLON n.m. Porte à battant génér. assez bas.

PORTION [pɔrsjɔ̃] n.f. (lat. *portio*). **1.** Partie d'un tout divisé. **2.** Quantité d'aliments servie à une personne ; part de nourriture.

PORTIQUE n.m. (lat. *porticus*). **1.** ARCHIT. Galerie de rez-de-chaussée ouverte sur un ou sur chacun de ses longs côtés par des arcades ou une colonnade. **2. a.** Poutre horizontale soutenue par des poteaux et à laquelle on accroche les agrès de gymnastique. **b.** Appareil de levage comportant une ossature horizontale portée par des pieds, se déplaçant le plus souvent sur des rails, et sur laquelle se meut l'engin de manutention. **c.** *Portique à signaux,* enjambant plusieurs voies ferrées et sur lequel sont groupés des dispositifs de signalisation. **d.** ***Portique électronique*** ou ***de sécurité*** : dispositif de détection des métaux permettant, dans les aéroports notamm., de déceler si les passagers sont porteurs d'armes.

PORTLAND [pɔrtlɑ̃d] n.m. inv. (de *Portland,* n.pr.). Désignation générale de deux catégories de ciments, le *ciment Portland artificiel* (CPA) et le *ciment Portland composé* (CPJ), contenant, respectivement, au moins 97 % et 65 % de clinker.

PORTO n.m. (de *Porto,* n.pr.). Vin de liqueur produit sur les rives du Douro (Portugal).

PORTORICAIN, E adj. et n. De Porto Rico, de ses habitants.

PORTRAIT n.m. (de l'anc. fr. *pourtraire,* dessiner). **1.** Image donnée d'une personne par la peinture, le dessin, la sculpture, la photographie. – *Spécial.* Image de son visage. ◇ ***Être le portrait de qqn,*** lui ressembler de manière frappante. *Cet enfant est le portrait de sa mère.* **2.** *Fam.* Face, visage. ◇ *Fam.* ***Abîmer, esquinter, etc., le portrait à qqn,*** lui casser la figure, le rosser. **3.** Représentation, description de qqn, d'une réalité complexe par la parole, l'écriture, le cinéma, etc. *Brosser le portrait d'une société.*

PORTRAITISTE n. Artiste (peintre surtout) qui fait des portraits.

PORTRAIT-ROBOT n.m. (pl. *portraits-robots*). Dessin ou photomontage du visage d'un individu (génér. d'un individu recherché par la police), exécuté d'après la description de divers témoins. SYN. : *photo-robot.*

PORTRAITURER v.t. Faire le portrait de qqn.

PORT-SALUT n.m. inv. (nom déposé). Fromage au lait de vache, à caillé pressé et croûte lavée, fabriqué en Mayenne.

PORTUAIRE adj. Relatif à un port, aux ports.

PORTUGAIS, E adj. et n. Du Portugal, de ses habitants. ◆ n.m. Langue romane parlée principalement au Portugal et au Brésil.

PORTUGAISE n.f. **1.** Huître d'une variété à valves inégales, naguère abondante sur les côtes portugaises, espagnoles et françaises. (Genre *Crassostrea.*) **2.** *Fam.* ***Avoir les portugaises ensablées*** : entendre mal, être dur d'oreille.

PORTULAN n.m. (ital. *portolano,* pilote). Carte marine de la fin du Moyen Âge et de la Renaissance, indiquant la position des ports et le contour des côtes.

POS ou **P.O.S.** [pɔs] n.m. (acronyme). Plan d'occupation des sols.

POSE n.f. **1.** Action de poser, de mettre en place, d'installer qqch. *La pose d'un tapis, d'une serrure.* **2.** Manière de se tenir, attitude du corps. *Une pose gracieuse.* – *Spécial.* Attitude dans laquelle un modèle se tient, pour un artiste, un photographe. *Garder, tenir la pose.* **3.** *Fig.* Affectation, manque de naturel. **4.** PHOTOGR. ***Temps de pose*** : durée nécessaire pour l'exposition correcte d'une surface sensible. **5.** Afrique. Toute photographie.

POSÉ, E adj. Qui agit, parle avec calme, avec mesure ; pondéré, réfléchi.

POSÉMENT adv. Calmement, sans se presser.

POSEMÈTRE n.m. PHOTOGR. Cellule photoélectrique servant à déterminer les temps de pose.

POSER v.t. (lat. *pausare,* s'arrêter). **1.** Cesser de porter, de tenir ; mettre sur ou contre qqch servant de support, d'appui. *Poser des livres sur une table, une échelle contre un mur.* ◇ ***Poser les armes*** : cesser un combat armé, faire la paix. **2.** Mettre en place, installer. *Poser des rideaux, une moquette.* **3.** Écrire conformément aux règles de l'arithmétique, de l'algèbre. *Poser une opération, une retenue.* **4.** Formuler ce qui appelle une réponse. *Poser une question, une devinette.* ◇ ***Poser sa candidature,*** la présenter sous les formes requises. **5.** Admettre ou avancer une vérité établie, une hypothèse. *Poser en principe que.* **6.** Contribuer à asseoir la réputation, la renommée de. *Ces succès l'ont posé dans le monde.* **7.** Belgique. *Poser un acte,* l'accomplir. **8.** ***Poser les yeux sur*** : regarder, fixer. ◆ v.i. **1.** ***Poser sur*** : prendre appui sur ; être soutenu par. *Les solives posent sur ce mur.* **2.** Prendre ou garder une certaine attitude (la pose) pour être peint, photographié, etc. **3.** *Fig.* Se tenir, se comporter de façon artificielle, affectée. *Poser pour la galerie.* ◇ *Fam.* ***Poser à*** : chercher à se faire passer pour. *Poser au redresseur de torts.* **4.** Observer un temps de pose en photographiant. ◆ **se poser** v.pr. **1.** Cesser de voler ; atterrir. **2.** En parlant d'une partie du corps, s'appuyer, s'appliquer sur. *Sa main s'est posée sur la mienne.* **3.** En parlant du regard, s'arrêter, rester fixé. *Tous les yeux s'étaient posés sur lui.* **4.** ***Se poser en, comme*** : se donner pour, se définir comme. *Se poser en justicier, en victime.* **5.** *Fam.* ***Se poser là*** : être notable, remarquable dans son genre. *Comme gaffe, ça se pose là.* **6.** Être ou pouvoir être mis en place, installé. *Ce papier peint se pose très facilement.* **7.** En parlant d'une question, d'un problème, être d'actualité, intervenir, exister.

POSEUR, EUSE n. et adj. **1.** Personne qui procède à la pose de certains objets. *Poseur de parquets.* **2.** *Fig.* Personne qui met de l'affectation dans ses attitudes, ses gestes.

POSIDONIE n.f. (du gr. *Poseidôn,* n. du dieu de la Mer). Plante monocotylédone herbacée marine des régions côtières méditerranéennes et australiennes, où elle constitue de vastes herbiers. (Genre *Posidonia* ; famille des posidoniacées.)

1. POSITIF, IVE adj. (bas lat. *positivus*). **1.** Qui affirme, accepte. *Une réponse positive.* **2.** Qui relève de l'expérience concrète ; qui a un caractère de réalité objective. *Un fait positif.* **3.** Qui montre la présence de l'élément ou de l'effet recherché. *Test positif.* **4.** Qui fait preuve de réalisme, qui a le sens pratique. *Un esprit positif.* **5.** Qui a un effet favorable ; bon, heureux, bénéfique. *Un résultat positif.* **6.** PHOTOGR., CINÉMA. *Épreuve positive,* ou *positif,* n.m. : épreuve tirée d'après un négatif, par contact ou agrandissement, et constituant l'image définitive du sujet reproduit. **7.** ***Charge électrique positive*** : l'une des deux formes d'électricité statique, de même nature que celle que l'on développe sur un morceau de résine frotté avec de la laine. **8.** ARITHM. ***Nombre positif*** : nombre supérieur ou égal à 0.

2. POSITIF n.m. **1.** Ce qui est incontestable, ce qui affirme. *Le positif et le négatif.* **2.** Ce qui est vraiment utile ; ce qui repose sur des faits, sur l'expérience (par oppos. à ***imaginaire,*** à ***spéculatif***). *Cette information, voilà du positif.* **3.** Anc. Petit orgue de chambre ou d'église qui peut être posé soit à terre, soit sur un meuble. **4.** PHOTOGR. Épreuve positive. **5.** GRAMM. Degré de l'adjectif qualificatif et de l'adverbe employés sans idée de comparaison (par oppos. à ***comparatif,*** à ***superlatif***).

POSITION n.f. (lat. *positio,* de *ponere,* placer). **1.** Situation dans l'espace ; place occupée par rapport à ce qui est autour. *La position d'un navire.* **2.** Manière dont qqch est placé, posé. *Position horizontale, verticale.* **3.** MIL. Emplacement occupé par une formation militaire en opération. **4. a.** Situation sociale ; place, emploi. *Une position brillante.* **b.** Situation administrative d'un fonctionnaire, d'un militaire. **c.** *Fig.* Ensemble des circonstances particulières dans lesquelles qqn se trouve placé. *Une position difficile, critique.* **5.** BANQUE. Situation, positive ou négative, d'un compte telle qu'elle est indiquée à une date donnée par le solde de celui-ci. **6.** MUS. Place relative des sons qui constituent un accord. **7.** Attitude, posture du corps ou d'une partie du corps. *Une position inconfortable.* ◇ ***Position latérale de sécurité*** : position couchée sur le côté, dans laquelle on met les personnes blessées ou inconscientes. **8.** DANSE. Chacune des manières de combiner la place et l'orientation des pieds au sol avec le placement des bras. (Aux cinq positions fondamentales des pieds [en dehors] codifiées à la fin du XVIIe s. se sont ajoutées des positions de bras correspondantes au XIXe s. Serge Lifar, au milieu du XXe s., a introduit une sixième et une septième position [pieds parallèles].) **9.** *Fig.* Opinion professée, parti adopté par qqn sur un sujet donné, dans une discussion, etc. *Avoir une position claire, nette. Prendre position sur qqch.* ◇ ***Rester sur ses positions*** : ne pas changer d'avis.

POSITIONNEMENT n.m. Action de positionner, de se positionner.

POSITIONNER v.t. **1.** Mettre en position avec une précision imposée. **2.** Déterminer la situation d'un produit sur un marché, compte tenu, notamm., de la concurrence des autres produits. **3.** Indiquer ou déterminer les coordonnées géographiques, l'emplacement exact de. ◆ **se positionner** v.pr. **1.** Se placer en un lieu, à un rang précis, déterminé. **2.** *Fig.* Se situer, se définir par rapport à.

POSITIONNEUR n.m. TECHN. Appareil, dispositif, mécanisme permettant de placer, de maintenir en position des pièces, des organes, etc.

POSITIVEMENT adv. **1.** De façon positive. *Répondre positivement.* **2.** D'une façon heureuse, bénéfique. *Situation qui évolue positivement.* **3.** Avec certitude, précision. *Être positivement sûr de qqch.* – Vraiment, tout à fait. *C'est positivement gênant.*

POSITIVER v.t. et v.i. (Emploi critiqué). Présenter, envisager qqch sous un angle positif, constructif ; faire preuve d'optimisme.

P

POSITIVISME n.m. **1.** Système philosophique d'Auguste Comte, qui rejette toute investigation métaphysique et voit dans l'achèvement du système des sciences, par la création d'une « physique sociale », la condition de l'accès de l'humanité au bonheur. (Le positivisme considère que l'humanité passe par trois étapes : théologique, métaphysique et positive.) **2.** Tout système philosophique qui, récusant les a priori métaphysiques, voit dans l'observation des faits positifs, dans l'expérience l'unique fondement de la connaissance. ◇ *Positivisme logique :* mouvement philosophique principalement représenté par le cercle de Vienne et qui, déniant toute signification aux énoncés métaphysiques, s'est efforcé de donner une forme logique et axiomatisée aux propositions empiriques sur lesquelles se fondent les sciences de la matière. SYN. : *empirisme logique, néopositivisme.* **3.** *Positivisme juridique :* doctrine selon laquelle les normes du droit positif (opposé au *droit naturel*) sont les seules à avoir une force juridique.

POSITIVISTE adj. et n. Qui relève du positivisme ; qui en est partisan.

POSITIVITÉ n.f. *Didact.* Caractère de ce qui est positif.

POSITRON ou **POSITON** n.m. PHYS. Antiparticule de l'électron, de charge positive.

POSITRONIUM ou **POSITONIUM** [-njɔm] n.m. PHYS. Édifice instable et d'une durée de vie très courte, formé d'un électron et d'un positron, présentant une certaine analogie avec l'atome d'hydrogène.

P

POSOLOGIE n.f. (du gr. *posos,* combien grand). **1.** Étude des modalités d'administration (doses, rythme, etc.) des médicaments. **2.** Ensemble des indications sur les modalités de prise d'un médicament, données par le médecin, le laboratoire pharmaceutique. — *Par ext.,* abusif. Dose de médicament.

POSSÉDANT, E adj. et n. Qui possède des biens, de la fortune.

POSSÉDÉ, E adj. et n. En proie à une possession démoniaque, occulte.

POSSÉDER v.t. [11] (lat. *possidere*). **1.** Avoir à soi, disposer de. *Posséder une maison.* **2. a.** Avoir en soi, contenir. *Cette région possède des réserves d'eau.* **b.** Avoir en soi une caractéristique, une qualité, etc. *Posséder de bons réflexes, une bonne mémoire.* **3.** Connaître parfaitement. *Posséder l'anglais.* **4.** *Posséder une femme,* avoir des rapports sexuels avec elle. **5.** *Fam.* Duper, tromper. *Tu l'as bien possédé !* ◆ **se posséder** v.pr. *Sout.* Se maîtriser, se contrôler. *Quand il est en colère, il ne se possède plus.*

POSSESSEUR n.m. Personne qui a qqch en sa possession.

1. POSSESSIF, IVE adj. et n.m. GRAMM. Se dit des adjectifs déterminatifs et des pronoms qui expriment la possession, l'appartenance, la référence personnelle. (Ex. : *C'est* mon *crayon et* non *le* tien.)

2. POSSESSIF, IVE adj. Qui éprouve un besoin de possession, de domination à l'égard de qqn. *Mère possessive.*

POSSESSION n.f. (lat. *possessio*). **1.** Fait de posséder un bien. *La possession d'une grande fortune.* ◇ *Avoir en sa possession, être en possession de :* posséder, avoir à soi. — *Prendre possession de qqch,* en devenir possesseur. — *Rentrer en possession de :* pouvoir de nouveau disposer de ; recouvrer. **2.** Ce qui est possédé ; bien. — *Spécial.* Territoire possédé par un État ; colonie. **3.** DR. Utilisation ou jouissance d'une chose, n'impliquant pas nécessairement la propriété de celle-ci. ◇ DR. CIV. *Possession d'état :* exercice des prérogatives et des charges attachées à un état (nom, renommée, manière dont on est traité, etc.). **4.** État d'une personne possédée par une force démoniaque, occulte.

POSSESSIONNEL, ELLE adj. DR. Qui marque la possession.

POSSESSIVITÉ n.f. PSYCHOL. Fait de se montrer possessif, dominateur.

POSSESSOIRE adj. DR. Relatif à la possession.

POSSIBILITÉ n.f. **1.** Caractère de ce qui est possible. *La possibilité d'un accord.* **2.** Moyen de faire qqch ; occasion, loisir. *En avez-vous la possibilité ?* **3.** Ce qui est possible. *C'est une possibilité.* ◆ pl. Ensemble de ce dont est capable qqn ou qqch. *Cet élève a d'extraordinaires possibilités. Les possibilités de cette machine sont considérables.*

POSSIBLE adj. (lat. *possibilis,* de *posse,* pouvoir). **1.** Qui peut être fait, obtenu ; réalisable. *Il ne m'est pas possible de vous accompagner.* **2.** Qui peut exister, se produire. *Un retard est toujours possible.* ◇ *C'est possible :* peut-être. **3.** Sert à renforcer un superlatif relatif. *Faites le moins de fautes possible !* (*Possible* est invariable dans ce sens.) **4.** *Fam.* (En tournure négative.) Acceptable, supportable. *Il n'est pas possible, ce gosse !* ◆ n.m. **1.** Ce qui est réalisable, qui peut être. *Le possible et l'impossible.* **2.** *Faire son possible, tout son possible :* faire ce qu'on peut, agir au mieux de ses moyens. **3.** *Au possible :* extrêmement. *Il est avare au possible.*

POSSIBLEMENT adv. Rare. Peut-être ; vraisemblablement.

POSTAGE n.m. Action de préparer pour la poste, de mettre à la poste.

POSTAL, E, AUX adj. De la poste.

POSTCLASSIQUE adj. Postérieur à une période classique.

POSTCOMBUSTION n.f. **1.** Deuxième combustion provoquée par l'injection de carburant dans le gaz d'échappement d'un turboréacteur, et qui permet d'augmenter la poussée de celui-ci. **2.** Dispositif assurant cette combustion supplémentaire.

POSTCOMMUNISME n.m. Situation consécutive à la disparition d'un pouvoir communiste, souvent marquée par la persistance de traits caractéristiques du système déchu.

POSTCOMMUNISTE adj. Relatif au postcommunisme.

POSTCURE n.f. MÉD. Période de repos et de réadaptation après certaines affections, certains traitements (cure de désintoxication, par ex.).

POSTDATE n.f. Date inscrite postérieure à la date réelle.

POSTDATER v.t. Apposer une postdate sur.

1. POSTE n.f. (ital. *posta*). **1.** Entreprise, génér. publique, chargée de la collecte, de l'acheminement et de la distribution du courrier et de certains colis, et assurant des services financiers. **2.** Bureau, local où s'effectuent les opérations postales. *Aller à la poste.* **3.** Anc. **a.** Relais de chevaux établi le long d'un trajet afin de remplacer les attelages. **b.** Distance, génér. de deux lieues, entre deux relais.

2. POSTE n.m. (ital. *posto*). **1.** Local, lieu affecté à une destination particulière, où qqn, un groupe remplit une fonction déterminée. ◇ *Poste d'équipage :* partie d'un navire où loge l'équipage. — *Poste de secours,* où se tiennent des médecins, des infirmiers, des secouristes, pour porter secours à des blessés. — *Poste de police,* ou *poste :* ensemble des locaux d'un commissariat de police ; antenne d'un commissariat. **2.** Emploi professionnel ; lieu où s'exerce cette activité. *Occuper un poste important. Rejoindre son poste.* **3.** MIL. Endroit où sont placés un militaire ou une petite unité pour assurer une mission de surveillance ou de combat ; ensemble des militaires chargés de cette mission. ◇ *Poste de commandement (PC) :* emplacement où s'établit un chef pour exercer son commandement. — *Être fidèle au poste :* rester fidèlement là où l'on a été placé ; *fig.,* ne pas manquer à ses obligations. **4.** ÉCON. Article de budget, chapitre d'un compte. **5.** Installation distributrice ; emplacement aménagé pour recevoir certaines installations techniques. *Poste d'eau, d'essence, de ravitaillement.* ◇ *Poste d'incendie :* installation hydraulique pour lutter contre l'incendie. — CH. DE F. *Poste d'aiguillage :* cabine de commande et de contrôle des signaux et des aiguilles d'une gare. — *Poste de travail :* emplacement où s'effectue une phase dans l'exécution d'un travail ; centre d'activité comprenant tout ce qui est nécessaire (machine, outillage, etc.) à l'exécution d'un travail défini. **6.** Appareil récepteur de radio ou de télévision. **7.** Équipement terminal d'un réseau téléphonique, comportant les organes nécessaires pour l'établissement des communications et pour la conversation.

POSTÉ, E adj. Se dit d'un travail organisé suivant un système d'équipes successives.

1. POSTER v.t. (de *1. poste*). Mettre à la poste. *Poster son courrier.*

2. POSTER v.t. (de *2. poste*). Placer à un poste, dans un endroit déterminé pour guetter, surveiller, etc. *Poster des sentinelles.* ◆ **se poster** v.pr. Se placer quelque part pour une action déterminée.

3. POSTER [pɔstɛr] n.m. (mot angl., *affiche*). Affiche illustrée ou photo tirée au format d'une affiche, destinée à la décoration.

POSTÉRIEUR, E adj. (lat. *posterior*). **1.** Qui vient après dans le temps ; qui est placé derrière. *Date postérieure. Partie postérieure de la tête.* CONTR. : *antérieur.* **2.** PHON. Dont l'articulation se situe dans la partie arrière de la bouche. ◆ n.m. *Fam.* Fesses.

POSTÉRIEUREMENT adv. À une date postérieure ; après.

POSTERIORI (A) loc. adv. → **A POSTERIORI.**

POSTÉRIORITÉ n.f. État d'une chose postérieure à une autre.

POSTÉRITÉ n.f. (lat. *posteritas*). **1.** Suite des personnes qui descendent d'une même souche. *Mourir sans laisser de postérité.* **2.** Ensemble des générations futures. *Transmettre son nom à la postérité. La postérité jugera.*

POSTES n.f. pl. ARTS APPL. Ornement fait d'une suite d'enroulements qui rappellent des vagues déferlantes. SYN. : *flots.*

POSTFACE n.f. Commentaire, explication placés à la fin d'un livre.

POSTGLACIAIRE adj. GÉOL. Qui suit une période, un âge glaciaires (en partic. lors des dernières glaciations quaternaires).

POSTHITE n.f. (du gr. *posthê,* prépuce). MÉD. Inflammation du prépuce.

POSTHUME adj. (lat. *postumus,* dernier). **1.** Qui se produit, existe après la mort. *Gloire posthume.* **2.** Publié après le décès de l'auteur. *Ouvrage posthume.* **3.** Né après la mort de son père. *Fils posthume.*

POSTHYPOPHYSE n.f. ANAT. Partie postérieure de l'hypophyse.

POSTICHE adj. (ital. *posticcio*). **1.** Fait et ajouté après coup. *Ornement postiche.* **2.** Mis à la place de qqch qui n'existe plus ; artificiel. *Barbe postiche.* ◆ n.m. **1.** Mèche ou touffe de faux cheveux. **2.** Fausse barbe, fausse moustache.

POSTIER, ÈRE n. Employé de la poste.

POSTILLON n.m. **1.** Anc. Conducteur de la poste aux chevaux ; celui qui montait sur l'un des chevaux de devant d'un attelage. **2.** *Fam.* Goutte de salive projetée en parlant.

POSTILLONNER v.i. *Fam.* Projeter des postillons en parlant.

POSTIMPRESSIONNISME n.m. Ensemble des courants artistiques qui, durant la période allant de 1885 à 1905, divergent de l'impressionnisme ou s'opposent à lui (néo-impressionnisme, symbolisme, synthétisme, nabis...).

POSTIMPRESSIONNISTE adj. et n. Qui appartient, se rattache au postimpressionnisme.

POSTINDUSTRIEL, ELLE adj. Qui succède à l'ère industrielle.

POST-IT n.m. inv. (nom déposé). Becquet partiellement enduit d'une colle qui permet de le décoller et de le repositionner.

POST-MARCHÉ n.m. (pl. *post-marchés*). Recomm. off. pour *back-office.*

POSTMODERNE adj. et n. Qui appartient, se rattache au postmodernisme. ◆ adj. *Danse postmoderne :* courant chorégraphique contestataire caractérisé par une démarche conceptuelle et minimaliste qui refuse toute trame dramatique et qui s'est développé à New York à la fin des années 1960 et au cours des années 1970. (Ses principaux représentants sont Simone Forti, Steve Paxton, Trisha Brown et Lucinda Childs.)

POSTMODERNISME n.m. ARCHIT. Dans le dernier quart du XXe s., tendance à laisser jouer l'invention dans le sens de la liberté formelle et de l'éclectisme, en réaction contre la rigueur du mouvement moderne.

POSTMODERNITÉ n.f. Période ouverte par la perte de confiance dans les valeurs de la modernité (progrès, émancipation, etc.).

POST MORTEM [pɔstmɔrtɛm] loc. adv. et adj. (mots lat.). Après la mort ; posthume.

POSTNATAL, E, ALS ou **AUX** adj. Qui suit immédiatement la naissance.

POSTOPÉRATOIRE adj. CHIRURG. Qui se produit, se fait à la suite d'une opération. *Une complication postopératoire.*

POST-PARTUM [pɔstpartɔm] n.m. inv. (mots lat.). MÉD. Période qui suit immédiatement un accouchement.

POSTPOSER v.t. **1.** GRAMM. Placer après un autre mot. **2.** Belgique. Différer ; remettre à plus tard.

POSTPOSITION n.f. GRAMM. **1.** Place d'un mot à la suite d'un autre avec lequel il forme groupe. **2.** Mot ainsi placé qui joue, dans de nombreuses langues (turc, japonais, etc.), un rôle comparable à celui des prépositions en français.

POSTPRANDIAL, E, AUX adj. (du lat. *prandium,* déjeuner). MÉD. Qui suit un repas, qui se produit après le repas. *Douleur d'estomac postprandiale.*

POSTPRODUCTION n.f. Ensemble des opérations techniques intervenant après le tournage d'un film.

POSTROMANTIQUE adj. Qui succède à la période romantique.

POSTSCOLAIRE adj. Qui relève d'une formation postérieure à la scolarité et complémentaire à celle-ci.

POST-SCRIPTUM [pɔstskriptɔm] n.m. inv. (mots lat., *écrit après*). Ajout fait à une lettre après la signature. Abrév. : *P.-S.*

POSTSÉRIEL, ELLE adj. *Musique postsérielle :* tendance musicale propre aux compositeurs qui ont adapté certains principes de la musique sérielle.

POSTSYNCHRONISATION n.f. CINÉMA. Enregistrement des dialogues d'un film en synchronisme avec les images, postérieurement au tournage.

POSTSYNCHRONISER v.t. Effectuer la postsynchronisation de.

POSTULANT, E n. **1.** Personne qui postule une place, un emploi. **2.** Personne qui se prépare à entrer dans un noviciat religieux.

POSTULAT n.m. **1.** Principe premier, indémontrable ou non démontré. **2.** Temps qui précède le noviciat religieux. **3.** Suisse. Vœu qu'un parlementaire transmet au pouvoir exécutif après qu'il a été approuvé par la majorité de l'assemblée.

POSTULER v.t. (lat. *postulare*). **1.** Demander, solliciter un poste, un emploi. **2.** Poser comme postulat au départ d'une démonstration. ◆ v.i. **1.** Être candidat à un emploi, à une fonction. *Postuler au, pour le poste de directeur.* **2.** Accomplir les actes de procédure qu'implique un procès, en parlant d'un avocat ou d'un avoué.

POSTURAL, E, AUX adj. Relatif à la posture.

POSTURE n.f. (ital. *postura*). Attitude particulière du corps ; maintien de cette attitude. *Posture naturelle.* ◇ ***Être en bonne, mauvaise posture*** *:* être dans une situation favorable, défavorable.

POT n.m. (bas lat. *potus*). **1.** Récipient de terre, de métal, etc., de formes et d'usages divers. *Pot de yaourt. Pot à eau.* ◇ ***Poule au pot*** *:* poule bouillie. – *Fam.* ***Payer les pots cassés*** *:* payer le dommage causé. – ***Le pot aux roses*** *:* le secret d'une affaire. – ***Tourner autour du pot*** *:* user de détours inutiles, ne pas aller droit au but. – MAR. ***Pot au noir*** [potonwar] : zone des calmes équatoriaux (en partic., celle de l'Atlantique), où d'épais nuages s'accompagnent de fortes pluies et où les navires restaient longuement encalminés, au temps de la navigation à voile. – ***Pot de chambre*** *:* petit récipient destiné aux besoins naturels. – ARCHIT. ***Pot à feu*** *:* amortissement en forme de vase surmonté d'une flamme. **2.** *Fam.* **a.** Verre d'une boisson quelconque ; rafraîchissement, consommation. *Prendre un pot dans un café.* **b.** Réunion où l'on boit ; cocktail. *Être invité à un pot.* **3.** AUTOM. ***Pot d'échappement*** *:* appareil cylindrique où se détendent les gaz brûlés à la sortie d'un moteur à explosion. – *Fam.* ***Plein pot.*** **a.** À toute vitesse. *Conduire plein pot.* **b.** Plein tarif. *Payer plein pot.* – ***Pot catalytique*** *:* pot d'échappement antipollution utilisant la catalyse. **4.** *Fam.* Chance. *Avoir du pot.* **5.** À un jeu, montant des enjeux.

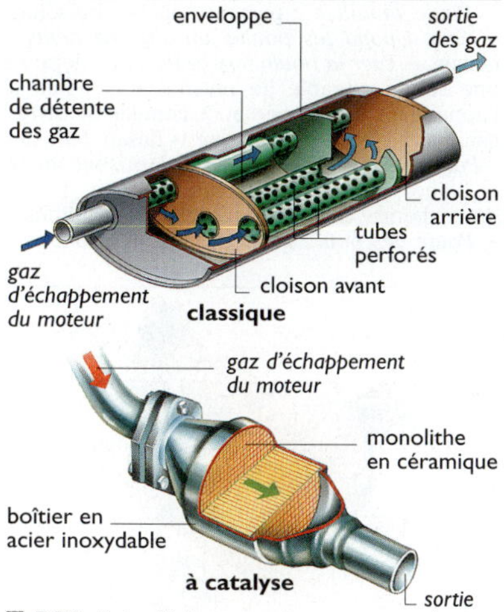

■ **POT.** Pots d'échappement.

POTABLE adj. (du lat. *potare,* boire). **1.** Qui peut être bu sans danger. **2.** *Fam.* Qui convient à peu près ; dont on peut se contenter ; passable. *Travail tout juste potable.*

POTACHE n.m. *Fam.* Collégien, lycéen.

POTAGE n.m. (de *pot*). Bouillon préparé à partir de viandes, de légumes, de farineux, etc.

POTAGER, ÈRE adj. **1.** Se dit des plantes dont on fait une utilisation culinaire (légumes). **2.** *Jardin potager,* ou *potager,* n.m., où l'on cultive des plantes potagères.

POTAMOCHÈRE n.m. (gr. *potamos,* fleuve, et *khoiros,* petit cochon). Porc sauvage d'Afrique et de Madagascar, à pelage brun-roux. (Haut. au garrot 65 cm ; genre *Potamochœrus.*)

POTAMOLOGIE n.f. (du gr. *potamos,* fleuve). Hydrologie fluviale.

POTAMOT n.m. (gr. *potamos,* fleuve). Plante monocotylédone des eaux douces calmes, dont les feuilles flottantes sont larges et elliptiques et dont les feuilles submergées sont rubanées. (Genre *Potamogeton ;* famille des potamogétonacées.)

POTARD n.m. *Fam.,* vx. Pharmacien ; préparateur en pharmacie.

POTASSE n.f. (néerl. *potasch*). **1.** *Potasse caustique,* ou *potasse :* hydroxyde de potassium (KOH), solide blanc, très soluble dans l'eau, base forte. **2.** Dérivé potassique utilisé comme engrais, tel que la *potasse d'Alsace* (chlorure de potassium).

POTASSER v.t. *Fam.* Étudier avec application.

POTASSIQUE adj. Qui dérive du potassium, de la potasse.

POTASSIUM [pɔtasjɔm] n.m. **1.** Métal alcalin extrait de la potasse, léger, mou et très oxydable, de densité 0,86, et qui fond à 63,65 °C. **2.** Élément chimique (K), de numéro atomique 19, de masse atomique 39,098 3.

1. POT-AU-FEU [pɔtofø] n.m. inv. **1.** Plat composé de viande de bœuf bouillie avec carottes, poireaux, navets, etc. **2.** Ensemble des morceaux du bœuf servant à confectionner ce plat (gîte, macreuse, plat de côtes). **3.** Marmite où on le fait cuire.

2. POT-AU-FEU adj. inv. *Fam.,* vieilli. Attaché trop exclusivement aux choses domestiques (ménage, cuisine, etc.).

POT-DE-VIN n.m. (pl. *pots-de-vin*). Somme payée en dehors du prix convenu pour obtenir, conclure un marché.

1. POTE n.m. (de *poteau,* camarade). *Fam.* Camarade, copain.

2. POTE n.f. Suisse. *Faire la pote :* bouder.

POTEAU n.m. (lat. *postis,* jambage de porte). **1.** Pièce de charpente dressée verticalement et servant notamm. à supporter ou à maintenir des câbles, une structure, etc. *Poteau de bois, de métal, de ciment.* ◇ ***Poteau indicateur,*** portant un panneau indiquant une destination, un chemin, une direction, etc. **2.** SPORTS. **a.** *Poteau de départ, d'arrivée,* marquant le départ, l'arrivée d'une course. **b.** Chacun des éléments verticaux d'un but. *Placer la balle entre les poteaux.* **c.** Tir qui rebondit sur l'un des éléments verticaux d'un but. **3.** *Poteau d'exécution,* où l'on attache les personnes que l'on va fusiller. **4.** *Fam.* Camarade, copain, pote.

POTÉE n.f. **1.** Plat composé de viande de porc et de légumes bouillis, princip. du chou. **2.** Poudre d'abrasifs en grains fins (par ex., la potée d'émeri), utilisée dans différents corps de métier pour le rodage, le polissage, le ponçage, etc.

POTELÉ, E adj. (de l'anc. fr. *main pote,* main enflée). Qui a des formes rondes et pleines. *Enfant potelé.*

POTENCE n.f. (lat. *potentia,* puissance). **1.** Assemblage de pièces de bois ou de métal formant équerre, pour soutenir ou pour suspendre qqch. **2.** Instrument servant au supplice de la pendaison ; le supplice même. *Condamné à la potence.*

POTENCÉ, E adj. HÉRALD. Terminé en double potence, en forme de T. *Croix potencée.*

POTENTAT n.m. (du lat. *potens, -entis,* puissant). **1.** Souverain absolu d'un État puissant. **2.** Homme qui use de son pouvoir de façon despotique ; tyran.

POTENTIALISATION n.f. Action de potentialiser ; son résultat.

POTENTIALISER v.t. (angl. *to potentialize*). Augmenter les effets sur l'organisme d'une substance active, notamm. d'un médicament, en parlant d'une autre substance.

POTENTIALITÉ n.f. État de ce qui existe en puissance.

1. POTENTIEL, ELLE adj. (lat. *potens, -entis,* puissant). **1.** Qui existe virtuellement, en puissance, mais non réellement. **2.** GRAMM. Qui exprime la possibilité. (Ex. : La phrase *Il viendrait si on l'en priait* est une tournure potentielle.) **3.** PHYS. *Énergie potentielle :* énergie d'un système physique due à la position d'une partie du système par rapport à l'autre.

2. POTENTIEL n.m. **1.** Ensemble des ressources de tous ordres que possède en puissance un pays, un groupe humain, une personne, un être vivant. *Le potentiel militaire d'une nation.* **2.** ÉLECTR. Grandeur définie à une constante près, caractérisant les corps électrisés et les régions de l'espace où règne un champ électrique, et liée au travail produit par le champ électrique. (On mesure des *différences de potentiel* [ddp], ou *tensions.*) **3.** PHYSIOL. *Potentiel d'action :* bref phénomène électrique se propageant sur la membrane d'une cellule nerveuse ou musculaire, correspondant respectivement à un message nerveux (l'*influx nerveux*) ou au déclenchement d'une contraction. **4.** GRAMM. Forme verbale qui exprime l'action qui se réaliserait dans l'avenir si telle condition était réalisée. (Ex. : *Si tu me remplaçais, je pourrais partir.*) [Le potentiel s'oppose à l'*irréel.*].

POTENTIELLEMENT adv. De façon potentielle ; virtuellement.

POTENTILLE [pɔtɑ̃tij] n.f. (lat. *potentia,* puissance). Plante vivace des régions arctiques et tempérées à fleurs jaunes ou blanches, et dont une espèce est l'ansérine. (Genre *Potentilla ;* famille des rosacées.)

■ **POTENTILLE**

POTENTIOMÈTRE [pɔtɑ̃sjɔ-] n.m. ÉLECTR. **1.** Appareil pour la mesure des différences de potentiel ou des forces électromotrices. **2.** Rhéostat à trois bornes permettant d'obtenir une tension variable à partir d'une source de courant à tension constante.

POTERIE n.f. **1.** Fabrication de récipients en terre cuite, en grès, façonnés par modelage, moulage ou tournage dans une pâte argileuse. **2.** Objet obtenu selon les procédés de cette fabrication. – *Spécial.* Tuyau de terre cuite pour canalisation. **3.** Vaisselle métallique. *Poterie d'étain.*

POTERNE n.f. (bas lat. *posterula*). Porte dérobée percée dans la muraille d'une fortification et donnant souvent sur le fossé.

POTESTATIF, IVE adj. (du lat. *potestas, -atis,* pouvoir). DR. Qui dépend de la volonté d'une des parties contractantes.

POTICHE n.f. **1.** Grand vase décoratif en porcelaine, souvent à couvercle. **2.** *Fam.* Personne qui a un rôle de représentation, sans pouvoir réel.

POTIER, ÈRE n. Personne qui fabrique ou vend de la poterie.

POTIMARRON n.m. Courge originaire de Chine, dont le goût rappelle celui de la châtaigne. (Famille des cucurbitacées.)

POTIN n.m. (mot normand). *Fam.* **1.** (Surtout pl.) Petit commérage ; cancan. **2.** Tapage, vacarme.

POTINER v.i. *Fam.* Faire des potins, des cancans.

POTINIER, ÈRE adj. et n. *Fam.,* vieilli. Qui potine.

POTION [posjɔ̃] n.f. (lat. *potio, -onis,* boisson). Anc. Préparation médicamenteuse liquide, aqueuse et sucrée destinée à être bue.

POTIRON n.m. Plante potagère voisine de la courge, dont on consomme les énormes fruits à chair orangée. (Poids jusqu'à 100 kg ; nom sc. *Cucurbita maxima,* famille des cucurbitacées.)

■ **POTIRON**

POTLATCH [pɔtlatʃ] n.m. (mot amérindien). ANTHROP. Ensemble de cérémonies marquées par des dons que se font entre eux des groupes sociaux distincts, rivaux. (Ce système d'échange de plaques de cuivre, de couvertures, etc., rythme la vie des sociétés amérindiennes de la côte nord-ouest du Pacifique.)

P

POTOMANIE n.f. (du gr. *potos,* boisson). Besoin permanent de boire de grandes quantités de liquides, surtout de l'eau, même en l'absence de soif.

POTOMÈTRE n.m. Appareil servant à mesurer la quantité d'eau absorbée par une plante.

POTO-POTO n.m. inv. (du nom d'un quartier de Brazzaville). Afrique. **1.** Boue, vase, sol boueux. **2.** Boue séchée servant à construire des murs.

POT-POURRI n.m. (pl. *pots-pourris*). **1.** Vx. Ragoût composé de plusieurs sortes de viandes. **2.** Mélange de plusieurs airs, de plusieurs couplets ou refrains de chansons diverses. **3.** Mélange hétéroclite de choses diverses, en partic. production littéraire formée de divers morceaux. **4. a.** Mélange de fleurs et de plantes odorantes destiné à parfumer une pièce, le linge, etc. **b.** Vase au couvercle percé de trous, destiné à contenir ce mélange.

■ **POT-POURRI** en porcelaine, avec imitation de décor chinois, provenant de la manufacture de Chantilly, XVIIIe s. (Musée Condé, Chantilly.)

POTRON-JACQUET ou **POTRON-MINET** n.m. inv. (anc. fr. *poistron,* derrière, et *minet,* chat). Vx. *Dès potron-jacquet, dès potron-minet :* dès la pointe du jour.

POTT [pɔt] **(MAL DE) :** tuberculose vertébrale.

POTTO n.m. (mot angl., d'une langue africaine). Lémurien d'Afrique, nocturne et arboricole, aux gros yeux globuleux. (Famille des lorisidés.)

POTTOCK ou **POTTOK** [pɔtjɔk] n.m. (mot basque). Poney originaire du Pays basque, très résistant.

POTU, E adj. Suisse. Boudeur, renfrogné.

POU n.m. [pl. *poux*] (lat. *pediculus*). Insecte sans ailes, parasite externe des mammifères, dont il suce le sang, et qui fixe ses œufs (lentes) à la base des poils. (Deux espèces sont des parasites de l'homme : le *pou de tête* [genre *Pediculus*] et le *pou du pubis* [genre *Phthirus*] ; long. 2 mm ; ordre des anoploures.) ◇ *Pou des oiseaux :* insecte vivant en parasite externe sur les oiseaux. (Ordre des mallophages.) – *Pou de San José :* cochenille très nuisible aux vergers. – *Fam. Chercher des poux à qqn,* lui chercher querelle à tout propos.

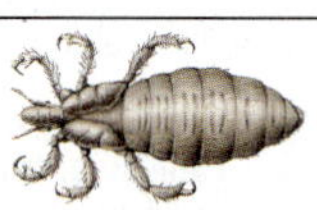

■ **POU.** Pou de tête.

POUACRE n. et adj. (du lat. *podager, -gri,* goutteux). *Fam.,* vx. **1.** Personne sale, malpropre. **2.** Avare.

POUAH interj. Exprime le dégoût. *Pouah ! c'est trop salé !*

POUBELLE n.f. (du n. du préfet de la Seine qui en imposa l'usage). **1.** Récipient destiné à recevoir les ordures ménagères. **2.** Lieu où s'entassent des choses rejetées ; dépotoir. *Les océans deviennent la poubelle de la planète.*

POUCE n.m. (lat. *pollex, pollicis*). **1.** Le plus gros et le plus court des doigts de la main, opposable aux autres doigts chez l'homme et les primates. ◇ *Manger sur le pouce,* à la hâte et sans s'asseoir. – *Mettre les pouces :* céder après une résistance plus ou moins longue. – *Se tourner les pouces :* être inoccupé, oisif. – Québec. *Fam. Faire du pouce,* de l'auto-stop. **2.** *Le pouce du pied :* le gros orteil. **3.** MÉTROL. **a.** Anc. Mesure de longueur qui valait 27,07 mm. **b.** (Calque de l'angl. *inch*). Unité de longueur valant, par entente industrielle entre le Royaume-Uni et les États-Unis, 25,4 mm exactement, et encore en usage dans certains pays anglo-saxons. **4.** Très petite quantité. *Ne pas céder un pouce de territoire.* ◆ interj. S'emploie pour arrêter momentanément un jeu, dans le langage enfantin. *Pouce ! je ne joue plus !*

POUCE-PIED n.m. (pl. *pouces-pieds*). Crustacé voisin de l'anatife, dont le pédoncule est comestible. (Genre *Pollicipes ;* sous-classe des cirripèdes.)

POUCER v.i. [9]. Québec. *Fam.* Faire de l'auto-stop.

POUCIER n.m. Doigtier pour le pouce.

POUDING n.m. → **PUDDING.**

POUDINGUE n.m. (angl. *pudding*). Roche sédimentaire détritique, conglomérat formé de galets.

POUDRAGE n.m. **1.** Action de poudrer. **2.** PEINT. INDUSTR. Réalisation d'un revêtement dense et continu par application de résine sous forme de poudre, puis par cuisson du dépôt.

POUDRE n.f. (lat. *pulvis, pulveris,* poussière). **1.** Substance solide broyée, divisée en grains très fins et homogènes. *Sucre en poudre.* **2.** Préparation destinée à unifier le teint et à parfaire le maquillage. **3.** Substance pulvérulente explosive non détonante utilisée notamm. pour le lancement des projectiles d'armes à feu et pour la propulsion d'engins. ◇ *Poudre sans fumée,* à base de nitrocellulose. – *Poudre noire, poudre à canon :* mélange de salpêtre, de soufre et de charbon de bois. – *Mettre le feu aux poudres :* déclencher, faire éclater un conflit jusqu'alors larvé. – *Se répandre comme une traînée de poudre,* très rapidement. **4.** Vx. Poussière des chemins. ◇ *Jeter de la poudre aux yeux :* chercher à faire illusion. **5.** *Fam.* Drogue (héroïne, cocaïne). ◇ *Fam. Poudre d'ange :* phencyclidine.

POUDRER v.t. Couvrir de poudre.

POUDRERIE n.f. **1.** Fabrique de poudre, d'explosifs. **2.** Québec. Neige fraîche que le vent fait tourbillonner.

POUDRETTE n.f. Engrais organique composé de matières fécales humaines desséchées et réduites en poudre.

POUDREUSE n.f. **1.** Machine agricole utilisée pour répandre sur les cultures des poudres insecticides, fongicides, etc. **2.** Neige poudreuse.

POUDREUX, EUSE adj. Qui a la consistance d'une poudre. *Terre poudreuse.*

POUDRIER n.m. **1.** Boîte à poudre pour maquillage ; petit coffret plat, muni d'accessoires (glace, houppette), servant à transporter de la poudre pour maquillage. **2.** Fabricant de poudre, d'explosifs.

POUDRIÈRE n.f. **1.** Anc. Dépôt de poudre, de munitions. **2.** *Fig.* Endroit, région où règnent des tensions pouvant dégénérer à tout instant en un conflit généralisé. *La poudrière du Proche-Orient.*

POUDRIN n.m. Neige ou pluie très fine, à Terre-Neuve.

POUDROIEMENT n.m. *Litt.* Aspect de ce qui poudroie.

POUDROYER [pudrwaje] v.i. [7]. *Litt.* **1.** S'élever en poussière. *Des tourbillons de sable poudroyaient.* **2.** Être couvert de poussière que le soleil fait briller. *La route poudroie.* **3.** Faire scintiller les grains de poussière en suspension dans l'air, en parlant du soleil.

1. POUF n.m. Coussin très épais, servant de siège.

2. POUF interj. Imite le bruit sourd de qqn, de qqch qui tombe.

POUFFER v.i. *Pouffer de rire,* ou *pouffer :* éclater d'un rire involontaire, qu'on essaie de réprimer ou de cacher.

POUGNER v.i. Suisse. Tricher.

POUILLARD n.m. (anc. fr. *poil,* poulet, du lat.). CHASSE. Jeune perdreau ; jeune faisan.

POUILLERIE n.f. *Fam.,* vieilli. **1.** Extrême pauvreté. **2.** Aspect misérable, sordide.

POUILLES n.f. pl. (de l'anc. fr. *pouiller,* dire des injures). *Litt. Chanter pouilles à qqn,* l'accabler de récriminations, de reproches, d'injures.

POUILLEUX, EUSE adj. et n. (de l'anc. fr. *pouil,* pou). **1.** Couvert de poux. **2.** Qui est dans la misère. ◆ adj. Qui dénote une misère extrême ; misérable, sordide. *Quartier pouilleux.*

POUILLOT n.m. (anc. fr. *poil,* coq). Oiseau passereau migrateur d'Eurasie et d'Afrique, voisin de la fauvette, au plumage génér. terne. (Genre *Phylloscopus ;* famille des sylviidés.)

POUILLY n.m. **1.** Vin blanc sec de Pouilly-sur-Loire. **2.** *Pouilly-fuissé,* ou *pouilly :* vin blanc de certaines communes de Saône-et-Loire, dans le Mâconnais.

POUJADISME n.m. **1.** Doctrine politique de l'Union de défense des commerçants et artisans (UDCA), mouvement fondé en 1953 par Pierre Poujade. (Le poujadisme, antiparlementaire, nationaliste et hostile à l'Europe, constitua de 1956 à 1958 le groupe parlementaire Union et Fraternité françaises.) **2.** *Péjor.* Attitude politique revendicative et étroitement corporatiste.

POUJADISTE adj. et n. Relatif au poujadisme ; qui en est partisan.

POULAILLER n.m. **1.** Abri, enclos pour les poules, les volailles ; bâtiment fermé pour l'élevage industriel des volailles (poulets, poules pondeuses, etc.). **2.** *Fam.* Galerie supérieure d'une salle de théâtre. SYN. : *paradis.*

POULAIN n.m. (lat. *pullus*). **1.** Jeune cheval âgé de moins de trois ans. **2.** Tout cuir d'équidé. **3.** Débutant à la carrière prometteuse, appuyé par une personnalité. *Le poulain d'un entraîneur de boxe.* **4.** MANUT. Appareil de levage formé de deux madriers réunis par des entretoises, utilisé pour charger les tonneaux, les fûts.

POULAINE n.f. (d'un anc. adj. *polain,* polonais). **1.** *Soulier à la poulaine,* ou *poulaine :* chaussure à longue pointe relevée, à la mode aux XIVe et XVe s. **2.** MAR. Plate-forme d'étrave des anciens navires en bois, servant de latrines à l'équipage.

POULARDE n.f. Jeune poule engraissée.

POULBOT n.m. (du n. de *Poulbot,* dessinateur qui créa ce type). Enfant des rues de Montmartre.

1. POULE n.f. (lat. *pulla*). **1.** Femelle du coq, élevée pour sa chair et pour ses œufs. (Cri : la poule glousse, caquette. Petits de la poule : poussins, poulets. Genre *Gallus ;* ordre des galliformes.) ◇ *Avoir la chair de poule,* des frissons de froid ou de peur. – *Mère poule :* mère qui entoure ses enfants d'attentions excessives. – *Poule mouillée :* personne lâche, irrésolue. – *Fam. Quand les poules auront des dents :* jamais. – *Tuer la poule aux œufs d'or :* détruire une source durable de revenus en cédant à l'appât d'un gain immédiat. **2.** Femelle de divers gallinacés. ◇ *Poule faisane :* faisan femelle. – *Poule d'eau :* échassier des roseaux à bec rouge et blanc, et à plumage sombre. (Long. 35 cm env. ; genre *Gallinula,* famille des rallidés.) – *Poule des bois :* gelinotte. – *Poule sultane :*

■ **POULE** de la race New Hampshire.

■ **POULE.** Poule d'eau.

échassier des marécages d'Europe méridionale aux pattes puissantes et aux doigts très longs. (Genre *Porphyrio ;* famille des rallidés.) **3.** *Fam.* Terme d'affection adressé à une femme, à une petite fille. *Ma poule !* **4.** *Fam.* Épouse, maîtresse. **5.** *Fam.,* vieilli. Femme légère.

2. POULE n.f. (angl. *pool*). SPORTS. Épreuve dans laquelle chaque concurrent, chaque équipe rencontre successivement chacun de ses adversaires ; ensemble de ces concurrents ou de ces équipes.

POULET n.m. **1.** Petit de la poule, âgé de trois à dix mois. **2.** Poule ou coq non encore adulte, élevé(e) pour sa chair. *Poulet de grain.* **3.** Viande de poulet. **4.** *Fam.* Terme d'affection adressé à un homme, à un petit garçon. *Mon poulet !* **5.** *Fam.* Policier. **6.** Vx. Billet galant. *Écrire un poulet.*

POULETTE n.f. **1.** Jeune poule. **2.** *Fam.* Terme d'affection adressé à une femme, à une petite fille. *Bonjour, ma poulette !* **3.** *Sauce poulette :* sauce blanche additionnée de jaunes d'œufs et de jus de citron.

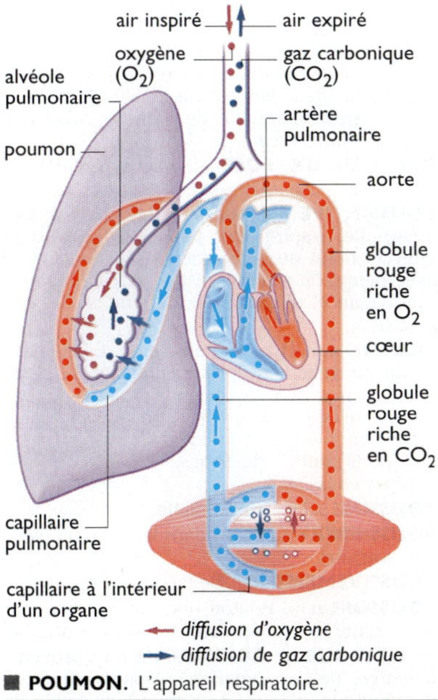

■ **POUMON.** L'appareil respiratoire.

POULICHE n.f. (mot picard). Jument non adulte.

POULIE n.f. (gr. *polos,* pivot). Roue portée par un axe et dont la jante est conçue pour recevoir un lien flexible (câble, chaîne, courroie, etc.) destiné à transmettre un effort de levage, de traction, etc.

POULINER v.i. Mettre bas, en parlant d'une jument.

POULINIÈRE adj.f. et n.f. Se dit d'une jument destinée à la reproduction.

1. POULIOT n.m. (lat. *puleium*). Menthe d'une espèce rampante, velue, à saveur très piquante. (Nom sc. *Mentha pulegium.*)

2. POULIOT n.m. (de *poulie*). Petit treuil, à l'arrière d'une charrette, sur lequel s'enroule la corde liant le chargement.

POULOT, OTTE n. *Fam.,* vieilli. Terme d'affection adressé à un enfant. *Mon poulot !*

POULPE n.m. (lat. *polypus*). Pieuvre.

POULS [pu] n.m. (lat. *pulsus*). Battement d'une artère superficielle dû aux contractions cardiaques et perçu à la palpation. ◇ ***Prendre le pouls de qqn :*** palper le pouls du poignet et compter les battements ; *fig.,* sonder les dispositions, les intentions de qqn. – ***Prendre, tâter le pouls de qqch :*** chercher à connaître la façon dont qqch se présente, en observer l'état ou la tendance.

POUMON n.m. (lat. *pulmo, -onis*). **1.** Organe pair de la respiration, situé dans le thorax et entouré de la plèvre. ◇ ***Respirer à pleins poumons,*** avec d'amples mouvements thoraciques, en aspirant et en expirant à fond. **2.** ***Avoir du poumon,*** une voix forte. **3.** *Fig.* Ce qui fournit de l'oxygène ; ce qui fait vivre, anime. *L'Amazonie, poumon de la planète. Région qui est le poumon économique d'un pays.* **4.** MÉD. Anc. ***Poumon d'acier :*** appareil mettant en mouvement la cage thoracique, constitué d'une coque étanche, d'où sortait la tête du malade, et remplacé auj. par les respirateurs.

ENCYCL. Chaque poumon est divisé en lobes (deux à gauche, trois à droite), puis en lobules. L'air lui arrive par une bronche souche, et le sang chargé de gaz carbonique par une branche de l'artère pulmonaire. Ce sang perd son gaz carbonique et s'enrichit en oxygène au niveau des alvéoles, où aboutissent les bronchioles, ramifications finales des bronches. Le sang ainsi oxygéné ressort du poumon par deux veines pulmonaires. Les échanges gazeux au niveau des alvéoles constituent le phénomène de l'hématose.

POUPARD, E n. Vx. Petit enfant gras et joufflu.

POUPE n.f. (lat. *puppis*). MAR. Arrière d'un navire (par oppos. à *proue*). ◇ ***Avoir le vent en poupe :*** être dans une période favorable.

POUPÉE n.f. (lat. *pupa*). **1.** Jouet représentant une personne, le plus souvent une fillette ou une jeune fille ; figurine costumée. ◇ ***Poupée mannequin :*** poupée représentant un adulte. – ***Poupée russe :*** matriochka. – ***De poupée :*** très petit. *Maison de poupée.* **2. a.** Jeune fille, jeune femme fraîche et jolie, au physique un peu frêle. **b.** *Péjor.* Femme jolie, coquettement mise mais futile et un peu sotte. **3.** *Fam.* Pansement entourant un doigt. **4.** MÉCAN. INDUSTR. Organe de machine (tour, par ex.) recevant un arbre de transmission ou servant de point fixe à un mouvement de rotation. **5.** MAR. Tambour de treuil. *Poupée de guindeau, d'un winch.* **6.** Chacun des tampons de mousseline servant à l'encrage, dans le procédé de gravure en couleurs utilisant une seule planche.

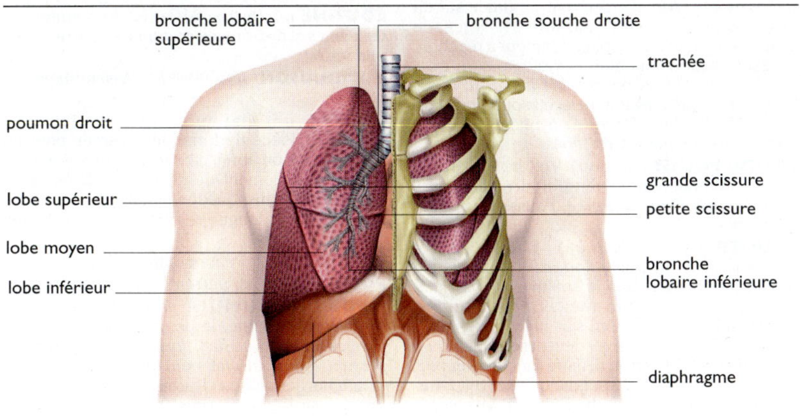

■ **POUMON.** Anatomie du poumon.

POUPIN, E adj. (de *poupée*). Se dit d'un visage rebondi et coloré.

POUPON n.m. **1.** Bébé encore au berceau. **2.** Poupée qui représente un bébé.

POUPONNER v.i. *Fam.* S'occuper avec tendresse d'un bébé, de bébés.

POUPONNIÈRE n.f. Établissement public accueillant de jour et de nuit des enfants de moins de trois ans qui ne peuvent rester au sein de leur famille.

1. POUR prép. (lat. *pro*). **1.** Indique l'équivalence, la substitution. *Employer un mot pour un autre.* ◇ ***En être pour ses frais, sa peine :*** ne rien obtenir en compensation de son argent, de ses efforts. **2.** Indique une relation, un rapport. *Grand pour son âge.* **3.** Introduit la cause. *Puni pour sa paresse.* **4.** Introduit le point de vue, l'objet ou la personne concernés. *Pour lui, c'est grave. Pour ce qui est de.* ◇ ***Être pour qqn, pour qqch,*** en être partisan. **5.** Introduit la destination, le but. *Partir pour la campagne. Pour le plaisir.* **6.** Introduit la conséquence. *Pour son malheur.* ◇ ***Ne pas être pour*** (+ inf.) : ne pas être de nature à. *Cela n'est pas pour me déplaire.* **7.** Introduit le moment où qqch doit se faire, le terme d'un délai, la durée. *Travail à finir pour mardi. Pour trois ans.* **8.** Introduit la circonstance, le moment. *Pour cette fois.* ◇ ***Pour lors :*** pour l'instant ; alors. – *Litt.* ***Être pour*** (+ inf.), sur le point de. *Il était pour partir.* **9.** *Litt.* ***Pour... que :*** indique la concession. *Pour insensible qu'elle soit.* ◆ adv. ***Être pour, voter pour :*** adhérer à, émettre un vote favorable. ◆ **pour que** loc. conj. **1.** Introduit le but. *Venez tôt pour que nous parlions.* **2.** Introduit la conséquence. *Il est assez malin pour qu'on ne le piège pas.*

2. POUR n.m. inv. ***Le pour et le contre :*** les avantages et les inconvénients d'une solution, d'une décision.

POURBOIRE n.m. Somme d'argent donnée par un client à titre de gratification, en sus du prix d'un service.

POURCEAU n.m. (lat. *porcellus*). *Litt.* Porc.

POURCENTAGE n.m. (de *pour cent*). **1.** Proportion pour cent unités. **2.** COMM. Commission calculée au pourcentage.

POURCHASSER v.t. Poursuivre, rechercher qqn, qqch sans répit.

POURFENDEUR, EUSE n. *Litt.* (Souvent par plais.) Personne qui pourfend.

POURFENDRE v.t. [59]. *Litt.,* vx. Fendre de haut en bas avec une arme tranchante. – *Fig.* Critiquer, attaquer vigoureusement.

POURIM [purim], fête juive, célébrée en février ou en mars, commémorant la libération des Juifs de leur captivité dans l'Empire perse, grâce à Esther.

POURLÈCHE n.f. → **PERLÈCHE.**

POURLÉCHER (SE) v.pr. [11]. *Fam.* Passer sa langue sur ses lèvres en signe de gourmandise, de satisfaction. *Se pourlécher les babines.*

POURPARLERS n.m. pl. Conversations, entretiens préalables à la conclusion d'une entente.

■ **POURPIER**

POURPIER n.m. (lat. *pulli pes,* pied de poule). Plante à petites feuilles charnues, dont une espèce est cultivée comme salade et une autre, originaire d'Amérique du Sud, pour ses fleurs de couleurs variées. (Genre *Portulaca ;* famille des portulacacées.)

POURPOINT n.m. (de l'anc. fr. *porpoindre,* piquer). Vêtement ajusté d'homme, en usage du XIIe au XVIIe s., qui couvrait le corps du cou à la ceinture.

1. POURPRE n.f. (lat. *purpura*). **1.** Dérivé bromé de l'indigo, d'un rouge foncé, tiré autref. du murex. **2.** Étoffe teinte en pourpre. – *Litt.* Dignité impériale, dont la pourpre était autref. la marque. ◇ ***La pourpre romaine*** : la dignité de cardinal. **3.** HÉRALD. L'une des couleurs du blason (rouge foncé).

2. POURPRE n.m. **1.** Couleur d'un rouge violacé. **2.** Mollusque gastéropode des côtes de l'Europe occidentale, à coquille lisse, qui s'attaque aux bancs de moules et d'huîtres, dont il perce la coquille. (Long. 2 cm ; genre *Nucella.*) **3.** BIOCHIM. ***Pourpre rétinien*** : substance photosensible des cellules en bâtonnet de la rétine des vertébrés, intervenant dans la vision crépusculaire. SYN. : *rhodopsine.* ◆ adj. D'un rouge violacé.

POURPRÉ, E adj. *Litt.* Qui tire sur le pourpre.

POURQUOI adv. interr. Pour quelle raison. *On se fâche sans savoir pourquoi. Pourquoi partez-vous ?* ◇ ***C'est pourquoi*** : c'est la raison pour laquelle. – ***Pourquoi pas ?*** : indique que l'on élimine toutes les objections présentées ou que l'on envisage favorablement une hypothèse. ◆ n.m. inv. **1.** Cause, raison. *Le pourquoi de toutes choses.* **2.** Question sur la cause des choses. *Comment répondre à tous les pourquoi ?*

POURRI, E adj. **1.** Se dit d'une matière organique, d'une denrée qui se putréfie ; gâté, avarié. *Fruit pourri.* **2. a.** Se dit d'une personne, d'un milieu corrompus moralement. *Un monde pourri.* ◇ ***Enfant pourri,*** mal élevé, trop gâté. **b.** *Fam.* ***Être pourri de qqch,*** en avoir beaucoup trop. **3.** *Fam.* ***Temps pourri,*** humide, pluvieux. ◆ n.m. Partie pourrie de qqch.

P

POURRIDIÉ n.m. (mot provenç.). Maladie de la vigne et des arbres fruitiers, due à un champignon parasite (l'armillaire *Armillaria mellea*) qui attaque leurs racines et entraîne leur mort.

POURRIR v.i. (lat. pop. *putrire*). **1.** Subir une putréfaction sous l'action des bactéries. – *Fig.* Se dégrader, se détériorer. *Situation qui pourrit.* **2.** Rester longtemps, trop longtemps dans une situation pénible ou dégradante. *Pourrir en prison.* ◆ v.t. **1.** Gâter, corrompre par décomposition. *L'eau pourrit le bois.* **2.** *Fig.* Corrompre moralement. *La fortune l'avait pourri.*

POURRISSAGE n.m. Conservation des pâtes céramiques dans une humidité favorable à leur plasticité et à leur homogénéité.

POURRISSANT, E adj. Qui pourrit.

POURRISSEMENT n.m. **1.** Décomposition, putréfaction. **2.** *Fig.* Dégradation, détérioration. *Le pourrissement d'un conflit.*

POURRISSOIR n.m. Lieu où qqn, qqch pourrit, se dégrade.

POURRITURE n.f. **1.** État d'un corps en décomposition. **2.** *Fig.* Corruption morale de qqn, d'un milieu. **3.** AGRIC. Maladie cryptogamique des végétaux causée par des bactéries ou des champignons. ◇ ***Pourriture grise,*** causée par le champignon *Botrytis cinerea*, appelée ***pourriture noble*** lorsqu'elle est peu développée, et qu'elle permet l'élaboration de certains vins liquoreux (sauternes).

POURSUITE n.f. **1.** Action de poursuivre. – SPORTS. Course cycliste sur piste qui oppose deux coureurs ou deux équipes, placés, au départ, à des points diamétralement opposés de la piste. **2.** DR. Exercice d'une action en justice en vue de faire rendre une décision ou de la faire exécuter. – Tout acte qui tend, au pénal, à la répression d'une infraction. – Action du fisc pour assurer le recouvrement forcé des créances du Trésor. **3.** ASTRONAUT. Détermination instantanée et continue, depuis le sol, des caractéristiques du mouvement d'un engin spatial. **4.** SPECT. Projecteur de forte puissance qui suit les évolutions de l'artiste en l'isolant dans un étroit faisceau de lumière.

POURSUITEUR, EUSE n. Cycliste spécialiste des courses de poursuite.

POURSUIVANT, E n. Personne qui poursuit qqn.

POURSUIVRE v.t. [69]. **1.** Courir derrière un être animé pour le rattraper. *Le chien poursuit le gibier.* **2.** Chercher avec ténacité à obtenir, à réaliser qqch. *Poursuivre un rêve, une vengeance.* **3.** Continuer une action sans relâche ; persévérer. *Poursuivre l'œuvre entreprise.* **4.** Venir sans cesse à l'esprit de qqn ; harceler, obséder. *Souci, image qui poursuit qqn.* **5.** DR. Exercer une poursuite judiciaire ; actionner, chercher à provoquer la condamnation de l'auteur d'une infraction.

POURTANT adv. Marque une opposition, une restriction ; cependant, toutefois. *Cette surprenante aventure est pourtant véridique.*

POURTOUR n.m. (de l'anc. fr. *portorner*, se tourner). **1.** Ligne qui fait le tour d'un lieu, d'un objet ; surface qui borde cette ligne. *Le pourtour d'une place.* **2.** ARCHIT. ***Pourtour du chœur*** : déambulatoire.

POURVOI n.m. (de *pourvoir*). DR. Recours porté devant la plus haute juridiction compétente (en France, la Cour de cassation ou le Conseil d'État) en vue de faire annuler une décision rendue en dernier ressort.

POURVOIR v.t. ind. **(à)** [50] (lat. *providere*). Donner, fournir à qqn ce qui lui est nécessaire. *Ses parents pourvoient à ses besoins.* ◆ v.t. Mettre en possession de ce qui est nécessaire, utile ; munir, doter, garnir. *Pourvoir sa maison de toutes les commodités. Elle est pourvue de grandes qualités.* ◆ **se pourvoir** v.pr. **1.** Faire en sorte d'avoir en sa possession ce qui est nécessaire, utile ; se munir. *Se pourvoir d'argent.* **2.** DR. Former un pourvoi ; interjeter appel. *Se pourvoir en cassation.*

POURVOIRIE n.f. Québec. Établissement qui loue aux chasseurs et aux pêcheurs des installations et des services (logement, transport, équipement) ; le territoire environnant où se pratiquent la chasse et la pêche.

POURVOYEUR, EUSE n. Personne qui fournit qqch, approvisionne. ◆ n.m. MIL. Vx. Servant d'une arme à feu collective, chargé de la ravitailler en munitions.

POURVU QUE loc. conj. (Suivi du subj.) **1.** Indique une condition ; à condition que, du moment que. *Nous irons faire du ski, pourvu qu'il y ait de la neige.* **2.** Introduit un souhait, une inquiétude. *Pourvu qu'il vienne !*

POUSSAGE n.m. Transport fluvial par convoi de barges métalliques amarrées rigidement entre elles et à un pousseur.

POUSSAH n.m. (chin. *pu sa*, idole bouddhique). *Litt.* Homme corpulent et de petite taille.

POUSSE n.f. **1. a.** Croissance, développement d'un végétal ou d'une de ses parties. **b.** Plante à son premier état de développement ; bourgeon. **2.** Croissance de certaines parties d'un corps vivant. *La pousse des dents, des cheveux.* **3.** VÉTÉR. Affection des chevaux, caractérisée par l'essoufflement et le battement des flancs. **4.** Altération du vin, qui le rend trouble. **5.** *Jeune pousse* : recomm. off. pour *start-up.*

POUSSÉ, E adj. **1.** Achevé avec beaucoup de soin, de minutie. *Un travail très poussé.* **2.** Se dit d'un moteur dont les performances sont améliorées après sa construction.

POUSSE-CAFÉ n.m. inv. *Fam.* Petit verre d'alcool que l'on boit après le café.

POUSSÉE n.f. **1.** Action de pousser ; fait d'être poussé ; pression. **2. a.** Pression exercée par le poids d'un corps contre un obstacle ou un autre corps. *La poussée des terres contre un mur de soutènement.* **b.** Force horizontale qui s'exerce sur les éléments qui supportent une voûte, un arc. **3.** PHYS. ***Poussée d'Archimède*** : force verticale dirigée de bas en haut, à laquelle est soumis tout corps plongé dans un fluide. – ***Centre de poussée*** : point d'application de la résultante des forces de pression exercées par un fluide sur un corps solide. **4.** AVIAT., ASTRONAUT. Force de propulsion développée par un moteur à réaction. **5.** Manifestation soudaine et violente d'un trouble, d'un mal. *Une poussée de fièvre.* **6.** Développement, progression nets et soudains d'un mouvement, d'une force, d'un phénomène. *La poussée d'un parti aux élections.*

POUSSE-POUSSE n.m. inv. **1.** Voiture légère tirée par un homme, pour le transport des personnes, en Extrême-Orient. **2.** Suisse. Poussette, voiture d'enfant.

POUSSER v.t. (lat. *pulsare*). **1.** Exercer une pression, avec ou sans effort, sur qqch pour le déplacer, l'écarter sans le soulever. *Pousser un sac, une voiture.* **2.** Faire avancer, écarter qqn en imprimant une pression sur lui. *Pousser son voisin.* **3.** Faire aller, diriger devant soi. *Pousser un troupeau vers l'étable.* **4. a.** Faire fonctionner plus vite, avec davantage de puissance ; activer. *Pousser un moteur, le feu.* **b.** Engager vivement ; exhorter, inciter à. *Pousser un élève à travailler.* **c.** Porter une situation, un comportement jusqu'à l'excès. *Pousser la gentillesse jusqu'à la faiblesse.* **5.** Faire brusquement entendre un son ; émettre, proférer. *Pousser un cri, un soupir.* ◆ v.i. **1.** En parlant de parties du corps ou de végétaux, augmenter en taille ; croître, grandir. *Ses cheveux ont poussé.* **2.** Prolonger, poursuivre sa marche, son voyage. *Nous avons poussé jusqu'à Dublin.* ◇ *Fam.* ***Il ne faut pas pousser*** : il ne faut pas exagérer. ◆ **se pousser** v.pr. **1.** Se déplacer pour faire place. **2.** Chercher mutuellement à s'écarter ; se bousculer. **3.** *Fig.* Se hisser à une place sociale plus élevée.

POUSSETTE n.f. **1.** Petite voiture d'enfant, génér. pliable, formée d'un siège inclinable suspendu à un châssis sur roulettes, et que l'on pousse devant soi. – Suisse. Landau. **2.** Armature d'acier légère montée sur roues et munie d'une poignée, destinée à soutenir un sac à provisions. **3.** JEUX. Tricherie commise en poussant une mise sur le tableau gagnant quand le résultat est déjà connu. **4.** Pression exercée sur un coureur cycliste pour le lancer ou accélérer son allure.

POUSSETTE-CANNE n.f. (pl. *poussettes-cannes*). Poussette d'enfant repliable constituée essentiellement d'une toile tendue entre deux montants parallèles en forme de canne.

POUSSEUR n.m. **1.** Bateau à moteur assurant le poussage. **2.** ASTRONAUT. Recomm. off. pour *booster.*

POUSSIER n.m. Charbon pulvérulent (de dimensions inférieures à 1 mm).

POUSSIÈRE n.f. (lat. *pulvis, pulveris*). **1.** Poudre très fine et très légère en suspension dans l'air et provenant de matières diverses (terre sèche, notamm.) par choc ou frottement. *Essuyer la poussière.* ◇ ***Coup de poussière*** : explosion provoquée dans une mine par l'inflammation violente de fines particules de charbon en suspension dans l'air. – ***Une poussière de*** : une grande quantité de choses de petites dimensions ou de peu d'importance. *Une poussière de détails.* – *Fam.* ***Et des poussières*** : et un peu plus, et encore un peu. *Vingt euros et des poussières.* **2.** Très petite particule de matière. *Avoir une poussière dans l'œil.*

POUSSIÉREUX, EUSE adj. Couvert, rempli de poussière.

POUSSIF, IVE adj. (de *pousser*). **1.** *Fam.* Qui s'essouffle, respire avec peine. **2.** Se dit d'un cheval atteint de la pousse. **3.** Qui fonctionne avec peine. *Un véhicule poussif.* **4.** *Fig.* Qui manque d'élan et d'inspiration ; laborieux. *Un style poussif.*

POUSSIN n.m. (bas lat. *pullicenus*). **1.** Petit de la poule, nouvellement éclos, au plumage duveteux jaune ou noir. (Cri : le poussin piaule.) – *Par ext.* Très jeune oiseau. **2.** Sportif, sportive appartenant à une tranche d'âge dont les limites varient selon les sports autour de 9 ans. (On rencontre le féminin *poussine.*)

POUSSINE n.f. Suisse. Poulette.

POUSSINIÈRE n.f. Cage dans laquelle on élève des poussins.

POUSSIVEMENT adv. De façon poussive.

POUSSOIR n.m. Bouton que l'on pousse pour déclencher le fonctionnement d'un mécanisme.

POUTARGUE ou **BOUTARGUE** n.f. (provenç. *boutargo*, de l'ar. *baṭārikh*). Aliment composé d'œufs de poisson salés et pressés en forme de saucisse plate. (Spécialité de Martigues.)

POUTINE n.f. Québec. Mélange de pommes de terre frites et de fromage en grains arrosé de sauce chaude.

POUTRAISON n.f. CONSTR. Assemblage de poutres.

POUTRE n.f. (lat. pop. *pullitra*, jument). **1.** CONSTR. Pièce de forme allongée en bois, en métal, en béton armé, etc., servant de support de plancher, d'élément de charpente. **2.** Agrès de gymnastique artistique féminine, constitué d'une poutre de bois longue de 5 m et située à 1,20 m du sol.

POUTRELLE n.f. Petite poutre.

POUTSER v.t. (all. *putzen*). Suisse. Nettoyer.

1. POUVOIR v.t. [44] (lat. *posse*). **1.** Être capable de ; avoir la faculté, la possibilité de. *Comment pouvez-vous travailler dans un endroit aussi bruyant ?* ◇ ***N'en plus pouvoir*** : être épuisé par la fatigue, accablé par le chagrin ; être complètement rassasié ; être très usé. – ***Ne rien pouvoir à qqch,*** ne pas être capable de l'empêcher ni de le modifier. *Nous n'y pouvons rien.* – Belgique. *Ne* *pouvoir mal :* ne courir ou ne faire courir aucun risque. – Belgique. *Je n'en peux rien :* je n'en suis pas responsable. **2.** Avoir le droit, l'autorisation de. *Les élèves peuvent sortir pendant l'interclasse.* **3.** Indique l'éventualité, la probabilité. *Il peut pleuvoir demain.* ◆ **se pouvoir** v.pr. impers. *Il se peut que* (+ subj.) : il est possible que.

2. POUVOIR n.m. **1.** Capacité, possibilité de faire qqch, d'accomplir une action, de produire un effet. *Il n'est pas en mon pouvoir de vous aider.* **2.** Autorité, puissance, de droit ou de fait, détenue sur qqn, sur qqch. *Abuser de son pouvoir. Le pouvoir de l'éloquence.* **3.** DR. **a.** Aptitude à agir pour le compte de qqn ; mandat, procuration. *Donner un pouvoir par-devant notaire.* **b.** Document constatant cette délégation. **4. a.** Autorité constituée ; gouvernement d'un pays. *Parvenir au pouvoir.* **b.** Fonction juridique consistant à édicter les règles d'organisation politique et administrative d'un État, ainsi qu'à en assurer le respect. **5.** Fonction de l'État, correspondant à un domaine distinct et exercée par un organe particulier. ◇ *Pouvoir constituant,* chargé d'élaborer, de réviser la Constitution. – *Pouvoir législatif,* chargé d'élaborer les lois. – *Pouvoir exécutif* ou *gouvernemental,* chargé de l'administration de l'État et de veiller à l'exécution des lois. – *Pouvoir judiciaire,* chargé de rendre la justice. – *Pouvoir réglementaire :* pouvoir reconnu à certaines autorités gouvernementales ou administratives (préfet, maire, etc.) d'édicter des règlements (décrets ou arrêtés). **6.** Toute autorité constituée. ◇ *Pouvoir spirituel :* autorité de l'Église en matière religieuse. – *Pouvoir disciplinaire,* celui qui s'exerce au moyen de sanctions, notamm. dans l'Administration, les entreprises, etc. **7.** *Le quatrième pouvoir :* la presse. **8.** Propriété, qualité particulière de qqch ; grandeur la caractérisant. ◇ *Pouvoir calorifique :* quantité de chaleur dégagée lors de la combustion, dans des conditions normalisées, d'un corps, d'une substance. – *Pouvoir d'achat :* quantité de biens et de services que permet d'obtenir, pour une unité de base donnée (individu, famille, etc.), une somme d'argent déterminée. ◆ pl. *Pouvoirs publics :* ensemble des autorités qui assurent la conduite de l'État. – *Séparation des pouvoirs :* principe de droit public selon lequel les domaines exécutif, législatif et judiciaire sont indépendants les uns des autres.

POUZZOLANE [pudzɔlan] ou [puzɔlan] n.f. (de *Pouzzoles,* n.pr.). Roche volcanique sombre à structure alvéolaire, recherchée en construction pour ses qualités d'isolation thermique et phonique.

POYA n.f. Suisse. Montée à l'alpage.

ppb (sigle de l'angl. *part per billion,* partie par milliard). Rapport qui permet d'exprimer de façon pratique des concentrations extrêmement faibles (1 ppb = 1 mg/t).

PPCM ou **P.P.C.M.** n.m. (sigle). ARITHM. Plus petit commun *multiple.

ppm (sigle de l'angl. *part per million,* partie par million). Rapport qui permet d'exprimer de façon pratique de très petites concentrations (1 ppm = 1 g/t).

PRACTICE [praktis] n.m. (mot angl.). Au golf, ensemble d'installations en salle ou terrain destinés à l'entraînement.

PRAESIDIUM [prezidjɔm] ou **PRÉSIDIUM** n.m. (lat. *praesidium*). Organe du Soviet suprême de l'URSS, qui a exercé jusqu'en 1990 la présidence collégiale de l'État.

1. PRAGMATIQUE adj. **1.** Fondé sur l'action, la pratique et cautionné par l'efficacité. *Une politique pragmatique.* **2.** LING. Relatif à la pragmatique. **3.** HIST. *Pragmatique sanction :* édit d'un souverain statuant en principe définitivement en une matière fondamentale telle que succession ou rapports de l'Église et de l'État (v. partie n.pr.).

2. PRAGMATIQUE n.f. Partie de la linguistique qui étudie les rapports entre la langue et l'usage qu'en font des locuteurs en situation de communication (étude des présuppositions, des sous-entendus, etc.).

PRAGMATISME n.m. (gr. *pragma, -atos,* fait). **1.** PHILOS. Doctrine qui prend pour critère de la vérité la valeur pratique, considérant qu'il n'y a pas de vérité absolue et que n'est vrai que ce qui réussit. (Formulé par C. S. Peirce en 1879, développé par W. James et J. Dewey, le pragmatisme a exercé une influence majeure aux États-Unis.) **2.** *Cour.* Attitude de qqn qui s'adapte à toutes les situations, qui est orienté vers l'action pratique.

PRAGOIS, E ou **PRAGUOIS, E** adj. et n. De Prague.

PRAIRE n.f. (mot provenç.). Mollusque bivalve marin comestible, à coquille ornée de côtes concentriques, qui vit enfoui dans le sable. (Long. 5 cm ; genre *Venus,* famille des vénéridés.)

PRAIRIAL n.m. [pl. *prairials*] (de *prairie*). HIST. Neuvième mois du calendrier républicain, commençant le 20 ou le 21 mai et finissant le 18 ou le 19 juin.

PRAIRIE n.f. (de *pré*). Terrain couvert d'herbe ou de plantes fourragères destinées à l'alimentation du bétail, par pâture, ou après fenaison ou ensilage. ◇ *Prairie naturelle* ou *permanente :* terrain couvert d'herbe qui n'a été ni labouré ni ensemencé. SYN. : *pré.* – *Prairie artificielle :* terre semée de légumineuses pures ou en mélange, d'une durée de production de un à trois ans. – *Prairie temporaire :* terre semée de graminées et de légumineuses, d'une durée de production variable selon les espèces.

PRAKRIT [prɑkri] n.m. (sanskrit *prākrita,* usuel). Chacune des langues communes issues du sanskrit, en usage dans l'Inde ancienne et ayant donné naissance aux langues indo-aryennes modernes. Graphie savante : *prākrit.*

PRALIN n.m. **1.** Préparation à base d'amandes, de noisettes grillées, caramélisées et broyées, utilisée en pâtisserie et en confiserie pour recouvrir les gâteaux, fourrer les bonbons, etc. **2.** AGRIC. Mélange boueux de terre et de bouse de vache dans lequel on trempe les racines des arbres avant de les planter, ou les graines avant de les semer.

PRALINAGE n.m. Action de praliner.

PRALINE n.f. (du comte *du Plessis-Praslin,* dont le cuisinier inventa cette confiserie). **1.** Amande ou noisette grillée enrobée de sucre cuit et glacé. **2.** Belgique. Bouchée au chocolat fourrée de praliné ou d'autres garnitures (crème fraîche, crème au café, à la pistache, etc.).

PRALINÉ n.m. Mélange de chocolat et de pralines écrasées.

PRALINER v.t. **1. a.** Décorer, fourrer, parfumer au pralin. **b.** Préparer à la manière des pralines. **2.** AGRIC. Enrober de pralin des racines d'arbres ou des graines.

PRAME n.f. (néerl. *praam*). Petite embarcation servant d'annexe à un bateau.

PRANDIAL, E, AUX adj. (du lat. *prandium,* repas). MÉD. Relatif aux repas ; qui survient pendant un repas. *Une douleur prandiale.*

PRAO n.m. (du malais). **1.** Bateau de Malaisie à balancier unique, à avant et à arrière symétriques, gréé de façon à pouvoir naviguer dans les deux sens. **2.** Voilier multicoque dont la construction est inspirée du prao malais.

■ **PRAO**

PRASÉODYME n.m. (gr. *prasios,* vert, et *didunos,* double). **1.** Métal du groupe des terres rares. **2.** Élément chimique (Pr), de numéro atomique 59, de masse atomique 140,907 6.

1. PRATICABLE adj. **1.** Où l'on peut circuler, passer. *Route, itinéraire praticables.* **2.** Qui peut être mis en pratique, en application ; réalisable. **3.** THÉÂTRE. Se dit d'un élément de décor utilisable par les acteurs. *Porte, fenêtre praticable.*

2. PRATICABLE n.m. **1.** CINÉMA. Plate-forme amovible servant à déplacer la caméra, les projecteurs, etc. **2.** THÉÂTRE. Dispositif scénique sur lequel les acteurs peuvent évoluer. **3.** SPORTS. **a.** En gymnastique, carré de 12 m de côté pour les exercices au sol. **b.** Installation permettant de pratiquer une discipline. *Praticable de saut à ski.*

PRATICIEN, ENNE n. **1.** Personne qui pratique une activité, un métier (par oppos. à *théoricien,* à *chercheur*). **2.** Médecin, ou tout autre professionnel de la santé, qui exerce sa profession et donne des soins ; médecin généraliste. **3.** SCULPT. Personne qui, d'après le modèle, dégrossit dans un bloc de pierre, de marbre, etc., l'ouvrage qu'achèvera le sculpteur.

PRATICITÉ n.f. Caractère de ce qui est pratique, fonctionnel. *La praticité d'un véhicule.*

PRATIQUANT, E adj. et n. **1.** Qui observe les pratiques de sa religion. **2.** Qui pratique habituellement un sport, une activité.

1. PRATIQUE adj. **1.** Qui s'attache aux faits, à l'action (par oppos. à *théorique*). *Avoir le sens pratique.* ◇ *Travaux pratiques :* exercices d'application de cours théoriques, magistraux. **2.** D'application ou d'utilisation facile ; commode, efficace. *Instrument, horaire pratique.* **3.** PHILOS. Qui concerne l'action morale, les règles de conduite.

2. PRATIQUE n.f. (gr. *praktikê*). **1. a.** Application, mise en œuvre des règles, des principes d'une science, d'une technique. *La pratique de la navigation.* ◇ *Mettre en pratique :* appliquer les règles, les principes d'une activité. – *En pratique, dans la pratique :* en réalité, en fait. **b.** Connaissance acquise par l'expérience, par une habitude approfondie de qqch. *Avoir la pratique des affaires.* **2.** (Souvent pl.) Comportement habituel ; façon d'agir. *Des pratiques curieuses.* **3.** Observation des prescriptions d'une religion. **4.** PHILOS. Activité concrète, historiquement déterminée, des hommes. **5.** MAR. *Libre pratique :* permission de débarquer et de circuler librement dans un port, donnée par les autorités sanitaires à l'équipage d'un navire après une quarantaine. ◆ pl. Actes, exercices extérieurs de piété. *Les pratiques et la foi.*

PRATIQUEMENT adv. **1.** Dans la pratique, en fait. *Pratiquement, il ne faut pas compter sur lui.* **2.** (Emploi critiqué mais très cour.) À peu près, quasiment, pour ainsi dire. *Des résultats pratiquement nuls.*

PRATIQUER v.t. **1.** Mettre un principe en pratique, en action. *Pratiquer la charité.* **2.** Se livrer à une activité, à un sport. *Pratiquer la médecine, le tennis.* **3.** *Pratiquer une langue,* la parler, l'utiliser. **4.** *Pratiquer une religion,* en observer les prescriptions. **5.** Faire une ouverture. *Pratiquer un passage dans un mur.* **6.** Fréquenter, connaître qqn, un milieu. ◆ **se pratiquer** v.pr. Être couramment employé, exercé, etc. *Le ski d'été se pratique de plus en plus.*

PRAXIS [praksis] n.f. (mot gr., *action*). PHILOS. Action ordonnée vers une certaine fin (par oppos. à *connaissance,* à *théorie*).

PRÉ n.m. (lat. *pratum*). **1.** Prairie naturelle. ◇ *Pré salé :* pré de bord de mer, enrichi en sels marins qui donnent un goût apprécié à la viande de mouton. **2.** *Pré carré.* **a.** HIST. Désignation du royaume de France par Vauban qui voulait simplifier le tracé de ses frontières, comme le fait un paysan pour sa propre exploitation. **b.** *Fig.* Domaine réservé de qqn, d'un groupe.

PRÉACCORD n.m. Document juridique liant deux ou plusieurs parties préalablement à un accord définitif.

PRÉADOLESCENCE n.f. Période entre l'enfance et l'adolescence.

PRÉADOLESCENT, E n. Jeune garçon, fillette qui va entrer dans l'adolescence.

PRÉALABLE adj. **1.** Qui doit normalement être fait, dit, examiné d'abord. *Consentement préalable.* **2.** *Question préalable.* **a.** Question soumise à un tribunal, et dont la solution est nécessaire pour l'examen de la question principale (par oppos. à *question préjudicielle*). **b.** Question posée par un parlementaire pour faire décider par l'assemblée qu'il n'y a pas lieu de délibérer sur le texte, le sujet à l'ordre du jour. ◆ n.m. **1.** Condition fixée par une des parties en présence avant le début d'une négociation. *Les préalables d'un traité.* ◇ ***Au préalable*** : auparavant. **2.** Québec. Cours qui doit en précéder un autre dans le programme d'études d'un élève, d'un étudiant.

PRÉALABLEMENT adv. Au préalable.

PRÉALPIN, E adj. Des Préalpes.

PRÉAMBULE n.m. (lat. *prae,* avant, et *ambulare,* marcher). **1.** Introduction à un discours, un exposé ; avant-propos. **2.** Partie préliminaire d'une Constitution, d'un traité, énonçant des principes fondamentaux. **3.** Ce qui précède, annonce qqch. *Cet incident était le préambule d'une crise grave.*

PRÉAMPLIFICATEUR n.m. Amplificateur de tension du signal de sortie d'un détecteur ou d'une tête de lecture, avant l'entrée dans un amplificateur de puissance. Abrév. *(fam.)* : *préampli.*

PRÉAPPRENTISSAGE n.m. Formation assurée dans des classes préparatoires à l'apprentissage, annexées aux *CFA, durant laquelle l'élève effectue des stages en entreprise.

PRÉAU n.m. (de *pré*). **1.** Partie couverte de la cour, dans une école, un collège. **2.** Cour intérieure d'un cloître, d'une prison.

P

PRÉAVIS n.m. Avertissement préalable avant la dénonciation, la rupture d'un contrat, d'une convention, etc. ; délai qui s'écoule entre cet avertissement et le moment où il prend effet. *Préavis de licenciement.* ◇ ***Préavis de grève*** : délai à observer, en vertu de la loi ou de conventions collectives, avant d'entreprendre une grève.

PRÉAVISER v.t. Donner un préavis à.

PRÉBENDE n.f. (du lat. *praebendus,* qui doit être fourni). **1.** *Litt.* Situation lucrative obtenue par faveur. **2.** CATH. Revenu attaché à un titre ecclésiastique, à un canonicat ; ce titre lui-même.

PRÉBENDÉ adj.m. et n.m. CATH. Qui jouit d'une prébende.

PRÉBIOTIQUE adj. Se dit des molécules (acides aminés, notamm.) et des réactions chimiques qui rendent ou ont rendu possible la vie sur un astre, en partic. sur la Terre.

PRÉCAIRE adj. (lat. *precarius,* obtenu par prière). **1.** Qui n'a rien de stable, d'assuré ; incertain, provisoire, fragile. *Santé précaire. Travail précaire.* **2.** Qui existe par autorisation révocable. *Poste précaire.* ◆ n. Travailleur précaire.

PRÉCAIREMENT adv. De façon précaire.

PRÉCAMBRIEN n.m. GÉOL. Première période de l'histoire de la Terre, avant le cambrien, dont on évalue la durée à 4 milliards d'années. (Les roches du précambrien, plissées et métamorphisées, n'ont livré que des vestiges rares et fragmentaires d'êtres vivants.) ◆ **précambrien, enne** adj. Du précambrien.

PRÉCAMPAGNE n.f. Période précédant l'ouverture d'une campagne électorale, publicitaire, etc.

PRÉCANCÉREUX, EUSE adj. Se dit d'une lésion bénigne qui peut se transformer en cancer.

PRÉCARISATION n.f. Action de précariser.

PRÉCARISER v.t. Rendre précaire, peu stable.

PRÉCARITÉ n.f. **1.** Caractère, état de ce qui est précaire. **2.** Situation d'une personne qui ne bénéficie d'aucune stabilité d'emploi, de logement, de revenus.

PRÉCAUTION n.f. (bas lat. *praecautio*). **1.** Disposition prise par prévoyance, pour éviter un mal ou pour en limiter les conséquences. *Prendre ses précautions.* ◇ ***Précautions oratoires*** : moyens adroits pour se ménager la bienveillance de l'auditeur, éviter de le choquer. **2.** Fait d'agir avec circonspection ; ménagement, prudence.

PRÉCAUTIONNER (SE) v.pr. **(contre).** *Litt.* Prendre des précautions.

PRÉCAUTIONNEUSEMENT adv. *Sout.* Avec précaution.

PRÉCAUTIONNEUX, EUSE adj. *Sout.* Qui prend des précautions ; qui dénote la précaution.

PRÉCÉDEMMENT [-da-] adv. Auparavant, antérieurement.

PRÉCÉDENT, E adj. Qui est immédiatement avant ; qui précède. *Le jour précédent. La page précédente.* ◆ n.m. Fait, exemple antérieur invoqué comme référence ou comme justification pour qqch d'analogue. *Créer un précédent.* ◇ ***Sans précédent*** : unique en son genre ; inouï. *Des résultats sans précédent.*

PRÉCÉDER v.t. [11] (lat. *praecedere*). **1.** Marcher devant. *L'avant-garde précède l'armée.* **2.** Être situé avant, dans l'espace ou dans le temps. *L'article précède le nom. Le jour qui précéda son départ.* **3.** Arriver, se trouver en un lieu avant qqn ; devancer. *Il m'a précédé au bureau de quelques minutes. Les locataires qui nous ont précédés.*

PRÉCEINTE n.f. (lat. *praecinctus*). Partie supérieure du bordé située au-dessus de la ligne de flottaison d'un navire.

PRÉCELLENCE n.f. (bas lat. *praecellentia*). *Litt.* Supériorité marquée, au-dessus de toute comparaison. SYN. : *préexcellence.*

PRÉCEPTE n.m. (lat. *praeceptum*). Règle, enseignement dans un domaine particulier. *Les préceptes de la morale.*

PRÉCEPTEUR, TRICE n. (lat. *praeceptor*). Personne chargée de l'éducation d'un enfant à domicile.

PRÉCEPTORAT n.m. Fonction de précepteur.

PRÉCÉRAMIQUE adj. PRÉHIST. Se dit de la phase du néolithique antérieure à l'invention de la céramique.

PRÉCESSION n.f. (du lat. *praecedere,* précéder). **1.** MÉCAN. Mouvement conique décrit autour d'une position moyenne par l'axe d'un corps animé d'un mouvement gyroscopique. **2.** ASTRON. Mouvement conique très lent qu'effectue l'axe de rotation de la Terre autour d'une position moyenne, et qui est dû à l'attraction gravitationnelle du Soleil et de la Lune sur le renflement équatorial de la planète. (Sa période est voisine de 26 000 ans. Il provoque une petite avance annuelle de l'instant des équinoxes *[précession des équinoxes].*)

PRÉCHAMBRE n.f. Chambre auxiliaire d'un moteur à explosion, entre l'injecteur de combustible et le cylindre, dans laquelle la turbulence du gaz améliore la pulvérisation du combustible.

PRÉCHAUFFAGE n.m. Chauffage préliminaire. *Préchauffage d'un four.*

PRÉCHAUFFER v.t. Procéder au préchauffage de.

PRÊCHE n.m. **1.** Sermon, notamm. d'un pasteur protestant. **2.** *Fam.* Discours moralisateur et ennuyeux.

PRÊCHER v.t. (lat. *praedicare*). **1.** Annoncer, enseigner la parole de Dieu, les vérités de la foi. *Prêcher l'Évangile.* **2.** Recommander avec insistance. *Prêcher la modération.* ◆ v.i. Prononcer un, des sermons.

PRÊCHEUR, EUSE adj. et n. **1.** *Fam.* Qui aime sermonner, faire la morale. **2.** ***Frères prêcheurs*** : dominicains, religieux voués à la prédication.

PRÊCHI-PRÊCHA n.m. inv. *Fam.* Discours moralisateur et ennuyeux.

PRÉCIEUSE n.f. LITTÉR. Femme de la société aristocratique française du début du XVIIe s., qui entreprit de raffiner les manières et le langage.

PRÉCIEUSEMENT adv. Avec grand soin. *Garder précieusement des lettres.*

PRÉCIEUX, EUSE adj. (lat. *pretiosus*). **1.** Qui a une grande valeur marchande. *Bijoux précieux.* **2.** Dont on fait grand cas ou qui rend de grands services ; très utile. *De précieux conseils. Un collaborateur précieux.* **3.** LITTÉR. Relatif à la préciosité. ◆ adj. et n. Se dit d'une personne affectée dans son langage, ses manières.

PRÉCIOSITÉ n.f. **1.** LITTÉR. Tendance au raffinement des sentiments, des manières et de l'expression littéraire qui se manifesta en France, au début du XVIIe s., dans certains salons (ceux de Mme de Rambouillet, de Mlle de Scudéry, etc.). **2.** Affectation dans les manières, le langage, le style.

PRÉCIPICE n.m. (lat. *praecipitium*). **1.** Lieu très profond et escarpé, aux parois à pic. **2.** *Fig.* Situation catastrophique ; désastre, ruine.

PRÉCIPITAMMENT adv. Avec précipitation.

PRÉCIPITATION n.f. **1.** Grande hâte ; vivacité excessive excluant la réflexion. *Parler, s'enfuir avec précipitation.* **2.** CHIM. Formation dans un liquide d'un corps insoluble qui se dépose au fond du récipient. ◆ pl. Formes variées sous lesquelles l'eau solide ou liquide contenue dans l'atmosphère tombe ou se dépose à la surface du globe (pluie, brouillard, neige, grêle, rosée).

PRÉCIPITÉ, E adj. Accompli à la hâte. *Départ précipité.* ◆ n.m. CHIM. Dépôt résultant d'une précipitation.

PRÉCIPITER v.t. (lat. *praecipitare,* de *praeceps, -cipitis,* qui tombe la tête en avant). **1.** Faire tomber d'un lieu élevé dans un lieu beaucoup plus bas. *L'avalanche a précipité de gros rochers dans la vallée.* **2.** Conduire, entraîner qqn, un groupe dans une situation périlleuse, funeste. *Précipiter un pays dans la guerre.* **3.** Hâter, accélérer le rythme de. *Précipiter le mouvement, les événements.* **4.** Accomplir qqch plus tôt que prévu. *Précipiter son départ.* **5.** CHIM. Provoquer la précipitation de. ◆ v.i. CHIM. Former un précipité. ◆ **se précipiter** v.pr. **1.** Se jeter du haut de qqch. **2.** S'élancer vivement ; accourir en hâte. *Se précipiter vers un blessé.* **3.** Agir avec trop de hâte. *Ne nous précipitons pas !* **4.** Prendre un rythme accéléré. *Les événements se précipitent.*

PRÉCIPUT [presipyt] n.m. (lat. *praecipuum*). DR. Droit reconnu à certaines personnes appelées à un partage de prélever, avant celui-ci, une somme d'argent ou certains biens de la masse à partager.

PRÉCIPUTAIRE adj. Relatif au préciput.

1. **PRÉCIS, E** adj. (lat. *praecisus,* abrégé). **1.** Se dit d'un instrument qui donne une mesure exacte et immuable. *Une montre, une balance précise.* **2.** Qui ne laisse place à aucune incertitude, aucune approximation. *Idée, projet précis. Les mouvements précis d'une gymnaste.* **3.** Qui se situe à un moment, à un endroit rigoureusement déterminé. *Un jour précis. Le point précis de l'impact.* **4.** Se dit d'une personne qui montre de l'exactitude, de la ponctualité. *Il est précis, il sera là à 10 h.* **5.** MIL. *Tir précis,* dont les impacts sont groupés, même loin du point visé.

2. **PRÉCIS** n.m. Ouvrage qui expose brièvement l'essentiel d'une matière.

PRÉCISÉMENT adv. **1.** Avec exactitude. **2.** Justement. *Précisément, j'allais poser la question.*

PRÉCISER v.t. **1.** Déterminer, fixer avec précision. *Préciser la date d'un examen.* **2.** Apporter des précisions ; rendre plus précis, plus exact. *Préciser sa pensée.* ◆ **se préciser** v.pr. Devenir plus visible, plus net, plus distinct.

PRÉCISION n.f. **1.** Caractère de ce qui est précis, exact. – *Spécial.* Qualité globale d'une mesure ou d'un instrument capables de donner à très peu près le même résultat lorsqu'on répète plusieurs fois la même mesure. **2.** Exactitude dans l'action. *Manœuvre exécutée avec précision.* **3.** Netteté rigoureuse dans la pensée, l'expression. *La précision du style.* **4.** Détail précis qui apporte une plus grande information. *Donnez-moi des précisions.*

PRÉCISIONNISME n.m. Tendance de la peinture figurative américaine des années 1920 et 1930, caractérisée par un style schématique et précis (Charles Demuth [1883 - 1935], Charles Sheeler [aussi photographe, 1883 - 1965], etc.).

PRÉCITÉ, E adj. Cité précédemment.

PRÉCLASSIQUE adj. Antérieur à une période classique.

PRÉCOCE adj. (lat. *praecox, praecocis*). **1.** Se dit d'une variété végétale dont les fruits arrivent à maturité dans un délai plus court qu'une autre. *Fruit précoce.* **2.** Dont le développement physique ou intellectuel correspond à celui d'un âge supérieur. *Enfant précoce.* **3.** Qui survient plus tôt que d'ordinaire. *Printemps précoce.*

PRÉCOCEMENT adv. De façon précoce.

PRÉCOCITÉ n.f. Caractère d'une personne, d'une chose précoce.

PRÉCOLOMBIEN, ENNE adj. Se dit, pour l'Amérique, de la période antérieure à la venue de Christophe Colomb. SYN. : *préhispanique.*

PRÉCOMBUSTION n.f. Phase du fonctionnement d'un moteur Diesel précédant l'inflammation du mélange.

PRÉCOMPTE n.m. **1.** Retenue des cotisations sociales opérée par l'employeur, que ce dernier est tenu de verser, pour le compte du salarié, aux organismes correspondants. SYN. *(cour.)* : *retenue.* **2.** ***Précompte mobilier*** : prélèvement fiscal opéré en France lors de la distribution de certains dividendes.

PRÉCOMPTER v.t. Opérer le précompte de.

PRÉCONCEPTION n.f. Rare. Idée que l'on se forme d'avance.

PRÉCONÇU, E adj. Imaginé par avance, sans examen critique. *Idée préconçue.*

PRÉCONISATION n.f. **1.** Action de préconiser. **2.** CATH. Acte solennel par lequel le pape donne l'institution canonique à un évêque nommé par l'autorité civile.

PRÉCONISER v.t. (du lat. *praeco, -onis,* crieur public). **1.** Recommander avec force et insistance. *Préconiser un remède.* **2.** CATH. Instituer par la préconisation.

PRÉCONSCIENT n.m. PSYCHAN. Lieu de l'appareil psychique intermédiaire entre le conscient et l'inconscient, assurant le fonctionnement dynamique de cet appareil, dans la première topique proposée par Freud.

PRÉCONTRAINT, E adj. Se dit d'un béton ou d'un élément préfabriqué en béton soumis à la précontrainte. *Une poutre précontrainte.*

PRÉCONTRAINTE n.f. Technique de mise en œuvre du béton consistant à le soumettre à des compressions permanentes destinées à augmenter sa résistance.

PRÉCORDIAL, E, AUX adj. (du lat. *praecordia,* diaphragme). MÉD. Se dit de la région du thorax située en avant du cœur et de ce qui s'y rapporte.

PRÉCORDIALGIE n.f. Douleur dans la région précordiale.

PRÉCUIRE v.t. [78]. Soumettre un aliment à la précuisson.

PRÉCUISSON n.f. Cuisson à laquelle on soumet un aliment avant de le conditionner.

PRÉCUIT, E adj. Se dit d'un aliment soumis à la précuisson. *Riz précuit.*

1. PRÉCURSEUR n.m. (lat. *praecursor*). **1.** Personne qui, par son action, ouvre la voie à qqn, à une doctrine, à un mouvement. *Les poètes qui furent les précurseurs du romantisme.* **2.** BIOCHIM. Substance dont dérivent une ou plusieurs autres substances par transformations biochimiques.

2. PRÉCURSEUR adj.m. Dont l'apparition précède celle d'autres ; qui annonce la venue de qqch ; avant-coureur, annonciateur. *Signes précurseurs.*

PRÉDATÉ, E adj. Sur lequel les dates sont déjà inscrites, imprimées.

PRÉDATEUR, TRICE adj. et n.m. (lat. *praedator*). **1.** Qui vit de proies animales capturées vivantes. *Espèces prédatrices.* **2.** PRÉHIST. Se dit de l'homme qui vit de la chasse et de la cueillette. ◆ n.m. Personne, groupe qui établit son pouvoir, sa puissance en profitant de la faiblesse de ses concurrents.

PRÉDATION n.f. **1.** Mode de nutrition des animaux prédateurs. **2.** Mode de subsistance des populations prédatrices.

PRÉDÉCESSEUR n.m. (lat. *prae,* en avant, et *decessor,* qui précède). Personne qui a précédé qqn dans une fonction, un emploi, etc.

PRÉDÉCOUPÉ, E adj. Découpé à l'avance ; présenté en éléments facilement séparables.

PRÉDÉLINQUANT, E n. Mineur en danger moral du fait de la déficience de son milieu éducatif, et susceptible de devenir délinquant.

PRÉDELLE n.f. (ital. *predella,* gradin). BX-ARTS. Partie inférieure d'un retable, d'un polyptyque, génér. subdivisée en petits panneaux.

PRÉDESTINATION n.f. **1.** THÉOL. CHRÉT. Décret éternel de Dieu concernant la fin dernière (salut éternel ou damnation) de la créature humaine. **2.** *Litt.* Détermination fatale et immuable des événements futurs.

PRÉDESTINÉ, E adj. et n. Dont le destin, heureux ou malheureux, est fixé à l'avance.

PRÉDESTINER v.t. (lat. *praedestinare,* réserver d'avance). **1.** THÉOL. CHRÉT. Destiner de toute éternité au salut ou à la damnation. **2.** Vouer, réserver d'avance à un destin, à un rôle particulier.

PRÉDÉTERMINATION n.f. Action de prédéterminer.

PRÉDÉTERMINER v.t. Déterminer à l'avance.

PRÉDICABLE adj. (lat. *praedicabilis*). LOG. Qui peut être appliqué à un sujet. (Le terme *animal* est prédicable à l'homme et à la bête.)

PRÉDICANT n.m. (lat. *praedicans,* prêchant). Vx. Prédicateur protestant.

PRÉDICAT n.m. (lat. *praedicatum,* chose énoncée). **1.** LOG. Attribut affirmé ou nié d'un sujet. ◇ *Calcul des prédicats :* partie de la logique qui traite des propriétés générales des propositions analysées en prédicats. **2.** MATH. Proposition susceptible de devenir vraie ou fausse selon les valeurs attribuées aux variables qu'elle contient. **3.** LING. Ce qu'on affirme ou nie à propos de ce dont on parle (sujet ou thème). [En français, adjectif attribut séparé du sujet par la copule *être ;* syntagme verbal par rapport au syntagme nominal sujet.]

PRÉDICATEUR, TRICE n. Personne qui prêche.

PRÉDICATIF, IVE adj. LING. Du prédicat. ◇ *Phrase prédicative,* réduite au seul prédicat. (Ex. : *Tout beau ! Moi, protester !*)

PRÉDICATION n.f. (lat. *praedicatio*). Action de prêcher ; sermon.

PRÉDICTIBILITÉ n.f. *Didact.* Caractère d'un phénomène prédictible.

PRÉDICTIBLE adj. *Didact.* Se dit d'un phénomène obéissant à des lois qui permettent d'en prévoir l'évolution.

PRÉDICTIF, IVE adj. *Médecine prédictive,* qui détermine, par l'étude des gènes, la probabilité de développer une maladie donnée.

PRÉDICTION n.f. (lat. *praedictio*). **1.** Action de prédire. **2.** Ce qui est prédit. *Les faits ont démenti tes prédictions.*

PRÉDIGÉRÉ, E adj. *Aliment prédigéré,* qui a subi une digestion chimique préalable et qui permet de diminuer le travail digestif chez certains malades.

PRÉDILECTION n.f. (du lat. *dilectio,* amour). Préférence marquée pour qqn, qqch. *Avoir une prédilection pour l'un de ses enfants.* ◇ *De prédilection :* favori. *Proust est son auteur de prédilection.*

PRÉDIQUER v.t. LING. Donner un prédicat à un syntagme nominal.

PRÉDIRE v.t. [83] (lat. *praedicere*). Annoncer ce qui doit se produire soit par intuition ou divination, soit par des règles certaines, soit par conjecture ou par raisonnement. *Prédire l'avenir, une éclipse, une crise économique.*

PRÉDISPOSER v.t. Mettre par avance dans une situation qui incitera à tel choix, qui favorisera l'apparition de tel état. *Éducation qui prédispose à la rigueur. Sa constitution la prédispose à la maladie.*

PRÉDISPOSITION n.f. Disposition, tendance, aptitude naturelle à qqch.

PRÉDOMINANCE n.f. Caractère prédominant ; prépondérance.

PRÉDOMINANT, E adj. Qui prédomine.

PRÉDOMINER v.i. Être en plus grande quantité ; être le plus important. *Le maïs prédomine dans cette région.*

PRÉÉLECTORAL, E, AUX adj. Qui précède des élections.

PRÉÉLÉMENTAIRE adj. Se dit de l'enseignement donné dans les écoles maternelles ou les classes enfantines.

PRÉEMBALLÉ, E adj. Se dit d'un produit, notamm. alimentaire, conditionné sous une forme qui permet sa saisie par le consommateur sans intervention du vendeur. (Une marchandise préemballée répond à des normes de conditionnement signalées par la mention de la lettre *e.*)

PRÉÉMINENCE n.f. Supériorité absolue sur les autres ; suprématie. *Se disputer la prééminence économique.*

PRÉÉMINENT, E adj. (lat. *praeeminens, -entis*). Qui a la prééminence ; supérieur.

PRÉEMPTER v.t. Acquérir par préemption, faire jouer un droit de préemption.

PRÉEMPTION n.f. (lat. *prae,* avant, et *emptio,* achat). *Droit de préemption :* faculté que détient une personne ou une administration, de préférence à toute autre, d'acquérir un bien qui a été mis en vente aux prix et conditions de la cession envisagée.

PRÉENCOLLÉ, E adj. Se dit d'un matériau enduit sur son envers d'un produit permettant de le coller.

PRÉENREGISTRÉ, E adj. **1.** Enregistré à l'avance (par oppos. à *en direct*). *Émission préenregistrée.* **2.** Qui contient déjà un enregistrement (par oppos. à *vierge*). *Cassette préenregistrée.*

PRÉÉTABLI, E adj. Établi d'avance. ◇ *Harmonie préétablie,* qui, dans la philosophie de Leibniz, explique l'accord entre l'âme et le corps.

PRÉÉTABLIR v.t. Établir, déterminer d'avance et de façon définitive.

PRÉEXCELLENCE n.f. *Litt.* Précellence.

PRÉEXISTANT, E adj. Qui préexiste.

PRÉEXISTENCE n.f. Existence antérieure de qqch par rapport à qqch d'autre.

PRÉEXISTER v.i. Exister antérieurement à qqch.

PRÉFABRICATION n.f. Système de construction par assemblage d'éléments préfabriqués.

PRÉFABRIQUÉ, E adj. **1.** Se dit d'un élément ou d'un ensemble d'éléments standardisés, fabriqués à l'avance et destinés à être assemblés sur place. **2.** Composé exclusivement par un assemblage d'éléments préfabriqués. *Maison préfabriquée.* **3.** Préparé à l'avance ; fabriqué, faux. *Accusation préfabriquée.* ◆ n.m. Bâtiment construit avec des éléments préfabriqués.

PRÉFABRIQUER v.t. Construire avec des éléments préfabriqués.

PRÉFACE n.f. (lat. *praefatio,* préambule). **1.** Texte de présentation placé en tête d'un livre. **2.** CHRIST. Partie de la messe qui précède la prière eucharistique.

PRÉFACER v.t. [9]. Écrire la préface de.

PRÉFACIER n.m. Auteur d'une préface.

PRÉFECTORAL, E, AUX adj. Du préfet ; de son administration. *Arrêté préfectoral.*

PRÉFECTURE n.f. **1. a.** En France, circonscription administrative d'un préfet. **b.** Ville, chef-lieu de département ou de Région où siège cette administration. **c.** Ensemble des services de l'administration préfectorale ; édifice où ils sont installés. **d.** Fonction de préfet ; sa durée. **2.** *Préfecture de police :* administration chargée de la police à Paris, à Lyon et à Marseille ; siège de cette administration. **3.** *Préfecture maritime :* port de guerre, chef-lieu d'une région maritime, en France. **4.** ANTIQ. ROM. Charge de préfet ; territoire sur lequel s'étendait son autorité.

P

PRÉFÉRABLE adj. Qui mérite d'être préféré ; qui convient mieux.

PRÉFÉRABLEMENT adv. *Litt.* De préférence.

PRÉFÉRÉ, E adj. et n. Que l'on préfère. *Enfant préféré. C'est son préféré.*

PRÉFÉRENCE n.f. **1.** Fait de préférer ; prédilection. ◇ *De préférence :* plutôt. **2.** Ce que l'on préfère. *Quelle est votre préférence ?* **3.** Réglementation douanière particulièrement favorable accordée par un État à un autre État.

PRÉFÉRENTIEL, ELLE adj. **1.** Qui établit une préférence à l'avantage de qqn. *Tarif préférentiel.* **2.** *Vote préférentiel :* système électoral dans lequel l'électeur peut modifier l'ordre des candidats d'une liste.

PRÉFÉRENTIELLEMENT adv. De façon préférentielle, de préférence.

PRÉFÉRER v.t. [11] (lat. *praeferre,* porter en avant). **1.** Considérer une personne, une chose avec plus de faveur qu'une autre, la choisir plutôt que qqn ou qqch d'autre ; aimer mieux, estimer davantage. *Il préfère partir plutôt que rester, plutôt que de rester.* **2.** Se développer plus particulièrement dans certains lieux, certaines conditions. *Le bouleau préfère les terrains humides.*

PRÉFET n.m. (lat. *praefectus*). **1.** En France, haut fonctionnaire, nommé par le président de la République, qui représente l'État dans le département et la Région. **2.** *Préfet de police :* haut fonctionnaire chargé d'une préfecture de police. **3.** *Préfet maritime :* amiral chargé du commandement d'une région maritime, en France. (Il a des pouvoirs civils et militaires.) **4.** *Préfet des études.* **a.** Maître chargé de la surveillance des études dans un collège religieux. **b.** Belgique. Directeur d'un athénée ou d'un lycée. **5.** *Préfet apostolique :* prélat non évêque, à la tête d'une circonscription territoriale qui n'a pas encore le statut de diocèse (par ex. en pays de mission). **6.** ANTIQ. ROM. Haut fonctionnaire exerçant une charge dans l'armée ou dans l'administration.

PRÉFÈTE n.f. **1.** Femme d'un préfet. **2.** *Cour.* Femme préfet. (La langue administrative garde la forme du masc. pour désigner les fonctionnaires de l'un et l'autre sexe : *Mme X, préfet.*) **3.** Belgique. Directrice d'un lycée ou d'un athénée.

PRÉFIGURATION n.f. Fait de préfigurer qqch ; ce qui préfigure, annonce.

PRÉFIGURER v.t. Présenter à l'avance sous la forme d'un modèle ou d'une image imparfaite ce qui va arriver ou devenir courant. *Ce prototype préfigure la voiture de demain.*

PRÉFINANCEMENT n.m. Crédit à court terme accordé à une entreprise pour lui permettre de réaliser une production (notamm. destinée à l'exportation) sans attendre la mise en place du mode de financement normal.

PRÉFIX, E [prefiks] adj. (lat. *praefixus,* placé avant). DR. *Délai préfix,* déterminé d'avance.

PRÉFIXAL, E, AUX adj. Relatif aux préfixes, à la préfixation.

PRÉFIXATION n.f. LING. Formation d'une unité lexicale nouvelle par adjonction d'un préfixe à une unité préexistante.

PRÉFIXE n.m. (lat. *praefixus,* fixé devant). **1.** LING. Élément qui se place à l'initiale d'un mot et qui en modifie le sens (par ex. *re-* dans *refaire*). **2.** TÉLÉCOMM. Chiffre(s) placé(s) en tête d'un numéro de téléphone et servant à identifier l'opérateur choisi, le pays ou la zone de destination de la communication, etc.

PRÉFIXER v.t. **1.** LING. Pourvoir d'un préfixe. **2.** DR. Fixer d'avance.

PRÉFLORAISON n.f. BOT. Disposition des pièces florales dans le bouton. SYN. : *vernation.*

PRÉFOLIATION ou **PRÉFOLIAISON** n.f. BOT. Disposition des feuilles dans le bourgeon. SYN. : *vernation.*

PRÉFORMAGE n.m. **1.** TEXT. Procédé de mise en forme des tissus synthétiques par moulage à chaud. **2.** Action de constituer une préforme à partir d'une matière plastique.

PRÉFORME n.f. Forme temporaire d'un matériau destinée à être modifiée.

PRÉFORMER v.t. Pratiquer le préformage.

PRÉFOURRIÈRE n.f. Endroit où l'on entrepose les véhicules automobiles saisis sur la voie publique avant de les conduire à la fourrière.

PRÉGÉNITAL, E, AUX adj. PSYCHAN. Qui précède le stade génital.

P

PRÉGLACIAIRE adj. GÉOL. Qui précède une période, un âge glaciaires (en partic. les glaciations du quaternaire).

PRÉGNANCE [preɲɑ̃s] n.f. (du lat. *premere,* presser). **1.** *Litt.* Caractère de ce qui s'impose à l'esprit, produit une forte impression. **2.** PSYCHOL. Forme et stabilité d'une perception, dans la théorie de la forme.

PRÉGNANT, E adj. **1.** *Litt.* Qui s'impose à l'esprit ; qui produit une forte impression. **2.** PSYCHOL. Se dit d'une forme qui a plus de prégnance qu'une autre.

PRÉHELLÉNIQUE adj. ARCHÉOL. Antérieur à l'invasion dorienne en Méditerranée orientale (XIIe s. av. J.-C.).

PRÉHENSEUR adj.m. *Didact.* Qui sert à la préhension.

PRÉHENSILE adj. *Didact.* Qui peut servir à la préhension. *Singe à queue préhensile.*

PRÉHENSION n.f. (lat. *prehensio, -onis*). *Didact.* Action de prendre, de saisir matériellement. *La trompe est l'organe de préhension de l'éléphant.*

PRÉHISPANIQUE adj. Précolombien.

PRÉHISTOIRE n.f. **1.** Période chronologique de la vie de l'humanité depuis l'apparition de l'homme jusqu'à celle de l'écriture. **2.** Ensemble des disciplines scientifiques s'attachant à retracer l'évolution du comportement humain au cours de cette période.

PRÉHISTORIEN, ENNE n. Archéologue ou anthropologue spécialisé dans la préhistoire.

PRÉHISTORIQUE adj. **1.** De la préhistoire ; relatif à la préhistoire. *Homme préhistorique.* **2.** *Fam., par plais.* Démodé, dépassé, antédiluvien. *Une guimbarde préhistorique.*

PRÉHOMINIEN n.m. PALÉONT. Mammifère primate fossile présentant des caractères communs à l'homme et aux grands singes. (Parfois appliqué aux australopithèques ou à d'autres hominidés fossiles, ce terme ne traduit pas l'existence d'un groupe dans la systématique.)

PRÉIMPLANTATOIRE adj. Qui se fait sur un embryon obtenu par fécondation in vitro, avant de l'implanter dans l'utérus. *Diagnostic préimplantatoire.*

PRÉINDUSTRIEL, ELLE adj. Antérieur à la révolution industrielle de la fin du XVIIIe siècle.

PRÉINSCRIPTION n.f. Inscription provisoire dans un établissement d'enseignement supérieur, avant que ne soient remplies les conditions requises pour une inscription définitive.

PRÉISLAMIQUE adj. Antéislamique.

PRÉJUDICE n.m. (lat. *praejudicium,* opinion préconçue). **1.** Atteinte aux droits, aux intérêts de qqn ; tort, dommage. *Causer un préjudice, porter préjudice à qqn.* **2.** *Au préjudice de* : contre les intérêts de ; au mépris de. — *Sans préjudice de* : sans porter atteinte à ; sans compter, sans parler de. *Sans préjudice d'indemnités.*

PRÉJUDICIABLE adj. Qui porte ou qui est susceptible de porter préjudice. *Erreur préjudiciable.*

PRÉJUDICIÉ, E n. Belgique. Victime d'un préjudice.

PRÉJUDICIEL, ELLE adj. DR. *Question préjudicielle* : question qu'un tribunal n'a pas compétence pour trancher et sur laquelle il doit donc surseoir à statuer jusqu'à ce qu'elle ait été jugée par une autre juridiction.

PRÉJUGÉ n.m. **1.** Jugement provisoire formé par avance à partir d'indices qu'on interprète. **2.** Opinion adoptée sans examen par généralisation hâtive d'une expérience personnelle ou imposée par le milieu, l'éducation.

PRÉJUGER v.t. [10] (lat. *praejudicare*). *Litt.* Juger, décider d'avance avant d'avoir tous les éléments d'information nécessaires. *Je ne peux préjuger la conduite à tenir.* ◆ v.t. ind. **(de).** Prévoir par conjecture ; porter un jugement prématuré sur. *Son attitude ne laisse rien préjuger de sa décision.*

PRÉLART n.m. Grosse bâche imperméabilisée destinée à recouvrir les marchandises chargées sur un navire, sur un véhicule découvert, etc.

PRÉLASSER (SE) v.pr. (de *prélat*). S'abandonner avec nonchalance. *Se prélasser dans un fauteuil.*

PRÉLAT n.m. (lat. *praelatus,* porté en avant). Dignitaire ecclésiastique ayant reçu la prélature.

PRÉLATIN, E adj. Antérieur à la civilisation et à la langue latines.

PRÉLATURE n.f. CATH. Dignité ecclésiastique conférée par le pape, le plus souvent honorifique mais pouvant comporter une juridiction territoriale ou personnelle (évêché, abbaye, etc.).

PRÉLAVAGE n.m. Lavage préliminaire dans le cycle d'un lave-linge ou d'un lave-vaisselle.

PRÊLE ou **PRÈLE** n.f. (altér. de *aprêle,* du lat. *asper,* rugueux). Plante cryptogame (ptéridophyte) des lieux humides, à tige creuse et rugueuse, dont les spores sont produites par des épis terminaux de sporanges disposés en écailles. (Haut. jusqu'à 1,50 m ; genre *Equisetum,* ordre des équisétales.)

PRÉLÈVEMENT n.m. Action de prélever ; quantité, somme prélevée. ◇ *Prélèvement automatique* : virement d'une somme effectué, à des périodes et pour des montants fixes, par un établissement financier après autorisation du titulaire du compte. — *Prélèvements obligatoires :*

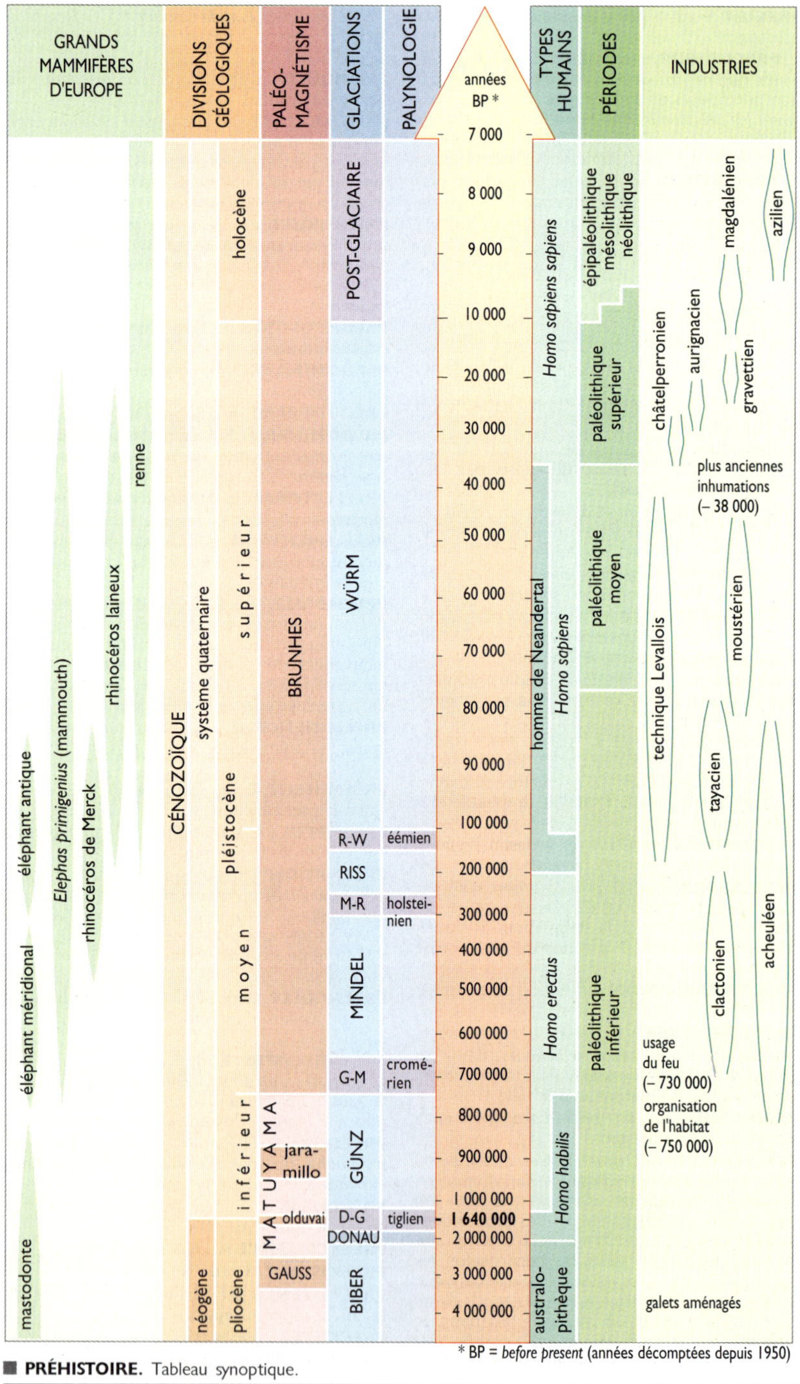

■ **PRÉHISTOIRE.** Tableau synoptique.

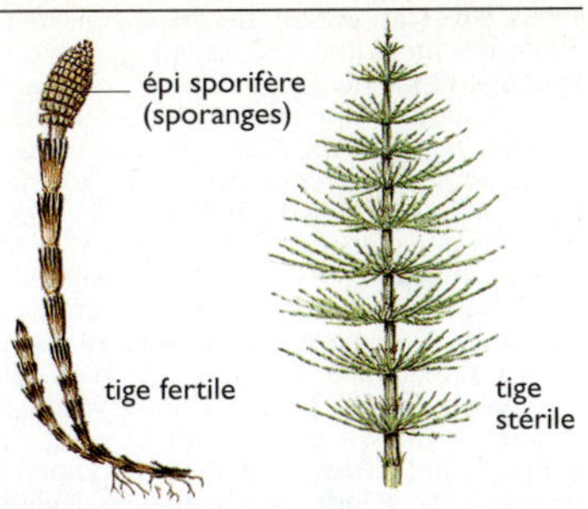

■ **PRÊLE**

ensemble des charges fiscales et des cotisations sociales pesant sur les contribuables. – *Prélèvement libératoire :* imposition forfaitaire qui exonère un contribuable de l'impôt sur le revenu.

PRÉLEVER v.t. [12] (lat. *prae,* avant, et *lever*). **1.** Prendre une certaine portion sur un total, sur une masse. *Prélever une taxe sur une recette.* **2.** Extraire un fragment de tissu, d'organe, ou du liquide de l'organisme en vue de l'analyser.

PRÉLIMINAIRE adj. (lat. *prae,* avant, et *limen, liminis,* seuil). Qui précède et prépare qqch. *Réunion préliminaire.* ◆ n.m. pl. Ensemble des négociations, des actes qui préparent un accord, un traité. *Préliminaires de paix.*

PRÉLOGIQUE adj. ANTHROP., PSYCHOL. Vieilli. Qui n'utilise pas ou n'a pas encore acquis les instruments de la pensée logique.

PRÉLUDE n.m. **1.** MUS. **a.** Suite de notes chantées ou jouées pour essayer la voix ou l'instrument. **b.** Pièce de forme libre servant d'introduction à une œuvre vocale ou instrumentale, ou formant un tout. **2.** Ce qui annonce, précède, fait présager qqch. *Ces incidents sont le prélude d'un conflit plus grave.*

PRÉLUDER v.i. (lat. *praeludere,* se préparer à jouer). MUS. **1.** Essayer sa voix, son instrument avant d'interpréter une œuvre. **2.** Improviser un prélude. ◆ v.t. ind. **(à).** En parlant d'un événement, annoncer l'imminence d'un autre événement de plus grande importance ou de plus grande portée.

PRÉMATURÉ, E adj. et n. (lat. *praematurus*). Né trop tôt tout en étant viable. (Le prématuré naît entre le 180e jour et le 270e jour d'aménorrhée.) ◆ adj. **1.** Fait avant le moment qui convient. *Une démarche prématurée.* **2.** Qui se produit, se manifeste avant le moment normal. *Naissance prématurée.*

PRÉMATURÉMENT adv. Avant le moment normal ; trop tôt.

PRÉMATURITÉ n.f. État d'un enfant prématuré.

PRÉMÉDICATION n.f. Administration de médicaments destinés à préparer l'organisme à un acte médical, en partic. à une anesthésie.

PRÉMÉDITATION n.f. Dessein réfléchi qui a précédé l'exécution d'un acte, en partic. d'un délit ou d'une mauvaise action.

PRÉMÉDITER v.t. (lat. *praemeditari*). Préparer avec soin et calcul un projet, et spécial. un acte coupable ou délictueux.

PRÉMENSTRUEL, ELLE adj. MÉD. Qui a lieu avant les règles. *Symptôme prémenstruel.*

PRÉMICES n.f. pl. (lat. *primitiae,* de *primus,* premier). **1.** ANTIQ. Premiers fruits de la terre, premiers-nés du bétail, offerts à la divinité. **2.** *Litt.* Premières manifestations de qqch ; commencement. *Les prémices de l'amitié.* (À distinguer de *prémisse.*)

1. PREMIER, ÈRE adj. (lat. *primarius,* de *primus*). **1.** Qui précède les autres dans le temps. *Le premier jour du mois.* **2.** *Art premier :* art traditionnel des sociétés non occidentales. **3.** Qui est dans l'état de son origine ; originel. *Examiner un manuscrit dans son état premier.* ◇ *Matière première* ⟶ **matière. 4.** Qui précède tout le reste dans une explication rationnelle, qui ne dépend de rien. ◇ PHILOS. *Cause première :* cause ne dépendant d'aucune autre et dans laquelle toutes les autres causes (dites *causes secondes*) et leurs effets trouvent leur origine. (Dieu est cause première, dans la tradition scolastique.) **5.** ARITHM. *Nombre premier :* entier naturel qui n'admet pas d'autre diviseur que 1 et lui-même. – *Nombres premiers entre eux :* entiers naturels ayant pour seul diviseur commun l'unité. **6.** LOG. *Proposition première :* axiome. **7.** Qui précède les autres dans l'espace. *Le premier rang.* **8.** Qui marque le début d'une série. *A est la première lettre de l'alphabet.* **9.** Qui est classé avant les autres pour son importance, sa valeur. **10.** *Côtelette première :* chez le mouton et l'agneau, chacune des quatre côtelettes qui se trouvent le plus près de la selle. (On dit aussi *côtelette de noix.*) **11.** *En premier :* d'abord ; au premier rang, en tête.

2. PREMIER, ÈRE n. *Jeune premier, jeune première :* comédien, comédienne qui joue les rôles d'amoureux.

PREMIÈRE n.f. **1.** Classe la plus chère dans certains transports publics. **2.** Première représentation d'une pièce ; première projection d'un film. ◇ *Une (grande) première :* un événement, un exploit dont on signale la réalisation pour la première fois. **3.** En montagne, première ascension, premier parcours d'un itinéraire nouveau. **4.** Sixième année de l'enseignement secondaire qui précède la terminale. **5.** Vitesse la plus démultipliée d'une automobile, d'une moto. **6.** Employée principale d'un atelier de couture. **7.** Dans une chaussure, mince semelle de cuir en contact avec le pied. **8.** *Fam. De première :* de première qualité ; excellent.

PREMIÈREMENT adv. En premier lieu ; d'abord.

PREMIER-NÉ, PREMIÈRE-NÉE n. et adj. (pl. *premiers-nés, premières-nées*). Enfant né le premier dans une famille ; animal né le premier dans un troupeau.

PRÉMILITAIRE adj. Qui précède le service militaire. *Formation prémilitaire.*

PRÉMISSE n.f. (lat. *prae,* avant, et *missus,* envoyé). **1.** LOG. Chacune des deux premières propositions (la majeure et la mineure) d'un syllogisme. **2.** Fait, proposition d'où découle une conséquence, une conclusion. (À distinguer de *prémices.*)

PRÉMOLAIRE n.f. Dent située entre la canine et les molaires. (L'homme possède deux prémolaires par demi-mâchoire.)

PRÉMONITION n.f. (lat. *prae,* avant, et *monitio,* avertissement). Intuition qu'un événement va se produire ; pressentiment.

PRÉMONITOIRE adj. **1.** Relatif à la prémonition. *Rêve prémonitoire.* **2.** *Signe prémonitoire.* **a.** Signe avant-coureur qui annonce, laisse présager un événement à venir. **b.** MÉD. Signe qui précède la phase aiguë d'une maladie infectieuse, ou qui annonce une épidémie.

PRÉMONTRÉ, E n. Religieux, religieuse d'un ordre régulier fondé en 1120 par saint Norbert à Prémontré, près de Laon.

PRÉMUNIR v.t. (lat. *praemunire,* protéger). *Litt.* Garantir, protéger par certaines précautions ; mettre en garde contre qqch. *Organisme prémuni grâce à la vaccination. Prémunir qqn contre un danger.* ◆ **se prémunir** v.pr. **(contre).** S'armer, se garantir contre qqch en prenant des précautions.

PRENABLE adj. Qui peut être pris, en parlant d'une ville, d'une place forte.

PRENANT, E adj. **1.** Qui captive, qui intéresse profondément. *Livre prenant.* **2.** Qui occupe beaucoup. *Un travail très prenant.* **3.** Préhensile. *Queue prenante de certains singes.* **4.** *Partie prenante :* personne, organisation, entreprise, etc., qui est directement concernée par une affaire, un processus quelconque ou qui y est impliquée.

PRÉNATAL, E, ALS ou **AUX** adj. Qui précède la naissance.

PRENDRE v.t. [61] (lat. *prehendere*). **I.** *Saisir, emporter.* **1.** Mettre la main sur qqch, qqn pour l'avoir près de soi ; attraper. *Prendre un livre. Prendre qqn par le bras.* **2.** Se munir de qqch de nécessaire, d'utile. *Prendre un manteau.* **3.** Se rendre acquéreur de ; acheter. *Prendre un studio.* **4.** Fixer son choix sur ; choisir. *Je prends ce livre-ci.* ◇ *C'est à prendre ou à laisser :* il n'y a pas d'autre choix qu'accepter ou refuser. – *Il y a à prendre et à laisser :* il y a du bon et du mauvais. **5.** Emmener qqn avec soi. *Je vous prendrai à 8 heures. Prendre un auto-stoppeur.* **II.** *Se servir de.* **1.** Utiliser un moyen de transport. *Prendre le train.* **2.** Emprunter une voie de communication, une direction. *Prendre un raccourci. Prendre la première rue à droite.* **3.** Absorber par la bouche ; ingérer, manger. *Prendre de l'aspirine, un repas.* **4.** Se procurer, recueillir des informations. *Prendre des nouvelles de qqn.* **5.** Employer tel moyen. *Prendre des mesures, des précautions.* **6.** Avoir recours à telle ressource. *Prendre une chambre à l'hôtel.* ◇ *Prendre les armes :* s'armer pour se défendre ou pour attaquer. **7.** Engager à son service ; embaucher. *Prendre une secrétaire.* **8.** *Prendre son temps :* ne pas se presser. **III.** *S'emparer de.* **1.** Enlever qqch à qqn ; dérober. *Le voleur a pris les bijoux.* **2.** Se rendre militairement maître de ; conquérir. *Prendre une ville.* **3.** Demander telle somme en contrepartie de qqch. *Prendre 15 euros de l'heure.* **4.** Se rendre maître de qqn ; arrêter, capturer. *La police a pris le voleur.* **5.** Absorber toute l'activité, tout le temps de qqn ; accaparer. *Ce travail m'a pris une semaine.* **6.** *Fam. Ça me prend la tête :* cela m'énerve, m'exaspère. **IV.** *Se charger de, recevoir.* **1.** Accepter de transporter, de transmettre qqch. *Prendre une lettre, un message pour qqn.* **2.** Accepter de recevoir qqn ; accueillir. *Lycée qui prend des internes.* **3.** *Prendre sur soi.* **a.** Décider qqch de sa propre initiative et en assumer la responsabilité. **b.** S'imposer un choix désagréable et contraignant. **4.** Accepter en cadeau. *Prenez ce que vous voulez !* **5.** Recevoir de qqn, se faire donner. *Prendre des leçons. Prendre l'avis de qqn.* **6.** Acquérir tel aspect, telle caractéristique. *Le projet prend tournure. Prendre de l'âge, du poids.* **7.** *Fam.* Être exposé à qqch de fâcheux ; endurer, subir. *Ils ont pris l'averse. Prendre des coups.* ◇ Absol. *C'est encore moi qui vais prendre.* **8.** Laisser pénétrer en soi ; absorber. *Bottes qui prennent l'eau.* ◇ *Prendre froid :* s'enrhumer. **V.** *Aborder de telle manière.* **1.** Entrer en contact avec qqn selon une certaine direction. *Prendre l'ennemi de flanc.* **2.** Traiter qqn de telle manière en vue d'un certain résultat. *Prendre un enfant par la douceur.* **3.** Commencer à étudier une question de telle manière ; envisager. *Vous prenez mal le problème.* ◇ *À tout prendre :* en fin de compte. **4.** Accueillir de telle façon un propos, un événement ; interpréter. *Il a mal pris ma réflexion.* **5.** Se mettre à éprouver tel sentiment à l'égard de qqn. *Prendre qqn en pitié, qqch en horreur.* **6.** *Prendre qqn, qqch pour,* les regarder à tort comme étant tels. *Je l'ai pris pour son frère.* **7.** (*Prendre* forme avec un nom de nombreuses locutions équivalant à un verbe.) *Prendre la fuite :* s'enfuir. – *Prendre un bain :* se baigner. – *Prendre une photo :* photographier. – *Prendre la mer :* s'embarquer pour un voyage maritime. ◆ v.i. **1.** Passer de l'état liquide à l'état pâteux ou solide ; épaissir, se figer. *La mayonnaise a pris.* **2.** Continuer à croître après transplantation ; s'enraciner. *Bouture qui prend.* **3.** Commencer la combustion, en parlant d'un feu. **4.** Produire l'effet recherché ; réussir. *Le vaccin a pris.* **5.** Suivre une direction. *Prendre à gauche.* **6.** Être cru, accepté ; produire l'effet escompté. *La blague n'a pas pris.* ◇ *Fam. Ça ne prend pas :* je ne vous crois pas. ◆ **se prendre** v.pr. **1.** *Litt. Se prendre à :* se mettre à. *Il se prit à rire.* **2.** S'accrocher. *Sa robe s'est prise à un clou.* **3.** *Litt. Se prendre de :* commencer à éprouver. *Se prendre d'amitié.* **4.** *Se prendre pour :* se considérer comme. **5.** *S'en prendre à :* s'attaquer à, incriminer. **6.** *S'y prendre :* agir d'une certaine manière en vue d'un résultat. *Il s'y prend mal.*

PRENEUR, EUSE n. **1.** DR. Personne qui prend à bail (par oppos. à *bailleur*). **2.** Personne qui offre d'acheter à un certain prix. *Il n'a pas trouvé preneur pour sa voiture.* ◆ adj. Qui sert à prendre. *Une benne preneuse.* ◆ n.m. *Preneur de son :* opérateur chargé de la prise de son.

PRÉNOM n.m. (lat. *praenomen*). Nom particulier joint au patronyme et qui distingue chacun des membres d'une même famille.

PRÉNOMMÉ, E adj. et n. Qui a pour prénom.

PRÉNOMMER v.t. Donner tel prénom à qqn.

PRÉNOTION n.f. **1.** PHILOS. Connaissance de nature générale et spontanée, antérieure à toute réflexion et permettant d'aller vers la vérité, chez les épicuriens et les stoïciens. **2.** SOCIOL. Notion empirique antérieure à l'étude scientifique et qu'il faut écarter pour parvenir à la connaissance objective, chez É. Durkheim.

PRÉNUPTIAL, E, AUX adj. Qui précède le mariage. *Examen prénuptial.*

PRÉOCCUPANT, E adj. Qui préoccupe. *Une situation préoccupante.*

PRÉOCCUPATION n.f. Inquiétude vive et constante, qui accapare l'esprit ; souci, tourment.

PRÉOCCUPÉ, E adj. Qui est en proie à une vive inquiétude ; soucieux. *Vous avez l'air préoccupé.*

PRÉOCCUPER v.t. (lat. *praeoccupare,* prendre d'avance). Causer du souci à ; inquiéter, tour-

P

menter. *Cette affaire le préoccupe.* ◆ **se préoccuper** v.pr. **(de).** Avoir l'esprit absorbé par un souci ; s'inquiéter. *Il se préoccupe de sa santé.*

PRÉŒDIPIEN, ENNE adj. PSYCHAN. Qui précède l'apparition du complexe d'Œdipe.

PRÉOLYMPIQUE adj. Qui a lieu avant les jeux Olympiques ou en vue de ceux-ci. *Sélection préolympique.*

PRÉOPÉRATOIRE adj. **1.** Qui précède une opération chirurgicale. *Des examens préopératoires.* **2.** PSYCHOL. *Pensée préopératoire :* selon J. Piaget, type de pensée des enfants entre 3 et 7 ans, génér. centré sur une approche de la réalité qui en traite isolément les états successifs, sans prise en compte de ce qui les relie.

PRÉORAL, E, AUX adj. ANAT. Qui est situé en avant de la bouche.

PRÉPA n.f. (abrév.). *Fam.* Classe préparatoire.

PRÉPARATEUR, TRICE n. **1.** Collaborateur d'un chercheur, d'un professeur de sciences, qui aide celui-ci à préparer ses expériences. **2.** *Préparateur en pharmacie :* personne qui aide le pharmacien à préparer et à délivrer au public les médicaments.

PRÉPARATIF n.m. (Surtout pl.) Arrangement pris en vue de qqch. *Les préparatifs d'un voyage.*

PRÉPARATION n.f. **1.** Action de préparer, de se préparer. *Préparation d'un remède. Plaider sans préparation.* **2.** *Préparation militaire (PM) :* instruction militaire donnée à certains jeunes gens volontaires (spécialistes ou futurs cadres) avant leur service militaire. **3.** MIL. *Préparation d'artillerie :* tirs visant à la dislocation du dispositif de défense ennemi avant l'attaque. **4.** *Préparation du travail :* élaboration de toutes les instructions relatives à un travail donné (méthode à suivre, outillage à employer, matières à utiliser, etc.). **5.** Chose préparée. *Préparation culinaire.* ◇ *Préparation pharmaceutique,* ou *préparation :* médicament composé, partic. quand il est préparé dans la pharmacie (par oppos. à *spécialité pharmaceutique*). **6.** Substance (colle, oxyde de zinc, céruse, etc.) qu'on applique, éventuellement en couches successives, sur un subjectile avant d'y exécuter une peinture ; impression, enduit.

PRÉPARATOIRE adj. *Classe préparatoire aux grandes écoles (CPGE) :* formation postérieure au baccalauréat, dispensée dans certains lycées ou établissements privés du second degré, et assurant en une ou en deux années la préparation aux concours d'entrée aux grandes écoles. Abrév. *(fam.) : prépa.* – *Cours préparatoire (CP) :* première année de l'enseignement primaire.

PRÉPARER v.t. (lat. *praeparare*). **1. a.** Rendre propre à un usage, à une action. *Préparer une chambre, sa monnaie, des bagages.* **b.** CUIS. Accommoder. *Préparer le dîner, un plat.* **2.** Créer, organiser ce qui n'existait pas. *Préparer une surprise, un voyage.* **3.** Réserver pour l'avenir ; annoncer. *Le mauvais temps nous prépare un retour difficile.* **4.** Rendre capable de faire qqch ; entraîner, former. *Préparer un élève à un examen.* **5.** Rendre psychologiquement prêt à accepter qqch. *Préparer qqn à une mauvaise nouvelle.* **6.** CHIM. Fabriquer, isoler. ◆ v.i. Afrique. Faire la cuisine. ◆ **se préparer** v.pr. **1.** *Se préparer à qqch, à faire qqch :* se disposer à, se mettre en état de faire, de subir qqch. *Se préparer à une compétition, à partir.* **2.** Être imminent. *Un orage se prépare.*

PRÉPAYER v.t. [6]. Payer par avance.

PRÉPENSION n.f. Belgique. Préretraite.

PRÉPENSIONNÉ, E n. Belgique. Préretraité.

PRÉPONDÉRANCE n.f. Qualité de ce qui est prépondérant.

PRÉPONDÉRANT, E adj. (lat. *praeponderans, -antis,* qui a le dessus, de *pondus,* poids). Qui a plus d'importance, d'autorité ; capital, primordial. ◇ *Voix prépondérante,* qui l'emporte en cas de partage des voix.

PRÉPOSÉ, E n. **1.** Personne chargée d'une fonction spéciale, génér. subalterne. *Les préposés de la douane.* **2.** *Terme administratif.* Facteur, factrice de la Poste. **3.** DR. Personne accomplissant une tâche pour un commettant.

PRÉPOSER v.t. (lat. *prae,* avant, et *poser*). Charger qqn de garder, de surveiller, de diriger qqch. *Préposer qqn à la garde d'un immeuble.*

PRÉPOSITIF, IVE ou **PRÉPOSITIONNEL, ELLE** adj. GRAMM. Relatif à la préposition. ◇ *Locution prépositive,* qui équivaut à une préposition (par ex. *à cause de*).

PRÉPOSITION n.f. (lat. *prae,* avant, et *positio, -onis,* place). Mot invariable qui, placé devant un complément, explicite le rapport entre celui-ci et l'élément complété. (*De, à, chez* sont des prépositions.)

PRÉPRESSE n.m. IMPRIM. Ensemble des opérations nécessaires pour la préparation et la fabrication des formes imprimantes, comportant notamm. la saisie, le traitement de texte et la mise en page.

PRÉPROGRAMMÉ, E adj. ÉLECTRON. Se dit d'une fonction qui est programmée dans un composant électronique lors de la fabrication de celui-ci.

PRÉPSYCHOSE [-koz] n.f. PSYCHIATR. Organisation pathologique de la personnalité pouvant évoluer vers une psychose avérée.

PRÉPUCE n.m. (lat. *praeputium*). Repli mobile de la peau qui recouvre plus ou moins le gland de la verge à l'état de flaccidité.

PRÉRAPHAÉLISME n.m. Doctrine et manière des préraphaélites.

PRÉRAPHAÉLITE adj. et n. Se dit d'un groupe de peintres anglais de l'ère victorienne qui, sous l'influence de Ruskin notamm., se donnèrent comme modèle idéal les œuvres des prédécesseurs de Raphaël. (Une inspiration littéraire et symbolique, biblique ou historique caractérise les principaux membres de la « confrérie préraphaélite » : Rossetti, Hunt, Millais, Burne-Jones.)

■ CONFRÉRIE **PRÉRAPHAÉLITE.** *La Roue de la Fortune,* peinture de E. Burne-Jones, 1875-1883. (Musée d'Orsay, Paris.)

PRÉRÉGLAGE n.m. ÉLECTRON., TÉLÉCOMM. Présélection d'un appareil ou d'un circuit sur plusieurs fréquences ou canaux distincts.

PRÉRÉGLER v.t. [11]. Effectuer un préréglage.

PRÉRENTRÉE n.f. Dans les établissements scolaires, rentrée des personnels précédant, afin de la préparer, la rentrée des élèves.

PRÉREQUIS n.m. Condition ou ensemble de conditions à remplir pour entreprendre une action, exercer une fonction, etc. ; préalable. *La maîtrise de l'allemand est un prérequis pour ce poste.*

PRÉRETRAITE n.f. Retraite anticipée ; prestation sociale versée, sous certaines conditions, à un travailleur qui cesse son emploi avant l'âge légal de la retraite.

PRÉRETRAITÉ, E n. Personne qui bénéficie d'une préretraite.

PRÉROGATIVE n.f. (du lat. *praerogativus,* qui vote le premier). Avantage particulier, privilège attaché à certaines fonctions, à certains titres.

PRÉROMAN, E adj. Qui précède, prépare la période romane. *Art préroman.*

PRÉROMANTIQUE adj. Relatif au préromantisme.

PRÉROMANTISME n.m. Courant artistique et littéraire anglais, allemand et français, annonciateur, à la fin du Siècle des lumières, de la sensibilité romantique.

PRÈS adv. (lat. *presse,* de *pressus,* serré). **1.** À petite distance, non loin dans l'espace ou dans le temps. *Demeurer tout près.* **2.** *De près.* **a.** À une faible distance ; à peu de temps d'intervalle. *Suivi de près par qqn.* **b.** Avec attention, vigilance. *Surveiller qqn de près.* **c.** À ras. *Être rasé de près.* **3.** *À... près :* sauf, à la différence de, à l'exception de. *C'est vrai à quelques détails près, à beaucoup près.* – *Au franc près :* avec une marge d'erreur de un franc. – *À peu près :* environ, presque. – *À cela près :* cela mis à part. **4.** MAR. *Au plus près :* dans la direction la plus rapprochée de celle du vent. ◆ **près de** loc. prép. **1.** Dans le voisinage de. *Près du pôle.* **2.** À peu de distance de, dans le temps. *Il était près de midi.* **3.** Sur le point de. *Être près de partir.* **4.** Indique une quantité légèrement inférieure. *Près de 800 euros.* ◆ **prép.** DR. Auprès de. *Expert près les tribunaux.*

PRÉSAGE n.m. (lat. *praesagium*). **1.** Signe par lequel on pense pouvoir juger de l'avenir. *Cet événement est regardé comme un heureux présage.* **2.** Prévision tirée d'un tel signe. *Tirer un présage d'une rencontre.*

PRÉSAGER v.t. [10]. *Litt.* **1.** Annoncer par quelque signe. *L'horizon rouge, le soir, présage le vent.* **2.** Prévoir ce qui va arriver ; conjecturer. *Ce qu'il a dit laisse présager des complications.*

PRÉSALAIRE n.m. Allocation (demandée notamm. par certaines organisations syndicales ou politiques) qui serait versée aux étudiants pour compenser le revenu professionnel qu'ils ne peuvent acquérir du fait de leurs études.

PRÉ-SALÉ n.m. (pl. *prés-salés*). Mouton engraissé dans les pâturages proches de la mer, dont la chair acquiert de ce fait une saveur particulière ; viande de ce mouton.

PRESBYOPHRÉNIE n.f. (du gr. *presbus,* vieux). Démence sénile au début de laquelle dominent les troubles de la mémoire.

PRESBYOPIE n.f. Presbytie.

PRESBYTE adj. et n. (gr. *presbutês,* vieillard). Atteint de presbytie.

PRESBYTÉRAL, E, AUX adj. Relatif aux prêtres, à la prêtrise.

PRESBYTÈRE n.m. (gr. *presbuterion,* conseil des anciens). Habitation du curé, dans une paroisse.

PRESBYTÉRIANISME n.m. **1.** Système préconisé par Calvin, dans lequel le gouvernement de l'Église est confié, à tous les niveaux (paroissial, régional, national), à un corps mixte, le *presbyterium,* formé de laïcs et de pasteurs. **2.** Ensemble des Églises réformées ayant adopté ce système. – *Spécial.* Ensemble des Églises calvinistes de langue anglaise.

PRESBYTÉRIEN, ENNE adj. et n. Qui appartient au presbytérianisme.

PRESBYTIE [prɛsbisi] n.f. Diminution du pouvoir d'accommodation du cristallin, empêchant de voir les objets proches. SYN. : *presbyopie.*

PRESCIENCE n.f. (lat. *prae,* avant, et *scientia,* science). Faculté de connaître l'avenir ; pressentiment, intuition.

PRESCIENT, E adj. Rare. Doué de prescience.

PRÉSCOLAIRE adj. Relatif à la période qui précède la scolarité obligatoire. *Âge préscolaire.*

PRESCRIPTEUR, TRICE n. Personne qui, par ses recommandations ou ses conseils, exerce une influence sur le choix, l'achat d'un produit.

PRESCRIPTIBLE adj. DR. Sujet à la prescription.

PRESCRIPTION n.f. **1.** Ordre formel et détaillé qui énumère ce qu'il convient de faire. *Les prescriptions de la loi, de la morale.* **2.** Recommandation thérapeutique, éventuellement consignée sur ordonnance, faite par le médecin. **3.** DR. **a.** Délai au terme duquel une situation de fait prolongée devient source de droit. ◇ *Prescription acquisitive,* créant un droit de propriété par une possession continue. SYN. : *usucapion.* – *Prescription extinctive :* perte d'un droit non exercé. **b.** Délai au terme duquel l'action publique ne peut plus être exercée, rendant de ce fait toute poursuite pénale impossible. **4.** COMM. Action d'un prescripteur.

PRESCRIRE v.t. [79] (lat. *praescribere*). **1.** Donner un ordre formel et précis ; ordonner. – *Spécial.* Préconiser un traitement. **2.** DR. Acquérir ou libérer par prescription. ◆ **se prescrire** v.pr. DR. S'acquérir ou se perdre par prescription.

PRÉSÉANCE n.f. (lat. *prae,* avant, et *sedere,* s'asseoir). Droit consacré par l'usage ou fixé par l'étiquette d'être placé avant les autres, de les précéder dans l'ordre honorifique.

PRÉSÉLECTEUR n.m. Dispositif électromagnétique de présélection.

PRÉSÉLECTION n.f. **1.** Opération de tri, de choix préliminaire avant une sélection définitive. *Présélection des candidats, des concurrents.* **2.** Réglage préliminaire permettant la sélection automatique du mode de fonctionnement choisi pour un appareil, une machine (vitesse, rapport de démultiplication, longueur d'onde, etc.). **3.** AUTOM. Manœuvre qui consiste à placer le véhicule automobile que l'on conduit dans la file de circulation située du côté de la chaussée vers lequel on souhaite prochainement tourner.

PRÉSÉLECTIONNER v.t. Choisir par présélection.

PRÉSENCE n.f. (lat. *praesentia*). **1.** Fait de se trouver présent. ◇ ***Faire acte de présence*** : être présent juste le temps de respecter les convenances. – ***En présence de qqn,*** cette personne étant présente. – ***Adversaires en présence,*** face à face. **2.** THÉOL. CHRÉT. ***Présence réelle*** : existence réelle du corps et du sang du Christ dans l'eucharistie, sous les apparences du pain et du vin. **3.** Qualité d'une personne qui s'impose au public par son talent, sa personnalité. *Avoir de la présence sur scène.*

PRÉSÉNILE adj. *Démence présénile* : état démentiel survenant avant l'âge de 70 ans.

1. PRÉSENT, E adj. et n. (lat. *praesens, -entis*). Qui est ici, dans le lieu dont on parle. *Les personnes présentes. Les présents et les absents.*

2. PRÉSENT, E adj. **1.** Qui est, qui existe maintenant, dans le temps où l'on parle ; actuel. *Dans les circonstances présentes.* **2.** ***La présente lettre,*** ou ***la présente,*** n.f. : la lettre en question, que l'on a sous les yeux. ◆ n.m. **1.** Partie du temps qui est actuelle, qui correspond au moment où l'on parle ; la réalité, les événements présents. *Ne songer qu'au présent.* ◇ ***À présent*** : maintenant. – ***Pour le présent*** : pour le moment. **2.** GRAMM. Temps qui indique que l'action marquée par le verbe se passe actuellement, ou qu'elle est valable tout le temps.

3. PRÉSENT n.m. (de *présenter*). *Sout.* Cadeau, don. *De somptueux présents.*

PRÉSENTABLE adj. **1.** Que l'on peut montrer sans arrière-pensée, sans réticence ; convenable. **2.** Qui peut paraître dans une société, en public ; décent, bien élevé.

PRÉSENTATEUR, TRICE n. **1.** Personne qui présente, anime un programme, un spectacle, une émission de radio ou de télévision. **2.** Journaliste chargé d'effectuer le compte rendu de l'actualité au journal télévisé ou radiodiffusé.

PRÉSENTATIF n.m. LING. Mot ou expression permettant la mise en relief d'un élément d'une phrase (*voici, voilà, c'est, il y a,* etc.).

PRÉSENTATION n.f. **1.** Action, manière de présenter qqch à qqn, de le faire connaître, en partic. pour le vendre, le promouvoir. – Réunion au cours de laquelle on présente un produit, une œuvre. *Présentation d'un film.* **2.** Action de présenter une personne à une autre, à d'autres. *Faire les présentations.* ◇ ***Droit de présentation*** : droit pour une personne qui cesse son activité de présenter son successeur à l'agrément des pouvoirs publics. – CATH. ***Présentation de l'Enfant Jésus au Temple*** : fête célébrée le 2 février (Chandeleur), en même temps que la Purification de la Vierge. – ***Présentation de la Vierge (au Temple)*** : fête célébrée le 21 novembre en rappel de la présentation de la Vierge au Temple par ses parents, rapportée par un Évangile apocryphe. **3.** MÉD. Partie du corps de l'enfant qui descend la première lors de l'accouchement (tête, fesses, etc.) ; *par ext.,* position de l'enfant. *Présentation par la tête, le siège.*

PRÉSENTEMENT adv. Vieilli ou Afrique, Québec. Maintenant, à présent.

PRÉSENTER v.t. (lat. *praesentare,* offrir). **1.** Offrir qqch aux regards, à l'attention. *Présenter ses papiers au contrôle.* **2.** Faire connaître ; mettre en valeur. *Présenter une collection de vêtements.* **3. a.** Soumettre qqch à l'estimation, à l'approbation de qqn ; exposer. *Présenter un projet.* **b.** ***Présenter une émission,*** en être le présentateur, l'animateur. **c.** ***Présenter ses vœux, ses excuses, etc.,*** les exprimer. **4.** Laisser apparaître ; comporter. *Présenter des inconvénients.* **5.** Exposer une partie de son corps dans une direction, vers qqn. *Présenter le bras à une vieille dame.* ◇ MIL. ***Présenter les armes*** : rendre les honneurs militaires par un maniement d'armes. **6.** Mettre une personne en présence d'une autre ; faire admettre une personne dans un groupe, une société. ◆ v.i. *Fam.* ***Présenter bien, mal*** : faire bonne, mauvaise impression par sa tenue, ses manières. ◆ **se présenter** v.pr. **1.** En parlant d'une circonstance, d'une idée, commencer à se manifester, à être présente ; apparaître, survenir. *Une difficulté se présente.* – Avoir ou prendre telle tournure. *Cela se présente bien.* **2.** Paraître en un lieu. *Se présenter à 9 heures.* **3.** Paraître devant qqn et se faire connaître. *Se présenter à ses nouveaux collègues.* **4.** Se mettre sur les rangs ; être candidat. *Se présenter pour un emploi, à un concours.*

PRÉSENTOIR n.m. Petit meuble ou élément de vitrine servant à présenter des objets à vendre.

PRÉSÉRIE [preseri] n.f. Fabrication industrielle d'une petite quantité d'un objet, précédant la production en série.

PRÉSERVATEUR, TRICE adj. Vx. Qui préserve, permet de préserver.

1. PRÉSERVATIF, IVE adj. *Litt.* Qui préserve, propre à préserver. *Ces mesures préservatives visent à sauvegarder vos biens.*

2. PRÉSERVATIF n.m. Dispositif en matière souple, génér. en caoutchouc, utilisé dans un but contraceptif. ◇ ***Préservatif masculin,*** ou ***préservatif*** : étui souple en forme de doigt de gant, placé sur le pénis, et recommandé également pour la protection contre les MST. SYN. (vieilli) : *condom.* – ***Préservatif féminin*** : dispositif en forme de doigt de gant et placé dans le vagin, ou en forme de diaphragme et placé contre le col de l'utérus.
ENCYCL. Le préservatif masculin peut servir de moyen de contraception, mais c'est surtout la seule protection contre le sida et les autres MST. Il doit être mis pour tout rapport (sauf pour les couples stables), en érection complète et avant tout contact. Il ne doit servir qu'une fois.

PRÉSERVATION n.f. Action de préserver.

PRÉSERVER v.t. (lat. *prae,* avant, et *servare,* garder). Garantir d'un mal ; mettre à l'abri ; protéger. *Préserver du froid, de la contagion.*

PRÉSIDE n.m. (esp. *presidio,* du lat. *praesidium,* garnison). HIST. Poste fortifié établi par les Espagnols sur une côte étrangère.

PRÉSIDENCE n.f. **1.** Fonction de président ; temps pendant lequel elle est exercée. **2.** Résidence, ensemble des bureaux d'un président.

PRÉSIDENT, E n. (lat. *praesidens, -entis*). **1.** Personne qui dirige les délibérations d'une assemblée, d'une réunion, d'un tribunal. **2.** Personne qui représente, dirige une collectivité, une société. ◇ ***Président-directeur général (P-DG)*** : président du conseil d'administration d'une société anonyme. **3.** ***Président de la République*** : chef de l'État, dans une république, notamm. en France, élu le plus souvent pour une durée limitée. **4.** Suisse. ***Président de commune*** : maire. (S'emploie dans certains cantons.)

PRÉSIDENTIABLE [-sja-] adj. et n. Susceptible de devenir président, notamm. président de la République.

PRÉSIDENTIALISME [-sja-] n.m. Système, régime présidentiel.

PRÉSIDENTIEL, ELLE [-sjɛl] adj. Qui concerne le président, la présidence. – *Spécial.* Du président de la République. ◇ ***Élection présidentielle,*** ou ***présidentielle,*** n.f. : élection à la présidence de la République. (On emploie parfois, à tort, le pl. *présidentielles.*) – ***Régime présidentiel,*** fondé sur la séparation des pouvoirs exécutif et législatif, et dans lequel le président, chef de l'État et chef du gouvernement, élu au suffrage direct ou indirect, jouit de prérogatives importantes.

PRÉSIDER v.t. (lat. *praesidere*). Diriger une assemblée, ses débats ; être le président de. ◆ v.t. ind. **(à).** Veiller à l'exécution de ; diriger. *Présider aux préparatifs d'une fête.*

PRÉSIDIAL n.m. (pl. *présidiaux*). HIST. Tribunal civil et criminel, intermédiaire entre les bailliages et les parlements, qui fonctionna en France de 1552 à 1791.

PRÉSIDIALITÉ n.f. Juridiction d'un présidial.

PRÉSIDIUM n.m. → **PRAESIDIUM.**

PRÉSOCRATIQUE adj. et n.m. Se dit des philosophes grecs, à l'exclusion des sophistes, qui ont précédé Socrate (Thalès, Anaximandre, Héraclite, Parménide, Zénon d'Élée, Pythagore, Anaxagore, Empédocle, etc.).

PRÉSOMPTIF, IVE adj. (lat. *praesumptus,* pris d'avance). ***Héritier présomptif,*** désigné d'avance par la parenté ou par l'ordre de la naissance.

PRÉSOMPTION n.f. (lat. *praesumptio, -onis,* conjecture). **1.** Opinion par laquelle on tient pour vrai, pour très vraisemblable, ce qui n'est que probable. – *Spécial.* Jugement non fondé sur des preuves mais sur des indices. **2.** *Litt.* Opinion trop avantageuse de soi-même ; suffisance, prétention.

PRÉSOMPTUEUX, EUSE adj. et n. Qui manifeste une trop haute opinion de soi.

PRÉSONORISATION n.f. Recomm. off. pour *play-back.*

PRESQUE adv. À peu près ; pas tout à fait. *Il est presque sourd. J'ai presque tout bu.* ◇ ***Ou presque*** : sert à nuancer une affirmation. *Il n'y avait personne ou presque.* – REM. *Presque* ne s'élide que dans le mot *presqu'île.*

PRESQU'ÎLE n.f. Portion de terre reliée au continent par un isthme étroit.

PRESSAGE n.m. TECHN. Action de presser.

PRESSANT, E adj. **1.** Qui ne souffre pas d'être différé ; urgent. *Affaires pressantes.* **2.** Qui se fait insistant ; qui exerce une vive pression pour arriver à ses fins. *Créancier pressant.*

PRESS-BOOK [prɛsbuk] n.m. [pl. *press-books*] (mots angl.). Ensemble des documents (photos, coupures de presse, etc.) qu'un mannequin, un artiste de cinéma, etc., constitue sur sa carrière et utilise pour ses contacts professionnels ; l'album ainsi constitué. Abrév. : *book.*

P

PRESSE n.f. (de *presser*). **1.** Machine équipée d'un dispositif permettant de comprimer, d'emboutir ou de fermer ce qu'on y introduit. *Presse à emboutir.* ◇ ***Presse à fourrage*** : machine agricole servant à comprimer le foin, la paille en ballots réguliers. **2.** Machine à imprimer. *Presse typographique, offset.* ◇ ***Sous presse*** : en cours d'impression. **3.** Ensemble des journaux ; activité, monde du journalisme. ◇ ***Liberté de la presse*** : liberté de créer un journal, de publier ses opinions dans un journal ou dans un livre. – ***Presse du cœur*** : ensemble des périodiques spécialisés dans les histoires sentimentales. – ***Avoir bonne, mauvaise presse*** : avoir bonne, mauvaise réputation. **4.** Vieilli. Foule, bousculade. *C'était une distribution gratuite, il y avait de la presse.* **5.** Nécessité de se hâter ; urgence. *Moment de presse.* **6.** HIST. Enrôlement forcé des matelots dans la marine royale. (La presse ne fut plus pratiquée après la création de l'Inscription maritime, en 1668.)

PRESSÉ, E adj. **1.** Qui a été pressé. ◇ ***Citron pressé*** : jus de citron. **2.** Qui a hâte de ; qui se hâte. *Pressé de partir. Je suis pressé.* **3.** Qui doit être exécuté sans délai ; urgent. *Travail pressé.* ◇ ***N'avoir rien de plus pressé que de*** : se dépêcher de.

PRESSE-AGRUMES n.m. inv. Appareil électrique servant à extraire le jus des agrumes.

PRESSE-BOUTON adj. inv. Entièrement automatisé ; qui se commande simplement en pressant un, des boutons. *Usine presse-bouton.*

PRESSE-CITRON n.m. (pl. *presse-citron[s]*). Ustensile servant à extraire le jus des citrons, des agrumes.

PRESSÉE n.f. Quantité de fruits (raisins, pommes, etc.) soumise en une fois à l'action du pressoir.

PRESSE-ÉTOUPE n.m. (pl. *presse-étoupe[s]*). Appareil adapté à une tige ou à un axe, opérant dans un circuit d'eau ou de vapeur et s'opposant aux fuites du fluide. *Presse-étoupe d'un robinet.*

PRESSE-FRUITS n.m. inv. Ustensile servant à extraire le jus des fruits.

PRESSENTIMENT n.m. Sentiment vague, instinctif, qui fait prévoir ce qui doit arriver ; prémonition.

PRESSENTIR v.t. [26] (lat. *praesentire*). **1.** Prévoir confusément, se douter de ; deviner. *Pressentir un malheur.* **2.** Sonder les dispositions de qqn avant de l'appeler à certaines fonctions. *Pressentir qqn comme ministre.*

PRESSE-PAPIERS n.m. inv. **1.** Objet lourd pour maintenir des papiers sur une table, un bureau. **2.** INFORM. Lieu de transit dans la mémoire d'un micro-ordinateur, utilisé pour transférer des données entre des documents ou des applications.

PRESSE-PURÉE n.m. inv. Ustensile de cuisine pour réduire les légumes en purée.

PRESSER v.t. (lat. *pressare,* de *premere*). **1.** Comprimer de manière à extraire un liquide. *Presser un citron.* **2.** Soumettre à l'action d'une presse ou d'un pressoir. *Presser du raisin.* **3.** Fabriquer à la presse. *Presser des disques.* **4.** Exercer une pression ; appuyer sur. *Presser un bouton.* **5.** Faire survenir plus tôt que prévu ; accélérer le rythme de ; hâter, précipiter. *Presser son départ.* ◇ ***Presser le pas*** : marcher plus vite. **6.** Obliger à se hâter. *Presser qqn de terminer un travail.* ◆ v.i. Être urgent. *L'affaire presse.* ◇ ***Le temps presse*** : il faut faire vite. ◆ **se presser** v.pr. **1.** Se dépêcher de faire qqch ; se hâter. *Pourquoi se presser ?* **2.** Venir en grand nombre ; s'entasser. *La foule se pressait au stade.*

PRESSE-RAQUETTE n.m. (pl. *presse-raquette[s]*). Dispositif que l'on assujettit au cadre d'une raquette de tennis en bois en dehors des périodes d'utilisation, pour empêcher celui-ci de se déformer sous la traction des cordes.

PRESSEUR, EUSE adj. Destiné à exercer une pression. *Cylindre presseur.*

PRESSING [prɛsiŋ] n.m. (mot angl.). **1.** Magasin où l'on nettoie les vêtements, le linge et où on les repasse à la vapeur. **2.** SPORTS. Attaque massive et continue.

PRESSION n.f. (lat. *pressio, -onis*). **1.** Action de presser ou de pousser avec effort. *Une pression de la main.* **2.** PHYS. Force exercée sur une surface ; mesure de cette force, appliquée perpendiculairement à la surface, exprimée par le quotient de son intensité par l'aire de la surface. ◇ ***Pression artérielle,*** à laquelle est soumis le sang dans les artères. SYN. *(cour.) : tension (artérielle).* – ***Pression atmosphérique*** : pression exercée par le poids de la colonne d'air au-dessus d'une surface. (La pression atmosphérique, qui diminue avec l'altitude, est en moyenne de 1 013 hectopascals au niveau de la mer ; on la mesure à l'aide d'un baromètre.) **3.** Contrainte, influence exercée sur qqn. *Faire pression sur son entourage.* ◇ ***Être sous pression*** : être agité, énervé, tendu. – ***Groupe de pression*** : structure dont se dote une communauté aux intérêts ou convictions semblables pour influencer les pouvoirs publics à son avantage, par des campagnes d'opinion notamm. SYN. : *lobby.* – ***Pression fiscale*** : charge d'impôts supportée par les contribuables. **4.** Bouton-pression. *Poser des pressions sur un chemisier.*

P

PRESSOIR n.m. **1.** Machine servant à presser certains fruits (notamm. le raisin) pour en extraire le jus. **2.** Lieu, salle où se trouve cette machine.

PRESSOSTAT n.m. Dispositif automatique qui permet de maintenir une pression constante dans une enceinte fermée contenant un fluide comprimé.

PRESSPAHN [-pan] n.m. (mot all.). ÉLECTROTECHN. Papier ou carton qui, imprégné d'huile ou de vernis, est utilisé comme isolant.

PRESSURAGE n.m. **1.** Action de pressurer. **2.** Action de séparer, par pressage, le vin retenu dans les marcs.

PRESSURER v.t. **1.** Soumettre à l'action du pressoir. **2.** Serrer trop fort ; comprimer. **3.** Écraser, accabler en obligeant à payer, notamm. des impôts, des charges. ◆ **se pressurer** v.pr. *Fam.* ***Se pressurer le cerveau*** : faire un effort intellectuel intense.

PRESSURISATION n.f. Action de pressuriser.

PRESSURISER v.t. Maintenir sous une pression atmosphérique normale une enceinte fermée, partic. un avion volant à haute altitude, un vaisseau spatial.

PRESTANCE n.f. (lat. *praestantia,* supériorité). Maintien fier et élégant.

PRESTATAIRE n. **1.** Bénéficiaire d'une prestation. **2.** Personne qui fournit une prestation. ◇ ***Prestataire de services*** : personne, collectivité qui fournit des services à une clientèle.

PRESTATION n.f. (du lat. *praestare,* fournir). **1.** Action de fournir qqch, notamm. d'exécuter un travail pour s'acquitter d'une obligation légale ou contractuelle ; objet, travail, service fourni. *Prestations en nature. Prestations de services.* **2.** ***Prestation de serment*** : action de prêter serment. **3.** (Surtout pl.) Sommes versées au titre d'une législation sociale. *Prestations familiales, sociales.* **4.** (Emploi critiqué). Fait, pour un acteur, un chanteur, un danseur, un orateur, un sportif, etc., de se produire en public.

PRESTE adj. (ital. *presto*). Vif, rapide et précis dans ses mouvements ; agile, leste.

PRESTEMENT adv. De façon rapide ; vivement, lestement.

PRESTER v.t. Belgique. Fournir un service.

PRESTESSE n.f. *Litt.* Rapidité, vivacité, agilité.

PRESTIDIGITATEUR, TRICE n. Personne qui fait de la prestidigitation ; illusionniste.

PRESTIDIGITATION n.f. (de *preste* et lat. *digitus,* doigt). Art de produire l'illusion d'opérations de magie par des manipulations, des artifices, des trucages ; illusionnisme.

PRESTIGE n.m. (lat. *praestigium,* illusion). Attrait, éclat pouvant séduire et impressionner ; influence, ascendant qu'exerce qqn ou qqch. *Le prestige d'un grand nom.*

PRESTIGIEUX, EUSE adj. Qui a du prestige, de l'éclat.

PRESTISSIMO adv. (mot ital.). MUS. Selon un tempo extrêmement rapide.

PRESTO adv. (mot ital.). MUS. Selon un tempo très rapide. ◆ n.m. Morceau de musique exécuté dans le tempo presto.

PRÉSUMABLE adj. Que l'on peut présumer.

PRÉSUMÉ, E adj. Estimé tel par supposition, en présumant. *Le présumé coupable.*

PRÉSUMER v.t. (lat. *praesumere,* prendre d'avance). Croire d'après certains indices ; conjecturer, supposer. ◆ v.t. ind. **(de)**. Avoir une trop bonne opinion de. *Présumer de son talent.*

PRÉSUPPOSÉ n.m. Ce qui est supposé vrai, préalablement à une action, à une énonciation, à une démonstration.

PRÉSUPPOSER v.t. **1.** Admettre en préalable l'existence, la vérité de qqch. **2.** Nécessiter l'hypothèse de.

PRÉSUPPOSITION n.f. Supposition préalable ; présupposé.

PRÉSURE n.f. (lat. pop. *prensura,* ce qui fait prendre). Sécrétion (enzyme) de l'estomac des jeunes ruminants (veau, agneau) non sevrés utilisée dans l'industrie fromagère pour faire cailler le lait.

PRÉSURER v.t. Cailler du lait avec de la présure.

1. PRÊT n.m. (de *prêter*). **1.** Action de prêter. **2.** Chose ou somme prêtée. *Rendre, rembourser un prêt.* **3.** Contrat par lequel une chose, une somme sont prêtées sous certaines conditions. *Prêt à intérêt.* **4.** Prestation en argent à laquelle ont droit les soldats et les sous-officiers accomplissant leur service militaire légal.

2. PRÊT, E adj. (lat. *praesto,* à portée de main). **1.** Dont la préparation est terminée ; disponible. *Le repas est prêt.* **2.** Disposé, décidé à ; en état de. *Prêt à partir.*

PRÊT-À-COUDRE [prɛtakudr] n.m. (pl. *prêts-à-coudre*). Vêtement vendu coupé, prêt à l'assemblage.

PRÊT-À-MONTER [prɛtamɔ̃te] n.m. (pl. *prêts-à-monter*). Recomm. off. pour *kit.*

PRÉTANTAINE ou **PRÉTENTAINE** n.f. Vieilli. ***Courir la prétantaine*** : chercher des aventures galantes.

PRÊT-À-PORTER [prɛtapɔrte] n.m. (pl. *prêts-à-porter*). Ensemble des vêtements exécutés selon des mesures normalisées, par oppos. aux vêtements *sur mesure.* SYN. : *confection.*

PRÊTÉ n.m. ***C'est un prêté pour un rendu*** : c'est une juste revanche.

PRÉTENDANT, E n. Personne qui revendique un trône auquel elle prétend avoir droit. ◆ n.m. Vieilli ou *par plais.* Celui qui veut épouser une femme.

PRÉTENDRE v.t. [59] (lat. *praetendere,* présenter). **1.** Affirmer, soutenir une opinion. **2.** Avoir la prétention de ; se flatter inconsidérément de. *Je ne prétends pas vous convaincre.* ◆ v.t. ind. **(à)**. *Litt.* Aspirer à qqch ; ambitionner. *Prétendre aux honneurs.*

PRÉTENDU, E adj. Qui n'est pas ce qu'il paraît être ; supposé.

PRÉTENDUMENT adv. À ce que l'on prétend.

PRÊTE-NOM n.m. (pl. *prête-noms*). Personne, société qui, sous son nom propre, agit en fait pour le compte d'une autre qu'elle protège de certains risques.

PRÉTENSIONNEUR n.m. AUTOM. Dispositif à très faible inertie qui, en cas de choc, tend immédiatement la ceinture de sécurité, augmentant ainsi son efficacité.

PRÉTENTAINE n.f. → **PRÉTANTAINE.**

PRÉTENTIEUSEMENT [-sjø-] adv. De façon prétentieuse.

PRÉTENTIEUX, EUSE [-sjø, øz] adj. et n. Qui manifeste de la prétention, de la suffisance, un désir de se mettre en valeur pour des qualités qu'il n'a pas. ◆ adj. Empreint de prétention, de suffisance. *Un air, un style prétentieux.*

PRÉTENTION [pretɑ̃sjɔ̃] n.f. (lat. *praetentum,* de *praetendere,* mettre en avant). **1.** Complaisance vaniteuse envers soi-même ; fatuité. ◇ ***Sans prétention(s)*** : très simple. *Une maison sans prétention.* **2.** Exigence s'appuyant sur un droit supposé ou réel ; revendication. *Cette prétention paraît justifiée.* ◆ pl. Salaire, rétribution demandés pour un travail déterminé.

PRÊTER v.t. (lat. *praestare,* fournir). **1.** Céder pour un temps, à charge de restitution. *Prêter de l'argent.* **2.** Accorder, offrir spontanément. *Prêter son concours à une œuvre.* ◇ ***Prêter attention*** : être attentif. – ***Prêter l'oreille à*** : écouter attentivement. – ***Prêter serment*** : prononcer un serment ; jurer. – ***Prêter le flanc à*** : donner prise à. *Prêter le flanc à la critique.* **3.** Attribuer une parole, un acte, une pensée à qqn qui n'en est pas l'auteur. *On me prête des intentions que je n'ai pas.* ◆ v.t. ind. **(à)**. *Sout.* Fournir matière à. *Article qui prête à la critique. Prêter à rire.* ◆ **se prêter** v.pr. **(à)**. **1.** Se plier, consentir à qqch. *Se prêter à un arrangement.* **2.** Être propre à qqch ; convenir. *Ce bois se prête bien à la sculpture.*

PRÉTÉRIT [preterit] n.m. (lat. *praeteritum tempus,* temps passé). GRAMM. Forme verbale exprimant le passé, dans les langues qui ne font pas de distinction entre l'imparfait, l'aoriste et le parfait.

PRÉTÉRITER v.t. (lat. *praeterire,* négliger). Suisse. Léser, désavantager.

PRÉTÉRITION n.f. (du lat. *praeteritum,* supin de *praeterire,* omettre). Figure de rhétorique par laquelle on déclare ne pas vouloir parler d'une chose dont on parle néanmoins par ce moyen. (Ex. : *Je n'ai pas besoin de vous dire que...*)

PRÉTEUR n.m. (lat. *praetor*). ANTIQ. ROM. Magistrat qui rendait la justice à Rome ou qui gouvernait une province.

PRÊTEUR, EUSE adj. et n. Qui prête.

1. PRÉTEXTE n.m. Raison apparente qu'on met en avant pour cacher le véritable motif d'une manière d'agir. ◇ ***Sous prétexte de, que*** : en prenant pour prétexte.

2. PRÉTEXTE adj.f. (lat. *praetexta,* vêtement brodé). ANTIQ. ROM. *Toge prétexte,* ou *prétexte,* n.f. : toge bordée de pourpre que portaient à Rome les magistrats et les adolescents patriciens (de la puberté à l'âge de seize ans).

PRÉTEXTER v.t. (lat. *praetexere*). Alléguer comme prétexte. *Prétexter un voyage pour manquer un rendez-vous.*

PRETIUM DOLORIS [presjɔmdɔlɔris] n.m. inv. (mots lat., *prix de la douleur*). DR. Ensemble des dommages et intérêts alloués par les tribunaux à la victime à titre de réparation morale d'un événement dommageable et des souffrances qui en découlent.

PRÉTOIRE n.m. (lat. *praetorium*). **1.** Salle d'audience d'un tribunal. **2.** ANTIQ. ROM. **a.** Tente du général, dans un camp. **b.** Palais du préteur, dans les provinces. **c.** ***Préfet du prétoire*** : chef de la garde prétorienne.

PRÉTORIAL, E, AUX adj. ANTIQ. ROM. Relatif au prétoire, au préteur.

PRÉTORIEN, ENNE adj. ANTIQ. ROM. Du préteur. ◇ ***Garde prétorienne.*** **a.** Troupe commise à la garde du préteur et, plus tard, à celle de l'empereur. (On dit aussi *cohortes prétoriennes.*) **b.** *Par ext.,* mod. Garde personnelle d'un dictateur, d'un chef d'État, dans un régime autoritaire. ◆ n.m. ANTIQ. ROM. Soldat de la garde personnelle de l'empereur.

PRÊTRAILLE n.f. *Péjor.,* vieilli. *La prêtraille* : le clergé, les prêtres.

PRÉTRAITÉ, E adj. Qui a subi un traitement préalable. *Riz prétraité.*

PRÊTRE n.m. (lat. *presbyter,* du gr. *presbus,* vieux, âgé). **1.** Ministre d'un culte religieux. *Les prêtres de Cybèle, à Rome.* **2.** Celui qui a reçu le sacrement de l'ordre, dans l'Église catholique et les Églises orientales. **3.** ***Grand prêtre*** : chef de la caste sacerdotale, chez les Hébreux.

PRÊTRE-OUVRIER n.m. (pl. *prêtres-ouvriers*). Prêtre qui partage complètement la vie des ouvriers.

PRÊTRESSE n.f. Femme, jeune fille consacrée au culte d'une divinité. *Les prêtresses de Diane.* ◇ *Fam.* ***(Grande) prêtresse de*** : femme qui possède une grande connaissance dans un domaine, une grande expérience dans une activité. *La grande prêtresse de l'information.*

PRÊTRISE n.f. **1.** Fonction et dignité de prêtre. **2.** Degré du sacrement de l'ordre qui donne le pouvoir de célébrer la messe, de confesser, de donner le sacrement des malades et de bénir les mariages, dans l'Église catholique.

PRÉTURE n.f. (lat. *praetura*). ANTIQ. ROM. Charge, fonction de préteur ; durée de son exercice.

PREUVE n.f. (de *prouver*). **1.** Ce qui démontre, établit la vérité de qqch. ◇ *Fam. À preuve que :* la preuve en est que. **2.** MATH. Opération par laquelle on contrôle l'exactitude d'un calcul ou la justesse de la solution d'un problème. (Pour les opérations arithmétiques, on utilise la preuve par *neuf.) **3.** Marque, témoignage, signe. *Donner une preuve de bonne volonté.* ◇ *Faire preuve de :* montrer, manifester. – *Faire ses preuves :* manifester sa valeur, ses capacités, etc.

PREUX adj.m. et n.m. (bas lat. *prodis,* de *prodesse,* être utile). *Litt.* Brave, vaillant.

PRÉVALENCE n.f. (angl. *prevalence*). MÉD. Rapport du nombre de cas d'un trouble morbide à l'effectif total d'une population, sans distinction entre les cas nouveaux et les cas anciens, à un moment ou pendant une période donnés.

PRÉVALOIR v.i. [47] (lat. *praevalere*). *Sout.* Avoir plus d'importance ; avoir l'avantage, l'emporter sur ; primer. *Rien ne prévalut contre sa volonté. Son opinion a prévalu.* ◆ **se prévaloir** v.pr. **(de).** Mettre qqch en avant pour en tirer avantage. *Elle s'est prévalue de son nom pour s'introduire dans ce milieu.*

PRÉVARICATEUR, TRICE adj. et n. Qui manque aux devoirs de sa charge. *Magistrat prévaricateur.*

PRÉVARICATION n.f. Action du prévaricateur.

PRÉVENANCE n.f. Manière obligeante d'aller au-devant de ce qui peut plaire à qqn.

PRÉVENANT, E adj. Plein de sollicitude, d'attention à l'égard de qqn.

PRÉVENIR v.t. [28] (lat. *praevenire,* devancer). **1.** Informer par avance ; avertir. *Prévenir qqn de ce qui se passe.* **2.** Aller au-devant de qqch pour l'empêcher de se produire en prenant les précautions, les mesures nécessaires. *Prévenir un malheur.* **3.** Satisfaire par avance. *Prévenir les désirs de qqn.* **4.** *Prévenir qqn contre, en faveur de,* le disposer par avance dans un sens défavorable, favorable à l'égard de.

PRÉVENTIF, IVE adj. Qui a pour effet d'empêcher un mal prévisible. *Médecine préventive.* ◇ *À titre préventif :* par mesure de prévention. – Anc. *Détention préventive,* ou *préventive,* n.f. : détention *provisoire.

PRÉVENTION n.f. (lat. *praeventio, -onis,* action de devancer). **1.** Ensemble des mesures prises pour prévenir un danger, un risque, un mal, pour l'empêcher de survenir. ◇ *Prévention routière,* visant à réduire le nombre et la gravité des accidents de la route. **2.** Ensemble de moyens médicaux et médico-sociaux mis en œuvre pour empêcher l'apparition, l'aggravation ou l'extension des maladies, ou leurs conséquences à long terme. **3.** Opinion défavorable formée sans examen ; partialité. **4.** DR. État d'un individu contre lequel il existe une présomption de délit ou de crime ; détention d'un prévenu.

ENCYCL. La *prévention primaire* s'attache à empêcher l'apparition d'une maladie, en partic. par la vaccination, dans le cas des infections. La *prévention secondaire* consiste à dépister une maladie grave et à la traiter précocement de façon à la guérir ou à l'atténuer, ou encore à prendre des mesures pour enrayer une épidémie. La *prévention tertiaire* vise à empêcher les récidives, à lutter contre les séquelles ou à réadapter le malade à la vie sociale et professionnelle.

PRÉVENTIVEMENT adv. De façon préventive.

PRÉVENTORIUM [prevɑ̃tɔrjɔm] n.m. [pl. *préventoriums*] (de *préventif,* sur *sanatorium*). Anc. Établissement où l'on soignait les malades atteints de primo-infection tuberculeuse.

PRÉVENU, E n. Personne poursuivie pour une infraction et qui n'a pas encore été jugée.

PRÉVERBE n.m. LING. Préfixe qui se place avant le verbe (ex. : *dé-* dans *découdre*).

PRÉVISIBILITÉ n.f. Caractère de ce qui est prévisible.

PRÉVISIBLE adj. Qui peut être prévu.

PRÉVISION n.f. Action de prévoir ; conjecture, hypothèse.

PRÉVISIONNEL, ELLE adj. Qui comporte des calculs de prévision ; qui se fonde sur des prévisions.

PRÉVISIONNISTE n. Spécialiste de la prévision économique.

PRÉVOIR v.t. [49] (lat. *praevidere*). **1.** Se représenter à l'avance ce qui doit arriver, ce qui est prévisible. *Prévoir un malheur. Prévoir le temps.* **2.** Organiser, disposer à l'avance ; préparer, envisager. *Tout prévoir pour un voyage.*

PRÉVÔT n.m. (lat. *praepositus,* préposé). **1.** HIST. Au Moyen Âge et sous l'Ancien Régime, agent d'administration domaniale. ◇ *Prévôt des marchands :* chef de la municipalité de Paris (à partir du XIVe s.) et de Lyon (à partir de 1575). **2.** MIL. Officier de gendarmerie exerçant un commandement dans une prévôté.

PRÉVÔTAL, E, AUX adj. HIST. Relatif au prévôt ou à la prévôté.

PRÉVÔTÉ n.f. **1.** HIST. Titre, fonction de prévôt ; juridiction, résidence d'un prévôt. **2.** MIL. Détachement de gendarmerie affecté, en opérations, à une unité militaire ou à une base, et chargé des missions de police générale et judiciaire.

PRÉVOYANCE [prevwajɑ̃s] n.f. Qualité de qqn qui sait prévoir.

PRÉVOYANT, E adj. Qui manifeste de la prévoyance.

PRIANT n.m. SCULPT. Statue funéraire figurant un personnage agenouillé. (→ *orant*).

PRIAPÉE n.f. **1.** ANTIQ. GR. ET ROM. Chant, fête en l'honneur de Priape, à caractère génér. licencieux. **2.** Vieilli. Poésie, peinture, spectacle obscènes.

PRIAPISME n.m. (de *Priape*). MÉD. Érection pathologique du pénis, prolongée et douloureuse, non liée à une stimulation érotique.

PRIE-DIEU n.m. inv. Meuble en forme de chaise basse, au dossier muni d'un accoudoir, sur lequel on s'agenouille pour prier.

PRIER v.t. [5] (lat. *precari*). **1.** S'adresser par la prière à Dieu, à une divinité. **2.** Demander avec instance, déférence ou humilité à qqn de faire qqch. *Je vous prie de me rendre ce service.* ◇ *Je vous prie, je vous en prie :* formules de politesse accompagnant une demande ou une injonction, parfois menaçante. *Cessez, je vous prie ! Suivez-moi, je vous prie ! – Spécial. Je vous en prie :* formule employée pour répondre à un remerciement, à des excuses. – *Se faire prier :* n'accepter de faire qqch qu'après avoir été longuement sollicité. ◆ v.i. Intercéder auprès de Dieu, des saints. *Prier pour les morts.*

PRIÈRE n.f. (du lat. *precarius,* qui s'obtient en priant). **1.** Acte par lequel on s'adresse à Dieu, à une divinité pour exprimer l'adoration ou la vénération, une demande, une action de grâce. **2.** Ensemble de phrases, de formules souvent rituelles par lesquelles on s'adresse à Dieu, à une divinité. **3.** Demande instante. *Écoutez ma prière !* ◇ *Prière de :* il est demandé de.

PRIEUR, E n. (lat. *prior,* premier). Supérieur(e) de certaines communautés religieuses.

PRIEURÉ n.m. **1.** Communauté religieuse placée sous l'autorité d'un prieur, d'une prieure. **2.** Église, maison d'une telle communauté. **3.** Rare. Dignité de prieur.

PRIMA DONNA n.f. inv. (mots ital., *première dame*). Cantatrice qui tient le premier rôle dans un opéra. Pluriel savant : *prime donne* [primedɔne].

PRIMAIRE adj. (lat. *primarius,* du premier rang). **1.** Qui est premier dans le temps. ◇ BOT., ÉCOL. *Forêt primaire,* originelle. – GÉOL. *Ère primaire,* ou *primaire,* n.m. : paléozoïque. – *Élection primaire,* ou *primaire,* n.f. **a.** Désignation par les électeurs de chacun des deux grands partis des candidats aux élections locales ou nationales, en partic. aux États-Unis. **b.** En France, premier tour du scrutin majoritaire à deux tours. **2.** Qui occupe le premier degré ; fondamental. ◇ *Couleurs primaires :* le bleu, le jaune et le rouge. (On dit aussi *couleurs fondamentales.*) – ÉCON. *Secteur primaire,* ou *primaire,* n.m. : ensemble des activités économiques productrices de matières premières, notamm. l'agriculture et les industries extractrices. **3.** Qui appartient à l'enseignement du premier degré, de la sortie de l'école maternelle à l'entrée au collège. *École, enseignement primaires.* **4.** *Péjor.* Simpliste et borné. *Esprit primaire. Un raisonnement primaire.* **5.** PSYCHOL. Se dit, en caractérologie, de qqn chez qui prédominent les réactions immédiates (par oppos. à *secondaire*). **6.** MÉD. **a.** Se dit d'un symptôme d'une maladie qui apparaît précocement ou de la première phase d'une maladie. **b.** Se dit d'un trouble qui n'a pas été précédé d'une période de fonctionnement normal (par ex. aménorrhée chez une femme qui n'a jamais eu de règles). **c.** Primitif. ◆ n.m. **1.** Enseignement primaire. **2.** ÉCON. Secteur primaire. **3.** GÉOL. Ère primaire. **4.** ÉLECTROTECHN. Enroulement, alimenté par le réseau, d'un transformateur ou d'une machine asynchrone. ◆ n.f. Élection primaire.

PRIMAL, E, AUX adj. PSYCHOL. *Cri primal, thérapie primale :* technique thérapeutique reposant sur la reviviscence par le malade, notamm. au moyen de cris, du traumatisme qui est à l'origine de sa névrose. (A. Janov a fondé cette thérapie en 1967.)

PRIMARITÉ n.f. Caractère de ce qui est primaire ou premier.

PRIMAT n.m. (du lat. *primas,* qui est au premier rang). **1.** Titre honorifique attaché à un siège épiscopal en vertu d'une tradition fondée sur l'importance historique de ce siège. **2.** PHILOS. Dominance, primauté, antériorité logique.

PRIMATE n.m. (du lat. *primas,* qui est au premier rang). **1.** Mammifère aux mains génér. préhensiles, aux ongles souvent plats, possédant une denture complète et un cerveau très développé, tel que les lémuriens, les singes et l'homme. (Les primates forment un ordre.) **2.** *Fam.* Homme grossier, inculte.

PRIMATIAL, E, AUX [-sjal, o] adj. Relatif au primat. ◇ *Église primatiale,* ou *primatiale,* n.f. : cathédrale, siège d'un primat.

PRIMATOLOGIE n.f. Étude scientifique des primates.

PRIMATOLOGUE n. Spécialiste de primatologie.

PRIMAUTÉ n.f. (du lat. *primus,* premier). Supériorité de rang ; prééminence. ◇ *Primauté du pape :* autorité suprême du pape, niée par les Églises protestantes, reconnue par les Églises orientales à titre purement honorifique.

1. PRIME n.f. (lat. *praemium,* récompense). **1.** Somme que l'assuré doit à l'assureur. **2.** Somme versée à un salarié en plus de son salaire à titre de gratification ou pour l'indemniser de certains frais (par oppos. à *fixe*). *Prime de rendement, de résultat.* **3.** Somme d'argent ou don accordés à titre de récompense ou d'encouragement. *Prime de match d'un footballeur.* **4.** Ce qu'on donne en plus ; cadeau offert à un client pour l'attirer ou le retenir. *Offrir un stylo en prime.* **5.** BOURSE. Dédit payé par l'acheteur en cas de résiliation d'une transaction, dans les opérations dites *à prime. Marché à prime.* ◇ *Prime d'émission :* somme qu'un souscripteur d'action doit verser en sus de la valeur nominale de celle-ci. **6.** Vieilli. *Faire prime :* être le meilleur, l'emporter ; primer. *Cet article fait prime sur le marché.*

2. PRIME adj. (lat. *primus,* premier). **1.** *Litt.* (Seulem. dans quelques expressions.) Premier. *Prime jeunesse. De prime abord.* **2.** MATH. Se dit d'une lettre portant en haut et à droite un petit accent. (B′ s'énonce « B prime ».)

3. PRIME n.f. CHRIST. Partie de l'office divin qui se récitait au lever du jour.

PRIMÉ, E adj. Qui a reçu un prix. *Film primé.*

1. PRIMER v.t. ou v.t. ind. **(sur).** L'emporter sur qqn, qqch. *Chez lui, la mémoire prime l'intelligence. Cette raison prime sur toutes les autres.*

2. PRIMER v.t. Accorder une récompense, un prix à. *Primer un animal dans un concours.*

PRIMEROSE n.f. Rose trémière.

PRIMESAUTIER, ÈRE adj. (de l'anc. fr. *prime,* premier, et *saut*). *Litt.* Qui manifeste de la spontanéité.

PRIME TIME [prajmtajm] ou [primtajm] n.m. [pl. *prime times*] (mots angl., *meilleure heure*). TÉLÉV. (Anglic. déconseillé). Tranche horaire correspondant au début de la soirée, qui représente la plus forte écoute, la plus appréciée par les annonceurs publicitaires. Recomm. off. : *heure de grande écoute.*

PRIMEUR n.f. **1.** Caractère de ce qui est nouveau. – Recomm. off. pour *scoop.* ◇ *Avoir la primeur de qqch,* être le premier ou parmi les premiers à le connaître, à en jouir. **2.** *Vin de primeur,* ou *vin primeur :* vin qui peut être commercialisé et consommé dès la fin de la vinification, peu de

P

temps après la vendange. ◆ pl. Fruits ou légumes commercialisés avant la saison normale, provenant d'une culture forcée ou d'une région plus chaude. ◇ *Marchand de primeurs :* marchand de fruits et légumes en général.

PRIMEURISTE n. Horticulteur qui produit des primeurs.

PRIMEVÈRE n.f. (du lat. *primo vere,* au début du printemps). Plante des prés et des bois, à fleurs jaunes, blanches ou mauves, qui fleurit au printemps. (La primevère officinale est aussi appelée *coucou.* Genre *Primula ;* famille des primulacées.)

■ **PRIMEVÈRES**

■ **PRIM'HOLSTEIN**

PRIM'HOLSTEIN [primɔlʃtajn] n. inv. et adj. inv. (de *Holstein,* n.pr.). Bovin d'une race issue de la race frisonne, à robe pie noir, très utilisée pour la production laitière.

PRIMIPARE adj. et n.f. (lat. *primus,* premier, et *parere,* accoucher). Qui accouche ou qui met bas pour la première fois (par oppos. à *nullipare, multipare*).

PRIMIPILE n.m. (du lat. *primus,* premier, et *pilum,* javelot). ANTIQ. Centurion le plus élevé en grade, dans l'armée romaine.

PRIMITIF, IVE adj. (lat. *primitivus,* qui naît le premier). **1.** Qui appartient au premier état d'une chose ; premier, initial, originel. *Forme primitive d'un continent.* ◇ *Église primitive,* des deux premiers siècles du christianisme. **2.** Qui constitue l'élément premier, fondamental. *Couleurs primitives.* **3.** Se dit d'une personne simple, fruste, ou d'une chose rudimentaire. *Mœurs primitives.* **4.** Vieilli. Se dit des sociétés humaines restées à l'écart de la civilisation occidentale, industrielle. (L'idée d'une « avancée » du « civilisé » par rapport au « primitif » étant dépourvue de tout fondement scientifique, on parle de préférence auj. de sociétés *traditionnelles.*) **5.** MÉD. Se dit d'une affection autonome, qui n'est pas la conséquence d'une autre. SYN. : *idiopathique, essentiel, primaire.* ◆ n. Vieilli. Personne appartenant à une société primitive. ◆ n.m. BX-ARTS. Artiste, peintre surtout, de la période antérieure à la Renaissance. ◆ n.f. Pour une fonction f définie dans un intervalle de $\mathbb{R}$ et à valeurs réelles, fonction F qui est dérivable et telle que $F' = f$.

PRIMITIVEMENT adv. À l'origine.

PRIMITIVISME n.m. BX-ARTS. Affinité avec un art ou des arts primitifs.

PRIMO adv. (mot lat.). Premièrement, en premier lieu.

PRIMOGÉNITURE n.f. (du lat. *primogenitus,* premier-né). DR. Antériorité de naissance entre frères et sœurs entraînant autref. certains droits au profit de l'aîné.

PRIMO-INFECTION n.f. (pl. *primo-infections*). MÉD. Première atteinte de l'organisme par un micro-organisme, en partic. par le bacille de la tuberculose. (La primo-infection de la tuberculose est caractérisée par le virage de la réaction cutanée à la tuberculine.)

PRIMORDIAL, E, AUX adj. (du lat. *primordium,* principe). **1.** Qui existe depuis l'origine ; qui est le plus ancien. **2.** D'une grande importance ; principal, fondamental, capital. *Rôle primordial.*

PRIMULACÉE n.f. (lat. *primula,* primevère). Plante dicotylédone gamopétale à corolle régulière comprenant notamm. la primevère, le cyclamen, le mouron rouge. (Les primulacées forment une famille.)

PRINCE n.m. (lat. *princeps,* premier). **1.** Celui qui possède une souveraineté ou qui appartient à une famille souveraine. **2.** Titre de noblesse le plus élevé. ◇ *Fam. Être bon prince :* se montrer accommodant. **3.** Le premier selon un ordre hiérarchique. ◇ *Les princes de l'Église :* les cardinaux et les évêques. **4.** *Litt.* Le premier par son talent, son mérite. *Le prince des poètes.* ◇ *Prince charmant :* personnage de contes de fées idéalement beau qui délivre et épouse la princesse ; homme idéal que recherche une femme.

PRINCE-DE-GALLES n.m. inv. et adj. inv. Tissu présentant des motifs à lignes croisées en plusieurs tons d'une même couleur.

PRINCEPS [prɛ̃sɛps] adj. (mot lat., *premier*). **1.** *Édition princeps :* la première de toutes les éditions d'un ouvrage. **2.** *Observation princeps :* première description scientifique d'un phénomène.

PRINCESSE n.f. **1.** Fille ou femme d'un prince ; fille d'un souverain ou d'une souveraine. ◇ *Fam. Faire la princesse :* prendre de grands airs. **2.** Souveraine d'un pays. ◇ *Fam. Aux frais de la princesse :* aux frais de l'État ou d'une collectivité, sans payer de sa poche.

PRINCIER, ÈRE adj. **1.** De prince. *Famille princière.* **2.** Digne d'un prince ; somptueux.

PRINCIÈREMENT adv. D'une façon princière, somptueuse.

1. PRINCIPAL, E, AUX adj. (lat. *principalis,* originaire). Qui est le plus important. *Personnage principal. Bâtiment principal.* ◇ GRAMM. *Proposition principale,* ou *principale,* n.f. : proposition dont les autres dépendent et qui ne dépend d'aucune autre (par oppos. à *subordonnée*). ◆ n.m. **1.** Ce qu'il y a de plus important ; l'essentiel. *Vous oubliez le principal.* **2.** DR. **a.** Capital d'une dette. *Le principal et les intérêts.* **b.** Montant d'une demande en justice (capital, fruits et intérêts, par oppos. aux accessoires [dépens, par ex.]). **3.** Montant primitif d'un impôt, avant le calcul des centimes ou décimes supplémentaires.

2. PRINCIPAL, E n. (pl. *principaux*). Directeur d'un collège. ◆ n.m. DR. Premier clerc d'une étude.

PRINCIPALEMENT adv. Avant tout ; par-dessus tout.

PRINCIPAT n.m. HIST. **1.** Dignité de prince. **2.** Régime politique des deux premiers siècles de l'Empire romain, monarchie de fait ayant conservé le cadre des institutions républicaines.

PRINCIPAUTÉ n.f. État indépendant dont le souverain a le titre de prince. *La principauté de Monaco.* – Terre à laquelle est attaché le titre de prince. ◆ pl. RELIG. *Les principautés :* dans la tradition juive et chrétienne, premier chœur de la troisième hiérarchie des anges.

PRINCIPE n.m. (lat. *principium*). **1.** Cause première ; origine, source. *Remonter jusqu'au principe de toutes choses.* **2.** Proposition admise comme base d'un raisonnement. *Je pars du principe que...* **3.** (Souvent pl.) Règle générale théorique qui guide la conduite. *Être fidèle à ses principes.* **4.** Loi générale régissant un ensemble de phénomènes et vérifiée par l'exactitude de ses conséquences. *Principe d'Archimède.* **5.** Connaissance, règle élémentaire d'une science, d'un art, d'une technique, etc. **6.** Élément constitutif d'une chose ; élément actif. *Fruit riche en principes nutritifs.* ◇ *Principe actif :* substance ayant un pouvoir thérapeutique, contenue dans un médicament (par oppos. à *excipient*). **7.** *De principe :* qui porte sur l'essentiel mais demande à être complété et confirmé. *Accord de principe.* – *En principe :* théoriquement ; selon les prévisions. *En principe, il devrait être là.*

PRINTANIER, ÈRE adj. Du printemps.

PRINTANISATION n.f. AGRIC. Vernalisation.

PRINTEMPS n.m. (anc. fr. *prin,* premier, et *temps*). **1.** L'une des quatre saisons, qui s'étend du 20 ou 21 mars au 21 ou 22 juin, dans l'hémisphère Nord. **2.** *Fig.* Année d'âge (surtout en parlant d'une personne jeune ou, par plais., d'une personne âgée). *Jeune fille de seize printemps.* **3.** *Litt.* Jeunesse, jeune âge. *Le printemps de la vie.*

PRION n.m. (mot angl.). BIOL., MÉD. Particule infectieuse protéique, de nature et de mécanisme d'action mal connus, qui serait l'agent des encéphalopathies spongiformes.

PRIORAT n.m. CHRIST. Fonction de prieur ; durée de cette fonction.

PRIORI (A) loc. adv. et loc. adj. inv. → **A PRIORI.**

PRIORITAIRE adj. et n. Qui a la priorité.

PRIORITAIREMENT adv. En priorité.

PRIORITÉ n.f. (du lat. *prior,* premier). **1. a.** Fait de venir le premier, de passer avant les autres en raison de son importance. ◇ *En priorité, par priorité :* en premier lieu, avant toute chose. **b.** *Spécial.* Droit, établi par un règlement, de passer avant les autres. *Laisser la priorité aux véhicules venant de droite.* **2.** *Didact.* Antériorité dans le temps. *Établir la priorité d'un fait par rapport à un autre.*

PRIS, E adj. **1.** Accaparé par une occupation. **2.** Atteint par une maladie. **3.** *Taille bien prise,* bien proportionnée.

PRISE n.f. (de *pris,* p. passé de *prendre*). **1. a.** Action de saisir, de tenir serré. *Maintenir la prise.* ◇ *Lâcher prise :* cesser de serrer, de tenir ce que l'on avait en main ; *fig.,* abandonner une tâche, une entreprise. **b.** Action, manière de saisir l'adversaire, dans une lutte, un corps à corps. *Prise de judo.* ◇ *Être aux prises avec :* lutter contre ; être tourmenté par. **2. a.** Ce qui permet de saisir ; aspérité, saillie. *Alpiniste qui cherche une prise.* ◇ *Avoir prise sur :* avoir des moyens d'exercer une action sur. – *Donner, laisser prise à :* fournir la matière ou l'occasion de s'exercer à. *Donner prise au jugement, à la critique.* **b.** MÉCAN. INDUSTR. *Prise directe :* combinaison d'un changement de vitesse dans laquelle l'arbre d'entrée transmet directement le mouvement à l'arbre de sortie ; *fig.,* contact immédiat, étroit. *Être en prise directe avec les réalités du terrain.* **3. a.** Action de s'emparer de qqch, de faire ou de retenir prisonnier qqn. *Prise de la Bastille. Prise d'otages.* **b.** Ce qui est pris. *Prise de guerre.* **4. a.** Action de recueillir, de capter, de prélever qqch. *Prise de sang.* ◇ *Prise de son :* ensemble des opérations permettant d'enregistrer une situation sonore quelconque. – *Prise de vues :* enregistrement des images d'un film. (En photographie, on écrit *prise de vue.*) **b.** Dispositif servant à capter. *Prise d'eau.* **5.** Action d'absorber qqch, notamm. un médicament. *La dose sera répartie en plusieurs prises.* – *Spécial.* Pincée de tabac en poudre aspirée par le nez. **6.** Action de se mettre à avoir, d'adopter une attitude. *Prise de position.* ◇ *Prise de contact* → **contact.** – *Prise de possession :* acte par lequel on entre en possession d'un bien, d'une fonction, d'un territoire, etc. – *Prise à partie :* action d'attaquer qqn. **7.** Fait de se figer, de se durcir. *Ciment à prise rapide.* **8.** Bifurcation au moyen de laquelle on détourne une partie de la masse d'un fluide. *Prise d'air.* **9.** *Prise de courant,* ou *prise :* dispositif de branchement électrique relié à une ligne d'alimentation. – *Prise multiple :* multiprise. – *Prise de terre :* conducteur ou ensemble de conducteurs servant à établir une liaison avec la terre.

PRISÉ, E adj. *Sout.* Apprécié, recherché. *Une qualité fort prisée.*

PRISÉE n.f. DR. Estimation du prix d'un objet compris dans un inventaire ou vendu aux enchères.

1. PRISER v.t. (du lat. *pretium,* prix). *Litt.* Faire cas de ; estimer, apprécier. *On prise chez lui sa discrétion.*

2. PRISER v.t. (de *prise*). Aspirer par le nez une substance, notamm. du tabac.

PRISEUR, EUSE n. Personne qui prise du tabac.

PRISMATIQUE adj. **1.** Qui a la forme d'un prisme. ◇ OPT. *Couleurs prismatiques :* couleurs du spectre obtenues par dispersion de la lumière blanche à travers un prisme. – GÉOMÉTR. *Surface prismatique :* ensemble des droites de direction fixe qui s'appuient sur un polygone convexe. **2.** Qui contient un ou plusieurs prismes. *Jumelle prismatique.*

PRISME n.m. (gr. *prisma,* de *prizein,* scier). **1.** GÉOMÉTR. Polyèdre limité par une surface prismatique (qui constitue la *surface latérale*) et

P

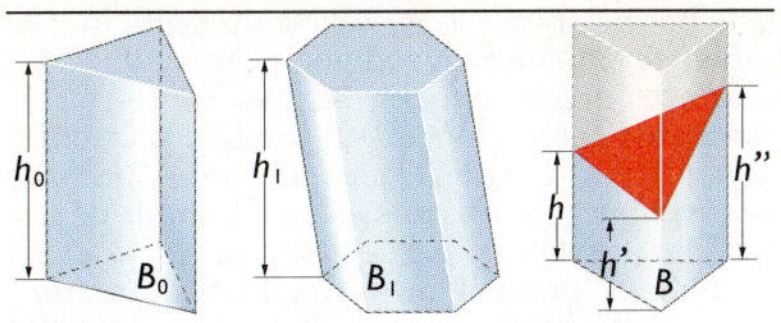

prisme droit (à base triangulaire)
h_0 : hauteur
B_0 : base
V_0 : volume
$V_0 = h_0 \times B_0$

prisme oblique (à base hexagonale)
h_1 : hauteur
B_1 : base
V_1 : volume
$V_1 = h_1 \times B_1$

prisme tronqué (à base triangulaire)
h, h', h'' : hauteurs
B : base
V : volume
$V = B \times \frac{h + h' + h''}{3}$

PRISMES

les deux plans (appelés *bases*) coupant celle-ci. **2.** OPT. Prisme à base triangulaire, en matériau transparent, qui dévie et décompose les rayons lumineux. **3.** *Fig., litt.* Ce qui déforme la réalité. *Voir à travers le prisme de ses préjugés.*

PRISON n.f. (lat. *prehensio, -onis,* action de prendre). **1.** Établissement pénitentiaire où sont détenues les personnes condamnées à une peine privative de liberté ou en instance de jugement. **2.** Peine d'emprisonnement. *Mériter la prison.* **3.** *Fig.* Lieu ou situation où qqn est ou se sent enfermé, séquestré, isolé. ◇ ***Prison dorée*** : habitation riche où l'on se sent privé de liberté.

1. PRISONNIER, ÈRE n. et adj. **1.** Personne détenue en prison ; détenu. **2.** Personne privée de liberté. *Prisonnier de guerre.* ◆ adj. ***Prisonnier de*** : dont l'indépendance de jugement ou la liberté morale est entravée par. *Être prisonnier de ses préjugés.*

2. PRISONNIER n.m. MÉCAN. INDUSTR. Élément fixé dans une pièce de manière à en permettre la liaison avec une autre.

PRIVAT-DOCENT [privadɔsɛ̃t] n.m. [pl. *privat-docents*] (lat. *privatim docens,* qui enseigne à titre privé). **1.** Professeur libre, dans les universités allemandes ou suisses. **2.** Suisse. Dans une université, enseignant qui, à sa demande et sans rémunération, est autorisé à donner un cours facultatif sur un sujet spécial.

PRIVATIF, IVE adj. **1.** Qui prive. *Peine privative de liberté.* – LING. Qui marque la privation, l'absence, le manque (ex. : le préfixe *in-* dans *insuccès*). **2.** Dont l'usage est réservé à une personne déterminée ; privé. *Jardin privatif.*

PRIVATION n.f. Action de priver, de se priver de qqch ; état de qqn qui est privé de qqch. ◆ pl. Manque volontaire, ou imposé par les circonstances, des choses nécessaires, et notamm. de nourriture. *Être affaibli par les privations.*

PRIVATISABLE adj. et n.f. Se dit d'une entreprise du secteur public qui peut faire l'objet d'une privatisation.

PRIVATISATION n.f. Action de transférer au domaine de l'entreprise privée ce qui était du ressort de l'État. *Privatisation d'un service public.*

PRIVATISÉE n.f. Société privatisée.

PRIVATISER v.t. Procéder à la privatisation de.

PRIVATISTE n. Juriste spécialiste de droit privé.

PRIVAUTÉ n.f. Familiarité malséante à l'égard de qqn dont on ne partage pas l'intimité. ◆ pl. Familiarités, libertés, souvent jugées déplacées, qu'un homme se permet avec une femme.

PRIVÉ, E adj. (lat. *privatus*). **1.** Qui est strictement personnel ; intime. *Vie privée.* **2.** Qui n'est pas ouvert à tout public. *Club privé. Séance privée.* **3.** Qui appartient en propre à un ou à plusieurs individus. *Propriété privée.* **4.** Qui ne dépend pas directement de l'État (par oppos. à *public,* à *étatique*). *École privée. Secteur privé.* ◆ n.m. **1.** ***Dans le privé*** : dans le cadre de la vie personnelle. – ***En privé*** : à l'écart des autres ; en particulier, seul à seul. **2.** ***Le privé*** : le secteur privé. *Le public et le privé.* **3.** *Fam.* Détective privé.

PRIVER v.t. Ôter ou refuser à qqn la possession, la jouissance de qqch. *Priver un enfant de dessert.* ◆ **se priver** v.pr. **1.** S'ôter la jouissance de ; s'abstenir de. *Se priver de vin.* **2.** S'imposer des privations. *Se priver pour partir en vacances.*

PRIVILÈGE n.m. (lat. *privilegium*). **1.** Droit, avantage particulier possédé par qqn, et que les autres n'ont pas. **2.** DR. Droit qu'ont certaines créances d'être payées avant les autres.

PRIVILÉGIÉ, E adj. et n. Qui jouit d'un privilège, de privilèges. *Les classes privilégiées.*

PRIVILÉGIER v.t. [5]. **1.** Accorder un avantage à qqn ; avantager, favoriser. **2.** Attribuer une valeur, une importance particulière à qqch. *Privilégier un argument dans une démonstration.*

PRIX n.m. (lat. *pretium*). **1.** Valeur d'une chose, exprimée en monnaie. *Prix d'une marchandise.* ◇ ***Objet de prix***, de grande valeur. – ***Hors de prix*** : très cher. – ***Prix garanti***, au-dessous duquel un bien ne peut être payé au producteur, en vertu d'une décision des pouvoirs publics. **2.** Valeur, importance attachée à qqch ; ce qu'il en coûte pour obtenir qqch. *Le prix de la liberté.* ◇ ***À aucun prix*** : en aucun cas. – ***À tout prix*** : coûte que coûte. **3.** Récompense décernée à qqn pour son mérite ou son excellence dans une discipline intellectuelle, un art, une technique, etc. *Prix littéraire.* – Récompense accordée aux élèves les plus méritants dans les diverses disciplines. *Distribution des prix.* **4.** ***Grand Prix*** : dans certains sports et en hippisme, nom donné à des compétitions qu'on veut distinguer des autres pour leur caractère international, leur renommée ou pour l'importance du titre qu'elles décernent aux vainqueurs. *Le Grand Prix de France de formule 1.*

PRO adj. et n. (abrév.). *Fam.* Professionnel. *Il est passé pro. C'est une vraie pro.*

PROBABILISME n.m. **1.** PHILOS. Doctrine selon laquelle l'homme ne peut atteindre à la vérité et doit se contenter d'opinions fondées sur des probabilités. (Au probabilisme antique [Carnéade] fait écho un probabilisme moderne d'inspiration logique et mathématique [Cournot].) **2.** Système de théologie morale catholique qui autorise à faire reposer sa conduite sur des opinions qui ne sont que probablement vraies ou permises ; laxisme, casuistique.

PROBABILISTE adj. et n. Qui appartient au probabilisme ; qui en est partisan. ◆ adj. Se dit d'une théorie qui fait intervenir les probabilités.

PROBABILITÉ n.f. **1.** Caractère de ce qui est probable ; opinion, événement probables ; vraisemblance. **2.** MATH. **a.** ***Calcul des probabilités*** : branche des mathématiques née de l'étude des jeux de hasard (Fermat, Pascal), axiomatisée par Kolmogorov, et qui trouve des applications notamm. en statistiques. **b.** Rapport du nombre des cas favorables à la réalisation d'un événement aléatoire au nombre total des cas possibles. **c.** ***Loi de probabilité d'une variable aléatoire*** X : couple formé de l'ensemble Ω des valeurs que peut prendre X et de l'ensemble des probabilités de chacune de ces valeurs. **d.** Nombre, compris entre 0 et 1, associé à un événement aléatoire par une loi de probabilité.

PROBABLE adj. (lat. *probabilis,* de *probare,* approuver). Qui a beaucoup de chances de se produire ; vraisemblable. *Succès probable.*

PROBABLEMENT adv. Vraisemblablement.

PROBANT, E adj. (lat. *probans, -antis*). Qui emporte l'approbation, qui convainc.

PROBATION n.f. (lat. *probatio, -onis,* de *probare,* éprouver). **1.** CHRIST. Temps d'épreuve qui précède le noviciat. **2.** DR. Suspension provisoire et conditionnelle de la peine d'un condamné, assortie d'une mise à l'épreuve et de mesures d'assistance et de contrôle.

PROBATIONNAIRE n. DR. Condamné soumis à la probation.

PROBATOIRE adj. Qui permet de vérifier que qqn a bien les capacités, les qualités, les connaissances requises. *Examen probatoire.*

PROBE adj. (lat. *probus*). *Litt.* D'une honnêteté stricte, scrupuleuse.

PROBITÉ n.f. Caractère d'une personne probe ; observation rigoureuse des principes de la justice et de la morale.

PROBLÉMATIQUE adj. Dont l'issue, la réalisation, l'action, la réalité est douteuse, aléatoire, hasardeuse. ◆ n.f. *Didact.* Ensemble de questions qu'une science ou une philosophie se pose relativement à un domaine particulier.

PROBLÉMATIQUEMENT adv. De façon problématique.

PROBLÈME n.m. (lat. *problema,* du gr.). **1.** Question à résoudre par des méthodes logiques, rationnelles, dans le domaine scientifique. **2.** Exercice scolaire consistant à trouver les réponses à une question posée à partir de données connues. *Problème de géométrie, de physique.* **3.** Difficulté d'ordre spéculatif, à laquelle on cherche une solution satisfaisante pour l'esprit. *Problème philosophique.* **4.** Difficulté souvent complexe à laquelle on est confronté. *Problème technique, psychologique. J'ai un problème !*

PROBOSCIDIEN n.m. (lat. *proboscis, -idis,* trompe, du gr.). Mammifère ongulé de grande taille muni d'une trompe préhensile et d'incisives développées en défenses, tel que les éléphants actuels et les mastodontes, mammouths et dinothériums fossiles. (Les proboscidiens forment un ordre.)

PROCARYOTE n.m. et adj. Micro-organisme génér. unicellulaire dont la cellule, très petite, est dépourvue d'organites et de noyau (par oppos. à *eucaryote*). [Les procaryotes regroupent les bactéries et les cyanobactéries.]

PROCÉDÉ n.m. **1.** Moyen, méthode pratique pour faire qqch, pour obtenir un résultat ; technique, système. *Procédé de fabrication.* **2.** Manière d'agir, de se comporter. *Un procédé inqualifiable.* **3.** *Péjor.* Technique, moyen utilisés, en partic. en art, de manière trop systématique et qui lassent. **4.** Rondelle de cuir garnissant le bout des queues de billard.

PROCÉDER v.i. [11] (lat. *procedere,* sortir). Agir, opérer d'une certaine façon. *Procéder méthodiquement.* ◆ v.t. ind. **1.** (**à**). Accomplir une tâche, une opération dans ses différentes phases. *Procéder à l'élection d'une commission.* **2.** (**de**). *Litt.* Tirer son origine de ; résulter, découler de.

P

PROCÉDURAL, E, AUX adj. DR. Qui concerne la procédure.

PROCÉDURE n.f. (de *procéder*). **1.** Manière de procéder ; méthode, marche à suivre pour obtenir un résultat. **2.** DR. **a.** Ensemble des règles et des formes qu'il convient d'observer pour introduire une action en justice, rendre une décision et la faire exécuter. **b.** Ensemble des règles à suivre pour l'établissement de certains droits ou pour certaines situations juridiques.

PROCÉDURIER, ÈRE adj. et n. *Péjor.* Qui aime les procès, la chicane.

PROCELLARIIFORME n.m. (du lat. *procella,* orage). Oiseau voilier de haute mer, aux ailes très longues et fines, au bec surmonté par deux narines tubulaires, tel que l'albatros, le pétrel, le puffin. (Les procellariiformes constituent un ordre.)

PROCÈS [prɔsɛ] n.m. (lat. *processus,* progrès). **1.** Instance en justice. ◇ ***Faire le procès de*** : accuser, condamner. – ***Sans autre forme de procès*** : sans autre formalité. – ***Procès d'intention*** ou ***de tendance*** : accusation fondée non pas sur ce que qqn a fait ou dit, mais sur les intentions qu'on lui prête. **2.** LING. Ce que le verbe exprime du sujet (action, état, etc.). **3.** ANAT. Prolongement de certains organes.

PROCESSEUR n.m. Organe d'un ordinateur qui assure l'interprétation et l'exécution des instructions ; ensemble de programmes permettant d'exécuter sur un ordinateur des programmes écrits dans un langage donné.

PROCESSIF, IVE adj. Vx. Chicanier, procédurier.

PROCESSION n.f. (lat. *processio, -onis,* de *procedere,* avancer). **1.** Cérémonie de caractère religieux consistant en un cortège solennel, accompagné de chants et de prières. **2.** *Fig.* Longue suite de personnes, de véhicules ; défilé, cortège.

PROCESSIONNAIRE n.f. Papillon nocturne au corps velu, dont les chenilles dites *chenilles processionnaires,* très nuisibles, rampent en file indienne sur la végétation. (Genre *Thaumatopœa ;* famille des notodontidés.)

PROCESSUS [prɔsesys] n.m. (mot lat., *progression*). **1.** Enchaînement ordonné de faits ou de phénomènes, répondant à un certain schéma et aboutissant à un résultat déterminé ; marche, développement. *Le processus inflationniste.* **2.** Suite continue d'opérations constituant la manière de fabriquer, de faire qqch ; procédé technique. *Processus de fabrication.*

PROCÈS-VERBAL n.m. (pl. *procès-verbaux*). **1.** Acte établi par un magistrat, un officier ou un agent de police administrative ou judiciaire, ou par un officier public, qui rend compte de ce qu'il a fait, entendu ou constaté dans l'exercice de ses fonctions. **2.** Compte rendu écrit des débats et des travaux d'une réunion, d'une assemblée, etc.

PROCHAIN, E adj. (lat. pop. *propeanus,* proche, de *prope,* près de). **1.** Qui suit immédiatement ;

qui est le plus rapproché ; suivant. *Vendredi prochain. Le prochain arrêt du train.* **2.** Qui va survenir, arriver (sans précision dans le temps). *Nous en parlerons une prochaine fois.* ◆ n.f. *Fam.* **1.** *La prochaine* : la station suivante. *Descendez à la prochaine.* **2.** *À la prochaine* : à une autre fois, à bientôt. ◆ n.m. Tout être humain considéré dans les relations morales que l'on a avec lui ; semblable. *Aimer son prochain.*

PROCHAINEMENT adv. Dans peu de temps ; bientôt.

1. PROCHE adj. (de *prochain*). **1.** Qui n'est pas éloigné, dans l'espace ou dans le temps. *Une maison proche de la mer. L'heure du départ est proche.* **2.** Qui a d'étroites relations de parenté, d'amitié ; intime. *Des amis très proches.* **3.** Peu différent ; approchant. *Prévisions proches de la vérité.*

2. PROCHE n. **1.** Proche parent ; ami intime. *C'est une proche de la famille.* **2.** Personne qui partage une communauté d'idées avec qqn, avec un groupe, ou entretient d'étroites relations avec lui. *Un proche du pouvoir.* ◆ n.m. *De proche en proche* : progressivement, par degrés.

PROCHE-ORIENTAL, E, AUX adj. Qui se rapporte au Proche-Orient.

PROCIDENCE n.f. (lat. *procidentia,* chute). MÉD. Descente pathologique du cordon ombilical ou d'un membre du fœtus avant la tête, lors de l'accouchement.

P

PROCLAMATION n.f. **1.** Action de proclamer. **2.** Ce qui est proclamé ; appel, manifeste.

PROCLAMER v.t. (lat. *proclamare*). **1.** Reconnaître, révéler publiquement et solennellement. *Proclamer la vérité.* **2.** Faire connaître publiquement ; annoncer, publier. *Proclamer un verdict, les résultats d'un concours. Être proclamé vainqueur.*

PROCLITIQUE n.m. et adj. LING. Mot privé d'accent tonique, qui fait corps avec le mot suivant. (En français, l'article est proclitique.)

PROCLIVE adj. (lat. *proclivis,* qui penche). ANAT. Qui est incliné vers l'avant. *Incisives proclives du mouton.*

1. PROCONSUL n.m. (mot lat.). ANTIQ. ROM. Consul sorti de charge et reconduit dans ses pouvoirs pour gouverner une province ou pour mener jusqu'à son terme une campagne entreprise.

2. PROCONSUL n.m. PALÉONT. Grand primate africain fossile de la fin du miocène, du groupe des dryopithèques, qui se déplaçait comme le chimpanzé, dont il avait la taille et le mode de vie.

PROCONSULAIRE adj. ANTIQ. ROM. Du proconsul ; qui relève de l'autorité du proconsul.

PROCONSULAT n.m. ANTIQ. ROM. Dignité, fonction de proconsul ; durée de cette fonction.

PROCORDÉ n.m. Vx. Animal marin proche des vertébrés primitifs. (Dans la systématique ancienne, les procordés formaient un groupe.)

PROCRÉATEUR, TRICE adj. et n. *Sout.* Qui procrée.

PROCRÉATION n.f. Action de procréer ; reproduction. ◇ *Procréation médicalement assistée* : ensemble de procédés qui permettent la fusion d'un ovule et d'un spermatozoïde humains sans relations sexuelles, par une intervention médicale (insémination artificielle ou fécondation in vitro avec transfert de l'embryon dans l'utérus maternel).

PROCRÉATIQUE n.f. BIOL. Domaine d'étude relatif aux techniques de procréation artificielle.

PROCRÉER v.t. [8] (lat. *procreare*). *Sout.* Donner la vie, en parlant de la femme et de l'homme ; engendrer.

PROCTALGIE n.f. (gr. *prôktos,* anus, et *algos,* douleur). MÉD. Douleur aiguë de l'anus ou du rectum.

PROCTITE n.f. MÉD. Rectite.

PROCTOLOGIE n.f. (du gr. *prôktos,* anus). Discipline médicale qui traite des maladies de l'anus et du rectum.

PROCTOLOGUE n. Médecin spécialiste en proctologie.

PROCURATEUR n.m. (lat. *procurator,* mandataire). **1.** ANTIQ. ROM. Fonctionnaire de l'ordre équestre placé par l'empereur à la tête d'un service important ou d'une province impériale. **2.** HIST. Haut magistrat des républiques de Venise et de Gênes.

PROCURATION n.f. (lat. *procuratio, -onis,* commission). Pouvoir qu'une personne donne à une autre d'agir en son nom ; acte authentique conférant ce pouvoir. ◇ *Par procuration* : en vertu d'une procuration ; *fig.,* en s'en remettant à un autre pour agir.

PROCURE n.f. Office de procureur dans une communauté religieuse ; ensemble des bureaux du procureur.

PROCURER v.t. (lat. *procurare*). **1.** Faire obtenir ; mettre à la disposition de ; fournir, pourvoir. *Procurer un emploi à qqn.* **2.** Être la cause, l'occasion de ; apporter, occasionner. *Cela nous a procuré bien des ennuis.*

1. PROCUREUR n.m. **1.** *Procureur général.* **a.** Magistrat qui exerce en France les fonctions du ministère public auprès de la Cour de cassation, de la Cour des comptes et des cours d'appel. **b.** Au Canada, ministre chargé de représenter le gouvernement devant les tribunaux. **2.** *Procureur de la République* : magistrat qui exerce en France les fonctions du ministère public auprès du tribunal de grande instance. — *Délégué du procureur de la République* : auxiliaire du procureur chargé de mettre en œuvre des alternatives aux poursuites pénales (médiation, composition). **3.** Religieux chargé des intérêts temporels d'une communauté.

2. PROCUREUR, E n. Au Québec, personne chargée de représenter qqn en justice et d'agir à sa place. — *Spécial.* Avocat délégué par le procureur général pour représenter le ministère public dans une affaire.

PROCYONIDÉ n.m. Mammifère carnivore d'Amérique, de petite taille, tel que le raton laveur et le coati. (Les procyonidés forment une famille.)

PRODIGALITÉ n.f. **1.** Qualité d'une personne prodigue. **2.** (Surtout pl.) Action d'une personne prodigue ; dépense excessive, largesse. *Ses prodigalités la ruinent.*

PRODIGE n.m. (lat. *prodigium*). **1.** Fait, événement extraordinaire, qui semble de caractère magique ou surnaturel. ◇ *Tenir du prodige* : être prodigieux, incroyable. **2.** Ce qui surprend, émerveille. *Les prodiges de la science.* **3.** Personne d'un talent ou d'une intelligence rare, remarquable. ◇ *Enfant prodige,* exceptionnellement précoce et doué.

PRODIGIEUSEMENT adv. De façon prodigieuse ; au plus haut point.

PRODIGIEUX, EUSE adj. Qui surprend, qui est extraordinaire par ses qualités, sa rareté, etc.

PRODIGUE adj. et n. (lat. *prodigus*). Qui dépense à l'excès, de façon inconsidérée ; dépensier. ◇ *Enfant, fils prodigue,* qui revient au domicile paternel après avoir dissipé son bien (par allusion à la parabole évangélique de l'**Enfant prodigue*). ◆ adj. *Litt.* Qui donne sans compter ; généreux. *Prodigue de ses compliments, de son temps.*

PRODIGUER v.t. *Sout.* **1.** Dépenser sans compter ; dilapider, gaspiller. **2.** Donner généreusement ; distribuer, répandre. *Prodiguer des conseils, des soins.*

PRO DOMO loc. adj. inv. (mots lat., *pour sa maison*). Se dit du plaidoyer d'une personne qui se fait l'avocat de sa propre cause.

PRODROME n.m. (lat. *prodromus,* précurseur, du gr.). **1.** Symptôme de début d'une maladie, annonçant en partic. une crise aiguë. **2.** *Litt.* Fait qui présage un événement ; signe avant-coureur. *Les prodromes d'une révolution.*

PRODUCTEUR, TRICE n. et adj. **1.** Personne, pays, activité, etc., qui produit des biens, des services (par oppos. à *consommateur*). *Les pays producteurs de pétrole.* **2. a.** SPECT. Personne ou entreprise qui rassemble les moyens financiers, le personnel et tous les éléments nécessaires à la réalisation d'un film, d'un spectacle. **b.** MÉDIAS. Personne qui conçoit une émission et éventuellement la réalise. **3.** ÉCOL. *Producteur primaire* : organisme autotrophe qui produit sa propre matière vivante à partir des substances minérales du milieu et constitue donc le premier maillon d'une chaîne alimentaire.

PRODUCTIBILITÉ n.f. Quantité maximale d'énergie électrique que pourrait fournir un aménagement hydraulique dans les conditions les plus favorables.

PRODUCTIBLE adj. *Didact.* Qui peut être produit.

PRODUCTIF, IVE adj. **1.** Qui produit, fournit qqch. *Un sol peu productif.* **2.** Qui rapporte de l'argent, qui est rentable. *Un capital productif.*

PRODUCTION n.f. **1.** Action de produire, de faire exister ; fait de se produire, de se former. *La production d'un son strident. La production de gaz carbonique au cours d'une réaction chimique.* **2.** Action de montrer, de présenter à l'appui de ses dires, de ses prétentions. *La production d'un acte de naissance.* **3. a.** Action de produire, de créer, ou d'assurer les conditions de création des richesses économiques (biens, services, etc.) ; stade de l'économie où l'on produit. *La production du tabac. Le coût à la production.* ◇ *Mode de production* : selon les marxistes, ensemble constitué par les forces productives et les rapports sociaux de production. — *Rapports de production* : relations que les hommes entretiennent entre eux dans un mode de production donné. **b.** Bien ainsi produit ; quantité produite. *La production d'une entreprise.* **4.** SPECT. **a.** Activité de producteur ; branche de l'industrie cinématographique, du spectacle relative à cette activité. **b.** Film, spectacle envisagé en tant que résultat de l'activité du producteur. *Une production franco-italienne.* **5.** Ensemble des techniques relatives à l'exploitation d'un gisement de pétrole.

PRODUCTIQUE n.f. Ensemble des techniques informatiques et automatiques visant à accroître la productivité ; automatisation intégrée des industries manufacturières.

PRODUCTIVISME n.m. Tendance à rechercher systématiquement l'amélioration ou l'accroissement de la productivité.

PRODUCTIVISTE adj. Relatif au productivisme.

PRODUCTIVITÉ n.f. **1.** Fait d'être productif. **2.** Rapport mesurable entre une quantité produite (de biens, par ex.) et les moyens (machines, matières premières, etc.) mis en œuvre pour y parvenir. **3.** ÉCOL. Quantité de biomasse que peut fournir une surface ou un volume donnés d'un milieu naturel par unité de temps.

PRODUIRE v.t. [78] (lat. *producere*). **1.** Assurer la production de richesses économiques ; créer des biens, des services, etc. *Cette région produit du blé, du charbon.* **2.** Procurer comme profit ; rapporter, rendre. *Charge qui produit tant par an.* **3. a.** Donner naissance à ; créer, élaborer, concevoir. *Produire un roman.* **b.** Financer un film ou un spectacle, assurer les moyens de sa réalisation. **4.** Faire naître ; permettre d'obtenir ; provoquer, causer. *Cette méthode produit de bons résultats.* **5.** Montrer, présenter à l'appui de ses dires, de sa cause. *Produire des témoins.* ◆ **se produire** v.pr. **1.** Avoir lieu ; arriver, survenir. *Un grave accident s'est produit.* **2. a.** Se faire connaître, se montrer, paraître. *Se produire dans les salons.* **b.** Jouer devant un public ; donner un récital. *Se produire sur scène.*

PRODUIT n.m. **1.** Ce qui naît d'une activité quelconque de la nature ; fruit. *Les produits de la terre.* **2. a.** Ce qui résulte d'une activité, d'un état, d'une situation quelconque. *Produit du travail.* **b.** Ensemble de sommes obtenues ; bénéfice, fonds. *Le produit de l'impôt, d'une collecte.* ◇ *Produit intérieur brut (PIB)* : somme des valeurs ajoutées (biens et services) réalisées annuellement sur le territoire national par les entreprises d'un pays, quelle que soit leur nationalité. — *Produit national brut (PNB)* : somme totale du PIB et du solde des revenus des facteurs de production transférés par l'étranger ou à l'étranger, souvent retenue pour caractériser la puissance économique d'un pays. — *Produit financier* : recette dégagée par des activités financières (intérêts, agios, etc.). **3.** Personne ou chose considérée comme résultant d'une situation, d'une activité quelconque. *Un pur produit de l'université. C'est le produit de votre imagination.* **4.** Chacun des articles, objets, biens, services proposés sur le marché par une entreprise. *Consultez la liste de nos produits.* ◇ *Produits blancs* : appareils électroménagers tels que réfrigérateur, cuisinière, machine à laver, etc. — *Produits bruns* : matériel audiovisuel tel que chaîne hi-fi, téléviseur, magnétoscope, etc. **5.** Substance que l'on utilise pour l'entretien, les soins ou un usage particulier. *Produit pour la vaisselle.* **6. a.** ARITHM. *Produit de deux nombres,* résultat de la multiplication de ceux-ci. **b.** ALGÈBRE. Élément résultant de la composition de deux éléments d'un ensemble muni d'une opération notée multiplicativement. ◇ *Produit de deux ensembles,* produit *cartésien de ces ensembles. **c.** MATH. *Produit de deux fonctions* f *et* g : fonction qui à toute valeur de x associe $f(x) \times g(x)$. **7.** LOG. *Produit logique* : conjonction. — *Produit logique de deux relations* : intersection. **8.** Résultat d'une réaction chimique.

PROÉMINENCE n.f. Caractère de ce qui est proéminent ; ce qui est proéminent ; saillie.

PROÉMINENT, E adj. (lat. *proeminens, -entis*). En relief par rapport à ce qui est autour ; saillant. *Mâchoire proéminente.*

PROF n. (abrév.). *Fam.* Professeur.

PROFANATEUR, TRICE adj. et n. Qui profane.

PROFANATION n.f. Action de profaner.

1. PROFANE adj. (lat. *pro,* en avant, et *fanum,* temple). Qui ne fait pas partie des choses sacrées ; qui ne relève pas de la religion. ◆ n.m. Ensemble des choses profanes. *Le profane et le sacré.*

2. PROFANE n. et adj. **1.** Personne étrangère à une religion, non initiée à un culte. **2.** Personne étrangère à une association, à un groupement, etc. ; personne qui ignore les usages, les règles d'une activité.

PROFANER v.t. **1.** Violer le caractère sacré d'un lieu, d'un objet de culte, etc. *Profaner une sépulture.* **2.** *Litt.* Dégrader par un mauvais usage ; avilir. *Profaner son talent.*

PROFECTIF, IVE adj. (lat. *profectus,* qui vient de). Rare. Qui vient des ascendants. *Biens profectifs.*

PROFÉRER v.t. [11] (lat. *proferre,* porter en avant). Prononcer, articuler à haute voix. *Proférer des injures.*

PROFÈS, ESSE [prɔfɛ, ɛs] n. (du lat. *professus,* qui déclare). Religieux, religieuse qui a fait profession.

PROFESSER v.t. (lat. *profiteri,* déclarer). **1.** Déclarer, reconnaître publiquement. *Professer une opinion.* **2.** Vieilli. Enseigner.

PROFESSEUR n.m. (lat. *professor*). **1.** Personne qui enseigne une matière, une discipline précise. *Professeur d'anglais, de golf, de piano.* **2.** Membre de l'enseignement. *Professeur de lycée, d'université.* ◇ *Professeur des écoles :* enseignant du premier degré, formé par un IUFM. Abrév. *(fam.) : prof.*

PROFESSION n.f. (lat. *professio, -onis,* déclaration). **1.** Activité régulière exercée pour gagner sa vie ; métier. ◇ *De profession :* de métier ; *fig.,* qui est habituellement tel. *Paresseux de profession.* **2.** Ensemble des personnes qui exercent le même métier ; réunion de leurs intérêts communs. **3.** *Faire profession de :* déclarer, reconnaître ouvertement. **4.** *Profession de foi.* **a.** Affirmation faite publiquement par qqn concernant sa foi religieuse et, par ext., ses opinions, ses idées, etc. **b.** CATH. Engagement d'un enfant baptisé quant à sa foi, marqué par une cérémonie solennelle, appelée autref. *communion solennelle.* **5.** CHRIST. Acte par lequel un religieux ou une religieuse prononce ses vœux, après le noviciat.

PROFESSIONNALISATION n.f. **1.** Caractère d'une activité dont l'exercice tend à devenir professionnel, à ne plus être confié qu'à des spécialistes, des gens de métier. **2.** Caractère d'une activité que l'on pourvoit d'une finalité professionnelle. *Professionnalisation des études universitaires.* **3.** Fait pour une personne de se professionnaliser.

PROFESSIONNALISER v.t. **1.** Donner à une activité le caractère, le statut d'une profession. *Professionnaliser un sport.* **2.** Rendre qqn professionnel. ◆ **se professionnaliser** v.pr. Prendre un caractère professionnel ; devenir professionnel. *Sportif qui se professionnalise.*

PROFESSIONNALISME n.m. **1.** Fait, pour une personne, d'exercer une activité à titre professionnel. **2.** Qualité de qqn qui exerce une profession avec une grande compétence.

1. PROFESSIONNEL, ELLE adj. **1.** Relatif à une profession ; propre à une profession. *Secret professionnel. Maladie professionnelle.* ◇ *Enseignement professionnel :* enseignement du second degré, dispensé en lycée professionnel, menant aux différents baccalauréats professionnels et préparant à l'exercice immédiat de métiers de l'industrie et des services. **2.** Se dit d'un sport pratiqué comme une profession ou d'une épreuve opposant des sportifs professionnels. *Le cyclisme professionnel.*

2. PROFESSIONNEL, ELLE n. et adj. **1.** Personne qui exerce régulièrement une profession, un métier (par oppos. à *amateur*). *Un professionnel de l'informatique.* — *Spécial.* Sportif de profession, rétribué pour la pratique d'un sport (par oppos. à *amateur*). **2.** Personne qui a une expérience particulière dans un métier, dans une activité. *Du travail de professionnel.*

PROFESSIONNELLEMENT adv. Du point de vue professionnel.

PROFESSORAL, E, AUX adj. Relatif aux professeurs. *Corps professoral. Ton professoral.*

PROFESSORAT n.m. Fonction de professeur.

PROFIL n.m. (ital. *profilo*). **1. a.** Contour, aspect d'un visage vu de côté. ◇ BX-ARTS. *Profil perdu* ou *fuyant,* vu de trois quarts arrière. **b.** Aspect, contour général extérieur de qqch vu de côté ; silhouette. *Profil d'une voiture.* ◇ *De profil :* vu de côté (par oppos. à *de face,* à *de trois quarts*). **2.** *Fig.* **a.** Ensemble des traits qui caractérisent qqn par rapport à son aptitude pour un emploi, pour une fonction. *Il a le profil d'un diplomate.* ◇ *Profil psychologique :* représentation obtenue en notant les résultats des divers tests passés par un même sujet. **b.** Configuration générale d'une situation, d'une évolution, à un moment donné. *Le profil des ventes en mars.* ◇ *Prendre, choisir un (le) profil bas :* adopter une attitude de mesure, de modération dans ses paroles, ses projets, ses actions, génér. pour des raisons d'opportunité. **3.** Section d'un objet par un plan perpendiculaire à une direction donnée. *Profil d'une aile d'avion.* **4.** HYDROL. *Profil longitudinal :* courbe représentant sur un plan vertical le tracé d'un cours d'eau entre la source et l'embouchure. — *Profil d'équilibre :* profil longitudinal idéal d'une rivière dont le débit ne s'appauvrit pas vers l'aval. — *Profil transversal :* coupe du lit d'un cours d'eau perpendiculaire à l'écoulement.

PROFILAGE n.m. MÉCAN. INDUSTR. Opération par laquelle on donne un profil déterminé à une pièce, à une carrosserie, etc.

PROFILÉ n.m. Produit métallurgique de grande longueur, de section constante et de forme déterminée.

PROFILER v.t. **1.** Représenter en profil. *Profiler un édifice.* **2.** Donner un profil déterminé, spécial à un objet concret. ◆ **se profiler** v.pr. **1.** Se présenter, se détacher de profil, en silhouette. *Nuages qui se profilent à l'horizon.* **2.** *Fig.* Apparaître à l'état d'ébauche ; s'esquisser. *Une solution se profilait enfin.*

PROFILOGRAPHE n.m. Appareil permettant d'obtenir le dessin, à échelle réduite, des irrégularités du profil d'une chaussée.

PROFIT n.m. (lat. *profectus,* de *proficere,* donner du profit). **1.** Avantage matériel ou moral que l'on retire de qqch. ◇ *Au profit de :* au bénéfice de. — *Faire son profit, tirer profit de qqch,* en retirer un bénéfice, un avantage. — *Fam. Faire du profit :* être économique, avantageux ; durer longtemps. *Voilà un tissu qui fera du profit.* — *Mettre à profit :* employer utilement. **2.** ÉCON. Gain réalisé sur une opération ou dans l'exercice d'une activité. ◇ *Profit net :* différence entre le total des gains réalisés *(profit brut)* et le total des sommes décaissées pour la réalisation de l'opération ou de l'exercice de l'activité.

PROFITABLE adj. Qui procure un avantage.

PROFITANT, E adj. *Fam.,* vieilli. Qui fait du profit, qui est d'un usage avantageux.

PROFITER v.t. ind. **1. (de).** Tirer un avantage matériel ou moral de. *Profiter du beau temps.* **2. (à).** Être utile ; procurer un avantage à. *Vos conseils lui ont profité.* ◆ v.i. *Fam.* **1.** Se fortifier, grandir. *Cet enfant profite bien.* **2.** Être avantageux en permettant un long usage, en fournissant beaucoup. *Vêtement, plat qui profite.*

PROFITEROLE n.f. (de *profit*). Petit chou fourré de glace ou de crème pâtissière, arrosé d'une sauce au chocolat chaude.

PROFITEUR, EUSE n. Personne qui cherche à tirer un profit ou un avantage abusif de toute chose, notamm. du travail d'autrui.

PROFOND, E adj. (lat. *profundus*). **1. a.** Dont le fond est éloigné de la surface, du bord, de la partie visible. *Puits profond. Placard profond.* **b.** Qui est situé loin de la surface, du bord. *Couches profondes de la terre. Parties profondes d'un bois.* **2.** Qui pénètre loin, à une grande distance ; qui descend très bas. *De profondes racines. Une blessure profonde.* **3.** Qui évoque l'idée d'épaisseur ; obscur, sombre. *Ténèbres profondes. Nuit profonde.* **4.** Qui semble venir du fond du corps ; ample, grave. *Un profond soupir. Une voix profonde.* **5.** Se dit de ce qui est fondamental et joue un rôle essentiel ; foncier, intime. *Nature profonde de qqn. Raisons profondes d'une décision.* **6.** Qui relève de la mentalité d'un pays, des tendances d'un peuple telles qu'elles s'expriment et résistent à l'écart des grands centres urbains livrés au changement. *La France profonde.* **7.** Qui est d'une grande pénétration, d'une grande portée. *Un philosophe profond. Une œuvre profonde.* **8.** Qui est, qui existe à un degré élevé ; intense. *Joie, douleur profonde. Profond silence.* ◆ adv. À une grande profondeur. *Creuser profond.* ◆ n.m. *Le plus profond de qqch :* la partie la plus profonde, la plus lointaine, la plus intime.

PROFONDÉMENT adv. **1.** À une grande profondeur. *Creuser profondément.* **2.** À un haut degré. *Profondément triste. Souhaiter profondément qqch.*

PROFONDEUR n.f. **1.** Caractère de ce qui est profond, de ce qui semble profond. *Rivière de faible profondeur. La profondeur d'un regard.* **2. a.** Dimension de certaines choses, mesurée de l'entrée, de l'orifice, de la partie antérieure à l'extrémité opposée. **b.** Distance du fond à la surface, à l'ouverture. *Un trou de dix mètres de profondeur.* **c.** Direction verticale. *Creuser en profondeur.* **3. a.** Grande pénétration d'esprit. *Un philosophe d'une rare profondeur.* **b.** Caractère de ce qui est riche de sens, de ce qui touche à l'essentiel. *Profondeur d'une œuvre, d'une idée.* **c.** Caractère de ce qui se manifeste avec force et intensité. *La profondeur d'un sentiment, d'une conviction.* **4.** (Surtout pl.) **a.** Partie profonde, située au-dessous de la surface du sol ou en contrebas. *Explorer les profondeurs des mers.* **b.** Partie reculée. *Les profondeurs d'un bois.* **c.** Partie secrète, intime. *Les profondeurs de l'âme.*

PRO FORMA loc. adj. inv. *Facture pro forma* → **facture.**

P

PROFUS, E adj. *Litt.* Abondant.

PROFUSION n.f. (lat. *profusio, -onis*). Grande abondance ; surabondance. *Une profusion de lumière, de couleurs.* ◇ *À profusion :* abondamment.

PROGÉNITURE n.f. (lat. *progenies,* race, lignée). *Litt.* ou *par plais.* L'ensemble des enfants, par rapport aux parents ; la descendance.

PROGÉNOTE n.m. SC. DE LA V. Cellule primitive hypothétique, apparue il y a plus de 3,5 milliards d'années, d'où seraient issues les cellules procaryotes et eucaryotes.

PROGESTATIF, IVE adj. et n.m. (du lat. *progestare,* porter en avant). MÉD. Se dit de la progestérone et des substances naturelles ou médicamenteuses apparentées.

PROGESTÉRONE n.f. Hormone stéroïde sécrétée par le corps jaune de l'ovaire pendant la deuxième partie du cycle menstruel, et préparant l'utérus à une éventuelle grossesse.

PROGICIEL n.m. (de *produit* et *logiciel*). INFORM. Ensemble complet de programmes accompagné d'une documentation, conçu pour être fourni à différents utilisateurs en vue d'une même application ou d'une même fonction.

PROGLOTTIS n.m. (gr. *pro,* devant, et *glôttis,* languette). ZOOL. Chacun des anneaux d'un ver cestode (ténia, par ex.).

PROGNATHE [prɔgnat] adj. et n. (gr. *pro,* en avant, et *gnathos,* mâchoire). Caractérisé par le prognathisme.

PROGNATHISME [-gna-] n.m. Saillie en avant des os maxillaires.

PROGRAMMABLE adj. Que l'on peut programmer.

1. PROGRAMMATEUR, TRICE n. Personne qui établit un programme de cinéma, de radio, etc.

2. PROGRAMMATEUR n.m. Dispositif dont les signaux de sortie commandent l'exécution d'une suite d'opérations correspondant à un programme. — *Spécial.* Dispositif intégré à certains appareils ménagers qui commande automatiquement l'exécution des différentes opérations à effectuer. *Programmateur d'une cuisinière, d'un lave-vaisselle.*

PROGRAMMATION n.f. **1.** Établissement d'un programme. *La programmation d'un festival de cinéma.* **2.** Action de programmer.

PROGRAMMATIQUE adj. *Didact.* Qui relève d'un programme ; qui constitue un programme.

PROGRAMME n.m. (gr. *programma,* affiche). **1.** Énoncé des thèmes d'une discipline dont l'étude est prévue dans une classe ou sur lesquels doit porter un examen. **2. a.** Livret détaillant un spectacle, le sujet de l'œuvre, le nom des interprètes, etc. **b.** Liste des émissions de radio, de télévision, indiquant, pour une période donnée, les horaires, les sujets, etc. ◇ *Industries de programmes :* ensemble des activités relatives à la production de programmes audiovisuels. **3.** Exposé, déclaration des intentions, des projets d'une personne, d'un groupe, etc. (notamm. en politique). **4.** ARCHIT. Énoncé des fonctions et des caractéristiques auxquelles devra répondre un édifice projeté. **5.** INFORM. Séquence d'instructions et de données enregistrée sur un support et susceptible d'être traitée par un ordinateur.

PROGRAMMÉ, E adj. Inscrit à un programme ; commandé par un programme. ◇ *Enseignement programmé,* dans lequel la matière enseignée est divisée en éléments courts, facilement assimilables, dont l'apprenant détermine lui-même le rythme et l'ordre d'acquisition.

PROGRAMMER v.t. **1.** Établir à l'avance une suite d'opérations, les phases d'un projet, etc. **2.** Prévoir, inscrire une œuvre, une émission au programme d'un cinéma, d'une chaîne de radio, etc. **3.** INFORM. Fournir à un ordinateur les données et les instructions concernant un problème à résoudre, une tâche à exécuter, etc.

PROGRAMMEUR, EUSE n. Spécialiste chargé de la mise au point de programmes d'ordinateur.

PROGRÈS n.m. (du lat. *progressus,* de *progredi,* avancer). **1.** Amélioration, développement des connaissances, des capacités de qqn. *Faire des progrès en musique.* **2.** Changement graduel de qqch, d'une situation, etc., par amélioration ou aggravation. *Les progrès d'une inondation.* **3.** Développement de la civilisation. *Croire au progrès.*

PROGRESSER v.i. **1.** Être animé d'un mouvement de progression ; avancer, se développer, se propager. *Les troupes progressent. Une maladie qui progresse.* **2.** Faire des progrès ; s'améliorer. *Élève qui progresse.*

PROGRESSIF, IVE adj. **1.** Qui avance par degrés ; qui se développe régulièrement, selon une progression. *Amélioration progressive.* **2.** GRAMM. *Forme progressive,* ou *progressif,* n.m. : en grammaire anglaise traditionnelle, forme verbale indiquant qu'une action est en train de s'accomplir. (Ex. : *I am swimming,* je suis en train de nager, je nage.) **3.** DR. FISC. *Impôt progressif :* impôt dont le taux s'élève en même temps que le montant de la matière imposable. **4.** *Verres progressifs :* verres de lunettes permettant, dans le cas d'une amétropie associée à une presbytie, de modifier graduellement la vision de haut en bas.

PROGRESSION n.f. (lat. *progressio, -onis,* progrès). **1.** Mouvement, marche en avant. *La progression d'une troupe.* **2.** Développement régulier ; évolution, extension. *La progression d'une idée, d'une doctrine.* **3.** ARITHM. *Progression arithmétique :* suite de nombres réels tels que chaque terme est la somme du précédent et d'un nombre constant, appelé *raison.* – *Progression géométrique :* suite de nombres réels tels que chaque terme est le produit du précédent par un nombre constant, appelé *raison.*

PROGRESSISME n.m. Doctrine progressiste.

PROGRESSISTE adj. et n. Qui a des idées politiques, sociales avancées.

PROGRESSIVEMENT adv. D'une manière progressive ; graduellement.

PROGRESSIVITÉ n.f. Caractère de ce qui est progressif.

PROHIBÉ, E adj. DR. **1.** Interdit par la loi. *Port d'armes prohibé.* **2.** *Temps prohibé,* pendant lequel certains actes sont interdits par la loi. *Chasse en temps prohibé.*

PROHIBER v.t. (lat. *prohibere,* écarter). Interdire légalement, par voie d'autorité.

PROHIBITIF, IVE adj. **1.** Qui se rapporte à une interdiction légale. *Une loi prohibitive.* **2.** Qui est d'un montant si élevé qu'il interdit l'achat. *Prix, tarifs prohibitifs.*

PROHIBITION n.f. (lat. *prohibitio, -onis*). Défense, interdiction légale. – *Spécial.* Interdiction de fabriquer et de vendre des boissons alcooliques aux États-Unis, entre 1919 et 1933.

PROHIBITIONNISTE adj. et n. Favorable à la prohibition de certains produits, notamm. de l'alcool.

PROIE n.f. (lat. *praeda*). **1.** Être vivant capturé et dévoré par un animal (le *prédateur*). ◇ *Oiseau de proie :* rapace. **2.** *Fig.* **a.** Personne qu'on tourmente ou qu'on peut manœuvrer facilement. *Voilà une proie toute désignée pour les escrocs.* **b.** Ce dont on s'empare avec rapacité, par la violence. *Ce petit pays était une proie facile pour les envahisseurs.* **3.** *Être en proie à :* être livré à, tourmenté par. *Être en proie à la jalousie.* – *Être la proie de :* être détruit, ravagé par. *Ce vieil immeuble a été la proie des flammes.*

PROJECTEUR n.m. (de *projection*). **1.** Appareil qui renvoie au loin la lumière d'un foyer en un ou plusieurs faisceaux d'une grande intensité. **2.** *Fig.* Ce qui alerte, attire l'attention, met qqch en avant, notamm. dans l'opinion publique. *L'actualité a braqué les projecteurs sur ce problème de société.* **3.** Appareil muni d'un dispositif lumineux qui sert à visualiser sur un écran des vues fixes ou animées. *Projecteur de diapositives.*

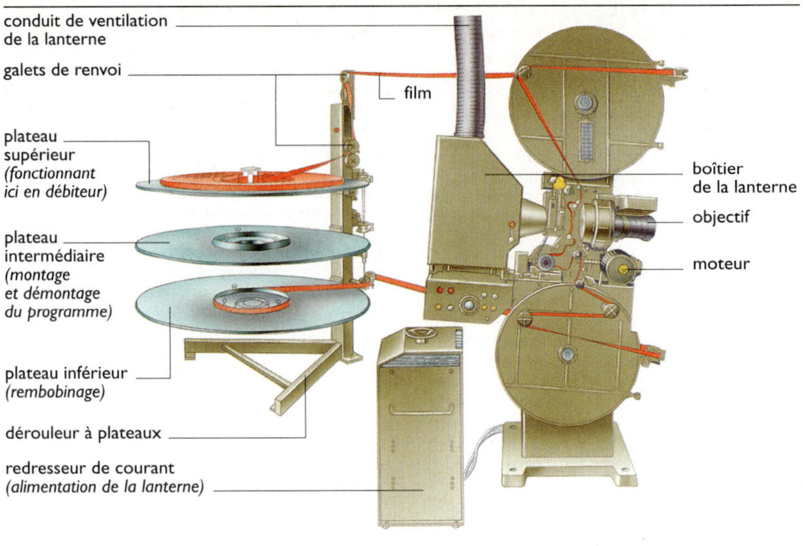

■ **PROJECTEUR** de cabine de cinéma.

PROJECTIF, IVE adj. PSYCHOL. *Test projectif,* qui fait appel aux mécanismes de la projection et dans lequel le sujet est amené, à partir d'un matériel dépourvu de signification (taches d'encre, par ex.), à exprimer les éléments fantasmatiques et affectifs constitutifs de sa personnalité. SYN. : *test de personnalité.*

PROJECTILE n.m. (du lat. *projectus,* jeté en avant). Corps lancé avec force vers un but, une cible. – *Spécial.* Corps lancé par une arme de jet ou par une arme à feu (flèche, balle, obus, etc.).

PROJECTION n.f. (lat. *projectio, -onis,* de *projicere,* projeter). **1.** Action de projeter, de lancer qqch dans l'espace. *Projection de vapeur, de gravillons.* **2.** Ce qui est projeté ; matière projetée. *Projections volcaniques.* **3.** PSYCHOL. Fait de situer dans le monde extérieur des pensées, des affects, des désirs, etc., sans les identifier comme tels, et de leur prêter une existence objective. **4.** PSYCHAN. Fait pour un sujet de situer dans le monde extérieur, en leur attribuant une existence objective, certains de ses affects, de ses pensées ; localisation dans une autre personne de pulsions, de sentiments impossibles à accepter comme les siens. (La projection peut être opposée à l'*introjection.*) **5.** CINÉMA. **a.** Action de projeter un film. **b.** Image projetée. *La projection est floue.* **6.** MATH. Application qui dans un plan (ou dans l'espace) fait correspondre à un point l'intersection d'une droite donnée (ou d'un plan donné) avec la droite de direction donnée passant par ce point. – (Abusif). Projeté. **7.** *Plans de projection.* **a.** MATH. Plan horizontal et plan frontal sur lesquels on projette orthogonalement les figures de l'espace. **b.** CARTOGR. Technique de représentation de tout ou partie du globe terrestre sur une surface plane. **8.** MIL. *Projection de forces :* engagement d'unités militaires loin de leur lieu de stationnement pour exécuter une mission opérationnelle.

PROJECTIONNISTE n. Professionnel chargé de la projection des films.

PROJET n.m. **1.** Ce que l'on a l'intention de faire. *Parle-moi de tes projets.* **2.** *Projet de loi :* texte de loi élaboré par le gouvernement et soumis au vote du Parlement. **3.** ARCHIT. Étude d'une construction avec dessins et devis. **4.** ENSEIGN. *Projet d'établissement :* ensemble d'actions relatives à l'organisation pédagogique et aux modes d'enseignement décidées au niveau d'un établissement, en fonction de la situation particulière de celui-ci et afin de mieux atteindre les objectifs fixés par les programmes nationaux.

PROJETÉ n.m. MATH. Image d'un point par une projection.

PROJETER v.t. [16] (lat. *pro,* en avant, et *jeter*). **1.** Jeter, lancer avec force en l'air, au loin, etc. *Projeter du sable.* **2.** Faire passer un film, des diapositives dans un projecteur. **3.** MATH. Déterminer l'image d'un point, d'une figure par une projection. **4.** Avoir en projet. *Il projette de repartir bientôt.*

PROLACTINE n.f. Hormone de l'antéhypophyse qui a notamm. pour rôle de favoriser la lactation après l'accouchement.

PROLAPSUS [prɔlapsys] n.m. (du lat. *prolabi,* glisser en avant). MÉD. Descente anormale d'un organe ou d'une portion d'organe. *Prolapsus de l'utérus.*

PROLÉGOMÈNES n.m. pl. (gr. *prolegomena,* choses dites avant). **1.** Longue introduction en tête d'un ouvrage. **2.** Notions préliminaires à une science, à l'étude d'une question.

PROLEPSE n.f. (gr. *prolêpsis,* anticipation). RHÉT. Procédé de style par lequel on prévient une objection que l'on réfute d'avance.

PROLÉTAIRE n. (lat. *proletarius,* de *proles,* race, lignée). **1.** Personne exerçant un métier manuel et ne disposant pour vivre que de la rémunération, génér. peu élevée, que lui alloue la personne à qui il vend sa force de travail. – Salarié aux revenus modestes. Abrév. *(fam.) : prolo.* **2.** ANTIQ. ROM. Citoyen de la dernière classe, exempt d'impôts et qui n'était considéré comme utile que par

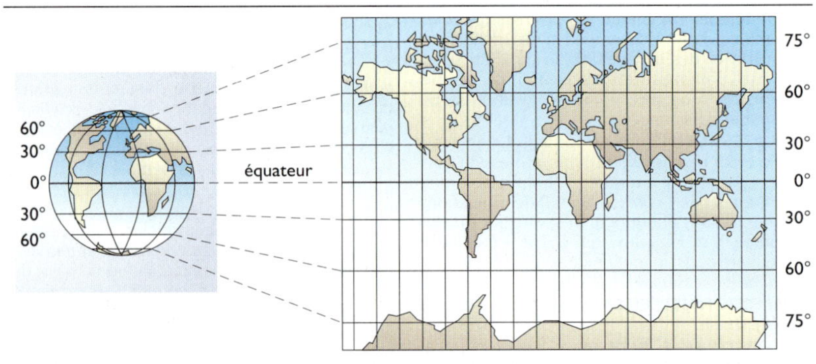

■ **PROJECTION** cartographique : principe du système de projection de Mercator.

les enfants qu'il engendrait. ◆ adj. Relatif au prolétaire ; qui appartient au prolétariat.

PROLÉTARIAT n.m. Ensemble, classe des prolétaires.

PROLÉTARIEN, ENNE adj. Relatif au prolétariat.

PROLÉTARISATION n.f. Fait d'être prolétarisé, de se prolétariser.

PROLÉTARISER v.t. Réduire à la condition de prolétaire ; pourvoir d'un caractère prolétarien. ◆ **se prolétariser** v.pr. Être réduit à la condition de prolétaire ; prendre un caractère prolétarien.

PROLIFÉRATION n.f. **1.** Multiplication rapide ; foisonnement, pullulement. **2.** BIOL. Accroissement du nombre de cellules par division, sans différenciation. **3.** *Prolifération nucléaire :* augmentation du nombre des nations accédant à une capacité nucléaire militaire indépendante.

PROLIFÉRER v.i. [11] (lat. *proles,* descendance, et *ferre,* porter). **1.** BIOL. Se reproduire en grand nombre et rapidement, en parlant d'organismes vivants. **2.** *Fig.* Se multiplier, foisonner.

PROLIFIQUE adj. **1.** Qui se multiplie rapidement ; fécond. *Les lapins sont très prolifiques.* **2.** Se dit d'un artiste, d'un écrivain qui produit beaucoup.

PROLIXE adj. (lat. *prolixus,* qui se répand abondamment). Qui se perd en détails inutiles, en développements superflus. *Discours, orateur prolixe.*

PROLIXITÉ n.f. *Litt.* Défaut d'une personne, d'un discours prolixes.

PROLO n. (abrév.). *Fam.* Prolétaire.

PROLOG n.m. (abrév. de *programmation en logique*). INFORM. Langage de programmation symbolique spécialisé pour l'intelligence artificielle.

PROLOGUE n.m. (lat. *prologus,* du gr. *pro,* avant, et *logos,* discours). **1. a.** ANTIQ. Partie d'une pièce de théâtre précédant l'entrée du chœur et exposant le sujet. **b.** Première partie d'une œuvre littéraire ou théâtrale relatant des événements antérieurs à ceux qui se déroulent dans l'œuvre elle-même. **2.** Ce qui annonce, prépare qqch ; prélude, introduction. *Cette réception a servi de prologue à la conférence.* **3.** MUS. **a.** Dans un opéra, tableau qui suit l'ouverture, avant le premier acte. **b.** Morceau qui ouvre une partition. **4.** SPORTS. Brève épreuve précédant le départ réel d'une compétition importante (cyclisme, rallye automobile).

PROLONGATEUR n.m. Rallonge électrique.

PROLONGATION n.f. (bas lat. *prolongatio*). **1.** Action de prolonger. **2.** Temps ajouté à la durée normale de qqch. **3.** SPORTS. Chacune des deux périodes accordées à deux équipes à la fin du temps réglementaire pour leur permettre de se départager.

PROLONGEMENT n.m. **1.** Action d'accroître qqch en longueur. *Travaux de prolongement d'une route.* **2.** Ce qui prolonge. *Cette impasse est le prolongement de la rue.* ◆ pl. Conséquences, suites directes ou indirectes d'un événement ; développements, répercussions. *Cette affaire aura des prolongements.*

PROLONGER v.t. [10] (lat. *pro,* en avant, et *longus,* long). **1.** Augmenter la durée de ; perpétuer, faire durer. *Prolonger l'attente.* **2.** Accroître la longueur de ; continuer, rallonger. *Prolonger une route.*

PROMENADE n.f. **1.** Action de se promener. **2.** Lieu, voie aménagés pour se promener. *Les tilleuls de la promenade.* **3.** DANSE. Dans un pas de deux, parcours effectué par le danseur en marchant autour de la danseuse, qu'il maintient pour la faire tourner.

PROMENER v.t. [12]. **1.** Conduire à l'extérieur pour donner de l'air, de l'exercice, pour divertir. *Promener ses enfants.* **2.** Laisser aller, laisser traîner çà et là. *Promener son regard d'une table à l'autre.* ◆ v.i. *Fam. Envoyer promener qqn,* le renvoyer, l'éconduire vivement. — *Fam. Envoyer promener qqch,* le rejeter loin de soi, dans un mouvement de colère, d'énervement. ◆ **se promener** v.pr. Aller d'un endroit à un autre, sans hâte, avec ou sans but, pour se distraire ou se détendre. *Se promener sur la plage.*

PROMENEUR, EUSE n. Personne qui se promène.

PROMENOIR n.m. **1.** Anc. Partie d'une salle de spectacle où l'on peut circuler ou se tenir debout. **2.** Lieu couvert destiné à la déambulation, au délassement.

PROMESSE n.f. (lat. *promissa,* choses promises). **1.** Action de promettre ; fait de s'engager à faire, à dire ou à fournir qqch. *Tu as ma promesse.* **2.** DR. *Promesse d'action :* certificat remis au souscripteur d'une action au moment de la constitution d'une société ou d'une augmentation de son capital.

PROMÉTHÉEN, ENNE adj. **1.** Relatif au mythe de Prométhée. **2.** *Litt.* Caractérisé par un idéal d'action et de foi en l'homme tel qu'il est symbolisé par le mythe de Prométhée.

PROMÉTHÉUM [prɔmeteɔm] n.m. **1.** Métal du groupe des terres rares. **2.** Élément chimique instable (Pm), de numéro atomique 61, de masse atomique 145.

PROMETTEUR, EUSE adj. Plein de promesses.

PROMETTRE v.t. [64] (lat. *promittere*). S'engager verbalement ou par écrit à faire, à dire, à donner qqch. *Promettre une récompense.* ◆ v.i. Laisser espérer pour l'avenir. *La vigne promet beaucoup.* ◇ *Fam., iron. Ça promet !* : l'affaire s'engage mal. ◆ **se promettre** v.pr. **1.** Prendre la ferme résolution de faire qqch, d'agir d'une certaine manière. **2.** Être fermement décidé à avoir ; compter fortement sur. *Se promettre du bon temps.*

1. PROMIS, E adj. (lat. *promissus*). Dont on a fait la promesse. *Une chose promise.* ◇ *La Terre promise :* dans la Bible, la terre de Canaan, promise par Dieu aux Hébreux ; *fig.,* lieu ou situation dont on rêve, dans lesquels la vie est heureuse et facile.

2. PROMIS, E n. Vx ou région. Fiancé, fiancée.

PROMISCUITÉ n.f. (lat. *promiscuus,* commun). Situation de voisinage, de proximité désagréable ou choquante.

PROMO n.f. (abrév.). *Fam.* Promotion. *Elles sont de la même promo.*

PROMONTOIRE n.m. (lat. *promuntorium*). Cap élevé s'avançant dans la mer.

1. PROMOTEUR, TRICE n. **1.** Personne qui s'engage envers une autre (dite *maître de l'ouvrage*) à faire procéder à la construction d'un immeuble, et qui en organise le financement ; personne qui exerce habituellement cette activité. **2.** *Litt.* Personne qui donne la première impulsion à qqch ; initiateur, précurseur. *Le promoteur d'une réforme.*

2. PROMOTEUR n.m. CHIM. Substance qui rend un catalyseur plus actif.

PROMOTION n.f. (bas lat. *promotio, -onis,* élévation). **1.** Nomination, accession d'une ou de plusieurs personnes à un grade ou à une dignité plus élevés, à une fonction ou à une position hiérarchique plus importante. *Cette promotion est assortie d'une augmentation. Promotion à l'ancienneté.* — Ensemble des personnes bénéficiant simultanément d'une telle nomination. **2.** Élévation à une dignité plus grande. *Promotion sociale. Promotion du travail manuel.* **3.** Ensemble des personnes entrées la même année comme élèves dans une école (en partic. dans une grande école). Abrév. *(fam.) : promo.* **4.** Opération temporaire effectuée en vue de faire connaître un produit ou d'en accélérer la vente à des conditions intéressantes pour la clientèle *(promotion-consommateurs),* ou visant à stimuler les réseaux de vente *(promotion-distributeurs).* ◇ *Promotion des ventes :* ensemble de mesures destinées à développer les ventes par des actions appropriées du réseau de distribution (publicité, expositions, démonstrations, rabais, etc.). — *Article en promotion,* faisant l'objet d'une campagne de promotion, génér. vendu à un prix moins élevé. ◆ pl. Suisse. Cérémonie scolaire marquant la remise des diplômes et les passages en classe supérieure.

PROMOTIONNEL, ELLE adj. Qui se rapporte à la promotion d'un produit.

PROMOUVOIR v.t. [42] (lat. *promovere,* faire avancer). **1.** Élever à une dignité ou à un grade supérieurs. **2.** Favoriser le développement, l'essor de. *Promouvoir une politique de progrès.* **3.** Mettre en œuvre la promotion d'un article, d'un produit. — REM. *Promouvoir* est surtout usité à l'infinitif, aux temps composés et au passif.

PROMPT, E [prɔ̃, prɔ̃t] adj. (lat. *promptus*). *Sout.* **1.** Qui agit rapidement ; vif. *Un esprit prompt.* **2.** Qui ne tarde pas. *Une prompte repartie.*

PROMPTEMENT [prɔ̃ptəmɑ̃] ou [prɔ̃tmɑ̃] adv. *Sout.* De façon prompte ; vivement.

PROMPTEUR [prɔ̃ptœr] n.m. (angl. *prompter*). Appareil sur lequel défilent des textes qui sont lus par le présentateur face à une caméra. SYN. : *téléprompteur.* Recomm. off. : *télésouffleur.*

PROMPTITUDE [prɔ̃ptityd] ou [prɔ̃tityd] n.f. *Sout.* **1.** Qualité d'une personne prompte ; diligence. *Obéir avec promptitude.* **2.** Caractère de ce qui est vif, rapide ; rapidité, vitesse. *La promptitude de l'éclair.*

PROMU, E adj. et n. Se dit d'une personne qui a reçu une promotion.

PROMULGATION n.f. Acte par lequel le chef de l'État constate qu'une loi a été régulièrement adoptée par le Parlement et la rend applicable.

PROMULGUER v.t. (lat. *promulgare*). Procéder à la promulgation d'une loi.

PRONAOS [prɔnaɔs] n.m. (mot gr.). Vestibule d'un temple antique, donnant accès au naos.

PRONATEUR, TRICE adj. et n.m. ANAT. Se dit d'un muscle qui sert aux mouvements de pronation.

PRONATION n.f. (du lat. *pronare,* pencher en avant). Mouvement de rotation de l'avant-bras qui amène la paume de la main de l'avant vers l'arrière, ou du haut vers le bas (par oppos. à *supination*).

PRÔNE n.m. (lat. pop. *protinum,* vestibule). CATH. Ensemble des annonces que le prêtre fait à la fin de la messe paroissiale (messes de la semaine suivante, mariages, etc.).

PRÔNER v.t. Recommander vivement, avec insistance ; vanter. *Prôner la modération.*

PRÔNEUR, EUSE n. *Litt.* Personne qui prône.

PRONOM n.m. (lat. *pronomen, -inis*). GRAMM. Mot représentant un nom, un adjectif, une phrase et dont les fonctions syntaxiques sont identiques à celles du nom. (Les pronoms peuvent être personnels, possessifs, démonstratifs, interrogatifs, relatifs, indéfinis.)

PRONOMINAL, E, AUX adj. Du pronom ou qui s'y rapporte ; qui a une fonction de pronom. ◇ *Verbe pronominal,* ou *pronominal,* n.m. : verbe se conjuguant avec deux pronoms de la même personne (ex. : *elle se flatte, nous nous avançons*).

PRONOMINALEMENT adv. En fonction de pronom ou de verbe pronominal.

PRONONÇABLE adj. (Surtout en tournure négative.) Qui peut être prononcé.

1. PRONONCÉ, E adj. Fortement marqué ; accentué, accusé. *Des traits prononcés.*

2. PRONONCÉ n.m. DR. Lecture d'une décision juridictionnelle à l'audience. SYN. : *prononciation.*

PRONONCER v.t. [9] (lat. *pronuntiare,* proclamer). **1.** Articuler d'une certaine manière. *Prononcer les lettres, les mots.* **2.** Dire à voix haute ; énoncer, émettre. *Prononcer un discours.* **3.** Rendre un arrêt, un jugement. ◆ **se prononcer** v.pr. **1.** Exprimer nettement une opinion sur qqch. *Le médecin ne s'est pas encore prononcé.* **2.** Choisir tel parti ; se décider. *Se prononcer en faveur d'une mesure fiscale.*

PRONONCIATION n.f. **1.** Manière de prononcer les sons du langage, les mots. **2.** DR. Prononcé.

PRONOSTIC [prɔnɔstik] n.m. (du gr. *prognôstikein,* connaître d'avance). **1.** Supposition sur ce qui doit arriver ; prévision. **2.** MÉD. Prévision de l'évolution d'une maladie, en partic. de son degré de gravité.

PRONOSTIQUE adj. MÉD. Qui concerne le pronostic.

PRONOSTIQUER v.t. Faire un pronostic ; prédire, prévoir. *Pronostiquer l'arrivée du tiercé.*

PRONOSTIQUEUR, EUSE n. Personne qui fait des pronostics, notamm. des pronostics hippiques, sportifs.

PRONUNCIAMIENTO [prɔnunsjamjɛnto] n.m. (mot esp.). Coup d'État militaire ; putsch.

PRO-OCCIDENTAL, E, AUX adj. et n. **1.** Favorable à l'Occident, à ses valeurs. **2.** Favorable au système d'alliances politico-militaires qui unit les États-Unis, les États d'Europe de l'Ouest et certains autres États du monde (Japon, notamm.).

PROPADIÈNE n.m. Allène.

PROPAGANDE n.f. (lat. *congregatio de propaganda fide,* congrégation pour la propagation de la foi). Action systématique exercée sur l'opinion pour faire accepter certaines idées ou doctrines, notamm. dans le domaine politique ou social.

P

PROPAGANDISTE adj. et n. Qui fait de la propagande.

PROPAGATEUR, TRICE adj. et n. Qui propage.

PROPAGATION n.f. **1.** Fait de se propager, de s'étendre. *La propagation d'une épidémie.* – PHYS. Déplacement progressif d'énergie dans un milieu déterminé. *La propagation des ondes sonores, hertziennes.* **2.** Action de propager, de répandre une idée, une nouvelle, etc. ; diffusion. **3.** Multiplication des êtres vivants par voie de reproduction. – ÉCOL. Extension de l'aire occupée par une espèce.

PROPAGER v.t. [10] (lat. *propagare*). **1.** Répandre dans le public ; diffuser. *Propager une nouvelle.* **2.** *Litt.* Multiplier par voie de reproduction. *Propager les espèces utiles.* ◆ **se propager** v.pr. S'étendre de proche en proche ; progresser. *Le feu se propage rapidement sous l'action du vent.*

PROPAGULE n.f. (du lat. *propago,* bouture). BOT. Petit organe pluricellulaire assurant la multiplication végétative des mousses.

PROPANE n.m. Hydrocarbure saturé gazeux (C_3H_8), employé comme combustible.

PROPAROXYTON adj.m. et n.m. LING. Se dit d'un mot accentué sur l'antépénultième.

PROPÉDEUTIQUE n.f. (du gr. *pro,* avant, et *paideuein,* enseigner). Première année d'études dans les facultés des lettres et des sciences, de 1948 à 1966.

PROPÈNE n.m. Propylène.

PROPENSION n.f. (lat. *propensio, -onis*). Penchant, inclination à faire qqch ; tendance, disposition. *Propension au mensonge.*

PROPERGOL n.m. Produit composé d'un ou de plusieurs ergols et capable, par réaction chimique, de fournir l'énergie de propulsion d'un moteur-fusée.

PROPHARMACIEN, ENNE n. Médecin autorisé à posséder un dépôt de médicaments et à les délivrer à ses malades lorsque la localité où il exerce est dépourvue de pharmacien.

PROPHASE n.f. BIOL. CELL. Première phase de la division cellulaire, pendant laquelle les molécules d'ADN se condensent en chromosomes distincts et fissurés longitudinalement.

PROPHÈTE n.m. (gr. *prophêtês*). **1.** Dans la Bible, homme qui, inspiré par Dieu, parle en son nom pour faire connaître son message. **2.** *Le Prophète :* Mahomet, pour les musulmans. **3.** Personne qui annonce un événement futur.

PROPHÉTESSE n.f. Femme inspirée interprète de la divinité.

PROPHÉTIE [-si] n.f. **1.** Oracle d'un prophète. **2.** Prédiction d'un événement.

PROPHÉTIQUE adj. **1.** Qui se rapporte à un prophète, aux prophètes. **2.** Qui tient de la prophétie.

PROPHÉTIQUEMENT adv. De manière prophétique ; en prophète.

PROPHÉTISER v.t. **1.** Annoncer, par inspiration surnaturelle, les desseins de Dieu ou d'une divinité. **2.** Prévoir, prédire par divination, pressentiment ou conjecture.

PROPHÉTISME n.m. RELIG. Ensemble des faits relatifs aux prophètes.

PROPHYLACTIQUE adj. (du gr. *prophulattein,* veiller sur). Relatif à la prophylaxie ; préventif.

PROPHYLAXIE n.f. Ensemble de moyens médicaux mis en œuvre pour empêcher l'apparition, l'aggravation ou l'extension des maladies.

PROPICE adj. (lat. *propitius*). **1.** Qui convient bien ; opportun, adéquat. *Le moment propice.* **2.** Bien disposé à l'égard de qqn ; favorable. *Les dieux nous sont propices.*

PROPITHÈQUE n.m. Mammifère lémurien des forêts claires de Madagascar, arboricole et frugivore. (Genre *Propithecus ;* famille des indridés.)

PROPITIATION [-sjasjɔ̃] n.f. RELIG. Action qui rend la divinité propice, clémente aux humains.

PROPITIATOIRE [prɔpisjatwar] adj. RELIG. Qui a pour but de rendre propice. *Sacrifice propitiatoire.*

PROPOLIS [prɔpɔlis] n.f. (gr. *pro,* en avant, et *polis,* ville). Substance résineuse que les abeilles récoltent sur les bourgeons et les écorces pour obturer les fissures de leur ruche.

PROPORTION n.f. (lat. *proportio, -onis*). **1.** Rapport de grandeur entre deux quantités. *Mettre la même proportion de sucre et de beurre dans un gâteau.* **2.** ARITHM. Égalité de deux fractions. ($\frac{a}{b} = \frac{c}{d}$ [$b \neq 0$, $d \neq 0$] est appelé *proportion, a* et *d* étant les *extrêmes, b* et *c* les *moyens.*) **3.** Rapport de grandeur de parties entre elles et avec l'ensemble. *Ce bâtiment a de belles proportions.* **4.** (Souvent pl.) Importance matérielle ou morale de qqch. *L'incident a pris des proportions considérables.* **5.** ***À proportion :*** proportionnellement. – ***À proportion de :*** dans la mesure de. – ***En proportion de :*** par rapport à. – ***Hors de proportion :*** beaucoup trop grand ; excessif. ◆ pl. Dimensions considérées par référence à une mesure, à une échelle. ◇ ***Toutes proportions gardées :*** en ne comparant que ce qui est comparable, en tenant compte de la différence d'importance ou de grandeur entre les éléments comparés.

PROPORTIONNALITÉ n.f. Relation dans laquelle se trouvent des quantités proportionnelles entre elles. ◇ ***Proportionnalité de l'impôt,*** dans laquelle le taux de prélèvement est constant quel que soit le montant de la matière imposable (par oppos. à *progressivité,* à *dégressivité*).

PROPORTIONNÉ, E adj. *Bien, mal proportionné :* dont les proportions sont harmonieuses, équilibrées ou, au contraire, inharmonieuses, sans grâce.

PROPORTIONNEL, ELLE adj. **1.** Se dit d'une quantité qui est dans un rapport de proportion avec une autre ou avec d'autres du même genre, de quantités qui sont dans un rapport de proportion. ◇ ***Impôt proportionnel :*** impôt dont le taux est constant quelle que soit l'importance de la matière imposable. **2.** ***Représentation proportionnelle,*** ou ***proportionnelle,*** n.f. : système électoral accordant aux diverses listes un nombre de représentants proportionnel au nombre des suffrages obtenus, associé en France à un mode de scrutin à un tour. **3.** MATH. ***Nombres proportionnels :*** suites de nombres tels que le rapport de deux nombres de même rang est constant. – ***Nombres inversement proportionnels :*** suites de nombres tels que les nombres de l'une sont proportionnels aux inverses des nombres de l'autre.

PROPORTIONNELLEMENT adv. À proportion, comparativement.

PROPORTIONNER v.t. Mettre en exacte proportion, établir un juste rapport entre deux choses. *Proportionner ses dépenses à ses ressources.*

PROPOS n.m. (de *proposer*). **1.** (Souvent pl.) Parole dite, mot échangé dans une conversation. *Tenir de joyeux propos.* **2.** *Sout.* Ce qu'on se propose ; intention, résolution. ◇ ***Avoir le ferme propos de*** (+ inf.) : avoir l'intention arrêtée de. – ***Tel n'est pas mon propos,*** mon intention. **3.** ***À propos.*** **a.** De façon opportune, au bon moment. **b.** Au fait. *À propos, vous a-t-elle téléphoné ?* – ***À propos de :*** au sujet de. – ***À tout propos :*** sans cesse, en n'importe quelle occasion. – ***Hors de propos, mal à propos :*** à contretemps, au mauvais moment.

PROPOSABLE adj. Qui peut être proposé.

PROPOSER v.t. (lat. *proponere,* d'apr. *poser*). **1.** Offrir au choix, à l'appréciation de qqn ; soumettre. *Proposer un sujet, une date.* **2.** Offrir comme prix. *Proposer cent euros d'un objet.* **3.** ***Proposer qqn à, pour un poste, un emploi :*** présenter qqn comme postulant, candidat à un poste, à un emploi, etc. ◆ **se proposer** v.pr. **1.** Avoir l'intention de. *Elle se propose de vous écrire.* **2.** Offrir ses services. *Il se propose comme chauffeur.*

PROPOSITION n.f. (lat. *propositio, -onis*). **1.** Action de proposer ; chose proposée pour qu'on en délibère. *Faire une proposition à une assemblée.* ◇ ***Sur la proposition de :*** à l'initiative de. – ***Faire des propositions à qqn,*** lui proposer une aventure, lui faire des avances amoureuses. – ***Proposition de loi :*** texte de loi soumis par un parlementaire au vote du Parlement. **2.** Condition qu'on propose pour arriver à un arrangement. *Faire des propositions de paix.* **3.** GRAMM. Unité syntaxique élémentaire de la phrase, génér. construite autour d'un verbe. *Proposition indépendante, principale, subordonnée.* **4.** LOG. Énoncé susceptible d'être vrai ou faux. ◇ ***Calcul des propositions :*** partie de la logique qui étudie les propriétés générales des propositions et des opérateurs propositionnels, sans référence au sens de ces propositions, dont on ne considère que la vérité ou la fausseté. **5.** LOG., MATH. **a.** Énoncé d'une propriété concernant un ensemble défini par des axiomes. **b.** Assertion fondamentale jugée trop élémentaire pour être qualifiée de théorème.

PROPOSITIONNEL, ELLE adj. LOG. Qui concerne les propositions.

1. PROPRE adj. (lat. *proprius*). **1.** Qui n'est pas taché ni souillé ; net. *Des vêtements, des mains propres.* – *Spécial.* Qui a été lavé, nettoyé. *Mettre une chemise propre.* **2. a.** Qui est bien entretenu, régulièrement nettoyé. *Un restaurant propre.* **b.** Qui est fait avec soin, application ; soigné. *Travail, devoir propre.* **3. a.** Qui soigne sa toilette, sa mise, ses vêtements ; soigné. **b.** Qui entretient avec soin les choses qui lui appartiennent ou qui lui sont confiées. **4.** Se dit d'un enfant, d'un animal domestique qui contrôle ses sphincters. **5.** Qui ne pollue pas, respecte l'environnement. *Usine, voiture propre.* **6.** *Fig.* D'une probité irréprochable ; honnête, moral. *Son passé n'est pas très propre.* **7.** *Fam., iron.* ***Nous voilà propres ! :*** nous sommes dans une situation fâcheuse, désagréable. ◆ n.m. **1.** Ce qui est propre, dépourvu de saleté. *Cette maison sent le propre.* **2.** ***Mettre au propre :*** mettre sous forme définitive ce qui n'était qu'un brouillon. **3.** *Fam., iron.* ***C'est du propre ! :*** se dit d'une chose qu'on désapprouve fortement.

2. PROPRE adj. (lat. *proprius*). **1.** Qui appartient spécialement à qqn, à qqch, qui le qualifie et le distingue de façon spécifique ; particulier. *Chaque être a ses caractères propres.* ◇ GRAMM. ***Nom propre,*** qui désigne un être ou un objet considéré comme unique (par oppos. à *nom commun*). – ASTRON. ***Mouvement propre d'une étoile,*** son déplacement angulaire annuel dans le ciel, résultant de son mouvement dans l'espace. – DR. ***Bien propre :*** bien qui fait partie du patrimoine personnel de l'un des époux (par oppos. à *acquêt*). – ***Capitaux propres,*** ceux qui, figurant au passif d'un bilan, ne proviennent pas de l'endettement (le capital social et les réserves, essentiellement). – ***Ombre propre,*** qui s'étend sur la face non éclairée d'un objet, d'une figure (par oppos. à *ombre portée*). **2.** Qui appartient à la personne même dont il est question, ou qui émane d'elle ; qui est exactement conforme à ce qu'elle a dit ou fait. *C'est écrit de sa propre main. Ce sont ses propres paroles.* ◇ ***Remettre qqch en main(s) propre(s),*** à la personne même, et non à un intermédiaire. **3.** Se dit d'un mot, d'une expression qui convient exactement ; approprié, juste, exact. *C'est le terme propre.* ◇ ***Sens propre :*** sens premier d'un mot, d'une expression, le plus proche du sens étymologique (par oppos. à *sens figuré*). **4.** ***Propre à.*** **a.** Qui appartient tout spécialement à ; spécifique à. *L'enthousiasme propre à la jeunesse.* **b.** Qui convient pour ; apte à. *Du bois propre à la construction.* ◆ n.m. **1.** ***Le propre de :*** la qualité particulière, spécifique de qqn, de qqch. *Le rire est le propre de l'homme.* **2.** ***En propre :*** en propriété particulière. *Posséder une maison en propre.* **3.** CATH. Partie de l'office qui varie selon le jour de l'année liturgique. ◆ n.m. pl. DR. Biens propres.

PROPRE-À-RIEN n. (pl. *propres-à-rien*). *Fam.* Personne sans aucune capacité.

PROPREMENT adv. **1.** D'une façon propre, avec propreté. *Manger proprement.* **2.** Honnêtement. *Se conduire proprement.* **3.** D'une manière exacte ; précisément, réellement. *Voilà proprement ce qu'il a dit.* – Au sens propre. ◇ ***Proprement dit :*** au sens exact, restreint. *La ville proprement dite.* – ***À proprement parler :*** pour parler en termes exacts.

PROPRET, ETTE adj. Propre et joli ; pimpant.

PROPRETÉ n.f. **1.** Qualité de ce qui est propre, exempt de saleté. **2.** Qualité de qqn qui est propre. **3.** Fait, pour un enfant, un animal domestique d'être propre. *Apprentissage de la propreté.*

PROPRÉTEUR n.m. (lat. *propraetor*). ANTIQ. ROM. Préteur sortant de charge, délégué au gouvernement d'une province.

PROPRÉTURE n.f. Dignité, fonction de propréteur ; durée de cette fonction.

PROPRIÉTAIRE n. **1.** Personne qui possède qqch en propriété. **2.** Bailleur d'un immeuble, d'une maison (par oppos. à *locataire*). Abrév. *(fam.) : proprio.*

PROPRIÉTÉ n.f. **1.** Droit d'user, de jouir et de disposer de qqch de façon exclusive et absolue sous les seules restrictions établies par la loi. ◇ ***Propriété artistique et littéraire :*** droit moral et pécuniaire exclusif d'un auteur, d'un artiste (et de ses ayants droit) sur son œuvre. – ***Propriété commerciale :*** droit de jouissance d'un locataire commerçant au renouvellement du bail. – ***Propriété industrielle :*** monopole concédé au titulaire d'un brevet d'invention, d'un dessin, d'un modèle ; droit exclusif de l'usage d'un nom commercial, d'une marque. – *Propriété intellectuelle :* la propriété artistique et littéraire ainsi que la propriété industrielle. **2.** Grande maison, entourée de terres, de dépendances, etc., génér. à la campagne. **3.** Ce qui est le propre, la qualité particulière de qqch. *Les propriétés de l'oxygène.* **4.** Adéquation d'un mot, d'une expression à l'idée, à la situation, etc.

PROPRIO n. (abrév.). *Fam.* Propriétaire.

PROPRIOCEPTIF, IVE adj. (de *propre* et *réceptif*). Se dit de la sensibilité du système nerveux aux informations sur les postures et les mouvements, venant des muscles et des articulations.

PROPULSER v.t. **1.** Faire avancer au moyen d'un propulseur ; envoyer, projeter au loin. *Le moteur sert à propulser le voilier quand il n'y a pas de vent. L'explosion a propulsé des débris à vingt mètres.* **2.** *Fam.* Installer qqn à un poste de responsabilité ; catapulter, bombarder. *On l'a propulsé à la tête du service.* ◆ **se propulser** v.pr. *Fam.* Se rendre quelque part ; se déplacer.

PROPULSEUR n.m. **1.** Organe, machine ou moteur destinés à imprimer un mouvement de propulsion à un navire, à une fusée, etc. – ASTRONAUT. Moteur-fusée. ◇ *Propulseur auxiliaire :* recomm. off. pour *booster.* **2.** PRÉHIST. Baguette en bois terminée par un crochet, et utilisée par les chasseurs pour augmenter la force de propulsion de la sagaie.

PROPULSIF, IVE adj. **1.** Relatif à la propulsion, au mouvement de propulsion. **2.** Se dit d'une poudre apte à lancer un projectile à partir d'une arme à feu.

PROPULSION n.f. (du lat. *propellere,* pousser en avant). Action de propulser ; fait d'être propulsé.

PROPYLÉE n.m. (gr. *pro,* devant, et *pulê,* porte). Entrée monumentale d'un palais, d'un sanctuaire grecs, constituée essentiellement d'une façade à colonnade doublée d'un vestibule. ◇ *Spécial. Les Propylées,* ceux de l'Acropole d'Athènes.

PROPYLÈNE n.m. Hydrocarbure éthylénique (C_3H_6) produit lors du raffinage du pétrole. SYN. : *propène.*

PRORATA n.m. inv. (lat. *pro rata parte,* selon la part déterminée). *Au prorata de :* en proportion de. *Percevoir des bénéfices au prorata de sa mise de fonds.*

PROROGATIF, IVE adj. DR. Qui proroge.

PROROGATION n.f. *Didact.* Action de proroger.

PROROGER v.t. [10] (lat. *prorogare*). **1.** *Didact.* Reporter à une date ultérieure ; prolonger la durée de. *Proroger une échéance, un contrat.* **2.** DR. Prolonger la validité d'une convention, les fonctions d'une assemblée délibérante au-delà de la date légale ; suspendre et fixer à une date ultérieure les séances d'une assemblée. **3.** DR. Étendre la compétence d'une juridiction.

PROSAÏQUE adj. (bas lat. *prosaicus,* écrit en prose). Qui manque de noblesse, d'idéal ; banal, commun, terre à terre, vulgaire.

PROSAÏQUEMENT adv. De façon prosaïque.

PROSAÏSME n.m. Caractère de ce qui est prosaïque.

PROSATEUR n.m. Auteur qui écrit en prose.

PROSCENIUM ou **PROSCÉNIUM** [prɔsenjɔm] n.m. (lat. *proscenium*). **1.** Devant de la scène d'un théâtre antique. **2.** Partie du plateau située devant l'avant-scène.

PROSCRIPTEUR n.m. *Sout.* Personne qui proscrit.

PROSCRIPTION n.f. (lat. *proscriptio, -onis*). **1.** ANTIQ. ROM. À la fin de la République, notamm. sous Sulla, condamnation arbitraire annoncée par voie d'affiches, et qui donnait licence à quiconque de tuer les personnes dont les noms étaient affichés. **2.** Fait de proscrire, d'exclure. **3.** Action de proscrire qqch ; prohibition, interdiction.

PROSCRIRE v.t. [79] (lat. *proscribere*). **1.** ANTIQ. ROM. Mettre hors la loi par proscription. **2. a.** Anc. Condamner au bannissement. **b.** *Fig.* Exclure qqn d'un groupe. **3.** Prononcer contre qqch une condamnation absolue ; exclure, interdire, prohiber. *Proscrire le recours à la violence. Proscrire un mot, un usage.*

PROSCRIT, E adj. et n. Frappé de proscription.

PROSE n.f. (lat. *prosa*). **1.** Forme ordinaire du discours parlé ou écrit, qui n'est pas assujettie aux règles de rythme et de musicalité propres à la poésie. **2.** Manière d'écrire propre à qqn, à une école, etc. – *Par ext., fam.* Paroles ou écrits, quels qu'ils soient.

PROSÉLYTE [prɔzelit] n. (gr. *prosêlutos,* étranger domicilié). **1.** RELIG. Païen converti au judaïsme. **2.** Nouveau converti à une foi religieuse. **3.** Personne gagnée à une cause, à une doctrine, etc., et qui concourt à sa propagation.

PROSÉLYTISME n.m. Zèle ardent pour recruter des adeptes, pour tenter d'imposer ses idées.

PROSENCÉPHALE n.m. Rare. Partie antérieure et supérieure de l'encéphale, comprenant les hémisphères et le diencéphale. SYN. : *cerveau.*

PROSIMIEN [-si-] n.m. Lémurien.

PROSOBRANCHE n.m. Mollusque gastéropode aquatique, à branchies situées en avant du cœur, tel que le murex, le bigorneau, la patelle. (La sous-classe des prosobranches comprend la majorité des gastéropodes marins à coquille.)

PROSODIE n.f. (gr. *prosôdia,* accent tonique). **1.** LITTÉR. Ensemble des règles relatives à la quantité des voyelles qui régissent la composition des vers, notamm. dans les poésies grecque et latine ; ensemble des règles et usages du compte syllabique, dans la poésie française. **2.** LING. Partie de la phonétique qui étudie l'intonation, l'accentuation, les tons, le rythme, les pauses, la durée des phonèmes. **3.** MUS. Étude des règles de concordance des accents d'un texte et de ceux, forts ou faibles, de la musique qui l'accompagne.

PROSODIQUE adj. LITTÉR. Relatif à la prosodie.

PROSOPAGNOSIE [-gnɔ-] n.f. (gr. *prosôpon,* visage, et *agnôsia,* ignorance). PSYCHOPATHOL. Trouble affectant la reconnaissance de l'identité des visages.

PROSOPOPÉE n.f. (gr. *prosôpon,* personne, et *poieîn,* faire). RHÉT. Procédé par lequel l'orateur ou l'écrivain prête la parole à des êtres inanimés, à des morts ou à des absents.

1. PROSPECT [prɔspɛ] n.m. (lat. *prospectus,* perspective). Distance minimale autorisée par les règlements de voirie entre les bâtiments, calculée pour un éclairement naturel satisfaisant.

2. PROSPECT [prɔspɛ] ou [prɔspɛkt] n.m. (mot angl.). Client potentiel d'une entreprise.

PROSPECTER v.t. (angl. *to prospect*). **1.** GÉOL. Étudier un terrain afin d'en découvrir les gîtes minéraux. **2.** Parcourir méthodiquement un lieu, une région pour y découvrir qqch. **3.** Rechercher une clientèle par divers moyens de prospection.

PROSPECTEUR, TRICE n. Personne qui prospecte. ◆ n.m. Personne qui effectue une prospection minière.

PROSPECTEUR-PLACIER n.m. (pl. *prospecteurs-placiers*). Personne chargée de recenser les emplois disponibles et de les proposer aux demandeurs d'emploi.

PROSPECTIF, IVE adj. *Didact.* Orienté vers l'avenir. *Étude prospective du marché.*

PROSPECTION n.f. **1.** GÉOL. Action de prospecter un terrain. **2.** Exploration méthodique d'un lieu pour y trouver qqn ou qqch. **3.** Recherche systématique de la clientèle (notamment par des envois de circulaires, des visites de représentants, etc.).

PROSPECTIVE n.f. Science portant sur l'évolution future de la société, et visant, par l'étude des diverses causalités en jeu, à favoriser la prise en compte de l'avenir dans les décisions du présent. (La prospective a été créée par le philosophe G. Berger.)

PROSPECTIVISTE adj. et n. Relatif à la prospective ; spécialiste de prospective.

PROSPECTUS [prɔspɛktys] n.m. (mot lat., *aspect*). Imprimé diffusé gratuitement à des fins d'information ou de publicité.

PROSPÈRE adj. (lat. *prosperus*). Qui est dans un état heureux de succès, de réussite. *Entreprise prospère. Affaires prospères.*

PROSPÉRER v.i. [11] (lat. *prosperare*). Avoir du succès ; réussir, se développer.

PROSPÉRITÉ n.f. État de ce qui est prospère.

PROSTAGLANDINE n.f. Substance dérivée d'un acide gras, présente dans de nombreux tissus de l'organisme et qui intervient dans de nombreux processus biologiques (contraction de l'utérus, inflammation, coagulation du sang, etc.).

PROSTATE n.f. (gr. *prostatês,* qui se tient en avant). Glande de l'appareil génital masculin, qui entoure la partie initiale de l'urètre, sous la vessie, et sécrète certains composants du sperme.

PROSTATECTOMIE n.f. Ablation chirurgicale de la prostate.

PROSTATIQUE adj. Relatif à la prostate.

PROSTATITE n.f. Inflammation de la prostate.

PROSTERNATION n.f. ou **PROSTERNEMENT** n.m. Action de se prosterner ; attitude d'une personne prosternée.

PROSTERNER (SE) v.pr. (lat. *prosternere*). Se courber jusqu'à terre en signe d'adoration, de respect. *Se prosterner devant un autel.*

PROSTHÈSE n.f. (gr. *prosthesis,* addition). LING. Addition d'un élément non étymologique à l'initiale d'un mot (ex. : le *é* de *étoile,* du lat. *stella*).

PROSTHÉTIQUE adj. **1.** LING. Qui résulte d'une prosthèse. **2.** BIOCHIM. *Groupement prosthétique :* substance non protéique contenue dans une hétéroprotéine.

PROSTITUÉ, E n. Personne qui se prostitue.

PROSTITUER v.t. (lat. *prostituere,* déshonorer). **1.** Livrer à la prostitution. **2.** *Litt.* Avilir, dégrader en utilisant pour des tâches indignes ou à des fins vénales ; profaner. *Prostituer son talent.* ◆ **se prostituer** v.pr. Se livrer à la prostitution.

PROSTITUTION n.f. **1.** Acte par lequel une personne consent à des rapports sexuels contre de l'argent ; état d'une personne qui en fait son métier. **2.** *Litt.* Avilissement.

PROSTRATION n.f. État d'abattement physique et psychique provoqué par certaines maladies.

PROSTRÉ, E adj. (lat. *prostratus,* de *prosternere,* renverser). En état de prostration.

PROSTYLE adj. et n.m. (gr. *pro,* en avant, et *stulos,* colonne). ARCHIT. Se dit d'un édifice présentant un portique à colonnes sur sa seule façade antérieure.

PROTACTINIUM [prɔtaktinjɔm] n.m. Élément radioactif (Pa), de numéro atomique 91.

PROTAGONISTE n. (gr. *prôtagonistês,* de *prôtos,* premier, et *agôn,* combat). **1.** Personne qui joue le rôle principal ou l'un des rôles principaux dans une affaire. **2.** Personnage important d'une pièce de théâtre, d'un film, d'un roman.

PROTAMINE n.f. Polypeptide utilisé notamm. comme antidote de l'héparine.

PROTANDRIE n.f. → **PROTÉRANDRIE.**

PROTASE n.f. (gr. *protasis*). **1.** LING. Subordonnée conditionnelle placée en tête de phrase, qui prépare la conséquence ou la conclusion exprimée dans la principale (ou *apodose*). **2.** RHÉT. Phase ascendante d'une période oratoire.

PROTE n.m. (gr. *prôtos,* premier). Vieilli. Chef d'un atelier de composition typographique.

PROTÉAGINEUX, EUSE adj. et n.m. Se dit de plantes (soja, pois, etc.) cultivées pour leur richesse en protéines et en amidon.

PROTÉASE n.f. Enzyme qui effectue une protéolyse.

1. PROTECTEUR, TRICE adj. et n. Qui protège. ◆ adj. Qui marque une attitude de protection condescendante. *Air, ton protecteur.*

2. PROTECTEUR n.m. Titre de régent en Angleterre et en Écosse, du XVe au XVIIe s. (Ce titre fut donné à O. Cromwell en 1653.)

PROTECTION n.f. (bas lat. *protectio, -onis*). **1.** Action de protéger. *Se placer sous la protection de qqn. La protection d'un métal contre l'oxydation.* ◇ *Par protection :* par faveur. **2.** Personne qui protège ; appui, soutien, patronage. *Avoir de hautes protections.* **3.** Ce qui protège, assure contre un risque, un danger, un mal. *Le manteau neigeux est une protection contre le gel.* **4.** Ensemble de mesures destinées à protéger certaines personnes ; organisme chargé de l'application de telles mesures. ◇ *Protection civile :* sécurité civile. – *Protection rapprochée :* ensemble de moyens mis en œuvre pour empêcher toute action menée à courte distance contre une personnalité. – *Protection judiciaire :* ensemble des mesures que peut prendre, en France, le juge des enfants à l'égard d'un mineur ou d'un majeur de 18 à 21 ans en danger moral. – *Protection maternelle et infantile (PMI) :* organisme départemental chargé de la protection sanitaire et sociale des femmes enceintes ainsi que des enfants de la naissance à 6 ans. – *Protection sociale :* ensemble des régimes qui assurent ou complètent une couverture sociale ainsi que diverses prestations à caractère familial ou social.

PROTECTIONNISME n.m. Politique de protection de la production nationale contre la concurrence étrangère par des mesures douanières ou non douanières (normes, quotas, etc.) [par oppos. à *libre-échange*].

P

PROTECTIONNISTE adj. et n. Propre au protectionnisme ; qui en est partisan.

PROTECTORAT n.m. **1.** Régime juridique caractérisé par la protection qu'un État fort assure à un État faible en vertu d'une convention ou d'un acte unilatéral. **2.** En Angleterre et en Écosse, régime dirigé par Oliver Cromwell puis par son fils Richard (1653 - 1659).

PROTÉE n.m. (lat. *Proteus,* n. d'un dieu marin). **1.** *Litt.* Personne qui change continuellement de rôle, d'opinions, etc. ; chose qui se présente sous des formes diverses. **2.** Amphibien urodèle cavernicole des eaux souterraines de l'Istrie et de la Dalmatie, à peau dépourvue de pigment et à branchies externes persistant chez l'adulte. (Long. 20 à 30 cm env. ; genre *Proteus,* famille des protéidés.)

PROTÉGÉ, E n. Personne qui bénéficie de la protection de qqn.

PROTÈGE-BAS n.m. inv. Petit chausson très fin emboîtant la base du pied, destiné à éviter le frottement de la chaussure sur la peau ou à protéger le bas de l'usure.

PROTÈGE-CAHIER n.m. (pl. *protège-cahiers*). Couverture souple servant à protéger un cahier.

PROTÈGE-DENTS n.m. inv. Appareil de protection des dents que l'on place à l'intérieur de la bouche, dans certains sports de combat (boxe, karaté, etc.).

PROTÉGER v.t. [15] (lat. *protegere*). **1.** Mettre à l'abri de dangers, d'incidents ; garantir, préserver, défendre. **2.** INFORM. Préserver l'intégrité du contenu d'une mémoire, d'un fichier, d'une banque de données, etc., par des dispositifs matériels ou logiciels. **3.** Assurer son soutien, son patronage à qqn ; appuyer, recommander, favoriser, soutenir. *Protéger une candidate.* **4.** Favoriser par une aide le développement de qqch. *Protéger les lettres, les arts.*

PROTÈGE-SLIP n.m. (pl. *protège-slips*). Bande absorbante adhésive qui se fixe à l'intérieur d'un slip de femme.

PROTÈGE-TIBIA n.m. (pl. *protège-tibias*). Pièce de protection des tibias, notamm. au football.

PROTÉIFORME adj. *Litt.* Susceptible de prendre diverses formes, d'en changer fréquemment.

PROTÉINE n.f. (du gr. *prôtos,* premier). Macromolécule constituée par une très longue chaîne d'acides aminés.

PROTÉINÉ, E adj. **1.** Enrichi en protéines. **2.** Protéinique.

PROTÉINIQUE adj. Qui contient des protéines. – *Par ext.* Protéique.

PROTÉINURIE n.f. Présence anormale de protéines dans l'urine, l'albumine notamment.

PROTÉIQUE adj. Qui a la structure ou la nature d'une protéine. – *Par ext.* Protéinique.

PROTÈLE n.m. (gr. *protelês*). Mammifère de l'Afrique orientale et australe, voisin de l'hyène mais qui se nourrit essentiellement de termites. (Genre *Proteles ;* famille des hyénidés, ordre des carnivores.)

PROTÉOLYSE n.f. Fragmentation des protéines en peptides et en acides aminés par des enzymes.

PROTÉOLYTIQUE adj. Relatif à la protéolyse ; qui effectue une protéolyse.

PROTÉRANDRIE ou **PROTANDRIE** n.f. **1.** État d'une fleur dont les étamines sont mûres avant le pistil. **2.** Caractère d'un animal hermaphrodite (par ex. vers plats, certains mollusques) qui passe du sexe mâle au sexe femelle au cours de sa vie.

PROTÉROGYNIE n.f. → **PROTOGYNIE.**

PROTÉROZOÏQUE n.m. et adj. GÉOL. Subdivision la plus récente du précambrien, d'une durée voisine de 2 milliards d'années.

PROTESTABLE adj. DR. Se dit d'un effet de commerce qui peut être protesté.

PROTESTANT, E adj. et n. Qui appartient au protestantisme ; qui le pratique, le professe.

PROTESTANTISME n.m. Ensemble des Églises et des communautés chrétiennes issues de la Réforme ; leur doctrine.

ENCYCL. Le protestantisme réunit des Églises diverses (luthériennes, réformées, anglicanes, etc.), que rassemblent trois affirmations fondamentales : l'autorité souveraine de la Bible en matière de foi (tout ce qui n'est que tradition humaine est écarté) ; le salut par la foi qui est don de Dieu (les œuvres bonnes n'étant pas la cause du salut mais sa conséquence) ; la force du témoignage intérieur du Saint-Esprit, par lequel le croyant saisit la parole de Dieu exprimée dans les livres saints. Le protestantisme se veut non pas un ensemble doctrinal mais une attitude commune de pensée et de vie, qui est fidélité à l'Évangile.

PROTESTATAIRE adj. et n. Qui proteste contre qqn, qqch ; contestataire.

PROTESTATION n.f. Action de protester.

PROTESTER v.i. (lat. *protestari,* déclarer publiquement). Déclarer avec force son opposition ; s'élever contre qqch, s'y opposer. *Protester contre une mesure. J'avais beau protester, rien n'y faisait.* ◆ v.t. DR. Faire dresser un protêt. ◆ v.t. ind. **(de).** *Sout.* Donner l'assurance formelle de. *Protester de son innocence.*

PROTÊT [prɔtɛ] n.m. (de *protester*). DR. Acte dressé par un huissier de justice ou un notaire, constatant le non-paiement ou le refus d'acceptation d'un effet de commerce et permettant des poursuites immédiates contre le débiteur.

PROTHALLE n.m. (du gr. *thallos,* branche). Petite lame verte riche en chlorophylle, en forme de cœur, résultant de la germination des spores chez les végétaux ptéridophytes (fougères, par ex.), et qui porte les organes reproducteurs (anthéridies et archégones). [Le prothalle est un gamétophyte.]

PROTHÈSE n.f. (gr. *prothesis,* addition). **1.** Pièce ou appareil destinés à remplacer partiellement ou totalement un organe ou un membre, ou à rétablir une fonction. **2.** Technique chirurgicale permettant de réaliser ce remplacement.

PROTHÉSISTE n. Technicien qui fabrique des prothèses, en partic. des prothèses dentaires, ou qui les délivre au public.

PROTHÉTIQUE adj. Relatif à la prothèse ; de la nature des prothèses.

PROTHORAX n.m. Premier anneau du thorax des insectes, parfois appelé *corselet,* et ne portant jamais d'ailes.

PROTHROMBINE n.f. Protéine du plasma sanguin, précurseur de la thrombine.

PROTIDE n.m. Substance constituée d'un ou de plusieurs acides aminés, telle que les peptides et les protéines.

PROTIDIQUE adj. Relatif aux protides ; de la nature des protides.

PROTIQUE adj. CHIM. *Acide protique :* hydracide.

PROTISTE n.m. (gr. *protistos,* le premier de tous). Organisme unicellulaire eucaryote, d'affinités végétales (protophytes), telles certaines algues, les diatomées par ex., ou d'affinités animales (protozoaires), telles l'amibe et la paramécie.

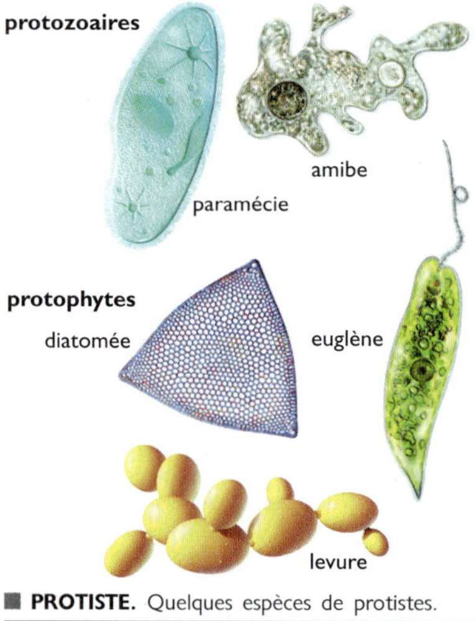

■ **PROTISTE.** Quelques espèces de protistes.

PROTOCOCCUS [-kɔkys] n.m. Algue verte unicellulaire abondante sur le tronc des arbres, où elle forme des taches vertes.

PROTOCOLAIRE adj. Conforme au protocole.

PROTOCOLE n.m. (gr. *prôtokollon,* de *prôtos,* premier, et *kolla,* colle). **1.** Ensemble des règles établies en matière d'étiquette, d'honneurs et de préséances dans les cérémonies officielles. **2.** Procès-verbal consignant les résolutions d'une assemblée, d'une conférence ; ensemble de ces résolutions. *Signer un protocole d'accord.* **3.** Énoncé des conditions, des règles, etc., de déroulement d'une expérience scientifique. **4.** Formulaire pour la rédaction des actes publics, des lettres officielles, etc. **5.** MÉD. Ensemble des règles à respecter et des gestes à effectuer au cours de certains traitements (anticancéreux, par ex.) et lors des essais thérapeutiques. **6.** INFORM. Ensemble de règles et de codes conçu pour l'échange de données entre deux équipements reliés par un réseau ou une ligne de communication.

PROTOÉTOILE n.f. Étoile en formation, au sein d'un nuage de matière interstellaire.

PROTOGALAXIE n.f. Galaxie en formation.

PROTOGYNIE ou **PROTÉROGYNIE** n.f. **1.** État d'une fleur dont le pistil est mûr avant les étamines. **2.** Caractère d'un animal hermaphrodite (limaces, certains échinodermes, salpes), successivement femelle puis mâle au cours de sa vie.

PROTOHISTOIRE n.f. Période chronologique, intermédiaire entre la préhistoire et l'histoire, et qui correspond à l'épanouissement de cultures connues indirectement par des textes qui leur sont extérieurs.

PROTOHISTORIEN, ENNE n. Spécialiste de protohistoire.

PROTOHISTORIQUE adj. Relatif à la protohistoire.

PROTO-INDUSTRIALISATION n.f. (pl. *proto-industrialisations*). Activité de fabrication rurale, domestique et saisonnière pour des marchés extérieurs à la région de production, qui a précédé en Europe la révolution industrielle.

PROTOMÉ n.m. (gr. *protomê,* buste). ARCHÉOL. Élément décoratif constitué par un buste humain ou un avant-train d'animal.

PROTON n.m. (mot angl.). Particule chargée d'électricité positive, de la famille des hadrons, constituant, avec les neutrons, les noyaux atomiques. (Dans un atome, le nombre de protons est égal au nombre d'électrons. Le proton est constitué de trois quarks ; sa stabilité, mise en question par certaines théories, est actuellement étudiée.)

PROTONÉMA n.m. (du gr. *nêma,* filament). BOT. Organe filamenteux rampant, ramifié, issu de la germination d'une spore de mousse, et sur lequel naissent les tiges.

PROTONIQUE adj. Qui concerne le proton.

PROTONOTAIRE n.m. (lat. *protonotarius*). CATH. Dignitaire le plus élevé parmi les prélats de la cour romaine qui ne sont pas évêques.

PROTOPHYTE n.m. Végétal (algue, champignon) unicellulaire.

PROTOPLANÈTE n.f. Planète en formation.

PROTOPLASME ou **PROTOPLASMA** n.m. SC. DE LA V. **1.** Vx. Cytoplasme. **2.** Hyaloplasme.

PROTOPLASMIQUE adj. Relatif au protoplasme.

PROTOPTÈRE n.m. Poisson des marais de l'Afrique tropicale, respirant à la fois par des branchies et des poumons, et passant la saison sèche dans la vase à l'intérieur d'un cocon de mucus séché. (Long. 60 cm env. ; genre *Protopterus,* sous-classe des dipneustes.)

PROTOSTOMIEN n.m. ZOOL. Hyponeurien.

PROTOTHÉRIEN n.m. ZOOL. Monotrème.

PROTOTYPAGE n.m. Réalisation de prototypes, de pièces, notamm. en résine. ◇ *Prototypage rapide,* réalisé à l'aide de systèmes de CFAO, permettant notamm. de vérifier très rapidement certaines caractéristiques de pièces.

PROTOTYPE n.m. (gr. *prototupos,* de création primitive). **1.** Premier exemplaire, modèle original. – *Fig.* Type parfait ; modèle. *Harpagon est le prototype de l'avare.* **2.** Premier exemplaire construit d'un ensemble mécanique, d'un appareil, d'une machine, destiné à en expérimenter les qualités en vue de la construction en série.

PROTOURE n.m. Très petit insecte primitif, dépourvu d'ailes, d'yeux et d'antennes, qui se nourrit de matières en décomposition dans les sols humides. (Long. max. moins de 2 mm ; les protoures forment un ordre.)

PROTOXYDE n.m. Oxyde le moins oxygéné d'un élément (par ex. : le protoxyde d'azote, N_2O).

PROTOZOAIRE n.m. (gr. *prôtos,* premier, et *zôon,* animal). Être vivant unicellulaire, dépourvu de chlorophylle et se multipliant par mitose ou par reproduction sexuée (par oppos. à *métazoaire*). [L'embranchement des protozoaires comprend notamm. les ciliés, les flagellés, les rhizopodes (amibes, foraminifères, radiolaires) et les sporozoaires (agent du paludisme, coccidies).]

PROTRACTILE adj. (du bas lat. *protractio*). ZOOL. Qui peut être étiré vers l'avant. (La langue du caméléon est protractile.)

PROTUBÉRANCE n.f. (lat. *pro,* en avant, et *tuber,* tumeur). **1.** Saillie en forme de bosse à la surface d'un corps ; excroissance, proéminence. ◇ ANAT. *Protubérance annulaire,* ou *protubérance :* partie moyenne du tronc cérébral entre le bulbe et le mésencéphale, et devant le cervelet. SYN. : *pont de Varole.* **2.** ASTRON. Jet de gaz observé dans la chromosphère ou la couronne solaire.

PROTUBÉRANT, E adj. Qui forme une protubérance ; proéminent.

PROU adv. (anc. fr. *proud,* avantage). *Litt. Peu ou prou :* plus ou moins.

PROUDHONIEN, ENNE adj. et n. Qui se rapporte à Proudhon, à son système ; qui en est partisan.

PROUE n.f. (lat. *prora*). Partie avant d'un navire (par oppos. à *poupe*).

PROUESSE n.f. (de *preux*). **1.** Action d'éclat ; exploit, performance. *Prouesses sportives.* **2.** *Litt.* Acte de courage, d'héroïsme.

PROUSTIEN, ENNE adj. **1.** Relatif à Marcel Proust, à son œuvre. **2.** Qui évoque le style, l'atmosphère des romans de Proust.

PROUVABLE adj. Qui peut être prouvé.

PROUVER v.t. (lat. *probare,* approuver). **1.** Établir par des raisonnements, par des témoignages incontestables la vérité de. **2.** Faire apparaître la réalité de qqch ; marquer, dénoter. *Prouver son amour.*

PROVENANCE n.f. Lieu d'où provient qqch ; origine. *Marchandises de provenance étrangère.*

PROVENÇAL, E, AUX adj. et n. De Provence. ◇ *À la provençale :* cuisiné avec de l'ail et du persil haché. ◆ n.m. Groupe de dialectes occitans parlés princip. dans la basse vallée du Rhône et à l'est de celle-ci. – *Par ext.* La langue d'oc dans son ensemble, ou occitan.

PROVENDE n.f. (lat. *praebenda,* choses devant être fournies). **1.** Vx ou *litt.* Provision de vivres. **2.** AGRIC. Anc. Mélange de farines et de graines de légumineuses donné au bétail à l'engrais.

PROVENIR v.i. [28] [auxil. *être*] (lat. *provenire*). Tirer son origine, venir de.

PROVERBE n.m. (lat. *proverbium*). **1.** Court énoncé exprimant un conseil populaire, une vérité de bon sens ou d'expérience et qui est devenu d'usage commun. ◇ *Litt. Passer en proverbe :* devenir un exemple, un modèle. **2.** THÉÂTRE. Petite comédie dont l'action illustre un proverbe.

PROVERBIAL, E, AUX adj. **1.** Qui tient du proverbe. *Expression proverbiale.* **2.** Qui est comme passé en proverbe ; qui est connu de tous ; célèbre, légendaire. *Sa maladresse est proverbiale.*

PROVERBIALEMENT adv. De façon proverbiale.

PROVIDENCE n.f. (lat. *providentia,* de *providere,* prévoir). **1.** THÉOL. CHRÉT. Suprême sagesse qu'on attribue à Dieu et par laquelle il gouvernerait toutes choses. **2.** (Avec une majuscule.) Dieu en tant qu'il gouverne le monde. **3.** Personne, événement, etc., qui arrive à point nommé pour sauver une situation, ou qui constitue une chance, un secours exceptionnels. *C'est une providence que vous soyez ici maintenant.* **4.** Personne qui veille, aide, protège. *Il est la providence des sans-logis.*

PROVIDENTIEL, ELLE adj. **1.** Relatif à la Providence ; réglé, voulu, provoqué par elle. **2.** Qui arrive par un heureux hasard, d'une manière opportune et inattendue. *Une aide providentielle.*

PROVIDENTIELLEMENT adv. De façon providentielle.

PROVIGNAGE ou **PROVIGNEMENT** n.m. Marcottage de la vigne.

PROVIGNER v.t. (de *provin*). Marcotter la vigne, la multiplier par provins. ◆ v.i. Se multiplier par provins.

PROVIN n.m. (lat. *propago, -inis*). Sarment ou cep de vigne que l'on couche en terre pour en obtenir une nouvelle souche.

PROVINCE n.f. (lat. *provincia*). **1.** Dans la France d'Ancien Régime, division territoriale placée sous l'autorité d'un délégué du pouvoir central. **2.** Division administrative de nombreux pays (Belgique, Canada, Chine, etc.). ◇ *La Belle Province :* le Québec. **3.** Ensemble de la France à l'exception de Paris et sa banlieue. *Cinq Français sur six vivent en province.* **4.** ANTIQ. ROM. Pays, territoire conquis hors de l'Italie, assujetti à Rome et administré par un magistrat romain. **5.** CATH. *Province ecclésiastique :* ensemble de diocèses dépendant d'un même archevêché ou d'une même métropole. – *Province religieuse :* ensemble de maisons religieuses placées sous l'autorité d'un même supérieur.

PROVINCIAL, E, AUX adj. **1.** D'une province. *Administration provinciale.* **2.** De la province, par oppos. à la capitale. **3.** *Péjor.* Qui n'a pas l'aisance que l'on prête aux habitants de la capitale. *Air provincial.* ◆ n. Personne qui habite la province. ◆ n.m. CATH. Supérieur placé à la tête d'une province religieuse.

PROVINCIALISME n.m. **1.** Mot, tournure, prononciation propres à une province. **2.** *Péjor.* Gaucherie que l'on prête aux gens de la province.

PROVISEUR n.m. (lat. *provisor,* qui pourvoit à). **1.** Fonctionnaire chargé de la direction d'un lycée. **2.** Belgique. Fonctionnaire chargé de seconder le préfet dans les athénées et les lycées importants.

PROVISION n.f. (lat. *provisio,* prévoyance). **1.** Accumulation de choses nécessaires en vue d'un usage ultérieur ; stock, réserve. *Provision de bois.* – *Fig.* Ensemble de ressources que l'on garde en réserve. *Provision de courage, de patience.* **2.** Somme déposée en banque et destinée à couvrir des paiements ultérieurs. *Chèque sans provision.* **3.** COMPTAB. Somme inscrite au passif d'un bilan pour parer à une perte probable. *Provision pour créance douteuse.* **4.** Somme versée à titre d'acompte à un avocat, à un notaire, etc. **5.** Somme qu'un tribunal attribue provisoirement avant un jugement définitif. ◆ pl. Produits alimentaires ou d'entretien nécessaires à l'usage quotidien. *Panier à provisions.* ◇ *Faire ses provisions, aller aux provisions :* se ravitailler en produits nécessaires à la vie courante.

PROVISIONNEL, ELLE adj. Qui se fait par provision, en attendant un règlement définitif. *Acompte provisionnel.*

PROVISIONNER v.t. COMPTAB. Créditer un compte d'un montant suffisant pour assurer son fonctionnement.

PROVISOIRE adj. (lat. *provisus,* prévu). **1.** Qui a lieu, qui se fait, qui existe en attendant un état définitif ; temporaire, momentané, passager, transitoire. *Solution provisoire.* **2.** DR. Se dit d'une décision judiciaire qui statue sur un chef de demande urgent, sans trancher sur le fond du procès, et qui peut être modifiée ou rétractée. ◇ *Détention provisoire,* subie avant un jugement. ◆ n.m. Ce qui dure peu de temps ; solution d'attente. *Sortir du provisoire.*

PROVISOIREMENT adv. De façon provisoire ; momentanément.

PROVITAMINE n.f. Toute substance présente dans les aliments que l'organisme transforme en vitamine.

PROVOCANT, E adj. **1.** Qui cherche à produire des réactions violentes ; qui est volontairement agressif. *Paroles provocantes.* **2.** Qui excite la sensualité, incite au désir. *Poses provocantes.*

PROVOCATEUR, TRICE adj. Qui provoque, suscite le désordre, la violence. *Geste provocateur.* ◆ adj. et n. Se dit d'une personne qui incite à des actes séditieux ou délictueux dans le but de justifier des représailles. *Agent provocateur.*

PROVOCATION n.f. **1.** Action de provoquer ; défi. *Provocation en duel.* **2.** Incitation à commettre des actes répréhensibles, une infraction. **3.** Fait ou geste destiné à provoquer. Abrév. *(fam.) : provoc.*

PROVOQUER v.t. (lat. *provocare,* appeler). **1.** Exciter qqn par un comportement agressif ; l'inciter à des réactions violentes ; défier. **2.** Pousser qqn à faire qqch ; inciter. *Provoquer qqn à boire.* **3.** Exciter le désir érotique de. **4.** Être la cause de ; occasionner. *Provoquer un malheur.*

PROXÉMIQUE n.f. (angl. *proxemics*). Partie de la linguistique qui étudie l'utilisation de l'espace par les êtres animés et les significations qui s'en dégagent.

PROXÈNE n.m. (gr. *proksenos*). ANTIQ. GR. Personnage officiel d'une cité chargé de s'occuper des intérêts des étrangers.

PROXÉNÈTE n. (gr. *proxenêtês,* courtier). Personne qui se livre au proxénétisme.

PROXÉNÉTISME n.m. Activité illicite consistant à tirer profit de la prostitution d'autrui ou à la favoriser.

PROXIMAL, E, AUX adj. Se dit de la partie d'un membre, d'un organe qui est la plus proche du tronc ou d'un organe donné. CONTR. : *distal.*

PROXIMITÉ n.f. (du lat. *proximus,* proche). **1.** Voisinage immédiat. ◇ *À proximité de :* près de. **2.** *De proximité.* **a.** Situé dans le proche voisinage. *Commerce de proximité.* **b.** *Fig.* Au contact des réalités locales, proche des préoccupations quotidiennes. *Média de proximité. Campagne de proximité.* ◇ *Emploi, service de proximité :* emploi, service d'aide aux personnes dans leur lieu de vie (aide aux personnes âgées, aux malades, etc.).

PROYER [prwaje] n.m. (anc. fr. *praiere*). Bruant des prairies d'Europe et d'Asie occidentale, à chair estimée. (Nom sc. *Emberiza calandra.*)

PRUCHE n.f. (var. de *prusse*). Grand conifère d'Amérique du Nord et du Japon. (Genre *Tsuga ;* famille des pinacées.)

PRUDE adj. et n. (de *preux*). D'une pudeur excessive ; pudibond.

PRUDEMMENT [-da-] adv. Avec prudence.

PRUDENCE n.f. (lat. *prudentia*). Attitude qui consiste à peser à l'avance tous ses actes, à apercevoir les dangers qu'ils comportent et à agir de manière à éviter toute erreur, tout risque inutile.

PRUDENT, E adj. et n. (lat. *prudens, -entis*). Qui manifeste de la prudence ; sage, avisé.

PRUDERIE n.f. Pudeur excessive, sincère ou affectée ; pudibonderie.

PRUD'HOMAL, E, AUX adj. Relatif aux conseils de prud'hommes. ◇ *Conseiller prud'homal :* prud'homme.

PRUD'HOMIE n.f. Ensemble de l'organisation prud'homale.

PRUD'HOMME [prydɔm] n.m. (de *preux* et *homme*). Membre d'un tribunal électif *(conseil de prud'hommes)* composé en nombre égal de représentants des salariés et des employeurs, et dont le rôle est de trancher les conflits individuels du travail.

PRUINE n.f. (lat. *pruina,* givre). Couche poudreuse qui recouvre certains fruits, les champignons, etc.

PRUNE n.f. (lat. *prunum*). **1.** Fruit du prunier, drupe comestible à la pulpe molle, juteuse et sucrée dont on fait des confitures, de l'eau-de-vie et dont certaines variétés sont séchées pour donner les pruneaux. ◇ *Fam. Pour des prunes :* pour rien, inutilement. **2.** *Prune de coton,* ou *prune-coton :* icaque. **3.** *Fam.* Contravention. ◆ adj. inv. D'une couleur violet-rouge foncé.

PRUNEAU n.m. **1.** Prune séchée au four ou au soleil en vue de sa conservation. – Suisse. Quetsche. **2.** *Fam.* Balle d'une arme à feu.

1. PRUNELLE n.f. **1.** Fruit du prunellier. **2.** Liqueur, eau-de-vie faite avec ce fruit.

2. PRUNELLE n.f. **1.** Pupille de l'œil. ◇ *Tenir à qqch comme à la prunelle de ses yeux,* y tenir par-dessus tout. **2.** L'œil considéré quant à son aspect, à la couleur de l'iris.

PRUNELLIER n.m. Petit prunier sauvage, d'une espèce aux rameaux épineux, aux fruits très acides, qui croît surtout dans les haies. (Nom sc. *Prunus spinosa.*)

PRUNIER n.m. Arbre aux fleurs blanches paraissant avant les feuilles, cultivé surtout pour son fruit comestible, la prune. (Genre *Prunus ;* famille des rosacées.) *[V. ill. page suivante].*

PRUNUS [prynys] n.m. (mot lat.). Prunier ou prunellier cultivé comme arbre d'ornement (nom générique).

PRURIGINEUX, EUSE adj. MÉD. Qui provoque un prurit.

PRURIGO n.m. (mot lat., *démangeaison*). MÉD. Dermatose caractérisée par des papules et des démangeaisons (nom générique).

PRURIT [pryrit] n.m. (lat. *pruritus,* de *prurire,* démanger). MÉD. Démangeaison.

PRUSSE n.m. (de sapin de *Prusse*). Acadie. Épicéa.

PRUSSIATE n.m. Anc. Cyanure.

PRUSSIEN, ENNE adj. et n. De Prusse.

PRUSSIK n.m. ALP. Nœud amovible servant à fixer une cordelette à une corde fixe. (On dit aussi *nœud de Prussik.*)

PRUSSIQUE adj.m. Vx. *Acide prussique :* acide cyanhydrique.

■ PRUNIER

P

PRYTANE n.m. (gr. *prutanis*). ANTIQ. GR. **1.** Premier magistrat, dans de nombreuses cités. **2.** Membre du bureau exécutif de la boulê, à Athènes.

PRYTANÉE n.m. (gr. *prutaneîon*). **1.** ANTIQ. GR. Édifice public où les prytanes et quelques hôtes prenaient leurs repas. **2.** Établissement militaire d'enseignement du second degré.

P.-S. n.m. (abrév.). Post-scriptum.

PSALLIOTE n.f. (du gr. *psalis,* voûte). Champignon basidiomycète comestible à lames rosées ou violacées et à anneau. (La psalliote des champs est cultivée sous le nom de *champignon de couche ;* famille des agaricacées.)

■ PSALLIOTE

PSALMISTE n.m. (bas lat. *psalmista*). Auteur de psaumes.

PSALMODIE n.f. (gr. *psalmos,* psaume, et *ôdê,* chant). **1.** En musique grégorienne, manière particulière de chanter les psaumes. **2.** *Litt.* Manière monotone de réciter, de chanter.

PSALMODIER v.t. et v.i. [5]. **1.** Réciter, chanter un psaume sans inflexion de voix, avec des repos marqués. **2.** *Litt.* Dire, débiter d'une manière monotone.

PSALTÉRION [psalterjɔ̃] n.m. (gr. *psaltêrion*). Anc. Instrument de musique à cordes pincées, de forme trapézoïdale.

PSAUME n.m. (gr. *psalmos,* air joué sur le psaltérion). Chant liturgique de la religion d'Israël passé dans le culte chrétien et constitué d'une suite variable de versets.

PSAUTIER n.m. Recueil des 150 psaumes bibliques.

PSCHENT [pskɛnt] n.m. (mot égyptien). Coiffure des pharaons, formée des couronnes de Haute- et de Basse-Égypte emboîtées, symbole de leur souveraineté sur les deux royaumes.

PSEUDARTHROSE n.f. (gr. *pseudês,* faux, et *arthron,* articulation). MÉD. Absence définitive de consolidation d'une fracture, les deux fragments osseux restant plus ou moins mobiles.

PSEUDOHERMAPHRODISME n.m. État congénital caractérisé par des organes génitaux du sexe opposé à celui des gonades, ou d'aspect ambivalent.

PSEUDOMEMBRANE n.f. MÉD. Enduit qui se forme à la surface des muqueuses ou des séreuses en cas d'inflammation.

PSEUDOMEMBRANEUX, EUSE adj. Caractérisé par des pseudomembranes. *Angine pseudomembraneuse.*

PSEUDONYME n.m. (gr. *pseudês,* faux, et *onoma,* nom). Nom d'emprunt choisi par qqn (notamm. un écrivain, un artiste) pour dissimuler son identité. Abrév. *(fam.) : pseudo.*

PSEUDOPODE n.m. MICROBIOL. Expansion cytoplasmique de la cellule servant à la locomotion et à la phagocytose chez certains protistes et chez les globules blancs macrophages.

PSEUDOSCIENCE n.f. ÉPISTÉMOL. Savoir organisé qui n'a pas la rigueur d'une science.

PSEUDOTUMEUR n.f. Formation pathologique qui ressemble à une tumeur sans en être une.

PSI n.m. inv. Vingt-troisième lettre de l'alphabet grec (Ψ, ψ), correspondant au son [ps].

PSILOCYBE n.m. (gr. *psulos,* dénudé, et *kubos,* cube). Champignon basidiomycète d'Amérique centrale, à pied grêle, puissamment hallucinogène. (Ordre des agaricales.)

PSILOCYBINE n.f. Alcaloïde hallucinogène extrait du psilocybe.

PSILOPHYTE n.m. Plante vasculaire dont le sporophyte ne porte pas de racines et dont les tiges peuvent être dépourvues de feuilles, telle que le psilotum. (Les psilophytes forment un embranchement du groupe des ptéridophytes.)

PSILOTUM [-tɔm] n.m. (du gr. *psulos,* dénudé). Petite plante vasculaire primitive des régions tropicales, aux tiges dépourvues de racines et portant des feuilles sans nervures, réduites à des écailles, qui vit en épiphyte sur d'autres plantes. (Embranchement des psilophytes.)

PSITT ou **PST** [pst] interj. S'emploie pour appeler, attirer l'attention. *Psitt ! Par ici !*

PSITTACIDÉ n.m. (du lat. *psittacus,* perroquet). Oiseau arboricole des régions tropicales, au bec crochu et puissant, au plumage souvent très coloré, tel que l'ara, le perroquet, le cacatoès, la perruche. (Les psittacidés forment la seule famille de l'ordre des psittaciformes.)

PSITTACISME n.m. (du lat. *psittacus,* perroquet). PSYCHOL. Répétition mécanique de phrases, de formules par un sujet qui ne les comprend pas.

PSITTACOSE n.f. Maladie infectieuse des psittacidés, transmissible à l'homme.

PSOAS [psɔas] adj. et n.m. (gr. *psoa,* reins). Se dit d'un muscle qui s'étend des vertèbres lombaires au fémur et qui peut fléchir la cuisse sur le tronc.

PSOQUE n.m. (du gr. *psôkhein,* émietter). Petit insecte dont les espèces ailées se nourrissent des moisissures à la surface des feuilles et les espèces aptères, des vieux papiers, d'où leur surnom de *poux des livres.* (Ordre des psocoptères.)

PSORALÈNE n.m. Substance utilisée pour provoquer une photosensibilisation dans le traitement de certaines dermatoses (vitiligo, psoriasis).

PSORIASIS [psɔrjazis] n.m. (mot gr.). Dermatose chronique caractérisée par des plaques rouges recouvertes d'épaisses squames blanches.

PSY n. (abrév.). *Fam.* Psychanalyste, psychiatre, psychologue.

PSYCHANALYSE [-ka-] n.f. (gr. *psukhê,* âme, et *analyse*). **1.** Méthode d'investigation psychologique visant à élucider la signification inconsciente des conduites et dont le fondement se trouve dans la théorie de la vie psychique formulée par Freud. **2.** Technique psychothérapique reposant sur cette investigation. SYN. : *analyse.*
ENCYCL. La psychanalyse, tout en se situant dans le prolongement de la découverte progressive des phénomènes inconscients au fil du XIXe siècle, marque une rupture tant elle renouvelle la conception du sujet humain. Pour Freud, la personnalité se forme à partir du refoulement dans l'inconscient de situations vécues dans l'enfance comme sources d'angoisse et de culpabilité (importance du complexe d'Œdipe, notamment). La sexualité, de manière générale, joue un rôle majeur. La réapparition des éléments refoulés et, par-delà, toute la pathologie psychique relèvent du jeu complexe des instances qui composent l'appareil psychique, dont Freud a proposé deux modèles, ou topiques, successifs (d'abord inconscient, conscient, préconscient puis ça, surmoi, moi).
Comme thérapeutique, la psychanalyse vise à la prise de conscience du refoulé à la faveur de la cure, qui est marquée par les deux phénomènes de la résistance et du transfert. Le développement de la psychanalyse est allé de pair avec sa structuration institutionnelle (création de l'International Psychoanalytical Association [IPA] en 1910), et s'est accompagné de prises de distance ou de mises à l'écart (A. Adler, C. G. Jung, O. Rank, S. Ferenczi, W. Reich). En France, J. Lacan est la figure-clé d'une histoire tourmentée. Les autres grands noms de la psychanalyse sont K. Abraham, E. Jones, A. Freud, M. Klein, D. W. Winnicott.

■ **PSCHENT** coiffant le pharaon Sésostris Ier, détail d'un bas-relief égyptien. Karnak, Moyen Empire, XIIe dynastie.

PSYCHANALYSER v.t. Soumettre à un traitement psychanalytique.

PSYCHANALYSTE n. Praticien de la psychanalyse. SYN. : *analyste.*

PSYCHANALYTIQUE adj. Relatif à la psychanalyse.

PSYCHASTHÉNIE [psikasteni] n.f. Vieilli. État névrotique caractérisé surtout par le doute ; neurasthénie.

PSYCHASTHÉNIQUE adj. et n. Vieilli. Atteint de psychasthénie.

1. PSYCHÉ [psiʃe] n.f. (de *Psyché,* n.pr.). Grand miroir inclinable, pivotant sur un bâti reposant au sol et permettant de se voir en pied.

2. PSYCHÉ [psiʃe] n.f. (gr. *psukhê,* âme). PSYCHOL. Ensemble des processus psychiques sur le fond desquels s'établit l'unité personnelle.

PSYCHÉDÉLIQUE [-ke-] adj. Se dit d'un état psychique provoqué par des hallucinogènes (LSD, par ex.), comportant des hallucinations et une exacerbation des sensations ; se dit de ce qui évoque cet état. ◇ *Musique psychédélique :* style de musique pop, issu du mouvement hippie, né aux États-Unis à la fin des années 1960, et conçu comme la traduction musicale de l'état psychédélique.

PSYCHIATRE n. Médecin spécialiste de psychiatrie.

PSYCHIATRIE [psikjatri] n.f. Spécialité médicale dont l'objet est l'étude et le traitement des maladies mentales, des troubles psychologiques.
ENCYCL. Les causes des désordres mentaux sont mal connues et discutées, mais, semble-t-il, multiples (biochimiques, psychologiques, sociales, etc.) et différentes d'un cas à un autre. Les principaux troubles, outre l'anxiété et la dépression, sont les névroses, les psychoses, les personnalités pathologiques, les toxicomanies, ainsi que les démences. Les traitements actifs sont les psychothérapies et les médicaments (anxiolytiques, antidépresseurs, neuroleptiques, etc.).

PSYCHIATRIQUE adj. Relatif à la psychiatrie.

PSYCHIATRISATION n.f. Action de psychiatriser.

PSYCHIATRISER v.t. **1.** *Péjor.* Soumettre qqn à un traitement psychiatrique. **2.** Interpréter qqch en termes de psychiatrie.

PSYCHIQUE [psiʃik] adj. (du gr. *psukhê,* âme). Qui concerne l'esprit, la pensée, la vie mentale, dans tous leurs aspects.

PSYCHISME [psiʃism] n.m. Ensemble des caractères psychiques d'un individu ; structure mentale.

PSYCHOAFFECTIF, IVE [-kɔ-] adj. Se dit d'un processus mental faisant intervenir l'affectivité, par oppos. aux processus *cognitifs.*

PSYCHOANALEPTIQUE adj. et n.m. PHARM. Se dit d'une substance psychotrope telle qu'un psychostimulant ou un thymoanaleptique, qui a une action stimulante sur le psychisme.

PSYCHOBIOLOGIE n.f. Théorie psychiatrique qui s'intéresse aux relations entre l'activité psychique et le corps physique ou le milieu.

PSYCHOCHIRURGIE n.f. Ensemble des opérations chirurgicales pratiquées sur l'encéphale pour traiter les troubles mentaux.

PSYCHOCRITIQUE n.f. Méthode d'étude des œuvres littéraires proposée par Charles Mauron et consistant à dégager dans les textes des phénomènes et des relations issus de l'inconscient de l'écrivain. ◆ adj. Relatif à la psychocritique.

PSYCHODRAME n.m. **1.** Méthode de psychothérapie dans laquelle le sujet joue un rôle dans une scène, ou regarde d'autres personnes jouer différents rôles. **2.** *Fig.* Situation où s'expriment entre des personnes, d'une manière spectaculaire et théâtrale, des rapports (conflictuels le plus souvent) fortement marqués par l'affectivité.

PSYCHODYSLEPTIQUE adj. et n.m. PHARM. Se dit d'une substance psychotrope (LSD, mescaline, etc.) qui provoque des anomalies du fonctionnement psychique (hallucinations, délire, etc.).

PSYCHOGÈNE adj. Se dit d'un trouble mental d'origine purement psychique, et non pas secondaire à une anomalie biochimique ou physique.

PSYCHOGENÈSE n.f. Processus psychique aboutissant à un fonctionnement mental normal ou pathologique.

PSYCHOGÉNÉTIQUE n.f. Étude de l'acquisition par l'enfant des formes de la pensée.

PSYCHOKINÉSIE n.f. PARAPSYCHOL. Action directe supposée de l'esprit sur la matière, qui donnerait lieu à des phénomènes tels que la lévitation ou la déformation d'objets à distance.

PSYCHOLEPTIQUE adj. et n.m. PHARM. Se dit d'une substance psychotrope (anxiolytique, hypnotique ou neuroleptique) qui a une action sédative sur le psychisme.

PSYCHOLINGUISTE n. Spécialiste de psycholinguistique.

PSYCHOLINGUISTIQUE n.f. Étude scientifique des facteurs psychiques qui permettent la production et la compréhension du langage. ◆ adj. Relatif à la psycholinguistique.

PSYCHOLOGIE [-kɔ-] n.f. (gr. *psukhê,* âme, et *logos,* science). **1.** Étude scientifique des faits psychiques. **2.** Connaissance empirique ou intuitive des sentiments, des idées, des comportements d'autrui. *Manquer de psychologie.* **3.** Ensemble des manières de penser, de sentir, d'agir qui caractérisent une personne, un groupe, un personnage littéraire. *Une psychologie très fruste.*

ENCYCL. La psychologie a pris son autonomie par rapport à la philosophie à la fin du XIXe s., avec, notamm., H. von Helmholtz, E. H. Weber, G. T. Fechner et W. Wundt. Le développement de la discipline fut marqué par le béhaviorisme, pour lequel elle devait se fonder uniquement sur l'étude des comportements. Le courant cognitiviste, de nos jours, la conçoit de façon générale comme science de l'esprit et de la vie mentale, et a largement recours aux modèles formels. La psychologie peut s'appréhender du point de vue méthodologique (psychologie expérimentale, psychologie du développement, différentielle, clinique ou comparée), du point de vue des objets étudiés (psychologie générale, psychologie de l'enfant, de l'animal, psychopathologie, psychosociologie, psycholinguistique, psychophysiologie), du point de vue des champs d'intervention (psychologie du travail, des organisations, du sport, de la santé, psychologie scolaire, etc.) ou, enfin, selon les positions théoriques (psychologie du comportement, psychologie cognitive, analytique [ou psychanalyse], génétique [par référence aux théories de J. Piaget], etc.).

PSYCHOLOGIQUE adj. **1.** Relatif à la psychologie, aux faits psychiques. **2.** Qui agit sur le psychisme. *Action, guerre psychologique.* **3.** *Moment, instant psychologique :* moment opportun pour une action efficace.

PSYCHOLOGIQUEMENT adv. Du point de vue psychologique.

PSYCHOLOGISME n.m. Tendance à expliquer l'ensemble des comportements humains par des facteurs de nature psychologique, à adopter prioritairement le point de vue du psychologue.

PSYCHOLOGUE n. Spécialiste de psychologie. ◇ *Psychologue scolaire :* psychologue attaché à un ou à plusieurs établissements d'enseignement. ◆ adj. et n. Se dit d'une personne qui discerne, comprend intuitivement les sentiments, les mobiles d'autrui.

PSYCHOMÉTRICIEN, ENNE n. Spécialiste de psychométrie.

PSYCHOMÉTRIE n.f. Ensemble des méthodes de mesure des phénomènes psychologiques (tests, notamm.).

PSYCHOMOTEUR, TRICE adj. **1.** Qui concerne la psychomotricité. *Troubles psychomoteurs.* ◇ *Rééducation psychomotrice :* thérapeutique non verbale visant à améliorer les rapports entre un sujet et son corps (mauvaise latéralisation, par ex.). **2.** Qui se rapporte à la psychomotricité.

PSYCHOMOTRICIEN, ENNE n. Spécialiste de la psychomotricité.

PSYCHOMOTRICITÉ n.f. Ensemble des fonctions motrices considérées sous l'angle de leurs relations avec l'activité cérébrale, en partic. avec le psychisme.

PSYCHOPATHE n. **1.** PSYCHIATR. Personne atteinte de psychopathie. **2.** *Cour.* Malade mental.

PSYCHOPATHIE n.f. PSYCHIATR. Personnalité pathologique se manifestant essentiellement par des comportements antisociaux.

PSYCHOPATHOLOGIE n.f. Branche de la psychologie qui a pour objet l'étude comparée des processus normaux et pathologiques de la vie psychique.

PSYCHOPÉDAGOGIE n.f. Approche des situations pédagogiques prenant en compte les composantes psychologiques.

PSYCHOPÉDAGOGUE n. Spécialiste de psychopédagogie.

PSYCHOPHARMACOLOGIE n.f. Partie de la pharmacologie qui étudie l'effet des psychotropes.

PSYCHOPHYSIOLOGIE n.f. Étude scientifique des rapports entre les faits psychiques et les faits physiologiques.

PSYCHOPHYSIQUE n.f. Branche de la psychologie consacrée à l'étude des relations entre les événements du monde physique et les sensations. (Fondateur : G. T. Fechner.)

PSYCHOPLASTICITÉ n.f. Suggestibilité.

PSYCHOPOMPE adj. et n. (gr. *psukhê,* âme, et *pompaios,* qui conduit). RELIG. Se dit des conducteurs ou des accompagnateurs des âmes des morts (Charon, Hermès, Orphée, dans la mythologie gréco-latine ; saint Michel, dans l'iconographie chrétienne).

PSYCHOPROPHYLACTIQUE adj. Relatif à l'accouchement dit « sans douleur ».

PSYCHORIGIDE adj. et n. Qui manifeste de la psychorigidité.

PSYCHORIGIDITÉ n.f. Trait de caractère se manifestant par une absence de souplesse des processus intellectuels et une incapacité à s'adapter aux situations nouvelles.

PSYCHOSE [-koz] n.f. **1.** Affection mentale caractérisée par une altération profonde de la personnalité et des fonctions intellectuelles, et par le fait que le sujet n'a pas conscience de son état. **2.** État de panique collective provoqué par un événement ou un fléau vécu comme une menace permanente.

ENCYCL. Les psychoses, dont la cause psychique ou biochimique est mal connue, sont généralement chroniques. Elles sont souvent caractérisées par un délire et des hallucinations, ainsi que par une personnalité pathologique. De plus, elles peuvent avoir un retentissement social et professionnel important. Les principales psychoses sont la psychose maniaco-dépressive, la paranoïa et la schizophrénie.

PSYCHOSENSORIEL, ELLE adj. Qui concerne à la fois les fonctions psychiques et les fonctions sensorielles ; hallucinatoire.

PSYCHOSOCIAL, E, AUX adj. Qui concerne à la fois la psychologie individuelle et la vie sociale.

PSYCHOSOCIOLOGIE n.f. Étude psychologique des faits sociaux ; psychologie sociale.

PSYCHOSOCIOLOGUE n. Spécialiste de psychosociologie.

PSYCHOSOMATIQUE adj. (gr. *psukhê,* âme, et *sôma,* corps). Se dit d'un trouble organique ou fonctionnel d'origine psychique. ◇ *Médecine psychosomatique :* discipline qui s'intéresse aux troubles physiques d'origine psychique et au retentissement psychique des maladies.

PSYCHOSTIMULANT, E adj. et n.m. PHARM. Se dit d'une substance psychoanaleptique (amphétamine, caféine, etc.) qui stimule la vigilance. SYN. : *psychotonique.*

PSYCHOTECHNICIEN, ENNE n. Spécialiste de psychotechnique.

PSYCHOTECHNIQUE adj. Se dit des tests permettant de mesurer les aptitudes d'un individu, utilisés pour l'orientation et la sélection professionnelles. ◆ n.f. Mise en œuvre de tests psychotechniques.

PSYCHOTHÉRAPEUTE n. Spécialiste de psychothérapie. SYN. : *thérapeute.*

PSYCHOTHÉRAPIE n.f. Toute utilisation de moyens psychologiques pour traiter une maladie mentale, une inadaptation ou un trouble psychosomatique. SYN. : *thérapie.*

PSYCHOTHÉRAPIQUE ou **PSYCHOTHÉRAPEUTIQUE** adj. Relatif à la psychothérapie.

PSYCHOTIQUE adj. Relatif à la psychose. ◆ adj. et n. Atteint de psychose.

PSYCHOTONIQUE adj. et n.m. Psychostimulant.

PSYCHOTROPE adj. et n.m. PHARM. Se dit d'une substance chimique (alcool, médicament, etc.) qui agit sur le psychisme.

PSYCHROMÈTRE [-krɔ-] n.m. (du gr. *psukhros,* froid). Appareil servant à déterminer l'état hygrométrique de l'air, formé de deux thermomètres, l'un mouillé, l'autre exposé à l'air ambiant.

PSYCHROMÉTRIE n.f. Détermination de l'état hygrométrique de l'air avec un psychromètre.

PSYLLE n.m. ou n.f. (gr. *psulla,* puce). Petit insecte voisin de la cigale, très abondant sur les feuilles de certains arbres (bouleau, pommier), où il provoque parfois l'apparition de galles. (Ordre des homoptères ; famille des psyllidés.)

PSYLLIUM [psiljɔm] n.m. (mot lat.). Graine de deux espèces de plantain, utilisée en médecine comme laxatif.

PTÉRANODON n.m. (gr. *ptêron,* aile, et *anodous,* édenté). PALÉONT. Grand reptile volant fossile du crétacé d'Amérique du Nord, dépourvu de dents. (Envergure 7 m ; ordre des ptérosauriens.)

PTÉRIDOPHYTE n.m. (gr. *pteris, -idos,* fougère, et *phuton,* plante). Végétal cryptogame vasculaire, sans fleurs et aux tissus comportant des vaisseaux conducteurs, tel que les fougères, la prêle, le lycopode. (Les ptéridophytes forment un embranchement, divisé en quatre classes que certains auteurs considèrent comme autant d'embranchements distincts.)

PTÉRIDOSPERMÉE n.f. PALÉONT. Plante gymnosperme fossile du carbonifère ressemblant à une fougère, mais qui se reproduisait par des ovules (« graines ») sans embryons, comme les cycas actuels. (Les ptéridospermées forment un ordre.)

PTÉROBRANCHE n.m. Animal marin vivant en colonies fixées sur le fond, voisin à la fois des échinodermes et des cordés. (Les ptérobranches forment une classe d'hémichordés.)

PTÉRODACTYLE n.m. PALÉONT. Reptile volant fossile du jurassique d'Europe, à queue courte, à mâchoires armées de fortes dents. (Ordre des ptérosauriens.)

■ **PTÉRODACTYLE.** Reconstitution.

PTÉROPODE n.m. Mollusque gastéropode marin à coquille très légère, qui nage en surface à la recherche du plancton. (Les ptéropodes forment un ordre d'opisthobranches.)

PTÉROSAURIEN n.m. PALÉONT. Reptile fossile du secondaire, adapté au vol grâce à une large membrane soutenue par le cinquième doigt de la main, très allongé, et dont l'envergure allait de celle d'un merle à plus de 10 m. (Les ptérosauriens forment un ordre.)

PTÉRYGOÏDE adj. et n.f. ANAT. Se dit de deux apophyses osseuses appendues à la face inférieure de l'os sphénoïde, l'une à droite et l'autre à gauche.

PTÉRYGOTE n.m. Insecte dont la forme adulte porte des ailes ou des vestiges d'ailes. (La sous-classe des ptérygotes comprend presque tous les insectes.)

PTFE ou **P.T.F.E.** n.m. (sigle). Polytétrafluoroéthylène, utilisé notamm. sous les noms commerciaux de Teflon et Gore-Tex.

PTOLÉMAÏQUE adj. Qui se rapporte aux Ptolémées, à cette dynastie.

PTOMAÏNE n.f. (du gr. *ptôma,* cadavre). Substance aminée qui provient de la décomposition de certaines molécules organiques.

PTÔSE n.f. (gr. *ptôsis,* chute). MÉD. Descente ou position anormalement basse d'un organe, due au relâchement des muscles ou des ligaments qui le maintiennent. *Ptôse mammaire.*

PTÔSIS [ptozis] n.m. (mot gr.). MÉD. Affaissement de la paupière supérieure, dû à un trouble musculaire ou neurologique.

PTYALISME n.m. (du gr. *ptualon,* salive). MÉD. Rare. Sialorrhée.

PUANT, E adj. **1.** Qui sent mauvais, qui exhale une odeur forte et fétide. ◇ VÉNER. *Bêtes puantes :* carnassiers de la famille des mustélidés (blaireau, putois, fouine), qui dégagent une odeur forte et nauséabonde. **2.** *Fam.* Odieux par sa prétention, sa vanité.

PUANTEUR n.f. Odeur forte et nauséabonde.

1. PUB [pœb] n.m. (mot angl.). **1.** En Grande-Bretagne et en Irlande, établissement où l'on sert des boissons alcoolisées, notamm. de la bière. **2.** Café décoré à la manière des pubs anglais.

2. PUB [pyb] n.f. (abrév.). *Fam.* Publicité. *Travailler dans la pub. Regarder les pubs à la télé.*

PUBALGIE n.f. MÉD. Douleur de la région pubienne, d'origine musculaire ou osseuse.

PUBÈRE adj. (lat. *puber*). Qui a atteint l'âge de la puberté.

PUBERTAIRE adj. Qui se rapporte à la puberté.

PUBERTÉ n.f. (lat. *pubertas*). Ensemble des transformations de l'adolescence aboutissant à l'acquisition des caractères sexuels et de la fonction de reproduction ; période de la vie correspondante.

PUBESCENCE n.f. État des tiges, des feuilles pubescentes.

PUBESCENT, E adj. (lat. *pubescens, -entis*). BOT. Se dit d'une feuille, d'une tige qui est couverte de poils fins et courts.

PUBIEN, ENNE adj. Relatif au pubis.

PUBIS [pybis] n.m. (mot lat.). **1.** ANAT. Un des trois éléments de chacun des deux os iliaques, fermant le bassin en bas du ventre à droite et à gauche. **2.** *Cour.* Région correspondant à ces deux pièces osseuses, qui se couvre de poils au moment de la puberté.

PUBLIABLE adj. Qui peut être publié.

PUBLIC, IQUE adj. (lat. *publicus*). **1.** Qui concerne la collectivité dans son ensemble ou qui en émane. *Opinion publique.* **2.** Relatif au gouvernement, à l'administration d'un pays. *Affaires publiques. Autorité publique.* **3.** Qui relève de l'Administration ou des finances de l'État. *Secteur public. Trésor public.* **4.** Connu de tout le monde ; notoire. *La rumeur publique.* **5.** Qui est à l'usage de tous, accessible à tous. *Jardin public.* ◆ n.m. **1.** Tout le monde indistinctement ; la population. *Avis au public.* **2.** Ensemble de la clientèle visée ou atteinte par un média, à qui s'adresse un écrit, etc. *Ce journal s'adresse à un public de professionnels.* ◇ *Le grand public :* l'ensemble du public, par oppos. aux initiés, aux connaisseurs ou à un public particulier défini. – *Grand public :* qui s'adresse à tous indifféremment. *Des films grand public.* **3.** Ensemble des personnes qui sont réunies dans une salle, qui voient un spectacle, etc. ◇ *En public :* en présence de beaucoup de personnes. *Parler en public.* – *Fam. Être bon public :* réagir d'emblée, apprécier vite et sans façon une histoire drôle, un spectacle, etc. **4.** *Le public :* le secteur public.

PUBLICAIN n.m. (lat. *publicanus*). ANTIQ. ROM. Adjudicataire d'un service public (travaux, douanes, etc.) et, en partic., fermier des impôts.

PUBLICATION n.f. **1. a.** Action de faire paraître un écrit. *Publication d'un livre, d'un journal.* ◇ *Directeur de (la) publication :* personne responsable pénalement du contenu rédactionnel d'un journal. **b.** *Publication assistée par ordinateur (PAO) :* ensemble des techniques utilisant la micro-informatique pour la saisie des textes, leur enrichissement typographique, l'intégration des illustrations et la mise en pages. SYN. : *édition électronique, microédition.* **2.** Ouvrage imprimé, écrit publié. **3.** Action de rendre public. *Publication des bans. Publication d'une loi au « Journal officiel ».*

PUBLICIEL n.m. Québec. Logiciel public.

PUBLICISTE n. **1.** Juriste spécialiste du droit public. **2.** (Emploi critiqué). Publicitaire.

PUBLICITAIRE adj. et n. Qui travaille dans la publicité. *Un rédacteur publicitaire. Une publicitaire.* ◆ adj. Qui concerne la publicité. *Slogan publicitaire.*

PUBLICITÉ n.f. **1.** Activité ayant pour objet de faire connaître une marque, d'inciter le public à acheter un produit, à utiliser un service, etc. ; ensemble des moyens et des techniques employés à cet effet. *Agence de publicité.* ◇ *Publicité collective,* faite par plusieurs annonceurs d'un même métier et destinée à mettre en valeur un produit ou une catégorie de produits, sans référence à une marque. – *Publicité comparative,* qui vise à promouvoir un produit en le comparant à son ou ses concurrents. (Elle est interdite en France.) – *Publicité institutionnelle,* destinée à développer la notoriété d'une organisation ou d'une entreprise. Abrév. *(fam.) : pub.* **2.** Annonce, encart, film, etc., conçus pour faire connaître et vanter un produit, un service, etc. *Passer une publicité à la télévision.* Abrév. *(fam.) : pub.* **3.** Caractère de ce qui est public. *Publicité des débats parlementaires.* ◇ *Publicité foncière :* opération consistant à inscrire un droit immobilier à la conservation des hypothèques, en vue de le rendre opposable aux tiers ou de porter l'existence de ce droit à leur connaissance.

PUBLIER v.t. [5] (lat. *publicare*). **1.** Faire paraître un livre, une revue, les mettre en vente. *Publier un roman.* **2.** Faire connaître légalement. *Publier une loi.* **3.** Divulguer, répandre, notamm. par voie de presse. *Publier une information.*

PUBLI-INFORMATION n.f. (pl. *publi-informations*) ou **PUBLIREPORTAGE** n.m. Publicité rédactionnelle insérée dans un journal, une revue, et présentée sous forme d'article, de reportage.

PUBLIPHONE n.m. (nom déposé). Cabine téléphonique publique utilisable avec des cartes de paiement.

PUBLIPOSTAGE n.m. Message publicitaire adressé par voie postale et sous pli fermé en vue de proposer un produit ou un service. SYN. (anglic. déconseillé) : *mailing.*

PUBLIQUEMENT adv. En public.

PUBLIREPORTAGE n.m. → **PUBLI-INFORMATION.**

PUCCINIE [pyksini] n.f. ou **PUCCINIA** n.m. (de *Puccini,* n. d'un anatomiste). Champignon basidiomycète microscopique, parasite des végétaux, responsable notamm. de la rouille du blé. (Ordre des urédinales.)

PUCE n.f. (lat. *pulex, -icis*). **1.** Insecte aptère, au corps aplati latéralement, à pattes postérieures sauteuses, parasite de l'homme et des mammifères dont il puise le sang par piqûre. (Long. 1 à 4 mm ; genre *Pulex ;* ordre des siphonaptères.) ◇ *Fam. Secouer les puces à qqn,* le réprimander. – *Fam. Avoir, mettre la puce à l'oreille :* être, mettre sur le qui-vive. **2.** *Marché aux puces,* ou *les puces :* endroit où l'on vend des objets d'occasion. **3.** *Puce d'eau :* daphnie. – *Puce de mer :* talitre. **4.** ÉLECTRON. Petite surface de matériau semi-conducteur (silicium) qui supporte un ou plusieurs circuits intégrés comme, par ex., un microprocesseur. **5.** GÉNÉT. *Puce à ADN :* biopuce. ◆ adj. inv. D'un rouge brun.

PUCEAU n.m. et adj.m. *Fam.* Garçon vierge.

PUCELAGE n.m. *Fam.* Virginité.

PUCELLE n.f. et adj.f. (lat. *pullicella,* jeune d'un animal). *Fam.* Jeune fille vierge. ◇ *La Pucelle, la Pucelle d'Orléans :* Jeanne d'Arc.

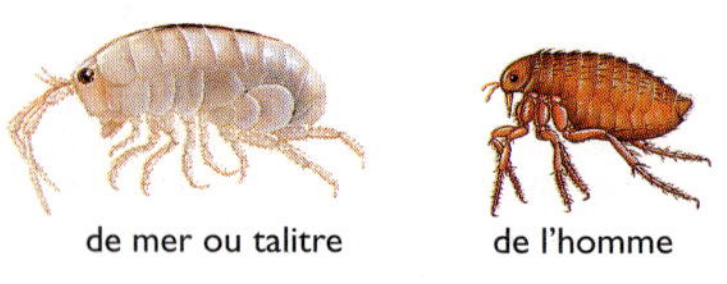

■ PUCE

PUCERON n.m. Petit insecte brun ou vert, ailé ou non, qui vit souvent en colonies sur les végétaux, dont il puise la sève, provoquant parfois de sérieux dommages. (Long. 1 mm env. ; ordre des homoptères, superfamille des aphidés.)

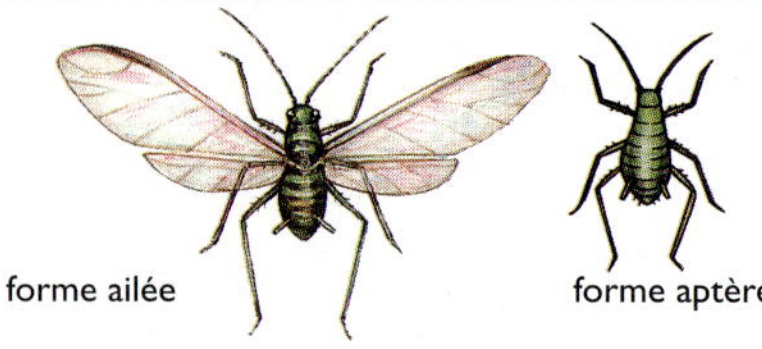

■ PUCERONS

PUCHE n.f. (de *pucher,* mot dial. pour *puiser*). Région. (Normandie). Filet à manche pour pêcher sur le sable les crevettes et les petits poissons.

PUCHEUX n.m. Région. (Normandie). Vase ou grande cuiller pour puiser les liquides.

PUCIER n.m. *Arg.* Lit.

PUDDING ou **POUDING** [pudiŋ] n.m. (angl. *pudding*). Entremets sucré à base de mie de pain, de biscuits, de semoule ou de riz, lié avec des œufs ou une crème, et agrémenté de fruits secs ou confits. (Le pudding à l'anglaise, ou *plum-pudding,* se caractérise par l'emploi de graisse de bœuf.)

PUDDLAGE [pœdlaʒ] n.m. Anc. Procédé que l'on utilisait pour obtenir du fer ou un acier à basse teneur en carbone, par brassage d'une masse de fonte liquide avec une scorie oxydante dans un four à réverbère.

PUDDLER [pœdle] v.t. (angl. *to puddle,* troubler). Anc. Soumettre à l'opération du puddlage.

PUDEUR n.f. (lat. *pudor*). **1.** Discrétion, retenue qui empêche de dire ou de faire ce qui peut blesser la décence, spécial. en ce qui concerne les questions sexuelles. **2.** Réserve de qqn qui évite de choquer le goût des autres, de les gêner moralement ; délicatesse. *Il n'a même pas eu la pudeur de se taire.*

PUDIBOND, E adj. (du lat. *pudere,* avoir honte). Qui manifeste une pudeur excessive.

PUDIBONDERIE n.f. Caractère pudibond.

PUDICITÉ n.f. *Litt.* Pudeur.

PUDIQUE adj. (lat. *pudicus*). **1.** Qui manifeste de la pudeur ; chaste. **2.** Qui ne manifeste pas facilement ses sentiments ; discret, réservé.

PUDIQUEMENT adv. D'une manière pudique.

PUER v.i. (lat. *putere*). **1.** Sentir très mauvais. *Ça pue dans cette pièce.* **2.** Exhaler l'odeur désagréable de. *Il puait le tabac.* **3.** Porter l'empreinte évidente et désagréable de. *Ça pue l'ennui, ici.*

PUÉRICULTEUR, TRICE n. Auxiliaire médical spécialiste de puériculture.

PUÉRICULTURE n.f. (du lat. *puer, pueri,* enfant). Ensemble des connaissances et des techniques mises en œuvre pour assurer aux tout-petits une croissance et un développement normaux.

PUÉRIL, E adj. (lat. *puerilis,* de *puer, pueri,* enfant). **1.** Qui appartient à l'enfance. *Âge puéril.* **2.** *Péjor.* Qui est naïf, enfantin, et paraît déplacé de la part d'un adulte. *Un comportement puéril.*

PUÉRILEMENT adv. *Sout.* De façon puérile.

PUÉRILISME n.m. PSYCHOL. Trouble de la personnalité consistant en une régression de la mentalité adulte vers celle de l'enfance.

PUÉRILITÉ n.f. **1.** Caractère de ce qui est puéril, enfantin. **2.** Action ou chose peu sérieuse ; enfantillage.

PUERPÉRAL, E, AUX adj. (du lat. *puerpera,* femme en couches). MÉD. Relatif aux suites de couches, à la période qui suit l'accouchement. *Fièvre puerpérale.*

PUFFIN [pyfɛ̃] n.m. (mot angl.). Oiseau palmipède de haute mer aux ailes longues et étroites, qui hiverne en plein océan. (Long. 45 cm ; genre *Puffinus,* ordre des procellariiformes.)

PUGILAT n.m. (lat. *pugilatus*). **1.** ANTIQ. Combat à coups de poing. **2.** Bagarre, rixe à coups de poing.

PUGILISTE n.m. **1.** ANTIQ. Athlète qui pratiquait le pugilat. **2.** *Litt.* Boxeur.

PUGILISTIQUE adj. **1.** Qui se rapporte au pugilat antique. **2.** Qui se rapporte à la boxe.

PUGNACE [-gnas] adj. *Litt.* Combatif.

PUGNACITÉ [pygnasite] n.f. (lat. *pugnacitas,* de *pugnax, -acis,* combatif). *Litt.* Combativité, amour de la lutte, de la polémique.

PUÎNÉ, E adj. et n. (de *puis* et *né*). Vieilli. Né après un de ses frères ou une de ses sœurs.

PUIS adv. (lat. *post,* après). Indique une succession dans le temps, dans l'espace ; ensuite, après. *Elle partit, puis se mit à courir. Prenez à gauche puis à droite.* ◇ *Et puis :* d'ailleurs, au reste, de plus.

PUISAGE n.m. Action de puiser.

PUISARD n.m. **1.** Égout vertical fermé, destiné à absorber les eaux-vannes. **2.** Trou pratiqué dans la voûte d'un aqueduc pour le réparer ou le nettoyer.

PUISATIER n.m. Terrassier spécialisé dans le forage des puits de faible diamètre.

PUISER v.t. (de *puits*). **1.** Prendre, prélever un liquide avec un récipient. **2.** Emprunter, se procurer dans une réserve. *Il est allé puiser je ne sais où des documents introuvables.* ◇ *Puiser aux sources :* consulter, utiliser les auteurs originaux.

PUISETTE n.f. Vx ou Afrique. Récipient en bois, en cuir ou en métal pour puiser de l'eau.

PUISQUE conj. Marque le motif, la cause, la raison connus ou évidents ; étant donné que, comme, attendu que. *Puisque vous le voulez, nous partirons demain.* – REM. *Puisque* ne s'élide que devant les mots *il(s), elle(s), on, en, un, une.*

PUISSAMMENT adv. D'une manière puissante ; avec force, intensité. *Il m'a puissamment aidé dans cette affaire.*

PUISSANCE n.f. **1.** Pouvoir de commander, de dominer, d'imposer son autorité. *La puissance des lois. Volonté de puissance.* **2.** *Puissance publique :* ensemble des pouvoirs de l'État et des autres personnes publiques ; l'État lui-même. **3.** État souverain. *Les grandes puissances.* **4.** Force pouvant produire un effet ; énergie. *La puissance des éléments.* **5.** PHYS. Quotient du travail accompli par une machine par le temps qu'il lui a fallu pour l'accomplir. ◇ *Puissance administrative* ou *fiscale :* puissance d'un moteur d'automobile ou de motocyclette, calculée pour servir de base à l'imposition fiscale. – *Puissance effective :* puissance d'un moteur mesurée au banc d'essai. – AUTOM. *Puissance au frein :* puissance mesurée à l'aide d'un frein. **6.** *Puissance d'une loupe, d'un microscope :* quotient de l'angle sous lequel on voit un objet à travers l'instrument par la longueur de cet objet. **7.** Pouvoir de transport et d'érosion d'un cours d'eau. **8.** MIN. Épaisseur d'une couche de minerai ou d'un filon. **9.** Caractère de ce qui exerce une grande influence sur qqn. *La puissance d'un raisonnement.* **10.** *En puissance.* **a.** Virtuellement. **b.** PHILOS. Possible, virtuel (par oppos. à *en acte,* chez Aristote et les scolastiques, notamm.). **11. a.** MATH. *Fonction puissance :* application qui, un réel n étant choisi, à tout réel x positif non nul, associe le réel x^n défini par $x^n = e^{n \ln x}$. **b.** *Puissance d'un point par rapport à un cercle, à une sphère,* produit des distances de ce point aux intersections de la circonférence ou de la sphère avec une sécante passant par ce point. **c.** *Puissance d'un ensemble,* cardinal de cet ensemble. **d.** ARITHM. *Puissance entière d'un réel* **x** : application qui à un réel x fait correspondre le nombre noté x^n défini par le produit de n facteurs égaux à x quand n est un entier positif, et à $\frac{1}{x^m}$ quand $n = -m$ est un entier négatif. **12.** ACOUST. *Puissance modulée :* puissance électrique délivrée par un amplificateur pour alimenter les haut-parleurs et en obtenir une reproduction sonore sans distorsions. ◆ pl. RELIG. Dans la tradition juive et chrétienne, le troisième chœur de la deuxième hiérarchie des anges.

PUISSANT, E adj. (anc. p. présent de *pouvoir*). **1.** Qui a beaucoup de pouvoir, d'autorité, d'influence. *Un syndicat très puissant.* **2.** Qui a un grand potentiel économique, militaire. *De puissants alliés.* **3.** Qui agit avec force, qui produit une grande énergie dans un temps déterminé. *Un moteur extrêmement puissant.* **4.** Qui a de la force physique ; qui la manifeste. *Un puissant athlète.* **5.** D'une grande portée. *Un raisonnement puissant.*

PUISSANTS n.m. pl. *Les puissants :* ceux qui détiennent le pouvoir, la richesse.

PUITS n.m. (lat. *puteus*). **1.** Trou vertical creusé dans le sol et souvent maçonné, pour atteindre la nappe aquifère souterraine. **2.** *Puits de science :* personne très érudite. **3.** Trou creusé dans le sol en vue d'extraire un minerai, ou destiné à toute autre fin industrielle. *Les puits d'une mine de charbon. Puits de pétrole.* **4.** ARCHIT. *Puits de lumière :* espace vertical libre faisant entrer la lumière du jour au sein d'un corps de bâtiment massif. **5.** MAR. *Puits aux chaînes :* compartiment d'un navire destiné à loger les chaînes des ancres.

PUJA [pudʒa] n.f. (mot sanskr., *hommage*). Dans l'hindouisme, adoration d'une image sacrée, accompagnée d'offrandes de fleurs, de nourriture, de l'aspersion et de la parure de la divinité vénérée. Graphie savante : *pūjā.*

PULICAIRE n.f. (lat. *pulex, -icis,* puce). Plante des lieux humides, à capitules de fleurs jaunes, appelée aussi *herbe aux poux.* (Genre *Pulicaria ;* famille des composées.) SYN. : *pédiculaire des marais.*

PULL n.m. → **PULL-OVER.**

PULLMAN [pulman] n.m. (du n. de l'inventeur). **1.** Autocar très confortable. **2.** Anc. Voiture de luxe dans certains trains.

PULLOROSE n.f. (du lat. *pullus,* poulet). Maladie infectieuse des volailles, souvent mortelle, atteignant surtout les jeunes poussins, appelée aussi *diarrhée blanche des poussins.*

PULL-OVER [pylɔvɛr] ou **PULL** [pyl] n.m. [pl. *pull-overs, pulls*] (angl. *to pull over,* tirer pardessus). Tricot avec ou sans manches, que l'on passe par-dessus la tête.

PULLULATION n.f. Fait de pulluler. – SC. DE LA V. Augmentation très rapide du nombre des individus d'une même espèce, lorsque les conditions sont exceptionnellement favorables (notamm. absence ou disparition de leur prédateur). SYN. : *pullulement.*

PULLULEMENT n.m. **1.** SC. DE LA V. Pullulation. **2.** Grande affluence. **3.** Grande quantité ; profusion, surabondance. *Le pullulement des sectes.*

PULLULER v.i. (lat. *pullulare,* de *pullus,* jeune animal). **1.** Se reproduire vite et en très grand nombre ; proliférer. *La chaleur a fait pulluler les insectes.* **2.** Se trouver, être en très grand nombre ; fourmiller, grouiller. *Le gibier pullule dans cette région.* ◆ v.t. ind. **(de)**. Être plein de. *La ville pullulait de malfaiteurs.*

PULMONAIRE adj. (du lat. *pulmo, -onis,* poumon). Du poumon. ◇ *Cour.,* vx en médecine. *Congestion pulmonaire :* pneumopathie infectieuse. ◆ n.f. Plante herbacée des bois, velue, à fleurs roses puis bleues, utilisée autref. contre les maladies du poumon. (Genre *Pulmonaria ;* famille des borraginacées.)

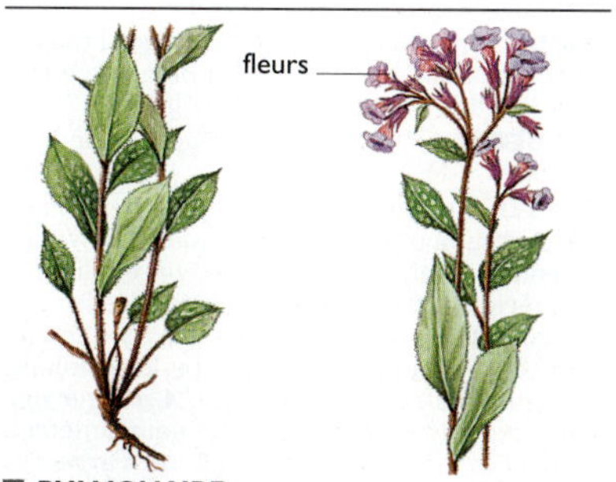

■ **PULMONAIRE**

PULMONÉ n.m. Mollusque gastéropode terrestre ou d'eau douce respirant par un poumon, tel que l'escargot, la limace, la limnée. (Les pulmonés forment une des trois sous-classes de gastéropodes.)

PULPAIRE adj. Relatif à la pulpe des dents.

PULPE n.f. (lat. *pulpa*). **1.** Partie tendre et charnue des fruits, de certains légumes. **2.** Extrémité charnue des doigts. **3.** Tissu conjonctif de la cavité dentaire.

PULPECTOMIE n.f. **1.** Dévitalisation. **2.** Ablation chirurgicale du contenu du testicule, laissant en place son enveloppe.

PULPEUX, EUSE adj. **1.** Qui contient de la pulpe ; qui en a la consistance. **2.** *Fig.* Se dit d'une femme aux formes pleines et sensuelles. *Une blonde pulpeuse.* ◇ *Lèvres pulpeuses,* charnues et sensuelles.

PULPITE n.f. Inflammation de la pulpe dentaire.

PULQUE [pulke] n.m. (mot indien de l'Amérique centrale). Boisson alcoolique mexicaine obtenue par la fermentation du fruit et de la sève de l'agave.

PULSAR n.m. (mot angl., de *pulsating star,* étoile vibrante). ASTRON. Source céleste de rayonnement radioélectrique, lumineux, X ou gamma, se manifestant par des émissions très brèves et qui se reproduisent à intervalles extrêmement réguliers (de quelques millièmes de seconde à quelques secondes), et qui correspond à une étoile à neutrons en rotation rapide.

ENCYCL. Les pulsars ont été découverts en 1967. Leur rayonnement proviendrait de particules chargées, accélérées par un champ magnétique intense jusqu'à des vitesses relativistes. Confiné dans un faisceau étroit et entraîné par la rotation de ces étoiles, il balaierait l'espace à la manière d'un gyrophare.

PULSATION n.f. (lat. *pulsatio, -onis*). **1.** Battement du cœur, d'un organe (artère, par ex.), perçu à l'examen clinique. **2.** *Pulsation d'un phénomène sinusoïdal :* quantité caractérisant la variation temporelle de phase d'une grandeur sinusoïdale. (La pulsation s'exprime en radian par seconde [rad/s].) **3.** ASTRON. Variation périodique du volume de certaines étoiles, qui provoque des fluctuations régulières de leur éclat.

P

PULSER v.t. (angl. *to pulse*). TECHN. Faire circuler un fluide par pression (air, eau). *Pulser de l'air chaud dans une pièce.*

PULSION n.f. (du lat. *pulsus,* poussé). PSYCHAN. Énergie fondamentale du sujet qui le pousse à accomplir une action visant à réduire une tension.

PULSIONNEL, ELLE adj. PSYCHAN. Relatif aux pulsions.

PULSORÉACTEUR n.m. AVIAT. Moteur à réaction sans compresseur, constitué par une tuyère au sein de laquelle la combustion s'opère de façon discontinue.

PULTACÉ, E adj. (du lat. *puls, pultis,* bouillie). MÉD. Se dit d'un dépôt inflammatoire mou et se dissociant facilement dans l'eau ; caractérisé par ce dépôt. *Angine pultacée.*

PULTRUSION n.f. (de l'angl. *to pull,* tirer, et *extrusion*). TECHN. Formage dans lequel la matière est à la fois extrudée et tirée à la sortie de la filière.

PULVÉRIN n.m. (du lat. *pulvis, pulveris,* poussière). Poudre à canon très fine, employée autref. pour l'amorçage des armes portatives et auj. dans les mélanges pyrotechniques.

PULVÉRISABLE adj. Qui peut être pulvérisé.

PULVÉRISATEUR n.m. Instrument ou machine servant à projeter un liquide en gouttelettes très fines.

PULVÉRISATION n.f. **1.** Action de pulvériser ; son résultat. **2.** *Pulvérisation cathodique :* ionoplastie.

PULVÉRISER v.t. (du lat. *pulvis, pulveris,* poussière). **1.** Réduire en poudre, en fines parcelles, en petites parties. *Pulvériser de la craie.* **2.** Détruire complètement. *Wagons pulvérisés dans un accident.* **3.** *Pulvériser un record,* le dépasser très largement. **4.** Projeter un liquide en fines gouttelettes. *Pulvériser de l'insecticide sur un champ.*

PULVÉRISEUR n.m. Appareil agricole utilisé pour briser les mottes de terre.

PULVÉRULENCE n.f. *Didact.* État pulvérulent.

PULVÉRULENT, E adj. *Didact.* Qui est à l'état de poudre ; réduit en poudre.

PUMA n.m. (mot quechua). Mammifère carnivore des forêts, des prairies et des déserts de l'Amérique, au pelage fauve. (Long. 2,50 m env. ; nom sc. *Felis concolor,* famille des félidés.) SYN. : *cougouar.*

■ **PUMA**

PUNA n.f. (mot quechua, *dépeuplé*). GÉOGR. Haut plateau, alpage pierreux et semi-aride des Andes, entre 3 000 et 5 000 m selon la latitude.

PUNAISE n.f. (lat. *putere,* puer, et *nasus,* nez). **1.** Insecte à pièces buccales en forme de stylet, à corps aplati, dégageant souvent une odeur nauséabonde. (Ordre des hétéroptères.) ◇ ***Punaise des lits,*** à ailes réduites, qui se nourrit de sang. (Genre *Cimex.*) – ***Punaise des bois :*** pentatome. – ***Punaise d'eau :*** ranatre. – ***Punaise de feu :*** pyrrhocoris. **2.** Petit clou à tête large, à pointe courte, qui s'enfonce par pression du pouce. ◇ ***Punaise d'architecte,*** dont la tête est constituée d'un anneau portant trois pointes très courtes.

PUNAISER v.t. Fixer à l'aide de punaises.

1. PUNCH [pɔ̃ʃ] n.m. [pl. *punchs*] (mot angl., du hindi). Boisson aromatisée, à base de rhum, de sirop de canne et de jus de fruits. *Punch coco.*

2. PUNCH [pœnʃ] n.m. inv. (mot angl.). **1.** Grande puissance de frappe, pour un boxeur. **2.** *Fam.* Efficacité, dynamisme. *Avoir du punch.*

PUNCHEUR [pœnʃœr] n.m. Boxeur dont le punch est la principale qualité.

PUNCHING-BALL [pœnʃiŋbol] n.m. [pl. *punching-balls*] (angl. *punching,* en frappant, et *ball,* ballon). Ballon maintenu à hauteur d'homme par des liens élastiques et servant à s'entraîner à la boxe.

PUNCTUM [pɔ̃ktɔm] n.m. (mot lat., *point*). PHYSIOL. ***Punctum proximum :*** point le plus proche pour lequel la vision est encore nette. – ***Punctum remotum :*** point le plus éloigné, situé normalement à l'infini, pour lequel la vision est encore nette.

PUNCTURE [pɔ̃k-] n.f. Piqûre de la peau à l'aide d'un instrument, pratiquée dans l'acupuncture, la mésothérapie ou la vaccination par bague.

PUNI, E adj. et n. Qui subit une punition.

PUNIQUE adj. (lat. *punicus,* carthaginois). Relatif à Carthage, aux Carthaginois. ◇ ***Guerres *puniques*** *: v. partie n.pr.*

PUNIR v.t. (lat. *punire*). **1.** Châtier pour un acte délictueux, pour une faute ; infliger une peine à. **2.** Frapper d'une sanction ; réprimer un délit, une faute, etc. ; condamner. *Punir un crime.* **3.** Être la conséquence désagréable d'une conduite. *Une indigestion a puni sa gourmandise.*

PUNISSABLE adj. Qui mérite une punition.

PUNITIF, IVE adj. Qui a pour objet de punir. *Expédition punitive.*

PUNITION n.f. (lat. *punitio, -onis*). **1.** Action de punir. **2.** Peine infligée pour une faute, un manquement au règlement, etc. ; châtiment, pénalité, sanction.

PUNK [pœnk] ou [pœ̃k] adj. inv. (mot angloamér., *voyou*). **1.** Se dit d'un mouvement de contestation apparu en Grande-Bretagne vers 1975, regroupant des jeunes en marge d'un ordre social qu'ils s'attachent à tourner en dérision, s'exprimant notamm. par le port de coiffures exubérantes et une musique conçue comme une protestation contre le vedettariat et le rock classique. **2.** Qui relève de ce mouvement. *Mode punk.* ◆ n. Adepte du mouvement punk.

PUPE n.f. (lat. *pupa,* poupée). ENTOMOL. Nymphe des insectes diptères (mouches, par ex.) enfermée dans la dernière enveloppe larvaire.

1. PUPILLAIRE [pypilɛr] adj. DR. Qui concerne un, une pupille.

2. PUPILLAIRE adj. MÉD. Relatif à la pupille de l'œil.

PUPILLARITÉ [pypilarite] n.f. DR. État de pupille ; durée de cet état.

1. PUPILLE [pypij] n. (lat. *pupillus,* mineur). Orphelin, mineur ou incapable majeur placé en tutelle. ◇ ***Pupille de l'État,*** ou, anc., ***pupille de l'Assistance publique :*** enfant, orphelin ou abandonné, élevé par l'Assistance publique ; incapable majeur dont la tutelle est déférée à l'État. – ***Pupille de la nation :*** orphelin de guerre bénéficiant d'une tutelle particulière de l'État.

2. PUPILLE [pypij] n.f. (lat. *pupilla*). Orifice central de l'iris de l'œil. SYN. (*cour.*) *: prunelle.*

PUPINISATION n.f. (de *Pupin,* n.pr.). Introduction, de distance en distance, dans les lignes téléphoniques, de bobines d'auto-induction pour améliorer la transmission de la parole.

PUPIPARE adj. Se dit de certains insectes diptères dont les larves se développent dans les voies génitales des femelles et éclosent prêtes à se transformer en pupes.

PUPITRE n.m. (lat. *pulpitum,* estrade). **1.** Petit meuble à plan incliné, de configuration très diverse, sur lequel on peut écrire, poser des livres, des partitions de musique, etc. *Pupitre d'écolier. Pupitre d'orchestre.* **2.** TECHN. Tableau de commande et de contrôle d'une machine ou d'un ensemble automatique.

PUPITREUR, EUSE n. Spécialiste chargé de la mise en route, de la conduite et de la surveillance d'une installation de traitement informatique.

1. PUR, E adj. (lat. *purus*). **1.** Qui est sans mélange. *Vin pur. Veste en pure laine.* ◇ CHIM. ***Corps pur :*** composé dans lequel aucune espèce chimique étrangère ne peut être décelée expérimentalement. **2.** Qui n'est ni altéré, ni vicié, ni pollué. *Air pur. Eau pure.* **3.** Qui est sans corruption, sans défaut moral. *Conscience pure.* **4.** Qui est absolument, exclusivement tel. *Un pur génie.* ◇ ***Pur et dur :*** qui défend une théorie, un dogme, dans toute leur spécificité. – ***Pur et simple :*** qui n'est rien d'autre que cela ; sans aucune condition ni restriction. **5.** Se dit d'une activité intellectuelle, artistique qui se développe en vertu de ses seules exigences internes, hors de toute préoccupation pratique. *Poésie, recherche pure.* **6.** Qui présente une harmonie dépouillée et sans défaut. *Ligne pure.*

2. PUR, E n. **1.** Personne d'une grande rigueur morale, qui conforme rigoureusement son action à ses principes. **2.** Personne fidèle à l'orthodoxie d'un parti.

PUREAU n.m. (de l'anc. fr. *purer,* purifier). Partie d'une tuile ou d'une ardoise qui n'est pas recouverte par la tuile ou l'ardoise supérieure.

PURÉE n.f. (de l'anc. fr. *purer,* nettoyer). **1.** Préparation culinaire faite avec des légumes cuits à l'eau et écrasés. **2.** *Fam.* Grande gêne, misère. *Être dans la purée.* **3.** *Fam.* ***Purée de pois :*** brouillard épais.

PUREMENT adv. Exclusivement et totalement. *Un geste purement gratuit.* ◇ ***Purement et simplement :*** sans réserve ni condition ; tout simplement. *Votre hypothèse est purement et simplement ridicule.*

PURETÉ n.f. **1.** Qualité de ce qui est pur, sans mélange ni défaut. **2.** Qualité d'une personne moralement pure.

PURGATIF, IVE adj. et n.m. Se dit d'une substance à l'action laxative puissante et rapide.

PURGATION n.f. Vieilli. Évacuation de l'intestin par un purgatif.

PURGATOIRE n.m. **1.** CATH. État ou lieu symbolique de purification temporaire pour les défunts morts en état de grâce, mais qui n'ont pas encore atteint la perfection qu'exige la vision béatifique. **2.** *Fig.* Période d'épreuve transitoire.

PURGE n.f. **1.** Action de purger. **2.** *Fam.* Purgatif. **3.** DR. Opération par laquelle un bien immeuble est libéré des hypothèques qui le grèvent.

PURGEOIR n.m. Bassin de filtrage des eaux de source.

PURGER v.t. [10] (lat. *purgare*). **1.** Vieilli. Faire une purgation du contenu intestinal. **2. a.** Vidanger entièrement. *Purger un radiateur.* **b.** Éliminer d'un récipient ou d'une enceinte fermée les gaz, les liquides ou les résidus indésirables. **3.** Éliminer d'un pays, d'un parti, d'un groupe les éléments jugés indésirables ou dangereux. **4.** ***Purger une peine de prison,*** l'effectuer, demeurer détenu pendant le temps de la peine. **5.** DR. ***Purger les hypothèques :*** effectuer les formalités nécessaires pour qu'un bien ne soit plus hypothéqué. ◆ **se purger** v.pr. *Fam.,* vieilli. Prendre un purgatif.

PURGEUR n.m. Appareil, dispositif pour purger une tuyauterie, une installation, etc.

PURIFIANT, E adj. Qui purifie. *L'air purifiant de la montagne.*

PURIFICATEUR, TRICE adj. et n.m. Qui sert à purifier. *Purificateur d'air.*

PURIFICATION n.f. **1.** Action de purifier. **2.** CATH. ***Purification de la Vierge :*** fête en l'honneur de la Sainte Vierge et de sa purification au Temple après la naissance de Jésus. (On la célèbre avec la Présentation de Jésus au Temple, le 2 février, jour de la Chandeleur.)

PURIFICATOIRE adj. Qui purifie. *Acte purificatoire.* ◆ n.m. CATH. Linge avec lequel le prêtre essuie le calice, après la communion.

PURIFIER v.t. [5]. **1.** Débarrasser des impuretés. *Purifier l'eau, l'air.* **2.** *Litt.* Débarrasser de ce qui constitue une angoisse, un sentiment de culpabilité. **3.** Débarrasser d'impuretés, de souillures morales par des rites religieux.

PURIN n.m. (de l'anc. fr. *purer,* dégoutter). Fraction liquide, princip. constituée d'urines, qui s'écoule du fumier, utilisée comme engrais.

PURINE n.f. BIOCHIM. **1.** Composé hétérocyclique ($C_5H_4N_4$), dont le noyau se retrouve dans l'adénine, la guanine, la caféine, etc. **2.** (Abusif). Base purique.

PURIQUE adj. *Base purique :* base azotée dérivant de la purine, qui entre dans la composition des nucléotides, des acides nucléiques, etc. SYN. (abusif) : *purine.*

PURISME n.m. **1.** Attitude consistant, dans l'usage de la langue, à réduire ou même à proscrire les écarts (évolutions, emprunts) par rapport à un état passé de cette langue érigé en norme idéale et intangible. **2.** Souci de la perfection, observation très ou trop stricte des règles dans la pratique d'un art, d'une discipline, d'un métier. **3.** Tendance picturale (v. 1918 - 1926) issue du cubisme et promue par Amédée Ozenfant (1886 - 1966) et Le Corbusier, où dominent la simplicité géométrique des contours, la recherche de formes épurées.

PURISTE adj. et n. Propre au purisme ; partisan du purisme. – *Spécial.* Se dit d'une personne qui se montre particulièrement soucieuse de la correction et de la pureté de la langue.

PURITAIN, E n. et adj. (angl. *puritan*). **1.** Membre d'une communauté de presbytériens hostiles à l'Église anglicane et rigoureusement attachés à la lettre des Écritures. **2.** Personne qui affecte une grande rigidité de principes. ◆ adj. **1.** Relatif au puritanisme. **2.** Marqué par une grande rigueur morale ; rigoriste, austère.

ENCYCL. Persécutés, à partir de 1570, par les souverains anglais, les puritains émigrèrent en grand nombre en Hollande, puis en Amérique (les *Pilgrim Fathers,* qui franchirent l'Océan sur le *Mayflower* en 1620). Ceux qui restèrent en Angleterre constituèrent, face aux Stuarts, un groupe d'opposition qui, avec Cromwell, joua un rôle important dans la révolution de 1648.

PURITANISME n.m. **1.** Doctrine, attitude des puritains. **2.** Grande austérité de principes ; rigorisme.

PUROT n.m. AGRIC. Fosse à purin.

PUROTIN n.m. *Fam.,* vieilli. Personne qui est dans la purée, dans la misère.

PURPURA n.m. (mot lat., *pourpre*). MÉD. Éruption de taches rouges dues à de petites hémorragies cutanées, prenant différents aspects (ecchymoses, pétéchies, etc.).

PURPURIN, E adj. (du lat. *purpura,* pourpre). *Litt.* Qui rappelle la couleur de la pourpre.

PURPURINE n.f. Matière colorante contenue dans la garance avec l'alizarine, à partir de laquelle elle se forme par oxydation.

PUR-SANG n.m. inv. Cheval de selle d'une race française élevée pour la course de galop, dite autref. *pur-sang anglais.*

PURULENCE n.f. État de ce qui est purulent.

PURULENT, E adj. (du lat. *pus, puris,* pus). Qui contient du pus.

PUS n.m. (lat. *pus*). Liquide plus ou moins épais, jaune, vert, etc., contenant des granulocytes altérés, des débris cellulaires et souvent des micro-organismes, et qui se forme à la suite d'une inflammation.

PUSEYISME [pjuzeism] n.m. (de *Pusey,* n.pr.). Doctrine du théologien anglican Pusey et de ses partisans.

PUSH-PULL [puʃpul] n.m. inv. et adj. inv. (mot angl., de *to push,* pousser, et *to pull,* tirer). **1.** ÉLECTRON. Montage symétrique. **2.** Avion muni de deux moteurs, l'un à l'avant, l'autre à l'arrière.

PUSILLANIME [pyzilanim] adj. et n. (du lat. *pusillus animus,* esprit étroit). *Litt.* Qui manque d'audace, de courage ; qui a peur des responsabilités.

PUSILLANIMITÉ [-la-] n.f. *Litt.* Caractère d'une personne pusillanime.

PUSTULE n.f. (lat. *pustula*). **1.** Lésion cutanée élémentaire constituée d'une petite cloque contenant un liquide purulent. ◇ ***Pustule maligne :*** forme habituelle du charbon humain. **2.** BOT. Petite vésicule sur la feuille, la tige de certaines plantes.

P

PUSTULEUX, EUSE adj. MÉD. Relatif aux pustules ; caractérisé par des pustules.

PUTAIN n.f. (anc. fr. *put*, vil, puant). **1.** *Vulg., injur.* Prostituée. **2.** *Vulg., injur.* Femme débauchée. **3.** *Très fam.* ***Putain de...*** : sale, fichu, maudit. *Putain de pluie !* – *Très fam.* ***Putain !*** : juron exprimant le dépit, l'étonnement, l'admiration...

PUTASSIER, ÈRE adj. *Vulg.* Propre aux prostituées ; qui les évoque. *Manières putassières.*

PUTATIF, IVE adj. (du lat. *putare*, croire). DR. Qu'on suppose légal, légitime, malgré l'absence d'un fondement juridique réel. ◇ ***Titre putatif*** : titre juridique invoqué par une personne qui croit à son existence alors qu'en réalité il n'existe pas. – ***Mariage putatif*** : mariage nul, mais dont les effets juridiques subsistent pour les enfants *(enfants putatifs)*, par suite de la bonne foi de l'un au moins des époux contractants.

PUTE n.f. *Vulg., injur.* Putain.

PUTIET ou **PUTIER** n.m. (anc. fr. *put*, puant). Merisier à grappes.

PUTOIS n.m. (anc. fr. *put*, puant). **1.** Mammifère carnivore d'Europe, voisin de la fouine, s'attaquant aux animaux de basse-cour, et dont la fourrure, brun foncé, est recherchée. (Long. 40 cm env. ; famille des mustélidés.) ◇ ***Crier comme un putois*** : crier très fort ; protester en jetant des cris perçants. **2.** Fourrure de cet animal.

■ **PUTOIS**

PUTONGHUA [putɔ̃gwa] n.m. (mot chin.). Langue commune chinoise officielle, fondée sur le mandarin prononcé à la manière de Pékin.

PUTRÉFACTION n.f. Décomposition bactérienne d'un cadavre, d'un organisme mort.

PUTRÉFIABLE adj. Putrescible.

PUTRÉFIER v.t. [5] (du lat. *putris*, pourri). Provoquer la putréfaction de. ◆ **se putréfier** v.pr. Être en putréfaction.

PUTRESCENCE n.f. État de ce qui est en putréfaction.

PUTRESCIBLE adj. (du lat. *putris*, pourri). Susceptible de pourrir. SYN. : *putréfiable.*

PUTRIDE adj. (lat. *putridus*). **1.** *Litt.* En état de putréfaction. **2.** Qui présente les phénomènes de la putréfaction, notamm. une odeur nauséabonde. *Fermentation putride.* **3.** Qui est produit ou semble être produit par la putréfaction. *Odeur putride.*

PUTRIDITÉ n.f. *Litt.* État de ce qui est putride.

PUTSCH [putʃ] n.m. (mot all.). Coup d'État ou soulèvement organisé par un groupe armé en vue de s'emparer du pouvoir.

PUTSCHISTE adj. et n. Relatif à un putsch ; qui y participe.

PUTT [pœt] ou **PUTTING** [pœtiŋ] n.m. (mots angl., de *to put*, placer, mettre). Au golf, coup joué sur le green, pour faire rouler doucement la balle vers le trou.

1. PUTTER [pœtœr] n.m. (mot angl.). Club utilisé pour jouer un putt.

2. PUTTER [pœte] v.i. Jouer un putt.

PUTTO [puto] n.m. [pl. *puttos* ou *putti*] (mot ital.). BX-ARTS. Bébé nu, petit amour, angelot.

PUVATHÉRAPIE n.f. (abrév. de *psoralène-ultraviolet A* et *thérapie*). Traitement de certaines dermatoses par absorption d'un psoralène suivie d'une exposition aux ultraviolets A.

PUY n.m. (lat. *podium*, tertre). Cratère ou promontoire volcanique, en Auvergne.

PUZZLE [pœzl] n.m. (mot angl.). **1.** Jeu de patience fait de fragments découpés à assembler pour reconstituer une image. **2.** *Fig.* Problème très compliqué dont la résolution exige que soient rassemblés de nombreux éléments épars.

P.-V. n.m. (abrév. de *procès-verbal*). *Fam.* Contravention.

PVC n.m. inv. (abrév. de l'angl. *polyvinylchloride*). Polychlorure de vinyle, matière plastique très utilisée (nom générique).

PVD ou **P.V.D.** n.m. (sigle). Pays en voie de *développement.

PYCNOGONIDE n.m. Petit arthropode des fonds marins et des rochers littoraux, au tronc très étroit muni de longues pattes grêles, qui se nourrit d'éponges. (Les pycnogonides forment une classe de chélicérates.)

PYCNOMÈTRE n.m. (gr. *puknos*, dense, et *metron*, mesure). Flacon servant à déterminer la masse volumique d'un solide ou d'un liquide.

PYCNOSE n.f. (gr. *puknôsis*, condensation). BIOL. CELL. Dégénérescence du noyau cellulaire, caractérisée par une condensation de la chromatine.

PYÉLONÉPHRITE n.f. (du gr. *puelos*, cavité, bassin). MÉD. Infection du rein et du bassinet.

PYGARGUE n.m. (gr. *pugê*, croupion, et *argos*, blanc). Aigle de grande taille, au plumage noir et blanc, pêcheur de poissons sur les côtes et dans les lacs et les rivières. (Envergure 2,50 m ; genre *Haliaetus*, famille des accipitridés.)

PYGMÉE adj. Qui se rapporte aux Pygmées.

PYJAMA n.m. (mot angl., du persan). Vêtement de nuit ou d'intérieur, ample et léger, composé d'une veste et d'un pantalon.

PYLÔNE n.m. (gr. *pulôn*, portail). **1.** Support en charpente métallique, en béton, etc., d'un pont suspendu, d'une ligne électrique aérienne, etc. **2.** ARCHÉOL. Massif quadrangulaire en pierre, construit de part et d'autre des portails successifs d'un temple égyptien.

PYLORE n.m. (gr. *pulôros*, qui garde la porte). ANAT. Orifice inférieur de l'estomac, où s'abouche le duodénum.

PYLORIQUE adj. Relatif au pylore.

PYOCYANIQUE adj. MÉD. *Bacille pyocyanique*, ou *pyocyanique*, n.m. : bactérie présente dans l'environnement (genre *Pseudomonas*), provoquant parfois des infections.

PYODERMITE n.f. MÉD. Infection cutanée suppurée.

PYOGÈNE adj. et n.m. (gr. *puon*, pus, et *genosis*, origine). MÉD. Qui provoque la formation de pus.

PYORRHÉE n.f. MÉD. Rare. Écoulement de pus.

PYRACANTHA n.m. BOT. Buisson-ardent.

PYRALE n.f. (gr. *purallis*, rouge-gorge). Papillon crépusculaire dont les chenilles sont souvent nuisibles aux cultures (vigne, maïs, etc.). [Famille des pyralidés.]

PYRALÈNE n.m. Huile synthétique utilisée pour l'isolation et le refroidissement de certains transformateurs électriques et dont la décomposition, sous l'effet de la chaleur, provoque des dégagements toxiques de dioxine.

PYRAMIDAL, E, AUX adj. **1.** Qui a la forme d'une pyramide. **2.** BOT. Dont le port évoque une pyramide. *Peuplier pyramidal.* **3.** ANAT. Se dit d'un faisceau de fibres nerveuses, qui transmettent du cortex à la moelle les ordres de la motricité volontaire, et des éléments qui lui sont liés ; relatif à ces structures anatomiques. **4.** ANAT. *Os pyramidal*, ou *pyramidal*, n.m. : nom de l'un des os du carpe. **5.** COMM. ***Système, vente pyramidaux*** : technique de vente fondée sur le recrutement, parrainé en cascade, de vendeurs dont la rémunération est liée aux commandes réalisées par les nouveaux vendeurs qu'ils ont eux-mêmes recrutés. (Cette pratique est interdite en France.)

PYRAMIDE n.f. (lat. *pyramis, -idis*). **1. a.** Grand monument à base quadrangulaire et à quatre faces triangulaires, sépulture royale de l'Égypte ancienne. *(V. ill. page suivante).* **b.** Monument d'une forme comparable, mais comportant des degrés et dont le sommet tronqué porte une plate-forme servant de base à un temple, dans le Mexique précolombien. **2.** Polyèdre formé d'un polygone convexe plan (appelé *base*) et de tous les triangles ayant pour base les différents côtés du polygone et un sommet commun (*sommet* de la pyramide). ◇ ***Pyramide régulière***, celle qui a pour base un polygone régulier et dont le sommet se projette orthogonalement au centre de cette base. **3.** Représentation graphique évoquant la forme d'une pyramide. ◇ ***Pyramide des âges*** : représentation graphique donnant, à une date déterminée, la répartition par âge et par sexe d'un groupe d'individus. – ÉCOL. ***Pyramide alimentaire*** : représentation graphique du rapport en nombre, en masse ou en énergie existant entre une proie, son prédateur, le prédateur de celui-ci, etc. (D'un étage à l'autre, le rapport dépasse rarement 10 %.) **4.** Entassement d'objets, de corps, s'élevant en forme de pyramide. *Pyramide de fruits.*

P

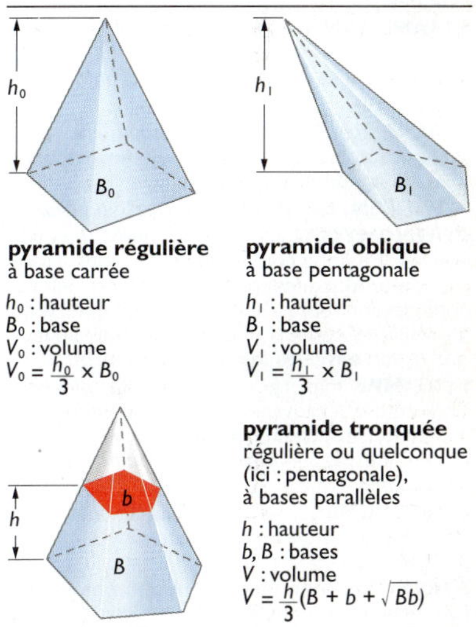

■ **PYRAMIDES** (en géométrie).

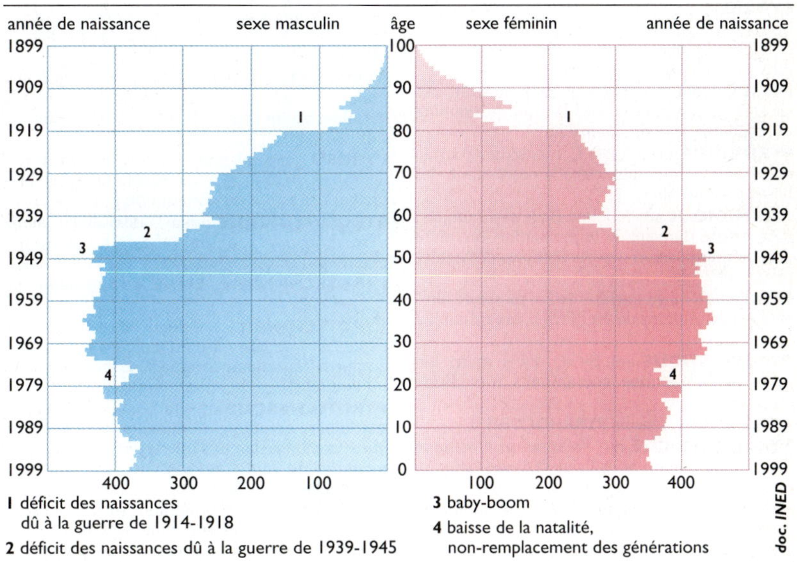

■ **PYRAMIDE** des âges en France.

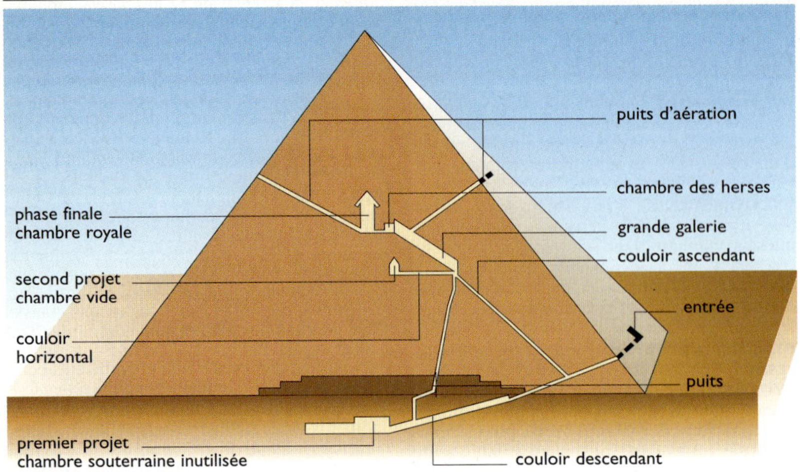

■ **PYRAMIDE.** Coupe de la pyramide de Kheops à Gizeh (Égypte).

ENCYCL. Évocation des rayons solaires pétrifiés, la pyramide égyptienne symbolisait l'escalier facilitant l'ascension du pharaon défunt vers le dieu Rê. Elle était l'élément principal du complexe funéraire pharaonique. Les plus anciennes pyramides sont celles de l'Ancien Empire à Saqqarah et à Gizeh.

PYRAMIDÉ, E adj. Qui présente une forme de pyramide.

PYRAMIDION n.m. Couronnement pyramidal d'un obélisque.

PYRANNE n.m. CHIM. ORG. Composé hétérocyclique (C_5H_6O).

PYRÈNE n.m. CHIM. ORG. Hydrocarbure polycyclique aromatique ($C_{16}H_{10}$) qui se rencontre dans les goudrons de houille.

PYRÉNÉEN, ENNE adj. et n. Des Pyrénées.

PYRÉNOMYCÈTE n.m. (du gr. *purên, purênos,* noyau). Champignon ascomycète dont les organes reproducteurs sont des périthèces, microscopiques, en forme de bouteilles, tel que l'ergot du seigle et certains champignons des lichens. (Les pyrénomycètes forment un ordre.)

PYRÈTHRE n.m. (gr. *purethron,* de *pûr,* feu). Chrysanthème sauvage d'Asie occidentale, fournissant un insecticide puissant et non toxique pour l'homme, la *poudre de pyrèthre.* (Genre *Pyrethrum.*)

PYRÉTHRINE n.f. Substance vermicide et insecticide entrant dans la composition de la poudre de pyrèthre.

PYREX n.m. (nom déposé). Verre borosilicaté très résistant à la chaleur.

PYREXIE n.f. (du gr. *puressein,* avoir la fièvre). MÉD. Fièvre ; maladie caractérisée par de la fièvre.

PYRIDINE n.f. CHIM. ORG. Hétérocycle aromatique (C_5H_5N), présent dans le goudron de houille et utilisé comme solvant, en dépit de son odeur forte et peu agréable et de sa toxicité.

PYRIDOXINE n.f. BIOCHIM. La principale des substances regroupées sous le nom de vitamine B6, jouant le rôle de coenzyme.

PYRIMIDINE n.f. BIOCHIM. Composé hétérocyclique ($C_4H_4N_2$), qui entre dans la constitution des bases pyrimidiques.

PYRIMIDIQUE adj. BIOCHIM. *Base pyrimidique :* base azotée dérivant de la pyrimidine, qui entre dans la composition des nucléotides, des acides nucléiques, etc.

PYRITE n.f. (du gr. *purithês lithos,* pierre de feu). MINÉRALOG. Sulfure de fer (FeS_2), aux cristaux à reflets dorés.

PYROCLASTIQUE adj. Se dit d'une roche formée de projections volcaniques lors d'une éruption.

PYROCORISE n.m. → **PYRRHOCORIS.**

PYROÉLECTRICITÉ n.f. Polarisation électrique de certains cristaux sous l'action d'une variation de température.

PYROGALLIQUE adj.m. *Acide pyrogallique :* pyrogallol.

PYROGALLOL n.m. Phénol dérivé du benzène, employé comme révélateur photographique. SYN. : *acide pyrogallique.*

PYROGÉNATION n.f. Réaction chimique produite par l'action d'une forte chaleur.

PYROGÈNE adj. MÉD. Se dit d'une substance qui provoque la fièvre.

PYROGRAPHE n.m. Appareil électrique utilisé en pyrogravure.

PYROGRAVURE n.f. Procédé de décoration du bois, du cuir, etc., au moyen d'une pointe métallique portée au rouge vif.

PYROLE n.f. → **PIROLE.**

PYROLIGNEUX, EUSE adj. et n.m. CHIM. ORG. Se dit de la partie aqueuse des produits de la distillation du bois, qui contient surtout de l'acétone, du méthanol et de l'acide acétique.

PYROLUSITE n.f. MINÉRALOG. Dioxyde de manganèse (MnO_2), de couleur noire.

PYROLYSE n.f. Décomposition chimique obtenue par chauffage, sans catalyseur.

PYROMANE n. Personne atteinte de pyromanie ; incendiaire.

PYROMANIE n.f. Impulsion pathologique qui pousse certaines personnes à allumer des incendies.

PYROMÉCANISME n.m. Dispositif mécanique utilisant l'énergie de combustion d'une substance pyrotechnique, et employé notamm. dans les airbags ou les éléments séparateurs de fusées.

PYROMÈTRE n.m. Instrument pour la mesure des hautes températures.

PYROMÉTRIE n.f. Mesure des hautes températures.

PYROMÉTRIQUE adj. Relatif à la pyrométrie.

PYROPHORE n.m. Substance qui s'enflamme spontanément à l'air.

PYROPHOSPHORIQUE adj.m. CHIM. MINÉR. *Acide pyrophosphorique :* acide ($H_4P_2O_7$) résultant de la perte d'une molécule d'eau par l'acide orthophosphorique.

PYROPHYTE adj. et n.f. ÉCOL., BOT. Se dit d'une plante qui résiste bien aux incendies ou dont la germination nécessite la chaleur d'un feu de brousse.

PYROSIS [pirɔzis] n.m. (gr. *pûrosis,* brûlure). Sensation de brûlure remontant le long de l'œsophage, par reflux du contenu de l'estomac.

PYROSULFURIQUE adj.m. CHIM. MINÉR. *Acide pyrosulfurique :* acide ($H_2S_2O_7$) obtenu en chauffant l'acide sulfurique.

PYROTECHNICIEN, ENNE n. Spécialiste en pyrotechnie.

PYROTECHNIE n.f. **1.** Science et technique des explosifs et de leur mise en œuvre, ainsi que des compositions pyrotechniques. **2.** Établissement où l'on fabrique de telles compositions.

PYROTECHNIQUE adj. Qui concerne les explosifs, la pyrotechnie. ◇ *Compositions pyrotechniques :* mélanges, autres que les explosifs proprement dits, servant à produire des feux d'artifice.

PYROXÈNE n.m. Silicate de fer, de magnésium, de calcium, parfois d'aluminium, présent dans les roches magmatiques et métamorphiques.

PYRRHIQUE n.f. (lat. *pyrrhicha,* du gr.). ANTIQ. GR. Danse guerrière exécutée par un ou plusieurs danseurs en armes.

PYRRHOCORIS [pirɔkɔris] ou **PYROCORISE** n.m. (gr. *purrhos,* roux, et *koris,* punaise). Punaise rouge, tachetée de noir, commune près des murs, usuellement appelée *gendarme, soldat, punaise de feu, cherche-midi,* etc. (Ordre des hétéroptères.)

PYRRHONIEN, ENNE adj. et n. Qui appartient au pyrrhonisme ; sceptique.

PYRRHONISME n.m. Doctrine du philosophe Pyrrhon ; scepticisme.

PYRRHOTITE n.f. MINÉRALOG. Sulfure de fer (FeS), ferromagnétique.

PYRROLE ou **PYRROL** n.m. CHIM. ORG. Hétérocycle aromatique (C_4H_5N) à cinq chaînons, dont un azote d'amine secondaire, et qui est extrait du goudron de houille. (De nombreuses molécules colorées, telles que la chlorophylle et l'hémoglobine, contiennent des noyaux pyrrole.)

PYRROLIQUE adj. Qui concerne le pyrrole.

PYTHAGORICIEN, ENNE adj. et n. **1.** De l'école fondée par Pythagore. **2.** Qui se rapporte au pythagorisme ; qui en est partisan.

ENCYCL. École philosophique, l'école pythagoricienne eut aussi le caractère d'une secte, qui croyait en la transmigration des âmes *(métempsychose),* prônait une réglementation stricte des comportements et des tâches, et défendait des visées théocratiques, aristocratiques et conservatrices.
En arithmétique, Pythagore et les pythagoriciens voyaient dans les entiers le principe des choses. Ainsi, tout triangle de côtés proportionnels à 3, 4 et 5 est rectangle ; ce *théorème de Pythagore* était cependant connu des Babyloniens un millénaire avant lui. On attribue aussi à Pythagore et à son école le théorème de la somme des angles du triangle, la construction de certains polyèdres réguliers, le début du calcul des proportions, lié à la découverte de l'*incommensurabilité* de la diagonale et du côté du carré.

PYTHAGORIQUE adj. Vx. Pythagoricien.

PYTHAGORISME n.m. Doctrine de Pythagore et de ses disciples (Philolaos, Archytas), centrée sur la valeur accordée aux nombres et la recherche initiatique de la purification de l'âme.

PYTHIE n.f. (gr. *puthia*). **1.** ANTIQ. GR. Prophétesse de l'oracle d'Apollon, à Delphes. **2.** *Litt.* Devineresse.

1. PYTHIEN, ENNE adj. Qui concerne la pythie.

2. PYTHIEN adj.m. *Apollon pythien :* Apollon vainqueur du serpent Python.

PYTHIQUES adj.m. pl. ANTIQ. GR. *Jeux Pythiques :* jeux panhelléniques célébrés tous les quatre ans à Delphes, en l'honneur d'Apollon.

PYTHON n.m. (du gr. *Puthôn,* serpent tué par Apollon). Serpent d'Asie et d'Afrique, non venimeux, qui étouffe ses proies dans ses anneaux. (Le python réticulé, ou *molure,* de la péninsule malaise atteint 9 m de long pour un poids de 100 kg ; c'est le plus grand serpent actuellement vivant. Genre *Python ;* ordre des ophidiens, famille des pythonidés.)

■ **PYTHON.** Python réticulé.

PYTHONISSE n.f. **1.** ANTIQ. GR. Femme douée du don de prophétie. **2.** *Litt.* Voyante, prophétesse.

PYURIE n.f. (gr. *puon,* pus, et *oûron,* urine). Présence de pus dans l'urine.

PYXIDE n.f. (du gr. *puxis,* boîte). **1.** ANTIQ. GR. Boîte à couvercle de formes diverses. **2.** CATH. Custode. **3.** BOT. Fruit sec du mouron, de la jusquiame, du plantain, qui s'ouvre par sa partie supérieure en forme de couvercle.

Caractère Quick

Q n.m. inv. **1.** Dix-septième lettre de l'alphabet et la treizième des consonnes. (*Q,* en français toujours suivi de *u,* sauf en position finale, note l'occlusive vélaire sourde [k] ainsi que les sons [kw], comme dans *quartz,* ou [kɥ], comme dans *équilatéral.*) **2.** $\mathbb{Q}$: ensemble des nombres rationnels. (Les éléments de $\mathbb{Q}$ sont les nombres égaux au quotient d'un entier relatif *a* par un entier relatif *b* non nul, notés $\frac{a}{b}$.) **3.** q : symbole du quintal.

QANUN [kanun] n.m. (ar. *qānūn,* du grec *kanon*). Cithare sur table montée de 72 à 78 cordes, pincées par des onglets glissés au bout des doigts, utilisée dans la musique savante du Proche-Orient.

QARAÏTE adj. et n. → **KARAÏTE.**

QASIDA [-si-] n.f. (de l'ar.). Poème arabe classique, d'au moins sept vers, à rime unique. (Précédée d'un prologue amoureux, la qasida a pour thème un récit de voyage, la satire, la louange.)

QAT ou **KHAT** [kɑt] n.m. (ar. *qāt*). **1.** Substance hallucinogène extraite des feuilles d'un arbuste d'Éthiopie et du Yémen. **2.** L'arbuste lui-même. (Genre *Catha ;* famille des célastracées.) – Ses feuilles, que l'on mâche pour s'enivrer.

QCM ou **Q.C.M.** n.m. (sigle de *questionnaire à choix multiple*). Questionnaire d'examen proposant, pour chaque question posée, plusieurs réponses entre lesquelles il s'agit de choisir la bonne.

QG ou **Q.G.** n.m. (sigle). Quartier général.

QHS ou **Q.H.S.** n.m. (sigle). Quartier de haute sécurité.

QI ou **Q.I.** [kyi] n.m. (sigle). Quotient intellectuel.

QIBLA n.f. inv. (mot ar.). Direction de La Mecque, dans la religion islamique.

qsp ou **q.s.p.** (sigle de *quantité suffisante pour*). Dans une formule de médicament, se rapporte à la quantité d'excipient à mettre pour obtenir le poids ou le volume total indiqué. *Qsp 100 grammes.* (On dit aussi *qs* ou *q.s., quantité suffisante.*)

QSR ou **Q.S.R.** n.m. (sigle). Quartier de sécurité renforcée.

QUAD [kwad] n.m. (mot angl., abrév. de *quadrangle,* parallélépipède). Roller dont les roues ne sont pas en ligne.

QUADRA [kadra] ou [kwadra] n. et adj. inv. (abrév.). *Fam.* Quadragénaire. *Les quadras de la politique. La mode quadra.*

QUADRAGÉNAIRE [ka-] ou [kwa-] adj. et n. Âgé de quarante à quarante-neuf ans. Abrév. *(fam.) : quadra.*

QUADRAGÉSIMAL, E, AUX [kwa-] ou [ka-] adj. CATH. Qui appartient au carême.

QUADRAGÉSIME [kwa-] ou [ka-] n.f. (lat. *quadragesimus,* quarantième). CATH. Anc. Premier dimanche du carême.

QUADRANGLE [kwa-] ou [ka-] n.m. GÉOMÉTR. Figure formée de quatre points (ou *sommets*) et des six droites les joignant deux à deux, ces droites devant être sécantes (deux à deux) en trois points autres que les sommets.

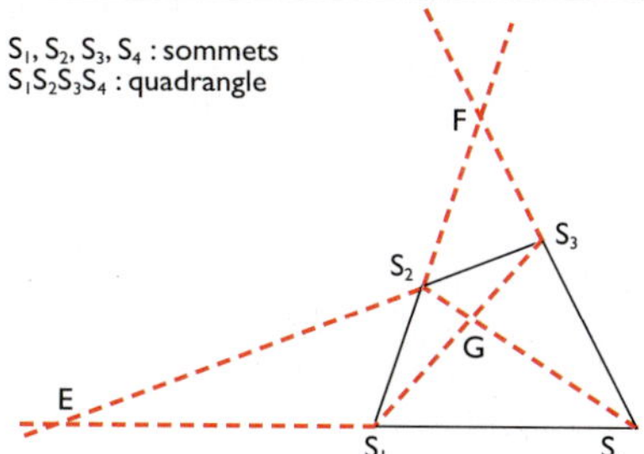

■ **QUADRANGLE.** Construction du quadrangle $S_1S_2S_3S_4$.

QUADRANGULAIRE [kwa-] ou [ka-] adj. (lat. *quadrangulus*). Qui a quatre angles.

QUADRANT n.m. (du lat. *quadrare,* rendre carré). GÉOMÉTR. Secteur angulaire dont la mesure en degrés est 90.

QUADRATIQUE [kwa-] ou [ka-] adj. (lat. *quadratus,* carré). **1.** ALGÈBRE. Vx. *Équation quadratique,* du second degré. **2.** CRISTALLOGR. *Système quadratique :* système cristallin dont la maille élémentaire est un prisme droit à base carrée.

QUADRATURE [kwa-] ou [ka-] n.f. (lat. *quadratus,* carré). **1.** ASTRON. **a.** Situation de la Lune ou d'une planète, lorsque sa distance angulaire au Soleil, vue de la Terre, est de 90°. **b.** Phase du premier ou du dernier quartier de la Lune. **2. a.** MATH. Calcul d'une intégrale définie. **b.** GÉOMÉTR. Détermination d'une aire. – Construction d'un carré ayant même aire que celle de l'intérieur d'un cercle de rayon donné. (Cette construction est impossible si on utilise seulement la règle et le compas.) ◇ *C'est la quadrature du cercle :* c'est un problème impossible ou presque impossible à résoudre. **3.** PHYS. *Grandeurs en quadrature :* grandeurs sinusoïdales de même période, entre lesquelles existe une différence de phase d'un quart de période.

QUADRETTE n.f. Au jeu de boules, équipe de quatre joueurs.

QUADRI [kwa-] ou [ka-] n.f. (abrév.). **1.** Quadriphonie. **2.** Quadrichromie.

QUADRICEPS [kwadrisɛps] adj. et n.m. (du bas lat.). Se dit du muscle antérieur de la cuisse permettant l'extension de la jambe.

QUADRICHROMIE [kwa-] ou [ka-] n.f. Impression en quatre couleurs (jaune, magenta, cyan et noir). Abrév. : *quadri.*

QUADRIENNAL, E, AUX [kwa-] ou [ka-] adj. (lat. médiév. *quadriennalis*). Qui dure quatre ans ; qui revient tous les quatre ans.

QUADRIFIDE [kwa-] adj. BOT. Qui a quatre divisions.

QUADRIGE [ka-] ou [kwa-] n.m. (lat. *quadrigae,* de *jugum,* joug). ANTIQ. Char à deux roues, attelé de quatre chevaux de front.

QUADRIJUMEAU [kwa-] ou [ka-] adj.m. ANAT. *Tubercule quadrijumeau :* chez l'homme et les mammifères, chacun des quatre mamelons symétriques situés sur la face dorsale du mésencéphale et servant de relais sur les voies optiques et sur les voies auditives.

QUADRILATÈRE [kwa-] ou [ka-] n.m. **1.** GÉOMÉTR. Polygone à quatre côtés. **2.** MIL. Position stratégique appuyée sur quatre zones ou points fortifiés.

QUADRILLAGE n.m. **1.** Disposition en carrés contigus ; ensemble des lignes qui divisent une surface en carrés. *Le quadrillage d'une étoffe.* **2.** Division en carrés, en secteurs. **3.** Opération destinée à assurer le contrôle d'une zone de territoire habitée en la divisant en compartiments confiés à des unités militaires ou policières.

QUADRILLE [kadrij] n.m. (esp. *cuadrilla*). **1.** Troupe de cavaliers, dans un carrousel. **2.** Danse issue de la contredanse, exécutée par quatre couples, à la mode au XIXe s. en Europe. **3.** Groupe formé par quatre couples dans une contredanse. **4.** Échelon initial dans la hiérarchie du corps de ballet de l'Opéra de Paris.

QUADRILLER v.t. **1.** Diviser au moyen d'un quadrillage. *Quadriller du papier.* **2.** Procéder à un quadrillage militaire ou policier. *Quadriller un quartier.*

QUADRILOBE [kwa-] ou [ka-] n.m. Motif ornemental voisin du quatre-feuilles.

QUADRIMOTEUR [kwa-] ou [ka-] n.m. et adj.m. Avion qui possède quatre moteurs.

QUADRIPARTITE [kwa-] ou [ka-] adj. Composé de quatre parties ou éléments. *Une conférence quadripartite.*

QUADRIPHONIE [kwa-] ou [ka-] n.f. Procédé d'enregistrement et de reproduction des sons qui fait appel à quatre canaux. Abrév. : *quadri.*

QUADRIPLÉGIE [kwa-] n.f. Tétraplégie.

QUADRIPOLAIRE [kwa-] ou [ka-] adj. **1.** Qui possède quatre pôles. **2.** Relatif au quadripôle.

QUADRIPÔLE [kwa-] ou [ka-] n.m. Réseau électrique à deux paires de bornes.

QUADRIQUE [kwa-] ou [ka-] n.f. GÉOMÉTR. Surface associée à une équation du second degré.

QUADRIRÉACTEUR [kwa-] ou [ka-] n.m. et adj.m. Avion muni de quatre réacteurs.

QUADRISYLLABE adj. et n.m. ou **QUADRISYLLABIQUE** [kwa-] adj. Tétrasyllabe, tétrasyllabique.

QUADRIVALENT, E [kwa-] ou [ka-] adj. Qui a pour valence chimique 4.

QUADRUMANE [kwa-] ou [ka-] adj. et n.m. VX. Dont les quatre membres sont des organes de préhension. *Les singes sont quadrumanes.*

QUADRUPÈDE adj. et n.m. Se dit d'un vertébré terrestre, spécial. d'un mammifère, qui marche sur quatre pattes.

QUADRUPLE [ka-] ou [kwa-] adj. et n.m. (lat. *quadruplex*). Qui vaut quatre fois autant.

QUADRUPLER [ka-] ou [kwa-] v.t. Multiplier par quatre. ◆ v.i. Être multiplié par quatre. *Fortune qui a quadruplé.*

QUADRUPLÉS, ÉES [ka-] ou [kwa-] n. pl. Les quatre enfants nés d'une même grossesse.

QUADRUPLET [ka-] ou [kwa-] n.m. ALGÈBRE. Ensemble de quatre éléments pris dans un ordre déterminé.

QUADRUPLEX [kwadryplɛks] ou [ka-] n.m. TÉLÉCOMM. Système de transmission télégraphique permettant d'acheminer simultanément quatre messages distincts.

QUAI n.m. (du gaul.). **1.** Terre-plein ou plateforme aménagés au bord de l'eau pour l'accostage des bâtiments de navigation. **2.** Voie de circulation aménagée le long d'un cours d'eau. *Flâner sur les quais.* **3.** Dans les gares, plate-forme ou trottoir qui s'étend le long des voies. **4.** MANUT. Surélévation fixe ou mobile servant au transbordement à niveau.

QUAKER, ERESSE [kwɛkœr, kwɛkrɛs] n. (de l'angl. *to quake*, trembler). Membre d'un mouvement religieux protestant *(Société des Amis)* fondé en 1652 par un jeune cordonnier anglais, George Fox, en réaction contre le formalisme et le conformisme de l'Église anglicane, et répandu surtout aux États-Unis, où il s'implanta en 1681.

QUALIFIABLE adj. Qui peut être qualifié.

QUALIFIANT, E adj. Qui donne une qualification, une compétence. *Stage qualifiant.*

QUALIFICATIF, IVE adj. **1.** GRAMM. Qui exprime la qualité, la manière d'être. *Adjectif qualificatif.* **2.** Qui permet de se qualifier pour une compétition. *Épreuve qualificative.* ◆ n.m. **1.** Terme indiquant la manière d'être. *Un qualificatif injurieux.* **2.** GRAMM. Adjectif qualificatif.

QUALIFICATION n.f. **1.** Attribution d'une valeur, d'un titre. **2.** Appréciation, sur une grille hiérarchique, de la valeur professionnelle d'un travailleur, suivant sa formation, son expérience et ses responsabilités. **3.** Pour une équipe, un athlète, un cheval, fait de satisfaire à un ensemble de conditions pour pouvoir participer à une épreuve, à la phase ultérieure d'une compétition. **4.** Certificat de fonctionnement d'un appareil ou d'un matériel, assurant son aptitude à remplir la fonction pour laquelle il a été conçu.

QUALIFIÉ, E adj. **1.** *Ouvrier qualifié :* ouvrier professionnel. **2.** DR. Se dit d'un délit transformé en crime en raison de circonstances aggravantes. *Vol qualifié.*

QUALIFIER v.t. [5] (lat. *qualis*, quel, et *facere*, faire). **1.** Exprimer la qualité de ; attribuer une qualité, un titre à. *La loi qualifie d'assassinat le meurtre avec préméditation.* **2.** Donner à un concurrent, à une équipe le droit de participer à une autre épreuve. **3.** Donner à qqn la qualité, la compétence pour. *Votre expérience ne vous qualifie pas pour un tel poste.* ◇ *Être qualifié pour :* avoir la compétence pour. **4.** DR. Rattacher à une catégorie juridique. ◆ **se qualifier** v.pr. Obtenir sa qualification. *Équipe qui se qualifie pour la finale.*

QUALITATIF, IVE adj. Relatif à la qualité, à la nature des objets (par oppos. à *quantitatif*). *Analyse qualitative.* ◆ n.m. Ce qui relève de la qualité. *Privilégier le qualitatif.*

QUALITATIVEMENT adv. Du point de vue de la qualité.

QUALITÉ n.f. (lat. *qualitas*, de *qualis*, quel). **1.** Manière d'être, bonne ou mauvaise, de qqch ; état caractéristique. *La qualité d'une étoffe, d'une terre.* **2.** Supériorité, excellence en qqch. *Préférer la qualité à la quantité. Un spectacle de qualité.* ◇ *Qualité de la vie :* tout ce qui contribue à créer des conditions de vie plus harmonieuses ; l'ensemble de ces conditions. **3.** Ce qui fait le mérite, la valeur de qqn sur le plan moral, intellectuel, etc. ; vertu, aptitude. *Il a toutes les qualités.* **4.** Condition sociale, civile, juridique, etc. *Qualité de citoyen, de maire, de légataire.* ◇ DR. *Ès qualités :* en tant qu'exerçant telle fonction. – *En qualité de :* comme, à titre de. *En qualité de parent.* **5.** VX. *Homme de qualité :* homme de naissance noble.

QUALITICIEN, ENNE n. Dans une entreprise, personne chargée de mettre en œuvre et de coordonner les actions nécessaires pour que la qualité des produits fabriqués ou des services fournis soit conforme aux objectifs fixés.

QUAND adv. interr. (lat. *quando*). Interroge sur le temps ; à quelle époque, à quel moment. *Quand vient-il ? Dites-moi quand vous viendrez.* ◆ conj. **1.** Marque la simultanéité ; au moment où, chaque fois que. *Quand vous serez vieux.* **2.** Marque l'opposition ; alors que. *Elle se promène quand elle doit rester au lit.* **3.** *Quand même.* **a.** Marque l'opposition ; malgré tout. *Il n'a pas travaillé, mais il a quand même réussi ses examens.* **b.** Marque l'impatience, la réprobation. *Vous voilà quand même !*

QUANTA n.m. pl. → **QUANTUM.**

QUANT À [kɑ̃ta] loc. prép. (lat. *quantum*, combien, et *ad*, vers). Sert à isoler qqn, qqch qui se distingue du reste, des autres ; en ce qui concerne, pour ce qui est de. *Quant à vous, tenez-vous tranquilles !* ◇ *Quant à moi :* pour ma part, de mon côté.

QUANT-À-SOI [kɑ̃taswa] n.m. inv. Attitude distante ; réserve. *Il reste sur son quant-à-soi.* (Renvoie à un sujet à la troisième personne.)

QUANTIÈME [kɑ̃tjɛm] n.m. *Quantième du mois :* numéro d'ordre du jour considéré dans un mois donné.

QUANTIFIABLE adj. Qui peut être quantifié.

QUANTIFICATEUR n.m. LOG., MATH. Symbole indiquant qu'une propriété s'applique à tous les éléments d'un ensemble (*quantificateur universel* ∀), ou seulement à certains d'entre eux (*quantificateur existentiel* ∃).

QUANTIFICATION n.f. Action de quantifier.

QUANTIFIÉ, E adj. PHYS. *Grandeur quantifiée*, qui ne peut varier que d'une façon discontinue par quantités distinctes et multiples d'une même valeur élémentaire.

QUANTIFIER v.t. [5]. **1.** Déterminer la quantité de. **2.** PHYS. Imposer à une grandeur une variation discontinue par quantités distinctes et multiples d'une même variation élémentaire. **3.** LOG. Attribuer une quantité à un symbole, à une proposition.

QUANTIQUE [kɑ̃-] ou [kwɑ̃-] adj. **1.** PHYS. Relatif aux quanta, à la théorie des quanta. ◇ *Physique quantique*, fondée sur la théorie des quanta. **2.** *Logique quantique :* logique trivalente conçue pour résoudre certains problèmes rencontrés par la mécanique quantique.

ENCYCL. La théorie quantique a une triple origine : l'étude par Planck (1900) du « rayonnement du corps noir », sur la base d'une hypothèse de *quantification* de l'énergie lumineuse ; l'article d'Einstein (1905) sur l'effet photoélectrique qui, en reprenant l'hypothèse de Planck, invente le « grain » de lumière ; le modèle d'atome de Bohr (1913), qui explique le spectre de raies des atomes en supposant que l'énergie des électrons dans l'atome est *quantifiée*. En marquant l'émergence d'un « objet » de type nouveau, le *quanton*, l'article d'Einstein fixe réellement les débuts de la théorie quantique. Ainsi, le « grain » de lumière, appelé « photon » en 1929, ne se réduit à aucun des deux « objets » (onde ou particule) de la physique classique. La discontinuité entre les théories classique et quantique s'inscrit dans la relation de définition de la théorie quantique, proposée par Planck : $E = h\nu$ (un concept de nature corpusculaire – l'énergie E – s'y trouve lié à un concept ondulatoire – la fréquence ν – via h, la *constante de Planck*, dont la valeur numérique délimite le domaine quantique). Les objets quantiques peuvent être classés en deux grandes catégories – les *bosons* et les *fermions* – se distinguant l'une de l'autre par la manière dont ces objets se comportent lorsqu'ils sont en très grand nombre (on parle de *comportement statistique*) [→ *particule*].

QUANTITATIF, IVE adj. Relatif à la quantité (par oppos. à *qualitatif*). *Analyse quantitative.* ◆ n.m. Ce qui relève de la quantité. *Le quantitatif et le qualitatif.*

QUANTITATIVEMENT adv. Du point de vue de la quantité.

QUANTITÉ n.f. (lat. *quantitas*, de *quantus*, combien grand). **1.** Propriété de ce qui peut être mesuré, compté. **2.** Poids, volume, nombre déterminant une portion d'un tout, une collection de choses. *Mesurer une quantité.* **3.** PHON. Durée relative d'un phonème ou d'une syllabe. **4.** Un grand nombre ; beaucoup. *Quantité de gens ignorent cela.* ◇ *En quantité :* en grand nombre.

QUANTON n.m. Objet dont traite la physique *quantique.

QUANTUM [kwɑ̃tɔm] n.m. [pl. *quanta* [kwɑ̃ta]] (mot lat.). **1.** Quantité déterminée ; proportion d'une grandeur dans une répartition, un ensemble. **2.** PHYS. Discontinuité élémentaire d'une grandeur quantifiée (en partic. de l'énergie).

QUARANTAINE n.f. **1.** Nombre de quarante ou environ. *Une quarantaine d'euros.* **2.** Âge d'à peu près quarante ans. *Avoir la quarantaine.* **3.** MAR. Isolement imposé à un navire transportant des personnes, des animaux ou des marchandises en provenance d'un pays où règne une maladie contagieuse. ◇ *Mettre qqn en quarantaine*, l'exclure d'un groupe. **4.** Plante herbacée ornementale aux fleurs odorantes, voisine de la giroflée. (Famille des crucifères.)

QUARANTE adj. num. et n.m. inv. (lat. *quadraginta*). **1.** Quatre fois dix. ◇ *Les Quarante :* les membres de l'Académie française. **2.** Quarantième. *Page quarante.* ◆ n.m. inv. Au tennis, troisième point marqué dans le jeu.

QUARANTE-HUITARD, E adj. (pl. *quarante-huitards, es*). HIST. Qui concerne les révolutions de 1848. ◆ n. Révolutionnaire de 1848.

QUARANTENAIRE adj. **1.** Qui dure quarante ans. **2.** Relatif à une quarantaine sanitaire.

QUARANTIÈME adj. num. ord. et n. Qui occupe un rang marqué par le nombre quarante. ◆ n.m. et adj. Quantité désignant le résultat d'une division par quarante.

QUARK [kwark] n.m. (mot angl., tiré d'une œuvre de James Joyce). PHYS. Constituant élémentaire des hadrons, caractérisé notamment par sa couleur et sa saveur.

ENCYCL. La matière est constituée de six types de quarks, nommés d'après leur saveur : *up* (u), *down* (d), *strange* (s), *charme* (c), *beauté* (b) et *top* (t). [On peut aussi dire quark *up* ou quark u, etc.] Ces quarks se groupent en doublets de saveurs. Le premier doublet contient les quarks u et d, qui figurent dans tous les éléments stables : avec deux quarks u et un quark d, on fait un proton ; avec deux d et un u, un neutron. Un deuxième doublet est formé par les quarks c et s ; un troisième, par les quarks t et b. Le *top* est le dernier des quarks à avoir été mis en évidence, en 1994, apportant ainsi la confirmation du bien-fondé du modèle standard des particules élémentaires.

1. QUART n.m. (lat. *quartus*, quatrième). **1.** La quatrième partie d'une unité. *Trois est le quart de douze.* ◇ *Au quart de tour :* immédiatement, avec une grande précision ; *fig.*, très rapidement. *Une voiture qui démarre au quart de tour. Il comprend tout au quart de tour.* – *Aux trois quarts :* en grande partie. – *Fam. Les trois quarts du temps :* la plupart du temps. – *De trois quarts :* se dit de qqn qui se tient de telle manière qu'on lui voit les trois quarts du visage. **2.** Bouteille d'un quart de litre. **3.** Petit gobelet métallique muni d'une anse et contenant un quart de litre. **4.** MAR. **a.** Service de veille de quatre heures, sur un bateau. **b.** Fraction de l'équipage qui est chargée de ce service. ◇ *Officier de quart*, ou *officier chef de quart :* officier responsable de la conduite d'un navire suivant les ordres de son commandant. **5.** *Quart d'heure :* quatrième partie d'une heure, soit quinze minutes ; bref espace de temps. – *Le quart (de telle heure)*, cette heure passée d'un quart d'heure. – *Fam. Passer un mauvais quart d'heure :* éprouver, dans un court espace de temps, quelque chose de fâcheux. **6.** *Quart de finale :* épreuve éliminatoire opposant deux à deux huit équipes ou concurrents. ◆ adj.m. **1.** VX. Quatrième. **2.** *Quart monde* → **quart-monde.**

2. QUART [kwart] n.m. Unité de mesure de capacité anglo-saxonne.

QUARTAGE n.m. MIN. Réduction de volume d'un échantillon de minerai sans modification de sa teneur moyenne.

QUARTANNIER ou **QUARTANIER** n.m. VÉNER. Sanglier de quatre ans.

QUARTAUT n.m. (mot dial.). Région. Petit fût de contenance variable (57 à 137 l).

QUART-BOUILLON n.m. sing. HIST. *Pays de quart-bouillon :* dans la France d'Ancien Régime, pays où le roi prélevait le quart de la production du sel, obtenu par ébullition du sable marin.

QUART-DE-ROND n.m. (pl. *quarts-de-rond*). ARCHIT. Moulure pleine dont le profil est proche du quart de cercle.

1. QUARTE adj.f. *Fièvre quarte* → **fièvre.**

2. QUARTE n.f. (ital. *quarta*). **1.** JEUX. Série de quatre cartes qui se suivent dans une même couleur. **2.** MUS. Intervalle de quatre degrés. ◇ *Quarte augmentée :* triton.

QUARTÉ n.m. Pari dans lequel il faut déterminer les quatre premiers arrivants d'une course hippique.

QUARTER v.t. MIN. Réduire par quartages successifs.

1. QUARTERON n.m. (de *quartier*). **1.** Vx. Quart d'un cent ; vingt-cinq. **2.** *Péjor.* Un petit nombre. *Un quarteron de mécontents.*

2. QUARTERON, ONNE n. (esp. *cuarterón,* de *cuarto,* quart). Métis ayant un quart d'ascendance de couleur et trois quarts d'ascendance blanche.

QUARTETTE [kwar-] n.m. (angl. *quartet*). Formation de jazz composée de quatre musiciens.

QUARTIER n.m. (du lat. *quartus,* quart). **1.** Portion de qqch divisé en quatre parties. *Un quartier de pomme.* **2.** Portion de qqch divisé en parties inégales. *Un quartier de fromage.* **3.** Division naturelle de certains fruits. *Un quartier d'orange.* **4.** Masse importante détachée d'un ensemble. *Un quartier de viande.* **5.** Phase de la Lune dans laquelle la moitié du disque lunaire est visible. (Le premier quartier est visible le soir, le dernier quartier le matin.) **6.** Chacune des deux pièces de la tige de la chaussure qui entourent le pied, du cou-de-pied au talon. **7.** ÉQUIT. Chacun des côtés d'une selle sur lesquels portent les cuisses du cavalier. **8.** HÉRALD. L'une des quatre parties de l'écartelé. ◇ *Quartiers de noblesse :* ensemble des ascendants nobles d'un individu, pris à la même génération. **9.** *Ne pas faire de quartier :* massacrer tout le monde ; n'avoir aucune pitié. **10.** Division administrative d'une ville. **11.** Partie d'une ville ayant certaines caractéristiques ou une certaine unité. *Quartier commerçant. Quartier bourgeois, ouvrier.* **12.** Espace qui environne immédiatement, dans une ville, le lieu où l'on se trouve, et en partic. le lieu d'habitation. *Être connu dans son quartier.* **13.** MIL. Casernement occupé par une formation militaire, dans une garnison. ◇ *Avoir quartier libre :* être autorisé à sortir de la caserne ; *par ext.,* être autorisé à sortir ou à faire ce qu'on veut. – *Quartier général (QG) :* poste de commandement d'un officier général et de son état-major. – *Quartiers d'hiver :* lieux qu'occupent les troupes pendant la mauvaise saison, entre deux campagnes ; durée de leur séjour. **14.** DR. Partie d'une prison affectée à une catégorie particulière de détenus. ◇ *Quartier de haute sécurité (QHS), quartier de sécurité renforcée (QSR) :* quartiers dans l'enceinte d'une prison où étaient affectés les prisonniers jugés dangereux. **15.** MAR. Circonscription territoriale de l'Inscription maritime.

QUARTIER-MAÎTRE n.m. [pl. *quartiers-maîtres*] (all. *Quartiermeister*). Grade le moins élevé de la hiérarchie de la marine militaire, correspondant à celui de caporal ou de brigadier *(quartier-maître de 2e classe),* ou à celui de caporal-chef ou de brigadier-chef *(quartier-maître de 1re classe).*

QUARTILE n.m. STAT. Chacune des trois valeurs d'un caractère quantitatif qui divisent l'étendue des valeurs en quatre parties d'effectifs égaux.

QUART-MONDE n.m. (pl. *quarts-mondes*). **1.** Ensemble formé par les pays en développement les plus défavorisés. **2.** Dans un pays développé, partie la plus défavorisée de la population, ensemble de ceux qui vivent dans la misère ; sous-prolétariat.

QUARTO [kwar-] adv. (mot lat.). Quatrièmement, dans une énumération commençant par *primo.*

QUARTZ [kwarts] n.m. (mot all.). MINÉRALOG. Silice cristallisée que l'on trouve dans de nombreuses roches (granite, gneiss, grès). [Le quartz, habituellement incolore, peut être laiteux, teinté en violet (améthyste), en noir (quartz fumé), etc.]

QUARTZEUX, EUSE adj. Riche en grains de quartz.

QUARTZIFÈRE adj. Qui contient du quartz.

QUARTZITE n.m. Roche siliceuse compacte, très dure, d'origine sédimentaire ou métamorphique, principalement formée de grains de quartz.

QUASAR [kwa-] ou [kazar] n.m. (abrév. de l'anglo-amér. *quasi stellar astronomical radiosource*). Astre d'apparence stellaire et de très grande luminosité, dont le spectre présente un fort décalage vers le rouge.

ENCYCL. Les quasars ont été découverts en 1960. Interprété comme un effet Doppler-Fizeau, dans le cadre de l'expansion de l'Univers, le décalage vers le rouge de leur spectre implique qu'ils sont situés à de grandes distances. Il s'avère ainsi que ces astres sont beaucoup plus petits que les galaxies (diamètre env. 100 fois plus faible) mais bien plus lumineux (de 100 à 1 000 fois plus). Ils forment, semble-t-il, le noyau visible de galaxies actives très lointaines. Du fait de leur grand éloignement, les quasars représentent une source d'informations précieuse sur le passé reculé de l'Univers. L'origine de leur fantastique énergie est attribuée au rayonnement émis par du gaz tombant sur un trou noir de très grande masse (de l'ordre de 100 millions de fois celle du Soleil) situé en leur centre. Certains quasars présentent des jets de matière animés de vitesses en apparence supérieures à celle de la lumière : ce phénomène peut s'expliquer par des considérations géométriques.
On connaît plusieurs exemples de quasars dont on observe plusieurs images *(mirage gravitationnel),* parce que leur lumière est courbée par le champ gravitationnel de galaxies plus proches situées dans la même direction, conformément à ce que prévoit la théorie de la relativité d'Einstein.

1. QUASI [kazi] adv. (mot lat., *comme si*). Presque ; à peu près. *Il était quasi mort. J'ai la quasi-certitude qu'il viendra.* (*Quasi* peut accompagner un adj. ou un n ; dans ce dernier cas, il se lie au nom par un trait d'union.)

2. QUASI [kazi] n.m. Morceau du cuisseau de veau correspondant à la région du bassin.

QUASI-CONTRAT n.m. (pl. *quasi-contrats*). DR. Fait indépendant d'une convention préalable d'où il résulte, de par la loi, des effets équivalents à ceux d'un contrat (par ex. la gestion d'affaires).

QUASI-CRISTAL n.m. (pl. *quasi-cristaux*). PHYS. Corps possédant, tout comme les cristaux liquides, une structure intermédiaire entre l'ordre caractéristique des cristaux et le désordre propre aux verres et aux liquides.

QUASI-DÉLIT n.m. (pl. *quasi-délits*). Faute qui, commise sans intention de nuire, cause néanmoins à autrui un dommage et ouvre droit à la réparation.

QUASIMENT [kazimɑ̃] adv. *Fam.* Presque ; à peu près. *J'ai quasiment fini. Elle était quasiment morte.*

QUASIMODO [kazi-] n.f. (des mots lat. *quasi* et *modo,* commençant l'introït de la messe de ce jour). Le premier dimanche après Pâques.

QUASI-MONNAIE n.f. (pl. *quasi-monnaies*). Épargne à court terme gérée par certaines institutions financières et rapidement transformable en monnaie.

QUASSIA ou **QUASSIER** [kwa-] ou [ka-] n.m. (lat. *quassia,* de *Coissi,* n. d'un Guyanais). Petit arbre des régions tropicales dont une espèce guyanaise *(Quassia amara)* fournit un extrait de bois très amer, employé comme tonique et apéritif. (Famille des simarubacées.)

QUATER [kwater] adv. (mot lat.). Rare. **1.** Pour la quatrième fois. **2.** Quatrièmement.

QUATERNAIRE [kwa-] adj. (lat. *quaterni,* quatre à la fois). **1.** Se dit d'un composé ayant un atome porteur de quatre groupements alkyle ou aryle (par ex. : hydrocarbure, $RR'R''R'''C$; sel d'ammonium, $RR'R''R'''N^+X^-$). **2.** Se dit d'un atome de carbone ou d'azote lié à quatre atomes de carbone. **3.** GÉOL. *Système quaternaire,* ou *quaternaire,* n.m. : système supérieur du cénozoïque. (Le quaternaire, dont le début remonte à 1,64 million d'années, est caractérisé par des successions de périodes glaciaires.)

■ **QUARTZ.** Cristal de quartz hyalin avec inclusions de rutile, dit « en cheveux ».

QUATERNE [kwa-] n.m. (lat. *quaternus*). Au loto, série de quatre numéros placés sur la même rangée horizontale d'un carton.

QUATERNION [kwa-] n.m. MATH. Élément du corps des quaternions. ◇ *Corps des quaternions :* corps non commutatif incluant l'ensemble des réels et des complexes.

QUATORZE adj. num. et n.m. inv. **1.** Nombre qui suit treize dans la suite des entiers naturels. **2.** Quatorzième. *Louis XIV.* ◆ n.m. inv. À la belote, le neuf d'atout.

QUATORZIÈME adj. num. ord. et n. Qui occupe un rang marqué par le nombre quatorze.

QUATORZIÈMEMENT adv. En quatorzième lieu.

QUATRAIN n.m. Strophe ou poème de quatre vers.

QUATRE adj. num. (lat. *quatuor*). **1.** Nombre qui suit trois dans la suite des entiers naturels. ◇ *Comme quatre :* autant que quatre personnes ; énormément, beaucoup. *Manger comme quatre.* – *Ne pas y aller par quatre chemins :* aller droit au but. – *Monter, descendre les escaliers quatre à quatre,* en franchissant quatre ou plusieurs marches à la fois ; précipitamment. – *Fam. Se mettre en quatre, se couper en quatre :* faire tout son possible pour rendre service. – *Se tenir à quatre :* faire un grand effort sur soi-même, se maîtriser à grand-peine. – *Un de ces quatre matins,* ou *un de ces quatre :* un de ces jours. **2.** Quatrième. *Henri IV.* ◆ n.m. inv. **1.** Chiffre ou nombre quatre. **2.** Embarcation comprenant quatre rameurs, de couple sans barreur, ou de pointe avec ou sans barreur ; discipline de l'aviron utilisant cette embarcation.

QUATRE-CENT-VINGT-ET-UN n.m. inv. Jeu de dés dérivé du zanzibar, où la combinaison la plus forte est le 4, le 2 et l'as.

QUATRE-DE-CHIFFRE n.m. inv. Piège consistant en une pierre plate destinée à tomber au moindre choc imprimé aux trois petits morceaux de bois, assemblés en forme de 4, qui la soutiennent.

QUATRE-ÉPICES n.m. inv. Plante des Antilles dont les fruits rappellent à la fois le poivre, la cannelle, la muscade et le girofle. (Famille des solanacées.)

QUATRE-FEUILLES n.m. inv. ARCHIT., ARTS APPL. Jour ou ornement formé de quatre lobes ou arcs brisés disposés autour d'un centre de symétrie (art médiéval).

QUATRE-MÂTS n.m. inv. Voilier à quatre mâts.

QUATRE-QUARTS n.m. inv. Gâteau dans lequel la farine, le beurre, le sucre et les œufs sont à poids égal.

1. QUATRE-QUATRE n.m. inv. MUS. Mesure à quatre temps ayant la noire pour unité de temps et la ronde pour unité de mesure.

2. QUATRE-QUATRE n.f. inv. ou n.m. inv. Automobile à quatre roues motrices. (On écrit aussi 4 × 4.)

QUATRE-SAISONS n.f. inv. **1.** Variété d'une plante que l'on peut cultiver à différentes saisons (laitue, fraisier). **2.** *Marchand(e) de(s) quatre-saisons :* marchand(e) qui vend dans une voiture à bras, sur la voie publique, des fruits et des légumes.

QUATRE-TEMPS n.m. pl. CATH. Période de trois jours de jeûne et d'abstinence (mercredi, vendredi, samedi), prescrits autref. par l'Église la première semaine de chaque saison.

QUATRE-VINGT-DIX adj. num. et n.m. inv. Neuf fois dix.

QUATRE-VINGT-DIXIÈME adj. num. ord. et n. Qui occupe un rang marqué par le nombre quatre-vingt-dix.

QUATRE-VINGTIÈME adj. num. ord. et n. Qui occupe un rang marqué par le nombre quatre-vingts.

QUATRE-VINGTS ou **QUATRE-VINGT** (quand ce mot est suivi d'un autre adj. num.) adj. num. et n.m. inv. **1.** Huit fois dix. *Quatre-vingts hommes. Quatre-vingt-quatre euros.* **2.** Quatre-vingtième. *Page quatre-vingt* (toujours inv. en ce cas).

QUATRIÈME adj. num. ord. et n. Qui occupe un rang marqué par le nombre quatre. ◆ adj. Se dit de la quantité désignant le résultat d'une division par quatre. ◆ n.f. Troisième année du premier cycle de l'enseignement secondaire.

QUATRIÈMEMENT adv. En quatrième lieu.

QUATRILLION [ka-] n.m. Un million de trillions, soit 10^{24}.

QUATTROCENTO [kwatrɔtʃɛnto] n.m. (mot ital., de *quattro,* quatre, et *cento,* cent). Le XVe siècle italien.

QUATUOR [kwatɥɔr] n.m. (mot lat., *quatre*). **1.** Groupe de quatre personnes. **2.** MUS. Composition vocale ou instrumentale à quatre parties. ◇ *Quatuor à cordes :* composition pour deux violons, alto et violoncelle. **3.** Ensemble des interprètes d'un quatuor. ◇ *Quatuor vocal :* ensemble vocal formé par des voix de soprano, alto, ténor et basse.

QUAT'ZARTS n.m. pl. *Bal des quat'zarts :* bal autref. organisé, à la fin de chaque année scolaire, par les élèves des quatre sections de l'École nationale supérieure des beaux-arts (peinture, sculpture, gravure, architecture).

1. QUE pron. relat. (lat. *quem*). Représente qqn ou qqch complément d'objet direct de la subordonnée, dont on vient de parler ou dont on va parler. *La leçon que j'étudie.*

2. QUE pron. interr. (lat. *quid,* quoi). **1.** Interroge sur la détermination de qqch complément d'objet direct ou attribut. *Que dites-vous ? Que devient ce projet ?* **2.** Introduit une interrogative indirecte à l'infinitif (en concurrence avec *quoi*). *Je ne sais que penser de tout cela.*

3. QUE conj. (lat. *quia,* parce que). **1.** Sert à unir une proposition principale et une proposition subordonnée complétive sujet, attribut ou objet. *Je veux que vous veniez.* **2.** Marque, dans une proposition principale ou indépendante, le souhait, l'imprécation, le commandement, etc. *Qu'il parte à l'instant. Qu'il soit maudit !* **3.** Reprend, dans une proposition subordonnée coordonnée, la conjonction *(si ce n'est, comme, quand, puisque, si)* qui introduit la première subordonnée. *Puisque je l'affirme et que j'en donne les preuves, on peut me croire.* **4.** Sert de corrélatif aux mots *tel, quel, même. Une femme telle que moi.* **5.** Sert à former des loc. conj. comme *avant que, afin que, encore que, bien que.* ◇ *Ne... que :* marque l'exception, la restriction ; seulement. *Je ne vois ici que des amis.* ◆ adv. exclam. Indique une grande quantité, une forte intensité ; combien. *Que de gens !* ◆ adv. interr. *Sout.* Interroge sur la cause ; pourquoi. *Que ne le disiez-vous plus tôt ?*

QUÉBÉCISME n.m. Fait de langue propre au français parlé au Québec.

QUÉBÉCOIS, E adj. et n. De la province de Québec ; de la ville de Québec.

QUEBRACHO [kebratʃo] n.m. (mot esp.). Arbre d'Amérique tropicale au bois dur et lourd, clair (genre *Aspidosperma*) ou rouge (genre *Schinopsis*), dont le cœur fournit un extrait tannant d'usage industriel. (Famille des anacardiacées.)

QUECHUA [ketʃwa] ou **QUICHUA** [kitʃwa] n.m. Langue que parlent les Quechua, et qui fut la langue de l'Empire inca.

QUEL, QUELLE adj. interr. (lat. *qualis*). Interroge sur la nature ou l'identité de qqn ou de qqch, le degré de qqch. *Quelle heure est-il ?* ◆ adj. exclam. Exprime l'admiration, l'indignation, la compassion, etc. *Quel malheur !*

QUELCONQUE adj. indéf. (lat. *qualiscumque*). Indique l'indétermination de qqch ; n'importe quel. *Donner un prétexte quelconque.* ◆ adj. *Fam.* Médiocre, sans valeur ; sans intérêt.

QUÉLÉA n.m. Petit passereau africain à gros bec rouge, vivant en colonies très denses, nuisible aux rizières, encore appelé *travailleur à bec rouge.* (Genre *Quelea ;* famille des plocéidés.)

QUEL QUE, QUELLE QUE adj. relat. (En deux mots.) Placé immédiatement devant le verbe *être,* marque la concession ; de quelque nature que. *Quels que soient les inconvénients, je prends le risque.*

1. QUELQUE adj. indéf. **1.** (Au sing.) Exprime une quantité, une durée, une valeur, un degré indéterminés, génér. faibles. *À quelque distance. Pendant quelque temps.* **2.** (Au pl.) Indique un petit nombre, une petite quantité. *Quelques personnes. Quelques heures.* ◇ (Après un nom de nombre.) *Et quelques :* et un peu plus, un peu plus de. *Elle a cinquante ans et quelques.* — REM. *Quelque* est adjectif et variable quand il est suivi d'un nom ou d'un adjectif accompagné d'un nom : *choisissons quelques amis, quelques bons amis.* L'*e* de *quelque* ne s'élide que devant *un* et *une.*

2. QUELQUE adv. **1.** Environ, à peu près. *Il y a quelque cinquante ans.* **2.** *Litt.* Devant un adj. ou un adv. suivi de *que,* introduit une concession indiquant une intensité indéterminée. *Quelque habile qu'il soit, il échouera.* — REM. *Quelque,* adverbe, ne s'élide pas.

QUELQUE CHOSE pron. indéf. masc. **1.** Désigne une chose indéterminée. *Dis quelque chose. Vous prendrez bien quelque chose. Je voudrais quelque chose de solide.* **2.** Désigne un événement, une situation, une relation, etc., dont on n'ose pas dire ou dont on ignore la nature. *Il se passe quelque chose.*

QUELQUEFOIS adv. En certaines occasions ; de temps à autre ; parfois.

QUELQUE PART adv. **1.** Indique un lieu quelconque. *Tu vas quelque part pour les vacances ?* **2.** Indique un lieu, un point abstrait, difficile à définir. *Il y a quelque part dans ce contrat un point obscur.* **3.** *Fam.* Par euphémisme, désigne les fesses ou les toilettes. *Je vais lui flanquer mon pied quelque part. Aller quelque part.*

QUELQUES-UNS, QUELQUES-UNES pron. indéf. pl. **1.** Indique un petit nombre indéterminé de personnes ou de choses dans un groupe. *Quelques-uns parmi eux souriaient.* **2.** Indique un nombre indéterminé de personnes ; certains. *J'ai écrit à tous mes amis ; quelques-uns n'ont pas répondu.*

QUELQU'UN, E pron. indéf. *Litt.* Indique une personne indéterminée entre plusieurs ; l'un(e). *Quelqu'une d'entre elles vous reconduira.* ◆ pron. indéf. masc. **1.** Désigne une personne indéterminée. *Quelqu'un vous demande en bas.* **2.** Désigne la personne en question ou une personne qu'on ne veut ou qu'on ne peut pas nommer. *C'est quelqu'un de bien.* **3.** *Être, se croire quelqu'un,* une personne d'importance, de valeur.

QUÉMANDER v.t. et v.i. (de l'anc. fr. *caymant,* mendiant). Solliciter humblement et avec insistance. *Quémander de l'argent.*

QUÉMANDEUR, EUSE n. *Litt.* Personne qui quémande, qui sollicite.

QU'EN-DIRA-T-ON n.m. inv. *Fam.* Ce que peuvent dire les autres sur la conduite de qqn ; l'opinion d'autrui. *Se moquer du qu'en-dira-t-on.*

QUENELLE n.f. (all. *Knödel,* boule de pâte). Préparation composée d'une farce de poisson ou de viande blanche, liée à l'œuf et parfois à la mie de pain, et façonnée en forme de petit boudin.

QUENOTTE n.f. (anc. fr. *cane,* dent). *Fam.* Dent de petit enfant.

QUENOUILLE n.f. (bas lat. *conocula*). **1.** Tige, en bois ou en osier, munie d'une tête renflée ou fourchue, utilisée autref. pour maintenir le textile à filer ; chanvre, lin, soie, etc., dont une quenouille est chargée. **2.** MÉTALL. Obturateur situé au fond d'une poche ou d'un bassin, utilisé pour boucher l'ouverture par laquelle le métal fondu coule dans les moules. **3.** Arbre fruitier taillé en forme de quenouille. **4.** Région. (Ouest) ; Québec. Massette (plante). **5.** *Tomber en quenouille.* **a.** Vx. Passer par succession entre les mains d'une femme, en parlant d'un domaine, d'une maison. **b.** Mod. Être abandonné ; échouer.

QUÉRABLE adj. DR. Se dit des sommes qui doivent être réclamées ou payées au domicile du débiteur (par oppos. à *portable*).

QUERCINOIS, E ou **QUERCYNOIS, E** adj. et n. Du Quercy.

QUERCITRON n.m. (lat. *quercus,* chêne, et *citron*). Chêne de l'Amérique du Nord, à feuilles ovales présentant des parties sinueuses, dont l'écorce fournit une teinture jaune. (Nom sc. *Quercus tinctoria.*)

QUERELLE n.f. (lat. *querela,* plainte). Contestation amenant des échanges de mots violents ; conflit, dispute. ◇ *Chercher querelle à qqn,* le provoquer. — *Litt. Querelle d'Allemand :* querelle sans motif.

QUERELLER v.t. *Litt.* Faire des reproches à qqn. ◆ **se quereller** v.pr. Se disputer.

QUERELLEUR, EUSE adj. et n. Qui aime les querelles ; batailleur.

QUÉRIR v.t. (lat. *quaerere*). *Litt.* Chercher avec l'intention d'amener, d'apporter. *Envoyer quérir le médecin.* (Seulem. à l'inf., après les verbes *aller, venir, envoyer, faire.*)

QUÉRULENCE n.f. (du lat. *querulus,* qui se plaint). PSYCHIATR. Tendance exagérée à la revendication et à la recherche d'une réparation de dommages imaginaires.

QUÉRULENT, E adj. et n. Qui se comporte avec quérulence.

QUÈSACO adv. interr. (mot provenç., *qu'est-ce que c'est ?*) *Fam.* Qu'est-ce que c'est ? *Ce truc-là, quèsaco ?*

QUESTEUR n.m. (lat. *quaestor*). **1.** ANTIQ. ROM. Magistrat chargé surtout de fonctions financières. **2.** Membre élu du bureau d'une assemblée parlementaire, chargé de la gestion financière et de l'administration intérieure.

QUESTION n.f. (lat. *quaestio,* recherche). **1.** Demande faite pour obtenir une information, vérifier des connaissances. *Presser qqn de questions. Poser une question embarrassante.* **2.** Sujet à examiner, à discuter. *Soulever une question de droit.* ◇ *En question :* dont il s'agit, dont on parle. *Voici justement la personne en question.* — *Être question de :* s'agir de. — *Il n'en est pas question, c'est hors de question :* c'est une hypothèse exclue. *Accepter ? C'est hors de question.* — *Mettre en question :* soumettre à une discussion. — *Fam. Question (de) :* en ce qui concerne. *Question (d')argent, tout est réglé.* — *Question de principe :* question essentielle dont dérive le reste ; règle à observer en toutes circonstances. **3.** Problème, difficulté portant sur un sujet particulier. *Ils se sont disputés pour des questions d'argent.* ◇ *Être en question :* poser un problème. — *Faire question :* être douteux, discutable. **4.** Technique de contrôle parlementaire qui permet aux membres des assemblées d'obtenir du gouvernement des renseignements ou des explications. *Question écrite, orale, avec ou sans débat. Question hebdomadaire au gouvernement.* **5.** *Question de confiance :* procédure déclenchée, dans un régime parlementaire, sur l'initiative d'un chef de gouvernement en vue de faire adopter par une assemblée législative un ordre du jour favorable à la politique gouvernementale ou à un projet de loi. **6.** HIST. Torture légale appliquée aux accusés et aux condamnés pour leur arracher des aveux. (La question a été abolie à la veille de la Révolution française.)

QUESTIONNAIRE n.m. **1.** Série de questions auxquelles on doit répondre. *Remplir un questionnaire.* **2.** PSYCHOL., SOCIOL. Série de questions posées à un ensemble de personnes concernant leurs opinions, leurs croyances ou divers renseignements factuels sur elles-mêmes et leur environnement. **3.** ENSEIGN. *Questionnaire à choix multiple* → **QCM.**

QUESTIONNEMENT n.m. Fait de s'interroger sur un problème.

QUESTIONNER v.t. Poser des questions à. *La police l'a questionné sur ses relations.*

QUESTIONNEUR, EUSE n. *Litt.* Personne qui pose sans cesse des questions.

QUESTURE n.f. (lat. *quaestura*). **1.** ANTIQ. ROM. Charge de questeur. **2.** Bureau des questeurs d'une assemblée délibérante.

1. QUÊTE n.f. (du lat. *quaesitus,* cherché). **1.** *Litt.* Action de chercher. ◇ *En quête de :* à la recherche de. *Être, se mettre en quête d'un appartement.* **2.** Action de demander et de recueillir des dons en argent ou en nature pour des œuvres pieuses ou charitables ; somme recueillie. *Faire une quête à l'église.*

2. QUÊTE n.f. (anc. fr. *cheoite,* chute). MAR. **1.** Inclinaison sur l'arrière d'un mât de navire. **2.** *Quête d'étambot :* élancement arrière d'un navire.

QUÊTER v.t. Rechercher comme une faveur ; solliciter. *Quêter des louanges.* ◆ v.i. Recueillir des aumônes. *Quêter à domicile.*

QUÊTEUR, EUSE n. Personne qui quête.

QUETSCHE [kwɛtʃ] n.f. (mot alsacien, de l'all. *Zwetsche*). **1.** Grosse prune oblongue, de couleur violette. **2.** Eau-de-vie faite avec cette prune.

QUETTE n.f. Suisse. Petite tresse de cheveux.

1. QUETZAL [kɛtzal] n.m. [pl. *quetzals*] (mot nahuatl). Oiseau des forêts du Mexique et d'Amérique centrale, au plumage vert mordoré, caractérisé chez le mâle par de longues plumes caudales et une huppe. (Le quetzal était vénéré par les Aztèques ; genre *Pharomachrus,* ordre des trogoniformes.)

2. QUETZAL [kɛtzal] n.m. (pl. *quetzales* [kɛtzalɛs]). Unité monétaire principale du Guatemala.

1. QUEUE n.f. (lat. *cauda*). **1.** Partie du corps de nombreux vertébrés, postérieure à l'anus, souvent allongée et flexible, dont l'axe squelettique est un prolongement de la colonne vertébrale.

2. Extrémité postérieure du corps, plus ou moins longue et distincte, opposée à la tête, chez diverses espèces animales. *Queue d'un scorpion.* ◇ *Fam. Sans queue ni tête :* incohérent. *Une histoire sans queue ni tête.* – ***Finir en queue de poisson :*** se terminer brusquement, sans conclusion satisfaisante. – ***Faire une queue de poisson :*** se rabattre brusquement après avoir dépassé un véhicule. **3.** Appendice en forme de queue. *Queue d'une note, d'une lettre.* **4.** Pétiole d'une feuille ; pédoncule des fleurs et des fruits. *Queue d'une fleur, d'une poire.* **5.** Partie d'un objet, de forme allongée, servant à le saisir. *Queue d'une casserole.* **6.** Partie d'un vêtement qui traîne par-derrière, à terre. *La queue d'une robe.* **7.** Bandelette de parchemin fixée au bas d'un acte et supportant le sceau. **8.** JEUX. Au billard, tige de bois tronconique, garnie à son extrémité la plus petite d'une rondelle de cuir (le *procédé*), avec laquelle on pousse les billes. **9.** ASTRON. Traînée lumineuse, constituée de gaz ou de poussières, issue de la chevelure d'une comète et toujours dirigée à l'opposé du Soleil sous l'effet du vent solaire ou de la pression du rayonnement solaire. **10.** Ce qui est à la fin, au bout de qqch. *La queue d'un orage.* **11.** Dernière partie, derniers rangs d'un groupe qui avance. *La queue d'un cortège.* **12.** File de personnes qui attendent leur tour. *Faire la queue.* ◇ ***À la queue leu leu*** → **1. leu.** **13.** Ensemble des dernières voitures d'un train, d'une rame de métro. ◇ ***En queue :*** à l'arrière. *Monter en queue.* **14.** Position commune aux derniers rangs d'un classement. *Être à la queue de sa classe.*

2. QUEUE n.f. → **2. QUEUX.**

QUEUE-D'ARONDE n.f. (pl. *queues-d'aronde*). Tenon en forme de queue d'hirondelle, pénétrant dans une entaille de même forme pour constituer un assemblage.

■ QUEUES-D'ARONDE

QUEUE-DE-CHEVAL n.f. (pl. *queues-de-cheval*). **1.** Coiffure où les cheveux, resserrés sur le sommet de la tête par un nœud ou une barrette, retombent sur la nuque et les épaules. **2.** ANAT. Groupe de racines de nerfs rachidiens situées sous la moelle épinière, avant leur sortie du canal rachidien.

QUEUE-DE-COCHON n.f. (pl. *queues-de-cochon*). **1.** Tarière terminée en vrille. **2.** En ferronnerie, tige tordue en vrille.

QUEUE-DE-MORUE n.f. (pl. *queues-de-morue*). **1.** Large pinceau plat. **2.** *Fam.* Queue-de-pie.

QUEUE-DE-PIE n.f. (pl. *queues-de-pie*). *Fam.* Habit de cérémonie masculin à longues basques en pointe.

QUEUE-DE-RAT n.f. (pl. *queues-de-rat*). Lime ronde et pointue pour limer dans les creux.

QUEUE-DE-RENARD n.f. (pl. *queues-de-renard*). Plante ornementale telle que l'amarante, le mélampyre ou le vulpin.

QUEUSOT n.m. (dimin. de *1. queue*). Tube de verre communiquant avec l'intérieur d'une ampoule électrique, par lequel celle-ci est vidée et, éventuellement, remplie de gaz.

QUEUTER v.i. (de *1. queue*). Au billard, garder la queue en contact avec la bille au moment où celle-ci rencontre la seconde bille ou une bande, ce qui constitue une faute.

1. QUEUX [kø] n.m. (lat. *coquus*). *Litt. Maître queux :* cuisinier.

2. QUEUX ou **QUEUE** n.f. (lat. *cos, cotis*). Pierre à aiguiser. *Queux à faux.*

QUI pron. relat. **1.** Représente qqn ou qqch sujet, ou qqn complément de la subordonnée, dont on vient de parler ou dont on va parler. *La personne à qui je parlais. Je fais ce qui me plaît.* **2.** Sans antécédent, représente toute personne ; celui qui ; quiconque. *Rira bien qui rira le dernier.* ◇ *Qui que... :* quelle que soit la personne que. *Qui que vous soyez.* ◆ pron. interr. Interroge sur l'identité, la détermination d'une personne ou représente qqn d'indéterminé ; quelle personne. *Qui est là ?*

QUIA (À) [akɥija] loc. adv. (lat. *quia,* parce que). *Litt. Être à quia, mettre à quia :* être réduit, réduire à ne pouvoir répondre.

QUICAGEON ou **QUIQUAJON** n.m. (hébr. *kikajon,* ricin, arbre sous lequel s'abrita le prophète Jonas). Suisse. Abri à claire-voie dans un jardin.

QUICHE n.f. (mot lorrain). Tarte salée en pâte brisée, garnie de lardons et recouverte d'un mélange d'œufs battus et de crème. (Spécialité lorraine.)

QUICHENOTTE n.f. (de *quichon,* mot dial.). Anc. Coiffe traditionnelle des paysannes de Saintonge et de Vendée.

QUICHUA n.m. → **QUECHUA.**

QUICK [kwik] n.m. (mot angl., *rapide*). Matière synthétique dure, poreuse et légèrement granuleuse, utilisée comme revêtement de certains courts de tennis en plein air.

QUICONQUE pron. relat. indéf. (lat. *quicumque*). Représente une personne indéterminée, sujet d'une proposition relative ; toute personne qui. *La loi punit quiconque est coupable.* ◆ pron. indéf. Représente une personne indéterminée ; n'importe qui. *Il est à la portée de quiconque de résoudre ce problème.*

QUID [kwid] adv. interr. (mot lat., *quoi*). *Fam. Quid de... :* qu'en est-il de... ? *Quid de ton déménagement ?*

QUIDAM [kidam] n.m. (mot lat., *un certain*). *Fam.* Homme dont on ignore ou dont on tait le nom.

QUIDDITÉ [kɥi-] n.f. (du lat. *quid,* quelle chose). PHILOS. Essence d'une chose telle que l'exprime sa définition (terminologie scolastique).

QUIESCENCE [kɥiɛsɑ̃s] n.f. **1.** EMBRYOL. Arrêt du développement des insectes en cas de conditions extérieures défavorables (température insuffisante ou sécheresse). **2.** BIOL. CELL. Caractère d'une cellule en isotonie avec son milieu.

QUIESCENT, E [kɥiɛsɑ̃, ɑ̃t] adj. (lat. *quiescens, -entis,* de *quiescere,* se reposer). EMBRYOL., BIOL. CELL. En état de quiescence.

QUIET, ÈTE [kjɛ, ɛt] adj. (lat. *quietus*). *Litt.* Tranquille, calme. *Existence quiète.*

QUIÉTISME [kjetism] n.m. (du lat. *quietus,* tranquille). Doctrine mystique qui, s'appuyant sur les œuvres du prêtre espagnol Molinos, faisait consister la perfection chrétienne dans l'amour de Dieu et la quiétude passive et confiante de l'âme, et qui fut défendue en France par Mme Guyon et Fénelon.

QUIÉTISTE adj. et n. Relatif au quiétisme ; qui en est partisan.

QUIÉTUDE [kjetyd] n.f. (du lat. *quies, -etis,* repos). *Sout.* Tranquillité, calme, repos.

QUIGNON n.m. (de *coin*). Morceau de gros pain ou extrémité d'un pain long, contenant beaucoup de croûte.

1. QUILLE [kij] n.f. (anc. scand. *kilir*). MAR. Élément axial de la partie inférieure de la charpente d'un navire, prolongé à l'avant par l'étrave et à l'arrière par l'étambot, et sur lequel s'appuient les couples. ◇ ***Quille de roulis :*** tôle longitudinale fixée à la carène d'un navire et destinée à amortir les mouvements de roulis.

2. QUILLE [kij] n.f. (anc. haut all. *kegil*). **1.** Chacune des pièces de bois tournées, posées verticalement sur le sol, qu'un joueur doit renverser en lançant une boule, dans le jeu dit *jeu de quilles.* **2.** *Arg. La quille :* la fin du service militaire. **3.** *Fam.* Jambe.

QUILLEUR, EUSE n. Région. (Ouest) ; Québec. Joueur de quilles.

QUIMBOISEUR n.m. Antilles. Sorcier, jeteur de sorts.

QUINAIRE adj. (lat. *quini,* cinq par cinq). ARITHM. Qui a pour base le nombre cinq.

QUINAUD, E adj. (du moyen fr. *quin,* singe). *Litt.,* VX. Honteux, confus, penaud.

QUINCAILLERIE n.f. (de *kink-,* onomat.). **1.** Ensemble d'objets, d'ustensiles en métal composant, notamm., le petit outillage. **2.** Industrie et commerce correspondants. **3.** Magasin où l'on vend ces objets. **4.** *Fam.* Bijou faux ou d'un luxe ostentatoire, tapageur.

QUINCAILLIER, ÈRE n. Fabricant ou marchand de quincaillerie.

QUINCKE [kwink] **(ŒDÈME DE) :** forme d'urticaire caractérisée par un œdème aigu prédominant à la face et pouvant atteindre le larynx.

QUINCONCE n.m. (lat. *quincunx,* pièce de monnaie valant cinq onces). **1.** *En quinconce :* selon une disposition par cinq (quatre objets aux quatre angles d'un carré, d'un losange ou d'un rectangle et le cinquième au milieu). **2.** Plantation disposée en quinconce.

QUINDÉCEMVIR [kɥɛ̃desɛmvir] n.m. (lat. *quindecim,* quinze, et *vir,* homme). ANTIQ. ROM. Chacun des quinze prêtres chargés de garder ou d'interpréter les livres sibyllins ainsi que de contrôler les cultes étrangers.

QUINE n.m. ou n.f. (lat. *quini,* cinq par cinq). Au loto, série de cinq numéros placés sur la même rangée horizontale d'un carton.

QUINÉ, E adj. BOT. Se dit de feuilles disposées cinq par cinq.

QUININE n.f. (esp. *quina,* du quechua). Alcaloïde amer contenu dans l'écorce de quinquina, employé contre le paludisme.

QUINOA [ki-] n.m. (mot quechua). Plante voisine de l'épinard, cultivée en Amérique du Sud pour ses graines alimentaires. (Genre *Chenopodium ;* famille des chénopodiacées.)

QUINOLÉINE n.f. CHIM. ORG. Composé hétérocyclique ($C_{10}H_7N$), comprenant un cycle benzénique accolé à un cycle de la pyridine, produit par synthèse, et qui a des dérivés en pharmacie et dans les colorants.

QUINOLONE n.f. Médicament d'usage courant assimilé aux antibiotiques, utilisé notamm. dans les infections urinaires (nom générique).

QUINONE n.f. Composé benzénique possédant deux fonctions cétone (nom générique).

QUINQUA [kɛ̃ka] adj. inv. et n. *Fam.* Quinquagénaire.

QUINQUAGÉNAIRE [kɛ̃ka-] ou [kɥɛ̃kwa-] adj. et n. Âgé de cinquante à cinquante-neuf ans. Abrév. *(fam.) : quinqua.*

QUINQUAGÉSIME [kɛ̃ka-] ou [kɥɛ̃kwa-] n.f. (lat. *quinquagesimus,* cinquantième). CATH. Dimanche précédant le carême. (Cette appellation a été supprimée en 1969.)

QUINQUENNAL, E, AUX adj. (lat. *quinquennalis*). **1.** Qui revient tous les cinq ans. *Élection quinquennale.* **2.** Qui s'étend sur cinq ans. *Plan quinquennal.*

QUINQUENNAT n.m. **1.** Durée d'un plan quinquennal. **2.** Durée d'un mandat de cinq ans. (En France, la durée du mandat du président de la République a été ramenée à 5 ans, à partir de 2002, par la loi constitutionnelle du 2 octobre 2000.)

QUINQUET n.m. (du n. du fabricant). **1.** Anc. Lampe à huile à double courant d'air, et dont le réservoir est plus haut que la mèche. **2.** *Fam.* Œil. *Ouvre tes quinquets !*

QUINQUINA [kɛ̃kina] n.m. (mot quechua). **1.** Arbre originaire d'Amérique centrale et des Andes, cultivé pour son écorce, riche en quinine. (Genre *Cinchona ;* famille des rubiacées.) – Écorce de cet arbre. **2.** Vin apéritif au quinquina.

QUINTAINE n.f. (lat. *quintana*). Anc. Mannequin monté sur un pivot, qui, lorsqu'on le frappait maladroitement avec la lance, tournait et assenait un coup sur le dos de celui qui l'avait frappé.

QUINTAL n.m. [pl. *quintaux*] (de l'ar.). Unité de mesure de masse (symb. q), valant 100 kg.

QUINTE n.f. (du lat. *quintus,* cinquième). **1.** Série de cinq cartes qui se suivent. ◇ *Quinte flush* → **flush.** **2.** Accès de toux. **3.** MUS. Intervalle de cinq degrés dans l'échelle diatonique.

QUINTÉ n.m. Pari dans lequel il faut déterminer les cinq premiers arrivants d'une course hippique.

1. QUINTEFEUILLE n.f. BOT. Potentille rampante, à feuilles à cinq ou sept folioles.

2. QUINTEFEUILLE n.m. BX-ARTS. Rosace, motif décoratif médiéval à cinq lobes ou arcs brisés.

QUINTESSENCE n.f. **1.** PHILOS. Cinquième élément (éther) ajouté par certains penseurs de l'Antiquité aux quatre éléments d'Empédocle (terre, eau, air, feu). **2.** Essence la plus subtile et la plus pure, dans la pensée médiévale, notamm. en alchimie. **3.** *Litt.* Ce qu'il y a de meilleur, d'essentiel dans qqch. *La quintessence d'un livre.*

QUINTET [kɛ̃tɛt] n.m. (mot angl.). Quintette de jazz.

QUINTETTE [kɛ̃-] ou [kɥɛ̃-] n.m. (ital. *quintetto*). **1.** Composition vocale ou instrumentale à cinq parties. **2.** Ensemble de cinq instrumentistes ou de cinq chanteurs.

QUINTEUX, EUSE adj. **1.** MÉD. Qui se produit par quintes. *Toux quinteuse.* **2.** *Litt.* Sujet à des accès de mauvaise humeur.

QUINTILLION [kɥɛ̃tiljɔ̃] ou [kɛ̃-] n.m. Un million de quatrillions, soit 10^{30}.

QUINTO [kɥɛ̃to] ou [kɛ̃to] adv. (mot lat.). Rare. Cinquièmement, dans une énumération commençant par *primo*.

QUINTOLET n.m. (de *quinte,* d'après *triolet*). MUS. Groupe de cinq notes surmonté du chiffre 5, et valant quatre ou six notes de la même figure rythmique.

QUINTUPLE adj. et n.m. (bas lat. *quintuplex*). Qui vaut cinq fois autant.

QUINTUPLER v.t. Multiplier par cinq. *Quintupler une somme.* ◆ v.i. Être multiplié par cinq. *Les prix ont quintuplé.*

QUINTUPLÉS, ÉES n. pl. Les cinq enfants nés d'une même grossesse.

QUINZAINE n.f. **1.** Groupe de quinze unités ou environ. *Une quinzaine d'euros.* **2.** Deux semaines.

QUINZE adj. num. et n.m. inv. (lat. *quindecim*). **1.** Nombre qui suit quatorze dans la suite des entiers naturels. **2.** Quinzième. *Louis XV.* ◆ n.m. inv. **1.** Au tennis, premier point que l'on peut marquer dans un jeu. **2.** Équipe de rugby à quinze (souvent écrit en chiffres romains). *Le XV de France.* — Le rugby à quinze.

QUINZIÈME adj. num. ord. et n. Qui occupe un rang marqué par le nombre quinze.

QUINZIÈMEMENT adv. En quinzième lieu.

QUINZISTE n.m. Joueur de rugby à quinze.

QUIPROQUO [kiprɔko] n.m. (lat. *quid pro quod,* une chose pour une autre). Méprise, erreur qui fait prendre une chose, une personne pour une autre.

QUIPU [kipu], **QUIPOU** ou **QUIPO** n.m. (mot quechua, *nœud*). Groupe de cordelettes en coton tressées et nouées, de couleurs variées, dont le nombre, le coloris et les nœuds servaient de système de comptabilité aux Incas.

QUIQUAJON n.m. → **QUICAGEON.**

QUIRAT [kira] n.m. (de l'ar.). MAR. Part que l'on a dans la propriété d'un navire indivis.

QUIRATAIRE n. MAR. Personne qui possède un quirat.

QUIRITE [kɥirit] n.m. (lat. *quiritus*). ANTIQ. **1.** À l'origine, citoyen romain de vieille souche. **2.** Citoyen résidant à Rome.

QUISCALE [kɥiskal] n.m. Passereau d'Amérique du Nord, remarquable par sa livrée sombre à reflets mordorés. (Genres *Quiscalus* et *Euphagus* ; famille des ictéridés.)

QUITTANCE n.f. (de *quitter*). Attestation écrite par laquelle un créancier déclare un débiteur quitte envers lui.

QUITTE adj. (lat. *quietus,* tranquille). Libéré d'une dette pécuniaire, d'une obligation, d'un devoir moral. *Être quitte d'une corvée, d'une visite.* ◇ *En être quitte pour :* n'avoir à subir que l'inconvénient de. — *Jouer quitte ou double :* risquer, hasarder tout. — *Quitte à :* au risque de. — *Tenir quitte :* dispenser.

QUITTER v.t. (de *quitte*). **1.** Laisser une personne, se séparer d'elle provisoirement ou définitivement. *Je vous quitte pour un moment. Elle a quitté son mari.* **2.** Abandonner un lieu, une activité. *Quitter Paris, ses fonctions, son travail.* ◇ *Ne quitte (quittez) pas :* reste (restez) en ligne, au téléphone. **3.** *Ne pas quitter des yeux :* avoir toujours les regards fixés sur. **4.** *Quitter ses vêtements :* se déshabiller. ◆ v.i. Afrique. Partir, s'en aller.

QUITUS [kitys] n.m. (mot lat.). Acte par lequel la gestion d'une personne est reconnue exacte et régulière ; décharge de responsabilité. *Donner quitus à un caissier.*

QUI VIVE loc. interj. Cri poussé par les sentinelles pour reconnaître un isolé, une troupe.

QUI-VIVE n.m. inv. *Sur le qui-vive :* sur ses gardes dans l'attente d'une attaque.

QUIZ [kwiz] n.m. (mot angl.). Jeu, concours par questions et réponses.

QUÔC-NGU [kɔkngu] n.m. inv. (mots vietnamiens, *langue nationale*). Système d'écriture du vietnamien, fondé sur l'alphabet latin.

1. QUOI pron. relat. (lat. *quid*). Renvoie à une phrase, une proposition (sans antécédent ou avec *rien, ce, cela* comme antécédents) comme complément d'objet indirect ou comme complément de l'adjectif. *C'est ce à quoi je réfléchissais. Il n'est rien à quoi je ne sois prêt.* ◇ Fam. *Avoir de quoi :* être riche. — *Avoir de quoi* (+ inf.) : avoir ce qui est suffisant, nécessaire pour. *Avoir de quoi vivre.* — *Il n'y a pas de quoi.* **a.** Il n'y a pas de raison pour. *Il n'y a pas de quoi rire.* **b.** Formule de politesse qui répond à un remerciement. *« Merci ! — Il n'y a pas de quoi. »* — *Quoi que :* quelle que soit la chose que. *Quoi que vous disiez, je m'en tiendrai à ma première idée.* — *Quoi qu'il en soit :* en tout état de cause. — *Sans quoi :* ou sinon. ◆ pron. interr. Interroge sur la nature, la détermination de qqch ou représente qqch d'indéterminé. *À quoi pensez-vous ? Je devine à quoi vous pensez.*

2. QUOI adv. exclam. Exprime la surprise, l'indignation, l'impatience. *Quoi, tu oses me parler sur ce ton ! Décide-toi, quoi !* ◆ adv. interr. **1.** Demande la répétition de ce qui vient d'être dit. ◇ Fam. *Ou quoi :* ou non ? *Tu viens, ou quoi ?* **2.** *Quoi de :* qu'y a-t-il de. *Quoi de neuf ?*

QUOIQUE conj. **1.** Marque l'opposition, la concession ; encore que, bien que. *Quoique l'affaire parût réalisable, il hésitait.* **2.** Marque ou introduit une restriction. *C'est formidable ! Quoique... il ne faut pas se réjouir trop vite.* — REM. *Quoique* ne s'élide que devant *il(s), elle(s), on, un, une.*

QUOLIBET [kɔlibɛ] n.m. (lat. *quod libet,* ce qui plaît). Plaisanterie ironique ou injurieuse lancée à qqn ; raillerie malveillante.

QUORUM [kɔrɔm] ou [kwɔrɔm] n.m. (mot lat., *desquels*). **1.** Nombre de membres qu'une assemblée doit réunir pour pouvoir valablement délibérer. **2.** Nombre de votants nécessaire pour qu'une élection soit valable.

QUOTA [kɔta] ou [kwɔta] n.m. (mot lat.). **1.** Pourcentage, contingent déterminé, imposé ou autorisé. *Le gouvernement a réduit les quotas d'importation.* **2.** SOCIOL. Modèle réduit d'une population donnée, permettant la désignation d'un échantillon représentatif.

QUOTE-PART [kɔtpar] n.f. [pl. *quotes-parts*] (lat. *quota pars*). Part que chacun doit payer ou recevoir dans la répartition d'une somme ; contribution.

QUOTIDIEN, ENNE adj. (lat. *quotidianus*). Qui se fait ou revient chaque jour. *Le travail quotidien.* ◆ n.m. **1.** La vie quotidienne. *Améliorer le quotidien.* **2.** Journal qui paraît tous les jours.

QUOTIDIENNEMENT adv. Tous les jours.

QUOTIDIENNETÉ n.f. *Sout.* Caractère quotidien de qqch.

QUOTIENT [kɔsjɑ̃] n.m. (lat. *quoties,* combien de fois). **1.** ARITHM. Résultat d'une division. ◇ *Quotient d'un réel* a *par un réel* b *non nul :* réel x tel que $a = bx$ (on l'écrit $x = \frac{a}{b}$). — *Quotient euclidien d'un entier naturel* a *par un entier naturel* b *non nul :* entier naturel q, tel que, dans la division euclidienne de a par b, $a = bq + r$, où $0 \leqslant r < b$. — *Ensemble quotient* → **ensemble.** **2.** *Quotient électoral :* résultat de la division du nombre des suffrages exprimés par le nombre de sièges à pourvoir entre les diverses listes, lorsque le système électoral est la représentation proportionnelle. (Chaque liste obtient autant de sièges que la moyenne des voix qu'elle a obtenues contient de fois le quotient ; le solde est réparti soit suivant le procédé de la *plus forte moyenne,* soit suivant le procédé du *plus fort reste.*) **3.** *Quotient familial :* résultat de la division du revenu net imposable d'un foyer fiscal en un nombre de parts (lui-même fonction du nombre de personnes composant ce foyer), dans le but de le soumettre au barème progressif de l'impôt sur le revenu. **4.** PSYCHOL. *Quotient intellectuel (QI) :* rapport entre l'âge mental, mesuré par des tests, et l'âge réel de l'enfant ou de l'adolescent, multiplié par 100. (La notion de QI, introduite par W. Stern en 1912, est parfois étendue aux adultes, notamm. en pathologie, où elle correspond à une mesure de l'efficience intellectuelle ; l'évaluation se fait alors selon d'autres règles.) **5.** PHYSIOL. *Quotient respiratoire :* rapport du volume de gaz carbonique expiré au volume d'oxygène consommé pendant le même temps.

QUOTITÉ n.f. (du lat. *quot,* combien). **1.** Montant d'une quote-part. ◇ *Impôt de quotité :* impôt dont le montant est établi en appliquant à la matière imposable un taux préalablement déterminé (par oppos. à *impôt de répartition*). **2.** DR. *Quotité disponible :* portion de biens dont peut librement disposer par donation ou par testament une personne qui a des ascendants ou des descendants en ligne directe.

Q

Caractère Rockwell

R n.m. inv. **1.** Dix-huitième lettre de l'alphabet et la quatorzième des consonnes. **2.** ℝ : ensemble des nombres réels.

RA n.m. inv. (onomat.). Série de coups de baguettes donnés sur le tambour, de façon à former un roulement très bref.

RAAG n.m. inv. → **RAGA.**

RAB ou **RABE** n.m. (abrév.). *Fam.* Rabiot.

RABAB n.m. → **REBAB.**

RABÂCHAGE n.m. *Fam.* Défaut d'une personne qui rabâche ; la succession de ses propos.

RABÂCHER v.t. et v.i. *Fam.* Redire sans cesse et de manière lassante la même chose ; radoter.

RABÂCHEUR, EUSE adj. et n. *Fam.* Qui ne fait que rabâcher.

RABAIS n.m. Diminution faite sur le prix d'une marchandise, le montant d'une facture. ◇ *Travailler au rabais,* à bon marché.

RABAISSEMENT n.m. Action de rabaisser.

RABAISSER v.t. **1.** Mettre plus bas, ramener à un degré inférieur ; réduire l'autorité, l'influence de. **2.** Déprécier, amoindrir. *Rabaisser les mérites de qqn.* ◆ **se rabaisser** v.pr. Déprécier son propre mérite ; s'humilier.

RABAN n.m. (moyen néerl. *rabant*). MAR. Bout de cordage ; tresse, cordon.

RABANE n.f. (mot malgache). TEXT. Tissu en fibres de raphia.

RABAT n.m. **1.** Partie d'un objet conçue pour pouvoir se rabattre, se replier. **2.** Rabattage. **3.** Revers de col faisant office de cravate, porté par les magistrats et les avocats en robe, les professeurs d'université en toge et, autref., par les hommes d'Église.

RABAT-JOIE n. inv. et adj. inv. Personne qui trouble la joie des autres par son humeur chagrine.

RABATTABLE adj. Que l'on peut rabattre, replier. *Siège rabattable.*

RABATTAGE n.m. Action de rabattre le gibier. SYN. : *rabat.*

RABATTANT, E adj. MIN. Se dit d'une exploitation qui se rapproche de la galerie principale.

RABATTEMENT n.m. **1.** Action de rabattre. **2.** DESS. INDUSTR. *Rabattement d'un plan,* rotation appliquant ce plan sur le plan horizontal. **3.** Opération qui consiste à abaisser le niveau d'une nappe d'eau souterraine par pompage.

1. RABATTEUR, EUSE n. **1.** CHASSE. Personne chargée de rabattre le gibier. **2.** Personne qui essaie d'amener la clientèle chez un commerçant, dans une entreprise ou de recruter des adhérents pour un parti.

2. RABATTEUR n.m. Élément d'une moissonneuse dont le mouvement rotatif rabat la récolte contre la lame.

RABATTRE v.t. [63]. **1.** Ramener, appliquer sur ou contre, notamm. autour d'une charnière, d'une ligne de pliure. *Rabattre son col de chemise.* ◇ *Rabattre des mailles :* arrêter un tricot en faisant glisser chaque maille sur la suivante. **2.** Amener qqch, une partie de qqch dans une position plus basse. *Rabattre une balle.* **3.** DESS. INDUSTR. Effectuer un rabattement. **4.** *Couleur, teinte rabattue,* à la fois foncée et lavée. **5.** Retrancher du prix de qqch, consentir un rabais. *Rabattre 5 % sur le prix affiché.* **6.** Couper un arbre jusqu'à la naissance des branches. **7.** CHASSE. Battre un terrain pour pousser le gibier vers les chasseurs ou vers des panneaux tendus. ◆ v.i. **1.** Quitter soudain une direction pour en prendre une autre. **2.** *En rabattre :* réduire ses prétentions. ◆ **se rabattre** v.pr. Quitter brusquement une direction pour en prendre une autre. ◇ *Se rabattre sur qqch, qqn,* les choisir faute de mieux.

RABBI n.m. (mot araméen). Titre donné aux docteurs de la Loi juive.

RABBIN n.m. (araméen *rabbi,* mon maître). Chef religieux, guide spirituel et ministre du culte d'une communauté juive. ◇ *Grand rabbin :* chef d'un consistoire israélite.

RABBINAT n.m. Fonction de rabbin.

RABBINIQUE adj. Relatif aux rabbins ; relatif au rabbinisme. ◇ *École rabbinique :* école, séminaire où se forment les rabbins.

RABBINISME n.m. Activité religieuse et littéraire du judaïsme après la destruction du Temple en 70 et la dispersion du peuple juif. (Le XVIIIe s. clôt la période rabbinique.)

RABE n.m. → **RAB.**

RABELAISIEN, ENNE adj. **1.** Relatif à Rabelais. **2.** Qui rappelle la verve truculente de Rabelais.

RABIBOCHER v.t. (mot dial.). *Fam.* **1.** Raccommoder tant bien que mal. **2.** Réconcilier, remettre d'accord. ◆ **se rabibocher** v.pr. *Fam.* Se réconcilier.

RABIOT n.m. (mot gascon, *fretin*). *Fam.* **1.** Ce qui reste de vivres après la distribution. **2.** Temps de service supplémentaire imposé à des recrues. **3.** Supplément. Abrév. *(fam.) : rab.*

RABIOTER v.t. *Fam.* Prendre en supplément.

RABIQUE adj. (du lat. *rabies,* rage). Relatif à la rage.

RÂBLE n.m. (lat. *rutabulum*). Partie du lièvre et du lapin qui s'étend depuis le bas des épaules jusqu'à la queue.

RÂBLÉ, E adj. **1.** Qui a le râble épais. *Un lièvre bien râblé.* **2.** Se dit d'une personne plutôt petite et de forte carrure.

RABONNIR v.i. Vx. Devenir meilleur ; se bonifier.

RABOT n.m. (du mot dial. *rabotte,* lapin, par anal. de forme). **1.** Outil composé d'un fer, d'un contre-fer et d'un coin maintenus dans un fût, et servant à dresser et à aplanir le bois. **2.** MIN. Engin d'abattage par enlèvement de copeaux le long d'un front de taille.

RABOTAGE n.m. Action de raboter.

RABOTER v.t. **1.** Aplanir avec un rabot. *Raboter une planche.* **2.** *Fam.* Frotter rudement ; racler. *Raboter avec les pneus le bord d'un trottoir.*

RABOTEUR n.m. Personne qui rabote. *Raboteur de parquets.*

RABOTEUSE n.f. **1.** Machine-outil servant à usiner des surfaces planes et dans laquelle la coupe du métal est obtenue par le déplacement de la pièce devant un outil fixe. **2.** *Raboteuse à bois :* machine servant à mettre à son épaisseur définitive une pièce de bois dégauchie sur une face.

RABOTEUX, EUSE adj. **1.** Inégal, couvert d'aspérités. *Bois, chemin raboteux.* **2.** *Fig.* Rude, sans harmonie. *Style raboteux.*

RABOUGRI, E adj. Qui n'a pas atteint son développement normal ; chétif.

RABOUGRIR v.t. (de l'anc. fr. *bougre,* faible). Retarder la croissance de. *Le froid rabougrit les arbres.* ◆ **se rabougrir** v.pr. Se recroqueviller sous l'effet de la sécheresse, de l'âge, etc.

RABOUILLÈRE n.f. (de *rabotte,* mot dial. pour *lapin*). Région. Terrier peu profond, où les lapins déposent leurs petits.

RABOUILLEUR, EUSE n. (de *rabouiller,* mot du Berry, de *bouille,* marais). Région. Personne qui trouble l'eau avec une branche pour prendre du poisson.

RABOUTAGE n.m. Action de rabouter.

RABOUTER v.t. Assembler bout à bout des pièces de bois, de métal, de tissu, etc.

RABROUER v.t. (anc. fr. *brouer,* gronder). Accueillir, traiter avec rudesse une personne envers laquelle on est mal disposé.

RACAGE n.m. (anc. fr. *raque*). MAR. Collier disposé autour d'un mât pour diminuer le frottement d'une vergue.

RACAHOUT [rakaut] n.m. (de l'ar.). Poudre à base de cacao, de glands doux et de riz, servant

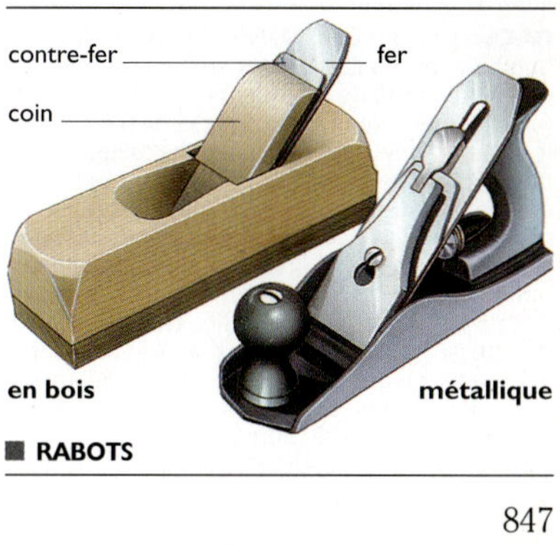

■ **RABOTS**

chez les Arabes et les Turcs à préparer des bouillies.

RACAILLE n.f. (de l'anc. fr. *rasquer,* du lat. *radere,* racler). *Péjor.* **1.** Vieilli. Couche la plus basse de la société, considérée comme la plus méprisable ; populace. **2.** Ensemble d'individus méprisables.

RACCARD n.m. Suisse. Grange à blé traditionnelle du Valais.

RACCOMMODABLE adj. Qui peut être raccommodé.

RACCOMMODAGE n.m. Action de raccommoder ; réparation.

RACCOMMODEMENT n.m. *Fam.* Réconciliation après une brouille.

RACCOMMODER v.t. **1.** Remettre en bon état ; réparer. – *Spécial.* Réparer du linge à l'aide d'une aiguille et de fil. **2.** *Fam.* Réconcilier après une brouille. ◆ **se raccommoder** v.pr. *Fam.* Se réconcilier.

RACCOMMODEUR, EUSE n. Personne qui raccommode des objets, spécial. du linge.

RACCOMPAGNER v.t. Reconduire qqn qui s'en va.

RACCORD n.m. **1.** Liaison destinée à assurer la continuité entre deux parties séparées ou différentes, ou à rétablir l'homogénéité des diverses parties d'un ensemble. **2.** TECHN. Pièce destinée à assurer l'assemblage, sans fuite, de deux éléments de tuyauterie. **3.** CINÉMA. Effet produit par le collage de deux plans successifs ou de deux séquences (image ou son) consécutives dans un film. ◇ *Faux raccord :* incohérence visuelle ou sonore produite intentionnellement dans la continuité du récit.

RACCORDEMENT n.m. **1.** Action de raccorder, fait de se raccorder ; la jonction elle-même. *Le raccordement de deux conduites de gaz.* **2.** CH. DE F. Court tronçon de ligne servant à relier deux lignes distinctes.

RACCORDER v.t. **1.** Réunir, relier deux choses distinctes, séparées ; établir entre elles une liaison, une transition. *Raccorder deux canalisations.* **2.** Constituer une communication, une jonction entre. *Plusieurs ponts raccordent les deux rives.*

RACCOURCI n.m. **1.** Chemin plus court. *Prendre un raccourci.* **2.** Manière de s'exprimer en termes concis ; expression abrégée. *Un raccourci saisissant.* ◇ *En raccourci :* en abrégé, en petit. **3.** BX-ARTS. Réduction frappante que peuvent subir une figure ou un objet représentés en perspective.

RACCOURCIR v.t. Rendre plus court. *Raccourcir une robe, un texte.* ◆ v.i. Devenir plus court ; diminuer. *Les jours raccourcissent en hiver.*

RACCOURCISSEMENT n.m. Action de raccourcir, de diminuer la longueur de qqch ; son résultat.

RACCROC [rakro] n.m. *Par raccroc :* d'une manière heureuse et inattendue.

RACCROCHAGE n.m. Action de raccrocher.

RACCROCHER v.t. **1.** Accrocher de nouveau, remettre à sa place ce qui avait été décroché. *Raccrocher un tableau.* **2.** *Fam.* Ressaisir, rattraper ce qu'on croyait perdu ou très compromis. *Raccrocher une affaire.* ◆ v.i. **1.** Remettre sur son support le combiné du téléphone, ce qui interrompt la communication. **2.** *Fam.* Abandonner définitivement une activité. *Ce grand champion a raccroché l'année dernière.* ◆ **se raccrocher** v.pr. **1.** Se cramponner à qqch pour ne pas tomber. *Se raccrocher à une branche.* **2.** Trouver dans qqch ou auprès de qqn un réconfort, un soutien. *Il se raccroche au passé.*

RACCUSER v.i. Belgique. *Fam.* Rapporter, moucharder, cafarder.

RACE n.f. (ital. *razza*). **1.** Subdivision de l'espèce humaine en Jaunes, Noirs et Blancs selon le critère apparent de la couleur de la peau. – Catégorie de classement biologique et de hiérarchisation des divers groupes humains, scientifiquement aberrante, dont l'emploi est au fondement des divers racismes et de leurs pratiques. **2.** Subdivision d'une espèce animale. *Races canines.* ◇ *De race :* se dit d'un animal de bonne lignée, non métissé. **3.** *Litt.* Ensemble des ascendants ou des descendants d'une famille. **4.** *Fig.* Ensemble de personnes présentant des caractères communs et que l'on réunit dans une même catégorie. *La race des poètes.*

ENCYCL. La diversité humaine a entraîné une classification raciale sur les critères les plus immédiatement apparents : leucodermes (Blancs), mélanodermes (Noirs), xanthodermes (Jaunes). Cette classification a prévalu, avec diverses tentatives de perfectionnement dues à l'influence des idées linnéennes, tout au long du XIXe s. Les progrès de la génétique conduisent auj. à rejeter toute tentative de classification raciale.

RACÉ, E adj. **1.** Se dit d'un animal possédant les qualités propres à une race. *Cheval racé.* **2.** Qui paraît représenter un type particulièrement fin et distingué ; qui a de la classe, de l'élégance.

RACÉMIQUE adj.m. (du lat. *racemus,* grappe). CHIM. Se dit du mélange équimolaire de deux énantiomères. (Un tel mélange ne dévie pas le plan de polarisation de la lumière.)

RACER [resœr] ou [rasɛr] n.m. (mot angl.). Canot automobile très rapide.

RACHAT n.m. **1.** Action de racheter qqch, d'acheter de nouveau. *Rachat d'une voiture.* **2.** *Fig.* Action de se racheter ou de racheter une faute. **3.** Délivrance au moyen d'une rançon. **4.** Extinction d'une obligation au moyen d'une indemnité. *Négocier le rachat d'une pension.*

RACHETABLE adj. Susceptible d'être racheté.

RACHETER v.t. [12]. **1.** Acheter ce qu'on a vendu. *Racheter un tableau.* **2.** Acheter de nouveau. *Racheter chaque jour du pain.* **3.** Acheter d'occasion. *Racheter la voiture d'un ami.* **4.** *Racheter ses péchés,* en obtenir le pardon. **5.** Compenser un défaut. *Sa loyauté rachète son mauvais caractère.* **6.** Délivrer en payant une rançon. *Racheter des prisonniers.* **7.** Se libérer d'une obligation, génér. échelonnée dans le temps, par le versement d'une somme d'argent. *Racheter une rente.* **8.** ARCHIT. Raccorder deux plans différents. ◆ **se racheter** v.pr. Réparer ses fautes passées par une conduite méritoire.

RACHIALGIE [-ʃjal-] n.f. MÉD. Douleur du rachis.

RACHIANESTHÉSIE, RACHIANALGÉSIE ou **RACHI** n.f. Anesthésie de la partie inférieure du corps par injection dans le liquide céphalorachidien, à la hauteur du rachis lombaire.

RACHIDIEN, ENNE adj. Relatif au rachis ; en rapport anatomique avec le rachis. ◇ *Canal rachidien :* canal formé par les vertèbres et qui contient la moelle épinière. – *Nerf rachidien :* nerf qui naît de la moelle épinière et sort du rachis par un orifice.

RACHIS [raʃis] n.m. (gr. *rhakhis*). **1.** ANAT. Colonne vertébrale. **2.** BOT. Axe central supportant des pièces identiques de part et d'autre. *Rachis d'une fronde de fougère, d'un épi de graminée.* **3.** ZOOL. Axe d'une plume d'oiseau, portant les barbes.

RACHITIQUE adj. et n. Atteint de rachitisme.

RACHITISME n.m. Maladie de l'enfant, due génér. à une carence en vitamine D, caractérisée par une insuffisance de minéralisation des os et des déformations.

RACIAL, E, AUX adj. Relatif à la race, à une race. *Discrimination raciale.*

RACINAGE n.m. REL. Ornementation en camaïeu ou en couleurs réalisée sur une peau et qui rappelle l'aspect de racines.

RACINAL n.m. (pl. *racinaux*). CONSTR. Grosse pièce de charpente qui supporte d'autres pièces.

RACINE n.f. (lat. *radix, radicis*). **1.** Organe génér. souterrain des plantes vasculaires, qui les fixe au sol et qui assure leur ravitaillement en eau et en sels minéraux. ◇ *Prendre racine :* s'implanter quelque part, y demeurer longtemps. **2.** Partie par laquelle un organe, un membre est implanté dans un autre organe ou une partie du corps. *Racine des cheveux, des dents.* **3.** Ce qui est à la base, à l'origine de qqch. *Découvrir la racine du mal.* **4.** Lien solide, attache profonde à un lieu, à un milieu, à un groupe. *Ce parti a de profondes racines dans le pays.* **5.** LING. Forme abstraite obtenue après élimination des affixes et des désinences, et qui est porteuse de la signification du mot. (Ainsi *chanter, chanteur, cantique, incantation* ont la même racine, qui se réalise en français par deux radicaux : *chant-* et *cant-*.) **6.** ALGÈBRE. **a.** *Racine carrée* (*d'un nombre réel positif* a) : nombre réel positif dont le carré est égal à a, noté $\sqrt{a}$ ou $a^{\frac{1}{2}}$. – *Racine cubique* (*d'un nombre réel* a) : nombre réel dont le cube est égal à a. – *Racine* $n^{ième}$ *d'un réel positif* a : réel b (positif pour n pair), noté $\sqrt[n]{a}$ ou $a^{\frac{1}{n}}$, tel que $b^n = a$. **b.** *Racine d'une équation,* solution de cette équation. – *Racine d'un polynôme* P(x) : racine de l'équation $P(x) = 0$.

ENCYCL. Une racine principale verticale est dite *pivotante* (carotte) ; des racines égales entre elles sont dites *fasciculées* (poireau) ; les racines *tuberculeuses* sont celles qui se chargent de réserves (betterave) ; les racines *adventives* sont celles qui naissent sur le côté de la tige (lierre) ou du rhizome (iris).

RACISME n.m. **1.** Idéologie fondée sur la croyance qu'il existe une hiérarchie entre les groupes humains, les « races » ; comportement inspiré par cette idéologie. **2.** Attitude d'hostilité systématique à l'égard d'une catégorie déterminée de personnes. *Racisme envers les jeunes.*

RACISTE adj. et n. Qui relève du racisme ; qui fait preuve de racisme.

RACK n.m. (mot angl.). Meuble de rangement pour appareils électroacoustiques, à dimensions normalisées.

RACKET [rakɛt] n.m. (mot anglo-amér.). Extorsion d'argent ou d'objets par intimidation et violence.

RACKETTER v.t. Soumettre à un racket.

RACKETTEUR, EUSE [rakɛtœr, øz] n. Malfaiteur exerçant un racket.

RACLAGE ou **RACLEMENT** n.m. Action de racler ; bruit qui en résulte.

RACLE n.f. IMPRIM. Mince lame d'acier qui essuie les formes d'impression en héliogravure. SYN. : *essuyeur.*

RACLÉE n.f. *Fam.* **1.** Volée de coups. **2.** Défaite écrasante.

RACLER v.t. (du lat. *rastrum,* râteau). **1.** Enlever les aspérités d'une surface en grattant pour nettoyer, égaliser ; frotter rudement. *Racler l'intérieur d'une casserole.* ◇ *Fam. Racler les fonds de tiroirs :* chercher le peu d'argent encore disponible. – *Fam. Racler le gosier :* produire une sensation d'âpreté quand on l'avale, en parlant d'une boisson forte. **2.** *Racler du violon,* en jouer mal. ◆ **se racler** v.pr. *Se racler la gorge :* s'éclaircir la voix.

RACLETTE n.f. **1.** Mets d'origine valaisanne préparé en présentant à la flamme un fromage coupé en deux, dont on racle la partie ramollie pour la manger au fur et à mesure qu'elle fond ; fromage au lait de vache qui sert à cette préparation. **2.** Instrument servant à racler les sols pour les nettoyer. **3.** Suisse. *Fam. À la raclette :* de justesse.

RACLOIR n.m. **1.** Lame d'acier utilisée dans le travail du bois ou d'autres matières pour gratter et lisser des surfaces planes. **2.** PRÉHIST. Outil de pierre obtenu par une retouche continue sur un ou deux bords.

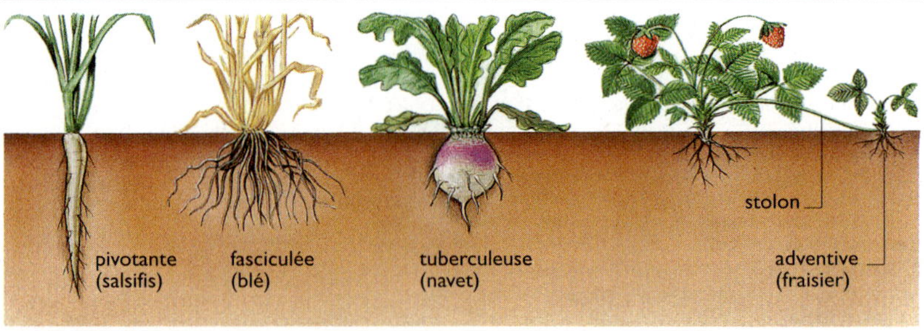

■ **RACINE.** Types de racines.

RACLURE n.f. Petite partie qu'on enlève d'un corps en le raclant ; déchet.

RACOLAGE n.m. Action de racoler.

RACOLER v.t. (de *cou*). **1.** Attirer, recruter par des moyens publicitaires ou autres. *Racoler des clients.* **2.** Accoster, solliciter des passants, en parlant de qqn qui se livre à la prostitution. **3.** HIST. Recruter par surprise ou par force pour le service militaire.

RACOLEUR, EUSE adj. et n. Qui racole. *Publicité racoleuse.*

RACONTABLE adj. (Surtout en tournure négative.) Qui peut être raconté.

RACONTAR n.m. *Fam.* (Souvent pl.) Bavardage médisant et souvent mensonger ; cancan.

RACONTER v.t. (anc. fr. *aconter,* conter). **1.** Faire le récit de ; rapporter. *Raconter une histoire.* **2.** Dire à la légère des choses impossibles ou mensongères. *Ne crois pas tout ce qu'on te raconte.*

RACONTEUR, EUSE n. *Litt.* Personne qui raconte, aime raconter.

RACORNIR v.t. (de *corne*). Rendre dur et coriace comme de la corne ; dessécher.

RACORNISSEMENT n.m. Fait de racornir.

RACQUET-BALL [rakɛtbol] n.m. [pl. *racquet-balls*] (mot anglo-amér.). Sport de balle pratiqué en salle et voisin du squash.

RAD n.m. (abrév. de *radiation*). Ancienne unité de dose absorbée de rayonnements ionisants, qui vaut 1/100 de gray.

RADAR n.m. (abrév. de l'angl. *radio detection and ranging,* détection et télémétrie par radio). Appareil de radiorepérage qui permet de déterminer la position et la distance d'un obstacle, d'un aéronef, etc., par l'émission d'ondes radioélectriques et la détection des ondes réfléchies à sa surface.

ENCYCL. Le principe du radar est fondé sur l'émission, par impulsions de courte durée, de faisceaux étroits d'ondes radioélectriques qui, après réflexion contre un obstacle, retournent vers un récepteur. La durée du trajet aller et retour des ondes, qui se propagent à la vitesse de la lumière, soit 300 000 km/s, permet de déterminer la distance de l'obstacle. L'orientation de l'antenne, qui sert d'abord à l'émission, puis à la réception, en indique la direction. Un radar se compose donc d'un générateur d'impulsions, d'une antenne directrice, d'un récepteur, employant la même antenne, et, enfin, d'un indicateur, servant à lire les résultats. Depuis la bataille d'Angleterre (1940), le radar a supplanté tous les autres systèmes de guet aérien. En dehors de son rôle essentiel dans les trois armées dans le domaine de la défense aérienne, l'emploi militaire du radar s'est largement diversifié depuis 1945 : *radars de bord* des avions, *radars d'autoguidage* des missiles dans les aviations militaires, *radars de surveillance* au sol dans les forces terrestres et *radars de tir* dans les forces navales.

RADARASTRONOMIE n.f. Technique du radar appliquée à l'étude des astres.

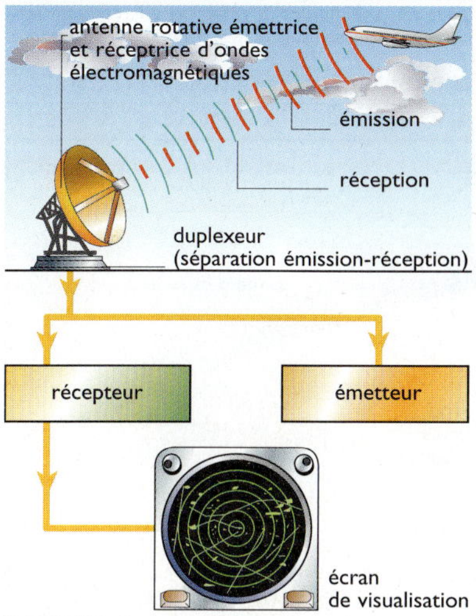

■ **RADAR.** Fonctionnement d'un radar.

RADARISTE n. Spécialiste de la mise en œuvre et de l'entretien des radars.

1. RADE n.f. (moyen angl. *rad*). Grand bassin naturel ou artificiel ayant issue libre vers la mer et où les navires peuvent mouiller. ◇ *Fam. Rester, être en rade :* être en panne. – *Fam. Laisser en rade :* laisser tomber, abandonner.

2. RADE n.m. (abrév. de *radeau*). *Arg.* Café, bar.

RADEAU n.m. (anc. provenç. *radel*). **1.** Petite construction flottante plate, en bois ou en métal, utilisée comme bâtiment de servitude ou de sauvetage. **2.** Train de bois sur une rivière.

RADEUSE n.f. *Arg.,* vx. Prostituée qui racole sur la voie publique.

RADIAIRE adj. *Didact.* Disposé en rayons autour d'un axe. *Symétrie radiaire.*

RADIAL, E, AUX adj. (du lat. *radius,* rayon). **1.** *Didact.* Relatif au rayon ; disposé suivant un rayon. **2.** MÉD. Relatif au radius ; du côté externe de l'avant-bras. *Nerf radial.*

RADIALE n.f. Voie routière reliant un centre urbain à sa périphérie (par oppos. à *pénétrante*).

RADIAN n.m. Unité SI de mesure d'angle (symb. rad) équivalant à l'angle qui, ayant son sommet au centre d'un cercle, intercepte sur la circonférence de ce cercle un arc d'une longueur égale à celle du rayon du cercle.

RADIANCE n.f. Vieilli. Rayonnement.

1. RADIANT, E adj. Qui se propage par radiations ; qui émet des radiations.

2. RADIANT n.m. ASTRON. Point du ciel d'où paraissent émaner les météores issus d'un essaim de météorites.

RADIATEUR n.m. **1.** Dispositif augmentant la surface de rayonnement d'un système de chauffage ou de refroidissement. **2.** Élément du chauffage central assurant l'émission de la chaleur.

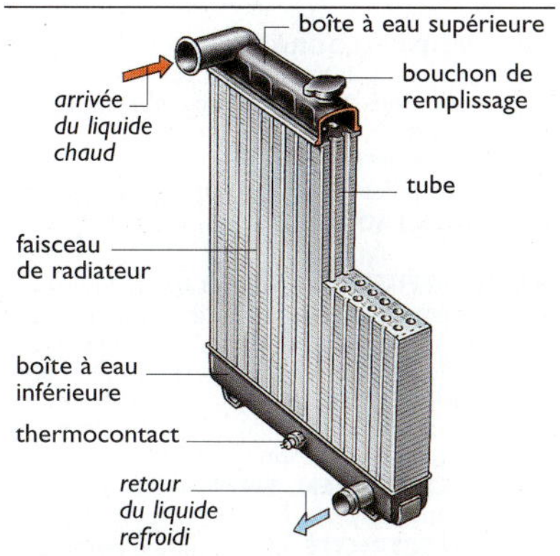

■ **RADIATEUR** d'automobile.

RADIATIF, IVE adj. PHYS. Qui concerne les radiations.

1. RADIATION n.f. (lat. *radiatio,* de *radiare,* irradier). **1.** PHYS. Émission de particules ou d'un rayonnement monochromatique ; ces particules ou ce rayonnement. ◇ *Pression de radiation :* pression exercée par un rayonnement électromagnétique sur une surface réfléchissante ou absorbante placée sur son trajet. SYN. : *pression de rayonnement.* **2.** SC. DE LA V. *Radiation évolutive* ou *adaptative :* divergence évolutive subie par une espèce ancestrale, faisant apparaître un grand nombre d'espèces nouvelles occupant et exploitant les diverses niches écologiques disponibles.

2. RADIATION n.f. Action de radier, de rayer d'une liste. – *Spécial.* Action de radier d'une liste de professionnels habilités, constituant une sanction. *Radiation de l'Ordre des médecins.*

1. RADICAL, E, AUX adj. (lat. *radicalis,* de *radix,* racine). **1.** Qui appartient à la nature profonde de qqn, de qqch ; qui vise à atteindre qqch dans ses causes profondes. *Vice radical d'une constitution. Changement radical.* **2.** Se dit d'un genre d'action ou de moyen très énergique, très efficace, dont on use pour combattre qqch. *Une action radicale contre la fraude.* **3.** BOT. Qui appartient à la racine d'une plante. **4.** LING. Qui appartient au radical ou à la racine d'un mot.

2. RADICAL, E, AUX adj. et n. (angl. *radical*). Partisan du radicalisme. ◆ adj. **1.** Se dit d'une organisation, d'une attitude visant à des réformes profondes de la société. **2.** *Économie radicale :* doctrine économique américaine proche du marxisme, pour laquelle l'économie doit faire l'objet d'une « relecture », en termes totalement renouvelés.

3. RADICAL n.m. (pl. *radicaux*). **1.** CHIM. Fragment moléculaire isolable par l'esprit mais sans existence physique *(radical organique),* ou capable d'existence en dépit de la présence d'électrons non appariés *(radical libre).* [Des radicaux libres, contenus normalement dans les cellules, interviendraient, lorsqu'ils sont en trop grand nombre, dans certains phénomènes (vieillissement, artériosclérose).] **2.** LING. Forme réelle prise par la racine d'un mot. **3.** ARITHM. Signe désignant une racine ($\sqrt{\ }$ pour la racine carrée, $\sqrt[n]{\ }$ pour la racine énième).

RADICALAIRE adj. CHIM. Relatif à un radical libre.

RADICALEMENT adv. De façon radicale ; entièrement, absolument.

RADICALISATION n.f. Action de radicaliser ; son résultat.

RADICALISER v.t. Rendre plus intransigeant, plus dur.

RADICALISME n.m. **1.** Attitude d'esprit et doctrine de ceux qui veulent une rupture complète avec le passé institutionnel et politique. **2.** Ensemble des positions du mouvement radical, et plus partic. du Parti radical et radical-socialiste, en France. **3.** Attitude d'esprit d'une intransigeance absolue.

ENCYCL. Apparu sous le règne de Louis-Philippe et militant alors pour l'établissement du suffrage universel, le radicalisme se constitue en 1901 en *Parti républicain radical et radical-socialiste.* Profondément républicain, situé à gauche par son anticléricalisme mais opposé au socialisme par son attachement à la propriété privée, il joue un rôle prédominant sous la IIIe République, glissant un peu plus vers le centre après la Première Guerre mondiale. À partir de 1958, son influence décline (v. partie n.pr. Parti radical et radical-socialiste).

RADICALITÉ n.f. Caractère de ce qui est radical, catégorique, sans concession.

RADICAL-SOCIALISME n.m. Doctrine politique apparentée au radicalisme, apparue en France dans les années 1880 - 1890.

RADICAL-SOCIALISTE, RADICALE-SOCIALISTE adj. et n. (pl. *radicaux-socialistes, radicales-socialistes*). Relatif au radical-socialisme ; partisan du radicalisme, membre du Parti radical et radical-socialiste.

RADICANT, E adj. **1.** BOT. Se dit des tiges des plantes grimpantes ou rampantes qui émettent des racines sur différents points de leur longueur. **2.** MYCOL. Se dit du pied de certains champignons basidiomycètes, qui se termine en pointe et ressemble à une racine.

RADICELLE n.f. Racine secondaire, très petite.

RADICOTOMIE n.f. CHIRURG. Section d'une racine d'un nerf, génér. sensitive, afin de supprimer une douleur.

RADICULAIRE adj. **1.** BOT. Relatif aux racines, aux radicules. ◇ *Poussée radiculaire :* pression exercée par les racines, qui, s'ajoutant à l'aspiration foliaire, entraîne l'ascension de la sève brute. **2.** MÉD. **a.** Relatif à la racine des nerfs crâniens ou rachidiens. **b.** Relatif à la racine d'une dent.

RADICULALGIE n.f. MÉD. Douleur liée à l'irritation de la racine d'un nerf.

RADICULE n.f. (lat. *radicula*). BOT. Partie de la plantule qui fournit la racine.

RADICULITE n.f. MÉD. Inflammation de la racine d'un nerf.

RADIÉ, E adj. (du lat. *radius,* rayon). *Didact.* Qui présente des lignes rayonnantes.

1. RADIER n.m. Dalle épaisse en maçonnerie ou en béton qui constitue la fondation d'un ouvrage, le plancher d'une fosse, d'un canal.

2. RADIER v.t. [5] (bas lat. *radiare,* rayer). Rayer sur une liste, sur un registre. *Radier un candidat.*

RADIESTHÉSIE n.f. (lat. *radius,* rayon, et gr. *aisthêsis,* sensation). **1.** Sensibilité à des rayonnements qui proviendraient des objets. **2.** Méthode de détection d'objets, de maladies, par l'intermédiaire des mouvements d'une baguette ou d'un pendule, fondée sur cette sensibilité.

RADIESTHÉSISTE n. Personne qui pratique la radiesthésie.

RADIEUX, EUSE adj. **1.** Éclatant de lumière ; brillant, lumineux. *Soleil radieux.* **2.** Très ensoleillé. *Une journée radieuse.* **3.** Qui rayonne de joie, de bonheur. *Visage radieux.*

RADIN, E adj. et n. *Fam.* Avare. (Au fém., l'adj. peut rester inv. en genre.)

RADINER v.i. ou **RADINER (SE)** v.pr. (de l'anc. fr. *rade,* rapide). *Fam.* Arriver, venir.

RADINERIE n.f. *Fam.* Avarice.

1. RADIO n.f. (abrév.). **1. a.** Radiodiffusion. **b.** Radiographie. **c.** Radiotéléphonie. **2.** Poste récepteur de radiodiffusion sonore. **3.** *Radio locale privée :* station de radiodiffusion privée dont les émissions sont captées localement. (La loi du 9 novembre 1981 a légalisé en France les radios locales privées, dites *radios libres.*)

2. RADIO n.m. (abrév.). **1.** Radiotélégraphiste. **2.** Radiotéléphoniste ; radiotéléphonie.

RADIOACTIF, IVE adj. Doué de radioactivité.

RADIOACTIVATION n.f. Formation d'un radioélément par irradiation d'un élément non radioactif.

RADIOACTIVITÉ n.f. Propriété de certains noyaux atomiques de perdre spontanément de leur masse en émettant des particules ou des rayonnements électromagnétiques.

ENCYCL. Le phénomène de la radioactivité fut découvert en 1896 par H. *Becquerel sur l'uranium et très vite confirmé par Marie *Curie pour le thorium.
Les types de radioactivité sont : l'*émission* α, émission par un noyau d'une particule α, ou noyau d'hélium ; les transformations, ou *radioactivités,* β : émission d'électron par les radioisotopes riches en neutrons, ou émission d'électron positif *(positron)* par les noyaux déficients en neutrons ; la radioactivité, ou *émission,* γ : émission d'un rayonnement électromagnétique, qui fait passer le noyau d'un état excité à un autre état moins excité ou stable. Il existe d'autres types de radioactivité, comme la fission spontanée d'un noyau lourd ou la radioactivité par émission de protons. La *période* d'une transformation radioactive est le temps nécessaire pour que la moitié des noyaux de l'élément considéré se désintègre. Elle varie considérablement d'un noyau à l'autre (de 10^{-12} s à 10^{17} années).
La radioactivité peut représenter un très grave danger pour les êtres vivants, à cause de l'émission de rayonnements ionisants. Elle est mise à profit, cependant, par l'usage fait de cette émission à des fins biomédicales (traitement des cancers avec la bombe au cobalt, par ex.). La radioactivité sert aussi à la datation (grâce à la loi de décroissance radioactive) ou dans diverses applications scientifiques ou industrielles.

RADIOALIGNEMENT n.m. TECHN. Dispositif permettant de guider un avion ou un navire le long d'un axe balisé par deux émissions radiophoniques.

RADIOALTIMÈTRE n.m. Altimètre utilisant le principe du radar.

RADIOAMATEUR n.m. Personne titulaire d'une licence l'autorisant à effectuer des radiocommunications à usage privé, sans intérêt pécuniaire.

RADIOASTRONOME n. Spécialiste de radioastronomie.

RADIOASTRONOMIE n.f. Branche de l'astronomie qui a pour objet l'étude des sources célestes de rayonnement radioélectrique.

RADIOBALISAGE n.m. Signalisation au moyen de radiobalises.

RADIOBALISE n.f. Émetteur de faible puissance modulé par un signal d'identification pour guider les navires en mer ou pour indiquer aux avions leur position.

RADIOBALISER v.t. Munir d'une signalisation par radiobalisage.

RADIOBIOLOGIE n.f. Discipline qui étudie les effets des rayonnements ionisants sur les tissus de l'organisme.

RADIOCARBONE n.m. Carbone 14.

RADIOCASSETTE n.f. Appareil constitué d'un poste de radio associé à un lecteur-enregistreur de cassettes.

RADIOCHRONOLOGIE n.f. GÉOL. Technique de datation en âge absolu, par les radio-isotopes, des minéraux ou des roches.

RADIOCOBALT n.m. Isotope radioactif, de masse 60, du cobalt. SYN. : *cobalt 60, cobalt radioactif.*

RADIOCOMMANDE n.f. Commande à distance, grâce à des ondes radioélectriques.

RADIOCOMMUNICATION n.f. Télécommunication réalisée à l'aide d'ondes radioélectriques.

RADIOCOMPAS n.m. Radiogoniomètre qui permet à un avion ou à un navire de conserver sa direction grâce aux indications fournies par une station émettrice au sol.

RADIOCONCENTRIQUE adj. Se dit du plan d'une agglomération dont les artères rayonnent à partir du centre et sont reliées entre elles par des voies circulaires concentriques.

RADIOCONDUCTEUR n.m. Nom donné par É. Branly à un conducteur dont la résistance varie sous l'action des ondes électromagnétiques.

RADIOCRISTALLOGRAPHIE n.f. Étude de la structure des cristaux, fondée sur la diffraction par ceux-ci des rayons X, des électrons, des neutrons, etc.

RADIODERMITE n.f. Ensemble des lésions cutanées provoquées par les rayonnements ionisants.

RADIODIAGNOSTIC n.m. Application de la radiologie au diagnostic.

RADIODIFFUSER v.t. Diffuser par la radio.

RADIODIFFUSION n.f. **1.** Radiocommunication à usage public qui comporte des programmes sonores *(radiodiffusion sonore),* des programmes de télévision, etc. **2.** Organisme spécialisé dans cette activité. **3.** *Cour.* Radiodiffusion sonore (par oppos. à *télévision*). Abrév. : *radio.*

RADIOÉLECTRICIEN, ENNE n. Spécialiste de radioélectricité.

RADIOÉLECTRICITÉ n.f. Technique permettant la transmission à distance de messages et de sons à l'aide des ondes électromagnétiques.

RADIOÉLECTRIQUE adj. **1.** Qui concerne la radioélectricité. SYN. : *hertzien.* **2.** Qui se rapporte au rayonnement électromagnétique de longueur d'onde supérieure au millimètre.

RADIOÉLÉMENT n.m. Élément chimique radioactif. SYN. : *radio-isotope, isotope radioactif.*

RADIOFRÉQUENCE n.f. Fréquence d'une onde hertzienne utilisée en radiocommunication.

RADIOGALAXIE n.f. Galaxie émettant un rayonnement radioélectrique intense.

RADIOGONIOMÈTRE n.m. Appareil permettant de déterminer la direction d'un émetteur radioélectrique et qui, à bord des avions et des navires, sert à repérer direction et position.

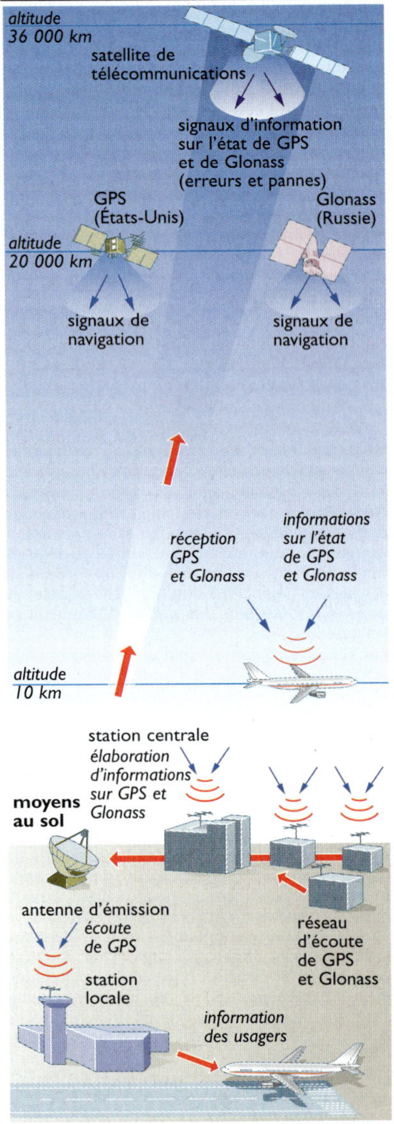

La navigation par satellites est une application des radiocommunications. Des systèmes complémentaires locaux ou régionaux accroissent la sécurité pour certains moyens de transport en informant instantanément les usagers des erreurs et des pannes.

■ **RADIOCOMMUNICATION**

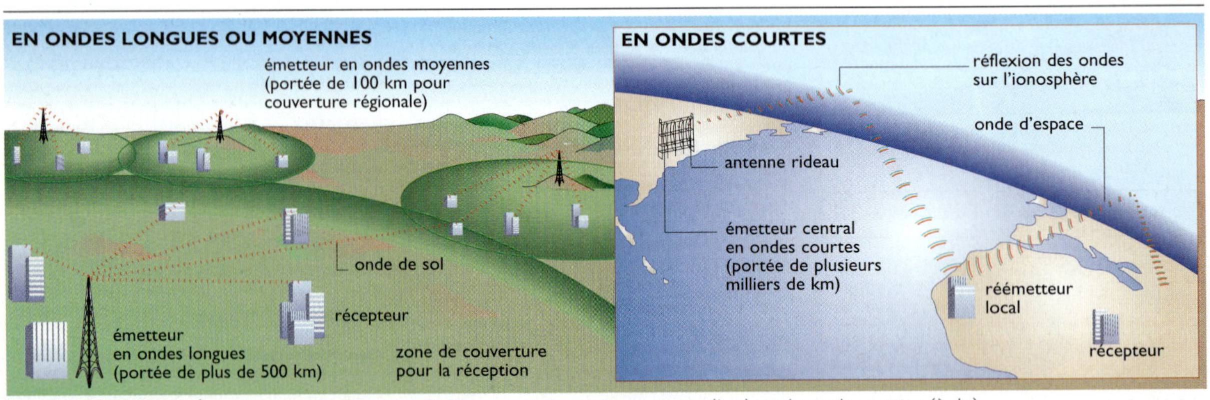

■ **RADIODIFFUSION.** Émission et propagation des ondes longues et des ondes moyennes (à g.) et des ondes courtes (à dr.).

RADIOGONIOMÉTRIE n.f. Détermination de la direction et de la position d'un poste radioélectrique émetteur. SYN. : *goniométrie.*

RADIOGRAPHIE n.f. **1.** MÉD. Technique de formation et d'enregistrement de l'image d'une partie du corps sur un film photographique, au moyen des rayons X ; l'image ainsi obtenue. Abrév. : *radio.* **2.** *Sout.* Description objective et en profondeur d'un phénomène, d'une personnalité. *Une radiographie de l'électorat.*

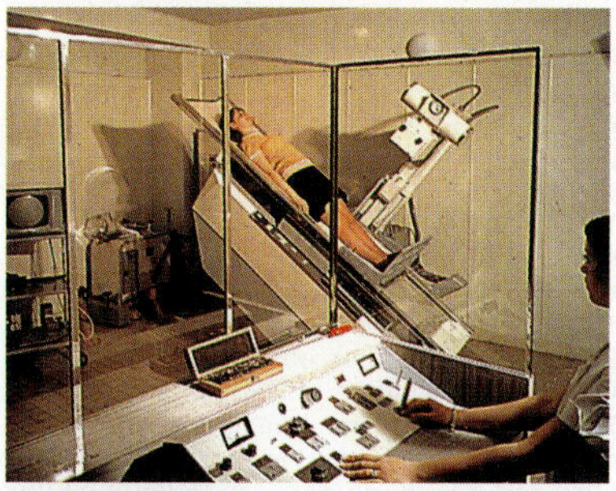

■ **RADIOGRAPHIE.** Table télécommandée, console de commande à distance et écran de radioscopie télévisée constituant l'installation.

RADIOGRAPHIER v.t. [5]. **1.** MÉD. Enregistrer par radiographie. **2.** *Sout.* Analyser avec précision et objectivité.

RADIOGRAPHIQUE adj. MÉD. Qui concerne la radiographie.

RADIOGUIDAGE n.m. **1.** Guidage d'un engin mobile (avion, bateau, etc.) par ondes radioélectriques. **2.** Diffusion d'informations radiophoniques concernant le trafic routier.

RADIOGUIDER v.t. Procéder au radioguidage de.

RADIO-IMMUNOLOGIE n.f. (pl. *radio-immunologies*). Technique de recherche et de dosage de substances chimiques, à l'aide d'un antigène ou d'un anticorps sur lequel on a fixé un marqueur radioactif.

RADIO-ISOTOPE n.m. (pl. *radio-isotopes*). Radioélément.

RADIOLAIRE n.m. (du lat. *radiolus,* petit rayon). Protozoaire marin, abondant dans le plancton, comportant un squelette siliceux grillagé autour duquel rayonnent de fins pseudopodes. (Embranchement des rhizopodes.)

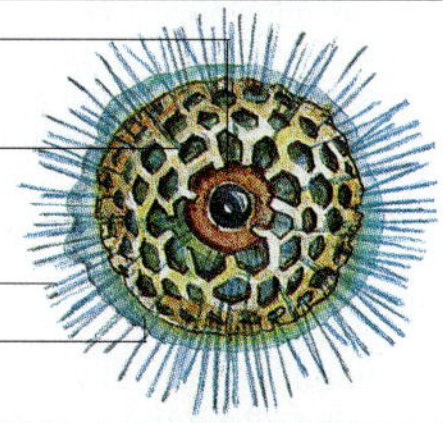

■ **RADIOLAIRE**

RADIOLARITE n.f. Roche sédimentaire siliceuse, d'origine marine, formée essentiellement de tests de radiolaires.

RADIOLÉSION n.f. MÉD. Lésion provoquée par les rayonnements ionisants.

RADIOLOCALISATION n.f. Technique de positionnement maritime utilisant les ondes radioélectriques.

RADIOLOGIE n.f. Partie de la médecine qui utilise à des fins diagnostiques ou thérapeutiques les rayonnements ionisants (rayons X notamm.) ou d'autres rayonnements (ultrasons, par ex.). SYN. : *électroradiologie.*

RADIOLOGIQUE adj. Relatif à la radiologie.

RADIOLOGUE ou **RADIOLOGISTE** n. Médecin spécialiste de radiologie.

RADIOLYSE n.f. CHIM., PHYS. Décomposition opérée sous l'action d'un rayonnement.

RADIOMESSAGERIE n.f. Service de radiocommunication destiné à la transmission de messages vers un terminal ou un groupe de terminaux mobiles. (On dit aussi *radiomessagerie unilatérale.*)

RADIOMÈTRE n.m. Appareil de mesure du flux d'énergie transporté par les ondes électromagnétiques ou acoustiques. (À l'aide de radiomètres sensibles à l'infrarouge, les sondes spatiales mesurent la température à la surface et dans l'atmosphère des planètes.)

RADIONAVIGANT n.m. Opérateur de radio faisant partie de l'équipage d'un navire ou d'un avion.

RADIONAVIGATION n.f. Technique de navigation faisant appel à des procédés radioélectriques.

RADIONÉCROSE n.f. MÉD. Destruction tissulaire due aux rayonnements ionisants.

RADIOPHARE n.m. Station émettrice d'ondes radioélectriques, permettant à un navire ou à un avion de déterminer sa position et de suivre la route prévue.

RADIOPHONIE n.f. Système de transmission des sons utilisant les propriétés des ondes radioélectriques.

RADIOPHONIQUE adj. Relatif à la radiophonie ; relatif à la radiodiffusion.

RADIOPROTECTION n.f. Ensemble des moyens utilisés pour se protéger contre les rayonnements ionisants.

RADIORÉCEPTEUR n.m. Poste récepteur de radiocommunication.

RADIOREPÉRAGE n.m. Détermination de la position, de la vitesse ou d'autres caractéristiques d'un objet au moyen d'ondes radioélectriques.

RADIOREPORTAGE n.m. Reportage diffusé par le moyen de la radiodiffusion.

RADIORÉSISTANCE n.f. MÉD. État de cellules ou de tissus cancéreux insensibles à la radiothérapie ou qui le deviennent.

RADIORÉVEIL ou **RADIO-RÉVEIL** n.m. (pl. *radios-réveils*). Appareil de radio associé à un réveil électronique.

RADIOSCOPIE n.f. Technique de radiologie dans laquelle l'image d'une partie du corps est portée sur un écran de télévision.

RADIOSENSIBILITÉ n.f. BIOL. Sensibilité des tissus vivants à l'action des rayonnements ionisants.

RADIOSONDAGE n.m. Mesure météorologique effectuée au moyen d'un ballon-sonde équipé d'appareils radioélectriques émetteurs.

RADIOSONDE n.f. MÉTÉOROL. Instrument de mesure et de transmission radioélectrique des états de l'atmosphère, porté par un ballon-sonde.

RADIOSOURCE n.f. ASTRON. Astre émetteur de rayonnement radioélectrique.

RADIO-TAXI n.m. (pl. *radio-taxis*). Taxi relié à sa compagnie par un équipement radiophonique.

RADIOTECHNIQUE n.f. Ensemble des techniques d'utilisation des rayonnements radioélectriques. ◆ adj. Relatif à la radiotechnique.

RADIOTÉLÉGRAPHIE n.f. Télégraphie par ondes radioélectriques.

RADIOTÉLÉGRAPHISTE n. Spécialiste de radiotélégraphie. Abrév. : *radio.*

RADIOTÉLÉPHONE n.m. Téléphone utilisant un réseau de radiotéléphonie. SYN. : *téléphone mobile.*

RADIOTÉLÉPHONIE n.f. Téléphonie par voie radioélectrique avec des mobiles. Abrév. : *radio.*

RADIOTÉLÉPHONISTE n. Spécialiste de radiotéléphonie. Abrév. : *radio.*

RADIOTÉLESCOPE n.m. ASTRON. Instrument destiné à capter le rayonnement radioélectrique des astres.

■ **RADIOTÉLESCOPE.** Antennes du radiotélescope de Narrabri, en Australie.

RADIOTÉLÉVISÉ, E adj. Transmis à la fois par la radiodiffusion sonore et la télévision.

RADIOTÉLÉVISION n.f. Ensemble des installations, des services et des programmes de radiodiffusion sonore et de télévision.

RADIOTHÉRAPEUTE n. Spécialiste de radiothérapie.

RADIOTHÉRAPIE n.f. MÉD. Traitement par les rayonnements ionisants. – *Spécial.* Traitement du cancer par les rayons X.

RADIOTROTTOIR n.m. ou n.f. Afrique. *Fam.* Rumeur publique, circulation de nouvelles officieuses.

RADIS n.m. (ital. *radice,* du lat. *radix, -icis,* racine). **1.** Plante potagère à racine charnue comestible. (Genre *Raphanus ;* famille des crucifères.) – Cette racine. **2.** *Fam.* ***Ne pas avoir un radis*** : ne pas avoir d'argent.

■ **RADIS**

RADIUM [radjɔm] n.m. **1.** Métal alcalino-terreux, analogue au baryum. **2.** Élément chimique (Ra), de numéro atomique 88 et de masse atomique 226,025 4, extrêmement radioactif. (Découvert en 1898 par P. et M. Curie, après le polonium, le radium métallique n'a été isolé qu'en 1910 par M. Curie et A. Debierne.)

RADIUS [radjys] n.m. (mot lat., *rayon*). Le plus externe des deux os de l'avant-bras, articulé avec le cubitus.

RADJAH n.m. → **RAJA.**

RADÔME n.m. (angl. *radome,* de *radar* et *dome,* dôme). TÉLÉCOMM. Dôme transparent à l'énergie électromagnétique et destiné à protéger une antenne de télécommunication contre les intempéries.

RADON n.m. Élément chimique gazeux radioactif (Rn), de numéro atomique 86, provenant de la désintégration des isotopes du radium.

RADOTAGE n.m. Action de radoter ; propos de qqn qui radote.

RADOTER v.i. (du néerl. *doten,* être fou). Tenir des propos peu cohérents ou peu sensés. ◆ v.i. et v.t. Répéter de façon fastidieuse les mêmes propos.

RADOTEUR, EUSE n. Personne qui radote.

RADOUB [radu] n.m. MAR. Réparation, entretien de la coque d'un navire. ◇ ***Bassin, cale de radoub*** : cale sèche.

RADOUBER v.t. (de *adouber*). **1.** MAR. Réparer un navire. **2.** Vieilli. Raccommoder, réparer des vêtements.

■ **RADOUB.** Bassins de radoub dans la baie de Margueira à Lisbonne.

RADOUCIR v.t. Rendre plus doux, plus conciliant. ◆ **se radoucir** v.pr. Devenir plus doux, plus aimable. *Le temps se radoucit.*

RADOUCISSEMENT n.m. Fait de se radoucir, d'être radouci.

RADSOC [radsɔk] n. et adj. (abrév.). *Fam.*, vieilli. Radical-socialiste.

RADULA n.f. (mot lat., *racloir*). ZOOL. Langue râpeuse de la plupart des mollusques (sauf les bivalves).

RAFALE n.f. (ital. *raffica*). **1.** Coup de vent violent et momentané. **2.** Ensemble de coups tirés sans interruption par une arme automatique, une pièce ou une unité d'artillerie. **3.** *Fig.* Manifestation soudaine, violente. *Une rafale d'applaudissements.*

RAFFERMIR v.t. Rendre plus ferme ; consolider. *Raffermir les gencives, la santé, le courage.* ◇ v.pr. *La terre s'est raffermie.*

RAFFERMISSEMENT n.m. Fait de se raffermir, d'être raffermi.

RAFFINAGE n.m. **1.** Action de purifier le sucre, les métaux, l'alcool, le caoutchouc, etc. **2.** Ensemble des procédés de fabrication des produits pétroliers.

RAFFINAT n.m. Produit pétrolier raffiné.

RAFFINÉ, E adj. **1.** Débarrassé de ses impuretés. **2.** D'une grande délicatesse, d'un goût subtil. *Nourriture raffinée.* ◆ adj. et n. Qui manifeste de la délicatesse de sentiments ou de goûts, un esprit subtil, de l'élégance.

R

RAFFINEMENT n.m. **1.** Caractère d'une personne ou d'une chose raffinée, délicate. **2.** Degré extrême d'un sentiment. *Un raffinement de cruauté.*

RAFFINER v.t. **1.** Soumettre un produit industriel au raffinage. **2.** *Litt.* Rendre plus subtil, plus délicat. *Raffiner ses manières, son langage.* ◆ v.t. ind. **(sur).** Pousser à l'extrême la recherche de la délicatesse, du détail subtil. *Raffiner sur sa toilette.* ◇ Absol. *Inutile de raffiner, il s'agit d'aller vite.*

RAFFINERIE n.f. Usine où l'on raffine certaines substances (sucre, pétrole, notamm.). .

1. RAFFINEUR, EUSE n. Personne qui travaille dans une raffinerie, qui exploite une raffinerie.

2. RAFFINEUR n.m. PAPET. Appareil utilisé pour le raffinage de la pâte à papier.

RAFFLE n.f. → **2. RAFLE.**

RAFFLÉSIE n.f. ou **RAFFLESIA** n.m. (de *Raffles*, n.pr.). Plante de l'Insulinde dépourvue de chlorophylle, vivant en parasite sur les lianes et qui produit les plus grosses fleurs connues. (Diamètre 1 m ; poids 7 kg ; famille des rafflésiacées.)

RAFFOLER v.t. ind. **(de).** *Fam.* Aimer à l'excès. *Elle raffole de danse.*

RAFFUT n.m. (du dial. *raffûter*, faire du bruit). *Fam.* **1.** Bruit violent ; vacarme. **2.** Tapage provoqué par un scandale. *La nouvelle a fait du raffut.*

RAFFÛTER v.t. Au rugby, pour le possesseur du ballon, écarter énergiquement un adversaire avec la main libre ouverte.

RAFIOT ou **RAFIAU** n.m. *Fam.* Mauvais ou vieux bateau.

RAFISTOLAGE n.m. *Fam.* Action de rafistoler ; son résultat.

RAFISTOLER v.t. *Fam.* Réparer grossièrement.

1. RAFLE n.f. (de l'all. *raffen*, emporter vivement). **1.** Action de rafler, de tout emporter. *Les cambrioleurs ont fait une rafle dans le musée.* **2.** Opération policière exécutée à l'improviste dans un lieu suspect ; arrestation massive de personnes. *Être pris dans une rafle.*

2. RAFLE ou **RAFFLE** n.f. BOT. **1.** Ensemble des pédoncules qui soutiennent les grains dans une grappe de fruits (raisin, groseille). **2.** Partie centrale de l'épi de maïs, supportant les grains. SYN. : *râpe.*

RAFLER v.t. (de *1. rafle*). *Fam.* **1.** S'emparer de choses recherchées. *Cette élève rafle tous les prix.* **2.** Saisir avec rapidité ; voler. *Rafler un livre, des bijoux.*

RAFRAÎCHIR v.t. **1.** Rendre frais ou plus frais. *Rafraîchir du vin.* **2.** Remettre en état, redonner de l'éclat à. *Rafraîchir un tableau, une peinture.* ◇ *Rafraîchir une coupe* : recouper légèrement les cheveux. – *Fam. Rafraîchir la mémoire* : rappeler à qqn le souvenir d'une chose. ◆ v.i. Devenir frais. *On a mis le champagne à rafraîchir.* ◆ **se rafraîchir** v.pr. **1.** Devenir plus frais. *Le temps se rafraîchit. Leurs relations se sont rafraîchies.* **2.** Prendre une boisson fraîche ; se désaltérer. *Venez vous rafraîchir au buffet.* **3.** Faire un brin de toilette, se remaquiller, se recoiffer.

RAFRAÎCHISSANT, E adj. **1.** Qui donne de la fraîcheur. *Brise rafraîchissante.* **2.** Qui calme la soif. *Boisson rafraîchissante.*

RAFRAÎCHISSEMENT n.m. **1.** Action de rendre ou fait de devenir plus frais. *Le rafraîchissement de la température.* **2.** Action de réparer, de rajeunir. *Le rafraîchissement d'un mobilier.* **3.** Boisson fraîche, génér. non alcoolisée, que l'on offre en dehors des repas.

RAFT ou **RAFTING** [raftiŋ] n.m. (angl. *raft*, radeau). Radeau pneumatique utilisé pour le rafting.

RAFTING [raftiŋ] n.m. Sport consistant à descendre en raft des cours d'eau coupés de rapides.

RAGA ou **RAAG** [raag] n.m. inv. (mot sanskrit). Trame musicale de la musique savante de l'Inde, conçue comme un mode musical et une forme, et liée à un climat émotionnel et à une saison ou un moment de la journée. Graphie savante : *rāga.*

RAGAILLARDIR v.t. *Fam.* Redonner de la gaieté, de la force à ; ranimer.

RAGE n.f. (lat. *rabies*). **1.** Maladie infectieuse virale transmise à l'homme par la morsure de certains animaux, caractérisée par une méningo-encéphalite, et mortelle sans traitement. **2.** Mouvement violent de dépit, de colère, de désir, etc. *Fou de rage. Trembler de rage. La rage de vivre.* **3.** *Faire rage* : se déchaîner, atteindre une grande violence. **4.** *Rage de dents* : accès douloureux d'origine dentaire, dû par ex. à une pulpite.

RAGEANT, E adj. *Fam.* Qui fait rager.

RAGER v.i. [10]. *Fam.* Être très irrité.

RAGEUR, EUSE adj. **1.** Sujet à des colères violentes. **2.** Qui dénote la mauvaise humeur. *Ton rageur. Geste rageur.*

RAGEUSEMENT adv. D'une manière rageuse, avec hargne.

RAGGAMUFFIN [ragamœfin] n.m. (de *reggae*). Style musical chanté rattaché au mouvement hip-hop, associant rap et reggae.

RAGLAN n.m. et adj. inv. (de lord *Raglan*, général angl.). Vêtement à manches droites dont la partie supérieure remonte jusqu'à l'encolure par des coutures en biais. *Des manches raglan.*

■ **RAFFINERIE** de pétrole sur le port de Yokohama, au Japon.

RAGONDIN n.m. Mammifère rongeur originaire de l'Amérique du Sud mais répandu dans le monde entier, de mœurs aquatiques, à fourrure estimée. (Long. 50 cm ; famille des myocastoridés.) SYN. : *myocastor.*

1. RAGOT n.m. (du moyen fr. *ragoter*, grogner comme un ragot). *Fam.* Bavardage médisant ; cancan.

2. RAGOT n.m. (du lat. *ragire*, grogner). VÉNER. Sanglier de deux à trois ans.

3. RAGOT, E adj. *Litt.* Se dit d'un animal court et gros. *Cheval ragot.*

RAGOUGNASSE n.f. *Fam.* Mauvais ragoût ; nourriture infecte.

RAGOÛT n.m. Plat de viande, de légumes ou de poisson, coupés en morceaux et cuits dans une sauce.

RAGOÛTANT, E adj. (Seulem. dans des expressions négatives.) Appétissant ; agréable. *Mets peu ragoûtant. Une besogne qui n'est pas ragoûtante.*

RAGRÉER v.t. [8]. CONSTR. Supprimer les irrégularités de surface d'un ouvrage de maçonnerie, de menuiserie, etc.

RAGTIME [-tajm] n.m. (mot angl.). Style pianistique et orchestral, né dans le Midwest et le sud des États-Unis à la fin du XIXe s., caractérisé par une mélodie fortement syncopée qui mêle des éléments du folklore afro-américain et des airs de danse d'origine européenne, et par des compositions à 3 ou 4 thèmes de 16 mesures et des interludes de 2 ou 4 mesures. (Le ragtime, représenté notamm. par Scott Joplin, est l'une des sources du jazz.)

RAGUER v.i. (angl. *to rag*, saccager). MAR. S'user, se détériorer par frottement sur un objet dur, en parlant d'un cordage.

RAHAT-LOUKOUM [raatlukum] ou **RAHAT-LOKOUM** [-lɔkum] n.m. [pl. *rahat-lo(u)koums*] (de l'ar.). Loukoum.

RAI n.m. (lat. *radius*). *Litt.* Rayon. *Un rai de lumière. Les rais d'une escarboucle.*

RAÏ [raj] n.m. inv. (mot ar., *opinion*). Genre musical chanté algérien, apparu vers 1975, caractérisé par la synthèse qu'il opère entre l'improvisation traditionnelle déclamée en arabe dialectal, le rock et le blues, et par des paroles au contenu satirique puis plus nettement contestataire.

RAÏA n.m. → **RAYA.**

RAID [rɛd] n.m. (mot angl.). **1.** MIL. Opération rapide et de durée limitée menée en territoire inconnu ou ennemi par une formation très mobile en vue de démoraliser l'adversaire, de désorganiser ses arrières, de recueillir des renseignements, etc. **2.** Vol à longue distance, exécuté par un ou plusieurs avions. **3.** SPORTS. Longue épreuve destinée à montrer l'endurance des hommes qui l'accomplissent et du matériel que ceux-ci utilisent. **4.** Opération boursière entreprise par un raider.

RAIDE adj. (lat. *rigidus*). **1.** Très tendu, difficile à plier. *Jambe raide.* **2.** Que la pente, l'inclinaison rend difficile à monter. *Escalier raide.* **3.** Sans souplesse, sans grâce. *Attitude raide.* **4.** Peu accommodant ; opiniâtre, inflexible. *Caractère raide.* **5.** *Fam.* Étonnant, difficile à croire, à accepter. *Elle est raide, ton histoire !* **6.** *Fam.* Se dit d'une boisson alcoolisée forte et âpre. **7.** *Fam.* Qui choque la bienséance ; grivois, licencieux. ◆ adv. Tout d'un coup. *Tomber raide mort.*

RAIDER [rɛdœr] n.m. (mot angl.). Personne ou entreprise qui se livre à des opérations d'achats systématiques de titres de sociétés pour en prendre le contrôle.

RAIDEUR n.f. État de ce qui est raide ou raidi. *Raideur du bras. Danser avec raideur.*

RAIDILLON n.m. Court chemin en pente raide.

RAIDIR v.t. Rendre raide, tendre avec force. *Raidir le bras, une corde.* ◆ **se raidir** v.pr. **1.** Devenir raide. *Ses membres se raidissent.* **2.** Résister à une menace, à un danger en rassemblant son courage, sa volonté.

RAIDISSEMENT n.m. Action de raidir ; fait de se raidir.

RAIDISSEUR n.m. **1.** Élément de construction servant à renforcer un support. **2.** Dispositif servant à tendre les câbles, les fils de fer d'une clôture, etc.

1. RAIE n.f. (du gaul.). **1.** Ligne tracée sur une surface avec une substance colorante ou un instrument. *Tirer une raie au crayon.* – Ligne ou bande étroite quelconque. *Étoffe à grandes raies.*

2. AGRIC. Petite tranchée ouverte par la charrue entre la partie labourée et la partie non labourée d'un champ. **3.** Ligne de séparation des cheveux. **4.** OPT. Ligne obscure *(raie d'absorption)* interrompant un spectre continu ; ligne brillante *(raie d'émission)* formant avec d'autres un spectre d'émission.

2. RAIE n.f. (lat. *raia*). Poisson cartilagineux à corps aplati et nageoires pectorales triangulaires très développées et soudées à la tête, vivant génér. près des fonds marins et dont certaines espèces, telles la raie bouclée (genre *Raja*) et la pastenague (genre *Dasyatis*), ont une chair estimée. (Sous-classe des sélaciens ; ordre des rajiformes.)

■ **RAIE.** Raie bouclée (1 m env.).

RAIFORT n.m. (anc. fr. *raiz*, du lat. *radix*, et *fort*). Plante potagère cultivée pour sa racine charnue à saveur poivrée, utilisée comme condiment. (Genre *Armoracia* ; famille des crucifères.)

RAIL [raj] n.m. (mot angl., de l'anc. fr. *reille*, barre). **1.** Profilé d'acier laminé, constituant le chemin de roulement et de guidage des roues des véhicules ferroviaires. ◇ *Remettre sur les rails :* rétablir, donner de nouveau les moyens de fonctionner normalement. **2.** Voie ferrée, chemin de fer. *Transport par rail.*

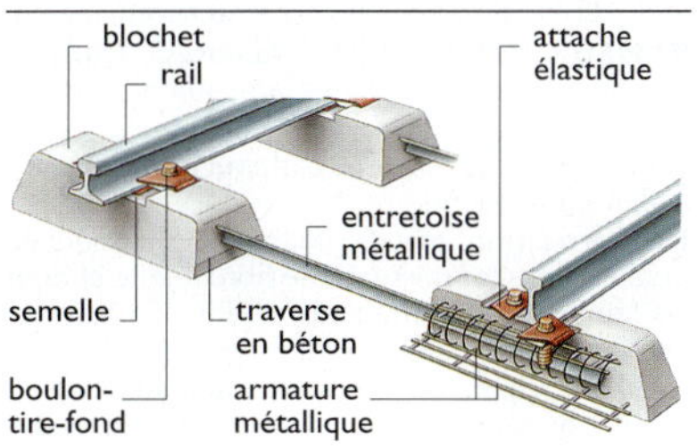

■ **RAIL.** Fixation des rails d'une voie ferrée classique.

RAILLER v.t. (lat. *ragere*, rugir). Tourner en ridicule ; se moquer, ridiculiser.

RAILLERIE n.f. Action de railler ; plaisanterie.

RAILLEUR, EUSE adj. et n. Qui raille.

RAIL-ROUTE adj. inv. *Transport rail-route :* moyen de transport des marchandises utilisant la route et le chemin de fer et destiné à éviter les transbordements. SYN. : *ferroutage.*

RAINER v.t. TECHN. Rainurer une pièce de bois ou de cuir.

1. RAINETTE n.f. (du lat. *rana*, grenouille). Petite grenouille arboricole, à doigts adhésifs, répandue en Eurasie et en Afrique du Nord, génér. verte mais susceptible de changer rapidement de couleur en réaction à son environnement. (Genre *Hyla ;* famille des hylidés.)

2. RAINETTE ou **RÉNETTE** n.f. (du gr. *rhukanê*, rabot). **1.** Outil tranchant pour tailler le sabot du cheval. **2.** Outil formé d'une lame d'acier recourbée à la façon d'une gouge, pour travailler le bois, le cuir.

■ **RAINETTE.** Rainette verte.

RAINURAGE n.m. Ensemble de rainures creusées sur certaines chaussées en béton pour les rendre moins glissantes aux véhicules à quatre roues.

RAINURE n.f. (de l'anc. fr. *roisner*, entailler). Entaille longue et étroite, dans un matériau.

RAINURER v.t. Creuser une rainure.

RAIPONCE n.f. (ital. *raponzo*, de *rapa*, rave). Campanule dont la racine et les feuilles se mangent en salade.

RAIRE [92] ou **RÉER** v.i. [8] (bas lat. *ragere*). Bramer, en parlant du cerf.

RAÏS [rais] n.m. (ar. *ra'īs*). Dans les pays arabes (Égypte surtout), chef de l'État, président.

RAIS-DE-CŒUR n.m. pl. Ornement courant formé de feuilles en forme de cœur alternant avec des fers de lance.

RAISIN n.m. (lat. *racemus*, grappe de raisin). **1.** Fruit de la vigne, ensemble de baies (grains de raisin) supportées par la rafle et formant une grappe. *Raisin rouge, blanc, noir.* ◇ *Raisins de Corinthe :* raisins secs, à petits grains, qui viennent des îles Ioniennes. **2.** *Raisin de mer :* grappe d'œufs de seiche. **3.** *Raisin d'ours :* busserole. – *Raisin de renard :* parisette.

■ **RAISIN**

RAISINÉ n.m. **1.** Confiture à base de moût de raisin. **2.** *Arg.* Sang.

RAISINET n.m. Suisse. Groseille rouge.

RAISON n.f. (lat. *ratio*). **1.** Faculté propre à l'homme par laquelle il peut penser ; ensemble des facultés intellectuelles. ◇ *Perdre la raison :* devenir fou. **2.** Ensemble des principes, des manières de penser permettant de bien juger. ◇ *Litt. Entendre raison :* acquiescer à ce qui est raisonnable. – *Litt. Mettre qqn à la raison,* le réduire par force ou par persuasion. – *Faire entendre raison à qqn,* l'amener à une attitude plus raisonnable. – *Se faire une raison :* se résigner, accepter à contrecœur. – HIST. *Culte de la Raison :* sous la Révolution française (1793 - 1794), culte organisé par les hébertistes à des fins de déchristianisation. – *Âge de raison :* âge auquel les enfants sont censés être conscients de leurs actes et des conséquences de ceux-ci. **3.** Ce qui s'oppose à l'intuition, au sentiment ; ce qui ramène à la réalité. ◇ *Mariage de raison,* fondé sur des considérations matérielles (par oppos. à *mariage d'amour*). **4.** Ce qui est conforme à la justice, à l'équité. ◇ *Avoir raison :* être dans le vrai. – *Donner raison à qqn,* l'approuver. – *Plus que de raison :* plus qu'il n'est convenable. – *Litt. Comme de raison :* comme il est juste. **5.** Ce qui explique, justifie un acte, un fait ; motif, argument. *S'absenter pour raison de santé.* ◇ *À plus forte raison :* pour un motif d'autant plus valable. – *Avec raison :* en ayant une justification valable, fondée. – *Raison d'être, de vivre :* ce qui justifie l'existence. – *En raison de :* en considération de, à cause de. – *Raison d'État* → **État.** **6.** *Demander raison de qqch à qqn,* lui demander réparation d'une offense. – *Avoir raison de :* vaincre la résistance de, venir à bout de. **7. a.** Rapport existant entre deux quantités. ◇ *À raison de :* sur la base de ; à proportion de. – *Raison inverse :* rapport entre deux quantités dont l'une diminue dans la proportion où l'autre augmente. – *Raison directe :* rapport entre deux quantités qui augmentent ou diminuent dans la même proportion. **b.** *Spécial.* ALGÈBRE. Différence entre deux termes consécutifs d'une suite arithmétique ; quotient de deux termes consécutifs d'une suite géométrique. **8.** DR. *Raison sociale :* nom sous lequel une société, une entreprise exerce son activité. (En France, on parle de *dénomination sociale.*)

RAISONNABLE adj. **1.** Doué de raison ; qui agit conformément au bon sens, d'une manière réfléchie. **2.** Qui manifeste du bon sens, de la sagesse, de la mesure et de la réflexion. *Décision, conduite raisonnable.* **3.** Situé dans une juste moyenne ; suffisant, convenable. *Prix raisonnable.*

RAISONNABLEMENT adv. D'une manière raisonnable. *Agir, boire raisonnablement.*

RAISONNÉ, E adj. Fondé sur le raisonnement. *Méthode raisonnée de langue vivante.*

RAISONNEMENT n.m. **1.** Faculté, action ou manière de raisonner. *Faire appel au raisonnement.* **2.** Suite de propositions déduites les unes des autres ; argumentation. *Élaborer un raisonnement.*

RAISONNER v.i. **1.** Se servir de sa raison pour connaître, pour juger. **2.** Passer d'un jugement à un autre pour aboutir à une conclusion. **3.** Vieilli. Répliquer, alléguer des excuses, discuter. ◆ v.t. **1.** Chercher par des raisonnements, des conseils à convaincre qqn de changer d'attitude. *Raisonner un enfant.* **2.** *Litt.* Appliquer le raisonnement à ce qu'on fait. *Raisonner un problème.* ◆ v.t. ind. **(de).** Vieilli. Discuter de qqch avec des raisonnements souvent spécieux. *Il raisonne de tout. Il raisonne politique.*

RAISONNEUR, EUSE adj. et n. Qui veut raisonner sur tout, qui fatigue par de longs raisonnements.

RAJA, RAJAH ou **RADJAH** [radʒa] n.m. (mot hindi). **1.** Roi, dans les pays hindous. **2.** Grand vassal de la Couronne, dans l'Inde britannique. Graphie savante : *rājā.*

RAJEUNIR v.t. **1.** Donner la vigueur, l'apparence de la jeunesse à ; faire paraître plus jeune. **2.** Attribuer un âge moindre qu'elle n'a à une personne. *Vous me rajeunissez !* **3.** Donner une apparence, une fraîcheur nouvelle à qqch. **4.** Abaisser l'âge moyen d'un groupe en y incluant des éléments jeunes. *Rajeunir les cadres d'une entreprise.* ◆ v.i. Recouvrer la vigueur de la jeunesse. ◆ **se rajeunir** v.pr. Se dire plus jeune qu'on ne l'est.

RAJEUNISSANT, E adj. Qui rend plus jeune.

RAJEUNISSEMENT n.m. Fait de rajeunir.

RAJOUT n.m. Action de rajouter ; chose rajoutée. *Faire des rajouts sur une copie.*

RAJOUTER v.t. **1.** Ajouter de nouveau ; mettre en plus. **2.** *Fam. En rajouter :* forcer la vérité, la réalité ; exagérer.

RAJUSTEMENT ou **RÉAJUSTEMENT** n.m. Action de rajuster. *Rajustement des salaires.*

RAJUSTER ou **RÉAJUSTER** v.t. **1.** Ajuster de nouveau ; remettre en bonne place, en ordre. *Rajuster sa cravate.* **2.** Modifier un prix, une quantité pour l'adapter à de nouvelles conditions. *Rajuster les cotisations.*

RAKI n.m. (mot turc). Eau-de-vie de raisin ou de prune parfumée à l'anis, en Turquie.

RÂLANT, E adj. *Fam.* Fâcheux, contrariant. *C'est râlant !*

1. RÂLE n.m. (de *râler*). Oiseau échassier à longues pattes, au bec fort et pointu, apprécié comme gibier, se nourrissant d'invertébrés, dans les plaines (*râle des genêts*, genre *Crex*) ou dans les marais (*râle d'eau*, genre *Rallus*). [Famille des rallidés.]

2. RÂLE n.m. **1.** Bruit anormal perçu à l'auscultation des poumons et naissant dans les alvéoles ou les bronches. **2.** Respiration des agonisants.

RÂLEMENT n.m. *Litt.* Bruit, son produit par une personne qui râle.

RALENTI n.m. **1.** Faible régime de rotation du moteur d'un véhicule lorsqu'il ne transmet plus d'énergie au véhicule. ◇ *Au ralenti :* à une vitesse inférieure à la normale ; au régime le plus bas. **2.** CINÉMA, TÉLÉV. Effet spécial, réalisé le plus souvent à la prise de vues, donnant l'illusion de mouvements plus lents que dans la réalité.

RALENTIR v.t. (anc. fr. *alentir*). **1.** Rendre plus lent. *Ralentir sa marche.* **2.** Rendre moins intense. *Ralentir son effort.* ◆ v.i. Aller plus lentement. *Les voitures doivent ralentir aux carrefours.*

RALENTISSEMENT n.m. Diminution de mouvement, de vitesse, d'énergie. *Le ralentissement de l'expansion.*

RALENTISSEUR n.m. **1.** Dispositif monté sur la transmission d'un véhicule lourd, et ayant pour fonction de réduire sa vitesse. **2.** Dos-d'âne artificiel, destiné à contraindre les véhicules à ralentir.

RÂLER v.i. **1.** Faire entendre des râles en respirant. **2.** Avoir la respiration bruyante et précipitée propre aux agonisants. **3.** *Fam.* Manifester son

R

mécontentement, sa mauvaise humeur par des plaintes, des récriminations.

RÂLEUR, EUSE adj. et n. *Fam.* Qui râle habituellement ou à la moindre occasion.

RALINGUE n.f. (anc. scand. *rarlik*). MAR. Cordage auquel sont cousus les bords d'une voile pour les renforcer.

RALINGUER v.t. MAR. Coudre les ralingues aux bords d'une voile. ◆ v.i. MAR. Battre au vent, en parlant d'une voile.

RALLIDÉ n.m. (lat. sc. *rallus,* râle). Oiseau échassier tel que le râle, la poule d'eau, la foulque. (Les rallidés forment une famille.)

RALLIÉ, E adj. et n. Qui a donné son adhésion à un parti, à une cause, après en avoir été l'adversaire.

RALLIEMENT n.m. **1.** Action de rallier, de se rallier. ◇ *Mot, signe de ralliement :* signe caractéristique qui permet aux membres d'un groupe de se reconnaître. **2.** HIST. En 1892, mouvement qui conduisit des catholiques militants, à l'appel du pape Léon XIII, à accepter la république en France.

RALLIER v.t. [5] (de *allier*). **1.** Rassembler des gens dispersés. *Rallier ses troupes.* **2.** Rejoindre un groupe, un poste ; regagner. – Rejoindre un parti. **3.** Constituer l'élément qui rassemble un groupe, qui fait son unité. *Solution qui rallie tous les suffrages.* ◆ **se rallier** v.pr. (à). Donner son adhésion. *Se rallier à un avis.*

R

RALLIFORME n.m. Vieilli. Gruiforme.

RALLONGE n.f. **1.** Pièce qu'on ajoute à un objet pour en augmenter la longueur. *Table à rallonges.* ◇ *Fam. À rallonge(s) :* se dit d'un nom de famille comportant plusieurs éléments réunis par des particules. **2.** *Spécial.* Conducteur souple muni de fiches mâle et femelle, et permettant le raccordement d'un appareil électrique à une prise de courant éloignée. SYN. : *prolongateur.* **3.** *Fam.* Accroissement, augmentation d'un crédit, d'un salaire, de la durée de qqch ; supplément.

RALLONGEMENT n.m. Action de rallonger.

RALLONGER v.t. [10]. Rendre plus long en ajoutant qqch. ◆ v.i. Devenir plus long.

RALLUMER v.t. **1.** Allumer de nouveau. *Rallumer sa pipe.* **2.** Faire renaître ; redonner de la force, de l'intensité à. *Rallumer la guerre.* ◆ **se rallumer** v.pr. Être allumé de nouveau ; renaître. *Incendie, sentiment qui se rallume.*

RALLYE [rali] n.m. (mot angl.). **1.** Compétition dans laquelle les concurrents (autref. à cheval, auj. génér. en voiture) doivent rallier un lieu après avoir satisfait à plusieurs épreuves (consistant notamm. à répondre à diverses questions qui les guident). **2.** Course automobile comportant des épreuves chronométrées sur routes fermées. **3.** Suite de réunions dansantes organisées, dans certains milieux aisés, de façon à favoriser les rencontres entre les jeunes gens en vue d'éventuels mariages.

RAM [ram] n.f. inv. (acronyme de l'angl. *random access memory*). INFORM. Mémoire vive.

RAMADAN n.m. (ar. *ramaḍān*). **1.** Neuvième mois du calendrier islamique, période de jeûne et de privations (abstention de nourriture, de boisson, de tabac et de relations sexuelles du lever au coucher du soleil). **2.** Ensemble des prescriptions concernant ce mois.

RAMAGE n.m. (du lat. *ramus,* rameau). Chant des oiseaux dans les arbres. ◆ pl. Dessins représentant des rameaux, des fleurs, etc., sur une étoffe.

RAMAGER v.i. [10]. Faire entendre son ramage, en parlant d'un oiseau.

RAMASSAGE n.m. **1.** Action de ramasser. *Le ramassage des vieux papiers.* **2.** Organisation du transport par autocar des écoliers, des travailleurs, entre leur domicile et leur école ou leur lieu de travail. **3.** BOURSE. Acquisition systématique des titres d'une société pour en prendre le contrôle.

RAMASSÉ, E adj. **1.** Dense et concis. *Expression ramassée.* **2.** Petit et massif ; trapu.

RAMASSE-MIETTES n.m. inv. Ustensile qui sert à ramasser les miettes sur la table.

RAMASSER v.t. **1.** Rassembler des choses plus ou moins éparses. *Ramasser les feuilles mortes.* ◇ *Ramasser ses forces :* rassembler toute son énergie pour fournir un ultime effort. **2.** Prendre, relever ce qui est à terre. *Ramasser ses gants.* **3.** Présenter sous une forme réduite, en éliminant le superflu. *Ramasser sa pensée en un raccourci saisissant.* **4.** *Fam.* Prendre, recevoir, attraper qqch de fâcheux. *Ramasser une gifle.* ◇ *Fam. Se faire ramasser :* subir une déconvenue, un échec. ◆ **se ramasser** v.pr. **1.** Se replier sur soi en bandant ses muscles. **2.** *Fam.* Tomber. **3.** *Fam.* Subir un échec.

RAMASSETTE n.f. Belgique. Petite pelle pour les balayures.

1. RAMASSEUR, EUSE n. Personne qui ramasse qqch par terre. *Ramasseur de balles, au tennis.*

2. RAMASSEUR n.m. Organe de ramassage de nombreuses machines de récolte.

RAMASSEUSE-PRESSE n.f. (pl. *ramasseuses-presses*). Machine servant à mettre en bottes la paille ou le foin.

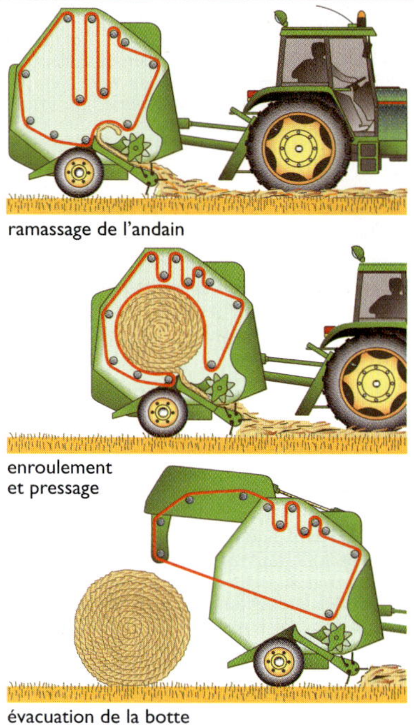

■ **RAMASSEUSE-PRESSE.** Fonctionnement d'une ramasseuse-presse.

RAMASSIS n.m. *Péjor.* Ensemble, réunion de choses de peu de valeur, de personnes jugées peu estimables.

RAMASSOIRE n.f. Suisse. Petite pelle pour les balayures.

RAMBARDE n.f. (ital. *rambata*). Garde-corps, notamm. sur un navire.

RAMDAM [ramdam] n.m. (de *ramadan*). *Fam.* Vacarme, tapage.

1. RAME n.f. (fém. de l'anc. fr. *raim,* branche, du lat. *ramus,* branche). Branche ou perche de bois servant de tuteur à certaines plantes grimpantes cultivées (pois, haricots).

2. RAME n.f. (de *2. ramer*). Longue pièce de bois, élargie à une extrémité, dont on se sert pour faire avancer une embarcation. SYN. : *aviron.*

3. RAME n.f. (catalan *raima,* d'un mot ar.). **1.** Ensemble de 500 feuilles de papier. (La rame est l'unité adoptée pour la vente en gros du papier.) **2.** File de véhicules ferroviaires attelés ensemble.

RAMEAU n.m. (lat. *ramus*). **1.** BOT. **a.** Petite branche, division d'une branche d'arbre. **b.** Ramification de la tige d'un végétal. **2.** Subdivision d'un ensemble (linguistique, généalogique, etc.) représenté sous forme d'arbre. **3.** ANAT. Petite branche d'un vaisseau, d'un nerf. ◆ pl. CHRIST. *Les Rameaux :* fête commémorant l'entrée triomphale de Jésus à Jérusalem, célébrée le dernier dimanche du carême qui précède la fête de Pâques. SYN. : *Pâques fleuries.*

RAMÉE n.f. (du lat. *ramus,* rameau). *Litt.* Ensemble des branches feuillues d'un arbre. – Assemblage de branches entrelacées.

RAMENDER v.t. **1.** Amender de nouveau un terrain. **2.** Réparer un filet, ou refaire les mailles qui manquent. **3.** Réparer la dorure d'un objet doré à la feuille.

RAMENDEUR, EUSE n. Personne qui ramende les filets de pêche.

1. RAMENER v.t. [12]. **1.** Amener de nouveau dans un endroit. *Ramener ses enfants à l'école.* **2.** Faire revenir une personne dans le lieu d'où elle était partie ; reconduire. **3.** Remettre en place ; mettre dans une certaine position. *Ramener un châle sur ses épaules.* **4.** Être cause de retour. *Quelle affaire vous ramène ?* **5.** Faire revenir à un certain état. *Ramener à la raison, au devoir.* **6.** Diminuer la valeur de ; réduire. *Ramener les prix à un niveau plus bas.* **7.** Faire renaître ; rétablir. *Ramener la paix.* **8.** *Fam. Ramener sa fraise,* ou *la ramener :* faire l'important. ◆ **se ramener** v.pr. **1.** Être réductible à qqch. **2.** *Fam.* Venir, revenir.

2. RAMENER n.m. ÉQUIT. Attitude du cheval dont l'encolure est fléchie près de la nuque et la tête sensiblement verticale.

RAMEQUIN [ramkɛ̃] n.m. (néerl. *rammeken*). Petit récipient en terre ou en porcelaine utilisé pour la cuisson au four.

1. RAMER v.t. HORTIC. Soutenir des plantes grimpantes avec des rames. *Ramer des pois.*

2. RAMER v.i. (du lat. *remus,* rame). **1.** Manœuvrer une rame ; faire avancer un bateau, une embarcation à la rame. **2.** *Fam.* Avoir beaucoup de peine à faire qqch. *Il rame pour gagner sa vie.*

RAMETTE n.f. **1.** IMPRIM. Rame de papier de petit format. **2.** *Cour.* Paquet de 125 feuilles de papier.

1. RAMEUR, EUSE n. Personne qui rame, qui pratique l'aviron.

2. RAMEUR n.m. Appareil de cardio-training qui permet d'effectuer les mouvements d'une personne qui fait de l'aviron.

RAMEUTER v.t. **1.** Rassembler, mobiliser pour une nouvelle action. *Parti qui rameute ses militants.* **2.** VÉNER. Remettre les chiens en meute.

RAMEUX, EUSE adj. (lat. *ramosus*). Qui présente des ramifications, des rameaux nombreux.

RAMI n.m. (de l'angl. *rummy*). Jeu de cartes qui se pratique génér. avec 52 cartes et un joker entre 2, 3, 4 ou 5 joueurs.

RAMIE n.f. (mot malais). Plante d'Asie orientale dont les tiges fournissent une fibre textile et dont les feuilles sont fourragères. (Genre *Bœhmeria ;* famille des urticacées.)

RAMIER adj.m. (anc. fr. *raim,* rameau). *Pigeon ramier,* ou *ramier,* n.m. : gros pigeon à tête et dos gris-bleu, aux côtés du cou et aux ailes barrés de blanc, très commun dans les villes d'Europe. (Long. 40 cm ; nom sc. *Columba palumbus.*) SYN. : *palombe.*

RAMIFICATION n.f. **1.** BOT. Division d'un végétal arborescent. **2.** ANAT. Division d'un vaisseau, d'un nerf en rameaux ; chacun de ces rameaux. **3.** Subdivision de ce qui va dans des directions différentes ; prolongement. *Les ramifications d'une enquête.*

RAMIFIER v.t. [5]. Rare. Diviser en plusieurs rameaux. ◆ **se ramifier** v.pr. Se partager en plusieurs branches ; se diviser et se subdiviser.

RAMILLE n.f. (Surtout pl.) BOT. Dernière division des rameaux. SYN. : *ramule.*

RAMOLLI, E adj. et n. *Fam.* Dont les facultés intellectuelles sont faibles, lentes.

RAMOLLIR v.t. Rendre mou. *Ramollir du cuir.* ◆ **se ramollir** v.pr. **1.** Devenir mou. **2.** *Fam.* Perdre peu à peu ses facultés intellectuelles.

RAMOLLISSANT, E adj. Qui ramollit, relâche.

RAMOLLISSEMENT n.m. **1.** Fait de se ramollir, d'être ramolli ; état de ce qui est ramolli. **2.** MÉD. Diminution ou suppression de la cohésion des éléments d'un tissu. ◇ *Ramollissement cérébral :* accident vasculaire cérébral caractérisé par un infarctus d'une région du cerveau.

RAMOLLO adj. et n. *Fam.* **1.** Gâteux. **2.** Mou, avachi.

RAMONAGE n.m. Action de ramoner.

RAMONER v.t. (de l'anc. fr. *ramon,* balai). Nettoyer un conduit, un appareil de la suie qui s'y est déposée. *Ramoner une cheminée.* ◆ v.i. ALP. Escalader une cheminée en prenant appui sur les deux parois à la fois.

RAMONEUR n.m. Personne qui ramone les cheminées.

1. RAMPANT, E adj. **1.** Qui rampe. *Animal rampant.* **2.** *Fig.* Bassement soumis devant ses supérieurs ; servile. **3.** Dont l'évolution est peu sensible. *Inflation rampante.* **4.** ARCHIT. Incliné, pentu. ◇ *Arc rampant,* dont les deux naissances sont à des hauteurs différentes. **5.** BOT. Étalé sur le sol ; qui se développe horizontalement. **6.** HÉRALD. Se dit d'un animal dressé sur ses pieds de derrière (par oppos. à *passant*). ◆ n.m. ARCHIT. Chacun des côtés obliques du triangle dessiné par un pignon, un fronton, un gâble.

2. RAMPANT n.m. *Fam.* Dans l'aviation, membre du personnel non navigant (par oppos. à *volant*).

RAMPE n.f. **1.** Pente ; ouvrage en pente. *Une rampe de garage.* – Route ou voie ferrée en déclivité, considérée dans le sens de la montée. ◇ *Rampe d'accès :* ouvrage en pente permettant à des véhicules de passer d'un niveau à un autre. **2.** *Rampe de lancement :* plan incliné pour le lancement des avions catapultés ou des projectiles autopropulsés. **3.** Garde-corps portant une main courante et bordant un escalier du côté du vide. **4.** Rangée de lumières sur le devant de la scène d'un théâtre, dans la devanture d'un magasin, sur la piste d'un aérodrome, etc. ◇ THÉÂTRE. *Passer la rampe :* atteindre le public ; produire un effet. **5.** *Rampe des culbuteurs :* dans un moteur, ensemble des culbuteurs et de leur support muni de ses appuis. **6.** CHIM. *Rampe à vide :* système de robinets et tubulures en verre permettant la manipulation et le transfert de substances chimiques sensibles, organométalliques en partic., à l'abri de l'humidité et de l'air.

RAMPEMENT n.m. Rare. Reptation.

RAMPER v.i. (du germ.). **1.** Progresser par des mouvements divers du corps qui prend appui par sa face ventrale ou inférieure, en parlant de certains animaux (reptiles, vers, mollusques gastéropodes, etc.). **2.** Avancer lentement, le ventre au contact du sol et en s'aidant des quatre membres, en parlant de qqn. *Passer sous un barbelé en rampant.* **3.** BOT. S'étaler sur un support (tuteur, mur, etc.) en s'y accrochant au moyen de vrilles ou de crampons, ou se développer sur le sol, en parlant de certaines plantes. *Lierre qui rampe à terre.* **4.** *Fig.* Se montrer soumis, servile devant qqn, une autorité.

RAMPON n.m. (lat. *rapum,* rave). Suisse. Mâche, doucette.

RAMPONNEAU n.m. (de *J. Ramponneaux,* n. d'un cabaretier du XVIIIe s.). *Arg.,* vieilli. Coup violent ; bourrade.

RAMULE n.m. Ramille.

RAMURE n.f. **1.** Ensemble des branches et des rameaux d'un arbre, dont la disposition détermine le port. **2.** Bois du cerf, du daim, du renne, du chevreuil, de l'élan.

RANATRE n.f. (lat. *rana,* grenouille). Grande punaise carnassière, appelée aussi *punaise d'eau,* à l'abdomen terminé par un tube respiratoire et vivant dans la vase des marais. (La ranatre peut infliger des piqûres douloureuses ; long. 5 cm ; genre *Ranatra,* ordre des hétéroptères.)

RANCARD, RANCART ou **RENCARD** n.m. **1.** *Arg.* Renseignement. **2.** *Fam.* Rendez-vous.

RANCARDER ou **RENCARDER** v.t. **1.** *Arg.* Renseigner. **2.** *Fam.* Donner un rendez-vous à qqn.

RANCART n.m. (du normand *récarter,* éparpiller). *Fam. Mettre, jeter au rancart :* jeter de côté, au rebut ce dont on ne se sert plus.

RANCE adj. (lat. *rancidus*). Se dit d'un corps gras, d'un aliment contenant des matières grasses qui a pris une odeur forte et une saveur âcre. *Beurre rance.* ◆ n.m. Odeur ou saveur rance. *Sentir le rance.*

RANCH [rɑ̃tʃ] ou [rɑ̃ʃ] n.m. [pl. *ranchs* ou *ranches*] (mot anglo-amér., de l'esp. *rancho*). Grande ferme d'élevage extensif de la Prairie américaine.

RANCHE n.f. (du francique). Chacun des échelons d'un échelier.

RANCHER n.m. **1.** Région. Échelier. **2.** CH. DE F. Montant amovible ou pivotant qui borde un wagon plat.

RANCI n.m. Odeur, goût de rance.

RANCIO n.m. (mot esp., du lat. *rancidus*). **1.** Goût doucereux et persistant que prennent les vins doux naturels en vieillissant. **2.** Le vin vieilli lui-même.

RANCIR v.i. Devenir rance. *Lard qui rancit.* ◆ v.t. Rendre rance.

RANCISSEMENT n.m. Fait de rancir.

RANCŒUR n.f. (bas lat. *rancor,* état de ce qui est rance). Amertume profonde que l'on garde à la suite d'une déception, d'une injustice.

RANÇON n.f. (lat. *redemptio,* rachat). **1.** Somme d'argent exigée pour la délivrance de qqn retenu prisonnier. **2.** *Fig.* Inconvénient, désagrément accompagnant inévitablement un avantage, un plaisir. *La rançon de la gloire, du progrès.*

RANÇONNEMENT n.m. Action de rançonner qqn.

RANÇONNER v.t. **1.** Exiger de qqn, par la contrainte, la remise d'argent, d'objets de valeur, etc. *Voleurs qui rançonnent les passants.* **2.** *Fam.,* vieilli. Faire payer un prix excessif. *Hôtelier qui rançonne les touristes.*

RANÇONNEUR, EUSE n. Personne qui rançonne.

RANCUNE n.f. (bas lat. *rancor,* état de ce qui est rance, et *cura,* souci). Ressentiment qu'on garde d'une offense, d'une injustice. ◇ *Sans rancune :* formule de réconciliation après une brouille passagère.

RANCUNIER, ÈRE adj. et n. Qui garde facilement rancune. ◆ adj. Qui manifeste de la rancune. *Un regard rancunier.*

RAND [rɑ̃d] n.m. Unité monétaire principale de l'Afrique du Sud.

RANDOMISATION n.f. Action de randomiser.

RANDOMISER v.t. (de l'angl. *random,* fortuit). STAT. Introduire un élément aléatoire dans un calcul ou dans un raisonnement.

RANDONNÉE n.f. (de l'anc. fr. *randir,* courir rapidement). **1.** Promenade de longue durée, à pied, à bicyclette, à cheval, à skis, etc. ◇ *Sentier de grande randonnée (GR) :* sentier spécialement balisé qui permet des randonnées sur des itinéraires très longs. **2.** VÉNER. Circuit que fait le cerf, le chevreuil après avoir été lancé.

RANDONNER v.i. Pratiquer la randonnée.

RANDONNEUR, EUSE n. Personne qui fait une randonnée ou qui pratique habituellement la randonnée de loisir.

RANG n.m. (du francique). **1.** Suite de personnes ou de choses disposées les unes à côté des autres, sur une même ligne. *Un rang de fauteuils, de perles. Un rang d'écoliers.* ◇ *Serrer les rangs :* se rapprocher les uns des autres pour tenir moins de place ; *fig.,* s'unir pour mieux affronter les difficultés. – *Rentrer dans le rang :* renoncer à ses prérogatives ; abandonner ses ambitions ou ses velléités d'indépendance. – *Être, se mettre sur les rangs :* se mettre au nombre des personnes qui postulent ou sollicitent qqch. **2.** Série de mailles sur une même ligne, dans un ouvrage au tricot, au crochet. **3.** MIL. *Militaire du rang :* militaire qui n'est ni officier ni sous-officier. – *Rang serré :* formation adoptée par une troupe, autref. pour combattre, auj. pour défiler. (On dit aussi *ordre serré.*) – *Sortir du rang :* avoir conquis ses grades sans passer par une école militaire, en parlant d'un officier. **4.** Au Canada, portion de territoire rural constituée d'une série de parcelles étroites et parallèles délimitées par une ligne, un cours d'eau ou un chemin ; ce chemin. **5.** Place, position dans un ensemble ordonné ou hiérarchisé. **6.** Degré d'importance, de valeur attribué à qqn ou à qqch. *Un écrivain de second rang.* ◇ *Au rang de :* parmi ; dans la catégorie de, des. – *Prendre rang (parmi, dans) :* figurer parmi, être au nombre de.

RANGÉ, E adj. **1.** Qui a de l'ordre, qui mène une vie régulière. *Homme rangé.* **2.** *Bataille rangée :* bataille que se livrent deux armées régulièrement disposées l'une en face de l'autre ; *par ext.,* rixe générale.

RANGÉE n.f. Suite de personnes ou d'objets disposés sur une même ligne. *Rangée d'arbres.*

RANGEMENT n.m. **1.** Action ou manière de ranger. **2.** Endroit (placard, par ex.) où l'on peut ranger des objets.

1. RANGER v.t. [10]. **1.** Mettre en rang. *Ranger des troupes en ordre de bataille.* **2.** Classer selon un ordre déterminé. *Ranger des dossiers par année.* **3.** Mettre de l'ordre dans un lieu. *Ranger une chambre.* **4.** Mettre de côté un véhicule pour laisser la voie libre à la circulation. **5.** *Litt.* Gagner qqn, un groupe à sa cause, à son opinion. *Ranger un auditoire à son avis.* **6.** *Litt.* Mettre au nombre de. *Ranger un auteur parmi les classiques.* ◆ **se ranger** v.pr. **1.** Se placer dans un certain ordre ; se disposer. *Se ranger autour d'une table.* ◇ *Se ranger à l'avis de :* adopter le point de vue de. – *Se ranger du côté de :* s'engager dans le parti de. **2.** S'écarter pour faire de la place. **3.** Revenir à une conduite régulière, moins désordonnée.

2. RANGER [rɑ̃dʒœr] n.m. (mot anglo-amér.). **1.** Soldat d'une unité de choc de l'armée américaine. **2.** Gros brodequin, génér. en cuir et pourvu d'une courte guêtre.

RANI n.f. (hindi *rānī*). Femme d'un raja.

RANIDÉ n.m. (du lat. *rana,* grenouille). Amphibien anoure tel que la grenouille (mais pas la rainette). [Les ranidés forment une famille.]

RANIMATION n.f. Ensemble des moyens et des soins mis en œuvre par un secouriste en cas d'urgence grave ; réanimation.

RANIMER v.t. **1.** Faire revenir à soi ; réanimer. **2.** Redonner de l'activité, de la vigueur, de la force à. *Ranimer le feu.* ◆ **se ranimer** v.pr. **1.** Revenir à soi, retrouver une activité normale. **2.** Reprendre une activité ou une intensité nouvelle. *Volcan qui se ranime.*

RANTANPLAN ou **RATAPLAN** interj. (onomat.). Imite le roulement du tambour.

RANZ [rɑ̃] ou [rɑ̃z] n.m. (mot alémanique, *rang*). Suisse. *Ranz des vaches,* ou *ranz :* chant populaire des cantons de Fribourg et de Vaud.

RAOUT [raut] n.m. (angl. *rout,* désordre). Vx. Réunion, fête mondaine.

RAP n.m. (de l'anglo-amér. *to rap,* bavarder). Style de musique, apparu dans les ghettos noirs américains dans les années 1970, fondé sur la récitation chantée de textes souvent révoltés et radicaux, scandés sur un rythme répétitif et sur une trame musicale composite (extraits de disques, bruitages par manipulation de disques vinyles, etc.).

RAPACE adj. (lat. *rapax, rapacis*). **1.** *Litt.* Avide d'argent, cupide. **2.** Se dit d'un oiseau qui poursuit ses proies avec ardeur et voracité. ◆ n.m. Oiseau carnivore, à bec puissant et crochu et à griffes fortes et recourbées, chasseur diurne (aigle, vautour) ou nocturne (chouette).

RAPACITÉ n.f. *Litt.* Caractère rapace ; cupidité.

RÂPAGE n.m. Action de râper.

RAPAILLER v.t. Québec. *Fam.* Rassembler des objets éparpillés. *Rapailler ses affaires.*

RAPATRIABLE adj. Qui peut être rapatrié. *Capitaux rapatriables.*

RAPATRIÉ, E n. **1.** Personne ramenée dans son pays d'origine par les soins des autorités officielles. **2.** Français d'Algérie installé en métropole après l'indépendance de ce pays (1962).

RAPATRIEMENT n.m. Action de rapatrier.

RAPATRIER v.t. [5]. Faire revenir des personnes, des biens, des capitaux dans leur pays d'origine.

RÂPE n.f. (de *râper*). **1.** Ustensile de ménage pour réduire en poudre ou en petits morceaux certaines substances alimentaires. *Râpe à fromage.* **2.** Grosse lime plate ou demi-ronde, pour user la surface des matières tendres. **3.** BOT. Rafle. **4.** Suisse. *Fam.* Avare. *Quelle râpe !*

RÂPÉ, E adj. **1.** Réduit en poudre, en miettes, etc., avec une râpe. *Gruyère râpé.* **2.** Usagé au point que l'étoffe montre la trame. *Vêtement râpé.* **3.** *Fam. C'est râpé :* c'est raté, fichu. ◆ n.m. **1.** Fromage râpé. **2.** Poudre de tabac à priser en cours de fabrication.

RÂPER v.t. (germ. *raspôn,* rafler). **1.** Réduire en poudre ou en petits morceaux avec une râpe. *Râper du fromage, des carottes.* **2.** TECHN. User la surface d'un corps avec une râpe, pour la dresser ou l'arrondir. **3.** Donner une sensation d'âpreté ; gratter. *Ce vin râpe le gosier.*

RAPERCHER v.t. Suisse. **1.** Rattraper et ramener qqn. **2.** Récupérer. *Rapercher son argent.*

RAPETASSAGE n.m. *Fam.* Action de rapetasser.

RAPETASSER v.t. (de l'anc. provenç. *petasar,* rapiécer). *Fam.* Raccommoder grossièrement. *Rapetasser de vieux vêtements.*

RAPETISSEMENT n.m. Action ou fait de rapetisser.

RAPETISSER v.t. **1.** Rendre plus petit ; faire paraître plus petit. *La distance rapetisse les objets.* **2.** Diminuer le mérite de. *Rapetisser les actions des autres.* ◆ v.i. Devenir plus petit, plus court. *Les jours rapetissent.*

RÂPEUX, EUSE adj. **1.** Rude au toucher. *Langue râpeuse.* **2.** Qui a une saveur âpre. *Vin râpeux.*

RAPHAÉLIQUE ou **RAPHAÉLESQUE** adj. Qui rappelle la manière, les types de Raphaël.

RAPHÉ n.m. (gr. *raphê,* suture). ANAT. Ligne de jonction ou de suture entre deux organes, ou deux parties d'un organe, formée par l'entrecroisement de fibres (musculaires, tendineuses, nerveuses, etc.).

RAPHIA n.m. (mot malgache). Palmier d'Afrique tropicale, de Madagascar et d'Amérique, fournissant une fibre très solide utilisée en vannerie et pour la confection de liens ; cette fibre. (Nom sc. *Raphia ruffia.*)

RAPHIDE n.m. (gr. *raphis, -idos,* aiguille). BIOL. CELL. Faisceau de fines aiguilles cristallines d'oxalate de calcium, observé parfois dans certaines cellules animales ou végétales.

RAPIAT, E adj. (du lat. *rapere,* voler). *Fam.* Qui dépense avec parcimonie ; avare.

RAPICOLER v.t. Suisse. Ravigoter.

RAPIDE adj. (lat. *rapidus*). **1.** Qui parcourt beaucoup d'espace en peu de temps. **2.** Qui s'accomplit très vite. *Guérison rapide.* **3.** Où l'on circule rapidement. *Voie rapide.* **4.** Très incliné. *Pente rapide.* **5.** Qui agit vite ; qui comprend facilement. *Rapide dans son travail. Intelligence rapide.* **6.** PHOTOGR. Se dit d'un film de sensibilité élevée. **7.** *Acier rapide* → **acier.** ◆ n.m. **1.** Section d'un cours d'eau où l'écoulement est accéléré en raison d'une augmentation brutale de la pente de son lit. **2.** Train effectuant un parcours à vitesse élevée, et ne s'arrêtant qu'à des gares très importantes.

RAPIDEMENT adv. Avec rapidité ; vite.

RAPIDITÉ n.f. Caractère de ce qui est rapide. *La rapidité d'une fusée. La rapidité d'une décision.*

RAPIÈCEMENT ou **RAPIÉÇAGE** n.m. Action de rapiécer.

RAPIÉCER v.t. [13]. Raccommoder, réparer un vêtement, un article en tissu usagés ou troués, en y posant une pièce ou plusieurs. (Au futur et au conditionnel, l'Académie écrit *je rapiècerai, je rapiècerais,* etc.)

RAPIÈRE n.f. (de *râpe*). Épée à lame fine et longue, en usage dans les duels (XVe - XVIIIe s.).

RAPIN n.m. (mot d'arg.). Vieilli. **1.** Jeune élève dans un atelier d'artiste peintre. **2.** *Péjor.* Peintre bohème, au talent douteux.

RAPINE n.f. (lat. *rapina*). *Litt.* **1.** Action de prendre, de s'emparer de qqch par la violence. **2.** Vol, larcin. **3.** Ce qui est pris, volé par rapine.

RAPINER v.t. et v.i. *Litt.,* vx. Pratiquer la rapine.

RAPINERIE n.f. *Litt.* Acte de rapine ; vol.

RAPLAPLA adj. (de *1. plat*). *Fam.* **1.** Fatigué, sans énergie, déprimé. **2.** Très plat ou aplati.

RAPLATIR v.t. Rendre plat ou plus plat.

RAPPAREILLER v.t. Assortir de nouveau pour former un ensemble complet.

RAPPARIEMENT n.m. Action de rapparier.

RAPPARIER v.t. [5]. Réassortir deux choses qui vont par paire. *Rapparier des gants.*

RAPPEL n.m. **1.** Action par laquelle on rappelle, on fait revenir qqn. *Le rappel d'un ambassadeur.* ◇ *Lettres de rappel :* lettres de *récréance. – *Battre le rappel :* rassembler, réunir les personnes, les choses nécessaires. **2.** MIL. Batterie de tambour, sonnerie de clairon pour rassembler une troupe. **3.** ALP., SPÉLÉOL. Procédé de descente d'une paroi verticale à l'aide d'une corde double, récupérable ensuite. **4.** SPORTS. Position prise par un équipier pour limiter la gîte d'un voilier. **5.** DESS. INDUSTR. *Ligne de rappel :* droite définie par les projections horizontale et frontale d'un point. (La ligne de rappel est perpendiculaire à la ligne de *terre.) **6.** Action de rappeler, de faire se souvenir. ◇ *Rappel à l'ordre :* semonce, réprimande pour rappeler ce qu'il convient de faire, de dire. **7.** Paiement d'une portion d'appointements ou d'arrérages restée en suspens. **8.** Système de retour en arrière d'un mécanisme. **9.** *Injection de rappel vaccinal,* ou *rappel :* nouvelle injection d'un vaccin pratiquée après un certain délai, pour pallier la diminution des effets de l'injection initiale.

RAPPELÉ, E adj. et n. Convoqué de nouveau sous les drapeaux.

RAPPELER v.t. [16]. **1.** Appeler de nouveau, spécial. au téléphone. **2.** Appeler pour faire revenir ; faire revenir une personne absente. *Rappeler le médecin. Rappeler les acteurs.* ◇ *Rappeler qqn à la vie,* lui faire reprendre connaissance. **3.** Faire revenir qqn d'un pays étranger où il exerçait des fonctions. **4.** Faire revenir à la mémoire. *Rappeler une promesse.* **5.** Présenter une ressemblance avec. *Elle me rappelle son père.* ◆ **se rappeler** v.pr. *Se rappeler qqn, qqch,* en garder le souvenir, s'en souvenir. (La construction *se rappeler de* est fam. et fautive.)

RAPPER v.i. Chanter, composer du rap.

RAPPEUR, EUSE n. Personne qui interprète, compose du rap.

RAPPLIQUER v.i. *Fam.* Arriver, venir ou revenir en un lieu.

RAPPOINTIS n.m. (de *pointe*). CONSTR. Pointe métallique enfoncée dans un bois pour retenir le plâtre qui recouvre ce dernier.

RAPPORT n.m. **1.** Lien ou relation entre deux ou plusieurs personnes ou choses. *L'italien a beaucoup de rapports avec le latin.* ◇ *Fam. Rapport à :* à cause de ; au sujet de. – *En rapport avec :* proportionné à. – *Par rapport à :* relativement à, en comparaison de. *La Terre est petite par rapport au Soleil.* – *Mettre en rapport,* en communication. – *Sous le rapport de :* du point de vue de, eu égard à. **2.** *Rapport(s) sexuel(s),* ou *rapport(s) :* coït. **3. a.** ARITHM. *Rapport de* a *sur* b : quotient de *a* par *b*. **b.** GÉOMÉTR. Nombre intervenant dans la définition de plusieurs transformations ponctuelles, telles les affinités, les homothéties ou les similitudes. ◇ *Rapport de projection orthogonale :* quotient $\frac{\overline{A'B'}}{\overline{AB}}$, A et B étant deux points quelconques d'un axe, et A′ et B′ leurs projetés orthogonaux sur l'autre axe. **4.** AUTOM., MÉCAN. INDUSTR. Quotient de la vitesse de rotation de l'arbre de sortie par celle de l'arbre d'entrée, dans un train d'engrenages, une boîte de vitesses, etc. **5.** Exposé dans lequel on relate ce qu'on a vu ou entendu ; compte rendu. *Rédiger un rapport.* **6.** Exposé, document sur les travaux précédant une proposition ou un projet de loi. **7.** MIL. Réunion au cours de laquelle un chef militaire expose ses intentions et donne ses ordres. **8.** Profit, revenu tiré de l'exploitation d'un bien. *Des terres en plein rapport.* **9.** DR. Action par laquelle la personne qui a reçu une somme, un bien les rapporte à la succession pour faire compte au partage. ◆ pl. Relations entre des personnes ou des groupes. *Avoir de bons rapports avec ses voisins.* ◇ *Sous tous (les) rapports :* à tous égards.

RAPPORTÉ, E adj. Qui a été ajouté pour compléter. ◇ *Pièce rapportée :* élément constitutif d'un ensemble auquel il est ajouté après avoir été façonné à part ; *fam.,* personne alliée à une famille.

RAPPORTER v.t. **1.** Remettre une chose à l'endroit où elle était ; rendre à qui l'on a emprunté. *Rapportez-moi le livre que je vous ai prêté.* **2.** Apporter avec soi en revenant d'un lieu. *Rapporter des cigares de La Havane.* **3.** Apporter un objet lancé, le gibier tué, en parlant d'un chien. **4.** DR. **a.** Restituer à la masse des biens à partager ceux qu'on détient et qui doivent faire l'objet d'un partage. **b.** Abroger ou retirer une décision administrative. **5.** COUT. Appliquer une pièce de tissu sur qqch ou joindre bout à bout. **6.** TOPOGR. Tracer sur le papier, après avoir mesuré sur le terrain. **7.** Procurer un gain, un bénéfice ; être profitable à. *Cette terre rapporte beaucoup de blé. Ce mensonge ne vous rapportera rien.* **8.** Faire le récit de ce qu'on a vu et entendu. *Rapporter un fait comme il s'est passé.* **9.** Répéter qqch à qqn de façon indiscrète ou malicieuse. *On n'ose rien dire devant lui, il rapporte tout.* **10.** Faire un rapport relatif à un projet, à une proposition de loi, etc. **11.** Rattacher qqch à une cause, à une fin ; attribuer. *Rapporter tout à soi.* ◆ **se rapporter** v.pr. (à). **1.** Avoir un rapport avec qqch, être relatif à qqn. *La réponse ne se rapporte pas à la question.* **2.** *S'en rapporter à qqn,* s'en remettre à lui, lui faire confiance.

1. RAPPORTEUR, EUSE adj. et n. Qui rapporte, par indiscrétion ou par malice, ce qu'il a vu ou entendu. ◆ n.m. Personne qui est chargée de faire l'exposé d'un procès, d'une affaire, de dresser les conclusions que propose une commission parlementaire, d'évaluer un projet de recherche, une thèse de doctorat, etc.

2. RAPPORTEUR n.m. Instrument en forme de demi-cercle gradué, servant à mesurer ou à rapporter des angles sur un dessin.

RAPPRENDRE v.t. → **RÉAPPRENDRE.**

RAPPROCHAGE n.m. AGRIC. Taille d'une haie, d'une bordure devenue trop épaisse.

RAPPROCHEMENT n.m. **1.** Action de rapprocher, de se rapprocher. **2.** Rétablissement des relations ; réconciliation. *Le rapprochement de deux familles, de deux nations.* **3.** Action de mettre en parallèle des faits, des idées, pour les comparer ; cette comparaison. **4.** COMPTAB. *État de rapprochement :* tableau établi périodiquement en vue de comparer deux comptes.

RAPPROCHER v.t. **1.** Mettre, faire venir plus près. *Rapprocher deux planches disjointes.* **2.** Rendre plus proche dans l'espace ou le temps. **3.** Mettre en rapport. *Rapprocher des textes.* **4.** Établir ou rétablir de bonnes relations entre ; réconcilier. *Rapprocher deux personnes.* ◆ **se rapprocher** v.pr. **1.** Venir plus près. **2.** Avoir des relations plus étroites. **3.** Avoir certaines ressemblances avec.

RAPSODE n.m. → **RHAPSODE.**

RAPSODIE n.f. → **RHAPSODIE.**

RAPT [rapt] n.m. (lat. *raptus,* enlèvement). Enlèvement illégal d'une personne.

RAPTUS [raptys] n.m. (mot lat., *enlèvement*). PSYCHIATR. Comportement anormal soudain et violent, dû à un trouble psychique. *Raptus suicidaire.*

RÂPURE n.f. **1.** Ce qu'on enlève en râpant. **2.** Acadie. Plat traditionnel fait de pommes de terre râpées et de viande.

RAQUER v.t. et v.i. *Fam.* Payer.

RAQUETTE n.f. (de l'ar.). **1.** Instrument formé d'un cadre ovale garni d'un réseau de fils (boyaux ou fibres synthétiques) et terminé par un manche, pour jouer notamm. au tennis. **2.** Lame de bois, génér. recouverte de caoutchouc et munie d'un manche, pour jouer au tennis de table. **3.** Large semelle pour marcher sur la neige molle. **4.** HORLOG. Pièce permettant d'ajuster la longueur active du spiral pour régler la marche des montres mécaniques. **5.** BOT. Tige aplatie de l'opuntia, portant des épines.

RAQUETTEUR, EUSE n. Personne qui se déplace sur la neige avec des raquettes.

RARE adj. (lat. *rarus*). **1.** Qui n'est pas commun, qu'on ne voit pas souvent. *Un livre rare.* **2.** Peu fréquent. *De rares visites.* ◇ *Se faire rare :* espacer ses visites ; se trouver de moins en moins souvent. **3.** Qui existe en petit nombre. *Les commerçants sont rares dans ce quartier.* **4.** Qui surprend par son caractère inhabituel. *C'est rare de vous voir à cette heure.* **5.** Peu dense. *Une herbe rare.*

RARÉFACTION n.f. Fait de se raréfier.

RARÉFIABLE adj. Qui peut se raréfier.

RARÉFIER v.t. [5]. **1.** Rendre rare. **2.** PHYS. Diminuer la densité, la pression d'un gaz. ◆ **se raréfier** v.pr. Devenir plus rare, moins dense, moins fréquent.

RAREMENT adv. Peu souvent.

RARESCENT, E adj. *Litt.* Qui se raréfie.

RARETÉ n.f. (lat. *raritas*). Caractère de ce qui est rare ; chose rare. *La rareté du diamant. La neige en mai est une rareté.*

RARISSIME adj. Très rare.

1. RAS [rɑ] n.m. (lat. *ratis,* radeau). Plate-forme flottante, servant aux réparations d'un navire, près de la flottaison.

2. RAS [rɑs] n.m. (mot ar.). Chef éthiopien.

3. RAS, E [rɑ, rɑz] adj. (lat. *rasus,* rasé). **1.** Se dit de poils, de cheveux coupés au niveau de la peau ; tondu. *Barbe rase.* **2.** Très court. *Chien à poil ras. Velours ras. Gazon ras.* **3.** Dont la surface est unie, dégagée, sans rien qui dépasse. ◇ *Rase campagne :* pays plat et découvert. – *Faire table rase :* mettre de côté, considérer comme nul ce qui a été dit ou fait antérieurement. – PHILOS. *Table rase :* chez les empiristes, l'esprit antérieurement à toute expérience, par anal. avec une tablette de cire où rien n'est encore écrit. **4.** Jusqu'au niveau du bord. *Mesure rase. Verre rempli à ras bord.* ◆ adv. De très près. *Ongles coupés ras.* ◆ loc. adv. *À ras :* très court. ◆ loc. prép. *À ras de, au ras de :* au niveau de, au plus près de. *À ras de terre.*

4. RAS ou **R.A.S.** [ɛraɛs] (abrév.). *Fam.* Rien à *signaler.

RASADE n.f. (de *3. ras*). Quantité de boisson contenue dans un verre rempli à ras bord.

RASAGE n.m. Action de raser ou de se raser.

RASANT, E adj. **1.** *Fam.* Ennuyeux, fatigant. *Livre rasant.* **2.** MIL. *Tir rasant,* dans lequel la trajectoire du projectile ne s'élève pas à une hauteur supérieure à celle de l'objectif. **3.** OPT. *Incidence rasante :* incidence d'angle très peu inférieur à 90°.

RASCASSE n.f. (provenç. *rascasso*). Poisson à chair très estimée des eaux tropicales et tempérées chaudes, à la tête épineuse, aussi appelé

■ **RASCASSE.** Rascasse rouge.

scorpène ou *crapaud de mer.* (Plusieurs espèces appartenant aux familles des scorpénidés et des trachinidés.) ◇ *Rascasse blanche :* uranoscope.

RAS-DU-COU n.m. inv. Pull ayant une encolure qui épouse la base du cou.

RASE-MOTTES n.m. inv. Vol effectué par un avion au plus près du sol.

RASER v.t. (lat. *radere,* tondre). **1.** Couper le poil avec un rasoir et au ras de la peau. *Raser la barbe, les cheveux.* **2.** Abattre à ras de terre. *Raser un édifice.* **3.** Passer tout près ; effleurer. *Raser les murs.* **4.** *Fam.* Importuner, ennuyer. ◆ **se raser** v.pr. **1.** Se couper la barbe. **2.** *Fam.* S'ennuyer.

RASETTE n.f. Petit soc fixé sur la charrue en avant du coutre.

RASEUR, EUSE n. *Fam.* Personne ennuyeuse.

RASH [raʃ] n.m. [pl. *rashs* ou *rashes*] (mot angl.). MÉD. Éruption cutanée de courte durée.

RASIBUS [razibys] adv. *Fam.* Tout près ; au ras. *Passer rasibus.*

RASKOL [raskɔl] n.m. (mot russe, *schisme*). Schisme de l'Église orthodoxe russe né au XVIIe s. de l'opposition des traditionalistes aux réformes du patriarche Nikon. (→ *vieux-croyant*).

RAS-LE-BOL n.m. inv. *Fam.* Fait d'être excédé ; exaspération. ◇ *En avoir ras le bol* → **l. bol.**

1. RASOIR n.m. Instrument à lame très effilée servant à raser, à se raser ou à trancher net certaines matières. *Coupe de cheveux au rasoir.* ◇ *Rasoir électrique,* muni d'un moteur, permettant le rasage à sec. – *Rasoir mécanique* ou *de sûreté,* à lame amovible, dont le type de montage évite les coupures graves. – *Rasoir jetable,* en plastique, à lame sertie, à jeter après usage.

2. RASOIR adj. inv. *Fam.* Ennuyeux.

RASPOUTITSA n.f. (mot russe). En Russie, période de dégel qui transforme la surface du sol en boue.

RASSASIEMENT n.m. *Litt.* État d'une personne rassasiée.

RASSASIER v.t. [5] (du lat. *satiare*). **1.** Apaiser la faim de. **2.** Satisfaire pleinement les désirs, les passions de qqn. *Il n'est jamais rassasié de la voir.*

RASSEMBLEMENT n.m. **1.** Action de rassembler. *Rassemblement de documents.* **2.** Grande réunion de personnes ; attroupement. *Disperser un rassemblement.* **3.** Union de forces politiques ou sociales en vue d'une action commune. – Nom que se donnent certains partis politiques. **4.** MIL. Sonnerie de clairon ou batterie de tambour pour rassembler une troupe.

RASSEMBLER v.t. **1.** Faire venir dans le même lieu ; réunir. *Rassembler des moutons.* **2.** Mettre ensemble ; accumuler. *Rassembler des matériaux.* **3.** Réunir, concentrer pour entreprendre qqch. *Rassembler ses forces, ses idées.* **4.** ÉQUIT. *Rassembler un cheval :* faire prendre à un cheval une attitude comportant essentiellement un bon ramener, un léger abaissement des hanches et un certain engagement des membres postérieurs sous la masse. ◆ **se rassembler** v.pr. Être réuni en un lieu ; se grouper.

RASSEMBLEUR, EUSE adj. et n. Qui rassemble, réunit.

RASSEOIR [raswar] v.t. [51]. Asseoir de nouveau ; remettre en place. ◆ **se rasseoir** v.pr. S'asseoir de nouveau, après s'être levé.

RASSÉRÉNER [raserene] v.t. [11] (de *serein*). Rendre la sérénité, le calme à. *Cette bonne nouvelle l'a rasséréné.* ◆ **se rasséréner** v.pr. Retrouver son calme.

RASSIR v.i. [auxil. *avoir* ou *être*]. Devenir rassis, en parlant d'un aliment.

RASSIS, E adj. (p. passé de *rasseoir*). **1.** *Pain rassis,* qui n'est plus frais, mais qui n'est pas encore dur. – BOUCH. *Viande rassise :* viande d'animaux tués depuis plusieurs jours. **2.** *Litt.* *Esprit rassis,* calme, réfléchi.

RASSISSEMENT n.m. Fait de rassir.

RASSORTIMENT n.m. → **RÉASSORTIMENT.**

RASSORTIR v.t. → **RÉASSORTIR.**

RASSURANT, E adj. Propre à rassurer. *Nouvelle rassurante.*

RASSURER v.t. Rendre sa confiance, son assurance, sa tranquillité à qqn, dissiper ses craintes. *Ce que vous me dites là me rassure.*

RASTA ou **RASTAFARI** adj. et n. (de *ras Tafari,* nom porté par Hailé Sélassié). Se dit d'un mouvement mystique, politique et culturel propre aux Noirs de la Jamaïque et des Antilles anglophones ; qui en est partisan. (La musique reggae, notamm., en est une manifestation.)

RASTAQUOUÈRE [rastakwɛr] ou **RASTA** n.m. (esp. *rastracuero,* traîne-cuir). *Fam., péjor.* Étranger menant grand train et dont on ne connaît pas les moyens d'existence.

RASTEL n.m. Région. (Midi). Réunion de gens que l'on invite à boire.

RAT n.m. **1.** Mammifère rongeur originaire d'Asie, très nuisible. (Le *rat noir* a envahi l'Europe au XIIIe s. en propageant la peste et a été supplanté au XVIIe s. par le *surmulot,* ou *rat d'égout.* Genre *Rattus ;* famille des muridés.) ◇ *Rat musqué :* ondatra. – *Rat palmiste :* xérus. – *Rat à trompe :* macroscélide. **2.** *Fam.* *Être fait comme un rat :* être pris au piège, dupé. – *Fam. Rat de bibliothèque :* personne qui passe son temps à consulter des livres dans les bibliothèques. – *Fam. Rat d'hôtel :* filou qui dévalise les hôtels. **3.** Jeune élève de la classe de danse, à l'Opéra. ◆ adj.m. et n.m. *Fam.* Avare, pingre.

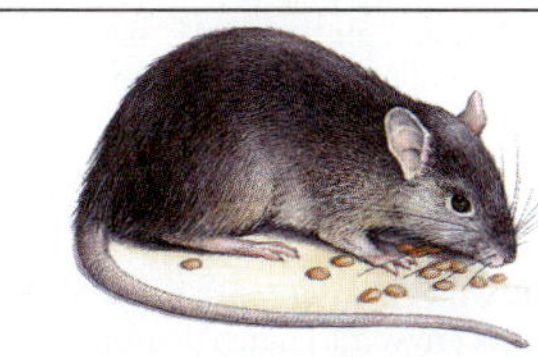

■ **RAT.** Rat noir.

RATA n.m. (abrév. de *ratatouille*). *Fam.* Mauvais ragoût ; pitance quelconque.

RATAFIA n.m. (mot créole). Boisson alcoolique aromatique sucrée, obtenue par macération de fruits, de fleurs, de tiges, etc., ou par mélange de marc et de moût de raisin.

RATAGE n.m. Action de rater ; échec.

RATAPLAN interj. → **RANTANPLAN.**

RATATINÉ, E adj. **1.** Rapetissé et déformé ; rabougri, flétri. *Des pommes ratatinées.* **2.** *Fam.* Démoli. *Il a eu un accident, sa voiture est ratatinée.*

RATATINER v.t. (de l'anc. fr. *tatin,* petite quantité). **1.** Rapetisser en déformant. **2.** *Fam.* Endommager gravement ; démolir. **3.** *Fam.* Battre à plate couture ; écraser. *Notre équipe a ratatiné l'équipe adverse.* **4.** *Fam.* Tuer. *Se faire ratatiner.* ◆ **se ratatiner** v.pr. Se tasser en se recroquevillant ; se flétrir.

RATATOUILLE n.f. (de *touiller*). **1.** *Fam.* Ragoût grossier. **2.** *Ratatouille niçoise :* plat provençal composé d'aubergines, de courgettes, de poivrons, d'oignons et de tomates assaisonnés et cuits à l'huile d'olive.

RAT-DE-CAVE n.m. (pl. *rats-de-cave*). Longue mèche recouverte de cire qui servait à éclairer.

1. RATE n.f. Rat femelle. ◇ Suisse. *Faire la rate :* diriger un rayon de soleil sur qqn au moyen d'un miroir, par jeu.

2. RATE n.f. (moyen néerl. *rate,* rayon de miel). Organe abdominal, situé du côté gauche, sous le diaphragme, et jouant surtout un rôle d'organe lymphoïde. ◇ *Fam. Dilater la rate :* faire rire.

1. RATÉ n.m. **1.** Fonctionnement défectueux de qqch. **2.** Coup d'une arme à feu qui n'est pas parti. **3.** Bruit accidentel léger d'un moteur thermique, correspondant à une interruption momentanée du fonctionnement d'un ou de plusieurs cylindres.

2. RATÉ, E adj. et n. *Fam.* Se dit d'une personne qui, faute de talent ou de chance, n'a pas réussi.

RÂTEAU n.m. (lat. *rastellus*). **1.** Outil agricole et de jardinage formé d'une traverse portant des dents et munie d'un manche. **2.** Raclette à manche avec laquelle le croupier ramasse les mises et les jetons sur les tables de jeu.

RATEL n.m. (de *rat*). Mammifère carnivore de l'Afrique et de l'Inde, voisin du blaireau, au pelage blanc et argenté sur le sommet de la tête et sur le dos, et noir sur le reste du corps. (Long. 60 cm sans la queue ; genre *Mellivora,* famille des mustélidés.)

RÂTELAGE n.m. Action de râteler.

RÂTELÉE n.f. Ce qu'on amasse d'un seul coup de râteau.

RÂTELER v.t. [16]. Nettoyer, amasser avec un râteau ; ratisser.

RÂTELEUR, EUSE n. Personne qui râtelle, notamm. les foins.

RÂTELIER n.m. (de *râteau*). **1.** Assemblage à claire-voie de barres de bois ou de tubes, pour mettre le foin et la paille qu'on donne aux animaux. ◇ *Fam. Manger à deux, à plusieurs, à tous les râteliers :* servir avec profit deux causes opposées ; tirer avantage d'emplois ou de situations différents. **2.** Tringle disposée le long d'un établi pour y placer les outils. ◇ *Râtelier d'armes :* support muni d'encoches où l'on range les fusils. **3.** *Fam.* Dentier.

RATER v.i. (de *rat*). **1.** Ne pas partir, en parlant du coup d'une arme à feu. **2.** *Fam.* Échouer. *Projet qui rate.* ◆ v.t. **1.** Manquer une cible, un but. *Rater un lièvre.* ◇ *Fam. Ne pas rater qqn,* lui faire une réponse bien sentie ; le prendre sur le fait pour le punir. – *Fam. Ne pas en rater une :* commettre tous les impairs, toutes les maladresses possibles. **2.** Ne pas mener à bien une action, ne pas réussir ce qu'on entreprend. *Rater un examen. Rater son coup.* **3.** Ne pas atteindre à temps qqn qu'on cherche à joindre, un véhicule de transport en commun, etc. ; manquer. *Je l'ai ratée à deux minutes.* **4.** Ne pas profiter de qqch. *Rater une occasion. Rater le début d'un spectacle.*

R

RATIBOISER v.t. (de *ratisser*). *Fam.* **1.** Prendre, rafler. **2.** Ruiner, détruire. **3.** Couper ras les cheveux de qqn.

RATICIDE adj. et n.m. Se dit d'un produit qui tue les rats.

RATIER n.m. Chien qui chasse les rats.

RATIÈRE n.f. **1.** Piège à rats. **2.** Mécanisme servant à commander les lames d'un métier à tisser.

RATIFICATION n.f. **1.** Action de ratifier ; confirmation, approbation. **2.** Procédure par laquelle le Parlement confère force de loi aux ordonnances prises par le gouvernement dans le cadre d'une loi d'habilitation. **3.** Acte juridique par lequel une personne prend à son compte l'engagement pris en son nom par une autre qui n'était pas habilitée. **4.** DR. INTERN. Acte par lequel un État confirme sa volonté d'être engagé par un traité international préalablement signé par un plénipotentiaire.

RATIFIER v.t. [5] (du lat. *ratus,* confirmé). **1.** Confirmer ce qui a été fait ou promis. *Ratifier un projet.* **2.** DR. Reconnaître la validité d'un engagement pris par un mandataire non habilité ; procéder à une ratification.

RATINAGE n.m. TEXT. Frisure que l'on fait subir à certaines étoffes.

RATINE n.f. (de l'anc. fr. *rater,* racler). Étoffe de laine dont le poil est tiré en dehors et frisé.

RATINER v.t. TEXT. Soumettre au ratinage.

RATINEUSE n.f. Machine à ratiner les étoffes.

RATING [ratiŋ] n.m. (mot angl., de *to rate,* évaluer). **1.** SPORTS. Nombre exprimé en dimensions linéaires (mètres ou pieds), représentatif des qualités d'un voilier et destiné au calcul de son handicap. **2.** BANQUE. (Anglic. déconseillé). Notation.

RATIO [rasjo] n.m. (mot lat.). ÉCON. Rapport, exprimé en pourcentage, entre deux grandeurs économiques ou financières.

RATIOCINATION [rasjɔ-] n.f. *Litt.* Abus du raisonnement ; raisonnement trop subtil.

RATIOCINER [rasjɔ-] v.i. (lat. *ratiocinari,* de *ratio,* raison). *Litt.* Raisonner d'une façon trop subtile ou interminable.

RATION n.f. (lat. *ratio,* compte). **1.** Quantité d'un aliment attribuée à qqn ou à un animal pour une journée. *Ration de fourrage pour un cheval.* ◇ *Ration de combat :* ensemble des diverses denrées nécessaires à l'alimentation d'un ou de plusieurs combattants pendant une journée. **2.** Ce que qqn subit ; lot, part. *Elle a eu sa ration d'épreuves.*

RATIONAL [rasjɔnal] n.m. [pl. *rationaux*] (lat. *rationale*). Pectoral.

RATIONALISATION n.f. **1.** Action de rationaliser qqch. **2.** Perfectionnement d'une organisation technique en vue de son meilleur fonctionnement. **3.** *Rationalisation des choix budgétaires (RCB) :* méthode cherchant à repérer les buts et les objectifs que se fixent les différents centres de décision publics, à définir les moyens permettant d'atteindre les uns et les autres, et à choisir les plus efficaces d'entre eux. **4.** PSYCHOL. Justification a posteriori par un sujet d'un acte présentant un aspect qui pose problème.

RATIONALISER v.t. **1.** Déterminer, organiser suivant des calculs ou des raisonnements. *Rationaliser l'alimentation.* **2.** Rendre plus efficace et moins coûteux un processus de production. *Rationaliser une fabrication.* **3.** PSYCHOL. Se livrer à la rationalisation d'un acte, d'une conduite.

RATIONALISME n.m. **1.** PHILOS. **a.** Doctrine selon laquelle tout ce qui existe a sa raison d'être et ne saurait être considéré en soi comme inintelligible (par oppos. à *irrationalisme*). **b.** Doctrine selon laquelle la connaissance humaine procède de principes a priori indépendants de l'expérience. (En ce sens, le rationalisme, qui peut être *absolu* [Platon, Descartes] ou *critique* [Kant], s'oppose à l'*empirisme.*) **2.** *(Souvent péjor.).* Conception n'admettant dans les dogmes religieux que ce qui est compatible avec la raison. **3.** Disposition d'esprit qui n'accorde de valeur qu'à la raison, au raisonnement. **4.** Tendance architecturale française du XIXe s. donnant la priorité à la fonction et à la structure sur le traitement formel et décoratif (Labrouste, Viollet-le-Duc, etc.).

R

RATIONALISTE adj. et n. PHILOS. Qui relève du rationalisme ; qui en est partisan.

RATIONALITÉ n.f. Caractère de ce qui est rationnel. *La rationalité d'un fait scientifique.*

RATIONNAIRE adj. et n. Qui a droit à une ration.

RATIONNEL, ELLE adj. (du lat. *ratio,* raison). **1.** Qui est fondé sur la raison. *Certitude rationnelle. Méthode rationnelle.* **2.** Qui est déduit par le raisonnement et n'a rien d'empirique. *Mécanique rationnelle.* **3.** Déterminé par des calculs ou par des raisonnements. *Alimentation rationnelle.* **4.** Qui manifeste de la raison, de la logique, du bon sens. *Ce que vous dites n'est pas rationnel.* **5.** ARITHM. *Nombre rationnel,* ou *rationnel,* n.m. : élément de l'ensemble **Q**. – *Fonction* ou *fraction rationnelle :* fonction numérique égale au quotient de deux polynômes.

RATIONNELLEMENT adv. De façon rationnelle.

RATIONNEMENT n.m. Action de rationner ; fait d'être rationné.

RATIONNER v.t. **1.** Réduire, par une répartition en quantités limitées, la consommation de. *Rationner l'essence.* **2.** Diminuer la ration de ; limiter dans sa consommation d'aliments, d'une denrée, d'un produit donnés. *On a rationné les troupes en prévision du siège de la ville.*

RATISSAGE n.m. Action de ratisser.

RATISSER v.t. (du moyen fr. *rater,* racler). **1.** Nettoyer ou égaliser avec un râteau. *Ratisser une allée.* **2.** Fouiller méthodiquement une zone de terrain, un quartier pour rechercher les éléments adverses, des malfaiteurs, une personne disparue, etc. **3.** *Fam.* Ruiner qqn. ◆ v.i. *Fam. Ratisser large :* tenter, sans se soucier des critères de sélection, de rassembler le plus grand nombre de personnes ou de choses.

RATITE n.m. (lat. *ratis,* radeau). Oiseau coureur à ailes réduites et au sternum sans bréchet, tel que l'autruche, le nandou, l'émeu, l'aptéryx. (Les ratites forment un ordre.)

RATON n.m. **1.** Jeune rat. **2.** *Raton laveur :* mammifère carnivore d'Amérique, recherché pour sa fourrure de couleur gris fauve. (Omnivore, il trempe ses aliments dans l'eau avant de les manger ; famille des procyonidés.)

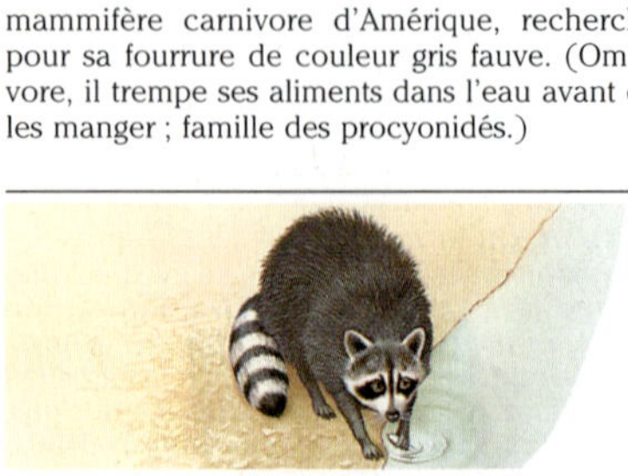

■ **RATON.** Raton laveur.

RATONNADE n.f. (d'un sens injur. et raciste de *raton*). *Fam., péjor.* Expédition punitive ou série de brutalités exercées contre des Maghrébins et, par ext., contre d'autres personnes.

RATTACHEMENT n.m. Action de rattacher.

RATTACHER v.t. **1.** Attacher de nouveau. **2.** Faire dépendre qqch d'une chose principale ; établir un rapport entre des choses ou des personnes. *Rattacher une question à une autre.* ◆ **se rattacher** v.pr. (**à**). Être lié à. *Se rattacher au classicisme.*

RATTACHISTE n. et adj. Belgique. Partisan du rattachement à la France de tout ou partie des régions francophones de Belgique.

RAT-TAUPE n.m. (pl. *rats-taupes*). Spalax.

RATTE n.f. Petite pomme de terre d'une variété de forme allongée, à peau et à chair jaunes.

RATTRAPABLE adj. Qui peut être rattrapé.

RATTRAPAGE n.m. Action de rattraper ou de se rattraper.

RATTRAPER v.t. **1.** Attraper, saisir de nouveau. *Rattraper un prisonnier.* **2.** Saisir qqch, qqn afin de les empêcher de tomber ; retenir. **3.** Rejoindre qqn, qqch qui a de l'avance. *Allez devant, je vous rattraperai.* **4.** Atténuer un défaut, une erreur ; corriger une inégalité. ◆ **se rattraper** v.pr. **1.** Se retenir de justesse. *Se rattraper à une branche.* **2.** Combler une perte, un déficit, un retard. *Élève qui s'est rattrapé au troisième trimestre.* **3.** Corriger une erreur qu'on était en train de commettre.

RATURAGE n.m. Action de raturer.

RATURE n.f. (du lat. *radere,* raser). Trait tracé sur ce qu'on a écrit pour l'annuler.

RATURER v.t. Annuler ce qui est écrit en biffant, en traçant un trait dessus.

RAUCHAGE n.m. (mot picard). MIN. Remise à section ou agrandissement d'une galerie.

RAUCHER v.t. Faire un rauchage.

RAUCITÉ n.f. *Litt.* Rudesse, âpreté de la voix.

RAUQUE adj. (lat. *raucus*). Se dit d'une voix rude et comme enrouée.

RAUQUER v.i. Feuler, en parlant du tigre.

RAUWOLFIA [rowɔlfja] n.m. (de *Rauwolf,* botaniste all.). Arbuste de l'Inde *(Rauwolfia serpentina)* dont on tire des médicaments tels que la réserpine. (Famille des apocynacées.)

RAVAGE n.m. (de *ravir*). **1.** Dommage ou dégât matériel important, causé de façon violente par l'action des hommes, par les agents naturels, par un cataclysme, etc. *Les ravages de la guerre.* **2.** Effet désastreux de qqch sur qqn, sur l'organisme, dans la société. *Les ravages de l'alcoolisme.* **3.** *Fam. Faire des ravages (dans les cœurs) :* susciter des passions amoureuses.

RAVAGER v.t. [10]. **1.** Causer des destructions, des dégâts matériels, des dommages considérables par l'effet d'une action violente. *Le séisme a ravagé cette région.* **2.** *Fig.* Causer à qqn de graves troubles physiques ou moraux, provoquer des désordres dans son existence. *Le chagrin l'a ravagé.* **3.** *Fam. Être ravagé,* fou, cinglé.

RAVAGEUR, EUSE adj. et n. Qui ravage ; dévastateur, destructeur.

RAVAL n.m. (pl. *ravals*). Approfondissement d'un puits de mine.

RAVALEMENT n.m. **1.** Opération qui consiste à nettoyer une façade par grattage, lavage, sablage, etc., et, le cas échéant, réfection des enduits. **2.** *Litt.* Action de déprécier ; fait d'être déprécié. *Ravalement à une condition inférieure.*

RAVALER v.t. (de *val*). **1.** Procéder au ravalement de. *Ravaler un immeuble, une façade.* **2.** Effectuer un raval. **3.** Avaler de nouveau. *Ravaler sa salive.* **4.** Retenir, garder pour soi ce qu'on s'apprêtait à manifester. *Ravaler sa colère.* ◇ *Fam. Faire ravaler ses paroles à qqn,* l'empêcher de tenir certains propos ; l'obliger à les rétracter. **5.** Mettre, placer à un niveau inférieur. *Des instincts qui ravalent l'homme au niveau de la bête.* ◆ **se ravaler** v.pr. *Litt.* S'abaisser, s'avilir.

RAVALEUR n.m. CONSTR. Professionnel qui effectue un ravalement.

RAVAUDAGE n.m. Vieilli. Raccommodage de vêtements usés.

RAVAUDER v.t. (de l'anc. fr. *ravaut,* sottise, de *ravaler*). Vieilli. Raccommoder à l'aiguille ; repriser.

RAVAUDEUR, EUSE n. Vieilli. Personne qui raccommode les vêtements.

1. RAVE n.f. (anc. fr. *reve,* du lat. *rapa,* navet). **1.** Plante cultivée pour sa racine charnue comestible, dont il existe des variétés potagères et fourragères. (Famille des crucifères.) **2.** Désignation des variétés de certaines plantes potagères comme le navet et le radis. (La *rave d'Auvergne* est un navet.)

2. RAVE [rɛv] n.f. (de l'angl. *to rave,* délirer, s'extasier). Rassemblement festif dansant et plus ou moins secret des amateurs de house ou de techno, génér. dans un bâtiment désaffecté ou en plein air. (On dit aussi *rave-party.*)

RAVENALA [ravenala] n.m. (malgache *ravinala*). Arbre originaire de Madagascar, appelé aussi *arbre du voyageur,* car la base de ses feuilles recueille l'eau de pluie. (Famille des musacées.)

■ **RAVENALA**

RAVENELLE n.f. (anc. fr. *rafne,* du lat. *raphanus,* raifort). **1.** Moutarde des champs, appelée aussi *moutarde noire* ou *sénevé.* (Nom sc. : *Sinapis arvensis.*) **2.** Plante adventice des terrains cultivés, à fleurs blanches ou jaunes, voisine du radis. (Genre *Raphanus ;* famille des crucifères.)

RAVEUR, EUSE n. Personne qui participe à une rave.

RAVI, E adj. Très content, enchanté, notamm. dans une formule de politesse. *Ravi de vous revoir.*

RAVIER n.m. (de *1. rave*). Petit plat oblong, dans lequel on sert des hors-d'œuvre ; son contenu.

RAVIGOTANT, E adj. *Fam.* Qui ravigote, revigore. *Un petit vin ravigotant.*

RAVIGOTE n.f. Vinaigrette additionnée de fines herbes, de câpres et d'échalotes.

RAVIGOTER v.t. (altér. de *revigorer*). *Fam.* Redonner de la vigueur, de la force à qqn.

RAVIN n.m. **1.** Dépression allongée et profonde creusée par un torrent. **2.** Vallée sauvage et encaissée.

RAVINE n.f. (anc. fr. *raviner,* couler avec force). **1.** Petit ravin. **2.** Amorce d'un ravinement.

RAVINEMENT n.m. Formation de sillons, de ravines par les eaux de pluie, notamm. sur les pentes déboisées des reliefs.

RAVINER v.t. Creuser le sol de ravines. *L'orage a raviné les terres.*

RAVIOLE n.f. Petit carré de pâte alimentaire fourré de fromage. (Cuisine dauphinoise.)

RAVIOLI n.m. [pl. *ravioli(s)*] (mot ital.). Petit carré de pâte à nouille farci de viande, d'herbes hachées, etc., et poché.

RAVIR v.t. (lat. *rapere*). **1.** Plaire énormément à qqn. *Cette musique me ravit.* ◇ *À ravir :* admirablement. *Cette robe lui va à ravir.* **2.** *Litt.* Enlever par la force. *Ravir un enfant à ses parents.* **3.** *Litt.* Arracher qqn à l'affection de ses proches, en le privant de la vie.

RAVISER (SE) v.pr. Changer d'avis, revenir sur une résolution.

RAVISSANT, E adj. Qui est extrêmement joli, charmant ; qui plaît beaucoup par sa beauté.

RAVISSEMENT n.m. **1.** État de l'esprit transporté de joie, d'admiration. **2.** RELIG. Extase mystique.

1. RAVISSEUR, EUSE n. Personne qui enlève qqn par la force ou la ruse.

2. RAVISSEUR, EUSE adj. *Patte ravisseuse :* patte antérieure de certains insectes, tels que la mante religieuse, qui se replie autour de la proie à la manière d'un couteau pliant.

RAVITAILLEMENT n.m. **1.** Action de ravitailler. **2.** Denrées nécessaires à la consommation.

RAVITAILLER v.t. (anc. fr. *avitailler,* de *vitaille,* victuaille). **1.** Fournir des vivres à. *Ravitailler un village isolé.* **2.** Pourvoir un véhicule en carburant, une armée en munitions, etc.

1. RAVITAILLEUR, EUSE n. MIL. Personne préposée au ravitaillement.

2. RAVITAILLEUR n.m. Navire ou avion chargé du ravitaillement en vivres, en munitions, en carburant au cours d'opérations.

RAVIVAGE n.m. Action de raviver.

RAVIVER v.t. **1.** Rendre plus vif. *Raviver le feu.* **2.** Redonner de l'éclat, de la fraîcheur à. **3.** *Litt.* Faire revivre ; ranimer. *Raviver l'espérance.* **4.** MÉTALL. Effectuer un découpage poussé de métaux que l'on veut dorer ou recouvrir d'un dépôt électrolytique.

RAVOIR v.t. (Seulem. à l'inf.) **1.** Avoir de nouveau. **2.** *Fam.* Redonner l'aspect du neuf à qqch. ◆ **se ravoir** v.pr. Belgique. Reprendre haleine ; retrouver ses esprits.

RAY [rɛ] n.m. (mot annamite). Culture sur brûlis, en Asie du Sud-Est.

RAYA ou **RAÏA** [raja] n.m. (turc *reaya*). HIST. Sujet non musulman de l'Empire ottoman.

RAYAGE [rɛjaʒ] n.m. Action de rayer.

RAYÉ, E [rɛje] adj. **1.** Qui a des raies ou des rayures. **2.** *Canon rayé :* canon d'une arme à feu dont l'intérieur porte des rayures. **3.** BOT. *Vaisseau rayé :* vaisseau du bois où les épaississements de lignine ont l'aspect de raies transversales.

RAYER [rɛje] v.t. [6] (anc. fr. *royer,* de *roie,* raie). **1.** Faire des raies sur ; détériorer une surface par des rayures. *Rayer du verre.* **2.** Pratiquer des rayures dans le canon d'une arme à feu. **3.** Annuler au moyen d'un trait ; barrer. *Rayer un mot.* **4.** Décider l'exclusion de ; radier, éliminer. *Rayer qqn de la liste des candidats.*

RAY-GRASS [rɛgrɑ] ou [-gras] n.m. inv. (mot angl.). Graminée fourragère vivace, utilisée pour les prairies temporaires, les pelouses. (Genre *Lolium.*)

■ **RAY-GRASS**

RAYNAUD (SYNDROME DE) : trouble vasomoteur touchant princip. les mains et survenant par crises déclenchées surtout par le froid.

1. RAYON [rɛjɔ̃] n.m. (du francique *hrata*). **1.** Chaque tablette d'une bibliothèque, d'une armoire, etc. ◇ *Fam. En connaître un rayon :* être très compétent. **2.** Ensemble de certains comptoirs d'un magasin affectés à un même genre de marchandises. ◇ *Fam. C'est mon rayon :* cela me concerne. **3.** Gâteau de cire, comportant une juxtaposition d'alvéoles, que font les abeilles.

2. RAYON [rɛjɔ̃] n.m. (lat. *radius*). **1.** Trait, ligne qui part d'un centre lumineux. *Rayon de soleil.* **2.** OPT. *Rayon lumineux :* ligne hypothétique suivant laquelle la lumière se propage. – MÉTÉOROL. *Rayon vert :* bref éclat vert que l'on aperçoit, dans une atmosphère très pure, au point de l'horizon où le soleil commence à se lever ou vient de se coucher. **3.** *Rayon d'espérance, de joie, etc. :* ce qui fait naître l'espoir, la joie, etc. **4.** *Rayon visuel :* ligne idéale allant de l'objet à l'œil de l'observateur. **5.** GÉOMÉTR. Segment dont une extrémité est le centre d'un cercle, d'une sphère, l'autre étant un point du cercle, de la sphère ; longueur de ce segment. ◇ *Dans un rayon de :* à telle distance à la ronde. **6.** *Rayon d'action :* distance maximale que peut parcourir à une vitesse donnée un navire, un avion, un char, etc., sans ravitaillement en combustible ; *fig.,* zone d'influence, d'activité. **7.** Pièce de bois ou de métal qui relie le moyeu à la jante d'une roue. **8.** ZOOL. Chacune des pièces squelettiques qui soutiennent les nageoires des poissons. ◆ pl. Nom donné à certains rayonnements. *Rayons alpha* (α), *bêta* (β), *gamma* (γ), *X.*

3. RAYON n.m. (de *1. raie*). AGRIC. Sillon peu profond dans lequel on sème des graines.

1. RAYONNAGE n.m. Assemblage de planches, d'étagères constituant une bibliothèque, une vitrine, etc.

2. RAYONNAGE n.m. AGRIC. Action de rayonner.

RAYONNANT, E adj. **1.** Qui produit des rayonnements ou des radiations. **2.** Qui est disposé à la manière de rayons divergeant autour d'un centre. *Motif rayonnant.* ◇ *Chapelles rayonnantes :* chapelles absidales ouvrant sur le déambulatoire semi-circulaire d'un chœur d'église. – *Style gothique rayonnant :* style de l'architecture gothique en France, à partir de 1240 env. **3.** Plein d'éclat ; radieux. *Une beauté rayonnante. Un visage rayonnant de joie, de santé.*

RAYONNE n.f. Fil textile continu réalisé en viscose ; étoffe tissée avec ce fil.

RAYONNÉ, E adj. Disposé en forme de rayons.

RAYONNEMENT n.m. **1.** *Litt.* Fait de rayonner. **2.** Mode de propagation de l'énergie sous forme d'ondes ou de particules. ◇ *Pression de rayonnement :* pression exercée par un rayonnement électromagnétique sur une surface réfléchissante ou absorbante placée sur son trajet. **3.** Ensemble des radiations émises par un corps. *Rayonnement solaire.* **4.** Fait de se propager durablement ; influence. *Le rayonnement d'une œuvre, d'une civilisation.* **5.** *Fig.* Vive expression de bonheur, de satisfaction. *Rayonnement de joie.*

1. RAYONNER v.i. **1.** *Litt.* Émettre des rayons. **2.** Émettre de l'énergie qui se transmet à travers l'espace. **3.** Faire sentir son action sur une certaine étendue ou durée. **4.** Manifester l'expression du bonheur, de la santé, etc. *Visage qui rayonne.* **5.** Être disposé comme les rayons d'un cercle. **6.** *Rayonner autour d'un lieu, d'une région, etc. :* se déplacer dans un certain rayon autour d'un lieu.

2. RAYONNER v.t. Garnir de rayonnages.

3. RAYONNER v.t. AGRIC. Tracer des rayons dans un champ, dans un jardin, pour y faire des semis.

RAYONNEUR n.m. AGRIC. Pièce d'un semoir mécanique traçant des rayons où seront déposées les semences.

RAYURE [rɛjyr] n.f. **1.** Trace laissée sur un objet par un corps pointu ou coupant. **2.** Chacune des bandes, des raies qui se détachent sur un fond. *Les rayures d'une étoffe.* **3.** Rainure hélicoïdale du canon d'une arme à feu, pour imprimer au projectile un mouvement de rotation qui en augmente la précision.

RAZ [rɑ] n.m. (mot normand). Détroit parcouru par des courants de marée rapides ; le courant lui-même.

RAZ DE MARÉE ou **RAZ-DE-MARÉE** [radmare] n.m. inv. **1.** Énorme vague qui peut atteindre 20 à 30 m de hauteur, provoquée par un séisme, une éruption volcanique sous-marine ou une tempête. **2.** *Fig.* Phénomène brutal et massif qui bouleverse une situation donnée, princip. politique ou sociale.

RAZZIA [-zja] ou [-dzja] n.f. (de l'ar.). Incursion faite en territoire ennemi afin d'enlever les troupeaux, de faire du butin, etc. ◇ *Fam. Faire une razzia sur qqch,* l'emporter par surprise, par violence ou rapidement, sans rien laisser.

RAZZIER v.t. [5]. Exécuter une razzia sur ; piller.

RDS ou **R.D.S.** n.m. (sigle). Remboursement de la dette sociale. (→ *contribution*).

RÉ n.m. inv. Note de musique, deuxième degré de la gamme de *do.*

RÉA n.m. (de *rouat,* altér. de *rouet*). MANUT. Roue d'une poulie dont le pourtour présente une gorge.

RÉABONNEMENT n.m. Nouvel abonnement, prolongation d'un abonnement.

RÉABONNER v.t. Abonner de nouveau.

RÉABSORBER v.t. Absorber de nouveau.

RÉABSORPTION n.f. Nouvelle absorption.

RÉAC adj. et n. (abrév.). *Fam.* Réactionnaire.

RÉACCOUTUMER v.t. Accoutumer de nouveau. ◇ v.pr. *Se réaccoutumer à marcher.*

RÉACTANCE n.f. Partie imaginaire de l'impédance complexe d'un dipôle électrique.

RÉACTANT n.m. CHIM. Molécule mise en situation de réaction.

RÉACTEUR n.m. **1.** AVIAT. Moteur aérobie assurant une propulsion par réaction directe sans entraîner d'hélice. **2.** Installation industrielle où s'effectue une réaction chimique en présence d'un catalyseur. **3.** *Réacteur nucléaire :* appareil dans lequel est produite et dirigée une réaction nucléaire de fission ou de fusion.

ENCYCL. Dans les *réacteurs à neutrons lents* (RNL), on introduit, parmi les constituants du cœur, un modérateur qui, en ralentissant les neutrons, facilite l'établissement d'une réaction en chaîne. Le ralentissement des neutrons est réalisé par des chocs sur les noyaux du modérateur. On utilise l'eau lourde, le graphite ou l'eau ordinaire. Avec cette dernière, qui capture davantage les neutrons, il faut employer, comme combustible, de l'uranium enrichi. Dans les *réacteurs à neutrons rapides* (RNR), où il n'y a pas de modérateur, on doit, pour réaliser une réaction en chaîne, utiliser un combustible qui contient une forte proportion de noyaux fissiles. Ces réacteurs présentent l'avantage de produire plus de substance fissile qu'ils n'en consomment, d'où leur nom de « surgénérateurs ».
Quel que soit le réacteur, il faut ensuite extraire du cœur la chaleur produite. Pour cela, on fait circuler un fluide dit « caloporteur », qui capte cette chaleur. Les caloporteurs les plus employés pour les RNL sont le gaz carbonique sous pression, l'eau lourde sous pression ou l'eau ordinaire, quand le modérateur est, respectivement, du graphite, de l'eau lourde ou de l'eau ordinaire. Le fluide de refroidissement adopté pour les RNR est le sodium liquide.

RÉACTIF, IVE adj. Qui réagit. *Force réactive.* ◇ ÉLECTR. *Courant réactif :* composante d'un courant sinusoïdal en quadrature avec la tension. ◆ n.m. CHIM. Substance qui peut réagir avec une ou plusieurs espèces chimiques. (Un réactif permet de classer les réactions dans lesquelles il intervient et de caractériser une espèce chimique particulière.)

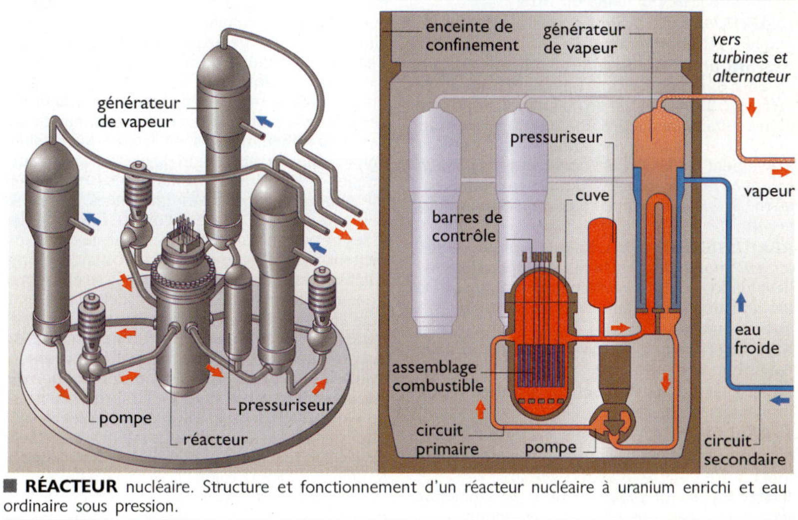

■ **RÉACTEUR** nucléaire. Structure et fonctionnement d'un réacteur nucléaire à uranium enrichi et eau ordinaire sous pression.

R

RÉACTION n.f. **1.** MÉCAN. Force qu'exerce en retour un corps soumis à l'action d'un autre corps. ◇ *Avion à réaction :* avion propulsé par un moteur fonctionnant par éjection d'un flux gazeux sous pression et à grande vitesse *(moteur à réaction).* **2.** TECHN. Rétroaction. **3.** CHIM. Transformation se produisant lorsque plusieurs corps chimiques sont mis en présence ou lorsqu'un corps, perturbé ou non, change de composition. **4.** PHYS. *Réaction nucléaire :* phénomène obtenu en bombardant le noyau d'un atome avec une particule élémentaire, un autre noyau, etc., et qui donne naissance au noyau d'un nouvel élément. **5.** Manière dont une machine, un organe mécanique répond à certaines commandes. **6.** PSYCHOL. Tout comportement directement suscité par un événement extérieur au système nerveux, appelé *stimulus.* SYN. : *réponse.* ◇ *Temps de réaction :* latence. **7.** Ensemble des phénomènes, pathologiques ou de défense, déclenchés dans l'organisme par un agent extérieur. *Réaction inflammatoire, allergique.* **8.** Manière dont qqn, un groupe réagit face à un événement ou à l'action de qqn d'autre. *Sa première réaction a été de protester.* **9.** Mouvement d'opinion opposé à un mouvement antérieur. *La Contre-Réforme, réaction de l'Église catholique contre la Réforme protestante.* **10.** POLIT. Tendance politique qui s'oppose aux évolutions sociales et s'efforce de rétablir un état de choses ancien ; ensemble des personnes, des partis qui s'en réclament.

R

RÉACTIONNAIRE adj. et n. POLIT. Qui appartient à la réaction ; qui lui est favorable. *Parti réactionnaire.* Abrév. *(fam.) : réac.*

RÉACTIONNEL, ELLE adj. **1.** Relatif à une réaction chimique, physiologique, etc. **2.** Se dit d'un trouble psychique dont la cause est un événement traumatisant. *Une dépression réactionnelle.*

RÉACTIVATION n.f. Action de réactiver.

RÉACTIVER v.t. **1.** Activer de nouveau qqch. *Réactiver le feu.* **2.** Donner à qqch une nouvelle vigueur. *Réactiver les pourparlers.* **3.** CHIM. Régénérer, en parlant d'un catalyseur.

RÉACTIVITÉ n.f. Aptitude à réagir, notamm. d'un être vivant, d'une espèce chimique.

RÉACTOGÈNE adj. et n.m. IMMUNOL. Rare. Allergène.

RÉACTUALISATION n.f. Action de réactualiser ; fait d'être réactualisé.

RÉACTUALISER v.t. Remettre à jour.

RÉADAPTATION n.f. **1.** Action de réadapter ; fait de se réadapter, notamm. à une activité interrompue pendant un certain temps. **2.** Ensemble de moyens médico-sociaux (rééducation, travail intermittent, etc.) permettant à un handicapé d'avoir une vie sociale et professionnelle le plus proche possible de la normale.

RÉADAPTER v.t. **1.** Adapter de nouveau. **2.** MÉD. Faire bénéficier un malade d'une réadaptation.

RÉADMETTRE v.t. [64]. Admettre de nouveau.

RÉADMISSION n.f. Nouvelle admission.

READY-MADE [rɛdimɛd] n.m. [pl. *ready-made(s)*] (mot angl., *tout fait*). ART MOD. Objet manufacturé, modifié ou non, promu au rang d'objet d'art par le seul choix de l'artiste. (Notion élaborée par M. Duchamp en 1913.)

RÉAFFIRMER v.t. Affirmer de nouveau et de manière plus catégorique.

RÉAGIR v.i. **1.** Présenter une modification qui est un effet direct de l'action exercée par un agent extérieur. **2.** CHIM. Entrer en réaction. **3.** Répondre d'une certaine manière à une action, à un événement. *Bien réagir à une critique.* **4.** S'opposer activement à l'action de qqch ; résister. *Réagir contre la routine.* **5.** Avoir des répercussions sur qqch. *Trouble psychique qui réagit sur l'organisme.*

RÉAJUSTEMENT n.m. **1.** Rajustement. **2.** *Réajustement monétaire :* ensemble d'opérations de dévaluation ou de réévaluation entraînant la modification des cours pivots au sein d'un système monétaire.

RÉAJUSTER v.t. **1.** Rajuster. **2.** Procéder à un réajustement monétaire.

REAL [real] n.m. (pl. *réis*). Unité monétaire principale du Brésil.

1. RÉAL, E, AUX adj. (esp. *real*). HIST. *Galère réale,* ou *réale,* n.f., à bord de laquelle embarquait le roi ou le général des galères.

2. RÉAL n.m. [pl. *réaux*] (esp. *real*). Ancienne monnaie, espagnole à l'origine, en argent.

RÉALÉSAGE n.m. Action de réaléser.

RÉALÉSER v.t. [11]. MÉCAN. INDUSTR. Augmenter légèrement le diamètre d'un alésage pour faire disparaître l'ovalisation due à l'usure.

RÉALGAR n.m. (de l'ar.). MINÉRALOG. Sulfure d'arsenic (AsS), de couleur rouge.

RÉALIGNEMENT n.m. Nouvelle définition du taux de change d'une monnaie par rapport à une autre ou à un ensemble d'autres. *Le réalignement du yen par rapport au dollar.*

RÉALIGNER v.t. ÉCON. Procéder au réalignement d'une monnaie.

RÉALISABLE adj. **1.** Qui peut être réalisé. *Projet réalisable.* **2.** Qui peut être vendu ou escompté. *Valeurs réalisables.*

RÉALISATEUR, TRICE n. **1.** Personne qui réalise ce qu'elle a conçu. **2.** Personne responsable de la réalisation d'un film ou d'une émission de télévision, de radio. (Au cinéma, on dit aussi *metteur en scène.*) ◆ adj. Rare. Qui réalise, concrétise qqch. *Esprit réalisateur.*

RÉALISATION n.f. **1.** Action de réaliser qqch. *La réalisation d'un projet, d'un plan.* **2.** Ce qui a été réalisé. *Une remarquable réalisation.* **3.** Direction de la préparation et de l'exécution d'un film ou d'une émission de télévision ou de radio ; fait d'assurer leur mise en scène ou en ondes ; le film ou l'émission ainsi réalisés. **4.** ÉCON. Vente de biens en vue de leur transformation en monnaie. **5.** MUS. Notation ou exécution complète des accords d'une basse chiffrée.

RÉALISER v.t. (de *réel*). **1.** Rendre réel et effectif ; concrétiser, accomplir. **2.** Procéder à la réalisation d'un film, d'une émission de télévision ou de radio. **3.** MUS. Compléter, en les notant ou en les exécutant, les accords imposés par les notes d'une basse chiffrée. **4.** Convertir un bien en argent liquide ; vendre, liquider. **5.** Prendre conscience de la réalité d'un fait, se le représenter clairement dans tous ses détails. *Réaliser la gravité de la situation.* ◆ **se réaliser** v.pr. **1.** Devenir réel. **2.** Rendre effectives les virtualités qui sont en soi.

RÉALISME n.m. **1.** Disposition à voir la réalité telle qu'elle est et à agir en conséquence. *Faire preuve de réalisme dans un cas difficile.* **2.** Caractère de ce qui est une description objective de la réalité, qui ne masque rien de ses aspects les plus crus. **3.** Courant littéraire et artistique de la seconde moitié du XIXe s., qui privilégie la représentation exacte, non idéalisée, de la réalité humaine et sociale. ◇ *Réalisme socialiste :* doctrine esthétique, proclamée en URSS, en 1934, sous l'influence déterminante de Jdanov, qui condamne les recherches formelles ainsi que l'attitude critique de l'écrivain à l'égard de la société. **4.** Courant cinématographique caractérisé par l'enregistrement au moyen du film d'un événement fictif ou authentique et non par sa reconstitution. **5.** PHILOS. Doctrine selon laquelle l'Être existe indépendamment du sujet qui se le représente et de cette représentation elle-même. ◇ *Réalisme des universaux :* au Moyen Âge, doctrine attribuant une existence réelle aux universaux.

ENCYCL. BX-ARTS. Si on a pu parler de réalisme, en art, à propos notamm. de courants qui se sont manifestés dès le XVIIe s. en réaction contre le maniérisme (le Caravage, les Carrache en Italie ; Murillo, Ribera, Velázquez en Espagne ; Hals, Vermeer, certains peintres de genre et de paysages en Hollande ; les Le Nain et autres « peintres de la réalité » en France, etc.), le terme désigne plus particulièrement une tendance apparue au milieu du XIXe s. en France. Manifestant une double réaction contre le classicisme académique et les aspirations romantiques, ce courant est marqué par diverses influences. Outre la peinture en plein air de l'école de Barbizon, les idées positivistes ainsi que le socialisme naissant incitent Courbet à privilégier la substance, même vulgaire, du vécu quotidien, Millet à se consacrer à la vie et au travail des paysans, Daumier à dépeindre le peuple de Paris et à fustiger juges et notables. Puis, dans le climat du naturalisme de Zola, Manet apporte sa marque au mouvement avant de rejoindre, tout comme Degas, une voie picturale divergente, celle de l'impressionnisme. En Europe, le courant réaliste touche divers pays, que ce soit avec les peintres de l'école de La Haye (Jozef Israëls, Jacob Maris), l'Allemand Menzel, le Belge C. Meunier, les *macchiaioli italiens, le Russe Repine, etc. Au XXe s., courant de réaction contre les forces dominantes de la plastique pure et de l'abstraction, le réalisme prend souvent une nuance insolite de violence (« nouvelle objectivité » des Allemands Beckmann, Dix, Grosz) ou de précision photographique déroutante (hyperréalisme de la fin des années 60, préparé dès l'entre-deux-guerres par l'œuvre de peintres américains comme Hopper). Quant au « nouveau réalisme » européen (Arman, César, Christo, Y. Klein, Raysse, N. de Saint Phalle, Spoerri, Tinguely, Raymond Hains, Mimmo Rotella, etc.), contemporain du *pop art et visant à capter le monde actuel dans sa réalité sociologique surtout urbaine, il s'est exprimé notamm. par un art de l'assemblage (Raysse, Spoerri) et de l'« accumulation » d'objets (Arman).

LITTÉR. Le premier théoricien du réalisme, le Français Champfleury (*le Réalisme,* 1857), juge le terme vague et « équivoque ». Si, à l'intérieur du romantisme, un réalisme s'était déjà affirmé (Balzac, Stendhal, Manzoni), c'est au milieu du siècle, avec Champfleury, Duranty et surtout Flaubert (qui n'accepte pas le terme) puis Maupassant qu'il triomphe. Sa systématisation conduira au naturalisme. Le courant réaliste, que d'autres pays européens ont connu, revendiquait l'impersonnalité, le refus de laisser orienter l'art par la morale, l'exposition de faits ordinaires, quotidiens.

CINÉMA. Le réalisme, inauguré par Louis Lumière, est notamment représenté par les films de J. Vigo, J. Renoir, R. Rossellini, E. Rohmer ou R. Depardon. Ils privilégient souvent le plan-séquence par rapport au montage. Le *réalisme poétique,* caractéristique de certains films français réalisés après *l'Atalante* (Jean Vigo, 1934) et jusqu'en 1946, manifestait l'intention de transfigurer la misère par le décor et l'éclairage (Marcel Carné, Julien Duvivier).

RÉALISTE adj. et n. **1.** Qui a le sens des réalités, qui a l'esprit pratique. **2.** Qui se rattache au réalisme ; qui en est partisan.

RÉALITÉ n.f. **1.** Caractère de ce qui est réel, de ce qui existe effectivement. *Douter de la réalité d'un fait.* **2.** Ce qui est réel, ce qui existe en fait, par oppos. à ce qui est imaginé, rêvé, fictif. *La réalité dépasse la fiction. Regarder la réalité en face.* ◇ *En réalité :* en fait ; réellement. **3.** Chose réelle, fait réel. *Être confronté à de dures réalités.* **4.** PSYCHAN. *Principe de réalité :* principe qui régit le fonctionnement psychique et qui corrige le principe de plaisir en adaptant les pulsions aux contraintes extérieures.

REALITY-SHOW ou **REALITY SHOW** [realitiʃo] n.m. [pl. *reality(-)shows*] (de l'anglo-amér. *reality,* réalité, et *show,* spectacle). Émission télévisée mettant en scène la vie quotidienne des gens en accentuant le caractère pathétique de leur situation. Recomm. off. : *télévérité.*

REALPOLITIK [realpɔlitik] n.f. (mot all.). Politique visant à l'efficacité, sans considération de doctrine ni de principes, notamm. dans les relations internationales.

RÉAMÉNAGEMENT n.m. Action de réaménager.

RÉAMÉNAGER v.t. [10]. **1.** Aménager de nouveau, sur de nouvelles bases. **2.** ÉCON. **a.** Transformer les caractéristiques d'une dette, notamm. en allégeant les taux ou en allongeant les délais de remboursement. **b.** Modifier les termes d'un contrat, d'un accord afin de l'adapter à des circonstances particulières ou nouvelles.

RÉAMORCER v.t. [9]. Amorcer de nouveau.

RÉANIMATEUR, TRICE n. Médecin spécialiste de réanimation.

RÉANIMATION n.f. MÉD. Ensemble des moyens et des soins mis en œuvre par un médecin pour rétablir ou surveiller une fonction vitale (respiration, circulation, etc.) menacée à court ou à moyen terme ; spécialité médicale correspondante.

RÉANIMER v.t. Soumettre un malade à la réanimation.

RÉAPPARAÎTRE v.i. [71] [auxil. *être* ou *avoir*]. Apparaître de nouveau.

RÉAPPARITION n.f. Fait de réapparaître.

RÉAPPRENDRE ou **RAPPRENDRE** v.t. [61]. Apprendre de nouveau.

RÉAPPROVISIONNEMENT n.m. Action de réapprovisionner.

RÉAPPROVISIONNER v.t. Approvisionner de nouveau.

■ LE RÉALISME

Le réalisme du XIXe s. réclame du peintre une attitude objective et remet en honneur des sujets, paysans, gens du peuple, depuis longtemps écartés de la scène artistique, sinon dans des versions idylliques ou moralisantes. « Tout ce qui ne se dessine pas sur la rétine est en dehors du domaine de la peinture », proclame Courbet, dont le monumental *Atelier*, exposé en 1855, exprime les théories, largement inspirées de celles de Proudhon.

Honoré Daumier. *La Rue Transnonain* (v. 1834 ; partie centrale), lithographie. En pleine époque romantique, l'actualité politique (répression sanglante de l'insurrection consécutive à l'arrestation des membres de la Société des droits de l'homme, en avril 1834) conduit le jeune artiste au constat sans fard d'une réalité dramatique. (BNF, Paris.)

Gustave Courbet. △ *Les Demoiselles des bords de la Seine* (1856), grande toile de Courbet qui fit scandale au Salon de 1857 : la modernité sociale source de splendeur picturale, jusque dans la vulgarité. (Petit Palais, Paris.)

Jean-François ▷ **Millet.** *La Baratteuse* (v. 1866 - 1868), crayon et pastel. L'artiste décrit avec une précision naturaliste le cadre de la scène (une cuisine rurale à Barbizon), tout en ennoblissant celle-ci par un jeu de lumière raffiné. (Louvre, Paris.)

Le « nouveau réalisme » : Jean Tinguely. *Baluba* (1961 - 1962), assemblage d'objets divers, avec moteur. Un des exemples les plus ironiques de l'exploitation de notre univers quotidien par les « nouveaux réalistes ». (MNAM, Paris.)

RÉARGENTER v.t. Argenter de nouveau ce qui est désargenté.

RÉARMEMENT n.m. Action de réarmer.

RÉARMER v.t. **1.** Armer de nouveau. *Réarmer un navire, un appareil photo.* **2.** Doter d'une armée. *Réarmer un pays vaincu.* ◆ v.i. ou **se réarmer** v.pr. Reconstituer ses forces armées, sa puissance militaire.

RÉARRANGEMENT n.m. **1.** Action d'arranger une nouvelle fois ; fait d'être réarrangé. **2.** CHIM. *Réarrangement moléculaire* : migration d'atomes ou de radicaux au sein d'une molécule. SYN. : *transposition.*

RÉARRANGER v.t. [10]. Arranger de nouveau, remettre en ordre.

RÉASSIGNATION n.f. Nouvelle assignation devant une juridiction saisie d'un litige entre les mêmes parties.

RÉASSIGNER v.t. DR. Assigner de nouveau.

RÉASSORT n.m. (abrév.). COMM. Réassortiment.

RÉASSORTIMENT ou **RASSORTIMENT** n.m. COMM. Action de réassortir ; ensemble de marchandises fournies pour réassortir. Abrév. : *réassort.*

RÉASSORTIR ou **RASSORTIR** v.t. COMM. Fournir de nouveau des marchandises pour rétablir un assortiment.

RÉASSURANCE n.f. Opération par laquelle une compagnie d'assurances, après avoir assuré un client, se couvre de tout ou partie du risque, en s'assurant à son tour auprès d'une ou de plusieurs autres compagnies.

RÉASSURER v.t. Garantir, assurer par une réassurance.

RÉASSUREUR n.m. Organisme qui réassure.

REBAB ou **RABAB** n.m. (de l'ar.). Vièle à une ou à deux cordes frottées de la musique arabe et de l'Asie du Sud-Est. Graphie savante : *rebāb* ou *rabāb.*

REBAISSER v.i. et v.t. Baisser de nouveau.

REBAPTISER v.t. Donner un autre nom à. *Rebaptiser une rue.*

RÉBARBATIF, IVE adj. (de l'anc. fr. *rebarber,* faire face). **1.** Se dit d'une attitude rude et rebutante ; revêche. **2.** Qui manque d'attrait ; ennuyeux. *Sujet rébarbatif.*

REBÂTIR v.t. Bâtir de nouveau ce qui a été détruit ; reconstruire.

REBATTEMENT n.m. HÉRALD. Répétition des mêmes pièces ou des mêmes partitions.

REBATTRE v.t. [63]. **1.** Battre de nouveau. *Rebattre les cartes.* **2.** ***Rebattre les oreilles à qqn,*** lui répéter qqch à satiété, sans cesse. (*Rabattre les oreilles* est fam. et fautif.)

REBATTU, E adj. Souvent répété, sans originalité. *Sujet rebattu.*

REBEC n.m. (de l'ar.). Instrument de musique à trois ou à quatre cordes frottées et à caisse piriforme, utilisé par les ménestrels au Moyen Âge ainsi que dans la musique traditionnelle des Balkans.

REBELLE adj. et n. (lat. *rebellis,* de *bellum,* guerre). Qui est en révolte ouverte contre le gouvernement ou contre une autorité constituée. *Troupes rebelles.* ◆ adj. **1.** Qui est fortement opposé, hostile à qqch, qui refuse de s'y soumettre. *Un enfant rebelle à la discipline.* **2.** Qui manque de dispositions pour qqch. *Être rebelle à la musique.* **3.** Qui se prête difficilement à l'action à laquelle on le soumet. *Mèche rebelle.* **4.** Se dit d'un symptôme qui résiste plus ou moins au traitement. *Une douleur rebelle.*

REBELLER (SE) v.pr. **1.** Refuser de se soumettre à l'autorité légitime. **2.** Ne plus vouloir accepter la tutelle de ce qu'on estime être une contrainte insupportable. *Artistes qui se rebellent contre l'académisme.*

RÉBELLION n.f. **1.** Action de se rebeller, de se révolter. **2.** Ensemble des rebelles.

REBELOTE interj. Dans l'expression *belote et rebelote,* annonce, après la pose de la dame d'atout, celle du roi d'atout, à la belote. – *Fig., fam.* Indique la répétition d'une action, d'un fait.

RÉBÉTIKO n.m. (mot gr.). Genre musical chanté, né dans les prisons et les fumeries des villes de Grèce, exprimant le désenchantement.

REBIBE n.f. Suisse. Raclure de fromage.

REBIFFER (SE) v.pr. *Fam.* Se refuser à qqch avec brusquerie.

REBIQUER v.i. *Fam.* Se dresser, se retrousser en faisant un angle. *Cheveux qui rebiquent.*

REBLANCHIR v.t. Blanchir de nouveau.

REBLOCHON n.m. (mot savoyard, de *reblocher,* traire une nouvelle fois). Fromage au lait de vache, à pâte molle non cuite, fabriqué en Savoie.

REBOIRE v.t. et v.i. [88]. Boire de nouveau.

REBOISEMENT n.m. Plantation d'arbres sur un terrain nu ou sur un sol anciennement boisé. SYN. : *reforestation.*

REBOISER v.t. Pratiquer le reboisement de.

REBOND n.m. Fait de rebondir ; mouvement de qqch qui rebondit. *Les rebonds du ballon.*

REBONDI, E adj. Se dit d'une partie du corps bien ronde. *Un visage rebondi.*

REBONDIR v.i. **1.** Faire un ou plusieurs bonds après avoir heurté le sol ou un obstacle. **2.** *Fig.* Avoir des conséquences imprévues, des développements nouveaux. *Affaire qui rebondit.* **3.** Rétablir sa position, après une période de difficultés.

REBONDISSEMENT n.m. **1.** Mouvement de ce qui rebondit. **2.** *Fig.* Développement nouveau et imprévu d'une affaire après un arrêt momentané.

REBORD n.m. (de *reborder*). **1.** Partie en saillie, qui forme le bord de qqch. *Rebord en pierre d'un bassin.* **2.** Bord naturel le long d'une excavation, d'une dénivellation. *Le rebord du fossé.*

REBORDER v.t. Border de nouveau.

R

REBOT n.m. (de l'anc. fr. *reboter,* repousser). Un des jeux de pelote basque.

REBOUCHAGE n.m. Action de reboucher.

REBOUCHER v.t. Boucher de nouveau.

REBOURS (À) loc. adv. (du lat. *reburrus,* qui a les cheveux rebroussés). Dans le sens inverse ; à contre-pied, à contresens. *Aller à rebours.* ◇ *Litt. À* ou ***au rebours de*** *:* au contraire de. – ***Compte à rebours*** *:* partie de la chronologie de lancement d'une fusée qui précède l'ordre de mise à feu des moteurs.

REBOUTEUX, EUSE ou **REBOUTEUR, EUSE** n. Personne qui soigne les fractures, les luxations, sans avoir fait d'études médicales.

REBOUTONNER v.t. Boutonner de nouveau.

REBRAS n.m. Pièce de lingerie placée en revers au bas d'une manche.

REBRODER v.t. Garnir une étoffe, un vêtement d'une broderie après sa fabrication.

REBROUSSEMENT n.m. Action de rebrousser des cheveux, des poils.

REBROUSSE-POIL (À) loc. adv. Dans le sens opposé à la direction des poils. ◇ *Fam.* ***Prendre qqn à rebrousse-poil,*** agir avec lui si maladroitement qu'il se met en colère ou se vexe.

REBROUSSER v.t. (de *à rebours*). **1.** Relever les cheveux, le poil en sens contraire du sens naturel. **2.** ***Rebrousser chemin*** *:* revenir en arrière.

REBRÛLER v.t. Ramollir à la flamme les bords d'un objet en verre pour les arrondir.

REBUFFADE n.f. (ital. *rebuffo*). Mauvais accueil ; refus accompagné de paroles dures. *Essuyer une rebuffade.*

RÉBUS [rebys] n.m. (du lat. *de rebus quae geruntur,* des choses qui se passent). Jeu d'esprit qui consiste à faire deviner des mots ou des phrases par des dessins ou des signes que l'on doit décrypter phonétiquement.

REBUSE n.f. Suisse. Retour du froid.

REBUT n.m. **1.** Ce qui est rejeté, laissé de côté, considéré comme sans valeur. ◇ ***De rebut*** *:* sans valeur. *Produit de rebut.* – ***Jeter, mettre au rebut*** *:* se débarrasser de choses sans valeur ou inutilisables. **2.** *Litt.* Ensemble de personnes extrêmement viles. *Le rebut de l'humanité.*

REBUTANT, E adj. Qui rebute, répugne, ennuie. *Travail rebutant. Mine rebutante.*

REBUTER v.t. (de *buter,* repousser du but). **1.** Susciter le dégoût, le découragement ; lasser. *Le moindre effort le rebute.* **2.** Inspirer de l'antipathie à ; choquer, déplaire. *Ses manières me rebutent.*

RECACHETER v.t. [16]. Cacheter de nouveau.

RECADRAGE n.m. Action de recadrer ; son résultat.

RECADRER v.t. **1.** Procéder à un nouveau cadrage photographique ou cinématographique. **2.** *Fig.* Redéfinir le cadre, le contexte d'une action, d'un projet. *Recadrer la politique industrielle.*

RECALAGE n.m. *Fam.* Action de recaler qqn à un examen ; fait d'être recalé.

RECALCIFICATION n.f. Rare. Administration de calcium en vue d'augmenter sa concentration dans l'organisme.

RECALCIFIER v.t. [5]. Enrichir en calcium.

RÉCALCITRANT, E adj. et n. (lat. *recalcitrans, -antis,* qui regimbe). Qui résiste avec opiniâtreté ; rétif, rebelle.

RECALCULER v.t. Calculer de nouveau.

RECALÉ, E adj. et n. *Fam.* Refusé à un examen.

RECALER v.t. *Fam.* Refuser à un examen.

RECAPITALISER v.t. Procéder à l'augmentation ou à la reconstitution de capital d'une entreprise.

RÉCAPITULATIF, IVE adj. et n.m. Se dit d'un tableau, d'un résumé, etc., qui récapitule, qui contient une récapitulation.

RÉCAPITULATION n.f. Rappel, reprise sommaire de ce qu'on a déjà dit ou écrit.

RÉCAPITULER v.t. (du lat. *capitulum,* point principal). **1.** Redire sommairement ; résumer. **2.** Rappeler les points essentiels de. *Récapituler les événements de l'année passée.*

RECARBURATION n.f. MÉTALL. Restitution de carbone à l'acier, génér. par addition de ferromanganèse.

RECARBURÉ, E adj. Qui a subi la recarburation.

RECASER v.t. *Fam.* Caser de nouveau qqn qui a perdu sa place, qqch qui a été déplacé.

RECAUSER v.t. ind. **(de).** Parler de nouveau avec qqn de qqch.

RECÉDER v.t. [11]. Céder à qqn ce qu'on a acheté.

RECEL n.m. Infraction consistant à détenir sciemment des choses enlevées, détournées ou obtenues à l'aide d'un crime ou d'un délit, ou à soustraire qqn aux recherches de la justice.

RECELER [12] ou **RECÉLER** (selon l'Académie) v.t. [11] (de *celer,* cacher). **1.** Détenir, garder en sa possession des objets volés par un autre. *Receler des bijoux.* **2.** Soustraire qqn aux recherches de la justice. *Receler un meurtrier.* **3.** Renfermer des choses souvent secrètes ; contenir. *Sol qui recèle des réserves minérales.*

RECELEUR, EUSE n. Personne qui recèle.

RÉCEMMENT [resamɑ̃] adv. Depuis peu ; il y a peu de temps.

RÉCENCE n.f. Rare. Caractère d'une chose récente.

RECENSEMENT n.m. **1.** Opération administrative qui consiste à faire le dénombrement de la population d'un État, d'une ville, etc. **2.** Dénombrement des jeunes soumis aux obligations du service national, effectué par les mairies dès leur seizième année. (Le recensement des femmes est obligatoire depuis le 1er janvier 1999.) **3.** Inventaire des équipements de toute nature susceptibles d'être requis en temps de guerre.

RECENSER v.t. (lat. *recensere,* passer en revue). **1.** Faire le dénombrement officiel d'une population. **2.** Dénombrer, inventorier des personnes, des choses, en dresser un état. *Recenser les volontaires.*

RECENSEUR, EUSE adj. et n. Se dit d'une personne chargée d'un recensement.

RECENSION n.f. **1.** Analyse et compte rendu critique d'un ouvrage dans une revue. **2.** Vérification d'un texte d'après les manuscrits.

RÉCENT, E adj. (lat. *recens, -entis,* nouveau). Qui appartient à un passé proche ; qui existe depuis peu. *Un événement récent. Immeuble récent.*

RECENTRAGE n.m. Action de recentrer ; fait d'être recentré.

RECENTRER v.t. **1.** Remettre dans l'axe ce qui a été désaxé. **2.** Au football, envoyer de nouveau le ballon vers l'axe central du terrain, devant le but adverse. **3.** POLIT. Déterminer une politique par rapport à un nouvel objectif. **4.** Revenir à l'essentiel, mettre un terme aux digressions. *Recentrer le débat.*

RECEPAGE ou **RECÉPAGE** n.m. Action de receper.

RECEPER [12] ou **RECÉPER** v.t. [11] (de *cep*). **1.** AGRIC. Couper un arbre près du sol pour permettre la pousse de rejets. **2.** CONSTR. En parlant de pieux, de pilots, les couper à hauteur égale.

RÉCÉPISSÉ n.m. (du lat. *recepisse,* avoir reçu). Écrit constatant qu'un colis, une somme, des marchandises, etc., ont été reçus.

RÉCEPTACLE n.m. (lat. *receptaculum,* magasin, de *receptare,* recevoir). **1.** *Litt.* Lieu où se trouvent rassemblées des choses, des personnes venues de plusieurs endroits. **2.** BOT. Extrémité plus ou moins élargie du pédoncule d'une fleur, sur laquelle s'insèrent les pièces florales, et qui peut être bombée, plate ou creusée en coupe. (Le cœur de l'artichaut est un réceptacle.)

RÉCEPTEUR, TRICE adj. (lat. *receptor,* de *recipere,* recevoir). TECHN. Qui reçoit un courant, un signal, une onde, etc. *Poste récepteur.* ◆ n.m. **1.** TECHN. Dispositif qui reçoit une énergie ou un signal et fournit une énergie ou un signal différents. **2.** Appareil recevant un signal de télécommunication et le transformant en sons, en images. *Récepteur téléphonique.* **3.** PHYSIOL. Molécule, cellule, organe au niveau desquels une substance se fixe et agit spécifiquement. ◇ *Spécial.* ***Récepteur membranaire,*** ou ***récepteur*** *:* molécule située le plus souvent sur la membrane d'une cellule, qui produit un effet donné après avoir fixé une substance représentant un signal (hormone, par ex.). **4.** ÉLECTROTECHN. Dispositif dans lequel l'énergie électrique produit un effet énergétique (mécanique, chimique, etc.) autre que l'effet Joule, et qui se trouve, de ce fait, doué de force contre-électromotrice. **5.** LING. Personne qui reçoit et décode le message (par oppos. à *émetteur*).

RÉCEPTIF, IVE adj. **1.** Susceptible d'accueillir facilement une impression, une suggestion. **2.** BIOL. Se dit d'un organisme sensible à un agent pathogène donné, en partic. à un micro-organisme.

RÉCEPTION n.f. (lat. *receptio*). **1.** Action de recevoir. *La réception d'un colis.* **2.** ***Réception des travaux*** *:* acte par lequel la personne qui a commandé des travaux reconnaît que leur exécution a été correcte et satisfaisante, et à partir duquel court le délai de garantie. **3.** SPORTS. **a.** Manière de retomber au sol après un saut. **b.** Manière et fait de recevoir un ballon, une balle. **4.** Action, manière de recevoir qqn, de l'accueillir. *Une réception glaciale.* – *Spécial.* Cérémonie qui marque l'entrée officielle de qqn dans un cercle, une société, etc. *Discours de réception à l'Académie.* **5.** Réunion mondaine. **6.** Service d'une entreprise, d'un hôtel où l'on accueille les visiteurs ; personnel affecté à ce service.

RÉCEPTIONNAIRE n. **1.** COMM. Personne chargée de la réception de marchandises. **2.** Chef de la réception, dans un hôtel.

RÉCEPTIONNER v.t. **1.** Prendre livraison de marchandises et vérifier leur état. **2.** Recevoir la balle, le ballon, dans un sport.

RÉCEPTIONNISTE n. Personne chargée d'accueillir les visiteurs, les clients d'un hôtel, d'un magasin, etc.

RÉCEPTIVITÉ n.f. **1.** Aptitude à recevoir des impressions, des informations, à répondre à certaines stimulations. **2.** Aptitude à contracter une maladie, notamm. une maladie infectieuse.

RECERCLER v.t. Cercler de nouveau.

RECÈS n.m. ⟶ **RECEZ.**

RÉCESSIF, IVE adj. (de *récession*). GÉNÉT. Se dit d'un caractère héréditaire, ou de l'allèle correspondant, qui ne se manifeste que si le sujet est homozygote pour ce gène (par oppos. à *dominant*).

RÉCESSION n.f. (angl. *recession,* du lat. *recessio*). **1.** Ralentissement ou fléchissement de l'activité économique. **2.** Éloignement progressif des galaxies les unes par rapport aux autres, avec une vitesse proportionnelle à leur distance, dû à l'expansion de l'Univers.

RÉCESSIVITÉ n.f. GÉNÉT. État d'un caractère héréditaire ou d'un allèle récessif.

RECETTE n.f. (lat. *recepta,* de *recipere,* recevoir). **1.** Montant total des sommes reçues, gagnées, qui sont entrées en caisse à un moment donné. *Compter la recette de la journée.* ◇ ***Garçon de recette*** *:* employé chargé d'encaisser les effets de commerce dans une maison de commerce ou une banque. – ***Faire recette*** *:* rapporter beaucoup d'argent ; *fig.,* avoir du succès. – ***Recettes publiques*** *:* ensemble des ressources financières de l'État ou des collectivités locales. **2.** Bureau d'un receveur des impôts. *Apporter son argent à la recette.* **3.** Description détaillée de la façon de préparer un mets. **4.** Méthode empirique pour atteindre un but, pour réussir dans telle circonstance. *La recette du succès.* **5.** MIN. Ensemble des abords d'un puits qui servent au déchargement des berlines.

RECEVABILITÉ n.f. DR. Qualité de ce qui est recevable. *La recevabilité d'une demande en justice.*

RECEVABLE adj. **1.** Qui peut être reçu, admis. *Offre, excuse recevable.* **2.** DR. **a.** Se dit de qqn admis à poursuivre en justice. **b.** Se dit d'une demande en justice à laquelle ne s'oppose aucune fin de non-recevoir.

RECEVEUR, EUSE n. **1.** Comptable public chargé du recouvrement des impôts. *Receveur des contributions directes.* **2.** Employé qui percevait la recette dans les transports publics. **3.** Administrateur d'un bureau de poste. **4.** Malade qui a fait l'objet d'une transfusion sanguine, d'une greffe de tissu ou d'organe (par oppos. à *donneur*). ◇ *Receveur universel :* individu appartenant au groupe sanguin AB, qui peut théoriquement, en cas d'urgence, recevoir le sang de n'importe quel groupe.

RECEVOIR v.t. [39] (lat. *recipere*). **1.** Entrer en possession de ce qui est donné, offert, transmis, envoyé ; toucher ce qui est dû. *Recevoir une lettre. Recevoir sa pension.* **2.** Être l'objet d'une action ; subir, éprouver. *Recevoir un bon accueil. Le projet a reçu des modifications.* **3.** Laisser entrer ; recueillir. *Un bassin qui reçoit les eaux de pluie.* **4.** Inviter chez soi ; accueillir. *Recevoir des amis.* **5.** Admettre à un examen, à un concours. *Recevoir un candidat.* **6.** *Litt.* Admettre comme vrai. ◇ p.p. adj. *Idées reçues.* ◆ **se recevoir** v.pr. Reprendre contact avec le sol après un saut.

RECEZ [rəsɛ] ou **RECÈS** [rəsɛ] n.m. (lat. *recessus,* action de se retirer). HIST. Procès-verbal des délibérations de la diète du Saint Empire.

RÉCHAMPIR ou **RECHAMPIR** v.t. (de *champ*). ARCHIT., ARTS APPL. Faire ressortir une moulure, un ornement sur un fond, notamm. par un contraste de couleurs.

RÉCHAMPISSAGE ou **RECHAMPISSAGE** n.m. Action de réchampir ; surface réchampie.

RECHANGE n.m. **1.** Vx. Remplacement d'un objet par un autre similaire ; cet objet. **2.** *De rechange.* **a.** Qui sert à remplacer les objets momentanément ou définitivement hors d'usage. *Vêtements, pièces de rechange.* **b.** Qui peut se substituer à ce qui a échoué, à ce qui s'est révélé inadéquat. *Une solution de rechange.*

RECHANGER v.t. [10]. Changer de nouveau.

RECHANTER v.t. Chanter de nouveau.

RECHAPAGE n.m. Action de rechaper.

RECHAPER v.t. (de *chape*). Remplacer ou rénover la bande de roulement d'un pneu usagé.

RÉCHAPPER v.i. ou v.t. ind. **(à, de)** [auxil. *avoir* ou *être*]. **1.** Échapper par chance à un danger. *Il a réchappé de l'accident ; il en est réchappé.* **2.** Sortir vivant d'une grave maladie. *Réchapper d'un cancer.*

RECHARGE n.f. **1.** Action d'approvisionner pour remettre en état de fonctionnement. *Recharge d'une batterie.* **2.** Ce qui permet de recharger ; partie d'un équipement qui peut remplacer un élément usé. *Une recharge de briquet.*

RECHARGEABLE adj. Que l'on peut recharger. *Stylo rechargeable.*

RECHARGEMENT n.m. Action de recharger.

RECHARGER v.t. [10]. **1.** Placer de nouveau une charge sur un véhicule. **2.** Garnir de nouveau une arme de ce qui est nécessaire au tir. *Recharger un fusil.* **3.** Approvisionner de nouveau qqch pour le remettre en état de fonctionner. *Recharger un appareil photo.* **4.** Ajouter de la matière dans les parties usées d'une pièce, d'un outil. **5.** Empierrer une route, une voie ferrée pour en relever le niveau.

RÉCHAUD n.m. Appareil de cuisson portatif.

RÉCHAUFFAGE n.m. Action de réchauffer.

RÉCHAUFFÉ n.m. **1.** Nourriture réchauffée. **2.** *Fam.* Ce qui est vieux, trop connu et que l'on donne comme neuf. *Tu parles d'une nouvelle ! C'est du réchauffé !*

RÉCHAUFFEMENT n.m. Fait de se réchauffer. *Le réchauffement du climat.*

RÉCHAUFFER v.t. **1.** Chauffer, rendre chaud ou plus chaud ce qui s'est refroidi. *Réchauffer du potage.* **2.** Ranimer un sentiment, lui redonner de la force. *Réchauffer l'ardeur des soldats.* ◆ **se réchauffer** v.pr. **1.** Redonner de la chaleur à son corps. **2.** Devenir plus chaud. *La mer s'est réchauffée.*

RÉCHAUFFEUR n.m. Appareil dans lequel on élève la température d'un fluide (eau, air) avant son utilisation immédiate.

RECHAUSSEMENT n.m. Action de rechausser un arbre, une plante.

RECHAUSSER v.t. **1.** Chausser de nouveau. **2.** *Rechausser un arbre, une plante,* remettre de la terre au pied ; butter.

RÊCHE adj. (francique *rubisk*). **1.** Qui est rude au toucher. *Drap rêche.* **2.** Qui est âpre au goût. *Vin rêche.* **3.** D'un abord désagréable. *Un homme rêche.*

RECHERCHE n.f. **1.** Action de rechercher. **2.** Ensemble des activités, des travaux scientifiques auxquels se livrent les chercheurs. *La recherche scientifique.* **3.** Souci de se distinguer du commun ; raffinement extrême dans les manières, la toilette, etc. *S'habiller avec recherche.*

RECHERCHÉ, E adj. **1.** Auquel on attache du prix ; difficile à trouver, rare. *Ouvrage très recherché.* **2.** Qui est raffiné, original ; qui manque de naturel. *Décoration recherchée. Style trop recherché.*

RECHERCHE-ACTION n.f. [pl. *recherches-actions*] (calque de l'angl. *action research*). Travail en psychosociologie dans lequel recherche théorique et intervention sur le milieu sont complémentaires et menées de manière concomitante.

RECHERCHE-DÉVELOPPEMENT n.f. (pl. *recherches-développements*). ÉCON. Ensemble des procédures qui permettent la conception, la mise au point et la fabrication d'un nouveau produit.

RECHERCHER v.t. **1.** Reprendre qqn, qqch à l'endroit où on les a laissés. **2.** Tâcher de retrouver avec soin, persévérance. *Rechercher un livre rare.* **3.** Chercher à connaître, à définir ce qui est peu ou mal connu. *Rechercher la cause d'un phénomène.* **4.** Tenter de retrouver par une enquête policière ou judiciaire. *Rechercher un criminel.* **5.** Essayer d'établir des relations avec qqn. *Rechercher les gens influents. Rechercher l'amitié de qqn.*

RECHERCHISTE n. Québec. Personne qui effectue des recherches à des fins particulières, génér. pour des médias électroniques.

RECHIGNER v.i. ou v.t. ind. **[à]** (francique *kinan*). Montrer, par sa mauvaise humeur, de la mauvaise volonté à faire qqch. *Rechigner à faire un travail.*

RECHRISTIANISER [-kris-] v.t. Ramener à la foi chrétienne une population, un pays déchristianisés.

RECHUTE n.f. **1.** MÉD. Reprise de l'évolution d'une maladie qui semblait en voie de guérison. (Elle se distingue de la récidive.) **2.** Action de retomber dans un mal, dans une mauvaise habitude.

RECHUTER v.i. MÉD. Faire une rechute.

RÉCIDIVANT, E adj. MÉD. Qui récidive.

RÉCIDIVE n.f. (lat. *recidivus,* qui revient). **1.** DR. Action de commettre, dans des conditions précisées par la loi, une deuxième infraction après une première condamnation pénale définitive. **2.** MÉD. Réapparition d'une maladie qui était complètement guérie (à la différence de la rechute), par ex. à cause d'une nouvelle contamination par un micro-organisme.

RÉCIDIVER v.i. **1.** DR. Commettre de nouveau la même infraction, la même faute. **2.** Retomber dans la même erreur. **3.** MÉD. Réapparaître par récidive, en parlant d'une maladie. – *Cour.* Être victime d'une récidive.

RÉCIDIVISTE adj. et n. DR. Se dit d'une personne en état de récidive.

RÉCIF n.m. (esp. *arrecife,* de l'ar.). Rocher ou groupe de rochers à fleur d'eau, génér. au voisinage des côtes. ◇ *Récif corallien :* récif formé par la croissance des polypiers constructeurs dans les mers tropicales. (On distingue le *récif-barrière,* bordant le rivage à une certaine distance de la côte, le *récif frangeant,* fixé au littoral, et l'*atoll.*)

RÉCIFAL, E, AUX adj. Relatif aux récifs.

RECINGLE [rəsɛ̃gl] n.f. (de *cingler*). Outil d'orfèvre pour repousser la panse des pièces creuses et à goulot.

RÉCIPIENDAIRE n. (du lat. *recipiendus,* qui doit être reçu). **1.** Personne que l'on reçoit dans une compagnie, dans un corps savant, avec un certain cérémonial. **2.** Personne qui reçoit un diplôme universitaire, une médaille, etc.

RÉCIPIENT n.m. (du lat. *recipiens,* qui reçoit). Tout ustensile creux capable de contenir des substances liquides, solides ou gazeuses.

RÉCIPROCITÉ n.f. État, caractère de ce qui est réciproque.

RÉCIPROQUE adj. (lat. *reciprocus*). **1.** Qui marque un échange équivalent entre deux personnes, deux groupes, deux choses ; mutuel. *Amour réciproque.* **2.** GRAMM. Se dit d'un verbe pronominal qui exprime l'action exercée par deux ou plusieurs sujets les uns sur les autres. (Ex. : *ils se battent.*) **3.** LOG. Se dit de deux propositions dont l'une implique nécessairement l'autre. **4.** MATH. **a.** *Fonction réciproque d'une fonction* f *(ne s'annulant pas sur un intervalle I) :* relation réciproque de *f,* qui est une fonction notée f^{-1}. (On dit aussi *fonction inverse.*) **b.** *Relation réciproque d'une relation R de A vers B,* ou *relation réciproque :* relation de B vers A, notée R^{-1}, qui à un élément de B associe, s'il en existe, ses antécédents dans A selon R. **c.** *Proposition réciproque de la proposition « A implique B » :* proposition « B implique A ». ◆ n.f. **1.** La pareille ; l'action inverse. *Rendre la réciproque.* **2.** LOG. Proposition réciproque.

RÉCIPROQUEMENT adv. De façon réciproque. ◇ *Et réciproquement :* et vice versa, et inversement.

RÉCIPROQUER v.i. et v.t. (lat. *reciprocare*). Belgique. Rendre la pareille, en parlant de vœux, de souhaits, etc.

RÉCIT n.m. **1.** Relation écrite ou orale de faits réels ou imaginaires. *Récit historique.* **2.** MUS. Troisième clavier de l'orgue. **3.** MUS. Vx. Récitatif.

RÉCITAL n.m. [pl. *récitals*] (angl. *recital*). **1.** Concert où se fait entendre un seul exécutant. **2.** Séance artistique donnée par un seul interprète, ou consacrée à un seul genre.

RÉCITANT, E n. **1.** Personne qui récite un texte. **2.** MUS. Narrateur qui, dans un oratorio, une cantate ou une scène lyrique, déclame les textes parlés ou chantés.

RÉCITATIF n.m. MUS. Dans l'opéra, l'oratorio ou la cantate, fragment narratif dont la déclamation chantée se rapproche du langage parlé, et qui est soutenu par un accompagnement très léger.

RÉCITATION n.f. **1.** Action, manière de réciter. **2.** Texte littéraire que les élèves doivent apprendre par cœur et réciter de mémoire.

RÉCITER v.t. (lat. *recitare*). Dire à haute voix un texte que l'on a appris. *Réciter une leçon.*

RECKLINGHAUSEN [rekliŋozən] **(MALADIE DE) :** neurofibromatose.

RÉCLAMANT, E n. DR. Personne qui présente une réclamation en justice.

RÉCLAMATION n.f. **1.** Action de réclamer, de revendiquer ou de protester. **2.** Action de réclamer qqch auquel on estime avoir droit ; demande, lettre par laquelle on réclame. *Réclamation de dommages et intérêts.* ◇ *Réclamation d'état :* action en justice en vue d'établir la filiation dont une personne s'estime privée à tort. **3.** Contestation du contribuable auprès de l'Administration fiscale.

1. RÉCLAME n.m. (anc. fr. *reclaim,* appel). FAUCONN. Cri et signe pour faire revenir l'oiseau, en partic. l'autour, au leurre ou sur le poing.

2. RÉCLAME n.f. (de *réclamer*). **1.** Vx. Petit article d'un journal faisant l'éloge d'un produit. **2.** Vieilli. Publicité. ◇ *Faire de la réclame à qqn, à qqch,* attirer l'attention sur lui ; le faire valoir. – *En réclame :* se dit d'un produit vendu à prix réduit.

RÉCLAMER v.t. (lat. *reclamare,* protester). **1.** Demander avec insistance. *Réclamer la parole.* **2.** Avoir besoin de ; nécessiter. *La vigne réclame beaucoup de soins.* ◆ v.i. *Litt.* Faire une réclamation ; protester. *Réclamer contre une injustice.* ◆ **se réclamer** v.pr. **(de).** Invoquer la caution de ; se prévaloir. *Se réclamer d'appuis officiels.*

RECLASSEMENT n.m. **1.** Action de reclasser. **2.** Action de placer dans une activité nouvelle des personnes qui ont dû abandonner leur précédente activité. *Reclassement des chômeurs, des handicapés.*

RECLASSER v.t. **1.** Classer de nouveau. **2.** Rétablir les traitements, les salaires, par référence à ceux d'autres catégories. **3.** Procéder au reclassement de personnes. *Reclasser des ouvriers licenciés.*

RECLOUER v.t. Clouer de nouveau.

RECLUS, E adj. et n. (lat. *reclusus,* enfermé). Qui vit enfermé, isolé du monde.

RÉCLUSION n.f. (bas lat. *reclusio,* de *recludere,* enfermer). **1.** État de qqn qui vit solitaire, retiré du monde. **2.** DR. *Réclusion criminelle :* peine criminelle de droit commun consistant en France en une privation de liberté à temps ou à perpétuité avec assujettissement au travail. (Elle a remplacé la peine des travaux forcés. La réclusion criminelle à perpétuité s'est substituée à la peine de mort.)

RÉCLUSIONNAIRE n. DR. Condamné à la réclusion.

RÉCOGNITIF [rekɔgnitif] adj.m. (lat. *recognitus*, reconnu). DR. *Acte récognitif :* acte par lequel on reconnaît une obligation en rappelant le titre juridique qui l'a créée.

RÉCOGNITION ou **RECOGNITION** [-kɔgnisjɔ̃] n.f. (lat. *recognitio*). PHILOS. Reconnaissance de l'état d'une personne, de la qualité d'une chose.

RECOIFFER v.t. Coiffer de nouveau ; réparer le désordre d'une coiffure.

RECOIN n.m. **1.** Coin caché, moins en vue. *Chercher qqch dans tous les recoins d'une maison.* **2.** *Fig.* Ce qu'il y a de plus caché ; repli secret. *Les recoins du cœur.*

RÉCOLEMENT n.m. **1.** DR. Vérification des objets ayant été inventoriés lors d'une saisie-exécution. **2.** SYLVIC. Vérification d'une coupe de bois. **3.** Vérification de l'intégrité des collections d'une bibliothèque, d'un fonds documentaire.

RÉCOLER v.t. (lat. *recolere*, repasser en revue). Procéder au récolement de.

R

RECOLLAGE ou **RECOLLEMENT** n.m. Action de recoller.

RÉCOLLECTION n.f. (lat. *recollectio*). CHRIST. Retraite spirituelle de courte durée.

RECOLLER v.t. Coller de nouveau ce qui est décollé ; réparer en collant. ◆ v.t. ind. (**à**). SPORTS. Rejoindre. *Recoller au peloton.*

RÉCOLLET n.m. (lat. ecclés. *recollectus*). Religieux réformé, dans les ordres de Saint-Augustin et de Saint-François.

RÉCOLTABLE adj. Que l'on peut récolter.

RÉCOLTANT, E adj. et n. Qui récolte, qui procède lui-même à la récolte. *Propriétaire récoltant.*

RÉCOLTE n.f. (ital. *ricolta*). **1.** Action de recueillir les produits agricoles ; la totalité des produits recueillis. **2.** Ce qu'on recueille ou rassemble à la suite de recherches. *Récolte de documents.*

RÉCOLTER v.t. **1.** Faire la récolte de. *Récolter du blé.* **2.** *Fam.* Recueillir, recevoir. *Récolter des ennuis.*

RECOMBINAISON n.f. **1.** CHIM. Formation d'une entité chimique (molécule, atome, etc.) à partir des fragments résultant d'une dissociation. **2.** *Recombinaison génétique :* processus par lequel se produit un brassage du matériel génétique parental donnant naissance à de nouvelles combinaisons à la génération suivante ; *spécial.*, apparition de nouveaux alignements de gènes sur les chromosomes des gamètes, par enjambement.

RECOMBINANT, E adj. GÉNÉT. Se dit d'un organisme, d'une cellule ou d'une molécule obtenus par génie génétique, ou résultant d'une recombinaison génétique.

RECOMBINER v.t. CHIM. Effectuer une recombinaison.

RECOMMANDABLE adj. Qui mérite d'être recommandé ; digne d'estime, de considération. *Une personne peu recommandable.*

RECOMMANDATION n.f. **1.** Action de recommander qqn. *Solliciter la recommandation d'un personnage influent.* **2.** Conseil insistant ; avis, exhortation. *Des recommandations minutieuses.* **3.** Acte communautaire édicté par la Commission ou le Conseil européens, précisant un comportement à suivre mais ne liant pas les États. **4.** Opération par laquelle La Poste assure la remise en main propre d'une lettre, d'un paquet, moyennant une taxe spéciale pour l'expéditeur.

RECOMMANDÉ, E adj. et n.m. Se dit d'un envoi ayant fait l'objet d'une recommandation postale.

RECOMMANDER v.t. **1.** Conseiller vivement qqch à qqn ; demander qqch avec insistance. *Recommander la prudence. Je lui ai recommandé de se méfier.* **2.** Signaler à l'attention, à la bienveillance de. *Je vous la recommande pour cette place.* **3.** Envoyer une lettre, un paquet sous recommandation. ◆ **se recommander** v.pr. **1.** Invoquer en sa faveur l'appui de qqn pour obtenir qqch, faciliter une démarche. *Vous pouvez vous recommander de moi.* **2.** Se signaler à l'attention, se distinguer par une qualité. *Ce livre se recommande par sa clarté.* **3.** Suisse. Insister poliment ; se rappeler à l'attention de qqn.

RECOMMENCEMENT n.m. Action de recommencer ; fait d'être recommencé.

RECOMMENCER v.t. [9]. **1.** Commencer de nouveau ; refaire depuis le début. *Recommencer un travail.* **2.** Reprendre une action interrompue. *Recommencer à travailler à 14 heures.* **3.** Faire une nouvelle fois. *Recommencer les mêmes erreurs.* ◆ v.i. Se produire de nouveau, reprendre après une interruption. *La pluie recommence.*

RÉCOMPENSE n.f. **1.** Don que l'on fait à qqn en reconnaissance d'un service rendu ou d'un mérite particulier. **2.** DR. Somme due, lors de la liquidation d'une communauté, par l'un ou l'autre des époux à la communauté, ou par celle-ci à ceux-là, pour compenser un enrichissement ou un appauvrissement injustifié.

RÉCOMPENSER v.t. (bas lat. *recompensare*, compenser). Accorder une récompense à. *Récompenser une bonne élève, le talent de qqn.*

RECOMPOSABLE adj. Qui peut être recomposé.

RECOMPOSÉ, E adj. *Famille recomposée* → **famille.**

RECOMPOSER v.t. Composer de nouveau.

RECOMPOSITION n.f. **1.** Action de recomposer. **2.** Restructuration sur des bases nouvelles. *La recomposition d'un parti.*

RECOMPTER v.t. Compter de nouveau.

RÉCONCILIATION n.f. **1.** Action de réconcilier des personnes brouillées ; fait de se réconcilier. **2.** CATH. Cérémonie par laquelle un pécheur est pardonné et réadmis à la communion par l'Église ; cérémonie qui a pour objet de purifier un lieu saint profané.

RÉCONCILIER v.t. [5] (lat. *reconciliare*). **1.** Rétablir des relations amicales entre des personnes brouillées. **2.** *Réconcilier qqn avec qqch*, lui inspirer une opinion plus favorable de qqch. **3.** CATH. Effectuer une réconciliation. ◆ **se réconcilier** v.pr. Faire cesser le désaccord qui existait avec qqn.

RECONDUCTIBLE adj. DR. Qui peut être reconduit, renouvelé. *Mandat reconductible.*

RECONDUCTION n.f. **1.** Action de reconduire ; continuation. *Reconduction de la politique actuelle.* **2.** DR. *Tacite reconduction :* renouvellement d'un bail, d'un contrat au-delà du terme prévu, sans qu'il soit besoin d'accomplir une formalité.

RECONDUIRE v.t. [78]. **1.** Accompagner une personne qui s'en va, ou la ramener chez elle. *Reconduire un visiteur.* ◇ *Reconduire qqn à la frontière :* accompagner à la frontière qqn que l'on expulse du territoire. **2.** Continuer selon les mêmes modalités. *Reconduire un budget, une politique.*

RECONDUITE n.f. *Reconduite à la frontière :* procédure d'expulsion d'un étranger à qui l'on a interdit le territoire français.

RÉCONFORT n.m. Ce qui apporte un soutien ; secours, consolation.

RÉCONFORTANT, E adj. Qui réconforte, console. *Des paroles réconfortantes.*

RÉCONFORTER v.t. (anc. fr. *conforter*, du lat. *fortis*, fort). **1.** Redonner des forces physiques, de la vigueur à. **2.** Aider à supporter une épreuve ; redonner du courage, de l'espoir à.

RECONNAISSABLE adj. Facile à reconnaître.

RECONNAISSANCE n.f. **1.** Action de reconnaître comme sien, comme vrai, réel ou légitime. *Reconnaissance d'un droit.* ◇ PSYCHOL. *Fausse reconnaissance :* illusion qui consiste à assimiler des personnes, des objets ou des lieux inconnus à d'autres déjà connus par suite de ressemblances superficielles. **2.** Sentiment qui incite à se considérer comme redevable envers la personne de qui on a reçu un bienfait ; gratitude. *Témoigner sa reconnaissance à qqn.* ◇ *Fam. Avoir la reconnaissance du ventre :* manifester de la gratitude envers la personne qui vous nourrit ou qui vous a nourri, aidé. **3.** DR. **a.** Acte par lequel on admet l'existence d'une obligation. *Signer une reconnaissance de dettes.* **b.** Acte par lequel un État reconnaît un gouvernement ou un nouvel État comme légal. **c.** Action d'admettre qu'on est l'auteur ou le responsable d'un acte. **d.** *Reconnaissance d'enfant :* acte par lequel on reconnaît officiellement être le père ou la mère d'un enfant naturel. **e.** *Reconnaissance d'utilité publique :* acte administratif permettant à une association, à une fondation, etc., d'avoir une capacité juridique élargie. **4.** Examen détaillé d'un lieu. *La reconnaissance d'un terrain.* **5.** MIL. Mission de recherche de renseignements sur le terrain ou sur l'ennemi ; formation (aéronefs, blindés, fantassins) chargée de cette mission. **6.** INFORM. *Reconnaissance des formes :* technique d'analyse par ordinateur d'un ensemble de données (photographies, dessins, etc.) en vue d'y trouver des configurations particulières spécifiées. – *Reconnaissance de caractères :* reconnaissance des formes appliquée à la lecture automatique de caractères alphanumériques imprimés ou manuscrits. – *Reconnaissance de la parole :* technique qui vise à faire reconnaître par un ordinateur les mots ou les phrases prononcés par un ou plusieurs locuteurs.

RECONNAISSANT, E adj. Qui témoigne de la reconnaissance, de la gratitude.

RECONNAÎTRE v.t. [71] (lat. *recognoscere*). **1.** Juger, déterminer comme déjà connu ; découvrir que l'on connaissait déjà qqn, qqch. *Reconnaître un ami d'enfance.* ◇ *Reconnaître qqn, qqch à*, l'identifier en fonction d'un caractère donné. **2.** Admettre comme vrai, réel, légitime. *On a reconnu son innocence.* ◇ *Reconnaître un gouvernement :* admettre comme légitime le nouveau gouvernement d'un État établi par des moyens extralégaux (coup d'État, révolution). – *Reconnaître un enfant :* se déclarer le père ou la mère d'un enfant naturel. **3.** Avouer qqch de répréhensible ; confesser. *Reconnaître ses torts.* **4.** Chercher à déterminer la situation d'un lieu ; explorer. *Reconnaître le terrain.* ◆ **se reconnaître** v.pr. **1.** Retrouver ses traits, ses manières dans une autre personne. *Se reconnaître dans ses enfants.* **2.** Localiser sa position et être capable de retrouver son chemin. *Se reconnaître dans un dédale de rues.* **3.** Comprendre clairement une situation ou une explication complexe. *Laissez-moi le temps de m'y reconnaître.* **4.** S'avouer comme étant tel. *Se reconnaître coupable.*

RECONNU, E adj. **1.** Admis pour vrai, comme incontestable. **2.** Admis comme ayant une vraie valeur. *Un auteur reconnu.*

RECONQUÉRIR v.t. [27]. Conquérir de nouveau ; recouvrer par une lutte.

RECONQUÊTE n.f. Action de reconquérir.

RECONSIDÉRER v.t. [11]. Reprendre l'examen d'une question en vue d'une nouvelle décision.

RECONSTITUANT, E adj. et n.m. Fortifiant.

RECONSTITUER v.t. **1.** Constituer, former de nouveau ; rétablir dans sa forme primitive. **2.** Procéder à la reconstitution d'un crime, d'un délit.

RECONSTITUTION n.f. **1.** Action de reconstituer. **2.** *Reconstitution d'un crime, d'un délit :* transport du juge d'instruction sur les lieux de l'infraction afin d'élucider, en présence de la personne mise en examen, les conditions dans lesquelles elle a été commise.

RECONSTRUCTEUR, TRICE adj. *Chirurgie reconstructrice :* chirurgie réparatrice.

RECONSTRUCTION n.f. Action de reconstruire.

RECONSTRUIRE v.t. [78]. **1.** Rebâtir. *Reconstruire un immeuble.* **2.** Rétablir dans son état originel ; reconstituer. *Reconstruire sa fortune.* **3.** Imaginer qqch autrement ; refaire. *Reconstruire le monde.*

RECONVENTION n.f. DR. Demande reconventionnelle.

RECONVENTIONNEL, ELLE adj. DR. *Demande reconventionnelle*, opposée par le défendeur au demandeur pour obtenir un avantage autre que le simple rejet de la prétention de son adversaire. SYN. : *reconvention.*

RECONVENTIONNELLEMENT adv. DR. Par une demande reconventionnelle.

RECONVERSION n.f. Action de reconvertir, de se reconvertir.

RECONVERTIR v.t. **1.** Adapter une activité économique à de nouveaux besoins, à une production nouvelle. **2.** Affecter à un nouvel emploi, donner une nouvelle formation à qqn. ◆ **se reconvertir** v.pr. Changer de profession, d'activité.

RECOPIER v.t. [5]. **1.** Copier un texte déjà écrit. **2.** Mettre au net, au propre. *Recopier un brouillon.*

RECORD n.m. (mot angl.). **1.** Performance sportive officiellement constatée et surpassant toute autre performance précédente dans la même épreuve ou discipline. **2.** Résultat, niveau supérieur à tous ceux obtenus antérieurement dans un domaine quelconque. *Record de production.*

◆ adj. inv. Se dit d'un résultat qui constitue un maximum jamais atteint ou très exceptionnel. *Chiffres record.*

RECORDER v.t. **1.** Attacher de nouveau avec une corde. **2.** Remettre des cordes à. *Recorder une raquette, un piano ancien.*

RECORDMAN [rəkɔrdman] n.m. [pl. *recordmans* ou *recordmen*] (faux anglic., de *record* et angl. *man,* homme). Détenteur d'un ou de plusieurs records. — REM. On trouve aussi la forme féminine *recordwoman* [rəkɔrdwuman] (pl. *recordwomans* ou *recordwomen*).

RECORRIGER v.t. [10]. Corriger de nouveau.

RECOUCHER v.t. Coucher de nouveau.

RECOUDRE v.t. [66]. Coudre ce qui est décousu, déchiré, disjoint.

RECOUPAGE n.m. Action de recouper.

RECOUPE n.f. **1.** Remoulage. **2.** Boisson alcoolique provenant d'un mélange d'alcool et d'eau.

RECOUPEMENT n.m. **1.** Vérification d'un fait au moyen de renseignements issus de sources différentes. **2.** CONSTR. Diminution d'épaisseur que l'on fait subir à un mur, lors d'un ravalement ; suppression de parties excédentaires. **3.** TOPOGR. Détermination de la position d'un point A situé sur une direction prise d'un point connu B en prenant du point A une ou deux directions sur deux autres points connus C et D.

RECOUPER v.t. **1.** Couper de nouveau. **2.** Donner une coupe différente à un vêtement ; retoucher. **3.** Apporter une confirmation à ; coïncider avec. *Témoignage qui en recoupe un autre.* ◆ v.i. Aux cartes, faire une seconde coupe.

RECOURANT n.m. DR. Suisse. Auteur d'un recours.

RECOURBEMENT n.m. *Litt.* Action de recourber ; fait d'être recourbé.

RECOURBER v.t. **1.** Courber de nouveau. **2.** Courber par le bout.

RECOURBURE n.f. Rare. État d'une chose recourbée.

RECOURIR v.t. et v.i. [33] (lat. *recurrere*). **1.** Courir de nouveau. **2.** Disputer une course de nouveau. *Faire recourir le 400 m.* ◆ v.t. ind. **(à). 1.** S'adresser à qqn pour obtenir de l'aide. *Recourir au médecin.* **2.** Se servir de qqch dans une circonstance donnée. *Recourir à la force.*

RECOURS n.m. (lat. *recursus,* retour en arrière). **1.** Action de recourir à. *Le recours à des mesures d'urgence.* ◇ ***Avoir recours à*** : faire appel à, user de. **2.** Personne ou chose à laquelle on recourt. **3.** DR. Procédure permettant d'obtenir un nouvel examen d'une décision judiciaire. ◇ ***Recours en grâce*** : demande adressée au chef de l'État en vue de la remise ou de la commutation d'une peine. **4.** DR. Action de déférer à une autorité ou à une juridiction administrative un acte ou une décision administrative en vue d'en obtenir le retrait, l'annulation, l'abrogation, la réformation ou l'interprétation.

RECOUVRABLE adj. Qui peut être recouvré.

RECOUVRAGE n.m. Action de recouvrir un siège.

1. RECOUVREMENT n.m. (de *recouvrer*). **1.** Action de recouvrer ce qui était perdu. *Recouvrement de titres.* **2.** Perception de sommes dues.

2. RECOUVREMENT n.m. (de *recouvrir*). **1.** Action de recouvrir. **2.** CONSTR. Agencement dans lequel un élément en recouvre un autre. **3.** GÉOL. ***Lambeaux de recouvrement*** : restes d'une nappe de charriage, reposant en discordance sur les terrains sous-jacents. **4.** ALGÈBRE. ***Recouvrement d'un ensemble*** : famille d'ensembles dont la réunion inclut cet ensemble.

RECOUVRER v.t. (lat. *recuperare*). **1.** *Sout.* Rentrer en possession de ce qu'on avait perdu. *Recouvrer la vue.* **2.** Opérer la perception de. *Recouvrer l'impôt.*

RECOUVRIR v.t. [23]. **1.** Pourvoir d'une couverture, d'un élément protecteur. **2.** Refaire à neuf les parties en tissu ou en cuir d'un siège. **3.** Couvrir entièrement. *La neige recouvre la plaine.* **4.** Correspondre exactement ; se superposer, s'appliquer à. *Cette réalisation recouvre les deux projets.*

RECRACHER v.t. et v.i. Cracher ce qu'on a pris dans la bouche.

RÉCRÉ n.f. (abrév.). *Fam.* Récréation.

RÉCRÉANCE n.f. (de l'anc. fr. *recroire,* rendre). DR. *Lettres de récréance* : lettres envoyées à un ambassadeur pour qu'il les présente au chef de l'État d'auprès de qui on le rappelle. SYN. : *lettres de rappel.*

RÉCRÉATIF, IVE adj. Qui divertit, récrée.

RECRÉATION n.f. Action de recréer.

RÉCRÉATION n.f. **1.** Ce qui interrompt le travail et délasse. *Prendre un peu de récréation.* **2.** Dans un établissement scolaire, temps accordé aux élèves pour se détendre. Abrév. *(fam.) : récré.*

RECRÉER v.t. [8]. **1.** Créer de nouveau ; reconstruire, refaire. **2.** Restituer l'aspect de qqch qui a disparu. *Recréer l'atmosphère de la Belle Époque.*

RÉCRÉER v.t. [8] (lat. *recreare*). *Litt.* Délasser, divertir par un amusement quelconque.

RECRÉPIR v.t. Crépir de nouveau.

RECRÉPISSAGE n.m. Action de recrépir.

RECREUSER v.t. Creuser de nouveau ou plus profond.

RÉCRIER (SE) v.pr. [5]. **1.** *Litt.* Laisser échapper des exclamations exprimant des sentiments vifs et agréables (admiration, surprise, etc.). *Ils se sont récriés à la vue de ce tableau.* **2.** Manifester avec véhémence son désaccord, son indignation.

RÉCRIMINATEUR, TRICE adj. et n. Qui récrimine, qui est porté à récriminer.

RÉCRIMINATION n.f. Action de récriminer ; reproche, critique amère.

RÉCRIMINER v.i. (lat. *recriminari,* de *crimen,* accusation). Trouver à redire, critiquer amèrement.

RÉCRIRE ou **RÉÉCRIRE** v.t. [79]. Écrire ou rédiger de nouveau.

RECRISTALLISATION n.f. **1.** GÉOL. Modification des roches originelles par dissolution plus ou moins complète des minéraux primaires et formation de nouveaux minéraux. **2.** MÉTALL. Cristallisation nouvelle se développant dans un métal ou un alliage à l'état solide, au cours d'un chauffage de recuit.

RECRISTALLISER v.t. et v.i. GÉOL. Cristalliser de nouveau.

RECROÎTRE v.i. [74]. Se remettre à croître, à grandir. (*Recroître* se conjugue comme *accroître,* mais son participe passé est *recrû.*)

RECROQUEVILLÉ, E adj. Ramassé, replié sur soi.

RECROQUEVILLER (SE) v.pr. (de *croc* et *vrille*). **1.** Se rétracter, se tordre sous l'action de la sécheresse, du froid. **2.** Se ramasser, se replier sur soi.

RECRU, E adj. (de l'anc. fr. *se recroire,* se rendre). *Litt.* ***Recru de fatigue*** : harassé.

RECRÛ n.m. (p. passé de *recroître*). SYLVIC. Ensemble des rejets qui se forment spontanément après l'exploitation d'une coupe de bois.

RECRUDESCENCE n.f. (du lat. *recrudescere,* reprendre des forces). **1.** Augmentation d'intensité des symptômes d'une maladie après une courte rémission. **2.** Brusque réapparition de qqch avec redoublement d'intensité. *Recrudescence des combats.*

RECRUDESCENT, E adj. *Litt.* Qui reprend de l'intensité.

RECRUE n.f. (de *croître*). **1.** Jeune militaire qui vient d'être incorporé. **2.** Nouveau membre d'une société, d'un groupe. **3.** Suisse. *École de recrues* : première partie du service militaire.

RECRUTEMENT n.m. **1.** Action de recruter. **2.** Vieilli. *Service de recrutement* : Direction du *Service national.

RECRUTER v.t. **1.** Appeler des recrues, lever des troupes. **2.** Engager du personnel. **3.** Amener à faire partie d'une société, d'un parti. ◆ **se recruter** v.pr. **1.** Être recruté ou embauché. **2.** Provenir d'un groupe.

RECRUTEUR, EUSE n. Personne qui recrute des adhérents, des clients, du personnel. ◇ (En appos.) *Agent recruteur* : personne qui recrute pour le compte d'un parti, d'un groupe, etc.

RECTA adv. (mot lat., *en droite ligne*). *Fam.,* vieilli. Ponctuellement. *Payer recta.*

RECTAL, E, AUX adj. Relatif au rectum.

RECTANGLE n.m. (lat. *rectangulus*). Quadrilatère plan dont les quatre angles sont droits. ◆ adj. **1.** *Parallélépipède rectangle* ⟶ **parallélépipède. 2.** *Triangle rectangle,* dont deux côtés sont perpendiculaires. — *Trapèze rectangle,* dont trois côtés consécutifs sont perpendiculaires.

RECTANGULAIRE adj. Qui a la forme d'un rectangle.

RECTEUR n.m. (lat. *rector,* de *regere,* diriger). **1.** Haut fonctionnaire de l'Éducation nationale, placé à la tête d'une académie. **2.** CATH. Prêtre desservant une église non paroissiale. **3.** En Bretagne, curé de petite paroisse. **4.** Supérieur d'un collège de jésuites.

RECTIFIABLE adj. **1.** Qui peut être rectifié. **2.** GÉOMÉTR. Se dit d'un arc paramétré tel que l'ensemble des longueurs des lignes polygonales qui y sont inscrites est majoré.

RECTIFICATEUR n.m. CHIM. Appareil de distillation dans lequel s'effectue la rectification.

RECTIFICATIF, IVE adj. Qui rectifie, sert à rectifier. ◆ n.m. Texte, propos rectifiant une information erronée ou inexacte.

RECTIFICATION n.f. **1.** Action de rectifier ; texte, paroles qui rectifient. **2.** MÉCAN. INDUSTR. Opération ayant pour objet le parachèvement à la meule d'une surface usinée. **3.** GÉOMÉTR. *Rectification d'un arc de courbe,* calcul de sa longueur. **4.** CHIM. Distillation fractionnée d'un liquide volatil pour le purifier ou en séparer les constituants.

RECTIFIER v.t. [5] (lat. *rectus,* droit, et *facere,* faire). **1.** Modifier pour rendre adéquat. **2.** Rendre exact en corrigeant. *Rectifier un calcul.* **3.** *Arg.* Tuer. **4.** MÉCAN. INDUSTR. Effectuer une rectification. **5.** GÉOMÉTR. Déterminer la longueur d'un arc de courbe. **6.** CHIM. Soumettre à la rectification.

RECTIFIEUSE n.f. MÉCAN. INDUSTR. Machine-outil servant à rectifier.

RECTILIGNE adj. (lat. *rectus,* droit, et *linea,* ligne). **1.** Qui est ou qui a lieu en ligne droite. **2.** GÉOMÉTR. Qui a la forme d'une droite ou d'une partie de droite.

RECTILINÉAIRE adj. PHOTOGR. *Objectif rectilinéaire* : objectif qui ne déforme pas l'image.

RECTION [rɛksjɔ̃] n.f. LING. Propriété qu'ont un verbe, une préposition d'être accompagnés d'un complément dont le mode ou le cas est déterminé grammaticalement.

RECTITE n.f. MÉD. Inflammation du rectum. SYN. : *proctite.*

RECTITUDE n.f. (du lat. *rectus,* droit). **1.** *Litt.* Caractère de ce qui est droit. *La rectitude d'une ligne.* **2.** Conformité à la raison, à la justice, à la rigueur. *Rectitude de jugement.*

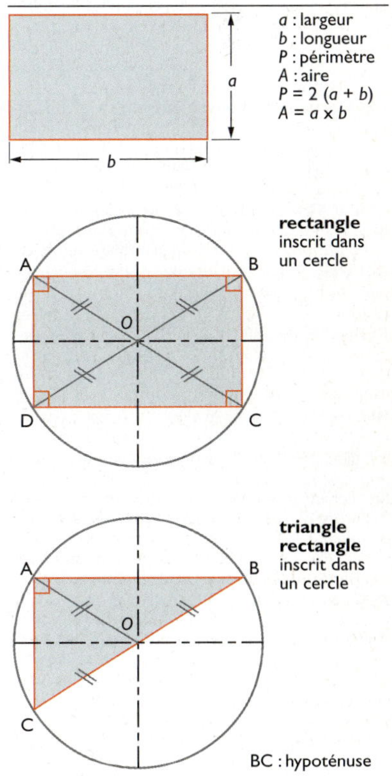

■ **RECTANGLE**

R

RECTO n.m. (lat. *folio recto,* sur le feuillet qui est à l'endroit). Première page d'un feuillet (par oppos. à *verso*). ◇ *Recto verso :* des deux côtés.

RECTO-COLITE n.f. (pl. *recto-colites*). MÉD. Inflammation simultanée du rectum et du côlon.

RECTORAL, E, AUX adj. ENSEIGN. Du recteur.

RECTORAT n.m. ENSEIGN. **1.** Charge de recteur. **2.** Bureau de l'administration rectorale d'une académie.

RECTOSCOPIE n.f. Examen endoscopique du rectum.

RECTRICE n.f. Plume de la queue des oiseaux. (Les rectrices dirigent le vol et soutiennent l'arrière du corps.)

RECTUM [rɛktɔm] n.m. (lat. *rectum intestinum,* intestin droit). Dernière partie du tube digestif, entre le côlon et l'anus.

1. REÇU, E n. (p. passé de *recevoir*). Personne admise à un examen, à un concours.

2. REÇU n.m. Écrit sous seing privé dans lequel on reconnaît avoir reçu une somme, un objet. – REM. *Reçu* est un p. passé inv. quand il est employé par ellipse devant l'énoncé d'une somme, pour en reconnaître le paiement. *Reçu cent euros de M. Un tel.*

RECUEIL [rəkœj] n.m. (de *recueillir*). Ouvrage où sont réunis des écrits, des documents, des gravures, etc. *Recueil de lois.*

R

RECUEILLEMENT [-kœj-] n.m. Fait de se recueillir ; état d'une personne recueillie.

RECUEILLI, E adj. Qui manifeste le recueillement.

RECUEILLIR [rəkœjir] v.t. [29] (lat. *recolligere*). **1.** Réunir en collectant, en ramassant. *Recueillir des documents, des dons.* **2.** Obtenir pour soi. *Recueillir la moitié des suffrages.* **3.** Retirer un avantage de. *Recueillir le fruit de son travail.* **4.** Recevoir par héritage. *Recueillir une succession.* **5.** Accueillir chez soi, donner l'hospitalité à. *Recueillir des sinistrés.* ◆ **se recueillir** v.pr. **1.** S'abstraire du monde extérieur pour se replier sur la vie intérieure ; réfléchir, méditer. **2.** Se plonger dans une méditation religieuse.

RECUIRE v.t. [78] (lat. *recoquere*). **1.** Soumettre à une seconde cuisson. **2.** Améliorer les qualités d'un métal, d'un verre, par le recuit. ◆ v.i. Subir une nouvelle cuisson.

RECUIT n.m. **1.** Rare. Action de recuire, de soumettre de nouveau à l'action de la chaleur. **2.** Chauffage d'un produit métallurgique à une température suffisante pour assurer son équilibre physico-chimique et structural, suivi d'un refroidissement lent. **3.** VERR. Chauffage d'un verre à la température permettant le relâchement des contraintes, que l'on fait suivre d'un refroidissement lent.

RECUL n.m. **1.** Mouvement en arrière. *Recul d'une armée.* **2.** Mouvement vers l'arrière d'une arme à feu, au départ du coup. **3.** Espace libre pour reculer. **4.** Éloignement dans l'espace et le temps pour juger d'un événement.

RECULADE n.f. **1.** Action de reculer. **2.** *Fig.* Adoption d'une position en retrait par rapport à une position antérieure trop avancée ; dérobade.

RECULÉ, E adj. **1.** Difficile à atteindre ; isolé. *Région reculée.* **2.** Éloigné dans le temps. *Époque reculée.*

RECULÉE n.f. GÉOMORPH. Longue vallée profonde, aux parois verticales, échancrant le rebord d'un plateau calcaire et se terminant au pied d'un escarpement en cul-de-sac dit *bout du monde.*

RECULEMENT n.m. Avaloire.

RECULER v.t. (de *cul*). **1.** Déplacer vers l'arrière. *Reculer sa chaise.* **2.** Reporter plus loin. *Reculer une clôture.* **3.** Remettre à plus tard ; retarder. *Reculer un paiement.* ◆ v.i. **1.** Aller en arrière. **2.** Perdre du terrain ; rétrograder. *Faire reculer la criminalité.* **3.** Céder devant une difficulté ; renoncer. ◇ *Reculer pour mieux sauter :* retarder une décision désagréable mais inévitable.

RECULONS (À) loc. adv. En reculant, en allant en arrière.

RECULOTTER v.t. Remettre sa culotte, son pantalon à. *Reculotter un petit enfant.* ◇ v.pr. *Il s'est reculotté.*

RÉCUPÉRABLE adj. Qui peut être récupéré.

RÉCUPÉRATEUR, TRICE adj. Qui permet de récupérer. *Un sommeil récupérateur.* ◆ adj. et n. Qui récupère des matériaux usagés. ◆ n.m. Appareil destiné à la récupération de la chaleur ou de l'énergie.

RÉCUPÉRATION n.f. **1.** Action de récupérer ; fait d'être récupéré. **2.** Action de faire revenir un véhicule spatial à la surface de la Terre.

RÉCUPÉRER v.t. [11] (lat. *recuperare*). **1.** Rentrer en possession de, retrouver après avoir perdu. *Récupérer une somme que l'on avait prêtée.* **2.** Recueillir pour réutiliser ou recycler. *Récupérer de la ferraille.* **3.** Reprendre les idées d'un mouvement social, politique, etc., pour s'assurer le contrôle de ce mouvement et le neutraliser ou pour tirer parti de ces idées à des fins détournées. **4.** Fournir un temps de travail en remplacement de celui qui a été perdu. ◆ v.i. Reprendre ses forces après un effort ; recouvrer sa santé après une maladie.

RÉCURAGE n.m. Action de récurer.

RÉCURER v.t. Nettoyer en frottant.

RÉCURRENCE n.f. **1.** Caractère de ce qui est récurrent ; répétition d'un phénomène. **2.** MÉD. Nouvelle poussée d'une maladie infectieuse due à la persistance du même germe dans l'organisme (à la différence de la récidive), et survenant parfois longtemps après la précédente (contrairement à la rechute). **3.** LOG. *Raisonnement par récurrence :* démonstration par laquelle on étend à une série de termes homogènes la vérité d'une propriété d'au moins deux de ces termes. SYN. : *raisonnement par induction.* – *Spécial.* MATH. *Principe de démonstration par récurrence sur les entiers naturels :* principe selon lequel une propriété qui est vérifiée pour tout entier $n + 1$ dès qu'elle l'est pour *n,* est vérifiée pour tout entier dès qu'elle l'est pour 0.

RÉCURRENT, E adj. (lat. *recurrens, -entis,* courant en arrière). **1.** Qui revient, réapparaît, se reproduit. **2.** ANAT. Se dit de la branche d'un nerf, d'une artère qui revient en direction de son point d'attache. **3.** MÉD. Se dit d'une maladie infectieuse caractérisée par des récurrences. *Fièvre récurrente.* **4.** MATH. Se dit d'une suite dont le terme général s'exprime à partir de termes qui le précèdent.

RÉCURSIF, IVE adj. (angl. *recursive,* du lat.). **1.** LING. Qui peut être répété de façon indéfinie. **2.** LOG., MATH. *Fonction récursive :* fonction d'entiers à valeurs entières effectivement calculable par un algorithme.

RÉCURSIVITÉ n.f. **1.** LING. Propriété de ce qui est récursif. **2.** LOG., MATH. Étude des fonctions récursives.

RÉCURSOIRE adj. DR. *Action récursoire :* action que le défendeur intente à l'encontre d'un tiers pour obtenir le remboursement des sommes dont il est redevable par suite d'une condamnation.

RÉCUSABLE adj. Qui peut être récusé.

RÉCUSATION n.f. **1.** DR. Fait de refuser, par soupçon de partialité, un juge, un juré, un arbitre, un expert, dans les cas spécifiés par la loi. **2.** *Litt.* Action de récuser, de ne pas admettre.

RÉCUSER v.t. (lat. *recusare,* refuser). **1.** DR. User de la faculté ou du droit de récusation à l'encontre de. **2.** Ne pas admettre l'autorité de qqn, la valeur de qqch dans une décision. ◆ **se récuser** v.pr. **1.** Se déclarer incompétent pour juger une cause, décider d'une question. **2.** Refuser une charge, une mission, un poste.

RECYCLABLE adj. Que l'on peut recycler. *Déchets recyclables.*

RECYCLAGE n.m. **1.** Formation complémentaire donnée à un professionnel pour lui permettre de s'adapter aux progrès industriels et scientifiques. **2.** Réemploi de disponibilités monétaires. **3.** Action de collecter des déchets pour les valoriser, les réutiliser tels quels ou les réintroduire dans le cycle de production dont ils sont issus. *Recyclage du verre.* **4.** CHIM. INDUSTR. Action de réintroduire un produit dans une partie d'un cycle de traitement, lorsque sa transformation est incomplète après un premier passage.

RECYCLER v.t. Soumettre à un recyclage. *Recycler du papier.* ◆ **se recycler** v.pr. Acquérir une formation nouvelle par recyclage.

RÉDACTEUR, TRICE n. (du lat. *redactus,* p. passé de *redigere, arranger*). Personne qui rédige un texte, qui participe à la rédaction d'un journal, d'un livre.

RÉDACTION n.f. **1.** Action ou manière de rédiger un texte. **2.** Exercice scolaire destiné à apprendre aux élèves à rédiger. **3.** Ensemble des rédacteurs d'un journal, d'une publication, d'une maison d'édition ; ensemble des locaux où ils travaillent.

RÉDACTIONNEL, ELLE adj. **1.** Relatif à la rédaction. **2.** *Publicité rédactionnelle :* texte publicitaire qui prend l'apparence d'un article du journal où il figure. ◆ n.m. Texte d'une publicité (par oppos. à *visuel*).

REDAN ou **REDENT** n.m. **1.** Découpure en forme de dent dont la répétition constitue un ornement, dans l'architecture médiévale. **2.** CONSTR. Ressaut, décrochement. **3.** Ouvrage de la fortification bastionnée, en forme de V.

REDDITION n.f. (bas lat. *redditio*). **1.** Action de se rendre, de mettre bas les armes. **2.** *Reddition de comptes :* acte par lequel un mandataire, un comptable, etc., présente les comptes de sa gestion.

REDÉCOUVRIR v.t. [23]. Découvrir de nouveau.

REDÉFAIRE v.t. [89]. Défaire de nouveau.

REDÉFINIR v.t. Définir de nouveau ou autrement. *Redéfinir les responsabilités au sein d'une équipe.*

REDÉFINITION n.f. Action de redéfinir ; nouvelle définition.

REDEMANDER v.t. **1.** Demander de nouveau. **2.** Demander à qqn ce qu'on lui a prêté.

REDÉMARRAGE n.m. Action de redémarrer.

REDÉMARRER v.i. Démarrer de nouveau.

RÉDEMPTEUR, TRICE adj. et n. *Litt.* Qui rachète, réhabilite. ◇ *Le Rédempteur :* Jésus-Christ, qui a racheté le genre humain du péché.

RÉDEMPTION n.f. (lat. *redemptio*). **1.** *Litt.* Action de ramener qqn au bien, de se racheter. **2.** THÉOL. CHRÉT. *La Rédemption :* le salut apporté par Jésus-Christ à l'humanité pécheresse.

RÉDEMPTORISTE n.m. CATH. Religieux de la congrégation missionnaire du Très-Saint-Rédempteur, fondée à Scala, près de Naples, en 1732, par saint Alphonse-Marie de Liguori. (Cette congrégation comporte une branche féminine, les *rédemptoristines.*)

REDENT n.m. → **REDAN.**

REDENTÉ, E adj. ARCHIT. Découpé en redans.

REDÉPLOIEMENT n.m. **1.** Réorganisation d'une activité économique, notamm. par l'accroissement des échanges avec l'extérieur. **2.** MIL. Réorganisation d'un dispositif militaire.

REDÉPLOYER v.t. [7]. Procéder au redéploiement de.

REDESCENDRE v.i. [59]. Descendre de nouveau ; descendre après s'être élevé. *Ballon qui redescend.* ◆ v.t. Transporter, descendre de nouveau.

REDEVABLE adj. **1.** Qui doit encore qqch après un paiement, qui reste débiteur. **2.** Qui a une obligation envers qqn. *Je vous suis redevable de la vie.* ◆ n. Personne tenue de verser une redevance ou soumise à un impôt.

REDEVANCE n.f. **1.** Dette, charge, taxe, rente qui doit être acquittée à termes fixes. **2.** Somme due au propriétaire d'un brevet, du sol où sont assurées certaines exploitations, etc.

REDEVENIR v.i. [28] [auxil. *être*]. Recommencer à être ce que l'on était auparavant. *Ils sont redevenus amis.*

REDEVOIR v.t. [40]. Devoir de l'argent, une dette comme reliquat.

RÉDHIBITION n.f. DR. Annulation d'une vente obtenue par l'acheteur, lorsque la chose achetée est entachée d'un vice dit *vice rédhibitoire.*

RÉDHIBITOIRE adj. (du lat. *redhibere,* restituer). **1.** Qui constitue un obstacle radical. *Un prix rédhibitoire.* **2.** DR. *Vice rédhibitoire,* qui rend un bien impropre à l'usage auquel on le destine.

RÉDIE n.f. (de *Redi,* n. d'un naturaliste ital.). ZOOL. Forme larvaire des trématodes, vivant en parasite d'un mollusque d'eau douce.

REDIFFUSER v.t. Diffuser une émission de radio, de télévision une nouvelle fois.

REDIFFUSION n.f. **1.** Action, fait de rediffuser. **2.** Émission rediffusée.

RÉDIGER v.t. [10] (lat. *redigere,* ramener, réduire). Exprimer par écrit, dans l'ordre voulu et selon une forme donnée. *Rédiger un article de journal.*

RÉDIMÉ, E adj. *Province, ville rédimée :* dans la France d'Ancien Régime, province, ville qui, en 1553, s'était rachetée à titre onéreux des droits prélevés par la royauté sur la vente du sel.

REDIMENSIONNER v.t. Suisse. Restructurer une industrie, une entreprise.

RÉDIMER v.t. (lat. *redimere,* racheter). RELIG. Racheter, sauver.

REDINGOTE n.f. (angl. *riding-coat,* vêtement pour aller à cheval). **1.** Anc. Ample veste d'homme croisée, à longues basques. **2.** Manteau de femme ajusté à la taille.

REDIRE v.t. [82]. **1.** Répéter ce qu'on a déjà dit ou ce qu'un autre a dit. *Il redit toujours les mêmes choses.* **2.** Répéter, rapporter par indiscrétion. *N'allez pas le lui redire !* **3.** *Avoir, trouver à redire à :* trouver des motifs de blâme à.

REDISCUTER v.t. Discuter de nouveau.

REDISTRIBUER v.t. Distribuer de nouveau.

REDISTRIBUTION n.f. **1.** Action de redistribuer. **2.** Correction dans la répartition des revenus grâce, notamm., à l'impôt et aux transferts sociaux.

REDITE n.f. Répétition inutile.

REDONDANCE n.f. **1. a.** Abondance excessive de termes dans le discours ; verbiage. **b.** Terme redondant ; redite. **2.** LING. Caractère d'un énoncé qui réitère sous plusieurs formes différentes un même trait signifiant. **3.** INFORM., TÉLÉCOMM. Duplication volontaire d'informations afin de garantir leur sécurité en cas d'incident. **4.** TECHN. Duplication d'équipements chargés d'assurer une fonction donnée, afin que l'un d'eux puisse se substituer à l'autre en cas de défaillance.

REDONDANT, E adj. (bas lat. *redundans, -antis,* superflu). **1.** Qui est superflu dans un écrit, un discours. **2.** Qui présente des redondances. *Style redondant.*

REDONNER v.t. **1.** Donner de nouveau la même chose. **2.** Rendre ce qui avait été perdu. *Redonner des forces. Redonner confiance.*

REDORER v.t. **1.** Dorer de nouveau. **2.** *Redorer son blason :* épouser une riche roturière, en parlant d'un noble ruiné ; *fig.,* recouvrer son prestige, son lustre ancien.

REDOUBLANT, E n. Élève qui redouble sa classe.

REDOUBLÉ, E adj. Qui est répété plusieurs fois. ◇ *À coups redoublés,* violents et précipités.

REDOUBLEMENT n.m. **1.** Fait de redoubler, de croître en force, en intensité. *Redoublement de fureur.* **2.** Fait de redoubler une classe. **3.** LING. Répétition d'un ou de plusieurs éléments d'un mot (par ex. dans *fifille*).

REDOUBLER v.t. **1.** Rendre double. **2.** Augmenter sensiblement la force, l'intensité de. *Redoubler ses efforts.* **3.** Recommencer une année d'études dans la même classe. ◆ v.t. ind. **(de).** Faire preuve d'encore plus de. *Redoubler de prudence.* ◆ v.i. Augmenter en intensité. *La fièvre redouble.*

REDOUTABLE adj. Qui est à craindre, à redouter ; dangereux, terrible.

REDOUTABLEMENT adv. De façon redoutable ; terriblement.

REDOUTE n.f. (ital. *ridotto,* réduit). Anc. Petit ouvrage de fortification isolé, de forme carrée.

REDOUTER v.t. Craindre vivement.

REDOUX n.m. Hausse temporaire de la température de l'air, au cours de la saison froide.

REDOWA [redɔva] n.f. (mot all., du tchèque). Danse originaire de Bohême, exécutée en couple, proche de la valse, dont elle diffère par un face-à-face momentané des partenaires, l'un avançant, l'autre reculant, à la mode en Europe dans la première moitié du XIXe s.

REDOX adj. (de *réducteur* et *oxydant*). CHIM. *Couple redox :* ensemble formé par un atome et un ion, ou par deux ions, dont l'un est réducteur et l'autre oxydant, et qui se transforment de façon réversible l'un en l'autre avec échange d'électrons.

REDRESSAGE n.m. Rare. Action de redresser.

REDRESSE (À LA) loc. adj. *Arg.* Se dit de qqn qui sait se défendre, se faire respecter.

REDRESSEMENT n.m. **1.** Action de redresser ; fait de se redresser. *Redressement de la situation.* **2.** ÉLECTR. Transformation d'un courant alternatif en un courant circulant toujours dans le même sens. **3.** DR. **a.** Correction conduisant à une majoration des bases imposables déclarées. **b.** *Redressement judiciaire :* procédure judiciaire destinée à permettre la sauvegarde de l'entreprise, le maintien de l'activité et de l'emploi, et l'apurement du passif. (Institué en France en 1985 en remplacement du *règlement judiciaire.*) **4.** Anc. *Maison de redressement :* établissement chargé de la rééducation de jeunes délinquants.

REDRESSER v.t. **1.** Remettre à la verticale. *Redresser un poteau.* **2.** Remettre droit ce qui est déformé, courbé, tordu. **3.** Rétablir dans son état primitif ; remettre en ordre. *Redresser la situation.* **4.** *Litt.* Réformer, rectifier. *Redresser le jugement.* **5.** ÉLECTR. Effectuer le redressement d'un courant alternatif. ◆ v.i. **1.** Remettre en ligne droite les roues d'un véhicule automobile après un virage, lors d'une manœuvre, etc. **2.** Faire reprendre de la hauteur à un avion après une perte de vitesse. ◆ **se redresser** v.pr. **1.** Se remettre droit ou vertical. **2.** Donner au corps une attitude droite ; manifester de la fierté par une telle attitude. **3.** Reprendre sa progression après un fléchissement. *L'économie se redresse.*

1. REDRESSEUR, EUSE adj. ÉLECTR. Qui sert à redresser. *Valve redresseuse.* ◆ n.m. **1.** ÉLECTR. Mutateur qui transforme un système de courants alternatifs en un courant unidirectionnel. **2.** OPT. Dispositif (prisme, par ex.) qui redresse l'image renversée issue de l'objectif de lunettes terrestres (les jumelles, par ex.).

2. REDRESSEUR n.m. *Redresseur de torts :* chevalier errant qui vengeait les victimes de l'injustice ; mod., personne qui prétend corriger les abus, réformer la société.

RÉDUCTEUR, TRICE adj. (lat. *reductus,* ramené). Qui réduit, qui simplifie à l'excès. *Analyse trop réductrice d'une situation.* ◆ n.m. **1.** CHIM. Corps qui a la propriété de réduire. **2.** MÉCAN. INDUSTR. Mécanisme qui transmet un mouvement de rotation en en réduisant la vitesse.

RÉDUCTIBILITÉ n.f. Caractère de ce qui est réductible.

RÉDUCTIBLE adj. **1.** Qui peut être réduit, diminué. *Dépenses réductibles.* **2.** MATH. **a.** Se dit d'une équation dont le degré peut être abaissé. **b.** *Fraction réductible,* dont le numérateur et le dénominateur ne sont pas premiers entre eux. **3.** MÉD. Qui peut être traité par réduction ; qui peut être remis en place. *Une hernie réductible.*

RÉDUCTION n.f. **1.** Action de réduire, de diminuer. *Réduction des dépenses.* **2.** Diminution de prix ; rabais. *Consentir une réduction à un client.* **3.** Action de reproduire à une échelle plus petite ; copie ainsi exécutée. *Une réduction en plâtre de la « Vénus de Milo ».* **4.** GÉOMÉTR. Opération par laquelle on remplace une figure géométrique par une figure semblable, mais plus petite. **5.** DR. *Réduction de libéralité :* diminution ou même suppression des libéralités faites par le défunt lorsque leur montant global dépasse celui de la quotité disponible. **6.** BIOL. CELL. *Réduction chromatique :* diminution de moitié du nombre des chromosomes d'une cellule, qui se réalise au cours de la première division de la méiose. **7.** COMPTAB. *Réduction de capital :* diminution du capital d'une société, notamm. pour tenir compte des pertes. **8.** CHIM. Réaction dans laquelle une partie de son oxygène est enlevée à un corps et, plus génér., dans laquelle un atome ou un ion gagne des électrons ; état de ce qui est réduit. SYN. : *désoxydation.* ◇ MÉTALL. *Réduction directe :* méthode de production de fer par réduction chimique de minerais de fer à l'état solide. **9.** PHILOS. *Réduction phénoménologique :* dans la phénoménologie de Husserl, suspension de tout jugement concernant la réalité du monde et des choses. **10.** MATH. *Réduction d'une somme algébrique,* du nombre de ses termes. — *Réduction d'une fraction :* recherche d'une fraction équivalente et qui soit irréductible. — *Réduction de fractions au même dénominateur,* recherche d'un dénominateur commun à ces fractions. **11.** MÉTROL. Opération par laquelle on passe d'une mesure brute à un résultat affranchi de certains effets non essentiels (conditions physiques, facteurs instrumentaux, etc.). **12.** MUS. Arrangement d'une partition en vue de la faire exécuter par une formation instrumentale ou vocale restreinte, ou par un seul instrument. **13.** *Réduction à l'état laïque :* retour accordé, ou imposé, par l'Église à un clerc, qui le rétablit dans l'état qui était le sien auparavant, sans toutefois que puissent lui être ôtés les pouvoirs conférés par l'ordination. **14.** Mesure disciplinaire par laquelle un militaire est placé à un grade inférieur à son grade précédent. **15.** MÉD. Remise en place des éléments atteints lors d'une fracture, d'une luxation, d'une hernie, etc. **16.** HIST. En Amérique espagnole, village indien constitué par la Couronne pour faciliter l'évangélisation et la sédentarisation des indigènes. (Les plus célèbres réductions furent celles créées par les jésuites au Paraguay, aux XVIIe et XVIIIe siècles.)

RÉDUCTIONNISME n.m. ÉPISTÉMOL. Tendance qui consiste à réduire les phénomènes complexes à leurs composants plus simples, considérés comme plus fondamentaux.

RÉDUIRE v.t. [78] (lat. *reducere,* ramener). **1.** Ramener à une dimension, à une quantité moindres ; diminuer la valeur, l'importance de. *Réduire les prix de 20 %.* **2.** Reproduire en plus petit, avec les mêmes proportions. *Réduire une photo.* **3.** Ramener à un état plus élémentaire par une transformation. *Réduire le grain en farine.* ◇ *Réduire en cendres, en miettes :* mettre en pièces ; détruire. — *Réduire une sauce, un liquide,* les faire épaissir par évaporation sur le feu. **4.** CHIM. **a.** Effectuer la réduction de. *Réduire un oxyde.* **b.** Faire gagner des électrons à un atome, à un ion. **5.** Ramener à une forme équivalente plus simple. *Réduire une question à l'essentiel.* ◇ *Réduire une équation,* en abaisser le degré. **6.** MÉD. Traiter par réduction ; remettre en place. *Réduire une fracture.* **7.** *Réduire à :* amener à un état de dépendance, à une situation pénible. *Réduire au silence, à la mendicité.* **8.** Désorganiser complètement ; vaincre. *Réduire les poches de résistance.* **9.** Suisse. Ranger qqch, le remettre à sa place. ◆ v.i. Diminuer en quantité, par évaporation, et devenir plus épais, plus concentré. *Ce sirop n'a pas assez réduit.* ◆ **se réduire** v.pr. **1.** Diminuer ses dépenses, son train de vie. **2.** Se limiter à. *Leur querelle se réduit à un simple malentendu.*

1. RÉDUIT, E adj. Qui a subi une réduction. *Prix, tarif réduit.*

2. RÉDUIT n.m. (du lat. *reductus,* qui est à l'écart). **1.** Petite pièce retirée ; recoin. **2.** Anc. Petit ouvrage fortifié à l'intérieur d'un autre et servant d'emplacement pour l'ultime défense.

RÉDUPLICATION n.f. LING. Répétition consécutive d'un mot dans une phrase (par ex. dans *c'est très très petit*).

RÉDUVE n.m. (lat. *reduviae,* dépouilles). Punaise ailée et carnassière, qui vit dans les vieilles maisons où elle chasse les mouches, les punaises de lit, etc. (Long. 15 à 18 mm ; genre *Reduvius,* ordre des hétéroptères.)

RÉÉCHELONNEMENT n.m. BANQUE. Allongement de la durée de remboursement d'une dette, notamm. d'une dette internationale.

RÉÉCHELONNER v.t. Procéder à un rééchelonnement.

RÉÉCOUTER v.t. Écouter de nouveau.

RÉÉCRIRE v.t. → **RÉCRIRE.**

RÉÉCRITURE n.f. Action de réécrire un texte.

RÉÉDIFICATION n.f. *Litt.* Action de réédifier ; reconstruction.

RÉÉDIFIER v.t. [5]. *Litt.* Rebâtir.

RÉÉDITER v.t. **1.** Faire une nouvelle édition de. **2.** Accomplir de nouveau ; recommencer. *Rééditer un exploit.*

RÉÉDITION n.f. **1.** Nouvelle édition d'un ouvrage. **2.** Répétition du même fait, du même comportement.

RÉÉDUCATION n.f. **1.** Ensemble des moyens et des soins non chirurgicaux mis en œuvre pour rétablir plus ou moins complètement l'usage d'un membre, d'une fonction ; spécialité médicale correspondante. **2.** Ensemble des mesures d'assistance, de surveillance ou d'éducation ordonnées par le juge à l'égard de l'enfance délinquante ou des mineurs en danger en vue de les réadapter socialement.

RÉÉDUQUER v.t. **1.** Faire bénéficier un malade d'une rééducation. **2.** Réadapter socialement un délinquant. **3.** Corriger, amender par une éducation nouvelle.

RÉEL, ELLE adj. (lat. *realis,* de *res,* chose). **1.** Qui existe ou a existé véritablement. *Besoins réels.* **2.** Qui est bien tel qu'on le dit ; authentique, véritable. *Son mérite est réel.* **3.** DR. Qui concerne une chose (par oppos. à *personnel*). [L'hypothèque confère un *droit réel* sur l'immeuble hypothéqué ; le prêt d'une somme d'argent ne confère qu'un *droit personnel* sur l'emprunteur.] **4.** OPT. Se dit d'une image qui se forme à l'intersection de rayons convergents. CONTR. : *virtuel.* **5.** MATH. **a.** *Nombre réel :* élément de l'ensemble $\mathbb{R}$. **b.** *Partie réelle d'un nombre complexe* $z = x + iy$: réel x. ◆ n.m. **1.** Ce qui existe effectivement, ce qui arrive en fait. *Le réel et l'imaginaire.* **2.** MATH. Nombre réel.

R

RÉÉLECTION n.f. Action de réélire.

RÉÉLIGIBLE adj. Qui peut être réélu.

RÉÉLIRE v.t. [86]. Élire de nouveau.

RÉELLEMENT adv. En vérité ; effectivement, véritablement. *Il est réellement le meilleur.*

RÉEMBAUCHER ou **REMBAUCHER** v.t. Embaucher de nouveau.

RÉÉMETTEUR n.m. TÉLÉCOMM. Émetteur servant à retransmettre les signaux provenant d'un émetteur principal. SYN. : *relais.*

RÉEMPLOI ou **REMPLOI** n.m. **1.** Mise en œuvre, dans une construction, d'éléments, de matériaux provenant d'une construction antérieure. **2.** DR. Achat d'un bien avec le produit de l'aliénation d'un bien propre ; placement nouveau d'un capital.

RÉEMPLOYER ou **REMPLOYER** [-plwaje] v.t. [7]. Employer de nouveau.

RÉEMPRUNTER v.t. → **REMPRUNTER.**

RÉENGAGEMENT n.m. → **RENGAGEMENT.**

RÉENGAGER v.t. → **RENGAGER.**

RÉENREGISTREMENT n.m. Action de réenregistrer.

RÉENREGISTRER v.t. Enregistrer de nouveau.

RÉENSEMENCEMENT n.m. Action de réensemencer.

R

RÉENSEMENCER v.t. [9]. Ensemencer de nouveau.

RÉÉQUILIBRAGE n.m. Action de rééquilibrer.

RÉÉQUILIBRER v.t. Rétablir l'équilibre de. *Rééquilibrer le budget.*

RÉER v.i. → **RAIRE.**

RÉESCOMPTE n.m. Opération qui consiste, pour une banque centrale, à acheter un effet avant son échéance à une banque ou à un organisme financier qui l'a déjà escompté.

RÉESCOMPTER v.t. Opérer le réescompte de.

RÉESSAYAGE ou, vx, **RESSAYAGE** n.m. Action de réessayer.

RÉESSAYER ou, vx, **RESSAYER** v.t. [6]. Essayer de nouveau.

RÉÉTUDIER v.t. [5]. Étudier de nouveau ; reconsidérer. *Je réétudierai votre proposition.*

RÉÉVALUATION n.f. **1.** Action de réévaluer. **2.** *Spécial.* Relèvement de la parité d'une monnaie. CONTR. : *dévaluation.* **3.** *Réévaluation des bilans :* correction de divers postes de bilans pour tenir compte de la dépréciation monétaire.

RÉÉVALUER v.t. **1.** Évaluer de nouveau. **2.** Effectuer la réévaluation d'une monnaie.

RÉEXAMEN n.m. Nouvel examen.

RÉEXAMINER v.t. Examiner de nouveau ou sur de nouvelles bases.

RÉEXPÉDIER v.t. [5]. Expédier de nouveau.

RÉEXPÉDITION n.f. Nouvelle expédition.

RÉEXPORTATION n.f. Action de réexporter.

RÉEXPORTER v.t. Transporter hors d'un pays des marchandises qui y avaient été importées.

REFAÇONNER v.t. Façonner de nouveau.

RÉFACTION n.f. (de *refaire*). **1.** COMM. Réduction du prix de la marchandise au moment de la livraison, lorsqu'elle ne correspond pas aux conditions convenues. **2.** Diminution du montant de l'assiette ou de la cotisation d'un impôt.

REFAIRE v.t. [89]. **1.** Faire de nouveau ce qui a déjà été fait. *Refaire une addition.* ◇ *À refaire :* à recommencer. **2.** Remettre en état ce qui a subi un dommage. *Refaire une toiture.* **3.** Rendre qqn différent ; modifier qqch. *On ne se refait pas. Vouloir refaire le monde.* **4.** *Fam.* Tromper, duper, escroquer. *Se laisser refaire de cent euros.* ◆ **se refaire** v.pr. *Fam.* Rétablir sa situation financière, en partic. après avoir subi des pertes au jeu.

RÉFECTION n.f. (lat. *refectio,* de *reficere,* refaire). Action de refaire, de remettre à neuf. *Réfection d'une route.*

RÉFECTOIRE n.m. (du lat. *refectorius,* réconfortant). Salle où les membres d'une communauté, d'une collectivité prennent leurs repas.

REFEND n.m. **1.** ARCHIT. *Ligne de refend,* ou *refend :* chacun des canaux taillés sur le parement d'un mur pour accuser ou simuler le tracé des joints de maçonnerie. – *Mur de refend :* mur porteur intérieur. **2.** *Bois de refend :* bois scié en long.

REFENDRE v.t. [59]. **1.** Fendre de nouveau. **2.** Fendre ou scier du bois en long. *Refendre un madrier.*

RÉFÉRÉ n.m. DR. Procédure d'urgence qui permet d'obtenir du juge une mesure, une décision provisoire *(ordonnance de référé).*

RÉFÉRÉ-LIBERTÉ n.m. (pl. *référés-libertés*). Garantie instituée en France au profit des personnes mises en examen et détenues provisoirement par un juge d'instruction, leur permettant de demander au président de la chambre d'accusation de suspendre l'exécution du mandat de dépôt.

RÉFÉRENCE n.f. **1.** Action de se référer à qqch. **2.** Autorité, texte auxquels on renvoie. *Citer ses références.* ◇ *Ouvrage de référence :* ouvrage que l'on consulte pour trouver une information précise dans un domaine particulier ; ouvrage qui fait autorité. **3.** COMM. Dans un assortiment, ensemble des caractéristiques d'un article (prix, taille, couleur, etc.) qui le distingue d'un article de la même famille ; cet article. **4.** Indication, note précise permettant de se reporter au passage d'un texte cité. **5.** Indication placée en tête d'une lettre, à rappeler dans la réponse. **6. a.** LING. Fonction par laquelle un signe linguistique renvoie à un objet du monde réel. **b.** LOG. Dénotation. ◆ pl. Attestations servant de recommandation. *Avoir de bonnes références.*

RÉFÉRENCEMENT n.m. COMM. **1.** Procédure par laquelle un producteur vendant à une centrale d'achats s'assure que les produits qu'il vend figureront sur les listes des adhérents de cette centrale. **2.** Recensement des points de vente dans lesquels un produit est présent.

RÉFÉRENCER v.t. [9]. Pourvoir d'une référence. *Référencer une lettre.*

1. RÉFÉRENDAIRE [-rɑ̃dɛr] adj. (de *référendum*). Relatif à un référendum.

2. RÉFÉRENDAIRE [-rɑ̃dɛr] adj. (bas lat. *referendarius,* de *referre,* rapporter). *Conseiller référendaire à la Cour des comptes :* magistrat chargé de vérifier les comptes des justiciables et d'instruire les affaires contentieuses.

RÉFÉRENDUM [-rɛ̃dɔm] n.m. (lat. *referendum,* pour rapporter). **1.** Procédure qui permet à tous les citoyens d'un pays de manifester par un vote l'approbation ou le rejet d'une mesure proposée par les pouvoirs publics. – *Spécial.* Suisse. Institution de droit public en vertu de laquelle les citoyens se prononcent sur une loi ou un arrêté. (On écrit dans ce cas *referendum.*) **2.** Consultation des membres d'un groupement, d'une collectivité.

RÉFÉRENT n.m. LING. Être ou objet, réel ou imaginaire, auquel renvoie un signe linguistique.

RÉFÉRENTIEL, ELLE adj. LING. Qui concerne la référence. ◆ n.m. **1.** *Didact.* Ensemble d'éléments formant un système de référence ; ensemble des éléments liés à ce système. **2.** PHYS. Système de repérage permettant de situer un événement dans l'espace et le temps. SYN. : *repère.* **3.** ENSEIGN. *Référentiel de diplôme :* document établissant avec précision les exigences à satisfaire pour l'obtention d'un diplôme.

RÉFÉRER v.t. ind. **(à)** [11] (lat. *referre,* rapporter). **1.** Faire référence à ; se rapporter à. **2.** *En référer à :* en appeler à. *En référer aux autorités concernées.* **3.** LING. Avoir pour référent. ◆ **se référer** v.pr. **(à). 1.** Se rapporter à qqch qui sert de repère. **2.** Se rapporter à qqn, à qqch qui fait autorité ; recourir à. *Je m'en réfère à votre avis.*

REFERMER v.t. Fermer de nouveau.

REFILER v.t. *Fam.* Donner, vendre, écouler qqch dont on veut se débarrasser.

REFINANCEMENT n.m. Ensemble des procédures par lesquelles les banques peuvent se procurer des ressources auprès de la banque centrale ou grâce au marché monétaire.

RÉFLÉCHI, E adj. **1.** Qui manifeste de la réflexion. *Personne, action réfléchie.* **2.** Se dit d'une onde, d'une particule, etc., qui est renvoyée par la surface qu'elle vient de frapper. **3.** GRAMM. *Pronom réfléchi :* pronom personnel complément représentant la personne qui est le sujet du verbe. (Ex. : *Je me suis promis de revenir.*) – *Verbe pronominal réfléchi,* qui indique que le sujet exerce l'action sur lui-même. (Ex. : *Pierre se lave.*)

RÉFLÉCHIR v.t. (lat. *reflectere,* faire tourner). En parlant d'une zone (génér. une surface) qui sépare deux milieux, faire repartir une onde, une particule, etc., dans le milieu d'où elles proviennent. *Les miroirs réfléchissent la lumière.* ◆ v.i. Penser, examiner longuement. *Réfléchir avant d'agir. Réfléchir à, sur l'avenir.* ◆ **se réfléchir** v.pr. Donner une image qui apparaît par réflexion ; se refléter. *Les arbres se réfléchissent dans le lac.*

RÉFLÉCHISSANT, E adj. Qui réfléchit les ondes, les particules, etc.

RÉFLECTEUR n.m. **1.** Dispositif servant à réfléchir la lumière, la chaleur, les ondes. **2.** Télescope (par oppos. à *réfracteur*). ◆ adj.m. Qui renvoie par réflexion.

RÉFLECTORISÉ, E adj. Se dit d'objets, de matériaux conçus pour réfléchir la lumière, et notamm. la lumière des phares d'automobiles.

REFLET n.m. (ital. *riflesso*). **1.** Image provenant de la réflexion de la lumière par la surface d'un corps. **2.** Nuance colorée variant selon l'éclairage. *Cheveux aux reflets roux.* **3.** Ce qui reproduit, comme par réflexion, les traits dominants, les caractéristiques de qqch. *L'art, reflet d'une époque.*

REFLÉTER v.t. [11]. **1.** Renvoyer la lumière, la couleur sur un corps voisin. **2.** Être le reflet de ; reproduire, exprimer. *Ce geste reflète sa gentillesse.* ◆ **se refléter** v.pr. **1.** Se réfléchir. **2.** Apparaître comme un reflet ; transparaître. *Sa joie se reflète dans ses yeux.*

REFLEURIR v.i. et v.t. Fleurir de nouveau.

REFLEX [reflɛks] adj. inv. (mot angl.). Se dit d'un système de visée caractérisé par le renvoi de l'image sur un verre dépoli au moyen d'un miroir incliné à 45°. ◆ n.m. inv. Appareil photographique muni d'un système reflex.

RÉFLEXE n.m. (du lat. *reflexus,* réfléchi). **1.** Réaction très rapide anticipant toute réflexion, en présence d'un événement. ◇ *Avoir du réflexe, des réflexes :* réagir vite, avec à-propos. **2.** PHYSIOL. Réponse immédiate et involontaire d'un organe (muscle, glande, etc.), d'une partie du corps, déclenchée par le système nerveux à la suite d'une stimulation sensitive ou sensorielle. ◇ *Réflexe conditionnel* ou *conditionné* → **conditionnel.** ◆ adj. Relatif aux réflexes ; de la nature des réflexes.

RÉFLEXIBLE adj. Qui peut être renvoyé par réflexion.

RÉFLEXIF, IVE adj. **1.** PHILOS. Qui relève de la réflexion, du retour sur soi de la pensée, de la conscience. **2.** ALGÈBRE. *Relation réflexive :* relation binaire sur un ensemble telle que tout élément de cet ensemble soit en relation avec lui-même.

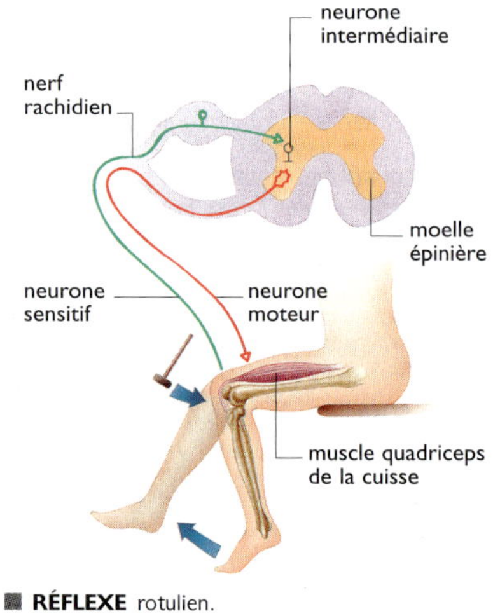

■ **RÉFLEXE** rotulien.

RÉFLEXION n.f. (bas lat. *reflexio,* action de tourner en arrière). **1.** Changement de direction d'un corps après un choc avec un autre. **2.** Phénomène par lequel des ondes, des particules, etc., se réfléchissent sur une surface. **3.** Symétrie orthogonale. **4.** Action de réfléchir, d'arrêter sa pensée sur qqch pour l'examiner en détail ; pensée, conclusion qui en résulte. ◇ *Réflexion faite,* ou *toute réflexion faite :* après avoir bien réfléchi. **5.** Observation critique adressée à qqn.

RÉFLEXIVITÉ n.f. ALGÈBRE. Propriété caractérisant une relation réflexive.

RÉFLEXOGÈNE adj. Qui provoque un réflexe.

RÉFLEXOGRAMME n.m. Vieilli. Enregistrement graphique d'un réflexe.

REFLUER v.i. (lat. *refluere,* couler en arrière). **1.** Retourner vers le lieu d'où il a coulé, en parlant d'un liquide. **2.** Revenir vers leur point de départ, en parlant de personnes nombreuses, d'une foule.

REFLUX [rəfly] n.m. **1.** Marée descendante (par oppos. à *flux*). SYN. : *jusant.* **2.** MÉD. Écoulement intermittent d'un liquide d'un conduit naturel dans le sens opposé au sens normal. **3.** Mouvement de personnes qui reviennent en arrière. *Reflux des manifestants.*

REFONDATION n.f. Action de refonder un parti politique, un syndicat, etc.

REFONDER v.t. Reconstruire sur des bases, des valeurs nouvelles, notamm. dans le domaine politique.

REFONDRE v.t. [59]. **1.** Fondre de nouveau. *Refondre un métal.* **2.** Refaire entièrement. *Refondre un dictionnaire.*

REFONTE n.f. Action de refondre.

REFORESTATION n.f. Reboisement.

RÉFORMABLE adj. Qui peut être réformé.

REFORMAGE n.m. *Reformage catalytique :* procédé de raffinage d'une essence qui en modifie l'indice d'octane sous l'effet de la température et de la pression en présence d'un catalyseur. – *Reformage à la vapeur :* procédé de fabrication de gaz de synthèse ou d'hydrogène par conversion catalytique du méthane ou des hydrocarbures saturés légers.

RÉFORMATEUR, TRICE n. Promoteur de la Réforme protestante du XVIe s. ◆ adj. et n. Qui réforme, propose de réformer.

RÉFORMATION n.f. **1.** *Litt.* Action de réformer. **2.** DR. Modification d'une décision juridictionnelle par la juridiction supérieure. **3.** HIST. *La Réformation :* la Réforme.

RÉFORME n.f. **1.** Changement important, radical apporté à qqch, en partic. à une institution, en vue de l'améliorer. *Réforme de la Constitution.* **2.** Retour à une observance stricte de la règle primitive, dans un ordre religieux. **3.** HIST. *La Réforme : v. partie n.pr.* **4.** MIL. Classement comme inapte au service dans les armées.

1. RÉFORMÉ, E adj. et n. Se dit d'un protestant de confession calviniste (par oppos. à *luthérien,* à *anglican*). ◆ adj. Né de la Réforme. *Église réformée.* ◇ *Religion réformée :* protestantisme.

2. RÉFORMÉ n.m. Militaire mis à la réforme.

REFORMER v.t. **1.** Former de nouveau ; refaire ce qui était défait ; reconstituer. *Reformer les rangs.* **2.** Soumettre une essence au reformage. ◆ **se reformer** v.pr. Se reconstituer, se regrouper après avoir été dispersé ou détruit.

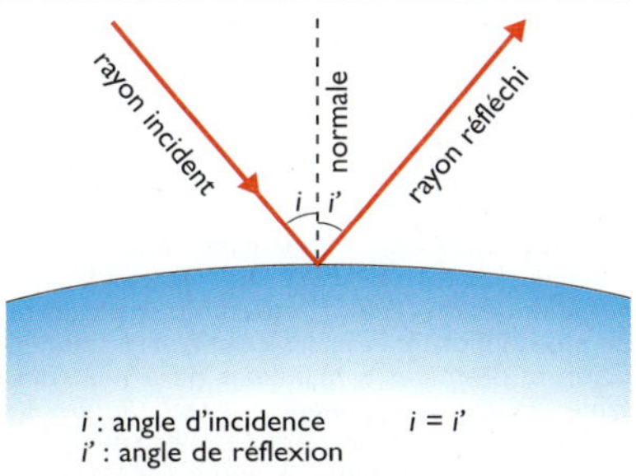

■ **RÉFLEXION** d'un rayon lumineux.

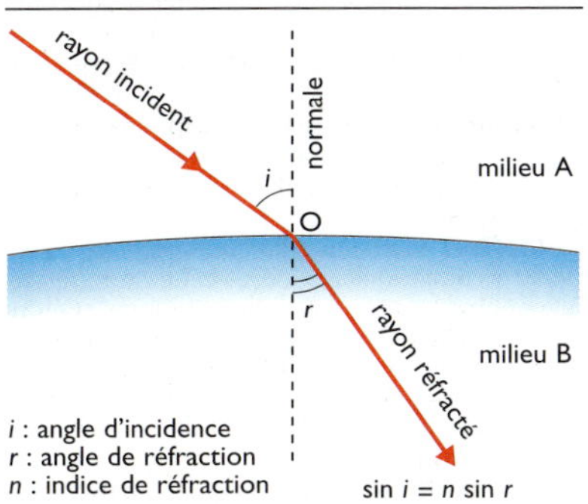

■ **RÉFRACTION** d'un rayon lumineux.

RÉFORMER v.t. (lat. *reformare*). **1.** Changer en mieux ; corriger. *Réformer les lois.* **2.** DR. Modifier une décision de justice d'une juridiction inférieure. **3.** *Litt.* Supprimer ce qui est nuisible. *Réformer un abus.* **4.** MIL. Prononcer la réforme de.

RÉFORMETTE n.f. *Fam., péjor.* Réforme de détail, sans grande portée.

REFORMEUR n.m. Installation de raffinage pour le traitement continu des essences par reformage.

RÉFORMISME n.m. **1.** Attitude de ceux qui sont favorables à des réformes politiques, sociales. **2.** Doctrine politique qui préconise la voie des réformes pour transformer la société capitaliste.

RÉFORMISTE adj. et n. Relatif au réformisme ; qui en est partisan.

REFORMULER v.t. **1.** Formuler de nouveau et, souvent, de manière plus correcte, plus compréhensible. **2.** CHIM. INDUSTR. Établir une nouvelle formule de composition.

REFOUILLER v.t. SCULPT., ARTS APPL. Creuser ou approfondir des creux pour dégager en relief des formes, des ornements.

1. REFOULÉ, E adj. et n. Qui empêche ses désirs, spécial. ses pulsions sexuelles, de se manifester, de se réaliser.

2. REFOULÉ n.m. PSYCHAN. Ce qui a subi le refoulement dans l'inconscient. *Retour du refoulé.*

REFOULEMENT n.m. **1.** Action de refouler, de repousser qqn. *Refoulement d'un intrus.* **2. a.** Action, fait d'empêcher une réaction d'ordre affectif de s'extérioriser, de refuser d'accepter ou de satisfaire une tendance naturelle. **b.** *Spécial.* PSYCHAN. Processus de mise à l'écart des pulsions qui se voient refuser l'accès à la conscience. **3.** Manœuvre dans laquelle un engin moteur pousse un véhicule.

REFOULER v.t. **1.** Faire reculer ; repousser. *Refouler l'ennemi, des manifestants.* **2.** TECHN. Faire refluer un liquide en s'opposant à son écoulement. **3. a.** Empêcher une réaction, un sentiment de s'extérioriser ; réprimer. *Refouler ses larmes.* **b.** PSYCHAN. Soumettre au refoulement. SYN. : *censurer.* **4.** Faire reculer à l'aide d'un engin moteur une rame, un wagon, un avion, etc.

REFOULOIR n.m. Anc. Bâton garni d'un cylindre, qui servait à pousser le projectile dans une bouche à feu.

1. RÉFRACTAIRE adj. (lat. *refractarius,* querelleur, de *refringere,* briser). **1.** Qui résiste, refuse de se soumettre. ◇ *Réfractaire à :* insensible à, inaccessible à. *Il est réfractaire à la musique.* **2.** Se dit de matériaux (céramiques, alliages, etc.) qui résistent à certaines influences physiques ou chimiques (forte chaleur, sollicitations mécaniques, corrosion, etc.). **3.** PHYSIOL., MÉD. **a.** *Période réfractaire :* intervalle de temps normal, après une période d'activité, pendant lequel une cellule (nerveuse, musculaire, etc.), un organe (pénis, par ex.) n'est plus excitable. **b.** Se dit d'une cellule, d'un organe devenus plus ou moins insensibles aux stimulations habituelles. **c.** Se dit d'un organisme qui peut résister à une infection. **d.** Se dit d'une maladie qui résiste au traitement. *Anémie réfractaire.* ◆ n.m. Matériau résistant à de très hautes températures.

2. RÉFRACTAIRE adj. et n.m. HIST. **1.** Se dit des prêtres qui, sous la Révolution française, avaient refusé de prêter serment à la Constitution civile du clergé. SYN. : *insermenté.* **2.** Se dit d'un conscrit qui, sous le Consulat et l'Empire, refusait d'accomplir le service militaire. (On dit auj. *insoumis.*) **3.** Se dit des citoyens français qui, de 1942 à 1944, se dérobaient au Service du travail obligatoire (STO) en Allemagne.

RÉFRACTER v.t. Produire la réfraction de. *Le prisme réfracte la lumière.*

RÉFRACTEUR n.m. Lunette astronomique, par oppos. au *réflecteur* (télescope).

RÉFRACTION n.f. **1.** PHYS. Phénomène par lequel une onde change de direction en passant d'un milieu dans un autre. (La réfraction d'un rayon d'un milieu A dans un milieu B obéit à deux lois, dites « de Snell-Descartes » : le rayon incident, le rayon réfracté et la normale à la surface de séparation sont dans un même plan ; l'indice de réfraction du milieu B par rapport au milieu A est constant.) ◇ *Indice de réfraction (d'un milieu par rapport à un autre) :* rapport entre le sinus de l'angle d'incidence *i* d'un rayon (dans le milieu A) et le sinus de l'angle de réfraction *r* (dans le milieu B). [C'est aussi le rapport de la vitesse de la lumière dans le premier milieu (A) à la vitesse de la lumière dans le second (B).] **2.** MÉD. *Trouble de la réfraction (oculaire) :* anomalie de la déviation des rayons lumineux par les milieux de l'œil (cornée, par ex.), les empêchant de converger dans la rétine. SYN. : *amétropie.*

RÉFRACTOMÈTRE n.m. **1.** OPT. Instrument de mesure des indices de réfraction. **2.** MÉD. Optomètre.

REFRAIN n.m. (de l'anc. fr. *refraindre,* moduler). **1.** Suite de mots ou de phrases identiques qui se répètent à la fin de chaque couplet d'une chanson ou d'un poème. **2.** *Fig.* Suite de paroles sans cesse répétées ; rengaine. *Change de refrain !*

RÉFRANGIBILITÉ n.f. Propriété de ce qui est réfrangible.

RÉFRANGIBLE adj. (angl. *refrangible,* du lat.). OPT. Susceptible de réfraction.

RÉFRÈNEMENT ou **REFRÈNEMENT** n.m. Rare. Action de réfréner.

RÉFRÉNER ou **REFRÉNER** v.t. [11] (lat. *refrenare,* retenir par le frein). Mettre un frein à ; retenir. *Réfréner sa colère.*

RÉFRIGÉRANT, E adj. (lat. *refrigerans, -antis*). **1.** Propre à abaisser la température. **2.** *Fig.* Qui refroidit, coupe tout élan. *Un accueil réfrigérant.* ◆ n.m. **1.** Échangeur de chaleur utilisé pour refroidir un liquide ou un gaz à l'aide d'un fluide plus froid. SYN. : *refroidisseur.* **2.** Sorte de colonne à distiller, où la circulation d'eau dans un manchon coaxial fait se condenser un gaz.

RÉFRIGÉRATEUR n.m. Appareil, ménager notamm., servant à réfrigérer et à conserver les aliments.

RÉFRIGÉRATION n.f. Production de froid. – *Spécial.* Refroidissement d'un produit alimentaire à une température restant supérieure au point de congélation de celui-ci.

RÉFRIGÉRÉ, E adj. **1.** Qui a subi la réfrigération ; qui sert à réfrigérer. **2.** *Fam.* Qui a très froid.

RÉFRIGÉRER v.t. [11] (lat. *refrigerare,* refroidir). **1.** Soumettre à la réfrigération ; refroidir. **2.** *Fig.* Mettre mal à l'aise en manifestant de la froideur, de la distance.

RÉFRINGENCE n.f. OPT. Propriété de réfracter la lumière.

RÉFRINGENT, E adj. (lat. *refringens, -entis,* brisant). OPT. Qui réfracte la lumière. *Milieu réfringent.*

REFROIDIR v.t. **1.** Rendre froid ; abaisser la température de. **2.** *Fig.* Diminuer l'ardeur de ; décourager. *Cet échec l'a refroidi.* **3.** *Arg.* Tuer, assassiner. ◆ v.i. Devenir froid, plus froid. ◆ **se refroidir** v.pr. Devenir moins vif, moins intense.

REFROIDISSEMENT n.m. **1.** Abaissement de la température. **2.** Indisposition causée par un froid subit. **3.** *Fig.* Diminution de la chaleur d'un sentiment, d'un état affectif. **4.** TECHN. Évacuation de l'excédent de chaleur produit dans un moteur, dans une machine. **5.** Action de calmer une économie en surchauffe.

REFROIDISSEUR n.m. Réfrigérant.

REFUGE n.m. (lat. *refugium*). **1.** Lieu où l'on se retire pour échapper à un danger, se mettre à l'abri. *Les églises étaient jadis des lieux de refuge.* **2.** Abri de haute montagne. **3.** Élargissement que présente en plusieurs points de sa longueur le tablier d'un pont pour permettre aux piétons de se mettre à l'abri de la circulation. **4.** ÉCON. (En appos.) *Valeurs refuges :* valeurs jugées partic. sûres (biens fonciers, métaux précieux, œuvres d'art, etc.), achetées en période de crise par les épargnants qui craignent une dépréciation de la monnaie.

RÉFUGIÉ, E adj. et n. Se dit d'une personne qui a quitté son pays ou a fui une région pour des raisons politiques, religieuses, raciales ou pour échapper à une catastrophe.

RÉFUGIER (SE) v.pr. [5]. Se retirer en un lieu pour y trouver la sécurité, la tranquillité.

REFUS n.m. **1.** Action de refuser. ◇ *Fam. Ce n'est pas de refus :* volontiers. **2.** ÉQUIT. Désobéissance d'un cheval qui s'arrête devant un obstacle.

REFUSABLE adj. Que l'on peut refuser.

REFUSÉ, E adj. et n. Qui n'a pas été admis à un examen, à un concours, etc.

REFUSER v.t. (lat. *refutare,* croisé avec *recusare*). **1.** Ne pas accepter ce qui est proposé, présenté. *Refuser une invitation.* **2.** Ne pas accorder ce qui est demandé ; ne pas consentir. *Refuser sa signature.* **3.** Ne pas reconnaître qqch. *Refuser une qualité à qqn.* **4.** Ne pas laisser entrer en surnombre. *Ce théâtre refuse du monde tous les soirs.* **5.** Ne pas recevoir à un examen ; ne pas retenir dans une sélection. *Refuser un candidat.* **6.** ÉQUIT. S'arrêter devant un obstacle, en parlant d'un cheval. ◆ v.i. En parlant du vent, dans la marine à voiles, tourner vers l'avant du navire et prendre ainsi une direction moins favorable à la marche. ◆ **se refuser** v.pr. **1.** Se priver volontairement de. *Elle se refuse tout plaisir.* **2.** Ne pas consentir à ; résister à. *Je me refuse à vous répondre.*

RÉFUTABILITÉ n.f. ÉPISTÉMOL. Falsifiabilité.

RÉFUTABLE adj. Qui peut être réfuté.

RÉFUTATION n.f. **1.** Action de réfuter ; ensemble de paroles, d'actions qui réfutent ; démenti. **2.** RHÉT. Partie du discours où l'orateur répond à des objections.

RÉFUTER v.t. (lat. *refutare*). Démontrer la fausseté d'une affirmation par des preuves contraires. *Réfuter un argument.*

REFUZNIK [rəfyznik] n. (mot russe). Citoyen soviétique (notamm. juif) auquel les autorités refusaient le droit d'émigrer.

REG [rɛg] n.m. (de l'ar.). PÉDOL. Sol des régions désertiques, formé de cailloux provenant de la désagrégation physique d'un matériau dont les éléments les plus fins ont été emportés par le vent.

REGAGNER v.t. **1.** Retrouver, reprendre, recouvrer ce qu'on avait perdu. **2.** Rattraper, combler le temps, le terrain perdu. **3.** Revenir vers un lieu ; rejoindre. *Regagner Lille.*

1. REGAIN n.m. (de l'anc. fr. *gaïn,* pâturage, du francique). Herbe qui repousse dans les prairies après une première fauche.

2. REGAIN n.m. (de *regagner,* avec infl. de *gain*). Recrudescence, renouveau. *Regain d'activité, de tension.*

RÉGAL n.m. [pl. *régals*] (croisement de *rigoler* et de l'anc. fr. *gale,* réjouissance). **1.** Mets particulièrement apprécié. *Le chocolat est son régal.* **2.** Vif plaisir pris à qqch. *Cette musique est un régal pour les oreilles.*

RÉGALADE n.f. **1.** Vx ou *litt.* Action de régaler qqn, de se régaler d'un mets, d'une boisson. **2.** *Boire à la régalade,* en faisant couler la boisson dans la bouche, la tête en arrière, sans que le récipient qui la contient touche les lèvres.

RÉGALAGE n.m. TRAV. PUBL. Action de régaler. SYN. : *régalement.*

1. RÉGALE n.f. (lat. médiév. *regalia,* droit du roi). HIST. **1.** Ensemble des droits qu'avaient les rois de France sur les diocèses sans titulaires. **2.** Suisse. Monopole de l'État. *La régale du sel dans le canton de Vaud.*

2. RÉGALE n.f. (p.-ê. du lat. *regalis,* royal). Un des jeux de l'orgue.

3. RÉGALE adj.f. (lat. *regalis,* royale). *Eau régale :* mélange d'acide nitrique et d'acide chlorhydrique, qui dissout l'or et le platine.

RÉGALEC n.m. Grand poisson pélagique au corps argenté, allongé en ruban, très fragile, parfois appelé *roi des harengs.* (Long. 8 m ; genre *Regalecus,* ordre des lampridiformes.)

RÉGALEMENT n.m. **1.** DR. Répartition proportionnelle, entre plusieurs personnes, d'une taxe dont le total est arrêté. **2.** TRAV. PUBL. Régalage.

1. RÉGALER v.t. (de *régal*). **1.** Offrir des boissons, des mets savoureux à. **2.** *Fam.* Offrir à boire et à manger. *Aujourd'hui, c'est moi qui régale !* ◆ **se régaler** v.pr. **1.** Prendre un vif plaisir à boire ou à manger qqch. **2.** Éprouver un grand plaisir.

2. RÉGALER v.t. (de *égal*). TRAV. PUBL. Aplanir un terrain, un remblai, etc., de façon à lui donner une surface régulière.

RÉGALIEN, ENNE adj. (lat. *regalis,* royal). HIST. Se dit d'un droit attaché à la royauté, ou qui manifeste une survivance des anciennes prérogatives royales (le droit de grâce du président de la République, en France, par ex.).

REGARD n.m. **1.** Action, manière de regarder. *Attirer tous les regards.* ◇ *Au regard de :* par rapport à. – *En regard :* vis-à-vis, en face. *Traduction avec texte en regard.* **2.** Expression des yeux. *Un regard tendre.* **3.** *Droit de regard :* droit de surveillance que peut se réserver l'une des parties dans un contrat. **4.** TRAV. PUBL. Ouverture pour faciliter la visite d'un conduit. **5.** GÉOL. Direction vers laquelle est tourné le compartiment soulevé d'une faille.

REGARDANT, E adj. *Fam.* **1.** Qui regarde de trop près à la dépense. **2.** (Le plus souvent en tournure négative.) Vigilant, minutieux. *Ils ne sont pas très regardants sur la propreté, ici !*

REGARDER v.t. (de *garder*). **1.** Porter la vue sur. *Regarder qqn en face.* **2.** Avoir en vue ; considérer, envisager. *Regardez dans quelle situation nous sommes !* ◇ *Regarder d'un bon œil :* considérer avec bienveillance. – *Regarder de travers :* considérer avec mépris ou malveillance. – *Regarder qqn, qqch comme :* tenir pour ; juger. **3.** Être du ressort de ; concerner, intéresser. *Cette affaire me regarde.* ◆ v.t. ind. (**à**). Être très attentif à qqch. *Regardez bien à ce que vous faites !* ◇ *Regarder de près à qqch,* y prêter grande attention. – *Regarder à la dépense :* être excessivement économe. – *Y regarder à deux fois :* bien réfléchir avant d'agir. ◆ v.i. **1.** Diriger son regard vers ; observer. *J'ai regardé partout.* **2.** Être orienté dans telle direction. *Cette maison regarde vers la mer.* ◆ **se regarder** v.pr. Être face à face. *Murs qui se regardent.*

REGARDEUR, EUSE n. Rare. Personne qui regarde, aime regarder.

REGARNIR v.t. Garnir de nouveau.

RÉGATE n.f. (vénitien *regata,* défi). **1.** Course de bateaux à voile. **2.** Cravate maintenue par un nœud simple dont les pans superposés flottent librement.

RÉGATER v.i. **1.** Participer à une régate. **2.** Suisse. *Fam.* Être à la hauteur de ; tenir tête à.

RÉGATIER, ÈRE n. Personne participant à une régate.

REGEL n.m. Nouvelle gelée, après un dégel.

REGELER v.t., v.i. et v. impers. [12]. Geler de nouveau.

RÉGENCE n.f. Dignité, fonction de la personne qui gouverne un État en tant que régent ; durée de cette dignité. ◇ HIST. *La Régence : v. partie n.pr.* ◆ adj. inv. **1.** Qui rappelle les mœurs, le style de la Régence. **2.** *Style Régence :* style décoratif de transition entre le Louis XIV et le Louis XV.

REGENCY adj. inv. (mot angl., *régence*). *Style Regency :* style du temps de George IV, régent puis roi de Grande-Bretagne (1er tiers du XIXe s.).

RÉGENDAT n.m. Belgique. Cycle d'études conduisant au diplôme de régent.

1. RÉGÉNÉRATEUR, TRICE adj. et n. Qui régénère.

2. RÉGÉNÉRATEUR n.m. **1.** Appareil pour régénérer le constituant (catalyseur, résine échangeuse d'ions, etc.) d'un processus chimique. **2.** Appareil de transfert thermique assurant les échanges de chaleur interne, dans une chaudière, un four, un bâtiment, etc.

RÉGÉNÉRATION n.f. **1.** Action de régénérer. – BIOL. Reconstitution naturelle d'un organe détruit ou supprimé. **2.** CHIM. Retour à l'état initial d'une substance (catalyseur, fonction chimique protégée lors d'une étape dans une synthèse, etc.).

RÉGÉNÉRÉ, E adj. *Caoutchouc régénéré :* matériau élastique obtenu à partir d'objets en caoutchouc débarrassés de leurs parties non élastiques.

RÉGÉNÉRER v.t. [11] (lat. *regenerare*). **1.** Reconstituer des tissus organiques après destruction. **2.** Rendre à une substance ses propriétés initiales, altérées ou modifiées au cours d'un traitement. ◇ CHIM. *Régénérer un catalyseur,* le rétablir dans son état initial. SYN. : *réactiver.* **3.** *Litt.* Réformer en ramenant à un état antérieur jugé meilleur. *Régénérer la société.*

RÉGENT, E n. (lat. *regens, -entis,* de *regere,* diriger). **1.** Chef du gouvernement pendant la minorité, l'absence ou la maladie du souverain. ◇ HIST. *Le Régent :* Philippe, duc d'*Orléans, régent de France de 1715 à 1723, pendant la minorité de Louis XV (v. partie n.pr.). **2.** Belgique. Professeur diplômé qui exerce dans le premier cycle de l'enseignement secondaire. **3.** Suisse. Instituteur.

RÉGENTER v.t. Diriger de manière trop autoritaire. *Elle veut régenter tout le monde.*

REGGAE [rege] n.m. inv. (angl. de la Jamaïque). Musique populaire jamaïquaine caractérisée par un rythme binaire syncopé ; morceau de cette musique ; danse sur cette musique. (Parmi les principaux représentants du reggae, on peut citer Bob Marley.) ◆ adj. inv. Relatif au reggae.

1. RÉGICIDE n.m. Meurtre d'un roi.

2. RÉGICIDE n. (lat. *rex, regis,* roi, et *caedere,* tuer). **1.** Assassin d'un roi. **2.** HIST. **a.** Nom donné, en Angleterre, sous la restauration des Stuarts, à ceux qui avaient voté la mort de Charles Ier. **b.** Nom donné, en France, sous la Restauration, à ceux qui avaient voté la mort de Louis XVI.

RÉGIE n.f. (de *régir*). **1. a.** Gestion d'un service public qu'assurent soit des agents nommés par l'autorité (État, Région, etc.) et appointés par elle *(régie directe),* soit une personne physique ou morale n'en supportant pas les risques mais intéressée au résultat de l'exploitation *(régie intéressée).* **b.** Établissement, service ainsi géré. **2.** Nom de certaines entreprises publiques. *La Régie autonome des transports parisiens.* **3.** Mode d'exploitation directe d'un service public par les collectivités locales. **4.** *Travaux en régie :* travaux d'un entrepreneur, d'un artisan, dont la facturation est fondée sur le nombre d'heures de main-d'œuvre passées et le remboursement du prix des matériaux utilisés. **5.** SPECT. Organisation matérielle d'un spectacle, d'une émission. **6.** Local attenant à un studio de radio ou de télévision où sont groupés les organes de commande et de contrôle permettant de réaliser une séquence de programme.

■ **RÉGIE** radio de RTL.

REGIMBER v.i. ou **REGIMBER (SE)** v.pr. (anc. fr. *regiber,* ruer). **1.** Résister en se cabrant, en ruant, en parlant d'un cheval, d'un âne. **2.** Se montrer récalcitrant ; résister. *Regimber contre l'autorité.*

REGIMBEUR, EUSE n. Rare. Personne qui regimbe.

1. RÉGIME n.m. (lat. *regimen,* direction). **1.** Mode de fonctionnement d'une organisation politique, sociale, économique, d'un État. *Régime parlementaire.* ◇ *L'Ancien Régime : v. partie n.pr.* **2.** Ensemble des dispositions légales qui régissent un objet particulier. *Le régime des assurances sociales. Régime matrimonial.* **3.** GRAMM. Mot, groupe de mots régi par un autre, partic. un verbe ou une préposition. ◇ *Cas régime :* en ancien français, cas exprimant les fonctions grammaticales autres que celle de sujet. **4.** *Régime alimentaire,* ou *régime :* ensemble de règles ou de prescriptions médicales concernant l'alimentation et destinées à maintenir ou à rétablir la santé. *Régime végétarien.* – Absol. *Suivre un régime, être au régime :* se conformer à un régime dans le but de maigrir. **5.** PHYS. Caractère de l'écoulement d'un fluide. *Régime turbulent.* **6.** Ensemble des variations saisonnières, des températures, des précipitations, du débit d'un cours d'eau. **7.** TECHN. Mode de fonctionnement d'une machine à l'état normal. ◇ *Régime de croisière* → **croisière. 8.** Vitesse de rotation d'un moteur.

2. RÉGIME n.m. (calque de l'esp. des Antilles *racimo,* raisin, avec infl. de *1. régime*). Assemblage en grappe des fruits du bananier, du palmier dattier.

RÉGIMENT n.m. (bas lat. *regimentum,* direction). **1.** Unité militaire de l'armée de terre formant corps, commandée par un colonel et groupant plusieurs formations (bataillons, groupes, batteries, compagnies, escadrons). **2.** *Fam.* Service militaire. *Faire son régiment, être au régiment.* **3.** *Fam.* Grand nombre ; multitude. *Il a tout un régiment de cousins.*

RÉGIMENTAIRE adj. Relatif au régiment.

RÉGION n.f. (lat. *regio, -onis*). **1.** Étendue de pays qui doit son unité à des causes naturelles (climat, végétation, relief) ou humaines (peuplement, économie, structures politiques ou administratives, etc.). **2.** (Avec une majuscule.) En France, collectivité territoriale administrée par le conseil régional (21 Régions en métropole et 4 Régions outre-mer). **3.** *Région militaire (RM)* : circonscription territoriale militaire correspondant à plusieurs départements et commandée par un officier général. – *Région aérienne, maritime*, homologue pour l'armée de l'air ou la marine de la région militaire pour l'armée de terre. **4.** Partie déterminée du corps. *Région lombaire.*

RÉGIONAL, E, AUX adj. Qui concerne une région. ◇ *Élections régionales*, ou *régionales*, n.f. pl. : élections des conseillers régionaux.

RÉGIONALISATION n.f. En France, transfert aux Régions de compétences qui appartenaient au pouvoir central.

RÉGIONALISER v.t. Procéder à la régionalisation de.

RÉGIONALISME n.m. **1.** Mouvement ou doctrine affirmant l'existence d'entités régionales et revendiquant leur reconnaissance. **2.** Esthétique littéraire, spécial. romanesque, qui privilégie l'évocation d'une région dans sa spécificité, ses aspects pittoresques ; courant voisin en architecture. **3.** LING. Mot, tournure propre à une région.

RÉGIONALISTE adj. et n. Qui concerne le régionalisme ; qui en est partisan. *Revendication régionaliste. Écrivain régionaliste.*

RÉGIR v.t. (lat. *regere*, diriger). **1.** Déterminer l'organisation, le déroulement, la nature de. *Les lois qui régissent le monde.* **2.** Commander, gouverner. *Régir l'esprit, les actes de qqn.* **3.** GRAMM. Déterminer telle catégorie grammaticale par le phénomène de la rection. SYN. : *gouverner.*

RÉGISSEUR n.m. **1.** Personne chargée, en vertu d'un contrat de travail, d'administrer un domaine agricole pour le compte d'un propriétaire. **2.** Au théâtre, au cinéma, à la télévision, personne responsable de la régie. **3.** Suisse. Directeur ou gérant d'une agence immobilière.

REGISTRAIRE n. Québec. **1.** Dans un établissement d'enseignement, personne chargée de l'inscription des élèves et de la tenue des dossiers. **2.** Fonctionnaire chargé de tenir les registres.

REGISTRATION n.f. À l'orgue ou au clavecin, art d'utiliser les jeux et de combiner les timbres.

REGISTRE n.m. (anc. fr. *regeste*, récit). **1.** Livre, public ou particulier, sur lequel on inscrit les faits, les actes dont on veut garder le souvenir ou la trace. ◇ DR. *Registre du commerce et des sociétés* : livre tenu par le greffe du tribunal de commerce, où sont inscrits les commerçants et les sociétés, et qui centralise les informations les concernant. – *Registre d'audience* : plumitif. **2.** INFORM. Dispositif électronique destiné à stocker temporairement une information élémentaire pour la mettre en relation avec les organes de calcul d'un ordinateur. **3.** MUS. **a.** Chacune des trois parties (le grave, le médium, l'aigu) qui composent l'échelle sonore ou la tessiture d'une voix ; étendue de la voix d'un chanteur, d'une chanteuse. **b.** Commande (bâtonnets à la console, réglettes de bois du sommier) de chacun des jeux de l'orgue. **4.** BX-ARTS. Chacune des bandes superposées entre lesquelles est parfois divisée la surface d'une composition sculptée ou peinte, la panse d'un vase. **5.** Ton, caractère particulier d'une œuvre artistique, d'un discours. *Registre intimiste.* **6.** Domaine de compétence de qqn ; étendue des moyens dont on dispose dans un domaine. **7.** TECHN. Organe placé dans un conduit et muni de lames pivotantes permettant de régler le débit d'un fluide.

REGISTRER v.t. MUS. Pratiquer la registration.

RÉGLABLE adj. Qui peut être réglé.

RÉGLAGE n.m. **1.** Action, manière de régler un mécanisme. ◇ MIL. *Réglage d'un tir* : opération consistant à amener au plus près de l'objectif les coups tirés par une bouche à feu. **2.** Action, manière de régler du papier.

RÈGLE n.f. (lat. *regula*). **1.** Instrument long, à arêtes vives et rectilignes, pour tracer des lignes ou pour mesurer des longueurs. **2.** *Règle à calcul* : instrument naguère utilisé pour les calculs rapides, et fondé sur l'application du calcul des logarithmes. **3.** Prescription qui s'impose à qqn dans un cas donné ; principe de conduite, loi. *Les règles de la politesse.* ◇ *En bonne règle* : selon le bon usage, la bonne méthode. – *En règle, dans les règles* : conforme aux prescriptions légales. *Demande en règle.* – *Se mettre en règle* : régulariser sa situation. – *Être de règle* : s'imposer, être requis par l'usage. **4.** Principe qui dirige l'enseignement d'une science, d'une technique. *Règles de grammaire.* ◇ *Règles du jeu* : ensemble des conventions propres à un jeu, à un sport ; *fig.*, ensemble de conventions implicites. – DR. *Règle proportionnelle* : clause, fréquemment introduite dans les contrats d'assurance, qui permet à l'assureur de n'indemniser que partiellement l'assuré lors d'un sinistre, lorsque la valeur réelle des biens assurés est supérieure à la valeur inscrite au contrat. – ARITHM. *Règle de trois* : calcul d'un nombre inconnu à partir de trois autres connus, dont deux sont soit en proportion directe, soit en proportion inverse. – PSYCHAN. *Règle fondamentale* : application systématique de la méthode de libre association au cours des séances. **5.** Ensemble des statuts imposés par son fondateur à un ordre religieux. *La règle de saint Benoît.* **6.** Ce qui se produit ordinairement dans une situation donnée. *Fait qui n'échappe pas à la règle.* ◇ *En règle générale* : dans la plupart des cas. ◆ pl. Écoulement sanguin qui se produit chaque mois, lors de la menstruation, chez la femme.

RÉGLÉ, E adj. **1.** *Papier réglé* : papier d'écriture rayé de lignes parallèles. – GÉOMÉTR. *Surface réglée* : surface engendrée par une famille de droites dépendant d'un paramètre parcourant un intervalle ouvert de $\mathbb{R}$. **2.** *Litt.* Soumis à une règle, à une discipline. *Avoir une vie réglée.* **3.** Fixé définitivement ; résolu. *Affaire réglée.* ◆ adj.f. Se dit d'une jeune fille, d'une femme qui a ses règles.

RÈGLEMENT n.m. **1.** Action de régler, de fixer, d'arrêter de manière définitive. *Règlement d'un conflit.* ◇ *Règlement judiciaire* : procédure appliquée à un commerçant, à une entreprise en état de cessation de paiements, et remplacée en 1985 par la procédure du *redressement judiciaire.* **2.** Action de régler, d'acquitter une somme due ; paiement. *Règlement par chèque.* **3.** Action de déterminer des règles relatives à un domaine ; ensemble des prescriptions, des dispositions auxquelles on doit se conformer. – *Spécial.* Acte communautaire de portée générale obligatoire dans tous ses éléments et directement applicable dans tout État membre de l'Union européenne. ◇ *Règlement administratif* : acte de portée générale et impersonnelle édicté par le pouvoir exécutif et les autorités administratives, pour assurer l'exécution d'une loi ou pour réglementer des matières autres que celles réservées à la loi. – *Règlement intérieur* : écrit fixant les conditions du travail et de la discipline dans une entreprise, une assemblée, etc. ; ensemble des règles d'organisation et de fonctionnement d'une assemblée délibérante.

RÉGLEMENTAIRE ou **RÈGLEMENTAIRE** adj. **1.** Qui concerne le règlement. ◇ *Pouvoir réglementaire* → **pouvoir.** **2.** Conforme au règlement.

RÉGLEMENTAIREMENT ou **RÈGLEMENTAIREMENT** adv. En vertu des règlements.

RÉGLEMENTARISME ou **RÈGLEMENTARISME** n.m. Tendance à l'excès de réglementation.

RÉGLEMENTATION ou **RÈGLEMENTATION** n.f. **1.** Action de réglementer. **2.** Ensemble des mesures légales et réglementaires régissant une question.

RÉGLEMENTER ou **RÈGLEMENTER** (selon l'Académie) v.t. Soumettre à un règlement.

RÉGLER v.t. [11]. **1.** Tracer à la règle ou imprimer des lignes parallèles sur du papier. **2.** Assujettir à certaines règles ; conformer. *Régler sa dépense sur son revenu.* **3.** Soumettre à un certain ordre ; fixer, déterminer. *Régler l'emploi de son temps.* **4.** Donner une solution complète, définitive à ; mettre en ordre. *Régler une affaire, un différend.* **5.** Acquitter un paiement. *Régler une note.* **6.** Mettre en conformité, en état de fonctionner correctement. *Régler sa montre sur l'heure juste.* **7.** Mettre au point, faire fonctionner dans les conditions voulues un mécanisme, une machine. *Régler le ralenti d'une voiture.* ◇ MIL. *Régler un tir*, procéder à son réglage.

RÉGLET n.m. **1.** Petite moulure pleine de section rectangulaire. **2.** MÉTROL. Ruban en acier gradué à ressort, servant pour la mesure des longueurs.

RÉGLETTE n.f. Petite règle.

RÉGLEUR, EUSE n. Spécialiste chargé du réglage de certains appareils ou instruments, de l'outillage de certaines machines, etc.

RÉGLISSE n.f. (du gr. *glukurrhiza*, racine douce). **1.** Arbrisseau des régions méditerranéennes, cultivé pour sa racine rhizomateuse aromatique, employée en confiserie et en sucrerie. (Genre *Glycyrrhiza* ; famille des papilionacées.) **2.** Jus de cette plante, à saveur sucrée, et qui a des propriétés adoucissantes.

RÉGLO adj. inv. *Fam.* Régulier, correct, loyal.

RÉGLURE n.f. Manière dont le papier est réglé.

RÉGNANT, E adj. **1.** Qui règne. *Prince régnant.* **2.** Qui domine. *Mode régnante.*

RÈGNE n.m. (lat. *regnum*). **1.** Gouvernement d'un souverain ; durée, époque de ce gouvernement. **2.** Pouvoir absolu exercé par qqn, par qqch ; influence prédominante. *Le règne des médias.* **3.** SC. DE LA V. Chacune des grandes divisions du monde vivant, divisée à son tour en embranchements. (Aux deux règnes traditionnels, *animal* et *végétal*, on substitue actuellement une répartition en cinq règnes : bactéries, protistes, champignons, plantes et animaux. L'expression *règne minéral* n'est plus usitée.)

RÉGNER v.i. [11] (lat. *regnare*). **1.** Gouverner un État comme chef suprême, et spécial. comme roi. *Louis XIV régna de 1643 à 1715.* **2.** Être en vogue ; dominer, prévaloir. *Telle mode règne en ce moment.* **3.** Se manifester, s'établir, être établi. *Le silence régnait dans la salle.*

RÉGOLITE n.m. (de *reg*). PÉDOL. Manteau de débris grossiers résultant de la fragmentation des roches sous-jacentes.

REGONFLEMENT ou **REGONFLAGE** n.m. Action de regonfler.

REGONFLER v.t. **1.** Gonfler de nouveau. *Regonfler un ballon.* **2.** *Fam.* Redonner du courage à ; réconforter. ◆ v.i. Se gonfler de nouveau.

REGORGEMENT n.m. Rare. Fait de regorger, de refluer, en parlant d'un liquide.

REGORGER v.i. [10]. **1.** Refluer d'un contenant trop plein, en parlant d'un liquide. **2.** *Regorger de* : avoir en très grande abondance. *Magasins qui regorgent de marchandises.*

REGRATTAGE n.m. Action de regratter.

REGRATTER v.t. Nettoyer un mur par grattage.

REGRATTIER, ÈRE n. HIST. Dans la France d'Ancien Régime, marchand qui vendait au détail diverses denrées de seconde main, dont le sel.

REGRÉER v.t. [8]. MAR. Gréer de nouveau, remplacer le gréement de.

REGREFFER v.t. ARBOR. Greffer de nouveau.

RÉGRESSER v.i. Subir une régression ; reculer.

RÉGRESSIF, IVE adj. Qui revient vers le point de départ ; qui constitue une régression. *Une évolution régressive.* ◇ *Impôt régressif* : impôt dégressif. CONTR. : *progressif.*

RÉGRESSION n.f. (lat. *regressio, -onis*). **1.** Retour à un état antérieur ; recul, diminution. *Régression d'une épidémie.* ◇ *Régression marine* : baisse du niveau de la mer, génér. à des échelles de temps géologiques. **2.** Perte ou atrophie, chez une espèce vivante, d'un organe qui était développé chez ses ancêtres. **3.** PSYCHAN. Retour du sujet à un état antérieur de sa vie libidinale par suite de frustrations. **4.** STAT. Détermination de la grandeur approximative d'un phénomène correspondant à la grandeur certaine d'un autre phénomène. ◇ *Droite de régression* : droite relative à un ensemble ou à un nuage de points figuratifs telle que la somme des carrés des distances aux différents points figuratifs est minimale, les distances étant prises parallèlement à l'axe des ordonnées.

REGRET n.m. **1.** Chagrin causé par la perte, l'absence de qqch, ou par la mort de qqn ; contrariété causée par la non-réalisation d'un désir. ◇ *À regret* : à contrecœur, malgré soi. – *Être au regret de* : éprouver un déplaisir d'avoir fait ou d'avoir à faire qqch. **2.** Remords douloureux ; repentir. *Regret d'une faute.*

REGRETTABLE adj. Qui mérite d'être regretté ; qui doit être regretté.

REGRETTER v.t. (de l'anc. scand. *grāta*, gémir). **1.** Ressentir comme un manque douloureux l'absence, la disparition de. *Regretter ses amis disparus, sa jeunesse.* **2.** Être mécontent de, se reprocher ce qu'on a fait. *Regretter une faute, une décision.*

REGRIMPER v.i. et v.t. Grimper de nouveau.

REGROS n.m. Grosse écorce de chêne, dont on fait le tan.

REGROSSIR v.i. Grossir de nouveau.

REGROUPEMENT n.m. Action de regrouper.

REGROUPER v.t. Mettre ensemble pour former un groupe ou un tout ; rassembler.

RÉGULARISATION n.f. **1.** Action de régulariser ; fait d'être régularisé. **2.** Action de donner à un cours d'eau un lit unique et bien délimité, ainsi qu'un régime plus régulier. **3.** GÉOMORPH. Diminution des irrégularités d'une forme de relief, d'un rivage.

RÉGULARISER v.t. (du lat. *regula,* règle). **1.** Rendre conforme aux règlements, à la loi. *Faire régulariser son passeport.* **2.** Rendre régulier. *Régulariser un cours d'eau.*

RÉGULARITÉ n.f. **1.** Caractère de ce qui est conforme aux règles. *Régularité des élections.* **2.** Caractère de ce qui est proportionné, équilibré. *Régularité des traits du visage.* **3.** Caractère de ce qui se produit de manière ponctuelle. *Régularité des repas.*

1. RÉGULATEUR, TRICE adj. Qui règle, régularise. ◆ n.m. **1.** Grande horloge de précision. **2.** Appareil capable de maintenir ou de faire varier suivant une loi déterminée un élément de fonctionnement d'une machine (courant, tension, fréquence, pression, vitesse, puissance, débit, etc.). **3.** Mécanisme d'une charrue maintenant les dimensions choisies d'un labour.

R

2. RÉGULATEUR n.m. Agent chargé de la régulation des trains.

RÉGULATION n.f. **1.** Action de régler, d'assurer un bon fonctionnement, un rythme régulier. *Régulation du trafic ferroviaire.* – TECHN. Opération qui consiste à maintenir une grandeur entre des limites fixées. **2.** PHYSIOL. ***Fonctions de régulation,*** qui assurent la constance des caractères du milieu intérieur d'un animal en dépit des variations du milieu extérieur.

RÉGULE n.m. (lat. *regulus,* jeune roi). TECHN. Alliage antifriction à base de plomb ou d'étain, autref. utilisé pour le garnissage des coussinets.

RÉGULER v.t. (bas lat. *regulare,* régler). Assurer la régulation de.

1. RÉGULIER, ÈRE adj. (lat. *regularis,* de *regula,* règle). **1.** Qui est conforme aux dispositions légales, constitutionnelles. *Gouvernement régulier.* ◇ ***Troupes régulières,*** recrutées et organisées par les pouvoirs publics pour constituer les forces armées officielles d'un État (par oppos. à ***francs-tireurs***). **2.** Qui répond aux règles, aux conventions sociales. *Mener une vie régulière.* **3.** Qui respecte les usages ; correct, loyal. *Être régulier en affaires.* **4.** Qui suit la règle générale ; conforme à un modèle. *Poème de forme régulière.* ◇ ***Verbes réguliers,*** conformes aux types de conjugaison donnés comme modèles. **5.** ***Clergé régulier,*** appartenant à un ordre, et donc soumis à une règle (par oppos. à ***clergé séculier***). **6.** Qui est soumis à un rythme constant ; continu, uniforme. *Travail régulier.* **7.** Qui se produit à moments fixes, également espacés. *Visites régulières.* **8.** Qui a un caractère permanent ; habituel. *Service régulier d'autocars.* **9.** Qui fait preuve d'exactitude ; ponctuel. *Employé régulier.* **10.** Dont la forme présente des proportions harmonieuses, équilibrées, égales. *Visage régulier.* **11.** BOT. Se dit d'une corolle, d'un calice dont les éléments sont égaux et symétriques selon l'axe vertical. **12.** GÉOMÉTR. ***Polyèdre régulier,*** dont les faces sont des polygones réguliers égaux. (Il n'existe que 5 polyèdres réguliers convexes : le tétraèdre, le cube, l'octaèdre, le dodécaèdre et l'icosaèdre.) – ***Polygone régulier,*** dont les côtés ont la même longueur, et dont tous les angles ont la même mesure.

2. RÉGULIER n.m. **1.** Moine, religieux. **2.** Soldat des troupes régulières.

RÉGULIÈREMENT adv. De façon régulière ; exactement, uniformément.

RÉGUR n.m. Vertisol.

RÉGURGITATION n.f. **1.** Retour dans la bouche, sans effort de vomissement, d'aliments qui viennent d'être avalés (par ex. chez le nourrisson). **2.** Chez certains oiseaux, rejet dans le bec des jeunes d'aliments prédigérés dans le jabot des parents.

RÉGURGITER v.t. (du lat. *gurges,* gouffre). Rejeter par régurgitation.

RÉHABILITABLE adj. Qui peut être réhabilité.

RÉHABILITATION n.f. Action de réhabiliter.

RÉHABILITÉ, E adj. et n. Se dit d'un condamné qui a obtenu sa réhabilitation.

RÉHABILITER v.t. **1.** Rétablir une personne dans des droits, une capacité, une situation juridique qu'elle avait perdus. **2.** Aider à la réinsertion sociale de. *Réhabiliter un toxicomane.* **3.** Faire recouvrer l'estime, la considération d'autrui à. **4.** Restaurer et moderniser un immeuble, un quartier ancien.

RÉHABITUER v.t. Faire reprendre une habitude à.

REHAUSSEMENT n.m. **1.** Action de rehausser. **2.** DR. Correction en hausse d'un bénéfice fiscal ou d'un forfait fiscal.

REHAUSSER v.t. **1.** Placer plus haut, augmenter la hauteur de. *Rehausser un plancher.* **2.** Faire valoir, donner plus de valeur, de force à. *Rehausser le mérite d'une action.* **3.** BX-ARTS. Accentuer, relever par des rehauts.

REHAUSSEUR adj.m. et n.m. AUTOM. Se dit d'un siège amovible destiné à rehausser un enfant assis dans un véhicule, afin qu'il soit correctement protégé par une ceinture de sécurité.

REHAUT n.m. BX-ARTS. Dans un dessin, une peinture, etc., retouche d'un ton clair, servant à faire ressortir la partie à laquelle elle s'applique.

RÉHOBOAM [reoboam] n.m. (angl. *Rehoboam,* de *Jéroboam,* n. d'un fils de Salomon). Bouteille de champagne d'une contenance de six champenoises (soit plus de 4,5 litres).

RÉHYDRATER v.t. Hydrater ce qui a été desséché.

REICHSMARK [rajʃsmark] n.m. Unité monétaire principale de l'Allemagne de 1924 à 1948, remplacée par le Deutsche Mark.

RÉIFICATION n.f. PHILOS. Fait de transformer en chose ce qui est mouvant, dynamique, ou ce qui est de l'ordre de la simple représentation mentale.

RÉIFIER v.t. [5] (lat. *res,* chose, et *facere,* faire). Opérer une réification.

RÉIMPLANTATION n.f. **1.** Nouvelle implantation d'un établissement, d'une activité, etc. **2.** Remise en place chirurgicale d'un organe, d'une partie du corps (doigt amputé, par ex.).

RÉIMPLANTER v.t. Procéder à la réimplantation de.

RÉIMPORTATION n.f. Action de réimporter ce qui a été exporté.

RÉIMPORTER v.t. Importer de nouveau.

RÉIMPOSER v.t. DR. Établir une nouvelle imposition.

RÉIMPRESSION n.f. Impression nouvelle d'un ouvrage.

RÉIMPRIMER v.t. Effectuer une réimpression.

REIN n.m. (lat. *ren*). **1.** Organe pair placé dans l'abdomen à côté de la colonne vertébrale, qui forme l'urine à partir de la filtration du sang, élimine des déchets, participe à l'équilibre de l'eau et des minéraux dans l'organisme, et sécrète diverses substances (rénine, par ex.). ◇ ***Rein artificiel :*** appareil utilisé pour l'hémodialyse. **2.** ARCHIT. Partie inférieure ou centrale de la montée d'une voûte, souvent chargée d'une masse de blocage pour éviter sa déformation. ◆ pl. Lombes. *Avoir mal aux reins.* ◇ *Fam.* ***Avoir les reins solides :*** être assez riche et puissant pour faire face à une épreuve. – *Fam.* ***Casser les reins à qqn,*** le ruiner, briser sa carrière.

RÉINCARCÉRATION n.f. Nouvelle incarcération.

RÉINCARCÉRER v.t. [11]. Incarcérer de nouveau.

RÉINCARNATION n.f. **1.** Fait de se réincarner. **2.** Dans certaines religions, migration de l'âme dans un autre corps au moment de la mort.

RÉINCARNER (SE) v.pr. Revivre sous une nouvelle forme corporelle.

RÉINCORPORER v.t. Incorporer de nouveau.

REINE n.f. (lat. *regina*). **1.** Souveraine d'un royaume. **2.** Femme d'un roi. **3.** Femme qui domine, dirige, l'emporte en qqch. *La reine de la soirée.* **4.** Ce qui domine, s'impose. *Ici, l'ironie est reine.* ◇ *Fam.* ***La petite reine :*** la bicyclette. **5.** Femelle reproductrice, chez les insectes sociaux (abeilles, fourmis, termites). **6.** Pièce du jeu d'échecs ou carte représentant une dame.

REINE-CLAUDE n.f. (pl. *reines-claudes*). Prune de couleur dorée ou verte, dont il existe plusieurs variétés.

REINE-DES-PRÉS n.f. (pl. *reines-des-prés*). Plante herbacée des lieux humides, voisine de la spirée, à petites fleurs crème odorantes, en corymbe. (Haut. 1,5 m ; genre *Filipendula,* famille des rosacées.)

REINE-MARGUERITE n.f. (pl. *reines-marguerites*). Plante voisine de l'aster, originaire de Chine, cultivée pour ses capitules à languettes blanches, rouges, bleues. (Genre *Callistephus ;* famille des composées.)

REINETTE n.f. Pomme de l'ouest de la France dont il existe plusieurs variétés. ◇ ***Reine des reinettes,*** à chair parfumée, de couleur jaune striée de rouge (la plus cultivée des reinettes).

RÉINSCRIPTIBLE adj. Se dit d'un support d'enregistrement dont le contenu peut être modifié par l'utilisateur.

RÉINSCRIPTION n.f. Nouvelle inscription.

RÉINSCRIRE v.t. [79]. Inscrire de nouveau.

RÉINSÉRER v.t. [11]. Insérer de nouveau ; réintroduire qqn, en partic. dans un groupe social.

RÉINSERTION n.f. Action de réinsérer.

RÉINSTALLATION n.f. Action de réinstaller.

RÉINSTALLER v.t. Installer de nouveau.

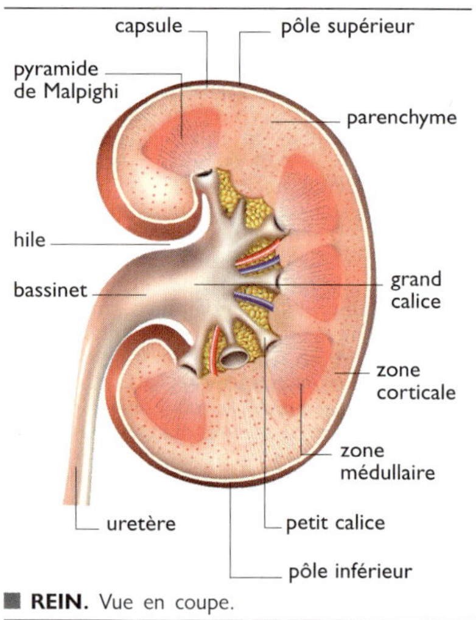

■ **REIN.** Vue en coupe.

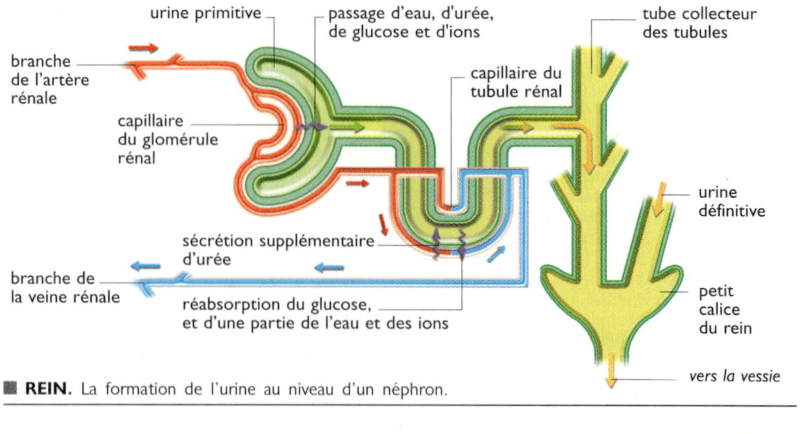

■ **REIN.** La formation de l'urine au niveau d'un néphron.

RÉINTÉGRABLE adj. Qui peut être réintégré.

RÉINTÉGRANDE n.f. DR. Action ouverte à celui à qui la possession ou la détention d'une chose a été retirée par une voie de fait.

RÉINTÉGRATION n.f. **1.** Action de réintégrer. **2.** Restauration des accidents, des lacunes d'une peinture ancienne.

RÉINTÉGRER v.t. [11] (lat. *reintegrare*, rétablir). **1.** Revenir dans un lieu qu'on avait quitté. *Réintégrer son logis.* **2.** DR. Rendre la possession intégrale de ses droits à. *Réintégrer un salarié licencié.* – *Spécial.* Rendre la nationalité française à.

RÉINTRODUCTION n.f. Nouvelle introduction.

RÉINTRODUIRE v.t. [78]. Introduire de nouveau.

RÉINVENTER v.t. Inventer de nouveau ; donner une nouvelle dimension à qqch qui existe déjà.

RÉINVESTIR v.t. et v.i. Investir de nouveau.

RÉINVITER v.t. Inviter de nouveau.

REIS [reis] n.m. (du turc). HIST. Titre décerné à certains dignitaires de l'Empire ottoman.

RÉITÉRATIF, IVE adj. Qui réitère.

RÉITÉRATION n.f. *Didact.* Répétition.

RÉITÉRER v.t. et v.i. [11] (bas lat. *reiterare*, recommencer). Faire de nouveau ; renouveler, répéter. *Réitérer une demande.*

REÎTRE [rɛtr] n.m. (all. *Reiter*). **1.** Du XVe au XVIIe s., cavalier allemand mercenaire au service de la France. **2.** *Litt.* Soudard.

REJAILLIR v.i. **1.** Jaillir avec force, en parlant des liquides. **2.** *Fig.* Atteindre en retour ; retomber. *La honte rejaillit sur lui.*

REJAILLISSEMENT n.m. Action de rejaillir ; mouvement de ce qui rejaillit.

REJET n.m. **1.** Action de rejeter, de ne pas agréer. *Rejet d'un projet de loi.* ◇ ***Rejet de comptabilité*** : fait pour un vérificateur fiscal d'écarter la comptabilité présentée par un contribuable dans le but de reconstituer les recettes par tous moyens. **2.** AGRIC. Pousse qui se développe à partir d'une tige et provient de bourgeons anormaux, ou à partir d'une souche d'arbre coupé (production de taillis). **3.** GÉOL. Dénivellation du compartiment d'une faille par rapport à l'autre compartiment. **4.** IMMUNOL. ***Rejet de greffe,*** ou ***rejet*** : réaction de défense par laquelle le système immunitaire tend à détruire un tissu, un organe greffé. **5.** VERSIF. Procédé de mise en relief caractérisé par la présence en début de vers d'un élément bref (un ou deux mots) étroitement lié au vers précédent ; le ou les mots ainsi rejetés.

REJETABLE adj. Qui peut ou doit être rejeté.

REJETER v.t. [16]. **1.** Renvoyer en lançant. *Rejeter un poisson à la mer.* ◇ ***Rejeter qqch sur qqn,*** l'en rendre responsable. **2.** Renvoyer loin de soi ; éjecter. *Rejeter la nourriture.* **3.** Ne pas admettre ; refuser. *Rejeter une offre, un projet de loi.* ◆ v.i. AGRIC. Donner des rejets. *Arbre qui rejette de souche.* ◆ **se rejeter** v.pr. **1.** Se porter vivement en arrière. **2.** ***Se rejeter sur*** : se reporter faute de mieux sur ; se rabattre sur.

REJETON n.m. **1.** BOT. Pousse qui apparaît au pied de la tige d'une plante. **2.** *Fam.* Descendant, enfant. *Le dernier rejeton d'une famille.*

REJOINDRE v.t. [62]. **1.** Réunir des parties séparées. *Rejoindre les lèvres d'une plaie.* **2.** Aller retrouver ; rattraper. *Je vous rejoindrai d'ici peu.* **3.** Aboutir à un endroit. *Ce chemin rejoint la nationale.*

REJOINTOIEMENT n.m. Action de rejointoyer.

REJOINTOYER v.t. [7]. Refaire des joints de maçonnerie.

REJOUER v.t. et v.i. Jouer de nouveau.

RÉJOUI, E adj. Qui exprime la joie, la gaieté. *Air réjoui.*

RÉJOUIR v.t. (préf. *re-* et anc. fr. *esjouir*). Donner de la joie à. *Cette nouvelle réjouit tout le monde.* ◇ v.pr. *Se réjouir d'un succès.*

RÉJOUISSANCE n.f. Joie collective. ◆ pl. Fêtes destinées à célébrer un événement heureux. *On a ordonné des réjouissances.*

RÉJOUISSANT, E adj. Qui réjouit. *Une nouvelle peu réjouissante.*

REJUGER v.t. [10]. Juger de nouveau.

1. RELÂCHE n.f. **1.** *Litt.* Interruption dans un travail, un exercice. *Donner un moment de relâche.* ◇ ***Sans relâche*** : sans interruption. **2.** Suspension momentanée des représentations d'un théâtre. (Ce nom était autref. masc.)

2. RELÂCHE n.f. MAR. Action de relâcher ; lieu où l'on relâche.

RELÂCHÉ, E adj. **1.** Qui est plus lâche, moins tendu. *Cordes relâchées.* **2.** Qui manque de fermeté, de rigueur ; négligé. *Style relâché. Mœurs relâchées.*

RELÂCHEMENT n.m. **1.** Diminution de tension. *Le relâchement des cordes d'un violon.* **2.** Ralentissement d'activité, d'ardeur, de rigueur, etc. *Relâchement dans le travail.*

RELÂCHER v.t. **1.** Diminuer la tension de, rendre plus lâche ; détendre. *Relâcher une corde.* **2.** Remettre en liberté. *Relâcher un prisonnier.* **3.** Rendre moins sévère, plus mou. *Relâcher la discipline.* ◆ v.i. MAR. S'arrêter, en parlant d'un navire. ◆ **se relâcher** v.pr. **1.** Devenir moins tendu. **2.** Perdre de son ardeur ; diminuer d'activité. *Cet écolier se relâche.* **3.** Devenir moins sévère. *La discipline se relâche.*

RELAIS n.m. (de *relayer*). **1.** Anc. Chevaux de poste frais et placés de distance en distance sur une route pour remplacer les chevaux fatigués ; lieu où ces chevaux étaient placés. **2.** VÉNER. Troupe de chiens placée sur un parcours de chasse pour remplacer les chiens fatigués. **3.** Personne, chose qui sert d'intermédiaire, d'étape. ◇ ***Prendre le relais de*** : succéder à ; poursuivre l'action de. **4.** SPORTS. Épreuve dans laquelle les membres d'une même équipe accomplissent successivement un parcours déterminé, appelée aussi ***course de relais*** ; cette équipe. **5.** ÉLECTROTECHN. Appareil destiné à produire des modifications dans un circuit de sortie lorsque certaines conditions sont remplies dans le circuit d'entrée dont il subit l'action. **6.** TÉLÉCOMM. Réémetteur.

RELAISSER (SE) v.pr. VÉNER. En parlant d'un animal qui a été longtemps couru, s'arrêter par lassitude.

RELANCE n.f. **1.** Action de donner un nouvel élan, un nouvel essor. *Relance de l'économie.* ◇ ***Politique de relance*** : politique économique visant à stimuler l'activité économique dans le but principal de réduire le chômage. **2.** Action de relancer qqn, de le poursuivre de ses sollicitations. **3.** À certains jeux de cartes, action de surenchérir sur l'adversaire ; somme ainsi engagée.

RELANCER v.t. [9]. **1.** Lancer de nouveau ; renvoyer. *Relancer la balle.* **2.** Solliciter de nouveau pour tenter d'obtenir qqch. *Relancer un client.* **3.** Remettre en marche ; donner un nouvel essor à. *Relancer la production.* **4.** VÉNER. Lancer de nouveau l'animal de chasse. ◆ v.i. Au jeu, faire une relance.

RELAPS, E [rəlaps] adj. et n. (lat. *relapsus*, retombé). Se disait d'un chrétien retombé dans l'hérésie.

RÉLARGIR v.t. Rare. Rendre plus large.

RELATER v.t. (du lat. *relatus*, raconté). Raconter en détaillant les circonstances de ; narrer.

RELATIF, IVE adj. (lat. *relatum*, de *referre*, rapporter). **1.** Qui se rapporte à. *Études relatives à l'histoire.* **2.** Qui n'a rien d'absolu, qui dépend d'autre chose. *Toute connaissance humaine est relative.* **3.** Incomplet, approximatif. *Un silence relatif.* **4.** ***Mouvement relatif*** : mouvement envisagé par rapport à un référentiel, considéré comme mobile dans un autre référentiel dit *absolu.* **5.** GRAMM. Se dit des mots (les pronoms *qui, que, quoi, lequel, dont,* l'adj. *lequel,* l'adv. *où*) qui servent à établir une relation entre un nom ou un pronom qu'ils représentent (l'antécédent) et une proposition, dite *subordonnée relative.* **6.** MATH. ***Entier relatif*** : élément de l'ensemble $\mathbb{Z}$. – ***Nombre relatif,*** ou ***relatif,*** n.m. : élément de l'ensemble $\mathbb{Z}$ ou de l'ensemble $\mathbb{D}$. ◆ n.m. **1.** GRAMM. Mot relatif. **2.** MATH. Nombre relatif.

RELATION n.f. (lat. *relatio*). **1.** Action de relater ; récit, narration. *Relation de voyage.* **2.** Lien existant entre des choses, des personnes ; rapport. *Relation de cause à effet. Relations amicales.* ◇ ***Relations internationales*** : relations entre États, constituant une branche du droit international public. – ***Relations publiques*** : activités professionnelles visant à informer l'opinion sur les réalisations d'une collectivité et à les promouvoir. **3.** Personne avec laquelle on est en rapport. *Relation d'affaires.* ◇ ***Avoir des relations*** : connaître des personnes influentes. **4.** LOG. Prédicat à plusieurs variables. (Par ex. l'égalité [=] est une relation à deux variables ou *relation binaire.*) ◇ *Théorie des relations* : partie fondamentale de la logique moderne, comprenant le calcul des relations et l'étude des divers types de relations et de leurs propriétés générales. (On étudie notamm. les relations d'équivalence et d'ordre.) **5.** ALGÈBRE. Pour deux ensembles, propriété portant sur l'ensemble des couples formés d'un élément du premier ensemble et d'un élément du second. **6.** PHYSIOL. Fonction qui assure la relation avec le milieu extérieur, comme la motricité, la sensibilité.

RELATIONNEL, ELLE adj. Relatif aux relations entre les individus.

RELATIONNISTE n. Québec. Spécialiste des relations publiques.

RELATIVE n.f. GRAMM. Subordonnée relative.

RELATIVEMENT adv. **1.** Jusqu'à un certain point ; assez. *Problème relativement facile.* **2.** Par comparaison à. *Ce n'est pas cher, relativement aux prix du quartier.* **3.** Au sujet de. *Relativement à cette affaire.*

RELATIVISATION n.f. Action de relativiser.

RELATIVISER v.t. Rendre relatif, faire perdre son caractère absolu à.

RELATIVISME n.m. **1.** PHILOS. Doctrine selon laquelle toute connaissance est relative, dans la mesure où elle dépend d'une autre connaissance ou est liée au point de vue du sujet. **2.** Doctrine selon laquelle les valeurs morales, esthétiques, etc., dépendent des époques, des sociétés, des individus et ne sauraient être érigées en normes universelles.

RELATIVISTE adj. **1.** Qui concerne le relativisme. **2.** PHYS. Qui relève de la théorie de la relativité restreinte. ◇ ***Vitesse relativiste,*** dont l'ordre de grandeur est comparable à la vitesse de la lumière. – ***Particule relativiste,*** animée d'une vitesse relativiste. ◆ n. Partisan du relativisme.

RELATIVITÉ n.f. **1.** Caractère de ce qui est relatif. *Relativité de la connaissance.* **2.** PHYS. ***Théories de la relativité*** : ensemble de théories selon lesquelles tout ou partie des lois de la physique sont invariantes par changement à l'intérieur d'une classe donnée de référentiels.

ENCYCL. Il faut distinguer principe et théorie de la relativité. Un *principe de relativité* est un *principe d'invariance,* c'est-à-dire un énoncé très général imposant certaines restrictions à la forme que peuvent prendre les lois de la physique. En l'occurrence, il stipule que ces lois doivent garder la même forme dans deux référentiels, en mouvement l'un par rapport à l'autre. Ce qui est invariant, ce ne sont donc pas les grandeurs physiques elles-mêmes (qui sont relatives au système par rapport auquel on les repère), mais les relations qu'elles entretiennent entre elles. Selon que le mouvement du deuxième référentiel par rapport au premier est de translation uniforme ou bien quelconque, on parle de *principe de relativité restreinte* ou de *principe de relativité générale.* La *relativité galiléo-newtonienne* est une théorie du mouvement (et seulement du mouvement) qui satisfait au principe de relativité restreinte.
Une théorie relativiste est, de façon générale, une théorie satisfaisant à un principe de relativité (restreinte ou générale). On réserve le nom de *théorie de la relativité* à la partie de la physique qui précise la structure que doivent avoir l'espace et le temps – cadre général de toute théorie – de manière que le principe de relativité considéré soit satisfait.

RELAVER v.t. **1.** Laver de nouveau. **2.** Suisse. Laver la vaisselle après le repas.

RELAX ou **RELAXE** adj. *Fam.* **1.** Reposant, calme. *Vacances relaxes.* **2.** À l'aise, détendu, insouciant. *Elle est très relax.*

RELAXANT, E adj. Qui relaxe ; reposant.

RELAXATION n.f. **1.** Fait de se relaxer. *Relaxation musculaire.* **2.** PHYS. Phénomène spontané de relâchement et de retour progressif à l'état d'équilibre d'un système dont l'équilibre a été rompu. **3.** Méthode psychothérapique utilisant le relâchement conscient et la maîtrise du tonus musculaire.

1. RELAXE n.f. DR. Décision d'un tribunal correctionnel ou de police mettant la personne poursuivie hors de cause.

2. RELAXE adj. → **RELAX.**

1. RELAXER v.t. (lat. *relaxare*, relâcher). Mettre en état de décontraction ; reposer. ◇ v.pr. *Se relaxer dans un bain moussant.*

R

2. RELAXER v.t. DR. Accorder la relaxe à la personne poursuivie.

RELAYER [rəlɛje] v.t. [6] (de l'anc. fr. *laier*, laisser). **1.** Remplacer qqn dans un travail, une action pour éviter toute interruption ; prendre la relève. **2.** SPORTS. Succéder à un équipier dans une course de relais. **3.** Substituer à qqch qqch d'autre. *Relayer un appareil défaillant par un autre.* **4.** TÉLÉCOMM. Retransmettre, notamm. par satellite, une émission de radiocommunication provenant d'un autre émetteur. ◆ **se relayer** v.pr. Se remplacer, alterner pour assurer la continuité d'une tâche.

RELAYEUR, EUSE n. SPORTS. Participant d'une course de relais.

RELEASING FACTOR [rəliziŋfaktɔr] n.m. [pl. *releasing factors*] (mots angl.). BIOCHIM. Hormone de l'hypothalamus activant la sécrétion d'une stimuline hypophysaire. (On dit aussi *releasing hormone*, n.f.) SYN. : *libérine*.

RELECTURE n.f. Nouvelle lecture.

RELÉGATION n.f. **1.** DR. Action de reléguer, d'exiler. – Peine qui frappait en France les récidivistes (éloignement du territoire métropolitain), supprimée en 1970. **2.** SPORTS. Descente d'une équipe dans une catégorie inférieure, d'un sportif à un rang inférieur dans un classement.

RELÉGUER v.t. [11] (lat. *relegare*, bannir). **1.** Exiler dans un endroit déterminé. **2.** Éloigner, mettre à l'écart. *Reléguer un meuble au grenier.* **3.** SPORTS. Faire subir une relégation. *Cette contre-performance l'a relégué dans les dernières places.*

RELENT n.m. (du lat. *lentus*, visqueux). **1.** Mauvaise odeur qui persiste. *Un relent d'égout.* **2.** *Litt.* Trace, reste. *Un relent de jansénisme.*

RELEVABLE adj. Qu'on peut relever.

RELEVAGE n.m. TECHN. Action de relever un outil, une partie mobile de machine, etc. ◇ *Système de relevage* : appareil plaçant automatiquement en position de repos des outils, des pièces, etc., qui viennent d'agir.

RELEVAILLES n.f. pl. CATH. Anc. Bénédiction donnée à une femme relevant de couches.

RELÈVE n.f. Action de relever, de remplacer une équipe, une troupe, etc., par une autre ; équipe, troupe qui assure ce remplacement. ◇ *Prendre la relève* : relayer.

1. RELEVÉ, E adj. **1.** Épicé. *Sauce très relevée.* **2.** *Litt.* Noble, généreux. *Sentiments relevés.*

2. RELEVÉ n.m. **1.** Action de relever, de noter par écrit ; son résultat. *Faire le relevé des dépenses.* ◇ *Relevé d'identité bancaire (RIB)* ou *postal (RIP)* : pièce délivrée par une banque ou par La Poste à ses clients et permettant d'identifier leur compte. **2.** Représentation en plan, coupe et/ou élévation d'un bâtiment existant. **3.** Copie dessinée ou peinte d'une œuvre d'art, et spécial. d'une peinture murale, d'une inscription, etc. **4.** DANSE. Mouvement par lequel le danseur se dresse sur les pointes ou les demi-pointes.

RELÈVEMENT n.m. **1.** Action de relever. *Relèvement d'un mur, des impôts.* **2.** Retour à un niveau de développement, à un état satisfaisant ; redressement. *Le relèvement d'un pays.* **3.** DR. Action de relever un condamné de la sanction qui le frappe. **4.** MAR. Détermination de l'angle que fait avec le nord la direction d'un point à terre, d'un bateau, d'un astre, etc. ; valeur de cet angle. **5.** DESS. INDUSTR. Opération réciproque du rabattement. **6.** TOPOGR. Procédé de détermination de la position d'un point de station par visées sur des points de position connue.

RELEVER v.t. [12] (lat. *relevare*). **1.** Remettre debout ; remettre dans sa position normale. *Relever un enfant. Relever une chaise.* **2.** *Relever les copies, les cahiers*, les ramasser. **3.** COUT. *Relever une maille* : reprendre, dans un tricot, une maille mise en attente ou déjà tricotée dans un rang. **4.** Amener à une meilleure position ce qui est en déclin, en chute. *Relever l'économie.* **5.** Mettre en valeur, en relief. *Cette parure relève sa beauté.* **6.** Repérer à l'examen ; faire remarquer. *Relever des traces. Relever une faute.* **7.** Noter par écrit ; conserver la trace de qqch par croquis, schéma, etc. *Relever le compteur. Relever une cote.* – TOPOGR. Procéder à un relèvement. **8.** Faire comprendre que l'on entend, que l'on voit qqch. *Ne pas relever une impertinence.* **9.** Diriger vers le haut ; remettre plus haut. *Relever la tête. Relever la vitre.* **10.** Accroître le niveau, la valeur de qqch. *Relever les prix.* **11.** CUIS. Donner un goût plus prononcé à un mets, à une sauce en renforçant son assaisonnement. **12.** Remplacer dans un travail, une fonction ; procéder à la relève de. *Relever une troupe, une équipe.* **13.** Libérer, délier d'une obligation, d'un engagement. *Relever un religieux de ses vœux.* – DR. Dispenser un condamné de certains des effets résultant de sa condamnation. **14.** Priver de sa charge, de son poste ; révoquer. *Relever un officier de son commandement.* ◆ v.t. ind. **(de)**. **1.** Se remettre tout juste ; se rétablir. *Relever d'une maladie, de couches.* **2.** Dépendre de l'autorité de ; être du ressort de. *Ne relever de personne.* **3.** Être le fait de. *Cela relève du miracle.* ◆ **se relever** v.pr. **1.** Se remettre debout ; sortir de nouveau de son lit. *Se relever la nuit.* **2.** *Fig.* Sortir d'une situation pénible ; se remettre. *Il ne s'en relèvera jamais.*

1. RELEVEUR, EUSE adj. **1.** Qui relève, est destiné à relever. **2.** *Muscle releveur*, ou *releveur*, n.m. : muscle dont la fonction est de relever l'organe, les tissus auxquels il est attaché. *Muscle releveur de la paupière.*

2. RELEVEUR, EUSE n. Employé d'une compagnie de distribution d'eau, de gaz, d'électricité qui relève les compteurs.

RELIAGE n.m. Action de relier un tonneau.

RELIEF n.m. (de *relever*). **1.** Ce qui fait saillie sur une surface. *Le relief d'une médaille.* **2.** Ensemble des inégalités de la surface terrestre, de celle d'un pays, d'une région. *Le relief de la France.* **3.** Sculpture dont le motif, les formes se détachent en saillie plus ou moins forte sur un fond, par oppos. à la *ronde-bosse*. **4.** Éclat qui naît de l'opposition, du contraste. ◇ *Mettre en relief* : faire ressortir ; mettre en évidence. ◆ pl. *Litt.* Restes d'un repas.

RELIER v.t. [5]. **1.** Lier ensemble ; réunir, joindre. *Relier les points d'une figure par un trait.* **2.** Établir un lien entre ; unir. *Relier le présent au passé.* **3.** Faire communiquer ; raccorder, joindre. *Relier deux berges par un pont.* **4.** Assembler ensemble les feuillets d'un livre et les revêtir d'une couverture. **5.** Mettre des cercles à un tonneau.

RELIEUR, EUSE n. Professionnel de la reliure.

RELIGIEUSE n.f. **1.** Gâteau composé de deux choux superposés fourrés de crème pâtissière et glacés au fondant. **2.** Suisse. Croûte qui se forme au fond d'un caquelon à fondue.

RELIGIEUSEMENT adv. **1.** D'une manière religieuse. *Être élevé religieusement.* **2.** Avec une exactitude, un soin scrupuleux. *Observer religieusement un traité.*

1. RELIGIEUX, EUSE adj. **1.** Qui appartient à une religion ; qui se fait selon les rites d'une religion. *Chant religieux. Mariage religieux.* – Qui a la religion pour fondement, pour principe. *Partis religieux.* **2.** Qui pratique sa religion avec piété. **3.** Qui est empreint de gravité et invite au recueillement. *Silence religieux.*

2. RELIGIEUX, EUSE n. Membre d'un ordre, d'une congrégation ou d'un institut religieux.

RELIGION n.f. (lat. *religio*). **1.** Ensemble de croyances et de dogmes définissant le rapport de l'homme avec le sacré. **2.** Ensemble de pratiques et de rites propres à chacune de ces croyances. *Religion catholique. Se convertir à une religion.* ◇ *Entrer en religion* : se consacrer à la religion au sein d'un monastère, d'un institut religieux. **3.** Adhésion à une doctrine religieuse ; foi. *Homme sans religion.* **4.** *Se faire une religion sur qqch*, se forger une opinion à ce sujet.

RELIGIONNAIRE n. Vx. Adepte de la religion réformée ; protestant.

RELIGIOSITÉ n.f. Effet de la sensibilité sur l'attitude religieuse, conduisant à une vague religion personnelle.

RELIQUAIRE n.m. Boîte, coffret, etc., souvent en orfèvrerie, destinés à contenir des reliques.

RELIQUAT n.m. (lat. *reliqua*, choses restantes). **1.** Ce qui reste. **2.** COMPTAB. Ce qui reste dû après un arrêté de comptes.

RELIQUE n.f. (lat. *reliquae*, restes). **1.** Ce qui reste du corps d'un martyr, d'un saint personnage, ou d'un objet relatif à son histoire, conservé dans un dessein de vénération. **2.** *Fam.* Vieil objet sans valeur. **3.** BIOL. Espèce vivante constituant le dernier représentant d'un groupe jadis très diversifié, ou dont l'aire de répartition, actuellement très réduite ou morcelée, était beaucoup plus importante à une époque antérieure.

RELIRE v.t. [86]. Lire de nouveau ce qu'on a déjà lu ou ce qu'on vient d'écrire. ◆ **se relire** v.pr. Lire ce qu'on a écrit pour se corriger.

RELIURE n.f. **1.** Activité industrielle ou artisanale consistant à relier les livres. **2.** Couverture cartonnée, recouverte de cuir, de toile, etc., dont on habille un livre pour le protéger ou le décorer.

RELOGEMENT n.m. Action de reloger ; fait d'être relogé.

RELOGER v.t. [10]. Trouver un logement de remplacement à qqn.

RELOOKER [-luke] v.t. (de l'angl. *look*, air, allure). *Fam.* Modifier l'aspect de qqn ou de qqch ; adapter, moderniser. *Relooker une émission.*

RELOUER v.t. Louer de nouveau. *Relouer une villa.*

RÉLUCTANCE n.f. (angl. *reluctance*, du lat. *luctari*, lutter). PHYS. Quotient de la force magnétomotrice d'un circuit magnétique par le flux d'induction qui le traverse.

RELUIRE v.i. [77] (lat. *relucere*). Briller, luire en réfléchissant la lumière. ◇ *Fam. Passer, manier la brosse à reluire* : flatter qqn. – REM. Le passé simple *il reluisit* est supplanté par *il reluit.*

RELUISANT, E adj. Qui reluit. ◇ *Peu reluisant* : médiocre. *Situation peu reluisante.*

RELUQUER v.t. (néerl. *locken*, regarder). *Fam.* Regarder avec curiosité ou convoitise ; lorgner.

REM [rɛm] n.m. (acronyme de l'angl. *Röntgen equivalent man*). Unité d'équivalent de *dose (symb. rem), valant 10^{-2} sievert.

REMÂCHER v.t. **1.** Mâcher une seconde fois, en parlant des ruminants. **2.** *Fig.* Ressasser des sentiments d'amertume, de colère ; ruminer.

REMAILLAGE ou **REMMAILLAGE** [rɑ̃majaʒ] n.m. Action de remailler.

REMAILLER ou **REMMAILLER** [rɑ̃-] v.t. Reconstituer les mailles d'un tricot, d'un filet.

REMAKE [rimɛk] n.m. (mot angl.). Nouvelle version d'une œuvre cinématographique, littéraire, etc.

RÉMANENCE n.f. (du lat. *remanere*, rester). **1.** PHYS. Persistance de l'aimantation dans un barreau d'acier qui a été soumis à l'action d'un champ magnétique. **2.** PSYCHOL. Propriété d'une sensation, notamm. visuelle, de persister après la disparition du stimulus.

RÉMANENT, E adj. PSYCHOL. Qui subsiste, manifeste une rémanence.

REMANGER v.t. et v.i. [10]. Manger de nouveau.

REMANIABLE adj. Qui peut être remanié.

REMANIEMENT n.m. Action de remanier ; changement, modification. *Un remaniement ministériel.*

REMANIER v.t. [5]. Modifier la composition de. *Remanier un ouvrage.*

REMAQUILLER v.t. Maquiller de nouveau.

REMARCHER v.i. *Fam.* Fonctionner de nouveau.

REMARIAGE n.m. Nouveau mariage.

REMARIER (SE) v.pr. [5]. Se marier de nouveau.

REMARQUABLE adj. Digne d'être remarqué ; extraordinaire, insigne, éminent.

REMARQUABLEMENT adv. De façon remarquable.

REMARQUE n.f. **1.** Observation personnelle, parfois critique. *Remarque judicieuse.* **2.** Note, observation écrite. *Ouvrage plein de remarques.* **3.** Petit croquis gravé dans la marge d'une estampe.

REMARQUER v.t. **1.** Faire attention à ; constater. *Tu ne remarques rien ?* **2.** Distinguer parmi d'autres. *Remarquer qqn dans la foule.* ◇ *Péjor. Se faire remarquer* : se singulariser. **3.** Marquer de nouveau.

REMASTÉRISER v.t. (de l'angl. *master*, original). TECHN. Opérer la numérisation d'un document sonore ou vidéo initialement enregistré sous forme analogique.

REMASTICAGE n.m. Action de remastiquer.

REMASTIQUER v.t. Mastiquer de nouveau.

REMBALLAGE n.m. Action de remballer.

REMBALLER v.t. Emballer de nouveau.

REMBARQUEMENT n.m. Action de rembarquer ou de se rembarquer.

REMBARQUER v.t. Embarquer de nouveau. ◆ v.i. ou **se rembarquer** v.pr. S'embarquer de nouveau.

REMBARRER v.t. *Fam.* Reprendre vivement qqn, le remettre à sa place.

REMBAUCHER v.t. → **RÉEMBAUCHER.**

REMBLAI n.m. Masse de terre rapportée pour élever un terrain ou combler un creux.

REMBLAIEMENT n.m. HYDROL. Action de l'eau qui dépose tout ou partie des matériaux qu'elle transporte.

REMBLAVER v.t. AGRIC. Emblaver de nouveau.

REMBLAYAGE n.m. Action de remblayer.

REMBLAYER [rɑ̃bleje] v.t. [6] (anc. fr. *emblaer,* remplir de blé). Faire un remblai.

REMBLAYEUSE n.f. Machine pour effectuer le remblayage.

REMBOBINER v.t. Enrouler de nouveau ce qui est débobiné ; remettre sur la bobine.

REMBOÎTAGE ou **REMBOÎTEMENT** n.m. Action de remboîter.

REMBOÎTER v.t. Remettre en place ce qui est déboîté.

REMBOURRAGE n.m. **1.** Action de rembourrer. **2.** Matière avec laquelle on rembourre. SYN. : *rembourrure.*

REMBOURRER v.t. Garnir d'une matière plus ou moins compressible (crin, bourre, etc.).

REMBOURRURE n.f. Rembourrage, bourre.

REMBOURSABLE adj. Qui peut ou qui doit être remboursé.

REMBOURSEMENT n.m. Action de rembourser ; paiement d'une somme due. ◇ *Envoi contre remboursement,* contre paiement de sa valeur et, éventuellement, des frais de port, à la livraison.

REMBOURSER v.t. (de *1. bourse*). **1.** Rendre à qqn l'argent emprunté. **2.** Rendre à qqn l'argent qu'il a déboursé.

REMBRANESQUE adj. Qui rappelle la manière, les thèmes de Rembrandt.

REMBRUNIR (SE) v.pr. Devenir sombre, triste. *À ce souvenir, il s'est rembruni.*

REMBUCHEMENT n.m. VÉNER. Rentrée d'un animal de chasse dans une forêt.

REMBUCHER v.t. (anc. fr. *embuschier,* mettre en embuscade). VÉNER. Suivre la bête avec le limier jusqu'à la rentrée dans la forêt.

REMÈDE n.m. (lat. *remedium*). **1.** Médicament homéopathique. **2.** *Cour.* Tout ce qui peut servir à prévenir ou à combattre une maladie. **3.** *Fig.* Ce qui sert à prévenir ou à combattre une souffrance morale. *Comment porter remède à son angoisse ?* **4.** Moyen, mesure propre à diminuer un mal, un danger, à résoudre une difficulté. *Chercher un remède à l'inflation.*

REMÉDIABLE adj. À quoi l'on peut apporter remède.

REMÉDIER v.t. ind. **(à)** [5] (lat. *remediare*). Apporter un remède à. *Remédier au mal de mer, à un inconvénient.*

REMEMBREMENT n.m. Réunion de différentes parcelles en un seul tenant afin d'effectuer une redistribution rationnelle pour l'agriculture *(remembrement rural)* ou pour l'aménagement urbain.

REMEMBRER v.t. Effectuer le remembrement de.

REMÉMORATION n.f. *Litt.* Éveil d'un souvenir.

REMÉMORER v.t. (lat. *rememorari*). *Litt.* Remettre en mémoire ; rappeler. *Remémorer un fait.* ◇ v.pr. *Se remémorer ses années de collège.*

REMERCIEMENT n.m. Action de remercier, d'exprimer sa gratitude ; phrase, paroles par lesquelles on remercie.

REMERCIER v.t. [5]. **1.** Exprimer sa gratitude à qqn pour qqch. *Je vous remercie de vos conseils, pour vos conseils.* ◇ *Je vous remercie ! :* marque un refus poli. **2.** Congédier, renvoyer une personne que l'on emploie.

RÉMÉRÉ n.m. (du lat. *redimere,* racheter). DR. Clause par laquelle on se réserve le droit de racheter dans un certain délai la chose que l'on vend, en remboursant à l'acquéreur le prix de son acquisition et les frais. *Vente à réméré.*

REMETTANT n.m. Personne qui remet une valeur (lettre de change, chèque) au banquier chez lequel elle a un compte.

REMETTRE v.t. [64] (lat. *remittere*). **1.** Replacer qqn, qqch à l'endroit où il était, dans l'état ancien. *Remettre un livre à sa place. Remettre qqch en usage, en circulation.* ◇ *Remettre qqn au pas,* le contraindre à faire son devoir. **2.** Reconnaître après avoir cherché dans ses souvenirs. *Je vous remets très bien, à présent.* **3.** Remboîter une articulation, un membre démis. *Remettre un bras.* **4.** Mettre de nouveau, notamm. un vêtement. *Remettre un manteau.* **5.** Rétablir la santé de qqn. *L'air de la campagne l'a remis.* **6.** *Fam. En remettre :* exagérer. – *Fam. Remettre ça :* recommencer. **7.** Mettre entre les mains, dans la possession, le pouvoir de qqn. *Remettre une lettre. Remettre son sort entre les mains de qqn.* **8.** Belgique, Suisse. Céder une entreprise, un commerce. **9.** Faire grâce de. *Remettre une peine.* **10.** Reporter à plus tard ; différer. *Remettre une affaire au lendemain.* ◆ v.t. ind. **(sur).** Belgique. Rendre la monnaie d'une somme. ◆ **se remettre** v.pr. **1.** Se mettre de nouveau dans une position, un endroit, etc. *Se remettre à table.* **2.** Se rappeler après avoir cherché. *Je me remets votre visage.* **3.** Reprendre une action, une activité. *Se remettre à jouer.* **4.** Revenir à un meilleur état de santé, à une meilleure situation ; retrouver le calme. *Se remettre après un accident. Remettez-vous !* **5.** *S'en remettre à qqn,* s'en rapporter à lui.

REMEUBLER v.t. Garnir de nouveaux meubles.

RÉMIGE n.f. (lat. *remex, remigis,* rameur). Chacune des grandes plumes rigides de l'aile d'un oiseau.

REMILITARISATION n.f. Action de remilitariser.

REMILITARISER v.t. **1.** Redonner un caractère militaire à. **2.** Réinstaller un dispositif militaire dans une région.

RÉMINISCENCE n.f. (du lat. *reminisci,* se souvenir). **1.** Retour d'un souvenir qui n'est pas reconnu comme tel. **2.** Chose, expression dont on se souvient sans avoir conscience de son origine ; souvenir imprécis. *Roman plein de réminiscences.*

REMISAGE n.m. Action de remiser.

REMISE n.f. (lat. *remissa,* chose remise). **1.** Action de remettre dans un lieu. *La remise en place d'un meuble.* **2.** Action de remettre, de livrer. *La remise d'un paquet à son destinataire.* **3.** Réduction que l'on fait à un débiteur d'une partie de sa dette. **4.** Diminution de prix accordée sur un achat. **5.** DR. *Remise de peine :* mesure dispensant un condamné d'exécuter tout ou partie de sa peine. – *Remise de cause :* renvoi d'un procès à une audience ultérieure. **6.** Endroit couvert servant de retraite au gibier. **7.** Local servant d'abri à des véhicules ou à du matériel.

REMISER v.t. **1.** Placer dans une remise. **2.** Mettre à sa place habituelle. ◆ **se remiser** v.pr. S'arrêter

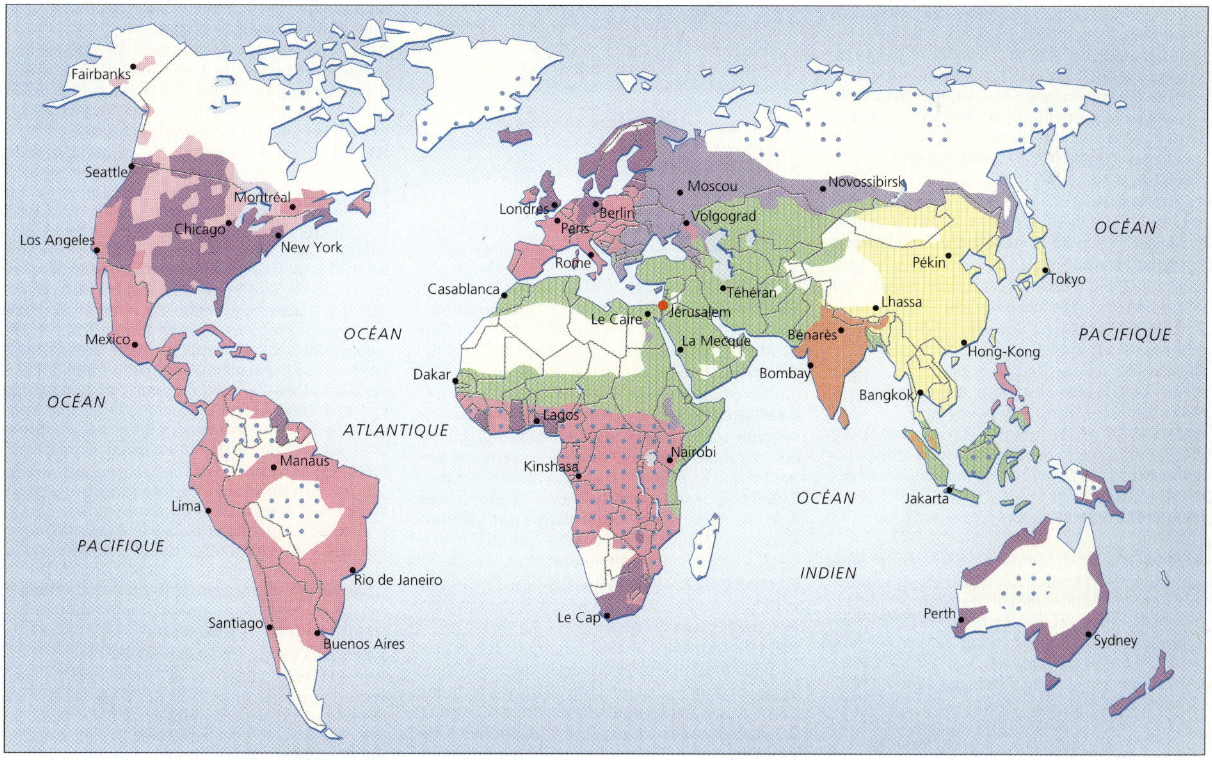

LES PRINCIPALES RELIGIONS DANS LE MONDE

Bouddhisme
Hindouisme
Islam
Judaïsme
Religions locales
Régions peu habitées

Christianisme

Catholiques
Églises chrétiennes d' Orient
Protestants, anglicans
Chrétiens divers (sectes)

ou se poser après avoir couru ou volé, en parlant du gibier.

RÉMISSIBLE adj. Digne de pardon.

RÉMISSION n.f. (lat. *remissio*). **1.** Action de pardonner une faute, une offense, etc. *Rémission des péchés.* ◇ ***Sans rémission*** : sans indulgence, de façon implacable. **2.** MÉD. Atténuation ou disparition temporaire des symptômes d'une maladie ; guérison dont on n'est pas absolument certain. *Un cancer en rémission.*

RÉMITTENT, E adj. (du lat. *remittere,* relâcher). MÉD. Qui évolue par accès rapprochés, séparés par des rémissions. *Fièvre rémittente.*

REMIX n.m. (mot angl.). MUS. Technique consistant à retravailler un disque déjà enregistré afin d'en produire une autre version ; cette version.

REMIXER v.t. Procéder au remix d'un disque.

RÉMIZ [remiz] n.m. (polon. *remiz*). Mésange d'Europe centrale et méridionale et d'Asie, qui construit un nid en forme de bourse suspendu à une branche. (Long. 12 cm env. ; genre *Remiz,* famille des paridés.)

REMMAILLAGE [rɑ̃majaʒ] n.m. **1.** Couture utilisée pour assembler deux éléments de tricot bord à bord. **2.** Remaillage.

REMMAILLER v.t. → **REMAILLER.**

REMMAILLEUSE [rɑ̃majøz] n.f. **1.** Ouvrière qui effectue le remmaillage des bas, des collants. **2.** Machine à remmailler.

REMMAILLOTER [rɑ̃-] v.t. Emmailloter de nouveau.

REMMANCHER [rɑ̃-] v.t. Emmancher de nouveau.

REMMENER [rɑ̃-] v.t. [12]. Emmener après avoir amené.

REMMOULAGE [rɑ̃-] n.m. Opération d'assemblage des différentes parties internes d'un moule, en fonderie.

REMMOULER [rɑ̃-] v.t. Effectuer un remmoulage.

REMNOGRAPHIE n.f. (de *RMN*). Rare. Imagerie par *résonance magnétique nucléaire.

REMODELAGE n.m. **1.** Action de remodeler. **2.** Remaniement, rénovation effectués sur de nouvelles bases. *Remodelage des circonscriptions électorales.*

REMODELER v.t. [12]. **1.** Modifier la forme ou l'aspect de qqch pour le rendre conforme à un modèle ou améliorer son esthétique. *Remodeler un visage.* **2.** Donner à qqch une forme nouvelle adaptée aux besoins actuels, à une fonction spécifique. *Remodeler un quartier ancien.*

RÉMOIS, E adj. et n. De Reims.

REMONTAGE n.m. **1.** Action d'assembler de nouveau les diverses pièces d'une machine. **2.** Action de tendre le ressort d'un mécanisme.

1. REMONTANT, E adj. **1.** Qui va vers le haut. **2.** Se dit d'une plante (fraisier, framboisier) qui fleurit une seconde fois dans l'année.

2. REMONTANT n.m. Boisson, médicament qui redonne des forces.

REMONTE n.f. Action de remonter un cours d'eau. – *Par ext.* Ensemble des poissons qui remontent un cours d'eau pour frayer.

REMONTÉE n.f. **1.** Action de remonter. **2.** ***Remontée mécanique*** : toute installation utilisée par les skieurs pour remonter les pentes (télésièges, téléskis, télécabines).

REMONTE-PENTE n.m. (pl. *remonte-pentes*). Téléski.

REMONTER v.i. **1.** Monter de nouveau quelque part, regagner l'endroit d'où l'on est descendu ; recommencer à monter sur, dans un véhicule, à bicyclette, à cheval, etc. *Remonter du fond d'une mine.* **2.** Atteindre un niveau supérieur après avoir baissé. *Monnaie qui remonte.* **3.** Suivre une pente, une courbe ascendante. *Fièvre qui remonte.* **4.** Aller vers la source d'un cours d'eau ; retourner dans un endroit situé plus au nord. *Vacanciers qui remontent vers Bruxelles.* ◇ MAR. ***Remonter au vent, dans le vent*** : naviguer au plus près du vent ; louvoyer. **5.** SPECT. Reculer vers le fond de la scène (par oppos. à *descendre*). **6.** Se reporter à une époque ou à un fait antérieurs ; établir une relation de dépendance entre deux faits. *Remonter jusqu'à l'origine d'une rumeur.* ◆ v.t. **1.** Parcourir de bas en haut ce qu'on a descendu. *Remonter l'escalier en vitesse.* **2.** SPORTS. Rattraper un concurrent. **3.** NAVIG. Parcourir un cours d'eau ou le longer d'aval en amont. – *Par ext.* Aller dans le sens inverse du mouvement général. **4.** Mettre, placer qqch à un niveau plus élevé, en augmenter la hauteur. *Remonter un mur. Remonter le col de sa veste pour se protéger du froid.* **5.** Redonner à un ressort l'énergie nécessaire à son fonctionnement. *Remonter une montre.* **6.** Redonner à qqn de la vigueur, de l'énergie. ◇ ***Remonter le moral*** : redonner du courage. **7.** *Fam.* ***Être remonté contre qqn,*** être en colère contre lui, lui en vouloir. **8.** Reconstituer un objet démonté ; remettre en place un de ses éléments. *Remonter un moteur.* **9.** Pourvoir de nouveau qqch de ce qui lui a fait défaut, de ce qui lui est nécessaire. *Remonter sa garde-robe.* ◆ **se remonter** v.pr. Se redonner des forces, du dynamisme.

REMONTOIR n.m. Organe au moyen duquel on peut remonter un mécanisme.

REMONTRANCE n.f. **1.** Reproche adressé à qqn pour le corriger ; avertissement, réprimande. **2.** HIST. Observation adressée au roi par le parlement et les autres cours souveraines pour lui signaler les inconvénients d'un de ses actes législatifs.

REMONTRER v.t. **1.** Montrer de nouveau à qqn. **2.** *En remontrer à qqn,* lui prouver qu'on lui est supérieur, qu'on est plus savant que lui, lui faire la leçon.

RÉMORA n.m. (lat. *remora,* retard). Poisson marin, possédant sur la tête un disque formant ventouse, qui lui permet de se faire transporter par d'autres poissons qu'il débarrasse de leurs parasites, mais aussi par des cétacés, voire des bateaux. (Long. 40 cm ; genres *Remora* et *Echeneis,* famille des échénéidés.)

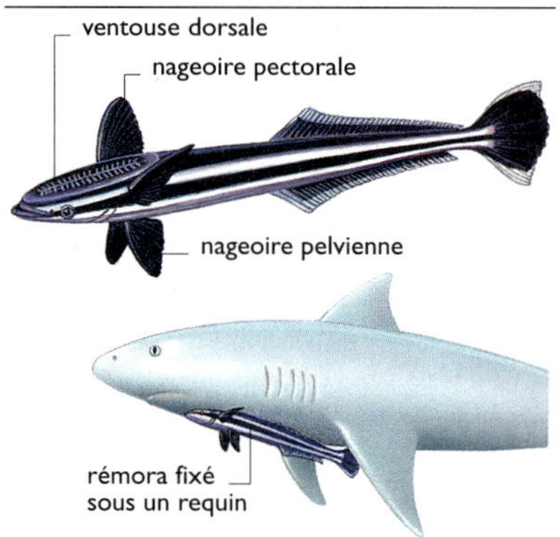

■ RÉMORA

REMORDRE v.t. [59]. Mordre de nouveau.

REMORDS n.m. (de *remordre*). Douleur morale causée par la conscience d'avoir mal agi. *Être bourrelé de remords.*

REMORQUAGE n.m. Action de remorquer ; fait d'être remorqué.

REMORQUE n.f. **1.** Traction exercée par un véhicule sur un autre véhicule. *Prendre un bateau en remorque.* **2.** Câble servant au remorquage. **3.** ***Être à la remorque*** : rester en arrière. – ***Être à la remorque de qqn,*** le suivre aveuglément. **4.** Véhicule sans moteur remorqué par un autre. – *Spécial.* Véhicule ferroviaire destiné à être incorporé dans un train automoteur.

REMORQUER v.t. (ital. *rimorchiare*). **1.** Tirer un véhicule, un bateau derrière soi. **2.** *Fam.* Emmener, traîner qqn derrière soi.

REMORQUEUR, EUSE adj. Qui remorque. ◆ n.m. **1.** Bâtiment de navigation conçu pour déplacer d'un point à un autre d'autres bâtiments dans un port, sur un fleuve, une rivière ou en mer. **2.** ***Remorqueur spatial*** : véhicule spatial réutilisable permettant de transférer des charges utiles d'une orbite à une autre au voisinage d'un corps céleste, en partic. de la Terre.

REMOUDRE v.t. [65]. Moudre de nouveau.

REMOUILLER v.t. Mouiller de nouveau.

RÉMOULADE n.f. (lat. *armoracia,* raifort). Mayonnaise additionnée de moutarde et parfois de câpres, de fines herbes hachées. *Céleri rémoulade.*

REMOULAGE n.m. Résidu laissé par la transformation de semoules en farine. SYN. : *recoupe.*

RÉMOULEUR n.m. (de l'anc. fr. *rémoudre,* aiguiser de nouveau). Personne qui aiguise les couteaux et les instruments tranchants.

REMOUS n.m. (du moyen fr. *remoudre*). **1.** Tourbillon d'eau qui se forme derrière un navire en marche. **2.** Tourbillon qui se forme après le passage de l'eau sur un obstacle. **3.** Contre-courant le long des rives d'un cours d'eau. **4.** *Fig.* Ensemble de mouvements en sens divers ; agitation. *Les remous de la foule.*

REMPAILLAGE n.m. Action de rempailler.

REMPAILLER v.t. Refaire la garniture de paille d'un siège.

REMPAILLEUR, EUSE n. Personne qui rempaille des sièges. SYN. : *empailleur.*

REMPAQUETER v.t. [16]. Empaqueter de nouveau.

REMPART n.m. (de l'anc. fr. *emparer,* fortifier). **1.** Levée de terre ou forte muraille dont on entourait une place de guerre ou un château fort. **2.** *Litt.* Ce qui sert de défense. *Faire à qqn un rempart de son corps.* **3.** Réunion. Falaise ; précipice.

REMPIÉTEMENT ou **REMPIÈTEMENT** n.m. CONSTR. Reprise en sous-œuvre des fondations d'un mur, d'un bâtiment.

REMPILER v.t. Empiler de nouveau. ◆ v.i. *Arg. mil.* Rengager.

REMPLAÇABLE adj. Qui peut être remplacé.

REMPLAÇANT, E n. Personne qui en remplace une autre.

REMPLACEMENT n.m. **1.** Action de remplacer une chose par une autre, ou une personne dans une fonction. **2.** Au XIXe s., en France, système légal permettant de se soustraire au service militaire en payant un remplaçant. (Il fut supprimé en 1872.)

REMPLACER v.t. [9]. **1.** Mettre à la place de. *Remplacer de vieux meubles par des neufs.* **2.** Prendre la place de qqn, de qqch d'autre d'une manière temporaire ou définitive ; succéder à qqn, le relayer. *Remplacer un maire.*

REMPLAGE n.m. (de *remplir*). ARCHIT. Armature de pierre subdivisant une fenêtre, notamm. gothique ; réseau de pierre d'un vitrail.

REMPLIER v.t. [5]. **1.** CORDONN. Replier sur lui-même, en le collant, le bord d'une pièce de la tige d'une chaussure. **2.** REL. Plier les bords de la matière de recouvrement d'une couverture de livre et les coller à l'envers des cartons.

REMPLIR v.t. **1.** Mettre qqch en assez grande quantité dans un contenant, le rendre plein. *Remplir une bouteille.* **2.** Occuper entièrement un espace libre. *Ce fait divers remplit les journaux.* **3.** Pénétrer qqn d'un sentiment, occuper son esprit. *Cette nouvelle me remplit de joie.* ◇ ***Être rempli de soi-même*** : avoir une très haute opinion de sa valeur, être imbu de soi. **4.** Accomplir ce que demande une fonction, un rôle, etc. *Remplir ses engagements.* ◇ ***Remplir l'attente, les espérances de qqn,*** accomplir ce qu'il attendait, ne pas trahir sa confiance. **5.** Compléter un imprimé en portant les indications demandées dans les espaces prévus à cet effet. *Remplir un questionnaire.* ◆ **se remplir** v.pr. Recevoir qqch comme contenu. *La citerne se remplit d'eau.*

REMPLISSAGE n.m. **1.** Action de remplir. **2.** Perfusion intraveineuse d'une solution pour compenser une diminution du volume sanguin, par ex. après une hémorragie. **3.** CONSTR. Ensemble des éléments intermédiaires, sans fonction structurale essentielle, dans un pan de bois ou un plancher. **4.** Développement inutile ou étranger au sujet. *Scènes de remplissage dans une pièce.*

REMPLOI n.m. → **RÉEMPLOI.**

REMPLOYER v.t. → **RÉEMPLOYER.**

REMPLUMER (SE) v.pr. **1.** Se couvrir de nouveau de plumes, en parlant des oiseaux. **2.** *Fam.* Rétablir sa situation financière. *Joueur malchanceux qui se remplume peu à peu.* **3.** *Fam.* Reprendre des forces, du poids.

REMPOCHER v.t. *Fam.* Remettre dans sa poche.

REMPOISSONNEMENT n.m. Action de rempoissonner.

REMPOISSONNER v.t. Repeupler de poissons.

REMPORTER v.t. **1.** Reprendre, emporter ce qu'on avait apporté. **2.** Obtenir à la suite d'une lutte, d'une compétition, etc. *Remporter une victoire.* – Obtenir qqch de gratifiant.

REMPOTAGE n.m. Action de rempoter.

REMPOTER v.t. Transporter une plante dans un pot plus grand, ou qui contient de la terre nouvelle.

REMPRUNTER ou **RÉEMPRUNTER** v.t. Emprunter de nouveau.

REMUAGE n.m. **1.** Action de remuer qqch. *Le remuage du blé.* **2.** Série d'oscillations données aux bouteilles pendant la période où elles sont placées le goulot en bas, pour faire tomber le dépôt sur le bouchon, dans la fabrication des vins de Champagne.

REMUANT, E adj. **1.** Qui est sans cesse en mouvement ; turbulent. **2.** Qui aime l'agitation ; entreprenant. *Esprit remuant.*

REMUE n.f. (de *remuer*). **1.** Migration saisonnière des troupeaux et des hommes entre les différents étages d'une exploitation agricole, dans les Alpes. **2.** Lieu de séjour temporaire du bétail dans un haut pâturage.

REMUE-MÉNAGE n.m. inv. **1.** Dérangement de meubles, d'objets qui sont changés de place. **2.** Agitation bruyante de gens qui vont en tous sens.

REMUE-MÉNINGES n.m. inv. Recomm. off. pour *brainstorming.*

REMUEMENT n.m. *Litt.* Action, mouvement de ce qui remue. *Le remuement des lèvres.*

REMUER v.t. (préf. *re-* et *muer*). **1.** Changer de place ; agiter. *Remuer un meuble. Remuer la tête.* **2.** Émouvoir profondément. *Remuer l'auditoire.* ◆ v.i. Changer de place, faire un ou des mouvements. *Cet enfant remue continuellement.* ◆ **se remuer** v.pr. **1.** Changer de position ; se mouvoir. **2.** *Fig.* Se donner de la peine pour réussir.

REMUEUR, EUSE n. *Litt. Remueur d'idées :* personne qui émet des idées nombreuses et diverses et aime à les développer devant une ou plusieurs personnes.

REMUGLE n.m. (de l'anc. scand. *mygla,* moisi). Vx ou *litt.* Odeur particulière que prennent les objets longtemps enfermés ou exposés à un air vicié.

RÉMUNÉRATEUR, TRICE adj. Qui est avantageux, qui procure des bénéfices.

RÉMUNÉRATION n.f. Prix d'un travail, d'un service rendu. *Demander la juste rémunération de son travail.*

RÉMUNÉRATOIRE adj. DR. Qui a un caractère de rémunération.

RÉMUNÉRER v.t. [11] (lat. *remunerare*). Rétribuer, payer pour un travail, un service.

RENÂCLER v.i. (de *renifler* et moyen fr. *renaquer,* reculer). **1.** Faire du bruit en reniflant, en parlant d'un animal (cheval, notamm.). **2.** Témoigner de la répugnance à, refuser de faire. *Renâcler à la besogne.*

RENAISSANCE n.f. **1.** Action de renaître. **2.** Nouvel essor. *La renaissance des lettres, des arts.* **3.** HIST. *La Renaissance : v. partie n.pr.* – *Renaissance carolingienne :* essor des arts, bref mais remarquable, qui marqua les règnes des premiers souverains carolingiens. ◆ adj. inv. (Avec une majuscule.) Se dit du style de la Renaissance, des tableaux, monuments de ce style. *Un décor Renaissance. Les châteaux Renaissance de la Loire.*

RENAISSANT, E adj. **1.** Qui renaît. *Des obstacles sans cesse renaissants.* **2.** Relatif à la Renaissance.

RENAÎTRE v.i. [72] [inusité aux temps composés et au p. passé]. **1.** Naître de nouveau, revenir à la vie. *Le phénix renaissait de ses cendres.* **2.** Croître, se développer de nouveau, en parlant des végétaux. *Les fleurs renaissent au printemps.* **3.** Reparaître, recommencer à exister ; recouvrer sa vigueur, sa vitalité. *L'espoir renaît.* ◆ v.t. ind. (à). *Litt.* Retrouver un certain état, son aptitude à éprouver tel ou tel sentiment. *Renaître à l'espérance.*

RÉNAL, E, AUX adj. (du lat. *ren, renis,* rein). Relatif au rein.

RENARD n.m. (du francique *Reginhart,* n.pr.). **1.** Mammifère carnivore à queue touffue et à museau pointu, qui se nourrit d'oiseaux, de petits mammifères, d'insectes et de baies. (Le renard d'Europe [genre *Vulpes*], au pelage roux, est vecteur de la rage ; le renard bleu ou polaire, ou isatis [genre *Alopex*], est recherché pour sa fourrure. Cri : le renard glapit, jappe. Famille des canidés.) – *Par ext.* Fourrure de cet animal. *Renard roux, argenté.* **2.** *Fig.* Homme rusé. **3.** Fissure dans un bassin, un barrage, par où se produit une fuite.

RENARDE n.f. Renard femelle.

RENARDEAU n.m. Jeune renard.

RENARDIÈRE n.f. Tanière du renard.

RENAUDER v.i. *Fam.,* vieilli. Se plaindre.

RENCAISSAGE ou **RENCAISSEMENT** n.m. Action de rencaisser.

RENCAISSER v.t. Remettre en caisse.

RENCARD n.m. → **RANCARD.**

RENCARDER v.t. → **RANCARDER.**

RENCHÉRIR v.i. **1.** Devenir plus cher. *Les loyers renchérissent.* **2.** Faire une enchère supérieure. **3.** Dire ou faire plus qu'un autre. *Il renchérit sur tout ce qu'il entend raconter.*

RENCHÉRISSEMENT n.m. Augmentation de prix, hausse du coût de la vie.

RENCHÉRISSEUR, EUSE n. Personne qui renchérit.

RENCOGNER v.t. *Fam.,* vx. Pousser, serrer dans un coin. *Rencogner qqn dans une embrasure.*

1. RENCONTRE n.f. **1.** Fait de rencontrer fortuitement qqn ; fait pour des choses de se trouver en contact. *Faire une rencontre inattendue. La rencontre de deux rivières.* ◇ *De rencontre :* de hasard. *Amour de rencontre.* **2.** Entrevue, conversation organisée entre deux ou plusieurs personnes. *Une rencontre de chefs d'État.* ◇ *Aller à la rencontre de,* au-devant de. **3.** Compétition sportive opposant deux équipes. **4.** Combat imprévu de deux troupes adverses en mouvement. **5.** *Sout.* Duel. **6.** Instant du passage d'une sonde spatiale au plus près d'un corps céleste lors d'une mission de survol ; période, avant et après cet instant, durant laquelle la sonde observe ce corps.

2. RENCONTRE n.m. HÉRALD. Tête d'animal représentée seule et de face.

RENCONTRER v.t. **1.** Se trouver en présence de qqn sans l'avoir voulu ; faire la connaissance de qqn, entrer en relation avec lui. *Rencontrer un ami. Rencontrer des gens intéressants durant un voyage.* **2.** Affronter une équipe dans un match, une compétition. **3.** GÉOMÉTR. Avoir une intersection non vide, en parlant de deux figures. ◆ **se rencontrer** v.pr. **1.** Se trouver en même temps au même endroit. **2.** Faire connaissance. *Quand nous sommes-nous rencontrés ?* **3.** *Litt.* Être du même avis que qqn.

RENDEMENT n.m. **1.** Production évaluée par rapport à une norme, à une unité de mesure. *Le rendement d'une terre.* **2.** Rentabilité des capitaux employés, d'une somme placée ou investie. **3.** Efficacité de qqn dans le travail. **4.** Rapport de l'énergie ou d'une autre grandeur fournie par une machine à l'énergie ou à la grandeur correspondante consommée par cette machine. **5.** CHIM. Rapport du nombre des molécules d'un produit de réaction chimique à sa valeur théorique maximale.

RENDEZ-VOUS n.m. **1.** Rencontre prévue entre deux ou plusieurs personnes à une même heure en un même lieu ; lieu où l'on doit se rencontrer. *Prendre rendez-vous chez le médecin. Arriver le premier au rendez-vous.* ◇ *Rendez-vous spatial* ou *orbital :* rapprochement volontaire dans l'espace de deux ou de plusieurs engins satellisés séparément, génér. en vue de leur amarrage mutuel. **2.** Lieu où l'on a l'habitude de se réunir. *Ce café est le rendez-vous des artistes.* **3.** *Être au rendez-vous :* en parlant de qqch, survenir génér. de manière opportune. *Le beau temps est au rendez-vous.*

RENDORMIR v.t. [25]. Endormir de nouveau. ◆ **se rendormir** v.pr. Recommencer à dormir.

RENDOSSER v.t. Endosser de nouveau.

RENDRE v.t. [59] (lat. *reddere,* altéré par *prehendere,* saisir). **1.** Restituer à qqn ce qui lui appartient ou ce qui lui revient de droit. *Rendre des livres empruntés.* **2.** Renvoyer, rapporter à qqn ce qu'on a reçu de lui et qu'on ne veut ou ne peut garder. *Rendre un cadeau.* **3.** Faire revenir qqn à un état antérieur ; ramener qqch à sa destination première. *Cette cure lui a rendu la santé.* **4.** Donner en retour, en échange. *Rendre une invitation. Rendre la monnaie.* ◇ *Rendre les armes :* s'avouer vaincu. **5.** Prononcer, formuler un avis, un jugement, oralement ou par écrit. *Rendre un arrêt.* **6.** *Fam.* Vomir. **7.** Produire, émettre tel ou tel son. *Violon qui rend des sons harmonieux.* **8.** Faire passer qqn, qqch à un nouvel état, les faire devenir tels. *Votre arrivée l'a rendu heureux.* ◆ v.i. Produire, rapporter plus ou moins, en parlant d'une terre, d'une culture, d'une activité. *Cette année, le blé a bien rendu.* ◆ **se rendre** v.pr. **1.** Aller quelque part. *Se rendre à Montréal.* **2.** Cesser le combat ; se soumettre, capituler. *Se rendre à l'ennemi, à la police.* ◇ *Se rendre à l'évidence :* admettre ce qui est incontestable. **3.** Agir de façon à être, à devenir, à apparaître tel. *Se rendre utile.* ◇ *Se rendre maître de :* s'emparer de.

■ **RENARD**

1. RENDU, E adj. **1.** Vieilli. Fatigué, harassé. **2.** Arrivé à destination. *Enfin, nous voilà rendus.*

2. RENDU n.m. **1.** Qualité d'expression, de véracité dans l'exécution d'une œuvre d'art. *Le rendu des chairs dans un tableau.* **2.** Objet qu'on vient d'acheter et qu'on rend au commerçant.

RENDZINE [rɛ̃dzin] n.f. (du polon.). PÉDOL. Sol fertile composé de carbonate de calcium, d'argile et d'humus.

RÊNE n.f. (du lat. *retinere,* retenir). Courroie fixée au mors du cheval et que tient le cavalier pour guider sa monture. ◇ *Litt. Tenir les rênes de qqch,* en avoir la direction.

RENÉGAT, E n. (ital. *rinnegato*). **1.** Personne qui renie sa religion. **2.** Personne qui abjure ses opinions ou trahit sa patrie, son parti, etc.

RENÉGOCIATION n.f. Nouvelle négociation des termes d'un accord.

RENÉGOCIER v.t. [5]. Négocier à nouveau.

RENEIGER v. impers. [10]. Neiger de nouveau.

RÉNETTE n.f. → **2. RAINETTE.**

1. RENFERMÉ, E adj. *Fam.* Peu communicatif.

2. RENFERMÉ n.m. Mauvaise odeur qu'exhale une pièce qui a été longtemps fermée.

RENFERMEMENT n.m. Action de renfermer qqn.

RENFERMER v.t. **1.** Enfermer de nouveau. *Renfermer un prisonnier évadé.* **2.** Contenir en soi. *Ce livre renferme de grandes vérités.* ◆ **se renfermer** v.pr. Se replier sur soi, taire ses sentiments. *Se renfermer dans le silence, sur soi-même.*

RENFILER v.t. Enfiler de nouveau.

RENFLÉ, E adj. Plus épais en une partie ; dont le diamètre est plus grand vers la partie médiane. ◇ *Colonne renflée :* colonne galbée diminuée vers le bas comme vers le haut.

RENFLEMENT n.m. État de ce qui est renflé ; partie renflée.

RENFLER v.t. Donner une forme convexe à.

RENFLOUAGE ou **RENFLOUEMENT** n.m. Action de renflouer.

RENFLOUER v.t. (du normand *flouée,* marée). **1.** Remettre à flot un navire échoué ou coulé. **2.** *Fig.* Fournir à qqn, à une entreprise les fonds nécessaires pour rétablir sa situation financière.

RENFONCEMENT n.m. **1.** Ce qui est en creux, renfoncé ; partie de construction en retrait ; recoin. **2.** IMPRIM. Action de faire commencer une ligne imprimée par un blanc de valeur fixe.

RENFONCER v.t. [9]. Enfoncer de nouveau ou plus avant.

RENFORÇATEUR n.m. **1.** PHOTOGR. Bain de renforcement. **2.** PSYCHOL. Agent de renforcement dans le conditionnement. **3.** Substance qui renforce le goût d'un produit alimentaire.

RENFORCEMENT n.m. **1.** Action de renforcer. **2.** PHOTOGR. Accroissement du contraste trop faible d'un phototype. **3.** PSYCHOL. Événement, suscité ou fortuit, qui rend plus forte la capacité pour un stimulus de susciter une réaction.

RENFORCER v.t. [9]. **1.** Rendre plus fort, plus solide. *Renforcer une poutre.* **2.** Donner une vigueur, une intensité accrue. *Renforcer une couleur.*

RENFORMIR v.t. Effectuer un renformis.

RENFORMIS n.m. Crépi supplémentaire posé sur un mur irrégulier pour l'aplanir.

R

RENFORT n.m. (de *renforcer*). **1.** Accroissement du nombre des personnes ou des moyens matériels d'un groupe, lui permettant une action plus efficace. *Attendre une équipe de renfort.* ◇ *À grand renfort de qqch :* en employant une grande quantité de, en recourant abondamment à tel moyen. **2.** (Souvent pl.) Effectif ou matériel supplémentaire destiné à renforcer celui qui existe. *Les renforts leur sont-ils parvenus ?* **3.** TECHN. Pièce qui en double une autre pour en augmenter la résistance ou pour remédier à l'usure.

RENFROGNER (SE) v.pr. (du gaul. *frogna,* nez). Manifester son mécontentement, sa mauvaise humeur en contractant le visage.

RENGAGÉ n.m. Militaire qui, son temps achevé, reprend volontairement du service.

RENGAGEMENT ou **RÉENGAGEMENT** n.m. **1.** Action de rengager ; action de remettre en gage. **2.** Acte par lequel un militaire libérable contracte un nouvel engagement.

RENGAGER ou **RÉENGAGER** v.t. [10]. Engager de nouveau. ◆ v.i. ou **se rengager** v.pr. MIL. Contracter un rengagement.

RENGAINE n.f. (de *rengainer*). *Fam.* **1.** Suite de paroles répétées à satiété. **2.** Refrain populaire ; chanson à succès.

RENGAINER v.t. **1.** Remettre dans la gaine, dans le fourreau. **2.** *Fam.* Garder pour soi ou ne pas achever ce qu'on voulait dire. *Rengainer son discours.*

RENGORGER (SE) v.pr. [10]. **1.** Avancer, faire saillir la gorge en ramenant la tête en arrière, en parlant d'un oiseau. *Le paon se rengorge.* **2.** *Fig.* Faire l'important, se gonfler d'orgueil.

RENGRAISSER v.i. Redevenir gras.

RENGRÉNER [11] ou **RENGRENER** v.t. [12]. MÉCAN. Engager de nouveau entre les dents d'une roue dentée. *Rengréner un pignon.*

RENIEMENT n.m. Action de renier.

RENIER v.t. [5] (de *nier*). **1.** Déclarer, contre la vérité, qu'on ne connaît pas qqn, qqch. **2.** Refuser de reconnaître comme sien. *Renier son fils.* **3.** Abandonner en désavouant ; abjurer. *Renier ses idées.*

RENIFLARD n.m. **1.** Anc. Dispositif qui servait à évacuer les vapeurs d'huile de graissage d'un moteur. **2.** TECHN. Soupape provoquant automatiquement une rentrée d'air dans un milieu où se produit une dépression.

RENIFLEMENT n.m. Action de renifler.

RENIFLER v.i. (anc. fr. *nifler*). Aspirer fortement par le nez en faisant du bruit. ◆ v.t. **1.** Aspirer par le nez. *Renifler du tabac.* **2.** *Fam.* Flairer, avoir l'intuition de. *Renifler une bonne affaire.*

RENIFLEUR, EUSE adj. et n. Qui renifle.

RÉNIFORME adj. En forme de rein.

RÉNINE n.f. Enzyme sécrétée par le rein qui contrôle la formation d'angiotensine.

RÉNITENT, E adj. (lat. *renitens, -entis,* qui résiste). MÉD. Qui est ferme et un peu élastique à la palpation par le médecin.

RENNE n.m. (norv. *ren*). Mammifère ruminant voisin du cerf, de l'Eurasie septentrionale et du Nord canadien (caribou), se nourrissant de lichens et qui fait l'objet d'un élevage extensif par les Lapons, les Esquimaux et divers peuples sibériens, qui l'utilisent comme bête de trait, mais aussi pour sa viande, son lait, son cuir et ses bois. (Le renne est le seul cervidé dont la biche porte des bois. Genre *Rangifer ;* famille des cervidés.)

■ **RENNE**

RENOM n.m. Opinion favorable, largement répandue dans le public. *Un cuisinier de renom.*

RENOMMÉ, E adj. De grande réputation ; célèbre. *Vin renommé.*

RENOMMÉE n.f. **1.** *Litt.* Opinion publique ; réputation. *Avoir une bonne renommée.* **2.** Opinion favorable d'un large public sur qqn, qqch. *La renommée d'un grand couturier.* **3.** DR. *Preuve par commune renommée :* mode de preuve qui consiste à faire déposer des témoins non sur des faits dont ils ont eu personnellement connaissance, mais sur une opinion répandue dans le voisinage.

RENOMMER v.t. Nommer, élire de nouveau.

RENON n.m. (anc. fr. *renonc,* réponse négative). Belgique. Résiliation d'un bail.

RENONÇANT n.m. Dans l'hindouisme, personne qui mène une vie d'ascète entièrement vouée à la recherche du salut individuel.

RENONCE n.f. Aux cartes, fait de ne pas fournir la couleur demandée.

RENONCEMENT n.m. **1.** Action de renoncer. **2.** Sacrifice complet de soi-même ; abnégation.

RENONCER v.t. ind. **(à)** [9] (lat. *renuntiare*). **1.** Se désister du droit qu'on a sur qqch, se dessaisir de. *Renoncer à une succession, au pouvoir.* **2.** Cesser de s'attacher à qqch ; se résoudre à cesser toute relation avec qqn. *Renoncer à ses opinions. Renoncer à celle qu'on aime.* **3.** Cesser d'envisager, de considérer comme possible ; abandonner. *Renoncer à un voyage. Je renonce à vous convaincre.* ◆ v.t. Belgique. Résilier un bail, un contrat ; donner son congé à qqn. ◆ v.i. Aux cartes, ne pas fournir la couleur demandée.

RENONCIATAIRE n. Personne en faveur de qui l'on fait une renonciation.

RENONCIATEUR, TRICE n. Personne qui fait une renonciation.

RENONCIATION n.f. DR. Acte par lequel on renonce à une chose, à un droit, à une charge, à une fonction.

RENONCULACÉE n.f. Plante dicotylédone à pétales séparés, aux carpelles indépendants fixés sur un réceptacle bombé, telle que la renoncule, la clématite, l'anémone, l'ancolie, la pivoine. (Les renonculacées forment une famille.)

RENONCULE n.f. (lat. *ranunculus,* petite grenouille). Petite plante à fleurs génér. jaunes, dont il existe de très nombreuses espèces, telles que le bouton-d'or, commun dans les prés au printemps, ou le bouton-d'argent. (Genre *Ranunculus ;* famille des renonculacées.) ◇ *Fausse renoncule :* ficaire.

■ **RENONCULE** (bouton-d'argent).

RENOUÉE n.f. Plante herbacée dont une espèce cultivée est le sarrasin, ou blé noir, et dont une espèce sauvage est utilisée comme astringent. (Genre *Polygonum ;* famille des polygonacées.)

RENOUER v.t. **1.** Nouer une chose dénouée. **2.** Reprendre après une interruption. *Renouer la conversation.* ◆ v.t. ind. **(avec)**. **1.** Nouer à nouveau une relation avec qqn. **2.** *Fig.* Retrouver une situation favorable. *Renouer avec le succès.*

RENOUVEAU n.m. **1.** Reprise après un déclin. *Mode qui connaît un renouveau de succès.* **2.** *Litt.* Retour du printemps.

RENOUVELABLE adj. Qui peut être renouvelé. ◇ *Énergie renouvelable,* dont la consommation n'aboutit pas à une diminution apparente des ressources naturelles, parce qu'elle fait appel à des sources inépuisables (biomasse, énergie solaire, etc.) à l'échelle des temps humains.

RENOUVELANT, E n. CATH. Anc. Enfant qui renouvelait solennellement les vœux de son baptême, un an après sa profession de foi.

RENOUVELER v.t. [16]. **1.** Remplacer une personne ou une chose par une nouvelle ; changer. *Renouveler une équipe. Renouveler sa garde-robe.* **2.** Remplacer une chose altérée, endommagée, usée par qqch de neuf. *Renouveler l'air d'une pièce, l'eau d'une piscine.* **3.** Rendre nouveau en transformant. *Renouveler son style.* **4.** Recommencer, réitérer ; donner de nouveau. *Renouveler une promesse, sa confiance.* **5.** Conclure un nouveau contrat du même type que celui qui expire. *Renouveler un bail.* ◆ **se renouveler** v.pr. **1.** Être remplacé ; changer. *Les générations se renouvellent.* **2.** Prendre une forme nouvelle ; apporter des éléments nouveaux. *Auteur qui ne se renouvelle pas.* **3.** Se produire à nouveau ; recommencer. *Que cet incident ne se renouvelle pas !*

RENOUVELLEMENT n.m. Action de renouveler ; fait de se renouveler.

RÉNOVATEUR, TRICE adj. et n. **1.** Qui rénove. **2.** Partisan, au sein d'une organisation, d'une évolution remettant en cause les structures, les orientations.

RÉNOVATION n.f. Changement en mieux ; transformation, modernisation. *La rénovation des méthodes de travail, d'une maison.* ◇ *Rénovation urbaine :* reconstruction d'un îlot, d'un quartier après démolition des immeubles anciens.

RÉNOVÉ, E adj. **1.** Remis à neuf. *Quartier rénové.* **2.** Belgique. *Enseignement rénové,* ou *rénové,* n.m. : structure de l'enseignement secondaire mise en place à partir des années 1960.

RÉNOVER v.t. (lat. *renovare*). **1.** Remettre à neuf. *Rénover un appartement ancien.* **2.** Donner une nouvelle forme, une nouvelle existence à. *Rénover les institutions politiques.*

RENSEIGNEMENT n.m. **1.** Indication, information, éclaircissement donnés sur qqn, qqch. *Demander, obtenir un renseignement.* ◇ *Aller aux renseignements :* aller s'informer. **2.** (Souvent pl.) Ensemble des connaissances de tous ordres sur un adversaire potentiel, utiles aux pouvoirs publics et au commandement militaire. ◆ pl. **1.** Bureau, service chargé d'informer le public, dans une administration, par ex. *S'adresser aux renseignements.* **2.** *Renseignements généraux : v. partie n.pr.* RG. **3.** MIL. *Service de renseignements (SR) :* organisme chargé de la recherche des renseignements nécessaires à la Défense.

RENSEIGNER v.t. **1.** Donner des indications, des éclaircissements à qqn. *Renseigner un passant.* **2.** Belgique. Indiquer, signaler qqch. ◆ **se renseigner** v.pr. Prendre des renseignements ; s'informer.

RENTABILISABLE adj. Que l'on peut rentabiliser.

RENTABILISATION n.f. Action de rentabiliser.

RENTABILISER v.t. Rendre rentable.

RENTABILITÉ n.f. Caractère de ce qui est rentable. ◇ *Taux de rentabilité :* rapport entre les bénéfices d'une entreprise et les capitaux engagés.

RENTABLE adj. Qui procure un bénéfice, un profit satisfaisant. *Une affaire rentable.*

RENTAMER v.t. Vx. Entamer de nouveau ; recommencer, reprendre.

RENTE n.f. (de *rendre*). **1.** Revenu annuel ; ce qui est dû tous les ans pour des fonds placés ou un bien mis à ferme. *Rente foncière.* **2.** Ressource régulière provenant du placement d'un bien ou d'une somme, ou octroyée par la loi à une personne démunie. **3.** Emprunt d'État à long ou à moyen terme négociable en Bourse. ◇ *Rente perpétuelle :* emprunt d'État dont la date de remboursement est indéterminée (par oppos. à *rente amortissable*). **4.** *Fam.* Personne ou chose dont on tire un profit régulier. ◇ *Rente de situation :* avantage tiré du seul fait que l'on a une situation protégée ou bien placée.

RENTER v.t. Vx. Servir une rente à qqn.

RENTIER, ÈRE n. Personne qui possède des rentes ou qui vit de revenus non professionnels.

RENTOILAGE n.m. Action de rentoiler.

RENTOILER v.t. Pallier l'usure de la toile d'un tableau ancien soit en la doublant d'une toile neuve par collage, soit en la remplaçant par de la toile neuve après l'avoir désentoilée. (Cette dernière opération se nomme la *transposition.*)

RENTOILEUR, EUSE n. Personne spécialisée dans le rentoilage des tableaux.

RENTRAITURE n.f. Action de rentrayer ; son résultat.

RENTRANT, E adj. *Angle* ou *secteur angulaire rentrant,* dont la mesure, en degrés, est comprise entre 180 et 360. CONTR. : *saillant.*

RENTRAYER [rɑ̃trɛje] [6] ou **RENTRAIRE** v.t. [92] (anc. fr. *entraire,* entraîner). ARTS APPL. Réparer une tapisserie à l'aiguille.

1. **RENTRÉ, E** adj. 1. Qui ne se manifeste pas extérieurement. *Colère rentrée.* 2. Se dit d'une partie du corps renfoncée ; creux, cave. *Avoir les yeux rentrés.*

2. **RENTRÉ** n.m. COUT. Repli du tissu sur l'envers d'un vêtement.

RENTRE-DEDANS n.m. inv. *Fam. Faire du rentre-dedans à qqn,* le flatter ostensiblement, le plus souvent pour le séduire ou en obtenir qqch.

RENTRÉE n.f. 1. Action de rentrer qqch. *La rentrée des foins.* 2. Action de revenir dans un lieu qu'on avait quitté, de reparaître dans son activité après une absence. *Député qui prépare sa rentrée politique.* 3. Retour d'un engin spatial dans l'atmosphère terrestre. 4. Action de reprendre ses fonctions, ses activités après l'interruption des vacances ; période qui succède aux congés annuels, en début d'automne. *La rentrée des classes.* 5. Recouvrement de fonds ; somme recouvrée. *Attendre une rentrée importante.* 6. Ensemble des cartes qu'on prend dans le talon à la place de celles qu'on a écartées.

RENTRER v.i. [auxil. *être*]. 1. Entrer de nouveau quelque part, y pénétrer après en être sorti. 2. Revenir dans une situation, un état qu'on avait quittés. *Rentrer dans le droit chemin.* ◇ ***Rentrer en grâce :*** obtenir le pardon de qqn. 3. Revenir chez soi ou à son lieu habituel. *Rentrer de voyage.* 4. Reprendre ses activités, ses occupations après une interruption. *Les tribunaux sont rentrés.* 5. Être encaissé, perçu. *Fonds qui rentrent mal.* 6. Recouvrer, récupérer. *Rentrer dans ses frais, dans ses droits.* 7. *Litt.* ***Rentrer en soi-même :*** faire retour sur soi-même, sur son passé, réfléchir sur sa conduite. 8. S'introduire à l'intérieur de ; entrer, pénétrer. *L'eau rentre par les fissures.* 9. S'insérer en s'encastrant ; s'emboîter. *Tubes qui rentrent les uns dans les autres.* 10. Être compris, contenu, inclus. *Cela ne rentre pas dans mes attributions.* 11. Se jeter violemment sur ; percuter. *La voiture est rentrée dans un mur.* ◇ *Fam.* ***Rentrer dans qqn, lui rentrer dedans, dans le chou, dans le lard,*** se jeter sur lui pour le battre, le mettre à mal ; *fig.,* se livrer à une violente attaque verbale contre lui. ◆ v.t. [auxil. *avoir*]. 1. Mettre ou remettre à l'abri, à l'intérieur. *Rentrer les foins, les vaches à l'étable.* 2. Faire pénétrer ; introduire. *Rentrer la clé dans la serrure.* 3. Raccourcir au maximum en contractant ; rétracter. *Chat qui rentre ses griffes.* 4. Retenir en soi ; refouler, cacher. *Rentrer ses larmes.*

RENVERSANT, E adj. *Fam.* Qui étonne au plus haut point. *Une nouvelle renversante.*

RENVERSE n.f. 1. MAR. Changement cap pour cap de la direction du vent, d'un courant, de la marée, etc. 2. ***À la renverse :*** sur le dos, en arrière.

RENVERSÉ, E adj. 1. Qui est ou paraît être dans une position contraire à la position normale ; à l'envers. *Image renversée d'un objet.* ◇ ***C'est le monde renversé :*** cela va contre la raison, contre le bon sens. 2. Décontenancé par la surprise ; stupéfait, déconcerté. 3. CUIS. ***Crème renversée :*** crème à base de lait et d'œufs battus cuite au bain-marie, que l'on démoule sur un plat avant de la servir.

RENVERSEMENT n.m. 1. Action de renverser ; fait de se renverser. *Renversement de la situation.* 2. MUS. État d'un accord dont la note fondamentale ne se trouve pas à la basse.

RENVERSER v.t. (de l'anc. adj. *envers,* à la renverse). 1. Mettre à l'envers, sens dessus dessous. *Renverser un sablier.* ◇ ***Renverser la vapeur :*** mettre une machine à vapeur en marche arrière pour l'arrêter rapidement ; *fig.,* changer totalement sa façon d'agir. 2. Pencher, incliner, rejeter en arrière une partie du corps. *Renverser la tête pour regarder en l'air.* 3. Faire tomber qqn, qqch ; lui faire quitter sa position d'équilibre. *Renverser son adversaire d'un croc-en-jambe.* 4. Éliminer qqch, le réduire à néant. *Cet événement risque de renverser nos projets.* 5. Provoquer la chute d'un gouvernement, d'un dirigeant. 6. Plonger dans l'étonnement, causer une émotion profonde. *Cette nouvelle nous a renversés.* ◆ v.i. MAR. Changer de sens, en parlant du courant, de la marée, etc. ◆ **se renverser** v.pr. 1. Incliner le corps en arrière. 2. Se retourner sens dessus dessous. *La voiture s'est renversée.* 3. MAR. Renverser.

RENVIDAGE n.m. Action de renvider.

RENVIDER v.t. Enrouler sur les bobines le fil produit par le métier à filer.

RENVIDEUR n.m. Métier à filer sur lequel le fil produit est renvidé.

RENVOI n.m. 1. Action de renvoyer. *Renvoi de marchandises, d'un élève.* 2. Action d'ajourner ou de renvoyer devant une commission, une autre juridiction. *Renvoi d'une audience, de l'ordre du jour.* 3. Indication par laquelle le lecteur d'un livre est invité à se reporter à un autre endroit du texte. 4. Remontée de gaz provenant de l'estomac ; éructation. 5. Mécanisme permettant dans une transmission de faire passer une courroie d'une poulie sur une autre, de changer la direction d'un mouvement, etc. 6. MUS. Signe qui indique une reprise.

RENVOYER v.t. [19]. 1. Envoyer une nouvelle fois, faire retourner. 2. Retourner ce qu'on a reçu à celui qui l'a envoyé ; ne pas garder. *Renvoyer une lettre à l'expéditeur.* 3. Lancer qqch que l'on a reçu en sens contraire ; envoyer en retour. *Renvoyer un compliment.* 4. En parlant d'une surface, réfléchir ce qui la frappe. *La vitre renvoie les rayons du soleil.* 5. Ne plus admettre, mettre à la porte ; congédier. *Renvoyer un élève du lycée.* 6. Faire retourner qqn au lieu d'où il vient. *L'hôpital l'a renvoyé chez lui.* 7. Conseiller ou ordonner à qqn de retourner à ses occupations. *Renvoyer qqn à son travail, à ses études.* ◇ *Fam.* ***Renvoyer qqn dans les cordes, dans ses buts,*** le remettre à sa place. 8. Inviter qqn à s'adresser à qqn d'autre, à se rendre à un autre endroit, à consulter tel texte, etc. *Renvoyer qqn de service en service. Renvoyer à des notes en bas de page.* 9. Remettre à plus tard ; reporter, ajourner. *Renvoyer un débat.* 10. DR. Ajourner une audience ou attribuer une affaire à une autre juridiction.

RÉOCCUPATION n.f. Action de réoccuper.

RÉOCCUPER v.t. Occuper de nouveau.

RÉOPÉRER v.t. [11]. CHIRURG. Opérer de nouveau, pour la même affection.

RÉORCHESTRATION n.f. Nouvelle orchestration.

RÉORCHESTRER v.t. Orchestrer de nouveau. *Réorchestrer un opéra.*

RÉORGANISATEUR, TRICE adj. et n. Qui réorganise.

RÉORGANISATION n.f. Action de réorganiser.

RÉORGANISER v.t. Organiser de nouveau, sur de nouvelles bases.

RÉORIENTATION n.f. Action de réorienter.

RÉORIENTER v.t. Orienter dans une nouvelle direction.

RÉOUVERTURE n.f. 1. Action de rouvrir. *Réouverture d'un théâtre.* 2. DR. Reprise des débats, après clôture, sur décision du tribunal.

REPAIRE n.m. 1. Lieu de refuge d'une bête sauvage. 2. Endroit qui sert de refuge à des malfaiteurs, à des individus dangereux.

REPAIRER v.i. (bas lat. *repatriare,* rentrer dans sa patrie). VÉNER. Être au repaire, au gîte, en parlant d'un animal sauvage.

REPAÎTRE v.t. [71]. *Litt.* Nourrir, rassasier. ◆ **se repaître** v.pr. *Litt.* Assouvir sa faim, ses désirs. *Se repaître de sang, de carnage.*

RÉPANDRE v.t. [59]. 1. Laisser tomber en dispersant. *Répandre du vin par terre.* 2. Laisser échapper de soi, être la source de, verser. *Répandre une odeur. Répandre des larmes, des pleurs.* 3. Faire connaître ; propager. *Répandre une nouvelle.* 4. Distribuer largement. *Répandre des bienfaits.* ◆ **se répandre** v.pr. 1. Envahir l'espace, en parlant d'un liquide, d'une émanation ; s'écouler, se dégager. *La fumée se répand dans la pièce.* 2. Devenir plus courant ; se propager. *Cet usage se répand.* 3. ***Se répandre en invectives, en louanges, en compliments, etc. :*** dire beaucoup d'injures, faire beaucoup de louanges, de compliments, etc.

RÉPANDU, E adj. Communément admis. *L'opinion la plus répandue.*

RÉPARABLE adj. Qui peut être réparé.

REPARAÎTRE v.i. [71] [auxil. *avoir* ou *être*]. Paraître, se manifester de nouveau.

RÉPARATEUR, TRICE n. Personne qui répare, remet en état qqch, notamm. un appareil. ◆ adj. 1. Qui rend les forces, la santé. *Sommeil réparateur.* 2. ***Chirurgie réparatrice :*** partie de la chirurgie plastique qui répare les organes malades, opérés, accidentés. SYN. : ***chirurgie reconstructrice.***

RÉPARATION n.f. 1. Action de réparer qqch d'endommagé ; résultat de cette action. 2. BIOL. Fait de se régénérer, de rétablir l'intégrité d'une fonction physiologique, pour un organe ou un organisme entier. 3. Action de réparer une faute commise, un préjudice moral. *Demander la réparation d'une offense.* 4. DR. Dédommagement d'un préjudice par la personne qui en est responsable ; peine frappant l'auteur d'une infraction. 5. SPORTS. ***Coup de pied de réparation :*** recomm. off. pour *penalty.* — ***Surface de réparation :*** au football, zone délimitée devant le but à l'intérieur de laquelle toute faute commise peut donner lieu à un coup de pied de réparation. ◆ pl. 1. Travaux effectués en vue de la conservation ou de l'entretien de locaux. 2. Prestations dues par les États vaincus aux États vainqueurs, à la suite d'une guerre, et tendant à réparer les dommages dont les États sont considérés comme responsables. ◇ HIST. ***Question des réparations :*** ensemble des problèmes posés par le paiement des dommages de guerre imposé à l'Allemagne par le traité de Versailles en 1919.

RÉPARER v.t. (lat. *reparare*). 1. Remettre en état ce qui a subi un dommage, une détérioration. *Réparer une montre.* 2. CHIRURG. Rétablir par une intervention chirurgicale les fonctions d'une partie du corps blessée. 3. Faire disparaître un mal ou en atténuer les conséquences. *Réparer des négligences.* 4. Faire disparaître les traces du moule et les défauts sur un objet obtenu par fonte ou par moulage. 5. ***Réparer ses forces,*** les restaurer, se rétablir.

REPARLER v.i. ou v.t. ind. **(de, à).** Parler de nouveau.

REPARTAGER v.t. [10]. Partager de nouveau.

REPARTIE [rəparti] ou [reparti] n.f. Réponse vive et spirituelle.

1. **REPARTIR** [rə-] ou [re-] v.t. [31] [auxil. *avoir*] (de *partir,* se séparer de). *Litt.* Répliquer promptement. *Il ne lui a reparti que des impertinences.*

2. **REPARTIR** [rə-] v.i. [31] [auxil. *être*]. Partir de nouveau ; retourner.

RÉPARTIR v.t. (de l'anc. fr. *partir,* partager). Partager, distribuer d'après certaines règles.

RÉPARTITEUR, TRICE n. Personne qui fait une répartition.

RÉPARTITION n.f. 1. Action de répartir, de distribuer, de partager ou de classer des choses ; partage. *Répartition des tâches.* ◇ ***Impôt de répartition :*** impôt fixé à l'avance puis décomposé en contingents mis à la charge des collectivités locales qui les répartissent entre les contribuables (par oppos. à ***impôt de quotité***). 2. Manière dont sont distribués, répartis des êtres ou des choses ; distribution. — *Spécial.* Recomm. off. pour *dispatching.* 3. Partage des revenus issus de la production entre les agents économiques. 4. Technique de financement de régimes de retraite et de prévoyance qui consiste en la répartition des cotisations, versées par les membres actifs du groupe, entre les retraités du groupe, selon certaines modalités.

REPARUTION n.f. Fait de reparaître.

REPAS n.m. (de l'anc. fr. *past,* nourriture). Nourriture que l'on prend chaque jour à certaines heures.

REPASSAGE n.m. 1. TECHN. Aiguisage. 2. Action de repasser du linge.

REPASSER v.i. Passer de nouveau ; revenir. *Je repasserai ce soir.* ◆ v.t. 1. Passer, franchir de nouveau un lieu, un obstacle. 2. TECHN. Aiguiser. *Repasser un couteau.* 3. Défriper au moyen d'un fer chaud. *Repasser du linge.* 4. Vieilli. Relire, redire pour s'assurer que l'on sait ; se remettre en mémoire. *Repasser sa leçon.*

REPASSEUR n.m. TECHN. Personne qui aiguise les couteaux, les ciseaux, etc.

REPASSEUSE n.f. 1. Femme dont le métier est de repasser le linge. 2. Machine électrique qui repasse le linge entre deux tambours.

REPAVAGE n.m. Action de repaver.

REPAVER v.t. Paver de nouveau.

REPAYER v.t. [6]. Payer de nouveau.

R

REPÊCHAGE n.m. **1.** Action de repêcher, de ressortir de l'eau ce qui y était tombé. **2.** Épreuve ou examen supplémentaire donnant à un candidat normalement éliminé la possibilité d'être qualifié ou admis ; fait de qualifier ou d'admettre selon de telles modalités. **3.** SPORTS. Épreuve permettant de requalifier pour le tour suivant d'une compétition des concurrents qui avaient échoué lors des qualifications ; fait de requalifier selon de telles modalités.

REPÊCHER v.t. **1.** Pêcher d'autres poissons, en pêcher une autre fois. **2.** Retirer de l'eau ce qui y était tombé. *On a repêché le corps dans la Saône.* **3.** *Fam.* Recevoir un candidat après une épreuve de repêchage. **4.** SPORTS. Requalifier par repêchage un concurrent pour le tour suivant d'une compétition.

REPEINDRE v.t. [62]. Peindre de nouveau.

REPEINT n.m. Endroit d'un tableau qui a été repeint, par l'artiste ou par un restaurateur.

REPENDRE v.t. [59]. Pendre de nouveau.

REPENSER v.t. ind. **(à).** Penser de nouveau. ◆ v.t. Examiner d'un point de vue différent, concevoir autrement ; reconsidérer. *Repenser l'urbanisme.*

REPENTANCE n.f. *Litt.* Regret douloureux de ses erreurs, de ses péchés.

REPENTANT, E adj. Qui se repent.

REPENTI, E adj. et n. Qui s'est repenti. ◆ n. Ancien membre d'une organisation terroriste ou mafieuse acceptant de collaborer avec les autorités en échange de mesures d'indulgence.

1. REPENTIR n.m. **1.** Vif regret d'avoir fait ou de n'avoir pas fait qqch. **2.** BX-ARTS. Trace d'un changement apporté à une œuvre durant son exécution.

2. REPENTIR (SE) v.pr. [26] (lat. *poenitere*). Regretter sincèrement une faute ; se reprocher amèrement une action devant ses conséquences fâcheuses. *Se repentir de ses fautes.*

REPÉRABLE adj. Qui peut être repéré. — MÉTROL. Se dit d'une grandeur telle que l'on peut définir l'égalité ou l'inégalité, mais non la somme ou le rapport de deux grandeurs de cette espèce (ex. : la température Celsius) [par oppos. à *mesurable*].

REPÉRAGE n.m. **1.** Action de repérer, de déterminer la place de qqch dans un espace. **2.** CINÉMA. Recherche des lieux où se déroulera le tournage. **3.** INDUSTR. GRAPH. Indication par des repères de l'endroit où des dessins tracés sur des supports isolés doivent se superposer. — IMPRIM. En quadrichromie, action par laquelle on fait coïncider exactement chaque couleur avec la précédente déjà tirée.

REPERCER v.t. [9]. ORFÈVR. Travailler une pièce à jour.

RÉPERCUSSION n.f. **1.** Action de répercuter ; fait de se répercuter. *Répercussion du son.* **2.** Conséquence indirecte ; contrecoup, retombée. *L'événement aura de graves répercussions.*

RÉPERCUTER v.t. (lat. *repercutere,* repousser). **1.** Renvoyer un son. *Paroi qui répercute la voix.* **2.** Faire en sorte que qqch soit transmis. *Répercuter les consignes.* **3.** DR. FISC. Faire supporter par d'autres personnes la charge d'un impôt, d'une taxe. ◆ **se répercuter** v.pr. **(sur).** Avoir des conséquences sur.

REPERDRE v.t. [59]. Perdre de nouveau. *Reperdre tous ses avantages.*

REPÈRE n.m. (var. de *repaire*). **1.** Marque ou objet permettant de s'orienter dans l'espace, de localiser qqch, d'évaluer une distance, une mesure, une valeur, etc. ◇ ***Point de repère*** *:* toute marque employée pour reconnaître un lieu ou l'ordre dans lequel on doit assembler des pièces séparées ; point déterminé qui permet de s'orienter ; indice qui permet de situer un événement dans le temps. **2.** *Fig.* Chacun des éléments stables à partir desquels s'organise un système de valeurs. *Une société qui perd ses repères.* **3. a.** TECHN. Marque faite à différentes pièces d'un assemblage pour les reconnaître et les ajuster. **b.** CONSTR. Marque servant à indiquer ou à retrouver un alignement, un niveau, une hauteur, etc. **c.** TOPOGR. Plaque scellée dans un mur ou un sol, indiquant l'altitude d'un lieu. **4.** PHYS. Référentiel. **5.** GÉOMÉTR. Ensemble d'éléments de l'espace permettant de définir un système de coordonnées. *Repère affine, cartésien.*

REPÉRER v.t. [11]. **1.** Marquer au moyen de repères. *Repérer un alignement.* **2.** Déterminer la position exacte de ; localiser. *Repérer un sous-marin.* **3.** Apercevoir, trouver parmi d'autres. *Repérer un ami dans la foule.*

RÉPERTOIRE n.m. (du lat. *repertum,* trouvé). **1.** Table, carnet, recueil où les matières sont rangées dans un ordre qui les rend faciles à trouver. *Répertoire alphabétique. Répertoire des métiers.* **2.** INFORM. Élément de la structure d'organisation des fichiers dans un disque ; ensemble des instructions de commande d'un ordinateur. **3.** Ensemble des œuvres qui constituent le fonds d'un théâtre, d'une compagnie de ballet. **4.** Ensemble des œuvres interprétées habituellement par un artiste dramatique, un chanteur ou un instrumentiste. **5.** Ensemble de connaissances, d'anecdotes, etc. *Un vaste répertoire d'injures.* **6.** BX-ARTS. Ensemble de motifs décoratifs, formels, iconographiques propres à un artiste, à une époque, à une civilisation.

RÉPERTORIER v.t. [5]. Inscrire dans un répertoire ; faire un répertoire de.

RÉPÉTER v.t. [11] (lat. *repetere,* aller chercher de nouveau). **1.** Redire ce qu'on a déjà dit ou ce qu'un autre a dit. *Répéter dix fois la même chose.* **2.** Refaire ce qu'on a déjà fait ; recommencer. *Répéter une expérience.* **3.** Reproduire plusieurs fois. *Répéter un ornement.* **4.** S'exercer à dire, à exécuter ce qu'on devra faire en public. *Répéter un rôle.* **5.** DR. Réclamer ce qui a été versé sans être dû. ◆ **se répéter** v.pr. Redire les mêmes choses sans nécessité.

RÉPÉTEUR n.m. TÉLÉCOMM. Amplificateur utilisé sur les câbles ou à bord des satellites.

RÉPÉTITEUR, TRICE n. Vieilli. Personne qui donne des leçons particulières à des élèves.

RÉPÉTITIF, IVE adj. Qui se reproduit de façon monotone, qui se répète sans cesse.

RÉPÉTITION n.f. **1.** Retour de la même idée, du même mot ; redite. **2.** Séance de travail au cours de laquelle s'effectue la mise au point d'un spectacle. **3.** Suisse. ***Cours de répétition*** *:* chacune des périodes annuelles de service militaire accomplies après l'école de recrues. **4.** Réitération d'une même action. *La répétition d'un geste.* ◇ PSYCHAN. ***Compulsion de répétition*** *:* processus inconscient et irrésistible qui replace le sujet dans des situations désagréables, analogues à des expériences anciennes. **5.** ***Arme à répétition*** *:* arme à feu dont la cadence de tir est augmentée par le chargement automatique des munitions dans la chambre. SYN. : ***arme semi-automatique.*** **6.** DR. ***Répétition de l'indu*** *:* action en restitution d'une somme reçue sans cause.

RÉPÉTITIVITÉ n.f. Caractère de ce qui est répétitif.

REPEUPLEMENT n.m. **1.** Action de repeupler un lieu ; fait de se repeupler, d'être repeuplé. *Repeuplement d'une région.* **2.** Reconstitution d'un massif forestier.

REPEUPLER v.t. **1.** Peupler une région dépeuplée ; s'installer dans un lieu. *Des colons ont repeuplé le pays.* **2.** Regarnir un lieu d'espèces animales ou végétales. *Repeupler une forêt de nouvelles essences.*

REPIQUAGE n.m. **1.** Action de repiquer. **2.** Transplantation d'une jeune plante provenant de semis. **3.** Opération consistant à copier un disque, une bande magnétique par réenregistrement ; enregistrement obtenu. **4.** Adjonction d'un texte sur une feuille déjà imprimée.

REPIQUE n.f. Élimination au pinceau ou au crayon de points noirs ou blancs apparaissant sur une photographie.

REPIQUER v.t. **1.** Piquer de nouveau. **2.** Transplanter une jeune plante qui provient de semis. **3.** Copier un enregistrement. **4.** Pratiquer le repiquage d'un texte. **5.** Effectuer des opérations de repique. **6.** Faire des trous de faible dimension sur le parement d'une maçonnerie pour donner une meilleure prise à l'enduit qui doit le recouvrir. ◆ v.t. ind. **(à).** *Fam.* **1.** ***Repiquer au truc*** *:* s'adonner de nouveau à qqch, notamm. à la boisson. **2.** Reprendre de. *Repiquer à un plat.*

RÉPIT n.m. (lat. *respectus,* regard en arrière). **1.** Arrêt momentané, suspension de qqch de pénible, d'une souffrance. *Ses crises ne lui laissent aucun répit.* ◇ ***Sans répit*** *:* sans arrêt, sans cesse. *Travailler sans répit.* **2.** Interruption dans une occupation absorbante ou contraignante ; repos.

REPLACEMENT n.m. Action de replacer.

REPLACER v.t. [9]. **1.** Remettre qqch à sa place, dans la bonne position. *Replacer un livre dans la bibliothèque.* **2.** Placer, situer dans telles circonstances. *Replacer un événement dans son contexte.*

REPLANTATION n.f. Action de replanter.

REPLANTER v.t. Planter de nouveau.

REPLAT n.m. Sur un versant, adoucissement très prononcé de la pente.

REPLÂTRAGE n.m. **1.** Réparation en plâtre. **2.** *Fig.* Remaniement sommaire et imparfait. *Replâtrage ministériel.*

REPLÂTRER v.t. **1.** Plâtrer de nouveau. **2.** Réparer d'une manière superficielle et précaire. **3.** *Fig.* Tenter de recréer une certaine cohésion, une certaine unité au sein d'un groupe. *Replâtrer un ménage.*

REPLET, ÈTE adj. (lat. *repletus,* rempli). Qui a de l'embonpoint ; grassouillet.

RÉPLÉTION n.f. PHYSIOL. État d'un organe rempli (par oppos. à *vacuité*). *Réplétion gastrique.*

REPLEUVOIR v. impers. [54]. Pleuvoir de nouveau.

REPLI n.m. **1.** Double pli. **2.** Fait de revenir à une position, à une valeur qui marque un retrait, une régression. *Repli des valeurs boursières. Noter un repli des exportations.* **3.** MIL. Retraite volontaire d'une troupe. ◆ pl. **1.** Ondulations d'une surface ; sinuosités. *Les replis d'un terrain.* **2.** *Fig., litt.* Ce qu'il y a de plus caché, de plus intime. *Les replis du cœur humain.*

REPLIABLE adj. Qui peut être replié.

RÉPLICATION n.f. BIOL. Duplication de la totalité du matériel génétique d'une cellule, avant que celle-ci ne se divise.

REPLIEMENT n.m. Action de replier, de se replier.

REPLIER v.t. [5]. Plier une chose qui avait été dépliée. ◆ **se replier** v.pr. **1.** Se plier, se courber une ou plusieurs fois. *Se replier en tous sens.* **2.** Opérer en bon ordre un mouvement vers l'arrière, en parlant d'une troupe. **3.** ***Se replier sur soi-même*** *:* s'isoler du monde extérieur, intérioriser ses émotions.

RÉPLIQUE n.f. **1.** Réponse vive à ce qui a été dit ou écrit ; objection. **2.** Partie d'un dialogue théâtral dite par un acteur. ◇ ***Donner la réplique*** *:* servir de partenaire à l'acteur qui a le rôle principal. **3.** Personne, action, œuvre qui semble être l'image d'une autre. **4.** Copie ancienne d'une œuvre d'art, avec ou sans variantes. **5.** GÉOPHYS. Secousse secondaire faisant suite à la secousse principale d'un séisme.

RÉPLIQUER v.t. et v.i. (lat. *replicare*). Répondre avec vivacité, en s'opposant. ◆ **se répliquer** v.pr. GÉNÉT. Se dupliquer.

REPLISSER v.t. Plisser de nouveau.

REPLOIEMENT n.m. *Litt.* Repliement.

REPLONGER v.t. et v.i. [10]. Plonger de nouveau. ◆ **se replonger** v.pr. S'enfoncer de nouveau profondément dans une occupation. *Se replonger dans sa lecture.*

REPLOYER [rəplwaje] v.t. [7]. *Litt.* Replier.

REPOLIR v.t. Polir de nouveau.

REPOLISSAGE n.m. Action de repolir.

RÉPONDANT, E n. Personne qui se porte caution, garant. *Être le répondant de qqn.* ◆ n.m. *Fam.* ***Avoir du répondant*** *:* présenter de sérieuses garanties financières ; avoir le sens de la repartie.

1. RÉPONDEUR, EUSE adj. Qui répond, qui réplique aux remontrances.

2. RÉPONDEUR n.m. ***Répondeur téléphonique,*** ou ***répondeur*** *:* appareil relié à un poste téléphonique, permettant de délivrer un message enregistré en réponse à un appel. — ***Répondeur-enregistreur*** *:* répondeur permettant aussi d'enregistrer les messages des correspondants.

RÉPONDRE v.t. et v.i. [59] (lat. *respondere*). **1.** Dire, énoncer qqch en retour à qqn qui a parlé, posé une question. *Répondre « présent » à l'appel de son nom.* **2.** Envoyer une lettre en retour d'une autre. ◆ v.t. ind. **1. (à).** Fournir la ou les réponses demandées. *Répondre à un questionnaire.* **2. (à).** Être conforme à ce qui est demandé, attendu. *Cela répond à notre attente.* **3. (à).** Envoyer une lettre à qqn faisant suite à celle qu'il a adressée. *Écrivez-moi, je vous répondrai.* **4. (à).** Apporter des raisons contre. *Répondre à une objection.*

5. (à). Avoir le même sentiment que qqn en retour, rendre la même action. *Il a toujours répondu à ma gentillesse.* 6. (à). Réagir de façon normale à une action. *Les freins ne répondent plus.* 7. (de). Se porter garant pour qqn, cautionner ses actes. *Je réponds de son honnêteté.*

RÉPONS [repɔ̃] n.m. (lat. *responsum*). Dans la liturgie romaine, extrait d'un psaume ou d'un texte biblique récité ou chanté par le chœur ou l'assemblée en réponse au verset chanté en soliste par le chantre.

RÉPONSE n.f. (fém. de *répons*). 1. Parole ou écrit adressés pour répondre. *Réponse affirmative.* ◇ *Avoir réponse à tout* : n'être jamais à court d'arguments, écarter toutes les objections pour se donner raison. – *Droit de réponse* : droit accordé à toute personne désignée ou mise en cause par un organe de presse, une émission de radio ou de télévision, d'exiger l'insertion gratuite d'une réponse ou de répondre à l'antenne. 2. Solution, explication, éclaircissement apportés à une question, à un point obscur. 3. PSYCHOL. Réaction à un stimulus. 4. Réaction d'un système, d'un appareil, etc., sous l'effet d'un agent extérieur, d'une excitation. *Réponse d'un composant électronique.*

REPOPULATION n.f. Augmentation de la population après un dépeuplement.

REPORT n.m. (de *2. reporter*). 1. COMPTAB. Action de reporter un total d'une colonne ou d'une page sur une autre ; la somme ainsi reportée. ◇ *Report à nouveau* : reliquat d'un résultat (bénéfice ou perte) repris dans le bilan suivant. 2. FIN. Opération de Bourse traitée à la liquidation d'un marché à terme en vue de proroger la spéculation jusqu'à la liquidation suivante ; bénéfice réalisé par le détenteur de capitaux qui prête au spéculateur les fonds nécessaires pour cette prorogation. 3. Action de reporter sur un autre exercice les effets d'une opération, d'un déficit, d'un impôt, etc. 4. Action de reporter sur qqn ou qqch d'autre. *Report des voix sur le candidat le mieux placé.* 5. Action de remettre à un autre moment. *Le report d'une question à une autre séance.* ◇ MIL. *Report d'incorporation* : délai accordé par la loi depuis 1970 à des jeunes gens en cours d'études et désirant retarder la date de leur incorporation. (Il a remplacé le sursis.) 6. IMPRIM. a. En lithographie, en offset, transport par décalque ou par copie, sur pierre ou sur métal, d'un dessin, d'une gravure, d'un texte composé. b. Plaque offset prête à être calée. 7. ART MOD. *Report photographique* : transfert d'une image ou d'une partie d'image photographique sur une toile, une estampe.

REPORTAGE n.m. 1. Ensemble des informations écrites, photographiées, enregistrées ou filmées recueillies par un journaliste sur le lieu même de l'événement. 2. Enquête radiodiffusée, filmée ou télévisée. 3. Fonction, service de reporter dans un journal.

1. REPORTER [rəpɔrtɛr] n.m. (mot angl.). Journaliste qui recueille des informations qui sont diffusées par la presse, la radio, la télévision. ◇ *Grand reporter* : journaliste chargé de reportages sur des événements d'importance ou lointains.

2. REPORTER v.t. 1. Porter une chose au lieu où elle était auparavant. *Reporter un livre dans la bibliothèque.* 2. Placer à un autre endroit, réinscrire ailleurs. *Reporter une somme à une autre page.* 3. Appliquer qqch sur qqn ou qqch d'autre. *Reporter les voix sur un autre candidat.* 4. Remettre à un autre moment. *Reporter une fête.* 5. Faire un report en Bourse. ◆ **se reporter** v.pr. (à). 1. Se transporter en pensée. *Se reporter aux jours de son enfance.* 2. Se référer à. *Se reporter à la bibliographie.*

REPORTER-CAMERAMAN n. (pl. *reporters-cameramans* [-man], *reporters-cameramen* [-mɛn]). Journaliste chargé de recueillir, avec une caméra, des éléments d'information visuels. Recomm. off. : *reporteur, reportrice d'images.*

REPORTER-PHOTOGRAPHE n.m. (pl. *reporters-photographes*). Journaliste chargé d'effectuer les photographies d'un reportage. SYN. : *photojournaliste.*

REPORTEUR, TRICE n. 1. IMPRIM. Personne qui exécute les reports. 2. *Reporteur d'images* : recomm. off. pour *reporter-cameraman.*

REPOS n.m. 1. Absence de mouvement ; immobilité. – MÉCAN. État d'un corps immobile par rapport à un système de références particulier. 2. Fait pour qqn de se reposer, de cesser son activité ; temps correspondant. *Prendre un peu de repos.* 3. *Sout.* État de qqn qui se repose ou dort. *Être respectueux du repos des autres.* 4. Période, jour pendant lesquels qqn cesse son travail. *Une heure de repos l'après-midi.* ◇ *Repos hebdomadaire* : repos légal minimal de 24 heures consécutives (en principe le dimanche) que tout employeur est tenu d'accorder à tout salarié. 5. *Litt.* État de qqn qui est sans inquiétude ni préoccupation, dont rien ne trouble la tranquillité ; quiétude. *Ce grave problème lui ôte tout repos.* ◇ *De tout repos* : qui ne présente aucun risque, qui offre toute garantie. 6. MIL. *Repos !* : commandement indiquant l'abandon de la position du garde-à-vous pour celle du repos, le pied gauche légèrement en avant, la main gauche sur la boucle du ceinturon. 7. Pause que l'on observe dans la lecture ou la diction d'un texte. 8. Petit palier qui interrompt la suite des marches d'un escalier.

REPOSANT, E adj. Qui repose ; apaisant.

REPOSE n.f. Action de remettre en place ce qui avait été enlevé ou déposé. *Facturer la dépose et la repose d'un appareil.*

REPOSÉ, E adj. Qui ne présente plus trace de fatigue. *Air, teint reposé.* ◇ *À tête reposée* : en prenant le temps de réfléchir.

REPOSÉE n.f. VÉNER. Lieu où une bête se repose pendant le jour.

REPOSE-PIEDS n.m. inv. ou **REPOSE-PIED** n.m. (pl. *repose-pieds*). 1. Appui pour les pieds, attenant à un fauteuil. 2. Appui fixé au cadre d'une motocyclette, sur lequel on peut poser le pied.

1. REPOSER v.t. (de *poser*). 1. Poser de nouveau un objet qu'on a soulevé. *Reposer son livre sur la table.* 2. Remettre en place ce qui a été enlevé, déposé. *Reposer une serrure.*

2. REPOSER v.t. (bas lat. *pausare*, s'arrêter). Mettre qqn, son corps, son esprit dans des conditions propres à les délasser. *Une bonne nuit vous reposera. Reposer ses yeux.* ◆ v.i. 1. *Sout.* En parlant d'un défunt, être étendu quelque part ou être enseveli en tel endroit. *Reposer sur son lit de mort. Ici repose X.* 2. Rester au repos, afin que les éléments en suspension tombent au fond du récipient, afin qu'une modification se produise. *Laisser reposer le mélange. Laisser reposer une pâte.* ◇ *Laisser reposer une terre*, la laisser sans culture. ◆ v.t. ind. (sur). 1. Être posé sur qqch qui sert de support. *Les chevrons reposent sur des poutres.* 2. *Fig.* Être établi, fondé sur. *Ce raisonnement ne repose sur rien de certain.* ◆ **se reposer** v.pr. 1. Cesser de travailler, d'agir pour éliminer la fatigue. 2. *Se reposer sur qqn*, lui faire confiance, s'en remettre à lui.

REPOSE-TÊTE n.m. inv. Appui-tête.

REPOSITIONNABLE adj. Se dit d'un adhésif pouvant être décollé et recollé.

REPOSITIONNER v.t. Positionner de nouveau.

REPOSOIR n.m. 1. CATH. Autel provisoire dressé en certaines occasions dans l'église ou en plein air pour y déposer le saint sacrement. 2. Dans un hôpital, salle où le corps du défunt est exposé avant les funérailles.

REPOURVOIR v.t. [50]. Suisse. Confier un poste, une charge vacante à un nouveau titulaire.

REPOUSSAGE n.m. Formage à froid de pièces métalliques à parois minces.

REPOUSSANT, E adj. Qui inspire du dégoût.

REPOUSSE n.f. Fait de repousser, en parlant des cheveux, des plantes.

REPOUSSÉ adj.m. et n.m. Se dit d'un travail exécuté au marteau et au ciselet sur une lame mince de métal ou sur du cuir, afin de leur donner un relief ornemental. (Ce travail s'effectue en attaquant le revers de la pièce à décorer, à l'inverse du *défoncé*.)

1. REPOUSSER v.t. 1. Pousser en arrière, faire reculer qqch, qqn, un groupe. *Repousser les manifestants.* 2. S'opposer avec succès à qqn, à son attaque. *Repousser l'ennemi.* 3. Refuser de céder à ; résister à. *Repousser une tentation.* 4. Ne pas admettre, ne pas accepter. *Repousser une demande.* 5. Réaliser une forme par repoussage.

2. REPOUSSER v.i. Pousser, croître de nouveau. *Laisser repousser sa barbe.*

REPOUSSOIR n.m. 1. Masse colorée des premiers plans d'un tableau, qui, par contraste, fait fuir les arrière-plans, crée un effet de profondeur. 2. *Fig., cour.* Chose ou personne qui en fait valoir une autre par opposition, par contraste. *Ce comique sert de repoussoir au jeune premier.* – Personne très laide.

RÉPRÉHENSIBLE adj. Digne de blâme.

REPRENDRE v.t. [61]. 1. Prendre de nouveau ; prendre une autre fois, en plus. *Reprendre sa place. Reprendre du pain.* 2. Rentrer en possession de ce qu'on a donné, déposé, consenti. *Reprendre ses bagages à la consigne.* 3. Devenir le propriétaire ou le responsable de qqch qui était possédé, détenu par autrui ; racheter. *Reprendre une boutique, une entreprise.* 4. Emmener, chercher pour repartir. *Passer reprendre qqn.* 5. Prendre, arrêter de nouveau qqn qui s'est enfui. ◇ *On ne m'y reprendra plus* : c'est la dernière fois que je fais cela ; je ne me ferai plus duper. 6. Récupérer une marchandise vendue en acceptant d'en annuler la vente. *Les soldes ne sont pas repris.* 7. Retrouver un état, une disposition, une faculté. *Convalescent qui reprend des forces.* 8. En parlant d'une maladie, rendre de nouveau malade. *La grippe l'a repris.* 9. Se remettre à une action après une interruption ; s'adonner de nouveau à une activité. *Reprendre son travail.* 10. Jouer, donner de nouveau une pièce, un spectacle, un film. 11. Énoncer de nouveau des paroles, des idées. *Reprendre en chœur un refrain.* 12. (Souvent en incise.) Parler de nouveau, après un silence. *« Ce n'est qu'un fat », reprit-il en riant.* 13. Apporter des corrections, faire subir des transformations à qqch. *Il n'y a rien à reprendre à cet article.* – Rétrécir un vêtement en refaisant les coutures ou les pinces. 14. Faire une observation à qqn pour le corriger ; réprimander, blâmer. *Reprendre un enfant.* ◆ v.i. 1. Se développer normalement après avoir été transplanté ; repousser. *Cet arbre reprend bien.* 2. Se manifester de nouveau. *Le froid reprend.* 3. En parlant du commerce, des affaires, redevenir actifs après une stagnation. ◆ **se reprendre** v.pr. 1. Retrouver la maîtrise de soi, se ressaisir. *Il se reprend après une période de dépression.* 2. Rectifier un propos, se corriger.

REPRENEUR n.m. ÉCON. Personne qui reprend une entreprise en difficulté.

REPRÉSAILLES n.f. pl. (de *reprendre*). Violences que l'on fait subir à un ennemi pour s'indemniser d'un dommage qu'il a causé, ou pour se venger.

REPRÉSENTABLE adj. Qui peut être représenté.

REPRÉSENTANT, E n. 1. Personne qui représente une autre personne ou un groupe. ◇ *Représentant syndical* : représentant d'un syndicat au comité d'entreprise. – *Représentant du personnel* : salarié chargé de représenter les intérêts des membres du personnel d'une entreprise ou d'un établissement. – *Représentant du peuple* : parlementaire. – *Chambre des représentants* : première chambre ou chambre basse du Parlement dans de nombreux pays, dont la Belgique et les États-Unis. 2. *Représentant de commerce* : intermédiaire chargé de prospecter une clientèle et de prendre des commandes pour une entreprise. ◆ n.m. ALGÈBRE. Élément d'une classe d'équivalence.

REPRÉSENTATIF, IVE adj. 1. Qui représente une collectivité et peut négocier, parler en son nom. *Syndicat représentatif.* 2. Considéré comme le modèle, le type d'une catégorie. *Échantillon représentatif.* 3. *Régime représentatif* : régime fondé sur le principe de la souveraineté nationale, dans lequel les citoyens donnent mandat à leurs élus de décider en leur nom.

REPRÉSENTATION n.f. 1. Action de rendre sensible qqch au moyen d'une figure, d'un symbole, d'un signe. *L'écriture est la représentation de la langue parlée.* 2. Image, figure, symbole, signe qui représente un phénomène, une idée. 3. a. PHILOS. Ce par quoi un objet est présent à l'esprit (image, concept, etc.). b. PSYCHOL. Perception, image mentale, etc., dont le contenu se rapporte à un objet, à une situation, à une scène, etc., du monde dans lequel vit le sujet. 4. Action de représenter par le moyen de l'art ; figuration. 5. Action de donner un spectacle devant un public, en partic. au théâtre ; ce spectacle lui-même. 6. Vieilli. (Souvent pl.) Action de faire observer ; remontrance faite avec égard. 7. DR. a. Procédé juridique en vertu duquel le représentant accomplit un acte au nom et pour le compte du représenté. b. Procédé juridique en vertu duquel des héritiers du défunt viennent à sa succession, à la place d'un de leurs ascendants décédé antérieurement. 8. Action de représenter qqn, une collectivité ; la ou les personnes qui en sont chargées. *Représentation nationale.* 9. Activité de qqn qui représente une entreprise commerciale dans un secteur déterminé. 10. Rare. Action de mettre de nouveau sous les yeux. *Exiger la représentation d'une quittance.*

R

REPRÉSENTATIVITÉ n.f. **1.** Qualité de qqn, d'un parti, d'un groupement ou d'un syndicat dont l'audience dans la population fait qu'il peut s'exprimer valablement en son nom. **2.** STAT. Qualité d'un échantillon constitué de façon à correspondre à la population dont il est extrait.

REPRÉSENTER v.t. (lat. *repraesentare,* rendre présent). **1.** Rendre perceptible, sensible par une figure, un symbole, un signe. **2.** Figurer, reproduire par un moyen artistique ou un autre procédé. *Le décor représente une place publique.* **3.** Décrire, évoquer par le langage, l'écriture. *On le représente sous les traits d'un cynique.* **4.** Jouer ou faire jouer un spectacle devant un public. **5.** *Litt.* Faire observer à qqn, mettre en garde qqn contre qqch. *Représenter à un ami les conséquences de sa décision.* **6.** Avoir reçu mandat pour agir au nom de qqn, d'un groupe ; défendre ses intérêts. *Représenter son pays à une conférence internationale.* **7.** Être le représentant d'une entreprise commerciale. **8.** Être le symbole, l'incarnation, le type de qqch. *Ces personnes représentent la classe moyenne.* **9.** Correspondre à qqch, apparaître comme son équivalent. *Découverte qui représente une révolution.* **10.** Présenter, remettre de nouveau qqch à qqn. *Représenter une traite.* ◆ v.i. *Litt.* Avoir une certaine prestance. *Il représente bien.* ◆ **se représenter** v.pr. **1.** Imaginer qqch, qqn qui n'est pas actuellement présent. **2.** Se présenter de nouveau. *Se représenter à un examen.*

R

RÉPRESSEUR n.m. BIOL. CELL. Protéine qui, dans les cellules vivantes, empêche la production d'une enzyme lorsque celle-ci n'est pas utile. (L'inducteur neutralise le répresseur lorsque l'enzyme doit être produite en grande quantité.)

RÉPRESSIF, IVE adj. Qui réprime ; qui a pour but de réprimer. *Juridiction répressive.*

RÉPRESSION n.f. (lat. *repressum*). **1.** Action de réprimer, de punir. *Répression du banditisme.* **2.** Recours à la contrainte et à la violence à l'encontre d'une dissidence, d'un mouvement social, d'un soulèvement populaire. *Forces de répression.* **3.** PSYCHAN. Rejet hors de la conscience d'un contenu représenté comme déplaisant ou inacceptable.

RÉPRIMANDE n.f. (lat. *reprimenda culpa,* faute qui doit être réprimée). Reproche, blâme que l'on adresse à qqn pour une faute.

RÉPRIMANDER v.t. Faire une réprimande à.

RÉPRIMER v.t. (lat. *reprimere*). **1.** Arrêter la manifestation, le développement d'un sentiment, d'une parole, d'un geste. *Réprimer un mouvement de colère.* **2.** Empêcher par la contrainte le développement d'une action jugée dangereuse. *Réprimer une révolte.*

REPRINT [rəprint] n.m. (mot angl.). Réimpression en fac-similé d'un ouvrage épuisé.

REPRIS n.m. *Repris de justice :* personne qui a déjà subi une condamnation pénale.

REPRISAGE n.m. Action de repriser.

REPRISE n.f. (p. passé de *reprendre*). **1.** Action de reprendre. *La reprise des travaux.* – Nouvel essor après une récession. *La reprise économique.* – Fait de jouer de nouveau une pièce, un film. ◇ *À plusieurs reprises :* plusieurs fois successivement. **2.** *Droit de reprise :* droit pour l'administration fiscale française de vérifier les déclarations fiscales fournies par le contribuable ou qui auraient dû l'être. **3.** Passage d'un bas régime de moteur à un régime supérieur sans utilisation du changement de vitesse. *Véhicule qui a de bonnes reprises.* **4.** Continuation d'une chose interrompue. *Travail fait en plusieurs reprises.* **5.** MUS. Répétition d'une partie d'un morceau, indiquée par des *barres de reprise ;* partie d'un air, d'une chanson, qui doit être exécutée deux fois, bien qu'elle ne soit écrite qu'une fois. **6.** Chacune des parties d'un combat de boxe. SYN. : *round.* – Le début de la seconde mi-temps d'un match. *Marquer un but juste à la reprise.* **7.** ÉQUIT. **a.** Leçon donnée au cavalier ou au cheval. **b.** Ensemble des cavaliers qui travaillent en même temps dans le même manège. **c.** Ensemble de figures exécutées par un ou plusieurs cavaliers, selon un ordre et un tracé déterminés. **8.** Rachat d'un matériel, d'un objet usagé à celui à qui on vend un matériel neuf ; somme correspondante. **9.** Somme d'argent versée par un nouveau locataire à son prédécesseur pour entrer dans un local (pour le rachat du mobilier et des installations, à l'origine). **10.** Réfection des parties d'une construction. **11.** Réparation faite à une étoffe déchirée. **12.** TEXT. Quantité d'humidité qu'une matière textile retient normalement dans une atmosphère standard de conditionnement. **13.** DR. *Reprise des propres :* opération consistant pour chaque époux à séparer leurs biens personnels de la masse commune lors de la liquidation de la communauté.

REPRISER v.t. Raccommoder en faisant des reprises.

RÉPROBATEUR, TRICE adj. Qui exprime la réprobation.

RÉPROBATION n.f. (lat. *reprobatio*). Jugement par lequel qqn blâme la conduite de qqn d'autre. *Encourir la réprobation de ses collègues.*

REPROCHE n.m. Ce qu'on dit à qqn pour lui exprimer son mécontentement, sa désapprobation sur son comportement. *Vos reproches sont fondés.* ◇ *Sans reproche :* à qui l'on ne peut rien reprocher.

REPROCHER v.t. (lat. pop. *repropriare,* rapprocher). **1.** Adresser des reproches à qqn en le rendant responsable d'une faute, d'une chose fâcheuse. *Reprocher à qqn son ingratitude.* **2.** Trouver un défaut à ; critiquer. *Qu'est-ce que tu reproches à cette voiture ?* **3.** Afrique. Blâmer qqn. ◆ **se reprocher** v.pr. Se considérer comme responsable de qqch. *Se reprocher d'avoir été négligent.*

REPRODUCTEUR, TRICE adj. Qui sert à la reproduction des êtres vivants, qui concerne la reproduction. ◆ n. Animal d'élevage, mâle ou femelle, destiné à la reproduction. ◆ n.m. MÉCAN. INDUSTR. Gabarit en forme de la pièce à obtenir, utilisé sur les machines-outils à reproduire.

REPRODUCTIBILITÉ n.f. *Didact.* Caractère de ce qui est reproductible.

REPRODUCTIBLE adj. Qui peut être reproduit.

REPRODUCTIF, IVE adj. Relatif à la reproduction.

REPRODUCTION n.f. **1.** Fonction par laquelle les êtres vivants perpétuent leur espèce. **2.** Image obtenue à partir d'un original. **3.** Action de reproduire un texte, une illustration, des sons ; imitation fidèle. ◇ *Droit de reproduction :* droit que possède l'auteur ou le propriétaire d'une œuvre littéraire ou artistique d'en autoriser la diffusion et d'en tirer un bénéfice. **4.** SOCIOL. Processus par lequel une société se perpétue, notamm. dans sa division en classes sociales et dans ses valeurs culturelles et éthiques, du fait de l'éducation, de la formation qu'elle donne à ses jeunes.

REPRODUIRE v.t. [78]. **1.** Restituer un phénomène aussi fidèlement que possible. *Reproduire les sons avec un magnétophone.* **2.** Faire paraître un texte, une œuvre qui a déjà fait l'objet d'une publication. *Demander l'autorisation de reproduire une photographie.* **3.** *Machine(-outil) à reproduire :* machine-outil permettant d'exécuter une pièce similaire à un modèle donné, éventuellement en augmentant ou en réduisant les dimensions, ou en inversant la gauche et la droite. ◆ **se reproduire** v.pr. **1.** Donner naissance à des individus de son espèce. **2.** Se produire de nouveau. *Cet incident ne se reproduira plus.*

REPROGRAMMER v.t. **1.** Programmer de nouveau. **2.** En génie génétique, pratiquer une manipulation permettant à une bactérie d'accomplir un programme précis (synthèse d'hormones, par ex.).

REPROGRAPHIE n.f. Ensemble des techniques permettant de reproduire un document (diazocopie, photocopie, électrocopie, etc.).

REPROGRAPHIER v.t. [5]. Reproduire un document original par reprographie.

RÉPROUVÉ, E adj. et n. **1.** Qui est rejeté par la société. **2.** Se dit d'un pécheur exclu du salut éternel par le jugement de Dieu. *Les justes et les réprouvés.*

RÉPROUVER v.t. (bas lat. *reprobare*). **1.** Rejeter un acte en condamnant, en critiquant, en désapprouvant. *Des actes que la morale réprouve.* **2.** THÉOL. CHRÉT. En parlant de Dieu, exclure un pécheur du salut éternel.

REPS [rɛps] n.m. (mot angl.). Étoffe d'ameublement à côtes perpendiculaires aux lisières.

REPTATION n.f. (lat. *reptatio,* de *repere,* ramper). **1.** Action de ramper. **2.** Mode de locomotion animale dans lequel le corps progresse sans l'aide des membres, sur une surface solide ou dans le sol.

REPTILE n.m. (bas lat. *reptilis,* de *repere,* ramper). Vertébré à respiration pulmonaire, à tégument recouvert d'écailles kératinisées, à température variable, tel que les tortues, les lézards, les serpents, les crocodiles et de nombreux groupes fossiles. (Les reptiles forment une classe.)

ENCYCL. Les reptiles sont des animaux génér. ovipares, à respiration aérienne dès l'éclosion. Leur peau est renforcée par des plaques dermiques parfois très résistantes (carapace des tortues, cuirasse d'écailles des crocodiles). La classe des reptiles comprend actuellement cinq groupes : chéloniens (tortues), lacertiliens (lézards), ophidiens (serpents), rhynchocéphales (représentés par le seul hattéria) et crocodiliens. À l'ère secondaire, ils étaient également représentés par des formes terrestres (dinosaures), aériennes (ptérosauriens) et marines (ichtyosaures, plésiosaures) atteignant parfois des dimensions colossales.

REPTILIEN, ENNE adj. Relatif aux reptiles ; qui ressemble aux reptiles.

REPU, E adj. (de *repaître*). Qui a satisfait sa faim ; rassasié.

1. RÉPUBLICAIN, E adj. Qui appartient à une république, à la république. ◇ *Parti *républicain :* l'un des deux grands partis, aux États-Unis (v. partie n.pr.). ◆ adj. et n. Qui est partisan de la république.

2. RÉPUBLICAIN n.m. Moineau d'Afrique australe, qui édifie un nid collectif dans les arbres, où se reproduisent plusieurs dizaines de couples. (Genre *Philetairus ;* famille des plocéidés.)

RÉPUBLICANISME n.m. Doctrine, opinions, sentiments des républicains.

RÉPUBLIQUE n.f. (lat. *res publica,* chose publique). **1.** Régime politique dans lequel le pouvoir est partagé et où la fonction de chef de l'État n'est pas héréditaire. *République aristocratique, populaire.* **2.** (Avec une majuscule.) État, pays ayant cette forme d'organisation. *La République française.* **3.** Vx. La chose publique, l'État. **4.** *La république des lettres :* l'ensemble des gens de lettres.

ENCYCL. Apparu au VIe s. av. J.-C. à Rome, le terme *république* est appliqué au Moyen Âge à certains régimes aristocratiques (Venise, notamm.) avant de renvoyer, à partir du XVIIIe s., à une réalité plus démocratique (États-Unis, France). Adoptée par des régimes politiques divers, la république n'induit pas nécessairement la démocratie (pas plus que la démocratie ne suppose nécessairement la république).

RÉPUDIATION n.f. Action de répudier.

RÉPUDIER v.t. [5] (lat. *repudiare*). **1.** Renvoyer sa femme par décision unilatérale du mari, en vertu des dispositions légales (dans les législations antiques, le droit musulman) ou coutumières (dans nombre de sociétés). **2.** *Litt.* Rejeter, en les désavouant, une idée, un sentiment, etc. *Répudier ses engagements.*

RÉPUGNANCE n.f. Aversion pour qqn, qqch ; antipathie, dégoût, répulsion.

RÉPUGNANT, E adj. Qui inspire de la répugnance.

RÉPUGNER v.t. ind. **[à]** (lat. *repugnare,* s'opposer). **1.** Inspirer de la répugnance, de l'aversion à ; dégoûter, écœurer. *Cette nourriture, cet homme me répugne.* **2.** Éprouver de l'aversion à faire qqch. *Je répugne à l'accuser.*

RÉPULSIF, IVE adj. (lat. *repulsus,* repoussé). Qui exerce une répulsion.

RÉPULSION n.f. (bas lat. *repulsio,* action de repousser). **1.** Vive répugnance ; aversion, dégoût. *Éprouver de la répulsion pour qqn.* **2.** PHYS. Force en vertu de laquelle certains corps se repoussent mutuellement.

RÉPUTATION n.f. (lat. *reputatio,* examen). **1.** Manière dont qqn, qqch est considéré. *Il a la réputation d'être honnête.* **2.** Opinion favorable ou défavorable ; renommée. *Avoir bonne réputation.* ◇ *De réputation :* seulement d'après ce qu'on en dit. *Je le connais de réputation.*

RÉPUTÉ, E adj. **1.** Qui est bien connu ; qui jouit d'un grand renom. *Région réputée pour ses vins.* **2.** Qui est considéré comme. *Homme réputé égoïste.*

REQUALIFICATION n.f. Nouvelle qualification donnée à qqch ou à qqn.

REQUALIFIER v.t. [5]. DR. Donner à un acte ou à un fait sa qualification exacte, en parlant d'un juge.

REQUÉRANT, E adj. et n. DR. Qui requiert, demande en justice.

REQUÉRIR v.t. [27] (lat. *requirere,* de *quaerere,* chercher). **1.** Demander impérativement ; réclamer, nécessiter. *Cette phrase requiert une explication.* **2.** DR. **a.** Demander en justice. *Requérir l'application d'une peine.* **b.** Effectuer une réquisition, en parlant de l'Administration. **c.** Délivrer à une autorité militaire une réquisition de la force armée.

REQUÊTE n.f. (anc. fr. *requeste,* p. passé de *requerre, requérir*). **1.** Demande instante, écrite ou verbale ; supplique. *Présenter une requête.* **2.** DR. Demande effectuée auprès d'une juridiction ou d'un juge, dans le dessein d'obtenir une décision provisoire. – *Spécial.* Saisie de la juridiction administrative par le demandeur.

REQUETÉ [rekete] n.m. (mot esp.). HIST. **1.** En Espagne, au XIXe s., combattant carliste volontaire. **2.** Pendant la guerre civile espagnole, soldat recruté par l'armée nationaliste.

REQUÊTER v.t. VÉNER. Chercher de nouveau un gibier, en parlant des chiens.

REQUIEM [rekɥijɛm] n.m. inv. (mot lat., *repos*). **1.** CATH. Prière pour les morts. **2.** Musique composée sur cette prière.

REQUIN n.m. **1.** Poisson sélacien au corps génér. fuselé, doté de cinq à sept fentes branchiales situées sur le côté du corps. (Les requins sont presque tous marins ; si certains sont réellement dangereux [requin bleu, requin blanc, requin-tigre, requin-taupe], les plus grandes espèces [requin-baleine, requin-pèlerin] sont génér. inoffensives et se nourrissent de plancton, tandis que les petites espèces [roussette, émissole] sont appréciées pour leur chair. Sous-classe des chondrichtyens.) ◇ *Requin dormeur* → **dormeur.** **2.** *Fig.* Homme d'affaires impitoyable, sans scrupule.

■ **REQUINS**

REQUIN-MARTEAU n.m. (pl. *requins-marteaux*). Requin des mers chaudes, à tête aplatie en deux lobes latéraux portant les yeux, parfois dangereux pour l'homme. (Genre *Sphyrna ;* famille des sphyrnidés.) SYN. : *marteau.*

REQUIN-PÈLERIN n.m. (pl. *requins-pèlerins*). Très grand requin de l'Atlantique nord et de la Méditerranée qui se nourrit de plancton, inoffensif pour l'homme. (Long. 14 m ; poids 8 t ; genre *Cetorhinus,* famille des cétorhinidés.) SYN. : *pèlerin.*

REQUINQUER v.t. (mot picard). *Fam.* Redonner des forces, de l'entrain à. ◆ **se requinquer** v.pr. *Fam.* Se rétablir après une maladie.

REQUIN-TAUPE n.m. (pl. *requins-taupes*). Lamie.

REQUIN-TIGRE n.m. (pl. *requins-tigres*). Requin des eaux tropicales, carnassier et vorace. (Long. 10 m ; famille des carcharhinidés.)

1. REQUIS, E adj. (de *requérir*). Demandé obligatoirement ; exigé, nécessaire. *Les conditions requises pour obtenir un avancement.*

2. REQUIS n.m. **1.** Civil désigné par les pouvoirs publics pour exercer un emploi déterminé, qu'il ne peut refuser en temps de guerre. **2.** Personne qui collabore à un service public à la suite d'une réquisition.

RÉQUISIT [rekizit] n.m. (angl. *requisit,* du lat. *requirere,* rechercher). *Didact.* Hypothèse, présupposé. *Les réquisits d'une logique modale.*

RÉQUISITION n.f. **1.** Procédure qui autorise l'Administration à contraindre un particulier à lui céder un bien ou à effectuer une prestation. **2.** *Réquisition de la force armée :* acte écrit par lequel certaines autorités publiques confèrent à une autorité militaire une mission de maintien de l'ordre ou de police judiciaire. **3.** *Réquisition d'audience :* placet. ◆ pl. DR. **1.** Réquisitoire prononcé à l'audience. **2.** Conclusions du ministère public dans les affaires qui lui sont communiquées.

RÉQUISITIONNER v.t. **1.** Se procurer des biens, utiliser les services de qqn par un acte de réquisition. *Réquisitionner du matériel, les troupes.* **2.** *Fam.* Faire appel à qqn pour un service quelconque. *Réquisitionner des amis pour un déménagement.*

RÉQUISITOIRE n.m. (du lat. *requirere,* réclamer). **1.** DR. Intervention orale par laquelle le ministère public requiert l'application ou non de la loi pénale envers le prévenu ou l'accusé. **2.** Discours dans lequel on accumule les accusations contre qqn. *Dresser un réquisitoire contre le gouvernement.*

RÉQUISITORIAL, E, AUX adj. DR. Relatif au réquisitoire ; qui tient du réquisitoire.

REQUITTER v.t. Quitter de nouveau.

RER ou **R.E.R.** [ɛrøɛr] n.m. (sigle de *réseau express régional*). Métro régional constitué de lignes au gabarit international des chemins de fer, électrifiées, desservant Paris et sa banlieue.

RESALER v.t. Saler de nouveau.

RESALIR v.t. Salir de nouveau ce qui a été nettoyé.

RESCAPÉ, E adj. et n. (du picard *reccaper,* réchapper). Qui est sorti vivant d'un accident ou d'une catastrophe.

RESCINDABLE adj. Qui peut être rescindé.

RESCINDANT, E adj. Qui donne lieu à la rescision. SYN. : *rescisoire.*

RESCINDER v.t. (lat. *rescindere*). Annuler par rescision.

RESCISION n.f. (bas lat. *rescissio*). DR. Annulation judiciaire d'un acte pour cause de lésion.

RESCISOIRE adj. **1.** Rescindant. **2.** *Action rescisoire,* qui a pour objet la rescision.

RESCOUSSE [rɛskus] n.f. (de l'anc. fr. *escorre,* secouer). *À la rescousse :* en renfort, pour porter assistance. *Venir à la rescousse de qqn.*

RESCRIT [rɛskri] n.m. (du lat. *rescribere,* récrire). **1.** Réponse d'un empereur romain portant sur une question de droit. **2.** Réponse du pape à une supplique, à une consultation. **3.** HIST. Lettre d'ordres délivrée par certains souverains. **4.** *Rescrit fiscal :* procédure permettant à un contribuable de consulter l'Administration centrale sur la validité d'un montage juridique qu'il envisage de réaliser.

RÉSEAU n.m. (dimin. de *rets*). **1.** Fond de dentelle à mailles géométriques. **2.** *Par anal.* **a.** MÉD. Ensemble de structures anatomiques ou microscopiques linéaires (artères, fibres, etc.) formé par ramification. **b.** *Réseau hydrographique :* ensemble de fleuves et de leurs affluents drainant une région. **c.** BX-ARTS, ARTS APPL. Dessin que forment des lignes entrecroisées, entrelacées (par ex. les nervures d'une voûte, les plombs d'un vitrail). **3.** OPT. Surface striée d'un ensemble de traits fins, parallèles et très rapprochés qui diffractent la lumière. **4.** PHYS. *Réseau cristallin :* disposition régulière des atomes au sein d'un cristal. (Par l'étude des propriétés de symétrie, on définit 14 types de réseaux cristallins, qui déterminent 7 systèmes *cristallins fondamentaux.) **5.** Ensemble de voies ferrées, de lignes téléphoniques, de lignes électriques, de canalisations d'eau ou de gaz, de liaisons hertziennes, etc., reliant une même unité géographique. ◇ *Réseau express régional* → **RER. 6.** Répartition des éléments d'un ensemble en différents points ; ensemble des points ainsi répartis. ◇ *Réseau urbain :* ensemble des villes unies par des liens de nature variée (économique, politique, etc.). **7.** INFORM. Ensemble d'ordinateurs ou de terminaux interconnectés par des télécommunications génér. permanentes. ◇ *Réseau numérique à intégration de services (RNIS) :* réseau de télécommunication permettant d'acheminer sous forme numérique tous les types d'information (sons, images, textes). **8.** Ensemble de personnes qui sont en liaison, qui travaillent ensemble. *Un réseau d'amis. Un réseau de résistance.* **9.** SOCIOL. *Réseau social :* structure définie par des relations entre des individus.

RÉSECTION [resɛksjɔ̃] n.f. (du lat. *resecare,* retrancher). Retrait chirurgical d'une partie d'organe ou d'un tissu pathologique (tumeur, par ex.) ; ablation.

RÉSÉDA [rezeda] n.m. (lat. *reseda,* de *resedare,* calmer). Plante herbacée dont on cultive une espèce originaire d'Afrique du Nord, pour ses fleurs odorantes. (La mignonnette est un réséda méditerranéen dont on extrait une teinture jaune. Famille des résédacées.)

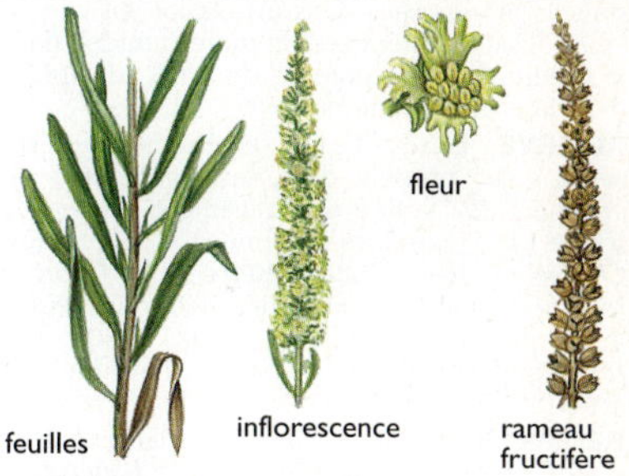

■ **RÉSÉDA**

RÉSÉQUER [reseke] v.t. [11] (lat. *resecare*). Pratiquer une résection.

RÉSERPINE n.f. Alcaloïde du rauwolfia.

RÉSERVATAIRE adj. et n. DR. Se dit de l'héritier qui bénéficie légalement de tout ou partie de la réserve héréditaire.

RÉSERVATION n.f. Action de retenir une place dans un avion, un train, sur un bateau, une chambre dans un hôtel, etc.

RÉSERVE n.f. **1.** Chose mise de côté pour un usage ultérieur, des occasions imprévues. ◇ *En réserve :* à part, de côté. *Mettre en réserve.* **2.** Local où l'on entrepose les marchandises. **3.** COMPTAB. Ensemble des prélèvements effectués sur les bénéfices d'une société dans un but de prévoyance, et non incorporés au capital social. ◇ *Réserve légale :* fonds que toute société de capitaux doit constituer à concurrence d'un certain montant, au moyen de prélèvements sur les bénéfices. **4.** MIL. **a.** Période faisant suite au service actif et à la disponibilité ; ensemble des citoyens soumis à ces obligations. **b.** Formation maintenue à la disposition du commandement pour être employée en renfort. **5.** Attitude de qqn qui agit avec prudence, qui évite tout excès ; dignité, discrétion. ◇ *Obligation de réserve :* obligation à la discrétion qui s'impose aux agents de l'Administration dans l'expression de leurs opinions et dans leur comportement. **6.** *Sans réserve :* sans exception, sans restriction. – *Sous toute réserve :* en faisant la part d'une rectification possible ; sans garantie. **7.** Restriction insérée dans un acte ou apportée à un accord, à titre de précaution, par une partie qui entend conserver la possibilité de faire ultérieurement valoir ses droits. ◇ *Réserve héréditaire :* portion de patrimoine dont une personne ne peut disposer à titre gratuit, par testament ou donation, au détriment de descendants et ascendants (les héritiers réservataires). **8.** Déclaration unilatérale d'un État tendant à exclure, en ce qui le concerne, certaines dispositions d'un traité multilatéral. **9.** Ce qui est gardé, protégé. **10.** *Réserve amérindienne* ou *indienne :* en Amérique, territoire réservé aux Indiens et soumis à un régime spécial. **11.** SYLVIC. Portion de bois qu'on conserve dans une coupe, qu'on laisse croître en haute futaie. **12.** Fraction de territoire où la chasse est interdite, réservée pour le repeuplement en gibier ; cours d'eau ou fraction de cours d'eau où la pêche est interdite, réservés pour le repeuplement en poissons. ◇ *Réserve naturelle :* territoire délimité et réglementé pour la sauvegarde de l'ensemble des espèces végétales et animales qui y ont élu domicile (*réserve intégrale*), ou de certaines d'entre elles (*réserve botanique, ornithologique,* etc.). **13.** Dans les musées, les bibliothèques, les dépôts d'archives, ensemble des œuvres et des documents qui ne peuvent être ni exposés ni communiqués sans contrôle. **14.** BX-ARTS. Dans une aquarelle, une gravure, partie non peinte, non attaquée par l'outil ou le mordant. **15.** TECHN. Toute surface soustraite momentanément, à l'aide d'une substance protectrice, à l'action d'un colorant, d'une encre, d'un acide, etc. – IMPRIM. Partie qu'on laisse en blanc sur un fond imprimé. ◇ *En réserve :* en *noir au blanc. ◆ pl. **1.** *Faire, émettre des réserves :* ne pas donner son entière approbation. **2.** Quantités identifiées et économiquement exploitables d'une matière première minérale ou énergétique. *Réserves de pétrole.* **3.** *Réserves obligatoires :* somme devant être déposée par les banques auprès de la banque centrale et représentant un certain pourcentage de leurs dépôts et de leurs crédits. **4.** *Réserves foncières :* ensemble de biens immobiliers, génér. non construits, acquis et conservés par l'État ou les collectivités publiques en vue d'assurer la maîtrise des sols dans les régions urbanisées. **5.** PHYSIOL. Substances entreposées dans un organe en vue de leur utilisation ultérieure (comme l'amidon dans le tubercule de la pomme de terre, les lipides dans la moelle jaune des os).

RÉSERVÉ, E adj. **1.** Qui extériorise peu ses sentiments ; prudent dans ses jugements ; circonspect. **2.** Destiné exclusivement à une personne ou à certaines personnes, à leur usage. *Chasse réservée. Places réservées.* **3.** *Quartier réservé :* quartier de certaines villes dans lequel la prostitution est tolérée. **4.** DR. CANON. *Cas réservé :* péché que seul le pape ou l'évêque peut absoudre.

R

RÉSERVER v.t. (lat. *reservare*). **1.** Garder en vue d'un usage particulier. *Réserver une bonne bouteille pour des amis.* **2.** Préparer pour qqn à son insu. *Nul ne sait ce que l'avenir nous réserve.* **3.** Faire la réservation de. *Réserver une chambre d'hôtel.* **4.** Affecter spécialement à une destination. *On réserve le local aux réunions.* **5.** BX-ARTS. Ménager une réserve, une zone non travaillée dans un dessin, une gravure, etc. ◆ **se réserver** v.pr. **1.** S'accorder qqch à soi-même, le garder pour son usage propre. *Se réserver quelques jours de liberté.* **2.** *Se réserver de faire qqch,* envisager la possibilité de le faire au moment convenable. *Je me réserve de lui donner un avis.*

RÉSERVISTE n.m. Celui qui appartient à la réserve des forces armées.

RÉSERVOIR n.m. **1.** Lieu aménagé pour accumuler et conserver certaines choses. – *Par ext.* Lieu où sont amassées diverses réserves. *Réservoir de matières premières.* **2.** Récipient contenant des produits liquides ou gazeux.

RÉSIDANAT n.m. Période de fin d'études en médecine générale.

RÉSIDANT, E n. → **1. RÉSIDENT.**

RÉSIDENCE n.f. **1.** Demeure habituelle dans un lieu déterminé. ◇ DR. *Résidence de la famille :* domicile choisi d'un commun accord par les époux. (A remplacé l'appellation *domicile conjugal.*) – *Résidence secondaire :* lieu d'habitation s'ajoutant à la résidence principale, et dans lequel, en général, on séjourne pendant les vacances et les week-ends. – *Résidence mobile :* recomm. off. pour *mobil-home.* **2.** Groupe d'immeubles d'habitation d'un certain confort. **3.** Séjour effectif et obligatoire au lieu où l'on exerce une fonction. ◇ *Résidence surveillée :* résidence imposée à un individu jugé dangereux pour l'ordre public et que les autorités veulent pouvoir surveiller. **4.** *Artiste, écrivain en résidence :* artiste, écrivain invité par une institution culturelle, une collectivité locale, etc., à séjourner en un lieu et pour une période donnés, afin de réaliser une œuvre, un travail, souvent liés à ce lieu.

1. RÉSIDENT, E ou **RÉSIDANT, E** n. Personne qui habite dans un lieu déterminé. *Carte de stationnement pour résidents. Les résidants d'une maison de retraite.*

2. RÉSIDENT, E n. **1.** Personne qui réside dans un autre endroit que son pays d'origine. *Carte de résident pour les étrangers.* ◇ HIST. *Résident général :* à l'époque coloniale, haut fonctionnaire qui était placé par le pays protecteur auprès du souverain d'un pays sous protectorat, en Tunisie et au Maroc notamm. **2.** Étudiant en médecine générale pendant son résidanat.

RÉSIDENTIEL, ELLE adj. **1.** Se dit d'une ville, d'un quartier réservés à l'habitation. **2.** Qui offre un haut niveau de confort, en parlant d'un immeuble, d'un ensemble d'habitations.

RÉSIDER v.i. (lat. *residere,* séjourner). **1.** Avoir sa résidence à tel endroit, y demeurer de façon habituelle. **2.** *Fig.* Consister en qqch ; être. *L'inconvénient de cet appareil réside en, dans son prix.*

RÉSIDU n.m. (lat. *residuum*). **1.** Matière qui subsiste après une opération physique ou chimique, un traitement industriel, etc. **2.** ÉPISTÉMOL. *Méthode des résidus,* qui consiste à retrancher d'un phénomène la portion dont on connaît déjà les causes, afin de trouver par élimination les causes de la portion restante. (Cette méthode a été formulée par J. Stuart Mill.)

RÉSIDUAIRE adj. Qui forme un résidu.

RÉSIDUEL, ELLE adj. **1.** Qui est de la nature des résidus ; qui constitue un résidu. **2.** *Relief résiduel :* dans une région de pénéplaine, relief qui a été préservé de l'érosion. – *Roches résiduelles :* roches exogènes formées par concentration sélective de certains éléments d'une roche préexistante, les autres étant dissous.

RÉSIGNATION n.f. **1.** Fait de se résigner. **2.** Absence de combativité ; renoncement, fatalisme. **3.** Vx. Renonciation à un droit, à une charge.

RÉSIGNÉ, E adj. et n. Qui manifeste de la résignation, un renoncement à lutter, de la soumission au sort qui lui est réservé.

RÉSIGNER v.t. (lat. *resignare,* décacheter). *Litt.* Renoncer volontairement à une charge, à une fonction. ◆ **se résigner** v.pr. Se soumettre sans protestation à qqch de pénible, de désagréable ; accepter en dépit de ses répugnances. *Se résigner à une perte.*

RÉSILIABLE adj. Qui peut être résilié.

RÉSILIATION n.f. DR. Annulation d'un contrat par l'accord des parties ou la volonté de l'une d'entre elles.

RÉSILIENCE n.f. Caractéristique mécanique qui définit la résistance aux chocs d'un matériau.

RÉSILIENT, E adj. MATÉR. Qui présente une résistance aux chocs.

RÉSILIER v.t. [5] (lat. *resilire,* se retirer). Mettre fin à une convention, à un contrat.

RÉSILLE n.f. (de *réseau*). **1.** Filet à larges mailles qui retient la chevelure. **2.** *Bas résille :* bas formé d'un réseau de larges mailles.

RÉSINE n.f. (lat. *resina*). **1.** Substance solide ou visqueuse, translucide et insoluble dans l'eau, que sécrètent certaines espèces végétales, notamm. les conifères. **2.** Composé macromoléculaire naturel ou synthétique (il s'agit alors d'un polymère), utilisé dans la fabrication des matières plastiques, peintures, adhésifs, etc.

RÉSINÉ adj.m. *Vin résiné,* ou *résiné,* n.m. : vin légèrement additionné de résine. (Spécialité grecque.)

RÉSINER v.t. **1.** Extraire la résine de. **2.** Enduire de résine.

RÉSINEUX, EUSE adj. BOT. Qui contient de la résine ; qui en produit. ◆ n.m. Arbre forestier gymnosperme, riche en matières résineuses. (Les principaux résineux sont des conifères : pin, sapin, épicéa, mélèze, if, cyprès, cèdre, genévrier et thuya.)

RÉSINIER, ÈRE n. Professionnel effectuant des saignées dans les pins et récoltant la résine qui s'en écoule ; gemmeur. ◆ adj. Qui a trait aux produits résineux.

RÉSINIFÈRE adj. BOT. Qui produit de la résine.

RÉSIPISCENCE [resipisɑ̃s] n.f. (du lat. *resipiscere,* revenir à la raison). *Litt. Venir, amener à résipiscence :* reconnaître, amener à reconnaître une faute avec la volonté de s'amender.

RÉSISTANCE n.f. **1.** Action de résister, de s'opposer à qqn, à une autorité. *Se laisser arrêter sans résistance.* ◇ HIST. *La Résistance : v. partie n.pr.* **2.** Capacité à résister à une épreuve physique ou morale. *Avoir une bonne résistance à la fatigue.* **3.** État de l'organisme au cours d'un effort physique bref mais intense (par oppos. à *endurance*). **4.** *Résistance pharmacologique,* ou *résistance :* aptitude d'un micro-organisme, d'une cellule cancéreuse à survivre dans l'organisme malgré un traitement habituellement efficace. **5.** PSYCHAN. Tout ce qui fait obstacle au travail de la cure et entrave l'accès du sujet à sa détermination inconsciente. **6.** Propriété d'un corps de résister, de s'opposer aux effets d'un agent extérieur ; solidité. ◇ *Résistance des matériaux :* partie de la mécanique appliquée ayant pour objet l'évaluation des contraintes et des déformations subies par une structure sous l'action de forces extérieures données. **7.** PHYS. Force qui s'oppose au mouvement d'un corps dans un fluide. **8.** *Plat de résistance :* plat principal d'un repas. **9.** ÉLECTR. **a.** Quotient R de la tension U aux bornes d'une résistance idéale par un circuit I qui le parcourt. ($R = U/I$, ce qui constitue l'expression de la loi d'Ohm.) **b.** Dipôle passif dans lequel toute l'énergie électrique mise en jeu est convertie en chaleur par effet Joule.

RÉSISTANT, E adj. **1.** Qui supporte bien les épreuves physiques ; robuste. *Homme résistant.* **2.** Qui résiste à une force extérieure. *Tissu résistant.* **3.** Qui a la propriété de résistance pharmacologique. *Une bactérie devenue résistante.* ◆ n. Personne qui s'oppose à une occupation ennemie. – *Spécial.* Membre de la Résistance pendant la Seconde Guerre mondiale.

RÉSISTER v.t. ind. **[à]** (lat. *resistere,* se tenir ferme). **1.** Ne pas céder sous l'action d'un choc, d'une force. *Le fer froid résiste au marteau.* **2.** S'opposer à l'action violente, à la volonté de qqn, d'un groupe, etc. **3.** Lutter contre ce qui attire, ce qui est dangereux. *Résister à un désir.* **4.** Tenir ferme, supporter sans faiblir. *Résister à la fatigue.*

RÉSISTIBLE adj. Rare. À qui ou à quoi on peut résister.

RÉSISTIVITÉ n.f. ÉLECTR. Caractéristique d'une substance conductrice, numériquement égale à la résistance d'un cylindre de cette substance de longueur et de section unités. (Unité : ohm-mètre [Ωm].)

RÉSISTOR n.m. ÉLECTRON. Composant transformant totalement en chaleur l'énergie électrique qu'il consomme.

RESITUER v.t. Replacer par la pensée des propos, une action dans leur contexte, leur époque. *Resituer une décision dans son cadre.*

RESOCIALISATION n.f. Action de resocialiser.

RESOCIALISER v.t. Réinsérer dans la vie sociale. *Resocialiser un délinquant, un malade mental.*

RÉSOLU, E adj. (p. passé de *résoudre*). Ferme dans ses projets ; hardi, déterminé. *Il se montre très résolu à ne pas céder. Une attitude résolue.*

RÉSOLUBLE adj. DR. Qui peut être annulé. *Un contrat résoluble.*

RÉSOLUMENT adv. De manière résolue, décidée ; sans hésitation.

RÉSOLUTIF, IVE adj. et n.m. MÉD. Vx. Anti-inflammatoire.

RÉSOLUTION n.f. (lat. *resolutio,* action de relâcher). **1.** Moyen par lequel on tranche un cas douteux, une question. *Résolution d'une difficulté, d'un problème.* **2.** Décision prise avec la volonté de s'y tenir. *Résolution inébranlable.* **3.** DR. Texte émis par une assemblée, une organisation, et dans lequel ses membres expriment leur sentiment sur une question déterminée ou qui a trait à son fonctionnement intérieur. **4.** ALGÈBRE. Action de résoudre une équation, un système d'équations. **5.** Fait de se résoudre, de se réduire. *Résolution d'un nuage en pluie.* **6.** DR. Dissolution d'un contrat, d'un acte pour inexécution des engagements. **7. a.** MÉD. Retour à l'état normal d'un tissu atteint d'une inflammation. **b.** PHYSIOL. Relâchement complet des muscles, par ex. au cours de l'anesthésie. **8.** MUS. *Résolution d'un accord :* manière satisfaisante à l'oreille d'enchaîner une dissonance à une consonance. **9.** MÉTROL. *Limite de résolution :* plus petite variation perceptible de la grandeur à mesurer, dans des conditions de mesure données. **10.** IMPRIM. En photocomposition et en PAO, nombre de points formés par le balayage d'un faisceau laser, sur une hauteur de 1 pouce, pour assurer la restitution des textes et des images.

RÉSOLUTOIRE adj. DR. Qui entraîne la résolution d'un acte, d'un contrat.

RÉSOLVANTE n.f. ALGÈBRE. *Résolvante d'une équation :* seconde équation dont la résolution facilite celle de la première.

RÉSONANCE n.f. **1.** Propriété d'accroître la durée ou l'intensité du son. *La résonance d'une salle.* **2.** *Fig.* Effet, écho produit dans l'esprit, le cœur. *Ce poème éveille des résonances profondes.* **3.** PHYS. **a.** Augmentation de l'amplitude d'une oscillation sous l'influence d'impulsions périodiques de fréquence voisine. ◇ *Résonance électrique :* phénomène de résonance qui se produit dans un circuit oscillant quand il est alimenté par une tension alternative de fréquence voisine de sa fréquence propre. **b.** *Résonance magnétique :* méthode d'analyse spectroscopique fondée sur les transitions induites entre certains niveaux d'énergie d'un atome, d'un ion, d'une molécule, soumis à un champ magnétique. (Le moment magnétique nucléaire créé peut provenir soit des noyaux [RMN, *résonance magnétique nucléaire* ou *remnographie,* utilisée en *imagerie médicale], soit des électrons [RPE, *résonance paramagnétique électronique*].) **c.** Particule instable de vie moyenne très courte (10^{-23} s). [Son existence est si brève qu'on hésite à la qualifier de « particule ».] **4.** MÉD. ***Imagerie par résonance magnétique (nucléaire) [IRM] :*** technique de radiologie utilisant la RMN et appliquée notamm. au système nerveux central et aux articulations. **5.** CHIM. Concept théorique selon lequel les molécules sont représentées comme des hybrides entre plusieurs formules de Lewis. (Dans ces formules, les noyaux des atomes sont fixes et celles-ci ne diffèrent donc que par la répartition des électrons. Concept central de la théorie de la *mésomérie de Pauling, la résonance explique la grande acidité des oxacides [nitrique, sulfurique] et le caractère aromatique du benzène.)

RÉSONANT, E ou **RÉSONNANT, E** adj. PHYS. Susceptible d'entrer en résonance.

RÉSONATEUR n.m. PHYS. Appareil, système qui vibre par résonance.

RÉSONNER v.i. (lat. *resonare*). **1.** Renvoyer le son en augmentant sa durée ou son intensité ; retentir. *Cette salle résonne trop.* **2.** Produire un son. *Cette cloche résonne faiblement.*

RÉSORBABLE adj. Se dit d'un matériel chirurgical qui peut se résorber. *Fil de suture résorbable.*

RÉSORBER v.t. (lat. *resorbere,* absorber). Faire disparaître peu à peu. *Résorber un déficit.* ◆ **se résorber** v.pr. Disparaître ou être absorbé peu à peu.

RÉSORCINE n.f. ou **RÉSORCINOL** n.m. (angl. *resorcin*). Diphénol utilisé dans la fabrication d'explosifs, de colorants et de médicaments.

RÉSORPTION n.f. **1.** Disparition progressive, totale ou partielle, d'une anomalie. **2.** Passage progressif d'une substance à travers une membrane (par ex. pénétration d'un médicament à travers la paroi des vaisseaux).

RÉSOUDRE v.t. [68] (lat. *resolvere,* délier). **1.** Prendre le parti, la détermination de faire qqch. *Il a résolu de partir à l'étranger.* **2.** Trouver une solution, une réponse à une question, à un problème. **3.** ALGÈBRE. ***Résoudre une équation, un système d'équations,*** en déterminer l'ensemble des solutions. **4.** DR. Priver d'effets un contrat. **5.** ASTRON. Mettre en évidence des astres distincts au sein d'un objet céleste. *Résoudre une galaxie en étoiles.* **6.** *Litt.* Décomposer un corps en ses éléments constituants. *Le temps résout les corps en poussière.* ◆ **se résoudre** v.pr. **(à)**. **1.** Consentir finalement à. *Se résoudre à partir.* **2.** Aboutir finalement à tel résultat ; se ramener à, consister en. *Un différend qui se résout à une querelle de personnes.*

RESPECT [rɛspɛ] n.m. (lat. *respectus,* égard). Sentiment qui porte à traiter qqn, qqch avec de grands égards, à ne pas porter atteinte à qqch. *Respect filial. Respect des lois.* ◇ Vieilli ou *par plais.* ***Sauf votre respect :*** que cela ne vous offense pas. – ***Tenir qqn en respect,*** le contenir, lui en imposer ; le menacer avec une arme. – ***Respect humain :*** crainte qu'on a du jugement des hommes. ◆ pl. *Litt.* Civilités, hommages. *Présenter ses respects.*

RESPECTABILISER v.t. Rendre respectable.

RESPECTABILITÉ n.f. (angl. *respectability*). Qualité d'une personne respectable.

RESPECTABLE adj. **1.** Digne de respect. **2.** D'une importance dont on doit tenir compte ; assez grand. *Un nombre respectable de spectateurs.*

RESPECTER v.t. **1.** Traiter, considérer avec respect. *Respecter les convictions de qqn.* **2.** Ne pas porter atteinte à qqch ; ne pas troubler. *Respecter les traditions. Respecter le sommeil de qqn.* ◆ **se respecter** v.pr. **1.** Se comporter avec la décence qui convient. **2.** ***Qui se respecte :*** digne de ce nom, fidèle aux exigences de son métier, de sa fonction, etc. *Auteur qui se respecte.*

RESPECTIF, IVE adj. (du lat. *respectus,* égard). Qui concerne chaque personne, chaque chose, par rapport aux autres.

RESPECTIVEMENT adv. Chacun en ce qui le concerne. *Trois points désignés respectivement par* A, B *et* C.

RESPECTUEUSEMENT adv. Avec respect.

RESPECTUEUX, EUSE adj. Qui témoigne du respect ; qui marque du respect. *Présenter ses respectueuses salutations.*

RESPIRABLE adj. Que l'on peut respirer. *Atmosphère respirable.*

RESPIRATEUR n.m. **1.** Masque qui filtre l'air. **2.** MÉD. Appareil destiné à la ventilation artificielle. (Le respirateur a remplacé le poumon d'acier.)

RESPIRATION n.f. **1.** Action de respirer. *Respiration bruyante.* **2.** PHYSIOL. Ensemble des fonctions qui permettent l'absorption de l'oxygène et le rejet du gaz carbonique chez l'homme, l'animal et les espèces végétales. ◇ MÉD. ***Respiration artificielle :*** ventilation artificielle. **3.** ***Respiration cellulaire :*** ensemble des réactions biochimiques, localisées dans les mitochondries, permettant de produire l'énergie nécessaire à la cellule vivante à partir de l'oxydation du glucose, avec libération de gaz carbonique et d'eau.

ENCYCL. Suivant la manière dont les gaz sont échangés avec l'extérieur, on distingue quatre types de respiration chez les animaux : la *respiration cutanée* (lombric, grenouille), où les échanges se font par la peau ; la *respiration pulmonaire* (oiseaux, mammifères), où les poumons assurent l'échange entre l'air et le sang ; la *respiration branchiale* (poissons, crustacés), où les branchies assurent les échanges entre l'eau et le milieu intérieur ; la *respiration trachéenne* (insectes), où l'air est conduit à l'état gazeux, par des trachées, jusqu'aux organes utilisateurs. Chez l'homme, l'absorption (oxygène) et l'élimination (gaz carbonique) des gaz sont assurées par la *ventilation pulmonaire.* Celle-ci est réalisée par des phénomènes mécaniques d'expansion et de rétraction de la cage thoracique qui provoquent l'entrée (inspiration) et la sortie (expiration) d'air par la trachée. Les mouvements respiratoires sont obtenus par les contractions du diaphragme et des muscles costaux, le rythme respiratoire étant réglé par le centre respiratoire situé dans le bulbe rachidien (normalement, 16 inspirations par minute). Les *échanges gazeux* se font entre l'air alvéolaire et le sang des capillaires pulmonaires, l'oxygène diffusant vers le sang et le gaz carbonique vers l'alvéole.

RESPIRATOIRE adj. Relatif à la respiration. *Troubles respiratoires.* ◇ ***Appareil respiratoire :*** ensemble des organes (nez, pharynx, larynx, trachée, bronches et poumons) qui assurent la ventilation et l'hématose. – ***Virus respiratoire syncytial :*** virus provoquant des pneumopathies infectieuses très fréquentes, contagieuses et épidémiques, parfois graves chez le jeune enfant.

RESPIRER v.i. (lat. *respirare*). **1.** Absorber l'air et le rejeter alternativement, grâce aux mouvements de la cage thoracique. – Absorber de l'oxygène dans l'air et rejeter du gaz carbonique, en parlant des êtres vivants. **2.** *Fam.* Avoir un moment de répit. *Laissez-moi respirer un instant !* ◆ v.t. **1.** Absorber dans les poumons. *Respirer de la fumée.* **2.** *Fig.* Donner une impression de ; marquer, manifester, exprimer. *Cet homme respire la santé. Cette maison respire le calme.*

RESPLENDIR v.i. (lat. *resplendere,* être éclatant). *Sout.* Briller d'un vif éclat. *La lune resplendit. Son visage resplendit de joie.*

RESPLENDISSANT, E adj. Qui resplendit.

RESPLENDISSEMENT n.m. *Litt.* Éclat de ce qui resplendit.

RESPONSABILISATION n.f. Action de responsabiliser ; fait d'être responsabilisé.

RESPONSABILISER v.t. **1.** Rendre responsable. **2.** Rendre conscient de ses responsabilités.

RESPONSABILITÉ n.f. **1.** Capacité de prendre une décision sans en référer préalablement à une autorité supérieure. *Faire preuve de responsabilité. Un poste à responsabilité.* **2.** Fait pour qqn, qqch d'être à l'origine d'un dommage. *Porter l'entière responsabilité d'un accident.* **3.** DR. Obligation de réparer une faute, de remplir une charge, un engagement. ◇ ***Responsabilité civile :*** obligation de réparer le préjudice causé à autrui par l'inexécution d'un contrat ou toute action dommageable commise par soi-même, par une personne qui dépend de soi, ou par une chose qu'on a sous sa garde. – ***Responsabilité collective :*** fait de considérer tous les membres d'un groupe comme solidairement responsables de l'acte commis par un des membres de ce groupe. – ***Responsabilité pénale :*** obligation pour une personne morale ou physique de supporter la peine prévue pour l'infraction qu'elle a commise. – ***Responsabilité gouvernementale :*** mécanisme selon lequel le gouvernement peut être amené à abandonner ses fonctions lorsque le Parlement lui refuse sa confiance.

RESPONSABLE adj. (lat. *responsum,* de *respondere,* se porter garant). **1.** Qui doit répondre de ses actes ou de ceux des personnes dont il a la charge. *Les parents sont responsables des dommages causés par leurs enfants mineurs.* **2.** Qui est réfléchi, qui pèse les conséquences de ses actes. *Agir en homme responsable.* ◆ adj. et n. Qui est à l'origine d'un mal, d'une erreur. *Être responsable d'un accident. Le vrai responsable, c'est l'alcool.* ◆ n. Personne qui a la charge d'une fonction, qui a un pouvoir décisionnaire. *Une responsable syndicale.*

RESQUILLE n.f. ou **RESQUILLAGE** n.m. *Fam.* Action de resquiller.

RESQUILLER v.t. (provenç. *resquilha,* glisser). *Fam.* Se procurer par quelque menue fraude un avantage auquel on n'a pas droit. ◆ v.i. *Fam.* Se faufiler dans une salle de spectacle, entrer dans un véhicule de transport en commun sans attendre son tour ou sans payer sa place.

RESQUILLEUR, EUSE n. *Fam.* Personne qui resquille.

RESSAC [rəsak] n.m. (esp. *resaca*). Retour violent des vagues sur elles-mêmes, lorsqu'elles se brisent contre un obstacle.

RESSAIGNER v.i. Saigner de nouveau.

RESSAISIR v.t. Saisir de nouveau ; reprendre possession de. ◆ **se ressaisir** v.pr. Reprendre son calme, son sang-froid, redevenir maître de soi.

RESSAISISSEMENT n.m. *Litt.* Action de se ressaisir.

RESSASSER v.t. (de *sas,* tamis). Répéter sans cesse. *Ressasser les mêmes plaisanteries.*

RESSAT n.m. Suisse. **1.** Anc. Repas qui marquait la fin des vendanges. **2.** Mod. Banquet organisé par une confrérie de vendangeurs.

RESSAUT n.m. (ital. *risalto*). **1.** Rupture d'alignement d'un mur, en avancée ou en renfoncement. **2.** Saillie qui interrompt un plan horizontal.

RESSAUTER v.t. Sauter de nouveau.

RESSAYAGE n.m. → **RÉESSAYAGE.**

RESSAYER v.t. → **RÉESSAYER.**

RESSEMBLANCE n.f. Rapport entre des personnes présentant des traits physiques, psychologiques, etc., communs. – Rapport entre des objets ayant certains éléments communs.

RESSEMBLANT, E adj. Qui présente une ressemblance avec un modèle. *Portrait ressemblant.*

RESSEMBLER v.t. ind. **(à)**. Présenter une ressemblance avec. ◆ **se ressembler** v.pr. Offrir une ressemblance mutuelle. *Elles se sont ressemblé lorsqu'elles étaient petites.*

RESSEMELAGE n.m. Action de ressemeler.

RESSEMELER v.t. [16]. Mettre une semelle neuve à une chaussure.

RESSEMER v.t. [12]. Semer de nouveau.

RESSENTIMENT n.m. Souvenir d'une injure, d'une injustice, avec désir de s'en venger.

RESSENTIR v.t. [26]. **1.** Éprouver une sensation, un sentiment agréables ou pénibles. *Ressentir une joie profonde. Ressentir une douleur.* **2.** Être affecté par qqch, en subir les effets. *Économie qui ressent les contrecoups de la crise.* ◆ **se ressentir** v.pr. **1.** Éprouver les suites, les conséquences fâcheuses de. *Se ressentir des suites d'une opération.* **2.** *Fam.* ***Ne pas s'en ressentir pour :*** ne pas avoir le courage ou l'envie de faire qqch.

RESSERRE n.f. Endroit où l'on met certaines choses à l'abri ; réserve, remise.

RESSERRÉ, E adj. Contenu étroitement dans ses limites. *Défilé resserré.*

RESSERREMENT n.m. Action de resserrer ; fait d'être resserré.

RESSERRER v.t. **1.** Serrer de nouveau ou davantage. *Resserrer sa ceinture.* **2.** Renforcer, raffermir des relations. *Resserrer des liens, une amitié.* ◆ **se resserrer** v.pr. **1.** Devenir plus étroit. *Rue qui se resserre.* **2.** Devenir plus intime, plus proche. *Nos relations se resserraient.*

RESSERVIR v.t. [31]. Servir qqch de nouveau ou en plus. ◆ v.i. Être encore utilisable. *Cela peut toujours resservir.*

1. RESSORT n.m. (de *1. sortir*). **1.** Organe élastique pouvant supporter d'importantes déformations et destiné à exercer une force en tendant à reprendre sa forme initiale après avoir été plié, tendu, comprimé ou tordu. ◇ ***Faire ressort :*** rebondir. **2.** *Litt.* Force occulte qui fait agir. *L'argent est le ressort de bien des conflits.* **3.** Force

R

morale, énergie qui permet de faire face. *Manquer de ressort face à l'adversité.*

2. RESSORT n.m. (de *2. ressortir*). DR. Limite de la compétence matérielle et territoriale d'une juridiction. *Le ressort d'un tribunal.* ◇ ***Juger en premier, en dernier ressort*** : juger une affaire susceptible, non susceptible d'appel. – *Par ext.* ***Être du ressort de qqn,*** de sa compétence.

1. RESSORTIR v.i. [31] [auxil. *être*]. **1.** Sortir une nouvelle fois ; sortir après être entré. **2.** Se détacher sur un fond, paraître par contraste. ◇ ***Faire ressortir qqch,*** le mettre en relief, en valeur. **3.** Résulter ; découler. *Il ressort de là que ...* ◆ v.t. [auxil. *avoir*]. Sortir une nouvelle fois. *Ressortir le chien.*

2. RESSORTIR v.t. ind. **(à)** [21] [auxil. *avoir*]. **1.** DR. Être du ressort d'une juridiction, de sa compétence. **2.** *Litt.* Se rapporter à, concerner, dépendre de.

RESSORTISSANT, E n. Personne protégée par les représentants diplomatiques ou consulaires d'un pays donné, lorsqu'elle réside dans un autre pays.

RESSOUDER v.t. Souder de nouveau.

RESSOURCE n.f. (de l'anc. fr. *resurdre,* ressusciter). **1.** Ce qu'on emploie dans une situation fâcheuse pour se tirer d'embarras. *Ce sera ma dernière ressource.* ◇ ***Personne de ressource(s)*** : personne capable de fournir des solutions à qqch. – Vx. ***Sans ressource*** : sans remède. **2.** AVIAT. Manœuvre de redressement d'un avion à la suite d'un piqué. ◆ pl. **1.** Moyens d'existence d'une personne ; éléments de la richesse ou de la puissance d'une nation. ◇ ***Ressources naturelles*** : ensemble des potentialités qu'offre le milieu physique, notamm. dans les domaines énergétique, minier ou forestier. **2.** Moyens dont on dispose, possibilités d'action. **3.** ***Ressources humaines*** : ensemble du personnel d'une entreprise. *Directeur des ressources humaines.*

RESSOURCEMENT n.m. Fait de se ressourcer.

RESSOURCER (SE) v.pr. Revenir à ses sources, retrouver ses racines profondes.

RESSOUVENIR (SE) v.pr. [28]. *Litt.* Se souvenir de nouveau.

RESSUAGE [rəsɥaʒ] n.m. Séparation d'une phase liquide au cours du chauffage d'un alliage, le reste de la masse restant solide.

RESSUER v.i. (de *suer*). Présenter le phénomène de ressuage.

RESSUI [rɛ-] n.m. (de *ressuyer*). VÉNER. Lieu où le grand gibier se retire pour se sécher.

RESSURGIR v.i. → **RESURGIR.**

RESSUSCITER v.i. (lat. *ressuscitare,* réveiller). **1.** Revenir de la mort à la vie, d'une grave maladie à la santé. **2.** *Litt.* Réapparaître, manifester une vie nouvelle. *Ces vieilles coutumes ont ressuscité.* ◆ v.t. **1.** Ramener de la mort à la vie, d'une grave maladie à la santé. **2.** *Litt.* Renouveler, faire réapparaître. *Ressusciter une mode.*

RESSUYER v.t. [7]. Essuyer de nouveau ; faire sécher.

RESTANT, E adj. **1.** Qui reste. *Le seul héritier restant.* **2.** ***Poste restante*** : mention indiquant qu'une lettre doit rester au bureau de poste pendant un certain délai afin de permettre à son destinataire de venir la retirer. ◆ n.m. Ce qui reste.

RESTAURANT n.m. Établissement public où l'on sert des repas moyennant paiement. Abrév. *(fam.) : restau* ou *resto.*

1. RESTAURATEUR, TRICE n. Personne qui restaure une œuvre d'art. *Restaurateur de tableaux.*

2. RESTAURATEUR, TRICE n. Personne qui tient un restaurant.

1. RESTAURATION n.f. (lat. *restauratio*). **1.** Réparation, réfection. *Restauration d'un monument.* **2.** *Litt.* Nouvelle vigueur, nouvelle existence donnée à qqch. *Restauration des arts.* **3.** Rétablissement d'une dynastie précédemment écartée du pouvoir. *Restauration des Stuarts.* ◇ ***La Restauration*** : le retour des Bourbons sur le trône en 1814 (v. partie n.pr.). – ***Style Restauration*** : en France, style décoratif des années 1815 - 1830. **4.** Amélioration de certaines propriétés mécaniques des métaux et alliages écrouis soit au cours d'un réchauffage, soit au cours d'une irradiation. **5.** Opération qui consiste à remettre en état un immeuble vétuste.

2. RESTAURATION n.f. (de *1. restauration,* d'après *restaurant*). **1.** Métier de restaurateur ; ensemble des restaurants, leur administration. **2.** ***Restauration rapide*** : recomm. off. pour *fast-food.*

1. RESTAURER v.t. (lat. *restaurare*). **1.** Remettre en bon état ; consolider, rénover. *Restaurer une statue.* **2.** *Litt.* Remettre en vigueur, en honneur. *Restaurer la liberté.* ◇ ***Restaurer une dynastie,*** la remettre sur le trône.

2. RESTAURER v.t. *Litt.* Faire manger qqn. ◆ **se restaurer** v.pr. Reprendre des forces en mangeant.

RESTE n.m. **1.** Ce qui reste d'un ensemble dont on a retranché une ou plusieurs parties, ou dont on considère à part une ou plusieurs parties. *Elle occupe trois pièces et loue le reste de la maison. Le reste de la journée, de la vie.* ◇ ***Au reste, du reste*** : au surplus, d'ailleurs. – ***De reste*** : plus qu'il ne faut. – ***Demeurer, être en reste avec qqn,*** lui devoir encore qqch. – ***Ne pas demander son reste*** : se retirer promptement de crainte d'avoir à subir d'autres désagréments. – ***Un reste de*** : une petite quantité demeurant de. **2.** Ce qui reste ou resterait à dire, à faire, etc. ; toute chose qui vient en plus. *Je terminerai le reste de mon travail ce soir.* **3.** ARITHM. ***Reste d'une division*** : différence entre le dividende et le produit du diviseur par le quotient. ◆ pl. **1.** Ce qui n'a pas été consommé au cours d'un repas. **2.** Cadavre, ossements, cendres d'un être humain. *Les restes d'un grand homme.* **3.** *Fam.* ***Avoir de beaux restes*** : avoir encore des vestiges certains de sa beauté (ou, par ext., de son intelligence) d'autrefois.

RESTER v.i. [auxil. *être*] (lat. *restare,* s'arrêter). **1.** Subsister après disparition de qqch, de qqn, d'un groupe. *Voilà tout ce qui reste de sa fortune.* **2.** Continuer à séjourner dans un lieu ou auprès de qqn. *Rester à Marseille tout l'été.* **3.** Région. ou Afrique, Antilles. Habiter, résider quelque part. *Il reste près du port.* **4.** Se maintenir, continuer à être dans la même position, le même état. *Elle est restée fidèle à ses camarades.* **5.** ***En rester là*** : ne pas poursuivre une action, une collaboration, des relations. – ***Il reste que, il n'en reste pas moins que*** : on ne peut cependant nier que.

RESTITUABLE adj. Qui peut ou qui doit être restitué.

RESTITUER v.t. (lat. *restituere*). **1.** Rendre ce qui a été pris ou ce qui est possédé indûment. *Restituer le bien d'autrui.* **2.** Rétablir, remettre en son premier état. *Restituer un texte, le plan d'un édifice.* **3.** Reproduire un son enregistré. **4.** TOPOGR. Opérer une restitution.

RESTITUTION n.f. **1.** Action de restituer ; son résultat. **2.** TOPOGR. Reconstitution, en plan ou en élévation, d'un objet ou d'un terrain préalablement photographié en stéréoscopie.

RESTO ou **RESTAU** n.m. [pl. *restos, restaus*] (abrév.). *Fam.* Restaurant.

RESTOROUTE n.m. Restaurant aménagé au bord d'une grande route, d'une autoroute.

RESTREINDRE v.t. [62] (lat. *restringere*). Réduire à des limites plus étroites ; limiter. *Restreindre les crédits.* ◆ **se restreindre** v.pr. Réduire ses dépenses.

RESTRICTIF, IVE adj. (lat. *restrictus,* serré). Qui restreint, limite. *Clause restrictive.*

RESTRICTION n.f. **1.** Condition, modification qui restreint qqch. *Cette mesure a été adoptée sans restriction.* ◇ ***Restriction mentale*** : acte par lequel on émet une opinion contraire à sa conviction en utilisant des arguments dont la présentation formelle ne constitue pas un mensonge. **2.** Action de limiter, de réduire la quantité, l'importance de qqch. *Restriction des crédits.* **3.** ALGÈBRE. ***Restriction d'une application*** f ***(de A dans B au sous-ensemble D de A)*** : application de D dans B qui à tout élément de D associe son image par *f.* ◆ pl. Mesures de rationnement en période de pénurie économique.

RESTRUCTURATION n.f. Action de réorganiser selon de nouveaux principes, avec de nouvelles structures, un ensemble que l'on juge inadapté. *Restructuration d'une industrie.*

RESTRUCTURER v.t. Effectuer la restructuration de.

RESUCÉE [rəsyse] n.f. *Fam.* Chose déjà faite, vue, entendue, goûtée plusieurs fois.

RÉSULTANT, E adj. Qui résulte de qqch.

RÉSULTANTE n.f. **1.** Résultat de l'action conjuguée de plusieurs facteurs. **2.** MATH. ***Résultante d'un système de vecteurs,*** vecteur unique, s'il existe, équivalant à ce système de vecteurs.

RÉSULTAT n.m. **1.** Ce qui résulte d'une action, d'un fait, d'un principe, d'un calcul. *Le résultat d'une division, d'une négociation.* ◇ COMPTAB. ***Compte de résultat*** → **compte. 2.** Réussite ou échec à un examen ou à un concours. ◆ pl. **1.** Réalisations concrètes. *Obtenir des résultats.* **2.** COMPTAB. Bénéfices ou pertes d'une entreprise au cours d'un exercice.

RÉSULTER v.t. ind. **(de)** ou v. impers. [auxil. *être* ou *avoir*] (lat. *resultare,* rebondir, de *saltare,* sauter). Être la conséquence, l'effet de ; s'ensuivre. *Cet échec résulte d'un manque de préparation.*

RÉSUMÉ n.m. Forme condensée d'un texte, d'un discours, etc. ; abrégé, sommaire. *Faire le résumé d'un livre.* ◇ ***En résumé*** : en résumant, en récapitulant.

RÉSUMER v.t. (lat. *resumere,* recommencer). Rendre en moins de mots ce qui a été dit, écrit, représenté plus longuement. *Résumer un livre, un film.* ◆ **se résumer** v.pr. **1.** Reprendre sommairement ce qu'on a dit. **2.** Consister essentiellement en. *Sa participation se résume à peu de chose.*

RESURCHAUFFE n.f. Action de resurchauffer.

RESURCHAUFFER v.t. ÉNERG. Surchauffer de nouveau une vapeur qui, après avoir été déjà surchauffée, a subi une première détente.

RESURCHAUFFEUR n.m. Appareil servant à resurchauffer une vapeur.

RÉSURGENCE [rezyrʒɑ̃s] n.f. (du lat. *resurgere,* renaître). **1.** Réapparition à l'air libre, sous forme de grosse source, d'eaux infiltrées dans un massif calcaire. SYN. : *source vauclusienne.* **2.** *Fig.* Fait de réapparaître, de resurgir. *La résurgence des doctrines racistes.*

RÉSURGENT, E adj. Se dit des eaux qui réapparaissent à l'air libre après un trajet souterrain.

RESURGIR ou **RESSURGIR** v.i. Surgir de nouveau.

RÉSURRECTION n.f. (du lat. *resurgere,* se relever). **1.** Retour de la mort à la vie. *La résurrection de Lazare.* ◇ ***La Résurrection,*** celle du Christ ; fête qui la célèbre. **2.** Réapparition, nouvel essor d'un phénomène artistique, littéraire, etc. **3.** BX-ARTS. (Avec une majuscule.) Œuvre qui représente la résurrection du Christ.

RETABLE n.m. (de *table*). Dans une église, construction verticale portant un décor peint ou sculpté, placée sur un autel ou en retrait de celui-ci.

RÉTABLIR v.t. **1.** Remettre en son premier état, ou en meilleur état. *Rétablir ses affaires.* ◇ ***Rétablir les faits, la vérité,*** les présenter sous leur véritable jour. **2.** Faire exister de nouveau, remettre en vigueur ; ramener. *Rétablir l'ordre.* **3.** Redonner des forces à ; guérir. *Ce régime l'a rétabli.* ◆ **se rétablir** v.pr. Recouvrer la santé.

RÉTABLISSEMENT n.m. **1.** Action de rétablir. *Rétablissement de l'ordre.* **2.** Retour à la santé. **3.** Mouvement de gymnastique permettant de s'élever au-dessus du point d'appui offert par les mains, après une traction sur les bras.

RETAILLE n.f. Opération qui consiste à moderniser la taille d'un diamant, ou à tailler de nouveau une pierre cassée.

RETAILLER v.t. Tailler de nouveau.

RÉTAMAGE n.m. Action de rétamer des objets métalliques.

RÉTAMER v.t. **1.** Étamer de nouveau une surface métallique. **2.** *Fam.* Fatiguer, épuiser. **3.** *Fam.* ***Se faire rétamer.*** **a.** Se faire battre au jeu. **b.** Échouer à un examen.

RÉTAMEUR n.m. Personne qui rétame des objets métalliques.

RETAPAGE n.m. *Fam.* Action de retaper.

RETAPE n.f. **1.** *Arg.* Racolage. ◇ *Arg.* ***Faire de la retape*** : racoler. **2.** *Fam.* Publicité tapageuse.

1. RETAPER v.t. *Fam.* **1.** Remettre sommairement en état ; réparer, arranger. **2.** Remettre en forme, redonner des forces. *Les vacances l'ont retapé.* **3.** Refaire sommairement un lit en tirant draps et couvertures. ◆ **se retaper** v.pr. *Fam.* Recouvrer la forme, la santé.

2. RETAPER v.t. Taper de nouveau un texte à la machine.

RETARD n.m. **1.** Action d'arriver, d'agir trop tard. *S'excuser de son retard.* ◇ ***Sans retard*** : sans délai. – ***En retard*** : plus tard que prévu, plus lentement que la normale. **2.** Différence entre l'heure marquée par une pendule, une horloge, etc., qui retarde et l'heure légale. **3.** État de qqn, de qqch qui n'est pas aussi développé, avancé qu'il devrait l'être. ◆ adj. inv. Se dit d'une forme pharmaceutique d'un médicament qui libère le principe actif dans l'organisme d'une manière progressive et prolongée. *Une forme retard de pénicilline.*

RETARDATAIRE adj. et n. Qui est en retard.

RETARDATEUR, TRICE adj. Qui ralentit un mouvement, une action chimique. ◇ MIL. *Action retardatrice :* forme du combat défensif mené sur des positions successives pour ralentir la progression de l'adversaire. ◆ n.m. **1.** MATÉR. Substance qui retarde la prise d'un adhésif, d'un ciment, etc. **2.** PHOTOGR. Dispositif qui diffère d'une dizaine de secondes le fonctionnement de l'obturateur.

RETARDÉ, E adj. et n. *Fam.* Qui est en retard dans son développement intellectuel.

RETARDEMENT n.m. **1.** Action de retarder ; fait d'être retardé. **2.** *À retardement :* se dit d'un engin muni d'un dispositif qui en retarde l'explosion jusqu'à un moment déterminé ; *fig.,* après un certain délai, quand il est trop tard. *Comprendre à retardement.* – *Fam. Bombe à retardement :* fait, initiative qui risque de provoquer dans l'avenir une situation difficile.

RETARDER v.t. (lat. *retardare*). **1.** Faire perdre un temps plus ou moins long sur la durée prévue ; faire arriver ou se produire plus tard que prévu. *La pluie nous a retardés.* **2.** Remettre à un moment ultérieur. *Retarder son départ.* **3.** Ralentir un mouvement, un processus. ◆ v.i. **1.** Indiquer une heure antérieure à l'heure légale, en parlant d'une montre, d'une pendule ou de la personne qui la possède. *Votre montre retarde. Je retarde de cinq minutes.* **2.** *Fam.* Ignorer une nouvelle que tout le monde connaît. **3.** *Fam.* Avoir des idées, des goûts dépassés, surannés.

RETASSURE n.f. (de *tasser*). MÉTALL. Défaut constitué par une cavité se formant dans la partie massive d'une pièce métallique coulée et due à la contraction du métal lors de sa solidification.

RETÂTER v.t. *Fam.* Tâter de nouveau. ◆ v.t. ind. **(de).** *Fam.* Essayer de nouveau, revenir à. *Retâter d'un sport.*

RETENDRE v.t. [59]. Tendre de nouveau ce qui était détendu.

RETENIR v.t. [28] (lat. *retinere*). **1.** Garder par-devers soi ce qui est à un autre. *Retenir des bagages à la douane.* **2.** Prélever une partie d'une somme. *Retenir tant sur un salaire.* **3.** Faire une retenue dans un calcul arithmétique. **4.** Se faire réserver qqch pour pouvoir en disposer le moment voulu. *Retenir une place dans le train.* **5.** Considérer une idée, une proposition, etc., comme digne d'intérêt. *Retenir un projet.* **6.** Empêcher de se mouvoir, de se déplacer, de tomber. **7.** Empêcher de partir, inviter à demeurer quelque part. *Retenir qqn à dîner.* **8.** Maintenir en place ; contenir. *Retenir les eaux d'une rivière.* **9.** Empêcher un sentiment, une réaction, etc., de se manifester. *Retenir sa colère.* **10.** Fixer dans sa mémoire. *Retenir une adresse.* **11.** *Fam. Je te (vous, le, etc.) retiens :* se dit à qqn ou de qqn qui a mal agi, mal accompli une tâche. ◆ **se retenir** v.pr. **1.** Se rattraper à qqch pour éviter une chute ; ralentir un mouvement vers le bas. **2.** Résister à une envie. *Se retenir de rire.* **3.** *Fam.* Différer de satisfaire un besoin naturel.

RETENTER v.t. Tenter de nouveau, après un échec.

RÉTENTEUR n.m. DR. Personne qui exerce un droit de rétention.

RÉTENTION n.f. (lat. *retentio*). **1.** Action de garder pour soi ce qu'on devrait mettre en circulation ou diffuser. *Rétention de marchandises, d'informations.* **2.** HYDROL. Phénomène par lequel l'eau des précipitations ne rejoint pas immédiatement les cours d'eau. (On observe de nombreuses formes de rétention : rétention glaciaire, nivale, rétention des éboulis, des terrains perméables.) **3.** MÉD. Accumulation excessive dans un organe, un tissu de produits qui doivent normalement être éliminés. *Rétention d'urine dans la vessie.* **4.** PSYCHOL. Propriété de la mémoire qui consiste à conserver de l'information. **5.** DR. **a.** Droit pour un créancier de garder l'objet de son débiteur jusqu'au paiement de ce que celui-ci lui doit. **b.** Fait pour le représentant d'une autorité de retenir qqn un certain temps près de lui (pour vérification d'identité, par ex.). ◇ *Rétention administrative :* fait de placer dans un centre non pénitentiaire un étranger devant être expulsé ou reconduit à la frontière, en cas de désaccord sur le pays d'accueil.

RETENTIR v.i. (lat. *tinnire,* résonner). **1.** Rendre, renvoyer un son éclatant, puissant, qui résonne. *La rue retentit du bruit d'un camion qui passe.* **2.** Avoir des effets, des répercussions sur qqch d'autre. *Cet événement retentit hors des frontières.*

RETENTISSANT, E adj. **1.** Qui rend un son puissant. *Voix retentissante.* **2.** Qui attire l'attention du public. *Scandale retentissant.*

RETENTISSEMENT n.m. **1.** Effet qui se propage dans le public ; répercussion. *Cette nouvelle a eu un grand retentissement.* **2.** Vx. Son renvoyé avec éclat.

RETENUE n.f. **1.** Action de garder. *Retenue des marchandises par la douane.* **2.** Précompte. **3.** Privation de récréation ou de sortie, dans les établissements scolaires ; consigne, colle. **4.** Qualité d'une personne qui contient ses sentiments, garde une réserve discrète. **5.** Ralentissement de la circulation routière ; embouteillage, bouchon. *Une retenue de 12 km.* **6.** CONSTR. Assujettissement des extrémités d'une poutre dans un mur. **7.** MAR. Cordage servant à maintenir un objet que l'on hisse. **8.** Dans un calcul arithmétique, nombre qu'on reporte, dans certains cas, d'une colonne à la colonne directement à gauche. **9.** TRAV. PUBL. Eau emmagasinée derrière un barrage, dans un réservoir ou un bief. **10.** COMM. *Retenue de garantie :* fraction du montant d'un marché qui n'est pas réglée à l'entrepreneur ou au fournisseur à la réception provisoire, mais à la réception définitive.

RÉTIAIRE [retjɛr] ou [resjɛr] n.m. (lat. *retiarius,* de *rete,* filet). ANTIQ. ROM. Gladiateur armé d'un trident et d'un filet, qui était génér. opposé à un mirmillon.

RÉTICENCE n.f. (du lat. *reticere,* taire). **1.** Omission volontaire de qqch qu'on devrait ou qu'on pourrait dire. *Parler sans réticence.* **2.** Attitude de qqn qui hésite à dire sa pensée, à prendre une décision.

RÉTICENT, E adj. Qui manifeste de la réticence.

RÉTICULAIRE adj. **1.** Qui a la forme d'un réseau. **2.** Relatif à un réseau cristallin. **3.** MÉD. **a.** Relatif à un réseau, qui en a la forme ou en fait partie. **b.** Réticulé.

RÉTICULATION n.f. Formation de liaisons chimiques entre chaînes de polymères, dans les différentes directions de l'espace, au cours d'une polymérisation, d'une polycondensation ou d'une polyaddition.

RÉTICULE n.m. (lat. *reticulum,* petit filet). **1.** Petit sac à main. **2.** OPT. Disque percé d'une ouverture circulaire coupée par deux fils très fins se croisant à angle droit, et qui sert à faire des visées dans une lunette.

RÉTICULÉ, E adj. **1.** BIOL. Marqué de nervures, de bandes colorées, formant réseau. *Élytre réticulé. Python réticulé.* **2.** ARCHIT. Se dit d'un type de parement architectonique formé de petits moellons à face carrée disposés selon des lignes obliques. (C'est l'*opus reticulatum* des Romains.) **3.** MÉD. Qui a la forme d'un réticulum. SYN. : *réticulaire.* **4.** ANAT. *Substance, formation réticulée,* ou *réticulée,* n.f. : ensemble de noyaux et de fibres nerveuses entrelacés, réparti d'une façon diffuse dans le centre du tronc cérébral, au rôle complexe (mise en état de veille ou d'alerte, contrôle de certains mouvements, etc.). **5.** *Porcelaine réticulée :* porcelaine à deux enveloppes, dont l'extérieure est découpée à jour.

RÉTICULER v.t. CHIM. Relier entre elles des chaînes de polymères pour former un réseau.

RÉTICULOCYTE n.m. Globule rouge jeune.

RÉTICULO-ENDOTHÉLIAL, E, AUX adj. HISTOL. Vieilli. *Système réticulo-endothélial :* système des phagocytes mononucléés.

RÉTICULUM [retikylɔm] n.m. (lat. *reticulum,* réseau). **1.** MÉD. Réseau de petits éléments entrelacés ou anastomosés. **2.** BIOL. CELL. *Réticulum endoplasmique :* organite intracellulaire formé par un réseau complexe de replis membranaires. – *Réticulum endoplasmique lisse,* impliqué notamm. dans la synthèse des lipides. – *Réticulum endoplasmique rugueux :* ergastoplasme.

RÉTIF, IVE adj. (du lat. *restare,* s'arrêter). **1.** Qui s'arrête ou recule au lieu d'avancer. *Cheval rétif.* **2.** Difficile à conduire, à persuader ; récalcitrant, indocile.

RÉTINE n.f. (lat. *rete,* filet). Membrane tapissant le fond de l'œil, contenant les cellules sensorielles de la vision (à cône et à bâtonnet), qui se poursuivent par les fibres du nerf optique.

RÉTINIEN, ENNE adj. Relatif à la rétine.

RÉTINITE n.f. Inflammation de la rétine.

RÉTINOÏDE n.m. Substance chimique dérivée ou proche de la vitamine A, utilisée en dermatologie (nom générique).

RÉTINOL n.m. Vitamine A.

RÉTINOPATHIE n.f. Toute affection de la rétine.

RÉTIQUE adj. et n.m. → **RHÉTIQUE.**

RETIRABLE adj. Rare. Qui peut être retiré.

RETIRAGE n.m. TECHN. Nouveau tirage d'un livre, d'une photo, etc.

RETIRATION n.f. Impression du verso d'une feuille ; forme imprimante destinée à cette impression. ◇ *Presse à retiration :* presse imprimant successivement le recto et le verso en un seul passage de la feuille.

RETIRÉ, E adj. **1.** Situé à l'écart et peu fréquenté. *Village retiré.* **2.** Se dit de qqn qui a cessé toute activité professionnelle.

RETIRER v.t. **1.** Tirer à soi, ramener en arrière. *Retirer la jambe.* **2.** Faire sortir qqn, qqch de l'endroit où ils étaient. *Retirer un enfant du lycée. Retirer une balle d'une plaie.* **3.** Reprendre ce qu'on a donné, confié ; ôter. *Retirer à qqn sa confiance.* **4.** Revenir sur une déclaration, un engagement ; renoncer à. *Retirer ses accusations, sa candidature.* **5.** Prendre possession de ce qui est préparé, réservé pour soi, de ce qu'on avait placé en dépôt. *Retirer ses billets à l'agence. Retirer de l'argent à la banque.* **6.** Obtenir, recueillir en retour. *Retirer tant d'un bien.* ◆ **se retirer** v.pr. **1.** Quitter un endroit ; prendre congé. *Se retirer discrètement.* **2.** Aller dans un lieu pour y trouver refuge. *Se retirer dans sa chambre, à la campagne.* **3.** Prendre sa retraite. **4.** Cesser de participer à qqch. *Se retirer de la compétition.* **5. a.** Descendre, en parlant de la mer. **b.** Rentrer dans son lit, en parlant d'une rivière.

RETISSER v.t. Tisser de nouveau.

RÉTIVITÉ n.f. Rare. Caractère rétif, humeur rétive.

RETOMBANT, E adj. Qui retombe.

RETOMBÉE n.f. **1.** Action de retomber après s'être élevé. *La retombée d'une fusée. Retombées volcaniques.* – *Fig.* (Surtout pl.) Conséquence, répercussion. *Les retombées politiques d'un scandale.* **2.** *Litt.* Action de retomber après une exaltation. *La retombée de l'enthousiasme populaire.* **3.** ARCHIT. Partie inférieure de chacune des deux montées d'un arc, d'une voûte.

RETOMBER v.i. [auxil. *être*]. **1.** Tomber de nouveau ; tomber après s'être élevé ou après avoir été élevé ou lancé. *La vapeur retombe en pluie.* **2.** Se trouver une nouvelle fois dans un état (en partic. mauvais) ; avoir de nouveau tel type de comportement, d'action (en partic. négatif). *Retomber malade. Retomber dans ses erreurs.* **3.** Disparaître ou faiblir. *Sa colère est retombée.* **4.** Atteindre qqn par contrecoup, rejaillir sur lui. *La responsabilité en retombera sur lui.*

RETONDRE v.t. [59]. Tondre de nouveau.

RETOQUER v.t. *Fam.* Rejeter, repousser, refuser. *Retoquer une proposition de loi.*

RETORDAGE ou **RETORDEMENT** n.m. Action de retordre.

RETORDRE v.t. [59] (lat. *retorquere*). **1.** Tordre de nouveau. *Retordre du linge.* **2.** TEXT. Tordre ensemble deux ou plusieurs fils. ◇ *Métier à retordre :* machine servant à exécuter le retordage.

RÉTORQUER v.t. (lat. *retorquere,* renvoyer). Répondre vivement ; répliquer.

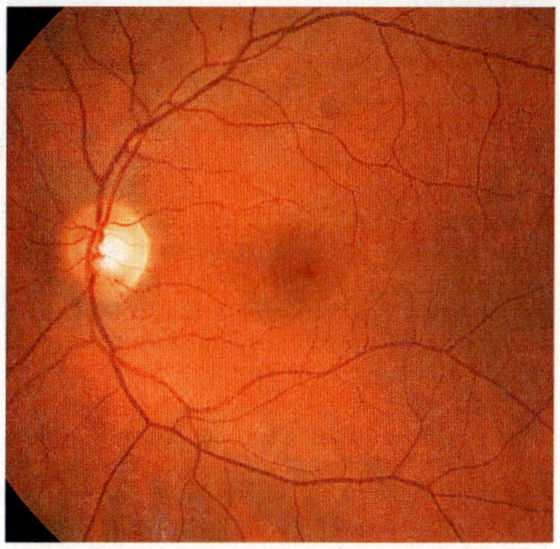

■ **RÉTINE** vue à l'examen du fond d'œil.

RETORS, E adj. **1.** Qui a été tordu plusieurs fois. *Soie retorse.* **2.** Qui manifeste une ruse, une finesse tortueuses. *Politicien retors. Donner des conseils retors.*

RÉTORSION n.f. (de *rétorquer,* avec l'infl. de *torsion*). **1.** Action de répliquer par des mesures, des procédés analogues à ceux dont qqn s'est servi contre soi ; représailles. **2.** DR. *Mesure de rétorsion :* procédé de coercition qui consiste, pour un État, à user à l'égard d'un autre État de mesures analogues à celles, préjudiciables, quoique licites, dont cet État s'est servi envers lui.

RETOUCHE n.f. **1.** Action de retoucher ; correction. **2.** Rectification d'un vêtement de confection aux mesures d'un client. **3.** Correction sur un film photographique ou un cliché d'impression.

RETOUCHER v.t. Apporter des modifications à ; perfectionner, corriger. *Retoucher une photo, un vêtement.* ◆ v.t. ind. **(à)**. **1.** Vx. *Retoucher à un travail,* le corriger. **2.** S'adonner de nouveau à. *Retoucher à l'alcool.*

RETOUCHEUR, EUSE n. **1.** Personne qui fait la retouche des photographies ou des clichés d'impression. **2.** Personne qui effectue les retouches d'un vêtement.

RETOUR n.m. **1.** Fait pour qqn, qqch de repartir, de revenir vers l'endroit d'où il est venu ; déplacement, voyage ainsi accompli. <> *Être de retour :* être revenu. – *Sans retour :* pour toujours, à jamais. – *Être sur le retour :* être sur le point de partir pour regagner le lieu d'où l'on est venu ; commencer à vieillir, à décliner. **2.** Titre de transport permettant de faire en sens inverse le voyage fait à l'aller. **3. a.** Renvoi à un éditeur des volumes invendus ; ouvrage non vendu. **b.** DR. *Droit de retour successoral :* réversion. **c.** BANQUE. *Clause de retour sans frais, sans protêt :* clause aux termes de laquelle le porteur d'une lettre de change est dispensé de protester en cas de non-paiement. **4.** Action ou fait de revenir à un état antérieur. *Retour au calme.* **5.** Fait d'évoquer, de revivre ce qui appartient au passé. <> *Retour en arrière.* **a.** Vue rétrospective. **b.** Recomm. off. pour *flash-back.* – *Retour sur soi-même :* effort de sincérité dans l'examen de sa conduite et de sa vie passée. **6.** Fait de se répéter, de se reproduire. *Le retour de la fièvre.* <> *Retour de couches* → **couche.** – PHILOS. *Éternel retour :* chez les stoïciens et chez Nietzsche, retour cyclique des mêmes événements et des mêmes êtres, le monde passant éternellement par les mêmes phases. **7.** Mouvement de va-et-vient, de réciprocité. *Un amour sans retour.* <> *Par retour du courrier :* dès la réception d'une correspondance ; sans délai. – *En retour :* en échange. **8.** Action de se déplacer, de se mouvoir en sens inverse du mouvement précédent. **9.** Mouvement imprévu ou brutal en sens opposé. <> *Retour de flamme :* poussée brusque et inattendue de flammes qui jaillissent hors du foyer ; *fig.,* renouveau d'activité, de passion. – *Fam. Retour de manivelle, de bâton :* conséquence néfaste ou dangereuse ; choc en retour, contrecoup subi. **10.** Coude, angle que fait une ligne. *Retour d'une façade.* **11.** Table qu'on installe perpendiculairement à un bureau. **12.** Partie destinée à être retournée, rabattue. *Un retour de drap.* **13.** *Fig.* Changement brusque dans une évolution. *Les retours de la fortune.* **14.** *Retour d'âge :* moment de l'existence où l'on commence à vieillir ; *spécial.,* ménopause.

RETOURNAGE n.m. Rare. Action de retourner un vêtement.

RETOURNE n.f. JEUX. Carte qu'on retourne pour déterminer l'atout.

RETOURNÉ n.m. Au football, coup de pied par lequel un joueur propulse la balle en arrière, en la faisant passer au-dessus de lui.

RETOURNEMENT n.m. **1.** Action de retourner, de se retourner. **2.** *Fig.* Changement brusque et complet de direction, d'orientation, d'opinion. *Le retournement de la situation.* **3.** GÉOMÉTR. *Retournement dans l'espace :* symétrie orthogonale par rapport à une droite de l'espace.

RETOURNER v.t. [auxil. *avoir*]. **1.** Mettre qqch à l'envers, le tourner de façon à placer le dessus en dessous, le devant derrière, etc. *Retourner une carte, un matelas.* **2.** Refaire un vêtement, un coussin, etc., de façon à mettre l'envers du tissu à la place de l'endroit déjà usé. **3.** Tourner qqch en tous sens. *Retourner la salade. Retourner des idées dans sa tête.* **4.** Renvoyer à l'expéditeur son envoi, à un commerçant, à un fabricant une marchandise qui ne convient pas. *Retourner une lettre.* **5.** *Fam. Retourner à qqn une critique, une injure* ou, *iron., un compliment,* lui adresser en retour et du tac au tac une critique, une injure, etc., équivalentes. **6.** *Fam.* Faire changer qqn, un groupe d'opinion, de camp. **7.** Troubler qqn profondément, lui causer une violente émotion. *La vue de l'accident l'a retourné.* ◆ v.i. [auxil. *être*]. **1.** Se rendre de nouveau dans un lieu où l'on est déjà allé. *Retourner chaque année à la mer.* **2.** Revenir à l'endroit d'où l'on est parti ; regagner son domicile ou le lieu que l'on a quitté. *Retourner chez soi.* **3.** Revenir à une attitude, à un sentiment dont on s'était défaits. *Retourner à ses premières amours.* **4.** Être restitué à qqn, à un groupe. *Maison qui retourne à son propriétaire.* **5.** *Savoir de quoi il retourne,* ce qui se passe, ce dont il s'agit. ◆ **se retourner** v.pr. **1.** Se tourner dans un autre sens, sur un autre côté. **2.** Tourner la tête, le buste ou le corps tout entier. **3.** Se renverser en tombant. *Le véhicule s'est retourné dans le fossé.* **4.** *Fam.* Agir au mieux, prendre ses dispositions dans une circonstance donnée. *Laissez-lui donc le temps de se retourner !* **5.** *Se retourner contre qqn.* **a.** Nuire après avoir été utile. *L'argument s'est retourné contre lui.* **b.** DR. Reporter sur qqn les charges d'une faute ou d'un dommage dont on est considéré comme responsable. **6.** *S'en retourner (quelque part) :* partir pour regagner le lieu d'où l'on est venu.

RETRACER v.t. [9]. **1.** Tracer de nouveau ou autrement. **2.** Rappeler au souvenir ; raconter, exposer. *Retracer des faits.*

RÉTRACTABILITÉ n.f. Propriété du bois de varier dans ses dimensions en fonction de son humidité.

RÉTRACTABLE adj. Qui peut se rétracter, rétrécir.

RÉTRACTATION n.f. Action de se rétracter, de désavouer ce qu'on a fait ou dit.

1. RÉTRACTER v.t. (lat. *retractare,* retirer). *Sout.* Désavouer ce qu'on a dit ou fait. ◆ **se rétracter** v.pr. Revenir sur ce qu'on a dit ; se dédire. *Se rétracter publiquement.*

2. RÉTRACTER v.t. (lat. *retrahere*). Faire se rétrécir ; contracter. *L'escargot rétracte ses cornes.* ◆ **se rétracter** v.pr. Subir une rétraction, se contracter.

RÉTRACTIF, IVE adj. *Didact.* Qui produit une rétraction.

RÉTRACTILE adj. (lat. *retractum,* de *retrahere,* tirer en arrière). Qui a la possibilité de se rétracter. *Griffes rétractiles.*

RÉTRACTILITÉ n.f. Qualité de ce qui est rétractile.

RÉTRACTION n.f. **1.** MÉD. Raccourcissement ou diminution de volume, pathologiques ou normaux, d'un organe, d'un tissu. **2.** PEINT. INDUSTR. Diminution d'épaisseur par plages d'un feuil sans mise à nu du subjectile.

RETRADUIRE v.t. [78]. Traduire de nouveau ou en partant d'une traduction.

RETRAIT n.m. (de l'anc. fr. *retraire,* retirer). **1.** Action de retirer. *Retrait bancaire. Retrait du permis de conduire.* **2.** Action de se retirer. *Retrait des troupes.* **3.** DR. Annulation, disparition d'un acte administratif, sur décision de l'Administration. **4.** Faculté pour une personne (le *retrayant*) de se substituer à l'acquéreur d'un bien (le *retrayé*) en contrepartie d'indemnités. **5.** Diminution de volume d'un matériau due à une perte d'eau (pour les céramiques hydrauliques, les liants ou le bois) ou à une baisse de température (pour les métaux). **6.** *En retrait.* **a.** En arrière d'un alignement, d'une ligne déterminée. **b.** *Fig.* Se dit d'une position moins avancée, moins audacieuse qu'une autre.

RETRAITANT, E n. RELIG. Personne qui fait une retraite spirituelle.

RETRAITE n.f. (de l'anc. fr. *retraire,* retirer). **1.** Action de se retirer de la vie active ; état de qqn qui a cessé ses activités professionnelles. *Prendre sa retraite.* **2.** Prestation sociale versée à qqn qui a pris sa retraite. <> *Caisse de retraite :* organisme qui gère un régime de retraite réglementé par la loi ou les accords collectifs (régime complémentaire). – *Point de retraite :* unité de calcul des avantages d'assurance vieillesse. **3.** RELIG. Éloignement momentané de ses occupations habituelles, pour se recueillir, se préparer à un acte important ; lieu où l'on se retire. **4.** *Litt.* Action de se retirer d'un lieu. **5.** Marche en arrière d'une armée qui ne peut se maintenir sur ses positions. <> *Battre en retraite* → **battre. 6.** MIL. Signal marquant la fin d'une manœuvre ou d'un tir. **7.** CONSTR. Diminution donnée à l'épaisseur d'un mur, étage par étage, à mesure que l'on s'élève. **8.** *Retraite aux flambeaux :* défilé nocturne organisé à l'occasion d'une fête publique, notamm. le 14 Juillet, à la lueur des lampions.

RETRAITÉ, E n. et adj. Personne qui a pris sa retraite, qui perçoit une retraite.

RETRAITEMENT n.m. Traitement ou destruction des déchets chimiques dangereux, afin d'éviter la pollution de l'environnement. <> *Retraitement nucléaire :* traitement du combustible *nucléaire irradié, qui permet de récupérer les éléments fissiles et fertiles en les séparant des produits de fission fortement radioactifs.

1. RETRAITER v.t. Pratiquer le retraitement de.

2. RETRAITER v.t. Afrique. Mettre à la retraite ou renvoyer un employé.

RETRANCHEMENT n.m. **1.** Vx. Suppression, diminution. *Retranchement d'une scène dans une pièce de théâtre.* **2.** FORTIF. Obstacle naturel ou artificiel, organisé pour défendre une position. <> *Attaquer qqn dans ses derniers retranchements,* d'une manière telle qu'il se trouve à bout d'arguments, de répliques.

RETRANCHER v.t. Ôter d'un tout. *Retrancher un passage d'un ouvrage.* ◆ **se retrancher** v.pr. Se mettre à l'abri derrière des défenses. <> *Se retrancher derrière qqch,* l'invoquer comme moyen de défense contre des demandes, des accusations.

RETRANSCRIPTION n.f. Nouvelle transcription.

RETRANSCRIRE v.t. [79]. Transcrire de nouveau.

RETRANSMETTRE v.t. [64]. **1.** Transmettre de nouveau ou à d'autres. *Retransmettre un message.* **2.** Diffuser une émission radiophonique ou télévisée.

RETRANSMISSION n.f. Action de retransmettre ; émission retransmise.

RETRAVAILLER v.t. et v.i. Travailler de nouveau.

RETRAVERSER v.t. Traverser de nouveau.

RETRAYANT, E [rətrɛjɑ̃, ɑ̃t] n. et adj. DR. Personne qui exerce le retrait.

RETRAYÉ, E [rətrɛje] n. et adj. DR. Personne qui subit le retrait.

RÉTRÉCIR v.t. (anc. fr. *étrécir,* du lat. *strictus,* étroit). Rendre plus étroit ; diminuer l'ampleur, la capacité de. ◆ v.i. ou **se rétrécir** v.pr. Devenir plus étroit. *Ce pull a rétréci au lavage. La rue se rétrécit.*

RÉTRÉCISSEMENT n.m. **1.** Action de rétrécir qqch. **2.** Diminution en largeur d'une voie, d'un canal, etc. ; endroit où ils sont plus étroits. **3.** MÉD. Diminution pathologique du diamètre d'un orifice, d'un conduit naturel. *Le rétrécissement aortique.* SYN. : *sténose.*

RÉTREINDRE v.t. [62] (de *étreindre*). MÉTALL. Diminuer le diamètre d'une pièce métallique par un martelage de la périphérie ou par emboutissage.

RÉTREINT n.m. ou **RÉTREINTE** n.f. Action de rétreindre.

RETREMPE n.f. MÉTALL. Nouvelle trempe.

RETREMPER v.t. **1.** Tremper de nouveau. *Retremper du linge dans l'eau.* **2.** MÉTALL. Donner une nouvelle trempe. ◆ **se retremper** v.pr. **(dans)**. Reprendre contact avec.

RÉTRIBUER v.t. (lat. *retribuere*). Payer pour un travail. *Rétribuer un employé. Rétribuer un service.*

RÉTRIBUTION n.f. Somme d'argent donnée en échange d'un travail, d'un service.

RETRIEVER [retrivœr] n.m. (mot angl.). Chien de chasse dressé à rapporter le gibier.

1. RÉTRO adj. inv. (de *rétrospectif*). *Fam.* Se dit d'une mode, d'un style, d'une œuvre littéraire, artistique, cinématographique, etc., inspirés par un passé récent, notamm. celui des années 1920 à 1960. ◆ n.m. inv. *Fam.* Mode, style rétro.

2. RÉTRO n.m. (abrév.). *Fam.* Rétroviseur.

RÉTROACTES n.m. pl. Belgique. Antécédents d'une affaire.

RÉTROACTIF, IVE adj. Se dit de qqch, d'une mesure qui a des conséquences qui rejaillissent sur des faits survenus antérieurement. (Les lois, en principe, ne sont pas rétroactives.)

RÉTROACTION n.f. **1.** Effet rétroactif. **2.** TECHN. Processus déclenché automatiquement après une perturbation, visant à provoquer une action correctrice en sens contraire. SYN. : *feed-back.*

RÉTROACTIVEMENT adv. De façon rétroactive.

RÉTROACTIVITÉ n.f. Caractère rétroactif.

RÉTROAGIR v.t. ind. **(sur).** *Sout.* Agir rétroactivement sur qqch.

RÉTROCÉDER v.t. [11] (lat. *retrocedere,* reculer). **1.** Céder ce qui nous a été cédé auparavant. **2.** Céder une chose achetée pour soi-même.

RÉTROCESSION n.f. DR. **1.** Acte par lequel on rétrocède un droit acquis. **2.** Transfert de la propriété d'un bien acquis à la personne qui l'avait antérieurement cédé. **3.** *Rétrocession d'honoraires :* fait de reverser à un tiers tout ou partie des honoraires perçus.

RÉTROCONTRÔLE n.m. Processus de régulation physiologique dans lequel un effet influence le signal qui l'a déclenché. (Par ex., la baisse de la glycémie freine la sécrétion d'insuline qui a déclenché cette baisse.) SYN. : *feed-back.*

RÉTROFLEXE adj. et n.f. PHON. Se dit d'une consonne ou d'une voyelle articulée avec la pointe de la langue tournée vers l'arrière de la bouche.

RÉTROFUSÉE n.f. Moteur-fusée utilisé pour freiner un engin spatial.

RÉTROGRADATION n.f. **1.** Action de rétrograder. **2.** Mesure disciplinaire par laquelle un militaire est placé à un grade inférieur à son grade précédent.

RÉTROGRADE adj. **1.** Qui va, qui se fait en arrière. *Marche rétrograde.* **2.** Opposé au progrès. *Esprit rétrograde.* **3.** ASTRON. *Sens rétrograde* → **sens. 4.** *Amnésie rétrograde,* dans laquelle l'oubli porte sur les souvenirs enregistrés avant le début des troubles (par ex. avant l'accident en cause).

RÉTROGRADER v.i. (lat. *retrogradi*). **1.** Revenir en arrière. **2.** Perdre ce que l'on avait acquis ; régresser. **3.** AUTOM. Passer le rapport de boîte de vitesses inférieur à celui qui est utilisé. ◆ **v.t.** MIL. Soumettre à la rétrogradation.

RÉTROGRESSION n.f. *Didact.* Mouvement en arrière.

RÉTROPÉDALAGE n.m. Pédalage en sens contraire du sens normal ; dispositif de freinage sur certaines bicyclettes.

RÉTROPROJECTEUR n.m. Système optique permettant de projeter, sans obscurcir la salle, des documents opaques ou transparents.

RÉTROSPECTIF, IVE adj. (lat. *retro,* **en arrière,** et *spectare,* **regarder**). **1.** Qui concerne le passé, l'évolution antérieure de qqch. *Un examen rétrospectif de la situation.* **2.** Qui se manifeste après coup, à l'évocation d'un événement. *Une peur rétrospective.*

RÉTROSPECTIVE n.f. **1.** Exposition présentant de façon récapitulative les œuvres d'un artiste (échelonnées dans le temps), d'une école, d'une époque. **2.** Émission, film, récit, etc., qui présente de façon récapitulative et chronologique des faits appartenant à un domaine précis. *Une rétrospective des événements de l'année.*

RÉTROSPECTIVEMENT adv. De façon rétrospective ; après coup.

RÉTROSYNTHÉTIQUE adj. *Analyse rétrosynthétique :* description systématique des diverses voies permettant la synthèse d'une molécule en passant par des intermédiaires de structure plus simple. (L'invention de cette méthode valut le prix Nobel à E. J. Corey.)

RETROUSSÉ, E adj. **1.** *Nez retroussé,* dont le bout est un peu relevé. **2.** CONSTR. *Entrait retroussé* → **entrait.**

RETROUSSEMENT n.m. Action de retrousser ; fait d'être retroussé.

RETROUSSER v.t. Relever, replier vers le haut. *Retrousser ses manches.*

RETROUSSIS n.m. Partie du bord d'un chapeau ou d'un vêtement qui est relevée, repliée vers le haut.

RETROUVAILLES n.f. pl. Fait de retrouver des personnes dont on était séparé.

RETROUVER v.t. **1.** Trouver qqch qui avait disparu, qui était égaré ou oublié. *Retrouver ses clefs.* **2.** Découvrir qqn qui avait disparu, qui était en fuite. *Retrouver les auteurs d'un vol.* **3.** Recouvrer un état, une faculté. *Retrouver son calme.* **4.** Rejoindre qqn à un rendez-vous. *Je te retrouverai à midi au café.* **5.** Être de nouveau en contact après une séparation. *Je suis heureux de vous retrouver.* ◆ **se retrouver** v.pr. **1.** Être de nouveau en un lieu, parmi des personnes, dans une situation qu'on avait quittés. **2.** Être soudainement ou finalement dans telle situation. *Se retrouver seul.* **3.** S'orienter dans un lieu, une question, une situation complexes. *Ne pas se retrouver dans un dédale de rues, dans un compte.* **4.** *Fam. S'y retrouver :* équilibrer les recettes et les dépenses ; faire un léger profit, tirer un avantage de qqch.

RÉTROVERSION n.f. MÉD. Position d'un organe (en partic. de l'utérus) basculé en arrière.

RÉTROVIRUS n.m. Virus à ARN dont la famille comprend notamm. le VIH, qui provoque le sida (par oppos. à *adénovirus*).

RÉTROVISEUR n.m. Miroir disposé à l'intérieur ou à l'extérieur d'un véhicule pour permettre au conducteur de surveiller les véhicules qui suivent. Abrév. *(fam.) : rétro.*

RETS [rɛ] n.m. (lat. *rete*). *Litt.* Filet pour prendre des oiseaux, des poissons.

RETSINA [rɛtsina] n.m. (mot gr.). Vin grec résiné.

RÉUNIFICATION n.f. Action de réunifier.

RÉUNIFIER v.t. [5]. Rétablir l'unité d'un pays, d'un parti, etc.

RÉUNION n.f. **1.** Action de réunir des personnes, fait de se rassembler ; assemblée. *Réunion d'anciens élèves.* **2.** Compétition hippique. **3.** Action de réunir des éléments épars. *La réunion des pièces d'un dossier.* **4.** Action de rattacher un territoire à un autre ou à un État. ◇ HIST. *Politique des *Réunions : v. partie n.pr.* **5.** ALGÈBRE. *Réunion de deux ensembles A et B :* ensemble, noté $A \cup B$, des éléments appartenant à A ou à B, ou aux deux. SYN. : *union.*

RÉUNIONNAIS, E adj. et n. De la Réunion, de ses habitants.

RÉUNIONNITE n.f. *Fam.* Manie de faire des réunions, souvent inutiles.

RÉUNION-TÉLÉPHONE n.f. (nom déposé). Service de télécommunication permettant à plusieurs personnes de converser par téléphone en appelant un numéro dont l'accès est préalablement réservé pour une durée et un nombre d'usagers déterminés.

RÉUNIR v.t. **1.** Rassembler des individus ; regrouper des éléments épars. *Réunir des amis chez soi. Réunir des papiers.* **2.** Rapprocher, rejoindre ce qui était séparé. *Réunir les extrémités d'un circuit électrique.* **3.** Faire communiquer. *Réunir plusieurs villes par une voie rapide.* ◆ **se réunir** v.pr. Se retrouver ensemble en un lieu, former une assemblée.

RÉUNISSAGE n.m. TEXT. Action de réunir les rubans, mèches ou fils dans les filatures.

RÉUSSI, E adj. **1.** Exécuté avec succès. *Une photographie tout à fait réussie.* **2.** Parfait en son genre. *Une soirée réussie.*

RÉUSSIR v.i. (ital. *riuscire,* **ressortir**). **1.** Avoir un résultat heureux, se terminer par un succès. *Le lancement de la fusée a réussi.* **2.** Obtenir un succès ; réaliser ses ambitions. *Elle a réussi dans la chimie.* **3.** Se développer favorablement ; s'acclimater. *La vigne réussit dans cette région.* ◆ v.t. ind. **(à). 1.** Obtenir un succès ; parvenir à. *J'ai réussi à lui parler.* **2.** Être bénéfique à qqn. *L'air de la mer lui réussit.* ◆ v.t. Faire avec succès. *Réussir un portrait, un plat.*

RÉUSSITE n.f. **1.** Résultat favorable ; succès. *La réussite d'une entreprise.* **2.** Entreprise, action, œuvre qui connaît le succès. *Notre voyage n'a pas été une réussite.* **3.** Jeu de cartes au cours duquel un joueur solitaire s'efforce de placer ou d'employer toutes les cartes selon certaines règles, dans une combinaison déterminée par le hasard. SYN. : *patience.*

RÉUTILISABLE adj. Que l'on peut utiliser de nouveau. — ASTRONAUT. Qui peut être réutilisé (par oppos. à *consommable*).

RÉUTILISATION n.f. Fait de réutiliser ; nouvelle utilisation.

RÉUTILISER v.t. Utiliser de nouveau.

REVACCINATION n.f. Nouvelle administration complète d'un vaccin à une personne qui n'a pas fait faire ses rappels.

REVACCINER v.t. Vacciner de nouveau.

REVALOIR v.t. [46]. *Je te revaudrai ça :* je te rendrai la pareille (en bien ou en mal).

REVALORISATION n.f. Action de revaloriser.

REVALORISER v.t. Rendre son ancienne valeur, ou une valeur plus grande à. *Revaloriser une monnaie, les salaires.*

REVANCHARD, E adj. et n. *Fam.* Qui est dominé par le désir de revanche, en partic. militaire.

REVANCHE n.f. **1.** Action de reprendre l'avantage, de rendre la pareille pour un mal que l'on a reçu. *J'aurai ma revanche.* **2.** Seconde partie qu'on joue après avoir perdu la première. **3.** *En revanche :* en retour ; inversement, au contraire.

REVANCHER (SE) v.pr. (anc. fr. *revenchier,* venger). *Litt.,* vx. Rendre la pareille, s'acquitter en retour, en bien ou en mal.

REVANCHISME n.m. Attitude politique inspirée par le désir de revanche, notamm. après une défaite militaire.

REVASCULARISATION n.f. Intervention chirurgicale qui rétablit ou améliore la circulation sanguine dans un organe, des tissus.

REVASCULARISER v.t. Opérer une revascularisation.

RÊVASSER v.i. Se laisser aller à la rêverie.

RÊVASSERIE n.f. *Litt.* Fait de rêvasser ; pensée vague.

RÊVASSEUR, EUSE adj. et n. *Litt.* Qui rêvasse.

RÊVE n.m. (de *rêver*). **1.** Production psychique survenant pendant le sommeil et pouvant être partiellement mémorisée. **2.** Représentation, plus ou moins idéale ou chimérique, de ce qu'on veut réaliser, de ce qu'on désire. *Accomplir un rêve de jeunesse.* ◇ *De rêve :* qui présente des qualités telles qu'on a peine à le croire réel ; irréel. *Une créature de rêve.*

RÊVÉ, E adj. Qui convient tout à fait ; idéal.

REVÊCHE adj. (du francique). Peu accommodant ; rébarbatif, bourru.

1. RÉVEIL n.m. **1.** Passage de l'état de sommeil à l'état de veille. **2.** Sonnerie de clairon qui annonce aux soldats l'heure du lever. **3.** *Litt.* Retour à l'activité. *Le réveil de la nature.*

2. RÉVEIL n.m. ou, vieilli, **RÉVEILLE-MATIN** n.m. inv. Petite pendule à sonnerie, pour réveiller à une heure déterminée.

RÉVEILLER v.t. **1.** Tirer du sommeil. *Réveiller un enfant.* **2.** Susciter de nouveau ; faire renaître. *Réveiller l'appétit, le courage.* ◆ **se réveiller** v.pr. **1.** Cesser de dormir. **2.** Se ranimer.

RÉVEILLON n.m. Repas de fête que l'on fait la nuit qui précède Noël et le 1er janvier ; l'ensemble des réjouissances qui l'accompagnent.

RÉVEILLONNER v.i. Prendre part à un réveillon.

RÉVÉLATEUR, TRICE adj. Qui indique, révèle. *Un indice révélateur.* ◆ n.m. **1.** Ce qui révèle, indique, manifeste. *Être le révélateur de la crise.* **2.** PHOTOGR. Bain transformant l'image latente en image visible.

RÉVÉLATION n.f. **1.** Action de révéler ; ce qui est révélé. *Révélation d'un secret. Faire des révélations.* **2.** Personne ou chose dont le public découvre brusquement les qualités exceptionnelles. **3.** RELIG. Manifestation d'un mystère ou dévoilement d'une vérité par Dieu ou par un homme inspiré de Dieu.

RÉVÉLÉ, E adj. Communiqué par révélation divine. *Dogme révélé. Religion révélée.*

RÉVÉLER v.t. [11] (lat. *revelare*). **1.** Faire connaître ce qui était inconnu et secret ; dévoiler, communiquer. *Révéler ses desseins.* **2.** Laisser voir, être l'indice, la marque de. *Ce roman révèle un grand talent.* ◆ **se révéler** v.pr. Se faire connaître ; se manifester, apparaître. *Son génie se révéla tout à coup.*

REVENANT n.m. **1.** Âme d'un mort qui se manifesterait à un vivant sous une forme physique (apparition, esprit, fantôme). **2.** *Fam.* Personne qu'on n'a pas vue depuis longtemps et qu'on ne s'attendait pas à revoir.

REVENDEUR, EUSE n. Personne qui achète pour revendre.

REVENDICATEUR, TRICE adj. et n. Qui revendique.

REVENDICATIF, IVE adj. Qui exprime ou comporte une revendication.

REVENDICATION n.f. **1.** Action de revendiquer ; son résultat. **2.** DR. Action en justice dont l'objet est de faire reconnaître un droit de propriété.

REVENDIQUER v.t. (lat. *vindicare,* **réclamer**). **1.** Réclamer ce dont on est le possesseur et dont on est privé. *Revendiquer sa part d'héritage.* **2.** Réclamer qqch comme un dû. *Revendiquer le droit à la parole, une augmentation de salaire.* ◇ Absol.

R

Passer son temps à revendiquer. **3.** Réclamer pour soi ; assumer. *Revendiquer la responsabilité de ses actes.*

REVENDRE v.t. [59]. **1.** Vendre ce qu'on a acheté. *Revendre sa voiture pour en acheter une autre.* **2.** Vendre de nouveau. *Revendre des voitures d'occasion.* **3.** *Fam.* ***Avoir à revendre de qqch,*** en avoir en abondance.

REVENEZ-Y n.m. inv. **1.** *Litt.* Retour vers le passé ; chose sur laquelle on revient avec plaisir. **2.** *Fam.* ***Un goût de revenez-y :*** un goût agréable, qui incite à recommencer.

REVENIR v.i. [28] [auxil. *être*] (lat. *revenire*). **1.** Venir à nouveau, une autre fois quelque part. *Elle revient ici tous les ans.* **2.** Regagner le lieu où l'on était, où l'on est habituellement. ◇ ***Revenir sur ses pas :*** rebrousser chemin. **3.** Se livrer, s'adonner de nouveau à qqch. *Revenir au projet initial.* **4.** Retrouver son état physique ou moral antérieur après un trouble passager ; quitter un état. *Revenir à de meilleurs sentiments.* ◇ ***Revenir à soi :*** reprendre conscience après un évanouissement. – ***Revenir de loin :*** échapper à un grand danger, guérir d'une maladie grave. – *Fam.* ***Ne pas en revenir :*** être extrêmement surpris. **5.** Reconsidérer ce que l'on a dit ou fait ; changer d'avis. *On ne reviendra pas sur cette décision.* ◇ ***Revenir sur une promesse,*** s'en dédire. – ***Revenir sur une question,*** l'examiner de nouveau. – ***Revenir sur le compte de qqn,*** changer d'opinion à son sujet. **6.** Abandonner une manière de sentir, de penser, la désavouer. *Revenir d'une illusion.* ◇ ***Revenir de ses erreurs,*** y renoncer, s'en corriger. – ***Être revenu de tout :*** être complètement désabusé, indifférent à tout. **7.** SPORTS. Rattraper un concurrent, une équipe, ou s'en rapprocher. *Revenir au score.* **8.** Belgique. ***Ne pas revenir sur qqch,*** ne pas s'en souvenir. **9.** Se présenter, se manifester de nouveau. *Le froid est revenu.* **10.** Se présenter de nouveau à l'esprit, à la conscience de qqn. *Son nom ne me revient pas.* ◇ *Litt.* ***Il m'est revenu que :*** je me suis rappelé que. **11.** Être recouvré, récupéré par qqn. *L'appétit lui revient.* **12.** Échoir légitimement ; appartenir. *La part d'héritage qui lui revient.* **13.** S'élever au total, à la somme de, coûter tant à qqn. *L'entretien de cette voiture me revient cher.* **14.** Être équivalent à qqch d'autre, s'y ramener. *Cela revient au même.* **15.** *Fam.* Plaire, inspirer confiance. *Sa tête ne me revient pas.* **16.** ***Faire revenir un aliment,*** le faire colorer dans un corps gras chaud, en début de cuisson.

REVENTE n.f. **1.** Action de vendre ce qu'on a acheté. **2.** Vente faite par un intermédiaire sans aucune transformation apportée au bien revendu après son achat.

REVENU n.m. **1.** Total des sommes perçues à titre de rente ou en rémunération de toute occupation. ◇ ***Impôt sur le revenu :*** impôt calculé d'après le revenu annuel des contribuables, personnes physiques. – ***Politique des revenus :*** action des pouvoirs publics pour répartir équitablement entre les catégories sociales les revenus provenant de l'activité économique de la nation. – ***Revenu minimum d'insertion (RMI) :*** en France, revenu garanti par la loi aux personnes les plus démunies, et destiné à faciliter leur insertion sociale. – ***Revenu national :*** valeur nette des biens économiques produits par la nation. **2.** MÉTALL. Traitement thermique consistant à chauffer, à une température inférieure à celle de transformation, une pièce métallique ayant subi la trempe, et à la laisser refroidir, en vue de détruire l'état de faux équilibre dû à la trempe.

RÊVER v.i. (du lat. pop. *exvagus,* errant). **1.** Faire des rêves pendant son sommeil. *Se souvenir d'avoir rêvé.* **2.** Laisser aller sa pensée, son imagination ; rêvasser. *Rester des heures à rêver.* **3.** Concevoir, exprimer des choses déraisonnables, chimériques. ◇ Québec. ***Rêver en couleurs :*** faire des projets chimériques. ◆ v.t. ind. (à, de). **1.** Voir en rêve pendant la nuit. *J'ai rêvé d'elle.* **2.** Désirer vivement ; souhaiter. *Rêver d'une vie meilleure.* ◆ v.t. **1.** Voir en rêve. *J'ai rêvé que nous partions à l'étranger.* **2.** Imaginer de toutes pièces. *Ce n'est pas vrai, tu l'as rêvé.* **3.** *Litt.* ***Ne rêver que plaies et bosses :*** être batailleur, querelleur.

RÉVERBÉRANT, E adj. Qui réverbère la lumière, la chaleur, le son.

RÉVERBÉRATION n.f. **1.** Action de réverbérer. **2.** ACOUST. Persistance d'un son dans un espace clos ou semi-clos après interruption de la source sonore.

RÉVERBÈRE n.m. **1.** Anc. Dispositif à réflecteurs pour l'éclairage des lieux publics ; lampadaire. **2.** ***Four à réverbère :*** four dans lequel les matières à traiter sont chauffées par l'intermédiaire d'une voûte qui, portée à haute température, rayonne fortement sur la sole.

RÉVERBÉRER v.t. [11] (lat. *reverberare,* repousser un coup). Réfléchir, renvoyer la lumière, la chaleur, le son.

REVERCHON n.m. Grosse cerise d'une variété sucrée, pourpre foncé.

REVERDIR v.t. Rendre de nouveau vert. ◆ v.i. Redevenir vert. *Les arbres reverdissent.*

REVERDOIR n.m. (du lat. *revertere,* retourner). Petit réservoir collecteur, d'où les moûts de brasserie s'écoulent vers la chaudière à bière.

RÉVÉRENCE n.f. (lat. *reverentia*). **1.** *Sout.* Respect profond, vénération. *Traiter qqn avec révérence.* ◇ *Litt.,* vieilli. ***Révérence parler :*** se dit pour excuser un propos jugé hardi, inconvenant. **2.** Mouvement du corps que l'on fait pour saluer, soit en s'inclinant, soit en pliant les genoux. ◇ ***Tirer sa révérence :*** saluer en s'en allant ; s'en aller.

RÉVÉRENCIEUX, EUSE adj. *Sout.* Qui manifeste de la révérence, du respect.

RÉVÉREND, E n. et adj. (lat. *reverendus,* digne de vénération). **1.** Titre d'honneur donné aux religieux et aux religieuses. **2.** Titre donné aux membres du clergé anglican.

RÉVÉRER v.t. [11] (lat. *revereri*). Traiter qqn avec un profond respect ; honorer. *Révérer un saint.*

RÊVERIE n.f. État de distraction pendant lequel l'activité mentale n'est plus dirigée par l'attention et s'abandonne à des souvenirs, à des images vagues ; objet qui occupe alors l'esprit.

REVERS [rəvɛr] n.m. (du lat. *reversus,* retourné). **1.** Côté d'une chose opposé au côté principal ou à celui qui se présente le premier ou le plus souvent à la vue. *Le revers d'une tapisserie.* ◇ ***Revers de la main :*** dos de la main. – ***À revers :*** par-derrière. **2.** Côté d'une médaille, d'une monnaie, opposé au *droit* ou *avers.* ◇ ***Revers de la médaille :*** mauvais côté d'une chose, inconvénient d'une situation. **3.** Envers, replié sur l'endroit, d'un col, d'un bas de manche ou de pantalon. **4.** Au tennis et au tennis de table, coup de raquette effectué à gauche par un droitier et à droite par un gaucher (par oppos. à *coup droit*). **5.** GÉOMORPH. Plateau doucement incliné qui forme l'une des deux pentes d'une côte (par oppos. à *talus*). **6.** Événement malheureux qui transforme une situation ; échec, défaite. *Éprouver des revers de fortune. L'armée a subi des revers.*

REVERSEMENT n.m. COMPTAB. Transfert de fonds d'une caisse à une autre.

REVERSER v.t. **1.** Verser de nouveau. **2.** COMPTAB. Transporter, reporter sur. *Reverser une somme d'un compte sur un autre.*

REVERSI ou **REVERSIS** [rəvɛrsi] n.m. (ital. *rovescio,* à rebours). Jeu de cartes par levées où la personne qui fait le moins de levées et de points gagne la partie.

RÉVERSIBILITÉ n.f. Qualité de ce qui est réversible.

RÉVERSIBLE adj. (lat. *reversus,* retourné). **1.** Qui peut revenir en arrière, qui peut se produire en sens inverse. *Mouvement réversible. Le temps n'est pas réversible.* **2. a.** Se dit d'une réaction chimique qui, dans les mêmes conditions de température et de pression, se produit simultanément dans les deux sens. **b.** THERMODYN. Se dit d'une transformation telle qu'il est possible de réaliser exactement la transformation inverse. **3.** CH. DE F. ***Rame, train réversible :*** ensemble de voitures et d'engin(s) moteur(s) comportant une cabine de conduite à chaque extrémité. **4.** AVIAT. ***Hélice à pas réversible :*** hélice dont on peut changer le sens de l'effort par une rotation des pales autour de leur axe. **5.** Se dit d'une étoffe ou d'un vêtement qui peuvent être mis à l'envers comme à l'endroit. **6.** DR. Se dit d'un bien devant faire l'objet d'une réversion, ou d'une rente assurée à d'autres personnes après la mort du titulaire.

RÉVERSION n.f. (lat. *reversio*). Droit en vertu duquel les biens d'un donateur lui reviennent si le donataire meurt avant lui ou sans enfants. SYN. : *droit de retour successoral.* ◇ ***Pension de réversion :*** retraite versée au conjoint survivant d'une personne décédée qui avait acquis des droits à la retraite.

REVERSOIR n.m. Barrage par-dessus lequel l'eau s'écoule en nappe.

REVÊTEMENT n.m. **1.** Tout ce qui sert à recouvrir pour protéger, consolider. *Revêtement de sol.* **2.** Partie supérieure d'une chaussée. *Un revêtement antidérapant.* **3.** Placage ou couche d'un matériau quelconque dont on recouvre le gros œuvre d'une construction. **4.** Dépôt effectué sur une pièce métallique pour lui conférer des propriétés particulières.

REVÊTIR v.t. [32]. **1.** Mettre sur soi un vêtement. *Revêtir un manteau.* **2.** Recouvrir, enduire, garnir d'un revêtement. *Revêtir un mur de papier peint.* **3.** DR. Pourvoir un acte, un document de ce qui est nécessaire pour qu'il soit valide. *Revêtir un contrat de sa signature.* **4.** *Fig.* Prendre tel ou tel aspect. *Cela revêt un caractère dangereux.*

RÊVEUR, EUSE adj. et n. Qui se laisse aller à la rêverie, qui se complaît dans des pensées vagues ou chimériques. ◆ adj. Qui indique la rêverie. *Un air rêveur.* ◇ ***Ça laisse rêveur,*** perplexe.

RÊVEUSEMENT adv. De manière rêveuse, en rêvassant.

REVIENT n.m. ***Prix, coût de revient :*** somme représentant le total des dépenses nécessaires pour élaborer et distribuer un produit ou un service.

REVIGORER v.t. (du lat. *vigor,* vigueur). Redonner des forces, de la vigueur à.

REVIREMENT n.m. Changement brusque et complet dans les opinions, les comportements.

RÉVISABLE adj. Qui peut être révisé.

RÉVISER v.t. (lat. *revisere*). **1.** Examiner de nouveau, pour modifier s'il y a lieu ; revoir. *Réviser son jugement. Réviser une pension.* **2.** Examiner en vue de réparer ; remettre en bon état de marche. *Réviser un moteur.* **3.** Revoir ce qu'on a étudié, afin de bien l'avoir en mémoire lors d'un examen, d'un concours.

RÉVISEUR, EUSE n. **1.** Personne qui revoit après une autre pour corriger, vérifier. **2.** IMPRIM. Personne chargée de vérifier les épreuves typographiques.

RÉVISION n.f. **1.** Action de réviser. *La révision des listes électorales, de la Constitution. La révision d'une voiture. Faire des révisions pour un examen.* **2.** DR. Voie de recours extraordinaire destinée à faire retirer ou annuler une décision de justice, en raison de l'erreur qui l'entache. *La révision d'un procès, d'un jugement.*

RÉVISIONNEL, ELLE adj. DR. Relatif à une révision.

RÉVISIONNISME n.m. **1.** Comportement, doctrine remettant en cause un dogme ou une théorie, notamm. celle d'un parti politique. **2.** Remise en cause d'une loi, d'une constitution ou d'un jugement (comme la condamnation d'Alfred Dreyfus). **3.** Position idéologique des marxistes partisans de la révision des thèses révolutionnaires. **4.** Remise en question de l'histoire de la Seconde Guerre mondiale, tendant à nier ou à minimiser le génocide des Juifs par les nazis. (→ ***négationnisme***).

RÉVISIONNISTE adj. et n. Qui relève du révisionnisme ; qui en est partisan.

REVISITER v.t. **1.** Visiter de nouveau. **2.** *Fig.* Donner un éclairage nouveau à une œuvre, un artiste, etc. *Revisiter les classiques.*

REVISSER v.t. Visser de nouveau.

REVITALISATION n.f. Action de revitaliser.

REVITALISER v.t. Donner une vitalité, une vigueur nouvelle à.

REVIVAL [rəvival] ou [rivajvœl] n.m. [pl. *revivals*] (mot angl., *retour à la vie*). **1.** Mouvement du *Réveil protestant (v. partie n.pr.). **2.** Résurgence d'un mouvement, d'une mode, d'une coutume, d'un style, d'un état d'esprit anciens.

REVIVIFICATION n.f. Action de revivifier.

REVIVIFIER v.t. [5]. Vivifier de nouveau.

REVIVISCENCE n.f. (du lat. *reviviscere,* revenir à la vie). **1.** Propriété de certains animaux ou végétaux (protozoaires, vers, mousses, etc.), qui peuvent reprendre une vie active après une période de vie ralentie provoquée par une dessiccation. **2.** *Litt.* Réapparition d'états de conscience déjà éprouvés.

REVIVISCENT, E adj. BIOL. Doué de reviviscence.

REVIVRE v.i. [70]. **1.** Revenir à la vie. ◇ ***Faire revivre qqn,*** le faire renaître par l'imagination, le

R

récit, etc. **2.** Reprendre des forces, de l'énergie. **3.** Être à nouveau en usage. *Faire revivre les traditions.* **4.** Renaître, réapparaître. *L'espoir revit dans les cœurs.* ◆ v.t. Vivre de nouveau qqch ; se remémorer des événements passés de sa vie.

RÉVOCABILITÉ n.f. État de qqch ou de qqn qui est révocable.

RÉVOCABLE adj. Qui peut être révoqué.

RÉVOCATION n.f. DR. **1.** Action de révoquer. *Révocation d'un testament.* **2.** Sanction disciplinaire par laquelle un fonctionnaire est définitivement exclu de la fonction publique. **3.** Acte par lequel l'auteur d'un acte juridique décide de l'anéantir, ou l'auteur d'une offre de la retirer.

RÉVOCATOIRE adj. DR. Qui révoque. ◇ *Action révocatoire* : action *paulienne.

REVOICI prép. Voici de nouveau.

REVOILÀ prép. Voilà de nouveau.

1. REVOIR v.t. [48]. **1.** Voir qqn de nouveau. *Je ne l'ai pas revu depuis dix ans.* **2.** Revenir dans un lieu, s'y retrouver après un temps assez long. *Revoir sa maison natale.* **3.** Regarder de nouveau ce à quoi on porte de l'intérêt ; assister une nouvelle fois à un événement. *Elle a revu ce film trois fois.* **4.** Examiner qqch pour le corriger ou le vérifier. *Revoir un article avant publication.* **5.** Étudier de nouveau une matière d'enseignement, un texte, pour se le remettre en mémoire. ◆ **se revoir** v.pr. Être de nouveau en présence l'un de l'autre.

2. REVOIR n.m. inv. *Au revoir* : formule de politesse pour prendre congé.

REVOLER v.i. Voler de nouveau.

RÉVOLTANT, E adj. Qui révolte, indigne. *Ce procédé est révoltant.*

RÉVOLTE n.f. **1.** Soulèvement contre l'autorité établie ; rébellion. **2.** Refus d'obéissance, opposition à une autorité quelconque. **3.** Sentiment violent d'indignation, de réprobation.

RÉVOLTÉ, E adj. et n. En état de révolte.

RÉVOLTER v.t. (ital. *rivoltare,* retourner). Choquer vivement ; indigner, écœurer. *Procédé qui révolte.* ◆ **se révolter** v.pr. **1.** Se soulever contre une autorité. **2.** Exprimer son indignation, sa colère ; s'indigner.

RÉVOLU, E adj. (lat. *revolutus*). **1.** Qui est passé, qui n'existe plus. *Une époque révolue.* **2.** Complètement achevé, accompli. *Avoir vingt ans révolus.*

RÉVOLUTION n.f. (lat. *revolutio,* de *revolvere,* retourner). **1. a.** Mouvement orbital périodique d'un corps céleste, notamm. d'une planète ou d'un satellite, autour d'un autre de masse supérieure ; période de ce mouvement, appelée aussi *période de révolution.* **b.** PHYS. Mouvement périodique d'un objet autour d'un axe ou d'un point central. **2.** GÉOMÉTR. *Surface de révolution* : surface engendrée par la rotation d'une courbe (la *génératrice*) autour d'une droite fixe appelée *axe de révolution.* **3.** SYLVIC. Durée fixée pour la coupe définitive d'un peuplement forestier. **4.** Changement brusque et violent dans la structure politique et sociale d'un État, qui se produit quand un groupe se révolte contre les autorités en place et prend le pouvoir. *La révolution de 1848.* ◇ *La Révolution* : la Révolution française de 1789 (v. partie n.pr.). – *Révolution de palais* : action qui porte au pouvoir de nouveaux responsables, à la suite d'intrigues dans les sphères gouvernementales ; changement soudain, mais limité, dans le personnel dirigeant d'une institution, d'une entreprise. **5.** Changement brusque, d'ordre économique, moral, culturel, qui se produit dans une société. *Une révolution dans la peinture.* ◇ *Révolution culturelle* : bouleversement profond des valeurs fondamentales d'un groupe, d'une société. – *Spécial. La Révolution culturelle* : *v. partie n.pr.* **6.** *Fam.* Agitation soudaine et passagère, provoquée par un fait inhabituel.

RÉVOLUTIONNAIRE adj. **1.** Relatif à des révolutions politiques ou à une révolution en particulier. *Période révolutionnaire.* **2.** Qui apporte de grands changements, qui est radicalement nouveau. *Une découverte révolutionnaire.* ◆ adj. et n. Qui est partisan d'une transformation radicale des structures d'un pays.

RÉVOLUTIONNARISME n.m. Tendance à considérer la révolution comme une fin en soi.

RÉVOLUTIONNER v.t. **1.** Apporter des innovations importantes dans un domaine. *L'invention de la machine à vapeur a révolutionné l'industrie.* **2.** *Fam.* Troubler violemment qqn, un groupe.

REVOLVER [revɔlvɛr] n.m. (mot angl., de *to revolve,* tourner). **1.** Arme à feu individuelle, à répétition, approvisionnée par un magasin cylindrique, ou barillet, contenant génér. cinq ou six cartouches. **2.** *Poche revolver* : poche fendue ou plaquée située à l'arrière d'un pantalon. (L'Académie préconise la graphie *révolver.*)

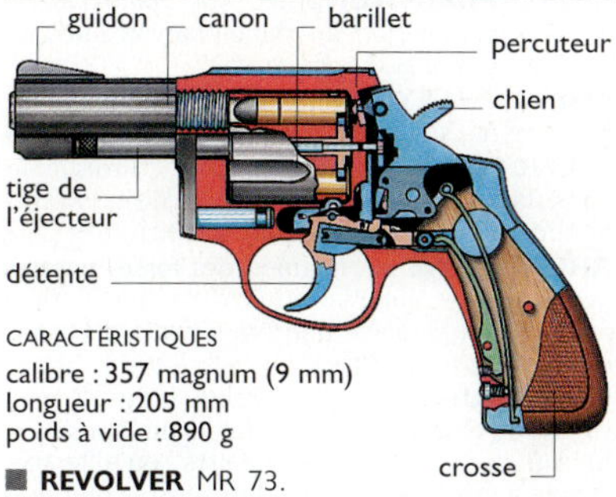

■ **REVOLVER** MR 73.

REVOLVING [revɔlviŋ] adj. inv. (mot angl., *tournant*). *Crédit revolving* : crédit à moyen terme renouvelable au fur et à mesure des remboursements.

RÉVOQUER v.t. (lat. *revocare,* rappeler). DR. **1.** Ôter à qqn les fonctions, le pouvoir qu'on lui avait donnés ; destituer. *Révoquer un fonctionnaire.* **2.** Déclarer nul. *Révoquer un testament.*

REVOTER v.t. et v.i. Voter une nouvelle fois.

REVOULOIR v.t. [43]. *Fam.* Vouloir de nouveau.

REVOYURE [rəvwajyr] n.f. *Fam. À la revoyure* : au revoir.

REVUE n.f. **1.** Action d'examiner avec soin et de façon méthodique un ensemble d'éléments. *Faire la revue de ses vêtements.* ◇ *Passer en revue* : examiner tour à tour ou successivement. **2.** Inspection détaillée des effectifs ou du matériel d'un corps de troupes. **3.** Défilé, parade militaire. *La revue du 14 Juillet.* **4.** Spectacle de music-hall comportant une succession de tableaux fastueux, animés par des danseuses légèrement vêtues. *La revue des Folies-Bergère.* **5.** Spectacle comique ou satirique évoquant des événements de l'actualité, des personnages connus. *Une revue de chansonniers.* **6.** *Revue de presse* : compte rendu comparatif des principaux articles de journaux sur le même sujet. **7.** Publication périodique spécialisée dans un domaine particulier. *Revue littéraire, scientifique.*

REVUISTE n. Auteur dramatique qui écrit des revues.

RÉVULSÉ, E adj. Retourné, bouleversé sous l'effet de la colère, de la peur, de la maladie. *Avoir les yeux révulsés.*

RÉVULSER v.t. **1.** *Litt.* Bouleverser le visage de. **2.** *Fam.* Provoquer chez qqn une vive réaction de dégoût, de rejet.

RÉVULSIF, IVE adj. et n.m. MÉD. Anc. Se disait d'un procédé provoquant une révulsion.

RÉVULSION n.f. (lat. *revulsio,* action d'arracher). MÉD. Anc. Congestion cutanée que l'on provoquait par différents procédés (application de ventouses, par ex.), censée attirer du sang accumulé dans un autre endroit.

1. REWRITER [rərajtœr] n.m. (mot angl.). Personne chargée par l'éditeur de récrire, de remanier dans le style et la présentation voulus des textes destinés à la publication.

2. REWRITER [rərajte] v.t. Récrire un texte afin de l'adapter pour une publication.

REWRITING [rərajtiŋ] n.m. (mot angl.). Action de rewriter ; réécriture.

REXISME n.m. (du latin *Christus rex,* Christ roi). Mouvement antiparlementaire, autoritaire et corporatif belge fondé en 1935 par L. Degrelle. (Fortement impliqué dans la collaboration avec l'Allemagne hitlérienne, il disparut en 1945.)

REXISTE adj. et n. Qui relève du rexisme ; qui en est partisan.

REZ-DE-CHAUSSÉE [redʃose] n.m. inv. Partie d'un bâtiment située au niveau du sol ; appartement occupant cette partie.

REZ-DE-JARDIN [redʒardɛ̃] n.m. inv. Partie d'un bâtiment de plain-pied avec un jardin ; appartement occupant cette partie.

Rh, abrév. de facteur *Rhésus.

RHABDOMANCIE n.f. (du gr. *rhabdos,* baguette). Radiesthésie pratiquée avec une baguette.

RHABDOMANCIEN, ENNE n. Personne qui pratique la rhabdomancie.

RHABILLAGE n.m. **1.** Action de rhabiller, de se rhabiller. **2.** Action de remettre en état, de réparer. *Le rhabillage d'une montre.*

RHABILLER v.t. **1.** Habiller de nouveau. **2.** Remettre en état. ◆ **se rhabiller** v.pr. Remettre ses habits.

RHAMNACÉE n.f. (du gr. *rhamnos,* nerprun). Arbre ou arbuste dont le fruit est une baie charnue, tel que le jujubier, le nerprun, la vigne vierge et la bourdaine. (Les rhamnacées forment une famille.)

RHAPSODE ou **RAPSODE** n.m. (gr. *rhapsôdos,* de *rhaptein,* coudre, et *ôdê,* chant). ANTIQ. GR. Chanteur qui allait de ville en ville en récitant des poèmes épiques, spécial. les poèmes homériques.

RHAPSODIE ou **RAPSODIE** n.f. **1.** ANTIQ. GR. Poème ou partie de poème contenant un épisode épique. **2.** MUS. Composition instrumentale de caractère improvisé, de style brillant, écrite sur des thèmes populaires.

RHÉNAN, E adj. Relatif au Rhin, à la Rhénanie.

RHÉNIUM [renjɔm] n.m. (du lat. *Rhenus,* Rhin). **1.** Métal blanc présentant des analogies chimiques avec le manganèse. **2.** Élément chimique (Re), de numéro atomique 75, de masse atomique 186,207.

RHÉOLOGIE n.f. (du gr. *rheîn,* couler). Science des lois de comportement des matériaux, qui lient les contraintes aux déformations (élasticité, plasticité, viscosité, etc.).

RHÉOLOGIQUE adj. Relatif à la rhéologie.

RHÉOSTAT n.m. ÉLECTR. Résistance variable qui, placée dans un circuit, permet de modifier l'intensité du courant.

RHÉSUS [rezys] n.m. (lat. *Rhesus,* du gr.). Macaque à queue courte de l'Asie du Sud-Est, dont le nom reste attaché à la découverte du facteur sanguin Rhésus. ◆ adj. et n.m. (Avec une majuscule.) Se dit d'un des antigènes, ou *facteur,* porté par les globules rouges et du système de groupes sanguins correspondant.

RHÉTEUR n.m. (gr. *rhêtôr*). **1.** ANTIQ. Professeur d'art oratoire. **2.** *Litt.* Personne qui s'exprime d'une manière emphatique.

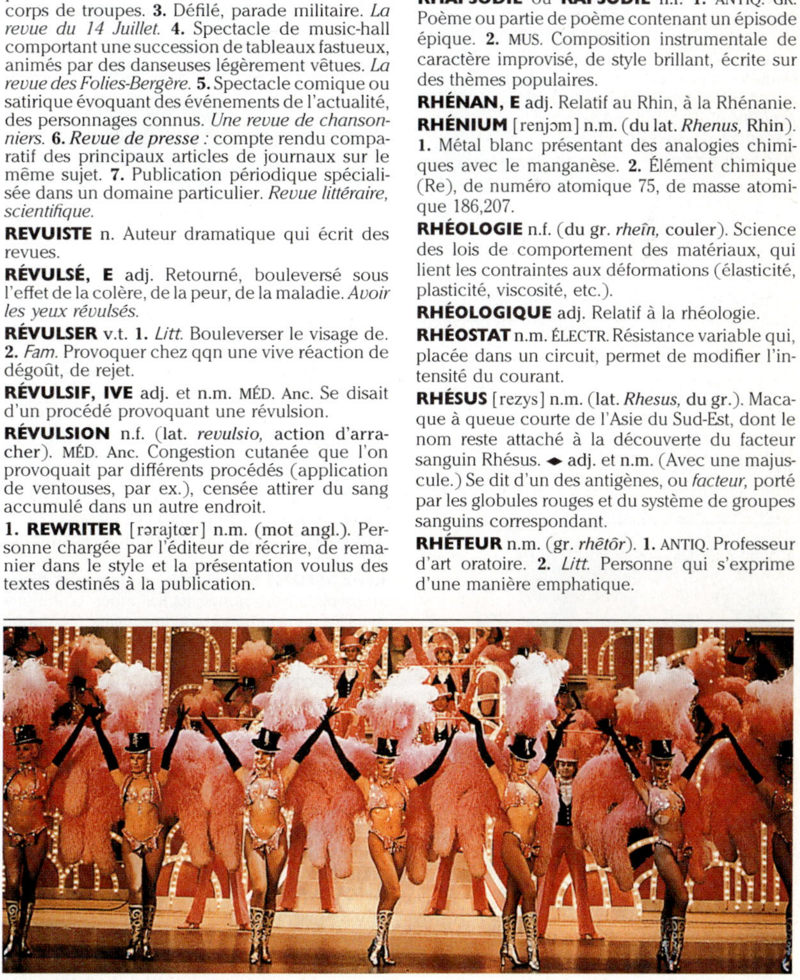

■ **REVUE.** Aux Folies-Bergère en mars 1982, la revue *Folies de Paris* (mise en scène, décors et costumes de Michel Gyarmathy).

RHÉTIQUE ou **RÉTIQUE** adj. De Rhétie. ◆ adj. et n.m. Rhéto-roman.

RHÉTORICIEN, ENNE adj. et n. Qui use de la rhétorique. ◆ n. **1.** Spécialiste de rhétorique. **2.** Belgique. Élève de la classe de rhétorique.

RHÉTORIQUE n.f. (gr. *rhêtorikê*). **1.** Art de persuader par le discours. **2.** Ensemble des procédés et des techniques réglant l'art de s'exprimer. **3.** *Péjor.* Affectation, déploiement d'éloquence. *Ce n'est que de la rhétorique.* **4.** Belgique. Classe de terminale des lycées. ◆ adj. Qui relève de la rhétorique. *Procédé, style rhétorique.*

ENCYCL. La rhétorique est née des débats politiques et des plaidoiries judiciaires de la démocratie grecque ancienne. Son enseignement distingue quatre phases essentielles dans l'élaboration du discours oratoire : l'invention ou recherche des arguments ; la disposition ou mise en ordre des arguments ; l'élocution ou travail du style ; l'action ou art de prononcer le discours.

RHÉTORIQUEUR n.m. *Grands rhétoriqueurs :* groupe de poètes de cour français de la fin du XVe s., remarquables par leur virtuosité formelle, leur raffinement lexical, leur goût de la surprise (Jean Meschinot, Jean Molinet, O. de La Marche, G. Chastellain).

RHÉTO-ROMAN, E adj. et n.m. (pl. *rhéto-romans, es*). Se dit d'un groupe de dialectes romans parlés en Suisse orientale (anc. Rhétie) et dans le nord de l'Italie. SYN. : *rhétique.*

RHEXISTASIE n.f. (gr. *rhêxis,* action de rompre, et *stasis,* stabilité). GÉOMORPH. Phase de grande activité érosive provoquée par l'absence ou la rareté de la couverture végétale. CONTR. : *biostasie.*

RHINANTHE n.m. (gr. *rhis, rhinos,* nez, et *anthos,* fleur). Plante des prairies à fleurs jaunes, parasite des autres plantes par ses racines. (Genre *Rhinanthus ;* famille des scrofulariacées.) SYN. *(cour.) : crête-de-coq.*

RHINENCÉPHALE n.m. ANAT. Partie la plus primitive du cortex cérébral, formant un anneau à la face interne de chaque hémisphère, intervenant dans l'olfaction chez les reptiles, ainsi que dans le comportement, les émotions et la mémoire chez les mammifères. SYN. : *système limbique.*

RHINITE n.f. Rhume.

RHINOCÉROS [-serɔs] n.m. (gr. *rhis, rhinos,* nez, et *keras,* corne). Grand mammifère périssodactyle des régions chaudes de l'Asie et de l'Afrique, caractérisé par la présence d'une ou deux cornes médianes sur le museau. (On distingue cinq espèces de rhinocéros : deux en Afrique, le *rhinocéros blanc* [genre *Ceratotherium ;* long. 5 m, poids 4 tonnes] et le *rhinocéros noir* [genre *Diceros*], et trois en Asie, les *rhinocéros unicornes* de l'Inde et de la Sonde [genre *Rhinoceros*] et le petit rhinocéros de Sumatra [genre *Didermocerus*] ; toutes sont très menacées par une chasse excessive car on prête à leurs cornes des vertus aphrodisiaques ; cri : le rhinocéros renâcle, grogne ; famille des rhinocérotidés.)

RHINOLOPHE n.m. (gr. *rhis, rhinos,* nez, et *lophos,* crête). Chauve-souris commune dans les régions tropicales et tempérées de l'Europe et de l'Asie, appelée aussi *fer-à-cheval* en raison de la forme de l'appendice qui surmonte son nez. (Genre *Rhinolophus ;* famille des rhinolophidés.)

■ **RHINOCÉROS**

RHINO-PHARYNGIEN, ENNE ou **RHINO-PHARYNGÉ, E** adj. (pl. *rhino-pharyngiens, rhino-pharyngés, es*). Relatif au rhino-pharynx.

RHINO-PHARYNGITE n.f. (pl. *rhino-pharyngites*). Inflammation du rhino-pharynx ; inflammation du nez et du pharynx.

RHINO-PHARYNX n.m. inv. Partie supérieure du pharynx, située en arrière des fosses nasales.

RHINOPLASTIE n.f. Opération chirurgicale consistant à remodeler le nez en cas de malformation, de déformation ou d'accident.

RHINOSCOPIE n.f. Examen des fosses nasales avec un spéculum introduit dans une narine, avec un miroir placé derrière le voile du palais ou avec un fibroscope.

RHIZOBIUM [-bjɔm] n.m. Bactérie du sol, pouvant vivre en symbiose avec les légumineuses au niveau de nodosités radiculaires, où elle fixe l'azote atmosphérique et assure ainsi la nutrition azotée de la plante.

RHIZOCTONE n.m. (gr. *rhiza,* racine, et *kteinein,* tuer). Forme asexuée d'un champignon microscopique *(Thanatephorus),* dont le mycélium parasite, en partic., la pomme de terre et forme des croûtes brunâtres sur les tubercules.

RHIZOFLAGELLÉ n.m. Protozoaire tel que les flagellés et les rhizopodes. (Les rhizoflagellés forment un immense embranchement.)

RHIZOÏDE n.m. BOT. Poil unicellulaire, formant parfois des cordons ramifiés, à rôle fixateur et absorbant, des végétaux non vasculaires (algues, lichens) et des prothalles de fougères.

RHIZOMATEUX, EUSE adj. Se dit d'une plante qui possède des rhizomes.

RHIZOME n.m. (gr. *rhiza,* racine). BOT. Tige souterraine vivace, souvent horizontale, émettant chaque année des racines et des tiges aériennes.

■ **RHIZOMES** d'iris.

RHIZOPODE n.m. (gr. *rhiza,* racine, et *pous, podos,* pied). ZOOL. Protozoaire capable d'émettre des pseudopodes servant à la locomotion et à la préhension, comme les amibes, les foraminifères, les radiolaires. (Les rhizopodes forment une classe.)

RHIZOPUS n.m. Champignon microscopique responsable de la pourriture des fraises et de la moisissure blanche du pain humide. (Ordre des mucorales.)

RHIZOSTOME n.m. Grande méduse d'un blanc crémeux, à bras orangés et festonnés, commune dans les mers tempérées et tropicales. (Diamètre jusqu'à 60 cm ; genre *Rhizostoma,* classe des scyphozoaires.)

RHIZOTOME n.m. Instrument servant à couper les racines.

RHÔ [ro] n.m. inv. Dix-septième lettre de l'alphabet grec (**Ρ**, ρ), correspondant au *r* français.

RHODAMINE n.f. (du gr. *rhodon,* rose). Matière colorante rouge, de constitution analogue à celle des fluorescéines (nom générique).

RHODANIEN, ENNE adj. (du lat. *Rhodanus,* Rhône). Relatif au Rhône. ◆ adj. et n. Du département du Rhône.

RHODIAGE n.m. Revêtement d'une surface métallique par une couche de rhodium.

RHODIÉ, E adj. Qui contient du rhodium.

RHODIUM [rɔdjɔm] n.m. (du gr. *rhodon,* rose, à cause de la couleur de certains de ses sels). **1.** Métal blanc, dur et cassant, de densité 12,4, fondant vers 1 960 °C. **2.** Élément chimique (Rh), de numéro atomique 45, de masse atomique 102,905 5. (Le rhodium est utilisé allié au platine qu'il permet de durcir.)

RHODODENDRON [-dɛ̃-] n.m. (gr. *rhodon,* rose, et *dendron,* arbre). Arbuste des régions tempérées de l'hémisphère Nord, dont certaines espèces sont cultivées pour leurs grandes fleurs ornementales. (Famille des éricacées.)

■ **RHODODENDRONS**

RHODOÏD n.m. (nom déposé). Matière thermoplastique à base d'acétate de cellulose, analogue au Celluloïd, mais qui brûle difficilement.

RHODOPHYCÉE n.f. (gr. *rhodon,* rose, et *phukos,* algue). Algue unicellulaire ou pluricellulaire marine ou d'eau douce, renfermant un pigment rouge masquant la chlorophylle, telle que la porphyra, la coralline. (Les rodophycées forment une classe.) SYN. : *algue rouge.*

RHODOPSINE n.f. (gr. *rhodon,* rose, et *apsis,* vue). BIOCHIM. Pourpre rétinien.

RHOMBE n.m. (gr. *rhombos,* losange). **1.** Vx. Losange. **2.** Instrument de musique rituel d'Océanie, d'Amérique du Sud et d'Afrique noire, constitué d'une planchette en bois attachée à une cordelette, que le joueur fait tournoyer au-dessus de la tête.

RHOMBENCÉPHALE n.m. ANAT. Partie de l'encéphale comprenant le bulbe rachidien, la protubérance annulaire et le cervelet.

RHOMBIQUE adj. Qui a la forme d'un losange. *Cristal rhombique.*

RHOMBOÈDRE n.m. Polyèdre parallélépipédique dont les six faces sont des losanges égaux.

RHOMBOÉDRIQUE adj. *Système rhomboédrique :* système cristallin dont la maille élémentaire est un rhomboèdre.

RHOMBOÏDAL, E, AUX adj. Se dit de certains polyèdres ou solides dont les faces sont des parallélogrammes.

RHOMBOÏDE n.m. Vx. Parallélogramme.

RHÔNALPIN, E adj. et n. De la Région Rhône-Alpes.

RHOTACISME n.m. (de *rhô,* d'apr. *iotacisme*). LING. Substitution de la consonne [r] à une autre consonne (génér. [z], [d] et [l]), que l'on observe notamm. en latin ancien et dans des dialectes italiens.

RHOVYL n.m. (nom déposé). Fibre synthétique obtenue par filage du PVC.

RHUBARBE n.f. (bas lat. *rheubarbarum,* racine barbare). Plante vivace aux larges feuilles, dont les pétioles sont comestibles après cuisson. (Genre *Rheum ;* famille des polygonacées.)

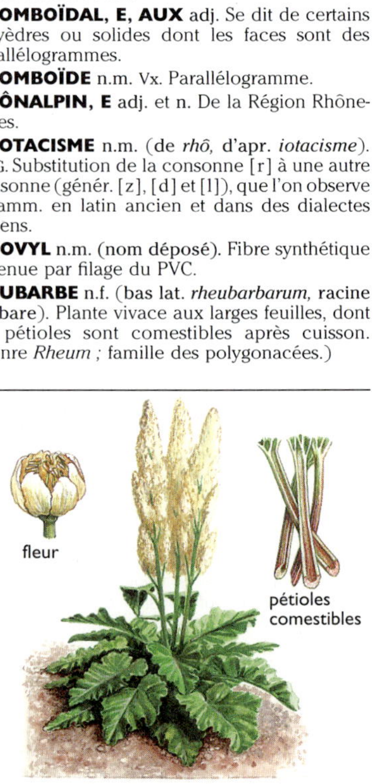

■ **RHUBARBE**

RHUM [rɔm] n.m. (angl. *rum*). Eau-de-vie obtenue par la fermentation et la distillation des jus de canne à sucre ou, le plus souvent, des mélasses.

RHUMATISANT, E adj. et n. Atteint d'un rhumatisme chronique.

RHUMATISMAL, E, AUX adj. Qui relève des rhumatismes, qui en a la nature ; qui relève de la rhumatologie.

RHUMATISME n.m. (gr. *rheumatismos*). Toute affection douloureuse touchant les articulations. ◇ *Rhumatisme articulaire aigu,* compliquant une angine à streptocoque non traitée, et pouvant comporter une atteinte cardiaque. SYN. : *maladie de Bouillaud.*

ENCYCL. Le terme de *rhumatisme* recouvre des affections diverses qui sont classées en fonction de la nature du phénomène principal que l'on observe : inflammatoire (polyarthrite rhumatoïde, par ex.) ; dégénérative (arthrose) ; métabolique ou à microcristaux (goutte) ; infectieuse, par réaction à la présence d'un germe dans l'organisme (rhumatisme articulaire aigu). Dans les tendinites et les périarthrites, le rhumatisme n'atteint que les tissus autour de l'articulation.

RHUMATOÏDE adj. Rare. Qui ressemble à un rhumatisme.

RHUMATOLOGIE n.f. Spécialité médicale qui s'occupe des maladies des articulations (rhumatismes) et des os, et de certaines maladies des muscles et des nerfs.

RHUMATOLOGIQUE adj. Relatif à la rhumatologie.

RHUMATOLOGUE n. Médecin spécialiste de rhumatologie.

RHUMB ou **RUMB** [rɔ̃b] n.m. (mot angl.). MAR. Aire de vent.

RHUME n.m. (gr. *rheûma,* écoulement). Inflammation de la muqueuse des voies respiratoires, en partic. des fosses nasales. SYN. : *rhinite.* ◇ *Rhume de cerveau :* rhinite aiguë virale. SYN. : *coryza.* – *Rhume des foins :* rhinite chronique saisonnière due à une allergie aux pollens. SYN. : *coryza spasmodique.*

RHUMER [rɔme] v.t. Additionner de rhum.

RHUMERIE [rɔmri] n.f. Usine où l'on fabrique le rhum.

RHYNCHITE [rɛ̃kit] n.m. (gr. *rhugkhos,* groin). Charançon dont plusieurs espèces sont particulièrement nuisibles aux arbres fruitiers (pommiers, pruniers, vigne).

RHYNCHOCÉPHALE [rɛ̃kosefal] n.m. (du gr. *rhugkhos,* groin, bec). Reptile primitif, à morphologie de lézard, représenté actuellement par le seul sphénodon de Nouvelle-Zélande. (Les rhynchocéphales forment un ordre, comptant surtout des fossiles de l'ère secondaire.)

RHYNCHONELLE [rɛ̃kɔ-] n.f. Brachiopode fossile très commun à l'ère secondaire.

RHYOLITE n.f. (gr. *rheîn,* couler, et *lithos,* pierre). Roche volcanique riche en silice, très visqueuse, s'épanchant en dôme, composée essentiellement de quartz et de feldspath alcalin.

RHYTHM AND BLUES [ritmɛ̃ndbluz] n.m. inv. (mots anglo-amér.). Musique populaire noire américaine, issue du blues, du jazz et du gospel, chantée et accompagnée notamm. au saxophone ou à la guitare électrique, à son apogée dans les années 1950 - 1960. (Ce terme apparaît officiellement après la Seconde Guerre mondiale dans le *Billboard* pour remplacer l'expression *race records,* utilisée pour désigner l'ensemble des musiques faites par des Noirs pour un public noir. Ses principaux représentants sont Fats Domino, Otis Redding et Aretha Franklin.)

RHYTIDOME n.m. (gr. *rhutidôma,* ride). BOT. Tissu mort qui s'exfolie sur les arbres, comme les plaques de l'écorce du platane.

RHYTINE n.f. (gr. *rhutis,* ride). Grand mammifère sirénien des eaux littorales froides du Pacifique nord, exterminé au XIXe s., quelques décennies seulement après sa découverte. (Long. 7 à 8 m ; genre *Rhytinus.*)

RHYTON n.m. (gr. *rhuton,* de *rheîn,* couler). ARCHÉOL. Vase à boire en forme de corne ou de tête d'animal.

RIA n.f. (mot esp.). Partie aval d'une vallée encaissée, envahie par la mer. SYN. : *aber.*

RIAL n.m. (pl. *rials*). Unité monétaire principale de l'Iran, de la république du Yémen et du sultanat d'Oman.

RIANT, E adj. 1. Qui annonce la gaieté, la bonne humeur. *Visage riant.* 2. Se dit d'un cadre naturel agréable à la vue. *Campagne riante. Une riante vallée.* 3. *Litt.* Qui reflète la joie, le bonheur. *Images riantes.*

RIB ou **R.I.B.** [rib] ou [ɛribe] n.m. (sigle). Relevé d'identité bancaire.

RIBAMBELLE n.f. (mot dial., de *riban,* ruban). *Fam.* Longue suite de personnes ; grande quantité de choses.

RIBAT [ribat] n.m. inv. (ar. *ribāt*). Couvent fortifié, notamm. au Maghreb.

RIBAUD, E adj. et n. (de l'anc. fr. *riber,* se livrer à la débauche). 1. Vx. Se disait, au Moyen Âge, d'un vagabond, d'un soldat pilleur. 2. *Litt.* Débauché.

RIBLON n.m. (anc. fr. *riber,* du germ. *rîban,* frotter). Déchet de fonte ou d'acier.

RIBOFLAVINE n.f. Vitamine B2. SYN. : *lactoflavine.*

RIBONUCLÉASE n.f. Enzyme catalysant l'hydrolyse des acides ribonucléiques.

RIBONUCLÉIQUE adj. BIOCHIM. *Acide ribonucléique :* ARN.

RIBOSE n.m. Glucide à cinq atomes de carbone, constituant de nombreux nucléotides et de l'ARN.

RIBOSOME n.m. Organite cytoplasmique corpusculaire de toutes les cellules vivantes, assurant la phase de traduction lors de la synthèse des protéines.

RIBOSOMIQUE ou **RIBOSOMAL, E, AUX** adj. Relatif au ribosome.

RIBOTE n.f. (de l'anc. fr. *ribauder,* faire le ribaud, de *riber,* se livrer à la débauche). *Litt.,* vieilli. Excès de table et de boisson.

RIBOUIS n.m. (de l'arg. *rebouiser,* rajuster). *Fam.,* vx. Soulier usagé.

RIBOULANT, E adj. *Fam.,* vieilli. *Yeux riboulants,* ronds et mobiles, qui expriment la stupéfaction.

RIBOULDINGUE n.f. (arg. *ribouler,* vagabonder, et *dinguer*). *Fam.,* vieilli. Partie de plaisir. ◇ *Faire la ribouldingue :* faire la fête, la noce.

RIBOULER v.i. (de *boule*). *Fam.,* vieilli. *Ribouler des yeux :* rouler les yeux, les tourner de tous côtés, en signe d'ébahissement.

RIBOZYME n.m. (de *ribosome* et *enzyme*). BIOCHIM. Fragment d'ARN doué de propriétés enzymatiques.

RICAIN, E n. et adj. *Fam., péjor.* Américain des États-Unis.

RICANANT, E adj. Qui ricane.

RICANEMENT n.m. Action de ricaner.

RICANER v.i. (anc. fr. *recaner,* braire). Rire d'une manière méprisante, sarcastique ou stupide.

RICANEUR, EUSE adj. et n. Qui ricane.

RICERCARE [ritʃɛrkare] n.m. [pl. *ricercari*] (mot ital.). Pièce instrumentale composée de séquences juxtaposées traitées selon le procédé de l'imitation.

RICHARD, E n. *Fam., péjor.* Personne très riche.

RICHE adj. et n. (francique *riki,* puissant). Qui possède de l'argent, de la fortune, des biens importants. ◆ adj. 1. Dont la situation financière ou économique est prospère, florissante. *Les pays riches.* 2. Qui a des ressources abondantes et variées, qui produit beaucoup ; fertile, fécond. *Une terre riche. Langue riche.* ◇ *Rimes riches :* rimes qui comportent trois éléments communs (ex. : *père, prospère*). – *Fam. Une riche nature :* une personne qui aime la vie, pleine de vitalité.

■ **RHYTON** à tête de lion ; Iran, art achéménide. (Metropolitan Museum, New York.)

RICHELIEU n.m. [pl. *richelieus*] (de *Richelieu,* n.pr.). Chaussure basse à lacets.

RICHEMENT adv. De manière riche.

RICHESSE n.f. 1. Abondance de biens ; fortune. 2. Qualité de ce qui est précieux ; magnificence. *Ameublement d'une grande richesse.* 3. Caractère de ce qui renferme ou produit qqch en abondance. *La richesse d'un sol. La richesse du vocabulaire d'un écrivain.* ◆ pl. 1. Ressources naturelles d'un pays, d'une région, exploitées ou non. *Mettre en valeur les richesses du sol.* 2. Produits de l'activité économique d'une collectivité. *Circulation des richesses.* 3. Valeurs d'ordre intellectuel, spirituel, esthétique. *Les richesses d'une œuvre musicale.*

RICHISSIME adj. *Fam.* Extrêmement riche.

RICHTER [riʃtɛr] **(ÉCHELLE DE) :** échelle mesurant la magnitude d'un séisme.

ENCYCL. Elle doit son nom au géophysicien américain Charles F. Richter (1900 - 1985). C'est une échelle logarithmique, donc, en théorie, « ouverte », même si, en pratique, on la considère comme numérotée de 1 à 9, ce dernier échelon n'ayant, jusqu'à présent, jamais été mesuré.

RICIN n.m. (lat. *ricinus*). 1. Plante oléagineuse aux grandes feuilles palmées, aux graines toxiques d'aspect bigarré. (Famille des euphorbiacées.) 2. *Huile de ricin :* huile fournie par les graines de ricin et utilisée en pharmacie pour son action laxative et purgative ainsi que dans l'industrie comme lubrifiant.

■ **RICIN**

RICKETTSIE [rikɛtsi] n.f. (de *Ricketts,* n.pr.). Genre de bactérie, dont plusieurs espèces, transmises à l'homme par des arthropodes, sont causes de rickettsioses.

RICKETTSIOSE [rikɛtsjoz] n.f. Maladie infectieuse telle que le typhus, due à une rickettsie.

RICKSHAW [rikʃo] n.m. (mot pidgin). En Asie du Sud-Est et en Chine, voiture légère tirée par une bicyclette ou un scooter, destinée au transport des personnes.

RICOCHER v.i. Faire ricochet.

RICOCHET n.m. (p.-ê. de *coq* ou du dial. *riquer,* donner un petit coup, et *hocher,* vaciller). Rebond que fait un objet plat lancé obliquement sur la surface de l'eau ou un projectile frappant obliquement un obstacle. ◇ *Par ricochet :* indirectement, par contrecoup.

RICOTTA n.f. (mot ital., *petit-lait*). Fromage d'origine italienne préparé à partir du sérum obtenu dans la fabrication d'autres fromages.

RIC-RAC adv. (onomat.). *Fam.* 1. Avec une exactitude rigoureuse. *Payer ric-rac.* 2. De façon juste suffisante, de justesse. *Réussir ric-rac au bac.*

RICTUS [riktys] n.m. (lat. *rictus,* ouverture de la bouche). Contraction des muscles de la face, donnant au visage l'expression d'un rire crispé. *Rictus de colère.*

RIDAGE n.m. MAR. Action de rider un cordage.

RIDE n.f. (de *rider*). 1. Sillon sur la peau du visage, plus marqué avec l'âge. ◇ *Ne pas avoir (pris) une ride :* être toujours d'actualité, être d'une grande modernité, en parlant d'une œuvre, d'un artiste, etc. 2. Léger sillon sur une surface. *Une pomme couverte de rides.* 3. Légère ondula-

R

tion à la surface de l'eau. *Le vent forme des rides sur l'étang.* **4.** GÉOL. *Ride océanique :* dorsale. **5.** MAR. Cordage servant à tendre les haubans par l'intermédiaire d'un palan.

RIDÉ, E adj. Couvert de rides.

RIDEAU n.m. (de *rider*). **1.** Voile ou pièce d'étoffe mobile que l'on peut tendre à volonté pour tamiser ou intercepter le jour, isoler du froid, du bruit, protéger des regards, etc. **2.** *Rideau de fer.* **a.** Fermeture métallique qui sert à protéger la devanture d'un magasin. **b.** Dispositif obligatoire qui sépare la scène de la salle d'un théâtre en cas d'incendie. **c.** Nom donné à la ligne frontalière qui séparait les États socialistes de l'Europe de l'Est des États d'Europe occidentale. (Il a été démantelé en 1989.) **3.** Grande toile peinte ou draperie qu'on lève ou qu'on abaisse devant la scène d'un théâtre. ◇ *Fam. Rideau ! :* c'est assez !, ça suffit ! **4.** Voile, écran qui masque la vue ou qui forme un obstacle ou une protection. *Rideau d'arbres.* **5.** Talus qui sépare deux champs étagés sur un versant et qui ralentit l'érosion. **6.** *Fam. En rideau :* en panne.

RIDÉE n.f. Filet pour prendre les alouettes.

RIDELLE n.f. (moyen haut all. *reidel,* rondin). Châssis léger, plein ou à claire-voie, composant chacun des côtés d'un chariot, d'une remorque, d'un camion découvert, pour tenir la charge.

RIDEMENT n.m. Rare. Action de rider, de se rider.

RIDER v.t. (anc. haut all. *rīdan,* tordre). **1.** Marquer de rides. **2.** MAR. Tendre au moyen de ridoirs. *Rider un cordage.* ◆ **se rider** v.pr. Se couvrir de rides.

RIDICULE adj. (lat. *ridiculus*). **1.** Propre à exciter le rire, la moquerie. *Un chapeau ridicule.* **2.** Qui n'est pas sensé ; déraisonnable, absurde. *C'est ridicule de se fâcher pour si peu.* **3.** Qui est insignifiant, minime, dérisoire. *Une somme ridicule.* ◆ n.m. Ce qui est ridicule ; le côté ridicule de qqch. *Ne pas avoir peur du ridicule.* ◇ ***Tourner en ridicule :*** rendre ridicule par une attitude de dérision, se moquer, en soulignant les aspects qui prêtent à rire, de qqn ou de qqch.

RIDICULEMENT adv. De façon ridicule.

RIDICULISER v.t. Tourner en ridicule, rendre ridicule.

RIDOIR n.m. MAR. Dispositif, le plus souvent à vis, permettant de tendre un cordage, un hauban.

RIDULE n.f. Petite ride.

RIEL n.m. Unité monétaire principale du Cambodge.

RIEMANNIEN, ENNE [ri-] adj. (de *Riemann,* n.pr.). ***Géométrie riemannienne :*** géométrie pour laquelle deux droites ne sont jamais parallèles.

1. RIEN pron. indéf. (lat. *rem,* de *res,* chose). **1.** En corrélation avec *ne,* ou précédé de *sans,* exprime la négation, l'absence de qqch ; aucune chose. *Je ne vois rien. Rien ne l'arrête. Sans rien oublier.* **2.** Sans *ne,* a une valeur négative dans des réponses ou des phrases sans verbe. *À quoi penses-tu ? – À rien. Rien à l'horizon.* **3.** Sans *ne,* signifie « quelque chose ». *Je ne crois pas qu'il ait rien à me reprocher. Est-il rien de plus stupide que cet accident ?* **4.** ***Ça*** ou ***ce n'est rien :*** ce n'est pas grave, c'est sans importance. – *Fam.* ***Ce n'est pas rien :*** c'est très important. – ***Ça ne fait rien :*** cela importe peu. – *Fam.* ***Cela ne me dit rien :*** je n'en ai aucune envie ; cela n'évoque rien pour moi. – ***Comme si de rien n'était :*** comme s'il ne s'était rien passé. – *Fam.* ***De rien, de rien du tout :*** sans importance, insignifiant. – ***En rien :*** en quoi que ce soit, nullement. – ***En moins que rien :*** en très peu de temps. – ***Il n'en est rien :*** c'est faux. – ***N'avoir rien de :*** ne pas être précisément. – ***N'être rien à qqn, pour qqn,*** n'être nullement lié à lui par parenté ou amitié. – ***Ne plus rien faire :*** ne plus travailler. – ***Pour rien :*** sans utilité ; gratuitement ou pour très peu d'argent. *Se déplacer pour rien. Il a fait ce travail pour rien. Acheter une maison pour rien.* – ***Rien que :*** seulement.

2. RIEN n.m. Chose sans importance ; bagatelle. *Un rien l'irrite. S'amuser à des riens.* ◇ *Fam.* ***Comme un rien :*** très facilement. – ***En un rien de temps :*** en très peu de temps. – ***Un rien de :*** un petit peu de. ◆ n. ***Un(e) rien du tout, un(e) moins que rien :*** une personne tout à fait méprisable.

RIESLING [rislin] n.m. (mot all.). Cépage blanc à petits raisins, base des vignobles des bords du Rhin mais cultivé aussi dans d'autres régions du monde ; vin produit par ce cépage.

RIEUR, EUSE adj. et n. Qui rit volontiers ; qui aime à rire, à railler, à plaisanter. ◇ ***Avoir, mettre les rieurs de son côté :*** faire rire aux dépens de son adversaire. ◆ adj. Qui exprime la joie, la gaieté. *Des yeux rieurs.* ◇ ***Mouette rieuse :*** rieuse.

RIEUSE n.f. Mouette d'Europe et d'Asie, à tête marron foncé en été, blanche en hiver, aux pattes rouges, appelée aussi *mouette rieuse.* (Nom sc. *Larus ridibundus ;* famille des laridés.)

RIF n.m. (arg. ital. *ruffo,* feu, du lat. *rufus,* rouge). *Arg.* Bagarre, combat. ◇ *Arg.* ***Aller au rif :*** aller au combat.

RIFAIN, E adj. et n. Du Rif.

RIFF n.m. (mot angl.). En jazz puis dans la pop, court fragment mélodique utilisé de façon répétitive et rythmique au long d'un morceau.

RIFIFI n.m. (de *rif*). *Arg.* Bagarre, échauffourée.

1. RIFLARD n.m. (de l'anc. haut all. *riffilôn,* frotter). **1.** Grand rabot pour dégrossir le bois. **2.** Ciseau à lame large utilisé en maçonnerie.

2. RIFLARD n.m. (d'un n.pr.). *Fam.,* vieilli. Parapluie.

RIFLE [rifl] n.m. (mot angl.). Carabine à long canon. ◇ ***Carabine (de) 22 long rifle :*** carabine d'un calibre de 22/100 de pouce (soit 5,58 mm), employée pour le sport et le tir du moyen gibier.

RIFLETTE n.f. *Arg.* Bagarre, rixe.

RIFLOIR n.m. Lime de formes variées servant pour des travaux délicats d'orfèvrerie, de gravure, de sculpture, etc.

RIFT n.m. (mot angl.). GÉOL. Système de fossés d'effondrement (continental ou situé au milieu d'une dorsale océanique), siège d'une activité volcanique plus ou moins forte et qui témoigne des prémices d'une zone d'ouverture et d'expansion de la croûte terrestre. *Le rift est-africain.*

■ **RIFT.** La Rift Valley, au Kenya (vue par satellite), région de fractures très nombreuses orientées Nord-Sud, et qui fait partie du rift est-africain.

RIGAUDON ou **RIGODON** n.m. **1.** Danse d'origine provençale, exécutée en couple, devenue sous une forme stylisée danse de bal et danse théâtrale, à la mode à la fin du XVIIe s. et au début du XVIIIe s. en France et en Angleterre. **2.** Pièce instrumentale assez vive à deux temps, pouvant appartenir à une suite ou, comme élément d'une suite, être intégrée dans un opéra-ballet.

RIGIDE adj. (lat. *rigidus*). **1.** Qui résiste aux efforts de torsion ; raide. *Une barre de fer rigide.* **2.** D'une grande sévérité, austère, qui se refuse aux compromis.

RIGIDEMENT adv. Avec rigidité, sans souplesse.

RIGIDIFIER v.t. [5]. Rendre rigide.

RIGIDITÉ n.f. **1.** Résistance qu'oppose une substance solide aux efforts de torsion ou de cisaillement. *La rigidité d'une poutre.* **2.** ***Rigidité diélectrique :*** champ électrique capable de provoquer un claquage dans un matériau isolant. **3.** Rigueur intransigeante, austérité inflexible, manque de souplesse. *La rigidité des lois.* **4.** ÉCON. Manque d'adaptation d'un facteur économique à un changement de la conjoncture (par oppos. à ***élasticité***).

RIGODON n.m. → **RIGAUDON.**

RIGOLADE n.f. *Fam.* **1.** Action de rire, de se divertir sans contrainte. **2.** Chose peu sérieuse, burlesque. **3.** Chose faite sans effort, comme par jeu.

RIGOLAGE n.m. HORTIC. Action de creuser des rigoles pour y semer ou y planter.

RIGOLARD, E adj. et n. *Fam.* Qui aime à rire. ◆ adj. *Fam.* Qui exprime l'amusement. *Air rigolard.*

RIGOLE n.f. (moyen néerl. *regel,* ligne droite). **1.** Canal étroit et en pente pour l'écoulement des eaux. **2.** Sillon pour recevoir des semences ou de jeunes plants. **3.** Petite tranchée creusée pour recevoir les fondations d'un mur.

RIGOLER v.i. (de *rire* et anc. fr. *galer,* s'amuser). *Fam.* **1.** Rire, s'amuser beaucoup. **2.** Ne pas parler sérieusement.

RIGOLEUR, EUSE adj. et n. *Fam.,* vx. Rigolard.

RIGOLO, OTE adj. *Fam.* **1.** Plaisant, amusant. **2.** Qui est curieux, étrange ; qui dit ou fait qqch d'étrange. ◆ n. *Fam.* **1.** Personne qui fait rire. **2.** Personne qu'on ne peut pas prendre au sérieux ; fumiste.

RIGORISME n.m. Attachement rigoureux aux règles morales ou religieuses.

RIGORISTE adj. et n. Qui manifeste du rigorisme.

RIGOTTE n.f. (mot dial., de *goutte*). Petit fromage cylindrique, fait d'un mélange de lait de chèvre et de vache.

RIGOUREUSEMENT adv. **1.** Avec rigueur. *Sévir rigoureusement.* **2.** Avec une exactitude parfaite ; minutieusement. *Classement rigoureusement fait.* **3.** D'une manière incontestable ; absolument, totalement. *C'est rigoureusement vrai.*

RIGOUREUX, EUSE adj. **1.** Qui fait preuve ou est empreint de rigueur, de sévérité. *Une discipline rigoureuse.* **2.** Pénible, difficile à supporter ; rude, âpre. *Hiver rigoureux.* **3.** Qui est fait avec exactitude, précision. *Examen rigoureux des faits.* **4.** Qui procède avec rigueur, exactitude et honnêteté. *On peut lui faire confiance, c'est une femme rigoureuse.*

RIGUEUR n.f. (lat. *rigor*). **1.** Caractère, manière d'agir de qqn qui se montre sévère, inflexible. *Il est d'une extrême rigueur avec ses enfants.* ◇ ***Tenir rigueur à qqn de qqch,*** lui en garder du ressentiment. **2.** Dureté extrême d'une règle, d'une obligation, d'une action. *Morale d'une trop grande rigueur.* ◇ ***De rigueur :*** imposé par les usages, les règlements ; indispensable. *Tenue de rigueur.* – ***À la rigueur :*** au pis aller, en cas de nécessité absolue. **3.** Caractère de ce qui est dur à supporter, notamm. des conditions atmosphériques rigoureuses. *La rigueur du climat.* **4.** Grande exactitude, exigence intellectuelle. *La rigueur d'une analyse.* **5.** Refus de tout laxisme dans le respect des impératifs économiques, budgétaires, etc. *Politique de rigueur.*

RIKIKI adj. inv. → **RIQUIQUI.**

RILLETTES n.f. pl. (moyen fr. *rille,* bande de lard). Préparation réalisée par cuisson dans la graisse de viandes découpées de porc, de lapin, d'oie ou de volaille.

RILLONS n.m. pl. Dés de poitrine de porc entrelardés, rissolés et confits entiers dans leur graisse de cuisson. (Spécialité tourangelle.)

RILSAN n.m. (nom déposé). Fibre textile synthétique de la famille des polyamides.

RIMAILLER v.i. *Fam.,* vieilli. Faire de mauvais vers.

RIMAILLEUR, EUSE n. *Fam.,* vieilli. Personne qui fait de mauvais vers.

RIMAYE [rimaj] ou [-mɛ] n.f. (mot savoyard, du lat. *rima,* fente). Crevasse profonde qui sépare parfois un glacier et ses parois rocheuses.

RIME n.f. (du francique). Retour du même son à la fin de deux vers ou plus. ◇ ***N'avoir ni rime ni raison :*** n'avoir aucun sens.

RIMER v.i. **1.** Avoir les mêmes sons, en parlant des finales des mots. (Ex. : « *Étude* » et « *solitude* ».) ◇ ***Ne rimer à rien :*** être dépourvu de sens. **2.** *Litt.* Faire des vers. *Aimer à rimer.* ◆ v.t. Mettre en vers.

RIMEUR, EUSE n. Poète sans inspiration.

RIMMEL n.m. (nom déposé). Fard pour les cils.

RINÇAGE n.m. Action de rincer ; passage à l'eau pure de ce qui a été lavé.

RINCEAU n.m. (bas lat. *ramusculus,* petit rameau). BX-ARTS, ARTS APPL. Ornement fait d'éléments végétaux disposés en enroulements successifs.

RINCE-BOUCHE n.m. inv. Anc. Gobelet d'eau tiède parfumée, que l'on utilisait pour se rincer la bouche après les repas.

RINCE-BOUTEILLE ou **RINCE-BOUTEILLES** n.m. (pl. *rince-bouteilles*). Appareil pour rincer les bouteilles. SYN. : *rinceuse.*

RINCE-DOIGTS n.m. inv. Bol contenant de l'eau tiède, génér. parfumée de citron, pour se rincer les doigts à table.

RINCÉE n.f. *Fam.* **1.** Pluie torrentielle ; averse. **2.** Volée de coups.

RINCER v.t. [9] (anc. fr. *recincier*, du lat. *recens*, frais). **1.** Nettoyer à l'eau un ustensile. *Rincer un verre, une bouteille.* **2.** Passer dans une eau nouvelle après un nettoyage pour retirer toute trace des produits de lavage. *Rincer le linge.* ◆ **se rincer** v.pr. Se passer le corps, une partie du corps à l'eau claire. *Se rincer sous la douche après un bain de mer.* ◇ ***Se rincer la bouche*** : se laver la bouche avec un liquide que l'on recrache. – *Fam.* ***Se rincer l'œil*** : regarder avec plaisir une personne attrayante, un spectacle érotique.

RINCETTE n.f. *Fam.* Petite quantité d'eau-de-vie qu'on verse dans sa tasse à café après l'avoir vidée.

RINCEUR, EUSE adj. Qui sert au rinçage.

RINCEUSE n.f. Rince-bouteille.

RINÇURE n.f. Eau qui a servi à rincer.

RINFORZANDO [rinfɔrsɑ̃do] adv. (mot ital.). MUS. Avec renforcement subit du degré d'intensité sonore (notation : <). Abrév. : *rinf.*

1. RING [riŋ] n.m. (mot angl., *cercle*). Estrade entourée de cordes pour des combats de boxe, de catch.

2. RING [riŋ] n.m. (mot all.). Belgique. Rocade.

1. RINGARD n.m. (wallon *ringuèle*, levier). Grand tisonnier utilisé pour activer la combustion sur une grille ou pour remuer la matière en traitement dans certains fours.

2. RINGARD, E n. *Fam.* **1.** Comédien médiocre et passé de mode. **2.** Bon à rien. ◆ adj. *Fam.* Qui est médiocre, dépassé, démodé. *Une chanson ringarde.*

RINGARDAGE n.m. Action de ringarder.

RINGARDER v.t. Remuer avec un ringard un métal ou un alliage en fusion.

RINGARDISER v.t. *Fam.* Rendre ringard, démodé.

RINGGIT n.m. Unité monétaire principale de la Malaisie. (On dit aussi *dollar de la Malaisie.*)

RINGUETTE n.f. Québec. Sport apparenté au hockey sur glace, qui se joue avec un bâton droit et un anneau en caoutchouc.

RINK-HOCKEY [rinkɔkɛ] n.m. [pl. *rink-hockeys*] (de l'anglo-amér. *rink-skating* et de *hockey*). Hockey qui se joue avec des patins à roulettes. (Le rink-hockey de rue est appelé cour. *street-hockey.*)

RIOJA [rjoxa] n.m. Vin espagnol, le plus souvent rouge, produit dans la Rioja.

RIP ou **R.I.P.** [rip] ou [ɛripe] n.m. (sigle). Relevé d'identité postal.

RIPAGE ou **RIPEMENT** n.m. **1.** Action de faire glisser, de déplacer sans soulever, en laissant frotter contre le sol, le support, etc. **2.** MAR. Déplacement ou désarrimage des marchandises d'un navire du fait d'un roulis violent.

RIPAILLE n.f. (du moyen néerl. *rippen*, racler). *Fam.*, vieilli. Excès de table. ◇ *Fam.* ***Faire ripaille*** : faire bombance.

RIPAILLER v.i. *Fam.*, vieilli. Faire ripaille.

RIPAILLEUR, EUSE n. *Fam.*, vieilli. Personne qui aime à faire ripaille.

RIPATON n.m. *Fam.* Pied de qqn.

RIPE n.f. Outil de maçon et de sculpteur en forme de S allongé, à deux extrémités tranchantes, dont l'une est finement dentée.

RIPEMENT n.m. → **RIPAGE.**

RIPER v.t. (néerl. *rippen*, palper). **1.** Gratter avec la ripe. **2.** MANUT., MAR. Effectuer un ripage. ◆ v.i. Glisser sur le côté, déraper.

RIPIENO n.m. (mot ital.). MUS. Dans un concerto grosso, ensemble des instrumentistes accompagnateurs.

RIPOLIN n.m. (nom déposé). Peinture laquée très brillante.

RIPOLINER v.t. Peindre au Ripolin.

RIPOSTE n.f. (ital. *risposta*, réponse). **1.** Réponse vive et immédiate à une attaque verbale. *Avoir la riposte rapide.* **2.** Action qui répond sur-le-champ à une attaque. *Une riposte foudroyante.* ◇ ***Riposte graduée*** : adaptation du choix des moyens militaires, notamm. nucléaires, à la nature de la menace exercée par l'adversaire. **3.** En escrime, attaque suivant immédiatement la parade.

RIPOSTER v.t. ind. **(à).** Répondre vivement à. *Riposter à une raillerie, à une injure, à une attaque.* ◆ v.t. Répondre qqch à qqn avec vivacité. *Il m'a riposté qu'il n'était pas d'accord.* ◆ v.i. En escrime, attaquer immédiatement après avoir paré.

RIPOU adj. et n. [pl. *ripoux* ou *ripous*] (verlan de *pourri*). *Fam.* Se dit d'un policier corrompu.

RIPPER [ripœr] n.m. (mot angl., de *to rip*, arracher). TRAV. PUBL. Défonceuse.

RIPPLE-MARK [ripœlmark] n.f. [pl. *ripple-marks*] (mot angl.). GÉOL., GÉOMORPH. Petite ride, actuelle ou fossile, ciselée dans le sable par l'eau (sur la plage) ou par le vent (dans les déserts).

RIPUAIRE adj. (du lat. *ripa*, rive). *Francs Ripuaires : v. partie n.pr.*

RIQUIQUI ou **RIKIKI** adj. inv. *Fam.* Petit et d'aspect mesquin, étriqué.

1. RIRE v.i. [75] (lat. *ridere*). **1.** Manifester un sentiment de gaieté par un mouvement des lèvres, de la bouche, accompagné de sons rapidement égrenés. **2.** Prendre une expression de gaieté. *Des yeux qui rient.* **3.** S'amuser, prendre du bon temps. *Aimer rire.* ◇ ***Avoir le mot pour rire*** : savoir dire des choses plaisantes. – ***Prêter à rire*** : donner sujet de rire, de railler. – ***Rire au nez, à la barbe de qqn***, se moquer de lui en face. **4.** Agir, parler, faire qqch par jeu, sans intention sérieuse. *J'ai dit cela pour rire.* ◇ ***Sans rire*** : sérieusement. – ***Vous me faites rire*** : ce que vous dites est absurde. – ***Vous voulez rire*** : vous ne parlez pas sérieusement. ◆ v.t. ind. **(de).** Se moquer de. *Tous rient de sa sottise.* ◇ ***Rire des menaces de qqn***, ne pas en tenir compte. ◆ **se rire** v.pr. **(de).** Se moquer, ne pas tenir compte de.

2. RIRE n.m. Action de rire ; hilarité.

1. RIS [ri] n.m. pl. (lat. *risus*). *Litt.* Plaisirs.

2. RIS [ri] n.m. (anc. scand. *rif*). MAR. Partie d'une voile destinée à être serrée sur une vergue ou une bôme au moyen de garcettes, pour pouvoir être soustraite à l'action du vent. ◇ ***Prendre des ris*** : diminuer la surface d'une voile en nouant les garcettes de ris.

3. RIS [ri] n.m. Thymus du veau et de l'agneau, considéré comme un mets délicat.

RISBERME n.f. (du néerl.). Dans un barrage en remblai, rupture de pente horizontale sur le parement amont ou aval.

RISC [risk] n.m. inv. (acronyme de l'angl. *reduced instruction set computer*). INFORM. Architecture d'un processeur élémentaire utilisant un jeu d'instructions réduit et permettant d'accroître les performances du système.

1. RISÉE n.f. Moquerie collective. *S'exposer à la risée du public.* ◇ ***Être la risée de*** : être un objet de moquerie pour.

2. RISÉE n.f. MAR. Petite brise subite et passagère.

RISER [rizɛr] ou [rajzœr] n.m. (mot angl.). PÉTROLE. Tube prolongateur.

1. RISETTE n.f. (de *1. ris*). *Fam.* Sourire d'un jeune enfant à l'adresse de qqn.

2. RISETTE n.f. → **RIZETTE.**

RISIBLE adj. Propre à faire rire ; ridicule, drôle. *Aventure risible.*

RISOTTO [rizɔto] n.m. (mot ital.). Riz au gras, revenu avec des oignons, mouillé avec du bouillon et agrémenté de divers ingrédients. *Risotto aux fruits de mer, risotto aux foies de volaille.* (Cuisine italienne.)

RISQUE n.m. (ital. *risco*). **1.** Danger, inconvénient plus ou moins probable auquel on est exposé. *Courir le risque d'un échec. Un pilote qui prend trop de risques.* ◇ ***À risque(s)*** : prédisposé à certains inconvénients ; exposé à un danger, à une perte, à un échec ; qui présente un danger. *Capitaux à risques. Grossesse à risque. Zone à risques.* – ***Au risque de*** : en s'exposant au danger de. – ***Aux risques et périls de qqn*** : en assumant toute la responsabilité de ce qu'il entreprend, y compris les conséquences fâcheuses éventuelles. **2.** Préjudice, sinistre éventuel que les compagnies d'assurance garantissent moyennant le paiement d'une prime. ◇ ***Assurance tous risques*** : assurance automobile qui garantit l'assuré contre tous les dommages qu'il peut causer ou subir. – ***Risque social*** : événement dont les systèmes de sécurité sociale visent à réparer les conséquences (maladie, maternité, invalidité, chômage, etc.).

RISQUÉ, E adj. **1.** Qui comporte un risque ; dangereux, hasardeux. *Une entreprise risquée.* **2.** Se dit d'un propos, d'une œuvre d'un caractère osé, licencieux.

RISQUER v.t. **1.** Exposer à un risque, à un danger possible, à une éventualité fâcheuse. *Risquer de l'argent dans une affaire.* ◇ *Fam.* ***Risquer le coup*** : tenter une entreprise malgré son issue incertaine. **2.** S'exposer à subir une chose désagréable. *Vous risquez un accident grave.* ◆ v.t. ind. **(de).** S'exposer à ; avoir une chance de. *Ce cadeau risque de lui plaire.* ◆ **se risquer** v.pr. **1.** Aller dans un lieu où l'on court un risque, un danger. **2.** S'engager dans une entreprise incertaine. **3.** Se hasarder à. *Ne pas se risquer à porter un jugement.*

RISQUE-TOUT n. inv. et adj. inv. Personne très audacieuse, imprudente.

RISS n.m. (d'un n.pr.). GÉOL. Glaciation quaternaire alpine, de – 250 000 à – 150 000 ans.

1. RISSOLE n.f. (provenç. *rissolo*, du lat. *retiolum*, petit filet). Filet à petites mailles, pour pêcher les sardines et les anchois en Méditerranée.

2. RISSOLE n.f. (lat. pop. *russeola*, de *russeus*, roux). Chausson de pâte feuilletée contenant un hachis de viande ou de poisson, frit et servi chaud.

RISSOLER v.t. et v.i. Rôtir de manière à faire prendre une couleur dorée.

RISTOURNE n.f. (ital. *ristorno*). **1.** Réduction consentie à un client par un commerçant. **2.** Commission versée à un intermédiaire occasionnel. **3.** Part de bénéfices qu'une société coopérative verse annuellement à ses membres. **4.** Nullité ou résiliation d'une assurance maritime.

RISTOURNER v.t. Faire à qqn une ristourne de tant.

RISTRETTE n.m. (ital. *ristretto*, serré). Suisse. Café serré servi dans une petite tasse.

RITAL, E n. (pl. *ritals, es*). *Fam., péjor.* Italien.

RITARDANDO adv. (mot ital.). MUS. Avec ralentissement progressif du tempo. Abrév. : *rit.* ou *ritard.*

RITE n.m. (lat. *ritus*). **1.** Ensemble des règles et des cérémonies qui se pratiquent dans une Église, une communauté religieuse. *Le rite romain.* **2.** Ensemble des règles fixant le déroulement d'un cérémonial quelconque. *Rites maçonniques.* **3.** Action accomplie conformément à des règles et faisant partie d'un cérémonial précis. *Rites de la remise d'une décoration.* **4.** Manière d'agir propre à qqn ou à un groupe social et revêtant un caractère invariable. *Le rite des vœux de nouvel an.* **5.** ANTHROP. Dans certaines sociétés, acte, cérémonie, fête à caractère répétitif, destinés à réaffirmer de façon efficace les valeurs et à assurer la relance de l'organisation sociale. *Rites d'initiation. Rites funéraires.*

RITOURNELLE n.f. (ital. *ritornello*). **1.** Courte phrase musicale qui précède et termine un air ou en sépare les strophes. **2.** *Fam.* Propos que qqn répète continuellement.

RITUALISATION n.f. Action de ritualiser.

RITUALISER v.t. Régler, codifier qqch à la manière d'un rite.

RITUALISME n.m. **1.** Respect strict des rites, poussé jusqu'au formalisme. **2.** Mouvement né au XIXe s. et tendant à restaurer dans l'Église anglicane les cérémonies et les pratiques de l'Église romaine.

RITUALISTE adj. et n. Qui a trait au ritualisme ; qui en est partisan.

1. RITUEL, ELLE adj. (lat. *ritualis*). **1.** Conforme aux rites ; réglé par un rite. *Chant rituel.* **2.** Qui est comme réglé par une coutume immuable. *La rituelle poignée de mains entre deux chefs d'État.*

2. RITUEL n.m. **1.** Mise en œuvre des rites d'une religion (gestes, symboles, prières). **2.** Dans l'Église latine, recueil liturgique des rites accomplis par le prêtre, notamm. lors de la célébration des sacrements. **3.** SOCIOL. Ensemble de comportements codifiés, fondés sur la croyance en l'efficacité constamment accrue de leurs effets, grâce à leur répétition. **4.** Ensemble des règles et des habitudes fixées par la tradition. *Le rituel de la rentrée scolaire.* **5.** PSYCHIATR. Trouble obsessionnel caractérisé par un geste répété, stéréotypé et compulsif (lavage des mains, par ex.).

RITUELLEMENT adv. **1.** D'une manière rituelle, selon un cérémonial obligatoire. **2.** Habituellement, invariablement.

RIVAGE n.m. (de *rive*). Bande de terre qui borde une étendue d'eau marine.

RIVAL, E, AUX adj. et n. (lat. *rivalis*). Opposé à d'autres pour l'obtention d'un avantage ne

R

pouvant revenir qu'à un seul. ◇ *Sans rival :* sans équivalent, inégalable.

RIVALISER v.i. Chercher à égaler ou à surpasser qqn ; lutter. *Rivaliser d'efforts avec qqn.*

RIVALITÉ n.f. Concurrence de personnes qui prétendent à la même chose ; antagonisme.

RIVE n.f. (lat. *ripa*). **1.** Bande de terre qui borde une étendue d'eau ; berge, bord. **2.** *Rive droite, rive gauche.* **a.** Bord d'un cours d'eau qu'on a à sa droite, à sa gauche quand on regarde dans le sens du courant. **b.** Partie d'une ville, d'une région qui borde un cours d'eau sur sa droite, sur sa gauche. *Habiter sur la rive gauche.* **3.** Chant d'une pièce de bois avivé. **4.** Limite d'un versant de toit couvrant les rampants d'un pignon. **5.** *Poutre de rive :* chacune des deux poutres soutenant le tablier d'un pont, les plus éloignées de son axe longitudinal. **6.** Bord longitudinal d'un feuillard, d'une tôle.

RIVELAINE n.f. (mot picard). Anc. Pic de mineur à deux pointes.

RIVER v.t. (de *rive*). **1.** TECHN. **a.** Assembler deux ou plusieurs éléments par écrasement d'une partie de l'un d'eux dans une partie adéquate de l'autre. **b.** Assembler au moyen de rivets. *River deux tôles ensemble.* SYN. : *riveter.* **c.** Rabattre et aplatir l'extrémité d'un clou, d'un rivet, etc., sur l'autre côté de l'objet qu'il traverse. ◇ *Fam. River son clou à qqn,* lui répondre vertement, le réduire au silence. **2.** *Être rivé à qqch,* ne pas pouvoir le quitter. *Elle est rivée à son travail.* — *River ses yeux, son regard sur :* fixer étroitement et longtemps.

RIVERAIN, E adj. et n. **1.** Qui est situé ou qui habite le long d'une rivière. **2.** Qui est situé ou qui habite le long d'une rue, à la lisière d'un bois, le long d'une voie de communication, près d'un aéroport. *Voie réservée aux riverains.*

RIVERAINETÉ n.f. DR. **1.** Ensemble des droits conférés au riverain. **2.** Situation juridique d'immeubles qui voisinent avec d'autres ou qui sont situés le long de voies.

RIVESALTES n.m. (de *Rivesaltes,* n. d'une commune des Pyrénées). Vin blanc doux naturel du Roussillon.

RIVET n.m. Élément d'assemblage de pièces plates, non démontable, formé d'une tige cylindrique renflée à une extrémité, et dont on écrase l'autre extrémité après l'avoir enfilée dans un trou ménagé dans les pièces à assembler.

RIVETAGE n.m. Action de river.

RIVETER v.t. [16]. TECHN. River.

RIVETEUSE n.f. Machine à poser les rivets.

RIVIÈRE n.f. (lat. *riparius,* qui se trouve sur la rive). **1.** Cours d'eau de faible ou de moyenne importance qui se jette dans un autre cours d'eau. **2.** SPORTS. Obstacle de steeple constitué d'une étendue d'eau peu profonde, génér. précédé d'une petite haie. (En athlétisme, au 3 000 m steeple, cet obstacle est précédé d'une barrière.) **3.** *Rivière de diamants :* collier composé de diamants sertis dans une monture très discrète.

RIVOIR n.m. Marteau dont on se sert pour river.

RIVULAIRE n.f. (du lat. *rivulus,* petit ruisseau). Cyanobactérie filamenteuse, qui se développe en colonie gélatineuse, vert sombre, sur les rochers du littoral.

RIVURE n.f. Résultat ou agencement d'un rivetage.

RIXE n.f. (lat. *rixa*). Querelle violente accompagnée de menaces et de coups.

RIYAL n.m. (pl. *riyals*). Unité monétaire principale de l'Arabie saoudite et du Qatar.

RIZ n.m. (ital. *riso,* du lat. *oryza*). **1.** Céréale des régions chaudes, cultivée sur un sol humide ou submergé (rizière) et dont le grain est très utilisé dans l'alimentation humaine. (Genre *Oryza ;* famille des graminées.) ◇ *Paille de riz :* paille fournie par la partie ligneuse du riz, utilisée pour la confection de chapeaux. **2.** Grain de cette plante. ◇ *Eau de riz :* boisson astringente obtenue en faisant cuire du riz dans de l'eau. — Vx. *Poudre de riz :* poudre fine pour le maquillage, composée, à l'origine, de fécule de riz réduite en poudre.

RIZERIE n.f. Usine où l'on traite le paddy afin d'obtenir du riz décortiqué, blanchi ou glacé.

RIZETTE ou **RISETTE** n.f. Suisse. *Brosse à rizette :* brosse à poils durs.

RIZICOLE adj. Relatif à la riziculture.

RIZICULTEUR, TRICE n. Personne qui cultive le riz.

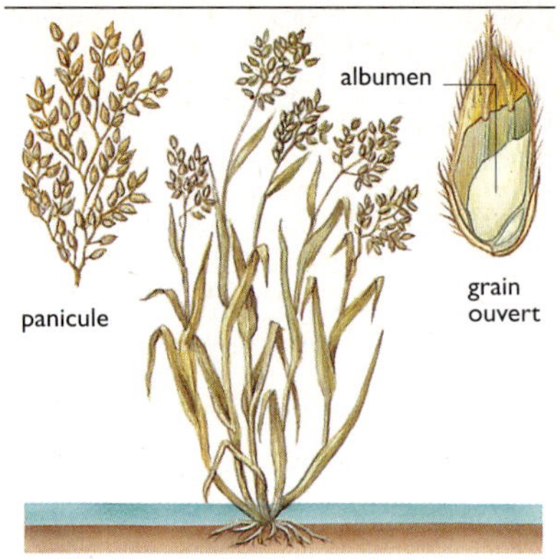

■ **RIZ**

RIZICULTURE n.f. Culture du riz.

RIZIÈRE n.f. Terrain où l'on cultive le riz.

RIZ-PAIN-SEL n.m. inv. *Arg. mil.* Militaire de l'intendance.

RMI ou **R.M.I.** [ɛrɛmi] n.m. (sigle). Revenu minimum d'insertion.

RMiste ou **RMIste** [ɛrɛmist] n. Personne bénéficiaire du RMI. (On écrit aussi *érémiste.*)

RMN ou **R.M.N.** n.f. (sigle). Résonance magnétique nucléaire.

RN ou **R.N.** n.f. (sigle). Route nationale.

RNIS ou **R.N.I.S.** [ɛrɛniɛs] n.m. (sigle). Réseau numérique à intégration de services.

ROAD-MOVIE ou **ROAD MOVIE** [rodmuvi] n.m. (pl. *road[-]movies*) (angl. *road,* route, et *movie,* film). Genre cinématographique qui dépeint l'errance, parfois baignée de violence, de personnes qui, en rupture avec leur environnement, traversent une région, un pays, voire des continents ; film qui appartient à ce genre. (Né aux États-Unis vers 1970, le road-movie est représenté par des films comme *Easy Rider* [1969] de D. Hopper, *Alice dans les villes* [1973] de W. Wenders ou *Sailor et Lula* [1990] de D. Lynch.)

ROADSTER [rodstɛr] n.m. (mot angl.). AUTOM. Carrosserie sportive comprenant à l'arrière une caisse ouverte à deux places aménagé en coffre ou en compartiment pour deux passagers ; véhicule ainsi conçu.

ROAST-BEEF [rostbif] n.m. [pl. *roast-beefs*] (mots angl.). Vx. Rosbif.

ROBAGE n.m. Action de rober.

ROBE n.f. (du germ.). **1.** Vêtement féminin composé d'un corsage et d'une jupe d'un seul tenant. **2.** Vêtement long et ample, que portent les juges, les avocats, etc. — *Sout.* Profession de la magistrature. ◇ *Homme de robe :* magistrat. **3.** *Robe de chambre :* vêtement d'intérieur tombant jusqu'aux pieds. **4.** Enveloppe de fruits ou de légumes. *Robe d'une fève, d'un oignon.* ◇ *Pommes de terre en robe des champs, en robe de chambre,* cuites dans leur peau. **5.** Feuille de tabac constituant l'enveloppe d'un cigare. SYN. : *cape.* **6.** Pelage du cheval, des bovins, considéré du point de vue de sa couleur. *Robe isabelle.* **7.** Couleur d'un vin.

ROBER v.t. Entourer les cigares d'une robe.

ROBERT n.m. (de *Robert,* n. d'une marque de biberons). *Fam.* Sein de femme.

ROBIN n.m. (de *robe*). *Litt., péjor.* Magistrat.

ROBINET n.m. (de *Robin,* surnom donné au mouton). **1.** Appareil servant à interrompre ou à rétablir la circulation d'un fluide dans une canalisation, à l'aide d'un obturateur commandé de l'extérieur. **2.** Clé commandant cet obturateur. **3.** *Robinet d'incendie armé (RIA) :* ensemble constitué par un robinet à ouverture rapide et par un tuyau d'incendie muni d'une lance et raccordé en permanence.

ROBINETIER n.m. Personne qui fabrique des robinets.

ROBINETTERIE n.f. **1.** Industrie, fabrication, commerce des robinets. **2.** Ensemble des robinets d'un système, d'un bâtiment.

ROBINIER n.m. (de *Robin* [1550-1629], jardinier du roi). Arbre épineux originaire d'Amérique du Nord, aux feuilles composées pennées à folioles arrondies, aux grappes de fleurs blanches et parfumées, appelé à tort *acacia.* (Genre *Robinia ;* famille des papilionacées.)

ROBORATIF, IVE adj. (du lat. *roborare,* fortifier). *Sout.* Fortifiant.

ROBOT n.m. (du tchèque *robota,* travail forcé, corvée). **1.** Dans les œuvres de science-fiction, machine à l'aspect humain, capable de se mouvoir, d'exécuter des opérations, de parler. **2.** Appareil automatique capable de manipuler des objets ou d'exécuter des opérations selon un programme fixe ou modifiable, voire par apprentissage. **3.** Bloc-moteur électrique combinable avec divers accessoires, destiné à différentes opérations culinaires. **4.** *Fig.* Personne qui agit de façon automatique.

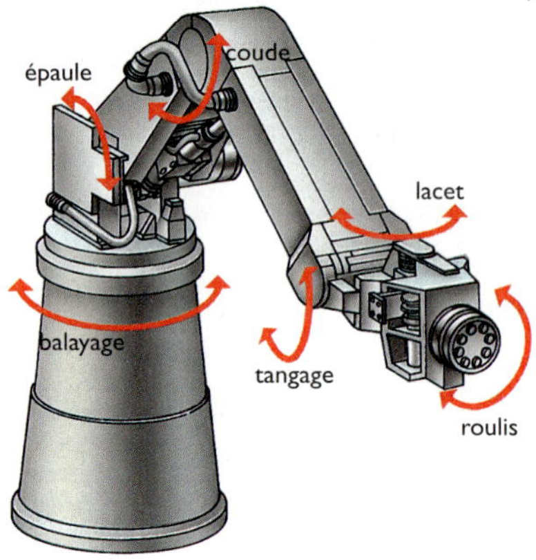

■ **ROBOT** industriel à six axes ; son déplacement résulte d'une combinaison de mouvements autour de six axes différents.

ROBOTICIEN, ENNE n. Spécialiste de robotique.

ROBOTIQUE n.f. Science et technique de la conception et de la construction des robots. ◆ adj. Relatif à la robotique.

ROBOTISATION n.f. Action de robotiser.

ROBOTISER v.t. **1.** Équiper de robots. **2.** Enlever à qqn toute initiative, réduire un travail à une tâche automatique, comparable à celle d'un robot.

ROBUSTA n.m. Variété de caféier de l'espèce *Coffea canephora ;* café qu'il produit.

ROBUSTE adj. (lat. *robustus,* de *robur,* force). **1.** Capable de supporter la fatigue ; solidement constitué, fort, résistant. *Un homme, un animal robuste.* **2.** Se dit d'un végétal qui résiste aux conditions climatiques difficiles ; résistant. *Un arbre robuste.* **3.** Se dit d'un objet solide, résistant. *Un moteur robuste.*

ROBUSTESSE n.f. Caractère de qqn, de qqch de robuste ; force, vigueur.

ROC [rɔk] n.m. (de *roche*). Masse de pierre très dure et cohérente faisant corps avec le sous-sol. *Habitation creusée dans le roc.*

ROCADE n.f. (de *roquer,* terme d'échecs). Voie contournant la partie centrale d'une agglomération de façon à en détourner la circulation.

ROCAILLAGE n.m. ARCHIT. Revêtement en rocaille.

ROCAILLE n.f. **1.** Amas de petites pierres sur le sol. **2.** Terrain rempli de cailloux. **3.** Ouvrage ornemental imitant les rochers et les pierres naturelles. **4.** Tendance des arts décoratifs en vogue en France d'env. 1710 à 1750. (Aspect

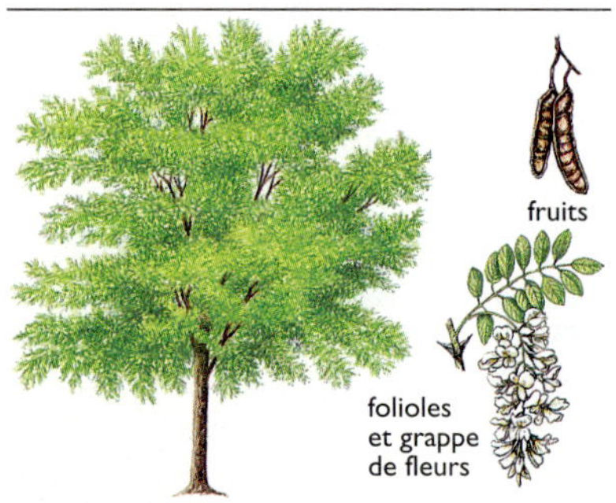

■ **ROBINIER** (faux acacia).

R

■ **ROCAILLE.** Projet d'un grand surtout de table en argent avec deux terrines ; dessin de J. A. Meissonnier, gravure de G. Huquier. (BNF, Paris.)

particulier du style Louis XV, elle se caractérise par la fantaisie de compositions dissymétriques, où règnent les formes contournées, déchiquetées, évoquant concrétions minérales, coquillages, sinuosités végétales.) ◆ adj. inv. Relatif au style rocaille.

ROCAILLEUX, EUSE adj. **1.** Couvert de petites pierres, de cailloux. *Chemin rocailleux.* **2.** Dénué d'harmonie, de grâce, en parlant d'une expression littéraire. *Style rocailleux.* **3.** *Voix rocailleuse,* rauque, râpeuse.

ROCAMADOUR n.m. (de *Rocamadour,* n.pr.). Minuscule fromage rond et plat au lait de chèvre, fabriqué dans le Quercy.

ROCAMBOLE n.f. (all. *Rockenbolle*). Ail, dit aussi *ail d'Espagne,* qui porte au sommet de sa tige des bulbilles pouvant servir à sa multiplication.

ROCAMBOLESQUE adj. (de *Rocambole,* héros des romans-feuilletons de Ponson du Terrail). Rempli de péripéties invraisemblables, extraordinaires.

ROCHAGE n.m. Dégagement de gaz produisant des cloques irrégulières au cours de la solidification de certains métaux ou alliages.

ROCHE n.f. (bas lat. *rocca*). **1.** Matière constitutive de l'écorce terrestre, formée génér. d'un agrégat de minéraux et présentant une homogénéité de composition, de structure et de mode de formation. – Morceau de cette matière ; caillou, pierre, rocher. **2.** PÉDOL. *Roche mère :* roche à partir de laquelle se développe un sol et que l'on retrouve inaltérée à la base de ce dernier. **3.** *Eau de roche :* eau très limpide qui sourd d'une roche. – *Clair comme de l'eau de roche :* limpide, évident.

ENCYCL. On divise les roches, d'après leur origine, en trois groupes : les *roches sédimentaires* ou *exogènes,* formées en surface par diagenèse de sédiments ; les *roches magmatiques,* qui cristallisent à partir d'un magma, en profondeur *(roches plutoniques)* ou en surface *(roches volcaniques) ;* les *roches métamorphiques,* qui résultent de la transformation de roches préexistantes (sédimentaires ou magmatiques) par le métamorphisme. Les roches magmatiques et métamorphiques, qui se forment ou ont leur origine en profondeur, sont aussi qualifiées de *roches endogènes.*

ROCHE-MAGASIN n.f. (pl. *roches-magasins*). Ensemble de couches géologiques imprégnées de pétrole ou de gaz naturel dont elles constituent le gisement, et toujours recouvertes par un niveau imperméable empêchant la migration des hydrocarbures vers le haut. SYN. : *roche-réservoir.*

ROCHE-MÈRE n.f. (pl. *roches-mères*). Ensemble de couches géologiques dans lesquelles se sont formés des hydrocarbures.

1. ROCHER n.m. **1.** Grande masse de pierre dure, éminence génér. escarpée. ◇ *Faire du rocher :* faire de l'escalade sur des parois de pierre. **2.** Roche dont est fait le rocher. *Creusé dans le rocher.* **3.** ANAT. Partie interne de l'os temporal disposée sur le côté de la base du crâne, et qui renferme l'oreille moyenne et l'oreille interne. **4.** Gâteau ou bouchée au chocolat ayant la forme et l'aspect rugueux de certains rochers.

2. ROCHER v.i. **1.** Mousser, en parlant de la bière qui fermente. **2.** Présenter le phénomène de rochage.

ROCHE-RÉSERVOIR n.f. (pl. *roches-réservoirs*). Roche-magasin.

1. ROCHET n.m. (bas lat. *roccus,* du francique *rokk*). **1.** Surplis à manches étroites des évêques et de certains dignitaires ecclésiastiques. **2.** Mantelet de cérémonie des pairs d'Angleterre.

2. ROCHET n.m. (germ. *rukka*). **1.** Bobine sur laquelle on enroule la soie. **2.** MÉCAN. INDUSTR. *Roue à rochet :* roue à dents taillées en biseau de façon à ne pouvoir soulever que dans un sens un cliquet qui l'immobilise dans l'autre sens.

ROCHEUX, EUSE adj. Couvert, formé de roches, de rochers.

ROCH HA-SHANA n.m. inv. → **ROSH HA-SHANA.**

ROCHIER n.m. Poisson de roche (nom commun à différentes espèces).

1. ROCK [rɔk] n.m. (ar. *rukh*). Oiseau gigantesque et fabuleux des contes orientaux (en partic. dans *les Mille et Une Nuits*).

2. ROCK n.m. ou **ROCK AND ROLL** [rɔkɛndrɔl] n.m. inv. (mot angl., de *to rock,* balancer, et *to roll,* rouler). **1.** Musique très populaire, à prédominance vocale, née aux États-Unis vers 1954, issue du jazz, du blues et du rhythm and blues noirs, et empruntant des éléments au folklore rural, caractérisée par un rythme très appuyé sur le deuxième et le quatrième temps et une utilisation systématique de la guitare électrique et de la batterie. (Parmi les différentes tendances du rock, on peut distinguer : le folk, le jazz-rock, la pop, le rock planant, le rock punk, la new wave, le hard rock, la soul et le disco.) **2.** Morceau de rock, joué et chanté. **3.** Danse originaire des États-Unis, où la partenaire, guidée à la main par le danseur, exécute des figures autour de lui, et dont la vogue commence dans les années 1950.

3. ROCK adj. inv. Relatif au rock, au rock and roll. *Chanteur, concert rock.*

ROCKER [rɔkœr] n.m. ou **ROCKEUR, EUSE** n. **1.** Chanteur de rock. **2.** *Fam.* Personne dont l'allure et le comportement sont déterminés par le goût du rock, l'imitation des chanteurs de rock.

ROCKET n.f. → **2. ROQUETTE.**

ROCKING-CHAIR [rɔkiŋʃɛr] ou [rɔkiŋtʃɛr] n.m. [pl. *rocking-chairs*] (mot angl., de *to rock,* balancer, et *chair,* siège). Fauteuil à bascule.

ROCOCO n.m. (de *rocaille*). Style artistique en vogue au XVIIIe s. (en Allemagne, Autriche, Espagne, notamm.), inspiré à la fois du baroque italien et du décor rocaille français. ◆ adj. inv. **1.** Qui appartient au rococo. **2.** Démodé, ridiculement compliqué, tarabiscoté.

ROCOU n.m. (du tupi *urucu*). Pigment rouge-orangé extrait du rocouyer, utilisé comme colorant alimentaire (fromages, notamm.).

ROCOUER v.t. Colorer avec du rocou.

ROCOUYER [rɔkuje] n.m. Arbuste de l'Amérique tropicale dont la graine fournit le rocou. (Genre *Bixa ;* famille des bixacées.)

RODAGE n.m. **1.** MÉCAN. INDUSTR. Opération ayant pour but d'obtenir une surface unie et polie (notamm. par honing ou par lapping), et, dans le cas de surfaces frottantes, une portée aussi parfaite que possible des pièces en contact. **2.** Fonctionnement, temporairement limité au-dessous des performances nominales, d'une machine, d'un véhicule neufs. **3.** *Fig.* Action de roder ; période pendant laquelle on rode qqch.

RÔDAILLER v.i. *Fam.* Rôder en traînant çà et là.

RODÉO n.m. (esp. *rodeo,* encerclement du bétail). **1.** Dans la pampa argentine, rassemblement des troupeaux pour marquer les jeunes animaux. **2.** Jeu sportif, aux États-Unis et au Mexique, comportant plusieurs épreuves minutées de lutte avec des animaux (chevaux, taureaux, veaux, etc.) qu'il faut maîtriser. **3.** *Fam.* Course bruyante de voitures, de motos.

RODER v.t. (lat. *rodere,* ronger). **1.** MÉCAN. INDUSTR. Soumettre une surface au rodage. **2.** Utiliser un appareil, un véhicule dans les conditions voulues par le rodage. **3.** *Fig.* Mettre progressivement au point, rendre efficace par des essais répétés. *Roder une équipe, une méthode de travail, un spectacle.*

RÔDER v.i. (lat. *rotare,* tourner). Errer, traîner çà et là, souvent avec de mauvaises intentions.

RÔDEUR, EUSE n. Personne qui rôde ; vagabond, individu louche aux intentions douteuses.

RODOIR n.m. MÉCAN. INDUSTR. Bâton d'abrasifs agglomérés utilisé pour le rodage (en partic. le honing).

RODOMONT n.m. (du n. d'un personnage du *Roland furieux* de l'Arioste). *Litt.,* vx. Fanfaron, bravache, vantard.

RODOMONTADE n.f. *Litt.* Fanfaronnade.

RŒNTGEN n.m. → **RÖNTGEN.**

RŒSTI ou **RÖSTI** [røʃti] n.m. pl. (de l'all. *rösten,* griller, rôtir). Suisse. Mets fait de pommes de terre émincées dorées à la poêle.

ROGATIONS n.f. pl. (lat. *rogatio,* demande). CATH. Procession de supplication instituée au Ve s., qui se déroule le jour de la Saint-Marc et les trois jours précédant l'Ascension, destinée à attirer la bénédiction divine sur les récoltes et les animaux.

ROGATOIRE adj. (lat. *rogatus,* interrogé). DR. Qui concerne une demande. ◇ *Commission rogatoire* → **commission.**

ROGATON n.m. (lat. médiév. *rogatum,* demande). *Fam.* **1.** Vx. Rebut, reste de peu de valeur. **2.** (Souvent pl.) Bribe d'aliment, reste d'un repas.

ROGNAGE n.m. Action de rogner, de couper ; son résultat.

1. ROGNE n.f. (de *1. rogner*). Coupe au massicot d'un imprimé ou d'un volume pour sa mise au format définitif.

2. ROGNE n.f. (de *2. rogner*). *Fam.* Mauvaise humeur ; colère. *Être, se mettre en rogne.*

1. ROGNER v.t. (lat. pop. *rotundiare,* couper en rond). **1.** Couper qqch sur son pourtour, sur les bords. *Rogner un livre.* **2.** Diminuer faiblement ce qui doit revenir à qqn pour en tirer un petit profit. *Rogner les revenus de qqn.* ◇ *Rogner les ailes à qqn,* limiter ses moyens d'action, l'empêcher d'agir. ◆ v.t. ind. **(sur).** Faire de petites économies, prélever sur qqch. *Rogner sur la nourriture, les loisirs.*

2. ROGNER v.i. (radical *ron,* onomat.). *Fam.,* vx. Être furieux, en rogne ; pester.

ROGNEUX, EUSE adj. Suisse. *Fam.* Qui se met facilement en rogne ; coléreux.

ROGNON n.m. (lat. *ren,* rein). **1.** Rein de certains animaux, considéré pour son utilisation culinaire. **2.** *Table rognon,* dont le plateau est en forme de rognon, de haricot. **3.** GÉOL. Masse minérale irrégulièrement arrondie contenue dans une roche de nature différente. *Rognon de silex dans la craie.*

ROGNONNADE n.f. CUIS. Longe de veau roulée et fourrée avec le rognon.

ROGNONNER v.i. (de *2. rogner*). *Fam.* Ronchonner, bougonner.

ROGNURE n.f. (Souvent pl.) **1.** Ce qui tombe, se détache de qqch qu'on rogne. *Rognures d'ongles.* **2.** Restes, débris. *Rognures de viande pour le chat.*

ROGOMME n.m. *Fam.,* vx. Eau-de-vie. ◇ *Fam. Voix de rogomme :* voix rauque, enrouée par l'abus d'alcool.

1. ROGUE adj. (anc. scand. *hrôkr,* arrogant). Arrogant, avec une nuance de raideur et de rudesse. *Air, ton rogue.*

2. ROGUE n.f. (anc. scand. *rogn*). Préparation d'œufs de poisson salés utilisée comme appât pour pêcher la sardine.

ROGUÉ, E adj. PÊCHE. Se dit d'un poisson qui contient des œufs.

ROI n.m. (lat. *rex, regis*). **1. a.** Homme qui, en vertu de l'élection ou, le plus souvent, de l'hérédité, exerce, d'ordinaire à vie, le pouvoir souverain dans une monarchie. *Couronner un roi.* ◇ *Travailler pour le roi de Prusse :* travailler pour rien. – *Un morceau de roi :* un mets exquis. **b.** *Le Grand Roi :* le roi des Perses, chez les auteurs grecs. – *Roi des Romains :* dans le Saint Empire romain germanique, titre que portait l'empereur avant son couronnement par le pape, puis à partir de 1508 le successeur désigné de l'empereur régnant. – *Le Roi Très Chrétien :* titre officiel du roi de France aux XVIIe et XVIIIe s. – *Les Rois*

Catholiques : Isabelle de Castille et Ferdinand d'Aragon. – *Le Roi des rois :* le souverain d'Éthiopie. – *Le jour, la fête des Rois :* l'Épiphanie. **2.** Personne, être, chose qui dominent, qui sont supérieurs, dans un domaine particulier. *Un roi du pétrole.* ◇ *Le roi des :* le plus grand des. *C'est le roi des imbéciles.* – *Le roi des animaux :* le lion. – *Le roi est nu :* se dit quand un pouvoir, soudain dépossédé de ses attributs, révèle sa fragilité, son isolement. **3. a.** Aux échecs, pièce la plus importante. **b.** Chacune des quatre figures d'un jeu de cartes, figurant un roi.

ROIDE adj. Vx. Raide.

ROIDEUR n.f. Vx. Raideur.

ROIDIR v.t. Vx. Raidir.

ROILLE [rɔj] n.f. Suisse. Forte pluie.

ROILLER [rɔje] v. impers. (lat. *roticulare,* rouler). Suisse. Pleuvoir à verse. ◆ v.t. Suisse. Frapper, battre.

ROITELET n.m. **1.** *Péjor.* Roi d'un tout petit État ou roi peu puissant. **2.** Très petit oiseau passereau insectivore des bois d'Europe et d'Asie, dont le mâle porte une huppe orange ou jaune sur la tête. (Genre *Regulus ;* famille des sylviidés.)

■ **ROITELET.** Roitelet huppé.

ROLANDO (SCISSURE DE) : profond sillon de la face externe de chaque hémisphère cérébral, séparant le lobe frontal, en avant, du pariétal, en arrière.

RÔLE n.m. (lat. *rota,* rouleau). **1.** Ensemble du texte, des actions correspondant à un personnage donné, dans une pièce de théâtre, un film, etc. *Apprendre, comprendre son rôle.* ◇ *Avoir le beau rôle :* agir, être dans une position où l'on paraît à son avantage. – *Jeu de rôle* → **jeu.** – *À tour de rôle :* chacun à son tour, au rang qui est le sien. **2.** Type de personnage, au théâtre, au cinéma, etc. *Elle excelle dans les rôles d'ingénue.* **3.** Emploi, fonction, influence exercés par qqn. *Le rôle du maire dans la commune. Quel rôle joue-t-il dans cette affaire ?* **4.** Fonction d'un élément dans un ensemble. *Le rôle du verbe dans la phrase.* **5.** PSYCHOL. Ensemble des comportements associés à une place, à un statut social. **6.** MAR. *Rôle d'équipage :* liste des personnes composant l'équipage d'un navire. **7.** DR. **a.** Registre sur lequel sont inscrites dans l'ordre chronologique les affaires soumises à un tribunal. **b.** Feuillet sur lequel est transcrit recto verso un acte juridique (acte notarié, par ex.). ◇ *Rôle nominatif :* document administratif utilisé pour le recouvrement des impôts directs et portant le nom des contribuables et le montant de leur imposition. **8.** AGRIC. Corde de tabac à mâcher obtenue par torsion de feuilles fermentées.

RÔLE-TITRE n.m. (pl. *rôles-titres*). Au théâtre, au cinéma, etc., rôle homonyme du titre de l'œuvre interprétée. *Jouer le rôle-titre dans « le Cid ».*

1. ROLLER [rɔlœr] n.m. (de l'angl. *roller skate,* patin à roulettes). **1.** Dispositif constitué d'une platine munie de petites roues et fixée à une chaussure spéciale. SYN. : *patin à roulettes.* (On distingue les *rollers en ligne,* dont les quatre roulettes sont alignées à l'instar de la lame du patin à glace, et les *quads,* dont les roulettes sont disposées deux à deux à l'extrémité de deux essieux.) **2.** Sport pratiqué avec ces patins, et comprenant le patinage artistique, la course, la danse, le rink-hockey et le roller acrobatique (slalom, saut, rampe).

2. ROLLER [rɔlœr] ou **ROLLER BALL** [rɔlœrbɔl] n.m. [pl. *roller balls*] (anglo-amér. *roller,* rouleau, et *ball,* boule). Feutre à bille dont le réservoir, rempli d'encre, peut être changé.

ROLLEUR, EUSE n. Personne qui pratique le roller, le patin à roulettes.

ROLLIER n.m. (all. *Roller*). Oiseau d'Europe méridionale, d'Afrique du Nord-Ouest et d'Asie occidentale, à plumage bleuté, qui se nourrit d'insectes et de petits vertébrés. (Long. 28 cm ; famille des coraciidés.)

ROLLMOPS [rɔlmɔps] n.m. (mot all.). Hareng cru, fendu et maintenu roulé autour d'un cornichon par une brochette de bois, mariné dans du vinaigre aigre-doux avec des épices. (Cuisine allemande.)

ROLL ON-ROLL OFF [rɔlɔnrɔlɔf] n.m. inv. (mots angl., *qui roule dedans, qui roule dehors*). MAR. (Anglic. déconseillé). Roulage. ◇ *Roll on-roll off,* ou, en appos., *navire roll on-roll off :* roulier.

ROLLOT n.m. (n. d'une localité de la Somme). Fromage à pâte molle, rond ou en forme de cœur, fabriqué en Picardie avec du lait de vache.

1. ROM [rɔm] adj. inv. et n. inv. Qui se rapporte aux Rom, appartient à ce peuple (v. partie n.pr. Tsiganes).

2. ROM [rɔm] n.f. inv. (acronyme de l'angl. *read only memory,* mémoire que l'on peut seulement lire). INFORM. Mémoire morte.

ROMAIN, E adj. et n. (lat. *romanus*). **1.** Qui appartient à l'ancienne Rome, à l'Empire romain. ◇ *Un travail de Romain :* un travail long et pénible, nécessitant des efforts gigantesques. – *Chiffres romains* → **chiffre. 2.** Qui appartient à la Rome moderne, actuelle ; qui y habite. – *Spécial.* Qui concerne l'Église catholique latine, dont le siège est à Rome. *Rite romain.* ◆ adj.m. et n.m. IMPRIM. Se dit d'un caractère droit, dont le dessin est perpendiculaire à sa ligne de base (par oppos. à *italique*). *Dans ce dictionnaire, le texte des définitions est en romain, celui des exemples, en italique.*

1. ROMAINE adj.f. (ar. *rummāna,* grenade). *Balance romaine,* ou *romaine,* n.f. : balance à levier, formée d'un fléau à bras inégaux. (Sur le bras le plus long, qui est gradué, on fait glisser un curseur pour équilibrer l'objet suspendu à l'autre bras.)

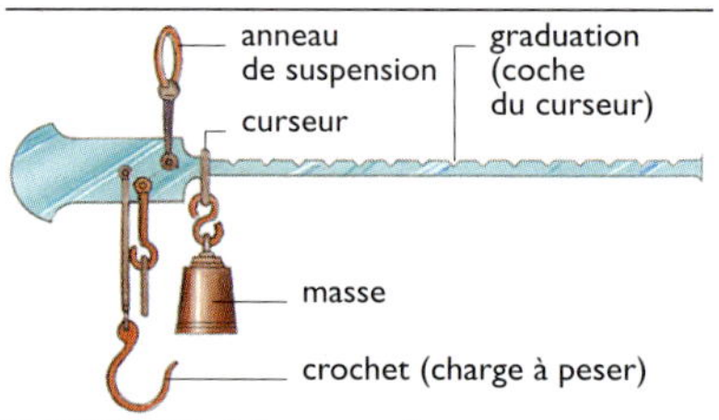

■ **ROMAINE.** Balance romaine.

2. ROMAINE n.f. Laitue d'une variété à feuilles allongées et croquantes.

1. ROMAN, E adj. (anc. fr. *romanz,* du lat. pop. *romanice,* à la façon des Romains). **1.** Se dit des langues dérivées du latin vulgaire (catalan, espagnol, français, italien, portugais, occitan, roumain, sarde, etc.). **2.** Se dit de l'art (architecture, sculpture, peinture...) qui s'est épanoui en Europe aux XIe et XIIe s. ◆ n.m. **1.** Langue populaire dérivée du latin, parlée entre le Ve et le Xe s. (le latin restant la langue écrite), et qui se différenciait, selon les régions, en *gallo-roman, hispano-roman, italo-roman,* etc. **2.** Art, style roman.

ENCYCL. Art symbolique qui, dans sa création majeure, celle des édifices religieux, tend avant tout à l'expression du sacré, l'art roman est d'une grande clarté fonctionnelle dans ses procédés : mise au point, pour échapper aux catastrophiques incendies de charpentes, de systèmes variés de voûtes de pierre (voûtes d'arêtes, berceaux, coupoles) avec leurs contrebutements appropriés (tribunes ou hauts collatéraux de part et d'autre du vaisseau principal des églises) ; localisation de la sculpture en des points vitaux (chapiteaux) ou privilégiés (tympans et ébrasements des portails) ; soumission des plans aux besoins liturgiques (circulation organisée des fidèles, par les collatéraux et le déambulatoire, dans les grandes églises de pèlerinage, telles que Saint-Martin de Tours au début du XIe s.). Empruntant à des sources variées (carolingienne, antique, de l'Orient chrétien, de l'islam, de l'Irlande), l'art roman brille en France dès la seconde moitié du Xe s. (abbatiale de Cluny II, auj. disparue) et à partir de l'an mille : narthex à étages de Tournus (qui rappelle, avec son petit appareil et ses « bandes lombardes », les œuvres de ce qu'on a appelé le *premier art roman,* petites églises répandues dans certaines régions montagneuses, de la Catalogne aux Grisons), rotonde de Saint-Bénigne de Dijon, tour Gauzlin de Saint-Benoît-sur-Loire (où s'affirme la renaissance de la sculpture monumentale). Le XIe s. est le temps de toutes les inventions et, déjà, d'une maîtrise qui allie volontiers jaillissement et massivité (Payerne, Conques, Jumièges). L'œuvre de la fin du XIe s. et de la première moitié du XIIe s., en France (Saint-Sernin de Toulouse, Cluny III, églises de Normandie, d'Auvergne, du Poitou, de Provence, de Bourgogne...), en Espagne (Saint-Jacques-de-Compostelle) ou en Angleterre (Ely, Durham), n'en est que l'épanouissement, avec une remarquable amplification des programmes iconographiques, sculptés (cloître puis porche de Moissac, tympans bourguignons, etc.) ou peints (fresques ou peintures murales de S. Angelo in Formis près de Capoue, de Saint-Savin, de la Catalogne, etc.). Des édifices d'une grande majesté s'élèvent dans les pays germaniques, de l'époque ottonienne (Saint-Michel d'Hildesheim, églises de Cologne) à la fin du XIIe s., et en Italie (cathédrale de Pise), ce dernier pays demeurant toutefois sous l'influence dominante des traditions paléochrétienne et byzantine ; ici et là, les problèmes des voûtes demeurent secondaires, les grands vaisseaux restant génér. couverts en charpente. L'art roman a aussi concerné les domaines de l'enluminure des manuscrits (ateliers monastiques), du vitrail, de la ferronnerie, ainsi qu'un ensemble de techniques où brille notamm. la région mosane : émaillerie, orfèvrerie, dinanderie.

2. ROMAN n.m. (de *1. roman*). **1.** Œuvre littéraire, récit en prose génér. assez long, dont l'intérêt est dans la narration d'aventures, l'étude de mœurs ou de caractères, l'analyse de sentiments ou de passions, la représentation, objective ou subjective, du réel. ◇ *Nouveau roman : v. partie n.pr.* **2.** Œuvre narrative, en prose ou en vers, écrite en langue romane. *Le « Roman de la Rose ». Le « Roman de Renart ».* **3.** *Fig.* Longue histoire compliquée, riche en épisodes imprévus. *Sa vie est un roman.* – *Fam.* Récit mensonger, aventure invraisemblable. *Ton histoire, c'est du roman !* **4.** PSYCHOL. *Roman familial :* fantasme dans lequel le sujet imagine être né de parents de rang social élevé et avoir été adopté par les siens propres, qu'il dédaigne.

1. ROMANCE n.m. (mot esp., *petit poème*). **1.** Dans la poésie espagnole, composition de tonalité épique ou courtoise, formée d'octosyllabes dont seuls les vers pairs riment entre eux. **2.** Chanson espagnole épique ou narrative, composée en octosyllabes.

2. ROMANCE n.f. (de *1. romance*). Chanson sentimentale à strophes avec accompagnement instrumental, en vogue aux XVIIIe et XIXe s. en France. – *Par ext.* Pièce instrumentale de tempo modéré, inspirée par la romance (Schubert, Brahms).

ROMANCER v.t. [9]. Donner la forme ou le caractère d'un roman à. *Romancer une biographie.*

ROMANCERO [rɔmɑ̃sero] n.m. (mot esp.). LITTÉR. **1.** Recueil de romances espagnols de la période préclassique, contenant les plus anciennes légendes nationales. **2.** Ensemble de pièces poétiques qui prennent la forme de romances. *Le « Romancero gitan » de García Lorca.*

ROMANCHE adj. et n. (lat. pop. *romanice,* en langue latine). Qui se rapporte aux Romanches, appartient à ce peuple. ◆ n.m. LING. Dialecte rhéto-roman parlé par les Romanches. (C'est, depuis 1937, la 4e langue officielle de la Suisse.)

ROMANCIER, ÈRE n. Auteur de romans.

ROMAND, E adj. et n. Se dit de la partie de la Suisse où l'on parle le français ; se dit de ses habitants.

ROMANÉE n.m. (de *Vosne-Romanée,* n.pr.). Vin rouge de Bourgogne très réputé.

ROMANESQUE adj. **1.** Propre au genre du roman. **2.** Qui présente les caractères attribués traditionnellement au roman ; sentimental, émouvant. *Aventure romanesque.* **3.** Qui voit la vie comme un roman ; rêveur. *Esprit romanesque.* ◆ n.m. Ce qui est romanesque.

ROMAN-FEUILLETON n.m. (pl. *romans-feuilletons*). **1.** Roman, publié par épisodes dans un quotidien ou un magazine, développant des intrigues foisonnantes et pleines de suspense. SYN. : *feuilleton.* **2.** *Fam.* Histoire aux épisodes multiples et qui paraît invraisemblable.

ROMAN-FLEUVE n.m. (pl. *romans-fleuves*). **1.** Ensemble romanesque s'attachant à suivre de nombreux personnages à travers la succession des générations et la multiplicité des lieux. **2.** *Fam.* Récit très long, qui n'en finit pas.

ROMANI n.m. Langue des Rom ; tsigane.

■ L'ART ROMAN

C'est par référence aux langues dites « romanes » que des érudits du début du XIXe s. ont donné le nom de « roman » aux types d'architecture et d'art – très différenciés selon les régions – qui ont fleuri en Europe à partir de la fin du Xe s. Voulant créer des lieux de culte pour tenir dans sa main une population en forte croissance, l'Église va susciter la construction ou la reconstruction d'innombrables édifices. « Ce fut comme une émulation d'un peuple à l'autre : on aurait cru que le monde, secouant ses vieux haillons, se revêtait partout de la blanche robe d'églises neuves », a écrit le chroniqueur Raoul Glaber (mort en 1050).

Santa Maria di Porto Novo. Ancienne abbatiale de la première moitié du XIe s., l'église de Santa Maria di Porto Novo, près d'Ancône, est encore proche du « premier art roman » avec ses bandes lombardes et ses arcatures.

Peinture de manuscrit. *L'Entrée du Christ à Jérusalem,* peinture en pleine page du Sacramentaire de la cathédrale de Limoges, v. 1100. À un jeu linéaire harmonieusement rythmé, le peintre associe une palette dont les riches contrastes évoquent le vitrail ou l'émaillerie. (BNF, Paris.)

León. Le « panthéon des rois », porche monumental à l'entrée de l'église S. Isidoro. Les voûtes de cette construction de la fin du XIe s., aux beaux chapiteaux, s'ornent de fresques du premier quart du XIIe s. qui semblent relever de modèles de la France de l'Ouest.

Tournus. Vue vers le narthex à étages (prise du collatéral) de l'abbatiale St-Philibert (XIe s.). Cette grande église du sud de la Bourgogne marque une évolution savante du « premier art roman » (notamm. couverture du vaisseau central par de rares berceaux transversaux).

Moissac. Détail du prophète Jérémie au trumeau (autour de 1130 ?) du grand portail de l'abbatiale de Moissac. Toute en arabesques élégantes, cette figure témoigne de la maîtrise atteinte au XIIe s. par les ateliers romans de sculpture, ceux de Gascogne et du Languedoc en particulier.

Poitiers. Façade occidentale de l'église Notre-Dame-la-Grande (XIIe s.). Une des caractéristiques du roman poitevin et saintongeais est la prolifération du décor sculpté, tant figuratif qu'ornemental, sur les façades. Ici, l'iconographie, complexe, a trait aux prophètes, à l'Incarnation, aux rapports de l'Ancien et du Nouveau Testament, etc.

Ely. Nef de la cathédrale d'Ely (Angleterre). Construit durant les deux premiers tiers du XIIe s., ce vaisseau, aux piles alternées, présente trois niveaux d'égale importance et est couvert d'un plafond en bois orné de peintures. Le chœur a été reconstruit en style gothique au XVe s.

■ LE ROMANTISME

S'élaborant contre la tradition académique et néoclassique, ce courant fait triompher, dès la fin du XVIIIe s., mais surtout au début du XIXe, la spontanéité et la révolte là où dominaient froideur et raison. Après les espoirs de la Révolution française, et face au matérialisme de la révolution industrielle, l'individu réclame son droit à la subjectivité, au rêve.

Eugène Delacroix. *Femmes d'Alger dans leur appartement* (1834). Peinte après un voyage de l'artiste au Maghreb, cette scène « orientaliste » chatoyante et animée contraste avec l'Orient idéal des odalisques d'Ingres, où dominent stabilité de la composition et pureté linéaire. (Louvre, Paris.)

Théodore Géricault. *Course de chevaux libres à Rome,* esquisse poussée (v. 1817). En une cohue farouche soigneusement cadencée, le jeune peintre, renouant avec la fougue d'un Michel-Ange, nous montre les palefreniers aux prises avec leurs bêtes, avant le départ. (Louvre, Paris.)

Caspar David Friedrich. *L'Arbre aux corbeaux* (1822). Les romantiques cherchent dans la nature un miroir de leurs sentiments intimes. Chez Friedrich, homme du Nord, domine la mélancolie, qu'exprime le climat désolé de cette toile. (Louvre, Paris.)

ROMANICHEL, ELLE n. *Péjor.* **1.** Tsigane ; Rom. **2.** *Cour.* Individu sans domicile fixe.

ROMANISATION n.f. Action de romaniser.

ROMANISER v.t. (de *romain*). **1.** Imposer la civilisation des Romains, la langue latine à. **2.** Transcrire une langue grâce à l'alphabet latin. ◆ v.i. RELIG. Suivre les dogmes, le rite de l'Église romaine.

ROMANISME n.m. RELIG. Doctrine de l'Église romaine, pour les fidèles des autres confessions.

ROMANISTE n. **1.** Spécialiste des langues romanes. **2.** Spécialiste de droit romain. **3.** Peintre des Pays-Bas qui, au XVIe s., s'inspirait des maîtres de la Renaissance italienne.

ROMANITÉ n.f. **1.** HIST. Civilisation romaine. **2.** *Didact.* Ensemble des pays romanisés.

ROMAN-PHOTO n.m. (pl. *romans-photos*). Récit romanesque présenté sous forme de photos accompagnées de textes intégrés aux images. SYN. : *photo-roman.*

ROMANTIQUE adj. **1.** Propre au romantisme. *Littérature romantique.* **2.** Qui touche la sensibilité, invite à l'émotion, à la rêverie. *Site romantique.* ◆ adj. et n. **1.** Se dit des écrivains et des artistes qui se réclament du romantisme, au XIXe s. *Les classiques et les romantiques.* **2.** Se dit de qqn chez qui la sensibilité et l'imagination l'emportent sur la rationalité.

ROMANTISME n.m. **1.** Ensemble des mouvements intellectuels et artistiques qui, à partir de la fin du XVIIIe s. en Europe, firent prévaloir la sensibilité individuelle sur la raison et les créations de l'imaginaire sur la représentation classique de la nature humaine. **2.** Caractère, comportement d'une personne romantique, dominée par sa sensibilité.

ENCYCL. LITTÉR. Cherchant l'évasion dans le rêve, dans l'exotisme ou le passé, le romantisme exalte le goût du mystère et du fantastique. Il réclame la libre expression de la sensibilité et, prônant le culte du moi, affirme son opposition à l'idéal classique. Le romantisme se dessine dès les romans de Richardson (*Clarisse Harlowe,* 1747) et les poèmes d'Ossian, et prend forme avec Goethe (*les Souffrances du jeune *Werther,* 1774), Novalis et Hölderlin en Allemagne, Southey et Wordsworth (*Ballades lyriques,* 1798) en Grande-Bretagne. Plus tardif dans le reste de l'Europe, le romantisme triomphe en France avec Lamartine, Hugo, Vigny, Musset, qui prolongent un courant qui remonte à Rousseau en passant par Mme de Staël et Chateaubriand. Entre la révolution de 1830 et celle de 1848, le romantisme s'impose comme « une nouvelle manière de sentir », notamm. en Italie (Manzoni, Leopardi) et en Espagne (Zorrilla y Moral). Son influence s'étend sur tous les genres littéraires ; c'est à lui qu'est dû le développement de l'histoire au XIXe s. (Thierry, Michelet) et de la critique (Sainte-Beuve).

BX-ARTS. Parallèlement au romantisme littéraire, le romantisme artistique fut en France une réaction contre le néoclassicisme de l'école de David, réaction animée par les peintres Gros et Géricault, Delacroix, E. Devéria, le sculpteur David d'Angers, etc. ; la Grande-Bretagne, après W. Blake et Füssli, eut les paysagistes Bonington, Constable, Turner ; l'Allemagne, C. D. Friedrich et, romantiques par leur nostalgie sentimentale du passé, les nazaréens.

MUS. L'esthétique romantique établit sa spécificité en proclamant la liberté de l'artiste, de l'expression de son moi, et en prônant éclatement de la forme et recherche du contraste. L'orchestre s'enrichit, se diversifie, les instruments étant choisis pour leur timbre, leur couleur (*Songe d'une nuit de sabbat* de Berlioz). Ce mouvement prend sa source dans le *Sturm und Drang* allemand, comme dans l'idéologie de la Révolution française. Il trouve sa terre d'élection dans les pays germaniques et son modèle dans les partitions majeures de Beethoven. Parmi les œuvres représentatives de cette période et dans des genres différents, on peut citer la *Symphonie fantastique* de Berlioz, *les Amours du poète* de Schumann, *Rigoletto* de Verdi, *Faust-Symphonie* de Liszt, *Tristan et Isolde* de Wagner, les *Kindertotenlieder* de Mahler.

ROMARIN n.m. (lat. *rosmarinus,* rosée de la mer). Arbuste aromatique du littoral méditerranéen, à feuilles persistantes et à fleurs bleues. (Famille des labiées.)

ROMBIÈRE n.f. *Fam.* Femme, génér. d'âge mûr, un peu ridicule et prétentieuse.

ROMPRE v.t. [60] (lat. *rumpere*). **1.** *Litt.* Casser, briser. *Rompre une branche.* ◇ ***Applaudir à tout rompre,*** très fort, avec enthousiasme. **2.** *Litt.* Briser physiquement, moralement. *La douleur l'a rompue.* ◇ ***Être rompu de fatigue :*** être très fatigué. **3.** Enfoncer, faire céder sous l'effet d'une forte pression. *Le fleuve a rompu ses digues.* ◇ ***Rompre les rangs :*** en parlant de soldats, se séparer à la fin d'une manœuvre d'ordre serré ; se disperser. **4.** Faire cesser, mettre fin à. *Rompre un marché.* **5.** *Litt.* ***Rompre qqn à qqch,*** l'exercer, l'entraîner à. *Être rompu à la discussion.* ◆ v.i. **1.** *Litt.* Céder brusquement. *Les amarres ont rompu.* **2.** Mettre fin brutalement à des relations, spécial. à des relations amoureuses. **3.** Renoncer soudain à qqch. *Rompre avec une habitude.* **4.** Constituer une rupture ; s'opposer à. *Rompre avec la tradition.* ◆ **se rompre** v.pr. **1.** Se briser, se casser brusquement. **2.** ***Se rompre le cou, les os :*** se tuer ou se blesser grièvement en faisant une chute.

1. ROMPU, E adj. BX-ARTS. *Ton rompu :* teinte résultant d'un mélange par lequel on a altéré la pureté d'une couleur.

2. ROMPU n.m. BOURSE. Quantité de droits ou de titres non multiple de la quotité requise, qui ne permet pas d'obtenir un nombre entier de titres nouveaux.

ROMSTECK ou **RUMSTECK** [rɔmstɛk] n.m. (angl. *rumpsteak,* de *rump,* croupe, et *steak,* tranche de viande à griller). Partie tendre du bœuf correspondant à la croupe et fournissant des morceaux à rôtir ou à griller.

■ ROMARIN

RONCE n.f. (lat. *rumex, -icis*). **1.** Arbuste souvent épineux, très envahissant, aux baies noires (*mûrons* ou *mûres*) comestibles. (Le framboisier est une espèce cultivée de ronce. Genre *Rubus* ; famille des rosacées.) **2.** Partie du bois où les éléments, irrégulièrement enchevêtrés (bois madré), ont un effet décoratif. *Ronce de noyer.*

■ RONCE

RONCERAIE n.f. Terrain envahi par les ronces.

RONCEUX, EUSE adj. **1.** BOIS. Madré. **2.** *Litt.* Couvert de ronces.

RONCHON, ONNE adj. et n. *Fam.* Grincheux, grognon.

RONCHONNEMENT n.m. *Fam.* Action de ronchonner ; bruit, parole du ronchonneur.

RONCHONNER v.i. (anc. fr. *ronchier,* ronfler). *Fam.* Manifester son mécontentement, sa mauvaise humeur par des grognements, des bougonnements.

RONCHONNEUR, EUSE adj. et n. *Fam.* Qui ronchonne sans cesse.

RONCHOPATHIE [rɔ̃kopati] n.f. (du lat. *rhonchus,* ronflement). Ronflement pathologique pouvant entraîner un syndrome des apnées du sommeil.

RONCIER n.m. ou **RONCIÈRE** n.f. Buisson de ronces.

1. ROND, E adj. (lat. *rotondus*). **1.** Qui a la forme d'un cercle, d'une sphère, d'un cylindre. *Un plat rond.* ◇ *Le ballon rond :* le football, par oppos. au *ballon ovale,* le rugby. **2.** Dont la forme est arrondie ou présente une courbe. **3.** *Fam.* Petit et assez corpulent. **4.** Charnu et bien rempli. *Joues rondes. Mollets ronds.* **5.** *Fam.* Ivre. **6.** Qui agit avec franchise, va droit au but. *Il est rond en affaires.* **7.** Se dit d'un nombre entier ou, selon la grandeur, d'un nombre sans dizaine ou centaine. ◆ adv. **1.** *Fam. Tourner rond :* tourner régulièrement, sans ratés, en parlant d'un moteur ; *fig.,* se dérouler convenablement. – *Fam. Il, ça ne tourne pas rond :* il, ça va mal. **2.** *Avaler tout rond,* sans mâcher.

2. ROND n.m. **1.** Figure, tracé en forme de circonférence. *Dessiner un rond.* ◇ *En rond :* en cercle. – *Tourner en rond :* ne pas progresser, en revenir toujours au point de départ. **2.** DANSE. *Rond de jambe :* mouvement exécuté jambe d'appui tendue, la jambe libre décrivant du pied un cercle ou un demi-cercle. – *Faire des ronds de jambe :* faire des politesses exagérées. **3.** *Rond de sorcière :* anneau sur lequel poussent les champignons issus d'une même spore et marqué par un net verdissement de l'herbe. **4.** *Fam.* Sou ; argent. *Il n'a pas un rond, pas le rond.*

RONDACHE n.f. (mot normand). Bouclier rond, en usage de l'Antiquité à la fin du XVIe siècle.

RONDADE n.f. (de *rond*). SPORTS. Prise d'élan en acrobatie au sol.

ROND-DE-CUIR n.m. (pl. *ronds-de-cuir*). Vieilli, *péjor.* Employé de bureau (par allusion à la forme du coussin de cuir posé sur le siège).

1. RONDE n.f. **1.** Parcours et visite d'un lieu effectués par des officiers, policiers, gardiens ou toute personne chargée d'en assurer la surveillance, de veiller au bon ordre et au respect des consignes. ◇ *Chemin de ronde* → **chemin.** **2.** Groupe de personnes chargé de cette mission.

2. RONDE n.f. **1.** Danse où les danseurs se tiennent par la main et tournent en rond. – Chanson sur le refrain de laquelle on danse en rond. **2.** Écriture à jambages courbes, à panses et à boucles presque circulaires. **3.** MUS. Note valant deux blanches ou quatre noires. **4.** *À la ronde.* **a.** Dans l'espace qui s'étend tout autour d'un lieu. *Être connu à dix lieues à la ronde.* **b.** Chacun successivement. *Boire à la ronde.* ◆ pl. Suisse. Pommes de terre en robe des champs.

RONDEAU n.m. (de *rond*). **1.** Poème lyrique apparu au XIIIe s., à forme fixe sur deux rimes et un refrain. **2.** Petite poésie mise en musique, et dont les premiers vers se répètent à la fin. **3.** Rondo.

RONDE-BOSSE n.f. (pl. *rondes-bosses*). Ouvrage de sculpture (statue, groupe) pleinement développé dans les trois dimensions, par oppos. aux *reliefs.* – REM. On écrit la locution *en ronde bosse* sans trait d'union.

RONDEL n.m. Vx. Rondeau.

RONDELET, ETTE adj. *Fam.* **1.** Qui présente un certain embonpoint, des rondeurs agréables. **2.** Se dit d'une somme d'argent assez importante.

RONDELLE n.f. **1.** OUTILL. Petit disque percé que l'on place entre une vis ou un écrou et la pièce à serrer pour transmettre et répartir l'effort de serrage sur la pièce. **2.** Petite tranche ronde découpée dans un produit comestible. *Rondelle de saucisson.* **3.** Québec. Palet de hockey sur glace en caoutchouc dur.

RONDEMENT adv. **1.** Avec décision ; promptement. *Affaire rondement menée.* **2.** Avec loyauté ; franchement. *Parler rondement.*

RONDEUR n.f. **1.** État de ce qui est rond, sphérique. *La rondeur d'une pomme.* **2.** État du corps, des parties du corps charnus, arrondis. *Sa taille a pris de la rondeur.* **3.** Caractère de ce qui est franc ; loyauté. *La rondeur de son caractère.*

RONDIER n.m. → **RÔNIER.**

RONDIN n.m. **1.** Bois de chauffage rond et court. **2.** Bille de bois non équarrie, dans le commerce des bois tropicaux.

RONDO ou **RONDEAU** n.m. (ital. *rondo*). Forme instrumentale ou vocale caractérisée par l'alternance d'un refrain et de couplets.

RONDOUILLARD, E adj. *Fam.* Qui a des formes plutôt rondes, de l'embonpoint ; grassouillet.

ROND-POINT n.m. (pl. *ronds-points*). **1.** Place, carrefour de plan circulaire ou semi-circulaire. **2.** Rangée semi-circulaire de supports entre le chœur et le déambulatoire d'une église.

RONÉO n.f. (nom déposé). Machine à reproduire des textes, des dessins au stencil.

RONÉOTER ou **RONÉOTYPER** v.t. Reproduire à la Ronéo un texte, un dessin fait au stencil.

RÔNERAIE n.f. Afrique. Lieu planté de rôniers.

RONFLANT, E adj. **1.** Qui produit un son sourd et continu. *Poêle ronflant.* **2.** Emphatique et creux ; déclamatoire. *Style ronflant.* ◇ *Promesses ronflantes,* magnifiques mais mensongères.

RONFLEMENT n.m. **1.** Bruit que fait un dormeur en ronflant. **2.** Sonorité sourde et prolongée.

RONFLER v.i. **1.** Produire, en respirant pendant le sommeil, un bruit sonore venant de la gorge. **2.** Produire un bruit sourd, régulier.

RONFLEUR, EUSE n. Personne qui ronfle ; personne qui ronfle souvent et bruyamment.

RONGEMENT n.m. Rare. Action de ronger.

RONGER v.t. [10] (lat. *rumigare*). **1.** Entamer avec les dents ; mordiller. *Le chien ronge un os.* **2.** En parlant des vers, des insectes, attaquer, détruire. *Les chenilles ont rongé les feuilles.* **3.** Attaquer, user par une action lente, progressive. *La rouille ronge le fer.* **4.** *Fig.* Causer du tourment ; miner. *Le chagrin la rongeait.*

RONGEUR, EUSE adj. Qui ronge. ◆ n.m. Mammifère, végétarien ou omnivore, caractérisé par de longues incisives tranchantes à croissance continue et par des molaires râpeuses et broyeuses, tel que le rat, l'écureuil, le porc-épic, le cobaye. (Les rongeurs forment un ordre extrêmement vaste.)

RÔNIER ou **RONDIER** n.m. (de *rond*). Borassus.

RÔNIN [rɔnin] ou [rɔnɛ̃] n.m. (mot jap., *homme flottant*). HIST. Au Japon, samouraï errant ne dépendant plus d'un daimyo.

RONRON n.m. **1.** Ronflement sourd par lequel le chat manifeste son contentement ; ronronnement. **2.** Bruit sourd et continu. **3.** *Fig.* Caractère monotone ; routine. *Le ronron de la vie quotidienne.*

RONRONNEMENT n.m. **1.** Fait de ronronner ; bruit de ce qui ronronne. **2.** Ronron du chat.

RONRONNER v.i. **1.** Faire entendre des ronrons, en parlant du chat. **2.** Émettre, en fonctionnant, un bruit sourd et régulier. *Le moteur ronronne.* **3.** *Fig.* Se complaire dans une activité réduite et routinière.

RÖNTGEN ou **ROENTGEN** [rœntgɛn] n.m. (de *Röntgen,* n.pr.). Ancienne unité d'exposition de rayonnement X ou γ (symb. R) équivalant à $2,58 \times 10^{-4}$ coulomb par kilogramme.

ROOF n.m. → **ROUF.**

ROOKERIE [rukri] n.f. (angl. *rookery,* de *rook,* manchot). ZOOL. Grand rassemblement saisonnier de certains animaux marins (manchots, otaries, etc.).

ROQUE n.m. (de *roquer*). Aux échecs, mouvement comptant pour un seul coup consistant à placer l'une de ses tours auprès de son roi et à faire passer le roi de l'autre côté de la tour, quand aucune pièce ne les sépare.

ROQUEFORT n.m. Fromage à moisissures internes, fabriqué avec du lait de brebis et affiné exclusivement dans les caves de Roquefort-sur-Soulzon, dans l'Aveyron.

ROQUENTIN n.m. *Litt.,* vx. Vieillard ridicule qui veut faire le jeune homme.

ROQUER v.i. (de *roc,* anc. n. de la tour aux échecs). Aux échecs, faire un roque.

ROQUET n.m. (du dial. *roquer,* croquer). **1.** Petit chien hargneux qui aboie sans cesse. **2.** *Fam., péjor.* Individu hargneux, mais peu redoutable.

ROQUETIN n.m. (de *roquet,* var. de *2. rochet*). TEXT. **1.** Gros fil pris dans la trame de tissage d'un galon, qu'il orne sur le bord ou en surface. **2.** Petite bobine qui reçoit le fil de soie lors du moulinage.

R

1. ROQUETTE ou **ROUQUETTE** n.f. (ital. *rochetta*). **1.** Plante annuelle à tige velue dont les feuilles, riches en vitamines, à saveur piquante, sont consommées en salade. (Genre *Eruca* ; famille des crucifères.) **2.** Abusif. Sisymbre.

2. ROQUETTE ou **ROCKET** [rɔkɛt] n.f. (angl. *rocket*). Projectile autopropulsé et non guidé tiré depuis un avion ou un navire, ou depuis la terre, employé dans les tirs d'artillerie et antichars.

RORQUAL [rɔrkwal] n.m. [pl. *rorquals*] (anc. norv. *raudhhwalr,* baleine rouge). Balénoptère.

RORSCHACH [rɔrʃa] ou [rɔrʃax] **(TEST DE) :** test projectif consistant à interpréter une série de planches représentant des taches d'encre symétriques obtenues par pliage. (L'analyse des réponses du sujet permet de déceler certains aspects de sa personnalité.) [On dit aussi un *rorschach.*]

ROSACE n.f. ARCHIT. **1.** Ornement circulaire fait de feuilles ou de pétales rayonnant autour d'un bouton. **2.** Rose.

ROSACÉ, E adj. De couleur rose.

ROSACÉE n.f. **1.** Plante dialypétale à nombreuses étamines, souvent pourvue d'un double calice, telle que le rosier, la ronce, l'aubépine, le fraisier et la plupart des arbres fruitiers d'Europe (cerisier, pêcher, poirier, pommier, prunier, etc.). [Les rosacées forment une famille.] **2.** MÉD. Vx. Affection cutanée du visage se traduisant par une rougeur, une couperose et des pustules.

ROSAIRE n.m. (lat. *rosarium,* guirlande de roses). CATH. **1.** Grand chapelet composé de quinze dizaines de petits grains, représentant les Ave, que séparent des grains plus gros, les Pater. **2.** Prière récitée en égrenant le rosaire.

ROSALBIN n.m. (lat. *rosa,* rose, et *albus,* blanc). Petit cacatoès gris et rose, granivore, très commun en Australie. (Genre *Eolophus* ; famille des psittacidés.)

ROSANILINE n.f. CHIM. INDUSTR., TEXT. Base azotée dont les dérivés (fuchsine, bleu de Lyon, violet de Paris, etc.) sont des couleurs teignant directement la fibre animale.

ROSAT adj. inv. (lat. *rosatus,* rosé). Se dit des préparations pharmaceutiques où il entre des roses, et en partic. des roses rouges. *Pommade rosat.*

ROSÂTRE adj. Qui a une teinte rose sale.

ROSBIF [rɔzbif] n.m. (angl. *roast,* rôti, et *beef,* bœuf). Pièce de bœuf ou de cheval destinée à être rôtie.

1. ROSE n.f. (lat. *rosa*). **1.** Fleur du rosier. ◇ *Eau de rose :* eau de toilette préparée au cours de la distillation de l'essence de rose. – *Fam. À l'eau de rose :* mièvre et sentimental. *Roman à l'eau de rose.* – *Fam. Envoyer qqn sur les roses,* le repousser avec rudesse, s'en débarrasser vivement. – *Être frais, fraîche comme une rose :* avoir le teint éclatant, l'air reposé. – *Fam. Ne pas sentir la rose :* sentir mauvais. **2.** *Rose de Jéricho :* plante

■ **ROSES**

des régions sèches d'Afrique du Nord et du Proche-Orient, qui se contracte en boule par temps sec et s'étale à l'humidité. (Genre *Anastatica ;* famille des crucifères.) – *Rose de Noël :* hellébore noir. – *Rose trémière :* plante voisine des mauves, à très haute tige, cultivée pour ses grandes fleurs de couleurs variées, appelée aussi *primerose, passerose.* (Genre *Althaea ;* famille des malvacées.) **3.** *Bois de rose.* **a.** Palissandre d'Amérique tropicale, de couleur jaune-blanc veiné de rose, dont une espèce est utilisée en ébénisterie. (Genre *Dalbergia ;* famille des légumineuses.) **b.** Arbre d'Amérique tropicale, au bois très odorant fournissant l'essence de rose. (Genre *Aniba ;* famille des lauracées.) **4.** ARCHIT. Grande baie circulaire d'église, à remplage décoratif garni de vitraux. SYN. : *rosace.* **5.** *Diamant en rose,* ou *rose :* diamant taillé à facettes et dont la culasse est plate. **6.** *Rose des sables :* concrétion de gypse, jaune ou rose, qui se forme par évaporation dans les sebkras des régions désertiques. **7.** *Rose des vents :* étoile à trente-deux branches, correspondant aux trente-deux aires de vent du cadran de la boussole.

2. ROSE adj. **1.** Qui a la couleur pourpre pâle de la rose commune. *Des étoffes rose clair.* ◇ *Rose bonbon :* rose vif. – *Rose thé :* d'un jaune rosé, comme la fleur du même nom. – *Vieux rose :* rose fané, atténué. **2.** *Ce n'est pas rose, ce n'est pas tout rose :* ce n'est pas agréable, pas gai. **3.** *Fam.* Socialiste. **4.** Qui a rapport au sexe, au commerce charnel, notamm. tarifé, vénal. *Messageries roses.* ◆ n.m. Couleur rose. ◇ *Voir tout, la vie en rose :* voir le bon côté des choses, être optimiste.

ROSÉ, E adj. Faiblement teinté de rose, de rouge. ◇ *Vin rosé,* ou *rosé,* n.m. : vin de couleur rosée obtenu avec des raisins rouges par extraction directe du moût ou après une légère macération de la vendange, afin de permettre la diffusion des colorants de la pellicule des grains de raisin.

ROSEAU n.m. (mot germ.). Graminée à rhizome du bord des étangs, à tige droite, lisse, creuse ou remplie de moelle et pourvue d'un épi de fleurs terminal, telle que le phragmite ou le gynérium. (Sous-classe des monocotylédones.) ◇ *Roseau aromatique :* acore. – *Roseau-massue :* massette.

■ **ROSEAUX**

ROSE-CROIX n.m. inv. **1.** Membre de la Rose-Croix. **2.** Grade de la franc-maçonnerie.

ROSÉ-DES-PRÉS n.m. (pl. *rosés-des-prés*). Psalliote comestible à lames rosées. (Nom sc. *Psalliota campestris ;* ordre des agaricales.)

ROSÉE n.f. (lat. *ros, roris*). Vapeur d'eau qui se dépose, par condensation, le matin ou la nuit, en gouttelettes très fines, sur les végétaux notamm. ◇ *Point de rosée :* température à laquelle la vapeur d'eau de l'air commence à se condenser.

ROSELET n.m. Fourrure d'été de l'hermine, d'un roux jaunâtre.

ROSELIÈRE n.f. Lieu couvert de roseaux. (Abris de nombreux oiseaux, les roselières contribuent en outre à l'épuration des eaux qu'elles entourent.)

ROSÉOLE n.f. (de *2. rose*). MÉD. Éruption cutanée de petites taches rosées, de causes diverses. ◇ *Roséole infantile :* maladie infectieuse du jeune enfant, probablement virale, caractérisée par une éruption cutanée et de la fièvre.

ROSER v.t. *Litt.* Donner une teinte rose à ; rosir.

ROSERAIE n.f. Terrain planté de rosiers.

ROSETTE n.f. **1.** Nœud marin formé d'une ou de deux boucles qu'on peut détacher en tirant les bouts. **2.** Ruban noué en forme de rose. **3.** Insigne de certains ordres civils ou militaires, qui se porte à la boutonnière. **4.** BOT. Ensemble de feuilles étalées en cercle près du sol, au niveau du collet, chez les plantes à tige très réduite. **5.** Saucisson cru de Lyon.

ROSEUR n.f. *Litt.* Couleur rose, rosée.

ROSEVAL n.f. (pl. *rosevals*). Pomme de terre d'une variété à chair rose.

ROSH HA-SHANA ou **ROCH HA-SHANA** [rɔʃaʃana] n.m. inv. (mot hébr.). Fête du Nouvel An juif, au début de l'automne.

ROSICRUCIEN, ENNE adj. Relatif à la Rose-Croix, à sa doctrine.

ROSIER n.m. Arbuste épineux à tige dressée ou rampante, cultivé pour ses fleurs odorantes. (Genre *Rosa ;* famille des rosacées.)

ROSIÈRE n.f. Anc. Jeune fille vertueuse à laquelle, dans certaines localités, on décernait solennellement une couronne de roses accompagnée d'une récompense.

ROSIÉRISTE n. Horticulteur spécialisé dans la culture des rosiers.

ROSIR v.t. Donner une teinte rose à. ◆ v.i. Devenir rose.

ROSSARD, E n. *Fam.* Personne malveillante, encline à faire de mauvais tours. ◆ adj. *Fam.* Malveillant, rosse. *Plaisanterie rossarde.*

ROSSE n.f. (all. *Ross,* cheval). *Fam.,* vieilli. Mauvais cheval, sans vigueur. ◆ adj. et n.f. *Fam.* D'une méchanceté et d'une dureté impitoyables. *Une caricature, une personne rosse. Une sacrée rosse, ce type.*

ROSSÉE n.f. *Fam.* Volée de coups.

ROSSER v.t. (bas lat. *rustiare,* de *rustia,* gaule). *Fam.* Battre qqn violemment, le rouer de coups.

ROSSERIE n.f. *Fam.* Parole ou action rosse, méchante, qui vise à blesser ; vacherie.

ROSSIGNOL n.m. (lat. *luscinia*). **1.** Oiseau passereau d'Europe, d'Afrique et du Moyen-Orient, au plumage brun, renommé pour son chant crépusculaire. (Cri : le rossignol chante. Genre *Luscinia ;* famille des turdidés.) **2.** *Fam.* Crochet dont se servent les serruriers et les cambrioleurs pour ouvrir les serrures. **3.** *Fam.* Marchandise défraîchie, objet démodé, sans valeur.

ROSSINANTE n.f. (esp. *Rocinante,* n. du cheval de Don Quichotte). *Litt.* Cheval maigre.

ROSSOLIS [rɔsɔli] n.m. (du lat. *ros solis,* rosée du soleil). Drosera.

RÖSTI n.m. pl. → **RŒSTI.**

■ **ROSSIGNOL**

ROSTRAL, E, AUX adj. ANTIQ. ROM. *Colonne rostrale :* colonne ornée d'éperons de navires (rostres), élevée en souvenir d'une victoire navale.

ROSTRE n.m. (lat. *rostrum,* bec, éperon). **1.** ANTIQ. ROM. Éperon d'un navire. **2.** Ensemble des pièces buccales saillantes de certains insectes, modifiées pour piquer et aspirer (punaises, pucerons) ou pour broyer (charançons) ; prolongement antérieur de la carapace de certains crustacés (crevettes, notamm.). ◆ pl. ANTIQ. ROM. Tribune aux harangues, sur le Forum romain, ornée de rostres pris aux Volsques en 338 av. J.-C.

1. ROT [ro] n.m. (de *roter*). *Fam.* Bruit dû à l'émission par la bouche de gaz provenant de l'estomac ; éructation.

2. ROT [rɔt] n.m. (mot angl., *pourriture*). AGRIC. Maladie cryptogamique des plantes. (Le *rot brun* est la moniliose.)

RÔT n.m. Vx. Rôti.

ROTACÉ, E adj. (du lat. *rota,* roue). BOT. En forme de roue.

ROTANG [rɔtɑ̃g] n.m. (mot malais). Palmier d'Inde et de Malaisie à tige grêle, appelé aussi *jonc d'Inde,* dont une espèce fournit le rotin et une autre le sang-dragon. (Genre *Calamus ;* famille des arécacées.)

ROTARY n.m. [pl. *rotarys*] (mot angl., *rotatif*). Forage par rotation du trépan.

ROTATEUR, TRICE adj. (bas lat. *rotator*). *Didact.* Qui fait tourner. ◇ ANAT. *Muscle rotateur,* ou *rotateur,* n.m. : muscle qui permet la rotation sur son axe d'un membre ou du tronc.

ROTATIF, IVE adj. Qui agit en tournant ; qui est animé d'un mouvement de rotation.

ROTATION n.f. (lat. *rotatio,* de *rotare,* tourner). **1.** Mouvement d'un corps autour d'un point ou d'un axe fixe, matériel ou non. **2.** GÉOMÉTR. *Rotation plane* (*d'angle* α *autour d'un point O*) : transformation ponctuelle telle qu'un point M différent de O ait pour image un point M′ tel que OM = OM′ et que l'angle entre OM et OM′ soit égal à α. – *Rotation dans l'espace* [*d'angle* α *autour d'un axe (D)*] : transformation dont la restriction à tout plan perpendiculaire à l'axe est une rotation plane ayant pour angle α et pour centre l'intersection du plan et de l'axe (D). **3.** Emploi méthodique et successif de matériel, de procédés, etc. ; alternance périodique d'activités, de fonctions, de services. *Rotation des équipes.* ◇ *Taux de rotation des stocks :* nombre de renouvellement des biens stockés pendant un exercice comptable. – *Taux de rotation du personnel :* pourcentage du personnel remplacé, pendant un an, dans une entreprise, par rapport à l'effectif moyen. **4.** AGRIC. Succession, au cours d'un nombre d'années donné, d'un certain nombre de cultures, selon un ordre déterminé, sur une même parcelle. **5.** Fréquence de voyages effectués par un moyen de transport affecté à une ligne régulière.

ROTATIVE n.f. Presse dont la forme imprimante est cylindrique et animée d'un mouvement rotatif continu qui permet une très grande vitesse d'impression.

ROTATIVISTE n. Personne qui conduit une rotative.

ROTATOIRE adj. **1.** Relatif à une rotation, caractérisé par la rotation. *Mouvement rotatoire.* **2.** CHIM., OPT. *Pouvoir rotatoire :* propriété que possèdent certaines substances de faire tourner le plan de polarisation de la lumière. (On dit alors qu'elles sont optiquement actives.)

ROTE n.f. (lat. *rota,* roue). CATH. Tribunal ordinaire du Saint-Siège, qui instruit princip. les causes matrimoniales.

ROTENGLE n.m. (de l'all. *Roteugel,* œil rouge). Poisson téléostéen des lacs d'Europe occidentale et de Russie, appelé aussi *gardon rouge,* aux yeux et aux nageoires rouges. (Long. 25 cm ; genre *Scardinius,* famille des cyprinidés.)

ROTÉNONE n.f. (angl. *rotenone,* du jap. *roten*). Substance insecticide extraite de la racine de certains arbres des régions d'Asie tropicale, du genre *Derris,* de la famille des légumineuses.

ROTER v.i. (bas lat. *ruptare*). *Fam.* Faire un, des rots ; éructer.

RÔTI n.m. Pièce de viande, de volaille ou de gibier, cuite à la broche ou au four.

RÔTIE n.f. Tranche de pain rôtie ou grillée.

ROTIFÈRE n.m. (lat. *rota,* roue, et *ferre,* porter). Invertébré aquatique minuscule, nageur ou vivant fixé sur le fond, portant deux couronnes de cils vibratiles autour de la bouche. (L'embranchement des rotifères contient les plus petits animaux pluricellulaires. Long. 40 à 200 micromètres.)

ROTIN n.m. (de *rotang*). Partie de la tige du rotang dont on fait des cannes, des sièges, etc.

RÔTIR v.t. (du francique). **1.** Faire cuire de la viande à la broche ou au four, à feu vif et sans sauce. **2.** *Fam.* Dessécher, brûler. *Le soleil rôtit les fleurs.* ◆ v.i. ou **se rôtir** v.pr. *Fam.* Être exposé à une chaleur, à un soleil très vifs. *Se rôtir au soleil.*

RÔTISSAGE n.m. Action de rôtir.

RÔTISSERIE n.f. **1.** Boutique du rôtisseur. **2.** Restaurant où l'on mange des grillades.

RÔTISSEUR, EUSE n. **1.** Commerçant qui vend des viandes rôties. **2.** Cuisinier qui traite tous les aliments rôtis, dans une brigade de cuisine.

RÔTISSOIRE n.f. **1.** Ustensile de cuisine qui sert à rôtir la viande. **2.** Four électrique équipé d'une broche tournante.

ROTOGRAVURE n.f. Héliogravure tramée.

ROTONDE n.f. (ital. *rotonda,* du lat. *rotundus,* rond). **1.** Bâtiment de plan circulaire, ou proche du cercle, souvent surmonté d'une coupole. **2.** Dans certains autobus, banquette en demi-cercle se trouvant à l'arrière.

ROTONDITÉ n.f. (lat. *rotunditas*). **1.** *Didact.* État de ce qui est rond. *La rotondité de la Terre.* **2.** *Fam.* (Souvent pl.) Rondeur, embonpoint.

ROTOPLOT n.m. *Très fam.* Sein de femme.

ROTOR n.m. (mot angl., du bas lat. *rotator,* qui fait tourner). **1.** Ensemble constitué par le moyeu et les surfaces en rotation assurant la sustentation des giravions. **2.** Partie tournante d'une machine (par oppos. à *stator*).

ROTRING n.m. (nom déposé). Stylo à pointe tubulaire.

ROTTWEILLER ou **ROTTWEILER** [rɔtvajlœr] n.m. (all. *Rottweiler*). Chien de garde allemand issu du croisement de molosse et de chien de berger.

ROTULE n.f. (lat. *rotula,* petite roue). **1.** Petit os plat, triangulaire, situé à la partie antérieure du genou et articulé avec le fémur. ◇ *Fam. Être sur les rotules* : être fourbu, épuisé. **2.** MÉCAN. INDUSTR. Pièce sphérique, utilisée comme articulation dans des organes devant pouvoir s'orienter dans tous les sens.

ROTULIEN, ENNE adj. ANAT. Relatif à la rotule.

ROTURE n.f. (lat. *ruptura,* fracture). **1.** HIST. Condition de qqn ou d'un héritage qui n'est pas noble. **2.** *Didact.* Ensemble des roturiers.

ROTURIER, ÈRE adj. et n. HIST. ou *didact.* Qui n'est pas noble.

ROUABLE n.m. (lat. *rutabulum*). **1.** Perche terminée par un crochet utilisée par les boulangers pour rassembler la braise. **2.** Râteau pour ramasser le sel dans les salines.

ROUAGE n.m. **1.** Chacune des roues d'un mécanisme. **2.** *Fig.* Chaque élément d'un organisme, considéré dans sa participation au fonctionnement de l'ensemble. *Les rouages de l'Administration.*

ROUAN, ANNE adj. (esp. *roano*). Se dit d'un cheval, d'une vache dont la robe est composée d'un mélange de poils blancs, alezans et noirs. ◆ n.m. Cheval rouan.

ROUANNE n.f. (gr. *rhukanê,* rabot). Outil de charpentier tel qu'une tarière ou un instrument de marquage.

ROUBLARD, E adj. et n. *Fam.* Capable d'user de moyens peu délicats ; rusé, roué.

ROUBLARDISE n.f. *Fam.* **1.** Caractère d'une personne roublarde. **2.** Acte de roublard.

ROUBLE n.m. (mot russe). Unité monétaire principale de la Russie et de la Biélorussie (après avoir été l'unité monétaire principale de l'URSS).

ROUCOULADE n.f. **1.** Bruit que font entendre les pigeons, les tourterelles. SYN. : *roucoulement, roucoulis.* **2.** *Fam.* Échange de propos tendres entre amoureux.

ROUCOULANT, E adj. Qui roucoule.

ROUCOULEMENT n.m. Roucoulade.

ROUCOULER v.i. (onomat.). **1.** Émettre un chant tendre et monotone, en parlant du pigeon, de la tourterelle. **2.** *Fam.* Tenir des propos tendres et langoureux. ◆ v.t. Dire ou chanter langoureusement. *Roucouler une romance.*

ROUCOULIS n.m. Roucoulade.

ROUDOUDOU n.m. *Fam.* Caramel coloré coulé dans une boîte en bois ou dans une coquille.

ROUE n.f. (lat. *rota*). **1.** Organe de forme circulaire, destiné à tourner autour d'un axe passant par son centre, et qui permet à un véhicule de rouler. ◇ *Roue motrice* : roue commandée par le moteur grâce à la transmission et qui assure le déplacement du véhicule. – *Roue de secours* : roue de rechange destinée à remplacer une roue dont le pneu est crevé ou endommagé. **2.** Organe de forme circulaire entrant dans la constitution d'une machine, et qui transmet le mouvement soit grâce aux dents dont son pourtour est garni, soit grâce à un lien flexible passant sur sa périphérie. ◇ *Roue de friction,* qui assure l'entraînement par friction. – *Roue libre* : dispositif permettant à un organe moteur d'entraîner un mécanisme sans être entraîné par lui. – *Roue fixe* : roue solidaire de son axe. – *Roue maîtresse* : la principale roue dentée dans une machine. (La plus petite se nomme *pignon.*) – *Roue à aubes* : propulseur de navire de forme circulaire, comportant des aubes articulées ou fixes. – *Roue de gouvernail,* ou *roue à barre* : roue garnie de rayons prolongés par des poignées que l'on fait tourner pour agir sur la barre du gouvernail d'un navire. – *Roue hydraulique,* ou *roue à eau* : machine transformant l'énergie d'une chute d'eau en énergie mécanique. **3.** Objet circulaire que l'on fait tourner. *Roue de loterie.* ◇ *Grande roue* : attraction foraine en forme de roue dressée. **4.** *La roue de la Fortune* : attribut de la déesse Fortune, allégorie des vicissitudes humaines. – *Pousser à la roue* : aider à la réussite d'une affaire. **5.** Supplice qui consistait à laisser mourir sur une roue un condamné dont on avait rompu les membres. **6.** *Faire la roue* : tourner latéralement sur soi-même en s'appuyant successivement sur les mains et sur les pieds ; déployer en éventail les plumes de sa queue, en parlant de certains oiseaux comme le paon.

1. ROUÉ, E adj. et n. Sans scrupule ; habile, rusé. ◆ adj. Se dit de l'encolure d'un cheval qui s'arrondit du garrot à la nuque.

2. ROUÉ n.m. HIST. *Les roués* : les compagnons de plaisir du Régent.

ROUELLE n.f. (bas lat. *rotella,* petite roue). **1.** Tranche épaisse tirée du cuisseau de veau. **2.** Pièce de tissu ronde que les Juifs devaient porter au Moyen Âge, en Occident.

ROUE-PELLE n.f. (pl. *roues-pelles*). Excavateur comportant une roue de grande dimension équipée de godets munis de dents, utilisé pour l'extraction de matériaux.

ROUER v.t. (de *roue*). **1.** HIST. Faire mourir par le supplice de la roue. **2.** *Rouer qqn de coups,* le frapper violemment, à coups répétés.

ROUERGAT, E adj. et n. Du Rouergue.

ROUERIE [ruri] n.f. *Litt.* Ruse, fourberie.

ROUET n.m. (de *roue*). **1.** Anc. Instrument à roue mû par une pédale, qui servait à filer la laine, le chanvre et le lin. **2.** Anc. Rondelle d'acier dentée qui, en butant sur un silex, provoquait l'étincelle de mise à feu. *Rouet d'arquebuse. Platine, mousquet à rouet.* **3.** Gardes d'une serrure.

ROUF ou **ROOF** [ruf] n.m. (néerl. *roof*). MAR. Superstructure, pouvant être munie d'un capot à glissières, établie sur le pont d'un navire.

ROUFLAQUETTE n.f. *Fam.* **1.** Patte de cheveux descendant sur la joue. **2.** Vieilli. Accroche-cœur.

ROUGAIL n.m. Réunion. Préparation culinaire accompagnant les currys et autres plats locaux.

ROUGE adj. (lat. *rubeus*). **1.** De la couleur du sang, du coquelicot, etc. *Fruits rouges. Des tissus rouge foncé.* ◇ *Lumière rouge* : lumière dont la composition spectrale se situe entre l'orangé et l'infrarouge. – *Vin rouge,* obtenu à partir de cépages rouges après la fermentation alcoolique complète. **2.** Qui a le visage coloré par l'émotion, l'effort, le froid. *Être rouge de colère, de honte.* **3.** Se dit des cheveux, d'un pelage d'un roux ardent. **4.** Qui a été chauffé et porté à l'incandescence. *Braises encore rouges. Fer rouge.* **5.** Se dit de ce qui a trait aux communistes ou à l'extrême gauche. *Banlieue rouge.* ◆ adv. *Se fâcher tout rouge* : manifester violemment sa colère. – *Voir rouge* : avoir un accès de fureur pouvant conduire à des actions excessives. ◆ n. Vieilli. Communiste, révolutionnaire. *Prise du pouvoir par les rouges.* ◆ n.m. **1.** Couleur rouge. **2.** Matière colorante rouge. *Un tube de rouge.* **3.** Fard rouge. *Rouge à lèvres.* **4.** Couleur caractéristique des signaux d'arrêt ou de danger. ◇ *Être dans le rouge, au rouge* : se trouver dans une situation présentant un caractère de difficulté ou de risque, et d'urgence ; *spécial.,* se trouver dans une situation déficitaire, présenter un solde débiteur. – *Sortir du rouge* : cesser d'être en déficit. **5.** Coloration vive de la peau du visage sous l'effet du froid, d'une émotion. *Le rouge de la colère.* **6.** Vin rouge. ◇ *Fam. Gros rouge* : vin rouge de qualité médiocre.

ROUGEÂTRE adj. Qui tire sur le rouge.

ROUGEAUD, E adj. et n. Qui a le visage rouge.

ROUGE-GORGE n.m. (pl. *rouges-gorges*). Oiseau passereau insectivore d'Europe, d'Asie occidentale et du pourtour méditerranéen, brun, à gorge et à poitrine d'un rouge vif. (Genre *Erithacus* ; famille des turdidés.)

■ **ROUGE-GORGE**

ROUGEOIEMENT n.m. *Litt.* Lueur, reflet rouge.

ROUGEOLE n.f. (lat. pop. *rubeola*). Maladie infectieuse contagieuse, virale, fréquente chez l'enfant, caractérisée par une inflammation des voies respiratoires supérieures, une fièvre et une éruption de taches rouges sur la peau.

ROUGEOLEUX, EUSE adj. Relatif à la rougeole. ◆ adj. et n. Atteint de rougeole.

ROUGEOYANT, E adj. Qui rougeoie.

ROUGEOYER [ruʒwaje] v.i. [7]. Prendre une teinte rougeâtre.

ROUGE-QUEUE n.m. (pl. *rouges-queues*). Oiseau passereau d'Europe, d'Asie du Sud et du pourtour méditerranéen, à queue rouge qu'il agite souvent de haut en bas. (Genre *Phœnicurus* ; famille des turdidés.)

ROUGET n.m. **1.** Poisson marin à chair recherchée, à barbillons mentonniers (d'où son nom de *rouget barbet*), et dont la livrée brun verdâtre devient rouge après sa mort. (Genre *Mullus* ; famille des mullidés.) ◇ *Rouget grondin* → **grondin.** – *Rouget de roche* : surmulet. **2.** VÉTÉR. Maladie bactérienne du porc, transmissible à l'homme, caractérisée par des plaques rouges cutanées.

ROUGEUR n.f. **1.** Couleur rouge. **2.** Tache rouge sur la peau. **3.** Teinte rouge passagère qui apparaît sur la peau du visage et qui révèle une émotion.

ROUGH [rœf] n.m. [pl. *roughs*] (mot angl., *brut*). **1.** Terrain non entretenu bordant le fairway d'un golf. **2.** Maquette plus ou moins élaborée d'une illustration servant d'avant-projet à une campagne publicitaire. Recomm. off. : *crayonné, esquisse.*

ROUGIR v.i. **1.** Devenir rouge. *Les arbres rougissent à l'automne.* **2.** Devenir rouge sous l'effet d'une émotion, en parlant du visage. *Rougir de plaisir, de honte.* ◆ v.t. Rendre rouge. *L'automne rougit les arbres.*

ROUGISSANT, E adj. **1.** Qui devient rouge. **2.** Qui rougit d'émotion.

ROUGISSEMENT n.m. **1.** Action de rendre rouge. **2.** Fait de devenir rouge.

ROUILLE n.f. (lat. *robigo, -ginis*). **1.** Oxyde ferrique hydraté, d'un brun roux, qui altère les métaux ferreux exposés à l'air humide. **2.** Maladie des plantes provoquée par des champignons (urédinales), atteignant surtout les céréales et se manifestant par des taches brunes ou jaunes sur les tiges et les feuilles. **3.** CUIS. Aïoli relevé de piments rouges, accompagnant la soupe de poisson et la bouillabaisse. ◆ adj. inv. De la couleur de la rouille.

ROUILLÉ, E adj. **1.** Couvert de rouille. **2.** *Fig.* Qui a perdu sa souplesse, son agilité physique, ou sa vivacité intellectuelle par manque d'activité. *Muscle rouillé. Mémoire rouillée.*

ROUILLER v.t. **1.** Produire de la rouille sur un corps ferreux. **2.** *Fig.* Faire perdre sa souplesse physique ou intellectuelle à qqn. ◆ v.i. ou **se rouiller** v.pr. **1.** Se couvrir de rouille. **2.** *Fig.* Perdre de sa souplesse faute d'activité physique.

ROUILLURE n.f. **1.** État d'un objet rouillé. **2.** AGRIC. Effet de la rouille sur une plante.

ROUIR v.t. (du francique). Dégrader et éliminer partiellement les ciments pectiques des faisceaux de fibres de certaines plantes textiles (lin, chanvre, etc.) ou les substances toxiques de certaines plantes alimentaires (manioc).

ROUISSAGE n.m. Action de rouir.

ROUISSOIR n.m. Endroit où l'on pratique le rouissage.

ROULADE n.f. **1.** Roulé-boulé. **2.** MUS. Effet de voix qui alterne deux ou plusieurs notes sur un même son. **3.** CUIS. Tranche de viande roulée autour d'une farce. *Roulade de veau, de porc.* – Charcuterie cylindrique cuite.

ROULAGE n.m. **1.** Action de rouler qqch. **2.** MAR. Transport des marchandises entre la terre et le bord par engins roulants. – MIN. Transport du minerai entre le chantier et l'ouvrage d'extraction. **3.** AGRIC. Opération consistant à rouler un terrain. **4.** MÉCAN. INDUSTR. Opération de mise en forme des métaux avec rotation ou passage de la pièce entre deux matrices ou entre des cylindres mobiles. *Le roulage des filets de vis.*

ROULANT, E adj. **1.** Qui peut être déplacé grâce à ses roues. *Table roulante.* ◇ ***Cuisine roulante,*** ou ***roulante,*** n.f. : cuisine ambulante employée par les troupes en campagne. – ***Escalier, trottoir roulant*** : escalier ou plate-forme mobiles actionnés mécaniquement sur des galets ou des rouleaux, servant au déplacement des piétons ou des marchandises. **2.** ***Personnel roulant,*** ou, *fam.*, ***roulant,*** n.m. : personnel employé à bord de véhicules de transport en commun. **3.** ***Feu roulant*** : feu de mousqueterie continu ; *fig.*, suite ininterrompue de questions, de critiques, etc. **4.** Belgique. ***C'est roulant*** : on roule bien, la circulation est fluide.

ROULÉ, E adj. **1.** Mis en rond ; enroulé. *Un pull à col roulé.* **2.** BOUCH. ***Épaule roulée,*** désossée et parée sous forme de rouleau. **3.** *Fam.* ***Bien roulé*** : bien proportionné, surtout en parlant d'une femme. **4.** PHON. ***« R » roulé,*** réalisé par des battements de la pointe de la langue contre les alvéoles. ◆ n.m. Gâteau dont la pâte, enduite de confiture, est roulée en bûche.

ROULEAU n.m. (dimin. de *rôle,* du lat. *rota,* roue). **1.** Objet de forme cylindrique. *Rouleau de parchemin.* ◇ ***Rouleau à pâtisserie,*** servant à étendre la pâte. – *Fam.* ***Être au bout du rouleau*** : être sans ressources ; être à bout de forces ; être sur le point de mourir. **2.** Instrument agricole composé d'un ou de plusieurs cylindres, que l'on passe sur le sol pour briser les mottes, tasser un semis. **3.** Manchon en peau de mouton ou en fibres synthétiques pour étaler la peinture. **4.** Gros bigoudi. **5.** MANUT. Cylindre de faible diamètre utilisé pour manœuvrer des charges très lourdes. ◇ ***Rouleau compresseur.*** **a.** TRAV. PUBL. Engin automoteur utilisé pour le compactage des sols, composé de cylindres métalliques de grand diamètre formant roues et montés sur un châssis. **b.** *Fig.* Phénomène massif, irrésistible. *Le rouleau compresseur de la mondialisation.* **6.** Vague déferlante dont la crête est enroulée. **7.** ARCHIT. Rangée de claveaux d'un arc. **8.** SPORTS. ***Rouleau ventral,*** ou ***rouleau*** : style de saut en hauteur où l'athlète passe la barre sur le ventre, son corps s'enroulant autour de celle-ci. **9.** ***Rouleau de printemps*** : hachis de crustacés, de poulet, d'oignons, de soja, de salade, etc., enveloppé dans une galette de riz. (Cuisine vietnamienne.)

ROULÉ-BOULÉ n.m. (pl. *roulés-boulés*). Action de se rouler en boule au cours d'une chute, afin d'amortir le choc. SYN. : *roulade.*

ROULEMENT n.m. **1.** Action de rouler ; mouvement de ce qui roule. *Roulement d'une bille, des épaules.* **2.** MÉCAN. INDUSTR. Organe destiné, dans un système en rotation, à substituer un frottement de roulement à un frottement de glissement entre les paliers et les arbres. *Roulement à billes, à rouleaux, à aiguilles.* **3.** Bruit, son sourd et continu évoquant un objet, un véhicule qui roule. *Roulement de tonnerre, de tambour.* **4.** Circulation de l'argent, son utilisation pour les paiements, les transactions. *Roulement des capitaux.* **5.** Succession de personnes, d'équipes, dans un travail.

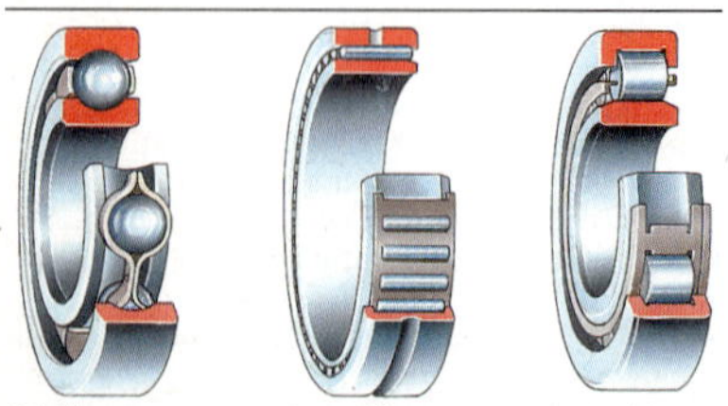

à billes — à aiguilles — à rouleaux cylindriques

■ **ROULEMENTS** mécaniques.

ROULER v.t. (de *rouelle*). **1.** Déplacer qqch en le faisant tourner sur lui-même. *Rouler un fût.* **2.** Pousser qqch qui est muni de roues. *Rouler un chariot.* **3.** Mettre en rouleau. *Rouler un tapis, une cigarette.* **4.** Enrouler qqch autour de ; envelopper. *Rouler qqn dans une couverture.* **5.** Imprimer un balancement à. *Rouler les épaules.* ◇ *Fam.* ***Rouler les mécaniques*** : marcher en balançant les épaules, pour faire valoir sa carrure ; *fig.*, faire le fanfaron, le fier-à-bras. – ***Rouler les yeux,*** les porter vivement de côté et d'autre par émotion, par surprise. **6.** AGRIC. Faire passer un rouleau sur un terrain pour l'aplanir ou pour favoriser le développement de la végétation qu'il porte. *Rouler le gazon.* **7.** ***Machine à rouler*** : machine utilisée en chaudronnerie pour cintrer la tôle entre des cylindres d'acier. **8.** PHON. ***Rouler les « r »,*** les faire vibrer fortement. **9.** *Litt.* Tourner et retourner dans sa tête. **10.** *Fam.* Duper, tromper. *Rouler un acheteur.* ◆ v.i. **1.** Avancer, tomber en tournant sur soi-même. *Bille qui roule. Rouler dans l'escalier.* ◇ ***Rouler sur l'or*** : être fort riche. **2.** Se déplacer, en parlant d'un véhicule, de ses passagers. **3.** En parlant d'un navire, être affecté par le roulis. **4.** Faire entendre des roulements. *Coup de tonnerre qui roule dans la montagne.* **5.** ***Rouler sur*** : avoir pour objet principal ; dépendre de. *Conversation qui roule sur l'argent. Tout roule là-dessus.* **6.** *Fam.* ***Rouler pour*** : agir pour le compte, dans l'intérêt de qqn, d'un groupe. *Rouler pour l'opposition.* **7.** *Fam.* ***Ça roule*** : tout va bien. ◆ **se rouler** v.pr. **1.** Se tourner et se retourner en roulant sur soi-même. *Se rouler sur le gazon, dans une couverture.* ◇ ***Se rouler en boule,*** sur soi-même. – *Fam.* ***Se rouler par terre (de rire)*** : se tordre de rire, rire aux éclats. **2.** *Fam.* ***Se rouler les pouces,*** ou ***se les rouler*** : ne rien faire.

ROULETTE n.f. (de *roue*). **1.** Petite roue tournant en tous sens, fixée sur un objet, sous le pied d'un meuble, etc. ◇ *Fam.* ***Aller, marcher comme sur des roulettes*** : ne rencontrer aucun obstacle. **2.** *Fam.* Fraise utilisée par le dentiste. **3.** Ustensile constitué d'une petite roue dentée montée sur un manche, servant à imprimer des marques sur une surface, en couture, en cuisine, etc. **4.** Jeu de casino où le gagnant est désigné par l'arrêt d'une bille sur l'un des numéros d'un plateau tournant divisé en cases numérotées de 0 à 36.

1. ROULEUR, EUSE adj. AUTOM. *Cric rouleur,* ou ***rouleur,*** n.m. : cric monté sur roues pour la manœuvre des véhicules dans un garage.

2. ROULEUR n.m. Coureur cycliste doué d'endurance sur le plat et surtout dans les courses contre la montre.

ROULIER n.m. **1.** Voiturier qui transportait des marchandises, au XIXe s. **2.** MAR. Navire de charge sur lequel les opérations de chargement et de déchargement s'effectuent par roulage. SYN. : *(navire) roll on-roll off.*

ROULIS n.m. Mouvement d'oscillation d'un bord sur l'autre que prend un véhicule, en partic. un bateau, autour d'un axe longitudinal, sous l'influence d'une force perturbatrice (par oppos. à *tangage*). ◇ ***Quille de roulis*** → **quille.**

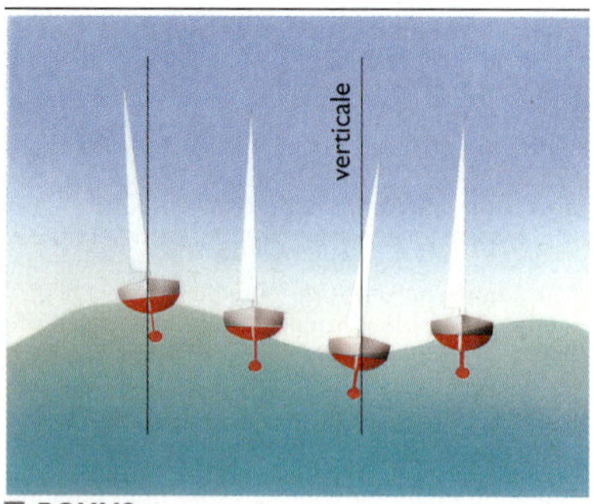

■ **ROULIS**

ROULOTTE n.f. **1.** Grande voiture où logent les forains, les Tsiganes nomades, etc. **2.** Voiture hippomobile de louage aménagée en caravane pour le tourisme itinérant. **3.** ***Vol à la roulotte,*** commis dans une voiture en stationnement. **4.** Québec. Caravane de camping.

ROULOTTÉ, E adj. et n.m. Se dit d'un ourlet fait dans un tissu très fin, en roulant le bord du tissu.

ROULURE n.f. **1.** *Fam., injur.* Femme dépravée, prostituée. **2.** Décollement des couches ligneuses du bois des arbres sous l'effet de la gelée.

ROUMAIN, E adj. et n. De la Roumanie, de ses habitants. ◆ n.m. Langue romane parlée en Roumanie (et, sous le nom de ***moldave,*** en Moldavie).

ROUMI n.m. (ar. *rūm,* romain). Chrétien, pour les musulmans.

ROUND [rawnd] ou [rund] n.m. (mot angl., *tour*). **1.** Reprise, dans un combat de boxe. **2.** Phase d'un débat, d'une discussion qui en comporte plusieurs. *Le premier round du débat budgétaire.*

1. ROUPIE n.f. *Fam.* **1.** Vx. Goutte sécrétée par les fosses nasales qui pend au nez. **2.** ***C'est de la roupie de sansonnet,*** une chose insignifiante, sans valeur.

2. ROUPIE n.f. (du hindi). Unité monétaire principale de l'Inde, de l'Indonésie *(rupiah),* des Maldives *(rufiyaa),* de l'île Maurice, du Népal, du Pakistan, des Seychelles et de Sri Lanka.

ROUPILLER v.i. *Fam.* Dormir.

ROUPILLON n.m. *Fam.* Petit somme.

ROUQUETTE n.f. → **1. ROQUETTE.**

1. ROUQUIN, E adj. et n. *Fam.* Qui a les cheveux roux.

2. ROUQUIN n.m. *Fam.* Vin rouge.

ROUSCAILLER v.i. *Fam.* Réclamer, protester.

ROUSPÉTANCE n.f. *Fam.* Action de rouspéter ; protestation de qqn qui rouspète.

ROUSPÉTER v.i. [11] (anc. v. *rousser* et *péter*). *Fam.* Manifester en paroles son opposition, son mécontentement.

ROUSPÉTEUR, EUSE adj. et n. *Fam.* Qui a l'habitude de rouspéter ; grincheux.

ROUSSÂTRE adj. Qui tire sur le roux.

ROUSSE n.f. *Arg.*, vx. ***La rousse*** : la police.

ROUSSEAU n.m. Daurade rose de la Méditerranée. (Genre *Pagellus* ; famille des sparidés.) SYN. : *pagel.*

ROUSSEROLLE n.f. Petite fauvette des marais de l'Eurasie et de l'Afrique, qui construit un nid suspendu dans les roseaux. (L'effarvatte est une rousserolle. Genre *Acrocephalus* ; famille des sylviidés.)

ROUSSETTE n.f. **1.** Grande chauve-souris frugivore, au pelage roux, d'Afrique, d'Asie et d'Océanie. (La *roussette géante* de Samoa atteint 2 m d'envergure. Genre *Pteropus* ; sous-ordre des mégachiroptères.) **2.** Petit requin inoffensif des eaux littorales, à robe claire parsemée de taches brunes, dont la chair est commercialisée sous le nom de *saumonette.* (Long. 1 m ; genre *Scyliorhinus,* famille des scyliorhinidés.)

■ **ROUSSETTE.** Grande roussette.

ROUSSEUR n.f. **1.** Couleur rousse. **2.** ***Tache de rousseur*** : éphélide.

ROUSSI n.m. Odeur d'une chose que le feu a brûlée superficiellement. ◇ *Fam.* ***Ça sent le roussi*** : les choses prennent une mauvaise tournure.

ROUSSILLONNAIS, E adj. et n. Du Roussillon.

1. ROUSSIN n.m. (anc. fr. *roncin,* cheval de charge). HIST. Cheval de forte taille, que l'on montait surtout à la guerre.

2. ROUSSIN n.m. *Arg.*, vx. Policier.

ROUSSIR v.t. **1.** Rendre roux. *Le soleil a roussi cette étoffe.* **2.** Brûler superficiellement. *Roussir du linge.* ◆ v.i. Devenir roux.

ROUSSISSEMENT n.m. Rare. Action de roussir ; état de ce qui est roussi.

ROUSTE n.f. (de *rouster,* rosser, mot dial. de l'Ouest). *Fam.* Volée de coups ; défaite.

ROUTAGE n.m. **1.** Triage d'imprimés, de journaux, de prospectus, etc., à diffuser, par lieux de destination, effectué par l'entreprise éditrice ou la messagerie. **2.** MAR. Action de router un navire.

ROUTARD, E n. *Fam.* Personne, jeune le plus souvent, qui voyage à pied ou en auto-stop à peu de frais.

ROUTE n.f. (du lat. *via rupta,* voie frayée). **1.** Voie carrossable, aménagée hors agglomération. **2.** Moyen de communication utilisant ce genre de voie. *La concurrence du rail et de la route.* ◇ *Code de la route :* ensemble des réglementations concernant la circulation sur route. – *Faire route vers, sur :* se diriger vers telle destination. – *Faire route avec qqn,* l'avoir pour compagnon de voyage. – *Faire fausse route :* s'écarter de sa route, s'égarer ; *fig.,* se tromper. – *Mettre en route :* mettre en marche, faire fonctionner ; commencer à réaliser. **3.** Espace à parcourir, itinéraire à suivre pour aller d'un endroit à un autre. *Prendre la route de Paris.* **4.** Trajet d'un avion ou d'un navire. **5.** Ligne de conduite suivie par qqn ; direction de vie.

ROUTER v.t. **1.** Effectuer le routage des journaux, imprimés, prospectus, etc. **2.** MAR. Fixer à un navire la route qu'il doit suivre.

1. ROUTEUR, EUSE n. **1.** Professionnel du routage. **2.** MAR. Personne qui effectue le routage d'un navire.

2. ROUTEUR n.m. TÉLÉCOMM. **1.** Équipement d'un réseau commuté qui reçoit des données et les achemine vers leur adresse de destination par la voie la plus rapide. **2.** Équipement d'interconnexion entre deux ou plusieurs réseaux locaux utilisant un même protocole de communication mais qui ne fonctionnent pas obligatoirement à la même vitesse.

1. ROUTIER, ÈRE adj. Relatif aux routes. *Réseau routier.* ◇ *Carte routière,* qui indique les routes. ◆ n.m. *Fam.* Restaurant simple situé en bordure des routes à grande circulation.

2. ROUTIER n.m. **1.** Chauffeur spécialisé dans la conduite de camions à longue distance. **2.** Cycliste spécialiste des courses sur route.

3. ROUTIER n.m. (de l'anc. fr. *rote,* bande). **1.** Dans la France du Moyen Âge, homme appartenant à une bande de soldats irréguliers et pillards. **2.** *Fam. Vieux routier :* homme expérimenté, habile, et parfois même retors.

ROUTIÈRE n.f. Automobile permettant de réaliser de longues étapes dans d'excellentes conditions.

1. ROUTINE n.f. (de *route*). Habitude prise de faire qqch toujours de la même manière.

2. ROUTINE n.f. (angl. *routin*). INFORM. Sous-programme.

ROUTINIER, ÈRE adj. et n. Qui se conforme à une routine ; qui agit par routine.

ROUVERIN ou **ROUVERAIN** adj.m. (anc. fr. *rouvel,* rougeâtre). Anc. *Fer rouverin,* que les impuretés incomplètement éliminées rendaient cassant et difficilement soudable.

ROUVRAIE n.f. Lieu planté de rouvres.

ROUVRE n.m. (lat. pop. *roborem*). Chêne rustique des forêts de l'Europe et de l'Asie occidentale, à feuilles munies d'un court pétiole et à glands longuement pédonculés. (Nom sc. *Quercus robur.*) SYN. : *chêne pédonculé.*

ROUVRIR v.t. [23]. Ouvrir de nouveau. ◇ *Rouvrir une blessure, une plaie :* ranimer, raviver une peine, un chagrin. ◆ v.i. ou **se rouvrir** v.pr. Être de nouveau ouvert.

ROUX, ROUSSE adj. (lat. *russus*). D'une couleur orangée tirant sur le marron ou sur le rouge. ◆ adj. et n. Qui a les cheveux roux. ◆ n.m. **1.** Couleur rousse. **2.** Préparation faite avec de la farine roussie dans du beurre, et qui sert à lier les sauces.

ROYAL, E, AUX adj. (lat. *regalis,* de *rex, regis,* roi). **1.** Qui est propre au roi, à sa fonction. *Pouvoir royal.* **2.** Qui appartient, se rapporte à un roi. *Famille royale.* ◇ *Prince royal, princesse royale :* héritier, héritière présomptifs de la Couronne. **3.** Qui relève de l'autorité du roi. *Ordonnance royale.* **4.** Digne d'un roi ; suprême, extraordinaire. *Cadeau royal. Mépris royal.* ◇ *Voie royale :* moyen le plus sûr, le plus glorieux pour parvenir à qqch. **5.** Dont l'allure est particulièrement majestueuse (surtout pour qualifier certaines espèces animales ou végétales). *Aigle royal. Daurade royale. Osmonde royale.*

ROYALE n.f. **1.** Petite touffe de barbe qu'on laissait pousser sous la lèvre inférieure, à l'époque de Louis XIII. **2.** *Fam. La Royale :* la Marine nationale, en France.

ROYALEMENT adv. De manière royale, somptueuse ; avec magnificence.

ROYALISME n.m. Attachement à la monarchie.

ROYALISTE adj. et n. Relatif au royalisme ; qui en est partisan. ◇ *Être plus royaliste que le roi :* défendre qqn avec plus d'ardeur qu'il ne le fait lui-même ; soutenir une doctrine avec outrance.

ROYALTIES [rwajalti] ou [-tiz] n.f. pl. (mot angl.). Redevance due au titulaire d'un droit de propriété industrielle. Recomm. off. : *redevance.*

ROYAUME n.m. (lat. *regimen,* gouvernement, altéré par *royal*). **1.** État à régime monarchique. **2.** CHRIST. *Le royaume des cieux :* le paradis. – MYTH. *Le royaume des morts :* le séjour des morts, les enfers.

ROYAUMER (SE) v.pr. (de *royaume*). Suisse. *Fam.* Se prélasser.

ROYAUTÉ n.f. **1.** Dignité de roi. *Aspirer à la royauté.* **2.** Régime monarchique.

RTT ou **R.T.T.** n.f. (sigle). Réduction du temps de *travail.

RU n.m. (lat. *rivus*). Région. ou *litt.* Petit ruisseau.

RUADE n.f. Action de ruer ; mouvement d'un quadrupède qui rue.

RUBAN n.m. (moyen néerl. *ringhband,* collier). **1.** Ornement de tissu plat et étroit. – *Spécial.* Marque de décoration portée à la boutonnière. ◇ *Ruban bleu :* trophée symbolique accordé autref. au paquebot qui traversait le plus rapidement l'Atlantique ; *fig.,* reconnaissance symbolique d'une réussite, d'un mérite. **2.** TEXT. Assemblage de fibres sans torsion, pendant la filature. **3.** Bande mince et étroite de matière souple et flexible. *Ruban adhésif.* **4.** ARCHIT., ARTS APPL. Ornement figurant un ruban qui s'enroule autour d'une tige. **5.** *Ruban d'eau :* rubanier.

RUBANÉ, E adj. **1.** Qui présente des bandes semblables à des rubans. *Roche rubanée.* **2.** Se dit du décor des poteries en forme de bandes curvilignes peintes, gravées ou incisées, caractéristique du néolithique ancien.

RUBANERIE n.f. Industrie, commerce des rubans.

1. RUBANIER n.m. Plante aquatique à feuilles rubanées, aux fleurs et aux fruits regroupés en structures globuleuses, souvent appelée *ruban d'eau.* (Genre *Sparganium ;* classe des monocotylédones, famille des sparganiacées.)

2. RUBANIER, ÈRE adj. Relatif à la fabrication, à la vente des rubans.

RUBATO [rubato] adv. (mot ital.). MUS. Avec une grande souplesse dans la vitesse d'exécution.

RUBÉFACTION n.f. (lat. *ruber,* rouge, et *facere,* faire). **1.** MÉD. Rougeur de la peau due à des substances irritantes. **2.** PÉDOL. Dans les régions tropicales, coloration en rouge d'un sol, due aux hydroxydes de fer libérés par l'altération des roches cristallines sous-jacentes.

RUBÉFIANT, E adj. et n.m. Se dit d'un médicament qui provoque une rubéfaction.

RUBÉNIEN, ENNE adj. Qui rappelle la manière ou les types humains de Rubens.

R

RUBÉOLE n.f. (du lat. *rubeus,* roux). Maladie infectieuse contagieuse, virale, fréquente chez l'enfant, souvent asymptomatique mais pouvant donner une augmentation de volume des ganglions, une éruption cutanée d'aspect variable et des malformations de l'embryon en cas de grossesse.

RUBÉOLEUX, EUSE adj. Relatif à la rubéole. ◆ adj. et n. Atteint de rubéole.

RUBESCENT, E adj. (lat. *rubescens, -entis*). *Litt.* Qui devient rouge.

RUBIACÉE n.f. (du lat. *rubia,* garance). Plante gamopétale, herbacée ou arbustive, telle que le gaillet, la garance, le caféier, le quinquina et le gardénia. (Les rubiacées forment une famille.)

RUBICAN adj.m. (ital. *rabicano,* de *rabo,* queue, et *cano,* blanc). *Cheval rubican :* cheval noir, bai ou alezan, à robe semée de poils blancs.

RUBICOND, E adj. (lat. *rubicundus*). Se dit d'un visage rouge. *Face rubiconde.*

RUBIDIUM [rybidjɔm] n.m. **1.** Métal alcalin de densité 1,53, qui fond à 38,9 °C, analogue au potassium, mais beaucoup plus rare. **2.** Élément chimique (Rb), de numéro atomique 37, de masse atomique 85,467 8.

RUBIGINEUX, EUSE adj. (lat. *rubiginosus,* rouillé). *Litt.* **1.** Couvert de rouille. **2.** Qui a la couleur de la rouille.

RUBIS [rybi] n.m. (du lat. *rubeus,* rougeâtre). **1.** Pierre précieuse, variété de corindon, transparente et d'un rouge vif nuancé de rose ou de pourpre. ◇ *Payer rubis sur l'ongle :* payer immédiatement et complètement ce qu'on doit. **2.** Coussinet, autref. en rubis, auj. en corindon synthétique, servant de support à un pivot de rouage d'horlogerie.

RUBRIQUE n.f. (lat. *rubrica,* titre en rouge). **1.** Indication de la matière d'un article, d'un développement, dans un ouvrage. *Les rubriques d'une encyclopédie.* **2.** Catégorie d'articles sur un sujet déterminé paraissant régulièrement dans un journal. *Tenir la rubrique sportive.* **3.** Catégorie, dans un classement. *La rubrique « dépenses ».* **4.** CATH. Dans les livres liturgiques, indication en lettres rouges concernant les rites à observer dans la célébration des actes.

RUBRIQUER v.t. Mettre en rubrique ; donner une rubrique à un article.

RUCHE n.f. (du gaul.). **1.** Habitation d'une colonie d'abeilles. – *Spécial.* Habitation constituée, le plus souvent, de compartiments verticaux juxtaposés *(cadres)* placés dans une caisse. *(V. ill. page suivante).* – Colonie qui la peuple. **2.** *Fig.* Endroit où s'activent de nombreuses personnes. **3.** COST. Bande plissée de tulle, de dentelle ou de toile, qui servait d'ornement sur un vêtement féminin.

RUCHÉ n.m. COUT. Bande d'étoffe légère plissée en ruche.

RUCHÉE n.f. Population d'une ruche.

1. RUCHER n.m. **1.** Endroit où se trouvent les ruches. **2.** Ensemble de ruches.

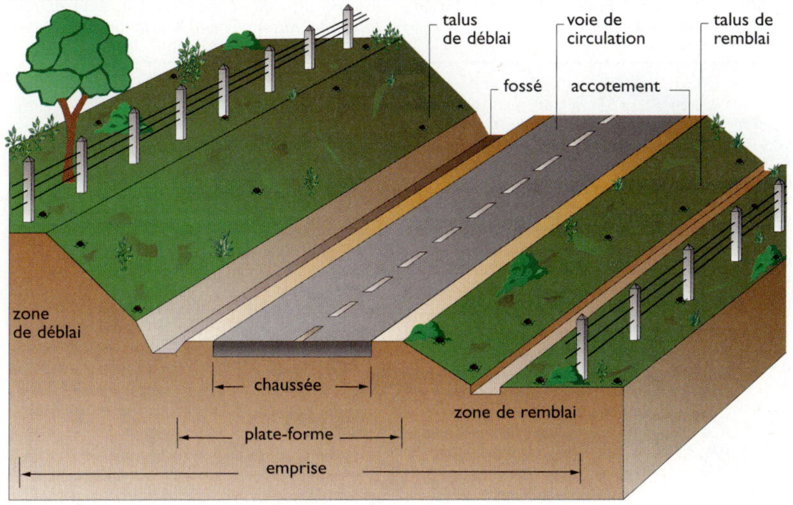

■ **ROUTE.** Vue d'ensemble et en coupe d'une route.

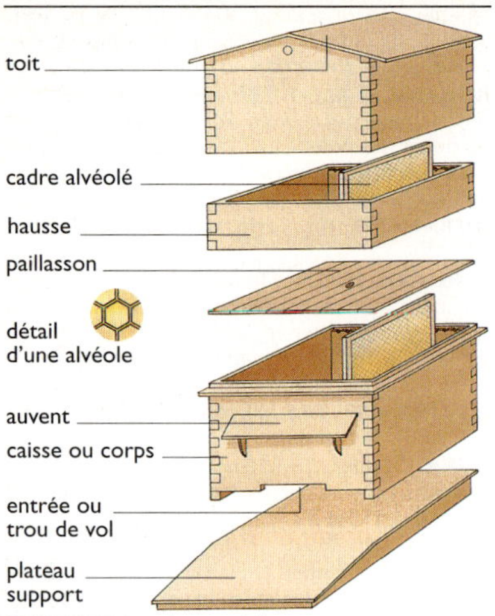

■ **RUCHE** à cadres mobiles.

2. RUCHER v.t. Garnir d'un ruché.

RUCLON n.m. Suisse. Dépotoir de jardin.

RUDBECKIA [rydbɛkja] n.m. (de *Rudbeck,* n. d'un botaniste suédois). Plante originaire de l'Amérique du Nord, cultivée pour ses grandes fleurs ornementales. (Famille des composées.)

RUDE adj. (lat. *rudis,* brut). **1.** Rugueux au toucher ; rêche. *Peau rude.* **2.** Se dit d'un son rauque, désagréable. *Voix rude.* **3.** Sévère et brutal. *Être rude avec qqn.* **4.** Qui a un caractère, des manières frustes, grossières. **5.** Difficile à supporter, à vaincre ; qui exige de la résistance, des efforts. *Hiver rude. C'est un rude adversaire.* **6.** *Fam.* Remarquable en son genre. *Un rude appétit.*

RUDEMENT adv. **1.** De façon rude, brutale ; cruellement. *Être rudement éprouvé.* **2.** *Fam.* À un très haut degré ; très. *Il fait rudement froid.*

RUDENTÉ, E adj. Qui présente des rudentures.

RUDENTURE n.f. (du lat. *rudens, -entis,* câble). ARCHIT. Ornement en forme de baguette, soit unie, soit décorée, pouvant remplir, jusqu'au tiers environ de la hauteur, les cannelures d'une colonne ou d'un pilastre.

RUDÉRAL, E, AUX adj. (du lat. *rudus, ruderis,* décombres). Se dit d'une plante qui croît dans les décombres.

RUDESSE n.f. **1.** Caractère de ce qui est dur à supporter. *Rudesse du climat.* **2.** *Litt.* Caractère de ce qui manque de délicatesse. *Rudesse de langage.* **3.** Caractère d'une personne, d'un comportement durs, insensibles. *Traiter qqn avec rudesse.*

RUDIMENT n.m. (lat. *rudimentum,* apprentissage). **1.** *Sout.* Élément encore grossier, ébauche de qqch. *Rudiment de technique.* **2.** EMBRYOL. Organe animal ou végétal inachevé, non fonctionnel. ◆ pl. Notions élémentaires d'une science, d'un art.

RUDIMENTAIRE adj. Peu développé ; élémentaire. *Connaissances, organe rudimentaires.*

RUDISTE n.m. (de *rude*). Mollusque lamellibranche fossile, aux deux valves très inégales, ayant constitué des récifs au jurassique et au crétacé.

RUDOIEMENT n.m. *Litt.* Action de rudoyer.

RUDOYER [rydwaje] v.t. [7]. Traiter rudement, sans ménagement ; brutaliser, maltraiter.

1. RUE n.f. (lat. *ruga,* ride). **1.** Voie publique aménagée, dans une agglomération, entre les maisons, les immeubles ou les propriétés closes. ◇ *À tous les coins de rue :* partout. – *Être à la rue,* sans abri. **2.** Ensemble des habitants des maisons qui bordent une rue. **3.** *La rue :* les milieux populaires ; le peuple susceptible de s'insurger. *Céder à la pression de la rue.* – *L'homme de la rue :* le citoyen moyen ; n'importe qui. **4.** *Sport de rue :* variante d'un sport, dont les règles, les équipements voire les installations ont été adaptés à une pratique dans différents espaces urbains. *Football de rue.*

2. RUE n.f. (lat. *ruta*). Plante vivace des régions méditerranéennes, à fleurs jaunes malodorantes. (Genre *Ruta ;* famille des rutacées.)

RUÉE n.f. Action de se ruer quelque part, sur qqch ; mouvement impétueux d'une foule.

RUELLE n.f. **1.** Rue très étroite. **2.** Vx. Espace entre un côté du lit et le mur. **3.** Au XVIe et au XVIIe s., partie de la chambre à coucher située entre le lit et le mur, et où les dames de qualité recevaient leurs invités.

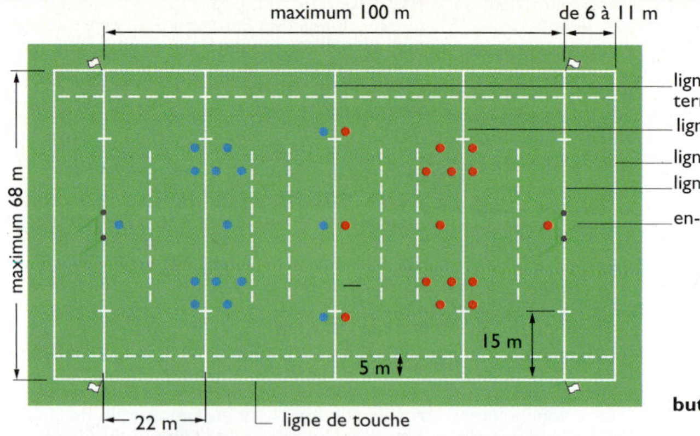

Mêlée de rugby.

Touche lors d'un match de rugby féminin.

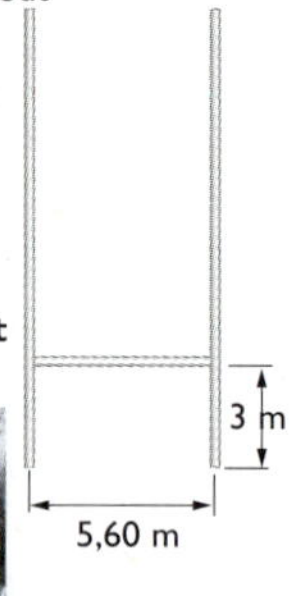

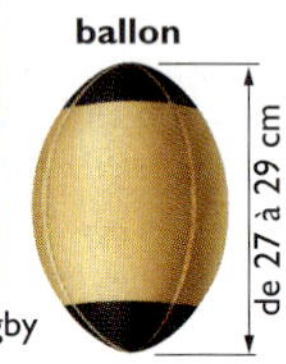

■ **RUGBY**

RUER v.i. (lat. *ruere,* se précipiter). **1.** Jeter en l'air avec force les pieds de derrière, en parlant d'un cheval, d'un âne, etc. **2.** *Ruer dans les brancards* → **brancard.** ◆ **se ruer** v.pr. **(sur).** Se jeter avec violence, se précipiter en masse sur.

RUFFIAN ou **RUFIAN** n.m. (ital. *ruffiano,* entremetteur). Homme hardi et sans scrupule qui vit d'expédients ; aventurier.

RUFFLETTE n.f. (nom déposé). Galon épais que l'on coud en haut des rideaux afin de les froncer et d'y poser les crochets de fixation.

RUGBY [rygbi] n.m. (de *Rugby,* n. d'une ville anglaise). Sport qui se joue à la main et au pied avec un ballon ovale, et qui oppose des équipes de 15 *(rugby à XV),* 13 *(rugby à XIII)* ou 7 joueurs *(rugby à VII).* [Le jeu consiste à déposer ou à plaquer le ballon derrière le but adverse (essai), ou à le faire passer, par un coup de pied, au-dessus de la barre transversale entre les poteaux de but.]

RUGBYMAN [rygbiman] n.m. (pl. *rugbymans* ou *rugbymen* [-mɛn]). [Faux anglic.]. Joueur de rugby.

RUGINE n.f. (bas lat. *rugina,* rabot). Instrument de chirurgie servant à racler les os.

RUGIR v.i. (lat. *rugire*). **1.** Pousser des rugissements. *Le lion rugit.* **2.** Pousser des cris de fureur, de menace. *Rugir de colère.*

RUGISSANT, E adj. Qui rugit.

RUGISSEMENT n.m. **1.** Cri du lion et de certains animaux féroces. **2.** Cri, bruit violent. *Les rugissements de la tempête.*

RUGOSITÉ n.f. **1.** État d'une surface rugueuse. **2.** Point dur et rêche au toucher, sur une surface, sur la peau ; aspérité.

RUGUEUX, EUSE adj. (lat. *rugosus,* de *ruga,* ride). Dont la surface présente des aspérités ; rude au toucher. *Peau rugueuse.* ◆ n.m. Petite pièce rugueuse sur laquelle peut venir frotter un élément sensible à la friction, dans un artifice pyrotechnique.

RUINE n.f. (lat. *ruina,* chute). **1.** Dégradation, écroulement d'une construction pouvant aboutir à sa destruction. ◇ *Tomber en ruine :* s'écrouler petit à petit, se détériorer lentement. **2.** Bâtiment délabré. *Acheter une ruine.* **3.** Destruction progressive de qqch, de qqn, qui aboutit à sa perte. *La ruine de ses espérances.* – *Spécial.* Perte de ses biens, de sa fortune. *Courir à la ruine.* **4.** *Fam.* Personne usée physiquement ou intellectuellement. ◆ pl. Restes, décombres d'une construction partiellement écroulée.

RUINE-DE-ROME n.f. (pl. *ruines-de-Rome*). BOT. Cymbalaire.

RUINER v.t. **1.** Causer la ruine, la perte de la fortune de qqn. **2.** Réduire à néant ; détruire. *Ruiner un raisonnement.* **3.** *Litt.* Ravager, endom-

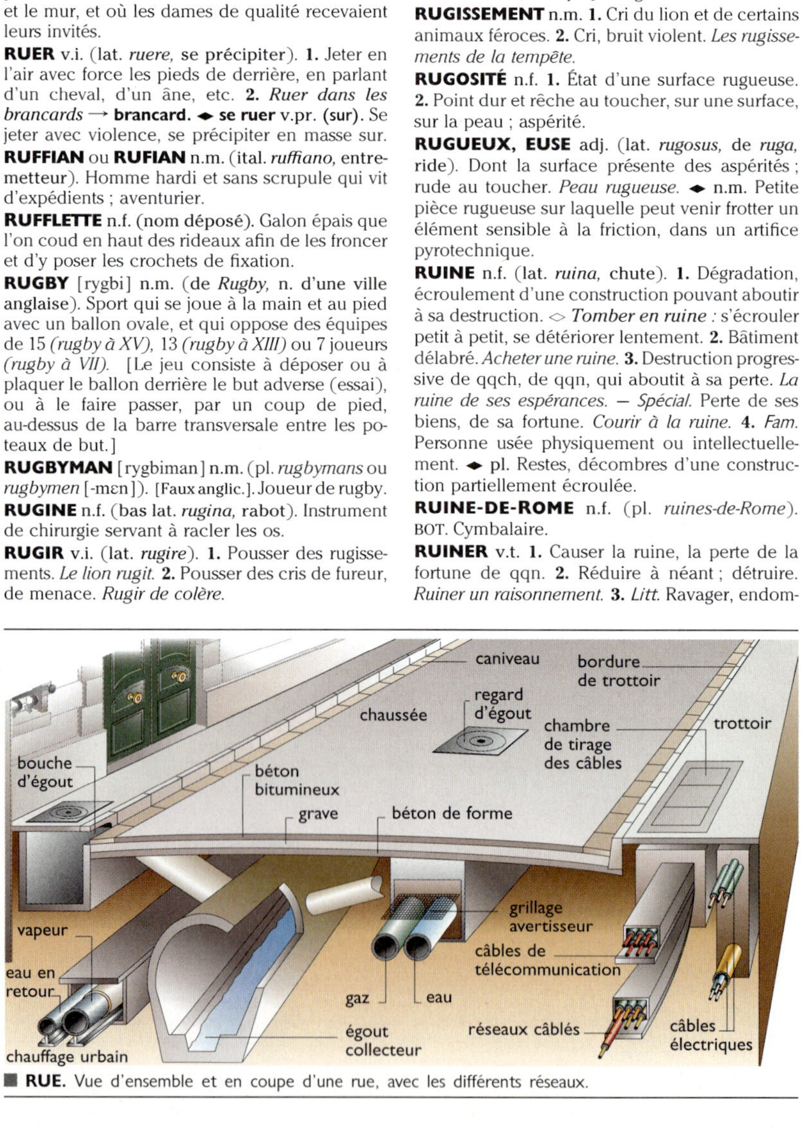

■ **RUE.** Vue d'ensemble et en coupe d'une rue, avec les différents réseaux.

mager gravement. *La grêle a ruiné les vignes.* ◆ **se ruiner** v.pr. Causer sa propre ruine ; dépenser trop.

RUINEUX, EUSE adj. Qui provoque des dépenses excessives. *Un voyage ruineux.*

RUINIFORME adj. Se dit d'une roche (dolomie, grès) ou d'un relief auxquels l'érosion a donné un aspect de ruine.

RUINURE n.f. CONSTR. Chacune des entailles faites sur un poteau ou une solive pour donner prise à une maçonnerie de remplissage.

RUISSEAU n.m. (lat. pop. *rivuscellus*). **1.** Petit cours d'eau peu profond. **2.** *Litt.* Liquide coulant en abondance. *Un ruisseau de larmes.* **3.** Anc. Caniveau. – *Litt.* Situation dégradante, origine vile ou méprisable. *Tirer qqn du ruisseau.*

RUISSELANT, E adj. Qui ruisselle.

RUISSELER v.i. [16]. **1.** Couler en abondance, se répandre sans arrêt. *Son sang ruisselait.* **2.** Être couvert d'un liquide qui coule. *Ruisseler de sueur.*

RUISSELET n.m. *Litt.* Petit ruisseau.

RUISSELLEMENT n.m. **1.** Fait de ruisseler. **2.** HYDROL. Écoulement instantané et temporaire des eaux sur un versant, à la suite d'une averse ou de la fonte des neiges.

RUMB n.m. → **RHUMB.**

RUMBA [rumba] n.f. (mot esp.). Danse d'origine cubaine, exécutée en couple, aux pas chaloupés, à la mode dans les années 1920 - 1930 aux États-Unis puis en Europe ; pièce musicale d'origine afro-cubaine, syncopée, de rythme binaire, de mesure à 2/4, à la mélodie souvent répétitive, soutenue par des instruments à percussion (maracas notamm.), introduite aux États-Unis puis en Europe au début du XXe s. et influencée par le jazz.

RUMEN [rymɛn] n.m. (lat. *ruma,* œsophage). ZOOL. Panse.

RUMEUR n.f. (lat. *rumor*). **1.** Bruit confus de voix. **2.** Nouvelle qui se répand dans le public.

RUMEX [rymɛks] n.m. (mot lat., *pointe de dard*). BOT. Polygonacée telle que l'oseille et la patience.

RUMINANT, E adj. Qui rumine. ◆ n.m. Mammifère ongulé muni d'un estomac à trois ou à quatre poches et pratiquant la rumination. (Les ruminants forment un très important sous-ordre, comprenant les bovidés, les giraffidés, les cervidés et, pour certains auteurs, les camélidés.)

RUMINATION n.f. Mode de digestion particulier aux ruminants, qui emmagasinent dans la panse l'herbe non mâchée, puis la ramènent sous forme de boulettes dans la bouche, où elle subit une trituration avant de redescendre dans le feuillet et la caillette pour y subir la digestion gastrique.

RUMINER v.t. (lat. *ruminare*). **1.** Remâcher les aliments ramenés de la panse dans la bouche, en parlant des ruminants. **2.** *Fig.* Tourner et retourner qqch dans son esprit. *Ruminer un projet.*

RUMSTECK n.m. → **ROMSTECK.**

RUNABOUT [rœnabawt] n.m. (mot angl., *vagabond*). Petit canot de course ou de plaisance dont le moteur, de grande puissance, est logé à l'intérieur de la coque.

RUNE n.f. (mot norv.). Caractère de l'ancien alphabet utilisé par les peuples germaniques du nord de l'Europe entre le IIIe et le XVIIe siècle.

RUNIQUE adj. Relatif aux runes ; formé de runes. *Écriture runique.*

RUOLZ [ryɔls] n.m. (du n. de l'inventeur). Alliage imitant l'argent, composé de cuivre, de nickel et d'argent.

RUPER v.t. Suisse. *Très fam.* Manger.

RUPESTRE adj. (du lat. *rupes,* rocher). **1.** Se dit d'une plante qui croît dans les rochers. **2.** Pariétal.

RUPICOLE n.m. (du lat. *rupes,* rocher). ORNITH. Coq de roche.

RUPIN, E adj. et n. (anc. arg. *rupe,* dame). *Arg.* Riche, luxueux.

RUPTEUR n.m. Dispositif servant à interrompre périodiquement le courant primaire d'une bobine d'induction. – *Spécial.* Dispositif destiné à rompre le courant dans un système d'allumage électrique pour produire l'étincelle de la bougie.

RUPTURE n.f. (bas lat. *ruptura,* de *rumpere,* rompre). **1.** Fait de se rompre sous l'effet d'un choc. *Rupture de digue.* **2.** Fait de s'interrompre brutalement. *Rupture de négociations.* ◇ *Rupture de charge :* interruption d'un transport due à un changement de véhicule ou de mode de transport. – *Rupture de stock :* niveau d'un stock de marchandises devenu insuffisant pour satisfaire la demande. **3.** Action de considérer comme nul un engagement. *Rupture de fiançailles.* **4.** Fait d'interrompre des relations ; séparation. *Scène de rupture.*

1. RURAL, E, AUX adj. (du lat. *rus, ruris,* campagne). Qui concerne les paysans, la campagne et plus généralement les territoires et activités non urbains. *Vie rurale.* ◆ n. Habitant de la campagne.

2. RURAL n.m. Suisse. Bâtiment d'exploitation agricole.

RURALISME n.m. Tendance à idéaliser la vie à la campagne.

RURALITÉ n.f. Ensemble des caractéristiques, des valeurs du monde rural.

RURBAIN, E adj. (de *rural* et *urbain*). Relatif à la rurbanisation. ◆ n. Habitant d'une zone rurbaine.

RURBANISATION n.f. Développement des villages proches des grandes villes, dont ils constituent des banlieues.

RUSE n.f. **1.** Procédé habile et déloyal dont on se sert pour parvenir à ses fins. *Déjouer les ruses de qqn.* ◇ *Ruse de guerre :* procédé utilisé pour venir à bout d'un adversaire. **2.** Habileté de qqn à agir de façon trompeuse, déloyale.

RUSÉ, E adj. et n. Qui dénote la ruse ; qui agit avec ruse. *Rusé comme un renard.*

RUSER v.i. (lat. *recusare,* refuser, repousser). Se servir de ruses ; agir avec ruse.

RUSH [rœʃ] n.m. [pl. *rushs* ou *rushes*] (mot angl., *ruée*). **1.** Effort final impétueux ; assaut. **2.** Afflux d'une foule. *Le rush des vacanciers.*

RUSHES [rœʃ] n.m. pl. (mot angl.). CINÉMA. (Anglic. déconseillé). Copies positives des plans d'un film tirées au fur et à mesure du tournage, et permettant de sélectionner les prises de vue avant le montage. Recomm. off. : *épreuves de tournage.*

RUSSE adj. et n. **1.** De la Russie, de ses habitants. **2.** *Chat bleu russe :* chat à la robe épaisse, d'un bleu moyen à foncé, aux yeux vert émeraude. ◆ n.m. Langue slave orientale parlée en Russie. (Le russe s'écrit avec l'alphabet cyrillique.)

■ **RUSSE.** Chat bleu russe.

RUSSIFICATION n.f. Action de russifier ; fait d'être russifié.

RUSSIFIER v.t. [5]. Faire adopter les institutions ou la langue russes à un peuple, à un pays.

RUSSOPHILE adj. et n. Qui aime la Russie, les Russes.

RUSSOPHONE adj. et n. De langue russe.

RUSSULE n.f. (lat. *russulus,* rougeâtre). Champignon basidiomycète à lames blanches, à chapeau déprimé, voisin des lactaires mais dépourvu de latex. (Certaines russules sont comestibles, d'autres toxiques. Genre *Russula ;* ordre des astéroporales.)

RUSTAUD, E adj. et n. (de *rustre*). *Fam.* Qui manifeste de la grossièreté, de la gaucherie.

RUSTICAGE n.m. **1.** Action de rustiquer. **2.** Traitement rustique d'un ouvrage de maçonnerie.

charbonnière **comestible** émétique **indigeste**

■ **RUSSULES**

RUSTICITÉ n.f. **1.** Caractère de ce qui est rustique. **2.** Rare. Manière rustique, fruste de se conduire. **3.** Caractère d'une plante ou d'un animal rustique.

RUSTINE n.f. (nom déposé). Petite rondelle de caoutchouc servant à réparer une chambre à air de bicyclette.

RUSTIQUE adj. (lat. *rusticus*). **1.** *Litt.* Qui a le caractère, la simplicité de la campagne. *Travaux rustiques.* **2.** Façonné avec simplicité. *Outils rustiques.* ◇ ARCHIT. *Ordre rustique,* qui utilise des bossages bruts, d'aspect brut, vermiculés, etc. **3.** AGRIC. Se dit d'une plante, d'un animal apte à supporter des conditions de vie difficiles. ◆ n.m. Hache de tailleur de pierre, à tranchant dentelé.

RUSTIQUER v.t. Tailler une pierre avec le rustique.

RUSTRE adj. et n. (lat. *rusticus*). Qui manque d'éducation ; grossier.

RUT [ryt] n.m. (lat. *rugitus,* rugissement). Période d'activité sexuelle des mammifères.

RUTABAGA n.m. (du suédois). Plante des climats froids et humides, voisine du navet, cultivée pour la partie de sa tige renflée au-dessus du sol, improprement appelée *racine,* destinée à l'alimentation des animaux d'élevage et comestible comme légume. (Genre *Brassica ;* famille des crucifères.) SYN. : *chou-navet.*

RUTACÉE n.f. Plante dicotylédone aromatique des régions chaudes, souvent arborescente, telle que la rue, le jaborandi, la fraxinelle et tous les arbres producteurs d'agrumes (citronnier, oranger, etc.). [Les rutacées forment une famille.]

RUTHÈNE adj. et n. De Ruthénie. ◆ adj. *Église catholique ruthène :* Église uniate, créée en 1596 et dépendant de l'ancienne métropole de Kiev.

RUTHÉNIUM [rytenjɔm] n.m. **1.** Métal de la mine du platine, de densité 12,4, qui ne fond que vers 2 250 °C. **2.** Élément chimique (Ru), de numéro atomique 44, de masse atomique 101,07.

RUTHÉNOIS, E adj. et n. (gaul. *Rutheni*). De Rodez.

RUTHERFORDIUM [-djɔm] n.m. (de *Rutherford,* n.pr.). Élément chimique artificiel (Rf), de numéro atomique 104.

RUTILANCE n.f. ou **RUTILEMENT** n.m. *Litt.* Caractère de ce qui est rutilant.

RUTILANT, E adj. **1.** D'un rouge vif, éclatant. **2.** Qui brille d'un vif éclat.

RUTILE n.m. MINÉRALOG. Oxyde de titane (TiO_2).

RUTILER v.i. (lat. *rutilare*). *Litt.* **1.** Briller d'un rouge éclatant. **2.** Briller d'un vif éclat.

RUTINE n.f. ou **RUTOSIDE** n.m. Glucoside contenu dans divers végétaux (rue, par ex.) utilisé contre les troubles veineux et capillaires (nom générique).

RUZ [ry] n.m. (mot jurassien, *ruisseau*). Vallée torrentielle creusée sur le flanc d'un anticlinal, parallèlement à la pente des couches, dans un relief jurassien.

RWANDAIS, E [rwɑ̃dɛ, ɛz] adj. et n. Du Rwanda, de ses habitants.

RYE [raj] n.m. (mot anglo-amér.). Whisky canadien à base de seigle.

RYTHME n.m. (lat. *rhythmus,* du gr.). **1.** En prosodie, cadence régulière imprimée par la distribution d'éléments linguistiques (temps forts et temps faibles, accents, etc.) à un vers, à une phrase musicale, etc. ; mouvement général qui en résulte. *Rythme lent, saccadé.* **2.** MUS. Élément temporel de la musique constitué par la succession et la relation entre les valeurs de durée. **3.** Succession de temps forts et de temps faibles imprimant un mouvement général, dans une composition artistique. *Film au rythme trépidant.* **4.** Retour, à intervalles réguliers dans le temps, d'un fait, d'un phénomène. *Rythme des saisons, des habitudes. Rythme cardiaque.* ◇ *Rythme biologique :* variation cyclique d'un phénomène biologique (physiologie, croissance, comportement des animaux, etc.), dont la période s'ajuste sur celle de phénomènes externes (photopériode, température, etc.). SYN. : *biorythme.* **5.** Cadence, allure à laquelle s'effectue une action.

RYTHMER v.t. Donner du rythme à ; régler selon un rythme, une cadence.

RYTHMICITÉ n.f. *Didact.* Caractère d'un phénomène rythmique.

RYTHMIQUE adj. Qui appartient au rythme ; qui a du rythme. *Musique rythmique.* ◇ *Gymnastique rythmique,* ou *rythmique,* n.f. : méthode d'éducation physique, musicale et respiratoire destinée à l'harmonisation des mouvements du corps.

R

Caractère Snell Roundhand

S n.m. inv. **1.** Dix-neuvième lettre de l'alphabet et la quinzième des consonnes. (*S* note la fricative dentale sourde [s] comme dans *sel* ou sonore [z] comme dans *rose.*) **2.** Succession de deux courbes de sens contraire. *Virage en S.* **3.** S. : abrév. de *sud.*

1. SA adj. poss. fém. → **SON.**

2. SA ou **S.A.** [ɛsa] n.f. (sigle). Société anonyme.

SAANEN [sɑnən] n.f. (n. d'une vallée suisse). Chèvre d'une race d'origine suisse, à robe blanche, exploitée pour la production du lait.

SABAYON [sabajɔ̃] n.m. (ital. *zabaione*). **1.** Entremets italien à base de jaunes d'œufs et de sucre fouettés, auxquels on ajoute du vin et de l'alcool. **2.** Jaune d'œuf émulsionné à l'eau servant pour des préparations diverses, sucrées ou salées. – *Par ext.* Sorte de préparation crémeuse accompagnant poissons ou fruits de mer.

SABBAT [saba] n.m. (hébr. *shabbāt,* repos). **1.** Jour de repos hebdomadaire (du vendredi soir au samedi soir) consacré à Dieu, dont la loi mosaïque fait à tout juif une stricte obligation. SYN. : *shabbat.* **2.** Assemblée nocturne de sorciers et de sorcières qui, suivant la tradition populaire, se tenait le samedi à minuit sous la présidence du diable.

SABBATIQUE adj. **1.** RELIG. Qui appartient au sabbat. *Repos sabbatique.* **2.** *Année sabbatique.* **a.** Chaque septième année, durant laquelle, conformément à la loi mosaïque, les terres étaient laissées en jachère et leurs produits naturels abandonnés aux pauvres. **b.** Année de congé accordée à certains employés ou cadres dans les entreprises, à des professeurs d'université de certains pays.

1. SABÉEN, ENNE adj. et n. Du pays de Saba.

2. SABÉEN n.m. Membre de plusieurs sectes religieuses des premiers temps de l'islam.

SABÉISME n.m. Religion des sabéens.

SABELLE n.f. (lat. *sabulum,* sable). Ver annélide marin vivant dans un tube enfoncé dans la vase et portant deux lobes de branchies filamenteuses. (Long. max. 25 cm. Genre *Sabellaria ;* ordre des polychètes.)

SABELLIANISME n.m. Hérésie chrétienne de Sabellius.

SABINE n.f. (lat. *sabina herba,* herbe des Sabins). Genévrier de l'Europe méridionale à l'odeur désagréable de térébenthine. (Nom sc. *Juniperus sabina.*)

SABIR n.m. (de l'esp. *saber,* savoir). **1.** Système linguistique réduit à quelques règles de combinaison et au vocabulaire d'un champ déterminé (commerce, notamm.), né au contact de communautés linguistiques différentes n'ayant pas d'autre moyen pour se comprendre. (Les sabirs sont à distinguer des *pidgins,* bien plus complets, et a fortiori des *créoles.*) **2.** Nom donné au français très mêlé d'arabe, de berbère, d'espagnol, d'italien, etc., jadis utilisé comme langue de communication en Afrique du Nord. **3.** *Péjor.* Langage difficilement compréhensible ; charabia, jargon.

SABLAGE n.m. Action de sabler ; son résultat.

1. SABLE n.m. (lat. *sabulum*). Roche sédimentaire meuble, formée de grains, souvent quartzeux. (Du point de vue de la sédimentologie, la taille des grains doit être comprise entre 62,5 μm et 2 mm.) ◇ *Bâtir sur le sable :* fonder une entreprise sur qqch de peu solide. – *Fam. Être sur le sable,* sans argent, sans travail. ◆ pl. *Sables mouvants :* sable humide, peu consistant, où l'on peut s'enliser ; sable sec que les vents déplacent dans les régions désertiques. ◆ adj. inv. D'une couleur beige très clair.

2. SABLE n.m. (polon. *sobol,* zibeline). HÉRALD. La couleur noire.

SABLÉ, E adj. **1.** Couvert de sable. *Allée sablée.* **2.** CUIS. *Pâte sablée :* pâte friable comportant une forte proportion de beurre et de sucre. **3.** Antilles, Québec. *Papier sablé :* papier de verre, papier d'émeri. ◆ n.m. Petit biscuit rond en pâte sablée.

SABLER v.t. **1.** Couvrir de sable. *Sabler une allée.* **2.** Nettoyer, décaper par projection d'un jet de sable ou de tout autre abrasif. **3.** *Sabler le champagne :* boire du champagne à l'occasion d'une réjouissance.

SABLERIE n.f. Partie d'une fonderie où l'on prépare les sables afin de les rendre aptes au moulage.

SABLEUR n.m. Personne qui pratique le sablage.

SABLEUSE n.f. **1.** Appareil tracté pour le sablage des chaussées. **2.** Machine qui projette avec force un jet abrasif, utilisée pour décaper, dépolir, nettoyer.

SABLEUX, EUSE adj. Mêlé de sable.

1. SABLIER, ÈRE adj. Relatif à l'extraction, au commerce du sable.

2. SABLIER n.m. Dispositif de mesure du temps, constitué de deux récipients superposés (ampoules de verre, par ex.), communiquant par un étroit conduit où s'écoule du sable fin.

SABLIÈRE n.f. **1.** Carrière de sable. **2.** CH. DE F. Réservoir contenant du sable destiné à empêcher le patinage des roues sur les rails. **3.** CONSTR. Grosse pièce de charpente posée horizontalement qui reçoit le bas des chevrons de la couverture.

SABLON n.m. Sable à grains très fins.

SABLONNER v.t. Couvrir une surface de sable.

SABLONNEUX, EUSE adj. Où il y a beaucoup de sable.

SABLONNIÈRE n.f. Lieu d'où l'on extrait le sablon.

SABORD n.m. (p.-ê. de *bord*). Ouverture quadrangulaire pratiquée dans la muraille d'un navire, munie d'un dispositif de fermeture étanche.

SABORDAGE ou **SABORDEMENT** n.m. Action de saborder ; fait de se saborder.

SABORDER v.t. **1.** Couler volontairement un navire pour l'empêcher de tomber entre les mains de l'ennemi. **2.** Ruiner, détruire volontairement une entreprise, un projet. ◇ v.pr. *Comité qui se saborde.*

SABOT n.m. (anc. picard *çabot,* p.-ê. d'un fr. dial. *bot,* chaussure grossière). **1. a.** Chaussure faite d'une pièce de bois creusée ; chaussure à semelle de bois. **b.** *Par ext.* Chaussure utilitaire du même type, faite en caoutchouc moulé d'une seule pièce. ◇ *Fam. Voir venir qqn avec ses gros sabots,* sans qu'il puisse cacher ses intentions. **2.** Ongle développé entourant l'extrémité des doigts des mammifères ongulés (cheval, bœuf, porc, etc.) et sur lequel ils marchent. **3.** Garniture de métal aux pieds de certains meubles. **4.** Garniture protégeant l'extrémité d'un poteau, d'une pièce de charpente, etc. **5.** *Sabot de frein :* pièce dont l'intérieur, à concavité circulaire, vient s'appliquer contre le bandage de la roue d'un véhicule ou la périphérie d'une poulie, pour en arrêter ou en modérer le mouvement. **6.** *Sabot de Denver :* dispositif utilisé par la police afin d'immobiliser un véhicule en stationnement illicite par le blocage d'une roue. **7.** *Baignoire sabot :* baignoire de longueur réduite conçue pour être utilisée en position assise.

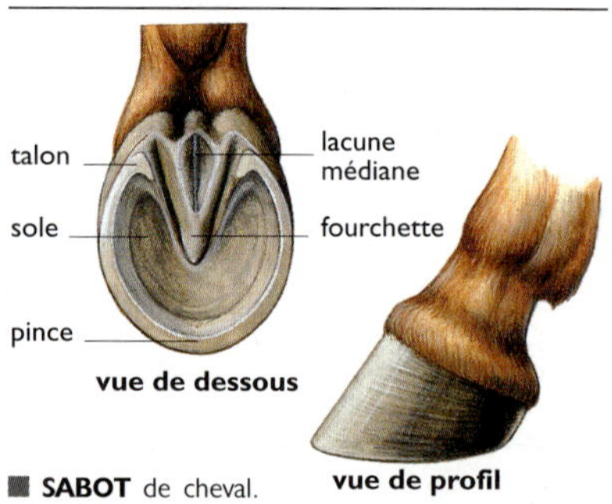

■ **SABOT** de cheval.

1. SABOTAGE n.m. Action de fabriquer des sabots ; métier du sabotier.

2. SABOTAGE n.m. **1.** Action de saboter un travail. **2.** Acte qui a pour but de détériorer ou de détruire intentionnellement du matériel, des installations.

SABOT-DE-VÉNUS n.m. (pl. *sabots-de-Vénus*). Plante des montagnes de l'Europe, aux fleurs en forme de sabot, devenue très rare et protégée. (Genre *Cypripedium ;* famille des orchidacées.)

1. SABOTER v.t. **1.** Fabriquer des sabots. **2.** Munir d'un sabot le pied d'un poteau, l'extrémité d'une pièce de charpente, etc.

2. SABOTER v.t. **1.** Mal exécuter un travail, le faire sans soin. **2.** Détériorer ou détruire volontairement qqch. **3.** Agir de manière à contrarier une action ; torpiller. *Saboter les négociations.* **4.** Afrique. Mépriser, dédaigner qqn.

SABOTERIE n.f. Fabrique de sabots.

SABOTEUR, EUSE n. Personne qui exécute mal un travail, détériore une machine, du matériel, entrave la bonne exécution d'une tâche, d'une entreprise.

SABOTIER, ÈRE n. Artisan qui fabrique et vend des sabots.

SABRA n. (mot hébr.). Juif né en Israël.

SABRAGE n.m. Opération consistant à débarrasser les peaux de mouton brutes des impuretés contenues dans la laine.

SABRE n.m. (de l'all. *Säbel*). **1.** Arme blanche, droite ou recourbée, qui ne tranche que d'un côté ; art du maniement de cette arme. ◇ *Sabre d'abattis :* sabre assez court, à large lame, utilisé pour se frayer un chemin à travers la brousse. SYN. : *coupe-coupe.* **2.** En escrime, arme légère présentant une coquille prolongée pour protéger le dessus de la main ; discipline utilisant cette arme, où les coups peuvent être portés sur le buste, les bras et la tête avec la pointe, le tranchant ou une partie du dos de l'arme. **3.** *Fam. Le sabre et le goupillon :* l'armée et l'Église. **4.** *Fam.*, vieilli. Rasoir à manche et à longue lame. **5.** Poisson marin comestible des eaux tempérées, prédateur vorace. (Long. jusqu'à 2 m ; famille des trichiuridés.)

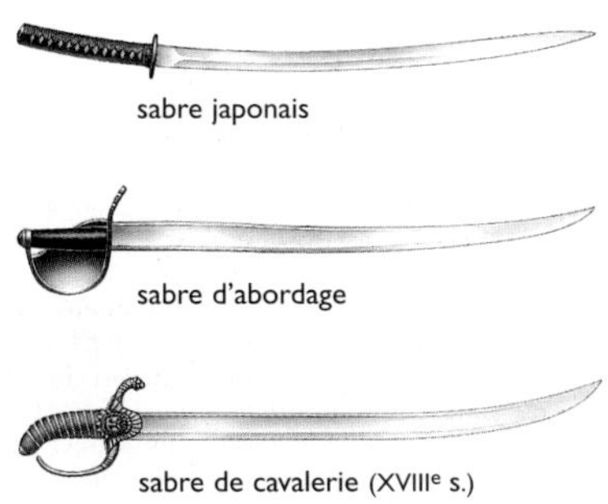

■ SABRES

SABRE-BAÏONNETTE n.m. (pl. *sabres-baïonnettes*). Anc. Sabre court qu'on pouvait fixer à l'extrémité d'un fusil.

SABRER v.t. **1.** Frapper à coups de sabre. **2.** *Sabrer le champagne :* ouvrir une bouteille de champagne en cassant le goulot d'un coup de sabre, de grand couteau, etc. **3.** Faire de larges coupures dans un texte. **4.** Effectuer le sabrage d'une peau de mouton. **5.** *Fam. Sabrer un travail,* le bâcler. **6.** *Fam.* Éliminer, licencier, renvoyer.

SABRETACHE n.f. (de l'all. *Säbeltasche*). Sacoche plate portée au ceinturon par les officiers et les cavaliers, aux XVIIIe et XIXe siècles.

SABREUR n.m. **1.** Personne qui se bat au sabre ou qui donne des coups de sabre. **2.** Escrimeur spécialiste du sabre.

SABREUSE n.f. Machine utilisée pour le sabrage des peaux de mouton.

SABURRAL, E, AUX adj. (du lat. *saburra,* lest). MÉD. Vx. *Langue saburrale,* recouverte d'un enduit blanc, normal ou pathologique.

1. SAC n.m. (lat. *saccus*). **1.** Contenant fait de matières diverses, indépendant, ouvert seulement par le haut. *Sac de plage. Sac à pommes de terre.* ◇ *Sac à main,* ou *sac :* accessoire féminin à usage utilitaire (rangement de petits objets personnels) et esthétique. — *Sac à dos :* sac de toile muni de sangles et d'une armature, utilisé par les campeurs, les alpinistes, etc. **2.** Contenu d'un sac. *Sac de blé, de riz.* **3.** Enveloppe en forme de sac. *Sac de couchage.* ◇ *Fam. Sac à viande :* enveloppe de tissu fin isolant le campeur de son sac de couchage. **4.** *Arg.* Somme de dix francs. **5.** Suisse. *Fam.* Imbécile, idiot. **6.** *Fam. Avoir plus d'un tour dans son sac :* être rusé, habile. — *Fam. L'affaire est dans le sac,* elle est pratiquement réglée, le succès est assuré. — Vx. *Homme de sac et de corde :* scélérat. — *Fam. Mettre dans le même sac :* confondre dans le même mépris, la même réprobation. — *Fam. Prendre qqn la main dans le sac,* sur le fait, en flagrant délit. — *Fam. Sac à vin :* ivrogne. — *Fam. Sac d'embrouilles, de nœuds :* affaire très compliquée. — *Fam. Vider son sac :* dire tout ce qu'on a sur le cœur. **7.** MÉD. Poche formée par une membrane. *Sac lacrymal.* ◇ ORNITH. *Sac aérien :* cavité pleine d'air, en relation avec l'appareil respiratoire des oiseaux et avec leurs os pneumatiques. (Les oiseaux possèdent neuf sacs aériens.) — BOT. *Sac embryonnaire :* ensemble de cellules contenues dans l'ovule des angiospermes et correspondant au prothalle femelle. — EMBRYOL. *Sac vitellin* → **vitellin.**

2. SAC n.m. (ital. *sacco*). *Sout.* Pillage d'une ville ; massacre de ses habitants. ◇ *Mettre à sac :* piller, dévaster.

SACCADE n.f. (de l'anc. fr. *saquer,* tirer). Mouvement brusque et irrégulier. ◇ *Par saccades :* par à-coups. *Avancer par saccades.*

SACCADÉ, E adj. Qui se fait par saccades ; brusque, irrégulier. *Mouvements saccadés.*

SACCADER v.t. Rendre irrégulier, haché.

SACCAGE n.m. Action de saccager.

SACCAGER v.t. [10] (ital. *saccheggiare,* de *sacco,* sac). **1.** Mettre à sac, livrer au pillage. *Saccager une ville.* **2.** Mettre en désordre ; dévaster. *Les voleurs ont saccagé l'appartement.*

SACCAGEUR, EUSE n. Personne qui saccage.

SACCHARASE [-ka-] n.f. Enzyme de la muqueuse de l'intestin grêle qui hydrolyse la saccharose alimentaire en glucose et en fructose. SYN. : *invertase.*

SACCHARATE [-ka-] n.m. Combinaison du saccharose avec un oxyde métallique. SYN. : *sucrate.*

SACCHARIDE [-ka-] n.m. Vx. Glucide.

SACCHARIFÈRE [-ka-] adj. Qui produit, contient du sucre.

SACCHARIFICATION [-ka-] n.f. Conversion en sucre.

SACCHARIFIER [-ka-] v.t. [5]. Convertir en sucre.

SACCHARIMÈTRE [-ka-] n.m. AGROALIM. Instrument pour mesurer la concentration des jus sucrés.

SACCHARIMÉTRIE [-ka-] n.f. AGROALIM. Méthode de dosage des solutions sucrées.

SACCHARIN, E [-ka-] adj. Qui est de la nature du sucre.

SACCHARINE [-ka-] n.f. (lat. *saccharum,* sucre, du gr.). Substance blanche, dérivée du toluène, donc chimiquement sans rapport avec les vrais sucres et sans valeur nutritive, donnant cependant une saveur sucrée, utilisée comme succédané du sucre.

SACCHAROÏDE [-ka-] adj. Qui a l'apparence du sucre. *Gypse saccharoïde.*

SACCHAROMYCES [sakarɔmisɛs] n.m. Levure produisant la fermentation alcoolique de jus sucrés, intervenant dans la fabrication du vin, de la bière, du cidre, etc.

SACCHAROSE [-ka-] n.m. BIOCHIM. Glucide du groupe des osides, formé par l'union d'un glucose et d'un fructose, constituant le sucre alimentaire (de canne, de betterave, etc.).

SACCULE n.m. (lat. *sacculus,* petit sac). ANAT. Petit sac membraneux formant, avec l'utricule, le vestibule de l'oreille interne.

SACCULINE n.f. Crustacé parasite des crabes qui, à l'état adulte, se réduit à un sac à œufs muni de rameaux filamenteux qui envahissent tout l'abdomen des animaux parasités. (Genre *Sacculina ;* sous-classe des cirripèdes.)

SACERDOCE n.m. (lat. *sacerdos, -otis,* prêtre). **1.** Dignité et fonction du prêtre, dans diverses religions. **2.** *Fig.* Fonction qui présente un caractère respectable en raison du dévouement qu'elle exige.

SACERDOTAL, E, AUX adj. Relatif aux prêtres, au sacerdoce.

SACHÉE n.f. Rare. Ce que peut contenir un sac.

SACHEM [saʃɛm] n.m. (mot algonquien). Chacun des chefs élus par les diverses familles ou lignées dans un village amérindien, leur ensemble formant le conseil du village.

SACHERIE n.f. Industrie des sacs d'emballage.

SACHET n.m. **1.** Petit sac, souvent en papier. **2.** Conditionnement de certaines substances équivalant à une dose. *Thé en sachets.*

SACOCHE n.f. (ital. *saccoccia*). **1.** Gros sac de toile ou de cuir muni d'une courroie, à usage utilitaire. **2.** Belgique, Québec. Sac à main.

SAC-POUBELLE n.m. (pl. *sacs-poubelle*). Sac de plastique destiné aux ordures ménagères.

SACQUER ou **SAQUER** v.t. (de *2. sac*). *Fam.* Chasser, renvoyer ; noter sévèrement. ◇ *Fam. Ne pas pouvoir sacquer qqn,* le détester.

SACRAL, E, AUX adj. (lat. médiév. *sacralis*). Relatif au sacré ; qui a un caractère sacré.

SACRALISATION n.f. Action d'attribuer un caractère sacré à ; fait d'être sacralisé.

SACRALISER v.t. Donner un caractère sacré, religieux à une chose profane.

1. SACRAMENTAIRE n.m. Au Moyen Âge, livre contenant les prières liturgiques, à l'usage de ceux qui célébraient la messe.

2. SACRAMENTAIRE n. PROT. Au XVIe s., réformé qui ne voyait dans le sacrement de l'eucharistie qu'un symbole, par oppos. aux *luthériens* qui y voyaient la présence réelle du corps du Christ.

SACRAMENTAL n.m. (pl. *sacramentaux*). CATH. Rite de sanctification (bénédiction, procession, etc.) institué par l'Église pour obtenir un effet d'ordre spirituel.

SACRAMENTEL, ELLE adj. Qui concerne un sacrement. *Formules sacramentelles.*

1. SACRE n.m. (de *sacrer*). **1.** Cérémonie religieuse pour le couronnement d'un souverain. **2.** Ordination d'un évêque conférant la plénitude du sacrement de l'ordre. (On dit auj. *ordination épiscopale.*) **3.** Québec. Juron ou blasphème issu du vocabulaire religieux.

2. SACRE n.m. (ar. *ṣaqr*). Grand faucon de l'Europe méridionale et de l'Asie, élevé pour la chasse, en Arabie notamm. (Nom sc. *Falco cherrug ;* famille des falconidés.)

1. SACRÉ, E adj. **1.** Qui a rapport au religieux, au divin. ◇ *Les Livres sacrés :* la Bible. — *Sacré Collège :* collège des cardinaux formant le sénat de l'Église romaine et le conseil du pape. — *Art sacré :* art religieux au service du culte, notamm. au XXe s. **2.** À qui ou à quoi l'on doit un respect absolu ; qui s'impose par sa haute valeur. *Les lois sacrées de l'hospitalité.* **3.** *Fam.* Renforce un terme injurieux ou admiratif. *C'est un sacré menteur.* ◆ n.m. Dans l'interprétation des phénomènes religieux, caractère de ce qui transcende l'humain (par oppos. à *profane*).

2. SACRÉ, E adj. Relatif au sacrum.

SACRÉ-CŒUR n.m. sing. Cœur de Jésus proposé à l'adoration des catholiques en sa qualité de symbole de l'amour divin.

SACREDIEU ou **SACREBLEU** interj. Vieilli. Juron familier marquant l'impatience.

SACREMENT n.m. (lat. *sacramentum,* serment, obligation). Acte rituel ayant pour but la sanctification de celui qui en est l'objet. (L'Église catholique et les Églises orientales reconnaissent sept sacrements : le baptême, la confirmation, l'eucharistie, la pénitence, le sacrement des malades [extrême-onction], l'ordre et le mariage. Les Églises protestantes n'en retiennent que deux : le baptême et l'eucharistie, ou sainte cène.) ◇ *Les derniers sacrements :* la pénitence, l'onction des malades et la communion en viatique. — *Le saint sacrement :* l'eucharistie.

SACRÉMENT adv. *Fam.* À un très haut degré ; très, extrêmement.

SACRER v.t. (lat. *sacrare,* de *sacer,* saint). Conférer un caractère sacré, notamm. par la cérémonie du sacre, à qqn. *Charlemagne fut sacré empereur par le pape Léon III.* ◆ v.i. Vx ou Québec. Proférer des sacres ; blasphémer.

SACRET n.m. Mâle du faucon sacre.

SACRIFICATEUR, TRICE n. ANTIQ. Prêtre ou prêtresse qui offrait les sacrifices.

SACRIFICE n.m. (lat. *sacrificium*). **1.** Offrande à une divinité et, en partic., immolation de victimes. ◇ *Sacrifice humain :* immolation d'une personne en offrande à une divinité. — *Le Saint Sacrifice :* la messe. **2.** Renoncement volontaire à qqch. *Faire le sacrifice de sa vie.* ◆ pl. Perte qu'on accepte, privation, en partic. sur le plan financier. *Faire des sacrifices pour ses enfants.*

SACRIFICIEL, ELLE adj. Propre à un sacrifice religieux. *Rite sacrificiel.*

SACRIFIÉ, E adj. et n. Se dit de qqn qui est sacrifié ou qui se sacrifie. ◆ adj. *Prix sacrifiés :* prix très bas de marchandises que l'on veut absolument écouler.

SACRIFIER v.t. [5]. **1.** Offrir comme victime en sacrifice. **2.** Renoncer volontairement à qqch, s'en défaire. *Sacrifier des marchandises.* **3.** Abandonner, négliger volontairement qqn, qqch au profit d'un autre, d'autre chose. *Sacrifier ses amis à ses intérêts.* ◆ v.t. ind. **(à).** *Sout.* Se conformer à qqch par faiblesse ou conformisme. *Sacrifier à la mode.* ◆ **se sacrifier** v.pr. Faire le sacrifice de sa vie, de ses intérêts.

1. SACRILÈGE n.m. (lat. *sacrilegium*). **1.** Profanation de personnes, de lieux ou de choses sacrés. **2.** Action qui porte atteinte à qqn ou à qqch de respectable, de vénérable. ◆ adj. Qui a le caractère d'un sacrilège. *Intention sacrilège.*

2. SACRILÈGE adj. et n. (lat. *sacrilegus,* impie). Qui se rend coupable d'un sacrilège.

SACRIPANT n.m. (de *Sacripante,* personnage de Boiardo et de l'Arioste). Mauvais sujet ; vaurien, chenapan.

SACRISTAIN n.m. Employé chargé de l'entretien d'une église et des objets du culte.

SACRISTI interj. → **SAPRISTI.**

SACRISTIE n.f. (lat. *sacristia*). Annexe d'une église où l'on conserve les vases sacrés, les ornements d'église et où les prêtres se préparent pour célébrer le service divin.

SACRISTINE n.f. Femme, religieuse ou laïque, à qui est confié le soin de l'église et de la sacristie.

SACRO-ILIAQUE adj. (pl. *sacro-iliaques*). Se dit de l'articulation entre le sacrum et chaque os iliaque, et de ce qui s'y rapporte.

SACRO-SAINT, E adj. (pl. *sacro-saints, es*). *Fam.* Qui est l'objet d'un respect quasi religieux.

SACRUM [sakrɔm] n.m. (lat. *os sacrum,* os offert aux dieux en sacrifice). Pièce osseuse formée par la soudure des cinq vertèbres sacrées et s'articulant avec les deux os iliaques pour former le bassin osseux.

SADDUCÉEN, ENNE ou **SADUCÉEN, ENNE** adj. et n. Se dit d'un membre d'une secte juive rivale des pharisiens, apparue au IIe s. av. J.-C.

SADIQUE adj. PSYCHAN. Relatif au sadisme. ◆ adj. et n. **1.** PSYCHAN. Qui fait preuve de sadisme. **2.** Qui manifeste une méchanceté, une cruauté systématique et gratuite.

SADIQUE-ANAL, E adj. (pl. *sadiques-anaux, -anales*). PSYCHAN. *Stade sadique-anal,* ou *stade anal :* deuxième stade du développement libidinal, entre deux et quatre ans, s'organisant autour de la zone anale, qui devient la zone érogène dominante.

SADIQUEMENT adv. De façon sadique.

SADISME n.m. (de *Sade,* n.pr.). **1.** PSYCHAN. Perversion dans laquelle la satisfaction sexuelle ne peut être obtenue qu'en infligeant des souffrances physiques ou morales au partenaire. (Pour S. Freud, le sadisme est le détournement sur un objet extérieur de la pulsion de mort.) **2.** Plaisir à voir souffrir les autres ; cruauté.

SADOMASOCHISME n.m. PSYCHAN. Perversion sexuelle qui associe des pulsions sadiques et masochistes.

SADOMASOCHISTE adj. et n. Qui relève du sadomasochisme ; qui fait preuve de sadomasochisme.

SADUCÉEN, ENNE adj. et n. → **SADDUCÉEN.**

SAE [ɛsaə] **(CLASSIFICATION) :** classification en grades, d'après leur viscosité, des huiles pour moteurs établie par la *Society of Automotive Engineers.*

SAFARI n.m. (mot swahili, de l'ar. *safara,* voyager). Expédition de chasse aux gros animaux sauvages, en Afrique noire.

SAFARI-PHOTO n.m. (pl. *safaris-photos*). Excursion dans une réserve naturelle, destinée à photographier ou à filmer des animaux sauvages et non à les chasser.

1. SAFRAN n.m. (ar. *za'farān*). Crocus cultivé pour ses fleurs, dont le stigmate fournit une teinture jaune et une poudre servant d'assaisonnement ; cette teinture ; cette poudre. ◇ *Safran des prés :* colchique. ◆ adj. inv. et n.m. Jaune-orangé.

2. SAFRAN n.m. (ar. *za'frān*). MAR. Pièce plate verticale qui constitue la partie essentielle du gouvernail d'un navire et sur laquelle s'exerce la pression de l'eau.

SAFRANER v.t. **1.** Colorer en jaune avec du safran. **2.** Aromatiser au safran.

SAFRE n.m. (de *saphir*). Verre coloré en bleu par de l'oxyde de cobalt.

SAGA n.f. (mot scand.). **1.** Ensemble de récits et de légendes en prose, caractéristiques des littératures scandinaves (Norvège, Islande) du XIIe au XIVe s. **2.** Épopée familiale quasi légendaire se déroulant sur plusieurs générations. – Œuvre romanesque relatant une telle épopée.

SAGACE adj. (lat. *sagax, -acis,* qui a l'odorat subtil). Doué de sagacité ; fin. *Critique sagace.*

SAGACITÉ n.f. Finesse d'esprit ; perspicacité, pénétration.

SAGAIE n.f. (du berbère). Javelot utilisé comme arme par certains peuples.

SAGARD n.m. (de l'all. *Säger,* scieur). Ouvrier d'une scierie qui débite le bois en planches, dans les Vosges.

SAGE adj. et n. (lat. pop. *sabius*). Qui fait preuve de sûreté dans ses jugements et sa conduite. *Agir en sage.* ◆ n.m. **1.** Personne qui est parvenue à la maîtrise de soi et tend à réaliser un modèle idéal de vie. **2.** Personne compétente et indépendante, chargée par les pouvoirs publics d'étudier une question délicate. ◆ adj. **1.** Qui n'est pas turbulent ; qui se comporte avec calme, docilité. *Enfant sage.* **2.** Qui montre de la réserve dans ses rapports avec l'autre sexe. – Conforme à cette réserve, à cette pudeur.

SAGE-FEMME n.f. (pl. *sages-femmes*). Praticienne exerçant une profession médicale à compétence limitée au diagnostic et à la surveillance de la grossesse, et à la pratique de l'accouchement. (Depuis 1982, la profession est ouverte aux hommes *[hommes sages-femmes].*)

SAGEMENT adv. De façon sage.

SAGESSE n.f. **1.** Qualité de qqn qui fait preuve d'un jugement droit, sûr, averti dans ses décisions, ses actions. *Agir avec sagesse.* **2.** Comportement d'un enfant tranquille, obéissant ; docilité. **3.** Caractère de ce qui demeure traditionnel, classique, éloigné des audaces ou des outrances. **4.** Idéal supérieur de vie proposé par une doctrine morale ou philosophique ; comportement de qqn qui s'y conforme. *La sagesse antique, orientale.*

SAGETTE n.f. BOT. Sagittaire.

SAGINE n.f. (lat. sc. *sagina*). Plante herbacée naine, gazonnante, à petites feuilles étroites, à fleurs blanches, poussant dans les landes, tourbières, prairies de montagne et cultivée dans les jardins de rocaille. (Famille des caryophyllacées.)

1. SAGITTAIRE n.m. (du lat. *sagitta,* flèche). *Le Sagittaire :* constellation et signe du zodiaque (v. partie n.pr.). – *Par ext. Sagittaire :* personne née sous ce signe.

2. SAGITTAIRE n.f. Plante des eaux douces, calmes, à feuilles aériennes en forme de fer de flèche. (Genre *Sagittaria ;* famille des alismatacées.) SYN. : *flèche d'eau, sagette.*

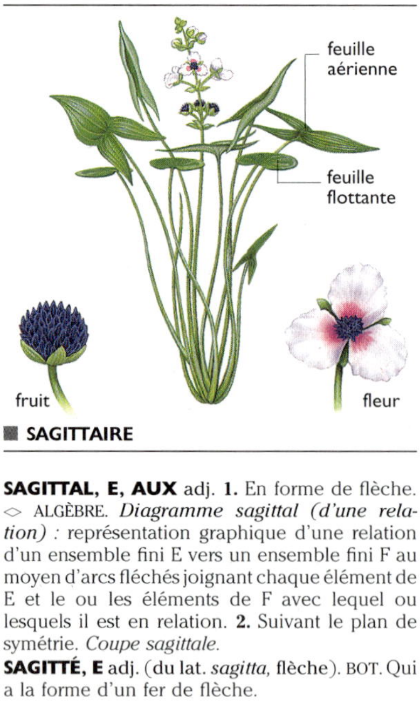

■ SAGITTAIRE

SAGITTAL, E, AUX adj. **1.** En forme de flèche. ◇ ALGÈBRE. *Diagramme sagittal (d'une relation) :* représentation graphique d'une relation d'un ensemble fini E vers un ensemble fini F au moyen d'arcs fléchés joignant chaque élément de E et le ou les éléments de F avec lequel ou lesquels il est en relation. **2.** Suivant le plan de symétrie. *Coupe sagittale.*

SAGITTÉ, E adj. (du lat. *sagitta,* flèche). BOT. Qui a la forme d'un fer de flèche.

SAGOU n.m. (du malais). Fécule qu'on retire de la moelle du sagoutier.

1. SAGOUIN n.m. (port. *saguim,* du tupi). Vx. Nom usuel de certains petits singes sud-américains, spécial. du tamarin. (Genre *Saguinus.*)

2. SAGOUIN, E n. *Fam.* Personne, enfant malpropres, grossiers.

SAGOUTIER n.m. Palmier de l'Asie du Sud-Est, dont la moelle fournit le sagou. (Genre *Metroxylon ;* famille des arécacées.)

SAHARIEN, ENNE adj. et n. Du Sahara.

SAHARIENNE n.f. Veste de toile ceinturée, aux nombreuses poches, inspirée de l'uniforme militaire.

SAHÉLIEN, ENNE adj. Du Sahel.

SAHIB [saib] n.m. (mot indien, de l'ar.). Monsieur, en Inde (titre honorifique).

SAHRAOUI, E adj. et n. Du Sahara occidental.

SAÏ [sai] n.m. (mot tupi). Capucin (singe).

1. SAIE [sɛ] n.f. (lat. *sagum*). Manteau court en laine, vêtement militaire des Romains et des Gaulois, que l'on attachait sur les épaules au moyen d'une fibule.

2. SAIE [sɛ] n.f. (de *soie*). Petite brosse en soies de porc à l'usage des orfèvres.

SAÏGA n.m. (mot russe). Mammifère ongulé des steppes de l'Europe orientale et de l'Asie centrale, voisin de la chèvre, mais dont l'allure rappelle l'antilope, au museau allongé en courte trompe. (Genre *Saiga ;* famille des bovidés.)

SAIGNANT, E adj. **1.** Qui saigne, dégoutte de sang. *Blessure saignante.* **2.** Se dit d'une viande juste cuite, de manière à laisser perler le sang à la surface (entre « bleue » et « à point »). *Steak saignant.* **3.** Se dit d'une blessure morale, d'un chagrin dont on ressent encore tous les effets. **4.** *Fam.* Cruel, sans concession, sans pitié. *La discussion a été saignante.*

SAIGNÉE n.f. **1.** Méthode thérapeutique consistant à soustraire du sang par ponction d'une veine, très rarement utilisée aujourd'hui. **2.** Pli formé par le bras et l'avant-bras. **3.** Prélèvement d'argent qui affecte sensiblement un budget. **4.** *Litt.* Nombre important de pertes humaines au cours d'une guerre. **5.** Entaille faite dans le fût d'un arbre sur pied pour en extraire un liquide (résine, latex, etc.). **6.** Rigole creusée dans un terrain pour faciliter l'écoulement des eaux. **7.** MÉCAN. INDUSTR. Rainure réalisée au tour dans une pièce cylindrique, jusqu'à son axe, pour la découper.

SAIGNEMENT n.m. Écoulement de sang. ◇ *Temps de saignement :* temps nécessaire à l'arrêt du saignement d'une incision cutanée standardisée. (Il dépend notamm. du nombre et de la qualité des plaquettes.)

SAIGNER v.t. (lat. *sanguinare,* de *sanguis,* sang). **1.** Vieilli. Faire une saignée. **2.** Tuer un animal en le vidant de son sang. *Saigner un poulet.* **3.** *Fig.,* vieilli. Soutirer de l'argent à qqn ; rançonner. *Saigner les contribuables.* **4.** MÉCAN. INDUSTR. Réaliser une saignée. ◆ v.i. **1.** Laisser du sang s'échapper ; perdre du sang. *Saigner du nez.* **2.** *Litt.* Ressentir une grande douleur morale. ◆ **se saigner** v.pr. S'imposer de lourdes dépenses. ◇ *Fam. Se saigner aux quatre veines :* se priver de tout au profit de qqn.

SAIGNEUR n.m. Personne chargée de tuer les porcs en les saignant.

SAILLANT, E adj. (du lat. *salire,* sauter). **1.** Qui avance, dépasse, fait saillie. *Transept saillant.* **2.** Qui attire l'attention ; remarquable, frappant. *Trait saillant.* **3.** *Angle* ou *secteur angulaire saillant,* dont la mesure en degrés est comprise entre 0 et 180. CONTR. : *rentrant.* ◆ n.m. Partie qui fait saillie. – *Spécial.* Partie de fortification qui fait saillie.

1. SAILLIE n.f. **1.** Éminence à la surface de certains objets ; partie qui dépasse, avance. *Toit, balcon en saillie.* ◇ *Faire saillie :* saillir. **2.** *Litt.* Trait d'esprit brillant et imprévu.

2. SAILLIE n.f. Accouplement des animaux domestiques.

1. SAILLIR v.i. [37] (lat. *salire,* sauter). S'avancer en dehors ; déborder, dépasser. *Balcon qui saille trop. Ses côtes saillaient.*

2. SAILLIR v.t. [21] [ne s'emploie guère qu'à l'inf., aux 3es pers. des temps simples et au p. présent] (lat. *salire*, couvrir une femelle). Couvrir, s'accoupler à. *Étalon qui saillit une jument.*

SAÏMIRI n.m. (mot tupi). Petit singe d'Amérique tropicale, sapajou d'une espèce à pelage jaune. (Nom sc. *Saimiri sciureus* ; famille des cébidés.)

SAIN, E adj. (lat. *sanus*). **1.** Qui ne présente aucune atteinte pathologique ou anomalie (par oppos. à *malade*). ◇ *Sain et sauf* : qui est sorti indemne d'un péril, d'un danger. **2.** Qui est doué d'un bon équilibre psychique ; qui n'est pas corrompu, perverti ; équilibré. *Jugement sain.* **3.** Qui ne présente aucune anomalie ; où tout est régulier, normal. *Une économie saine.* **4.** Conforme à la raison, à la pondération ; qui ne s'écarte pas de ce qui est jugé normal ; raisonnable, sage. **5.** Qui est favorable à la santé des individus. *Un climat sain.* **6.** MAR. Se dit d'une zone maritime qui ne présente aucun danger pour la navigation, où il n'y a pas d'écueils.

SAINBOIS n.m. BOT. Garou.

SAINDOUX n.m. (lat. *sagina*, graisse, et *doux*). Graisse de porc fondue.

SAINEMENT adv. D'une manière saine.

SAINFOIN n.m. (de *sain* et *foin*). Plante fourragère vivace à fleurs roses, utilisée dans les prairies artificielles. (Genre *Onobrychis* ; famille des papilionacées.)

SAINT, E adj. (lat. *sanctus*). **1.** Se dit de Dieu en tant qu'il est souverainement pur, parfait. **2.** Se dit de qqn qui, selon l'Église, a mené une vie exemplaire, a pratiqué les vertus évangéliques, et a été canonisé. *La Sainte Vierge. L'Évangile selon saint Jean.* ◇ *La Saint(e)-X* : le jour de la fête de saint(e) X. **3.** Qui mène une vie exemplaire sur le plan moral ou religieux. **4.** Qui appartient à la religion, qui a un caractère sacré. *Temple saint.* ◇ *Année sainte* : année jubilaire de l'Église catholique, célébrée ordinairement tous les 25 ans. **5.** Se dit de chacun des jours de la semaine qui précèdent le dimanche de Pâques. *Vendredi saint.* **6.** Qui a un caractère vénérable, conforme à la loi morale. *Une vie sainte.* **7.** Qui a un caractère exceptionnel ; profond, extrême. *Avoir une sainte horreur du mensonge.* ◇ *Fam. Toute la sainte journée* : la journée tout entière. ◆ n. **1.** Chrétien béatifié ou canonisé dont la vie est proposée en exemple par l'Église et auquel est rendu un culte public. Abrév. : *S., St, Ste.* ◇ *Saints de glace* : saint Mamert, saint Pancrace et saint Servais, dont les fêtes (autrefois les 11, 12 et 13 mai) passent pour être souvent accompagnées de gelées tardives. – *Fam. Prêcher pour son saint* : louer, vanter qqch pour en tirer un profit personnel. **2.** Personne d'une piété et d'une vie exemplaires. ◆ n.m. *Le saint des saints* : la partie la plus sacrée du Temple de Jérusalem ; *fig.*, la partie la plus secrète, la plus importante de qqch.

SAINT-AMOUR n.m. inv. (de *Saint-Amour-Bellevue*, commune du Beaujolais). Vin d'un cru renommé du Beaujolais.

SAINT-BERNARD n.m. inv. (du n. du col du *Grand-Saint-Bernard*). Chien d'une race de très forte taille à la robe blanche et fauve, dressé pour le sauvetage en montagne.

■ SAINT-BERNARD

SAINT-CRÉPIN n.m. inv. (du n. du patron des cordonniers). Vx. Ensemble des outils et fournitures, cuirs non compris, d'un cordonnier.

SAINT-CYRIEN, ENNE n. (pl. *saint-cyriens, ennes*). Élève ou ancien élève de l'École spéciale militaire de Saint-Cyr.

SAINTE-BARBE n.f. [pl. *saintes-barbes*] (de *sainte Barbe*, patronne des artilleurs). Entrepôt du matériel d'artillerie et des poudres, sur les anciens navires de guerre.

SAINTE-MAURE n.m. inv. (de *Sainte-Maure*, n.pr.). Fromage au lait de chèvre en forme de cylindre allongé, fabriqué en Touraine.

SAINTEMENT adv. D'une manière sainte ; comme un saint.

SAINT-ÉMILION n.m. inv. Bordeaux rouge réputé récolté dans la région de Saint-Émilion.

SAINTE-NITOUCHE n.f. [pl. *saintes-nitouches*] (de *n'y touche*). Personne qui se donne une apparence de sagesse, qui affecte l'innocence, et, en partic., femme qui affecte la pruderie.

SAINT-ESPRIT n.m. sing. CHRIST. *Le Saint-Esprit* : troisième personne de la Trinité, nommée après le Père et le Fils.

SAINTETÉ n.f. Qualité de qqn ou de qqch qui est saint. ◇ *Sa Sainteté* : le pape.

SAINT-FLORENTIN n.m. inv. (de *Saint-Florentin*, n.pr.). Fromage à pâte molle lavée, fabriqué avec du lait de vache.

SAINT-FRUSQUIN n.m. inv. *Fam.* Ensemble d'affaires personnelles et de vêtements sans grande valeur que possède qqn. ◇ *Fam. Et tout le saint-frusquin* : et tout le reste.

SAINT-GLINGLIN (À LA) loc. adv. *Fam.* À une date indéterminée ; à un moment qui n'arrivera jamais.

SAINT-GUY (DANSE DE) : chorée.

SAINT-HONORÉ n.m. inv. (de *saint Honoré*, patron des boulangers). Gâteau en pâte brisée ou feuilletée, bordé d'une couronne de petits choux à la crème et garni au centre de crème Chantilly.

SAINT-MARCELLIN n.m. inv. (de *Saint-Marcellin*, n.pr.). Petit fromage rond à pâte molle et à croûte moisie, fabriqué dans le Dauphiné avec du lait de vache.

SAINT-NECTAIRE n.m. inv. (de *Saint-Nectaire*, n.pr.). Fromage à pâte pressée et à croûte moisie, fabriqué en Auvergne avec du lait de vache.

SAINT-NICOLAS n.f. inv. Fête, le 6 décembre, de saint Nicolas, patron des petits enfants, marquée dans l'Europe du Nord et du Centre (en France : en Alsace et en Lorraine) par la distribution aux enfants de cadeaux, de pains d'épice, etc., en récompense de leur sagesse.

SAINTPAULIA n.m. (de *W. von Saint Paul*, qui découvrit la plante). Petite plante originaire de Tanzanie, à feuilles velues, vert foncé, aux fleurs bleu-violet ou roses, très largement cultivée pour l'ornement. (Famille des gesnériacées.)

SAINT-PAULIN n.m. inv. Fromage à pâte pressée et à croûte lavée, fabriqué avec du lait de vache.

SAINT-PÈRE n.m. (pl. *saints-pères*). Nom par lequel on désigne le pape.

SAINT-PIERRE n.m. inv. Poisson à corps haut et comprimé, marqué d'une tache circulaire sombre sur les flancs, à chair estimée, commun dans toutes les mers tempérées. (Long. 30 à 50 cm ; genre *Zeus*, famille des zéidés.) SYN. : *dorée, zée.*

SAINT-SIÈGE n.m. sing. CATH. Ensemble des organismes (curie romaine) qui secondent le pape dans l'exercice de ses fonctions de gouvernement.

SAINT-SIMONIEN, ENNE adj. et n. (pl. *saint-simoniens, ennes*). Qui appartient au saint-simonisme ; qui en est partisan.

SAINT-SIMONISME n.m. Doctrine du comte de Saint-Simon et de ses disciples, caractérisée par un industrialisme progressiste dont s'inspirèrent le positivisme et la pensée socialiste.

SAINT-SYNODE n.m. (pl. *saints-synodes*). Conseil suprême de l'Église russe de 1721 à 1917, institué en remplacement du patriarcat supprimé par Pierre le Grand.

SAISI, E n. DR. Personne dont on saisit un bien. ◆ adj. DR. Se dit du bien ayant fait l'objet d'une saisie. ◇ *Tiers saisi* : personne entre les mains de qui est saisie une somme due ou un bien mobilier appartenant à autrui.

SAISIE n.f. **1.** DR. **a.** Prise de possession par le fisc, les douanes ou la justice, des produits d'une infraction, des moyens ayant servi à la commettre ou des objets permettant d'en établir la preuve. **b.** Voie d'exécution forcée par laquelle un créancier s'assure des biens de son débiteur en vue de garantir le paiement d'une dette. ◇ *Saisie-appréhension* : saisie permettant à un créancier de récupérer auprès d'un débiteur ou d'un tiers détenteur un bien meuble qui lui est dû. – *Saisie-attribution* : saisie au profit d'un créancier d'une somme d'argent détenue par un tiers (saisie sur salaire, par ex.). – *Saisie conservatoire* : mise des biens du débiteur sous le contrôle de la justice, pour que celui-ci ne les fasse pas disparaître ou ne les vende pas. – *Saisie immobilière* : saisie portant sur un bien immobilier du débiteur. – *Saisie-vente* : recouvrement d'une créance par la vente à l'amiable ou aux enchères publiques des biens corporels du débiteur. **c.** *Saisie-contrefaçon* : procédure permettant de faire la preuve d'une contrefaçon par saisie de l'objet contrefait ou par description de celui-ci ou du processus incriminé. (La loi du 9 juillet 1991 a réformé le code de procédure civile, notamm. les saisies mobilières. La saisie foraine et la saisie-gagerie ont été remplacées par la saisie conservatoire. La saisie-exécution, la saisie-arrêt et la saisie-brandon sont devenues respectivement la saisie-vente, la saisie-attribution et la saisie des récoltes sur pied.) **2.** INFORM. Enregistrement d'une information en vue de son traitement ou de sa mémorisation dans un système informatique.

SAISINE n.f. (de *saisir*). **1.** DR. Fait de saisir une juridiction. ◇ *Saisine héréditaire* : droit pour un héritier à la prise de possession des biens d'un défunt à l'instant même du décès et sans autorisation préalable de justice. **2.** MAR. Cordage servant à maintenir ou à soulever certains objets.

SAISIR v.t. (bas lat. *sacire*, assigner, du francique *satjan*). **1.** Prendre qqn avec la ou les mains, d'un mouvement rapide, pour le tenir ou s'y retenir fermement. *Saisir qqn aux épaules.* **2.** Prendre qqch en main ou avec un instrument, de façon à pouvoir le porter, le déplacer, en faire usage. *Saisir un outil par le manche.* **3.** Mettre à profit un événement au moment où il se présente. *Saisir l'occasion.* **4.** Percevoir le sens de qqch ; comprendre. *Saisir les conséquences d'un acte.* **5.** S'emparer brusquement de qqn, en parlant du froid, d'une sensation. *Le désespoir l'a saisi.* ◇ Absol. *Être saisi* : être affecté de façon forte et soudaine par une sensation ou un sentiment. **6.** Exposer un aliment à un feu vif. *Saisir une viande.* **7.** DR. Opérer une saisie ; porter un litige devant une juridiction. **8.** INFORM. Effectuer une saisie. ◆ **se saisir** v.pr. **(de).** S'emparer de. *Se saisir d'une arme.*

SAISISSABLE adj. **1.** Qui peut être saisi, compris. **2.** DR. Qui peut faire l'objet d'une saisie.

1. SAISISSANT, E adj. **1.** Qui surprend. *Froid saisissant.* **2.** Qui émeut vivement. *Spectacle saisissant.*

2. SAISISSANT n.m. DR. Personne qui pratique une saisie afin d'obtenir d'un débiteur l'acquittement de son obligation.

SAISISSEMENT n.m. Impression subite et violente causée par le froid, une émotion forte et soudaine. *Être muet de saisissement.*

SAISON n.f. (lat. *satio, -onis*). **1.** Chacune des quatre parties en lesquelles l'année se trouve divisée par les équinoxes et les solstices. **2.** Période de l'année où les conditions climatiques restent à peu près constantes. *La saison des pluies.* **3.** Époque de l'année correspondant à la récolte de certains produits ou à des travaux agricoles. *La saison des vendanges.* **4.** Époque de l'année correspondant au maximum d'activité d'un secteur donné. *La saison théâtrale.* ◇ *Être de saison* : être opportun, approprié. – *Hors de saison* : mal à propos, déplacé, incongru. **5.** Période de l'année où, dans certains lieux touristiques, affluent les vacanciers. *En saison. Hors saison.* ◇ *Haute saison, basse saison* : période correspondant au maximum, au minimum d'affluence dans une région touristique. **6.** Cure que l'on fait dans une station balnéaire, thermale, etc.

ENCYCL. La division de l'année en quatre saisons résulte du mouvement de la Terre autour du Soleil. Le printemps commence à l'équinoxe de printemps et se termine au solstice d'été ; viennent ensuite l'été, l'automne et l'hiver, qui se terminent respectivement à l'équinoxe d'automne, au solstice d'hiver et à l'équinoxe de printemps. La Terre ne se déplaçant pas à une vitesse constante sur son orbite, parce que celle-ci est elliptique, il en résulte une inégalité dans la durée des saisons. Actuellement, le printemps, l'été, l'automne, l'hiver ont respectivement pour

S

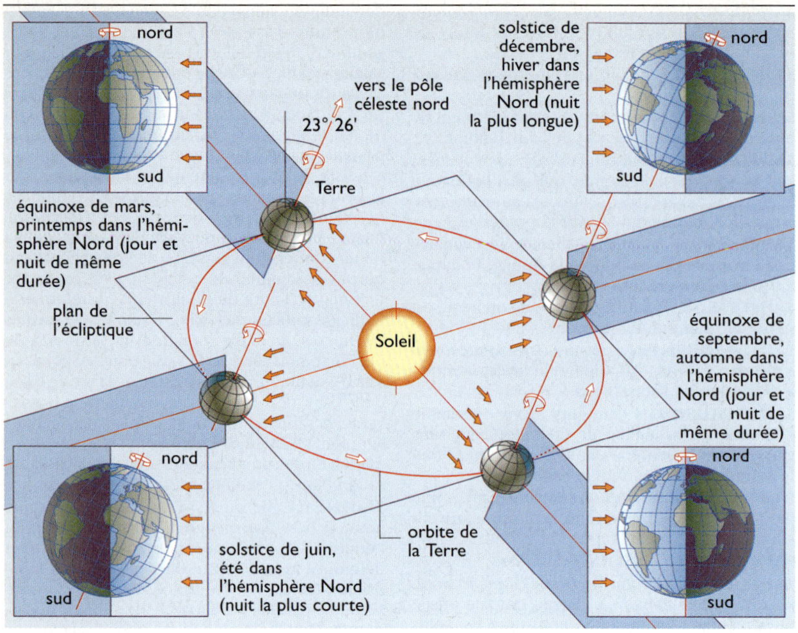

■ **SAISON.** Le mécanisme des saisons.
La division de l'année en saisons résulte de l'inclinaison (23° 26') de l'axe de rotation de la Terre par rapport à la perpendiculaire à son plan de translation autour du Soleil. Comme l'axe des pôles garde au cours de l'année une direction fixe dans l'espace, c'est tantôt le pôle Nord, tantôt le pôle Sud qui est éclairé par le Soleil, et la durée du jour aux différents points du globe varie.

durées moyennes, dans l'hémisphère Nord, 92 j 19 h ; 93 j 23 h ; 89 j 13 h ; 89 j. Ces durées subissent des variations séculaires. Les saisons, dans l'hémisphère Sud, sont inversées par rapport à celles de l'hémisphère Nord. Leur mécanisme est commun à toutes les planètes dont l'axe de rotation n'est pas perpendiculaire au plan de l'orbite.

SAISONNALITÉ n.f. Caractère saisonnier de qqch. *La saisonnalité des ventes.*

1. SAISONNIER, ÈRE adj. **1.** Propre à une saison. *Température saisonnière.* **2.** Qui ne s'exerce, qui n'est actif que pendant une certaine période de l'année. *Travail saisonnier. Ouvrier saisonnier.* **3.** DR. ***Propriété saisonnière*** : multipropriété.

2. SAISONNIER, ÈRE n. Ouvrier qui loue ses services pour des travaux saisonniers (moisson, vendanges, etc.).

SAÏTE adj. Relatif à Saïs, ville de l'Égypte ancienne, et à son épanouissement.

SAJOU n.m. (mot tupi). Sapajou (singe).

SAKÉ n.m. (jap. *sake*). Boisson japonaise alcoolisée, à base de riz fermenté, que l'on boit génér. tiède.

SAKI n.m. (mot tupi). Singe de l'Amazonie à épaisse fourrure, dont il existe plusieurs espèces. (Long. 40 cm env. sans la queue ; genres *Chiropotes* et *Pithecia,* famille des cébidés.)

SAKIEH [sakje] n.f. (ar. *sāqiyya*). En Égypte, noria actionnée par des bœufs.

SAL n.m. (pl. *sals*). Grand arbre de l'Inde du Nord au bois précieux. (Nom sc. *Shorea robusta ;* famille des diptérocarpacées.)

SALACE adj. (lat. *salax, -acis*). *Litt.* **1.** Porté aux plaisirs sexuels ; lubrique. **2.** Se dit de propos grivois, obscènes. *Plaisanterie salace.*

SALACITÉ n.f. *Litt.* Caractère salace de qqn, de ses propos ; lubricité.

1. SALADE n.f. (provenç. *salada,* mets salé). **1.** Plante potagère feuillue telle que la laitue, la chicorée ou le cresson. ◇ *Fam.* ***Vendre sa salade*** : essayer de convaincre, faire l'article. **2.** Plat composé de feuilles de ces plantes, crues et assaisonnées. ◇ Belgique. ***Salade de blé*** : mâche. **3.** Mets composé de légumes crus ou cuits, de viande ou de poisson, etc., assaisonnés avec une vinaigrette. ◇ ***Salade de fruits*** : assortiment de fruits coupés, accommodés avec du sucre et, parfois, de l'alcool. – ***Salade russe*** : macédoine de légumes assaisonnés de mayonnaise. **4.** *Fam.* Mélange confus, hétéroclite. ◆ pl. *Fam.* Mensonges, histoires. *Raconter des salades.*

2. SALADE n.f. (ital. *celata,* pourvue d'une voûte). Casque en usage du XVe au XVIIe siècle.

SALADIER n.m. Récipient où l'on sert la salade ou d'autres mets ; contenu de ce récipient.

SALAGE n.m. Action de saler ; son résultat.

SALAIRE n.m. (lat. *salarium,* solde pour acheter du sel). **1.** Rémunération du travail effectué par une personne pour le compte d'une autre, en vertu d'un contrat de travail. ◇ ***Contrat de travail à salaire différé,*** ou ***salaire différé*** : rémunération fictive des enfants travaillant sur l'exploitation agricole familiale, et qu'ils peuvent faire valoir au moment de la succession. – ***Salaire de base*** : salaire mensuel fixé suivant un coefficient ou des points, et qui correspond à une fonction. (Il sert au calcul de diverses prestations ou cotisations.) – ***Salaire brut,*** ou ***salaire réel*** : salaire avant retenue des cotisations sociales (par oppos. à *salaire net*). – ***Salaire indirect*** : prestations sociales versées au travailleur en cas d'inactivité. – ***Salaire minimum interprofessionnel de croissance (SMIC)*** : salaire minimum au-dessous duquel en France, depuis 1970, aucun salarié ne peut, en principe, être rémunéré. (Le SMIC est fixé en fonction de l'évolution des prix à la consommation et, en cas de hausse, relevé obligatoirement le 1er juillet de chaque année.) **2.** *Fig.* Récompense légitime et, par antiphrase, châtiment ; prix. *Toute peine mérite salaire. Et pour tout salaire, il reçut quelques coups de bâton.*

SALAISON n.f. **1.** Opération consistant à saler une denrée alimentaire pour faciliter sa conservation. **2.** (Souvent pl.) Produit de charcuterie traité au sel et au nitrate ou au nitrite de sodium.

SALAISONNERIE n.f. Industrie de la salaison.

SALAMALECS n.m. pl. (ar. *salām 'alayk,* paix sur toi). *Fam.* Politesses exagérées et répétées.

1. SALAMANDRE n.f. (lat. *salamandra,* du gr.). Amphibien urodèle à morphologie de lézard, dont une espèce noire marbrée de jaune (genre *Salamandra*) est commune en Europe occidentale. (La salamandre géante du Japon [genre *Cryptobranchus*], qui dépasse 1 m de long, est le plus grand des amphibiens.)

■ **SALAMANDRE**

2. SALAMANDRE n.f. (nom déposé). Poêle à combustion lente.

SALAMI n.m. (pl. de l'ital. *salame*). Saucisson sec d'origine italienne dont il existe plusieurs types.

SALANGANE n.f. (du malais *sarang,* nid). Oiseau d'Asie et d'Océanie, voisin du martinet, dont on consomme, sous le nom de ***nids d'hirondelle,*** les nids faits de gélose. (Genre *Collocalia ;* famille des apodidés.)

SALANT adj.m. Qui produit ou qui contient du sel. *Puits salant. Marais salants.* ◆ n.m. Dans le Sud-Ouest, étendue de sol proche de la mer où apparaissent de légères efflorescences salines.

SALARIAL, E, AUX adj. Relatif au salaire. ◇ ***Masse salariale*** : somme des rémunérations, directes ou indirectes, perçues par l'ensemble des salariés d'un pays, d'une entreprise.

SALARIAT n.m. **1.** État, condition de salarié ; mode de rémunération du travail par le salaire. **2.** Ensemble des salariés (par oppos. à ***patronat***).

SALARIÉ, E adj. et n. Se dit d'une personne liée à une autre par un contrat de travail qui prévoit la rémunération, par un salaire, du travail qu'elle lui fournit.

SALARIER v.t. [5]. **1.** Donner un salaire à qqn. **2.** Conférer le statut de salarié à qqn.

SALAUD n.m. *Vulg., injur.* Homme méprisable, qui agit de manière déloyale. (Au fém., on emploie la forme *salope.*) ◆ adj.m. *Très fam.* Moralement répugnant ; méprisable, ignoble.

SALBANDE n.f. (de l'all. *Salband,* lisière du drap). MIN. Mince couche argileuse située à la séparation d'un filon ou d'une faille avec ses épontes.

SALCHOW [salko] n.m. (du n. d'un patineur suédois). En patinage artistique, saut consistant en une rotation avec appel sur une jambe (en dedans arrière) et réception sur l'autre (en dehors arrière).

SALE adj. (francique *salo,* trouble). **1.** Couvert de crasse, de poussière, de taches ; malpropre, souillé. *Du linge sale.* **2.** Qui néglige les soins de propreté élémentaires. – Qui manque de soin dans ce qu'il fait. **3.** Susceptible de salir. *Faire un travail sale.* **4.** Se dit d'une couleur qui manque d'éclat. *Un blanc sale.* **5.** Qui blesse la pudeur ; ordurier, obscène. *Histoires sales.* **6.** (Avant le n.) *Fam.* Très désagréable ; mauvais, détestable. *Un sale temps. Un sale coup.* – Méprisable. *Un sale type.* **7.** ***L'argent sale*** : revenu illicite provenant de la corruption, de trafics divers et en partic. du trafic de la drogue. ◆ n.m. ***Au sale*** : là où l'on met les vêtements, le linge à laver.

SALÉ, E adj. **1.** Qui contient du sel ; qui en a le goût. *Beurre salé.* **2.** Conservé dans du sel, de la saumure. *Viande, poisson salés.* **3.** *Fam.* Très libre ; cru, osé, grivois. *Un conte salé.* **4.** *Fam.* Qui dépasse la mesure ; exagéré, excessif. *L'addition est salée !* ◆ adv. ***Manger salé*** : manger des aliments salés ou fortement salés. ◆ n.m. **1.** Nourriture salée. *Préférer le salé au sucré.* **2.** Chair de porc salée. ◇ ***Petit salé*** : morceau de porc salé provenant génér. de la poitrine, que l'on cuit dans un bouillon aromatisé.

SALÉE n.f. Suisse. Petite galette.

SALEMENT adv. **1.** De façon sale. **2.** *Fam.* À un très haut degré ; beaucoup, très. *Il est salement malade.*

SALER v.t. (du lat. *sal,* sel). **1.** Assaisonner avec du sel. *Saler la soupe.* **2.** Imprégner une denrée de sel, la plonger dans la saumure pour la conserver. *Saler du porc, du poisson.* **3.** Répandre du sel pour faire fondre la neige, le verglas. *Saler les routes.* **4.** *Fam.* Faire payer un prix excessif. *Saler la note.* **5.** *Fam.* Imposer à qqn une sanction trop sévère. *Les juges l'ont salé.*

SALERON n.m. Petite salière en forme de godet.

SALERS [salɛrs] n.m. Variété de cantal à pâte pressée non cuite, fabriquée avec du lait de vache dans la région de Salers. ◆ n. et adj. Bovin d'une race rustique originaire du Cantal, à robe rouge acajou foncé, exploitée pour la boucherie dans plusieurs pays.

SALÉSIEN, ENNE adj. et n. Se dit des membres des deux congrégations catholiques (société des Prêtres de Saint-François-de-Sales, Filles de Marie-Auxiliatrice) fondées à Turin par saint Jean Bosco, respectivement en 1859 et 1872. (Ces congrégations se vouent à l'éducation de la jeunesse, plus partic. dans des écoles professionnelles.)

SALETÉ n.f. **1.** État de ce qui est sale. *Être d'une saleté repoussante.* **2.** Chose malpropre ; ordure.

S

3. Action vile, procédé peu délicat. *Il m'a fait une saleté.* **4.** Parole obscène. *Dire des saletés.* **5.** *Fam.* Chose sans valeur. *Vendre des saletés.*

SALICACÉE n.f. (lat. *salix, -icis,* saule). Arbre ou arbuste à fleurs apétales, tel que le saule, l'osier, le peuplier. (Les salicacées forment une famille de dicotylédones.)

SALICAIRE n.f. (lat. *salix, -icis,* saule). Plante herbacée des lieux très humides et dégagés, à fleurs roses ou pourprées. (Genre *Lythrum ;* famille des lythracées.)

SALICOLE adj. Relatif à la saliculture.

SALICORNE n.f. Plante des rivages et des lieux salés, à tige articulée charnue, sans feuilles, parfois consommée comme les cornichons et dont on extrayait la soude. (Genre *Salicornia ;* famille des chénopodiacées.)

SALICULTURE n.f. Exploitation du sel dans un marais salant, une saline.

SALICYLATE n.m. CHIM. ORG. Sel ou ester de l'acide salicylique.

SALICYLÉ, E adj. Relatif à l'acide salicylique ou à ses sels.

SALICYLIQUE adj. Se dit d'un acide doué de propriétés antiseptiques et dont les dérivés (aspirine, salicylate de soude) ont une action anti-inflammatoire.

SALIDIURÉTIQUE adj. et n.m. Se dit d'un diurétique dont l'action sur le rein aboutit à une augmentation de l'élimination de l'eau et du sodium.

1. SALIEN, ENNE adj. HIST. *Francs Saliens : v. partie n.pr.*

2. SALIEN adj.m. et n.m. (lat. *Salii*). ANTIQ. ROM. Se dit des prêtres consacrés à Mars, et qui étaient au nombre de douze.

SALIÈRE n.f. **1.** Petit récipient pour présenter le sel sur la table. **2.** Creux au-dessus des yeux du cheval, et qui s'accentue avec l'âge. **3.** *Fam.* Creux en arrière de la clavicule, chez les personnes maigres.

SALIFÈRE adj. Qui contient du sel.

SALIFIABLE adj. CHIM. Se dit d'un composé susceptible d'être transformé en sel.

SALIFICATION n.f. CHIM. Formation d'un sel.

SALIFIER v.t. [5]. CHIM. Transformer en sel.

SALIGAUD, E n. (du bas all. *salik,* sale). *Très fam.* Personne qui agit d'une façon ignoble ou méprisable. (Le fém. *saligaude* est rare.)

SALIGNON n.m. Pain de sel extrait des eaux d'une fontaine salée.

SALIN, E adj. (de *sel*). **1.** Qui contient du sel ; qui est formé par du sel. *Concrétion saline.* ◇ *Roche saline :* roche sédimentaire soluble dans l'eau, et provenant de l'évaporation de l'eau de mer dans des lagunes (par ex. : gypse, halite, etc.). **2.** CHIM. Qui a les caractères d'un sel. ◆ n.m. Marais salant.

SALINE n.f. Établissement industriel dans lequel on produit du sel en extrayant le sel gemme ou en faisant évaporer des eaux saturées extraites du sous-sol.

SALINIER n.m. Producteur de sel.

SALINITÉ n.f. Teneur en sel.

SALIQUE adj. HIST. Des Francs Saliens. ◇ *Loi salique :* recueil de lois des Francs Saliens. (Une disposition de cette loi, excluant les femmes de la succession à la terre, a été interprétée à partir du XIVe s. pour justifier l'ordre de succession au trône de France.)

SALIR v.t. **1.** Rendre sale ; maculer, tacher. *Salir son pull.* **2.** Porter atteinte à ; déshonorer. *Salir la réputation de qqn.*

SALISSANT, E adj. **1.** Qui se salit aisément. *Le blanc est une couleur salissante.* **2.** Qui salit. *Travail salissant.* **3.** Se dit des plantes et des cultures qui favorisent le développement des mauvaises herbes.

SALISSURE n.f. Ce qui salit, souille ; souillure, tache. *Un meuble couvert de salissures. La salissure du péché.*

SALIVAIRE adj. Relatif à la salive. ◇ ANAT. *Glandes salivaires,* qui sécrètent la salive. (On compte trois paires de glandes salivaires : les *parotides,* les *sous-maxillaires* et les *sublinguales.*)

SALIVATION n.f. Sécrétion de la salive ; augmentation de cette sécrétion.

SALIVE n.f. (lat. *saliva*). Liquide clair et filant sécrété par les glandes salivaires, excrété dans la bouche, qui facilite la déglutition des aliments. ◇ *Fam. Dépenser beaucoup de salive :* parler beaucoup et, souvent, en vain.

SALIVER v.i. **1.** Sécréter de la salive. **2.** *Fig.* Avoir très envie de qqch. *Saliver devant une vitrine.*

SALLE n.f. (bas lat. *sala,* du francique). **1.** Pièce d'une habitation destinée à un usage particulier. ◇ *Salle à manger,* dans laquelle on prend ses repas. – *Salle de bains :* cabinet de toilette avec baignoire. – *Salle d'eau :* local comportant douche et lavabo. **2.** Anc. Vaste pièce de réception dans une grande demeure. *Salle basse. Salle haute.* **3.** Lieu vaste et couvert destiné à un usage particulier. *Salle de spectacle.* ◇ *Salle obscure :* salle de cinéma. – *Salle des pas perdus.* **a.** Grande salle, hall d'un palais de justice qui dessert les services ou les chambres d'un tribunal. **b.** CH. DE F. Grand hall qui donne accès aux différents services d'une gare. – *Salle d'armes :* lieu où les maîtres d'armes donnent leurs leçons d'escrime. – *Salle blanche :* enceinte étanche aménagée pour éliminer le plus possible les poussières et les micro-organismes dans les industries nécessitant des conditions d'ultrapropreté. – *Salle de marché :* lieu où, dans les banques, sont regroupés les spécialistes réalisant des opérations sur les devises, les titres et les produits financiers. **4.** Public qui remplit une salle. *Toute la salle applaudit.* **5.** Anc. Dortoir, dans un hôpital. *Salle commune.* **6.** SPORTS. *En salle :* recomm. off. pour *indoor.*

SALMANAZAR n.m. (n. de cinq rois assyriens). Grosse bouteille de champagne d'une capacité équivalant à celle de douze champenoises (soit plus de 9 l).

SALMIGONDIS n.m. (de *sel* et anc. fr. *condir,* assaisonner). *Fam.* Mélange confus et disparate.

SALMIS n.m. (de *salmigondis*). Ragoût de pièces de gibier ou de volailles partiellement rôties, que l'on finit de cuire dans une sauce au vin.

SALMONELLE n.f. (de D. E. *Salmon,* n. d'un médecin américain). Bactérie responsable des salmonelloses (nom générique).

SALMONELLOSE n.f. MÉD. Infection due à des salmonelles, telle que certaines toxi-infections alimentaires, la fièvre typhoïde, les fièvres paratyphoïdes.

SALMONICULTURE n.f. (du lat. *salmo, -onis,* saumon). Élevage du saumon.

SALMONIDÉ n.m. Poisson téléostéen à deux nageoires dorsales, dont la seconde est adipeuse, aimant les eaux fraîches et oxygénées, tel que le saumon, la truite et l'omble. (Les salmonidés forment une famille.)

SALOIR n.m. Récipient dans lequel on place les viandes, les poissons, etc., à saler.

SALOMÉ n.m. Escarpin comportant une bride en forme de T sur le cou-de-pied.

SALON n.m. (ital. *salone,* de *sala,* salle). **1.** Pièce d'un appartement, d'une maison, destinée à recevoir les visiteurs. – Mobilier propre à cette pièce. **2.** *Litt.* Société mondaine. *Conversation de salon.* **3.** Réunion de personnalités des lettres, des arts et de la politique qui, partic. aux XVIIe et XVIIIe s., se tenait chez une femme distinguée. (Les salons eurent une influence capitale, au XVIIe s., sur l'évolution des manières et du goût littéraire et, au XVIIIe s., sur la diffusion des idées philosophiques.) **4.** Nom donné à certains établissements commerciaux. *Salon de thé, de coiffure.* **5.** Québec. *Salon funéraire :* funérarium. **6.** (Avec une majuscule.) **a.** Manifestation commerciale permettant périodiquement aux entreprises de présenter leurs nouveautés. *Le Salon de l'automobile.* **b.** Exposition collective périodique d'artistes vivants. – Vx. Article de journal, de revue, consacré à la critique d'un Salon.

SALONNARD, E n. *Fam., péjor.* Personne qui fréquente les salons, les gens du monde.

SALOON [salun] n.m. (mot anglo-amér.). Bar du Far West américain.

SALOP n.m. (var. de *salaud* d'apr. *salope*). *Vulg., injur.* Salaud.

SALOPARD n.m. *Vulg.* Individu sans scrupule qui agit envers autrui d'une façon ignoble.

SALOPE n.f. *Vulg., injur.* Femme dévergondée, de mauvaise vie ; garce.

SALOPER v.t. *Fam.* **1.** Exécuter un travail très mal, sans soin. **2.** Couvrir de taches ; salir. *Il a salopé son pantalon neuf.*

SALOPERIE n.f. *Fam.* **1.** Grande malpropreté ; saleté. **2.** Chose sale, malpropre ; chose détestable ; saleté. *La drogue est une saloperie.* **3.** Chose de très mauvaise qualité ; camelote. **4.** Action, propos bas et vils.

SALOPETTE n.f. Vêtement constitué d'un pantalon prolongé par une bavette à bretelles.

SALOPIAUD, SALOPIAU ou **SALOPIOT** n.m. *Fam.* Salaud. (Sens atténué.)

SALPE n.f. (lat. *salpa,* du gr.). Petit animal marin nageur, en forme de cylindre creux et transparent, qui vit isolé ou en groupes d'individus agrégés et qui se reproduit par alternance de générations sexuées hermaphrodites et de générations asexuées. (Embranchement des tuniciers.)

SALPÊTRE n.m. (lat. *sal,* sel, et *petrae,* de pierre). Efflorescence de nitrate de potassium fréquente sur les murs humides et utilisée pour fabriquer de la poudre. ◇ *Salpêtre du Chili :* nitrate de sodium.

SALPÊTRER v.t. **1.** Couvrir de salpêtre. *L'humidité salpêtre les murs.* **2.** Mêler de salpêtre.

SALPICON n.m. (esp. *salpicón*). CUIS. Préparation d'aliments coupés en petits dés et liés à une sauce pour servir de garniture ou de farce.

SALPINGITE n.f. (gr. *salpigx, -iggos,* trompe). MÉD. Inflammation d'une trompe utérine.

SALSA n.f. (mot esp., *sauce*). Musique de danse afro-cubaine au tempo vif, partic. en vogue dans les Caraïbes, l'Amérique centrale et les communautés latines des grandes villes américaines.

SALSEPAREILLE n.f. (port. *salsaparrilla*). Plante lianescente croissant surtout au Mexique et en Asie centrale, naguère d'usage médicinal. (Genre *Smilax ;* famille des liliacées.)

SALSIFIS n.m. (ital. *salsefica*). **1.** Plante potagère bisannuelle cultivée pour sa longue racine charnue comestible à la saveur mucilagineuse et sucrée. (Genre *Tragopogon ;* famille des composées.) **2.** *Salsifis noir* ou *d'Espagne :* scorsonère.

■ **SALSIFIS**

SALTATION n.f. (lat. *saltatio, -onis,* danse). **1.** Technique des sauts chorégraphiques ou acrobatiques. **2.** GÉOMORPH. Déplacement par bonds successifs des particules entraînées par l'eau ou par l'air.

SALTATIONNISME n.m. Théorie développée par S. J. Gould et N. Eldredge, selon laquelle l'évolution des espèces serait une succession de longues périodes de stabilité entrecoupées de phases de spéciation rapide dans de petites populations soumises à un isolement reproducteur et subissant des mutations génétiques de grande ampleur. SYN. : *théorie des équilibres ponctués.*

SALTATOIRE adj. **1.** Qui sert à sauter. *Appareil saltatoire d'un insecte.* **2.** Qui procède ou progresse par sauts successifs.

SALTIMBANQUE n.m. (de l'ital. *saltimbanco,* qui saute sur un banc). Personne qui fait des tours d'adresse, des acrobaties sur les places publiques, dans les foires. – *Par ext., fam.* Comédien, professionnel du spectacle.

SALTO n.m. (mot ital., *saut*). SPORTS. Saut périlleux.

SALUBRE adj. (lat. *salubris,* de *salus,* santé). Qui contribue à la santé ; sain. *Air, appartement salubre.*

SALUBRITÉ n.f. Caractère de ce qui est salubre. ◇ *Salubrité publique :* ensemble des mesures édictées par l'Administration en matière d'hygiène des personnes, des animaux et des choses.

S

SALUER v.t. (lat. *salutare*). **1.** Donner une marque d'attention, de civilité, de respect à une personne que l'on rencontre, que l'on quitte. *Saluer une amie.* **2.** Honorer du salut militaire ou d'une marque de respect précisée par un règlement. *Saluer un supérieur, le drapeau.* **3.** Accueillir par des manifestations d'approbation ou d'hostilité. *Saluer par des sifflets.* **4.** Reconnaître en tant que tel ; rendre hommage à. *On l'a salué comme le chef de file. Saluer le courage des sauveteurs.* **5.** En parlant d'un artiste, revenir en scène et s'incliner devant le public, à la fin d'un spectacle.

SALURE n.f. Caractère de ce qui est salé ; teneur en sel.

1. SALUT n.m. (lat. *salus, -utis*). **1.** Fait d'échapper à un danger, à un malheur. *Ne devoir son salut qu'à la fuite. Comité de salut public.* **2.** RELIG. Fait d'être sauvé de l'état de péché et d'accéder à la vie éternelle.

2. SALUT n.m. (lat. *salus, -utis*). **1.** Action ou manière de saluer ; marque de civilité donnée à qqn qu'on rencontre ou qu'on quitte. *Adresser un salut de la main.* **2.** Acte réglementaire par lequel on exprime son respect à qqn, à qqch ou son appartenance à un corps. *Salut scout. Salut militaire. Salut au drapeau.* **3.** CATH. Court office du soir comprenant une exposition du saint sacrement, accompagnée de prières et de chants, et terminée par une bénédiction solennelle. ◆ interj. *Fam.* S'emploie en abordant des amis ou en les quittant ; bonjour ; au revoir. *Salut, ça va ?*

SALUTAIRE adj. **1.** Qui est propre à conserver ou à rétablir la santé physique ou morale. *Climat salutaire.* **2.** Qui peut avoir un effet bienfaisant sur la conduite de qqn. *Lectures salutaires.*

SALUTATION n.f. **1.** Action de saluer ; salut. *Faire de grandes salutations.* **2.** ***Salutation angélique.*** **a.** CHRIST. Ave Maria. **b.** Annonciation, en iconographie.

SALUTISTE adj. et n. Relatif à l'Armée du *salut (v. partie n.pr.).

SALVADORIEN, ENNE adj. et n. Du Salvador, de ses habitants.

SALVAGNIN n.m. Suisse. Vin rouge du canton de Vaud.

SALVATEUR, TRICE adj. *Sout.* Qui sauve. *Des mesures salvatrices.*

SALVE n.f. (lat. *salve,* salut). Décharge simultanée d'armes à feu, au combat, en l'honneur de qqn ou en signe de réjouissance. ◇ ***Salve d'applaudissements :*** applaudissements nombreux qui éclatent tous en même temps.

SAMARA n.m. (mot persan). Afrique. Sandale constituée d'une semelle plate et d'une lanière qui se glisse entre les deux premiers orteils.

SAMARE n.f. (lat. *samara,* graine d'orme). BOT. Graine (akène) ailée. *Samares de l'orme, de l'érable, du frêne.*

SAMARITAIN, E adj. et n. De la ville ou de la région de Samarie. ◇ *Le Bon *Samaritain : v. partie n.pr.* ◆ n. Suisse. Secouriste.

SAMARIUM [-rjɔm] n.m. **1.** Métal blanc-gris du groupe des lanthanides, de densité 7,54, qui fond vers 1 077 °C. **2.** Élément chimique (Sm), de numéro atomique 62 et de masse atomique 150,36. (Le samarium est utilisé notamm. dans les verres absorbant l'infrarouge.)

SAMBA [sɑ̃ba] ou [sãmba] n.f. (mot port. du Brésil). **1.** Danse brésilienne, caractérisée par des déhanchements et par son utilisation comme mode de déplacement dans les cortèges de carnaval, devenue danse de salon exécutée en couple, à la mode dans les années 1930 aux États-Unis et en Europe. **2.** Pièce musicale chantée, d'origine brésilienne, de tempo rapide, de mesure à 2/4, au rythme discontinu et très syncopé.

SAMBO n.m. Sport de combat, né en URSS vers 1930, s'apparentant au judo et à la lutte libre, mais où les clefs et les coups sont interdits.

SAMBOÏSTE n. Personne qui pratique le sambo.

SAME n.m. Nom que les Lapons (ou Samet) donnent à leur langue.

SAMEDI n.m. (lat. *sabbati dies,* jour du sabbat). Sixième jour de la semaine.

SAMIT [sami] n.m. (du gr. *hexamitos,* à six fils). ARCHÉOL. Riche tissu à trame de soie et à chaîne de fil.

SAMIZDAT [samizdat] n.m. (mot russe, *autoédition*). Ensemble des moyens qui étaient utilisés en URSS et dans les pays communistes pour diffuser clandestinement les ouvrages interdits par la censure ; ouvrage ainsi diffusé.

SAMMY n.m. [pl. *sammys* ou *sammies*] (de oncle *Sam*). *Fam.* Surnom donné aux soldats américains lors de la Première Guerre mondiale.

SAMNITE n.m. (lat. *samnis*). ANTIQ. ROM. Gladiateur armé d'un bouclier long, d'une épée et d'un casque.

SAMOAN, E adj. et n. Des îles Samoa.

SAMOLE n.m. (lat. *samolus*). Petite plante herbacée des régions littorales marécageuses et salées, à fleurs blanches et à feuilles en rosette basale. (Famille des primulacées.)

SAMOURAÏ [samuraj] n.m. (jap. *samurai,* de *samurau,* servir). Membre de la classe des guerriers, dans l'organisation shogunale du Japon avant 1868.

■ **SAMOURAÏ.** École japonaise du XIVe s. (Bibliothèque Eisei, Tokyo.)

SAMOVAR n.m. (mot russe). Bouilloire à robinet destinée à fournir l'eau chaude pour le thé, notamm. en Russie.

SAMOYÈDE adj. et n. **1.** Qui se rapporte aux Samoyèdes, appartient à ce groupe de peuples. **2.** Se dit d'un chien d'une race à fourrure épaisse, génér. blanche, utilisé pour la traction des traîneaux.

SAMPAN n.m. (chin. *sanpan,* trois planches). Embarcation asiatique à fond plat, marchant à la godille ou à l'aviron et qui comporte, au centre, un dôme en bambou tressé pour abriter les passagers.

SAMPLE [sɑ̃pəl] n.m. (mot angl., *échantillon*). MUS. Échantillon.

1. SAMPLER [sɑ̃plœr] n.m. (mot angl.). MUS. Échantillonneur.

2. SAMPLER [sɑ̃ple] v.t. MUS. Échantillonner.

SAMPLING [sɑ̃pliŋ] n.m. (mot angl.). MUS. Échantillonnage.

SAMPOT n.m. Pièce d'étoffe drapée pour former une culotte, en Thaïlande, au Laos, au Cambodge.

SAMU ou **S.A.M.U.** [samy] n.m. (acronyme de *service d'aide médicale d'urgence*). **1.** Service hospitalier disposant d'unités mobiles équipées pour assurer une réanimation à domicile ou sur les lieux d'un accident, et le transport vers un centre hospitalier. **2.** ***Samu social :*** structure mobile d'aide aux sans-abri.

SANA n.m. (abrév.). *Fam.* Sanatorium.

SANATORIUM [-rjɔm] n.m. [pl. *sanatoriums*] (mot angl., du lat. *sanator,* celui qui guérit). Anc. Établissement de cure destiné au traitement des différentes formes de tuberculose ou de certaines maladies chroniques. Abrév. *(fam.) : sana.*

SAN-BENITO [sɑ̃benito] n.m. [pl. *san-benitos*] (mot esp., *saint Benoît,* parce que ce vêtement rappelait l'habit des bénédictins). Casaque jaune dont étaient revêtues les personnes que l'Inquisition avait condamnées au bûcher.

SANCERRE n.m. Vin blanc récolté dans le Sancerrois.

SANCTIFIANT, E adj. Qui sanctifie. *Grâce sanctifiante.*

SANCTIFICATEUR, TRICE adj. et n. Qui sanctifie.

SANCTIFICATION n.f. **1.** Action de sanctifier ; effet de ce qui sanctifie. *La sanctification des âmes.* **2.** Célébration selon la loi religieuse.

SANCTIFIER v.t. [5] (lat. *sanctus,* saint, et *facere,* faire). **1.** Rendre saint. *La grâce nous sanctifie.* **2.** Révérer comme saint. *Que son nom soit sanctifié.* **3.** Célébrer suivant la loi religieuse.

SANCTION n.f. (lat. *sanctio,* de *sancire,* rendre irrévocable). **1.** DR. CONSTIT. ***Sanction des lois :*** acte par lequel le chef de l'État rend exécutoire une loi. **2.** Confirmation considérée comme nécessaire ; consécration. *Mot qui a reçu la sanction de l'usage.* **3.** Mesure répressive infligée par une autorité pour l'inexécution d'un ordre, l'inobservation d'un règlement, d'une loi. *Prendre des sanctions contre les grévistes.* — DR. PÉN. Peine prévue pour réprimer l'inexécution d'une loi, d'un règlement, d'une obligation. **4.** Conséquence, bonne ou mauvaise, d'un acte. *L'échec a été la sanction de son imprudence.*

SANCTIONNER v.t. **1.** Apporter une consécration officielle ou quasi officielle à. *Sanctionner les propositions d'un médiateur.* **2.** Prendre une sanction contre qqn, qqch ; réprimer, punir. *La loi sanctionne ce genre d'infractions.*

SANCTUAIRE n.m. (lat. *sanctuarium,* de *sanctus,* saint). **1.** Partie de l'église, située autour de l'autel, où s'accomplissent les cérémonies liturgiques. **2.** Édifice religieux, lieu saint en général. **3.** *Fig.* Espace inviolable ; asile. — *Spécial.* MIL. Territoire protégé par la dissuasion nucléaire, dont l'agression justifierait une riposte nucléaire.

SANCTUARISER v.t. Transformer en sanctuaire, en zone protégée.

SANCTUS [sɑ̃ktys] n.m. (mot lat., *saint*). CATH. Chant de louange à Dieu commençant par ce mot et qui se place à la messe après la préface.

SANDALE n.f. (lat. *sandalium,* du gr.). Chaussure formée d'une simple semelle retenue au pied par des cordons ou des lanières.

SANDALETTE n.f. Chaussure légère faite d'une tige cousue directement sur le semelage et fermée par une boucle.

SANDARAQUE n.f. (gr. *sandarakê*). Résine extraite d'une espèce de thuya et employée pour la préparation des vernis.

SANDERLING [sɑ̃dɛrlɛ̃] n.m. (mot angl., de *sand,* sable). Bécasseau des régions arctiques, qui hiverne plus au sud dans les régions côtières sableuses, en Europe notamm. (Long. 20 cm ; nom sc. *Calidris alba,* famille des scolopacidés.)

SANDINISME n.m. Au Nicaragua, tendance politique qui se réfère au nationalisme anti-impérialiste d'Augusto César Sandino (1893 - 1934).

SANDINISTE adj. et n. Relatif au sandinisme ; qui en est partisan.

SANDJAK [sɑ̃dʒak] n.m. (turc *sancak*). Subdivision de province, dans l'Empire ottoman.

SANDOW [sɑ̃do] n.m. (nom déposé). Câble en caoutchouc utilisé notamm. en gymnastique (extenseur), pour le lancement des planeurs ou pour fixer des objets sur un porte-bagages, une galerie de voiture, etc.

SANDRE n.m. (all. *Zander*). Poisson téléostéen des lacs et des rivières d'Europe, voisin de la perche, à chair estimée. (Long. max. 1 m ; genre *Lucioperca,* famille des percidés.)

SANDWICH [sɑ̃dwitʃ] n.m. [pl. *sandwichs* ou *sandwiches*] (du n. de lord *Sandwich,* qui se faisait servir ce mets à sa table de jeu). Pain coupé en tranches entre lesquelles on place une tranche de jambon, du fromage, etc. ◇ *Fam.* ***Prendre qqn en sandwich,*** le coincer ou l'attaquer de deux côtés à la fois. ◆ adj. et n.m. Se dit d'un matériau dont la structure évoque un sandwich (une couche entre deux couches d'un matériau plus noble, par ex.) ; se dit de cette structure elle-même.

SANFORISAGE n.m. Traitement qui donne au tissu de coton une stabilité évitant le retrait au lavage.

SANG [sɑ̃] n.m. (lat. *sanguis, sanguinis*). **1.** Liquide rouge qui circule dans les artères, les veines et les capillaires sous l'impulsion du cœur, et qui irrigue tous les tissus de l'organisme, auxquels il apporte les éléments nutritifs (glucose, par ex.) et l'oxygène, et dont il recueille les déchets. **2.** ***De chair et de sang :*** se dit d'un être bien vivant, avec ses passions, ses appétits. — *Fam.* ***Avoir du sang dans les veines :*** être énergique, audacieux. — ***Avoir le sang chaud :*** être impétueux, ardent, irascible. – *Fam. Avoir qqch dans le sang,* y être porté instinctivement, en être passionné. – *Avoir le sang qui monte à la tête :* être frappé d'une émotion violente, être sur le point d'éclater de colère. – *Fam. Se faire du mauvais sang, un sang d'encre, se ronger, se manger les sangs :* se tourmenter à l'extrême, être très inquiet. – *Apport de sang frais :* arrivée d'éléments nouveaux, plus jeunes ; apport de capitaux. **3.** *Fig.* La vie, l'existence, considérée comme le bien le plus précieux. *Payer de son sang.* ◇ *Donner son sang pour :* sacrifier sa vie pour. – *Le sang a coulé :* il y a eu des blessés ou des morts. – *Mettre un pays à feu et à sang,* le saccager. **4.** *Litt.* Parenté, famille, extraction. ◇ *Droit du sang :* détermination de la nationalité d'après la filiation de l'individu. – *Liens du sang :* relation de parenté ; liens affectifs entre personnes de la même famille. – *Prince du sang,* issu de la famille royale par les mâles. – *La voix du sang :* l'esprit de famille.

ENCYCL. La partie liquide du sang, le plasma, renferme de l'eau, des sels minéraux, des vitamines, des hormones, des glucides, lipides et protéines provenant de la digestion, et des déchets du métabolisme. Des éléments figurés, couramment appelés *cellules,* sont en suspension dans ce liquide : globules rouges (transporteurs d'oxygène et de gaz carbonique), globules blancs (jouant un rôle essentiel dans l'immunité), et plaquettes (intervenant dans la coagulation). Dans le sang coagulé, le plasma, qui a perdu son fibrinogène, devient sérum. La détermination des groupes sanguins permet de pratiquer des transfusions.

SANG-DRAGON ou **SANG-DE-DRAGON** n.m. inv. Résine rouge extraite du fruit du rotang et utilisée comme hémostatique.

SANG-FROID n.m. inv. Maîtrise de soi ; calme. *Garder son sang-froid lors d'un accident.* ◇ *De sang-froid :* de façon délibérée ; sans emportement ; calmement.

SANGLANT, E adj. (lat. *sanguilentus*). **1.** Taché de sang ; ensanglanté. *Mains sanglantes.* **2.** Qui contribue à répandre le sang ou s'accompagne d'une grande effusion de sang ; meurtrier. *Des combats sanglants.* ◇ *Mort sanglante :* mort violente avec effusion de sang. **3.** *Litt.* Qui a la couleur rouge du sang. **4.** *Fig.* Qui blesse, outrage profondément ; dur, blessant. *S'exposer à de sanglants reproches.*

SANGLE n.f. (lat. *cingula,* de *cingere,* ceindre). **1.** Bande de cuir ou de toile large et plate qui sert à entourer, à serrer, etc. ◇ *Lit de sangle :* lit composé de deux châssis croisés en X sur lesquels sont tendues des sangles ou une toile. **2.** *Sangle abdominale :* ensemble des muscles de la paroi abdominale.

SANGLER v.t. **1.** Serrer avec une sangle. **2.** Serrer fortement la taille.

SANGLIER n.m. (lat. *singularis porcus,* porc solitaire). **1.** Porc sauvage des régions boisées de l'Europe et de l'Asie, à énorme tête triangulaire (hure) armée de canines proéminentes, et à poil raide, qui peut causer des dégâts aux cultures. (La femelle est la *laie,* et les petits sont les *marcassins.* Cri : le sanglier grogne, grommelle. Nom sc. *Sus scrofa ;* famille des suidés.) **2.** Chair de cet animal.

■ **SANGLIER,** marcassins et laie.

SANGLON n.m. (de *sangle*). Courroie de harnais percée de trous.

SANGLOT n.m. (altér. du lat. *singultus,* hoquet, d'apr. *gluttire,* avaler). [Souvent pl.] Contraction spasmodique du diaphragme sous l'effet de la douleur ou de la peine, accompagnée de larmes et suivie de l'émission brusque et bruyante de l'air contenu dans la poitrine. *Éclater en sanglots.*

SANGLOTEMENT n.m. *Litt.* Action de sangloter.

SANGLOTER v.i. Pousser des sanglots ; pleurer avec des sanglots.

SANG-MÊLÉ n. inv. Vx. Métis, métisse.

SANGRIA [sɑ̃grija] n.f. (mot esp., de *sangre,* sang). Boisson d'origine espagnole faite de vin sucré où macèrent des morceaux de fruits.

SANGSUE [sɑ̃sy] n.f. (lat. *sanguisuga,* de *sanguis,* sang, et *sugere,* sucer). **1.** Ver annélide marin, d'eau douce ou vivant dans les forêts tropicales humides, dont le corps dépourvu de soies est terminé par une ventouse à chaque extrémité, et qui se nourrit du sang des vertébrés. (Classe des hirudinées.) **2.** *Litt.* Personne avide, qui soutire de l'argent par tous les moyens. **3.** *Fam.* Personne importune, dont on ne peut se défaire.

■ SANGSUE

SANGUIN, E adj. (lat. *sanguineus*). Relatif au sang ; constitué de sang. *Écoulement sanguin.* ◇ *Tempérament sanguin,* impulsif. ◆ n. Individu au tempérament sanguin.

1. SANGUINAIRE adj. **1.** Qui n'hésite pas à répandre le sang ; cruel, féroce. *Chef de guerre sanguinaire.* **2.** *Litt.* Qui est marqué par des effusions de sang ; meurtrier, sanglant. *Luttes sanguinaires.* **3.** *Litt.* Qui porte à la cruauté ; cruel. *Lois sanguinaires. Fureur sanguinaire.*

2. SANGUINAIRE n.f. Herbe vivace, à rhizome épais et court, qui contient un latex rouge sang âcre et toxique, dont se servaient les Indiens de l'Amérique du Nord pour se teindre le corps en rouge. (Genre *Sanguinaria ;* famille des papavéracées.)

SANGUINE n.f. **1. a.** MINÉRALOG. Variété terreuse d'hématite rouge. **b.** Crayon fait avec ce minéral ; dessin, de couleur rouge, fait avec ce crayon. **2.** Orange à chair plus ou moins rouge, très estimée.

SANGUINOLENT, E adj. **1.** Teinté ou mêlé de sang. *Selles sanguinolentes.* **2.** De la couleur du sang.

SANGUISORBE [sɑ̃gisɔrb] n.f. BOT. Pimprenelle.

SANHÉDRIN [sanedrɛ̃] n.m. (mot araméen). Ancien conseil suprême du judaïsme, siégeant à Jérusalem et présidé par le grand prêtre. (Créé à la fin du IIIe s. av. J.-C., il cessa d'exister à la disparition de l'État juif, en 70 apr. J.-C.)

SANICLE ou **SANICULE** n.f. (bas lat. *sanicula,* de *sanus,* sain). Plante vivace à feuilles palmatilobées et dentées, à petites fleurs rosâtres, poussant dans les endroits frais. (Genre *Sanicula ;* famille des ombellifères.)

SANIE n.f. (lat. *sanies*). *Litt.* Matière purulente fétide, mélangée de sang.

SANIEUX, EUSE adj. Vx. Qui laisse sourdre du pus mêlé de sang ; qui en contient. *Plaie sanieuse. Écoulement sanieux.*

SANISETTE n.f. (nom déposé). Édicule abritant des toilettes publiques, dont l'accès et le nettoyage sont automatisés.

SANITAIRE adj. (du lat. *sanitas,* santé). **1.** Relatif à la conservation de la santé collective. *Règlement sanitaire.* **2.** Relatif aux installations et appareils destinés aux soins de propreté, d'hygiène. *Équipement sanitaire.* ◆ n.m. pl. Ensemble des installations de propreté (lavabos, water-closets, etc.) d'un lieu.

SANS prép. (lat. *sine*). **1.** Marque la privation, l'absence, l'exclusion. *Sans argent. Sans effort.*

■ LE SANG

Le liquide qui circule dans les artères et dans les veines est l'un des tissus de l'organisme, comme l'os, le muscle et d'autres encore. La partie vraiment liquide du sang est le *plasma,* formé du *sérum* auquel s'ajoute une substance, le *fibrinogène.* Le sérum lui-même est constitué d'eau et de diverses substances en solution. Trois sortes d'éléments figurés se trouvent en suspension dans le plasma : les globules rouges, les globules blancs et les plaquettes.

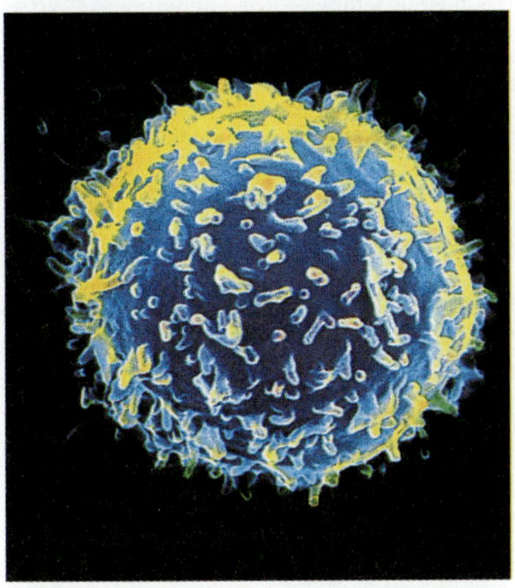

Globule blanc. Cette cellule, appelée aussi *leucocyte,* et dont il existe différentes variétés (ici un *lymphocyte*), participe aux défenses immunitaires.

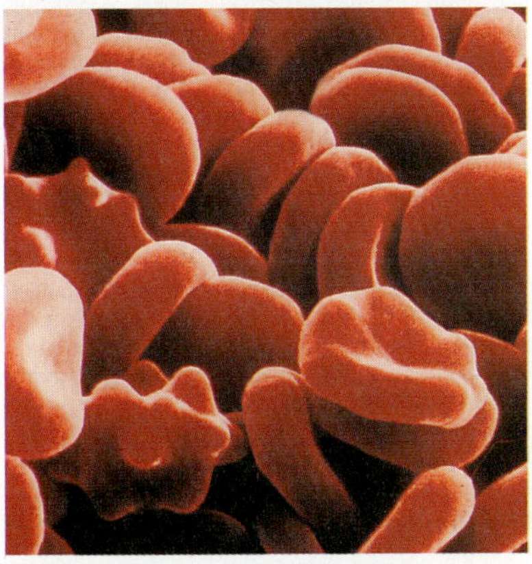

Globules rouges. Appelés aussi *hématies* ou *érythrocytes,* ces éléments sont spécialisés dans le transport de l'hémoglobine, substance chimique permettant à l'oxygène des poumons de parvenir aux organes.

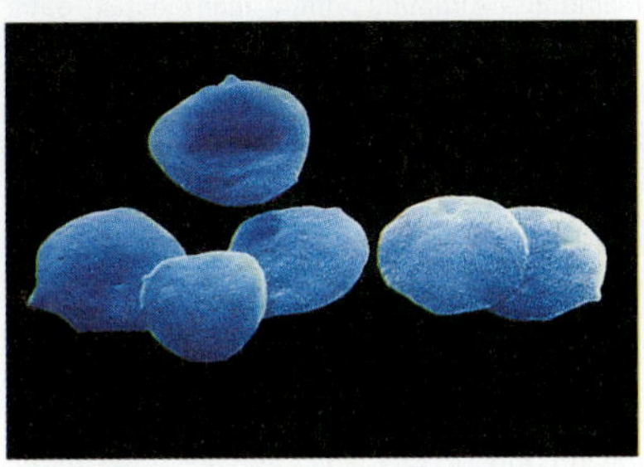

Plaquettes. Ces éléments sont des fragments de grosses cellules de la moelle osseuse, et permettent l'*hémostase* (arrêt des hémorragies par formation de caillots).

◇ *Fam. Être sans un* : ne pas avoir d'argent. **2.** Marque la condition négative. *Sans vous, j'aurais gagné mon procès.* ◇ *Non sans* : avec. *Je l'ai trouvé non sans peine.* – *Sans ça, sans cela* : sinon. – *Sans quoi* : sinon, autrement. *Partez, sans quoi vous serez en retard.* ◆ adv. *Fam.* Marque l'absence. *Il faut faire sans.* ◆ **sans que** loc. conj. (Suivi du subj.) Indique une circonstance non réalisée. *Il est parti sans que je m'aperçoive de rien.*

SANS-ABRI n. inv. Personne qui n'a pas de logement ; sans-logis.

SANS-CŒUR adj. inv. et n. inv. *Fam.* Qui est sans pitié ; insensible.

SANSCRIT, E adj. et n.m. → **SANSKRIT.**

SANS-CULOTTE n.m. (pl. *sans-culottes*). Sous la Convention, nom donné aux révolutionnaires parisiens les plus engagés, qui portaient le pantalon à rayures (par oppos. à la culotte, considérée comme un symbole de l'Ancien Régime).

■ **SANS-CULOTTE** parisien ; aquarelle d'époque. (Musée Carnavalet, Paris.)

SANS-EMPLOI n. inv. Chômeur.

SANSEVIÈRE n.f. (de Raimondo di Sangro, prince de *San Severo*). Plante de l'Afrique et de l'Asie tropicales, voisine de l'agave, dont la feuille fournit une fibre textile. (Genre *Sansevieria ;* famille des agavacées.)

SANS-FAÇON n.m. inv. *Litt.* Mépris volontaire des convenances.

SANS-FAUTE n.m. inv. **1.** Parcours ou prestation sans faute, parfaits. **2.** ÉQUIT. Au saut d'obstacles, parcours effectué sans obtenir de points de pénalité.

SANS-FIL n.m. inv. Poste téléphonique dont le combiné est utilisable sans fil grâce à une liaison radioélectrique avec le socle, lui-même relié au réseau.

SANS-GÊNE n.m. inv. Manière d'agir sans tenir compte des formes habituelles de politesse ; indélicatesse. ◆ n. inv. Personne qui agit sans délicatesse, sans politesse.

SANS-GRADE n. inv. *Fam.* Subordonné sans pouvoir de décision ; subalterne.

SANSKRIT ou **SANSCRIT** [sɑ̃skri] n.m. (sanskr. *samskrita,* parfait). Langue indo-aryenne qui fut la langue sacrée et la langue littéraire de l'Inde ancienne. ◆ **sanskrit, e** adj. Relatif au sanskrit. *Textes sanskrits.*

SANSKRITISTE n. Spécialiste du sanskrit.

SANS-LE-SOU n. inv. *Fam.* Personne qui n'a pas d'argent.

SANS-LOGIS n. Sans-abri.

SANSONNET n.m. (dimin. du prénom *Samson*). Étourneau (passereau).

SANS-PAPIERS n. Personne qui ne possède pas les documents qui lui permettent de justifier de son identité et, si elle est étrangère, de la régularité de sa situation en France (pièce d'identité, carte de séjour, permis de travail, etc.).

SANS-PARTI n. inv. Personne qui n'est inscrite à aucun parti politique et, notamm., au parti, dans un régime à parti unique.

SANS-PLOMB n.m. inv. Essence dont on a remplacé le plomb-tétraéthyle (composé organométallique du plomb) par d'autres additifs, tout en conservant un fort indice d'octane.

■ **SAPAJOU**

SANS-SOUCI n. inv. *Litt.* Personne insouciante.

SANTAL n.m. [pl. *santals*] (gr. *santalon,* de l'ar.). **1.** Arbuste d'Inde, de Malaisie et d'Australie dont le bois est utilisé en parfumerie, en petite ébénisterie, etc. (Genre *Santalum ;* type de la famille des santalacées.) **2.** Bois de cet arbre ; essence qui en est extraite.

SANTÉ n.f. (lat. *sanitas*). **1.** État de qqn dont l'organisme fonctionne bien. *Être plein de santé.* ◇ *Boire à la santé de qqn,* lever son verre en formant des vœux relatifs à sa santé, considérée comme condition de son bonheur. – *À votre santé !,* ou *santé !* : formule de vœux exprimée lorsqu'on lève son verre en l'honneur de qqn. **2.** État de l'organisme, bon ou mauvais. *Être en mauvaise santé.* ◇ *Santé mentale* : équilibre de la personnalité, maîtrise de ses moyens intellectuels. – Anc. *Maison de santé* : établissement privé où l'on traitait spécialement les maladies mentales. **3.** État sanitaire des membres d'une collectivité. *Constater une amélioration de la santé du pays.* ◇ *Santé publique* : ensemble des actions et prescriptions prises par l'Administration et relatives à la protection de la santé des citoyens. – *Service de santé des armées,* chargé d'assurer le soutien sanitaire des armées et des organismes dépendant du ministre de la Défense en matière d'hygiène, de prévention, de soins, d'expertises, d'enseignement et de recherche. **4.** *Fig.* État d'un système, d'une branche d'activités. *La santé des finances.* **5.** *Se refaire une santé* : reprendre des forces, se rétablir ; retrouver de la vigueur, de l'influence.

SANTIAG n.f. *Fam.* Botte de style américain à bout effilé et à talon oblique.

SANTOLINE n.f. (lat. *santonica herba,* herbe des Santons). Plante vivace, blanche, laineuse, odorante, originaire de la région méditerranéenne. (Ses akènes ont des propriétés vermifuges ; genre *Otanthus,* famille des composées.)

SANTON n.m. (provenç. *santoun,* petit saint). Petite figurine en terre cuite peinte servant, en Provence, à décorer les crèches de Noël.

SANVE n.f. (lat. *sinapi,* moutarde). Moutarde des champs.

SANZA [sanza] n.f. (mot africain). Afrique. Instrument de musique constitué d'une caisse sur laquelle sont fixées des languettes que l'on pince avec les doigts.

SAOLA n.m. (mot vietnamien, *cornes longues*). Mammifère ruminant primitif, intermédiaire entre l'antilope et la chèvre, aux longues cornes droites et effilées, découvert en 1992 dans les forêts du Viêt Nam et de la Birmanie. (Genre *Pseudoryx ;* famille des bovidés.)

SAOUDIEN, ENNE adj. et n. De l'Arabie saoudite, de ses habitants.

SAOUDITE adj. Relatif à l'Arabie saoudite, à la dynastie régnant sur ce pays.

SAOUL, E adj. → **SOÛL.**

SAOULER v.t. → **SOÛLER.**

SAPAJOU n.m. (tupi *sapaiou*). **1.** Petit singe de l'Amérique centrale et de l'Amérique du Sud, à longue queue prenante, appelé aussi *sajou.* (Genre *Cebus ;* famille des cébidés. Le sapajou jaune est le *saïmiri.*) **2.** *Fam.* Petit homme laid et ridicule.

1. SAPE n.f. (de *1. saper*). **1.** MIL. Tranchée creusée sous un mur, un ouvrage, etc., pour le renverser. ◇ *Travail de sape* : menées plus ou moins secrètes pour détruire qqn, qqch. **2.** FORTIF. Dans la guerre de siège, communication enterrée ou souterraine.

2. SAPE n.f. (de *2. saper*). *Fam.* (Surtout pl.) Vêtement, habit.

SAPEMENT n.m. **1.** Action de saper, de creuser une sape. **2.** Destruction d'un relief par la base, sous la forme d'une mise en porte à faux génér. due à l'action d'un cours d'eau.

SAPÈQUE n.f. (malais *sapek*). Pièce de monnaie de faible valeur, autref. en usage en Extrême-Orient.

1. SAPER v.t. (de l'ital. *zappa,* boyau). **1.** MIL. Creuser une sape sous une construction. *Saper un mur.* **2.** En parlant des eaux, entamer, user à la base en causant des détériorations, des éboulements. *La mer sape les falaises.* **3.** Détruire qqch à la base par une action progressive et secrète. *Saper le moral de la population.*

2. SAPER v.t. *Fam.* Habiller qqn. ◇ v.pr. *Fam. Il se sape très bien quand il sort.*

SAPERDE n.f. (gr. *saperdês*). Insecte coléoptère longicorne dont la larve vit dans le tronc des saules et des peupliers. (Long. 15 à 30 mm ; genres *Saperda* et *Calamobius,* famille des cérambycidés.)

SAPERLIPOPETTE interj. Juron plaisant ou vieilli exprimant un dépit, soulignant une injonction, etc.

1. SAPEUR n.m. (de *1. saper*). Soldat de l'arme du génie.

2. SAPEUR n.m. (de *sape,* acronyme de *société des ambianceurs et personnes élégantes* avec jeu de mots sur *se saper*). Afrique. Homme qui s'habille avec élégance ; dandy.

SAPEUR-POMPIER n.m. (pl. *sapeurs-pompiers*). Pompier.

SAPHÈNE adj. et n.f. (ar. *ṣāfin,* vaisseau). ANAT. Se dit des deux veines qui collectent le sang des veines superficielles du membre inférieur.

SAPHIQUE adj. Relatif à Sappho, au saphisme.

SAPHIR n.m. (gr. *sappheiros*). **1.** Pierre précieuse transparente, le plus souvent bleue, variété de corindon. **2.** Pointe de lecture en corindon des disques phonographiques noirs (33- et 45-tours). ◆ adj. inv. D'un bleu lumineux.

SAPHISME n.m. (de *Sappho*). *Litt.* Homosexualité féminine. SYN. : *lesbianisme.*

SAPIDE adj. (lat. *sapidus,* de *sapor,* saveur). Qui a de la saveur. CONTR. : *insipide.*

SAPIDITÉ n.f. Caractère de ce qui est sapide.

SAPIENCE n.f. (lat. *sapientia*). Vx. Sagesse.

SAPIENTIAUX [sapjɛ̃sjo] adj.m. pl. (du lat. *sapientia,* sagesse). Se dit d'un groupe de cinq livres bibliques (Proverbes, Job, Ecclésiaste, Ecclésiastique et Sagesse), recueils de maximes, sentences et poèmes moraux de la sagesse orientale. (On y joint parfois les Psaumes et le Cantique des cantiques.)

SAPIENTIEL, ELLE [sapjɛ̃sjɛl] adj. Relatif aux livres sapientiaux.

SAPIN n.m. (du gaul.). Arbre résineux (conifère) des régions tempérées de l'hémisphère Nord et de l'Amérique centrale, aux feuilles persistantes courtes et insérées régulièrement sur les tiges (ce qui les distingue de celles du pin), souvent planté pour son bois ou pour l'ornement des parcs. (Genres *Picea, Abies,* etc. ; famille des pinacées.)

■ **SAPIN.** Sapin de Nordmann.

◇ *Fam. Sentir le sapin :* n'avoir plus longtemps à vivre. – Québec. *Fam. Passer un sapin à qqn,* le berner, le duper.

ENCYCL. Le sapin, qu'il ne faut pas confondre avec l'épicéa, atteint 40 m de haut ; son bois est utilisé en charpenterie, en menuiserie, pour les parquets et pour la fabrication de la pâte à papier ; le sapin de Norvège *Picea abies* fournit les sapins de Noël.

SAPINDACÉE n.f. (du lat. sc. *sapindus,* savon indien). Plante dicotylédone des régions chaudes, telle que le savonnier, le litchi, le longanier. (Les sapindacées forment une famille.)

SAPINE n.f. (de *sapin*). Grue fixe ou mobile de faible puissance.

SAPINETTE n.f. **1.** Épicéa de l'Amérique du Nord (nom commun à plusieurs espèces ornementales). **2.** Région. (Midi). Cèdre.

SAPINIÈRE n.f. Terrain planté de sapins.

SAPITEUR n.m. (du lat. *sapere,* savoir). DR. Personne qualifiée dans un domaine précis et à laquelle un expert peut avoir recours pour concourir à la mission qu'il a reçue du juge. – DR. MAR. Expert chargé, en cas d'avarie d'un navire, d'estimer la valeur des marchandises.

SAPONACÉ, E adj. Qui a les caractères du savon, peut être employé aux mêmes usages que le savon.

SAPONAIRE n.f. (lat. *sapo, -onis,* savon). Plante à fleurs roses de l'Eurasie tempérée, souvent cultivée dans les jardins en Europe, dont la tige et les racines fournissent de la saponine. (Genre *Saponaria ;* famille des caryophyllacées.)

■ SAPONAIRE

SAPONIFIABLE adj. Que l'on peut saponifier.

SAPONIFICATION n.f. CHIM. ORG. **1.** Transformation des matières grasses en savon à la suite de leur décomposition par une base en sels d'acides gras (ou savons) et en glycérol. **2.** Action de saponifier.

SAPONIFIER v.t. [5] (du lat. *sapo, -onis,* savon). CHIM. ORG. **1.** Hydrolyser une graisse en glycérol et en acides gras par une base. **2.** Transformer en savon. *Saponifier des huiles.*

SAPONINE n.f. Glucoside de la saponaire, du bois de Panamá, etc., dont la solution aqueuse mousse comme du savon.

SAPONITE n.f. Silicate de magnésium et d'aluminium hydraté, blanchâtre et onctueux.

SAPOTACÉE n.f. Plante dicotylédone gamopétale à latex, surtout tropicale, telle que le balata, le sapotier et la gutta-percha. (Les sapotacées forment une famille.)

SAPOTE n.f. Sapotille.

SAPOTIER ou **SAPOTILLIER** [-tije] n.m. (esp. *zapote,* du nahuatl). Arbre fruitier tropical, originaire d'Amérique centrale, dont le latex, appelé *chicle,* entre dans la fabrication du chewing-gum. (Genre *Achras ;* famille des sapotacées.)

SAPOTILLE n.f. **1.** Fruit comestible du sapotier, à pulpe brune très sucrée. **2.** Fruit comestible d'un arbre sud-américain voisin du sapotier (genre *Calocarpum*), à pulpe rose fondante. SYN. : *sapote.*

SAPRISTI ou **SACRISTI** interj. Juron familier marquant l'étonnement, l'impatience.

SAPROPÈLE n.m. (gr. *sapros,* pourri, et *pêlos,* boue). GÉOL. Vase riche en substances organiques et constituant une roche-mère potentielle pour les hydrocarbures.

SAPROPHAGE adj. et n.m. (gr. *sapros,* pourri, et *phagein,* manger). ÉCOL. Qui se nourrit de matières organiques en décomposition.

SAPROPHYTE adj. et n.m. (gr. *sapros,* pourri, et *phuton,* plante). **1.** Se dit d'un végétal (champignon, notamm.) qui tire sa nourriture de substances organiques en décomposition. **2.** Se dit d'un micro-organisme qui vit aux dépens de matières organiques inertes, par oppos. au *parasite,* et qui n'est génér. pas pathogène chez l'homme.

SAQUER v.t. → **SACQUER.**

SAR n.m. (mot provenç.). Poisson comestible, commun en Méditerranée, voisin de la daurade, au corps rayé verticalement. (Genre *Diplodus ;* famille des sparidés.)

SARABANDE n.f. (esp. *zarabanda*). **1.** Danse d'origine espagnole d'abord endiablée, devenue danse lente et noble, au bal et au théâtre, où elle était exécutée en couple, surtout au XVIIe et au XVIIIe s., en France. **2.** Pièce instrumentale lente à trois temps, de coupe binaire à reprises, appartenant à une suite. **3.** *Fam.* Désordre, vacarme dû à des jeux bruyants.

SARBACANE n.f. (ar. *sabaṭāna,* du malais). Long tuyau qui sert à lancer, en soufflant, de petits projectiles.

SARCASME n.m. (gr. *sarkasmos,* de *sarkazein,* mordre la chair). Raillerie insultante ; ironie mordante ; moquerie.

SARCASTIQUE adj. Moqueur et méchant. *Rire sarcastique. Écrivain sarcastique.*

SARCASTIQUEMENT adv. De façon sarcastique.

SARCELLE n.f. (du lat. pop. *cercedula*). Canard sauvage des plans d'eau douce ou saumâtre et des marais de l'hémisphère Nord, migrateur, dont il existe une espèce à tête brun et vert *(sarcelle d'hiver)* et une autre à tête grise barrée de blanc *(sarcelle d'été).*

SARCINE n.f. (lat. *sarcina,* ballot). Bactérie voisine du staphylocoque se divisant dans les trois dimensions de l'espace, de telle sorte que les individus restent groupés en masses cubiques.

SARCLAGE n.m. Action de sarcler.

SARCLER v.t. (du lat. *sarculum,* houe). Débarrasser une culture de ses mauvaises herbes, à l'aide d'un outil ou d'une machine.

SARCLETTE n.f. Petit sarcloir.

SARCLOIR n.m. Outil constitué d'un fer large et tranchant fixé à un manche, utilisé pour sarcler.

SARCOÏDE n.f. MÉD. Lésion cutanée de la sarcoïdose ayant génér. l'aspect d'un nodule.

SARCOÏDOSE n.f. Affection d'origine inconnue, caractérisée par l'existence d'une lésion assez typique pouvant se retrouver dans un grand nombre d'organes ou de tissus (ganglions, poumons, peau, etc.). SYN. : *lymphogranulomatose bénigne.*

SARCOMATEUX, EUSE adj. Relatif au sarcome.

SARCOME n.m. (gr. *sarkôma,* excroissance de chair). Cancer développé aux dépens d'un tissu conjonctif ou d'un tissu apparenté (osseux, musculaire, etc.). ◇ *Sarcome de Kaposi* → **Kaposi (sarcome de).**

SARCOPHAGE n.m. (du gr. *sarkophagos,* qui mange de la chair). **1.** Cercueil de pierre de l'Antiquité et du haut Moyen Âge. **2.** Sac de couchage à capuchon. **3.** Enceinte isolant le réacteur accidenté de la centrale de Tchernobyl.

SARCOPTE n.m. (gr. *sarx, sarkos,* chair, et *koptein,* couper). Acarien parasite de certains vertébrés, dont une espèce *(Sarcoptes scabiei)* provoque la gale chez l'homme.

SARDANE n.f. (catalan *sardana*). Danse catalane, pratiquée depuis le XVIe siècle, dont la forme actuelle, dansée sur les places publiques en une ou plusieurs rondes qui alternent danseurs et danseuses, a été fixée au XIXe siècle.

SARDE adj. et n. De la Sardaigne. ◆ n.m. Langue romane parlée en Sardaigne.

SARDINE n.f. (lat. *sardina,* poisson de Sardaigne). **1.** Poisson voisin du hareng, au dos bleu-vert, au ventre argenté, commun dans la Méditerranée et l'Atlantique. (Pendant la belle saison, les sardines se déplacent par bancs en surface ; on les pêche pour les consommer fraîches ou conservées dans l'huile. Long. 20 cm ; genre *Sardina,* famille des clupéidés.) **2.** *Fam.* Galon de sous-officier. **3.** *Fam.* Piquet de tente de camping.

■ SARDINE

SARDINELLE n.f. Poisson de la Méditerranée et de l'Atlantique tropical, voisin de la sardine. (Long. 30 cm ; genre *Sardinella,* famille des clupéidés.)

SARDINERIE n.f. Établissement où l'on prépare les sardines pour les mettre en conserve.

1. SARDINIER, ÈRE n. **1.** Pêcheur de sardines. **2.** Personne travaillant à la mise en conserve de la sardine.

2. SARDINIER n.m. Bateau pour la pêche de la sardine.

SARDOINE n.f. (lat. *sardonux,* du gr.). MINÉRALOG. Calcédoine d'une variété brune ou rouge.

SARDONIQUE adj. (du lat. *sardonia herba,* herbe de Sardaigne, qui provoquait un rire de fou). Qui exprime une moquerie méchante. *Un rire sardonique.*

SARDONIQUEMENT adv. De façon sardonique.

SARDONYX [-niks] n.f. (mot lat.). MINÉRALOG. Agate d'une variété blanche et rouge-orangé.

SARGASSE n.f. (port. *sargaço*). Algue brune à thalle très long et flottant, dont l'accumulation forme, au large des côtes de Floride *(mer des Sargasses),* une véritable forêt marine où pondent les anguilles. (Genre *Sargassum.*)

SARI n.m. (hindi *sārī*). En Inde, costume féminin composé d'une pièce de coton ou de soie, drapée et ajustée sans coutures ni épingles.

SARIGUE n.f. (du tupi). Mammifère marsupial d'Amérique, encore appelé *opossum de Virginie,* dont la femelle possède une longue queue préhensile à laquelle s'accrochent les jeunes montés sur son dos. (La fourrure de la sarigue est estimée. Genre *Didelphis ;* famille des didelphidés.)

SARIN n.m. CHIM. Gaz hautement toxique, qui bloque l'activité de la cholinestérase.

SARISSE n.f. (gr. *sarisa*). ANTIQ. GR. Longue lance de la phalange macédonienne.

SARL ou **S.A.R.L.** [ɛsaɛrɛl] n.f. (sigle). Société à responsabilité limitée.

SARMENT n.m. (lat. *sarmentum*). **1.** Jeune rameau de vigne. – Suisse. Cep. **2.** Tige ou branche ligneuse et souple, nécessitant un support pour s'élever.

SARMENTER v.t. Ramasser les sarments qui proviennent de la taille de la vigne.

■ **SARCOPHAGE.** *Le Massacre des Niobides,* marbre, milieu du IIe s. (Musée du Vatican.)

S

SARMENTEUX, EUSE adj. **1.** Qui produit beaucoup de sarments. *Vigne sarmenteuse.* **2.** Se dit d'une plante dont la tige est longue, flexible et grimpante comme un sarment.

SARODE ou **SAROD** [sarɔd] n.m. (d'une langue indienne). Luth indien à manche court pourvu de 4 ou 5 cordes principales que l'on pince à l'aide d'onglets, et d'une série de cordes secondaires, utilisé comme instrument soliste dans la musique savante de l'Inde.

SARODISTE n. Instrumentiste qui joue du sarode.

SARONG [sarɔ̃g] n.m. (mot malais). Long pagne traditionnel en étoffe, porté par les deux sexes dans certaines régions de l'Asie du Sud-Est.

SAROS [sarɔs] n.m. (mot gr.). ASTRON. Période de 18 ans et 10 ou 11 jours, qui comporte 223 lunaisons et qui règle approximativement le retour des éclipses de Soleil et de Lune. (Durant cette période, on compte en moyenne 84 éclipses, dont 42 de Soleil et 42 de Lune.)

SAROUAL ou **SAROUEL** n.m. [pl. *sarouals, sarouels*] (ar. *sirwāl*). Pantalon traditionnel d'Afrique du Nord, à jambes bouffantes et à entrejambe bas.

SARRACÉNIE n.f. ou **SARRACENIA** n.m. (de *Sarrasin*, n. d'un médecin français). Plante insectivore des tourbières d'Amérique du Nord, à feuilles enroulées en un cornet rempli d'eau et de sucs digestifs. (Famille des sarracéniacées.)

SARRANCOLIN n.m. (n. d'une commune des Hautes-Pyrénées). Marbre rouge foncé à veines rosées et jaunes.

1. SARRASIN, E adj. et n. (lat. *Sarracenus*). Musulman, pour les Occidentaux du Moyen Âge.

2. SARRASIN n.m. (de *1. sarrasin*). Céréale très rustique, aussi appelée ***blé noir***, dont les graines, de couleur noire, fournissent une farine utilisée notamm. pour fabriquer des crêpes. (Genre *Fagopyrum ;* famille des polygonacées.)

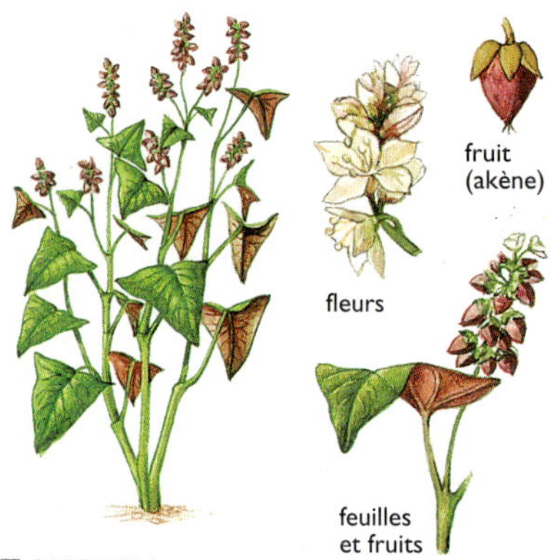

■ SARRASIN

SARRAU n.m. [pl. *sarraus*] (moyen haut all. *sarrok*). **1.** Tablier d'enfant boutonné derrière. **2.** Ample blouse de travail.

SARRETTE ou **SARRÈTE** n.f. (du lat. *serra*, scie). Serratule.

SARRIETTE n.f. (lat. *satureia*). Plante aromatique voisine de la mélisse et du thym, utilisée dans les assaisonnements. (Genre *Acinos ;* famille des labiées.)

SAS [sas] ou [sa] n.m. (lat. *seta*, poil rude). **1.** Partie d'un canal comprise entre les deux portes d'une écluse. **2.** Petite chambre munie de deux portes étanches, permettant de mettre en communication deux milieux dans lesquels les pressions sont différentes. **3.** Tamis.

SASHIMI n.m. (mot jap.). Plat composé de poissons et de fruits de mer crus coupés en morceaux, servis avec divers condiments et accompagnés d'une sauce de soja. (Cuisine japonaise.)

SASSAFRAS [sasafra] n.m. (esp. *sasafras*, mot amérindien). Arbre de l'Amérique du Nord, dont le bois est utilisé en ébénisterie et en construction légère, et dont les feuilles sont employées comme condiment. (Genre *Sassafras ;* famille des lauracées.)

SASSANIDE adj. De la dynastie des Sassanides.

SASSEMENT n.m. Action de sasser.

SASSENAGE n.m. (de *Sassenage*, n.pr.). Fromage au lait de vache, à pâte ferme et à moisissures internes, fabriqué dans l'Isère.

SASSER v.t. **1.** Passer au sas. *Sasser de la farine.* **2.** NAVIG. ***Sasser un bâtiment***, l'écluser.

SATANÉ, E adj. (de *Satan*, n.pr.). *Fam.* (Avant le n.) **1.** Sert à renforcer un terme péjoratif ; abominable. **2.** Indique un haut degré ; sacré. *Satané farceur.*

SATANIQUE adj. **1.** De Satan ; inspiré par Satan. *Culte satanique.* **2.** Qui est ou semble inspiré par Satan ; diabolique. *Ruse satanique.*

SATANISME n.m. Culte voué à Satan et au mal.

SATELLISABLE adj. Qui peut être satellisé.

SATELLISATION n.f. Action de satelliser ; mise en orbite.

SATELLISER v.t. **1.** Placer un engin en orbite autour d'un astre. **2.** *Fig.* Réduire un pays à la condition de satellite d'un autre pays.

SATELLITAIRE adj. Relatif aux satellites artificiels.

SATELLITE n.m. (lat. *satelles, -itis*, escorte). **1.** ASTRON. **a.** Corps en mouvement orbital autour d'une planète. ◇ ***Satellite artificiel :*** engin placé par un système de transport spatial (fusée, navette) en orbite autour d'un astre, en partic. de la Terre. **b.** Astre qui gravite autour d'un autre, de masse plus importante. **2.** MÉCAN. INDUSTR. Pignon d'engrenage dont l'axe n'est pas fixe et tourne avec la roue qui l'entraîne. **3.** Bâtiment annexe d'une aérogare, à proximité immédiate de l'aire de stationnement des avions, génér. relié au bâtiment principal par un couloir souterrain. ◆ adj. et n.m. Se dit d'un pays qui dépend d'un autre sur le plan politique ou économique.

■ **SATELLITE.** Vue d'artiste d'un satellite de télécommunications Intelsat VII.

SATI n.m. inv. (sanskr. *satī*). Coutume hindoue selon laquelle une veuve devait se faire brûler sur le bûcher funéraire de son mari. ◆ n.f. inv. Veuve qui suivait cette coutume.

SATIATION [sasjasjɔ̃] n.f. PSYCHOL. Satisfaction complète d'un besoin, d'une motivation.

SATIÉTÉ [sasjete] n.f. (lat. *satietas*). **1.** État d'une personne complètement rassasiée. **2.** ***À satiété.*** **a.** Jusqu'à être rassasié. *Manger à satiété.* **b.** Jusqu'à la lassitude. *Répéter à satiété.*

SATIN n.m. (ar. *zaytūnī*, de *Zaytūn*, n. ar. d'une ville chinoise). Étoffe de soie, de laine, de coton ou en fibre synthétique, fine, lisse et brillante. ◇ ***Peau de satin***, très douce.

SATINAGE n.m. Action de satiner.

SATINÉ, E adj. Qui a un aspect intermédiaire entre la matité et le brillant. ◇ ***Peau satinée :*** peau douce comme du satin. ◆ n.m. Aspect demi-brillant, doux et lisse.

SATINER v.t. Donner à une étoffe, à du papier, à un métal, etc., un caractère satiné.

SATINETTE n.f. Étoffe de coton et de soie, ou de coton seul, qui a l'aspect du satin.

SATIRE n.f. (lat. *satira*, var. de *satura*, farce). Pièce de vers dans laquelle l'auteur attaque les vices et les ridicules de son temps. — *Par ext.* Pamphlet, discours, écrit, dessin qui s'attaque aux mœurs publiques ou privées, ou qui tourne qqn ou qqch en ridicule. *Ce livre est une satire du monde politique.*

SATIRIQUE adj. **1.** Enclin à la médisance, à la raillerie ; qui tient de la satire. *Esprit satirique. Chanson, dessin satirique.* **2.** LITTÉR. Qui appartient à la satire.

SATIRIQUEMENT adv. De façon satirique.

SATIRISER v.t. *Litt.* Exercer son esprit satirique ; railler.

SATIRISTE n. Auteur de satires, de dessins satiriques.

SATISFACTION n.f. **1.** Action de satisfaire une réclamation, un besoin, un désir. **2.** Contentement, plaisir qui résulte de l'accomplissement de ce qu'on attend, de ce qu'on désire. **3.** *Litt.* Acte par lequel on obtient la réparation d'une offense, en partic. par les armes. *Réclamer satisfaction.*

SATISFAIRE v.t. [89] (lat. *satis*, assez, et *facere*, faire). **1.** Répondre à la demande de qqn ; contenter. *Commerçant qui satisfait sa clientèle.* **2.** Agir de façon à contenter un désir, à assouvir un besoin. *Satisfaire son besoin d'évasion.* ◆ v.t. ind. **(à)**. Répondre à ce qui est exigé, remplir les conditions requises. *Satisfaire à ses obligations. Jouet qui satisfait aux normes de sécurité.* ◆ **se satisfaire** v.pr. **(de)**. Considérer qqch comme acceptable, s'en contenter.

SATISFAISANT, E adj. Qui répond à une attente ; convenable, correct. *Réponse satisfaisante.*

SATISFAIT, E adj. **1.** Content de ce qui est, ou de ce qui a été fait ou dit. *Je suis satisfait de vos progrès.* **2.** Se dit d'un désir assouvi. *Curiosité satisfaite.*

SATISFECIT [-fesit] n.m. inv. (mot lat., *il a satisfait*). *Sout.* Témoignage d'approbation.

SATISFIABLE adj. LOG. Se dit d'une fonction propositionnelle si elle est vraie sous certaines conditions.

SATORI n.m. inv. (mot jap.). Éveil spirituel que le disciple recherche, notamm. par la méditation, dans le bouddhisme zen.

SATRAPE n.m. (gr. *satrapês*). **1.** Gouverneur d'une satrapie, chez les Perses achéménides. **2.** *Litt.* Personnage qui mène une vie fastueuse et qui exerce une autorité despotique.

SATRAPIE n.f. (gr. *satrapeia*). Province de l'Empire perse achéménide gouvernée par un satrape.

SATURABLE adj. CHIM. Qui peut être saturé.

SATURANT, E adj. Qui sature, qui a la propriété de saturer. ◇ THERMODYN. ***Vapeur saturante :*** vapeur d'un corps en équilibre avec la phase liquide de ce corps.

SATURATEUR n.m. **1.** Récipient que l'on remplit d'eau, adapté aux radiateurs d'appartement et qui humidifie l'air par évaporation. **2.** Appareil qui sature divers liquides de certains gaz.

SATURATION n.f. **1.** Action de saturer ; fait d'être saturé ; état d'un liquide saturé. ◇ ***Arriver à saturation :*** atteindre un degré au-delà duquel qqch n'est plus supportable. *Il a trop de travail, il arrive à saturation.* **2.** Encombrement maximal. *Saturation du marché.* **3.** CHIM. ORG. Transformation en liaisons simples des liaisons multiples d'un composé organique. **4.** LOG. Caractère d'un système axiomatique où l'on ne peut adjoindre un nouvel axiome sans qu'il en résulte une théorie contradictoire. (C'est une notion de métalogique.) **5.** OPT. Attribut de la sensation visuelle permettant d'estimer la proportion de couleur pure contenue dans la sensation totale.

SATURÉ, E adj. **1.** Qui est rempli, imprégné à l'excès de qqch. *Sol saturé de sel.* **2.** Se dit d'une solution qui ne peut dissoudre une quantité supplémentaire de la substance dissoute. **3.** CHIM. ORG. Se dit d'un composé ne possédant pas de liaisons multiples. **4.** GÉOL. Se dit d'une roche magmatique ne contenant pas de feldspathoïde. **5.** LOG. Caractérisé par une saturation. **6.** OPT. ***Couleur saturée :*** couleur pure (par oppos. à ***couleur lavée***). **7.** Encombré à l'excès. *Marché saturé. Autoroute saturée.*

SATURER v.t. (lat. *saturare*, rassasier). **1.** Remplir à l'excès. *Le marché est saturé de gadgets.* **2.** Fournir une quantité excessive de, faire subir qqch jusqu'à un niveau excessif. *Saturer ses enfants de recommandations. Être saturé de publicité.* **3.** Amener une solution à contenir la plus grande quantité possible de corps dissous. **4.** CHIM. ORG. Transformer les liaisons multiples d'un composé en liaisons simples. ◆ v.i. *Fam.* Arriver à saturation.

SATURNALES n.f. pl. (lat. *saturnalia*). ANTIQ. ROM. Fêtes célébrées au solstice d'hiver en l'honneur de Saturne, durant lesquelles régnait la plus grande liberté.

SATURNIE n.f. (lat. sc. *saturnia*). Paon de nuit (papillon).

SATURNIEN, ENNE adj. **1.** Relatif à la planète Saturne. **2.** *Litt.* Triste, mélancolique.

SATURNIN, E adj. (de *Saturne*). MÉD. Relatif au plomb ; produit par le plomb. *Colique saturnine.*

SATURNISME n.m. MÉD. Intoxication par le plomb ou par les sels de plomb.

SATYRE n.m. (lat. *satyrus,* du gr.). **1.** MYTH. GR. Demi-dieu rustique à jambes de bouc, avec de longues oreilles pointues, des cornes et une queue, et au corps couvert de poils. **2.** Individu lubrique qui se livre à des attentats à la pudeur ; exhibitionniste. **3.** Papillon de jour aux grandes ailes bigarrées de brun et de roux, portant chacune un ocelle. (Famille des nymphalidés.) **4.** Phallus (champignon).

SATYRIASIS [satirjazis] n.m. (mot lat.). PSYCHIATR. Vx. État permanent d'excitation sexuelle, chez l'homme.

SATYRIQUE adj. MYTH. GR. Relatif aux satyres.

SAUCE n.f. (du lat. *salsus,* salé). **1.** Préparation plus ou moins liquide servie avec certains aliments. ◇ *En sauce :* se dit d'un mets accompagné d'une sauce. – *Fam. Mettre qqn, qqch à toutes les sauces,* l'utiliser de toutes sortes de façons. **2.** Afrique. Ragoût (viande, poisson ou légumes) qui accompagne les féculents. **3.** *Fam.* Ce qui est accessoire ; accompagnement souvent inutile. *Allonger la sauce.*

SAUCÉE n.f. *Fam.* Averse.

SAUCER v.t. [9]. **1.** Tremper dans la sauce. *Saucer du pain.* **2.** Essuyer la sauce avec un morceau de pain. *Saucer son assiette.* **3.** *Fam. Être saucé, se faire saucer :* être mouillé par une pluie abondante.

SAUCIER n.m. **1.** Cuisinier chargé des sauces. **2.** Appareil électroménager pour faire les sauces.

SAUCIÈRE n.f. Récipient dans lequel on sert une sauce sur la table.

SAUCISSE n.f. (du lat. *salsicius,* salé). **1.** Produit de charcuterie, fabriqué à partir de chair hachée et assaisonnée, mise dans un boyau, dont il existe un grand nombre de variétés. ◇ *Fam. Ne pas attacher son chien avec des saucisses :* être avare. **2.** *Fam.,* vx. Pendant la Première Guerre mondiale, ballon captif servant à l'observation ou à la protection antiaérienne.

SAUCISSON n.m. (ital. *salsiccione*). Grosse saucisse que l'on consomme cuite (saucisson à l'ail, en brioche) ou crue après maturation et dessiccation (saucisson sec).

SAUCISSONNAGE n.m. *Fam.* **1.** Action de saucissonner, de diviser en menues portions, en menues parcelles. **2.** Action de ficeler comme un saucisson.

SAUCISSONNER v.i. *Fam.* Prendre un repas froid sur le pouce. ◆ v.t. *Fam.* **1.** Diviser en tranches ; tronçonner. **2.** Ficeler, attacher comme un saucisson.

1. SAUF, SAUVE adj. (lat. *salvus*). **1.** Sauvé, tiré d'un péril de mort. *Avoir la vie sauve.* **2.** Qui n'est point atteint. *L'honneur est sauf.*

2. SAUF prép. (lat. *salvus,* intact). **1.** À la réserve de, à l'exclusion de. *Sauf erreur. Sauf avis contraire.* **2.** Hormis, excepté. *Vendre tout, sauf la maison.* ◆ **sauf que** loc. conj. Excepté que.

SAUF-CONDUIT n.m. (pl. *sauf-conduits*). Permis donné par une autorité d'aller quelque part, d'y séjourner un certain temps et de s'en retourner librement, sans crainte d'être arrêté.

SAUGE n.f. (lat. *salvia,* de *salvus,* sauf). Plante des prairies et des terrains vagues, dont diverses variétés sont cultivées pour leurs propriétés toniques ou comme plantes ornementales. (La *sauge officinale,* à fleurs bleu-violet, est utilisée en cuisine et en pharmacie. Genre *Salvia ;* famille des labiées.) ◇ *Sauge des bois :* germandrée.

SAUGRENU, E adj. (lat. *sal,* sel, et *grain*). D'une bizarrerie ridicule ; absurde. *Question saugrenue.*

SAULAIE ou **SAUSSAIE** n.f. Lieu planté de saules.

SAULE n.m. (du francique). Arbre ou arbrisseau à feuilles lancéolées, vivant près de l'eau. (Les osiers et les marsaults sont des saules ; le *saule pleureur* a des rameaux retombants. Genre *Salix ;* famille des salicacées.)

■ **SAULE.** Saule pleureur.

SAULÉE n.f. Rangée de saules.

SAUMÂTRE adj. (lat. pop. *salmaster*). **1.** Qui a un goût salé. **2.** HYDROL. Qui contient un mélange d'eau douce et d'eau de mer. *Eaux saumâtres.* **3.** *Fam.* Amer, désagréable. *Une plaisanterie saumâtre.* ◇ *Fam. La trouver saumâtre :* trouver qqch très désagréable, de mauvais goût.

SAUMON n.m. (lat. *salmo, -onis*). Poisson voisin de la truite, à chair estimée d'une couleur rose-orangé, faisant l'objet d'un important élevage piscicole. (Long. 1,50 m ; genre *Salmo,* famille des salmonidés.) ◇ *Saumon blanc :* nom commercial du merlu. ◆ adj. inv. D'une teinte rose-orangé.

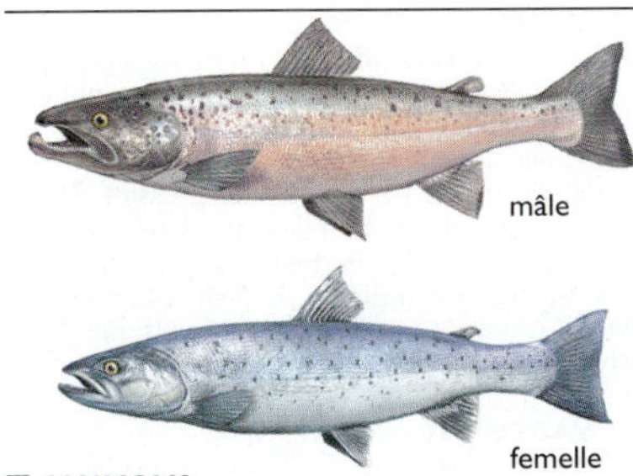

■ **SAUMONS**

SAUMONÉ, E adj. Se dit des poissons à la chair rose-orangé, comme celle du saumon. *Truite saumonée.*

SAUMONEAU n.m. Jeune saumon. SYN. : *tacon.* ENCYCL. Les saumoneaux vivent deux ans en eau douce, poursuivent leur croissance en mer durant plusieurs années, puis remontent les fleuves pour se reproduire près de leurs sources natales.

SAUMONETTE n.f. Nom commercial de l'aiguillat et de la roussette.

SAUMURAGE n.m. Action de saumurer.

SAUMURE n.f. (lat. *sal,* sel, et *muria,* saumure). **1.** Solution aqueuse de sel, dans laquelle on conserve des viandes, des poissons ou des légumes. **2.** Dans une saline, eau fortement salée dont on extrait le sel par évaporation.

SAUMURER v.t. Conserver dans la saumure.

SAUNA n.m. (mot finnois). **1.** Bain de vapeur sèche, d'origine finlandaise. **2.** Équipement permettant de prendre ce bain. **3.** Établissement où l'on prend ce bain.

SAUNAGE n.m. ou **SAUNAISON** n.f. **1.** Action de sauner, dans une saline ; fabrication et vente du sel. **2.** Époque à laquelle on récolte le sel dans les marais salants.

SAUNER v.i. (lat. pop. *salinare,* de *sal,* sel). **1.** Extraire le sel de la saumure, dans une saline. **2.** Produire du sel, en parlant des bassins des marais salants.

SAUNIER n.m. Personne qui travaille à la production du sel. ◇ *Faux saunier :* dans la France d'Ancien Régime, personne qui se livrait à la contrebande du sel.

SAUNIÈRE n.f. Vx. Coffre, récipient contenant la provision de sel du ménage.

SAUPIQUET n.m. (de *sau,* var. de *sel,* et *piquer*). **1.** Ancienne préparation du lièvre ou du canard rôti et servi avec une sauce au vin très épicée, liée au sang. **2.** Jambon poêlé servi avec une sauce piquante.

SAUPOUDRAGE n.m. Action de saupoudrer.

SAUPOUDRER v.t. (lat. *sal,* sel, et *poudrer*). **1.** Poudrer de sel, de farine, de sucre, etc. *Saupoudrer un gâteau de sucre.* **2.** Orner çà et là, parsemer. *Saupoudrer son discours de citations.* **3.** Répartir des crédits minimes entre une multitude de bénéficiaires.

SAUPOUDREUSE n.f. Flacon à bouchon percé de trous, servant à saupoudrer.

SAUR [sɔr] adj.m. (moyen néerl. *soor,* séché). *Hareng saur,* salé, puis séché à la fumée.

SAURAGE n.m. Saurissage.

SAURER v.t. Traiter par salage, séchage, fumage une denrée alimentaire, notamm. des harengs, pour la conserver.

SAURIEN n.m. (gr. *saura,* lézard). **1.** Lacertilien. **2.** *Cour.* Reptile (à l'exception des tortues).

SAURIN n.m. Hareng nouvellement sauré.

SAURIS [sɔri] n.m. Saumure qui a servi à saler des harengs dans les caques.

SAURISCHIEN [-skjɛ̃] n.m. Reptile dinosaurien dont le bassin a une morphologie reptilienne typique, tel que le tyrannosaure, l'apatosaure ou brontosaure, etc. (Les saurischiens forment un groupe.)

SAURISSAGE n.m. Action de saurer ; son résultat. SYN. : *saurage.*

SAURISSERIE n.f. Établissement où l'on saure les harengs.

SAURISSEUR, EUSE n. Personne spécialisée dans le saurissage des harengs.

SAUROPHIDIEN n.m. Squamate.

SAUROPSIDÉ n.m. (gr. *saura,* lézard, et *opsis,* aspect). Vertébré tétrapode, actuel ou fossile, d'une lignée présentant des caractères reptiliens marqués, tel que les reptiles actuels, les dinosaures, les oiseaux, etc. (par oppos. à *théropsidé*).

SAUSSAIE n.f. → **SAULAIE.**

SAUT n.m. (lat. *saltus*). **1.** Mouvement brusque avec détente musculaire, par lequel le corps s'enlève du sol et se projette en l'air. ◇ *Fam. Faire un saut quelque part,* y passer rapidement. – Exercice physique qui consiste à sauter de telle ou telle manière. *Saut à la corde.* ◇ SPORTS. *Saut en hauteur, en longueur, à la perche, triple saut* → **hauteur, longueur, perche, triple.** – *Saut groupé,* dans lequel les genoux sont ramenés le plus haut possible. – *Saut à skis :* discipline de ski nordique consistant en un saut depuis un tremplin de 70 ou de 90 m, noté selon la longueur et le style. – *Saut périlleux :* saut acrobatique sans appui consistant en une rotation du corps dans

■ **SAUT** à skis aux J.O. de Lillehammer (1994).

l'espace. SYN. : *salto*. **2.** Mode de déplacement de certains animaux (sauterelle, lapin, grenouille, etc.). **3.** Action de sauter d'un lieu élevé à un lieu plus bas. – *Spécial.* Action de sauter en parachute à partir d'un aéronef. ◇ ***Saut à l'élastique*** : discipline sportive consistant à sauter dans le vide en étant attaché par une grosse corde composée de fibres élastiques. **4.** ***Au saut du lit*** : dès le lever. **5.** INFORM. Instruction provoquant une modification de la séquence normale des instructions d'un programme d'ordinateur. **6.** Région. Cascade. **7.** *Fig.* Passage sans transition à une situation, à un état, à un degré différents. *Saut dans l'inconnu.* ◇ ***Faire le saut*** : se décider à faire qqch qui posait problème ; franchir le pas. – ***Le grand saut*** : la mort. ◆ **pl.** DANSE. Mouvement dansé exécuté en l'air.

SAUTAGE n.m. MIN. Dislocation d'une mine, d'une carrière, etc., sous l'action d'un explosif.

SAUT-DE-LIT n.m. (pl. *sauts-de-lit*). Vx. Peignoir léger porté par les femmes au sortir du lit.

SAUT-DE-LOUP n.m. (pl. *sauts-de-loup*). Court fossé creusé devant une ouverture pratiquée dans un mur de clôture, pour en interdire l'entrée.

SAUT-DE-MOUTON n.m. (pl. *sauts-de-mouton*). TRAV. PUBL. Passage d'une voie par-dessus une autre voie de même nature et issue d'un même tronc commun, pour éviter les traversées à niveau dans un croisement.

S

SAUTE n.f. Changement brusque dans la direction du vent, la température atmosphérique. ◇ ***Saute d'humeur*** : brusque changement d'humeur.

SAUTÉ n.m. Aliment en morceaux cuit à feu vif avec un corps gras dans une sauteuse ou une poêle. *Sauté de porc, de veau.*

SAUTE-MOUTON n.m. inv. Jeu dans lequel un participant saute par-dessus un autre, qui se tient courbé.

SAUTER v.i. (lat. *saltare*, danser). **1.** S'élever de terre par une forte détente musculaire, ou s'élancer d'un lieu vers un autre. *Sauter haut.* ◇ *Fam.* ***Sauter aux nues, au plafond*** : se mettre en colère ; être très surpris. **2.** S'élancer d'un lieu élevé vers le bas. *Sauter par la fenêtre.* **3.** S'élancer et saisir avec vivacité. *Sauter au collet, à la gorge de qqn.* **4.** Passer d'une chose à une autre sans transition. *Sauter d'un sujet à l'autre.* **5.** Être projeté ou déplacé soudainement. *Le bouchon de la bouteille a sauté.* ◇ *Fam.* ***Faire sauter qqn***, lui faire perdre sa place. – *Fam.* ***Et que ça saute !*** : il faut se dépêcher ! – ***Faire sauter une serrure***, la forcer. **6.** ***Faire sauter un aliment***, le faire revenir à feu vif avec un corps gras, en le remuant de temps en temps pour l'empêcher d'attacher. *Faire sauter un poulet. Pommes de terre sautées.* **7.** Être détruit par une explosion, voler en éclats. *La poudrière a sauté.* ◇ *Fam.* ***Se faire sauter la cervelle*** : se tuer d'une balle dans la tête. **8.** Être affecté de brusques variations. *L'image de télévision saute.* **9.** Fondre, en parlant de fusibles. *Les plombs ont sauté.* **10.** Être oublié, effacé, annulé. *Un mot a sauté dans la phrase. Faire sauter une contravention.* ◆ v.t. **1.** Franchir en faisant un saut. *Sauter un fossé.* **2.** Omettre volontairement ou non. *Sauter un repas.* **3.** Passer qqch pour aller directement à ce qui suit. *Sauter son tour. Sauter une classe.* **4.** *Fam.* ***La sauter*** : se passer de manger ; avoir faim.

SAUTEREAU n.m. Dans le clavecin, tige de bois porteuse d'une languette munie d'un bec qui pince les cordes.

SAUTERELLE n.f. (de *sauter*). **1.** Insecte sauteur de couleur jaune ou verte, aux longues pattes postérieures, qui se distingue du criquet par ses longues antennes et la présence d'une tarière chez la femelle. (Ordre des orthoptères.) **2.** *Fam.* Personne maigre. **3.** Fausse équerre formée d'une tige et d'une lame, permettant de relever ou de reporter un angle quelconque. **4.** Appareil de manutention mobile constitué par un châssis monté sur roues et équipé d'une bande transporteuse sans fin.

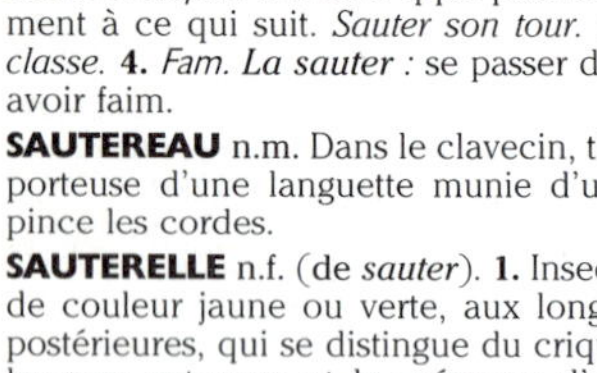

■ **SAUTERELLE** verte.

SAUTERIE n.f. *Fam.*, vieilli. Petite réunion dansante.

SAUTERNES n.m. Vin blanc liquoreux du pays de Sauternes (Gironde).

SAUTE-RUISSEAU n.m. inv. *Fam.*, vx. Jeune clerc d'avoué, de notaire, qui fait des courses.

1. SAUTEUR, EUSE n. Athlète spécialisé dans les épreuves de saut. *Sauteur en hauteur.* ◇ ***Triple sauteur*** : spécialiste du triple saut.

2. SAUTEUR, EUSE adj. **1.** Se dit des insectes dont les pattes postérieures sont adaptées au saut, spécial. de certains orthoptères (criquet, sauterelle). **2.** ***Scie sauteuse***, ou ***sauteuse***, n.f. : scie alternative à lame étroite utilisée pour le découpage de planches de faible épaisseur. ◆ n.m. Cheval dressé pour le saut d'obstacles.

SAUTEUSE n.f. **1.** Casserole à bords bas, pour faire sauter les aliments. SYN. : *sautoir*. **2.** Scie sauteuse.

SAUTIER n.m. (du lat. *saltus*, lieu boisé, le sautier désignant à l'origine le garde forestier). Suisse. Secrétaire administratif du Parlement du canton de Genève. (On rencontre le fém. *sautière*.)

SAUTILLANT, E adj. Qui sautille.

SAUTILLEMENT n.m. Action de sautiller.

SAUTILLER v.i. Avancer par petits sauts, à la manière des oiseaux.

SAUTOIR n.m. **1.** Collier féminin très long. ◇ ***Porter qqch en sautoir***, autour du cou, en forme de collier, tombant en pointe sur la poitrine. **2.** SPORTS. Aire sur laquelle un sauteur prend son élan et se reçoit. **3.** Disposition de deux objets mis l'un sur l'autre de manière à former une espèce d'X ou de croix de Saint-André. *Deux épées en sautoir sur un cercueil.* – HÉRALD. Pièce honorable formée par une barre et une bande réunies. **4.** Sauteuse (casserole).

SAUVAGE adj. (lat. *silvaticus*, de *silva*, forêt). **1.** Qui n'est pas apprivoisé. *Animaux sauvages.* **2.** Qui pousse naturellement, sans être cultivé. *Chicorée sauvage.* **3.** Se dit d'un lieu inculte et désert. *Site sauvage.* **4.** Qui a quelque chose de féroce, de cruel, de violent, de grossier. *Haine sauvage.* **5.** Qui s'organise spontanément, en dehors des lois, des règlements. *Crèche, grève, vente sauvage.* ◆ adj. et n. **1.** Vieilli. Qui n'est pas civilisé, qui a un mode de vie primitif. *Peuplade sauvage.* **2.** Qui fuit la société des hommes, qui vit seul.

SAUVAGEMENT adv. Avec sauvagerie.

1. SAUVAGEON n.m. Jeune arbre qui a poussé sans avoir été cultivé.

2. SAUVAGEON, ONNE n. Enfant farouche, sauvage.

SAUVAGERIE n.f. **1.** Caractère d'une personne qui fuit la société, les contacts humains. **2.** Caractère, comportement d'une personne qui agit avec violence, haine, cruauté. *Crime d'une extrême sauvagerie.*

SAUVAGIN, E adj. et n.m. CHASSE. Se dit de l'odeur, du goût particuliers de certains oiseaux sauvages.

SAUVAGINE n.f. **1.** Ensemble des oiseaux sauvages à l'odeur, au goût sauvagins. **2.** Nom collectif donné aux peaux des petits animaux à fourrure (renards, fouines, blaireaux, etc.), servant à faire les fourrures les plus communes.

SAUVEGARDE n.f. (de *1. sauf* et *1. garde*). **1.** Garantie, protection accordée par une autorité ou assurée par une institution. *Les lois sont la sauvegarde de la liberté.* ◇ DR. ***Sauvegarde de justice*** : régime de protection des incapables majeurs, tendant à les assister pour les actes de la vie civile. **2.** Moyen de préserver ; protection, défense. *Agir pour la sauvegarde de la paix.* **3.** INFORM. Opération consistant à recopier un ensemble d'informations, afin d'en conserver un exemplaire en cas de perte ou de destruction de l'original. **4.** MAR. Cordage, chaîne qui empêche le gouvernail d'un navire ou tout autre objet de tomber à la mer. **5.** ASTRONAUT. Sur une base de lancement, ensemble des moyens de commande, de contrôle et de sécurité permettant de protéger les personnes et les biens en cas d'incident technique.

SAUVEGARDER v.t. **1.** Préserver contre toute atteinte ; protéger, défendre. *Sauvegarder sa liberté, l'indépendance d'un pays.* **2.** INFORM. Effectuer une sauvegarde.

SAUVE-QUI-PEUT n.m. inv. Fuite désordonnée, débandade générale due à une panique.

SAUVER v.t. (bas lat. *salvare*). **1.** Tirer qqn du danger, de la mort, du malheur. **2.** Préserver de la perte, de la destruction. *Sauver la vie. Sauver un vieux quartier.* ◇ *Fam.* ***Sauver les meubles*** : réussir à tirer d'un désastre l'essentiel, ce qui permet de survivre. **3.** Pallier, masquer ce qui est défectueux ; contrebalancer certains défauts de qqch. *La forme sauve les défauts du livre. Sa brillante distribution sauve cette pièce médiocre.* **4.** RELIG. Procurer le salut éternel. ◆ **se sauver** v.pr. **1.** Fuir, s'échapper. *Se sauver à toutes jambes.* **2.** *Fam.* S'en aller vivement ; prendre congé rapidement. *Je me sauve, il est tard.* **3.** RELIG. Assurer son salut éternel.

SAUVETAGE n.m. **1.** Action de soustraire qqn, qqch à ce qui le menace. *Sauvetage d'une sculpture.* **2.** Action de tirer d'une situation critique. *Sauvetage d'une entreprise en difficulté.* **3.** MAR. Secours porté à un navire ou à un engin flottant par un autre navire. ◇ ***Ceinture, brassière*** ou ***gilet de sauvetage*** : accessoire gonflable ou constitué d'un matériau insubmersible, qui permet à une personne de se maintenir à la surface de l'eau.

SAUVETÉ n.f. (de *1. sauf*). **1.** HIST. Dans le midi de la France, bourgade fondée à l'initiative des monastères pour servir de refuge aux fugitifs et aux errants (XIe - XIIe s.). **2.** APIC. ***Cellule de sauveté*** : alvéole agrandie par les ouvrières pour l'élevage d'une reine de sauveté. – ***Reine de sauveté*** : abeille élevée spécial. par les ouvrières à partir d'une larve naissante, et destinée à remplacer une reine morte.

SAUVETERRIEN n.m. (de *Sauveterre-la-Lémance*, dans le Lot-et-Garonne). Faciès culturel du mésolithique caractérisé par de minuscules pièces en silex taillé dites *microlithes géométriques* (VIIIe et VIIe millénaires). ◆ **sauveterrien, enne** adj. Relatif au sauveterrien.

SAUVETEUR n.m. Personne qui prend part à un sauvetage.

SAUVETTE (À LA) loc. adv. Avec hâte et en essayant de rester discret. ◇ ***Vente à la sauvette*** : vente sur la voie publique sans autorisation.

SAUVEUR n.m. (lat. *salvator*). Personne qui sauve, qui apporte le salut. ◇ ***Le Sauveur*** : Jésus-Christ.

SAUVIGNON n.m. Cépage blanc produisant des vins de qualité ; vin issu de ce cépage.

SAVAMMENT adv. **1.** De façon savante. *Disserter savamment d'une question.* **2.** Avec habileté ; adroitement. *Intrigue savamment construite.*

SAVANE n.f. (esp. *sabana*). **1.** Formation végétale à hautes herbes et, génér., arbres et arbustes, caractéristique des régions chaudes à longue

■ **SAVANE.** Paysage de savane arborée dans le parc national de Samburu (Kenya).

saison sèche. **2.** Québec. Terrain marécageux. **3.** Antilles. Place principale d'une ville.

SAVANT, E adj. et n. (de *1. savoir*). Qui a des connaissances étendues dans divers domaines ou dans une discipline particulière. ◆ adj. **1.** Qui porte la marque de connaissances approfondies. *Un savant exposé.* ◇ ***Société savante :*** association dont les membres rendent compte de leurs travaux et recherches, se réunissent pour en discuter. **2.** Qui dénote du savoir-faire, de l'habileté. – Se dit d'un animal dressé à exécuter certains tours ou exercices. *Chien savant.* ◆ n.m. Personne remarquable par ses compétences et sa contribution au progrès d'une science, partic. d'une science exacte ou expérimentale.

SAVARIN n.m. (de *Brillat-Savarin,* n.pr.). Gâteau en pâte levée, en forme de couronne, imbibé de rhum ou de kirsch, et souvent garni de crème.

SAVART n.m. (de *Savart,* n.pr.). ACOUST., MUS. Unité de différence de hauteur des sons musicaux équivalant à la différence de hauteur de deux sons dont le rapport des fréquences a un logarithme égal à 1/1 000.

SAVATE n.f. (p.-ê. de l'ar. *sabbāṭ*). **1.** Pantoufle, chaussure vieille et usée. ◇ *Fam.* ***Traîner la savate :*** être dans l'indigence ; ne rien faire. **2.** *Fam.* Personne maladroite. **3.** Sport de combat codifié, proche de la boxe française, dans lequel on peut frapper avec les pieds et les poings. **4.** MAR. Pièce de bois sur laquelle repose un navire lors de son lancement.

SAVETIER n.m. Vx. Cordonnier.

SAVEUR n.f. (lat. *sapor*). **1.** Sensation produite par certains corps sur l'organe du goût. *Saveur piquante.* **2.** *Fig.* Ce qui stimule le goût, en littérature, en art ; charme, piquant. *Poésie pleine de saveur.* **3.** PHYS. Propriété caractérisant la réponse d'une particule aux interactions faibles. (Il existe six saveurs fondamentales, portées chacune par l'un des *quarks.)

1. SAVOIR v.t. [45] (lat. *sapere*). **1.** Être instruit dans qqch, posséder un métier, être capable d'une activité dont on a acquis la pratique. *Savoir nager. Savoir l'anglais.* ◇ ***Qui sait ? :*** ce n'est pas impossible ; peut-être. – ***Que je sache :*** autant que je peux en juger. **2.** Avoir le pouvoir, le talent, le moyen de. *Savoir se défendre.* **3.** Avoir qqch dans la mémoire, de manière à pouvoir le répéter. *Savoir sa leçon.* **4.** Être informé de. *Savoir un secret.* ◇ ***Faire savoir :*** informer. **5.** Connaître à l'avance ; prévoir. *Nous ne pouvons savoir ce qui nous attend.* **6.** ***À savoir,*** ou ***savoir :*** introduisent une énumération. *Il y a trois solutions, à savoir...* **7.** Belgique. Pouvoir. *Je ne saurai pas venir.* ◆ loc. conj. ***À savoir que :*** introduit une explication.

2. SAVOIR n.m. Ensemble des connaissances acquises par l'étude.

SAVOIR-FAIRE n.m. inv. Habileté à réussir ce qu'on entreprend ; compétence professionnelle.

SAVOIR-VIVRE n.m. inv. Connaissance et pratique des règles de la politesse.

SAVOISIEN, ENNE adj. et n. De la Savoie (au sens historique et politique), de ses habitants.

SAVON n.m. (lat. *sapo, -onis*). **1.** Produit obtenu par l'action d'une base sur un corps gras, et servant au nettoyage ainsi qu'au blanchissage ; morceau moulé de ce produit. **2.** *Fam.* Sévère réprimande. *Passer un savon à qqn.*

SAVONNAGE n.m. Lavage au savon.

SAVONNÉE n.f. Belgique. Eau savonneuse.

SAVONNER v.t. Laver au savon. ◇ *Fam. **Savonner la planche à qqn,*** chercher à lui nuire, lui créer des difficultés.

1. SAVONNERIE n.f. Industrie, fabrique, commerce du savon.

2. SAVONNERIE n.f. Tapis de la manufacture de la Savonnerie.

SAVONNETTE n.f. Petit savon parfumé pour la toilette.

SAVONNEUX, EUSE adj. **1.** Qui contient du savon. *Eau savonneuse.* **2.** Mou et onctueux comme le savon. *Argile savonneuse.*

1. SAVONNIER, ÈRE adj. Relatif aux activités de la savonnerie. ◆ n.m. Arbre des régions chaudes d'Asie et d'Amérique dont l'écorce et les graines sont riches en saponine. (Genre *Sapindus ;* famille des sapindacées.)

2. SAVONNIER n.m. Personne qui travaille dans la savonnerie.

SAVOURER v.t. (de *saveur*). **1.** Goûter lentement, avec attention et plaisir. *Savourer une tasse de café.* **2.** *Fig.* Jouir avec délices, se délecter de. *Savourer sa vengeance.*

SAVOUREUSEMENT adv. *Litt.* De manière savoureuse.

SAVOUREUX, EUSE adj. **1.** Qui a une saveur agréable, délicieuse. *Mets très savoureux.* **2.** *Fig.* Que l'on goûte avec grand plaisir, qui a du piquant. *Plaisanterie savoureuse.*

SAVOYARD, E adj. et n. De la Savoie.

SAXATILE adj. → **SAXICOLE.**

SAXE n.m. Porcelaine de Saxe.

SAXHORN [saksɔrn] n.m. (du nom de l'inventeur Adolphe *Sax* et de l'all. *Horn,* cor). Instrument de musique à vent, inventé en 1843, en cuivre, à embouchure et à pistons, à la sonorité douce. ◇ ***Famille des saxhorns,*** comprenant les bugles et le tuba.

SAXICOLE ou **SAXATILE** adj. (lat. *saxum,* rocher, et *colere,* habiter). BOT. Se dit d'une plante qui vit sur les rochers, dans les terrains pierreux.

SAXIFRAGACÉE n.f. Plante dicotylédone à fleurs dialypétales, telle que la saxifrage, l'hortensia, le seringa, le groseillier. (Les saxifragacées forment une famille.)

SAXIFRAGE n.f. (lat. *saxum,* rocher, et *frangere,* briser). Plante herbacée de l'hémisphère Nord tempéré, qui pousse au milieu des pierres (d'où son nom de *perce-pierre*), et dont on cultive certaines espèces à petites fleurs blanches et à tiges rouges pour l'ornement des bordures. (Genre *Saxifraga ;* famille des saxifragacées.)

SAXO n.m. (abrév.). Saxophone. ◆ n. Saxophoniste.

SAXON, ONNE adj. et n. De Saxe ; du peuple germanique des Saxons.

SAXOPHONE n.m. (du nom de l'inventeur Adolphe *Sax* et du gr. *phônê,* voix). Instrument de musique à vent, inventé en 1846, caractérisé par une anche simple, un bec semblable à celui de la clarinette et des clés. (Les quatre modèles les plus utilisés sont le soprano, l'alto, le ténor et le baryton.) Abrév. : *saxo.*

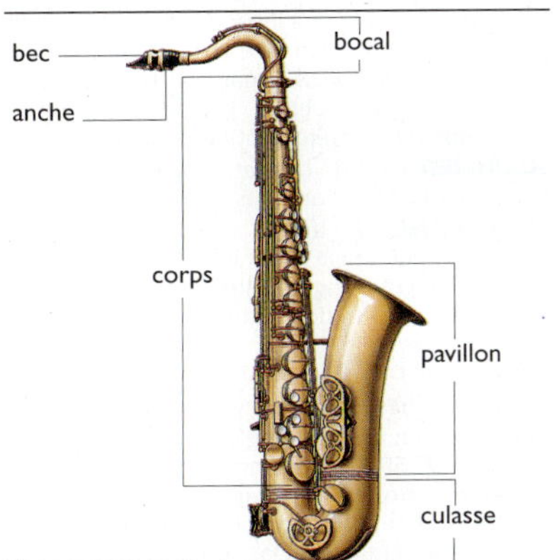

■ **SAXOPHONE** ténor.

SAXOPHONISTE n. Instrumentiste qui joue du saxophone. Abrév. : *saxo.*

SAYNÈTE [sɛnɛt] n.f. (esp. *sainete*). **1.** Petite pièce comique du théâtre espagnol. **2.** Vieilli. Sketch.

SAYON [sɛjɔ̃] n.m. (esp. *saya,* manteau). Casaque de guerre des Gaulois, des Romains et des soldats du Moyen Âge.

SBIRE n.m. (ital. *sbirro*). Individu chargé d'exécuter certaines basses besognes ; homme de main.

SBRINZ [sbrints] n.m. (de *Brienz,* commune de Suisse). Fromage suisse au lait de vache, à pâte dure, très longuement affiné.

SCABIEUSE n.f. (du lat. *scabiosus,* galeux). Plante à fleurs blanches, bleues ou lilas, en capitules aplatis et longuement pédonculés, qu'on utilisait autref. contre les maladies de peau. (Genre *Scabiosa ;* famille des dipsacacées.)

SCABIEUX, EUSE adj. (du lat. *scabies,* gale). MÉD. Qui se rapporte à la gale. *Lésion scabieuse.*

SCABREUX, EUSE adj. (lat. *scaber,* rude). **1.** *Litt.* Dangereux, difficile. *Entreprise scabreuse.* **2.** De nature à choquer la décence ; inconvenant, osé, licencieux. *Sujet scabreux.*

SCAFERLATI n.m. Tabac coupé en fines lanières, pour la pipe ou les cigarettes roulées à la main.

1. SCALAIRE adj. (du lat. *scala,* échelle). ALGÈBRE. Se dit d'une grandeur dont la mesure dans un système d'unités est un seul nombre. ◇ ***Produit scalaire de deux vecteurs,*** somme des produits de leurs composantes de même rang relativement à une base orthonormale. ◆ n.m. Élément du corps des réels ou des complexes sur lequel est défini un espace vectoriel.

2. SCALAIRE n.m. Poisson à corps aplati verticalement, originaire de l'Amérique du Sud, souvent élevé en aquarium. (Long. 15 cm env. ; genre *Pterophyllum,* famille des cichlidés.)

SCALDE n.m. (scand. *skald,* poète). Poète scandinave de la période médiévale dont les œuvres célèbrent les hauts faits d'un roi ou d'un chef.

SCALDIEN, ENNE adj. De la région de l'Escaut.

SCALDIQUE adj. Relatif aux scaldes.

SCALÈNE adj. et n.m. (gr. *skalênos,* oblique). ANAT. Se dit de trois muscles latéraux du cou, qui inclinent la tête sur le côté et servent accessoirement à l'inspiration. ◆ adj. GÉOMÉTR. Se dit d'un triangle dont les trois côtés sont de longueurs inégales.

SCALP [skalp] n.m. (mot angl., *cuir chevelu*). **1.** Chevelure détachée du crâne avec la peau, que certains Amérindiens conservaient comme trophée. **2.** Arrachement de tout ou partie du cuir chevelu lors d'un accident ; cuir chevelu ainsi arraché.

S

SCALPEL n.m. (lat. *scalpellum,* de *scalpere,* inciser). Instrument en forme de petit couteau qui sert pour inciser et disséquer, en partic. au cours d'une autopsie.

SCALPER v.t. (de *scalp*). **1.** Détacher la peau du crâne avec un instrument tranchant. **2.** Arracher violemment et accidentellement la peau du crâne.

SCAMPI n.m. pl. (ital. *scampi fritti,* langoustines frites). Variété de langoustines frites. (Cuisine italienne.)

SCANDALE n.m. (gr. *skandalon,* piège, obstacle). **1.** Effet fâcheux, indignation produits dans l'opinion publique par un fait, un acte estimé contraire à la morale, aux usages. *Agir sans craindre le scandale.* **2.** Affaire malhonnête qui émeut l'opinion publique. *Un scandale financier.* **3.** Querelle bruyante ; tapage. *Faire du scandale.* **4.** Fait qui heurte la conscience, le bon sens, la morale, suscite l'émotion, la révolte. *Le scandale de la faim dans le monde.* **5.** RELIG. Parole ou acte répréhensibles qui sont pour autrui une occasion de péché ou de dommage spirituel.

SCANDALEUSEMENT adv. De façon scandaleuse.

SCANDALEUX, EUSE adj. (bas lat. *scandalosus*). **1.** Qui cause ou est susceptible de causer du scandale. *Vie scandaleuse.* **2.** Qui choque par son excès ; honteux, révoltant. *Prix scandaleux.*

SCANDALISER v.t. **1.** Soulever l'indignation de, choquer très vivement. *Sa conduite scandalise tout le monde.* **2.** RELIG. Mettre en danger de chute, de péché. ◆ **se scandaliser** v.pr. **(de).** Ressentir de l'indignation.

SCANDER v.t. (lat. *scandere,* monter). **1.** Prononcer un vers grec ou latin en le rythmant, en marquant l'alternance des longues et des brèves, en insistant sur les temps forts. **2.** Prononcer une phrase, des mots en détachant les groupes de mots, de syllabes. *Manifestants qui scandent des slogans.*

SCANDINAVE adj. et n. De la Scandinavie. ◆ adj. ***Langues scandinaves :*** famille de langues indo-européennes comprenant le suédois, le norvégien, le danois et l'islandais.

SCANDIUM [skɑ̃djɔm] n.m. **1.** Métal très léger, de densité 3,0, qui fond à 1 541 °C, aux propriétés semblables à celles des lanthanides. **2.** Élément chimique (Sc), de numéro atomique 21 et de masse atomique 44,955 9. (Du fait de son haut point de fusion, le scandium est utilisé en construction aérospatiale.)

1. SCANNER [skanɛr] n.m. (mot angl.). **1.** GÉOGR. Appareil de télédétection permettant d'obtenir des images de surfaces étendues dont il capte le rayonnement électromagnétique en opérant par balayage. SYN. : *radiomètre à balayage.* Recomm. off. : *scanneur.* **2.** INDUSTR. GRAPH. Appareil servant à numériser un document (texte ou image). **3.** IMAG. MÉD. Appareil radiologique composé

d'un système de tomographie par rayons X et d'un ordinateur qui effectue des analyses de densité radiologique pour reconstituer une image. SYN. : *tomodensitomètre.* Recomm. off. : *scanographe.*
2. SCANNER [skane] ou **SCANNÉRISER** v.t. INDUSTR. GRAPH. Numériser un document à l'aide d'un scanner.
SCANNEUR n.m. GÉOGR. Recomm. off. pour *1. scanner.*
SCANOGRAPHE n.m. IMAG. MÉD. Recomm. off. pour *1. scanner.*
SCANOGRAPHIE n.f. IMAG. MÉD. **1.** Procédé de radiologie utilisant le scanner. SYN. : *tomodensitométrie.* **2.** Image obtenue par ce procédé.

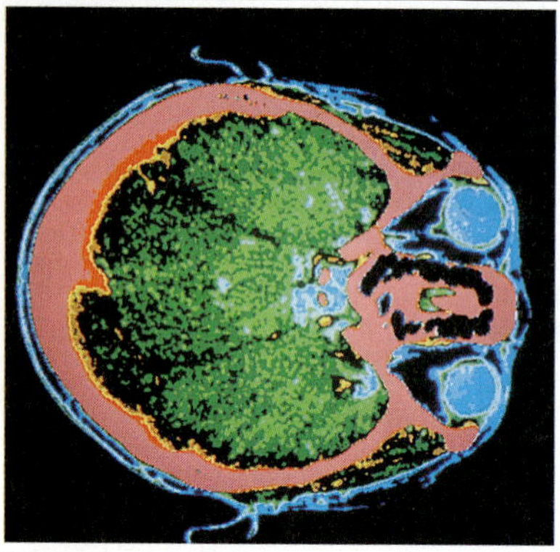

■ **SCANOGRAPHIE** d'un cerveau humain normal.

SCANSION n.f. Action ou façon de scander.
SCAPHANDRE n.m. (gr. *skaphê,* barque, et *anêr, andros,* homme). **1.** Vêtement pressurisé et étanche que portent les plongeurs pour travailler sous l'eau et les spationautes à bord de certains vaisseaux spatiaux ou lors de sorties extravéhiculaires. **2.** *Scaphandre autonome :* appareil respiratoire individuel, pourvu de bouteilles à air comprimé, permettant à un plongeur d'évoluer sous l'eau sans lien avec la surface.

■ **SCAPHANDRES** autonomes.

SCAPHANDRIER n.m. Plongeur utilisant un scaphandre à casque et à vêtement souple.
SCAPHITE n.m. (du gr. *skaphê,* barque). PALÉONT. Ammonite du crétacé, à coquille d'abord spiralée, puis prolongée par une crosse.
SCAPHOÏDE adj. et n.m. (gr. *skaphê,* barque, et *eidos,* forme). ANAT. Se dit d'un des os du carpe et d'un des os du tarse.
SCAPHOPODE n.m. Mollusque des fonds marins, dépourvu de branchies, à coquille en forme de dent creuse et recourbée, tel que le dentale. (Les scaphopodes forment une classe.)
SCAPULA n.f. Os de la ceinture scapulaire des vertébrés. (Chez les mammifères et l'homme en partic., la scapula est fusionnée au coracoïde et forme l'omoplate.)
SCAPULAIRE adj. (du lat. *scapula,* épaule). MÉD. Relatif à l'omoplate ou à l'épaule. ◇ *Ceinture scapulaire :* ensemble des deux clavicules et des deux omoplates, attachant les membres supérieurs au tronc. ◆ n.m. CATH. Pièce du costume monastique consistant en un capuchon et en deux pans d'étoffe rectangulaires couvrant les épaules et retombant sur le dos et sur la poitrine jusqu'aux pieds. (Il existe des scapulaires de dimensions réduites qui sont portés par les fidèles sous leurs vêtements.)

SCAPULO-HUMÉRAL, E, AUX adj. ANAT. Se dit de l'articulation entre l'omoplate et l'humérus, et de ce qui s'y rapporte.
SCARABÉE n.m. (lat. *scarabeus,* du gr. *karabos*). Insecte coléoptère au corps massif, se nourrissant d'excréments ou de débris végétaux, et dont il existe de très nombreuses espèces. (Famille des scarabéidés.)

■ **SCARABÉE.** Scarabée sacré.

SCARABÉIDÉ n.m. Insecte coléoptère phytophage ou coprophage, aux antennes terminées par des lamelles, tel que le hanneton, la cétoine et les scarabées. (Les scarabéidés forment une immense famille comptant quelque 19 000 espèces.)
SCARE n.m. (lat. *scarus,* du gr.). Poisson des eaux littorales tropicales, qui « broute » le corail, à couleurs variées et brillantes, d'où son nom usuel de *poisson-perroquet.* (Long. 20 à 30 cm ; famille des scaridés.)
SCARIEUX, EUSE adj. (du lat. *scaria,* bouton). BOT. Se dit d'un organe végétal écailleux, sec, mince et translucide.
SCARIFIAGE n.m. AGRIC. Travail du sol avec des outils à dents.
SCARIFICATEUR n.m. **1.** Instrument agricole équipé de dents métalliques servant à ameublir la terre sans la retourner. **2.** TRAV. PUBL. Appareil portant des pics, utilisé pour la scarification.
SCARIFICATION n.f. **1.** MÉD. Petite incision superficielle de la peau, pour traiter une affection cutanée, réaliser une vaccination. **2.** (Souvent pl.) En Afrique, incision superficielle de la peau pratiquée de manière à laisser une cicatrice, afin de marquer l'appartenance à une lignée, à une société ; cicatrice laissée par une telle incision. **3.** TRAV. PUBL. Démolition, par arrachement de matériaux, d'un revêtement de chaussée.
SCARIFIER v.t. [5] (bas lat. *scarificare,* inciser légèrement). MÉD. Faire des scarifications.
SCARLATINE n.f. (du lat. *scarlatum,* écarlate). Maladie infectieuse contagieuse de l'enfant compliquant une angine à streptocoque, caractérisée par une éruption cutanée généralisée de points rouges.
SCAROLE n.f. (lat. *escariola,* endive). Chicorée à larges feuilles, que l'on consomme en salade.
SCAT [skat] n.m. (mot anglo-amér., d'orig. onomat.). JAZZ. Style d'improvisation vocale dans lequel les paroles sont remplacées par des onomatopées et qui fut rendu populaire par certains grands représentants du jazz comme Louis Armstrong ou Ella Fitzgerald.
SCATOLOGIE n.f. (gr. *skôr, skatos,* excrément, et *logos,* discours). Propos ou écrit grossiers où il est question d'excréments.
SCATOLOGIQUE adj. Relatif à la scatologie.
SCATOPHILE adj. (gr. *skôr, skatos,* excrément, et *philos,* ami). ÉCOL. Qui vit ou croît sur les excréments.
SCEAU n.m. (lat. *sigillum,* de *signum,* marque). **1.** Cachet qui authentifie un acte. *Le sceau de l'État.* **2.** Empreinte de ce cachet ; morceau de cire, de plomb portant cette empreinte. **3.** *Litt.* Caractère distinctif ; marque. *Cet ouvrage porte le sceau du génie.* **4.** *Sous le sceau du secret :* à la condition que le secret sera bien gardé.
SCEAU-DE-SALOMON n.m. (pl. *sceaux-de-Salomon*). Plante des bois à petites fleurs blanchâtres en cloches et à rhizome formé de renflements portant chacun une cicatrice rappelant un sceau. (Genre *Polygonatum ;* famille des liliacées.)
SCÉLÉRAT, E adj. et n. (du lat. *scelus, -eris,* crime). Qui manifeste des intentions ou des sentiments criminels et perfides. *Un vieux scélérat. Une conduite scélérate.*
SCÉLÉRATESSE n.f. *Litt.* **1.** Caractère, manière d'agir d'un scélérat. **2.** Action scélérate.
SCELLAGE n.m. Action de sceller.

SCELLEMENT n.m. Action de fixer une pièce dans un trou, génér. de maçonnerie, à l'aide d'une substance qui durcit.
SCELLER v.t. (lat. *sigillare*). **1.** Marquer un acte d'un sceau pour le fermer ou l'authentifier. **2.** Apposer les scellés sur. *Sceller la porte d'un logement.* **3.** Fermer hermétiquement. **4.** Cacheter une lettre. **5.** Fixer par scellement. *Sceller un crochet.* **6.** *Sceller une promesse,* la confirmer.
SCELLÉS n.m. pl. Ensemble constitué par une bande de papier ou d'étoffe et des cachets de cire revêtus d'un sceau officiel, apposé par autorité de justice pour empêcher l'ouverture d'un meuble, d'un local.
SCÉNARIMAGE n.m. CINÉMA. Recomm. off. pour *story-board.*
SCÉNARIO n.m. (ital. *scenario,* du lat. *scena,* scène). **1.** Canevas d'une pièce, d'un roman. **2.** CINÉMA. Document écrit décrivant scène par scène ce qui sera tourné. SYN. : *script.* **3.** Récit, dans une bande dessinée. **4.** *Fig.* Déroulement programmé ou prévu d'une action. *Le scénario d'un hold-up.* Graphie savante : *scenario* (pl. *scenarii*).
SCÉNARISER v.t. Donner la forme d'un scénario à qqch. *Scénariser un fait divers, une biographie.*
SCÉNARISTE n. Auteur de scénarios pour le cinéma, la télévision, la bande dessinée, etc.
SCÈNE n.f. (lat. *scaena,* du gr. *skênê*). **1.** Partie du théâtre où jouent les acteurs. ◇ *Mettre en scène :* assurer la réalisation d'une œuvre théâtrale, cinématographique. – *Quitter la scène :* en parlant d'un acteur, abandonner le théâtre ; *fig.,* s'effacer, se retirer. **2.** Lieu où se passe l'action théâtrale. *La scène représente une forêt.* **3.** Lieu où se passe une action quelconque. *La scène du crime.* **4.** Lieu où s'exerce une activité humaine. *Un nouveau venu sur la scène politique.* ◇ *Occuper le devant de la scène :* être connu du public, être en pleine actualité. **5.** Le théâtre, l'art dramatique. *Vedettes de la scène et de l'écran.* **6.** THÉÂTRE. **a.** Subdivision d'un acte. **b.** Action dans une pièce de théâtre. *La scène se passe en 1789.* **7.** Toute action partielle ayant une unité dans une œuvre littéraire, cinématographique, etc. **8.** Spectacle, action auxquels on assiste en simple spectateur. *Une scène attendrissante.* **9.** PSYCHAN. *Scène primitive :* image fantasmatique, rarement réelle, au cours de laquelle l'enfant est témoin du coït de ses parents. **10.** Emportement auquel on se livre ; querelle violente. *Faire une scène à qqn.*
SCÉNIQUE adj. Relatif à la scène, au théâtre. *Indication scénique.*
SCÉNIQUEMENT adv. Du point de vue scénique.
SCÉNOGRAPHE n. Spécialiste de scénographie.
SCÉNOGRAPHIE n.f. **1.** Art de l'organisation de la scène et de l'espace théâtral. **2.** Aménagement de l'espace scénique, voire d'autres espaces.
SCÉNOGRAPHIQUE adj. Relatif à la scénographie.
SCEPTICISME n.m. **1.** État d'esprit d'une personne qui refuse son adhésion à des croyances ou à des affirmations génér. admises. **2.** PHILOS. **a.** Courant de la philosophie antique qui s'est attaché à montrer de façon méthodique que l'esprit humain ne saurait atteindre une quelconque vérité, et qu'il convient donc de suspendre son jugement si l'on veut parvenir à l'ataraxie. (Principaux représentants : Pyrrhon, Sextus Empiricus.) **b.** Doctrine qui nie qu'une vérité ou une certitude absolue puissent être atteintes, mais qui préserve la possibilité d'une connaissance expérimentale et scientifique du monde extérieur. (Hume en est l'initiateur.)
SCEPTIQUE [sɛptik] adj. et n. (gr. *skeptikos,* qui observe). **1.** Qui manifeste du scepticisme ; incrédule. **2.** PHILOS. Qui appartient au scepticisme ; partisan du scepticisme, princip. antique.
SCEPTRE n.m. (lat. *sceptrum,* du gr. *skêptron,* bâton). **1.** Bâton de commandement, qui est un des insignes du pouvoir suprême (royauté, empire). **2.** Symbole littéraire du pouvoir monarchique, de la royauté, de l'autorité suprême.
SCHABRAQUE n.f. → **CHABRAQUE.**
SCHADER v.i. Suisse. *Fam.* Aller très vite.
SCHAPPE [ʃap] n.f. (du germ.). Fil obtenu à partir des déchets de soie naturelle.
SCHAPSKA n.m. → **CHAPSKA.**

SCHEIDAGE [ʃɛdaʒ] n.m. (de l'all. *scheiden,* séparer). Concentration d'un minerai par triage manuel.

SCHELEM n.m. → **CHELEM.**

SCHÉMA n.m. (lat. *schema,* du gr. *skhêma,* figure). **1.** Dessin, tracé figurant les éléments essentiels d'un objet, d'un ensemble complexe, d'un phénomène ou d'un processus, et destinés à faire comprendre sa conformation et/ou son fonctionnement. **2.** Ensemble des grandes lignes, des points principaux qui permettent de comprendre un projet, un ouvrage, etc. ◇ *Schéma directeur :* programme d'aménagement des villes ou des régions déterminant les grandes orientations de l'évolution de l'urbanisme pour le territoire auquel il s'applique.

SCHÉMATIQUE adj. **1.** Qui a le caractère d'un schéma ; simplifié. *Coupe schématique de l'oreille.* **2.** Qui schématise à l'excès. *Esprit schématique. Interprétation schématique.*

SCHÉMATIQUEMENT adv. De façon schématique.

SCHÉMATISATION n.f. Action de schématiser.

SCHÉMATISER v.t. **1.** Représenter au moyen d'un schéma. **2.** Simplifier à l'excès.

SCHÉMATISME n.m. **1.** Caractère schématique, simplificateur de qqch. **2.** PHILOS. Chez Kant, fonction qui assure l'application des catégories aux phénomènes par la médiation des schèmes transcendantaux.

SCHÈME [ʃɛm] n.m. (gr. *skhêma,* figure). Structure d'ensemble d'un processus. — PSYCHOL. Structure mentale sous-jacente. *Schème sensorimoteur, cognitif.* ◇ PHILOS. *Schème transcendantal :* chez Kant, représentation intermédiaire entre le concept et les données de la perception.

SCHÉOL ou **SHÉOL** [ʃeɔl] n.m. (mot hébr.). Séjour des morts, dans la Bible et dans la littérature juive.

SCHERZO [skɛrdzo] n.m. (mot ital.). MUS. Pièce vocale ou instrumentale de mesure ternaire, d'un style léger et brillant, qui peut remplacer le menuet dans la sonate et la symphonie, ou constituer une pièce isolée.

SCHIEDAM [skidam] n.m. (de *Schiedam,* n. d'une ville des Pays-Bas). Région. (Nord). Eau-de-vie parfumée au genièvre.

SCHILLING [ʃiliŋ] n.m. (mot all.). Unité monétaire principale de l'Autriche, devenue le 1er janvier 1999 une subdivision de l'*euro.

SCHINDER ou **CHINDER** v.i. Suisse. Tricher aux cartes.

SCHISMATIQUE adj. et n. Qui provoque un schisme ; qui adhère à un schisme.

SCHISME [ʃism] n.m. (gr. *skhisma,* séparation). **1.** Rupture de l'union dans l'Église chrétienne. **2.** Division dans un parti, un groupement.

SCHISTE [ʃist] n.m. (du gr. *skhistos,* fendu). Roche sédimentaire (par ex. l'ardoise) ou métamorphique (par ex. le micaschiste), susceptible de se débiter en feuillets. ◇ *Schiste bitumineux :* schiste à forte concentration en kérogène, dont on peut extraire, par traitement thermique, une huile semblable au pétrole.

SCHISTEUX, EUSE adj. De la nature du schiste ; qui contient du schiste.

SCHISTOSITÉ n.f. État d'une roche divisible en feuillets minces ; processus tectonique qui conduit à cet état.

SCHISTOSOMIASE n.f. Bilharziose.

SCHIZOGAMIE [ski-] n.f. BIOL. Mode de reproduction asexuée de certaines annélides par détachement d'une partie d'un individu souche, capable de régénérer un nouvel organisme complet.

SCHIZOGONIE [ski-] n.f. BIOL. Reproduction asexuée de certains protozoaires (foraminifères, coccidies, agent du paludisme) par divisions multiples du noyau sans division de la cellule, aboutissant à la formation de nombreux individus de petite taille.

SCHIZOÏDE [skizɔid] adj. PSYCHIATR. Se dit d'une constitution mentale caractérisée par le repli sur soi.

SCHIZOPHASIE [ski-] n.f. PSYCHIATR. Trouble du langage parlé caractérisé par le détournement du sens habituel des mots, l'abus de néologismes et l'incompréhensibilité du discours.

SCHIZOPHRÈNE [ski-] n. et adj. Malade atteint de schizophrénie.

SCHIZOPHRÉNIE [ski-] n.f. (gr. *skhizein,* fendre, et *phrên, phrenos,* pensée). Psychose délirante chronique caractérisée par un autisme, une dissociation, un délire paranoïde, et générant une perturbation du rapport au monde extérieur.

SCHIZOPHRÉNIQUE [ski-] adj. Relatif à la schizophrénie.

SCHLAGUE [ʃlag] n.f. (all. *Schlag,* coup). *Fam.* Manière brutale de se faire obéir. *Employer la schlague.*

SCHLAMMS [ʃlam] n.m. pl. (all. *Schlamm,* boue, vase). Partie la plus fine d'un matériau ou d'un minerai, en suspension dans l'eau.

1. SCHLASS [ʃlɑs] n.m. (angl. *slasher,* arme blanche). *Arg.* Couteau, canif.

2. SCHLASS [ʃlɑs] adj. (mot all.). *Fam.* Qui est dans un état d'ébriété avancé.

SCHLINGUER v.i. → **CHLINGUER.**

SCHLITTAGE n.m. Transport du bois au moyen de la schlitte.

SCHLITTE [ʃlit] n.f. (all. *Schlitten,* traîneau). Anc. Traîneau servant à descendre le bois des montagnes, notamm. dans les Vosges, et glissant sur une voie faite de troncs d'arbres.

SCHLITTER v.t. Transporter du bois à l'aide de la schlitte.

SCHLITTEUR n.m. et adj.m. Ouvrier qui transportait le bois avec la schlitte.

SCHNAPS [ʃnaps] n.m. (mot all.). *Fam.* Dans les pays germaniques, eau-de-vie.

SCHNAUZER [ʃnozɛr] ou [ʃnawzœr] n.m. (mot alémanique). Chien d'une race à poil dur, aux sourcils broussailleux, à la moustache abondante et à la barbe raide, originaire du Wurtemberg.

SCHNOCK, SCHNOQUE ou **CHNOQUE** [ʃnɔk] n.m. *Fam.* **1.** *Un vieux schnock :* un vieil imbécile. **2.** *Du schnock :* appellatif méprisant pour qqn dont on ignore le nom. ◆ adj. *Fam.* Fou.

SCHNORCHEL [ʃnɔrkɛl] ou **SCHNORKEL** n.m. (all. *Schnorchel,* renifleur). Dispositif permettant à un sous-marin doté de moteurs Diesel de naviguer longtemps en plongée grâce à un tube rétractable, affleurant à la surface, qui assure l'arrivée d'air frais et l'évacuation des gaz.

SCHNOUFF, SCHNOUF ou **CHNOUF** [ʃnuf] n.f. (all. *Schnupf,* tabac à priser). *Arg.* Drogue.

SCHOFAR [ʃɔfar] n.m. (mot hébr.). Instrument à vent utilisé par les juifs dans leur rituel.

SCHOLIASTE n.m. → **SCOLIASTE.**

SCHOLIE n.f. → **SCOLIE.**

SCHOONER [ʃunœr] n.m. (mot angl.). Vx. Goélette.

SCHORRE [ʃɔr] n.m. (mot flamand). HYDROL. Partie haute des vasières littorales, souvent recouverte de prairies (prés salés).

SCHPROUM [ʃprum] n.m. *Fam.* Protestation, dispute violente. *Ça va faire du schproum !*

SCHUSS [ʃus] n.m. (mot all., *élan*). Descente directe à skis suivant la ligne de la plus grande pente et sans ralentissement. ◆ adv. *Fam. Tout schuss :* très vite, à tombeau ouvert.

SCI ou **S.C.I.** [ɛssei] n.f. (sigle). Société civile immobilière.

SCIABLE adj. Qui peut être scié.

SCIAGE n.m. **1.** Action de scier. **2.** Bois de construction ou de menuiserie, provenant de troncs sciés dans leur longueur.

SCIALYTIQUE [sjalitik] n.m. (nom déposé ; du gr. *skia,* ombre, et *luein,* dissoudre). CHIRURG. Appareil donnant un éclairage sans ombres portées.

SCIANT, E adj. (de *scier*). *Fam.* **1.** Vx. Ennuyeux, insupportable. **2.** Très étonnant, qui provoque la surprise.

SCIATIQUE [sjatik] adj. (du gr. *iskhion,* hanche). Rare. Qui a rapport à la hanche. ◇ *Nerf sciatique,* ou *sciatique,* n.m. : nerf sensitif et moteur qui innerve la cuisse, la jambe et le pied. ◆ n.f. Douleur sur le trajet du nerf sciatique, due le plus souvent à son irritation au niveau de la colonne vertébrale (hernie discale, par ex.).

SCIE n.f. (de *scier*). **1.** Outil à main formé d'une monture ou d'une poignée où est fixée une lame portant une denture coupante qui, par un mouvement alternatif, sert à débiter, à découper du bois, du métal, de la pierre, etc. **2.** Machine fixe ou outil portatif comportant un ou plusieurs organes coupants, animés par un moteur d'un mouvement alternatif, rectiligne ou circulaire, servant au même usage. **3.** *Fam.* Personne ou chose ennuyeuse. — Répétition fastidieuse ; rengaine. **4.** *Scie musicale :* instrument de musique constitué par une lame d'acier qui, frottée ou frappée, vibre plus ou moins selon sa tension.

SCIEMMENT [sjamɑ̃] adv. (du lat. *sciens, scientis,* qui sait). En pleine connaissance de cause.

SCIENCE n.f. (lat. *scientia,* de *scire,* savoir). **1.** Ensemble cohérent de connaissances relatives à certaines catégories de faits, d'objets ou de phénomènes obéissant à des lois et vérifiées par les méthodes expérimentales. *Les progrès de la science.* ◇ *Science pure :* recherche fondamentale (par oppos. à *science appliquée*). **2.** Manière habile de mettre en œuvre, dans une technique, des connaissances acquises. *La science des couleurs.* ◆ pl. **1.** Disciplines ayant pour objet l'étude des faits, des relations vérifiables. ◇ *Sciences dures :* sciences qui utilisent le calcul et l'expérimentation, par oppos. aux *sciences molles,* qui sont les sciences humaines en général. **2.** Disciplines scolaires et universitaires comprenant la physique, la chimie, les mathématiques, la biologie, les sciences de la Terre (par oppos. à *lettres*). *Être bon en sciences.* **3.** *Sciences humaines :* disciplines ayant pour objet l'homme et ses comportements individuels et collectifs, passés et présents.

SCIENCE-FICTION n.f. (pl. *sciences-fictions*). Genre littéraire et cinématographique envisageant l'évolution de l'humanité et, en partic., les conséquences de ses progrès scientifiques. Abrév. : *SF.*

S

■ **SCIENCE-FICTION.** Scène de *la Guerre des étoiles* de George Lucas (1977).

SCIÈNE [sjɛn] n.f. (gr. *skiaina*). Grand poisson téléostéen de l'Atlantique et de la Méditerranée, apprécié des pêcheurs sportifs pour sa défense acharnée et la qualité de sa chair. (Long. jusqu'à 2 m ; genre *Argyrosomus,* famille des sciénidés.) SYN. : *maigre.*

SCIENTIFICITÉ n.f. Caractère de ce qui est scientifique.

SCIENTIFIQUE adj. **1.** Relatif à la science, à une science. *La recherche scientifique.* **2.** Qui, dans le domaine de la connaissance, présente les caractères de rigueur, d'exigence, d'objectivité propres aux sciences. *Une enquête scientifique.* ◇ *Nom scientifique :* dénomination internationale d'une espèce animale ou végétale utilisant la nomenclature binominale (par oppos. à *nom usuel, nom vernaculaire*). SYN. : *nom latin.* ◆ adj. et n. Qui étudie les sciences ; qui est spécialiste d'une science.

SCIENTIFIQUEMENT adv. D'une manière, d'un point de vue scientifique.

SCIENTISME n.m. Tendance philosophique de la fin du XIXe s., selon laquelle l'explication des phénomènes humains et sociaux, et, par-delà, la satisfaction de toutes les aspirations de l'humanité, supposent le recours généralisé aux méthodes et aux acquis des sciences de la nature et des mathématiques.

SCIENTISTE adj. et n. Qui relève du scientisme ; qui en est partisan.

SCIENTOLOGIE n.f. Nom donné par l'Américain Lafayette Ron Hubbard (1911 - 1986) à la doctrine qu'il a développée. (Se présentant comme une philosophie religieuse appliquée, la scientologie est diffusée par une organisation à caractère sectaire.)

SCIER v.t. [5] (lat. *secare*). **1.** Couper, diviser avec une scie. *Scier du bois, du marbre.* **2.** *Fam.* Étonner vivement.

SCIERIE [siri] n.f. Établissement où l'on débite le bois.

SCIEUR n.m. Personne qui exécute un sciage. ◇ *Scieur de long :* ouvrier qui sciait à la main de grandes pièces de bois, dans le sens du fil.

SCIEUSE n.f. Scie mécanique.

SCILLE [sil] n.f. (gr. *skilla*). Plante bulbeuse des bois et des prés, voisine de la jacinthe, à fleurs bleues en clochettes larges. (Genre *Scilla ;* famille des liliacées.)

SCINDER [sɛ̃de] v.t. (lat. *scindere,* fendre). Diviser, en parlant d'une chose abstraite ou d'un groupe. *Scinder une question.* ◇ v.pr. *Parti politique qui s'est scindé en deux groupes.*

SCINQUE [sɛ̃k] n.m. (lat. *scincus,* du gr.). Petit reptile des régions semi-arides et sablonneuses, au corps cylindrique et lisse, aux pattes courtes. (Genre *Scincus ;* famille des scincidés.)

SCINTIGRAPHIE n.f. (de *scintiller*). IMAG. MÉD. Procédé qui consiste à administrer une substance radioactive, puis à repérer, grâce à un détecteur, les rayons gamma qu'elle émet vers l'extérieur.

SCINTILLANT, E adj. Qui scintille.

SCINTILLATEUR n.m. PHYS. Appareil permettant de détecter des particules grâce aux scintillations qu'elles produisent sur un écran fluorescent.

SCINTILLATION n.f. **1.** ASTRON. Fluctuation rapide de l'éclat lumineux d'une étoile ou de l'intensité de rayonnement d'une radiosource ponctuelle. **2.** PHYS. Fluctuation rapide de l'intensité, de la vitesse, de la fréquence ou d'une autre caractéristique d'un phénomène physique ou d'un appareil.

S

SCINTILLEMENT n.m. **1.** Action de scintiller. **2.** ÉLECTROACOUST. Variation parasite de la hauteur des sons produite par des fluctuations rapides de la vitesse de rotation d'un disque ou de la vitesse de défilement d'une bande magnétique.

SCINTILLER [sɛ̃tije] v.i. (lat. *scintillare*). **1.** Présenter le phénomène de la scintillation. *Les étoiles scintillent.* **2.** Briller en jetant des éclats par intermittence. *Joyau qui scintille.*

SCION [sjɔ̃] n.m. (du francique). **1.** Pousse de l'année. **2.** Jeune branche destinée à être greffée. **3.** Brin terminal très fin d'une canne à pêche.

SCIOTTE [sjɔt] n.f. Scie à main des marbriers et des tailleurs de pierre.

SCIRPE [sirp] n.m. (lat. *scirpus,* jonc). Plante des marécages et des terrains humides, à feuilles plates (ce qui la distingue des joncs vrais, à feuilles et à tiges cylindriques), employée en vannerie sous le nom de *jonc des chaisiers* ou *des tonneliers.* (Famille des cypéracées.)

SCISSION [sisjɔ̃] n.f. (lat. *scissio, -onis*). Division dans une assemblée, un parti politique, un syndicat, une association, une entreprise.

SCISSIONNISTE adj. et n. Qui tend à provoquer une division ; dissident.

SCISSIPARE adj. Se dit des êtres qui se multiplient par scissiparité.

SCISSIPARITÉ n.f. **1.** Mode de division des êtres unicellulaires consistant à doubler de longueur, puis à se partager en deux cellules identiques qui peuvent se séparer. **2.** Mode de multiplication asexuée de certains animaux pluricellulaires (hydres, actinies, planaires, annélides), par séparation en deux ou plusieurs segments, tous capables de régénérer les parties qui leur manquent.

SCISSURE n.f. (lat. *scissura,* de *scindere,* fendre). ANAT. Profond sillon à la surface de certains organes (poumon, cerveau, etc.), prolongé éventuellement en profondeur par une fente.

SCIURE [sjyr] n.f. Déchet en poussière qui tombe d'une matière qu'on scie, en partic. du bois.

SCIURIDÉ [sjyride] n.m. (du lat. *sciurus,* écureuil). Mammifère rongeur, tel que l'écureuil, la marmotte, le chien de prairie. (Les sciuridés forment une famille.)

SCLÉRAL, E, AUX adj. Relatif à la sclérotique. ◇ *Verre scléral :* verre de contact qui s'adapte sur la face antérieure du globe oculaire.

SCLÉRANTHE n.m. (du gr. *sklêros,* dur). Petite herbe à fleurs verdâtres poussant dans les lieux secs, sablonneux ou rocailleux. (Genre *Scleranthus ;* famille des caryophyllacées.)

SCLÈRE n.f. Membrane externe du globe oculaire, formant en avant le blanc de l'œil.

SCLÉRENCHYME [sklerɑ̃ʃim] n.m. (gr. *sklêros,* dur, et *egkhuma,* effusion). BOT. Tissu végétal de soutien lignifié.

SCLÉREUX, EUSE adj. (gr. *sklêros,* dur). MÉD. De consistance fibreuse ; sclérosé.

SCLÉRODERME n.m. Champignon voisin du lycoperdon, parfois utilisé pour remplacer la truffe.

SCLÉRODERMIE n.f. Affection de cause inconnue caractérisée par une sclérose de la peau, et parfois des viscères.

SCLÉROPHYLLE adj. BOT. Qui a des feuilles dures, à cuticule épaisse et, de ce fait, bien adaptées à la sécheresse.

SCLÉROPROTÉINE n.f. Protéine fibreuse, telle que la kératine ou le collagène.

SCLÉROSANT, E adj. Qui sclérose.

SCLÉROSE n.f. (gr. *sklêrôsis*). **1.** MÉD. Développement du tissu conjonctif dans un organe, pouvant altérer la structure de ce dernier et provoquant un durcissement ; fibrose. ◇ ***Sclérose en plaques :*** maladie du système nerveux central caractérisée par l'existence de petites lésions disséminées dans la substance blanche, et entraînant des troubles nerveux variés et régressifs, du moins au début de l'évolution de la maladie. **2.** *Cour.* Sclérothérapie. **3.** *Fig.* Incapacité à évoluer, à s'adapter à une nouvelle situation par manque de dynamisme, par immobilisme, par vieillissement.

SCLÉROSÉ, E adj. **1.** MÉD. Se dit d'un organe, d'un tissu envahi par la sclérose, ou traité par sclérothérapie. **2.** *Fig.* Figé dans une attitude qui interdit toute évolution.

SCLÉROSER v.t. MÉD. Provoquer la sclérose de ; traiter par sclérothérapie. ◆ **se scléroser** v.pr. **1.** MÉD. Être atteint par la sclérose. **2.** *Fig.* Perdre toute capacité de réagir à des situations nouvelles. *Se scléroser dans ses habitudes.*

SCLÉROTE n.m. (gr. *sklêrotês,* dureté). Forme massive, végétative, sous laquelle certains champignons survivent, lorsque les conditions sont défavorables. (L'ergot du seigle est constitué par les sclérotes arqués d'un champignon.)

SCLÉROTHÉRAPIE n.f. Traitement des varices, des hémorroïdes, consistant à injecter dans chaque veine un produit la détruisant par sclérose. SYN. *(cour.) : sclérose.*

SCLÉROTIQUE adj. (du gr. *sklêrotês,* dureté). Se dit de la sclère de l'œil ou de ce qui s'y rapporte. ◆ n.f. Vieilli. Sclère.

SCOLAIRE adj. (du lat. *schola,* école). **1.** Qui a rapport à l'école, à l'enseignement. *Programme scolaire.* ◇ ***Âge scolaire :*** période de la vie concernée par l'obligation scolaire. **2.** *Péjor.* De caractère livresque, sans originalité. *Une critique théâtrale très scolaire.* ◆ n.m. Enfant d'âge scolaire.

SCOLARISABLE adj. Susceptible d'être scolarisé.

SCOLARISATION n.f. Action de scolariser.

SCOLARISER v.t. **1.** Doter un pays, une région des établissements nécessaires à l'enseignement de toute une population. **2.** Admettre un enfant, un groupe à suivre l'enseignement d'un établissement scolaire. *Scolariser les jeunes jusqu'à l'âge de seize ans.*

SCOLARITÉ n.f. **1.** Durée des études. *Prolonger la scolarité.* **2.** Ensemble des études scolaires.

SCOLASTICAT n.m. Maison où les jeunes religieux, après leur noviciat, font leurs études de philosophie et de théologie.

1. SCOLASTIQUE n.f. (gr. *skholastikos,* relatif à l'école). Enseignement philosophique et théologique dispensé dans l'Université du XIe au XVIIe s. (apogée au XIIIe s.) et dont le propos était de concilier la foi chrétienne et la raison. (Marquée par l'influence prépondérante de l'aristotélisme, la scolastique a été princip. illustrée par saint Albert le Grand, saint Thomas d'Aquin, saint Bonaventure, Duns Scot et Guillaume d'Occam.) ◆ adj. **1.** Relatif à la scolastique. **2.** *Litt.* Formaliste et verbeux à la façon de la scolastique lors de sa décadence.

2. SCOLASTIQUE n.m. **1.** Philosophe ou théologien scolastique. **2.** Jeune religieux qui fait ses études dans un scolasticat.

SCOLEX [skɔlɛks] n.m. (mot gr., *ver*). Extrémité antérieure du ténia, portant des ventouses ou des crochets fixateurs.

SCOLIASTE ou **SCHOLIASTE** [skɔljast] n.m. Auteur de scolies.

SCOLIE ou **SCHOLIE** [skɔli] n.f. (gr. *skholion,* explication). Remarque grammaticale, critique ou historique faite dans l'Antiquité sur un texte.

SCOLIOSE n.f. (gr. *skoliôsis,* de *skolios,* tortueux). Incurvation latérale anormale de la colonne vertébrale.

SCOLIOTIQUE adj. Relatif à la scoliose. ◆ adj. et n. Atteint de scoliose.

SCOLOPACIDÉ n.m. (gr. *skolopax, -akos,* bécasse). Oiseau échassier limicole ou forestier, migrateur, tel que la barge, le chevalier, le courlis, la bécasse. (Les scolopacidés forment une famille de l'ordre des charadriiformes.)

SCOLOPENDRE n.f. (lat. *scolopendra,* du gr.). **1.** Fougère à feuilles indivises, en forme de ruban atteignant 50 cm de long, qui pousse surtout dans les éboulis calcaires. (Genre *Scolopendrium ;* famille des polypodiacées.) SYN. : *langue-de-cerf.* **2.** Mille-pattes venimeux des régions tropicales et méditerranéennes, à morsure douloureuse pour l'homme. (Long. max. 30 cm ; genre principal *Scolopendra.*)

■ **SCOLOPENDRE** (végétal).

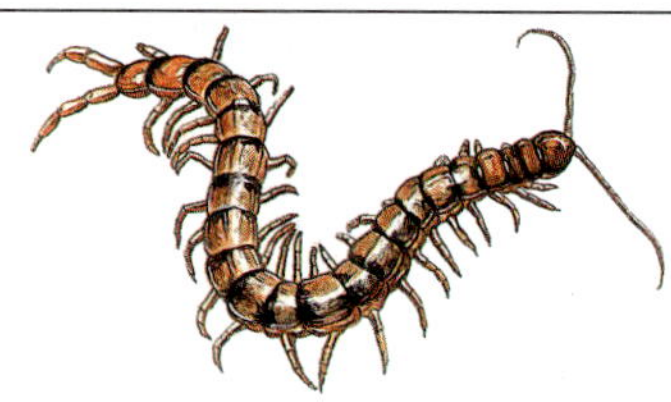

■ **SCOLOPENDRE** (animal).

SCOLYTE n.m. (lat. *scolytus*). Insecte coléoptère qui creuse des galeries rayonnantes dans les arbres des forêts et se rend ainsi très nuisible. (Long. 5 mm ; famille des scolytidés.)

SCOMBRIDÉ n.m. (lat. *scomber*). Poisson téléostéen de haute mer, vivant en bancs importants, à la nage rapide, tel que le maquereau, le thon, la bonite. (Les scombridés forment une famille.)

SCONSE, SKONS, SKUNS ou **SKUNKS** [skɔ̃s] n.m. (angl. *skunk,* d'un mot algonquien). **1.** Moufette. **2.** Fourrure des carnassiers du genre moufette.

SCOOP [skup] n.m. (mot angl.). Information importante ou sensationnelle donnée en exclusivité par une agence de presse ou par un journaliste. Recomm. off. : ***exclusivité, primeur.*** – *Par ext., fam.* Nouvelle sensationnelle.

SCOOTER [skutœr] ou [-tɛr] n.m. (mot angl.). Motocycle, à deux roues de petit diamètre, caréné, à cadre ouvert et à plancher plat. ◇ *Scooter des mers :* moto carénée dont les roues ont été remplacées par des skis pour se déplacer sur l'eau. – *Scooter des neiges :* motoneige.

SCOOTÉRISTE n. Personne qui conduit un scooter.

SCOPE n.m. (abrév.). *Fam.* CinémaScope.

SCOPIE n.f. (abrév.). MÉD. *Fam.* Radioscopie.

SCOPOLAMINE n.f. (de C. A. *Scopoli,* n. d'un naturaliste italien). Alcaloïde contenu dans di-

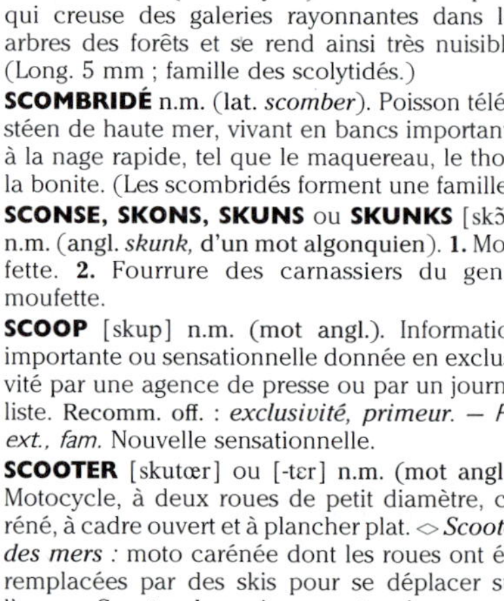

■ **SCOLYTE**

vers végétaux (jusquiame, par ex.), anticholinergique, utilisé contre le mal des transports et la maladie de Parkinson.

SCORBUT [skɔrbyt] n.m. (lat. médiév. *scorbutus*, du moyen néerl.). Maladie due à une carence alimentaire en vitamine C, caractérisée notamm. par des hémorragies multiples.

SCORBUTIQUE adj. Relatif au scorbut. ◆ adj. et n. Atteint de scorbut.

SCORE n.m. (mot angl.). **1.** SPORTS. Marque. **2.** Nombre de points à un test ; résultat chiffré obtenu dans un classement, lors d'une élection. *Ce candidat a fait un excellent score au premier tour.*

SCORIACÉ, E adj. De la nature des scories.

SCORIE n.f. (gr. *skôria*). **1.** Sous-produit d'une opération d'élaboration métallurgique, ayant une composition à base de silicates. ◇ *Scorie de déphosphoration :* résidu de la déphosphoration du minerai de fer, utilisé comme engrais. **2.** GÉOL. Fragment de lave vacuolaire, rude au toucher, légère.

SCORPÈNE n.f. Rascasse.

SCORPÉNIDÉ n.m. (lat. *scorpaena*, du gr.). Poisson téléostéen des fonds rocheux, au corps et aux nageoires souvent hérissés d'épines venimeuses, tel que la rascasse, le sébaste. (Les scorpénidés forment une famille.)

SCORPIOÏDE adj. BOT. Se dit d'une cyme unipare dont les rameaux floraux sont tous émis du même côté des axes successifs de l'inflorescence. *(V. ill. p. 545).*

SCORPION n.m. (lat. *scorpio*, du gr.). **1.** Arthropode des régions tropicales et méditerranéennes portant en avant une paire de pinces et dont l'abdomen mobile se termine par un aiguillon venimeux. (Les espèces des genres *Centrurus* et *Androctonus* peuvent être mortelles ; long. entre 3 et 20 cm ; classe des arachnides.) ◇ *Scorpion d'eau :* nèpe. **2.** *Le Scorpion :* constellation et signe du zodiaque (v. partie n.pr.). — *Par ext. Scorpion :* personne née sous ce signe.

■ SCORPION

SCORSONÈRE ou **SCORZONÈRE** n.f. (ital. *scorzonera*, de *scorzone*, vipère noire). Plante potagère vivace cultivée pour sa racine noire, allongée et charnue, très semblable à celle du salsifis et vendue sous ce nom. (Genre *Scorzonera ;* famille des composées.) SYN. : *salsifis noir, salsifis d'Espagne.*

1. SCOTCH [skɔtʃ] n.m. [pl. *scotchs* ou *scotches*] (mot angl., *écossais*). Whisky écossais.

2. SCOTCH n.m. (nom déposé). Ruban adhésif transparent.

SCOTCHÉ, E adj. **1.** Collé avec du Scotch. **2.** *Fam.* Accaparé par qqch au point de ne pouvoir s'en détacher. *Être scotché devant la télé.*

SCOTCHER v.t. Coller avec du Scotch.

SCOTIE n.f. (lat. *scotia*). ARCHIT. Gorge à profil semi-ovale séparant deux tores sur la base d'une colonne.

SCOTISME n.m. Doctrine de Duns Scot.

SCOTOME n.m. (bas lat. *scotoma*, vertige, d'un mot gr.). Perte ou altération de la vision dans une zone limitée du champ visuel.

SCOTOMISER v.t. PSYCHOL. Mettre à l'écart du champ de conscience une partie importante et souvent méconnue de la réalité psychologique individuelle.

SCOTTISH-TERRIER [skɔtiʃterje] ou [-terjœr] n.m. [pl. *scottish-terriers*] (de l'angl. *scottish*, écossais). Chien terrier d'une race à poil dur, d'origine écossaise.

SCOUMOUNE n.f. (ital. *scomunica*, excommunication). *Arg.* Malchance, poisse.

SCOURED [skawrɛd] n.m. (mot angl.). Laine lavée directement sur le dos du mouton, avant la tonte.

SCOUT, E [skut] n. (mot angl.). Enfant, adolescent faisant partie d'une association de scoutisme. ◆ adj. **1.** Relatif aux scouts, au scoutisme. *Camp scout.* **2.** Empreint de la bonne volonté naïve qu'on attribue aux scouts. *C'est son côté scout.*

SCOUT-CAR n.m. [pl. *scout-cars*] (mot angl., *voiture de reconnaissance*). ARM. Véhicule de reconnaissance ou de liaison rapide, légèrement armé et blindé.

SCOUTISME n.m. Organisation mondiale qui regroupe de nombreuses associations, laïques ou confessionnelles, partageant les mêmes principes fondamentaux en vue de la formation morale, physique, pratique et civique des enfants et des adolescents des deux sexes. (Fondé en 1908 par Baden-Powell, le scoutisme comprend auj., en France, six associations.)

SCP ou **S.C.P.** n.f. (sigle). Société civile professionnelle.

SCRABBLE [skrabl] ou [skrabəl] n.m. (nom déposé). Jeu de lettres d'origine américaine consistant à former des mots et à les placer sur une grille spéciale. (Les points marqués dépendent des lettres utilisées, de leur nombre et de l'emplacement choisi.)

SCRABBLER v.i. Jouer au Scrabble.

SCRABBLEUR, EUSE n. Joueur de Scrabble.

SCRAPER [skrapœr] n.m. (mot angl.). [Anglic. déconseillé]. Décapeuse.

1. SCRATCH adj. inv. (mot angl.). SPORTS. **1.** Au golf, se dit d'un joueur qui ne bénéficie d'aucun point dans la compétition à handicap. **2.** *Course scratch,* ou *scratch,* n.m. : épreuve dans laquelle tous les concurrents partent de la même ligne ou sans avantage ni handicap.

2. SCRATCH ou **SCRATCHING** [skratʃiŋ] n.m. (pl. *scratchs* ou *scratches, scratchings*). Dans le rap, mouvement d'aller et retour de la main, du coude ou du genou sur une partie de la surface d'un disque en vinyle pour produire un effet rythmique.

SCRATCHER v.t. (angl. *to scratch,* rayer). SPORTS. Éliminer pour absence, retard, etc., un concurrent. ◆ v.i. MUS. Faire un scratch. ◆ **se scratcher** v.pr. *Fam.* S'écraser contre un obstacle.

SCRIBANNE n.f. ou **SCRIBAN** n.m. (néerl. *schrijfbank*). Meuble composé d'un secrétaire à abattant surmonté d'un corps d'armoire.

SCRIBE n.m. (lat. *scriba*, de *scribere*, écrire). **1.** Dans l'Égypte ancienne, fonctionnaire chargé de la rédaction des actes administratifs, religieux ou juridiques. **2.** *Péjor.* Employé de bureau chargé des écritures, des copies. **3.** Dans les écrits du Nouveau Testament, docteur juif, interprète officiel des Saintes Écritures.

SCRIBOUILLARD, E n. *Fam., péjor.* Employé aux écritures.

SCRIBOUILLEUR, EUSE n. *Fam.* Écrivain médiocre.

SCRIPOPHILIE n.f. Recherche, collection des actions et obligations qui ne sont plus cotées en Bourse.

SCRIPT [skript] n.m. (mot angl., du lat. *scriptum*). **1.** CINÉMA. Scénario. **2.** Type d'écriture manuscrite simplifiée dans lequel les lettres se rapprochent des capitales d'imprimerie.

SCRIPTE n. Auxiliaire du réalisateur d'un film ou d'une émission de télévision chargé de noter tous les détails techniques et artistiques relatifs à chaque prise de vues.

SCRIPTEUR n.m. (lat. *scriptor*). LING. Auteur d'un message écrit (par oppos. à *locuteur*).

SCRIPTURAIRE adj. (du lat. *scriptura*, texte). Relatif à l'Écriture sainte.

SCRIPTURAL, E, AUX adj. **1.** Relatif à l'écriture (par oppos. à *oral*). **2.** *Monnaie scripturale :* ensemble de moyens de paiement autres que les billets de banque et les pièces de monnaie, qui circulent par des jeux d'écritures.

SCROFULAIRE n.f. (bas lat. *scrofulae*, écrouelles). Plante herbacée vivace de l'hémisphère Nord tempéré, à petites fleurs jaunes ou brun verdâtre, à tige souvent carrée. (Genre *Scrophularia.*) SYN. : *herbe aux écrouelles.*

SCROFULARIACÉE n.f. Plante dicotylédone gamopétale telle que la scrofulaire, la digitale, le muflier, la véronique, la linaire, le paulownia. (Les scrofulariacées forment une famille.)

SCROFULE n.f. (bas lat. *scrofulae*). Maladie des *écrouelles.

SCROFULEUX, EUSE adj. Relatif à la scrofule. ◆ adj. et n. Atteint de scrofule.

SCROTAL, E, AUX adj. Relatif au scrotum.

SCROTUM [skrɔtɔm] n.m. (mot lat.). ANAT. Enveloppe cutanée des bourses ; les bourses elles-mêmes.

SCRUB [skrœb] n.m. (mot angl.). Brousse épaisse d'Australie, formée de buissons toujours verts, contenant une grande variété de plantes, notamm. des acacias.

SCRUPULE n.m. (lat. *scrupulum*, petit caillou). Inquiétude de conscience, hésitation inspirées par une grande délicatesse morale. *N'avoir aucun scrupule.* ◇ *Se faire un scrupule de qqch,* ne pas vouloir le faire par sentiment du devoir.

SCRUPULEUSEMENT adv. De façon scrupuleuse.

SCRUPULEUX, EUSE adj. **1.** Qui manifeste une grande exigence morale. *Être scrupuleux dans le remboursement de ses dettes.* **2.** Qui manifeste un soin minutieux et de la rigueur ; méticuleux. *Un employé, un travail scrupuleux.*

1. SCRUTATEUR, TRICE adj. *Litt.* Qui vise à découvrir qqch en observant attentivement. *Un coup d'œil scrutateur.*

2. SCRUTATEUR, TRICE n. Personne qui concourt au bon déroulement et au dépouillement d'un scrutin.

SCRUTER v.t. (lat. *scrutari*). **1.** Chercher à pénétrer à fond. *Scruter les intentions de qqn.* **2.** Examiner attentivement en parcourant du regard. *Scruter l'horizon.*

SCRUTIN n.m. (lat. *scrutinium*, examen). Ensemble des opérations qui constituent un vote ou une élection.

SCULPTER [skylte] v.t. (lat. *sculpere*). **1.** Tailler la pierre, le bois, etc., avec divers outils en vue de dégager des formes, des volumes d'un effet artistique. **2.** Créer une œuvre d'art à trois dimensions par tout procédé, y compris le modelage. *Sculpter un bas-relief.* ◆ v.i. Pratiquer la sculpture.

SCULPTEUR [skyltœr] n.m. Artiste qui sculpte. (On dit aussi au fém. *sculptrice.*)

SCULPTURAL, E, AUX adj. **1.** Relatif à la sculpture, qui évoque la sculpture. **2.** Qui évoque la beauté formelle d'une sculpture classique. *Un corps sculptural.*

SCULPTURE [skyltyr] n.f. (lat. *sculptura*). **1.** Art et manière de sculpter. **2.** Ensemble d'œuvres sculptées. *La sculpture romane.* **3.** Œuvre sculptée. *Une sculpture en ronde bosse. (V. ill. page suivante).*

SCUTELLAIRE n.f. (du lat. *scutella*, petite coupe). Plante vivace rampante des lieux humides, à fleurs roses ou bleutées. (Genre *Scutellaria ;* famille des labiées.)

SCYPHOZOAIRE [sifɔzɔɛr] n.m. (gr. *skuphos*, coupe, et *zôon*, animal). Invertébré de l'embranchement des cnidaires, représenté par des méduses, souvent de grande taille et parfois dangereuses pour l'homme, tel que l'aurélie, le rhizostome, la cyanée et les cuboméduses. (Les scyphozoaires forment une classe.) SYN. : *acalèphe.*

SCYTHE ou **SCYTHIQUE** [sitik] adj. Relatif aux Scythes.

SDF ou **S.D.F.** n. (sigle). Sans *domicile fixe.

SE pron. pers. Désigne la 3e pers. quand elle est sujet et s'emploie comme complément d'objet direct, complément d'objet indirect ou complément d'attribution. *Il se regarde dans la glace. Ils se sont combattus. Ils se nuisent. Ils se sont donné quelques jours pour réfléchir.*

SEABORGIUM [sibɔrgjɔm] n.m. (de G.T. *Seaborg*, n.pr.). Élément chimique artificiel (Sg), de numéro atomique 106, de masse atomique 263,118 6.

SEA-LINE [silajn] n.m. [pl. *sea-lines*] (mot angl.). Canalisation immergée en mer servant au transport des hydrocarbures.

SÉANCE n.f. (de *seoir*). **1.** Réunion tenue par une assemblée ; durée de cette réunion. *Ouvrir, suspendre, lever la séance.* **2.** Temps consacré à une occupation ininterrompue, à un travail avec d'autres personnes. *Faire un portrait en trois séances.* **3.** Moment pendant lequel on donne un spectacle, un concert, une conférence, etc. — *Spécial.* Chacune des projections d'un film, au cinéma. **4.** Division minimale de l'emploi du temps, légèrement inférieure à une heure, durant laquelle est dispensé un enseignement.

1. SÉANT n.m. *Litt. Se mettre, être sur son séant,* sur son derrière.

2. SÉANT, E adj. (de *seoir*). *Sout.* Décent, convenable. *Il n'est pas séant de vous habiller ainsi.*

SEAU n.m. (lat. *sitella*). **1.** Récipient cylindrique en bois, en métal, en plastique, muni d'une anse, qui sert à transporter des liquides. ◇ *Fam. Il pleut à seaux :* il pleut très fort. **2.** Récipient de même forme, servant à divers usages ; son contenu. *Un seau à glace, à charbon.*

S

LA SCULPTURE DU XXᵉ SIÈCLE

Après quelque huit siècles d'un art figuratif de grande richesse – des portails romans à Rodin –, la sculpture occidentale, sans renoncer tout à fait à la représentation des modèles de la nature, s'en est écartée au fur et à mesure de la floraison des expressionnismes, du cubisme, du dadaïsme et de ses prolongements, des diverses formes d'abstraction géométrique ou lyrique.

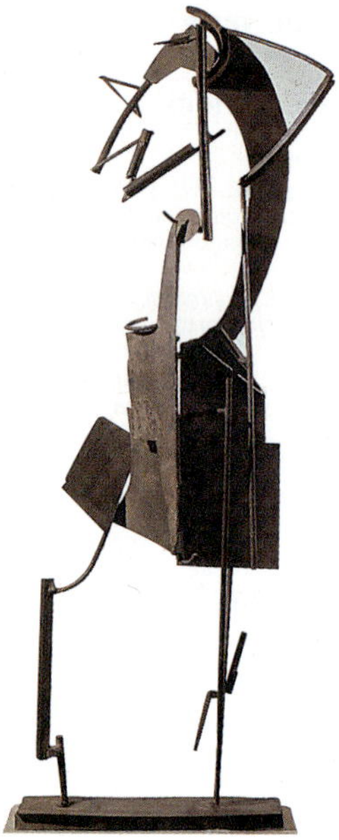

Barry Flanagan. *Le Lièvre et la Cloche* (1981), bronze. L'humour est roi chez le Britannique Flanagan, qu'inspirent Rodin, mais surtout Lewis Carroll et Alfred Jarry. (Coll. priv.)

Julio González. *Femme se coiffant* (v. 1931), construction en fer découpé et soudé. Pratiquée aussi par Picasso, cette technique découlait du processus cubiste d'analyse et de recomposition de la forme. (MNAM, Paris.)

Constantin Brancusi. *Princesse X* (1916), bronze : épuration formelle d'essence symbolique, recherche de l'absolu, de l'immuable. (MNAM, Paris.)

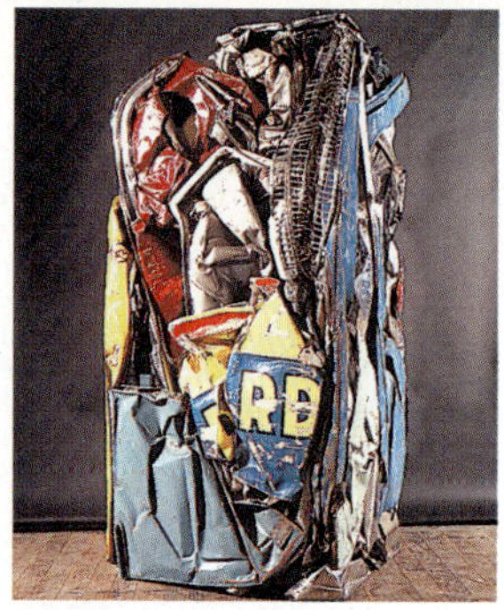

César. *Ricard* (1962), compression « dirigée » d'automobile : une forme d'« appropriation » de l'univers moderne propre aux « nouveaux réalistes », non sans contrôle par le créateur du résultat de l'opération. (MNAM, Paris.)

Louise Bourgeois. *Cumul I* (1969), marbre : expression surréalisante de bourgeonnements mystérieux, de sexualité latente. (MNAM, Paris.)

S

SÉBACÉ, E adj. (du lat. *sebum,* suif). Relatif au sébum. ◇ *Glande sébacée :* glande cutanée génér. annexée à un poil et sécrétant le sébum. – *Kyste sébacé :* loupe, tanne.

SÉBASTE n.m. (gr. *sebastos,* vénérable). Poisson voisin de la rascasse, commun dans le golfe de Gascogne et en Méditerranée. (Long. 20 à 30 cm. Genre *Sebastes ;* famille des scorpénidés.)

SÉBILE n.f. *Litt.* Récipient en forme de coupe peu profonde où les mendiants recueillaient les aumônes.

SEBKRA ou **SEBKHA** n.f. (ar. *sabkha*). Marécage salé, parfois asséché, qui occupe le fond d'une dépression, dans les régions désertiques, et où se déposent des évaporites.

SÉBORRHÉE n.f. MÉD. Sécrétion exagérée de sébum.

SÉBUM [sebɔm] n.m. (lat. *sebum,* suif). Sécrétion grasse produite par les glandes sébacées de la peau.

1. SEC, SÈCHE adj. (lat. *siccus*). **1. a.** Qui ne renferme pas d'eau, qui n'est pas ou plus mouillé, qui a perdu son élément liquide. *Du sable sec. Des vêtements secs. Peinture sèche.* **b.** Sans humidité atmosphérique ; qui reçoit peu de pluies. *Air, climat sec. Saison sèche.* – Sans humidité ambiante. *Un endroit frais et sec.* **c.** Qui n'est pas additionné d'eau. *Un whisky sec.* ◇ *Fam. Régime sec,* sans alcool. **d.** THERMODYN. *Vapeur sèche :* vapeur non saturante. **2. a.** Qui a perdu son humidité naturelle, sa fraîcheur. *Bois sec. Noix sèche.* **b.** Se dit d'aliments qu'on a laissés se déshydrater ou qu'on a soumis à un traitement spécial pour être conservés. *Légumes secs. Saucisson sec.* **3.** Se dit d'un son bref, sans ampleur ou résonance, ou de qqch qui provoque sur les sens une impression vive mais sans prolongement. *Un claquement, un bruit sec.* ◇ *Coup sec :* coup donné vivement. **4.** Qui n'est pas accompagné d'autre chose, qui se présente ou existe seul. *Être au pain sec et à l'eau.* ◇ *Licenciement sec,* sans mesure sociale d'accompagnement. – *Perte sèche,* qui n'est atténuée par aucune compensation. – *Vol sec :* trajet en avion qui ne comprend que le transport, sans aucune prestation annexe (transfert, nuitée, location de véhicule, etc.). **5.** *Vin sec,* dont la fermentation alcoolique a transformé tout le sucre en alcool. **6.** Qui manque de douceur, d'ampleur et d'ornements. *Un style sec.* **7.** Se dit d'une partie de l'organisme qui manque des sécrétions appropriées. *Avoir la bouche, la peau sèche.* ◇ *À pied sec :* sans se mouiller les pieds. – *Toux sèche,* sans expectoration (par oppos. à *toux grasse*). – *Regarder d'un œil sec,* sans être ému, sans ressentir de pitié. **8.** Se dit d'une personne, d'une partie du corps, peu charnue, maigre. *Une femme grande et sèche.* **9.** Qui est dépourvu de chaleur, de générosité, de sensibilité. *Un cœur sec.* **10.** Se dit d'une manière de parler brusque, rude. *Un ton sec et tranchant.* ◇ *Tout sec :* tout seul, sans rien de plus. *Un merci tout sec. Un refus tout sec.* ◆ adv. **1.** D'une manière rude, brusque. *Démarrer sec.* ◇ *Fam. Aussi sec :* immédiatement et sans la moindre hésitation. – *En cinq sec :* rapidement. **2.** *Boire sec :* boire abondamment des boissons alcoolisées. **3.** *Fam. Rester sec :* être incapable de répondre à une question. **4.** *Fam. L'avoir sec :* être déçu, contrarié.

2. SEC n.m. **1.** Ce qui n'est pas humide. ◇ *À sec :* sans eau ; *fam.,* sans argent. **2.** MAR. **a.** *À sec de toile :* se dit d'un bateau à voiles qui navigue sans se servir de ses voiles, poussé par un fort vent arrière. **b.** *Se mettre au sec :* s'échouer.

SÉCABLE adj. (lat. *secabilis*). Qui peut être coupé.

SECAM [sekam] **(SYSTÈME)** [acronyme de *séquentiel à mémoire*]. Système français de télévision en couleurs, breveté en 1956 par Henri de France et adopté dans divers pays d'Europe et d'Afrique.

SÉCANT, E adj. GÉOMÉTR. Se dit de deux courbes ou surfaces ayant un ou plusieurs points communs sans être tangentes.

SÉCANTE n.f. (du lat. *secare,* couper). Droite sécante.

SÉCATEUR n.m. (du lat. *secare,* couper). **1.** Outil en forme de gros ciseaux pour tailler les rameaux, les branches. **2.** Instrument analogue pour découper les volailles.

SECCO n.m. (du port.). Afrique. Panneau fait de tiges entrelacées constituant une palissade ; la palissade elle-même ; l'enclos ainsi délimité.

SÉCESSION n.f. (lat. *secessio,* de *secedere,* se retirer). **1.** Action menée par une fraction de la population d'un État en vue de se séparer de la collectivité nationale pour former un État distinct ou se réunir à un autre. **2.** *Faire sécession :* se séparer d'un groupe, en partic. d'un groupe politique.

SÉCESSIONNISTE adj. et n. Qui fait sécession.

SÉCHAGE n.m. **1.** Action de sécher ou de faire sécher. *Le séchage des cheveux.* **2.** Traitement qui a pour but d'éliminer d'un corps, en totalité ou en partie, l'eau qui s'y trouve incorporée. **3.** Passage de la couche de peinture, d'un vernis, etc., de l'état liquide à l'état solide.

SÈCHE n.f. *Fam.* Cigarette.

SÈCHE-CHEVEUX n.m. inv. Appareil électrique qui sèche les cheveux grâce à un courant d'air chaud. SYN. : *séchoir.*

SÈCHE-LINGE n.m. inv. Appareil électroménager permettant de sécher le linge grâce à un courant d'air chaud.

SÈCHE-MAINS n.m. inv. Dispositif à air chaud pulsé qui permet de se sécher les mains.

SÈCHEMENT adv. **1.** D'une façon dure, forte, brusque. *Voiture qui démarre sèchement.* **2.** D'une façon brève et brutale. *Répliquer sèchement.*

SÉCHER v.t. [11] (lat. *siccare*). **1.** Rendre sec, débarrasser de son humidité. *Sécher ses vêtements devant le feu.* **2.** *Fam.* Manquer volontairement un cours, une réunion, etc. *Sécher le lycée.* ◆ v.i. **1.** Devenir sec. *Ces fleurs ont séché.* **2.** *Fam.* Ne pouvoir répondre à une question. *Là, je sèche.* **3.** Suisse. *Fam. Sécher sur :* travailler, réfléchir sur ; plancher sur. **4.** *Litt.* Languir, dépérir. *Sécher d'ennui.*

SÉCHERESSE ou **SÈCHERESSE** n.f. **1.** État de ce qui est sec. *La sécheresse du sol.* **2.** Situation climatique où le manque d'eau saisonnier est habituel ; aridité. **3.** Période de déficit important, ou d'absence de précipitations. **4.** Absence de douceur ; froideur, brusquerie. *Répondre avec* *sécheresse.* **5.** Absence d'agrément, dureté d'exécution. *Sécheresse de style, sécheresse d'un dessin.*

SÉCHERIE ou **SÈCHERIE** n.f. Établissement spécialisé dans le séchage de certains produits (poisson, notamm.), en vue de leur conservation.

SÉCHEUR n.m. ou **SÉCHEUSE** n.f. Dispositif, appareil de séchage.

SÉCHOIR n.m. **1.** Support muni de tringles pour faire sécher le linge. **2.** Sèche-cheveux. **3.** Local servant au séchage de diverses matières.

1. SECOND, E [səgɔ̃, ɔ̃d] adj. (lat. *secundus*). **1.** Qui vient immédiatement après le premier. *La seconde place. Monter au second étage.* **2.** Qui s'ajoute à qqch de nature identique. *Une seconde jeunesse.* ◇ *État second :* état anormal, où l'on cesse d'avoir la pleine conscience de ses actes. **3.** Qui vient après le premier dans un ordre de valeur, de rang, etc. *Voyager en seconde classe. Un second rôle.*

2. SECOND n.m. **1.** Personne qui en aide une autre dans une affaire, dans un emploi. **2.** MAR. Second capitaine. – *Fam.* Commandant en second, sur un navire de guerre. **3.** *En second :* au second rang ; sous les ordres d'un autre.

SECONDAIRE [səgɔ̃dɛr] adj. **1.** Qui n'occupe pas le premier rang dans un domaine donné, qui n'a qu'une importance de second ordre ; accessoire. *Une ville secondaire. Une question tout à fait secondaire.* **2.** Qui vient en second dans le temps. **3.** Qui appartient à l'enseignement du second degré (de la sixième à la terminale). **4.** GÉOL. *Ère secondaire,* ou *secondaire,* n.m. : mésozoïque. **5.** ÉCON. *Secteur secondaire,* ou *secondaire,* n.m. : ensemble des activités économiques correspondant à la transformation des matières premières en biens productifs ou en biens de consommation. **6.** Se dit de ce qui appartient à la deuxième période de certaines maladies (syphilis, par ex.). **7.** MÉD. Se dit de toute manifestation pathologique consécutive à une autre ; symptomatique. **8.** PSYCHOL. Se dit en caractérologie d'une personne dont les réactions aux événements sont lentes, durables et profondes (par oppos. à *primaire*). **9.** ÉCOL. Se dit d'une formation végétale non originelle, liée à l'action de l'homme. ◇ *Forêt secondaire* → **forêt. 10.** CHIM. ORG. Se dit d'un composé dont la fonction réside sur un atome porteur de deux groupements alkyle ou aryle (par ex. : alcool R'R"CHOH, amine R'R"NH, carbocation $R'R''C^+H$). **11.** BOT. Se dit de la structure présentée par une racine ou une tige âgées quand fonctionnent les assises génératrices, ou *cambiums,* qui assurent la croissance en épaisseur, et des formations (bois, liber, liège) qui en résultent. ◆ n.m. **1.** Enseignement secondaire. **2.** ÉCON. Secteur secondaire. **3.** GÉOL. Ère secondaire. **4.** ÉLECTROTECHN. Enroulement relié au circuit d'utilisation, dans un transformateur ; enroulement non connecté au réseau, dans une machine asynchrone.

SECONDAIREMENT adv. De façon secondaire, accessoire.

SECONDE [səgɔ̃d] n.f. **1.** Unité de temps (symb. s), équivalant à la durée de 9 192 631 770 périodes de la radiation correspondant à la transition entre les deux niveaux hyperfins de l'état fondamental de l'atome de césium 133. (Unité de base du SI.) – Soixantième partie de la minute. **2.** Temps très court ; moment. *Attendez une seconde !* **3.** Cinquième année de l'enseignement du second degré. **4.** MUS. Intervalle de deux degrés conjoints. **5.** MÉTROL. Unité d'angle plan (symb. ") valant 1/60 de minute, soit π/648 000 radian. **6.** MATH. Se dit d'une lettre portant en haut et à droite deux petits accents. (A" s'énonce « A seconde ».)

SECONDER [səgɔ̃de] v.t. **1.** Servir d'aide à qqn dans un travail ; lui venir en aide ; aider, assister. **2.** *Litt.* Favoriser. *Seconder les désirs de qqn.*

SECOUEMENT n.m. *Litt.* Action de secouer.

SECOUER v.t. (lat. *succutere*). **1.** Agiter fortement et à plusieurs reprises. *Secouer un arbre.* **2.** Agiter vivement la tête, la main, les épaules, etc., de manière répétée en signe de dénégation. **3.** Se débarrasser de qqch par des mouvements brusques. *Secouer la poussière de ses chaussures.* **4.** Ne pas ménager qqn, le réprimander pour l'inciter à l'effort. **5.** Causer un choc physique ou moral ; ébranler. *Cette maladie l'a secoué.* ◆ **se secouer** v.pr. *Fam.* Réagir contre le découragement, l'inertie.

SECOUEUR n.m. Crible incliné, oscillant à l'arrière de la moissonneuse-batteuse, qui extrait les derniers grains entraînés avec la paille sortant du batteur.

SECOURABLE adj. Qui porte volontiers secours aux autres ; obligeant.

SECOURIR v.t. [33] (lat. *succurrere*). Venir en aide, porter assistance à ; assister, défendre.

SECOURISME n.m. Ensemble des moyens simples mis en œuvre pour soigner en urgence les personnes malades ou accidentées.

SECOURISTE n. Personne formée à la pratique du secourisme.

SECOURS n.m. **1.** Aide, assistance à qqn qui est en danger. *Demander, prêter, porter secours. Appeler une amie à son secours.* **2.** Aide financière, matérielle. *Distribuer des secours.* ◇ DR. *Devoir de secours :* obligation alimentaire entre époux. **3.** Ensemble des moyens utilisés pour porter assistance à qqn en danger. *Secours aux blessés. Secours en mer.* **4.** Ce qui est utile ; aide. *Sans le secours d'une carte, je n'aurais jamais retrouvé mon chemin.* **5.** Renfort en hommes, en matériel. **6.** *De secours :* destiné à servir en cas de nécessité, en remplacement de qqch. *Sortie de secours. Roue de secours.* ◆ pl. Choses qui servent à secourir. *Des secours en espèces.*

SECOUSSE n.f. (du lat. *succusus,* secoué). **1.** Mouvement brusque qui agite un corps ; ébranlement. *Donner une secousse.* **2.** Oscillation du sol, lors d'un tremblement de terre. **3.** Choc psychologique. *Cette maladie a été pour lui une secousse.*

1. SECRET, ÈTE adj. (lat. *secretus*). **1.** Peu connu, que l'on tient caché. *Négociation secrète.* **2.** Se dit de qqch qui est soigneusement dissimulé aux regards ; dérobé. *Escalier secret.* **3.** Qui n'est pas apparent ; intime, mystérieux. *Vie secrète.* **4.** *Litt.* Se dit de qqn qui ne fait pas de confidences ; renfermé.

2. SECRET n.m. (lat. *secretum,* chose secrète). **1.** Ce qui doit être tenu caché. *Confier un secret à un ami.* ◇ *Ne pas avoir de secret pour qqn,* ne rien lui cacher ; être connu parfaitement de lui. – *Secret d'État :* chose dont la divulgation nuirait aux intérêts de la nation. **2.** Discrétion, silence qui entoure qqch. *Promettre le secret absolu sur une affaire.* ◇ *Être, mettre dans le secret,* dans la confidence. – *En secret :* de façon secrète, cachée ; sans témoins ; secrètement. – *Secret professionnel :* silence, discrétion auxquels sont tenues certaines professions sur l'état ou la vie privée de leurs clients. **3.** Ce qu'il y a de plus caché, de plus intime. ◇ *Dans le secret de son cœur :* dans son for intérieur. **4.** Moyen caché, peu connu ou difficile à acquérir pour réussir qqch. *Le secret du bonheur.* **5.** *Mettre qqn au secret,* l'emprisonner en le privant de toute communication avec l'extérieur. **6.** Mécanisme caché, combinaison dont la connaissance est nécessaire pour faire fonctionner qqch. *Une serrure à secret.*

SECRÉTAGE n.m. CUIRS. Opération consistant à traiter les poils des peaux de lapin avec une solution de nitrate mercureux pour en faciliter le feutrage.

1. SECRÉTAIRE n. (de *secret*). **1.** Personne chargée de rédiger le courrier de qqn, de classer ses documents, de préparer des dossiers, etc. *Secrétaire comptable. Secrétaire de direction.* **2.** *Secrétaire de rédaction :* rédacteur chargé, dans un journal, une maison d'édition, de coordonner les activités rédactionnelles. **3.** Personne qui met par écrit les délibérations d'une assemblée, qui est chargée de son organisation, de son fonctionnement. *Secrétaire de séance.* ◇ *Secrétaire de mairie :* personne qui assure, dans une mairie et sous l'autorité du maire, certaines tâches administratives. – *Secrétaire d'État.* **a.** Membre du gouvernement, en France, génér. placé sous l'autorité d'un ministre ou du Premier ministre et qui agit sur délégation ; ministre des Affaires étrangères, aux États-Unis ; titulaire de certains postes ministériels, en Grande-Bretagne. **b.** CATH. Cardinal remplissant auprès du pape le rôle de Premier ministre. – *Secrétaire général :* dirigeant de certains partis politiques (*premier secrétaire* dans d'autres partis) ou de syndicats. – *Secrétaire général de l'ONU :* directeur du Secrétariat général de l'ONU, nommé par l'Assemblée générale.

2. SECRÉTAIRE n.m. **1.** Meuble haut ou bas, à tiroirs et à casiers, comportant une surface pour écrire, escamotable ou non. **2.** Serpentaire.

SECRÉTAIRERIE n.f. CATH. *Secrétairerie d'État :* organisme administratif suprême de la curie romaine, que dirige le cardinal secrétaire d'État, au Vatican.

SECRÉTARIAT n.m. **1.** Emploi, fonction de secrétaire ; métier de secrétaire. *Apprendre le secrétariat.* **2.** Bureau où un ou plusieurs secrétaires travaillent à des écritures, des expéditions, des enregistrements, des classements. **3.** Ensemble des tâches concernant la gestion, l'organisation de qqch. **4.** *Secrétariat général du gouvernement :* organe chargé, en France, de la préparation des conseils ministériels et de la coordination de l'action gouvernementale. – *Secrétariat général de la présidence de la République :* organe chargé, en France, avec le secrétariat général du gouvernement, de la préparation des conseils ministériels et de la liaison entre la présidence de la République et l'ensemble des pouvoirs publics. – *Secrétariat général de l'ONU :* organe administratif des Nations unies dirigé par le secrétaire général.

SECRÉTARIAT-GREFFE n.m. (pl. *secrétariats-greffes*). Greffe.

SECRÈTEMENT adv. En secret.

SECRÉTER v.t. [11]. Procéder au secrétage.

SÉCRÉTER v.t. [11]. **1.** Produire par sécrétion. *Le foie sécrète la bile.* **2.** *Litt.* Produire naturellement qqch ; distiller. *Maison qui sécrète l'ennui.*

SÉCRÉTEUR, EUSE ou **TRICE** adj. Se dit d'une cellule, d'un organe qui a une fonction de sécrétion.

SÉCRÉTINE n.f. Hormone sécrétée par la muqueuse de l'intestin grêle au passage du chyme, et qui stimule les sécrétions pancréatiques.

SÉCRÉTION n.f. (lat. *secretio,* dissolution). PHYSIOL. **1.** Fonction par laquelle une cellule, spécial. une cellule glandulaire, élabore une substance qu'elle excrète ensuite et qui agit sur d'autres cellules ou sur une autre fonction. **2.** Substance ainsi élaborée.

SÉCRÉTOIRE adj. Relatif à la sécrétion.

SECTAIRE adj. et n. Qui manifeste de l'intolérance, de l'étroitesse d'esprit en refusant d'admettre les opinions différentes de celles qu'il professe. ◆ adj. Relatif aux sectes religieuses. ◆ n. Vx. Adepte d'une doctrine religieuse ou philosophique et, notamm., membre d'une secte, d'une fraction dissidente d'une religion.

SECTARISME n.m. Caractère d'une personne sectaire.

SECTATEUR, TRICE n. **1.** *Litt.,* vx. Partisan déclaré de la doctrine, des opinions de qqn. *Les sectateurs de Platon.* **2.** Membre d'une secte.

SECTE n.f. (lat. *secta,* de *sequi,* suivre). **1.** Vx. Ensemble de personnes professant une même doctrine philosophique, religieuse, etc. *La secte d'Épicure.* **2.** Groupement religieux clos sur lui-même et créé en opposition à des idées et à des pratiques religieuses dominantes. **3.** *Péjor.* Clan, coterie.

ENCYCL. Souvent nées de la contestation d'une institution ecclésiale jugée laxiste ou infidèle à ce qu'elles considèrent comme la vraie foi, les sectes adoptent, sous la conduite d'un guide, une attitude fondamentaliste vis-à-vis des structures ou des dogmes répudiés. Elles prônent une existence différente de celle des croyants ordinaires, centrée sur la conversion personnelle et le refus de toute médiation de type sacerdotal. Mais il arrive qu'elles renoncent peu à peu à cet idéal d'isolement contestataire pour adopter le statut de véritables congrégations ou d'Églises. Certains mouvements religieux contemporains, qu'on appelle parfois « nouvelles sectes », se sont signalés par la manière dont ils recrutent leurs adeptes, les assujettissent et les dépouillent de leurs biens, allant jusqu'à provoquer des suicides collectifs ou des attentats aux motivations apocalyptiques. Contre de tels agissements, des associations de défense se sont développées, sous l'égide des Églises instituées, des États et des familles des adeptes.

SECTEUR n.m. (lat. *sector,* de *secare,* couper). **1.** Domaine défini d'activité économique, sociale dans un État, une organisation, une institution. *Le secteur économique. Un secteur de pointe. Un secteur clé de l'industrie.* **2.** Division des activités économiques selon la nature de l'activité ou des biens produits. *Secteur primaire, secondaire, tertiaire.* **3.** Division de l'activité économique nationale sur la base de la propriété des entreprises. *Secteur privé, public, semi-public.* **4.** *Fam.* Endroit quelconque. *Qu'est-ce que tu fais dans le secteur ?* **5.** Subdivision d'une zone d'urbanisme soumise à un régime particulier. *Secteur sauvegardé.*

S

6. MIL. Zone d'action ou territoire confiés à une grande unité. **7.** Subdivision d'un réseau de distribution électrique. *Une panne de secteur.* **8.** MÉTÉOROL. Région d'un cyclone tempéré correspondant à une masse d'air. **9.** En comptabilité nationale, regroupement par classe des agents économiques institutionnels ayant les mêmes fonctions (entreprises financières, ménages, administrations privées, publiques, etc.). **10.** GÉOMÉTR. *Secteur angulaire :* partie de plan limitée par deux demi-droites de même sommet.

SECTION n.f. (lat. *sectio,* division). **1.** Action de couper ; fait d'être coupé ; manière dont une chose est coupée. *La section des tendons. Faire une section nette.* ◇ HYDROL. *Section mouillée :* coupe en travers d'un cours d'eau. **2.** MATH. *Section plane d'un volume,* intersection du volume avec un plan. **3.** DESS. INDUSTR. Dessin en coupe limité aux éléments contenus dans le plan de coupe. **4.** PHYS. *Section efficace :* grandeur permettant de calculer la probabilité des interactions d'un type donné entre particules ou noyaux. **5.** Partie d'une voie de communication. *Section d'autoroute en réparation.* **6.** Division du parcours d'une ligne d'autobus, servant de base au calcul du prix d'un trajet. **7.** Ensemble d'instruments dans un orchestre de jazz. *Section de cuivres.* ◇ *Section rythmique,* génér. composée d'une contrebasse, d'une batterie, d'un piano et parfois d'une guitare. **8.** DR. **a.** Division administrative d'une ville, d'une commune, d'un ensemble. *Section électorale.* ◇ *Section de commune :* partie d'une commune érigée en personne morale distincte. **b.** Subdivision d'une chambre d'une juridiction. ◇ *Section du Conseil d'État :* formation administrative ou juridictionnelle du Conseil d'État. **9.** Dans un lycée, ensemble d'élèves suivant des filières communes ou apparentées. *Sections littéraires, scientifiques.* **10.** Groupe local d'adhérents d'un parti, d'un syndicat, constituant une subdivision de celui-ci. *Réunion de section.* ◇ *Section syndicale d'entreprise :* ensemble des membres du personnel affiliés à un même syndicat au sein d'une entreprise. **11.** MIL. Petite unité élémentaire constitutive de la batterie dans l'artillerie, de la compagnie dans l'armée de l'air, l'infanterie, le génie, les transmissions et la plupart des services. **12.** ÉLECTROTECHN. Bobine élémentaire d'un enroulement de machine électrique.

SECTIONNEMENT n.m. **1.** Fait de sectionner, d'être sectionné. **2.** CH. DE F. Zone séparant la caténaire ou le rail conducteur des lignes électriques en deux tronçons alimentés séparément.

SECTIONNER v.t. **1.** Couper net ; trancher. *La balle avait sectionné l'artère.* **2.** Diviser par sections. *Sectionner une administration.*

SECTIONNEUR n.m. Appareil permettant de rompre la continuité d'un circuit électrique, spécial. pour des raisons de sécurité.

SECTORIEL, ELLE adj. Relatif à un secteur d'activité déterminé. *Grève sectorielle.*

SECTORISATION n.f. Répartition en secteurs géographiques, notamm. dans l'Administration.

SECTORISER v.t. Procéder à une sectorisation.

SÉCULAIRE adj. (lat. *saecularis,* de *saeculum,* siècle). **1.** Qui a lieu tous les cent ans. *Cérémonie séculaire.* ◇ *Année séculaire,* qui termine un siècle. **2.** Qui existe depuis plusieurs siècles. *Un chêne séculaire.* **3.** En mécanique céleste, se dit d'une variation qui s'étend sur plusieurs siècles.

SÉCULARISATION n.f. Action de séculariser.

SÉCULARISER v.t. (du lat. *saeculum,* siècle). Rendre des clercs à la vie laïque ; laïciser des biens d'Église.

1. SÉCULIER, ÈRE adj. (du lat. *saeculum,* siècle). **1.** *Clergé séculier,* qui n'appartient à aucun ordre ou institut religieux. **2.** HIST. Se disait de la justice laïque, temporelle (par oppos. à *ecclésiastique*). ◇ *Bras séculier :* puissance de la justice laïque temporelle.

2. SÉCULIER n.m. Laïque ; prêtre séculier.

SECUNDO [səgɔ̃do] adv. (mot lat.). Deuxièmement, dans une énumération commençant par *primo ;* en second lieu.

SÉCURISANT, E adj. Qui sécurise.

SÉCURISATION n.f. Action de sécuriser.

SÉCURISÉ, E adj. INFORM. Se dit d'un support d'information protégé contre les accès non autorisés et les dégradations accidentelles ou malveillantes.

SÉCURISER v.t. **1.** Donner un sentiment de sécurité à ; enlever la crainte, l'anxiété. **2.** Rendre qqch plus sûr ; fiabiliser.

SECURIT [sekyrit] n.m. (nom déposé). Verre de sécurité obtenu par trempe.

SÉCURITAIRE adj. **1.** Qui concerne la sécurité publique. **2.** Québec. Se dit d'un lieu, d'un véhicule, etc., qui offre des garanties de sécurité ; sûr.

SÉCURITÉ n.f. (lat. *securitas,* de *securus,* sûr). **1.** Situation dans laquelle qqn, qqch n'est exposé à aucun danger, à aucun risque d'agression physique, d'accident, de vol, de détérioration. *Cette installation présente une sécurité totale.* ◇ *Sécurité sociale :* ensemble des mesures législatives et administratives qui ont pour objet de garantir les individus et les familles contre certains risques, appelés *risques sociaux ;* ensemble des organismes administratifs chargés d'appliquer ces mesures. Abrév. *(fam.) : Sécu.* – *Sécurité routière :* ensemble des règles et des services visant à la protection des usagers de la route. – *Sécurité civile :* ensemble des mesures de prévention et de secours que requiert, en toutes circonstances, la sauvegarde des populations, appelé *protection civile* jusqu'en 1975. **2.** Situation de qqn qui se sent à l'abri du danger, qui est rassuré. **3.** Dispositif du mécanisme d'une arme à feu interdisant tout départ intempestif du coup. **4.** *De sécurité :* destiné à prévenir un accident ou un événement dommageable, ou à en limiter les effets. *Ceinture de sécurité. Marge de sécurité.*

ENCYCL. DR. Le système français de sécurité sociale est issu d'une ordonnance du 4 octobre 1945 instituant un régime de protection sociale commun à toute la population et géré par un service public unique. Il regroupe les risques sociaux en quatre branches :
– l'assurance maladie, maternité, invalidité, décès ;
– l'assurance accidents du travail ;
– l'assurance vieillesse et l'assurance veuvage ;
– les prestations familiales.
Il y a plusieurs catégories de régimes, correspondant à une population déterminée (agriculteurs, professions libérales...). Le plus important est le régime général, qui regroupe les salariés et assimilés. La gestion des branches d'assurance relève de diverses caisses, coiffées par la Caisse nationale d'assurance maladie, la Caisse nationale d'assurance vieillesse et la Caisse nationale d'allocations familiales. Les cotisations sont assises soit sur le salaire, et réparties entre l'employeur et le salarié, soit sur le revenu. Le recouvrement des cotisations est de la compétence de chaque URSSAF (Union de recouvrement des cotisations de sécurité sociale et d'allocations familiales).

SÉDATIF, IVE adj. et n.m. (du lat. *sedare,* calmer). PHARM. Se dit d'une substance qui agit contre la douleur, l'anxiété, l'insomnie ou qui modère l'activité d'un organe.

SÉDATION n.f. MÉD. Atténuation ou disparition des manifestations pathologiques.

SÉDENTAIRE adj. et n. (lat. *sedentarius,* de *sedere,* être assis). **1.** Qui sort peu, qui reste ordinairement chez soi ; casanier. **2.** ANTHROP. Qui reste dans une région déterminée (par oppos. à *nomade*). ◆ adj. Qui ne comporte ou n'exige pas de déplacements. *Emploi sédentaire.*

SÉDENTARISATION n.f. ANTHROP. Passage de l'état de nomade à l'état sédentaire.

SÉDENTARISER v.t. Rendre sédentaire.

SÉDENTARITÉ n.f. État d'une société sédentaire.

SEDIA GESTATORIA [sedjaʒɛstatɔrja] n.f. (mots ital., *chaise à porteurs*). CATH. Fauteuil monté sur un brancard à quatre bras, sur lequel était porté le pape en des circonstances solennelles.

SÉDIMENT n.m. (lat. *sedimentum,* affaissement). **1.** Dépôt meuble laissé par les eaux, le vent et les autres agents d'érosion, et qui, selon son origine, peut être marin, fluviatile, lacustre, glaciaire, etc. **2.** Dépôt qui se forme dans un liquide où des substances sont en suspension.

SÉDIMENTAIRE adj. Qui a le caractère d'un sédiment ; qui résulte d'une sédimentation. ◇ *Roche sédimentaire :* roche formée par le dépôt plus ou moins continu de matériaux prélevés sur les continents après altération des roches préexistantes, transport par des agents mécaniques externes (eau ou vent) et diagenèse.

SÉDIMENTATION n.f. **1.** Ensemble des phénomènes qui conduisent à la formation et au dépôt d'un sédiment. **2.** *Vitesse de sédimentation (globulaire) :* hauteur du dépôt formé dans un tube par la sédimentation des globules rouges en un temps donné, dont l'augmentation traduit une inflammation.

SÉDIMENTER v.i. ou **SÉDIMENTER (SE)** v.pr. Se déposer par sédimentation.

SÉDIMENTOLOGIE n.f. GÉOL. Étude de la nature et du mode de dépôt des sédiments et des roches sédimentaires.

SÉDIMENTOLOGUE n. Spécialiste de sédimentologie.

SÉDITIEUX, EUSE [sedisjø, øz] adj. et n. (lat. *seditiosus*). *Litt.* Qui prend part à une sédition ; qui fomente une sédition. ◆ adj. *Litt.* Qui révèle une sédition ; qui porte à la sédition. *Des écrits séditieux.*

SÉDITION n.f. (lat. *seditio*). *Litt.* Soulèvement concerté et préparé contre l'autorité établie.

SÉDUCTEUR, TRICE adj. et n. Qui séduit, qui fait des conquêtes amoureuses. *C'est une grande séductrice.*

SÉDUCTION n.f. **1.** Action, fait de séduire, d'attirer par un charme irrésistible. *Le pouvoir de séduction de l'argent.* **2.** Moyen, pouvoir de séduire. *Une femme pleine de séduction.*

SÉDUIRE v.t. [78] (lat. *seducere,* tirer à l'écart). **1.** Attirer fortement, s'imposer à qqn par telle qualité ; charmer. **2.** Obtenir les faveurs de qqn.

SÉDUISANT, E adj. **1.** Qui exerce un vif attrait sur autrui par son charme, ses qualités. **2.** Se dit de ce qui est propre à tenter qqn ; alléchant. *Des propositions séduisantes.*

SEDUM [sedɔm] n.m. (mot lat., *joubarbe*). BOT. Orpin.

SEERSUCKER [sirsœkœr] n.m. (mot angl., *crépon de coton*). Tissu de coton écossais gaufré.

SÉFARADE adj. (de l'hébr. *Sefarad,* Espagne). Relatif aux Séfarades, qui fait partie de cette communauté.

SÉGALA n.m. (mot provenç., de *seigle*). Région. (Massif central). Terre à seigle.

SEGHIA n.f. → **SEGUIA.**

SEGMENT n.m. (lat. *segmentum,* morceau coupé). **1.** Portion bien délimitée, détachée d'un ensemble. **2.** GÉOMÉTR. Partie de droite connexe et limitée par deux points appelés *extrémités.* (On le note [AB].) **3.** ZOOL. Anneau du corps des annélides et des arthropodes. SYN. : *métamère.* **4.** *Segment de piston :* anneau élastique assurant l'étanchéité du piston dans le cylindre d'un moteur. – AUTOM. *Segment de frein :* pièce en forme de croissant portant une garniture de friction, et qui s'applique contre le tambour de frein sous l'effet d'une pression.

SEGMENTAIRE adj. **1.** Qui concerne un segment. **2.** Qui est divisé en segments.

SEGMENTATION n.f. **1.** Division en segments. **2.** EMBRYOL. Ensemble des premières divisions de l'œuf après la fécondation.

SEGMENTER v.t. Partager en segments ; diviser, couper.

SÉGRÉGABILITÉ n.f. CONSTR. Tendance que possèdent les grains les plus gros d'un béton à se séparer sous l'influence de vibrations.

SÉGRÉGATIF, IVE adj. Qui relève de la ségrégation ; qui la pratique ou la favorise.

SÉGRÉGATION n.f. (bas lat. *segregatio,* de *segregare,* séparer du troupeau). **1.** Action de séparer les personnes d'origines, de mœurs ou de religions différentes, à l'intérieur d'un même pays, d'une collectivité. *Ségrégation raciale. Ségrégation sociale.* **2.** Mise à l'écart et privation de certains droits subies par des personnes, des groupes à l'intérieur d'une collectivité. **3.** MÉTALL. Séparation partielle de diverses parties homogènes d'un alliage pendant sa solidification.

SÉGRÉGATIONNISME n.m. Politique, doctrine de ségrégation raciale.

SÉGRÉGATIONNISTE adj. et n. Relatif au ségrégationnisme ; qui en est partisan.

SÉGUEDILLE ou **SEGUIDILLA** [segidija] n.f. (esp. *seguidilla,* de *seguida,* suite). Danse espagnole exécutée en couple, accompagnée par le chant, la guitare et les castagnettes, et dont il existe plusieurs variantes régionales.

SEGUIA ou **SEGHIA** [segja] n.f. (de l'ar.). Rigole d'irrigation, dans les oasis du Sahara.

SEHTAR n.m. → **SETAR.**

1. SEICHE n.f. (lat. *sepia*). Mollusque marin voisin du calmar, à coquille calcaire et cornée interne *(os),* dont la tête porte huit bras courts munis de ventouses et deux grands tentacules, et qui projette un liquide noir *(sépia)* lorsqu'il est menacé. (Long. env. 30 cm ; classe des céphalopodes.)

■ **SEICHE**

2. SEICHE n.f. (de *sec*). HYDROL. Oscillation libre de l'eau dans une baie, un bassin, un lac, sous l'effet du vent, de longues houles ou de la pression atmosphérique.

SÉIDE [seid] n.m. (de l'ar. *Zayd,* n. d'un affranchi de Mahomet). *Litt.* Homme d'un dévouement aveugle et fanatique.

SEIGLE n.m. (lat. *secale*). Céréale rustique cultivée sur les terres pauvres et froides pour son grain et comme fourrage. (Nom sc. *Secale cereale ;* famille des graminées.)

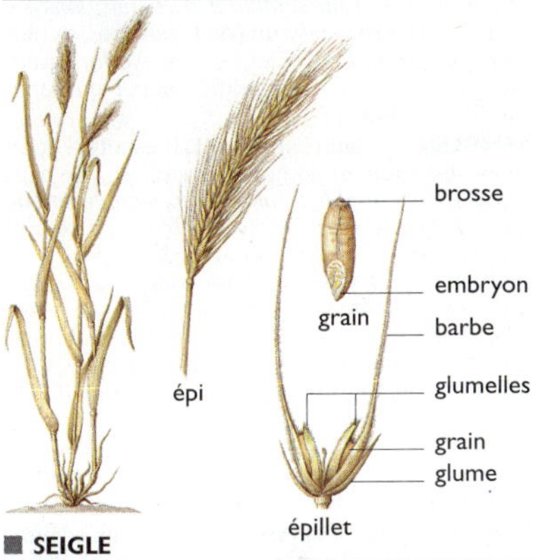

■ **SEIGLE**

SEIGNEUR n.m. (lat. *senior,* plus âgé). **1.** HIST. Propriétaire féodal. **2.** Personne noble de haut rang, sous l'Ancien Régime. **3.** *Fig.* Maître, prince. ◇ ***En grand seigneur :*** avec luxe, magnificence ; avec noblesse. – ***Être grand seigneur :*** dépenser sans compter et de manière ostentatoire. **4.** ***Seigneur de la guerre.*** **a.** En Chine, chef militaire s'arrogeant les pouvoirs civils dans une situation de faiblesse de l'État. (Les seigneurs de la guerre s'emparèrent du pouvoir entre la mort du président Yuan Shikai [1916] et la restauration de l'unité par Jiang Jieshi [1928].) **b.** *Par ext.* Dirigeant d'un mouvement insurrectionnel ou d'une organisation criminelle. **5.** ***Le Seigneur :*** Dieu.

SEIGNEURIAL, E, AUX adj. **1.** HIST. Qui dépendait d'un seigneur, qui appartenait à un seigneur. **2.** *Litt.* Digne d'un seigneur. *Demeure seigneuriale.*

SEIGNEURIE n.f. **1.** HIST. Droit, puissance, autorité d'un seigneur sur les personnes et les biens relevant de ses domaines. **2.** Unité de gestion et d'exploitation de la terre à l'époque féodale. (Elle comprenait la réserve seigneuriale, la vaine pâture et les tenures.) **3.** ***Votre Seigneurie :*** titre d'honneur donné à certains dignitaires.

SEILLE n.f. (lat. *situla,* seau). Vx. Récipient en bois ou en toile, en forme de seau.

SEILLON n.m. Vx. Baquet peu profond pour le transport du lait ou le soutirage du vin.

SEIME n.f. (de l'anc. fr. *semer,* du lat. *semis,* moitié). VÉTÉR. Fente verticale qui se forme dans la corne du sabot des équidés.

SEIN n.m. (lat. *sinus,* pli, courbe). **1. a.** Organe pair très développé situé à la partie antérieure du thorax chez la femme, et qui contient la glande mammaire. ◇ ***Donner le sein à un enfant,*** l'allaiter. **b.** Ce même organe atrophié chez l'homme. **2.** *Litt.* Partie antérieure du thorax ; buste. *Presser qqn contre son sein.* **3.** *Litt.* Siège de la conception ; entrailles. *Dans le sein de sa mère.* **4.** *Litt.* Refuge que constituent l'écoute, la tendresse de qqn ; cœur. *S'épancher dans le sein d'un ami.* **5.** *Litt.* Partie interne que renferme qqch. *Le sein de la terre, de l'océan.* ◇ ***Au sein de :*** au milieu de, dans le cadre de.

SEINE n.f. → **SENNE.**

SEING [sɛ̃] n.m. (lat. *signum,* signe). DR. Signature d'une personne sur un acte, pour en attester l'authenticité. ◇ ***Sous seing privé :*** se dit d'un acte qui n'a pas été établi devant un officier public.

SÉISMAL, E, AUX adj. → **SISMAL.**

SÉISME n.m. (gr. *seismos,* tremblement de terre). **1.** Secousse brusque d'une région de l'écorce terrestre, produite à une certaine profondeur, à partir d'un épicentre. SYN. : ***secousse sismique*** ou ***tellurique, tremblement de terre.*** **2.** *Fig.* Bouleversement. *Un séisme électoral.*

SÉISMICITÉ n.f., **SÉISMIQUE** adj., **SÉISMOGRAPHE** n.m., **SÉISMOLOGIE** n.f. → **SISMICITÉ, SISMIQUE, SISMOGRAPHE, SISMOLOGIE.**

SEIZE adj. num. et n.m. inv. (lat. *sedecim*). **1.** Nombre qui suit quinze dans la suite des entiers naturels. **2.** Seizième. *Page seize.*

SEIZIÈME adj. num. ord. et n. Qui occupe le rang marqué par le nombre seize.

SEIZIÈMEMENT adv. En seizième lieu.

SÉJOUR n.m. **1.** Fait de séjourner dans un lieu, dans un pays, pendant un certain temps ; durée pendant laquelle on séjourne quelque part. **2.** *Litt.* Lieu où l'on séjourne. *Ce village est un agréable séjour d'été.* **3.** ***Salle de séjour,*** ou ***séjour :*** pièce d'un appartement servant à la fois de salon et de salle à manger. SYN. : *living, living-room.*

SÉJOURNER v.i. (lat. pop. *subdiurnare,* durer un certain temps). Demeurer, résider quelque temps en un lieu. *Séjourner à Lille.*

SEL n.m. (lat. *sal*). **1.** Substance cristallisée, friable, soluble dans l'eau, composée pour l'essentiel de chlorure de sodium, et employée pour l'assaisonnement ou la conservation des aliments. *Sel fin* ou *sel de table.* ◇ ***Sel marin,*** extrait de l'eau de mer. – ***Sel gemme*** → **gemme.** – ***Gros sel :*** sel marin en gros cristaux. **2.** *Fig.* Ce qu'il y a de piquant, de savoureux dans un propos, un écrit, une situation ; ce qui augmente vivement leur intérêt. *Plaisanterie pleine de sel.* ◇ *Litt.* ***Le sel de la terre :*** l'élément actif, généreux, les meilleurs d'un groupe. **3.** CHIM. Corps de structure ionique résultant de l'action d'un acide sur une base ou d'un acide ou d'une base sur un métal. ◇ ***Sel d'Angleterre, de Sedlitz*** ou ***d'Epsom,*** ou ***sel de magnésie :*** sulfate de magnésium. – ***Sel de Vichy :*** bicarbonate de sodium. ◆ pl. **1.** Anc. Mélanges acides ou alcalins qui servaient à ranimer par inhalation les personnes défaillantes. **2.** ***Sels de bain :*** mélange parfumé de sels minéraux ajoutés à l'eau du bain, pour la parfumer et l'adoucir.

SÉLACIEN n.m. (gr. *selakhos*). Poisson marin à squelette cartilagineux, à la peau recouverte de denticules à l'émail très dur, tel que les raies et les torpilles, les roussettes, les requins et les poissons-scies. (Les sélaciens forment une sous-classe de chondrichtyens.)

SÉLAGINELLE n.f. (du lat. *selago*). Plante rampante à feuilles minuscules, voisine des lycopodes, qui contribue à la formation des pelouses des montagnes. (Embranchement des lycophytes.)

SÉLECT, E [selɛkt] adj. (angl. *select*). *Fam.* Distingué, élégant, chic. *Une réunion très sélecte. Des gens sélects.*

SÉLECTER v.t. (de l'angl. *to select*). TECHN. Actionner un sélecteur.

SÉLECTEUR n.m. **1.** TECHN. Commutateur ou dispositif permettant de choisir un organe, un parcours, une gamme ou un canal de fréquences, etc., parmi un certain nombre de possibilités. *Sélecteur de programmes.* **2.** Pédale actionnant le changement de vitesse sur une motocyclette ou certains vélomoteurs.

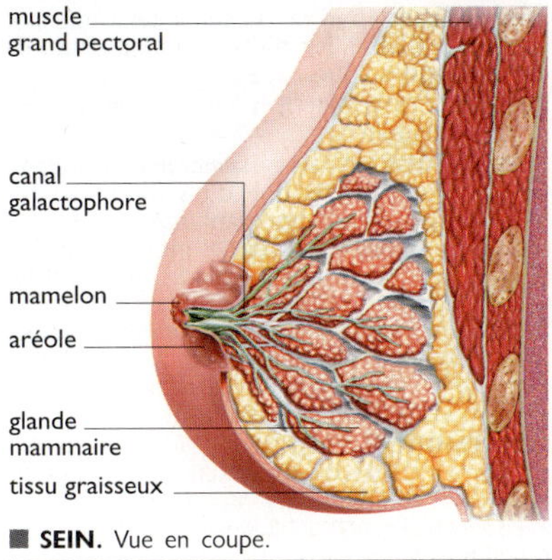

■ **SEIN.** Vue en coupe.

SÉLECTIF, IVE adj. **1.** Qui vise à opérer une sélection ou qui repose sur une sélection. *Méthode sélective. Recrutement sélectif.* **2.** Se dit d'un poste récepteur de radiodiffusion qui opère une bonne séparation des ondes de fréquences voisines.

SÉLECTION n.f. (lat. *selectio,* tri). **1. a.** Action de sélectionner, de choisir les personnes ou les choses qui conviennent le mieux. *Faire une sélection parmi des candidats.* ◇ ***Sélection professionnelle :*** choix des candidats à une profession, selon les qualités requises. – MIL. Opération préliminaire à l'appel du contingent, à l'engagement. **b.** TECHN. Sur un matériel, un appareil, choix de ce qui correspond à une demande ponctuelle. *Bouton de sélection des programmes, sur un lave-linge.* **c.** Ensemble des éléments choisis. *Présenter une sélection de modèles de haute couture.* **2.** Choix, dans une espèce animale ou végétale, des individus reproducteurs dont les qualités ou les caractéristiques permettront d'améliorer l'espèce ou de la modifier dans un sens déterminé. ◇ SC. DE LA V. ***Sélection naturelle :*** mécanisme proposé par C. Darwin pour expliquer l'évolution des espèces, selon lequel les individus les mieux adaptés à leur environnement survivent aux dépens des moins aptes. – INDUSTR. GRAPH. ***Sélection des couleurs :*** procédé photographique ou électronique permettant d'isoler les trois couleurs primaires pour établir, à partir d'un original en couleurs, les clichés d'impression ; *par ext.,* ensemble des films résultant de cette analyse.

S

SÉLECTIONNÉ, E adj. et n. Choisi parmi d'autres, en vue d'une épreuve, d'un concours. ◆ adj. Qui a fait l'objet d'une sélection. *Des vins sélectionnés.*

SÉLECTIONNER v.t. **1.** Choisir, dans un ensemble, les éléments qui répondent le mieux à un critère donné. *Sélectionner des candidats à un concours.* **2.** Recomm. off. pour ***nominer.***

SÉLECTIONNEUR, EUSE n. Personne (dirigeant sportif, technicien) qui procède à la sélection des joueurs d'une équipe.

SÉLECTIVEMENT adv. De façon sélective.

SÉLECTIVITÉ n.f. **1.** TECHN. Aptitude à assurer la sélection d'un signal. – *Spécial.* Qualité d'un récepteur de radiodiffusion sélectif. **2.** CHIM. Rapport de la quantité du produit désiré, obtenu dans une réaction, à celle du total des produits.

SÉLÈNE adj. (du gr. *Selênê,* Lune). *Didact.* Relatif à la Lune.

SÉLÉNHYDRIQUE adj.m. *Acide sélénhydrique :* acide H_2Se, appelé aussi *hydrogène sélénié.*

SÉLÉNIATE ou **SÉLÉNATE** n.m. Sel de l'acide sélénique.

SÉLÉNIEUX adj.m. Se dit de l'anhydride SeO_2 et de l'acide correspondant H_2SeO_3.

SÉLÉNIQUE adj.m. Se dit de l'anhydride SeO_3 et de l'acide correspondant H_2SeO_4.

1. SÉLÉNITE n.m. Sel de l'acide sélénieux.

2. SÉLÉNITE n. (du gr. *Selênê,* Lune). Habitant imaginaire de la Lune.

SÉLÉNIUM [-njɔm] n.m. (du gr. *Selênê,* Lune, par anal. avec le tellure). **1.** Non-métal solide, analogue au soufre, de densité 4,79, qui fond à 217 °C. **2.** Élément chimique (Se), de numéro atomique 34 et de masse atomique 78,96. (Le sélénium est utilisé pour colorer les verres et dans les cellules photoélectriques [sa conductivité électrique augmente avec la lumière reçue]. Oligoélément indispensable à l'organisme, il semble conférer une protection contre certains cancers.)

SÉLÉNIURE n.m. Combinaison du sélénium avec un corps simple.

SÉLÉNOGRAPHIE n.f. (du gr. *Selênê,* Lune). Description de la Lune.

SÉLÉNOGRAPHIQUE adj. Relatif à la sélénographie.

SÉLÉNOLOGIE n.f. Étude de la Lune.

1. SELF n.f. (abrév.). Self-inductance.

2. SELF n.m. (abrév.). Self-service.

3. SELF n.m. (mot angl., *le soi*). PSYCHAN. Ensemble des sentiments et des pulsions de la personnalité. (Notion développée par M. Klein.) SYN. : *soi.*

SELF-CONTROL n.m. [pl. *self-controls*] (mot angl.). Maîtrise, contrôle de soi.

SELF-GOVERNMENT [sɛlfgɔvɛrnmɛnt] n.m. [pl. *self-governments*] (mot angl.). Système d'administration, d'origine britannique, dans lequel les citoyens sont libres de s'administrer à leur convenance, dans tous les domaines qui ne concernent pas la politique générale. (Ce système est encore appliqué, notamm. dans les îles Anglo-Normandes.)

SELF-INDUCTANCE n.f. (pl. *self-inductances*). Anglic. Auto-inductance. Abrév. : *self.*

SELF-INDUCTION n.f. (pl. *self-inductions*). Anglic. Auto-induction. ◇ ***Coefficient de self-induction :*** auto-inductance.

SELF-MADE-MAN [sɛlfmɛdman] n.m. [pl. *self-made-mans* ou *self-made-men*] (mot angl., *homme qui s'est fait lui-même*). Anglic. Personne qui est l'artisan de sa propre réussite.

SELF-SERVICE n.m. [pl. *self-services*] (mot angl.). **1.** Technique de restauration dans laquelle le client se sert lui-même. **2.** Établissement fonctionnant selon cette technique. Abrév. : *self.*

1. SELLE n.f. (lat. *sella,* siège). **1.** Siège incurvé en cuir que l'on place sur le dos d'une monture. ◇ ***Cheval de selle,*** propre à être monté. – ***Être bien en selle,*** bien affermi dans sa situation. – ***Remettre qqn en selle,*** l'aider à rétablir ses affaires. – ***Se remettre en selle :*** rétablir sa propre situation. **2.** Petit siège sur lequel s'assoit un cycliste, un motocycliste ou un tractoriste. **3.** Anc. Chaise percée. ◇ ***Aller à la selle :*** déféquer. **4.** Morceau de viande (agneau, mouton, chevreuil) correspondant à la région lombaire avec les muscles abdominaux. **5.** Support, le plus souvent à trois pieds, muni d'un plateau tournant, sur lequel le sculpteur place le bloc de matière qu'il modèle. **6.** ZOOL. Groupe d'anneaux renflés, chez le lombric, produisant le mucus entourant la ponte. **7.** ANAT. *Selle turcique* → **turcique.** ◆ pl. Matières fécales éliminées par la défécation.

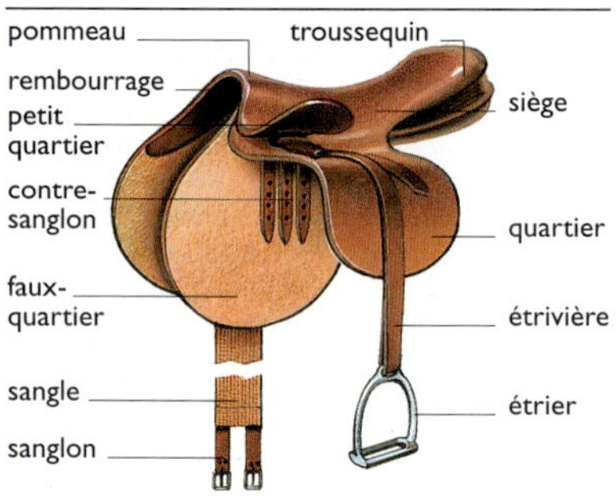

■ **SELLE.** Éléments constitutifs d'une selle.

■ **SELLE** français.

2. SELLE n.m. *Selle français :* race française de chevaux de selle, issue du croisement de pur-sang anglais et de juments autochtones, appréciée pour le saut d'obstacles et le concours complet.

SELLER v.t. Munir d'une selle un cheval, un mulet, un dromadaire, etc.

SELLERIE [sɛlri] n.f. **1.** Ensemble des selles et des harnais des chevaux d'une écurie ; lieu où on les range. **2.** Fabrication des selles et des harnais ; activité et commerce du sellier.

SELLERIE-BOURRELLERIE n.f. (pl. *selleries-bourrelleries*). Fabrication et réparation des pièces composant l'équipement du cheval.

SELLERIE-GARNISSAGE n.f. (pl. *selleries-garnissages*). AUTOM. Ensemble des opérations de confection et de montage de l'aménagement intérieur des véhicules (coussins, garnitures de portes, etc.).

SELLERIE-MAROQUINERIE n.f. (pl. *selleries-maroquineries*). Travail des cuirs et des peaux pour la confection d'articles variés et, princip., d'articles de voyage.

SELLETTE n.f. **1.** Anc. Petit siège de bois sur lequel on faisait asseoir un accusé au tribunal. ◇ ***Être sur la sellette :*** être accusé, mis en cause. – ***Mettre qqn sur la sellette,*** le presser de questions, chercher à le faire parler. **2.** Sorte de guéridon élancé servant à porter une plante verte, une sculpture, un objet décoratif. **3.** Petit siège suspendu à une corde, utilisé par les ouvriers du bâtiment.

SELLIER n.m. Artisan, ouvrier qui fabrique, répare et vend des selles et des articles de harnachement.

SELON prép. (anc. fr. *seon,* du lat. *secundum*). **1.** Indique une conformité à qqch ; conformément à. *J'ai agi selon vos désirs.* **2.** Indique une relation proportionnelle ; en fonction de, à proportion de. *Dépenser selon ses moyens. Selon les cas.* **3.** Du point de vue de ; si l'on juge d'après tel critère, tel principe ; d'après. *Selon vous, que faut-il faire ? Selon toute apparence.* **4.** Indique une adaptation dans une alternative ; en fonction de, suivant. *Choisir tel itinéraire selon l'état des routes.* ◇ *Fam. C'est selon :* cela dépend des circonstances. ◆ **selon que** loc. conj. Indique une alternative ; suivant que. *Selon que vous serez puissant ou misérable / Les jugements de cour vous rendront blanc ou noir [La Fontaine].*

SELTZ (EAU DE) : eau naturellement gazeuse et acidulée ou artificiellement gazéifiée avec du gaz carbonique.

SELVE ou **SELVA** n.f. (port. *selva,* du lat. *silva,* forêt). Forêt vierge équatoriale, et, plus partic., forêt amazonienne.

SEMAILLES n.f. pl. **1.** Action de semer. **2.** Ensemble des travaux agricoles comprenant les semis ; époque où l'on sème.

SEMAINE n.f. (lat. *septimana,* espace de sept jours). **1. a.** Période de sept jours consécutifs du lundi au dimanche inclus. (Une recommandation internationale préconise de considérer le lundi comme premier jour de la semaine.) **b.** Cette période, consacrée aux activités professionnelles ; ensemble des jours ouvrables. *Semaine de cinq jours. Semaine de 39 heures, de 35 heures.* ◇ ***Être de semaine :*** être de service pendant la semaine en cours. – Québec. ***Fin de semaine :*** week-end. – ***Semaine anglaise :*** semaine de travail qui comporte le samedi et le dimanche comme jours de repos. **2.** Suite de sept jours consécutifs sans considération du jour de départ. *Louer une voiture à la semaine.* ◇ *Fam.* ***À la petite semaine :*** sans plan d'ensemble, au jour le jour. **3.** Salaire hebdomadaire. *Toucher sa semaine.* **4.** Période de sept jours consacrée à une activité ou marquée par un trait dominant. *La semaine du blanc.*

1. SEMAINIER, ÈRE n. Personne qui est de semaine dans certains établissements, dans une communauté, pour remplir une fonction.

2. SEMAINIER n.m. **1.** Calendrier, agenda de bureau qui indique les jours en les groupant par semaine. **2.** Chiffonnier à sept tiroirs. **3.** Bracelet à sept anneaux.

SÉMANTÈME n.m. LING. Élément qui regroupe tous les traits sémantiques spécifiques d'une unité lexicale. (Par ex., le sémantème du mot *chaise* comprend les traits spécifiques qui le distinguent des autres sièges.)

SÉMANTICIEN, ENNE n. Linguiste spécialiste de sémantique.

SÉMANTIQUE n.f. (du gr. *sêmantikos,* qui signifie). **1.** Étude scientifique du sens des unités linguistiques et de leurs combinaisons. **2.** LOG. Étude de propositions d'une théorie déductive du point de vue de leur vérité ou de leur fausseté. ◆ adj. **1.** Relatif au sens, à la signification des unités linguistiques. ◇ ***Trait sémantique :*** sème. **2.** Qui concerne la sémantique. **3.** LOG. Qui se rapporte à l'interprétation, à la signification d'un système formel (par oppos. à *syntaxique*).

SÉMAPHORE n.m. (gr. *sêma,* signe, et *phoros,* qui porte). **1.** Poste de signalisation établi sur une côte pour communiquer par signaux optiques avec les navires en vue. **2.** CH. DE F. Signal d'arrêt, constitué par une aile rouge horizontale en signalisation mécanique (associée de nuit à un feu rouge) et par un feu rouge en signalisation lumineuse.

SÉMASIOLOGIE n.f. (de l'all.). LING. Étude sémantique qui consiste à partir du signe linguistique pour aller vers la détermination du concept (par oppos. à *onomasiologie*).

1. SEMBLABLE adj. **1.** Qui ressemble à qqn, à qqch d'autre, qui est de même nature, de même qualité ; similaire. **2.** *Souvent péjor.* De cette nature ; tel. *Qui vous a raconté de semblables histoires ?* **3.** GÉOMÉTR. ***Figures semblables :*** figures géométriques images l'une de l'autre par une similitude.

2. SEMBLABLE n. (Avec un possessif.) **1.** Être humain, personne semblable. *Toi et tes semblables.* **2.** Être animé, considéré par rapport à ceux de son espèce ; congénère. *Partager le sort de ses semblables.*

SEMBLABLEMENT adv. *Sout.* D'une manière semblable.

SEMBLANT n.m. **1.** *Un semblant de :* une apparence de. *Il y a un semblant de vérité dans ses propos.* **2.** ***Faire semblant (de) :*** feindre, simuler. *Faire semblant de chanter.* – *Fam.* ***Ne faire semblant de rien :*** feindre l'indifférence, l'ignorance ou l'inattention.

SEMBLER v.i. (lat. *simulare*). **1.** Présenter l'apparence de, donner l'impression d'être, de faire qqch. *Ce vin semble trouble. Vous semblez préoccupé.* **2.** ***Ce me semble, me semble-t-il, à ce qu'il me semble :*** à mon avis, selon moi. – ***Il me semble que :*** je crois que. – *Litt.* ***Que vous en semble ?, que vous semble-t-il de ? :*** qu'en pensez-vous ? – ***Si, comme, quand bon me semble :*** si, comme, quand cela me plaît. – ***Il semble que :*** il y a fort à parier que, on dirait que. *Il semble que tu aies ou que tu as raison.*

SÈME n.m. LING. Unité minimale de signification entrant, comme composant, dans le sens d'une unité lexicale. SYN. : *trait sémantique.*

SÉMÉIOLOGIE ou **SÉMIOLOGIE** n.f. (gr. *sêmion,* signe, et *logos,* discours). Partie de la médecine qui traite des signes cliniques et des symptômes des maladies.

SÉMÉIOLOGIQUE ou **SÉMIOLOGIQUE** adj. Relatif à la séméiologie.

SEMELAGE n.m. Ensemble des pièces constituant le dessous de la chaussure.

SEMELLE n.f. (altér. du picard *lemelle,* du lat. *lamella,* petite lame). **1. a.** Pièce de cuir, de corde, de caoutchouc, etc., qui forme le dessous de la chaussure. ◇ ***Battre la semelle :*** frapper le sol de ses pieds, pour les réchauffer. – ***Ne pas bouger, ne pas avancer d'une semelle :*** ne faire aucun progrès. – ***Ne pas quitter qqn d'une semelle,*** l'accompagner, le suivre partout. – ***Ne pas reculer d'une semelle :*** rester sur ses positions. **b.** *Fam.* Viande coriace ; carne. *On nous a servi de la semelle.* **c.** Pièce que l'on place à l'intérieur d'une chaussure. *Semelle orthopédique.* **d.** Base d'un fer à repasser. **e.** Dessous du ski, en contact avec la neige. **2. a.** CONSTR. Fondation basse, élargie pour répartir les charges d'un mur *(semelle filante),* de poteaux, de piliers. – MÉCAN. INDUSTR. Sole. **b.** CH. DE F. *Semelle de frein :* organe venant s'appliquer sur la roue lors de la mise en action du frein.

SÉMÈME n.m. LING. Ensemble des sèmes constituant le sens d'un mot.

SEMENCE n.f. (lat. *sementia*). **1.** Graine ou autre partie d'un végétal, apte à former une plante complète après semis ou enfouissement. **2.** Sperme, notamm. d'un animal d'élevage utilisé pour la reproduction. **3.** Clou à tige courte et à tête plate, amincie de la tête à la pointe, utilisé par les tapissiers.

1. SEMENCIER, ÈRE adj. Qui se rapporte aux semences végétales.

2. SEMENCIER n.m. Personne ou entreprise qui produit et vend des semences de plantes cultivées.

SEMER v.t. [12] (lat. *seminare*). **1.** Mettre en terre une graine destinée à germer. *Semer des céréales.* **2.** Répandre en dispersant ; jeter çà et là. **3.** Propager. *Semer la discorde.* **4.** *Fam.* Quitter adroitement qqn ; se débarrasser de. *Semer un importun.*

SEMESTRE n.m. (lat. *sex,* six, et *mensis,* mois). **1.** Espace de six mois consécutifs, à partir du début de l'année civile ou scolaire ; chacune des deux moitiés de l'année. **2.** Rente, pension qui se paie tous les six mois. *Toucher son semestre.*

SEMESTRIEL, ELLE adj. **1.** Qui a lieu tous les six mois. *Assemblée semestrielle.* **2.** Qui dure six mois. *Congé semestriel.*

SEMESTRIELLEMENT adv. Tous les six mois.

SEMEUR, EUSE n. Personne qui sème.

SEMI-ARIDE adj. (pl. *semi-arides*). Se dit des zones bioclimatiques dont l'alimentation en eau est insuffisante (steppe en milieu chaud, toundra en milieu froid).

SEMI-AUTOMATIQUE adj. (pl. *semi-automatiques*). **1.** Se dit d'un appareil, d'un dispositif, d'une installation dont le fonctionnement comprend des phases à déroulement automatique séparées par des interventions manuelles. **2.** *Arme semi-automatique :* arme à *répétition.

SEMI-AUXILIAIRE adj. et n.m. (pl. *semi-auxiliaires*). GRAMM. Se dit d'un verbe qui s'emploie devant un infinitif avec un rôle d'auxiliaire (par ex. dans *je vais partir, je viens d'arriver*).

SEMI-CHENILLÉ, E adj. et n.m. (pl. *semi-chenillés, es*). Se dit d'un véhicule automobile muni de roues directrices et de chenilles assurant sa progression.

SEMI-CIRCULAIRE adj. (pl. *semi-circulaires*). **1.** Qui est en demi-cercle. **2.** ANAT. *Canal semi-circulaire :* chacun des trois canaux en forme d'U, ouvert sur le vestibule de l'oreille interne et intervenant dans l'équilibration.

SEMI-COKE n.m. (pl. *semi-cokes*). Produit de distillation de la houille, intermédiaire entre la houille et le coke.

SEMI-CONDUCTEUR, TRICE adj. et n.m. (pl. *semi-conducteurs, trices*). Se dit d'un corps non métallique qui conduit imparfaitement l'électricité, et dont la résistivité décroît lorsque la température augmente.

ENCYCL. Les éléments semi-conducteurs, tels que silicium ou germanium, se trouvent dans la colonne IV de la classification périodique des éléments, c'est-à-dire que chacun de leurs atomes possède quatre électrons susceptibles de participer à une réaction chimique. D'autres matériaux semi-conducteurs peuvent être formés en alliant des éléments symétriques de cette colonne, par ex. des composés de type III-V (arséniure de gallium GaAs, phosphure d'indium InP, etc.) ou II-VI (tellurure de zinc ZnTe). La résistivité de certains semi-conducteurs, à température normale, peut être réduite sous l'effet d'un champ électromagnétique ou par la présence d'impuretés.

SEMI-CONSERVE n.f. (pl. *semi-conserves*). Conserve alimentaire dont la durée de conservation est courte et qui doit être gardée au frais.

SEMI-CONSONNE n.f. → **SEMI-VOYELLE.**

SEMI-CONVERGENTE adj.f. (pl. *semi-convergentes*). MATH. Se dit d'une série convergente qui n'est pas absolument convergente.

SEMI-DRESSANT n.m. (pl. *semi-dressants*). MIN. Couche de pendage intermédiaire entre la plateure et le dressant.

SEMI-DURABLE adj. (pl. *semi-durables*). Se dit d'un bien qui a une durée de vie moyenne.

SEMI-FINI adj.m. (pl. *semi-finis*). *Produit semi-fini :* produit de l'industrie, intermédiaire entre la matière première et le produit fini.

SEMI-GLOBALE adj.f. (pl. *semi-globales*). *Méthode semi-globale :* méthode d'apprentissage de la lecture, intermédiaire entre la méthode analytique et la méthode globale.

SEMI-GROSSISTE n. (pl. *semi-grossistes*). Intermédiaire de la distribution situé entre le grossiste et le détaillant.

SEMI-LIBERTÉ n.f. (pl. *semi-libertés*). DR. PÉN. Régime permettant à un condamné de sortir de l'établissement pénitentiaire pour le temps nécessaire à l'exercice d'une activité professionnelle ou à un traitement médical.

SÉMILLANT, E adj. (anc. fr. *semilleus,* rusé). *Litt.* Qui est d'une vivacité pétillante et gaie. *Jeune fille sémillante.*

SÉMILLON [semijɔ̃] n.m. (occitan *semihoun*). Cépage blanc du Bordelais, donnant un vin liquoreux.

SEMI-LOGARITHMIQUE adj. (pl. *semi-logarithmiques*). Se dit d'une représentation graphique dans laquelle l'une des deux grandeurs est représentée avec une échelle arithmétique, l'autre, avec une échelle *logarithmique.

SEMI-LUNAIRE adj. et n.m. (pl. *semi-lunaires*). ANAT. Se dit d'un des os du carpe.

SÉMINAIRE n.m. (lat. *seminarium,* pépinière). **1.** Établissement religieux où l'on instruit les jeunes gens qui se destinent à l'état ecclésiastique. **2.** Réunion de professionnels (cadres, ingénieurs, etc.) pour l'étude d'une ou de plusieurs questions précises. **3.** Groupe d'étudiants et de chercheurs travaillant sous la direction d'un enseignant.

SÉMINAL, E, AUX adj. (lat. *seminalis*). Relatif à la semence, au sperme.

SÉMINARISTE n.m. Élève d'un séminaire.

SÉMINIFÈRE adj. HISTOL. Se dit d'un canal qui conduit le sperme.

SEMI-NOMADE adj. et n. (pl. *semi-nomades*). Qui pratique le semi-nomadisme.

SEMI-NOMADISME n.m. (pl. *semi-nomadismes*). ANTHROP. Genre de vie combinant une agriculture occasionnelle et un élevage nomade, le plus souvent en bordure des déserts.

SÉMINOME n.m. Cancer du testicule développé aux dépens de la lignée des spermatozoïdes.

SEMI-OFFICIEL, ELLE adj. (pl. *semi-officiels, elles*). **1.** Qui est inspiré par le gouvernement sans avoir un caractère entièrement officiel. **2.** Qui est presque sûr sans être encore officiellement annoncé. *Une nouvelle semi-officielle.*

SÉMIOLOGIE n.f. (du gr. *semeion,* signe). **1.** Science générale des signes et des lois qui les régissent au sein de la vie sociale. **2.** MÉD. Séméiologie.

ENCYCL. Les développements de la sémiologie, dont F. de Saussure a conçu le projet, se sont entrecroisés avec ceux de la sémiotique issue de la réflexion de C. S. Peirce. De manière générale, le terme de *sémiotique* l'emporte auj. dans l'usage.

SÉMIOLOGIQUE adj. **1.** Relatif à la sémiologie. **2.** MÉD. Séméiologique. **3.** Sémiotique.

SÉMIOTICIEN, ENNE n. Spécialiste de sémiotique.

SÉMIOTIQUE n.f. (gr. *sêmeiôtikê*). **1.** Théorie générale des signes, chez C. S. Peirce. **2.** Étude des pratiques signifiantes, dans les divers domaines de la communication. *Sémiotique du cinéma.* – Cette étude, prenant spécifiquement le texte pour domaine. ◆ adj. Relatif à la sémiotique. SYN. : *sémiologique.*

SEMI-OUVERT, E adj. (pl. *semi-ouverts, es*). ALGÈBRE. *Intervalle semi-ouvert (d'un ensemble ordonné) :* intervalle ne contenant pas l'une de ses extrémités.

SEMI-OUVRÉ, E adj. (pl. *semi-ouvrés, es*). Se dit d'un produit partiellement élaboré.

SEMI-PEIGNÉ adj.m. (pl. *semi-peignés*). *Fil semi-peigné,* ou *semi-peigné,* n.m. : fil aux caractéristiques voisines du fil peigné, mais n'ayant pas subi le peignage.

SEMI-PERMÉABLE adj. (pl. *semi-perméables*). CHIM. Se dit d'une membrane ou d'une cloison qui, séparant deux solutions, laisse passer les molécules du solvant, mais arrête celles des corps dissous.

SEMI-POLAIRE adj. (pl. *semi-polaires*). CHIM. *Liaison semi-polaire :* liaison covalente dans laquelle les deux électrons sont fournis par le même atome, dit *donneur,* à un autre, dit *accepteur.*

SEMI-PRÉSIDENTIEL, ELLE adj. (pl. *semi-présidentiels, elles*). Se dit d'un régime politique caractérisé par un chef de l'État élu au suffrage universel et ayant des pouvoirs importants, et par un gouvernement responsable devant le Parlement, mais disposant du droit de dissoudre celui-ci.

SEMI-PRODUIT n.m. (pl. *semi-produits*). Demi-produit.

SEMI-PUBLIC, IQUE adj. (pl. *semi-publics, iques*). Se dit d'un organisme relevant du droit privé et du droit public, ou d'un secteur de l'économie régi par le droit privé mais contrôlé par une personne publique.

SÉMIQUE adj. LING. Relatif au sème.

SEMI-REMORQUE n.f. (pl. *semi-remorques*). Véhicule de transport dont la partie avant, dépourvue d'essieu de roulement, s'articule sur l'arrière d'un tracteur routier. ◆ n.m. Ensemble formé par ce véhicule et son tracteur.

SEMI-RIGIDE adj. (pl. *semi-rigides*). Se dit d'un dirigeable équipé d'une enveloppe souple comportant à sa base une quille rigide.

SEMIS n.m. (de *semer*). **1.** Mise en place des semences dans un terrain préparé à cet effet. **2.** Plant d'arbrisseau, de fleur, etc., qui a été semé en graine. **3.** Ensemble de choses menues, de petits motifs décoratifs parsemant une surface.

SEMI-SUBMERSIBLE adj. (pl. *semi-submersibles*). Se dit d'une plate-forme de forage en mer supportée par des caissons de stabilisation à immersion réglable.

SÉMITE adj. et n. (de *Sem,* fils de Noé). Qui appartient à un ensemble de peuples du Proche-Orient parlant ou ayant parlé dans l'Antiquité des langues sémitiques (Akkadiens [Assyro-Babyloniens], Amorrites, Araméens, Phéniciens, Arabes, Hébreux, Éthiopiens).

SÉMITIQUE adj. **1.** Relatif aux Sémites. **2.** *Langues sémitiques,* ou *sémitique,* n.m. : groupe de langues chamito-sémitiques d'Asie occidentale et du nord de l'Afrique (arabe, berbère, hébreu, araméen, amharique, etc.).

SÉMITISANT, E n. Spécialiste d'études sémitiques.

SÉMITISME n.m. Ensemble de caractères propres aux Sémites, à leur civilisation.

SEMI-VOYELLE ou **SEMI-CONSONNE** n.f. (pl. *semi-voyelles, semi-consonnes*). Son du langage intermédiaire entre les voyelles et les consonnes, tel que [j], [w], [ɥ] dans *yeux, oui, huit.*

SEMNOPITHÈQUE n.m. (gr. *sêmnos,* vénérable, et *pithêkos,* singe). Grand singe catarhinien des forêts d'Asie méridionale, vivant en bande. (L'entelle est une des vingt espèces de semnopithèques ; genres *Semnopithecus* et *Presbytis,* famille des colobidés.)

SEMOIR n.m. **1.** Sac ou panier dans lequel le semeur portait les grains qu'il semait à la volée. **2.** Machine servant à semer les graines.

SEMONCE n.f. (de l'anc. fr. *semondre,* prier avec insistance). **1.** Avertissement mêlé de reproches. **2.** Ordre donné à un navire de montrer ses couleurs, de stopper. **3.** *Coup de semonce :* coup de canon, à blanc ou réel, appuyant la semonce d'un navire ; *fig.,* avertissement brutal donné en préalable à une action plus dure.

SEMONCER v.t. [9]. **1.** Donner à un navire un ordre de semonce. **2.** *Litt.* Faire une semonce, une réprimande à qqn.

SEMOULE n.f. (ital. *semola,* du lat. *simila,* fleur de farine). Aliment composé de fragments de grains de céréales (blé dur, essentiellement, mais aussi maïs, riz), obtenus par mouture des grains humidifiés, suivie de séchage et de tamisage.

SEMOULERIE n.f. **1.** Usine où l'on fabrique des semoules ; industrie des semoules. **2.** Fabrication des semoules.

SEMOULIER n.m. Fabricant de semoule.

SEMPERVIRENT, E [sɛ̃pɛrvirɑ̃, ɑ̃t] adj. (lat. *semper virens,* toujours vert). **1.** Se dit d'une forêt dont le feuillage ne se renouvelle pas selon un rythme saisonnier et qui apparaît toujours verte. CONTR. : *caducifolié.* **2.** Se dit d'une plante qui porte des feuilles vertes toute l'année. **3.** Se dit d'un feuillage persistant.

SEMPITERNEL, ELLE adj. (lat. *semper,* toujours, et *aeternus,* éternel). Qui est répété indéfiniment au point de fatiguer.

SEMPITERNELLEMENT adv. D'une manière sempiternelle ; sans arrêt, continuellement.

SEMPLE n.m. (de *simple*). Ensemble de cordes verticales formant une partie du métier à tisser Jacquard.

SEN [sɛn] n.m. (mot jap.). Monnaie divisionnaire valant 1/100 de l'unité monétaire principale de certains pays d'Extrême-Orient (Cambodge, Indonésie, Japon, Malaisie).

SÉNAT n.m. (lat. *senatus,* de *senex,* vieux). **1.** ANTIQ. Nom donné à diverses assemblées politiques. (Assemblée souveraine de la République romaine, le sénat perdit progressivement ses attributions sous l'Empire.) **2.** Seconde chambre ou chambre haute dans les régimes à caractère parlementaire. **3.** (Avec une majuscule.) Assemblée qui, avec l'Assemblée nationale, constitue le Parlement français. **4.** (Avec une majuscule.) *Sénat conservateur :* assemblée contrôlant la constitutionnalité des lois sous le Consulat, le premier et le second Empire. **5.** Lieu, bâtiment où se réunissent les sénateurs.

SÉNATEUR, TRICE n. Membre d'un sénat.

SÉNATORIAL, E, AUX adj. **1.** Du sénat ; d'un sénateur. **2.** *Élections sénatoriales,* ou *sénatoriales,* n.f. pl. : élection des sénateurs au suffrage universel indirect.

S

SÉNATUS-CONSULTE [senatyskɔ̃sylt] n.m. [pl. *sénatus-consultes*] (lat. *senatus consultum*). **1.** ANTIQ. Texte formulant l'avis du sénat romain. **2.** Sous le Consulat, le premier et le second Empire, acte voté par le Sénat et ayant la valeur d'une loi.

SENAU n.m. (pl. *senaus*). Voilier marchand gréé en brick (XVIIIe et XIXe s.).

SÉNÉ n.m. (de l'ar.). **1.** Cassier. ◇ *Séné d'Europe :* baguenaudier. **2.** Laxatif extrait de la gousse du cassier.

SÉNÉCHAL n.m. [pl. *sénéchaux*] (francique *siniskalk*, serviteur le plus âgé). HIST. **1.** En France, grand officier qui commandait l'armée et rendait la justice au nom du roi. (Cette fonction fut supprimée en 1191.) **2.** Dans certaines provinces, agent du roi ayant les attributions d'un bailli.

SÉNÉCHAUSSÉE n.f. **1.** Étendue de la juridiction d'un sénéchal. **2.** Tribunal du sénéchal.

SÉNEÇON ou **SÈNEÇON** n.m. (lat. *senecio*, de *senex*, vieillard). Plante d'un genre représenté par de nombreuses espèces herbacées, arbustives ou arborescentes, à fleurs en capitules génér. jaunes. (La cinéraire est un séneçon ; genre *Senecio*, famille des composées.)

SÉNÉGALAIS, E adj. et n. Du Sénégal, de ses habitants. ◆ adj. *Tirailleurs sénégalais :* militaires recrutés par la France au Sénégal puis dans les territoires français d'Afrique noire, de 1857 à 1960.

S

SENELLIER n.m. → **CENELLIER.**

SÉNESCENCE n.f. (du lat. *senescens*, vieillissant). **1.** Vieillissement naturel des tissus et de l'organisme. **2.** Baisse des activités, des performances propre à la période de vie qui suit la maturité.

SÉNESCENT, E adj. Atteint par la sénescence.

SENESTRE ou **SÉNESTRE** adj. (lat. *sinister*, gauche). **1.** ZOOL. Se dit de la coquille d'un mollusque gastéropode qui s'enroule vers la gauche, du sommet à l'ouverture. (Les coquilles senestres sont une exception.) **2.** HÉRALD. Qui est placé du côté gauche de l'écu pour l'écuyer, à droite pour l'observateur (par oppos. à *dextre*).

SENESTROCHÈRE ou **SÉNESTROCHÈRE** [-ʃɛr] ou [-kɛr] n.m. HÉRALD. Bras gauche représenté sur un écu.

SENESTRORSUM ou **SÉNESTRORSUM** [senɛstrɔrsɔm] adj. inv. et adv. (lat. *senestrorsum*, vers la gauche). *Didact.* Qui s'effectue dans le sens contraire du mouvement des aiguilles d'une montre (par oppos. à *dextrorsum*).

SÉNEVÉ ou **SÈNEVÉ** n.m. (lat. *sinapi*). Plante annuelle dont les graines donnent une variété de moutarde. (Nom sc. *Sinapis arvensis.*) SYN. : *moutarde noire, ravenelle.*

SÉNILE adj. (lat. *senilis*, de *senex*, vieillard). **1.** Propre à la vieillesse ; dû à la vieillesse. **2.** Dont les facultés intellectuelles sont dégradées par l'âge.

SÉNILISME n.m. Vieillissement pathologique très précoce.

SÉNILITÉ n.f. Détérioration physique et intellectuelle chez certains vieillards.

SENIOR [senjɔr] adj. et n. (mot lat., *plus âgé*). **1.** Qui concerne les plus de cinquante ans. *Le tourisme senior.* **2.** Confirmé, sur le plan professionnel. *Ingénieurs seniors.* **3.** Se dit d'un sportif qui a dépassé l'âge limite des juniors (génér. 20 ans) et qui n'est pas encore vétéran (génér. moins de 45 ans).

SÉNIORITÉ n.f. ANTHROP. Principe hiérarchique fondé sur l'ancienneté au sein du groupe.

SENNE ou **SEINE** n.f. (gr. *sagênê*). Filet qu'on traîne sur les fonds sableux, dans les eaux douces ou dans la mer. (Les sennes de mer sont de vastes dimensions, jusqu'à 1 200 m de longueur et 140 m de hauteur.) SYN. : *traîne, traîneau.*

SENNEUR n.m. Chalutier équipé de sennes.

SÉNOLOGIE n.f. Mastologie.

SÉNONAIS, E adj. et n. De Sens.

SEÑORITA [seɲɔrita] n.m. (mot esp., *demoiselle*). Petit cigare analogue au ninas.

SENS [sɑ̃s] n.m. (lat. *sensus*). **1.** Fonction par laquelle le système nerveux perçoit consciemment et analyse des objets ou des phénomènes extérieurs ; sensibilité. ◇ *Les cinq sens :* la vue, l'ouïe, l'odorat, le toucher, le goût. **2.** Connaissance immédiate et intuitive ; don, instinct. *Avoir le sens des affaires.* ◇ *Sixième sens :* intuition. **3.** Manière de comprendre, de juger ; opinion. *J'abonde dans votre sens.* ◇ *Le bon sens, le sens commun :* capacité de distinguer le vrai du faux, d'agir raisonnablement ; ensemble des opinions dominantes dans une société donnée. – *Tomber sous le sens :* être évident. **4.** Raison d'être de qqch ; ce qui justifie et explique qqch ; signification. *Donner un sens à son action.* **5.** Ensemble des représentations que suggère un mot, un énoncé ; signification. **6.** Direction, orientation dans laquelle se fait un mouvement. *Aller en sens contraire.* – Direction de la circulation sur les voies routières. *Voie à sens unique. Sens giratoire.* ◇ *Sens dessus dessous :* de façon que ce qui devait être dessus ou en haut se trouve dessous ou en bas ; dans un grand désordre, un grand trouble. *Retrouver sa maison sens dessus dessous.* – *Sens devant derrière :* de telle sorte que ce qui devait être devant se trouve derrière. (Dans ces deux locutions, *sens* se prononce [sɑ̃].) **7. a.** *Sens direct, contrahoraire, trigonométrique* ou *positif :* sens de rotation fixé conventionnellement comme étant le sens contraire du mouvement des aiguilles d'une montre. CONTR. : *sens rétrograde, sens horaire.* **b.** *Sens rétrograde* ou *horaire :* sens de rotation fixé conventionnellement comme étant celui des aiguilles d'une montre. **8.** *Bipoints (A, B) et (C, D) de même sens :* bipoints dont les supports (AB) et (CD) sont parallèles et tels que ABCD est un quadrilatère convexe. **9.** Côté d'un corps, d'une chose. *Couper un objet dans le sens de la longueur.* ◆ pl. Ensemble des fonctions de la vie organique qui procurent les plaisirs physiques, spécial. sexuels ; sensualité. *L'ivresse des sens. Troubler les sens.*

SENSASS ou **SENSAS** adj. inv. (abrév.). *Fam.* Sensationnel.

SENSATION n.f. (lat. *sensatio*, de *sentire*, sentir). **1.** Reflet dans la conscience d'une réalité extérieure, dû à l'activation des organes des sens. *Sensation visuelle.* **2.** État psychologique découlant des impressions reçues et à prédominance affective ou physiologique. *Sensation de bien-être.* ◇ *Avoir la sensation que :* avoir l'impression que. – *À sensation :* de nature à causer une émotion, à attirer l'attention. *Presse à sensation.* – *Faire sensation :* produire une vive impression d'intérêt, de surprise, d'admiration, etc.

SENSATIONNALISME n.m. Goût, recherche systématique du sensationnel, notamm. dans le domaine journalistique.

SENSATIONNEL, ELLE adj. **1.** Qui produit une impression de surprise, d'intérêt, d'admiration. **2.** *Fam.* Qui est remarquable, d'une valeur exceptionnelle. Abrév. : *sensass.* ◆ n.m. Tout ce qui peut produire une forte impression de surprise, d'intérêt ou d'émotion. *Le goût du sensationnel.*

SENSÉ, E adj. Qui a du bon sens ; raisonnable. *Personne sensée.* (À distinguer de *censé.*)

SENSÉMENT adv. *Sout.* De façon sensée. (À distinguer de *censément.*)

SENSEUR n.m. (anglo-amér. *sensor*). TECHN. Capteur.

SENSIBILISANT, E adj. et n.m. Se dit d'une substance qui augmente la sensibilité d'un explosif à l'amorçage.

SENSIBILISATEUR, TRICE adj. **1.** Qui rend sensible à l'action de la lumière ou d'un autre agent. **2.** Qui sensibilise qqn, l'opinion à qqch. ◆ n.m. PHOTOGR. Produit servant à sensibiliser.

SENSIBILISATION n.f. **1.** Action de sensibiliser ; fait d'être sensibilisé. **2.** MÉD. Introduction dans un organisme intact d'une substance étrangère (antigène) entraînant le développement d'anticorps. (→ *allergie, anaphylaxie*).

SENSIBILISER v.t. **1.** Rendre qqn, un groupe sensible, réceptif à qqch. *Sensibiliser l'opinion à un problème.* **2.** MÉD. Provoquer une sensibilisation. **3.** Rendre sensible à une action physique, chimique. **4.** PHOTOGR. Rendre une émulsion sensible à un rayonnement.

SENSIBILITÉ n.f. **1.** Aptitude à réagir à des excitations externes ou internes. **2.** Fonction par laquelle le système nerveux perçoit et analyse des objets ou des phénomènes extérieurs ou intérieurs. (Certains excluent de la sensibilité les cinq sens classiques ; d'autres excluent tout ce qui est inconscient.) **3.** Aptitude à s'émouvoir, à éprouver de la pitié, de la tendresse, un sentiment esthétique. **4.** Opinion, courant politique ; tendance. *Parti qui regroupe diverses sensibilités.* **5.** MÉTROL. Aptitude d'un instrument de mesure à déceler de très petites variations. **6.** PHOTOGR. Réponse d'une émulsion à l'énergie d'un rayonnement électromagnétique (lumière visible, notamm.), exprimée en valeur numérique.

SENSIBLE adj. (lat. *sensibilis*, de *sentire*, sentir). **1.** Perçu par les sens. *Le monde sensible.* **2.** Susceptible d'éprouver des perceptions, des sensations. *Avoir l'oreille sensible.* **3.** Facilement affecté par la moindre action ou agression extérieure. *Avoir la gorge sensible.* **4.** Qui est facilement ému, touché ; émotif. *Âme sensible.* **5.** *Sensible à :* particulièrement accessible, réceptif à. *Sensible aux compliments.* **6.** Se dit d'un endroit du corps que l'on ressent de manière plus ou moins douloureuse. *Zone, plaie sensible.* **7.** Que l'on doit traiter avec une attention, une vigilance particulière ; délicat. *Dossier, projet sensible.* **8.** Qu'on remarque aisément ; notable. *Progrès sensibles.* **9.** Qui indique les plus légères variations. *Balance sensible.* **10.** PHOTOGR. Se dit de la qualité d'une couche, d'une émulsion susceptible d'être impressionnée par la lumière. *Surface sensible.* **11.** MUS. *Note sensible*, ou *sensible*, n.f. : septième degré de la gamme, situé un demi-ton au-dessous de la tonique.

SENSIBLEMENT adv. **1.** D'une manière très perceptible. *La température a baissé sensiblement.* **2.** À peu de chose près ; presque, approximativement. *Ils ont sensiblement la même taille.*

SENSIBLERIE n.f. *Péjor.* Sensibilité affectée et outrée.

SENSILLE n.f. Poil ou cil du tégument, chez les insectes, sensible à divers types de vibrations.

SENSITIF, IVE adj. Relatif à la sensibilité. *Nerf sensitif.* ◆ adj. et n. **1.** D'une sensibilité excessive. **2.** PSYCHIATR. Qui ressent vivement les réactions des autres à son égard.

SENSITIVE n.f. Mimosa.

SENSITOMÈTRE n.m. PHOTOGR. Appareil servant à réaliser des expositions échelonnées d'une surface sensible afin d'en déterminer les caractéristiques.

SENSITOMÉTRIE n.f. PHOTOGR. Technique de détermination des caractéristiques des surfaces sensibles.

SENSORIEL, ELLE adj. Relatif aux sens, aux organes des sens.

SENSORI-MOTEUR, TRICE adj. (pl. *sensori-moteurs, trices*). Qui concerne à la fois les phénomènes sensoriels et l'activité motrice.

SENSUALISME n.m. (du lat. *sensualis*, qui concerne les sens). PHILOS. Doctrine selon laquelle nos connaissances sont le fruit de nos sensations et de rien d'autre. (Nom donné de manière péjorative à l'empirisme radical de Condillac.)

SENSUALISTE adj. et n. Relatif au sensualisme ; qui en est partisan.

SENSUALITÉ n.f. **1.** Aptitude à goûter les plaisirs des sens, à être réceptif aux sensations physiques, en partic. sexuelles. **2.** Caractère de ce qui est sensuel.

SENSUEL, ELLE adj. et n. **1.** Qui est porté vers les plaisirs des sens, les plaisirs érotiques, notamm. **2.** Dont l'aspect, le comportement, l'œuvre évoquent les plaisirs des sens. *Un artiste sensuel.* ◆ adj. Qui évoque le goût des plaisirs des sens.

SENTE n.f. (lat. *semita*). *Litt.* Petit sentier.

SENTENCE n.f. (lat. *sententia*). **1.** Décision rendue par un arbitre, un juge, un tribunal. – *Spécial.* Décision des tribunaux d'instance et des conseils de prud'hommes. **2.** Courte phrase de portée générale, précepte de morale ; maxime.

SENTENCIEUSEMENT adv. De façon sentencieuse.

SENTENCIEUX, EUSE adj. D'une gravité affectée ; solennel, pompeux.

SENTEUR n.f. *Litt.* Odeur agréable.

SENTI, E adj. *Bien senti :* exprimé avec force et sincérité.

SENTIER n.m. (de *sente*). **1.** Chemin étroit. **2.** *Litt.* Voie que l'on suit pour atteindre un but. *Les sentiers de la gloire.*

SENTIMENT n.m. (de *sentir*). **1.** Connaissance plus ou moins claire donnée d'une manière immédiate ; sensation, impression. **2.** État affectif complexe et durable lié à certaines émotions ou représentations. *Sentiment religieux.* **3.** Manifestation d'une tendance, d'un penchant. *Être animé de mauvais sentiments.* **4.** Disposition à être facilement ému, touché ; émotivité, sensibilité. *Agir plus par sentiment que par réflexion.* **5.** *Litt.* Manière de penser, d'apprécier ; opinion. *Exprimer son sentiment.*

SENTIMENTAL, E, AUX adj. (mot angl., du fr. *sentiment*). Relatif aux sentiments tendres, à l'amour. *Chanson sentimentale.* ◆ adj. et n. Qui a ou qui manifeste une sensibilité romanesque souvent excessive.

SENTIMENTALEMENT adv. De façon sentimentale.

SENTIMENTALISME n.m. *Péjor.* Attitude de qqn qui se laisse guider par une sensibilité exacerbée.

SENTIMENTALITÉ n.f. Caractère, inclination, attitude d'une personne sentimentale ; caractère de ce qui est sentimental. *Sentimentalité mièvre d'un roman.*

SENTINE n.f. (lat. *sentina*). *Litt.* Lieu sale et humide.

SENTINELLE n.f. (ital. *sentinella*). **1.** Factionnaire. **2.** Personne qui fait le guet.

SENTIR v.t. [26] (lat. *sentire,* percevoir). **1.** Percevoir une impression physique. *Sentir le froid, la faim.* ◇ ***Faire sentir*** : faire éprouver ; faire reconnaître. — ***Se faire sentir*** : se manifester. **2.** Percevoir par l'odorat. *Sentir les effluves de la forêt.* ◇ *Fam.* ***Ne pas pouvoir sentir qqn,*** éprouver pour lui une vive antipathie ; ne pas pouvoir le supporter. **3.** Avoir conscience de, connaître par intuition ; prévoir, pressentir. *Je sens que ce livre vous plaira. Je sens que ça va mal finir.* ◆ v.i. **1.** Exhaler, répandre une odeur. *Ce tabac sent bon, sent la vanille.* — *Spécial.* Exhaler une mauvaise odeur. *Ce poisson sent.* **2.** Avoir telle saveur. *Ce vin sent son terroir.* **3.** Avoir l'apparence de ; avoir tel caractère. *Garçon qui sent sa province.* ◆ **se sentir** v.pr. **1.** Connaître, apprécier dans quelle disposition physique ou morale on se trouve. *Je ne me sens pas bien.* ◇ *Fam.* ***Ne plus se sentir*** : ne plus pouvoir se contrôler ; être grisé par le succès. **2.** Être perceptible, appréciable. *Ça se sent qu'il fait froid.*

SEOIR [swar] v.t. ind. [53] [seulem. 3e pers. du sing. et du pl. et temps simples] (lat. *sedere,* être assis). *Litt.* Aller bien, convenir à. *Cette robe vous sied à ravir.* ◆ v. impers. *Litt.* **1.** Convenir, être souhaitable. *Il sied de ne plus le voir, que vous ne le voyiez plus.* **2.** ***Il sied (à qqn) de*** (+ inf.), il (lui) appartient de. *Il vous siéra de prendre la décision finale.*

SEP [sɛp] n.m. (lat. *cippus,* pieu). Pièce de la charrue glissant sur le fond de la raie pendant le labour.

SÉPALE n.m. (lat. *sepalum*). Chacune des pièces du calice d'une fleur. (Les sépales sont génér. verts chez les dicotylédones à pétales colorés ; ils entourent le bouton floral et, sauf exception, évoluent peu par la suite.)

SÉPARABLE adj. Qui peut être séparé, se séparer.

SÉPARATEUR, TRICE adj. Qui sépare. ◇ ***Pouvoir séparateur*** : qualité de l'œil, d'un instrument d'optique qui permet de distinguer deux points rapprochés. ◆ n.m. **1.** Appareil servant à assurer la séparation d'éléments mélangés. *Séparateur magnétique.* **2.** ÉLECTROTECHN. Cloison mince, isolante, placée entre les plaques d'un accumulateur. **3.** INFORM. Délimiteur.

SÉPARATION n.f. (lat. *separatio*). **1.** Action de séparer, d'isoler ; fait d'être séparé. — CHIM. Opération d'extraction visant à isoler un ou plusieurs constituants d'un mélange homogène ou hétérogène. *Séparation par chromatographie en phase gazeuse.* ◇ NUCL. ***Séparation isotopique*** : opération ayant pour objet de modifier la teneur relative des isotopes d'un élément donné dans un mélange. **2.** Fait de distinguer, de mettre à part. ◇ ***Séparation des Églises et de l'État*** : système législatif dans lequel les Églises sont considérées par l'État comme des personnes privées. (Elle remonte à la loi du 9 décembre 1905, en France.) **3. a.** Fait de se séparer, de rompre un lien, de se quitter. — Fait d'être séparé, d'être éloigné. **b.** DR. ***Séparation de corps*** : suppression du devoir de cohabitation entre époux et substitution du régime de séparation de biens au régime matrimonial antérieur par jugement. — ***Séparation de fait*** : état de deux époux qui vivent séparés sans y avoir été autorisés par un jugement de séparation de corps ou de divorce. — ***Séparation de biens*** : régime matrimonial qui permet à chaque époux de conserver la jouissance et la libre disposition de tous ses biens présents ou futurs. — ***Séparation des patrimoines*** : privilège accordé aux créanciers d'une personne décédée de se faire payer par préférence aux créanciers personnels de l'héritier de la succession.

SÉPARATISME n.m. Mouvement, tendance des habitants d'un territoire désireux de le séparer de l'État dont il fait partie.

SÉPARATISTE adj. et n. Relatif au séparatisme ; qui en est partisan.

SÉPARÉ, E adj. **1.** Isolé d'un ensemble ; distinct. *Envoi par pli séparé.* **2.** DR. Qui est sous un régime de séparation.

SÉPARÉMENT adv. À part l'un de l'autre ; isolément.

SÉPARER v.t. (lat. *separare,* disposer à part). **1.** Mettre à part, éloigner l'une de l'autre les choses, les personnes qui étaient ensemble. *Séparer des adversaires.* **2.** Faire un tri parmi des objets présentant un caractère différent ; classer à part ; trier, ranger. *Séparer les fruits et les légumes, les fruits des légumes.* **3.** Diviser, partager un espace, un lieu. *Séparer une pièce par une cloison.* **4.** Former une limite, une séparation entre. *La route nous sépare de la mer.* **5.** *Fig.* Être source d'éloignement, cause de désunion ; brouiller, désunir. *La politique les a séparés.* **6.** Considérer, examiner chaque chose pour elle-même, en elle-même. *Séparer les questions, une question d'une autre.* **7.** CHIM. Extraire les divers constituants d'un mélange. ◆ **se séparer** v.pr. **1.** Cesser de vivre ensemble ; cesser de vivre avec. *Époux qui se séparent. Elle s'est séparée de son mari.* **2.** Cesser d'être en relations avec ; se quitter. *Associés qui se séparent. C'est l'heure de nous séparer.* **3.** Ne plus conserver avec soi. *Se séparer de ses poupées.* **4.** Se diviser en plusieurs éléments. *Le fleuve se sépare en plusieurs bras.*

SÉPIA n.f. (ital. *seppia,* du lat. *sepia,* seiche). **1.** Liquide sécrété par la seiche. **2.** Matière colorante brune, autref. faite avec la sépia de seiche, utilisée pour le dessin au lavis. — Dessin à la sépia. ◆ adj. inv. De la couleur de la sépia. *Une photo sépia.*

SÉPIOLE n.f. (lat. *sepiola*). Petite seiche comestible, aux nageoires en ailes de papillon. (Genre *Sepiola.*)

SÉPIOLITE n.f. (du gr. *sêpion,* os de seiche). MINÉRALOG. Écume de mer.

SEPPUKU [sepuku] n.m. (mot jap.). Suicide par incision du ventre, particulier au Japon et improprement appelé *hara-kiri.*

SEPS [sɛps] n.m. (gr. *sêps*). Petit reptile fouisseur des pays méditerranéens, voisin du scinque, mais au corps anguiforme doté de membres tridactyles très réduits. (Long. env. 20 cm ; genre *Chalcides,* famille des scincidés.)

SEPT [sɛt] adj. num. et n.m. inv. (lat. *septem*). **1.** Nombre qui suit six dans la suite des entiers naturels. **2.** Septième. *Tome sept. Charles VII.*

SEPTAIN [sɛtɛ̃] n.m. Strophe ou poème de sept vers.

SEPTAL, E, AUX adj. ANAT. Relatif à un septum.

SEPTANTAINE n.f. Belgique, Suisse. Ensemble de soixante-dix unités ou environ.

SEPTANTE [sɛptɑ̃t] adj. num. Belgique, Suisse. Soixante-dix.

SEPTANTIÈME adj. num. ord. et n. Belgique, Suisse. Soixante-dixième.

SEPTEMBRE n.m. (du lat. *septem,* sept, l'année romaine commençant en mars). Neuvième mois de l'année.

SEPTÉNAIRE n.m. Durée de sept jours, dans le déroulement d'une maladie.

SEPTENNAL, E, AUX adj. (lat. *septum,* sept, et *annus,* année). Qui dure sept ans ; qui revient tous les sept ans.

SEPTENNALITÉ n.f. *Didact.* Caractère de ce qui est septennal.

SEPTENNAT n.m. Durée d'un mandat de sept ans. — *Spécial.* En France, durée du mandat du président de la République, de 1873 à 2002. (C'est le 20 novembre 1873 que l'Assemblée nationale, face à l'échec de la restauration monarchique, décida que le pouvoir exécutif serait confié pour sept ans au maréchal de Mac-Mahon, avec le titre de président de la République. La règle du septennat a été conservée dans les Constitutions de 1946 et de 1958. Elle est abandonnée à partir de 2002 au profit du *quinquennat.)

SEPTENTRION n.m. (lat. *septemtriones,* les sept étoiles de la Grande Ourse ou de la Petite Ourse). *Litt.* Nord.

SEPTENTRIONAL, E, AUX adj. *Litt.* ou *didact.* Situé au nord ; qui appartient aux régions du Nord. *La partie septentrionale d'un pays.*

SEPTICÉMIE n.f. (gr. *sêptikos,* septique, et *haima,* sang). MÉD. Infection générale due à la dissémination de bactéries par voie sanguine (par oppos. à *bactériémie*).

SEPTICÉMIQUE adj. Relatif à la septicémie.

SEPTICOPYOHÉMIE n.f. (gr. *sêptikos,* septique, *puon,* pus, et *haima,* sang). Septicémie compliquée par l'apparition d'un ou de plusieurs abcès.

SEPTIÈME [sɛtjɛm] adj. num. ord. et n. (lat. *septimus*). **1.** Qui occupe un rang marqué par le nombre sept. **2.** ***Être au septième ciel*** : être dans le ravissement le plus complet ; atteindre les sommets du plaisir, du bonheur. — ***Le septième art*** : le cinéma. ◆ adj. et n.m. Se dit d'une quantité désignant le résultat d'une division par sept. ◆ n.f. MUS. Intervalle de sept degrés.

SEPTIÈMEMENT adv. En septième lieu.

SEPTIMO adv. (mot lat.). Rare. Septièmement, dans une énumération commençant par *primo.*

SEPTIQUE adj. (gr. *sêptikos,* de *sêpein,* pourrir). **1.** Dû à des micro-organismes. **2.** Contaminé par des micro-organismes, en partic. quand ceux-ci sont pathogènes. **3.** *Fosse septique* → **fosse.**

SEPTMONCEL [sɛmɔ̃sɛl] n.m. (de *Septmoncel,* n.pr.). Fromage cylindrique au lait de vache, à moisissures internes, fabriqué dans le Jura.

SEPTOMYCÈTE n.m. Champignon supérieur, à mycélium formé de filaments cloisonnés, tel que les ascomycètes et les basidiomycètes.

SEPTUAGÉNAIRE adj. et n. (lat. *septuageni,* soixante-dix). Âgé de soixante-dix à soixante-dix-neuf ans.

S

SEPTUAGÉSIME n.f. (lat. *septuagesimus*). CATH. Avant 1969, premier des trois dimanches préparant le carême ; période de soixante-dix jours avant Pâques ouverte par ce dimanche.

SEPTUM [sɛptɔm] n.m. (mot lat., *clôture*). **1.** ANAT. Cloison entre deux parties d'un tissu vivant, d'un organe, d'un organisme. **2.** CHIM. Diaphragme permettant d'obturer une tubulure ou un récipient. (Avec une seringue, on peut, à travers le septum, faire le vide, ajouter ou soutirer un produit.)

SEPTUOR n.m. (de *sept,* formé sur *quatuor*). **1.** Ensemble vocal ou instrumental de sept exécutants. **2.** Composition vocale ou instrumentale à sept parties.

SEPTUPLE adj. et n.m. (lat. *septuplus*). Qui vaut sept fois autant.

SEPTUPLER v.t. Multiplier par sept. ◆ v.i. Se multiplier par sept.

SÉPULCRAL, E, AUX adj. *Litt.* **1.** Relatif à un sépulcre. **2.** Qui évoque les sépulcres, les tombeaux, la mort ; funèbre. *Clarté sépulcrale.* ◇ ***Voix sépulcrale*** : voix sourde, caverneuse.

SÉPULCRE n.m. (lat. *sepulcrum*). *Litt.* Tombeau. ◇ *Le Saint-Sépulcre : v. partie n.pr.*

SÉPULTURE n.f. (lat. *sepultura*). Lieu où l'on inhume un corps. *Violation de sépulture.*

SÉQUELLE n.f. (lat. *sequela,* conséquence). **1.** Lésion, manifestation fonctionnelle qui persiste après la guérison d'une maladie ou après une blessure. **2.** (Surtout pl.) Conséquence plus ou moins lointaine qui est le contrecoup d'un événement, d'une situation.

SÉQUENÇAGE n.m. GÉNÉT. Détermination de la séquence des bases azotées constituant un fragment d'ADN. ◇ ***Séquençage du génome humain*** : programme de recherche ayant pour but de déterminer la séquence des bases de tous les gènes humains, en vue de les localiser et de déterminer leur fonction. (Les premiers résultats, publiés en 2001, ont révélé un nombre de gènes [de l'ordre de 30 000] inférieur aux prévisions et suggèrent que leur fonctionnement est plus complexe qu'on ne le pensait.)

SÉQUENCE n.f. (du lat. *sequens,* suivant). **1.** Suite ordonnée d'éléments, d'objets, d'opérations, de mots, etc. **2.** Scène d'un film, située le plus souvent dans un même lieu et constituée d'une suite de plans, parfois d'un seul plan (plan-séquence). **3.** JEUX. Série d'au moins trois cartes de même couleur qui se suivent. **4.** INFORM. Succession des phases opératoires d'un programme d'automatisme séquentiel. **5.** CATH. Chant rythmé exécuté avant l'évangile pendant la messe de certaines fêtes ou la messe des morts. **6.** ***Séquence d'enseignement*** : ensemble de séances liées entre elles et permettant d'atteindre un des objectifs fixés par le programme. **7.** PRÉHIST. ***Séquence culturelle*** : période pendant laquelle se perpétue le mode de vie d'une population dans un territoire donné.

SÉQUENCEUR n.m. INFORM. Organe de commande d'un ordinateur qui déclenche les différentes phases de l'exécution des instructions.

SÉQUENTIEL, ELLE adj. **1.** *Didact.* Qui appartient, se rapporte à une séquence, à une suite ordonnée d'opérations. **2.** ***Brûleur séquentiel :*** brûleur à gaz à fonctionnement intermittent. **3.** INFORM. ***Traitement séquentiel :*** traitement des données dans l'ordre où elles se présentent, sans sélection, regroupement ou tri préalable.

SÉQUESTRATION n.f. Action de séquestrer ; fait d'être séquestré. – Infraction qui consiste à maintenir arbitrairement une personne enfermée.

SÉQUESTRE n.m. (lat. *sequester,* arbitre). **1.** MÉD. Fragment osseux nécrosé et détaché du reste de l'os après fracture ou infection. **2.** DR. Dépôt provisoire entre les mains d'un tiers d'un bien litigieux en vue de sa conservation ; dépositaire de ce bien.

SÉQUESTRER v.t. **1.** Maintenir arbitrairement, illégalement qqn enfermé. **2.** DR. Mettre sous séquestre.

SEQUIN n.m. (ital. *zecchino,* de l'ar.). Ducat créé à Venise à la fin du XIIIe s., qui devint la monnaie du grand commerce méditerranéen et fut imité dans toute l'Europe.

SÉQUOIA [sekɔja] n.m. (du nom d'un chef indien Cherokee). Conifère géant de Californie, qui atteint 110 m de haut et peut vivre près de 2 000 ans, dont il existe deux espèces, le séquoia sempervirent et le wellingtonia. (Famille des taxodiacées.)

S

■ SÉQUOIA

SÉRAC [serak] n.m. (lat. *serum,* petit-lait). **1.** Amas chaotique de glaces aux endroits où la pente du lit glaciaire s'accentue et où l'adhérence du glacier diminue. **2.** Caillé obtenu par chauffage du sérum provenant de la fabrication des fromages à pâte cuite, tel le gruyère.

SÉRAIL n.m. (ital. *serraglio,* du persan). **1.** Dans l'Empire ottoman, palais (notamm. celui du sultan d'Istanbul). **2.** Harem de ce palais. **3.** *Fig.* Milieu restreint, entourage immédiat d'une personnalité, où se nouent de nombreuses intrigues. *Être élevé dans le sérail.*

SERAPEUM [serapeɔm] ou **SÉRAPÉUM** n.m. (lat. *serapeum,* du gr. *Serapeion*). **1.** Nécropole des taureaux Apis, en Égypte. **2.** Temple de Sérapis, dans le monde gréco-romain.

1. SÉRAPHIN n.m. (hébr. *seraphim*). Dans la tradition juive et chrétienne, ange qui appartient au plus élevé en dignité des neuf chœurs.

2. SÉRAPHIN, E adj. et n. Québec. *Fam.* Avare.

SÉRAPHIQUE adj. **1.** Relatif aux séraphins, aux anges. **2.** *Litt.* Digne des anges ; éthéré.

SERBE adj. et n. **1.** De la Serbie, de ses habitants. **2.** Qui appartient aux Serbes en général, fait partie de ce peuple. ◆ n.m. Langue slave. (Elle a le statut de langue officielle dans la Fédération de Yougoslavie [Serbie et Monténégro] et, avec le bosniaque et le croate, en Bosnie-Herzégovine.)

SERBO-CROATE adj. (pl. *serbo-croates*). Qui relève à la fois de la Serbie et de la Croatie. ◆ n.m. Langue slave méridionale qui était parlée par la majorité des populations de l'anc. Yougoslavie. (Elle a donné naissance, dans les États issus de l'éclatement [1992] de cette Fédération, à trois langues officielles distinctes : le bosniaque, le croate et le serbe. L'alphabet latin, fortement concurrencé par l'alphabet cyrillique dans les territoires peuplés par les Serbes et les Monténégrins, est le seul à être employé par les Bosniaques et les Croates.)

SERDAB [sɛrdab] n.m. (persan *sardāb,* salle souterraine). ARCHÉOL. À l'intérieur d'un mastaba, réduit muré qui communique par une fente étroite avec la chapelle et contient les statues du défunt.

SÉRÉ n.m. (lat. *serum,* petit-lait). Suisse. Fromage blanc.

SEREIN, E adj. (lat. *serenus,* de *serum,* soir). **1.** Qui manifeste du calme, de la tranquillité d'esprit. **2.** *Litt.* Clair, pur et calme. *Ciel serein.*

SEREINEMENT adv. De façon sereine.

SÉRÉNADE n.f. (ital. *serenata,* nuit sereine). **1.** Concert vocal et instrumental donné la nuit sous les fenêtres de qqn, pour lui rendre hommage. **2.** Pièce instrumentale en plusieurs mouvements ; pièce vocale accompagnée par un ou plusieurs instruments. **3.** *Fam.* Série de vifs reproches faits en élevant la voix. **4.** *Fam.* Ensemble de bruits, de cris confus ; tapage.

SÉRÉNISSIME adj. (ital. *serenissimo*). **1.** Qualificatif donné à quelques princes ou hauts personnages. *Altesse sérénissime.* **2.** ***La Sérénissime République :*** la république de Venise aux XVe - XVIe s.

SÉRÉNITÉ n.f. (lat. *serenitas*). État de calme, de tranquillité ; état serein. *Envisager l'avenir avec sérénité.*

SÉREUSE adj.f. et n.f. ANAT. Se dit d'une membrane formée de deux feuillets accolés (péritoine, plèvre, péricarde, etc.).

SÉREUX, EUSE adj. (du lat. *serum,* petit-lait). MÉD. Relatif au sérum sanguin, à une sérosité ou à une séreuse.

SERF, SERVE [sɛr, sɛrv] ou [sɛrf, sɛrv] n. et adj. (lat. *servus,* esclave). HIST. Personne astreinte au servage.

SERFOUAGE n.m. → **SERFOUISSAGE.**

SERFOUETTE n.f. Outil de jardinage constitué d'un manche et d'un fer formant lame d'un côté et fourche à deux dents de l'autre.

SERFOUIR v.t. (lat. *circumfodere,* entourer d'un fossé). Sarcler, biner avec une serfouette.

SERFOUISSAGE ou **SERFOUAGE** n.m. Action de serfouir.

SERGE n.f. (lat. *serica,* étoffes de soie). Tissu de laine dont l'armure est celle du sergé. – Étoffe de soie travaillée comme la serge.

SERGÉ n.m. Armure utilisée pour le tissage d'étoffes à côtes obliques.

SERGENT n.m. (du lat. *serviens,* qui sert). **1.** Premier grade des sous-officiers dans certaines armes de l'armée de terre et dans l'armée de l'air (→ *grade*). **2.** Anc. ***Sergent de ville :*** gardien de la paix.

SERGENT-CHEF n.m. (pl. *sergents-chefs*). Deuxième grade des sous-officiers dans certaines armes des armées de terre et de l'air (→ *grade*).

SERGENT-MAJOR n.m. (pl. *sergents-majors*). Anc. Grade compris entre ceux de sergent-chef et d'adjudant (1776 - 1972).

SERIAL [serjal] n.m. [pl. *serials*] (mot angl.). Film à épisodes.

SÉRIALISME n.m. Caractère de la musique sérielle.

SÉRIATION n.f. *Didact.* Action de sérier, de disposer en séries.

SÉRICICOLE adj. (lat. *sericus,* de soie, et *colere,* cultiver). Relatif à la sériciculture.

SÉRICICULTEUR, TRICE n. Éleveur de vers à soie.

SÉRICICULTURE n.f. Élevage des vers à soie pour l'obtention de cocons utilisés en filature.

SÉRICIGÈNE adj. *Didact.* Se dit des insectes, des organes qui produisent de la soie.

SÉRICINE n.f. Grès de la soie.

SÉRIE n.f. (lat. *series*). **1.** Suite, succession, ensemble de choses de même nature ou présentant des caractères communs ; ensemble d'objets de même sorte, rangés dans un certain ordre. *Une série de questions. Une série de casseroles.* **2.** ***Série noire :*** suite d'accidents, de malheurs. **3.** ***Série télévisée :*** ensemble d'épisodes ayant chacun leur unité et diffusés à intervalles réguliers. **4.** ÉLECTROTECHN. ***En série :*** se dit du couplage de dispositifs parcourus par le même courant. CONTR. : *en parallèle, en dérivation.* **5.** MUS. Succession, dans un ordre fixé par le compositeur, des douze sons de l'échelle chromatique. **6.** MATH. Somme infinie $u_0 + u_1 + ... + u_n + ... = \sum_{i=0}^{\infty} u_i$, dont les termes sont ceux d'une suite (u_n) à termes réels ou complexes. [On parle alors de série à terme général (u_n).] **7.** SPORTS. **a.** Ensemble de yachts ayant des caractéristiques suffisamment voisines pour concourir. **b.** Dans certains sports ou compétitions, nom donné aux épreuves éliminatoires. **8.** Groupe d'objets ou de personnes partageant la même caractéristique ; catégorie, classe. *Numéro de série d'une voiture.* **9.** CINÉMA. ***Film de série B, Z*** → **B, Z. 10.** CHIM. ORG. Groupe de composés organiques de structures similaires. *Série aromatique. Série aliphatique.* **11.** GÉOL. Subdivision stratigraphique regroupant plusieurs étages. (L'équivalent géochronologique de la série est l'*époque.) **12.** ***En série, par série :*** d'une manière répétitive ; en cascade. *Accidents en série.* – (Calque de l'angl. *serial killer*). ***Tueur en série :*** criminel qui tue plusieurs personnes, de manière successive et répétitive. **13.** ***Travail, fabrication en série :*** travail exécuté sur un grand nombre de pièces, avec des méthodes industrielles permettant d'abaisser le prix de revient. – ***Voiture de série :*** voiture d'un type répété à de nombreux exemplaires et fabriquée à la chaîne (par oppos. à *prototype*). – ***Hors série :*** qui n'est pas de fabrication courante ; *fig.,* inhabituel, remarquable, exceptionnel.

SÉRIEL, ELLE adj. **1.** *Didact.* Relatif à une série. **2.** ***Musique sérielle :*** musique qui applique les principes de la série dodécaphonique à d'autres paramètres que celui de la hauteur des sons (durées, tempos, nuances, timbres, etc.).

SÉRIER v.t. [5]. Classer par séries, par nature, par importance. *Sérier les questions.*

SÉRIEUSEMENT adv. D'une façon sérieuse.

SÉRIEUX, EUSE adj. (lat. *serius*). **1.** Qui manifeste de la réflexion, de l'application, un respect des engagements pris. *Un élève sérieux. Une entreprise sérieuse.* **2.** Sur quoi on peut se fonder ; solide. *Argument sérieux.* **3.** Qui ne plaisante pas ; grave. *Air sérieux. Film sérieux.* **4.** Qui ne fait pas d'écart de conduite ; sage, raisonnable. *Fille sérieuse.* **5.** Qui peut avoir des conséquences fâcheuses ; important. *Sérieux troubles de la vision. De sérieuses difficultés.* ◆ n.m. **1.** Air, expression grave. *Garder son sérieux.* **2.** Qualité de qqn de posé, de réfléchi. **3.** Caractère de ce qui mérite attention du fait de son importance, de sa gravité. *Le sérieux de la situation.* ◇ ***Prendre au sérieux :*** regarder comme réel, important, digne de considération. – ***Se prendre au sérieux :*** attacher à sa personne, à ses actions une considération exagérée. **4.** *Fam.,* vieilli. Chope de bière d'un litre.

SÉRIGRAPHIE n.f. (lat. *sericus,* de soie, et gr. *graphein,* écrire). Procédé d'impression à travers un écran de tissu, dérivé du pochoir.

SERIN, E n. (gr. *seirên,* sirène). **1.** Oiseau passereau d'Europe et du Proche-Orient, à plumage jaune verdâtre, dont une espèce originaire des îles Canaries est élevée en cage sous le nom de *canari.* (Genre *Serinus ;* famille des fringillidés.) **2.** *Fam.* Niais, étourdi, naïf.

■ **SERIN.** Serin cini.

SÉRINE n.f. (du lat. *sericus,* de soie). BIOCHIM. Acide aminé pouvant servir à la synthèse du glucose ou entrer dans la constitution de protéines ou de lipides.

SERINER v.t. **1.** Instruire un serin, un oiseau avec une serinette. **2.** *Fam.* Répéter sans cesse qqch à qqn pour le lui apprendre. – Importuner qqn à force de répéter.

SERINETTE n.f. Boîte à musique utilisée pour apprendre à chanter aux oiseaux.

SERINGA n.m. (lat. *syringa,* seringue). Arbuste des régions tempérées de l'hémisphère Nord, souvent cultivé pour ses fleurs blanches odorantes. (Famille des saxifragacées.)

SERINGUE n.f. (lat. *syringa*). Instrument qui permet d'injecter ou de prélever un liquide dans les tissus ou les cavités naturelles, formé d'un piston et d'un corps de pompe muni d'un embout où l'on adapte une aiguille, un cathéter.

SÉRIQUE adj. MÉD. Relatif au sérum sanguin ; qui est dû à l'injection d'un sérum à un malade.

SERLIENNE n.f. (ital. *serliana*, de S. *Serlio*, architecte). ARCHIT. Triplet formé d'une baie couverte d'un arc en plein cintre encadrée de deux baies rectangulaires dont les linteaux forment les impostes de l'arc.

SERMENT n.m. (lat. *sacramentum*, de *sacrare*, rendre sacré). **1.** Affirmation solennelle, en vue d'attester la vérité d'un fait, la sincérité d'une promesse, l'engagement de bien remplir les devoirs de sa profession (officiers ministériels, avocats, médecins) ou de sa fonction (garde-chasse). **2.** Promesse solennelle. *Faire le serment de venger les siens.* ◇ *Fam.* *Serment d'ivrogne,* sur lequel il ne faut pas compter.

SERMON n.m. (lat. *sermo, -onis,* discours). **1.** Prédication faite au cours d'une cérémonie religieuse, notamm. au cours de l'office eucharistique. **2.** Remontrance importune ; discours moralisateur et ennuyeux.

SERMONNAIRE n.m. CHRIST. **1.** Auteur de sermons. **2.** Recueil de sermons.

SERMONNER v.t. Faire des remontrances à ; admonester, réprimander.

SERMONNEUR, EUSE n. Personne qui aime sermonner. ◆ adj. Ennuyeux et moralisateur comme un sermon. *Ton sermonneur.*

SÉROCONVERSION n.f. Passage de l'état séronégatif à l'état séropositif, se produisant un certain temps après un contage infectieux.

SÉRODIAGNOSTIC n.m. Diagnostic des maladies infectieuses fondé sur la recherche dans le sérum de l'anticorps spécifique d'un agent infectieux.

SÉROLOGIE n.f. Étude des sérums, de leurs propriétés, de leurs applications.

SÉROLOGIQUE adj. Relatif à la sérologie.

SÉRONÉGATIF, IVE adj. et n. **1.** Se dit de qqn dont le sérodiagnostic est négatif. **2.** *Spécial.* Se dit de qqn pour qui le sérodiagnostic du virus du sida est négatif.

SÉROPOSITIF, IVE adj. et n. **1.** Se dit de qqn dont le sérodiagnostic est positif. **2.** *Spécial.* Se dit de qqn pour qui le sérodiagnostic du virus du sida est positif.

SÉROPOSITIVITÉ n.f. Caractère séropositif.

SÉROSITÉ n.f. (lat. *serum,* petit-lait). Liquide voisin du sérum sanguin, contenu normalement dans les membranes séreuses, et constituant les œdèmes ou certains épanchements.

SÉROTHÉRAPIE n.f. Méthode de traitement de certaines maladies infectieuses par les sérums.

SÉROTONINE n.f. Substance présente dans différents organes, notamm. le cerveau, où elle joue un rôle de neurotransmetteur.

SÉROVACCINATION n.f. Injection d'un anticorps, d'action immédiate mais peu durable, et d'un vaccin, d'action durable mais retardée.

SERPE n.f. (du lat. *sarpere,* tailler). Outil tranchant à manche court, à fer plat et large, servant à couper les branches. ◇ *Fait, taillé à la serpe, à coups de serpe,* grossièrement. *Habit fait à la serpe.* – *Visage taillé à coups de serpe :* visage anguleux, aux traits accusés.

SERPENT n.m. (lat. *serpens, -entis,* de *serpere,* ramper). **1.** Reptile dépourvu de membres et de paupières, se déplaçant par reptation, et dont il existe près de 2 700 espèces, parmi lesquelles la couleuvre, la vipère, le cobra, le python, l'anaconda. (Cri : le serpent siffle. Les serpents forment le sous-ordre des ophidiens.) ◇ *Serpent à lunettes :* naja. – *Serpent à sonnette :* crotale. – *Serpent de verre :* orvet. **2.** *Serpent de mer.* **a.** Très grand animal marin d'existence hypothétique, qui aurait été observé dans l'océan Indien et le Pacifique. **b.** *Fam.* Sujet qui revient régulièrement dans l'actualité aux moments où celle-ci est peu fournie ; histoire qui redevient périodiquement un sujet de conversation. **3.** ÉCON. *Serpent monétaire européen :* système monétaire instauré en 1972 et remplacé en 1979 par le **système monétaire européen (SME).* **4.** Personne perfide et méchante. ◇ *Langue de serpent :* personne très médisante. **5.** Anc. Instrument de musique à vent, en bois recouvert de cuir, percé de six trous, de forme sinueuse.

SERPENTAIRE n.m. Grand oiseau rapace des savanes africaines, à la tête huppée, aux pattes très longues, qui se nourrit surtout de serpents et de petits vertébrés. (Long. 1,50 m ; genre *Sagittarius,* famille des sagittariidés.) SYN. : *secrétaire.*

■ SERPENTAIRE

SERPENTEAU n.m. **1.** Jeune serpent. **2.** Pièce d'artifice qui, après allumage, s'échappe avec un mouvement sinueux.

SERPENTEMENT n.m. *Litt.* État de ce qui serpente.

SERPENTER v.i. Décrire des sinuosités. *La rivière serpente à travers les prés.*

SERPENTIFORME adj. Anguiforme.

SERPENTIN n.m. **1.** Accessoire de cotillon, longue et étroite bande de papier coloré enroulée sur elle-même et qui se déroule quand on la lance. **2.** Tube d'un appareil thermique (échangeur de chaleur), placé sur une paroi, dans une enceinte, enroulé de façon à être le plus long possible.

SERPENTINE n.f. **1.** MINÉRALOG. **a.** Silicate de magnésium hydraté, issu notamm. de l'altération de l'olivine. **b.** Roche vert sombre constituée essentiellement de ce minéral et résultant du métamorphisme de roches ultrabasiques. **2.** Anc. Petite pièce d'artillerie de rempart, de faible calibre (XVIe et XVIIe s.).

SERPETTE n.f. Petite serpe.

SERPILLIÈRE [sɛrpijɛr] n.f. (du lat. *scirpiculus,* de jonc). Carré de tissage gaufré, utilisé pour laver les sols.

SERPOLET n.m. (moyen fr. *serpol,* du lat. *serpullum*). Plante aromatique voisine du thym, utilisée comme condiment. (Genre *Thymus ;* famille des labiées.)

SERPULE n.f. (lat. *serpula,* petit serpent). Ver annélide marin construisant un tube calcaire irrégulier sur les rochers côtiers. (Long. 5 cm env. ; classe des polychètes, genre *Serpula.*)

SERRA n.f. (mot port.). Montagne, dans les pays de langue portugaise.

SERRAGE n.m. Action de serrer.

SERRAN n.m. (lat. *serra,* scie). Poisson des côtes rocheuses, voisin du mérou, aussi appelé *perche de mer.* (Long. max. 30 cm ; genre *Serranus,* famille des serranidés.)

SERRANIDÉ n.m. Poisson marin côtier à opercules épineux, très vorace, tel que le serran, le mérou, le bar. (Les serranidés forment une famille de l'ordre des perciformes.)

SERRATULE n.f. (lat. *serratula*). Grande plante à fleurs pourpres, voisine des cirses et des chardons, mais sans épines. (Famille des composées.) Nom usuel : *sarrette.*

1. SERRE n.f. (de *serrer*). **1.** (Surtout pl.) Griffe des oiseaux de proie. **2.** Action de soumettre des fruits à une pression pour en extraire le jus. **3.** Membrure horizontale renforçant la coque d'un navire.

2. SERRE n.f. (de *serrer*). **1.** Construction légère à matériaux en verre ou en matière plastique, à parois translucides, permettant de créer pour les plantes des conditions de végétation meilleures que si elles étaient cultivées sans protection. **2.** *Fig.* Milieu clos et protecteur, rassurant. *Un enfant élevé en serre.* **3.** *Effet de serre :* phénomène de réchauffement des basses couches de l'atmosphère terrestre induit par des gaz (gaz carbonique notamm.) qui les rendent opaques au rayonnement infrarouge émis par la Terre.

3. SERRE n.m. (lat. *serra,* scie). Crête étroite et allongée entre deux vallées, dans le sud de la France.

SERRÉ, E adj. **1.** Se dit d'un vêtement trop ajusté, collé au corps. *Jupe serrée.* **2. a.** Constitué d'éléments très rapprochés. *Tissu serré. Écriture serrée.* **b.** *Cheval serré du devant, du derrière,* dont les membres antérieurs, postérieurs sont trop rapprochés. **c.** *Café serré :* café express très fort, bien tassé (par oppos. à *allongé*). **3.** *Fig.* Qui présente des arguments nombreux, bien ordonnés et convaincants ; rigoureux, précis. *Argumentation serrée.* **4.** Qui offre peu de latitude, de choix, de possibilités. *Emploi du temps serré.* ◇ *Être serré :* manquer d'argent. ◆ adv. Avec prudence et application. *Jouer serré.*

SERRE-FILE n.m. (pl. *serre-files*). **1.** Gradé placé derrière une troupe en marche pour s'assurer que chacun suit à sa place. **2.** Dernier navire d'une ligne de marche ou de combat.

SERRE-FILS [-fil] n.m. inv. ÉLECTROTECHN. Pièce reliant, par serrage, deux ou plusieurs conducteurs.

SERRE-JOINT n.m. (pl. *serre-joints*). TECHN. Instrument pour assembler provisoirement entre eux différents éléments d'un ensemble.

SERRE-LIVRES n.m. inv. Objet, souvent décoratif, servant à maintenir des livres serrés debout, les uns contre les autres.

SERREMENT n.m. **1.** *Serrement de main :* action de serrer la main de qqn ; poignée de main. **2.** *Serrement de cœur :* oppression causée par une émotion douloureuse. **3.** MIN. Barrage étanche et résistant à la pression de l'eau, fermant une galerie.

SERRER v.t. (lat. pop. *serrare,* fermer avec une barre). **1.** Exercer une pression sur deux côtés de qqch pour le tenir, l'empêcher de s'échapper, le maintenir en place. *Serrer une pièce de métal dans un étau.* **2.** Maintenir fermement ; tenir étroitement ; presser, étreindre. *Serrer un objet dans sa main. Serrer un enfant dans ses bras.* **3.** Comprimer le corps, une partie du corps, en parlant d'un vêtement. ◇ *Serrer le cœur, la gorge :* causer de l'angoisse, de l'émotion. **4.** Rapprocher les uns des autres les éléments d'un tout, les membres d'un groupe. *Serrer les bagages dans le coffre. Serrer les rangs.* ◇ *Serrer les dents :* supporter avec courage, fermeté la douleur, les difficultés, les épreuves. **5.** Tirer sur les extrémités d'un lien et le tendre. *Serrer une corde.* ◇ MAR. *Serrer une voile,* l'amarrer, pliée, sur une vergue ou un mât. **6.** Agir sur un dispositif de fixation, de commande mécanique, de fermeture, de façon à assujettir plus solidement ou à bloquer. *Serrer une vis.* **7.** Approcher au plus près de. *Ne serrez pas tant le mur !* ◇ *Serrer qqn de près,* être sur le point de l'atteindre ; lui faire une cour assidue. – *Serrer qqch de près,* l'analyser avec attention, l'exprimer avec précision. – MAR. *Serrer le vent :* s'approcher de la direction du vent. **8.** Pousser qqn contre un obstacle pour gêner ses mouvements. *Serrer son adversaire contre un mur.* **9.** *Arg.* Arrêter, appréhender. **10.** *Litt.* ou Antilles, Québec. Enfermer, ranger en lieu sûr. *Serrer ses économies dans un coffre.*

SERRE-TÊTE n.m. inv. Bandeau, demi-cercle qui maintient la chevelure en place.

SERRICULTURE n.f. AGRIC. Culture sous serre.

SERRISTE n. AGRIC. Exploitant de cultures sous serres.

SERRURE n.f. Appareil de fermeture se manœuvrant soit à la main au moyen d'un accessoire génér. amovible (clef, béquille, etc.), soit à distance par un dispositif technique particulier. *(V. ill. page suivante).*

SERRURERIE n.f. **1.** Branche de la construction qui s'occupe de la fabrication des dispositifs de fermeture et des objets en métal ouvré. (Ce terme tend à être remplacé, dans l'usage des professionnels, par celui, plus large, de *métallerie.*) **2.** Métier, ouvrage du serrurier.

SERRURIER n.m. **1.** Personne qui fait, vend, pose, répare les serrures. **2.** Métallier.

SERTÃO [sɛrtao] ou [sɛrtɑ̃] n.m. (mot port.). Zone peu peuplée et semi-aride du Nordeste brésilien, où domine l'élevage extensif.

SERTI n.m. (de *sertir*). Sertissure.

SERTIR v.t. (anc. fr. *sartir,* du lat. *sarcire,* réparer). **1.** En joaillerie, enchâsser une pierre dans

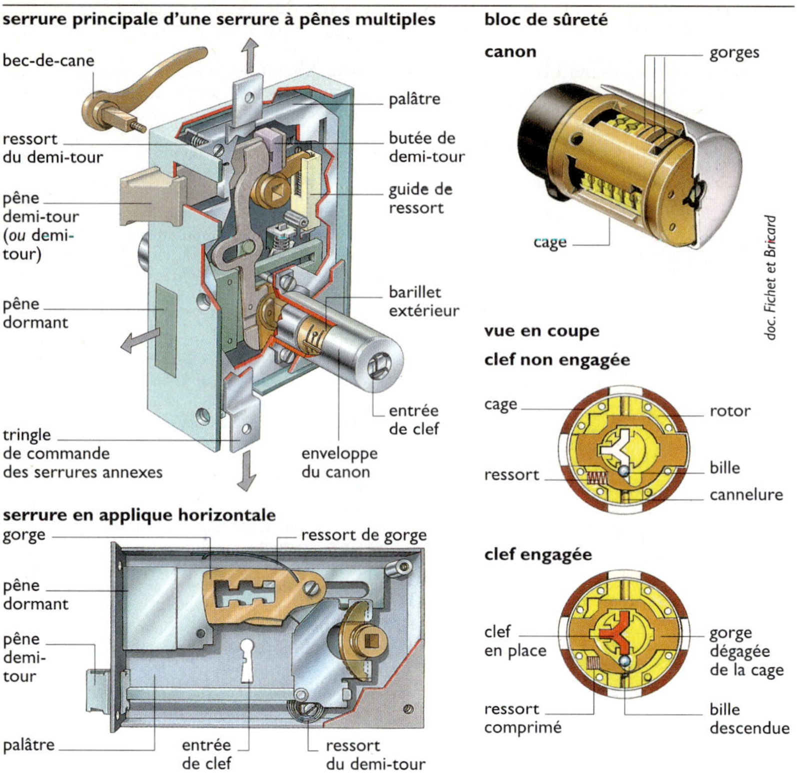

■ **SERRURE.** Deux types de serrure, avec fonctionnement du bloc de sûreté.

une monture. **2.** MÉCAN. INDUSTR. Rabattre ensemble les bords de deux pièces de tôle, ou le bord d'une pièce contre celui d'une autre, afin de les fixer.

SERTISSAGE n.m. Action, manière de sertir.

1. SERTISSEUR n.m. Appareil destiné à fermer hermétiquement les boîtes de conserve après leur remplissage.

2. SERTISSEUR, EUSE n. Personne qui sertit des pierres.

SERTISSURE n.f. Manière dont une pierre est sertie ; partie du chaton qui la sertit. SYN. : *serti.*

SÉRUM [-rɔm] n.m. (lat. *serum,* petit-lait). **1.** ***Sérum sanguin,*** ou ***sérum*** : liquide se séparant du caillot après coagulation du sang, correspondant au plasma dépourvu de fibrinogène. **2.** ***Sérum physiologique*** : solution de chlorure de sodium isotonique au plasma sanguin. **3.** PHARM. Vieilli. ***Sérum thérapeutique*** : sérum riche en antitoxines extrait du sang d'un animal, princip. du cheval, vacciné contre une maladie microbienne ou contre une toxine, permettant une lutte rapide contre l'affection correspondante déclarée chez l'homme (sérothérapie). **4.** Lactosérum.

SÉRUMALBUMINE [serɔm-] n.f. Albumine du sérum sanguin.

SERVAGE n.m. (de *serf*). **1.** HIST. État de dépendance d'une personne à l'égard d'un maître et de la terre sur laquelle elle travaille. (Le servage, répandu en Occident aux Xᵉ et XIᵉ s., décline à partir du XIIIᵉ s. En Europe orientale, il se développe à l'époque moderne. Il est aboli en Prusse en 1807, en Russie en 1861.) **2.** *Fig.* État de dépendance ; servitude, esclavage.

SERVAL n.m. [pl. *servals*] (port. *cerval,* cervier). Grand chat sauvage des savanes d'Afrique, haut sur pattes, au pelage brun-orangé tacheté de noir. (Long. 90 cm sans la queue ; nom sc. *Felis serval,* famille des félidés.)

■ **SERVAL**

SERVANT n.m. Militaire affecté au service d'une arme. *Servant de canon, de mitrailleuse.* ◆ adj.m. **1.** ***Cavalier, chevalier servant*** : homme qui rend des hommages assidus à une femme. **2.** DR. ***Fonds servant*** : fonds grevé d'une servitude (par oppos. à *fonds dominant*). **3.** ***Frère servant*** : convers employé aux travaux manuels d'un monastère.

1. SERVANTE n.f. Anc. Femme ou fille à gages employée aux travaux domestiques.

2. SERVANTE n.f. TECHN. Support mobile, fournissant un point d'appui à la partie en porte à faux des pièces longues travaillées à l'établi ou à la machine.

1. SERVEUR, EUSE n. **1.** Personne employée dans un café, un restaurant pour servir la clientèle. **2.** Aux cartes, joueur qui donne les cartes. **3.** Joueur qui met la balle en jeu au tennis, au tennis de table, au volley-ball, etc.

2. SERVEUR n.m. **1.** Ordinateur qui a pour mission, sur un réseau, de rendre un ou plusieurs services spécifiés. *Serveur vidéotex.* **2.** ***Serveur de données,*** ou ***serveur*** : organisme privé ou public qui gère des banques de données et en autorise l'accès sous certaines conditions.

SERVIABILITÉ n.f. Caractère d'une personne serviable.

SERVIABLE adj. Qui rend volontiers service.

SERVICE n.m. (lat. *servitium*). **1.** Action de servir ; ensemble des obligations qu'ont les citoyens envers l'État, une communauté ; travail déterminé effectué pour leur compte. *Le service de l'État. Service de surveillance.* ◇ ***Service national*** : ensemble des obligations (service militaire ou civil) imposées à tout citoyen français pour répondre aux besoins de la défense et à divers impératifs de solidarité. (Depuis la loi du 28 octobre 1997, le service national obligatoire est remplacé par un service volontaire d'une durée de 1 à 5 ans. Tous les Français nés après le 31 décembre 1978 doivent accomplir un « parcours citoyen » comprenant une journée d'appel de préparation à la défense.) **2.** Célébration de l'office divin. ◇ ***Service funèbre*** : cérémonie, prières pour un mort. **3.** Action ou manière de servir un maître, un client, etc. *Service rapide.* ◇ ***De service*** : se dit du passage (porte, escalier, etc.) destiné au personnel de la maison, aux fournisseurs, etc. **4.** Pourcentage de la note d'hôtel, de restaurant affecté au personnel. *Le service est compris.* **5.** Vieilli. Ensemble des plats servis à table dans un ordre donné. **6.** Ensemble des repas servis à des heures échelonnées dans une cantine, une voiture-restaurant. *Premier service à 12 heures.* **7.** Assortiment de vaisselle ou de linge de table. *Service à thé.* **8.** Dans divers sports (tennis, tennis de table, volley-ball, etc.), mise en jeu de la balle. **9.** Usage que l'on peut faire de qqch. *Outil qui rend de grands services.* **10.** Fonctionnement d'une machine, d'un appareil, d'un moyen de transport. *Mettre en service une nouvelle ligne de métro.* ◇ ***Hors service*** : hors d'usage. *Cabine téléphonique hors service.* Abrév. *(fam.)* : *HS.* **11.** Ce que l'on fait pour être utile à qqn. *Demander un service à qqn.* ◇ ***Rendre service à qqn,*** l'aider. **12.** Organisme qui fait partie d'un ensemble administratif ou économique ; organe d'une entreprise chargé d'une fonction précise ; ensemble des bureaux, des personnes assurant cette fonction. *Le service des transports. Le service du personnel.* ◇ ***Service public*** : activité d'intérêt général, assurée par un organisme public ou privé ; organisme assurant une activité de ce genre. – ***Service voté*** : minimum de dotation budgétaire que le gouvernement juge indispensable à l'exécution des services publics. – ***Service de la dette*** : ensemble des opérations qui concernent le remboursement de la dette publique et le paiement des intérêts. **13.** Activité professionnelle exercée dans une entreprise, une administration. *Avoir quarante ans de service.* ◇ ***Être de service*** : exercer ses fonctions professionnelles à telle heure, tel jour. – ***Prendre son service*** : commencer à travailler, à exercer ses fonctions, au début de son temps de travail (journée, demi-journée, etc.). **14.** Afrique. Lieu de travail, en partic. bureau. **15.** Expédition, distribution d'une publication. *Faire le service d'une revue. Le service des dépêches.* **16.** ***Service de presse.*** **a.** Service d'un organisme, d'une entreprise chargé des relations avec la presse, le public. **b.** Service qui envoie les ouvrages d'une maison d'édition aux journalistes ; ouvrage envoyé par un tel service. ◆ pl. **1.** Travaux effectués pour qqn. *On ne peut se passer de ses services.* **2.** Avantages ou satisfactions fournis par les entreprises ou l'État au public à titre gratuit ou onéreux (transport, recherche, travail ménager, consultation médicale ou juridique, etc.), par oppos. aux *biens.* ◇ ***Société de services*** : entreprise fournissant à titre onéreux un travail, des prestations, du personnel, etc., à l'exclusion d'une production de biens matériels. – ***Les services*** : le secteur économique constitué par les sociétés de services. **3.** ***Services spéciaux*** : services nationaux de recherche et d'exploitation des renseignements. **4.** Suisse. Couverts (cuillères, fourchettes, couteaux).

SERVIETTE n.f. (de *servir*). **1.** Pièce en tissu-éponge, en coton ou en lin, utilisée pour s'essuyer la peau. *Serviette de toilette, de bain.* **2.** Pièce de linge de table servant à s'essuyer la bouche, à protéger les vêtements pendant le repas. **3.** Sac rectangulaire à compartiments, qui sert à porter des documents, des livres, etc. **4.** ***Serviette hygiénique*** : bande absorbante de coton ou de cellulose, utilisée comme protection externe au moment des règles.

SERVIETTE-ÉPONGE n.f. (pl. *serviettes-éponges*). Serviette de toilette en tissu-éponge.

SERVILE adj. (lat. *servilis,* de *servus,* esclave). **1.** HIST. Relatif à l'état de serf, au servage. **2.** Qui fait preuve d'une soumission excessive ; obséquieux. *Un homme servile. Obéissance servile.* **3.** Qui suit trop étroitement le modèle. *Imitation servile.*

SERVILEMENT adv. De façon servile.

SERVILITÉ n.f. **1.** Esprit de servitude, de basse soumission. **2.** Exactitude trop étroite dans l'imitation.

SERVIR v.t. [31] (lat. *servire,* être esclave). **1.** S'acquitter de certains devoirs, de certaines fonctions envers qqn, une collectivité. *Servir sa patrie.* ◇ ***Servir Dieu,*** lui rendre le culte qui lui est dû. – ***Servir l'État*** : exercer un emploi public ; être militaire. **2.** Présenter les plats à qqn, lui donner d'un mets, d'une boisson. *Servir les convives.* **3.** Placer sur la table qqch à consommer. *Servir le dîner.* **4.** Vendre, fournir des marchandises à. *Ce commerçant me sert depuis longtemps.* **5.** Vieilli. Apporter son aide, son appui à. *Servir ses amis.* **6.** Donner ses soins à qqch, s'y consacrer. *Servir les intérêts de qqn.* ◇ ***Servir la messe,*** assister le prêtre pendant sa célébration. **7.** Être utile, favorable à ; favoriser. *Les circonstances l'ont bien servi.* **8.** Payer, verser à date fixe. *Servir une rente, des intérêts.* **9.** *Fam.* Raconter, débiter. *Il nous sert toujours les mêmes arguments.* **10.** VÉNER. Donner la mort à un animal qui a été forcé. *Servir le cerf.* ◆ v.t. ind. **1.** (à). Être utile, profitable à qqn. *Sa connaissance des langues lui a servi.* **2. (à).** Être bon, propre à qqch. *Cet instrument sert à tel usage.* **3. (de).** Être utilisé en tant que, tenir lieu de. *Servir de guide. Servir de secrétaire.* ◆ v.i. **1.** Être militaire dans telle arme. *Servir dans l'infanterie.* **2.** Dans certains sports, mettre la balle, le ballon en jeu. ◆ **se servir** v.pr. **1.** Prendre d'un mets. *Se servir de pain, de viande.* **2.** S'approvisionner chez qqn de façon habituelle. *Se servir chez tel fournisseur.* **3.** Utiliser, faire usage de ; user de. *Se servir du compas. Se servir de ses relations.*

SERVITE n.m. Membre d'un ordre religieux, assimilé aux mendiants *(Servites de Marie)*, fondé en 1233, près de Florence, par sept riches marchands pour honorer les douleurs de la Vierge.

SERVITEUR n.m. **1.** *Sout.* Celui qui est au service de qqn, d'une collectivité. **2.** Vieilli. Domestique.

SERVITUDE n.f. (lat. *servitudo*). **1.** État de qqn, d'un pays privé de son indépendance. **2.** Contrainte, assujettissement, obligation. *Les servitudes d'un métier.* – DR. Charge qui grève un bien immeuble *(fonds servant)* au profit d'un autre bien immeuble *(fonds dominant)* appartenant à un propriétaire différent (servitude de vue, de passage, d'écoulement des eaux, de voirie, etc.). ◇ *Servitudes militaires :* mesures interdisant ou limitant la construction dans certaines zones (champ de tir, dépôt, ouvrage fortifié). **3.** *Navire de servitude :* bâtiment ou engin flottant destiné au service des rades et des ports (remorqueur, drague, ponton-grue, dock flottant, etc.).

SERVOCOMMANDE n.f. TECHN. Mécanisme auxiliaire destiné à suppléer la force musculaire de l'homme en assurant automatiquement, par amplification, la force nécessaire au fonctionnement d'un ensemble.

SERVOFREIN n.m. AUTOM. Servocommande assurant une assistance pour le fonctionnement des freins.

SERVOMÉCANISME n.m. TECHN. Mécanisme conçu pour réaliser seul un certain programme d'action grâce à une comparaison permanente entre les consignes qui lui sont données et le travail qu'il exécute.

SERVOMOTEUR n.m. TECHN. Moteur électrique, hydraulique ou pneumatique jouant le rôle d'actionneur dans un asservissement ou un système à régulation.

SES adj. poss. Pl. de *son, sa.*

1. SÉSAME n.m. (gr. *sêsamon*). Plante annuelle cultivée pour ses graines comestibles riches en huile. (Genre *Sesamum ;* famille des pédaliacées.)

2. SÉSAME n.m. (de *1. sésame,* par allusion au conte d'Ali Baba, dans le recueil arabe des *Mille et Une Nuits*). Moyen infaillible pour accéder à qqch, pour se faire ouvrir toutes les portes.

SÉSAMOÏDE adj. *Os sésamoïde,* ou *sésamoïde,* n.m. : petit os situé dans un tendon ou près d'une articulation, en partic. dans la main et le pied.

SESBANIE n.f. ou **SESBANIA** [sɛsbanja] n.m. (lat. *sesbanus*). Arbuste des régions tropicales, cultivé en Inde pour la filasse qu'on extrait des tiges et dont on fait du papier à cigarettes. (Famille des papilionacées.)

SESQUI- [sɛskɥi], préfixe, du lat. *sesqui,* signifiant « une fois et demie » (par ex. sesquioxyde de fer Fe_2O_3).

SESSILE adj. (lat. *sessilis,* de *sedere,* être assis). **1.** BOT. Inséré directement sur l'axe, sans pédoncule. *Fleur sessile.* **2.** ZOOL. *Faune sessile :* ensemble des animaux aquatiques vivant fixés sur le fond (par oppos. à *faune vagile*). **3.** MÉD. Qui a une base d'implantation large, notamm. en parlant d'une tumeur.

SESSION n.f. (mot angl., du lat. *sessio,* séance). **1.** Période de l'année pendant laquelle siègent une assemblée, un tribunal. **2.** Période pendant laquelle des examens ont lieu.

SESTERCE n.m. (lat. *sestertius*). Monnaie romaine antique d'argent, puis de laiton.

SET [sɛt] n.m. (mot angl.). **1.** *Set de table,* ou *set :* ensemble de napperons qui remplace la nappe ; chacun de ces napperons. **2.** Manche d'un match de tennis, de tennis de table, de volley-ball.

SÉTACÉ, E adj. (du lat. *seta,* soie). Qui est en forme de soie de porc.

SETAR ou **SEHTAR** [setar] n.m. (mot persan, *trois cordes*). Petit luth à long manche et à frettes, monté de quatre cordes, que l'on pince avec l'ongle, utilisé dans la musique savante persane.

SETIER n.m. (lat. *sextarius,* sixième). Anc. Mesure de capacité qui variait suivant les régions et la matière mesurée.

SÉTON n.m. (anc. provenç. *sedon,* du lat. *seta,* soie). **1.** Drain sortant à chacune de ses extrémités par un orifice cutané. **2.** *Plaie en séton :* plaie des tissus superficiels faite par une arme, et ayant un orifice d'entrée et un orifice de sortie.

SETTER [sɛtɛr] n.m. (mot angl., de *to set,* s'arrêter, poser). Chien d'arrêt d'une race à poil long, doux et ondulé.

■ SETTER

SEUIL [sœj] n.m. (lat. *solum,* base). **1.** Dalle de pierre, pièce de bois, en travers et en bas de l'ouverture d'une porte. **2. a.** Entrée d'une maison, d'une pièce. **b.** Point d'accès à un lieu ; commencement de ce lieu. *Le seuil du désert.* ◇ *Au seuil de :* au commencement de. *Au seuil de la vie.* **3.** GÉOGR. Lieu d'altitude intermédiaire entre des reliefs contrastés, servant de passage et de ligne de partage des eaux. **4. a.** Élévation du fond de la mer entre deux bassins ou entre une dépression et un fond marin. *Le seuil de Gibraltar.* **b.** Partie en saillie du lit d'un cours d'eau, entre deux zones creusées (mouilles). **5.** Limite au-delà de laquelle des conditions sont changées. *Franchir un seuil.* ◇ *Seuil de rentabilité :* volume du chiffre d'affaires d'une entreprise à partir duquel est réalisé un profit. **6.** PSYCHOL., PHYSIOL. Limite à partir de laquelle est perçue une sensation *(seuil absolu)* ou une variation dans la sensation *(seuil différentiel)*. **7.** BIOL., MÉD. État d'un système, d'un élément au-delà duquel un phénomène apparaît. ◇ *Seuil d'excitation :* niveau d'excitation d'une cellule nerveuse ou musculaire à partir duquel apparaît un potentiel d'action. – *Seuil rénal :* concentration sanguine au-dessus de laquelle certaines substances (glucose, par ex.) commencent à être éliminées dans les urines.

SEUL, E adj. (lat. *solus*). **1.** Qui est sans compagnie ; isolé. *Vivre seul.* ◇ *Tout(e) seul(e) :* sans aide, sans secours. – *Seul(e) à seul(e) :* en tête à tête. *Se voir seul à seul.* **2.** Exprime l'unicité. *Nous l'avons vu une seule fois. C'est le seul exemplaire qui reste.* **3.** À l'exclusion des autres. *Lui seul connaît la région.*

SEULEMENT adv. **1.** Sans rien ou personne de plus. *Être deux seulement.* **2.** À l'exclusion de tout autre chose ; exclusivement, uniquement. *Dites-lui seulement de m'écrire.* ◇ *Non seulement :* introduit le premier des deux termes d'une opposition dont le second (après *mais* ou *mais encore*) marque une insistance, une addition, etc. *Non seulement on l'admire, mais on l'aime.* – *Pas seulement :* pas même. **3.** Indique une restriction ; toutefois, cependant. *Il accepte, seulement il demande des garanties.* ◇ *Si seulement :* exprime un regret ou un souhait ; si au moins. *Si seulement il faisait beau !* **4.** Pas plus tôt que. *Il arrive seulement ce soir.*

SEULET, ETTE adj. Vieilli. Seul.

SÈVE n.f. (lat. *sapa,* vin cuit). **1.** Liquide circulant dans les diverses parties des végétaux. (On distingue la *sève brute,* riche en sels minéraux, qui monte des racines vers les feuilles, et la *sève élaborée,* riche en nutriments organiques, produite par les feuilles et redistribuée vers tous les organes de la plante.) **2.** *Litt.* Ce qui donne la force, la vigueur.

SÉVÈRE adj. (lat. *severus,* grave). **1.** Qui sanctionne sans indulgence, donne des directives rigoureuses ; strict. *Parents sévères. Verdict sévère. Règlement sévère.* **2.** D'aspect austère. *Visage sévère. Architecture sévère.* **3.** Grave par son importance, son ampleur. *Maladie sévère. Défaite sévère.*

SÉVÈREMENT adv. Avec sévérité.

SÉVÉRITÉ n.f. **1.** Manière d'agir d'une personne sévère. **2.** Caractère de ce qui est sévère, sans ornement. **3.** *Litt.* Caractère d'un comportement empreint de gravité, de sérieux.

SÉVICES n.m. pl. (lat. *saevitia,* violence). Mauvais traitements exercés sur qqn que l'on a sous sa responsabilité ou son autorité.

SÉVIR v.i. (lat. *saevire,* être furieux). **1.** Punir avec rigueur. *Sévir contre un coupable.* **2.** Se faire sentir vivement, exercer des ravages. *Le froid sévit encore.*

SEVRAGE n.m. **1.** Action de sevrer un enfant, un animal ; fait d'être sevré. **2.** Privation progressive d'alcool ou de drogue lors d'une cure de désintoxication. ◇ *Syndrome de sevrage :* état de manque.

SEVRER v.t. [12] (lat. *separare,* séparer). **1.** Cesser l'allaitement d'un enfant ou d'un petit animal pour lui donner une alimentation plus solide. **2.** Désaccoutumer qqn de qqch, spécial. de l'alcool, d'une drogue. **3.** AGRIC. *Sevrer une marcotte,* la séparer du pied mère après qu'elle a pris racine.

SÈVRES n.m. Porcelaine fabriquée à la manufacture de Sèvres.

SÉVRIENNE n.f. Élève de l'École normale supérieure de jeunes filles (installée autref. à Sèvres, puis à Paris, et fusionnée depuis 1985 avec l'École normale supérieure).

SEXAGE n.m. Détermination du sexe des animaux, notamm. des poussins, dès leur naissance.

SEXAGÉNAIRE adj. et n. (lat. *sexaginta,* soixante). Qui a entre soixante et soixante-neuf ans.

SEXAGÉSIMAL, E, AUX adj. Se dit de la numération à base soixante.

SEXAGÉSIME n.f. (du lat. *sexagesimus,* soixantième). CATH. Deuxième dimanche avant le carême. (Cette appellation a été supprimée en 1969.)

SEX-APPEAL [sɛksapil] n.m. [pl. *sex-appeals*] (mot anglo-amér.). Charme sensuel qui émane de qqn. (Se dit surtout à propos d'une femme.)

SEXE n.m. (lat. *sexus*). **1.** Ensemble des caractères qui permettent de distinguer chez la plupart des êtres vivants le genre mâle et le genre femelle. **2.** Nom donné à tout ou partie des organes génitaux, le pénis chez l'homme, la vulve et le vagin chez la femme. **3.** Ensemble des individus de même sexe. ◇ *Fam. Le beau sexe, le sexe faible :* les femmes. – *Fam. Le sexe fort :* les hommes. **4.** Sexualité. *L'obsession du sexe.*

SEXISME n.m. Attitude discriminatoire fondée sur le sexe.

SEXISTE adj. et n. Relatif au sexisme ; qui fait preuve de sexisme, dans sa pensée ou son comportement.

SEXOLOGIE n.f. Étude de la sexualité, de ses troubles.

SEXOLOGUE n. Spécialiste de sexologie.

SEXOTHÉRAPIE n.f. Traitement des troubles sexuels par des procédés psychothérapiques.

SEXPARTITE adj. Se dit d'une voûte gothique à six voûtains, reposant sur quatre piles maîtresses entre lesquelles s'élèvent deux piles intermédiaires.

SEX-RATIO [-rasjo] n.m. [pl. *sex-ratios*] (mot angl.). Rapport numérique des sexes. (En France, à la naissance, le sex-ratio est d'environ 105 garçons pour 100 filles.)

SEX-SHOP [sɛksʃɔp] n.m. [pl. *sex-shops*] (mot angl.). Magasin spécialisé dans la vente de revues, de livres, de films, d'objets érotiques ou pornographiques, d'aphrodisiaques, etc.

SEX-SYMBOL [sɛkssɛ̃bɔl] n.m. [pl. *sex-symbols*] (mot angl.). Vedette symbolisant l'idéal masculin ou féminin sur le plan de la sensualité et de la sexualité.

SEXTANT n.m. (lat. *sextans,* sixième partie). Instrument à réflexion, dont le limbe gradué s'étend sur 60°, et qui permet de mesurer des hauteurs d'astres à partir d'un navire. (En mesurant avec un sextant la hauteur du Soleil au méridien, on détermine la latitude.)

SEXTE n.f. (lat. *sexta hora,* sixième heure). CHRIST. Partie de l'office divin célébrée à la sixième heure du jour (midi).

SEXTILLION [sɛkstiljɔ̃] n.m. Un million de quintillions (10^{36}).

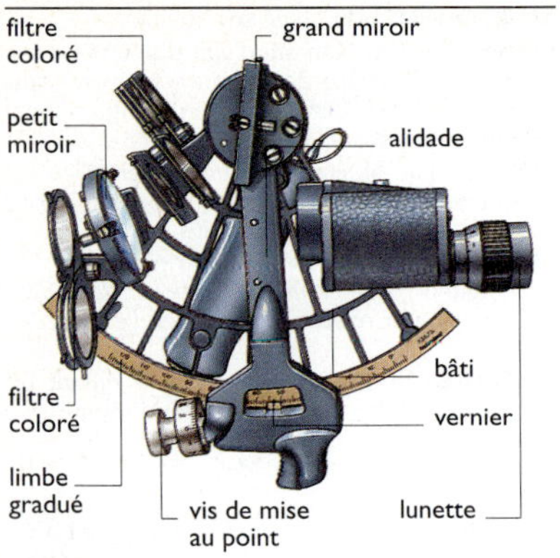

■ **SEXTANT**

SEXTINE n.f. (du lat. *sextus,* sixième). Poème à forme fixe, comprenant six strophes de six vers et un tercet, où les mêmes mots reviennent à la rime dans un ordre différent.

SEXTO adv. (mot lat.). Sixièmement, dans une énumération commençant par *primo.*

SEXTOLET n.m. MUS. Groupe de six notes, d'égale valeur, surmontées du chiffre 6, à exécuter dans le même temps que quatre notes de même figure.

SEXTUOR n.m. (lat. *sex,* six, d'après *quatuor*). MUS. Composition à six parties.

SEXTUPLE adj. et n.m. Qui vaut six fois autant.

SEXTUPLER v.t. Multiplier par six. ◆ v.i. Devenir sextuple. *Revenu qui a sextuplé.*

SEXTUPLÉS, ÉES n. pl. Groupe de six enfants issus d'une même grossesse.

SEXUALISATION n.f. **1.** Action de sexualiser ; fait d'être sexualisé. **2.** Différenciation sexuelle de l'embryon.

SEXUALISER v.t. Introduire la sexualité dans un domaine quelconque ; donner un caractère sexuel à qqch.

SEXUALITÉ n.f. (du lat. *sexus,* sexe). **1.** Ensemble des phénomènes sexuels ou liés au sexe, observables chez les êtres vivants. **2.** Ensemble des diverses modalités de la satisfaction instinctuelle liée à la reproduction de l'espèce.

SEXUÉ, E adj. Qui possède un sexe. ◇ *Reproduction sexuée,* nécessitant le concours de deux individus de sexe opposé.

SEXUEL, ELLE adj. **1.** Qui caractérise le sexe des êtres vivants. ◇ *Caractère sexuel :* caractéristique anatomique ou physiologique de l'un ou l'autre sexe. (On distingue des caractères sexuels *primaires* [organes génitaux] et des caractères sexuels *secondaires* [pilosité, adiposité, voix].) – *Chromosome sexuel :* hétérochromosome. **2.** Relatif à la sexualité. *Éducation sexuelle.* ◇ *Acte sexuel :* copulation, coït.

SEXUELLEMENT adv. En ce qui concerne le sexe ou la sexualité ; du point de vue de la sexualité. ◇ *Maladie sexuellement transmissible (MST),* pouvant être transmise au cours d'un rapport sexuel.

SEXY adj. inv. (mot angl.). *Fam.* Qui a un charme attirant et aguichant ; qui a du sex-appeal.

SEYANT, E [sɛjɑ̃, ɑ̃t] adj. Qui convient, qui va bien. *Une robe seyante.*

SEYCHELLOIS, E adj. et n. Des îles Seychelles ; relatif aux Seychelles.

SÉZIGUE ou **SÉZIG** pron. pers. *Arg.* Soi, lui.

SF ou **S.F.** n.f. (sigle). Science-fiction.

SFORZANDO [sfɔrzɑ̃do] adv. (mot ital.). MUS. Avec ralentissement progressif du tempo sur une note ou un accord.

SFUMATO [sfumato] n.m. (mot ital.). PEINT. Ambiance vaporeuse qui adoucit les formes et concourt à la perspective aérienne.

SGBD ou **S.G.B.D.** n.m. (sigle). INFORM. Système de *gestion de base de données.

SGML n.m. (sigle de l'angl. *standard generalized mark-up language*). INFORM. Langage normalisé de définition et d'échange de documents structurés.

SGRAFFITE n.m. (ital. *sgraffitto,* égratigné). Genre de décoration murale consistant à appliquer, sur un fond de couleur sombre, un enduit de mortier blanc qu'on enlève et incise ensuite pour faire se détacher en clair les motifs voulus.

SHABBAT [ʃabat] n.m. (mot hébreu). RELIG. Sabbat.

SHABOUOT [ʃabuɔt], fête juive de la Pentecôte ou des Semaines, commémorant la promulgation de la Torah sur le mont Sinaï.

SHAH n.m. → **CHAH.**

SHAHNAÏ n.m. → **SHANA.**

SHAKER [ʃɛkœr] n.m. (mot angl., de *to shake,* secouer). Double gobelet fermé dans lequel on agite, avec de la glace, les éléments d'un cocktail pour le servir frappé.

SHAKESPEARIEN, ENNE [ʃɛkspirjɛ̃, ɛn] adj. Relatif à Shakespeare, à son œuvre.

SHAKO [ʃako] n.m. (du hongr.). Coiffure militaire tronconique, portée notamm. par les gardes républicains et les saint-cyriens.

SHAKTISME n.m. Doctrine religieuse de l'Inde, propre à certains courants (vishnouisme, shivaïsme, tantrisme), qui donne à l'énergie créatrice féminine, appelée *shakti,* un rôle important.

SHAMISEN [ʃamizɛn] n.m. (mot jap.). Luth japonais à trois cordes pincées à l'aide d'un plectre, accompagnant les spectacles de marionnettes et le théâtre kabuki.

SHAMPOOING ou **SHAMPOING** [ʃɑ̃pwɛ̃] n.m. (mot angl., du hindi). **1.** Produit servant à laver les cheveux et éventuellement à les traiter. **2.** Lavage des cheveux avec ce produit. **3.** Nom donné à des produits liquides et moussants destinés au nettoyage, au lavage. *Shampooing pour moquettes. Shampooing pour animaux.*

SHAMPOUINER v.t. Laver au moyen d'un shampooing.

1. SHAMPOUINEUR, EUSE n. Employé d'un salon de coiffure chargé du shampooing.

2. SHAMPOUINEUR n.m. ou **SHAMPOUINEUSE** n.f. Appareil servant à nettoyer à l'aide d'un détergent les tapis et moquettes.

SHANA ou **SHAHNAÏ** n.m. (mot persan, *flûte de roi*). Hautbois d'origine populaire, utilisé dans la musique savante hindoue.

SHANTUNG, SHANTOUNG ou **CHANTOUNG** [ʃɑ̃tuŋ] n.m. (du n. d'une province chinoise). Tissu de soie présentant un grain très prononcé.

SHED [ʃɛd] n.m. (mot angl., *hangar*). CONSTR. Toiture de bâtiment présentant un profil en dents de scie (redans) et comportant des versants vitrés de pente rapide exposés au nord.

SHEKEL [ʃekɛl] n.m. Unité monétaire principale d'Israël.

SHELF n.m. → **ICE-SHELF.**

SHÉOL n.m. → **SCHÉOL.**

SHÉRARDISATION n.f. (du n. de l'inventeur). MÉTALL. Cémentation par le zinc de pièces d'acier ou de fonte.

SHÉRIF n.m. (angl. *sheriff*). **1.** Officier d'administration qui représente la Couronne dans chaque comté d'Angleterre. **2.** Aux États-Unis, officier d'administration élu, ayant un pouvoir judiciaire limité.

SHERPA n.m. (du n. d'un peuple montagnard du Népal). **1.** Guide ou porteur des expéditions d'alpinisme dans l'Himalaya. **2.** *Fam.* Conseiller d'un chef d'État, d'une haute personnalité, chargé de la préparation de sommets internationaux.

SHERRY [ʃɛri] n.m. [pl. *sherrys* ou *sherries*] (mot angl.). Nom donné en Angleterre au vin de Xérès.

SHETLAND [ʃɛtlɑ̃d] n.m. (du n. des îles *Shetland*). **1.** Laine des moutons des îles Shetland. **2.** Pull-over tricoté avec cette laine. **3.** Race de poneys de petite taille originaire des îles Shetland, très utilisée pour l'initiation des enfants à l'équitation.

SHIATSU [ʃjatsu] n.m. (du chin.). Méthode thérapeutique consistant à appliquer les doigts par pression sur certains points du corps.

SHIGELLE n.f. (de *Shiga Kiyoshi,* n.pr.). Bactérie responsable de certaines dysenteries (nom générique).

SHIKHARA [ʃikara] n.m. (mot sanskr., *cime*). Dans l'Inde médiévale, haute tour à la silhouette curviligne surmontant un sanctuaire.

SHILLING [ʃiliŋ] n.m. (mot angl.). **1.** Anc. Unité monétaire divisionnaire anglaise (symb. s), qui valait 1/20 de livre. **2.** Unité monétaire principale du Kenya, de l'Ouganda, de la Somalie et de la Tanzanie.

SHILOM n.m. → **CHILOM.**

SHIMMY n.m. (mot anglo-amér.). AUTOM. Mouvement d'oscillations latérales, dû à un phénomène de résonance, qui affectait les roues directrices des voitures à essieu avant rigide.

SHINGLE [ʃingəl] n.m. (mot angl., *bardeau*). Élément de couverture en matériau imprégné de bitume simulant le bardeau ou l'ardoise.

SHINTO [ʃinto] ou **SHINTOÏSME** n.m. Religion du Japon, antérieure au bouddhisme (introduit au VIᵉ s.). Graphie savante : *shintō.*

ENCYCL. Constitué en un ensemble de rites et de croyances animistes, le shinto honore de multiples divinités (les *kami*) qui personnifient les forces naturelles. Érigé de 1868 à 1945 en religion d'État, caractérisé par une quasi-divinisation de l'empereur, le shinto demeure encore auj. le garant de l'identité japonaise.

SHINTOÏSTE adj. et n. Relatif au shinto ; adepte du shinto.

SHIPCHANDLER [ʃipʃɑ̃dlœr] n.m. (mot angl.). Marchand d'articles de marine.

SHIRTING [ʃœrtiŋ] n.m. (mot angl.). Tissu de coton fabriqué en armure toile, utilisé pour la lingerie et la chemiserie.

SHIT [ʃit] n.m. (mot angl., *merde*). *Fam.* Haschisch.

SHIVAÏSME, SIVAÏSME ou **ÇIVAÏSME** [ʃivaism] n.m. Courant religieux, issu de l'hindouisme, qui fait de Shiva un dieu plus important que Vishnou et Brahmā, et qui est à l'origine de plusieurs sectes.

SHOCKING [ʃɔkiŋ] adj. inv. (angl. *to shock,* choquer). *Par plais.* Choquant.

SHOGUN [ʃɔgun] ou **SHOGOUN** n.m. (jap. *shōgun,* général). Chef militaire et civil du Japon, de 1192 à 1867, qui exerçait, parallèlement aux dynasties impériales, le véritable pouvoir.

SHOGUNAL, E, AUX ou **SHOGOUNAL, E, AUX** adj. Relatif aux shoguns.

SHOOT [ʃut] n.m. (de l'angl. *to shoot,* tirer). Tir, au football.

1. SHOOTER [ʃute] v.i. Tirer, au football.

2. SHOOTER (SE) v.pr. *Fam.* Se droguer par injection.

SHOPPING [ʃɔpiŋ] n.m. (mot angl.). Action d'aller dans les magasins pour regarder les vitrines, les étalages, et faire des achats. (Au Québec, on dit *magasinage.*)

SHORT [ʃɔrt] n.m. (angl. *shorts*). Culotte très courte portée en vacances, pour le sport, etc.

SHORTHORN [ʃɔrtɔrn] n. et adj. (mot angl., *courte corne*). Bovin de boucherie d'une race d'origine anglaise à cornes courtes. SYN. : *durham.*

SHORT TON [ʃɔrttɔn] n.f. [pl. *short tons*] (mots angl., *petite tonne*). Unité de mesure de masse américaine (symb. sh tn) égale à 2 000 livres *(pounds),* soit 907,185 kg, appelée aussi *ton* ou *tonne américaine.*

SHORT-TRACK [ʃɔrttrak] n.m. [pl. *short-tracks*] (mots angl., *piste courte*). Patinage de vitesse, sur une piste courte de 111 m.

SHOW [ʃo] n.m. (mot angl.). **1.** Spectacle de variétés centré sur une vedette. **2.** Prestation d'un homme politique, d'un chef d'État, etc. *Show électoral.*

SHOW-BUSINESS [ʃobiznɛs] ou, *fam.,* **SHOW-BIZ** n.m. inv. (mot angl.). Industrie, métier du spectacle.

SHOWROOM [ʃorum] n.m. (mot angl.). Local où un industriel, un commerçant, etc., expose ses nouveaux produits.

SHRAPNELL ou **SHRAPNEL** [ʃrapnɛl] n.m. (du n. de l'inventeur). Obus chargé de balles.

SHUDRA ou **SUDRA** [ʃudra] n.m. inv. (mot sanskr.). Membre de la caste des artisans et serviteurs, la quatrième des castes hindoues.

SHUNT [ʃœ̃t] n.m. (de l'angl. *to shunt,* dériver). **1.** Dispositif conducteur connecté en parallèle avec une partie d'un circuit électrique pour dériver une fraction du courant qui la traverse. **2.** MÉD. Communication créée par le chirurgien au niveau du cœur ou des vaisseaux, par ex. pour traiter une malformation cardiaque.

SHUNTER v.t. Munir un circuit d'un shunt.

1. SI conj. (lat. *si*). **1.** Introduit une subordonnée indiquant une hypothèse, la condition d'un acte ou d'un état. *S'il vient, je serai content. Si elle* *venait, je serais contente. Si j'avais de l'argent, je vous en prêterais.* ◇ *Si ce n'est.* **a.** Introduit une rectification à un degré supérieur ; sinon. *La réunion a bien duré une heure, si ce n'est deux.* **b.** Introduit une restriction ; sauf, excepté. *Vous avez tout prévu, si ce n'est un détail.* – ***Si ce n'est que*** : marque la restriction ; excepté que. – ***Si... ne*** : à moins que. *Les voilà, si je ne me trompe.* – ***Si tant est que*** : s'il est vrai que ; pour autant que. *Avouez-lui la vérité, si tant est que vous en soyez capable.* **2.** Dans une phrase exclamative, exprime le souhait ou le regret. *Ah ! si nous étions riches !* ◆ n.m. inv. Hypothèse, supposition. *Avec des si, on mettrait Paris en bouteille.*

2. SI adv. interr. Introduit une proposition interrogative indirecte. *Je me demande s'il viendra.*

3. SI adv. (lat. *sic,* ainsi). **1.** Marque l'intensité ; tellement. *Le vent est si fort qu'il est préférable de ne pas sortir. Ne courez pas si vite.* **2.** Oui, en réponse à une phrase interro-négative. *Vous ne l'avez pas vue ? – Si.* ◆ loc. conj. **1.** ***Si bien que*** : indique une conséquence ; de sorte que. **2.** ***Si... que*** : indique une concession, une restriction. *Si riche soit-il, il n'est pas heureux.* – ***Si peu que*** : pour peu que ; quelque peu que.

4. SI n.m. inv. Note de musique, septième degré de la gamme de *do.*

5. SI [ɛsi], sigle de *système international (d'unités).*

SIAL n.m. [pl. *sials*] (de *silicium* et *aluminium*). GÉOL. Ancien terme pour désigner la zone externe du globe terrestre, composée essentiellement de silicates d'aluminium, et qui correspond à la croûte continentale des théories modernes.

SIALAGOGUE adj. et n.m. (gr. *sialon,* salive, et *agogos,* qui attire). PHARM. Se dit d'une substance qui augmente la production de la salive.

SIALIS [sjalis] n.m. (mot lat.). Insecte à larve aquatique et carnassière, abondant au printemps près des eaux calmes. (Long. 2 cm ; ordre des mégaloptères.)

SIALORRHÉE n.f. (gr. *sialon,* salive, et *rheîn,* couler). Sécrétion excessive de salive.

SIAMANG [sjamɑ̃g] n.m. (du malais). Grand singe arboricole des montagnes d'Indonésie, très proche du gibbon mais à pelage noir. (Genre *Hylobates* ; famille des hylobatidés.)

SIAMOIS, E adj. et n. **1.** Du Siam. **2.** ***Chat siamois,*** ou ***siamois,*** n.m. : chat d'une race originaire d'Extrême-Orient, à la face allongée, aux yeux bleus et à la robe crème aux extrémités foncées. **3.** ***Frères siamois, sœurs siamoises*** : jumeaux rattachés l'un à l'autre par deux parties homologues de leur corps. ◆ n.m. LING. Thaï.

■ **SIAMOIS.** Chat siamois.

SIBÉRIEN, ENNE adj. et n. De Sibérie.

SIBILANT, E adj. (du lat. *sibilare,* siffler). MÉD. Se dit d'un râle pulmonaire qui a le caractère d'un sifflement.

SIBYLLE [sibil] n.f. (lat. *sibylla*). ANTIQ. Femme inspirée, qui transmettait les oracles des dieux.

SIBYLLIN, E adj. **1.** Relatif aux sibylles. *Oracles sibyllins.* **2.** *Litt.* Dont le sens est difficile à saisir ; obscur, mystérieux. *Un langage sibyllin.*

SIC [sik] adv. (mot lat., *ainsi*). Se met entre parenthèses après un mot, une expression, pour indiquer que l'on cite textuellement, si bizarre ou incorrect que cela paraisse.

SICAIRE n.m. (lat. *sicarius,* de *sica,* poignard). *Litt.* Tueur à gages.

SICAV ou **S.I.C.A.V.** [sikav] n.f. inv. (acronyme de *société d'investissement à capital variable*). Société dont le capital fluctue librement au gré des entrées et des sorties des souscripteurs, et dont le rôle est de gérer un portefeuille de valeurs dont chaque porteur de titre détient une fraction ; cette fraction. *Acheter des sicav.*

SICCATIF, IVE adj. et n.m. (du lat. *siccare,* sécher). Se dit d'une matière qui accélère le séchage des peintures, des vernis, des encres.

SICCATIVITÉ n.f. Aptitude d'une peinture à sécher rapidement.

SICCITÉ [siksite] n.f. (du lat. *siccus,* sec). *Didact.* Qualité de ce qui est sec.

SICILIEN, ENNE adj. et n. De la Sicile.

SICILIENNE n.f. MUS. Pièce instrumentale ou vocale, de tempo modéré, de mesure à 6/8 ou 12/8, au rythme balancé.

SICLE n.m. (hébr. *chequel,* monnaie). Unité de poids puis monnaie allant de 6 à 12 g, en usage dans l'Orient ancien.

SICLÉE ou **CICLÉE** n.f. Suisse. *Fam.* Cri strident.

SICLER ou **CICLER** v.i. Suisse. *Fam.* Pousser des cris stridents.

SIDA n.m. (acronyme de *syndrome d'immunodéficience acquise*). Maladie infectieuse contagieuse, transmissible par voie sexuelle ou sanguine, représentant la phase terminale de l'infection par le VIH.

ENCYCL. Le sida est caractérisé par un effondrement d'une certaine classe de globules blancs, les lymphocytes T-CD_4, supports de l'immunité cellulaire, et se traduit par une disparition des réactions de défense de l'organisme. Il s'ensuit des infections opportunistes dues à divers germes (bactéries, virus, protozoaires, champignons) qui se développent dans un organisme incapable de réagir, et des cancers tels que le sarcome de Kaposi (cancer généralisé à départ cutané) et les lymphomes (cancer des ganglions lymphatiques). Depuis 1985, la recherche des anticorps anti-VIH est obligatoire en France chez les donneurs de sang.

SIDE-CAR [sidkar] ou [sajdkar] n.m. [pl. *side-cars*] (mot angl.). Véhicule à une seule roue, accouplé latéralement à une motocyclette.

SIDÉEN, ENNE adj. et n. Atteint du sida.

SIDÉRAL, E, AUX adj. (du lat. *sidus, sideris,* astre). Relatif aux astres.

SIDÉRANT, E adj. Qui frappe de stupeur.

SIDÉRATION n.f. MÉD. Effondrement subit d'une ou de plusieurs fonctions vitales.

SIDÉRER v.t. [11] (lat. *siderari,* subir l'influence néfaste des astres). **1.** Frapper de stupeur ; stupéfier. **2.** MÉD. Provoquer la sidération de.

SIDÉRITE n.f. **1.** Vieilli. Météorite constituée princip. de fer et de nickel. **2.** MINÉRALOG. Carbonate de fer ($FeCO_3$).

SIDÉROLITHE ou **SIDÉROLITE** n.f. Vieilli. Météorite constituée de métaux (fer, nickel) et de silicates, en proportions comparables.

SIDÉROLITHIQUE ou **SIDÉROLITIQUE** adj. et n.m. GÉOL. Se dit de formations argileuses ferrugineuses, en placages ou en poches dans les calcaires, dérivant d'anciens sols et dont on peut exploiter le fer.

SIDÉROSE n.f. **1.** MINÉRALOG. Vx. Sidérite. **2.** MÉD. Infiltration des tissus, en partic. de ceux des poumons, par des particules de fer ou d'un de ses composés.

SIDÉROSTAT n.m. Instrument muni d'un miroir plan mobile qui permet de réfléchir l'image d'un astre dans une direction fixe.

SIDÉROXYLON n.m. Arbre des pays subtropicaux, fournissant un bois dur et incorruptible, dit *bois de fer.* (Famille des sapotacées.)

SIDÉRURGIE n.f. (gr. *sidêros,* fer, et *ergon,* travail). Ensemble des techniques permettant d'élaborer et de mettre en forme le fer, la fonte et l'acier.

SIDÉRURGIQUE adj. Relatif à la sidérurgie.

SIDÉRURGISTE n. Personne qui travaille dans la sidérurgie.

SIÈCLE n.m. (lat. *saeculum*). **1.** Durée de cent années. **2.** Période de cent années numérotées de 1 à 100, de 101 à 200, etc., comptée à partir d'une origine chronologique appelée *ère.* (Le XXe s. a commencé le 1er janvier 1901 et s'est achevé le 31 décembre 2000.) **3.** Temps, époque où l'on vit. *Être de son siècle, d'un autre siècle.* **4.** Époque marquée par un grand homme, une découverte, etc. *Le siècle de Périclès, de l'atome.* ◇ ***Le Grand Siècle*** : l'époque de Louis XIV, en France. **5.** *Fam.* Temps qu'on trouve trop long. *Il y a un siècle qu'on ne vous a vue.* **6.** RELIG. Société humaine, vie profane, par oppos. à la vie religieuse. *Renoncer au siècle.*

SIED (IL) → **SEOIR.**

SIÈGE n.m. (lat. pop. *sedicum,* de *sedere,* s'asseoir). **1.** Meuble ou autre objet fait pour s'asseoir ; partie horizontale de ce meuble, de cet objet, sur laquelle on s'assied. **2.** Ensemble des deux fesses. *Bain de siège.* ◇ ***Accouchement par le siège,*** ou ***siège*** : accouchement au cours duquel c'est le bassin ou les membres inférieurs de l'enfant qui sortent d'abord. **3.** Place, mandat d'un membre d'une assemblée délibérante. *Perdre des sièges aux élections législatives.* ◇ DR. ***Magistrat du siège*** : juge de l'ordre judiciaire inamovible qui rend la justice. **4.** TECHN. Portée d'étanchéité du corps d'un appareil de robinetterie qui vient en contact étanche avec la portée d'étanchéité de l'obturateur. **5.** Endroit où réside une autorité, où se réunit une assemblée, où est installée la direction d'une entreprise, etc. *Siège d'un tribunal, d'une cour.* ◇ ***Siège social*** : lieu où siège la direction d'une société ; domicile d'une société. – ***Siège épiscopal*** : ville où réside un évêque. **6.** Point où naît, se développe qqch. *Siège d'une douleur, d'une rébellion.* **7.** *Litt.* ***Mon siège est fait*** : mon parti est pris. **8.** Opération menée contre un ouvrage, une place forte, en vue de s'en emparer. ◇ ***Lever le siège*** : replier l'armée assiégeante sans s'être emparé de la place ; *fig.,* s'en aller, partir. – ***État de siège*** : régime d'exception confiant notamm. à l'autorité militaire le maintien de l'ordre public.

S

SIÉGER v.i. [15]. **1.** Faire partie d'une assemblée, d'un tribunal. *Siéger au Sénat.* **2.** Tenir ses séances, exercer son activité, être en séance. *La Cour de cassation siège à Paris.* **3.** Avoir son origine, son centre de rayonnement en un certain point ; y être localisé ; être, se trouver. *L'endroit où siège le mal.* – REM. Au futur et au conditionnel, l'Académie écrit *je siègerai, je siègerais,* avec un accent grave.

SIEMENS [si-] ou [zimɛns] n.m. (du n. d'un ingénieur all.). Unité SI de mesure de la conductance électrique (symb. S), inverse de l'ohm.

SIEN, SIENNE pron. poss. [pl. *les siens, les siennes*] (lat. *suum*). ***Le sien, la sienne*** : ce qui est à lui, à elle. *Il préfère mon rôle au sien.* – *Fam.* ***Faire des siennes*** : faire des bêtises. – ***Les siens*** : ses parents, ses amis, ses compatriotes. – ***Y mettre du sien*** : contribuer personnellement à qqch. ◆ adj. poss. *Litt.* Qui est à lui, à elle. *Il a fait sienne cette maxime. Cette beauté qui est sienne.*

SIERRA [sjɛra] n.f. (mot esp., *scie*). Montagne, dans les pays de langue espagnole.

SIESTE n.f. (esp. *siesta,* du lat. *sexta,* sixième heure). Repos, temps de sommeil pris après le repas de midi.

SIEUR [sjœr] n.m. (lat. *senior,* plus vieux). ***Le sieur Un tel*** : terme péjor. pour désigner qqn.

SIEVERT [sivœrt] n.m. (de *Sievert,* n.pr.). Unité SI de mesure d'équivalent de dose de rayonnement ionisant (symb. Sv).

SIFFLAGE n.m. VÉTÉR. Cornage.

SIFFLANT, E adj. Qui produit un sifflement. *Prononciation sifflante.* ◇ PHON. ***Consonne sifflante,*** ou ***sifflante,*** n.f. : consonne constrictive émise avec un bruit de sifflement ([s] et [z]).

SIFFLEMENT n.m. Bruit, son fait en sifflant ou produit par le vent, un projectile, etc.

SIFFLER v.i. (lat. *sibilare*). **1.** Produire un son aigu avec la bouche ou un instrument. – Produire un son aigu, en parlant du serpent et de certains oiseaux comme le merle. **2.** Produire un son aigu, en parlant de l'air, d'un corps en mouvement, etc. *Entendre siffler les balles.* ◆ v.t. **1.** Reproduire en sifflant. *Siffler un air.* **2.** Appeler en sifflant. *Siffler un chien.* **3.** Signaler en soufflant dans un sifflet. *Faute sifflée par l'arbitre.* **4.** Huer en sifflant. *Siffler un acteur.* **5.** *Fam.* Avaler rapidement un liquide. *Siffler un verre.*

SIFFLET n.m. **1.** Petit instrument à vent formé d'un tube fermé à une extrémité, ouvert à l'autre et produisant une note unique. ◇ *Fam.* ***Couper le sifflet à qqn,*** le mettre hors d'état de répondre. **2.** Appareil de signalisation sonore actionné par la vapeur ou l'air comprimé. ◆ pl. Sifflements marquant la désapprobation. *Les sifflets du public.*

SIFFLEUR, EUSE adj. et n. Qui siffle.

SIFFLEUX n.m. Québec. *Fam.* Marmotte.

SIFFLOTEMENT n.m. Action de siffloter ; son produit par qqn qui sifflote.

SIFFLOTER v.i. et v.t. Siffler doucement, négligemment.

SIFILET n.m. (de *six* et *filet*). Paradisier noir de la Nouvelle-Guinée, dont la tête est ornée de six pennes fines. (Genre *Parotia ;* famille des paradiséidés.)

■ **SIFILET**

1. SIGILLAIRE [siʒilɛr] adj. (du lat. *sigillum,* sceau). Relatif aux sceaux.

2. SIGILLAIRE n.f. Arbre fossile du carbonifère, à écorce cannelée marquée de cicatrices hexagonales laissées par les feuilles après leur chute, qui atteignait 30 m de haut et qu'on trouve dans les terrains houillers. (Embranchement des lycophytes.)

SIGILLÉ, E [siʒile] adj. (du lat. *sigillum,* sceau). Se dit d'une céramique romaine ou gallo-romaine faite d'argile fine à laquelle la cuisson donne une couleur rouge brique. (Les moules ornés au creux dans lesquels elle est coulée lui valent ses décors en relief.)

SIGILLOGRAPHIE n.f. Science auxiliaire de l'histoire qui a pour objet l'étude des sceaux.

SIGILLOGRAPHIQUE adj. Relatif à la sigillographie.

SIGISBÉE n.m. (ital. *cicisbeo*). *Litt.* ou *par plais.* Chevalier servant d'une dame.

SIGLAISON n.f. Formation d'un sigle, de sigles.

SIGLE n.m. (lat. *siglum*). Groupe de lettres initiales constituant l'abréviation de mots fréquemment employés.

SIGLÉ, E adj. Se dit d'un objet, notamm. d'un vêtement ou d'un sac, portant un sigle, des initiales en ornement.

SIGMA n.m. inv. Dix-huitième lettre de l'alphabet grec (Σ, σ, ς), correspondant au *s* français.

SIGMOÏDE adj. (de *sigma*). ANAT. Qui a la forme d'un S ou de la lettre grecque sigma. ◇ *Côlon sigmoïde,* ou *sigmoïde,* n.m. : dernière portion du côlon, avant le rectum. – *Valvule sigmoïde :* chacune des trois valvules situées à l'origine de l'aorte et de l'artère pulmonaire.

SIGMOÏDITE n.f. MÉD. Inflammation du côlon sigmoïde.

SIGNAL n.m. (lat. *signalis,* de *signum,* signe). **1.** Signe convenu pour avertir, donner un ordre, etc. **2.** Appareil, panneau disposé sur le bord d'une voie de communication pour régler la marche des véhicules. ◇ *Code international des signaux :* code dont les signaux sont transmis au moyen de pavillons et de flammes, adopté en 1965 par l'Organisation intergouvernementale consultative de la navigation maritime (auj. Organisation maritime internationale, OMI). **3.** Fait, événement qui annonce ou marque le début de qqch. *La prise de la Bastille a été le signal de la Révolution.* ◇ *Donner le signal de :* être le premier à faire une action qui sert d'exemple ; annoncer, provoquer. *Donner le signal du départ en se levant.* **4.** TÉLÉCOMM. Variation d'une grandeur physique de nature quelconque porteuse d'information. ◇ *Rapport signal sur* ou *à bruit :* rapport, exprimé en décibels, des puissances du signal utile et du bruit en un point spécifié d'une voie de transmission ou à la sortie d'un appareil de reproduction sonore.

SIGNALÉ, E adj. *Litt.* Remarquable, important. *Rendre un signalé service.*

SIGNALEMENT n.m. **1.** Description physique de qqn, destinée à le faire reconnaître. **2.** DR. Information relative à un mineur, victime ou auteur d'une infraction, donnée aux autorités administratives ou judiciaires en vue de prendre des mesures préventives ou répressives.

SIGNALER v.t. **1.** Annoncer, indiquer par un signal. *Signaler un danger.* **2.** Appeler l'attention sur. *Signaler qqn à la police.* **3.** *Rien à signaler (RAS) :* formule par laquelle on exprime que tout va bien. ◆ **se signaler** v.pr. Se faire remarquer ; se distinguer, s'illustrer. *Se signaler par son courage.*

SIGNALÉTIQUE adj. Qui donne le signalement de qqn, la description de qqch. *Fiche signalétique.* ◆ n.f. **1.** Activité sémiotique concernant les signaux, la signalisation. **2.** Ensemble des moyens de signalisation d'un lieu, d'un réseau de transport.

SIGNALEUR n.m. Soldat, marin, etc., chargé du service des signaux.

SIGNALISATION n.f. **1.** Emploi de signaux pour donner des renseignements à distance. **2.** Installation de signaux sur une route, une voie ferrée, etc. ; ensemble de ces signaux. **3.** CH. DE F. *Signalisation en cabine :* système de signalisation dont les indications, transmises par la voie sous forme de courants codés, sont données directement dans la cabine de conduite.

SIGNALISER v.t. Munir d'une signalisation.

SIGNATAIRE adj. et n. Qui a signé un acte, une pièce quelconque.

SIGNATURE n.f. **1.** Action de signer un texte, un document, etc. *La signature d'un contrat.* ◇ *Signature électronique :* information codée permettant d'authentifier l'émetteur d'un message électronique. **2.** Nom ou marque personnelle qu'on appose en bas d'une œuvre, d'un texte, d'un document, etc., pour attester qu'on en est l'auteur, qu'on s'engage à exécuter un acte, etc. *La signature du peintre sur son tableau.* ◇ *Signature sociale,* qui engage une société. – *Avoir la signature :* posséder une délégation de pouvoir, en partic. pour recevoir et allouer des fonds. – CATH. *Signature apostolique :* tribunal suprême institué par Pie X en 1909 et jouant, par rapport à la rote, le rôle de cour de cassation. **3.** Journaliste ou écrivain de renom. *Mensuel qui réunit de grandes signatures.* **4.** IMPRIM. Marque imprimée en bas de la première page de chaque cahier d'un livre, indiquant l'emplacement de ce cahier dans le livre. **5.** PHYS. *Signature spectrale d'un corps,* figure montrant la longueur d'onde et l'intensité respectives des diverses radiations électromagnétiques émises par ce corps.

SIGNE n.m. (lat. *signum*). **1.** Ce qui permet de connaître, de deviner, de prévoir ; indice, marque. *Signe de pluie.* ◇ *C'est bon signe, mauvais signe :* cela annonce qqch de bon, de mauvais. – *Ne pas donner signe de vie :* sembler mort ; ne pas donner de ses nouvelles. **2.** Mot, geste, mimique, etc., permettant de faire connaître, de communiquer. *Se parler par signes. Donner des signes d'impatience. Signes cabalistiques.* ◇ *Signe de (la) croix :* geste de la liturgie ou de la piété chrétienne figurant la Croix de Jésus-Christ. **3.** Unité linguistique constituée de l'association d'un signifiant et d'un signifié. **4.** Marque matérielle distinctive. *Marquer ses livres d'un signe.* **5.** Représentation matérielle de qqch, ayant un caractère conventionnel. *Signes musicaux, de ponctuation.* **6.** Tout caractère d'imprimerie. **7.** MATH. Nom donné à certains symboles utilisés en mathématiques, tels que =, +, –, ×, :, <, etc. ◇ *Signe d'un nombre :* symbole noté + ou – servant à distinguer respectivement les nombres positifs des nombres négatifs. **8.** MÉD. Manifestation élémentaire d'une maladie. (On distingue les *signes physiques* [observés par le médecin], les *signes fonctionnels* ou *symptômes* [qui sont ressentis par le malade] et les *signes généraux* [fièvre, par ex.].) ◆ pl. **1.** *Signes extérieurs de richesse :* éléments du patrimoine et du train de vie retenus par l'administration fiscale pour procéder à la taxation forfaitaire des contribuables en cas de disproportion marquée entre leur train de vie et les revenus qu'ils ont déclarés. **2.** MATH. *Règle des signes :* règle qui définit le signe du produit *ab* de deux nombres, connaissant le signe de *a* et le signe de *b.* (Si *a* et *b* sont de signe opposé, le produit est négatif ; si *a* et *b* sont de même signe, le produit est positif.)

SIGNER v.t. (lat. *signare*). **1.** Marquer, revêtir de sa signature. *Signer une pétition.* ◇ *Signer (de) son nom :* apposer sa signature. **2.** Attester par sa signature qu'on est l'auteur de. *Signer un tableau.* ◇ *C'est signé :* se dit d'une action dont on devine facilement l'auteur. *Ça, c'est signé !* ◆ **se signer** v.pr. Faire le signe de la croix.

SIGNET n.m. **1.** Ruban fixé en haut du dos d'un livre et qu'on insère entre les pages pour marquer l'endroit que l'on veut retrouver. **2.** INFORM. Mode d'accès rapide d'un internaute à l'adresse électronique d'un site Web, préalablement stockée en mémoire dans son ordinateur.

SIGNIFIANT, E adj. Se dit de ce qui signifie, est porteur de sens. ◆ n.m. LING. Forme concrète (image acoustique, symbole graphique) du signe linguistique (par oppos. à *signifié*).

SIGNIFICATIF, IVE adj. Qui exprime de manière manifeste une pensée, une intention.

SIGNIFICATION n.f. **1.** Ce que signifie, représente un signe, un geste, un fait, etc. **2.** Sens et valeur d'un mot. **3.** DR. Notification d'un acte, d'un jugement, faite par un huissier de justice.

SIGNIFICATIVEMENT adv. De façon significative.

SIGNIFIÉ n.m. LING. Contenu sémantique du signe linguistique (ou concept) [par oppos. à *signifiant*].

SIGNIFIER v.t. [5] (lat. *significare*). **1.** Avoir tel sens, telle définition. **2.** Faire connaître d'une manière expresse. *Signifier ses intentions.* **3.** DR. Notifier par huissier.

SIKH adj. et n. (sanskr. *śiṣya,* disciple). Relatif au sikhisme ; adepte du sikhisme.

SIKHISME n.m. L'une des quatre grandes religions de l'Inde, fondée à la fin du XVe s. au Pendjab par Nanak, qui affirme l'existence d'un unique Dieu créateur et rejette le système des castes hindoues.

SIL n.m. (mot lat.). Argile rouge ou jaune.

SILANE n.m. CHIM. Composé hydrogéné du silicium, analogue à un alcane (nom générique).

SILENCE n.m. (lat. *silentium*). **1.** Absence de bruit. *Le silence de la nuit.* **2.** Fait de se taire. *Garder le silence. Silence ! taisez-vous !* ◇ *Passer sous silence :* ne pas parler de, omettre volontairement. – *Par plais. Silence radio :* absence d'informations, de nouvelles ; refus de commenter, de communiquer. **3.** Absence de mention de qqch dans un écrit. *Le silence de la loi en pareil cas.* **4.** MUS. Interruption plus ou moins longue du son.

SILENCIEUSEMENT adv. En silence.

1. SILENCIEUX, EUSE adj. **1.** Qui garde le silence, s'abstient de parler ; qui est peu communicatif. *Demeurer silencieux.* **2.** Qui a lieu, qui se fait sans bruit. *Manifestation silencieuse.* **3.** Qui fonctionne avec un minimum de bruit. *Aspirateur, moteur silencieux.* **4.** Où l'on n'entend aucun bruit. *Bois silencieux.*

2. SILENCIEUX n.m. **1.** Appareil fixé sur la bouche du canon d'une arme à feu pour amortir le bruit de la détonation. **2.** Dispositif servant à amortir, dans un moteur, les bruits dus à l'expulsion des gaz.

SILÈNE n.m. (de *Silène,* n.pr.). Plante herbacée des prairies et des champs cultivés, à fleurs

■ **SILÈNE**

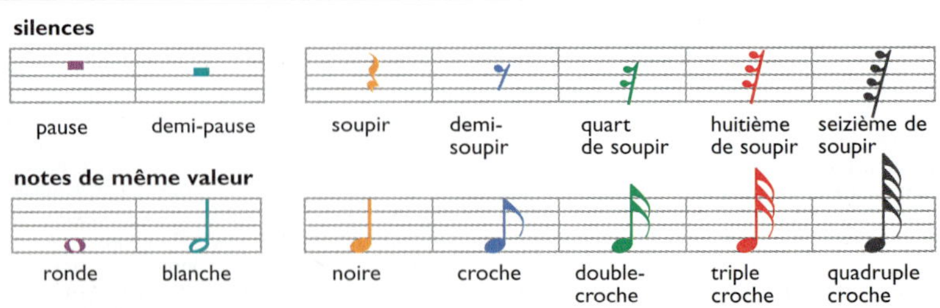

■ **SILENCE.** Figures de silence en musique.

blanches ou roses et au calice en forme d'outre. (Genre *Silene ;* famille des caryophyllacées.)

SILENTBLOC [si-] ou [saj-] n.m. (nom déposé). TECHN. Bloc élastique en caoutchouc spécial, comprimé et interposé entre des pièces pour absorber les vibrations et les bruits.

SILER v.i. Québec. *Fam.* Respirer difficilement, en sifflant.

SILEX [silɛks] n.m. (mot lat.). Roche sédimentaire siliceuse très dure, constituée de calcédoine, de quartz et d'un peu d'opale, se présentant en rognons dans les roches carbonatées. (Le silex, à cassure conchoïdale, fut utilisé comme arme et comme outil par les hommes préhistoriques.)

SILHOUETTE n.f. (de *Silhouette,* contrôleur général des Finances). **1.** Contour, lignes générales du corps ; allure. *Avoir une silhouette élégante.* **2.** Forme générale ou dessin se détachant d'un fond et qui donne les contours schématiques d'un être, d'un objet. **3.** Forme générale, aux contours vagues. *Distinguer au loin des silhouettes.*

SILHOUETTER v.t. *Litt.* Dessiner en silhouette. ◆ **se silhouetter** v.pr. *Litt.* Apparaître en silhouette ; se découper, se profiler.

SILICAGEL n.m. Forme amorphe de silice (gel de silice), très utilisée notamm. en chromatographie et comme déshydratant.

SILICATE n.m. **1.** Minéral formé à partir d'un motif élémentaire tétraédrique (SiO_4) comportant un atome de silicium au centre et des atomes d'oxygène aux quatre sommets. (Les silicates constituent la principale famille de minéraux [feldspaths, feldspathoïdes, quartz, pyroxènes, olivine, etc.] ; ils entrent dans la composition de la majorité des roches magmatiques et métamorphiques.) **2.** Sel ou ester d'un acide silicique.

SILICATÉ, E adj. Qui contient des silicates.

SILICE n.f. (lat. *silex, silicis,* silice). Oxyde de silicium SiO_2. (Il en existe plusieurs variétés naturelles : le quartz, la calcédoine, l'opale.) ◇ *Verre de silice :* verre obtenu à partir de quartz fondu. (Il peut supporter d'importants et brusques changements de température, et il est transparent aux rayons ultraviolets.)

SILICEUX, EUSE adj. Qui contient beaucoup de silice. ◇ *Roche siliceuse :* roche sédimentaire, riche en silice (grès, meulière, diatomite, etc.).

SILICICOLE adj. *Plante silicicole,* qui prospère sur les sols siliceux, comme le châtaignier, la bruyère, la digitale.

SILICIQUE adj. Se dit de l'anhydride SiO_2 (silice) et d'acides non isolés en dérivant.

SILICIUM [-sjɔm] n.m. **1.** Non-métal d'une couleur brune à l'état amorphe, gris-noir avec un éclat métallique à l'état cristallisé, de densité 2,33, et qui fond à 1 410 °C. **2.** Élément chimique (Si), de numéro atomique 14, de masse atomique 28,085 5.

ENCYCL. Présent dans la nature sous forme de composés (*silice* et *silicates*), le silicium représente environ 28 % de l'écorce terrestre, ce qui en fait le deuxième élément après l'oxygène. Corps très dur, il ne se dissout que dans quelques métaux (plomb, argent, zinc). Il brûle dans l'oxygène pour donner la silice et forme avec le carbone, au four électrique, du *carbure de silicium* SiC, matériau d'une grande dureté (Carborundum). Comme le carbone, le silicium peut donner des hydrures, en particulier les *silanes* dérivés de SiH_4. Les dérivés de R_2SiO (R = alkyle ou phényle) sont les *silicones,* importants polymères synthétiques. Le silicium sert à préparer le ferrosilicium, élément d'alliage pour les fontes et les aciers. Très pur (99,999 %) et sous forme de monocristaux dopés avec du bore ou de l'arsenic, il est le premier matériau de base de l'électronique. On l'emploie dans les circuits intégrés *(effet transistor)* et dans les photopiles *(effet photovoltaïque).*

SILICIURE n.m. Composé formé de silicium et d'un autre élément, le plus souvent un métal.

1. SILICONE n.f. Composé du silicium de formule générale R_2SiO, analogue des cétones R_2CO (nom générique).

2. SILICONE n.m. Polymère dont les chaînes sont formées d'enchaînements alternés d'oxygène et de silicium, substitués par des groupes organiques. (Les *silicones liquides* sont utilisés en cosmétologie ; les *silicones élastomères* sont employés pour la réalisation de prothèses.)

SILICOSE n.f. MÉD. Pneumoconiose due à l'inhalation prolongée de poussière de silice.

SILICOTIQUE adj. Relatif à la silicose.

SILICULE n.f. BOT. Fruit sec voisin de la silique mais presque aussi large que long.

SILIONNE n.f. (de *silice* et *rayonne*). Fil de verre formé de fibres élémentaires continues, utilisé pour la fabrication des tissus de verre et des plastiques armés.

SILIQUE n.f. (lat. *siliqua*). BOT. Fruit sec déhiscent, qui diffère de la gousse par l'existence d'une fine cloison longitudinale portant les graines, comme chez les crucifères (giroflée, chou, etc.).

SILLAGE n.m. (de *sillon*). Zone de perturbations que laisse derrière lui un corps en mouvement dans un fluide. ◇ *Marcher dans le sillage de qqn,* suivre ses traces, son exemple.

SILLET [sijɛ] n.m. (ital. *ciglietto,* de *ciglio,* bord). Fine baguette surélevant les cordes d'un instrument, placée entre le chevillier et le manche ou sur le cadre des instruments à clavier.

SILLIMANITE [sili-] n.f. (de B. *Silliman,* n.pr.). MINÉRALOG. Silicate d'alumine (Al_2SiO_5), caractéristique du métamorphisme de haute pression.

SILLON n.m. (du gaul.). **1.** Trace laissée à la surface du champ par un instrument de labour. ◇ *Creuser, tracer son sillon :* poursuivre avec persévérance la réalisation du projet qu'on s'est fixé. **2.** Piste gravée à la surface d'un disque phonographique et contenant l'enregistrement. **3.** Trace longitudinale ; traînée. **4.** CH. DE F. Intervalle de temps réservé pour permettre la circulation d'un train d'une catégorie déterminée (train rapide, train de fret, etc.) entre deux points d'un réseau ferré.

SILLONNER v.t. Parcourir un lieu, le traverser en tous sens. *Avions qui sillonnent le ciel.*

SILO n.m. (mot esp., du gr. *siros,* fosse à blé). **1.** Fosse pratiquée dans la terre pour y conserver des récoltes. – Fosse ou réservoir pour stocker les fourrages verts sous forme d'ensilage. **2.** Cellule servant à stocker des grains ou des aliments du bétail, à la ferme. **3.** Construction constituée d'un ensemble de grandes cellules verticales pour rassembler et stocker de grandes quantités de céréales ou d'autres graines. **4.** ARM. *Silo lance-missile :* cavité bétonnée creusée dans le sol pour stocker et lancer un missile stratégique.

SILOTAGE n.m. Conservation en silo.

SILPHE n.m. (gr. *silphê*). Insecte coléoptère voisin du nécrophore, dont une espèce est nuisible aux betteraves. (Long. 1 cm env. ; genre *Silpha,* famille des silphidés.)

SILT [silt] n.m. (mot angl.). Sédiment meuble très fin (de 4 à 62 μm), formant des roches plus ou moins consolidées.

SILURE n.m. (lat. *silurus,* du gr.). **1.** Poisson à peau sans écailles, à bouche entourée de six barbillons, dont la plupart des espèces vivent en eau douce. (Le *grand silure,* ou *silure glane,* peut dépasser 4 m de long ; ordre des siluriformes.) **2.** (Abusif). Poisson-chat.

SILURIEN, ENNE adj. et n.m. (du lat. *Silures,* anc. peuple du pays de Galles). GÉOL. Se dit du système du paléozoïque entre l'ordovicien et le dévonien. (Le silurien est la troisième période de l'ère primaire, de - 435 à - 410 millions d'années.)

SILURIFORME n.m. Poisson téléostéen à barbillons, à peau sans écailles et recouverte de mucus, tel que le silure, le loricaire, le poisson-chat. (Les siluriformes constituent un ordre.)

SIMA n.m. (de *silicium* et *magnésium*). GÉOL. Ancien terme pour désigner la zone interne du globe terrestre composée essentiellement de silicates de fer et de magnésium, et qui correspond approximativement au manteau des théories modernes.

SIMAGRÉE n.f. (Surtout pl.) Minauderie ridicule, manière affectée ; mine, singerie. *Faire des simagrées.*

SIMARRE n.f. (ital. *zimarra*). Anc. Vêtement long et ample porté par les hommes et les femmes (XVIe - XVIIe s.).

SIMARUBA [simaruba] n.m. (mot caraïbe). Arbre de l'Amérique tropicale, dont l'écorce a des propriétés apéritives. (Genre *Quasia ;* famille des simarubacées.)

SIMBLEAU n.m. (du lat. *cingula,* ceinture). TECHN. Cordeau pour tracer de grandes circonférences.

SIMIEN, ENNE adj. (du lat. *simius,* singe). Relatif au singe. ◆ n.m. Mammifère primate, végétarien ou omnivore, caractérisé notamm. par un cerveau volumineux et un comportement social élaboré. (Les simiens forment un sous-ordre comprenant les singes et, pour de nombreux scientifiques, l'homme.)

SIMIESQUE adj. (du lat. *simius,* singe). Qui rappelle le singe par son aspect, ses expressions. *Visage simiesque.*

SIMILAIRE adj. (lat. *similis,* semblable). Se dit de choses qui peuvent, d'une certaine façon, être assimilées les unes aux autres ; analogue, semblable.

SIMILARITÉ n.f. *Didact.* Caractère de ce qui est similaire ; ressemblance.

1. SIMILI n.m. (du lat. *similis,* semblable). **1.** Cliché ou film tramé permettant de reproduire les demi-teintes d'un document original. **2.** *Fam.* Toute matière qui est une imitation d'une autre. *Bijoux en simili.*

■ **SILURE**

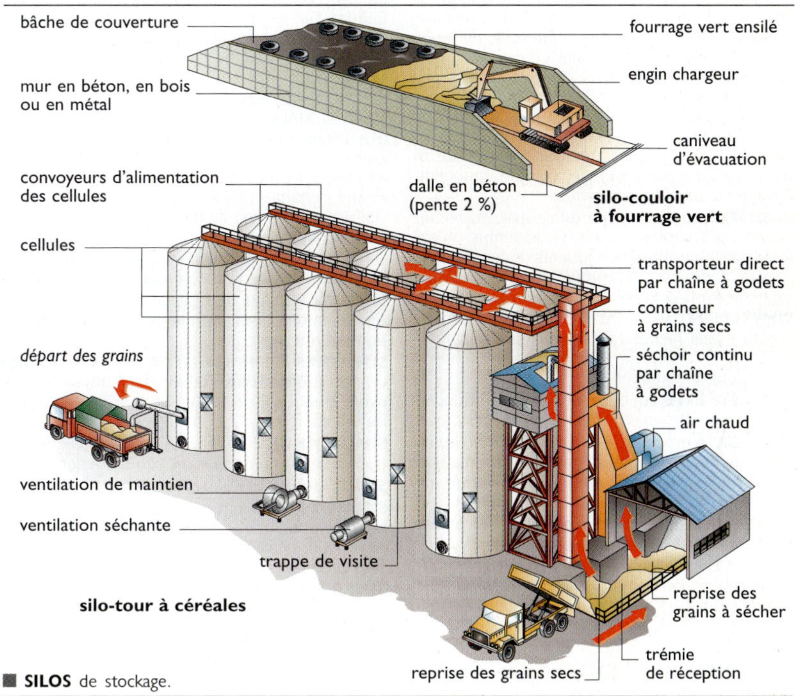

■ **SILOS** de stockage.

2. SIMILI n.f. (abrév.). Similigravure.

SIMILICUIR n.m. Toile enduite d'un produit plastique et imitant le cuir.

SIMILIGRAVURE n.f. Procédé d'obtention de clichés ou de films tramés à partir d'originaux dont les demi-teintes sont rendues par des points de surface variable (par oppos. à *dessin au trait*). Abrév. : *simili*.

SIMILISAGE n.m. TEXT. Traitement mécanique destiné à donner aux articles de coton un brillant qui rappelle celui acquis lors du mercerisage.

SIMILISER v.t. Traiter par similisage.

SIMILISTE n. Spécialiste de similigravure.

SIMILITUDE n.f. (lat. *similitudo*). **1.** Ressemblance plus ou moins parfaite ; analogie. *Similitude de caractère.* **2.** GÉOMÉTR. Propriété que possèdent deux figures semblables. – Transformation ponctuelle d'un plan, conservant les angles, composée d'une rotation et d'une homothétie de même centre. **3.** TECHN. *Loi de similitude :* ensemble des conditions imposées aux maquettes (avions, navires, machines, etc.) pour que les résultats obtenus au cours des essais soient transposables aux réalisations en grandeur nature. **4.** Ressemblance entre les symptômes provoqués par de fortes doses d'un remède homéopathique chez le sujet sain, et les symptômes d'un malade.

S

SIMILOR n.m. (de *1. simili* et *1. or*). Laiton additionné de 12 à 15 % de zinc, utilisé dans la fabrication des bijoux fantaisie.

SIMONIAQUE adj. et n. Coupable de simonie.

SIMONIE n.f. (du n. de *Simon*, le Mage). RELIG. Trafic d'objets sacrés, de biens spirituels ou de charges ecclésiastiques.

SIMOUN n.m. (de l'ar.). Vent chaud et violent du désert d'Arabie, soufflant sur les côtes orientales de la Méditerranée.

1. SIMPLE adj. (lat. *simplex*). **1.** Qui n'est formé que d'un seul élément (par oppos. à *double*, à *triple*, etc.). *Feuille de copie simple.* – BOT. Se dit d'une feuille formée par un limbe unique non divisé en folioles. **2.** CHIM. **a.** Se dit d'un corps qui est formé d'atomes d'un seul élément. (L'or, l'oxygène sont des corps simples.) **b.** *Liaison simple :* liaison entre deux atomes assurée par une paire d'électrons et représentée par le symbole –. **3.** GRAMM. *Temps simple :* forme verbale sans auxiliaire de conjugaison (par oppos. à *temps composé*). **4.** Qui suffit à soi seul, qui n'a besoin de rien d'autre pour produire l'effet attendu. *Croire qqn sur sa simple parole.* **5.** Qui est facile à comprendre, à suivre, à exécuter, à appliquer (par oppos. à *compliqué*). *Fournir des explications simples.* ◇ *Fam. Simple comme bonjour :* qui ne présente aucune difficulté. **6.** Qui est constitué d'un petit nombre d'éléments qui s'organisent de manière claire (par oppos. à *complexe*). *Un appareil, une intrigue très simples.* **7.** Sans recherche ni apprêt. *Une robe, un repas simples.* **8.** Qui est seulement ce que son nom indique. *Un simple soldat.* ◇ *Simple particulier :* personne qui n'exerce aucune fonction officielle, qui ne représente qu'elle-même. **9.** Qui se comporte avec franchise et naturel, sans prétention. *Des gens simples.* **10.** Qui manque de finesse ; qui est par trop naïf ; crédule, innocent. *Il est gentil mais un peu simple.*

2. SIMPLE n.m. **1.** Ce qui est simple. *Passer du simple au complexe.* **2.** Partie de tennis ou de tennis de table entre deux joueurs seulement (par oppos. à *double*). **3.** *Simple d'esprit :* débile mental. ◆ pl. Vieilli. Plantes médicinales.

SIMPLEMENT adv. **1.** Avec simplicité ; sans prétention, sans recherche. *Se vêtir, parler simplement.* **2.** À l'exclusion de toute autre chose ; seulement, uniquement.

SIMPLET, ETTE adj. Un peu simple ; primaire, naïf. *Des gens simplets. Un raisonnement simplet.*

SIMPLEX n.m. En télécommunications et en transmission de données, mode de transmission permettant le transfert d'informations dans un seul sens (par oppos. à *duplex*).

SIMPLEXE n.m. ALGÈBRE. Ensemble des parties d'un ensemble ordonné par l'inclusion.

SIMPLICITÉ n.f. **1.** Caractère de ce qui est simple. *La simplicité d'un raisonnement.* **2.** *En toute simplicité :* sans faire de manières. *Recevoir des amis en toute simplicité.*

SIMPLIFIABLE adj. Qui peut être simplifié.

SIMPLIFICATEUR, TRICE adj. Qui simplifie, parfois excessivement.

SIMPLIFICATION n.f. Action de simplifier.

SIMPLIFIER v.t. [5]. **1.** Rendre plus simple, moins compliqué. *Simplifier un problème.* **2.** ARITHM. *Simplifier une fraction,* trouver, si elle existe, la fraction irréductible équivalente.

SIMPLISME n.m. Tendance à simplifier d'une manière excessive.

SIMPLISTE adj. D'une simplicité exagérée, qui ne considère qu'un aspect des choses. *Une argumentation simpliste.*

SIMULACRE n.m. (lat. *simulacrum*, représentation figurée). Ce qui n'a que l'apparence de ce qu'il prétend être. *Un simulacre de réconciliation.*

1. SIMULATEUR, TRICE n. Personne qui simule un symptôme, une maladie, génér. pour en tirer un bénéfice.

2. SIMULATEUR n.m. Dispositif capable de reproduire le comportement d'un appareil dont on désire soit étudier le fonctionnement, soit enseigner l'utilisation, ou d'un corps dont on veut suivre l'évolution.

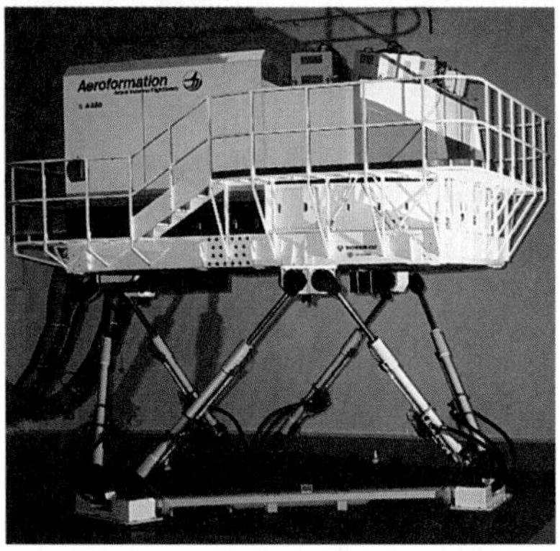

■ **SIMULATEUR** de vol de l'Airbus A320.

SIMULATION n.f. (lat. *simulatio*). **1.** Action de simuler, et spécial. de faire croire que l'on est atteint d'une maladie, génér. pour en tirer un avantage. **2.** TECHN. Représentation par un modèle physique ou mathématique d'un phénomène complexe, du comportement d'un appareil ou de l'évolution d'un système, à des fins d'étude, de mesure ou d'essai. **3.** DR. Dissimulation d'un acte par les parties sous le couvert d'un acte apparent.

SIMULÉ, E adj. Qui n'est pas réel ; feint. *Un malaise simulé.*

SIMULER v.t. (lat. *simulare*, feindre). **1.** Faire paraître comme réelle une chose qui ne l'est pas ; feindre. *Simuler une maladie.* **2.** Offrir l'apparence de ; imiter, représenter. *Nuage qui simule un chien.* **3.** TECHN. Opérer une simulation. **4.** DR. Déguiser un acte sous l'apparence d'un autre.

SIMULIE n.f. (lat. sc. *simulium*, de *simulare*, feindre). Moustique aux ailes larges et à la piqûre très irritante, dont les larves vivent dans les eaux courantes, agrippées aux pierres, et dont les adultes peuvent, dans les pays tropicaux, transmettre certaines maladies graves, notamm. parasitaires. (Ordre des diptères.)

SIMULTANÉ, E adj. (du lat. *simul*, en même temps). Qui se produit, existe en même temps ; concomitant. *Des mouvements simultanés.*

SIMULTANÉE n.f. Épreuve au cours de laquelle un joueur d'échecs affronte plusieurs adversaires en même temps.

SIMULTANÉISME n.m. LITTÉR. Procédé de narration qui consiste à présenter sans transition des événements qui se déroulent au même moment en divers lieux.

SIMULTANÉITÉ n.f. Existence de plusieurs actions dans le même instant ; coïncidence.

SIMULTANÉMENT adv. En même temps.

SINANTHROPE n.m. (lat. *Sina*, Chine, et gr. *anthrôpos*, homme). PALÉONT. Hominidé fossile découvert en Chine, de l'espèce *Homo erectus*, plus évolué et plus récent que le pithécanthrope.

SINAPISME n.m. (lat. *sinapi*, moutarde). Anc. Cataplasme à base de farine de moutarde noire.

SINCÈRE adj. (lat. *sincerus*, pur). **1.** Qui s'exprime sans déguiser sa pensée ; franc, loyal. *Femme sincère.* **2.** Qui est éprouvé, dit ou fait d'une manière franche ; authentique, vrai.

SINCÈREMENT adv. De façon sincère. *Il regrette sincèrement son geste.*

SINCÉRITÉ n.f. Qualité de ce qui est sincère ; franchise, loyauté. *Je doute de sa sincérité, de la sincérité de sa réponse.*

SINCIPUT [sɛ̃sipyt] n.m. (lat. *semi*, demi, et *caput*, tête). ANAT. Partie supérieure de la tête.

SINÉCURE n.f. (lat. *sine*, sans, et *cura*, souci). Emploi où l'on est payé beaucoup pour très peu de travail. ◇ *Fam. Ce n'est pas une sinécure :* ce n'est pas de tout repos.

SINE DIE [sinedje] loc. adv. (mots lat.). DR. Sans fixer de jour. *Réunion ajournée sine die.*

SINE QUA NON [sinekwanɔn] loc. adj. inv. (mots lat., *condition sans laquelle il n'y a rien à faire*). Indispensable pour que qqch existe, se fasse. *Condition sine qua non.*

SINGALETTE n.f. (de *Saint-Gall*, n. d'une ville suisse). Toile de coton très claire utilisée pour la préparation de la gaze hydrophile et de la gaze apprêtée.

SINGAPOURIEN, ENNE adj. et n. De Singapour, de ses habitants.

SINGE n.m. (lat. *simius*). **1.** Mammifère primate à face nue, à mains et pieds préhensiles et terminés par des ongles. (Les singes forment le sous-ordre des simiens.) ◇ *Singe laineux :* lagotriche. – *Fam. Payer en monnaie de singe :* se répandre en belles paroles, en promesses vaines au lieu de s'acquitter. **2.** *Fam.* Personne laide, au visage grimaçant, simiesque. **3.** Personne qui contrefait, imite les autres, leurs actions. **4.** *Arg.* Patron, chef d'atelier. **5.** *Arg.* Corned-beef.

SINGE-ARAIGNÉE n.m. (pl. *singes-araignées*). Atèle.

SINGER v.t. [10]. Imiter qqn, son comportement de façon grotesque pour le tourner en dérision. *Singer un camarade.*

SINGERIE n.f. **1.** Grimace, geste, tour comique. **2.** *Fig.* Imitation gauche ou caricaturale. **3.** Ménagerie de singes. ◆ pl. *Fam.* Manières affectées, hypocrites ; simagrées.

SINGLE [singəl] n.m. (mot angl.). **1.** Compartiment de voiture-lit à une seule place. **2.** Chambre individuelle dans un hôtel. **3.** Disque de variétés ne comportant que deux morceaux.

SINGLET n.m. Belgique. Maillot de corps.

SINGLETON [sɛ̃glətɔ̃] n.m. (mot angl., de *single*, seul). **1.** Carte qui est seule de sa couleur dans la main d'un joueur après la donne. **2.** ALGÈBRE. Ensemble constitué d'un seul élément.

SINGULARISER v.t. Distinguer des autres par qqch d'inhabituel. *Votre conduite vous singularise.* ◆ **se singulariser** v.pr. Se faire remarquer par qqch d'étrange.

SINGULARITÉ n.f. **1.** Caractère original ou étrange, insolite de qqch ; étrangeté, bizarrerie. *La singularité d'une tenue.* **2.** Manière extraordinaire, bizarre de parler, d'agir ; excentricité. *Ses singularités n'étonnent plus personne.* **3.** GÉOMÉTR. Particularité survenant en un point singulier d'une courbe ou d'une surface.

1. SINGULIER, ÈRE adj. (lat. *singularis*). Qui se distingue par qqch d'inusité, d'extraordinaire ; bizarre, étrange. ◇ *Combat singulier :* combat d'homme à homme.

2. SINGULIER n.m. et adj.m. GRAMM. Forme d'un mot exprimant un nombre égal à l'unité (par oppos. à *pluriel*) ou l'absence d'opposition de nombre dans les noms non comptables *(du beurre)*.

SINGULIÈREMENT adv. **1.** À un haut degré ; beaucoup, fortement. *Être singulièrement affecté.* **2.** En particulier ; principalement, notamment. *Tout le monde a souffert de la crise, et singulièrement les salariés.* **3.** *Sout.* D'une manière bizarre. *S'habiller singulièrement.*

SINISANT, E n. **1.** Sinologue. **2.** Personne qui a appris le chinois, qui le lit ou le parle.

SINISATION n.f. Action de siniser ; fait d'être sinisé.

SINISER v.t. (du lat. médiév. *Sina*, Chine). Marquer des caractères de la civilisation chinoise.

SINISTRALITÉ n.f. DR. Taux de sinistres. *Une hausse de la sinistralité.*

1. SINISTRE adj. (lat. *sinister*, gauche). **1.** De mauvais augure ; qui présage le malheur. *Bruit sinistre.* **2.** Qui inspire de la crainte ; inquiétant. *Regard sinistre.* **3.** Triste et ennuyeux. *Réunion, appartement sinistre.*

2. SINISTRE n.m. **1.** Événement catastrophique qui entraîne de grandes pertes matérielles et humaines ; catastrophe. **2.** DR. Fait dommageable pour soi-même ou pour autrui, de nature à mettre en jeu la garantie d'un assureur.

SINISTRÉ, E adj. et n. Victime d'un sinistre. ◆ adj. **1.** Qui a subi un sinistre. *Forêt sinistrée.* **2.** Qui subit une crise grave, de grandes difficultés. *Un secteur d'activité sinistré.*

SINISTREMENT adv. De façon sinistre.

SINISTROSE n.f. **1.** PSYCHIATR. État mental pathologique de certains accidentés, qui réside dans une idée délirante de préjudice corporel. **2.** *Fam.* Pessimisme systématique.

SINITÉ n.f. *Didact.* Caractère de ce qui est propre à la civilisation chinoise.

SINOC adj. et n. ⟶ **SINOQUE.**

SINOLOGIE n.f. (lat. *Sina,* Chine, et gr. *logos,* science). Étude de l'histoire, de la langue et de la civilisation chinoises.

SINOLOGUE n. Spécialiste de sinologie. SYN. : *sinisant.*

SINON conj. (de *si* et *non*). **1.** Introduit une hypothèse négative ; autrement, sans quoi. *Obéissez, sinon gare !* **2.** Introduit une restriction, une exception ; excepté, sauf. *Que faire sinon attendre ?* **3.** Marque un renchérissement ; peut-être même, voire, si ce n'est. *Elle est une des rares, sinon la seule.* **4.** Introduit une concession ; à défaut de. *J'attendais sinon une guérison, du moins une rémission.* ◆ **sinon que** loc. conj. Si ce n'est que. *Je ne sais rien, sinon qu'il est venu.*

SINOPLE n.m. (lat. *sinopis,* terre de Sinope, de couleur rouge). HÉRALD. Couleur verte.

SINOQUE, SINOC ou **CINOQUE** adj. et n. *Fam.* Fou.

SINO-TIBÉTAIN, E adj. et n.m. (pl. *sino-tibétains, es*). Se dit d'une famille de langues réunissant, d'une part, le chinois et ses dialectes et, d'autre part, le groupe tibéto-birman.

SINTÉRISATION n.f. Action de sintériser.

SINTÉRISER v.t. PLAST. Réaliser des objets solides par frittage de poudres de matières plastiques infusibles.

SINUÉ, E adj. BOT. Se dit d'un organe, et notamm. d'une feuille, au contour sinueux.

SINUER v.i. *Litt.* Faire, décrire des sinuosités.

SINUEUX, EUSE adj. (lat. *sinuosus,* de *sinus,* pli). **1.** Qui fait des replis, des détours. *Le cours sinueux de la Seine.* **2.** *Fig.* Qui ne va pas droit au but ; tortueux. *Pensée sinueuse.*

SINUOSITÉ n.f. Détour que fait qqch de sinueux.

SINUS [sinys] n.m. (mot lat., *pli*). **1.** ANAT. Cavité, canal naturel communiquant avec un autre par une partie rétrécie ; portion dilatée d'un canal. ◇ *Sinus carotidien :* portion dilatée de l'artère carotide, contenant des récepteurs sensibles à la pression du sang. – *Sinus de la face,* ou *sinus :* cavité creusée dans certains os de la tête (frontal, par ex.), remplie d'air et communiquant avec les fosses nasales. – *Sinus veineux,* ou *sinus :* canal ayant la fonction d'une veine, en partic. dans le crâne. **2.** MATH. Fonction associant à un arc de cercle $\overset{\frown}{AM}$ ou à l'angle au centre $\widehat{AOM}$ correspondant le quotient des mesures algébriques de OQ et de OB, où Q est le projeté orthogonal de M sur le diamètre OB perpendiculaire à OA (symb. sin).

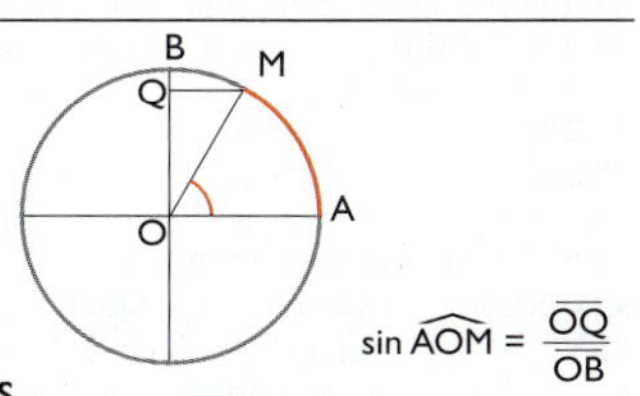

■ **SINUS**

SINUSAL, E, AUX adj. PHYSIOL. **1.** Se dit d'un amas de tissu nodal (nœud), situé dans la paroi de l'oreillette droite et commandant chaque contraction du cœur. **2.** Qui se rapporte à ce nœud. ◇ *Rythme sinusal :* rythme normal du cœur.

SINUSIEN, ENNE adj. MÉD. Relatif à un sinus de la face. *Une infection sinusienne.*

SINUSITE n.f. MÉD. Inflammation des sinus osseux de la face.

SINUSOÏDAL, E, AUX adj. **1.** MATH. Se dit d'un mouvement ou d'une courbe dont le support est une sinusoïde ou qui présente des arches semblables à celles de la sinusoïde. **2.** GÉOMÉTR. Se dit d'une fonction ayant pour graphe une sinusoïde. **3.** Se dit d'un phénomène périodique dont la grandeur caractéristique est représentée par une fonction sinusoïdale du temps.

SINUSOÏDE n.f. GÉOMÉTR. Courbe plane représentative de la fonction sinus, de la fonction cosinus ou, plus génér., de toute fonction définie par : $x \longrightarrow \sin(ax + b)$.

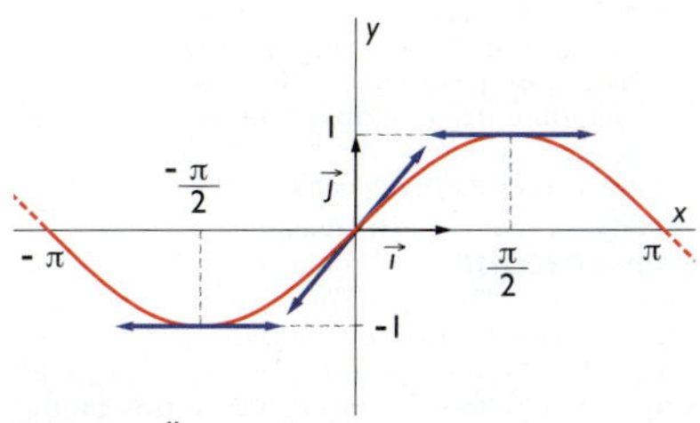

■ **SINUSOÏDE.** Représentation graphique de la fonction : $x \longrightarrow \sin x$.

SIONISME n.m. (de *Sion,* montagne de Jérusalem). Mouvement dont l'objet fut la constitution, en Palestine, d'un État juif.

ENCYCL. Le sionisme, qui s'était exprimé longtemps sous la forme d'un courant mystique, fut abordé, au XIXe s., dans la perspective d'une politique de nationalité. Il reçut alors sa consécration doctrinale avec Theodor Herzl et son livre, *l'État juif* (1896). En 1901 fut créé le Fonds national juif pour le rachat de terres en Palestine. L'immigration juive s'accrut après la déclaration Balfour (1917), favorable à la création en Palestine d'un foyer national juif, mais elle fut limitée dans l'entre-deux-guerres par la Grande-Bretagne, soucieuse de ménager les susceptibilités arabes. Après la Seconde Guerre mondiale et l'holocauste des Juifs européens, l'ONU adopta un plan de partage de la Palestine. L'État d'Israël a été créé en 1948.

SIONISTE adj. et n. Qui relève du sionisme ; qui en est partisan.

SIOUX [sju] adj. **1.** Qui se rapporte aux Sioux, fait partie de ces peuples. **2.** *Fam.* Rusé, astucieux, retors. (Dans ce sens, on prononce aussi [sjuks].)

SIPHOÏDE adj. TECHN. En forme de siphon.

SIPHOMYCÈTE n.m. (du gr. *siphôn,* tube). Champignon inférieur, à mycélium formé de filaments continus, sans cloisons cellulaires. (Les champignons siphomycètes se répartissent entre les classes des phycomycètes et des zygomycètes.)

SIPHON n.m. (lat. *sipho,* du gr.). **1.** Tube, tuyau recourbé en forme d'U renversé dont on se sert pour faire passer un liquide d'un niveau à un autre plus bas, en l'élevant d'abord au-dessus du niveau le plus haut. **2.** Appareil pour le lavage ou l'évacuation de certaines cavités naturelles de l'organisme. **3.** Conduit à double courbure servant, dans un appareil sanitaire, à évacuer les eaux usées tout en empêchant le dégagement des mauvaises odeurs. **4.** SPÉLÉOL. Conduit naturel envahi par l'eau. **5.** Carafe en verre épais, fermée par une soupape commandée par un levier, pour obtenir l'écoulement d'un liquide sous pression. **6.** ZOOL. Tube servant à la circulation de l'eau chez les mollusques marins, les tuniciers, etc. **7.** Ouvrage hydraulique enterré, destiné à permettre la traversée d'un obstacle (vallée, voie de communication, etc.).

SIPHONAPTÈRE n.m. (du gr. *siphôn,* tube). Insecte piqueur voisin des diptères mais dépourvu d'ailes et vivant en parasite, tel que la puce. (Les siphonaptères forment un ordre.)

SIPHONNÉ, E adj. *Fam.* Fou.

SIPHONNER v.t. **1.** Transvaser un liquide à l'aide d'un siphon. **2.** Vider un réservoir de son contenu à l'aide d'un siphon.

SIPHONOGAMIE n.f. (du gr. *siphôn,* tube). BIOL. Mode normal de fécondation des plantes supérieures, à l'aide d'un tube pollinique.

SIPHONOPHORE n.m. ZOOL. Cnidaire des eaux chaudes formant des colonies flottantes nourries par des polypes et mobiles grâce à des méduses spécialisées, tel que la physalie. (Les siphonophores forment une sous-classe d'hydrozoaires.)

SIPO n.m. (mot d'une langue d'Afrique). Très grand arbre de la forêt dense africaine, dont le bois est utilisé en menuiserie extérieure, en ébénisterie et pour le contreplaqué. (Genre *Entandrophragma ;* famille des méliacées.)

SIR [sœr] n.m. Titre d'honneur chez les Anglais, précédant le prénom et le nom de famille.

SIRDAR n.m. inv. (persan *sardār*). HIST. Titre honorifique donné au Moyen-Orient à un chef militaire.

SIRE n.m. (lat. *senior,* plus vieux). Titre porté par les seigneurs à partir du XIIIe s. puis donné aux empereurs et aux rois, lorsqu'on s'adresse à eux, en parlant ou en écrivant. ◇ *Fam. Triste sire :* individu peu recommandable.

SIRÈNE n.f. (bas lat. *sirena,* du gr.). **1.** MYTH. GR. ET ROM. Démon marin femelle représenté sous forme d'oiseau ou de poisson avec tête et poitrine de femme, et dont les chants séducteurs provoquaient des naufrages. **2.** Appareil dans lequel un jet de vapeur ou d'air, périodiquement interrompu et rétabli, produit un son puissant servant de signal ou d'alerte. ◆ pl. Propositions, arguments séduisants mais dangereux, qui simplifient excessivement les données d'un problème. *Céder aux sirènes du protectionnisme. Être insensible aux sirènes nationalistes.*

SIRÉNIEN n.m. Mammifère herbivore marin ou fluvial, à denture réduite, à nageoires, tel que le lamantin, le dugong et la rhytine, espèce éteinte. (Les siréniens forment un ordre.)

S

SIREX n.m. (mot lat.). Insecte hyménoptère dont la femelle pond ses œufs dans le bois des conifères grâce à une tarière très longue ressemblant à une scie. (Famille des siricidés.)

SIRLI n.m. (onomat.). Alouette d'Afrique du Nord à plumage brun-rouge rayé et à bec fin et long. (Genre *Chersophilus ;* famille des alaudidés.)

SIROCCO n.m. (ital. *scirocco,* de l'ar.). Vent sec et très chaud qui souffle du Sahara sur le sud de la Méditerranée occidentale, lorsque des basses pressions règnent entre les Baléares et l'Algérie.

SIROP n.m. (lat. médiév. *sirupus,* de l'ar.). **1.** Solution concentrée de sucre dans l'eau, éventuellement additionnée de substances aromatiques ou médicamenteuses. *Sirop de grenadine. Sirop d'orgeat.* **2.** Solution concentrée de sucre et d'eau ou de jus de fruits, utilisée pour confire des fruits, confectionner des sorbets, imbiber des gâteaux, etc. **3.** Belgique. Pâte épaisse obtenue par cuisson du jus de pomme et de poire.

SIROPERIE n.f. Belgique. Fabrique de sirop.

SIROTER v.t. et v.i. *Fam.* Boire à petits coups, en savourant ; déguster.

SIRTAKI n.m. (mot gr.). Danse d'origine grecque dérivée de la danse traditionnelle des bouchers byzantins, exécutée par un homme seul ou par un groupe d'hommes qui se tiennent les épaules.

SIRUPEUX, EUSE adj. **1.** Qui est de la nature, de la consistance du sirop ; visqueux. **2.** Qui est trop doux ; mièvre, sans vigueur. *Musique sirupeuse.*

SIS, E [si, siz] adj. (p. passé de *seoir*). DR. Situé. *Maison sise à Paris.*

SISAL n.m. [pl. *sisals*] (de *Sisal,* port du Yucatán). Agave du Mexique dont les feuilles ont des fibres qu'on utilise pour faire des sacs, des cordes. (Nom sc. *Agave sisalana ;* famille des agavacées.)

SISMAL, E, AUX ou **SÉISMAL, E, AUX** adj. Se dit de la ligne qui suit l'ordre d'ébranlement, dans un séisme.

SISMICITÉ ou **SÉISMICITÉ** n.f. Localisation et fréquence des tremblements de terre, en relation avec les grandes cassures de l'écorce terrestre.

SISMIQUE ou **SÉISMIQUE** adj. (du gr. *seismos,* tremblement de terre). **1.** Relatif aux tremblements de terre. ◇ *Secousse sismique :* séisme. **2.** *Prospection sismique,* ou *sismique,* n.f. : méthode de prospection fondée sur la propriété qu'ont des ondes mécaniques produites au niveau du sol de subir des réfractions *(sismique-réfraction)* et des réflexions *(sismique-réflexion)* aux surfaces de contact de couches géologiques ayant des vitesses de transmission différentes, suivant des lois analogues à celles de l'optique.

SISMOGRAMME n.m. Tracé d'un sismographe.

SISMOGRAPHE ou **SÉISMOGRAPHE** n.m. Appareil destiné à enregistrer l'heure, la durée et l'amplitude d'ondes sismiques.

SISMOLOGIE ou **SÉISMOLOGIE** n.f. (du gr. *seismos,* tremblement de terre). Étude des séismes et, plus génér., des divers mouvements du sol.

SISMOLOGIQUE adj. Relatif à la sismologie.

SISMOLOGUE n. Spécialiste de la sismologie.

SISMOMÉTRIE n.f. Ensemble des techniques d'enregistrement des ondes sismiques.

SISMOTHÉRAPIE n.f. PSYCHIATR. Électrochoc.

SISTER-SHIP [sistœrʃip] n.m. [pl. *sister-ships*] (mot angl.). Navire-jumeau.

SISTRE n.m. (lat. *sistrum,* du gr.). Instrument de musique constitué d'un cadre que traversent des tiges sur lesquelles sont enfilées des coques de fruits, des coquilles ou des rondelles métalliques qui s'entrechoquent et heurtent le cadre.

SISYMBRE n.m. (gr. *sisumbrion*). Plante herbacée, aussi appelée improprement *roquette* ou *vélar,* et dont une espèce est l'*herbe aux chantres.* (Genre *Sisymbrium ;* famille des crucifères.)

SITAR n.m. (mot hindi). Instrument de musique de l'Inde, dont on pince des cordes à l'aide d'un onglet.

SITARISTE n. Instrumentiste qui joue du sitar.

SITCOM [sitkɔm] n.m. ou n.f. (abrév. de l'angl. *situation comedy*). Comédie destinée à la télévision, et dont l'intérêt dramatique est essentiellement fondé sur les situations.

SITE n.m. (ital. *sito,* du lat. *situs,* situation). **1.** Paysage considéré du point de vue de l'harmonie ou du pittoresque ; panorama. **2.** Lieu géographique considéré du point de vue d'une ou de plusieurs activités. *Site industriel.* **3.** Configuration propre du lieu occupé par un établissement humain et qui lui fournit les éléments locaux de vie matérielle (ravitaillement en eau, nature du sol, matériaux de construction) et les possibilités d'extension. ◇ *Site propre :* chaussée, voie réservée aux véhicules de transport collectif (autobus, tramways, etc.). **4.** Serveur d'informations ou d'archivage de données dans un réseau de télécommunications. ◇ *Site Web,* ou *site :* ensemble de pages Web accessibles via Internet sur un serveur identifié par une adresse. **5.** MIL. *Angle de site,* ou *site :* angle formé par la ligne de site avec le plan horizontal. – *Ligne de site :* ligne droite joignant une arme à son objectif au moment du tir.

SIT-IN [sitin] n.m. inv. (mot angl., de *to sit,* s'asseoir). Manifestation non violente consistant à s'asseoir en groupe sur la voie publique ou en un lieu public.

SITOLOGUE n. Spécialiste de l'étude et de la conservation des sites naturels.

SITOSTÉROL n.m. (du gr. *sitos,* blé). Stérol le plus répandu dans le règne végétal (blé, soja, etc.).

SITÔT adv. *Litt.* Aussitôt. *Sitôt dit, sitôt fait.* ◇ *Ne... pas de sitôt :* nie l'imminence d'un événement ; d'ici longtemps. *Elle ne reviendra pas de sitôt.* ◆ **sitôt que** loc. conj. Indique la postériorité temporelle immédiate ; dès que, aussitôt que.

SITTELLE n.f. (gr. *sittê,* pivert). Passereau des forêts d'Europe occidentale et d'Afrique du Nord, qui grimpe avec agilité sur les troncs. (Long. 15 cm env. ; genre *Sitta,* famille des sittidés.)

SITTIDÉ n.m. Oiseau passereau de l'hémisphère Nord, insectivore, au bec fin et long, tel que la sittelle, le tichodrome. (Les sittidés forment une famille.)

SITUATION n.f. **1.** Manière dont qqch, un lieu est placé par rapport à d'autres choses, d'autres lieux ; position, emplacement, localisation. – GÉOGR. Localisation d'une ville par rapport à sa région. **2.** État, fonction de qqn, de qqch dans un groupe ; place, rang. *Situation de la France au sein de l'Union européenne.* **3.** Place, emploi rémunérés et stables ; poste. *Avoir une belle situation.* **4.** État de qqch, d'un groupe, d'une nation, par rapport à une conjoncture donnée, dans un domaine déterminé. *Situation économique d'un pays. La situation est critique.* **5.** *En situation :* dans des conditions aussi proches que possible de la réalité. *Mettre des candidats à un concours en situation.* – *En situation de :* en mesure de, à même de. *Il n'est pas en situation de critiquer quoi que ce soit.* **6.** LITTÉR. État caractéristique issu d'une action ou d'un événement et que traduisent un ou plusieurs personnages d'un récit, d'une pièce. *Situation comique.*

SITUATIONNISME n.m. Mouvement d'avant-garde culturelle et politique des années 1960, développé surtout dans le milieu universitaire, et dont les analyses et les formes de contestation radicale de la société de consommation ont exercé une influence particulière en mai 1968. (Théoricien majeur : Guy Debord.)

SITUATIONNISTE adj. et n. Qui relève du situationnisme ; qui en est partisan.

SITUÉ, E adj. Se dit d'une ville, d'un édifice, etc., par rapport aux environs, à l'exposition. *Maison bien située.*

SITUER v.t. (du lat. *situs,* situation). **1.** Déterminer la place, la situation dans l'espace ou le temps de. *Situer une ville sur une carte.* **2.** Évaluer, déterminer la place qu'occupe qqn, qqch au sein d'un ensemble. *Situer un peintre parmi les impressionnistes.* ◆ **se situer** v.pr. Avoir sa place, dans l'espace ou dans le temps ; être, avoir lieu. *Pays qui se situe au deuxième rang de la production laitière. À quelle époque se situent ces faits ?*

SIVAÏSME n.m. → **SHIVAÏSME.**

SIVAPITHÈQUE n.m. Primate fossile du miocène du sud-est de l'Europe, d'Asie (Inde) et d'Afrique (Kenya), parfois appelé *ramapithèque,* autrefois considéré comme l'ancêtre commun des grands singes et de l'homme, et rattaché à présent aux orangs-outans. (Haut. 1,50 m.)

SIX [sis] ([si] devant une consonne ou un *h* aspiré ; [siz] devant une voyelle ou un *h* muet) adj. num. et n.m. (lat. *sex*). **1.** Nombre qui suit cinq dans la suite des entiers naturels. **2.** Sixième. *Charles VI.*

SIXAIN n.m. → **SIZAIN.**

SIX-HUIT [sisɥit] n.m. inv. MUS. Mesure à deux temps qui a la noire pointée ou trois croches pour unité de temps.

SIXIÈME [sizjɛm] adj. num. ord. et n. Qui occupe un rang marqué par le nombre six. ◆ n.m. et adj. Quantité désignant le résultat d'une division par six. ◆ n.f. Première année du premier cycle de l'enseignement du second degré.

SIXIÈMEMENT adv. En sixième lieu.

SIX-QUATRE-DEUX (À LA) loc. adv. *Fam.* Négligemment, très vite. *Faire un travail à la six-quatre-deux.*

SIXTE n.f. MUS. Intervalle de six degrés.

SIXTUS [sikstys] n.m. Suisse. Épingle à cheveux formant ressort.

SIZAIN ou **SIXAIN** [sizɛ̃] n.m. **1.** Strophe ou poème de six vers. **2.** Paquet de six jeux de cartes.

SIZERIN n.m. (néerl. *sijsje*). Passereau des forêts tempérées froides, voisin de la linotte, à plumage brun-rouge. (Genre *Acanthis ;* famille des fringillidés.)

SKA n.m. (mot angl.). **1.** Musique chantée d'origine jamaïquaine, apparue au début des années 60, au rythme saccadé, la batterie marquant les temps pairs, la guitare les contretemps, et dont la mélodie alterne cuivres et chant. **2.** Danse d'origine jamaïquaine, introduite en Angleterre au début des années 60 et caractérisée par d'énergiques mouvements de hanches.

SKAÏ [skaj] n.m. (nom déposé). Similicuir.

SKATEBOARD [skɛtbɔrd] ou **SKATE** n.m. (angl. *to skate,* patiner, et *board,* planche). Planche à roulettes.

SKEET [skit] n.m. (mot angl.). Sport qui consiste à tirer au fusil des plateaux d'argile projetés (successivement) de deux cabines distantes d'env. 40 m.

SKETCH [skɛtʃ] n.m. [pl. *sketchs* ou *sketches*] (mot angl., *esquisse*). Dialogue de courte durée, génér. comique, représenté au théâtre, au music-hall, à la télévision ou au cinéma.

SKI n.m. (mot norv.). **1.** Chacune des deux longues lames de bois, de métal ou de matière synthétique, dont on se sert pour glisser sur la neige ou sur l'eau. **2.** Sport pratiqué sur la neige sur ces lames. *Une station de ski.* ◇ *Ski alpin,* ou *ski de piste :* ski pratiqué sur des pentes génér. accentuées. (Les compétitions de ski alpin comprennent des épreuves de descente et de slalom.) – *Ski de fond :* ski pratiqué sur des parcours de faible dénivellation. – *Ski nordique :* discipline sportive englobant les courses de ski de fond, le saut à skis. – *Ski de randonnée :* ski pratiqué génér. en moyenne montagne et hors des pistes balisées. – *Ski artistique* ou *acrobatique :* ski juxtaposant figures et acrobaties sautées, parfois sur un champ de neige bosselé ou à partir d'un tremplin. **3.** Sports d'hiver. *Aller au ski.* **4.** *Ski nautique :* sport dans lequel le pratiquant, relié par une corde à un bateau à moteur qui le tracte, glisse sur l'eau en se maintenant sur un ou deux skis.

■ **SKI.** Épreuve de ski de fond.

■ **SKI.** Figure de ski nautique.

SKIABLE adj. Où l'on peut skier.

SKIASCOPIE n.f. (gr. *skia,* ombre, et *skopein,* examiner). Méthode permettant de déterminer d'une façon objective la réfraction de l'œil et fondée sur l'étude de l'ombre que porte la pupille sur la rétine.

SKI-BOB n.m. (pl. *ski-bobs*). Engin en forme de bicyclette dont les roues sont remplacées par de petits skis. SYN. : *véloski.*

SKIER v.i. [5]. Pratiquer le ski.

SKIEUR, EUSE n. Personne qui pratique le ski.

SKIFF n.m. (mot angl., du fr. *esquif*). Bateau de sport très étroit et très long, à un seul rameur.

SKINHEAD [skinɛd] ou **SKIN** [skin] n. (mot angl., *tondu,* de *skin,* peau, et *head,* tête). Jeune marginal au crâne rasé et aux vêtements de style paramilitaire, adoptant un comportement de groupe agressif, souvent xénophobe et raciste.

SKIP n.m. (mot angl.). MIN. Appareil élévateur constitué par une benne de grande capacité, mue par un treuil et dont la vidange s'opère par basculement ou par ouverture du fond.

SKIPPER [skipœr] n.m. (mot angl.). **1.** Commandant de bord d'un yacht. **2.** Barreur d'un bateau à voiles de régate.

SKONS n.m. → **SCONSE.**

SKUA n.m. ORNITH. Grand stercoraire de l'Arctique, très agressif. (Long. 60 cm ; genre *Catharacta,* famille des stercorariidés.)

SKUNKS ou **SKUNS** n.m. → **SCONSE.**

SKYDOME [skajdɔm] n.m. (nom déposé angl. *sky,* ciel, et *dome,* coupole). Hublot de plafond pour éclairage zénithal.

SKYE-TERRIER [skajtɛrje] n.m. [pl. *skye-terriers*] (mot angl.). Chien terrier de l'île de Skye.

SKY-SURFING [skajsœrfiŋ] n.m. [pl. *sky-surfings*] (angl. *sky,* ciel, et *to surf,* surfer). Discipline sportive relevant du parachutisme. (Le sauteur évolue dans les airs sur une sorte de surf en étant filmé par son partenaire qui saute avec lui. Ils sont notés pour la qualité tant sportive qu'esthétique des images produites.) [On dit aussi *sky-surf.*]

SLALOM [slalɔm] n.m. (mot norv.). **1.** Descente à skis sur un parcours sinueux jalonné de portes à franchir, marquées par des piquets surmontés de fanions. (Les portes sont plus nombreuses,

■ **SLALOM.** Épreuve de slalom spécial.

plus étroites et plus rapprochées dans le *slalom spécial* que dans le *slalom géant* ou le *super-géant.*) **2.** Parcours très sinueux, comprenant de nombreux virages ou obstacles.

SLALOMER v.i. Effectuer un parcours en slalom.

SLALOMEUR, EUSE n. Spécialiste de slalom.

SLANG [slɑ̃g] n.m. (mot angl.). Argot anglais.

SLASH n.m. [pl. *slashs* ou *slashes*] (mot anglo-amér.). Caractère typographique (noté /), utilisé comme élément de séparation en informatique. (On dit aussi *barre oblique* ou *barre de fraction.*)

SLAVE adj. et n. Relatif aux Slaves, qui fait partie de cet ensemble de peuples. ◆ n.m. Groupe de langues indo-européennes parlées par les Slaves et divisées en orientales, occidentales et méridionales.

SLAVISANT, E n. Spécialiste des langues slaves.

SLAVISER v.t. Donner le caractère slave à.

SLAVISTIQUE n.f. Étude des langues slaves.

SLAVON, ONNE adj. et n. De Slavonie. ◆ n.m. Langue liturgique des Slaves orthodoxes, issue de la traduction des Évangiles par Cyrille et Méthode.

SLAVOPHILE adj. et n. HIST. Se disait à partir des années 1840 de ceux qui prônaient les valeurs spirituelles traditionnelles propres à la Russie (par oppos. à *occidentaliste*).

SLBM n.m. inv. (sigle de l'angl. *submarine launched ballistic missile*). Missile balistique stratégique lancé d'un sous-marin.

SLEEPING-CAR ou **SLEEPING** [slipiŋ] n.m. [pl. *sleeping-cars, sleepings*] (de l'angl. *to sleep*, dormir). CH. DE F. Vx. Voiture-lit.

SLICE [slajs] n.m. (mot angl.). Effet latéral donné à une balle, au tennis, au golf.

SLICER [slajse] v.t. [9] (angl. *to slice*, couper en tranches). Frapper latéralement une balle de tennis ou de golf pour lui donner un effet.

SLIKKE [slik] n.f. (mot flamand). OCÉANOL. Partie basse des vasières littorales, recouverte à chaque marée.

1. SLIP n.m. (mot angl., de *to slip*, glisser). Culotte moulante à taille basse, échancrée en haut des cuisses, servant de sous-vêtement ou de culotte de bain.

2. SLIP n.m. MAR. Plan incliné pour haler à sec les navires.

SLOGAN n.m. (mot angl.). **1.** Formule brève et frappante lancée pour propager une opinion, soutenir une action. *Slogan politique.* **2.** Phrase publicitaire concise et originale, conçue en vue de bien inscrire dans l'esprit du public le nom d'un produit, d'une firme.

SLOOP [slup] n.m. (néerl. *sloep*). Navire à voiles à un mât, n'ayant qu'un seul foc à l'avant.

SLOUGHI [slugi] n.m. (ar. *sluqi*). Lévrier arabe à poil ras, à la robe de couleur sable.

SLOVAQUE adj. et n. De la Slovaquie, de ses habitants. ◆ n.m. Langue slave occidentale parlée en Slovaquie.

SLOVÈNE adj. et n. De la Slovénie, de ses habitants. ◆ n.m. Langue slave méridionale parlée en Slovénie.

SLOW [slo] n.m. (mot angl., *lent*). **1.** Danse lente exécutée en couple, les partenaires se tenant étroitement enlacés, à la mode depuis les années 1960. **2.** Chanson ou air sentimentaux, lents, pouvant accompagner la danse du même nom.

SMALA ou **SMALAH** n.f. (ar. *zamala*, famille). **1.** Ensemble de la maison d'un chef arabe, avec ses tentes, ses serviteurs, ses troupeaux et ses équipages. **2.** *Fam.* Famille nombreuse et encombrante. *Il arrive avec toute sa smala.*

SMALT n.m. (ital. *smalto*, émail). ARTS APPL. Azur.

SMARAGDITE n.f. (lat. *smaragdus*, émeraude). Variété d'amphibole, d'un beau vert d'émeraude, employée comme pierre ornementale.

SMART [smart] adj. inv. (mot angl.). *Fam.* Élégant.

SMASH [smaʃ] ou [smatʃ] n.m. [pl. *smashs* ou *smashes*] (mot angl.). Au tennis, au tennis de table et au volley-ball, coup consistant à rabattre violemment une balle haute sur la surface de jeu.

SMASHER [smaʃe] ou [smatʃe] v.i. et v.t. Faire un smash.

SME ou **S.M.E.** n.m. (sigle). Système monétaire européen.

SMECTIQUE adj. (gr. *smêktikos*, de *smêkhein*, nettoyer). PHYS. Se dit d'un état mésomorphe dans lequel les centres des molécules sont situés dans des plans parallèles.

SMEGMA n.m. (mot gr.). Matière blanchâtre qui se dépose dans les replis des organes génitaux externes.

SMIC ou **S.M.I.C.** [smik] n.m. (acronyme). Salaire minimum interprofessionnel de croissance, appelé auj. *salaire minimum de croissance.*

SMICARD, E n. *Fam.* Personne dont le salaire est égal au SMIC.

SMILEY [smajlɛ] n.m. (de l'angl. *to smile*, sourire). Dans un message électronique, association de caractères typographiques évoquant un visage expressif. Recomm. off. : *frimousse.* (Au Québec, on dit *binette.*)

SMILLAGE n.m. Dégrossissage des moellons bruts à l'aide de la smille.

SMILLE [smij] n.f. (gr. *smilê*). Marteau à deux pointes des tailleurs de pierre.

SMITHSONITE [smitsɔnit] n.f. (de J. *Smithson*, chimiste angl.). MINÉRALOG. Carbonate de zinc.

SMOCKS [smɔk] n.m. pl. (mot angl.). Fronces rebrodées sur l'endroit, servant de garniture à certains vêtements.

SMOG n.m. (mot angl.). Mélange de fumées et de brouillard, stagnant parfois au-dessus des concentrations urbaines et surtout industrielles.

SMOKING [smɔkiŋ] n.m. (angl. *smoking-jacket*). Costume de cérémonie d'homme, à revers de soie.

SMOLT n.m. (mot angl.). Jeune saumon ayant atteint l'âge de sa descente passive vers la mer.

SMORZANDO [smɔrtsɑ̃do] adv. (mot ital.). MUS. Avec diminution de l'intensité des sons jusqu'au silence. ◆ n.m. Passage exécuté smorzando.

SMURF [smœrf] n.m. (nom anglo-amér. des *Schtroumpfs*, **personnages de bande dessinée créés par Peyo**). Style de danse, né aux États-Unis, apparu en France en 1982, exécuté debout, à l'origine avec des gants blancs pour imiter les Schtroumpfs, pratiqué sous plusieurs formes marquées par le mime.

SNACK-BAR ou **SNACK** n.m. [pl. *snack-bars, snacks*] (de l'angl. *snack*, portion). Café-restaurant assurant un service rapide et proposant des plats simples.

SNIFF ou **SNIF** interj. Évoque un bruit de reniflement.

SNIFFER v.t. *Fam.* Absorber une drogue en la prisant.

SNOB adj. et n. (mot angl.). Empreint de snobisme.

SNOBER v.t. Traiter qqn, qqch de haut, avec mépris, en l'évinçant, en le rejetant ou en l'évitant d'un air supérieur.

SNOBINARD, E adj. et n. *Fam.* Un peu snob.

SNOBISME n.m. Admiration pour tout ce qui est en vogue dans les milieux tenus pour distingués.

SNOWBOARD [snobɔrd] n.m. (mot angl., *planche à neige*). Surf des neiges.

SNOW-BOOT [snobut] n.m. [pl. *snow-boots*] (mot angl.). Vieilli. Chaussure de caoutchouc qu'on met par-dessus les chaussures ordinaires.

SOAP OPERA [sopɔpera] ou **SOAP** n.m. [pl. *soap operas, soaps*] (mots angl., *opéra pour le savon*, **ces œuvres ayant été à l'origine produites pour être entrecoupées d'annonces pour des produits détergents**). Feuilleton télévisé à épisodes multiples, mettant génér. en scène des personnages à la psychologie stéréotypée dans des intrigues fondées essentiellement sur les situations et l'action.

SOBRE adj. (lat. *sobrius*). **1.** Qui mange ou boit avec modération et, en partic., qui boit peu de boissons alcoolisées. **2.** Se dit d'un animal qui mange peu et qui peut rester longtemps sans boire. *Le chameau est sobre.* **3.** Qui montre de la mesure, de la réserve. *Être sobre dans ses déclarations.* **4.** Qui n'a pas recours aux surcharges, aux ornements inutiles. *Une architecture sobre.*

SOBREMENT adv. Avec sobriété.

SOBRIÉTÉ n.f. **1.** Comportement d'une personne, d'un animal sobre. **2.** *Litt.* Qualité de qqn qui se comporte avec retenue. **3.** Qualité de ce qui ne contient pas d'ornements superflus. *Sobriété du style.*

SOBRIQUET n.m. Surnom familier, donné par dérision, moquerie, ou affectueusement.

SOC n.m. (du gaul.). Pièce tranchante de la charrue qui s'enfonce dans la terre et la découpe en bande.

SOCCER [sɔkœr] n.m. (mot anglo-amér.). Québec. Football (par oppos. à ***football américain***).

SOCIABILISER v.t. Rendre sociable ; intégrer dans la vie sociale.

SOCIABILITÉ n.f. **1.** Qualité d'une personne sociable. **2.** SOCIOL. Caractère des relations entre personnes.

SOCIABLE adj. (lat. *sociabilis*, de *sociare*, associer). **1.** Qui manifeste la faculté d'entretenir de bonnes relations humaines. *Personne, caractère sociable.* **2.** Capable de vivre en compagnie de ses semblables. *Animal sociable.*

SOCIAL, E, AUX adj. **1.** Relatif à une société, à une collectivité humaine. *Organisation sociale. Phénomènes sociaux.* ◇ *Sciences sociales :* ensemble des sciences (sociologie, économie, etc.) qui étudient les groupes humains, leur comportement, leur évolution, etc. **2.** Qui concerne les rapports entre un individu et les autres membres de la collectivité. *Vie sociale. Rapports sociaux.* – Qui vit en société. *Être, animal social.* ◇ *Psychologie sociale :* psychosociologie. **3.** Qui concerne les rapports entre les divers groupes ou classes qui constituent la société. *Inégalités sociales. Climat social.* **4.** Qui concerne les membres de la société, leurs conditions économiques, psychologiques. ◇ *Droit social :* ensemble des textes législatifs et réglementaires concernant le droit du travail, de la sécurité sociale et de l'aide sociale. – *Service social :* service, au sein d'une entreprise, dirigé en principe par un assistant social et ayant pour but de veiller au bien-être du personnel. – *Travailleurs sociaux :* professionnels dont le rôle consiste à venir en aide aux membres d'une collectivité, d'un établissement. (Ce sont, notamm., les aides maternelles, les travailleuses familiales, les assistants sociaux, les éducateurs spécialisés, les animateurs culturels.) **5.** Qui vise à l'amélioration des conditions de vie, et en partic. des conditions matérielles des membres de la société. *Une politique sociale. Logements sociaux.* **6.** Relatif aux sociétés civiles et commerciales. *Raison sociale. Capital social.* ◆ n.m. *Le social :* l'ensemble des questions relevant du droit social, des actions concernant l'amélioration des conditions de vie et de travail des membres de la société.

S

SOCIAL-CHRÉTIEN, SOCIALE-CHRÉTIENNE adj. et n. (pl. *sociaux-chrétiens, sociales-chrétiennes*). Relatif au Parti *social-chrétien en Belgique (PSC) ; qui en est partisan (v. partie n.pr.).

SOCIAL-DÉMOCRATE, SOCIALE-DÉMOCRATE adj. et n. (pl. *sociaux-démocrates, sociales-démocrates*). Se dit d'un partisan de la social-démocratie.

SOCIAL-DÉMOCRATIE n.f. (pl. *social-démocraties*). **1.** Courant d'idées issues du marxisme auquel se référaient les partis politiques des pays de langue allemande et des pays scandinaves au sein de la IIe Internationale. **2.** Ensemble des organisations et des hommes politiques qui se rattachent au socialisme parlementaire et réformiste.

SOCIALEMENT adv. Dans l'ordre social ; relativement à la société.

SOCIALISANT, E adj. et n. Qui sympathise avec le socialisme, qui s'en approche sans y adhérer.

SOCIALISATION n.f. **1.** Collectivisation des moyens de production et d'échange, des sources d'énergie, du crédit, etc. **2.** Processus par lequel l'enfant intériorise les divers éléments de la culture environnante (valeurs, normes, codes symboliques et règles de conduite) et s'intègre dans la vie sociale.

SOCIALISER v.t. **1.** Opérer la socialisation des moyens de production, d'échange, etc. **2.** Adapter un individu aux exigences de la vie sociale.

SOCIALISME n.m. Dénomination de diverses doctrines économiques, sociales et politiques condamnant toutes la propriété privée des moyens de production et d'échange.

ENCYCL. Le socialisme s'est développé en Europe au XIXe s., de façon disparate mais à partir d'un même souci de résoudre la question sociale née du développement du capitalisme. Le *socialisme utopique* des années 1830 (R. Owen en Grande-

Bretagne ; Saint-Simon, C. Fourier, É. Cabet, L. Blanc en France), confiant dans la raison et la bonté de l'homme, conçoit une société idéale où régneraient l'abondance et l'égalité ; un courant réduit mais durable – le *socialisme chrétien* (La Mennais, Lacordaire) – s'enracine également. L'échec des révolutions de 1848 conduit à la recherche de solutions mieux armées et plus radicales, selon les deux voies proposées par le marxisme et par l'anarchisme. Les efforts d'unification du mouvement socialiste (création de l'Internationale) ne résistent pas aux grandes scissions : entre les marxistes et les anarchistes en 1872, puis, au tournant du siècle, entre les marxistes orthodoxes, révolutionnaires (tel Lénine), et les révisionnistes (E. Bernstein), et enfin, après la révolution russe de 1917, entre ceux qui acceptent le modèle soviétique – les communistes – et ceux qui le récusent. S'inscrivant dans cette dernière lignée, les actuels partis socialistes européens se sont auj. dégagés de toute référence au marxisme et défendent dans le cadre de la société capitaliste un réformisme plus ou moins affirmé selon les pays et les circonstances.

SOCIALISTE adj. et n. Relatif au socialisme ; qui en est partisan ; membre d'un parti qui se réclame du socialisme. ◇ *Parti socialiste : v. partie n.pr.* PS.

SOCIAL-RÉVOLUTIONNAIRE, SOCIALE-RÉVOLUTIONNAIRE adj. et n. (pl. *sociaux-révolutionnaires, sociales-révolutionnaires*). HIST. En Russie, relatif au Parti social-révolutionnaire ; qui en était partisan (v. partie n.pr. S-R).

S

SOCIÉTAIRE n. Personne qui fait partie de certaines sociétés, d'une mutuelle, etc. ◇ *Sociétaire de la Comédie-Française*, ou *sociétaire :* acteur qui possède un certain nombre de parts dans la distribution des bénéfices du théâtre (par oppos. à *pensionnaire*).

SOCIÉTAL, E, AUX adj. Qui se rapporte aux divers aspects de la vie sociale des individus.

SOCIÉTÉ n.f. (lat. *societas,* de *socius,* compagnon). **1.** Mode de vie propre à l'homme et à certains animaux, caractérisé par une association organisée d'individus en vue de l'intérêt général. *Vivre en société.* **2.** Ensemble d'individus vivant en groupe organisé ; milieu humain dans lequel qqn vit, caractérisé par ses institutions, ses lois, ses règles. *Les conflits entre l'individu et la société. Sociétés primitive, féodale, capitaliste.* ◇ *La société civile :* selon Hegel, ensemble, à distinguer de l'État, des individus en tant qu'ils sont unis par des liens juridiques et économiques dans des rapports de dépendance réciproque ; mod., la société dans son fonctionnement concret, le corps social, par oppos. à la *classe politique.* – *Société animale :* groupement d'individus d'une espèce animale présentant une structure sociale caractéristique. (Les sociétés animales s'observent surtout chez les insectes – fourmis, abeilles – et chez les mammifères – éléphants, singes, etc.) **3.** Groupe social formé de personnes qui se fréquentent, se réunissent, entretiennent des relations mondaines. *Une société choisie. Briller en société.* ◇ *La haute société :* l'ensemble des personnes les plus en vue par leur position sociale, leur fortune, etc. Abrév. *(fam.) : la haute.* **4.** *Fam.,* vieilli. Ensemble des personnes réunies dans un même lieu ; assistance. *Saluer la société.* **5.** *Litt.* Fait d'avoir des relations suivies, des contacts avec d'autres individus ; fréquentation, compagnie des autres. *Rechercher la société des femmes. Fuir la société par misanthropie.* **6.** Association de personnes, organisme, institution qui naît d'un contrat de société. *Société littéraire. Société de bienfaisance.* **7.** DR. Contrat par lequel deux ou plusieurs personnes mettent en commun soit des biens, soit leur activité, en vue de réaliser des bénéfices qui seront ensuite partagés entre elles ou pour profiter d'une économie ; personne morale née de ce contrat. Abrév. : *Sté.* ◇ *Impôt sur les sociétés :* impôt sur les bénéfices des sociétés. – *Société de Bourse :* société anonyme ayant en France le monopole de négociation des valeurs mobilières, à l'exception des obligations. (En 1996, les sociétés de Bourse ont été remplacées par les prestataires de services d'investissement.) – *Société civile :* société ayant pour objet une activité civile. – *Société civile immobilière (SCI) :* société civile qui a pour objet la construction, la vente et la gestion d'immeubles. – *Société civile professionnelle (SCP) :* société regroupant des personnes exerçant une profession libérale ou des officiers ministériels. – *Société commerciale :* société de personnes ou société de capitaux dont l'objet principal est l'exécution, à titre habituel, d'actes de commerce. – *Société de personnes :* société (société en nom collectif, société en commandite) dans laquelle la personne de chaque associé est une condition essentielle du contrat et où chacun est tenu des dettes de la société sur la totalité de ses biens. – *Société de capitaux :* société commerciale (société anonyme, société en commandite par actions) dont les actionnaires ne supportent les pertes qu'à concurrence de leurs apports. – *Société anonyme (SA) :* société de capitaux dont le capital est divisé en actions négociables. – *Société à responsabilité limitée (SARL) :* société de capitaux dont le capital est divisé en parts sociales non librement cessibles.

SOCIÉTÉ-ÉCRAN n.f. (pl. *sociétés-écrans*). DR. Société à l'activité fictive, créée pour masquer les opérations financières d'une ou de plusieurs autres sociétés.

SOCINIANISME n.m. RELIG. Doctrine du réformateur italien Socin.

SOCINIEN, ENNE adj. et n. Relatif au socinianisme ; adepte du socinianisme.

SOCIOBIOLOGIE n.f. Doctrine qui fonde l'étude des sociétés animales et humaines sur les modèles théoriques de la biologie.

SOCIOCRITIQUE n.f. LITTÉR. Méthode de lecture critique qui met l'accent sur la dimension sociale du texte littéraire, en analysant notamm. de quelle manière il participe à l'élaboration, à la diffusion et à l'évolution des représentations.

SOCIOCULTUREL, ELLE adj. Relatif aux structures sociales et à la culture qui contribue à les caractériser.

SOCIODRAME n.m. PSYCHOL. Psychodrame s'adressant à un groupe et qui vise à une catharsis collective.

SOCIO-ÉCONOMIQUE adj. (pl. *socio-économiques*). Relatif aux problèmes sociaux dans leur relation avec les problèmes économiques.

SOCIO-ÉDUCATIF, IVE adj. (pl. *socio-éducatifs, ives*). Relatif aux phénomènes sociaux dans leur relation avec l'éducation, l'enseignement.

SOCIOGENÈSE n.f. PSYCHOL. Fait pour les troubles psychiques de dépendre de facteurs sociaux généraux.

SOCIOGRAMME n.m. PSYCHOL. Figure représentant les relations interindividuelles entre les membres d'un groupe restreint.

SOCIOLINGUISTIQUE n.f. Discipline qui étudie les relations entre la langue et les facteurs sociaux. ◆ adj. Relatif à la sociolinguistique.

SOCIOLOGIE n.f. Étude scientifique des sociétés humaines et des faits sociaux.

ENCYCL. Aristote, Montesquieu, Condorcet ou Tocqueville peuvent être considérés comme des grands précurseurs de la sociologie. Mais, en tant que science, la sociologie est une discipline récente. Le mot lui-même apparaît avec Auguste Comte, qui le crée en 1836 ; l'institutionnalisation de la discipline et la codification des procédures d'analyse ont cent ans (Émile Durkheim : *les Règles de la méthode sociologique,* 1895). La sociologie se caractérise par une grande diversité des approches théoriques et des objets considérés. Mais cette diversité s'articule en fait autour de deux façons bien différentes de considérer l'étude des phénomènes sociaux : d'un côté, une sociologie qui interprète ces phénomènes comme le produit des structures sociales (approche fonctionnaliste comme celle de Talcott Parsons ; approche structuraliste comme celle de Pierre Bourdieu) ; de l'autre, une sociologie de l'action qui analyse ces phénomènes comme le résultat de l'agrégation d'actions individuelles (Georg Simmel, Max Weber, Raymond Boudon). En France, auj., deux programmes scientifiques connaissent un développement notable, la *sociologie des organisations* (administrations, entreprises, etc.) et la *sociologie de la connaissance.*

SOCIOLOGIQUE adj. Relatif à la sociologie, aux faits qu'elle étudie.

SOCIOLOGIQUEMENT adv. D'un point de vue sociologique.

SOCIOLOGISME n.m. Conception qui affirme l'autonomie des faits sociaux, la nécessité d'expliquer à partir d'eux d'autres réalités telles que la morale ou la religion, et qui accorde en conséquence la primauté à la sociologie.

SOCIOLOGUE n. Spécialiste de sociologie.

SOCIOMÉTRIE n.f. Étude des relations interindividuelles des membres d'un même groupe, recourant à des méthodes permettant de mesurer leurs rapports à l'aide d'indices numériques.

SOCIOPOLITIQUE adj. Qui concerne l'organisation politique de la société.

SOCIOPROFESSIONNEL, ELLE adj. Qui concerne un groupe social délimité par la profession de ses membres. ◆ adj. et n. Se dit de qqn qui exerce un rôle dans les organisations sociales ou professionnelles.

SOCIOTHÉRAPIE n.f. Ensemble des techniques visant à améliorer les communications entre un sujet et son entourage, à partir de situations de groupe qui se rattachent à celles de la dynamique de groupe ou résultent d'activités sociales menées en commun.

SOCKET ou **SOQUET** n.m. Belgique. Douille ou culot de lampe.

SOCLE n.m. (ital. *zoccolo,* sabot). **1.** Base d'objets divers, ou massif surélevant une statue, une colonne, etc. (Continu, c'est un soubassement ; mouluré, un piédestal.) **2.** GÉOL. Ensemble de terrains anciens, essentiellement plutoniques et métamorphiques, aplanis par l'érosion, recouverts ou non par des roches sédimentaires plus récentes. **3.** *Fig.* Base stable, assise solide. *Un socle industriel, électoral.*

SOCQUE n.m. (lat. *soccus,* sandale). **1.** ANTIQ. Chaussure basse des acteurs comiques. **2.** Anc. Chaussure à semelle de bois.

SOCQUETTE n.f. Chaussette basse s'arrêtant à la cheville.

SOCRATIQUE adj. Qui se rapporte à Socrate ; qui évoque Socrate. *Ironie socratique.*

SODA n.m. (angl. *soda water,* eau de soude). Boisson gazeuse faite d'eau chargée de gaz carbonique, additionnée de sirop de fruit.

SODÉ, E adj. Qui contient de la soude.

SODIQUE adj. Qui contient du sodium.

SODIUM [sɔdjɔm] n.m. (de *soude*). **1.** Métal alcalin blanc et mou, de densité 0,97, qui fond à 97,81 °C. **2.** Élément chimique (Na), de numéro atomique 11, de masse atomique 22,989 8. (Le sodium est très répandu dans la nature à l'état de chlorure [sel marin et sel gemme] et de nitrate. Il s'altère rapidement à l'air humide en donnant de la soude caustique. Comme il réagit violemment avec l'eau, on le conserve dans du pétrole.)

SODOKU [-ku] n.m. (mot jap.). Maladie infectieuse due à un spirochète, transmise par morsure de rat, et qui se manifeste par des accès fébriles et par une éruption cutanée.

SODOMIE n.f. (de *Sodome*). Pratique du coït anal.

SODOMISER v.t. Pratiquer la sodomie sur qqn.

SODOMITE n.m. Celui qui pratique la sodomie.

SŒUR n.f. (lat. *soror*). **1.** Fille née du même père et de la même mère qu'une autre personne. ◇ *Les Neuf Sœurs :* les Muses. **2.** *Litt.* Celle avec qui on partage le même sort. *Sœur d'infortune.* **3.** Femme appartenant à une congrégation religieuse ; titre qu'on lui donne. *Les sœurs de la Charité. Ma sœur.* ◇ *Fam. Bonne sœur :* religieuse. **4.** Ce qui est apparenté à qqch d'autre. *L'envie et la calomnie sont sœurs.* ◇ (En appos.) *Âme sœur :* personne que ses sentiments, ses inclinations rapprochent d'une autre.

SŒURETTE n.f. *Fam.* Petite sœur.

SOFA n.m. (ar. *suffa*). Canapé rembourré, à joues et dossier sans bois apparent (XVIIIe - XIXe s.).

SOFFITE n.m. (ital. *soffitto,* du lat. *suffixus,* suspendu). ARCHIT. Face inférieure dégagée d'un linteau, d'une plate-bande, d'un larmier ; plafond à caissons.

SOFT adj. inv. (mot angl., *doux*). **1.** *Fam.* Qui est relativement édulcoré, qui ne peut choquer. *Un débat soft.* **2.** Se dit d'un film érotique où les relations sexuelles sont simulées. ◆ n.m. inv. **1.** Cinéma érotique. **2.** INFORM. Abrév. de *software.*

SOFTBALL [sɔftbol] n.m. (mot angl.). Sorte de base-ball pratiqué sur un terrain de plus petites dimensions avec une balle plus molle et plus grosse.

SOFT-DRINK [sɔftdrink] n.m. [pl. *soft-drinks*] (angl. *soft,* doux, et *drink,* boisson). Boisson aromatisée et non alcoolisée.

SOFTWARE [sɔftwɛr] n.m. (mot anglo-amér., de *soft,* mou, et *ware,* marchandise, d'apr. *hardware*). INFORM. (Anglic. déconseillé). Logiciel (par oppos. à *hardware,* matériel). Abrév. : *soft.*

SOI pron. pers. (lat. *se*). **1.** Désigne, en qualité de pronom réfléchi, la 3e pers. du sing., après une préposition, et représente un sujet indéterminé, toute personne ou sa propre personne. *Que chacun travaille pour soi. Avoir de l'argent sur soi.* **2.** Représente une chose. ◇ ***Cela va de soi*** : c'est évident, naturel. – ***En soi*** : de par sa nature même. ◆ n.m. PSYCHAN. Self.

SOI-DISANT adj. inv. **1.** Qui prétend être tel. *Untel, soi-disant héritier.* **2.** (Emploi critiqué). Qu'on prétend tel ; prétendu. *Cette soi-disant liberté d'expression.* ◆ adv. À ce que prétend Untel, à ce qu'on prétend. *Elle est venue soi-disant pour te parler.*

SOIE n.f. (lat. *saeta,* poil rude). **1.** Substance sécrétée sous forme de fil fin et brillant par divers arthropodes (certaines chenilles, diverses araignées), et composée de deux protéines (fibroïne et séricine). **2.** Étoffe fabriquée avec la soie produite par la chenille du bombyx du mûrier, ou *ver à soie.* – *Fig., litt.* Ce qui est fin, brillant, doux comme les fils de soie. *La soie de ses cheveux.* ◇ ***Papier de soie*** : papier très fin et translucide. **3.** Poil dur et raide du porc, du sanglier et de certains invertébrés (lombric, polychètes). **4.** Partie du fer d'une arme blanche, d'un couteau, qui pénètre dans le manche, dans la poignée.

■ **SOIE.** Sécrétion du cocon par des vers à soie placés sur des claies.

SOIERIE n.f. **1.** Tissu de soie. **2.** Industrie et commerce de la soie.

SOIF n.f. (lat. *sitis*). **1.** Besoin de boire ; sensation que produit ce besoin. *Étancher sa soif.* ◇ *Fam.* ***Jusqu'à plus soif*** : sans fin ; à satiété ; d'une façon excessive. **2.** *Fig.* Désir ardent, impatient, passionné de qqch. *La soif de l'or. La soif de connaître.*

SOIFFARD, E n. *Fam.* Personne qui aime boire, qui boit trop de boissons alcoolisées.

SOIGNANT, E adj. et n. Se dit d'une personne qui donne des soins, en partic. quand elle n'est pas médecin.

SOIGNÉ, E adj. **1.** Qui manifeste le soin de sa personne. **2.** Exécuté avec soin. *Travail soigné.* **3.** *Fam.* Fort, important. *Un rhume soigné.*

SOIGNER v.t. (mot francique). **1.** Avoir soin de qqn, de qqch, s'en occuper. *Soigner ses invités. Soigner sa santé.* **2.** Procurer les soins nécessaires à la guérison de qqn. **3.** Apporter de l'application à qqch. *Soigner son style.*

SOIGNEUR n.m. Personne qui prend soin de l'état physique d'un athlète, d'un boxeur.

SOIGNEUSEMENT adv. Avec soin.

SOIGNEUX, EUSE adj. **1.** Qui montre du soin, de l'application. **2.** Qui prend soin des objets, veille à leur état, ne les abîme pas. ◇ ***Soigneux de*** : qui se soucie de, veille à préserver qqch. *Être soigneux de sa réputation.* **3.** Qui est fait, exécuté de façon sérieuse, méthodique. *De soigneuses recherches ont conduit à cette conclusion.*

SOIN n.m. (du francique). **1.** Attention, application portée à qqch. *Objet travaillé avec soin.* ◇ ***Avoir, prendre soin de*** : être attentif à, veiller sur. **2.** Charge, devoir de veiller à qqch. *Confier à qqn le soin de ses affaires.* ◇ ***Aux bons soins de*** : formule inscrite sur une lettre pour demander au destinataire de la faire parvenir à une seconde personne. **3.** Produit cosmétique. ◆ pl. **1.** Moyens par lesquels on s'efforce de rendre la santé à un malade. ◇ ***Soins intensifs*** : ensemble de soins faisant intervenir du matériel et du personnel spécialisés ; réanimation. **2.** *Fam.* ***Être aux petits soins pour qqn,*** avoir pour lui des attentions délicates.

SOIR n.m. (du lat. *sero,* tard). Moment du déclin, de la fin du jour. *Le soir tombe.* ◆ adv. En soirée. *Tous les dimanches soir.*

SOIRÉE n.f. **1.** Espace de temps depuis le déclin du jour jusqu'au moment où l'on se couche. **2.** Fête, réunion dans la soirée, pour causer, jouer, etc. *Une soirée dansante.* ◇ ***Tenue de soirée,*** très habillée. **3.** Spectacle donné dans la soirée (par oppos. à *matinée*).

1. SOIT [swa] ([swat] devant une voyelle ou un mot pris adverbialement) conj. (lat. *sit*). **1.** Expose les données d'un problème ; étant donné. *Soit* ou *soient deux parallèles.* **2.** Introduit une explication, une précision ; c'est-à-dire, à savoir. *Il a perdu une forte somme, soit un million.* **3.** ***Soit..., soit...*** : marque une alternative ; ou bien... ou bien... *Soit l'une, soit l'autre.* **4.** ***Un tant soit peu*** : si peu que ce soit, très peu. ◆ **soit que** loc. conj. (Suivi du subj.) Indique une alternative. *Soit que vous restiez, soit que vous partiez.*

2. SOIT [swat] adv. Marque l'approbation ; d'accord, admettons. *Soit, j'accepte. Il est un peu maladroit, soit.*

SOIT-COMMUNIQUÉ n.m. inv. DR. *Ordonnance de soit-communiqué,* par laquelle un juge d'instruction communique le dossier de sa procédure au procureur de la République, pour que celui-ci prenne ses réquisitions.

SOIXANTAINE n.f. **1.** Groupe de soixante unités ou environ. **2.** Âge d'à peu près soixante ans.

SOIXANTE [swasɑ̃t] adj. num. et n.m. inv. (lat. *sexaginta*). **1.** Six fois dix. **2.** Soixantième. *Page soixante.*

SOIXANTE-DIX adj. num. et n.m. inv. Sept fois dix.

SOIXANTE-DIXIÈME adj. num. ord. et n. Qui occupe un rang marqué par le nombre soixante-dix.

SOIXANTE-HUITARD, E adj. et n. (pl. *soixante-huitards, es*). *Fam.* Qui concerne les événements de mai 1968, en France ; qui a participé à ces événements, est resté marqué par leur esprit.

SOIXANTIÈME adj. num. ord. et n. Qui occupe un rang marqué par le nombre soixante.

SOJA n.m. (mot mandchou). **1.** Légumineuse ressemblant au haricot, cultivée pour ses graines qui fournissent une huile alimentaire et un tourteau très utilisé dans l'alimentation animale. (Nom sc. *Soja hispida ;* famille des papilionacées.) **2.** ***Germe de soja*** : jeune pousse issue de la graine du mungo, que l'on consomme crue en salade ou cuite.

■ **SOJA**

1. SOL n.m. (lat. *solum,* base). **1.** Terre considérée quant à sa nature ou à ses qualités productives. *Sol calcaire. Sol fertile.* – PÉDOL. Formation naturelle superficielle, meuble, de l'écorce terrestre, résultant de la transformation, au contact de l'atmosphère et des êtres vivants, de la roche-mère sous-jacente, sous l'influence de processus physiques, chimiques et biologiques. **2.** Surface de la terre, aménagée ou non. *L'avion s'est écrasé au sol.* ◇ AÉRON. ***Effet de sol*** : modification du champ aérodynamique d'un avion, provoquée par la proximité d'une surface plane. (Affectant essentiellement les caractéristiques de l'aile lors de la phase d'atterrissage, il se traduit génér. par une augmentation de portance.) **3.** Terrain sur lequel on bâtit, on marche. ◇ ***Plan d'occupation des sols (POS)*** : document d'urbanisme qui fixe les conditions et les servitudes relatives à l'utilisation des sols. – ***Coefficient d'occupation des sols (COS)*** : coefficient qui détermine pour chaque nature de construction, dans le cadre d'un POS, la densité de construction autorisée. – ***Mécanique des sols*** : branche de la mécanique générale étudiant tous les problèmes de fondations dans les travaux publics et le génie civil. **4.** Surface formant le plancher d'une habitation, d'une pièce, etc. *Sol d'une cave. Sol carrelé.* ◇ ***Exercices au sol,*** ou ***sol*** : discipline de la gymnastique artistique consistant en un enchaînement de mouvements et de sauts acrobatiques réalisé sur un praticable. **5.** ***Droit du sol*** : détermination de la nationalité d'après le lieu de naissance de l'individu (par oppos. à ***droit du sang***).

2. SOL n.m. (de *solution*). Dispersion colloïdale de particules dans un gaz (aérosol) ou dans un liquide.

3. SOL n.m. inv. Note de musique, cinquième degré de la gamme de *do.*

4. SOL n.m. Unité monétaire principale du Pérou.

5. SOL n.m. Anc. Sou.

SOLAIRE adj. **1.** Relatif au Soleil. *Rayonnement solaire. Année solaire.* ◇ ***Vent solaire*** : flux de particules chargées émis en permanence par le Soleil. – ***Système solaire*** : ensemble du Soleil et des astres qui gravitent autour de lui. **2.** Qui fonctionne grâce à l'énergie fournie par le Soleil ; relatif à l'énergie fournie par le Soleil. *Capteur solaire. Centrale solaire.* – Se dit de l'habitat conçu de façon que le chauffage et la production d'énergie soient assurés, en tout ou partie, par captage de l'énergie solaire. ◇ CLIMATOL. ***Constante solaire*** : flux d'énergie solaire reçu par unité de surface, perpendiculairement au rayonnement incident, à la limite supérieure de l'atmosphère, lorsque la Terre est à une distance moyenne du Soleil. (Valeur moyenne : env. 1 370 W/m^2.) **3.** Qui protège du soleil. *Crème solaire.* **4.** ANAT. *Plexus solaire* → **plexus.** **5.** MÉTÉOROL. ***Brise solaire*** : petite brise se levant et se couchant avec le soleil. ◆ n.m. Ensemble des techniques, des industries qui mettent en œuvre l'énergie solaire.

ENCYCL. En dehors du Soleil lui-même, le *système solaire* comprend neuf planètes principales, des milliers d'astéroïdes, des comètes, des météorites et des poussières interplanétaires. Les planètes principales se concentrent autour du Soleil dans un disque d'environ 6 milliards de kilomètres de rayon (40 fois la distance moyenne de la Terre au Soleil), mais l'on présume qu'il existe une zone peuplée d'astéroïdes et de noyaux cométaires au-delà de l'orbite de Neptune, jusqu'à quelques centaines d'unités astronomiques de distance du Soleil, et une vaste concentration de noyaux cométaires *(nuage de Oort)* à des distances du Soleil comprises entre 40 000 et 100 000 fois celle de la Terre au Soleil. *(V. ill. page suivante).*

■ **SOLAIRE.** Conversion de l'énergie solaire en eau chaude par l'intermédiaire de capteurs (Dakota du Sud, États-Unis).

SOLANACÉE n.f. (lat. *solanum,* morelle). Plante dicotylédone gamopétale, dont de nombreuses espèces sont cultivées (pomme de terre, tomate, tabac, pétunia, belladone, datura, etc.). [Les solanacées forment une famille.]

SOLARIUM [sɔlarjɔm] n.m. (mot lat.). **1.** Établissement où l'on traite les affections de la peau par la lumière solaire. **2.** Emplacement aménagé pour les bains de soleil.

SOLDANELLE n.f. (anc. provenç. *soltz,* viande à la vinaigrette). Petite plante des massifs montagneux de l'Europe, aux feuilles longuement pétiolées, aux fleurs violettes en cloches pendantes très frangées. (Genre *Soldanella ;* famille des primulacées.)

SOLDAT n.m. (ital. *soldato,* de *soldare,* prendre à sa solde). **1.** Homme équipé et instruit par l'État pour la défense du pays. ◇ ***Soldat de 2e classe*** : premier grade de la hiérarchie des militaires du rang, dans les armées de terre et de l'air. – ***Soldat de 1re classe*** : soldat titulaire d'une distinction en raison de sa conduite. – *Fam.* ***Jouer au petit soldat*** : adopter une attitude téméraire. **2.** ENTOMOL. Dans les sociétés de fourmis et de termites, individu adulte stérile, à tête très développée, chargé exclusivement de la défense de la communauté. **3.** ENTOMOL. Pyrrhocoris.

SOLDATE n.f. *Fam.* Femme soldat.

SOLDATESQUE adj. Qui a la rudesse du soldat. *Manières soldatesques.* ◆ n.f. *La soldatesque :* les soldats en général, considérés comme indisciplinés, brutaux.

1. SOLDE n.f. (ital. *soldo,* pièce de monnaie). Traitement des militaires et de certains fonctionnaires assimilés. – Afrique. Salaire, paie. ◇ *Péjor. Être à la solde de qqn,* être payé pour défendre ses intérêts.

2. SOLDE n.m. (de *solder*). **1.** Différence entre le débit et le crédit d'un compte. **2.** Reliquat d'une somme à payer. ◇ ***Pour solde de tout compte :*** formule marquant qu'un paiement solde un compte, et destinée à prévenir toute contestation ultérieure. **3.** Vente de marchandises à prix réduit pour cause de dépréciation, liquidation, etc., ou à certaines époques de l'année. – (Souvent au pl.) Ces marchandises elles-mêmes. **4.** DÉMOGR. ***Solde migratoire :*** bilan entre les mouvements d'immigration et d'émigration dans une région, un État. – ***Solde naturel :*** bilan entre les naissances et les décès dans une région, un État.

SOLDER v.t. (ital. *saldare*). **1.** Acquitter une dette, régler un compte. *Solder un mémoire.* **2.** Vendre des marchandises en solde. **3.** Afrique. Donner un salaire à. ◆ **se solder** v.pr. (par). Avoir pour résultat. *Se solder par un échec.*

SOLDERIE n.f. Magasin spécialisé dans la vente de marchandises soldées.

SOLDEUR, EUSE n. Commerçant qui achète des marchandises dépréciées pour les revendre.

1. SOLE n.f. (anc. provenç. *sola,* du lat. *solea,* sandale). Poisson marin plat, à chair ferme et délicate, qui vit couché sur le flanc gauche, dans les fonds sablonneux. (Genre *Solea ;* ordre des pleuronectiformes, famille des soléidés.)

2. SOLE n.f. (lat. *solea,* sandale, avec infl. de *solum,* base). **1.** Partie des terres labourables d'une exploitation, affectée à l'une des cultures de l'assolement. **2.** Plaque cornée formant le dessous du sabot d'un ongulé. **3.** ANAT. ***Sole pédieuse :*** pied des mollusques gastéropodes. **4.** Pièce horizontale de la charpente soutenant le bâti d'une machine. SYN. : *semelle.* **5.** Fond d'un bateau plat. **6.** Partie d'un four sur laquelle on place les produits à traiter. **7.** MIN. Partie inférieure d'une galerie ; terrain qui est sous la galerie.

SOLÉAIRE adj. et n.m. (de *2. sole*). ANAT. Se dit d'un muscle de la face postérieure de la jambe.

SOLÉCISME n.m. (de *Soloi,* v. de Cilicie où l'on parlait un grec incorrect). Construction syntaxique s'écartant de la forme grammaticale admise. (Ex. : *quoiqu'il est tard* pour *quoiqu'il soit tard.*)

SOLEIL n.m. (lat. *sol, solis*). **1.** (Avec une majuscule.) Étoile autour de laquelle gravite la Terre. ◇ ***L'empire du Soleil levant :*** le Japon. **2.** Étoile quelconque. *Il y a des milliards de soleils dans chaque galaxie.* **3.** Lumière, chaleur, rayonnement du Soleil ; temps ensoleillé. ◇ ***Avoir du bien, des biens au soleil :*** avoir une, des propriétés immobilières, du terrain. – ***Sous le soleil :*** sur la terre, dans notre monde. *Rien de nouveau sous le soleil.* **4.** *Litt.* Symbole de ce qui brille, de la bienfaisance ou du pouvoir éclatant, de l'influence rayonnante de. ◇ ***Le Roi-Soleil :*** Louis XIV. **5.** BOT. Tournesol. **6.** Tour complet exécuté en arrière autour d'une barre fixe, en gymnastique. **7.** Pièce d'artifice tournante, qui jette des feux évoquant les rayons du Soleil.

ENCYCL. Le Soleil est une étoile dont l'énergie provient des réactions thermonucléaires de fusion de l'hydrogène en hélium. Sa température superficielle moyenne est estimée à 5 800 K. La surface lumineuse habituellement visible, ou photosphère, présente l'aspect d'un réseau à mailles irrégulières, formé par une multitude de cellules de convection, appelées *granules,* en perpétuelle évolution. Cette couche, d'environ 100 km d'épaisseur, est le siège de taches sombres d'une très grande diversité de forme et d'étendue, qui correspondent à des zones plus froides associées à un champ magnétique intense. On y observe également des facules brillantes qui sont les traces sur la photosphère de structures situées dans une couche plus élevée, la chromosphère, siège des protubérances. Au-delà de la chromosphère, épaisse d'environ 5 000 km, l'atmosphère solaire se prolonge par la couronne, qui s'étend dans l'espace jusqu'à des millions de kilomètres. Le globe solaire limité par la photosphère a un rayon égal à 696 000 km, soit environ 109 fois le rayon équatorial de la Terre. Sa densité moyenne n'est que de 1,41, de sorte que sa masse est seulement 333 000 fois celle de la Terre, pour un volume 1 300 000 fois plus important. La distance moyenne de la Terre au Soleil est voisine de 150 millions de km : le rayonnement solaire met env. 8 minutes pour nous parvenir.

■ SOLE

SOLEN [sɔlɛn] n.m. (gr. *sôlên,* canal). Couteau (mollusque).

SOLENNEL, ELLE [sɔlanɛl] adj. (lat. *solemnis*). **1.** Qui est célébré avec éclat, revêt un caractère majestueux, public. *Des obsèques solennelles.* **2.** Qui présente une gravité, une importance particulière par sa nature ou du fait des circonstances ; officiel. *Faire une déclaration solennelle.* **3.** Qui est empreint d'une gravité souvent affectée, qui prend des airs d'importance ; pompeux, sentencieux. *Ton solennel.* **4.** DR. ***Acte solennel :*** acte dont la validité est subordonnée à l'accomplissement de formalités légales déterminées.

SOLENNELLEMENT [-la-] adv. De façon solennelle.

SOLENNISER [-la-] v.t. Célébrer publiquement et avec pompe.

SOLENNITÉ [-la-] n.f. (bas lat. *solemnitas*). **1.** Caractère de ce qui est solennel. *La solennité d'une réception.* **2.** Fête solennelle ; cérémonie de caractère officiel. *La solennité de Pâques.* **3.** *Litt.* Caractère de ce qui est empreint d'une gravité majestueuse. *Parler avec solennité.* **4.** DR. Formalité qui accompagne les actes solennels.

SOLÉNOÏDAL, E, AUX adj. Relatif au solénoïde.

SOLÉNOÏDE n.m. (gr. *sôlên,* canal, et *eidos,* forme). ÉLECTROMAGN. Fil métallique enroulé en hélice sur un cylindre, et qui, parcouru par un courant, crée un champ magnétique comparable à celui d'un aimant droit.

SOLERET n.m. (anc. fr. *soler,* soulier). Partie de l'armure qui protégeait le pied.

SOLEX n.m. (de *Vélosolex,* nom déposé). Cyclomoteur de conception simple, commercialisé à partir de 1946.

SOLFATARE n.f. (ital. *solfatara,* soufrière). Lieu de dégagement, dans un volcan, d'une fumerolle avec dépôt de soufre.

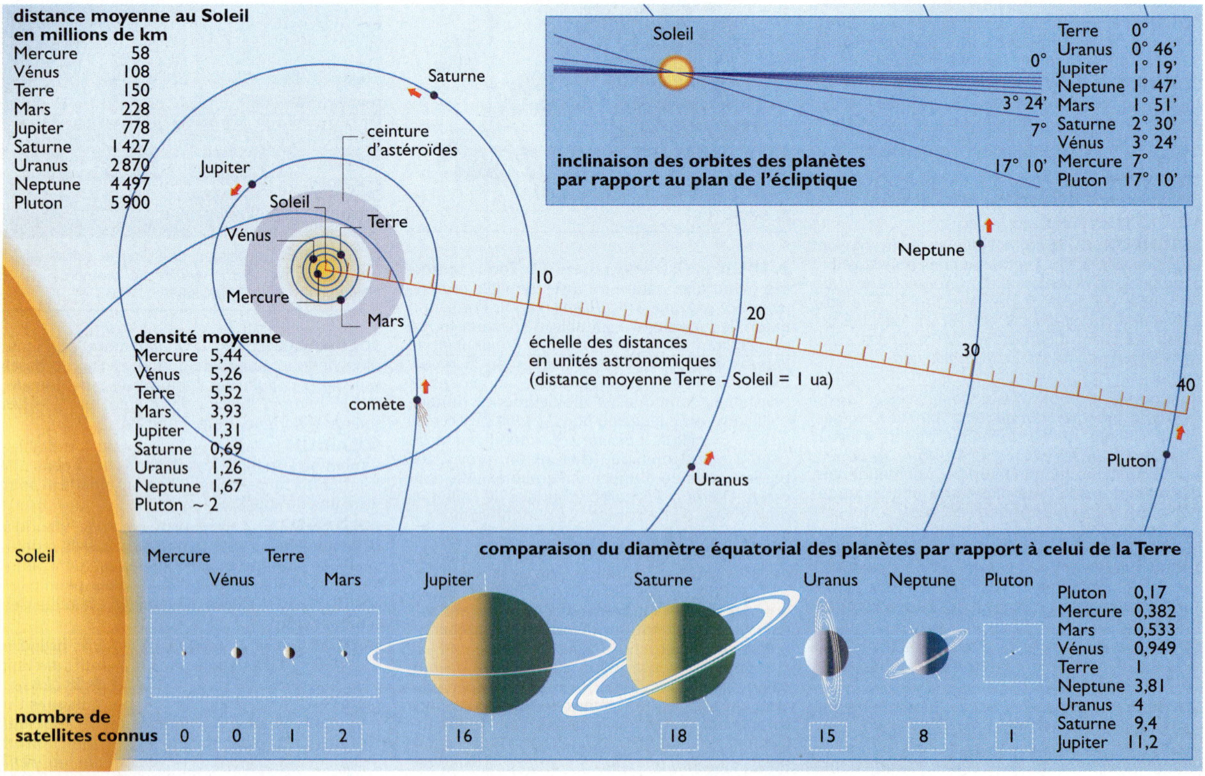

■ SYSTÈME **SOLAIRE.** Disposition des orbites et quelques caractéristiques des planètes principales du système solaire.

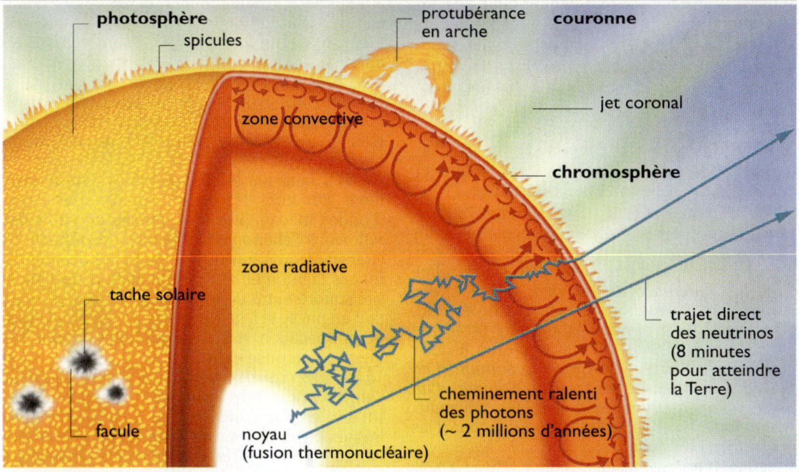

■ **SOLEIL.** Structure du Soleil.

SOLFÈGE n.m. (ital. *solfeggio*). **1.** Discipline qui permet d'apprendre les signes de la notation musicale et de reconnaître les sons qu'ils représentent. **2.** Recueil d'exercices musicaux aux difficultés de déchiffrage progressives.

SOLFIER v.t. [5]. Chanter un morceau de musique en nommant les notes.

SOLICITOR n.m. (mot angl.). Homme de loi britannique dont les fonctions s'apparentent à celles de l'avoué et du notaire français.

SOLIDAGO n.m. (lat. sc. *solidago*). Plante d'origine nord-américaine, dont une espèce à fleurs jaunes, la verge d'or, est cultivée pour l'ornement. (Famille des composées.)

SOLIDAIRE adj. (du lat. *in solidum*, pour le tout). **1.** Qui est ou s'estime lié à qqn d'autre ou à un groupe par une responsabilité commune, des intérêts communs. **2.** DR. **a.** Se dit des personnes qui répondent juridiquement les unes des autres. **b.** Se dit des débiteurs ou des créanciers unis par les liens de la solidarité. *Caution solidaire.* **3.** Se dit de choses qui dépendent l'une de l'autre. *Ces deux questions sont solidaires.*

SOLIDAIREMENT adv. D'une façon solidaire.

SOLIDARISER v.t. **1.** Constituer la réunion, la jonction entre des pièces, des parties de mécanisme. **2.** Rendre solidaires des personnes. *Solidariser une équipe.* ◆ **se solidariser** v.pr. (**avec**). Se déclarer solidaire de.

SOLIDARITÉ n.f. **1.** Dépendance mutuelle entre les hommes. ◇ *Solidarité ministérielle :* principe voulant que chacun des ministres soit responsable devant le Parlement des décisions prises collégialement par le gouvernement dont il fait partie. **2.** Sentiment qui pousse les hommes à s'accorder une aide mutuelle. **3.** DR. Modalité d'une obligation à pluralité d'acteurs où, selon l'obligation, chacun des créanciers peut demander au débiteur le paiement du tout *(solidarité active)* ou bien chacun des débiteurs peut être tenu du tout à l'égard du créancier *(solidarité passive).*

1. SOLIDE adj. (lat. *solidus*, compact). **1.** Qui présente une consistance relativement ferme (par oppos. à *fluide*, à *liquide*). *La lave devient solide en se refroidissant. Nourriture solide.* — PHYS. Relatif à un solide. **2.** Capable de durer, de résister ; résistant, ferme. *Un tissu solide.* **3.** Difficile à briser ; indestructible, stable. *De solides liens d'amitié.* **4.** Qui est bien établi, sur lequel on peut se fonder ; sûr, sérieux. *De solides raisons.* **5.** *Fam.* Substantiel. *Un solide coup de fourchette.* **6.** GÉOMÉTR. *Angle solide :* ensemble formé par toutes les demi-droites de même origine (sommet de l'angle) s'appuyant sur un contour donné. **7.** Qui a de la résistance ; robuste, vigoureux. *C'est un solide gaillard. Avoir l'esprit solide, les nerfs solides.* ◆ n.m. **1.** Nourriture à base d'aliments solides. *Manger du solide.* **2.** *Fam. C'est du solide :* il s'agit d'une chose sérieuse, importante, digne de considération.

2. SOLIDE n.m. **1.** MATH. Ensemble de points dont les distances mutuelles restent invariables. **2.** PHYS. État de la matière dans lequel les atomes oscillent autour de positions fixes ayant une distribution soit arbitraire *(solides amorphes)*, soit ordonnée *(solides cristallisés)* ; corps parfaitement rigide qui se trouve dans cet état.

SOLIDEMENT adv. De façon solide.

SOLIDIFICATION n.f. Passage d'un corps de l'état liquide ou gazeux à l'état solide. SYN. : *congélation.*

SOLIDIFIER v.t. [5]. Faire passer à l'état solide. ◆ **se solidifier** v.pr. Devenir solide.

SOLIDITÉ n.f. Qualité de ce qui est solide.

SOLIFLORE n.m. (lat. *solus*, seul, et *flor*, fleur). Vase destiné à ne contenir qu'une seule fleur.

SOLIFLUXION n.f. (lat. *solum*, sol, et *fluctio*, écoulement). GÉOMORPH. Glissement en masse, sur un versant, de la partie superficielle du sol gorgée d'eau, qui se produit surtout dans les régions froides lors du dégel.

SOLILOQUE n.m. (lat. *solus*, seul, et *loqui*, parler). **1.** Discours de qqn qui se parle à lui-même. **2.** Discours de qqn qui, en compagnie, est seul à parler.

SOLILOQUER v.i. Se parler à soi-même.

SOLIN n.m. (de *2. sole*). CONSTR. Couvre-joint formé de mortier, de tuiles, d'ardoises, etc., pour garnir la jonction de deux plans, calfeutrer un vide, assurer l'étanchéité.

SOLIPSISME n.m. (lat. *solus*, seul, et *ipse*, soi-même). PHILOS. Conception selon laquelle le moi, avec ses sensations et ses sentiments, constituerait la seule réalité existante.

SOLISTE n. Artiste qui exécute un solo.

1. SOLITAIRE adj. et n. (lat. *solitarius*, de *solus*, seul). Qui aime la solitude ; qui vit, agit seul. *Navigateur solitaire.* ◆ adj. **1.** Qui est placé dans un lieu écarté ; désert. *Hameau solitaire.* **2.** Qui se fait, qui se passe dans la solitude.

2. SOLITAIRE n.m. **1.** Vieux sanglier qui s'est séparé des compagnies et vit solitaire. **2.** Diamant taillé en brillant monté seul, le plus souvent sur une bague. **3.** Jeu de combinaisons, à un seul joueur, composé d'une tablette percée de 37 trous dans lesquels se logent des fiches.

SOLITAIREMENT adv. De façon solitaire.

SOLITUDE n.f. (lat. *solitudo*, de *solus*, seul). État d'une personne seule, retirée du monde ; isolement.

SOLIVE n.f. (de *2. sole*). Pièce de charpente horizontale supportant un plancher et reposant sur des poutres, ou appuyée sur des saillies dans le mur.

SOLIVEAU n.m. Petite solive.

SOLLICITATION n.f. (Surtout pl.) **1.** Prière, démarche instante en faveur de qqn. **2.** Action de solliciter un appareil, un mécanisme, etc.

SOLLICITER v.t. (lat. *sollicitare*, agiter). **1.** Demander avec déférence. *Solliciter une audience.* **2.** Faire appel à qqn. *On m'a sollicitée pour cette œuvre de charité.* **3.** Mettre en éveil ; attirer, provoquer. *Solliciter l'attention des spectateurs.* **4.** Faire fonctionner un appareil, un mécanisme, etc.

SOLLICITEUR, EUSE n. Personne qui sollicite une place, une grâce, une faveur.

SOLLICITUDE n.f. (lat. *sollicitudo*). Attitude de soins attentifs, affectueux.

SOLO n.m. [pl. *solos* ou *soli*] (mot ital., *seul*). **1.** MUS. Morceau joué ou chanté par un seul artiste, que les autres accompagnent. **2.** DANSE. Partie d'un ballet ou pièce dansée, exécutée par un seul artiste. **3.** *En solo :* exécuté par une personne seule. *Escalade en solo.* ◆ adj. **1.** Qui joue seul. *Violon solo.* **2.** *Spectacle solo,* ou *solo,* n.m. : recomm. off. pour *one-man-show.*

SOLOGNOT, E adj. et n. De la Sologne.

SOLSTICE n.m. (lat. *solstitium*, de *sol*, soleil, et *stare*, s'arrêter). **1.** Époque de l'année où le Soleil, dans son mouvement apparent sur l'écliptique, atteint sa plus forte déclinaison boréale ou australe, et qui correspond à une durée du jour maximale, ou minimale (le 21 ou le 22 juin, début de l'été, et le 21 ou le 22 décembre, début de l'hiver [dans l'hémisphère Nord]). **2.** Point correspondant de la trajectoire apparente du Soleil sur l'écliptique.

SOLSTICIAL, E, AUX adj. Relatif aux solstices.

SOLUBILISATION n.f. Action de solubiliser.

SOLUBILISER v.t. Rendre soluble.

SOLUBILITÉ n.f. Qualité de ce qui est soluble.

SOLUBLE adj. (lat. *solubilis*, de *solvere*, dissoudre). **1.** Qui peut être dissous dans un solvant. *Un précipité soluble dans l'alcool.* **2.** Qui peut être résolu. *Problème soluble.*

SOLUTÉ n.m. **1.** Vieilli. Solution aqueuse pouvant contenir un médicament. *Soluté buvable.* **2.** CHIM. Corps dissous.

SOLUTION n.f. **1.** Résolution d'une difficulté, réponse à une question, à un problème. *La solution d'un rébus.* ◇ ALGÈBRE. *Solution d'une équation :* élément d'un ensemble donné pour lequel une équation est satisfaite. **2.** Action de se terminer ; dénouement, conclusion. *Affaire qui demande une prompte solution.* **3.** HIST. *Solution finale :* dans la terminologie nazie, politique d'extermination des Juifs mise en œuvre à partir de 1941. **4.** CHIM., PHYS. Mélange homogène, présentant une seule phase, de deux ou plusieurs corps. — *Spécial.* Liquide contenant un corps dissous. *Une solution acide.* ◇ *Solution solide :* mélange formé par la dissolution, dans un réseau cristallin métallique, d'atomes d'un second élément ; minéral homogène de composition et de propriétés intermédiaires entre plusieurs constituants purs. (Les grenats sont en fait des solutions solides entre trois pôles minéraux.)

SOLUTIONNER v.t. (Emploi critiqué). Donner une solution à ; résoudre. *Solutionner un problème.*

SOLUTRÉEN n.m. (de *Solutré-Pouilly*, en Saône-et-Loire). Faciès culturel du paléolithique supérieur (de – 20 000 à – 15 000) où apparaissent des pièces lithiques en forme de feuilles, retouchées sur les deux faces de manière plate et courante, dites *feuilles de saule* ou *feuilles de laurier.* (L'art se développe avec des bas-reliefs sculptés, comme au Roc de Sers, en Charente.) ◆ **solutréen, enne** adj. Du solutréen.

SOLVABILITÉ n.f. Fait d'être solvable.

SOLVABLE adj. (du lat. *solvere*, payer). Qui a les moyens de payer ses créanciers.

SOLVANT n.m. (du lat. *solvere*, dissoudre). Liquide capable de dissoudre un corps et qui sert aussi comme diluant ou dégraissant. (L'eau est un solvant. Les solvants organiques sont soit non polaires [hydrocarbures], soit polaires [acétone].)

SOLVATATION n.f. Formation d'un cortège de molécules de solvant autour d'un soluté.

SOLVATE n.m. Combinaison chimique d'un corps dissous avec son solvant.

SOMA n.m. (gr. *sôma*, corps). BIOL. Ensemble des cellules non reproductrices des êtres vivants (par oppos. à *germen*).

SOMALI, E adj. et n. Qui se rapporte aux Somali, appartient à ce peuple. ◆ n.m. Langue couchitique parlée en Somalie.

SOMALIEN, ENNE adj. et n. De la Somalie, de ses habitants.

SOMATIQUE adj. (du gr. *sôma, sômatos*, corps). **1.** Qui concerne le corps (par oppos. à *psychique*). **2.** BIOL. Relatif au soma. **3.** *Système nerveux somatique* → **nerveux.**

SOMATISATION n.f. PSYCHOL. Traduction d'un conflit psychique en affection somatique.

SOMATISER v.t. Opérer une somatisation. *Somatiser son angoisse, un conflit.*

SOMATOTROPE adj. PHYSIOL. Se dit d'une hormone de l'hypophyse nécessaire à la croissance.

SOMATOTROPHINE n.f. Hormone somatotrope.

SOMBRE adj. (du bas lat. *subumbrare*). **1.** Peu éclairé. *Maison sombre.* **2.** Mêlé de noir ; foncé. *Couleur sombre.* **3.** Qui fait preuve de mélancolie ; taciturne, morne. *Caractère sombre.* **4.** Qui ne laisse place à aucun espoir ; inquiétant. *Sombre avenir.* **5.** Renforce un terme péjoratif ou injurieux. *Une sombre brute.*

SOMBRER v.i. **1.** Être englouti dans l'eau ; couler. *Navire qui sombre.* **2.** Être anéanti ; se perdre dans. *Sombrer dans la misère.*

SOMBRERO [sɔ̃brero] n.m. (mot esp.). Chapeau à larges bords, dans les pays hispaniques.

SOMESTHÉSIE n.f. (gr. *sôma*, corps, et *aisthêsis*, sensation). PHYSIOL. Ensemble des perceptions sensorielles conscientes qui prennent leur origine dans la peau, les viscères, les muscles et les articulations.

SOMITE n.m. (du gr. *sôma*, corps). EMBRYOL. Métamère.

1. SOMMAIRE adj. (lat. *summarium*, abrégé). **1.** Exposé en peu de mots ; succinct. *Analyse sommaire.* **2.** Qui est réduit à sa forme la plus simple. *Repas sommaire. Examen sommaire.* **3.** *Exécution sommaire*, faite sans jugement préalable.

S

2. SOMMAIRE n.m. **1.** Analyse abrégée d'un ouvrage. **2.** Liste des chapitres d'un ouvrage.

SOMMAIREMENT adv. De façon sommaire ; brièvement, simplement.

1. SOMMATION n.f. **1.** DR. Acte d'huissier mettant en demeure qqn de payer ou de faire qqch. **2.** MIL. Appel réglementaire (« Halte ! », « Halte ou je fais feu ! ») lancé par une sentinelle, un représentant qualifié de la force publique, enjoignant à une ou à plusieurs personnes de s'arrêter.

2. SOMMATION n.f. **1.** MATH. Opération par laquelle on fait la somme de plusieurs quantités. ◇ *Symbole de sommation :* lettre grecque Σ, utilisée pour noter la somme finie ou infinie d'une suite de termes. **2.** PHYSIOL. Renforcement de l'activité d'un neurone ou de la contraction d'un muscle, produit par une augmentation de la fréquence ou du nombre des excitations.

1. SOMME n.f. (lat. *summa*, de *summus*, qui est au point le plus haut). **1.** Résultat d'une addition. **2.** *Somme de deux éléments* a *et* b : image du couple (a, b) par une opération appelée *addition. Somme de deux vecteurs. Somme de deux nombres.* – *Somme d'une série convergente* (u_n) : nombre S vers lequel converge la suite (S_n) définie par la somme des *n* premiers termes de (u_n). – *Somme logique :* ensemble de l'extension de deux ou de plusieurs concepts. **3.** Ensemble de choses qui s'ajoutent. ◇ *Somme toute, en somme :* enfin ; en résumé. **4.** Quantité déterminée d'argent. *Une jolie somme.* **5.** Œuvre, ouvrage importants qui font la synthèse des connaissances dans un domaine.

2. SOMME n.f. (lat. *sagma*, bât, charge). *Bête de somme :* animal employé à porter des fardeaux ; *fam.*, personne accablée de travail, de corvées.

3. SOMME n.m. (lat. *somnus*, sommeil). Action de dormir pour un temps relativement court. *Faire un somme.*

SOMMEIL n.m. (lat. *somnus*). **1.** État de qqn qui dort ; état physiologique périodique de l'organisme (notamm. du système nerveux) pendant lequel la vigilance est suspendue et la réactivité aux stimulations amoindrie. (On distingue une phase de *sommeil lent*, profond et réparateur, et une phase de *sommeil paradoxal*, caractérisé par le rêve.) ◇ Vieilli. *Cure de sommeil :* traitement des troubles psychiques par des médicaments provoquant un sommeil plus ou moins profond. – *Maladie du sommeil :* maladie contagieuse due à un flagellé, le trypanosome, transmis par un insecte piqueur, la glossine ou mouche tsé-tsé. (La maladie sévit en Afrique tropicale et équatoriale.) **2.** Envie de dormir. *Avoir sommeil.* **3.** État momentané d'inertie, d'inactivité. *Mettre qqch en sommeil.* **4.** *Litt. Le sommeil éternel :* la mort.

SOMMEILLER v.i. **1.** Dormir d'un sommeil léger. **2.** Exister à l'état latent. *Passions qui sommeillent.*

SOMMELIER, ÈRE n. (anc. provenç. *saumalier*, conducteur de bêtes de somme). Personne chargée du service des vins et des liqueurs, dans un restaurant.

SOMMELIÈRE n.f. Suisse. Serveuse dans un café, un restaurant.

SOMMELLERIE n.f. Fonction du sommelier.

1. SOMMER v.t. (lat. *summare*). **1.** DR. Faire une sommation. **2.** Signifier à qqn qu'il a à faire qqch ; demander impérativement. *Je vous somme de vous taire.*

2. SOMMER v.t. MATH. Faire la somme de.

3. SOMMER v.t. (de l'anc. fr. *som*, sommet). ARCHIT. Orner le sommet de ; couronner.

SOMMET n.m. (anc. fr. *som*, sommet, du lat. *summum*, point le plus élevé). **1.** La partie la plus élevée ; le haut. *Le sommet d'une montagne.* **2.** Degré suprême d'une hiérarchie, point culminant. **3.** *Conférence au sommet*, ou *sommet :* conférence internationale réunissant les dirigeants des pays concernés par un problème particulier. **4.** GÉOMÉTR. Point commun à deux côtés consécutifs d'un polygone. ◇ *Sommet d'un polyèdre*, sommet de ses faces. – *Sommet d'un angle*, point commun aux deux côtés de l'angle. – *Sommet d'un cône*, point commun à toutes les génératrices du cône.

1. SOMMIER n.m. (bas lat. *sagma*, bât). **1.** Châssis plus ou moins souple (par ex. à ressorts ou à lattes) qui, dans un lit, supporte le matelas. **2.** ARCHIT. Claveau qui se pose le premier dans la construction d'un arc ou d'une voûte, sur les piédroits. **3.** Traverse métallique maintenant les barreaux d'une grille. **4.** Caisse en bois contenant l'air sous pression, dans un orgue.

2. SOMMIER n.m. (de *1. somme*). **1.** Anc. Registre utilisé par certains comptables ou économes. **2.** *Sommier de police :* fichier centralisant le relevé de toutes les condamnations à une peine privative de liberté pour crime ou délit.

SOMMITAL, E, AUX adj. Relatif au sommet.

SOMMITÉ n.f. **1.** Personne éminente dans un domaine quelconque. *Un congrès qui réunit les sommités de la médecine.* **2.** BOT. Extrémité d'une tige garnie de petites fleurs groupées (inflorescence complexe).

SOMNAMBULE adj. et n. (lat. *somnus*, sommeil, et *ambulare*, marcher). Atteint de somnambulisme.

SOMNAMBULIQUE adj. Relatif au somnambulisme.

SOMNAMBULISME n.m. Série de mouvements, d'actes automatiques et inconscients se produisant pendant le sommeil, et dont aucun souvenir ne reste au réveil.

SOMNIFÈRE adj. et n.m. (lat. *somnus*, sommeil, et *ferre*, porter). Hypnotique.

SOMNILOQUIE [-ki] n.f. (lat. *somnus*, sommeil, et *loqui*, parler). Émission de sons plus ou moins bien articulés durant le sommeil.

SOMNOLENCE n.f. (lat. *somnolentia*). **1.** MÉD. État de sommeil léger, normal ou pathologique. **2.** Manque d'activité ; mollesse.

SOMNOLENT, E adj. Qui a rapport à la somnolence ; qui somnole. *État somnolent.*

SOMNOLER v.i. Être en état de somnolence.

SOMONI n.m. Unité monétaire principale du Tadjikistan.

SOMPTUAIRE adj. (lat. *sumptuarius*). **1.** HIST. *Loi somptuaire*, qui avait pour objet de restreindre et de réglementer les dépenses de luxe, notamm. dans l'Antiquité romaine. **2.** *Dépenses somptuaires :* dépenses à caractère luxueux effectuées par les entreprises et sans lien apparent avec l'activité professionnelle (dépenses de chasse, de plaisance, etc.). **3.** *Arts somptuaires :* arts décoratifs de luxe.

SOMPTUEUSEMENT adv. Avec somptuosité.

SOMPTUEUX, EUSE adj. (lat. *sumptuosus*, de *sumptus*, dépense). Dont la magnificence suppose une grande dépense. *Cadeau somptueux.*

SOMPTUOSITÉ n.f. Caractère de ce qui est somptueux ; magnificence.

1. SON, SA adj. poss. [pl. *ses*] (lat. *suus*). Représente un possesseur de la 3ᵉ pers. du sing., celui, celle, ce dont on parle, pour indiquer un rapport d'appartenance, un rapport d'ordre affectif ou social. *Son livre. Sa sœur. Son Altesse. Une lampe et son ampoule.* – REM. *Son* s'emploie pour *sa* devant un nom ou un adj. fém. commençant par une voyelle ou un *h* muet. *Son amie. Son histoire.*

2. SON n.m. (du lat. *sonus*). **1.** Sensation auditive engendrée par une onde acoustique. **2.** Toute vibration acoustique considérée du point de vue des sensations auditives ainsi créées. *Son strident.* **3.** Volume, intensité sonore d'un appareil. *Baisser le son.* **4.** Ensemble des techniques d'enregistrement et de reproduction des sons, partic. au cinéma, à la radio, à la télévision. *Ingénieur du son.* **5.** *Au(x) son(s) de qqch :* en suivant la musique, les rythmes de. – *Spectacle son et lumière :* illumination d'un monument, accompagnée d'une évocation sonore et musicale de son histoire.

ENCYCL. Émis par les corps animés d'un mouvement vibratoire, le son se propage sous forme d'ondes mécaniques susceptibles de subir des réflexions (phénomène d'écho), des réfractions (transmission à travers une paroi) et des interférences (renforcement ou annulation de l'intensité sonore entre deux sources identiques émettant en phase et à la même fréquence). La vitesse de propagation des sons audibles, d'une fréquence comprise entre 15 à 20 Hz *(son grave)* et 15 à 20 kHz *(son aigu)*, est d'environ 340 m/s dans l'air, 1 430 m/s dans l'eau, 5 000 m/s dans l'acier. Un son est caractérisé par sa *hauteur* (liée à sa fréquence), son *intensité* (liée à l'amplitude des vibrations sonores) et son *timbre*, qui dépend des intensités relatives des différents sons harmoniques qui le composent.

3. SON n.m. (lat. *secundus*, qui suit). **1.** Résidu de la mouture des céréales, constitué de fragments d'enveloppes des grains. **2.** *Tache de son :* éphélide.

SONAGRAMME n.m. PHON. Graphique représentant les composantes acoustiques (durée, fréquence, intensité) de la voix.

SONAGRAPHE n.m. Appareil permettant d'obtenir des sonagrammes.

SONAL n.m. (pl. *sonals*). Recomm. off. pour *jingle*.

SONAR n.m. (acronyme de l'angl. *sound navigation ranging*). Appareil de détection sous-marine utilisant les ondes sonores et permettant le repérage, la localisation et l'identification des objets immergés.

SONATE n.f. (ital. *sonata*). **1.** Composition instrumentale en un ou plusieurs mouvements pour soliste ou ensemble instrumental. **2.** *Forme sonate :* plan du premier mouvement de la sonate classique, constitué par l'exposition, le développement et la nouvelle exposition de deux thèmes.

SONATINE n.f. (ital. *sonatina*). Œuvre instrumentale de même forme que la sonate, mais plus courte et d'exécution plus facile.

SONDAGE n.m. **1.** Creusement d'un trou pour prélever un échantillon de roche ou effectuer une mesure ; trou ainsi creusé (dit aussi *trou de sonde* dans l'industrie du pétrole). **2.** MÉTÉOROL. Exploration verticale de l'atmosphère, soit in situ (radiosondes, ballons, fusées), soit à distance (radar, radiomètre, etc.). **3.** MÉD. Introduction dans un conduit naturel d'une sonde destinée à évacuer le contenu de la cavité où elle aboutit, à étudier le calibre, la profondeur de l'organe exploré, ou à y introduire un médicament. **4.** STAT. Procédure d'enquête sur certaines caractéristiques d'une population, à partir d'observations sur un échantillon limité mais représentatif de celle-ci. *Sondage pour une étude de marché.* ◇ *Sondage d'opinion*, ou *sondage :* sondage visant à connaître la répartition des opinions au sein d'une population sur une question, un sujet donnés. – *Par ext.* Interrogation rapide de quelques personnes pour se faire une opinion. **5.** Rapide contrôle à partir duquel on extrapole une conclusion valable pour un ensemble.

SONDE n.f. (anglo-saxon *sund*, mer). **1.** OCÉANOL., MAR. Appareil servant à déterminer la profondeur de l'eau et la nature du fond. **2.** ASTRONAUT. *Sonde spatiale :* engin non habité destiné à l'étude rapprochée ou in situ d'astres du système solaire et/ou à l'exploration du milieu interplanétaire. **3.** PÉTROLE. Appareil de forage. ◇ *Trou de sonde :* sondage. **4.** MÉD. Instrument cylindrique long et fin, plein ou creux, utilisé pour le sondage. **5.** *Sonde génétique* ou *moléculaire :* petit brin d'ADN se fixant spécifiquement sur un gène, utilisé en laboratoire pour identifier une maladie génétique, un micro-organisme. **6.** ZOOL. Plongée profonde des grands mammifères cétacés. (Chez le cachalot, la sonde peut durer plus d'une heure.)

SONDÉ, E n. Personne interrogée lors d'un sondage d'opinion.

SONDER v.t. **1.** Mesurer, au moyen d'une sonde ou d'un sondeur, la profondeur de la mer, d'une cavité, etc. **2.** PÉTROLE. Exécuter un trou de sonde. **3.** MÉD. Procéder au sondage d'une plaie, d'un conduit, etc. **4.** STAT. Soumettre à un sondage. – *Fig.* Interroger qqn de manière insidieuse pour connaître sa pensée. ◆ v.i. ZOOL. Plonger, en parlant des grands mammifères cétacés.

1. SONDEUR, EUSE n. **1.** Personne qui effectue des sondages du sous-sol. **2.** STAT. Personne qui sonde, fait des sondages.

2. SONDEUR n.m. Appareil de sondage.

SONDEUSE n.f. PÉTROLE. Machine, automotrice ou remorquée, utilisée pour le forage des puits à faible profondeur.

SONGE n.m. (lat. *somnium*). *Litt.* Rêve.

SONGE-CREUX n.m. inv. *Litt.* Homme qui nourrit sans cesse son esprit de chimères.

SONGER v.t. ind. **(à)** [10]. **1.** Avoir présent à l'esprit, penser à. *Songer aux difficultés à surmonter.* **2.** Avoir l'intention de ; envisager. *Songer à se marier.* ◇ ***Songer à mal*** : avoir de mauvaises intentions. ◆ v.i. *Litt.* S'abandonner à des rêveries.

SONGERIE n.f. Pensée vague ; rêverie.

SONGEUR, EUSE adj. Qui est perdu dans une rêverie, absorbé dans une réflexion, une préoccupation ; préoccupé, pensif. *Air songeur.*

SONIE n.f. Intensité de la sensation sonore, en relation avec la pression acoustique.

SONIQUE adj. **1.** Qui concerne la vitesse du son. **2.** Qui possède une vitesse égale à celle du son.

SONNAILLE n.f. **1.** Clochette attachée au cou des bestiaux. **2.** Son produit par des clochettes.

1. SONNAILLER n.m. Animal qui, dans un troupeau, marche le premier avec la sonnaille.

2. SONNAILLER v.i. Faire sonner la sonnaille.

SONNANT, E adj. **1.** Qui sonne. ◇ ***Espèces sonnantes et trébuchantes*** → **trébuchant. 2.** Se dit de l'heure précise. *À midi sonnant. À 8 heures sonnantes.*

SONNÉ, E adj. **1.** Annoncé par une cloche, une sonnerie. *Il est midi sonné.* **2.** *Fam.* Se dit d'une période révolue, accomplie. *Il a cinquante ans sonnés.* **3.** *Fam.* Qui a perdu la raison. **4.** *Fam.* Qui vient de recevoir un coup violent. *Boxeur sonné.*

SONNER v.i. (lat. *sonare*). **1.** Produire un son. *Le réveil a sonné.* **2.** Faire fonctionner une sonnerie, une sonnette. *Sonner à la porte.* **3.** Être annoncé par une sonnerie. *Midi vient de sonner.* **4.** Tirer des sons de. *Sonner du cor.* **5.** ***Sonner creux*** : être vide, résonner comme une chose vide. – ***Sonner bien, mal*** : être agréable, désagréable à entendre, en parlant d'un mot, d'une expression. – ***Sonner faux, juste*** : donner une impression de fausseté, de vérité. – ***Fam. Se faire sonner les cloches*** : se faire réprimander vivement. – ***Faire sonner une syllabe,*** la faire sentir, appuyer dessus en la prononçant. ◆ v.t. **1.** Faire résonner. *Sonner les cloches.* – Faire entendre une sonnerie, annoncer par une sonnerie. *Sonner le glas, le tocsin. Sonner la retraite.* **2.** Appeler au moyen d'une sonnette. *Sonner l'infirmière.* **3.** *Fam.* Assommer, étourdir ; causer un violent ébranlement moral à qqn. **4.** Vérifier l'état d'une installation électrique.

SONNERIE n.f. **1.** Son de cloches, d'un réveil, d'un téléphone, etc. **2.** Ensemble des cloches d'une église. **3.** Mécanisme servant à faire sonner une pendule, un appareil d'alarme ou de contrôle, etc. ◇ ***Sonnerie électrique*** : dispositif d'appel acoustique, actionné par un électroaimant. **4.** Air sonné par un clairon ou une trompette, par un ou plusieurs cors de chasse. ◇ ***Sonnerie militaire*** : air réglementaire servant à marquer un emploi du temps (réveil, repas, etc.), un commandement ou à rendre les honneurs.

SONNET n.m. (ital. *sonetto*). Poème de quatorze vers, composé de deux quatrains et de deux tercets, et soumis à des règles fixes pour la disposition des rimes.

SONNETTE n.f. **1.** Clochette ou timbre pour appeler ou pour avertir. ◇ ***Coup de sonnette*** : sonnerie produite par une clochette, un timbre. **2.** TRAV. PUBL. Charpente en forme de pyramide pour le guidage du mouton dans le battage des pieux ou des palplanches.

SONNEUR n.m. Personne qui sonne les cloches, qui joue du cor, etc.

SONO n.f. (abrév.). *Fam.* Sonorisation.

SONOMÈTRE n.m. (lat. *sonus,* son, et gr. *metron,* mesure). Instrument servant à mesurer un niveau de pression ou d'intensité acoustique.

SONORE adj. (lat. *sonorus*). **1.** Propre à rendre des sons. *Corps sonore.* **2.** Qui a un son éclatant, retentissant. *Voix sonore.* **3.** Qui renvoie bien le son. *Amphithéâtre sonore.* **4.** Qui concerne les sons. *Ondes sonores.* ◇ PHON. ***Consonne sonore,*** ou ***sonore,*** n.f. : consonne voisée (par oppos. à *sourde*).

SONORISATION n.f. **1.** Action de sonoriser ; son résultat. **2.** Ensemble des équipements permettant une amplification électrique des sons émis en un lieu donné. Abrév. *(fam.) : sono.* **3.** PHON. Passage d'une consonne sourde à la voisée correspondante.

SONORISER v.t. **1.** Adjoindre une bande-son à un film ou à une production audiovisuelle. **2.** Équiper d'une installation de sonorisation. *Sonoriser une salle.* **3.** PHON. Rendre sonore une consonne sourde.

SONORITÉ n.f. **1.** Qualité de ce qui est sonore. **2.** Qualité de ce qui rend un son agréable. *Sonorité d'un violon.* **3.** PHON. Voisement.

SONOTHÈQUE n.f. Archives où l'on conserve les enregistrements de bruits, d'effets sonores.

SOPHISME n.m. (gr. *sophisma*). Raisonnement qui n'est logiquement correct qu'en apparence, et qui est conçu avec l'intention d'induire en erreur.

SOPHISTE n.m. (gr. *sophistês*). Dans la Grèce antique, maître de rhétorique itinérant qui enseignait l'art de défendre ses intérêts en donnant au discours les apparences de l'objectivité et de la conformité avec les données du savoir. ◆ n. Personne qui use de sophismes.

SOPHISTICATION n.f. **1.** Action de sophistiquer, de raffiner à l'extrême. **2.** Caractère sophistiqué, artificiel. **3.** Complexité technique.

SOPHISTIQUE adj. De la nature du sophisme. ◆ n.f. PHILOS. Art oratoire et doctrine des sophistes.

SOPHISTIQUÉ, E adj. **1.** Très raffiné ; étudié. *Une tenue sophistiquée.* **2.** D'une complication, d'une subtilité extrême. *Une argumentation sophistiquée.* **3.** (Calque de l'angl. *sophisticated*). Très perfectionné. *Matériel sophistiqué.*

SOPHISTIQUER v.t. Perfectionner à l'extrême un appareil, une étude, etc.

SOPHORA n.m. (de l'ar.). Arbre ornemental originaire d'Extrême-Orient. (Haut. 15 à 30 m ; famille des papilionacées.)

SOPHROLOGIE n.f. (du gr. *sôphrôn,* sage). Méthode de psychothérapie ou de relaxation proche de l'hypnose.

SOPHROLOGUE n. Spécialiste qui exerce la sophrologie.

SOPORIFIQUE adj. et n.m. (lat. *sopor,* sommeil, et *facere,* faire). Vieilli. Se disait d'une substance qui provoque le sommeil. ◆ adj. Très ennuyeux. *Livre soporifique.*

SOPRANISTE n.m. Chanteur adulte qui a conservé une voix de soprano.

SOPRANO n.m. (mot ital.). Voix de femme ou de jeune garçon, la plus élevée des voix. ◆ n. Chanteur(euse) qui a une voix de soprano. ◆ adj. et n. Dans une famille d'instruments, se dit de celui qui a la tessiture la plus élevée. *Saxophone soprano.* Pluriel savant : *soprani.*

SOQUET n.m. → **SOCKET.**

SORBE n.f. (lat. *sorbum*). Fruit comestible du sorbier.

SORBET n.m. (du turc). Entremets glacé à base de sirop de sucre, d'une purée ou d'un jus de fruits, d'un vin ou d'une liqueur qui lui donne son parfum.

SORBETIÈRE n.f. Appareil pour préparer les glaces et les sorbets.

SORBIER n.m. Arbre de l'hémisphère Nord dont certaines espèces (alisier, cormier) produisent des fruits comestibles et dont le bois est utilisé en tournerie et en lutherie. (Haut. jusqu'à 20 m ; genre *Sorbus,* famille des rosacées.)

SORBITOL n.m. Polyalcool dérivé du glucose et du fructose, qu'on trouve dans les baies de sorbier. (Il est employé comme laxatif.)

SORBONNARD, E n. *Fam.,* vieilli. Étudiant, professeur en Sorbonne.

SORCELLERIE n.f. **1.** Ensemble des opérations magiques du sorcier. **2.** ANTHROP. Ensemble de rites destinés à guérir, à nuire ou à faire mourir, propres à une société donnée. (Leur mise en œuvre peut être socialement reconnue ou, au contraire, relever, surtout dans ses aspects maléfiques, de pratiques clandestines ou de l'action supposée d'êtres invisibles.) **3.** *Fam.* Manifestation, événement extraordinaire qui semble relever de pratiques magiques, de forces surnaturelles.

SORCIER, ÈRE n. (de *sort*). **1.** Personne à qui sa liaison supposée avec des forces occultes permet d'opérer des maléfices. ◇ ***Fam. Il ne faut pas être (grand) sorcier pour*** : il n'est pas nécessaire d'avoir des dons spéciaux pour comprendre, deviner, etc. – ***Fam. Vieille sorcière*** : vieille femme laide et médisante. **2.** ANTHROP. Personne qui pratique la sorcellerie. **3.** ***Chasse aux sorcières*** : recherche et poursuite systématique des communistes et de leurs partisans supposés, aux États-Unis, au temps du maccartisme ; *par ext.,* toute entreprise comparable. ◆ adj. *Fam.* ***Ce n'est pas sorcier*** : ce n'est pas difficile à comprendre, à résoudre, à exécuter, etc.

SORDIDE adj. (lat. *sordidus,* crasseux). **1.** D'une saleté repoussante ; misérable. *Habitations sordides des bidonvilles.* **2.** Qui fait preuve de bassesse morale ; ignoble. *Égoïsme sordide.* **3.** Marqué par l'âpreté au gain ; répugnant, mesquin. *Avarice sordide.*

SORDIDEMENT adv. De façon sordide.

SORDIDITÉ n.f. *Litt.* Caractère de ce qui est sordide.

SORE n.m. (gr. *sôros,* tas). BOT. Groupe de sporanges chez les fougères.

SORGHO n.m. (ital. *sorgo*). Graminée tropicale et méditerranéenne, dont certaines espèces fournissent des grains utilisés pour l'alimentation humaine, notamm. en Afrique *(gros mil),* et d'autres sont cultivées comme fourrage.

SORITE n.m. (gr. *sôreitês,* de *sôros,* monceau). LOG. Argument composé d'une suite de propositions liées entre elles de manière que l'attribut de chacune d'elles devienne le sujet de la suivante, et ainsi de suite, jusqu'à la conclusion, qui a pour sujet le sujet de la première proposition et pour attribut l'attribut de l'avant-dernière.

SORNETTE n.f. (moyen fr. *sorne,* morgue). [Surtout pl.] Propos frivole ; baliverne. *Dire des sornettes.*

■ **SORBIER**

■ **SORGHO**

S

SORORAL, E, AUX adj. *Didact.* Qui concerne la sœur, les sœurs.

SORORAT n.m. ANTHROP. Système où la sœur cadette de l'épouse décédée vient remplacer celle-ci auprès du mari.

SORT n.m. (lat. *sors, sortis*). **1.** Décision par le hasard. *Tirer au sort.* ◇ ***Le sort en est jeté*** : c'est une chose décidée ; advienne que pourra. **2.** Effet malfaisant attribué à des pratiques de sorcellerie. *Jeter un sort.* **3.** *Litt.* Puissance surnaturelle qui semble gouverner la vie humaine ; destin. *Le sort en a ainsi décidé.* **4.** Condition, situation matérielle de qqn. *Se plaindre de son sort.* **5.** *Fam.* ***Faire un sort à.* a.** En finir radicalement avec. *Faire un sort à de vieux papiers.* **b.** Consommer entièrement. *On a fait un sort au gigot.*

SORTABLE adj. *Fam.* (Surtout en tournure négative.) Que l'on peut montrer en public ; convenable, correct. *Tu ris trop fort, tu n'es pas sortable !*

SORTANT, E adj. Qui sort. *Numéro sortant.* ◆ adj. et n.m. Qui cesse, par extinction de son mandat, de faire partie d'une assemblée. *Députés sortants.* ◆ n. Personne qui sort. *Les entrants et les sortants.*

SORTE n.f. (lat. *sors, sortis*). **1.** Espèce, genre, catégorie d'êtres ou de choses. *Toutes sortes de bêtes. Des difficultés de toute(s) sorte(s).* ◇ ***Une sorte de*** : une chose ou une personne qui ressemble à. **2.** ***Faire en sorte de*** ou ***que*** : tâcher d'arriver à ce que. ◆ loc. adv. ***De la sorte*** : de cette façon. – ***En quelque sorte*** : pour ainsi dire. ◆ loc. conj. ***De sorte que, de telle sorte que, en sorte que*** : si bien que, de manière que.

S

SORTIE n.f. **1.** Action de sortir, d'aller se promener. ◇ ***Être de sortie*** : être sorti ; avoir la permission de sortir. – ***À la sortie de*** : au moment où l'on sort de. *À la sortie du spectacle.* – Au théâtre, action de quitter la scène. *Acteur qui fait une fausse sortie.* **2.** *Fig.* Manière d'échapper à une difficulté. *Se ménager une sortie.* **3.** Action de s'échapper, de s'écouler. *La sortie des gaz.* **4.** INFORM. Transfert d'une information traitée dans un ordinateur de l'unité centrale vers l'extérieur ; ensemble d'informations constituant le résultat d'un traitement par ordinateur. **5.** Endroit par où l'on sort ; issue. *Cette maison a deux sorties.* **6.** Mise en vente, présentation au public d'un produit nouveau. *Sortie d'un livre, d'un film.* **7.** COMPTAB. Somme dépensée. **8.** MIL. Opération menée par une troupe assiégée, ou par une force navale, pour rompre un blocus ; mission de combat accomplie par un aéronef militaire. – *Fig.* Emportement soudain contre qqn ; invective. *Je ne m'attendais pas à cette sortie.*

SORTIE-DE-BAIN n.f. (pl. *sorties-de-bain*). Peignoir que l'on porte après le bain.

SORTIE-DE-BAL n.f. (pl. *sorties-de-bal*). Vx. Manteau porté sur une robe du soir.

SORTILÈGE n.m. (lat. *sors, sortis,* sort, et *legere,* choisir). **1.** Action de jeter un sort. **2.** Action qui semble magique.

1. SORTIR v.i. [31] [auxil. *être*] (lat. *sortiri*). **1.** Quitter un lieu pour aller dehors ou pour aller dans un autre lieu. *Sortir se dégourdir les jambes. Sortir de chez soi.* ◇ ***Sortir de la mémoire, de l'esprit*** : être oublié. **2.** Aller hors de chez soi pour faire qqch. *Sortir dîner en ville. Sortir peu.* ◇ *Fam.* ***Sortir du bois*** : prendre position ; dévoiler ses intentions ; intervenir. – *Fam.* ***Sortir avec qqn,*** le fréquenter, avoir une relation amoureuse avec lui. **3.** Commencer à paraître ; pousser au-dehors. *Les blés sortent de terre.* **4.** Être visible, saillant. *Pochette qui sort de la poche. Clou qui sort d'une planche.* ◇ *Fam.* ***Les yeux lui sortent de la tête*** : il est animé par un sentiment violent. **5.** Se répandre au-dehors. *Une odeur délicieuse sort de la cuisine.* **6.** Quitter une période, un état, etc. *Sortir de l'hiver. Sortir de maladie, de l'enfance.* **7.** ***En, s'en sortir*** : se tirer d'affaire ; guérir. **8.** Franchir une limite ; s'éloigner, s'écarter de. *Le ballon sort du terrain. Sortir du sujet.* **9.** Être mis en vente ; être distribué. *Ce livre vient de sortir. Ce film sort prochainement.* **10.** Avoir comme résultat. *Que sortira-t-il de tout cela ?* **11.** Être issu ; venir de. *Sortir du peuple.* ◇ ***Sortir d'une école,*** y avoir été élève. *Sortir de Saint-Cyr, de Normale sup.* – ***Cela sort des mains d'Un tel*** : Un tel en est l'auteur. – ***Ne pas sortir de là*** : persister dans son opinion. – *Fam.* ***Sortir de*** (+ inf.) : venir juste de. *Il sort de lui parler.* **12.** Être tiré au sort. *Le 3 est sorti. Sujet qui sort à un examen.* **13.** Être tel après une situation, une modification, etc. *Il est sorti indemne de l'accident. Elle est sortie grandie de cette épreuve.* ◆ v.t. [auxil. *avoir*]. **1.** Mener dehors, faire sortir. *Sortir un cheval de l'écurie.* – *Fig.* Aider qqn à se dégager d'un état, d'une situation. *Sortir qqn d'embarras.* **2.** Emmener pour la promenade, pour une visite, etc. **3.** Mettre en vente un produit ; commercialiser, éditer. *Sortir un roman.* **4.** *Fam.* Tirer un numéro, une carte, dans un jeu de hasard. **5.** *Fam.* Éliminer un concurrent, un adversaire. **6.** *Fam.* Dire. *Sortir des âneries.*

2. SORTIR n.m. *Sout.* ***Au sortir de*** : au moment où l'on sort de.

SOS ou **S.O.S.** [ɛsoɛs] n.m. Signal de détresse par radiotélégraphie, émis par les navires ou les avions en danger. (Son emploi international, adopté en 1912 après le drame du *Titanic,* a pris fin en 1999.)

SOSIE n.m. (de *Sosie,* n.pr.). Personne qui ressemble parfaitement à une autre.

SOSTENUTO [sɔstenuto] adv. (mot ital.). MUS. Avec soutien du son pendant toute la durée de la note, du passage ou du mouvement.

SOT, SOTTE adj. et n. Dénué d'esprit, de jugement.

SOT-L'Y-LAISSE [solilɛs] n.m. inv. Morceau délicat au creux des os iliaques, au-dessus du croupion d'une volaille.

SOTTEMENT adv. De façon sotte.

SOTTIE ou **SOTIE** n.f. (de *sot*). Genre dramatique médiéval (XIVe - XVIe s.) qui relève de la satire sociale ou politique.

SOTTISE n.f. **1.** Manque de jugement, d'intelligence ; bêtise. **2.** Propos ou acte irréfléchi ; bêtise. *Faire une sottise. Dire des sottises.* ◇ *Fam.,* vieilli. ***Dire des sottises à qqn,*** l'injurier.

SOTTISIER n.m. Recueil d'erreurs comiques, de phrases ridicules relevées dans la presse, dans les livres, etc. ; bêtisier.

SOU n.m. (du lat. *solidus,* massif). **1.** Dans la France d'Ancien Régime, pièce de cuivre ou de bronze, ou monnaie de compte valant 1/20 de livre. SYN. : *sol.* **2.** Pièce de 5 centimes, à partir de 1793. ◇ ***Propre, net comme un sou neuf*** : très propre. – *Fam.* ***N'avoir pas le sou, être sans le sou*** : être sans argent. – ***Sou à sou*** : par petites sommes. – *Fam.* ***N'avoir pas un sou de, pas pour un sou de*** : n'avoir pas de. *N'avoir pas pour un sou de bon sens.* ◆ pl. *Fam.* Argent. *Compter ses sous.* ◇ *Fam.* ***Être près de ses sous*** : être avare. – ***De quatre sous*** : sans importance, sans valeur. – *Fam.* ***Question de gros sous,*** d'argent, d'intérêt. – *Fam.* ***S'ennuyer à cent sous de l'heure*** : s'ennuyer beaucoup. – Suisse. *Fam.* ***Cent sous*** : cinq francs.

SOUAHÉLI, E adj. et n.m. → **SWAHILI.**

SOUBASSEMENT n.m. (de *1. bas*). **1.** Partie inférieure d'une construction. SYN. : *substruction.* **2.** GÉOL. Partie profonde du sous-sol, correspondant génér. au socle cristallin recouvert de terrains sédimentaires. **3.** *Fig.* Ce sur quoi repose qqch ; base, fondement.

SOUBRESAUT n.m. (esp. *sobresalto*). **1.** Saut brusque et imprévu. *Le cheval fit un soubresaut.* **2.** Mouvement brusque et involontaire du corps. **3.** DANSE. Saut bref en position verticale, jambes serrées et pointes de pieds baissées.

SOUBRETTE n.f. (provenç. *soubreto,* de *soubret,* affecté). **1.** Femme de chambre de comédie. **2.** Vieilli ou *par plais.* Femme de chambre coquette et avenante.

SOUBREVESTE n.f. (ital. *sopraveste,* veste de dessus). Anc. Casaque sans manches, portée par-dessus les armes (XVIIe - XIXe s.).

SOUCHE n.f. (du gaul.). **1.** Partie d'un arbre qui reste dans la terre après que l'arbre a été coupé. ◇ *Fam.* ***Dormir comme une souche*** : dormir très profondément. – *Fam.* ***Être, rester comme une souche*** : être inactif. **2.** Personne, animal à l'origine d'une suite de descendants. ◇ ***Faire souche*** : donner naissance à une lignée de descendants. **3.** DR. Ensemble des représentants d'un même héritier décédé antérieurement. ◇ ***Partage par souche*** : partage d'une succession par *représentation, où la souche recueille collectivement sa part. **4.** MICROBIOL. Ensemble des individus issus de repiquages successifs d'une colonie microbienne. **5.** Ce qui est à l'origine de ; source, principe. *Mot de souche indo-européenne.* ◇ ***Mot souche*** : mot à partir duquel se sont créés un ou des dérivés, une famille de mots. **6.** Partie reliée des feuilles d'un registre, dont l'autre partie se détache, conservée à des fins de vérification. *Carnet à souches.* **7.** ***Souche de cheminée*** : ouvrage de maçonnerie renfermant un ou plusieurs conduits de fumée et s'élevant au-dessus d'un toit. **8.** Belgique. Ticket de caisse.

SOUCHET n.m. **1.** Canard sauvage d'Europe et d'Asie occidentale, à bec large en forme de cuillère. (Long. 47 cm ; genre *Spatula,* famille des anatidés.) **2.** Plante monocotylédone poussant près des cours d'eau ou dans les marais, dont une espèce fournit un rhizome alimentaire, et une autre est le papyrus. (Genre *Cyperus ;* famille des cypéracées.)

SOUCHETTE n.f. Champignon basidiomycète à pied grêle et coriace, à chapeau comestible, poussant sur les souches. (Genre *Collybia ;* ordre des agaricales.)

SOU-CHONG [suʃɔ̃] ou [suʃɔ̃g] n.m. inv. (mot chin.). Thé noir de Chine, très estimé.

1. SOUCI n.m. (bas lat. *solsequia,* tournesol). Plante utilisée dans certains traitements homéopathiques, et dont une espèce est cultivée pour ses fleurs jaunes ornementales. (Genre *Calendula ;* famille des composées.) ◇ ***Souci des marais, souci d'eau*** : populage.

2. SOUCI n.m. (de *se soucier*). **1.** Préoccupation qui trouble la tranquillité d'esprit ; inquiétude. *Se faire du souci.* **2.** Objet, motif de cette préoccupation. *Son fils est son seul souci.* **3.** ***Avoir le souci de qqch,*** y attacher de l'importance.

SOUCIER (SE) v.pr. **(de)** [5] (lat. *sollicitare,* inquiéter). Faire attention à ; s'inquiéter, se préoccuper de. *Se soucier de son avenir.* ◇ *Fam.* ***Se soucier de qqch, de qqn comme de l'an quarante, comme de sa première chemise,*** s'en désintéresser, n'y attacher aucune importance.

SOUCIEUSEMENT adv. *Litt.* Avec souci.

SOUCIEUX, EUSE adj. **1.** Qui a du souci ; inquiet, pensif. *Mère soucieuse.* **2.** Qui se préoccupe de qqch ; attentif. *Soucieux de rendre service.*

SOUCOUPE n.f. (calque de l'ital. *sottocoppa*). **1.** Petite assiette qui se place sous une tasse. SYN. : *sous-tasse.* **2.** Vieilli. ***Soucoupe volante*** : objet mystérieux de forme souvent lenticulaire que certaines personnes prétendent avoir aperçu dans l'atmosphère ou au sol et que certains supposent habité par des extraterrestres. (Auj., on dit plutôt *ovni.*)

SOUDABILITÉ n.f. Propriété d'un matériau qui se prête à la construction par joints soudés.

SOUDABLE adj. Qui peut être soudé.

SOUDAGE n.m. Opération qui consiste à faire une soudure.

1. SOUDAIN, E adj. (lat. *subitaneus*). Qui se produit, arrive tout à coup ; brusque, subit.

2. SOUDAIN adv. Tout à coup ; subitement.

SOUDAINEMENT adv. De façon soudaine ; subitement.

SOUDAINETÉ n.f. Caractère de ce qui est soudain ; brusquerie, rapidité.

SOUDANAIS, E adj. et n. Du Soudan, de ses habitants.

SOUDARD n.m. (anc. fr. *soudoier,* homme d'armes). **1.** Vx. Soldat, mercenaire. **2.** *Litt.* Individu grossier et brutal.

SOUDE n.f. (lat. médiév. *soda,* de l'ar.). **1.** Carbonate de sodium Na_2CO_3, qu'on prépare auj. à partir du chlorure de sodium. **2.** ***Soude caustique*** : hydroxyde de sodium NaOH, solide blanc fondant à 318 °C, fortement basique. **3.** Plante des terrains salés du littoral, aux tiges et aux feuilles raides et épineuses, dont on tirait la soude. (Nom sc. *Salsola kali ;* famille des chénopodiacées.)

SOUDER v.t. (lat. *solidare,* affermir). **1.** Effectuer une soudure. **2.** *Fig.* Unir, lier étroitement. *Ils étaient soudés autour de leur chef.* ◆ **se souder** v.pr. En parlant de deux parties distinctes, se réunir pour former un tout.

SOUDEUR, EUSE n. Personne qui soude.

SOUDOYER [sudwaje] v.t. [7] (de *sou*). *Péjor.* S'assurer le concours de qqn à prix d'argent ; corrompre. *Soudoyer un gardien.*

SOUDURE n.f. **1.** Assemblage permanent de deux pièces métalliques ou de certains produits synthétiques exécuté par voie thermique ; technique d'exécution de celui-ci. *Apprendre la soudure.* **2.** Endroit où deux pièces ont été soudées. *Soudure nette.* **3.** (Abusif). Soudage, brasage, brasure. **4.** ***Faire la soudure*** : satisfaire aux besoins des consommateurs à la fin d'une période comprise entre deux récoltes, deux livraisons ; assurer la transition.

SOUE n.f. (bas lat. *sutis*). Vx ou région. Porcherie.

SOUFFLAGE n.m. Procédé traditionnel de fabrication de la verrerie creuse, auj. réservé à certaines productions de luxe.

SOUFFLANT, E adj. **1.** Qui envoie de l'air chaud. *Brosse à cheveux soufflante.* **2.** *Fam.* Qui stupéfie.

SOUFFLANTE n.f. AÉRON. Dans un turboréacteur à double flux, premier étage du compresseur, que l'on peut assimiler à une hélice carénée dotée de nombreuses pales.

SOUFFLARD n.m. GÉOL. Jet intermittent de vapeur d'eau, dans les régions volcaniques.

SOUFFLE n.m. **1.** Agitation de l'air ; courant d'air. *Il n'y a pas un souffle de vent.* **2.** Air exhalé par la bouche en respirant ; bruit ainsi produit. *Retenir son souffle.* ◇ ***Couper le souffle*** *:* étonner vivement. – SPORTS. ***Second souffle*** *:* regain de vitalité après une défaillance momentanée ; *fig.,* nouvelle période d'activité. **3.** MÉD. Bruit anormal perçu à l'auscultation de certaines parties du corps. **4.** Capacité à emmagasiner de l'air dans ses poumons. ◇ ***Avoir du souffle*** *:* avoir une bonne capacité respiratoire, permettant un effort important ou prolongé ; *fam.,* avoir de l'aplomb, du culot. – ***Être à bout de souffle*** *:* être épuisé ; *fig.,* ne pas pouvoir poursuivre, continuer un effort, une entreprise. – ***Manquer de souffle*** *:* s'essouffler au cours d'un effort ; *fig.,* manquer d'inspiration, de force créatrice. **5.** ZOOL. Panache d'air saturé de vapeur d'eau, rejeté bruyamment par les mammifères cétacés lors de l'expiration. **6.** PHYS. Déplacement d'air extrêmement brutal, provoqué par une explosion. ◇ ***Effet de souffle*** *:* modification des conditions thermodynamiques dans un espace donné, créée par une explosion, qui engendre dans l'atmosphère une onde de choc entraînant l'air ambiant avec elle dans son déplacement. **7.** Bruit de fond continu émis par un haut-parleur.

SOUFFLÉ n.m. Préparation culinaire salée ou sucrée, servie chaude, comprenant des blancs d'œufs battus en neige qui provoquent, à la cuisson, une augmentation de volume.

SOUFFLEMENT n.m. Action de souffler ; bruit produit en soufflant.

SOUFFLER v.i. (lat. *sufflare*). **1.** Agiter, déplacer l'air. *Le mistral souffle.* **2.** Chasser de l'air par la bouche ou par le nez. *Souffler sur ses doigts.* **3.** Respirer avec difficulté, en expirant l'air bruyamment. *Souffler comme un bœuf.* **4.** S'arrêter pour reprendre haleine, après un effort physique. *Laisser souffler son cheval.* **5.** Observer un temps d'arrêt au cours d'une action. *Laisser ses auditeurs souffler.* **6.** Pousser son cri, en parlant du buffle. ◆ v.t. **1.** Diriger un souffle d'air sur. ◇ ***Souffler des bougies,*** les éteindre par le souffle, par l'air exhalé des poumons par la bouche. **2.** ***Souffler le verre, l'émail,*** en faire des ouvrages par soufflage à l'aide d'un tube. **3.** Projeter, déplacer qqch au moyen du souffle, de l'air. *Souffler la fumée de cigarette au visage de qqn.* ◇ ***Souffler le chaud et le froid*** *:* approuver puis critiquer une même chose, une même personne, selon l'intérêt du moment. **4.** Détruire par un souffle violent. *La maison a été soufflée par une bombe.* **5.** Dire discrètement à qqn ; rappeler tout bas. *Souffler son texte à un acteur.* ◇ ***Ne pas souffler mot*** *:* ne rien dire, se taire sur qqch. **6.** ***Souffler qqch à qqn,*** le lui suggérer. *Il m'a soufflé une bonne idée.* **7.** *Fam.* Causer à qqn une vive stupéfaction ; ahurir, époustoufler. **8.** *Fam.* Enlever à qqn par ruse, de façon plus ou moins déloyale. ◇ ***Souffler une dame, un pion,*** au jeu de dames, l'enlever à son adversaire qui a omis de s'en servir pour prendre. – ***Souffler n'est pas jouer*** *:* au jeu de dames, se dit pour signifier que l'on peut jouer un coup après avoir soufflé un pion.

SOUFFLERIE n.f. **1.** Machine destinée à produire le vent nécessaire à la marche d'une installation métallurgique, à l'aération d'une mine, à un essai aérodynamique, etc. **2.** Ensemble des soufflets d'un orgue, d'une forge, etc.

SOUFFLET n.m. (de *souffler*). **1.** Instrument qui sert à souffler de l'air, à produire du vent pour ranimer le feu. **2.** Partie pliante d'une chambre photographique, d'un accordéon. **3.** *Litt.* Coup du plat ou du revers de la main. – *Par ext.* Affront, outrage. **4.** ARCHIT. Dans le style gothique flamboyant, élément de remplage en forme de fer de lance ou de cœur. **5.** CH. DE F. Couloir flexible de communication entre deux voitures de voyageurs. **6.** COUT. Morceau de tissu cousu dans une couture ou intercalé entre une poche plaquée et le vêtement de façon à donner de l'ampleur.

SOUFFLETER v.t. [16]. *Litt.* Donner un soufflet, une gifle à qqn.

SOUFFLEUR, EUSE n. THÉÂTRE. Personne qui est chargée de souffler leur texte aux acteurs en cas de défaillance. *Le trou du souffleur.* ◆ n.m. VERR. Artisan qui souffle, qui façonne le verre à chaud.

SOUFFLEUSE n.f. Québec. Chasse-neige muni d'un dispositif qui projette la neige à distance.

SOUFFLURE n.f. TECHN. Cavité remplie de gaz, formée au cours de la solidification d'une masse de métal ou de verre fondu.

SOUFFRANCE n.f. **1.** Fait de souffrir ; douleur morale ou physique. **2.** ***Affaires en souffrance*** *:* affaires en suspens. – ***Colis en souffrance*** *:* colis qui n'a pas été délivré ou réclamé. **3.** DR. ***Jour de souffrance*** *:* ouverture, baie donnant sur la propriété d'un voisin et soumise à une réglementation particulière.

SOUFFRANT, E adj. Malade, indisposé.

SOUFFRE-DOULEUR n. inv. Personne, animal sur qui convergent les mauvais traitements, les railleries, les tracasseries.

SOUFFRETEUX, EUSE adj. (de l'anc. fr. *suffraite,* disette). Qui a une mauvaise santé ; chétif.

SOUFFRIR v.t. [23] (lat. *sufferre*). **1.** *Litt.* Supporter qqch de pénible ; endurer, subir. *Souffrir la faim.* **2.** *Litt.* Permettre. *Souffrez que je vous parle.* **3.** *Litt.* Admettre ; être susceptible de. *Cela ne souffre aucun retard.* **4.** ***Ne pas pouvoir souffrir qqn, qqch*** *:* éprouver de l'antipathie, de l'aversion pour. – ***Souffrir le martyre, mille morts*** *:* éprouver de grandes douleurs. ◆ v.i. ou v.t. ind. **(de). 1.** Éprouver de la souffrance, avoir mal à. *Souffrir des dents.* **2.** Être tourmenté par. *Souffrir de la faim.* **3.** Être endommagé par. *Les vignes ont souffert de la grêle.* ◆ **se souffrir** v.pr. (Surtout en tournure négative.) *Litt.* Se supporter mutuellement.

SOUFI, E adj. et n. (ar. *ṣūfī*). Relatif au soufisme ; adepte du soufisme.

SOUFISME n.m. Courant mystique de l'islam qui met l'accent sur l'expérience intérieure.

ENCYCL. Né au VIIIe s. dans la région de Kufa (Iraq), le soufisme se développa, en marge du légalisme chiite ou sunnite, dans de multiples ordres et confréries. Ses membres, sous la conduite d'un guide spirituel, pratiquent notamm. l'invocation silencieuse de Dieu. Parmi les principaux maîtres soufis, on peut citer al-Halladj (v. 858 - v. 922) et Djalal al-Din Rumi (1207 - 1273).

SOUFRAGE n.m. Action de soufrer ; son résultat.

SOUFRE n.m. (lat. *sulphur*). **1.** Non-métal d'une couleur jaune clair, de densité 1,56, qui fond à 112,8 °C et bout à 444,67 °C. **2.** Élément chimique (S), de numéro atomique 16 et de masse atomique 32,066. (Le soufre est un élément assez répandu dans la nature [0,06 % de la lithosphère] ; on le trouve sous forme de sulfures et de sulfates. Il sert princip. à la fabrication de l'acide *sulfurique, des hyposulfites, etc.) **3.** ***Sentir le soufre*** *:* présenter un caractère d'hérésie. ◆ adj. inv. De la couleur jaune citron du soufre.

SOUFRER v.t. **1.** Enduire de soufre. **2.** Répandre du soufre en poudre sur certains végétaux pour lutter contre les maladies cryptogamiques. **3.** Traiter avec du soufre, de l'anhydride sulfureux. **4.** Faire brûler du soufre dans un tonneau pour détruire les micro-organismes.

SOUFREUSE n.f. Appareil pour répandre du soufre en poudre sur les végétaux.

SOUFRIÈRE n.f. Lieu d'où l'on extrait le soufre.

SOUHAIT n.m. (du francique). Vœu, désir que qqch s'accomplisse. ◇ *Litt.* ***À souhait*** *:* selon ses désirs. *Tout lui réussit à souhait.* – ***À vos souhaits !*** *:* formule de politesse adressée à une personne qui éternue.

SOUHAITABLE adj. Que l'on peut souhaiter ; désirable.

SOUHAITER v.t. **1.** Désirer pour soi ou pour autrui l'accomplissement de qqch. *Je souhaite qu'elle vienne.* **2.** Exprimer sous forme de vœu, de compliment. *Souhaiter la bonne année.*

SOUILLARD n.m. (de l'anc. fr. *soil*). Trou percé dans l'épaisseur d'un mur ou dans un bandeau, pour laisser passer un tuyau de descente d'eaux pluviales.

SOUILLE n.f. (lat. *solium,* siège). **1.** VÉNER. Lieu bourbeux où se vautre le sanglier. **2.** MAR. Enfoncement formé dans la vase ou dans le sable par un navire échoué.

SOUILLER v.t. (de l'anc. fr. *soil*). *Sout.* **1.** Salir, couvrir de boue, d'ordure. **2.** Déshonorer, avilir. *Souiller sa réputation.*

SOUILLON n. Personne malpropre.

SOUILLURE n.f. *Litt.* **1.** Ce qui souille ; tache. **2.** Tache morale. *La souillure du péché.*

SOUIMANGA ou **SOUI-MANGA** [swimɑ̃ga] n.m. [pl. *soui-mangas*] (mot malgache). Petit passereau d'Afrique et de Madagascar, ressemblant à un colibri, et dont le mâle porte un plumage éclatant, à reflets métalliques. (Famille des nectariniidés.)

SOUK n.m. (de l'ar.). **1.** Rue ou ensemble de rues, souvent couvertes, aux nombreuses boutiques, dans les pays arabes. **2.** *Fam.* Désordre.

SOUKKOT [sukɔt], fête juive des Tabernacles, célébrée en automne, commémorant le séjour des Hébreux dans le désert après leur sortie d'Égypte. (On dit aussi *fête de Soukkot.*)

SOUL [sɔl] adj. inv. et n.f. ou **SOUL MUSIC** [sɔlmjuzik] n.f. [pl. *soul musics*] (mots angl. *soul,* âme, et *music,* musique). Se dit d'un style de musique populaire chantée, apparu dans la communauté noire des États-Unis dans les années 1960, issu du rhythm and blues, appliquant à des textes profanes le mode d'expression vocal du gospel et utilisant souvent une section de cuivres. (Parmi les représentants de la soul : Stevie Wonder et Aretha Franklin.)

SOÛL, E ou **SAOUL, E** [su, sul] adj. (lat. *satullus,* de *satur,* rassasié). *Fam.* Qui a trop bu ; ivre. ◇ ***Être soûl de qqch,*** en être rassasié jusqu'au dégoût. ◆ n.m. ***En avoir tout son soûl,*** autant qu'on peut en désirer.

SOULAGEMENT n.m. Diminution d'une charge, d'une douleur physique ou morale.

SOULAGER v.t. [10] (lat. *subleviare*). **1.** Débarrasser qqn d'une partie du fardeau qu'il porte. **2.** Diminuer, adoucir une souffrance physique ou morale. *Soulager la douleur.* **3.** Diminuer la peine. *La machine a-t-elle soulagé l'ouvrier ?* **4.** TECHN. Diminuer l'effort subi par qqch. *Soulager une poutre qui fatigue en l'étayant.* ◆ **se soulager** v.pr. **1.** Se procurer du soulagement. **2.** *Fam.* Satisfaire un besoin naturel.

SOULANE n.f. (mot béarnais). Région. (Sud-Ouest). Adret.

SOÛLANT, E adj. *Fam.* Se dit de qqn qui fatigue, ennuie avec ses discours interminables.

SOÛLARD, E, SOÛLAUD, E ou **SOÛLOT, E** n. *Fam.* Ivrogne.

SOÛLER ou **SAOULER** [sule] v.t. **1.** *Fam.* Faire trop boire qqn ; enivrer. **2.** Griser, étourdir. *Les succès l'ont soûlé.* ◆ **se soûler** ou **se saouler** v.pr. *Fam.* S'enivrer.

SOÛLERIE n.f. *Fam.* Ivresse, beuverie.

SOULÈVEMENT n.m. **1.** Fait de soulever, d'être soulevé. **2.** Mouvement de révolte collective, d'insurrection.

SOULEVER v.t. [12]. **1.** Lever à une faible hauteur. *Soulever un fardeau.* **2.** Susciter des sentiments ; déclencher. *Soulever l'enthousiasme, les applaudissements.* **3.** Pousser à la révolte. *Soulever le peuple.* **4.** Provoquer la colère, l'hostilité. *Il a soulevé tout le monde contre lui.* **5.** ***Soulever le cœur*** *:* causer du dégoût. – ***Soulever une question, un problème,*** les faire naître, en provoquer la discussion. – ***Soulever un coin du voile*** *:* révéler en partie qqch. ◆ **se soulever** v.pr. **1.** Se lever légèrement. **2.** Se révolter.

SOULIER n.m. (du bas lat. *subtelare*). Chaussure résistante à tige basse. ◇ *Fam.* ***Être dans ses petits souliers*** *:* être embarrassé.

SOULIGNAGE ou **SOULIGNEMENT** n.m. Action de souligner ; trait qui souligne.

SOULIGNER v.t. **1.** Tirer un trait, une ligne sous. *Souligner un mot.* **2.** Attirer l'attention sur qqch. *Souligner l'importance d'un fait.*

SOUL MUSIC n.f. → **SOUL.**

SOÛLOGRAPHE n. *Fam.* Ivrogne.

SOÛLOGRAPHIE n.f. *Fam.* Ivrognerie.

SOÛLON n.m. Suisse. *Fam.* Ivrogne.

SOÛLOT, E n. → **SOÛLARD.**

SOULTE n.f. (anc. fr. *solte,* du lat. *solvere,* payer). DR. Somme d'argent qui, dans un partage ou un échange, compense l'inégalité de valeur des lots ou des biens échangés.

SOUMAINTRAIN n.m. (mot champenois). Fromage à pâte molle fabriqué dans l'Yonne avec du lait de vache.

SOUMETTRE v.t. [64] (lat. *submittere*). **1.** Ranger sous sa puissance, son autorité ; astreindre à une loi, à un règlement. *Soumettre des rebelles. Revenu soumis à l'impôt.* **2.** Proposer au jugement, au contrôle, à l'approbation, à l'examen de qqn. *Je vous soumets ce projet.* **3.** Faire subir une opération à. *Soumettre un produit à une analyse.* ◆ **se soumettre** v.pr. Cesser de résister ; se conformer à ; obéir. *Je me soumets à sa décision.*

S

SOUMIS, E adj. **1.** Qui manifeste de la soumission, de la docilité. *Enfant, air soumis.* **2.** Vx. *Fille soumise :* prostituée.

SOUMISSION n.f. (lat. *submissio,* action d'abaisser). **1.** Fait de se soumettre ; disposition à obéir. **2.** DR. Déclaration écrite par laquelle une entreprise s'engage à respecter le cahier des charges d'une adjudication au prix fixé par elle-même.

SOUMISSIONNAIRE adj. et n. DR. Qui fait ou présente une soumission pour une entreprise.

SOUMISSIONNER v.t. DR. Faire ou présenter une soumission pour un marché de fournitures ou de travaux.

SOUPAPE n.f. (anc. fr. *souspape,* coup sous le menton). **1.** Obturateur sous tension de ressort dont le soulèvement et l'abaissement alternatifs permettent de régler le mouvement d'un fluide. ◇ *Soupape de sûreté :* appareil de robinetterie destiné à limiter la pression d'un fluide à une valeur prédéterminée et fonctionnant par ouverture d'un obturateur lorsque cette valeur prédéterminée est atteinte ; *par ext.,* ce qui permet d'empêcher, d'éviter un bouleversement ; exutoire. (On dit aussi, dans ce sens, *soupape de sécurité.*) **2.** ÉLECTROTECHN. *Soupape électrique :* organe de base des mutateurs comprenant un ou plusieurs trajets conducteurs unidirectionnels.

S

SOUPÇON n.m. (du lat. *suspicere,* regarder). **1.** Opinion défavorable à l'égard de qqn, de son comportement, fondée sur des indices, des impressions, des intuitions, mais sans preuves précises. *De graves soupçons pèsent sur lui.* **2.** Simple conjecture, idée vague. *J'ai quelque soupçon que c'est elle.* **3.** Très faible quantité de. *Un soupçon de lait.*

SOUPÇONNABLE adj. Qui peut être soupçonné.

SOUPÇONNER v.t. **1.** Avoir des soupçons sur qqn ; suspecter. *Soupçonner qqn de fraude.* **2.** Conjecturer l'existence ou la présence de ; présumer. *Je soupçonne une ruse de sa part.*

SOUPÇONNEUSEMENT adv. *Litt.* Avec soupçon.

SOUPÇONNEUX, EUSE adj. Enclin à soupçonner ; défiant.

SOUPE n.f. (d'un mot francique). **1.** Potage ou bouillon épaissi avec des tranches de pain ou avec divers ingrédients (légumes, poissons, charcuterie) non passés. ◇ *Fam. Gros plein de soupe :* homme très gros. – *Fam. Soupe au lait :* se dit de qqn qui se met facilement en colère. – *Fam. Trempé comme une soupe :* très mouillé. **2.** *Fam.* Nourriture, repas. *Aller à la soupe.* ◇ *Soupe populaire :* institution de bienfaisance qui distribue des repas aux indigents. – *Fam. Servir la soupe :* agir dans l'intérêt de qqn, par complaisance ou maladresse. **3.** *Fam.* Neige fondante. **4.** SC. DE LA V. *Soupe primitive :* milieu liquide, riche en molécules organiques simples, au sein duquel la vie serait apparue sur la Terre il y a environ 3,8 milliards d'années.

SOUPENTE n.f. (du lat. *suspendere,* suspendre). Réduit pratiqué dans la partie haute d'une pièce coupée en deux par un plancher.

1. SOUPER n.m. **1.** Région. ou Belgique, Québec, Suisse. Repas du soir ; dîner. **2.** Repas qu'on fait dans la nuit à la sortie d'un spectacle, au cours d'une soirée.

2. SOUPER v.i. Prendre le souper. ◇ *Fam. En avoir soupé :* en avoir assez.

SOUPESER v.t. [12]. **1.** Lever qqch avec la main pour en estimer le poids. **2.** *Fig.* Évaluer la valeur, l'importance de. *Soupeser les inconvénients d'une affaire.*

SOUPEUR, EUSE n. Vx. Personne qui prend part à un souper.

SOUPIÈRE n.f. Récipient creux et large avec couvercle dans lequel on sert la soupe, le potage.

SOUPIR n.m. **1.** Respiration forte et profonde occasionnée par une sensation, une émotion, etc. ◇ *Litt. Rendre le dernier soupir :* mourir. **2.** MUS. Silence d'une durée égale à la noire ; signe qui indique ce silence. ◇ *Quart de soupir :* silence d'une durée égale à la double croche ; signe qui indique ce silence.

SOUPIRAIL n.m. [pl. *soupiraux*] (de *soupirer*). Ouverture donnant un peu d'air et de lumière à un sous-sol.

SOUPIRANT n.m. Vieilli ou *par plais.* Celui qui fait la cour à une femme.

SOUPIRER v.i. (lat. *suspirare*). **1.** Pousser des soupirs exprimant la satisfaction ou le déplaisir, un état agréable ou pénible. *Soupirer de plaisir, d'ennui.* **2.** *Litt.* Être amoureux. *Soupirer pour une jeune beauté.* **3.** *Litt. Soupirer après :* désirer vivement, attendre avec impatience. ◆ v.t. Dire qqch avec des soupirs, dans un soupir. *C'est impossible, soupira-t-elle.*

SOUPLE adj. (lat. *supplex,* qui plie les genoux pour supplier). **1.** Qui se plie facilement ; flexible. *Cuir souple.* **2.** Qui donne une impression de légèreté, d'élasticité. **3.** Qui a le corps flexible. *La gymnastique rend souple.* **4.** Capable de s'adapter ; accommodant, complaisant. *Avoir un caractère souple.*

SOUPLEMENT adv. De manière souple.

SOUPLESSE n.f. Qualité de qqn ou de qqch de souple.

SOUQUENILLE [suknij] n.f. (anc. all. *sukenie,* d'un mot slave). Vx. Longue blouse.

SOUQUER v.t. (provenç. *souca,* serrer un nœud). MAR. Raidir, serrer fortement un nœud, un amarrage. ◆ v.i. Tirer sur les avirons. *Souquer ferme.*

SOURATE n.f. → **SURATE.**

SOURCE n.f. (de *sours,* p. passé de *sourdre*). **1.** Lieu d'émergence à la surface du sol de l'eau emmagasinée dans une nappe aquifère souterraine. **2.** Ce qui est à l'origine de qqch ; principe, cause. ◇ *Remonter aux sources :* retrouver l'origine d'une affaire ; revenir aux débuts, jugés plus purs, d'une doctrine. **3.** Origine d'une information, d'un renseignement. *Ne pas révéler ses sources.* ◇ *Source autorisée :* source officielle ne pouvant être nommée. **4.** Ce qui produit qqch. *Une source importante de revenus.* **5.** DR. *Retenue à la source :* mode de perception de l'impôt effectuée directement sur une somme entre les mains du débiteur avant qu'elle ne soit versée au créancier. **6.** Système qui peut fournir de façon permanente une énergie (chaleur, lumière, électricité, son), des particules. ◇ THERMODYN. *Source chaude, source froide :* sources de chaleur à températures différentes entre lesquelles évolue un fluide (frigorigène ou produisant du travail) en échangeant chaleur et travail. **7.** ÉLECTRON. L'une des électrodes d'un transistor à effet de champ, souvent reliée à une masse. **8.** MÉTALL. *Coulée en source :* coulée du métal dans un canal alimentant le moule par la partie inférieure. **9.** *Langue source :* langue du texte que l'on traduit dans une autre langue (par oppos. à *langue cible*).

SOURCIER n.m. Homme qui possède le don de découvrir les sources souterraines à l'aide d'une baguette, d'un pendule, etc. SYN. : *baguettisant.*

SOURCIL [sursi] n.m. (lat. *supercilium*). Saillie arquée, revêtue de poils, qui s'étend au-dessus de l'orbite de l'œil. ◇ *Froncer les sourcils :* témoigner du mécontentement, de la mauvaise humeur.

SOURCILIER, ÈRE adj. Qui concerne les sourcils. *L'arcade sourcilière.*

SOURCILLER v.i. (de *sourcil*). Manifester par un mouvement des sourcils, du regard, sa perplexité ou son mécontentement. *Il a écouté sans sourciller.*

SOURCILLEUX, EUSE adj. *Sout.* Qui fait preuve d'une exactitude, d'une minutie extrême, d'une exigence pointilleuse. *Un magistrat sourcilleux.*

SOURD, E adj. et n. (lat. *surdus*). Se dit d'une personne atteinte de surdité. ◇ *Fam. Sourd comme un pot :* extrêmement sourd. – *Crier, frapper comme un sourd,* de toutes ses forces. ◆ adj. **1.** Qui ne se laisse pas fléchir ; insensible, inexorable. *Sourd à la pitié.* ◇ *Faire la sourde oreille :* faire semblant de ne pas entendre. **2.** Dont le son est étouffé, peu sonore. *Bruit sourd. Voix sourde.* ◇ PHON. *Consonne sourde,* ou *sourde,* n.f. : consonne non voisée (par oppos. à *sonore*). **3.** Qui ne se manifeste pas nettement. *Douleur, inquiétude sourde.* ◇ *Teinte sourde,* dépourvue d'éclat ; rabattue. **4.** *Lanterne sourde,* disposée de telle manière que celui qui la porte peut voir sans être vu ou masquer complètement la lumière.

SOURDEMENT adv. *Litt.* **1.** Avec un bruit ou un son étouffé. *Le tonnerre gronde sourdement dans le lointain.* **2.** En secret. *Intriguer sourdement.*

SOURDINE n.f. (ital. *sordina*). Dispositif permettant d'assourdir le son de certains instruments de musique. ◇ *En sourdine :* sans bruit ; secrètement, à la dérobée. – *Mettre une sourdine à :* atténuer, modérer.

SOURDINGUE adj. et n. *Fam.* Sourd.

SOURD-MUET, SOURDE-MUETTE adj. et n. (pl. *sourds-muets, sourdes-muettes*). Se dit d'une personne atteinte de surdi-mutité.

SOURDRE v.i. [59] [seulem. à l'inf. et à la 3e pers. de l'indic. présent et imparfait] (lat. *surgere,* jaillir). *Litt.* Sortir de terre, en parlant de l'eau ; jaillir, en parlant d'un liquide quelconque, et, par ext., d'une lumière, d'un son.

SOURIANT, E adj. Qui sourit.

SOURICEAU n.m. Petit d'une souris.

SOURICIÈRE n.f. **1.** Piège pour prendre les souris. **2.** Piège tendu par la police en un lieu précis où des malfaiteurs ou des suspects doivent se rendre. *Tendre, dresser une souricière.*

1. SOURIRE v.i. [75] (lat. *subridere*). Avoir un sourire, le sourire. ◆ v.t. ind. **(à). 1.** Témoigner à qqn de la sympathie, de l'affection, de la gentillesse en lui adressant un sourire. *Sourire à son interlocuteur.* **2.** Être agréable à qqn, lui plaire, lui convenir. *Cette perspective ne me sourit guère.* **3.** Être favorable à qqn. *La fortune sourit aux audacieux.*

2. SOURIRE n.m. Expression rieuse, marquée par de légers mouvements du visage et, en partic., des lèvres, qui indique le plaisir, la sympathie, l'affection, etc. ◇ *Avoir le sourire :* laisser paraître sa satisfaction, être content de qqch. – *Garder le sourire :* rester de bonne humeur en dépit d'une situation malheureuse.

SOURIS n.f. (lat. *sorex, -icis*). **1.** Petit mammifère rongeur dont l'espèce la plus commune, au pelage gris (nom sc. *Mus musculus*), cause des dégâts dans les maisons. (La souris peut avoir de 4 à 6 portées annuelles, de 4 à 8 souriceaux chacune. Cri : la souris chicote. Famille des muridés.) ◇ *Gris souris :* se dit d'un gris proche de celui du pelage de la souris. **2.** *Fam.* Jeune femme. **3.** BOUCH. Partie du gigot de mouton constituée par les muscles de la jambe. **4.** INFORM. Dispositif dont le déplacement manuel permet de désigner, à l'aide d'un curseur, une zone sur un écran de visualisation. **5.** *Souris de mer :* aphrodite.

■ **SOURIS** et souriceaux.

SOURNOIS, E adj. et n. (anc. provenç. *sorn,* sombre). Qui cache ce qu'il pense, qui agit sans se montrer ; dissimulé.

SOURNOISEMENT adv. De façon sournoise.

SOURNOISERIE n.f. *Litt.* Caractère ou action d'une personne sournoise.

SOUS prép. (lat. *subtus,* dessous). **1.** Marque une position par rapport à ce qui est plus haut ou en contact ; indique la localisation. *S'asseoir sous un arbre. Mettre un oreiller sous sa tête.* ◇ *Sous les yeux de qqn,* devant lui. **2.** Indique la situation par rapport à une époque, le délai, la position à l'intérieur d'un classement, le moyen, la cause, le point de vue, la dépendance. *Sous la IIIe République. Sous peu. Sous huitaine. Articles classés sous la même rubrique. Agir sous l'empire de la colère. Voir les choses sous un mauvais jour. Être sous cortisone.* **3.** Belgique. *Sous eau :* submergé.

SOUS-ACQUÉREUR n.m. (pl. *sous-acquéreurs*). DR. Personne qui a acquis d'un précédent acquéreur.

SOUS-ADMINISTRÉ, E adj. (pl. *sous-administrés, es*). Insuffisamment administré.

SOUS-ALIMENTATION n.f. (pl. *sous-alimentations*). Insuffisance de l'apport alimentaire assez prolongée pour provoquer des troubles ; l'ensemble de ces troubles eux-mêmes.

SOUS-ALIMENTÉ, E adj. (pl. *sous-alimentés, es*). Qui souffre de sous-alimentation. *Des populations sous-alimentées.*

SOUS-ALIMENTER v.t. Alimenter insuffisamment.

SOUS-AMENDEMENT n.m. (pl. *sous-amendements*). Modification apportée à un amendement.

SOUS-ARBRISSEAU n.m. (pl. *sous-arbrisseaux*). Plante de la taille d'une herbe, ligneuse au moins à sa base (bruyère, lavande).

SOUS-ASSURER v.t. DR. Assurer un bien pour une somme inférieure à sa valeur réelle.

SOUS-BARBE n.f. (pl. *sous-barbes*). **1.** Pièce du licol qu'on fixe sous l'auge et qui réunit les deux montants de ce licol. **2.** MAR. Cordage allant du beaupré à la guibre et servant à tenir cet espar contre les efforts provenant des étais.

SOUS-BOIS n.m. **1.** Végétation qui pousse sous les arbres d'une forêt. **2.** Partie de la forêt où pousse ce type de végétation. **3.** Dessin, peinture représentant l'intérieur d'une forêt.

SOUS-CALIBRÉ, E adj. (pl. *sous-calibrés, es*). Se dit d'un projectile de calibre inférieur à celui du canon qui le tire.

SOUS-CAVAGE n.m. (pl. *sous-cavages*). MIN. Extraction de la partie inférieure du front de taille.

SOUS-CHEF n.m. (pl. *sous-chefs*). Personne qui seconde le chef, qui dirige en son absence.

SOUS-CHEMISE n.f. (pl. *sous-chemises*). PAPET. Dossier souple et léger destiné à classer des documents à l'intérieur d'une chemise.

SOUS-CLASSE n.f. (pl. *sous-classes*). SC. DE LA V. Subdivision d'une classe.

SOUS-CLAVIER, ÈRE adj. (pl. *sous-claviers, ères*). ANAT. Qui est sous la clavicule. *Artère sous-clavière.*

SOUS-COMITÉ n.m. (pl. *sous-comités*). Subdivision d'un comité, chargée d'étudier une question particulière.

SOUS-COMMISSION n.f. (pl. *sous-commissions*). Réunion d'un petit nombre de personnes désignées parmi les membres d'une commission afin de préparer un dossier.

SOUS-CONSOMMATION n.f. (pl. *sous-consommations*). Consommation inférieure à la normale.

SOUS-CONTINENT n.m. (pl. *sous-continents*). Sous-ensemble d'un continent, et, notamm., partie de l'Asie continentale située au sud de l'Himalaya (qu'on appelle aussi *sous-continent indien*).

SOUS-CORTICAL, E, AUX adj. MÉD. Relatif aux structures profondes du cerveau, sous le cortex. ◇ *Système sous-cortical :* système *extrapyramidal.

SOUS-COUCHE n.f. (pl. *sous-couches*). **1.** Première couche de peinture sur une surface. **2.** Couche de neige recouverte par de la neige fraîche.

SOUSCRIPTEUR n.m. Personne qui prend part à une souscription.

SOUSCRIPTION n.f. (lat. *subscriptio*). **1.** Action de souscrire, de s'engager à, de s'associer à une entreprise, d'acheter un ouvrage en cours de publication, etc. ; somme qui doit être versée par le souscripteur. **2.** Indication sous la signature d'une lettre du nom et du titre de l'expéditeur. **3.** DR. Signature mise au bas d'un acte pour l'approuver. **4.** BOURSE. Participation à une augmentation de capital par appel au public, à une émission publique d'obligations. ◇ *Droit de souscription :* droit, pour un actionnaire, de participer par priorité à une augmentation de capital.

SOUSCRIRE v.t. [79] (lat. *subscribere*). **1.** DR. Revêtir un écrit de sa signature pour l'approuver. **2.** S'engager à verser une certaine somme en contrepartie de qqch. *Souscrire un abonnement à une revue.* ◆ v.t. ind. **(à).** Donner son adhésion, son approbation à qqch. *Souscrire à un arrangement.* ◆ v.i. **1.** S'engager à contribuer financièrement à qqch, à prendre sa part d'une dépense commune. *Souscrire à un emprunt.* **2.** Prendre l'engagement d'acheter, moyennant un prix convenu, un ouvrage qui doit être publié.

SOUS-CUTANÉ, E adj. (pl. *sous-cutanés, es*). **1.** Situé sous la peau. **2.** Qui se fait sous la peau ; hypodermique.

SOUS-DÉCLARER v.t. **1.** Ne pas déclarer la totalité de ses revenus. **2.** Déclarer qqch au-dessous de sa valeur.

SOUS-DÉVELOPPÉ, E adj. et n. (pl. *sous-développés, es*). Qui se trouve en deçà d'un niveau normal de développement. ◆ adj. Se dit d'un pays dont les habitants ont un faible niveau de vie moyen en raison, notamm., de l'insuffisance de la production agricole, du faible développement de l'industrie et, fréquemment, d'une croissance démographique plus rapide que la progression du revenu national. (On dit aussi *pays en développement* ou *pays moins avancé.*)

SOUS-DÉVELOPPEMENT n.m. (pl. *sous-développements*). État d'un pays sous-développé.

SOUS-DIACONAT n.m. (pl. *sous-diaconats*). CATH. Ordre sacré précédant le diaconat, supprimé par la réforme de 1972.

SOUS-DIACRE n.m. (pl. *sous-diacres*). Anc. Clerc ayant reçu le sous-diaconat.

SOUS-DIRECTEUR, TRICE n. (pl. *sous-directeurs, trices*). Personne qui dirige en second.

SOUS-DOMINANTE n.f. (pl. *sous-dominantes*). MUS. Note située au quatrième degré de la gamme diatonique, au-dessous de la dominante.

SOUS-EFFECTIF n.m. (pl. *sous-effectifs*). Effectif inférieur à la normale.

SOUS-EMBRANCHEMENT n.m. (pl. *sous-embranchements*). SC. DE LA V. Subdivision d'un embranchement, d'un niveau supérieur à la classe.

SOUS-EMPLOI n.m. (pl. *sous-emplois*). Emploi d'une partie seulement de la main-d'œuvre disponible.

SOUS-EMPLOYER v.t. [7]. N'employer qu'en partie les capacités, le temps d'une personne, d'un groupe, ou d'une machine, d'un équipement.

SOUS-ENSEMBLE n.m. (pl. *sous-ensembles*). ALGÈBRE. *Sous-ensemble d'un ensemble,* ou *sous-ensemble,* partie de cet ensemble.

SOUS-ENTENDRE v.t. [59]. Faire comprendre qqch sans le dire ; ne pas exprimer franchement sa pensée. ◇ *Être sous-entendu :* être implicite, ne pas être exprimé mais pouvoir être facilement supposé, rétabli.

SOUS-ENTENDU n.m. (pl. *sous-entendus*). Ce qu'on fait comprendre sans le dire. *Une lettre pleine de sous-entendus.*

SOUS-ENTREPRENEUR n.m. (pl. *sous-entrepreneurs*). Entrepreneur qui se substitue pour l'exécution d'un travail à l'entrepreneur qui en a reçu la commande.

SOUS-ÉQUIPÉ, E adj. (pl. *sous-équipés, es*). ÉCON. Dont l'équipement est insuffisant. *Région sous-équipée.*

SOUS-ÉQUIPEMENT n.m. (pl. *sous-équipements*). État d'une nation, d'une région sous-équipée.

SOUS-ESPACE n.m. (pl. *sous-espaces*). ALGÈBRE. Sous-ensemble d'un espace possédant les mêmes propriétés ou la même structure que l'espace lui-même.

SOUS-ESPÈCE n.f. (pl. *sous-espèces*). SC. DE LA V. Niveau de la classification immédiatement inférieur à l'espèce et supérieur à la variété. (Ex. : dans *Homo sapiens sapiens,* le premier *sapiens* indique l'espèce et le second la sous-espèce.)

SOUS-ESTIMATION n.f. (pl. *sous-estimations*). Action de sous-estimer.

SOUS-ESTIMER v.t. Apprécier au-dessous de sa valeur réelle. *Sous-estimer un adversaire.*

SOUS-ÉVALUATION n.f. (pl. *sous-évaluations*). Action de sous-évaluer.

SOUS-ÉVALUER v.t. Évaluer qqch au-dessous de sa valeur. *Sous-évaluer un stock.*

SOUS-EXPLOITATION n.f. (pl. *sous-exploitations*). ÉCON. Exploitation insuffisante.

SOUS-EXPLOITER v.t. ÉCON. Exploiter insuffisamment.

SOUS-EXPOSER v.t. PHOTOGR. Exposer insuffisamment une surface sensible.

SOUS-EXPOSITION n.f. (pl. *sous-expositions*). PHOTOGR. Exposition insuffisante.

SOUS-FAÎTE n.m. (pl. *sous-faîtes*). CONSTR. Pièce de charpente qui, placée horizontalement dans un comble au-dessous du faîte, contribue au contreventement de l'ensemble.

SOUS-FAMILLE n.f. (pl. *sous-familles*). SC. DE LA V. Niveau de la classification immédiatement inférieur à la famille.

SOUS-FIFRE n.m. (pl. *sous-fifres*). *Fam.* Personne qui occupe un emploi subalterne.

SOUS-GARDE n.f. (pl. *sous-gardes*). Pièce qui protège la détente d'une arme à feu.

SOUS-GLACIAIRE adj. (pl. *sous-glaciaires*). GÉOMORPH. Qui concerne la zone où le glacier est en contact avec la roche.

SOUS-GORGE n.f. inv. Partie de la bride qui passe sous la gorge du cheval.

SOUS-GOUVERNEUR n.m. (pl. *sous-gouverneurs*). Gouverneur en second.

SOUS-GROUPE n.m. (pl. *sous-groupes*). Subdivision d'un groupe. – ALGÈBRE. Sous-ensemble d'un groupe qui, pour la loi de composition du groupe, possède lui aussi la structure de groupe.

SOUS-HOMME n.m. (pl. *sous-hommes*). *Péjor.* Homme considéré comme inférieur.

SOUS-HUMANITÉ n.f. (pl. *sous-humanités*). Condition de sous-homme ; ensemble des sous-hommes.

SOUS-JACENT, E adj. [pl. *sous-jacents, es*] (de *sous* et lat. *jacens,* qui est étendu). **1.** Qui est placé dessous. *Muscles sous-jacents.* **2.** Qui ne se manifeste pas ouvertement ; caché. *Théories, idées sous-jacentes.*

SOUS-LIEUTENANT n.m. (pl. *sous-lieutenants*). Officier titulaire du premier grade de la hiérarchie, dans les armées de terre et de l'air (→ *grade*).

SOUSLIK n.m. ZOOL. Spermophile.

SOUS-LOCATAIRE n. (pl. *sous-locataires*). Personne qui occupe un local en sous-location.

SOUS-LOCATION n.f. (pl. *sous-locations*). Action de sous-louer.

SOUS-LOUER v.t. **1.** Donner à loyer la totalité ou une partie d'une maison ou d'un appartement dont on est locataire principal. **2.** Prendre à loyer du locataire principal une portion de maison ou d'appartement.

SOUS-MAIN n.m. inv. **1.** Accessoire de bureau sur lequel on pose le papier pour écrire. **2.** *En sous-main :* en cachette, secrètement.

SOUS-MAÎTRESSE n.f. (pl. *sous-maîtresses*). Anc. Surveillante de maison de tolérance.

1. SOUS-MARIN, E adj. (pl. *sous-marins, es*). **1.** Qui est sous la mer. *Volcan sous-marin.* **2.** Qui s'effectue sous la mer. *Navigation sous-marine.* ◇ *Chasse, pêche sous-marine :* sport qui consiste à s'approcher sous l'eau, à la nage, du poisson et à le tirer avec un harpon.

2. SOUS-MARIN n.m. (pl. *sous-marins*). **1.** Bâtiment de guerre conçu pour naviguer de façon prolongée et autonome sous l'eau et pour combattre en plongée. (On distingue les sous-marins classiques à propulsion Diesel, les sous-marins nucléaires d'attaque [SNA] et les sous-marins nucléaires lanceurs d'engins [SNLE], à propulsion nucléaire.) **2.** Tout bâtiment capable d'être immergé pour accomplir une mission de recherche, en partic. scientifique, ou de sauvetage. **3.** *Fam.* Personne qui s'introduit dans une organisation pour espionner. **4.** Québec. Sandwich long.

■ **SOUS-MARIN** japonais d'exploration scientifique *Shinkai 6500,* construit par Mitsubishi. Longueur : 9,5 m. Largeur : 2,7 m. Hauteur : 3,2 m. Masse à vide : 26 t. Charge utile : 200 kg (3 personnes).

SOUS-MARINIER, ÈRE n. (pl. *sous-mariniers, ères*). Membre de l'équipage d'un sous-marin.

SOUS-MARQUE n.f. (pl. *sous-marques*). Marque utilisée par un fabricant qui exploite par ailleurs une marque plus connue.

SOUS-MAXILLAIRE adj. (pl. *sous-maxillaires*). ANAT. Situé dans la région inférieure de la mandibule. *Glande sous-maxillaire.*

SOUS-MÉDICALISÉ, E adj. (pl. *sous-médicalisés, es*). Se dit d'une région où les moyens médicaux sont trop faibles.

SOUS-MINISTRE n. (pl. *sous-ministres*). Au Canada, haut fonctionnaire qui seconde un ministre.

SOUS-MULTIPLE adj. et n.m. (pl. *sous-multiples*). ARITHM. Se dit d'un nombre contenu un nombre entier de fois dans un autre nombre. ◆ n.m. MÉTROL. Quotient d'une unité de mesure par une puissance entière, positive de 10.

S

SOUS-NAPPE n.f. (pl. *sous-nappes*). Molleton qu'on place sous la nappe.

SOUS-NORMALE n.f. (pl. *sous-normales*). GÉOMÉTR. Projeté de la normale cartésienne sur l'axe des abscisses ou sur le plan de cote nulle.

SOUS-ŒUVRE n.m. sing. *En sous-œuvre :* se dit d'un travail neuf ou en reprise effectué sous des parties portantes d'une construction.

SOUS-OFF n.m. [pl. *sous-offs*] (abrév.). *Arg. mil.* Sous-officier.

SOUS-OFFICIER n.m. (pl. *sous-officiers*). Militaire d'active ou de réserve situé, dans la hiérarchie, entre l'homme du rang et l'officier subalterne.

SOUS-ORBITAL, E, AUX adj. ASTRONAUT. Suborbital.

SOUS-ORDRE n.m. (pl. *sous-ordres*). **1.** Personne soumise aux ordres d'une autre ; subalterne. **2.** SC. DE LA V. Niveau de la classification immédiatement inférieur à l'ordre. **3.** *Créancier en sous-ordre :* créancier d'un créancier.

SOUS-PALAN (EN) loc. adv. Se dit d'une marchandise qui, extraite des cales d'un navire, doit être livrée au port à son destinataire.

SOUS-PAYER v.t. [6]. Payer au-dessous du taux légal ou insuffisamment. *Sous-payer ses employés.*

SOUS-PEUPLÉ, E adj. (pl. *sous-peuplés, es*). Peuplé insuffisamment.

SOUS-PEUPLEMENT n.m. (pl. *sous-peuplements*). Peuplement insuffisant eu égard aux ressources exploitées ou potentielles d'un espace géographique.

SOUS-PIED n.m. (pl. *sous-pieds*). Bande de tissu extensible qui passe sous le pied et s'attache au bas du pantalon pour le maintenir tendu.

SOUS-PLAT n.m. (pl. *sous-plats*). Belgique. Dessous-de-plat.

SOUS-PRÉFECTORAL, E, AUX adj. Relatif à une sous-préfecture, à un sous-préfet.

SOUS-PRÉFECTURE n.f. (pl. *sous-préfectures*). **1.** Subdivision de département administrée par un sous-préfet. **2.** Ville où réside le sous-préfet. **3.** Ensemble des services de l'administration sous-préfectorale.

SOUS-PRÉFET n.m. (pl. *sous-préfets*). En France, fonctionnaire représentant de l'État dans un arrondissement.

SOUS-PRÉFÈTE n.f. (pl. *sous-préfètes*). **1.** Femme sous-préfet. **2.** Femme d'un sous-préfet.

SOUS-PRESSION n.f. (pl. *sous-pressions*). Action exercée par l'eau présente dans les terrains sur les constructions totalement ou partiellement enterrées (radier, fondation de barrages, etc.).

SOUS-PRODUCTION n.f. (pl. *sous-productions*). Production insuffisante.

SOUS-PRODUIT n.m. (pl. *sous-produits*). **1.** Produit dérivé d'un autre. **2.** Mauvaise imitation, produit de qualité médiocre. **3.** Corps obtenu accessoirement dans une préparation chimique industrielle ou comme résidu d'une extraction. **4.** Substance utile associée dans le minerai au produit recherché par l'exploitation.

SOUS-PROGRAMME n.m. (pl. *sous-programmes*). INFORM. Séquence d'instructions réalisant une fonction particulière, conçue pour être utilisée dans différents programmes. SYN. : *routine*.

SOUS-PROLÉTAIRE n. (pl. *sous-prolétaires*). Personne qui fait partie du sous-prolétariat.

SOUS-PROLÉTARIAT n.m. (pl. *sous-prolétariats*). Couche sociale confrontée à la surexploitation et à une particulière précarité, et ne disposant pas des modes d'organisation et de défense propres au prolétariat.

SOUS-PULL n.m. (pl. *sous-pulls*). Pull-over à mailles très fines et à col roulé destiné à être porté sous un autre plus épais.

SOUS-SATURÉ, E adj. (pl. *sous-saturés, es*). PÉTROL. Se dit d'une roche magmatique déficitaire en silice et contenant des feldspathoïdes.

SOUS-SCAPULAIRE adj. (pl. *sous-scapulaires*). ANAT. Situé dans la région inférieure de la face antérieure de l'omoplate. *Muscle sous-scapulaire.*

SOUS-SECRÉTAIRE n.m. (pl. *sous-secrétaires*). *Sous-secrétaire d'État :* membre du gouvernement subordonné à un secrétaire d'État ou à un ministre (notamm., en France, sous les IIIe et IVe Républiques).

SOUS-SECTEUR n.m. (pl. *sous-secteurs*). **1.** MIL. Zone d'un secteur confiée à une unité de l'importance d'un régiment. **2.** Division d'un secteur quelconque.

SOUS-SEING n.m. inv. DR. Acte sous seing privé.

SOUSSIGNÉ, E adj. et n. Qui a mis son nom au bas d'un acte. *Le soussigné déclare.*

SOUS-SOL n.m. (pl. *sous-sols*). **1.** Niveau immédiatement au-dessous de la terre végétale. *Un sous-sol sablonneux.* **2.** Partie ou ensemble des couches géologiques d'une région. *Le sous-sol de Paris, du Québec.* **3.** Étage souterrain ou partiellement souterrain d'un bâtiment.

SOUS-SOLAGE n.m. (pl. *sous-solages*). AGRIC. Travail du sol qui en fragmente les parties profondes sans les ramener à la surface.

SOUS-SOLEUSE n.f. (pl. *sous-soleuses*). Charrue conçue pour effectuer le sous-solage.

SOUS-STATION n.f. (pl. *sous-stations*). Ensemble des appareils de transformation ou de distribution groupés dans un bâtiment ou à l'air libre et destinés à l'alimentation d'un réseau électrique.

SOUS-SYSTÈME n.m. (pl. *sous-systèmes*). Système subordonné à un autre.

SOUS-TANGENTE n.f. (pl. *sous-tangentes*). GÉOMÉTR. Projeté sur un axe du segment de la tangente en un point d'une courbe compris entre ce point et le point où la tangente rencontre l'axe considéré.

SOUS-TASSE n.f. (pl. *sous-tasses*). Soucoupe.

SOUS-TENDRE v.t. [59]. **1.** GÉOMÉTR. Être la corde d'un arc de courbe. **2.** *Fig.* Être à l'origine, à la base de qqch. *Le principe de la lutte des classes sous-tend cette analyse.*

SOUS-TENSION n.f. (pl. *sous-tensions*). Tension électrique inférieure à la normale.

SOUS-TITRAGE n.m. (pl. *sous-titrages*). CINÉMA. Action de sous-titrer.

SOUS-TITRE n.m. (pl. *sous-titres*). **1.** Titre placé après le titre principal d'un livre, d'un article. **2.** CINÉMA. Traduction des dialogues d'un film en version originale, qui apparaît au bas de l'image sur l'écran.

SOUS-TITRER v.t. Mettre un sous-titre, des sous-titres à.

SOUSTRACTEUR n.m. Organe de calcul analogique ou numérique permettant d'effectuer la différence de deux nombres.

SOUSTRACTIF, IVE adj. ARITHM. Relatif à la soustraction.

SOUSTRACTION n.f. **1.** ARITHM. Opération (notée –) qui consiste à trouver, s'il existe, le nombre x, appelé *différence de b et a*, tel que $a + x = b$. **2.** DR. Prise de possession d'une chose contre le gré et à l'insu de son détenteur légitime.

SOUSTRAIRE v.t. [92] (lat. *subtrahere*, retirer, avec l'infl. de *sous*). **1.** Retrancher une quantité d'une autre, en faire la soustraction. **2.** Prendre qqch, l'enlever de qqch, génér. par des moyens irréguliers ; dérober. *Soustraire un dossier des archives. L'escroc lui a soustrait une somme considérable.* **3.** *Litt.* Faire échapper qqn à qqch, lui permettre d'y échapper. *Rien ne peut vous soustraire à cette obligation.* **4.** *Litt. Soustraire qqn, qqch aux regards, à la vue,* les cacher, les placer de manière à ce qu'ils ne soient pas vus.

SOUS-TRAITANCE n.f. (pl. *sous-traitances*). Exécution, par un artisan ou un industriel, d'un travail pour le compte d'un autre industriel, le donneur d'ordres, conformément à des normes ou à des plans imposés par celui-ci.

SOUS-TRAITANT n.m. (pl. *sous-traitants*). Entrepreneur qui fait de la sous-traitance.

SOUS-TRAITER v.t. Confier à un sous-traitant tout ou partie d'un marché primitivement conclu par un autre.

SOUS-UTILISER v.t. Utiliser de façon insuffisante.

SOUS-VENTRIÈRE n.f. (pl. *sous-ventrières*). Courroie attachée aux deux limons d'une voiture ou d'une charrette et qui passe sous le ventre du cheval.

SOUS-VERGE n.m. inv. Cheval attelé, non monté, placé à la droite d'un autre, lui aussi attelé, mais portant le cavalier.

SOUS-VERRE n.m. inv. Ensemble constitué d'une image (gravure, dessin, photographie) entre une plaque de verre et un carton, maintenu par une bande adhésive, une baguette, etc.

SOUS-VÊTEMENT n.m. (pl. *sous-vêtements*). Pièce de lingerie ou de bonneterie que l'on porte sous les vêtements, à même la peau.

SOUS-VIRER v.i. En parlant d'un véhicule automobile, avoir tendance, dans une courbe, à diminuer l'amplitude de l'impulsion de braquage donnée par le volant et à s'échapper vers l'extérieur de la courbe.

SOUS-VIREUR, EUSE adj. (pl. *sous-vireurs, euses*). Se dit d'un véhicule automobile qui sous-vire.

SOUTACHE n.f. (hongr. *sujtás*). Tresse de galon appliquée sur diverses parties du costume militaire (écussons, par ex.) ou sur une étoffe dans un but décoratif.

SOUTACHER v.t. Garnir d'une soutache.

SOUTANE n.f. (ital. *sottana*). Long vêtement en forme de robe, porté par les ecclésiastiques.

SOUTE n.f. (anc. provenç. *sota*). **1.** Compartiment fermé de l'entrepont et des cales d'un navire, servant à contenir du matériel, du combustible, des munitions ou des vivres. **2.** Compartiment réservé au fret ou aux bagages, dans le fuselage d'un avion. ◆ pl. Combustibles liquides pour les navires.

SOUTENABLE adj. **1.** Qui peut être supporté, enduré. **2.** Qui peut être défendu par des raisons solides. *Opinion difficilement soutenable.*

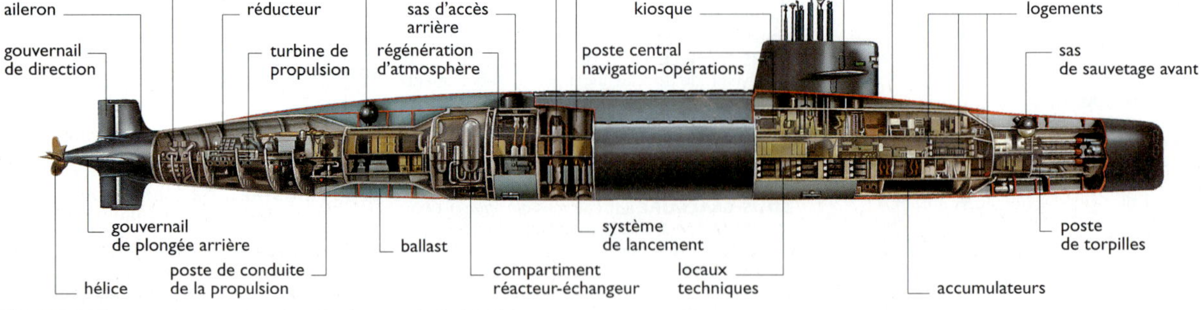

■ **SOUS-MARIN** nucléaire lanceur d'engins, du type du *Redoutable*.

SOUTENANCE n.f. Action de soutenir une thèse, un mémoire.

SOUTÈNEMENT n.m. **1.** MIN. Dispositif de soutien des parois d'une excavation ; opération de mise en place de ce dispositif. ◇ ***Soutènement marchant,*** composé de piles hydrauliques. **2.** TRAV. PUBL. Appui, contrefort. ◇ ***Mur de soutènement :*** mur résistant à la poussée des terres de remblai ou des eaux.

SOUTENEUR n.m. **1.** Vx. Personne qui soutient, qui défend une idée, une cause. **2.** Individu qui vit de la prostitution de filles qu'il prétend protéger ; proxénète.

SOUTENIR v.t. [28] (lat. *sustinere*). **1.** Maintenir dans une position grâce à un support ; servir de support, d'appui à. *Soutenir de jeunes arbres avec des tuteurs.* **2.** Maintenir qqn debout, l'empêcher de tomber, de s'affaisser. *Deux personnes le soutenaient pour marcher.* **3.** Empêcher qqn, un organe de s'affaiblir, de défaillir ; remonter, stimuler. *Ce médicament est destiné à soutenir le cœur.* **4.** *Fig.* Empêcher de faiblir, procurer une aide, un réconfort à qqn. *Soutenir le moral de qqn.* **5.** Agir pour maintenir qqch à un certain niveau, empêcher de faiblir. *Soutenir la monnaie, l'économie. Soutenir l'intérêt de ses lecteurs.* ◇ ***Soutenir son rang, sa réputation :*** se comporter de façon conforme à son rang, à sa réputation. **6.** Apporter son appui à ; défendre. *Parti qui soutient le gouvernement.* – Aux cartes, renforcer une enchère du partenaire. **7.** Affirmer une opinion. *Je soutiens qu'il se trompe.* ◇ ***Soutenir une thèse, un mémoire,*** les exposer et les défendre, au cours d'une soutenance. **8.** Résister sans faiblir à. *Soutenir les assauts de l'ennemi.* ◇ ***Soutenir le regard de qqn,*** le regarder dans les yeux sans se laisser intimider. – ***Soutenir la comparaison avec :*** ne pas être inférieur à. ◆ **se soutenir** v.pr. **1.** Se maintenir en position d'équilibre dans l'air, dans l'eau. *Se soutenir dans l'eau grâce à une bouée.* **2.** *Fig.* Se maintenir au même degré, conserver son niveau. *Un film dont l'intérêt se soutient du début à la fin.* **3.** Être affirmé, argumenté de manière valable. *Un point de vue qui peut se soutenir.* **4.** Se prêter une mutuelle assistance ; s'entraider.

SOUTENU, E adj. **1.** Qui ne se relâche pas. *Effort soutenu.* **2.** Se dit d'une couleur qui présente une certaine intensité. *Un bleu soutenu.* **3.** ***Langue soutenue :*** niveau de langue caractérisé par une certaine recherche dans le choix des mots et la syntaxe. – ***Style soutenu :*** style constamment noble, élevé, élégant.

SOUTERRAIN, E adj. **1.** Situé, effectué sous terre. *Abri souterrain. Travaux souterrains.* **2.** Qui se trame secrètement. *Menées souterraines.* ◇ ***Économie souterraine :*** économie *immergée. ◆ n.m. Couloir, galerie qui s'enfonce sous terre. *Les souterrains du château.* – Ouvrage construit au-dessous du niveau du sol pour livrer passage à une voie de communication (tunnel), à une galerie d'amenée ou d'évacuation des eaux, etc.

SOUTIEN n.m. **1.** Action de soutenir qqn ; appui. *Nous vous apporterons notre soutien.* **2.** Action de soutenir qqch ; aide. *Mesures de soutien à l'économie.* **3.** Personne, groupe qui soutient un groupe, qqn ; appui, défenseur. *C'est un des plus sûrs soutiens du gouvernement.* ◇ DR. ***Soutien de famille :*** personne qui assure, grâce à son activité, la subsistance matérielle de sa famille. **4.** Ce qui soutient qqch ; support. *Cette colonne est le soutien de la voûte.*

SOUTIEN-GORGE n.m. (pl. *soutiens-gorge*). Pièce de lingerie féminine servant à maintenir la poitrine.

SOUTIER n.m. **1.** Anc. Matelot qui alimentait en charbon les chaufferies d'un navire. **2.** *Fig.* Personne qui occupe une fonction subalterne et ingrate, génér. indispensable.

SOUTIRAGE n.m. Action de soutirer ; son résultat.

SOUTIRER v.t. (de *sous* et *tirer*). **1.** Transvaser doucement du vin, un liquide ou un gaz d'un récipient dans un autre. **2.** Obtenir par ruse ou par adresse. *Soutirer de l'argent à qqn.*

SOUTRA n.m. → **SUTRA.**

SOUTRAGE n.m. (anc. gascon *sostratge,* litière). Enlèvement périodique de la végétation qui tapisse une forêt et qui en gêne l'exploitation.

SOUVENANCE n.f. *Litt.* **1.** ***À ma souvenance :*** autant que je me le rappelle. **2.** ***Avoir souvenance de qqch,*** en avoir le souvenir.

1. SOUVENIR n.m. **1.** Survivance, dans la mémoire, d'une sensation, d'une impression, d'une idée, d'un événement passés. *Un souvenir agréable.* **2.** Objet qui rappelle la mémoire de qqn ou d'un événement. *Acceptez ce bijou comme souvenir.* **3.** Petit objet vendu aux touristes sur les lieux particulièrement visités. **4.** ***Au bon souvenir de qqn :*** formule de politesse par laquelle on prie son interlocuteur de transmettre à qqn l'expression de sa sympathie, de son amitié. *Rappelez-moi à son bon souvenir.*

2. SOUVENIR (SE) v.pr. [28]. **1.** Avoir présent à l'esprit une image liée au passé. *Souvenez-vous de vos promesses !* **2.** ***Je m'en souviendrai :*** je me vengerai. **3.** *Litt.* Revenir à la mémoire. *Vous souvient-il que...*

SOUVENIR-ÉCRAN n.m. (pl. *souvenirs-écrans*). PSYCHAN. Souvenir reconstruit par le sujet à partir d'événements réels ou de fantasmes, et recouvrant un contenu refoulé.

SOUVENT adv. (lat. *subinde,* aussitôt). **1.** De manière répétée ; fréquemment. **2.** Dans de nombreux cas ; d'ordinaire.

1. SOUVERAIN, E adj. (du lat. *super,* au-dessus). **1.** *Sout.* Qui atteint le plus haut degré ; extrême. *Un souverain mépris. Un bonheur souverain.* **2.** Qui exerce un pouvoir suprême, supérieur. *Le peuple est souverain.* **3.** DR. Qui n'est susceptible d'aucun recours. *Jugement souverain.* **4.** ***Remède souverain,*** dont l'efficacité est certaine, infaillible. ◆ n. Personne qui exerce le pouvoir suprême ; monarque, roi, empereur. ◆ n.m. PHILOS. Instance qui détient en droit le pouvoir politique (un individu, une assemblée ou le peuple).

2. SOUVERAIN n.m. (angl. *sovereign*). Ancienne monnaie d'or d'Angleterre.

SOUVERAINEMENT adv. **1.** Au plus haut point. *Livre souverainement ennuyeux.* **2.** Sans appel, avec un pouvoir souverain. *Décider souverainement.*

SOUVERAINETÉ n.f. **1.** Autorité suprême. *Souveraineté du peuple.* **2.** Pouvoir suprême reconnu à l'État, qui implique l'exclusivité de sa compétence sur le territoire national et son indépendance dans l'ordre international, où il n'est limité que par ses propres engagements. ◇ ***Souveraineté nationale :*** principe du droit public français selon lequel la souveraineté, jadis exercée par le roi, l'est auj. par les représentants du peuple. – ***Souveraineté populaire :*** principe selon lequel la souveraineté appartient, directement ou non, à l'ensemble des citoyens. (Traditionnellement opposée à la ***souveraineté nationale,*** elle soustend la notion de référendum.)

SOUVERAINISTE n. et adj. **1.** Partisan d'une Europe constituée de nations souveraines. **2.** Québec. Partisan de l'accession de la province au statut d'État souverain.

SOUVLAKI n.m. (mot gr.). Brochette de viande à la grecque.

SOVIET [sɔvjɛt] n.m. (mot russe, *conseil*). HIST. Assemblée des délégués élus, en Russie, puis en URSS. ◇ ***Soviet suprême :*** organe supérieur du pouvoir d'État en URSS, jusqu'en 1991 (à l'échelon fédéral et à l'échelon républicain) et dans certaines républiques devenues indépendantes depuis cette date.

SOVIÉTIQUE adj. Relatif aux soviets, à l'URSS. *L'économie soviétique.* ◆ adj. et n. De l'URSS.

SOVIÉTISER v.t. Soumettre à l'Union soviétique, à son influence ; organiser selon son modèle.

SOVIÉTOLOGUE n. Spécialiste de l'Union soviétique.

SOVKHOZ ou **SOVKHOZE** [sɔvkoz] n.m. (russe *sovkhoz*). HIST. Grande exploitation agricole d'État, en URSS.

1. SOYEUX, EUSE [swajø, øz] adj. Qui est doux, fin et brillant comme de la soie. *Laine soyeuse.*

2. SOYEUX [swajø] n.m. À Lyon, industriel travaillant la soie ou négociant en soierie.

SPA (BARRE DE) : obstacle de jumping comportant plusieurs barres étagées en oblique. (On dit aussi *un spa.*)

SPACE OPERA [spɛsɔpera] n.m. [pl. *space operas*] (angl. *space,* espace, et *opera,* opéra). Ouvrage de science-fiction (roman, film, bande dessinée) qui évoque les voyages dans l'espace, les aventures et les combats entre héros et empires galactiques.

SPACIEUSEMENT adv. De façon spacieuse.

SPACIEUX, EUSE adj. (lat. *spatiosus*). Où l'on dispose de beaucoup d'espace ; vaste.

SPADASSIN n.m. (ital. *spadaccino,* de *spada,* épée). **1.** Vx. Amateur de duels. **2.** *Litt.* Tueur à gages.

SPADICE n.m. (gr. *spadix*). BOT. Inflorescence constituée par un épi enveloppé dans une bractée appelée *spathe,* qu'on rencontre chez les palmiers et les arums.

SPAETZLI [ʃpetzli] n.m. (mot all.). Région. ou Suisse. Sorte de gnocchi que l'on sert souvent avec du gibier.

SPAGHETTI [-ge-] n.m. [pl. *spaghetti(s)*] (mot ital.). Pâte alimentaire originaire de Naples, en forme de bâtonnet long et fin.

SPAHI n.m. (mot turc). Cavalier de l'armée française appartenant à un corps créé en 1834 en Algérie, avec un recrutement en principe autochtone. (Ce corps a été dissous en 1962.)

SPALAX n.m. (mot gr., *taupe*). Rongeur de l'Europe centrale et du Sud-Est, aux oreilles et aux yeux atrophiés, à peau presque glabre, qui creuse de profondes galeries, où il vit en groupes rappelant les sociétés d'insectes. (Famille des spalacidés.) Nom usuel : *rat-taupe.*

SPALLATION n.f. (de l'angl. *to spall,* éclater). PHYS. NUCL. Éclatement en nombreuses particules du noyau d'un atome sous l'effet d'un bombardement corpusculaire assez intense.

SPALTER [spaltɛr] n.m. (de l'all. *spalten,* fendre). Brosse plate dont les peintres se servent pour faire les faux bois.

SPANIOMÉNORRHÉE n.f. (du gr. *spanios,* rare). MÉD. Rareté et espacement excessif des règles.

SPARADRAP n.m. (lat. médiév. *sparadrapum*). Bande de papier, de tissu ou de matière plastique, dont une face, destinée à être appliquée sur la peau, est enduite de substance adhésive, parfois additionnée de produits pharmaceutiques actifs.

SPARIDÉ n.m. (du lat. *sparus,* n. d'un poisson de mer). ZOOL. Poisson téléostéen à nageoires pelviennes insérées sous le thorax, à une seule dorsale ayant un rayon épineux, comme la daurade, le pagre, le pagel, le sar. (Les sparidés forment une famille.)

SPARRING-PARTNER [sparinpartnɛr] n.m. [pl. *sparring-partners*] (mot angl.). Partenaire d'entraînement dans les sports de combat, notamm. en boxe.

SPART [spart] ou **SPARTE** n.m. (gr. *sparton*). Graminée telle que l'alfa, dont les feuilles sont utilisées, après rouissage, en sparterie.

SPARTAKISME n.m. (all. *Spartakusbund*). Mouvement socialiste, puis communiste, allemand, dirigé par Karl Liebknecht et Rosa Luxemburg de 1914 - 1916 à 1919, qui réunit des éléments minoritaires de la social-démocratie et fut vaincu en janvier 1919 par les forces conservatrices.

SPARTAKISTE adj. et n. (all. *Spartakist,* de *Spartacus*). Relatif au spartakisme ; qui en est partisan.

SPARTERIE n.f. Objet (corde, natte, tapis, panier, etc.) fait de spart ; fabrication de ces objets.

1. SPARTIATE [sparsjat] adj. et n. De Sparte. ◆ adj. Qui rappelle la rigueur, l'austérité des coutumes de Sparte. ◇ ***À la spartiate :*** sévèrement.

2. SPARTIATE n.f. Sandale à lanières croisées.

SPASME n.m. (gr. *spasmos,* contraction). Contraction pathologique des muscles lisses des viscères.

SPASMODIQUE adj. Relatif au spasme ; qui a les caractères du spasme.

SPASMOLYTIQUE adj. et n.m. Antispasmodique.

SPASMOPHILE adj. et n. Atteint de spasmophilie.

SPASMOPHILIE n.f. Affection bénigne caractérisée par un excès d'excitabilité neuromusculaire, se manifestant par crises (crampes, fourmillements, malaise, etc.), et parfois par des symptômes chroniques (fatigue, par ex.). SYN. *(cour.) : tétanie.*

SPATANGUE n.m. (gr. *spataggês*). Oursin en forme de cœur aplati, recouvert de piquants courts et souples, qui vit dans les sables vaseux des côtes. (Long. 10 cm.)

SPATH [spat] n.m. (mot all.). Vx. Minéral présentant des faces cristallines nettes. ◇ ***Spath d'Islande :*** variété de calcite cristallisée.

SPATHE n.f. (gr. *spathê*). BOT. Bractée entourant l'épi dans les spadices.

SPATIABILISER [spasja-] v.t. ASTRONAUT. Rendre un matériel apte à fonctionner dans l'espace.

SPATIAL, E, AUX [spasjal, o] adj. **1.** Qui se rapporte à l'espace, à l'étendue. *La perception spatiale.* ◇ *Charge spatiale* → **charge.** **2.** TÉLÉ-

S

COMM. *Commutation spatiale :* commutation utilisant des points de connexion physiques (contacts métalliques ou portes électroniques). **3.** Qui se rapporte à l'espace interplanétaire ou intersidéral. *Recherche spatiale.* ◇ *Guerre spatiale :* conflit entre grandes puissances caractérisé par l'emploi, dans l'espace, de moyens militaires offensifs ou défensifs.

SPATIALISATION n.f. Action de spatialiser.

SPATIALISER v.t. ASTRONAUT. Envoyer dans l'espace.

SPATIALITÉ n.f. (du lat. *spatium,* espace). *Didact.* Caractère de ce qui est dans l'espace ou s'organise dans l'espace.

SPATIONAUTE n. Occupant d'un vaisseau spatial, quelle que soit sa nationalité. SYN. : *astronaute, cosmonaute.*

SPATIO-TEMPOREL, ELLE adj. (pl. *spatio-temporels, elles*). Relatif à la fois à l'espace et au temps.

SPATULE n.f. (lat. *spatula*). **1.** Instrument de métal, de bois, etc., en forme de petite pelle. **2.** Partie antérieure et recourbée du ski. **3.** Oiseau échassier d'Eurasie méridionale et d'Afrique, à bec élargi à son extrémité, qui niche sur les côtes ou dans les roseaux. (Long. 85 cm ; genre *Ajaia,* famille des threskiornithidés.)

SPATULÉ, E adj. En forme de spatule.

S

1. SPEAKER [spikœr] n.m. (mot angl., *personne qui parle*). **1.** Président de la Chambre des communes, en Grande-Bretagne. **2.** Président de la Chambre des représentants, aux États-Unis.

2. SPEAKER, SPEAKERINE [spikœr, spikrin] n. Annonceur, annonceuse à la radio, à la télévision.

SPÉCIAL, E, AUX adj. (lat. *specialis,* de *species,* espèce). **1.** Particulier à une espèce de personnes ou de choses ; approprié à un but. *Formation spéciale. Train spécial.* **2.** Qui constitue une exception. *Faveur spéciale.* **3.** Qui n'est pas commun ; bizarre. *Une mentalité un peu spéciale.*

SPÉCIALE n.f. **1.** Huître plus grasse qu'une fine de claire, en raison d'un plus long séjour en claire (plusieurs mois). **2.** Dans un rallye automobile, épreuve sur parcours imposé.

SPÉCIALEMENT adv. De façon spéciale ; particulièrement.

SPÉCIALISATION n.f. Action de spécialiser ; fait de se spécialiser.

SPÉCIALISÉ, E adj. **1.** Qui concerne une spécialité. *Ouvrage spécialisé. Formation très spécialisée.* **2.** ÉCOL. Se dit d'une espèce animale adaptée de façon particulière à un environnement spécifique.

SPÉCIALISER v.t. **1.** Rendre qqn compétent dans un domaine déterminé, le rendre apte à un métier, à un travail particulier. **2.** *Spécialiser une activité, une entreprise,* restreindre leur domaine d'action en vue de les rendre plus performantes. *Spécialiser les usines d'une région.* ◆ **se spécialiser** v.pr. Se consacrer à une branche déterminée, à un domaine particulier. *Se spécialiser en pédiatrie.*

SPÉCIALISTE n. **1.** Personne qui a des connaissances théoriques ou pratiques dans un domaine précis. **2.** Médecin qui se consacre à une spécialité officielle (cardiologue, rhumatologue, etc.) ou, par ext., à toute autre partie de la médecine.

SPÉCIALITÉ n.f. **1.** Activité à laquelle on se consacre particulièrement ; ensemble des connaissances approfondies acquises dans une branche déterminée. ◇ *Spécialité médicale :* branche particulière de la médecine reconnue officiellement comme telle. **2.** Produit caractéristique d'une région, d'un restaurant, etc. *Le cassoulet est une spécialité toulousaine.* **3.** *Spécialité pharmaceutique :* médicament tel qu'il est fabriqué et distribué aux pharmacies par un laboratoire pharmaceutique, sous une dénomination commerciale (par oppos. à *préparation pharmaceutique*). **4.** *Fam.* Manie particulière de qqn, souvent agaçante. *Elle a la spécialité de ne jamais arriver à l'heure.* **5.** DR. Principe du droit budgétaire au terme duquel les dépenses, lors du vote de la loi de finances, sont présentées au Parlement de façon détaillée. ◇ *Spécialité administrative :* principe du droit public selon lequel le pouvoir de chaque personne publique, autre que l'État, est limité à sa sphère de compétences.

SPÉCIATION n.f. SC. DE LA V. Apparition de différences génétiques, morphologiques, physiologiques ou éthologiques, entre deux populations d'une même espèce, entraînant leur séparation en deux espèces distinctes.

SPÉCIEUSEMENT adv. Rare. De façon spécieuse.

SPÉCIEUX, EUSE adj. (lat. *speciosus,* de *species,* aspect). *Sout.* Se dit de ce qui n'a qu'une apparence de vérité mais est susceptible de tromper ; fallacieux. *Raisonnement spécieux.*

SPÉCIFICATION n.f. **1.** Action de déterminer spécifiquement qqch. *Sans spécification d'heure ni de date.* **2.** Définition des caractéristiques essentielles (qualité, dimensions, etc.) que doit avoir un matériel, une construction, etc.

SPÉCIFICITÉ n.f. **1.** Qualité de ce qui est spécifique. **2.** Qualité d'une réaction chimique ne formant qu'un seul produit.

SPÉCIFIER v.t. [5]. Exprimer de manière précise, déterminer en détail. *La loi ne peut pas spécifier tous les cas de délit.*

SPÉCIFIQUE adj. **1.** Qui appartient en propre à une espèce, à une chose. ◇ SC. DE LA V. *Nom spécifique :* nom latin propre à une seule espèce à l'intérieur du genre (ex. : *lupus* dans *Canis lupus*). **2.** *Droits spécifiques :* droits de douane calculés sur les quantités physiques des produits qu'ils frappent (par oppos. à *droits ad valorem*).

SPÉCIFIQUEMENT adv. De façon spécifique.

SPÉCIMEN [spesimɛn] n.m. (lat. *specimen*). **1.** Échantillon, modèle d'une catégorie. **2.** Exemplaire d'un livre, d'une revue offert gratuitement.

SPÉCIOSITÉ n.f. Rare. Caractère spécieux.

SPECTACLE n.m. (lat. *spectaculum*). **1.** Ce qui se présente au regard, à l'attention, et qui est capable d'éveiller un sentiment. *Contempler le spectacle d'un coucher de soleil.* **2.** Représentation théâtrale, projection cinématographique, etc. *La rubrique des spectacles dans un journal.* ◇ *À grand spectacle :* se dit d'un film, d'une pièce, d'une revue qui mettent en œuvre d'importants moyens et dont la mise en scène est luxueuse. **3.** Ensemble des activités du théâtre, du cinéma, du music-hall, etc. *L'industrie du spectacle. Les arts du spectacle.* **4.** *Se donner, s'offrir en spectacle :* s'afficher en public, attirer l'attention sur soi. **5.** *Péjor.* (En appos., avec ou sans trait d'union.) Se dit de ce qui est organisé pour privilégier l'impact médiatique. *La politique spectacle.*

SPECTACULAIRE adj. Qui frappe l'imagination, qui fait sensation ; prodigieux. *Accident spectaculaire. Résultats spectaculaires.*

SPECTATEUR, TRICE n. (du lat. *spectator,* qui regarde). **1.** Témoin oculaire d'un événement. **2.** Personne qui assiste à un spectacle artistique, à une manifestation sportive, etc.

SPECTRAL, E, AUX adj. **1.** Qui a le caractère d'un spectre, d'un fantôme. *Vision spectrale.* **2.** OPT. Qui concerne un spectre lumineux. **3.** *Musique spectrale,* qui applique les principes issus de l'étude du spectre harmonique des sons.

SPECTRE n.m. (lat. *spectrum*). **1.** Apparition fantastique et effrayante d'un mort ; fantôme. **2.** Personne hâve et maigre. **3.** Représentation effrayante d'une situation, d'un événement menaçants. *Le spectre de la guerre, de la famine.* **4.** PHYS. Ensemble des radiations monochromatiques résultant de la décomposition d'une lumière complexe et, plus génér., répartition de l'intensité d'une onde (acoustique, électromagnétique), d'un faisceau de particules, en fonction de la fréquence, de l'énergie. ◇ *Spectre acoustique :* répartition de l'intensité acoustique en fonction de la fréquence. – *Spectre d'absorption :* spectre obtenu en faisant traverser à un rayonnement continu en fréquence une substance qui absorbe certaines radiations caractéristiques de cette substance. – *Spectre d'émission :* spectre du rayonnement électromagnétique émis par une source convenablement excitée (flamme, arc ou décharge électrique, étincelle). – *Spectre magnétique, électrique :* dessin des lignes de force d'un champ magnétique ou électrique, obtenu en répandant de la limaille de fer ou des particules conductrices dans un plan où règne ce champ. – *Spectre continu :* spectre dont les composantes sont distribuées de manière continue. – CHIM. *Spectre de masse :* répartition, en fonction de leur masse, des ions produits à partir d'une substance. **5.** PHARM. Ensemble des souches bactériennes sensibles à un antibiotique.

SPECTROCHIMIQUE adj. *Analyse spectrochimique :* application des techniques spectroscopiques à l'analyse chimique.

SPECTROGRAMME n.m. Photographie d'un spectre lumineux.

SPECTROGRAPHE n.m. Appareil servant à enregistrer les spectres lumineux sur une plaque photographique. ◇ *Spectrographe de masse :* appareil servant à séparer les atomes d'un ou de plusieurs corps selon leurs masses.

SPECTROGRAPHIE n.f. CHIM., PHYS. Étude des spectres à l'aide de spectrographes.

SPECTROGRAPHIQUE adj. Relatif à la spectrographie.

SPECTROHÉLIOGRAPHE n.m. Spectrographe à haute résolution permettant d'enregistrer la lumière émise par le Soleil à une longueur d'onde choisie.

SPECTROMÈTRE n.m. Appareil enregistrant et mesurant les spectres élément par élément à l'aide d'un détecteur photoélectrique et d'un système de mesure.

SPECTROMÉTRIE n.f. CHIM., PHYS. Étude des spectres à l'aide de spectromètres.

SPECTROMÉTRIQUE adj. Relatif à la spectrométrie.

SPECTROPHOTOMÈTRE n.m. Appareil mesurant, en fonction de la longueur d'onde, le rapport des valeurs d'une même grandeur photométrique relatives à deux faisceaux de rayonnement.

SPECTROPHOTOMÉTRIE n.f. CHIM., PHYS. Comparaison des répartitions spectrales de deux rayonnements.

SPECTROSCOPE n.m. Appareil destiné à observer les spectres lumineux.

SPECTROSCOPIE n.f. **1.** CHIM., PHYS. Ensemble des méthodes et des techniques d'étude des rayonnements émis, absorbés ou diffusés par une substance, que ceux-ci soient formés de radiations électromagnétiques ou de particules. ◇ *Spectroscopie des radiofréquences,* ou *spectroscopie hertzienne :* ensemble des études faites sur les phénomènes d'interaction résonante (résonance magnétique nucléaire, notamm.) entre atomes, molécules et ondes hertziennes. **2.** OPT. Ensemble des principes qui régissent l'observation binoculaire.

SPECTROSCOPIQUE adj. Relatif à la spectroscopie.

SPÉCULAIRE adj. (du lat. *speculum,* miroir). **1.** Relatif au miroir. **2.** MÉCAN. INDUSTR. *Poli spéculaire :* poli parfait d'une pièce mécanique.

SPÉCULATEUR, TRICE n. (lat. *speculator,* observateur). Personne qui fait des spéculations commerciales ou financières.

SPÉCULATIF, IVE adj. (du lat. *speculari,* observer). **1.** Relatif à une spéculation commerciale ou financière. *Des manœuvres spéculatives.* **2.** PHILOS. Qui relève de la spéculation.

SPÉCULATION n.f. **1.** Opération consistant à acheter des biens meubles ou immeubles en vue d'obtenir un gain d'argent de leur exploitation ou, plus fréquemment, de leur revente. **2.** PHILOS. Recherche intellectuelle visant une connaissance désintéressée ; théorie (par oppos. à *pratique*). – Chez Kant, recherche intellectuelle portant sur des objets inaccessibles à l'expérience. **3.** *Péjor.* Pensée abstraite, déconnectée de la réalité.

SPÉCULER v.i. (lat. *speculari,* observer). **1.** Faire des opérations financières ou commerciales sur des valeurs négociables, afin de tirer profit des variations de leurs cours. *Spéculer sur le sucre.* **2.** Compter sur qqch pour en tirer un avantage, pour parvenir à ses fins. *Spéculer sur la cupidité des hommes.* **3.** Réfléchir sur une question, en faire un objet de réflexion, d'étude.

SPÉCULOOS ou **SPÉCULAUS** [-los] n.m. Belgique. Biscuit sec très sucré de diverses formes (animal, personnage, etc.), confectionné dans les Flandres pour la Saint-Nicolas. (En France, on écrit aussi *spéculos.*)

SPÉCULUM [spekylɔm] n.m. (lat. *speculum,* miroir). MÉD. Instrument servant à élargir certaines cavités du corps (vagin, conduit auditif, fosses nasales, etc.) et à en faciliter l'examen.

SPEECH [spitʃ] n.m. [pl. *speechs* ou *speeches*] (mot angl.). *Fam.* Petit discours de circonstance.

SPEEDER [spide] v.i. (de l'angl. *speed,* vitesse). *Fam.* Se dépêcher ; foncer.

SPÉLÉOLOGIE n.f. (gr. *spêlaion,* caverne, et *logos,* science). Science et sport qui ont pour objet l'étude ou l'exploration des cavités naturelles du sous-sol.

SPÉLÉOLOGIQUE adj. Relatif à la spéléologie.

SPÉLÉOLOGUE n. Spécialiste de la spéléologie ; personne qui pratique la spéléologie.

SPENCER [spɛnsœr] n.m. (de lord John Charles *Spencer,* qui mit ce vêtement à la mode). VX. Habit sans basques ; veste tailleur courte.

SPÉOS [speɔs] n.m. (gr. *speos,* grotte souterraine). Temple ou tombeau rupestre égyptien.

SPERGULAIRE n.f. Petite plante à fleurs blanches ou roses qui pousse sur les plages ou les rochers des régions côtières. (Genre *Spergularia ;* famille des primulacées.)

SPERGULE n.f. (lat. médiév. *spergula*). Petite plante à fleurs blanches et à feuilles en lanières qui pousse dans les champs et les lieux nus, sur sol sablonneux. (Genre *Spergula ;* famille des caryophyllacées.)

SPERMACETI [spɛrmaseti] n.m. (gr. *sperma,* semence, et *kêtos,* cétacé). ZOOL. Blanc de baleine.

SPERMAPHYTE n.m. → **SPERMATOPHYTE.**

SPERMATIDE n.m. ZOOL. Gamète mâle immature issu d'un spermatocyte et destiné à se transformer en spermatozoïde.

SPERMATIE [-si] n.f. (du gr. *sperma, -atos,* semence). BOT. Gamète mâle non mobile, assimilable à une spore, des algues rouges et de certains champignons (rouilles).

SPERMATIQUE adj. Relatif au sperme. ◇ *Cordon spermatique :* ensemble du canal déférent et des veines et artères du testicule.

SPERMATOCYTE n.m. ZOOL. Cellule germinale mâle appelée à subir la première ou la seconde division de la méiose.

SPERMATOGENÈSE n.f. Formation des spermatozoïdes dans le testicule.

SPERMATOGONIE n.f. ZOOL. Cellule germinale mâle immature et diploïde, souche des gamètes.

SPERMATOPHORE n.m. Sac contenant les spermatozoïdes agglutinés, chez divers invertébrés et certains amphibiens, et dont ces animaux peuvent se séparer pour le présenter à la femelle.

SPERMATOPHYTE ou **SPERMAPHYTE** n.m. (gr. *sperma, -atos,* semence, et *phuton,* plante). BOT. Phanérogame.

SPERMATOZOÏDE n.m. (du gr. *sperma, -atos,* semence). SC. DE LA V. Gamète mâle de l'homme, des animaux et de certaines plantes, habituellement formé d'une tête, contenant le noyau haploïde, et d'un ou de deux flagelles, qui assurent son déplacement.

SPERME n.m. (gr. *sperma,* semence). Liquide émis par les glandes génitales mâles, expulsé lors de l'éjaculation, et contenant les spermatozoïdes.

SPERMICIDE adj. et n.m. Se dit d'une substance qui, placée dans les voies génitales féminines, agit comme contraceptif en détruisant les spermatozoïdes.

SPERMOGRAMME n.m. Examen en laboratoire du sperme ; résultat de cet examen.

SPERMOPHILE n.m. (du gr. *sperma,* graine). Animal voisin de l'écureuil mais aux mœurs terrestres et doté d'une queue courte, dont deux espèces vivent en Afrique centrale. (Famille des sciuridés.) SYN. : *souslik.*

SPET [spɛ] n.m. Poisson marin du golfe de Gascogne et de la Méditerranée, voisin du barracuda mais plus petit, parfois appelé *brochet de mer.* (Long. 1,50 m ; genre *Sphyraena.*)

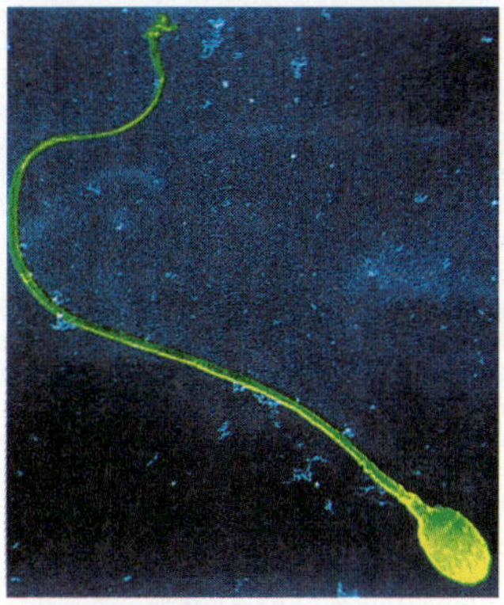

■ **SPERMATOZOÏDE**

SPETSNAZ n.f. pl. (du russe *vaiska spetsialnogo naznachenia,* troupes à affectations spéciales). Forces spéciales du Service de renseignements et d'action militaire de l'ex-Union soviétique puis de la Russie, chargées notamm. de missions de sabotage et de commando.

SPHACÈLE n.m. (gr. *sphakelos*). MÉD. Fragment de tissu ou d'organe nécrosé, par ex. au cours d'une gangrène.

SPHAIGNE [sfɛɲ] n.f. (gr. *sphagnos*). Mousse des sols acides et très humides, qui s'accumule en couches épaisses dans certains marécages et dont la décomposition contribue à la formation de la tourbe. (Ordre des sphagnales.)

SPHÈNE n.m. (gr. *sphên,* coin). MINÉRALOG. Silicate de calcium et de titane, de couleur jaune miel, minéral accessoire de nombreuses roches magmatiques et métamorphiques.

SPHÉNISCIDÉ n.m. (du gr. *sphêniskos,* cheville). Oiseau marin dont le seul représentant est le manchot. (Les sphéniscidés forment une famille.)

SPHÉNODON n.m. (gr. *sphên,* coin, et *odous, odontos,* dent). ZOOL. Hattéria.

SPHÉNOÏDAL, E, AUX adj. Relatif au sphénoïde.

SPHÉNOÏDE adj. et n.m. (gr. *sphên,* coin, et *eidos,* aspect). Se dit de l'un des os de la base du crâne, en arrière des fosses nasales.

SPHÈRE n.f. (gr. *sphaira,* boule). **1.** Surface fermée dont tous les points sont à la même distance (rayon) d'un point intérieur appelé *centre.* (Le solide limité par la surface précédente est abusivement appelé *sphère* au lieu de *boule.* Les sections planes d'une sphère sont des cercles.) ◇ ASTRON. *Sphère céleste :* sphère imaginaire de rayon indéterminé ayant pour centre l'œil de l'observateur et servant à définir la direction des astres indépendamment de leur distance. **2.** Domaine, milieu dans lequel s'exerce une activité, ou l'action, l'influence de qqn, de qqch. *Étendre la sphère des connaissances humaines. Les hautes sphères de la finance.* ◇ *Sphère d'attributions :* ensemble des matières relevant de la compétence d'un agent, d'une autorité. – *Sphère d'influence :* région du globe sur laquelle une grande puissance s'est vu reconnaître par les autres, explicitement ou tacitement, des droits d'intervention particuliers.

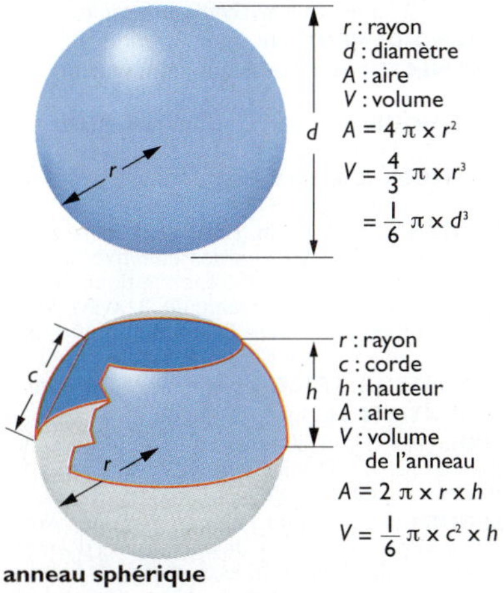

■ **SPHÈRE** et anneau sphérique.

SPHÉRICITÉ n.f. *Didact.* État de ce qui est sphérique.

SPHÉRIQUE adj. **1.** Qui a la forme d'une sphère. *Figure sphérique.* **2.** GÉOMÉTR. Relatif à la sphère. ◇ *Calotte sphérique* → **calotte.** – *Triangle sphérique :* courbe fermée tracée sur la sphère, et formée de trois arcs de grands cercles. – *Trigonométrie sphérique :* étude des relations entre les côtés et les angles d'un triangle sphérique.

SPHÉROÏDAL, E, AUX adj. Qui a la forme d'un sphéroïde.

SPHÉROÏDE n.m. Ellipsoïde de révolution aplati. (La surface de la Terre est un sphéroïde.)

SPHÉROMÈTRE n.m. Instrument permettant de mesurer la courbure des surfaces sphériques.

SPHINCTER [sfɛ̃ktɛr] n.m. (gr. *sphigtêr,* de *sphiggein,* serrer). Muscle annulaire qui ferme ou resserre un orifice ou un canal naturel.

SPHINCTÉRIEN, ENNE adj. Relatif à un sphincter.

SPHINGE n.f. Sphinx femelle.

SPHINGIDÉ n.m. Papillon nocturne aux ailes longues et étroites, au vol rapide, à trompe très longue, tel que les sphinx. (Les sphingidés forment une famille.)

SPHINX [sfɛ̃ks] n.m. (mot lat., du gr.). **1.** Monstre mythique à corps de lion et à tête humaine de l'Égypte pharaonique, sculpté aux abords des sanctuaires funéraires dont il était le gardien. (Le mythe du sphinx passa ensuite en Grèce, où il était surtout rattaché à la légende d'Œdipe.) **2.** *Litt.* Personne énigmatique. **3.** Papillon nocturne souvent de grande taille, dont les nombreuses espèces sont inféodées à des plantes différentes (troène, liseron, etc.). [Famille des sphingidés.]

SPHYGMOMANOMÈTRE n.m. (du gr. *sphugmos,* pouls). Appareil constitué d'un brassard relié à un manomètre et permettant la mesure de la pression artérielle. SYN. : *tensiomètre.*

SPHYRÈNE n.f. (gr. *sphuraina*). Poisson marin vorace, au corps fuselé, aux mâchoires puissantes, tel que le spet et le barracuda. (Genre *Sphyraena ;* famille des sphyrénidés.)

SPI n.m. → **SPINNAKER.**

SPIC n.m. → **2. ASPIC.**

SPICILÈGE n.m. (lat. *spicilegium,* de *spica,* épi, et *legere,* choisir). *Didact.* Recueil de morceaux choisis, de documents variés, d'observations.

SPICULE n.m. (lat. *spicula,* petit épi). **1.** ZOOL. Aiguillon siliceux ou calcaire constitutif du squelette des éponges. **2.** ASTRON. Élément constitutif de la chromosphère solaire, en forme d'épi.

SPIDER [spidɛr] n.m. (mot angl., *araignée*). Partie arrière d'une automobile à une seule banquette, se terminant génér. par un volume fermé de forme arrondie.

SPIEGEL [ʃpigœl] n.m. (mot all.). Ferromanganèse utilisé dans la fabrication de l'acier.

SPIN [spin] n.m. (mot angl.). PHYS. Moment cinétique propre d'une particule.

SPINA-BIFIDA n.m. inv. (mots lat., *épine dorsale fendue*). Malformation de la colonne vertébrale consistant en une fissure de sa partie postérieure à travers laquelle se produit parfois une hernie des méninges ou même de la moelle. ◆ n. inv. Sujet atteint d'un spina-bifida.

SPINAL, E, AUX adj. (du lat. *spina,* épine). ANAT. Relatif à la colonne vertébrale ou à la moelle épinière. ◇ *Nerf spinal :* nerf crânien pair, moteur des muscles du cou, du larynx et du pharynx.

SPINALIEN, ENNE adj. et n. D'Épinal.

SPINELLE n.m. (lat. *spinella*). MINÉRALOG. Oxyde d'aluminium et de magnésium pouvant donner des pierres fines de couleurs variées.

SPINNAKER [spinɛkœr] ou **SPI** n.m. (mot angl.). Grande voile triangulaire, légère et creuse, envoyée dans la marche au vent arrière et aux allures portantes.

■ **SPINNAKERS**

S

SPINOSAURE n.m. Dinosaure du crétacé d'Europe, d'Afrique et d'Amérique, au crâne et aux mâchoires évoquant ceux d'un crocodile, probablement piscivore, dont certaines espèces possédaient une voilure sur le dos et d'autres devaient atteindre la taille d'un tyrannosaure. (Groupe des saurischiens.)

SPINOZISME n.m. Système philosophique de Spinoza.

SPINOZISTE adj. et n. Relatif au spinozisme ; qui en est partisan.

SPIONCELLE n.f. Pipit (passereau) d'une espèce de montagne et des zones marécageuses ou littorales de l'hémisphère Nord. (Nom sc. *Anthus spinoletta ;* famille des motacillidés.)

SPIRAL, E, AUX adj. *Didact.* Qui a la forme d'une spirale. ◆ n.m. Petit ressort en spirale qui fait osciller à une fréquence constante le balancier d'une montre.

SPIRALE n.f. **1.** GÉOMÉTR. Courbe plane décrivant des révolutions autour d'un point fixe en s'éloignant de plus en plus. ◇ ***En spirale :*** en forme de spirale. **2.** Suite de circonvolutions. *Spirales de fumée.* **3.** Montée rapide et irrésistible de phénomènes interactifs. *La spirale des prix et des salaires.* **4.** Fil métallique hélicoïdal reliant les feuillets d'un cahier.

SPIRALÉ, E adj. Roulé en spirale.

SPIRE n.f. (gr. *speira,* enroulement). **1.** Tour complet d'une spirale ou d'une hélice. **2.** ÉLECTR., ÉLECTROTECHN. Ensemble de conducteurs formant une boucle. **3.** Ensemble des tours d'une coquille enroulée, comme celle des gastropodes ; chacun de ces tours.

SPIRÉE n.f. (lat. *spiraea,* du gr.). Plante des régions tempérées de l'hémisphère Nord, voisine de la reine-des-prés et dont certaines espèces sont cultivées pour leurs fleurs odorantes. (Genres *Spiraea* et *Filipendula ;* famille des rosacées.)

SPIRIFER [-fɛr] n.m. (mot lat., *qui porte des spires*). PALÉONT. Brachiopode fossile de l'ère primaire.

SPIRILLE [spirij] n.m. MICROBIOL. Bactérie en forme de filaments allongés et contournés en spirale (nom générique).

SPIRITAIN n.m. (du lat. *spiritus,* esprit). Membre de la congrégation catholique du Saint-Esprit, fondée en 1703 pour le service religieux des colonies françaises.

SPIRITE adj. et n. (de l'angl. *spirit-rapper,* esprit frappeur). Relatif au spiritisme ; qui le pratique.

SPIRITISME n.m. Doctrine fondée sur l'existence et les manifestations des esprits, en partic. des esprits humains désincarnés ; pratique consistant à tenter d'entrer en communication avec ces esprits par le moyen de supports matériels inanimés (tables tournantes) ou de sujets en état de transe (médiums).

ENCYCL. Né aux États-Unis (1848), le spiritisme gagna la Grande-Bretagne puis déferla à partir de 1853 sur l'Europe continentale. Son principal doctrinaire en France, Allan Kardec, s'efforça d'en faire une « religion scientifique ».

SPIRITUAL [spiritwol] n.m. [pl. *spirituals*] (mot anglo-amér., *chant religieux*). Negro spiritual.

SPIRITUALISATION n.f. Action de spiritualiser ; fait d'être spiritualisé.

SPIRITUALISER v.t. Donner à qqch un caractère de spiritualité, d'élévation. *Poème qui spiritualise l'amour.*

SPIRITUALISME n.m. PHILOS. Doctrine qui considère l'esprit comme une réalité irréductible au corps, à la matière et lui attribue une valeur supérieure. CONTR. : *matérialisme.*

SPIRITUALISTE adj. et n. Qui relève du spiritualisme ; qui en est partisan.

SPIRITUALITÉ n.f. **1.** Qualité de ce qui est esprit, de ce qui est dégagé de toute matérialité. *Spiritualité de l'âme.* **2.** Ce qui concerne le spiritualisme, la vie spirituelle.

1. SPIRITUEL, ELLE adj. (lat. *spiritualis,* de *spiritus,* esprit). **1.** Qui est de l'ordre de l'esprit, de l'âme. *Vie spirituelle.* **2.** Relatif au domaine de l'intelligence, de l'esprit, de la morale. *Valeurs spirituelles.* **3.** Relatif à la religion, à l'Église. *Pouvoir spirituel.* **4.** Qui manifeste de la vivacité d'esprit, de la finesse, de l'intelligence. *Réponse spirituelle.*

2. SPIRITUEL n.m. Membre d'une branche de l'ordre des Franciscains qui, par fidélité à l'idéal d'absolue pauvreté, se sépara de l'ordre au XIIIe s. et s'opposa à la papauté.

SPIRITUELLEMENT adv. **1.** Par l'esprit. *Communier spirituellement avec le prêtre.* **2.** D'une manière spirituelle ; avec esprit. *Répondre spirituellement.*

SPIRITUEUX, EUSE adj. et n.m. (du lat. *spiritus,* esprit de vin). Se dit d'une boisson qui contient un fort pourcentage d'alcool.

SPIROCHÈTE [-kɛt] n.m. (lat. *spira,* spirale, et gr. *khaitê,* longue chevelure). Bactérie en forme de long filament spiralé. (Trois genres de spirochètes sont pathogènes : les agents de la borréliose, les leptospires et les tréponèmes.)

SPIROCHÉTOSE [-ke-] n.f. Maladie (leptospirose, par ex.) causée par un spirochète.

SPIROGRAPHE n.m. Ver marin construisant dans le sable vaseux un tube souple, d'où sort son panache branchial en hélice. (Long. 30 cm ; genre *Spirographis,* embranchement des annélides, classe des polychètes.)

SPIROGYRE n.f. Algue verte commune dans les eaux douces, dont les filaments, non ramifiés, portent un ruban spiralé de chlorophylle. (Sous-classe des conjuguées.)

SPIROÏDAL, E, AUX adj. D'une forme proche de la spirale.

SPIROMÈTRE n.m. Appareil servant à la spirométrie.

SPIROMÉTRIE n.f. (du lat. *spirare,* respirer). PHYSIOL. Examen de la fonction de ventilation pulmonaire consistant à mesurer les volumes et les débits inspirés et expirés.

SPIRORBE n.m. (lat. sc. *spirorbis*). Petit ver marin très abondant sur les côtes, où il construit, sur les rochers, les coquillages ou les algues brunes, un tube calcaire blanc, spiralé, de 2 mm de diamètre. (Embranchement des annélides.)

SPIRULINE n.f. Cyanobactérie des eaux chaudes et saumâtres, récoltée en Afrique et en Inde pour l'alimentation humaine et animale, que l'on cultive industriellement pour la fabrication d'aliments diététiques.

SPITANT, E adj. (mot d'orig. flamande). Belgique. **1.** Bon vivant ; vif, enjoué. **2.** *Eau spitante,* pétillante.

SPITZ n.m. (mot all., *pointu*). Chien nordique à museau pointu et à fourrure abondante.

SPLANCHNIQUE [splɑ̃k-] adj. (gr. *splagkhnikos*). ANAT. Rare. Relatif aux viscères.

SPLEEN [splin] n.m. (mot angl., *rate*). *Litt.* Vague à l'âme ; mélancolie.

SPLENDEUR n.f. (lat. *splendor*). **1.** Aspect magnifique ; éclat, luxe. *Splendeur d'un spectacle.* **2.** Chose splendide. **3.** *Litt.* Grand éclat de lumière. *La splendeur du Soleil.*

SPLENDIDE adj. (lat. *splendidus*). **1.** Magnifique à contempler ; somptueux. *Paysage splendide.* **2.** D'un éclat lumineux. *Temps splendide.*

SPLENDIDEMENT adv. Avec splendeur.

SPLÉNECTOMIE n.f. Ablation chirurgicale de la rate.

SPLÉNIQUE adj. (du gr. *splên,* rate). MÉD. Qui concerne la rate.

SPLÉNOMÉGALIE n.f. Augmentation pathologique du volume de la rate.

SPOILER [spɔjlœr] n.m. (mot angl., *aérofrein*). **1.** AUTOM. Élément de carrosserie fixé sous le pare-chocs avant d'une automobile pour améliorer l'aérodynamisme du véhicule. **2.** AVIAT. Volet escamotable placé sur l'extrados d'une aile d'avion pour diminuer la portance.

SPOLIATEUR, TRICE adj. et n. *Sout.* Qui spolie.

SPOLIATION n.f. *Sout.* Action de spolier.

SPOLIER v.t. [5] (lat. *spoliare*). *Sout.* Dépouiller qqn de qqch par force ou par ruse. *Spolier un orphelin de son héritage.*

SPONDIAS [-djas] n.m. (mot gr., *prunier*). Arbre fruitier d'Asie du Sud-Est, de Polynésie et d'Amérique tropicale, dont les fruits, sucrés mais fibreux, sont appelés *pommes de Cythère* ou *mombins.* (Genre *Spondias ;* famille des anacardiacées.)

SPONDYLARTHRITE n.f. Inflammation d'un disque articulaire entre deux vertèbres. ◇ *Spondylarthrite ankylosante :* rhumatisme inflammatoire chronique de cause inconnue touchant la colonne vertébrale et les articulations sacro-iliaques.

SPONDYLE n.m. (gr. *spondulos,* vertèbre). Mollusque bivalve des mers chaudes, à coquille très colorée garnie d'épines et de lames foliacées. (Famille des spondylidés.)

SPONDYLITE n.f. MÉD. Inflammation d'une vertèbre.

SPONGIAIRE n.m. (lat. *spongia,* éponge). Organisme aquatique d'affinité animale, sans organes ni tissus définis et dépourvu de système nerveux organisé, formé de cellules regroupées en deux feuillets, au squelette constitué de spicules calcaires ou siliceux. (Les spongiaires forment un embranchement qui regroupe toutes les éponges.)

SPONGIEUX, EUSE adj. (du lat. *spongia,* éponge). **1.** Qui s'imbibe de liquide comme une éponge. *Sol spongieux.* **2.** De la nature de l'éponge ; poreux. *Tissu spongieux.*

SPONGIFORME adj. Se dit d'une maladie au cours de laquelle les tissus, vus au microscope, évoquent une éponge.

SPONGILLE [spɔ̃ʒij] n.f. Éponge d'eau douce. (Genre *Spongilla ;* classe des démosponges.)

SPONGIOSITÉ n.f. *Didact.* Caractère de ce qui est spongieux.

SPONSOR n.m. (mot angl.). [Anglic. déconseillé]. Personne ou entreprise qui parraine un athlète, une compétition sportive, une manifestation culturelle, etc. Recomm. off. : ***parraineur, commanditaire.***

SPONSORING [-riŋ] n.m. (Anglic. déconseillé). Activité d'un sponsor. Recomm. off. : ***parrainage.***

SPONSORISER v.t. (Anglic. déconseillé). Financer, au moins partiellement, une entreprise quelconque dans un but publicitaire. Recomm. off. : ***parrainer, commanditer.***

SPONTANÉ, E adj. (du lat. *sponte,* de son plein gré). **1.** Qui agit, qui se produit de soi-même, sans intervention extérieure. *Inflammation spontanée d'un combustible. Aveux spontanés.* **2.** Qui agit, qui se produit sans calcul, sans détour ; sincère. *Enfant, geste spontané.* **3.** BOT. Qui pousse naturellement, sans intervention de l'homme. ◇ *Génération spontanée* → **génération.**

SPONTANÉISME n.m. Vieilli. Attitude ou doctrine qui privilégie la spontanéité des masses ou de l'individu, dans l'action politique ou sociale.

SPONTANÉITÉ n.f. Caractère de ce qui est spontané ; sincérité.

SPONTANÉMENT adv. De façon spontanée.

SPORADIQUE adj. (gr. *sporadikos,* de *speirein,* semer). **1.** Qui existe çà et là, de temps à autre ; irrégulier. *Tirs sporadiques.* **2.** SC. DE LA V. Se dit d'une espèce, notamm. végétale, dont les populations sont dispersées, ou qui fréquente une région de manière irrégulière. **3.** MÉD. Se dit d'une maladie rare et qui touche les individus isolément.

SPORADIQUEMENT adv. De façon sporadique.

SPORANGE n.m. (de *spore* et gr. *aggos,* vase). BOT. Sac ou urne contenant les spores chez les fougères, les mousses, les moisissures, les algues, etc.

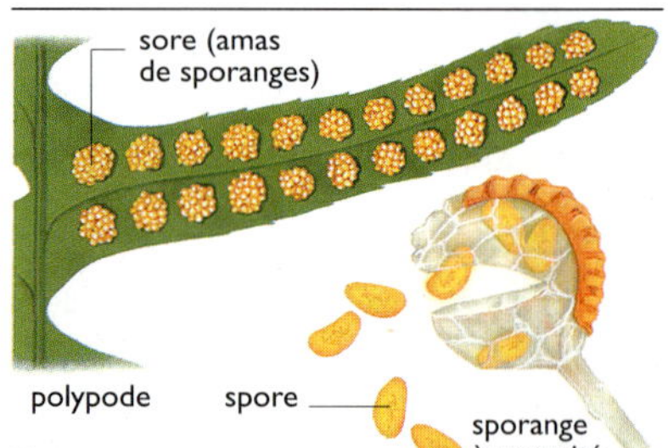

■ **SPORANGES** de fougère.

SPORE n.f. (gr. *spora,* semence). BOT. Élément unicellulaire produit et disséminé par les végétaux et dont la germination donne soit un nouvel individu (bactéries), soit une forme préparatoire à la reproduction sexuée (mousse, prothalle de fougère, mycélium primaire de champignon, tube pollinique des plantes à fleurs). [La spore mâle des plantes à fleurs est le *grain de pollen.*]

SPORIFÈRE adj. Qui produit ou contient des spores.

SPOROGONE n.m. Sporophyte des mousses, implanté génér. dans la tige femelle et formé d'une soie terminée par un sporange, ou urne.

SPOROPHYTE n.m. BOT. Individu végétal issu d'un œuf fécondé et qui, à maturité, porte les spores. (Le sporophyte est réduit à un sporogone chez les mousses ; chez les plantes supérieures, il constitue la plante presque entière.)

SPOROTRICHOSE [-koz] n.f. MÉD. Mycose due à un champignon particulier, *Sporotrichum schenkii.*

SPOROZOAIRE n.m. Protozoaire parasite, dont le cycle de reproduction, très complexe, débute par une spore. (Le sous-embranchement des sporozoaires comprend notamm. l'hématozoaire du paludisme, les coccidies et les grégarines.)

1. SPORT n.m. (mot angl., de l'anc. fr. *desport,* amusement). **1.** Ensemble des exercices physiques se présentant sous forme de jeux individuels ou collectifs, pouvant donner lieu à compétition et pratiqués en observant certaines règles ; chacune des formes particulières de ces exercices. ◇ *Sports d'hiver :* sports de neige (ski, luge) ou de glace (patinage, hockey) ; vacances d'hiver en montagne n'impliquant pas obligatoirement la pratique active de ces sports. – *Sport de nature :* activité sportive où le contact avec la nature est prépondérant (alpinisme, rafting, randonnée, etc.). **2.** *Fam.* Activité nécessitant de l'habileté et de l'attention. ◇ *Fam. C'est du sport :* c'est difficile, dangereux. – *Fam. Il va y avoir du sport :* on risque d'en venir aux mains, de se bagarrer.

2. SPORT adj. inv. **1.** Se dit d'un vêtement confortable et peu habillé, conçu pour la campagne plutôt que pour la ville. *Costume sport. Sac sport.* **2.** Conforme à l'esprit généreux du sport ; loyal. *Se montrer très sport.*

SPORTIF, IVE adj. **1.** Qui concerne un sport, le sport. *Épreuve sportive.* **2.** Qui manifeste de la sportivité ; loyal. ◆ n. et adj. Personne qui pratique un ou plusieurs sports.

SPORTIVEMENT adv. Avec les qualités morales d'un sportif ; loyalement.

SPORTIVITÉ n.f. Caractère sportif ; loyauté.

SPORT-NATURE n.m. (pl. *sports-nature*). Ensemble des sports de nature.

SPORTSWEAR [spɔrtswɛr] n.m. (mot angl.). Ensemble des vêtements, des chaussures de style sport.

SPORTULE n.f. (lat. *sportula,* de *sporta,* corbeille). ANTIQ. ROM. Don que les patrons accordaient à leurs clients.

SPORULATION n.f. SC. DE LA V. Reproduction par spores ; émission de spores.

SPORULER v.i. SC. DE LA V. Former des spores ; passer à l'état de spores lorsque les conditions de vie deviennent défavorables.

SPOT [spɔt] n.m. (mot angl., *tache, point*). **1.** Petit projecteur orientable assurant un éclairage localisé, en partic. pour un comédien, une partie du décor. **2.** Tache lumineuse formée par le pinceau d'électrons sur l'écran d'un tube cathodique. **3.** MÉTROL. Image lumineuse formée sur l'échelle des instruments de mesure à miroir tournant, servant d'index. **4.** (Anglic. déconseillé). Message publicitaire audiovisuel.

SPRAT [sprat] n.m. (mot angl.). Poisson abondant dans la Manche et la mer du Nord, voisin du hareng, et que l'on pêche pendant l'été. (Long. 15 cm env. ; genre *Sprattus,* famille des clupéidés.)

SPRAY [sprɛ] n.m. (mot angl., *brouillard*). Jet de liquide (médicament, laque, produit ménager, lubrifiant, etc.) en fines gouttelettes, lancé par un pulvérisateur ; le pulvérisateur lui-même.

SPRINGBOK [spriŋbɔk] n.m. (mot néerl., *bouc sauteur*). Antilope d'Afrique australe à la course extrêmement rapide (80 km/h) et capable d'effectuer des bonds considérables pour échapper à un prédateur. (Haut. au garrot 90 cm ; genre *Antidorcas,* famille des bovidés.)

SPRINGER [springœr] ou [springɛr] n.m. (mot angl.). Chien de chasse d'une race anglaise, voisin de l'épagneul.

SPRINKLER [sprinklœr] n.m. (mot angl.). Asperseur.

SPRINT [sprint] n.m. (mot angl.). **1.** Accélération d'un coureur à l'approche du but ; partie de la course où se produit cette accélération. *Lancer le sprint.* **2.** Course disputée sur courte distance.

1. SPRINTER ou **SPRINTEUR, SPRINTEUSE** [sprintœr, øz] n. (angl. *sprinter*). Coureur de vitesse sur petites distances ou capable de pointes de vitesse à la fin d'une longue course.

2. SPRINTER [sprinte] v.i. Augmenter sa vitesse en arrivant près du but.

SPRUE n.f. (mot angl., *scories*). Maladie chronique de l'intestin se manifestant par une malabsorption et une diarrhée graisseuse, et dont une forme est la *maladie cœliaque.*

SPUMESCENT, E adj. (du lat. *spuma,* écume). Rare. Qui ressemble à de l'écume ; qui produit de l'écume.

SPUMEUX, EUSE adj. MÉD. Qui ressemble à de l'écume. *Crachat spumeux.*

SQUALE [skwal] n.m. (lat. *squalus*). **1.** Requin de la famille des squalidés, tel que l'aiguillat, la laimargue. **2.** *Par ext.* Tout requin.

SQUAMATE [skwamat] n.m. Reptile au corps recouvert de fines écailles, à langue mobile, tel que les serpents, les lézards et les amphisbènes. (Les squamates forment un ordre.) SYN. : *saurophidien.*

SQUAME [skwam] n.f. (lat. *squama,* écaille). HISTOL. Lamelle épidermique qui se détache de la peau, normalement ou du fait d'une dermatose.

SQUAMEUX, EUSE adj. MÉD. Couvert de squames ; caractérisé par des squames.

SQUAMIFÈRE [skwa-] adj. ZOOL. Revêtu d'écailles.

SQUAMULE [skwa-] n.f. ZOOL. Petite écaille, telle que celles qui recouvrent les ailes des papillons.

SQUARE [skwar] n.m. (mot angl., *place carrée*). Petit jardin public en agglomération, génér. clôturé.

SQUASH [skwaʃ] n.m. (mot angl., de *to squash,* écraser). Sport pratiqué en salle, opposant deux joueurs qui, placés côte à côte, se renvoient la balle avec une raquette, en la faisant rebondir sur les quatre murs.

SQUAT [skwat] n.m. (mot angl.). Action de squatter un logement ; logement ainsi occupé.

1. SQUATTER [skwatœr] ou **SQUATTEUR, EUSE** n. (angl. *squatter*). Personne sans abri qui occupe illégalement un logement vacant ou destiné à la destruction. ◆ n.m. **1.** Aux États-Unis, pionnier qui se fixait dans des territoires non encore occupés. **2.** En Australie, propriétaire de troupeaux de moutons qui paissent sur des terrains loués à l'État.

2. SQUATTER [skwate] ou **SQUATTÉRISER** [skwaterize] v.t. Occuper un logement vide sans droit ni titre. – *Par ext., fam.* Monopoliser. *Vedette qui squatte la une.*

SQUAW [skwo] n.f. (de l'algonquien). Chez les Amérindiens du Nord, femme, mariée ou non.

SQUEEZE [skwiz] n.m. Au bridge, action de squeezer.

SQUEEZER [skwize] v.t. (angl. *to squeeze,* presser). **1.** Au bridge, obliger un adversaire à se défausser. **2.** *Fam.* Placer qqn dans une situation délicate, faite d'impératifs contradictoires.

SQUELETTE n.m. (gr. *skeleton,* momie). **1.** Charpente du corps, d'une partie du corps de l'homme et des animaux, spécial. des vertébrés. *Squelette*

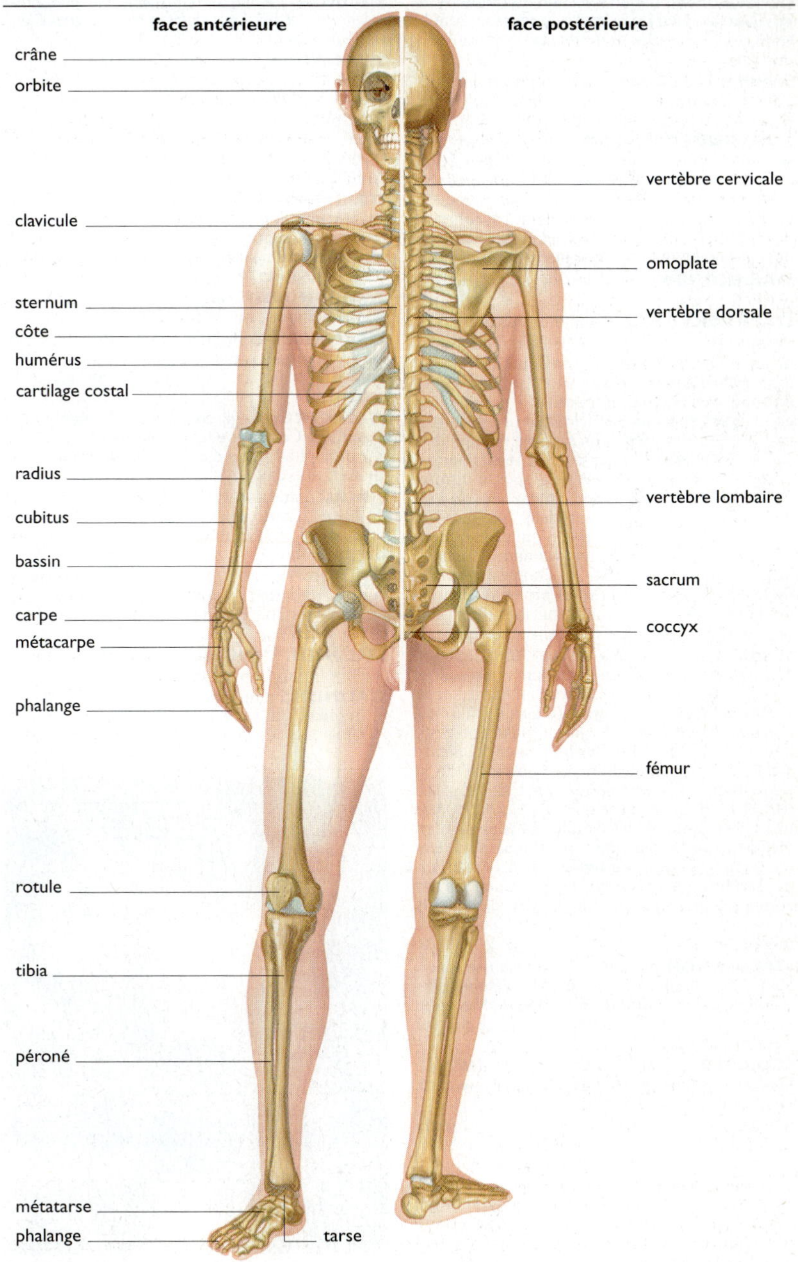

■ **SQUELETTE** humain.

S

de la main. Squelette d'un mort. **2.** Charpente, ossature d'une construction. *Squelette d'un navire.* **3.** *Fam.* Personne très maigre. **4.** Charpente d'une œuvre, d'un discours réduits à l'essentiel. **5.** CHIM. ORG. Enchaînement des atomes de carbone dans la molécule d'un composé organique.

SQUELETTIQUE adj. **1.** Relatif au squelette. **2.** D'une extrême maigreur. *Jambes squelettiques.* **3.** Très réduit, peu important.

SQUILLE [skij] n.f. (lat. *squilla*). Crustacé comestible dont une espèce est appelée *squille-mante* en raison de ses pattes ravisseuses. (Long. 15 à 20 cm ; ordre des stomatopodes.)

SQUIRRE ou **SQUIRRHE** [skir] n.m. (lat. *scirros,* du gr.). MÉD. Tumeur maligne dure, constituée par un carcinome très fibreux.

SRI LANKAIS, E adj. et n. Du Sri Lanka, de ses habitants.

SSBS ou **S.S.B.S.** n.m. (sigle de *sol sol balistique stratégique*). Missile lancé à partir du sol, suivant une trajectoire balistique, et délivrant une ou plusieurs armes (têtes) nucléaires sur des cibles stratégiques civiles ou militaires.

SSII ou **S.S.I.I.** n.f. (sigle de *société de services et d'ingénierie en informatique*). Société prestataire de services dans le domaine de l'informatique.

STABAT MATER [stabatmatɛr] n.m. inv. (mots lat., *la Mère se tenait debout*). Chant de la liturgie catholique composé au XIVe s. sur les douleurs de la Vierge au pied de la croix de Jésus et dont le texte a inspiré de nombreuses compositions musicales.

STABILISANT, E adj. et n.m. Se dit d'une substance incorporée à une matière (polymère, explosif) pour en améliorer la stabilité chimique.

STABILISATEUR, TRICE adj. Qui stabilise. ◆ n.m. **1.** Mécanisme, dispositif destiné à éviter ou à amortir les oscillations. ◇ ***Stabilisateur de roulis*** : appareil permettant une réduction du roulis des navires au moyen d'ailerons sur chaque bord. **2.** Chacun des plans fixes formant l'empennage d'un avion, l'un horizontal, l'autre vertical.

STABILISATION n.f. Action de stabiliser ; son résultat.

STABILISER v.t. Rendre stable. *Stabiliser les prix.*

STABILITÉ n.f. **1.** Caractère de ce qui est stable, de ce qui tend à conserver son équilibre. *Vérifier la stabilité d'un pont.* — MÉCAN. Propriété qu'a un système dynamique de revenir à son régime établi après en avoir été écarté par une perturbation. — PHYS. Propriété d'un système en équilibre stable. **2.** THERMODYN. État de plus basse énergie, pour un système chimique (par oppos. à *instabilité*). **3.** MÉTÉOROL. État de l'atmosphère tel que toute perturbation introduite dans cet état tend à s'atténuer. **4.** Caractère de ce qui se maintient durablement sans profondes variations. *Stabilité de la monnaie, du pouvoir.* ◇ ***Contrats de stabilité*** : accords passés entre les professions et les pouvoirs publics pour maintenir la stabilité des prix. **5.** Caractère d'une personne stable.

STABLE adj. (lat. *stabilis,* de *stare,* être debout). **1.** Qui est dans un état, une situation ferme, solide, qui ne risque pas de tomber. *Édifice stable.* — *Spécial.* Qui a une bonne position d'équilibre. *Bateau, voiture stable.* **2.** Qui se maintient, reste dans le même état ; durable, permanent. *Situation stable.* **3.** Qui manifeste de la constance, de la permanence. *Garçon stable. Humeur stable.* **4.** MÉCAN. Se dit d'un équilibre qui n'est pas détruit par une faible variation des conditions. **5.** Se dit d'un état de basse énergie, par rapport à un autre état d'énergie accessible au système. **6.** ALGÈBRE. ***Partie stable d'un ensemble (muni d'une loi de composition),*** telle que tout couple d'éléments de cette partie a son composé appartenant à cette même partie.

STABULATION n.f. (du lat. *stabulum,* étable). Séjour des animaux dans l'étable ; l'étable elle-même. ◇ ***Stabulation libre*** : mode de logement du bétail, princip. bovin, dans lequel ce dernier n'est pas attaché.

STACCATO [stakato] adv. (mot ital., *détaché*). MUS. En détachant nettement les notes. ◆ n.m. Passage exécuté staccato.

STADE n.m. (lat. *stadium,* du gr.). **1.** Terrain aménagé pour la pratique du sport, pouvant accueillir des spectateurs. **2.** Période, degré d'un développement. *Stade décisif d'une crise.* **3.** ANTIQ. GR. Unité de longueur de 600 pieds, qui variait selon les régions entre 147 et 192 m (pour le stade olympique) ; terrain de cette longueur où avaient lieu les courses à pied et divers exercices.

STADHOUDER n.m. → **STATHOUDER.**

STADIA n.f. (mot gr.). TOPOGR. Mire graduée utilisée pour mesurer au tachéomètre la distance entre deux points.

STADIER, ÈRE n. Personne chargée de l'accueil, du placement et de la sécurité du public dans les stades.

1. STAFF [staf] n.m. (mot angl., *état-major*). *Fam.* **1.** Groupe formé par les dirigeants d'une entreprise, d'une organisation. **2.** Groupe de personnes travaillant ensemble ; équipe, service.

2. STAFF [staf] n.m. (de l'all. *staffieren,* orner). Mélange de plâtre à mouler et de fibres végétales, utilisé pour les plafonds, la décoration intérieure, etc.

STAFFER v.t. Construire en staff.

STAFFEUR n.m. Professionnel procédant à la pose ou au moulage de staff.

STAGE n.m. (bas lat. *stagium*). **1.** Période d'études pratiques exigée des candidats à l'exercice de certaines professions. *Stage d'un avocat. Stage pédagogique.* **2.** Période pendant laquelle une personne exerce une activité temporaire dans une entreprise, en vue de sa formation.

STAGFLATION n.f. (de *stagnation* et *inflation*). ÉCON. Situation d'un pays qui souffre de l'inflation sans connaître un niveau élevé de croissance ni le plein-emploi.

STAGIAIRE n. Personne qui fait un stage.

STAGNANT, E adj. **1.** Qui ne coule pas. *Eaux stagnantes.* **2.** *Fig.* Qui ne fait aucun progrès. *L'état stagnant des affaires.*

STAGNATION [stagnasjɔ̃] n.f. **1.** État d'une eau stagnante. **2.** *Fig.* Absence de progrès, d'activité ; inertie. *Stagnation économique.*

STAGNER [stagne] v.i. (lat. *stagnare,* de *stagnum,* étang). **1.** Être stagnant, en parlant d'un fluide. **2.** *Fig.* Marcher, fonctionner au ralenti, en parlant d'une activité.

STAKHANOVISME n.m. (de *Stakhanov,* mineur russe). HIST. En URSS et dans les pays socialistes, méthode d'augmentation des rendements fondée sur l'incitation des travailleurs à l'émulation. (Cette méthode fut appliquée de 1930 à 1950.)

STAKHANOVISTE adj. et n. Qui concerne le stakhanovisme ; qui le pratique.

STAKNING [stakniŋ] n.m. (mot norv.). En ski de fond, progression par glissement simultané des skis et par poussée simultanée sur les deux bâtons.

STALACTITE n.f. (gr. *stalaktos,* qui coule goutte à goutte). Colonne plus ou moins fine qui croît par précipitation de calcite en descendant de la voûte d'une cavité calcaire.

STALAG n.m. (abrév. de l'all. *Stammlager,* camp de base). Camp de sous-officiers et de soldats prisonniers, en Allemagne, pendant la Seconde Guerre mondiale.

STALAGMITE n.f. (gr. *stalagmos,* écoulement goutte à goutte). Colonne trapue qui croît par précipitation de calcite à partir du sol d'une cavité calcaire.

STALINIEN, ENNE adj. et n. Relatif à Staline, au stalinisme ; qui en est partisan.

STALINISME n.m. Doctrine, pratique de Staline et de ceux qui se rattachent à ses conceptions idéologiques et politiques, et à ses méthodes.

■ **STALACTITES** et stalagmites.

STALLE n.f. (lat. médiév. *stallum*). **1.** Dans une écurie, une étable, emplacement occupé par un animal et délimité par des cloisons. **2.** Chacun des sièges de bois, à dossier haut, garnissant les deux côtés du chœur de certaines églises et réservés au clergé.

STAMINAL, E, AUX adj. BOT. Relatif aux étamines ; propre aux étamines.

STAMINÉ, E adj. (du lat. *stamen, -inis,* étamine). Se dit d'une fleur qui possède des étamines.

STAMINIFÈRE adj. BOT. Qui porte des étamines.

STAMM [ʃtam] n.m. (mot all., *souche, famille*). Suisse. Lieu où se retrouvent régulièrement un groupe d'amis, les membres d'une société.

STANCE n.f. (ital. *stanza,* strophe). LITTÉR. Groupe de vers offrant un sens complet et suivi d'un repos. ◆ pl. LITTÉR. Poème lyrique, religieux ou élégiaque, formé de strophes de même structure.

STAND n.m. (de l'angl. *to stand,* se dresser). **1.** Endroit aménagé pour le tir de précision à la cible. **2.** Espace réservé à chacun des participants d'une exposition. **3.** Poste de ravitaillement d'un véhicule, dans une épreuve automobile ou motocycliste sur piste.

1. STANDARD adj. (mot angl.). **1.** Conforme à une norme de fabrication, à un modèle, à un type ; normalisé. *Pneu standard. Taille standard.* ◇ ***Prix standard*** : prix d'un bien ou d'un service prévu pour une période donnée dans un budget d'entreprise. **2.** Qui correspond à un type courant, habituel, sans originalité. *Mobilier standard.* **3.** Se dit de la langue la plus couramment employée dans une communauté linguistique. *Français standard.* — REM. Certains auteurs font invariable cet adj., sur le modèle de l'anglais, mais son emploi courant en français le fait varier en nombre.

2. STANDARD n.m. **1.** Règle fixée à l'intérieur d'une entreprise pour caractériser un produit, une méthode de travail, une quantité à produire, etc. **2.** Appareil permettant la desserte de nombreux postes téléphoniques connectés à un groupe très restreint de lignes. **3.** Norme de codage d'un signal de télévision ou de télécommunication. **4.** INFORM., AUDIOVIS. Norme de production, de fabrication. **5.** Thème classique de jazz, sur lequel on peut improviser.

STANDARDISATION n.f. Action de standardiser.

STANDARDISER v.t. **1.** Ramener à une norme, à un standard. **2.** Ramener à un modèle unique ; uniformiser, simplifier.

STANDARDISTE n. Personne affectée au service d'un standard téléphonique.

STAND-BY [stɑ̃dbaj] adj. inv. et n. inv. (de l'angl. *to stand by,* se tenir prêt). Se dit d'un passager qui n'a pas de réservation ferme sur un avion de ligne et qui n'y est admis que s'il y a des places disponibles. ◆ n.m. inv. *Être, mettre en stand-by,* en attente.

STANDING [stɑ̃diŋ] n.m. (mot angl.). **1.** Position sociale, niveau de vie d'une personne. *Avoir un haut standing.* **2.** Niveau de confort d'un immeuble. *Appartement de grand standing.*

STANNEUX adj.m. CHIM. MINÉR. Se dit des composés de l'étain bivalent.

STANNIFÈRE adj. Qui contient de l'étain.

STANNIQUE adj. (du lat. *stannum,* étain). CHIM. MINÉR. Se dit des composés de l'étain quadrivalent.

STAPHISAIGRE n.f. (lat. *staphis agria,* raisin sauvage). Delphinium de la région méditerranéenne, appelé aussi *herbe aux poux,* car sa décoction est toxique pour ces parasites. (Nom sc. *Delphinium staphisagria ;* famille des renonculacées.)

STAPHYLIER n.m. (du gr. *staphulê,* grappe de raisin). Arbuste de l'est de la France, aux fleurs blanchâtres et aux fruits renflés, appelé aussi *faux pistachier.* (Haut. 5 m ; genre *Staphylea,* famille des staphyléacées.)

1. STAPHYLIN, E adj. ANAT. Uvulaire.

2. STAPHYLIN n.m. (du gr. *staphulê,* grappe de raisin). Insecte coléoptère carnassier, à élytres courts et à abdomen mobile. (Famille des staphylinidés.)

STAPHYLOCOCCIE [-kɔksi] n.f. Infection par un staphylocoque.

STAPHYLOCOQUE n.m. (gr. *staphulê,* grappe de raisin, et *kokkos,* graine). Bactérie de forme arrondie, dont les individus sont groupés en forme de grappe, abondante dans la nature et

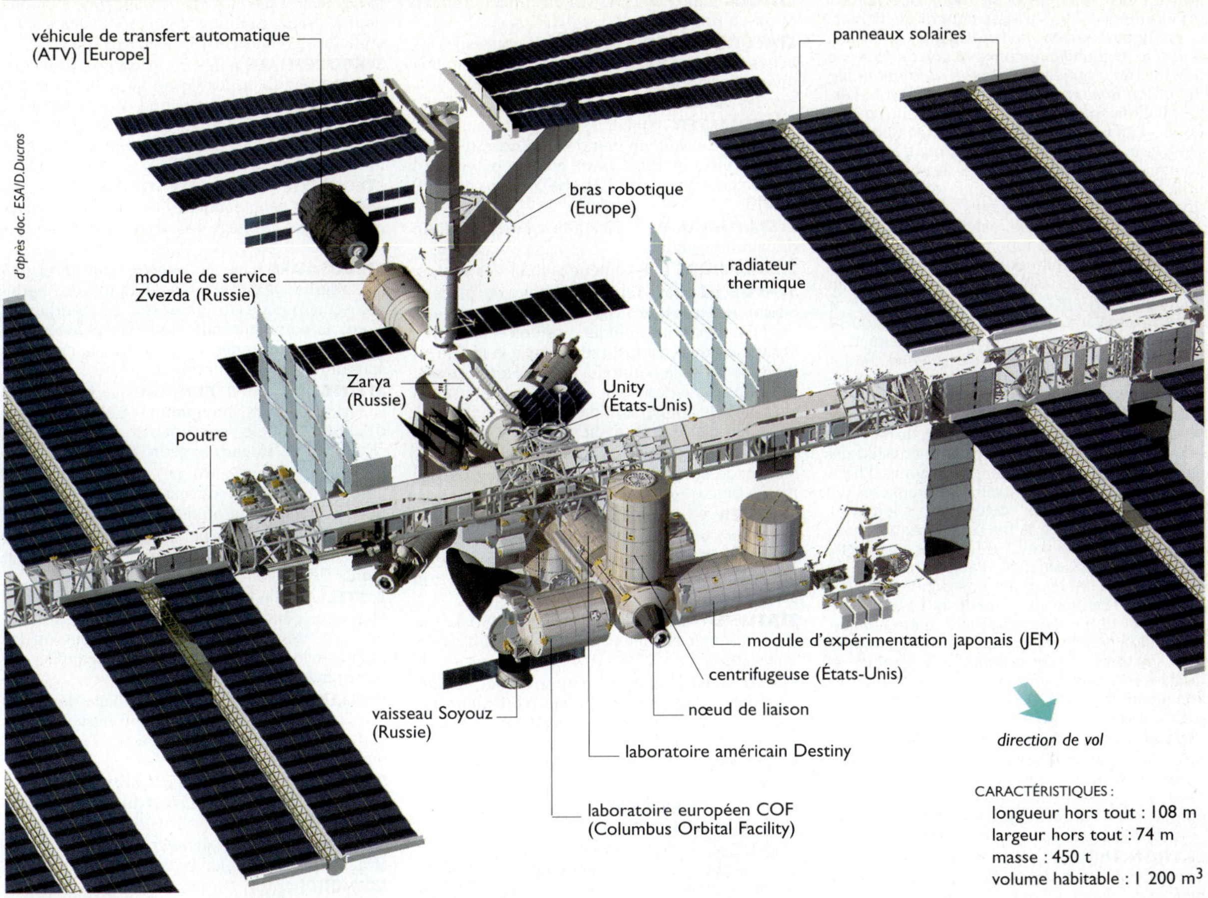

■ **STATION.** La Station spatiale internationale dans sa configuration complète (prévue en 2005).

vivant sur la peau et les muqueuses. (Une espèce, le *staphylocoque doré,* provoque des infections banales ou graves, telles que le furoncle, l'anthrax, l'ostéomyélite, une septicémie, etc.)

STAR n.f. (mot angl., *étoile*). **1.** Vedette de cinéma. **2.** Vedette dans un autre domaine. *Une star du football.*

STARETS [starɛts] ou **STARIETS** [starjɛts] n.m. (russe *starets,* vieillard). Dans l'ancienne Russie, moine ou ermite considéré par le peuple comme prophète ou thaumaturge.

STARIE n.f. (du néerl. *star,* immobile). MAR. Jours de *planche.

STARISATION n.f. Action de transformer en star.

STARKING [starkiŋ] n.f. (mot angl.). Pomme d'une variété à peau rouge originaire d'Amérique.

STARLETTE n.f. Jeune actrice de cinéma cherchant à devenir une star.

STAROSTE n.m. (du russe). Dans la Russie tsariste, représentant élu par une communauté rurale ou urbaine.

STAR-SYSTEM ou **STAR-SYSTÈME** n.m. (pl. *star-systems, star-systèmes*). Dans le monde du spectacle, système centré sur le prestige d'une vedette.

STARTER [startɛr] n.m. (de l'angl. *to start,* faire partir). **1.** Personne qui, dans les courses ou sur un terrain d'aviation militaire, donne le signal du départ. **2.** Dispositif auxiliaire du carburateur qui facilite le départ à froid d'un moteur à explosion en augmentant la richesse en carburant du mélange gazeux.

STARTING-BLOCK [startiŋblɔk] n.m. [pl. *starting-blocks*] (mot angl.). En athlétisme, cale-pied facilitant le départ des coureurs.

STARTING-GATE [startiŋgɛt] n.f. [pl. *starting-gates*] (mot angl.). Dispositif placé sur la piste et dont les portes s'ouvrent automatiquement et simultanément pour le départ d'une course de chevaux.

START-UP [startœp] n.f. inv. (mot anglo-amér., de *start,* démarrage, et *up,* haut). Jeune entreprise innovante, dans le secteur des nouvelles technologies. Recomm. off. : *jeune pousse.*

STASE n.f. (gr. *stasis,* arrêt). MÉD. Arrêt ou ralentissement de la circulation d'un liquide organique.

STATÈRE n.m. (gr. *statêr*). ANTIQ. GR. Unité de poids et de monnaie.

STATHOUDER [statudɛr] ou **STADHOUDER** [-dudɛr] n.m. (néerl. *stadhouder,* gouverneur). HIST. Dans les Pays-Bas espagnols, gouverneur de province ; dans les Provinces-Unies, chef du pouvoir exécutif d'une province ou de l'ensemble de l'Union.

STATICE n.m. (gr. *statikê*). Plante à fleurs roses ou mauves et à feuilles simples en rosettes basales, dont certaines variétés, telles que l'immortelle bleue ou la lavande de mer, croissent sur les sables littoraux ou dans les marais salants. (Genre *Limonium ;* famille des plombaginacées.)

■ **STARTING-BLOCK.** Position de départ d'un coureur dans le starting-block.

STATIF n.m. (du lat. *stativus,* fixe). **1.** Partie mécanique (pied, corps et tube) du microscope. **2.** Socle massif dans lequel est fixée une tige servant de support à des accessoires de laboratoire, de photographie.

STATINE n.f. Médicament prescrit contre l'hypercholestérolémie (nom générique).

STATION n.f. (lat. *statio,* de *stare,* se tenir debout). **1.** Façon de se tenir ; position. *Station verticale. Station debout.* **2.** Arrêt, de durée variable, au cours d'un déplacement. *Faire une longue station au café.* **3.** CHRIST. Chacune des quatorze pauses du chemin de croix ; leur représentation en tableaux, en sculptures, etc. ; suite de sermons prêchés durant un avent ou un carême. **4.** Lieu où s'arrêtent les véhicules de transport en commun pour prendre ou laisser des voyageurs. *Station d'autobus.* **5.** Point où l'on se place, en

■ **STARTING-GATE.** Départ d'une course de chevaux dans la starting-gate.

topographie ou en géodésie, pour faire un levé ou des mesures. **6.** Établissement de recherches scientifiques. *Station météorologique.* **7.** Installation, fixe ou mobile, remplissant une ou plusieurs missions déterminées. ◇ ***Station radiophonique, de radiodiffusion*** ou ***d'émission*** *:* ensemble des installations permettant d'assurer, en un lieu donné, l'émission de programmes de radio ou de télévision. – INFORM. ***Station de travail :*** système, connectable ou non, mis à la disposition d'un utilisateur pour un domaine d'applications donné. – ***Station orbitale*** ou ***spatiale*** *:* véhicule spatial non récupérable, satellisé autour de la Terre, disposant d'équipements de recherches scientifiques et techniques pluridisciplinaires, capable d'abriter des astronautes pour des séjours de longue durée et auquel peuvent venir s'amarrer des vaisseaux spatiaux automatiques ou pilotés. **8.** Lieu de séjour temporaire permettant certains traitements ou certaines activités. *Station thermale. Station de sports d'hiver.* **9.** Nouvelle-Calédonie. Vaste domaine d'élevage extensif.
ENCYCL. Les stations orbitales comprennent des pièces d'amarrage pour les vaisseaux de transport et de ravitaillement, des sas pour le transfert des équipages et des équipements, des zones d'habitation et des zones de travail. Les premières ont été les stations Saliout soviétiques et le Skylab américain. De 1986 à la fin 1999, la station russe Mir a été occupée par 27 équipages russes et a accueilli 30 spationautes d'autres nationalités. Les États-Unis ont entrepris, en coopération avec la Russie, l'Europe, le Canada et le Japon, la réalisation de la Station spatiale internationale, une station permanente formée de modules satellisés séparément puis assemblés sur orbite, et dont les équipages se relaieront sans interruption. Son assemblage a débuté en 1999 ; son achèvement est prévu en 2004.

STATION-AVAL n.f. (pl. *stations-aval*). ASTRONAUT. Installation située à une certaine distance d'une base de lancement d'engins spatiaux et utilisée pour assurer les liaisons avec un lanceur, entre le décollage et la mise sur orbite, quand ce lanceur n'est plus en vue de la base.

STATIONNAIRE adj. **1.** Qui ne subit aucune évolution, reste dans le même état. *L'état du malade est stationnaire.* **2.** Qui conserve la même valeur ou les mêmes propriétés. **3.** ALGÈBRE. ***Suite stationnaire :*** suite (a_n) telle qu'il existe un nombre naturel p tel que $a_n = a_p$ pour tout $n > p$. **4.** PHYS. ***Ondes stationnaires,*** dans lesquelles les phénomènes d'oscillation sont, en tout point, soit en concordance, soit en opposition de phase.

STATIONNEMENT n.m. **1.** Fait de stationner en un lieu. **2.** Québec. Parc de stationnement.

STATIONNER v.i. S'arrêter momentanément en un lieu, en parlant d'un véhicule. ◇ (Emploi critiqué). ***Être stationné :*** être en stationnement.

STATION-SERVICE n.f. (pl. *stations-service*). Poste d'essence offrant aux automobilistes, aux chauffeurs de poids lourds et aux motocyclistes les ressources nécessaires à la bonne marche de leur véhicule, y compris certains dépannages d'urgence.

1. STATIQUE adj. (gr. *statikos*). **1.** Qui demeure au même point, qui est sans mouvement (par oppos. à *dynamique*). **2.** MÉCAN. Qui a rapport à l'équilibre des forces.

2. STATIQUE n.f. Branche de la mécanique qui a pour objet l'équilibre des systèmes de forces. ◇ ***Statique des gaz :*** aérostatique.

STATIQUEMENT adv. De façon statique.

STATISME n.m. *Didact.* État de ce qui est statique.

STATISTICIEN, ENNE n. Spécialiste de statistique.

STATISTIQUE n.f. (all. *Statistik,* du lat. *status,* état). **1.** Ensemble de méthodes mathématiques qui, à partir du recueil et de l'analyse de données réelles, permettent l'élaboration de modèles probabilistes autorisant les prévisions. **2.** (Souvent pl.) Ensemble de données d'observation relatives à un groupe d'individus ou d'unités. *Statistiques démographiques. Statistique de la natalité.* ◆ adj. Relatif à la statistique. *Méthode statistique.* ◇ ***Mécanique statistique :*** mécanique appliquée aux systèmes formés d'un grand nombre d'éléments semblables (atomes, molécules, etc.).

STATISTIQUEMENT adv. D'un point de vue statistique.

STATOCYSTE n.m. (gr. *statos,* stationnaire, et *kustis,* vessie). PHYSIOL. Organe sensoriel creux, entouré d'une paroi ciliée très sensible, qui renseigne les animaux de nombreux groupes sur leur orientation dans le champ de la pesanteur.

STATOR n.m. Partie fixe d'une machine (par oppos. à *rotor*).

STATORÉACTEUR n.m. AVIAT. Propulseur à réaction sans organe mobile, constitué par une tuyère thermopropulsive, exigeant pour fonctionner des vitesses élevées.

STATTHALTER [statalter] ou [ʃtataltœr] n.m. (mot all., de *statt,* au lieu de, et *Halter,* tenant). HIST. Gouverneur en pays allemand, et, plus partic., gouverneur de l'Alsace-Lorraine de 1879 à 1918.

1. STATUAIRE adj. Relatif aux statues. ◆ n.f. Art de faire les statues.

2. STATUAIRE n. Sculpteur qui fait des statues.

STATUE n.f. (lat. *statua,* de *statuere,* placer). Sculpture en ronde bosse représentant un être animé entier, dans quelque position que ce soit, et dont les dimensions sont égales à la moitié au moins de la taille naturelle. ◇ *Litt.* ***Statue de sel :*** personne figée dans une attitude (par allusion à la femme de Loth qui, selon la Bible, fut changée en statue de sel pour avoir désobéi à Dieu).

STATUE-COLONNE n.f. (pl. *statues-colonnes*). Statue adossée à une colonnette et taillée dans le même bloc que celle-ci, dans l'art gothique.

STATUER v.i. Régler avec autorité ; décider. *Statuer sur un litige.*

STATUETTE n.f. Petite statue. (Entre 25 et 80 cm env. pour une figure humaine ; au-dessous, on parle de *figurine.*)

STATUFIER v.t. [5]. **1.** Élever une statue à qqn, le représenter en statue. **2.** Rendre semblable à une statue.

STATU QUO [statykwo] n.m. inv. (lat. *in statu quo ante,* dans l'état où se trouvaient les choses). État actuel des choses. *Maintenir le statu quo.*

STATURE n.f. (lat. *statura*). Taille d'une personne.

STATURO-PONDÉRAL, E, AUX adj. Relatif à la taille et au poids.

STATUT n.m. (du lat. *statuere,* établir). **1.** Texte ou ensemble de textes fixant les garanties fondamentales accordées à une collectivité, à un corps. **2.** Situation de fait, position par rapport à la société. *Le statut de la femme.* ◆ pl. Acte constitutif d'une société ou d'une association, qui en fixe légalement les règles de fonctionnement.

STATUTAIRE adj. Conforme aux statuts ; désigné par les statuts.

STATUTAIREMENT adv. Conformément aux statuts.

STAUROTIDE n.f. (du gr. *stauros,* croix). MINÉRALOG. Silicate d'aluminium et de fer, brun rouille, souvent maclé en croix, caractéristique du métamorphisme moyen.

STAWUG [stavyg] n.m. (mot norv.). Pas de marche rapide, utilisé en ski de fond.

STAYER [stɛjœr] n.m. (mot angl., de *to stay,* rester). Coureur cycliste de demi-fond, derrière une motocyclette et sur piste.

STEAK [stɛk] n.m. (mot angl.). Bifteck.

STEAMER [stimœr] n.m. (mot angl., de *steam,* vapeur). Anc. Navire à vapeur.

STÉARATE n.m. Sel ou ester de l'acide stéarique.

STÉARINE n.f. (gr. *stear,* graisse). Mélange d'acide palmitique et d'acide stéarique, principal constituant des graisses animales.

STÉARIQUE adj. Se dit d'un acide contenu dans les graisses animales et servant surtout à fabriquer des bougies.

STÉATITE n.f. Roche constituée de talc, compacte et tendre, utilisée pour la fabrication de petits objets ornementaux.

STÉATOPYGE adj. Caractérisé par la stéatopygie. *Vénus stéatopyge.*

STÉATOPYGIE n.f. (gr. *stear, -atos,* graisse, et *pugê,* fesse). Présence d'un matelas adipeux épais dans la région du sacrum et des fesses, reposant sur une ensellure lombo-sacrée très prononcée, et fréquente chez les Bochimans et les Hottentots.

STÉATOSE n.f. MÉD. Infiltration ou dégénérescence graisseuse d'un tissu, d'un organe.

STEENBOK n.m. → **STEINBOCK.**

STEEPLE-CHASE [stipəltʃɛz] ou **STEEPLE** [stipl] n.m. [pl. *steeple-chases, steeples*] (mot angl., de *steeple,* clocher, et *chase,* chasse). **1.** Course de chevaux qui comporte des haies ainsi que des obstacles de différentes natures. **2.** *3 000 m steeple :* course à pied de 3 000 m, sur piste, comprenant le franchissement d'une série d'obstacles artificiels (28 haies et 7 sauts de rivière).

STÉGOCÉPHALE n.m. (du gr. *stegos,* abri). PALÉONT. Amphibien fossile de la fin de l'ère primaire, du trias et du jurassique, au crâne massif, particulièrement ossifié, dont certains atteignaient 3 m de long. (Les stégocéphales forment une sous-classe.)

STÉGOMYIE [-mii] ou **STEGOMYA** n.f. (gr. *stegos,* abri, et *muia,* mouche). Moustique des pays chauds, qui propage la fièvre jaune par ses piqûres.

STÉGOSAURE n.m. (gr. *stegein,* couvrir, et *sauros,* reptile). PALÉONT. Grand dinosaure herbivore quadrupède du jurassique d'Amérique du Nord, au corps surmonté de larges plaques ossifiées, à queue armée de pointes. (Long. 7 m ; sous-ordre des ornithischiens.)

STEINBOCK ou **STEENBOK** [stɛnbɔk] n.m. (néerl. *steenbok,* bouquetin). Petite antilope d'Afrique australe, aux courtes cornes droites. (Haut. 55 cm au garrot ; genre *Raphicerus.*)

STÈLE n.f. (lat. *stela,* du gr.). Monument monolithe vertical, le plus souvent funéraire, orné d'un décor épigraphique ou figuré.

1. STELLAIRE adj. (du lat. *stella,* étoile). **1.** Relatif aux étoiles. *Magnitude stellaire.* **2.** Rayonné en étoile. *Disposition stellaire.*

2. STELLAIRE n.f. Plante herbacée à fleurs blanches aux pétales bifides, telle que la *stellaire holostée,* très commune dans les haies ou les forêts, et le mouron des oiseaux. (Famille des caryophyllacées.)

STELLITE n.m. (nom déposé). Alliage de cobalt (de 50 à 65 %), de chrome, de tungstène et de carbone, utilisé pour sa résistance à l'usure et sa tenue à chaud.

STEM ou **STEMM** [stɛm] n.m. (norv. *stemm*). En ski, virage qui utilise le transfert du poids du corps d'un ski sur l'autre.

STEMMATE n.m. (gr. *stemma,* couronne). ENTOMOL. Œil simple des larves d'insectes supérieurs.

STENCIL [stɛnsil] ou [stɛ̃sil] n.m. (mot angl.). Papier paraffiné perméable à l'encre fluide se comportant comme un pochoir, utilisé pour polycopier.

STENDHALIEN, ENNE [stɛ̃-] adj. Relatif à Stendhal, à son œuvre.

1. STÉNO n.f. → **STÉNOGRAPHIE.**

2. STÉNO ou, vieilli, **STÉNOGRAPHE** n. Personne capable de prendre en dictée, à la vitesse de la conversation, un texte à l'aide de signes sténographiques.

STÉNODACTYLO n. Dactylo qualifié pour l'enregistrement, par signes écrits, des éléments d'une dictée, d'une conversation, d'un discours.

STÉNODACTYLOGRAPHIE n.f. Emploi de la sténographie et de la dactylographie combinées.

STÉNOGRAMME n.m. Tracé en sténographie d'une syllabe ou d'un mot.

STÉNOGRAPHE n. → **2. STÉNO.**

STÉNOGRAPHIE ou **STÉNO** n.f. (gr. *stenos,* serré, et *graphein,* écrire). Procédé d'écriture formé de signes abréviatifs et conventionnels, qui sert à transcrire la parole aussi rapidement qu'elle est prononcée.

STÉNOGRAPHIER v.t. [5]. Prendre en dictée à l'aide de la sténographie.

STÉNOGRAPHIQUE adj. Relatif à la sténographie.

STÉNOHALIN, E adj. ÉCOL. Se dit d'un organisme marin qui ne peut vivre que dans des eaux à salinité presque constante ; se dit d'un tel milieu. CONTR. : *euryhalin.*

STÉNOPÉ n.m. (gr. *stenos,* étroit, et *opê,* trou). Petit trou dans la paroi d'une chambre noire, faisant office d'objectif photographique.

STÉNOSE n.f. (du gr. *stenos,* serré). MÉD. Rétrécissement.

STÉNOTHERME adj. ÉCOL. Se dit d'un organisme qui exige un milieu dont la température varie peu. CONTR. : *eurytherme.*

STÉNOTYPE n.f. Machine pour transcrire à la vitesse de la parole la plus rapide des textes sous une forme phonétique simplifiée.

STÉNOTYPIE n.f. Technique d'écriture de la parole à l'aide d'une sténotype.

STÉNOTYPISTE n. Employé capable de sténographier à l'aide d'une sténotype.

1. STENTOR [stɑ̃tɔr] n.m. (de *Stentor,* n.pr.). *Voix de stentor,* extrêmement puissante et sonore.

2. STENTOR [stɑ̃tɔr] n.m. (de *1. stentor*). Protozoaire d'eau douce en forme d'entonnoir, bordé de cils. (Long. 1 mm env. ; embranchement des ciliés.)

STEP n.m. (mot angl., *marche*). Discipline de l'aérobic se pratiquant avec une sorte de cube antidérapant à hauteur réglable, utilisé comme une marche d'escalier.

STÉPHANOIS, E adj. et n. De Saint-Étienne.

STEPPAGE n.m. (de l'angl. *to step,* trotter). MÉD. Anomalie de la marche, due à une paralysie des muscles releveurs du pied et obligeant à lever haut le genou à chaque pas pour empêcher la pointe du pied de traîner.

STEPPE n.f. (russe *step*). **1.** Formation discontinue de végétaux de petite taille, adaptés aux milieux secs, souvent herbacés, des régions méditerranéennes subarides, des régions tropicales ou de celles de climat continental à hivers très froids et à étés très secs. **2.** *Art des steppes :* production artistique, à l'âge du bronze et du fer, des peuples nomades des steppes (Sibérie et nord de la mer Noire), qui atteignit son apogée entre le VIIIe et le IIIe s. av. J.-C.

STEPPER [stɛpœr] ou **STEPPEUR** n.m. (de l'angl. *to step,* trotter). Cheval qui trotte avec vivacité en levant haut ses membres antérieurs.

STEPPIQUE adj. Formé de steppes.

STÉRADIAN n.m. Unité SI de mesure d'angle solide (symb. sr), équivalant à l'angle solide qui, ayant son sommet au centre d'une sphère, découpe, sur la surface de cette sphère, une aire équivalant à celle d'un carré dont le côté est égal au rayon de la sphère.

1. STERCORAIRE n.m. (lat. *stercus, stercoris,* fumier). Oiseau palmipède des mers arctiques, à plumage brun et blanc, qui se nourrit de poissons dérobés à d'autres oiseaux, d'où son surnom de *mouette ravisseuse.* (Certains grands stercoraires, tels que les skuas, sont particulièrement agressifs ; ordre des lariformes.) SYN. : *labbe.*

2. STERCORAIRE adj. **1.** MÉD. Stercoral. **2.** ZOOL. Se dit d'une espèce animale ou végétale qui vit sur les excréments (scatophile), ou qui s'en nourrit (scatophage).

STERCORAL, E, AUX adj. MÉD. Qui concerne les excréments. SYN. : *stercoraire.*

STERCULIACÉE n.f. (du lat. *stercus*). Arbre ou arbuste tropical, à fleurs dialypétales, tel que le cacaoyer et le kolatier. (Les sterculiacées forment une famille de dicotylédones.)

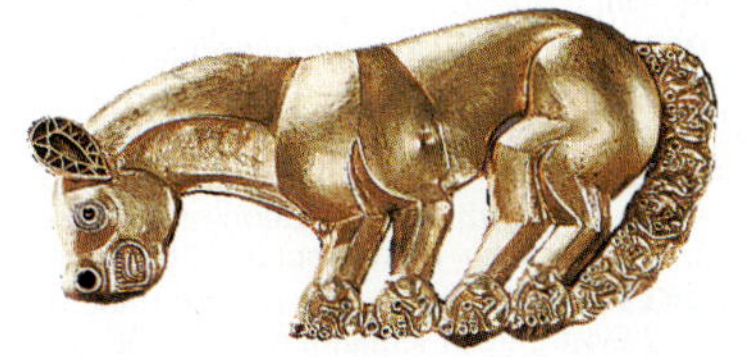

■ ART DES **STEPPES.** Plaque de bouclier scythe en forme de panthère, en or avec incrustations d'émail et d'ambre. Fin du VIIe-début du VIe s. av. J.-C. (Musée de l'Ermitage, Saint-Pétersbourg.)

STÈRE n.m. (gr. *stereos,* solide). Quantité de bois (rondins ou quartiers) correspondant à un volume extérieur de 1 m^3 (symb. st).

STÉRÉO n.f. (abrév.). Stéréophonie. ◆ adj. inv. Stéréophonique.

STÉRÉOCHIMIE n.f. Partie de la chimie qui étudie l'arrangement tridimensionnel des atomes dans les molécules.

STÉRÉOCHIMIQUE adj. Relatif à la stéréochimie.

STÉRÉOCOMPARATEUR n.m. Appareil utilisé dans les levés de plans par la photographie, permettant de mesurer les coordonnées planes des points images situés sur les deux clichés d'un couple stéréoscopique.

STÉRÉOGNOSIE [stereognozi] n.f. PHYSIOL. Sensibilité permettant de reconnaître au toucher la forme, le volume, la consistance des objets.

STÉRÉOGRAMME n.m. Ensemble de deux clichés d'un même sujet destinés à la restitution du relief par stéréoscopie.

STÉRÉOGRAPHIQUE adj. *Projection stéréographique (de sommet O) :* transformation ponctuelle qui, à un point M d'une demi-sphère de sommet O, associe le point d'intersection de la droite (OM) et du plan équatorial.

STÉRÉO-ISOMÈRE adj. et n.m. (pl. *stéréo-isomères*). CHIM. Se dit d'un produit dont les atomes ont une disposition spatiale le différenciant des autres composés de même composition élémentaire.

STÉRÉO-ISOMÉRIE n.f. (pl. *stéréo-isoméries*). CHIM. Type d'isomérie où la géométrie des molécules, dans l'espace à trois dimensions, est le critère distinctif.

STÉRÉOMÉTRIE n.f. Mesure des caractéristiques géométriques des solides.

STÉRÉOMÉTRIQUE adj. Relatif à la stéréométrie.

STÉRÉOPHONIE n.f. Technique de la reproduction des sons enregistrés ou transmis par radio, caractérisée par la reconstitution spatiale des sources sonores (par oppos. à *monophonie*). Abrév. : *stéréo.*

STÉRÉOPHONIQUE adj. Relatif à la stéréophonie. Abrév. : *stéréo.*

STÉRÉOPHOTOGRAPHIE n.f. Photographie stéréoscopique.

STÉRÉORÉGULARITÉ n.f. CHIM. Qualité d'un polymère stéréorégulier.

STÉRÉORÉGULIER, ÈRE adj. CHIM. Se dit d'un polymère dont les chaînes peuvent être décrites par un seul type de monomère de configuration déterminée. (Selon qu'il y a simple translation du monomère, ou alternance de celui-ci de part et d'autre de la chaîne, le polymère est dit *isotactique* ou *syndiotactique ;* s'il n'existe aucune régularité, il est dit *atactique.*)

STÉRÉOSCOPE n.m. Instrument conçu pour l'examen des couples stéréoscopiques et permettant de voir le sujet en relief.

STÉRÉOSCOPIE n.f. OPT. **1.** Procédé donnant l'impression du relief par examen de deux images d'un sujet prises avec un écartement comparable à celui des yeux ; vision de ce relief à l'aide d'un stéréoscope. **2.** Ensemble des principes qui régissent l'observation binoculaire.

STÉRÉOSCOPIQUE adj. Relatif à la stéréoscopie. ◇ *Couple stéréoscopique :* ensemble de deux photographies ou images d'un même sujet, prises de points de vue différents de façon à permettre la restitution du relief.

STÉRÉOSPÉCIFICITÉ n.f. CHIM. Caractéristique d'une réaction produisant un seul stéréo-isomère, alors que plusieurs pourraient être formés. (La plupart des réactions enzymatiques sont dotées de stéréospécificité.)

STÉRÉOSPÉCIFIQUE adj. Se dit d'une réaction chimique qui pourrait conduire à plusieurs stéréo-isomères, mais qui n'en donne qu'un seul à cause du mécanisme réactionnel.

STÉRÉOTAXIE n.f. Procédé de repérage rigoureux des structures cérébrales profondes, employé en neurochirurgie.

STÉRÉOTOMIE n.f. Science traditionnelle de la coupe des matériaux employés dans la construction (taille des pierres, art du trait en charpenterie).

STÉRÉOTYPE n.m. **1.** IMPRIM. Cliché typographique obtenu par coulage de plomb dans un flan ou une empreinte. (On dit aussi *cliché.*) **2.** Formule banale, opinion dépourvue d'originalité.

STÉRÉOTYPÉ, E adj. Conventionnel et sans véritable signification. *Gestes stéréotypés.* ◇ *Phrase, formule stéréotypée,* toute faite.

STÉRÉOTYPIE n.f. **1.** IMPRIM. Reproduction de formes imprimantes au moyen de flans. **2.** PSYCHOPATHOL. Répétition immotivée, automatique et inadaptée à la situation, de mots, de mouvements ou d'attitudes.

STÉRÉOVISION n.f. TECHN. Vision stéréoscopique du relief.

STÉRER v.t. [11]. **1.** Disposer du bois en stères. **2.** Évaluer le volume d'une quantité de bois.

STÉRILE adj. (lat. *sterilis*). **1.** Qui ne porte pas de fruits, qui ne produit pas. *Arbre stérile. Terre stérile.* **2.** Qui est inapte à la génération. **3.** MÉD. Qui est exempt de tout germe microbien. **4.** *Fig.* Qui ne produit rien, sans imagination. *Esprit stérile.* **5.** Sans résultat, vain, inutile. *Discussions stériles.* ◆ n.m. MIN. Roche ou fraction du minerai ne contenant pas de minéraux exploitables.

STÉRILEMENT adv. *Litt.* De façon stérile ; inutilement.

STÉRILET n.m. Dispositif contraceptif en matière plastique ou en cuivre, placé dans la cavité utérine. SYN. : *dispositif intra-utérin.*

STÉRILISANT, E adj. Qui stérilise.

STÉRILISATEUR n.m. Appareil de stérilisation.

STÉRILISATION n.f. **1.** Action de détruire les toxines et les micro-organismes dans un local, dans une substance, sur un instrument chirurgical, etc., par des procédés physiques (chaleur, radiations ultraviolettes) ou chimiques (antiseptiques). **2.** Opération chirurgicale (ligature des trompes, vasectomie) ayant pour résultat d'empêcher plus ou moins définitivement la procréation. (La stérilisation sans motif médical est interdite dans la plupart des pays.) **3.** *Litt.* Action de stériliser les esprits, la créativité.

STÉRILISÉ, E adj. Dépourvu de micro-organismes du fait d'une stérilisation. ◇ *Lait stérilisé :* lait qui a été porté à haute température, et qui peut être conservé plusieurs mois.

STÉRILISER v.t. **1.** Rendre stérile. **2.** Opérer la stérilisation de. **3.** *Litt.* Inhiber l'imagination, la créativité.

STÉRILITÉ n.f. État de ce qui est stérile, de qqn de stérile.

STÉRIQUE adj. CHIM. Relatif à la portion d'espace occupée par un groupement d'atomes. ◇ *Effet stérique :* influence de l'encombrement des groupes et des atomes d'une molécule sur ses interactions intermoléculaires ou intramoléculaires.

STERLET n.m. (du russe). Petit esturgeon des cours d'eau d'Europe orientale et d'Asie occidentale, au museau étroit et dont les œufs servent à préparer le caviar. (Long. 80 cm ; nom sc. *Acipenser ruthenus,* famille des acipenséridés.)

STERLING [stɛrliŋ] n.m. (mot angl.). Livre sterling. ◆ adj. inv. *Zone sterling :* zone monétaire liée à la livre sterling (jusqu'en 1979).

STERNAL, E, AUX adj. Relatif au sternum.

■ **STEPPE.** Paysage de steppe dans la région du Gobi (Mongolie).

S

STERNE n.f. (anc. angl. *stern*). Oiseau palmipède voisin des mouettes mais à bec long, droit et pointu, à tête noire et à dos gris, vivant sur les côtes. (Long. 40 cm env. ; famille des laridés.) Nom usuel : *hirondelle de mer.*

■ **STERNE.** Sterne pierregarin.

STERNITE n.m. ZOOL. Partie ventrale de chacun des anneaux de chitine des arthropodes.

STERNO-CLÉIDO-MASTOÏDIEN adj.m. et n.m. (pl. *sterno-cléido-mastoïdiens*). Se dit d'un muscle latéral du cou qui s'insère sur le sternum et la clavicule en bas, et sur l'apophyse mastoïde en haut.

STERNUM [stɛrnɔm] n.m. (mot lat., du gr.). Os plat situé en avant de la cage thoracique et auquel sont reliées les sept premières côtes chez l'homme. (Le sternum des oiseaux porte une lame osseuse ventrale, le bréchet.)

S

STERNUTATION n.f. (du lat. *sternutare,* éternuer). PHYSIOL. Rare. Action d'éternuer ; suite d'éternuements répétés.

STERNUTATOIRE adj. PHARM. Se dit d'une substance, d'un médicament qui fait éternuer.

STÉROÏDE adj. *Hormone stéroïde,* ou *stéroïde,* n.m. : hormone dérivée des stérols et sécrétée notamm. par les glandes endocrines (corticosurrénales, glandes génitales, placenta).

ENCYCL. Les stéroïdes sont présents chez l'homme, les animaux et les végétaux ; ils comprennent le cholestérol, les hormones sexuelles, les hormones corticosurrénales telles que le cortisol, des alcaloïdes, etc.

STÉROÏDIEN, ENNE ou **STÉROÏDIQUE** adj. Relatif aux stéroïdes.

STÉROL n.m. BIOCHIM. Alcool polycyclique dans le groupe duquel se trouvent le cholestérol, les vitamines D et les stéroïdes.

STERTOREUX, EUSE adj. (du lat. *stertere,* ronfler). MÉD. Caractérisé par le ronflement. *Une respiration stertoreuse.*

STÉTHOSCOPE n.m. (gr. *stêthos,* poitrine, et *skopein,* examiner). Instrument constitué d'un capteur à membrane, d'un tube souple en Y et de deux embouts auriculaires permettant l'auscultation.

STEWARD [stiwart] ou [stjuward] n.m. (mot angl.). Maître d'hôtel, garçon à bord des paquebots, des avions.

STHÉNIQUE adj. (du gr. *sthenos,* force). MÉD. Se dit d'une personne qui donne une impression de force ou de dynamisme.

STIBIÉ, E adj. (du lat. *stibium,* antimoine). PHARM. Où il entre de l'antimoine.

STIBINE n.f. MINÉRALOG. Sulfure d'antimoine (Sb_2S_3), principal minerai de ce métal.

STICK [stik] n.m. (mot angl.). **1.** Canne flexible. **2.** Conditionnement d'un produit (rouge à lèvres, déodorant, colle, etc.) solidifié sous forme de bâtonnet. **3.** MIL. Équipe de parachutistes largués par le même avion.

STICKER [stikœr] n.m. (mot angl.). Anglic. Autocollant.

STIGMA n.m. (mot gr., *piqûre*). BIOL. Corpuscule constitué de pigments sensibles à la lumière, présent chez certains protistes (euglènes).

STIGMATE n.m. (lat. *stigma,* marque de flétrissure). **1.** (Souvent pl.) Marque durable que laisse une plaie, une maladie. *Les stigmates de la syphilis.* **2.** *Litt.* (Souvent pl.) Trace, marque qui révèle une dégradation. *Les stigmates du vice.* **3.** BOT. Partie supérieure du pistil, qui reçoit le pollen. **4.** ZOOL. Orifice respiratoire des trachées chez les insectes, les arachnides. ◆ pl. Plaies qui reproduisent celles de Jésus crucifié, chez certains mystiques chrétiens.

STIGMATIQUE adj. Doué de stigmatisme.

STIGMATISATION n.f. Action de stigmatiser.

STIGMATISÉ, E adj. et n. RELIG. Se dit de qqn qui a reçu les stigmates.

STIGMATISER v.t. Flétrir, blâmer avec dureté et publiquement. *Stigmatiser les violations des droits de l'homme.*

STIGMATISME n.m. OPT. Qualité d'un système optique qui donne un point image d'un point objet.

STIGMOMÈTRE n.m. Dispositif de mise au point équipant certains viseurs d'appareils photographiques reflex.

STILLIGOUTTE n.m. (du lat. *stillare,* tomber goutte à goutte). Flacon conçu pour servir de compte-gouttes.

STILTON [stiltɔn] n.m. (n. d'un village angl.). Fromage anglais à moisissures internes fabriqué avec du lait de vache.

STIMULANT, E adj. **1.** Propre à stimuler, à accroître l'activité physique, intellectuelle ; fortifiant, tonique. *Climat stimulant.* **2.** Qui augmente l'ardeur ; encourageant. *Succès stimulant.* ◆ n.m. **1.** Substance, médicament qui active les fonctions psychiques ou physiques. *Le café est un stimulant.* **2.** Ce qui est de nature à redonner du courage à qqn.

STIMULATEUR n.m. *Stimulateur cardiaque :* appareil électronique implanté dans le corps et provoquant la contraction cardiaque quand celle-ci ne s'effectue plus normalement. SYN. (anglic. déconseillé) : *pacemaker.*

STIMULATION n.f. Action de stimuler.

STIMULER v.t. (lat. *stimulare,* de *stimulus,* aiguillon). **1.** Pousser à agir ; encourager, inciter. *Les premiers succès l'ont stimulé.* **2.** Rendre une activité, une fonction organique, etc., plus intense, plus vive. *Stimuler l'industrie.*

STIMULINE n.f. Chacune des hormones sécrétées par l'hypophyse et stimulant l'activité d'une autre glande endocrine, dite *périphérique* (thyroïde, corticosurrénale, gonade).

STIMULUS [stimylys] n.m. [pl. *stimulus* ou *stimuli*] (mot lat.). PHYSIOL. Facteur qui agit sur une cellule, sur un organe, sur l'organisme en provoquant une réponse (musculaire, nerveuse, etc.).

STIPE n.m. (lat. *stipes,* souche). BOT. Tige ligneuse non ramifiée, recouverte par les cicatrices des feuilles, analogue d'un tronc, chez les palmiers, l'aloès, etc. ; axe principal de certains champignons et algues.

STIPENDIÉ, E adj. *Litt., péjor.* Qui est payé pour accomplir une action ; corrompu.

STIPENDIER v.t. [5] (du lat. *stipendium,* solde militaire). *Litt., péjor.* Avoir à sa solde.

STIPULANT, E adj. et n. DR. Qui est partie à une convention, à un contrat.

STIPULATION n.f. DR. Clause, mention dans un contrat.

STIPULE n.f. (lat. *stipula,* paille). BOT. Petit appendice foliacé ou épineux situé sur la tige au point d'insertion des feuilles.

STIPULER v.t. (lat. *stipulari*). **1.** DR. Énoncer une clause, une condition dans un contrat. **2.** Faire savoir expressément.

STOCHASTIQUE [-kas-] adj. (gr. *stokhastikos,* de *stokhazein,* viser). PROBAB. Se dit de phénomènes, de processus qui relèvent partiellement du hasard et qui font l'objet d'une analyse statistique. *Processus stochastique.*

STOCK n.m. (mot angl.). **1.** Ensemble des marchandises disponibles sur un marché, dans un magasin, etc. **2.** Ensemble des marchandises, des matières premières, des produits semi-ouvrés, des produits finis, etc., qui sont la propriété d'une entreprise. **3.** Ensemble de choses possédées ou gardées en réserve. *Un stock de romans policiers.*

STOCKAGE n.m. Action de stocker.

STOCK-CAR n.m. [pl. *stock-cars*] (mot angl.). Voiture de série, munie de dispositifs de protection, engagée dans une course où les obstructions et les carambolages sont de règle ; la course elle-même.

STOCKER v.t. **1.** Mettre en stock ; faire des réserves de qqch. **2.** Conserver un produit, une énergie en attente pour une utilisation ultérieure.

STOCKFISCH [stɔkfiʃ] n.m. (moyen néerl. *stocvisch,* poisson séché sur un bâton). **1.** Morue séchée à l'air libre. **2.** Poisson séché, en général.

STOCKISTE n. Commerçant ou artisan détenteur d'un stock de pièces détachées et d'organes destinés à la réparation d'un produit de marque déterminée.

STOCK-OPTION n.f. [pl. *stock-options*] (mot anglo-amér., *droit de souscription*). Action qu'une société propose à prix réduit à ses cadres afin d'améliorer leur rémunération et de les fidéliser.

STOCK-OUTIL n.m. (pl. *stocks-outils*). Ensemble des stocks élémentaires correspondant à l'approvisionnement normal d'une entreprise lui permettant d'éviter les ruptures.

STOCK-SHOT [stɔkʃɔt] n.m. [pl. *stock-shots*] (mot anglo-amér., de *stock,* réserve, et *shot,* prise de vues). MÉDIAS. (Anglic. déconseillé). Série d'images d'actualité empruntées à des documents d'archives et insérées dans un film, un reportage. Recomm. off. : *images d'archives, archives.*

STŒCHIOMÉTRIE [stekjɔmetri] n.f. (gr. *stoikheion,* élément). CHIM. Étude des proportions suivant lesquelles les corps se combinent entre eux.

STŒCHIOMÉTRIQUE [stekjɔ-] adj. Relatif aux proportions des réactions chimiques. ◇ *Quantité stœchiométrique :* quantité d'un ingrédient, indispensable dans une réaction, du même ordre de grandeur que celle des réactants (par oppos. à *quantité catalytique*).

STOÏCIEN, ENNE adj. et n. (lat. *stoicus,* du gr. *stoa,* portique, parce que les philosophes stoïciens se rassemblaient sous le Portique, à Athènes). **1.** PHILOS. Qui appartient à l'école stoïcienne, au stoïcisme ; qui est adepte du stoïcisme. ◇ *École stoïcienne :* école philosophique (IIIe s. av. J.-C. – IIe s. apr. J.-C.), fondée à Athènes par Zénon de Kition et perpétuée dans divers centres du monde gréco-romain. (On dit aussi le *Portique.*) **2.** Qui témoigne d'une impassibilité courageuse devant le malheur, dans la douleur, etc.

STOÏCISME n.m. **1.** Doctrine de l'école stoïcienne. **2.** *Par ext.* Fermeté, impassibilité. *Supporter ses malheurs avec stoïcisme.*

ENCYCL. Le stoïcisme a été, en concurrence avec l'épicurisme, une des doctrines philosophiques les plus influentes de l'Antiquité ; il est resté durablement source d'inspiration, à la Renaissance notamm. On le divise génér. en *ancien stoïcisme* (Zénon de Kition, Cléanthe, Chrysippe), en *moyen stoïcisme* (Panaitios, Posidonius) et en *stoïcisme latin* (Épictète, Sénèque, Marc Aurèle). De manière générale, le stoïcisme est un rationalisme qui lie indissolublement logique, physique et morale (cette dernière fut particulièrement développée et popularisée par le stoïcisme latin). Il considère l'univers comme un tout gouverné par la raison, prône l'accord avec le destin et, notamm., l'acceptation de la douleur et de la mort. Le sage est celui qui met son comportement en pleine conformité avec l'ordre naturel. Autres grands thèmes stoïciens : l'égalité naturelle et la solidarité entre les hommes ; la destruction et le recommencement périodiques de l'univers (éternel retour).

STOÏQUE adj. Qui manifeste une grande impassibilité devant la douleur, le malheur.

STOÏQUEMENT adv. De façon stoïque.

STOKER [stɔkɛr] ou [-kœr] n.m. (mot angl.). CH. DE F. Anc. Dispositif d'alimentation mécanique en charbon du foyer d'une locomotive à vapeur.

STOKES [stoks] n.m. (de *Stokes,* n.pr.). Anc. Unité c.g.s. de viscosité cinématique (symb. St), valant 10^{-4} m^2/s.

STOL n.m. inv. (acronyme de l'angl. *short take-off and landing*). [Anglic. déconseillé]. Avion à décollage et à atterrissage courts. (En France, ces appareils sont désignés par l'acronyme ADAC.)

STOLON n.m. (lat. *stolo,* rejeton). **1.** Tige aérienne rampante, terminée par un bourgeon qui, de place en place, produit des racines adventives, point de départ de nouveaux pieds (par ex. chez le fraisier). **2.** ZOOL. Tube creux reliant par leur base les membres d'une colonie de polypes ou de bryozoaires, et sur lequel bourgeonnent de nouveaux individus.

STOLONIFÈRE adj. BOT. Qui émet des stolons.

STOMACAL, E, AUX adj. (du lat. *stomachus,* estomac). Rare. Gastrique.

STOMACHIQUE adj. et n.m. Vx. Se dit de médicaments qui facilitent la digestion.

STOMATE n.m. (gr. *stoma, -atos,* bouche). BOT. Organe microscopique de l'épiderme des feuilles des végétaux vasculaires, percé d'un minuscule orifice *(ostiole)* et servant aux échanges gazeux.

STOMATITE n.f. Inflammation des muqueuses buccales.

STOMATOLOGIE n.f. Spécialité médicale dont l'objet est l'étude et le traitement des affections de la bouche.

STOMATOLOGISTE ou **STOMATOLOGUE** n. Médecin spécialiste de stomatologie.

STOMIE n.f. Dérivation chirurgicale (colostomie, par ex.) dans laquelle l'intestin ou l'uretère est abouché à la peau ; orifice cutané artificiel (anus, méat urinaire) ainsi créé.

STOMISÉ, E adj. et n. Se dit d'une personne qui a subi une stomie.

STOMOCORDÉ n.m. ZOOL. Hémicordé.

STOMOXE n.m. (gr. *stoma,* bouche, et *oxus,* pointu). Mouche qui pique le bétail et peut transmettre des micro-organismes infectieux (streptocoques, bacille du charbon, etc.). [Famille des muscidés.] SYN. : *mouche charbonneuse.*

1. STOP interj. (mot angl.). Exprime l'ordre d'arrêter, de cesser toute manœuvre. *Stop ! n'avancez plus !*

2. STOP n.m. **1.** Panneau de signalisation routière signalant un arrêt obligatoire. **2.** *Feux stop* → **feu. 3.** *Fam.* Auto-stop. **4.** Mot employé dans les messages télégraphiés pour séparer les phrases.

STOP-AND-GO [stɔpɛndgo] n.m. inv. (mots angl.). ÉCON. Correction d'un dérèglement économique par un autre, en sens inverse, compensant le premier.

STOPPAGE n.m. COUT. Réfection de la trame et de la chaîne d'un tissu pour réparer une déchirure.

1. STOPPER v.t. Faire un stoppage à.

2. STOPPER v.t. **1.** Arrêter la marche d'un navire, d'une machine, etc. **2.** Empêcher d'avancer, de progresser ; arrêter définitivement. *Stopper une offensive.* ◆ v.i. Cesser d'avancer ; s'arrêter.

1. STOPPEUR, EUSE n. et adj. Personne qui fait le stoppage.

2. STOPPEUR, EUSE n. *Fam.* Auto-stoppeur.

3. STOPPEUR n.m. Au football, joueur placé au centre de la défense, devant le libero.

STORAX n.m. → **STYRAX.**

STORE n.m. (ital. dial. *stora,* natte). Rideau de tissu ou panneau en lattes de bois, de plastique, etc., qui se lève et se baisse devant une devanture, à l'extérieur ou à l'intérieur d'une fenêtre. *Store vénitien, store (à) enrouleur.*

STORISTE n. Personne qui fabrique ou vend des stores.

STORY-BOARD [stɔribɔrd] n.m. (pl. *story-boards*). CINÉMA. (Anglic. déconseillé). Suite de dessins correspondant chacun à un plan et permettant, lors de la préparation d'un film, de visualiser le découpage. Recomm. off. : *scénarimage.*

STOT [sto] n.m. (var. picarde de *estoc*). MIN. Volume de minerai laissé en place pour protéger une voie ou une installation du fond ou de la surface.

STOUPA n.m. → **STUPA.**

STOUT [stawt] n.m. (mot angl.). Bière anglaise brune, fortement alcoolisée.

STRABIQUE adj. et n. Affecté de strabisme.

STRABISME n.m. (du gr. *strabos,* louche). Défaut de convergence des axes visuels, entraînant un trouble de la vision de l'œil dévié.

STRADIOT ou **ESTRADIOT** n.m. (gr. *stratiôtês,* soldat). Cavalier léger originaire de Grèce ou d'Albanie, employé dans les armées européennes comme éclaireur (XVe - XVIe s.).

STRADIVARIUS [-rjys] n.m. Violon, violoncelle ou alto fabriqué par Antonio Stradivari.

STRAMOINE n.f. (lat. médiév. *stramonium*). Datura originaire d'Amérique mais largement répandu en Europe, extrêmement toxique, à grandes fleurs blanches en entonnoir et à gros fruit épineux. (Famille des solanacées.)

STRANGULATION n.f. (du lat. *strangulare,* étrangler). Action d'étrangler ; fait d'être étranglé.

STRAPONTIN n.m. (ital. *strapuntino*). **1.** Siège d'appoint fixe à abattant, dans une salle de spectacle, un véhicule, etc. **2.** *Fig.* Fonction, place de peu d'importance dans une assemblée, une organisation.

STRAPPING [strapiŋ] n.m. (de l'angl. *to strap,* attacher). Contention souple.

STRASS ou **STRAS** [stras] n.m. (de *Strass,* n. de l'inventeur). **1.** Verre coloré à l'aide d'oxydes métalliques, qui imite diverses gemmes. **2.** *Fig.* Ce qui brille d'un faux éclat.

STRASSE n.f. (ital. *straccio,* chiffon). Bourre ou rebut de la soie, en sériciculture.

STRATAGÈME n.m. (gr. *stratêgêma*). Ruse habile.

STRATE n.f. (lat. *stratum,* chose étendue). **1.** Couche homogène d'une roche sédimentaire (calcaire, marne, grès, etc.) d'une épaisseur de quelques millimètres à plusieurs dizaines de mètres. **2.** ÉCOL. Subdivision marquant l'étagement vertical d'une communauté végétale forestière. (On distingue princip. les strates arborée, arbustive, herbacée et muscinale.) **3.** *Fig.* Chacun des niveaux, des plans superposés constitutifs de qqch. *Les strates de la mémoire.*

STRATÈGE n.m. (gr. *stratêgos*). **1.** Spécialiste ou praticien de la stratégie. **2.** ANTIQ. GR. Principal magistrat, à Athènes ; chef militaire dans de nombreuses cités.

STRATÉGIE n.f. **1.** Art de coordonner l'action de forces militaires, politiques, économiques et morales impliquées dans la conduite d'une guerre ou la préparation de la défense d'une nation ou d'une coalition. (La stratégie est de la compétence conjointe du gouvernement et du haut commandement des armées.) **2.** Art de coordonner des actions, de manœuvrer habilement pour atteindre un but. *La stratégie électorale.* **3.** MATH. Dans la théorie des jeux, ensemble de décisions prises en fonction d'hypothèses de comportement des personnes intéressées dans une conjoncture déterminée.

ENCYCL. La stratégie tend à se rapprocher de plus en plus de la politique de défense des nations ou des alliances, elles-mêmes conditionnées par plusieurs facteurs inhérents à la situation du monde au début de l'âge atomique. Les percées technologiques en matière d'armements, l'importance des pressions économiques, la vulnérabilité des opinions publiques pèsent considérablement sur les choix stratégiques : les représailles massives, la riposte graduée de l'OTAN, la doctrine de la dissuasion mutuelle assurée apparaissent comme autant de tentatives pour définir les seuils d'emploi de la force nucléaire.

STRATÉGIQUE adj. Relatif à la stratégie. *Site stratégique. Repli stratégique.*

STRATÉGIQUEMENT adv. D'après les règles de la stratégie.

STRATIFICATION n.f. **1.** Disposition en couches superposées. **2.** GÉOL. Disposition d'un ensemble de roches sédimentaires en strates superposées. **3.** SOCIOL. *Stratification sociale :* division de la société en groupes hiérarchisés et inégaux, en fonction de critères comme la profession, l'instruction, le pouvoir, le prestige ou la richesse.

STRATIFIÉ, E adj. Qui se présente en couches superposées, en strates. SYN. : *lamifié.* ◆ n.m. Matériau fabriqué à partir de supports divers (papier, toile, etc.), agglomérés et imprégnés de résine thermodurcissable (Formica, par ex.).

STRATIFIER v.t. [5]. Disposer par couches superposées.

STRATIGRAPHIE n.f. Domaine de la géologie qui étudie la nature, l'importance, le contenu fossilifère d'une succession de couches sédimentaires en vue d'établir l'ordre normal de superposition et de définir ainsi un âge relatif.

STRATIGRAPHIQUE adj. Relatif à la stratigraphie. ◇ *Échelle stratigraphique :* chronologie des événements qui se sont succédé à la surface de la Terre au cours des temps géologiques.

STRATIOME n.m. (gr. *stratiôtês,* soldat, et *muia,* mouche). Mouche robuste, assez plate, génér. brune, marquée de jaune et de blanc, dite aussi *mouche armée.* (Genre *Stratiomys.*)

STRATO-CUMULUS [-lys] n.m. inv. Couche continue ou ensemble de bancs nuageux, génér. minces et d'épaisseur régulière.

STRATOFORTERESSE n.f. Bombardier lourd américain intercontinental B-52.

STRATOPAUSE n.f. GÉOPHYS. Zone de transition entre la stratosphère et la mésosphère.

STRATOSPHÈRE n.f. GÉOPHYS. Région de l'atmosphère entre la troposphère et la mésosphère, qui s'étend de 12 km environ à 50 km d'altitude. (La stratosphère est épaisse d'une quarantaine de kilomètres ; la température y croît d'une cinquantaine de degrés jusqu'à 0 °C.)

STRATOSPHÉRIQUE adj. Relatif à la stratosphère.

STRATUS [stratys] n.m. (mot lat., *étendu*). Nuage bas qui se présente en couche uniforme grise, formant un voile continu.

STRELITZIA [strelitsja] n.m. Plante ornementale aux grandes fleurs élégantes et colorées, originaire d'Afrique australe. (Famille des strelitziacées.)

STREPSIPTÈRE n.m. (du gr. *strepsis,* action de tourner). Insecte de très petite taille vivant en parasite interne d'autres insectes. (Les strepsiptères forment un ordre.)

STREPTOCOCCIE [-kɔksi] n.f. MÉD. Infection par un streptocoque.

STREPTOCOQUE n.m. (gr. *streptos,* arrondi, et *kokkos,* grain). Bactérie de forme sphérique dont les individus sont disposés en chaînettes et dont plusieurs espèces produisent des infections graves (érysipèle, impétigo, scarlatine, septicémies, méningites).

STRESS [strɛs] n.m. (mot angl.). Ensemble de perturbations biologiques et psychiques provoquées par une agression quelconque sur un organisme.

ENCYCL. Le stress est déclenché par le cerveau, qui stimule la sécrétion de corticoïdes et d'adrénaline par les surrénales. Il s'ensuit une activation générale non spécifique, physique et psychique, favorable à la défense de l'organisme. Cependant, un stress intense ou prolongé serait source de divers troubles (anxiété, fatigue, ulcère gastrique, angine de poitrine, eczéma, etc.).

STRESSANT, E adj. Qui stresse.

STRESSER v.t. Provoquer un stress.

STRETCH n.m. et adj. inv. (nom déposé ; de l'angl. *to stretch,* étendre). Procédé de traitement des tissus les rendant élastiques dans le sens de la largeur ; tissu ainsi traité. *Éponge, velours Stretch.*

STRETCHING [strɛtʃiŋ] n.m. (mot angl.). Mise en condition physique fondée sur le principe de la contraction *(tension)* puis du relâchement *(détente)* du muscle, précédant son étirement.

STRETTE n.f. (ital. *stretta,* du lat. *strictus,* étroit). MUS. Partie d'une fugue, précédant la conclusion, où les entrées du thème se multiplient et se chevauchent.

STRIATION n.f. *Didact.* Action de strier ; ensemble des stries.

STRICT, E adj. (lat. *strictus,* serré). **1.** Qui ne laisse aucune liberté ; rigoureux. *Stricte exécution de la consigne.* **2.** Qui ne tolère aucune négligence ; sévère. *Un professeur très strict.* **3.** Dépourvu d'ornements ; sobre. *Costume strict.* **4.** Qui constitue un minimum, qui est réduit à la plus petite valeur. *Le strict nécessaire.* ◇ ARITHM. *Inégalité stricte* → **inégalité.**

■ **STRATO-CUMULUS**

■ **STRATUS**

S

STRICTEMENT adv. De façon stricte.

STRICTION n.f. (bas lat. *strictio,* de *stringere,* serrer). **1.** Rétrécissement transversal d'une éprouvette métallique soumise à l'essai de traction. (La striction caractérise la ductilité du métal.) **2.** Resserrement pathologique d'un organe. **3.** *Effet de striction :* phénomène de contraction de la section d'un fluide ou d'un plasma sous l'action du courant électrique qui le traverse.

STRICTO SENSU [striktosɛ̃sy] loc. adv. (mots lat.). *Didact.* Au sens étroit, strict (par oppos. à *lato sensu*).

STRIDENCE n.f. *Litt.* Caractère d'un son strident ; sonorité stridente.

STRIDENT, E adj. (du lat. *stridere,* grincer). Se dit d'un son aigu, perçant. *Bruit strident.*

STRIDOR n.m. (mot lat.). MÉD. Bruit aigu lors de l'inspiration, dans certaines affections du larynx ou de la trachée.

STRIDULANT, E adj. Qui fait entendre un bruit aigu.

STRIDULATION n.f. (du lat. *stridulus,* sifflant). Crissement aigu que produisent certains insectes (criquets, grillons, cigales).

STRIDULER v.i. Émettre des signaux sonores par stridulation.

STRIDULEUX, EUSE adj. MÉD. Relatif au stridor ; qui produit un stridor. *Laryngite striduleuse.*

STRIE n.f. (lat. *stria*). Chacun des sillons, peu profonds, parallèles entre eux, qui marquent une surface.

STRIÉ, E adj. **1.** Dont la surface présente des stries. **2.** ANAT. **a.** *Corps striés :* masses de substance grise situées dans la partie interne et inférieure de chaque hémisphère cérébral, intervenant dans la motricité. **b.** *Muscle strié :* muscle dont la contraction peut être volontaire (muscle squelettique) ou involontaire (muscle cardiaque) et dont les cellules apparaissent striées transversalement au microscope (par oppos. à *muscle lisse*).

STRIER v.t. [5]. Marquer de stries ou de raies plus ou moins parallèles.

STRIGE n.f. (lat. *striga,* du gr. *strigx,* oiseau de nuit). Esprit nocturne et malfaisant qui peut être la métamorphose d'un être humain vivant ou mort, dans les légendes orientales.

STRIGIDÉ n.m. (lat. *strix, strigis,* chouette). Oiseau rapace nocturne, tel que les hiboux, les chouettes (sauf l'effraie). [Les strigidés forment une famille.]

STRIGILE n.m. (lat. *strigilis,* étrille). **1.** ANTIQ. GR. Racloir recourbé en forme de faucille, qui servait à nettoyer la peau après le bain de vapeur ou les exercices athlétiques. **2.** ARCHÉOL. Cannelure sinueuse utilisée comme motif décoratif de certains sarcophages antiques.

STRING [striŋ] n.m. (mot angl., *corde*). Slip réduit à un simple cache-sexe, qui laisse les fesses nues.

STRIOSCOPIE n.f. MÉCAN. Étude, par la méthode photographique, du sillage produit dans l'air par un projectile ou par un profil d'aile dans une soufflerie aérodynamique.

STRIPAGE n.m. (angl. *stripping*). Réaction nucléaire dans laquelle un nucléon est arraché d'un noyau projectile et capté par le noyau cible.

STRIP-LINE [striplajn] n.m. [pl. *strip-lines*] (mot angl., *lignes en bande*). ÉLECTRON. Dispositif à hyperfréquence réalisé à l'aide de bandes métalliques déposées de part et d'autre d'un support isolant, selon une technique analogue à celle du circuit imprimé.

STRIPPING [stripiŋ] n.m. (Anglic. déconseillé). Éveinage.

STRIP-POKER n.m. [pl. *strip-pokers*] (de *strip-tease* et *poker*). Jeu de poker dans lequel on mise les vêtements que l'on porte sur soi.

STRIP-TEASE [striptiz] n.m. [pl. *strip-teases*] (mot angl., de *to strip,* déshabiller, et *to tease,* agacer). **1.** Spectacle de cabaret au cours duquel une ou plusieurs personnes se déshabillent d'une façon lente et suggestive. **2.** Établissement spécialisé où a lieu ce type de spectacle.

STRIP-TEASEUR, EUSE n. (pl. *strip-teaseurs, euses*). Personne exécutant un numéro de strip-tease.

STRIURE n.f. État de ce qui est strié ; ensemble de stries.

STROBILE n.m. (gr. *strobilos,* toupie). **1.** ZOOL. Forme larvaire de certaines méduses. **2.** BOT. Appareil reproducteur en forme d'épi conique, correspondant à un regroupement de sporanges (lycopode, prêle) ou d'ovules (éphédra, gnetum, etc.). **3.** Fruit en cône du houblon.

STROBOSCOPE n.m. (du gr. *strobos,* tourbillon). Appareil servant à observer par stroboscopie.

STROBOSCOPIE n.f. OPT. Mode d'observation d'un mouvement périodique rapide au moyen d'éclairs réguliers dont la fréquence est voisine de celle du mouvement. (Grâce à la persistance des impressions lumineuses, on a l'illusion d'un mouvement fortement ralenti.)

STROBOSCOPIQUE adj. Relatif à la stroboscopie.

STROMA n.m. (mot gr.). HISTOL. Tissu conjonctif formant la charpente d'un organe (par oppos. à *parenchyme*) ou d'une tumeur.

STROMBE n.m. (lat. *strombus,* du gr.). Grand mollusque gastéropode des mers chaudes, appelé *lambi* aux Antilles et dont la coquille, très épaisse, sert à fabriquer des sortes de camées. (Famille des strombidés.)

STROMBOLIEN, ENNE adj. (de *Stromboli,* n.pr.). Se dit d'un dynamisme éruptif caractérisé par des successions d'explosions éjectant des scories basaltiques.

STRONGLE ou **STRONGYLE** n.m. (gr. *stroggulos,* rond). Ver parasite de l'intestin du cheval, de l'âne. (Long. max. 5 cm ; classe des nématodes.)

STRONGYLOSE n.f. VÉTÉR. Affection parasitaire des animaux domestiques provoquée par des nématodes, les strongles.

STRONTIUM [strɔ̃sjɔm] n.m. (de *Strontian,* n. d'un village d'Écosse). **1.** Métal alcalino-terreux jaune analogue au calcium, de densité 2,5, qui fond à 769 °C. **2.** Élément chimique (Sr), de numéro atomique 38 et de masse atomique 87,62. (La méthode de datation rubidium-strontium $^{87}Rb/^{87}Sr$ est l'une des plus employées en radiochronologie.)

STROPHANTUS [strɔfɑ̃tys] n.m. (gr. *strophos,* cordon, et *anthos,* fleur). Arbre ou liane des régions tropicales d'Afrique ou d'Asie dont les fleurs ont des pétales prolongés en longues lanières et dont le fruit, très toxique, fournit des hétérosides cardiotoniques. (Famille des apocynacées.)

STROPHE n.f. (lat. *stropha,* du gr.). **1.** Groupe de vers formant une unité et s'ordonnant de manière à présenter une correspondance métrique avec un ou plusieurs groupes semblables. **2.** Première des trois parties lyriques chantées par le chœur de la tragédie grecque.

STRUCTURABLE adj. Qui peut être structuré.

STRUCTURAL, E, AUX adj. **1.** Relatif à la structure. ◇ *Géologie structurale :* domaine de la géologie qui étudie les différentes structures de l'écorce terrestre. – *Surface structurale :* surface constituée par la partie supérieure d'une couche de terrain dure, dégagée par l'érosion d'une couche sus-jacente tendre. **2.** *Didact.* Qui relève du structuralisme, de l'étude des structures.

STRUCTURALISME n.m. **1.** Courant de pensée des années 1960 dont l'influence, un temps prépondérante, s'est étendue à la philosophie et aux diverses sciences humaines, et dont la méthode d'étude des structures s'est traduite par la primauté accordée à la synchronie sur l'évolution des faits et à la totalité sur l'individu, avec pour conséquence une remise en cause généralisée des représentations fondatrices de l'identité personnelle ou sociale. (Lévi-Strauss, Piaget, Lacan, Althusser, Foucault, Derrida, Barthes se rattachent, à des titres divers, au structuralisme.) **2.** LING. Démarche théorique qui consiste à envisager la langue comme une structure, c'est-à-dire un ensemble d'éléments entretenant des relations formelles. SYN. : *linguistique structurale.*

STRUCTURALISTE adj. et n. Relatif au structuralisme ; qui en est partisan.

STRUCTURANT, E adj. *Didact.* Qui permet la structuration, qui la favorise, la détermine.

STRUCTURATION n.f. *Didact.* Action de structurer ; fait d'être structuré.

STRUCTURE n.f. (lat. *structura,* de *struere,* assembler). **1.** Manière dont les parties d'un ensemble concret ou abstrait sont arrangées entre elles ; disposition. *Structure d'une plante, d'une roche. Structure d'un réseau routier. Structure d'un discours.* – GÉOL. Agencement des couches géologiques les unes par rapport aux autres. **2.** Organisation des parties d'un système, qui lui donne sa cohérence et en est la caractéristique permanente. *Structure d'un État, d'une entreprise.* – ÉCON. Ensemble des caractères relativement stables d'un système économique à une période donnée (par oppos. à *conjoncture*). **3.** Organisation, système complexe considérés dans leurs éléments fondamentaux. *Les structures administratives.* **4.** TECHN. Constitution, disposition et assemblage des éléments qui forment l'ossature d'un bâtiment, d'une carrosserie, d'un fuselage, etc. **5.** PHILOS. Ensemble abstrait, ordonné et autonome d'éléments interdépendants aux rapports régis par des lois, faisant fonction de modèle d'intelligibilité des objets étudiés, dans les diverses sciences humaines. **6.** MATH. Relations dont est muni un ensemble. *Structures algébriques, topologiques.*

STRUCTURÉ, E adj. Se dit de ce qui a telle ou telle structure.

STRUCTUREL, ELLE adj. Relatif aux structures, à une structure. ◇ *Chômage structurel :* chômage lié aux changements des structures économiques, sociales ou démographiques.

STRUCTURELLEMENT adv. D'une manière structurelle.

STRUCTURER v.t. Doter d'une structure.

STRUDEL [strydɛl] ou [ʃtrudəl] n.m. (mot all.). Pâtisserie viennoise faite d'une fine pâte roulée, fourrée de pommes à la cannelle et de raisins secs, de griottes ou de fromage blanc.

STRYCHNINE [striknin] n.f. (gr. *strukhnos*). Alcaloïde très toxique extrait de la noix vomique.

STRYCHNOS [striknos] n.m. ou **STRYCHNÉE** [strikne] n.f. (gr. *strychnos,* vomiquier). Arbuste ou liane des régions tropicales à la sève extrêmement toxique, dont une espèce donne la noix vomique et dont d'autres espèces fournissent le curare. (Famille des loganiacées.)

STUC n.m. (ital. *stucco*). Enduit imitant le marbre, composé ordinairement de plâtre fin, d'une colle et de poussière de marbre ou de craie. ◆ pl. Revêtement mural décoratif (sculpté, coloré, etc.) réalisé avec ce matériau.

STUCAGE n.m. Application de stuc ; revêtement de stuc.

STUCATEUR n.m. Ouvrier ou artiste qui travaille le stuc.

STUD-BOOK [stœdbuk] n.m. [pl. *stud-books*] (mot angl., *livre de haras*). Registre où sont inscrites la généalogie et les performances des chevaux de race.

STUDETTE n.f. Petit studio (appartement).

STUDIEUSEMENT adv. Avec application.

STUDIEUX, EUSE adj. (du lat. *studium,* zèle). **1.** Qui aime l'étude ; appliqué. *Écolier studieux.* **2.** Consacré à l'étude. *Vacances studieuses.*

STUDIO n.m. (mot ital., *atelier d'artiste*). **1.** Petit appartement comprenant une seule pièce principale. **2.** Local où opère un photographe. **3.** AUDIOVIS. **a.** Local où se font les prises de vues ou de son. **b.** Bâtiment ou groupe de bâtiments aménagé pour le tournage des films. **4.** Salle de répétition de danse.

STUKA [ʃtuka] n.m. (abrév. de l'all. *Sturzkampfflugzeug,* avion de combat en piqué). Bombardier allemand d'attaque en piqué, pendant la Seconde Guerre mondiale.

STUPA [stupa] ou **STOUPA** n.m. (sanskrit *stūpa*). Monument funéraire ou commémoratif d'origine indienne, en forme de dôme plein, élevé sur des reliques du Bouddha ou de religieux éminents.

STUPÉFACTION n.f. Étonnement profond qui empêche toute réaction.

STUPÉFAIRE v.t. [89] [seulem. 3e pers. sing. indic. présent et aux temps composés] (lat. *stupefacere,* paralyser). Frapper de stupeur. *Elle a stupéfait tout le monde en réussissant.*

STUPÉFAIT, E adj. (lat. *stupefactus*). Immobile de surprise ; interdit.

1. STUPÉFIANT, E adj. Qui stupéfie, qui frappe de stupeur. *Nouvelle stupéfiante.*

2. STUPÉFIANT n.m. Substance psychotrope dont la consommation risque d'aboutir à une toxicomanie. ◇ *Brigade des stupéfiants,* chargée, en France, de la surveillance du trafic de drogue, ainsi que de certains lieux publics. (Elle est issue de l'anc. *brigade mondaine.*)

STUPÉFIER v.t. [5]. Causer une grande surprise à. *Cette nouvelle m'a stupéfié.*

STUPEUR n.f. (lat. *stupor*). **1.** Étonnement profond. **2.** PSYCHIATR. État d'immobilité et de mutisme d'origine psychique.

STUPIDE adj. (lat. *stupidus,* frappé de stupeur). **1.** Qui manifeste un esprit lourd et pesant, un manque d'intelligence, de réflexion. **2.** Dénué de sens, de justification ; absurde. *Accident stupide.*

STUPIDEMENT adv. De façon stupide.

STUPIDITÉ n.f. Caractère d'une personne stupide ; parole, action stupide.

STUPOREUX, EUSE adj. PSYCHIATR. Relatif à la stupeur.

STUPRE n.m. (lat. *stuprum*). *Sout.* Débauche honteuse ; luxure.

STUQUER v.t. Revêtir de stuc.

STURNIDÉ n.m. (du lat. *sturnus,* étourneau). Oiseau passereau tel que l'étourneau, le mainate, le pique-bœuf. (Les sturnidés forment une famille.)

STYLE n.m. (lat. *stilus*). **1.** Manière particulière d'exprimer sa pensée, ses émotions, ses sentiments. *Avoir un style simple. Écrivain qui travaille le style. Exercice de style.* **2.** Forme de langue propre à une activité, à un milieu ou à un groupe social. *Style administratif. Style populaire.* **3.** Manière personnelle de pratiquer un art, un sport, etc., définie par un ensemble de caractères. *Le style de Watteau. Le style d'un nageur.* **4.** Manière particulière à un genre, à une époque, notamm. en matière d'art et de décoration, définie par un ensemble de caractères formels. *Style épique. Style Louis XIII. (V. ill. page suivante).* ◇ ***De style :*** se dit de meubles, d'objets fabriqués conformément à un style décoratif ancien. **5.** Ensemble des goûts, des manières d'être de qqn ; façon personnelle de s'habiller, de se comporter, etc. *Adopter un style sportif. Style de vie.* **6.** Qualité de qqch ou de qqn qui présente des caractéristiques esthétiques originales. *Maison qui a du style. Manquer de style.* **7.** ANTIQ. Poinçon de métal servant à écrire sur des tablettes enduites de cire. **8.** MÉTROL. Petite pointe encrée servant à tracer la courbe d'une variation sur un enregistreur. **9.** Tige dont l'ombre marque l'heure sur un cadran solaire. (Le style est parallèle à l'axe des pôles de la Terre.) **10.** BOT. Partie du pistil en forme de colonne, surmontant l'ovaire et portant les stigmates à son sommet.

STYLÉ, E adj. Se dit d'un employé de maison ou d'hôtel qui exécute son service dans les règles. *Un personnel stylé.*

STYLER v.t. Former à certaines habitudes, à certaines règles, le personnel domestique en particulier.

STYLET n.m. (ital. *stiletto,* de *stilo,* poignard). **1.** Petit poignard à lame très effilée. **2.** Petite tige métallique fine à pointe mousse utilisée en chirurgie, par ex. pour sonder une fistule. **3.** ZOOL. Organe fin et pointu, chez certains animaux (organe piqueur du moustique, organe d'accouplement du crabe).

STYLISATION n.f. Action de styliser.

STYLISER v.t. Représenter sous une forme simplifiée, synthétique donnant un aspect décoratif ou un caractère particulier.

STYLISME n.m. **1.** LITTÉR. Tendance à apporter un soin extrême à son style. **2.** Activité, profession de styliste.

STYLISTE n. **1.** Écrivain qui brille surtout par le style. **2.** Personne dont le métier est de concevoir des formes nouvelles dans le domaine de l'habillement, de l'ameublement, de la carrosserie automobile, etc.

STYLISTICIEN, ENNE n. Spécialiste de stylistique.

STYLISTIQUE n.f. LITTÉR. Étude systématique du style selon des critères lexicaux, phonétiques, syntaxiques et rhétoriques. ◆ adj. Relatif au style, à la stylistique.

STYLITE n.m. (gr. *stûlos,* colonne). Solitaire chrétien oriental qui avait placé sa cellule sur un portique ou une colonnade en ruine. *Siméon Stylite.*

STYLO ou, vx, **STYLOGRAPHE** n.m. Instrument pour écrire, dessiner, tracer des traits, dont le manche évidé contient une réserve d'encre. *Stylo (à) plume, (à) bille.*

STYLOBATE n.m. (gr. *stulobatês*). ARCHIT. Soubassement portant une colonnade.

STYLO-FEUTRE n.m. (pl. *stylos-feutres*). Feutre servant à l'écriture, utilisant une encre à l'eau.

STYLOÏDE adj. et n.f. ANAT. Se dit de certaines apophyses osseuses fines et allongées. *Styloïde radiale.*

STYLOMINE n.m. Portemine.

STYRAX ou **STORAX** n.m. (lat. *styrax*). Arbrisseau des régions chaudes fournissant le benjoin et un baume ; ce baume. (Famille des styracacées.) Nom usuel : ***aliboufier.***

STYRÈNE ou **STYROLÈNE** n.m. Hydrocarbure benzénique $C_6H_5CH{=}CH_2$, servant de monomère pour de nombreux polymères.

SU n.m. *Au vu et au su* → **1. vu.**

SUAGE n.m. (de *suer*). Eau qui suinte d'une bûche exposée à la chaleur du feu.

SUAIRE n.m. (lat. *sudarium,* linge pour essuyer la sueur). **1.** ANTIQ. Voile dont on couvrait la tête et le visage des morts. **2.** *Litt.* Linceul. ◇ ***Le saint suaire :*** le linceul qui servit à ensevelir Jésus-Christ.

SUANT, E adj. *Fam.,* vieilli. Ennuyeux.

SUAVE adj. (lat. *suavis*). D'une douceur agréable. *Parfum, musique suave.*

SUAVEMENT adv. De façon suave.

SUAVITÉ n.f. Qualité de ce qui est suave.

SUBADULTE adj. et n.m. ZOOL. Se dit d'un animal ayant dépassé le stade juvénile, mais ne présentant pas encore toutes les caractéristiques de l'adulte.

SUBAÉRIEN, ENNE adj. **1.** Qui est placé au contact direct de la couche inférieure de l'atmosphère. **2.** Se dit d'un dépôt formé à l'air libre (dépôts éoliens, éboulis).

SUBAIGU, UË adj. MÉD. Se dit d'un état pathologique d'une durée intermédiaire entre l'état aigu et l'état chronique.

SUBALPIN, E adj. GÉOGR. Se dit des régions situées en bordure des Alpes.

SUBALTERNE adj. et n. (lat. *sub,* sous, et *alter,* autre). **1.** Qui est subordonné à qqn ; qui dépend d'un autre. **2.** Qui est hiérarchiquement inférieur. *Emploi subalterne.*

SUBAQUATIQUE adj. Qui se trouve sous la mer, sous l'eau.

SUBARIDE adj. Relatif à une région dont les conditions climatiques sont proches de l'aridité.

SUBATOMIQUE adj. Se dit de toute particule constitutive de l'atome.

SUBCARENCE n.f. MÉD. Carence bénigne, voire asymptomatique.

SUBCONSCIENT, E adj. Se dit d'un état psychique dont le sujet n'a pas conscience mais qui influe sur son comportement. ◆ n.m. Ensemble des états psychiques subconscients.

SUBDÉLÉGUER v.t. [11]. Déléguer qqn dans une fonction ou une mission pour laquelle on a été soi-même délégué.

SUBDÉSERTIQUE adj. Relatif à une région dont les conditions climatiques et biologiques sont proches de celles des déserts.

SUBDIVISER v.t. Diviser en de nouvelles parties ce qui a déjà été divisé.

SUBDIVISION n.f. Division d'une des parties d'un tout déjà divisé.

SUBDIVISIONNAIRE adj. Relatif à une subdivision.

SUBDUCTION n.f. (du lat. *subducere,* tirer de dessous). GÉOL. Enfoncement d'une plaque lithosphérique de nature océanique sous une plaque adjacente, génér. de nature continentale. (La subduction s'accompagne de séismes dont les foyers se situent entre 75 et 200 km de profondeur, selon un plan incliné dit *plan de Benioff.*)

SUBÉQUATORIAL, E, AUX adj. Proche de l'équateur, du climat équatorial.

SUBER [sybɛr] n.m. (mot lat., *liège*). BOT. Liège.

SUBÉREUX, EUSE adj. Constitué de liège.

SUBÉRINE n.f. Substance organique de la paroi des cellules du liège.

SUBINTRANT, E adj. (lat. *subintrans*). MÉD. Se dit d'un trouble dont un accès nouveau commence avant la fin du précédent. *Des crises convulsives subintrantes.*

SUBIR v.t. (lat. *subire,* aller sous). **1.** Être soumis malgré soi à ce qui est prescrit, ordonné, imposé ; endurer. *Subir un interrogatoire, des tortures, une conversation ennuyeuse.* **2.** Supporter à contrecœur la présence de qqn qui déplaît. **3.** Être soumis à ; être l'objet de. *Les prix ont subi une hausse.*

SUBIT, E adj. (lat. *subitus*). Qui arrive tout à coup ; soudain, brusque.

SUBITEMENT adv. Soudainement, tout à coup.

SUBITO adv. (mot lat.). *Fam.* Subitement.

SUBJACENT, E adj. (lat. *subjacens*). **1.** *Didact.* Qui est placé en dessous. *Couches subjacentes de l'écorce terrestre.* **2.** *Litt.* Sous-jacent.

SUBJECTIF, IVE adj. (lat. *subjectus,* placé dessous). **1.** *Didact.* Qui relève du sujet défini comme être pensant (par oppos. à *objectif*). **2.** Se dit de ce qui est individuel et susceptible de varier en fonction de la personnalité de chacun. *Une interprétation subjective d'un texte.*

SUBJECTILE n.m. PEINT. Surface, matière qui reçoit une couche de peinture, d'émail, etc. SYN. : *support.*

SUBJECTIVEMENT adv. De façon subjective.

SUBJECTIVISME n.m. **1.** PHILOS. Doctrine selon laquelle tout ce qui existe n'a d'autre réalité que celle que lui donne le sujet, la conscience qui le pense. ◇ DR. ***Subjectivisme juridique :*** doctrine fondant l'obligation juridique sur la volonté du sujet. **2.** Attitude de qqn qui juge d'après ses seules opinions personnelles.

SUBJECTIVISTE adj. et n. Relatif au subjectivisme ; qui en est partisan.

SUBJECTIVITÉ n.f. **1.** Caractère de ce qui est subjectif (par oppos. à *objectivité*). **2.** Domaine de ce qui est subjectif.

1. SUBJONCTIF n.m. GRAMM. Mode personnel du verbe employé soit dans des propositions subordonnées, soit pour exprimer le doute, l'incertitude, la volonté, etc.

2. SUBJONCTIF, IVE adj. (bas lat. *subjunctivus,* subordonné). GRAMM. Qui relève du subjonctif.

SUBJUGUER [sybʒyge] v.t. (lat. *sub,* sous, et *jugum,* joug). Exercer un puissant ascendant sur ; séduire. *Subjuguer les esprits.*

SUBLER v.i. (var. de *siffler*). Acadie. Siffler.

SUBLIMATION n.f. **1.** CHIM. Passage d'un corps de l'état solide à l'état gazeux. **2.** PSYCHAN. Processus par lequel l'énergie d'une pulsion sexuelle ou agressive est déplacée sur des buts socialement valorisés.

SUBLIME adj. (lat. *sublimis,* haut). **1.** D'une haute valeur morale, intellectuelle ou artistique ; noble. *Sublime abnégation. Il a été sublime dans cette circonstance.* **2.** Parfait en son genre ; merveilleux. *Paysage sublime.* ◆ n.m. Ce qu'il y a de plus élevé dans le style, dans les sentiments, etc.

SUBLIMÉ n.m. CHIM. Produit d'une sublimation.

SUBLIMER v.t. (lat. *sublimare,* distiller les éléments volatils). **1.** CHIM. Faire passer directement de l'état solide à l'état gazeux. **2.** *Litt.* Orienter une tendance, une passion vers une valeur sociale positive ou vers un intérêt moral. ◆ v.i. PSYCHAN. Se livrer à une sublimation.

SUBLIMINAL, E, AUX ou **SUBLIMINAIRE** adj. (lat. *sub,* à l'entrée de, et *limen,* seuil). PSYCHOL. Infraliminaire. ◇ ***Perception subliminale :*** perception d'un objet (image, message, publicité, etc.) à la limite de sa reconnaissance par le sujet, en raison de l'éloignement, de l'éclairement, etc.

SUBLIMITÉ n.f. *Litt.* Caractère de ce qui est sublime. *La sublimité du style.*

SUBLINGUAL, E, AUX [syblɛ̃gwal, o] adj. (lat. *sub,* sous, et *lingua,* langue). **1.** Qui se trouve sous la langue. **2.** Se dit de la voie d'administration d'un médicament que l'on laisse fondre sous la langue.

SUBLUNAIRE adj. ASTRON. Qui est entre la Terre et l'orbite de la Lune.

SUBMERGER v.t. [10] (lat. *sub,* sous, et *mergere,* plonger). **1.** Recouvrir complètement d'eau ; inonder. **2.** Envahir complètement ; déborder. *Les manifestants ont submergé le service d'ordre. Être submergé de travail.*

SUBMERSIBLE adj. Qui peut être submergé. *Moteur submersible.* ◆ n.m. **1.** Engin sous-marin qui doit régulièrement utiliser un schnorchel pour poursuivre sa plongée. **2.** Véhicule autonome et habité, destiné à l'observation des fonds marins. (Il s'oppose, par sa maniabilité, sa légèreté et sa mobilité, au bathyscaphe.)

SUBMERSION n.f. *Litt.* Action de submerger.

SUBODORER v.t. (du lat. *odorari,* sentir). Pressentir, deviner par intuition qqch qui n'apparaît

S

■ LES STYLES DU MOBILIER FRANÇAIS

Depuis la période gothique, des phénomènes de mode, comparables à ceux qu'on observe dans le costume, régissent l'aspect des meubles fabriqués pour les classes supérieures de la société. Chaque époque – qu'on assimile par simplification à une époque politique, à un règne – se singularise au gré des influences reçues : emprunts à l'étranger, tendances dominantes dans les beaux-arts, notamment dans l'architecture, grands cycles de civilisation avec les facteurs divers qui les commandent... sans oublier l'évolution de la gamme des matériaux et des possibilités techniques.

Renaissance. Armoire à deux corps en noyer, 2e moitié du XVIe s. Ce type est une des créations les plus caractéristiques de l'époque, substituant formes et vocabulaire ornemental venus de l'Italie à ceux de l'âge gothique. Le corps supérieur, en retrait, est couronné d'un fronton brisé encadrant une petite niche architecturée. (Coll. priv.)

Louis XIII. « Chaise à bras » garnie de damas vert, 1er quart du XVIIe s. Pour cet ancêtre du fauteuil, les menuisiers adoptent le principe de la garniture fixe, en cuir ou en tissu, le piétement en H et le tournage en vis ou en chapelet de boules. (Musée des Arts décoratifs, Paris.)

△ **Louis XIV.** Commode exécutée en 1708 par A. C. Boulle pour la chambre du roi au Grand Trianon de Versailles : un chef-d'œuvre d'ébénisterie (marqueterie d'écaille et de cuivre) enrichi de bronzes dorés. (Château de Versailles.)

Louis XV. Petit secrétaire revêtu de bois de placage et de marqueterie, milieu du XVIIIe s. Avec l'aménagement, dès avant 1715, des hôtels particuliers en appartements plus intimes, tout un mobilier délicat se crée, dirigé par le goût féminin. (Waddesdon Manor, Buckinghamshire.)

Louis XVI. Bureau ▷ à cylindre en acajou moucheté. Bien avant le règne de Louis XVI apparaît le style « à la grecque », inspiré des découvertes antiques du temps (Pompéi). Rectitude des lignes, surfaces nues bordées de bronzes dorés. (Musée Nissim-de-Camondo, Paris.)

Empire. Table de toilette en loupe d'orme. Sous Napoléon Ier, le retour à l'antique s'érige en doctrine officielle. L'ornementation se limite à des appliques de bronze isolées, de style gréco-romain ou égyptien. (Château de Malmaison.)

Second Empire. ▷ Pastiche de Louis XV pour ce qui est de ses parties en bois doré, ce siège bien rembourré est appelé un « indiscret » : une tierce personne s'ajoute au couple du « confident ». (Louvre, Paris.)

pas clairement ; soupçonner. *Je subodore une intrigue.*

SUBORBITAL, E, AUX adj. Se dit du mouvement d'un engin spatial qui n'a pas atteint la vitesse de satellisation. SYN. : *sous-orbital.*

SUBORDINATION n.f. **1.** Ordre établi entre les personnes et qui rend les unes dépendantes des autres. **2.** Dépendance d'une chose par rapport à une autre. **3.** LOG. Relation de l'espèce au genre.

SUBORDONNANT n.m. GRAMM. Mot ou locution qui institue un rapport de subordination (conjonctions de subordination, relatifs, interrogatifs).

SUBORDONNÉ, E adj. et n. Qui est soumis à un supérieur. ◆ adj. Qui dépend de. ◇ GRAMM. *Proposition subordonnée,* ou *subordonnée,* n.f. : proposition qui complète le sens d'une autre, à laquelle elle est rattachée par un subordonnant.

SUBORDONNER v.t. (lat. *sub,* sous, et *ordinare,* mettre en ordre). **1.** Mettre sous l'autorité de qqn d'autre. *L'organisation militaire subordonne le lieutenant au capitaine.* **2.** Faire dépendre de. *Subordonner sa réponse à une nouvelle demande.*

SUBORNATION n.f. DR. *Subornation de témoins :* délit consistant à faire pression sur un témoin pour le déterminer à déposer en justice contrairement à la vérité.

SUBORNER v.t. (lat. *subornare,* équiper). **1.** DR. Inciter un ou plusieurs témoins à faire de faux témoignages. **2.** *Litt.* Séduire une femme.

SUBORNEUR, EUSE n. DR. Personne qui suborne un témoin. ◆ n.m. *Litt.* Homme qui séduit une femme, abuse de sa naïveté.

SUBRÉCARGUE n.m. (esp. *sobrecargo*). MAR. Sur un navire affrété, représentant des chargeurs, dont il défend les intérêts.

SUBREPTICE [sybrɛptis] adj. (lat. *subreptum,* de *subripere,* dérober). *Sout.* Se dit de qqch qui se fait furtivement, d'une façon déloyale, illicite.

SUBREPTICEMENT adv. *Sout.* D'une façon subreptice, furtive et discrète.

SUBROGATEUR adj.m. Relatif à une subrogation.

SUBROGATIF, IVE adj. Qui exprime, qui constitue une subrogation.

SUBROGATION n.f. DR. Substitution, dans un rapport juridique, d'une personne *(subrogation personnelle)* ou d'une chose *(subrogation réelle)* à une autre.

SUBROGATOIRE adj. Qui subroge.

SUBROGÉ, E n. DR. **1.** Personne substituée à une autre pour succéder à ses droits ou pour agir à sa place. **2.** *Subrogé tuteur, subrogée tutrice :* personne choisie par le conseil de famille pour surveiller le tuteur ou le suppléer.

SUBROGER v.t. [10] (lat. *subrogare,* faire venir à la place de). DR. Substituer qqn ou qqch par subrogation.

SUBSAHARIEN, ENNE adj. Relatif à l'Afrique située au sud du Sahara.

SUBSÉQUEMMENT [-ka-] adv. Vx ou DR. En conséquence.

SUBSÉQUENT, E adj. (lat. *sequens,* suivant de près). *Sout.* Qui vient à la suite dans le temps, dans l'ordre d'un rang.

SUBSIDE n.m. (lat. *subsidium,* réserve, soutien). [Souvent pl.] Somme d'argent versée à titre de secours, de subvention. ◇ DR. *Action à fins de subsides :* action que peut intenter un enfant naturel dont la filiation n'est pas établie contre tout père présumé afin de réclamer une pension alimentaire.

SUBSIDENCE n.f. (du lat. *subsidere,* tomber au fond). **1.** GÉOL. Lent mouvement d'affaissement d'un bassin sédimentaire sous le poids de ses dépôts. **2.** MÉTÉOROL. Mouvement lent et généralisé d'affaissement qui affecte une masse d'air.

SUBSIDIAIRE adj. (du lat. *subsidium,* réserve). Donné accessoirement pour venir à l'appui de qqch de principal. *Raison subsidiaire.* ◇ *Question subsidiaire,* complémentaire, qui sert à départager les concurrents.

SUBSIDIARITÉ n.f. DR. ADMIN. *Principe de subsidiarité :* principe de délégation verticale des pouvoirs, notamm. dans les fédérations ou dans l'Union européenne. (L'UE est compétente pour les domaines où une intervention communautaire a été prévue ou pour lesquels celle-ci est jugée souhaitable, la compétence de droit commun appartenant aux autorités nationales.)

SUBSIDIER v.t. [5]. Belgique. Subventionner.

SUBSISTANCE n.f. Nourriture et entretien. *Contribuer à la subsistance de sa famille.* ◆ pl. Vx. Ensemble des vivres et des objets au moyen desquels on subsiste. ◇ *Service des subsistances :* service de l'armée de terre ayant pour mission de fournir ce qui est nécessaire à l'alimentation de la troupe.

SUBSISTANT, E n. Assuré social qui perçoit ses prestations de la caisse de sa résidence accidentelle.

SUBSISTER v.i. (lat. *subsistere,* durer). **1.** Exister encore, continuer d'être. *Rien ne subsiste de son entreprise.* **2.** Pourvoir à ses besoins, à son entretien. *Travailler pour subsister.*

SUBSONIQUE adj. Dont la vitesse est inférieure à celle du son. CONTR. : *supersonique.*

SUBSTANCE n.f. (lat. *substantia,* de *substare,* être dessous). **1.** Matière dont qqch est formé. *Substance dure, molle.* **2.** Ce qu'il y a d'essentiel dans un ouvrage, dans un acte, etc. *La substance d'un entretien.* ◇ *En substance :* en ne retenant que l'essentiel, en résumé. **3.** PHILOS. Ce qui est en soi et par soi ; ce qu'il y a de permanent dans les choses qui changent (par oppos. à *accident*).

SUBSTANTIALISME n.m. PHILOS. Doctrine qui admet l'existence d'une ou de plusieurs substances. CONTR. : *phénoménisme.*

SUBSTANTIALISTE adj. et n. Relatif au substantialisme ; qui en est partisan.

SUBSTANTIALITÉ n.f. PHILOS. Qualité de ce qui est substantiel et existe par soi.

SUBSTANTIEL, ELLE adj. **1.** Se dit d'un repas, d'un aliment nourrissant. **2.** Très appréciable ; important, considérable. *Obtenir une augmentation substantielle.* **3.** Riche en contenu. *Extraire d'un livre ce qu'il y a de plus substantiel.* **4.** PHILOS. Relatif à la substance (par oppos. à *accidentel*).

SUBSTANTIELLEMENT adv. De façon substantielle.

1. SUBSTANTIF, IVE adj. Se dit d'un colorant capable de teindre le coton sans mordançage.

2. SUBSTANTIF n.m. (lat. *substantivum*). GRAMM. Nom.

SUBSTANTIFIQUE adj. (mot créé par Rabelais). *Litt. La substantifique moelle :* ce qu'il y a d'essentiel dans un ouvrage de l'esprit.

SUBSTANTIVATION n.f. Action de substantiver.

SUBSTANTIVEMENT adv. Avec la valeur d'un substantif.

SUBSTANTIVER v.t. GRAMM. Donner à un mot la valeur, la fonction de substantif.

SUBSTITUABLE adj. Qui peut être substitué à autre chose.

SUBSTITUER v.t. (lat. *substituere,* placer sous). **1.** Mettre en lieu et place de qqn, de qqch d'autre. *Substituer un enfant à un autre.* **2.** DR. Désigner comme l'héritier d'un legs à défaut d'un premier héritier ou après la mort de celui-ci ; léguer par substitution. **3.** CHIM. Remplacer un atome, un groupement dans un composé par un autre atome, un autre groupement. ◆ **se substituer** v.pr. Prendre la place d'un autre.

1. SUBSTITUT n.m. **1.** Ce qui peut remplacer qqch en jouant le même rôle. **2.** PHARM. Succédané.

2. SUBSTITUT n.m. DR. Magistrat du parquet chargé d'assister le procureur général de la cour d'appel *(substitut général)* ou le procureur de la République.

SUBSTITUTIF, IVE adj. **1.** Se dit de qqch qui sert de substitut. **2.** Se dit d'un traitement, d'un médicament destiné à réaliser une substitution.

SUBSTITUTION n.f. **1.** Action de substituer ; fait de se substituer. **2.** CHIM. Transformation par laquelle un atome d'un composé est remplacé par un autre atome ou groupe d'atomes. **3.** ÉCON. Introduction d'une dose accrue d'un facteur de production pour compenser ou remplacer l'emploi d'un autre (par ex. substitution de capital au travail) ; introduction, dans les achats des consommateurs, de biens remplaçant d'autres biens voisins. **4.** ALGÈBRE. Permutation sur un ensemble fini. **5.** DR. *Substitution vulgaire :* dispositif consistant à désigner la personne qui recevra un don ou un legs dans le cas où le légataire désigné en première ligne ne pourrait le recueillir. — *Pouvoir de substitution :* possibilité, pour une autorité administrative de contrôle, d'agir à la place de l'autorité contrôlée. — *Substitution d'enfant :* infraction consistant à mettre un autre enfant à la place de celui dont une femme a accouché. — *Peine de substitution :* peine que le tribunal peut prononcer à la place d'une peine d'emprisonnement (confiscation, travail d'intérêt général). **6.** MÉD. **a.** Traitement d'une toxicomanie par un médicament qui remplace partiellement la drogue en cause sans en avoir la toxicité. **b.** Traitement par un médicament (hormone, par ex.) qui remplace une substance de l'organisme en quantité insuffisante.

SUBSTRAT n.m. (lat. *substratum,* de *substernere,* subordonner). **1.** Ce qui sert de base, d'infrastructure à qqch. *Le substrat industriel de l'économie.* **2.** ÉLECTRON. Matériau sur lequel sont réalisés les éléments d'un circuit intégré. **3.** LING. Langue qui a été parlée dans une région déterminée et dont on repère les traces dans une autre langue parlée ultérieurement. **4.** Substance chimique sur laquelle agit spécifiquement une enzyme.

SUBSTRATUM [-tɔm] n.m. (mot lat.). GÉOL. Roche en place plus ou moins masquée par des dépôts superficiels.

SUBSTRUCTION ou **SUBSTRUCTURE** n.f. ARCHÉOL., ARCHIT. Ensemble des parties basses d'une construction ancienne, détruite, incluses ou non dans les fondations d'un nouveau bâtiment ; soubassement.

SUBSUMER v.t. (du lat. *sub,* sous, et *sumere,* prendre). PHILOS. Penser qqch comme compris dans un ensemble. *Subsumer un individu dans une espèce, une espèce dans un genre.*

S

SUBTERFUGE n.m. (bas lat. *subterfugere,* fuir en cachette). Moyen détourné pour se tirer d'embarras ; échappatoire, ruse.

SUBTIL, E adj. (lat. *subtilis,* délié). **1.** Qui a de la finesse ; ingénieux, perspicace. **2.** Qui exige beaucoup de finesse, de sagacité, des facultés sensitives développées pour être saisi. *Question, nuance subtile. Arôme subtil.*

SUBTILEMENT adv. De façon subtile.

SUBTILISATION n.f. Action de subtiliser.

SUBTILISER v.t. Dérober adroitement, sans se faire remarquer. *Subtiliser des documents.* ◆ v.i. *Litt.* Se livrer à de vaines subtilités.

SUBTILITÉ n.f. **1.** Caractère d'une personne, d'une chose subtile. **2.** Finesse, raffinement excessif de la pensée, de l'expression, etc. *Des subtilités de style.*

SUBTROPICAL, E, AUX adj. Proche des tropiques, du climat tropical. ◇ *Climat subtropical :* climat chaud, à longue saison sèche.

SUBURBAIN, E adj. (lat. *suburbanus*). Qui est à la périphérie immédiate d'une ville. *Population suburbaine.*

SUBURBICAIRE adj. (lat. *suburbicarius*). CATH. Se dit des sept évêchés contigus au diocèse de Rome.

SUBVENIR v.t. ind. **(à)** [28] [auxil. *avoir*] (lat. *subvenire,* venir au secours de). Procurer à qqn ce qui lui est nécessaire ; pourvoir. *Subvenir aux besoins de sa famille.*

SUBVENTION n.f. (du lat. *subvenire,* secourir). Aide financière versée par l'État ou une personne publique à une personne privée, pour favoriser l'activité d'intérêt général à laquelle elle se livre.

SUBVENTIONNER v.t. Accorder une subvention à un organisme, à une personne, etc. *Subventionner un théâtre, une industrie.*

SUBVERSIF, IVE adj. (du lat. *subvertere,* renverser). Qui est de nature à troubler ou à renverser l'ordre social ou politique. *Livre subversif.*

SUBVERSION n.f. Action visant à saper les valeurs et les institutions établies.

SUBVERTIR v.t. *Litt.* Renverser un ordre ; bouleverser. *Subvertir l'État, les valeurs morales.*

SUC n.m. (lat. *sucus,* sève). **1.** Liquide organique susceptible d'être extrait des tissus animaux et végétaux. **2.** Sécrétion riche en enzymes d'un organe de l'appareil digestif. *Suc pancréatique, suc gastrique.* ◇ *Suc digestif :* sécrétion liquide d'un organe du tube digestif ou d'une glande annexe (pancréas exocrine, par ex.), contenant des enzymes et servant à la digestion. **3.** *Litt.* Le meilleur de la substance de qqch.

SUCCÉDANÉ [-kse-] n.m. (du lat. *succedere,* remplacer). **1.** Produit de remplacement ; ersatz. *Un succédané de café.* **2.** Médicament utilisé de préférence à un autre, plus toxique ou plus difficile à se procurer. *Les succédanés du plasma.* SYN. : *substitut.* **3.** *Fig.* Chose ou personne moins valable que celle dont elle assure le rôle, la fonction. *Un succédané de film à grand spectacle.*

SUCCÉDER [-kse-] v.t. ind. **(à)** [11] (lat. *succedere*). **1.** Venir après, prendre la place de. *La nuit succède au jour.* **2.** Parvenir après un autre à un emploi, une dignité, une charge. **3.** DR. Recueillir une succession. ◆ **se succéder** v.pr. Succéder l'un à l'autre, venir l'un après l'autre, former une série. *Les voitures se sont succédé toute la soirée sur l'autoroute.*

SUCCENTURIÉ, E [-ksɑ̃-] adj. (lat. *succenturiatus,* qui remplace). *Ventricule succenturié :* première partie de l'estomac des oiseaux.

SUCCÈS [syksɛ] n.m. (lat. *successus*). **1.** Résultat heureux ; réussite. *Le succès d'une entreprise.* **2.** Approbation du public. *La pièce a eu du succès. Le succès d'une mode.* ◇ *Auteur à succès :* auteur qui plaît au plus grand nombre.

SUCCESSEUR n.m. **1.** Personne qui prend la suite d'une autre dans un état, une profession ou dans ses droits ou obligations. **2.** ARITHM. *Successeur d'un entier naturel* n : l'entier $n + 1$.

SUCCESSIBILITÉ n.f. DR. **1.** Droit de succéder. **2.** Ordre de succession ; manière dont a lieu la succession.

SUCCESSIBLE adj. DR. Qui donne droit à succéder.

SUCCESSIF, IVE adj. **1.** Qui se succèdent. *Les générations successives.* **2.** DR. *Contrat successif :* contrat qui comporte l'exécution d'obligations s'échelonnant dans le temps.

SUCCESSION n.f. (lat. *successio*). **1.** Suite, série de personnes ou de choses qui se succèdent sans interruption ou à peu d'intervalle. *Succession de rois, d'idées.* **2.** DR. Transmission légale à des personnes vivantes des biens et obligations d'une personne décédée. ◇ *Droits de succession :* droits de mutation que les bénéficiaires d'une succession doivent verser au Trésor. – *Ordre de succession :* manière dont la loi règle les successions ab intestat suivant le degré de parenté des héritiers. – *Succession ab intestat,* dont la dévolution est réglée par la loi. – *Succession anomale,* dans laquelle certains biens du défunt sont dévolus en fonction de leur origine. – *Succession testamentaire,* réglée par testament dans sa totalité ou en partie. **3.** Ensemble des biens qu'une personne laisse en mourant.

SUCCESSIVEMENT adv. L'un après l'autre ; par degrés successifs ; tour à tour.

SUCCESSORAL, E, AUX adj. DR. Relatif à une succession.

SUCCIN [syksɛ̃] n.m. (lat. *succinum*). GÉOL. Ambre jaune.

SUCCINCT, E [syksɛ̃, ɛ̃t] adj. (lat. *succinctus,* court vêtu). **1.** Très peu développé ; bref, concis, laconique. *Récit succinct. Être succinct dans ses réponses.* **2.** Peu abondant. *Repas succinct.*

SUCCINCTEMENT adv. De façon succincte.

SUCCINIQUE adj. CHIM. *Acide succinique :* dénomination courante de l'acide butane-dioïque découvert dans le succin.

SUCCION [sysjɔ̃] ou [syksjɔ̃] n.f. (lat. *suctus,* de *sugere,* sucer). Action de sucer, d'aspirer un liquide dans la bouche close.

SUCCOMBER v.i. (lat. *succumbere*). **1.** Mourir, en partic. après une longue agonie. *Le malade a succombé.* **2.** Perdre un combat, être vaincu. **3.** *Litt.* Être accablé sous un fardeau. **4.** Ne pas résister, céder à. *Succomber à la tentation.*

SUCCUBE n.m. (bas lat. *succuba*). Démon femelle qui, selon la tradition, séduit les hommes pendant leur sommeil (par oppos. à *incube*).

SUCCULENCE n.f. *Litt.* Qualité de ce qui est succulent. *La succulence d'un mets.*

SUCCULENT, E adj. (lat. *succulentus*). **1.** Qui a une saveur délicieuse ; savoureux. *Viande succulente.* **2.** BOT. Se dit d'une plante possédant des organes charnus et riches en eau.

SUCCURSALE n.f. (du lat. *succurrere,* secourir). Établissement commercial ou financier dépendant d'un autre, mais doté d'une certaine autonomie de gestion.

SUCCURSALISME n.m. Secteur de la distribution composé d'entreprises de vente au détail, gérant des succursales sous une enseigne commune.

SUCCURSALISTE adj. Relatif au succursalisme. ◆ n.m. Société succursaliste.

SUCEMENT n.m. Action de sucer.

SUCER v.t. [9] (lat. *sugere*). **1.** Aspirer à l'aide des lèvres un liquide, une substance. *Sucer le jus d'un fruit.* ◇ *Litt. Avoir sucé des idées, des principes avec le lait,* y avoir été initié dès la plus tendre enfance. **2.** En parlant de certains animaux, aspirer avec un organe spécial le suc d'une plante, un liquide, etc. *Les sangsues sucent le sang.* **3.** Porter, garder un objet, une partie du corps à la bouche et y exercer une succion. *Sucer son crayon, son pouce.*

SUCETTE n.f. **1.** Bonbon en sucre cuit aromatisé, fixé à l'extrémité d'un bâtonnet. **2.** Petite tétine de caoutchouc que l'on donne à sucer aux jeunes enfants.

SUCEUR, EUSE adj. **1.** Qui suce. **2.** Qui fonctionne en aspirant un fluide. *Drague suceuse.*

SUÇOIR n.m. **1.** BOT. Organe fixant une plante parasite à son hôte et y prélevant la sève. **2.** ENTOMOL. Organe buccal de certains insectes, qui sert à sucer.

SUÇON n.m. *Fam.* Marque qu'on fait à la peau en la suçant fortement.

SUÇOTER v.t. Sucer négligemment, du bout des lèvres.

SUCRAGE n.m. Action de sucrer.

SUCRANT, E adj. Qui sucre. *Pouvoir sucrant.*

SUCRATE n.m. Saccharate.

SUCRE n.m. (ital. *zucchero,* de l'ar.). **1.** Substance alimentaire de saveur douce, extraite, sous forme de fins cristaux, de la canne à sucre et de la betterave à sucre. (Nom sc. *saccharose.*) *Sucre en poudre* ou *sucre semoule. Sucre en morceaux.* ◇ *Sucre glace :* sucre en poudre extrêmement fin obtenu par un broyage très poussé, employé surtout en pâtisserie. (En Belgique, on dit *sucre impalpable.*) – *Sirop de sucre :* dissolution concentrée de sucre. **2.** Morceau de cette substance. **3.** *Cour.* Glucide. **4.** *Fam. Casser du sucre sur le dos de qqn,* dire du mal de lui. – *Fam. Pur sucre :* authentique, orthodoxe, ferme dans ses opinions. *Un libéral pur sucre.*

SUCRÉ, E adj. Qui contient du sucre, qui a le goût du sucre. *Poire sucrée.* ◆ adj. et n. Se dit d'une personne qui affecte des manières doucereuses. *Elle fait sa sucrée. Un ton sucré.* ◆ adv. *Manger, boire sucré :* manger des aliments, boire des liquides additionnés de sucre. ◆ n.m. Nourriture sucrée. *Préférer le sucré au salé.*

SUCRER v.t. **1.** Ajouter du sucre à un liquide, à un aliment ; adoucir avec du sucre. **2.** *Fam.* Supprimer. *Sucrer un paragraphe.* ◆ **se sucrer** v.pr. *Fam.* Toucher, s'octroyer la plus large part.

SUCRERIE n.f. **1.** Usine où l'on fabrique le sucre. **2.** (Souvent pl.) Friandise à base de sucre. **3.** Québec. Lieu où l'on fabrique le sirop d'érable et ses dérivés (acériculture). **4.** Afrique. Boisson sucrée non alcoolisée.

SUCRETTE n.f. (nom déposé). Petit comprimé de sucre de synthèse.

1. SUCRIER, ÈRE adj. Relatif à la production du sucre. ◆ n.m. Récipient où l'on met du sucre.

2. SUCRIER n.m. Industriel fabriquant du sucre.

SUCRIN adj.m. *Melon sucrin,* ou *sucrin,* n.m. : melon d'une variété très sucrée.

SUCRINE n.f. Laitue d'une variété proche de la romaine.

SUD n.m. inv. et adj. inv. (anc. angl. *suth*). **1.** L'un des quatre points cardinaux, situé dans la direction opposée au nord. Abrév. : *S.* **2.** (Avec une majuscule.) Partie du globe terrestre ou d'un pays située vers ce point. **3.** (Avec une majuscule.) Ensemble des pays en développement, par oppos. aux pays industrialisés, le Nord.

SUD-AFRICAIN, E adj. et n. (pl. *sud-africains, es*). De la république d'Afrique du Sud, de ses habitants.

SUD-AMÉRICAIN, E adj. et n. (pl. *sud-américains, es*). De l'Amérique du Sud, de ses habitants.

SUDATION n.f. (lat. *sudatio*). **1.** Transpiration importante, normale ou pathologique (au cours d'une fièvre, par ex.). **2.** BOT. Rejet d'eau sous forme liquide par les feuilles.

SUDATOIRE adj. Accompagné de sueur.

SUD-CORÉEN, ENNE adj. et n. (pl. *sud-coréens, ennes*). De la Corée du Sud, de ses habitants.

SUD-EST [sydɛst] n.m. inv. et adj. inv. **1.** Point de l'horizon ou partie du monde situés entre le sud et l'est. **2.** Partie d'un pays située au sud-est par rapport au centre.

SUDISTE adj. et n. Se dit d'un partisan des États du Sud, pendant la guerre de Sécession (1861 - 1865), aux États-Unis.

SUDORAL, E, AUX adj. *Didact.* Relatif à la sueur.

SUDORIFIQUE adj. et n.m. Se dit d'un médicament qui provoque la sudation.

SUDORIPARE ou **SUDORIFÈRE** adj. ANAT. Qui produit la sueur. *Glande sudoripare.*

SUD-OUEST n.m. inv. et adj. inv. **1.** Point de l'horizon ou partie du monde situés entre le sud et l'ouest. **2.** Partie d'un pays située au sud-ouest par rapport au centre.

SUDRA n.m. inv. → **SHUDRA.**

SUD-VIETNAMIEN, ENNE adj. et n. (pl. *sud-vietnamiens, ennes*). Du Viêt Nam du Sud, avant la réunification de ce pays, en 1975.

SUÈDE n.m. (de *Suède,* n.pr.). Peausserie ou cuir au côté chair à l'extérieur, d'aspect velouté, utilisés en ganterie.

SUÉDÉ, E adj. Se dit d'un tissu traité de façon à avoir l'aspect du suède.

SUÉDINE n.f. Tissu rappelant le suède.

SUÉDOIS, E adj. et n. De la Suède, de ses habitants. ◆ n.m. Langue scandinave parlée princip. en Suède et en Finlande.

SUÉE n.f. *Fam.* Transpiration abondante à la suite d'un travail pénible, d'une émotion.

SUER v.i. (lat. *sudare*). **1.** Sécréter la sueur par les pores de la peau. **2.** Se couvrir de gouttes d'humidité ; suinter. *Les murs suent par temps humide.* **3.** CUIS. *Faire suer :* faire rendre son jus à une viande ou à un légume, à feu doux dans un ustensile fermé. **4.** *Fam.* Se donner beaucoup de peine, de fatigue. *Il a sué pour rédiger cet exposé.* ◇ *Fam. Faire suer qqn,* le fatiguer, l'exaspérer. – *Fam. Se faire suer :* s'ennuyer. ◆ v.t. **1.** *Litt.* Exhaler. *Suer l'ennui.* **2.** *Suer sang et eau :* se donner une peine extrême.

SUET [sɥɛt] ou [sɥɛ] n.m. inv. MAR. Sud-est. *Vent de suet.*

SUETTE n.f. *Suette miliaire :* maladie contagieuse, virale ou bactérienne, caractérisée par une fièvre, des sueurs et une éruption cutanée.

SUEUR n.f. (lat. *sudor*). **1.** Liquide incolore, salé, sécrété par les glandes sudoripares, qui suinte par les pores de la peau. **2.** Symbole d'un travail intense, pénible. *Vivre de la sueur du peuple.* ◇ *À la sueur de son front :* par un travail pénible et persévérant. **3.** *Sueurs froides :* vive inquiétude.

SUFFÈTE n.m. (lat. *suffes, -etis*). ANTIQ. Magistrat suprême de Carthage. (Ils étaient au nombre de deux, élus pour un an.)

SUFFIRE v.t. ind. **(à)** [80] (lat. *sufficere,* fournir). **1.** Être capable de fournir le nécessaire ; pouvoir satisfaire à. *Suffire à ses obligations.* **2.** Être en assez grande quantité pour. *Cette somme me suffira.* ◇ *Ça suffit, il suffit, suffit ! :* c'est assez ! – *Il suffit de, que :* il faut seulement, il est seulement nécessaire de, que. ◆ **se suffire** v.pr. N'avoir pas besoin du secours des autres.

SUFFISAMMENT adv. De manière suffisante ; assez.

SUFFISANCE n.f. **1.** Présomption dans les manières, dans le ton ; satisfaction de soi. *Un homme plein de suffisance.* **2.** *Litt. En suffisance :* suffisamment.

SUFFISANT, E adj. Qui est en quantité assez grande. *Somme suffisante.* ◆ adj. et n. Qui manifeste une satisfaction excessive de soi-même ; prétentieux, vaniteux.

SUFFIXAL, E, AUX adj. Relatif aux suffixes.

SUFFIXATION n.f. Dérivation par un suffixe.

SUFFIXE n.m. (lat. *suffixus,* fixé sous). LING. Élément qui s'ajoute à la racine d'un mot pour constituer un mot nouveau (appelé le *dérivé*).

SUFFIXER v.t. Pourvoir un mot d'un suffixe.

SUFFOCANT, E adj. Qui produit une suffocation.

SUFFOCATION n.f. Fait de suffoquer.

SUFFOQUER v.t. (lat. *suffocare,* étouffer). **1.** Faire perdre la respiration à qqn. **2.** Causer à qqn une émotion ou une surprise très vive ; stupéfier. *La colère la suffoquait.* ◆ v.i. **1.** Avoir brusquement du mal à respirer. **2.** Avoir le souffle coupé sous l'effet d'une violente émotion. *Suffoquer de rage.*

SUFFRAGANT adj.m. et n.m. (du lat. *suffragari,* voter pour). CATH. Se dit d'un évêque diocésain dépendant d'un siège métropolitain.

SUFFRAGE n.m. (lat. *suffragium*). **1.** Vote, voix donnés en matière d'élection. *Refuser son suffrage.* ◇ *Suffrage exprimé,* qui exprime un choix (par oppos. à *suffrage blanc*), conformément aux prescriptions de la loi électorale (par oppos. à *suffrage nul*). [En France, le nombre de suffrages exprimés s'obtient en déduisant du nombre de votants le nombre de suffrages blancs ou nuls.] **2.** *Suffrage direct :* système dans lequel l'électeur vote lui-même pour le candidat à élire. – *Suffrage indirect :* système dans lequel le candidat qu'il faut élire est élu par les membres de corps élus ou par des délégués élus par le corps électoral. – *Suffrage universel :* système dans lequel le corps électoral est constitué par tous les citoyens qui ont la capacité électorale. – *Suffrage censitaire* → **censitaire. 3.** *Litt.* Approbation, adhésion. *Enlever tous les suffrages du public.*

SUFFRAGETTE n.f. (mot angl.). En Grande-Bretagne, militante qui réclamait pour les femmes le droit de voter. (Le mouvement des suffragettes, né en 1865, prit une forme militante entre 1903 et 1917.)

SUFFUSION n.f. (lat. *suffusio*). MÉD. Épanchement de sang dans un tissu.

SUGGÉRER [sygʒere] v.t. [11] (lat. *suggerere,* procurer). **1.** Proposer une idée à qqn ; conseiller. *Je te suggère de prendre l'autoroute.* **2.** Évoquer, susciter une pensée, une idée, une image, etc. *Énoncé qui suggère une autre interprétation.*

SUGGESTIBILITÉ n.f. PSYCHOL. Caractère de qqn qui est suggestible. SYN. : *psychoplasticité.*

SUGGESTIBLE adj. PSYCHOL. Se dit d'un sujet qui se soumet facilement aux suggestions.

SUGGESTIF, IVE adj. (angl. *suggestive*). **1.** Qui produit une suggestion ; évocateur. **2.** Qui inspire des idées érotiques.

SUGGESTION [sygʒɛstjɔ̃] n.f. **1.** Action de suggérer ; conseil. *Faire une suggestion.* **2.** PSYCHOL. Technique psychique qui repose sur l'hypothèse que qqn peut influencer par la parole un état affectif ou un comportement chez qqn d'autre.

SUGGESTIONNER v.t. PSYCHOL. Faire penser ou agir qqn par suggestion.

SUGGESTIVITÉ n.f. Caractère de ce qui est suggestif.

SUICIDAIRE adj. et n. Qui tend vers le suicide ; qui semble prédisposé au suicide. *Comportement suicidaire.* ◆ adj. Qui mène infailliblement à l'échec. *Un tel acte serait suicidaire.*

SUICIDANT, E adj. et n. Se dit d'une personne qui vient de faire une tentative de suicide.

SUICIDE n.m. (lat. *sui,* de soi, et *caedere,* tuer). **1.** Acte de se donner soi-même la mort. **2.** Action de se détruire ou de se nuire gravement. **3.** (En appos.) Qui comporte des risques mortels. *Opération suicide.*

SUICIDÉ, E adj. et n. Qui s'est donné la mort.

SUICIDER (SE) v.pr. **1.** Se donner volontairement la mort. **2.** *Fig.* Détruire soi-même son influence, son autorité. *Parti politique qui se suicide.*

SUIDÉ n.m. (du lat. *sus,* porc). Mammifère ongulé non ruminant, au museau formant un groin, à fortes canines allongées en défenses, tel que le sanglier, le phacochère, le porc, le pécari. (Les suidés forment une famille.)

SUIE n.f. (du gaul.). Matière carbonée noire et épaisse, emportée par la fumée et qui résulte d'une combustion incomplète.

SUIF n.m. (lat. *sebum*). Graisse de ruminants.

SUIFFER v.t. Enduire de suif.

SUIFFEUX, EUSE adj. De la nature du suif.

SUIFORME n.m. (du lat. *sus,* porc). ZOOL. Porcin.

SUI GENERIS [sɥiʒeneris] loc. adj. inv. (mots lat., *de son espèce*). Qui appartient en propre à l'être ou à la chose dont il est question. *Une odeur sui generis.*

SUINT [sɥɛ̃] n.m. (de *suer*). Graisse qui imprègne la toison des moutons.

SUINTANT, E adj. Qui suinte.

SUINTEMENT n.m. Fait de suinter.

SUINTER v.i. **1.** S'écouler, sortir presque insensiblement, en parlant des liquides. *L'eau suinte à travers les roches.* – *Fig.* Transparaître, se dégager, en parlant d'une chose désagréable. *L'ennui suinte dans ce bureau.* **2.** Laisser s'écouler un liquide. *Ce mur suinte.*

SUINTINE n.f. Mélange de matières grasses obtenu lors du lavage des toisons et utilisé en peausserie (préparation de la lanoline).

1. SUISSE adj. et n. De la Suisse, de ses habitants. (Le fém. du n. est parfois *Suissesse.*) ◆ adj. *Troupes suisses :* unités de l'armée française composées de Suisses. (C'est à Louis XI, renouvelant en 1474 l'accord passé en 1453 par Charles VII, que l'on doit le recrutement des soldats suisses, qui a duré jusqu'en 1830.)

2. SUISSE n.m. **1.** Vx. Portier, concierge d'une grande maison, d'un hôtel particulier, portant un habit chamarré. ◇ *Fam. Manger, boire en suisse,* tout seul, sans inviter personne. **2.** Anc. Employé d'église en uniforme qui ouvrait les cortèges, veillait au bon ordre des offices. **3.** Québec. Tamia.

SUITE n.f. (du lat. *secutus,* ayant suivi). **1.** Succession, enchaînement de faits qui se suivent. **2.** Ordre, liaison logique entre des choses, des actes. *Raisonnement sans suite.* ◇ *Avoir de la suite dans les idées :* être persévérant, opiniâtre. – *Esprit de suite :* disposition d'esprit qui pousse à persévérer dans ses entreprises. – *Sans suite :* incohérent. **3.** *Tout de suite :* immédiatement, sans délai. – *De suite :* sans interruption ; *fam.,* tout de suite. **4.** Ce qui vient après une chose déjà connue. *Pour comprendre ce passage, il faut lire la suite.* ◇ *À la suite (de) :* après, derrière. – *Par la suite :* plus tard. – *Et ainsi de suite :* en continuant de la même manière. – *Donner suite à qqch,* le prendre en considération. *Je ne peux donner suite à votre demande.* – *Sans suite :* se dit d'un article dont l'approvisionnement n'est plus renouvelé. **5.** Ce qui résulte de qqch ; conséquence. *Cette affaire aura des suites graves.* **6.** Continuation d'une œuvre écrite. *La suite d'un roman.* **7.** Ensemble de personnes qui accompagnent un haut personnage. **8.** Série de pièces contiguës dans un hôtel de luxe. **9.** MUS. Série de pièces instrumentales écrites dans le même ton et relevant de la danse. **10.** Série de choses rangées les unes à côté des autres. *Suite de mots.* **11.** Ensemble ordonné d'objets de même nature. *Suite d'estampes.* **12.** ALGÈBRE. Famille d'éléments indexée par l'ensemble des entiers naturels. **13.** DR. *Droit de suite.* **a.** Droit d'un créancier hypothécaire de saisir l'immeuble hypothéqué même s'il n'appartient plus à son débiteur. **b.** Droit temporaire pour un auteur (et ses héritiers après sa mort) d'œuvres graphiques ou plastiques de percevoir une partie du prix de toute vente de ses œuvres. **c.** Droit que s'arroge un belligérant de poursuivre un navire et de le capturer jusqu'au port de sa destination.

SUITÉE adj.f. Se dit d'une femelle (jument, brebis, truie) suivie de son ou de ses petits.

1. SUIVANT, E adj. Qui est après. *Au chapitre suivant.* ◆ n. Personne qui accompagne, escorte, notamm. dans les pièces de théâtre.

2. SUIVANT prép. **1.** Selon une ligne donnée. *Marcher suivant un axe.* **2.** À proportion de ; en fonction de ; conformément à. *Suivant sa force. Suivant les cas. Suivant son habitude.* ◆ **suivant que** loc. conj. Selon que. *Suivant qu'on a ajouté ou non un élément...*

1. SUIVEUR, EUSE adj. *Voiture suiveuse,* qui accompagne une course cycliste sur route.

2. SUIVEUR, EUSE n. **1.** Personne qui suit une course cycliste. **2.** Personne qui suit au lieu de diriger, d'innover.

SUIVI, E adj. **1.** Qui a lieu de manière continue. *Relations suivies.* **2.** Qui s'enchaîne de manière rigoureuse ; cohérent. *Raisonnement bien suivi.* **3.** Dont le public est nombreux et assidu ; fréquenté. *Cours suivi.* **4.** COMM. Se dit d'un objet qui continue à être vendu. ◆ n.m. **1.** Contrôle permanent sur une période prolongée. *Suivi médical.* **2.** Ensemble d'opérations consistant à suivre et à surveiller un processus. *Suivi d'une affaire.*

SUIVISME n.m. **1.** Tendance à suivre les événements sans esprit critique. **2.** Attitude consistant à suivre sans plus d'examen les consignes d'un parti politique, d'un syndicat, etc.

SUIVISTE adj. et n. Qui fait preuve de suivisme. *Attitude suiviste.*

SUIVRE v.t. [69] (lat. *sequi*). **1.** Aller, venir, être après ; accompagner. *Suivre qqn pas à pas.* **2.** Marcher derrière pour surveiller ; épier. *Suivre un malfaiteur.* **3.** Venir après dans le temps. *Les bagages suivront.* ◇ *Faire suivre :* formule mise sur les lettres pour indiquer qu'elles doivent être réexpédiées à la nouvelle adresse du destinataire. **4.** Aller dans une direction déterminée. *Suivre la lisière du bois.* – *Fig.* Prendre comme référence, comme modèle, se conformer à. *Suivre la mode. Un exemple à suivre.* **5.** *Suivre une méthode, un traitement,* s'y soumettre avec régularité, assiduité. **6.** Être attentif, s'intéresser à. *Suivre l'actualité, un match à la télévision. Suivre un élève, un malade.* **7.** *Suivre une affaire,* en prendre connaissance au fur et à mesure de son déroulement. – *À suivre :* formule indiquant que le récit n'est pas terminé. **8.** Comprendre au fur et à mesure. *Suivre un discours. Suivre un raisonnement.* ◇ *Suivre le cours, la classe :* assimiler un enseignement au fur et à mesure qu'il est dispensé ; rester au niveau. *Il ne suit plus. Suivre en mathématiques.* **9.** S'abandonner à un penchant. *Suivre ses goûts.* **10.** Adhérer à la pensée de qqn ; agir dans le même sens. *Tous vous suivront.* **11.** Continuer à fabriquer un produit ou se réapprovisionner régulièrement. ◆ v. impers. *Litt.* Résulter. *Il suit de là que...* ◆ v.i. Au poker, miser afin de pouvoir rester dans le jeu. ◆ **se suivre** v.pr. **1.** Être placé l'un après l'autre dans un ordre régulier. *Numéros qui se suivent.* **2.** Venir les uns à la suite des autres ; se succéder. *Les jours se suivent.* **3.** Présenter une certaine cohérence ; s'enchaîner. *Ces raisonnements se suivent.*

1. SUJET n.m. (lat. *subjectum,* ce qui est subordonné). **1.** Ce sur quoi on parle, on écrit, on compose. *Le sujet d'une conversation, d'un film. Sujet d'examen. Sortir de son sujet. Être hors sujet.* **2.** Cause, motif d'une action, d'un sentiment. *Quel est le sujet de votre dispute ?* ◇ *Au sujet de :* à propos de, relativement à. – *Avoir sujet de :* avoir un motif légitime de. *Avoir sujet de se plaindre.* **3.** MUS. Thème principal d'une fugue. **4. a.** GRAMM. Fonction grammaticale exercée par un groupe nominal, un pronom, un verbe à l'infinitif, etc., et qui confère au verbe ses catégories de personne et de nombre. **b.** LOG. Dans une proposition, ce à quoi se rapportent les propriétés. **5.** Être humain que l'on soumet à des observations. ◇ *Bon sujet :* personne digne d'éloges. – *Mauvais sujet :* personne dont on désapprouve la conduite. **6.** Danseur, danseuse de ballet, selon la hiérarchie du corps de ballet de l'Opéra de Paris. **7.** DR. *Sujet de droit :* personne titulaire de droits ou d'obligations. **8.** PHILOS. **a.** Être pour lequel le monde extérieur, le contenu de sa pensée constituent un objet. **b.** Conscience libre et créatrice de sens, fonctionnant comme principe explicatif de tout fait humain. **c.** Individu qui est le support d'une expérience, d'une action, d'un droit, d'une connaissance. **9.** LING. Actant, agent.

2. SUJET, ETTE adj. (lat. *subjectus,* soumis). **1.** Exposé à éprouver certaines maladies, certains inconvénients. *Être sujet à la migraine.* **2.** Naturellement porté à ; enclin à, susceptible de. *Sujet à s'enivrer.* **3.** *Sujet à caution* → **caution.**

3. SUJET, ETTE n. Personne qui est soumise à l'autorité d'un souverain.

SUJÉTION n.f. **1.** État d'une personne qui est soumise à un pouvoir, à une domination ; dépendance. *Vivre dans la sujétion.* **2.** Contrainte, assujettissement à une nécessité. *Certaines habitudes deviennent des sujétions.*

SULCIFORME adj. (du lat. *sulcus,* sillon). *Didact.* En forme de sillon.

SULFAMIDE n.m. Nom générique de médicaments prescrits contre les infections, contre le diabète ou comme diurétiques.

SULFATAGE n.m. AGRIC. Épandage sur les végétaux d'une solution de sulfate de cuivre pour combattre les maladies cryptogamiques.

SULFATATION n.f. Formation de sulfate de plomb sur les bornes d'un accumulateur.

SULFATE n.m. **1.** Sel de l'acide sulfurique. **2.** Minéral caractérisé par le radical $(SO_4)^{2-}$, tels la barytine ou le gypse.

SULFATÉ, E adj. Qui renferme un sulfate.

SULFATER v.t. Opérer le sulfatage de.

SULFATEUSE n.f. **1.** Machine servant à sulfater. **2.** *Arg.* Mitraillette.

SULFHYDRIQUE adj.m. (lat. *sulfur,* soufre, et gr. *hudôr,* eau). CHIM. MINÉR. *Acide sulfhydrique :* acide H_2S, gaz incolore, très toxique, à odeur d'œuf pourri, produit par la décomposition des matières organiques. SYN. : *hydrogène sulfuré.*

SULFHYDRYLE n.m. CHIM. MINÉR. Radical –SH.

SULFINISATION n.f. MÉTALL. Cémentation au soufre.

SULFITAGE n.m. Emploi de l'anhydride sulfureux, en vinification, soit comme désinfectant et antiseptique, soit comme décolorant ou antioxydant.

SULFITE n.m. CHIM. MINÉR. Sel de l'acide sulfureux.

SULFONATION n.f. CHIM. ORG. Réaction de substitution d'un ou de plusieurs radicaux SO_3H à un ou à plusieurs atomes d'hydrogène d'un composé organique.

SULFONE n.f. CHIM. ORG. Composé organique de formule générale $R–SO_2–R'$ (nom générique).

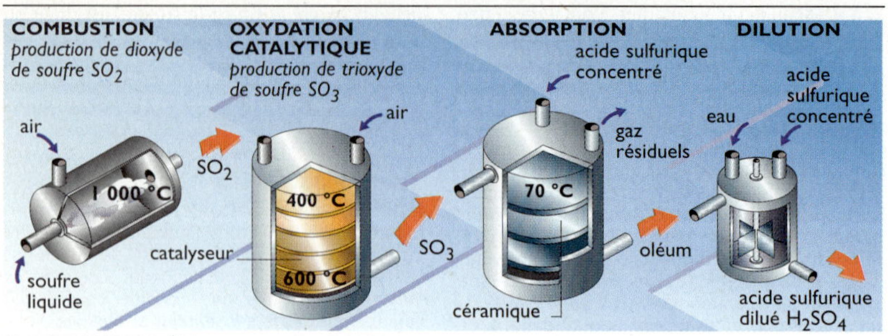

■ **SULFURIQUE.** Élaboration de l'acide sulfurique.

SULFONÉ, E adj. Se dit de molécules aromatiques Ar–SO_3H où un radical SO_3H a été substitué à un atome d'hydrogène d'un cycle aromatique.

SULFOSEL n.m. CHIM. MINÉR. Sel complexe contenant du soufre.

SULFOXYDE n.m. CHIM. ORG. Composé organique de formule générale R–SO–R′ (nom générique).

SULFURAGE n.m. AGRIC. Action de sulfurer.

SULFURE n.m. (lat. *sulfur,* soufre). **1.** CHIM. MINÉR. **a.** Combinaison du soufre et d'un élément. **b.** Sel de l'acide sulfhydrique. **2.** VERR. Objet en verre dans lequel est noyé un médaillon en porcelaine *(camée),* qui prend un aspect argenté.

SULFURÉ, E adj. CHIM. MINÉR. À l'état de sulfure. ◇ *Hydrogène sulfuré :* acide sulfhydrique.

SULFURER v.t. **1.** CHIM. MINÉR. Combiner avec le soufre. **2.** AGRIC. Introduire dans le sol du sulfure de carbone pour détruire les insectes.

SULFUREUX, EUSE adj. **1.** CHIM. MINÉR. Qui est de la nature du soufre ; qui contient de l'hydrogène sulfuré. *Vapeurs sulfureuses. Source sulfureuse.* ◇ *Acide sulfureux :* composé instable H_2SO_3, auquel on attribue l'acidité des solutions aqueuses d'anhydride sulfureux. – *Anhydride sulfureux :* composé oxygéné SO_2 dérivé du soufre. (C'est un gaz incolore, suffocant, employé comme décolorant.) **2.** *Fig.* Qui sent le soufre, l'hérésie. *Discours sulfureux.*

SULFURIQUE adj. *Acide sulfurique :* acide oxygéné H_2SO_4 dérivé du soufre, corrosif violent. (L'acide sulfurique est un produit de base de l'industrie chimique ; il sert à la fabrication de nombreux acides, des sulfates, d'engrais [superphosphates], du glucose, d'explosifs, de fibres textiles artificielles, de colorants, etc. ; il est aussi utilisé en métallurgie [décapage] et pour le traitement des eaux.)

SULFURISÉ, E adj. Se dit du papier rendu imperméable par l'action de l'acide sulfurique.

SULKY [sylki] n.m. (mot angl.). Voiture très légère, sans caisse, à deux roues, utilisée dans les courses de trot attelé.

■ **SULKYS**

SULPICIEN, ENNE adj. et n.m. Qui appartient à la Compagnie des prêtres de *Saint-Sulpice. ◆ adj. Se dit des objets d'art religieux d'aspect conventionnel et fade vendus dans le quartier Saint-Sulpice, à Paris.

SULTAN n.m. (ar. *sulṭān*). Titre des souverains de divers États musulmans.

SULTANAT n.m. Dignité, règne d'un sultan ; État placé sous l'autorité d'un sultan.

SULTANE n.f. **1.** Épouse, favorite d'un sultan ottoman. **2.** Lit de repos à deux ou à trois dossiers droits (époque Louis XVI).

SUMAC [symak] n.m. (ar. *summāq*). Arbre des régions chaudes, dont on tire des vernis, des laques, des tanins. (Le fustet est un sumac cultivé pour l'ornement ; genre *Rhus,* famille des anacardiacées.)

SUMÉRIEN, ENNE adj. De Sumer. ◆ n.m. La plus ancienne langue écrite (en caractères cunéiformes), qui fut parlée dans le sud de la Mésopotamie pendant le IIIᵉ millénaire av. J.-C.

SUMMUM [sɔmɔm] n.m. (mot lat.). Plus haut degré. *Être au summum de la célébrité.*

SUMO [symo] ou [sumo] n.m. (jap. *sumō*). Lutte traditionnelle, liée au culte shinto, pratiquée au Japon.

SUMOTORI ou **SUMO** n.m. Lutteur de sumo.

SUNNA [suna] ou [syna] n.f. (mot ar., *coutume, précepte*). Ensemble des paroles, des actions de Mahomet et de la tradition qui les rapporte *(hadith).*

SUNNISME n.m. Courant majoritaire de l'islam, qui entend représenter l'orthodoxie musulmane face au chiisme.

ENCYCL. S'appuyant sur la sunna et sur le consensus communautaire, le sunnisme a reconnu comme successeurs du Prophète les quatre premiers califes, puis les Omeyyades et les Abbassides, tandis que les chiites ont réservé cette charge à Ali et à sa descendance. Hostiles à toute nouveauté et à toute forme d'ésotérisme, les sunnites représentent env. 90 % de la communauté musulmane.

SUNNITE adj. et n. Qui appartient au sunnisme ; qui le pratique, le professe.

1. SUPER adj. inv. *Fam.* Supérieur, formidable.

2. SUPER n.m. (abrév.). Supercarburant. (En Belgique, on dit *de la super.*)

SUPERACIDE n.m. Milieu d'acidité élevée. (C'est le cas du mélange pentasulfure d'antimoine [SbF_5]-acide fluorosulfonique [HSO_3F]. Avec des acidités très supérieures à celles d'acides protiques usuels, tel l'acide nitrique concentré, les superacides stabilisent les *carbocations.)

SUPERALLIAGE n.m. Alliage complexe ayant une très bonne résistance, à haute température et à haute pression, à l'oxydation, à la corrosion, etc., et utilisé pour la fabrication de pièces mécaniques réfractaires.

SUPERAMAS n.m. Amas d'amas de galaxies.

1. SUPERBE adj. (lat. *superbus,* orgueilleux). **1.** D'une beauté éclatante. **2.** Parfait en son genre ; magnifique, remarquable.

2. SUPERBE n.f. *Sout.* Orgueil.

SUPERBEMENT adv. Extrêmement bien ; magnifiquement.

SUPERBÉNÉFICE n.m. Bénéfice net d'un exercice, après qu'a été attribué l'intérêt statutaire au capital social.

SUPERCALCULATEUR n.m. Superordinateur.

SUPERCARBURANT n.m. Essence de qualité supérieure, dont l'indice d'octane avoisine et parfois dépasse 100. Abrév. : *super.*

SUPERCHAMPION, ONNE n. Champion extrêmement brillant, qui a remporté de nombreuses victoires.

SUPERCHERIE n.f. (ital. *soperchieria,* excès). Tromperie calculée ; fraude.

SUPERCRITIQUE adj. AVIAT. Se dit d'un profil d'aile d'avion permettant de voler, sans augmentation importante de traînée, à des vitesses proches de la vitesse du son.

SUPÈRE adj. BOT. Se dit d'un ovaire situé au-dessus du point d'insertion des sépales, pétales et étamines, comme chez la tulipe, le coquelicot. CONTR. : *infère.*

SUPÉRETTE n.f. (anglo-amér. *superette*). Magasin d'alimentation en libre-service d'une superficie comprise, en France, entre 120 et 400 m².

SUPERFAMILLE n.f. SC. DE LA V. Niveau de la classification inférieur au sous-ordre et qui regroupe plusieurs familles.

SUPERFÉTATOIRE adj. (du lat. *superfetare,* s'ajouter). *Sout.* Qui s'ajoute inutilement.

SUPERFICIE n.f. (lat. *superficies,* surface). **1.** Mesure de l'étendue, de la surface d'un corps, d'un terrain déterminé. – (Abusif). Aire. **2.** *Litt.* Aspect superficiel, apparent. **3.** DR. *Droit de superficie :* droit réel exercé, pendant la durée du bail, par le locataire sur les constructions qu'il a édifiées sur le terrain du bailleur.

SUPERFICIEL, ELLE adj. **1.** Qui est limité à la surface, à la partie extérieure de qqch. *Humidité superficielle. Plaie superficielle.* – PHYS. Relatif à la surface d'un solide ou d'un liquide. *Tension superficielle.* **2.** Qui ne va pas au fond des choses ; incomplet, non approfondi. *Esprit superficiel.*

SUPERFICIELLEMENT adv. De façon superficielle.

SUPERFIN, E adj. Surfin.

SUPERFINITION n.f. MÉCAN. INDUSTR. Opération qui consiste, sur une surface métallique, à faire disparaître la couche superficielle de métal amorphe décarburé, due à l'action de l'outil lors de l'usinage.

SUPERFLU, E adj. et n.m. (du lat. *superfluere,* déborder). Qui est de trop ; inutile. *Ornement superflu. Regrets superflus. Se passer du superflu.*

SUPERFLUIDE adj. Doué de superfluidité.

SUPERFLUIDITÉ n.f. Abaissement considérable de la viscosité de l'hélium liquide à très basse température.

SUPERFLUITÉ n.f. *Litt.* **1.** Caractère de ce qui est superflu ; futilité. **2.** Chose superflue, inutile.

SUPERFORME n.f. *Fam.* Excellente condition physique ou morale.

SUPERFORTERESSE n.f. Bombardier lourd américain intercontinental de type B-29.

SUPER-GÉANT n.m. (pl. *super-géants*) ou **SUPER-G** n.m. inv. Épreuve de ski alpin, intermédiaire entre la descente et le slalom géant.

SUPERGRAND n.m. *Fam.* Superpuissance.

SUPER-HUIT adj. inv. et n.m. inv. CINÉMA. Se dit d'un format de film amateur, supérieur au modèle courant de 8 mm. (On écrit aussi *super-8.*)

1. SUPÉRIEUR, E adj. (lat. *superior*). **1.** Situé plus haut, au-dessus. *Étage supérieur.* **2.** Plus grand que, qui atteint un degré plus élevé. *Température supérieure à la normale.* **3.** Qui surpasse les autres en mérite, en force, en rang, en qualité, etc. **4.** Qui témoigne d'un sentiment de supériorité. *Prendre des airs supérieurs.* **5.** SC. DE LA V. Plus avancé dans l'évolution. **6.** Se dit de la partie d'un fleuve la plus rapprochée de la source.

2. SUPÉRIEUR, E n. **1.** Personne qui commande à d'autres en vertu d'une hiérarchie. **2.** Personne qui dirige une communauté religieuse.

SUPÉRIEUREMENT adv. De façon supérieure ; à un très haut degré. *Être supérieurement doué.*

SUPERINTENDANT n.m. Anc. Surintendant.

SUPÉRIORITÉ n.f. **1.** Caractère de ce qui est supérieur en qualité, en valeur. *Supériorité d'un article.* **2.** Situation avantageuse, dominante ; suprématie. *Supériorité militaire.* **3.** Attitude de qqn qui se croit supérieur aux autres ; arrogance. *Air de supériorité.*

SUPERLATIF n.m. (lat. *superlatum,* ce qui est porté au-dessus). GRAMM. Degré de comparaison des adjectifs ou des adverbes qui exprime une qualité portée à un très haut degré *(superlatif absolu),* à un plus haut degré *(superlatif relatif de supériorité)* ou à un moins haut degré *(superlatif relatif d'infériorité).* [Ex. : *très grand, le plus grand, le moins grand.*]

SUPER-LÉGER n.m. (pl. *super-légers*). Dans certains sports (boxe, judo), catégorie de poids ; sportif appartenant à cette catégorie.

SUPER-LOURD n.m. (pl. *super-lourds*). Dans certains sports (boxe, haltérophilie), catégorie de poids ; sportif appartenant à cette catégorie.

SUPERMAN [sypɛrman] n.m. [pl. *supermans* ou *supermen*] (n. d'un héros de bande dessinée américain). *Iron.* Homme doté de pouvoirs extraordinaires.

SUPERMARCHÉ n.m. Magasin de grande surface (de 400 à 2 500 m^2, en France) vendant en libre-service des produits à prédominance alimentaire.

SUPERMOLÉCULE n.f. Entité constituée d'au moins deux molécules en interaction.

SUPERNOVA n.f. (pl. *supernovae*). Étoile massive qui se manifeste lors de son explosion en devenant momentanément très lumineuse. (L'explosion d'une supernova se distingue de celle d'une nova par son ampleur : c'est l'étoile tout entière, et non plus seulement son enveloppe, qui est affectée. Ce phénomène est caractéristique des étoiles massives ayant atteint un stade d'évolution avancé.)

■ **SUPERNOVA.** Nébuleuse de la constellation des Voiles engendrée par l'explosion d'une supernova il y a 12 000 ans environ.

SUPERORDINATEUR n.m. Ordinateur de grande puissance destiné au calcul scientifique. SYN. : *supercalculateur.*

SUPERORDRE n.m. SC. DE LA V. Niveau de classification des êtres vivants qui se situe entre la classe et l'ordre.

SUPEROXYDE n.m. Radical O_2^-, très réactif, obtenu lorsqu'une molécule d'oxygène piège un électron.

SUPERPHOSPHATE n.m. Produit obtenu par traitement du phosphate tricalcique par l'acide sulfurique, et utilisé comme engrais.

SUPERPLASTICITÉ n.f. Propriété que possèdent certains matériaux, dans des conditions particulières, de subir des déformations importantes (200 à 2 000 %) sans rupture.

SUPERPLASTIQUE adj. Qui possède la propriété de superplasticité.

SUPERPOSABLE adj. Qui peut être superposé.

SUPERPOSER v.t. Poser l'un au-dessus de l'autre. ◆ **se superposer** v.pr. **(à)**. Venir s'ajouter.

SUPERPOSITION n.f. Action de superposer ; fait de se superposer ; ensemble de choses superposées.

SUPERPRIVILÈGE n.m. DR. Garantie renforcée en matière de paiement des salaires, dont bénéficient les salariés d'une entreprise en règlement judiciaire ou en liquidation.

SUPERPRODUCTION n.f. Film ou spectacle réalisé avec des moyens financiers et matériels particulièrement importants.

SUPERPROFIT n.m. Profit particulièrement important.

SUPERPUISSANCE n.f. Grande puissance mondiale (États-Unis, URSS jusqu'en 1991).

SUPERSONIQUE adj. Dont la vitesse est supérieure à celle du son. CONTR. : *subsonique.* ◆ n.m. Avion supersonique.

SUPERSTAR n.f. *Fam.* Vedette très célèbre.

SUPERSTITIEUSEMENT adv. De façon superstitieuse.

SUPERSTITIEUX, EUSE adj. et n. Qui manifeste de la superstition, une croyance mêlée de crainte à des influences occultes, surnaturelles.

SUPERSTITION n.f. (lat. *superstitio,* croyance). **1.** Déviation du sentiment religieux, fondée sur la crainte ou l'ignorance, et qui prête un caractère sacré à certaines pratiques, obligations, etc. **2.** Croyance à divers présages tirés d'événements fortuits (salière renversée, nombre 13, etc.).

SUPERSTRUCTURE n.f. **1.** Construction élevée sur une autre ; partie d'une construction située au-dessus du sol (par oppos. à *infrastructure*). – MAR. Construction placée sur le pont supérieur d'un navire, faisant corps avec la coque et s'étendant sur toute la largeur du bâtiment. **2.** CH. DE F. Ensemble des installations à caractère spécifiquement ferroviaire. **3.** PHILOS. Dans l'analyse marxiste, ensemble formé par le système politique (appareil d'État) et le système idéologique (juridique, scolaire, culturel, religieux), qui repose sur une base économique donnée, ou *infrastructure.* **4.** *Par ext.* Tout ce qui se superpose à qqch qui lui sert de base.

SUPERTANKER [-tɑ̃kɛr] n.m. Navire-citerne de port en lourd égal ou supérieur à 100 000 t.

SUPERVISER v.t. Contrôler et réviser un travail fait, sans entrer dans le détail.

SUPERVISEUR n.m. **1.** Personne qui supervise. **2.** INFORM. Programme chargé, dans un système d'exploitation, de contrôler l'enchaînement et la gestion des processus.

SUPERVISION n.f. Contrôle exercé par un superviseur.

SUPIN n.m. (du lat. *supinus,* tourné en arrière). GRAMM. Forme nominale du verbe latin.

SUPINATEUR adj.m. et n.m. (lat. *supinus,* renversé sur le dos). Se dit d'un muscle déterminant la supination.

SUPINATION n.f. ANAT. Mouvement de rotation de l'avant-bras qui permet à la paume de la main de tourner d'arrière en avant, ou du bas vers le haut (par oppos. à *pronation*).

SUPION n.m. (lat. *sepia,* seiche). CUIS. Petite seiche ; petit calmar.

SUPPLANTER v.t. (lat. *supplantare,* renverser par un croc-en-jambe). **1.** Écarter qqn de la place qu'il occupe pour se substituer à lui ; évincer. *Supplanter une rivale.* **2.** Remplacer définitivement qqch ; éliminer. *L'automobile n'a pas supplanté le train.*

SUPPLÉANCE n.f. Fait d'être suppléant.

SUPPLÉANT, E adj. et n. Qui supplée qqn dans ses fonctions sans être titulaire.

SUPPLÉER v.t. [8] (lat. *supplere,* remplir). **1.** *Litt.* Ajouter ce qui manque ; compléter. **2.** Remplacer dans ses fonctions. *Suppléer un professeur.* ◆ v.t. ind. **(à)**. Remédier au manque de qqch. *La valeur supplée au nombre.*

SUPPLÉMENT n.m. (lat. *supplementum*). **1.** Ce qui s'ajoute à qqch pour le compléter, l'améliorer, etc. *Un dictionnaire en dix volumes et deux suppléments.* ◇ *En supplément* : en plus, en sus de ce qui est normal, prescrit, indiqué. **2.** Somme payée en plus pour obtenir qqch qui n'était pas compris dans le prix initial. **3.** Aliment ou médicament permettant de corriger une alimentation insuffisante. **4.** GÉOMÉTR. *Supplément d'un angle* : angle ayant pour mesure celle d'un angle plat diminuée de celle de l'angle donné.

SUPPLÉMENTAIRE adj. **1.** Qui sert de supplément, qui constitue un supplément ; fait en supplément. *Heures supplémentaires.* **2.** GÉOMÉTR. *Angles supplémentaires* : angles dont la somme des mesures est celle d'un angle plat. **3.** MUS. *Lignes supplémentaires* : petites lignes tracées au-dessus ou au-dessous de la portée, sur ou entre lesquelles viennent se placer les notes.

SUPPLÉTIF, IVE adj. et n.m. (du lat. *supplere,* remplir). Se dit d'un militaire autochtone engagé temporairement en complément de troupes régulières. ◆ adj. *Didact.* Qui complète, supplée.

SUPPLÉTOIRE adj. DR. *Serment supplétoire* : serment déféré par le juge à une des parties pour suppléer à l'insuffisance des preuves.

SUPPLIANT, E adj. et n. Qui supplie, implore.

SUPPLICATION n.f. Prière faite avec insistance et humilité.

SUPPLICE n.m. (lat. *supplicium*). **1.** HIST. Peine corporelle ordonnée par arrêt de justice. ◇ *Litt. Le dernier supplice* : la peine de mort. **2.** Mauvais traitement corporel ; torture. **3.** Douleur physique violente et insupportable. *Ce mal de dents est un vrai supplice.* ◇ *Être au supplice* : souffrir terriblement. – *Supplice de Tantale* : souffrance qu'éprouve qqn qui ne peut satisfaire un désir dont l'objet reste cependant à sa portée. **4.** Ce qui est extrêmement pénible à supporter. *Ce discours est un supplice.*

SUPPLICIÉ, E n. Personne qui subit ou qui a subi un supplice.

SUPPLICIER v.t. [5]. *Litt.* **1.** Livrer qqn au supplice ; l'exécuter. **2.** Faire subir une souffrance morale. *Le remords le suppliciait.*

SUPPLIER v.t. [5] (lat. *supplicare*). Demander avec insistance et humilité, de manière pressante. *Je vous supplie de me croire. Laissez-moi partir, je vous en supplie.*

SUPPLIQUE n.f. (ital. *supplica*). Requête écrite pour demander une grâce, une faveur.

SUPPORT n.m. **1.** Ce qui supporte ; appui ou soutien de qqch. ◇ *Support publicitaire* : média quelconque (presse, télévision, affichage, etc.) considéré dans son utilisation pour la publicité. **2.** INFORM. Tout milieu matériel susceptible de recevoir une information, de la véhiculer ou de la conserver, puis de la restituer à la demande (disquette, disque dur, bande magnétique, disque optique, etc.). **3.** HÉRALD. Figure d'animal placée à côté de l'écu et qui semble le supporter. **4.** PEINT. Subjectile.

SUPPORTABLE adj. Que l'on peut endurer, tolérer, excuser.

1. SUPPORTER [sypɔrtœr] ou [-tɛr] n.m. ou **SUPPORTEUR, TRICE** n. (angl. *supporter*). Personne qui soutient et encourage exclusivement un concurrent ou une équipe.

2. SUPPORTER v.t. (lat. *supportare,* porter). **1.** Porter par-dessous pour empêcher de tomber ; soutenir. *Piliers qui supportent une voûte.* **2.** Endurer avec patience, courage ce qui est pénible. *Supporter un malheur.* **3.** Tolérer la présence, l'attitude de qqn. **4.** Prendre en charge. *Supporter les frais d'un procès.* **5.** Résister à une épreuve, à une action physique. *Supporter la chaleur. Ce livre ne supporte pas l'examen.* **6.** SPORTS. (Emploi critiqué). Soutenir, encourager un concurrent, une équipe. **7.** Afrique. Subvenir aux besoins de qqn, l'avoir à sa charge. ◆ **se supporter** v.pr. Se tolérer mutuellement.

SUPPOSABLE adj. Qu'on peut supposer.

SUPPOSÉ, E adj. **1.** Vx. Qui est donné pour authentique, quoique faux. *Testament, nom supposé.* **2.** Admis, posé comme hypothèse ; présumé. *Cette circonstance supposée.* ◆ **supposé que** loc. conj. Dans l'hypothèse où.

SUPPOSER v.t. (lat. *supponere,* mettre sous). **1.** Poser par hypothèse une chose comme établie. *Supposons que cela soit vrai.* **2.** Exiger logiquement, nécessairement l'existence de. *Les droits supposent les devoirs.* **3.** Juger probable, vraisemblable que ; croire. *Je suppose que tout va bien.*

SUPPOSITION n.f. **1.** Action d'admettre par hypothèse ; l'hypothèse elle-même. ◇ *Fam. Une supposition (que)* : admettons, comme exemple, que... **2.** DR. *Supposition d'enfant* : infraction consistant à attribuer un enfant, né d'une femme qui a dissimulé sa grossesse, à une femme qui n'est pas sa mère et qui a simulé la maternité.

SUPPOSITOIRE n.m. (du lat. *suppositorius,* placé dessous). Forme médicamenteuse conique ou ovoïde, qu'on introduit dans le rectum.

SUPPÔT n.m. (du lat. *suppositus,* placé dessous). *Litt.* Complice des mauvais desseins de qqn. ◇ *Suppôt de Satan* : démon, personne malfaisante.

SUPPRESSEUR adj.m. *Gène suppresseur (de tumeur)* : chacun des gènes, normalement présents dans les cellules, dont l'altération peut provoquer un cancer. SYN. : *antioncogène.*

SUPPRESSION n.f. Action de supprimer. *Suppression d'emplois.*

SUPPRIMER v.t. (lat. *supprimere*). **1.** Mettre un terme à l'existence de ; faire disparaître. *Supprimer des emplois. Supprimer un paragraphe.* **2.** Enlever qqch à qqn. *Supprimer à un chauffard son permis de conduire.* **3.** Se débarrasser de qqn en le tuant. ◆ **se supprimer** v.pr. Se donner la mort.

SUPPURANT, E adj. Qui suppure.

SUPPURATION n.f. Production de pus.

SUPPURÉ, E adj. Qui produit, qui contient du pus. *Plaie suppurée.*

SUPPURER v.i. (lat. *suppurare*). Produire du pus.

SUPPUTATION n.f. *Sout.* Évaluation, appréciation, supposition.

SUPPUTER v.t. (lat. *supputare,* calculer). *Sout.* Essayer, d'après certaines données, de prévoir l'évolution d'une situation, la probabilité d'un événement.

SUPRA adv. (mot lat.). Plus haut dans le texte ; ci-dessus. CONTR. : *infra*.
SUPRACONDUCTEUR, TRICE adj. et n.m. Se dit d'un matériau qui présente le phénomène de supraconductivité.
SUPRACONDUCTIVITÉ ou **SUPRACONDUCTION** n.f. PHYS. Phénomène présenté par certains métaux, alliages ou céramiques dont la résistivité électrique devient pratiquement nulle au-dessous d'une certaine température.
SUPRAMOLÉCULAIRE adj. *Chimie supramoléculaire* : sous-discipline de la chimie étudiant les interactions faibles, non covalentes entre des molécules.
SUPRANATIONAL, E, AUX adj. Placé au-dessus des institutions de chaque nation.
SUPRANATIONALITÉ n.f. Caractère de ce qui est supranational.
SUPRASEGMENTAL, E, AUX adj. PHON. Se dit des éléments prosodiques, comme l'accent, l'intonation et le rythme, qui affectent des unités plus longues que le phonème.
SUPRASENSIBLE adj. PHILOS. Au-dessus des sens ; qui ne peut être senti.
SUPRATERRESTRE adj. Relatif à l'au-delà.
SUPRÉMATIE [-masi] n.f. (angl. *supremacy*, du fr. *suprême*). **1.** Situation dominante conférant une autorité incontestée. *Avoir la suprématie militaire.* **2.** Supériorité, prééminence de qqn, de qqch sur les autres. *Exercer une suprématie intellectuelle.*
SUPRÉMATISME n.m. BX-ARTS. Théorie et pratique du peintre Malevitch (à partir de 1913) et de ses disciples, tels Lissitzky, Ivan Klioune (1873 - 1943), Olga Rozanova (1886 - 1918).
SUPRÊME adj. (lat. *supremus*). **1.** Qui est au-dessus de tout, qui ne saurait être dépassé. *Dignité, autorité, pouvoir suprême.* ◇ *Cour suprême* : juridiction qui tranche en dernier ressort. **2.** Qui vient en dernier. *Un suprême effort.* ◇ *Litt. Moment, heure suprême* : le moment, l'heure de la mort. – *Volontés suprêmes* : dernières dispositions d'un mourant. **3.** CUIS. *Sauce suprême* : variante de sauce blanche, à la crème, accompagnant les volailles pochées. ◆ n.m. Plat composé de filets de volaille, servis avec une sauce suprême.
SUPRÊMEMENT adv. Au plus haut degré ; extrêmement.
1. SUR prép. (lat. *super*). Marque la situation par rapport à ce qui est plus bas ou en contact ; indique la localisation, la direction, le point considéré, la question examinée. *Monter sur le toit. Mettre un chapeau sur sa tête. Revenir sur Paris. Elle va sur ses dix ans. Écrire sur l'histoire.* ◇ Belgique. *Sur la rue* : dans la rue.
2. SUR, E adj. (du francique). D'un goût acide et aigre.
SÛR, E adj. (lat. *securus*). **1.** En qui l'on peut avoir confiance. *Ami sûr.* **2.** Qui n'offre aucun danger. *Route sûre.* **3.** Dont on ne peut douter ; vrai, exact. *Le fait est sûr.* **4.** Qui sait d'une manière certaine. *J'en suis sûr.* **5.** *À coup sûr*, ou, *fam.*, *pour sûr* : infailliblement, certainement. – *Avoir le coup d'œil sûr* : bien juger d'un simple coup d'œil. – *Avoir le goût sûr* : être apte à discerner la valeur esthétique de qqch. – *Avoir la main sûre* : avoir la main ferme, qui ne tremble pas. – *Bien sûr* : c'est évident. – *En lieu sûr* : dans un lieu où il n'y a rien à craindre ; en un lieu d'où on ne peut s'échapper. – *Le temps n'est pas sûr*, il peut devenir mauvais.
SURABONDAMMENT adv. De façon surabondante, bien au-delà du nécessaire.
SURABONDANCE n.f. Grande abondance.
SURABONDANT, E adj. Abondant jusqu'à l'excès. *Récolte surabondante.*
SURABONDER v.i. Exister en quantité très ou trop abondante.
SURACCUMULATION n.f. ÉCON. Accumulation excessive de capital, facteur de crises.
SURACTIVÉ, E adj. Dont l'activité est accrue par un traitement approprié.
SURACTIVITÉ n.f. Activité intense, au-delà de la normale.
SURAH n.m. (de *Sūrat*, n. d'un port de l'Inde). Étoffe de soie croisée, originaire de l'Inde.
SURAIGU, UË adj. Très aigu.
SURAJOUTER v.t. Ajouter par surcroît.
SURAL, E, AUX adj. (du lat. *sura*, mollet). ANAT. Relatif au mollet.
SURALCOOLISATION n.f. Processus d'enrichissement des vins au-delà du taux normal d'alcool.
SURALIMENTATION n.f. **1.** Ingestion régulière d'une quantité de nourriture supérieure à la ration normale. **2.** Alimentation d'un moteur à combustion interne avec de l'air à une pression supérieure à la pression atmosphérique.
SURALIMENTÉ, E adj. Qui se nourrit trop ; qui est trop nourri.
SURALIMENTER v.t. Soumettre à une suralimentation.
SURAMPLIFICATEUR n.m. Recomm. off. pour *booster*.
SURANNÉ, E adj. (de *sur* et *an*). *Sout.* Qui n'est plus en usage ; démodé, périmé.
SURARBITRE n.m. DR. Arbitre désigné, pour les départager, par des arbitres déjà nommés par les parties en présence, en cas d'arbitrage international.
SURARMEMENT n.m. Armement excédant les besoins de la défense d'un État.
SURATE [surat] ou **SOURATE** n.f. (ar. *sūrat*, chapitre). Chacun des chapitres du Coran.
SURBAISSÉ, E adj. **1.** Qui est notablement abaissé. *Voiture à carrosserie surbaissée.* **2.** ARCHIT. Se dit d'un arc, d'une voûte dont la flèche est inférieure à la moitié de la portée. CONTR. : *surhaussé*.
SURBAISSEMENT n.m. ARCHIT. Action de surbaisser ; quantité dont un arc ou une voûte sont surbaissés.
SURBAISSER v.t. Réduire au minimum la hauteur de qqch.
SURBAU n.m. (pl. *surbaux*). MAR. Bordure verticale de faible hauteur encadrant un panneau, une ouverture de pont, etc., et disposée au-dessus des barrots d'un navire.
SURBOUM n.f. *Fam.*, vieilli. Surprise-partie.
SURBRILLANCE n.f. Marque indiquant par son intensité lumineuse qu'un texte affiché sur l'écran d'un ordinateur est sélectionné par l'utilisateur et sera affecté par l'action suivante.
SURCAPACITÉ n.f. ÉCON. Capacité de production supérieure aux besoins.
SURCAPITALISATION n.f. Action d'attribuer à une entreprise une valeur de capital supérieure à sa valeur réelle ; différence entre ces deux valeurs.
SURCHARGE n.f. **1.** Excès de charge, poids supplémentaire excessif. ◇ MÉD. *Surcharge pondérale* : excès modéré ou important de poids corporel. SYN. : *surpoids*. **2.** Poids de bagages excédant celui qui est alloué à chaque voyageur. **3.** CONSTR. **a.** Surcroît d'épaisseur donné à un enduit. **b.** Contrainte supplémentaire que peut avoir à supporter une construction dans des conditions exceptionnelles et qu'il faut envisager, dans le calcul de sécurité, pour la détermination de ses éléments. **4.** Surcroît de peine, de dépense ; excès. *Surcharge de travail.* **5.** Mot écrit sur un autre mot. *En comptabilité, les surcharges sont interdites.* **6.** Surplus de poids imposé à certains chevaux de course. **7.** Impression typographique faite sur un timbre-poste.
SURCHARGER v.t. [10]. **1.** Imposer une charge excessive à ; accabler. *Surcharger un cheval. Surcharger d'impôts.* **2.** Faire une surcharge sur un texte, un timbre, etc.
SURCHAUFFE n.f. **1.** THERMODYN. État métastable d'un liquide dont la température est supérieure à son point d'ébullition. **2.** THERM. Élévation de température d'une vapeur saturante pour la rendre sèche. **3.** Chauffage exagéré d'un métal ou d'un alliage, mais sans fusion, même partielle. **4.** État d'une économie en expansion menacée d'inflation.
SURCHAUFFER v.t. **1.** Chauffer de manière excessive. *Surchauffer un appartement.* **2.** THERMODYN. Provoquer un phénomène de surchauffe.
SURCHAUFFEUR n.m. THERM. Appareil permettant la surchauffe de la vapeur.
SURCHEMISE n.f. Chemise large que l'on porte sur un pull, un tee-shirt ou une chemise.
SURCHOIX n.m. Premier choix, première qualité d'une marchandise.
SURCLASSER v.t. Montrer une indiscutable supériorité sur qqn, qqch d'autre. *Elle a surclassé tous ses concurrents.*
SURCOMPENSATION n.f. **1.** FIN. Reversement du surplus de caisses publiques excédentaires à des caisses déficitaires. **2.** PSYCHOL. Réaction à un sentiment d'infériorité, constituée par la recherche d'une revanche à prendre dans le domaine même où l'infériorité est ressentie.
SURCOMPOSÉ, E adj. GRAMM. Se dit d'un temps composé où l'auxiliaire est lui-même à un temps composé. (Ex. : *Je suis parti quand j'ai eu fini.*)
SURCOMPRESSION n.f. Augmentation de la compression d'un corps soit par réduction de volume, soit par élévation de la pression à laquelle on le soumet.
SURCOMPRIMÉ, E adj. Relatif à la surcompression. ◇ *Moteur surcomprimé* : moteur dans lequel le taux de compression du mélange détonant est porté au maximum.
SURCOMPRIMER v.t. Soumettre à la surcompression.
SURCONSOMMATION n.f. ÉCON. Consommation excessive.
SURCONTRE n.m. Action de surcontrer.
SURCONTRER v.t. À certains jeux de cartes, confirmer une annonce contrée par un adversaire.
SURCOT n.m. (de *cotte*). Robe de dessus portée au Moyen Âge par les deux sexes.
SURCOTE n.f. Valeur supplémentaire attribuée à qqch par rapport à autre chose de même nature. *Cet appartement bénéficie d'une surcote.*
SURCOUPE n.f. Action de surcouper.
SURCOUPER v.t. Aux cartes, couper avec un atout supérieur à celui qui vient d'être jeté.
SURCOÛT n.m. Coût supplémentaire.
SURCREUSEMENT n.m. GÉOMORPH. Phénomène se caractérisant par l'approfondissement de certaines parties des lits glaciaires.
SURCROÎT n.m. Ce qui s'ajoute à ce que l'on a ; augmentation, accroissement. *Surcroît de travail.* ◇ *Sout. Par surcroît, de surcroît* : en plus.
SURDENT n.f. Chez le cheval, dent plus longue que les autres.
SURDÉTERMINATION n.f. PSYCHAN. Fait pour une formation de l'inconscient d'être la résultante de plusieurs déterminations, de renvoyer à plusieurs contenus inconscients.
SURDÉTERMINER v.t. Provoquer une surdétermination.
SURDÉVELOPPÉ, E adj. Dont le développement économique est extrême ou excessif.
SURDIMENSIONNÉ, E adj. Doté de capacités supérieures aux besoins réels. *Usine, autoroute surdimensionnée.*
SURDIMUTITÉ ou **SURDI-MUTITÉ** n.f. (pl. *surdi-mutités*). Perte de l'usage de la parole provoquée par une surdité congénitale ou précoce.
SURDITÉ n.f. (du lat. *surdus*, sourd). Perte ou grande diminution du sens de l'ouïe. ◇ *Surdité verbale* : aphasie caractérisée par une perte de la compréhension du langage parlé.
SURDOS n.m. Bande de cuir placée sur le dos du cheval pour soutenir les traits.
SURDOSAGE n.m. Dosage excessif.
SURDOSE n.f. Dose excessive d'un stupéfiant, provoquant des troubles graves. SYN. : *overdose*.
SURDOUÉ, E adj. et n. Se dit d'une personne, et spécial. d'un enfant, dont les capacités intellectuelles évaluées par des tests sont très supérieures à la moyenne.
SUREAU n.m. (lat. *sambucus*). Arbuste à fleurs blanches parfumées et à fruits acides rouges ou noirs. (Haut. env. 10 m ; genre *Sambucus*, famille des caprifoliacées.)
SUREFFECTIF n.m. Effectif considéré comme trop important.
SURÉLÉVATION n.f. Action de surélever ; augmentation de la hauteur de qqch.
SURÉLEVER v.t. [12]. Donner un surcroît de hauteur à. *Surélever un bâtiment.*
SURELLE n.f. (de *2. sur*). Région. Plante de goût acide (notamm. oseille, oxalide).
SÛREMENT adv. Très probablement ; certainement, à coup sûr. *Il sera sûrement déjà arrivé.*
SURÉMINENT, E adj. *Litt.* Éminent au suprême degré.
SURÉMISSION n.f. ÉCON. Émission excessive de billets de banque.
SUREMPLOI n.m. ÉCON. **1.** Situation du marché du travail caractérisée par une pénurie de main-

S

d'œuvre. **2.** Utilisation excessive d'une ressource productive (emploi, capital).

SURENCHÈRE n.f. **1.** DR. Acte par lequel une personne forme une nouvelle enchère dans un certain délai suivant la première adjudication, ce qui a pour effet de remettre en question cette dernière. **2.** *Fig.* Action d'aller encore plus loin que ce que l'on a fait ou dit auparavant. *Surenchère électorale.*

SURENCHÉRIR v.i. [21]. **1.** DR. Effectuer une surenchère. **2.** *Fig.* Promettre, faire plus qu'un rival.

SURENCHÉRISSEMENT n.m. Nouveau renchérissement.

SURENCHÉRISSEUR, EUSE n. DR. Personne qui fait une surenchère.

SURENDETTEMENT n.m. État de qqn, d'un pays qui a contracté des dettes excessives.

SURENTRAÎNEMENT n.m. SPORTS. Entraînement excessif qui épuise et fait perdre la forme.

SURENTRAÎNER v.t. SPORTS. Entraîner de façon excessive et nuisible à la forme.

SURÉQUIPEMENT n.m. Action de suréquiper ; fait d'être suréquipé ; équipement excessif.

SURÉQUIPER v.t. Équiper au-delà de ses besoins.

SURESTARIE n.f. MAR. **1.** Temps pendant lequel le chargement ou le déchargement d'un navire sont poursuivis au-delà du délai normal *(starie),* moyennant le paiement d'une indemnité. **2.** Somme payée à l'armateur en cas de retard dans le chargement ou le déchargement.

SURESTIMATION n.f. Estimation exagérée.

SURESTIMER v.t. Estimer au-delà de sa valeur, de son importance réelle ; surévaluer.

SURET, ETTE adj. (de *2. sur*). Un peu acide.

SÛRETÉ n.f. (lat. *securitas,* sécurité). **1.** Qualité d'un objet ou situation qui offre des garanties, ménage une protection. ◇ ***De sûreté*** : se dit d'objets, de dispositifs conçus pour assurer la meilleure protection possible. *Une allumette, une épingle de sûreté.* – ***En sûreté*** : à l'abri de toute atteinte, de tout péril ; dans un endroit d'où l'on ne peut s'échapper. – ***Sûreté nucléaire*** : protection des personnes et de l'environnement contre les risques présentés par les rayonnements ionisants du fait des installations nucléaires. **2.** DR. Garantie fournie par une personne *(sûreté conventionnelle)* ou par la loi *(sûreté légale)* pour l'exécution d'une obligation par l'engagement d'une caution *(sûreté personnelle)* ou par un bien du débiteur *(sûreté réelle).* ◇ ***Mesure de sûreté*** : mesure individuelle coercitive imposée à un individu dangereux pour l'ordre social (rééducation, probation, etc.). – ***Période de sûreté*** : période de détention pendant laquelle certains condamnés ne peuvent pas bénéficier des mesures de suspension ou de fractionnement de la peine, du placement à l'extérieur, des permissions de sortie, de la semi-liberté et de la libération conditionnelle. **3.** Situation d'un individu, d'une collectivité garantis contre les risques de tout genre qui pourraient les menacer. ◇ ***Sûreté individuelle*** : garantie que la loi accorde à tout citoyen contre les arrestations et les pénalités arbitraires. – ***Atteintes à la sûreté de l'État*** : crimes et délits (trahison, espionnage, etc.) mettant en péril la sécurité intérieure ou extérieure de l'État (dénommés en France, depuis 1994, ***atteintes aux intérêts fondamentaux de la nation***). **4.** Anc. (Avec une majuscule.) ***Sûreté nationale,*** ou ***la Sûreté*** : direction générale du ministère de l'Intérieur chargée en France de la police, devenue, en 1966, Police nationale. **5.** MIL. Ensemble des mesures actives et passives permettant à une force militaire d'éviter la surprise. **6.** Caractère précis, efficace de qqn ou de qqch, sur lequel on peut compter d'une façon certaine. *Sûreté de coup d'œil. Sûreté d'une amitié.*

■ **SUREAU**

SURÉVALUATION n.f. Évaluation exagérée.

SURÉVALUER v.t. Juger au-dessus de sa valeur réelle ; surestimer.

SUREXCITABLE adj. Sujet à la surexcitation.

SUREXCITANT, E adj. Qui surexcite.

SUREXCITATION n.f. Très vive excitation nerveuse.

SUREXCITER v.t. Exciter au-delà des limites ordinaires ; exalter.

SUREXPLOITATION n.f. Action de surexploiter ; son résultat.

SUREXPLOITER v.t. Exploiter de façon excessive.

SUREXPOSER v.t. Soumettre une surface sensible à une surexposition.

SUREXPOSITION n.f. PHOTOGR. Exposition à la lumière trop prolongée d'une surface sensible.

SURF [sœrf] n.m. (abrév. de l'angl. *surf-riding,* de *surf,* ressac, et *to ride,* chevaucher). **1.** Sport consistant à se maintenir en équilibre sur une planche portée par une vague déferlante. **2.** ***Surf des neiges*** : descente d'une pente enneigée sur une planche spéciale. SYN. : *snowboard.* **3.** Planche permettant de pratiquer le surf ou le surf des neiges.

■ **SURF**

SURFAÇAGE n.m. Action de surfacer.

SURFACE n.f. (de *1. sur* et *face*). **1.** Partie, face extérieure d'un corps, d'un liquide. ◇ ***Faire surface*** : émerger, en parlant d'un sous-marin ; remonter à l'air libre pour respirer. – ***Refaire surface*** : connaître de nouveau la renommée après une période d'effacement, d'obscurité ; recouvrer ses forces, sa santé ou sa fortune après une période de faiblesse, de maladie ou de gêne. **2.** Toute étendue, plane ou non, d'une certaine importance. ◇ ***Grande surface*** : magasin exploité en libre-service et présentant une superficie consacrée à la vente supérieure, en France, à 400 m². **3.** GÉOMÉTR. Ensemble des points frontières d'une portion d'espace. **4.** Étendue plane, superficie ; mesure de cette étendue. – (Abusif). Aire. ◇ (Abusif). ***Mesure de surface*** : mesure d'aire (par oppos. à ***mesure linéaire, mesure de volume***). – DR. ***Surface corrigée*** : élément de calcul des loyers de certains locaux d'habitation, tenant compte de la situation et du confort d'un logement (par rapport à sa surface réelle). **5.** ***Surface financière*** : rapport entre les fonds propres et les fonds empruntés permettant d'évaluer la capacité d'une entreprise à s'endetter. **6.** *Fig.* Extérieur, apparence des choses. *Une amabilité de surface.*

SURFACER v.t. et v.i. [9]. MÉCAN. INDUSTR. Assurer la réalisation de surfaces régulières par l'emploi de machines ou d'appareils spéciaux.

SURFACEUSE n.f. Machine à surfacer.

SURFACIQUE adj. PHYS. Se dit d'une grandeur rapportée à l'unité de surface. *Charge, masse surfacique.*

SURFACTURATION n.f. Facturation d'un bien ou d'un service plus élevée que son coût réel, génér. effectuée dans une intention frauduleuse.

SURFAIRE v.t. [89]. *Litt.* Accorder une valeur, une importance imméritée à ; surestimer.

SURFAIT, E adj. **1.** Qui n'a pas toutes les qualités qu'on lui prête. *Réputation surfaite.* **2.** Estimé au-dessus de sa valeur.

SURFAIX [syrfɛ] n.m. Bande de cuir ou d'étoffe servant à attacher une couverture sur le dos d'un cheval ou utilisée dans le travail à la longe.

SURFER [sœrfe] v.i. Pratiquer le surf. ◆ v.t. ind. (sur). **1.** Se laisser porter par une conjoncture favorable ; adapter son comportement aux circonstances. *Surfer sur les sondages, sur la mode.* **2.** INFORM. Naviguer.

SURFEUR, EUSE [sœrfœr, øz] n. Personne qui pratique le surf.

SURFIL n.m. COUT. Surjet lâche, exécuté sur le bord d'un tissu pour éviter qu'il ne s'effiloche.

SURFILAGE n.m. **1.** COUT. Action de surfiler. **2.** TEXT. Fil plus fin que la grosseur des fibres ne le permet normalement.

SURFILER v.t. **1.** COUT. Exécuter un surfil. **2.** TEXT. Filer plus fin que la grosseur des fibres ne le permet normalement.

SURFIN, E adj. De qualité supérieure ; superfin. *Des chocolats surfins.*

SURFONDU, E adj. En état de surfusion.

SURFRÉQUENTATION n.f. Fréquentation excessive d'un lieu.

SURFUSION n.f. PHYS. État métastable d'un corps qui reste liquide à une température inférieure à sa température de congélation.

SURGÉLATEUR n.m. Appareil de surgélation.

SURGÉLATION n.f. Opération consistant à congeler rapidement à très basse température un produit alimentaire en vue de sa conservation.

SURGELÉ, E adj. et n.m. Se dit d'un produit alimentaire conservé par surgélation.

SURGELER v.t. [12]. Pratiquer la surgélation.

SURGÉNÉRATEUR, TRICE adj. et n.m. Se dit d'un réacteur nucléaire dans lequel se produit la surgénération.

SURGÉNÉRATION n.f. NUCL. Production, à partir de matière nucléaire fertile, d'une quantité de matière fissile supérieure à celle qui est consommée.

SURGEON n.m. (de *surgir*). Drageon.

SURGIR v.i. (lat. *surgere,* s'élever). **1.** Apparaître brusquement en s'élançant, en sortant, en s'élevant. *Une voiture surgit à droite.* **2.** Se manifester brusquement. *De nouvelles difficultés surgissent.*

SURGISSEMENT n.m. Fait de surgir.

SURHAUSSÉ, E adj. ARCHIT. Se dit d'un arc, d'une voûte dont la flèche est supérieure à la moitié de la portée. CONTR. : *surbaissé.*

SURHAUSSEMENT n.m. **1.** Action de surhausser. **2.** ARCHIT. Quantité dont un arc ou une voûte sont surhaussés.

SURHAUSSER v.t. Augmenter la hauteur de ; surélever. *Surhausser un mur.*

SURHOMME n.m. **1.** Être humain pourvu de dons intellectuels ou physiques exceptionnels. **2.** PHILOS. Selon Nietzsche, type humain supérieur dont l'avènement est inscrit dans les possibilités de l'humanité et qui portera au plus haut l'affirmation de la volonté de puissance. (Les idéologies fasciste et nazie ont détourné cette notion.)

SURHUMAIN, E adj. Qui est au-dessus des forces ou des qualités de l'homme.

SURICATE n.m. (mot d'une langue africaine). Petite mangouste omnivore et grégaire des zones semi-arides d'Afrique australe, qui fait le guet en se dressant debout sur ses pattes postérieures. (Genre *Suricata.*)

SURIMI n.m. (mot jap.). Pâte de chair de poisson aromatisée au crabe et vendue génér. sous forme de petits bâtonnets. (Cuisine japonaise.)

SURIMPOSER v.t. Frapper d'un surcroît d'impôt ou d'un impôt trop lourd.

SURIMPOSITION n.f. **1.** Surcroît d'impôt. **2.** GÉOMORPH. Phénomène qui amène un cours d'eau à entailler, du fait de son enfoncement, des structures géologiques différentes de celles sur lesquelles il s'est installé.

SURIMPRESSION n.f. **1.** PHOTOGR. Impression de deux ou de plusieurs images sur la même surface sensible. **2.** IMPRIM. Passage d'une nouvelle impression sur une feuille imprimée, par ex. pour y déposer un vernis.

1. SURIN n.m. (de *2. sur*). ARBOR. Jeune pommier non encore greffé.

2. SURIN n.m. (tsigane *chouri,* couteau). *Arg.* Couteau.

SURINER ou **CHOURINER** v.t. *Arg.* Donner un coup de couteau.

SURINFECTION n.f. Infection survenant chez un sujet déjà atteint d'une autre infection.

SURINFORMATION n.f. Action de surinformer ; fait d'être surinformé.

SURINFORMER v.t. Fournir au public une quantité excessive d'informations, au risque de masquer l'essentiel.

SURINTENDANCE n.f. Charge de surintendant.

SURINTENDANT n.m. **1.** Anc. Personne qui dirigeait en chef un service, un secteur. SYN. : *superintendant.* **2.** HIST. *Surintendant général des Finances :* chef de l'administration financière, en France, du XVe s. à 1661. (Les plus connus sont Sully et Fouquet. La charge disparut à la suite de la disgrâce de Fouquet.)

SURINTENDANTE n.f. **1.** HIST. Épouse du surintendant. **2.** Dame qui avait la première charge dans la maison de la reine. **3.** Titre porté par la directrice des maisons d'éducation établies pour les filles des membres de la Légion d'honneur.

SURINTENSITÉ n.f. ÉLECTROTECHN. Courant dont la valeur dépasse la plus grande valeur assignée.

SURINVESTISSEMENT n.m. ÉCON. Investissement exagéré dépassant les besoins réels.

SURIR v.i. Devenir sur, aigre. SYN. : *aigrir.*

SURJALÉE adj.f. MAR. Se dit d'une ancre dont la chaîne fait un tour sur le jas.

SURJALER v.i. Être surjalée, en parlant d'une ancre ou de sa chaîne.

SURJECTIF, IVE adj. ALGÈBRE. *Application surjective de E dans F :* application telle que tout élément de F a au moins un antécédent dans E.

SURJECTION n.f. Application surjective.

SURJET n.m. **1.** COUT. Point exécuté à cheval en lisière de deux tissus à assembler bord à bord. **2.** CHIRURG. Suture par un fil unique, noué à chaque extrémité (par oppos. à *point de suture*).

SURJETER v.t. [16]. Coudre en surjet.

SUR-LE-CHAMP adv. Sans délai ; immédiatement.

SURLENDEMAIN n.m. Jour qui suit le lendemain.

SURLIGNER v.t. Recouvrir un mot, une phrase, etc., à l'aide d'un surligneur.

SURLIGNEUR n.m. Feutre servant à mettre en valeur une partie d'un texte à l'aide d'une encre très lumineuse.

SURLIURE n.f. MAR. Petite ligature à l'extrémité d'un cordage, empêchant les torons de se séparer.

SURLONGE n.f. BOUCH. Partie du bœuf située au niveau des trois premières vertèbres dorsales.

SURLOUER v.t. Prendre ou donner en location au-dessus de la valeur réelle.

SURLOYER n.m. Somme venant en plus du montant fixé par le contrat de location.

SURMÉDICALISER v.t. Faire un usage excessif des techniques médicales.

SURMENAGE n.m. Excès d'activité physique ou intellectuelle ; ensemble des troubles qui en résultent.

SURMENER v.t. [12]. **1.** Fatiguer à l'excès un cheval, une bête de somme en les menant trop vite ou trop longtemps. **2.** Imposer à qqn, à son organisme un effort physique ou intellectuel excessif.

SUR-MESURE n.m. inv. Ce qui est sur *mesure. *Le coût supérieur du sur-mesure.*

SURMOI n.m. inv. PSYCHAN. Instance de la personnalité psychique dont le rôle est de juger le moi. (Introduit par Freud dans la deuxième topique, le surmoi se constitue initialement par identification aux parents et détermine, au travers de ses conflits avec le moi, les sentiments inconscients de culpabilité.)

SURMONTABLE adj. Que l'on peut surmonter.

SURMONTER v.t. **1.** Être placé au-dessus de qqch. *Statue qui surmonte une colonne.* **2.** Avoir le dessus ; vaincre. *Surmonter les obstacles.*

SURMONTOIR n.m. Élément de publicité placé au-dessus d'un produit pour le mettre en vedette.

SURMORTALITÉ n.f. Excès d'un taux de mortalité par rapport à un autre, pris comme terme de comparaison.

SURMOULAGE n.m. Moulage pris sur une pièce déjà coulée ou moulée.

SURMOULE n.m. Moule confectionné à partir d'un objet moulé.

SURMOULER v.t. Mouler une figure dans un moule pris sur un objet moulé.

SURMULET n.m. Poisson marin côtier du groupe des rougets barbets, parfois appelé *rouget de roche.* (Nom sc. *Mullus surmuletus ;* famille des mullidés.)

SURMULOT n.m. Rat commun, appelé aussi *rat d'égout* ou *rat gris.* (Long. env. 25 cm sans la queue ; nom sc. *Rattus norvegicus.*)

■ **SURMULOT**

SURMULTIPLICATION n.f. Dispositif permettant d'obtenir une vitesse surmultipliée.

SURMULTIPLIÉ, E adj. AUTOM. Se dit du rapport d'une boîte de vitesses tel que la vitesse de rotation de l'arbre de transmission est supérieure à celle de l'arbre moteur. ◇ *Vitesse surmultipliée,* ou *surmultipliée,* n.f. : vitesse obtenue avec ce rapport.

SURNAGER v.i. [10]. **1.** Se maintenir à la surface d'un liquide ; flotter. **2.** Subsister au milieu de choses qui tombent dans l'oubli ; se maintenir, survivre. *De toute son œuvre, un seul livre surnage.*

SURNATUREL, ELLE adj. **1.** Qu'on juge ne pas appartenir au monde naturel ; qui semble en dehors du domaine de l'expérience et échapper aux lois de la nature. *Croire aux phénomènes surnaturels.* **2.** CHRIST. Qui est révélé, produit, accordé par la grâce de Dieu. *La vie surnaturelle.* **3.** *Litt.* Qui est trop extraordinaire pour être simplement naturel. *Une beauté surnaturelle.* ◆ n.m. Domaine de ce qui est surnaturel, de ce qui ne relève pas de l'ordre naturel des choses.

SURNOM n.m. Nom ajouté ou substitué au nom ou au prénom de qqn.

SURNOMBRE n.m. Nombre supérieur au nombre prévu et permis. ◇ *En surnombre :* en excédent, en trop.

SURNOMMER v.t. Donner un surnom à qqn.

SURNUMÉRAIRE adj. et n. (du lat. *numerus,* nombre). Qui est en surnombre. *Employé surnuméraire.*

SUROFFRE n.f. ÉCON. **1.** Offre plus avantageuse qu'une offre déjà faite. **2.** Offre dépassant les capacités de la demande.

SUROÎT [syrwa] n.m. (forme normande de *sud-ouest*). MAR. **1.** Vent soufflant du sud-ouest. **2.** Chapeau de marin imperméable, dont le bord se prolonge derrière la tête pour protéger le cou. **3.** Vx. Vareuse de marin.

SUROS [syro] ou [syrɔs] n.m. VÉTÉR. Exostose qui se forme sur le canon du membre antérieur du cheval.

SUROXYDER v.t. Oxyder en dépassant l'état d'oxydation normal (transformer un oxyde en peroxyde) ou désiré (transformer un alcool primaire en acide, au lieu de s'arrêter à l'aldéhyde).

SUROXYGÉNÉ, E adj. Qui contient un excès d'oxygène.

SURPASSEMENT n.m. Action de surpasser, de se surpasser.

SURPASSER v.t. **1.** Faire mieux que qqn. *Surpasser ses concurrents.* **2.** *Litt.* Excéder les forces, les ressources de. *Cela surpasse ses moyens.* ◆ **se surpasser** v.pr. Faire encore mieux qu'à l'ordinaire.

SURPÂTURAGE n.m. Exploitation excessive des pâturages par le bétail, entraînant la dégradation de la végétation et des sols.

SURPAYE n.f. Action de surpayer.

SURPAYER v.t. [6]. Payer au-delà de ce qui est habituel ; acheter trop cher.

SURPÊCHE n.f. Pêche excessive, tendant à épuiser les fonds.

SURPEUPLÉ, E adj. Trop peuplé.

SURPEUPLEMENT n.m. Peuplement excessif par rapport aux ressources exploitées d'un espace géographique. SYN. : *surpopulation.*

SURPIQUER v.t. Faire une surpiqûre à un vêtement.

SURPIQÛRE n.f. COUT. Piqûre apparente faite sur un vêtement.

SURPLACE n.m. *Faire du surplace :* dans une épreuve de vitesse cycliste, rester en équilibre, immobile, pour obliger son adversaire à passer devant et à mener la course ; *fig.,* ne pas avancer, ne pas évoluer.

SURPLIS n.m. (du lat. *superpellicium,* qui est sur la pelisse). CATH. Vêtement liturgique de toile fine, blanche, à manches larges, qui descend jusqu'aux genoux et se porte sur la soutane.

SURPLOMB n.m. État d'une partie qui est en saillie par rapport aux parties qui sont en dessous. ◇ *En surplomb :* en avant de l'aplomb.

SURPLOMBANT, E adj. Qui surplombe.

SURPLOMBEMENT n.m. Fait de surplomber.

SURPLOMBER v.t. et v.i. Faire saillie au-dessus de qqch ; dominer. *Les rochers surplombent le ravin.*

SURPLUS [syrply] n.m. **1.** Ce qui est en plus ; excédent. *Vendre le surplus de sa récolte.* ◇ *Au surplus :* en outre, d'ailleurs. **2.** Excédent de l'offre par rapport à la demande. **3.** Magasin qui, à l'origine, vendait des surplus militaires et qui, auj., vend des vêtements d'importation américaine. **4.** Gain résultant d'un investissement ou d'un acte de consommation. **5.** COMPTAB. *Comptes de surplus :* instrument d'analyse des performances d'une entreprise. ◆ pl. Matériel militaire en excédent après une guerre, notamm. dans le domaine de l'habillement.

SURPOIDS n.m. Surcharge pondérale.

SURPOPULATION n.f. Surpeuplement.

SURPRENANT, E adj. Qui cause de la surprise ; étonnant.

SURPRENDRE v.t. [61]. **1.** Prendre sur le fait. *Surprendre un voleur.* **2.** Prendre à l'improviste, au dépourvu, par surprise. *La pluie nous a surpris.* **3.** Causer un grand étonnement ; déconcerter, étonner. *Cette nouvelle m'a surpris.* **4.** *Litt.* Tromper, abuser. *Surprendre la confiance de qqn.* **5.** *Surprendre un secret,* le découvrir.

SURPRESSION n.f. Pression excessive.

SURPRIME n.f. Prime supplémentaire demandée par un assureur pour couvrir un risque exceptionnel.

SURPRISE n.f. (p. passé de *surprendre*). **1.** État de qqn qui est frappé par qqch d'inattendu ; étonnement. *Causer une grande surprise.* **2.** Événement inattendu. *Tout s'est déroulé sans surprise.* (Peut s'employer en appos., avec ou sans trait d'union. *Grève surprise.*) **3.** Cadeau ou plaisir inattendu fait à qqn. **4.** Engagement inopiné d'une troupe *(surprise tactique)* ou d'une armée entière *(surprise stratégique)* mettant l'adversaire en situation d'infériorité. ◇ *Par surprise :* à l'improviste, en prenant au dépourvu.

SURPRISE-PARTIE n.f. [pl. *surprises-parties*] (angl. *surprise party*). Vieilli. Réunion où l'on danse, surtout chez les adolescents.

SURPRODUCTEUR, TRICE adj. Qui produit en excès.

SURPRODUCTION n.f. Production excessive d'un produit ou d'une série de produits par rapport aux besoins.

SURPRODUIRE v.t. [78]. ÉCON. Produire au-delà des possibilités de la demande.

SURPROTECTION n.f. Action de surprotéger.

SURPROTÉGER v.t. [15]. Protéger qqn à l'excès sur le plan psychologique.

SURRÉALISME n.m. Mouvement littéraire et artistique né en France à la suite de la Première Guerre mondiale, qui succède à *dada et se dresse, au nom de la liberté, du désir et de la révolution, contre les conventions sociales, morales et logiques, et leur oppose les valeurs de l'imagination, du rêve et de l'écriture automatique révélant le « fonctionnement réel de la pensée ».

ENCYCL. Amorcé dans *les Champs magnétiques* (1919) par André Breton et Philippe Soupault, le mouvement surréaliste s'affirme en 1924 par un *Manifeste* dû à Breton et une revue, *la Révolution surréaliste.* Breton, Soupault, Aragon, Eluard, Crevel, Artaud, Péret d'abord, puis, après 1930, Char,

■ LE SURRÉALISME

Une œuvre d'art, pour les surréalistes, ne se justifie que si elle contribue, aussi peu que ce soit, à « changer la vie ». Et elle ne le peut qu'en refusant de sacrifier les pouvoirs inventifs de l'artiste à la description du monde visible. C'est ainsi que la théorie du « modèle intérieur », énoncée par A. Breton en 1925, vise à détourner l'art de la représentation réaliste qui, selon lui, sévit en Occident depuis la Renaissance : l'artiste, désormais, ne doit plus s'attacher qu'aux seules images qui surgissent du tréfonds de lui-même.

André Breton. *L'Œuf de l'église* (1933). Poète et théoricien, Breton fit aussi œuvre de plasticien, avec des « objets à fonctionnement symbolique » ainsi qu'avec des collages et des photomontages comme celui-ci. (Coll. priv.)

Salvador Dalí. *Vénus de Milo aux tiroirs,* sculpture-objet en plâtre avec collages de fourrure (1936). Cet objet surréaliste (qui a été diffusé commercialement sous forme d'exemplaires en bronze peint) donne consistance à un fantasme de déconstruction du corps humain, en même temps qu'il joue avec les prestiges convoités de la grande tradition classique. (Coll. priv.)

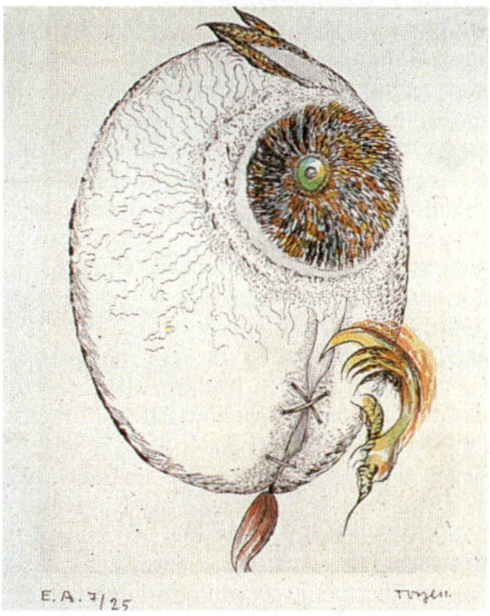

Toyen. *Débris de rêves* (1967), pointe sèche rehaussée de couleurs : un ensemble de métamorphoses fantastiques à partir de l'œuf, de l'œil, du sexe, du plumage, par la surréaliste tchèque Marie Čermínová, dite Toyen, installée à Paris en 1947. (Coll. priv.)

Yves Tanguy. *Un grand tableau qui représente un paysage* (1927). Ami de régiment de J. Prévert en 1920, Tanguy adhère avec lui au groupe de Breton en 1925, après avoir reçu le choc d'une toile de G. De Chirico rencontrée par hasard. Il se livre l'année suivante à ses premiers essais de dessin automatique et crée bientôt l'univers onirique mystérieux qui lui est propre. (Coll. priv.)

Buñuel et Dalí ont été les principaux représentants d'un mouvement qui a voulu révolutionner en même temps la vie, la littérature et l'art. Des exclusions, des ruptures sont allées de pair avec son extension à différents domaines et à différents pays ou zones géographiques (Belgique, Tchécoslovaquie, Suisse, Grande-Bretagne, Antilles) jusqu'à la mort de Breton.

Les plus connus des artistes surréalistes, qui se sont exprimés par l'automatisme et par une sorte de fantastique onirique (traduits dans des images souvent minutieuses, dans des collages, dans des assemblages dits *objets surréalistes,* etc.), sont Ernst, Masson, Miró, Tanguy, Dalí, Magritte, Brauner, Óscar Domínguez (1906 - 1957), Wolfgang Paalen (1907 - 1959), Bellmer, Matta.

SURRÉALISTE adj. et n. Qui appartient au surréalisme ; qui s'y rattache. ◆ adj. Qui, par son étrangeté, évoque les œuvres surréalistes. *Un montage financier surréaliste.*

SURRECTION n.f. (bas lat. *surrectio*). GÉOL. Soulèvement lent d'une portion de l'écorce terrestre.

SURRÉEL n.m. LITTÉR. Ce qui dépasse le réel, dans le vocabulaire surréaliste.

SURREMISE n.f. Pourcentage qu'un éditeur consent aux libraires en plus de la remise habituelle, lors d'un achat en quantité importante d'exemplaires d'un même titre.

SURRÉNAL, E, AUX adj. et n.f. ANAT. Se dit d'une glande endocrine paire située au-dessus du rein, et comportant la corticosurrénale et la médullosurrénale.

SURRÉNALIEN, ENNE adj. De la glande surrénale.

SURRÉSERVATION n.f. Fait, pour une agence de voyages, d'accepter plusieurs réservations pour une même place (moyen de transport, séjour hôtelier, etc.).

SURSALAIRE n.m. Supplément s'ajoutant au salaire normal.

SURSATURATION n.f. **1.** Action de sursaturer. **2.** CHIM. État d'une solution sursaturée.

SURSATURÉ, E adj. Se dit d'une roche magmatique contenant de la silice en abondance.

SURSATURER v.t. **1.** Rassasier jusqu'au dégoût. *Nous sommes sursaturés de récits de crimes.* **2.** CHIM. Donner à une solution une concentration plus forte que celle de la solution saturée.

SURSAUT n.m. **1.** Mouvement brusque, occasionné par une sensation subite ou violente. *Se réveiller en sursaut.* **2.** Fait de se ressaisir, de reprendre brusquement courage. *Sursaut d'énergie.* **3.** ASTRON. Accroissement brusque, et génér. de faible durée, de l'intensité du rayonnement d'un astre sur certaines fréquences.

SURSAUTER v.i. Avoir un sursaut, sous l'effet d'une sensation, d'une émotion.

SURSEOIR [syrswar] v.t. ind. **(à)** [52]. DR. Interrompre, différer. *Surseoir à des poursuites. Surseoir à statuer.*

SURSIS n.m. (p. passé de *surseoir*). **1.** Remise de qqch à une date ultérieure ; délai d'exécution. *Avoir un sursis pour payer ses dettes.* **2.** Dispense d'exécution de tout ou partie d'une peine. (On distingue le sursis simple, le sursis avec obligation d'accomplir un travail d'intérêt collectif et le sursis avec mise à l'épreuve.) **3.** MIL. Anc. *Sursis d'incorporation :* report d'incorporation. **4.** DR. *Sursis à statuer :* décision par laquelle un tribunal remet à une date ultérieure l'examen et le jugement d'une affaire.

SURSITAIRE n. Personne qui bénéficie d'un sursis, en partic. d'un sursis d'incorporation.

SURTAXE n.f. Taxe supplémentaire. ◇ *Surtaxe postale :* taxation supplémentaire infligée au destinataire d'un envoi insuffisamment affranchi ; taxe supplémentaire exigée pour un acheminement plus rapide.

SURTAXER v.t. Faire payer une surtaxe.

SURTENSION n.f. ÉLECTROTECHN. Tension dont la valeur dépasse la plus grande valeur assignée.

SURTITRAGE n.m. Action de surtitrer.

SURTITRE n.m. Titre complémentaire placé au-dessus du titre principal d'un article de journal.

SURTITRER v.t. **1.** Mettre un surtitre à un article. **2.** Afficher la traduction simultanée des paroles, à l'opéra, au théâtre.

1. SURTOUT adv. **1.** Principalement, par-dessus tout. *Elle aime surtout l'art moderne.* **2.** Renforce un ordre, un conseil. *Surtout, donnez-moi de vos nouvelles !* ◆ **surtout que** loc. conj. *Fam.* D'autant plus que. *Prêtez-moi votre livre, surtout que ce ne sera pas pour longtemps.*

2. SURTOUT n.m. **1.** Anc. Vêtement ample porté par-dessus les autres vêtements. **2.** Grande pièce ou ensemble de pièces de vaisselle, ordinairement en métal, que l'on place au milieu de la table, comme ornement, pour de grands repas.

SURVEILLANCE n.f. Action de surveiller. *Exercer une surveillance active.* ◇ *Sous la surveillance de :* surveillé par. *Être sous la surveillance de la police.*

SURVEILLANT, E n. **1.** Personne chargée de la surveillance d'un lieu, d'un service, d'un groupe de personnes. **2.** Personne chargée de la discipline dans un établissement d'enseignement.

SURVEILLER v.t. **1.** Observer attentivement pour contrôler. **2.** Être attentif à, prendre soin de. *Surveiller sa santé.*

SURVENDRE v.t. [59]. Vendre au-dessus du prix normal.

SURVENIR v.i. [28] [auxil. *être*]. Arriver inopinément ou accidentellement.

SURVENTE n.f. Vieilli. Vente à un prix très élevé, trop élevé.

SURVENUE n.f. *Sout.* Venue inopinée.

SURVÊTEMENT n.m. Vêtement chaud et souple composé d'un pantalon et d'un sweat-shirt ou d'un blouson, que les sportifs mettent par-dessus leur tenue entre les épreuves ou au cours de séances d'entraînement. SYN. : *jogging.* Abrév. *(fam.) : survêt.*

SURVIE n.f. **1.** Fait de survivre, de continuer à exister. **2.** MÉD. *Survie artificielle :* maintien de la vie végétative par les moyens de la réanimation, du fait d'un acharnement thérapeutique ou dans l'attente d'un prélèvement d'organe. **3.** Prolongement de l'existence au-delà de la mort. **4.** DR.

Gains ou *droits de survie :* avantage que, dans un acte, les contractants stipulent au profit du survivant.

SURVIRAGE n.m. Fait de survirer.

SURVIRER v.i. En parlant d'un véhicule automobile, avoir tendance, dans une courbe, à augmenter l'amplitude de l'impulsion de braquage donnée au volant et avoir le train arrière qui tend à glisser latéralement vers l'extérieur de la courbe.

SURVIREUR, EUSE adj. Se dit d'un véhicule automobile qui survire.

SURVITESSE n.f. Vitesse supérieure à la vitesse normale.

SURVITRAGE n.m. Vitrage supplémentaire qui se pose sur le châssis d'une fenêtre à des fins d'isolation.

SURVIVANCE n.f. Ce qui subsiste d'un ancien état, d'une chose disparue. *Survivance d'une coutume.*

SURVIVANT, E adj. et n. **1.** Qui survit à qqn. *L'héritage va au conjoint survivant.* **2.** Qui est resté en vie après un événement ayant fait des victimes. **3.** *Souvent péjor.* Qui survit à une époque révolue.

SURVIVRE v.i. ou v.t. ind. **(à)** [70]. **1.** Demeurer en vie après la mort d'une autre personne ; réchapper à une catastrophe. **2.** Continuer à exister. *Mode qui survit.*

SURVOL n.m. **1.** Action de survoler. **2.** *Fig.* Examen rapide et superficiel.

SURVOLER v.t. **1.** Voler au-dessus de. **2.** *Fig.* Lire, examiner rapidement, de manière superficielle.

SURVOLTAGE n.m. **1.** ÉLECTROTECHN. (Abusif). Surtension. **2.** *Fig.* Fait d'être survolté.

SURVOLTER v.t. **1.** ÉLECTROTECHN. Augmenter la tension électrique au-delà de la valeur assignée. **2.** *Fig.* Mettre au paroxysme de l'excitation. ◇ p.p. adj. *Un public survolté.*

SURVOLTEUR n.m. ÉLECTROTECHN. Machine ou transformateur dont la tension s'ajoute à la tension fournie par une autre source.

SURVOLTEUR-DÉVOLTEUR n.m. (pl. *survolteurs-dévolteurs*). ÉLECTROTECHN. Machine ou transformateur pouvant fonctionner soit en survolteur, soit en dévolteur.

SUS [sys] ou [sy] adv. (lat. *sursum,* en haut). *Litt. Courir sus à qqn,* le poursuivre avec des intentions hostiles. – Vieilli. *En sus (de) :* en plus (de).

SUSCEPTIBILITÉ n.f. **1.** Disposition à se vexer trop aisément. **2.** *Susceptibilité magnétique :* rapport de l'aimantation produite dans une substance au champ magnétique qui la produit.

SUSCEPTIBLE adj. (bas lat. *susceptibilis,* de *suscipere,* soulever). **1.** *Susceptible de :* capable d'acquérir certaines qualités, de subir certaines modifications, de produire un effet, d'accomplir un acte. *Enfant susceptible de faire des progrès.* **2.** Qui se vexe, s'offense aisément ; ombrageux.

SUSCITER v.t. (lat. *suscitare,* exciter). Faire naître, provoquer l'apparition de. *Susciter un obstacle, l'admiration.*

SUSCRIPTION n.f. **1.** Inscription de l'adresse sur l'enveloppe qui contient une lettre. **2.** *Acte de suscription :* ensemble des mentions portées par un notaire sur un testament mystique ou son enveloppe (nom, adresse, date, etc.).

SUS-DÉNOMMÉ, E adj. et n. (pl. *sus-dénommés, es*). DR. *(Terme administratif).* Nommé précédemment ou plus haut dans le texte.

SUSDIT, E adj. et n. DR. Nommé ci-dessus.

SUS-DOMINANTE n.f. (pl. *sus-dominantes*). MUS. Note située au sixième degré d'une gamme diatonique, au-dessus de la dominante.

SUS-HÉPATIQUE adj. (pl. *sus-hépatiques*). ANAT. Se dit de veines situées au-dessus du foie, qui ramènent le sang du foie à la veine cave inférieure.

SUSHI [suʃi] n.m. (mot jap.). Boulette de riz couronnée de lamelles de poisson cru et enroulée dans une feuille d'algue. (Cuisine japonaise.)

SUS-JACENT, E adj. (pl. *sus-jacents, es*). GÉOL. Placé au-dessus.

SUSMENTIONNÉ, E adj. DR. *(Terme administratif).* Mentionné précédemment ou plus haut.

SUSNOMMÉ, E adj. et n. DR. *(Terme administratif).* Nommé précédemment ou plus haut.

SUSPECT, E [syspɛ, ɛkt] adj. (lat. *suspectus*). Qui inspire de la défiance, des soupçons, notamm. sur son authenticité, sa qualité. *Un témoignage suspect. Une viande suspecte.* ◇ *Suspect de :* soupçonné de ; soupçonnable de. ◆ adj. et n. Que la police considère comme l'auteur possible d'une infraction. *Interroger un suspect.*

SUSPECTER v.t. Tenir pour suspect ; soupçonner. *Suspecter l'honnêteté de qqn.*

SUSPENDRE v.t. [59] (lat. *suspendere*). **1.** Fixer en haut et laisser pendre. *Suspendre un lustre, un vêtement.* **2.** Interrompre pour quelque temps ; différer. *Suspendre sa marche.* ◇ *Suspendre son jugement :* ne rien décider avant de s'être fait une opinion. **3.** Interdire pour un temps. *Suspendre un journal.* **4.** Retirer temporairement ses fonctions à qqn. *Suspendre un fonctionnaire.*

SUSPENDU, E adj. **1.** Maintenu, fixé par le haut, la partie basse restant libre. *Lampe suspendue au plafond.* ◇ GÉOMORPH. *Vallée suspendue :* vallée secondaire dont la confluence avec la vallée principale est marquée par une très forte accentuation de la pente. **2.** Qui est en suspens ; momentanément arrêté. **3.** Se dit d'une voiture dont le poids est transmis aux essieux par l'intermédiaire d'un système élastique (ressorts ou autre).

SUSPENS [syspɑ̃] adj.m. et n.m. (lat. *suspensus,* suspendu). **1.** DR. CANON. Se dit d'un clerc frappé de suspense. **2.** *En suspens :* non résolu, non terminé. *Laisser une affaire en suspens.*

1. SUSPENSE [syspɑ̃s] n.f. DR. CANON. Peine interdisant à un clerc l'exercice de ses fonctions.

2. SUSPENSE [syspɛns] n.m. (mot angl.). Moment d'un spectacle, d'un film, d'une œuvre littéraire, où l'action tient le spectateur ou le lecteur dans l'attente angoissée de ce qui va se produire.

SUSPENSEUR adj.m. ANAT. Se dit de certains ligaments grâce auxquels un organe semble suspendu.

SUSPENSIF, IVE adj. DR. Qui suspend, jusqu'à nouvel ordre, l'exécution d'un jugement, d'un contrat.

SUSPENSION n.f. **1.** Action de suspendre, d'attacher, de fixer en haut et de laisser pendre. **2.** Ensemble des organes qui assurent la liaison entre un véhicule et ses roues, transmettent aux essieux le poids du véhicule et servent à amortir les chocs dus aux inégalités de la surface de roulement. **3.** Luminaire suspendu au plafond. **4.** État d'un solide très divisé, mêlé à la masse d'un liquide (génér. moins dense que lui) sans être dissous par lui. **5.** GÉOMORPH. Mode de transport du matériel détritique par un fluide (air, eau), dans lequel il se maintient sous l'influence de la force ascensionnelle des tourbillons. **6.** Cessation momentanée ; arrêt. *Suspension de séance. Suspension du travail.* **7.** Interdiction temporaire, par mesure disciplinaire, d'exercer une activité ou une profession. **8.** *Points de suspension :* signe de ponctuation (...) indiquant que l'énoncé est interrompu pour une raison quelconque (convenance, émotion, réticence, etc.).

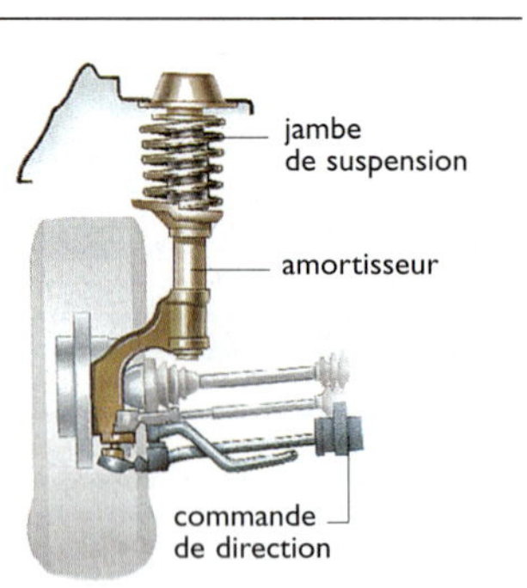

■ **SUSPENSION** hydraulique d'automobile.

SUSPENSOIR n.m. Bandage destiné à soutenir un organe, en partic. les bourses, en cas d'inflammation, de traumatisme.

SUSPENTE n.f. **1.** MAR. Chaîne, cordage amarrés à un mât et qui soutiennent une vergue en son milieu. **2.** Chacun des câbles qui relient le harnais d'un parachute à la voilure. **3.** Chacune des cordes rattachant la nacelle au filet d'un ballon. **4.** Chacun des câbles qui relient les sièges d'un téléphérique au câble porteur. **5.** Pièce verticale d'un pont permettant de soutenir le tablier. **6.** Suisse. Cordonnet cousu à un vêtement pour le suspendre.

SUSPICIEUX, EUSE adj. (lat. *suspiciosus*). *Sout.* Qui manifeste de la suspicion.

SUSPICION n.f. (lat. *suspicio,* soupçon). **1.** Fait de tenir qqn pour suspect ; défiance, soupçon. **2.** DR. *Suspicion légitime :* crainte qu'un plaideur peut éprouver de voir son procès jugé avec partialité par un tribunal, et qui, si elle est reconnue fondée, peut aboutir à un renvoi devant un autre tribunal.

SUSTENTATION n.f. **1.** État d'équilibre d'un aéronef. **2.** *Polygone de sustentation :* courbe fermée, convexe, contenant tous les points par lesquels un corps solide repose sur un plan horizontal. **3.** *Sustentation magnétique :* état d'un corps maintenu à faible distance au-dessus d'une surface et sans contact avec elle, grâce à un champ magnétique.

SUSTENTER v.t. (lat. *sustentare,* alimenter). Vieilli. Nourrir, entretenir les forces de qqn par des aliments. ◆ **se sustenter** v.pr. Vieilli ou *par plais.* Se nourrir.

SUS-TONIQUE n.f. (pl. *sus-toniques*). MUS. Note située au deuxième degré d'une gamme diatonique, au-dessus de la tonique.

SUSURRANT, E adj. Qui susurre.

SUSURREMENT [sysyrmɑ̃] n.m. *Litt.* Murmure.

SUSURRER [sysyre] v.i. et v.t. (lat. *susurrare,* bourdonner). Murmurer doucement.

SUSVISÉ, E adj. DR. Indiqué ci-dessus.

SUTRA [sutra] ou **SOUTRA** n.m. (mot sanskr.). Chacun des textes qui, dans le brahmanisme et le bouddhisme, réunissent, parfois sous forme de courts aphorismes, les règles du rituel, de la morale, de la vie quotidienne. Graphie savante : *sūtra.*

SUTURE n.f. (lat. *sutura,* de *suere,* coudre). **1.** CHIRURG. Opération consistant à rapprocher les lèvres d'une plaie par une couture ou par un autre moyen (agrafes, par ex.). **2.** ANAT. Synarthrose dans laquelle deux os sont reliés par du tissu fibreux. **3.** BOT. Ligne de soudure entre les carpelles d'un pistil. **4.** ZOOL. Ligne d'insertion des cloisons transversales sur les parois de la coquille des nautiles, des ammonites.

SUTURER v.t. CHIRURG. Faire une suture.

SUZERAIN, E n. et adj. (de *sus,* d'après *souverain*). Au Moyen Âge, seigneur qui a concédé un fief à un vassal. ◆ adj. Qui appartenait au suzerain.

SUZERAINETÉ n.f. HIST. Droit du suzerain.

SVASTIKA ou **SWASTIKA** [svastika] n.m. (mot sanskr.). Symbole religieux hindou en forme de croix aux branches coudées orientées vers la gauche ou vers la droite (croix gammée).

SVELTE adj. (ital. *svelto,* vif). D'une forme légère et élancée.

SVELTESSE n.f. *Litt.* Qualité de qqn qui est svelte.

S.V.P., abrév. de *s'il vous plaît.*

SWAHILI, E [swaili] ou **SOUAHÉLI, E** adj. Qui se rapporte aux Swahili, fait partie de ce peuple. ◆ n.m. Langue bantoue parlée par les Swahili et servant de langue de relation dans l'est de l'Afrique. (Il s'écrit au moyen de l'alphabet latin.)

SWAP [swap] n.m. (de l'angl. *to swap,* troquer). BANQUE. Anglic. déconseillé. Crédit croisé.

SWASTIKA n.m. → **SVASTIKA.**

SWEATER [switœr] ou [swɛtœr] n.m. (mot angl., de *to sweat,* suer). Gilet de laine, de coton, à manches longues, boutonné devant.

SWEAT-SHIRT [switʃœrt] ou [swɛtʃœrt] n.m. [pl. *sweat-shirts*] (mots angl.). Pull-over de sport en coton molletonné ou en tissu-éponge, ras du cou, terminé à la taille, aux poignets et à l'encolure par un bord à côtes.

SWING [swiŋ] n.m. (mot angl.). **1.** En boxe, coup porté latéralement en balançant le bras. **2.** Manière d'exécuter le jazz, consistant en une distribution typique des accents, donnant un balancement rythmique vivant et souple. **3.** Style de jazz apparu aux États-Unis dans les années 1930, caractérisé par l'agrandissement des orchestres, l'importance des solos de virtuosité et le poids équivalent des quatre temps de la mesure.

SWINGUER [swiŋge] v.i. Chanter ou jouer avec swing ; avoir le swing.

SYBARITE n. et adj. (de *Sybaris,* n.pr.). *Litt.* Personne qui mène une vie facile et voluptueuse.

SYBARITIQUE adj. *Litt.* Propre aux sybarites.

SYBARITISME n.m. *Litt.* Vie, mœurs des sybarites.

SYCOMORE n.m. (gr. *sukomoros*). Érable d'une espèce à feuilles palmées aux dents arrondies, appelée aussi *faux platane.* (Nom sc. *Acer pseudoplatanus ;* famille des acéracées.)

SYCOPHANTE n.m. (gr. *sukophantês*). **1.** ANTIQ. GR. Personne qui dénonçait les atteintes au bien public. **2.** *Litt.* Calomniateur, délateur, mouchard.

SYCOSIS [sikozis] n.m. (gr. *sukôsis,* tumeur, de *sûkon,* figue). MÉD. Folliculite bactérienne ou mycosique touchant surtout la barbe.

SYÉNITE n.f. (de *Syène,* n.pr.). Roche magmatique grenue, sans quartz, constituée princip. de feldspath alcalin et d'amphibole.

SYLLABAIRE n.m. **1.** Livre élémentaire où les mots sont décomposés en syllabes pour apprendre à lire aux enfants. **2.** LING. Système d'écriture dans lequel chaque signe représente une syllabe.

SYLLABATION n.f. PHON. Décomposition en syllabes d'une séquence de la chaîne parlée.

SYLLABE n.f. (lat. *syllaba,* du gr. *sullabê,* réunion). Unité phonétique groupant des consonnes et des voyelles qui se prononcent d'une seule émission de voix (ex. : *Dijon* a deux syllabes).

SYLLABIQUE adj. **1.** Relatif aux syllabes. **2.** *Écriture syllabique,* où chaque syllabe est représentée par un caractère. **3.** *Vers syllabique,* où la mesure est déterminée par le nombre et non par la valeur des syllabes.

SYLLABUS [silabys] n.m. (mot lat., *sommaire*). **1.** CATH. Formulaire des questions tranchées par l'autorité ecclésiastique. **2.** Belgique. Texte photocopié ou imprimé reprenant l'essentiel d'un cours d'université.

SYLLEPSE n.f. (gr. *sullêpsis,* compréhension). GRAMM. Accord des mots dans la phrase selon le sens, et non selon les règles grammaticales. (Ex. : *Une personne me disait qu'un jour il avait eu une grande joie.*)

SYLLOGISME n.m. (gr. *sullogismos,* de *sun,* avec, et *logos,* discours). LOG. Raisonnement qui contient trois propositions (la majeure, la mineure et la conclusion), et tel que la conclusion est déduite de la majeure par l'intermédiaire de la mineure. (Ex. : *Si tous les hommes sont mortels* [majeure], *si tous les Grecs sont des hommes* [mineure], *donc tous les Grecs sont mortels* [conclusion].)

SYLLOGISTIQUE n.f. Science des syllogismes. ◆ adj. Qui appartient au syllogisme.

SYLPHE n.m. (lat. *sylphus,* génie). Génie de l'air des mythologies celte et germanique.

SYLPHIDE n.f. **1.** Sylphe femelle. **2.** *Litt.* Femme gracieuse et légère.

SYLVAIN n.m. (du lat. *silva,* forêt). MYTH. ROM. Génie protecteur des bois.

SYLVANER [-nɛr] n.m. (mot all., du lat. *silva,* forêt). **1.** Cépage blanc cultivé dans l'est de la France ainsi qu'en Allemagne, en Suisse et en Autriche. **2.** Vin produit par ce cépage.

SYLVE n.f. (lat. *silva,* forêt). GÉOGR. Forêt tropicale dense et humide.

SYLVESTRE adj. (du lat. *silva,* forêt). *Sout.* Relatif aux forêts.

SYLVICOLE adj. Relatif à la sylviculture.

SYLVICULTEUR, TRICE n. Personne pratiquant la sylviculture.

SYLVICULTURE n.f. Entretien et exploitation des forêts.

SYLVIIDÉ n.m. Petit passereau des prairies et des bois, insectivore, bon chanteur, tel que la rousserolle, la fauvette, le pouillot, le roitelet. (Les sylviidés forment une famille.)

SYLVINITE n.f. (d'un n.pr.). Roche formée de halite et de sylvite, et qui constitue un minerai de potasse.

SYLVITE n.f. MINÉRALOG. Chlorure de potassium (KCl), servant à l'élaboration de la potasse.

SYLVIUS (SCISSURE DE) : sillon situé sur la face latérale de chacun des hémisphères cérébraux et séparant les lobes frontal et pariétal du lobe temporal.

SYMBIOSE n.f. (gr. *sun,* avec, et *bios,* vie). **1.** ÉCOL. Association étroite de deux ou plusieurs organismes différents, mutuellement bénéfique, voire indispensable à leur survie. **2.** *Fig.* Union étroite entre des personnes, des choses.

SYMBIOTE n.m. ÉCOL. Chacun des êtres associés en symbiose.

SYMBIOTIQUE adj. ÉCOL. Relatif à la symbiose.

SYMBOLE n.m. (gr. *sumbolon,* signe). **1.** Signe figuratif, être animé ou chose, qui représente un concept, qui en est l'image, l'attribut, l'emblème. *Le drapeau, symbole de la patrie. La balance, symbole de la justice.* **2.** Tout signe conventionnel abréviatif. **3.** CHIM. Lettre ou groupe de lettres servant à désigner un élément. **4.** Élément constitutif d'une théorie mathématique formalisée. (On distingue les *symboles logiques,* communs à toutes les théories, comme ∃, ∀, etc., et les *symboles non logiques,* comme +, ×, etc., propres à la théorie considérée.) **5.** CHRIST. (Avec une majuscule.) Formulaire abrégé de la foi chrétienne. *Le Symbole des Apôtres.*

SYMBOLIQUE adj. **1.** Qui a le caractère d'un symbole ; qui recourt à des symboles. *Figure symbolique.* **2.** Qui n'a pas de valeur en soi, mais qui est significatif d'une intention. *Un geste symbolique.* **3.** INFORM. Relatif aux langages évolués de programmation, utilisant des mots et des caractères alphanumériques. ◆ n.m. **1.** Ce qui est symbolique. *Le symbolique et le sacré.* **2.** PSYCHAN. Catégorie de l'ensemble « symbolique/imaginaire/réel », introduite par J. Lacan, qui permet de définir l'activité propre à l'être humain en tant qu'il est soumis à l'activité du langage et qu'il est de ce fait pris dans un système d'échanges définissant aussi bien la culture que l'inconscient. ◆ n.f. **1.** Ensemble systématique de symboles relatif à un domaine, à une période. *La symbolique médiévale.* **2.** Interprétation, explication des symboles.

SYMBOLIQUEMENT adv. De façon symbolique.

SYMBOLISATION n.f. Action de symboliser ; son résultat.

SYMBOLISER v.t. Exprimer par un symbole ; être le symbole de. *L'olivier symbolise la paix.*

SYMBOLISME n.m. **1.** Système de symboles exprimant des croyances. **2.** MATH. Système de signes écrits dont l'agencement répond à des règles, et qui traduit visuellement la formalisation

■ LE SYMBOLISME

En matière artistique aussi bien que poétique, le symbolisme peut être considéré comme un approfondissement du romantisme. La tentative de cerner ce qu'il y a d'insondable dans les états d'âme, de porter sur la scène l'indicible et même l'invisible, plus généralement de donner le pas au fantasme sur le réel et au rêve sur le quotidien, enfin de consacrer l'idée aux dépens de la matière, tout cela, qui apparaissait déjà chez W. Blake ou chez C. D. Friedrich, constitue le terreau de la création symboliste.

Giovanni Segantini. *L'Amore alla fonte della vita* (*l'Amour à la source de la vie,* 1896). L'allée sur laquelle s'avancent les amoureux, a écrit Segantini, « est étroite et flanquée de rhododendrons [...]. Amour éternel, disent les rhododendrons rouges, éternelle espérance, répondent les troènes toujours verts. Un ange [...] mystique et soupçonneux étend sa grande aile au-dessus de la source mystérieuse de la vie. [...] » (Galerie d'Art moderne, Milan.)

Pierre Puvis de Chavannes. *L'Espérance* (v. 1872). Sur un fond de ruine et de mort (tertres parsemés de croix), l'artiste dresse l'allégorie, presque impérieuse dans son attitude de confiance, d'une jeune fille tenant un rameau vert. (Musée d'Orsay, Paris.)

Fernand Khnopff. *Un masque au manteau blanc* (1907), dessin aux crayons de couleur. Le caractère d'énigme silencieuse et hiératique, comme placée hors du temps, le miroitement froid des yeux et des perles, la discrétion raffinée du coloris font le prix de cette œuvre. Le Belge Khnopff, influencé notamment par les préraphaélites, était l'ami de poètes comme G. Rodenbach. (Galerie d'Art moderne, Venise.)

Arnold Böcklin. *L'Île des morts,* toile de 1885-1886. Conduite par un sombre nautonier, une forme humaine revêtue de la blancheur du suaire approche le mystère, sinistre et grandiose, de l'au-delà. Le peintre suisse a exécuté de multiples versions de ce thème, d'ascendance romantique. (Musée des Beaux-Arts de Leipzig.)

d'un raisonnement. **3.** Mouvement littéraire et artistique né en France à la fin du XIXe s., qui réagit contre le formalisme parnassien de « l'art pour l'art » et le réalisme naturaliste.

ENCYCL. Le mouvement symboliste s'affirme dans le *Manifeste* de Jean Moréas (*le Figaro,* 1886) ; il groupe des poètes qui cherchent à suggérer, par la valeur musicale des mots et l'élévation des réalités au niveau de l'idée et du symbole, les nuances les plus subtiles des impressions et des états d'âme. Se rattachant au romantisme allemand et au préraphaélisme anglais, les symbolistes se sont rassemblés autour de Verlaine et, surtout, de Mallarmé. Le symbolisme a atteint le grand public grâce au théâtre de Maeterlinck et a pris une dimension internationale avec les poètes belges (G. Rodenbach, E. Verhaeren), anglais (O. Wilde), allemands (S. George), russes (Balmont), hispano-américains (R. Darío), danois (G. Brandes).
Le symbolisme en peinture a eu pour principaux représentants : en Angleterre, George Frederic Watts (1817 - 1904), Burne-Jones ; en France, G. Moreau, Puvis de Chavannes, Redon, Gauguin, Lucien Lévy-Dhurmer (1865 - 1953) ; en Belgique, Fernand Khnopff (1858 - 1921), Ensor, William Degouve de Nuncques (1867 - 1935), Spilliaert ; aux Pays-Bas, Jan Toorop (1858 - 1928), Johan Thorn Prikker (1868 - 1932) ; dans les pays germaniques, Böcklin, Hodler, Max Klinger (1857 - 1920), Klimt, Alfred Kubin (1877 - 1959) ; en Italie, Segantini, Alberto Martini (1876 - 1954).

SYMBOLISTE adj. et n. Qui appartient au symbolisme ; qui s'y rattache.

SYMÉTRIE n.f. (lat. *symmetria,* du gr. *sun,* avec, et *metron,* mesure). **1.** Correspondance de position de deux ou de plusieurs éléments par rapport à un point, à un plan médian. *Vérifier la parfaite symétrie des fenêtres sur une façade.* **2.** Aspect harmonieux résultant de la disposition régulière, équilibrée des éléments d'un ensemble. *Un visage qui manque de symétrie.* **3.** GÉOMÉTR. Transformation ponctuelle qui à un point M associe un point M' tel que le segment [MM'] a ou bien un point fixe comme milieu *(symétrie par rapport à un point),* ou bien une droite fixe comme médiatrice *(symétrie par rapport à une droite),* ou bien un plan fixe comme plan médiateur *(symétrie par rapport à un plan).* **4.** PHYS. ***Principes de symétrie*** : principes selon lesquels certains groupes de transformations laissent invariantes les lois de la physique.

SYMÉTRIQUE adj. **1.** Qui a de la symétrie, de la régularité. **2.** Se dit de deux choses semblables et opposées ; se dit de l'une de ces choses par rapport à l'autre. *Les deux parties du visage ne sont pas absolument symétriques.* **3.** GÉOMÉTR. Se dit de deux points ou de deux figures images l'un de l'autre par une symétrie. ◇ ***Application*** ou ***fonction symétrique (de plusieurs variables)*** : application invariante pour toute permutation des variables. — ***Élément symétrique (d'un élément a)*** : tout élément d'un ensemble, muni d'une opération interne et possédant un élément neutre, dont le composé, à gauche et à droite, avec *a* est l'élément neutre. — ***Relation symétrique*** : relation binaire qui, si elle est vérifiée pour le couple (*a*, *b*) d'éléments, l'est aussi pour le couple (*b*, *a*). ◆ n. Tout élément symétrique d'un autre. ◆ n.m. ALGÈBRE. ***Symétrique d'un élément*** : élément symétrique d'un élément. — GÉOMÉTR. ***Symétrique d'un point, d'une figure,*** image de ce point, de cette figure par une symétrie.

SYMÉTRIQUEMENT adv. Avec symétrie.

SYMPA adj. inv. *Fam.* Sympathique.

SYMPATHECTOMIE n.f. Ablation chirurgicale de ganglions ou de filets nerveux du système sympathique.

SYMPATHIE n.f. (gr. *sumpatheia,* de *sun,* avec, et *pathein,* ressentir). **1.** Penchant naturel, spontané qui porte deux personnes l'une vers l'autre. **2.** *Sout.* Participation à la joie ou à la douleur, sentiment de bienveillance. *Témoigner sa sympathie à qqn.*

1. SYMPATHIQUE adj. **1.** Qui inspire de la sympathie ; avenant, aimable. *Un homme sympathique.* **2.** Agréable, plaisant. *Une soirée sympathique.* Abrév. *(fam.)* : *sympa.*

2. SYMPATHIQUE adj. et n.m. ANAT. Se dit de l'un des deux systèmes nerveux végétatifs (l'autre étant le *parasympathique*), dont le rôle est de préparer l'organisme à l'activité. SYN. : *orthosympathique.*

SYMPATHIQUEMENT adv. Avec sympathie.

SYMPATHISANT, E adj. et n. Qui approuve globalement les idées d'un parti, d'une organisation, sans en être membre.

SYMPATHISER v.i. Avoir de la sympathie, de l'amitié pour qqn, s'entendre avec lui. *Sympathiser avec ses voisins.*

SYMPATHOLYTIQUE adj. et n.m. Adrénolytique.

SYMPATHOMIMÉTIQUE adj. et n.m. Adrénergique.

SYMPHONIE n.f. (lat. *symphonia,* du gr. *sun,* avec, et *phônê,* son). **1.** Sonate pour orchestre caractérisée par la multiplicité des exécutants pour chaque partie instrumentale et par la diversité des timbres. ◇ *Symphonie concertante* : composition orchestrale où fusionnent le genre de la symphonie et celui du concerto. **2.** *Fig.* Ensemble harmonieux de choses qui vont parfaitement ensemble. *Une symphonie de couleurs.*

SYMPHONIQUE adj. Relatif à la symphonie.

SYMPHONISTE n. Personne qui compose ou exécute des symphonies.

SYMPHORINE n.f. (gr. *sumphoros*). Arbrisseau originaire d'Amérique du Nord, à petites fleurs roses et à fruits blancs ou roses de la taille d'une cerise, répandu en Europe. (Genre *Symphoricarpos ;* famille des caprifoliacées.)

SYMPHYSE n.f. (gr. *sumphusis,* union naturelle). **1.** ANAT. Nom de certaines articulations fixes ou peu mobiles. *La symphyse pubienne.* **2.** MÉD. Adhérence anormale des deux feuillets d'une membrane séreuse.

SYMPLÉSIOMORPHIE n.f. BIOL. Caractère primitif (ou *plésiomorphie*) partagé par deux ou plusieurs taxons.

SYMPOSIUM [sɛ̃pozjɔm] n.m. (gr. *sumposion,* banquet *Banquet,* par allusion au de Platon). Réunion ou congrès de spécialistes, sur un thème scientifique particulier ; colloque.

SYMPTOMATIQUE adj. **1.** Qui est le symptôme d'une maladie donnée. ◇ ***Traitement symptomatique,*** qui combat les symptômes d'une maladie, par ex. la fièvre, sans s'attaquer à sa cause. **2.** *Fig.* Qui révèle un certain état de choses, un état d'esprit particulier ; significatif. *Un événement symptomatique.*

SYMPTOMATOLOGIE n.f. Étude des symptômes des maladies. — (Abusif). Ensemble des symptômes d'une maladie.

SYMPTÔME n.m. (gr. *sumptôma,* coïncidence). **1.** MÉD. Trouble subjectif perçu par une personne (douleur, par ex.), qui révèle une maladie. **2.** *Fig.* Ce qui permet de deviner qqch à venir ; indice, présage. *Des symptômes de crise économique.*

SYNAGOGUE n.f. (gr. *sunagôgê,* réunion). Édifice où est célébré le culte israélite, sous la présidence du rabbin.

SYNALÈPHE n.f. (gr. *sunaloiphê,* fusion). PHON. Fusion de deux ou plusieurs voyelles en une seule (élision, contraction ou synérèse).

SYNALLAGMATIQUE adj. (du gr. *sunallattein,* unir). DR. Se dit d'un contrat qui comporte des obligations réciproques.

SYNAPOMORPHIE n.f. BIOL. Caractère dérivé (ou *apomorphie*) partagé par deux ou plusieurs taxons, seul valable pour établir un groupe scientifiquement valide.

SYNAPSE n.f. (gr. *sun,* avec, et *aptein,* joindre). HISTOL. Région de rapprochement entre deux neurones assurant la transmission des messages de l'un à l'autre.

SYNAPTIQUE adj. Relatif aux synapses.

SYNARCHIE n.f. (gr. *sunarkhia*). Gouvernement collégial.

SYNARTHROSE n.f. ANAT. Articulation immobile telle qu'une suture entre deux os du crâne.

SYNCHROCYCLOTRON n.m. Accélérateur de particules, analogue au cyclotron, mais dans lequel se trouve rétabli le synchronisme entre la fréquence du champ accélérateur et la fréquence de rotation des particules.

SYNCHRONE [sɛ̃kron] adj. (gr. *sunkhronos,* de *sun,* avec, et *khronos,* temps). **1.** Se dit des mouvements qui se font dans un même temps. — *Fam.* Se dit de deux ou plusieurs personnes qui agissent ensemble. **2.** *Machine synchrone* : machine à courant alternatif dans laquelle la fréquence des forces électromotrices ou contre-électromotrices et la vitesse sont dans un rapport constant.

SYNCHRONIE [-krɔ-] n.f. **1.** LING. État de langue à un moment déterminé, indépendamment de son évolution (par oppos. à *diachronie*). **2.** *Didact.* Simultanéité d'événements, de faits.

SYNCHRONIQUE [-krɔ-] adj. *Didact.* **1.** Qui se passe dans le même temps. **2.** Qui représente ou étudie des faits arrivés en même temps.

SYNCHRONIQUEMENT adv. De façon synchronique.

SYNCHRONISATION n.f. **1.** Action de synchroniser ; fait d'être synchronisé. **2.** CINÉMA. Mise en concordance des images et des sons dans un film.

SYNCHRONISER v.t. **1.** Rendre synchrone. *Synchroniser des mouvements.* **2.** Assurer la synchronisation des images et des sons d'un film.

SYNCHRONISEUR n.m. Dispositif permettant d'amener un train d'engrenages à la même vitesse que l'arbre dont il doit être rendu solidaire.

SYNCHRONISME n.m. État de ce qui est synchrone ; fait de se produire en même temps.

SYNCHROTRON [-krɔ-] n.m. Accélérateur de particules dans lequel le champ magnétique croît avec la vitesse des particules. ◇ ***Rayonnement synchrotron*** : rayonnement électromagnétique émis par des électrons en mouvement dans un champ magnétique. (Émis dans les synchrotrons ou les anneaux de collision sous forme de faisceaux intenses de rayons X et ultraviolets, ce rayonnement est un outil pour la recherche [étude de la matière] et trouve des applications en médecine ou en électronique.)

SYNCINÉSIE n.f. (gr. *sun,* avec, et *kinêsis,* mouvement). MÉD. Mouvement anormal survenant dans un groupe de muscles à l'occasion d'un mouvement volontaire ou réflexe d'une autre partie du corps.

SYNCITIUM n.m. → **SYNCYTIUM.**

SYNCLINAL, E, AUX adj. (angl. *synclinal,* du gr. *sun,* ensemble, et *klinein,* incliner). GÉOL. *Pli synclinal,* ou *synclinal,* n.m. : pli dont la convexité est tournée vers le bas. CONTR. : *anticlinal.*

SYNCOPAL, E, AUX adj. Relatif à la syncope ; qui provoque une syncope. *Une douleur syncopale.*

SYNCOPE n.f. (gr. *sunkopê,* de *koptein,* briser). **1.** Perte de connaissance complète, brutale et brève, due à la diminution momentanée de la circulation cérébrale. **2.** MUS. Procédé rythmique qui consiste à déplacer en le prolongeant un temps faible sur un temps fort ou sur la partie forte d'un temps. **3.** STYL. Retranchement d'une lettre ou d'une syllabe dans le corps d'un mot. (Ex. : *C'est un p'tit cordonnier...*)

SYNCOPÉ, E adj. MUS. *Rythme syncopé, mesure syncopée,* qui comporte des syncopes.

SYNCOPER v.t. MUS. Unir par syncope. ◆ v.i. MUS. Former une syncope.

SYNCRÉTIQUE adj. Relatif au syncrétisme.

SYNCRÉTISME n.m. (gr. *sugkrêtismos*). **1.** Système philosophique ou religieux qui tend à faire fusionner plusieurs doctrines différentes. **2.** PSYCHOL. Système archaïque de pensée et de perception, consistant en une perception globale et confuse des différents éléments. (Caractéristique de l'activité psychologique du jeune enfant, il a été partic. étudié par H. Wallon.)

SYNCRÉTISTE adj. et n. Qui tend au syncrétisme ; qui en est partisan.

SYNCYTIAL, E, AUX [sɛ̃sitjal, o] adj. Relatif au syncytium ; qui provoque l'apparition de syncytiums.

SYNCYTIUM ou **SYNCITIUM** [-tjɔm] n.m. (lat. *syncytium*). BIOL. CELL. Masse de cytoplasme limitée par une membrane, comportant plusieurs noyaux, et obtenue par fusion de plusieurs cellules. (Les cellules des muscles striés sont des syncytiums.)

SYNDACTYLIE n.f. MÉD. Malformation caractérisée par la fusion de doigts ou d'orteils.

SYNDERME n.m. (du gr. *derma,* peau). TEXT. Substitut du cuir naturel, obtenu par agglomération de fibres de cuir au moyen de latex, d'élastomère, etc.

SYNDIC n.m. (gr. *sundikos,* qui assiste qqn en justice). **1.** Personne mandatée par le syndicat des copropriétaires d'un immeuble pour exécuter ses décisions et pour administrer l'immeuble. **2.** Administrateur provisoire d'une entreprise en état de cessation de paiements, remplacé depuis la loi de 1985 par un administrateur judiciaire et un mandataire-liquidateur. **3.** Suisse. Titre porté par le président d'une commune, dans les cantons de Vaud et de Fribourg.

SYNDICAL, E, AUX adj. **1.** Relatif à un syndicat. *Conseil syndical.* **2.** Relatif au syndicalisme. *Revendications syndicales.*

SYNDICALISATION n.f. Action de syndicaliser ; fait d'être syndicalisé.

SYNDICALISER v.t. **1.** Faire entrer dans une organisation syndicale. **2.** Organiser les syndicats dans un secteur économique.

SYNDICALISME n.m. **1.** Mouvement ayant pour objet de grouper les personnes exerçant une même profession, en vue de la défense de leurs intérêts. **2.** Activité exercée dans un syndicat. **3.** Ensemble des syndicats, de leur action. *La diversité du syndicalisme français.* **4.** Organisation des travailleurs salariés en syndicats, envisagée dans son histoire et selon la diversité de ses doctrines et de ses traditions.

ENCYCL. Le syndicalisme ouvrier s'est développé dans le monde industrialisé à partir du XIXe s., trois grandes traditions se faisant jour, diversement représentées selon les pays ou les branches d'activité. La tradition corporatiste se préoccupe de lutter pour les salaires et les conditions de travail ou de contrôler l'accès à la profession : une part importante du syndicalisme américain s'inscrit dans cette lignée. La tradition réformiste, partic. ancrée en Grande-Bretagne, en Allemagne et dans le nord de l'Europe, cherche à négocier, sans remise en cause des principes fondamentaux de l'économie de marché, avec les responsables économiques de l'entreprise et de l'État. La tradition révolutionnaire, anarcho-syndicaliste d'une part, liée au mouvement communiste d'autre part, a inscrit sa lutte dans la perspective d'un renversement du capitalisme. De façon générale, de nombreux liens, institutionnalisés ou non, unissent les syndicats avec des organisations politiques, confessionnelles, etc.

SYNDICALISTE adj. Relatif au syndicalisme, aux syndicats. ◆ n. Personne qui milite dans un syndicat.

SYNDICAT n.m. **1.** Groupement constitué pour la défense d'intérêts professionnels ou catégoriels communs. *Syndicat ouvrier, patronal. Syndicat national de l'édition.* **2.** *Syndicat d'initiative :* organisme dont le but est de favoriser le tourisme dans une localité ou une région. **3.** DR. *Syndicat de communes :* établissement public créé par deux ou plusieurs communes en vue d'exercer un service intercommunal. – *Syndicat de copropriétaires :* organisme regroupant tous les copropriétaires d'un immeuble et qui a pour objet la conservation de l'immeuble et l'administration des parties communes. **4.** *Syndicat financier :* groupement temporaire de personnes physiques ou morales, ayant pour objet l'étude ou la réalisation d'une opération financière.

SYNDICATAIRE n. et adj. Personne qui fait partie d'un syndicat de copropriétaires ou d'un syndicat financier.

SYNDICATION n.f. Regroupement temporaire de banques pour la réalisation d'une opération financière d'un montant très élevé.

SYNDIQUÉ, E n. et adj. Membre d'un syndicat.

SYNDIQUER v.t. Organiser en syndicat. *Syndiquer une profession.* ◆ **se syndiquer** v.pr. S'affilier, adhérer à un syndicat.

SYNDROME n.m. (gr. *sundromê,* concours). **1.** MÉD. Ensemble de signes, de symptômes, de troubles dont les causes sont inconnues ou multiples (par oppos. à *maladie*). [La distinction entre syndrome et maladie est parfois appliquée d'une façon approximative dans le langage médical.] **2.** *Fig.* Ensemble de comportements particuliers à un groupe humain ayant subi ou subissant une même situation traumatisante. *Le syndrome du Viêt Nam.*

SYNECDOQUE n.f. (gr. *sunekdokhê,* compréhension simultanée). RHÉT. Procédé de style qui consiste à prendre la partie pour le tout *(payer tant par tête),* le tout pour la partie *(acheter un vison),* le genre pour l'espèce, l'espèce pour le genre, etc.

SYNÉCHIE [sineʃi] n.f. (du gr. *sunekhein,* être avec). Adhérence pathologique, cicatricielle, de deux tissus, de deux parties d'organes. *Synéchie utérine.*

SYNÉRÈSE n.f. (gr. *sunairesis,* rapprochement). **1.** CHIM. Transformation progressive d'un gel par expulsion de son solvant. **2.** PHON. Fusion de deux voyelles contiguës en une seule syllabe (ex. : *souhait* [swɛ] prononcé [swɛ]). CONTR. : *diérèse.*

SYNERGIDE n.f. BOT. Cellule du sac embryonnaire située de part et d'autre de l'oosphère. (Il y a toujours deux synergides.)

SYNERGIE n.f. (gr. *sunergia,* coopération). **1.** PHYSIOL. Association de plusieurs organes pour l'accomplissement d'une fonction. **2.** *Synergie médicamenteuse,* ou *synergie :* addition, potentialisation des effets de deux médicaments. **3.** Mise en commun de plusieurs actions concourant à un effet unique avec une économie de moyens.

SYNERGIQUE adj. Relatif à la synergie.

SYNERGISTE adj. Se dit d'un muscle qui s'associe avec un autre pour l'exécution d'un mouvement.

SYNESTHÉSIE n.f. (gr. *sunaisthêsis,* sensation simultanée). PSYCHOL. Association spontanée par correspondance de sensations appartenant à des domaines différents.

SYNGNATHE [sɛ̃gnat] n.m. (gr. *sun,* ensemble, et *gnathos,* mâchoire). Poisson marin au corps filiforme et au museau très allongé, voisin de l'hippocampe. (Famille des syngnathidés.)

■ SYNGNATHE

SYNGNATHIDÉ n.m. Poisson marin à nageoires réduites, à bouche en tube fonctionnant comme une pipette, tel que le syngnathe et l'hippocampe. (Les syngnathidés forment une famille.)

SYNODAL, E, AUX adj. Relatif à un synode.

SYNODE n.m. (gr. *sunodos,* réunion). **1.** Dans l'Église catholique, assemblée d'ecclésiastiques ou d'évêques, convoquée par un évêque ou par le pape pour délibérer des affaires d'un diocèse ou des problèmes généraux de l'Église. *Synode diocésain, épiscopal.* **2.** Dans l'Église réformée, assemblée des délégués (pasteurs et laïcs) des conseils paroissiaux ou régionaux.

SYNODIQUE adj. (gr. *sunodikos*). *Révolution synodique :* intervalle de temps compris entre deux retours d'une planète à la même position par rapport au Soleil et à la Terre.

SYNONYME adj. et n.m. (gr. *sunônumos,* de *sun,* avec, et *onoma,* nom). LING. Se dit de deux ou plusieurs mots de même fonction grammaticale, qui ont un sens analogue ou très voisin. (Par ex. les verbes *briser, casser* et *rompre* sont synonymes.) CONTR. : *antonyme.*

SYNONYMIE n.f. Relation entre des termes synonymes.

SYNONYMIQUE adj. Qui concerne la synonymie.

SYNOPSE n.f. (gr. *sunopsis,* vue d'ensemble). Ouvrage disposant en colonnes parallèles le texte original grec des trois premiers Évangiles.

SYNOPSIE n.f. (gr. *sun,* avec, et *opsis,* vue). MÉD. Forme de synesthésie, au cours de laquelle la perception d'un son produit chez le sujet des phénomènes de vision colorée.

SYNOPSIS [-sis] n.m. (gr. *sunopsis,* vue d'ensemble). Bref exposé écrit d'un sujet de film, constituant l'ébauche d'un scénario.

SYNOPTIQUE adj. (gr. *sunoptikos*). Qui offre une vue générale d'un ensemble. *Tableau synoptique.* ◇ *Carte synoptique :* carte météorologique représentant simultanément les isobares, les fronts et les masses d'air. – *Évangiles synoptiques,* ou *synoptiques,* n.m. pl. : les trois premiers Évangiles, de saint Matthieu, saint Marc et saint Luc, qui présentent de grandes ressemblances.

SYNOSTOSE n.f. (gr. *sun,* avec, et *osteon,* os). ANAT. Synarthrose dans laquelle les deux os sont unis par du tissu osseux.

SYNOVECTOMIE n.f. Ablation chirurgicale de la membrane synoviale d'une articulation.

SYNOVIAL, E, AUX adj. ANAT. **1.** *Membrane synoviale,* ou *synoviale,* n.f. : tissu mince, transparent, qui tapisse la cavité des articulations mobiles (diarthroses). **2.** Qui se rapporte à cette membrane. **3.** *Liquide synovial :* liquide incolore, visqueux, sécrété par la membrane synoviale et remplissant la cavité articulaire. SYN. : *synovie.*

SYNOVIE n.f. (lat. sc. *synovia*). Liquide synovial.

SYNOVIORTHÈSE n.f. MÉD. Destruction d'une membrane synoviale anormale par injection d'un produit dans l'articulation.

SYNOVITE n.f. Inflammation d'une membrane synoviale.

SYNTACTICIEN, ENNE n. Linguiste spécialisé dans l'étude de la syntaxe.

SYNTAGMATIQUE adj. **1.** Relatif à un syntagme. **2.** Se dit des relations existant entre des unités linguistiques qui apparaissent effectivement dans la chaîne parlée (par oppos. à *paradigmatique*).

SYNTAGME n.m. (gr. *suntagma,* constitution). LING. Groupe d'éléments formant une unité dans une organisation hiérarchisée. *Syntagme nominal, verbal, prépositionnel, adjectival.*

SYNTAXE n.f. (gr. *syntaxis,* ordre). **1.** Partie de la grammaire qui décrit les règles par lesquelles les unités linguistiques se combinent en phrases. – Ensemble de ces règles, caractéristiques de telle ou telle langue. **2.** *Fig.* Ensemble de règles qui régissent un moyen d'expression donné (musique, cinéma, etc.). **3.** LOG. Étude des relations entre les expressions d'un langage formel. **4.** INFORM. Ensemble des règles d'écriture d'un programme permises dans un langage de programmation et formant la grammaire de ce langage.

SYNTAXIQUE adj. **1.** Relatif à la syntaxe, aux relations entre les unités linguistiques. **2.** LOG. Qui se rapporte à l'aspect formel d'un langage, d'un système (par oppos. à *sémantique*). **3.** INFORM. Relatif à la syntaxe d'un programme ou d'un langage de programmation.

SYNTHÉ n.m. *Fam.* Synthétiseur.

SYNTHÈSE n.f. (gr. *sunthesis,* réunion). **1.** Opération intellectuelle par laquelle on réunit en un tout cohérent, structuré et homogène divers éléments de connaissance concernant un domaine particulier. (La synthèse est l'opération inverse de l'analyse.) **2.** Exposé d'ensemble, aperçu global. *Synthèse historique.* **3.** PHILOS. Chez Hegel, troisième moment de la dialectique, où s'opère, à travers leur union, le dépassement de la thèse et de l'antithèse. **4.** BIOL. Formation d'une substance organique au sein d'un organisme. SYN. : *biosynthèse, élaboration.* **5.** CHIM. Préparation d'un composé à partir de matières premières plus simples. *Synthèse totale, à partir des éléments.* ◇ *Synthèse multistades :* préparation pas à pas d'une substance, le plus souvent complexe (hormone, médicament, etc.), à partir de précurseurs simples et bon marché. (À l'aide de toute la gamme des réactions de la chimie organique, on construit la molécule cible, en veillant à ce que tel groupement, déjà mis en place à un stade, ne soit pas affecté dans une étape ultérieure.) **6.** *Images, sons de synthèse :* images, sons artificiels produits par des moyens optiques, électroniques ou informatiques. **7. a.** *Synthèse additive trichrome :* technique de restitution des couleurs, dans laquelle la sensation colorée est produite par l'action conjuguée sur la rétine de trois flux lumineux, bleu, vert et rouge. (Cette technique est celle de la télévision en couleur. Elle fut aussi utilisée par les frères Lumière pour la réalisation des autochromes.) **b.** *Synthèse soustractive trichrome :* technique de restitution des couleurs, dans laquelle la sensation colorée est produite à partir de la superposition de trois images tirées en jaune, magenta et cyan. (Cette technique est celle de la photographie en couleur [Kodachrome, Agfacolor, etc.] et de l'imprimerie.)

SYNTHÉTASE n.f. Ligase.

SYNTHÉTIQUE adj. (gr. *sunthetikos*). **1.** Qui se rapporte à une synthèse, procède par voie de synthèse. *Raisonnement synthétique.* **2.** Qui présente une synthèse, considère les choses dans leur ensemble, leur totalité. *Une vue synthétique de la situation.* **3.** CHIM. Obtenu par synthèse. *Caoutchouc synthétique.* ◆ n.m. Textile synthétique.

SYNTHÉTIQUEMENT adv. D'une manière synthétique.

SYNTHÉTISABLE adj. Qui peut être synthétisé.

SYNTHÉTISER v.t. **1.** Réunir par une synthèse ; présenter sous forme synthétique. **2.** BIOL., CHIM. Effectuer la synthèse de ; former une molécule, un composé. SYN. : *élaborer.*

SYNTHÉTISEUR n.m. **1.** Appareil électronique actionné par un clavier ou des potentiomètres et capable de produire un son à partir de signaux électriques numériques. Abrév. *(fam.) : synthé.* **2.** *Synthétiseur d'images :* générateur électronique d'images de télévision, muni d'une mémoire et d'un programme de traitement.

SYNTHÉTISME n.m. Technique et esthétique picturales françaises de la fin des années 1880, fondée sur l'usage d'aplats de couleur aux contours fortement cernés. (Opposé à la dissolution des formes de l'impressionnisme, le synthétisme, élaboré à Pont-Aven par É. Bernard et Gauguin, influença en partic. les nabis et certains artistes symbolistes.) SYN. : *cloisonnisme.*

SYNTONE adj. (gr. *suntonos*). PSYCHOL. Se dit d'un sujet qui vibre en harmonie avec le milieu dans lequel il se trouve.

SYNTONIE n.f. **1.** Caractéristique d'un sujet syntone. **2.** ÉLECTROMAGN. Accord en résonance de plusieurs circuits électriques oscillant sur une même fréquence.

SYNTONISATION n.f. RADIODIFF. Méthode de réglage des récepteurs de radiodiffusion, utilisant la syntonie.

SYNTONISEUR n.m. Recomm. off. pour *tuner.*

SYPHILIDE n.f. MÉD. Lésion cutanée ou muqueuse due à la syphilis.

SYPHILIS [-lis] n.f. (mot lat. sc.). Maladie infectieuse due au tréponème pâle, sexuellement transmissible, et se manifestant initialement par un chancre et plus tardivement par des atteintes viscérales et nerveuses.

SYPHILITIQUE adj. Relatif à la syphilis. ◆ adj. et n. Atteint de syphilis.

SYRAH n.f. Cépage rouge cultivé surtout dans les vignobles des Côtes du Rhône.

■ SYNTHÉTISEUR

SYRIAQUE n.m. Langue sémitique dérivée de l'araméen, demeurant la langue littéraire et liturgique de nombreuses communautés chrétiennes du Moyen-Orient.

SYRIEN, ENNE adj. et n. De la Syrie, de ses habitants.

SYRINGOMYÉLIE n.f. (gr. *surigx,* tuyau, et *muelos,* moelle). Maladie du système nerveux central dans laquelle la destruction de la substance grise de la moelle épinière entraîne la perte de la sensibilité à la douleur et à la température.

SYRINX [sirɛ̃ks] n.f. (gr. *surigx,* tuyau). ORNITH. Organe du chant, chez les oiseaux, situé à la bifurcation de la trachée.

SYRPHE n.m. (lat. sc. *syrphus*). Mouche à allure de guêpe ou de bourdon selon l'espèce, au vol rapide, commune sur les fleurs dont elle puise le nectar.

SYRPHIDÉ n.m. Insecte diptère aux antennes courtes, capable de voler sur place au-dessus des fleurs, tel que la volucelle, l'éristale, le syrphe. (Les syrphidés forment une famille.)

SYRTES n.f. pl. (lat. *syrtes*). Vx. Sables mouvants.

SYSTÉMATICIEN, ENNE n. Biologiste spécialiste de systématique.

SYSTÉMATIQUE adj. **1.** Relatif à un système ; combiné d'après un système. *Raisonnement systématique.* **2.** Qui est fait avec méthode, selon un ordre logique et cohérent. *Classement systématique.* **3.** Qui pense et agit d'une manière rigide, péremptoire, sans tenir compte des circonstances ; qui manifeste ce comportement. *Opposition, refus systématique.* **4.** Se dit de ce qui se fait de manière invariable, habituelle. *Dès que je dis blanc, il dit noir, c'est systématique.* ◆ n.f. **1.** Ensemble de données, de méthodes érigé en système ou relevant d'un système. **2.** BIOL. Classification hiérarchisée des êtres vivants.

SYSTÉMATIQUEMENT adv. De façon systématique.

SYSTÉMATISATION n.f. Action de systématiser ; fait d'être systématisé.

SYSTÉMATISÉ, E adj. PSYCHIATR. *Délire systématisé :* délire dans lequel les idées délirantes donnent une impression de cohérence et de logique.

SYSTÉMATISER v.t. **1.** Réduire en système ; organiser en un système défini. *Systématiser des recherches.* **2.** Absol. Juger à partir d'idées préconçues, de partis pris.

SYSTÈME n.m. (gr. *sustêma,* ensemble). **1.** Ensemble ordonné d'idées scientifiques ou philosophiques. *Système newtonien.* ◇ *Esprit de système :* tendance à tout réduire en système, à agir, à penser en partant d'idées préconçues. – *Par système :* de parti pris. **2.** Combinaison d'éléments réunis de manière à former un ensemble. *Système solaire, moléculaire.* ◇ *Système nuageux* → **nuageux. 3.** PHYSIOL. Ensemble d'organes ou de tissus de même nature et destinés à des fonctions analogues (par oppos. à *appareil*). *Système pileux. Système nerveux.* ◇ *Fam. Courir, taper sur le système :* exaspérer, énerver. **4.** Ensemble de termes définis par les relations qu'ils entretiennent entre eux. *Système phonologique. La langue, système de signes.* ◇ *Système d'équations :* ensemble de plusieurs équations qui doivent être satisfaites simultanément. – *Système de référence spatial :* ensemble de repères dont la définition est nécessaire au positionnement de points de la surface terrestre dans l'espace. – ÉPISTÉMOL. *Théorie des systèmes :* théorie générale et interdisciplinaire qui procède à une étude logique et mathématique des systèmes en tant qu'ensembles d'éléments, matériels ou non, en relation les uns avec les autres et formant un tout. **5.** MÉTROL. *Système international d'unités (SI) :* système métrique décimal de mesures à sept unités de base (mètre, kilogramme, seconde, ampère, kelvin, mole, candela). – ÉCON. *Système monétaire européen (SME) :* système d'harmonisation des changes des différentes monnaies européennes, en vigueur de 1979 à 1998. – *Système monétaire européen-bis (SME-bis) :* nouveau système monétaire européen, entré en vigueur le 1er janvier 1999, mis en place pour stabiliser le cours des monnaies qui n'appartiennent pas à la zone euro. **6.** Mode d'organisation, structure. *Système alphabétique. Système de parenté.* **7.** SC. DE LA V. Méthode de classification dans laquelle on s'efforce de discerner les parentés entre les espèces. *Le système de Linné.* **8.** Ensemble de méthodes, de procédés destinés à assurer une fonction définie ou à produire un résultat. *Système de défense.* ◇ *Système éducatif :* ensemble des structures et des personnels concourant à l'éducation d'une population. **9.** Moyen habile pour obtenir, réussir qqch. *Un système pour faire fortune.* **10.** Mode de gouvernement, d'administration, d'organisation sociale. *Système capitaliste. Système électoral, pénitentiaire.* **11.** Appareil ou dispositif formé d'éléments agencés et assurant une fonction déterminée. *Système d'éclairage, de fermeture.* ◇ *Système d'arme :* ensemble constitué par une arme et les moyens techniques associés nécessaires à sa mise en œuvre. – *Système de construction :* ensemble d'éléments déterminés pour réaliser une construction, notamm. industrielle. – INFORM. *Système informatique :* ensemble de moyens matériels et logiciels mis en œuvre en vue d'une application spécifiée ou d'un ensemble d'applications (par ex. dans une entreprise). – *Système d'exploitation :* logiciel gérant un ordinateur, indépendant des programmes d'application mais indispensable à leur mise en œuvre. – *Système expert :* logiciel exploitant les connaissances acquises dans un domaine spécialisé et simulant le comportement humain pour aider à résoudre des problèmes qui relèvent de ce domaine. **12.** SPORTS. Pièce métallique montée sur pivot, dans laquelle se pose l'aviron. **13.** GÉOL. Subdivision stratigraphique regroupant plusieurs séries. (L'équivalent géochronologique du système est la période.)

ENCYCL. MÉTROL. Avant l'établissement du système métrique, les différentes mesures utilisées en France variaient d'une province à l'autre. En 1790, un décret de l'Assemblée constituante chargea l'Académie des sciences d'organiser un meilleur système et de déterminer une unité de mesure pouvant convenir à tous les temps, à tous les peuples. Entre 1792 et 1799, Méchain et Delambre mesurèrent la longueur de la partie du méridien terrestre comprise entre Dunkerque et Barcelone. On en déduisit la longueur totale du méridien : la quarante millionième partie de cette longueur, matérialisée par un étalon en platine iridié, fut prise pour unité de longueur, et reçut le nom de *mètre.* Institué en France par la loi du 18 germinal an III (7 avr. 1795), le système métrique y devint légal avec la loi du 19 frimaire an VIII (10 déc. 1799) et y fut rendu obligatoire à partir du 1er janvier 1840 par la loi du 4 juillet 1837. La loi du 2 avril 1919 apporta une notable extension du système métrique. Enfin, le décret du 3 mai 1961 a fixé le système des unités de mesure légales, qui est, depuis le 1er janvier 1962, le système métrique à six unités de base (mètre, kilogramme, seconde, ampère, kelvin, candela), appelé *système international d'unités (système SI).* Avec l'adjonction de la mole, unité de la chimie, le SI comporte auj. sept unités de base.

ÉCON. Le système monétaire européen, entré en vigueur le 13 mars 1979, prit la suite du serpent monétaire européen (1972) et tendit à créer une zone de monnaies stables dans un univers monétaire très agité. Contrairement au serpent, qui s'appuyait sur le dollar, le système fut adossé à une unité monétaire européenne – l'écu – qui en constituait l'élément central. Unité de compte (mais non pas monnaie de règlement), l'écu fut basé sur un « panier » de monnaies des pays de la CEE puis de l'UE (à l'exception de celles des États membres entrés dans l'UE en 1995). Le système se fonda sur le principe de taux de change stables entre les monnaies, chacune d'entre elles disposant d'une parité fixe vis-à-vis de l'écu, dite *taux pivot.* Ces parités « fixes » pouvaient néanmoins fluctuer l'une par rapport à l'autre dans la limite de 2,25 % portée à 15 % en 1993, les banques centrales devant intervenir pour que les écarts ne dépassent pas ces taux. Avec l'introduction de l'euro (et la disparition de l'écu) le 1er janvier 1999, un nouveau SME, appelé *SME-bis,* a été mis en place pour stabiliser le cours des monnaies n'appartenant pas à la zone euro. L'euro constitue donc le point d'ancrage autour duquel les monnaies des pays « non euro » peuvent évoluer à l'intérieur de marges de fluctuation autorisées en fonction des performances économiques des États concernés. Pour maintenir les parités des monnaies dans ces marges, la Banque centrale européenne (BCE) et les banques centrales des pays « non euro » doivent intervenir automatiquement.

SYSTÉMIQUE adj. **1.** *Didact.* Relatif à un système pris dans son ensemble. ◇ *Didact. Analyse systémique,* ou *systémique,* n.f. : analyse qui envisage les éléments d'une conformation complexe, les faits (notamm. les faits économiques), non pas isolément mais globalement, en tant que parties intégrantes d'un ensemble dont les différents composants sont dans une relation de dépendance réciproque. **2.** AGRIC. Se dit de produits phytosanitaires véhiculés par la sève et qui agissent au niveau de tous les organes de la plante.

SYSTOLE n.f. (gr. *sustolê*). Période de contraction du cœur ; la contraction elle-même. CONTR. : *diastole.*

SYSTOLIQUE adj. Relatif à la systole.

SYZYGIE n.f. (gr. *suzzugia,* union). ASTRON. Conjonction ou opposition de la Lune avec le Soleil (nouvelle ou pleine lune).

S

Caractère Times

T n.m. inv. Vingtième lettre de l'alphabet et la seizième des consonnes. (*T* note l'occlusive alvéolaire sourde [t] et également le [s] dans *option, inertie,* etc.) ◇ *En T :* en forme de T.

TA adj. poss. fém. → **1. TON.**

TAAL n.m. → **TALA.**

1. TABAC [taba] n.m. (esp. *tabaco,* de l'arawak). **1.** Plante annuelle herbacée, dont l'espèce principale est cultivée pour ses feuilles riches en nicotine. (Nom sc. *Nicotiana tabacum ;* famille des solanacées.) **2.** Produit à base de feuilles de tabac séchées et préparées pour fumer, priser, chiquer ou pour fabriquer des cigares, des cigarettes. *Tabac brun, blond.* ◇ *Fam. **Le même tabac** :* la même chose. **3.** Débit de tabac. ◆ adj. inv. De couleur brun-roux.

■ TABAC

2. TABAC [taba] n.m. (radical onomat. *tabb-* évoquant des coups violents, avec infl. de *1. tabac*). **1.** MAR. *Coup de tabac :* tempête violente mais brève. **2.** *Fam. **Faire un tabac** :* avoir un grand succès. **3.** *Fam. **Passer à tabac** :* frapper, rouer de coups.

TABAGIE n.f. **1.** Endroit où l'on a beaucoup fumé, qui est rempli de fumée ou qui conserve l'odeur du tabac. **2.** Québec. Bureau de tabac.

TABAGIQUE adj. Relatif au tabagisme. ◆ adj. et n. Se dit d'une personne sujette au tabagisme.

TABAGISME n.m. Usage prolongé du tabac ; intoxication chronique par le tabac.

TABASKI n.f. (mot ar.). Afrique. Aïd-el-Kébir.

TABASSAGE n.m. *Fam.* Action de tabasser.

TABASSÉE n.f. *Fam.* Volée de coups ; raclée.

TABASSER v.t. (de *2. tabac*). *Fam.* Rouer de coups, passer à tabac.

TABATIÈRE n.f. **1.** Petite boîte pour le tabac à priser. ◇ ***Tabatière anatomique** :* fossette formée sur le côté du poignet par les tendons de deux muscles du pouce, quand ce dernier s'écarte sur le côté. (On y dosait le tabac à priser.) **2.** ***Fenêtre à tabatière,*** ou ***tabatière** :* fenêtre fermée par un abattant vitré dont le châssis a la même inclinaison que le versant du toit sur lequel il est adapté.

TABELLAIRE adj. (du lat. *tabella,* tableau). IMPRIM. Anc. Se dit de l'impression pratiquée avec des planches gravées sur bois de fil, avant l'invention des caractères mobiles.

TABELLE n.f. Suisse. Tableau, liste.

TABELLION n.m. (lat. *tabellio*). **1.** Anc. À Rome, juriste chargé de rédiger les actes et les contrats. **2.** *Litt.* ou *par plais.* Notaire.

TABERNACLE n.m. (lat. *tabernaculum,* tente). RELIG. **1.** Dans la religion hébraïque, sanctuaire itinérant contenant l'arche d'alliance où étaient déposées les Tables de la Loi jusqu'à la construction du Temple de Salomon (xe s. av. J.-C.). ◇ ***Fête des Tabernacles*** ou ***de Soukkot*** → **Soukkot. 2.** Petite armoire placée sur l'autel ou encastrée dans le mur du chœur d'une église, destinée à conserver l'eucharistie.

TABÈS [tabɛs] n.m. (lat. *tabes,* consomption). MÉD. Atteinte syphilitique de la moelle épinière, caractérisée par une incoordination motrice et de violentes douleurs.

TABÉTIQUE adj. Relatif au tabès. ◆ adj. et n. Atteint de tabès.

TABLA n.m. (hindi *tablā*). Instrument de musique à percussion de l'Inde, composé d'un tambour à une peau et d'une petite timbale.

TABLAR ou **TABLARD** n.m. (lat. *tabula,* planche). Suisse. Rayon d'une étagère.

TABLATURE n.f. Notation musicale dont le principe repose sur l'utilisation de chiffres et de lettres indiquant l'emplacement des doigts sur l'instrument.

TABLE n.f. (lat. *tabula*). **1. a.** Meuble composé d'un plateau horizontal posé sur un ou plusieurs pieds. *Table basse. Table en marbre.* ◇ ***Table roulante** :* petite table à plusieurs plateaux, montée sur roulettes. – ***Table ronde** :* réunion tenue par plusieurs personnes pour discuter, sur un pied d'égalité, des questions d'intérêt commun. – RELIG. ***Sainte table** :* clôture basse séparant le chœur de la nef et devant laquelle les fidèles se présentaient pour communier ; l'autel lui-même. **b.** Plateau sur pieds ou sur tréteaux, destiné à des activités, à des techniques particulières. *Table d'architecte. Table de ping-pong.* **c.** Plateau, souvent articulé en deux ou trois segments, sur lequel on fait allonger un malade pour un examen ou une opération. **d.** Meuble sur pieds offrant une surface plane, destiné à un usage particulier. *Table à langer, à repasser.* ◇ ***Table de nuit, de chevet** :* petit meuble, souvent muni d'un tiroir, qui se place près de la tête du lit. – ***Table d'orientation** :* table circulaire sur laquelle sont indiqués les détails d'un point de vue. **2. a.** Meuble sur pieds sur lequel on dépose les mets et les objets nécessaires au repas. *Desservir la table.* ◇ ***Mettre, dresser la table** :* placer sur la table ce qui est nécessaire pour le repas. – ***Se mettre à table** :* s'asseoir autour d'une table pour prendre un repas ; *fam.,* avouer, dénoncer. **b.** Table dressée pour le repas. *Retenir une table de huit couverts.* ◇ ***Table d'hôte** :* table où l'on sert à heure et prix fixes des repas pris en commun. **c.** Groupe de personnes qui prennent leur repas ensemble ; tablée. *Présider la table.* **d.** Repas, nourriture servis à une table. *Les plaisirs de la table.* **e.** Restaurant. *Une des meilleures tables de la région.* **3.** Plateau, plaque en matière quelconque et de forme plane. ◇ ***Table de cuisson** :* plaque chauffante, au gaz, à l'électricité ou à induction. – ***Table d'harmonie** :* surface en bois ou en peau, sur laquelle passent les cordes des instruments. – ***Table de lancement** :* dispositif assurant le support d'un véhicule spatial en position verticale jusqu'à son décollage. – ***Table de lecture** :* platine d'un lecteur de disques ou de bandes magnétiques. – ***Table de rotation** :* dans un appareil de forage, plateau circulaire qui entraîne le train des tiges dans sa rotation. – ***Table traçante** :* périphérique d'ordinateur qui permet le tracé de courbes et de graphiques. SYN. : *traceur de courbes.* **4.** Ensemble de données numériques présentées de façon à pouvoir être facilement consultées. *Table de logarithmes. Tables démographiques.* **5.** Inventaire présenté sous forme de liste ou de tableau et récapitulant un ensemble de renseignements. *Table généalogique. Table des matières.* ◇ LOG. ***Table de vérité** :* tableau indiquant en abscisses des propositions élémentaires (par ex., *p* et *q*) et l'opérateur choisi pour former la proposition composée (par ex., la conjonction $p \wedge q$), et en ordonnées les valeurs vraies (V) ou fausses (F) des propositions. (À chaque valeur de *p* et de *q* correspond une valeur de la conjonction $p \wedge q$.) **6.** En athlétisme, mode de cotation des performances, utilisé dans le décathlon et l'heptathlon. **7.** ***Tables de la Loi** :* plaques de pierre que Dieu, selon la Bible, remit à Moïse et sur lesquelles était gravé le Décalogue.

TABLEAU n.m. (de *table*). **1.** Panneau mural sur lequel on écrit à la craie ou au feutre, partic. dans les écoles. *Aller au tableau.* **2.** Support mural plan destiné à recevoir des objets. *Mettre ses clés au tableau.* **3.** Panneau plan destiné à recevoir des renseignements, des annonces, des inscriptions, etc. *Tableau d'affichage.* ◇ ***Tableau de bord** :* ensemble des appareils de contrôle placés devant le pilote ou le conducteur, lui permettant de surveiller la marche de son engin, de son véhicule ; ensemble des renseignements, statistiques et graphiques, permettant dans une entreprise de vérifier la bonne marche des différents services. – ***Tableau de baie*** ou ***d'embrasure** :* côté vertical de l'embrasure d'une baie, entre l'éventuel dispositif de fermeture et le nu extérieur du mur. **4.** Ensemble comprenant l'appareillage de commande de dispositifs électriques. ◇ ***Tableau***

de contrôle : ensemble des appareils de commande, de mesure, de réglage et de sécurité d'une machine ou d'une installation complète. **5.** MAR. Partie plane et quasi verticale de l'arrière d'un voilier ou d'un canot. **6.** À certains jeux d'argent, emplacement où les joueurs misent. ◇ *Jouer, miser sur les deux tableaux :* se ménager des avantages de deux parties adverses, quel que soit le vainqueur. **7.** Œuvre picturale exécutée sur un support indépendant (panneau de bois, toile tendue sur un châssis, etc.), génér. présentée dans un cadre. ◇ ***Tableau de chevalet,*** de petites dimensions. – ***Tableau vivant :*** groupe de personnages immobiles disposés sur une scène de façon à représenter une peinture ou une sculpture connues du public. **8.** Ce qui s'offre à la vue et provoque une certaine impression ; spectacle. *Un tableau émouvant.* ◇ ***Tableau de chasse :*** exposition des animaux abattus groupés par espèces ; ensemble des avions ennemis abattus ; *fam.,* ensemble des conquêtes amoureuses de qqn. **9.** Description orale ou écrite évoquant une situation. *Un tableau fidèle des événements.* **10.** Subdivision d'une pièce de théâtre, marquée par un changement de décor. **11.** Liste contenant des informations, des données, des renseignements disposés de façon claire, systématique ou méthodique. *Tableau chronologique, synoptique. Tableau des conjugaisons. Tableau horaire.* ◇ PHARM. Anc. ***Tableau des substances vénéneuses :*** liste de substances vénéneuses. – ***Tableau d'avancement :*** liste, dressée périodiquement, du personnel civil ou militaire d'une administration ou d'un corps, jugé digne d'avancement. – ***Tableau d'honneur :*** liste des meilleurs élèves d'une classe. – ***Tableau économique d'ensemble :*** tableau synthétique des comptes de la nation, qui figure l'ensemble des opérations effectuées par les différents agents. – ***Tableau des opérations financières :*** dans la comptabilité nationale, tableau réunissant l'ensemble des données disponibles concernant les créances et les dettes des agents économiques. **12.** Liste des membres d'un ordre professionnel. *Tableau des avocats.*

TABLEAUTIN n.m. PEINT. Petit tableau.

TABLÉE n.f. Ensemble des personnes prenant un repas à la même table.

TABLER v.t. ind. **(sur).** Fonder ses calculs sur, compter sur.

TABLETIER, ÈRE n. **1.** Fabricant de tabletterie. **2.** Ouvrier, ouvrière en tabletterie.

TABLETTE n.f. **1.** Planche disposée pour recevoir des papiers, des livres, etc. **2.** Pièce plate de marbre, de pierre, de bois, etc., posée sur le linteau d'une cheminée, sur l'appui d'une fenêtre, d'une balustrade. **3.** AGROALIM. Préparation moulée, de forme plate. *Tablette de chocolat.* ◆ pl. Dans l'Antiquité, plaquettes d'argile, ou plaquettes de bois ou d'ivoire enduites de cire, sur lesquelles on écrivait avec un poinçon. ◇ Vieilli. ***Mettre sur ses tablettes :*** prendre bonne note de. – Vieilli. ***Rayer de ses tablettes :*** ne plus compter sur.

TABLETTERIE [tablɛtri] n.f. **1.** Fabrication de petits objets soignés, en bois, ivoire, os, nacre, pierres dures, plastiques, par découpage, assemblage, moulage, marqueterie, incrustation, sculpture, etc. **2.** Ensemble des objets ainsi fabriqués (échiquiers, damiers, dés, jeux, coffrets, étuis, etc.). **3.** Métier, commerce du tabletier.

TABLEUR n.m. INFORM. Programme de création et de manipulation interactives de tableaux numériques visualisés.

TABLIER n.m. (de *table*). **1.** Vêtement de protection que l'on attache devant soi pour préserver ses vêtements. ◇ ***Tablier de sapeur :*** tablier en cuir. – *Fam. Rendre son tablier :* se démettre de ses fonctions. **2.** Blouse de protection. *Tablier d'écolier.* **3.** Partie d'un pont comprenant la couverture, qui porte la chaussée ou la voie ferrée, et l'ensemble des structures porteuses de la couverture. **4.** Afrique. Petit commerçant, vendant de menus objets à l'éventaire.

TABLOÏD ou **TABLOÏDE** adj. et n.m. (angloamér. *tabloid*). Se dit d'une publication dont le format est la moitié du format habituel des journaux.

TABOR n.m. (de l'ar.). Au cours de la Seconde Guerre mondiale, corps de troupes marocain équivalant à un bataillon d'infanterie.

TABORITE n. Membre d'un groupe de hussites intransigeants constitué autour de Jan Žižka à Tábor, ville tchèque, et qui fut vaincu à Lipany en 1434 par les catholiques et les hussites modérés.

1. TABOU n.m. (polynésien *tabu*). **1.** ANTHROP. Interdit d'origine sociale qui frappe un être, un objet ou un acte en raison du caractère sacré ou impur qu'on leur attribue. **2.** Interdit de nature sociale et morale. *Tabou sexuel.*

2. TABOU, E adj. **1.** Qui est l'objet d'un tabou, d'une interdiction religieuse. *Une pratique taboue.* **2.** Qu'il serait malséant d'évoquer, en vertu des convenances sociales ou morales. *Un sujet tabou.* **3.** Que l'on ne peut critiquer, mettre en cause. *Une institution taboue.*

TABOULÉ n.m. (ar. *tabbūla,* mélange). Mélange de blé concassé et d'un fin hachis de tomates, de persil, d'oignons et de feuilles de menthe, arrosé d'huile d'olive et de jus de citron. (Cuisine libanaise.)

TABOURET n.m. (anc. fr. *tabour*). Siège à piétement sans dossier ni bras.

TABULAIRE adj. (du lat. *tabula,* table). *Didact.* En forme de table ; plat.

TABULATEUR n.m. Dispositif d'une machine à écrire permettant de retrouver automatiquement les mêmes zones d'arrêt à chaque ligne.

TABULATION n.f. Positionnement d'un curseur sur une machine à écrire, une imprimante ou un écran d'ordinateur, dans des colonnes définies au préalable.

TABULÉ n.m. (du lat. *tabula,* table). PALÉONT. Madrépore constructeur fossile des terrains primaires. (Les tabulés forment un sous-ordre de madréporaires exclusivement fossiles.)

TAC n.m. (onomat.). ***Répondre du tac au tac :*** rendre vivement la pareille.

TACAUD n.m. (breton *takohed*). Poisson marin de l'Atlantique, à chair peu estimée, vivant en bancs près du fond. (Long. 30 cm ; genre *Trisopterus,* famille des gadidés.)

TACCA n.m. (du malais). Plante monocotylédone de l'Asie tropicale et de l'Océanie, dont le tubercule fournit une fécule alimentaire (appelée *arrow-root* à Tahiti). [Famille des taccacées.]

TACET [tasɛt] n.m. (mot lat., *il se tait*). MUS. Silence dans une partie instrumentale ou vocale jusqu'à la fin du morceau.

TACHE n.f. (lat. pop. *tacca,* du gotique *taikko,* signe). **1.** Marque naturelle sur la peau de l'homme ou le poil des animaux. *Taches de rousseur.* **2.** Marque de couleur, de lumière, d'ombre. **3.** ASTRON. Structure temporaire sombre de la photosphère solaire. **4.** Marque laissée par qqch de salissant. *Tache de graisse.* ◇ ***Faire tache :*** causer un contraste choquant, une impression fâcheuse. **5.** Ce qui atteint l'honneur, la réputation. *Une vie sans tache.*

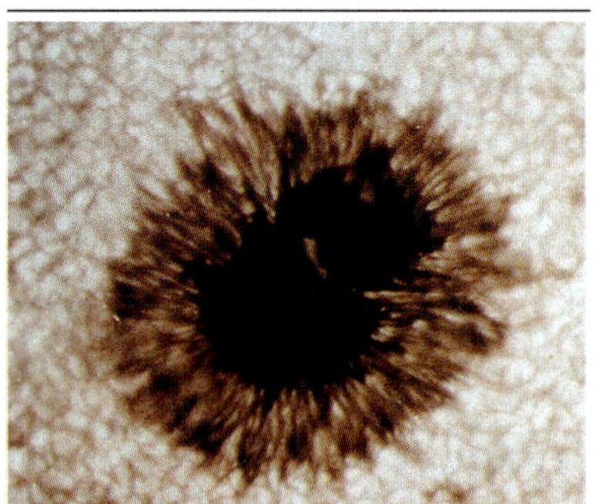

■ **TACHE** solaire correspondant à une zone de champ magnétique intense.

TÂCHE n.f. (du lat. *taxare,* taxer). **1.** Travail, ouvrage à faire sous des conditions et dans un temps fixés. ◇ ***À la tâche :*** en étant payé selon l'ouvrage exécuté. **2.** Ce qu'on a à faire par devoir ou par nécessité. *Être à la hauteur de sa tâche.* ◆ pl. Suisse. Devoirs qu'un écolier fait chez lui.

TACHÉOMÈTRE [-ke-] n.m. (du gr. *takhus,* rapide). TOPOGR. Théodolite destiné aux levés de plans et aux mesures d'altitude.

TACHÉOMÉTRIE [-ke-] n.f. Méthode de levé des plans avec le tachéomètre.

TACHER v.t. et v.i. (de *tache*). Salir en faisant une tache.

TÂCHER v.t. (de *tâche*). Faire des efforts pour venir à bout de ; essayer de, faire en sorte que. *Tâchez de terminer ce travail ! Tâche qu'on ne te voie pas !*

TÂCHERON n.m. **1.** Petit entrepreneur, ouvrier qui travaille à la tâche. **2.** *Péjor.* Personne qui exécute une tâche ingrate et sans éclat.

TACHETER v.t. [16]. Marquer de nombreuses petites taches. *Fourrure tachetée de noir.*

TACHETURE n.f. Petite tache sur une surface.

TACHINA [takina] n.m. ou **TACHINE** [takin] n.f. (gr. *takhinos,* rapide). Mouche noire, commune sur les fleurs, et dont les larves parasitent certaines chenilles. (Long. 1 cm ; famille des tachinidés.)

TACHISME n.m. Une des tendances de la peinture abstraite des années 1950, variété de l'informel, caractérisée par la projection de taches et de coulures (Wols, Mathieu, S. Francis, etc.).

TACHISTE adj. et n. Relatif au tachisme ; qui pratique le tachisme.

TACHISTOSCOPE [-kis-] n.m. (du gr. *takhistos,* très rapide). Appareil permettant la présentation rapide de stimulations visuelles.

TACHYARYTHMIE [-ki-] n.f. MÉD. Arythmie cardiaque accompagnée de tachycardie.

TACHYCARDIE [-ki-] n.f. (gr. *takhus,* rapide, et *kardia,* cœur). Accélération normale ou pathologique du rythme cardiaque.

TACHYGRAPHE [-ki-] n.m. Appareil enregistreur de vitesse.

TACHYMÈTRE [-ki-] n.m. Appareil indiquant en continu la vitesse angulaire de rotation d'une machine.

TACHYPHÉMIE [-ki-] n.f. Accélération pathologique du débit verbal.

TACHYPSYCHIE [takipsiʃi] n.f. PSYCHIATR. Enchaînement anormalement rapide des idées, caractéristique des états maniaques.

TACITE adj. (lat. *tacitus,* qui se tait). Qui n'est pas formellement exprimé, mais qui est sous-entendu ; implicite. *Consentement tacite.*

TACITEMENT adv. De façon tacite.

TACITURNE adj. (lat. *taciturnus,* de *tacere,* taire). Qui parle peu ou n'est pas d'humeur à parler ; silencieux, morose.

TACLE n.m. (de l'angl. *to tackle,* empoigner). Au football, fait de bloquer avec le pied l'action de l'adversaire pour le déposséder du ballon ; le geste lui-même. ◇ ***Tacle glissé :*** tacle consistant en une glissade, un ou deux pieds en avant. (Le tacle par-derrière et le tacle les deux pieds décollés, irréguliers et dangereux, sont passibles d'une sanction, voire d'une expulsion.)

TACLER v.i. et v.t. Faire un tacle.

TACO n.m. (du nahuatl). Crêpe de farine de maïs génér. garnie de viande, de fromage et de sauce piquante. (Cuisine mexicaine.)

1. TACON n.m. (du gaul.). Saumoneau.

2. TACON n.m. (lat. médiév. *taco,* morceau de cuir). Suisse. Pièce servant à raccommoder une étoffe, du cuir, etc.

TACONEOS [takɔneɔs] n.m. pl. (mot esp.). Dans la danse flamenca, martèlements rythmés du talon sur le sol.

TACOT n.m. *Fam.* Vieille voiture, d'un fonctionnement défectueux.

TACT n.m. (lat. *tactus,* de *tangere,* toucher). **1.** PHYSIOL. Partie du toucher qui concerne les contacts directs avec la peau. **2.** Sentiment délicat de la mesure, des nuances, des convenances dans les relations avec autrui.

TACTICIEN, ENNE n. **1.** Spécialiste ou théoricien de la tactique militaire. **2.** Personne qui use de moyens habiles pour obtenir le résultat voulu.

TACTICITÉ n.f. CHIM. ORG. Caractéristique d'un polymère stéréorégulier, déterminée par la succession des motifs de configuration.

TACTILE adj. (lat. *tactilis,* de *tactus,* tact). **1.** Du toucher. **2.** Se dit d'un écran de visualisation qui réagit au simple contact du doigt.

TACTIQUE n.f. (gr. *taktikê,* art de ranger). **1. a.** Art de diriger une bataille, en combinant par la manœuvre l'action des différents moyens de combat et les effets des armes. **b.** Cette manière de combattre pendant la bataille. **2.** Ensemble de moyens habiles employés pour obtenir le résultat voulu ; stratégie. ◆ adj. Relatif à une tactique.

■ **TAÏGA.** Paysage de taïga dans la région de la Kolyma (Sibérie, Russie).

TACTIQUEMENT adv. Conformément à une tactique.

TACTISME n.m. ZOOL. Attraction ou répulsion provoquée par certains facteurs de l'environnement, entraînant une orientation et une réaction locomotrice chez les espèces animales. (Le tactisme comprend notamm. le *phototactisme* et le *chimiotactisme.*)

TADJIK, E adj. et n. **1.** Du Tadjikistan, de ses habitants. **2.** Qui se rapporte aux Tadjiks, appartient à ce peuple. ◆ n.m. Forme du persan parlée au Tadjikistan. (Il s'écrit au moyen de l'alphabet cyrillique.)

TADORNE n.m. (du lat. *anas tadorna*). Gros canard à bec rouge et à plumage multicolore des vasières littorales de l'Europe et de la Méditerranée, qui niche en Asie occidentale et centrale. (Long. max. 68 cm ; genre *Tadorna,* famille des anatidés.)

TAEKWONDO [tekwɔ̃do] n.m. (mot coréen, de *tae,* pied, *kwon,* poing, et *do,* voie). Sport de combat voisin du karaté, d'origine coréenne.

TÆNIA n.m. → **TÉNIA.**

TAFFE n.f. (de l'arg. *taf,* ration). *Fam.* Bouffée de cigarette.

TAFFETAS [tafta] n.m. (ital. *taffeta,* du persan). Toile légère de soie ou de fibres synthétiques.

TAFIA n.m. (mot créole). Eau-de-vie fabriquée avec des mélasses, des débris de canne à sucre. (C'est un rhum de seconde qualité.)

TAG n.m. (mot anglo-amér.). Graff tracé ou peint, caractérisé par un graphisme proche de l'écriture et constituant un signe de reconnaissance.

TAGAL ou **TAGALOG** n.m. (pl. *tagals, tagalogs*). Langue du groupe indonésien parlée aux Philippines, où elle est langue officielle. SYN. : *pilipino.*

TAGETES [taʒetɛs], **TAGÈTE** ou **TAGETTE** n.m. (lat. sc. *tagetes*). Plante ornementale à fleurs en capitules (jaunes, orange ou brunes), à odeur forte, telle que la rose d'Inde, l'œillet d'Inde. (Famille des composées.)

TAGINE ou **TAJINE** n.m. (de l'ar.). **1.** Plat fait de morceaux de viande ou de poisson cuits à l'étouffée avec des légumes et divers condiments, oignons, pruneaux, amandes, citrons confits. (Cuisine marocaine.) **2.** Récipient en terre dans lequel est cuit ce mets, formé d'un plat épais en terre vernissée muni d'un couvercle conique.

TAGLIATELLE [taljatɛl] n.f. [pl. *tagliatelle(s)*] (mot ital.). Pâte alimentaire en forme de ruban plat.

TAGME n.m. (gr. *tagma*). Chacune des trois régions du corps des arthropodes, constituant par ex. la tête, le thorax et l'abdomen chez les insectes. (Chaque tagme est issu de la fusion et de la spécialisation de plusieurs segments.)

TAGUER v.i. et v.t. Tracer des tags.

TAGUEUR, EUSE n. Personne qui trace des tags.

TAHITIEN, ENNE [taisjɛ̃, ɛn] adj. et n. De Tahiti, de ses habitants en général, ou de souche polynésienne en particulier. ◆ n.m. Langue polynésienne parlée dans toute la Polynésie française.

TAI [teai] n.m. (sigle). Temps atomique international.

TAÏAUT ou **TAYAUT** [tajo] interj. (onomat.). Cri employé par les veneurs à la chasse du cerf, du chevreuil ou du daim, pour avertir qu'ils ont vu l'animal.

TAI-CHI-CHUAN [tajʃiʃwan] ou **TAI-CHI** n.m. inv. (mot chin.). Gymnastique chinoise caractérisée par un enchaînement lent de mouvements, selon des schémas précis.

TAIE n.f. (lat. *theca,* du gr. *thêkê,* boîte). **1.** Enveloppe de tissu dans laquelle on glisse un oreiller ou un traversin. **2.** MÉD. *Taie de la cornée,* ou *taie :* tache permanente, cicatricielle, sur la cornée.

TAÏGA n.f. (d'une langue turque). Forêt de conifères qui longe, en une ceinture presque ininterrompue, le nord de l'Eurasie et de l'Amérique, au sud de la toundra.

TAIJI [tajtʃi] ou [tajʃi] n.m. Dans la pensée traditionnelle chinoise, symbole cosmogonique représentant le principe originel de l'univers par l'union du yang et du yin.

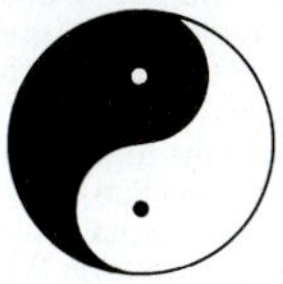

■ **TAIJI.** Symbole du taiji : à l'intérieur du yin subsiste toujours le yang et inversement.

TAILLABLE adj. **1.** HIST. Sujet à l'impôt de la taille. **2.** *Être taillable et corvéable à merci :* être soumis à des travaux pénibles et divers, à des taxations multiples.

TAILLADE n.f. Entaille dans les chairs provoquée par un instrument tranchant.

TAILLADER v.t. Faire des entailles dans ; entailler.

TAILLAGE n.m. Opération d'usinage consistant à enlever de la matière au moyen d'un outil coupant. *Taillage des engrenages.*

TAILLANDERIE n.f. **1.** Fabrication, commerce des outils propres à tailler, couper, etc. (cisailles, sécateurs, etc.). **2.** L'ensemble de ces outils euxmêmes.

TAILLANDIER n.m. (de *tailler*). Fabricant d'articles de taillanderie.

TAILLAULE n.f. Suisse. Sorte de pain au lait.

TAILLE n.f. (de *tailler*). **1. a.** Hauteur du corps humain. *Un homme de grande taille.* ◇ *Être de taille à :* être capable de. **b.** Grandeur et grosseur d'un animal. *Un bœuf de belle taille.* **c.** Dimension, grandeur de qqch. *Une table de grande taille.* ◇ *De taille :* d'importance ; considérable. **2.** Dimension standard d'un vêtement, d'une paire de chaussures. **3.** Partie du corps située à la jonction du thorax et de l'abdomen. – Partie ajustée du vêtement qui marque la taille de la personne. *Taille basse.* **4. a.** Action de tailler, de couper. *La taille de la vigne.* **b.** Manière de tailler ; forme donnée à l'objet taillé. *La taille en rose d'un diamant.* **5.** Vx. Extraction chirurgicale des calculs vésicaux. **6.** MIN. Chantier d'exploitation ayant un front de longueur notable qui progresse simultanément sur toute sa longueur. **7.** GRAV. Incision de la planche qui servira à tirer une estampe. (→ *taille d'*épargne* et *taille-douce*). **8.** Tranchant d'une épée. **9.** HIST. Impôt direct levé sur les roturiers, en France, sous l'Ancien Régime. **10.** MUS. Ténor de tessiture grave.

TAILLÉ, E adj. Qui a telle taille, telle carrure, qui est bâti de telle façon. *Taillé en hercule.* ◇ *Être taillé pour :* être fait pour, apte à. ◆ adj. et n.m. HÉRALD. Se dit d'un écu divisé en deux parties égales par une diagonale, de l'angle senestre du chef à l'angle dextre de la pointe. ◆ n.m. Suisse. Sorte de galette épaisse souvent découpée en bandes.

TAILLE-CRAYON n.m. (pl. *taille-crayon[s]*). Petit instrument, garni d'une lame tranchante, servant à tailler les crayons.

TAILLE-DOUCE n.f. (pl. *tailles-douces*). **1.** Ensemble des procédés de gravure en creux sur métal (burin, eau-forte, pointe sèche, etc.) [par oppos. à *taille en relief* ou *taille d'*épargne*]. **2.** Estampe obtenue par un de ces procédés.

TAILLE-HAIE n.m. (pl. *taille-haies*). Appareil électrique de jardinage pour tailler les arbres et les arbustes, notamm. ceux disposés en haie.

TAILLER v.t. (lat. pop. *taliare,* de *talea,* rejeton). **1.** Couper, retrancher qqch d'un objet pour lui donner une forme. *Tailler un bloc de marbre, un diamant, un arbre.* ◇ *Tailler en pièces une armée,* la défaire entièrement. **2.** Couper dans un tissu les pièces nécessaires à la confection d'un vêtement. ◇ *Fam. Tailler une veste, un costard à qqn,* le critiquer violemment. **3.** Réaliser la denture d'un engrenage ou d'un outil. ◇ *Machine à tailler :* machine-outil conçue pour le taillage. **4.** Façonner la surface du verre au moyen de la meule. ◆ **se tailler** v.pr. **1.** S'attribuer qqch, l'obtenir par son action. *Se tailler un empire.* **2.** *Fam.* S'en aller, s'enfuir.

TAILLERIE n.f. **1.** Art de tailler, de façonner les gemmes, pierres dures ou cristaux. **2.** Atelier où s'exécute ce travail.

1. TAILLEUR n.m. **1.** Artisan qui fait des vêtements sur mesure. ◇ *S'asseoir en tailleur,* les jambes repliées et les genoux écartés. **2.** Personne spécialisée dans la taille de certains matériaux. *Tailleur de pierre(s).*

2. TAILLEUR n.m. Tenue féminine composée d'une jupe et d'une veste assortie.

TAILLEUR-PANTALON n.m. (pl. *tailleurs-pantalons*). Costume féminin composé d'un pantalon et d'une veste assortie.

TAILLIS n.m. (de *tailler*). Bois ou forêt que l'on coupe à des intervalles rapprochés, constitués d'arbres de petite dimension issus de rejets de souches.

TAILLOIR n.m. ARCHIT. Abaque.

TAILLOLE n.f. (anc. provenç. *talhola*). Anc. Large et longue ceinture de laine portée par les hommes, en Provence.

TAIN n.m. (de *étain*). Amalgame d'étain, qui sert à l'étamage des glaces.

TAIRE v.t. [91] (lat. *tacere*). Ne pas dire, passer sous silence. ◇ *Faire taire :* imposer silence à, empêcher de se manifester. *Faire taire l'opposition. Faire taire son amour-propre.* ◆ **se taire** v.pr. **1.** Garder le silence. **2.** Ne pas divulguer un secret. **3.** Ne plus faire de bruit. *Le canon s'est tu.*

TAISEUX, EUSE adj. et n. Belgique. Se dit de qqn qui parle peu ; taciturne.

TAÏWANAIS, E [tajwanɛ, ɛz] adj. et n. De Taïwan, de ses habitants.

TAJINE n.m. → **TAGINE.**

TAKE-OFF [tɛkɔf] n.m. inv. (mot anglo-amér.). ÉCON. Phase du développement à partir de laquelle on cesse de considérer qu'un pays appartient au monde sous-développé.

TALA ou **TAAL** [tɑl] n.m. (mot sanskr.). Dans la musique savante hindoue, structure comportant un nombre fixe de schémas métriques, exprimés lors de l'apprentissage par des onomatopées vocales. Graphie savante : *tāla.*

TALC n.m. (ar. *ṭalq*). **1.** MINÉRALOG. Silicate de magnésium, onctueux et tendre, qu'on rencontre dans les schistes cristallins. **2.** Poudre de cette substance.

TALÉ, E adj. Se dit d'un fruit meurtri.

TALENT n.m. (lat. *talentum,* du gr. *talanton*). **1.** Aptitude particulière à faire qqch. **2.** Capacité, don remarquable dans le domaine artistique, littéraire. *Un peintre de talent.* **3.** Personne douée dans un domaine. *Encourager les jeunes talents.* **4.** ANTIQ. GR. **a.** Unité de masse très variable (à Athènes : 26,160 kg). **b.** Monnaie de compte.

TALENTUEUX, EUSE adj. Qui a du talent.

TALER v.t. (du germ.). Faire des meurtrissures à des fruits.

TALET n.m. → **TALLITH.**

TALIBAN n.m. [pl. *taliban* ou *talibans*] (de l'ar. *ṭalib*). Étudiant en théologie islamique d'ethnie pachto, membre d'une armée qui contrôle l'essentiel de l'Afghanistan depuis 1996 et y fait régner un ordre sévère.

TALIBÉ n.m. (ar. *ṭalib*). Afrique. **1.** Élève d'une école coranique. **2.** Disciple d'un marabout.

TALION n.m. (lat. *talio*). Punition identique à l'offense, qui inspira la législation hébraïque. (Il s'exprime par la célèbre formule biblique : *œil pour œil, dent pour dent.*) ◇ *Loi du talion :* loi qui exige de punir l'offense par une peine du même ordre que celle-ci.

TALIPOT n.m. (du sanskr.). Palmier d'Asie tropicale aux multiples usages (sucre, amidon, fibres, etc.). [Genre *Corypha.*]

TALISMAN n.m. (ar. *ṭilasm*, du gr. *telesma*, rite). **1.** Objet, image préparés rituellement pour leur conférer une action magique ou protectrice. **2.** *Fig.* Ce qu'on croit doué d'un pouvoir magique, qui est censé porter bonheur.

TALISMANIQUE adj. Relatif aux talismans.

TALITRE n.m. (lat. *talitrum*, chiquenaude). Petit crustacé sauteur, dit *puce de mer*, qui vit dans le sable des plages. (Long. 2 cm ; ordre des amphipodes.)

TALKIE-WALKIE [tokiwoki] n.m. [pl. *talkies-walkies*] (angl. *to talk*, parler, et *to walk*, marcher). Petit appareil de radio émetteur et récepteur, de faible portée.

TALK-SHOW [tokʃo] n.m. [pl. *talk-shows*] (angl. *to talk*, parler, et *show*, spectacle). Émission de télévision consistant en une conversation entre un animateur et un ou plusieurs invités sur un thème déterminé.

TALLAGE n.m. Fait de taller ; formation de talles par une graminée.

TALLE n.f. (lat. *thallus*). AGRIC. Pousse caractéristique des graminées qui, après le développement de la tige principale, émerge à l'aisselle des feuilles de la base de la plante.

TALLER v.i. Donner naissance à une ou à plusieurs talles.

TALLITH ou **TALET** [talɛt] n.m. (mot hébr.). Châle rituel dont se couvrent les juifs pour la prière.

TALMUDIQUE adj. Relatif au Talmud.

TALMUDISTE n. Savant juif versé dans l'étude du Talmud. (Le fém. est rare.)

1. TALOCHE n.f. (de *taler*). *Fam.* Coup donné sur la tête ou la figure avec la main ouverte.

2. TALOCHE n.f. (anc. fr. *talevaz*, bouclier, du gaul.). Planchette dont une face est munie d'une poignée, servant à étendre le plâtre ou le ciment sur un mur, un plafond.

TALOCHER v.t. *Fam.*, vieilli. Donner une, des taloches à qqn.

TALON n.m. (lat. *talus*). **1.** Partie postérieure du pied de l'homme. ◇ *Marcher sur les talons de qqn,* immédiatement derrière lui. – *Tourner les talons :* pivoter sur soi-même pour s'éloigner ; partir. – *Talon d'Achille :* point faible, côté vulnérable de qqn. **2.** Partie postérieure du pied du cheval. **3.** Partie d'une chaussure, d'un bas, d'une chaussette sur laquelle repose la partie postérieure de la plante du pied. **4.** Extrémité arrière du ski. **5.** Croûton d'un pain ; extrémité d'un jambon. **6.** Partie non détachable d'une feuille de carnet à souches, d'un chéquier. **7.** Ce qui reste des cartes après distribution à chaque joueur. **8.** MAR. Partie inférieure de l'étambot, qui se raccorde à la quille. **9.** ARCHIT., ARTS APPL. Moulure composée dont le profil dessine un S aux extrémités tendant vers la verticale (lorsque cette moulure est horizontale, contre un mur) [par oppos. à *doucine*]. **10.** Saillie, le plus souvent parallélépipédique, sur une surface, destinée à servir d'appui ou de butée.

TALONNADE n.f. SPORTS. Coup de pied donné avec le talon.

TALONNAGE n.m. Au rugby, action de talonner le ballon.

TALONNER v.t. **1.** Presser du talon ou de l'éperon. **2.** Poursuivre de près. *Talonner un concurrent.* **3.** Pourchasser, presser vivement, tourmenter sans répit. *Être talonné par ses créanciers, par la faim.* **4.** Au rugby, faire sortir le ballon de la mêlée, en le poussant vers son camp du talon ou de la face interne du pied. ◆ v.i. **1.** En parlant d'un navire, toucher le fond, de l'extrémité arrière de la quille. **2.** MÉCAN. INDUSTR. En parlant de deux pièces, entrer en contact en des zones qui normalement ne devraient pas se toucher.

TALONNETTE n.f. **1.** Partie de l'arrière de la tige de la chaussure entourant le talon du pied. **2.** Lamelle placée à l'intérieur de la chaussure, sous le talon du pied, dans un but orthopédique ou esthétique. **3.** Morceau d'extrafort cousu intérieurement au bas d'un pantalon pour en éviter l'usure.

TALONNEUR n.m. Au rugby, joueur placé en mêlée entre les deux piliers et chargé de talonner le ballon.

TALONNIÈRE n.f. MYTH. ROM. Chacune des ailes que Mercure, messager des dieux, portait aux talons.

TALQUER v.t. Saupoudrer, enduire de talc.

TALQUEUX, EUSE adj. Formé de talc ; de la nature du talc.

TALURE n.f. Meurtrissure sur un fruit.

1. TALUS n.m. (mot gaul., *pente*). **1. a.** Surface de terrain en pente, créée par des travaux de terrassement latéralement à une plate-forme ou résultant de l'équilibre naturel d'une zone déclive. **b.** GÉOMORPH. Terrain fortement incliné qui forme l'une des deux pentes d'une côte (par oppos. à *revers*). **c.** OCÉANOL. *Talus continental :* pente limitant vers l'océan le plateau continental. – Vx. *Tailler, couper en talus,* obliquement. **2.** CONSTR. Face d'un mur ayant un fruit accentué. **3.** IMPRIM. Partie non imprimante située en pied et en tête d'un caractère typographique.

2. TALUS [talys] adj.m. (mot lat., *talon*). MÉD. *Pied talus :* pied bot dont le talon porte seul à terre, le pied étant replié vers la jambe.

TALUTÉ, E adj. CONSTR. Se dit d'un mur qui présente un fruit accentué.

TALWEG ou, vx, **THALWEG** [talvɛg] n.m. (mot all., de *Tal*, vallée, et *Weg*, chemin). **1.** GÉOMORPH. Ligne joignant les points les plus bas d'une vallée. **2.** MÉTÉOROL. Creux barométrique entre deux zones de hautes pressions.

TAMANDUA n.m. (du tupi). Fourmilier arboricole d'Amérique tropicale, à longue queue nue, se nourrissant de fourmis, d'abeilles et de termites, beaucoup plus petit que le tamanoir. (Long. 50 cm ; genre *Tamandua*, famille des myrmécophagidés.)

TAMANOIR n.m. (du tupi). Mammifère xénarthre de l'Amérique du Sud, qui se nourrit d'insectes capturés avec sa longue langue visqueuse, appelé aussi *grand fourmilier.* (Long. 2,50 m env. avec la queue ; genre *Myrmecophaga*, famille des myrmécophagidés.)

■ **TAMANOIR**

1. TAMARIN n.m. (de l'ar.). Tamarinier ; fruit laxatif de cet arbre.

2. TAMARIN n.m. (d'une langue amérindienne). Très petit singe des forêts de l'Amérique du Sud, voisin du ouistiti. (Long. 20 cm sans la queue ; genre *Saguinus*, famille des callithricidés.) SYN. : *marmouset, sagouin.*

TAMARINIER n.m. Arbre cultivé dans les régions tropicales pour son fruit en gousse, aux graines entourées par une pulpe acidulée. (Genre *Tamarindus ;* famille des césalpiniacées.) SYN. : *tamarin.*

TAMARIS [tamaris] ou **TAMARIX** [-riks] n.m. (lat. *tamariscus*). Arbuste à très petites feuilles en écailles et à fleurs roses réunies en grappes, qui pousse sur le littoral atlantique de l'Europe occidentale et sur les côtes méditerranéennes. (Haut. 1 à 3 m ; genre *Tamarix*, famille des tamaricacées.)

TAMAZIGHT [tamazig] n.m. (mot berbère, *langue de l'homme libre*). Nom que les Berbères de Kabylie donnent à leur langue, et qui tend désormais à désigner la langue berbère en général. (On dit aussi *tamazirt* [-zirt].)

TAMBOUILLE n.f. (ital. *tampone*, bombance). *Fam.* Cuisine médiocre ; ragoût. ◇ *Fam. Faire la tambouille :* faire la cuisine.

TAMBOUR n.m. (persan *tabir*). **1. a.** Instrument à percussion constitué d'une caisse cylindrique aux fonds formés de peaux tendues, dont l'une est frappée avec deux baguettes pour en tirer des sons. **b.** Instrumentiste qui bat du tambour. ◇ *Fam. Sans tambour ni trompette :* sans bruit, en secret. – *Fam. Tambour battant :* vivement, avec énergie. *Mener une affaire tambour battant.* **2.** *Tambour de basque :* petit tambour plat composé d'une peau tendue sur un cadre muni de disques métalliques qui rendent un son de grelots. SYN. : *tambourin (à sonnailles).* **3.** Métier à broder dont les deux cercles s'emboîtent l'un dans l'autre, permettant ainsi de tendre le tissu. **4.** ARCHIT. **a.** Chacune des assises de pierre cylindriques susceptibles de composer le fût d'une colonne. **b.** Construction de plan circulaire, elliptique, polygonal, etc., exhaussant une coupole. **5.** Ensemble de portes formant un sas placé à l'entrée de certains bâtiments pour empêcher le vent ou le froid d'y pénétrer. ◇ *Porte à tambour :* tambour circulaire à l'intérieur duquel tourne un assemblage de vantaux disposés en croix. **6.** Cylindre, en bois ou en métal, sur lequel s'enroule le câble d'un treuil. **7.** TECHN. *Tambour de frein :* pièce circulaire solidaire de la pièce à freiner, et sur laquelle s'exerce le frottement d'un segment de frein. **8.** MÉTROL. Cylindre portant à sa périphérie une graduation permettant de mesurer des rotations par lecture en face d'un index. **9.** INFORM. Anc. *Tambour magnétique :* support de mémoire d'ordinateur formé par un cylindre métallique dont la surface était recouverte d'une couche magnétique sur laquelle pouvaient être enregistrées des informations.

TAMBOURIN n.m. **1.** Tambour provençal à deux peaux, à fût long et étroit, que l'on bat avec une seule baguette. ◇ *Tambourin à sonnailles,* ou *tambourin :* tambour de basque. **2.** Danse folklorique provençale accompagnée par le galoubet et le tambourin, devenue danse théâtrale au XVIIIe s. **3.** Pièce instrumentale de tempo rapide à deux temps, accompagnée, dans le folklore provençal, par le galoubet et le tambourin. **4.** *Balle au tambourin,* ou *tambourin :* jeu de balle opposant deux équipes de cinq joueurs qui essayent de renvoyer la balle dans les limites du terrain, en la frappant à l'aide d'un petit cercle de bois tendu d'une peau *(tambourin).*

TAMBOURINAGE ou **TAMBOURINEMENT** n.m. Action de tambouriner ; bruit fait en tambourinant.

TAMBOURINAIRE n. **1.** En Provence, instrumentiste jouant du tambourin. **2.** Anc. Employé rassemblant la population au son du tambour pour faire des annonces. **3.** En Afrique noire, instrumentiste qui joue du tambour.

TAMBOURINER v.i. **1.** Vx. Battre du tambour ; jouer du tambourin. **2.** Frapper à coups répétés sur qqch. *Tambouriner sur, contre la porte.* ◆ v.t. **1.** Jouer un air au tambour ou en imitant le bruit du tambour. **2.** Annoncer au son du tambour. **3.** *Litt.*, vieilli. Publier, répandre partout. *Tambouriner une nouvelle.*

TAMBOURINEUR, EUSE n. Instrumentiste jouant du tambourin ou du tambour.

TAMBOUR-MAJOR n.m. (pl. *tambours-majors*). Sous-officier instructeur, chef des tambours et de la clique dans une musique militaire.

TAMIA n.m. (lat. sc. *tamia*). Petit écureuil de l'Amérique du Nord à pelage jaune pâle rayé longitudinalement. (Famille des sciuridés.)

TAMIER n.m. (du lat. *taminia uva*, raisin sauvage). Plante grimpante commune dans les haies, à petits fruits rouge vif et toxiques, appelée aussi *herbe aux femmes battues.* (Genre *Tamus ;* famille des dioscoréacées.)

TAMIL n.m. → **2. TAMOUL.**

TAMIS n.m. (du gaul.). **1.** Cadre sur lequel est tendu un réseau plus ou moins serré de métal, textile, crin ou vannerie, pour passer des matières en grain, liquides ou pulvérulentes. SYN. : *sas.* ◇ Vieilli. *Passer au tamis :* examiner avec une grande rigueur. **2.** CHIM. *Tamis moléculaire :* solide poreux qui comporte des canaux internes permettant l'entrée et la diffusion des seules molécules de taille plus petite. (Les tamis moléculaires, qui permettent de trier des molécules suivant leur grosseur, sont le plus souvent réalisés avec des zéolites.) **3.** Surface de cordage d'une raquette de tennis. **4.** CH. DE F. *Mouvement de tamis :* mouvement rapide d'un bogie autour de son axe vertical.

TAMISAGE n.m. Action de tamiser une substance.

TAMISER v.t. **1.** Passer une substance au tamis pour en séparer certains éléments. *Tamiser de la farine.* **2.** Laisser passer la lumière en en diminuant l'intensité. *Store qui tamise le jour.*

TAMISEUSE n.f. TECHN. Appareil assurant l'agitation d'un groupe de tamis empilés.

1. TAMOUL, E adj. Qui se rapporte aux Tamoul, fait partie de ce peuple.

2. TAMOUL ou **TAMIL** n.m. Langue dravidienne parlée princip. en Inde (État du Tamil Nadu) et au Sri Lanka.

TAMOURÉ n.m. (polynésien *tamuré*). Danse traditionnelle polynésienne, exécutée en couple ou en groupe, caractérisée par des ondulations du bassin pour les femmes et l'entrechoquement répété des jambes pour les hommes, accompagnée par la guitare et l'ukulélé.

TAMPICO n.m. (de *Tampico,* n.pr.). Fibre végétale tirée des feuilles d'un agave du Mexique, employée en literie et en brosserie.

TAMPON n.m. (anc. fr. *tapon,* du francique). **1.** Gros bouchon de matière dure servant à obturer un orifice. **2.** CONSTR. Plaque, génér. en fonte, servant à obturer un regard. **3.** TECHN. Cheville. **4.** Calibre cylindrique lisse ou fileté, utilisé pour la vérification des dimensions d'un trou à paroi lisse *(alésage)* ou filetée *(taraudage).* **5.** Petite masse, génér. souple, faite de tissu, de coton roulé ou pressé, ou d'une autre matière, utilisée pour frotter une surface, absorber, faire pénétrer ou étaler un liquide, etc. *Tampon à récurer. Tampon imbibé d'éther.* ◇ *Tampon périodique* ⟶ **périodique. 6.** Plaque de métal ou d'élastomère gravée que l'on encre pour imprimer le timbre d'une administration, d'une société, etc. – Timbre ainsi imprimé. ◇ *Tampon encreur :* coussin imprégné d'encre, sur lequel est appliqué le tampon avant impression. **7.** CH. DE F. Dispositif constitué d'un plateau vertical muni de ressorts, placé à l'extrémité des véhicules ferroviaires pour amortir les chocs. **8.** *Fig.* Ce qui se trouve entre deux forces hostiles, deux personnes ou groupes et sert à atténuer les heurts, les chocs. *État tampon. Servir de tampon.* **9.** INFORM. Circuit, système, mémoire, élément de programme, etc., s'insérant entre deux unités et assurant l'adaptation des niveaux électriques ou des vitesses d'échange entre elles. **10.** CHIM. Mélange de solutions dont le pH ne varie pas au cours d'une dilution, une variation de pH provoquant une réaction qui tend à rétablir l'équilibre primitif. ◇ *Solution tampon :* dans une réaction d'oxydoréduction, solution qui a un potentiel constant.

TAMPONNADE n.f. MÉD. Accident aigu de compression du cœur par un épanchement péricardique.

TAMPONNAGE n.m. CHIM. Action de tamponner une solution.

TAMPONNEMENT n.m. **1.** Action de tamponner. **2.** Rencontre brutale de deux véhicules, de deux trains. **3.** MÉD. Introduction d'une compresse, d'une mèche dans une cavité naturelle.

TAMPONNER v.t. **1.** Frotter une surface à l'aide d'un tampon. **2.** Essuyer avec un tampon, avec une matière roulée en tampon. **3.** Préparer un mur en le perçant et en y plaçant un tampon, une cheville. **4.** Marquer un document d'un tampon, d'un cachet. **5.** Heurter, rencontrer avec violence, en parlant de véhicules. **6.** CHIM. Dissoudre dans un liquide les corps nécessaires pour en faire une solution tampon. ◆ **se tamponner** v.pr. **1.** Se heurter. **2.** *Fam. S'en tamponner l'œil, le coquillard :* s'en moquer complètement.

TAMPONNEUR, EUSE adj. *Autos tamponneuses* ⟶ **auto.**

TAMPONNOIR n.m. Pointe d'acier calibrée servant à faire, dans la maçonnerie, des trous destinés à recevoir des tampons, des chevilles.

TAM-TAM [tamtam] n.m. [pl. *tam-tams*] (onomat. ; mot créole). **1.** En Afrique, tambour à membrane. **2.** Dans la musique occidentale, gong de bronze à la hauteur indéfinie, dérivé du tam-tam chinois.

■ **TAM-TAM** chinois.

TAN [tɑ̃] n.m. (radical gaul. *tann-,* chêne). Écorce de chêne moulue servant au tannage des peaux.

TANAGRA n.m. ou n.f. (de *Tanagra,* n.pr.). ANTIQ. GR. Figurine polychrome de terre cuite, simple et gracieuse, produite à Tanagra.

TANAISIE n.f. (lat. pop. *tanacita*). Plante du bord des chemins et des talus, souvent aromatique, à fleurs en capitules, en boutons jaunes sans ligules ou en forme de petites marguerites. (Genre *Tanacetum ;* famille des composées.)

TANCER v.t. [9] (lat. pop. *tentiare,* de *tendere,* tendre). *Sout.* Faire une remontrance à qqn ; réprimander, admonester. *Tancer vertement qqn.*

TANCHE n.f. (bas lat. *tinca,* d'orig. gaul.). Poisson au corps trapu, à peau épaisse et visqueuse, à la chair estimée, qui vit dans les fonds vaseux des étangs. (Genre *Tinca ;* famille des cyprinidés.)

■ **TANCHE**

TANDEM [tɑ̃dɛm] n.m. (mot angl., du lat. *tandem,* à la longue). **1.** Bicyclette conçue pour deux personnes placées l'une derrière l'autre. **2.** *Fig.* Association de deux personnes, de deux groupes travaillant à une œuvre commune. **3.** Anc. Cabriolet découvert, attelé de deux chevaux.

TANDIS QUE [tɑ̃dikə] ou [tɑ̃diskə] loc. conj. (lat. *tamdiu,* aussi longtemps, et *que*). **1.** Marque la simultanéité de deux actions ; pendant que. *Nous sommes partis tandis qu'il dormait.* **2.** Marque le contraste, l'opposition ; alors que. *Elle aime l'opéra, tandis que lui préfère le jazz.*

TANDOORI [tɑ̃dɔri] ou [tɑ̃duri] n.m. (mot hindi, de *tandoor,* four en terre). Plat composé de morceaux de viande marinés, épicés et cuits dans un four en terre. (Cuisine indienne.)

TANGAGE n.m. **1.** Mouvement d'oscillation d'un navire dans le sens de sa longueur (par oppos. à *roulis*). **2.** Mouvement d'oscillation d'un aéronef autour d'un axe parallèle à l'envergure des ailes et passant par le centre de gravité.

TANGARA n.m. (du tupi). Oiseau passereau d'Amérique, aux vives couleurs. (Long. 20 cm env. ; famille des thraupidés.)

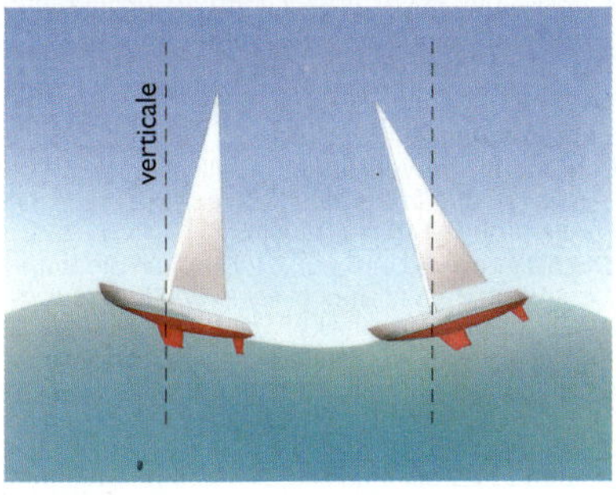

■ **TANGAGE**

TANGENCE n.f. *Didact.* État ou propriété de ce qui est tangent.

TANGENT, E adj. (lat. *tangens, -entis,* touchant). **1.** GÉOMÉTR. Qui a au moins un point commun avec une courbe ou une surface, sans la couper. *Droite tangente à un cercle.* ◇ *Plan tangent à une surface en un point,* plan contenant les tangentes à toutes les courbes tracées sur la surface et passant par ce point. **2.** *Fam.* Qui est à la limite, très près du niveau nécessaire pour obtenir un résultat. *Il a réussi, mais c'était tangent.*

TANGENTE n.f. **1.** GÉOMÉTR. Position limite d'une droite passant par deux points d'une courbe, lorsqu'un des points d'intersection se rapproche indéfiniment de l'autre en restant sur cette courbe. ◇ *Tangente à une surface,* tangente à une courbe quelconque tracée sur cette surface. **2.** MATH. Fonction associant à un arc de cercle $\widehat{AM}$ ou à l'angle au centre $\widehat{AOM}$ correspondant le quotient du sinus par le cosinus de cet arc ou de cet angle (symb. tan). **3.** *Fam. Prendre la tangente :* dégager habilement sa responsabilité ; s'esquiver.

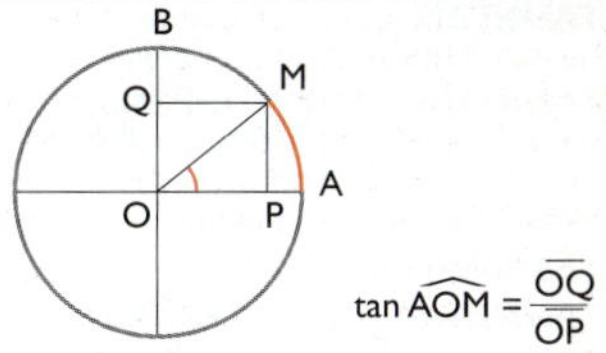

■ **TANGENTE** (fonction).

TANGENTIEL, ELLE adj. GÉOMÉTR. Relatif à la tangente ; qui s'effectue selon une tangente. ◇ MÉCAN. *Accélération tangentielle :* projection du vecteur accélération sur la tangente à la trajectoire.

TANGENTIELLEMENT adv. *Didact.* De façon tangentielle.

TANGERINE n.f. (de *Tanger,* n.pr.). Mandarine d'une variété à peau rouge.

TANGIBILITÉ n.f. *Didact.* Caractère, état de ce qui est tangible.

TANGIBLE adj. (du lat. *tingere,* toucher). **1.** Que l'on peut percevoir par le toucher. **2.** Que l'on peut constater ; sensible, réel. *Signe tangible.*

TANGIBLEMENT adv. *Litt.* De façon tangible.

1. TANGO n.m. (mot hispano-amér.). **1.** Danse originaire d'Argentine, exécutée en couple, corps à corps, devenue danse de salon, à la mode en Europe et aux États-Unis au début du XXe s. **2.** Pièce instrumentale de tempo lent à 2/4 ou 4/8.

2. TANGO adj. inv. D'une couleur orange foncé.

3. TANGO n.m. Demi de bière additionné de grenadine.

TANGON n.m. (moyen néerl. *tange,* tenailles). MAR. Espar horizontal placé à l'extérieur d'un navire, perpendiculairement à la coque, et servant à amarrer une embarcation, à amurer un spinnaker, à gréer des lignes, etc.

TANGUE n.f. (anc. scand. *tang*). Sable vaseux et calcaire qui se dépose sur certains estrans (« sables mouvants » du Mont-Saint-Michel), employé comme amendement calcaire.

TANGUER v.i. (de l'anc. scand. *tangi,* pointe). **1.** Être soumis au tangage, en parlant d'un navire, d'un aéronef. **2.** *Fam.* Tituber, osciller dans sa marche.

TANIÈRE n.f. (du gaul. *taxo,* blaireau). **1.** Cavité souterraine servant de repaire aux bêtes sauvages. **2.** *Litt.* Habitation sombre et misérable. **3.** Habitation, lieu très retirés. *Rentrer dans sa tanière.*

TANIN ou **TANNIN** n.m. (de *tan*). **1.** Substance d'origine végétale (contenue dans l'écorce de chêne, de châtaignier, la noix de galle, etc.) rendant les peaux imputrescibles. **2.** Substance contenue dans les rafles de raisin.

TANISAGE ou **TANNISAGE** n.m. Action de taniser.

TANISER ou **TANNISER** v.t. **1.** Ajouter du tan à une poudre, à un liquide. **2.** Ajouter du tanin à un vin, à un moût.

TANK [tɑ̃k] n.m. (mot angl., *citerne*). **1.** Citerne, dans la marine ou le transport pétrolier. **2.** Char de combat. **3.** *Fam.* Très grosse automobile.

T

TANKA n.m. inv. (tibétain *thang-ka,* objet plat). Peinture mobile, bannière de tissu constituant une image religieuse, au Népal et au Tibet.

TANKER [tɑ̃kœr] n.m. (mot angl.). Navire-citerne.

TANKISTE n. Servant d'un char de combat.

TANNAGE n.m. Action de tanner les peaux pour en faire des cuirs.

TANNANT, E adj. **1.** Qui a les mêmes propriétés que le tanin. *Écorces tannantes.* **2.** *Fam.* Qui épuise, fatigue, importune.

TANNE n.f. Kyste sébacé.

TANNÉ, E adj. **1.** Préparé par tannage. **2.** Qui a pris l'aspect, la couleur du cuir ; hâlé, basané. *Peau tannée par le soleil.*

TANNÉE n.f. **1.** Tan dépourvu de son tanin après la préparation des cuirs. **2.** *Fam.* Correction ; volée de coups. – *Fam.* Défaite humiliante.

TANNER v.t. (de *tan*). **1.** Transformer en cuir les peaux sous l'action chimique de tanins ou d'autres produits tannants. ◇ *Fam. Tanner le cuir à qqn,* lui administrer une correction. **2.** *Fam.* Harceler de demandes importunes. *Il me tanne pour avoir des bonbons.*

TANNERIE n.f. **1.** Établissement où l'on tanne les peaux. **2.** Industrie du tannage.

TANNEUR, EUSE n. **1.** Personne qui travaille dans la tannerie. **2.** Artisan, industriel qui possède une tannerie et vend des cuirs.

TANNIN n.m. → **TANIN.**

TANNIQUE adj. Qui contient du tanin.

TANNISAGE n.m. → **TANISAGE.**

TANNISER v.t. → **TANISER.**

TANREC ou **TENREC** [tɑ̃rɛk] n.m. (malgache *tandraka*). Mammifère insectivore originaire de Madagascar et introduit aux Comores, au corps couvert de piquants. (Long. 35 cm env. ; famille des tenrécidés.)

TAN-SAD [tɑ̃sad] n.m. [pl. *tan-sads*] (angl. *tandem* et *saddle,* selle). Siège supplémentaire placé derrière la selle d'une motocyclette.

TANT adv. (lat. *tantum*). **1.** Indique une grande quantité, un grand nombre, l'intensité. *Elle a tant d'amis que... Il l'aime tant !* ◇ *Tant et plus :* beaucoup, énormément. – *Tant soit peu, un tant soit peu :* si peu que ce soit. – *Tant s'en faut :* loin de là. **2.** Marque l'égalité (en phrase négative ou interr.) ; autant. *Elle n'a pas eu tant de chance.* ◇ *Tant bien que mal :* péniblement ; avec difficulté. **3.** Indique une quantité indéterminée, à titre d'exemple. *Gagner tant par mois.* **4.** *Tant mieux :* expression de satisfaction dont on se sert pour se féliciter de qqch. – *Tant pis :* c'est dommage. – *Si tant est que :* à supposer que. ◆ **tant que** conj. **1. a.** Aussi longtemps que. *Tant que je vivrai.* **b.** Pendant que. *Baignons-nous tant qu'il fait beau.* **2.** *Tant qu'à* (+ inf.) : annonce ce qui est, ou ce qui serait préférable. *Tant qu'à partir, partons tout de suite ! – Fam. Tant qu'à faire :* au point où on en est ; puisqu'il faut le faire. **3.** *En tant que :* en qualité de, comme ; dans la mesure où.

1. TANTALE n.m. (lat. sc. *tantalum,* du gr. *Tantalos,* Tantale). **1.** Métal blanc d'argent, très dur et très dense (16,6), qui fond à 2 985 °C. **2.** Élément chimique (Ta), de numéro atomique 73, de masse atomique 180,947 9.

2. TANTALE n.m. Grande cigogne d'Afrique, d'Amérique et d'Asie, à tête chauve et à bec légèrement recourbé, à plumage blanc et rose taché de noir. (Trois espèces, des genres *Ibis* et *Mycteria* ; famille des ciconiidés.)

TANTE n.f. (de *ta* et anc. fr. *ante,* du lat. *amita,* tante). **1.** Sœur du père ou de la mère. – *Par ext.* Femme de l'oncle. **2.** *Vulg.* Homosexuel. **3.** *Fam.,* vieilli. *Ma tante :* le mont-de-piété (auj. *Crédit municipal*).

TANTIÈME adj. Vx. Qui représente une fraction donnée, mais non précisée, d'une grandeur. ◆ n.m. Part proportionnelle d'une quantité déterminée.

TANTINE n.f. Tante, dans le langage enfantin.

TANTINET n.m. *Fam. Un tantinet :* un peu. *Il est un tantinet roublard.*

TANTÔT adv. (de *tant* et *tôt*). **1.** Cet après-midi. *Il viendra tantôt.* **2.** Région. ou Belgique, Québec. **a.** Plus tard. *À tantôt !* **b.** Plus tôt ; il y a peu de temps. *Je l'ai vu tantôt.* **3.** *Tantôt..., tantôt... :* exprime l'alternance, la succession. *Des yeux tantôt bleus, tantôt verts. Tantôt elle pleure, tantôt elle rit.*

TANTRA n.m. pl. (mot sanskr., *doctrine*). Ensemble des textes et des cultes qui constituent le fondement du tantrisme.

TANTRIQUE adj. Relatif au tantrisme.

TANTRISME n.m. Ensemble de croyances et de rites issus des tantra et relevant de l'hindouisme, du jaïnisme et du bouddhisme tardif. (Le tantrisme se donne comme but le salut par la connaissance ésotérique des lois de la nature.)

TANZANIEN, ENNE adj. et n. De la Tanzanie, de ses habitants.

TAO ou **DAO** n.m. (chin. *tao,* la voie). Dans la pensée chinoise ancienne, principe suprême et impersonnel d'ordre et d'unité du cosmos.

TAOÏSME n.m. Religion populaire de la Chine qui s'inspire des doctrines de Laozi et d'antiques traditions locales.

ENCYCL. Selon Laozi (VIe s. av. J.-C.), l'adepte doit apprendre à s'unir au tao, c'est-à-dire « la voie », qui est à la fois le principe primordial de l'univers et l'agent de ses transformations infinies. Le taoïsme professe notamment des enseignements sur les énergies, la méditation et la « Longue Vie ». Souvent méprisé et persécuté, le taoïsme a durablement marqué la civilisation chinoise.

TAOÏSTE adj. et n. Relatif au taoïsme ; adepte du taoïsme.

TAON [tɑ̃] n.m. (lat. *tabanus*). Grosse mouche dont la femelle pique l'homme et le bétail, et suce leur sang. (Long. 10 à 25 mm ; famille des tabanidés.)

■ **TAON.** Taon des bœufs.

TAPA n.m. (mot polynésien). Nouvelle-Calédonie, Polynésie. Étoffe fabriquée à partir de l'écorce interne de certaines plantes, martelée, encollée et peinte.

TAPAGE n.m. (de *taper*). **1.** Bruit confus accompagné génér. de cris, de querelles. **2.** Publicité énorme, grand bruit fait autour de qqch.

TAPAGEUR, EUSE adj. **1.** Qui fait du tapage. **2.** Qui cherche à attirer l'attention ; outrancier. *Luxe tapageur.* **3.** Qui fait scandale, provoque des commentaires. *Une liaison tapageuse.*

TAPAGEUSEMENT adv. De façon tapageuse.

TAPANT, E adj. *Fam. À une, deux... heures tapantes* ou *tapant :* au moment où sonnent une, deux... heures.

TAPAS [tapas] n.f. pl. (esp. *tapa,* couvercle). Assortiment de petites entrées variées, servies à l'apéritif. (Cuisine espagnole.)

1. TAPE n.f. (de *taper*). Coup donné avec la main.

2. TAPE n.f. (du moyen fr. *taper,* boucher). Panneau en tôle ou en bois qui, sur un bateau, sert à obturer une ouverture.

TAPÉ, E adj. **1.** Blet, taché par endroits. *Des pommes tapées.* **2.** *Fam.* Qui a l'esprit dérangé ; qui est un peu fou. **3.** *Fam.* Se dit d'un visage marqué par l'âge. **4.** *Fam. Bien tapé :* exprimé vigoureusement et avec justesse. *Une réplique bien tapée.*

TAPE-À-L'ŒIL adj. inv. *Fam.* Très voyant ; destiné à éblouir. ◆ n.m. inv. *Fam.* Apparence éblouissante mais trompeuse. *Ce décor, ce n'est que du tape-à-l'œil !*

TAPECUL ou **TAPE-CUL** [tapky] n.m. (pl. *tapeculs*). **1.** *Fam.* Voiture inconfortable, mal suspendue. **2.** Tilbury à deux places. **3.** *Fam.* Trot assis. **4.** MAR. Mât établi tout à l'arrière de certains voiliers ; petite voile de ce mât.

TAPÉE n.f. *Fam.* Grande quantité.

TAPEMENT n.m. Action de taper.

TAPENADE n.f. (du provenç. *tapeno,* câpre). Condiment provençal fait d'olives noires, de câpres et d'anchois dessalés écrasés avec de l'huile d'olive et des aromates.

TAPER v.t. et v.i. (onomat.). **1.** Donner volontairement un coup à ; frapper. *Taper un chien, sur un chien. Taper le sol avec ses pieds, du pied sur le sol. Taper dans ses mains.* ◇ *Fam. Taper dans l'œil de qqn,* lui plaire. **2.** *Fam. Taper dans qqch,* y puiser largement. *Taper dans ses réserves.* **3.** Reproduire à la machine à écrire. *Dactylo qui tape un texte, qui tape vite.* ◆ v.t. *Fam.* Chercher à obtenir de qqn de l'argent, un don. ◆ v.i. **1.** *Fam. Le soleil tape (dur), ça tape :* le soleil est très chaud. **2.** Afrique. Aller à pied. ◆ **se taper** v.pr. **1.** *Fam.* S'offrir qqch d'agréable, spécial. un bon repas. **2.** *Fam.* Faire malgré soi une corvée ; supporter qqn. **3.** *Très fam. S'en taper :* se moquer complètement de qqch.

TAPETTE n.f. **1.** Petite tape. **2.** Petit objet servant à taper (spécial. à battre les tapis). **3.** Jeu consistant à lancer une bille contre un mur pour qu'en retour elle en heurte d'autres. **4.** Piège à souris, qui assomme ou tue l'animal par la détente d'un ressort. **5.** *Fam.* Langue. *Il a une sacrée tapette.* **6.** *Vulg.* Homosexuel.

TAPEUR, EUSE n. *Fam.* Personne qui emprunte souvent de l'argent.

TAPIN n.m. *Très fam. Faire le tapin :* se prostituer en racolant sur le trottoir.

TAPINER v.i. *Très fam.* Faire le tapin.

TAPINOIS (EN) loc. adv. (anc. fr. *tapin,* qui se dissimule). Sournoisement ; en cachette.

TAPIOCA n.m. (mot port., du tupi). Fécule tirée de la racine de manioc, dont on fait des potages, des bouillies, etc.

TAPIR n.m. (mot tupi). **1.** Mammifère ongulé d'Asie du Sud-Est et d'Amérique tropicale, portant une courte trompe. (Long. 2 m env. ; genre *Tapirus,* sous-ordre des périssodactyles.) **2.** *Arg. scol.* Jeune élève à qui un normalien donne des leçons particulières.

■ **TAPIR.** Tapir à chabraque et son petit.

TAPIR (SE) v.pr. (francique *tappjan,* fermer). **1.** Se cacher en se blottissant. **2.** Se retirer, s'enfermer dans un lieu pour fuir la société.

TAPIS n.m. (gr. *tapêtion*). **1.** Ouvrage textile, génér. à face veloutée, que l'on dispose sur le sol. (À la différence des moquettes, les tapis sont toujours amovibles ; ils sont tissés, comme les *kilims, à *points noués, comme ceux d'Orient

■ **TAPIS** à décor floral provenant de Kerman (Iran) ; laine et coton ; seconde moitié du XIXe s. (Musée Condé, Chantilly.)

ou de la *Savonnerie, ou obtenus mécaniquement.) ◇ *Tapis mécanique :* carpette, moquette, etc., fabriquée mécaniquement par tissage ou par d'autres procédés. – Belgique. *Tapis plein :* moquette. – *Fam., péjor. Marchand de tapis :* personne qui marchande mesquinement. – *Aller, envoyer au tapis :* en boxe, être envoyé, envoyer au sol. – *Fam. Se prendre les pieds dans le tapis :* commettre une maladresse ; cafouiller. – *Dérouler le tapis rouge :* recevoir qqn avec tous les honneurs. – *Tapis de sol :* toile qui isole l'intérieur d'une tente de l'humidité du sol. **2. a.** Pièce d'étoffe ou d'un autre matériau dont on recouvre un meuble. ◇ *Tapis vert,* ou *tapis,* qui recouvre une table de jeu ; *par ext.,* table de jeu. – *Amuser le tapis :* jouer petit jeu en attendant la partie sérieuse ; *fig.,* distraire l'assemblée. **b.** Pièce de tissu qui recouvre une table de travail, de négociations ; cette table. ◇ *Être, revenir sur le tapis :* être (de nouveau) le sujet de la conversation. – *Mettre, jeter qqch sur le tapis,* le proposer à la discussion. **3.** Ce qui recouvre une surface à la manière d'un tapis. *Tapis de gazon.* ◇ INFORM. *Tapis de souris :* support antidérapant dont la surface plane facilite les déplacements de la souris d'un ordinateur. **4.** *Tapis roulant :* dispositif à mouvement continu qui transporte des personnes, des marchandises. – *Tapis de course, de marche :* tapis roulant à vitesse réglable, utilisé en cardio-training. (Cet appareil est généralement pourvu d'un dispositif permettant de connaître la distance théorique parcourue, le temps écoulé, voire l'énergie dépensée.)

TAPIS-BROSSE n.m. (pl. *tapis-brosses*). Tapis à poils durs et serrés destiné à s'essuyer les pieds lorsqu'on vient de l'extérieur (souvent utilisé comme paillasson).

TAPISSER v.t. **1.** Recouvrir de tenture, de papier peint. *Tapisser un mur, une chambre de toile écrue.* **2.** Revêtir une surface d'une couche continue, génér. épaisse et moelleuse ; recouvrir presque totalement. *Allée tapissée de feuilles mortes.*

TAPISSERIE n.f. **1.** Ouvrage textile décoratif, tendant un mur ou couvrant un meuble, tissé manuellement sur un métier de basse ou de haute lisse, dont le décor est produit par les fils teintés de trame (laine, soie, etc.) tassés de manière à cacher les fils de chaîne. ◇ *Faire tapisserie :* en parlant d'une femme, ne pas être invitée à danser, dans un bal, notamm. **2.** *Tapisserie au point, au petit point :* ouvrage exécuté avec des fils de couleur passés à l'aiguille sur un canevas ; *par ext.,* tout ouvrage textile destiné au décor mural. **3.** Papier peint, tissu tendu sur les murs. **4.** Art, métier du lissier, du tapissier.

TAPISSIER, ÈRE n. **1.** Personne qui vend et pose les tissus d'ameublement (revêtements de sièges, rideaux, tentures). **2.** Personne qui exécute manuellement des tapisseries ou des tapis.

TAPON n.m. (du francique). *Fam.,* vieilli. Morceau d'étoffe, de linge, chiffonné, roulé en boule.

TAPOTEMENT n.m. Action de tapoter ; bruit fait en tapotant.

TAPOTER v.t. **1.** Donner de petites tapes légères. **2.** Frapper à petits coups répétés avec les doigts ou avec un objet.

TAPURE n.f. Fissure dans une pièce métallique provoquée par un refroidissement rapide.

TAPUSCRIT n.m. (de *taper* et *manuscrit*). Texte dactylographié. – *Spécial.* IMPRIM. Texte dactylographié servant de copie pour la composition (par oppos. à *manuscrit*).

TAQUAGE n.m. IMPRIM. Action de constituer des piles de papier homogènes avant les opérations d'impression, de coupe ou de pliure.

TAQUE n.f. (bas all. *tak*). **1.** Plaque de fonte dressée formant table, fixée sur le sol et utilisée en association avec certaines machines-outils de grandes dimensions. **2.** Contrecœur.

TAQUER v.t. (onomat.). IMPRIM. **1.** Anc. Égaliser la hauteur des lettres d'une forme typographique à l'aide d'un taquoir. **2.** Procéder au taquage de feuilles de papier.

TAQUET n.m. (onomat.). **1.** Petit morceau de bois taillé servant à tenir en place un objet, à caler un meuble. **2.** MAR. Pièce de bois ou de métal pour amarrer les cordages. **3.** TECHN. Pièce métallique mobile servant de butée, de verrou.

1. TAQUIN, E adj. et n. (anc. fr. *taquehain,* émeute). Qui manifeste un goût pour la taquinerie.

2. TAQUIN n.m. Jeu de patience solitaire consistant à ranger, dans un ordre déterminé, et par simples glissements, des plaques numérotées, juxtaposées sur un plateau.

TAQUINER v.t. S'amuser, sans méchanceté, à faire enrager, à contrarier.

TAQUINERIE n.f. **1.** Caractère d'une personne taquine. **2.** Action de taquiner ; agacerie.

TAQUOIR n.m. IMPRIM. Morceau de bois qui servait à égaliser les caractères d'une forme typographique.

TAR ou **TÂR** n.m. (mot persan, *corde*). Luth à trois cordes doubles pincées à l'aide d'un onglet, à long manche, avec une caisse en forme de huit, utilisé dans la musique savante iranienne et azerbaïdjanaise.

TARA n.m. (mot africain). Afrique. Lit, siège bas fait de branches entrecroisées.

TARABISCOT n.m. (p.-ê. de *tarer,* percer, et provenç. *bisco,* moulure). MENUIS. **1.** Rainure carrée ou arrondie, destinée, sur un profil, à dégager une moulure. **2.** Rabot servant à creuser cette rainure.

TARABISCOTÉ, E adj. (de *tarabiscot*). *Fam.* **1.** Orné à l'excès. **2.** Qui est exagérément embrouillé, compliqué. *Une histoire tarabiscotée.*

TARABUSTER v.t. (anc. provenç. *tabustar,* faire du bruit). *Fam.* **1.** Harceler qqn en lui adressant toujours la même demande. **2.** Préoccuper vivement.

TARAF n.m. Petit ensemble de musiciens tsiganes jouant surtout des instruments à cordes.

TARAGE n.m. Action de tarer.

TARAMA n.m. (gr. *taramás,* du turc). Hors-d'œuvre de la Méditerranée orientale, pâte onctueuse à base d'œufs de poisson salés, pilés avec de l'huile d'olive, de la mie de pain et du citron.

TARARAGE n.m. Action de nettoyer les grains avec un tarare.

TARARE n.m. AGRIC. Appareil servant à nettoyer les grains après le battage.

TARASQUE n.f. (provenç. *tarasco,* de *Tarascon*). Monstre légendaire dont sainte Marthe aurait délivré Tarascon, représenté dans le folklore des fêtes provençales.

TARATATA interj. *Fam.* Marque le dédain, l'incrédulité, le doute. *Taratata ! tu ne m'auras pas !*

TARAUD n.m. (anc. fr. *tarel*). Outil à main ou à machine servant à effectuer des filetages à l'intérieur des trous de faible diamètre destinés à recevoir des vis.

TARAUDAGE n.m. **1.** Action de tarauder. **2.** Trou taraudé.

TARAUDER v.t. **1.** Exécuter le filetage d'un trou à l'aide d'un taraud. **2.** *Litt.* Tourmenter moralement.

TARAUDEUSE n.f. Machine-outil servant à tarauder.

TARBOUCH ou **TARBOUCHE** n.m. (ar. *tarbūch*). Coiffure masculine tronconique ornée d'un gland, portée dans les pays ottomans.

TARD adv. (lat. *tarde,* lentement). **1.** Relativement longtemps après le temps normal, habituel, attendu. *Tu viens un peu tard.* ◇ *Au plus tard :* dans l'hypothèse de temps la plus éloignée. *Je vous téléphonerai jeudi au plus tard.* **2.** À une heure très avancée de la journée, de la nuit. *Se coucher tard.* ◆ n.m. *Sur le tard :* à une heure avancée de la soirée ; à un âge relativement avancé. *Se marier sur le tard.*

TARDER v.i. (lat. *tardare*). Laisser passer trop de temps avant de faire qqch. *Dans cette affaire, l'avocat a trop tardé.* ◇ *Sans tarder :* immédiatement. ◆ v.t. ind. (à). **1.** Être lent à venir, à se produire. *La réponse tardait à venir.* **2.** *Ne pas tarder à :* être sur le point de faire qqch ; être sur le point de se produire. *Je ne vais pas tarder à partir.* **3.** *Il me tarde de, le temps me tarde de :* je suis impatient de.

TARDIF, IVE adj. **1.** Qui vient tard, trop tard. *Regrets tardifs.* **2.** Qui se situe à une heure avancée de la journée. *Dîner tardif.* **3.** Se dit des variétés cultivées de végétaux qui fleurissent ou mûrissent plus tard, se développent plus lentement que les autres végétaux de la même espèce. *Roses, fraises tardives.*

TARDIGRADE n.m. (lat. *tardus,* lent, et *gradi,* marcher). Animal articulé de très petite taille (0,1 à 1 mm), doté de quatre courts appendices griffus, qui pullule sur les mousses ou les algues

■ LA TAPISSERIE

Art notamment du décor mural, qui a ses origines à Babylone, en Égypte, en Grèce, la tapisserie de lisse brille en Occident du Moyen Âge (Apocalypse d'Angers*) jusqu'au XXe s. (J. Lurçat, notamm.). De la Renaissance classique au XIXe s., elle change de caractère, tendant, comme la peinture, à creuser l'espace du mur par l'usage de la perspective. Chaque pays a eu ses manufactures, en France spécialement les Gobelins.**

Arras. *L'Offrande du cœur,* Flandres, ateliers d'Arras (v. 1400-1410). Des personnages de la vie seigneuriale « courtoise », aux attitudes expressives, sur un fond de paysage complètement stylisé. (Louvre, Paris.)

Bruxelles. *Le Jugement dernier,* partie centrale, ateliers bruxellois (v. 1500). Esthétique encore gothique, d'un maniérisme élégant, mais non sans une influence du polyptyque de Beaune de R. Van der Weyden. (Louvre, Paris.)

Paris. *Le Colosse de Rhodes,* une des pièces de l'*Histoire d'Artémise,* d'après A. Caron, tenture tissée plusieurs fois, ici par un atelier parisien au XVIIe s. (Mobilier national, Paris.)

marines. (Les tardigrades forment un petit embranchement.)

TARDILLON, ONNE n. *Fam.*, vieilli. Dernier-né tardivement venu dans une famille.

TARDIVEMENT adv. De façon tardive.

TARDIVETÉ n.f. AGRIC. Croissance tardive.

1. TARE n.f. (de l'ar. *tarḥ*, déduction). **1.** Masse non marquée mise sur le plateau d'une balance pour équilibrer un objet pesant mis sur l'autre plateau, et dont la valeur est déduite dans le calcul de la masse de l'objet. **2.** Masse de l'emballage à vide d'une marchandise, déduite de la masse brute pour obtenir la masse nette.

2. TARE n.f. **1.** Défectuosité physique ou psychique, génér. héréditaire, chez l'être humain ou l'animal. **2.** *Litt.* Grave défaut nuisible à un groupe, à la société.

TARÉ, E adj. et n. (de *2. tare*). **1.** Atteint d'une tare physique ou psychique. **2.** *Fam.* Imbécile.

TARENTAIS, E adj. et n. (de *Tarentaise*, région des Alpes). Se dit d'une race bovine originaire de Savoie exploitée dans les zones montagneuses pour la production de lait et de viande.

TARENTE n.f. (de *Tarente*, n.pr.). Région. (Midi). Gecko d'une espèce commune en Europe méditerranéenne, notamm. dans le sud de la France. (Genre *Tarentola.*)

TARENTELLE n.f. (ital. *tarantella*). **1.** Pièce instrumentale d'origine italienne, de tempo rapide à 6/8. **2.** Danse folklorique du sud de l'Italie, exécutée en couple, et dont les tours rapides étaient, à l'origine, censés éliminer le venin d'une morsure de tarentule.

TARENTULE n.f. (ital. *tarantola*). Lycose, grosse araignée velue, d'une espèce commune en Europe méridionale. (Nom sc. *Lycosa tarentula.*)

TARER v.t. Peser l'emballage d'une marchandise, dont le poids est à déduire de la masse brute pour obtenir la masse nette.

TARET n.m. (de *tarière*). Mollusque marin à coquille atrophiée, au corps vermiforme, qui creuse des galeries dans le bois des bateaux, des pilotis. (Long. max. 20 cm ; genre *Teredo*, classe des bivalves.)

TARGE n.f. (du francique). Petit bouclier en usage au Moyen Âge.

TARGETTE n.f. Petit verrou plat, monté sur une plaque, commandé par un bouton pour fermer de l'intérieur une porte ou une fenêtre.

TARGUER (SE) v.pr. **[de]** (de *targe*). *Sout.* Se vanter, se glorifier, se prévaloir de.

TARGUI, E adj. et n. inv. en nombre. → **TOUAREG.**

TARGUM [-gum] n.m. (de l'hébr.). Paraphrase araméenne des livres bibliques, faite à l'usage des juifs pour les lectures à la synagogue, lorsque l'hébreu, dans la période qui suivit la captivité de Babylone (VIe s. av. J.-C.), fut supplanté par l'araméen.

TARIÈRE n.f. (du gaul.). **1.** Grande vrille manuelle ou mécanique pour percer des trous dans le bois. **2.** ENTOMOL. Organe allongé, situé à l'extrémité de l'abdomen des femelles de certains insectes et permettant le dépôt des œufs dans le sol, dans les végétaux, etc. SYN. : *ovipositeur, oviscapte.*

TARIF n.m. (ital. *tariffa*, de l'ar.). **1.** Tableau indiquant le coût de produits ou de services, le montant des droits de douane, des taxes, etc. **2.** Montant du prix d'un service, d'un travail.

TARIFAIRE adj. Relatif à un tarif.

TARIFER v.t. Établir le tarif de.

TARIFICATION n.f. Action de tarifer ; fait d'être tarifé.

1. TARIN n.m. Oiseau passereau voisin du chardonneret, hivernant dans les bois de l'Europe occidentale, à plumage jaune verdâtre rayé de noir. (Long. 12 cm ; genre *Carduelis*, famille des fringillidés.)

2. TARIN n.m. *Fam.* Nez.

TARIR v.t. (du francique). Mettre à sec. *La sécheresse tarit les puits.* ◆ v.i. ou **se tarir** v.pr. Être mis à sec ; cesser de couler. *La source a tari tout à coup.* ◆ v.i. *Ne pas tarir sur :* ne pas cesser de parler de. – *Ne pas tarir d'éloges sur qqn*, en dire beaucoup de bien.

TARISSABLE adj. Qui peut se tarir.

TARISSEMENT n.m. Fait de tarir ; état de ce qui est tari.

TARLATANE n.f. (port. *tarlatana*). Mousseline de coton fine et très apprêtée.

TARMAC [tarmak] n.m. (de *tarmacadam*). Partie d'un aérodrome réservée à la circulation et au stationnement des avions.

TARMACADAM [-dam] n.m. (angl. *tar*, goudron, et *macadam*). Vx. Matériau enrobé de goudron, utilisé en couche de surface des chaussées.

TARO n.m. (du polynésien). Plante cultivée dans les régions tropicales pour ses tubercules comestibles. (Genre *Colocasia ;* famille des aracées.)

TAROT n.m. ou **TAROTS** n.m. pl. (ital. *tarocco*). **1.** Ensemble de soixante-dix-huit cartes (ou lames), plus longues et comportant des figures différentes et plus nombreuses que celles des cartes ordinaires, servant au jeu et à la divination. **2.** Jeu de cartes par levées d'origine italienne, pratiqué par trois, quatre ou cinq joueurs, le gagnant étant celui qui totalise le plus grand nombre de points.

TARPAN n.m. (du kirghiz). Cheval des steppes d'Ukraine et d'Asie occidentale, d'une race probablement domestiquée puis retournée à l'état sauvage.

TARPON n.m. (mot angl.). Grand poisson osseux des régions chaudes de l'Atlantique tropical, apprécié dans la pêche sportive pour sa combativité. (Long. 2 m ; poids 130 kg ; genre *Megalops.*)

TARSE n.m. (gr. *tarsos*). **1.** Région postérieure du squelette du pied, formée, chez l'homme, de sept os. **2.** Lame fibreuse qui maintient tendue la paupière. **3.** Partie terminale de la patte des insectes, génér. formée de deux à cinq petits articles.

TARSIEN, ENNE adj. Du tarse du pied ou de celui de la paupière.

TARSIER n.m. (de *tarse*). Mammifère primate insectivore de Malaisie et des Philippines, nocturne, à grands yeux, excellent grimpeur et sauteur. (Long. 15 cm sans la queue ; genre *Tarsius*, sous-ordre des tarsiiformes.)

■ TARSIER

TARSIIFORME n.m. Mammifère primate prosimien, arboricole et sauteur, tel que le tarsier. (Les tarsiiformes constituent un sous-ordre.)

1. TARTAN n.m. (mot angl.). **1.** Étoffe de laine, à larges carreaux de diverses couleurs, fabriquée en Écosse. (À l'origine, ces carreaux étaient caractéristiques des divers clans écossais.) **2.** Vêtement, châle de cette étoffe.

2. TARTAN n.m. (nom déposé). Agglomérat d'amiante, de plastiques et de caoutchouc utilisé comme revêtement des pistes d'athlétisme.

TARTARE adj. (déformation de *Tatar*, n.pr.). *Sauce tartare :* mayonnaise fortement relevée et agrémentée d'oignons, de câpres et de fines herbes. ◆ n.m. Préparation de viande ou de poisson hachés et servis crus avec un assaisonnement.

TARTARIN n.m. (de *Tartarin*, n.pr.). *Fam.* Fanfaron, vantard.

TARTE n.f. (var. de *tourte*). **1.** Préparation faite d'une pâte amincie au rouleau, garnie de crème, de fruits, de légumes, etc., et cuite au four. ◇ *Tarte Tatin :* tarte aux pommes caramélisées, cuite à l'envers. – *Fam. C'est de la tarte, c'est pas de la tarte :* c'est facile, c'est difficile. – *Fam. Tarte à la crème :* idée toute faite, point de vue d'une grande banalité. **2.** *Fam.* Gifle. ◆ adj. *Fam.* Stupide, ridicule, insignifiant. *Garçon tarte. Film tarte.*

TARTELETTE n.f. Petite tarte.

TARTEMPION n.m. *Fam., péjor.* Personne que l'on ne connaît pas ou que l'on ne veut pas nommer.

TARTIFLETTE n.f. Plat savoyard à base de pommes de terre et de reblochon fondu.

TARTINE n.f. (de *tarte*). **1.** Tranche de pain recouverte de beurre, de confiture, etc. **2.** *Fam.* Long développement oral ou écrit ; laïus.

TARTINER v.t. **1.** Mettre du beurre, de la confiture, etc., sur une tranche de pain. **2.** *Fam.* Faire de longs développements.

TARTIR v.i. (d'un anc. arg. ital.). *Fam. Faire tartir, se faire tartir :* ennuyer, s'ennuyer.

TARTRATE n.m. Sel de l'acide tartrique.

TARTRE n.m. (bas lat. *tartarum*). **1.** Dépôt salin que laisse le vin sur les parois des tonneaux, des cuves. **2.** Sédiment jaunâtre provenant de la plaque dentaire et qui se dépose autour des dents. **3.** Croûte calcaire, dure et insoluble, qui se dépose sur les parois des chaudières, des canalisations d'eau ou de vapeur, etc.

TARTREUX, EUSE adj. De la nature du tartre.

TARTRIQUE adj. *Acide tartrique :* acide-alcool $HO_2C–CHOH–CHOH–CO_2H$, présent dans la lie du vin.

TARTUFE ou **TARTUFFE** n.m. (ital. *Tartufo*, n. d'un personnage de comédie). **1.** Vx. Faux dévot. **2.** Personne fourbe, hypocrite.

TARTUFERIE ou **TARTUFFERIE** n.f. Caractère, manière d'agir d'un tartufe.

TARZAN n.m. (de *Tarzan*, n.pr.). *Fam., par plais.* Homme athlétique, musclé.

TAS n.m. (du francique). **1.** Accumulation, amoncellement de choses en hauteur. *Tas de sable.* **2.** *Fam. Un tas, des tas de :* une grande quantité, beaucoup de. *Un tas de gens.* **3.** ARCHIT. Ouvrage en cours de construction ; chantier. ◇ ARCHIT. *En tas de charge :* se dit d'un appareil de pierre fait d'assises horizontales placées en surplomb, en encorbellement l'une sur l'autre pour constituer un arc, une voûte. – *Fam. Sur le tas :* sur le lieu même du travail. *Apprendre sur le tas.* **4.** TECHN. Petite enclume de dinandier, d'orfèvre, de bijoutier. ◇ *Tas à boule :* petite enclume portative que le chaudronnier applique derrière la tôle qu'il façonne par martelage. **5.** *Fam. Tas de boue :* voiture en mauvais état.

TASSE n.f. (de l'ar.). Petit récipient à anse dont on se sert pour boire ; son contenu. *Tasse à café. Boire une tasse de thé.* ◇ *Fam. Boire la tasse :* avaler involontairement de l'eau en se baignant. – *Fam.* (Calque de l'angl. *that's not my cup of tea*). *Ce n'est pas ma tasse de thé :* ce n'est pas du tout à mon goût, ça n'est vraiment pas mon genre.

TASSÉ, E adj. *Fam. Bien tassé.* **a.** Servi avec peu d'eau ; très fort. *Pastis bien tassé.* **b.** Servi avec abondance, en remplissant bien le verre. **c.** Largement dépassé, en parlant d'un âge.

TASSEAU n.m. (lat. *taxillus*, petit dé à jouer). Pièce de bois de petite section, servant à soutenir, à fixer, à caler une autre pièce.

TASSEMENT n.m. **1.** Action de tasser, de se tasser. *Tassement de vertèbres. Tassement d'une construction.* **2.** Baisse lente ; perte de vitesse. *Tassement des cours de la Bourse.*

TASSER v.t. **1.** Réduire le volume de qqch par pression. *Tasser du foin.* **2.** Resserrer dans un petit espace. *Tasser les bagages dans le coffre.* – SPORTS. Dans une course, gêner un concurrent de manière irrégulière en lui fermant le passage. ◆ **se tasser** v.pr. **1.** S'affaisser sur soi-même par son propre poids. *Le mur se tasse.* **2.** Perdre de sa taille en se courbant sous l'effet de la fatigue, de la maladie ; se voûter. *Se tasser avec l'âge.* **3.** *Fam.* Diminuer de puissance, d'intensité, en parlant d'une progression, d'une crise. **4.** *Fam. Se tasser qqch*, le manger, l'absorber.

TASSILI n.m. (mot berbère, *plateau*). Plateau de grès, au Sahara.

TASTE-VIN n.m. inv. → **TÂTE-VIN.**

TAT ou **T.A.T.** [teate] n.m. (sigle de l'angl. *thematic apperception test*). PSYCHOL. Test projectif, consistant à faire raconter au sujet une histoire à partir d'une série d'images représentant des situations ambiguës.

TATA n.f. Tante, dans le langage enfantin.

TATAMI n.m. (mot jap.). Tapis, à l'origine en paille de riz, servant, en partic., à la pratique des arts martiaux (judo, karaté, etc.).

TATANE n.f. *Fam.* Soulier.

TATAR, E adj. Des Tatars. ◆ n.m. Langue du groupe turc parlée par les Tatars.

TÂTER v.t. (lat. *taxare*, toucher). **1.** Toucher, explorer de la main. *Tâter une étoffe.* **2.** Sonder qqn pour connaître ses intentions. ◇ *Fam. Tâter le terrain :* s'informer par avance de l'état des choses, des esprits. ◆ v.t. ind. **(de).** Avoir une première expérience de qqch ; essayer. *Tâter de* *tous les métiers.* ◆ **se tâter** v.pr. *Fam.* S'interroger sur ses propres sentiments ; hésiter.

TÂTEUR adj.m. et n.m. Se dit d'un organe de contrôle d'une machine à planter les pommes de terre, à décolleter les betteraves, etc.

TÂTE-VIN [tatvɛ̃] ou **TASTE-VIN** [tastəvɛ̃] n.m. inv. **1.** Tube pour aspirer, par la bonde du tonneau, le vin qu'on veut goûter. **2.** Petite tasse plate de métal dans laquelle on examine le vin qu'on va goûter.

TATILLON, ONNE adj. et n. (de *tâter*). *Fam.* Trop minutieux, attaché aux petits détails.

TÂTONNANT, E adj. Qui tâtonne, hésite.

TÂTONNEMENT n.m. **1.** Fait de tâtonner. **2.** Mode de recherche empirique, par essais renouvelés ; chacun de ces essais.

TÂTONNER v.i. **1.** Avancer, chercher à trouver qqch dans l'obscurité et en tâtant pour reconnaître l'environnement. *Tâtonner dans le noir.* **2.** Chercher en procédant par tâtonnement.

TÂTONS (À) loc. adv. **1.** En tâtonnant. *Avancer à tâtons dans l'obscurité.* **2.** *Fig.* Sans vraie méthode ; de manière empirique.

TATOU n.m. (du tupi). Mammifère édenté d'Amérique tropicale, couvert de plaques cornées articulées et pouvant se rouler en boule. (Ordre des xénarthres ; famille des dasypodidés.)

■ **TATOU.** Tatou à neuf bandes.

TATOUAGE n.m. Dessin pratiqué sur le corps au moyen de piqûres qui introduisent sous la peau des colorants indélébiles.

TATOUER v.t. (du polynésien *tatau*). Imprimer un tatouage sur le corps.

TATOUEUR n.m. Personne dont le métier est de tatouer.

TAU n.m. inv. **1.** Dix-neuvième lettre de l'alphabet grec (Τ, τ), correspondant au *t* français. **2.** Tauon. **3.** HÉRALD. Figure en forme de T (croix de Saint-Antoine), toujours alésée.

TAUD [to] n.m. ou **TAUDE** n.f. (anc. scand. *tjald*). Tente de toile destinée à protéger des intempéries tout ou partie d'un navire.

TAUDIS n.m. (de l'anc. fr. *se tauder,* s'abriter). Logement misérable et malpropre.

TAULARD, E n. → **TÔLARD.**

TAULE n.f. → **2. TÔLE.**

TAULIER, ÈRE n. → **2. TÔLIER.**

TAUON n.m. (de *tau* et *électron*). Particule élémentaire (τ) de la famille des leptons, dont la masse vaut 3 491 fois celle de l'électron. SYN. : *tau.*

TAUPE n.f. (lat. *talpa*). **1.** Mammifère aux yeux atrophiés, aux pattes antérieures larges et robustes avec lesquelles il creuse des galeries dans le sol, où il chasse insectes et vers. (Long. 15 cm ; genre *Talpa,* ordre des insectivores, famille des talpidés.) **2.** Fourrure de cet animal. **3.** Lamie (requin). **4.** *Taupe de mer :* aphrodite. **5.** Engin de génie civil servant à creuser des tunnels, et qui travaille de manière continue et à pleine section.

■ **TAUPE**

6. *Fam.* Agent secret, espion placé dans un organisme pour recueillir des renseignements confidentiels. **7.** *Arg. scol.* Classe de mathématiques spéciales.

TAUPÉ, E adj. et n.m. Se dit d'une variété de feutre utilisant des poils de lièvre et de lapin.

TAUPE-GRILLON n.m. (pl. *taupes-grillons*). Courtilière.

TAUPER v.t. Suisse. *Fam.* Emprunter de l'argent à qqn ; soustraire indûment de l'argent à qqn.

TAUPIER n.m. Personne chargée de détruire les taupes.

TAUPIÈRE n.f. Piège à taupes.

TAUPIN n.m. **1.** Insecte coléoptère aux élytres brunâtres, capable, lorsqu'il est sur le dos, de sauter en l'air en émettant un clic sonore et de retomber sur ses pattes, et dont la larve, qui vit dans le sol, attaque les racines des plantes. (Famille des élatéridés.) ◇ *Taupin des moissons :* agriote. **2.** *Arg. scol.* Élève de taupe.

TAUPINIÈRE n.f. Monticule de terre qu'une taupe élève en creusant ses galeries souterraines.

TAURE n.f. (lat. *taura*). Région. Génisse.

TAUREAU n.m. (lat. *taurus*). **1.** Mâle reproducteur de l'espèce bovine. (Cri : le taureau mugit.) ◇ *Cou de taureau,* très fort, puissant. **2.** *Le Taureau :* constellation et signe du zodiaque (v. partie n.pr.). – *Par ext. Taureau :* personne née sous ce signe.

■ **TAUREAU.** Taureau abondance.

TAURILLON n.m. Jeune taureau.

TAURIN, E adj. **1.** Relatif aux taureaux ou aux courses de taureaux. **2.** Relatif à la sous-espèce *Bos taurus,* correspondant aux bovins des zones tempérées.

TAUROBOLE n.m. (gr. *tauros,* taureau, et *ballein,* frapper). ANTIQ. Sacrifice dans lequel le fidèle ou le prêtre était arrosé du sang du taureau immolé, dans le culte de Cybèle ou de Mithra.

TAUROMACHIE [-ʃi] n.f. (gr. *tauros,* taureau, et *makhê,* combat). Art de combattre les taureaux dans l'arène.

■ **TAUROMACHIE.** Le torero Pedro Romero face au taureau. Dessin à la plume de F. Goya.

TAUROMACHIQUE adj. Relatif à la tauromachie.

TAUTOLOGIE n.f. (gr. *tautos,* le même, et *logos,* discours). **1.** Répétition d'une même idée en termes différents ; redondance. **2.** LOG. Proposition vraie quelle que soit la valeur de vérité de ses composants.

TAUTOLOGIQUE adj. Se dit d'une formule qui relève de la tautologie.

TAUTOMÈRE adj. et n.m. CHIM. Se dit d'un composé qui existe sous plusieurs formes distinctes en équilibre.

TAUTOMÉRIE n.f. CHIM. Équilibre entre deux molécules assuré par l'intermédiaire d'un ion commun.

TAUX n.m. (de *taxer*). **1.** Prix fixé par une convention, la loi ou l'usage ; montant. *Taux de change. Taux des loyers.* **2.** Grandeur exprimée en pourcentage ; proportion. *Taux d'invalidité.* ◇ *Taux de compression :* dans les moteurs à combustion interne, rapport entre les volumes maximal et minimal de la chambre de combustion. – *Taux d'intérêt :* rapport, en pourcentage, de l'intérêt annuel et de la somme empruntée. – *Taux de base bancaire,* déterminant les conditions appliquées aux emprunteurs par les banques. – *Taux effectif global (TEG) :* taux de crédit comprenant les intérêts et toutes les commissions (assurances, frais de dossier). – *Taux d'escompte :* taux auquel une banque, et en partic. une banque centrale, accepte d'escompter les effets qui lui sont présentés. – *Taux directeur :* taux d'intervention d'une banque centrale servant de base de calcul à d'autres taux.

TAUZIN n.m. Chêne d'une espèce à feuilles profondément lobées, dont l'envers est duveteux, commun dans les forêts du littoral de l'Europe occidentale. (Nom sc. *Quercus toza.*)

TAVEL n.m. Vin rosé récolté aux environs de Tavel (Gard).

TAVELER v.t. [16] (du lat. *tabella,* tablette). Marquer une surface de taches, de crevasses.

TAVELURE n.f. **1.** *Litt.* Bigarrure d'une peau tavelée. **2.** Maladie cryptogamique des arbres fruitiers, caractérisée par des taches noires sur les feuilles, les rameaux et les fruits.

T

TAVERNE n.f. (lat. *taberna*). **1.** Anc. Lieu où l'on servait à boire ; cabaret. **2.** Petit restaurant, café. **3.** Restaurant de style rustique.

TAVERNIER, ÈRE n. Anc. Personne qui tenait une taverne.

TAVILLON n.m. (lat. *tabella*). Suisse. Planchette en forme de tuile ; bardeau.

TAXABLE adj. Qui peut être taxé.

TAXACÉE n.f. (du lat. *taxus,* if). Plante gymnosperme de l'hémisphère Nord, à fruit charnu, telle que l'if. (Les taxacées forment une famille de l'ordre des conifères.)

TAXAGE n.m. Québec. Action de taxer, d'extorquer.

TAXATEUR, TRICE n. DR. Personne qui fixe une taxe. ◆ adj. *Juge taxateur,* qui taxe les dépens.

TAXATION n.f. **1.** Action de taxer ; fait d'être taxé. **2.** *Taxation d'office :* évaluation de la matière imposable effectuée par l'administration fiscale française en cas d'absence ou de retard d'une déclaration de revenus.

TAXE n.f. **1.** Prélèvement fiscal obligatoire perçu par l'État. *Taxe sur le tabac.* ◇ *Prix hors taxes,* sans les taxes. – *Taxes parafiscales,* perçues dans un intérêt économique ou social au profit de personnes morales, publiques ou privées, autres que l'État, les collectivités locales et les établissements publics administratifs habilités à percevoir des impôts. – *Taxe professionnelle :* impôt perçu au profit des collectivités locales et dû en principe par toute personne exerçant à titre habituel une activité professionnelle non salariée. – *Taxe sur la valeur ajoutée (TVA) :* taxe calculée et payée, à chaque stade de production et de distribution, sur la valeur apportée au bien ou au service vendu par la personne morale ou physique assujettie. **2.** DR. Détermination du montant des dépens par un magistrat.

TAXER v.t. (lat. *taxare,* évaluer). **1.** Soumettre à une taxe, un impôt. **2.** *Fam.* **a.** Extorquer qqch à qqn par l'intimidation ou la violence. *Il l'a taxé de cent balles.* **b.** Soutirer. *Elle m'a taxé d'une cigarette.* **3.** DR. Évaluer les dépens dans un procès. **4.** Présenter qqn comme ayant tel défaut ; accuser. *Taxer qqn d'incompétence.*

TAXI n.m. (abrév. de *taximètre*). **1.** Automobile de location munie d'un taximètre. **2.** *Fam.* Chauffeur de taxi.

TAXI-BROUSSE n.m. (pl. *taxis-brousse*). Afrique. Taxi collectif sans compteur qui s'arrête à la demande et peut prendre jusqu'à dix passagers.

TAXIDERMIE n.f. (gr. *taxis,* arrangement, et *derma,* peau). Art de préparer, d'empailler et de monter les animaux vertébrés, en leur conservant l'apparence de la vie.

TAXIDERMISTE n. Personne qui pratique la taxidermie. SYN. : *empailleur, naturaliste.*

TAXIE n.f. (gr. *taxis,* arrangement). BIOL. Mouvement locomoteur ou simple réaction d'orientation des organismes, programmé génétiquement, et provoqué par un stimulus du milieu extérieur.

TAXIMAN [-man] n.m. (de *taxi* et angl. *man,* homme). Afrique, Belgique. Chauffeur de taxi.

TAXIMÈTRE n.m. **1.** Compteur qui établit le prix d'une course en voiture, en fonction notamm. du temps et de la distance parcourue. **2.** MAR. Appareil gradué de 0 à 360° et muni d'une alidade, pour la prise des relèvements au compas.

TAXINOMIE n.f. (gr. *taxis*, ordre, et *nomos*, loi). Science des lois de la classification ; classification d'éléments concernant un domaine, une science.

TAXINOMIQUE adj. Relatif à la taxinomie.

TAXINOMISTE n. Spécialiste de taxinomie.

TAXIPHONE n.m. (nom déposé). Vieilli. Téléphone public.

TAXIWAY [taksiwɛ] n.m. (mot angl.). Voie cimentée ou goudronnée sur laquelle peuvent rouler les avions pour dégager ou atteindre la piste, dans un aéroport.

TAXODIUM [-djɔm] n.m. (du lat. *taxus*, if). Conifère des marécages d'Amérique, muni de racines émergées qui jouent un rôle respiratoire, tel le cyprès chauve de Virginie. (Famille des taxodiacées.)

TAXOL n.m. Substance extraite de l'écorce des ifs et utilisée dans le traitement de certains cancers (sein, ovaires, prostate).

TAXON ou **TAXUM** [taksɔm] n.m. (pl. *taxons*, *taxa*). SC. DE LA V. Unité systématique, dans une classification.

TAYAUT interj. → **TAÏAUT.**

TAYLORISATION n.f. Action de tayloriser ; application du taylorisme.

TAYLORISER v.t. Organiser selon le taylorisme.

TAYLORISME n.m. Système d'organisation du travail, de contrôle des temps d'exécution et de rémunération de l'ouvrier, établi par Frederick Winslow Taylor.

TCHADIEN, ENNE adj. et n. Du Tchad, de ses habitants. ◇ *Langues tchadiennes :* tchadien. ◆ n.m. Groupe de langues de la famille chamito-sémitique parlées au Nigeria, au Tchad, au Cameroun. (La principale est le haoussa.)

TCHADOR n.m. (du persan). Voile couvrant la tête et l'ensemble du corps des femmes musulmanes, en partic. en Iran.

TCHAO ou **CIAO** [tʃao] interj. (ital. *ciao*). **1.** *Fam.* Au revoir. **2.** Région. (Midi). Bonjour.

TCHAPALO n.m. Afrique. Bière de petit mil ou de sorgho.

TCHARCHAF n.m. (turc *çarşaf*). Voile noir avec lequel les femmes turques se cachaient le visage.

TCHATCHE n.f. (de l'esp. *chacharear*, bavarder). *Fam.* Grande volubilité ; bagou.

TCHATCHER v.i. *Fam.* Parler abondamment ; bavarder.

TCHATCHEUR, EUSE n. *Fam.* Personne qui tchatche, qui a de la tchatche ; baratineur, bonimenteur.

TCHÉCOSLOVAQUE adj. et n. De Tchécoslovaquie.

TCHÈQUE adj. et n. De la République tchèque, de ses habitants. ◆ n.m. Langue slave occidentale parlée en République tchèque.

TCHERNOZEM [-zɛm] ou **TCHERNOZIOM** [-zjɔm] n.m. (mot russe, *terre noire*). Sol type des steppes continentales froides et sèches de l'Est européen (Ukraine, notamm.), que l'on retrouve dans certaines régions du Canada.

TCHÉTCHÈNE adj. et n. De la Tchétchénie, de ses habitants. ◆ n.m. Langue caucasienne parlée princip. en Tchétchénie.

TCHIN-TCHIN [tʃintʃin] ou **TCHIN** interj. *Fam.* S'emploie pour trinquer, porter un toast. *Tchin-tchin ! À votre santé !*

TCHITOLA n.m. (mot d'une langue africaine). Arbre de l'Afrique tropicale, au bois brun-rouge, utilisé en menuiserie, en ébénisterie, etc. (Genre *Oxystigma ;* famille des césalpiniacées.)

TE pron. pers. Désigne la 2e pers. du sing., représentant celui, celle à qui l'on parle, en fonction de complément d'objet direct ou indirect, de complément d'attribution. *Je te regarde. Ce film te plaira. Il te le donne.*

TÉ n.m. TECHN. **1.** Toute pièce ayant la forme d'un T. **2.** Instrument de dessinateur, composé de deux branches assemblées à angle droit, formant un T. **3.** Ferrure en forme de T, employée pour consolider les assemblages de menuiserie, notamm. dans les croisées. ◇ *Fer en té, à double té :* fer en cornière employé en construction et présentant une section en T ou en double T.

TEASER [tizœr] n.m. (mot angl., *problème, colle*). Aguiche.

tec [tɛk] n.f. inv. (acronyme). Tonne d'équivalent charbon.

TECHNÉTIUM [-sjɔm] n.m. (du gr. *tekhnêtos*, artificiel). Élément artificiel (Tc), isolé parmi les produits de fission de l'uranium, de numéro atomique 43 et de masse atomique 98.

1. TECHNICIEN, ENNE n. **1.** Personne qui connaît et pratique une technique. **2.** Professionnel qualifié d'une technique. **3.** *Technicien de surface :* dans le langage administratif, employé d'une entreprise de nettoyage chargé du ménage dans des bureaux, des lieux publics.

2. TECHNICIEN, ENNE ou **TECHNICISTE** adj. Qui relève de la technique, de la technicité.

TECHNICISER v.t. Pourvoir, doter de moyens, de structures techniques.

TECHNICITÉ n.f. Caractère de ce qui est technique.

TECHNICO-COMMERCIAL, E, AUX adj. et n. Se dit d'un vendeur qui possède des connaissances techniques sur ce qu'il vend.

TECHNICOLOR n.m. (nom déposé). Procédé de films en couleurs.

1. TECHNIQUE [tɛknik] adj. (du gr. *tekhnê*, art). **1.** Qui a trait à la pratique, au savoir-faire dans une activité, une discipline. *Ouvrage technique.* ◇ *Enseignement technique*, ou *technique*, n.m. : enseignement *technologique. **2.** Relatif au fonctionnement d'une machine. *Incident technique.* **3.** Qui concerne les applications de la connaissance scientifique. *Les progrès techniques.*

2. TECHNIQUE n.f. **1.** Ensemble des procédés et des méthodes d'un art, d'un métier, d'une industrie. **2.** Ensemble des applications de la science dans le domaine de la production.

TECHNIQUEMENT adv. De façon technique.

TECHNO adj. et n.f. Se dit d'un style de musique et d'un mouvement socioculturel apparus aux États-Unis au milieu des années 1980 dans le prolongement de la house, utilisant les nouvelles technologies pour créer des morceaux au son saturé, au tempo très rapide, au rythme répétitif avec accentuation de tous les temps, adopté notamm. dans les raves.

TECHNOCRATE n. *Souvent péjor.* Homme d'État ou haut fonctionnaire qui fait prévaloir les considérations techniques ou économiques sur les facteurs humains.

TECHNOCRATIE [-si] n.f. *Souvent péjor.* Système politique dans lequel les responsables politiques sont supplantés par les techniciens et les fonctionnaires dans la prise des décisions.

TECHNOCRATIQUE adj. Relatif à la technocratie.

TECHNOCRATISER v.t. Donner un caractère technocratique à qqch ; faire passer qqch sous l'emprise de technocrates.

TECHNOLOGIE n.f. **1.** Étude des outils, des machines, des techniques utilisés dans l'industrie. **2.** Ensemble de savoirs et de pratiques, fondé sur des principes scientifiques, dans un domaine technique. **3.** Théorie générale des techniques. **4.** (Souvent abusif). Technique. **5.** *Nouvelles technologies, technologie(s) avancée(s), haute technologie*, ou *technologie de pointe :* moyens matériels et organisations structurelles qui mettent en œuvre les découvertes et les applications scientifiques les plus récentes.

TECHNOLOGIQUE adj. **1.** Relatif à la technologie. **2.** *Enseignement technologique :* enseignement du second degré, dispensé en lycée, menant au baccalauréat technologique et à un complément de formation dans le supérieur, et ouvrant sur les métiers de l'industrie et des services. (On dit aussi *enseignement technique.*)

TECHNOLOGUE ou **TECHNOLOGISTE** n. Spécialiste de technologie.

TECHNOPOLE n.f. (de *techno-* et gr. *polis*, ville). Grand centre urbain disposant d'un fort potentiel d'enseignement et de recherche, favorable au développement d'industries de pointe.

TECHNOPÔLE n.m. (de *techno-* et *pôle*). Site spécial. aménagé pour accueillir les entreprises de haute technologie ou pour en favoriser l'implantation.

TECHNOSCIENCE n.f. Ensemble dans lequel coopèrent institutions, chercheurs et ingénieurs afin de mettre en œuvre, pour des applications précises, les ressources de la science et de la technique.

TECHNOSTRUCTURE n.f. Groupe de techniciens qui exercent le pouvoir dans les grandes administrations, les grandes firmes, dans la société moderne.

TECK ou **TEK** n.m. (port. *teca*). Arbre de l'Asie tropicale fournissant un bois dur, de densité moyenne, imputrescible. (Genre *Tectona ;* famille des verbénacées.)

TECKEL [tekɛl] n.m. (mot all.). Basset musclé, à poil ras et dur, ou à poil long, d'origine allemande.

■ **TECKEL** à poil long.

TECTITE n.f. (du gr. *têktos*, fondu). GÉOL. Fragment de roche vitreuse en forme de goutte, résultant vraisemblablement de la fusion de roches terrestres projetées dans l'atmosphère, sous l'impact d'une météorite, puis retombées à une grande distance.

TECTONIQUE n.f. (all. *Tektonik*, du gr. *tektôn*, charpentier). **1.** Domaine de la géologie qui étudie les déformations des terrains (plis, failles, schistosité), sous l'effet de contraintes, postérieurement à leur mise en place ; ensemble de ces déformations. **2.** *Tectonique des plaques :* théorie géodynamique expliquant les orogènes ainsi que les différents phénomènes géologiques (séismes, volcanisme, etc.) par les mouvements des plaques lithosphériques. ◆ adj. Relatif à la tectonique.

TECTONOPHYSIQUE n.f. Étude des structures tectoniques avec des méthodes issues de la physique.

TECTRICE adj.f. (lat. *tectus*, couvert). [Souvent pl.] *Plume tectrice*, ou *tectrice*, n.f. : plume de contour qui couvre les ailes des oiseaux. SYN. : *plume de couverture* ou *couverture.*

TEDDY-BEAR [tɛdibɛr] n.m. [pl. *teddy-bears*] (mot angl.). Peluche synthétique qui imite la fourrure.

TE DEUM [tedeɔm] n.m. inv. Hymne de louange et d'action de grâces de l'Église catholique, commençant par les mots *Te Deum laudamus*, « Seigneur, nous te louons ». (Le *Te Deum* servit de support à de grandes fresques musicales.)

TEE [ti] n.m. (mot angl.). **1.** Au golf, cheville fixée en terre et servant à surélever la balle au départ d'un trou. **2.** Au rugby, petit support creux sur lequel le joueur peut poser le ballon à l'occasion d'un coup d'envoi ou d'un coup de pied de pénalité.

TEEN-AGER [tinɛdʒœr] n. [pl. *teen-agers*] (anglo-amér. *-teen*, suffixe employé dans les chiffres de 13 à 19, et *age*, âge). *Fam.* Adolescent.

TEE-SHIRT [tiʃœrt] n.m. [pl. *tee-shirts*] (mot angl.). Maillot en coton, à manches courtes ou longues, en forme de T.

TEFILLIN ou **TEPHILLIN** [tefilin] n.m. pl. (mot hébr.). Phylactère.

TEFLON [teflɔ̃] n.m. (nom déposé). Matière plastique fluorée *(polytétrafluoroéthylène)*, résistant à la chaleur et à la corrosion.

TEG ou **T.E.G.** [teøʒe] n.m. (sigle). Taux effectif global.

TÉGÉNAIRE n.f. (du lat. *teges, -etis*, couverture). Araignée des maisons, à l'abdomen brun tacheté, qui tisse une toile irrégulière dans les angles des murs, derrière les meubles. (Long. 10 à 20 mm ; genre *Tegenaria*, famille des agélénidés.)

TÉGUMENT n.m. (lat. *tegumentum*, de *tegere*, couvrir). **1.** Ensemble des tissus qui couvrent le corps de l'homme et des animaux. – (Surtout pl.) Peau de l'homme. **2.** BOT. Enveloppe de la graine.

TÉGUMENTAIRE adj. Du tégument.

TEIGNE n.f. (lat. *tinea*). **1.** Petit papillon aux reflets argentés, appelé aussi *mite*, dont les che-

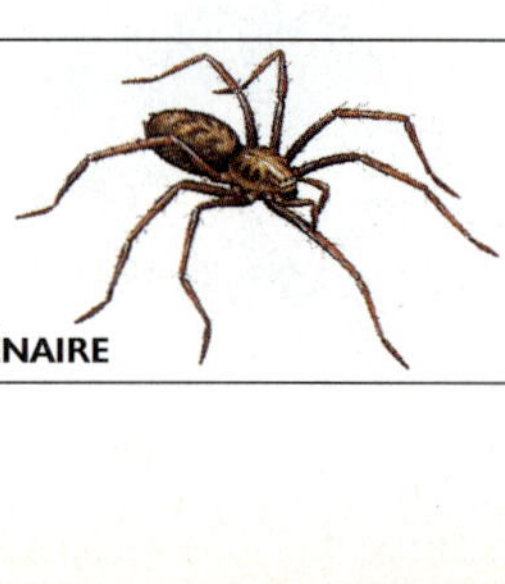

■ **TÉGÉNAIRE**

nilles vivent sur des plantes cultivées (pomme de terre, betterave, lilas), sur des denrées (farine, grains) ou sur des vêtements, des fourrures, des tapis. (Famille des tinéidés.) ◇ *Fausse teigne*, ou *teigne de la cire* : gallérie. **2.** MÉD. Infestation du cuir chevelu et des poils par des champignons microscopiques tels que le trichophyton. **3.** *Fam.* Personne méchante.

TEIGNEUX, EUSE adj. et n. **1.** MÉD. Atteint de la teigne. **2.** *Fam.* Hargneux et tenace.

TEILLAGE ou **TILLAGE** [tijaʒ] n.m. Action de teiller.

TEILLE ou **TILLE** [tij] n.f. (lat. *tilia,* chanvre). **1.** Écorce de la tige du chanvre. **2.** Liber du tilleul, dont on fait des cordes, des nattes.

TEILLER ou **TILLER** [tije] v.t. Battre ou broyer une plante textile pour en briser les parties ligneuses.

TEILLEUSE ou **TILLEUSE** n.f. Machine utilisée pour teiller.

TEINDRE v.t. [62] (lat. *tingere*). Soumettre à l'action d'une substance colorante qui donne une couleur déterminée. *Teindre des étoffes.* ◆ **se teindre** v.pr. Donner à ses cheveux une couleur artificielle.

1. TEINT n.m. (lat. *tinctus*). **1.** Coloris et aspect de la peau du visage. *Teint bronzé.* **2.** Couleur d'une étoffe obtenue par la teinture. *Teint solide.* ◇ *Bon teint, grand teint* : teinte résistant au lavage et à la lumière. – *Bon teint* : se dit d'une personne ferme dans ses opinions. *Républicain bon teint.*

2. TEINT, E adj. Qui a reçu une teinture. *Une belle étoffe teinte.*

TEINTANT, E adj. Se dit d'un produit qui teinte.

TEINTE n.f. **1.** Couleur nuancée. SYN. : *ton rompu.* **2.** Apparence légère ; petite dose. *Ajouter une teinte d'humour.*

TEINTER v.t. **1.** Donner une teinte artificielle à. *Teinter du bois blanc.* **2.** *Fig.* Donner un caractère plus ou moins nuancé à. *Indifférence teintée d'ironie.*

TEINTURE n.f. (lat. *tinctura*). **1.** Action de teindre. **2.** Liquide contenant une matière colorante en dissolution, dont on imprègne les tissus ou les cheveux. **3.** PHARM. Préparation médicamenteuse liquide obtenue par l'action de l'alcool sur des plantes médicinales. **4.** *Fig.* Connaissance superficielle. *Avoir une teinture d'histoire.*

TEINTURERIE n.f. **1.** Industrie de la teinture. **2.** Établissement qui reçoit les vêtements, les tissus à nettoyer ou à teindre.

TEINTURIER, ÈRE n. **1.** Personne qui tient une teinturerie. **2.** Industriel de la teinturerie. ◆ n.m. VITIC. Nom donné à divers cépages.

TÉJU n.m. Tupinambis.

TEK n.m. → **TECK.**

TEL, TELLE adj. (lat. *talis*). **1.** Marque la similitude ; semblable, pareil. *On ne voit plus de tels hommes.* ◇ *Tel..., tel...* : comme..., ainsi. *Tel père, tel fils.* **2.** Marque la comparaison ; comme, de façon semblable à. *Elle a filé tel l'éclair. Il s'occupe de lui telle une mère.* ◇ *Tel que.* **a.** Comme. *Voir les hommes tels qu'ils sont. Des langues telles que l'anglais, l'allemand.* **b.** Marque la conséquence. *Un vacarme tel qu'on ne s'entend plus.* – *Tel quel* : sans changement. *Je vous rends votre texte tel quel.* **3.** Renvoie à ce qui précède ou suit. *Tel est mon avis.* **4.** Marque l'intensité ; si grand, si important, etc. *Une telle insolence est insupportable !* **5.** Un(e) certain(e). *Telle page est griffonnée, telle autre tachée d'encre.* ◆ pron. indéf. *Litt.* Quelqu'un ; quelque chose. *Tel est pris qui croyait prendre.* ◇ *Un tel, Une telle* : remplace un nom propre d'une façon vague.

TÉLAMON n.m. (gr. *telamôn*). Atlante.

TÉLANGIECTASIE n.f. (gr. *têle,* loin, *angeion,* vaisseau, et *ektasis,* dilatation). Dilatation des vaisseaux capillaires formant de petites lignes rouges sur la peau.

TÉLÉ n.f. (abrév.). *Fam.* Télévision ; téléviseur.

TÉLÉACHAT n.m. Achat à distance (télévision, Internet) de produits divers.

TÉLÉACHETEUR, EUSE n. Personne qui pratique le téléachat.

TÉLÉACTEUR, TRICE n. Personne réalisant des enquêtes, des prospections commerciales par téléphone.

TÉLÉAFFICHAGE n.m. Affichage, commandé à distance, d'informations d'actualité, génér. sous forme de caractères lumineux.

TÉLÉALARME n.f. Service qui permet, par l'addition d'un équipement particulier à un poste téléphonique, de lancer rapidement un appel de détresse vers un centre de secours.

TÉLÉAVERTISSEUR n.m. Québec. Bip (appareil).

TÉLÉCABINE ou **TÉLÉBENNE** n.f. Téléphérique monocâble aménagé pour le transport de personnes par petites cabines accrochées au câble à intervalles réguliers.

TÉLÉCARTE n.f. (nom déposé). Carte à mémoire utilisable dans les Publiphones.

TÉLÉCHARGEMENT n.m. INFORM. Transfert vers un ordinateur local d'un fichier situé sur un ordinateur distant, via un réseau de télécommunication.

TÉLÉCHARGER v.t. [10]. Effectuer un téléchargement.

TÉLÉCINÉMA n.m. Appareil permettant de transformer en signaux de télévision les images et les sons d'un film.

TÉLÉCOMMANDE n.f. Action de réaliser à distance une manœuvre quelconque ; équipement assurant cette transmission. *Télécommande d'un téléviseur.*

TÉLÉCOMMANDER v.t. **1.** Commander ou conduire à distance à l'aide d'une télécommande. **2.** *Fig.* Ordonner et diriger une action de loin, sans se manifester.

TÉLÉCOMMUNICATION n.f. (Souvent pl.) Toute communication à distance.

ENCYCL. En moins d'un siècle, les moyens de télécommunication se sont beaucoup diversifiés. Suivant le type d'information transmise, on peut distinguer les procédés de télécommunication du *son* (téléphone, radiodiffusion sonore), de l'*image* (vidéographie), du *son* et de l'*image* (télévision), des *textes* (télégraphe, télex, télécopie, télétexte), des *données informatiques* (téléinformatique), etc. Selon le mode de mise à disposition des utilisateurs, on peut distinguer les moyens de télécommunication fonctionnant toujours à sens unique, d'un émetteur vers un récepteur (radiodiffusion, télévision, radiomessagerie...), et ceux qui permettent d'instaurer un dialogue entre deux personnes ou deux groupes (téléphone), ou bien entre, d'un côté, une personne ou un groupe et, de l'autre, une machine offrant une batterie de services (vidéotex).
L'acheminement des informations s'effectue grâce à des réseaux de télécommunications. Ceux-ci peuvent faire appel à différents supports physiques en fonction de la teneur des informations à transporter, de la rapidité de la transmission souhaitée et de la distance à parcourir. Le réseau téléphonique, par ex., met en œuvre à la fois des câbles, des fibres optiques, des faisceaux hertziens et, pour les communications intercontinentales, des satellites.
Avec l'interconnexion des télécommunications et de l'informatique, et les techniques de numérisation des signaux se développent des réseaux multimédias qui permettent d'acheminer les sons, les images, les textes et les données informatiques à des cadences extrêmement rapides (autoroutes de l'information).

TÉLÉCOMS [telekɔm] n.f. pl. (abrév.). Télécommunications.

TÉLÉCONFÉRENCE n.f. Conférence dans laquelle plus de deux interlocuteurs sont répartis dans des lieux reliés entre eux par des moyens de télécommunication.

TÉLÉCOPIE n.f. Procédé de télécommunication associant la téléphonie et la numérisation d'image, qui permet de transmettre un document graphique en fac-similé. SYN. : *fax.*

TÉLÉCOPIER v.t. [5]. Envoyer un document par télécopie. SYN. : *faxer.*

TÉLÉCOPIEUR n.m. Appareil de télécopie. SYN. : *fax.*

TÉLÉCRAN n.m. Écran de télévision de grandes dimensions.

TÉLÉDÉTECTION n.f. Technique d'étude de la surface terrestre par analyse et traitement d'images provenant d'avions, de satellites, etc.

■ **TÉLÉDÉTECTION.** Photomontage montrant le satellite européen de télédétection par radar ERS I et l'une des vues du sud de la France qu'il a permis d'obtenir.

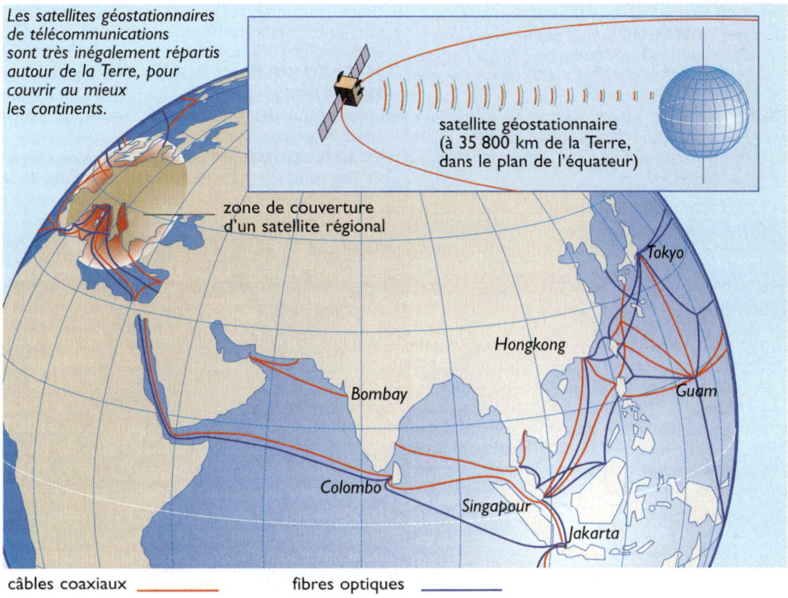

■ **TÉLÉCOMMUNICATION.** Les moyens de télécommunication à grande distance.

T

TÉLÉDIAGNOSTIC n.m. Partie de la télémédecine qui s'occupe des diagnostics.

TÉLÉDIFFUSER v.t. Diffuser par voie hertzienne des signaux de télévision.

TÉLÉDIFFUSION n.f. Action de télédiffuser.

TÉLÉDISTRIBUTION n.f. Distribution de programmes de télévision par un réseau de câbles *(réseau câblé)* à des abonnés dont le récepteur est relié à la tête de réseau. SYN. : *câble, télévision par câble(s), câblodistribution.*

TÉLÉÉCRITURE ou **TÉLÉ-ÉCRITURE** n.f. (pl. *télé-écritures*). Système permettant la transmission d'informations graphiques au fur et à mesure de leur tracé manuscrit, et la reproduction de ce tracé sur un écran ou un autre support.

TÉLÉENSEIGNEMENT ou **TÉLÉ-ENSEIGNEMENT** n.m. (pl. *télé-enseignements*). Enseignement à distance (par correspondance, radio, télévision, Minitel, etc.).

TÉLÉFAX n.m. (nom déposé). Système de télécopie de la marque de ce nom.

TÉLÉFÉRIQUE n.m. → **TÉLÉPHÉRIQUE.**

TÉLÉFILM n.m. Film de fiction réalisé spécialement pour la télévision.

TÉLÉGA ou **TÉLÈGUE** n.f. (russe *telega*). Voiture hippomobile à quatre roues, utilisée en Russie.

TÉLÉGÉNIQUE adj. Qui passe bien, qui produit un effet agréable à la télévision.

TÉLÉGESTION n.f. Gestion à distance, grâce au télétraitement.

TÉLÉGRAMME n.m. Communication, message transmis par télégraphie.

TÉLÉGRAPHE n.m. (gr. *têle,* loin, et *graphein,* écrire). Appareil ou organisme de télégraphie.

TÉLÉGRAPHIE n.f. Système de télécommunication dans lequel les informations transmises sont destinées à être enregistrées à la réception sous forme de document graphique. ◇ Vieilli. *Télégraphie sans fil (TSF) :* radio.

TÉLÉGRAPHIER v.t. et v.i. [5]. Transmettre au moyen du télégraphe.

TÉLÉGRAPHIQUE adj. **1.** Relatif au télégraphe ; expédié par le télégraphe. **2.** *Style télégraphique,* réduit à l'essentiel, sans mots de liaison.

TÉLÉGRAPHIQUEMENT adv. Par télégraphe.

TÉLÉGRAPHISTE n. **1.** Spécialiste de la télégraphie. **2.** Anc. Porteur de dépêches télégraphiques.

TÉLÈGUE n.f. → **TÉLÉGA.**

TÉLÉGUIDAGE n.m. Action de téléguider.

TÉLÉGUIDER v.t. **1.** Guider un véhicule, un engin à distance. **2.** *Fig.* Inspirer la conduite de qqn par une influence occulte, lointaine.

TÉLÉIMPRESSION n.f. Impression à distance de messages transmis sous forme numérisée par des systèmes télématiques.

TÉLÉIMPRIMEUR n.m. Appareil émetteur et récepteur de télégraphie comportant un clavier alphanumérique pour l'émission et assurant à la réception l'impression de caractères.

TÉLÉINFORMATIQUE n.f. Exploitation à distance de systèmes informatiques grâce à l'utilisation de dispositifs de télécommunication. ◆ adj. Relatif à la téléinformatique.

TÉLÉKINÉSIE n.f. (du gr. *kinesis,* mouvement). PARAPSYCHOL. Mouvement spontané d'objets sans intervention d'une force ou d'une énergie observable.

TÉLÉMAINTENANCE n.f. Maintenance à distance d'un véhicule spatial au moyen de liaisons de télémesure ou de télécommande.

TÉLÉMANIPULATEUR n.m. Appareil de manipulation à distance, utilisé génér. pour des matières dangereuses.

TÉLÉMARKETING n.m. Utilisation des moyens de télécommunication au service du marketing. Recomm. off. : *télémercatique.*

TÉLÉMATIQUE n.f. Ensemble des services informatiques fournis à travers un réseau de télécommunication. ◆ adj. Relatif à la télématique.

TÉLÉMÉDECINE n.f. Partie de la médecine qui utilise la transmission par télécommunication d'informations médicales (images, enregistrements, etc.), en vue d'obtenir à distance un diagnostic, un avis spécialisé, une surveillance continue d'un malade, une décision thérapeutique.

TÉLÉMERCATIQUE n.f. Recomm. off. pour *télémarketing.*

TÉLÉMESSAGERIE n.f. Messagerie électronique.

TÉLÉMESURE n.f. Transmission à distance d'un signal porteur d'informations résultant d'une mesure.

TÉLÉMÈTRE n.m. Appareil de télémétrie.

TÉLÉMÉTRIE n.f. Mesure des distances par des procédés acoustiques, optiques, radioélectriques, ou par réflexion d'un faisceau laser.

TÉLENCÉPHALE n.m. Partie antérieure de l'encéphale embryonnaire, à partir de laquelle se différencient les régions olfactives et les hémisphères cérébraux.

TÉLÉNOMIE n.f. → **TÉLÉONOMIE.**

TÉLÉOBJECTIF n.m. Objectif photographique de distance focale longue, ayant un tirage court qui le rend compact, utilisé pour la photo éloignée ou pour le portrait.

TÉLÉOLOGIE n.f. (gr. *telos,* fin, et *logos,* étude). PHILOS. **1.** Étude des fins, de la finalité. **2.** Doctrine reposant sur l'idée de finalité.

TÉLÉOLOGIQUE adj. Relatif à la téléologie. SYN. : *finaliste.*

TÉLÉONOMIE ou **TÉLÉNOMIE** n.f. (gr. *telos,* fin, et *nomos,* loi). PHILOS. Conception selon laquelle s'exerce, tout au long de l'évolution, une finalité de nature purement mécanique, tenant à la mise en œuvre par les êtres vivants du projet dont ils sont dotés. (Notion développée par J. Monod.)

TÉLÉOSTÉEN n.m. (du gr. *osteon,* os). Poisson osseux à bouche terminale, aux branchies recouvertes par des opercules, à écailles plates et fines, représenté par presque tous les poissons actuels (carpe, brochet, truite, sardine, thon, morue, maquereau, anguille, etc.). [Les téléostéens forment un superordre d'ostéichtyens.]

TÉLÉPAIEMENT n.m. Paiement à distance, notamm. par l'intermédiaire d'un Minitel.

TÉLÉPATHE adj. et n. Qui pratique la télépathie.

TÉLÉPATHIE n.f. (gr. *têle,* loin, et *pathos,* affection). Transmission de pensée d'une personne à une autre sans communication par les voies sensorielles connues.

TÉLÉPATHIQUE adj. Relatif à la télépathie.

TÉLÉPÉAGE n.m. Système de péage autoroutier automatique par repérage à distance d'un badge électronique.

TÉLÉPHÉRIQUE ou **TÉLÉFÉRIQUE** n.m. Moyen de transport de personnes ou de marchandises,

■ **TÉLÉPHÉRIQUE.** Télécabine de Bettmeralp (Suisse).

constitué de cabines, de bennes ou de sièges suspendus à un ou plusieurs câbles, utilisé surtout en montagne.

TÉLÉPHONE n.m. (gr. *têle,* loin, et *phônê,* voix). **1.** Installation de téléphonie ; réseau téléphonique. ◇ *Fam. Téléphone arabe :* transmission rapide d'une information de bouche à oreille. **2.** *Cour.* Téléphonie ; appareil téléphonique. *Télé-*

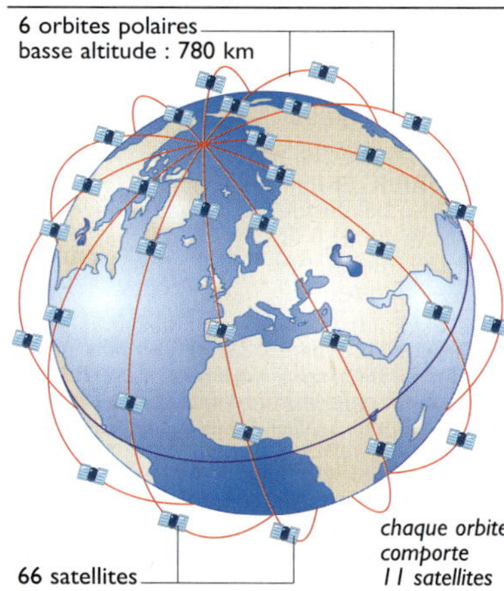

■ **TÉLÉPHONE.** Constellation de satellites du réseau mondial Iridium de téléphonie avec les mobiles (66 satellites répartis sur 6 orbites polaires circulaires à 780 km d'altitude).

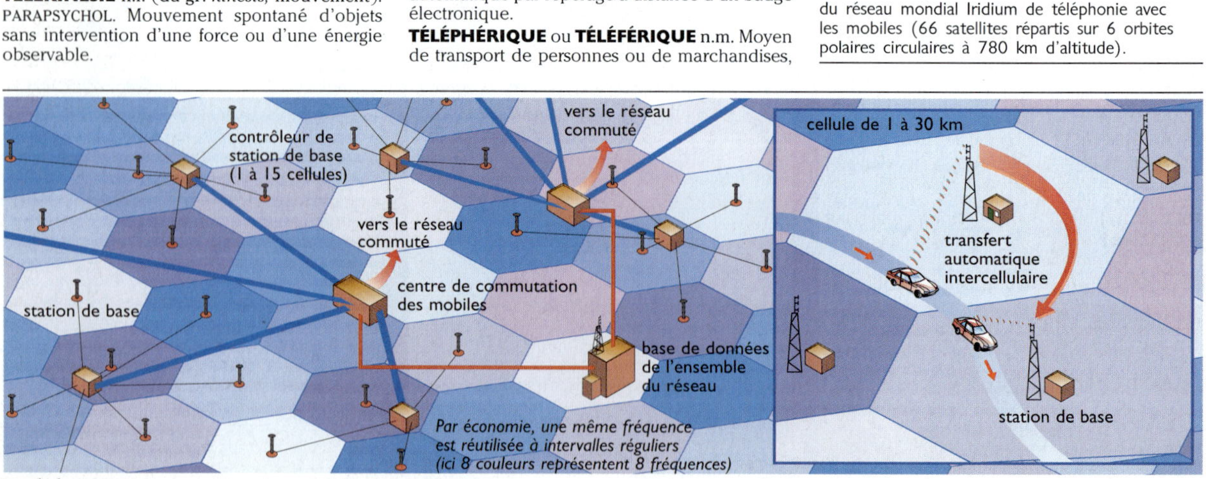

■ **TÉLÉPHONE.** Structure d'un réseau de téléphonie cellulaire.

phone à touches, mural, portable. **3.** *Fam.* Numéro de téléphone.

TÉLÉPHONÉ, E adj. SPORTS. Se dit d'un coup, d'un tir, d'une passe trop prévisibles ou exécutés trop lentement pour surprendre l'adversaire. ◇ *Fam. C'est téléphoné :* se dit de ce qui était tellement prévisible que cela ne crée pas l'effet attendu.

TÉLÉPHONER v.i. et v.t. Communiquer, transmettre par le téléphone.

TÉLÉPHONIE n.f. Système de télécommunication établi en vue de la transmission de la parole. Abrév. : *phonie.* SYN. *(cour.) : téléphone.* ◇ *Téléphonie sans fil :* radiotéléphonie.

TÉLÉPHONIQUE adj. Qui appartient, se rapporte au téléphone ; qui se fait par téléphone. *Réseau, appel, poste téléphonique.*

TÉLÉPHONIQUEMENT adv. Par téléphone.

TÉLÉPHONISTE n. Personne chargée du service d'un téléphone public ou privé.

TÉLÉPOINTAGE n.m. Anc. Dispositif qui permettait le pointage à distance des canons d'un navire de guerre à partir d'un poste central de tir.

TÉLÉPORT n.m. Ensemble structuré d'équipements de télécommunication mis à la disposition des entreprises qui viennent s'installer sur un site.

TÉLÉPROMPTEUR n.m. Prompteur.

TÉLÉRADAR n.m. Technique d'émission ou de réception d'images radar au moyen de la télévision.

TÉLÉRADIOGRAPHIE ou **TÉLÉRADIO** n.f. Radiographie pratiquée en plaçant l'ampoule à rayons X loin du sujet (de 2 à 3 m).

TÉLÉROMAN n.m. Québec. Feuilleton télévisé.

TÉLESCOPAGE n.m. Action de télescoper ; fait de se télescoper.

TÉLESCOPE n.m. (lat. sc. *telescopium*). Instrument d'observation astronomique dont l'objectif est un miroir concave. SYN. : *réflecteur.*

TÉLESCOPER v.t. (de *télescope*). Heurter avec violence, en défonçant. ◆ **se télescoper** v.pr. **1.** S'emboutir par collision. **2.** *Fig.* Empiéter l'un sur l'autre ; s'interpénétrer. *Souvenirs qui se télescopent.*

TÉLESCOPIQUE adj. **1.** Se dit d'une observation effectuée à l'aide d'un télescope. **2.** Se dit d'un objet dont les éléments coulissent et s'emboîtent les uns dans les autres.

TÉLÉSCRIPTEUR n.m. Appareil permettant d'écrire à distance par un procédé quelconque.

TÉLÉSIÈGE n.m. Téléphérique à câble unique sans fin, le long duquel sont répartis, à intervalles réguliers, des sièges accrochés par des suspentes.

TÉLÉSIGNALISATION n.f. Signalisation à distance.

TÉLÉSKI n.m. Appareil à câble permettant de tracter des skieurs glissant sur leurs propres skis, pour remonter une pente. SYN. : *remonte-pente.*

TÉLÉSOUFFLEUR n.m. Recomm. off. pour *prompteur.*

TÉLÉSPECTATEUR, TRICE n. Personne qui regarde la télévision.

TÉLÉSURVEILLANCE n.f. Surveillance à distance par un procédé de télécommunication.

TÉLÉTEL n.m. (nom déposé). Système français de vidéotex.

TÉLÉTEXTE n.m. Procédé de télécommunication qui permet l'affichage de textes ou de graphismes sur l'écran d'un téléviseur, à partir d'un signal de télévision ou d'une ligne téléphonique. SYN. : ***vidéographie diffusée.***

TÉLÉTOXIE n.f. BIOL. Phénomène par lequel une espèce provoque l'intoxication à distance des individus d'une autre espèce ou empêche leur développement, en sécrétant des substances toxiques.

TÉLÉTRAITEMENT n.m. Mode de traitement informatique dans lequel les données sont émises ou reçues par des terminaux éloignés de l'ordinateur.

TÉLÉTRANSMISSION n.f. Action de transmettre à distance une information.

TÉLÉTRAVAIL n.m. (pl. *télétravaux*). Forme de travail à distance dans laquelle le salarié utilise, depuis son domicile, des outils informatiques et de télécommunication pour communiquer avec son entreprise.

TÉLÉTRAVAILLEUR, EUSE n. Personne qui pratique le télétravail.

TÉLÉTYPE n.m. (nom déposé). Téléimprimeur de la marque de ce nom.

TÉLÉVANGÉLISTE n. Aux États-Unis, prédicateur qui utilise la télévision pour des émissions religieuses.

TÉLÉVENDEUR, EUSE n. Professionnel de la télévente.

TÉLÉVENTE n.f. Vente utilisant les techniques du marketing téléphonique.

TÉLÉVÉRITÉ n.f. Recomm. off. pour *reality-show.*

TÉLÉVISER v.t. Transmettre par télévision.

TÉLÉVISEUR n.m. Récepteur de télévision.

TÉLÉVISION n.f. **1.** Transmission, par câble ou par ondes radioélectriques, d'images pouvant être reproduites sur un écran au fur et à mesure de leur réception, ou enregistrées en vue d'une reproduction ultérieure. ◇ *Télévision par câble(s) :* télédistribution. **2.** Ensemble des services assurant la transmission d'émissions, de reportages par télévision. **3.** *Fam.* Téléviseur. Abrév. *(fam.) : télé.*

ENCYCL. Pour transmettre une image de télévision, on la convertit à l'émission en signaux électriques proportionnels à la brillance de chacun de ses points. À la réception, on opère la conversion inverse. Les signaux transmis, après amplification et modulation, traduisent non seulement la variation de brillance de chaque point en fonction du temps (signal vidéo), mais aussi la position de chacun d'eux dans le plan de l'image (synchronisation). Les points sont rangés en lignes successives pour former l'image grâce aux signaux de synchronisation. Pour obtenir le mouvement, on transmet 25 ou 30 images par seconde. Afin d'éviter le papillotement, chaque image résulte de l'entrelacement de deux trames, l'une correspondant au balayage des lignes paires, l'autre au balayage des lignes impaires. Le son correspondant est transmis, en modulation d'amplitude ou de fréquence, sur une porteuse distincte de celle qui assure la transmission des images. Le nombre de points d'une ligne détermine la *définition horizontale ;* le nombre de lignes d'une image (525 ou 625 selon les pays) donne la *définition verticale.* Dans la télévision en couleurs, on transmet, pour chaque élément d'image, trois signaux correspondant aux couleurs principales (bleu, rouge et vert). Les recherches en vue d'améliorer la qualité des images ont conduit à la *télévision à haute définition* (TVHD), dont les images comptent plus de 1 000 lignes et ont un format parfaitement adapté à la diffusion de films cinématographiques (rapport largeur/hauteur de 16/9), contrairement à celles des systèmes classiques (rapport largeur/hauteur de 4/3).

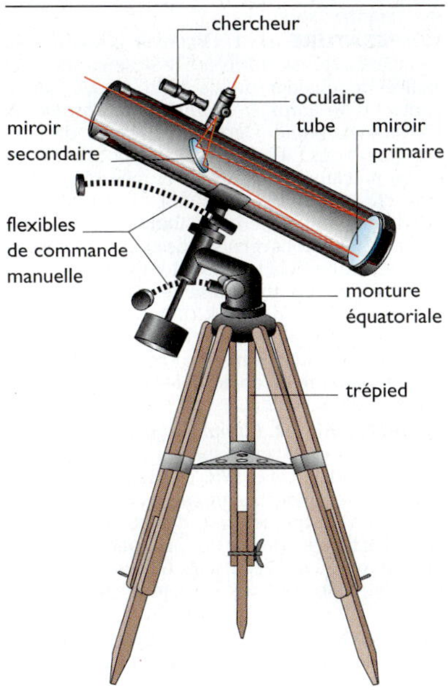

télescope de Newton

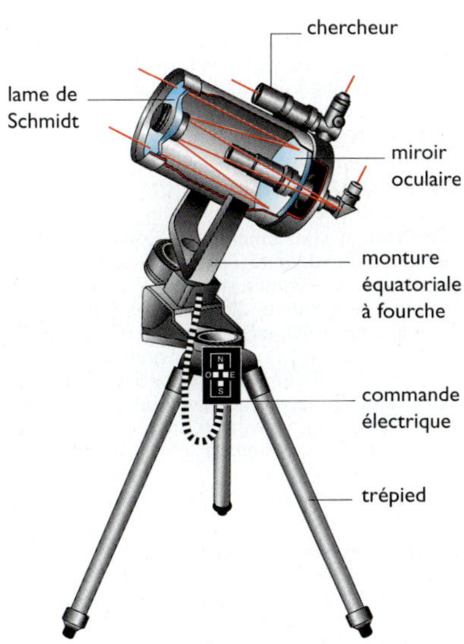

télescope de Schmidt-Cassegrain

■ **TÉLESCOPE.** Deux modèles de télescopes d'amateur à monture équatoriale.

TÉLÉVISUEL, ELLE adj. Relatif à la télévision comme moyen d'expression.

TÉLEX n.m. Réseau et service de transmission de données alphanumériques à basse vitesse au moyen de téléimprimeurs.

TÉLEXER v.t. Transmettre par télex.

TÉLEXISTE n. Personne chargée d'assurer les liaisons par télex.

TELL n.m. (ar. *tall,* colline). ARCHÉOL. Colline artificielle formée par les ruines superposées d'une ville ancienne, au Proche-Orient.

TELLEMENT adv. Marque l'intensité (peut être suivi d'une subordonnée de conséquence). *Il est tellement gentil. Il a tellement mangé qu'il s'est rendu malade.* ◇ *Pas tellement :* assez peu ; modérément. *Je n'aime pas tellement cela.*

TELLURATE n.m. Sel de l'acide tellurique.

TELLURE n.m. (lat. *tellus, -uris,* terre). **1.** Non-métal d'un blanc d'étain, de densité 6,2, et qui fond à 449,5 °C. **2.** Élément chimique (Te), de numéro atomique 52, de masse atomique 127,60.

TELLUREUX adj.m. CHIM. MINÉR. Se dit de l'anhydride TeO_2 et de l'acide correspondant.

TELLURHYDRIQUE adj.m. CHIM. MINÉR. Se dit de l'acide H_2Te, gaz toxique incolore.

1. TELLURIQUE ou **TELLURIEN, ENNE** adj. (lat. *tellus, -uris,* terre). **1.** Qui concerne la Terre.

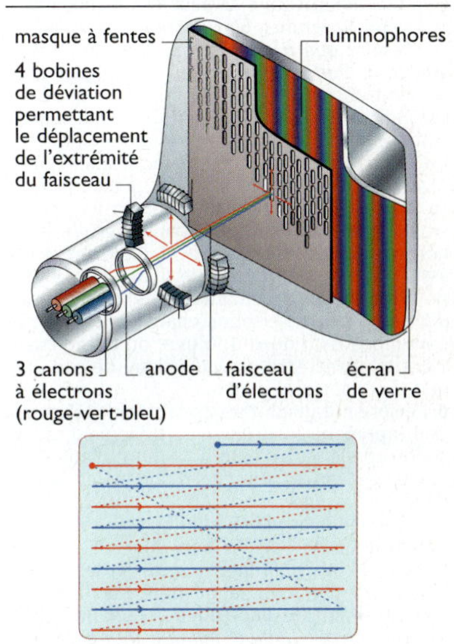

Principe du balayage : en bleu balayage des lignes paires, en rouge balayage des lignes impaires. Au total 525, 625 ou plus de 1 000 lignes en TVHD.

■ **TÉLÉVISION.** Fonctionnement d'un récepteur de télévision en couleurs (en haut) et principe de reconstitution de l'image par balayage (en bas).

◇ *Planète tellurique :* planète dense, de taille moyenne et dotée d'une structure rocheuse chimiquement différenciée, dont la Terre est le prototype (Mercure, Vénus, Mars). **2.** *Secousse tellurique :* séisme.

2. TELLURIQUE adj. (de *tellure*). Se dit de l'anhydride TeO_3 et de l'acide correspondant.

TELLUROMÈTRE n.m. (du lat. *tellus, -uris,* sol). Appareil de mesure des distances entre deux repères géodésiques mutuellement visibles, par un procédé radioélectrique.

TELLURURE n.m. Combinaison du tellure avec un autre élément.

TÉLOLÉCITHE adj. (du gr. *lekithos,* jaune d'œuf). BIOL. Se dit d'un œuf caractérisé par un volume de vitellus considérable (céphalopodes, poissons, reptiles, oiseaux).

TÉLOMÈRE n.m. BIOL. CELL. Extrémité d'un chromosome.

TÉLOPHASE n.f. BIOL. CELL. Dernière phase de la division cellulaire, pendant laquelle se constituent les noyaux des cellules filles et se forme une nouvelle membrane.

TÉLOUGOU ou **TELUGU** [telugu] n.m. Langue dravidienne parlée dans l'État d'Andhra Pradesh (Inde).

TELSON [tɛlsɔ̃] n.m. (mot gr.). ZOOL. Dernier segment de l'abdomen des arthropodes.

TEMENOS [temenɔs] n.m. (mot gr.). ANTIQ. GR. Aire sacrée d'un sanctuaire, délimitée par le péribole.

TÉMÉRAIRE adj. (lat. *temerarius,* inconsidéré). **1.** Qui manifeste une hardiesse excessive et imprudente. *Un garçon téméraire. Une entreprise téméraire.* **2.** *Jugement téméraire,* porté à la légère et sans preuves suffisantes.

TÉMÉRITÉ n.f. Hardiesse imprudente et présomptueuse.

TÉMOIGNAGE n.m. **1.** Action de témoigner ; relation faite par une personne de ce qu'elle a vu ou entendu. *Recueillir des témoignages.* ◇ *Porter témoignage :* témoigner de. **2.** DR. Déclaration, déposition d'un témoin en justice. ◇ *Faux témoignage :* témoignage inexact, mensonger. **3.** Action qui témoigne d'un sentiment ; marque extérieure, preuve de. *Témoignage d'amitié, de satisfaction.* ◇ *Rendre témoignage à qqn,* témoigner publiquement en sa faveur.

TÉMOIGNER v.t. Faire connaître par ses paroles, ses actions, ses sentiments ; exprimer, manifester. *Témoigner sa joie. Témoigner de l'intérêt pour une action.* ◆ v.i. Révéler, rapporter ce qu'on sait ; faire une déposition en justice. ◆ v.t. ind. **(de). 1.** Se porter garant de. *Je suis prêt à témoigner de sa probité.* **2.** En parlant de qqch, servir de preuve à qqch d'autre. *Ses réponses témoignent de sa bonne connaissance du sujet.*

TÉMOIN n.m. (lat. *testimonium*). **1.** Personne qui a vu ou entendu qqch, et peut éventuellement le rapporter, le certifier. *Être le témoin d'un accident.* ◇ *Prendre qqn à témoin,* invoquer son témoignage. **2.** Personne appelée à témoigner sous serment en justice pour rapporter ce qu'elle a entendu, vu, ou ce qu'elle sait. *Témoin à charge, à décharge.* ◇ *Témoin de moralité :* témoin qui ne dépose pas sur un fait précis, mais sur le caractère et les mœurs d'une personne qu'il connaît. — *Témoin assisté :* témoin visé par la plainte d'un tiers et entendu par le juge d'instruction en présence de son avocat. **3.** Personne qui assiste à l'accomplissement d'un acte officiel pour en attester l'exactitude. *Les deux témoins d'un mariage.* **4.** Personne chargée de régler les conditions d'un duel. **5.** Œuvre ou artiste exprimant tel ou tel trait caractéristique de son époque. *Les cathédrales, témoins de l'art médiéval.* **6.** Personne, animal, chose pris comme référence pour apprécier les effets d'un traitement, d'une action appliqués à d'autres. **7.** SPORTS. Petit bâton que se passent les coureurs d'une même équipe dans une course de relais. **8.** CONSTR. Petite tablette, génér. en plâtre, que l'on place en travers d'une fissure pour en surveiller l'évolution. **9.** TRAV. PUBL. Butte laissée dans un terrain déblayé afin d'évaluer la quantité de matériaux enlevés. ◆ adj. Se dit de qqch qui sert de repère, de référence. *Lampe témoin. Appartements témoins.*

1. TEMPE n.f. (lat. pop. *tempula,* de *tempora,* tempes). Partie latérale de la tête, comprise entre l'œil, le front, l'oreille et la joue.

2. TEMPE n.f. (lat. *templum,* traverse). Morceau de bois qui sert à tenir écartés les deux côtés du ventre d'un animal abattu et ouvert.

TEMPERA [tɑ̃pera] n.f. (mot ital.). PEINT. Détrempe dont le liant est une émulsion, spécial. à base d'œuf. *Peindre a tempera,* ou *à la tempera.*

TEMPÉRAMENT n.m. (lat. *temperamentum,* juste proportion). **1.** Ensemble des dispositions physiques innées d'un individu et qui détermineraient son caractère. *Tempérament violent.* ◇ *Fam. Avoir du tempérament :* avoir une forte personnalité ; être porté aux plaisirs sexuels. **2.** MUS. *Tempérament égal :* système musical qui divise l'octave en douze demi-tons égaux, par oppos. au *tempérament inégal,* dans lequel les demi-tons n'ont pas tous la même valeur. **3.** *Vente à tempérament :* vente à crédit dans laquelle l'acheteur s'acquitte par versements échelonnés et égaux.

TEMPÉRANCE n.f. (lat. *temperantia,* de *temperare,* tempérer). **1.** CATH. Une des quatre vertus morales, dites *vertus cardinales,* qui discipline les désirs et les passions humaines. **2.** Sobriété dans l'usage des aliments, des boissons alcoolisées. ◇ Vieilli. *Société de tempérance :* association pour combattre l'alcoolisme, la consommation d'alcool.

TEMPÉRANT, E adj. *Sout.* Qui fait preuve de tempérance ; sobre.

TEMPÉRATURE n.f. **1.** Grandeur physique qui caractérise de façon objective la sensation subjective de chaleur ou de froid laissée par le contact d'un corps. ◇ *Température absolue* ou *thermodynamique :* grandeur définie par des considérations théoriques de thermodynamique ou de mécanique statistique et mesurée en kelvins. **2.** CLIMATOL., MÉTÉOROL. Ensemble des conditions atmosphériques traduites subjectivement en sensations relatives de chaud et de froid, et dont l'appréciation exacte est fournie par l'observation du thermomètre. **3.** *Fam.* Fièvre. *Avoir de la température.* **4.** OPT. *Température de couleur :* valeur définissant la composition spectrale de la lumière émise par certaines sources. (La température de couleur de la lumière solaire est de 6 000 K.)

TEMPÉRÉ, E adj. **1.** *Climat tempéré froid :* climat sec et froid en hiver, assez pluvieux et relativement chaud en été. SYN. : *climat continental.* — *Climat tempéré océanique :* climat venteux, sans excès thermiques, avec des étés relativement frais, des hivers doux et des précipitations réparties sur toute l'année. **2.** MUS. *Gamme tempérée,* dans laquelle tous les demi-tons sont d'égale valeur.

TEMPÉRER v.t. [11] (lat. *temperare,* adoucir). Diminuer, atténuer l'excès de qqch. *Tempérer son enthousiasme.*

TEMPÊTE n.f. (lat. pop. *tempesta*). **1.** Violente perturbation atmosphérique dépressionnaire, accompagnée de vent, de précipitations sur terre ou sur mer. ◇ *Avis de tempête :* message lancé par les services météorologiques annonçant que l'on prévoit un vent d'une vitesse correspondant à la force 10 ou 11 sur l'échelle de Beaufort. **2.** *Fig.* Explosion subite et violente de qqch. *Une tempête d'injures.* **3.** Violente agitation dans un groupe, dans un pays. *Tempête politique.*

TEMPÊTER v.i. Manifester bruyamment son mécontentement ; fulminer.

TEMPÉTUEUX, EUSE adj. *Litt.* Agité par la tempête. *Mer tempétueuse.*

TEMPLE n.m. (lat. *templum*). **1.** Édifice consacré au culte d'une divinité. *Les temples grecs.* ◇ *Spécial. Le Temple :* édifice cultuel élevé à Jérusalem et consacré à Yahvé, dieu d'Israël. (Le premier Temple, construit par Salomon, fut détruit en 587 av. J.-C. Le second Temple, construit au début du VIe s. av. J.-C., fut démoli en 70 apr. J.-C.) **2.** Édifice dans lequel les protestants célèbrent leur culte. **3.** *Par ext.* Lieu privilégié fréquenté par des connaisseurs. *Ce restaurant est un temple de la gastronomie.*

TEMPLIER n.m. Chevalier de l'ordre du Temple (v. partie n.pr.).

TEMPO [tɛmpo] ou [tɛ̃po] n.m. (mot ital., *temps*). **1.** MUS. Notation des différents mouvements dans lesquels est écrit ou exécuté un morceau. ◇ *A tempo :* en reprenant la vitesse d'exécution initiale du morceau après un ralenti ou une accélération. **2.** MUS. Vitesse d'exécution d'une œuvre. **3.** *Fig.* Rythme de déroulement d'une action.

TEMPORAIRE adj. (lat. *temporarius*). **1.** Qui ne dure que peu de temps ; momentané, provisoire. **2.** Qui ne s'exerce que pendant un temps limité ; qui n'exerce une activité que pendant un certain temps ; intérimaire. *Entreprise de travail temporaire.*

TEMPORAIREMENT adv. Pour un temps limité.

TEMPORAL, E, AUX adj. Relatif aux tempes. ◇ *Lobe temporal du cerveau :* partie moyenne et inférieure de chacun des deux hémisphères cérébraux, où sont localisés les centres de l'audition et du langage. — *Os temporal,* ou *temporal,* n.m. : os du crâne situé dans la région de la tempe.

TEMPORALITÉ n.f. **1.** PHILOS. Caractère de ce qui existe dans le temps. **2.** GRAMM. Valeur temporelle ; caractère temporel.

TEMPOREL, ELLE adj. (lat. *temporalis,* de *tempus, -oris,* temps). **1.** Qui se situe, s'inscrit dans le temps (par oppos. à *éternel*). **2.** Qui concerne les choses matérielles (par oppos. à *spirituel*). *Les biens temporels.* ◇ *Pouvoir temporel :* pouvoir des papes en tant que souverains de leur territoire. **3.** GRAMM. Qui concerne ou indique le temps. *Subordonnée temporelle.* **4.** TÉLÉCOMM. *Commutation temporelle :* commutation électronique utilisant des voies de transmission numériques partagées dans le temps entre plusieurs communications simultanées. ◆ n.m. DR. CANON. Ensemble des biens appartenant à une église ou à une communauté religieuse.

1. TEMPORISATEUR, TRICE adj. et n. Qui temporise.

2. TEMPORISATEUR n.m. ÉLECTRON., ÉLECTROTECHN. Appareil servant à produire un signal de sortie séparé d'un signal d'entrée par un intervalle de temps déterminé.

TEMPORISATION n.f. **1.** Fait de temporiser ; retard volontairement apporté à une décision, à une action. **2.** ÉLECTRON., ÉLECTROTECHN. Production d'un signal par un temporisateur.

TEMPORISER v.i. (du lat. *tempus, -oris,* temps). **1.** Différer une action dans l'espoir qu'une meilleure occasion se présentera ; retarder qqch, surseoir à qqch. **2.** ÉLECTRON., ÉLECTROTECHN. Produire un signal à l'aide d'un temporisateur.

TEMPS n.m. (lat. *tempus*). **1.** Notion fondamentale conçue comme un milieu infini dans lequel se succèdent les événements et souvent ressentie comme une force agissant sur le monde, les êtres. *Le temps et l'espace. La fuite du temps.* **2.** ASTRON., PHYS. Ce milieu, conçu comme une dimension de l'Univers *(espace-temps).* ◇ *Temps atomique international (TAI) :* échelle de temps établie par le Bureau international des poids et mesures sur la base des données fournies par un ensemble d'horloges atomiques. (Cette échelle diffère de celles fondées sur des phénomènes astronomiques parce que la rotation de la Terre n'est pas rigoureusement uniforme.) — *Temps sidéral (en un lieu donné) :* échelle de temps fondée sur la rotation de la Terre mesurée par rapport aux étoiles. — *Temps solaire vrai (en un lieu donné) :* échelle de temps fondée sur le mouvement apparent du Soleil dans le ciel. (L'heure correspondante est celle qu'indique un cadran solaire.) — *Temps solaire moyen :* échelle de temps fondée sur le mouvement apparent d'un Soleil fictif qui se déplacerait à une vitesse uniforme tout au long de l'année. (Le temps moyen se compte de 0 à 24 heures à partir de midi.) — *Temps civil :* temps solaire moyen augmenté de douze heures, utilisé dans la vie civile. (Le temps civil se compte de 0 à 24 heures à partir de minuit, avec changement de quantième à minuit.) — *Temps universel* (abrév. internationale : *UT*) : temps civil du méridien de Greenwich (Angleterre). — *Temps universel coordonné* (abrév. internationale : *UTC*) : échelle de temps diffusée par les signaux horaires. (Cette échelle diffère du temps atomique international d'un nombre entier de secondes et, pour qu'elle ne diverge pas de plus de 0,9 s du temps universel, on procède, quand cela apparaît nécessaire, à l'introduction de secondes intercalaires.) **3.** *Temps légal :* heure légale. **4.** PHYS. **a.** Durée considérée comme une quantité mesurable. **b.** Paramètre permettant de repérer les événements dans leur succession. ◇ *Avoir le temps de :* disposer du délai nécessaire pour faire qqch. — *Gagner du temps :* retarder la suite des événements ; temporiser. — *Perdre du, son temps,* le gaspiller inutilement, en partic. à ne rien faire. **5.** Chacune des phases successives d'une opération, d'une action. **6.** MUS. Division de la mesure.

Mesure à 2, 3, 4 ou 5 temps. ◇ ***Temps fort :*** temps de la mesure où l'on renforce le son. **7.** INFORM. ***Temps d'accès :*** intervalle de temps qui sépare l'instant où un processeur, dans un ordinateur, demande une information et celui où la mémoire la lui fournit. – ***Temps partagé,*** ou ***partage de temps :*** mode d'exploitation d'un ordinateur à partir de nombreux terminaux, dans lequel chaque utilisateur se voit allouer une tranche de temps pour l'exécution de son programme. – ***Temps réel :*** mode de traitement qui permet l'admission des données à un instant quelconque et l'élaboration immédiate des résultats. **8.** MÉDIAS. ***Temps d'antenne :*** durée déterminée d'émissions de radio ou de télévision diffusées dans le cadre de la programmation. **9.** SOCIOL. ***Temps choisi :*** travail à horaire variable (temps partiel, horaires à la carte, etc.). – ***Temps partiel :*** temps de travail inférieur à la durée légale hebdomadaire (par oppos. à ***temps plein***). **10.** SPORTS. Durée chronométrée d'une course, d'un match, etc. **11.** Moment, époque occupant une place déterminée dans la suite des événements ou caractérisée par qqch. ◇ ***Dans le temps :*** autrefois. – *Litt.* ***Il y a beau temps :*** il y a longtemps. – ***Passer le, son temps à,*** l'employer à. – ***N'avoir qu'un temps :*** être de courte durée. – ***Avoir fait son temps :*** être dépassé, périmé. – ***Bon temps :*** moments heureux, de plaisir. – ***Être de son temps :*** penser, vivre, agir en conformité avec les idées couramment admises de son époque. – ***En même temps :*** dans le même instant, simultanément ; à la fois. – ***De temps en temps :*** par intervalles, quelquefois. – ***De tout temps :*** toujours. – Belgique. ***Tout un temps :*** pendant un certain temps. **12.** ***Faire son temps,*** son service militaire. **13.** Moment favorable à telle ou telle action. ◇ ***À temps :*** au moment approprié, pas trop tard. – ***Avant le temps :*** avant le temps fixé ; prématurément. – ***En temps et lieu :*** au moment et à l'endroit convenables. **14.** LING. Catégorie grammaticale de la localisation dans le temps (présent, passé, futur), s'exprimant en partic. par la modification des formes verbales ; chacune des séries verbales personnelles de la conjugaison. **15.** État de l'atmosphère, en un lieu et en un moment donnés. ◇ ***Gros temps :*** tempête avec vent violent.

TENABLE adj. (Surtout en tournure négative ou restrictive.) Qu'on peut tenir, supporter. *Cette situation n'est plus tenable.*

TENACE adj. (lat. *tenax, -acis,* de *tenere,* tenir). **1.** Qui adhère fortement ; qui dure longtemps. *Une colle tenace. Un parfum tenace.* **2.** Se dit d'un matériau qui résiste à la rupture. *Métal tenace.* **3.** Fortement attaché à ses idées, à ses décisions. *Personne tenace.* **4.** Difficile à extirper, à détruire. *Les préjugés sont tenaces.*

TENACEMENT adv. *Litt.* Avec ténacité.

TÉNACITÉ n.f. **1.** Caractère tenace. **2.** MATÉR. Résistance à la rupture.

TENAILLE n.f. ou **TENAILLES** n.f. pl. (lat. *tenaculum,* attache). **1.** Outil composé de deux pièces croisées, mobiles autour d'un axe et terminées par des mors qu'on peut rapprocher pour saisir ou serrer certains objets. **2.** FORTIF. Élément extérieur de la fortification bastionnée, couvrant la courtine.

TENAILLEMENT n.m. *Litt.* Action de tenailler.

TENAILLER v.t. **1.** Faire souffrir ; torturer. *La faim le tenaillait.* **2.** *Litt.* Tourmenter moralement. *Être tenaillé par le remords.*

TENANCIER, ÈRE n. **1.** Personne qui dirige une maison de jeu, un hôtel, etc. **2.** HIST. Exploitant d'une tenure.

1. TENANT, E adj. *Séance tenante :* dans le cours même de la séance ; immédiatement.

2. TENANT, E n. *Tenant(e) du titre :* sportif(ive) ou équipe qui détient un titre. ◆ n.m. **1.** Celui qui se fait le champion, le défenseur d'une opinion. **2.** ***D'un seul tenant :*** d'un seul morceau. *Une propriété de vingt hectares d'un seul tenant.* ◆ n.m. pl. ***Les tenants et les aboutissants d'une affaire :*** toutes les circonstances, tous les détails.

TENDANCE n.f. **1.** Impulsion qui pousse qqn à agir d'une certaine façon ; penchant. – PSYCHOL. Disposition à répondre par certains comportements à certaines situations déterminées. **2.** Orientation particulière de qqch, d'un mouvement politique, artistique, d'un phénomène économique, etc. *Les grandes tendances de l'art contemporain. Tendance des prix à la baisse.* **3.** Fraction organisée d'un mouvement syndical ou politique. **4.** ***Procès de tendance :*** procès d'intention.

TENDANCIEL, ELLE adj. *Didact.* Qui indique une tendance. *Baisse tendancielle du taux de profit.*

TENDANCIEUSEMENT adv. De façon tendancieuse.

TENDANCIEUX, EUSE adj. Qui marque une intention secrète, un parti pris d'imposer une opinion ; partial.

TENDELLE n.f. (de *2. tendre*). Collet pour prendre les grives.

TENDER [tɑ̃dɛr] n.m. (mot angl.). **1.** Véhicule attelé en permanence à une locomotive à vapeur, et contenant l'eau et le combustible nécessaires à la machine. **2.** Navire annexe d'une plate-forme de forage en mer.

TENDERIE n.f. CHASSE. Ensemble de pièges fixes ou mobiles pour capturer les oiseaux de passage.

1. TENDEUR, EUSE n. Personne qui tend qqch.

2. TENDEUR n.m. **1.** Courroie élastique servant à maintenir qqch en place. **2.** Appareil servant à tendre une courroie, une corde, un fil métallique, un fil textile, etc.

TENDINEUX, EUSE adj. Relatif aux tendons ; de la nature des tendons. ◇ ***Viande tendineuse,*** qui contient des fibres dures, coriaces (aponévroses et tendons).

TENDINITE n.f. MÉD. Inflammation d'un tendon.

TENDON n.m. Partie amincie d'un muscle, constituée de fibres conjonctives, par laquelle il s'insère sur un os. ◇ ***Tendon d'Achille :*** tendon d'attache du triceps sural (muscle du mollet) sur le calcanéum, permettant l'extension du pied sur la jambe.

1. TENDRE adj. (lat. *tener*). **1.** Qui peut être facilement coupé, divisé, entamé ou mâché. *Pierre tendre. De la viande tendre.* ◇ ***Couleur tendre,*** claire et délicate. **2.** Qui manifeste de l'amour, de l'amitié ; affectueux. *Des parents tendres. De tendres paroles.* ◇ ***Ne pas être tendre pour qqn,*** être sévère envers lui. **3.** ***Âge tendre, tendre enfance :*** première jeunesse, petite enfance. ◆ n. Personne affectueuse, facile à émouvoir.

2. TENDRE v.t. [59] (lat. *tendere*). **1.** Tirer et tenir dans un état d'allongement. *Tendre une corde.* **2.** Avancer une partie du corps, porter en avant. *Tendre la main.* ◇ ***Tendre le dos :*** se préparer à être battu. – ***Tendre son esprit :*** faire un effort pour comprendre, analyser qqch. **3.** Déployer et installer qqch en le tendant et en le rigidifiant. *Tendre des voiles, une tente.* ◇ ***Tendre un piège,*** le disposer pour prendre du gibier ; *fig.,* chercher à tromper qqn. **4.** Couvrir un mur, une pièce d'une tapisserie, d'une étoffe, de papier peint. ◆ v.t. ind. **(à, vers)**. **1.** Avoir pour but, évoluer, se diriger vers. *À quoi tendent vos démarches ? Tendre à la perfection.* **2.** MATH. Avoir pour limite.

3. TENDRE n.m. LITTÉR. *Carte du Tendre :* carte d'un pays allégorique, le pays du Tendre, où les divers chemins de l'amour avaient été imaginés, au XVIIe s., par Mlle de Scudéry et les écrivains de son entourage.

TENDREMENT adv. Avec tendresse.

TENDRESSE n.f. Sentiment tendre, d'amitié, d'amour, qui se manifeste par des paroles, des gestes doux et des attentions délicates. ◆ pl. Témoignages d'affection.

TENDRETÉ n.f. Qualité d'une viande tendre.

TENDRON n.m. **1.** BOUCH. Partie du bœuf et du veau comprenant les cartilages qui prolongent les côtes flottantes. **2.** *Fam.* Très jeune fille.

TENDU, E adj. **1.** Soumis à une tension nerveuse ; contracté. ◇ ***Rapports tendus,*** rendus difficiles par suite d'un état de tension. – ***Situation tendue,*** qui peut se transformer en conflit. **2.** ***Esprit tendu,*** tout entier absorbé par une question. **3.** ***Style tendu :*** style qui trahit l'application, l'effort. **4.** MIL. *Tir tendu :* tir exécuté à grande vitesse et en utilisant la portion initiale de la trajectoire, voisine de la droite.

TÉNÈBRES n.f. pl. (lat. *tenebrae*). *Litt.* **1.** Obscurité profonde. *Marcher dans les ténèbres.* **2.** ***L'ange, le prince, l'esprit des ténèbres :*** le démon. – ***L'empire des ténèbres :*** l'enfer. **3.** Ce qui est difficile à comprendre, obscur, inconnu. *Les ténèbres de la folie.*

TÉNÉBREUX, EUSE adj. *Litt.* **1.** Plongé dans les ténèbres. *Forêt ténébreuse.* **2.** Malaisé à comprendre ; obscur. ◆ adj. et n. *Litt.* Qui est d'humeur sombre et s'entoure de mystère. ◇ *Par plais.* ***Beau ténébreux :*** bel homme, à l'expression sombre et romantique.

TÉNÉBRION n.m. (bas lat. *tenebrio*). Insecte coléoptère brun foncé, de mœurs nocturnes, qui vit dans la farine. (Sa larve est appelée *ver de farine.* Long. 15 mm env. ; famille des ténébrionidés.)

TÉNESME [tenɛsm] n.m. (gr. *tênesmos*). Tension douloureuse et brûlure produites par l'irritation et la contraction du sphincter anal ou vésical.

1. TENEUR n.f. **1.** Contenu exact d'un acte, d'un arrêt, d'un écrit quelconque. **2.** Ce qu'un mélange contient d'un corps particulier. *Teneur en alcool.* ◇ ***Teneur isotopique :*** dans un mélange d'isotopes d'un même élément, pourcentage du nombre des atomes d'un isotope donné rapporté au nombre total des atomes de cet élément. – ***Teneur d'un minerai :*** proportion de substance utile contenue dans un minerai.

2. TENEUR, EUSE n. *Teneur de livres :* personne qui tient la comptabilité.

TÉNIA ou **TÆNIA** [tenja] n.m. (lat. *taenia,* ruban, du gr.). Ver plat et segmenté, parasite de l'intestin grêle des mammifères, dont certains types sont appelés cour. *ver solitaire.* (Ordre des cestodes.)

TÉNICIDE adj. et n.m. Se dit d'un médicament qui provoque la destruction des ténias.

TENIR v.t. [28] (lat. *tenere*). **1.** Avoir à la main, avec soi. *Tenir un livre. Tenir des outils.* **2.** Garder qqn, un animal près de soi, le maintenir. *Tenir un enfant par la main. Tenir un chien en laisse.* **3.** Se saisir de qqn, d'un animal, s'en rendre maître, le retenir. *La police tient les coupables.* **4.** Garder, maintenir dans un certain état ; conserver. *Tenir une lettre en lieu sûr. Tenir un plat au chaud.* **5.** Avoir la charge d'un rôle, d'un poste, d'une fonction. *Tenir un hôtel, un restaurant. Tenir la place de qqn.* ◇ ***Tenir la caisse, les livres :*** avoir la charge de la caisse, de la comptabilité. – ***Tenir son rang :*** occuper sa place avec dignité. – ***Tenir conseil :*** se réunir afin de délibérer. – ***Tenir des propos, des discours :*** parler, discourir. *Tenir des propos discourtois.* **6.** Avoir qqn, un groupe sous son emprise, son autorité. *Orateur qui tient son auditoire.* **7.** Respecter fidèlement ce à quoi l'on s'est engagé. *Tenir une promesse, un engagement.* ◇ ***Être tenu à,*** obligé de. – DR. ***Être tenu de :*** être responsable de. *Les associés sont tenus des dettes sociales à concurrence de leur apport.* **8.** ***Tenir qqch pour :*** regarder, considérer qqch comme (suivi d'un attribut). *Il tient l'incident pour clos.* **9.** ***Tenir qqch de qqn,*** l'avoir reçu ou obtenu de lui. **10.** Avoir une certaine capacité ; contenir. *Cette carafe tient un litre.* **11.** Avoir prise sur qqn, en parlant d'un sentiment, d'un mal. *Quand la colère le tient, il devient dangereux.* ◇ ***Tenir la route :*** bien adhérer au sol, ne pas se déporter dans les virages ou à grande vitesse, en parlant d'un véhicule automobile. – ***Tenir la mer :*** montrer des qualités de navigabilité par gros temps, en parlant d'un navire. ◆ v.i. **1.** Se maintenir, rester dans une position donnée. *Il ne tient pas debout.* ◇ *Fam.* ***En tenir pour :*** être amoureux de. – ***Tenir bon, ferme :*** résister à une situation difficile, la supporter sans faiblir. **2.** Pouvoir être contenu dans un certain espace. *Le texte tient en une page. On tient à huit à cette table.* **3.** ***Tiens !, tenez ! :*** marque l'étonnement ou l'ironie ; ça par exemple !, voyez-vous cela ! **4.** Être solide et ne pas céder, ne pas se rompre ou ne pas se défaire. *La serrure n'a pas tenu.* **5.** Résister à tout effet, à toute agression, au temps. *La mode des cheveux longs a tenu longtemps.* ◆ v.t. ind. **1. (à).** Être attaché à. *Tenir à ses amis. Tenir à sa réputation.* **2. (à).** Provenir de qqch, en être le résultat, l'avoir pour cause. *Son départ tient à plusieurs facteurs.* **3. (à).** Avoir la ferme volonté de faire qqch, que qqch soit fait. *Elle tient à revoir son frère.* **4. (de).** Avoir des points communs avec qqn, qqch. *Il tient de son oncle. Un tel résultat tient du miracle.* **5.** ***Qu'à cela ne tienne :*** cela n'a pas d'importance, que cela ne soit pas un empêchement. **6.** ***Il ne tient qu'à qqn de,*** il dépend uniquement de lui de. ◆ **se tenir** v.pr. **1.** Être, se trouver à telle place, avoir lieu à tel endroit, à tel moment. *Tenez-vous près de la porte ! La réunion se tiendra à 8 heures.* **2.** Prendre et garder telle position, telle attitude du corps. *Se tenir droit.* **3.** ***S'en tenir à qqch :*** ne rien faire de plus, ne pas aller au-delà. **4.** ***Ça se tient :*** c'est un raisonnement valable, une opinion défendable.

T

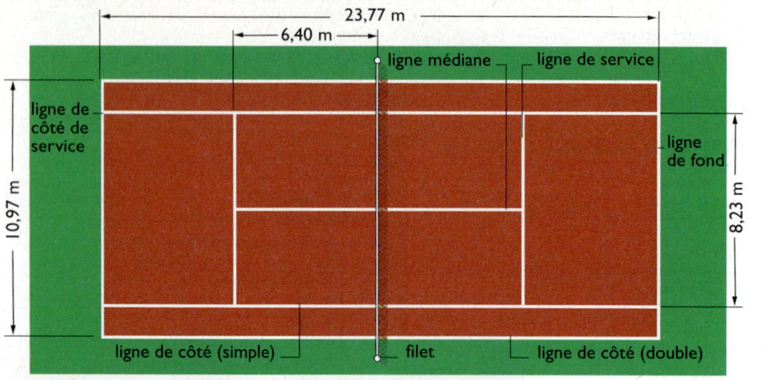

Revers de la joueuse allemande Steffi Graf.

Service du joueur américain Pete Sampras.

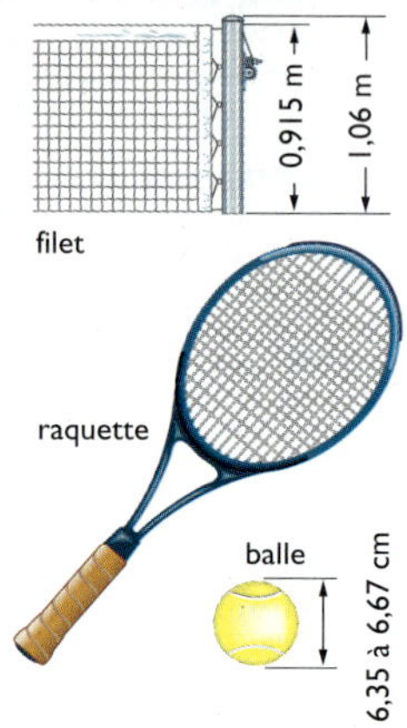

■ **TENNIS**

1. TENNIS [tenis] n.m. (mot angl., du fr. *tenez,* prononcé [tenetz]). **1.** Sport qui consiste, pour deux ou quatre joueurs munis de raquettes, à envoyer une balle par-dessus un filet dans les limites du terrain *(court)* ; le terrain lui-même. ◇ *Tennis de table :* sport voisin du tennis où le court est remplacé par une table de dimensions standardisées. SYN. : *ping-pong.* **2.** Flanelle de coton légère.

2. TENNIS n.f. Chaussure de sport en toile et à semelle de caoutchouc.

TENNIS-BALLON n.m. (pl. *tennis-ballons*). Sport qui se pratique sur un court de tennis avec un ballon de football que les joueurs se renvoient de la tête ou du pied au-dessus du filet.

TENNIS-ELBOW [teniselbo] n.m. [pl. *tennis-elbows*] (mot angl.). Épicondylite provoquée par la pratique intensive du tennis.

TENNISMAN [tenisman] n.m. [pl. *tennismans* ou *tennismen*] (faux anglic., de *tennis* et angl. *man,* homme). Joueur de tennis.

TENON n.m. (de *tenir*). Extrémité d'une pièce qu'on a façonnée pour la faire entrer dans un trou (la mortaise) pratiqué dans une autre pièce destinée à être assemblée à la première.

TENONNER v.t. MENUIS. Réaliser des tenons.

Un échange entre deux joueurs (photographie stroboscopique).

■ **TENNIS DE TABLE**

TENONNEUSE n.f. MENUIS. Machine-outil façonnant des tenons.

TÉNOR n.m. (ital. *tenore*). **1.** MUS. **a.** Voix d'homme élevée. **b.** Chanteur qui a une voix de ténor. **2.** *Fam.* Personne qui tient un rôle de vedette dans l'activité qu'il exerce. *Les ténors de la politique.* ◆ adj. et n.m. Dans une famille d'instruments, se dit de celui qui a la tessiture qui correspond à celle d'une voix de ténor. *Trombone ténor.*

TÉNORINO n.m. (ital. *tenorino*). Ténor très léger, chantant en fausset.

TÉNORISER v.i. Chanter à la manière d'un ténor, dans le registre du ténor.

TÉNOTOMIE n.f. (gr. *tenôn,* tendon, et *tomê,* section). Section chirurgicale d'un tendon.

TENREC n.m. → **TANREC.**

1. TENSEUR adj.m. et n.m. Se dit d'un muscle destiné à produire une tension.

2. TENSEUR n.m. Grandeur mathématique à plusieurs composantes ayant des propriétés d'invariance formelle par changement de base des espaces vectoriels sous-jacents, par oppos. aux grandeurs *scalaires* ou *vectorielles.*

TENSIOACTIF, IVE adj. Se dit d'une substance douée de tensioactivité.

TENSIOACTIVITÉ n.f. CHIM., PHYS. Aptitude des corps mis en solution à modifier la tension superficielle du solvant.

TENSIOMÈTRE n.m. **1.** PHYS. Appareil servant à mesurer la tension superficielle d'un liquide. **2.** TEXT. Appareil servant à mesurer la force de tension qui s'exerce sur un fil. **3.** Sphygmomanomètre.

TENSION n.f. (lat. *tensio,* de *tendere,* tendre). **1.** Traction exercée sur une substance souple ou élastique ; état qui en résulte. *La tension d'un ressort.* ◇ *Tension d'esprit :* effort intense et soutenu de l'esprit. **2.** MATÉR. État des contraintes dans un corps sollicité et, plus partic., composante normale de celles-ci. **3.** État musculaire de préparation à une action, dans lequel un certain nombre de muscles spécifiques sont légèrement contractés. **4.** État de qqn qui est tendu, contracté, nerveux. **5.** Situation tendue pouvant dégénérer en conflit entre personnes, groupes, États. *Tension dans les Balkans. Tensions intercommunautaires.* **6.** BX-ARTS. Dynamisme contenu. **7.** PHYS. *Tension superficielle :* grandeur égale au rapport de l'énergie nécessaire pour augmenter la surface libre d'un liquide à l'augmentation de l'aire de cette surface. – *Tension de vapeur :* pression de vapeur saturante. **8.** PHYSIOL. *Tension artérielle :* pression artérielle. – *Cour. Avoir, faire de la tension :* être atteint d'une hypertension artérielle. **9.** ÉLECTR. Différence de *potentiel.

TENSON n.f. (bas lat. *tentio,* dispute, querelle). Dialogue où des interlocuteurs échangent des invectives, dans la poésie du Moyen Âge.

TENSORIEL, ELLE adj. MATH. *Calcul tensoriel :* calcul relatif aux tenseurs.

TENTACULAIRE adj. **1.** Relatif aux tentacules. **2.** *Fig.* Qui tend à se développer dans toutes les directions. *Ville tentaculaire.*

TENTACULE n.m. (lat. *tentaculum*). Appendice souple et mobile de certains invertébrés (actinies, mollusques), qui leur sert d'organe du toucher ou de la préhension.

TENTANT, E adj. Qui fait naître un désir, une envie.

TENTATEUR, TRICE adj. et n. Qui tente, cherche à séduire.

TENTATION n.f. **1.** Attrait vers qqch de défendu par une loi morale ou religieuse ; incitation au péché ou à la révolte contre les lois divines. **2.** Tout ce qui tente, attire, incite à qqch, crée le désir, l'envie.

TENTATIVE n.f. **1.** Action par laquelle on s'efforce d'obtenir un certain résultat ; essai. ◇ *Faire une tentative :* essayer. **2.** DR. Commencement d'exécution d'une infraction.

TENTE n.f. (de *1. tendre*). **1.** Abri portatif démontable, en toile serrée, que l'on dresse en plein air. ◇ *Se retirer sous sa tente :* abandonner par dépit un parti, une cause (par allusion à la colère d'Achille). **2.** MÉD. *Tente à oxygène :* enceinte en tissu transparent ou en plastique, recouvrant la tête et le thorax du malade, et munie d'une arrivée d'oxygène.

TENTER v.t. (lat. *tentare*). **1.** Entreprendre, avec l'intention de la mener à bien, une action dont l'issue est incertaine. *Tenter une expérience. Tenter de résister.* ◇ *Litt. Tenter Dieu :* entreprendre qqch au-dessus des forces humaines. **2.** Inciter qqn à faire le mal. *Le serpent tenta Ève.* – Inciter qqn à faire qqch, en éveillant son envie, son désir. **3.** Exciter le désir de qqn, son intérêt, lui plaire, en parlant de qqch. *Ce voyage vous tente-t-il ?*

TENTURE n.f. **1.** Ensemble de pièces de tissu décorant un appartement (murs, fenêtres, etc.). – Belgique. Rideau opaque. **2.** Ensemble de tapisseries de lisse illustrant différents aspects d'un même thème, différents épisodes d'un cycle, et tissées par le même atelier. **3.** Étoffe noire dont on tend la façade d'une maison, d'une église, pour une cérémonie funèbre.

1. TENU, E adj. **1.** Maintenu dans un certain état ; soigné. *Maison bien tenue.* **2.** BOURSE. Ferme dans les prix. *Valeurs tenues.*

2. TENU n.m. Action d'un joueur qui tient trop longtemps le ballon dans certains sports d'équipe ; au rugby à XIII, remise en jeu après le placage du porteur du ballon.

TÉNU, E adj. (lat. *tenuis*). Très fin, très mince.

TENUE n.f. (de *tenir*). **1.** Action de tenir une assemblée ; fait de se réunir, de siéger. *La tenue des assises.* **2.** Action, manière de diriger, d'administrer une maison, une collectivité. *Tenue d'une maison.* ◇ *Tenue de livres :* action de tenir la comptabilité d'une entreprise. **3.** Manière dont on se tient physiquement, dont qqn se présente, est habillé. *Bonne, mauvaise tenue.* ◇ *En petite tenue, en tenue légère :* peu vêtu. **4.** Ensemble de vêtements propres à une profession, à une activité, à une circonstance. *Tenue de soirée.* ◇ *En tenue :* en uniforme. – *Tenue de cérémonie,* ou, vieilli, *grande tenue :* uniforme, habit de parade. **5.** Qualité de ce qui obéit à un souci de rigueur, dans le domaine intellectuel, esthétique, moral. *Roman d'une haute tenue.* **6.** BOURSE. Fermeté dans la valeur des titres. **7.** MUS. Prolongation, d'une durée variable, de la valeur de notes ou d'accords semblables. **8.** *Tenue de route :* qualité d'un véhicule automobile qui possède une stabilité de trajectoire dans toutes les conditions de circulation.

TÉNUIROSTRE adj. (lat. *tenuis,* grêle, et *rostrum,* bec). Se dit d'un passereau qui a le bec fin et pointu.

TÉNUITÉ n.f. *Litt.* État d'une chose ténue.

TENURE n.f. (de *tenir*). Au Moyen Âge, exploitation agricole concédée par un seigneur à un tenancier, en échange de redevances et de services.

TENUTO [tenuto] adv. (mot ital., *tenu*). MUS. En soutenant le son pendant la durée de la note. Abrév. : *ten.*

TEOCALLI ou **TEOCALI** [teɔkali] n.m. (mot nahuatl, *maison de Dieu*). ARCHÉOL. Temple, centre cérémoniel, génér. élevé sur une éminence artificielle en forme de pyramide tronquée, chez les Aztèques.

TÉORBE ou **THÉORBE** n.m. (ital. *tiorba*). Grand luth, en usage du XVIe au XVIIIe siècle.

tep [tɛp] n.f. inv. (acronyme). Tonne d'équivalent pétrole.

TÉPALE n.m. Pièce du périanthe des fleurs de monocotylédones, à la fois pétale et sépale.

TEPHILLIN n.m. pl. → **TEFILLIN.**

TÉPHRITE n.f. (du gr. *tephra,* cendre). Roche volcanique caractérisée par l'association de plagioclase et de feldspathoïde.

TEPIDARIUM [tepidarjɔm] n.m. (mot lat.). ANTIQ. ROM. Pièce des thermes romains où était maintenue une température tiède.

TEPUI [tepwi] n.m. (d'une langue indienne). Haut plateau de quartzite du bouclier guyanais (Venezuela), au sommet duquel les écosystèmes ont été isolés depuis plusieurs millions d'années. (Du fait de cet isolement et des conditions climatiques particulières qui y règnent, les écosystèmes des tepuis ont évolué de façon différente du reste de la forêt en contrebas.)

TEQUILA [tekila] n.f. (n. d'une localité du Mexique). Eau-de-vie obtenue par distillation du fruit de l'agave, fabriquée au Mexique.

TER adv. (mot lat.). **1.** Trois fois. **2.** Pour la troisième fois.

TÉRA- (gr. *teras,* monstre). Préfixe (symb. T) qui, placé devant une unité, la multiplie par 10^{12}.

TÉRATOGÈNE adj. MÉD. Qui produit des malformations chez l'embryon.

TÉRATOGENÈSE ou **TÉRATOGÉNIE** n.f. Apparition et développement d'une malformation.

TÉRATOLOGIE n.f. (gr. *teras, -atos,* monstre, et *logos,* science). MÉD., BIOL. Science qui étudie les malformations.

TERBIUM [tɛrbjɔm] n.m. (de la v. d'*Ytterby,* en Suède). **1.** Métal du groupe des terres rares. **2.** Élément chimique (Tb), de numéro atomique 65, de masse atomique 158,925 3.

TERCET n.m. (ital. *terzetto,* de *terzo,* tiers). VERSIF. Groupe de trois vers unis par le sens et par certaines combinaisons de rimes.

TÉRÉBENTHINE [-bɑ̃-] n.f. (lat. *terebinthina*). Oléorésine qu'on tire par incision de certains arbres, notamm. des conifères et du térébinthe. ◇ *Essence de térébenthine,* ou *térébenthine :* partie volatile d'une térébenthine, utilisée pour dissoudre les corps gras, fabriquer les vernis, délayer les couleurs, etc.

TÉRÉBINTHE n.m. (gr. *terebinthos*). Pistachier d'une espèce méditerranéenne dont l'écorce fournit une térébenthine. (Nom sc. *Pistacia terebinthus ;* famille des anacardiacées.)

TÉRÉBRANT, E adj. (lat. *terebrans, -antis*). **1.** Se dit d'un animal qui creuse des trous, des galeries dans un corps dur, notamm. d'un insecte muni d'une tarière. **2.** Se dit d'une lésion (ulcère, cancer, notamm.) qui ronge les tissus. **3.** Se dit d'une douleur profonde qui donne l'impression d'un clou qu'on enfonce dans les tissus.

TÉRÉBRATULE n.f. (du lat. *terebra,* tarière). Organisme marin à coquille bivalve, abondant à l'ère secondaire, et qui vit encore actuellement fixé aux coquillages et aux gorgones dans les eaux profondes. (Sous-embranchement des brachiopodes.)

TÉRÉPHTALIQUE adj. Se dit d'un acide isomère de l'acide phtalique servant à la fabrication de polyesters utilisés comme fibres textiles.

TERFÈS, TERFESSE ou **TERFÈZE** n.f. Champignon ascomycète souterrain des régions méditerranéennes, comestible, souvent appelé *truffe blanche.* (Genre *Terfez ;* ordre des tubérales.)

TERGAL n.m. (nom déposé). Fil ou fibre synthétique de polyester, de fabrication française.

TERGITE n.m. (lat. *tergum,* dos). Pièce dorsale de chaque segment, ou tagme, des insectes.

TERGIVERSATION n.f. Action de tergiverser ; hésitation, flottement.

TERGIVERSER v.i. (lat. *tergiversari,* tourner le dos). Recourir à des détours, à des faux-fuyants, pour éviter d'agir ou de prendre une décision ; hésiter.

TERMAILLAGE n.m. (de *1. terme*). ÉCON. Modification des termes de paiement des transactions internationales qui permet de réaliser une opération avantageuse sur le marché des changes.

1. TERME n.m. (lat. *terminus,* borne). **1.** Lieu, point où se termine un déplacement dans l'espace ; moment où prend fin une action, un état ; fin. *Le terme de notre voyage sera une île du Pacifique. Arriver au terme de sa vie.* ◇ *Mener à son terme :* achever. – *Mettre un terme à :* faire cesser. – *Toucher à son terme :* venir à expiration ; finir. **2. a.** Date présumée de la fin de la grossesse et à laquelle doit avoir lieu l'accouchement. *Enfant né à terme.* **b.** Temps écoulé depuis le début de la grossesse. *Arriver au terme de trois mois.* **3.** Limite fixée dans le temps ; délai. *Passé ce terme, vous devrez payer des intérêts.* ◇ *À court, à long, à moyen terme :* dans la perspective d'une échéance rapprochée, éloignée, intermédiaire. – *À terme :* dans un délai plus ou moins long, mais à coup sûr. **4.** DR. Modalité ayant pour effet de retarder l'exécution d'une obligation *(terme suspensif)* ou d'en fixer l'extinction à une date déterminée *(terme extinctif).* **5.** Date à laquelle doit être acquitté un loyer ; période à laquelle il correspond. *Payer à terme échu.* – Montant de ce loyer. *Payer son terme.* **6.** BOURSE. Date fixée pour la livraison des titres et le paiement du prix ; ensemble des opérations de Bourse qui doivent se dénouer à chacune des dates fixées, pour les liquidations, par les règlements de la place. *Vente à terme.* **7.** Mot considéré dans sa valeur de désignation, en partic. dans un vocabulaire spécialisé. *Connaître le sens d'un terme. Terme technique.* **8.** Élément entrant en relation avec d'autres. *Analyser les termes d'une proposition.* – LOG. Sujet ou prédicat dans une prémisse d'un syllogisme. – MATH. Chacun des éléments d'une suite, d'une série, d'une somme, d'un polynôme, d'un couple. ◇ ÉCON. *Termes de l'échange :* indicateur permettant d'apprécier la situation du commerce extérieur d'un pays par rapport à ses partenaires. ◆ pl. **1.** Ensemble des mots employés pour exprimer sa pensée ; manière de s'exprimer. *Parler en termes choisis.* ◇ *En d'autres termes :* autrement dit. **2.** Sens exact, littéral d'un texte écrit. *Les termes de la loi sont indiscutables.* ◇ *Aux termes de :* en se conformant strictement à. **3.** *Être en bons, en mauvais termes avec qqn,* entretenir de bons, de mauvais rapports avec lui.

2. TERME n.m. (de *Terme,* dieu romain protecteur des bornes des champs). SCULPT. Statue sans bras ni jambes, dont le corps se termine en gaine. (À l'origine, statues du dieu Hermès : décors de jardins dans l'art classique.) SYN. : *hermès.*

TERMINAISON n.f. **1.** *Sout.* État d'une chose qui finit. *La terminaison d'un procès.* **2.** LING. Partie finale d'un mot (par oppos. à *radical*).

1. TERMINAL, E, AUX adj. **1.** Qui constitue l'extrémité, le dernier élément de qqch. *Bourgeon terminal.* ◇ *Classe terminale,* ou *terminale,* n.f. : en France, septième et dernière année de l'enseignement secondaire, où l'on prépare le baccalauréat. **2.** Qui marque la fin ; final. *Point terminal.* **3.** MÉD. Qui précède de peu la mort. **4.** ANAT. Se dit de chacune des branches situées à la fin d'une artère, d'un nerf.

2. TERMINAL n.m. **1.** Ensemble des installations de pompage et de stockage situées à l'extrémité d'un pipeline. **2.** Gare, aérogare urbaine servant de point de départ et d'arrivée des passagers. **3.** Équipement portuaire qui sert au chargement et au déchargement d'un certain type de marchandises. **4.** INFORM. Organe d'accès à un ordinateur situé à distance et auquel il est relié par une ligne de transmission de données.

TERMINATEUR n.m. ASTRON. Ligne de séparation des parties éclairée et obscure du disque de la Lune ou d'une planète du système solaire.

TERMINER v.t. **1.** Mener à son terme ; finir. *Terminer ses études.* ◇ *En terminer avec qqch,* l'achever. **2.** Passer la fin de. *Terminer la soirée avec des amis.* **3.** Faire qqch pour finir ; placer à la fin. *Terminer le repas par des fromages.* ◆ **se terminer** v.pr. Arriver à sa fin ; finir.

TERMINOLOGIE n.f. (de *1. terme* et gr. *logos,* science). **1.** Ensemble des termes particuliers à une science, à un art, à un domaine, à un auteur. **2.** Étude des dénominations des concepts et des objets utilisés dans tel ou tel domaine du savoir.

TERMINOLOGIQUE adj. Relatif à la terminologie ou à une terminologie particulière.

TERMINOLOGUE n. Spécialiste de terminologie.

TERMINUS [tɛrminys] n.m. (mot angl., du lat.). Dernière station d'une ligne de transports en commun.

TERMITE n.m. (bas lat. *termes, -itis,* ver rongeur). Insecte xylophage, aux pièces buccales broyeuses, à deux paires d'ailes égales, qui vit dans une société composée d'une femelle (reine) à énorme abdomen, d'un mâle, de nombreux ouvriers, qui assurent la construction et apportent la nourriture, et de nombreux soldats, chargés de la défense. (Quelques espèces habitent en France, causant parfois des dégâts dans les constructions, mais les termites sont surtout abondants dans les régions chaudes, où ils édifient d'énormes termitières. Ordre des isoptères.) *[V. ill. page suivante].*

TERMITIÈRE n.f. Construction en terre ou en carton de bois, que les termites fabriquent dans les pays tropicaux. (La termitière peut atteindre plusieurs mètres de haut et se poursuit dans le sol par de nombreuses galeries.)

TERNAIRE adj. (lat. *ternarius,* de *terni,* par trois). **1.** Composé de trois éléments. *Nombre ternaire.* ◇ MUS. *Mesure ternaire,* dont chaque temps est divisible par trois (par ex. mesure à 6/8). **2.** CHIM. ORG. Se dit de substances organiques, comme les glucides et les lipides, constituées de carbone, d'hydrogène et d'oxygène.

1. TERNE n.m. (lat. *ternas,* coup de trois). ÉLECTROTECHN. Ensemble des trois câbles de transport d'une ligne aérienne triphasée.

2. TERNE adj. (de *ternir*). **1.** Qui a peu ou pas d'éclat. *Couleur terne.* **2.** Qui manque de brillant, d'intérêt ; monotone. *Style terne.*

T

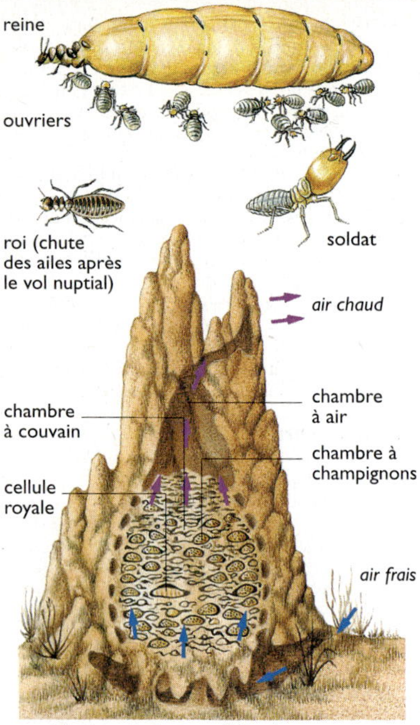

ventilation de la termitière

■ **TERMITE.** Termites et termitière.

TERNIR v.t. (du germ.). **1.** Ôter la fraîcheur, l'éclat, la couleur de. *Le soleil a terni l'étoffe.* **2.** Rendre moins pur, moins honorable ; salir. *Ternir sa réputation.* ◆ **se ternir** v.pr. Devenir terne ; perdre son éclat.

TERNISSEMENT n.m. Fait de ternir, de se ternir.

TERNISSURE n.f. État de ce qui est terni ; endroit terni.

TERPÈNE n.m. (all. *Terpene*). Hydrocarbure de formule brute $(C_5H_8)_n$, produit par le métabolisme secondaire des plantes (nom générique). [L'essence de térébenthine est riche en terpènes.]

TERPÉNIQUE adj. Se dit des terpènes et de leurs dérivés.

TERPÉNOÏDE n.m. Dérivé des terpènes, notamm. de ceux qui ne sont pas des hydrocarbures (nom générique).

TERPINE n.f. Hydrate de l'essence de térébenthine qui sert à préparer l'essence de muguet.

TERPINÉOL ou **TERPINOL** n.m. Composé à odeur de muguet que l'on tire de la terpine.

TERRAIN n.m. (lat. *terrenus,* formé de terre). **1.** Espace de terre considéré du point de vue de sa nature, de sa structure, de son relief. *Terrain argileux, fertile. Terrain accidenté.* ◇ *Tout-terrain :* **v. à son ordre alphabétique. 2.** Étendue de terre, considérée du point de vue de sa surface, de sa propriété et de son affectation. *Prix du terrain à bâtir.* — Parcelle de terre. *Acheter un terrain.* **3.** Espace, emplacement aménagé en vue de certaines activités. *Terrain de sport.* ◇ *Terrain d'aviation :* espace découvert réservé à l'atterrissage, au décollage et au stationnement des avions. **4.** Lieu où se déroulent un duel, des opérations militaires. ◇ *Aller sur le terrain :* se battre en duel. — *Céder du terrain :* reculer ; *fig.,* faire des concessions. — *Organisation du terrain,* son aménagement en vue du combat (surtout défensif). **5.** Domaine de la réalité en tant qu'objet d'étude. *Enquête sur le terrain.* ◇ *Homme de terrain :* personne en contact direct avec les gens, les situations concrètes. **6.** Situation, état des choses et des esprits, ensemble des conditions, des circonstances pouvant présider à un comportement, à une action. *Sonder le terrain avant d'agir. Trouver un terrain d'entente.* ◇ *Connaître le terrain :* connaître les gens auxquels on a affaire. — *Être sur son terrain,* dans un domaine que l'on connaît bien. — *Se placer sur un bon, un mauvais terrain :* être dans une situation avantageuse, désavantageuse. — *Terrain glissant* ou *brûlant :* affaire délicate et pleine de risques. **7.** MÉD. Vieilli. Ensemble des facteurs génétiques, physiologiques, etc., qui favoriseraient l'apparition de telle ou telle maladie. *Terrain allergique.*

TERRA INCOGNITA [terainkɔɲita] n.f. sing. (mots lat., *terre inconnue*). *Sout.* Domaine d'activité jusqu'alors inexploré.

TERRAQUÉ, E adj. (bas lat. *terraqueus*). Vx. Composé de terre et d'eau.

TERRARIUM [terarjɔm] n.m. (du lat. *terra,* terre, sur le modèle de *aquarium*). Emplacement préparé pour l'élevage et l'entretien de reptiles, d'amphibiens, etc.

TERRASSE n.f. (de *terre*). **1.** Levée de terre formant un terre-plein, génér. maintenue par un mur de soutènement et bordée par un garde-corps. — GÉOMORPH. Sur les versants d'une vallée, replat, souvent recouvert de dépôts fluviatiles, qui correspond à un ancien fond de rivière. ◇ *Cultures en terrasses :* cultures pratiquées sur des terrains en pente découpés en paliers juxtaposés, limités par des murets. **2.** Toute surface à l'air libre aménagée devant un local ou au-dessus d'un local inférieur. ◇ *Toit en terrasse,* ou *terrasse :* toiture-terrasse, souvent accessible, d'une habitation. (On dit aussi *terrasse de couverture.*) **3.** Partie du trottoir longeant un café, un restaurant, où sont disposées des tables pour les consommateurs. **4. a.** Socle plat de certaines pièces d'orfèvrerie. **b.** Partie supérieure de la base d'une statue.

TERRASSEMENT n.m. **1.** Action de creuser et de transporter des terres. **2.** Ensemble des travaux destinés à modifier le relief d'un sol.

TERRASSER v.t. **1.** Jeter à terre avec violence au cours d'une lutte. *Terrasser un adversaire.* **2.** Vaincre complètement. *Terrasser l'ennemi.* **3.** Abattre physiquement ou moralement. *La fièvre l'a terrassé.*

TERRASSIER n.m. Personne employée aux travaux de terrassement.

TERRE n.f. (lat. *terra*). **1.** (Avec une majuscule.) Planète du système solaire, habitée par l'homme. ◇ *Sciences de la Terre :* sciences qui ont pour objet l'origine, la nature et l'évolution du globe terrestre (géochimie, géophysique, géologie, etc.). SYN. : *géosciences.* **2.** Surface de cette planète ; ensemble des lieux habités ; le monde. *Parcourir la terre.* — Ensemble des hommes, de l'humanité. *Être connu de la terre entière.* **3.** Séjour des vivants (par oppos. à *au-delà*). ◇ *Être sur terre :* exister. — *Quitter cette terre :* mourir. **4.** Surface solide où l'homme marche, se déplace, vit, construit, etc. ; sol. *Tomber la face contre terre.* ◇ *Par terre, à terre :* sur le sol. — *Revenir sur terre :* sortir d'une rêverie, revenir à la réalité. — *Fam. Avoir les (deux) pieds sur terre :* avoir le sens des réalités. — DESS. INDUSTR. *Ligne de terre :* intersection du plan horizontal et du plan vertical de projection. **5.** ÉLECTROTECHN. Masse conductrice de la terre, ou conducteur relié à elle par une impédance négligeable. **6.** Partie solide et émergée du globe, par oppos. aux étendues d'eau, à l'air. *Être en vue de la terre. Armée de terre.* ◇ *À terre, sur la terre ferme :* au sol, sur le sol. **7.** Étendue de pays considérée d'un point de vue géographique, national, régional, etc. ; pays. *Les terres arctiques. Mourir en terre étrangère.* ◇ *La Terre sainte :* les lieux où vécut le Christ. **8.** Étendue de terrain appartenant à qqn, à une commune, etc. *Acheter une terre. Remembrement des terres.* ◇ *Fonds de terre :* propriété. — (Souvent pl.) Propriété, domaine ruraux souvent considérables. *Vivre sur ses terres.* **9. a.** Matière constituant la couche supérieure du globe, où croissent les végétaux. *Terre argileuse.* ◇ *Terre végétale :* partie du sol mêlée d'humus et propre à la végétation. **b.** Cette matière considérée du point de vue de ses qualités agricoles ; sol cultivable. *Terre à blé.* ◇ *Terre vierge,* non encore cultivée. — *Politique de la terre brûlée :* destruction systématique des récoltes et des biens par une armée qui se retire devant l'envahisseur ; *fig.,* fait de ne rien laisser à un éventuel successeur. **10.** Sol considéré comme l'élément de base de la vie et des activités agricoles ; ces activités. *Produits de la terre.* — Parcelle de terrain cultivable. **11.** Matière pulvérulente qui constitue l'une des parties du sol. ◇ *Terre à poterie,* contenant de l'argile. — *Terre de Sienne* (*naturelle,* ou *brûlée*) : ocre brune utilisée en peinture. — *Terre cuite :* argile façonnée et mise au four ; objet obtenu de cette façon. **12.** CHIM. *Terres rares :* dénomination habituelle des lanthanides (de numéro atomique compris entre 57 et 71) et de leurs oxydes.

ENCYCL. La Terre est la troisième des planètes principales du système solaire dans l'ordre croissant des distances au Soleil. Elle s'intercale entre Vénus et Mars. Elle tourne sur elle-même, d'un mouvement quasi uniforme, autour d'un axe passant par son centre de gravité (axe des pôles), tout en décrivant autour du Soleil une orbite elliptique. Le demi-grand axe de cette orbite mesure env. 149 600 000 km. La révolution de la Terre autour du Soleil détermine la durée de l'année, et sa rotation sur elle-même celle du jour. La Terre a la forme d'un ellipsoïde de révolution aplati. Son diamètre équatorial mesure 12 756 km env. et son diamètre polaire 12 713 km. Sa superficie est de 510 101 $\times$ 10^3 km^2, son volume de 1 083 320 $\times$ 10^6 km^3 et sa masse de 5,98 $\times$ 10^{24} kg. Sa densité moyenne est de 5,52.

La Terre s'est formée il y a 4,6 milliards d'années. Elle est constituée d'une succession de couches, solides, liquides ou gazeuses, plus ou moins imbriquées les unes dans les autres. L'enveloppe gazeuse constitue l'*atmosphère,* formée d'éléments légers volatils, qui proviennent du dégazage du globe solide. L'enveloppe liquide, ou *hydrosphère,* comprend l'ensemble des mers, océans, rivières, nappes souterraines et glaciers. Schématiquement, la partie solide de la Terre se divise en trois zones concentriques : la *croûte,* le *manteau* (subdivisé en *manteau supérieur* et *manteau inférieur*) et le *noyau* (subdivisé en *noyau externe* et *noyau interne,* ou *graine*).

TERRE À TERRE loc. adj. inv. **1.** Qui est très proche des préoccupations de la vie courante ; matériel. *Un esprit terre à terre.* **2.** DANSE. Se dit d'un style de danse (XVe - XVIIe s.) caractérisé par des pas exécutés au ras du sol, sans sauts.

TERREAU n.m. **1.** Terre mélangée à des matières animales ou végétales décomposées, utilisée en horticulture. **2.** *Fig.* Milieu favorable au développement de qqch. *Le terreau de la délinquance.*

TERREAUTAGE n.m. Action de terreauter.

TERREAUTER v.t. AGRIC. Entourer un plant ou recouvrir un semis de terreau.

TERRE-NEUVAS [tɛrnœva] n.m. inv. ou **TERRE-NEUVIER** n.m. (pl. *terre-neuviers*). **1.** Bateau

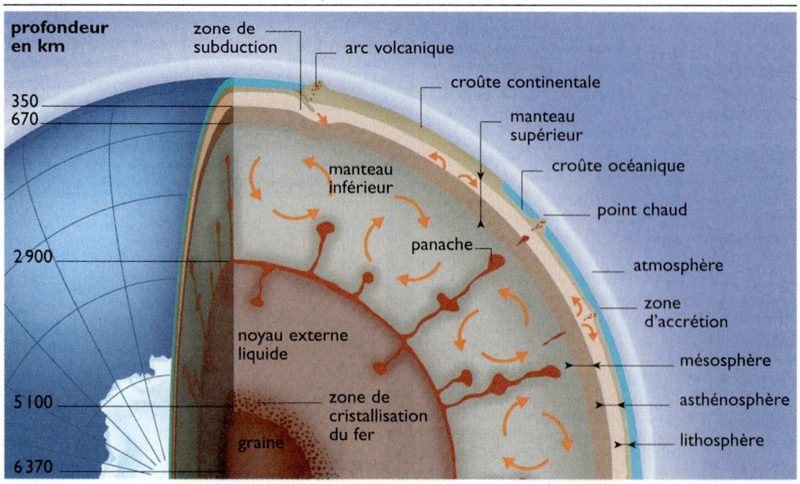

■ **TERRE.** Structure de la Terre.

équipé pour la pêche sur les bancs de Terre-Neuve. **2.** Marin pêcheur sur ce bateau.

TERRE-NEUVE n.m. inv. Chien de sauvetage de forte taille, au poil long, génér. noir de jais.

TERRE-NEUVIEN, ENNE adj. et n. (pl. *terre-neuviens, ennes*). De Terre-Neuve.

TERRE-PLEIN n.m. [pl. *terre-pleins*] (ital. *terrapieno,* terrassement). Terrain rapporté soutenu par des murs. ◇ *Terre-plein central :* partie de la plate-forme séparant les deux chaussées sur une voie à deux sens de circulation séparés.

TERRER v.t. AGRIC. Mettre de la terre au pied d'une plante ; couvrir de terre. ◆ **se terrer** v.pr. **1.** Se cacher sous terre, en parlant d'un animal. **2.** Éviter de se montrer en s'isolant.

TERRESTRE adj. **1.** Relatif à la Terre. *Le globe terrestre.* **2.** Qui vit sur la partie solide du globe. *Les animaux, les plantes terrestres.* **3.** Qui est sur le sol, qui s'y déplace. *Transport terrestre.* **4.** Qui concerne la vie matérielle. *Les joies terrestres.*

TERREUR n.f. (lat. *terror*). **1.** Peur violente qui paralyse ; effroi, frayeur. *Être muet de terreur.* **2.** Pratique systématique de violences, de répressions, en vue d'imposer un pouvoir. *Dictateur qui se maintient par la terreur.* ◇ HIST. *La Terreur : v. partie n.pr.* **3.** Personne ou chose qui inspire une grande peur, que l'on redoute.

TERREUX, EUSE adj. **1.** Propre à la terre. *Goût terreux.* **2.** Mêlé, sali de terre. *Avoir les mains terreuses.* **3.** Qui a la couleur de la terre ; blafard, grisâtre. *Visage terreux.*

TERRIBLE adj. (lat. *terribilis,* de *terrere,* épouvanter). **1.** Qui cause, inspire de la terreur ; qui a des effets funestes, tragiques ; effroyable. *Une terrible catastrophe.* **2.** Très désagréable ; affreux. *Il a un caractère terrible.* ◇ *Enfant terrible :* enfant turbulent, insupportable, mal élevé ; personne qui, au sein d'un groupe, se fait remarquer par ses incartades. **3.** Qui atteint une violence, une force considérable. *Un vent terrible.* **4.** *Fam.* **a.** Extraordinaire. *Un terrible bavard. J'ai un travail terrible à faire.* **b.** Fantastique, formidable, remarquable. *Cette fille est terrible. Un disque terrible.*

TERRIBLEMENT adv. **1.** De façon terrible. **2.** À un haut degré ; très.

TERRICOLE adj. ÉCOL. Qui vit à la surface ou dans les couches profondes des sols.

TERRIEN, ENNE adj. **1.** Qui relève de la vie rurale ; campagnard. *Des origines terriennes.* **2.** *Propriétaire terrien :* personne qui vit du revenu de ses terres. ◆ n. Personne qui habite la Terre (par oppos. à *extraterrestre*).

TERRIER n.m. **1.** Abri creusé dans la terre par certains animaux comme le lapin ou le renard. **2.** Chien dressé pour la chasse des animaux qui habitent des terriers, souvent utilisé comme chien d'agrément. **3.** Dans la France de la fin du Moyen Âge et de l'Ancien Régime, registre foncier d'une seigneurie.

TERRIFIANT, E adj. Qui terrifie.

TERRIFIER v.t. [5]. Frapper de terreur.

TERRIGÈNE adj. GÉOL. *Dépôt terrigène :* dépôt marin d'origine continentale.

TERRIL n.m. (mot dial.). Entassement de stériles au voisinage d'une mine.

TERRINE n.f. (de l'anc. fr. *terrin,* de terre). **1.** Récipient de forme ovale ou rectangulaire, souvent en terre vernissée et muni d'un couvercle, qui sert à cuire et à conserver les pâtés. **2.** Récipient tronconique en terre cuite, à bords épais, servant à diverses préparations culinaires. **3.** Apprêt de viande, de poisson, de légumes moulé et consommé froid. **4.** Antilles. Bassine.

TERRITOIRE n.m. (lat. *territorium*). **1.** Étendue de terre dépendant d'un État, d'une ville, d'une juridiction, etc. ◇ *Territoire d'*outre-mer (TOM) :* collectivité territoriale de la République française, créée en 1946. (Il existe auj. trois territoires d'outre-mer : la Polynésie française, Wallis-et-Futuna et les terres Australes et Antarctiques françaises. La Nouvelle-Calédonie, qui constituait un quatrième TOM, bénéficie depuis 1999 d'un statut particulier.) **2.** ÉCOL. Espace délimité par un animal, ou une famille d'animaux, considéré comme habitat privilégié et défendu contre l'intrusion de congénères. **3.** *Fig.* Domaine qu'une personne s'approprie, où elle tente d'imposer ou de maintenir son autorité, ses prérogatives. *Marquer, défendre son territoire.* **4.** ANAT. Ensemble des parties anatomiques desservies par un vaisseau, un nerf.

TERRITORIAL, E, AUX adj. **1.** Propre au territoire ; qui relève du territoire. ◇ *Eaux territoriales, mer territoriale* ⟶ **eau.** **2.** Anc. *Armée territoriale,* ou *territoriale,* n.f. : jusqu'en 1914, fraction des réserves de l'armée de terre composée par les classes les plus anciennes. ◆ n.m. Militaire de l'armée territoriale.

TERRITORIALEMENT adv. Du point de vue territorial.

TERRITORIALITÉ n.f. **1.** Caractère de ce qui fait proprement partie du territoire d'un État. **2.** DR. *Territorialité des lois :* fait, pour les lois, de s'appliquer à toutes les personnes qui sont sur le territoire, quelle que soit leur origine.

TERROIR n.m. (de *terre*). **1.** Terre considérée sous l'angle de la production ou d'une production agricole caractéristique. *Terroir fertile.* **2.** Ensemble du sol et du climat correspondant à un vignoble délimité, donnant un caractère spécifique au vin qu'il produit. **3.** Territoire exploité par un village, une communauté rurale. **4.** Province, campagne considérée sous le rapport de certaines habitudes spécifiques, ainsi que de la relation au passé, aux morts. *Mots du terroir.*

TERRORISANT, E adj. Qui terrorise.

TERRORISER v.t. **1.** Frapper de terreur, d'épouvante. **2.** Tenir sous un régime de terreur.

TERRORISME n.m. Ensemble d'actes de violence (attentats, prises d'otages, etc.) commis par une organisation pour créer un climat d'insécurité, pour exercer un chantage sur un gouvernement, pour satisfaire une haine à l'égard d'une communauté, d'un pays, d'un système.

TERRORISTE adj. et n. **1.** Qui organise un acte de terrorisme, y participe. **2.** Sous la Révolution française, s'est dit, après la chute de Robespierre, des acteurs de la Terreur.

1. TERTIAIRE [tɛrsjɛr] adj. (lat. *tertius,* troisième). **1.** CHIM. ORG. Se dit d'un composé dont la fonction est accrochée à un atome porteur de trois groupements alkyle ou aryle. (L'alcool R'R"R'''COH, l'amine R'R"R'''N, le carbocation R'R"R'''C⁺ sont des composés tertiaires.) **2.** *Ère tertiaire,* ou *tertiaire,* n.m. : partie du cénozoïque regroupant les systèmes paléogène et néogène. **3.** *Secteur tertiaire,* ou *tertiaire,* n.m. : partie de la population active employée dans les services (Administration, commerce, banques, enseignement, armée, etc.).

2. TERTIAIRE n. CATH. Membre d'un tiers ordre.

TERTIAIRISATION ou **TERTIARISATION** n.f. ÉCON. Développement du secteur tertiaire.

TERTIO [-sjo] adv. (mot lat., de *tertius,* troisième). Troisièmement, en troisième lieu, dans une énumération commençant par *primo.*

TERTRE n.m. (lat. *termen, -inis,* borne). Petite élévation de terre ; butte. ◇ *Tertre funéraire :* éminence de terre recouvrant une sépulture.

TERVUEREN [tɛrvyrɛn] n.m. (de *Tervuren,* n.pr.). Chien de berger belge au long pelage fauve parsemé de poils noirs.

TERYLÈNE n.m. (nom déposé). Fil ou fibre synthétique de polyester, de fabrication anglaise.

TERZA RIMA n.f. [pl. *terza rima* ou *terze rime*] (mots ital.). Poème composé de tercets dont les rimes sont ordonnées par groupes de trois vers.

TERZETTO [tɛrdzɛto] n.m. (mot ital.). MUS. Petite composition pour trois voix ou trois instruments.

TES adj. poss. Pl. de *ton, ta.*

TESLA [tɛsla] n.m. (de N. *Tesla,* n.pr.). Unité d'induction magnétique (symb. T), équivalant à l'induction magnétique uniforme qui, répartie normalement sur une surface de 1 m², produit à travers cette surface un flux d'induction magnétique total de 1 weber.

TESSELLE n.f. (lat. *tessella*). Petite pièce plus ou moins parallélépipédique de marbre, de pierre, de pâte de verre, de céramique, etc., qui est l'élément de base d'une mosaïque.

TESSÈRE n.f. (lat. *tessera*). ANTIQ. ROM. Plaquette ou jeton d'ivoire, de métal, de terre cuite, etc., aux usages multiples dans l'Antiquité (entrée au spectacle, vote, marque de fabrique, etc.).

TESSITURE n.f. (ital. *tessitura,* de *tessere,* tisser). MUS. **1.** Ensemble, registre des sons qu'une voix ou un instrument de musique peuvent produire sans difficulté. *Tessiture grave.* **2.** Ensemble des notes qui reviennent le plus souvent dans un morceau, constituant pour ainsi dire la texture, l'étendue moyenne dans laquelle il est écrit.

TESSON n.m. (de *1. têt*). Débris d'un objet en verre, en céramique.

1. TEST [tɛst] n.m. (lat. *testum,* vase d'argile). Enveloppe dure qui protège divers êtres vivants (plaques dermiques de l'oursin, coque des diatomées, coquille des mollusques, carapace des crustacés).

2. TEST [tɛst] n.m. (mot angl.). **1.** Épreuve permettant d'évaluer les aptitudes de qqn, ou d'explorer sa personnalité. *Test projectif, de niveau.* **2.** Épreuve d'examen présentée sous forme d'un questionnaire à compléter. **3.** Toute épreuve qui permet de juger qqch ou qqn. **4.** MÉD. Examen diagnostique basé sur l'apparition ou la non-apparition d'un phénomène chimique (coloration d'un liquide, par ex.), biologique (œdème cutané, par ex.), physiologique (mouvement réflexe, par ex.), après mise en œuvre d'un procédé, administration d'une substance ou action d'un stimulus. *Test de grossesse.* **5.** *Test statistique :* méthode qui permet, à partir d'une fonction que l'on déduit des observations d'un ou de plusieurs échantillons d'une population, d'accepter ou de rejeter, avec un certain risque d'erreur, une hypothèse portant sur la population ou sur la loi de probabilité choisie pour représenter l'échantillon.

TESTABLE adj. Qui peut être testé.

TESTACELLE n.f. (du lat. *testacens*). Mollusque à aspect de limace, qui vit dans l'humus où il se nourrit de lombrics. (Famille des testacellidés.)

TESTAGE n.m. Contrôle de descendance, méthode de sélection des animaux domestiques appliquée aux reproducteurs mâles.

TESTAMENT n.m. (lat. *testamentum*). **1.** Acte juridique par lequel une personne déclare ses dernières volontés et dispose de ses biens pour le temps qui suivra sa mort. ◇ *Testament authentique* ou *public,* reçu par deux notaires ou par un notaire assisté de deux témoins. – *Testament mystique* ou *secret :* testament présenté clos et scellé à un notaire, qui en dresse un acte de suscription en présence de deux témoins. **2.** Message ultime qu'un écrivain, un homme politique, un savant, un artiste, dans une œuvre, tient à transmettre à la postérité. **3.** *Ancien Testament :* ensemble des livres de la Bible qui se rapportent à l'histoire de l'Alliance de Dieu avec le peuple juif. – *Nouveau Testament :* recueil des écrits bibliques qui concernent la Nouvelle Alliance établie par Jésus-Christ.

TESTAMENTAIRE adj. Qui concerne le testament. ◇ *Exécuteur testamentaire* ⟶ **exécuteur.**

TESTATEUR, TRICE n. Personne qui fait ou qui a fait son testament.

1. TESTER v.i. (lat. *testari*). Faire son testament.

2. TESTER v.t. Soumettre à un test ; essayer.

1. TESTEUR, EUSE n. Personne qui fait passer un test.

2. TESTEUR n.m. Appareil servant à tester les composants électroniques, les microprocesseurs.

TESTICULAIRE adj. Relatif aux testicules.

TESTICULE n.m. (lat. *testiculus*). ANAT. Glande génitale mâle qui élabore les spermatozoïdes et sécrète les hormones mâles.

TESTIMONIAL, E, AUX adj. (du lat. *testimonium,* témoin). DR. **1.** Qui résulte d'un témoignage. **2.** Qui sert de témoignage, d'attestation.

TEST-MATCH n.m. [pl. *test-matchs* ou *test-matches*] (mot angl., *match international*). Au rugby, match qui oppose deux équipes nationales, dont l'une effectue une tournée dans le pays de l'autre, où elle rencontre également des sélections régionales.

TESTON n.m. (ital. *testone,* de *testa,* tête). Monnaie d'argent de la Renaissance à l'effigie d'un souverain (Italie, France).

TESTOSTÉRONE n.f. Hormone produite par les testicules et agissant sur le développement des organes génitaux et des caractères sexuels secondaires masculins.

TET [tɛt] n.m. (lat. *tectum,* abri). Acadie. *Tet à cochons :* porcherie. – *Tet à brebis :* bergerie. – *Tet à poules :* poulailler.

1. TÊT [tɛ] n.m. (lat. *testum,* vase en terre). CHIM. Coupelle en terre réfractaire. ◇ *Têt à gaz :* capsule de terre sur laquelle on dépose une éprouvette pour recueillir un gaz dans la cuve à eau.

2. TÊT [tɛt] n.m. (mot vietnamien, *fête*). Premier jour de l'année du calendrier lunaire vietnamien, donnant lieu à des festivités *(fête du Têt)* [entre le 20 janvier et le 19 février].

TÉTANIE n.f. MÉD. **1.** Syndrome rare, dû notamm. à une hypocalcémie, et caractérisé par des crises de contractures musculaires. **2.** *Cour.* Spasmophilie.

T

TÉTANIQUE adj. Relatif au tétanos ou à la tétanie. ◆ adj. et n. Atteint de tétanos ou de tétanie.

TÉTANISATION n.f. Action de tétaniser ; fait d'être tétanisé.

TÉTANISER v.t. **1.** Provoquer des contractures tétaniques. **2.** *Fig.* Rendre abasourdi, figé, sous l'effet de l'étonnement, de l'indignation, etc.

TÉTANOS [tetanos] n.m. (mot gr., *rigidité*). **1.** Maladie infectieuse due à la toxine d'un bacille qui se multiplie dans une plaie souillée, qui se caractérise par des contractures douloureuses atteignant tous les muscles du corps et qui peut être mortelle. **2.** *Tétanos physiologique :* contraction prolongée d'un muscle, par oppos. à une secousse musculaire.

TÊTARD n.m. (de *tête*). **1.** Larve des amphibiens, aquatique et nageuse, à tête fusionnée au tronc, à respiration branchiale. **2.** SYLVIC. Arbre taillé de manière à former une touffe au sommet du tronc.

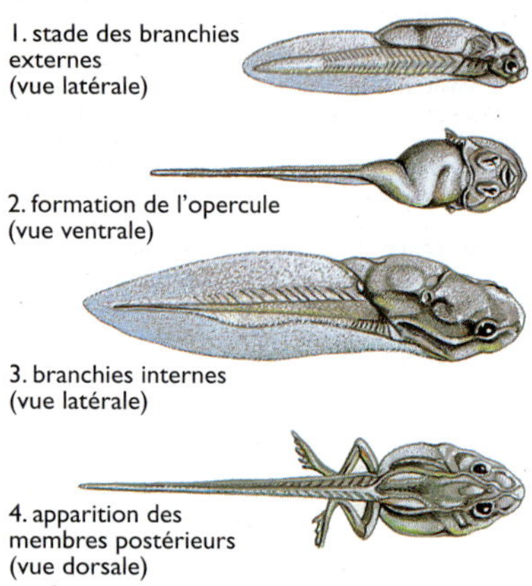

■ **TÊTARD.** Quatre stades de développement du têtard de grenouille.

TÊTE n.f. (bas lat. *testa,* crâne, du lat. *testa,* pot en terre cuite, carapace). **I.** *Partie du corps.* **1.** Extrémité supérieure du corps de l'homme et extrémité antérieure du corps de nombreux animaux, qui contient la bouche, le cerveau et les principaux organes sensoriels. ◇ *En tête à tête :* seul à seul. – *Tête baissée :* sans réfléchir, sans se préoccuper du danger. – *Baisser la tête :* avoir honte. – *La tête haute :* sans honte, avec fierté. – Belgique. *Tête pressée :* fromage de tête. **2.** Boîte crânienne de l'homme et, partic., cerveau, crâne. *Avoir mal à la tête.* ◇ *Fam. Être tombé sur la tête :* avoir perdu la raison, avoir l'esprit dérangé. – *Tête de mort :* squelette d'une tête humaine ; emblème représentant un crâne humain. *Drapeau à tête de mort des pirates.* **3.** Partie supérieure du crâne où poussent les cheveux. *Sortir tête nue.* **4.** Au football, action de frapper une balle aérienne avec le front pour dévier sa trajectoire. **5.** Hauteur de la tête. *Elle a une tête de plus que lui.* **6.** Longueur de tête. *Ce cheval a gagné d'une tête.* **7.** Visage dont les traits traduisent les sentiments, les tendances, l'état, etc. ; expression. ◇ *Avoir une bonne tête :* inspirer confiance. – *Fam. Il en fait une tête ! :* son visage exprime un sentiment de malaise, de tristesse, etc. – *Fam. Faire la tête :* bouder, être de mauvaise humeur. **II.** *Esprit.* **1. a.** Ensemble des facultés mentales (intelligence, pensée, imagination, etc.). *Des rêves plein la tête.* ◇ *Se mettre dans la tête, en tête de :* prendre la résolution de faire qqch ; se persuader, se convaincre que. – *Avoir toute sa tête :* jouir de toute sa raison. – *Ne rien avoir dans la tête :* être dépourvu de bon sens, de jugement. – *Ne pas avoir de tête :* être très étourdi. – *De tête :* mentalement, sans avoir recours à l'écriture. – *Monter à la tête :* étourdir, griser ; troubler la raison. **b.** Présence d'esprit, sang-froid. *Perdre la tête.* **c.** *Fam. En avoir par-dessus la tête :* être excédé. **2.** Tempérament volontaire, obstiné. *Une femme de tête.* ◇ *Tenir tête :* résister. **3.** Personne intelligente et volontaire. **4.** Personne ou groupe qui conçoit, inspire, dirige. *La tête pensante du mouvement.* ◇ *À la tête de :* au premier rang de ; à la première place, comme leader, directeur, etc. *À la tête d'une entreprise.* **III.** *Être animé.* **1.** Personne, individu. *Repas qui coûte 150 F par tête.* ◇ *Fam. Avoir ses têtes :* agir avec partialité, en fonction de ses sympathies ou de ses antipathies. – *Fam. Tête blonde :* enfant. **2.** Animal compté dans un troupeau. *Tête de bétail.* **3.** Vie de qqn. *Réclamer la tête d'un accusé.* ◇ *Sa tête est mise à prix :* on le recherche activement, en parlant d'un criminel. **4.** *Fam. Tête de linotte, tête sans cervelle, tête en l'air :* personne très étourdie ou frivole. **IV.** *Sens spécialisés.* **1.** Partie supérieure de qqch. *La tête d'un arbre.* **2.** Partie antérieure ou initiale de qqch, notamm. d'une chose orientée ou en mouvement. *Tête du train.* – Commencement, début. *Mot placé en tête de phrase.* ◇ *Tête de ligne :* endroit d'où part une ligne de transport. – SPORTS. *Tête de série :* concurrent ou équipe que ses performances antérieures désignent comme l'un des favoris d'un tournoi et qui se voit opposer un adversaire présumé plus faible lors des premières rencontres d'une épreuve éliminatoire. **3.** MIL. Élément le plus avancé d'une troupe. ◇ *Tête de pont.* **a.** Zone occupée par une force militaire en territoire ennemi, au-delà d'un fleuve ou en bordure de mer, en vue d'un franchissement ou d'un débarquement ultérieur du gros des forces. **b.** Implantation à l'étranger d'une entreprise, d'une institution, en vue d'un développement ultérieur de son activité. **4.** TECHN. Partie supérieure, génér. renflée, d'une pièce ou d'un ensemble mécanique. ◇ *Tête chercheuse :* partie antérieure d'un projectile dotée d'un dispositif électronique permettant de diriger sa trajectoire sur l'objectif. **5.** *Tête de lecture :* dispositif qui se déplace à la surface d'un support de stockage magnétique ou optique pour lire les informations qui y sont codées. **6.** *Tête nucléaire :* ogive nucléaire. **7.** PÉTROLE. **a.** Fraction la plus légère, ou la plus volatile, d'un mélange d'hydrocarbures, obtenue par distillation fractionnée. **b.** *Tête d'injection :* raccord fixé au sommet du train de tiges. **8.** *Voix de tête* → **voix**. **9.** TÉLÉV. *Tête de réseau :* installation qui permet, dans un réseau câblé, de recevoir les programmes de télévision extérieurs et d'émettre les programmes produits localement.

TÊTE-À-QUEUE n.m. inv. Pivotement brusque d'un véhicule sur lui-même, à la suite d'un fort coup de frein ou d'une rupture d'adhérence.

TÊTE-À-TÊTE n.m. inv. **1.** Situation ou entretien de deux personnes qui se trouvent seule à seule. **2.** Service à café, à petit déjeuner ou à thé pour deux personnes seulement.

TÊTE-BÊCHE adv. Dans la position de deux personnes ou de deux objets placés parallèlement l'un à l'autre et en sens inverse.

TÊTE-DE-CLOU n.f. (pl. *têtes-de-clou*). Saillie en pointe de diamant constituant, par sa répétition, un motif décoratif dans l'architecture romane.

TÊTE-DE-LOUP n.f. (pl. *têtes-de-loup*). Balai à très long manche et à brosse ronde, qui permet de nettoyer les plafonds.

TÊTE-DE-MAURE n.f. (pl. *têtes-de-Maure*). Fromage de Hollande au lait de vache, de forme sphérique, enrobé de paraffine rouge. ◆ adj. inv. D'une couleur brun foncé.

TÊTE-DE-NÈGRE n.m. inv. et adj. inv. Couleur brun foncé.

TÉTÉE n.f. **1.** Action de téter. **2.** Quantité de lait qu'un nouveau-né, un nourrisson tète en une fois.

TÉTER v.t. et v.i. [11] (de *tette,* bout du sein). Aspirer le lait du sein de la femme, de la mamelle d'un animal ou d'un biberon par un mouvement de succion.

TÉTERELLE ou **TÈTERELLE** n.f. Petit appareil en verre qui se place sur le bout du sein, et avec lequel on aspire le lait.

TÉTIÈRE n.f. (de *tête*). **1.** Pièce du harnais qui passe sur la nuque du cheval et supporte les montants. **2.** MAR. Partie renforcée au point de drisse d'une voile triangulaire. **3.** Garniture en tissu, petit coussin placés sur le dossier d'un fauteuil, d'un canapé pour appuyer la tête.

TÉTIN n.m. Vx. Mamelon du sein.

TÉTINE n.f. **1.** Mamelle d'un mammifère. **2.** Embouchure en caoutchouc, percée d'un trou, d'une fente, que l'on adapte sur un biberon pour faire téter un nourrisson. **3.** Embout de caoutchouc ayant la forme d'un mamelon, que l'on fait téter au nourrisson pour le calmer. SYN. : *sucette.*

TÉTON n.m. **1.** *Fam.* Mamelle, sein. **2.** MÉCAN. Petite pièce en saillie qui sert à maintenir une autre pièce.

TÉTRACHLORURE n.m. Composé à quatre atomes de chlore. ◇ *Tétrachlorure de carbone :* liquide incolore (CCl_4), employé comme solvant ininflammable.

TÉTRACORDE n.m. Intervalle de quatre degrés sur lequel est fondé le système musical de l'Antiquité grecque.

TÉTRACYCLINE n.f. Antibiotique d'usage courant, actif sur de nombreuses bactéries (nom générique).

TÉTRADE n.f. (du gr. *tetras, -ados,* quatre). **1.** BOT. Ensemble formé par les quatre grains de pollen issus de la méiose de la même cellule mère. **2.** BIOL. CELL. Ensemble formé par une paire de chromosomes homologues à deux chromatides accolés, au début de la première division de la méiose.

TÉTRADRACHME n.m. ANTIQ. GR. Monnaie d'argent valant quatre drachmes. (Poids variable et types divers selon les cités et les royaumes.)

TÉTRADYNAME adj. BOT. Se dit des étamines au nombre de 6, dont 4 sont plus longues, comme celles des crucifères.

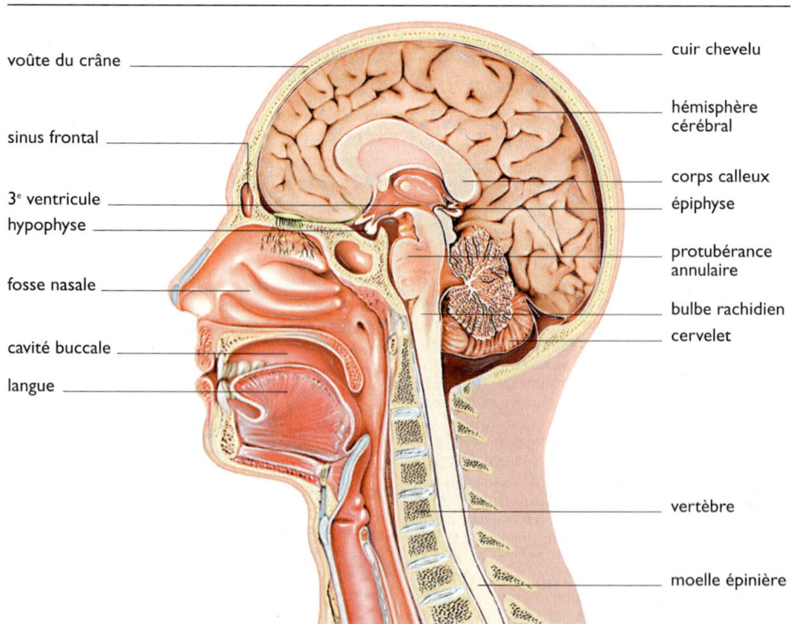

■ **TÊTE.** Image en coupe de la tête, vue de profil.

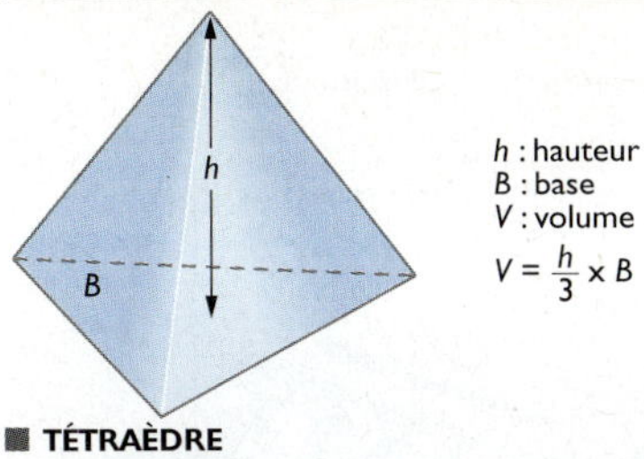

■ **TÉTRAÈDRE**

TÉTRAÈDRE n.m. (gr. *tetraedron*). GÉOMÉTR. Polyèdre convexe qui a quatre faces, six côtés et quatre sommets.

TÉTRAÉDRIQUE adj. Qui a la forme d'un tétraèdre.

TÉTRAGONE n.f. (bas lat. *tetragonus,* carré). Plante originaire de Nouvelle-Zélande, cultivée pour ses feuilles comestibles qui évoquent celles de l'épinard. (Genre *Tetragonia ;* famille des aizoacées.)

TÉTRALOGIE n.f. (gr. *tetralogia*). **1.** Dans la Grèce antique, ensemble de quatre pièces (trois tragédies et un drame satyrique) que les poètes tragiques présentaient aux concours dramatiques. **2.** Ensemble de quatre œuvres liées par une même inspiration.

TÉTRAMÈRE adj. BIOL. Divisé en quatre parties.

TÉTRAMÈTRE n.m. (gr. *tetrametros*). VERSIF. Vers français marqué de quatre accents principaux.

TÉTRAPLÉGIE n.f. MÉD. Paralysie des quatre membres. SYN. : *quadriplégie.*

TÉTRAPLÉGIQUE adj. et n. Atteint de tétraplégie.

TÉTRAPLOÏDE adj. et n.m. (gr. *tetraploos,* quadruple). GÉNÉT. Se dit d'un individu mutant possédant quatre lots de chromosomes homologues au lieu de deux.

TÉTRAPLOÏDIE n.f. État d'un organisme tétraploïde.

TÉTRAPODE n.m. et adj. Vertébré terrestre ou marin dont le squelette comporte deux paires de membres, apparents ou atrophiés, témoignant dans l'évolution d'une adaptation primitive à la marche, tels les amphibiens, les reptiles, les oiseaux et les mammifères.

TÉTRAPTÈRE adj. (gr. *tetrapteros,* à quatre ailes). Se dit des insectes qui possèdent deux paires d'ailes. (C'est le cas général.)

TÉTRARCHIE [-ʃi] n.f. (gr. *tetra,* quatre, et *arkhein,* commander). **1.** Territoire gouverné par un tétrarque. **2.** Organisation de l'Empire romain, divisé par Dioclétien entre quatre empereurs (deux « augustes » et deux « césars »).

TÉTRARQUE n.m. Au Proche-Orient, à l'époque hellénistique et romaine, souverain d'un petit territoire vassal.

TÉTRAS [tetra] n.m. (lat. *tetrax,* faisan, du gr.). Coq de bruyère.

TÉTRAS-LYRE n.m. (pl. *tétras-lyres*). Petit coq de bruyère, aussi appelé *coq des bouleaux.*

■ **TÉTRAS-LYRES** mâles s'affrontant.

TÉTRASTYLE adj. et n.m. Se dit d'un édifice qui présente quatre colonnes de front.

TÉTRASYLLABE adj. et n.m. ou **TÉTRASYLLABIQUE** adj. Se dit d'un mot, d'un vers de quatre syllabes. SYN. : *quadrisyllabe, quadrisyllabique.*

TÉTRODON n.m. (gr. *tetra,* quatre, et *odons, odontos,* dent). Poisson ostéichtyen des mers chaudes, au corps cylindrique dépourvu d'écailles mais au ventre couvert de piquants érectiles, appelé *poisson-globe* pour sa faculté de se gonfler d'eau ou d'air lorsqu'il est menacé. (Apprécié au Japon sous le nom de *fugu* pour sa

■ **TÉTRODON** ou poisson-globe.

chair délicate, le tétrodon renferme dans ses viscères un poison mortel. Famille des tétraodontidés.)

TÉTRODOTOXINE n.f. Substance extrêmement toxique produite dans les viscères du tétrodon, qui provoque une paralysie mortelle en bloquant la propagation de l'influx nerveux. Abrév. : *TTX.*

1. TÊTU, E adj. et n. (de *tête*). Très attaché à ses idées ; insensible aux arguments ; entêté, obstiné.

2. TÊTU n.m. Marteau de carrier, utilisé pour dégrossir les pierres.

TEUF-TEUF n.m. ou n.f. (pl. *teufs-teufs*). *Fam.,* vieilli. Vieille voiture.

TEUTON, ONNE adj. et n. **1.** Des Teutons (v. partie n.pr.). **2.** *Péjor.* Allemand.

TEUTONIQUE adj. De l'ordre Teutonique (v. partie n.pr.).

TEX [tɛks] n.m. Unité de titre des fibres textiles (symb. tex), égale à 1 gramme par kilomètre de fil.

TEXAN, E adj. et n. Du Texas, de ses habitants.

TEX MEX adj. inv. (abrév. de l'angl. *texan* et *mexican*). Se dit de la cuisine mexicaine adaptée au goût américain.

TEXTE n.m. (lat. *textus,* de *texere,* tisser). **1.** Ensemble des termes, des phrases constituant un écrit, une œuvre. *Respecter scrupuleusement le texte d'un auteur.* **2.** Œuvre ou partie d'œuvre littéraire. *Choix de textes du* XVII*e s.* **3.** Partie de la page composée de caractères imprimés, par oppos. aux marges, aux illustrations. **4.** Sujet d'un devoir. *Le texte d'une dissertation.* **5.** Teneur exacte d'une loi ; la loi elle-même. **6.** *Dans le texte :* dans la langue d'origine.

TEXTILE adj. (lat. *textilis,* tissé). **1.** Qui peut être divisé en fibres propres à être tissées (chanvre, lin, laine, amiante, etc.). **2.** Qui se rapporte à la fabrication des tissus. *Industrie textile.* ◆ n.m. **1.** Matière propre à être tissée après avoir été filée. ◇ *Textile artificiel :* fibre textile fabriquée à partir de produits naturels (ex. : rayonne, fibranne). [On dit aussi *fibre artificielle.*] – *Textile synthétique :* fibre textile fabriquée par synthèse à partir du charbon, du pétrole (ex. : Nylon, Orlon). [On dit aussi *fibre synthétique.*] – *Textile chimique :* fibre textile artificielle ou synthétique. (On dit aussi *fibre chimique.*) **2.** Matière textile ; étoffe. **3.** Ensemble des industries textiles.

TEXTO adv. (abrév.). *Fam.* Textuellement.

TEXTUEL, ELLE adj. **1.** Qui concerne le texte écrit. *Analyse textuelle.* **2.** Qui est exactement conforme au texte ; mot à mot. *Traduction textuelle.* **3.** Qui est exactement conforme à ce qui a été dit. *Voici la réponse textuelle qui m'a été faite.*

TEXTUELLEMENT adv. De façon textuelle, mot pour mot.

TEXTURANT n.m. Dans l'industrie alimentaire, produit destiné à donner une texture particulière à un aliment.

TEXTURATION n.f. Opération ayant pour objet de modifier les propriétés physiques des textiles synthétiques.

TEXTURE n.f. (lat. *textura*). **1.** Mode d'entrecroisement des fils de tissage. **2.** État d'une étoffe ou d'un matériau qui est tissé. **3.** Composition, consistance d'une substance. *La texture d'une crème de beauté.* **4.** Constitution générale d'un matériau solide. – GÉOL. Ensemble des caractères définissant l'agencement et les relations volumiques et spatiales des minéraux d'une roche.

TEXTURER v.t. Opérer la texturation des fils et des fibres synthétiques.

TÉZIGUE ou **TÉZIG** pron. pers. *Arg.* Toi.

TGV ou **T.G.V.** n.m. (sigle). Train à grande vitesse.

THAÏ, THAÏE [taj] adj. Qui se rapporte aux Thaïs. ◆ n.m. **1.** Ensemble des langues parlées par les Thaïs. **2.** La plus importante de ces langues, parlée en Thaïlande. SYN. : *siamois.*

THAÏLANDAIS, E adj. et n. De la Thaïlande, de ses habitants.

THALAMIQUE adj. Relatif au thalamus.

THALAMUS [-mys] n.m. (mot lat.). ANAT. Gros noyau gris, pair, situé à la base du cerveau, jouant un rôle dans la transmission des messages sensitifs au cortex.

THALASSÉMIE n.f. (gr. *thalassa,* mer, et *haima,* sang). MÉD. Hémoglobinopathie héréditaire, due à la persistance d'une hémoglobine de type fœtal et caractérisée par une anémie.

THALASSOCRATIE [-si] n.f. HIST. État dont la puissance résidait princip. dans la maîtrise des mers.

THALASSOTHÉRAPIE n.f. (du gr. *thalassa,* mer). Traitement des maladies par les bains d'eau de mer et par les climats maritimes.

THALER [talɛr] n.m. (all. *Taler*). Monnaie d'argent frappée d'abord en Bohême (1525), unité monétaire des pays germaniques du XVIe au XIXe siècle.

THALÈS (THÉORÈME DE). GÉOMÉTR. Théorème selon lequel, dans un triangle ABC, si M et N sont deux points appartenant respectivement aux côtés (AB) et (AC), et tels que le segment MN soit parallèle au côté (BC), alors $\frac{AM}{AB} = \frac{AN}{AC} = \frac{MN}{BC}$.

THALIDOMIDE n.f. Médicament tératogène, parfois encore employé dans le traitement de certaines maladies graves.

THALLE n.m. (gr. *thallos,* jeune pousse). Appareil végétatif des végétaux inférieurs, où l'on ne peut distinguer ni racine, ni tige, ni feuilles.

THALLIUM [-ljɔm] n.m. (mot angl., du gr. *thallos,* jeune pousse). **1.** Métal blanc, de densité 11,85, qui fond à 303,5 °C. **2.** Élément chimique (Tl), de numéro atomique 81, de masse atomique 204,383 3. (Présent dans certaines pyrites, le thallium forme, avec différents acides, des sels d'une grande toxicité [mort-aux-rats].)

THALLOPHYTE n.f. Végétal pluricellulaire dont l'appareil végétatif est constitué par un thalle, comme c'est le cas chez les algues, les champignons, les lichens (par oppos. à *cormophyte*).

THALWEG n.m. → **TALWEG.**

THANATOLOGIE n.f. Étude des signes, des conditions, des causes et de la nature de la mort, surtout du point de vue de la médecine légale.

THANATOPRAXIE n.f. Ensemble des moyens techniques mis en œuvre pour la conservation des corps. SYN. : *embaumement.*

THANATOS [tanatɔs] n.m. (mot gr., *mort*). PSYCHAN. Dans la théorie freudienne, ensemble des pulsions de mort (par oppos. à *éros*).

THANKSGIVING DAY [sãksgiviŋdɛ] ou **THANKSGIVING** n.m. [pl. *Thanksgiving Days, Thanksgivings*] (mot angl., *jour des actions de grâce*). Fête célébrée aux États-Unis le quatrième jeudi de novembre, commémorant les remerciements offerts à Dieu par les premiers colons (les « Pères pèlerins ») à l'occasion de leur première récolte en 1621.

THAUMATURGE n. (gr. *thauma, -atos,* prodige, et *ergon,* œuvre). Personne qui fait ou prétend faire des miracles.

THAUMATURGIE n.f. Pouvoir du thaumaturge.

THÉ n.m. (du chin.). **1.** Produit préparé à partir de feuilles de théier torréfiées après la cueillette *(thé vert)* ou après avoir subi une légère fermentation *(thé noir).* ◇ *Thé d'Europe :* véronique officinale. **2.** Infusion que l'on en fait. **3.** Antilles, Belgique, Suisse. Tisane. **4.** Repas léger où l'on sert du thé et des pâtisseries, l'après-midi.

THÉATIN n.m. (lat. *Teatinus,* habitant de Teate). Membre d'une congrégation de clercs réguliers fondée en 1524, à Rome, par Gaétan de Thiene et Gian Pietro Carafa, le futur Paul IV, évêque de Chieti (l'ancienne Teate), en vue de réformer les mœurs ecclésiastiques.

THÉÂTRAL, E, AUX adj. **1.** Qui concerne le théâtre. *Action théâtrale.* **2.** Qui donne dans l'exagération, qui vise à l'effet ; artificiel, forcé. *Attitude théâtrale.*

THÉÂTRALEMENT adv. De façon théâtrale, affectée.

THÉÂTRALISER v.t. Donner un caractère de théâtralité, de l'emphase à.

THÉÂTRALISME n.m. **1.** Tendance à attirer l'attention sur soi et à vouloir séduire l'entourage par son comportement. **2.** PSYCHOL. Tendance pathologique aux manifestations émotives, spectaculaires et manquant de naturel. SYN. : *histrionisme.*

THÉÂTRALITÉ n.f. Ce qui, dans une œuvre ou un spectacle, est spécifiquement théâtral, concerne les aspects scéniques, physiques, concrets du théâtre.

THÉÂTRE n.m. (lat. *theatrum,* du gr.). **1.** Édifice destiné à la représentation de pièces, de spectacles dramatiques ; le spectacle lui-même. ◇ *Coup*

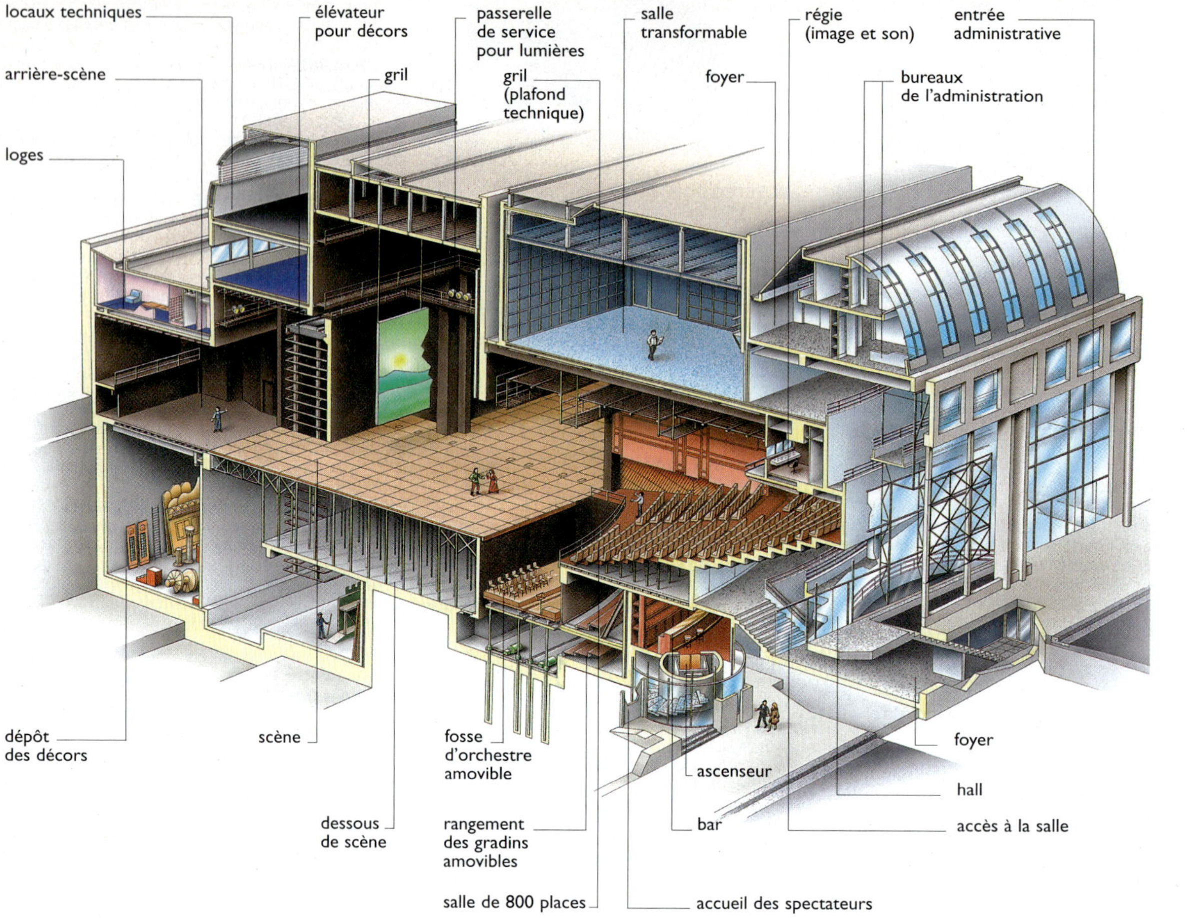

■ **THÉÂTRE.** Vue en coupe du Théâtre national de la Colline, dans le XXe arrondissement de Paris, comportant deux salles modulables de 200 et 800 places. Architectes : V. Fabre et J. Perrottet (avec A. Cattani, N. Napo et M. Raffaelli).

de théâtre → **coup.** **2.** Art de représenter devant un public une action dramatique. *Faire du théâtre.* **3.** La littérature dramatique ; l'ensemble des pièces d'un auteur, d'un pays ou d'une époque. *Le théâtre de Corneille. Le théâtre grec.* **4.** *Théâtre musical :* genre artistique qui mêle des éléments musicaux, littéraires et gestuels. **5.** Afrique. Représentation théâtrale. *Voir un théâtre.* **6.** Situation, comportement artificiels, outrés. **7.** Lieu où se passent certains faits, le plus souvent dramatiques. **8.** MIL. *Théâtre d'opérations (TO) :* zone géographique nécessaire à l'accomplissement d'une mission stratégique donnée ; échelon correspondant dans l'organisation des forces. – *Théâtre d'opérations extérieur (TOE) :* théâtre d'opérations situé en dehors de la France. – *Armes de théâtre :* armes nucléaires affectées à un théâtre d'opérations, partic. au TO européen.

THÉÂTREUX, EUSE n. *Fam., péjor.* ou *par plais.* **1.** Personne qui fait du théâtre en amateur. **2.** Comédien, comédienne de théâtre sans talent.

THÉBAÏDE n.f. (de *Thébaïde,* n.pr.). *Litt.* Lieu isolé et désert, propre à la méditation.

THÉBAIN, E adj. et n. **1.** De Thèbes, en Égypte. **2.** De Thèbes, en Béotie (Grèce).

THÉBAÏNE n.f. Alcaloïde toxique qui se trouve dans l'opium.

THÉBAÏQUE adj. Vx. Qui contient de l'opium.

THÉIER n.m. Arbuste originaire d'Asie et cultivé dans toute l'Asie du Sud-Est, en Afrique et en Amérique pour ses feuilles, qui donnent le thé. (Il peut atteindre 20 m, mais, en culture, on le taille pour ne pas le laisser dépasser 1 m à 1,5 m. Nom sc. *Camellia sinensis ;* famille des théacées.)

THÉIÈRE n.f. Récipient utilisé pour infuser et servir le thé.

THÉINE n.f. Principal alcaloïde de la feuille de thé, identique à la caféine.

THÉISME n.m. (du gr. *theos,* dieu). Doctrine qui affirme l'existence personnelle et unique d'un Dieu, cause du monde.

THÉISTE adj. et n. Relatif au théisme ; qui en est partisan.

THÉMATIQUE adj. **1.** Relatif à un thème ; qui s'organise autour de thèmes. *Encyclopédie thématique.* ◇ *Critique thématique :* méthode de lecture critique qui vise, par l'étude des constantes thématiques et le retour des motifs, à dégager la cohérence d'un univers imaginaire et l'intention profonde d'un écrivain. – *Chaîne thématique,* qui diffuse des programmes autour d'un thème, dans un domaine (sport, art, cinéma, etc.) [par oppos. à *chaîne généraliste*]. **2.** Relatif aux thèmes musicaux. **3.** LING. Relatif au thème des mots. ◆ n.f. Ensemble des thèmes développés par un écrivain, une école, etc.

THÈME n.m. (gr. *thema,* ce qui est proposé). **1.** Sujet, idée sur lesquels portent une réflexion, un discours, une œuvre, ou autour desquels s'organise une action. *Le thème d'un débat.* **2.** LING. **a.** Terme de la phrase (syntagme nominal) désignant l'être ou la chose dont on dit qqch (par oppos. à *prédicat*). **b.** Partie du mot qui reste invariable et à laquelle s'ajoutent les désinences. (Le thème est constitué de la racine et d'une voyelle thématique.) **3.** Fragment mélodique ou rythmique sur lequel est construite une œuvre musicale. **4.** ASTROL. *Thème astral :* représentation symbolique de l'état du ciel *(aspect)* au moment de la naissance de qqn. **5.** Exercice scolaire consistant à traduire un texte dans la langue qu'on étudie (par oppos. à *version*) ; le texte ainsi traduit. *Thème latin.* ◇ *Fort en thème :* élève brillant ; *péjor.,* élève à la culture livresque.

■ **THÉIER**

THÉNAR adj. (mot gr.). ANAT. *Éminence thénar :* saillie du côté externe de la paume de la main à la base du pouce.

THÉOCENTRISME n.m. Attitude consistant à placer Dieu et ceux qui sont investis de l'autorité religieuse au centre de toute vision du monde et de toute interprétation de l'histoire.

THÉOCRATIE [-si] n.f. (gr. *theos,* dieu, et *kratos,* puissance). Régime politique dans lequel le pouvoir est considéré comme venant directement de Dieu, et exercé par ceux qui sont investis de l'autorité religieuse.

THÉOCRATIQUE adj. Relatif à la théocratie.

THÉODICÉE n.f. (mot créé par Leibniz, du gr. *theos,* dieu, et *dikê,* justice). PHILOS. Entreprise de justification rationnelle de la bonté de Dieu, s'employant à réfuter les arguments tirés de la présence du mal dans le monde. SYN. : *théologie naturelle.*

THÉODOLITE n.m. (lat. sc. *theodolitus*). Instrument de topographie servant à mesurer des angles horizontaux et verticaux, en partic. les azimuts et les hauteurs.

THÉOGONIE n.f. (gr. *theos,* dieu, et *gonos,* génération). Dans les religions polythéistes, doctrine relative à l'origine et à la généalogie des dieux ; ensemble des divinités d'une mythologie donnée.

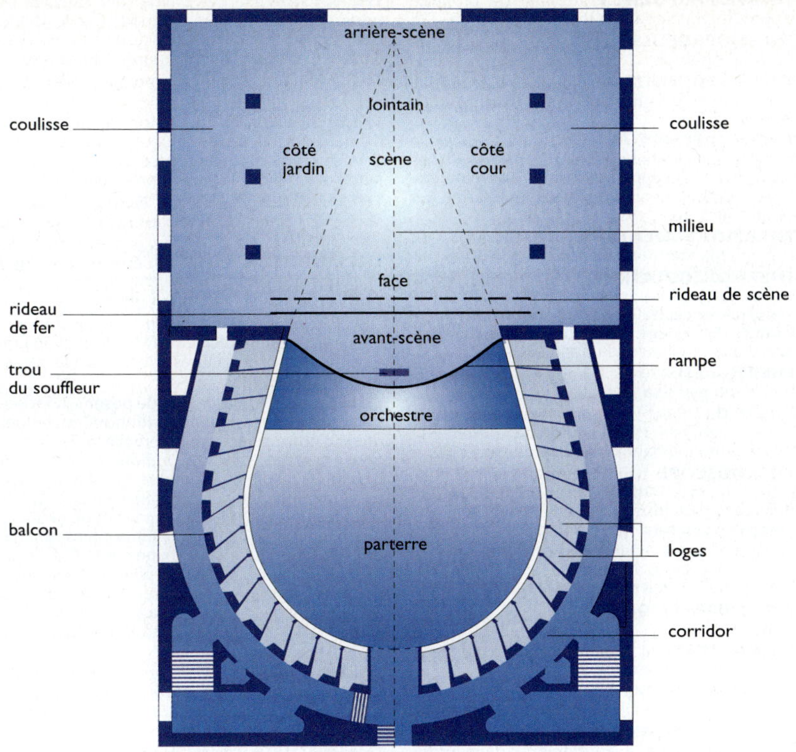

■ **THÉÂTRE.** Plan de l'intérieur d'un théâtre à l'italienne.

THÉOGONIQUE adj. Relatif à une théogonie. *Poème théogonique.*

THÉOLOGAL, E, AUX adj. THÉOL. CHRÉT. Qui a Dieu pour objet. ◇ *Vertus théologales :* la foi, l'espérance et la charité.

THÉOLOGIE n.f. (gr. *theos,* dieu, et *logos,* science). **1.** Étude concernant la divinité et, plus génér., la religion. ◇ *Théologie naturelle :* théodicée. **2.** CHRIST. Étude portant sur Dieu et les choses divines à la lumière de la Révélation. ◇ *Théologie de la libération :* courant chrétien, né dans les années 1970, mettant en avant les valeurs de l'Évangile pour la libération politique, sociale, économique et culturelle des peuples du tiers-monde. **3.** Doctrine religieuse d'un auteur ou d'une école.

THÉOLOGIEN, ENNE n. Spécialiste de théologie.

THÉOLOGIQUE adj. Relatif à la théologie.

THÉOLOGIQUEMENT adv. Selon les principes théologiques.

THÉOPHILANTHROPE n. Membre de la théophilanthropie.

THÉOPHILANTHROPIE n.f. Sous le Directoire, secte déiste fondée sur la croyance en un Dieu puissant et bon.

THÉOPHYLLINE n.f. (de *thé* et gr. *phullon,* feuille). PHARM. Alcaloïde des feuilles de thé, prescrit contre l'asthme.

THÉORBE n.m. → **TÉORBE.**

THÉORÈME n.m. (gr. *theôrêma,* objet d'étude). **1.** Proposition scientifique qui peut être démontrée. **2.** MATH., LOG. Expression d'un système formel, démontrable à l'intérieur de ce système.

THÉORÉTIQUE adj. (gr. *theôrêtikos,* contemplatif, spéculatif). PHILOS. Relatif à la connaissance pure, à la spéculation, à la théorie (et non à l'action).

THÉORICIEN, ENNE n. **1.** Personne qui étudie la théorie, les idées, les concepts d'un domaine scientifique. **2.** Personne qui étudie, élabore et défend la théorie, les principes d'une doctrine. *Théoricien du libéralisme.*

1. THÉORIE n.f. (gr. *theôria,* action d'observer). **1.** Connaissance spéculative, idéale, indépendante des applications. ◇ *En théorie :* en spéculant, de manière abstraite ; en principe. **2.** Ensemble de théorèmes et de lois systématiquement organisés, soumis à une vérification expérimentale, et qui vise à établir la vérité d'un système scientifique. **3.** LOG. *Théorie déductive :* ensemble de propositions démontrées de façon purement logique à partir d'axiomes, et qui énoncent les propriétés qui conviennent à un domaine d'objets (par ex. la théorie des groupes). **4.** Ensemble relativement organisé d'idées, de concepts qui se rapporte à un domaine déterminé. *Théorie littéraire, politique.*

2. THÉORIE n.f. (gr. *theôria,* procession). **1.** ANTIQ. GR. Ambassade solennelle envoyée dans une ville. **2.** *Litt.* Long défilé de personnes, de véhicules. *Théorie de fidèles, de voitures.*

THÉORIQUE adj. **1.** Qui concerne la théorie ; qui est du domaine de la théorie. **2.** Qui est du domaine de la spéculation, sans rapport avec la réalité ou la pratique.

THÉORIQUEMENT adv. De façon théorique ; en principe.

THÉORISATION n.f. Action de théoriser.

THÉORISER v.t. Interpréter des données, des observations en termes théoriques. ◆ v.i. *(Souvent péjor.).* Élaborer, énoncer des théories. *Il ne peut pas s'empêcher de théoriser sur tout.*

THÉOSOPHE n. Partisan de la théosophie.

THÉOSOPHIE n.f. Doctrine fondée sur la théorie d'une sagesse divine, omniprésente dans l'univers et dans l'homme.

THÉOSOPHIQUE adj. Relatif à la théosophie.

THÈQUE n.f. (gr. *thêkê,* boîte). BIOL. Enveloppe ou gaine jouant un rôle protecteur, chez les organismes animaux (coque rigide des péridiniens, couches périphériques des follicules ovariens des mammifères, oothèques des insectes, etc.).

THÉRAPEUTE n. (du gr. *therapeuein,* soigner). **1.** Médecin qui applique ou étudie la thérapeutique. **2.** *Litt.* Médecin. **3.** Psychothérapeute.

THÉRAPEUTIQUE n.f. Partie de la médecine qui étudie et pratique le traitement des maladies ; traitement. ◆ adj. Relatif au traitement des maladies. ◇ *Aléa thérapeutique* → **aléa.**

THÉRAPIE n.f. (gr. *therapeia,* soin). **1.** Traitement médical. ◇ *Thérapie génique :* technique thérapeutique qui consiste à introduire dans l'organisme un gène préparé en laboratoire, en vue de traiter notamm. des maladies génétiques, des cancers, des infections. **2.** Psychothérapie. ◇ *Thérapie familiale,* dans laquelle est impliqué l'ensemble de la cellule familiale, et non le ou les seuls de ses membres manifestant un trouble.

THERAVADA [teravada] adj. inv. (mot sanskr., *opinion des anciens*). *Bouddhisme theravada :* bouddhisme *hinayana.

THÉRIAQUE n.f. (lat. *theriaca,* du gr.). ANC. Préparation médicamenteuse aux nombreux composants, longtemps utilisée comme une panacée.

THÉRIDION ou **THERIDIUM** [teridjɔm] n.m. (gr. *thêridion*). Petite araignée à l'abdomen sphérique souvent tacheté, qui construit des toiles irrégulières sur les buissons, les rochers. (Long. 3 à 5 mm ; famille des théridiidés.)

THERMAL, E, AUX adj. Se dit des eaux de source, chaudes ou non, utilisées comme moyen de traitement, ainsi que des installations permettant leur emploi. ◇ *Station thermale :* localité dotée d'un établissement spécialisé dans le traitement d'affections diverses par l'utilisation d'eaux de source.

THERMALISME n.m. Ensemble de moyens (médicaux, hospitaliers, sociaux, etc.) mis en œuvre pour l'utilisation thérapeutique des eaux de source.

THERMALITÉ n.f. Nature, qualité des eaux thermales.

THERMES n.m. pl. (du gr. *thermos,* chaud). **1.** Vieilli. Nom donné à certains établissements thermaux. **2.** Bains publics, dans l'Antiquité gréco-romaine.

THERMICIEN, ENNE n. Spécialiste de la thermique et de ses applications.

THERMICITÉ n.f. Action, pour un système subissant une transformation physico-chimique, d'échanger de la chaleur avec le milieu extérieur.

THERMIDOR n.m. (gr. *thermos,* chaud, et *dôron,* don). HIST. Onzième mois du calendrier républicain, commençant le 19 ou le 20 juillet et finissant le 17 ou le 18 août.

THERMIDORIEN, ENNE adj. et n. HIST. Se dit des Conventionnels tels que Barras, Fouché, Tallien, qui renversèrent Robespierre le 9 thermidor an II (27 juillet 1794). ◆ adj. Relatif aux journées révolutionnaires de thermidor.

THERMIE n.f. (du gr. *thermos,* chaud). Unité de quantité de chaleur (symb. th), valant 10^6 calories. (Cette unité n'est plus légale en France.)

THERMIQUE adj. Relatif à la chaleur. ◇ *Analyse thermique :* étude des variations de température des substances, des alliages notamm., mettant en évidence leurs modifications chimiques. – *Papier thermique :* papier couché, utilisé notamm. pour la télécopie, et portant sur une face un réactif qui devient bleu ou noir sous l'effet de la chaleur (entre 90 et 110 °C). – THERMODYN. *Agitation thermique :* mouvement désordonné des particules de la matière dont la vitesse augmente ou décroît selon la variation de température. – *Centrale thermique :* centrale dans laquelle l'énergie électrique est produite à partir d'énergie thermique. (Qu'elle soit classique ou nucléaire, une centrale thermique fonctionne toujours selon le même principe : de l'eau est portée à ébullition sous haute pression, et la vapeur produite fait tourner des turboalternateurs.) – *Moteur thermique* → **moteur.** – MÉTÉOROL. *Ascendance thermique :* ascension d'un courant d'air chaud dans l'atmosphère. ◆ n.f. Domaine de la physique qui traite de la production, de la transmission ainsi que de l'utilisation de la chaleur.

THERMIQUEMENT adv. Par la chaleur.

THERMISTANCE n.f. Résistance électrique à coefficient de température élevé et négatif pour les températures normalement rencontrées.

THERMITE n.f. (du gr. *thermê,* chaleur). MÉTALL. Mélange d'oxydes métalliques et de poudre d'aluminium utilisé en soudage par aluminothermie.

THERMOCHIMIE n.f. Domaine de la chimie qui étudie les quantités de chaleur mises en jeu par les réactions chimiques.

THERMOCHIMIQUE adj. Relatif à la thermochimie.

THERMOCLASTIE n.f. (du gr. *klastos,* brisé). GÉOMORPH. Éclatement des roches sous l'effet de variations brutales de température.

THERMOCLINE n.f. (du gr. *klinein,* incliner). OCÉANOL. Dans la structure verticale de l'océan, couche d'eau dont la température diminue rapidement avec la profondeur. (Au-dessus de la thermocline se trouve la zone chaude soumise à l'influence de l'atmosphère.)

THERMOCOLLAGE n.m. TECHN. Procédé d'assemblage sous l'action de la chaleur.

THERMOCOLLANT, E adj. et n.m. TECHN. Se dit d'un tissu spécialement encollé, d'un matériau dont les propriétés adhésives se développent par chauffage, et que l'on peut faire adhérer à un autre par thermocollage.

THERMOCOUPLE n.m. ÉLECTR. Circuit formé par deux métaux différents entre les soudures desquels on a établi une différence de température qui se traduit par l'apparition d'une force électromotrice. SYN. : *couple thermoélectrique.*

THERMODURCISSABLE adj. Se dit d'un polymère qui se durcit sous l'action de la chaleur, les macromolécules qui le constituent s'unissant par liaison chimique.

THERMODYNAMICIEN, ENNE n. Spécialiste de thermodynamique.

THERMODYNAMIQUE n.f. Domaine de la physique qui étudie les propriétés des systèmes où interviennent les notions de température et de chaleur, en relation, notamm., avec les phénomènes mécaniques. ◆ adj. Relatif à la thermodynamique. ◇ *Température thermodynamique :* température absolue.

THERMOÉLECTRICITÉ n.f. **1.** Ensemble des phénomènes réversibles de transformation directe de l'énergie thermique en énergie électrique, et vice versa. **2.** Électricité produite dans une centrale thermique.

T

THERMOÉLECTRIQUE adj. Relatif à la thermoélectricité.

THERMOÉLECTRONIQUE adj. *Effet thermoélectronique :* émission d'électrons par un conducteur électrique chauffé. SYN. : *effet thermoïonique.*

THERMOFORMAGE n.m. Mise en forme des matières plastiques sous l'action de la chaleur et d'une contrainte mécanique.

THERMOGÈNE adj. Qui produit de la chaleur.

THERMOGENÈSE n.f. PHYSIOL. Partie de la thermorégulation qui assure la production de chaleur chez l'animal.

THERMOGRAPHIE n.f. Technique d'enregistrement graphique des températures de divers points d'un corps par détection du rayonnement infrarouge qu'il émet. (Cette technique est utilisée en médecine pour le dépistage des tumeurs du sein, dans le bâtiment pour contrôler l'isolation, en télédétection, etc.)

THERMOÏONIQUE adj. *Effet thermoïonique :* effet *thermoélectronique.

THERMOLUMINESCENCE n.f. OPT. Luminescence provoquée par un échauffement bien inférieur à celui qui produit l'incandescence.

THERMOLYSE n.f. PHYSIOL. Partie de la thermorégulation qui assure la perte de chaleur chez l'animal.

THERMOMÈTRE n.m. **1.** Instrument destiné à mesurer la température. ◇ *Thermomètre médical,* qui sert à mesurer la température du corps humain. (Le thermomètre électronique et le thermomètre à infrarouges ont remplacé le thermomètre à mercure, abandonné en France en 1999.) – *Thermomètre centésimal :* thermomètre qui comprend 100 divisions. (Dans l'échelle Celsius, la division 0 correspond à la température de la glace fondante, et la division 100 à celle de l'eau en ébullition, à la pression atmosphérique normale ; chacune de ces divisions est appelée *degré Celsius.*) – *Thermomètre à maximum et à minimum :* thermomètre à alcool dans lequel deux index marquent les températures maximale et minimale atteintes au cours d'une certaine période de temps. **2.** *Fig.* Ce qui permet d'évaluer l'intensité, l'importance de qqch. *La Bourse, thermomètre de l'activité économique et financière.*

THERMOMÉTRIE n.f. PHYS. Mesure de la température.

THERMOMÉTRIQUE adj. Relatif au thermomètre, à la thermométrie.

THERMONUCLÉAIRE adj. Se dit d'une réaction de fusion nucléaire entre noyaux d'atomes légers portés à très haute température, et de l'énergie qu'elle produit. ◇ *Arme, bombe thermonucléaire :* arme qui met en jeu, grâce à l'obtention de très hautes températures, la fusion de noyaux d'atomes légers avec un dégagement considérable d'énergie. (La puissance des armes thermonucléaires s'exprime en mégatonnes.) SYN. : *bombe à hydrogène* ou *bombe H.*

THERMOPLASTIQUE adj. Se dit d'un polymère qui, sous l'action de la chaleur, fond ou se ramollit suffisamment pour pouvoir être mis en forme.

THERMOPROPULSÉ, E adj. Qui est propulsé d'après le principe de la thermopropulsion.

THERMOPROPULSIF, IVE adj. Qui assure la thermopropulsion.

THERMOPROPULSION n.f. Principe de propulsion fondé sur la seule mise en œuvre de l'énergie thermique.

THERMORÉCEPTEUR n.m. NEUROL. Corpuscule sensoriel localisé dans la peau ou dans certaines régions de l'encéphale, sensible aux températures externe ou interne, dont il informe les centres nerveux.

THERMORÉGULATEUR, TRICE adj. Qui concerne la thermorégulation.

THERMORÉGULATION n.f. **1.** PHYSIOL. Fonction de l'organisme qui assure la constance de la température centrale chez les animaux homéothermes. **2.** Réglage automatique de la température d'une ambiance, d'un milieu.

THERMORÉSISTANT, E adj. Se dit d'une substance qui résiste à la chaleur.

THERMOS [-mos] n.f. (nom déposé). Bouteille isolante permettant à un liquide de conserver sa température pendant plusieurs heures.

THERMOSCOPE n.m. Thermomètre rudimentaire qui sert à indiquer une variation ou une différence de température sans la mesurer.

THERMOSPHÈRE n.f. GÉOPHYS. Région de l'atmosphère située au-dessus de la mésosphère (de 85 à 500 km d'altitude), au sein de laquelle la température croît régulièrement avec l'altitude.

THERMOSPHÉRIQUE adj. Relatif à la thermosphère.

THERMOSTAT n.m. Appareil qui sert à maintenir la température constante.

THERMOSTATIQUE adj. Se dit d'un dispositif capable de maintenir la température constante.

THERMOTACTISME n.m. ÉTHOL. Sensibilité de certains organismes aux différences de température, qui détermine génér. des réactions de déplacement.

THÉROPODE n.m. (gr. *thêros,* bête sauvage, et *pous, podos,* pied). Reptile dinosaurien carnivore, à locomotion bipède, tel que l'allosaure ou le tyrannosaure. (Les théropodes forment un groupe au sein de celui des saurischiens.)

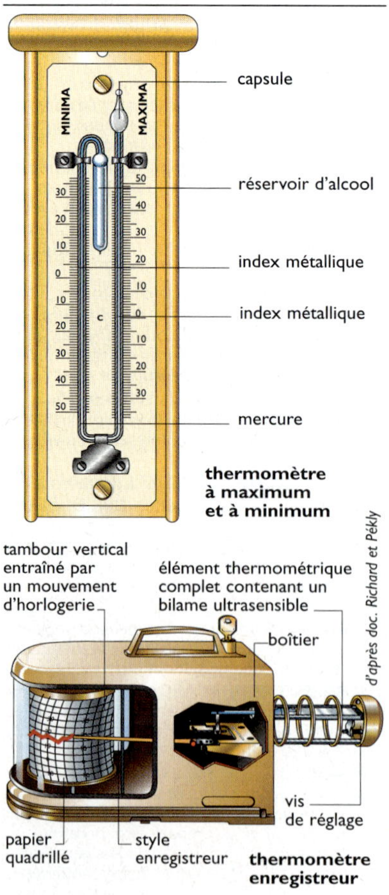

■ **THERMOMÈTRES**

THÉROPSIDÉ n.m. (gr. *thêros,* bête sauvage, et *opsis,* aspect). Vertébré tétrapode fossile, d'une lignée présentant un mélange de caractères reptiliens et mammaliens (par oppos. à *sauropsidé*).

THÉSARD, E n. *Fam.* Personne qui prépare une thèse ; doctorant.

THÉSAURISATION n.f. Action de thésauriser, d'amasser des richesses. – ÉCON. Mise en réserve d'un stock de monnaie conservé tel quel, sans faire l'objet d'un placement productif.

THÉSAURISER v.t. (du lat. *thesaurus,* trésor). Mettre de l'argent de côté sans le dépenser ni le faire fructifier.

THÉSAURISEUR, EUSE adj. et n. Se dit d'une personne qui thésaurise.

THÉSAURUS ou **THESAURUS** [tezorys] n.m. (lat. *thesaurus,* trésor, du gr.). **1.** Lexique de philologie, d'archéologie. **2.** Répertoire alphabétique de termes normalisés utilisés pour le classement documentaire.

THÈSE n.f. (gr. *thesis,* action de poser). **1.** Proposition théorique, opinion, position sur qqch dont on s'attache à démontrer la véracité. *Soutenir une thèse.* ◇ *Pièce, roman, film à thèse :* œuvre qui illustre de manière didactique la validité d'une thèse politique, morale ou philosophique. **2.** PHILOS. Idée, proposition qui forme le premier terme d'une antinomie (dans les philosophies rationalistes de type kantien) ou d'une contradiction de type dialectique (dans les philosophies hégélienne et marxiste). **3.** Ensemble de travaux présentés, sous forme d'ouvrage, en vue de l'obtention du grade de docteur ; exposé public de cet ouvrage.

THESMOPHORIES n.f. pl. (gr. *thesmophoria,* de *thesmos,* loi, et *pherein,* porter). ANTIQ. GR. Fêtes en l'honneur de Déméter, réservées aux femmes mariées.

THESMOTHÈTE n.m. ANTIQ. GR. Magistrat chargé de codifier les lois et d'organiser la justice.

THESSALIEN, ENNE adj. et n. De Thessalie.

THÊTA n.m. inv. Huitième lettre de l'alphabet grec (Θ, θ), correspondant au *t* aspiré.

THÉURGIE n.f. (gr. *theourgia,* de *theos,* dieu, et *ergon,* action). Pratique occultiste visant à communiquer avec les bons esprits, à utiliser leurs pouvoirs pour atteindre Dieu (par oppos. à *goétie*).

THIAMINE n.f. Vitamine B1.

THIAZOLE n.m. Composé hétérocyclique à cinq atomes, dont un de soufre et un d'azote, et dont le noyau joue un rôle important en biochimie.

THIBAUDE n.f. (de *Thibaud,* n. donné aux bergers). Tissu grossier servant à doubler les moquettes ou les tapis cloués au sol.

THIOACIDE n.m. Composé dérivant d'un oxacide par substitution du soufre à l'oxygène.

THIOFÈNE n.m. → **THIOPHÈNE.**

THIOL n.m. Mercaptan.

THIONATE n.m. CHIM. MINÉR. Sel d'un acide de la série thionique.

THIONINE n.f. CHIM. ORG. Matière colorante bleue présente dans le bleu de méthylène.

THIONIQUE adj. (du gr. *theîon,* soufre). *Série thionique :* série d'acides oxygénés du soufre, de formule générale $S_nO_6H_2$ (où *n* est compris entre 2 et 6).

THIOPHÈNE ou **THIOFÈNE** n.m. CHIM. ORG. Hétérocycle aromatique à cinq atomes, dont un de soufre.

THIOSULFATE n.m. Hyposulfite.

THIOSULFURIQUE adj. *Acide thiosulfurique :* acide *hyposulfureux.

THIO-URÉE n.f. (pl. *thio-urées*). CHIM. ORG. Composé ($H_2N–CS–NH_2$) dérivant de l'urée par substitution de soufre à l'oxygène, utilisé en synthèse organique ou pour réaliser de la copolymérisation avec des aldéhydes.

THIXOTROPIE n.f. (gr. *thixis,* action de toucher, et *tropos,* direction). CHIM., PHYS. Phénomène par lequel certains mélanges passent de l'état de gel à celui de liquide après une légère agitation. (Dans le cas de sédiments gorgés d'eau, c'est le phénomène qui provoque l'enlisement dans les sables mouvants.)

THLASPI [tlaspi] n.m. (mot gr.). Plante herbacée commune dans les champs et les décombres, voisine de l'ibéris, à petites fleurs blanches et aux fruits en silicules. (Famille des crucifères.)

THOLOS [tolos] n.f. (mot gr.). **1.** ARCHIT. Temple à cella circulaire, ayant génér. un péristyle concentrique. **2.** ARCHÉOL. Tombe à coupole en tas de charge.

THOMISE n.m. (du gr. *thômix,* corde). Araignée à abdomen large et coloré, dont l'aspect et la démarche évoquent un petit crabe, et qui chasse les insectes, à l'affût dans la corolle des fleurs. (Long. jusqu'à 1 cm ; famille des thomisidés.)

THOMISME n.m. Ensemble des doctrines théologiques et philosophiques de saint Thomas d'Aquin et de ses disciples.

THOMISTE adj. et n. Relatif au thomisme ; qui en est partisan.

THON n.m. (lat. *thunnus,* du gr.). Poisson marin, excellent nageur, migrant en bancs importants en Méditerranée et dans l'Atlantique. (On le pêche pour sa chair estimée. Le *thon blanc,* ou *germon,* atteint 1 m de long et le *thon rouge,* 2 à 3 m. Genre *Thunnus ;* famille des scombridés.)

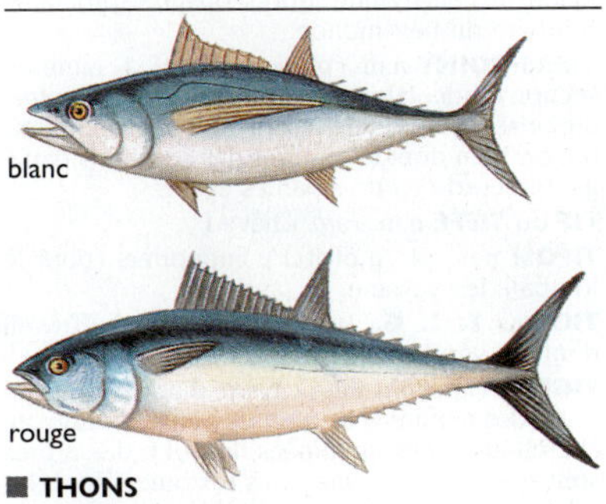

■ **THONS**

THONAIRE n.m. Grand filet employé pour la pêche du thon.

THONIER n.m. Bateau pour la pêche du thon ; pêcheur se livrant à cette pêche.

THONINE n.f. Poisson marin de l'Atlantique tropical, voisin de la bonite, pêché occasionnellement dans la Méditerranée. (Genre *Euthynnus ;* famille des scombridés.)

THORACENTÈSE [tɔrasɛ̃tɛz] ou **THORACOCENTÈSE** [-sɛ̃tɛz] n.f. MÉD. Ponction de la cavité pleurale.

THORACIQUE adj. (du gr. *thôrax, -akos,* cuirasse). **1.** Relatif au thorax. *Région thoracique.* **2.** *Canal thoracique :* principal tronc collecteur de la lymphe, qui longe la colonne vertébrale et débouche dans la veine sous-clavière gauche.

THORACOTOMIE n.f. Ouverture chirurgicale du thorax.

THORAX n.m. (gr. *thôrax,* cuirasse). **1.** Partie du corps de l'homme et des animaux vertébrés limitée par les vertèbres, les côtes, le sternum et le diaphragme et contenant les poumons et le cœur. **2.** Deuxième des trois parties du corps des insectes, formée de trois segments et sur laquelle sont fixées les pattes et les ailes.

THORINE n.f. CHIM. MINÉR. Oxyde de thorium ThO_2.

THORIUM [tɔrjɔm] n.m. (de *Thor,* n. d'un dieu scand.). **1.** Métal blanc, du groupe des actinides, de densité 11,7, et qui fond à 1 750 °C. **2.** Élément chimique (Th), de numéro atomique 90, de masse atomique 232,038 1. (La méthode de radiochronologie $^{230}Th/^{238}U$, fondée sur la désintégration de l'uranium en thorium, permet de dater des phénomènes ne dépassant pas 300 000 ans environ.)

THORON n.m. CHIM. Isotope du radon, issu de la désintégration du thorium.

THRACE adj. et n. De la Thrace. ◆ n.m. ANTIQ. ROM. Gladiateur équipé d'un casque, d'un petit bouclier rond et d'un cimeterre.

THRÈNE n.m. (gr. *thrênos*). ANTIQ. GR. Chant, lamentation funèbre.

THRÉONINE n.f. BIOCHIM. Acide aminé indispensable à l'être humain.

THRILLER [srilœr] ou [trilœr] n.m. (mot angl.). Film ou roman (policier ou d'épouvante) à suspense, qui procure des sensations fortes.

THRIPS n.m. (mot gr.). Insecte thysanoptère abondant sur les fleurs et attaquant les jeunes feuilles. (Long. 1 mm.)

THROMBINE n.f. (du gr. *thrombos,* caillot). Enzyme provoquant la coagulation du sang par transformation du fibrinogène en fibrine.

THROMBOCYTE n.m. Plaquette sanguine.

THROMBOEMBOLIQUE adj. Se dit d'un état pathologique caractérisé par la formation de caillots dans les vaisseaux *(thrombus)* qui, en se fragmentant et en migrant, provoquent des embolies.

THROMBOLYSE n.f. **1.** Résorption spontanée d'un caillot dans un vaisseau sanguin. **2.** Traitement ayant pour but la résorption d'un caillot dans un vaisseau sanguin.

THROMBOPÉNIE n.f. Diminution pathologique du nombre des plaquettes sanguines.

THROMBOPHLÉBITE n.f. Inflammation d'une veine due à la formation d'un caillot dans celle-ci.

THROMBOPOÏÈSE n.f. Élaboration des plaquettes sanguines dans la moelle osseuse hématopoïétique.

THROMBOSE n.f. (du gr. *thrombos,* caillot). Formation d'un caillot dans un vaisseau sanguin.

THROMBOTIQUE adj. Relatif à la thrombose ; dû à une thrombose.

THROMBUS [trɔ̃bys] n.m. (mot lat., du gr. *thrombos*). Caillot formé dans un vaisseau sanguin.

THUG [tyg] n.m. (mot angl., du hindi). HIND. Membre d'une confrérie religieuse de l'Inde qui, en l'honneur de la déesse Kali, se livrait au meurtre rituel par strangulation (XIIe - XIXe s.).

THULIUM [tyljɔm] n.m. (mot lat., de *Thulé,* n.pr.). **1.** Métal du groupe des lanthanides. **2.** Élément chimique (Tm), de numéro atomique 69, de masse atomique 168,934 2.

THUNE ou **TUNE** n.f. **1.** *Arg.,* vx. Pièce d'argent de cinq francs. ◇ Suisse. *Fam. Une thune :* cinq francs. **2.** *Fam.,* mod. *Ne pas avoir une thune :* être démuni d'argent, être sans le sou. – *De la thune :* de l'argent.

THURIFÉRAIRE n.m. (lat. *thus, thuris,* encens, et *ferre,* porter). **1.** RELIG. Clerc chargé de porter l'encensoir. **2.** *Litt.* Flatteur. *Les thuriféraires du pouvoir.*

THUYA [tyja] n.m. (gr. *thuia*). Conifère originaire d'Asie ou d'Amérique, souvent cultivé dans les parcs. (Famille des cupressacées.)

THYIADE n.f. (gr. *thuias*). MYTH. Ménade.

THYLACINE n.m. (du gr. *thulakos,* sac). Mammifère marsupial carnassier de Tasmanie, au pelage rayé, couramment appelé *loup marsupial,* dont l'espèce est probablement éteinte. (Long. 90 cm sans la queue ; genre *Thylacinus,* famille des dasyuridés.)

■ **THYM**

THYM [tɛ̃] n.m. (lat. *thymum,* du gr.). Plante vivace ligneuse de l'Eurasie tempérée, rampante, à très petites feuilles odoriférantes et utilisée comme aromate. (Genre *Thymus ;* famille des labiées.)

THYMIE n.f. (gr. *thumos,* siège des passions). PSYCHOL. Humeur.

THYMINE n.f. BIOCHIM. L'une des quatre bases azotées, constituants fondamentaux des acides nucléiques.

THYMIQUE adj. **1.** MÉD. Qui appartient au thymus. **2.** PSYCHOL. Qui concerne l'humeur.

THYMOANALEPTIQUE adj. et n.m. PHARM. Se dit d'une substance psychoanaleptique (anti-

T

■ **THUYA** géant (Amérique).

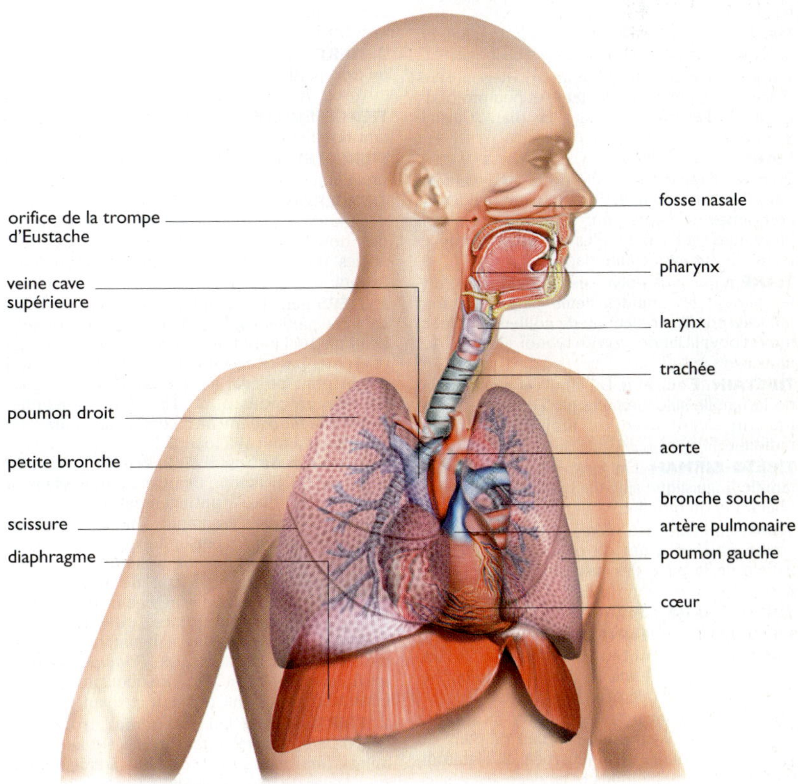

■ **THORAX.** Les organes du thorax vus de face, et les voies aériennes.

dépresseur, par ex.) qui améliore l'humeur du sujet.

THYMOL n.m. CHIM. ORG. Phénol extrait de l'essence de thym, à odeur aromatique.

THYMUS [timys] n.m. (gr. *thumos*). Organe lymphoïde situé devant la trachée, développé seulement chez l'enfant et les jeunes animaux, et qui joue un rôle dans l'immunité. (Le thymus du veau est communément appelé *ris de veau*. C'est un lieu de réserves de protéines.)

THYRATRON n.m. ÉLECTRON. Tube à gaz, à cathode chaude, employé comme redresseur ou comme régulateur de courant.

THYRÉOSTIMULINE n.f. BIOCHIM. Stimuline de l'hypophyse qui active la sécrétion de la glande thyroïde. SYN. : *hormone thyréotrope.*

THYRÉOTROPE adj. Qui agit sur la glande thyroïde. ◇ *Hormone thyréotrope :* thyréostimuline.

THYRISTOR n.m. Dispositif à semi-conducteur utilisé comme interrupteur électronique.

THYROÏDE adj. (gr. *thuroeidês,* qui a la forme d'un bouclier). **1.** *Cartilage thyroïde :* le plus développé des cartilages du larynx, formant chez l'homme la saillie appelée *pomme d'Adam.* **2.** *Glande thyroïde,* ou *thyroïde,* n.f. : glande endocrine située devant la trachée, et qui sécrète plusieurs hormones, dont la thyroxine et la calcitonine.

THYROÏDECTOMIE n.f. Ablation chirurgicale de la thyroïde.

THYROÏDIEN, ENNE adj. Relatif à la thyroïde.

THYROÏDITE n.f. Inflammation de la thyroïde.

THYROXINE n.f. BIOCHIM. Hormone sécrétée par la thyroïde.

THYRSE n.m. (gr. *thursos,* bâton de Dionysos). **1.** MYTH. GR. Emblème de Dionysos, fait d'un bâton entouré de feuilles de lierre ou de vigne et surmonté d'une pomme de pin. **2.** BOT. Grappe de fleurs de forme pyramidale (lilas, marronnier d'Inde).

THYSANOPTÈRE n.m. (gr. *thusanos,* frange, et *pteron,* aile). Insecte suceur de sève, minuscule, aux ailes étroites et frangées, tel que le thrips. (Les thysanoptères forment un ordre.)

THYSANOURE n.m. (gr. *thusanos,* frange, et *oura,* queue). Insecte primitif, sans métamorphoses et sans ailes, vivant dans les endroits humides, tel que les lépismes. (Les thysanoures forment un ordre de la sous-classe des aptérygotes.)

TIAFFE n.f. Suisse. *Fam.* **1.** Très forte chaleur. **2.** Neige fondante se transformant en boue.

TIAN [tjɑ̃] n.m. (du gr. *teganon*). Région. (Provence). Grand plat en terre large et peu profond ; gratin de légumes cuit dans ce plat. (Cuisine provençale.)

TIARE n.f. (lat. *tiara,* du persan). **1.** ANTIQ. Coiffure d'apparat symbole de la souveraineté, dans l'ancien Orient. **2.** Coiffure d'apparat à trois couronnes du pape, pour les cérémonies non liturgiques. (Elle n'est plus en usage actuellement.) – *Par ext.* Dignité papale.

TIARÉ n.m. (mot polynésien). Plante de Polynésie dont les grandes fleurs parfumées sont utilisées pour la confection de colliers ornementaux et pour la fabrication du monoï. (Famille des malvacées.)

TIBÉTAIN, E adj. et n. Du Tibet. ◆ n.m. Langue de la famille sino-tibétaine parlée au Tibet. (Le tibétain s'écrit avec un alphabet d'origine indienne.)

TIBÉTO-BIRMAN n.m. sing. Branche sud de la famille linguistique sino-tibétaine, composée du tibétain et du birman.

TIBIA n.m. (mot lat., *flûte*). **1.** ANAT. Os de la jambe situé en avant du péroné. **2.** ENTOMOL. Article de la patte des insectes qui précède le tarse.

TIBIAL, E, AUX adj. ANAT. Relatif au tibia.

TIBIO-TARSIEN, ENNE adj. (pl. *tibio-tarsiens, ennes*). Qui appartient au tibia et au tarse. ◇ *Articulation tibio-tarsienne :* articulation de la cheville, entre le tibia, le péroné et l'astragale.

TIC n.m. (onomat.). **1.** Contraction brusque et rapide de certains muscles, surtout de ceux du visage, involontaire et stéréotypée. **2.** Habitude inconsciente, manie dans le langage, les gestes.

TICHODROME [tikɔdrom] n.m. (gr. *teikhos,* muraille, et *dromos,* course). Passereau gris aux ailes bordées de rouge, au long bec fin, qui vit sur les rochers des hautes montagnes de l'Europe et de l'Asie. (Genre *Tichodroma ;* famille des sittidés.) SYN. : *échelette.*

1. TICKET [tikɛ] n.m. (mot angl., du fr. *étiquette*). Billet donnant droit à l'admission dans un véhicule de transport public, dans un établissement, attestant un paiement, etc. *Ticket de métro. Ticket de caisse.*

2. TICKET [tikɛ] n.m. (mot anglo-amér.). Aux États-Unis, ensemble formé par les deux candidats du même parti à la présidence et à la vice-présidence.

TIC-TAC n.m. inv. Bruit sec et régulier d'un mouvement d'horlogerie.

TIE-BREAK [tajbrɛk] n.m. [pl. *tie-breaks*] (mot angl., *rupture d'égalité*). [Anglic. déconseillé]. Au tennis, jeu décisif (qui donne le gain du set).

TIÉDASSE adj. D'une tiédeur désagréable.

1. TIÈDE adj. (lat. *tepidus*). D'une chaleur très atténuée. ◆ adj. et n. Qui manque d'ardeur, de zèle, de ferveur ; mou. ◆ adv. *Boire tiède :* prendre des boissons tièdes.

2. TIÈDE n.f. Suisse. Forte chaleur.

TIÈDEMENT adv. Avec indifférence, sans passion, sans conviction.

TIÉDEUR n.f. **1.** Température tiède. *La tiédeur de l'eau.* **2.** *Fig.* Manque de ferveur, d'ardeur. *La tiédeur des sentiments.*

TIÉDIR v.i. Devenir tiède. ◆ v.t. Rendre tiède.

TIÉDISSEMENT n.m. Fait de tiédir.

TIEN, TIENNE pron. poss. (lat. *tuum*). Précédé de *le, la, les,* désigne ce qui est à toi. *J'ai mes soucis et tu as les tiens.* ◇ *Fam. À la tienne ! :* à ta santé ! – *Les tiens :* ta famille, tes proches, tes compatriotes. ◆ adj. poss. *Litt.* Qui t'appartient. *Cette qualité qui est tienne.*

TIENTO [tjɛnto] n.m. (mot esp.). Forme contrapuntique de la musique instrumentale espagnole du XVIe au XVIIIe siècle.

1. TIERCE adj.f. *Fièvre tierce* → **fièvre.**

2. TIERCE n.f. (fém. de *tiers*). **1.** IMPRIM. Dernière épreuve de révision avant le tirage. **2.** MATH. Se dit d'une lettre portant en haut et à droite trois petits accents (‴). **3.** JEUX. Série de trois cartes qui se suivent dans la même couleur. **4.** CHRIST. Partie de l'office monastique ou du bréviaire qui se disait à la troisième heure, soit à 9 heures du matin. **5.** MUS. Intervalle de trois degrés.

1. TIERCÉ adj.m. *Pari tiercé,* ou *tiercé,* n.m. : pari dans lequel il faut désigner les trois chevaux arrivant les premiers dans une course.

2. TIERCÉ, E adj. HÉRALD. Se dit d'un écu divisé en trois parties égales, d'émaux différents. *Tiercé en fasce. Tiercé en bande.*

TIERCEFEUILLE n.f. HÉRALD. Meuble représentant une fleur à trois pétales.

TIERCELET n.m. Mâle de plusieurs oiseaux de proie (plus petit d'un tiers que la femelle).

TIERCERON n.m. (de *1. tiers*). ARCHIT. Chacune des nervures qui relient les liernes au sommier des doubleaux ou des formerets, c.-à-d. aux angles d'une voûte, dans l'art gothique flamboyant.

1. TIERS n.m. **1.** Chaque partie d'un tout divisé en trois parties égales. ◇ *Tiers provisionnel :* acompte sur l'impôt sur le revenu, versé en février et en mai par le contribuable, en France, et qui est en principe égal au tiers de l'imposition de l'année précédente. **2.** Troisième personne. ◇ *Fam. Se moquer du tiers comme du quart :* être indifférent à tout et à tous. **3.** Personne étrangère à un groupe. *Ne pas se disputer devant des tiers.* – *Spécial.* DR. Personne étrangère à une affaire, à un acte juridique, à un jugement, etc. ◇ *Assurance au tiers :* assurance *tierce collision. – *Tiers opposant :* personne qui forme tierce opposition. **4.** *Tiers payant :* système qui permet, en France, à l'assuré social de ne pas faire l'avance des honoraires médicaux et des frais pharmaceutiques, de prothèse ou d'hospitalisation, et de ne payer, le cas échéant, que le ticket modérateur. **5.** LOG., PHILOS. *Principe du tiers exclu :* principe selon lequel de deux propositions contradictoires l'une est vraie et l'autre fausse.

2. TIERS, TIERCE adj. (lat. *tertius,* troisième). Qui vient au troisième rang ; qui s'ajoute à deux autres. *Une tierce personne.* ◇ DR. *Tierce opposition :* voie de recours ouverte aux tiers ni partie ni représentés à l'instance et auxquels le jugement ou l'arrêt porte préjudice. – HIST. *Tiers état :* ensemble des personnes qui, sous l'Ancien Régime, n'appartenaient ni à la noblesse ni au clergé et formaient le troisième ordre du royaume. – CATH. *Tiers ordre :* association de religieux *(tiers ordres réguliers)* ou de laïcs *(tiers ordres séculiers)* qui sont affiliés à un ordre religieux (franciscains, dominicains, carmes, bénédictins, etc.). – *Assurance tierce collision :* assurance des véhicules terrestres contre les accidents avec un autre véhicule ou un piéton. SYN. : *assurance au tiers.*

TIERS-MONDE n.m. (pl. *tiers-mondes*). Ensemble formé par les pays en développement, génér. issus de la décolonisation.

TIERS-MONDISME n.m. (pl. *tiers-mondismes*). Tendance, opinion, doctrine des tiers-mondistes.

TIERS-MONDISTE adj. et n. (pl. *tiers-mondistes*). Relatif au tiers-monde ; qui est ou qui se proclame solidaire du tiers-monde.

TIERS-POINT n.m. (pl. *tiers-points*). **1.** Lime de section triangulaire. **2.** ARCHIT. *Arc en tiers-point :* arc brisé dans lequel s'inscrit un triangle équilatéral, ou bien dont les centres des segments partagent la corde en trois parties égales.

TIF ou **TIFFE** n.m. *Fam.* Cheveu.

TIFOSI n.m. pl. (mot ital.). Supporters (pour le football, le cyclisme, en partic.).

TIG ou **T. I. G.** [teiʒe] n.m. (sigle). Travail d'intérêt général.

TIGE n.f. (lat. *tibia,* flûte). **1.** Axe d'une plante, qui porte des feuilles et se termine par un bourgeon. (Le chaume des graminées, le tronc des arbres sont des *tiges aériennes ;* les rhizomes [iris], les tubercules [pomme de terre], des *tiges souterraines.*) **2.** Partie mince et allongée de certains objets. **3.** PÉTROLE. Tube cylindrique de faible diamètre qui permet l'entraînement du trépan au fond d'un puits en forage. **4.** Partie supérieure de la chaussure qui habille le dessus du pied et la cheville, et éventuellement la jambe. **5.** *Tige de culbuteur :* tringle rigide interposée entre le poussoir et les culbuteurs d'un moteur thermique, et commandant les soupapes placées en tête dans la culasse.

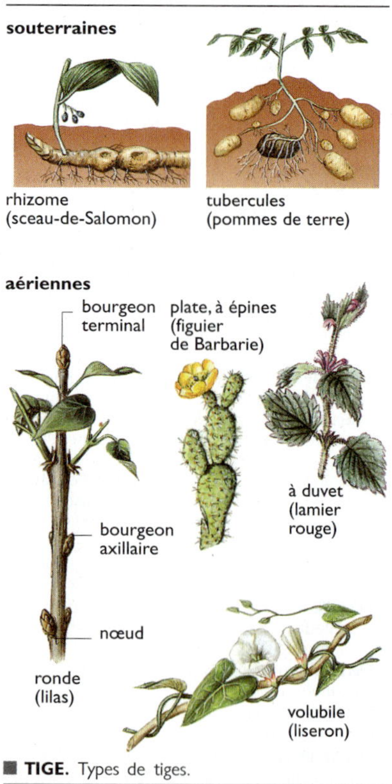

■ **TIGE.** Types de tiges.

TIGELLE n.f. BOT. Partie de la plantule des graines qui fournit la tige de la plante.

TIGLON n.m. → **TIGRON.**

TIGNASSE n.f. (de *teigne*). *Fam.* Chevelure abondante et mal peignée.

TIGRE n.m. (lat. *tigris*). **1.** Mammifère carnivore des régions boisées de l'Asie du Sud-Est et de la

Sibérie orientale, au pelage jaune orangé plus ou moins sombre, marqué de rayures noires. (L'espèce est très menacée. Le tigre est le plus grand félin actuel. Cri : le tigre feule, rauque. Long. 2,5 m sans la queue ; poids 200 kg et plus ; nom sc. *Panthera tigris ;* famille des félidés.) ◇ *Jaloux comme un tigre :* extrêmement jaloux. **2.** *Litt.* Homme très cruel, sanguinaire. **3.** *Tigre de papier :* adversaire dont la puissance apparente dissimule une faiblesse qui le fait juger en réalité peu dangereux. (D'abord dans la phraséologie maoïste.) **4.** *Tigre du poirier,* insecte hétéroptère qui vit sur les feuilles de cet arbre. **5.** Pays en développement dont l'économie est caractérisée par une forte croissance récente (Indonésie, Philippines, Malaisie, Thaïlande) [à distinguer de *dragon*].

■ **TIGRE**

TIGRÉ, E adj. Marqué, rayé de bandes foncées, comme le pelage du tigre.

TIGRESSE n.f. **1.** Tigre femelle. **2.** Femme agressive, d'une extrême jalousie.

TIGRIDIE n.f. (gr. *tigris,* tigre, et *eidos,* forme). Plante originaire du Mexique, à bulbe comestible, cultivée en Europe pour ses grandes fleurs décoratives. (Famille des iridacées.)

TIGRON ou **TIGLON** n.m. (de *tigre* et *lion*). Hybride stérile du tigre et de la lionne, ou du lion et de la tigresse.

TIKI n.m. (de *Tiki,* divinité océanienne). Polynésie. Statue représentant un dieu polynésien.

TILBURY [tilbyri] n.m. (mot angl.). Cabriolet hippomobile léger et découvert, à deux places.

TILDE [tild] ou [tilde] n.m. (mot esp., du lat. *titulus,* titre). **1.** Accent qui se trouve sur la lettre *n* de l'alphabet espagnol (ñ), notant un son équivalant au *n* mouillé [ɲ] en français. **2.** Signe placé au-dessus d'un symbole phonétique pour indiquer la nasalisation (chanson [ʃɑ̃sɔ̃], par ex.).

TILLAC [tijak] n.m. (anc. scand. *thilja,* planche). MAR. Pont supérieur d'un navire en bois.

TILLAGE n.m. → **TEILLAGE.**

TILLANDSIA [til-] ou [tij-] n.m. (de *Tillands,* n. d'un botaniste suédois). Plante épiphyte originaire des forêts de l'Amérique tropicale, dont certaines espèces sont ornementales. (Famille des broméliacées.)

TILLE n.f., **TILLER** v.t. → **TEILLE, TEILLER.**

TILLEUL n.m. (lat. *tilia*). **1.** Arbre de l'Europe tempérée, souvent planté dans les parcs et sur les avenues, qui fournit un bois blanc, facile à travailler, et dont les fleurs odorantes donnent une infusion sudorifique et calmante. (Haut. 25 à 35 m ; famille des tiliacées.) **2.** Infusion de fleurs de tilleul.

■ **TILLEUL**

TILLEUSE n.f. → **TEILLEUSE.**

TILSIT [tilsit] n.m. Suisse. Fromage du canton de Saint-Gall, à pâte dure.

TILT [tilt] n.m. (mot angl., *coup*). **1.** Au billard électrique, déclic qui marque l'interruption d'une partie lorsqu'un joueur a manœuvré trop violemment l'appareil. **2.** *Fam. Faire tilt :* déclencher soudainement dans l'esprit les mécanismes de compréhension, de mémoire, d'inspiration.

TILTER v.i. *Fam.* Réaliser brusquement ; comprendre.

TIMBALE n.f. (de l'esp. *atabal*). **1.** Gobelet en métal. **2.** Instrument de musique à percussion formé d'un bassin hémisphérique en cuivre, recouvert d'une peau tendue que l'on frappe avec des mailloches. (On l'utilise génér. par paire.) **3.** CUIS. Moule rond et haut ; préparation cuite ou servie dans ce moule, ou encore enveloppée dans une croûte de pâte. **4.** *Fam. Décrocher la timbale :* remporter le prix, réussir ; *iron.,* s'attirer des désagréments par sa maladresse.

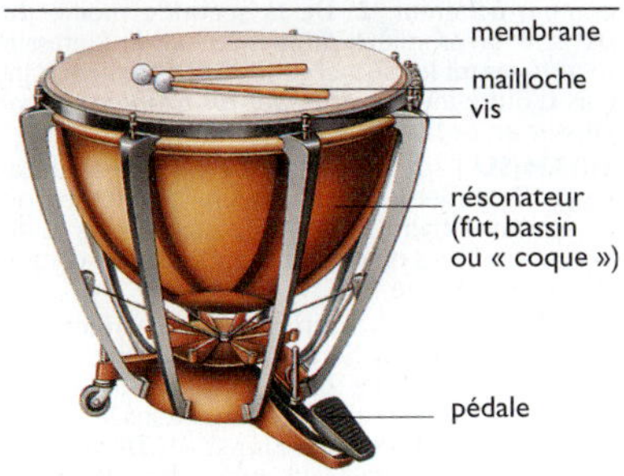

■ **TIMBALE** chromatique.

TIMBALIER n.m. Instrumentiste qui joue des timbales.

TIMBRAGE n.m. Impression obtenue à l'aide d'une plaque gravée en creux et d'une contrepartie en relief placée sous le papier.

1. TIMBRE n.m. (du gr. *tumpanon,* sorte de tambour). **1.** INSTR. MUS. Petite cloche métallique hémisphérique que l'on frappe avec un marteau. ◇ *Jeu de timbres :* glockenspiel. **2.** Qualité particulière du son, indépendante de sa hauteur ou de son intensité mais spécifique de l'instrument, de la voix qui l'émet. *Voix au timbre chaud.* **3.** Vignette vendue au profit d'une œuvre ou attestant le paiement d'une cotisation. **4.** Instrument qui sert à imprimer une marque, un cachet sur un document. **5.** Marque qui garantit l'authenticité d'un document. **6.** DR. Marque imprimée ou vignette apposée sur certains actes, et qui représente le paiement de la taxe perçue au profit du Trésor, soit d'après la dimension du papier *(timbre de dimension),* soit en fonction du montant des sommes énoncées dans l'acte *(timbre proportionnel),* ou encore en tant que droit fixe. **7.** PHARM. Pastille adhésive à coller sur la peau, qui contient un médicament et sert à traiter une affection (système *transdermique) ou à tester la réaction de la peau (avec par ex. de la tuberculine). SYN. (anglic. déconseillé) : *patch.* **8.** Plaque indiquant la pression maximale admissible dans un appareil à vapeur ; pression limite indiquée par la plaque. **9. a.** Anc. Partie du casque d'armure qui recouvrait le crâne. **b.** HÉRALD. Casque, et, par ext., ornement tel que couronne ou mitre, surmontant l'écu.

2. TIMBRE ou **TIMBRE-POSTE** n.m. (pl. *timbres-poste*). Vignette adhésive, de valeur conventionnelle, émise par une administration postale et destinée à affranchir les envois confiés à la poste.

TIMBRÉ, E adj. **1.** *Fam.* Un peu fou. **2.** *Papier timbré :* papier marqué d'une empreinte et d'un timbre à l'encre grasse, que vend l'État et qui doit être utilisé pour la rédaction de certains actes. **3.** *Voix timbrée :* voix qui résonne bien.

TIMBRE-AMENDE n.m. (pl. *timbres-amendes*). DR. Timbre destiné au paiement d'une amende forfaitaire pour contravention à la réglementation de la circulation.

TIMBRE-QUITTANCE n.m. (pl. *timbres-quittances*). Vignette ou marque apposée sur les quittances, les reçus et les décharges.

TIMBRER v.t. Marquer, affranchir avec un timbre ou un cachet. ◆ v.i. Suisse. **1.** Enregistrer son heure d'entrée et de sortie sur une pointeuse. **2.** Pointer au chômage.

TIME-SHARING [tajmʃɛriŋ] n.m. [pl. *time-sharings*] (mots angl., *partage du temps*). INFORM. (Anglic. déconseillé.) Temps partagé.

TIMIDE adj. et n. (lat. *timidus,* de *timere,* craindre). Qui manque de hardiesse, d'assurance ; timoré.

TIMIDEMENT adv. Avec timidité.

TIMIDITÉ n.f. **1.** Manque d'assurance, de hardiesse dans les rapports avec autrui. **2.** Manque d'audace dans une action, une réalisation.

TIMING [tajmiŋ] n.m. (mot angl.). Chronologie détaillée d'un processus quelconque.

TIMON n.m. (lat. *temo, -onis,* flèche). **1.** Longue pièce de bois de l'avant-train d'une voiture, d'une machine agricole, de chaque côté de laquelle on attelle une bête de trait. **2.** MAR. Vx. Barre de gouvernail ; gouvernail.

TIMONERIE n.f. **1.** Vx. Abri étanche de la barre à roue des petits navires motorisés. **2.** Service assuré par les timoniers d'un navire. **3.** AUTOM. Ensemble des organes de direction ou de commande des freins d'un véhicule.

TIMONIER n.m. **1.** À bord des navires de guerre, matelot chargé des signaux et du service de veille sur la passerelle ; dans la marine marchande, marin chargé de la barre. **2.** *Le grand timonier :* surnom donné à Mao Zedong. **3.** Chacun des chevaux attelés de chaque côté d'un timon.

TIMORAIS, E adj. et n. Du Timor, de ses habitants.

TIMORÉ, E adj. et n. (du lat. *timor,* crainte). Qui manifeste une prudence excessive au moment d'agir, par crainte du risque ou des responsabilités ; craintif, pusillanime.

TIN n.m. MAR. Chacune des pièces de bois qui soutiennent la quille d'un navire en construction ou en radoub.

TINAMOU n.m. (caraïbe *tinamu*). Oiseau d'Amérique du Sud à petite tête et à corps massif, aux pattes courtes et puissantes, volant mal. (Genre *Tinamus ;* type de l'ordre très primitif des tinamiformes.)

TINCTORIAL, E, AUX adj. (lat. *tinctorius,* de *tingere,* teindre). **1.** Qui sert à teindre. *Plante tinctoriale.* **2.** Relatif à la teinture.

TINETTE n.f. (du lat. *tina,* carafe). **1.** Anc. Récipient servant au transport des matières fécales, qu'on employait comme fosse d'aisances mobile. **2.** Antilles. Pot de chambre.

TINTAMARRE n.m. (de *tinter*). Bruit assourdissant fait de sons discordants.

TINTEMENT n.m. **1.** Bruit que fait une cloche, une clochette qui tinte. **2.** Succession de sons légers et clairs. *Tintement de verres.*

TINTER v.t. (bas lat. *tinnitare,* sonner). Faire sonner lentement une cloche, de manière que le battant frappe d'un seul côté. ◆ v.i. **1.** Résonner lentement par coups espacés. *La cloche tinte.* **2.** Produire des sons aigus.

TINTIN interj. *Fam.* **1.** *Tintin ! :* vous pouvez toujours attendre !, n'y comptez pas ! **2.** *Faire tintin :* être privé de qqch.

TINTINNABULER v.i. (du lat. *tintinnabulum,* clochette). *Litt.* Produire une série de sons aigus et légers.

TINTOUIN n.m. (de *tinter*). *Fam.* **1.** Embarras, souci. *Cette affaire lui a donné bien du tintouin.* **2.** Vacarme, tapage. **3.** *Et tout le tintouin :* et tout le reste ; et cetera.

TIP ou **T.I.P.** [tip] n.m. (acronyme). Titre interbancaire de paiement.

TIPER ou **TIPPER** v.t. (all. *tippen*). Suisse. Taper sur le clavier d'une caisse enregistreuse.

TIPI n.m. (anglo-amér. *tepee,* d'un mot sioux). Habitation traditionnelle des Indiens des plaines d'Amérique du Nord.

TIPULE n.f. (lat. *tippula,* araignée d'eau). Grand moustique, inoffensif pour l'homme et qui entre dans les maisons, attiré par la lumière. (Envergure 40 mm ; ordre des diptères.)

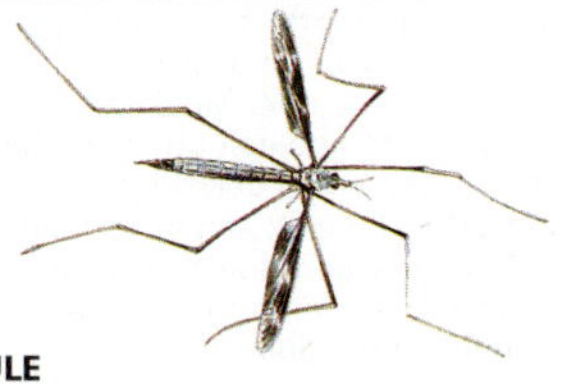

■ **TIPULE**

T

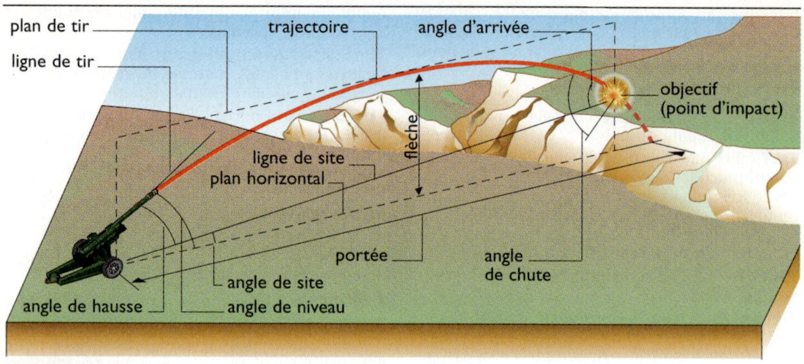

■ **TIR.** Trajectoire d'un projectile classique (obus).

TIQUE n.f. (angl. *tick*). Acarien parasite vivant sur la peau des ruminants, du chien, parfois de l'homme, dont il suce le sang. SYN. : *ixode*.

TIQUER v.i. (de *tic*). *Fam.* Avoir l'attention arrêtée par un détail qui choque, déplaît, étonne.

TIQUETÉ, E adj. (du picard). Rare. Marqué de points colorés ; moucheté.

TIQUETURE n.f. Rare. État de ce qui est tiqueté.

TIQUEUR, EUSE adj. et n. PSYCHIATR. Atteint d'un tic.

TIR n.m. **1.** Action, manière de lancer, à l'aide d'une arme, un projectile sur un but appelé *objectif.* ◇ *Angle de tir :* angle de *niveau. – *Ligne de tir :* prolongement de l'axe du canon d'une arme au moment du départ du coup. – *Table de tir :* recueil de renseignements théoriques nécessaires à l'exécution des tirs. **2.** Ensemble de projectiles envoyés par une ou plusieurs armes. **3.** Local ou lieu spécial. aménagé pour l'exercice du tir. **4.** SPORTS. Action de lancer une balle, une flèche, une boule, etc., vers le but. ◇ *Tirs au but :* au football, série de tirs à partir du point de penalty, pouvant servir à départager deux équipes à égalité en fin de partie. **5.** Sport pratiqué avec une arme à feu, comprenant le tir à la cible, le ball-trap et le skeet. **6.** *Tir à l'arc :* sport pratiqué avec un arc avec lequel on tire sur une cible.

TIRADE n.f. (de *tirer*). **1.** Suite continue, ininterrompue de paroles, de phrases plus ou moins emphatiques. *Une tirade d'injures.* **2.** Discours, réplique assez longue d'un personnage, au théâtre.

TIRAGE n.m. **1.** Action de tirer, de mouvoir dans tel ou tel sens, le plus souvent vers soi. *Le tirage d'un bateau.* ◇ *Cordon de tirage :* cordon destiné à faire coulisser un rideau le long d'une tringle. – *Fam. Il y a du tirage,* des difficultés. **2. a.** Tréfilage d'un métal précieux. **b.** *Tirage de la soie :* action de dévider le cocon. **3.** Dépression à l'entrée d'une cheminée par rapport à l'atmosphère au même niveau. ◇ *Tirage forcé :* tirage dû à l'action d'un ventilateur. **4.** MÉD. Dépression de certains points de la paroi thoracique (par ex. au-dessus du sternum), lors de l'inspiration, due à un obstacle mécanique à l'entrée de l'air dans les poumons. **5.** JEUX. Action de prélever au hasard un élément dans un ensemble. *Tirage d'une loterie.* ◇ MIL. *Tirage au sort :* procédé utilisé avant 1905 pour désigner les hommes du contingent astreints au service militaire. **6.** DR. Action d'émettre une traite, un chèque. ◇ ÉCON. *Droits de tirage spéciaux :* numéraire octroyé à l'initiative du Fonds monétaire international (FMI) en contrepartie du versement d'une quote-part et que le pays bénéficiaire peut employer en cas de difficultés dans sa balance des paiements. **7.** IMPRIM. Action d'imprimer sur la presse, après la mise en train. – Ensemble des exemplaires d'un ouvrage imprimés en une seule fois. **8.** BX-ARTS. Impression d'une estampe ; fonte d'une sculpture en plusieurs exemplaires. **9.** PHOTOGR. **a.** Opération permettant de réaliser une épreuve photographique à partir d'un phototype, ou d'établir une copie ou un contretype d'un film ; l'épreuve, la copie, etc., ainsi obtenue. **b.** Distance qui, sur un appareil photo, sépare le film du centre optique de l'objectif.

TIRAILLEMENT n.m. **1.** Action de tirailler. **2.** Sensation de contraction douloureuse de certaines parties intérieures du corps. **3.** Déchirement moral ; conflit, opposition. *Tiraillements dans un parti.*

TIRAILLER v.t. **1.** Tirer fréquemment et par petits coups, dans diverses directions. **2.** Solliciter de divers côtés d'une manière contradictoire. ◆ v.i. Tirer peu à la fois et souvent, avec une arme à feu.

TIRAILLEUR n.m. **1.** Soldat détaché en avant comme éclaireur. **2.** De la seconde moitié du XIXe s. à la première moitié du XXe s., fantassin recruté parmi les autochtones des territoires français d'outre-mer. **3.** *Marcher en tirailleur :* progresser en ordre dispersé.

TIRAMISU [-su] n.m. (ital. *tira mi su,* remonte-moi). Entremets fait de couches alternées de mascarpone battu avec des jaunes d'œufs et de biscuits imbibés de café et saupoudrés de cacao. (Cuisine italienne.)

TIRANT n.m. **1.** Cordon qui sert à fermer une bourse, un sac. **2.** Ganse fixée à la tige d'une chaussure ou d'une botte, destinée à faciliter l'introduction du pied. **3.** Tendon, dans la viande de boucherie. **4.** CONSTR. Entrait. ◇ *Tirant d'ouvrage :* câble métallique ancré dans le sol et destiné à assurer la stabilité d'une structure ou d'une paroi. **5.** MAR. **a.** *Tirant d'air :* hauteur totale des superstructures d'un navire. **b.** *Tirant d'eau :* distance verticale entre la flottaison d'un navire et le dessous de la quille.

TIRASSE n.f. **1.** Anc. Filet utilisé pour prendre des cailles, des perdrix. **2.** Pédale d'un orgue que l'organiste abaisse afin d'accoupler les claviers entre eux ou l'un des claviers manuels au pédalier.

TIRE n.f. (de *tirer*). **1.** Québec. Confiserie à base de sirop cuit (mélasse, sirop de cassonade, etc.), de consistance souple, obtenue après une étape d'étirage. ◇ *Tire d'érable :* confiserie analogue, obtenue par évaporation du sirop d'érable. **2.** *Fam.* Automobile. **3.** *Vol à la tire :* vol qui consiste à tirer de la poche, du sac les objets qu'on dérobe.

1. TIRÉ, E adj. **1.** Se dit des traits d'un visage fatigué et amaigri. **2.** *Tiré à quatre épingles* → **épingle.** – *Fam. Tiré par les cheveux* → **cheveu.**

2. TIRÉ n.m. **1.** Personne sur laquelle une lettre de change ou un chèque a été tiré et à qui un ordre de payer est donné. **2.** Taillis maintenu à hauteur d'homme, pour faciliter la chasse au fusil. **3.** *Tiré à part :* tirage supplémentaire d'un article de revue ou d'une partie d'un ouvrage, exécuté hors du tirage normal.

TIRE-AU-FLANC ou **TIRE-AU-CUL** n. inv. *Fam.* ou *très fam.* Personne qui s'arrange pour échapper aux corvées ; paresseux.

TIRE-BONDE n.m. (pl. *tire-bondes*). Outil utilisé pour enlever la bonde d'un tonneau.

TIRE-BOTTE n.m. (pl. *tire-bottes*). **1.** Crochet de fer que l'on passe dans le tirant d'une botte pour la mettre. **2.** Planchette dotée d'une entaille dans laquelle on coince une botte pour l'enlever.

TIRE-BOUCHON n.m. (pl. *tire-bouchons*). Instrument formé le plus souvent d'une vis en métal pourvue d'un manche, pour retirer le bouchon d'une bouteille. ◇ *En tire-bouchon :* en forme de spirale, d'hélice.

TIRE-BOUCHONNER v.t. Tortiller, rouler en tire-bouchon.

TIRE-BRAISE n.m. (pl. *tire-braise[s]*). Grand tisonnier à l'extrémité aplatie et recourbée, dont les boulangers se servent pour retirer la braise du four.

TIRE-CLOU n.m. (pl. *tire-clous*). Tige métallique, plate et dentée, qui sert à l'extraction des clous.

TIRE-D'AILE (À) loc. adv. En battant vigoureusement des ailes, en parlant d'un oiseau qui s'enfuit en volant.

TIRE-FESSES n.m. inv. *Fam.* Téléski.

TIRE-FOND n.m. inv. **1.** Longue vis à tête en forme d'anneau, pour suspendre les lustres. **2.** Grosse vis à bois à tête carrée ou polygonale. – CH. DE F. Grosse vis à tête carrée, utilisée pour fixer le rail sur la traverse, directement ou par l'intermédiaire d'un coussinet.

TIRE-LAINE n.m. inv. *Litt.* Voleur qui attaquait les gens pour voler leurs manteaux.

TIRE-LAIT n.m. inv. Appareil pour recueillir par aspiration le lait du sein de la mère.

TIRE-LARIGOT (À) loc. adv. (de *tirer* et *larigot,* mot d'un anc. refrain de chanson). *Fam.* En grande quantité ; beaucoup. *Boire à tire-larigot.*

TIRE-LIGNE n.m. (pl. *tire-lignes*). Petit instrument de dessinateur qui permet de tracer à l'encre des lignes d'une épaisseur calibrée.

TIRELIRE n.f. Boîte, objet creux munis d'une fente par laquelle on glisse l'argent qu'on veut économiser.

TIRE-NERF n.m. (pl. *tire-nerfs*). Broche barbelée utilisée par le chirurgien-dentiste pour extirper la pulpe radiculaire.

TIRER v.t. (p.-ê. abrév. de l'anc. fr. *martirier,* martyriser). **1.** Exercer une force, un effort sur qqch de manière à l'allonger, à augmenter sa surface ; étirer. *Tirer ses chaussettes, sa jupe.* **2.** Ramener, attirer vers soi ; déplacer en entraînant derrière soi. *Tirer la porte. Cheval qui tire une voiture.* **3.** Étendre dans une certaine direction ; tracer. *Tirer un trait.* **4.** MAR. Déplacer, en s'enfonçant, une certaine quantité d'eau. *Navire qui tire six mètres d'eau.* **5.** *Fam.* Passer un temps qui paraît long. *Tirer un an de prison.* **6.** Lancer un projectile au moyen d'une arme, faire partir le coup d'une arme à feu. *Tirer un coup de canon.* **7.** Retirer qqch, qqn de quelque part, le faire sortir de l'endroit où il est. *Tirer de l'argent de sa poche. Tirer la langue.* **8.** Faire sortir qqn, qqch d'un état, d'une situation. *Tirer qqn du sommeil.* **9. a.** Obtenir de qqn, de qqch un profit quelconque, des informations, etc. ; recueillir. *Tirer de l'argent de qqn. Tirer profit, avantage, parti d'une chose, d'une situation. Vous pouvez l'interroger, vous n'en tirerez rien.* ◇ *Tirer satisfaction d'une injure,* en obtenir réparation. **b.** Extraire par des moyens techniques ; faire produire. *Tirer de l'or d'un gisement. Tirer tant de quintaux de blé à l'hectare.* **c.** Faire produire des sons à un instrument de musique. **10.** Déduire logiquement de. *Tirer la leçon d'une expérience. Tirer une conséquence, une conclusion.* **11.** Prendre au hasard dans un ensemble un billet, un numéro, etc. ◇ *Tirer au sort :* choisir en s'en remettant au hasard. – *Tirer une loterie :* faire sortir les numéros. – *Tirer les rois :* partager la galette de l'Épiphanie, le hasard désignant le roi ou la reine de l'assistance par la présence de la fève dans l'une des parts. – *Tirer l'horoscope, les cartes :* prédire l'avenir selon la position des astres dans le ciel, la configuration des cartes tirées au hasard dans un jeu. **12.** *Tirer un chèque,* l'émettre. – *Tirer une lettre de change sur qqn,* désigner cette personne comme devant la payer. **13. a.** Exécuter l'impression de. *Tirer une estampe.* **b.** PHOTOGR. Réaliser un tirage. ◆ v.i. **1.** Exercer une traction. *Tirer sur une corde.* **2.** Aspirer. *Tirer sur sa pipe.* **3.** Avoir du tirage, en parlant d'un conduit de fumée. *Cheminée qui tire bien.* ◇ Belgique, Suisse. *Ça tire :* il y a du courant d'air. **4.** Suisse. Infuser. *Le thé a assez tiré.* **5. a.** Faire usage d'une arme de trait ou d'une arme à feu. *Tirer à l'arc. Tirer à blanc.* **b.** Lancer un projectile, en parlant d'une arme. *Fusil qui tire juste.* **6.** SPORTS. **a.** Effectuer un tir au football, au basket-ball, etc. **b.** Aux boules, à la pétanque, lancer directement sa boule sur une autre pour la déplacer (par oppos. à *pointer*). **c.** Disputer un assaut, en escrime et dans certains sports de combat. **7.** *Tirer à sa fin :* être près de finir. **8.** *Tirer sur* ou *vers :* avoir quelque ressemblance avec, en parlant d'une couleur, d'une teinte. *Tirer sur le bleu.* **9.** *Fam. (Trop) tirer sur la ficelle, sur la corde :* profiter sans mesure d'une situation favorable, d'un avantage, des bonnes dispositions de qqn ; abuser. **10.** *Fam. Tirer au flanc* ou, *très fam., au cul :* se soustraire à une corvée, à un travail. ◆ **se tirer** v.pr. **1.** *Fam.* S'en aller ; partir. **2.** *Se tirer de, s'en tirer :* se sortir d'une situation délicate ou dangereuse. **3.** *Fam. Ça se tire :* c'est sur le point de prendre fin, en parlant d'une période.

TIRET n.m. Petit trait horizontal qui, dans un dialogue, indique le changement d'interlocuteur, ou qui sert de parenthèse, dans un texte.

TIRETTE n.f. **1.** Vx. Cordon, lacet pour tirer ou suspendre qqch. **2.** Tablette mobile d'un meuble que l'on tire pour accroître sa surface utile. **3.** Dispositif de commande par traction d'un appareil mécanique ou électrique. **4.** Belgique. Fermeture à glissière.

TIREUR, EUSE n. **1.** Personne qui tire avec une arme à feu. **2.** SPORTS. **a.** Sportif(ive) qui expédie le ballon vers le but adverse. **b.** Aux boules, à la pétanque, personne qui tire. **c.** En escrime, personne qui dispute un assaut. **d.** Sportif(ive) qui pratique le tir ou le tir à l'arc. **3.** Personne qui, dans une lettre de change ou un chèque, donne ordre de payer une somme à qqn. **4.** Personne spécialisée dans le tirage des photographies. **5.** *Tireur, tireuse de cartes :* personne qui prétend prédire l'avenir d'après certaines combinaisons de cartes à jouer.

TIREUSE n.f. **1.** Appareil servant au tirage des épreuves photographiques ou des copies de films. **2.** Appareil de photogravure avec lequel on obtient des copies par contact.

TIRE-VEILLE n.m. inv. **1.** MAR. Filin servant à la manœuvre du gouvernail d'une embarcation. **2.** Cordelette à nœuds utilisée en planche à voile pour tirer la voile hors de l'eau.

TIRE-VEINE n.m. (pl. *tire-veines*). Instrument chirurgical utilisé pour l'ablation des veines.

TIROIR n.m. (de *tirer*). **1.** Casier, compartiment sans couvercle emboîté horizontalement dans un meuble et qu'on peut faire coulisser. ◇ *Fam. Fond de tiroir.* **a.** Chose de peu de valeur qui n'a pas été utilisée. **b.** (Au pl.) Dernières ressources disponibles. **2.** MÉCAN. INDUSTR. Organe mécanique animé d'un mouvement de translation et assurant la distribution d'un fluide (par ex. la vapeur dans une machine à vapeur). **3.** *À tiroirs :* se dit d'une histoire donnant lieu à des épisodes multiples ayant chacun une certaine autonomie à l'intérieur d'une intrigue lâche. *Pièce, roman à tiroirs.*

TIROIR-CAISSE n.m. (pl. *tiroirs-caisses*). Tiroir contenant la caisse d'un commerçant.

TISANE n.f. (lat. *ptisana*, tisane d'orge). Boisson obtenue par la dissolution dans l'eau de substances faiblement médicamenteuses contenues dans certaines plantes. *Tisane de verveine, de tilleul.*

TISANIÈRE n.f. Récipient servant à faire infuser une tisane.

TISON n.m. (lat. *titio, -onis*). Morceau de bois brûlé en partie et encore en ignition.

TISONNER v.t. Remuer les tisons d'un feu, d'un foyer.

TISONNIER n.m. Tige métallique, droite ou recourbée, pour attiser le feu. SYN. : *pique-feu.*

TISSAGE n.m. **1.** Ensemble des opérations consistant à fabriquer des tissus ; ouvrage ainsi réalisé. **2.** Établissement industriel où se fait le tissage.

TISSER v.t. (lat. *texere*). **1.** Entrelacer suivant une armure donnée les fils de chaîne (en longueur) et les fils de trame (en largeur) pour en faire un tissu. **2.** Construire, disposer en réseau. *L'araignée tisse sa toile.*

TISSERAND, E n. Personne qui fabrique des tissus à la main ou sur machine.

TISSERIN n.m. (de *tisser*). Oiseau passereau d'Afrique et de Madagascar, qui construit un nid suspendu très élaboré, doté d'un tunnel d'accès vertical. (Genre *Ploceus ;* famille des plocéidés.)

TISSEUR, EUSE n. Personne, industriel qui fait du tissage.

TISSU n.m. (p. passé de l'anc. fr. *tistre,* tisser). **1.** Matériau obtenu par l'assemblage de fils entrelacés. **2.** *Fig.* Suite enchevêtrée de choses. *Tissu de mensonges.* **3.** Ensemble d'éléments constituant un tout homogène. *Tissu social.* ◇ *Tissu urbain :* disposition de l'habitat et des activités dans une ville ; répartition des villes sur un territoire donné. — *Tissu industriel :* type d'implantation industrielle dans un espace donné. **4.** HISTOL. Ensemble de cellules concourant à la même fonction. *Tissu osseux. Tissu nerveux.*

TISSU-ÉPONGE n.m. (pl. *tissus-éponges*). Tissu bouclé sur ses deux faces et spongieux.

TISSULAIRE adj. HISTOL. Relatif à un tissu.

TISSU-PAGNE n.m. (pl. *tissus-pagnes*). Afrique. Tissu de coton employé en partic. à la confection des pagnes.

TISSURE n.f. **1.** Entrecroisement de fils tissés. **2.** Liaison entre les fils de chaîne et les fils de trame résultant de l'opération du tissage.

TITAN n.m. (du gr. *Titan,* n. myth.). **1.** *Litt.* Personne d'une puissance extraordinaire. ◇ *De titan :* gigantesque, titanesque. *Travail de titan.* **2.** ENTOMOL. Énorme capricorne de l'Amazonie, l'un des plus gros insectes du monde. (Long. 23 cm ; famille des cérambycidés.)

TITANE n.m. (gr. *titanos,* chaux). **1.** Métal blanc, dur, de densité 4,54, et qui fond à 1 660 °C. **2.** Élément chimique (Ti), de numéro atomique 22, de masse atomique 47,88.

ENCYCL. Par ses propriétés, le titane se rapproche du silicium. C'est un matériau de plus en plus utilisé dans l'industrie en raison de sa faible masse volumique, de son excellente résistance à la corrosion et des caractéristiques mécaniques élevées de ses alliages ; on l'emploie dans le domaine aérospatial et dans les industries chimiques.

TITANESQUE adj. *Litt.* Gigantesque.

TITANIQUE adj. CHIM. MINÉR. Se dit de l'anhydride TiO_2 et des acides correspondants.

TITI n.m. *Fam.* Gamin de Paris, effronté et gouailleur ; gavroche.

TITILLATION n.f. Chatouillement léger, agréable.

TITILLER v.t. (lat. *titillare*). **1.** Chatouiller légèrement et agréablement. **2.** Exciter agréablement. **3.** Préoccuper, énerver.

TITISME n.m. HIST. Forme de socialisme pratiquée dans la Yougoslavie dirigée par Tito.

TITISTE adj. et n. Relatif au titisme ; qui en est partisan.

TITRAGE n.m. **1.** Action de titrer un film, un article, un ouvrage. **2.** CHIM. Opération qui consiste à verser un volume ou une masse déterminés de réactif titré dans un volume connu de la solution à doser, correspondant à l'achèvement d'une réaction caractéristique. *Titrage acido-basique. Titrage d'oxydoréduction.* **3.** Opération qui a pour objet d'indiquer la grosseur d'un fil en donnant sa masse pour une longueur donnée (unité : *tex*).

TITRE n.m. (lat. *titulus*). **1. a.** Mot, expression, phrase, etc., servant à désigner un écrit, une de ses parties, une œuvre littéraire ou artistique, une émission, etc., à en donner le sujet. **b.** Subdivision du livre employée dans les recueils de lois, les ouvrages juridiques. **c.** Division du budget. **2.** Dans la presse, texte en gros caractères qui coiffe un article et en annonce le sujet. *Parcourir les titres des journaux du matin.* **3.** Dénomination d'une dignité, d'une charge ou d'une fonction souvent élevée. ◇ *En titre :* titulaire. *Professeur en titre.* — *À titre de :* en qualité de. **4.** Mot ou expression qui traduit une qualification ; qualification exprimant une relation sociale. *Le titre de bienfaiteur de l'humanité. Le titre d'ancien combattant, d'inventeur.* **5.** Qualité qui donne un droit moral, un motif légitime. *Avoir des titres à la reconnaissance.* ◇ *À ce titre :* pour cette raison. — *À juste titre :* avec raison. **6.** SPORTS. Qualité de vainqueur, de champion dans une compétition sportive. *Remporter un titre.* **7.** Écrit constatant un acte juridique. ◇ *Titre exécutoire :* titre permettant à son bénéficiaire de procéder à une exécution forcée (acte d'huissier, jugement, etc.). **8.** Écrit, document établissant un droit. *Titre de propriété.* ◇ *Titre de transport :* toute pièce donnant droit à utiliser un moyen de transport régulier de voyageurs. **9.** Valeur mobilière. ◇ *Titres de participation :* actions ou parts sociales de sociétés possédées durablement par une entreprise pour exercer dans celles-ci un contrôle ou une influence. — *Titres de placement :* titres à court terme possédés par les entreprises pour réaliser un emploi des capitaux et sans but de contrôle. — *Titre interbancaire de paiement (TIP) :* ordre de prélèvement sur un compte bancaire ou postal, signé par le débiteur. **10. a.** Proportion de métal précieux contenu dans un alliage. **b.** CHIM. *Titre d'une solution :* rapport de la masse du corps dissous à la masse totale de la solution. **11.** TEXT. Mesure de la grosseur d'un fil, d'un ruban ou d'une mèche.

TITRÉ, E adj. **1.** Qui possède un titre nobiliaire ou honorifique. **2.** CHIM. Se dit d'une solution dont le titre est connu.

TITRER v.t. **1.** Donner un titre à un article, à un ouvrage, à un film. **2.** CHIM. Déterminer le titre d'une solution, d'un alliage.

TITREUSE n.f. INDUSTR. GRAPH. Machine de photocomposition pour titres ou textes courts.

TITRIMÉTRIE n.f. Rare. Mesure du titre d'une solution.

TITRISATION n.f. BANQUE. Opération par laquelle les établissements bancaires cèdent leurs créances à des organismes, dits *fonds communs de créances,* qui émettent des titres négociables sur le marché ; transformation, par cette opération, des créances bancaires en titres.

TITUBANT, E adj. Qui avance en vacillant ; chancelant. *Démarche titubante.*

TITUBER v.i. (lat. *titubare*). Vaciller sur ses jambes ; chanceler.

TITULAIRE adj. et n. (du lat. *titulus,* titre). **1.** Qui occupe une charge, une fonction pour laquelle il a été choisi ou nommé. **2.** Qui possède juridiquement qqch. *Le titulaire du bail.*

TITULARISATION n.f. Action de titulariser ; fait d'être titularisé.

TITULARISER v.t. Rendre titulaire d'un emploi, d'un poste, etc.

TITULATURE n.f. (du lat. *titulus,* titre). Ensemble des titres que portent les souverains, les dignitaires.

TMÈSE n.f. (gr. *tmêsis,* action de couper). Séparation de deux éléments d'un mot par l'intercalation d'un ou de plusieurs autres mots. (Ex. : LORS *même* QUE *vous auriez raison.*)

TNT ou **T. N. T.** n.m. (sigle). Trinitrotoluène.

TOAST [tost] n.m. (mot angl.). **1.** Brève allocution invitant à boire à la santé de qqn, au succès d'une entreprise. **2.** Tranche de pain grillée.

TOASTEUR ou **TOASTER** [tostœr] n.m. (angl. *toaster*). Grille-pain.

1. TOBOGGAN [tɔbɔgɑ̃] n.m. (mot angl., de l'algonquien). **1.** Traîneau bas, glissant sur deux patins. **2.** Glissière rectiligne, courbe ou hélicoïdale pour les marchandises. **3.** Piste glissante à pente plus ou moins forte, utilisée comme jeu.

2. TOBOGGAN n.m. (nom déposé). Viaduc routier, souvent provisoire, destiné à établir une circulation à deux niveaux, et situé génér. à un carrefour.

TOBY n.m. Poisson des récifs coralliens, à corps triangulaire aplati latéralement, vivement coloré et prolongé par d'amples nageoires, recherché par les aquariophiles. (Genre *Zanclus ;* famille des acanthuridés.) SYN. : *idole, tranchoir.*

TOC n.m. (onomat.). **1.** *Fam.* Imitation de métaux ou d'objets précieux ; pacotille. — *Fig.* Ce qui est faux, superficiel. **2.** MÉCAN. INDUSTR. Organe d'un tour qui sert à entraîner la pièce à usiner.

TOCADE n.f. → **TOQUADE.**

TOCANTE n.f. → **TOQUANTE.**

1. TOCARD, E adj. (de *toc*). *Fam.* Sans goût, sans valeur ; laid, mauvais.

2. TOCARD ou **TOQUARD** n.m. (normand *toquart,* têtu). *Fam.* **1.** Cheval de course médiocre. **2.** Personne incapable.

TOCCATA n.f. (mot ital., de *toccare,* toucher). MUS. Pièce instrumentale de caractère brillant, composée génér. pour instruments à clavier (piano, orgue, clavecin). Pluriel savant : *toccate.*

TOCOPHÉROL n.m. (du gr. *tokos,* accouchement, et *pherein,* porter). BIOCHIM. Substance vitaminique d'origine végétale (vitamine E).

TOCSIN n.m. (anc. provenç. *tocassen,* de *tocar,* sonner, et *senh,* cloche, du lat. *signum*). Tintement d'une cloche qu'on sonne à coups répétés pour donner l'alarme.

TOFU [tɔfu] n.m. (mot jap.). Pâte de suc de soja pochée ou grillée. (Cuisine japonaise.)

TOGE n.f. (lat. *toga*). **1.** Vêtement d'apparat des Romains, constitué d'une longue pièce de laine drapée, symbole de la citoyenneté. **2.** Robe de magistrat, d'avocat, de professeur.

TOGOLAIS, E adj. et n. Du Togo, de ses habitants.

TOHU-BOHU n.m. inv. (d'un mot hébr.). *Fam.* Grand désordre ; agitation confuse et bruyante.

TOI pron. pers. (lat. *te*). Désigne la 2e pers. du sing. représentant celui, celle à qui l'on parle, en fonction de sujet pour renforcer *tu,* comme complément après une prép. ou un impér., ou comme attribut.

TOILAGE n.m. Fond sur lequel se détache le dessin d'une dentelle.

TOILE n.f. (lat. *tela*). **1.** Tissu à armure croisée la plus simple. *Toile de coton.* **2.** Tissu sec et serré, valant par sa résistance, quels que soient son armure et son usage. ◇ *Toile de fond :* toile sur laquelle sont représentés les derniers plans d'un décor de théâtre ; *fig.,* contexte, cadre dans lequel

T

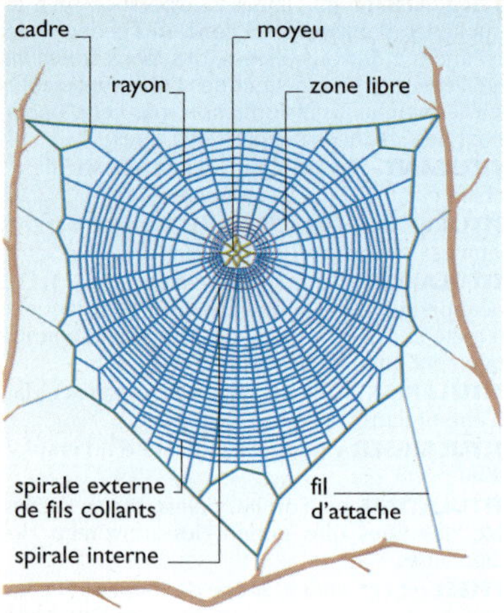

■ **TOILE.** Organisation d'une toile d'araignée.

se détache qqch, se situent des événements, etc. **3.** Toile, génér. tendue sur un châssis et préparée, sur laquelle on peint ; tableau peint sur toile. *Une toile de Cézanne.* **4.** *Fam.* Film, au cinéma. *Se payer une toile.* **5.** Voilure portée par un navire. **6.** ***Toile d'araignée :*** ensemble des fils constitués par la soie que sécrètent les araignées, souvent disposés avec régularité, et qui constituent des pièges pour les petits insectes. – (Calque de l'anglo-amér. *web,* toile). ***La Toile :*** le Web. **7.** LITTÉR. ***Chansons de toile :*** chansons chantées par les femmes travaillant au métier à tisser, au Moyen Âge, dans le nord de la France.

TOILÉ, E adj. Garni de toile.

TOILERIE n.f. Fabrique, commerce des toiles.

TOILETTAGE n.m. Action de toiletter.

TOILETTE n.f. **1.** Action de laver, de coiffer, d'habiller ; ensemble des soins de propreté du corps. *Faire sa toilette. Produits de toilette.* **2.** Action de nettoyer qqch, d'en rafraîchir l'aspect. *La ville a fait la toilette de ses monuments.* **3.** Ensemble des vêtements et des accessoires utilisés par une femme pour s'habiller, se parer. *Aimer la toilette. Parler toilette. Une toilette de mariée.* **4.** Vx ou *litt.* Meuble garni de divers objets destinés aux soins de propreté et de parure. ◆ pl. Cabinets d'aisances. (En Belgique, on dit ***la toilette.***)

TOILETTER v.t. **1.** Apporter les soins nécessaires à l'entretien du pelage d'un animal (chien, chat), notamm. la tonte. **2.** *Fig., fam.* Modifier légèrement qqch, lui apporter de petites retouches. *Toiletter un texte de loi.*

TOISE n.f. (lat. *tensa,* étendue). **1.** Ancienne mesure française de longueur, valant 1,949 m. **2.** Règle verticale graduée, le long de laquelle glisse un curseur, pour mesurer la taille des personnes.

TOISER v.t. **1.** Regarder avec dédain ou avec défi. **2.** Vx. Mesurer avec la toise.

TOISON n.f. (lat. *tonsio, -onis,* action de tondre). **1.** Laine d'un mouton ; pelage abondant de certains autres animaux. **2.** *Fam.* Chevelure abondante.

TOIT n.m. (lat. *tectum*). **1.** Couverture d'un bâtiment présentant des versants et reposant sur une charpente ou l'extrados d'une voûte. ◇ ***Crier sur les toits :*** annoncer partout. – ***Le toit du monde :*** l'Everest, l'Himalaya ou le Tibet. **2.** AUTOM. Élément de la carrosserie qui recouvre l'habitacle. ◇ ***Toit ouvrant :*** partie mobile par coulissement, transparente ou non, d'un pavillon de voiture automobile fermée, réalisant une ouverture partielle. **3.** *Fig.* Maison, habitation. *Être sans toit.* **4.** MIN. Éponte située au-dessus du minerai (par oppos. à *mur*).

TOITURE n.f. Ensemble des toits et des couvertures d'un édifice.

TOITURE-TERRASSE n.f. (pl. *toitures-terrasses*). Couverture d'un bâtiment, étanche et accessible, formée d'une dalle en béton horizontale ou proche de l'horizontale, avec évacuation des eaux.

TOKAJ [tɔkaj] n.m. (de *Tokaj,* n.pr.). Vin de liqueur, jaune doré, produit en Hongrie.

TOKAMAK n.m. (acronyme russe). PHYS. NUCL. Machine à confinement magnétique stationnaire, permettant de créer des plasmas à haute énergie et d'étudier la fusion thermonucléaire.

TOKAY [tɔkɛ] n.m. (de *Tokay,* n.pr.). Pinot gris d'Alsace.

TOKHARIEN n.m. (du gr. *Tokharoi,* n. d'un peuple d'Asie centrale). Langue indo-européenne parlée en Asie centrale entre le Ve et le Xe siècle.

TOKYOTE ou **TOKYOÏTE** adj. et n. De Tokyo.

TOLAR n.m. Unité monétaire principale de la Slovénie.

TÔLARD, E ou **TAULARD, E** n. *Arg.* Détenu, prisonnier.

1. TÔLE n.f. (forme dial. de *table*). Produit sidérurgique plat, laminé soit à chaud, soit à froid, à surface génér. lisse ou présentant parfois des saillies.

2. TÔLE ou **TAULE** n.f. *Arg.* Prison.

TÔLÉE adj.f. Se dit de la neige qui a fondu puis regelé, dangereuse pour les skieurs.

TOLÉRABLE adj. Qu'on peut tolérer.

TOLÉRANCE n.f. (du lat. *tolerare,* supporter). **1.** Respect de la liberté d'autrui, de ses manières de penser, d'agir, de ses opinions politiques et religieuses. **2.** Liberté limitée accordée à qqn en certaines circonstances. *Ce n'est pas un droit, c'est une tolérance.* ◇ Anc. ***Maison de tolérance :*** établissement de prostitution, autref. toléré par la loi. **3.** Diminution de l'effet d'une substance sur l'organisme, obligeant à augmenter les doses prises, au cours de certaines toxicomanies. SYN. : *accoutumance.* **4. a.** Propriété que possède parfois l'organisme de supporter la présence d'une substance étrangère. **b.** ***Tolérance immunitaire,*** ou ***tolérance :*** absence de réaction immunitaire d'un organisme vis-à-vis d'un ou de plusieurs antigènes, normale ou provoquée en vue d'une greffe. **5.** TECHN. Écart acceptable sur certaines grandeurs (dimensions, masse, fréquence, etc.) relatives à des fabrications mécaniques, à des composants électroniques, etc.

TOLÉRANT, E adj. Qui manifeste de l'indulgence, de la compréhension envers autrui.

TOLÉRER v.t. [11] (lat. *tolerare*). **1.** Admettre à contrecœur la présence de qqn ; supporter avec plus ou moins de patience qqch de désagréable ; endurer. *On le tolère ici, c'est tout. Tolérer la douleur.* **2.** Laisser subsister ; ne pas empêcher, ne pas interdire, par indulgence ; supporter, permettre. *Tolérer les abus.* **3.** PHYSIOL. Supporter qqch sans réaction pathologique. *Tolérer un médicament.*

TÔLERIE n.f. **1.** Fabrication et mise en œuvre de la tôle. **2.** Fabrique, atelier de travail des tôles. **3.** Ensemble des articles en tôle.

TOLET n.m. (anc. scand. *thollr,* poutre). MAR. Tige fixée dans le plat-bord d'une barque, servant à maintenir un aviron.

1. TÔLIER n.m. Personne qui effectue des travaux de tôlerie.

2. TÔLIER, ÈRE ou **TAULIER, ÈRE** n. *Fam.* **1.** Patron d'un hôtel peu recommandable. **2.** Patron d'une entreprise.

TOLITE n.f. Explosif formé par un dérivé nitré du toluène.

TOLLÉ n.m. (de l'anc. fr. *tolez,* enlève !, d'après le lat. *tolle,* enlève). Clameur d'indignation ; vive protestation collective.

TOLU n.m. (de *Tolú,* v. de Colombie). Baume produit par un arbre d'Amérique du Sud. (Genre *Myroxylon.*)

TOLUÈNE n.m. Hydrocarbure aromatique liquide ($C_6H_5CH_3$), moins toxique que le benzène, employé comme solvant et détachant, ainsi que dans la préparation de colorants, de médicaments et du TNT.

TOLUIDINE n.f. Aniline dérivée du toluène.

TOMAHAWK [tɔmaok] n.m. (de l'algonquien). Hache de guerre des Indiens d'Amérique du Nord.

TOMAISON n.f. IMPRIM. Indication du numéro du tome d'un ouvrage composé de plusieurs volumes.

TOMAN n.m. Monnaie d'or frappée en Iran à partir du XVIe siècle.

TOMATE n.f. (mot esp., du nahuatl). **1.** Plante herbacée annuelle, originaire des Andes et d'Amérique centrale, dont la culture est très répandue et dont le fruit charnu est consommé sous des formes très variées. (Genre *Lycopersicum ;* famille des solanacées.) **2.** Fruit de cette plante, de couleur rouge à jaune, de taille et de forme variées selon la variété. **3.** *Fam.* Pastis additionné de sirop de grenadine.

TOMBAC n.m. (du malais). Laiton contenant de 80 à 83 % de cuivre et de 17 à 20 % de zinc, cour. utilisé en bijouterie.

TOMBAL, E, ALS ou **AUX** adj. Relatif à la tombe. *Pierre tombale.*

TOMBANT, E adj. **1.** Qui pend. *Cheveux tombants.* **2.** ***À la nuit tombante :*** au crépuscule.

TOMBE n.f. (gr. *tumbos,* tumulus). Endroit où un mort est enterré ; fosse recouverte d'une dalle de pierre, de marbre, etc. ◇ ***Avoir un pied dans la tombe :*** être près de mourir. – *Litt.* ***Descendre dans la tombe :*** mourir. – ***Être muet comme une tombe :*** garder strictement les secrets, les confidences. – *Fam.* ***Se retourner dans sa tombe :*** se dit d'un mort qu'on imagine bouleversé par ce qui vient d'être dit ou fait.

TOMBÉ n.m. **1.** Contact des épaules avec le sol, à la lutte. **2.** ***Le tombé d'un tissu, d'une robe,*** la façon dont ils tombent.

TOMBEAU n.m. **1.** Monument élevé sur la tombe d'un mort. **2.** *Litt.* Lieu ou circonstance où qqn, qqch a péri, disparu ; fin, disparition. ◇ ***Mettre qqn au tombeau,*** causer sa mort. – ***Tirer du tombeau :*** tirer de l'oubli ; ramener à la vie. – ***À tombeau ouvert :*** à toute allure, en risquant un accident. *Rouler à tombeau ouvert.* **3.** ICON. ***Mise au tombeau :*** scène de l'ensevelissement du Christ.

TOMBÉE n.f. **1.** ***À la tombée de la nuit, à la tombée du jour :*** au moment où la nuit arrive. **2.** *Litt.* ou Suisse. Chute de quelques gouttes de pluie ou de neige. – Suisse. Petite quantité de liquide versé. *Une tombée de lait dans le café.*

TOMBELLE n.f. ARCHÉOL. Tombe recouverte d'une petite éminence de terre.

1. TOMBER v.i. [auxil. *être*] (lat. pop. *tumbare*). **I.** *Choses.* **1.** Être entraîné, précipité par son propre poids d'un lieu haut vers un lieu bas. *Un corps qui tombe en chute libre. Il a laissé tomber sa montre.* **2.** Se détacher de l'organe qui les porte, en parlant de feuilles, de cheveux, etc. *Toutes ses dents de lait sont tombées.* **3.** Descendre vers le sol, en parlant des précipitations atmosphériques. *Il est tombé des grêlons énormes.* **4.** Être attaché, fixé par une extrémité et pendre librement. *Une abondante chevelure tombe sur ses épaules.* ◇ ***Étoffe, vêtement qui tombe bien,*** qui suit une ligne souple, harmonieuse. **5.** S'affaisser sous son propre poids ; s'abattre, crouler, s'écrouler. *Faire tomber une cloison. Tomber en ruine.* ◇ CUIS. ***Tomber à glace :*** réduire une sauce jusqu'à ce qu'elle devienne sirupeuse. **6.** *Fig.* Cesser d'être ; disparaître. *Les obstacles tombent un à un. Œuvre qui tombe dans l'oubli.* **7.** Perdre de sa force, de son intensité. *Le vent est tombé.* – Être sur le point de finir. *La conversation tombe.* **8.** Passer d'un état neutre ou valorisant à un état dévalorisant, affligeant, etc. ; se dégrader, baisser. *Style qui tombe*

■ **TOMATE**

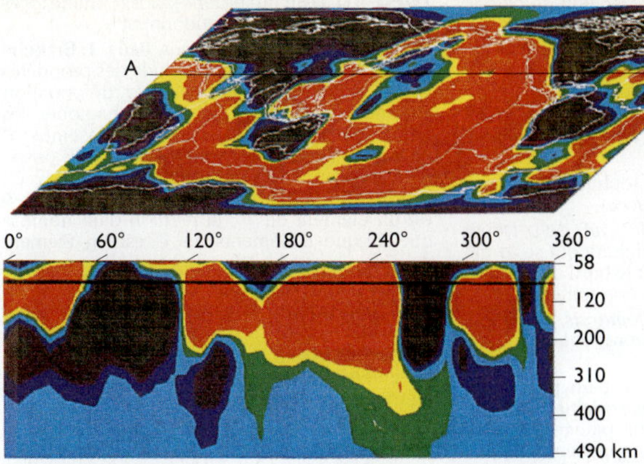

Les couleurs indiquent des variations de vitesse des ondes sismiques traduites en variations de températures. Les zones lentes et chaudes, en rouge, correspondent aux dorsales et à leurs racines ; les zones rapides et froides, en bleu, correspondent à la lithosphère continentale et océanique vieille et aux zones de subduction.

■ **TOMOGRAPHIE** sismique. Planisphère à 100 km de profondeur et coupe AB suivant une ligne est-ouest.

dans le vulgaire. **II.** *Personnes.* **1.** Perdre l'équilibre et faire une chute ; s'affaisser au sol. *Tomber par terre. Se casser une jambe en tombant.* ◇ ***Tomber aux pieds de qqn,*** le supplier. **2.** Ne plus avoir la force de se tenir debout. *Tomber de fatigue, de sommeil. Tomber en syncope.* ◇ ***Les bras m'en tombent :*** j'en suis stupéfait. **3.** Être tué dans un combat, à la guerre. *Ceux qui sont tombés au champ d'honneur.* **4. a.** Perdre le pouvoir ; être renversé. *Le dictateur est enfin tombé.* **b.** *Fam.* Être arrêté, en parlant d'un malfaiteur. **5.** Passer d'une situation favorable à une situation inférieure ; s'abaisser ou être très déprimé ; déchoir. *Tomber dans la misère. Il est tombé bien bas.* **6.** Se laisser entraîner dans une situation fâcheuse. *Tomber dans un piège.* **7.** (Suivi d'un attribut.) Devenir soudainement. *Tomber malade. Tomber amoureux.* **8.** *Fam.* ***Laisser tomber qqn, qqch,*** ne plus s'en occuper ; ne plus s'y intéresser ; abandonner. **9.** ***Tomber sur qqn,*** le rencontrer à l'improviste ; se précipiter sur lui, l'attaquer violemment. **III.** *Événement.* **1.** Survenir fortuitement à telle date ; arriver. *Cette année, le 1er novembre tombe un lundi.* ◇ ***Tomber bien, mal :*** arriver à propos, mal à propos. **2.** Atteindre par hasard ; porter sur qqn, qqch. *Le sort est tombé sur lui.* ◆ v.t. [auxil. *avoir*]. *Fam.* **1.** Jeter à terre ; vaincre, triompher de. *Tomber un adversaire.* **2.** ***Tomber une femme,*** la séduire, faire sa conquête. **3.** ***Tomber la veste,*** la retirer.

2. TOMBER n.m. *Litt.* Tombée.

TOMBEREAU n.m. **1.** Caisse montée sur deux roues, servant à transporter des matériaux et qu'on décharge en la faisant basculer. **2.** TRAV. PUBL. Recomm. off. pour ***dumper.*** **3.** CH. DE F. Wagon-tombereau.

TOMBEUR, EUSE n. *Fam.* Personne qui l'emporte sur un adversaire, lui fait perdre sa place, son titre. ◆ n.m. *Fam.* Séducteur, don Juan.

TOMBOLA n.f. (mot ital., *culbute*). Loterie où chaque gagnant reçoit un lot en nature.

TOMBOLO n.m. (mot ital.). GÉOMORPH. Flèche littorale simple, double ou triple formant un isthme à l'intérieur duquel subsistent des lagunes.

1. TOME n.m. (gr. *tomos,* portion). Division d'un ouvrage, qui correspond le plus souvent à un volume complet.

2. TOME n.f. → **TOMME.**

TOMENTEUX, EUSE adj. (du lat. *tomentum,* bourre). BOT. Qui a l'aspect du duvet.

TOMIEN, ENNE adj. et n. Des territoires d'*outre-mer (v. partie n.pr.).

TOMME ou **TOME** n.f. (anc. dial. du Dauphiné *toma*). **1.** Caillé obtenu dans la fabrication du cantal, après avoir soutiré le sérum. **2.** Nom générique de divers fromages au lait de chèvre ou de vache à pâte molle *(tomme de Romans),* persillée *(tomme de Brach)* ou pressée non cuite *(tomme de Savoie).*

TOMMETTE ou **TOMETTE** n.f. (anc. dial. du Dauphiné *toumeto,* de *toma*). Petit carreau de terre cuite, souvent de teinte rouge vif et de forme hexagonale, pour le dallage des sols.

TOMMY [tɔmi] n.m. [pl. *tommys* ou *tommies*] (mot angl.). *Fam.* Surnom donné aux soldats anglais depuis la Première Guerre mondiale.

TOMODENSITOMÈTRE n.m. IMAG. MÉD. Scanner.

TOMODENSITOMÉTRIE n.f. IMAG. MÉD. Scanographie.

TOMOGRAPHIE n.f. (du gr. *tomê,* section, et *graphein,* décrire). **1.** Tout procédé d'imagerie médicale qui permet d'obtenir des vues d'un organe selon des plans de coupe déterminés. ◇ ***Tomographie par émission (de positrons) .*** technique d'imagerie médicale consistant à injecter une substance radioactive, émettrice surtout de positrons, à recueillir les rayonnements par un capteur externe et à reconstruire par ordinateur une image en coupe de l'organe. **2.** GÉOPHYS. *Tomographie sismique :* technique d'imagerie qui permet d'obtenir, à partir de l'enregistrement et du traitement des ondes sismiques, une image tridimensionnelle des profondeurs de la Terre.

1. TON, TA adj. poss. [pl. *tes*] (lat. *tuus*). Représente un possesseur de la 2e pers. du sing., celui, celle à qui l'on parle, pour indiquer un rapport d'appartenance, un rapport d'ordre affectif ou social. *Ton livre. Tes idées. Tes enfants. Ta collègue.* – REM. *Ton* s'emploie pour *ta* devant un nom fém. commençant par une voyelle ou un *h* muet. *Ton arrivée. Ton histoire.*

2. TON n.m. (gr. *tonos*). **1.** Qualité sonore d'une voix liée à sa hauteur, à son timbre, à son intensité, etc. *Dire un texte sur un ton monocorde.* **2.** PHON. Niveau de hauteur ou variation mélodique propre à une syllabe, assumant dans certaines langues (chinois, vietnamien, etc.) une fonction distinctive analogue à celle du phonème. **3. a.** Manière de parler significative d'un état d'esprit, d'un sentiment ou adaptée à une situation. *Répliquer d'un ton sec. Sur le ton de la plaisanterie.* **b.** Manière particulière de s'exprimer par écrit ; style. *Le ton badin d'une lettre.* **c.** Manière de s'exprimer, de se tenir, de se comporter propre à un milieu, à un groupe social. *Un ton provincial. De bon ton.* ◇ ***Donner le ton :*** servir de modèle pour les manières, le langage, la façon de voir et de penser d'un groupe social. **4.** MUS. **a.** Tonalité. **b.** Rapport des hauteurs entre deux notes conjointes correspondant à l'intervalle de seconde majeure. **5.** Couleur considérée du point de vue de son degré de clarté (valeur) et de son degré de saturation. *Différents tons de bleu, de vert.* ◇ ***Ton local :*** couleur propre d'un objet qu'un peintre représente. – ***Ton rompu :*** teinte.

3. TON [tœn] n.f. (mot angl.). Unité anglo-saxonne (symb. t ou ton) de masse. (La ton anglaise [*long ton* aux États-Unis] vaut 1 016,05 kg ; la ton américaine, ou *short ton,* 907,185 kg.)

TONAL, E, ALS adj. MUS. Relatif à un ton, à une tonalité.

TONALITÉ n.f. **1.** MUS. Ensemble des relations entre les degrés hiérarchisés d'une échelle de sons ou d'une gamme, par rapport à la tonique. SYN. : *ton.* **2.** Impression d'ensemble qui se dégage de qqch, considérée sur le plan subjectif, affectif. *Le film a une tonalité tragique.* **3.** Couleur dominante, ambiance chromatique d'une peinture, d'un tableau. **4.** Zone de fréquence, qui peut être renforcée ou diminuée par des réglages appropriés, sur les appareils qui reçoivent un signal électrique représentant un signal sonore. **5.** Signal audible transmis par un réseau téléphonique pour indiquer l'état des opérations de commutation.

TONDAISON n.f. Tonte.

TONDEUR, EUSE n. Personne qui tond les animaux, les étoffes.

TONDEUSE n.f. **1.** Appareil servant à la coupe mécanique du gazon. **2.** Appareil pour tondre les animaux. **3.** Instrument à main permettant de couper ras le poil des animaux, les cheveux. **4.** Machine servant à tondre les étoffes de laine, et parfois les tissus de coton.

TONDRE v.t. [59] (lat. *tondere*). **1.** Couper à ras la laine ou le poil d'un animal, les poils d'une étoffe. *Tondre les moutons.* **2.** Couper les cheveux de qqn, le poil d'un animal à ras avec une tondeuse. **3.** Couper l'herbe très près du sol. *Tondre le gazon.* **4.** *Fam.* Dépouiller de son argent ; exploiter qqn. *Se faire tondre au poker.*

TONDU, E adj. et n. Dont on a coupé le poil, les cheveux. ◇ *Fam.* ***Le Petit Tondu :*** surnom donné par ses soldats à Napoléon Ier. ◆ adj. ***Pré tondu,*** dont on a fauché l'herbe récemment.

TONER n.m. (mot angl.). Encre pulvérulente utilisée notamm. dans les photocopieurs.

TONG [tɔ̃g] n.f. Sandale de plage en plastique léger, formée d'une semelle et d'une bride en V que l'on passe entre les deux premiers orteils.

TONICARDIAQUE adj. et n.m. Cardiotonique.

TONICITÉ n.f. **1.** Caractère de ce qui est tonique. *Tonicité du climat.* **2.** Propriété qu'ont les muscles de posséder un tonus.

TONIFIANT, E adj. Qui tonifie.

TONIFIER v.t. [5]. Donner de la vigueur physique ou morale à ; revigorer, affermir.

1. TONIQUE adj. (gr. *tonikos,* qui se tend). PHON. Qui reçoit le ton ou l'accent. *Syllabe tonique.* ◇ ***Accent tonique :*** accent d'intensité qui tombe sur une syllabe. ◆ n.f. MUS. Note située au premier degré d'une gamme diatonique.

2. TONIQUE adj. **1.** PHYSIOL. Relatif au tonus. – *Spécial.* Qui a du tonus, de l'énergie, de la vigueur. *Enfant très tonique.* **2.** Qui a un effet stimulant sur le moral. *Une lecture tonique.* ◆ adj. et n.m. **1.** Se dit d'un remède qui fortifie ou stimule l'activité d'un organe ou de l'organisme. **2.** Se dit d'une lotion légèrement astringente destinée à raffermir la peau, à resserrer les pores de l'épiderme.

TONITRUANT, E adj. Retentissant comme le tonnerre. *Une voix tonitruante.*

TONITRUER v.i. (du lat. *tonitrus,* tonnerre). Faire un bruit de tonnerre ; parler d'une voix retentissante.

TONKA n.f. (mot guyanais). Arbre d'Amérique tropicale, dont la graine aromatique est utilisée en parfumerie. (Genre *Dipteryx ;* famille des papilionacées.)

TONLIEU n.m. [pl. *tonlieux*] (gr. *telônês,* percepteur d'impôts). Au Moyen Âge, droit perçu sur la circulation des marchandises et sur les transactions.

TONNAGE n.m. **1.** Quantité de marchandises exprimée en tonnes. **2.** MAR. Jauge.

TONNANT, E adj. Qui tonne ; éclatant. *Voix tonnante.*

TONNE n.f. (du gaul.). **1.** Unité de masse (symb. t) valant 1 000 kilogrammes. ◇ ***Tonne kilomètre (tk) :*** unité de calcul du prix des transports par voie ferrée, équivalant au prix du transport d'une tonne de marchandises sur un kilomètre. – ***Tonne d'équivalent charbon (tec), d'équivalent pétrole (tep) :*** grandeurs utilisées pour exprimer et comparer des énergies de sources différentes et égales à l'énergie moyenne dégagée par la combustion d'une tonne de charbon ou de pétrole (1 tep = 1,5 tec). **2.** *Fam.* Énorme quantité. **3.** Tonneau de grandes dimensions.

TONNEAU n.m. (de *tonne*). **1.** Récipient en bois formé de douelles assemblées retenues par des cercles, et ayant deux fonds plats ; son contenu. ◇ ***Tonneau des Danaïdes :*** tâche, dépense dont on ne voit jamais la fin ; personne qui dépense à mesure qu'elle gagne ou qu'on lui donne. – *Fam.* ***Du même tonneau :*** de même valeur, de même acabit. **2.** Culbute d'un véhicule qui fait un tour complet sur lui-même. **3.** AVIAT. Figure de voltige aérienne, au cours de laquelle l'avion tourne autour de son axe longitudinal. **4.** Ancienne unité internationale de volume pour le jaugeage des navires équivalant à 2,83 m^3. ◇ ***Tonneau d'affrètement :*** quantité d'une marchandise déterminée,

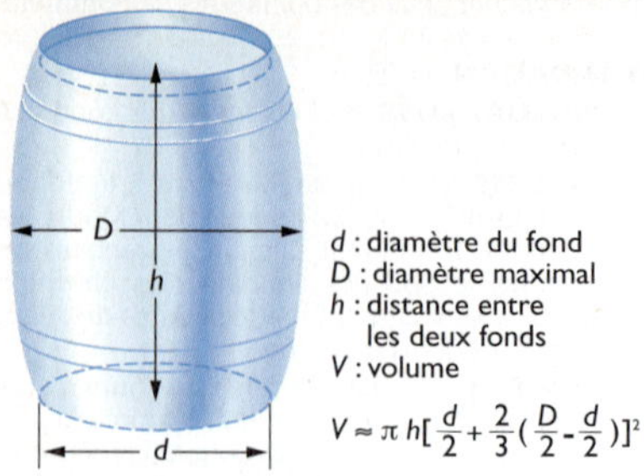

■ **TONNEAU**

qui, selon le pays de destination, permet de fixer le prix du transport.

TONNELAGE n.m. *Marchandises de tonnelage :* marchandises qu'on met en tonneaux.

TONNELET n.m. Petit tonneau.

TONNELIER n.m. Personne qui fabrique ou répare des tonneaux.

TONNELLE n.f. Petite construction de treillage, berceau couvert de végétation et formant abri.

TONNELLERIE n.f. Métier, commerce, atelier du tonnelier ; ensemble des objets qu'il fabrique.

T

TONNER v. impers. (lat. *tonare*). Faire du bruit, en parlant du tonnerre. ◆ v.i. **1.** Produire un bruit semblable à celui du tonnerre. *Le canon tonne.* **2.** Parler avec véhémence contre qqn, qqch. *Tonner contre le désordre.*

TONNERRE n.m. (lat. *tonitrus*). **1.** MÉTÉOROL. Onde acoustique caractérisée par un bruit sec ou un roulement sourd, accompagnant l'éclair, et due à la dilatation brusque de l'air réchauffé au voisinage de l'éclair. **2.** *Litt.* La foudre elle-même. **3.** Manifestation bruyante, grand bruit, grondement qui éclate d'un coup. *Un tonnerre d'applaudissements.* ◇ *Coup de tonnerre :* événement imprévu et brutal. – *Voix de tonnerre :* voix forte et éclatante. **4.** *Fam. Du tonnerre :* formidable, extraordinaire. ◆ interj. *Tonnerre !, tonnerre de Dieu ! :* jurons exprimant la fureur, la menace.

TONOLOGIE n.f. PHON. Étude des tons.

TONOMÉTRIE n.f. (du gr. *tonos,* tension). **1.** PHYS. Détermination de la masse moléculaire d'une substance par mesure de l'abaissement de la pression de vapeur d'une solution diluée de cette substance. **2.** MÉD. Mesure de la pression intraoculaire.

TONSURE n.f. (lat. *tonsura,* tonte). **1.** Espace rasé circulaire au sommet du crâne, marquant, avant Vatican II, l'appartenance d'un homme au clergé. **2.** Cérémonie liturgique qui marquait l'entrée d'un laïque dans le clergé.

TONSURÉ adj.m. et n.m. Qui a reçu la tonsure.

TONSURER v.t. Conférer la tonsure à.

TONTE n.f. **1.** Action de tondre les moutons, le gazon. **2.** Laine qu'on retire en tondant. **3.** Époque de la tonte. SYN. : *tondaison.*

TONTINE n.f. (de *Tonti,* n. d'un banquier ital.). **1.** Association d'épargnants, à l'expiration de laquelle l'avoir est distribué entre les survivants. **2.** Pacte selon lequel un bien acquis par plusieurs personnes, qui en jouissent leur vie durant, devient la propriété du dernier survivant. **3.** Dans certaines communautés, notamm. en Afrique et en Asie, coutume qui consiste à verser régulièrement une somme d'argent à un fonds que chaque donateur peut utiliser à tour de rôle. **4.** HORTIC. Paillon au moyen duquel on maintient une motte de terre autour des racines d'une plante que l'on doit transplanter.

TONTINER v.t. HORTIC. Garnir d'une tontine. *Tontiner des plants de rosiers.*

TONTON n.m. Oncle, dans le langage enfantin.

1. TONTURE n.f. Action de tondre les draps ; le poil ainsi tondu.

2. TONTURE n.f. MAR. Courbure longitudinale donnée aux ponts d'un navire, en relevant un peu les extrémités.

TONUS [tɔnys] n.m. (mot lat.). **1.** PHYSIOL. *Tonus musculaire,* ou *tonus :* contraction partielle et permanente des muscles. **2.** État de dynamisme, de vigueur physique ou morale ; énergie, ressort. *Manquer de tonus.*

1. TOP n.m. (onomat.). Signal sonore bref pour indiquer à un auditeur le moment précis de qqch.

2. TOP n.m. (mot angl., *haut*). *Fam. Le top :* ce qui existe de mieux dans un domaine. *Le top de l'élégance.*

3. TOP n.m. (abrév.). *Fam.* Top model.

TOPAZE n.f. (lat. *topazus,* du gr.). MINÉRALOG. Silicate fluoré d'aluminium, dont la variété jaune-orangé est utilisée comme pierre fine. ◇ *Fausse topaze :* citrine.

TOP-CASE [tɔpkɛz] n.m. [pl. *top-cases*] (angl. *top case,* boîte de dessus). Mallette placée sur le porte-bagages d'un deux-roues motorisé.

TOPER v.i. Se taper mutuellement dans la main, en signe d'accord. ◇ *Tope !, tope là ! :* j'accepte ; marché conclu.

TOPHACÉ, E adj. Relatif au tophus ; caractérisé par des tophus. *Goutte tophacée.*

TOPHUS [tɔfys] n.m. (mot lat., *tuf*). MÉD. Dépôt d'urates de sodium et de calcium, qui se forme autour des articulations et sur le bord du pavillon de l'oreille en cas de goutte non traitée.

TOPIAIRE adj. et n.f. (du lat. *topiarius,* jardinier). Se dit de l'art de tailler les arbres et les arbustes selon des formes variées.

TOPINAMBOUR n.m. (du n. d'un peuple du Brésil). Hélianthe d'une espèce originaire d'Amérique du Nord, cultivée sur sols pauvres pour ses tubercules alimentaires, qui rappellent les pommes de terre. (Genre *Helianthus ;* famille des composées.)

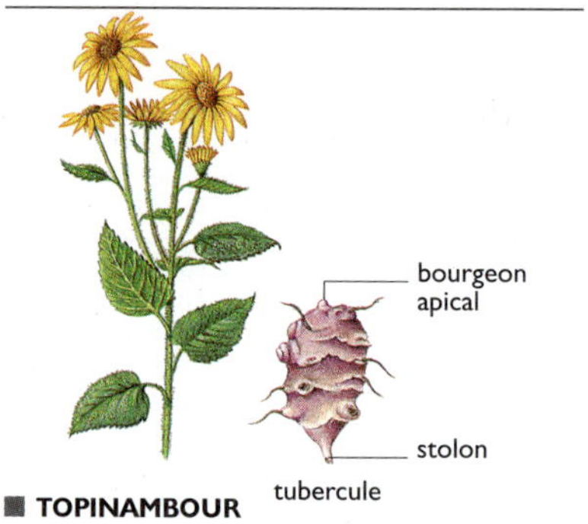

■ **TOPINAMBOUR**

1. TOPIQUE adj. et n.m. (gr. *topikos,* de *topos,* lieu). PHARM. Se dit d'un médicament qui agit à l'endroit où il est introduit ou appliqué.

2. TOPIQUE n.f. PSYCHAN. Mode théorique de représentation du fonctionnement psychique comme un appareil ayant une disposition spatiale. (Freud a proposé une première topique en 1900, dont les instances sont l'inconscient, le conscient et le préconscient, puis, en 1920, une seconde, non superposable à la première, qui distingue le ça, le surmoi et le moi.)

TOPLESS [tɔplɛs] adj. (mot anglo-amér., *sans haut*). Qui a les seins nus. *Danseuse topless.* ◆ n.m. Pour une femme, fait d'avoir le buste nu en public. *Faire du topless.*

TOP MODEL ou **TOP-MODÈLE** n.m. (pl. *top models, top-modèles*). Mannequin de haute couture de renommée internationale. Abrév. *(fam.) : top.*

TOP NIVEAU n.m. [pl. *top niveaux*] (angl. *top,* le plus élevé, et *niveau*). *Fam.* Niveau le plus élevé ; sommet.

TOPO n.m. (abrév. de *topographie*). *Fam.* Discours, exposé. *Un long topo.* ◇ *Fam. Même topo :* même chose, même genre.

TOPOGRAPHE n. Spécialiste de topographie.

TOPOGRAPHIE n.f. (du gr. *topos,* lieu, et *graphein,* décrire). **1.** Technique de représentation sur un plan des formes du terrain avec les détails naturels ou artificiels qu'il porte. **2.** Disposition, relief d'un lieu.

TOPOGRAPHIQUE adj. Relatif à la topographie.

■ **TOPAZE.** Cristal de topaze bleue provenant du Minas Gerais (Brésil).

TOPO-GUIDE n.m. (pl. *topo-guides*). Guide topographique destiné aux randonneurs.

TOPOLOGIE n.f. (du gr. *topos,* lieu). **1.** Branche des mathématiques née de l'étude des propriétés géométriques se conservant par déformation continue, puis généralisée pour englober les notions de limite et de voisinage. **2.** Ensemble $\mathcal{T}$ de parties (les *ouverts*) d'un ensemble E possédant les propriétés suivantes : $\varnothing \in \mathcal{T}$ et $E \in \mathcal{T}$; l'intersection d'un nombre fini d'éléments de $\mathcal{T}$ est un élément de $\mathcal{T}$; la réunion d'un nombre quelconque d'éléments de $\mathcal{T}$ est un élément de $\mathcal{T}$.

TOPOLOGIQUE adj. Relatif à la topologie. ◇ *Espace topologique :* espace sur lequel on a défini une topologie.

TOPOMÉTRIE n.f. Ensemble des opérations effectuées sur le terrain pour la détermination métrique des éléments d'une carte.

TOPONYME n.m. LING. Nom de lieu.

TOPONYMIE n.f. (du gr. *topos,* lieu, et *onuma,* nom). **1.** Étude linguistique des noms de lieux. **2.** Ensemble de noms de lieux d'une région, d'une langue.

TOPONYMIQUE adj. Relatif à la toponymie.

TOP SECRET adj. inv. (angl. *top,* le plus haut). Absolument secret. *Des informations top secret.*

TOQUADE ou **TOCADE** n.f. *Fam.* Goût vif et passager pour qqn, qqch ; caprice, engouement.

TOQUANTE ou **TOCANTE** n.f. *Arg.* Montre.

TOQUARD n.m. → **2. TOCARD.**

TOQUE n.f. (esp. *toca*). **1.** Coiffure sans bords, de forme cylindrique. **2.** Chef cuisinier, dans un restaurant. *Une grande toque.*

TOQUÉ, E adj. et n. *Fam.* Un peu fou. ◇ *Fam. Toqué de :* passionné de qqch ; amoureux de qqn.

TOQUER (SE) v.pr. **(de).** *Fam.* Avoir un engouement très vif et soudain pour.

TORAILLER v.i. → **TORRAILLER.**

TORANA n.m. (sanskr. *toraṇa*). Arc, portique décoré précédant le stupa.

TORBALL [tɔrbal] n.m. (all. *Tor,* but, et *Ball,* ballon). Jeu pour non-voyants qui se joue avec un ballon sonore (rempli de grenaille de fer).

TORCHE n.f. (lat. *torques,* guirlande). **1.** Flambeau formé d'une corde tordue enduite de cire ou de résine, ou d'un bâton résineux enduit de cire. ◇ *Torche électrique :* lampe de poche cylindrique de forte puissance. **2.** PÉTROLE. Installation de brûlage, à l'atmosphère, de sous-produits gazeux. SYN. : *torchère.* **3.** Bouchon de paille qu'on place entre les pierres de taille pour en préserver les arêtes, lors de leur maniement. **4.** *Parachute en torche :* parachute dont la voilure ne s'est pas déployée complètement et ne peut, de ce fait, ralentir la chute.

TORCHER v.t. *Fam.* **1.** Essuyer avec un linge, du papier, etc., pour nettoyer. **2.** Exécuter à la hâte et mal ; bâcler, expédier.

TORCHÈRE n.f. **1.** Grand candélabre montant du sol, dérivé du guéridon porteur de luminaire des XVIIe et XVIIIe s. **2.** PÉTROLE. Torche.

TORCHIS n.m. Matériau de construction composé de terre grasse et de paille hachée, utilisé comme remplissage d'une structure en bois.

TORCHON n.m. (de *torche*). **1.** Rectangle de toile qu'on utilise pour essuyer la vaisselle. ◇ *Fam. Coup de torchon :* bagarre ; épuration radicale, coup de balai. – *Le torchon brûle :* se dit lorsqu'un couple ou deux amis se disputent. **2.** Belgique, Québec. Serpillière. **3.** *Fam.* Texte écrit sans soin, mal présenté. **4.** *Fam.* Journal méprisable.

TORCHONNER v.t. *Fam.* Exécuter rapidement et sans soin.

TORCOL n.m. (de *tordre* et *col*). Oiseau grimpeur de l'Eurasie et du nord de l'Afrique, à cou très souple, voisin du pic mais au bec court, qui se nourrit de fourmis. (Long. 16 cm ; genre *Jynx,* famille des picidés.)

TORDAGE n.m. Action de tordre en corde des fils textiles.

TORDANT, E adj. *Fam.* Qui fait rire aux éclats ; drôle, comique.

TORD-BOYAUX n.m. inv. *Fam.* Eau-de-vie très forte ou de mauvaise qualité.

TORDEUR n.m. TEXT. Dispositif donnant une torsion au fil qui le traverse.

TORDEUSE n.f. Petit papillon dont la chenille roule les feuilles en cornet en les liant avec des fils de soie, pour y vivre et s'en nourrir. (Genre *Tortrix ;* famille des tortricidés.)

TORD-NEZ n.m. inv. AGRIC. Instrument de contention composé d'un manche de bois terminé par une boucle de corde ou de cuir, utilisé pour pincer fortement le bout du nez d'un cheval que l'on soigne.

TORDOIR n.m. Bâton ou garrot servant à tordre, à serrer une corde.

TORDRE v.t. [59] (lat. *torquere*). **1.** Déformer en pliant, en courbant, en tournant sur soi-même. *Tordre une barre de fer. Tordre du linge pour l'égoutter.* **2.** Tourner plus ou moins violemment un membre, une partie du corps. *Tordre le bras à son agresseur.* ◇ *Fam. Tordre le cou :* tuer. **3.** Donner à qqn la sensation d'une crispation, d'une torsion au niveau d'un organe. *Des brûlures qui tordent l'estomac.* ◆ **se tordre** v.pr. **1.** Imprimer à son corps des mouvements de contorsion sous l'effet de la douleur. *Un malade qui se tord sur son lit.* **2.** Se faire une entorse. *Se tordre la cheville.* **3.** *Fam. Se tordre de rire,* ou *se tordre :* être en proie à un rire bruyant, irrépressible. *Un spectacle à se tordre.*

TORDU, E adj. et n. *Fam.* Un peu fou ; extravagant, bizarre, compliqué. ◆ adj. *Fam. Coup tordu :* acte malveillant.

TORE n.m. (lat. *torus*). **1.** ARCHIT. Grosse moulure pleine de profil arrondi. **2.** GÉOMÉTR. Surface de révolution engendrée par un cercle tournant autour d'une droite située dans son plan et ne passant pas par son centre ; solide limité par cette surface.

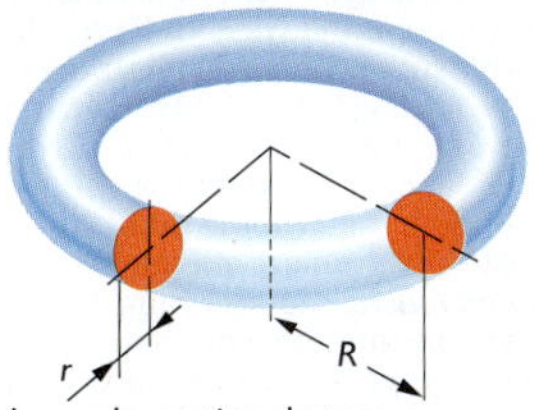

r : rayon du cercle, section de tore
R : rayon du cercle de révolution
A : aire — *V* : volume
$A = 4\pi^2 \times r \times R$ — $V = 2\pi^2 \times r^2 \times R$

■ **TORE**

TORÉADOR n.m. (esp. *toreador*). Vieilli. Torero.

TORÉER v.i. [8] (esp. *torear*). Pratiquer la tauromachie ; exercer le métier de torero.

TORERO, RA [tɔrero, ra] n. (mot esp.). **1.** Personne qui combat les taureaux dans l'arène. (En France, le nom de *toréador* a longtemps supplanté celui de *torero.*) **2.** *Spécial.,* abusif. Matador.

TOREUTIQUE n.f. (gr. *toreutikê*). Art du ciselage et de la sculpture en métal, ou de la sculpture chryséléphantine.

TORGNOLE n.f. (anc. fr. *tourniole,* de *tourner*). *Fam.* Coup violent ; gifle.

TORIES n.m. pl. → **TORY.**

TORII n.m. inv. (mot jap.). Portique précédant l'entrée des temples shintoïstes, au Japon.

■ **TORII.** Le grand torii (XIXe s.) précédant le grand sanctuaire d'Itsuku Shima.

TORIL [tɔril] n.m. (mot esp.). Local attenant à l'arène, où l'on tient les taureaux enfermés avant la course.

TORIQUE adj. GÉOMÉTR. Qui a la forme d'un tore.

TORNADE n.f. (esp. *tornado*). Perturbation atmosphérique tourbillonnaire de grande intensité, mais de dimension limitée, accompagnée de vents violents.

TOROÏDAL, E, AUX adj. GÉOMÉTR. En forme de tore.

TORON n.m. (de *tore*). Assemblage de plusieurs gros fils tordus ensemble.

TORONNEUSE n.f. Machine qui tord les torons.

TORPÉDO n.f. (esp. *torpedo,* torpille). Anc. Carrosserie ouverte munie d'une capote en toile repliable et de rideaux de côté ; automobile ainsi conçue.

TORPEUR n.f. (lat. *torpor,* de *torpere,* être engourdi). **1.** État de qqn chez qui l'activité psychique et physique, la sensibilité sont réduites. *Tirer qqn de sa torpeur.* **2.** *Fig.* Ralentissement général des activités.

TORPIDE adj. **1.** *Litt.* Qui provoque la torpeur ; qui en a les caractères. **2.** MÉD. Se dit d'une lésion ou d'une affection n'ayant aucune tendance spontanée à s'aggraver ou à s'améliorer. SYN. : *atone.*

TORPILLAGE n.m. Action de torpiller ; son résultat.

TORPILLE n.f. (du lat. *torpedo,* engourdissement). **1.** Poisson marin voisin de la raie, qui possède de chaque côté de la tête un organe pouvant produire des décharges électriques. (Genre *Torpedo ;* famille des torpédinidés.) **2.** Engin automoteur sous-marin chargé d'explosif, utilisé contre les objectifs maritimes par des navires, des sous-marins ou des avions. – Bombe aérienne de forme analogue utilisée pendant la Première Guerre mondiale.

■ **TORPILLE.** Torpille ocellée.

TORPILLER v.t. **1.** Attaquer, détruire un objectif à l'aide de torpilles. *Torpiller un navire.* **2.** *Fig.* Faire échouer par des manœuvres secrètes. *Torpiller un projet.*

TORPILLEUR n.m. **1.** Anc. Bâtiment de guerre rapide, de petit tonnage, dont l'arme principale était la torpille. **2.** Marin spécialisé dans le service des torpilles.

TORQUE n.m. (lat. *torques*). ARCHÉOL. Collier métallique et rigide, créé par les Celtes.

TORR n.m. (de *Torricelli,* n.pr.). Ancienne unité de pression, équivalant à une pression de 1 mm de mercure à 0 °C.

TORRAILLER ou **TORAILLER** v.i. Suisse. Fumer beaucoup.

TORRÉE n.f. (du lat. *torrere,* rôtir). Suisse. Repas en plein air où l'on mange des mets préparés sur la braise.

TORRÉFACTEUR n.m. **1.** Appareil de torréfaction. **2.** Commerçant qui vend du café qu'il torréfie.

TORRÉFACTION n.f. Action de torréfier.

TORRÉFIER v.t. [5] (lat. *torrefacere*). Griller, rôtir des grains, en partic. de café.

TORRENT n.m. (lat. *torrens, -entis*). **1.** Cours d'eau de montagne, rapide et irrégulier, de faible longueur, plus ou moins à sec entre des crues violentes et brusques. **2.** *Fig.* Écoulement abondant. *Des torrents de larmes.* ◇ *À torrents :* en abondance et avec violence, en parlant de la pluie.

TORRENTIEL, ELLE adj. **1.** Relatif aux torrents. *Des eaux torrentielles.* **2.** *Pluie torrentielle,* qui tombe à torrents.

TORRENTIELLEMENT adv. De manière torrentielle.

TORRENTUEUX, EUSE adj. *Litt.* Qui a l'impétuosité d'un torrent.

TORRIDE adj. (lat. *torridus,* de *torrere,* brûler). **1.** Extrêmement chaud ; brûlant, caniculaire. **2.** *Fam.* Se dit de ce qui témoigne d'une passion débordante, d'un érotisme débridé.

1. TORS, E adj. (lat. *tortus,* tordu). **1.** Se dit d'un fil, d'un filin tordu. ◇ ARCHIT. *Colonne torse,* à fût tourné en vis. **2.** Courbé de façon anormale ; arqué, difforme. *Des jambes torses.*

2. TORS n.m. TEXT. Action de tordre des fils ; son résultat.

TORSADE n.f. **1.** Élément de frange tordu en hélice. **2.** Forme obtenue en tournant sur eux-mêmes, l'un autour de l'autre, deux ou plusieurs éléments. *Une torsade de cheveux.* **3.** ARCHIT. Motif ornemental imitant un câble tordu.

TORSADER v.t. Disposer, mettre en torsade.

TORSE n.m. (ital. *torso*). **1.** Partie du corps comprenant les épaules et la poitrine. **2.** SCULPT. Figure humaine sans tête ni membres ; tronc.

TORSION n.f. (du lat. *tortus,* tordu). **1.** Action de tordre qqch ; déformation produite en tordant. **2.** MÉCAN. Déformation subie par un corps sous l'action de deux couples opposés agissant dans des plans parallèles, chaque section du corps subissant une rotation par rapport à la section infiniment voisine. **3.** TEXT. Action de tordre un fil. (La torsion est soit en S [vers la droite], soit en Z [vers la gauche].) **4.** GÉOMÉTR. Grandeur caractéristique des courbes gauches.

TORT n.m. (du lat. *tortus,* tordu, contraire au droit). **1.** Action ou état contraire au droit, à la vérité, à la raison. *Tous les torts sont de son côté.* ◇ *Avoir tort :* soutenir une chose fausse ; faire ce qui est injuste ou arbitraire. – *Donner tort à qqn,* déclarer qu'il se trompe, qu'il a mal agi ; prouver, confirmer qu'il n'avait pas raison. – *Dans son tort :* dans la situation de qqn qui a commis une infraction, une faute, une erreur. **2.** DR. Dommage, préjudice. ◇ *Faire du tort à qqn,* lui causer un préjudice. **3.** *À tort :* injustement. – *À tort ou à raison :* avec ou sans motif valable. – *À tort et à travers :* sans discernement, de façon inconsidérée.

TORTICOLIS n.m. (lat. *tortus,* tordu, et *collum,* cou). Contracture douloureuse des muscles d'un côté du cou.

TORTIL [tɔrtil] n.m. HÉRALD. Bourrelet torsadé autour duquel est passé en spirale un collier de perles. (C'est la couronne des barons.)

TORTILLA [tɔrtilja] n.f. (mot esp.). **1.** Petite crêpe de farine de maïs salée. (Cuisine mexicaine.) **2.** Omelette diversement fourrée (généralement avec des pommes de terre et des oignons), retournée comme une crêpe dans la poêle. (Cuisine espagnole.)

TORTILLAGE n.m. Action de tortiller ; fait de se tortiller.

TORTILLARD n.m. *Fam.* Petit train lent, au trajet tortueux.

TORTILLE ou **TORTILLÈRE** n.f. Allée étroite et tortueuse dans un parc, un jardin.

TORTILLEMENT n.m. Action de tortiller ; fait de se tortiller.

TORTILLER v.t. (du lat. *tortus,* tordu). Tordre qqch plusieurs fois sur lui-même. *Tortiller son mouchoir.* ◆ v.i. **1.** Remuer en ondulant. *Tortiller des hanches.* **2.** *Fam. Il n'y a pas à tortiller :* il n'y a pas à chercher des détours, à tergiverser. ◆ **se tortiller** v.pr. Se tourner sur soi-même de différentes façons ; se trémousser.

TORTILLON n.m. **1.** Bourrelet qu'on pose sur la tête pour porter un fardeau. **2.** Linge, papier tortillé.

TORTIONNAIRE [-sjɔ-] n. (du bas lat. *tortio,* torture). Personne qui torture qqn pour lui arracher des aveux ou par sadisme.

TORTORER v.t. *Arg.,* vieilli. Manger.

TORTU, E adj. (de l'anc. fr. *tort,* tordu). Vx ou *litt.* **1.** Qui n'est pas droit ; tors, difforme. *Des jambes tortues.* **2.** Qui est sans franchise ; retors, fourbe. *Esprit tortu.*

TORTUE n.f. (bas lat. *tartaruca,* bête infernale du Tartare). **1.** Reptile au corps massif protégé par une carapace et un plastron, génér. très épais et rigides, à tête munie d'un bec corné sans dents. (Les espèces terrestres, d'une grande longévité, sont végétariennes, celles d'eau douce [cistude, trionyx] sont des carnivores parfois très voraces ; les tortues marines [caret, tortue luth], génér. omnivores, nagent à l'aide de membres transformés en nageoires ; les tortues forment l'ordre des chéloniens.) **2.** *Fam.* Personne très lente. ◇ *À pas de tortue :* très lentement. **3.** Vanesse dont il existe deux espèces communes en Europe, la

T

■ **TORTUE.** Tortue géante des Galapagos.

grande et la *petite tortue.* (Famille des nymphalidés.) **4.** Sorte de toit que formaient les soldats romains en joignant leurs boucliers au-dessus de leurs têtes pour se garantir des projectiles.

TORTUEUSEMENT adv. D'une manière tortueuse.

TORTUEUX, EUSE adj. (lat. *tortuosus*). **1.** Qui fait plusieurs tours et détours ; sinueux. **2.** *Fig.* Qui manque de loyauté, de franchise ; retors. *Conduite tortueuse.*

TORTURANT, E adj. Qui torture, tourmente.

TORTURE n.f. (bas lat. *tortura,* action de tordre). **1.** Supplice physique que l'on fait subir à qqn, notamment pour l'obliger à dire ce qu'il refuse de révéler. **2.** Souffrance physique ou morale très vive. ◇ *Mettre qqn à la torture,* lui causer un grand embarras ou une vive impatience. – *Se mettre l'esprit à la torture :* faire de très grands efforts de réflexion pour trouver une solution.

TORTURER v.t. **1.** Soumettre à des tortures. **2.** Faire souffrir moralement ou physiquement ; tourmenter. *L'angoisse le torturait.* ◆ **se torturer** v.pr. *Se torturer l'esprit, l'imagination :* réfléchir longuement, se creuser l'esprit.

TORVE adj. (lat. *torvus*). Se dit d'un regard oblique et menaçant.

TORY n.m. [pl. *torys* ou *tories*] (mot angl.). Membre du Parti conservateur, en Grande-Bretagne. (Après la réforme électorale de 1832, le terme *conservateur* se substitua à *tory,* qui reste cependant en usage.) ◆ adj. Relatif à ce parti.

TOSCAN, E adj. et n. **1.** De Toscane. **2.** *Ordre toscan,* ou *toscan,* n.m. : ordre romain d'architecture inspiré du dorique grec pour ce qui est de son chapiteau. (Il s'en différencie surtout par l'entablement, très dépouillé, et par une colonne nue reposant sur une base.) ◆ n.m. Dialecte parlé en Toscane, base de l'italien moderne.

TOSSER v.i. MAR. Frapper, taper contre qqch sous l'effet de la houle, notamm. en parlant d'un navire qui frappe contre le quai.

TÔT adv. (lat. *tostum,* chaudement). De bonne heure. *Se coucher tôt.* ◇ *Au plus tôt :* dans un délai très court ; pas avant. – *Tôt ou tard :* un jour ou l'autre.

1. TOTAL, E, AUX adj. (lat. *totus,* tout entier). **1.** À quoi il ne manque rien. **2.** ALGÈBRE. *Ordre total (sur un ensemble) :* relation d'ordre sur E telle que deux éléments quelconques de E soient comparables.

2. TOTAL n.m. **1.** Assemblage de plusieurs parties formant un tout. **2.** Somme obtenue par l'addition. ◇ *Au total,* ou, *fam., total :* tout considéré. *Au total, c'est une bonne affaire.*

TOTALE n.f. *Fam.* **1.** Hystérectomie complète (corps et col de l'utérus). **2.** *La totale ! :* se dit quand on subit une série de contrariétés ; c'est le comble, le bouquet.

TOTALEMENT adv. Entièrement, tout à fait.

TOTALISATEUR ou **TOTALISEUR** n.m. **1.** Dispositif enregistreur d'une machine à calculer qui donne le total d'une série d'opérations. **2.** Dans un ordinateur, registre de l'organe de calcul dans lequel une suite de nombres peuvent être cumulés.

TOTALISATION n.f. Action de totaliser.

TOTALISER v.t. **1.** Faire le total de qqch. *Totaliser les recettes du jour.* **2.** Atteindre le total de. *La population de cette ville totalise dix mille personnes.*

TOTALITAIRE adj. Relatif au totalitarisme ; caractérisé par le totalitarisme. *État totalitaire.*

TOTALITARISME n.m. Système politique caractérisé par la soumission complète des existences individuelles à un ordre collectif que fait régner un pouvoir dictatorial.
ENCYCL. La fusion des pouvoirs exécutif, législatif et judiciaire, l'existence d'un parti unique, la diffusion d'une idéologie hégémonique, la mobilisation des masses, le contrôle policier, la répression, l'élimination des catégories de la population désignées comme boucs émissaires sont des traits partagés par les régimes totalitaires, dont l'étude a été développée notamm. par H. Arendt, soucieuse de penser les similitudes des régimes nazi et stalinien.

TOTALITÉ n.f. Le total, l'ensemble. ◇ *En totalité :* complètement.

TOTEM [tɔtɛm] n.m. (mot algonquien). ANTHROP. **1.** Animal, plante ou objet, considérés comme protecteurs d'un individu ou comme ancêtres mythiques représentant un groupe social par rapport à d'autres groupes d'une même société. **2.** Représentation sculptée ou peinte de cet animal, de cette plante ou de cet objet.

■ **TOTEMS** de différentes tribus à Vancouver dans le parc Stanley.

TOTÉMIQUE adj. Du totem ; du totémisme.

TOTÉMISME n.m. Organisation sociale fondée sur le totem.

TÔT-FAIT n.m. (pl. *tôt-faits*). Pâtisserie d'une préparation simple et rapide.

TOTIPOTENCE n.f. Caractère des cellules totipotentes.

TOTIPOTENT, E adj. EMBRYOL. Se dit d'une cellule embryonnaire apte à former les tissus les plus divers selon l'induction qu'elle subit.

TOTO n.m. (onomat.). *Fam.* Pou.

TOTON n.m. (lat. *totum,* tout, mot marqué sur une des faces des anciens totons). Petite toupie que l'on fait tourner entre le pouce et l'index et dont le corps, génér. en forme de prisme octogonal, porte sur chacune de ses facettes un signe, une lettre, une indication.

TOUAGE n.m. NAVIG. Remorquage de bâtiments de navigation à l'aide d'un toueur.

1. TOUAREG adj. inv. et n. inv. ou **TARGUI, E** adj. et n. inv. en nombre (du berbère). Qui se rapporte aux Touareg, appartient à ce peuple. (On réserve parfois la forme *touareg* pour le pluriel, et *targui* pour le singulier. On rencontre aussi la forme *touarègue* pour le fém.)

2. TOUAREG n.m. Langue berbère parlée par les Touareg.

TOUBAB n.m. (mot ar.). Afrique. **1.** Européen, Blanc. **2.** Africain ayant adopté le mode de vie européen.

TOUBIB n.m. (de l'ar.). *Fam.* Médecin.

TOUCAN n.m. (du tupi). Oiseau grimpeur et frugivore de l'Amérique tropicale, doté d'un énorme bec creux vivement coloré. (Ordre des piciformes ; genre *Ramphastos,* famille des ramphastidés.)

1. TOUCHANT prép. *Litt.* Concernant, au sujet de. *Touchant vos intérêts.*

2. TOUCHANT, E adj. Qui touche, émeut le cœur ; attendrissant.

TOUCHAU, TOUCHAUD ou **TOUCHEAU** n.m. ORFÈVR. Étoile d'or ou d'argent dont chaque branche est à un titre déterminé et qui sert à la touche, à l'essai de ces métaux.

TOUCHE n.f. **1.** En escrime, fait d'atteindre son adversaire suivant les règles. ◇ *Touche de balle :* toucher de balle. **2.** ORFÈVR. Essai de l'or ou de l'argent au moyen de la pierre de touche et du touchau. ◇ *Pierre de touche :* variété de jaspe noir qui sert à éprouver l'or et l'argent ; *fig.,* ce qui permet d'éprouver la valeur de qqn, d'un sentiment. *L'adversité est la pierre de touche de l'amitié.* **3.** PÊCHE. Action du poisson dont la bouche entre en contact avec un appât. ◇ *Fam. Faire une touche, avoir une touche :* être remarqué par qqn à qui l'on plaît. **4.** Manière qu'a un artiste peintre de poser la couleur sur le support avec le pinceau, la brosse ; résultat du coup de pinceau. **5.** Manière personnelle d'un écrivain, d'un créateur, d'un artiste ; marque, patte. *Reconnaître la touche d'un génie. Apporter une touche personnelle à la décoration d'un bureau.* **6.** *Fam.* Allure générale, genre de qqn. *Il a une drôle de touche.* **7.** Pièce d'une machine sur laquelle on agit par pression ou par contact pour commander une action. *Touches d'un clavier de machine à écrire. Téléphone à touches.* ◇ *Touche de fonction :* touche particulière d'un clavier d'ordinateur, qui sert à déclencher l'exécution d'un programme de l'utilisateur ou une intervention du système d'exploitation. **8.** INSTR. MUS. **a.** Levier basculant sous la pression des doigts et actionnant la mécanique d'un instrument à clavier. **b.** Partie du manche des instruments à cordes où l'instrumentiste pose ses doigts. **9.** Long bâton dont on se sert pour faire avancer les bœufs. **10.** Dans divers sports d'équipe, chacune des deux lignes qui délimitent la largeur du terrain ; sortie du ballon au-delà de cette ligne et sa remise en jeu. ◇ *Fam. Botter, dégager en touche :* Se soustraire à une difficulté, détourner une question ; éluder, esquiver. – *Fam. Être sur la touche :* être tenu à l'écart d'une activité, d'une entreprise.

TOUCHE-À-TOUT n. inv. *Fam.* Enfant qui touche à tout ce qu'il voit ; adulte qui se mêle de tout ou qui se disperse en toutes sortes d'activités.

1. TOUCHER v.t. (lat. pop. *toccare,* faire toc). **1.** Mettre la main au contact de qqch, de qqn pour apprécier son état, sa consistance, sa chaleur, etc. *Touche ce tissu et sens comme il est doux !* **2.** Entrer, être en contact physique avec qqch, qqn. *Son visage touchait le mien.* – Être contigu à, en contact avec. *Ma maison touche la sienne.* **3.** Recevoir qqch qui est dû ; percevoir. *Toucher son salaire.* **4.** Entrer en relation ; communiquer avec. *Toucher qqn par téléphone.* **5.** Atteindre, blesser par un coup porté ou un projectile. *Toucher son adversaire.* **6.** Éprouver, altérer, atteindre plus ou moins gravement qqn ou qqch ; affecter, concerner. *Le chômage touche de nombreux jeunes.* **7.** Faire impression sur qqn ; agir sur sa sensibilité ; émouvoir, remuer. *Votre geste m'a beaucoup touché.* **8.** *Toucher un mot, deux mots, quelques mots de qqch à qqn :* aborder un sujet avec qqn, lui en parler incidemment ou brièvement. *Je lui ai touché un mot de votre affaire.* ◆ v.t. ind. (à). **1.** Porter la main sur. *Ne touchez pas au plat, il est brûlant.* ◇ *Fam. Ne pas avoir l'air d'y toucher :* être faussement innocent ou ingénu ; cacher son jeu. **2.** Être en contact avec qqch ; être attenant, contigu. *Leur propriété touche à la forêt.* – *Fig.* Être très voisin de ; confiner. *Un enthousiasme qui touche au délire.* **3. a.** Aborder un lieu ; arriver au résultat qu'on s'est fixé. *Toucher au port. Toucher au but.* **b.** Parvenir à un certain moment.

■ **TOUCAN.** Toucan toco.

Toucher à sa fin. **4.** S'occuper de qqch ; aborder un sujet ; en venir à le traiter. *Vous touchez là à un point crucial.* **5.** Être relatif à ; avoir pour sujet ; concerner. *Des secrets qui touchent à la défense nationale.* **6.** Apporter des modifications. *Ton dessin est parfait, n'y touche plus.* **7.** Prendre, prélever une partie de qqch pour l'employer, la consommer. *Il n'a pas touché à son héritage. Il a à peine touché à son repas.* ◆ **se toucher** v.pr. Être en contact ou très près l'un de l'autre. *Leurs immeubles se touchent. Les extrêmes se touchent.*

2. TOUCHER n.m. **1.** Sens grâce auquel on perçoit la présence des objets, la pression, le froid et la chaleur par contact avec la peau. **2.** Impression produite par un corps que l'on touche. *Tissu doux au toucher.* **3.** MÉD. Examen clinique d'une cavité naturelle par l'introduction d'un ou de plusieurs doigts revêtus d'un doigtier. *Toucher rectal, vaginal.* **4.** MUS. Caractère du jeu d'un instrumentiste. **5.** *Toucher de balle, de ballon,* manière de les frapper. *Avoir un bon toucher de balle.* SYN. : *touche de balle, de ballon.*

ENCYCL. Les récepteurs sensibles du toucher sont des organes microscopiques, les corpuscules, logés dans le derme. Ils transforment des phénomènes physiques (pression, température) en potentiels d'action qui partent le long de fibres nerveuses vers le système nerveux central.

TOUCHE-TOUCHE (À) loc. adv. *Fam.* Très près les uns des autres, en parlant de personnes, de véhicules.

TOUCHEUR n.m. Vx. Personne qui conduisait, à l'aide de l'aiguillon, les bœufs destinés à la boucherie.

TOUÉE n.f. (de *touer*). **1.** Longueur de la remorque d'un navire. **2.** Longueur de la chaîne filée pour mouiller une ancre.

TOUER v.t. (du francique). Remorquer un bâtiment de navigation à l'aide d'un toueur.

TOUEUR n.m. Remorqueur se déplaçant par traction sur une chaîne ou un câble qui repose sur le fond d'une voie de navigation intérieure.

TOUFFE n.f. (du germ.). Ensemble de brins, de petits végétaux, de poils, etc., naturellement disposés très près les uns des autres.

TOUFFEUR n.f. (mot dial., de *touffer,* étouffer). *Litt.* Atmosphère chaude, lourde, étouffante.

TOUFFU, E adj. **1.** Formé de nombreux végétaux, brins, poils, fils plus ou moins emmêlés ; broussailleux, épais. *Bois touffu. Barbe touffue.* **2.** *Fig.* Qui est chargé à l'excès de détails. *Récit touffu.*

TOUILLAGE n.m. *Fam.* Action de touiller.

TOUILLE n.f. Nom usuel de certains requins comestibles (lamie, roussette).

TOUILLER v.t. (lat. *tudiculare,* broyer). *Fam.* Mêler, agiter, remuer, brasser.

TOUJOURS adv. (de *tous les jours*). **1.** De tout temps, dans le passé comme dans le futur. *De tels abus ont toujours existé. Il y aura toujours des hommes pour défendre la paix.* ◇ *Depuis toujours :* depuis un temps très éloigné ; d'aussi longtemps qu'on se souvienne. – *Pour toujours :* d'une façon définitive, sans retour. **2.** En toute occasion. *Il est toujours prêt à rendre service.* **3.** Encore à présent. *Il l'aime toujours.* **4.** De toute façon. *C'est toujours mieux que rien.* ◇ *Toujours est-il que :* néanmoins, en tout cas.

TOULADI n.m. (d'une langue amérindienne). Québec. Grande truite d'eau douce.

TOULOUPE n.f. (du russe). Pelisse en peau de mouton que portent les paysans russes.

TOUNDRA [tundra] n.f. (du russe). Dans les régions de climat froid, formation végétale discontinue, qui comprend quelques graminées, des mousses et des lichens, voire quelques arbres nains (bouleaux).

TOUNGOUSE ou **TOUNGOUZE** [tunguz] adj. et n.m. Se dit d'un groupe de langues de la famille altaïque, parlées par les peuples réunis sous le nom vieilli de *Toungouses.

TOUPAYE n.m. → **TUPAÏA.**

TOUPET n.m. (du francique). **1.** Touffe de cheveux sur le sommet du front. **2.** *Fam.* Audace, effronterie.

TOUPIE n.f. (du francique). **1.** Jouet que l'on fait tourner sur la pointe. **2.** Machine pour le travail du bois avec laquelle on exécute les moulures, les entailles, les feuillures. SYN. : *toupilleuse.*

TOUPILLER v.t. Travailler le bois à la toupie.

TOUPILLEUR n.m. Personne qui travaille le bois à la toupie.

TOUPILLEUSE n.f. MENUIS. Toupie.

TOUPILLON n.m. *Litt.* **1.** Petite touffe de poils, de plumes, etc. **2.** Petit toupet.

TOUPIN n.m. Suisse. Grosse cloche de vache au son grave.

TOUPINE n.f. Région. (Provence, Sud-Ouest) ; Suisse. Jarre de grès.

TOUPINER v.i. Vx ou région. Tourner sur soi comme une toupie.

TOUQUE n.f. (prélatin *tūkka*). Récipient de fer-blanc, de moyenne contenance, permettant le transport de divers produits.

1. TOUR n.f. (lat. *turris*). **1.** Bâtiment ou corps de bâtiment de plan centré et nettement plus haut que large. ◇ *Tour d'ivoire :* isolement, retraite hautaine de qqn. *S'enfermer dans une tour d'ivoire.* **2.** Toute construction en hauteur. ◇ *Tour de contrôle :* bâtiment dominant l'aire d'un aérodrome et dont émanent les ordres de décollage, de vol et d'atterrissage. – *Tour hertzienne :* édifice servant de relais aux télécommunications par faisceaux hertziens. – *Tour de forage :* recomm. off. pour *derrick.* **3.** CHIM. INDUSTR. Appareil de traitement industriel (distillation, absorption, catalyse, etc.) vertical et de forme génér. cylindrique (tour de fractionnement, par ex.). ◇ *Tour de lavage :* tour où se fait l'épuration d'un gaz à l'aide d'un jet d'eau finement pulvérisé qui entraîne les poussières en suspension. **4.** Pièce du jeu d'échecs dont la marche est parallèle aux bords de l'échiquier.

2. TOUR n.m. (de *tourner*). **I.** *Dimension, parcours.* **1.** Dimension de la ligne fermée qui constitue la limite extérieure de qqch, notamm. de certaines parties du corps. *Prendre le tour de taille d'une cliente.* **2.** Pourtour, bord de qqch, d'un lieu. *Le tour du lac est planté d'arbres.* **3.** MÉTROL. Unité d'angle (symb. tr) équivalant à 2π radians. **4. a.** Action de parcourir entièrement le pourtour de ; parcours ainsi accompli. *Faire le tour du lac, de la ville.* ◇ *Faire le tour du propriétaire :* visiter sa propriété, sa maison. – *Faire le tour d'une question,* en examiner tous les points. – SPORTS. *Tour d'honneur :* tour de piste ou de terrain effectué, après une compétition, par le gagnant ou l'équipe gagnante. **b.** Voyage, périple. *Faire le tour de l'Europe.* ◇ Anc. *Tour de France :* voyage à travers la France traditionnellement effectué par les compagnons pour parfaire la connaissance de leur métier en l'enrichissant de l'expérience d'autres compagnons. **c.** Petite promenade. *Faire un tour en ville.* **II.** *Mouvement, action.* **1.** Mouvement de rotation d'un corps autour de son axe, qui le ramène à sa position première. *Tour de roue.* **2.** Action de tourner un objet sur lui-même. *Donner deux tours de clé.* **3.** DANSE. Mouvement de rotation du corps sur lui-même. **4.** *Cour. Tour de reins :* lumbago aigu. **5.** Exercice qui exige de l'agilité, de la force, de l'adresse, de la subtilité. *Tour de cartes.* ◇ *Tour de force :* exercice corporel exigeant une grande force physique ; *fig.,* action qui suppose une habileté, un effort exceptionnels. – *Tour de main :* grande habileté manuelle due à l'habitude. – *En un tour de main :* en un instant. **6.** Action habile, plaisante ou perfide destinée à mystifier ou à tromper qqn. *Jouer un bon tour à qqn.* ◇ *Cela vous jouera un, des tour(s) :* cela vous fera du tort. **III.** *Aspect.* **1.** Manière dont qqch évolue. *Cette affaire prend un mauvais tour.* **2.** *Tour d'esprit :* manière propre à qqn de comprendre, d'exprimer les choses. **3.** *Tour de phrase :* construction propre à un écrivain, à un orateur. **4.** Suisse. *Donner le tour.* **a.** Évoluer favorablement, en parlant d'une maladie. **b.** Parvenir à achever un travail. **IV.** *Étape, succession.* **1.** Moment dans une succession, un ordre. *Parler à son tour.* ◇ *Tour à tour :* l'un après l'autre ; alternativement ; successivement. *Nous lisions tour à tour. Il a été tour à tour marin, vendeur, comédien.* **2.** *Faire un tour de table :* donner la parole successivement à tous ceux qui sont assis autour d'une table pour connaître leur avis. – *Spécial. Tour de table :* réunion d'actionnaires, d'investisseurs en vue de mener à bonne fin une opération financière. **3.** *Tour de chant :* interprétation sur scène, par un artiste, d'une suite de chansons. **4.** Chaque phase d'une opération qui en comporte plusieurs. *Tour de scrutin.*

3. TOUR n.m. (lat. *tornus,* tour de potier). **1.** Dispositif actionné au pied, comportant un plateau rotatif horizontal sur lequel le potier dispose la motte d'argile à tourner. **2.** Machine-outil utilisée pour usiner, par enlèvement de matière, une pièce génér. en rotation autour d'un axe, au moyen d'un outil coupant que l'on déplace dans un plan passant par cet axe. **3.** Appareil utilisé par les chirurgiens-dentistes, qui communique aux fraises un mouvement de rotation rapide. **4.** Anc. Dans les monastères et les hôpitaux, armoire cylindrique et tournante posée dans l'épaisseur d'un mur pour recevoir ce qu'on y déposait du dehors.

TOURAILLAGE n.m. Opération consistant à sécher et à aromatiser par l'air chaud le malt vert provenant de la germination.

TOURAILLE n.f. (mot picard). Bâtiment où s'effectue le touraillage.

TOURAILLON n.m. Germe d'orge séché.

TOURANGEAU, ELLE adj. et n. De la Touraine ; de Tours.

TOURANIEN, ENNE adj. et n. D'un groupe de peuples de la Russie méridionale et du Turkestan, qui auraient précédé les Indo-Européens.

1. TOURBE n.f. (du francique). Charbon de qualité médiocre formé par décomposition partielle des végétaux (carex, mousses [sphaignes]).

2. TOURBE n.f. (lat. *turba,* foule). *Litt.* Ensemble de personnes qui font nombre, mais que l'on juge sans intérêt, sans valeur ou méprisables.

TOURBEUX, EUSE adj. Qui contient de la tourbe.

TOURBIER, ÈRE adj. Relatif à l'extraction de la tourbe.

TOURBIÈRE n.f. Marécage acide à sphaignes, hypnes, droseras, etc., où se forme la tourbe.

TOURBILLON n.m. (lat. *turbo, -inis*). **1.** Vent très fort, mais localisé, qui souffle en tournoyant. **2.** Masse d'air, de gaz, etc., qui se déplace en

■ **TOUNDRA.** Paysage de toundra dans la région du lac Inari (Laponie finlandaise).

tournoyant. *Tourbillon de fumée.* **3.** Mouvement circulaire ou hélicoïdal de l'eau dans un cours d'eau. **4.** Mouvement rapide de personnes ou de choses. *Tourbillon de feuilles.* **5.** *Litt.* Ce qui entraîne dans un mouvement rapide, irrésistible. *Le tourbillon de la vie.*

TOURBILLONNAIRE adj. Qui présente les caractéristiques d'écoulement d'un tourbillon ou d'un assemblage de tourbillons.

TOURBILLONNANT, E adj. Qui tourbillonne. *Vent tourbillonnant.*

TOURBILLONNEMENT n.m. Mouvement en tourbillon.

TOURBILLONNER v.i. Former un tourbillon.

TOURD n.m. (lat. *turdus,* grive). Nom usuel de plusieurs petits labres de la Méditerranée, aux vives couleurs. (Long. 15 cm ; genres *Symphodus* et *Crenilabrus.*)

TOURDE n.f. Vx. Grive.

TOURELLE n.f. **1.** Tour de faible section, attenante à un autre bâtiment, en surplomb ou montant du sol. **2.** Abri orientable, génér. blindé, dans lequel sont disposées certaines armes d'un avion, d'un engin blindé, etc. **3.** ***Tourelle de machine-outil*** : support d'outils de coupe comportant génér. plusieurs outils différents, régulièrement disposés autour de l'axe de révolution de ce support. **4.** CINÉMA. Sur une caméra, dispositif rotatif permettant d'utiliser, sans démontage, plusieurs objectifs sur un plateau unique.

TOURET n.m. **1.** Machine-outil de petites dimensions, dont l'axe horizontal, commandé en rotation à sa partie centrale par un moteur, porte à ses deux extrémités soit des meules, soit des disques en feutre, en coton, etc. **2.** Petit tour de graveur en pierres fines. **3.** MAR. Dévidoir sur lequel on enroule des lignes, des câbles, etc.

TOURIE n.f. Récipient de moyenne contenance, exclusivement fabriqué en grès.

TOURIER, ÈRE adj. et n. **1.** Anc. Préposé au tour, dans un couvent. **2.** ***Sœur tourière*** : religieuse converse chargée des relations avec l'extérieur.

TOURILLON n.m. TECHN. **1.** Partie d'un arbre qui permet à ce dernier de tourner dans son palier support. – *Spécial.* Chacun des pivots fixés de part et d'autre du tube d'un canon et grâce auxquels il repose sur l'affût et peut se déplacer sur un plan vertical. **2.** Cheville cylindrique servant à assembler des pièces de bois, des panneaux.

TOURILLONNER v.t. Usiner un tourillon sur une pièce. ◆ v.i. Tourner autour d'un axe par l'intermédiaire de deux tourillons mobiles dans des paliers.

TOURIN n.m. (mot béarnais). Potage à l'ail lié aux jaunes d'œufs. (Spécialité du Sud-Ouest.)

TOURISME n.m. (angl. *tourism*). **1.** Action de voyager, de visiter un site pour son plaisir. **2.** Ensemble des activités, des techniques mises en œuvre pour les voyages et les séjours d'agrément. *Agence de tourisme.* **3.** ***Avion, voiture de tourisme,*** à usage privé.

TOURISTE n. **1.** Personne qui pratique le tourisme. **2.** ***Classe touriste*** : classe à tarif réduit sur les services de transports aériens.

TOURISTIQUE adj. **1.** Relatif au tourisme. *Guide touristique.* **2.** Se dit d'un lieu qui attire les touristes.

TOURMALINE n.f. (du cinghalais). MINÉRALOG. Borosilicate d'aluminium, de coloration variée, utilisé parfois comme pierre fine.

TOURMENT n.m. (lat. *tormentum*). *Sout.* Violente douleur physique ou morale.

TOURMENTE n.f. *Sout.* **1.** Violente tempête. **2.** Série de troubles sociaux ou politiques. *Tourmente révolutionnaire.*

TOURMENTÉ, E adj. **1.** Qui est en proie aux tourments, à l'angoisse. **2.** Qui a des irrégularités nombreuses et brusques. *Sol tourmenté.* ◇ ***Mer tourmentée,*** très agitée. **3.** Qui dénote une recherche excessive ; qui manque de simplicité. *Style tourmenté.*

TOURMENTER v.t. *Sout.* **1.** Causer une souffrance morale ou physique à ; torturer. *Le remords la tourmente.* **2.** Importuner par une insistance excessive ; harceler, persécuter. ◆ **se tourmenter** v.pr. *Sout.* Se faire beaucoup de souci.

TOURMENTIN n.m. MAR. Petit foc très résistant, pour le mauvais temps.

TOURNAGE n.m. **1.** Action d'usiner au tour. **2.** Action de tourner un film. **3.** FIN. Prêt, entre établissements de crédit, de leurs excédents monétaires.

TOURNAILLER v.i. *Fam.* Tourner sans but précis autour de qqn ou de qqch ; rôder.

TOURNANT, E adj. **1.** Conçu pour pivoter sur soi-même. *Pont tournant.* **2.** Qui contourne, prend à revers. *Une manœuvre tournante.* **3.** ***Grève tournante*** → **grève.** ◆ n.m. **1.** Endroit où une voie tourne, prend une autre direction. ◇ *Fam.* ***Attendre, avoir, rattraper qqn au tournant,*** prendre sa revanche sur lui dès que l'occasion se présente. **2.** Moment ou événement qui marque une orientation nouvelle, un changement important.

TOURNE n.f. Suite d'un article de journal renvoyé d'une page à une page suivante.

TOURNÉ, E adj. **1.** Aigri, altéré, fermenté. *Lait, vin tourné.* **2.** ***Bien tourné*** : bien fait, de justes proportions ; bien rédigé, bien exprimé. **3.** ***Avoir l'esprit mal tourné*** : être porté à mal interpréter les choses, et, en partic., à les interpréter dans un sens licencieux, grivois.

TOURNE-À-GAUCHE n.m. inv. **1.** Porte-outil permettant d'assurer la rotation manuelle d'un outil de coupe tournant (alésoir, taraud). **2.** Outil manuel avec lequel on donne de la voie aux scies.

TOURNEBOULER v.t. (de l'anc. fr. *torneboele,* culbute). *Fam.* Affoler, bouleverser qqn.

TOURNEBROCHE n.m. **1.** Appareil servant à faire tourner une broche à rôtir. **2.** Vx. Marmiton qui tourne une broche.

TOURNE-DISQUE n.m. (pl. *tourne-disques*). ÉLECTROACOUST. Vieilli. Platine.

TOURNEDOS n.m. Tranche ronde de filet de bœuf, assez épaisse.

TOURNÉE n.f. **1.** Voyage, déplacement à caractère professionnel effectué par un fonctionnaire, un commerçant, un représentant, etc., selon un itinéraire déterminé. *La tournée du facteur.* ◇ ***Faire la tournée de*** : visiter tour à tour des lieux de même sorte. *Faire la tournée des cafés.* **2.** Voyage d'un chanteur, d'une troupe d'artistes, d'une équipe sportive qui se produisent dans diverses localités successives. **3.** Ensemble des consommations offertes et payées par qqn. *C'est ma tournée.* **4.** *Fam.,* vieilli. Volée de coups ; raclée.

TOURNEMAIN n.m. *Litt.* ***En un tournemain*** : en un instant, en un tour de main.

TOURNE-PIERRE n.m. (pl. *tourne-pierres*). Oiseau échassier limicole, qui hiberne sur toutes les côtes du monde et qui cherche sous les pierres les vers et les mollusques dont il se nourrit. (Long. 25 cm ; genre *Arenaria,* famille des scolopacidés.)

TOURNER v.t. (lat. *tornare,* façonner au tour). **1.** Changer d'orientation par un déplacement circulaire. *Tourner son fauteuil vers la cheminée.* **2. a.** Mettre à l'envers ; retourner. ◇ ***Tourner le dos à qqn,*** marcher en sens contraire, être placé de manière à lui présenter le dos ; *fig.,* le traiter avec mépris. **b.** Passer du recto au verso d'une page. ◇ ***Tourner la page*** : oublier le passé ; changer de sujet, d'occupation. **3.** Examiner une question, une idée sous tous les angles. *Tourner et retourner un problème.* **4.** *Litt.* ***Tourner le sang, les sangs*** : causer une vive émotion. – ***Tourner la tête à qqn,*** lui inspirer une passion violente ; l'enivrer. **5.** Faire apparaître qqch sous un aspect qui en modifie la nature, le caractère. *Tourner qqch au tragique.* **6.** Imprimer à qqch un mouvement de rotation autour de son axe. *Tourner la clef dans la serrure.* **7. a.** Éviter un obstacle par un mouvement qui permet de le contourner, de le prendre à revers. *Tourner les positions adverses.* **b.** Éluder une difficulté, une loi. *Tourner un règlement.* **8.** Procéder aux prises de vues d'un film ; interpréter un rôle dans un film. **9. a.** Façonner à la main, sur un tour, un vase, une poterie. **b.** Usiner au tour. *Tourner des pièces mécaniques.* **10.** Formuler un énoncé de telle façon. *Bien tourner ses phrases.* ◆ v.i. **1.** Se déplacer circulairement autour de qqch, de qqn pris pour centre. *La Terre tourne autour du Soleil.* ◇ ***Tourner autour de qqn,*** avoir des intentions à son égard, lui manifester de l'intérêt ; chercher à le séduire. **2.** Être animé d'un mouvement de rotation ; exécuter un mouvement de rotation sur soi-même. *La danseuse tournait sur elle-même.* ◇ ***Avoir la tête qui tourne*** : avoir le vertige ; *fig.,* perdre tout bon sens, toute modestie, se laisser griser par les honneurs, le succès. – *Fam.* ***Tourner de l'œil*** : s'évanouir. **3.** Être en fonctionnement, en activité ; marcher. *Ce moteur tourne régulièrement, tourne rond. Entreprise qui tourne au ralenti.* ◇ *Fam.* ***Ne pas tourner rond*** : être en mauvaise condition physique ou psychique. **4.** En parlant de plusieurs personnes, se succéder à tour de rôle dans une fonction pour assurer un service. **5.** *Fam.* En parlant d'un artiste, faire une tournée de spectacles ; en parlant d'un commerçant, être en tournée commerciale. **6.** Changer de direction, prendre une nouvelle orientation. *Tournez à gauche au prochain carrefour !* ◇ ***Tourner du côté de qqn,*** prendre son parti. – ***La chance tourne*** : la chance en favorise d'autres. **7.** Évoluer vers tel état, de telle façon. *Le temps tourne à la pluie.* **8. a.** Cailler spontanément, en parlant du lait. **b.** Se décomposer, fermenter, en parlant d'un liquide alimentaire, d'une sauce. ◆ **se tourner** v.pr. **1.** Changer de position pour se présenter face à qqn ou à qqch. **2.** S'orienter vers telle position, en parlant des regards.

TOURNERIE n.f. Activité ou branche industrielle consacrée à la fabrication d'objets tournés en bois.

TOURNESOL n.m. (ital. *tornasole*). Plante annuelle de grande taille, à grosse inflorescence jaune qui se tourne vers le soleil, et dont les graines fournissent une huile alimentaire et un tourteau utilisé dans l'alimentation du bétail. (Genre *Helianthus ;* famille des composées.) SYN. : *soleil.*

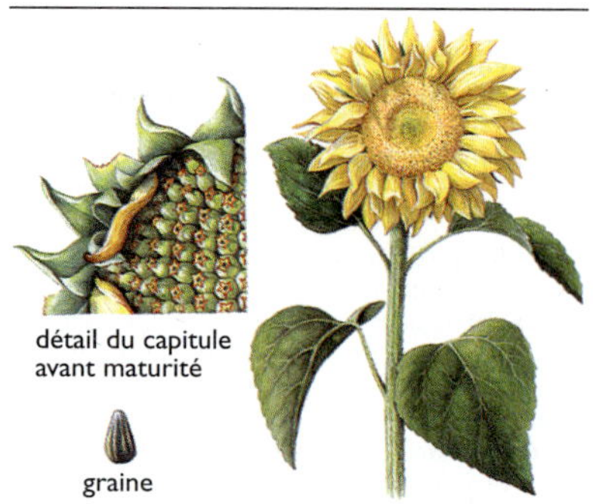

■ **TOURNESOL**

TOURNEUR, EUSE n. Personne qui travaille sur un tour. ◆ adj. *Derviche tourneur,* qui tourne sur lui-même en dansant.

TOURNE-VENT n.m. inv. Tuyau coudé mobile au sommet d'une cheminée, orientant le débouché de la fumée sous le vent.

TOURNEVIS [turnəvis] n.m. Outil emmanché en acier et dont l'extrémité est adaptée pour visser ou dévisser des vis.

TOURNICOTER v.i. *Fam.* Tourner dans tous les sens, dans un lieu ou autour de qqn.

TOURNIOLE n.f. *Fam.* Panaris autour de l'ongle.

TOURNIQUER v.i. *Fam.* Tourner vaguement, aller et venir sans but précis.

TOURNIQUET n.m. (de *tourner*). **1.** Appareil pivotant qui ne laisse passer que les piétons ou qui ne laisse entrer qu'une personne à la fois. **2.** Dispositif d'arrosage pivotant en son centre. **3.** Lame métallique tournant autour d'un pivot scellé dans un mur, qui sert à maintenir ouvert un volet, une persienne. **4.** Petit présentoir rotatif à plusieurs faces, dans un magasin. **5.** MÉD. Instrument pour renforcer la force de compression d'un garrot. **6.** Suisse. Jouet d'enfant fait d'une petite hélice fixée au bout d'un bâton. **7.** *Arg. mil.* ***Passer au tourniquet*** : comparaître devant un tribunal militaire.

TOURNIS n.m. (de *tourner*). **1.** Maladie des ruminants, notamm. des agneaux, due à la présence dans l'encéphale de larves de ténia cénure du chien et se manifestant par divers symptômes, dont le tournoiement. **2.** *Fam.* ***Avoir, donner le tournis*** : avoir, donner le vertige.

TOURNOI n.m. (de *tournoyer*). **1.** Compétition sportive. *Tournoi de tennis.* ◇ ***Tournoi ouvert*** : recomm. off. pour *open.* **2.** Compétition amicale et sans attribution d'un titre. *Tournoi de bridge.* **3.** HIST. Fête guerrière où les chevaliers s'affrontaient à armes émoussées ou sans aspérités et à cheval (XIIe - XVIe s.).

TOURNOIEMENT n.m. Action de tournoyer ; mouvement de ce qui tournoie.

TOURNOIS adj. inv. Se dit de la monnaie frappée jusqu'au XIIIe s. à Tours, puis de la monnaie royale française frappée sur le même étalon. *Denier, sou, livre tournois.*

TOURNOYANT, E adj. Qui tournoie.

TOURNOYER [turnwaje] v.i. [7]. *Sout.* Tourner irrégulièrement plusieurs fois sur soi-même ou en spirale.

TOURNURE n.f. **1.** Aspect que présente qqn, qqch. *Tournure gauche. Tournure dramatique d'un récit.* ◇ *Tournure d'esprit* : manière propre à qqn d'envisager les choses, d'y réagir. **2.** Orientation que prend une situation. *L'affaire prend une bonne tournure.* ◇ *Prendre tournure* : laisser entrevoir son état définitif. **3.** Manière dont les mots sont agencés dans une phrase ; expression. *Tournure idiomatique.* **4.** Jupon à armature métallique faisant bouffer la jupe vers l'arrière du corps, porté vers 1870 - 1875. **5.** Déchet métallique détaché d'une pièce pendant l'usinage.

TOURNUS [-nys] n.m. (mot all.). Suisse. Rotation des postes, des fonctions.

TOURON [turɔ̃] ou [turɔn] n.m. (esp. *turrón*). Sorte de nougat, d'origine espagnole, fait avec des amandes entières ou pilées, des blancs d'œufs et du sucre.

TOUR-OPÉRATEUR n.m. [pl. *tour-opérateurs*] (de l'angl. *tour operator,* organisateur de voyages). Voyagiste.

TOURTE n.f. (bas lat. *torta*). **1.** Croûte, en pâte brisée ou feuilletée, garnie de fruits, de légumes, de viande, etc. **2.** Suisse. Gros gâteau ; gâteau d'anniversaire.

1. TOURTEAU n.m. (de *tourte*). **1.** Résidu solide obtenu lors du traitement des grains et des fruits oléagineux en vue de l'extraction de l'huile. (Les tourteaux, riches en protides et pour la plupart comestibles, sont princip. utilisés pour l'alimentation des animaux domestiques.) **2.** Gros pain de forme ronde. ◇ *Tourteau fromager* : gâteau à base de fromage de chèvre cuit dans de la pâte. (Spécialité de la Vendée et du Poitou.) **3.** HÉRALD. Petit meuble circulaire, toujours de couleur.

2. TOURTEAU n.m. (de l'anc. fr. *tort,* tordu). Gros crabe à large carapace elliptique brun-rouge (jusqu'à 25 cm de large), dont les puissantes pinces ont l'extrémité noire, appelé aussi *crabe dormeur* ou *dormeur.* (Nom sc. *Cancer pagurus.*)

■ TOURTEAU

TOURTEREAU n.m. Jeune tourterelle encore au nid. ◆ pl. *Fam.* Jeunes gens qui s'aiment tendrement.

TOURTERELLE n.f. (lat. *turturilla,* de *turtur,* tourterelle). Oiseau voisin du pigeon, mais plus petit et moins massif, des régions boisées de l'Europe, de l'Asie et du nord de l'Afrique, dont on élève une variété à collier noir. (Cri : la tourterelle gémit, roucoule ; genre *Streptopelia,* famille des columbidés.)

TOURTIÈRE n.f. **1.** Ustensile pour faire cuire des tourtes ou des tartes. **2.** Québec. Tourte à la viande.

TOUSSAINT n.f. (de *tous les saints*). CATH. Fête du 1er novembre, en l'honneur de tous les saints.

TOUSSER v.i. (lat. *tussire,* de *tussis,* toux). Avoir un accès de toux ; se racler la gorge pour s'éclaircir la voix ou attirer l'attention.

TOUSSEUR, EUSE adj. et n. *Fam.* Qui tousse fréquemment.

TOUSSOTEMENT n.m. Action de toussoter ; bruit produit en toussotant.

TOUSSOTER v.i. Tousser souvent et faiblement.

1. TOUT, TOUTE [tu, tut] (au masc., *tout* se prononce [tut] devant une voyelle ou un *h* muet) adj. indéf. [pl. *tous, toutes*] (lat. *totus,* tout entier). **1.** Chaque, n'importe quel. *Toute peine mérite salaire. En toute occasion.* ◇ *Tout le monde* : l'ensemble des hommes ; n'importe qui. *Tout le monde est mortel. S'habiller comme tout le monde.* **2.** Exprime la totalité, l'intégralité ; entier. *Veiller toute la nuit.* **3.** Exprime l'intensité ; grand, complet, total. *Courir à toute vitesse. S'exprimer en toute liberté.* ◇ *Fam. Tout ce qu'il sait* : tant et plus. *Elle criait tout ce qu'elle savait.* ◆ pron. indéf. **1.** (Au pl.) Tout le monde. *Tous sont venus.* **2.** Toute chose. *Tout est dit.* ◇ *Après tout* : en définitive. – *Avoir tout de* : ressembler strictement à. – *Comme tout* : extrêmement. *Il est gentil comme tout.* – *Tout compris* : sans dépense supplémentaire. – *Tout ou partie* : la totalité ou une partie seulement. – *Tout ou rien* : indique l'absence de compromis possible. *Les partisans du tout ou rien.* **3.** Belgique. *Tout qui* : quiconque. ◆ adj. qualificatif. *Sout.* Entier. *Elle était toute à ses pensées.*

2. TOUT adv. **1.** Marque l'intensité ou le degré absolu ; entièrement. ◇ *En tout* : tout compris. – *Pour tout de bon* : sérieusement. – *Tout à fait* : v. à son ordre alphabétique. – *Fam. Tout plein* : tout à fait. *C'est joli tout plein.* – *Fam. Tout plein de* : beaucoup de. *Avoir tout plein de projets.* **2.** *Sout. Tout... que* : quelque... que, si... que. *Tout aimable qu'il est* (ou *qu'il soit*). – REM. 1. Varie devant un adj. fém. commençant par une consonne ou par un *h* aspiré. *Elle était toute surprise, toute honteuse,* mais reste inv. au fém. devant une voyelle ou un *h* muet. *Elle est tout étonnée, tout heureuse.* 2. Varie lorsqu'il est suivi de *autre* et d'un nom qu'il détermine. *Je répondrai à toute autre question.* 3. Reste inv. s'il modifie *autre* et quand il est accompagné de *un, une. Ceci est tout autre chose. C'est une tout autre chose.*

3. TOUT n.m. **1.** La totalité. *Le tout et la partie.* **2.** L'important, le principal, l'essentiel. *Le tout est de réussir.* **3.** *Le tout* : indique l'emploi exclusif de qqch (énergie, technologie). *Le tout nucléaire. Le tout informatique.* **4.** *Ce n'est pas le tout* : il y a, outre cela, autre chose à faire ou à dire. – *Du tout, pas du tout* : nullement. – *Du tout au tout* : complètement, entièrement. – *Rien du tout* : absolument rien. – *Risquer le tout pour le tout* : hasarder de tout perdre pour tout gagner.

TOUT À FAIT adv. Complètement, entièrement ; exactement. *Il n'est pas tout à fait prêt. C'est tout à fait ça.*

TOUT-À-L'ÉGOUT n.m. inv. Système de canalisations permettant d'envoyer directement dans les égouts les eaux usées des habitations.

TOUTE-ÉPICE n.f. (pl. *toutes-épices*). Condiment constitué de graines moulues de nigelle, utilisé en Europe orientale.

TOUTEFOIS [tutfwa] adv. Néanmoins, pourtant, malgré cela. *Son opinion semble arrêtée, il a toutefois promis d'y repenser.*

TOUTE-PUISSANCE n.f. sing. **1.** Puissance sans bornes, autorité absolue. **2.** THÉOL. CHRÉT. Puissance infinie de Dieu.

TOUTIM [tutim] ou **TOUTIME** n.m. *Fam. Et le toutim, et tout le toutim* : et tout le reste.

TOUTOU n.m. (pl. *toutous*). *Fam.* Chien, dans le langage enfantin.

TOUT-PARIS n.m. sing. Ensemble des personnalités que leur notoriété appelle à figurer dans les manifestations mondaines de Paris.

TOUT-PETIT n.m. (pl. *tout-petits*). Très jeune enfant ; bébé.

TOUT-PUISSANT, TOUTE-PUISSANTE adj. et n. (pl. *tout-puissants, toutes-puissantes*). Qui a un pouvoir sans bornes ou très grand. ◇ *Le Tout-Puissant* : Dieu.

TOUT-TERRAIN adj. inv. *Véhicule tout-terrain,* ou *tout-terrain,* n.m. inv. : véhicule conçu spécialement pour circuler hors des chaussées de routes et d'autoroutes.

TOUT-VENANT n.m. inv. **1.** Matériau extrait d'une mine ou d'une carrière, avant tout traitement. **2.** Ensemble de choses, de personnes telles qu'elles se présentent ordinairement.

TOUX n.f. (lat. *tussis*). Expiration brusque et sonore de l'air contenu dans les poumons, provoquée par l'irritation des voies respiratoires. *Avoir une quinte de toux.*

TOWNSHIP [tawnʃip] n.f. (mot angl., *commune*). Ghetto noir des villes d'Afrique du Sud.

TOXÉMIE n.f. (gr. *toxikon,* poison, et *haima,* sang). *Toxémie gravidique,* ou *toxémie* : ancien nom d'un syndrome correspondant en fait à une néphropathie, et associant en fin de grossesse une hypertension artérielle, une protéinurie et des œdèmes.

TOXICITÉ n.f. Caractère de ce qui est toxique. *Toxicité de l'arsenic.*

TOXICO n. (abrév.). *Fam.* Toxicomane.

TOXICOLOGIE n.f. Science traitant des substances toxiques, de leurs effets sur l'organisme et de leur identification.

TOXICOLOGIQUE adj. Relatif à la toxicologie.

TOXICOLOGUE n. Spécialiste de toxicologie.

TOXICOMANE n. Personne qui a un comportement toxicomaniaque. Abrév. *(fam.)* : *toxico.*

TOXICOMANIAQUE adj. Relatif à la toxicomanie.

TOXICOMANIE n.f. Comportement qui consiste à consommer, d'une façon habituelle ou périodique, un ou plusieurs produits psychotropes (drogues) susceptibles d'engendrer un état de dépendance. SYN. : *pharmacodépendance.*
ENCYCL. Les produits utilisés par les toxicomanes sont des psychotropes qui peuvent modifier les perceptions sensorielles ou les fonctions psychiques, ou encore provoquer des hallucinations. À long terme peuvent apparaître une tolérance et une dépendance psychique et physique, sans compter diverses complications telles que des troubles psychiatriques ou, dans le cas d'injection intraveineuse avec une aiguille infectée, la transmission du VIH. Le sevrage, aidé par un traitement médicamenteux, peut être complété par une psychothérapie.

T

TOXICOMANOGÈNE adj. Susceptible d'engendrer une toxicomanie.

TOXIDERMIE n.f. Affection cutanée consécutive à l'administration d'un médicament.

TOXI-INFECTION n.f. (pl. *toxi-infections*). Infection dont la majorité des symptômes est due à une toxine sécrétée par un micro-organisme. ◇ *Toxi-infection alimentaire* : intoxication par ingestion d'aliments contaminés. SYN. *(cour.)* : *intoxication alimentaire.*

TOXINE n.f. **1.** Substance toxique élaborée par un organisme vivant (bactérie, champignon vénéneux, insecte ou serpent venimeux), auquel elle confère son pouvoir pathogène. **2.** *Cour.* Déchet de l'organisme qui aurait un pouvoir pathogène en cas d'accumulation ; poison.

TOXIQUE adj. et n.m. (du gr. *toxikon,* poison). Se dit d'une substance nocive pour les organismes vivants.

TOXOPLASME n.m. Genre de protozoaire dont l'espèce *Toxoplasma gondii* provoque chez l'homme la toxoplasmose.

TOXOPLASMOSE n.f. Maladie provoquée par le toxoplasme, dangereuse pour le fœtus lorsqu'elle est contractée par une femme enceinte.

TRABOULE n.f. Région. (Lyon). Passage étroit qui fait communiquer deux rues à travers un pâté de maisons.

1. TRAC n.m. (onomat.). *Fam.* Peur, angoisse irraisonnée éprouvée au moment de paraître en public, de subir une épreuve, etc.

2. TRAC (TOUT À) loc. adv. Vieilli. Soudainement ; sans réfléchir.

TRAÇABILITÉ n.f. Possibilité de suivre un produit aux différents stades de sa production, de sa transformation et de sa commercialisation, notamm. dans les filières alimentaires.

TRAÇAGE n.m. Action de tracer. SYN. : *tracement.* – MÉCAN. INDUSTR. Opération consistant à dessiner sur une pièce brute les axes, les contours permettant de l'usiner.

TRAÇANT, E adj. **1.** Se dit d'un projectile (balle, obus) muni d'une composition combustible, qui laisse derrière lui un sillage lumineux. **2.** BOT. *Racine traçante,* qui s'étend horizontalement et très près du sol.

TRACAS n.m. (Surtout pl.) Souci, inquiétude momentanés, dus surtout à des ennuis matériels.

TRACASSER v.t. (de *traquer*). Causer du tracas à ; inquiéter. *Sa santé le tracasse.* ◆ **se tracasser** v.pr. Se faire du souci ; s'inquiéter.

TRACASSERIE n.f. Ennui causé à qqn pour des motifs futiles. *Tracasseries administratives.*

TRACASSIER, ÈRE adj. et n. Qui suscite des tracas, des difficultés pour des riens.

TRACASSIN n.m. *Fam.,* vx. Humeur inquiète et agitée.

TRACE n.f. (de *tracer*). **1.** Empreinte ou suite d'empreintes sur le sol marquant le passage d'un homme, d'un animal, d'un véhicule. *Suivre une biche à la trace.* **2.** Marque, cicatrice laissée par un coup, une maladie, un événement, etc. *Trace de brûlure. Il n'y a aucune trace d'effraction. Cette aventure a laissé des traces profondes en elle.* **3.** (Surtout pl.) Ce qui subsiste du passé ; vestiges. *Trouver des traces d'une civilisation ancienne.* **4.** Quantité minime. *Traces d'albumine dans les urines.* ◇ GÉOL. ***Élément trace*** : élément chimique dont la concentration dans les échantillons n'excède pas quelques centaines de ppm. **5.** Antilles. Sentier en montagne. **6.** Intersection d'une droite ou d'un plan avec un des plans de projection, en géométrie descriptive.

TRACÉ n.m. **1.** Ligne continue formant un contour. *Tracé d'une côte.* **2.** ***Tracé des épures*** : dessin, en grandeur d'exécution, des diverses parties d'une construction.

TRACEMENT n.m. Traçage.

TRACÉOLOGIE n.f. Étude des traces (usure, poli, etc.) laissées sur les tranchants des outils préhistoriques.

TRACER v.t. [9] (du lat. *tractus,* trait). **1.** Représenter par des lignes et des points. *Tracer une circonférence. Tracer une inscription sur un mur.* – MÉCAN. INDUSTR. Effectuer un traçage. **2.** Marquer l'emplacement de. *Tracer une route.* **3.** Faire la description de qqch ; dépeindre, décrire. *Tracer un tableau sinistre de la situation.* **4.** Indiquer à qqn une voie, une direction. *Tracer à qqn sa conduite.* ◆ v.t. ind. Suisse. *Fam. Tracer après* : poursuivre. ◆ v.i. *Arg.* Aller très vite.

TRACERET n.m. Pointe à tracer de menuisier, d'ajusteur. SYN. : *traçoir.*

1. TRACEUR, EUSE adj. Qui trace, qui laisse une trace. ◆ n.m. **1.** CHIM., PHYS. Caractère distinctif (isotope radioactif, par ex.) associé naturellement ou artificiellement à certains éléments d'un ensemble et dont la détection permet d'étudier le comportement de cet ensemble. **2.** MÉD. Marqueur. **3.** INFORM. *Traceur de courbes* : table traçante.

2. TRACEUR, EUSE n. MÉCAN. INDUSTR. Personne chargée du traçage.

TRACHÉAL, E, AUX [trakeal, o] adj. ANAT. Relatif à la trachée.

TRACHÉE [traʃe] n.f. (du gr. *trakheia artêria,* artère raboteuse). ANAT. **1.** Chez l'homme et certains vertébrés, canal, maintenu béant par des anneaux de cartilage, qui fait communiquer le larynx avec les bronches et sert au passage de l'air. **2.** Chez les insectes et les arachnides, tube ramifié conduisant directement l'air des stigmates aux organes.

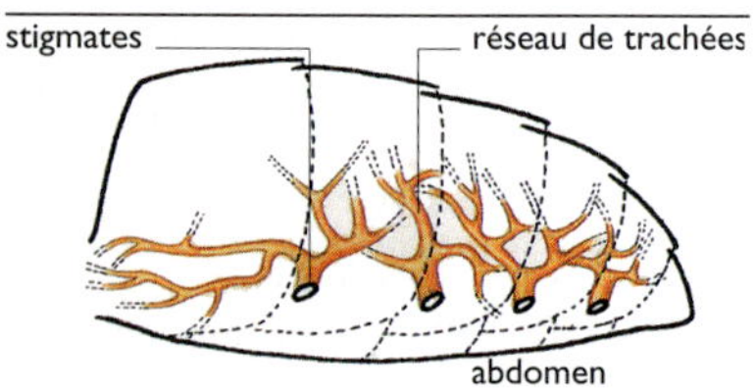

■ **TRACHÉES** d'insecte.

TRACHÉE-ARTÈRE n.f. (pl. *trachées-artères*). ANAT. Vx. Trachée.

TRACHÉEN, ENNE [-keɛ̃, ɛn] adj. ZOOL. Relatif aux trachées des insectes et des arachnides.

TRACHÉIDE [-keid] n.f. BOT. Vaisseau imparfait de certaines plantes vasculaires comme les ptéridophytes et les conifères, de type primitif, coupé par des cloisons intercellulaires et percé latéralement de petites structures circulaires (aréoles) permettant des échanges avec les vaisseaux voisins.

TRACHÉITE [-keit] n.f. MÉD. Inflammation de la trachée.

TRACHÉO-BRONCHITE [-keo-] n.f. (pl. *trachéo-bronchites*). Inflammation simultanée de la trachée et des bronches.

TRACHÉOTOMIE [-keo-] n.f. Ouverture chirurgicale de la trachée au niveau du cou pour la mettre en communication avec l'extérieur au moyen d'une canule, lorsqu'il y a un risque d'asphyxie.

TRACHOME [-kom] n.m. (gr. *trakhôma,* rudesse). Conjonctivite granuleuse contagieuse, due à un micro-organisme du genre *Chlamydia* et endémique dans certains pays chauds.

■ **TRACTEUR** agricole.

TRACHYTE [-kit] n.m. (du gr. *trakhus,* rude). Roche volcanique constituée essentiellement de feldspaths alcalins et de plagioclases.

TRACLET ou **TRAQUELET** n.m. Suisse. *Fam.* Petit train ; tortillard.

TRAÇOIR n.m. Traceret.

TRACT n.m. (abrév. de l'angl. *tractate,* traité). Feuille ou brochure distribuée à des fins de propagande.

TRACTABLE adj. Qui peut être tracté, tiré.

TRACTAGE n.m. Action de tracter qqch ; son résultat.

TRACTATION n.f. (lat. *tractatio,* traité). [Surtout pl.] Négociation, marchandage plus ou moins secrets, souvent laborieux.

1. TRACTER v.t. Tirer au moyen d'un véhicule ou d'un procédé mécanique. *Tracter une remorque.*

2. TRACTER v.i. *Fam.* Distribuer des tracts. *Tracter sur les marchés.*

TRACTEUR, TRICE adj. Capable de tracter. ◆ n.m. Véhicule motorisé destiné à tracter des remorques sans moteur. – *Spécial.* Engin automoteur tout-terrain, à roues ou à chenilles, entraînant les machines agricoles et actionnant éventuellement les mécanismes de celles-ci.

TRACTIF, IVE adj. Qui exerce une traction.

TRACTION n.f. (lat. *tractio*). **1.** Mode d'action d'une force motrice placée en avant de la force résistante. *Traction d'un wagon.* ◇ ***Traction avant,*** ou ***traction*** : automobile dont les roues avant sont motrices. **2.** CH. DE F. Service chargé des locomotives et du personnel de conduite. **3.** MATÉR. Mode de travail d'un corps soumis à l'action d'une force qui tend à l'allonger. **4.** Mouvement de gymnastique consistant à soulever son corps, suspendu à une barre, à des anneaux ou à plat ventre sur le sol, en tirant ou en poussant sur les bras.

TRACTOPELLE n.f. Chargeuse-pelleteuse.

TRACTORISTE n. Conducteur de tracteur.

TRACTUS [traktys] n.m. (mot lat., *traînée*). ANAT. Ensemble de fibres ou d'organes qui se font suite et forment une unité fonctionnelle. *Tractus génital, gastro-intestinal.*

TRADESCANTIA [-kɑ̃sja] n.m. (de *Tradescant,* n. d'un botaniste). Plante monocotylédone originaire d'Amérique, à feuillage coloré, à croissance rapide, cultivée en serre et en appartement, appelée cour. *misère.* (Famille des commélinacées.)

TRADE-UNION [trɛdjunjɔn] ou [trɛdynjɔn] n.f. [pl. *trade-unions*] (angl. *trade,* métier, et *union,* union). Syndicat ouvrier, dans un pays anglo-saxon.

TRADITION n.f. (lat. *traditio,* de *tradere,* livrer). **1.** Transmission de doctrines, de légendes, de coutumes sur une longue période ; ensemble de ces doctrines, légendes, etc. ◇ RELIG. ***La Tradition*** : ensemble des vérités de foi qui ne sont pas contenues directement dans la révélation écrite mais qui sont fondées sur l'enseignement constant et les institutions d'une religion. **2.** Manière d'agir ou de penser transmise de génération en génération. – ARCHÉOL. Perpétuation d'un trait culturel. **3.** DR. Remise matérielle d'un bien meuble faisant l'objet d'un transfert de propriété.

TRADITIONALISME n.m. Système d'idées, de coutumes fondé sur la tradition ; attachement aux traditions.

TRADITIONALISTE adj. et n. Relatif au traditionalisme ; qui en est partisan.

TRADITIONNEL, ELLE adj. **1.** Fondé sur la tradition, sur un long usage. **2.** Passé dans les habitudes, dans l'usage.

TRADITIONNELLEMENT adv. D'après la tradition ; conformément à la tradition.

1. TRADUCTEUR, TRICE n. Personne qui traduit ; auteur d'une traduction.

2. TRADUCTEUR n.m. INFORM. Programme qui traduit un programme écrit dans un langage en un programme écrit dans un autre langage.

TRADUCTION n.f. **1.** Action de traduire ; ouvrage traduit. ◇ ***Traduction automatique, traduction assistée par ordinateur*** : traduction de textes par des moyens informatiques. **2.** *Litt.* Manière d'exprimer, de manifester qqch par une transposition. *Traduction musicale d'un sentiment.* **3.** BIOCHIM. Synthèse d'une protéine dans le cytoplasme d'une cellule, à partir de l'information génétique contenue dans l'ARN.

TRADUIRE v.t. [78] (lat. *traducere,* faire passer). **1.** Transposer un discours, un texte, l'exprimer dans une langue différente. *Traduire un texte allemand en français.* **2.** Exprimer, reproduire de façon transposée ; manifester, révéler. *Sa voix traduit son inquiétude.* **3.** DR. *Traduire en justice* : citer, appeler devant un tribunal. ◆ **se traduire** v.pr. **1.** Être exprimé. *Sa douleur se traduisit par des cris.* **2.** Avoir pour conséquence.

TRADUISIBLE adj. Qui peut être traduit.

1. TRAFIC n.m. (ital. *traffico*). **1.** Commerce illégal et clandestin. *Trafic d'armes.* ◇ ***Trafic d'influence*** : infraction pénale commise par une personne dépositaire de l'autorité publique qui se fait rémunérer pour obtenir ou faire obtenir un avantage de l'autorité publique. **2.** *Fam.* Activité mystérieuse et compliquée.

2. TRAFIC n.m. (angl. *traffic*). Circulation et fréquence des trains, des voitures, des avions. *Trafic ferroviaire, routier.*

TRAFICOTER v.i. *Fam.* Se livrer à de petits trafics. ◆ v.t. *Fam.* Manigancer. *Qu'est-ce que tu traficotes encore ?*

TRAFIQUANT, E n. Personne qui trafique, se livre à un commerce frauduleux.

TRAFIQUER v.i. Effectuer des opérations commerciales illégales et clandestines. ◆ v.t. *Fam.* **1.** Falsifier un produit, une marchandise. **2.** Manigancer, faire.

TRAGÉDIE n.f. (lat. *tragoedia,* du gr.). **1.** Pièce de théâtre dont le sujet est génér. emprunté à la mythologie ou à l'histoire, qui met en scène des personnages illustres et représente une action destinée à susciter la terreur ou la pitié par le spectacle des passions, et des catastrophes que ces passions provoquent ; genre littéraire que constitue l'ensemble de ces pièces. **2.** *Fig.* Événement terrible ; catastrophe.

TRAGÉDIEN, ENNE n. Acteur spécialisé dans les rôles de tragédie.

TRAGI-COMÉDIE n.f. (pl. *tragi-comédies*). **1.** Pièce de théâtre dont le sujet est romanesque ou chevaleresque et dont le dénouement est heureux. **2.** *Fig.* Événement à la fois grave et comique.

TRAGI-COMIQUE adj. (pl. *tragi-comiques*). **1.** Qui tient de la tragi-comédie. **2.** À la fois tragique et comique.

1. TRAGIQUE adj. **1.** Relatif à la tragédie. *Répertoire tragique.* **2.** Qui provoque ou exprime l'angoisse ; funeste, terrible. *Situation tragique. Voix tragique.* ◆ n.m. **1.** *Le tragique :* le genre tragique, la tragédie. **2.** Caractère de ce qui est tragique, terrible. *Le tragique de la situation.*

2. TRAGIQUE n.m. Auteur de tragédies. *Les tragiques grecs.*

TRAGIQUEMENT adv. De façon tragique.

TRAGUS [-gys] n.m. (gr. *tragos,* bouc). ANAT. Méplat triangulaire faisant saillie en avant et en dehors de l'orifice du conduit auditif externe.

TRAHIR v.t. (lat. *tradere,* livrer). **1.** Abandonner, cesser d'être fidèle à ; ne pas respecter un engagement pris. *Trahir un ami, une cause.* – Absol. Passer à l'ennemi. ◇ *Trahir les intérêts de qqn,* lui nuire, le desservir. **2.** Abandonner brusquement ; lâcher. *Ses forces l'ont trahi. Ma mémoire me trahit.* **3.** Révéler, volontairement ou non, ce qui devait rester caché. *Trahir un secret. Ses pleurs l'ont trahi.* **4.** Donner une idée fausse de ; dénaturer, altérer. *Trahir la pensée de qqn.* ◆ **se trahir** v.pr. Laisser voir par des indices ce qu'on voulait cacher de soi, de ses sentiments, etc.

TRAHISON n.f. **1.** Action de trahir son pays, une cause, etc. **2.** Manquement à une promesse, à un engagement. **3.** Atteinte aux intérêts fondamentaux de la nation, spécial. à son indépendance, à l'intégrité et à la sécurité de son territoire. **4.** DR. *Haute trahison :* acte commis par un président de la République manquant gravement aux devoirs de sa charge, jugé en France par la Haute Cour de justice.

TRAIL [trɛjl] n.m. (mot angl., *piste*). Moto tout-terrain.

TRAILLE n.f. (lat. *tragula*). NAVIG. Bac solidaire d'un câble tendu d'une rive à l'autre d'un cours d'eau et disposé pour se mouvoir sous l'action du courant.

TRAIN n.m. (de *traîner*). **1.** Convoi ferroviaire constitué d'un ou de plusieurs véhicules remorqués par un engin moteur (locomotive, automotrice, etc.). *Train de voyageurs, de marchandises. Train mixte.* ◇ *Train à grande vitesse (TGV),* pouvant atteindre en service commercial des vitesses de 270 à 300 km/h. – *Fam. Prendre le train en marche :* se joindre à une action déjà en cours. **2.** File de véhicules remorqués ou motorisés formant une unité de transport. *Train de péniches.* ◇ *Train routier :* ensemble de véhicules routiers remorqués par un tracteur. – MIL. Arme des transports et de la circulation par route dans l'armée de terre, créée en 1807 par Napoléon. ◇ MIL. *Train de combat, train régimentaire :* ensemble des moyens d'un corps destinés à fournir ce qui est nécessaire aux unités pour combattre et subsister. **3.** Suite, ensemble organisé de choses identiques en mouvement ou assurant un mouvement. *Train d'engrenages. Train de laminoirs. Train de pneus.* ◇ *Train d'atterrissage :* dispositif d'atterrissage d'un avion. – *Train avant, arrière :* ensemble des éléments remplaçant l'essieu classique à l'avant, à l'arrière d'une voiture. – *Train de bois :* assemblage de troncs d'arbres flottant sur un cours d'eau. – PHYS. *Train d'ondes :* groupe d'ondes successives. – AUTOM. *Train de roulement :* ensemble des organes assurant la progression et la suspension des véhicules automobiles. – TECHN. *Train de tiges :* ensemble de tiges de forage. – *Train de sonde :* ensemble constitué par le train de tiges et le trépan. **4.** Ensemble de dispositions législatives ou administratives sur un même objet. *Train de mesures fiscales.* **5.** Manière de progresser, allure plus ou moins rapide d'une personne, d'un animal, d'un véhicule. *Train soutenu. Accélérer le train.* ◇ *Train de sénateur :* allure lente et grave. – *Aller, mener bon train :* aller, mener rapidement. *Mener une affaire bon train.* – *Être en train :* être en forme ; être en voie d'exécution. – *Mener le train :* dans une course, être en tête du peloton. **6.** *Train de vie :* manière de vivre de qqn, considérée par rapport à ses revenus. – Vx. *Train de maison :* ensemble du service domestique. **7.** *Litt.* Enchaînement, déroulement de faits. *Le train de la vie quotidienne.* ◇ *Être en train de :* être occupé à ; être en voie de. – *Mettre en train :* commencer à exécuter. – *Mise en train :* action de mettre en train. **8.** *Train de devant, de derrière :* partie antérieure, postérieure du corps des quadrupèdes. **9.** *Fam.* Postérieur. *Botter le train à qqn.*

TRAÎNAGE n.m. **1.** Action de traîner. **2.** Transport au moyen de traîneaux.

TRAÎNAILLER v.i. ⟶ **TRAÎNASSER.**

TRAÎNANT, E adj. **1.** Qui traîne à terre. *Robe traînante.* **2.** Se dit d'une élocution très lente. *Voix traînante.* **3.** Se dit d'un énoncé, d'un écrit sans vigueur, qui lasse par ses longueurs ; languissant, monotone.

1. TRAÎNARD, E n. *Fam.* **1.** Personne qui reste en arrière d'un groupe en marche. **2.** Personne lente dans son travail.

2. TRAÎNARD n.m. MÉCAN. INDUSTR. Sur un tour, ensemble mécanique coulissant sur la glissière du banc et portant les organes destinés à maintenir les outils et à commander leur avance.

TRAÎNASSER ou **TRAÎNAILLER** v.i. *Fam.* **1.** Se promener, errer paresseusement. **2.** Être à la traîne dans son travail. **3.** En parlant de la voix, avoir des inflexions lentes.

TRAÎNE n.f. **1.** Partie d'un vêtement long qui se prolonge par-derrière et traîne à terre. **2.** MAR. Tout objet qu'on file à l'arrière d'un navire à l'aide d'un filin. **3.** PÊCHE. **a.** *Pêche à la traîne,* qui consiste à remorquer une ligne armée d'un leurre ou d'un ou de plusieurs hameçons portant une esche. **b.** Traîneau. **4.** *Fam. Être à la traîne,* en retard.

TRAÎNEAU n.m. (de *traîner*). **1.** Véhicule muni de patins et que l'on fait glisser sur la glace, la neige. **2.** Filet qui servait à prendre des oiseaux en le traînant dans les champs. (Son emploi est interdit.) SYN. : *traîne.* **3.** Filet de pêche traîné sur le fond sableux des rivières ou en mer. SYN. : *traîne, senne.*

TRAÎNÉE n.f. **1.** Trace laissée sur une surface ou dans l'espace par un corps en mouvement, par une substance répandue. *Traînée de sang.* **2.** PHYS. Force aérodynamique qui s'oppose à l'avancement d'un mobile dans l'air. **3.** PÊCHE. Ligne de fond. **4.** *Fam., injur.* Femme de mauvaise vie.

TRAÎNEMENT n.m. Action de traîner qqch.

TRAÎNER v.t. (lat. *trahere,* tirer). **1.** Déplacer qqch en le tirant par terre derrière soi. ◇ *Traîner la jambe :* marcher avec difficulté. – *Traîner les pieds,* marcher sans les soulever suffisamment ; *fig.,* agir, obéir avec réticence. **2.** Emporter, amener partout avec soi. *Traîner son parapluie. Il traîne avec lui toute sa famille.* **3.** Emmener de force. *Traîner qqn au cinéma.* **4.** Ne pas parvenir à se débarrasser de qqch de pénible. *Traîner une maladie.* ◆ v.i. **1.** Pendre à terre. *Sa robe traîne.* **2.** Ne pas être à sa place, être en désordre. *Tout traîne dans cette maison.* **3.** Se trouver partout, être rebattu. *Une histoire qui traîne dans tous les livres.* **4.** Aller sans but en un lieu, n'y rien faire de précis ou d'utile ; flâner. *Traîner dans les rues.* **5.** S'attarder inutilement ; durer trop longtemps. *Traîner en chemin. Procès qui traîne.* **6.** Ne pas pouvoir se rétablir ; languir. *Il traîne depuis l'hiver.* ◆ **se traîner** v.pr. **1.** Se déplacer en rampant, avec lenteur ou avec difficulté. **2.** Se prolonger inutilement ; s'éterniser.

TRAÎNE-SAVATES n. inv. *Fam.* Personne qui passe son temps à traîner ; oisif.

TRAÎNEUR, EUSE n. **1.** Personne qui traîne, traînasse. **2.** *Fam.,* vx. *Traîneur de sabre :* militaire qui affecte des airs fanfarons ; militaire de carrière, en partic. officier.

TRAINGLOT ou **TRINGLOT** n.m. *Fam.* Militaire du train.

TRAINING [trɛniŋ] n.m. (mot angl., *entraînement*). **1.** Vieilli. Entraînement sportif. **2.** Chaus-

T

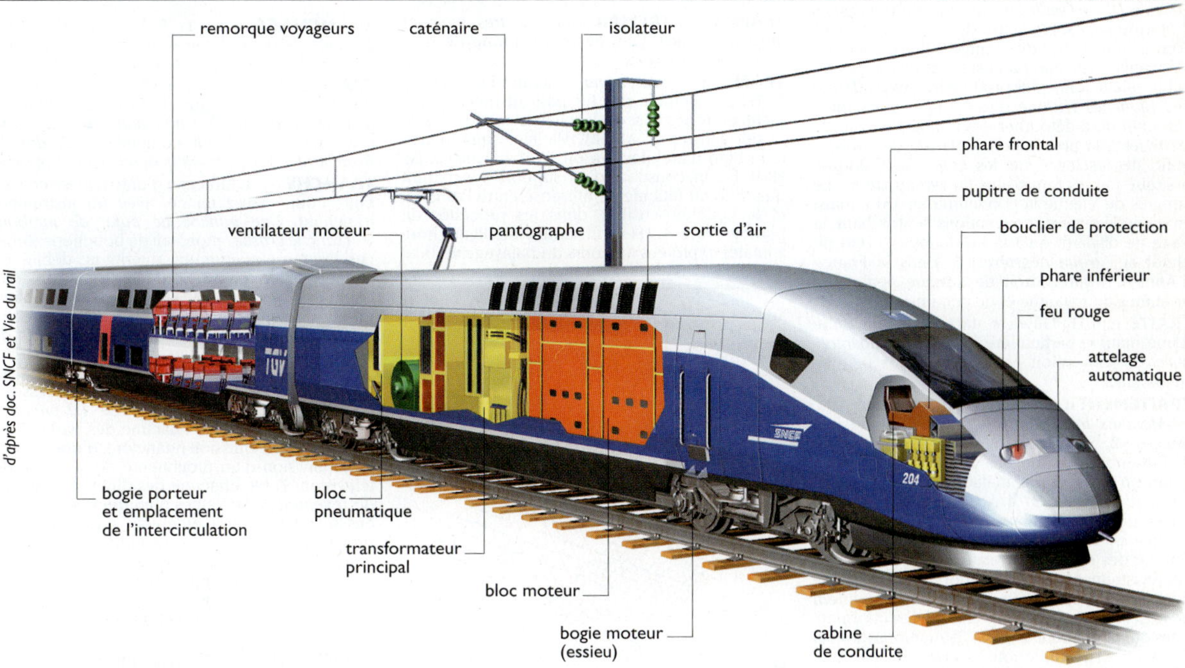

d'après doc. SNCF et Vie du rail

■ **TRAIN.** Écorché d'une motrice de TGV.

sure de sport à semelle de caoutchouc. **3.** Vieilli. Survêtement. **4.** *Training autogène :* méthode de relaxation fondée sur la suggestion.

TRAIN-PARC n.m. (pl. *trains-parcs*). Train aménagé pour héberger du personnel travaillant sur une ligne de chemin de fer et pour abriter son outillage et ses approvisionnements.

TRAIN-TRAIN ou **TRAINTRAIN** n.m. inv. *Fam.* Répétition monotone des actes de la vie quotidienne ; routine.

TRAIN-TRAM n.m. (pl. *trains-trams*). Tram-train.

TRAIRE v.t. [92] (lat. *trahere*). Extraire le lait des mamelles des femelles de mammifères. ◇ ***Machine à traire :*** machine effectuant la traite par aspiration pneumatique, surtout utilisée pour traire les vaches, les chèvres et les brebis. SYN. : *trayeuse.*

TRAIT n.m. (lat. *tractus*). **1.** Ligne tracée sur une surface quelconque. *Trait de crayon.* ◇ ***À grands traits :*** rapidement. – ***Tirer un trait sur qqch,*** y renoncer définitivement. – ***Trait de scie :*** coupe faite avec la scie. – ***Trait pour trait :*** exactement. **2.** ***Dessin au trait,*** qui se limite au contour des formes, aux lignes, sans ombres ni modelé. **3.** IMPRIM. Cliché ne comportant que des noirs et des blancs purs, sans demi-teintes (par oppos. à ***similigravure***). **4.** Marque caractéristique, distinctive. *C'est un trait de notre époque. Avoir des traits communs.* ◇ ***Trait d'esprit :*** expression spirituelle. – ***Avoir trait à :*** se rapporter à. **5.** LING. Propriété pertinente minimale distinguant deux unités. **6.** Indice, signe d'un caractère, d'un sentiment, etc. *Trait de générosité.* **7.** MUS. Passage d'une œuvre exigeant de la virtuosité. **8.** *Litt.* Corde avec laquelle un animal attelé tire sa charge. ◇ ***Bête, animal de trait,*** attelés à une voiture, à une machine agricole, etc. **9.** Gorgée de boisson absorbée. *Boire à longs traits.* ◇ ***D'un trait :*** d'un seul coup ; sans s'arrêter. **10.** Vx. Projectile (javelot, flèche) lancé à la main avec une arme de jet (arc, arbalète...). ◇ ***Partir comme un trait,*** très vite. **11.** *Litt.* Propos blessant ; raillerie. ◆ pl. Lignes caractéristiques du visage humain. *Avoir les traits fins.*

TRAITABLE adj. **1.** Qu'on peut traiter, développer. **2.** *Litt.* Qu'on peut influencer, manipuler ; accommodant.

1. TRAITANT, E adj. Qui traite, soigne. *Shampooing traitant.*

2. TRAITANT adj.m. ***Officier traitant,*** ou ***traitant,*** n.m. : agent d'un service de renseignements qui est en contact avec un espion.

TRAIT D'UNION n.m. (pl. *traits d'union*). **1.** Petit tiret que l'on met entre les éléments d'un mot composé ou entre le verbe et un pronom postposé. **2.** *Fig.* Ce qui sert de lien, d'intermédiaire.

TRAITE n.f. **1.** Action de traire. **2.** *Litt.* Étendue de chemin qu'on parcourt sans s'arrêter. *Longue traite.* ◇ ***D'une (seule) traite :*** sans s'arrêter ; sans s'interrompre. **3.** DR. Lettre de *change. **4.** HIST. Forme élémentaire de commerce qui consistait à échanger des marchandises manufacturées de faible valeur contre des produits locaux. ◇ ***Traite des Blanches :*** forme d'esclavage consistant à entraîner ou à détourner des femmes en vue de les livrer à la prostitution. – ***Traite des Noirs :*** trafic des esclaves sur les côtes de l'Afrique, pratiqué par les Européens du XVIe au XIXe s. (Le congrès de Vienne la condamna en 1815, mais, en dépit de diverses conventions la prohibant, la traite ne disparut qu'à la fin du XIXe s.) [On dit plutôt auj. *traite négrière.*] **5.** Dans la France d'Ancien Régime, droit de douane perçu aux frontières du royaume et de certaines provinces.

TRAITÉ n.m. **1.** Ouvrage didactique qui traite d'une matière particulière. *Traité de mathématiques.* **2.** Convention écrite entre deux ou plusieurs États.

TRAITEMENT n.m. **1.** Manière d'agir envers qqn. ◇ ***Mauvais traitements :*** coups, voies de fait, sévices. **2.** Rémunération d'un fonctionnaire. **3.** Ensemble des moyens mis en œuvre pour guérir ou soulager une maladie, des symptômes. *Prescrire un traitement.* **4.** Action d'examiner et de régler une question, un problème. ◇ INFORM. ***Traitement de l'information, des données :*** ensemble des opérations relatives à la collecte, à l'enregistrement, à l'élaboration, à la modification, à l'édition, etc., de données. – ***Traitement de texte(s) :*** ensemble des techniques informatiques qui permettent la saisie, la mémorisation, la correction, l'actualisation, la mise en pages et la diffusion de textes. **5.** INDUSTR. Ensemble des opérations que l'on fait subir à des substances, à des matières premières, etc., pour les transformer. *Traitement de surface d'une pièce. Traitement thermique d'un métal.* **6.** CINÉMA. Développement d'un synopsis.

TRAITER v.t. (lat. *tractare*). **1.** Agir de telle manière envers qqn. *Traiter qqn durement.* – *Spécial.* Recevoir à sa table. *Il nous a traités splendidement.* **2.** Prescrire ou pratiquer un traitement. *Traiter un malade par les antibiotiques.* **3.** Appliquer, donner un qualificatif péjoratif à. *Traiter qqn de voleur.* **4.** Exposer verbalement ou par écrit. *Le candidat n'a pas traité le sujet.* **5.** Régler les conditions d'un marché, d'une affaire. **6.** BX-ARTS. Prendre pour sujet ; représenter, interpréter un sujet, un motif de telle ou telle manière. **7.** Soumettre une matière première, une substance, etc., à diverses opérations susceptibles de la transformer. *Traiter un minerai.* **8.** Antilles. *Traiter qqn,* l'insulter. ◆ v.t. ind. **1.** (de). Prendre pour objet d'étude ; avoir pour sujet. *Traiter d'économie.* **2.** (avec). Négocier, conclure un accord. *Traiter avec les concurrents.*

TRAITEUR n.m. Professionnel qui prépare des plats à emporter ou les livre à domicile.

TRAÎTRE, ESSE adj. et n. (lat. *traditor*). Qui trahit. ◇ *En traître :* d'une manière perfide. *Agir en traître. Prendre qqn en traître.* ◆ adj. Qui trompe ; dangereux, sournois. *Un vin traître.* ◇ ***Pas un traître mot :*** pas un seul mot.

TRAÎTREUSEMENT adv. Avec traîtrise.

TRAÎTRISE n.f. **1.** Comportement de traître ; trahison, déloyauté. **2.** Acte de perfidie.

TRAJECTOGRAPHIE n.f. Tracé ou reconstitution de la trajectoire d'un engin spatial ou d'un missile.

TRAJECTOIRE n.f. (du lat. *trajectus,* traversé). **1.** Ligne décrite par un point matériel en mouvement, et notamm. par le centre de gravité d'un projectile. (En balistique extérieure, une trajectoire est définie par son origine, son angle d'inclinaison, sa flèche, son point d'impact, etc.) **2.** Carrière professionnelle.

TRAJET n.m. (ital. *tragitto,* traversée). **1.** Fait de parcourir l'espace pour aller d'un point à un autre. **2.** Chemin à parcourir entre deux points. **3.** ANAT. Parcours d'une formation normale (artère, nerf, etc.) ou pathologique (fistule, par ex.).

TRALALA n.m. (onomat.). *Fam.* Luxe voyant, affecté. *Se marier en grand tralala.*

TRÂLÉE n.f. (de l'anc. v. *trôler,* vagabonder). Antilles, Québec, Suisse. Longue suite, grand nombre de personnes ou de choses. *Une trâlée d'enfants.*

TRALUIRE v.i. [77]. Suisse. Devenir translucide, en parlant du raisin qui mûrit.

TRAM n.m. (abrév.). Tramway.

TRAMAGE n.m. TEXT. Succession des trames dans un tissu, différant par la matière ou le coloris.

TRAMAIL ou **TRÉMAIL** n.m. (lat. *tres,* trois, et *macula,* maille). Filet de pêche formé de trois nappes superposées.

TRAME n.f. (lat. *trama,* chaîne d'un tissu). **1.** TEXT. Ensemble des fils passant transversalement entre les fils de la chaîne tendus sur le métier à tisser. **2.** ARCHIT. Maillage, quadrillage d'un plan d'architecture ou d'urbanisme. **3.** IMPRIM. Écran constitué d'un support transparent quadrillé ou réticulé et interposé entre l'original et la couche sensible, dans les procédés de photogravure. **4.** TÉLÉV. Ensemble des lignes horizontales explorées au cours du balayage vertical de l'image de télévision. (Chaque image comprend deux trames, l'une pour les lignes paires, l'autre pour les lignes impaires, qui améliorent sa définition et sa stabilité.) **5.** *Fig.* Ce qui constitue le fond sur lequel se détachent les événements marquants. *La trame d'un récit.*

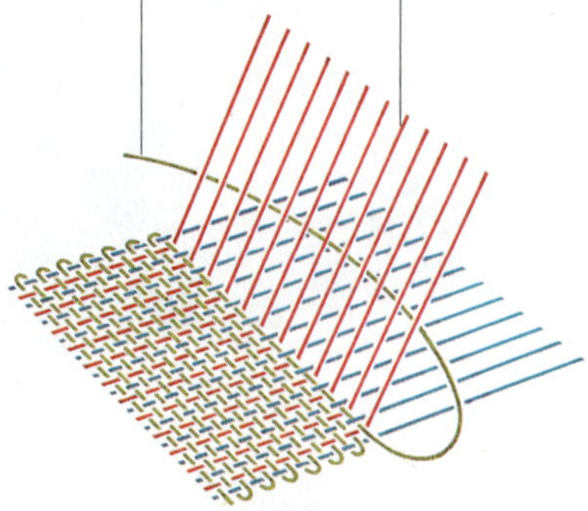

■ **TRAME.** Détail des fils de chaîne et de trame d'un tissu.

TRAMELOT n.m. Suisse. Traminot.

TRAMER v.t. **1.** TEXT. Tisser en entrelaçant la trame avec la chaîne. **2.** IMPRIM. Produire avec une trame. **3.** *Fig.* Préparer secrètement ; machiner, ourdir. *Tramer une conspiration.* ◆ **se tramer** v.pr. Être préparé en secret, en parlant d'un complot, d'une machination.

TRAMINOT n.m. Employé de tramway.

TRAMONTANE n.f. (ital. *tramontana,* étoile Polaire). Vent du nord-ouest soufflant sur le bas Languedoc et le Roussillon et présentant les mêmes caractéristiques que le mistral.

TRAMP [trɑ̃mp] n.m. (mot angl.). Navire de charge qui navigue au hasard des affrètements.

TRAMPING [-piŋ] n.m. (mot angl.). MAR. Navigation à la demande, sans itinéraire fixe.

TRAMPOLINE n.m. (de l'ital. *trampolino*). Grande toile tendue sur des ressorts d'acier, sur laquelle on effectue des sauts ; sport ainsi pratiqué.

TRAM-TRAIN n.m. (pl. *trams-trains*). Voiture ou rame de tramway apte à circuler à la fois sur des lignes implantées sur voirie, en ville, et sur des lignes régionales de chemin de fer, à la périphérie. SYN. : *train-tram.*

TRAMWAY [tramwɛ] n.m. (mot angl.). Chemin de fer électrique destiné au transport urbain et suburbain de voyageurs, et implanté en totalité ou en partie sur la chaussée des rues empruntées ; voiture qui circule sur ces rails. Abrév. : *tram.*

■ **TRAMWAY**

TRANCHAGE n.m. **1.** Action de trancher. **2.** Mode de débit d'une bille de bois en feuilles minces (destinées, notamm., au placage).

TRANCHANT, E adj. **1.** Qui coupe. *Instrument tranchant.* **2.** Qui décide de façon péremptoire, absolue ; cassant. *Ton tranchant.* ◆ n.m. Côté effilé d'un instrument coupant. ◇ ***À double tranchant :*** qui peut avoir deux effets opposés.

TRANCHE n.f. **1.** Morceau d'une matière comestible, coupé assez mince, avec un instrument tranchant. *Une tranche de pain, de jambon.* ◇ ***Tranche grasse :*** morceau de boucherie formé par les muscles cruraux antérieurs, débité en grillades ou en rôtis. **2.** Bord mince d'un objet de faible épaisseur. **3.** REL. Chacun des trois côtés rognés de l'épaisseur d'un livre relié ou broché (*tranche de tête* en haut du volume, *tranche de queue* en bas du volume, *tranche de gouttière,* plate ou concave, du côté opposé au dos du volume). **4.** Chacune des parties successives d'une opération de longue durée. *La première tranche des travaux.* **5.** Chacune des parties successives d'une émission financière, d'une loterie. **6.** Subdivision d'un programme de radio ou de télévision. **7.** DR. Chacune des différentes strates du revenu des personnes physiques, soumises à des taux d'imposition différents, sur la base de la progressivité. **8.** Ensemble de chiffres consécutifs dans l'écriture d'un nombre. **9.** Unité de production d'énergie électrique. **10.** ***Tranche de vie :*** description réaliste de la vie quotidienne, à un moment donné. – *Fam.* ***S'en payer une tranche :*** s'amuser beaucoup.

TRANCHÉ, E adj. **1.** Bien marqué, net et distinct. *Deux couleurs bien tranchées.* **2.** Affirmé catégoriquement ; sans nuances. *Opinion, refus tranchés.*

3. HÉRALD. Se dit de l'écu partagé par une ligne oblique allant de l'angle dextre du chef à l'angle senestre de la pointe.

TRANCHÉE n.f. **1.** Excavation longitudinale pratiquée à ciel ouvert dans le sol. **2.** Fossé permettant au combat la circulation et le tir à couvert. ◇ *Guerre de tranchées :* guerre dans laquelle le front tenu par les deux adversaires est jalonné par une série de tranchées continues (pendant la Première Guerre mondiale, par ex.). ◆ pl. MÉD. *Tranchées utérines :* contractions utérines douloureuses survenant après l'accouchement.

TRANCHEFILE n.f. REL. Galon brodé de couleurs vives, collé au dos en haut et en bas d'un livre relié.

TRANCHER v.t. (lat. pop. *trinicare,* couper en trois). **1.** Séparer en coupant, diviser nettement ; découper, sectionner. **2.** Résoudre en prenant une décision rapide. *Trancher une question, une difficulté.* ◆ v.i. **1.** Ressortir par opposition ; former un contraste. *Ces couleurs ne tranchent pas assez sur le fond.* **2.** Suisse. En parlant du lait, d'une sauce, d'une fondue, tourner, devenir aigre.

TRANCHET n.m. Lame d'acier plate, servant à couper le cuir.

TRANCHEUR n.m. Industriel, ouvrier qui procède au débitage du bois à la trancheuse.

TRANCHEUSE n.f. **1.** Engin de terrassement servant à creuser des tranchées. **2.** Machine à couteau mobile, servant à obtenir de minces feuilles de bois (placage) d'une manière discontinue. **3.** Machine servant à couper en tranches fines les viandes désossées, le jambon, le rôti, les saucissons.

TRANCHOIR n.m. **1.** Couteau pour trancher. **2.** Planche à découper la viande. **3.** Toby (poisson).

TRANQUILLE adj. (lat. *tranquillus*). **1.** Sans agitation, sans bruit ; paisible. *Eau tranquille. Rue tranquille.* **2.** Sans inquiétude, sans trouble. *Avoir la conscience tranquille.* ◇ *Laisser tranquille :* s'abstenir de taquiner, de troubler.

TRANQUILLEMENT adv. De façon tranquille ; calmement, paisiblement.

TRANQUILLISANT, E adj. Qui tranquillise. ◆ n.m. Médicament psychotrope faisant partie soit des anxiolytiques, soit des neuroleptiques.

TRANQUILLISER v.t. Délivrer qqn d'un souci ; rassurer, rasséréner. ◆ **se tranquilliser** v.pr. Cesser d'être inquiet, ne plus se troubler.

TRANQUILLITÉ n.f. **1.** État de ce qui est tranquille, sans agitation. **2.** État de qqn qui est sans inquiétude, qui n'est pas dérangé.

TRANSACTION n.f. (lat. *transactum,* de *transigere,* accommoder). **1.** Opération commerciale ou boursière. **2.** Contrat par lequel les parties mettent fin à une contestation, ou la préviennent, en renonçant partiellement à leurs prétentions réciproques. **3.** Convention portant atténuation des pénalités fiscales, pouvant intervenir sous certaines conditions entre l'administration fiscale et un contribuable. **4.** Accord conclu à partir de concessions, en transigeant.

TRANSACTIONNEL, ELLE adj. **1.** Qui a le caractère d'une transaction. **2.** *Analyse transactionnelle :* méthode psychothérapique fondée notamm. sur l'idée que les échanges interpersonnels sont établis sur des relations comparables à des transactions.

TRANSALPIN, E adj. Qui est au-delà des Alpes. ◇ *Gaule Transalpine,* ou *la Transalpine,* n.f. : Gaule proprement dite, située, pour les Romains, au-delà des Alpes.

TRANSAMINASE n.f. Enzyme qui catalyse le transfert du groupement amine d'un acide aminé sur un acide cétonique. (La concentration sanguine de certaines transaminases s'élève notamm. en cas d'hépatite.)

TRANSANDIN, E [trɑ̃sɑ̃dɛ̃, in] adj. Qui traverse les Andes.

1. **TRANSAT** [trɑ̃zat] n.m. *Fam.* Chaise longue pliante recouverte de toile.

2. **TRANSAT** [trɑ̃zat] n.f. (abrév.). Course transatlantique.

TRANSATLANTIQUE adj. Qui traverse l'océan Atlantique. ◇ *Course transatlantique,* ou *transatlantique,* n.f. : course de voiliers traversant l'océan Atlantique. Abrév. : *transat.* ◆ n.m. Paquebot affecté à des traversées de l'océan Atlantique.

TRANSATMOSPHÉRIQUE adj. Se dit d'un véhicule aérospatial doté de moyens de propulsion qui lui permettent d'atteindre l'espace et d'en revenir en se comportant comme un avion.

TRANS-AVANT-GARDE [trɑ̃s-] n.f. (pl. *trans-avant-gardes*). Mouvement artistique italien de la fin des années 1970, qui réhabilite la spontanéité et la liberté de l'acte de peindre tout en le nourrissant de références culturelles multiples (Sandro Chia, Francesco Clemente, Enzo Cucchi, Mimmo Paladino, etc.).

TRANSBAHUTER v.t. *Fam.* Transporter d'un lieu dans un autre avec plus ou moins de délicatesse, de soins, de facilité.

TRANSBORDEMENT n.m. **1.** Action de transborder. **2.** Transfert de la cargaison d'un navire à un autre bâtiment.

TRANSBORDER v.t. Transférer des marchandises ou des voyageurs d'un bateau, d'un train, d'un véhicule dans un autre.

TRANSBORDEUR adj.m. **1.** *Pont transbordeur :* pont à tablier élevé auquel est suspendue une plate-forme mobile, pour le franchissement d'un fleuve ou d'une baie. **2.** *Navire transbordeur,* ou *transbordeur,* n.m. : recomm. off. pour *ferry-boat* et pour *car-ferry.*

TRANSCAUCASIEN, ENNE adj. Qui est situé au-delà du Caucase.

TRANSCENDANCE n.f. **1.** Qualité, caractère de ce qui est transcendant. **2.** PHILOS. **a.** En métaphysique, caractère de ce qui est d'une nature radicalement autre, absolument supérieure, de ce qui est extérieur au monde (par oppos. à *immanence*). *Transcendance de Dieu.* **b.** Chez Kant, caractère de ce qui est au-delà de toute expérience possible (par oppos. à *immanence*). **3.** En phénoménologie, processus par lequel la conscience, comme conscience de qqch, se dépasse elle-même.

TRANSCENDANT, E adj. (lat. *transcendens,* qui franchit). **1.** Qui excelle en son genre ; supérieur. *Esprit transcendant.* **2.** PHILOS. Qui a un caractère de transcendance, au sens métaphysique ou au sens kantien (par oppos. à *immanent*). — En phénoménologie, se dit de l'objet vers lequel la conscience se dépasse. **3.** ARITHM. *Nombre transcendant :* nombre complexe qui n'est pas algébrique. (π et e sont des nombres transcendants.) — *Équation transcendante :* équation dont la recherche des solutions ne peut pas se ramener à celle des zéros d'un polynôme. (L'équation $x = \cos x$ est transcendante.)

TRANSCENDANTAL, E, AUX adj. PHILOS. Chez Kant, qui se rapporte aux conditions a priori de la connaissance, hors de toute détermination empirique. ◇ *Moi* ou *sujet transcendantal :* chez Kant, fonction unifiant la diversité des représentations. — *Ego transcendantal :* chez Husserl, moi pur, sujet ultime atteint au terme de la réduction eidétique.

TRANSCENDER v.t. *Sout.* Dépasser qqch en lui étant supérieur.

TRANSCODAGE n.m. INFORM. Traduction d'une information fournie dans un code en une information équivalente dans un code différent.

TRANSCODER v.t. Effectuer un transcodage.

TRANSCONTINENTAL, E, AUX adj. Qui traverse un continent.

TRANSCRIPTEUR n.m. Personne, appareil qui transcrit.

TRANSCRIPTION n.f. **1.** Action de transcrire ; état de ce qui est transcrit. **2.** Copie officielle, à partir des registres de l'état civil, de certains actes ou de certains jugements relatifs à l'état des personnes. **3.** BIOCHIM. Synthèse de l'ARN dans le noyau d'une cellule à partir de l'information contenue dans un gène de l'ADN.

TRANSCRIRE v.t. [79] (lat. *transcribere*). **1. a.** Copier, reproduire exactement par l'écriture ; recopier. **b.** Reproduire un texte grâce à un système d'écriture différent. **2.** Jeter sur le papier ce qu'on a dans l'esprit. **3.** MUS. Adapter une œuvre pour la confier à des voix ou à des instruments auxquels elle n'était pas primitivement destinée.

TRANSCULTUREL, ELLE adj. Qui concerne les relations entre plusieurs cultures.

TRANSCUTANÉ, E adj. Transdermique.

TRANSDERMIQUE adj. **1.** Se dit de l'absorption d'une substance à travers la peau. — *Par ext.* Se dit du procédé utilisé pour cette absorption, ou de la substance elle-même. SYN. : *percutané, transcutané.* **2.** *Système transdermique :* petit dispositif adhésif contenant un médicament qui traverse la peau et diffuse dans tout l'organisme, dans un but thérapeutique.

TRANSDUCTEUR n.m. MÉTROL. Dispositif qui transforme une grandeur physique en une autre grandeur physique, fonction de la précédente. (La plupart des capteurs de mesure sont des transducteurs.)

TRANSDUCTION n.f. **1.** MICROBIOL. Échange de matériel génétique d'une bactérie à une autre, réalisé par l'intermédiaire d'un bactériophage. **2.** NEUROL. Conversion d'un stimulus (mécanique, chimique, thermique, etc.) en un signal électrique au niveau d'un récepteur.

TRANSE n.f. (de *transir*). **1.** (Souvent pl.) Inquiétude très vive, peur accompagnée d'angoisse à l'idée d'un danger proche ; affres. **2.** (Souvent pl.) État d'exaltation de qqn qui est transporté hors de lui-même et du monde réel ; convulsions, manifestations extérieures marquant cet état. *Entrer en transe. Être pris de transes.* **3.** État modifié de conscience dans lequel entreraient les médiums quand ils communiquent avec les esprits.

TRANSEPT [trɑ̃sɛpt] n.m. (mot angl., du lat. *trans,* au-delà de, et *saeptum,* enclos). Vaisseau transversal qui sépare le chœur de la nef et forme les bras de la croix, dans une église en croix latine. SYN. : *croisillon.*

TRANSFECTION n.f. Introduction d'un fragment d'ADN étranger à l'intérieur d'une cellule, au cours d'une expérience, d'un traitement par thérapie génique.

TRANSFÉRABLE adj. Qui peut être transféré.

TRANSFÉRASE n.f. Enzyme qui catalyse spécifiquement le transfert de radicaux ou de fonctions chimiques d'une substance à l'autre.

TRANSFÈREMENT n.m. Rare. Action de transférer un prévenu, un prisonnier, etc., d'un lieu dans un autre.

TRANSFÉRER v.t. [11] (lat. *transferre*). **1.** Faire passer d'un lieu dans un autre. *Transférer un prisonnier.* **2.** DR. Transmettre d'une personne à une autre en observant les formalités requises.

TRANSFERT n.m. **1.** Action de transférer, de déplacer qqn ou qqch. *Transfert de technologie. Transfert de fonds.* — *Spécial.* Décalcomanie collée sur un vêtement. **2.** SPORTS. Changement de club d'un joueur professionnel. **3.** MÉCAN. INDUSTR. Transport automatique des pièces en cours de fabrication ou de montage d'un poste de travail au suivant. ◇ *Chaîne de transfert :* installation d'atelier comprenant une succession de machines-transferts, dans laquelle les pièces à usiner sont déplacées automatiquement d'un poste à l'autre. **4.** *Transfert d'appel :* service de télécommunication permettant de renvoyer les appels téléphoniques parvenant à un poste d'abonné sur un autre poste. **5.** ASTRONAUT. Pour un véhicule spatial, action de passer d'une orbite à une autre. **6.** INFORM. Déplacement d'une information d'un emplacement de mémorisation à un autre. **7.** DR. Acte par lequel une personne acquiert un droit d'une autre, qui le lui transmet. *Transfert de propriété.* ◇ *Transfert d'entreprise :* modification dans la situation juridique d'une entreprise (vente, fusion, etc.) qui laisse subsister les contrats de travail entre le nouvel employeur et le personnel de l'entreprise. **8.** ÉCON. *Dépenses de transfert :* dépenses traduisant l'intervention de l'État, dans un but économique ou social, par le biais notamm. de subventions, de crédits d'assistance ou de solidarité, de participations au financement des régimes sociaux. **9.** PSYCHOL. Phénomène par lequel une activité intellectuelle ou manuelle modifie une autre activité qui la suit, soit en la rendant plus facile *(transfert positif),* soit en la troublant *(transfert négatif).* **10.** PSYCHAN. Report de sentiments favorables ou hostiles effectué par l'analysant sur la personne de l'analyste et correspondant à la répétition de situations infantiles et au jeu de structures anachroniques.

TRANSFIGURATION n.f. **1.** Changement de figure, d'apparence. **2.** CHRIST. *La Transfiguration :* apparition du Christ dans la gloire de sa divinité à trois de ses apôtres (Pierre, Jacques et Jean) sur le mont Thabor ; fête qui célèbre cet événement.

TRANSFIGURER v.t. (lat. *transfigurare,* transformer). **1.** Changer l'aspect, la nature de qqch, en lui donnant un caractère éclatant, magnifique. **2.** Donner au visage un éclat inaccoutumé.

T

TRANSFILER v.t. MAR. Joindre deux morceaux de toile bord à bord ou une voile et un espar au moyen d'un filin.

TRANSFO n.m. (abrév.). *Fam.* Transformateur.

TRANSFORMABLE adj. Qui peut être transformé.

TRANSFORMANTE adj.f. GÉOL. *Faille transformante :* plan vertical le long duquel deux plaques lithosphériques coulissent l'une par rapport à l'autre. (La faille de San Andreas, en Californie, est une faille transformante.)

TRANSFORMATEUR, TRICE adj. Qui transforme. *Industrie transformatrice.* ◆ n.m. Appareil statique à induction électromagnétique, qui transforme un système de tensions et de courants alternatifs en un ou plusieurs autres systèmes de tensions et de courants de même fréquence, mais génér. de valeurs différentes. Abrév. *(fam.) : transfo.*

TRANSFORMATION n.f. **1.** Action de transformer. *Transformation des matières premières.* **2.** Passage d'une forme à une autre ; métamorphose. *Transformation de la chrysalide en papillon.* **3.** Modification, changement apportés en transformant. *Faire des transformations dans une maison.* **4.** MATH. Application bijective d'un espace affine dans lui-même. **5.** *Transformation thermodynamique :* modification que subit un système du fait de ses échanges d'énergie avec le milieu extérieur. **6.** ÉLECTR. *Rapport de transformation :* rapport des nombres de spires des deux enroulements secondaire et primaire d'un transformateur. **7.** LING. En grammaire générative, opération formelle permettant de rendre compte de la structure de la phrase (ex. : la transformation passive : *Pierre aime Marie* → *Marie est aimée de Pierre*). **8.** Opération effectuée par les banques, consistant à affecter leurs ressources à court terme à des emplois à long et à moyen terme. **9.** Au rugby, après un essai, envoi du ballon d'un coup de pied au-dessus de la barre transversale et entre les poteaux de but (2 points s'ajoutant aux 5 qui sanctionnent l'essai).

TRANSFORMATIONNEL, ELLE adj. LING. Qui concerne les transformations.

TRANSFORMÉ n.m. ou **TRANSFORMÉE** n.f. MATH. Image d'un élément par une transformation.

TRANSFORMER v.t. (lat. *trans,* au-delà de, et *formare,* former). **1.** Rendre qqch différent, le faire changer de forme, d'aspect, modifier ses caractères généraux. *Transformer un appartement.* **2.** Faire changer d'état, de nature ; métamorphoser. *Transformer du plomb en or.* **3.** Modifier l'état physique, moral, psychologique de qqn. *L'arrivée de cet enfant les a transformés.* **4.** Améliorer la santé de ; régénérer. *Ce séjour à la montagne l'a transformé.* **5.** Au rugby, réussir la transformation d'un essai. ◆ **se transformer** v.pr. **1.** Changer de forme, d'aspect, de caractère. **2.** Changer de nature, passer à un nouvel état.

TRANSFORMISME n.m. Théorie explicative de la succession des faunes et des flores au cours des temps géologiques, fondée sur l'idée de transformation progressive des populations et des lignées, soit sous l'influence directe du milieu sur les individus (Lamarck), soit par modification ou par mutation suivie de sélection naturelle (Darwin, De Vries). [Dans ce dernier sens, on dit aussi *évolutionnisme.*]

TRANSFORMISTE adj. et n. Relatif au transformisme ; qui en est partisan.

TRANSFRONTALIER, ÈRE adj. Qui concerne le franchissement d'une frontière, les relations entre pays de part et d'autre d'une frontière. *Transports transfrontaliers.*

TRANSFUGE n.m. (lat. *transfuga*). Soldat qui déserte et passe à l'ennemi. ◆ n. Personne qui abandonne un parti, une doctrine, un groupe pour se rallier à un autre.

TRANSFUSÉ, E adj. et n. Qui a reçu une ou plusieurs transfusions.

TRANSFUSER v.t. Opérer une transfusion de sang.

TRANSFUSION n.f. (lat. *transfusio*). *Transfusion sanguine,* ou *transfusion :* injection, dans une veine d'un malade, de sang ou d'un produit dérivé préalablement prélevé sur un ou plusieurs donneurs ou sur le malade lui-même.

ENCYCL. Les produits transfusés peuvent être du sang total, des globules blancs, des globules rouges, des plaquettes, du plasma ou certains constituants du plasma. Le groupe sanguin du donneur doit être compatible avec celui du receveur dans les systèmes ABO et Rhésus. Compte tenu du risque, très faible, de transmission d'un virus, on préfère pratiquer une autotransfusion chaque fois que c'est possible.

TRANSFUSIONNEL, ELLE adj. Relatif à la transfusion sanguine.

TRANSGENÈSE ou **TRANSGÉNOSE** n.f. GÉNÉT. Modification du génome d'un être vivant par introduction d'un fragment d'ADN au stade d'ovule ou de jeune embryon, au cours d'une expérience. (La transgenèse est actuellement interdite chez l'homme.)

TRANSGÉNIQUE adj. Se dit d'un être vivant (bactérie, plante ou animal) sur lequel on a réalisé une transgenèse.

TRANSGRESSER v.t. (du lat. *transgressus,* qui a traversé). Ne pas obéir à un ordre, à une loi, ne pas les respecter ; enfreindre, violer.

TRANSGRESSION n.f. **1.** Action de transgresser ; violation. **2.** GÉOL. Avancée lente de la mer due à une remontée du niveau marin lors d'une période interglaciaire, d'une érosion rapide du rivage ou d'un affaissement tectonique.

TRANSHORIZON adj. inv. Se dit d'un matériel radioélectrique (radar notamm.) dont la portée n'est pas limitée par l'horizon.

TRANSHUMANCE n.f. **1.** Déplacement saisonnier d'un troupeau en vue de rejoindre une zone où il pourra se nourrir ; retour de ce troupeau au lieu d'où il était parti. **2.** Déplacement des ruches d'un lieu à l'autre pour suivre la floraison.

TRANSHUMANT, E adj. Qui effectue une transhumance.

TRANSHUMER v.i. et v.t. (esp. *trashumar,* du lat. *trans,* au-delà de, et *humus,* terre). Effectuer la transhumance.

1\. **TRANSI, E** [trɑ̃zi] adj. **1.** Pénétré, comme transpercé par une sensation de froid. **2.** *Litt.* Paralysé par un sentiment violent.

2\. **TRANSI** n.m. Effigie d'un mort à l'état de cadavre nu et se décomposant, dans la sculpture du Moyen Âge et de la Renaissance.

TRANSIGER [trɑ̃ziʒe] v.i. [10] (lat. *transigere,* mener à bonne fin). Conclure un arrangement par des concessions réciproques ; composer. ◇ *Transiger sur qqch :* abandonner une partie de ses exigences relativement à qqch.

TRANSILLUMINATION n.f. MÉD. Technique d'examen qui permet de vérifier la transparence d'un épanchement en appliquant une source lumineuse sur la partie du corps atteinte (par ex. les bourses). SYN. : *diaphanoscopie.*

TRANSIR [trɑ̃zir] v.t. (lat. *transire,* aller au-delà). *Litt.* Pénétrer et engourdir de froid. *Le vent du nord nous transit.*

TRANSISTOR [trɑ̃zistɔr] n.m. (mot angl., de *transfer resistor,* résistance de transfert). **1.** ÉLECTRON. Dispositif à semi-conducteur, qui peut amplifier des courants électriques, engendrer des oscillations électriques et assumer les fonctions de modulation et de détection. **2.** Récepteur radiophonique portatif, équipé de transistors.

TRANSISTORISATION n.f. Action de transistoriser.

TRANSISTORISER v.t. ÉLECTRON. Équiper un appareil de transistors ou, par ext., de circuits intégrés.

TRANSIT [trɑ̃zit] n.m. (ital. *transito,* passage). **1.** Régime de franchise des droits de douane pour les marchandises qui traversent le territoire national, sans s'y arrêter, à destination d'un pays étranger. **2.** Situation d'un voyageur qui, lors d'une escale aérienne, demeure dans l'enceinte de l'aéroport. *Être en transit.* **3.** *Cité de transit :* ensemble de logements destinés à des occupants de locaux insalubres, à rénover ou à détruire, dans l'attente de leur relogement dans des immeubles conformes aux normes d'habitation en vigueur. **4.** PHYSIOL. *Transit intestinal :* déplacement du contenu du tube digestif depuis le pylore jusqu'au rectum, sous l'influence des contractions péristaltiques de l'intestin.

1\. **TRANSITAIRE** adj. Relatif au transit. *Commerce transitaire. Pays transitaire.*

2\. **TRANSITAIRE** n.m. Commissionnaire en marchandises qui s'occupe de leur importation et de leur exportation.

TRANSITER v.t. Faire passer en transit. ◆ v.i. Être en transit dans un lieu. *Voyageurs qui transitent par la Suisse.*

TRANSITIF, IVE adj. (du lat. *transire,* passer). **1.** GRAMM. Se dit d'un verbe suivi d'un complément d'objet direct (ex. : *J'aime la lecture*). ◇ *Verbe transitif indirect,* dont le complément est précédé d'une préposition (ex. : *obéir à, user de*). **2.** ALGÈBRE. *Relation transitive :* relation binaire sur un ensemble E telle que la proposition « *a* est en relation avec *b* et *b* est en relation avec *c* » implique la proposition « *a* est en relation avec *c* » pour tout triplet (*a, b, c*) d'éléments de E.

TRANSITION [trɑ̃zisjɔ̃] n.f. (lat. *transitio,* passage). **1.** Passage d'un état de choses à un autre. *Une brusque transition du chaud au froid.* **2.** Degré, stade intermédiaire. *Passer sans transition du rire aux larmes.* ◇ *De transition :* qui constitue un état, une étape intermédiaire. *Un gouvernement de transition.* **3.** Manière de passer d'un raisonnement à un autre, de lier les parties d'un discours. *Changer de sujet par une habile transition.* **4.** CHIM. *Éléments de transition :* éléments métalliques, au nombre de 56, qui possèdent une sous-couche électronique de rang trois partiellement remplie. **5.** PHYS. Passage d'un atome, d'un noyau, d'une molécule, d'un niveau d'énergie à un autre. **6.** *Transition démographique :* passage, génér. non simultané, de taux de natalité et de mortalité élevés à des niveaux sensiblement plus faibles.

TRANSITIONNEL, ELLE adj. **1.** Qui marque une transition. **2.** PSYCHAN. *Objet transitionnel :* objet particulier (couverture, ours en peluche, etc.) auquel le nourrisson est passionnément attaché et qui l'aide à supporter l'angoisse de la séparation d'avec sa mère en gardant celle-ci symboliquement présente. (Notion due à D. W. Winnicott.)

TRANSITIVEMENT adv. GRAMM. Comme un verbe transitif ; avec un complément d'objet.

TRANSITIVITÉ n.f. **1.** Caractère des verbes transitifs. **2.** ALGÈBRE. Caractère d'une relation binaire transitive.

TRANSITOIRE adj. **1.** Qui dure peu de temps ; passager. *Situation transitoire.* **2.** Qui sert de transition ; provisoire. *Régime, solution transitoire.*

TRANSLATIF, IVE adj. DR. Qui opère le transfert d'une chose, d'un droit.

TRANSLATION n.f. (lat. *translatio,* transfert). **1.** Action de déplacer qqch ou qqn d'un lieu dans un autre. *La translation des reliques d'un saint.* **2.** GÉOMÉTR. *Translation de vecteur* $\vec{u}$ *:* application transformant M en M′ telle que $\overrightarrow{MM'} = \vec{u}$.

TRANSLITTÉRATION n.f. LING. Transcription faite en transposant lettre par lettre les signes d'un alphabet et ceux d'un autre alphabet.

TRANSLOCATION n.f. (mot angl.). GÉNÉT. Aberration chromosomique par laquelle un segment de chromosome se détache et se fixe dans une autre position sur ce même chromosome ou se fixe sur un autre chromosome.

TRANSLUCIDE adj. (lat. *translucidus*). Qui laisse passer la lumière, sans permettre toutefois de distinguer nettement les contours des objets.

TRANSLUCIDITÉ n.f. Caractère d'un corps translucide.

TRANSLUMINAL, E, AUX adj. (du lat. *lumen, -inis,* lumière). MÉD. *Angioplastie transluminale percutanée* → **angioplastie.**

TRANSMANCHE adj. inv. Qui traverse la Manche.

TRANSMETTEUR n.m. MAR. *Transmetteur d'ordres :* appareil situé sur la passerelle d'un navire et destiné à transmettre des ordres au compartiment des machines. SYN. : *chadburn.*

TRANSMETTRE v.t. [64] (lat. *transmittere*). **1.** Faire parvenir, communiquer ce qu'on a reçu. *Transmettre un ordre.* **2.** Permettre le passage, agir comme intermédiaire. *L'arbre moteur transmet le mouvement aux roues.* **3.** DR. Faire passer par mutation. **4.** Faire passer une maladie d'un organisme à un autre ; contaminer. ◆ **se transmettre** v.pr. Passer d'un endroit à un autre, se propager d'une personne à une autre.

TRANSMIGRATION n.f. *Litt.* **1.** Action de transmigrer. **2.** Forme de métempsycose, de réincarnation. *Transmigration des âmes.*

TRANSMIGRER v.i. (lat. *transmigrare*). *Litt.* **1.** Abandonner un pays pour aller vivre dans un autre. **2.** Passer d'un corps dans un autre, en parlant d'une âme.

TRANSMISSIBILITÉ n.f. *Didact.* Qualité, caractère de ce qui est transmissible.

TRANSMISSIBLE adj. Qui peut être transmis.

TRANSMISSION n.f. (lat. *transmissio,* trajet). **1.** Action de transmettre qqch à qqn. *La transmission d'un droit.* **2.** *Transmission des pouvoirs :* opération par laquelle les pouvoirs d'un chef d'État, d'un ministre, d'une assemblée, etc., sont transférés à son successeur. **3.** *Transmission de pensée :* télépathie. **4.** Communication du mouvement d'un organe à un autre ; organe servant à cet usage. ◇ *Transmission automatique :* organe d'un véhicule automobile qui, interposé entre le moteur et les roues, sélectionne la démultiplication à adopter sans intervention du conducteur, grâce notamm. à un convertisseur de couple complété par une boîte à engrenages. ◆ pl. Organisation chargée de l'établissement des moyens de liaison et de communication nécessaires à l'exercice du commandement et à la mise en œuvre des moyens militaires. ◇ *Réseau intégré de transmissions automatiques (RITA) :* système militaire de télécommunications fondé sur les propriétés de l'informatique et utilisant un maillage hertzien.

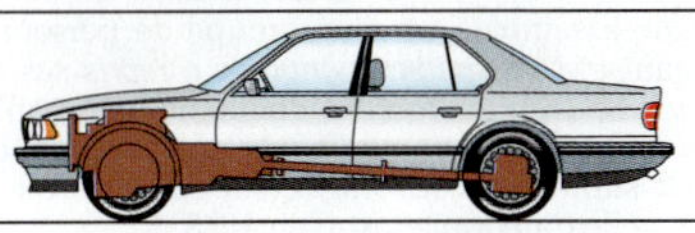
moteur avant et propulsion arrière

traction avant

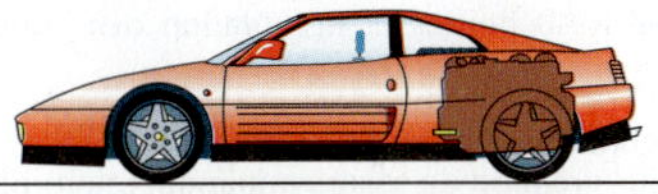
moteur et propulsion arrière

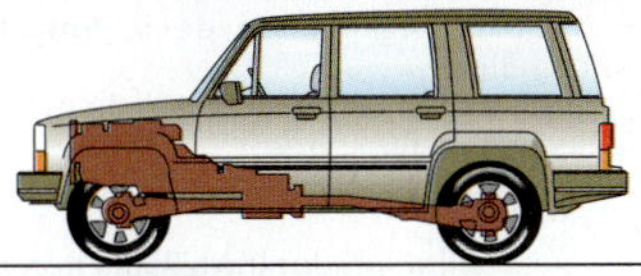
quatre roues motrices

■ **TRANSMISSIONS** d'automobile.

TRANSMODULATION n.f. Déformation d'un signal radioélectrique, due à la superposition d'un autre signal dans un élément de liaison ou d'amplification non linéaire.

TRANSMUTABILITÉ n.f. Propriété de ce qui est transmutable.

TRANSMUTABLE ou **TRANSMUABLE** adj. Qui peut être transmuté.

TRANSMUTATION n.f. **1.** Changement des métaux vulgaires en métaux nobles par les procédés de l'alchimie. **2.** PHYS. NUCL. Transformation d'un noyau atomique en un autre. **3.** *Litt.* Transformation totale d'une chose en une autre ; métamorphose.

TRANSMUTER ou **TRANSMUER** v.t. (lat. *transmutare*). Effectuer une transmutation.

TRANSNATIONAL, E, AUX adj. Qui appartient à, qui regroupe plusieurs nations. *Les firmes transnationales.*

TRANSOCÉANIQUE adj. Qui traverse l'océan.

TRANSPALETTE n.m. Petit chariot de manutention, qu'on introduit sous une palette ou une charge pour les soulever légèrement et les déplacer sur de faibles distances.

TRANSPARAÎTRE v.i. [71] [auxil. *avoir*]. Paraître, se montrer à travers qqch. *Laisser transparaître sa déception.*

TRANSPARENCE n.f. **1.** Propriété de ce qui est transparent. *La transparence du verre.* **2.** CINÉMA. Truquage où les personnages sont filmés, en studio, devant un écran en verre dépoli sur lequel le décor est projeté. **3.** *Fig.* Qualité de ce qui peut être vu et connu de tous. *Réclamer la transparence des revenus.* **4.** *Transparence fiscale :* concept retenu en matière d'impôt direct ayant pour effet d'écarter la personnalité morale d'une société pour imposer directement les associés à raison des bénéfices sociaux.

TRANSPARENT, E adj. (lat. *trans,* au-delà de, et *parens,* apparaissant). **1.** Qui, se laissant aisément traverser par la lumière, permet de distinguer nettement les objets à travers son épaisseur. **2.** PHYS. Qui se laisse aisément traverser par les ondes. **3.** *Fig.* **a.** Dont le sens se laisse deviner, saisir aisément. *Allusion transparente.* **b.** Clair pour tous ; sans travestissement ni dissimulation. *Des comptes transparents.* ◆ n.m. Document sur support transparent, destiné à la projection.

TRANSPERCER v.t. [9]. **1.** Percer de part en part. **2.** Passer au travers ; traverser. *La pluie ne peut transpercer un vêtement imperméable.*

TRANSPHRASTIQUE adj. LING. Se dit du niveau d'analyse s'appliquant au texte (ensemble constitué d'une suite de phrases).

TRANSPIRATION n.f. **1.** Élimination de la sueur par les pores de la peau. **2.** BOT. Émission de vapeur d'eau, réalisée surtout au niveau des feuilles et assurant le renouvellement de l'eau de la plante et son alimentation minérale. (Souvent associé à une évaporation passive, ce phénomène est aussi appelé *évapotranspiration.*)

TRANSPIRER v.i. (lat. *transpirare,* exhaler). **1.** Exhaler de la sueur. *Transpirer à cause de la chaleur.* **2.** *Fig.* Être divulgué, commencer à être connu.

TRANSPLANT n.m. CHIRURG. Organe qui doit être transplanté.

TRANSPLANTABLE adj. Qui peut être transplanté.

TRANSPLANTATION n.f. **1.** Action de transplanter. **2.** CHIRURG. Greffe d'un organe comportant un rétablissement de la continuité des vaisseaux sanguins et éventuellement des canaux.

TRANSPLANTER v.t. **1.** Planter en un autre endroit en enlevant de sa place. *Transplanter des arbres.* **2.** Faire passer d'un lieu, d'un milieu à un autre ; transférer. *Transplanter une colonie.* **3.** CHIRURG. Opérer une transplantation.

TRANSPOLAIRE adj. Qui passe par le pôle.

TRANSPONDEUR n.m. (francisation de l'angl. *transponder*). TÉLÉCOMM. Répéteur.

TRANSPORT n.m. **1.** Action ou manière de transporter, de porter d'un lieu dans un autre. **2.** MIL. Navire propre à transporter des troupes ou du matériel. **3.** DR. *Transport sur les lieux :* déplacement du juge sur les lieux d'une infraction au cours d'une instruction ou pour effectuer une perquisition. **4.** BIOL. CELL. *Transport actif :* transport de substances à travers la membrane d'une cellule, contre le gradient de concentration, grâce à des pompes membranaires. **5.** *Litt.* (Souvent pl.) Émotion vive. *Des transports de joie.* ◆ pl. **1.** Ensemble des divers modes d'acheminement des marchandises ou des personnes. **2.** HYDROL. Matériaux solides ou dissous, déplacés par un cours d'eau.

TRANSPORTABLE adj. Qui peut être transporté.

TRANSPORTER v.t. (lat. *transportare*). **1.** Porter, déplacer d'un lieu dans un autre, en partic. dans un véhicule ; véhiculer, transférer, acheminer. *Transporter des marchandises.* **2.** Faire passer d'un milieu à un autre ; adapter, transposer. *Transporter sur la scène un fait divers.* **3.** *Litt.* Agiter violemment ; mettre hors de soi. *La fureur le transporte.* ◆ **se transporter** v.pr. **1.** DR. Se rendre en un lieu. **2.** *Litt.* Se porter par l'imagination.

1. TRANSPORTEUR, EUSE adj. Qui transporte. *Benne transporteuse.* ◆ n.m. Appareil assurant mécaniquement le transport d'objets ou de matériel d'un lieu dans un autre.

2. TRANSPORTEUR n.m. Personne qui s'engage à assurer le déplacement d'une personne ou d'une marchandise en vertu d'un contrat de transport terrestre, maritime ou aérien.

TRANSPOSABLE adj. Qui peut être transposé.

TRANSPOSÉE adj.f. ALGÈBRE. *Matrice transposée (d'une matrice A),* ou *transposée,* n.f. : matrice obtenue en permutant les lignes et les colonnes de la matrice A.

TRANSPOSER v.t. **1.** Mettre une chose à une place autre que celle qu'elle occupe ou qu'elle doit occuper. *Transposer un mot, une lettre.* **2.** MUS. Écrire ou exécuter un morceau dans une tonalité différente de celle dans laquelle il est composé. **3.** Placer dans un autre décor ou dans un autre contexte les données fondamentales d'un mythe littéraire, d'une intrigue romanesque, etc. *Transposer un sujet antique.*

TRANSPOSITEUR adj.m. *Instrument transpositeur :* instrument de musique, à vent le plus souvent, construit de telle sorte que sa note fondamentale n'est pas un *ut.*

TRANSPOSITION n.f. **1.** Action de transposer, d'intervertir les places. **2.** CHIM. Réarrangement moléculaire. **3.** ALGÈBRE. *Transposition (sur un ensemble fini E) :* permutation de E qui échange deux éléments de E et laisse invariants tous les autres. **4.** MUS. Transfert des notes d'un morceau ou d'un fragment musical d'une hauteur à une autre, sans changer ni les intervalles entre les notes ni la valeur des notes. **5.** PEINT. Remplacement par une toile neuve de la toile usée d'un tableau ancien.

TRANSPOSON n.m. GÉNÉT. Élément génétique formé d'ADN, pouvant se déplacer d'un chromosome à l'autre et parfois appelé *gène sauteur.*

TRANSPYRÉNÉEN, ENNE adj. Qui franchit les Pyrénées.

TRANSSAHARIEN, ENNE adj. Qui traverse le Sahara.

TRANSSEXUALISME n.m. Conviction qu'a un sujet d'appartenir à l'autre sexe, qui le conduit à tout mettre en œuvre pour que son anatomie et son mode de vie soient le plus possible conformes à sa conviction.

TRANSSEXUEL, ELLE adj. et n. Qui présente un transsexualisme.

TRANSSONIQUE adj. **1.** Se dit des vitesses voisines de celle du son dans l'air (de Mach 0,8 à Mach 1,2). **2.** Se dit des appareils et des installations servant à l'étude expérimentale de ces vitesses.

TRANSSTOCKEUR n.m. Portique roulant vertical, muni d'un chariot mobile et utilisé dans la manutention de charges isolées à l'intérieur de magasins comportant des rayonnages et des allées de circulation rectilignes.

TRANSSUBSTANTIATION [-sjasjɔ̃] n.f. THÉOL. CATH. Transformation de la substance du pain et du vin en celle du corps et du sang de Jésus-Christ dans l'eucharistie (par oppos. à la *consubstantiation*). [Dogme défini en 1551 au concile de Trente.]

TRANSSUDAT n.m. MÉD. Liquide dont la composition est identique au plasma moins les protéines et apparaissant au niveau d'une muqueuse ou d'une séreuse par suite d'un obstacle à la circulation de retour vers le cœur.

TRANSURANIEN adj.m. et n.m. Se dit d'un élément chimique de numéro atomique supérieur à celui de l'uranium (92). [Les transuraniens sont instables et n'existent pas sur la Terre à l'état naturel ; ils sont actuellement au nombre de 19, depuis le neptunium jusqu'à l'élément 112.]

TRANSVASEMENT n.m. Action de transvaser.

TRANSVASER v.t. (lat. *trans,* à travers, et *vas,* vase). Verser un liquide d'un récipient dans un autre.

TRANSVERSAL, E, AUX adj. (lat. *transversus,* de *trans,* à travers, et *versus,* tourné). **1.** Disposé en travers ; qui coupe en travers. *Ligne transversale. Vallée transversale.* **2.** *Fig.* Qui recoupe plusieurs disciplines ou secteurs.

TRANSVERSALE n.f. **1.** Ligne, barre horizontale. **2.** Itinéraire routier ou voie ferrée qui joint directement deux villes, deux régions sans passer par le centre du réseau. **3.** GÉOMÉTR. Droite coupant une courbe en deux points.

TRANSVERSALEMENT adv. Selon une direction transversale.

TRANSVERSALITÉ n.f. Caractère de ce qui est transversal.

TRANSVERSE adj. (lat. *transversus*). ANAT. Placé dans une direction transversale par rapport à l'axe du corps. *Muscle transverse.*

TRANSVESTISME n.m. → **TRAVESTISME.**

TRANSVIDER v.t. Verser le contenu d'un récipient dans un autre.

TRANSYLVAIN, E ou **TRANSYLVANIEN, ENNE** adj. et n. De la Transylvanie.

TRAPÈZE n.m. (gr. *trapezion,* petite table). **1.** Quadrilatère plan ayant deux côtés non consécutifs parallèles, appelés *bases.* **2.** Appareil de gymnastique formé de deux cordes verticales, réunies à leur base par une barre cylindrique. ◇ *Trapèze volant :* exercice d'un voltigeur qui s'élance au trapèze depuis une plate-forme pour rejoindre les mains d'un porteur ou un second trapèze. **3.** MAR. Système de sangles permettant à un équipier de voilier de porter son poids à l'extérieur dans la position de rappel. **4.** ANAT. Premier os de la deuxième rangée du carpe. ◆ adj. et n.m. ANAT. Se dit d'un muscle du dos qui rapproche l'omoplate de la colonne vertébrale.

trapèze quelconque

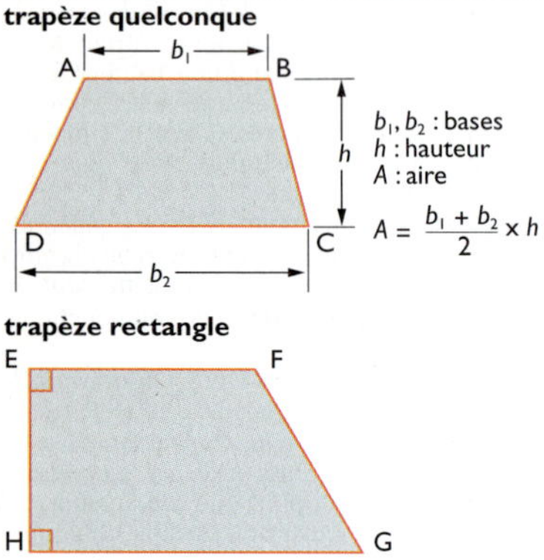

■ TRAPÈZES

TRAPÉZISTE n. **1.** Gymnaste qui fait du trapèze. **2.** Acrobate qui présente des exercices variés au trapèze.

TRAPÉZOÏDAL, E, AUX adj. Qui a la forme d'un trapèze.

TRAPÉZOÏDE n.m. ANAT. Os de la deuxième rangée du carpe, situé entre le trapèze et le grand os.

1. TRAPPE n.f. (du francique). **1.** Panneau qui ferme une ouverture pratiquée au niveau du sol ou d'un plancher et qui se lève ou se baisse à volonté ; l'ouverture elle-même. **2.** Piège qui fonctionne quand l'animal met le pied dessus.

2. TRAPPE n.f. (de la *Trappe,* n.pr.). **1.** (Avec une majuscule.) Ordre des trappistes. **2.** Maison de trappistes.

TRAPPEUR n.m. (angl. *trapper*). Chasseur d'animaux à fourrure, en Amérique du Nord.

TRAPPILLON n.m. THÉÂTRE. Ouverture dans le plancher de la scène donnant passage aux décors (les fermes) qui montent des dessous.

TRAPPISTE n.m. Religieux de l'ordre des Cisterciens réformés de la stricte observance, ou de la Trappe.

1. TRAPPISTINE n.f. Religieuse cistercienne de la stricte observance, ou de la Trappe.

2. TRAPPISTINE n.f. Liqueur fabriquée par les trappistes.

TRAPU, E adj. **1.** Qui est court et large, et qui donne une impression de force. *Un petit homme trapu.* **2.** *Fam.* Qui a de solides connaissances. *Être trapu en latin.* **3.** *Fam.* Ardu, difficile. *Un problème de maths trapu.*

TRAQUE n.f. *Fam.* Action de traquer.

TRAQUELET n.m. → **TRACLET.**

TRAQUENARD n.m. (mot gascon). **1.** Piège pour prendre les animaux nuisibles. **2.** Piège tendu à qqn pour l'arrêter, le faire échouer. *Tomber dans un traquenard.* **3.** ÉQUIT. Trot désuni.

TRAQUER v.t. (de l'anc. fr. *trac,* piste des bêtes). **1.** Pousser, rabattre le gibier vers la ou les lignes de tir. **2.** Poursuivre sans relâche, serrer de près ; harceler. *Traquer des voleurs. Journalistes qui traquent une vedette.*

TRAQUET n.m. Petit passereau insectivore des terrains découverts d'Eurasie et d'Afrique, dont il existe plusieurs espèces *(traquet motteux, traquet pâtre, traquet tarier).* [Long. 12 à 18 cm ; genres *Saxicola* et *Œnanthe,* famille des turdidés.]

1. TRAQUEUR, EUSE n. Personne qui traque.

2. TRAQUEUR, EUSE adj. et n. *Fam.* Se dit d'une personne sujette au trac.

TRATTORIA n.f. (mot ital.). Petit restaurant, en Italie.

TRAUMA n.m. (mot gr.). Traumatisme psychique.

TRAUMATIQUE adj. (du gr. *trauma,* blessure). Relatif à un traumatisme ; dû à un traumatisme.

TRAUMATISANT, E adj. Qui provoque un choc moral.

TRAUMATISER v.t. **1.** Provoquer un traumatisme physique ou psychique. **2.** Frapper qqn d'un choc émotionnel violent. *Cette nouvelle l'a traumatisée.*

TRAUMATISME n.m. **1.** Ensemble des lésions locales provoquées par l'action violente d'un agent extérieur ; troubles qui en résultent. **2.** Événement qui, pour un sujet, a une forte portée émotionnelle et qui entraîne chez lui des troubles psychiques ou somatiques par suite de son incapacité à y répondre immédiatement de façon adéquate.

TRAUMATOLOGIE n.f. Partie de la chirurgie et de la médecine consacrée au traitement des traumatismes.

TRAUMATOLOGIQUE adj. Relatif à la traumatologie, aux traumatismes.

TRAUMATOLOGISTE ou **TRAUMATOLOGUE** n. Spécialiste de traumatologie.

1. TRAVAIL n.m. [pl. *travaux*] (lat. *trepalium,* **instrument de torture**). **1.** Activité de l'homme appliquée à la production, à la création, à l'entretien de qqch. *Travail manuel, intellectuel.* – PHILOS. Activité de transformation de la nature, propre aux hommes, qui les met en relation et qui est productrice de valeur. **2.** Effort que l'on doit soutenir pour faire qqch ; activité déployée pour accomplir une tâche, parvenir à un résultat. *Cette réparation demandera deux jours de travail. Avoir fini son travail.* – Toute occupation, toute activité considérée comme une charge. *Être surchargé de travail.* ◇ *Camp de travail :* lieu de détention où les condamnés sont astreints à des travaux forcés. (En URSS, les camps de travail furent administrés par le Goulag à l'époque stalinienne.) **3.** Ouvrage réalisé ou qui est à faire ; tâche. *Distribuer le travail aux ouvriers. Entreprendre un travail de longue haleine.* **4.** Manière dont un ouvrage est exécuté. *Le fin travail d'une miniature.* **5.** Technique permettant de travailler une matière, d'utiliser un outil ou un instrument. *Apprendre le travail du bois.* **6.** Activité professionnelle, régulière et rémunérée. *Vivre de son travail. Trouver un travail.* ◇ *Travail à domicile :* travail fourni par un donneur d'ouvrage à un salarié rémunéré qui l'effectue à son domicile. – *Travail différencié :* travail temporaire, à temps partiel, ou contrat de travail à durée déterminée. – *Travail intermittent :* contrat à durée indéterminée concernant les emplois qui comportent par nature une alternance de périodes travaillées et non travaillées. – *Travail au noir,* ou *travail noir* → **noir.** **7.** Exercice d'une activité professionnelle ; lieu où elle s'exerce. *Le travail en usine. Se rendre à son travail.* ◇ *Psychologie du travail :* branche de la psychologie qui étudie les comportements de l'homme au travail et le retentissement des conditions de travail sur ces comportements. – *Droit du travail :* ensemble des règles juridiques applicables aux relations individuelles et collectives entre les travailleurs salariés et leurs employeurs. – *Sociologie du travail :* étude systématique du travail, sur le plan des exécutants et de l'organisation. – *Inspection du travail :* corps de fonctionnaires qui a pour mission de veiller au respect et à l'application des dispositions législatives et réglementaires concernant le travail et l'emploi. – DR. *Travail d'intérêt général (TIG) :* travail non rémunéré effectué par un délinquant, ainsi condamné à une peine de substitution ou complémentaire, ou à une obligation assortissant un sursis. **8.** Activité laborieuse de l'homme considérée comme un facteur essentiel de la production et de l'activité économique. *Le capital et le travail.* **9.** *Le monde du travail :* l'ensemble des travailleurs qui participent à la vie économique d'un pays ; la population active. **10.** Action progressive, continue, produite par un élément, un phénomène naturel ; ensemble des phénomènes qui se produisent dans une substance et en changent la nature, la forme ; modification qui en résulte. *Le travail de l'érosion. Le travail de la fermentation. Gauchissement d'une poutre dû au travail du bois.* **11.** Élaboration progressive, lente évolution. *Le travail du temps.* ◇ PSYCHAN. *Travail de deuil :* processus par lequel le sujet lutte contre la réaction dépressive entraînée chez lui par la perte d'un être cher. – *Travail du rêve :* transformation des matériaux du rêve (restes diurnes et pensées latentes) aboutissant au contenu manifeste du rêve. **12.** Effet, résultat produit par le fonctionnement, l'activité de qqch. *Évaluer le travail d'une machine. Le travail du cœur, des reins.* **13.** PHYS. Quantité d'énergie reçue par un système se déplaçant sous l'effet d'une force, égale au produit scalaire de la force par le vecteur déplacement. (L'unité SI de travail est le joule.) **14.** MÉD. Ensemble des phénomènes physiologiques qui conduisent à l'expulsion de l'enfant, lors de l'accouchement. ◆ pl. **1.** Ensemble d'opérations, de tâches propres à un domaine déterminé. *Les travaux agricoles.* ◇ *Fam. Inspecteur des travaux finis :* personne qui arrive quand le travail est fini. **2.** Ensemble des opérations de construction, d'aménagement ou de remise en état d'édifices, de voies, de terrains, etc. ◇ *Travaux publics :* ouvrages de construction, de réparation, d'entretien d'utilité générale, faits pour le compte d'une personne morale administrative. **3.** Ensemble des recherches entreprises dans un domaine de la connaissance. *Publier ses travaux.* **4.** Ensemble de discussions, de débats d'une assemblée ou d'un groupe de personnes organisé. *L'Assemblée nationale a repris ses travaux.* **5.** *Travaux forcés :* ancienne peine afflictive et infamante, temporaire ou perpétuelle, qui était subie dans les bagnes de Guyane ou de Nouvelle-Calédonie jusqu'en 1938.

ENCYCL. DR. Dates marquant les principales étapes de l'évolution du droit du travail en France :

– 1841 : première loi sociale ; elle concerne le travail des enfants.

–1848 : les conseils de prud'hommes, dont l'origine remonte à 1806, deviennent paritaires (autant de juges salariés que de juges employeurs).

–1864 : reconnaissance du droit de grève.

–1874 : création de l'Inspection du travail.

–1884 : liberté syndicale.

–1936 : fixation de la durée hebdomadaire du travail à 40 heures et instauration des congés payés.

–1945 : création de la Sécurité sociale ; création des comités d'entreprise.

–1950 : création du salaire minimum interprofessionnel garanti (SMIG), devenu SMIC en 1970.

–1959 : participation des salariés aux résultats financiers de l'entreprise.

–1966 - 1967 : organisation de la formation professionnelle.

–1967 : instauration de l'indemnité minimale en cas de licenciement.

–1968 : création des sections syndicales d'entreprise.

–1970 : mensualisation des travailleurs horaires.

–1973 - 1975 : réglementation des licenciements.

–1982 : fixation de la durée hebdomadaire du travail à 39 heures ; généralisation de la 5e semaine de congés payés ; lois Auroux relatives à l'expression des travailleurs.

–1986 : suppression de l'autorisation administrative de licenciement ; possibilité d'aménagement du temps de travail.

–1993 : adoption du principe d'annualisation du temps de travail.

–2000 : entrée en vigueur, pour les entreprises de plus de 20 salariés, de la nouvelle durée légale du temps de travail, fixée à 35 heures hebdomadaires (pour les entreprises de moins de 20 salariés, elle sera appliquée en janvier 2002). Le principe de la réduction du temps de travail (RTT) avait été adopté en 1998.

2. TRAVAIL n.m. [pl. *travails*] (bas lat. *trepalium,* **machine faite de trois pieux**). Appareil servant à maintenir les grands animaux domestiques pendant qu'on les ferre ou qu'on les soigne.

TRAVAILLÉ, E adj. Où l'on remarque le soin, le travail. *Style travaillé.*

TRAVAILLER v.i. **1.** Effectuer un travail ; soutenir un effort en vue d'obtenir un résultat. *Travailler sur un projet. Pour parvenir à ce niveau, il a beaucoup travaillé.* **2.** Exercer un métier, une activité professionnelle. *Travailler dans l'imprimerie.* **3.** Fonctionner activement. *Dans ce sport, tous les muscles travaillent. Son imagination travaille.* **4.** Agir de manière à produire un effet, un résultat. *Travailler à perdre qqn. Le temps travaille pour nous, contre nous.* **5.** Produire un revenu. *Faire travailler son argent.* **6.** Subir un effet qui entraîne certaines modifications. *Le vin nouveau travaille.* **7.** Se déformer, se disjoindre sous l'action de la chaleur, de l'humidité, etc. *Poutre qui travaille.* ◆ v.t. **1.** Soumettre qqch à une action ; façonner. *Travailler le bois, le fer.* ◇ ***Travailler une pâte,*** la pétrir, la rouler. – SPORTS. ***Travailler une balle,*** lui donner beaucoup d'effet. **2.** Soigner, chercher à perfectionner. *Travailler son style, son revers au tennis.* **3.** S'efforcer d'influencer qqn. *Travailler des délégués pour les convaincre.* **4.** Préoccuper vivement ; faire souffrir ; hanter, obséder. *Ce problème me travaille depuis longtemps.*

TRAVAILLEUR, EUSE n. et adj. **1.** Personne qui se livre à un travail rémunéré, salarié, spécial. dans l'industrie. ◇ ***Travailleuse familiale :*** aide familiale. – ***Travailleurs sociaux*** → **social. 2.** Personne qui aime travailler.

TRAVAILLEUSE n.f. Petit meuble à compartiments pour ranger les accessoires de couture.

TRAVAILLISME n.m. Doctrine du Parti travailliste.

TRAVAILLISTE adj. et n. Relatif au Parti travailliste ; membre du Parti travailliste. ◇ *Parti *travailliste : v. partie n.pr.*

TRAVAILLOTER v.i. *Fam.* Travailler peu, sans se fatiguer.

TRAVÉE n.f. (anc. fr. *trev,* poutre, du lat. *trabs*). **1.** Rangée de bancs. *Les travées d'une assemblée.* **2.** Espace compris entre deux points d'appui principaux d'un ouvrage de construction. **3.** Partie verticale d'une élévation délimitée par des supports (colonnes, piliers) consécutifs.

TRAVELAGE n.m. CH. DE F. Ensemble des traverses d'une voie ferrée ; nombre de traverses placées sur un kilomètre de voie.

TRAVELLER'S CHEQUE ou **TRAVELLER'S CHECK** [travlœrstʃɛk] n.m. [pl. *traveller's cheques, traveller's checks*] (mot angl. pour le premier, anglo-amér. pour le second). Chèque de voyage.

TRAVELLING [travliŋ] n.m. (mot angl.). CINÉMA. Déplacement de la caméra, génér. sur un chariot roulant sur des rails ; dispositif permettant ce mouvement. ◇ ***Travelling optique :*** effet de rapprochement ou d'éloignement produit par l'objectif appelé *zoom.*

TRAVELO [travlo] n.m. *Fam., injur.* Travesti.

TRAVERS n.m. (du lat. *transversus,* oblique). **1.** Bizarrerie de l'esprit ou du caractère ; petit défaut. *Supporter les travers de qqn.* **2.** Étendue transversale, sens perpendiculaire à l'axe de qqch. – MAR. Côté, flanc d'un navire. ◇ ***Vent de travers,*** qui souffle perpendiculairement à la route suivie. **3.** ***Travers de porc :*** extrémités des côtes du porc, détachées sur le bord de la longe. **4.** ***À travers qqch, au travers de qqch.*** **a.** En traversant qqch dans son étendue ou son épaisseur. *Marcher à travers la campagne.* ◇ ***Passer à travers qqch, au travers de qqch :*** se frayer un passage entre des obstacles ; *fig.,* éviter de subir qqch de fâcheux, de pénible, y échapper. *Poissons qui passent à travers les mailles d'un filet. Passer au travers d'une corvée.* **b.** Par l'intermédiaire de. *Au travers de cette comparaison, l'idée apparaît mieux.* **5.** ***De travers.*** **a.** Dans une position, une direction autre que la position, la direction normale, habituelle ; obliquement. *Clou planté de travers.* **b.** De manière fausse, inexacte ; dans de mauvaises dispositions ; mal. *Raisonner de travers. Tout va de travers.* ◇ ***Prendre qqch de travers,*** s'en irriter, s'en choquer. – ***Regarder de travers,*** avec antipathie, hostilité. **6.** ***En travers (de qqch) :*** suivant la largeur de qqch ; dans une position transversale, perpendiculaire à l'axe de qqch, à la direction d'un mouvement. – ***Se mettre en travers de qqch, de la route de qqn :*** s'opposer à, faire obstacle à.

TRAVERSABLE adj. Qui peut être traversé.

TRAVERSANT, E adj. et n.m. Suisse. Se dit d'un appartement qui donne sur les deux faces opposées d'un bâtiment.

TRAVERS-BANC n.m. (pl. *travers-bancs*). Dans une mine, galerie horizontale dans le rocher, recoupant les divers bancs de terrain.

TRAVERSE n.f. **1.** CONSTR. Pièce perpendiculaire aux éléments principaux d'une construction et destinée à maintenir l'écartement de ces éléments. – Élément horizontal auquel sont assemblés les montants d'une fenêtre. **2.** CH. DE F. Pièce d'appui posée sur le ballast perpendiculairement aux rails d'une voie ferrée, qu'elle supporte et dont elle maintient l'écartement. **3.** ***Chemin de traverse,*** ou ***traverse :*** chemin étroit, plus direct que la route ; en ville, passage étroit reliant deux rues. **4.** Québec. **a.** Action de traverser une étendue d'eau, un espace ; traversée. **b.** Lieu où s'effectue cette traversée. **c.** Passage traversant une route, une voie ferrée. *Traverse de piétons.*

TRAVERSÉE n.f. **1.** Action de traverser un espace, un lieu de bout en bout. *Éviter la traversée de l'agglomération.* ◇ ***Traversée du désert :*** période de difficultés, de revers, d'éclipse de la renommée. **2.** Action de traverser la mer, un cours d'eau. *La traversée s'effectuera de nuit.* **3.** Course en montagne, combinant l'ascension d'un sommet par un itinéraire et la descente par un autre itinéraire. **4.** CH. DE F. Appareil de voie dans lequel une voie en croise une autre.

TRAVERSÉE-JONCTION n.f. (pl. *traversées-jonctions*). CH. DE F. Traversée oblique dans laquelle les deux voies qui se croisent sont, de plus, reliées entre elles.

TRAVERSER v.t. (lat. *transversare*). **1.** Passer d'un côté à l'autre. *Traverser la forêt, la rue.* **2.** Pénétrer de part en part. *La pluie a traversé mes vêtements.* **3.** Passer par telle période, telle situation. *Traverser une crise de désespoir.* **4.** ***Traverser l'esprit :*** se présenter à la pensée d'une manière inopinée ou fugitive.

TRAVERSIER, ÈRE adj. **1.** Qui constitue une traverse. *Route, rue traversière.* **2.** Se dit d'une barque qui fait le va-et-vient entre deux points peu éloignés. **3.** ***Flûte traversière*** → **flûte.** ◆ n.m. Québec. Bac, ferry-boat.

TRAVERSIN n.m. **1.** Coussin long et cylindrique qui occupe toute la largeur à la tête du lit. **2.** Fonçaille.

TRAVERSINE n.f. Traverse d'une clôture.

TRAVERTIN n.m. (ital. *travertino*). Roche calcaire d'origine continentale, se présentant en petits lits de calcite avec des cavités parfois garnies de cristaux, employée en construction.

TRAVESTI n.m. **1.** Vx. Vêtement qui permet de se déguiser en un personnage ; personne ainsi déguisée. **2.** Homosexuel travesti en femme. **3.** Rôle d'un personnage du sexe opposé à celui de l'interprète. *Jouer, danser un travesti.* ◆ adj.m. *Bal travesti :* bal où les danseurs sont déguisés.

TRAVESTIR v.t. (ital. *travestire*). **1.** Déguiser avec les vêtements de l'autre sexe, d'une autre condition. **2.** *Fig.* Transformer la nature ou le caractère de qqch en le rendant méconnaissable ; falsifier, déformer, trahir. *Travestir une pensée, la vérité.* ◆ **se travestir** v.pr. Revêtir un déguisement.

TRAVESTISME ou **TRANSVESTISME** n.m. Adoption des vêtements et des habitudes sociales du sexe opposé. SYN. : ***éonisme.***

TRAVESTISSEMENT n.m. Action ou manière de travestir ou de se travestir ; déguisement.

TRAVIOLE (DE) loc. adv. *Fam.* De travers.

TRAX n.m. Suisse. Pelle mécanique.

TRAYEUR, EUSE [trɛjœr, øz] n. Personne qui trait les femelles d'animaux domestiques (vaches, chèvres, brebis).

TRAYEUSE n.f. Machine à *traire.

TRAYON [trɛjɔ̃] n.m. (de *traire*). Extrémité du pis d'une vache, d'une chèvre, etc.

TRÉBUCHANT, E adj. **1.** Qui hésite, est irrégulier ; chancelant. *Une démarche trébuchante.* **2.** Vx. Se disait d'une monnaie ayant le bon poids. ◇ Mod. ***Espèces sonnantes et trébuchantes :*** argent liquide.

TRÉBUCHER v.i. (de l'anc. fr. *tres,* au-delà, et *buc,* tronc du corps). **1.** Perdre l'équilibre en butant sur un objet ou en posant mal son pied. *Trébucher sur une pierre.* **2.** Être arrêté par une difficulté. *Trébucher sur un mot.*

TRÉBUCHET n.m. **1.** Piège pour les petits oiseaux. **2.** Anc. Petite balance de précision, utilisée pour peser de très faibles quantités de matière ou pour vérifier le poids des monnaies.

TRÉCHEUR n.m. → **TRESCHEUR.**

TRÉFILAGE n.m. MÉTALL. Opération destinée à diminuer le diamètre d'un fil métallique par traction à travers une filière.

TRÉFILER v.t. (du lat. *trans,* au-delà, et *fil*). Réduire la section d'un fil par tréfilage.

TRÉFILERIE n.f. Établissement industriel où s'effectue le tréfilage.

TRÉFILEUR, EUSE n. Industriel qui exploite une tréfilerie ; personne qui y travaille.

TRÈFLE n.m. (gr. *triphullon,* de *treîs,* trois, et *phullon,* feuille). **1.** Plante herbacée, à feuilles composées de trois folioles et à fleurs blanches, roses ou pourpres, dont plusieurs espèces cultivées constituent d'excellents fourrages, comme le trèfle incarnat, ou *farouch.* (Genre *Trifolium ;* famille des papilionacées.) ◇ ***Trèfle cornu :*** lotier. – ***Trèfle d'eau :*** ményanthe. **2.** Objet, motif ayant la forme de la feuille de cette plante. *Un trèfle en or.* ◇ ***Carrefour en trèfle :*** croisement de routes à des niveaux différents, affectant la forme d'un trèfle à quatre feuilles. – ARCHIT. Jour ou ornement composé de trois cercles sécants qui ont leurs centres respectifs à chacun des sommets d'un triangle équilatéral. **3.** Une des quatre couleurs du jeu de cartes, dont la marque est un trèfle noir ; carte de cette couleur. **4.** *Arg.,* vieilli. Argent.

■ TRÈFLES

TRÉFLÉ, E adj. Qui a la forme d'un trèfle.

TRÉFLIÈRE n.f. Champ de trèfle.

TRÉFONCIER, ÈRE adj. DR. Relatif à la redevance due au propriétaire du sol par l'exploitant de la mine.

TRÉFONDS n.m. **1.** *Litt.* Ce qu'il y a de plus secret, de plus intime chez qqn. *Ces mots retentirent jusqu'au tréfonds de son être.* **2.** DR. Ce qui est au-dessous du sol, d'un terrain.

TRÉHALOSE n.m. (de *tréhala,* galle produite par un insecte). BIOCHIM. Hydrate de carbone présent dans certains champignons et qui, par hydrolyse, se décompose en deux molécules de glucose.

TREILLAGE n.m. Assemblage de lattes en treillis ; clôture à claire-voie.

TREILLAGER v.t. [10]. Garnir de treillage.

TREILLE n.f. (lat. *trichila,* tonnelle). **1.** Ensemble de ceps de vigne qui s'élèvent contre un mur, un treillage, un arbre. ◇ *Litt.* ***Le jus de la treille :*** le vin. **2.** Berceau de treillage soutenant des plantes grimpantes, décorant des jardins.

1. TREILLIS n.m. (de *treille*). **1.** Ouvrage de métal, de bois, etc., imitant les mailles d'un filet et qui sert de clôture. **2.** Ouvrage de charpente en bois ou en métal, fait de barres, de poutrelles entrecroisées. **3.** MATH. Ensemble ordonné dans lequel tout couple d'éléments possède toujours une borne supérieure et une borne inférieure.

2. TREILLIS n.m. (lat. pop. *trilicius,* de *trilix, -icis,* tissé de trois fils). **1.** Toile écrue, autref. en chanvre, très grosse et très résistante. *Pantalon de treillis.* **2.** Vêtement de travail ou d'exercice fait dans cette toile ; tenue de combat des militaires.

TREILLISSER v.t. Garnir de treillis de bois ou de métal.

TREIZE adj. num. et n.m. inv. (lat. *tredecim*). **1.** Nombre qui suit douze dans la suite des entiers naturels. ◇ ***Treize à la douzaine :*** treize objets donnés pour douze payés. **2.** Treizième. *Louis XIII.* ◆ n.m. inv. Équipe de rugby à treize (souvent écrit en chiffres romains). – *Ellipt.* Le rugby à treize.

TREIZIÈME adj. num. ord. et n. Qui occupe un rang marqué par le nombre treize. ◆ adj. num. ord. et n.m. Se dit d'une quantité désignant le résultat d'une division par treize.

TREIZIÈMEMENT adv. En treizième lieu.

TREIZISTE n.m. Joueur de rugby à treize.

TREKKEUR, EUSE [trɛkœr, øz] n. (angl. *trekker*). Personne qui pratique le trekking.

TREKKING [trɛkiŋ] ou **TREK** n.m. (de l'angl. *to trek,* cheminer). Randonnée pédestre en haute montagne.

TRÉMA n.m. (gr. *trêma,* point). Signe constitué de deux points juxtaposés, que l'on met sur les voyelles *e, i, u* pour indiquer que la voyelle qui précède doit être prononcée séparément (par ex. *cigu-ë, na-ïf*).

TRÉMAIL n.m. → **TRAMAIL.**

TRÉMATAGE n.m. Action de trémater. ◇ *Droit de trématage :* droit que possèdent certaines catégories de bateaux de passer les premiers aux écluses.

TRÉMATER v.t. NAVIG. Dépasser un bateau, sur une voie navigable.

TRÉMATODE n.m. (du gr. *trêmatôdês,* troué). Ver plat non annelé, parasite des vertébrés, à évolution larvaire complexe, tel que la douve du foie, la bilharzie. (Les trématodes forment une classe de plathelminthes.)

TREMBLAIE n.f. Lieu planté de trembles.

TREMBLANT, E adj. Qui tremble. *Voix tremblante.*

TREMBLANTE n.f. *Tremblante du mouton :* encéphalopathie spongiforme ovine. (La maladie, mortelle, est notamm. caractérisée par un tremblement musculaire.)

TREMBLE n.m. (lat. *tremulus,* tremblant). Peuplier de l'Europe occidentale, aux feuilles agitées par le moindre vent, dont le bois, blanc et tendre, est utilisé en menuiserie et peut fournir de la pâte à papier. (Nom sc. *Populus tremulus.*)

TREMBLÉ, E adj. **1.** *Écriture tremblée,* tracée par une main tremblante. **2.** ACOUST. *Sons tremblés,* qui varient rapidement d'intensité.

TREMBLEMENT n.m. **1.** Agitation de ce qui tremble. *Tremblement de main.* **2.** *Tremblement de terre :* séisme. **3.** MUS. Trille. **4.** *Fam. Et tout le tremblement :* et tout le reste.

TREMBLER v.i. (lat. pop. *tremulare,* de *tremere,* trembler). **1.** Être agité de mouvements répétés de faible amplitude. *Les feuilles des arbres tremblent.* **2.** Avoir le corps, ou l'une de ses parties, agité de petits mouvements vifs et involontaires. *Trembler de froid. Ses mains tremblent.* **3.** Être l'objet d'un séisme. *La terre a tremblé en Italie.* **4.** Éprouver une grande crainte, une vive émotion ; appréhender, redouter. *Il tremble d'apprendre la vérité.*

TREMBLEUR, EUSE n. Rare. Personne craintive, timide à l'excès.

TREMBLOTANT, E adj. Qui tremblote.

TREMBLOTE n.f. *Fam. Avoir la tremblote :* trembler de froid ou de peur.

TREMBLOTEMENT n.m. Léger tremblement.

TREMBLOTER v.i. Trembler un peu ; vaciller.

TRÉMELLE n.f. (du lat. *tremulus,* tremblant). Champignon gélatineux, jaune ou orangé, apparaissant en hiver sur les branches mortes. (Classe des basidiomycètes ; ordre des trémellales.)

TRÉMIE n.f. (lat. *trimodia,* vase de la contenance de trois muids). **1.** Réservoir en forme de pyramide quadrangulaire tronquée et renversée faisant partie d'une machine de triage, de broyage, etc. **2.** Espace réservé dans un plancher pour l'âtre d'une cheminée ou pour une circulation verticale (gaine, cage d'escalier, etc.). **3.** Mangeoire pour la volaille. **4.** Dans une saline, pyramide creuse résultant de la cristallisation lente d'une saumure.

TRÉMIÈRE adj.f. (altér. de *rose d'outre-mer*). *Rose trémière* → **rose.**

TRÉMOLITE n.f. (du val *Tremola,* dans les Alpes). MINÉRALOG. Silicate de calcium et de magnésium, de la famille des amphiboles.

TRÉMOLO n.m. (ital. *tremolo,* tremblement de la voix). **1.** MUS. Répétition très rapide d'un même son avec un instrument à cordes frottées. **2.** Tremblement de la voix indiquant une forte émotion, souvent feinte ou exagérée.

TRÉMOUSSEMENT n.m. Action de se trémousser. *Trémoussement de hanches.*

TRÉMOUSSER (SE) v.pr. (lat. *trans,* au-delà, et *mousse,* écume). Bouger son corps en tous sens, balancer les hanches, les épaules. *Les couples dansaient en se trémoussant.*

TREMPABILITÉ n.f. MÉTALL. Aptitude d'un alliage à subir la trempe sur une épaisseur plus ou moins forte.

TREMPAGE n.m. Action de tremper qqch dans un liquide ; fait de tremper. *Le trempage des cuirs. – Spécial.* Opération qui consiste à laisser tremper le linge, la vaisselle dans l'eau pour faciliter leur lavage ultérieur.

TREMPE n.f. (de *tremper*). **1.** MÉTALL. Traitement thermique qui permet d'obtenir à température ambiante, grâce au refroidissement rapide d'un produit métallurgique ou du verre, soit une structure stable à chaud, soit une structure dérivée de cette dernière. **2.** *Fig.* Fermeté morale, intellectuelle ; énergie en face des épreuves. **3.** *Fam.* Volée de coups ; correction.

TREMPÉ, E adj. **1.** Abondamment mouillé, imbibé ou recouvert d'eau. ◇ *Trempé comme une soupe* ou *jusqu'aux os :* très mouillé. **2.** Se dit d'un métal, du verre qui a subi l'opération de la trempe. **3.** *Bien trempé :* se dit d'un caractère ferme, énergique.

TREMPER v.t. (lat. *temperare,* modérer). **1.** Plonger dans un liquide, imbiber de ce liquide. *Tremper sa plume dans l'encre.* ◇ *Tremper la soupe :* verser le bouillon sur le pain. – *Tremper son vin,* y mettre beaucoup d'eau. **2.** MÉTALL. Soumettre à la trempe. ◆ v.i. **1.** Demeurer quelque temps dans un liquide. **2.** Être complice de ; participer à une action condamnable. *Tremper dans un crime.*

TREMPETTE n.f. **1.** *Fam. Faire trempette :* prendre un bain pendant peu de temps, ou dans une eau peu profonde. **2.** Québec. Sauce assaisonnée dans laquelle on trempe des crudités.

TREMPLIN n.m. (ital. *trampolino,* de *trampolo,* échasse). **1.** Planche élastique sur laquelle un sauteur ou un plongeur prend son appel. **2. a.** Plan incliné couvert de neige sur lequel un skieur prend son élan pour un saut. **b.** Plan incliné flottant destiné au même usage, pour le ski nautique. **3.** *Fig.* Ce dont on se sert pour arriver à un résultat.

TRÉMULANT, E adj. *Litt.* Qui est agité d'un tremblement. ◆ adj. et n. Qui présente des trémulations.

TRÉMULATION n.f. (du lat. *tremulare,* trembloter). MÉD. Tremblement.

TRÉMULER v.i. *Litt.* Être agité d'un tremblement.

TRENCH-COAT [trɛnʃkot] ou **TRENCH** n.m. [pl. *trench-coats, trenchs*] (mot angl., de *trench,* tranchée, et *coat,* manteau). Imperméable croisé, ceinturé, avec col à revers et rabats extérieurs de dos et de poitrine.

TRENTAIN n.m. *Trentain grégorien :* série de trente messes célébrées pour un défunt durant trente jours consécutifs.

TRENTAINE n.f. **1.** Nombre de trente ou environ. **2.** Âge approximatif de trente ans. *Avoir passé la trentaine.*

TRENTE adj. num. et n.m. inv. (lat. *triginta*). **1.** Trois fois dix. ◇ *Fam. Se mettre sur son trente et un :* être habillé de ses plus beaux vêtements. **2.** Trentième. *La page trente.* ◆ n.m. inv. Au tennis, deuxième point que l'on peut marquer dans un jeu.

TRENTE-ET-QUARANTE n.m. inv. Jeu de casino dans lequel le total gagnant des points se situe entre 31 inclus et 40 inclus.

TRENTENAIRE adj. Qui dure trente ans ; qui existe depuis trente ans. ◆ adj. et n. Qui a entre trente et quarante ans.

TRENTE-SIX adj. num. et n.m. inv. *Fam.* **1.** Indique une grande quantité. *Il fait trente-six choses à la fois.* **2.** *Tous les trente-six du mois :* très rarement ; jamais.

TRENTIÈME adj. num. ord. et n. Qui occupe un rang marqué par le nombre trente. ◆ adj. et n.m. Se dit d'une quantité désignant le résultat d'une division par trente.

TRÉPAN n.m. (gr. *trupanon,* tarière). **1.** PÉTROLE. Outil qui, dans le sondage, attaque par percussion ou rotation le terrain sur tout le fond du trou. **2.** CHIRURG. Instrument avec lequel on perce les os, en partic. la boîte crânienne.

TRÉPANATION n.f. Opération chirurgicale consistant à pratiquer une ouverture dans un os, en partic. dans la boîte crânienne, à l'aide d'un trépan.

TRÉPANER v.t. Pratiquer une trépanation.

TRÉPANG n.m. → **TRIPANG.**

TRÉPAS n.m. *Litt.* Décès, mort. ◇ *Passer de vie à trépas :* mourir.

TRÉPASSÉ, E n. *Litt.* Personne décédée. ◇ *La fête des Trépassés :* le jour des Morts, le 2 novembre.

TRÉPASSER v.i. (anc. fr. *tres,* au-delà, et *passer*). *Litt.* Mourir, en parlant de qqn.

TRÉPIDANT, E adj. **1.** Qui est agité de trépidations. *Une voiture trépidante.* **2.** Se dit d'un mouvement vif et saccadé. *Danse trépidante.* **3.** *Vie trépidante,* pleine d'agitation, d'occupations.

TRÉPIDATION n.f. (lat. *trepidatio,* désordre). **1.** Tremblement continu et saccadé. **2.** (Souvent pl.) Vive agitation, forte animation. *Les trépidations de la vie urbaine.*

TRÉPIDER v.i. (lat. *trepidare,* s'agiter). Être agité de petites secousses rapides.

TRÉPIED n.m. Support ou siège à trois pieds.

TRÉPIGNEMENT n.m. Action de trépigner.

TRÉPIGNER v.i. (anc. fr. *treper,* frapper du pied, du germ.). Frapper vivement et nerveusement des pieds contre terre. *Trépigner de colère.*

TRÉPOINTE n.f. Bande de cuir souple servant de support ou de renfort, en cordonnerie et bourrellerie.

TRÉPONÉMATOSE n.f. Maladie causée par un tréponème.

TRÉPONÈME n.m. (du gr. *trepein,* tourner, et *nêma,* fil). Bactérie du genre des spirochètes, telle que l'agent de la syphilis *(tréponème pâle).*

TRÈS adv. (lat. *trans,* au-delà). Indique l'intensité absolue ; extrêmement. *Il est très riche. Avoir très froid.*

TRÉSAILLE n.f. (de l'anc. fr. *teseiller,* tendre). Pièce de bois qui maintient les ridelles d'une charrette.

TRESCHEUR ou **TRÉCHEUR** n.m. (de *tresser*). HÉRALD. Pièce constituée par un orle double, orné de fleurs de lis dirigées alternativement vers les bords et vers le cœur de l'écu.

TRÉSOR n.m. (lat. *thesaurus*). **1.** Amas d'or, d'argent, de choses précieuses mis en réserve. **2.** Lieu d'une église où l'on garde les reliques, les ornements et les objets précieux. **3.** Objet précieux, caché ou enfoui, découvert par hasard. (Le trésor découvert sur le fonds d'autrui appartient par moitié à l'inventeur et par moitié au propriétaire du fonds.) **4.** *Le Trésor public,* ou *le Trésor :* l'ensemble des services financiers de l'État. **5.** Titre de certains ouvrages d'érudition. **6.** Tout ce qui est précieux, excellent ; personne ou chose extrêmement utile. **7.** *Un trésor de :* une abondance précieuse de.

TRÉSORERIE n.f. **1.** Administration du Trésor public. **2.** Bureau, fonction d'un trésorier-payeur général. **3.** Mode de conservation et de mouvement des fonds qui appartiennent à l'État ou à une personne publique. **4.** Ministère des Finances, en Grande-Bretagne. **5.** COMPTAB. Ensemble des actifs liquides d'une entreprise, d'une association. ◇ *Position de trésorerie :* solde, positif ou négatif, exprimant la différence entre les actifs liquides et les dettes échues figurant au bilan d'une entreprise. **6.** Budget, somme d'argent dont qqn dispose par rapport à sa gestion. *Avoir des difficultés de trésorerie.*

TRÉSORIER, ÈRE n. Personne qui détient, comptabilise et gère les fonds d'une collectivité, d'une entreprise.

TRÉSORIER-PAYEUR n.m. (pl. *trésoriers-payeurs*). *Trésorier-payeur général :* chef des services comptables de l'État pour un département.

TRESSAGE n.m. Action de tresser ; manière dont un objet est tressé.

TRESSAILLEMENT n.m. Brusque secousse de tout le corps, génér. à la suite d'une émotion vive.

TRESSAILLIR v.i. [35]. Avoir un brusque mouvement involontaire du corps, en partic. sous le coup d'une émotion ; sursauter.

TRESSAUTER v.i. *Litt.* **1.** Tressaillir vivement. **2.** Être agité de secousses.

TRESSE n.f. (gr. *thrix,* poil). **1.** Forme obtenue par entrelacement de brins, de fils, de rubans, etc. *Faire une tresse avec du fil plastique.* **2.** Longue mèche de cheveux divisée en trois parties entrelacées. SYN. : *natte.* **3.** ARCHIT., ARTS APPL. Ornement figurant des rubans entrelacés. **4.** Cordage plat, tressé à la main. **5.** Galon placé sur le bandeau du képi pour indiquer le grade. **6.** Suisse. Pain blanc légèrement sucré, formé en tressant des cordons de pâte.

TRESSER v.t. **1.** Arranger en forme de tresse. *Tresser de l'osier.* **2.** Confectionner en entrelaçant des brins. *Tresser un panier.*

TRÉTEAU n.m. (lat. *transtillum*). Support formé d'une barre horizontale portée à chaque extrémité par deux pieds obliques et servant (par paire ou davantage) à soutenir une table, un plancher, une estrade, etc.

TREUIL n.m. (lat. *torculum,* pressoir). Appareil dont l'élément essentiel est un cylindre horizontal appelé *tambour,* sur lequel s'enroule une corde, un câble, une chaîne et qui sert à élever des fardeaux.

TREUILLAGE n.m. **1.** Utilisation d'un treuil pour soulever des charges, des personnes. *Le treuillage des blessés par les secouristes.* **2.** Lancement d'un planeur avec un treuil.

TREUILLER v.t. Lever ou déplacer au moyen d'un treuil.

TRÊVE n.f. (du francique). **1.** Cessation temporaire de tout acte d'hostilité. ◇ ***Trêve des confiseurs*** : période de calme social et politique correspondant aux fêtes de fin d'année. – HIST. *Trêve de Dieu* : aux Xᵉ et XIᵉ s., suspension des guerres féodales prescrite par l'Église pendant certains jours de la semaine et certaines périodes de l'année. – *Sans trêve* : sans s'arrêter ; sans arrêt. **2.** Suspension d'attaques quelconques. *Mettez une trêve à vos disputes.* **3.** Temps d'arrêt dans qqch de difficile, de pénible ; répit. *Ses affaires ne lui laissent aucune trêve.* **4.** *Trêve de* : assez de, cessons cela. *Trêve de plaisanteries, il est temps d'agir.*

TRÉVIRE n.f. (de *virer*). Cordage frappé en double au sommet d'un plan incliné, pour la manutention de charges cylindriques.

TRÉVIRER v.t. Déplacer à l'aide de trévires.

TRÉVISE n.f. (de *Trévise,* n.pr.). Chicorée rouge d'origine italienne, à feuilles allongées, consommée comme salade.

TRI n.m. **1.** Action de trier ; triage. *Le tri du courrier.* **2.** INFORM. Mise en ordre d'un ensemble d'informations en vue de leur traitement.

TRIACIDE n.m. CHIM. Corps à trois fonctions acide.

TRIADE n.f. (bas lat. *trias, -adis*). **1.** *Didact.* Groupe de trois personnes ou choses étroitement associées. **2.** Groupe de trois divinités associées dans un même culte. ◇ *La triade capitoline* : Jupiter, Junon et Minerve. **3.** (Souvent pl.) Organisation mafieuse active en Chine et dans la diaspora chinoise.

TRIAGE n.m. **1.** Action de trier, de répartir en choisissant. **2.** CH. DE F. *Gare de triage* : gare spécialisée dont le rôle est de recevoir les trains de marchandises de diverses provenances, d'en trier les wagons par destinations pour former de nouveaux trains et de les expédier.

TRIAL [trijal] n.m. [pl. *trials*] (mot angl.). Sport motocycliste sur tous terrains, faisant surtout appel à la maniabilité de la machine, aux qualités d'adresse et d'équilibre du pilote. ◆ n.f. Moto conçue pour pratiquer ce type de compétition.

TRIALCOOL ou **TRIOL** n.m. CHIM. ORG. Composé à trois fonctions alcool (par ex. la glycérine).

TRIALLE n.f. Donax.

TRIANDINE n.f. Suisse. Fourche (instrument).

TRIANDRIE n.f. BOT. Caractère d'une plante à trois étamines.

TRIANGLE n.m. (lat. *triangulum,* de *tres,* trois, et *angulum,* angle). **1.** Polygone à trois côtés. **2.** Instrument de musique à percussion formé d'une tige d'acier repliée en triangle non fermé, frappé avec une baguette d'acier.

TRIANGULAIRE adj. **1.** Qui a la forme d'un triangle. **2.** Qui se fait entre trois personnes, trois groupes ; qui met en jeu trois éléments. ◇ *Élection triangulaire,* ou *triangulaire,* n.f. : élection opposant trois candidats. **3.** HIST. *Commerce, trafic triangulaire* : forme particulière de la traite des Noirs, qui consistait à aller échanger sur les côtes africaines des produits européens contre des esclaves, à transporter ceux-ci en Amérique et à les y vendre, pour rapporter en Europe les produits tropicaux. (Il fut pratiqué par les pays occidentaux possédant une flotte de la fin du XVIᵉ au XIXᵉ s.) ◆ adj. et n.m. ANAT. Se dit de divers muscles qui ont la forme d'un triangle.

TRIANGULATION n.f. TOPOGR. Partage d'une surface terrestre en un réseau de triangles formés de points géodésiques de référence, pour mesurer une ligne géodésique ou pour dresser la carte d'une région.

TRIANGULER v.t. Effectuer une triangulation.

TRIAS [trijas] n.m. (mot gr., *groupe de trois*). GÉOL. Système du mésozoïque. (Le trias est la première période de l'ère secondaire, de - 245 à - 205 millions d'années.)

TRIASIQUE adj. Relatif au trias.

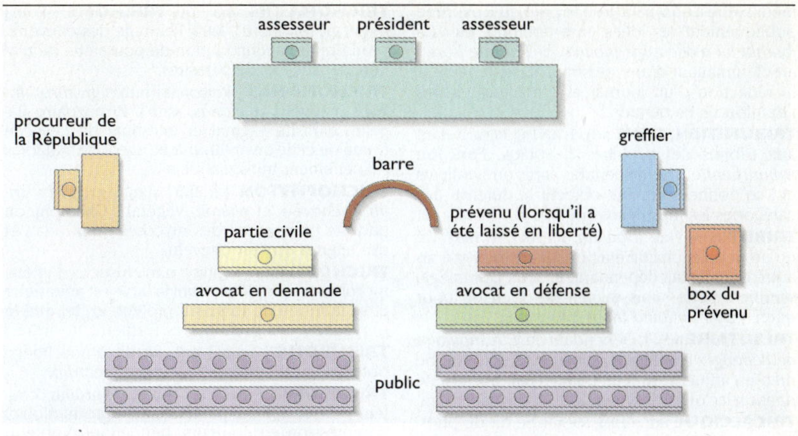

■ **TRIBUNAL.** Configuration et composition d'un tribunal correctionnel.

TRIATHLÈTE n. Athlète spécialiste du triathlon, qui participe à un triathlon.

TRIATHLON n.m. SPORTS. Compétition enchaînant trois épreuves (natation, course cycliste sur route, course à pied).

TRIATOMIQUE adj. CHIM. Se dit des corps dont la molécule est formée de trois atomes.

TRIBADE n.f. (du gr. *tribein,* frotter). *Litt.* Femme homosexuelle.

TRIBAL, E, AUX ou **ALS** adj. Relatif à la tribu. *Guerres tribales.*

TRIBALISME n.m. *Souvent péjor.* Organisation sociale de type tribal.

TRIBALLE n.f. Petite tige de fer ou de bois avec laquelle les fourreurs battent les peaux.

TRIBALLER v.t. (anc. fr. *triboler,* tourmenter). Passer les peaux à la triballe.

TRIBART n.m. Entrave que l'on attache au cou des animaux pour réduire leur mobilité.

TRIBOÉLECTRICITÉ n.f. (du gr. *tribein,* frotter). Électricité statique produite par frottement.

TRIBOÉLECTRIQUE adj. Relatif à la triboélectricité.

TRIBOLOGIE n.f. (du gr. *tribein,* frotter). MÉCAN. Science et technologie des frottements des surfaces en contact animées d'un mouvement relatif.

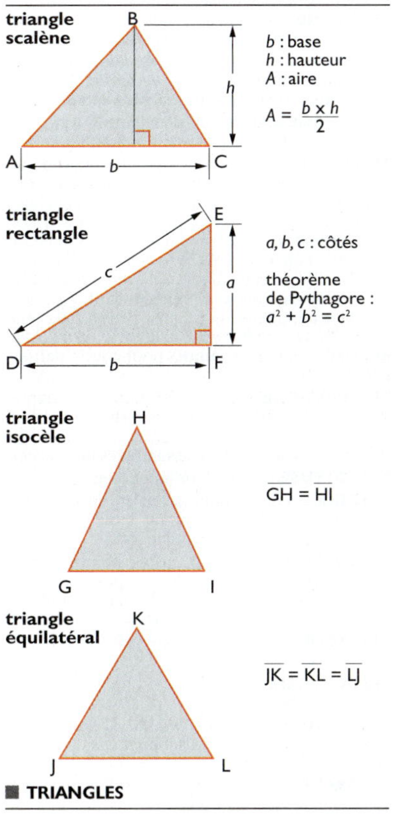

■ **TRIANGLES**

TRIBOLUMINESCENCE n.f. OPT. Luminescence provoquée par un choc, un frottement, une rupture.

TRIBOMÉTRIE n.f. (du gr. *tribein,* frotter). Mesure des forces de frottement.

TRIBORD n.m. (du moyen néerl.). MAR. Côté droit d'un navire, quand on regarde vers l'avant (par oppos. à *bâbord*).

TRIBORDAIS n.m. MAR. Homme de l'équipage faisant partie du quart de tribord.

TRIBOULET n.m. (de l'anc. fr. *triboler,* agiter). Tige de forme tronconique et calibrée qui sert au bijoutier pour mesurer le diamètre des bagues.

TRIBU n.f. (lat. *tribus*). **1.** Groupement de familles de même origine, vivant dans la même région ou se déplaçant ensemble, et ayant une même organisation sociale, les mêmes croyances religieuses et, le plus souvent, une langue commune. **2.** ANTIQ. **a.** À Rome et à Athènes, division de la population constituant un cadre politique et militaire. **b.** *Les douze tribus d'Israël,* issues, selon la tradition, des douze fils de Jacob. **3.** *Fig., souvent péjor.* ou *par plais.* Groupe nombreux ; grande famille unie par des règles, des traditions. **4.** SC. DE LA V. Niveau de classification intermédiaire entre la famille et le genre.

TRIBULATIONS n.f. pl. (bas lat. *tribulatio,* tourment). Suite d'aventures plus ou moins désagréables, de revers, d'obstacles surmontés.

TRIBUN n.m. (lat. *tribunus*). **1.** ANTIQ. ROM. **a.** Magistrat chargé, à l'origine, de l'administration d'une tribu. **b.** *Tribun de la plèbe* : magistrat élu par les *comices tributes* (citoyens réunis en tribus) et chargé de défendre les intérêts de la plèbe. **c.** *Tribun militaire,* ou *tribun des soldats* : l'un des six officiers supérieurs à la tête d'une légion. **2.** Membre du Tribunat, en France, sous le Consulat et l'Empire. **3.** Orateur populaire, à l'éloquence puissante et directe.

TRIBUNAL n.m. [pl. *tribunaux*] (mot lat., *tribune*). **1.** Juridiction formée d'un ou de plusieurs magistrats qui jugent ensemble. ◇ *Tribunal administratif* : juridiction de première instance chargée de juger certains litiges entre les particuliers et l'Administration. – *Tribunal d'instance* : juridiction d'exception de l'ordre judiciaire qui statue à juge unique et a pour vocation de régler les litiges simples. – *Tribunal de grande instance* : juridiction de droit commun de première instance chargée de juger certains procès civils. **2.** Ensemble des magistrats qui composent une telle juridiction. **3.** Lieu où siègent les magistrats. **4.** *Fig., litt.* Ce que l'on considère comme jouant le rôle d'un juge. *Le tribunal de l'histoire.*

TRIBUNAT n.m. **1.** ANTIQ. ROM. Charge de tribun ; exercice de cette charge. **2.** *Le Tribunat* : *v. partie n.pr.*

TRIBUNE n.f. (lat. médiév. *tribuna*). **1.** Emplacement surélevé, estrade d'où un orateur s'adresse à une assemblée. **2.** (Souvent pl.) Espace muni de gradins, le plus souvent couvert, d'où l'on regarde une course de chevaux, une manifestation sportive, etc. **3.** Galerie surélevée réservée à certaines personnes, dans les grandes salles d'assemblée. **4.** Galerie ouverte ou plate-forme élevée, à usage varié, dans un lieu public, une grande salle, un édifice cultuel (au-dessus des collatéraux de la nef, du transept et/ou du chœur, ou bien supportant le buffet d'orgues, dans une église). **5.** Émission, page de journal, etc., qu'un média offre à qqn, à un groupe pour qu'il exprime publiquement ses idées, une doctrine, etc. *Ce journal lui a offert une tribune.* ◇ ***Tribune libre*** : article émanant d'une personnalité extérieure à la rédaction d'un journal et qui n'engage pas l'opinion de ce dernier.

TRIBUNITIEN, ENNE adj. **1.** ANTIQ. ROM. Relatif aux tribuns de la plèbe. **2.** SOCIOL. ***Fonction tribunitienne*** : rôle de certains partis ou syndicats qui se donnent comme objectif la défense des catégories les plus défavorisées.

TRIBUT n.m. (lat. *tributum*, impôt). **1.** HIST. Ce qu'un peuple, un État était obligé de fournir à un autre dont il était dépendant. **2.** *Sout.* Dommage, sacrifice, perte subis du fait de qqch ou pour qqch. *Payer un lourd tribut à la guerre.*

TRIBUTAIRE adj. **1.** Dépendant de. *Être tributaire de l'étranger en matière d'énergie.* **2.** HYDROL. Se dit d'un affluent, ou d'un cours d'eau qui se jette dans un lac ou dans la mer. **3.** HIST. Qui paie tribut.

TRICALCIQUE adj. CHIM. MINÉR. Se dit du phosphate $Ca_3(PO_4)_2$, à trois atomes de calcium.

TRICARD, E adj. et n. *Arg.* Interdit de séjour.

TRICENNAL, E, AUX adj. *Didact.* De trente ans.

TRICENTENAIRE n.m. Troisième centenaire. ◆ adj. Qui a trois cents ans.

TRICÉPHALE adj. Qui a trois têtes. *Monstre tricéphale.*

TRICEPS [trisɛps] adj. et n.m. (lat. *triceps*, triple). Se dit d'un muscle qui se divise à une extrémité en trois corps. *Triceps brachial.*

TRICÉRATOPS [triseratɔps] n.m. (gr. *keras*, corne, et *ôps*, vue). Reptile dinosaurien herbivore du crétacé d'Amérique du Nord, dont la tête était armée de trois cornes et d'une collerette osseuse. (Long. 8 m ; sous-ordre des ornithischiens.)

TRICHE n.f. *Fam.* Fait de tricher.

TRICHER v.i. (lat. *tricari*, chicaner). **1.** Enfreindre les règles d'un jeu, d'un sport, pour gagner. *Tricher aux cartes.* **2.** Enfreindre certaines règles, certaines conventions explicites ou d'usage en affectant de les respecter. *Tricher en affaires.* ◆ v.t. ind. **(sur)**. **1.** Tromper, mentir sur la valeur, la quantité de qqch. *Tricher sur le poids. Tricher sur son âge.* **2.** Dissimuler un défaut par un artifice ou par un procédé de métier. *Tricher un peu sur les raccords.*

TRICHERIE n.f. **1.** Action de tricher. **2.** Tromperie quelconque ; abus de confiance.

TRICHEUR, EUSE adj. et n. Qui triche.

TRICHINE [trikin] n.f. (du gr. *thrix, trikhos*, cheveu). Ver parasite vivant à l'état adulte dans l'intestin du rat et, à l'état larvaire, dans ses muscles. (L'homme et le porc peuvent aussi être infestés ; embranchement des nématodes.)

TRICHINOSE [-ki-] n.f. Infection par une trichine, caractérisée par une fièvre, de la diarrhée, des douleurs et des œdèmes.

TRICHLORÉTHYLÈNE [-klɔ-] n.m. Composé $CHCl{=}CCl_2$, liquide ininflammable employé comme solvant.

TRICHOCÉPHALE [-kɔsefal] n.m. (du gr. *thrix, trikhos*, cheveu). Ver nématode, parasite de l'intestin de l'homme et de quelques mammifères. (Long. 3 à 5 cm.)

TRICHOGRAMME [-kɔ-] n.m. Insecte hyménoptère minuscule qui parasite les œufs et les chenilles des pyrales nuisibles, et qui est utilisé pour la protection biologique des récoltes.

TRICHOLOME [-kɔlom] n.m. (gr. *thrix, trikhos*, cheveu, et *lôma*, frange). Champignon basidiomycète à lames, qui pousse dans les bois ou les prés. (Le *tricholome de la Saint-Georges*, comestible, est aussi appelé *mousseron* ; ordre des agaricales.)

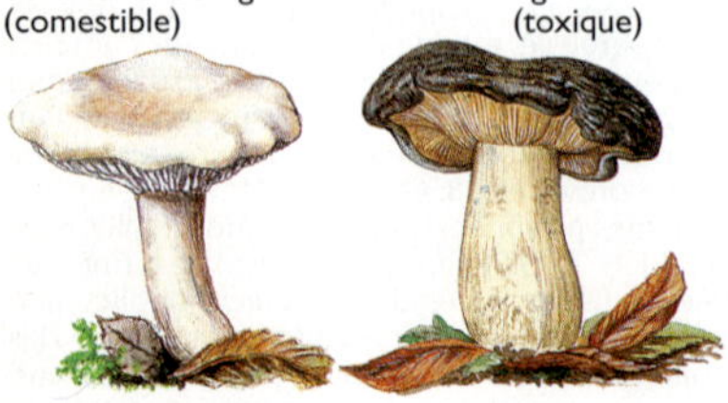

■ **TRICHOLOMES**

TRICHOMA [trikɔma] ou **TRICHOME** [-kom] n.m. (gr. *trikhôma*). MÉD. Feutrage des cheveux, produit par l'accumulation de poussière, de matière sébacée et de parasites.

TRICHOMONAS [-kɔmɔnas] n.m. (gr. *thrix, trikhos*, cheveu, et *monas*, seul). Protozoaire flagellé, parasite vaginal et intestinal de l'espèce humaine et de divers animaux, agent de maladies sexuellement transmissibles.

TRICHOPHYTON [-kɔfitɔ̃] n.m. (gr. *thrix, trikhos*, cheveu, et *phuton*, végétal). Champignon parasite provoquant des mycoses de la peau et des teignes du cuir chevelu.

TRICHOPTÈRE [-kɔptɛr] n.m. Insecte à métamorphoses complètes, dont la larve est aquatique et se fabrique un fourreau protecteur, tel que la phrygane. (Les trichoptères forment un ordre.)

TRICHROME [-krom] adj. Se dit d'une image obtenue par trichromie. *Synthèse trichrome.*

TRICHROMIE [-kro-] n.f. (du gr. *khrôma*, couleur). Ensemble des procédés de reproduction et d'impression en couleurs, permettant d'obtenir toutes les teintes à l'aide des trois couleurs primaires.

TRICKSTER [trikstœr] n.m. (mot angl., *filou*). ANTHROP. Personnage mythologique qui joue le rôle de celui qui dérange l'ordre, qui plaisante sur les choses sacrées.

TRICLINIQUE adj. MINÉRALOG. *Système triclinique* : système cristallin dont la maille élémentaire est un parallélépipède à base de losange.

TRICLINIUM [-njɔm] n.m. (gr. *treis*, trois, et *klinê*, lit). ANTIQ. ROM. **1.** Lit à trois places sur lequel les Romains s'étendaient pour manger. **2.** Salle à manger, génér. à trois lits, de la maison romaine.

TRICOISES n.f. pl. (altér. de *tenailles turcoises*, tenailles turques). **1.** Clé utilisée par les pompiers pour serrer ou desserrer les raccords des tuyaux, manœuvrer certains robinets, etc. **2.** Tenailles de maréchal-ferrant.

TRICOLORE adj. **1.** Qui a trois couleurs. **2.** Se dit des trois couleurs bleu, blanc et rouge, emblème de la nation française, d'une fonction officielle. *Écharpe tricolore.* (L'origine du drapeau tricolore remonte à juillet 1789, où l'on réunit sur une cocarde le blanc, couleur du roi, avec le bleu et le rouge, couleurs de Paris, symbole de l'union de la royauté et du peuple.) ◆ adj. et n. Qui porte les couleurs de la France. *Les tricolores ont gagné le match.*

TRICÔNE n.m. PÉTROLE. Trépan de sondage par rotation comportant trois molettes dentées.

TRICORNE n.m. (du lat. *tricornis*, à trois cornes). Chapeau à bords repliés en trois cornes.

TRICOT n.m. **1.** Étoffe à mailles tricotées. **2.** Article vestimentaire fait avec cette étoffe. **3.** Action de tricoter ; ouvrage ainsi réalisé. *Faire du tricot.*

TRICOTAGE n.m. Action de tricoter ; travail de qqn qui tricote.

TRICOTER v.t. (moyen fr. *tricoter*, sauter, de *tricot*, gourdin). **1.** Former et entrelacer des mailles de fil textile avec des aiguilles spéciales pour en faire un tissu, un ouvrage de tricot. ◇ ***Machine à tricoter*** : machine permettant d'exécuter un tricot. SYN. : *tricoteuse.* **2.** Travailler un fil textile de cette façon. **3.** Former une maille en l'entrelaçant avec la précédente. **4.** *Fig., fam.* Préparer minutieusement, mettre en forme ; élaborer. *Tricoter un accord, un scénario.* ◆ v.i. *Fam.* Remuer vivement les jambes pour courir, danser, pédaler, etc.

TRICOTEUR, EUSE n. **1.** Personne qui tricote. **2.** HIST. *Les tricoteuses* : femmes du peuple qui, pendant la Révolution française, assistaient en tricotant aux séances des assemblées populaires.

TRICOTEUSE n.f. Machine à tricoter.

TRICTRAC n.m. (onomat.). Jeu qui se joue avec des dames et des dés sur un tableau à deux compartiments, ancêtre du jacquet.

TRICUSPIDE adj. (du lat. *cuspis*, pointe). ANAT. *Valvule tricuspide* : valvule composée de trois valves, annexée à l'orifice qui sépare l'oreillette et le ventricule droits du cœur.

TRICYCLE n.m. Cycle ou motocycle à trois roues, dont deux à l'arrière.

TRICYCLIQUE adj. Se dit d'un hydrocarbure à trois cycles benzéniques.

TRIDACNE n.m. (du gr. *tridaknos*, dont on ne peut faire moins de trois bouchées). Bénitier (mollusque).

TRIDACTYLE adj. Se dit d'un membre de vertébré terminé par trois doigts.

TRIDENT n.m. (du lat. *tridens, -entis*, à trois dents). **1.** Fourche à trois pointes servant à harponner les poissons. (Ce fut l'attribut de nombreuses divinités marines et en partic. de Neptune.) **2.** Bêche ou fourche à trois dents.

TRIDENTÉ, E adj. Qui présente trois dents.

TRIDIMENSIONNEL, ELLE adj. Qui comporte trois dimensions.

TRIÈDRE adj. GÉOMÉTR. Qui a trois faces. ◆ n.m. Secteur polyèdre qui a trois faces.

TRIENNAL, E, AUX adj. (bas lat. *triennalis*, de *annus*, année). Qui dure trois ans ; qui revient tous les trois ans.

TRIER v.t. [5] (bas lat. *tritare*). **1.** Choisir, parmi plusieurs, certains éléments en les séparant du reste ; sélectionner. *Trier les meilleures photos pour les faire agrandir.* **2.** Répartir des objets suivant certains critères. *Trier des lettres.*

TRIÉRARQUE n.m. (gr. *triêrês*, trière, et *arkhein*, commander). ANTIQ. GR. À Athènes, riche citoyen tenu d'équiper à ses frais une trière.

TRIÈRE n.f. (gr. *triêrês*). ANTIQ. GR. Navire de guerre à trois rangs de rameurs superposés. SYN. : *trirème.*

TRIESTER [triɛstɛr] n.m. CHIM. ORG. Composé à trois fonctions ester.

1. **TRIEUR, EUSE** n. Personne qui trie.

2. **TRIEUR** n.m. TECHN. Appareil mécanique de triage.

TRIEUSE n.f. Machine électromécanique qui permettait de classer à grande vitesse des cartes perforées selon une référence donnée.

TRIFOLIOLÉ, E adj. BOT. Se dit d'une feuille composée de trois folioles, comme celle du trèfle.

TRIFONCTIONNEL, ELLE adj. Relatif aux trois fonctions (guerrière, sacerdotale et agraire, pastorale et artisanale) repérées dans la pensée indo-européenne par G. Dumézil.

TRIFORIUM [-fɔrjɔm] n.m. (mot angl., du lat.). ARCHIT. Dans une église, étroite galerie au-dessus des grandes arcades ou de la tribune, ouverte par une suite de baies sur la nef (vaisseau central, génér.), le transept et/ou le chœur.

TRIFOUILLER v.i. *Fam.* Fouiller sans méthode, en bouleversant, en abîmant. *On a encore trifouillé dans mes affaires.*

TRIGLE n.m. (gr. *triglê*). Grondin (poisson).

TRIGLYCÉRIDE n.m. Lipide formé par l'estérification du glycérol par trois acides gras.

TRIGLYPHE n.m. (gr. *trigluphos*). ARCHIT. Ornement de la frise dorique, composé de deux glyphes et de deux demi-glyphes. (Les triglyphes alternent avec les *métopes*.)

TRIGONE adj. et n.m. (gr. *trigônos*, à trois angles). *Didact.* Qui présente trois angles.

TRIGONELLE n.f. (du lat. *trigonus*, triangulaire). Plante herbacée voisine du trèfle, à fleurs crème, aux fruits en gousse allongée. (Genre *Trigonella* ; famille des papilionacées.)

TRIGONOMÉTRIE n.f. (du gr. *trigônon*, triangle). MATH. Étude des propriétés des fonctions circulaires des angles et des arcs (sinus, cosinus, tangente, etc.). [Elle permet de calculer, par triangulation, les mesures des côtés d'un triangle ou de ses angles à partir de certaines d'entre elles, notamm. en astronomie ou en topographie.]

TRIGONOMÉTRIQUE adj. Relatif à la trigonométrie.

TRIGONOMÉTRIQUEMENT adv. Suivant les règles de la trigonométrie.

TRIGRAMME n.m. **1.** *Didact.* Mot de trois lettres. **2.** Sigle constitué de trois caractères réunis. **3.** Figure formée par la superposition de trois lignes, coupées ou non en leur milieu, utilisée dans la divination chinoise.

TRIJUMEAU adj.m. et n.m. ANAT. Se dit d'un nerf crânien qui se divise en trois branches pour former le nerf ophtalmique et les nerfs maxillaires supérieur et inférieur.

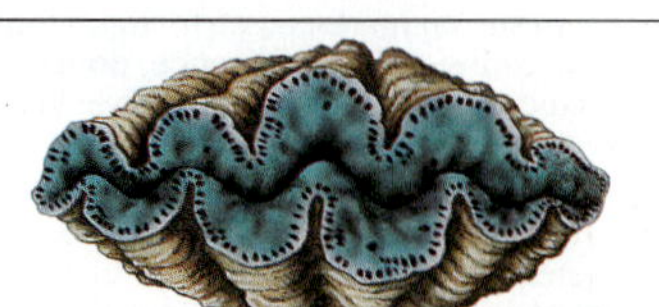

■ **TRIDACNE.** Tridacne géant.

TRILATÉRAL, E, AUX adj. GÉOMÉTR. Qui a trois côtés.

TRILINGUE adj. et n. (du lat. *lingua*, langue). Qui parle trois langues. ◆ adj. Écrit en trois langues.

TRILITÈRE adj. (du lat. *littera*, lettre). LING. Se dit d'un mot composé de trois lettres.

TRILLE n.m. (ital. *trillo*, tremblement). MUS. Ornement qui consiste dans le battement rapide et plus ou moins prolongé d'une note avec la note conjointe supérieure. SYN. : *tremblement*.

TRILLER v.i. Exécuter un trille.

TRILLION [triljɔ̃] n.m. Un million de billions, soit 10^{18}.

TRILOBÉ, E adj. *Didact.* À trois lobes ; en forme de trèfle. *Église à chœur trilobé.*

TRILOBITE n.m. (lat. *tres*, trois, et *lobus*, lobe). Arthropode marin fossile, voisin des crustacés, dont le corps segmenté était divisé en trois parties (*céphalon*, thorax et *pygidium*), très abondant dans les sédiments de l'ère primaire. (Les trilobites forment une classe.)

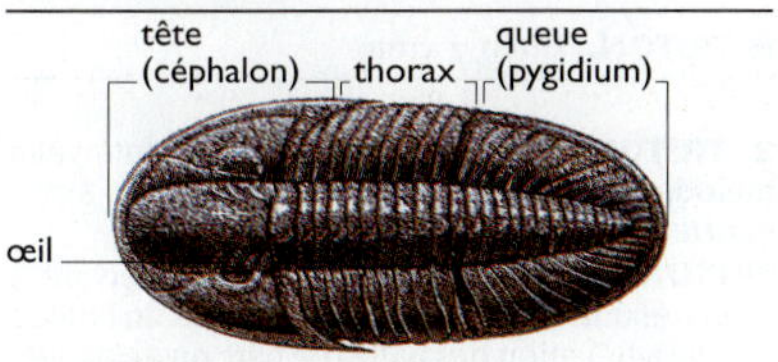

■ **TRILOBITE** (genre *Phillipsia*).

TRILOCULAIRE adj. BOT. Divisé en trois loges.

TRILOGIE n.f. (du gr. *logos*, discours). **1.** Série de trois œuvres dont les sujets sont liés. **2.** Chez les Grecs, ensemble des trois tragédies portant sur un même thème que devait présenter chacun des concurrents dans les concours dramatiques.

TRIMARAN n.m. (de *tri-*, trois, et *catamaran*). Voilier comportant trois coques parallèles.

TRIMARD n.m. (de *trimer*). *Arg.*, vx. Route, chemin.

TRIMARDER v.i. (de *trimard*). *Arg.*, vx. Vagabonder ; aller de région en région.

TRIMARDEUR n.m. *Arg.*, vx. Vagabond, et partic. ouvrier allant de ville en ville pour chercher du travail.

TRIMBALAGE, TRIMBALLAGE, TRIMBALEMENT ou **TRIMBALLEMENT** n.m. *Fam.* Action de trimbaler.

TRIMBALER ou **TRIMBALLER** v.t. (anc. fr. *tribaler*, remuer). *Fam.* Traîner partout avec soi. *Trimbaler ses valises.* ◇ *Fam. Qu'est-ce qu'il trimbale ! :* ce qu'il est stupide ! ◆ **se trimbaler** v.pr. *Fam.* Se déplacer, aller et venir.

TRIMER v.i. *Fam.* Travailler dur ; se donner beaucoup de peine.

TRIMÈRE adj. (de *tri-*, trois, et gr. *meros*, partie). Qui présente une symétrie axiale d'ordre 3, notamm. en parlant d'une fleur.

TRIMESTRE n.m. (lat. *trimestris*). **1.** Espace de trois mois. *Être payé au trimestre.* **2.** Somme payée ou reçue à la fin de cette période. *Toucher son trimestre de pension.* **3.** Chacune des trois divisions de l'année scolaire française, de septembre à juillet, équivalant approximativement à trois mois et séparée de la suivante par des vacances.

TRIMESTRIEL, ELLE adj. Qui revient, se produit tous les trois mois. ◆ n.m. Périodique qui paraît tous les trimestres.

TRIMESTRIELLEMENT adv. Par trimestre ; tous les trois mois.

TRIMÉTAL n.m. (pl. *trimétaux*). Ensemble métallique monobloc formé de trois métaux ou alliages différents adhérant l'un à l'autre.

TRIMÈTRE n.m. Vers français marqué de trois accents principaux.

TRIMMER [trimœr] n.m. (mot angl.). **1.** Engin de pêche pour le brochet, constitué par un gros flotteur plat circulaire, sur la tranche duquel s'enroule la ligne. **2.** ÉLECTRON. Condensateur d'appoint qui s'ajuste et sert à parfaire l'accord d'un circuit.

TRIMOTEUR adj.m. et n.m. Se dit d'un avion qui possède trois moteurs.

TRIN, E [trɛ̃, trin] adj. (lat. *trinus*). Qui est triple, en parlant de Dieu considéré dans le mystère de la Trinité.

TRINGLE n.f. (moyen néerl. *tingel*, cale de bois). **1.** Barre métallique servant à suspendre un rideau, une draperie, etc. **2.** Tige métallique de faible section cylindrique.

TRINGLER v.t. Marquer d'une ligne droite une pièce de bois, un tissu à l'aide d'une ficelle, d'un fil tendus et enduits de craie.

TRINGLOT n.m. → **TRAINGLOT.**

TRINIDADIEN, ENNE adj. et n. De l'île de la Trinité (et plus génér. de l'État de Trinité-et-Tobago), de ses habitants.

TRINITAIRE adj. THÉOL. CHRÉT. Relatif à la Trinité. ◆ n. Religieux de l'ordre de la Sainte-Trinité, fondé en 1198 par saint Jean de Matha et saint Félix de Valois pour racheter les chrétiens prisonniers des Barbaresques. (Les trinitaires sont actuellement voués aux missions.)

TRINITÉ n.f. (du lat. *trinus*, triple). **1.** THÉOL. CHRÉT. *La Trinité :* désignation de Dieu en trois personnes (Père, Fils et Saint-Esprit) distinctes, égales et consubstantielles en une seule et indivisible nature ; fête commémorant ce mystère, le premier dimanche après la Pentecôte. **2.** *Litt.* Réunion de trois éléments formant un tout.

TRINITRINE n.f. Solution à 1 % de nitroglycérine, employée dans le traitement de l'angine de poitrine.

TRINITROTOLUÈNE n.m. Solide cristallisé produit par nitration du toluène, dont un des isomères constitue un explosif particulièrement puissant, appelé *tolite*. Abrév. : *TNT*.

TRINÔME n.m. (de *tri-*, trois, et gr. *nomos*, division). Polynôme formé de trois termes.

TRINQUEBALLE n.m. → **TRIQUEBALLE.**

TRINQUER v.i. (all. *trinken*, boire). **1.** Boire en même temps qu'une ou plusieurs personnes, après avoir choqué les verres les uns contre les autres en signe d'allégresse, en gage d'amitié ou pour exprimer un souhait. **2.** *Fam.* Subir un dommage, un désagrément.

1. TRINQUET n.m. (ital. *trinchetto*). MAR. Mât de misaine, incliné un peu sur l'avant des bâtiments gréés en voiles latines.

2. TRINQUET n.m. (mot dial.). SPORTS. Salle aménagée pour certaines formes de jeu de la pelote basque.

TRINQUETTE n.f. (ital. *trinchetto*). MAR. Voile d'avant triangulaire qui se grée en arrière du foc.

TRIO n.m. (mot ital.). **1.** Composition vocale ou instrumentale à trois parties. **2.** Formation de trois musiciens. **3.** MUS. Deuxième partie d'une danse, écrite sur un thème différent de la première partie. **4.** Groupe de trois personnes. **5.** MÉTALL. Laminoir non réversible à trois cylindres.

TRIODE n.f. Tube électronique à trois électrodes (anode, grille de contrôle, cathode).

TRIOL n.m. → **TRIALCOOL.**

TRIOLET n.m. **1.** Poème à forme fixe de huit vers, composé sur deux rimes et dont trois vers (le premier, le quatrième et le septième) sont identiques. **2.** MUS. Groupe de trois notes d'égale valeur, surmonté du chiffre 3, à exécuter dans le même temps que deux notes de même figure.

TRIOLISME n.m. Pratique sexuelle impliquant trois partenaires.

TRIOMPHAL, E, AUX adj. **1.** Qui constitue une réussite éclatante. *Succès triomphal.* **2.** Qui se fait avec éclat. *Accueil triomphal.* **3.** ANTIQ. ROM. Relatif au triomphe.

TRIOMPHALEMENT adv. **1.** Avec les honneurs, les acclamations qui marquent un triomphe. **2.** D'un air triomphant. *Annoncer triomphalement un succès.*

TRIOMPHALISME n.m. Attitude de confiance absolue ou excessive en la réussite.

TRIOMPHALISTE adj. et n. Qui fait preuve de triomphalisme.

TRIOMPHANT, E adj. **1.** Qui triomphe. **2.** Qui marque la joie et la fierté. *Air triomphant.*

TRIOMPHATEUR, TRICE n. Personne qui triomphe, a triomphé.

TRIOMPHE n.m. (lat. *triumphus*). **1.** Grand succès, victoire éclatante. **2.** ANTIQ. ROM. Série d'honneurs exceptionnels attribués à un général victorieux. ◇ *Faire un triomphe à qqn*, lui prodiguer des louanges, des acclamations, lui faire une ovation. – *Porter qqn en triomphe*, le porter à bras d'hommes pour lui faire honneur. **3.** MIL. Cérémonie de baptême d'une promotion de saint-cyriens.

TRIOMPHER v.i. (lat. *triumphare*). **1.** Remporter une victoire, un succès. **2.** Manifester sa joie, sa fierté d'avoir obtenu un succès. *Le vainqueur triomphait.* **3.** ANTIQ. ROM. Recevoir les honneurs du triomphe. ◆ v.t. ind. **(de).** Remporter un avantage, l'emporter sur.

TRIONYX n.m. (du gr. *onux*, ongle). Tortue carnivore des cours d'eau d'Amérique du Nord, d'Afrique et d'Asie du Sud-Est, à carapace coriace mais dépourvue d'écailles, extrêmement vorace. (Long. 70 cm ; famille des trionychidés.)

TRIP n.m. (mot anglo-amér., *voyage*). Dans le langage des toxicomanes, état hallucinatoire dû à la prise d'une drogue, en partic. de LSD.

TRIPAILLE n.f. *Fam.* Amas de tripes, d'intestins.

TRIPALE adj. Qui a trois pales. *Hélice tripale.*

TRIPANG ou **TRÉPANG** [-pɑ̃] n.m. (mot malais). Grosse holothurie comestible des mers chaudes, très appréciée en Extrême-Orient. (Embranchement des échinodermes.)

TRIPARTI, E adj. Divisé en trois parties. *Feuille triparti*e. SYN. : *tripartite*.

TRIPARTISME n.m. Système de gouvernement tripartite.

TRIPARTITE adj. **1.** Triparti. **2.** Constitué par l'association de trois partis. *Gouvernement tripartite.* **3.** Réalisé entre trois partenaires. *Accord tripartite.* ◆ n.f. Belgique. Coalition gouvernementale formée de trois partis.

TRIPARTITION n.f. Action de diviser une quantité en trois parties égales.

TRIPATOUILLAGE n.m. *Fam.* Action de tripatouiller.

TRIPATOUILLER v.t. (de *tripoter* et *patouiller*). *Fam.* **1.** Manipuler, tripoter avec insistance ou maladresse ; patouiller. **2.** Modifier dans une intention malhonnête, frauduleuse ; falsifier, trafiquer. *Tripatouiller une comptabilité.*

TRIPATOUILLEUR, EUSE n. *Fam.* Personne qui tripatouille.

TRIPE n.f. (ital. *trippa*). **1.** Boyau d'un animal de boucherie. **2.** Partie intérieure d'un cigare. **3.** *Fig., fam.* (Souvent pl.) Le plus profond, le plus intime de soi, dans le domaine du sentiment. *Chanter avec ses tripes.* ◆ pl. Mets constitué par l'estomac et les entrailles d'animaux de boucherie, diversement accommodés. *Tripes à la mode de Caen.*

TRIPERIE n.f. **1.** Lieu où l'on vend des tripes, des abats. **2.** Commerce du marchand de tripes et d'abats. **3.** Ensemble des abats et des tripes vendus par le tripier.

TRIPETTE n.f. *Fam. Ça ne vaut pas tripette :* cela ne vaut rien.

TRIPHASÉ, E adj. ÉLECTROTECHN. Se dit d'un système de trois courants alternatifs monophasés décalés l'un par rapport à l'autre de 1/3 de période.

TRIPHÉNYLMÉTHANE n.m. Hydrocarbure dérivé du méthane $(C_6H_5)_3CH$, dont le squelette se retrouve dans un grand nombre de colorants.

TRIPHOSPHATE adj. Qui comporte un groupe de trois acides phosphoriques. *Adénosine triphosphate.*

TRIPHTONGUE n.f. (de *tri-*, trois, et *diphtongue*). Voyelle complexe dont le timbre se modifie deux fois au cours de son émission (par ex. *fire* en anglais).

TRIPIER, ÈRE n. Commerçant qui vend des tripes, des abats.

TRIPLACE adj. À trois places.

TRIPLAN n.m. Avion à trois plans de sustentation superposés.

TRIPLE adj. (lat. *triplus*, de *tres*, trois). **1.** Qui comporte trois éléments identiques ou analogues. **2.** Qui est multiplié par trois. **3.** *Fam.* Indique un degré élevé. *Triple idiot !* **4. a.** THERMODYN. *Point triple :* point qui, sur un diagramme de phases, représente l'équilibre des trois phases d'un même corps. **b.** *Triple liaison :* liaison entre deux atomes assurée par trois paires d'électrons et représentée par le symbole ≡. **5.** SPORTS. *Triple saut*, ou *triple*, n.m. : épreuve d'athlétisme consistant en un enchaînement de trois bonds. ◆ adv. En quantité, en nombre triple. ◆ n.m. Valeur, quantité triple. *Neuf est le triple de trois.*

T

TRIPLÉ n.m. Triple succès, notamm. dans le domaine sportif. *Réussir le triplé.*

1. TRIPLEMENT adv. De trois manières ; à un triple titre.

2. TRIPLEMENT n.m. Action, fait de tripler ; augmentation jusqu'au triple.

TRIPLER v.t. Multiplier par trois. *Tripler un nombre.* ◆ v.i. Devenir triple.

TRIPLÉS, ÉES n. pl. Groupe de trois enfants nés d'une même grossesse.

TRIPLET n.m. **1.** Ensemble de trois éléments pris dans un ordre déterminé. **2.** ARCHIT. Ensemble de trois baies groupées. **3.** ALGÈBRE. Élément (x, y, z) du produit $E \times F \times G$ de trois ensembles E, F et G.

TRIPLETTE n.f. **1.** Équipe de trois joueurs, à la pétanque. **2.** Bicyclette à trois selles, guidons et pédaliers, pour trois personnes.

1. TRIPLEX n.m. (nom déposé). Verre feuilleté de sécurité.

2. TRIPLEX n.m. (mot lat., *triple*). Appartement sur trois niveaux.

TRIPLICATA n.m. [pl. *triplicata(s)*] (mot lat.). Troisième exemplaire d'un manuscrit.

TRIPLOBLASTIQUE adj. EMBRYOL. Se dit des espèces animales dont l'embryon présente trois feuillets : ectoblaste, endoblaste et mésoblaste (par oppos. aux espèces diploblastiques).

TRIPLOÏDE adj. et n. (du gr. *triploûs,* triple). Se dit des cellules dont le noyau renferme trois lots homologues de chromosomes au lieu de deux ; se dit des organismes qui possèdent de telles cellules. (L'état triploïde peut être normal chez certains végétaux, mais il est généralement anormal, voire létal, chez les animaux supérieurs.)

TRIPLOÏDIE n.f. BIOL. Caractère des organismes et des cellules triploïdes.

TRIPLURE n.f. COUT. Étoffe de coton très apprêtée, utilisée pour donner du maintien à d'autres tissus.

TRIPODE adj. (gr. *tripous, -podos,* à trois pieds). À trois pieds. ◇ MAR. *Mât tripode :* mâture métallique, en forme de trépied, de certains bâtiments modernes.

TRIPORTEUR n.m. Cycle à trois roues, dont deux à l'avant, muni d'une caisse pour transporter des marchandises.

TRIPOT n.m. (de l'anc. fr. *triper,* sauter). *Péjor.* Maison de jeu.

TRIPOTAGE n.m. *Fam.* **1.** Action de tripoter, de toucher sans cesse. **2.** Opération plus ou moins louche ou malhonnête. *Des tripotages politiques.*

TRIPOTÉE n.f. *Fam.* **1.** Volée de coups. **2.** Grande quantité. *Une tripotée d'enfants.*

TRIPOTER v.t. (de *tripot*). *Fam.* **1.** Toucher sans cesse, manipuler avec plus ou moins de soin, de précaution. *Tripoter un bouton, la radio.* **2.** Caresser indiscrètement, avec insistance, se livrer à des attouchements sur qqn. ◆ v.i. *Fam.* Faire des opérations malhonnêtes.

TRIPOTEUR, EUSE n. *Fam.* Personne qui se livre à des tripotages.

TRIPOUS ou **TRIPOUX** n.m. pl. (mot dial.). Plat auvergnat ou rouergat composé de tripes de mouton roulées en petits paquets et mijotées en sauce.

TRIPTYQUE n.m. (gr. *triptukhos,* plié en trois). **1.** Au Moyen Âge surtout, œuvre peinte ou sculptée en trois panneaux, dont les deux extérieurs (volets) peuvent se refermer sur celui du milieu. **2.** Œuvre littéraire, musicale, plastique composée de trois parties, de trois scènes.

TRIQUE n.f. (du francique). *Fam.* Gros bâton. ◇ *Fam. À la trique :* avec autorité et brutalité.

TRIQUEBALLE ou **TRINQUEBALLE** n.m. Fardier utilisé pour le transport de fardeaux longs, comportant deux roues et un essieu, au-dessous duquel est suspendue la charge.

TRIQUET n.m. (de *trique*). **1.** Battoir étroit servant au jeu de paume. **2.** Échelle double.

TRIRECTANGLE adj. GÉOMÉTR. Qui a trois angles droits.

TRIRÈME n.f. (lat. *triremis*). Nom donné par les Romains à la trière.

TRISAÏEUL, E n. (pl. *trisaïeuls, trisaïeules*). Le père, la mère du bisaïeul ou de la bisaïeule.

TRISANNUEL, ELLE adj. Qui a lieu tous les trois ans ; qui dure trois ans.

TRISECTEUR, TRICE adj. MATH. Qui réalise la trisection.

TRISECTION [trisɛksjɔ̃] n.f. MATH. Division d'un ensemble, d'une grandeur en trois parties égales. ◇ *Problème de la trisection de l'angle :* construction à la règle et au compas d'un angle ayant pour mesure le tiers de celle d'un angle donné. (Dans la généralité des cas, ce problème n'a pas de solution.)

TRISKÈLE n.f. ou n.m. (du gr. *triskelês,* à trois jambes). Motif décoratif celtique fait de trois jambes ou branches recourbées qui suggèrent un mouvement giratoire autour d'un centre.

■ **TRISKÈLE.** *Casque d'Amfreville.* Décor de triskèles ; bronze et or, période de La Tène II (300 à 150 av. J.-C.). [Musée des Antiquités nationales, Saint-Germain-en-Laye.]

TRISMUS [trismys] ou **TRISME** n.m. (gr. *trismos,* petit bruit aigu). MÉD. Constriction des mâchoires due à la contracture des muscles masticateurs, notamm. au cours du tétanos.

TRISOC n.m. Charrue à trois socs.

TRISOMIE [trizɔmi] n.f. (du gr. *sôma,* corps). GÉNÉT. Aberration chromosomique caractérisée par un chromosome en surnombre associé à une paire normale de chromosomes homologues. ◇ *Trisomie 21,* due à la présence de trois chromosomes n° 21 au lieu de deux, et caractérisée par un faciès typique, des malformations et une déficience intellectuelle. SYN. : *mongolisme.*

TRISOMIQUE adj. et n. Atteint de trisomie 21. SYN. : *mongolien.*

1. TRISSER v.t. (sur *bisser,* avec préf. *tri-*). Faire répéter jusqu'à trois fois de suite. *Trisser une chanson.*

2. TRISSER v.i. ou **TRISSER (SE)** v.pr. (all. *stritzen*). *Fam.* S'en aller rapidement.

3. TRISSER v.i. (bas lat. *trissare*). Pousser son cri, en parlant de l'hirondelle.

TRISTE adj. (lat. *tristis*). **1.** Qui manifeste du chagrin. *Il est triste de nous quitter.* **2.** Enclin à la mélancolie ; morose. **3.** Qui afflige, chagrine ; pénible. *Une triste nouvelle.* **4.** Se dit de ce qui est obscur, sombre, sans éclat. *Chambre, couleurs tristes.* **5.** (Avant le n.) Méprisable, vil. *C'est un triste personnage.* **6.** (Avant le n.) Dont la médiocrité, la mauvaise qualité a qqch d'affligeant, de méprisable ; lamentable, navrant. *Une triste réputation.* **7.** *Avoir triste mine, triste figure :* avoir mauvaise mine. – *Faire triste mine, triste figure :* avoir l'air mécontent.

TRISTEMENT adv. De façon triste.

TRISTESSE n.f. État naturel ou accidentel de chagrin, de mélancolie ; caractère d'une chose triste.

TRISTOUNET, ETTE adj. *Fam.* Un peu triste.

TRISYLLABE adj. et n.m. ou **TRISYLLABIQUE** adj. Se dit d'un vers de trois syllabes.

TRITHÉRAPIE n.f. MÉD. Emploi simultané de trois traitements ou techniques thérapeutiques. – *Spécial.* Traitement curatif des personnes atteintes du sida (ou préventif pour les séropositifs sans sida déclaré), utilisant en combinaison trois médicaments antiviraux (par ex. AZT, DDI et une antiprotéase, enzyme empêchant la maturation du virus), et dont l'efficacité est très supérieure à celle de chaque médicament pris isolément.

TRITICALE n.m. (lat. *triticum,* blé, et *secale,* seigle). Céréale créée à partir de croisements entre différentes espèces de blé et de seigle.

TRITIUM [tritjɔm] n.m. Isotope radioactif de l'hydrogène, de nombre de masse 3.

1. TRITON n.m. (lat. *Triton,* du gr.). **1.** Petit amphibien urodèle à queue aplatie latéralement, vivant dans les mares et les étangs de l'hémisphère Nord. (Long. 6 à 15 cm ; genre principal *Triturus,* famille des salamandridés.) **2.** Grand mollusque gastéropode marin, dont la coquille, ou conque, était utilisée comme trompette par les peuples méditerranéens. (Long. 30 cm ; genre *Charonia,* famille des cymatiidés.) **3.** MYTH. GR. Divinité marine descendant du dieu Triton, représentée avec un corps d'homme barbu et une queue de poisson, tirant le char des dieux de la Mer.

■ **TRITON.** Triton à crête.

2. TRITON n.m. (gr. *tritonon*). MUS. Intervalle mélodique ou harmonique de trois tons. SYN. : *quarte augmentée.*

TRITURATEUR n.m. PAPET. Appareil servant à préparer une suspension de fibres dans un liquide par désagrégation des balles de pâte ou de papier.

TRITURATION n.f. **1.** Action de triturer. **2.** PAPET. Opération mettant en œuvre un triturateur. **3.** *Bois de trituration :* rondin ou déchet de scierie destiné à être converti en fibres et particules pour la fabrication de panneaux ou défibré pour la production de pâte à papier.

TRITURER v.t. (lat. *triturare*). **1.** Réduire qqch en parties très menues ; broyer. *Les dents triturent les aliments.* **2.** Manier en tordant dans tous les sens. *Triturer son mouchoir.* **3.** Soumettre à des opérations complexes qui déforment, altèrent, dénaturent. *Triturer un texte.* ◆ **se triturer** v.pr. *Fam. Se triturer la cervelle, les méninges :* faire de gros efforts intellectuels pour trouver la solution à un problème, à une difficulté.

TRIUMVIR [trijɔmvir] n.m. (mot lat., de *tres,* trois, et *vir,* homme). ANTIQ. ROM. Membre d'un collège de trois magistrats.

TRIUMVIRAT [trijɔmvira] n.m. **1.** Fonction de triumvir ; durée de cette fonction. **2.** *Par ext.* Association de trois hommes qui exercent un pouvoir, une influence.

TRIVALENT, E adj. **1.** Se dit d'une logique qui utilise trois valeurs de vérité. (Outre le vrai et le faux, la troisième valeur de vérité peut être le probable, l'indéterminé, etc.) **2.** CHIM. Qui a pour valence 3.

TRIVALVE adj. *Didact.* Qui comporte trois valves.

TRIVIAL, E, AUX adj. (lat. *trivialis,* de *trivium,* carrefour). **1.** D'une basse vulgarité, d'un caractère grossier et malséant. *Expression triviale.* **2.** Vieilli ou *litt.* D'une évidence banale et sans intérêt. **3.** MATH. Évident. *Solutions triviales.*

TRIVIALEMENT adv. De façon triviale.

TRIVIALITÉ n.f. Caractère de ce qui est trivial ; pensée ou expression triviale.

TROC n.m. (de *troquer*). **1.** Échange direct d'un objet contre un autre. **2.** *Économie de troc :* système économique n'employant pas la monnaie.

TROCART n.m. (altér. de *trois-quarts*). MÉD. Instrument en forme de poinçon monté sur un manche et contenu dans une canule, qui sert à faire des ponctions.

TROCHANTER [trɔkɑ̃tɛr] n.m. (gr. *trokhantêr,* de *trokhân,* courir). Chacune des deux tubérosités arrondies que présente le fémur à l'union du col avec le corps.

TROCHE n.f. → **TROQUE.**

TROCHÉE n.f. (gr. *trokhaîos,* coureur). SYLVIC. Cépée.

TROCHES n.f. pl. (lat. pop. *traduca*). VÉNER. Excréments non liés que les cerfs jettent en juin et juillet.

TROCHILIDÉ [-ki-] n.m. (gr. *trokhilos,* roitelet). Oiseau du continent américain, de petite taille, nectarivore ou insectivore, représenté par les colibris. (Les trochilidés forment une vaste famille d'apodiformes.)

TROCHIN [trɔʃɛ̃] n.m. (gr. *trokhos,* roue). ANAT. Petite tubérosité de l'extrémité supérieure de l'humérus.

TROCHITER [trɔkitɛr] n.m. (var. de *trochanter*). ANAT. Grosse tubérosité de l'extrémité supérieure de l'humérus.

TROCHLÉE [trɔkle] n.f. (lat. *trochlea,* poulie). ANAT. Surface articulaire d'une diarthrose en forme de poulie.

TROCHOPHORE ou **TROCHOSPHÈRE** [trɔko-] n.f. (du gr. *trokhos,* roue). EMBRYOL. Larve ciliée en forme de toupie, caractéristique des annélides et des mollusques.

TROCHURE [trɔʃyr] n.f. (de *troches*). VÉNER. Quatrième andouiller du cerf.

TROÈNE n.m. (du francique *trugil* et de *frêne*). Arbuste à fleurs blanches en grappes odorantes, à baies noires toxiques, souvent cultivé dans les parcs et jardins pour former des haies. (Haut. 2 à 3 m ; genre *Ligustrum,* famille des oléacées.)

■ **TROÈNE**

TROGLODYTE n.m. (lat. *troglodyta,* du gr. *trôglê,* trou, et *dunein,* pénétrer). **1.** Personne qui habite une grotte ou une demeure creusée dans la roche. **2.** Petit passereau insectivore de l'hémisphère Nord tempéré, nichant dans les trous des murs et des arbres, dans les buissons. (Long. 10 cm ; famille des troglodytidés.)

TROGLODYTIQUE adj. Relatif aux troglodytes. *Habitation troglodytique.*

TROGNE n.f. (du gaul.). *Fam.* Visage rougeaud et épanoui de qqn qui a fait bonne chère, qui a bu.

1. TROGNON n.m. (de l'anc. fr. *estroigner,* élaguer). Cœur d'un fruit ou d'un légume dépouillé de sa partie comestible. ◇ *Fam. Jusqu'au trognon :* totalement ; jusqu'au bout.

2. TROGNON adj. inv. en genre. *Fam.* Petit et charmant ; mignon. *Ce qu'elles sont trognons, ces petites !*

TROÏKA n.f. (mot russe). **1.** En Russie, groupe de trois chevaux attelés de front ; ensemble des trois chevaux et du véhicule (landau, traîneau, etc.). **2.** Groupe de trois dirigeants, de trois leaders. **3.** *Troïka européenne :* groupe composé du représentant du pays qui exerce la présidence semestrielle du Conseil des ministres de l'Union européenne, de celui qui l'a précédé et de celui qui lui succédera à la présidence, en vue d'assurer une certaine continuité dans le traitement des dossiers.

TROIS adj. num. et n.m. (lat. *tres*). **1.** Nombre qui suit deux dans la suite des entiers naturels. ◇ *Fam. Trois francs six sous :* très peu d'argent ; presque rien. **2.** Troisième. *Henri III.*

TROIS-ÉTOILES n.m. Ensemble de trois astérisques, employé pour désigner une personne qu'on ne veut pas nommer. *Monsieur ***.* (Se prononce : Monsieur Trois-étoiles.)

TROIS-HUIT [trwaɥit] n.m. pl. *Les trois-huit :* système de travail continu que pratiquent trois équipes effectuant chacune huit heures. *Faire les trois-huit.*

TROISIÈME adj. num. ord. et n. Qui occupe un rang marqué par le nombre trois. ◆ n.f. Quatrième et dernière année du premier cycle de l'enseignement secondaire.

TROISIÈMEMENT adv. En troisième lieu.

TROIS-MÂTS n.m. Navire à voiles à trois mâts.

TROIS-PONTS n.m. Navire à trois ponts, dans l'ancienne marine de guerre.

TROIS-QUARTS n.m. **1.** Petit violon d'enfant. **2.** Manteau court arrivant à mi-cuisse. **3.** Au rugby, nom de certains joueurs des lignes arrière.

TROIS-QUATRE n.m. inv. MUS. Mesure à trois temps qui a la noire pour unité de temps et la blanche pointée pour unité de mesure.

TROLL n.m. (mot suédois). Lutin du folklore scandinave, habitant les montagnes ou les forêts.

TROLLE n.f. (du lat. pop. *tragulare*). VÉNER. Manière de chasser au hasard du lancer, quand on n'a pas détourné le cerf avec le limier.

TROLLEY [trɔlɛ] n.m. (mot angl., de *to troll,* rouler). **1.** Petit chariot roulant le long d'un câble. **2.** TRANSP. Perche qui assure, par un contact roulant ou glissant, la liaison électrique entre un conducteur aérien et un récepteur mobile.

TROLLEYBUS [trɔlɛbys] ou **TROLLEY** n.m. Véhicule de transport en commun, à traction électrique, monté sur pneus, avec prise de courant par trolley et caténaires.

TROMBE n.f. (ital. *tromba*). Tornade, notamm. au-dessus de la mer. ◇ ***Arriver, partir en trombe,*** d'une manière rapide et imprévue. – ***Trombe d'eau :*** averse abondante et particulièrement brutale.

TROMBIDION n.m. Petit acarien rouge, dont la larve, appelée *aoûtat,* pique l'homme et les vertébrés à sang chaud. (Long. 1 mm.)

TROMBINE n.f. *Fam.* Visage.

TROMBINOSCOPE n.m. *Fam.* Document contenant le portrait des membres d'une assemblée, d'un comité.

TROMBLON n.m. (ital. *trombone,* trompette). **1.** Fusil court à canon évasé, utilisé surtout au XVIIIe s. **2.** Cylindre creux qui s'adapte au bout du canon d'un fusil pour lancer des grenades ou des fusées.

TROMBONE n.m. (ital. *trombone*). **1.** Instrument à vent à embouchure, de la catégorie des cuivres, dont on obtient les sons en allongeant le corps grâce à la coulisse. ◇ ***Trombone à pistons :*** trombone dans lequel des pistons remplacent le jeu de la coulisse. **2.** Instrumentiste qui joue du trombone. SYN. : ***tromboniste.*** **3.** Attache pour papiers formée d'un fil métallique replié sur lui-même.

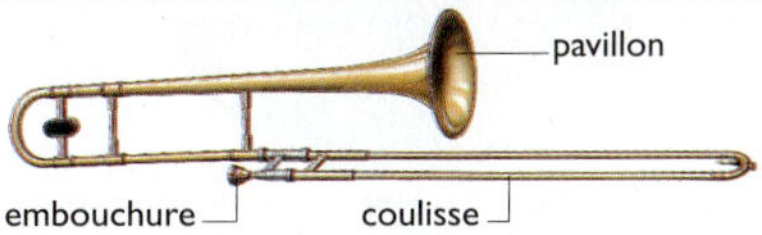

■ **TROMBONE.** Trombone ténor.

TROMBONISTE n. Trombone (instrumentiste).

TROMMEL n.m. (mot all.). MIN., MATÉR. Crible cylindrique ou conique, légèrement incliné par rapport à l'horizontale, servant à classer par grosseur des matériaux en morceaux.

TROMPE n.f. (du francique). **1.** Anc. Instrument de musique à vent, en cuivre, à l'origine de la trompette et du cor de chasse. **2.** Appareil avertisseur des automobiles anciennes. **3.** Région buccale ou nasale prolongée en tube souple et mobile, comme chez l'éléphant, les moustiques, les papillons ou les punaises. **4.** ARCHIT. Petite voûte, génér. construite dans un angle rentrant, formant support sous un pan de mur ou un ouvrage quelconque en surplomb, et permettant un changement de plan à ce niveau de la construction. *Coupole sur trompes.* **5.** *Trompe à vide :* appareil hydraulique à eau ou à mercure servant à faire le vide. **6.** ANAT. *Trompe d'Eustache :* canal de communication entre le pharynx et l'oreille moyenne, permettant à l'air extérieur de pénétrer dans la caisse du tympan à chaque déglutition. – *Trompe de Fallope :* oviducte faisant communiquer les ovaires avec l'utérus chez la femme et les mammifères femelles.

TROMPE-LA-MORT n. inv. *Fam.* Personne qui a échappé à la mort comme par miracle.

TROMPE-L'ŒIL n.m. inv. **1.** Peinture, marqueterie, etc., qui donne à distance l'illusion de la réalité (relief, impression tactile). *Tableau en trompe-l'œil.* **2.** *Fig.* Apparence flatteuse mais trompeuse.

TROMPER v.t. (de *trompe*). **1.** Abuser de la confiance de qqn en usant de mensonge, de dissimulation ; berner, mystifier, duper. – *Spécial.* Être infidèle à qqn, avoir une aventure amoureuse, sexuelle avec un(e) autre. **2.** Échapper à qqn, à son attention. *Tromper la vigilance de ses gardiens.* **3.** Ne pas répondre à un espoir ; décevoir. *Tromper les espérances de sa famille.* **4.** Détourner par une diversion un besoin, un état pénible ; apaiser. *Tromper la faim, l'ennui.* ◆ **se tromper** v.pr. **1.** Commettre une erreur. *Se tromper dans ses calculs.* **2.** Prendre une chose, une personne pour une autre. *Se tromper de rue.*

TROMPERIE n.f. Action faite pour tromper.

TROMPETER [trɔ̃pete] v.i. [16]. **1.** Vx. Jouer de la trompette. **2.** Pousser son cri, en parlant de l'aigle, du cygne, de la grue. ◆ v.t. *Litt.* Divulguer, répandre à grand bruit. *Trompeter une nouvelle.* – REM. En Suisse, on écrit *trompetter.*

1. TROMPETTE n.f. **1.** Instrument de musique à vent et à embouchure constitué par un tube de perce cylindrique replié sur lui-même, terminé par un pavillon et muni de pistons. ◇ ***Nez en trompette,*** retroussé. – ***Queue en trompette,*** relevée. **2.** AUTOM. Chacune des parties évasées du pont arrière d'un véhicule à essieux rigides, situées de part et d'autre du différentiel et renfermant les arbres de roues.

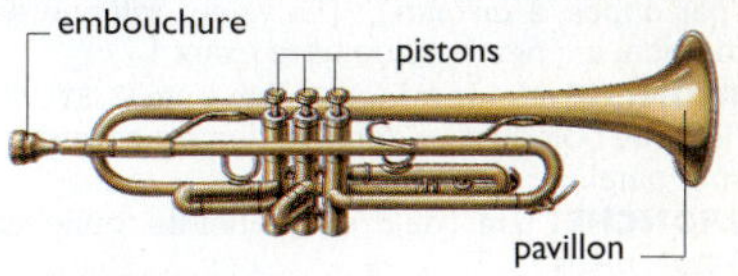

■ **TROMPETTE**

2. TROMPETTE n.m. Trompettiste.

TROMPETTE-DES-MORTS ou **TROMPETTE-DE-LA-MORT** n.f. (pl. *trompettes-des-morts, trompettes-de-la-mort*). BOT. Craterelle.

TROMPETTISTE n. Instrumentiste qui joue de la trompette dans un orchestre. SYN. : *trompette.*

TROMPEUR, EUSE adj. et n. Qui trompe, qui induit en erreur.

TROMPEUSEMENT adv. De façon trompeuse.

TRONC [trɔ̃] n.m. (lat. *truncus*). **1.** Partie d'un arbre depuis la naissance des racines jusqu'à celle des branches. **2.** Le corps humain ou animal considéré sans la tête ni les membres. **3.** Boîte fermée et fixe percée d'une fente, destinée à recevoir les offrandes des fidèles dans une église. **4.** Souche d'une famille. **5.** ANAT. Partie principale d'un nerf, d'un vaisseau. ◇ *Tronc cérébral :* partie de l'encéphale formée du bulbe rachidien, de la protubérance annulaire et du mésencéphale. **6.** *Tronc commun :* cycle d'études suivi par tous les élèves avant leur répartition en diverses sections. **7.** GÉOMÉTR. *Tronc de cône, tronc de pyramide :* solide compris entre la base du cône ou de la pyramide et une section plane parallèle à la base. – *Tronc de prisme, tronc de cylindre :*

■ **TROMPE-L'ŒIL.** Marqueterie en trompe-l'œil de Fra Giovanni da Verona, fin du XVe s. (Abbaye de Monte Oliveto Maggiore, près de Sienne.)

T

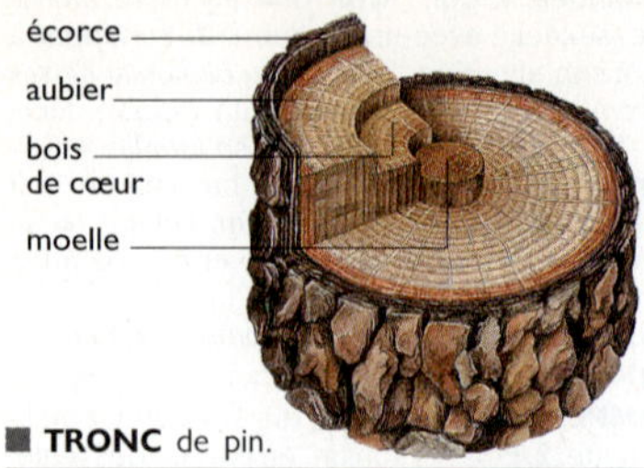

■ **TRONC** de pin.

solide délimité par une surface prismatique ou cylindrique et deux plans non parallèles coupant toutes les génératrices.

TRONCATION n.f. LING. Abrègement d'un mot par suppression d'une ou de plusieurs syllabes à l'initiale *(aphérèse)* ou, plus souvent, à la finale *(apocope)*.

TRONCATURE n.f. **1.** Partie tronquée de qqch. **2.** CRISTALLOGR. Remplacement d'un sommet ou d'une arête par une facette. **3.** MATH. Lors d'un calcul, opération consistant à ne retenir qu'une partie déterminée d'un nombre, sans la modifier (par oppos. à *arrondi*). [La valeur retenue est toujours inférieure au nombre exact.]

T

TRONCHE n.f. (de *tronc*). **1.** *Fam.* Tête. **2.** SYLVIC. Pièce de bois dont les deux sections transversales sont parallèles.

TRONCHET n.m. (de *tronc*). Billot du tonnelier, à trois pieds.

TRONÇON n.m. (anc. fr. *truns,* morceau, du lat. *truncus,* coupé). **1.** Morceau coupé ou rompu d'un objet plus long que large. *Tronçon d'épée.* **2.** Partie d'un tout. *Tronçon de route.*

TRONCONIQUE adj. En forme de tronc de cône.

TRONÇONNAGE ou **TRONÇONNEMENT** n.m. Action de tronçonner ; son résultat.

TRONÇONNER v.t. Couper par tronçons.

TRONÇONNEUSE n.f. **1.** Machine-outil servant à tronçonner. **2.** Scie à chaîne coupante, utilisée par le bûcheron, l'élagueur, etc.

TRONCULAIRE adj. MÉD. Relatif à un tronc nerveux ou vasculaire.

TRÔNE n.m. (lat. *thronus,* du gr. *thronos,* siège). **1.** Siège de cérémonie des souverains et des dignitaires ecclésiastiques. ◇ *Monter sur le trône :* devenir roi. **2.** *Litt.* Puissance souveraine. *Aspirer au trône.* **3.** *Fam.* Siège des cabinets. ◆ pl. RELIG. Dans la tradition juive et chrétienne, troisième chœur de la première hiérarchie des anges.

TRÔNER v.i. (de *trône*). **1.** Occuper la place d'honneur avec une certaine solennité. *Le maître de maison trônait dans son fauteuil.* **2.** Être particulièrement mis en valeur, attirer les regards. *Bouquet qui trône sur une cheminée.*

TRONQUER v.t. (lat. *truncare*). **1.** Retrancher une partie importante de. *Tronquer un texte.* **2.** MATH. Effectuer une troncature.

TROP adv. (du francique *thorp,* troupeau). **1.** Indique une quantité excessive. *Trop manger. Venir trop rarement.* ◇ *C'en est trop :* marque l'impatience. – *De trop :* excessif, superflu ; importun, déplacé. *Cette phrase était de trop.* – *Fam. En trop :* en excès. **2.** À un haut degré ; très, fort. *Vous êtes trop aimable. C'est trop bête.* ◇ *Litt. Par trop :* réellement trop. – *Trop peu :* pas assez.

TROPE n.m. (gr. *tropos,* tour, manière). Figure de style ou de rhétorique qui consiste à employer un mot ou une expression dans un sens figuré (métonymie, métaphore, etc.).

TROPHALLAXIE n.f. (gr. *trophê,* nourriture, et *allassein,* échanger). ZOOL. Échange de nourriture entre les membres d'une société d'insectes, renforçant la cohésion de celle-ci.

TROPHÉE n.m. (bas lat. *trophaeum,* du gr. *tropaion,* monument de victoire). **1.** Objet, marque qui témoigne d'une victoire dans une épreuve, surtout sportive. **2.** Partie d'un animal tué à la chasse (corne, défense, tête entière naturalisée, etc.) ou, parfois, à la pêche (rostre, par ex.). **3.** ANTIQ. Armure d'un ennemi vaincu que l'on dressait contre un tronc d'arbre ; monument commémoratif d'une victoire où figuraient les dépouilles de l'ennemi. **4.** BX-ARTS, ARTS APPL. Motif de décoration formé d'armes groupées en panoplie ; assemblage comparable d'une catégorie d'objets ou d'attributs quelconques. *Trophée d'instruments de musique.*

TROPHIQUE adj. (du gr. *trophê,* nourriture). BIOL. Qui est relatif à la nutrition d'un individu, d'un tissu vivant.

TROPHOBLASTE n.m. EMBRYOL. Couche périphérique à fonction nourricière entourant les blastomères, et constituant ultérieurement la couche superficielle du placenta.

TROPHOBLASTIQUE adj. Relatif au trophoblaste.

TROPICAL, E, AUX adj. **1.** Relatif aux régions avoisinant les tropiques. **2.** Relatif aux régions situées entre les tropiques. SYN. : *intertropical.* **3.** *Climat tropical :* climat caractérisé par l'absence de périodes froides marquées et prolongées, et par l'existence d'au moins trois mois pluvieux et chauds.

TROPICALISATION n.f. **1.** TECHN. Préparation d'un matériau ou d'un matériel pour le rendre pratiquement insensible à l'action du climat tropical, et, en partic., à celle des moisissures et de la corrosion. **2.** MÉTALL. Traitement de passivation pour pièces en acier préalablement zinguées ou cadmiées. **3.** ÉCOL. Évolution biologique des eaux courantes réchauffées par des rejets industriels d'eau chaude.

TROPICALISER v.t. TECHN., MÉTALL. Pratiquer une opération de tropicalisation.

1. TROPIQUE adj. (gr. *tropikos,* qui tourne). *Année tropique* → **année.**

2. TROPIQUE n.m. Chacun des deux parallèles du globe terrestre, de latitude 23° 26′ N. et S., le long desquels le Soleil passe au zénith à chacun des solstices. (Celui de l'hémisphère Nord est le *tropique du Cancer ;* celui de l'hémisphère Sud, le *tropique du Capricorne ;* ils délimitent les régions du globe pour lesquelles le Soleil peut passer au zénith.) ◆ pl. La zone intertropicale.

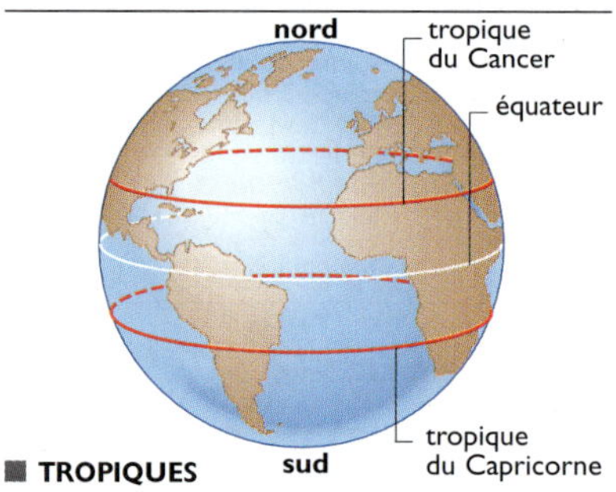

■ **TROPIQUES**

TROPISME n.m. (du gr. *tropos,* tour). **1.** EMBRYOL. Croissance orientée dans l'espace, chez les végétaux et les animaux fixés, sous l'influence d'une excitation extérieure (phototropisme, géotropisme, etc.). **2.** Affinité d'une substance, d'un médicament, d'un micro-organisme pour un tissu, un organe donné. **3.** *Fig.* Force obscure qui pousse un groupe, un phénomène à prendre une certaine orientation.

TROPOPAUSE n.f. GÉOPHYS. Zone de transition entre la troposphère et la stratosphère.

TROPOSPHÈRE n.f. (du gr. *tropos*). GÉOPHYS. Région de l'atmosphère la plus voisine du sol, dont l'épaisseur augmente du pôle (8 km) à l'équateur (17 km), caractérisée par une décroissance verticale des températures et de la pression du bas vers le haut, et où se produisent la plupart des phénomènes météorologiques.

TROPOSPHÉRIQUE adj. Relatif à la troposphère.

TROP-PERÇU n.m. (pl. *trop-perçus*). Somme perçue en trop. *Rembourser le trop-perçu.*

TROP-PLEIN n.m. (pl. *trop-pleins*). **1.** Ce qui excède la capacité d'un récipient. *Le trop-plein d'un réservoir.* **2.** Système de déversement du liquide d'un réservoir, d'un bassin, pour l'empêcher de dépasser un certain niveau. **3.** Ce qui est en excès, en surabondance chez qqn et ne demande qu'à être employé. *Trop-plein d'énergie.*

TROQUE n.m. ou **TROCHE** n.f. (gr. *trokhos,* toupie). Mollusque gastéropode à coquille conique élevée, dont les exemplaires de grande taille de l'océan Indien sont utilisés pour leur nacre. (Genre *Trochus ;* sous-classe des prosobranches.)

TROQUER v.t. (anc. fr. *trocher*). **1.** Donner un bien en échange, en paiement d'un ou de plusieurs autres. *Troquer des machines contre des produits alimentaires.* **2.** Abandonner, laisser une chose pour en prendre une autre ; échanger. *Je troquerais bien ma situation pour, contre la sienne.*

TROQUET n.m. (abrév. de *mastroquet*). *Fam.* Café, bar.

TROQUEUR, EUSE n. Personne qui troque, qui aime faire du troc.

TROT n.m. **1.** Allure du cheval et de certains quadrupèdes, intermédiaire entre le pas et le galop. ◇ *Fam. Au trot :* vivement. **2.** *Course de trot :* course hippique dans laquelle les chevaux doivent donner leur vitesse maximale sans galoper.

TROTSKISME [trɔtskism] n.m. Doctrine des partisans de Trotski.

TROTSKISTE adj. et n. Relatif au trotskisme ; qui en est partisan.

TROTTE n.f. (de *trotter*). *Fam.* Distance assez longue à parcourir ou parcourue à pied.

TROTTE-MENU adj. inv. *Litt. La gent trotte-menu :* les souris.

TROTTER v.i. (francique *trottôn,* courir). **1.** *Fam.* Marcher vite et beaucoup. *Trotter toute une journée.* **2.** ÉQUIT. Aller au trot. **3.** *Trotter par, dans la cervelle, la tête de qqn,* le préoccuper, l'obséder. ◆ **se trotter** v.pr. *Fam.,* vieilli. S'enfuir.

1. TROTTEUR, EUSE adj. Se dit d'une race de chevaux de selle spécialisés dans la course au trot. ◆ n.m. Cheval trotteur.

2. TROTTEUR n.m. Chaussure féminine de ville, à talon plat et assez large.

TROTTEUSE n.f. Aiguille des secondes, sur une montre, une pendule.

TROTTIN n.m. *Fam.,* vx. Jeune employée chargée de faire les courses.

TROTTINEMENT n.m. Action de trottiner.

TROTTINER v.i. **1.** Marcher vite et à petits pas. **2.** ÉQUIT. Avoir le trot très court.

TROTTINETTE n.f. Jouet d'enfant ou moyen de transport urbain individuel, formé d'une plaque métallique montée sur deux petites roues (la roue avant étant orientable à l'aide d'un guidon) et sur laquelle l'utilisateur pose un pied tandis qu'avec l'autre il fait mouvoir l'ensemble. SYN. : *patinette.*

TROTTOIR n.m. (de *trotter*). Partie latérale d'une rue, surélevée par rapport à la chaussée, réservée aux piétons. ◇ *Fam. Faire le trottoir :* racoler sur la voie publique, se livrer à la prostitution.

TROU n.m. (lat. *traucum*). **1.** Enfoncement, dépression, cavité, creux dans une surface. *Tomber dans un trou. La route est pleine de trous.* ◇ *Fam. Faire son trou :* se créer une situation sociale, réussir dans la vie. – AVIAT. (Impropre). *Trou d'air :* courant atmosphérique descendant, entraînant la perte d'altitude subite d'un aéronef. – FORTIF. *Trou individuel :* élément de tranchée pour un seul homme. – *Trou normand :* verre de calvados ou d'un autre alcool que l'on boit au milieu d'un repas copieux pour activer la digestion. **2.** *Fam.* Localité isolée. *Un trou perdu de province.* **3.** *Fam.* Prison. *Mettre qqn au trou.* **4.** Au golf, cavité cylindrique de 10,8 cm de diamètre, ménagée dans le sol, dans laquelle on doit envoyer la balle ; parcours jouable qui mène de l'endroit où l'on donne le premier coup (départ de trou) à cette cavité. **5.** Vide, perforation qui traverse qqch de part en part. *Le trou d'une aiguille. Percer un trou.* ◇ *Trou d'homme :* petite ouverture fermée par un tampon étanche, ménagée dans le pont d'un navire, un réservoir, une chaudière, etc., pour permettre le passage d'un homme. **6.** Ouverture ou cavité anatomique. *Trou de l'oreille.* **7.** Élément qui manque dans un ensemble, une continuité. ◇ *Avoir un trou de mémoire,* une brusque défaillance de la mémoire, portant sur un point relativement précis. – *Avoir un trou dans son emploi du temps :* avoir un moment libre. **8.** Somme en moins ou qui manque. ◇ *Boucher un trou :* payer une dette, combler un déficit ; satisfaire l'appétit. **9.** ASTRON. *Trou noir :* région de l'espace dont le champ de gravitation est si intense que rien, pas même de la lumière, n'en peut sortir. (Certains trous noirs représenteraient le stade ultime d'évolution d'étoiles de forte masse, après leur explosion en supernovae. Les quasars et les galaxies actives abriteraient en leur centre un trou noir dit *supermassif,* dont la masse atteindrait jusqu'à 100 millions de fois celle du Soleil.) **10.** PHYS. Emplacement laissé vacant dans un réseau cristallin par un électron se déplaçant à l'intérieur du réseau.

TROUBADOUR n.m. (anc. provenç. *trobador*, trouveur). Poète lyrique des XIIe et XIIIe s., qui composait ses œuvres dans une des langues d'oc (par oppos. à *trouvère*). ◆ adj. inv. Se dit d'une mode qui s'est manifestée dans les lettres et les arts en France, sous la Restauration, et qui se caractérise par une libre évocation du Moyen Âge et du style gothique.

TROUBLANT, E adj. **1.** Qui cause du trouble ; qui rend perplexe. *Des faits troublants.* **2.** Qui suscite le désir. *Une femme troublante.*

1. TROUBLE adj. (lat. *turbidus*). **1.** Qui n'est pas limpide, pas transparent. *Eau trouble.* **2.** Qui n'est pas net. *Vue trouble.* **3.** Qui ne s'explique pas nettement ; suspect. *Tout cela reste trouble.* **4.** Qui comporte des éléments inavouables. *Joie trouble.* ◆ adv. *Voir trouble*, d'une manière indistincte.

2. TROUBLE n.m. **1.** Agitation confuse ; désarroi, perturbation. *Son arrivée causa un trouble dans l'assistance.* **2.** Altération des rapports entre les personnes ; désunion, discorde. *Jeter le trouble dans une famille.* **3.** État d'inquiétude, d'agitation, de confusion ou d'émotion dans lequel se trouve qqn ; désarroi, embarras. *Elle devint soudain très pâle et ne put cacher son trouble.* **4.** Anomalie de fonctionnement d'un organe, d'un système. *Troubles respiratoires.* **5.** Manque de limpidité, de transparence. *Le trouble de l'eau est dû à la tempête.* **6.** DR. Action d'inquiéter un possesseur dans la jouissance d'un bien, par un acte matériel *(trouble de fait)* ou par la revendication juridique d'un droit *(trouble de droit)*. ◆ pl. **1.** Agitation sociale grave ; émeute. *Réprimer les troubles.* **2.** HYDROL. Matériaux fins transportés en suspension par un cours d'eau.

3. TROUBLE n.f. ou **TROUBLEAU** n.m. → **TRUBLE.**

TROUBLE-FÊTE n. (pl. *trouble-fête[s]*). Personne qui trouble la joie d'une réunion par sa présence.

TROUBLER v.t. **1.** Altérer la limpidité, la transparence de. *Troubler l'eau en remuant la vase.* **2.** Altérer la clarté, la finesse de. *Troubler la vue.* **3.** Causer de l'agitation, du désordre dans ; perturber. *Troubler l'ordre public. Troubler le sommeil de qqn.* **4.** Rendre perplexe ; susciter le doute, l'inquiétude chez qqn ; embarrasser. *Cette histoire me trouble un peu.* **5.** Faire perdre le fil de ses idées à qqn, l'impressionner, l'intimider ; déconcerter, désorienter. *Les questions de l'examinateur ont troublé les candidats.* **6.** Interrompre le cours de. *Troubler un bal, une réunion.* ◆ **se troubler** v.pr. **1.** Devenir trouble. **2.** Perdre son assurance, ses moyens ; être déstabilisé. *L'orateur se troubla.*

TROUÉE n.f. Large ouverture naturelle ou artificielle dans une haie, un bois, etc. *Une trouée laissait apercevoir l'horizon.*

TROUER v.t. Faire un trou dans.

TROUFION n.m. *Fam.* Simple soldat.

TROUILLARD, E adj. et n. *Fam.* Peureux.

TROUILLE n.f. *Fam.* Peur.

TROUILLOMÈTRE n.m. (de *trouille*). *Fam. Avoir le trouillomètre à zéro :* avoir très peur.

TROU-MADAME n.m. (pl. *trous-madame*). Anc. Jeu de tir consistant à faire passer de petites boules sous des arcades numérotées.

TROUPE n.f. (francique *throp*, troupeau). **1. a.** Groupement de militaires. **b.** Ensemble de tous les militaires qui ne sont ni officiers ni sous-officiers. ◇ Anc. *Homme de troupe :* militaire du rang. **2.** Groupe de personnes, d'animaux. **3.** Groupe de comédiens, d'artistes qui jouent ensemble.

TROUPEAU n.m. **1.** Groupe formé d'animaux ruminants d'une même espèce sauvage ou domestiquée, qui vivent ensemble. **2.** Ensemble d'animaux d'une espèce domestique présents sur une exploitation agricole ou dont la garde est confiée à une ou à plusieurs personnes. **3.** Multitude, foule, considérée dans son comportement collectif, impersonnel, passif. **4.** RELIG. Ensemble de personnes placées sous la direction d'un pasteur spirituel.

TROUPIALE n.m. (p.-ê. de *troupe*). Passereau d'Amérique, bon chanteur, vivant en bandes dans les espaces découverts. (Genre *Icterus ;* famille des ictéridés.) SYN. : *oriole*.

TROUPIER n.m. *Fam.* Militaire. ◆ adj.m. *Comique troupier :* chanteur de café-concert interprétant en tenue de soldat un répertoire fondé sur la vie de caserne ; genre comique, souvent semé de sous-entendus grivois, de ce répertoire.

TROUSSAGE n.m. Action de trousser une volaille.

TROUSSE n.f. (de *trousser*). Étui à compartiments, dans lequel on réunit les instruments ou les outils dont on se sert fréquemment. *Trousse de chirurgien. Trousse de toilette.* ◆ pl. Anc. Chausses bouffantes des pages. ◇ *Aux trousses de qqn*, à sa poursuite. *Avoir la police à ses trousses.*

TROUSSEAU n.m. **1.** Vx ou Québec. Linge, lingerie, vêtements qu'on donne à une fille qui se marie ou qui entre en religion. **2.** Ensemble des affaires qu'un enfant emporte en internat, en colonie de vacances, etc. **3.** *Trousseau de clefs :* ensemble de clefs réunies par un anneau.

TROUSSE-PIED n.m. inv. Lanière qui tient replié le pied d'un animal que l'on ferre ou que l'on soigne.

TROUSSE-QUEUE n.m. inv. Gaine de cuir entourant et protégeant le tronçon de la queue du cheval.

TROUSSEQUIN n.m. (de *trousse* et suff. picard). Partie postérieure d'une selle.

TROUSSER v.t. (anc. fr. *torser*, mettre en paquet). **1.** Replier, relever un vêtement pour l'empêcher de traîner. *Trousser ses manches.* ◇ *Fam.*, vieilli. *Trousser une femme*, la posséder. **2.** *Trousser une volaille*, la brider. **3.** *Litt.* Expédier rapidement. *Trousser une affaire, un compliment.* ◆ **se trousser** v.pr. Vx. Relever ses jupes.

TROUSSEUR n.m. *Fam.*, vx. *Trousseur de jupons :* homme qui court les filles ; débauché.

TROU-TROU n.m. (pl. *trou-trous*). Ornement de lingerie composé de petits jours alignés dans lesquels on passe un ruban.

TROUVABLE adj. Qu'on peut trouver.

TROUVAILLE n.f. Découverte heureuse. *Faire une excellente trouvaille.*

TROUVÉ, E adj. **1.** *Bien trouvé :* se dit de ce qui est neuf, original, heureusement imaginé. *Voilà un mot bien trouvé.* **2.** *Enfant trouvé :* enfant abandonné, né de parents inconnus. **3.** *Tout trouvé :* qui s'offre naturellement à l'esprit. *Le moyen est tout trouvé.*

TROUVER v.t. (lat. pop. *tropare*, de *tropus*, figure de rhétorique). **1.** Rencontrer, découvrir par hasard et prendre qqch, qqn qui est ou semble perdu ou caché. *Il a trouvé un euro par terre. Trouver qqn sur son passage. Trouver un chien perdu.* **2.** Découvrir l'être ou la chose que l'on cherchait. *Elle a trouvé un emploi.* ◇ *Aller trouver qqn*, se rendre auprès de lui pour lui parler. **3.** *Fig.* Éprouver un sentiment. *Trouver du plaisir, de l'agrément à faire qqch.* **4.** Voir qqn, qqch dans tel état en arrivant quelque part. *Trouver la maison vide en rentrant du travail. Trouver qqn en train de pleurer.* **5.** Penser, juger que qqch, qqn a telle caractéristique, lui attribuer telle qualité ou tel défaut. *Je lui trouve mauvaise mine. J'ai trouvé l'orateur très ennuyeux.* **6.** Être d'avis que ; penser, croire. *Je trouve que tu exagères.* ◇ *Trouver le temps long :* s'ennuyer, s'impatienter, s'inquiéter. – *Trouver bon, mauvais :* approuver, désapprouver. **7.** Être le créateur de ; inventer. *Trouver une musique pour un film.* **8.** *Trouver à dire, à redire :* découvrir ou inventer des raisons de critiquer, de blâmer. **9.** *Il se trouve que :* il s'avère que, il se fait que. *Il se trouve que j'avais lu ce livre.* **10.** *Fam. Si ça se trouve :* il est bien possible que. ◆ **se trouver** v.pr. **1.** Exister, être disponible quelque part ; pouvoir être déniché, découvert. *Un appartement, cela se trouve.* **2.** Être à tel endroit. *L'Etna se trouve en Sicile.* **3.** Être en tel état, en telle situation. *Se trouver fort embarrassé.* ◇ *Se trouver mal :* avoir un malaise ; s'évanouir.

TROUVÈRE n.m. (du bas lat. *trovare*, composer un poème). Poète lyrique de langue d'oïl aux XIIe et XIIIe s. (par oppos. à *troubadour*).

TROUVEUR, EUSE n. *Litt.* Personne qui trouve. *Un trouveur de bons mots.*

TROYEN, ENNE [trwajɛ̃, ɛn] adj. et n. **1.** De Troie (Troade). **2.** De Troyes (Champagne). **3.** *Astéroïde troyen*, ou *planète troyenne :* petite planète de même période de révolution que la planète Jupiter, et formant avec elle et le Soleil un triangle sensiblement équilatéral. (Répartis en deux groupes, ces astéroïdes portent des noms de héros de la guerre de Troie.)

TRUAND, E n. (du gaul.). Vx. Vagabond, mendiant. ◆ n.m. Malfaiteur qui fait partie du milieu (gangster, proxénète, etc.).

TRUANDER v.i. *Fam.* Ne pas respecter les conventions établies, les règles ; tricher. ◆ v.t. *Fam.* Voler, escroquer qqn ; abuser de la confiance de qqn.

TRUANDERIE n.f. Vx. Ensemble des truands ; pègre.

TRUBLE, TROUBLE n.f. ou **TROUBLEAU** n.m. (lat. *trublium*, écuelle). PÊCHE. Petit filet, emmanché ou non, en forme de poche.

TRUBLION n.m. Individu qui sème le trouble, qui provoque de l'agitation ; perturbateur.

TRUC n.m. (mot provenç.). *Fam.* **1.** Savoir-faire, procédé, astuce. *Les trucs d'un métier.* **2.** Désigne qqch ou qqn dont on ne sait pas le nom ou dont le nom ne vient pas tout de suite à l'esprit. *Un truc pour ouvrir les boîtes. C'est Truc qui me l'a dit.*

TRUCAGE n.m. → **TRUQUAGE.**

TRUCHEMENT [tryʃmɑ̃] n.m. (de l'ar.). *Par le truchement de :* par l'intermédiaire de.

TRUCIDER v.t. (lat. *trucidare*). *Fam.* Faire périr de mort violente ; assassiner.

TRUCK [trœk] n.m. (mot angl.). **1.** Wagonnet à plate-forme pour le transport des objets encombrants et pesants. **2.** Polynésie. Autobus.

TRUCMUCHE n. *Fam.* (Avec une majuscule.) Sert à désigner qqn ; truc, machin, untel.

TRUCULENCE n.f. Caractère de ce qui est truculent.

TRUCULENT, E adj. (lat. *truculentus*). Haut en couleur, plein de pittoresque et de vigueur. *Personnage, style truculent.*

TRUELLE n.f. (lat. *trulla*, de *trua*, cuillère à pot). Outil de maçon pour étendre le mortier sur les joints ou pour faire les enduits de plâtre, constitué génér. d'une lame d'acier large reliée à un manche.

TRUELLÉE n.f. Quantité de mortier qui peut tenir sur une truelle.

TRUFFE n.f. (anc. provenç. *trufa*). **1.** Champignon ascomycète souterrain, comestible très recherché, dont les fructifications, brun sombre, à odeur musquée, mûrissent en hiver à la base des chênes. (Genre *Tuber ;* ordre des tubérales.) ◇ *Truffe blanche :* terfès. **2.** Nez du chien et du chat. **3.** *Fam.* Nez gros et rond. **4.** Friandise à base de chocolat saupoudrée de poudre de cacao.

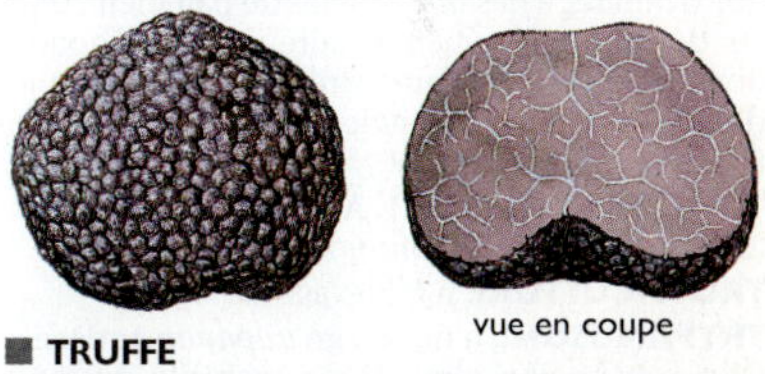

■ **TRUFFE**

TRUFFER v.t. **1.** Garnir de truffes. *Truffer une volaille.* **2.** *Fig.* Remplir à l'excès ; bourrer.

TRUFFICULTURE n.f. Culture de la truffe.

TRUFFIER, ÈRE adj. Relatif aux truffes. *Région truffière. Chêne truffier.*

TRUFFIÈRE n.f. Terrain où poussent des truffes.

TRUIE n.f. (bas lat. *troja*). Femelle reproductrice de l'espèce porcine.

TRUISME n.m. (angl. *truism*, de *true*, vrai). Vérité d'évidence, banale, sans portée.

TRUITE n.f. (bas lat. *tructa*). Poisson voisin du saumon, à chair fine et estimée, et dont il existe

■ **TRUITES**

deux espèces en Europe : la *truite de mer (Salmo trutta)*, de l'Atlantique, et la *truite arc-en-ciel (Salmo gairdneri)*, originaire de l'ouest de l'Amérique du Nord. (Les truites de lac et de rivière ne sont que des variétés sédentaires de la truite de mer ; une truite à chair rose est dite *saumonée.*)

TRUITÉ, E adj. **1.** Se dit d'un pelage marqué de petites taches brunes ou noires. **2.** Se dit d'une céramique dont la glaçure ou la couverte est fendillée par un réseau de craquelures imitant les écailles de poisson.

TRULLO [trulo] n.m. [pl. *trullos* ou *trulli*] (mot ital.). Construction rurale ronde, en pierre, à toit conique, typique de la Pouille (Italie).

TRUMEAU n.m. (du francique). **1.** Pan de mur entre deux baies rapprochées. **2.** Panneau de glace ou de peinture occupant le dessus d'une cheminée, l'espace entre deux fenêtres, etc. **3.** Pilier central divisant en deux le portail d'une église. **4.** BOUCH. Jarret de bœuf.

TRUQUAGE ou **TRUCAGE** n.m. **1. a.** THÉÂTRE. Mécanisme ou procédé pour mouvoir certains décors, exécuter des changements à vue et, génér., produire des effets insolites de mise en scène. **b.** CINÉMA. Effet spécial. **2.** Emploi de moyens adroits et peu délicats pour arriver à ses fins, par la tromperie. *Le truquage d'un vote.*

T

TRUQUER v.t. **1.** Modifier qqch habilement pour tricher à un jeu ou faire un tour d'illusionniste. *Truquer des dés.* **2.** Modifier de manière occulte et frauduleuse certains éléments d'une opération. *Truquer des élections.*

TRUQUEUR, EUSE n. Personne qui use de procédés indélicats pour tromper.

TRUQUISTE n. CINÉMA. Professionnel chargé des truquages.

TRUSQUIN n.m. (wallon *cruskin*). MÉCAN. INDUSTR., MENUIS. Instrument servant à tracer des lignes parallèles à une surface dressée.

TRUSQUINER v.t. Tracer au trusquin des lignes parallèles.

TRUST [trœst] n.m. (mot angl., de *to trust,* avoir confiance). **1.** Groupement d'entreprises qui, quoique conservant leur autonomie juridique, sont contrôlées par une société mère. **2.** Entreprise très puissante exerçant son influence sur tout un secteur de l'économie.

TRUSTE [tryst] ou **TRUSTIS** [trystis] n.f. (lat. *trustis,* du haut all.). Sous les Mérovingiens, troupe d'hommes (nommés *antrustions*) formant l'entourage du roi.

TRUSTEE [trœsti] n.m. (mot angl.). **1.** Mandataire qui, ayant reçu des instruments de paiement, doit les délivrer à leur bénéficiaire dans des conditions définies. **2.** Administrateur qui, au terme d'un accord entre créanciers et débiteurs, assure la gestion d'un emprunt.

TRUSTER [trœste] v.t. **1.** Accaparer par un trust. **2.** *Fam.* Accaparer, monopoliser.

TRUTTICULTURE n.f. Élevage de truites.

TRYPANOSOME n.m. (du gr. *trupanon,* tarière). Genre de protozoaire flagellé, parasite du sang des vertébrés, génér. transmis à ceux-ci par des insectes vecteurs, et dont une espèce provoque chez l'homme la maladie du sommeil.

TRYPANOSOMIASE n.f. Affection parasitaire due à un trypanosome.

TRYPSINE n.f. (gr. *tripsis,* friction). BIOCHIM. Enzyme du suc pancréatique, qui participe à la digestion des protéines.

TRYPSINOGÈNE n.m. BIOCHIM. Substance sécrétée par le pancréas, précurseur de la trypsine.

TRYPTOPHANE n.m. BIOCHIM. Acide aminé cyclique, indispensable à l'organisme.

TSAR, TZAR ou **CZAR** [tsar] n.m. (mot russe, du lat. *caesar*). Titre porté par les souverains de Russie (1547 - 1917) et de Bulgarie (919 - 1018, 1187 - 1393, 1908 - 1946).

TSARÉVITCH ou **TZARÉVITCH** [tsarevitʃ] n.m. Fils du tsar.

TSARINE ou **TZARINE** n.f. **1.** Femme d'un tsar. **2.** Impératrice de Russie.

TSARISME n.m. Régime politique de la Russie et de l'Empire russe jusqu'en 1917.

TSARISTE adj. et n. Relatif au tsarisme ; qui en est partisan.

TSÉ-TSÉ n.f. inv. (mot d'une langue africaine). Mouche africaine, du genre glossine, dont certaines espèces propagent la maladie du sommeil. (On dit aussi *mouche tsé-tsé.*)

TSF ou **T.S.F.** n.f. (sigle de *télégraphie* ou *téléphonie sans fil*). Vieilli. Radio.

TSIGANE ou **TZIGANE** [tsigan] adj. et n. (mot hongr.). Qui se rapporte aux Tsiganes, fait partie de ce peuple. ◇ *Musique tsigane :* musique populaire de Bohême et de Hongrie, adaptée par les musiciens tsiganes. ◆ n.m. Langue indo-aryenne parlée par les Tsiganes. SYN. : *romani.*

TSUBA n.m. (mot jap.). Garde du sabre japonais, souvent ouvragée, et qui constitue un objet de collection très recherché.

TSUNAMI [tsynami] n.m. (mot jap.). Onde océanique superficielle, engendrée par un séisme, une éruption sous-marine, un glissement de terrain. (On dit parfois improprement *raz de marée.*)

TTC ou **T. T. C.** (sigle). Toutes taxes comprises.

TU pron. pers. (lat. *tu*). Désigne la 2e pers. du sing. en fonction de sujet. *Tu as raison.* ◇ *Dire tu à qqn,* le tutoyer. – *Fam. Être à tu et à toi avec qqn,* être avec lui dans une grande familiarité.

TUANT, E adj. *Fam.* Pénible, fatigant.

TUB [tœb] n.m. (mot angl.). Vieilli. Large cuvette où peuvent se faire des ablutions à grande eau ; bain qu'on y prend.

TUBA n.m. (mot ital., du lat.). **1.** Instrument de musique à vent, en métal et à pistons. (Le tuba est utilisé dans l'orchestre comme basse des trombones.) **2.** Tube respiratoire des nageurs sous-marins.

TUBAGE n.m. **1.** MÉD. Introduction d'un tube dans un conduit naturel, en partic. dans le larynx pour empêcher une asphyxie, ou dans l'estomac pour faire des prélèvements. **2.** Mise en place de tubes dans un sondage, un puits de pétrole, pour en maintenir les parois. SYN. : *casing.*

TUBAIRE adj. ANAT. Relatif à la trompe d'Eustache ou à la trompe de Fallope.

TUBARD, E adj. et n. *Fam.,* vieilli. Tuberculeux.

TUBE n.m. (lat. *tubus*). **1. a.** Tuyau ou appareil cylindrique. *Tube de verre, de plomb.* ◇ *Tube à essai :* tube en verre fermé à un bout, pour faire des expériences de chimie sur de petites quantités. (Il n'est plus guère utilisé auj. dans les laboratoires car les espèces chimiques sensibles n'y sont pas à l'abri de l'air et de l'humidité.) – *Tube de Pitot* ou *de Darcy :* instrument imaginé par Pitot, perfectionné par Darcy, pour mesurer le débit des fluides. – *Tube d'un canon :* la bouche à feu proprement dite (par oppos. à l'*affût*). – TECHN. *Tube à choc :* installation d'essais aérodynamiques pour vitesses hypersoniques. – PÉTROLE. *Tube prolongateur :* dans un forage en mer, canalisation reliant le fond du puits à l'engin de surface. SYN. : *riser.* **b.** Cylindre creux en verre, rempli d'un gaz sous basse pression, pour l'éclairage par fluorescence. *Tube au néon.* ◇ *Tube électronique :* composant électronique formé d'une ampoule dans laquelle règne un vide suffisant *(tube à vide)* ou contenant un gaz ionisé *(tube à gaz)* et dotée de deux ou de plusieurs électrodes qui émettent, captent des faisceaux électroniques ou en modifient le mouvement. – *Tube à ondes progressives :* tube électronique permettant de contrôler et d'amplifier des ondes de fréquence très élevée. – *Tube cathodique* ⟶ **cathodique.** – *Tube de Crookes, de Coolidge :* appareils producteurs de rayons X. **2.** Emballage allongé, malléable, contenant une substance pâteuse que l'on fait sortir par pression. *Tube de colle, de peinture, de pâte dentifrice.* **3.** Conditionnement cylindrique, rigide, pour des poudres ou des substances solides. *Tube de cachets d'aspirine.* **4.** ANAT. Canal ou conduit naturel. *Tube digestif.* ◇ *Tubes de Malpighi :* principaux organes d'excrétion chez les insectes. **5.** BOT. *Tube criblé :* vaisseau du phloème où circule la sève élaborée. **6.** *Fam. À plein(s) tube(s) :* au plus fort de sa puissance sonore ; à toute vitesse. **7.** *Fam.* Chanson ou musique qui connaît un grand succès.

TUBELESS [tyblɛs] adj. inv. (mot angl., *sans chambre à air*). *Pneu tubeless :* pneu dans lequel la chambre à air est remplacée par une couche synthétique étendue à l'intérieur de l'enveloppe.

TUBER v.t. PÉTROLE. Effectuer un tubage.

TUBÉRACÉ, E adj. (du lat. *tuber,* excroissance). BOT. Qui a la forme, l'aspect de la truffe.

TUBÉRALE n.f. Champignon ascomycète à mycélium formant des mycorhizes avec les racines de certains arbres et à fructification hypogée, tel que la truffe, la terfès. (Les tubérales forment un ordre.)

TUBERCULE n.m. (lat. *tuberculum,* petite bosse). **1.** Renflement des axes végétaux, surtout souterrains (racine, rhizome), riche en substances de réserve. **2.** ANAT. Petite saillie arrondie à la surface d'un organe. – *Spécial.* Saillie arrondie à la surface d'une molaire. ◇ *Tubercule quadrijumeau* ⟶ **quadrijumeau. 3.** MÉD. Petite lésion élémentaire des tissus, arrondie, observée notamm. dans la tuberculose.

1. **TUBERCULEUX, EUSE** adj. BOT. Qui est de la nature du tubercule. *Racine tuberculeuse.*

2. **TUBERCULEUX, EUSE** adj. Relatif à la tuberculose. ◆ adj. et n. Atteint de tuberculose.

TUBERCULINATION ou **TUBERCULINISATION** n.f. Action d'injecter de la tuberculine diluée aux animaux (dépistage des sujets atteints de tuberculose latente).

TUBERCULINE n.f. Liquide préparé à partir de cultures de bacilles de Koch et destiné au diagnostic de la tuberculose.

TUBERCULINIQUE adj. Relatif à la tuberculine. *Les tests tuberculiniques.*

TUBERCULOÏDE adj. MÉD. Qui ressemble à la tuberculose. *Lèpre tuberculoïde.*

TUBERCULOSE n.f. Maladie infectieuse et contagieuse, commune à l'homme et aux animaux, due au bacille de Koch et touchant princip. les poumons.

ENCYCL. Le premier contact de l'organisme avec le bacille de Koch provoque une primo-infection dont le seul signe, le plus souvent, est le virage de réactions tuberculiniques antérieurement négatives (si le sujet n'est pas vacciné). Parfois, l'infection évolue vers la formation de lésions pulmonaires (la tuberculose pulmonaire restant la plus fréquente), s'étend à d'autres organes, ou se généralise. Depuis la découverte des médicaments spécifiques, la maladie, grave autref., est devenue curable dans l'immense majorité des cas. La vaccination par le BCG est obligatoire chez les enfants depuis 1950.

TUBÉREUSE n.f. Plante originaire du Mexique, cultivée pour ses belles grappes de fleurs blanches à odeur suave et pénétrante. (Genre *Polianthes ;* famille des agavacées.)

TUBÉREUX, EUSE adj. (lat. *tuberosus*). BOT. Se dit d'une plante, d'une tige qui forme ou constitue un ou plusieurs tubercules.

TUBÉRIFORME adj. Se dit d'un organe vivant en forme de truffe.

TUBÉRISATION n.f. Transformation en tubercules ou en pseudo-bulbes de la partie inférieure de la tige ou des organes radiculaires de certains végétaux.

TUBÉRISÉ, E adj. BOT. Se dit d'une racine qui forme un tubercule.

TUBÉROSITÉ n.f. (de *tubéreux*). ANAT. **1.** Renflement que présentent certains os, donnant attache à des muscles ou à des ligaments. **2.** *Tubérosité de l'estomac :* chacune des deux portions renflées de l'estomac, à son extrémité supérieure et inférieure.

TUBICOLE adj. Se dit d'un animal qui vit dans un tube qu'il a édifié.

TUBIFEX n.m. (lat. *tubus,* tube, et *facere,* faire). Petit ver annélide tubicole des eaux douces, souvent appelé *ver de vase,* dont les pêcheurs se servent comme appât. (Classe des oligochètes.)

TUBING [tybiŋ] n.m. (mot angl.). Descente de rivière sur de grosses chambres à air ; les chambres à air utilisées.

TUBIPORE n.m. Polypier des mers chaudes formant des masses de tubes calcaires verticaux, rouge vif, cour. appelé *orgue de mer.* (Sous-classe des alcyonaires.)

TUBISTE n. Instrumentiste qui joue du tuba.

TUBULAIRE adj. **1.** Qui a la forme d'un tube. **2.** Constitué de tubes. *Échafaudage tubulaire.* ◇ *Pont tubulaire :* pont métallique formé d'éléments composant une poutre creuse de section rectangulaire. **3.** Se dit d'une chaudière ou d'un échangeur de chaleur dans lesquels la circulation du fluide chaud ou de l'eau s'effectue dans des tubes qui offrent une grande surface aux échanges de chaleur.

TUBULE n.m. *Tubule rénal :* petit tube sinueux qui fait suite au glomérule dans le néphron (constituant élémentaire du rein).

TUBULÉ, E adj. Muni d'une ou de plusieurs tubulures.
TUBULEUX, EUSE adj. En forme de tube.
TUBULIDENTÉ n.m. Mammifère fouisseur, exclusivement insectivore, doté de dents cylindriques sans racines, représenté par le seul oryctérope. (Les tubulidentés forment un ordre.)
TUBULIFLORE adj. BOT. Dont les fleurs ont une corolle tubuleuse.
TUBULURE n.f. (lat. *tubulus,* petit tube). **1.** Sur une enceinte ou un récipient, ouverture en forme de court cylindre sur lequel on peut raccorder un conduit. **2.** Ensemble des tubes d'une installation ; chacun de ces tubes.
TUDESQUE adj. (francique *theudisk,* teuton). Vx. Qui se rapporte aux Allemands.
TUDIEU interj. (de *tue* et *Dieu*). Vx. Juron familier.
TUÉ, E n. Personne tuée, décédée de mort violente.
TUE-CHIEN n.m. inv. **1.** Colchique d'automne. **2.** Morelle des terrains vagues, à baies noires toxiques. (Genre *Solanum.*)
TUE-DIABLE n.m. inv. Leurre pour poissons carnassiers de rivière.
TUE-MOUCHES adj. inv. **1.** MYCOL. *Amanite tue-mouches :* fausse oronge. **2.** *Papier tue-mouches :* papier imprégné d'une substance vénéneuse et de colle, dont on se sert pour attraper les mouches.
TUER v.t. (lat. *tutare,* protéger, éteindre la faim, la soif). **1.** Causer la mort de qqn de manière violente. *Il l'a tué d'un coup de couteau.* ◇ *Fam. Être à tuer :* être assommant, insupportable. **2.** Faire mourir un animal volontairement, notamm. à la chasse. *Tuer un lièvre.* **3.** Causer la destruction de. *La gelée tue les plantes.* **4.** *Fam.* Épuiser physiquement ou moralement. *Ce travail trop dur la tue.* **5.** Faire cesser, faire disparaître qqch, causer la ruine de. *L'égoïsme finit par tuer l'amour.* **6.** *Tuer le temps :* tenter de s'occuper pour éviter de s'ennuyer. ◆ **se tuer** v.pr. **1.** Se donner volontairement la mort ; trouver accidentellement la mort. *Se tuer en montagne.* **2.** S'épuiser de fatigue. *Se tuer au travail.* **3.** Se donner du mal pour ; s'évertuer à. *Je me tue à vous le répéter.*
TUERIE [tyri] n.f. Action de tuer en masse ; carnage, massacre.
TUE-TÊTE (À) loc. adv. De toute la puissance de la voix. *Crier à tue-tête.*
TUEUR, EUSE n. **1.** Personne qui tue, qui commet un meurtre. **2.** Homme de main chargé d'exécuter un crime pour le compte d'autrui. **3.** Personne qui tue les animaux de boucherie.
TUF [tyf] n.m. (ital. *tufo*). Roche poreuse légère, formée de cendres volcaniques cimentées (cinérite) ou de concrétions calcaires déposées dans les sources ou dans les lacs (travertin).
TUFFEAU ou **TUFEAU** n.m. (de *tuf*). Calcaire crayeux renfermant notamm. des grains de quartz et de mica *(tuffeau de Touraine),* utilisé en construction.
TUILE n.f. (lat. *tegula,* de *tegere,* couvrir). **1.** Plaquette de terre cuite, de forme variable, pour couvrir les maisons, les bâtiments. ◇ *Tuile canal,* ou *tuile romaine :* tuile en forme de gouttière tronconique. **2.** *Fam.* Événement imprévu et fâcheux ; ennui, problème. **3.** Petit-four sec aplati et arrondi sur un rouleau à pâtisserie.
TUILEAU n.m. Élément mince, de l'épaisseur d'une tuile, dont la tranche est utilisée pour le revêtement d'un âtre.
TUILER v.t. Recouvrir de tuiles.
TUILERIE n.f. **1.** Industrie de la fabrication des tuiles. **2.** Entreprise où se fait cette fabrication.
1. TUILIER, ÈRE adj. Relatif à la fabrication des tuiles.
2. TUILIER n.m. Personne travaillant dans la tuilerie.
TULARÉMIE n.f. (de *Tulare,* n. d'un comté de Californie). Maladie infectieuse due à un bacille, atteignant le lièvre et transmissible à l'homme.
TULIPE n.f. (turc *tülbent,* turban). **1.** Plante bulbeuse à grande et belle fleur solitaire en forme de vase, très utilisée à des fins ornementales. (Genre *Tulipa ;* famille des liliacées.) **2.** Abat-jour en pâte de verre qui a la forme d'une tulipe.
TULIPIER n.m. (de *tulipe,* par ressemblance avec la fleur). **1.** Arbre originaire d'Amérique, cultivé dans les parcs et jardins. (Haut. 20 à 30 m ; genre *Liriodendron,* famille des magnoliacées.) **2.** Arbre de l'Afrique occidentale, à grandes fleurs orange, qui orne fréquemment les avenues des grandes villes de cette région. (Genre *Spathodea ;* famille des bignoniacées.)

■ **TULIPES**

TULLE n.m. (de *Tulle,* n.pr.). Tissu léger et transparent à mailles rondes ou polygonales.
TULLERIE n.f. Fabrique, commerce de tulle.
TULLISTE n. Fabricant de tulles et dentelles.
TUMBLING [tœmbliŋ] n.m. (mot angl., *cabriole*). Sport acrobatique consistant en un enchaînement de culbutes et de sauts réalisé après une course d'élan sur une piste élastique.
TUMÉFACTION n.f. (du lat. *tumefacere,* gonfler). MÉD. Augmentation de volume d'une partie du corps, quelle qu'en soit la nature ; grosseur.
TUMÉFIÉ, E adj. Qui est le siège d'une ou de plusieurs tuméfactions. *Un visage tuméfié.*
TUMÉFIER v.t. [5]. Causer une tuméfaction.
TUMESCENCE n.f. PHYSIOL. Gonflement normal (érection, par ex.) ou pathologique (tuméfaction) d'un organe. SYN. : *turgescence.*
TUMESCENT, E adj. (du lat. *tumescere,* s'enfler). Se dit d'un organe en état de tumescence.
TUMEUR n.f. (lat. *tumor*). MÉD. Prolifération anormale, non inflammatoire, de cellules groupées ou disséminées, plus ou moins indifférenciées et autonomes. ◇ *Tumeur maligne :* cancer.
TUMORAL, E, AUX adj. Relatif aux tumeurs.
TUMULAIRE adj. (du lat. *tumulus,* tombeau). Relatif aux tombeaux. *Pierre tumulaire.*
TUMULTE n.m. (lat. *tumultus*). **1.** Grand désordre bruyant. *Apaiser un tumulte.* **2.** Grande agitation désordonnée. *Le tumulte des affaires.*
TUMULTUEUSEMENT adv. *Litt.* En provoquant un tumulte.
TUMULTUEUX, EUSE adj. Plein de tumulte ; agité.
TUMULUS [tymylys] n.m. [pl. *tumulus* ou *tumuli*] (mot lat.). ARCHÉOL. Grand amas artificiel de terre ou de pierres élevé au-dessus d'une sépulture.
TUNAGE n.m. ou **TUNE** n.f. (néerl. *tuin*). AGRIC. Couchis de fascines traversé de piquets et de clayons, et chargé d'un lit de gravier pour arrêter l'action des eaux.
TUNE n.f. → **THUNE.**
TUNER [tynœr] ou [tynɛr] n.m. (de l'angl. *to tune,* accorder). Appareil qui reçoit les ondes hertziennes et les convertit en signaux audio ou vidéo ; récepteur radio, génér. prévu pour les émissions à modulation de fréquence, ne comprenant ni amplificateur basse fréquence ni haut-parleur et constituant l'un des éléments d'une chaîne haute-fidélité. Recomm. off. : *syntoniseur.*
TUNGAR [tœ̃gar] n.m. (de *tungstène* et *argon*). ÉLECTRON. Appareil redresseur de courants alternatifs, permettant le passage de grandes intensités.
TUNGSTATE n.m. CHIM. MINÉR. Sel d'un acide tungstique.
TUNGSTÈNE [tœkstɛn] n.m. (suédois *tungsten,* pierre lourde). **1.** Métal de couleur blanc d'étain, de densité très élevée (19,3), et très réfractaire, fondant à 3 410 °C. **2.** Élément chimique (W), de numéro atomique 74, de masse atomique 183,04. (Le tungstène est utilisé pour fabriquer des filaments pour lampes à incandescence, des résistances chauffantes et, en alliage avec l'acier ou sous forme de carbure de tungstène, pour réaliser des outils de coupe.)
TUNGSTIQUE adj. Se dit d'un oxyde et d'un acide dérivant du tungstène.
TUNICIER n.m. (du lat. *tunica,* tunique). Invertébré marin cordé, au corps en forme de sac enveloppé d'une tunique, muni de fentes branchiales servant à l'alimentation et à la respiration, à larve nageuse, tel que les ascidies. SYN. : *urocordé.*

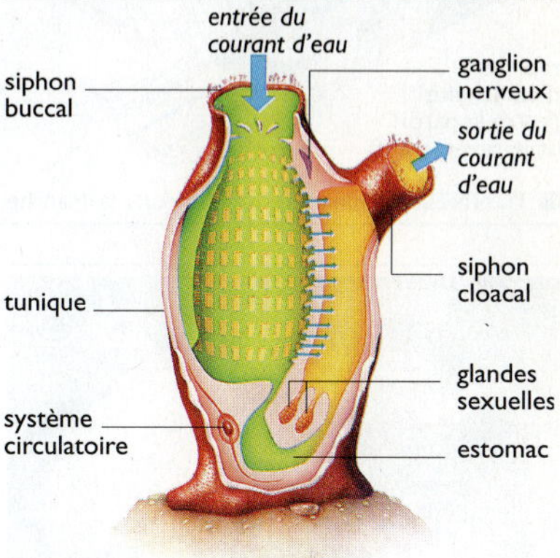

■ **TUNICIER.** Anatomie d'un tunicier.

TUNIQUE n.f. (lat. *tunica*). **1.** ANTIQ. Vêtement cousu, court ou mi-long, avec ou sans manches, génér. resserré à la taille. — Mod. Vêtement droit plus ou moins long, porté sur une jupe ou un pantalon. **2.** MIL. Longue vareuse d'uniforme. **3.** ANAT. Enveloppe de certains organes ou conduits. **4.** BOT. Chacune des enveloppes foliacées des bulbes et des oignons.
TUNIQUÉ, E adj. BOT. Enveloppé d'une ou de plusieurs tuniques.
TUNISIEN, ENNE adj. et n. De la Tunisie, de ses habitants.
TUNISOIS, E [tyniswa, az] adj. et n. De Tunis.
TUNNEL n.m. (mot angl., du fr. *tonnelle*). **1.** Galerie souterraine de grande section, donnant passage à une voie de communication. *Tunnel ferroviaire. (V. ill. page suivante).* **2.** *Fig.* Longue période difficile. *Voir le bout du tunnel.* **3.** CINÉMA, THÉÂTRE. Monologue ennuyeux. — TÉLÉV. Longue suite de messages publicitaires entre deux émissions ou interrompant un programme. **4.** *Effet tunnel :* en physique quantique, probabilité non nulle pour une particule d'énergie *E* de traverser une région où règne un potentiel répulsif supérieur à *E.* **5.** *Tunnel aérodynamique :* dispositif expérimental permettant de faire circuler de l'air à grande vitesse autour d'une maquette, pour étudier son comportement dans l'écoulement. **6.** Abri en matière plastique ayant la forme d'un demi-cylindre, utilisé dans l'horticulture intensive.

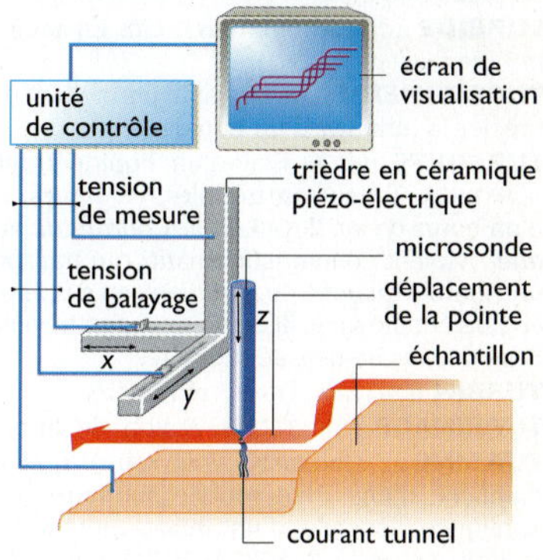

■ **TUNNEL.** Microscope à effet tunnel.

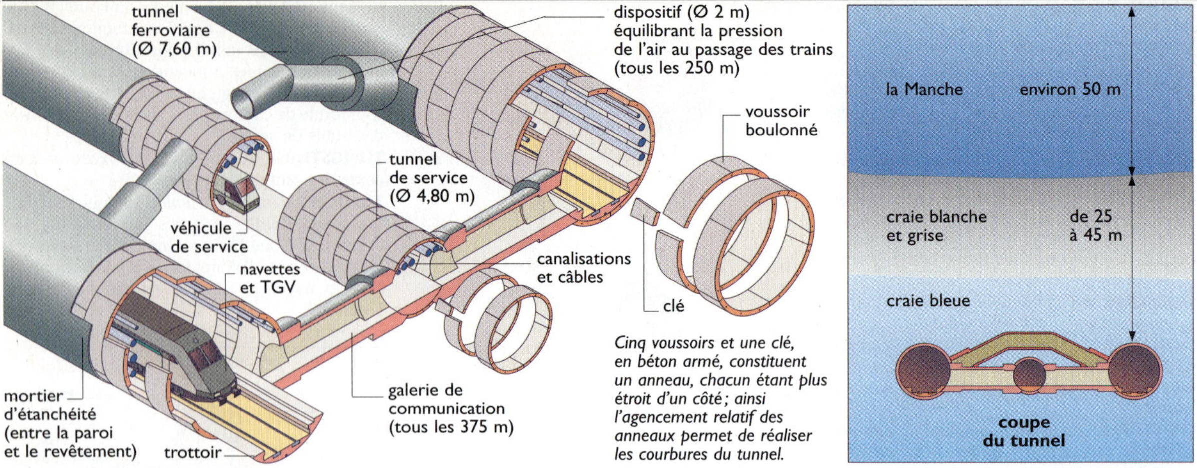

■ **TUNNEL.** Le tunnel ferroviaire sous la Manche.

■ **TUNNELIER.** Un des tunneliers utilisés pour le creusement du tunnel sous la Manche.

TUNNELIER n.m. Engin de travaux publics servant à forer des tunnels.

TUPAÏA [typaja] ou **TOUPAYE** [tupaj] n.m. (mot malais). Mammifère insectivore des forêts de l'Asie du Sud-Est, intermédiaire entre les lémuriens et les véritables insectivores. (Ordre des tupaiiformes.)

TUPI-GUARANI [typigwarani] n.m. inv. Famille de langues indiennes d'Amérique du Sud réunissant la langue des Tupi (le *tupi*) et celle des Guarani (le *guarani*).

TUPINAMBIS [typinɑ̃bis] n.m. Grand lézard carnassier de l'Amérique du Sud et des Antilles. (Long. 1,20 m ; famille des téiidés.) SYN. : *téju*.

TUQUE n.f. Québec. Bonnet de laine.

TURBAN n.m. (turc *tülbent*). **1.** Coiffure orientale portée par les hommes, faite d'une longue pièce d'étoffe enroulée autour de la tête. **2.** Coiffure de femme rappelant le turban oriental.

TÜRBE ou **TURBEH** [tyrbe] n.m. (mot turc). Mausolée islamique, haute tour isolée couverte d'une toiture conique.

TURBELLARIÉ n.m. (du lat. *turbella*, de *turba*, agitation). Ver plat non parasite vivant dans la terre humide, les eaux douces ou salées, tel que les planaires. (Les turbellariés forment une classe de plathelminthes.)

TURBIDE adj. (lat. *turbidus*). *Litt.* En proie au trouble ; agité.

TURBIDIMÈTRE n.m. Appareil permettant d'apprécier la turbidité d'un liquide.

TURBIDITÉ n.f. **1.** État d'un liquide trouble. – HYDROL. Teneur en troubles, en boues, etc., d'un cours d'eau. **2.** OCÉANOL. *Courant de turbidité :* violent courant sous-marin qui transporte une grande quantité de matériaux en suspension et qui s'écoule sur le lit des canyons en traversant des couches de densité moindre.

TURBIN n.m. *Fam.* Travail rémunéré.

TURBINAGE n.m. TECHN. Action de turbiner.

TURBINE n.f. (lat. *turbo, -inis*, roue). **1.** Moteur composé d'une roue mobile sur laquelle est appliquée l'énergie d'un fluide moteur (eau, vapeur, gaz, etc.). **2.** AGROALIM. Essoreuse centrifuge servant à séparer le sucre du sirop.

TURBINÉ, E adj. SC. DE LA V. En forme de toupie. *Coquille turbinée.*

1. TURBINER v.i. *Fam.* Travailler dur ; trimer.

2. TURBINER v.t. TECHN. Faire agir un fluide sur une turbine ; passer à la turbine.

TURBO adj. inv. (abrév.). Se dit d'un moteur suralimenté par un turbocompresseur ; se dit d'un véhicule équipé d'un tel moteur. ◆ n.m. Turbocompresseur de suralimentation. ◇ *Mettre le turbo :* donner toute la puissance ; *fam.*, se donner à fond dans une activité. ◆ n.f. Voiture munie d'un moteur turbo.

TURBOALTERNATEUR n.m. Alternateur entraîné par une turbine à vapeur ou à gaz.

TURBOCOMPRESSÉ, E adj. Se dit d'un moteur équipé d'un turbocompresseur.

TURBOCOMPRESSEUR n.m. **1.** Turbomachine dans laquelle on communique au gaz, au moyen d'une roue, de l'énergie cinétique transformée ensuite en pression dans un ensemble de conduites fixes entourant cette roue. **2.** *Turbocompresseur de suralimentation :* organe annexe d'un moteur thermique, comportant une turbine entraînée par l'écoulement des gaz d'échappement et qui fait tourner une seconde turbine comprimant soit le mélange air-essence (moteur à essence), soit l'air (diesel) avant leur entrée dans le moteur. (On relève ainsi sensiblement la puissance du moteur sans trop grever son poids.) Abrév. : *turbo.*

TURBOFORAGE n.m. Procédé de forage dans lequel l'entraînement du trépan se fait par une turbine placée au-dessus de celui-ci et actionnée par la circulation des boues.

TURBOMACHINE n.f. Tout appareil générateur ou récepteur agissant dynamiquement sur un fluide à l'aide d'un rotor tournant autour d'un axe fixe (turboréacteur, turbomoteur).

TURBOMOTEUR n.m. Organe de propulsion dont l'élément essentiel est une turbine à gaz.

TURBOPOMPE n.f. **1.** Turbomachine hydraulique réceptrice servant à élever la pression du liquide qui la traverse. **2.** Pompe centrifuge accouplée à une turbine.

TURBOPROPULSEUR n.m. AVIAT. Moteur à réaction composé d'une turbine à gaz, entraînant une ou plusieurs hélices propulsives.

TURBORÉACTEUR n.m. AVIAT. Moteur à réaction dans lequel l'air est comprimé par un ou des compresseurs entraînés par une ou des turbines, porté à haute température par la combustion du carburant puis détendu dans une tuyère.

TURBOSOUFFLANTE n.f. Soufflante à grande vitesse de rotation, conduite par turbine à vapeur ou par turbine à gaz.

TURBOT n.m. (anc. scand. *thornbutr*). Poisson plat répandu dans l'Atlantique et la Méditerranée, très estimé pour sa chair. (Le petit est le turbotin. Long. 1 m ; genre *Psetta*, famille des scophtalmidés.)

TURBOTIÈRE n.f. Plat en forme de losange pour faire cuire les turbots et les poissons plats.

TURBOTIN n.m. Jeune turbot.

TURBOTRAIN n.m. Train automoteur dont l'énergie est fournie par une ou plusieurs turbines à gaz.

TURBULENCE n.f. **1.** Caractère, défaut d'une personne turbulente ; agitation bruyante. **2.** (Surtout pl.) Troubles qui perturbent un secteur d'activité, un domaine. *Turbulences monétaires.* **3.** PHYS. Agitation désordonnée d'un fluide en écoulement turbulent.

TURBULENT, E adj. (lat. *turbulentus*, de *turbare*, troubler). **1.** Porté à faire du bruit, à causer du trouble ; remuant. *Enfant turbulent.* **2.** PHYS. *Régime* ou *écoulement turbulent :* écoulement dans lequel les filets fluides se mélangent, au lieu de conserver leur individualité (par oppos. à *régime laminaire*).

TURC, TURQUE adj. et n. De la Turquie, de ses habitants. ◇ *Café turc,* très fort, préparé par décoction du marc. – *Fam. Jeune turc :* partisan d'une politique dynamique dans un parti. – HIST. *Le Grand Turc :* titre que les chrétiens donnaient au sultan ottoman. – *Fam. Tête de Turc :* personne qui est sans cesse en butte aux critiques, aux railleries. – *Fort comme un Turc :* très fort. – *À la turque :* se dit de cabinets d'aisances ne comportant pas de cuvette. – *Langues turques :* groupe de langues de la famille altaïque parlées en Asie centrale (turkmène, ouzbek, kazakh, kirghiz), dans le Caucase (azéri) et en Turquie (turc). ◆ n.m. Principale langue du groupe turc, parlée en Turquie où elle est langue officielle.

TURCIQUE adj. (lat. *turcicus*, turc). **1.** Se dit des peuples qui parlent les diverses langues turques (Turcs, Ouïgours, Ouzbeks, Iakoutes, etc.). **2.** ANAT. *Selle turcique :* petite dépression de la face supérieure de l'os sphénoïde où est logée l'hypophyse.

TURCOPHONE adj. et n. De langue turque.

TURDIDÉ n.m. (du lat. *turdus*, grive). Oiseau passereau, tel que la grive, le merle, le rouge-gorge, le rossignol. (Les turdidés forment une famille.)

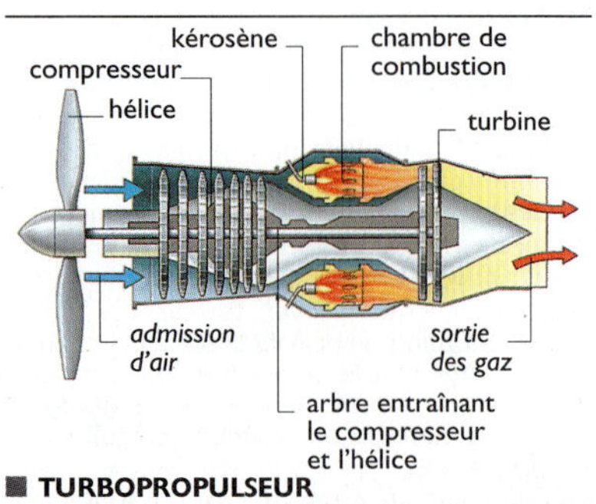

■ **TURBOPROPULSEUR**

TURF [tœrf] ou [tyrf] n.m. (mot angl., *motte de gazon*). **1. a.** Vx. Terrain sur lequel ont lieu les courses de chevaux. **b.** Mod. Ensemble des activités qui se rattachent aux courses de chevaux. **2.** *Arg.* Travail.

TURFISTE [tœr-] ou [tyr-] n. Personne qui aime les courses de chevaux, qui y assiste souvent et qui parie.

TURGESCENCE n.f. **1.** BOT. État normal de rigidité des tissus végétaux vivants, dû à la pression de leur contenu liquide. **2.** PHYSIOL. Tumescence. **3.** BIOL. CELL. État d'une cellule placée dans un milieu hypotonique.

TURGESCENT, E adj. (du lat. *turgescere,* se gonfler). En état de turgescence.

TURGIDE adj. *Litt.* Enflé, boursouflé. *Paupières turgides.*

TURION n.m. (lat. *turio,* bourgeon). Bourgeon ou jeune pousse de l'asperge.

TURISTA [turista] n.f. (mot esp.). *Fam.* Gastro-entérite bénigne, touchant surtout les touristes visitant les pays chauds, se traduisant par des diarrhées.

TURKMÈNE adj. et n. Du Turkménistan, de ses habitants ; du peuple des Turkmènes en général. ◆ n.m. Langue turque parlée par les Turkmènes.

TURLUPINER v.t. *Fam.* Tracasser, tourmenter. *Cette idée me turlupine.*

TURLUTTE n.f. Ustensile de pêche en mer, formé d'un morceau de plomb entouré d'hameçons.

TURLUTUTU interj. Indique un refus, une moquerie. *Turlututu, chapeau pointu !*

TURNE n.f. (de l'alsacien). *Fam.* Chambre.

TURNER [tœrnœr] **(SYNDROME DE) :** aberration chromosomique observée chez la femme, caractérisée par la présence d'un seul chromosome X au lieu de deux, et entraînant un nanisme, une agénésie ovarienne et des malformations diverses.

TURNOVER [tœrnɔvœr] n.m. (mot angl., *roulement*). [Anglic. déconseillé]. Rotation du personnel.

TURPIDE adj. (lat. *turpis,* honteux). *Litt.* Qui fait preuve d'une certaine laideur morale. *Âme turpide.*

TURPITUDE n.f. (lat. *turpitudo*). *Sout.* Conduite ignominieuse d'une personne ; action honteuse ou basse.

TURQUERIE n.f. Œuvre artistique ou littéraire représentant des scènes turques ou d'inspiration orientale.

TURQUETTE n.f. Plante rampante des lieux sablonneux. (Genre *Herniaria ;* famille des caryophyllacées.)

TURQUIN adj.m. (ital. *turchino,* de Turquie). **1.** Se dit d'un marbre bleu veiné de blanc provenant d'Italie. **2.** *Litt. Bleu turquin :* bleu foncé.

TURQUOISE n.f. (de *turc*). Phosphate d'aluminium et de cuivre, donnant des pierres fines opaques, de couleur bleu ciel à bleu-vert. ◆ adj. inv. et n.m. De la couleur de la turquoise.

TURRITELLE n.f. (du lat. *turritus,* garni de tours). Mollusque gastéropode marin, à coquille spiralée très pointue, vivant dans le sable. (Genre *Turritella ;* famille des turritellidés.)

TUSSAH ou **TUSSAU** n.m. Tussor.

TUSSILAGE n.m. (du lat. *tussis,* toux). Plante vivace rampante, à fleurs jaunes, dont une espèce, appelée aussi *pas-d'âne,* était utilisée autref. contre la toux et l'asthme. (Genre *Tussilago ;* famille des composées.)

TUSSOR n.m. (angl. *tussore,* de l'hindoustani *tasar*). **1.** Étoffe de soie très légère fournie par le ver à soie sauvage. SYN. : *tussah, tussau.* **2.** Étoffe de soie légère, analogue au foulard.

TUTÉLAIRE adj. (bas lat. *tutelaris*). **1.** *Sout.* Qui tient sous sa protection. *Puissance tutélaire.* **2.** DR. Qui concerne la tutelle.

TUTELLE n.f. (lat. *tutela*). **1.** Dépendance gênante ; surveillance. *Tenir sous sa tutelle.* **2.** DR. Régime de protection de la personne et des biens de certains mineurs et des incapables majeurs, représentés par leur tuteur dans tous les actes de la vie civile, sauf si la loi ou l'usage les autorise à agir eux-mêmes. ◇ *Tutelle d'État :* tutelle s'appliquant à des personnes protégées dépourvues de famille. – *Tutelle en gérance :* tutelle simplifiée concernant certains incapables majeurs ne disposant pas de moyens financiers, quand la famille ne peut normalement l'exercer. – *Tutelle aux prestations familiales et sociales :* mesure qui permet au juge des tutelles d'ordonner le versement de ces prestations à une personne physique ou morale autre que le bénéficiaire, en raison de l'âge ou de l'incapacité physique ou mentale de celui-ci. **3.** *Litt.* Protection, sauvegarde exercée en faveur de qqn. *La tutelle des lois.* **4.** *Autorité de tutelle :* administration qui exerce un contrôle. – *Tutelle administrative :* contrôle exercé par une autorité administrative sur une collectivité publique ou une personne morale de droit public. **5.** DR. INTERN. *Territoire sous tutelle :* territoire dont l'administration est assurée par un autre État, sous le contrôle de l'ONU, en attendant sa prochaine autonomie ou son indépendance.

1. TUTEUR, TRICE n. (lat. *tutor,* de *tueri,* protéger). **1.** DR. Personne chargée de surveiller les intérêts d'un mineur non émancipé ou d'un incapable majeur placé sous le régime de la tutelle. ◇ *Tuteur ad hoc :* personne chargée de représenter un incapable pour toute opération juridique dans laquelle les intérêts de ce dernier risquent d'être opposés à ceux du tuteur. **2.** Dans l'enseignement supérieur, enseignant responsable d'un moniteur. ◇ *Tuteur d'entreprise :* membre du personnel d'une entreprise chargé de transmettre ses connaissances professionnelles à un stagiaire.

2. TUTEUR n.m. Perche, armature qui soutient une jeune plante.

TUTEURAGE n.m. Action de tuteurer.

TUTEURER v.t. AGRIC. Munir d'un tuteur.

TUTOIEMENT [-twamɑ̃] n.m. Action, habitude de tutoyer.

TUTORAT n.m. Fonction de tuteur.

TUTOYER [-twaje] v.t. [7]. **1.** User de la deuxième personne du singulier, en parlant à qqn. **2.** *Fig.* Être proche de ; frôler. *Tutoyer la mort.* ◇ ÉQUIT. *Tutoyer l'obstacle,* le frôler sans le faire tomber.

TUTOYEUR, EUSE adj. et n. Qui a l'habitude de tutoyer.

TUTTI [tuti] n.m. inv. (mot ital., *tous*). MUS. Ensemble des instruments de l'orchestre, par oppos. à un instrument soliste ou à un groupe plus réduit. *Le tutti de l'orchestre.*

TUTTI FRUTTI [tutifruti] loc. adj. inv. (mots ital.). Composé ou parfumé de toutes sortes de fruits. *Une glace tutti frutti.*

TUTTI QUANTI [tutikwɑ̃ti] loc. adv. (mots ital., *tous tant qu'ils sont*). *Et tutti quanti :* et tous les gens, toutes les choses de même espèce (à la fin d'une énumération).

TUTU n.m. (de *cucu,* petit cul). Costume de scène de la danseuse académique, composé d'une jupe formée de plusieurs étages de tulle superposés, et fixée sur un justaucorps.

TUYAU [tɥijo] n.m. (francique *thûta,* cor). **1.** Élément à section constante d'un conduit, utilisé pour la circulation d'un fluide ou d'un produit pulvérulent. ◇ *Tuyau d'arrosage, d'incendie :* tuyau souple destiné à amener à la lance d'arrosage ou d'incendie l'eau prise à une canalisation ou à un réservoir. – *Fam. Dire qqch dans le tuyau de l'oreille,* à voix basse et en secret. **2.** ACOUST. *Tuyau sonore :* tube rendant un son lorsque la colonne d'air qu'il renferme entre en vibration. **3.** *Fam.* Renseignement confidentiel. **4.** ORNITH. Calamus. **5.** Tige creuse du blé et de certaines autres plantes ; chaume. **6.** Pli cylindrique qu'on fait à du linge empesé à l'aide d'un fer spécial.

TUYAUTAGE n.m. Action de tuyauter le linge.

TUYAUTÉ n.m. Ensemble de tuyaux faits au fer à tuyauter. *Le tuyauté d'une collerette.*

TUYAUTER v.t. **1.** Plisser le linge en forme de tuyaux, en le repassant. **2.** *Fam.* Donner des tuyaux, renseigner secrètement.

TUYAUTERIE n.f. Ensemble de tuyaux d'une installation.

TUYÈRE [tyjɛr] ou [tɥijɛr] n.f. (de *tuyau*). **1.** Élément de canalisation profilé, destiné à imposer à

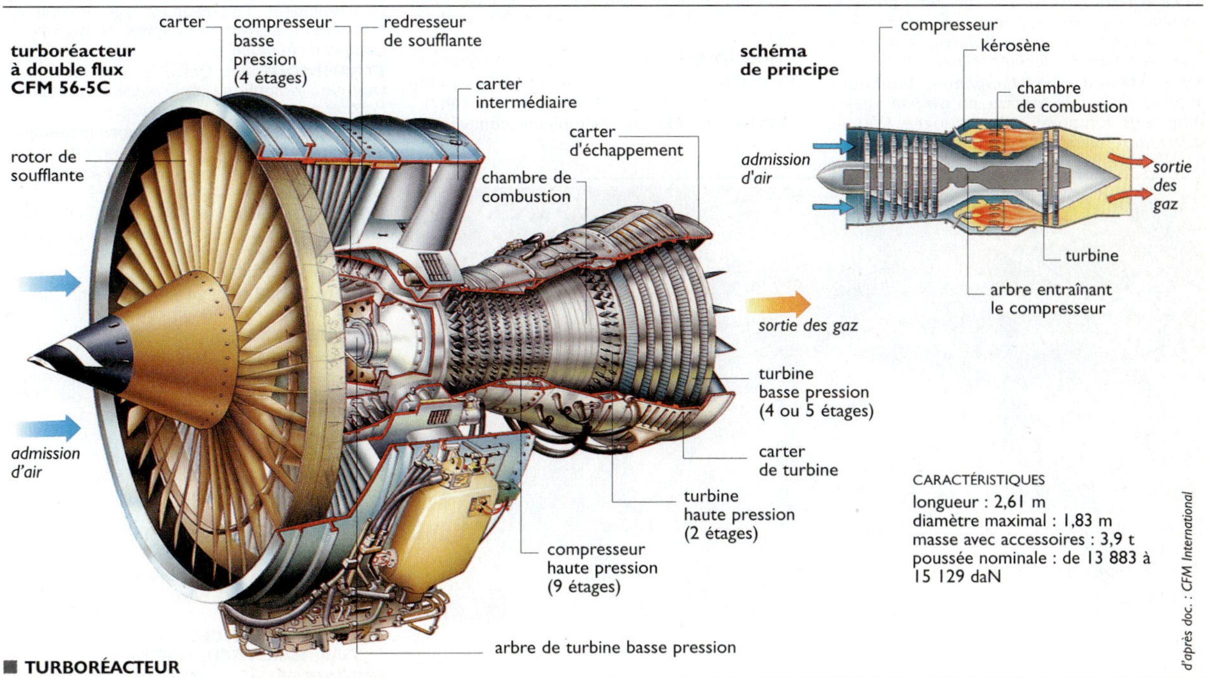

■ TURBORÉACTEUR

un fluide en écoulement une augmentation de vitesse. **2.** Conduit terminal d'une turbine à gaz, dans lequel se produit la détente fournissant l'énergie. **3.** Ouverture pratiquée à la partie inférieure d'un four métallurgique pour le passage de l'air soufflé ; buse qui passe par cette ouverture.

■ **TUYÈRE** d'un moteur cryotechnique Vulcain équipant l'étage principal du lanceur européen Ariane 5.

TV ou **T. V.** n.f. (abrév.). Télévision.

TVA ou **T. V. A.** n.f. (sigle). Taxe sur la valeur ajoutée.

TVHD ou **T. V. H. D.** n.f. (sigle). Télévision à haute définition.

TWEED [twid] n.m. (mot angl.). Tissu de laine cardée, d'armure toile ou sergé, génér. établi en deux couleurs.

TWEETER [twitœr] n.m. (mot angl.). [Anglic. déconseillé]. Haut-parleur d'aigus.

TWIN-SET [twinsɛt] n.m. [pl. *twin-sets*] (mot angl.). Ensemble composé d'un chandail et d'un cardigan de tricot assortis.

TWIRLING BÂTON ou **TWIRLING** [twirliŋ] n.m. [pl. *twirling bâtons, twirlings*] (angl. *twirling*, tournoyant). Sport d'adresse consistant à manier un bâton sur un fond musical en effectuant des mouvements gymniques.

TWIST [twist] n.m. (de l'angl. *to twist*, tordre). Danse d'origine américaine, exécutée individuellement, en ondulant des hanches et en déplaçant latéralement les genoux, en vogue au début des années 1960.

TWISTER v.i. Danser le twist.

TYLENCHUS [tilɛ̃kys] n.m. (gr. *tulos*, bosse, et *egkhelus*, anguille). Ver nématode de très petite taille vivant en très grand nombre dans les matières végétales en décomposition.

TYMPAN n.m. (gr. *tumpanon*, tambour). **1.** ANAT. *Caisse du tympan*, ou *tympan* : cavité dans l'os temporal, où est logée l'oreille moyenne. – *Membrane du tympan*, ou *tympan* : membrane qui sépare l'oreille moyenne du conduit auditif externe et qui transmet aux osselets de l'oreille moyenne les vibrations de l'air. – *Briser le tympan à qqn*, lui parler trop fort. **2.** ARCHIT. Surface comprise entre le linteau et les deux rampants ou l'arc d'un fronton ; paroi qui clôt l'arc des portails romans et gothiques.

TYMPANAL n.m. (pl. *tympanaux*). ANAT. Os en forme d'anneau, sur lequel est tendue la membrane du tympan.

TYMPANIQUE adj. ANAT. Relatif au tympan.

TYMPANISME n.m. MÉD. Augmentation de la sonorité du thorax ou de l'abdomen décelée à la percussion, et due à un excès d'air, de gaz.

TYMPANON n.m. (mot gr., *tambourin*). Cymbalum.

TYMPANOPLASTIE n.f. Réparation chirurgicale du tympan et de la chaîne des osselets.

TYNDALLISATION n.f. (de J. *Tyndall*, n. de l'inventeur). Procédé de stérilisation qui consiste en une série de chauffages à une température variant entre 60 et 80 °C et de refroidissements successifs.

TYPE n.m. (gr. *tupos*, empreinte). **1.** Modèle abstrait réunissant à un haut degré les traits essentiels de tous les êtres ou de tous les objets de même nature. *Harpagon est le type de l'avare.* – Ensemble de traits caractéristiques d'un groupe, d'une famille de choses. *Le type allemand. Les types d'architecture.* – (En appos., avec ou sans trait d'union.) Qui a valeur de modèle ; caractéristique. *Des contrats types.* **2.** *Fam.* Individu quelconque. *Un grand type.* **3.** BIOL. Holotype. **4.** Ensemble des caractères d'imprimerie présentant une forme déterminée. *Type Garamond.* **5.** TECHN. Empreinte servant à produire des empreintes semblables. **6.** *Du troisième type.* **a.** Qui ne ressemble à rien de connu ; atypique. *Film du troisième type.* **b.** Issu des dernières technologies. *Textiles du troisième type.*

TYPÉ, E adj. Qui présente à un haut degré les caractères du type dans lequel on le range. *Personnage fortement typé.*

TYPER v.t. Donner les traits caractéristiques d'un type à. *Typer un personnage.*

TYPESSE n.f. *Fam.*, vieilli. (Sert parfois de fém. à *type*.) Femme quelconque.

TYPHACÉE n.f. (du gr. *tuphê*, varech). Plante monocotylédone aquatique ou poussant au bord des eaux, telle que la massette. (Les typhacées forment une famille.)

TYPHIQUE adj. Relatif au typhus ou à la fièvre typhoïde. ◆ adj. et n. Atteint du typhus.

TYPHLITE n.f. (du gr. *tuphlos*, sans ouverture). MÉD. Rare. Inflammation du cæcum.

TYPHOÏDE adj. (du gr. *tuphos*, stupeur). *Fièvre typhoïde*, ou *typhoïde*, n.f. : maladie infectieuse, contagieuse et transmise aussi par l'eau et les aliments, due à une salmonelle, caractérisée par une fièvre, un état de stupeur et des troubles digestifs.

TYPHOÏDIQUE adj. Relatif à la fièvre typhoïde.

TYPHON n.m. (gr. *tuphôn*, tourbillon). En Extrême-Orient, cyclone tropical très violent.

TYPHOSE n.f. Maladie microbienne contagieuse des volailles.

TYPHUS [tifys] n.m. (mot lat., du gr. *tuphos*, torpeur). Gastro-entérite attaquant divers animaux, dont le chien et le chat. – Maladie infectieuse, contagieuse par l'intermédiaire des poux, due à une rickettsie, caractérisée par une fièvre, un état de stupeur et une éruption cutanée. ◇ *Typhus murin* : maladie analogue, mais transmise par la puce du rat.

TYPICITÉ n.f. Ensemble des caractéristiques qui font la particularité d'un aliment. *Typicité d'un vin, d'un fromage.*

TYPIQUE adj. (bas lat. *typicus*). **1.** Qui caractérise précisément ; qui est un modèle, un exemple. *Un cas typique de frustration.* **2.** BIOL. Qui est propre à un seul groupe animal ou végétal. *Caractère, organe typique.*

TYPIQUEMENT adv. De façon typique.

1. TYPO, OTE n. (abrév.). *Fam.* Typographe.

2. TYPO n.f. (abrév.). *Fam.* Typographie.

TYPOGRAPHE n. Personne qui compose, à l'aide de caractères mobiles, les textes destinés à l'impression typographique. Abrév. *(fam.)* : *typo.*

TYPOGRAPHIE n.f. (gr. *tupos*, caractère, et *graphein*, écrire). **1.** Procédé de composition et d'impression sur des caractères et des clichés en relief. **2.** Présentation graphique d'un texte imprimé. *Une belle typographie.* Abrév. *(fam.)* : *typo.*

TYPOGRAPHIQUE adj. Relatif à la typographie.

TYPOLOGIE n.f. (gr. *tupos*, caractère, et *logos*, science). **1.** Étude des traits caractéristiques dans un ensemble de données, en vue d'y déterminer des types, des systèmes. **2.** Classification des individus humains selon des critères morphologiques, médicaux ou psychologiques. (Aucune typologie n'a de valeur scientifique reconnue.)

TYPOLOGIQUE adj. Relatif à une typologie.

TYPOMÈTRE n.m. IMPRIM. Règle divisée en points typographiques.

TYPON n.m. IMPRIM. Film positif tramé destiné à la confection de la plaque offset.

TYPTOLOGIE n.f. (gr. *tuptein*, frapper, et *logos*, discours). Dans le spiritisme, communication des esprits au moyen de coups frappés par les tables tournantes.

TYRAN n.m. (lat. *tyrannus*, du gr.). **1.** Souverain despotique, injuste, cruel. **2.** *Fig.* Personne qui abuse de son autorité. *Tyran domestique.* **3.** ANTIQ. GR. Chef populaire qui exerce un pouvoir personnel obtenu par un coup de force et qui s'appuie sur le peuple. **4.** Oiseau passereau, insectivore et bon chanteur, appelé aussi *gobe-mouches américain.* (Famille des tyrannidés.)

TYRANNEAU n.m. Petit tyran.

1. TYRANNICIDE n. Personne qui tue un tyran.

2. TYRANNICIDE n.m. Assassinat d'un tyran.

TYRANNIE n.f. **1.** Gouvernement autoritaire qui ne respecte pas les libertés individuelles et sur lequel le peuple n'a aucun contrôle. – ANTIQ. GR. Gouvernement d'un tyran. **2.** *Fig.* Pouvoir de certaines choses sur les hommes. *La tyrannie de l'usage, de la mode.*

TYRANNIQUE adj. Qui a le caractère de la tyrannie ; despotique. *Loi, pouvoir tyrannique. Passion tyrannique.*

TYRANNIQUEMENT adv. De façon tyrannique.

TYRANNISER v.t. Exercer une autorité excessive sur ; opprimer, persécuter. *Tyranniser sa famille. Régime qui tyrannise.*

TYRANNOSAURE n.m. Très grand reptile dinosaurien fossile du crétacé d'Amérique du Nord et de Mongolie, carnivore et bipède. (Long. 13 m ; groupe des saurischiens.)

TYRIEN, ENNE adj. et n. De l'ancienne ville de Tyr. ◆ adj. *Rose tyrien*, un peu mauve.

TYROLIEN, ENNE adj. et n. Du Tyrol.

TYROLIENNE n.f. **1.** MUS. Pièce vocale à trois temps caractérisée par de fréquents changements de registre. **2.** Danse traditionnelle du Tyrol, pouvant accompagner ce chant. – Danse de salon exécutée en couple, à la mode en Europe au début du XIXe siècle.

TYROSINASE n.f. Enzyme qui provoque l'oxydation de la tyrosine.

TYROSINE n.f. (du gr. *turos*, fromage). Acide aminé cyclique, qui est notamm. un précurseur de la mélanine.

TYROTHRICINE n.f. (gr. *turos*, fromage, et *thrix*, poil). Antibiotique d'usage externe extrait d'un champignon.

TZAR, TZARÉVITCH n.m., **TZARINE** n.f. → **TSAR, TSARÉVITCH, TSARINE.**

TZIGANE adj. et n. → **TSIGANE.**

■ **TYMPAN** du portail de l'église romane (XIIe s.) de Saint-Michel (Charente), représentant saint Michel terrassant le dragon.

Caractère Univers

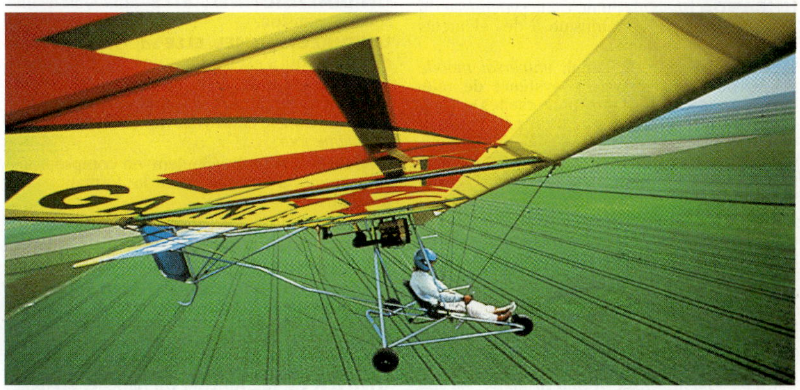

■ ULM

U n.m. inv. Vingt et unième lettre de l'alphabet et la cinquième des voyelles. (*U* note la voyelle antérieure fermée [y], comme dans *buse,* ou la semi-voyelle [ɥ], comme dans *huile, muet.*)

UBAC n.m. (du lat. *opacus,* sombre). GÉOMORPH. Versant d'une vallée de montagne exposé à l'ombre. SYN. : *envers.* CONTR. : *adret.*

UBIQUISTE [ybikɥist] adj. et n. (du lat. *ubique,* partout). Qui a le don d'ubiquité. ◆ adj. ÉCOL. Cosmopolite.

UBIQUITÉ [ybikɥite] n.f. (lat. *ubiquitas,* de *ubique,* partout). Faculté d'être présent en plusieurs lieux à la fois.

UBUESQUE adj. Digne du personnage de tyran grotesque, *le père Ubu,* créé par A. Jarry.

UFOLOGIE n.f. (de *UFO,* acronyme de l'angl. *unidentified flying object,* objet volant non identifié). Étude des ovnis.

UFR ou **U. F. R.** [yɛfɛr] n.f. (sigle de *unité de formation et de recherche*). Cellule de base de l'enseignement universitaire, en France.

UHLAN [ylɑ̃] n.m. (mot all., du polon., du turc *oğlan,* garçon, valet). Lancier, dans les anciennes armées allemande, autrichienne, polonaise et russe.

UHT ou **U. H. T.** [yaʃte] (sigle de *ultra-haute température*). ***Lait stérilisé UHT :*** lait porté à 140 - 150 °C et refroidi immédiatement sous vide, qui peut être conservé plusieurs mois à température ambiante dans son emballage.

UKASE n.m. → **OUKASE.**

UKRAINIEN, ENNE adj. et n. De l'Ukraine, de ses habitants. ◆ n.m. Langue slave orientale parlée en Ukraine.

UKULÉLÉ [uku-] n.m. (mot polynésien). Guitare à quatre cordes pincées, originaire du Portugal, introduite dans les îles Hawaii à l'époque coloniale.

ULCÉRATION n.f. Formation d'un ulcère ; l'ulcère lui-même.

ULCÈRE n.m. (lat. *ulcus, -eris*). **1.** MÉD. Perte de substance d'un revêtement épithélial, cutané ou muqueux, s'étendant plus ou moins aux tissus sous-jacents. SYN. : *ulcération.* **2.** AGRIC. Plaie sur un arbre.

ULCÉRÉ, E adj. MÉD. Qui est le siège d'un ulcère.

ULCÉRER v.t. [11]. Causer un profond et durable ressentiment ; blesser. *Vos critiques l'ont ulcérée.*

ULCÉREUX, EUSE adj. Relatif à l'ulcère ; de la nature de l'ulcère. ◆ adj. et n. Atteint d'un ulcère de l'estomac ou du duodénum.

ULÉMA [ulema] ou **OULÉMA** n.m. (ar. *'ulamā',* pl. de *'ālim,* érudit). Docteur de la loi musulmane, juriste et théologien.

ULLUQUE ou **ULLUCU** n.m. (quechua *ullucu*). Plante des Andes, à tubercules comestibles. (Genre *Ullucus ;* famille des basellacées.)

ULM ou **U. L. M.** [yɛlɛm] n.m. (sigle de *ultraléger motorisé*). Petit avion de conception simplifiée, monoplace ou biplace, doté d'un moteur de faible puissance. (On distingue l'*ULM pendulaire,* piloté par déplacement de son centre de gravité à l'aide d'une barre de pilotage, et l'*ULM multiaxes* [ou *3 axes*], piloté à l'aide de gouvernes aérodynamiques.)

ULMACÉE n.f. (du lat. *ulmus,* orme). Arbre à fleurs sans pétales, aux feuilles caduques, tel que l'orme et le micocoulier. (Les ulmacées forment une famille.)

ULMISTE n. Pilote ou passager d'un ULM.

ULNA n.f. (mot lat., *avant-bras*). Cubitus.

ULNAIRE adj. (du lat. *ulna,* avant-bras). ANAT. Rare. Relatif à l'os cubital.

ULTÉRIEUR, E adj. (lat. *ulterior,* de *ultra,* au-delà). Qui arrive après, qui succède à une autre chose ; postérieur. *À une date ultérieure.*

ULTÉRIEUREMENT adv. Plus tard.

ULTIMATUM [yltimatɔm] n.m. (mot lat., *dernière chose*). **1.** Acte, injonction pressante par lesquels un État présente à un autre État certaines revendications dont la non-acceptation peut entraîner la guerre. **2.** *Par ext.* Ordre qui n'admet aucune contestation.

ULTIME adj. (lat. *ultimus*). Dernier dans le temps ; final.

ULTIMO adv. (mot lat.). Rare. En dernier lieu, dans une énumération commençant par *primo.*

ULTRA n. et adj. (mot lat., *au-delà*). **1.** Personne qui professe des opinions extrêmes. **2.** Ultraroyaliste.

ULTRABASIQUE adj. Se dit d'une roche magmatique contenant moins de 45 % de silice et constituée essentiellement de silicates de fer et de manganèse qui lui donnent une teinte sombre.

ULTRACENTRIFUGATION n.f. Centrifugation par ultracentrifugeuse.

ULTRACENTRIFUGEUSE n.f. Centrifugeuse à rotation extrêmement rapide (de l'ordre de 60 000 tr/min).

ULTRAFILTRATION n.f. Action de filtrer à travers un ultrafiltre.

ULTRAFILTRE n.m. Filtre au rendement supérieur à 99,9 % et capable d'arrêter des particules de 0,01 μm.

ULTRALÉGER, ÈRE adj. Extrêmement léger.

ULTRAMICROSCOPE n.m. Instrument permettant, grâce à son éclairement latéral, de déceler des objets invisibles au microscope ordinaire.

ULTRAMODERNE adj. Très moderne.

ULTRAMONTAIN, E adj. et n. **1.** Vx. Qui est au-delà des monts, au-delà des Alpes, par rapport à la France. **2.** Relatif à l'ultramontanisme ; qui en est partisan.

ULTRAMONTANISME n.m. Ensemble des doctrines théologiques favorables au pouvoir absolu du pape (par oppos. à *gallicanisme*).

ULTRAORTHODOXE adj. et n. Se dit de qqn qui adhère à une tendance du judaïsme contemporain que son attachement rigoriste à la loi juive porte au refus de toute concession à la modernité.

ULTRA-PETITA [yltrapetita] n.m. inv. (mots lat., *au-delà de ce qui a été demandé*). DR. Pour un juge, fait d'accorder plus qu'il n'a été demandé ou de statuer sur une prétention qui ne lui a pas été soumise.

ULTRAPRESSION n.f. Pression très élevée, de l'ordre de 10^8 à 10^{10} pascals.

ULTRAPROPRE adj. Se dit des conditions d'hygiène et/ou de propreté (absence de poussières) nécessaires à certaines productions agroalimentaires ou électroniques.

ULTRAPROPRETÉ n.f. État d'un lieu ultrapropre (salle blanche).

ULTRAROYALISTE n. et adj. Sous la Restauration, partisan intransigeant de l'Ancien Régime, adversaire de la Charte constitutionnelle de 1814. Abrév. : *ultra.*

ULTRASENSIBLE adj. Extrêmement sensible.

ULTRASON n.m. Vibration de même nature que le son, mais de fréquence trop élevée (plus de 20 kHz à plusieurs centaines de mégahertz) pour que l'oreille humaine puisse la percevoir. (Les ultrasons ont de nombreuses applications : sonar, écholocation, échographie médicale, contrôle non destructif industriel.)

ULTRASONORE ou **ULTRASONIQUE** adj. Relatif aux ultrasons.

ULTRAVIDE n.m. Vide particulièrement poussé, inférieur à 10^{-5} pascal.

ULTRAVIOLET, ETTE adj. et n.m. PHYS. Se dit du rayonnement électromagnétique invisible à l'œil humain placé dans le spectre au-delà du violet, dont la longueur d'onde est plus petite que celle du violet et plus grande que celle des rayons X mous. (L'ultraviolet est utilisé en médecine [traitement de dermatoses], en spectrométrie, pour la production d'ozone, etc.) Abrév. : *UV.*

ULULEMENT, *HULULEMENT n.m. ou **ULULATION** n.f. Cri des oiseaux rapaces nocturnes.

ULULER ou ***HULULER** v.i. (lat. *ululare*). Pousser son cri, en parlant d'un rapace nocturne.

ULVE n.f. (lat. *ulva*). Algue verte marine, comestible, à thalle mince et foliacé, appelée aussi *laitue de mer.* (Classe des chlorophycées.)

UMBANDA [umbɑ̃da] n.m. Culte syncrétiste du Brésil qui associe le spiritisme à des éléments catholiques et africains.

UMTS n.m. (sigle de l'angl. *universal mobile telecommunications system,* système de télécommunications mobiles universelles). TÉLÉCOMM. Norme européenne de transmission à haut débit destinée à la troisième génération de téléphones mobiles, adaptée à l'affichage et à la consultation de contenus audiovisuels et de services interactifs.

1. UN, UNE adj. num. (lat. *unus*). **1.** Nombre qui suit zéro dans la suite des entiers naturels. ◇ *Pas un :* aucun, nul. – *Un à un :* pas plus d'un à la fois ; une personne, une chose succédant à une autre. – *Ne faire qu'un avec :* être tout à fait semblable ou parfaitement uni à. **2.** Nombre qui exprime l'unité. *Un mètre de haut. Les travaux ont duré une semaine.* **3.** Premier dans une numérotation, l'expression d'un rang. *Article un. Page un* (ou *une*). ◇ *Fam. Ne faire ni une ni deux :* ne pas hésiter. ◆ adj. Qui ne peut être divisé. *La vérité est une.* ◇ *C'est tout un, ce n'est qu'un :* c'est la même chose. ◆ n.m. inv. **1.** Chiffre 1 ; numéro 1 attribué à une chose (immeuble, chambre, etc.). *Le un est sorti au Loto.* **2.** PHILOS. *L'Un :* principe antérieur à toute multiplicité, dont dérive le divers, et qui se confond avec l'Être (dans une large part de la pensée grecque) ou se situe au-dessus de l'Être (chez Plotin).

2. UN, UNE art. indéf. (pl. *des*). Déterminant indéfini d'un groupe nominal dont il indique le genre et le nombre. *Donne-moi un livre.* – Indique l'intensité de qqch. *C'est d'une bêtise !* ◆ pron. indéf. **1.** *(L')un de :* une personne, une chose parmi d'autres. *L'un des directeurs. – Fam. Un(e) de ces :* marque l'intensité de qqch. *J'ai eu une de ces chances !* **2.** *L'un... l'autre, les uns... les autres.* **a.** Exprime la diversité. *Elles habitent les unes à la ville, les autres à la campagne.* **b.** Exprime la réciprocité ou la succession. *Ils s'accusent les uns les autres.*

UNANIME adj. (lat. *unus,* un seul, et *animus,* âme). **1.** (Au pl.) Se dit de personnes qui sont du même avis. *Elles ont été unanimes à protester.* **2.** Qui exprime un avis commun à tous. *Vote unanime.*

UNANIMEMENT adv. À l'unanimité.

UNANIMISME n.m. **1.** Doctrine littéraire conçue au début du XXe s. par J. Romains, selon laquelle l'écrivain doit exprimer la vie unanime et collective, l'âme des groupes humains et ne peindre l'individu que pris dans ses rapports sociaux. **2.** Comportement unanime.

UNANIMISTE adj. et n. Relatif à l'unanimisme ; qui en est partisan.

UNANIMITÉ n.f. Accord complet des opinions, des suffrages.

UNAU [yno] n.m. [pl. *unaux* ou *unaus*] (mot tupi). Paresseux d'Amérique tropicale, doté de deux doigts griffus aux pattes avant, d'où son appellation de *paresseux didactyle.* (Genre *Choloepus ;* ordre des xénarthres.)

UNCINÉ, E [ɔ̃sine] adj. (lat. *uncinatus,* crochu). BOT. Pourvu d'un crochet.

UNDERGROUND [œndœrgrawnd] adj. inv. (mot anglo-amér., *souterrain*). Se dit d'un mouvement, d'une production artistique qui se situent en dehors des circuits commerciaux traditionnels. ◆ n.m. inv. Mouvement underground.

UNE n.f. *La une :* la première page d'un journal.

UNETELLE n.f. → **UNTEL.**

UNGUÉAL, E, AUX [ɔ̃gɥeal, o] ou [ɔ̃geal, o] adj. (du lat. *unguis,* ongle). Relatif à l'ongle.

UNGUIFÈRE [ɔ̃gɥi-] adj. Qui porte un ongle.

UNI, E adj. **1.** Où règne l'unité, l'entente. *Équipe, couple unis.* **2.** Sans inégalités, sans aspérités. *Surface unie.* **3.** D'une seule couleur. *Linge uni.* **4.** *Litt.* Sans variété, sans diversité. *Vie unie.* ◆ n.m. Étoffe unie, d'une seule couleur.

UNIATE adj. (russe *ouniyat,* du lat. *unio,* union). Se dit des fractions des Églises orientales qui ont rétabli l'union avec l'Église catholique romaine. ◆ n. Chrétien appartenant à ces Églises.

UNIAXE [yniaks] adj. Se dit d'un cristal biréfringent possédant une direction dans laquelle un rayon lumineux se propage sans être dédoublé.

UNICELLULAIRE adj. Se dit d'un organisme vivant (bactérie, protozoaire, diatomée, etc.) qui est constitué durant tout ou presque tout son cycle reproductif par une seule cellule.

UNICITÉ n.f. *Didact.* Caractère de ce qui est unique.

UNICOLORE adj. Qui est d'une seule couleur.

UNICORNE adj. Qui n'a qu'une seule corne.

UNIDIMENSIONNEL, ELLE adj. Qui a une seule dimension.

UNIDIRECTIONNEL, ELLE adj. Qui a une seule direction ; qui s'exerce dans une seule direction.

UNIÈME adj. num. ord. (de *un*). Indique, après un numéral, le rang correspondant à un nombre composé dont le chiffre des unités est un. *Le vingt et unième jour.*

UNIÈMEMENT adv. (Seulem. en composition.) Correspond à *unième* pour la formation des adverbes.

UNIF n.f. (abrév.). Belgique. *Fam.* Université.

UNIFICATEUR, TRICE adj. et n. Qui unifie.

UNIFICATION n.f. Action d'unifier. ◇ PHYS. *Grande unification :* théorie qui tente de réunir dans un même formalisme mathématique trois des quatre interactions fondamentales de la physique (interactions forte, faible et électromagnétique).

UNIFIER v.t. [5]. Amener ou ramener à l'unité. *Unifier un pays.* ◆ **s'unifier** v.pr. Être amené à l'unité, se fondre en un tout.

UNIFILAIRE adj. ÉLECTROTECHN. *Circuit unifilaire :* circuit composé d'un seul fil, dans lequel le courant se ferme par la terre ou par la masse.

UNIFLORE adj. BOT. Qui ne porte qu'une fleur.

UNIFOLIÉ n.m. Nom du drapeau canadien. *L'unifolié et le fleurdelisé.*

1. UNIFORME adj. **1.** Qui a la même forme, le même aspect ; pareil. *Des maisons uniformes.* **2.** Qui est semblable dans ses parties, qui ne présente aucune variété. *Couleur, style, vie uniforme.* **3.** *Mouvement uniforme :* mouvement à vitesse constante.

2. UNIFORME n.m. **1.** Vêtement de coupe et de couleur réglementaires porté par divers corps de l'État et diverses catégories de personnel (pilotes de ligne, gardes-chasse, etc.). **2.** Habit militaire. ◇ *Endosser l'uniforme :* devenir militaire. – *Quitter l'uniforme :* rentrer dans la vie civile.

■ **UNAU**

UNIFORMÉMENT adv. De façon uniforme.

UNIFORMISATION n.f. Action d'uniformiser.

UNIFORMISER v.t. Rendre uniforme ; standardiser. *Uniformiser les droits de douane.*

UNIFORMITÉ n.f. État de ce qui est uniforme, monotone, semblable dans ses parties.

UNIJAMBISTE adj. et n. Qui a subi l'amputation d'une jambe.

UNILATÉRAL, E, AUX adj. **1.** Qui ne concerne qu'un seul côté. *Stationnement unilatéral.* **2.** Qui est décidé par une seule des parties en présence, qui n'est pas réciproque. *Décision unilatérale.* **3.** Qui ne porte que sur un côté des choses ; partial. *Jugement unilatéral.*

UNILATÉRALEMENT adv. De façon unilatérale.

UNILINÉAIRE adj. ANTHROP. Se dit d'un mode de filiation qui ne tient compte que de l'une des ascendances, soit maternelle (matrilinéaire), soit paternelle (patrilinéaire).

UNILINGUE adj. Monolingue.

UNILOCULAIRE adj. BOT. Qui n'a qu'une loge. *Ovaire uniloculaire.*

UNIMENT adv. *Litt.* De façon égale, uniforme. ◇ *Litt. Tout uniment :* simplement, sans façon.

UNINOMINAL, E, AUX adj. *Scrutin uninominal,* dans lequel on ne peut indiquer qu'un seul nom.

UNION n.f. (lat. *unio,* de *unus,* un). **1.** Association ou combinaison de différentes choses, de personnes. *L'union des efforts, de deux familles.* **2.** ALGÈBRE. Réunion. **3.** Lien conjugal ; mariage. *Une union réussie.* ◇ *Union libre* ou *civile :* concubinage. **4.** Conformité des sentiments, des pensées ; entente, harmonie. *Vivre en parfaite union avec qqn.* ◇ HIST. *Union sacrée :* expression de R. Poincaré désignant le rassemblement de tous les Français lors de la déclaration de guerre, le 4 août 1914. **5.** Association, parti, syndicat formés par le groupement de plusieurs autres. **6.** *Union d'États :* ensemble d'États qui se groupent sous un même gouvernement ou pour défendre des intérêts communs.

UNIONISME n.m. Position politique des unionistes.

UNIONISTE adj. et n. Relatif au maintien de l'union dans un État confédéré ; qui en est partisan. – *Spécial.* Relatif au maintien de l'union de l'Irlande du Nord et de la Grande-Bretagne ; qui en est partisan. ◆ adj. *Éclaireur unioniste :* scout protestant français.

UNIOVULÉ, E adj. BOT. Se dit d'un carpelle à un seul ovule.

UNIPARE adj. **1.** Se dit d'un mammifère dont la femelle n'a qu'un seul petit à chaque portée (par oppos. à *multipare*). **2.** BOT. *Cyme unipare,* dans laquelle un seul rameau floral prend naissance sur celui qui le précède (par oppos. à *cyme bipare*). *[V. ill. p. 545].*

UNIPERSONNEL, ELLE adj. *Entreprise unipersonnelle à responsabilité limitée* → **EURL.**

UNIPOLAIRE adj. **1.** *Didact.* Qui n'a qu'un pôle. **2.** HISTOL. Se dit d'un neurone dont le corps cellulaire ne semble porter qu'un seul prolongement, formé par un axone et un dendrite accolés.

UNIQUE adj. (lat. *unicus*). **1.** Seul en son genre. *Fille unique.* **2.** Infiniment au-dessus des autres ; incomparable, exceptionnel. *Un talent unique.* **3.** *Fam.* Singulier, extravagant. *Ah ! vous êtes unique.* **4.** Qui est le même pour plusieurs choses. *C'est l'unique solution à tous ces problèmes.*

UNIQUEMENT adv. De manière exclusive ; seulement.

UNIR v.t. (lat. *unire*). **1.** Joindre l'un à l'autre, de manière à former un tout ou pour établir une communication. *Unir deux communes.* **2.** Établir un lien d'amitié, d'intérêt, de parenté entre. *Unir deux familles par un mariage.* ◆ **s'unir** v.pr. **1.** Faire cause commune avec ; s'associer. **2.** Se lier par les liens de l'amour, du mariage.

UNISEXE adj. Qui convient aussi bien aux hommes qu'aux femmes. *Coiffure, mode unisexe.*

UNISEXUÉ, E ou **UNISEXUEL, ELLE** adj. BOT. Se dit d'une fleur qui ne possède qu'un seul sexe.

UNISSON n.m. (lat. *unus,* un, et *sonus,* son). MUS. Ensemble de voix ou d'instruments chantant ou jouant des sons de même hauteur. ◇ *À l'unisson :* en parfaite conformité d'idées, de sentiments. *Vivre à l'unisson.*

UNITAIRE adj. **1.** Qui forme une unité. **2.** Qui recherche ou manifeste l'unité sur le plan politique ou syndical. **3.** ALGÈBRE. *Vecteur unitaire :* vecteur dont la norme est égale à 1. **4.** PHYS. *Théories unitaires :* théories visant à étendre celle de la relativité générale en regroupant la gravitation et les phénomènes électromagnétiques dans une théorie géométrique unique de l'espace-temps.

UNITÉ n.f. (lat. *unitas*). **1. a.** Caractère de ce qui est unique (par oppos. à *pluralité*). **b.** Caractère de ce qui forme un tout, dont les diverses parties constituent un ensemble indivisible. *L'unité du moi.* ◇ FIN. *Unité budgétaire :* principe impliquant la présentation en un document unique de l'ensemble des ressources et des charges publiques prévues au budget de l'année à venir. **2.** Harmonie d'ensemble d'une œuvre artistique ou littéraire. *Ce roman manque d'unité.* ◇ *Les trois unités :* dans le théâtre classique français, règle selon laquelle la pièce entière doit se développer en une seule action principale *(unité d'action),* dans un lieu unique *(unité de lieu)* et dans l'espace d'une journée *(unité de temps).* **3.** État harmonieux ; accord. *Il n'y a pas d'unité de vues entre eux.* **4. a.** Grandeur finie prise comme terme de comparaison avec des grandeurs de même espèce. (Les nombres qui résultent de ces comparaisons donnent les mesures de ces grandeurs.) **b.** *Grandeur unité :* étalon de grandeur. **c.** *Système d'unités :* ensemble d'unités choisies de façon à simplifier certaines formules physiques reliant plusieurs grandeurs. **d.** *Unité astronomique :* unité de longueur (symb. ua) valant 149 597 870 km. (Elle correspond au rayon moyen de l'orbite terrestre et sert notamm. à exprimer les distances astronomiques à l'intérieur du système solaire.) **e.** ÉCON. *Unité de compte :* étalon de valeur servant à établir la valeur des dettes ou des créances, en les soustrayant aux fluctuations des monnaies nationales. **f.** ZOOTECHN. *Unité fourragère :* unité de mesure de l'apport énergétique des aliments pour animaux. (Elle correspond à l'énergie utile d'un kilogramme de grains d'orge.) **g.** *Unité de valeur (UV) :* dans une université, enseignement correspondant à une discipline et sanctionné par un contrôle des connaissances. **5.** Nombre 1 à la base de la formation des autres nombres. **6.** Formation constituée de façon permanente dans les armées de terre et de l'air. ◇ *Unité élémentaire :* compagnie, escadron, batterie ou escadrille (suivant l'arme). **7.** Bâtiment de la marine de guerre. **8.** Structure organisée au sein d'un ensemble plus vaste. *Unité de production.* ◇ *Unité de formation*

LES PRINCIPALES UNITÉS DE MESURE ANGLO-SAXONNES

nom anglais	symbole	nom francisé	valeur	observations
LONGUEUR				
inch	in (ou ")	pouce	25,4 mm	
foot	ft (ou ')	pied	0,304 8 m	vaut 12 in
yard	yd	yard	0,914 4 m	vaut 3 ft
fathom	fm	brasse	1,828 8 m	vaut 2 yd
statute mile	m (ou mile)	mille terrestre	1 609 m	vaut 1 760 yd
nautical mile		mille marin britannique	1 853,18 m	vaut 6 080 ft
international nautical mile		mille marin international	1 852 m	
MASSE – AVOIRDUPOIS (COMMERCE)				
ounce	oz	once	28,349 g	
pound	lb	livre	453,592 g	vaut 16 oz
CAPACITÉ				
US liquid pint	liq pt	pinte américaine	0,473 l	
pint	UK pt	pinte britannique	0,568 l	
US gallon	US gal	gallon américain	3,785 l	vaut 8 liq pt
imperial gallon	UK gal	gallon britannique	4,546 l	vaut 8 UK pt
US bushel	US bu	boisseau américain	35,239 l	
bushel	bu	boisseau britannique	36,369 l	vaut 8 UK gal
US barrel (petroleum)	US bbl	baril américain	158,987 l	vaut 42 US gal
PUISSANCE				
horsepower	hp	cheval-vapeur britannique	745,7 W	
TEMPÉRATURE				
Fahrenheit degree	°F	degré Fahrenheit	t degrés Fahrenheit correspondent à $\frac{5}{9}(t-32)$ degrés Celsius	
CHALEUR, ÉNERGIE, TRAVAIL				
British thermal unit	Btu		1 055,06 J	

LES PRINCIPALES UNITÉS DE MESURE FRANÇAISES

(Décret du 3 mai 1961 modifié par les décrets du 5 janvier 1966, du 4 décembre 1975 et du 26 février 1982.)

Les unités de base du système SI sont écrites en **MAJUSCULES GRASSES.**
Les unités dérivées du système SI sont écrites en PETITES MAJUSCULES.
Les unités admises internationalement avec le système SI sont écrites en minuscules.
Les autres unités légales françaises sont écrites en *italique.*
Les unités marquées d'un astérisque ne sont plus légales depuis le 1er janvier 1986.

MULTIPLES ET SOUS-MULTIPLES DÉCIMAUX

yotta	Y	10^{24}	ou	1 000 000 000 000 000 000 000 000 d'unités	déci	d	10^{-1}	ou	0,1	unité
zetta	Z	10^{21}	ou	1 000 000 000 000 000 000 000 d'unités	centi	c	10^{-2}	ou	0,01	unité
exa	E	10^{18}	ou	1 000 000 000 000 000 000 d'unités	milli	m	10^{-3}	ou	0,001	unité
peta	P	10^{15}	ou	1 000 000 000 000 000 d'unités	micro	μ	10^{-6}	ou	0,000 001	unité
téra	T	10^{12}	ou	1 000 000 000 000 d'unités	nano	n	10^{-9}	ou	0,000 000 001	unité
giga	G	10^{9}	ou	1 000 000 000 d'unités	pico	p	10^{-12}	ou	0,000 000 000 001	unité
méga	M	10^{6}	ou	1 000 000 d'unités	femto	f	10^{-15}	ou	0,000 000 000 000 001	unité
kilo	k	10^{3}	ou	1 000 unités	atto	a	10^{-18}	ou	0,000 000 000 000 000 001	unité
hecto	h	10^{2}	ou	100 unités	zepto	z	10^{-21}	ou	0,000 000 000 000 000 000 001	unité
déca	da	10^{1}	ou	10 unités	yocto	y	10^{-24}	ou	0,000 000 000 000 000 000 000 001	unité

I. UNITÉS GÉOMÉTRIQUES

longueur		
MÈTRE	m	
mille		1 852 m
aire ou superficie		
MÈTRE CARRÉ	m²	
are	a	100 m²
hectare	ha	10 000 m²
barn	b	10^{-28} m²
volume		
MÈTRE CUBE	m³	
litre	l (ou L)	0,001 m³
angle plan		
RADIAN	rad	
tour	tr	2π rad
grade (ou *gon*)	gon	π/200 rad
degré	°	π/180 rad
minute	'	π/10 800 rad
seconde	"	π/648 000 rad
angle solide		
STÉRADIAN	sr	

II. UNITÉS DE MASSE

masse		
KILOGRAMME	kg	
(les préfixes s'associent au nom gramme)		
tonne	t	1 000 kg
GRAMME	g	0,001 kg
carat métrique		0,000 2 kg
unité de masse atomique	u	1,660 57 . 10^{-27} kg
masse linéique		
KILOGRAMME PAR MÈTRE	kg/m	
tex	tex	0,000 001 kg/m
masse surfacique		
KILOGRAMME PAR MÈTRE CARRÉ	kg/m²	

U

LES PRINCIPALES UNITÉS DE MESURE FRANÇAISES (suite)

masse volumique, concentration		
KILOGRAMME PAR MÈTRE CUBE	kg/m^3	
volume massique		
MÈTRE CUBE PAR KILOGRAMME	m^3/kg	
III. UNITÉS DE TEMPS		
temps		
SECONDE	s	
minute	min	60 s
heure	h	3 600 s
jour	d (ou j)	86 400 s
fréquence		
HERTZ	Hz	
IV. UNITÉS MÉCANIQUES		
vitesse linéaire		
MÈTRE PAR SECONDE	m/s	
nœud		1 852/3 600 m/s
kilomètre par heure	km/h	1/3,6 m/s
vitesse angulaire		
RADIAN PAR SECONDE	rad/s	
tour par minute	tr/min	$2\pi/60$ rad/s
tour par seconde	tr/s	2π rad/s
accélération linéaire		
MÈTRE PAR SECONDE CARRÉE	m/s^2	
gal	Gal	0,01 m/s^2
accélération angulaire		
RADIAN PAR SECONDE CARRÉE	rad/s^2	
force		
NEWTON	N	1 $kg.m/s^2$
moment d'une force		
NEWTON-MÈTRE	$N \wedge m$	
tension capillaire		
NEWTON PAR MÈTRE	N/m	
énergie, travail, quantité de chaleur		
JOULE	J	1 N.m
wattheure	Wh	3 600 J
électronvolt	eV	$1{,}602\,19 . 10^{-19}$ J
puissance		
WATT	W	1 J/s
pression, contrainte		
PASCAL	Pa	
bar	bar	100 000 Pa
millimètre de mercure*		133,322 Pa
viscosité dynamique		
PASCAL-SECONDE	Pa.s	
poise*	P	0,1 Pa.s
viscosité cinématique		
MÈTRE CARRÉ PAR SECONDE	m^2/s	
stokes*	St	0,000 1 m^2/s
V. UNITÉS ÉLECTRIQUES		
intensité de courant électrique		
AMPÈRE	A	
force électromotrice, différence de potentiel (ou tension)		
VOLT	V	
puissance		
WATT	W	
puissance apparente		
WATT (ou *voltampère*)	W (ou VA)	
puissance réactive		
WATT (ou *var*)	W (ou *var*)	
résistance électrique		
OHM	Ω	
conductance électrique		
SIEMENS	S	1 Ω^{-1}
intensité de champ électrique		
VOLT PAR MÈTRE	V/m	1 N/C
quantité d'électricité, charge électrique		
COULOMB	C	
ampère-heure	Ah	3 600 C
capacité électrique		
FARAD	F	
inductance électrique		
HENRY	H	1 V.s/A
flux d'induction magnétique		
WEBER	Wb	1 V.s
induction magnétique		
TESLA	T	1 Wb/m^2
intensité de champ magnétique		
AMPÈRE PAR MÈTRE	A/m	
force magnétomotrice		
AMPÈRE	A	
VI. UNITÉS THERMIQUES		
température thermodynamique		
KELVIN	K	
température Celsius		
DEGRÉ CELSIUS	°C	
quantité de chaleur		
JOULE	J	
calorie*	cal	4,185 5 J
flux thermique		
WATT	W	1 J/s
capacité thermique, entropie		
JOULE PAR KELVIN	J/K	
capacité thermique massique, entropie massique		
JOULE PAR KILOGRAMME-KELVIN	J/(kg . K)	
conductivité thermique		
WATT PAR MÈTRE-KELVIN	W/(m . K)	
VII. UNITÉS OPTIQUES		
intensité lumineuse		
CANDELA	cd	
intensité énergétique		
WATT PAR STÉRADIAN	W/sr	
flux lumineux		
LUMEN	lm	
flux énergétique		
WATT	W	
éclairement lumineux		
LUX	lx	
éclairement énergétique		
WATT PAR MÈTRE CARRÉ	W/m^2	
luminance lumineuse		
CANDELA PAR MÈTRE CARRÉ	cd/m^2	
vergence des systèmes optiques		
MÈTRE À LA PUISSANCE MOINS UN	m^{-1}	
dioptrie	δ	1 m^{-1}
VIII. UNITÉS DE LA RADIOACTIVITÉ		
activité radionucléaire		
BECQUEREL	Bq	1 s^{-1}
curie*	Ci	$3{,}7 . 10^{10}$ Bq
exposition de rayonnements X ou γ		
COULOMB PAR KILOGRAMME	C/kg	
röntgen*	R	$2{,}58 . 10^{-4}$ C/kg
dose absorbée		
GRAY	Gy	1 J/kg
rad*	rd	0,01 Gy
équivalent de dose		
SIEVERT	Sv	1 J/kg
rem*	rem	0,01 Sv
IX. QUANTITÉ DE MATIÈRE		
MOLE	mol	
X. UNITÉS MONÉTAIRES		
euro	€	
franc	F	

et de recherche → **UFR. 9.** Dans une usine, groupe d'appareils capable de réaliser une opération industrielle indépendamment des autres installations de cette usine. **10.** INFORM. Partie d'un ordinateur effectuant une tâche donnée. ◇ ***Unité centrale (de traitement),*** destinée à exécuter le programme (par oppos. à ***unité périphérique***). [Elle comprend l'*unité arithmétique et logique* (ou *unité de traitement*) et l'*unité de contrôle* (ou *de commande*). L'unité centrale de traitement effectue, sur les données reçues, les opérations arithmétiques ou logiques commandées par l'unité de contrôle en fonction du programme.] — ***Unité d'échange*** ou ***d'entrée-sortie,*** destinée à gérer les échanges d'information avec l'extérieur.

UNIVALENT, E adj. CHIM. Qui a pour valence 1. SYN. : *monovalent.*

UNIVALVE adj. SC. DE LA V. Qui ne possède qu'une seule valve, telle la coquille de certains mollusques.

UNIVERS n.m. (lat. *universus*). **1.** Le monde entier ; l'ensemble de ce qui existe. (Dans le sens astronomique, prend une majuscule.) **2.** Le monde habité ; l'ensemble des hommes. **3. a.** Milieu dans lequel on vit ; champ d'activité. *Sa famille est tout son univers.* **b.** Domaine psychologique de qqn. *L'univers de son imagination.* **4.** PROBAB. Ensemble que l'on peut munir d'une probabilité.

UNIVERSALISATION n.f. Action d'universaliser ; fait de devenir universel.

UNIVERSALISER v.t. Rendre universel, commun à tous les hommes ; répandre, généraliser.

UNIVERSALISME n.m. Opinion qui ne reconnaît d'autre autorité que le consentement universel.

UNIVERSALISTE adj. Du monde tout entier ; qui s'adresse à tous les hommes. ◆ adj. et n. Relatif à l'universalisme ; qui en est partisan.

UNIVERSALITÉ n.f. **1.** Caractère de ce qui est universel. **2.** LOG. Qualité d'une proposition universelle. **3.** Vx. Totalité, ensemble d'êtres ou de choses. — DR. Ensemble de biens, ou de droits et d'obligations, considéré comme formant une unité juridique. — FIN. Principe budgétaire impliquant la présentation intégrale de toutes les recettes et de toutes les dépenses publiques sans aucune compensation entre elles et interdisant l'affectation d'une recette à une dépense. **4.** Caractère d'un esprit universel.

UNIVERSAUX n.m. pl. **1.** PHILOS. Idées ou termes généraux permettant de classer les êtres et les idées, dans la terminologie scolastique. **2.** LING. Concepts ou éléments qui sont communs, hypothétiquement, à toutes les langues naturelles existantes.

UNIVERSEL, ELLE adj. (lat. *universus,* tout entier). **1.** Qui concerne l'Univers, le cosmos. *Gravitation universelle.* **2.** Qui s'étend sur toute la surface de la terre. **3.** Qui embrasse la totalité des êtres et des choses. ◇ DR. ***Communauté universelle :*** régime matrimonial où tous les biens des époux tombent dans la communauté. — ***Légataire universel :*** personne désignée dans un testament pour recueillir la totalité d'une succession. — ***Légataire à titre universel :*** personne désignée pour recueillir une quote-part des biens du testateur. **4.** LOG. Qui convient à tous les objets d'une classe sans exception. ◇ ***Proposition universelle,*** dont le sujet est considéré dans toute son extension. **5.** Qui s'applique à tous les cas. *Remède universel.* **6.** Qui a des connaissances en tout. *Un esprit universel.* **7.** Se dit d'un instrument, d'un appareil à usages multiples. *Robot universel.*

UNIVERSELLEMENT adv. De façon universelle ; par tous les hommes.

UNIVERSITAIRE adj. **1.** Relatif à l'université, à l'enseignement supérieur. *Titre universitaire.* **2.** Qui possède une université. *Ville universitaire.* ◆ n. **1.** Enseignant dans une université. **2.** Belgique. Personne pourvue d'un diplôme de fin d'études à l'université.

UNIVERSITÉ n.f. **1.** Au Moyen Âge, institution ecclésiastique jouissant de privilèges royaux et pontificaux, et chargée de l'enseignement. **2.** Ensemble d'établissements scolaires relevant de l'enseignement supérieur regroupés dans une circonscription administrative. ◇ ***Université du troisième âge :*** ensemble de cours et de conférences que certains établissements d'enseignement supérieur proposent aux personnes retraitées. **3.** Ensemble des bâtiments d'une université. **4.** ***Université d'été :*** ensemble de réunions et de conférences organisées par un parti politique durant les vacances d'été à des fins de formation des militants, de débat, de réflexion.

UNIVITELLIN, E adj. Monozygote.

UNIVOCITÉ n.f. *Didact.* Caractère de ce qui est univoque.

UNIVOQUE adj. (lat. *univocus,* de *vox,* voix). **1.** LING. Qui conserve le même sens dans des emplois différents (par oppos. à ***équivoque***). **2.** ALGÈBRE. Se dit d'une relation logique entre deux objets qui ne s'exerce que dans un sens.

UNTEL, UNETELLE [œ̃tɛl, yntɛl] n. (Souvent avec une majuscule et, parfois, en deux mots.) Désigne anonymement un individu. ◇ ***M. Untel, Mme Unetelle :*** quelqu'un ; quiconque.

UPAS [ypas] n.m. (mot malais). Arbre de Malaisie dont le latex, toxique, était utilisé pour empoisonner les flèches. (Genre *Antiaris ;* famille des moracées.)

UPÉRISATION n.f. (de *Uper,* n. de son inventeur). Procédé de stérilisation des liquides, notamm. du lait, par injection de vapeur surchauffée, afin de les porter à haute température (140 °C).

UPÉRISER v.t. Soumettre à l'upérisation.

UPPERCUT [ypɛrkyt] n.m. (mot angl., de *upper,* supérieur, et *cut,* coup). En boxe, coup de poing porté bras fléchi et de bas en haut.

UPSILON [ypsilɔn] n.m. inv. (mot gr.). Vingtième lettre de l'alphabet grec (Υ, υ), correspondant au *u* français. (L'upsilon est devenu *y* dans les mots français tirés du grec, par ex. *python.*)

UPWELLING [œpwɛliŋ] n.m. (mot angl.). OCÉANOL. Remontée saisonnière d'eaux froides profondes en surface, le long de certains littoraux.

URACILE n.m. (de *urée* et *acétique*). BIOCHIM. Base pyrimidique entrant dans la constitution de certains nucléotides et de l'ARN.

URAÈTE n.m. (gr. *oura,* queue, et *aetos,* aigle). Grand aigle d'Australie et de Nouvelle-Guinée. (Envergure 2,50 m ; famille des accipitridés.)

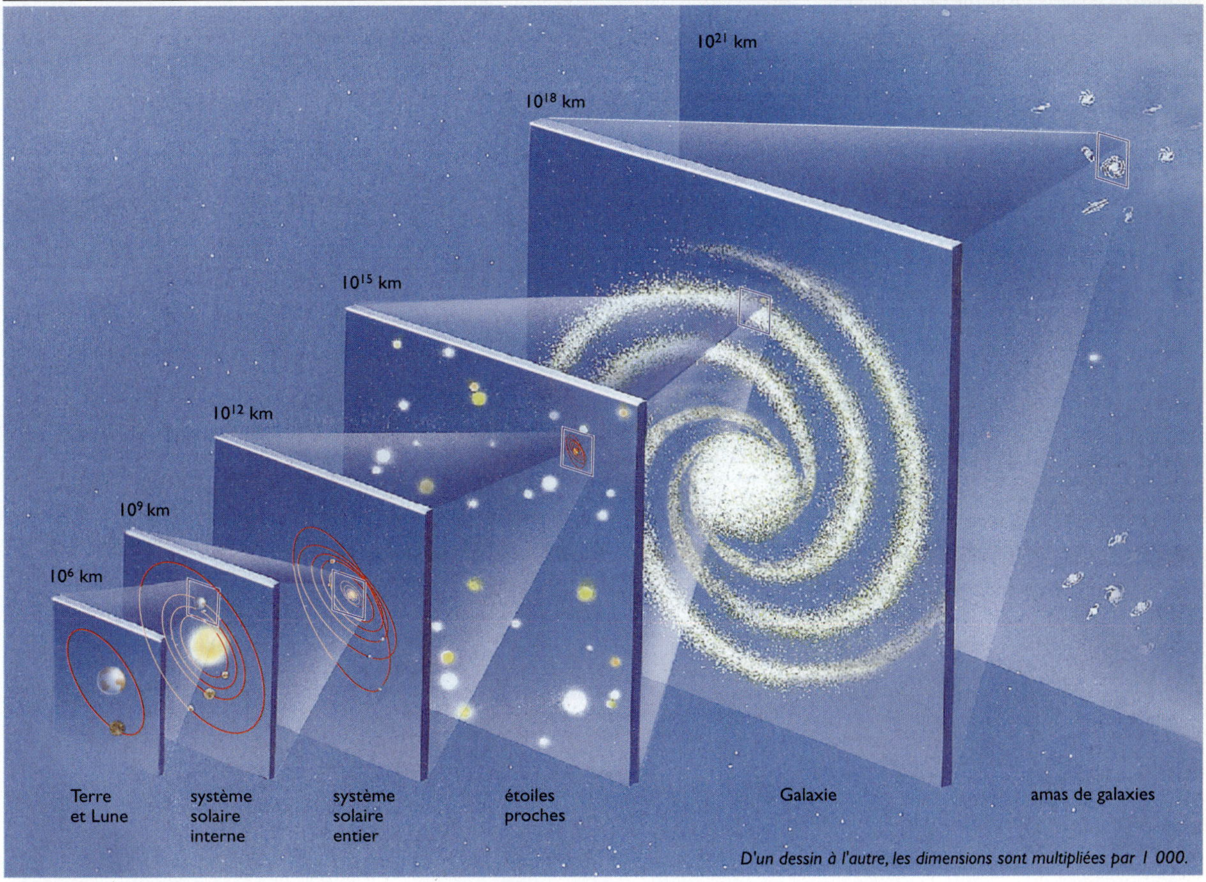

■ **UNIVERS.** Différentes structures de l'Univers et leurs dimensions.

■ **URÆUS** ornant le masque d'une statue funéraire de Toutankhamon. (Musée égyptien, Le Caire.)

U

URÆUS [yreys] n.m. (lat. mod. *uraeus*, du gr.). Cobra femelle représenté dressé, motif ornemental évoquant l'œil brûlant et protecteur de Rê, dans l'Égypte ancienne.

URANATE n.m. Sel de l'acide uranique.

URANEUX adj.m. Se dit des dérivés de l'uranium quadrivalent.

URANIE n.f. (du gr. *ouranos*, ciel). Grand papillon de Madagascar, aux vives couleurs. (Genre *Chrysiridia* ; famille des uraniidés.)

URANIFÈRE adj. Qui renferme de l'uranium.

URANINITE n.f. MINÉRALOG. Oxyde d'uranium (UO_2), cubique.

URANIQUE adj. **1.** Se dit des dérivés de l'uranium de valence 6. **2.** Relatif à l'uranium.

URANISME n.m. (de *Aphrodite Ourania*). *Litt.* Homosexualité masculine.

URANIUM [yranjɔm] n.m. (de l'all. *Uran*, du n. de la planète Uranus). **1.** Métal ayant l'aspect du fer, faiblement radioactif, de densité 18,7, mélange de trois isotopes. **2.** Élément chimique (U), de numéro atomique 92, de masse atomique 238,028 9.

ENCYCL. Dernier élément naturel dans le tableau périodique, l'uranium naturel est un mélange d'isotopes, dont les trois principaux, radioactifs, sont dans les proportions suivantes : ^{238}U, 99,28 % ; ^{235}U, 0,71 % ; ^{234}U, 0,006 %.
L'isotope ^{235}U est le seul nucléide naturel qui soit fissile. Il est utilisé comme combustible dans les réacteurs nucléaires, sous forme d'oxyde, d'alliage métallique ou encore de carbure. Certains réacteurs emploient l'uranium naturel, mais la grande majorité utilise un uranium dit *enrichi*, dans lequel la proportion de ^{235}U a été augmentée pour atteindre, dans le cas des réacteurs modérés et refroidis à l'eau ordinaire, qui équipent plus des deux tiers des centrales électronucléaires, une proportion voisine de 3 %. L'autre fraction de l'uranium naturel issue de l'enrichissement, et qui ne contient plus que 0,25 % environ de ^{235}U, constitue un uranium dit *appauvri*.

URANOSCOPE n.m. Poisson osseux voisin de la vive, vivant enfoui dans le sable des côtes méditerranéennes, et dont seul dépasse le dessus de la tête portant des yeux saillants. (Long. 25 cm env. ; genre *Uranoscopus*, famille des trachinidés.) SYN. : *rascasse blanche*.

■ **URANOSCOPE**

URANYLE n.m. Radical bivalent UO_2.

URATE n.m. Sel de l'acide urique qui peut précipiter dans les articulations en cas de goutte, ou dans les voies urinaires en cas de lithiase (nom générique).

URBAIN, E adj. (lat. *urbanus*, de *urbs*, ville). **1.** De la ville, de ses habitants. *Les populations urbaines.* ◇ GÉOGR. *Unité urbaine :* en France, ensemble formé par une ville et ses banlieues, ou commune isolée comptant plus de 2 000 habitants. **2.** *Litt.* Qui fait preuve d'urbanité.

URBANISATION n.f. **1.** Action d'urbaniser ; son résultat. **2.** Concentration croissante de la population dans des agglomérations de type urbain.

URBANISER v.t. En parlant d'un site, l'aménager en vue de développer ou de créer une agglomération urbaine. ◆ **s'urbaniser** v.pr. Se transformer en zone urbaine ; comporter de plus en plus de zones urbaines.

URBANISME n.m. Science et techniques de l'organisation et de l'aménagement des agglomérations, villes et villages.

1. URBANISTE n. Spécialiste de la conception, de l'établissement et de l'application des plans d'urbanisme et d'aménagement des territoires.

2. URBANISTE ou **URBANISTIQUE** adj. Relatif à l'urbanisme.

URBANITÉ n.f. (lat. *urbanitas*). **1.** *Litt.* Politesse raffinée. **2.** Caractère de mesure humaine et de convivialité conservé ou donné à une ville.

URBI ET ORBI [yrbiɛtɔrbi] loc. adj. et loc. adv. (mots lat., *à la ville* [Rome] *et à l'univers*). **1.** CATH. Se dit des bénédictions solennelles adressées par le pape à Rome et au monde entier. **2.** *Litt. Clamer qqch urbi et orbi,* partout, à tout le monde.

URCÉOLÉ, E adj. (du lat. *urceus*, cruche). BOT. Se dit d'une corolle ou d'un calice renflés au milieu et rétrécis à la partie supérieure, ressemblant à un grelot.

URDU n.m. → **OURDOU.**

URE n.m. → **URUS.**

URÉDINALE n.f. (lat. *uredo, -dinis*, nielle). Champignon basidiomycète, parasite des végétaux, responsable des rouilles de nombreuses plantes cultivées. (Les urédinales forment un ordre.)

URÉE n.f. (de *urine*). **1.** Substance atoxique formée dans le foie à partir de l'ammoniaque (toxique) provenant des acides aminés, et éliminée par les reins dans les urines. **2.** AGRIC. Engrais azoté d'origine industrielle. **3.** *Résine urée(-)formol,* ou *urée(-)formol,* n.f. inv. : polymère formé par condensation de l'urée et du formaldéhyde. (Les résines urée-formol servent à l'élaboration de matières plastiques thermodurcissables, translucides, pouvant être colorées, ininflammables et qui résistent à divers agents chimiques.)

URÉMIE n.f. MÉD. Ensemble des anomalies provoquées par une insuffisance rénale grave.

URÉMIQUE adj. Relatif à l'urémie. ◆ adj. et n. Atteint d'urémie.

URÉTÉRAL, E, AUX adj. Relatif aux uretères.

URETÈRE n.m. (gr. *ourêtêr*). ANAT. Chacun des deux canaux qui conduisent l'urine du rein à la vessie.

URÉTÉRITE n.f. Inflammation de l'uretère.

URÉTÉROSTOMIE n.f. Abouchement chirurgical de l'uretère dans l'intestin ou à la peau.

URÉTHANNE ou **URÉTHANE** n.m. Composé NH_2COOR (R représentant un radical carboné), ester de l'acide carbamique (nom générique).

URÉTRAL, E, AUX adj. Relatif à l'urètre.

URÈTRE n.m. (gr. *ourêthra*, de *oûron*, urine). ANAT. Canal allant de la vessie au méat urinaire, servant à l'écoulement de l'urine et, chez l'homme, au passage du sperme.

URÉTRITE n.f. Inflammation de l'urètre, en partic. au cours d'une MST.

URGEMMENT [-ʒa-] adv. D'urgence ; immédiatement.

URGENCE n.f. **1.** Caractère de ce qui est urgent. **2.** Nécessité d'agir vite. ◇ *D'urgence, de toute urgence :* immédiatement, sans délai. – *État d'urgence :* régime exceptionnel qui, en cas de troubles graves ou de calamité publique, renforce les pouvoirs de police des autorités civiles. **3.** Cas urgent, nécessitant une intervention médicale ou chirurgicale rapide. *Service des urgences.*

URGENT, E adj. (lat. *urgens, -entis*, pressant). Qui ne peut être différé ; qui doit être fait, décidé, etc., sans délai.

URGENTISTE adj. et n. Se dit d'un médecin qui s'occupe princip. des urgences.

URGENTOLOGUE n. Québec. Urgentiste.

URGER v. impers. [10]. *Fam. Ça urge :* ça presse, c'est urgent.

URICÉMIE n.f. MÉD. Concentration d'acide urique dans le sang.

URINAIRE adj. Relatif à l'urine. ◇ *Appareil urinaire :* ensemble des reins et des voies urinaires (uretères, vessie, urètre).

ENCYCL. Les deux reins sont situés dans l'abdomen, de part et d'autre de la colonne vertébrale. Leur unité de fonctionnement est le néphron, une sorte de tube microscopique longé par des vaisseaux sanguins, qui forme l'urine à partir du sang, en éliminant les substances inutiles ou toxiques et en retenant les autres. L'urine est conduite par les uretères jusqu'à la vessie, qu'elle quitte par l'urètre.

URINAL n.m. (pl. *urinaux*). Récipient à col incliné permettant de faire uriner les hommes alités.

URINE n.f. (lat. *urina*). Liquide filtré à partir du sang par les reins et collecté dans la vessie avant son évacuation au-dehors par la miction.

URINER v.i. Évacuer l'urine. ◆ v.t. Évacuer le contenu de la vessie. *Uriner du sang.*

URINIFÈRE adj. Se dit d'un canal qui conduit l'urine.

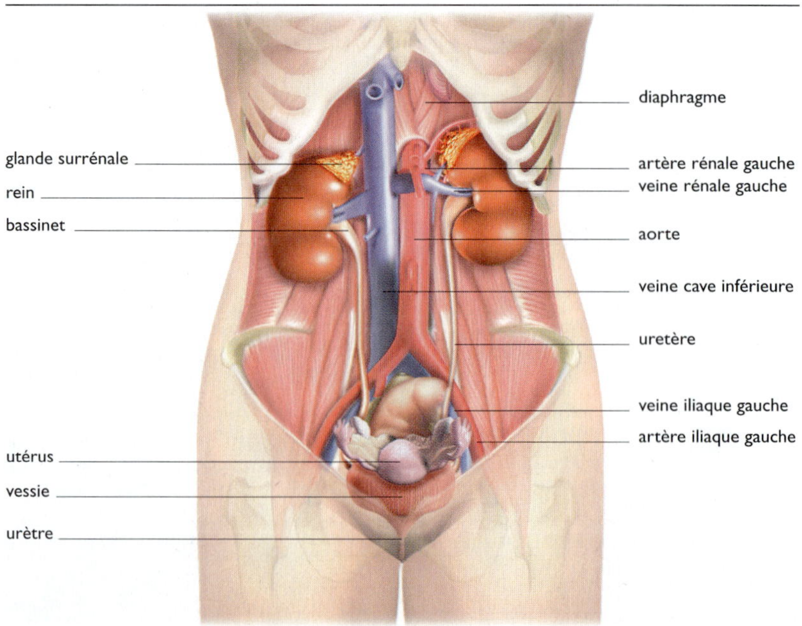

■ **URINAIRE.** L'appareil urinaire féminin.

URINOIR n.m. Édicule ou installation sanitaire pour permettre aux hommes d'uriner.

URIQUE adj. (de *urée*). *Acide urique :* acide organique azoté présent à faible concentration dans le sang et provenant de la dégradation des bases puriques.

URL [yɛrɛl] n.f. (sigle de l'angl. *uniform resource locator,* localisateur universel de ressources). INFORM. Adresse qui précise la localisation d'une ressource Internet en indiquant le protocole à adopter, le nom de la machine, le chemin d'accès et le nom du fichier.

URNE n.f. (lat. *urna*). **1.** Vase servant à conserver les cendres des morts. **2.** Vase à flancs arrondis. **3.** Boîte, au couvercle muni d'une fente, servant à recueillir les bulletins de vote. ◇ *Aller aux urnes :* voter. **4.** BOT. Sporange des mousses, recouvert d'un opercule et d'une coiffe.

UROBILINE n.f. BIOCHIM. Pigment dérivé de la bilirubine et éliminé dans les selles et dans l'urine.

UROCORDÉ n.m. Tunicier.

URODÈLE n.m. (gr. *oura,* queue, et *dêlos,* visible). Amphibien à larves prédatrices, conservant sa queue, parfois ses branchies, à la métamorphose, tel que le triton, la salamandre, l'ambystome, le protée. (Les urodèles forment une sous-classe.)

URO-GÉNITAL, E, AUX adj. Génito-urinaire.

UROGRAPHIE n.f. *Urographie intraveineuse :* radiographie des voies urinaires après injection dans une veine d'une substance opaque aux rayons X.

UROKINASE n.f. PHARM. Enzyme fibrinolytique utilisée dans le traitement des thromboses.

UROLOGIE n.f. Spécialité médicale qui étudie les maladies des voies urinaires des deux sexes et de l'appareil génito-urinaire masculin.

UROLOGUE n. Médecin spécialiste d'urologie.

UROPODE n.m. Dernier appendice abdominal des crustacés, souvent aplati et servant de nageoire.

UROPYGIEN, ENNE ou **UROPYGIAL, E, AUX** adj. (gr. *oura,* queue, et *pugê,* fesse). Relatif au croupion des oiseaux. ◇ *Glande uropygienne :* glande graisseuse située à la base du croupion de certains oiseaux, dont la sécrétion sert à graisser les plumes.

URSIDÉ n.m. (du lat. *ursus,* ours). Mammifère carnivore plantigrade, souvent de grande taille, au régime alimentaire comprenant une part plus ou moins importante de végétaux, tel que les ours et le grand panda.

URSULINE n.f. CATH. Religieuse de l'ordre de Sainte-Ursule, fondé en 1535 par sainte Angèle Merici.

URTICACÉE n.f. (du lat. *urtica,* ortie). Plante dicotylédone sans pétales, telle que l'ortie, la ramie, la pariétaire. (Les urticacées forment une famille.)

URTICAIRE n.f. (du lat. *urtica,* ortie). Éruption cutanée ressemblant à des piqûres d'ortie, de causes diverses (toxique, allergique, etc.).

URTICANT, E adj. Se dit des animaux, des végétaux ou des organes dont le contact produit une piqûre analogue à celle de l'ortie.

URTICATION n.f. MÉD. Apparition d'une urticaire ; sensation analogue à celle des piqûres d'ortie.

URUBU [urubu] n.m. (mot tupi). Petit vautour d'Amérique, au plumage et à la tête noirs. (Envergure 1,50 m ; genre *Coragyps,* famille des cathartidés.)

URUGUAYEN, ENNE [yrygwɛjɛ̃, ɛn] adj. et n. De l'Uruguay, de ses habitants.

URUS [yrys] ou **URE** n.m. (lat. *urus*). Rare. Aurochs.

US [ys] n.m. pl. (lat. *usus,* usage). *Les us et coutumes :* les usages, les traditions d'un pays, d'un peuple, d'un milieu social.

USAGE n.m. (de *us*). **1.** Action, fait de se servir de qqch ; utilisation, emploi. *L'usage d'un ordinateur. Perdre l'usage de la parole.* ◇ *À l'usage :* par l'expérience que l'on a de l'emploi de qqch. – *Faire usage de :* employer, utiliser. – *Faire de l'usage :* durer longtemps, en parlant d'une chose dont on se sert habituellement. – *Hors d'usage :* dont on ne peut plus se servir ; détérioré, usé. – DR. *Droit d'usage :* droit réel, incessible et insaisissable, de se servir d'une chose appartenant à autrui. – *Usage de faux :* infraction constituée par l'utilisation frauduleuse d'un écrit faux ou falsifié, ou de tout autre document destiné à établir la preuve d'un droit ou d'un fait, pouvant causer un préjudice. **2.** Fonction, destination de qqch, emploi que l'on peut en faire. *Un couteau à plusieurs usages.* ◇ *À l'usage de :* destiné à servir à. – *Valeur d'usage :* propriété, pour les biens et les services, de satisfaire les besoins. (Elle se distingue de la *valeur d'échange.*) **3.** Pratique habituellement observée dans un groupe, une société ; coutume. *Aller contre l'usage établi.* **4.** Ensemble des règles et des interdits qui caractérisent la langue utilisée par le plus grand nombre à un moment donné et dans un milieu social donné. *Usage populaire, littéraire.* ◇ *Orthographe d'usage :* orthographe des mots eux-mêmes, indépendamment des règles d'accord et de la fonction.

USAGÉ, E adj. Qui a déjà servi, et a perdu l'aspect du neuf. *Des chaussures usagées.*

USAGER n.m. **1.** Personne qui utilise un service, en partic. un service public, ou qui emprunte le domaine public. *Les usagers du métro.* **2.** Personne utilisant une langue. *Les usagers du français.* **3.** DR. Titulaire d'un droit d'usage.

USANT, E adj. *Fam.* Qui fatigue, use la santé, les forces physiques ou morales. *Travail usant.*

USÉ, E adj. **1.** Qui a subi une certaine détérioration due à l'usure, à un usage prolongé. *Vêtement usé.* ◇ *Eaux usées* → **eaux.** **2.** Affaibli par l'âge, la fatigue, les excès, etc. *Un homme usé.* **3.** Qui est devenu banal, commun pour avoir été trop employé ou répété ; éculé. *Plaisanterie usée.* **4.** NUCL. Se dit du combustible nucléaire ayant fourni de l'énergie dans un réacteur.

USER v.t. ind. **[de]** (lat. pop. *usare,* du lat. *uti,* se servir de). Faire usage de qqch ; se servir de, utiliser. *User de médicaments. User de son charme.* ◆ v.t. **1.** Détériorer par l'usage. *User ses vêtements.* **2.** Consommer, dépenser une matière, un produit. *Ce stylo use trop d'encre. Voiture qui use peu d'essence.* **3.** Rendre faible ; épuiser. *User sa santé.* ◆ **s'user** v.pr. **1.** Se détériorer par l'usage, par l'effet du temps. *Ces chaussures se sont usées très vite.* **2.** Perdre ses forces ; s'épuiser. *S'user au travail.*

USINABILITÉ n.f. Aptitude d'un matériau solide à se laisser usiner.

USINAGE n.m. Action d'usiner.

USINE n.f. (lat. *officina,* atelier). **1.** Établissement industriel où, à l'aide de machines, on transforme des matières premières ou des produits semi-finis en produits finis. **2.** *Fam.* Lieu qui est le siège d'une intense activité. **3.** *Fam. Usine à gaz.* **a.** Construction hétéroclite. **b.** Système trop complexe pour un usage ergonomique.

USINER v.t. Soumettre une pièce brute ou dégrossie à l'action d'une machine-outil.

USITÉ, E adj. (lat. *usitatus*). Se dit d'une forme de la langue qui est en usage, dont on se sert habituellement. *Mot peu, très usité.*

USNÉE [ysne] n.f. (ar. *uchna,* mousse). Lichen filamenteux poussant sur les vieux arbres.

USTENSILE n.m. (lat. *ustensilia,* de *uti,* utiliser). Objet servant aux usages de la vie courante, en partic. à la cuisine.

USTILAGINALE n.f. (du bas lat. *ustilago,* chardon sauvage). Champignon basidiomycète parasite des végétaux, dont les espèces sont responsables du charbon du maïs, de la carie du blé, etc. (Les ustilaginales forment un ordre.)

USUCAPION n.f. (lat. *usucapio*). DR. Prescription acquisitive.

USUEL, ELLE adj. (bas lat. *usualis*). **1.** Dont on se sert fréquemment ; courant. *Mots usuels.* **2.** SC. DE LA V. *Nom usuel :* dénomination courante d'une espèce animale ou végétale (par oppos. à *nom scientifique*). ◆ n.m. Ouvrage d'un usage courant qui, dans les bibliothèques, est à la libre disposition du public (dictionnaire, encyclopédie, guide bibliographique, etc.).

USUELLEMENT adv. De façon usuelle ; d'ordinaire.

USUFRUCTUAIRE adj. Relatif à l'usufruit.

USUFRUIT n.m. (lat. *usufructus,* de *usus,* usage, et *fructus,* jouissance). DR. Droit d'utiliser et de jouir des fruits d'un bien dont la nue-propriété appartient à un autre.

USUFRUITIER, ÈRE adj. Relatif à l'usufruit. ◆ n. Personne qui a l'usufruit d'un bien.

USURAIRE adj. (lat. *usurarius,* de *usura,* intérêt). Entaché d'usure. *Taux usuraire.*

1. USURE n.f. (lat. *usura,* intérêt de l'argent). **1.** Intérêt perçu au-delà du taux licite. – Délit commis par celui qui prête de l'argent à un taux d'intérêt excessif. **2.** *Litt. Avec usure :* au-delà de ce qu'on a reçu.

2. USURE n.f. (de *user*). **1.** Détérioration que produit l'usage, le frottement, etc. *L'usure des chaussures, des roches.* **2.** Affaiblissement, amoindrissement des forces, de la santé. *Usure nerveuse.* ◇ *Guerre d'usure :* conflit dans lequel on cherche à épuiser les forces de l'adversaire.

USURIER, ÈRE n. (de *1. usure*). Personne qui prête à usure.

USURPATEUR, TRICE adj. et n. Qui usurpe, prive qqn, par des moyens illégitimes, d'un droit, d'un pouvoir, d'un bien, etc.

USURPATION n.f. **1.** Action d'usurper ; fait d'être usurpé. **2.** DR. Fait de s'arroger l'usage d'une chose ou l'exercice d'un pouvoir appartenant à autrui. *Usurpation de fonction, de nom.*

USURPATOIRE adj. Qui a le caractère d'une usurpation.

USURPER v.t. (lat. *usurpare,* faire usage de). S'approprier indûment, par violence ou par ruse, un droit, un bien qui appartient à autrui, le pouvoir, etc. *Usurper un titre.*

USUS [yzys] n.m. (mot lat.). DR. CIV. L'un des attributs du droit de propriété (avec l'*abusus* et le *fructus*), celui d'utiliser la chose dont on est propriétaire.

1. UT [yt] n.m. inv. (de *Ut queant laxis,* premiers mots de l'hymne lat. à saint Jean-Baptiste). Anc. Do.

2. UT [yte] (sigle de l'angl. *universal time*). Abrév. internationale de *temps universel.*

UTC (sigle de l'angl. *universal time coordinated*). Abrév. internationale de *temps universel coordonné.*

UTÉRIN, E adj. Relatif à l'utérus. *Col utérin.* ◆ adj. et n. **1.** Se dit des frères et sœurs nés de la même mère, mais non du même père (par oppos. à *consanguin*). **2.** ANTHROP. Se dit d'un mode de filiation qui se fait exclusivement par les femmes. SYN. : *matrilinéaire.*

UTÉRUS [-rys] n.m. (lat. *uterus*). Organe creux de l'appareil génital de la femme et des mammifères femelles, compris entre les trompes de Fallope et le vagin, destiné à accueillir l'œuf fécondé pendant son évolution et à l'expulser au terme de la gestation.

UTILE adj. (lat. *utilis,* de *uti,* se servir de). **1.** Qui rend service ; profitable. ◇ *En temps utile :* au moment opportun. **2.** *Partie utile d'un dispositif, d'un outil, d'une machine, etc.,* celle qui réalise directement l'opération pour laquelle sont conçus ce dispositif, cet outil, cette machine. *Le tranchant est la partie utile d'une lame de couteau.* **3.** *Charge utile* → **charge.**

UTILEMENT adv. De façon utile.

UTILISABLE adj. Qui peut être utilisé.

UTILISATEUR, TRICE n. Personne, groupe qui fait usage de qqch, qui utilise un appareil, un service.

UTILISATION n.f. Action, manière d'utiliser ; emploi, usage.

UTILISER v.t. **1.** Recourir pour un usage précis à. *Utiliser un dictionnaire.* **2.** Tirer profit ou parti de. *Savoir utiliser les compétences.*

UTILITAIRE adj. **1.** Qui a pour but, pour principe essentiel l'utilité. *Un objet purement utilitaire.* ◇ *Véhicule utilitaire,* ou *utilitaire,* n.m. : voiture commerciale, camionnette ou camion destinés au transport des marchandises ou des personnes. **2.** Qui se propose un but intéressé. *Démarche utilitaire.* **3.** INFORM. *Programme utilitaire,* ou *utilitaire,* n.m. : programme appartenant au système d'exploitation d'un ordinateur et permettant d'accroître les possibilités de base de la machine.

UTILITARISME n.m. Doctrine philosophique qui fait de l'utilité le principe et la norme de toute action individuelle ou sociale. (Principaux représentants : J. Bentham, J. S. Mill.)

UTILITARISTE adj. et n. Relatif à l'utilitarisme ; qui en est partisan.

UTILITÉ n.f. (lat. *utilitas*). **1.** Fait de servir à qqch, d'être utile, utilisable. *L'utilité d'un dictionnaire pour une traduction.* **2.** Caractère, qualité de qqch ou de qqn qui sert à qqch. *Son aide m'a été de peu d'utilité.* ◇ *Utilité publique :* intérêt général au nom duquel l'Administration confère un avantage (reconnaissance d'utilité publique) ou impose une sujétion (servitude d'utilité publique, expropriation pour cause d'utilité publique). **3.** ÉCON. Aptitude, réelle ou supposée, d'un bien à satisfaire un besoin ou à créer les conditions favorables à cette satisfaction. SYN. : *désidérabilité.* ◆ pl. *Jouer les utilités :* n'avoir qu'un rôle accessoire et subalterne, en partic. au théâtre.

UTOPIE n.f. (lat. mod. *Utopia,* titre d'une œuvre de T. More, du gr. *ou,* non, et *topos,* lieu).

U

1. PHILOS. Société idéale mais imaginaire, telle que la conçoit et la décrit un auteur donné. 2. Projet dont la réalisation est impossible ; conception imaginaire.

ENCYCL. Les utopies décrivent le fonctionnement de sociétés « parfaites », dont on suppose l'existence en un lieu génér. clos (une cité, une île, etc.). Fournissant des arguments pour la critique de l'ordre existant, elles peuvent aussi s'offrir comme des modèles pour l'établissement de communautés heureuses. Les auteurs d'utopies sont nombreux : Platon, F. Bacon, Campanella, T. More, Morelly, Saint-Simon, Fourier, etc. Des *contre-utopies,* au travers de la description de mondes sinistres et totalitaires, ont également été proposées (A. Huxley, G. Orwell).

UTOPIQUE adj. Qui tient de l'utopie. *Projet utopique.* ◇ *Socialisme utopique :* doctrine socialiste (Saint-Simon, Fourier, etc.) fondée sur un idéal sentimental et réformateur (par oppos. à *socialisme scientifique,* dénomination que Marx et Engels donnèrent à leur propre doctrine).

UTOPISME n.m. Attitude de celui qui se berce d'utopies, de rêveries.

UTOPISTE n. Auteur d'un système utopique. ◆ adj. et n. Attaché à des vues utopiques ; rêveur.

UTRAQUISTE n.m. (du lat. *sub utraque species,* sous les deux espèces). CHRIST. Hussite de la fraction modérée, opposé aux taborites.

U

UTRICULAIRE n.f. Plante aquatique vivace, dont les tiges portent des hampes florales dressées et de nombreux utricules qui servent à la capture de minuscules organismes. (Famille des lentibulariacées.)

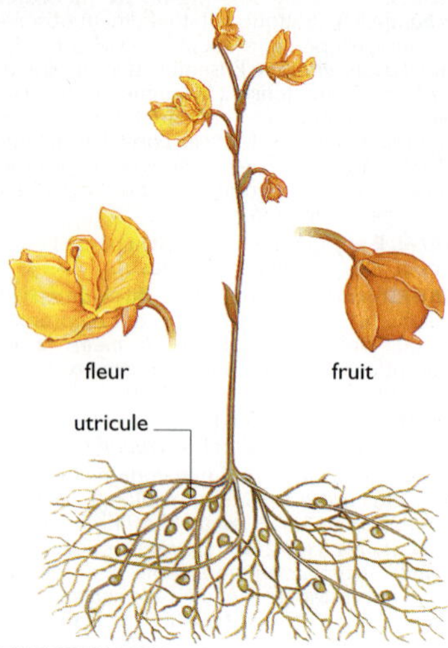

■ UTRICULAIRE

UTRICULE n.m. (bas lat. *utriculus,* petite outre). 1. ANAT. Petit sac membraneux formant, avec le saccule, le vestibule de l'oreille interne. 2. BOT. Très petit organe en forme d'outre jouant le rôle de flotteur ou de piège pour capturer les proies.

1. **UV** ou **U. V.** [yve] n.m. (sigle). Ultraviolet.

2. **UV** ou **U. V.** [yve] n.f. (sigle). Unité de valeur.

UVAL, E, AUX adj. (du lat. *uva,* raisin). Relatif au raisin.

UVA-URSI n.m. inv. (mots lat., *raisin d'ours*). BOT. Busserole d'une espèce circumpolaire, dont les feuilles sont utilisées dans le traitement des maladies des voies urinaires. (Genre *Arctostaphylos ;* famille des éricacées.)

UVÉE n.f. (du lat. *uva,* raisin). ANAT. Tunique moyenne de l'œil, constituée en avant par l'iris et en arrière par la choroïde.

UVÉITE n.f. Inflammation de l'uvée.

UVULAIRE adj. ANAT. Qui a rapport à la luette. SYN. : *staphylin.* ◇ PHON. *Consonne uvulaire,* ou *uvulaire,* n.f. : consonne dont le lieu d'articulation se situe à l'extrémité postérieure du palais mou, au niveau de la luette (ex. : [r]).

UVULE ou **UVULA** n.f. (lat. *uvula,* petite grappe). ANAT. Rare. Luette.

UXORILOCAL, E, AUX adj. (du lat. *uxor, -oris,* épouse). ANTHROP. Matrilocal.

UZBEK, E adj. et n. → **OUZBEK.**

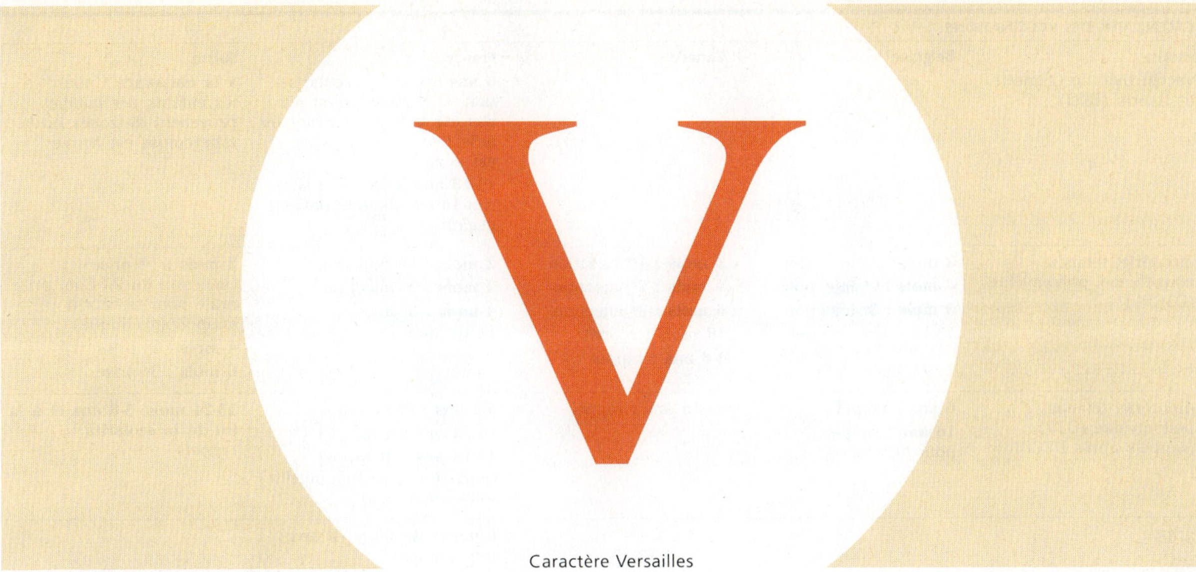

Caractère Versailles

V n.m. inv. **1.** Vingt-deuxième lettre de l'alphabet et la dix-septième des consonnes. (*V* note la constrictive labiodentale sonore [v].) ◇ (Abrév. de l'all. *Vergeltungswaffen,* armes de représailles, et les chiffres *1* et *2*). *V1, V2 :* projectile autopropulsé, à long rayon d'action, utilisé par les Allemands en 1944 et 1945. (Le V1 est le précurseur des missiles de croisière et le V2, celui des missiles balistiques modernes.) **2.** V : notation du chiffre cinq, dans la numération romaine.

VA interj. (impér. du v. *aller*). Exprime l'affection, l'encouragement, le dédain, etc. *Courage, va !* ◇ *Fam. Va donc ! :* précède une injure. – *Fam. Va pour :* c'est d'accord pour. *Va pour cette fois-ci.*

VACANCE n.f. **1.** Situation d'une place, d'une charge, d'un poste momentanément dépourvus de titulaire. **2.** Temps pendant lequel un poste, une fonction est sans titulaire. ◇ *Vacance du pouvoir :* temps pendant lequel une autorité, publique ou privée, ne s'exerce plus. ◆ pl. Période légale d'arrêt de travail des salariés ; période de congé dans les écoles, les universités. ◇ *Vacances parlementaires, judiciaires :* suspension légale annuelle des séances, des audiences.

VACANCIER, ÈRE n. Personne qui est en vacances dans un lieu de villégiature. ◆ adj. Qui rappelle les vacances. *Atmosphère vacancière.*

VACANT, E adj. (lat. *vacans, -antis,* qui est vide). **1.** Que personne n'occupe ; libre. *Appartement vacant. Places vacantes.* **2.** Se dit d'une charge, d'un poste momentanément sans titulaire. *Cet emploi est vacant.* ◇ DR. *Succession vacante :* succession ouverte et non réclamée.

VACARME n.m. (moyen néerl. *wacharme !,* pauvre de moi !) Bruit assourdissant ; tapage.

VACATAIRE adj. et n. Qui est rémunéré à la vacation.

VACATION n.f. (lat. *vacatio,* de *vacare,* être libre). **1.** Temps consacré à l'examen d'une affaire, ou à l'accomplissement d'une fonction déterminée par la personne qui en a été chargée. *Vacation d'un expert, d'un avocat.* **2.** Rémunération de ce temps.

VACCIN [vaksɛ̃] n.m. (de *vaccine*). **1.** Substance d'origine microbienne, que l'on inocule à une personne ou à un animal pour l'immuniser contre une maladie. **2.** *Fig.* Ce qui immunise contre un mal, un danger.

VACCINABLE [-ksi-] adj. Qui peut être vacciné.

VACCINAL, E, AUX [-ksi-] adj. Relatif au vaccin, à la vaccination.

VACCINATION [-ksi-] n.f. Action d'administrer un vaccin.

ENCYCL. La première vaccination a été celle contre la variole, réalisée en 1796 par Jenner, qui a inoculé à l'homme l'exsudat d'une maladie voisine, mais bénigne, le cow-pox. Les vaccinations actuelles se font au moyen de vaccins ayant pour origine des micro-organismes vivants atténués ou tués (bactéries, virus, protozoaires), ou des substances solubles (toxine atténuée dite « anatoxine », fraction antigénique). Il existe des vaccins polyvalents (associant plusieurs vaccins) immunisant contre plusieurs maladies. Les vaccins d'origine virale sont les plus efficaces. *(V. tableau page suivante).*

VACCINE [vaksin] n.f. (lat. scol. *variola vaccina,* variole de la vache). **1.** Maladie de la vache *(cow-pox)* ou du cheval *(horse-pox).* **2.** Anc. Ensemble des manifestations cliniques que l'on observait après une vaccination antivariolique.

VACCINER [-ksi-] v.t. **1.** Administrer un vaccin. *Vacciner un enfant contre le tétanos.* **2.** *Fam.* Mettre à l'abri d'un désagrément, prémunir contre un mal quelconque ; immuniser. *Cette expérience l'a vaccinée contre le mariage.*

VACCINOSTYLE [-ksi-] n.m. MÉD. Anc. Petit instrument en forme de plume à écrire, servant à pratiquer les scarifications, en partic. pour les vaccinations.

VACCINOTHÉRAPIE [-ksi-] n.f. Anc. Emploi d'un vaccin dans un but curatif et non spécifique, pour stimuler les défenses immunitaires.

VACHARD, E adj. *Fam.* Méchant, sévère. *Une réponse vacharde.*

1. VACHE n.f. (lat. *vacca*). **1.** Femelle reproductrice de l'espèce bovine. ◇ *Vache laitière,* ou *vache à lait,* élevée pour le lait qu'elle produit. – *Vache à viande,* élevée pour la viande qu'on tire de sa descendance. – *Maladie de la vache folle :* encéphalopathie spongiforme bovine. – *Montagne à vaches* ⟶ **montagne.** – *Fam. Vache à lait :* personne que l'on exploite, qui est considérée sous le seul point de vue de l'argent qu'elle donne ou prête. – *Vaches grasses, vaches maigres :* période de prospérité, de pénurie. – *Fam. Manger de la vache enragée :* mener une vie de misère, endurer des privations. **2.** Peau de bovin. *Un sac en vache.* **3.** *Fam.* Personne méchante, très sévère, sans pitié. (On dit aussi *peau de vache.*) ◇ *Fam. Coup en vache :* coup donné par traîtrise. – *Fam. La vache ! :* expression de dépit ou d'admiration. **4.** *Fam.,* VX. Agent de police. *Mort aux vaches !* **5.** *Vache à eau :* récipient en toile ou en plastique utilisé par les campeurs pour mettre de l'eau.

ENCYCL. Les méthodes modernes d'élevage ont conduit à la différenciation des races bovines : on distingue les races laitières, traites deux fois par jour durant toute la lactation (durée standard : 305 jours), des races allaitantes, dont le veau, jusqu'à son sevrage vers 5 à 7 mois, consomme tout le lait. Selon les conditions de milieu, les races sont plus ou moins spécialisées et productives : on distingue, parmi celles sélectionnées pour leur lait, celles dont la productivité est très élevée (de 7 000 à 9 000 l de lait par lactation) de celles dont on prend aussi en considération l'aptitude à produire de la viande (races mixtes).

2. VACHE adj. *Fam.* **1.** Très sévère ; méchant. *Tu es vache avec lui.* **2.** Dur, pénible. *C'est vache ce qui lui arrive.* ◇ *Un(e) vache (de)... :* qqch de très difficile ou de sensationnel, de formidable.

VACHEMENT adv. *Fam.* À un très haut degré ; très, drôlement.

VACHER, ÈRE n. Personne qui garde, soigne les vaches, les bovins.

VACHERIE n.f. **1.** Ensemble des vaches d'une exploitation. **2.** Vieilli. Étable à vaches. **3.** *Fam.* Méchanceté, sévérité. *La vacherie des examinateurs.* **4.** *Fam.* Parole, action méchante. *Dire des vacheries.*

VACHERIN n.m. (de *1. vache*). **1.** Fromage fait avec du lait de vache, affiné, à pâte molle et onctueuse, fabriqué en Suisse et dans le Jura français. (Il existe aussi un vacherin à pâte mi-dure, fabriqué dans le canton de Fribourg, qui entre génér. dans la composition de la fondue.) **2.** Gâteau meringué garni de glace et de crème Chantilly.

VACHETTE n.f. **1.** Petite vache ; jeune vache. **2.** Cuir léger de jeune bovin.

VACILLANT, E adj. **1.** Qui tremble. *Jambes vacillantes.* **2.** Qui est incertain ; instable. *Santé vacillante.*

VACILLEMENT n.m. Fait de vaciller ; état de ce qui vacille.

VACILLER v.i. (lat. *vacillare*). **1.** N'être pas bien ferme, stable ; chanceler, tituber. *Vaciller sur ses jambes.* **2.** Scintiller faiblement ; trembler. *Flamme qui vacille.* **3.** Être incertain, manquer d'assurance ; s'affaiblir. *Sa raison vacille.*

VACIVE adj.f. et n.f. (du lat. *vacivus,* vide). Région. (Berry). Se dit d'une brebis de deux ans qui n'a pas encore porté.

VACUITÉ n.f. (lat. *vacuitas,* de *vacuus,* vide). **1.** Rare. État de ce qui est vide. – PHYSIOL. État d'un organe vide (par oppos. à *réplétion*). **2.** *Litt.* Vide intellectuel ; absence de valeur.

VACUOLAIRE adj. Relatif aux vacuoles.

VACUOLE n.f. (du lat. *vacuus,* vide). **1.** BIOL. Cavité du cytoplasme des cellules, limitée ou non par une membrane, renfermant diverses substances en solution dans l'eau. **2.** Petite cavité à l'intérieur d'une roche.

VADE-MECUM [vademekɔm] n.m. inv. (mots lat., *va avec moi*). *Sout.* Guide, manuel que l'on garde avec soi pour le consulter.

1. VADROUILLE n.f. (de *vadrouiller*). *Fam.* **1.** Promenade sans but défini. *Partir en vadrouille.* **2.** Voyage, déplacement quelconque. *Être sans cesse en vadrouille.*

2. VADROUILLE n.f. (du lyonnais *drouilles,* vieilles hardes). **1.** MAR. Tampon fait de déchets

CALENDRIER DES VACCINATIONS

vaccin	Belgique	Canada	France	Suisse
vaccin bilié de Calmette et Guérin (BCG)			**6 ans :** avant la scolarisation, si la vaccination n'a pas été faite auparavant ou si le test tuberculinique est négatif **11-13 ans à 18 ans :** si le test tuberculinique devient négatif	**à la naissance :** pour les enfants des familles provenant de zones où la tuberculose est active
diphtérie, tétanos, coqueluche, poliomyélite (DTCP) [*]	**3 mois :** 1re injection **4 mois :** 2e injection **5 mois :** 3e injection **13-14 mois :** rappel	**2 mois :** 1re injection **4 mois :** 2e injection **6 mois :** 3e injection **18 mois :** rappel **4-6 ans :** rappel	**2 mois :** 1re injection **3 mois :** 2e injection **4 mois :** 3e injection **16-18 mois :** 1er rappel	**2 mois :** 1re prise (injection du DT-Coq, prise orale pour le vaccin antipoliomyélitique) **4 mois :** 2e prise **6 mois :** 3e prise
diphtérie, tétanos, poliomyélite (DTP) [rappels après DTCP]	**6 ans :** rappel **16 ans :** rappel pour le tétanos	**14-16 ans :** rappel	**5-6 ans :** 2e rappel **11-13 ans :** 3e rappel **16-18 ans :** 4e rappel (puis [tétanos, poliomyélite] tous les 10 ans)	**15-24 mois, 5-6 ans et à la fin de la scolarité :** rappels
grippe			**à partir de 60 à 70 ans :** tous les ans	
hépatite B			nourrisson, adulte à risque (voyages, par ex.)	**à la naissance :** pour les enfants provenant des zones où l'hépatite B est fréquente
infections à *Hæmophilus influenzæ* de type B (HIB) [*]		**2 mois :** 1re injection **4 mois :** 2e injection **6 mois :** 3e injection **18 mois :** rappel	**2 mois :** 1re injection **3 mois :** 2e injection **4 mois :** 3e injection **16-18 mois :** rappel	**2 mois :** 1re injection **4 mois :** 2e injection **6 mois :** 3e injection **12-15 mois :** rappel
rougeole, oreillons, rubéole (ROR)	**15 mois :** une injection **11-12 ans :** rappel ou première injection	**12 mois :** une injection	**9-12 mois :** 1re injection **3-6 ans :** 2e injection **11-13 ans :** rappel **jusqu'à 45 ans :** pour les femmes qui n'ont pas été vaccinées pendant l'enfance ni pendant l'adolescence	**12-24 mois :** une injection (le vaccin est conseillé aux adolescents non vaccinés)

[*] *Le DTCP et le vaccin contre les infections à* Hæmophilus influenzæ *de type B peuvent être associés.*

V

de laine ou de filasse et fixé à un manche pour le nettoyage des ponts de navire. **2.** Québec. Balai à franges.

VADROUILLER v.i. *Fam.* Se promener sans but précis.

VADROUILLEUR, EUSE n. *Fam.* Personne qui aime vadrouiller.

VA-ET-VIENT [vaevjɛ̃] n.m. inv. **1.** Mouvement alternatif d'un point à un autre. *Va-et-vient d'un balancier.* **2.** Mouvement confus de personnes, de véhicules qui entrent et sortent. **3.** Charnière à ressort permettant l'ouverture d'une porte dans les deux sens. **4.** MAR. Cordage tendu pour établir une communication entre deux bateaux, deux points, en partic. pour des opérations de sauvetage. **5.** ÉLECTROTECHN. Montage qui permet d'allumer ou d'éteindre une lampe de deux ou plusieurs endroits différents.

VAGABOND, E adj. (du lat. *vagari*, errer). **1.** Qui erre çà et là. *Chien vagabond.* **2.** Qui va à l'aventure ; désordonné, déréglé. *Imagination vagabonde.* ◆ n. Personne qui n'a ni domicile, ni profession, ni moyens de subsistance.

VAGABONDAGE n.m. **1.** Fait de vagabonder. – Anc. État d'une personne qui n'a ni domicile ni moyens de subsistance licites. **2.** *Fig.* Divagation de l'esprit ; rêverie.

VAGABONDER v.i. **1.** Errer çà et là. **2.** *Fig.* Passer d'une chose à une autre ; être mobile, instable, notamm. en parlant de l'esprit.

VAGAL, E, AUX adj. Relatif au nerf vague. *Malaise vagal.*

VAGILE adj. (du lat. *vagari*, errer). ZOOL. *Faune vagile :* ensemble des animaux aquatiques qui se déplacent en rampant sur le fond (par oppos. à *faune sessile*).

VAGIN n.m. (lat. *vagina*, gaine). Organe génital interne de la femme et des femelles de mammifères placentaires, qui s'attache à une extrémité autour du col de l'utérus et qui s'ouvre à l'autre extrémité au niveau de la vulve.

VAGINAL, E, AUX adj. Relatif au vagin.

VAGINISME n.m. MÉD. Spasme douloureux des muscles vaginaux empêchant les rapports sexuels.

VAGINITE n.f. MÉD. Inflammation de la muqueuse du vagin.

VAGIR v.i. (lat. *vagire*). **1.** Crier, en parlant du nouveau-né. **2.** Pousser son cri, en parlant du lièvre ou du crocodile.

VAGISSANT, E adj. Qui vagit.

VAGISSEMENT n.m. **1.** Cri de l'enfant nouveau-né. **2.** Cri faible et plaintif du lièvre ou du crocodile.

VAGOLYTIQUE adj. et n.m. MÉD. Anticholinergique.

VAGOTOMIE n.f. Section chirurgicale du nerf vague.

VAGOTONIE n.f. MÉD. État d'un organisme où le tonus vagal, ou parasympathique, l'emporte sur le sympathique.

VAGOTONIQUE adj. Relatif à la vagotonie.

1. VAGUE adj. (lat. *vagus*, errant). **1.** Qui est sans précision, mal déterminé ; indistinct. *Forme vague. Douleur vague.* **2.** Qui laisse place au doute ; obscur. *Vague promesse.* **3.** Se dit d'un vêtement qui a une certaine ampleur. **4.** ANAT. *Nerf vague :* nerf *pneumogastrique. ◆ n.m. Ce qui est imprécis, mal défini. *Rester dans le vague.* ◇ *Vague à l'âme :* sentiment de tristesse sans cause apparente.

2. VAGUE adj. (lat. *vacuus*, vide). *Terrain vague*, qui n'est ni cultivé ni construit, dans une agglomération ou à proximité de celle-ci.

3. VAGUE n.f. (de l'anc. scand.). **1.** Ondulation produite à la surface de l'eau par l'effet du vent, d'un courant, etc. ; mouvement ascendant et descendant de l'eau qui en résulte. *Vagues déferlantes.* **2.** *Fig.* Phénomène subit qui apparaît en masse et se propage. *Vague de chaleur, de froid. Vague d'applaudissements.* ◇ *Faire des vagues :* susciter des remous, des réactions d'hostilité. **3.** Masse importante de personnes, de choses qui se déplacent ensemble. *Vague de touristes, de chars.* ◇ *La nouvelle vague :* la nouvelle génération d'avant-garde (v. partie n.pr.).

VAGUELETTE n.f. Petite vague.

VAGUEMENT adv. De façon vague, imprécise.

VAGUEMESTRE [vagmɛstr] n.m. (all. *Wagenmeister*, maître des équipages). **1.** Sous l'Ancien Régime, officier chargé de la conduite des convois militaires. – Mod. Sous-officier chargé du service postal d'une unité. **2.** Afrique. Garçon de bureau, planton.

VAGUER v.i. (lat. *vagari*). *Litt.* Errer çà et là, au hasard. *Laisser vaguer son imagination.*

VAHINÉ [vaine] n.f. (mot tahitien). Femme de Tahiti.

VAIGRAGE n.m. Ensemble des vaigres.

VAIGRE n.f. (néerl. *weger*). Planche ou tôle qui couvre le côté intérieur des membrures d'un navire.

VAILLAMMENT adv. Avec vaillance.

VAILLANCE n.f. Qualité d'une personne brave dans la lutte ; bravoure, courage.

VAILLANT, E adj. (anc. p. présent de *valoir*). **1.** Qui fait preuve de courage, d'énergie. **2.** Qui a une santé robuste. **3.** *Litt. N'avoir plus un sou vaillant :* être dépourvu d'argent.

VAIN, E adj. (lat. *vanus*). **1.** Qui est sans fondement, sans valeur, sans effet ; inutile. *De vains espoirs. Vains efforts.* ◇ *En vain :* sans résultat ; inutilement. **2.** *Vaine pâture :* droit de faire paître son bétail sur des terrains non clos dont on n'est pas propriétaire, après la récolte.

VAINCRE v.t. [94] (lat. *vincere*). **1.** Remporter une victoire à la guerre, dans une compétition.

2. Venir à bout de, triompher de ; surmonter. *Vaincre un obstacle. Vaincre sa peur.*

VAINCU, E n. Personne qui a subi une défaite.

VAINEMENT adv. En vain ; inutilement.

VAINQUEUR adj.m. et n.m. Qui a remporté la victoire dans un conflit, une compétition, un concours, etc. *Le vainqueur du championnat.* ◆ adj.m. Qui marque la victoire. *Un air vainqueur.*

VAIR n.m. (du lat. *varius,* varié). **1.** Vx. Fourrure du petit-gris. **2.** HÉRALD. L'une des fourrures de l'écu, faite de cloches d'azur et d'argent alternées, disposées en lignes horizontales.

VAIRÉ n.m. HÉRALD. Vair qui est d'autres émaux que d'argent et d'azur.

1. VAIRON adj.m. (de *vair*). *Yeux vairons,* qui sont de couleur différente.

2. VAIRON n.m. Petit poisson très commun dans les ruisseaux de l'Eurasie, souvent utilisé pour la pêche au vif. (Long. 10 cm ; genre *Phoxinus,* famille des cyprinidés.)

VAISHYA [vajʃja] n.m. inv. (mot sanskr., *les gens du commun*). Troisième des grandes catégories du système des castes, en Inde, constituée de groupes aux activités productives (agriculture, commerce). Graphie savante : *vaiśya.*

VAISSEAU n.m. (lat. *vasculum,* petit vase). **1.** *Litt.* Navire d'assez grandes dimensions ; bâtiment de guerre de fort tonnage. ◇ *Litt. Brûler ses vaisseaux :* accomplir un acte qui interdit toute possibilité de revirement. – *Vaisseau spatial :* véhicule destiné aux vols humains dans l'espace. **2.** ARCHIT. Espace intérieur, génér. allongé, occupant la plus grande partie de la hauteur d'un bâtiment, ou, au moins, plusieurs étages. *Une nef d'église à trois vaisseaux.* **3.** ANAT. Canal servant à la circulation du sang ou de la lymphe. (On distingue cinq sortes de vaisseaux : les artères, les veines, les canaux lymphatiques, les capillaires sanguins et lymphatiques.) **4.** BOT. Chacun des éléments tubulaires, regroupés en faisceaux, servant à la conduction de la sève brute.

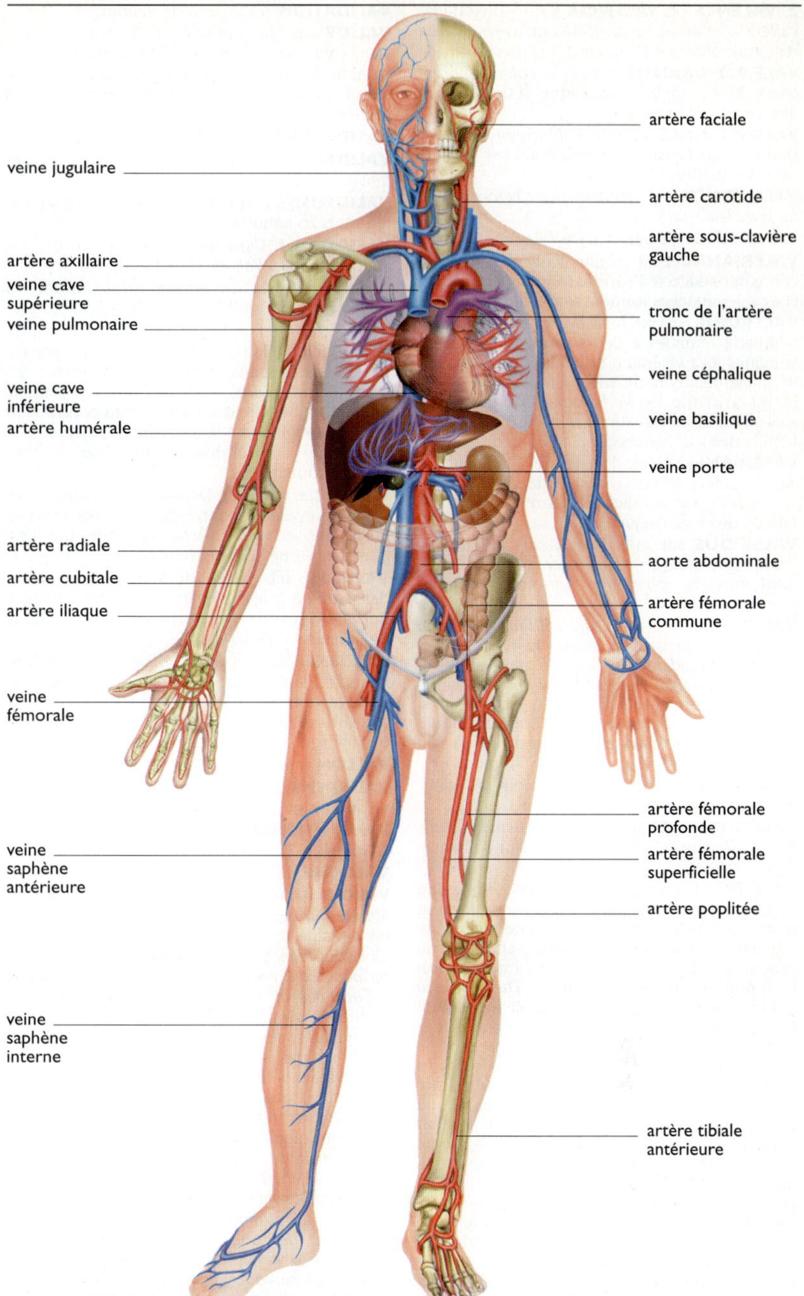

■ **VAISSEAUX** sanguins.

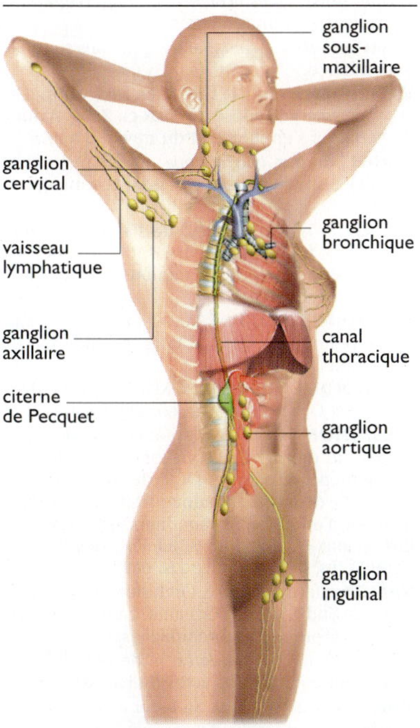

■ **VAISSEAUX** lymphatiques.

VAISSELIER n.m. Buffet surmonté d'étagères sur lesquelles on dispose de la vaisselle.

■ **VAISSELIER** en chêne provenant de la région de Nancy. (Musée des Arts et Traditions populaires, Paris.)

VAISSELLE n.f. (bas lat. *vascellum*). **1.** Ensemble des pièces et accessoires pour le service de la table. **2.** Action de laver les plats et les ustensiles qui ont servi au repas. *Corvée de vaisselle.*

VAISSELLERIE n.f. Industrie, commerce de la vaisselle et des ustensiles de table.

VAL n.m. [pl. *vals* ou *vaux*] (lat. *vallis*). **1.** Vallée très large. ◇ *Aller par monts et par vaux,* de tous côtés. **2.** GÉOMORPH. Vallée correspondant à un synclinal, dans un relief de type jurassien. ◇ *Val perché :* val qui, par suite d'une érosion différentielle, se trouve à une altitude supérieure à celle des combes voisines.

VALABLE adj. **1.** Qui a les conditions requises pour produire son effet. *Quittance valable.* **2.** Dont la valeur n'est pas contestée ; acceptable, admissible, fondé. *Excuse valable.* **3.** Qui a une certaine valeur, une certaine importance. *Œuvre valable.* **4.** Qui a les qualités requises pour qqch ; autorisé. *Interlocutrice valable.*

VALABLEMENT adv. De façon valable.

VALAISAN, ANNE adj. et n. Du Valais.

VALAQUE adj. et n. De la Valachie.

VALDINGUER v.i. *Fam.* Tomber, s'étaler bruyamment. ◇ *Fam. Envoyer valdinguer qqn,* le faire tomber avec violence ; *fig.,* l'éconduire.

VALDÔTAIN, E adj. et n. Du Val d'Aoste.

VALENÇAY n.m. (de *Valençay,* n.pr.). Fromage de chèvre, en forme de pyramide tronquée, fabriqué dans le Berry.

1. VALENCE n.f. (du lat. *valere,* valoir). **1.** CHIM. Nombre possible des atomes d'une nature donnée qui peuvent se lier chimiquement à un atome déterminé. ◇ *Électrons de valence :* électrons périphériques d'un atome, en nombre égal à son numéro atomique ; *par ext.,* électrons périphériques d'une molécule en nombre égal à la somme de ses atomes constitutifs. **2.** PSYCHOL. *Valence d'un objet, d'une situation,* attirance *(valence positive)* ou répulsion *(valence négative)* que le sujet éprouve à leur égard.

2. VALENCE ou **VALENCIA** n.f. Orange d'une variété à maturité tardive, très cultivée dans la région de Valence (Espagne).

VALENCE-GRAMME n.f. (pl. *valences-grammes*). Masse molaire atomique d'un élément divisée par sa valence.

VALENCIENNES n.f. (de *Valenciennes,* n.pr.). Dentelle aux fuseaux à dessin floral sur fond de réseau à mailles régulières.

VALENTINITE n.f. MINÉRALOG. Oxyde d'antimoine (Sb_2O_3).

VALENTINOIS, E adj. et n. De Valence (Drôme).

VALÉRIANACÉE n.f. Plante dicotylédone herbacée, gamopétale, telle que la valériane, la mâche. (Les valérianacées forment une famille.)

VALÉRIANE n.f. (lat. médiév. *valeriana*). Plante des lieux humides à fleurs roses, blanches ou jaunâtres. (La valériane officinale, utilisée traditionnellement comme antispasmodique et sédatif, est aussi appelée ***herbe-aux-chats,*** parce que son odeur attire ces animaux. Genre *Valeriana ;* famille des valérianacées.)

VALÉRIANELLE n.f. Plante de l'hémisphère Nord tempéré, à fleurs roses ou bleuâtres, et dont une espèce est la mâche. (Genre *Valerianella ;* famille des valérianacées.)

VALÉRIQUE adj. CHIM. ORG. *Acide valérique :* acide CH_3–$(CH_2)_3$–CO_2H, dérivé du pentane, dont certains esters sont employés comme arômes.

V

VALET n.m. (lat. pop. *vassellitus,* du gaul. *vassus*). **1.** Serviteur à gages. *Valet de ferme.* ◇ ***Valet de pied :*** domestique de grande maison en livrée. **2.** *Péjor.* Homme d'une complaisance servile et intéressée. **3.** Figure du jeu de cartes. **4.** Outil coudé pour maintenir le bois sur l'établi. **5.** ***Valet de nuit :*** cintre monté sur pieds, où l'on dispose les pièces d'un costume d'homme.

VALETAILLE n.f. *Litt., péjor.* Ensemble des valets, de la domesticité.

VALÉTUDINAIRE adj. et n. (lat. *valetudo, -dinis,* mauvaise santé). *Litt.* Qui a une santé chancelante ; maladif.

VALEUR n.f. (lat. *valor*). **1.** ÉCON. Prix selon lequel un objet peut être échangé, vendu, et, en partic., son prix en argent. *Terrain dont la valeur a doublé.* ◇ ***Analyse de la valeur :*** analyse d'un produit mettant en relation ses fonctions et son coût pour déterminer sa valeur. – ***Théorie de la valeur :*** théorie cherchant à établir le fondement économique de l'usage et de l'échange des choses. – ***Valeur ajoutée :*** différence entre la valeur d'une production et celle des produits ayant servi à la réaliser. – ***Valeur mobilière :*** titre négociable émis par des personnes publiques ou privées et représentant une fraction soit de leur capital social (action), soit d'un prêt à long terme qui leur est consenti (obligation). **2.** Quantité approximative ; équivalence. *Boire la valeur d'un verre de vin.* ◇ ***Valeur numérique d'une grandeur,*** mesure de cette grandeur. **3.** MATH. **a.** L'une des déterminations possibles d'un élément variable. **b.** Pour une fonction f en un point x_0, image de x_0 par f quand elle existe, notée $f(x_0)$. **4.** MUS. Durée d'une note. **5.** PEINT. Degré de clarté d'un ton, du sombre au clair. **6.** *Litt.* Courage. **7.** Ce par quoi on est digne d'estime sur le plan moral, intellectuel, physique, etc. *Fille de grande valeur.* **8.** Importance, prix attachés à qqch. *Tableau qui a une valeur sentimentale.* ◇ ***Mettre en valeur :*** donner de l'importance à, faire ressortir ; faire fructifier. – Québec. *Fam.* ***C'est de valeur :*** c'est regrettable, malheureux. **9.** Caractère de ce qui est valable, de ce qui produit l'effet voulu, a les qualités requises. *Valeur d'une signature. Texte sans valeur.* **10.** LING. Sens que prend un mot dans un contexte déterminé. **11.** Ce qui est posé comme vrai, beau, bien, selon des critères personnels ou sociaux, et sert de référence, de principe moral. *Partager les mêmes valeurs.* ◇ ***Échelle des valeurs :*** hiérarchie établie entre les principes moraux. – ***Jugement de valeur,*** qui énonce une appréciation. **12.** LOG. ***Valeur de vérité :*** propriété de toute proposition. (On distingue génér. deux valeurs de vérité, le vrai et le faux.)

VALEUREUSEMENT adv. Avec courage.

VALEUREUX, EUSE adj. Qui a de la vaillance, du courage ; hardi.

VALGUS, VALGA [valgys, a] adj. (mot lat., *bancal*). [Inv. en nombre.] MÉD. Se dit d'un membre ou d'un segment de membre qui est dévié vers l'extérieur (par oppos. à *varus*).

VALIDATION n.f. Action de valider.

VALIDE adj. (lat. *validus*). **1.** En bonne santé ; sain, vigoureux. *Homme valide.* **2.** DR. Qui n'est entaché d'aucune cause de nullité. **3.** LOG. ***Proposition valide :*** énoncé qui est vrai en vertu de sa seule forme.

VALIDEMENT adv. *Litt.* De façon valide, valable.

VALIDER v.t. Rendre ou déclarer valide. *Valider une élection.*

VALIDEUSE n.f. Appareil servant à enregistrer le jeu du Loto national.

VALIDITÉ n.f. Caractère, durée de ce qui est valide, valable. *Validité d'un passeport.*

VALINE n.f. Acide aminé indispensable à l'organisme.

VALISE n.f. (ital. *valigia*). **1.** Bagage à main de forme rectangulaire. ◇ ***Faire sa valise, ses valises,*** la, les remplir d'affaires à emporter ; *fig.,* partir. **2.** ***Valise diplomatique :*** privilège international dont bénéficie le transport du courrier par voie diplomatique ; le courrier lui-même. (Ce courrier est inviolable et dispensé de tout contrôle douanier.)

VALLÉE n.f. (de *val*). Dépression allongée, plus ou moins évasée, façonnée par un cours d'eau ou un glacier. ◇ ***Vallée sèche*** ou ***morte,*** qui n'est plus parcourue par un cours d'eau.

VALLEUSE n.f. (altér. du normand *avaleuse,* descente de falaise). Petite vallée sèche suspendue au-dessus de la mer, en raison du recul rapide de la falaise qu'elle entaille.

VALLISNÉRIE n.f. (de A. *Vallisneri,* naturaliste italien). Plante vivace à stolons des eaux stagnantes, dont les petites fleurs rosâtres émergent à la surface de l'eau. (Genre *Vallisneria ;* famille des hydrocharitacées.)

VALLON n.m. (ital. *vallone*). Petite vallée.

VALLONNÉ, E adj. Qui présente des successions de vallons et de buttes.

VALLONNEMENT n.m. État de ce qui est vallonné.

VALOCHE n.f. *Fam.* Valise.

VALOIR v.i. [46] (lat. *valere*). **1.** Avoir tel prix. *Montre qui vaut cent euros.* **2.** Avoir telle valeur, telle qualité, tel intérêt. *Cet argument ne vaut rien. Que vaut cet acteur ?* ◇ ***À valoir :*** à déduire. – ***Ça ne vous vaut rien :*** c'est nuisible à votre santé. – ***Faire valoir :*** rendre productif, faire fructifier ; mettre en valeur. – ***Se faire valoir :*** faire ressortir ses qualités, ses droits ; s'attribuer des qualités qu'on n'a pas. – ***Ne rien faire qui vaille,*** qui ait de la valeur. – ***Il vaut mieux, mieux vaut :*** il est préférable, plus avantageux de. – ***Vaille que vaille :*** tant bien que mal. – ***Valoir bien :*** être digne de ; mériter. *Cela vaut bien une récompense.* **3.** Être valable. *Ma remarque vaut pour tout le monde.* ◆ v.t. **1.** Être équivalent à. *En musique, une blanche vaut deux noires.* **2.** Rendre légitime ; justifier. *Ce restaurant vaut le détour.* **3.** Être la cause de ; procurer. *Cette erreur lui a valu des reproches.* ◆ **se valoir** v.pr. Avoir la même valeur. ◇ *Fam.* ***Ça se vaut :*** c'est à peu près pareil.

VALORISANT, E adj. Qui valorise, donne de la valeur, du prestige. *Situation valorisante.*

VALORISATION n.f. **1.** Action de donner de la valeur, plus de valeur à. **2.** ÉCON. Hausse de la valeur marchande d'un produit ou d'un service par une mesure légale ou une action volontaire. **3.** PHILOS. Action de donner de la valeur à un objet ou à une représentation mentale. **4.** TECHN. Utilisation des déchets comme matière première. **5.** ***Valorisation des minerais :*** minéralurgie.

VALORISER v.t. **1.** Donner une plus grande valeur à. *La piscine valorise la propriété.* **2.** Augmenter la valeur, le mérite de. *Son succès l'a valorisée aux yeux de ses proches.*

VALPOLICELLA [valpɔlitʃɛla] n.m. (n. d'une région d'Italie). Vin rouge fruité produit dans la région de Vérone.

VALSE n.f. (de l'all. *Walzer*). **1.** Danse originaire d'Allemagne, exécutée en couples qui tournoient sur eux-mêmes en glissant selon une trajectoire circulaire, à la mode de la fin du XVIIIe s. au début du XXe s. dans toute l'Europe. **2.** Pièce instrumentale de tempo modéré ou rapide à trois temps, en vogue au XIXe s. **3.** *Fam.* Changement fréquent de personnes dans une même fonction. *La valse des directeurs.* **4.** *Fam.* Modification, remplacement continuels de choses. *La valse des étiquettes, des prix.*

VALSE-HÉSITATION n.f. (pl. *valses-hésitations*). *Fam.* Comportement hésitant devant une décision à prendre.

VALSER v.i. Danser la valse. ◇ *Fam.* ***Envoyer qqn, qqch valser,*** le renvoyer ; le lancer loin de soi. – *Fam.* ***Faire valser qqn,*** le déplacer sans égards. – ***Faire valser l'argent,*** le dépenser sans compter. ◆ v.t. Exécuter en valsant. *Valser une mazurka.*

VALSEUR, EUSE n. Personne qui valse.

VALVAIRE adj. Relatif aux valves.

VALVE n.f. (lat. *valva,* battant de porte). **1.** Appareil destiné à régler le mouvement d'un fluide dans une canalisation suivant les nécessités des organes d'utilisation. **2.** ZOOL. Chacune des deux parties d'une coquille bivalve. **3.** ANAT. Chacune des parties d'une valvule. **4.** BOT. Chacune des parties d'un fruit sec qui s'ouvre pour laisser échapper les graines. **5.** ÉLECTRON. Dispositif thermoïonique ou à semi-conducteur, présentant une conductibilité unilatérale et pouvant, de ce fait, servir de détecteur ou de redresseur. ◆ **pl.** Belgique. Tableau d'affichage.

VALVÉ, E adj. BOT. Qui est composé de valves.

VALVULAIRE adj. Relatif aux valvules.

VALVULE n.f. (lat. *valvula*). ANAT. Repli membraneux du cœur, des vaisseaux et des conduits de l'organisme, qui dirige les liquides en les empêchant de refluer.

VAMP [vɑ̃p] n.f. (mot anglo-amér., abrév. de *vampire*). **1.** Actrice de cinéma qui jouait les rôles de femme fatale, notamm. à Hollywood entre 1925 et 1955. **2.** *Fam.* Femme fatale.

VAMPER v.t. *Fam.* Essayer de séduire par des allures de vamp.

VAMPIRE n.m. (all. *Vampir,* du slave). **1.** Mort qui aurait la capacité de sortir du tombeau pour sucer le sang des vivants et mettre ces derniers à son service. **2.** *Fig.* Personne qui s'enrichit du travail d'autrui. **3.** Chauve-souris d'Amérique tropicale, qui se nourrit exclusivement du sang des mammifères, grâce à des dents très coupantes et à une salive anesthésiante et anticoagulante. (Famille des desmodontidés.)

VAMPIRISER v.t. *Fam.* Mettre qqn sous sa totale dépendance.

VAMPIRISME n.m. **1.** Croyance aux vampires ; comportement supposé de ceux-ci. **2.** *Fig.* Avidité de ceux qui s'enrichissent du travail d'autrui.

1. VAN [vɑ̃] n.m. (lat. *vannus*). Grand panier plat en osier muni de deux anses, pour le vannage du grain.

2. VAN [vɑ̃] n.m. (abrév. de l'angl. *caravan*). **1.** Véhicule fermé, pour le transport des chevaux de course. **2.** Fourgon ou minibus pour le transport des personnes.

VANADINITE n.f. MINÉRALOG. Oxyde de vanadium plombifère, constituant un minerai de vanadium.

VANADIQUE adj. CHIM. MINÉR. Se dit de l'anhydride V_2O_5 et des acides correspondants.

VANADIUM [-djɔm] n.m. (mot lat.). **1.** Métal gris argent, de densité 6,11, qui fond vers 1 890 °C. **2.** Élément chimique (V), de numéro atomique 23, de masse atomique 50,941 5. (Comme élément d'addition, le vanadium sert à préparer des aciers et des fontes alliées, des alliages réfractaires, des superalliages, etc.)

VANDA n.f. (mot hindi). Orchidée originaire de l'Asie du Sud-Est et de l'Océanie, cultivée en serre chaude. (Famille des orchidacées.)

VANDALE n. (de *Vandales,* n. de peuple). Personne qui commet des actes de vandalisme.

VANDALISER v.t. *Fam.* Se livrer à des actes de vandalisme sur ; saccager.

VANDALISME n.m. Attitude d'une personne qui détruit ou mutile gratuitement des objets, qui commet des déprédations.

VANDOISE n.f. (du gaul.). Poisson des eaux douces limpides, voisin du gardon, à dos brun verdâtre et à ventre argenté. (Long. 15 à 30 cm ; genre *Leuciscus,* famille des cyprinidés.)

VANESSE n.f. (lat. *vanessa*). Papillon diurne aux ailes vivement colorées et dont les principales espèces sont la belle-dame, le vulcain, le paon de jour, la tortue. (Famille des nymphalidés.)

VANGERON n.m. → **VENGERON.**

VANILLE n.f. (esp. *vainilla*). Fruit du vanillier ; gousse ou extrait de ce fruit utilisés comme parfum en confiserie et en pâtisserie.

VANILLÉ, E adj. Parfumé à la vanille.

VANILLIER [-je] n.m. Orchidée lianescente des régions tropicales, cultivée pour son fruit en gousse qui fournit la vanille. (Genre *Vanilla ;* famille des orchidacées.)

VANILLINE [-lin] n.f. Principe odorant de la vanille, utilisé en parfumerie et en pâtisserie, et que l'on prépare aussi par synthèse.

VANILLON [-jɔ̃] n.m. Vanille d'une variété qui exhale une forte odeur de coumarine.

VANISAGE n.m. Mode de tricotage dans lequel deux fils différents sont tricotés l'un sur l'autre.

VANISÉ, E adj. *Fil vanisé,* qui est recouvert par un autre fil.

VANITÉ n.f. (lat. *vanitas*). **1.** Sentiment d'autosatisfaction ; suffisance ; défaut de la personne qui manifeste ce sentiment. ◇ *Tirer vanité de :* se glorifier, s'enorgueillir à tort ou à l'excès de. **2.** *Litt.* Caractère de ce qui est vain, futile. *La vanité des honneurs.* **3.** BX-ARTS. Composition (nature morte le plus souvent) évoquant de manière symbolique la destinée mortelle de l'homme.

VANITEUSEMENT adv. Avec vanité.

VANITEUX, EUSE adj. et n. Qui fait preuve de vanité ; prétentieux, suffisant.

VANITY-CASE [vanitikɛz] n.m. [pl. *vanity-cases*] (angl. *vanity,* chose futile, et *case,* mallette). Mallette de voyage rigide destinée à contenir divers produits et accessoires de toilette.

VANNAGE n.m. AGRIC. Séparation des grains battus de leur balle et de leurs impuretés. SYN. : *ventage.*

1. VANNE n.f. (bas lat. *venna,* treillage). TECHN. Dispositif mobile permettant à volonté d'intercepter ou de laisser libre le passage de l'eau d'un barrage, d'une écluse, etc., ou celui d'un fluide dans une conduite.

2. VANNE n.f. (de l'anc. fr. *vanner,* railler). *Fam.* Remarque, plaisanterie désobligeante.

VANNÉ, E adj. *Fam.* Extrêmement fatigué.

VANNEAU n.m. (de *1. van*). Oiseau échassier, commun en Europe et en Asie. (Le *vanneau huppé,* au dos vert cuivré et au ventre blanc, niche dans les plaines marécageuses ; sa chair est estimée. Long. 30 cm ; genre *Vanellus,* famille des charadriidés.)

VANNÉE n.f. → **VANNURE.**

VANNELLE ou **VANTELLE** n.f. Petite vanne destinée à remplir ou à vider les sas des écluses.

1. VANNER v.t. TECHN. Garnir de vannes.

2. VANNER v.t. **1.** AGRIC. Secouer le grain au moyen d'un van ou d'une pelle. **2.** *Fam.* Fatiguer excessivement.

3. VANNER v.t. et v.i. (de *2. vanne*). *Fam.* Envoyer des vannes à qqn, se moquer de lui.

VANNERIE n.f. **1.** Art, industrie du vannier. **2.** Ensemble des objets en osier, en rotin, en jonc.

VANNEUR, EUSE n. Personne qui vanne le grain.

VANNIER n.m. (de *1. van*). **1.** Personne qui confectionne divers objets (paniers, corbeilles, sièges, etc.) au moyen de tiges, de baguettes ou de fibres végétales entrelacées (osier, rotin, châtaignier, paille, etc.). **2.** PRÉHIST. *Culture des vanniers :* culture préhistorique du sud-ouest des États-Unis, connue par le site d'Anasazi et célèbre pour son art de la vannerie.

VANNURE ou **VANNÉE** n.f. Ensemble des poussières et des impuretés qui proviennent du vannage des grains.

VANTAIL n.m. [pl. *vantaux*] (de *vent*). Battant.

VANTARD, E adj. et n. Qui a l'habitude de se vanter ; fanfaron, hâbleur.

VANTARDISE n.f. Action de se vanter ; attitude, propos de vantard.

VANTELLE n.f. → **VANNELLE.**

VANTER v.t. (bas lat. *vanitare,* de *vanus,* vide). Faire l'éloge de ; louer. *Vanter un vin.* ◆ **se vanter** v.pr. **1.** S'attribuer des qualités, des mérites qu'on n'a pas. **2.** *Se vanter de :* tirer vanité de ; se déclarer capable de. *Se vanter de sa force. Il se vante de réussir.*

VA-NU-PIEDS n. inv. Personne misérable.

VAPES n.f. pl. (de *vapeur*). *Fam.* **1.** *Être dans les vapes :* être évanoui ; être un peu abruti, hébété. **2.** *Tomber dans les vapes :* s'évanouir.

VAPEUR n.f. (lat. *vapor*). **1.** Gaz résultant de la vaporisation d'un liquide ou de la sublimation d'un solide. *Vapeur d'eau. Vapeur d'iode.* ◇ *À la vapeur :* se dit d'aliments cuits au-dessus de l'eau en ébullition. — *Vapeur surchauffée :* vapeur à une température supérieure à celle de l'ébullition normale. — *Fam. Avoir des vapeurs,* des bouffées de chaleur. — *Litt. Les vapeurs du vin :* l'ivresse. **2.** Amas de fines gouttelettes en suspension dans l'air. **3.** Vapeur d'eau employée comme force motrice. *Train à vapeur.* ◇ *Fam. À toute vapeur :* à toute vitesse. ◆ n.m. Anc. Navire propulsé par une machine à vapeur.

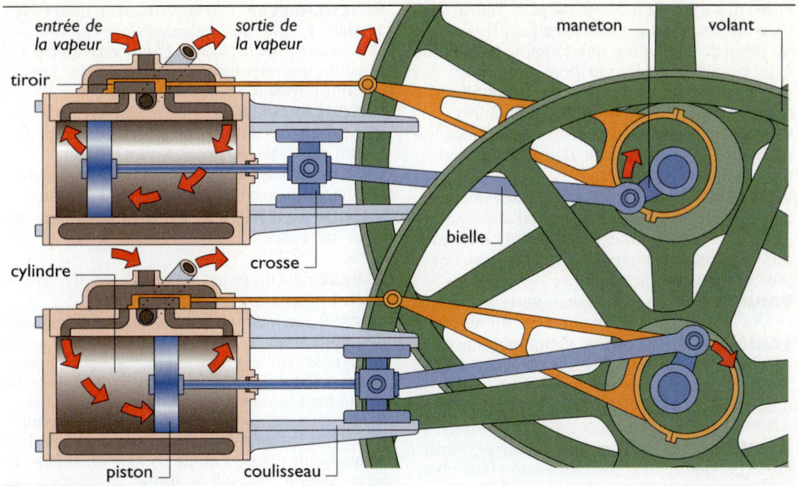

■ **VAPEUR.** Fonctionnement d'une machine à vapeur.

VAPOCRAQUAGE n.m. PÉTROLE. Craquage d'hydrocarbures en présence de vapeur d'eau.

VAPOCRAQUEUR n.m. Installation où se réalise le vapocraquage.

VAPOREUX, EUSE adj. **1.** Qui a l'apparence de la vapeur ; léger et flou. *Tissu vaporeux.* **2.** Dont l'éclat est voilé comme par la vapeur. *Lumière vaporeuse.*

VAPORISAGE n.m. TEXT. Action de soumettre à l'effet de la vapeur des fils, des tissus pour donner de l'apprêt, fixer les couleurs, etc.

VAPORISATEUR n.m. **1.** Récipient ou échangeur dans lequel on opère une vaporisation. **2.** Instrument rechargeable employé pour projeter un liquide, un parfum, etc., sous forme de fines gouttelettes.

VAPORISATION n.f. Action de vaporiser.

VAPORISER v.t. **1.** Faire passer un liquide à l'état gazeux. **2.** Disperser, projeter en gouttelettes fines. *Vaporiser du parfum.*

VAQUER v.i. (lat. *vacare,* être vide). Cesser pour un temps ses fonctions. *Les tribunaux vaquent.* ◆ v.t. ind. **(à).** Consacrer son temps à ; s'appliquer à, s'occuper de. *Vaquer à ses affaires.*

VAR n.m. (acronyme de *volt-ampère-réactif*). Nom donné au watt utilisé pour la mesure de la puissance électrique réactive (symb. var).

VARA adj.f. → **VARUS.**

VARAIGNE n.f. Ouverture par laquelle on introduit l'eau de mer dans les marais salants.

VARAN n.m. (de l'ar.). Reptile lacertilien carnivore d'Afrique, d'Asie, d'Australie et des îles de la Sonde, dont une espèce, le *varan de Komodo,* dépasse 3 m de long. (Genre *Varanus ;* famille des varanidés.)

■ **VARAN.** Varan géant d'Australie.

VARANGUE n.f. (de l'anc. scand.). MAR. Pièce transversale destinée à consolider le fond d'un navire.

VARAPPE n.f. (de *Varappe,* n. d'un couloir rocheux près de Genève). Escalade de parois rocheuses.

VARAPPER v.i. Faire de la varappe.

VARAPPEUR, EUSE n. Alpiniste spécialiste de la varappe.

VARECH [varɛk] n.m. (anc. scand. *vágrek,* épave). Ensemble des algues laissées par le retrait de la marée et récoltées à marée basse sur les rivages. (Le varech, appelé *goémon* en Normandie et en Bretagne, sert à amender les terres sablonneuses, et fournit de l'iode et de la soude.)

VAREUSE n.f. (de *varer,* forme dial. de *garer,* protéger). **1.** Blouse courte et assez ample portée par les marins et les pêcheurs. **2.** Veste d'uniforme des quartiers-maîtres et des matelots de la Marine nationale.

VARIA n.m. pl. (mot lat., *choses diverses*). **1.** *Litt.* Collection, recueil de livres, d'articles variés. **2.** PRESSE. Article portant sur des sujets variés.

VARIABILITÉ n.f. Caractère de ce qui est variable, susceptible de se modifier dans le temps ou l'espace. *Variabilité climatique.*

VARIABLE adj. **1.** Qui varie, peut varier. *Humeur variable.* ◇ GRAMM. *Mot variable,* dont la forme varie selon le genre, le nombre, la fonction. **2.** De plusieurs sortes, aspects, etc. ; divers. *Résultats variables.* ◆ n.f. **1.** MATH. Élément qui peut prendre des valeurs différentes à l'intérieur d'un ensemble, d'un système, d'une relation. **2.** ASTRON. Étoile variable.

VARIANCE n.f. **1.** THERMODYN. *Variance d'un système physico-chimique :* nombre maximal de paramètres d'un système dont on peut fixer indépendamment la valeur. **2.** STAT. Moyenne pondérée des carrés des écarts à la moyenne.

VARIANT n.m. BIOCHIM. Substance qui dérive d'une substance originelle par mutation.

VARIANTE n.f. **1.** Chose qui diffère légèrement d'une autre de la même espèce. **2.** Texte ou fragment de texte qui diffère de celui qui est communément admis, du fait de corrections volontaires de son auteur, ou d'altérations dues à la copie ou à l'édition. **3.** BX-ARTS, ARTS APPL. Différence que présente une réplique, une copie ou un projet nouveau par rapport à l'œuvre ou au projet premiers.

VARIATEUR n.m. **1.** Dispositif permettant de faire varier une intensité électrique, utilisé notamm. avec certains appareils d'éclairage (lampes à halogène). **2.** MÉCAN. INDUSTR. *Variateur de vitesse :* appareil permettant de transmettre le mouvement d'un arbre à un autre arbre avec possibilité de modifier, de façon continue, le rapport de leurs vitesses.

VARIATION n.f. **1.** État de ce qui varie ; modification, changement de la valeur d'une quantité ou d'une grandeur, d'un degré. **2.** SC. DE LA V. Modification d'un animal ou d'une plante par rapport au type habituel de son espèce. (On distingue les *accommodats,* purement individuels, acquis au cours de la vie et non transmissibles, et les *mutations,* héréditaires.) **3.** DANSE. Composition chorégraphique destinée à un exécutant. — Dans un grand pas de deux classique, enchaînement de pas de virtuosité exécuté successivement par le danseur et la danseuse entre l'adage et la coda. **4.** MUS. Procédé de composition qui consiste à transformer un thème en l'ornant, tout en le laissant reconnaissable ; composition musicale

V

construite selon ce procédé. ◆ pl. **1.** Transformations subies ; changements. *Les variations d'une doctrine.* **2.** MATH. Pour une fonction numérique *f* de la variable *x*, façon dont les valeurs des images des éléments du domaine de définition de *f* se situent les unes par rapport aux autres.

VARICE n.f. (lat. *varix, -icis*). MÉD. Dilatation pathologique permanente d'une veine, partic. fréquente sur les jambes.

VARICELLE n.f. (de *variole*). Maladie infectieuse contagieuse, due à un herpès, atteignant surtout les enfants, caractérisée par une éruption cutanée de vésicules. (Le virus peut persister et provoquer plus tard un zona.)

VARICOCÈLE n.f. Dilatation variqueuse des veines du cordon spermatique et du scrotum.

VARIÉ, E adj. (lat. *varius*). **1.** Qui présente de la diversité. *Travail varié. Paysage varié.* **2.** (Au pl.) Se dit de choses très différentes entre elles ou d'un ensemble présentant des contrastes. *Hors-d'œuvre variés. Région aux paysages variés.*

VARIER v.t. [5] (lat. *variare*, de *varius*, varié). Présenter qqch de diverses manières ; faire changer de nature ; diversifier. *Varier le style, la décoration. Varier l'alimentation.* ◆ v.i. **1.** Présenter des différences, des aspects divers. *Les opinions varient sur ce point. Les prix varient.* ◇ *Ne pas varier :* ne pas changer d'avis. **2.** MATH. Prendre différentes valeurs entre des limites. **3.** MUS. Faire suivre une mélodie de variations.

VARIÉTAL, E, AUX adj. AGRIC. Relatif à une variété de plante.

VARIÉTÉ n.f. (lat. *varietas*). **1.** Caractère de ce qui est varié, dont les éléments sont divers, différents ; diversité. *La variété de la végétation, du paysage, des occupations.* **2.** SC. DE LA V. Type, sorte, à l'intérieur d'un même ensemble ; unité plus petite que l'espèce, dont les individus présentent un trait commun qui les différencie des autres variétés de la même espèce. **3.** Ensemble de chansons populaires. *La variété française.* ◆ pl. Spectacle présentant diverses attractions (chansons, danses, etc.).

VARIOLE n.f. (bas lat. *variola*, de *varius*, varié). Maladie infectieuse très contagieuse, due à un virus, qui était caractérisée par une éruption de taches rouges devenant des vésicules, puis des pustules. (En 1978, l'OMS a déclaré que la variole était éradiquée dans le monde entier.)

VARIOLEUX, EUSE adj. Variolique. ◆ adj. et n. Atteint de la variole.

VARIOLIQUE adj. Relatif à la variole. SYN. : *varioleux.*

VARIOLISATION n.f. MÉD. Anc. Méthode de vaccination qui consistait à inoculer une variole bénigne pour éviter une variole grave.

VARIOMÈTRE n.m. ÉLECTR. Appareil servant à la mesure des inductances.

VARIQUEUX, EUSE adj. Relatif aux varices ; de la nature des varices.

VARISTANCE n.f. Élément semi-conducteur dont la résistance électrique varie avec la tension appliquée, et qui sert à la régulation de cette dernière.

VARLET n.m. (forme anc. de *valet*). HIST. Jeune noble placé auprès d'un seigneur pour faire l'apprentissage de la chevalerie.

VARLOPE n.f. (du néerl.). Grand rabot muni d'une poignée, servant au corroyage du bois.

VARLOPER v.t. Travailler à la varlope.

VARROA n.m. Acarien parasite de l'abeille, causant d'importants dégâts en apiculture.

VARRON ou **VARON** n.m. (anc. provenç. *varron*, du lat. *varus*, pustule). Larve de l'hypoderme, parasite de la peau des bovins, qu'elle perfore, rendant le cuir inutilisable.

VARSOVIEN, ENNE adj. et n. De Varsovie.

VARUS, VARA [varys, a] adj. (mot lat., *cagneux*). [Inv. en nombre.] MÉD. Se dit d'un membre ou d'un segment de membre dévié vers l'intérieur (par oppos. à **valgus**). *Pied bot varus.*

VARVE n.f. (suédois *varvig*, rayé). GÉOL. Sédiment lacustre fait de dépôts alternativement fins et grossiers, déposé en avant des glaciers. (La périodicité annuelle [un niveau fin plus un niveau grossier] est utilisée comme moyen de datation des dépôts périglaciaires, essentiellement du quaternaire.)

VASARD, E adj. Région. Sablonneux et vaseux.

VASCULAIRE adj. (du lat. *vasculum*, petit vase). **1.** MÉD. Relatif aux vaisseaux, en partic. aux vaisseaux sanguins. **2.** BOT. *Plante vasculaire*, qui possède des vaisseaux conducteurs de la sève (ptéridophytes et spermatophytes).

VASCULARISATION n.f. Présence, développement ou disposition des vaisseaux dans une région du corps, un organe, une tumeur.

VASCULARISÉ, E adj. Se dit d'une structure (organe, tumeur, etc.) pourvue de vaisseaux.

VASCULO-NERVEUX, EUSE adj. (pl. *vasculo-nerveux, euses*). Relatif aux vaisseaux et aux nerfs.

1. VASE n.f. (du germ.). Boue qui se dépose au fond des eaux.

2. VASE n.m. (lat. *vas*). **1.** Récipient de matière, de grandeur et de forme variables. *Vase à fleurs.* ◇ *En vase clos* → **1. clos.** – *Vase de nuit*, ou *vase :* pot de chambre. **2.** *Vase d'expansion :* réservoir permettant la dilatation de l'eau d'un chauffage à eau chaude. ◆ pl. **1.** *Vases communicants :* récipients qu'un tube fait communiquer et dans lesquels un même liquide s'élève au même niveau, quelle que soit la forme de chacun des récipients. **2.** *Vases sacrés*, destinés à la célébration de la messe ou à la conservation de l'eucharistie.

VASECTOMIE ou **VASOTOMIE** n.f. (du lat. *vas*, vaisseau). Section chirurgicale des canaux déférents pratiquée notamm. comme moyen de stérilisation masculine. (Cette technique est illégale dans de nombreux pays.)

VASELINE n.f. (all. *Wasser*, eau, et gr. *elaion*, huile). Graisse minérale, translucide, extraite du résidu de la distillation des pétroles, utilisée en pharmacie et en parfumerie.

VASEUX, EUSE adj. **1.** Qui contient de la vase. *Fond vaseux.* **2.** *Fam.* Se dit de qqn qui se sent faible, sans énergie, mal réveillé. **3.** *Fam.* Confus, obscur ; incertain. *Un article vaseux.* **4.** *Fam.* Très médiocre ; pitoyable. *Une astuce vaseuse.*

VASIÈRE n.f. **1.** Étendue côtière ou sous-marine couverte de vase. **2.** Réservoir disposé au point le plus haut d'un marais salant pour y stocker, entre deux grandes marées, les eaux destinées à son alimentation.

VASISTAS [vazistas] n.m. (de l'all. *was ist das ?*, qu'est-ce que c'est ?) Petit vantail vitré faisant partie de l'imposte ou d'un grand vantail d'une baie.

VASOCONSTRICTEUR, TRICE adj. et n.m. Se dit d'un médicament ou d'un nerf qui provoque la vasoconstriction.

VASOCONSTRICTION n.f. Diminution du calibre des vaisseaux sanguins par contraction de leurs cellules musculaires.

VASODILATATEUR, TRICE adj. et n.m. Se dit d'un médicament ou d'un nerf qui provoque la vasodilatation.

VASODILATATION n.f. Augmentation du calibre des vaisseaux sanguins par relâchement de leurs cellules musculaires.

VASOMOTEUR, TRICE adj. MÉD. Qui se rapporte à la vasomotricité. ◇ *Trouble vasomoteur des extrémités :* anomalie de la vasomotricité dans les mains ou les pieds, caractérisée par un changement de couleur ou de température cutanées, et parfois par des douleurs (nom générique).

VASOMOTRICITÉ n.f. PHYSIOL. Ensemble des phénomènes de vasoconstriction et de vasodilatation, commandés normalement par le système nerveux végétatif.

VASOPRESSINE n.f. Hormone sécrétée par l'hypothalamus et stockée dans l'hypophyse, qui diminue le volume d'eau des urines et provoque une vasoconstriction. SYN. : *hormone antidiurétique.*

VASOTOMIE n.f. → **VASECTOMIE.**

VASOUILLARD, E adj. *Fam.* Qui vasouille, qui est confus.

VASOUILLER v.i. *Fam.* **1.** Hésiter, s'empêtrer dans ses actes ou ses propos. *Vasouiller dans une longue explication.* **2.** Évoluer vers la confusion, la médiocrité.

VASQUE n.f. (ital. *vasca*). **1.** Large cuvette d'une fontaine. **2.** Grande coupe décorative évasée.

VASSAL, E, AUX n. (lat. *vassus*, serviteur). HIST. Personne liée à un suzerain par l'obligation de foi et hommage, et qui lui doit des services personnels. ◆ adj. et n. Qui est en situation de dépendance par rapport à un autre. *État vassal.*

VASSALIQUE adj. Qui concerne la vassalité.

VASSALISER v.t. Réduire à la condition de vassal ; asservir.

VASSALITÉ n.f. **1.** Vasselage. **2.** Système féodal fondé sur l'existence de liens entre suzerains et vassaux. **3.** *Fig.* État de servilité, de sujétion.

VASSELAGE n.m. Condition de vassal. SYN. : *vassalité.*

VASSIVEAU n.m. (de *vacive*). Région. (Berry). Mouton de moins de deux ans.

VASTE adj. (lat. *vastus*). **1.** D'une grande étendue ; qui s'étend au loin. *Une vaste plaine.* **2.** De larges dimensions ; spacieux. *Une pièce assez vaste.* **3.** De grande ampleur, de grande envergure. *Une vaste entreprise. De vastes projets.*

VASTEMENT adv. *Litt.* Largement, grandement.

VA-T-EN-GUERRE adj. inv. et n. inv. *Fam., péjor.* Belliciste.

VATICANE adj.f. Du Vatican. *Politique vaticane. Bibliothèque vaticane* (ou *la Vaticane*).

VATICINATEUR, TRICE n. *Litt., péjor.* Personne qui prétend prédire l'avenir sous l'effet d'une inspiration surnaturelle.

VATICINATION n.f. *Litt., péjor.* **1.** Oracle d'un vaticinateur. **2.** Prophétie rabâchée et pompeuse.

VATICINER v.i. (lat. *vaticinari*, de *vates*, devin). *Litt., péjor.* **1.** Prédire l'avenir ; prophétiser. **2.** Tenir des discours pompeux et confus, comme dans un délire prophétique.

VA-TOUT n.m. inv. **1.** Aux jeux de cartes ou aux dés, mise sur un seul coup de tout l'argent qu'on a devant soi. **2.** *Jouer son va-tout :* risquer sa dernière chance.

VAU n.m. (pl. *vaux*). CONSTR. Veau.

VAUCHÉRIE n.f. (de P. E. *Vaucher*, n.pr.). Algue filamenteuse verte vivant dans l'eau douce ou dans les zones très humides. (Classe des xanthophycées.)

VAUCLUSIEN, ENNE adj. et n. Du Vaucluse. ◆ adj. *Source vauclusienne :* résurgence.

VAUDAIRE n.f. (de *Vaud*, n.pr.). Vent du sud-est qui souffle sur le lac Léman.

VAUDEVILLE n.m. (de *Vau-de-Vire*, n. d'une région du Calvados). **1.** Anc. Chanson populaire de caractère satirique. **2.** Comédie avec chansons et ballets (fin XVIIe s.). **3.** Comédie légère, fondée sur les rebondissements de l'intrigue, les quiproquos et les bons mots.

VAUDEVILLESQUE adj. Qui convient à un vaudeville ; qui rappelle le comique du vaudeville.

1. VAUDOIS, E adj. et n. Du canton de Vaud.

2. VAUDOIS, E adj. et n. Qui appartient à la secte chrétienne fondée à Lyon par P. Valdo au XIIe s. et qui prêchait le retour à la perfection évangélique. (L'Église vaudoise possède auj. des communautés très vivantes en Italie et en Amérique latine.)

1. VAUDOU n.m. (mot de la langue fon parlée au Bénin). **1.** Culte pratiqué en Amérique du Sud, aux Caraïbes et en partic. à Haïti. (Issu, à travers la traite négrière, des religions du golfe du Bénin, il mêle éléments africains et catholiques ; ses rites [cérémonies de possession, notamm.] visent à entrer en relation avec un ensemble de dieux plus proches que Dieu lui-même, trop lointain.) **2.** Nom de divinités locales des religions du Bénin, servies par des prêtresses et réputées offrir aux hommes prospérité et guérison.

2. VAUDOU, E adj. Relatif au vaudou.

VAU-L'EAU (À) loc. adv. (de *avau*, var. de *aval* et *eau*). **1.** Au fil de l'eau, au gré du courant. **2.** *Aller, s'en aller à vau-l'eau :* se détériorer peu à peu ; péricliter.

1. VAURIEN, ENNE n. et adj. (de *valoir* et *rien*). **1.** Vieilli. Personne sans aucune valeur morale ; mauvais sujet. **2.** Enfant malicieux et indiscipliné.

2. VAURIEN n.m. (nom déposé). Voilier monotype dériveur, gréé en sloop et destiné à la régate et à la promenade.

VAUTOUR n.m. (lat. *vultur*). **1.** Grand oiseau rapace diurne, à tête et à cou nus, se nourrissant princip. de charognes. (Les vautours du Nouveau Monde [famille des cathartidés], tels que le condor et l'urubu, sont distincts de ceux de l'Ancien Monde [famille des accipitridés], dont certaines espèces fréquentent les régions montagneuses de l'Europe [*vautour fauve*, ou *griffon*, *vautour moine*, *gypaète*, etc.].) **2.** *Fig.* Homme dur et rapace.

VAUTRAIT n.m. (bas lat. *vertragus,* chien courant). VÉNER. Équipage de chiens courants spécial. destinés à la chasse au sanglier.

VAUTRER (SE) v.pr. (lat. *volvere,* rouler). S'étendre, se coucher, se rouler sur le sol, dans la boue ; prendre ses aises sur un siège.

VAUX n.m. pl. Pl. rare de *val.*

VAVASSEUR n.m. (du lat. *vassus vassorum*). HIST. Arrière-vassal qui, n'ayant pas de vassaux, occupait le degré inférieur de la noblesse féodale.

VA-VITE (À LA) loc. adv. Avec une grande hâte ; sommairement.

VÉ n.m. MÉCAN. INDUSTR. Cale en forme de V, utilisée lors du traçage et du contrôle d'une pièce cylindrique.

VEAU n.m. (lat. *vitellus*). **1.** Petit de la vache. ◇ *Le veau d'or :* symbole de la richesse (par allusion à l'idole que les Hébreux adorèrent au pied du Sinaï). – *Tuer le veau gras :* faire de grandes réjouissances de table (par allusion à la parabole de l'Enfant prodigue). **2.** Chair de cet animal. **3.** Peau brute ou tannée provenant de la dépouille d'un jeune bovin et qui n'excède pas un certain poids (en France, 15 kg). **4.** *Fam., péjor.* Personne lourde de corps ou d'esprit. **5.** *Fam.* Véhicule lent et sans reprises. **6.** CONSTR. Chacun des éléments d'un cintre supportant tout ou partie d'une voûte pendant sa construction. SYN. : *vau.* **7.** *Veau marin :* phoque de l'Atlantique et de la mer du Nord. (Nom sc. *Phoca vitulina.*)

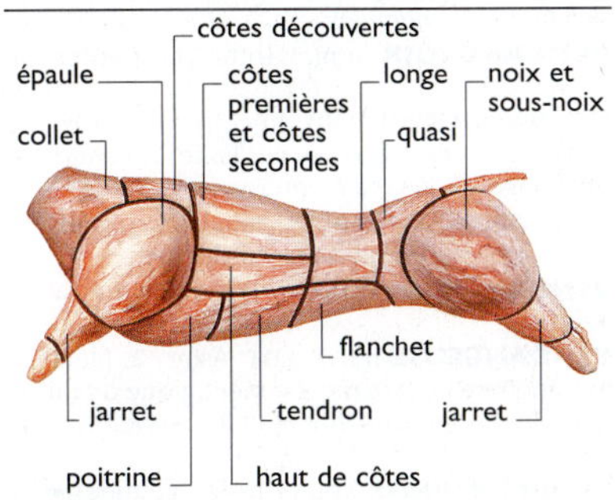

■ **VEAU.** Les morceaux de boucherie du veau.

VÉCÉS n.m. pl. *Fam.* W.-C.

VECTEUR, TRICE adj. et n.m. (lat. *vector,* de *vehere,* transporter). Se dit d'un organisme (insecte, notamm.) qui transmet un agent infectieux. ◆ n.m. **1.** MATH. Segment de droite orienté défini par sa direction, son sens et sa longueur (ou norme). – Élément d'un espace vectoriel. – Dans le plan ou l'espace, ensemble, noté $\overrightarrow{AB}$, de tous les bipoints équipollents au bipoint (A, B). **2.** *Vecteur énergétique :* forme intermédiaire (électricité, hydrogène, essence, méthanol, etc.) en laquelle est transformée l'énergie d'une source primaire pour son transport ou son stockage avant utilisation. **3.** Tout véhicule aéronautique capable de transporter une arme en vue de la lancer sur un objectif. **4.** INFORM. Ensemble de données d'un même type présentées sous forme d'une suite de mots tous séparés par le même incrément, en vue de leur traitement par un ordinateur vectoriel. **5.** *Fig.* Ce qui véhicule qqch. *Un vecteur de l'information.*

VECTORIEL, ELLE adj. **1.** ALGÈBRE. Qui a rapport aux vecteurs, aux espaces vectoriels (par oppos. à *scalaire*). ◇ *Espace vectoriel réel :* ensemble E muni d'une loi de composition interne qui en fait un groupe commutatif et d'une loi de composition externe qui associe à un nombre réel a et à un élément $\vec{u}$ de E un élément de E noté $a \cdot \vec{u}$ de manière que l'on ait, quels que soient les réels a et b et quels que soient les éléments $\vec{u}$ et $\vec{v}$ de E :

$$a \cdot (b \cdot \vec{u}) = (a \times b) \cdot \vec{u}$$
$$(a + b) \cdot \vec{u} = a \cdot \vec{u} + b \cdot \vec{u}$$
$$a \cdot (\vec{u} + \vec{v}) = a \cdot \vec{u} + a \cdot \vec{v}$$
$$1 \cdot \vec{u} = \vec{u}.$$

– *Fonction vectorielle :* fonction prenant ses valeurs dans un espace vectoriel. **2.** INFORM. *Calculateur* ou *ordinateur vectoriel :* ordinateur très puissant, destiné au calcul scientifique, qui est conçu pour traiter simultanément un ensemble de données à partir d'une même instruction.

■ **VAUTOUR.** Vautour fauve (griffon).

VECTORISATION n.f. Adaptation d'un programme informatique en vue de son traitement sur un ordinateur vectoriel.

VÉCU, E adj. Qui s'est passé ou qui semble s'être passé réellement. *Une histoire vécue.* ◆ n.m. Expérience réellement vécue ; ensemble des faits, des événements de la vie réelle.

VEDETTARIAT n.m. **1.** Fait d'être une vedette, de le devenir. **2.** Système fondé sur la promotion des vedettes.

VEDETTE n.f. (ital. *vedetta,* lieu élevé où l'on place une sentinelle). **1.** MIL. Anc. Sentinelle à cheval. – Auj. Sentinelle chargée de la sécurité d'un champ de tir. **2.** INDUSTR. GRAPH. *En vedette :* se dit d'un nom, d'un titre, d'une ligne mis en relief, en évidence par un procédé typographique. – *Par ext. Mettre en vedette :* mettre en évidence. **3.** Artiste connu à qui on a l'habitude de donner de grands rôles au cinéma, au théâtre ; artiste qui a une grande notoriété au music-hall, dans les variétés, etc. – Personne de premier plan. *Les vedettes de la politique.* ◇ *Avoir, tenir la vedette, être en vedette :* occuper une position prééminente dans l'actualité. (S'emploie en appos. : *présentateur-vedette.*) **4.** MAR. Embarcation pontée, à moteur. ◇ *Vedette lance-missiles, vedette de combat :* petit bâtiment de guerre très rapide et puissamment armé.

VEDIKA [vedika] n.f. (sanskr. *vedikā*). Balustrade entourant le stupa.

VÉDIQUE adj. Relatif aux Veda (v. partie n.pr.). ◆ n.m. Langue des Veda, qui est une forme archaïque du sanskrit.

VÉDISME n.m. Forme primitive de la religion brahmanique.

VÉGÉTAL, E, AUX adj. (lat. médiév. *vegetalis,* de *vegetare,* croître). **1.** Relatif aux végétaux, aux plantes. *Le règne végétal.* **2.** Composé de plantes, extrait des plantes ou fabriqué à partir de substances produites par des plantes. *Huile végétale.* ◆ n.m. Être vivant génér. chlorophyllien et fixé au sol, doué d'une sensibilité et d'une mobilité extrêmement faibles, capable de se nourrir princip. ou exclusivement de sels minéraux et de gaz carbonique, dont les cellules sont habituellement limitées par des membranes squelettiques de nature cellulosique et dont le cycle reproductif comporte le plus souvent des spores.

VÉGÉTALIEN, ENNE ou **VÉGÉTALISTE** adj. et n. Relatif au végétalisme ; qui le pratique.

VÉGÉTALISATION n.f. URBAN. Action de couvrir une surface de végétaux, notamm. de plantes herbacées ; son résultat.

VÉGÉTALISÉ, E adj. *Toiture végétalisée :* toiture recouverte d'un tapis végétal pour obtenir une meilleure intégration dans un site.

VÉGÉTALISER v.t. Effectuer une végétalisation.

VÉGÉTALISME n.m. Alimentation exclusive par les végétaux. SYN. : *végétarisme pur.*

VÉGÉTALISTE adj. et n. ⟶ **VÉGÉTALIEN.**

VÉGÉTARIEN, ENNE adj. et n. Relatif au végétarisme ; qui le pratique.

VÉGÉTARISME n.m. Système d'alimentation supprimant les viandes, ou même tous les produits d'origine animale (*végétarisme pur* ou *végétalisme*), dans un dessein prophylactique, curatif ou encore philosophique.

VÉGÉTATIF, IVE adj. **1.** BIOL. Qui assure l'entretien de la vie et de la croissance des animaux et des plantes, sans concerner les phénomènes de reproduction ni la vie psychique. ◇ BOT. *Appareil végétatif :* racines, tige et feuilles des plantes supérieures, thalle des végétaux inférieurs, qui assurent la croissance et l'entretien. – *Multiplication végétative :* multiplication *asexuée. **2.** PHYSIOL. Qui concerne le fonctionnement des viscères, les fonctions de l'organisme. **3.** ANAT. *Système nerveux végétatif* ⟶ **nerveux.** **4.** EMBRYOL. *Pôle végétatif :* région de l'œuf des vertébrés opposée au *pôle animal,* riche en inclusions vitellines. **5.** *Fig.* Qui se limite à l'entretien des fonctions vitales sans faire intervenir les facultés intellectuelles. *Vie végétative.*

VÉGÉTATION n.f. **1.** Ensemble des végétaux d'un lieu ou d'une région. *La végétation des tropiques.* **2.** MÉD. Excroissance anormale en forme de chou-fleur qui se développe sur la peau ou les muqueuses. ◆ pl. *Végétations adénoïdes,* ou *végétations :* hypertrophie du tissu lymphoïde du rhino-pharynx (amygdales pharyngées), qui obstrue les fosses nasales, spécial. chez l'enfant.

VÉGÉTER v.i. [11] (bas lat. *vegetare,* croître, de *vegetus,* vivant). **1.** Vx. Croître, en parlant des plantes. **2.** Vivre médiocrement ; se développer difficilement ; stagner. *Végéter dans un emploi subalterne. Ses affaires végètent.*

VÉHÉMENCE n.f. Mouvement violent et passionné ; emportement, exaltation.

VÉHÉMENT, E adj. (lat. *vehemens, -entis,* passionné). Qui s'exprime avec emportement, fougue ; passionné, enflammé. *Discours véhément.*

VÉHÉMENTEMENT adv. *Litt.* Avec véhémence.

VÉHICULAIRE adj. *Langue véhiculaire :* langue de communication entre des communautés d'une même région ayant des langues maternelles différentes (par oppos. à *langue vernaculaire,* à *langue nationale*).

VÉHICULE n.m. (lat. *vehiculum,* de *vehere,* porter). **1.** Tout moyen de transport. *Véhicules à moteur. Véhicule spatial.* **2.** Ce qui sert à transmettre qqch ; vecteur. *La langue, véhicule de la pensée.* **3.** OPT. Système de lentilles ou de prismes redressant l'image dans une lunette d'observation terrestre. **4.** RELIG. *Petit véhicule :* bouddhisme hinayana. – *Grand véhicule :* bouddhisme mahayana.

VÉHICULER v.t. **1.** Transporter au moyen d'un véhicule. **2.** Faire passer d'un lieu à un autre ; communiquer, transmettre.

VÉHICULEUR n.m. TEXT. Produit permettant d'accélérer la vitesse de diffusion des colorants dans les fibres de polyester.

VEILLE n.f. (lat. *vigilia*). **1.** État de qqn qui ne dort pas ; fait de ne pas dormir aux heures génér. consacrées au sommeil. *Être entre la veille et le sommeil.* **2.** Action de monter la garde, en partic. de nuit. *Tour de veille.* **3.** *Veille technologique :* dans une entreprise, un organisme, etc., activité consistant à se tenir informé des innovations dans le secteur les concernant. **4.** INFORM. *Mode veille :* situation d'un ordinateur en inactivité dont l'alimentation de chauffage de l'écran est suspendue pour réduire sa consommation. **5.** Journée qui précède celle dont on parle ou un événement particulier. *La veille de Pâques.* ◇ *À la veille de :* juste avant ; sur le point de.

VEILLÉE n.f. **1.** Temps qui s'écoule depuis le repas du soir jusqu'au coucher. **2.** Réunion de personnes qui passent ce temps ensemble. ◇ *Veillée d'armes :* soirée qui précède un jour important. **3.** Action de veiller un malade, un mort.

VEILLER v.i. (lat. *vigilare*). **1.** Rester éveillé pendant le temps destiné au sommeil. *Veiller jusqu'au jour.* **2.** Exercer une garde, une surveillance. ◆ v.t. ind. **1.** (**sur**). Exercer une surveillance vigilante ; protéger. *Veiller sur ses enfants.* **2.** (**à**). Prendre soin de ; s'occuper de. *Veiller à l'approvisionnement.* ◆ v.t. *Veiller un malade,* rester à son chevet pendant la nuit. ◆ **se veiller** v.pr. Suisse. *Fam.* Faire attention.

VEILLEUR n.m. *Veilleur de nuit :* garde de nuit d'un établissement public ou privé.

VEILLEUSE n.f. **1.** Petite lampe donnant une lumière d'une faible luminosité afin de ne pas gêner le sommeil. **2.** Petite flamme d'un appareil à gaz ou à mazout qu'on laisse brûler pour permettre l'allumage automatique de l'appareil. ◇ *En veilleuse :* au ralenti ; en attente. – *Fam. La mettre en veilleuse :* baisser la voix ; se taire. ◆ pl. AUTOM. Feux de position.

VEINARD, E adj. et n. *Fam.* Qui a de la veine ; chanceux.

VEINE n.f. (lat. *vena*). **1.** Vaisseau sanguin ramenant le sang des organes vers le cœur. **2.** MIN. Filon de roche ou de minéraux dans une roche encaissante de nature différente. **3.** Trace plus ou moins sinueuse visible sur une pièce de bois, un bloc de pierre. *Les veines du marbre.* **4.** BOT. Nervure très saillante de certaines feuilles. **5.** PHYS. Ensemble des filets groupés d'un fluide en écoulement. **6.** Inspiration artistique, littéraire. ◇ *Être en veine de,* disposé à. *Être en veine de confidences.* **7.** *Fam.* Chance. *Avoir de la veine au jeu.*

VEINÉ, E adj. **1.** Qui a des veines apparentes. *Main veinée. Marbre veiné.* **2.** Qui porte des dessins imitant les veines du bois ou de certaines pierres. *Papier veiné pour la reliure.*

VEINER v.t. Imiter les veines du marbre ou du bois dans une intention décorative.

VEINEUX, EUSE adj. Relatif aux veines. ◇ *Sang veineux* : sang qui n'a pas encore subi l'hématose dans les poumons, et qui circule dans les veines de la grande circulation et dans l'artère pulmonaire.

VEINOSITÉ n.f. Petite veine superficielle visible sous la peau.

VEINULE n.f. (lat. *venula*). ANAT. Petite veine.

VEINURE n.f. Aspect veiné du bois, du marbre.

VÊLAGE ou **VÊLEMENT** n.m. Action de mettre bas, de vêler, en parlant des vaches.

VÉLAIRE adj. et n.f. (du lat. *velum,* voile). PHON. Se dit d'une voyelle ou d'une consonne articulée près du voile du palais ([o], [k], par ex.).

VÉLANI n.m. (du moyen gr. *balanidi,* gland). Chêne d'Asie Mineure *(Quercus aegilops),* dont les grosses cupules, ou *vélanèdes,* riches en tanin, sont utilisées en teinturerie et en tannerie.

VÉLAR n.m. (lat. *vela,* du gaul.). BOT. Sisymbre.

VÉLARIUM ou **VELARIUM** [velarjɔm] n.m. (lat. *velarium,* de *velum,* voile). Toile dont on couvrait les cirques, les théâtres et les amphithéâtres romains, pour abriter les spectateurs.

V

VELCRO n.m. (nom déposé). Système de fermeture constitué par deux rubans s'accrochant l'un à l'autre par l'intermédiaire de leurs fibres textiles.

VELD [vɛld] n.m. (mot néerl., *champ*). Plateau herbeux, en Afrique du Sud.

VÊLEMENT n.m. → **VÊLAGE.**

VÊLER v.i. (de l'anc. fr. *veel,* veau). Mettre bas, en parlant d'une vache.

VÊLEUSE n.f. Appareil utilisé pour faciliter le vêlage.

VÉLIDELTISTE n. Suisse. Personne qui pratique le vol libre sur une aile delta.

VÉLIE n.f. (lat. *velia*). Punaise très commune sur les étangs et les rivières, au corps épais. (Long. 8 mm ; ordre des hémiptères.)

VÉLIN n.m. (de l'anc. fr. *veel,* veau). **1.** Peau de veau ou de mouton préparée pour l'écriture, la peinture, etc., plus fine que le parchemin ordinaire. **2.** *Papier vélin,* ou *vélin* : papier de luxe fabriqué autref. pour imiter la blancheur et l'uni du vélin ; auj., papier ne présentant pas de vergeures.

VÉLIPLANCHISTE n. Planchiste.

VÉLIQUE adj. (du lat. *velum,* voile). MAR. Relatif aux voiles. ◇ *Point vélique* : point où paraît être appliquée la résultante de toutes les actions du vent sur les voiles du navire.

VÉLITE n.m. (lat. *veles, -itis*). **1.** Soldat d'infanterie légère, chez les Romains. **2.** Jeune soldat appartenant à une école créée par Napoléon pour former les futurs gradés.

VÉLIVOLE ou **VÉLIVOLISTE** n. (lat. *velivolus,* qui marche à la voile). Personne qui pratique le vol à voile. ◆ adj. Relatif au vol à voile.

VELLAVE adj. et n. Du Velay.

VELLÉITAIRE adj. et n. Qui n'a que des intentions fugitives, non une volonté déterminée.

VELLÉITÉ n.f. (du lat. *velle,* vouloir). Volonté faible, hésitante et inefficace ; intention fugitive non suivie d'acte.

VÉLO n.m. (abrév. de *vélocipède*). **1.** Bicyclette. ◇ *Vélo tout-terrain* : VTT. (Au Québec, on dit *vélo de montagne.*) **2.** Sport, pratique de la bicyclette.

VÉLOCE adj. (lat. *velox, -ocis*). *Sout.* Agile, rapide.

VÉLOCIMÈTRE n.m. Appareil servant à la vélocimétrie.

VÉLOCIMÉTRIE n.f. Mesure des vitesses, notamm. celle d'écoulement de certains fluides.

VÉLOCIPÈDE n.m. (lat. *velox,* rapide, et *pes, pedis,* pied). Cycle mû grâce à des pédales fixées sur le moyeu de la roue avant, ancêtre de la bicyclette.

VÉLOCISTE n. Spécialiste de la vente et de la réparation des cycles.

VÉLOCITÉ n.f. *Sout.* Grande vitesse.

VÉLOCROSS n.m. Vélo tout-terrain sans suspension ni garde-boue.

VÉLODROME n.m. Ensemble formé par une piste (couverte ou non) réservée à la compétition cycliste et des installations attenantes (tribunes, vestiaires, etc.).

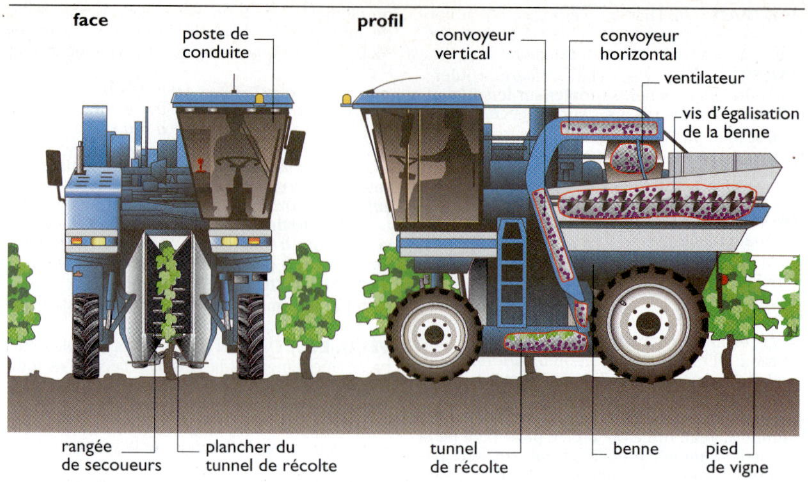

■ **VENDANGEUSE.** Constitution et fonctionnement.

VÉLOMOTEUR n.m. Motocyclette légère, d'une cylindrée comprise entre 49,9 et 124,9 cm³.

VÉLOSKI n.m. Ski-bob.

VELOT n.m. (de l'anc. fr. *veel,* veau). Peau de veau mort-né, avec laquelle on fabrique le vélin.

VELOURS n.m. (anc. fr. *velos,* du lat. *villosus,* velu). **1.** Étoffe rase d'un côté et couverte de l'autre de poils dressés, très serrés, maintenus par les fils du tissu. ◇ *Faire patte de velours* : présenter sa patte en rentrant ses griffes, en parlant d'un chat ; *fig.,* cacher de mauvaises intentions sous des dehors bienveillants. **2.** *Litt.* Ce qui est doux au toucher ; ce qui produit un effet de douceur. ◇ *De velours* : qui se déroule sans violence apparente ; en douceur. *Une révolution de velours.* – *Jouer sur le, du velours* : ne miser au jeu que ce qu'on a déjà gagné ; *fam.,* tenter qqch sans prendre aucun risque.

VELOUTÉ, E adj. **1.** Qui est de la nature du velours. **2.** Qui a l'aspect du velours. *Papier velouté.* **3.** Doux au toucher, au goût. *Peau veloutée. Vin velouté.* ◆ n.m. **1.** Qualité de ce qui est agréable au toucher, au goût. *Le velouté d'un fruit, d'une crème.* **2.** Potage onctueux, lié à la crème et aux jaunes d'œufs. *Velouté d'asperges.*

VELOUTEMENT n.m. Rare. Reflet et aspect moelleux du velours.

VELOUTER v.t. **1.** Donner l'apparence du velours à. **2.** *Litt.* Donner de la douceur, un caractère moelleux à.

VELOUTEUX, EUSE adj. Qui a le toucher du velours.

VELOUTIER n.m. Personne qui tisse des articles de velours.

VELOUTINE n.f. Tissu de coton gratté des deux côtés pour lui donner un aspect velouté.

VELU, E adj. (lat. *villosus*). Couvert de poils. *Bras velus. Fruit velu.*

VÉLUM ou **VELUM** [velɔm] n.m. (lat. *velum,* voile). Grande pièce de tissu simulant un plafond et servant soit à diminuer la hauteur d'un local, soit à protéger un lieu du soleil.

VELUX [velyks] n.m. (nom déposé). Fenêtre de toit de la marque de ce nom.

VELVET [vɛlvɛt] n.m. (mot angl., *velours*). Velours de coton à côtes.

VELVOTE n.f. (de *velu*). BOT. Linaire.

VENAISON n.f. (lat. *venatio,* chasse). Chair comestible de gros gibier (sanglier, cerf, etc.).

VÉNAL, E, AUX adj. (lat. *venalis,* de *venum,* vente). **1. a.** Qui se transmet à prix d'argent. *Une charge vénale.* **b.** Relatif à l'argent en tant que valeur d'échange. *Valeur vénale.* **2. a.** Qui s'acquiert à prix d'argent. *Amour vénal.* **b.** Prêt à se vendre pour de l'argent ; facilement corruptible.

VÉNALITÉ n.f. **1.** État de ce qui est vénal. *La vénalité des charges.* **2.** Caractère d'une personne vénale.

VENANT n.m. *À tout venant* : au premier venu ; à toute occasion ; à tout le monde.

VENDABLE adj. Qui peut être vendu.

VENDANGE n.f. (lat. *vindemia*). **1.** Récolte du raisin destiné à produire du vin ; le raisin récolté. **2.** (Surtout pl.) Époque de la récolte du raisin. *Pendant les vendanges.*

VENDANGEOIR n.m. Hotte ou panier de vendangeur.

VENDANGER v.t. [10]. Récolter le raisin de. *Vendanger une vigne.* ◆ v.i. Faire la vendange. *Vendanger de bonne heure.*

VENDANGEROT n.m. Région. (Bourgogne). Panier d'osier utilisé pour la vendange.

VENDANGEUR, EUSE n. Personne qui fait la vendange.

VENDANGEUSE n.f. **1.** BOT. Aster. **2.** Machine automotrice pour la récolte mécanique du raisin. (Elle fonctionne en frappant les souches pour détacher les grains de raisin.)

VENDÉEN, ENNE adj. et n. De Vendée. ◆ n. HIST. Insurgé royaliste des provinces de l'Ouest, pendant la Révolution française.

VENDÉMIAIRE n.m. (du lat. *vindemia,* vendange). Premier mois de l'année républicaine, commençant le 22, le 23 ou le 24 septembre et finissant le 21, le 22 ou le 23 octobre.

VENDETTA n.f. (mot ital., *vengeance*). Dans certaines régions méditerranéennes (Corse, Sardaigne, Sicile) et, par ext., dans d'autres sociétés, système de vengeance d'une offense ou d'un meurtre, qui implique tous les parents de la victime et détermine l'affrontement de familles ou de groupes sur une longue période.

VENDEUR, EUSE n. **1.** Personne dont la profession est de vendre, en partic. dans un magasin. **2.** DR. Personne qui fait un acte de vente. (En ce sens, le fém. est *venderesse.*) ◆ adj. Qui fait vendre. *Un argument vendeur.*

VENDRE v.t. [59] (lat. *vendere*). **1.** Céder moyennant un prix convenu. *Vendre sa maison.* ◇ *Vendre la peau de l'ours (avant de l'avoir tué)* : disposer d'une chose avant de la posséder ; se flatter trop tôt du succès. **2.** Faire le commerce de qqch. *Vendre du tissu.* **3.** Promouvoir qqch, le faire accepter. *Vendre sa politique.* **4.** Sacrifier à prix d'argent ce qui ne doit pas être vénal. *Vendre son silence.* **5.** *Fam.* Trahir, dénoncer par intérêt ; livrer pour de l'argent. *Vendre ses complices.* ◆ **se vendre** v.pr. **1.** Trouver des acquéreurs. **2.** Se mettre en valeur, notamm. pour obtenir un emploi, une promotion. *Savoir se vendre.*

VENDREDI n.m. (lat. *Veneris dies,* jour de Vénus). Cinquième jour de la semaine. ◇ CHRIST. *Vendredi saint* : vendredi de la semaine sainte, jour anniversaire de la mort de Jésus-Christ.

VENDU, E adj. et n. *Injur.* Qui s'est laissé acheter, corrompre à prix d'argent. *Va donc, eh, vendu !*

VENELLE n.f. (de *veine*). *Litt.* ou région. Ruelle.

VÉNÉNEUX, EUSE adj. (du lat. *venenum,* poison). **1.** Se dit d'une plante ou d'un champignon qui contient un poison, une substance toxique à l'ingestion. **2.** PHARM. Se dit d'une substance nuisible à la santé, voire toxique ou stupéfiante.

VÉNÉRABLE adj. (du lat. *venerari,* vénérer). Digne de vénération. ◆ n.m. Président de loge maçonnique. ◆ n. CATH. Personne qui a mené une vie exemplaire et dont la cause de béatification est à l'étude.

VÉNÉRATION n.f. **1.** Respect et admiration que l'on a pour qqn. *Il a beaucoup de vénération pour son père.* **2.** Sentiment de piété, d'adoration, de respect pour les choses saintes.

VÉNÉRER v.t. [11] (lat. *venerari*). **1.** Éprouver un attachement profond pour. **2.** Rendre à Dieu, à un saint le culte qui leur est dû.

VÉNERIE ou **VÈNERIE** n.f. (du lat. *venari*, chasser). Art de chasser avec des chiens courants des animaux sauvages, tels que le cerf, le chevreuil, le sanglier, le lièvre, le renard.

VÉNÉRIEN, ENNE adj. (du lat. *Venus, Veneris*, Vénus). Relatif aux rapports sexuels. ◇ *Maladie vénérienne.* **a.** Vieilli. Maladie sexuellement transmissible (MST). **b.** Mod. Maladie transmise uniquement par voie sexuelle, comme la syphilis, par oppos. à celles qui ont également d'autres modes de transmission, comme le sida.

VENET [vənɛ] n.m. (anc. fr. *venne*). PÊCHE. Enceinte semi-circulaire de filets dormants verticaux, disposée pour retenir le poisson à marée basse.

VENETTE n.f. (de l'anc. fr. *vesne*, vesse). *Fam.*, vx. Peur.

VENEUR n.m. (lat. *venator*, chasseur). Celui qui, à la chasse, dirige les chiens courants.

VÉNÉZUÉLIEN, ENNE adj. et n. Du Venezuela, de ses habitants.

VENGEANCE n.f. Action de se venger ; mal que l'on fait à qqn pour le châtier d'une injure, d'un dommage.

VENGER v.t. [10] (lat. *vindicare*, revendiquer). **1.** Constituer le dédommagement, la compensation d'un préjudice subi. **2.** Procurer réparation d'une offense, d'un préjudice en punissant l'auteur. ◆ **se venger** v.pr. **(de). 1.** Obtenir pour soi réparation d'un acte jugé offensant. **2.** Agir de façon à punir l'auteur d'une offense reçue.

VENGERON ou **VANGERON** n.m. Suisse. Gardon (poisson).

VENGEUR, ERESSE adj. et n. Qui venge, est animé par l'esprit de vengeance.

VÉNIEL, ELLE adj. (du lat. *venia*, pardon). **1.** CHRIST. *Péché véniel* : péché léger (par oppos. à *péché mortel*). **2.** *Litt.* Se dit d'une faute sans gravité.

VENIMEUX, EUSE adj. (de l'anc. fr. *venim*, venin). **1.** Se dit d'un animal qui produit du venin. *La vipère est un animal venimeux.* **2.** *Litt.* Méchant, malveillant. *Critique venimeuse.*

VENIN n.m. (lat. *venenum*, poison). **1.** Liquide toxique sécrété chez certains animaux par un organe spécial et qui est génér. injecté par une piqûre ou une morsure à d'autres animaux ou à l'homme, dans un but défensif ou agressif. **2.** *Litt.* Attitude malveillante, méchanceté, perfidie. *Répandre son venin contre qqn.*

VENIR v.i. [28] [auxil. *être*] (lat. *venire*). **1.** Se déplacer en direction de celui qui parle ou à qui l'on parle, se diriger vers. *Venez cet été à Toulouse. Sont-elles venues vous voir ?* ◇ *Faire venir qqn*, l'appeler, le mander. – *Faire venir qqch*, le faire apporter, le commander. – *Ne faire qu'aller et venir* : se déplacer sans cesse, être toujours en mouvement ; ne pas s'attarder, ne rester que peu de temps. **2.** S'étendre jusqu'à tel endroit, s'élever jusqu'à tel niveau. *La mer vient jusqu'à cette dune.* **3.** Apparaître, jaillir, en parlant d'un fluide. *L'eau vient goutte à goutte.* **4.** *Venir de* : arriver de, provenir de tel lieu. *Ce train vient de Lyon.* **5.** Avoir pour origine, pour source. *Ce thé vient de Chine. Ce mot vient du grec.* **6.** Survenir, en parlant d'un événement, d'une situation. *Vient le moment des adieux.* ◇ *Venir après* : succéder à. *Le rire vient après les larmes.* – *Venir de* (+ inf.) : avoir accompli à l'instant même. *Il vient de partir.* **7.** Croître, pousser, se développer. *Céréales qui viennent bien, mal. Une tumeur lui est venue.* ◇ *Laisser venir, voir venir* : attendre, ne pas se presser d'agir, laisser les choses se préciser. – *À venir* : qui va arriver ; futur. *Les générations à venir.* **8.** Découler de qqch, en résulter. *Votre échec vient de votre manque de travail.* **9.** *En venir à, y venir.* **a.** Aborder un point dans un examen, une analyse, un discours. *Venons-en aux faits.* **b.** En arriver à admettre qqch, à se rallier à qqch, se résigner à accepter qqch. *J'en viens à regretter son départ.* – *En venir aux mains* : en arriver à se battre. **10.** *Savoir où qqn veut en venir* : deviner son but, ses objectifs.

VÉNITIEN, ENNE [-sjɛ̃, ɛn] adj. et n. De Venise. ◆ adj. *Blond vénitien*, tirant sur le roux.

VENT n.m. (lat. *ventus*). **1.** Déplacement de l'air s'effectuant surtout horizontalement, et qui tend à atténuer les inégalités du champ de pression atmosphérique. **2.** MAR. *Au vent* : se dit de qqch qui se trouve par rapport à un navire du côté d'où souffle le vent. – *Sous le vent* : dans la direction opposée à celle d'où le vent souffle. – *Venir dans le vent* : amener l'avant d'un navire dans la direction du vent. – *Prendre le vent* : voir la tournure que prennent les événements pour régler sa conduite. – *Bon vent !* : bonne chance ! ; bon débarras ! – *Contre vents et marées* : en dépit de tous les obstacles. **3.** VÉNER. Odeur laissée par un animal chassé. ◇ *Avoir vent de qqch*, en entendre parler, en avoir quelque écho. **4.** Souffle, mouvement de l'air produit par un moyen quelconque. *Faire du vent avec un éventail.* ◇ *Du vent* : chose, en partic. promesse, sans existence réelle, sans valeur, sans fondement. *Ce programme, c'est du vent !* – *Instrument à vent*, dont le son est produit par le souffle, à l'aide soit d'une anche, soit d'une embouchure. – *Sentir (passer) le vent du boulet* : sentir le danger passer très près, avoir frôlé la catastrophe. **5.** *Fam.* Gaz intestinal. **6.** Tendance générale des influences qui se manifestent à un moment donné. *Le vent est à l'optimisme.* ◇ *Dans le vent* : à la mode. ◆ pl. Instruments à vent.

VENTAGE n.m. Vannage.

VENTAIL n.m. (pl. *ventaux*) ou **VENTAILLE** n.f. (de *vent*). ARM. Partie de la visière des casques clos par laquelle l'air pénétrait.

VENTE n.f. (du lat. *venditus*, vendu). **1.** Action de vendre qqch, d'échanger une marchandise contre de l'argent. ◇ *En vente* : destiné à être vendu. – *Vente directe* : vente par un industriel de ses produits déclassés, sans intermédiaire et dans un lieu inhabituel, pour laquelle une autorisation est nécessaire ; *par ext.*, vente sans intermédiaire. – *Vente par correspondance (VPC)* : vente réalisée au moyen de l'envoi d'un catalogue au client éventuel et réglementée afin de respecter le consentement de l'acheteur. – *Vente en ligne* : commerce électronique. – *Vente à perte* : cession d'un produit à un prix inférieur à celui figurant sur la facture d'achat initial. – *Salle des ventes, hôtel des ventes* : local où se tiennent des ventes publiques aux enchères. **2.** Commerce, métier de celui qui vend ; dans une entreprise, fonction de ceux qui sont chargés d'écouler les marchandises produites ou achetées ; service commercial chargé de cette fonction. **3.** Partie de forêt dont le bois, vendu ou en instance d'être vendu, est prêt à être exploité ; ensemble des arbres d'une partie de la forêt qui viennent d'être abattus.

VENTÉ, E adj. Où le vent n'est pas freiné ou atténué par des obstacles naturels. SYN. : *venteux.*

VENTER v. impers. Faire du vent.

VENTEUX, EUSE adj. (lat. *ventosus*). **1.** Venté. *Pays venteux.* **2.** Se dit d'une période où il fait du vent.

VENTILATEUR n.m. Appareil transformant l'énergie cinétique qui lui est fournie par un moteur en un déplacement d'air ou de gaz sous une faible pression.

1. VENTILATION n.f. **1.** Action de ventiler, d'aérer ; installation permettant de le faire. **2.** PHYSIOL. Ensemble des phénomènes qui permettent les mouvements de l'air dans les voies respiratoires. ◇ *Ventilation artificielle* : traitement qui consiste à insuffler de l'air ou un gaz en rythme dans les poumons (par le bouche-à-bouche, par un respirateur, etc.), quand la ventilation spontanée est défaillante. SYN. : *respiration artificielle.* **3.** CONSTR. *Ventilation mécanique contrôlée (VMC)* : renouvellement, à l'aide d'un dispositif mécanique, de l'air de locaux dont la pollution est due essentiellement à la présence humaine.

2. VENTILATION n.f. Recomm. off. pour *dispatching.*

1. VENTILER v.t. (lat. *ventilare*, aérer). Aérer, renouveler l'air d'une pièce, d'un lieu. *Ventiler un tunnel.*

2. VENTILER v.t. (lat. *ventilare*, discuter). **1.** Répartir certaines dépenses ou certains frais entre différents comptes. **2.** Répartir des choses ou des personnes, les distribuer par groupes, par ensembles.

VENTILEUSE n.f. Abeille qui bat des ailes à l'entrée de la ruche pour abaisser la température intérieure.

VENTÔSE n.m. (lat. *ventosus*, venteux). Sixième mois de l'année républicaine, commençant le 19, le 20 ou le 21 février et finissant le 20 ou le 21 mars.

VENTOUSE n.f. (du lat. *ventosa cucurbita*, courge pleine de vent). **1.** Anc. Ampoule de verre dans laquelle on provoquait le vide et que l'on appliquait sur la peau pour y produire une congestion locale. **2.** Petite calotte de caoutchouc qui peut s'appliquer par la pression de l'air sur une surface plane. ◇ *Faire ventouse* : adhérer. **3.** Organe utilisé par certains animaux pour se fixer sur un support (sangsue, certains poissons) ou pour attraper des proies (pieuvre). **4.** *Fam. Voiture ventouse* : voiture qui, par un stationnement trop long au même endroit, encombre la voie publique. **5.** Orifice de prise d'air d'un conduit. **6.** Ouverture réglable servant à faire varier le débit d'air sous la grille d'un foyer.

VENTRAL, E, AUX adj. Relatif au ventre ; relatif à la face antérieure ou inférieure du corps de l'homme, d'un animal, d'un organe (par oppos. à *dorsal*).

VENTRE n.m. (lat. *venter*). **1.** Partie inférieure et antérieure du tronc ; abdomen. ◇ *Sur le ventre* : de tout son long. – *À plat ventre* : complètement allongé sur le ventre. – *Se mettre à plat ventre* : s'humilier, adopter une attitude servile. – *Avoir, prendre du ventre*, de l'embonpoint. – *Fam. Avoir les yeux plus gros que le ventre* : prendre plus qu'on ne peut manger ; entreprendre plus qu'on ne peut mener à bien. – *Fam. Avoir qqch, n'avoir rien dans le ventre* : avoir, ne pas avoir de courage, de personnalité. – *Fam. Ventre mou* : personne, organisation sans réelles convictions, qui n'oppose guère de résistance. – *Fam. Marcher, passer sur le ventre de qqn*, triompher de lui par tous les moyens et sans se soucier des conséquences. – *Fam. Taper sur le ventre à qqn*, le traiter trop familièrement. – *Ventre à terre* : avec une extrême vitesse. **2.** Partie renflée d'un objet creux. *Le ventre d'une bouteille.* **3.** PHYS. Point, ligne ou surface d'un système d'ondes stationnaires où l'amplitude vibratoire est maximale (par oppos. à *nœud*).

VENTRÈCHE n.f. Région. Lard maigre.

VENTRÉE n.f. *Fam.* Nourriture dont on s'emplit l'estomac ; platée.

VENTRICULAIRE adj. Relatif aux ventricules.

VENTRICULE n.m. (lat. *ventriculus*). **1.** Chacune des deux cavités inférieures du cœur située au-dessous et en avant d'une oreillette et dont les contractions envoient le sang dans les artères. **2.** Chacune des quatre cavités de l'encéphale, contenant du liquide céphalo-rachidien.

VENTRIÈRE n.f. Sangle que l'on passe sous le ventre d'un animal (cheval, notamm.) pour le soulever et l'embarquer, le transborder, etc.

VENTRILOQUE n. et adj. (lat. *venter, -tris*, ventre, et *loqui*, parler). Artiste de music-hall qui réussit à parler sans remuer les lèvres et en faisant en sorte que sa voix paraisse sortir de la bouche du pantin qui lui sert génér. de partenaire.

VENTRIPOTENT, E adj. *Fam.* Se dit d'une personne ventrue.

VENTRU, E adj. **1.** Qui a un gros ventre. **2.** Se dit d'un objet renflé, bombé. *Une potiche ventrue.*

VENTURI n.m. (de *Venturi*, n. d'un physicien ital.). PHYS. Tube comportant un rétrécissement, utilisé pour la mesure du débit des fluides.

VENU, E adj. **1.** *Le premier... venu*, qui vient, qui se présente. *Il entra dans le premier café venu.* **2.** *Être bien, mal venu* : être bien, mal développé ; être bien, mal reçu. – *Être mal venu à, de* : être peu qualifié pour. *Tu es mal venu de la critiquer.* (On écrit parfois *malvenu.*) ◆ n. **1.** *Dernier venu* : personne arrivée la dernière. – *Nouveau venu* : personne récemment arrivée. **2.** *Le premier venu* : une personne quelconque ; n'importe qui.

VENUE n.f. **1.** Action, fait de venir, d'arriver en un lieu ; arrivée. *Annoncer la venue d'un visiteur.* **2.** Fait d'apparaître, de se produire. *La venue du printemps.* **3.** Manière de pousser, de se développer, en parlant d'un végétal ; manière dont une action, une œuvre a été conçue et élaborée. *D'une belle, d'une bonne, d'une seule venue.*

VÉNUS [venys] n.f. (de *Vénus*, n. myth.). **1.** Femme très belle. **2.** Représentation artistique de la déesse Vénus ; statuette préhistorique (surtout gravettienne) de femme stéatopyge. **3.** Mollusque bivalve marin, à coquille ornée de côtes concentriques, et dont une espèce est la praire (nom générique). [Famille des vénéridés.]

VÉNUSIEN, ENNE adj. Relatif à la planète Vénus.

VÉNUSTÉ n.f. *Litt.* Beauté gracieuse et élégante.

VÉPÉCISTE n. (de *VPC*). Spécialiste de la vente par correspondance.

VÊPRES n.f. pl. (lat. *vespera,* soir). CHRIST. Heure de l'office que l'on célèbre le soir, au coucher du soleil.

VER n.m. (lat. *vermis*). **1.** Animal pluricellulaire de forme allongée, n'ayant aucune partie dure, complètement ou presque dépourvu de pattes. (Quatre embranchements, annélides, ou *vers annelés,* plathelminthes, ou *vers plats,* némathelminthes, ou *vers cylindriques,* némertes, ou *vers rubanés,* rassemblent l'immense majorité des vers.) ◇ *Ver de terre* : lombric. – *Ver de vase* : tubifex. **2.** Parasite intestinal de l'homme et de certains animaux, agent des helminthiases. *Enfant qui a des vers.* ◇ *Ver solitaire* : nom donné à certains ténias. – *Fam. Tirer les vers du nez à qqn,* le faire parler en le questionnant habilement. – *Fam. Tuer le ver* : boire un petit verre d'alcool à jeun. **3. a.** Larve vermiforme d'insecte ; chenille. ◇ *Ver blanc* : larve du hanneton ; man. – *Ver à soie* : chenille du bombyx du mûrier. – *Ver de farine* : larve du ténébrion. – *Ver fil de fer* : larve du taupin ou de l'agriote. **b.** *Ver luisant* : femelle du lampyre.

V

VÉRACITÉ n.f. (du lat. *verax, -acis,* véridique). **1.** Qualité de ce qui est conforme à la vérité ; authenticité. *La véracité d'un témoignage.* **2.** *Litt.* Attachement à la vérité. *La véracité d'un historien.*

VÉRAISON n.f. (du moyen fr. *vérir,* mûrir). Changement de couleur des fruits, et surtout du raisin, à l'approche de la maturation.

VÉRANDA n.f. (angl. *veranda,* du port.). **1.** Galerie légère protégeant du soleil, établie sur le pourtour de certaines maisons, en Inde, en Extrême-Orient, etc. **2.** Pièce ou espace entièrement vitrés attenant à une maison à la manière d'un appentis. **3.** Afrique. Toit en pente sur le côté ou la façade d'une maison.

VÉRATRE n.m. (lat. *veratrum*). Plante vénéneuse à rhizome, dont une espèce des prés humides de montagne est appelée *hellébore blanc.* (Sa racine peut être confondue avec celle de la gentiane ; famille des liliacées.)

VERBAL, E, AUX adj. **1.** Qui est fait de vive voix (par oppos. à *écrit*). *Promesse verbale.* ◇ *Note verbale* : note écrite résumant une conversation, paraphée et revêtue du sceau, remise par un agent diplomatique à un gouvernement étranger. **2.** Qui a rapport aux mots, à la parole. *Délire verbal.* **3.** GRAMM. Propre au verbe. *Forme verbale.* ◇ *Locution verbale* : groupe de mots qui se comporte comme un verbe.

VERBALEMENT adv. De vive voix.

VERBALISATEUR, TRICE adj. et n. Se dit de tout agent de l'Administration qui verbalise.

VERBALISATION n.f. Action de verbaliser.

VERBALISER v.i. Dresser un procès-verbal pour constater une infraction. *Verbaliser contre un chasseur sans permis.* ◆ v.t. PSYCHOL. Formuler de vive voix ce qui était intériorisé.

VERBALISME n.m. Défaut de qqn qui masque sous un flot de paroles une indigence d'idées.

VERBATIM n.m. inv. (du lat. *verbum,* mot). Compte rendu fidèle, mot pour mot.

1. **VERBE** n.m. (lat. *verbum,* parole). **1.** *Litt.* Parole, expression de la pensée par les mots. *La magie du verbe.* ◇ *Avoir le verbe haut* : parler fort. **2.** THÉOL. CHRÉT. (Avec une majuscule.) La deuxième personne de la Trinité, incarnée en Jésus-Christ.

2. **VERBE** n.m. Mot qui, dans une proposition, exprime l'action ou l'état du sujet et porte les désinences de temps et de mode.

VERBÉNACÉE n.f. (du lat. pop. *verbena,* verveine). Plante dicotylédone herbacée ou arborescente, présente surtout dans les régions subtropicales, telle que le teck, la verveine et certains palétuviers. (Les verbénacées forment une famille.)

VERBEUSEMENT adv. De façon verbeuse.

VERBEUX, EUSE adj. (lat. *verbosus,* de *verbum,* parole). Qui expose les choses en trop de paroles, de mots ; qui contient trop de mots ; bavard, prolixe. *Commentaire verbeux.*

VERBIAGE n.m. (de l'anc. fr. *verbier,* parler). Abondance de paroles inutiles.

VERBICRUCISTE n. Auteur de grilles de mots croisés. SYN. : *mots-croisiste.*

VERBIGÉRATION n.f. (du lat. *verbigerare,* se disputer). PSYCHIATR. Dévidage automatique de mots ou de phrases entières, sans suite et incohérents, que l'on rencontre surtout dans les états démentiels.

VERBOQUET n.m. (de *virer* et *bouquet,* faisceau). MANUT. Vx. Cordage qui sert à guider, du sol, un fardeau que l'on hisse.

VERBOSITÉ n.f. *Didact.* Défaut de qqn, d'un discours verbeux.

VERDÂTRE adj. Qui tire sur le vert ; d'un vert trouble.

VERDELET, ETTE adj. *Vin verdelet* : vin très jeune, un peu acide.

VERDEUR n.f. **1.** Défaut de maturité des fruits, du vin. **2.** Vigueur, ardeur rappelant la jeunesse. *La verdeur d'un vieillard.* **3.** Caractère osé ; crudité. *La verdeur de ses propos.*

VERDICT [vɛrdikt] n.m. (mot angl., du lat. *vere dictum,* proprement dit). **1.** Déclaration solennelle par laquelle la cour et le jury d'assises répondent aux questions qui sont posées à l'issue des débats, et se prononcent sur la culpabilité de l'accusé et la peine qui lui est infligée. **2.** Jugement rendu en une matière quelconque ; avis. *Le verdict des urnes.*

VERDIER n.m. (de l'anc. fr. *verd,* vert). Oiseau passereau granivore des bois et jardins de l'Eurasie, voisin du chardonneret mais à plumage vert olive. (Long. 15 cm ; genre *Carduelis,* famille des fringillidés.)

VERDIR v.i. Devenir vert. ◆ v.t. *Litt.* Rendre vert. *La lumière verdit les feuilles.*

VERDISSAGE n.m. *Litt.* Action de verdir.

VERDISSEMENT n.m. État de ce qui verdit.

VERDOIEMENT [-dwamɑ̃] n.m. Fait de verdoyer.

VERDOYANT, E [-dwajɑ̃, ɑ̃t] adj. Qui verdoie.

VERDOYER [-dwaje] v.i. [7]. *Litt.* Devenir vert, en parlant de la végétation.

VERDURE n.f. **1.** Herbe, feuillage verts ; végétation. *Un écran de verdure.* **2.** *Fam.* Légumes verts, salades, qu'on mange crus. **3.** Tapisserie où les feuillages tiennent la plus grande place.

VÉRÉTILLE n.m. (lat. *veretilla*). Animal (cnidaire) formant des colonies de polypes insérés sur un axe commun rétractile, ancré sur les fonds marins vaseux en eau assez profonde (30 à 100 m). [Sous-classe des alcyonaires ; ordre des pennatulidés.]

VÉREUX, EUSE adj. **1.** Qui est gâté par des vers. *Poire véreuse.* **2.** Qui est malhonnête, suspect, louche. *Affaire véreuse. Avocat véreux.*

VERGE n.f. (lat. *virga*). **1.** Anc. Instrument de punition corporelle formé d'une baguette flexible ou d'une poignée de brindilles. ◇ *Donner des verges pour se faire battre* : fournir des arguments contre soi-même. **2.** Tringle de métal. **3.** ACOUST. Barreau susceptible de vibrer pour produire un son. **4.** MAR. Tige d'une ancre, qui relie les pattes à l'organeau. **5.** BOT. *Verge d'or* : solidago. **6.** Anc. Unité de mesure agraire, équivalant à un quart d'arpent ou 0,127 6 ha. **7.** Québec. Ancienne unité de mesure valant trois pieds. **8.** ANAT. Pénis.

VERGÉ, E adj. *Étoffe vergée* : étoffe renfermant des fils plus gros ou plus teintés que les autres. – *Papier vergé* : papier présentant des vergeures.

VERGENCE n.f. OPT. Inverse de la distance focale d'un système optique centré. (La vergence s'exprime en dioptries.)

VERGEOISE n.f. (de *verge*). Sucre roux obtenu, autref., par une refonte de déchets du raffinage, auj., en mélangeant un colorant à du sucre blanc.

VERGER n.m. (lat. *viridiarium*). Terrain planté d'arbres fruitiers.

VERGERETTE n.f. BOT. Érigéron.

VERGETÉ, E adj. **1.** Parsemé de raies, de taches. *Peau, figure vergetée.* **2.** HÉRALD. Se dit de l'écu partagé en vergettes.

VERGETTE n.f. **1.** Chacune des baguettes de fer qui servent à raidir un panneau de vitrail. **2.** HÉRALD. Pal diminué d'épaisseur toujours représenté en nombre.

VERGETURE n.f. MÉD. Fine raie cutanée, d'aspect cicatriciel, due à la distension ou à la rupture des fibres élastiques du derme pendant la grossesse ou après une perte de poids importante.

VERGEURE [vɛrʒyr] n.f. PAPET. Ensemble des fils de laiton, très serrés et parallèles, qui retiennent la pâte dans la fabrication du papier à la main ; marque laissée par ces fils sur le papier. – *Par ext.* Filigrane imitant cette marque dans le papier fabriqué industriellement.

VERGLACÉ, E adj. Couvert de verglas.

VERGLACER v. impers. [9]. Faire du verglas.

VERGLAS n.m. (de *verre* et *glace*). Mince couche de glace sur le sol, due à la congélation de l'eau, du brouillard, de la neige fondue.

VERGNE ou **VERNE** n.m. (du gaul.). Aulne d'une espèce commune en Eurasie tempérée. (Haut. 20 m ; nom sc. *Alnus glutinosa.*)

VERGOBRET n.m. (du gaul.). HIST. Chef de certaines cités gauloises désigné annuellement par les druides.

VERGOGNE n.f. (lat. *verecundia,* discrétion). *Sans vergogne* : sans pudeur, sans scrupule.

VERGUE n.f. (forme dial. de *verge*). MAR. Espar cylindrique, effilé à ses extrémités et placé en travers d'un mât, pour soutenir et orienter une voile carrée.

VÉRIDICITÉ n.f. *Litt.* Caractère véridique ; véracité, exactitude. *La véridicité d'une anecdote.*

VÉRIDIQUE adj. (lat. *veredicus,* de *verus,* vrai, et *dicere,* dire). **1.** *Litt.* Qui dit la vérité, qui rapporte exactement les faits. *Historien véridique.* **2.** Qui est conforme à la vérité, au réel. *Témoignage véridique.*

VÉRIDIQUEMENT adv. De façon véridique.

VÉRIFIABLE adj. Qui peut être vérifié.

1. **VÉRIFICATEUR, TRICE** adj. Qui a pour objet de vérifier, de contrôler. *Mesures vérificatrices.* ◆ n.m. *Vérificateur orthographique* : correcteur orthographique.

2. **VÉRIFICATEUR, TRICE** n. Personne chargée de vérifier, de contrôler. *Un vérificateur des poids et mesures.*

VÉRIFICATIF, IVE adj. *Didact.* Qui sert de vérification.

VÉRIFICATION n.f. **1.** Action de vérifier, de s'assurer de l'exactitude de qqch en le confrontant avec ce qui peut servir de preuve. – ÉPISTÉMOL. Contrôle de la validité d'une hypothèse, d'une théorie. **2.** Action de contrôler qqch pour s'assurer de sa conformité, de sa légalité, etc. *Vérification des travaux.* **3.** *Vérification des pouvoirs.* **a.** Examen par une assemblée élective de la validité de l'élection de chacun de ses membres. **b.** Procédure préliminaire à la délibération d'une assemblée générale d'une société commerciale, en vue de contrôler la validité des pouvoirs donnés aux actionnaires.

VÉRIFICATIONNISME n.m. LOG. Principe selon lequel la signification d'un énoncé réside dans la méthode selon laquelle cet énoncé est validé.

VÉRIFIER v.t. [5] (lat. *verificare,* de *verus,* vrai). **1.** S'assurer que qqch est exact. *Vérifier un compte, une citation.* **2.** Faire voir la vérité, l'exactitude d'une chose ; prouver, corroborer. *L'événement a vérifié sa prédiction.*

VÉRIFIEUR, EUSE n. Personne chargée d'une vérification ; vérificateur.

VÉRIN n.m. (lat. *veruina,* de *veru,* petite pique). Appareil que l'on place sous des charges pour les soulever sur une faible course ou les soutenir.

VÉRINE n.f. (de *vérin*). MAR. Filin terminé par un croc pour haler les chaînes des navires.

VÉRISME n.m. (ital. *verismo,* de *vero,* vrai). École littéraire et artistique italienne de la fin du XIXe s., inspirée par le naturalisme français. (Son principal représentant, en littérature, est Giovanni Verga.)

VÉRISTE adj. et n. Relatif au vérisme ; qui en est partisan.

VÉRITABLE adj. **1.** Qui est authentique, conforme à la réalité. *Son véritable nom est inconnu.* **2.** Qui est réellement ce qu'on dit qu'il est, qui n'est ni mélangé ni imité. *Cuir véritable.* **3.** Qui possède toutes les propriétés conformes à sa nature. *Un amour véritable.*

VÉRITABLEMENT adv. De fait, réellement.

VÉRITÉ n.f. (lat. *veritas*). **1.** Caractère de ce qui est vrai ; adéquation entre la réalité et l'homme qui la pense. **2.** Idée, proposition qui emporte l'assentiment général ou s'accorde avec le sentiment que qqn a de la réalité. *Vérités mathématiques.* ◇ *Fam. Dire à qqn ses (quatre) vérités,* lui dire avec franchise ce qu'on pense de lui, ce qu'on lui reproche. **3.** Connaissance ou expression d'une connaissance conforme à la réalité, aux faits tels qu'ils se sont déroulés. *Jurer de dire* *la vérité.* ◇ *À la vérité :* j'en conviens, il est vrai. – *En vérité :* certainement, assurément. – *Sérum de vérité :* substance qui aurait pour effet de faire avouer malgré lui un coupable. **4.** Bonne foi, sincérité. *Un accent de vérité.* **5.** Expression artistique fidèle de la nature. *Portrait d'une grande vérité.* ◇ *Cinéma-vérité :* cinéma *direct.

VERJUS n.m. (de *vert* et *jus*). Suc acide que l'on extrait du raisin cueilli vert.

VERJUTÉ, E adj. Acide comme du verjus.

VERLAN n.m. (inversion de *l'envers*). Argot codé dans lequel on inverse les syllabes des mots (par ex. : *zarbi,* bizarre ; *ripou,* pourri).

VERMÉE n.f. (de l'anc. fr. *verm,* ver). Chapelet de vers de terre enfilés sur un fil de laine pour attirer et prendre les anguilles.

VERMEIL, EILLE adj. (du lat. *vermiculus,* cochenille). *Litt.* D'un rouge vif un peu moins clair que l'incarnat. ◆ n.m. Argent doré. *Couverts en vermeil.*

VERMET n.m. (de l'anc. fr. *verm,* ver). Mollusque gastéropode à coquille enroulée, fixé aux rochers littoraux. (Genre *Vermetus ;* famille des vermétidés.)

VERMICELLE n.m. (ital. *vermicelli*). **1.** Pâte à potage en forme de filament plus ou moins long. ◇ *Vermicelle chinois :* pâte très fine et translucide à base de farine de soja. **2.** Suisse. Pâte de marrons sucrée en forme de filaments.

VERMICIDE adj. et n.m. Se dit d'une substance propre à détruire les vers parasites.

VERMICULAIRE adj. (du lat. *vermiculus,* vermisseau). Qui ressemble à un ver. ◇ *Appendice vermiculaire :* appendice iléo-cæcal.

VERMICULÉ, E adj. ARCHIT. Orné de motifs imitant des taraudages de vers, ou la forme sinueuse du ver lui-même. *Bossage vermiculé.*

VERMICULURE n.f. Ornement vermiculé.

VERMIFORME adj. Qui a l'aspect ou la forme d'un ver.

VERMIFUGE adj. et n.m. (lat. *vermis,* ver, et *fugare,* chasser). Se dit d'un remède propre à faire évacuer les vers intestinaux.

VERMILLER v.i. VÉNER. En parlant du sanglier et du cochon, fouiller la terre pour y trouver des vers, des racines.

VERMILLON n.m. (de *vermeil*). Sulfure de mercure, pigment artificiel ou produit naturel *(cinabre),* d'un beau rouge vif. ◆ adj. inv. et n.m. D'une couleur rouge vif tirant sur l'orangé.

VERMILLONNER v.i. VÉNER. En parlant du blaireau, fouir la terre pour y trouver des tubercules, des racines.

VERMINE n.f. (du lat. *vermis,* ver). **1.** Ensemble des parasites externes de l'homme et des vertébrés. **2.** *Litt.* Groupe d'individus vils, néfastes ; canaille.

VERMINEUX, EUSE adj. **1.** Couvert de vermine ; pouilleux. **2.** MÉD. Se dit des troubles provoqués par les vers.

VERMINOSE n.f. Affection parasitaire, en partic. digestive, due à des vers.

VERMIS [vɛrmis] n.m. (mot lat., *ver*). ANAT. Région médiane du cervelet.

VERMISSEAU n.m. Petit ver ou larve vermiforme du sol.

VERMOULER (SE) v.pr. Rare. Commencer à devenir vermoulu.

VERMOULU, E adj. (de *ver* et *moulu*). **1.** Qui est miné par les larves d'insectes xylophages. *Planche vermoulue.* **2.** *Fig.* Vieux et proche de la ruine. *Des institutions vermoulues.*

VERMOULURE n.f. **1.** Trace que laissent les vers dans ce qu'ils ont rongé. **2.** Poudre de bois qui sort des trous faits par les vers.

VERMOUTH [vɛrmut] n.m. (all. *Wermut,* absinthe). Apéritif à base de vin blanc alcoolisé, aromatisé avec des plantes amères et toniques.

VERNACULAIRE adj. (lat. *vernaculus,* indigène). **1.** *Langue vernaculaire,* parlée seulement à l'intérieur d'une communauté (par oppos. à *langue véhiculaire,* à *langue nationale*). **2.** *Nom vernaculaire :* nom usuel d'une espèce animale ou végétale dans son pays d'origine (par oppos. à *nom scientifique*).

VERNAL, E, AUX adj. (lat. *vernalis,* de *ver,* printemps). ASTRON. Qui se rapporte au printemps. *Équinoxe vernal.* ◇ *Point vernal :* point d'intersection de l'écliptique et de l'équateur céleste, que le Soleil franchit à l'équinoxe de printemps. (Désigné par la lettre grecque γ, il est appelé aussi *point gamma.*)

VERNALISATION n.f. **1.** BOT. Transformation physiologique, due au froid, de graines ou de plantes, conférant l'aptitude à fleurir. SYN. : *jarovisation.* **2.** AGRIC. Traitement de graines ou de jeunes plantes par le froid pour changer le rythme de développement de la plante (par ex. avancer l'époque de la floraison). SYN. : *printanisation.*

VERNATION n.f. BOT. **1.** Préfoliation. **2.** Préfloraison.

VERNE n.m. → **VERGNE.**

VERNI, E adj. Enduit de vernis. ◆ adj. et n. *Fam.* Qui a de la chance.

VERNIER n.m. (du n. de l'inventeur). MÉTROL. Réglette apposée à l'index d'un curseur mobile dont on lit la position sur une échelle divisée en intervalles égaux, et dont l'emploi facilite la lecture des fractions de division.

VERNIR v.t. Recouvrir de vernis.

VERNIS n.m. (ital. *vernice*). **1.** Préparation non pigmentée, composée de liants et de solvants, susceptible de donner, par application en couches minces sur des subjectiles convenablement préparés, des films adhérents et durs, translucides et brillants. *Vernis à ongles.* **2.** Enduit mince, transparent, fusible et très plombifère, employé pour les articles en terre cuite ou la faïence commune. **3.** Végétal (sumac, notamm.) qui fournit des sucs servant à préparer du vernis. ◇ *Vernis du Japon :* ailante. **4.** *Fig.* Apparence brillante mais superficielle. *Un vernis de culture.*

VERNISSAGE n.m. **1.** Action de vernir, de vernisser. **2.** Réception qui marque l'ouverture d'une exposition d'art.

VERNISSÉ, E adj. **1.** Enduit de vernis. **2.** Luisant comme une chose vernie.

VERNISSER v.t. Recouvrir des poteries d'une glaçure transparente.

VERNISSEUR, EUSE n. Personne qui applique les vernis, notamm. dans les métiers du meuble.

VERNIX CASEOSA [vɛrnikskazeoza] n.m. inv. (mots lat.). Matière sébacée blanchâtre qui recouvre souvent le corps d'un enfant à sa naissance.

VÉROLE n.f. (bas lat. *variola,* variole). **1.** *Fam.* Syphilis. **2.** Vx. *Petite vérole :* variole.

VÉROLÉ, E adj. et n. *Fam.* Se dit d'une personne syphilitique.

1. VÉRONIQUE n.f. (de *sainte Véronique*). Plante herbacée à fleurs mauves, commune dans les bois et les prés, dont une variété, la véronique officinale, est aussi appelée *thé d'Europe.* (Genre *Veronica ;* famille des scrofulariacées.)

2. VÉRONIQUE n.f. (esp. *verónica,* de *Verónica,* sainte Véronique). Figure de tauromachie au cours de laquelle le matador fait passer le taureau le long de son corps.

VERRANNE n.f. Fibre de verre discontinue, d'un diamètre inférieur à 10 µm.

VERRAT n.m. (lat. *verres,* porc). Mâle reproducteur de l'espèce porcine.

VERRE n.m. (lat. *vitrum*). **1.** Substance minérale, transparente et isotrope, obtenue par la fusion d'oxydes (par ex. sable siliceux) avec des fondants (par ex. oxydes alcalins) et des stabilisants (par ex. oxydes alcalino-terreux). ◇ *Verre blanc :* verre de qualité courante non teinté. – *Verre armé :* verre laminé obtenu en incorporant dans la masse un treillis en fil de fer, pendant le laminage. – *Verre flotté :* vitrage obtenu en feuille par flottage du verre fondu sur un bain d'étain liquide. – *Verre feuilleté :* verre de sécurité constitué de deux ou de plusieurs feuilles de verre séparées par des feuilles de plastique. – *Verre métallique :* substance métallique obtenue à l'état amorphe par un refroidissement très rapide d'un alliage à l'état liquide. – *Maison de verre :* maison, entreprise où il n'y a rien de secret. **2.** Récipient en verre, en cristal, en plastique, pour boire ; son contenu. *Boire un verre d'eau.* **3.** Consommation, boisson génér. alcoolisée. *Prendre un verre.* **4.** *Verres de contact* → **contact.** **5.** Plaque, lame de verre. *Le verre d'une montre, d'un réveil.* ◇ *Verre de lampe :* manchon de verre qui entoure la mèche des lampes à pétrole. **6.** GÉOL. Liquide magmatique silicaté figé et ne présentant pas de structure cristalline. (L'obsidienne est un verre volcanique.)

VERRÉE n.f. Suisse. Réunion où l'on offre à boire.

VERRERIE n.f. **1.** Industrie, fabrication, commerce du verre et des objets en verre. **2.** Entreprise où a lieu cette fabrication. **3.** Objets en verre. *Verrerie de table. Verrerie d'art.*

1. VERRIER, ÈRE adj. Qui se rapporte au verre, à l'industrie du verre. *Produit verrier.*

2. VERRIER n.m. **1.** Personne qui travaille dans la verrerie. **2.** Artisan qui fait des ouvrages de verre et, en partic., des vitraux.

VERRIÈRE n.f. **1.** Toit formé d'une charpente de fer vitrée ou de dalles de verre. **2.** Grande surface vitrée ménagée dans le mur d'un édifice. **3.** Dôme profilé et transparent, recouvrant le poste de pilotage d'un avion.

VERROTERIE n.f. Ensemble de menus objets en verre travaillé, génér. colorié, constituant de la bijouterie de faible valeur.

VERROU n.m. (lat. *veruculum,* petite broche). **1.** Serrure possédant un pêne que l'on fait coulisser pour l'engager dans une gâche. *Verrou de sûreté.* ◇ *Sous les verrous :* en prison. **2.** *Fig.* Obstacle qui empêche le déroulement d'une action. *Faire sauter les verrous qui bloquent la négociation.* **3.** Pièce servant à fermer la chambre de la culasse d'une arme à feu. **4.** Au football, ancien système de jeu consistant surtout à replier les joueurs en défense. **5.** GÉOMORPH. Barre rocheuse transversale obstruant une vallée glaciaire et la cloisonnant en ombilics.

VERROUILLAGE n.m. **1.** Action de verrouiller ; fait d'être verrouillé. **2.** Dispositif mécanique, électrique, etc., pour maintenir une pièce, un contacteur, etc., dans une certaine position. ◇ AUTOM. *Verrouillage centralisé :* système de verrouillage simultané des portières et du coffre d'une automobile, actionné par une télécommande. **3.** Opération qui a pour but, avant le départ du coup d'une arme à feu, de rendre la culasse solidaire du canon au moyen d'un verrou. **4.** INFORM. Technique permettant d'empêcher la modification du contenu d'un fichier ou d'un enregistrement par des utilisateurs non habilités.

VERROUILLER v.t. **1.** Fermer avec un verrou. *Verrouiller une porte.* **2.** Rare. Enfermer. *Verrouiller un prisonnier.* **3.** Bloquer l'accès de, rendre inaccessible. *La police a verrouillé le quartier.* **4.** Contrôler qqch, un groupe en s'assurant la maîtrise de son évolution, de son comportement. *Verrouiller son capital. Verrouiller une équipe gou-*

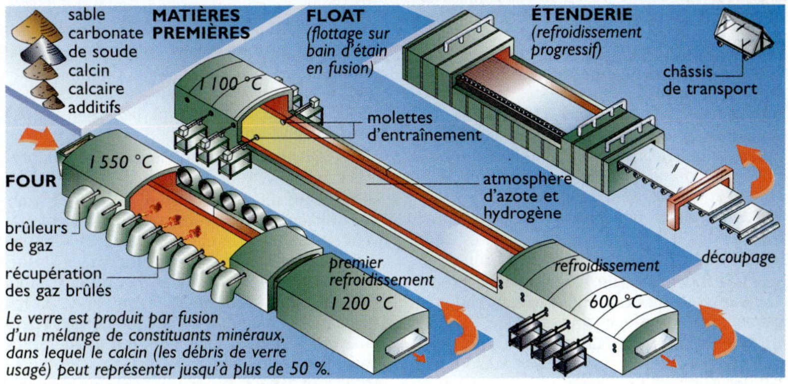

■ **VERRE.** Élaboration du verre plat.

V

vernementale. ◆ **se verrouiller** v.pr. S'enfermer à double tour.

VERROUILLEUR n.m. Au rugby, joueur limitant la longueur de l'alignement des avants lors d'une touche. (Il appartient obligatoirement à l'équipe qui effectue la remise en jeu.)

VERRUCOSITÉ n.f. MÉD. Excroissance cutanée ou muqueuse de consistance ferme et cornée, la faisant ressembler à une verrue.

VERRUE n.f. (lat. *verruca*). Tumeur bénigne de l'épiderme due à un virus.

VERRUQUEUX, EUSE adj. **1.** Relatif aux verrues. **2.** BOT. Se dit d'un organe hérissé de petites excroissances non piquantes.

1. VERS n.m. (lat. *versus*). Assemblage de mots mesurés selon certaines règles (coupe, rime, etc.), rythmés soit d'après la quantité des syllabes, comme en latin et en grec *(vers métriques)*, soit d'après leur accentuation, comme en allemand ou en anglais *(vers rythmiques)*, soit d'après leur nombre, comme en français *(vers syllabiques)*. ◇ *Vers blancs.* **a.** Vers qui ne riment pas entre eux. **b.** Groupes rythmiques, princip. de douze syllabes, que l'on remarque dans des œuvres en prose. – *Vers libres :* vers de mètres et de rimes réguliers, disposés librement (poésie classique) ; vers dégagés de toute règle préconçue de prosodie (poésie moderne).

2. VERS prép. (lat. *versus*, de *vertere*, tourner). **1.** Indique la direction. *Aller vers la fenêtre. Aller vers sa fin.* **2.** Indique l'approximation. *Vers la fin de l'Empire. Vers midi.*

VERSAILLAIS, E adj. et n. **1.** De Versailles. **2.** HIST. Se dit des partisans du gouvernement de Versailles en 1871, ainsi que de l'armée organisée par Thiers au camp de Satory, à Versailles, sous le commandement de Mac-Mahon, pour combattre la Commune de Paris.

VERSANT n.m. **1.** Chacune des deux pentes qui encadrent le fond d'une vallée. **2.** CONSTR. Plan incliné d'un toit. **3.** Aspect de qqch qui présente deux volets opposés ou simplement différents. *Les deux versants d'une même politique.*

VERSATILE adj. (lat. *versatilis*, de *versare*, tourner). Qui change facilement d'opinion ; inconstant, changeant, lunatique.

VERSATILITÉ n.f. Caractère versatile.

1. VERSE n.f. AGRIC. Accident de végétation des céréales, par lequel les tiges sont couchées à terre, dû à la pluie, au vent ou à des maladies cryptogamiques.

2. VERSE (À) loc. adv. Abondamment, en parlant de la pluie. *Il pleut à verse.*

VERSÉ, E adj. (lat. *versatus*). *Sout.* Exercé, expérimenté dans une matière, une science.

VERSEAU n.m. (de *verser* et *eau*). *Le Verseau :* constellation et signe du zodiaque (v. partie n.pr.). – *Par ext. Verseau :* personne née sous ce signe.

VERSEMENT n.m. **1.** Action de verser de l'argent à qqn, à un organisme, sur son compte, etc. **2.** Somme versée.

VERSER v.t. (lat. *versare*, faire tourner). **1.** Répandre, faire couler un liquide. *Verser de l'eau sur les mains.* ◇ *Verser des larmes :* pleurer. – *Litt. Verser son sang :* donner sa vie. **2.** Faire passer d'un récipient dans un autre ; transvaser. *Verser du vin dans un verre.* **3.** Vx. Faire tomber, chavirer une voiture ou ses occupants. **4.** Remettre de l'argent à un organisme ou à une personne. **5.** Déposer, joindre un document à qqch. *Verser une pièce au dossier.* **6.** MIL. Affecter qqn à une arme, à un corps. ◆ v.i. **1.** Tomber sur le côté, se renverser. **2.** En parlant des céréales, se coucher sur le sol sous l'effet de la verse. **3.** *Verser dans :* évoluer vers. *Elle était peintre, puis elle a versé dans la littérature.*

VERSET n.m. (de *1. vers*). **1.** Chacune des divisions numérotées d'un chapitre de la Bible, du Coran, d'un livre sacré. **2.** Brève phrase psalmodiée suivie d'une réponse du chœur *(répons)*, à l'office et à la messe.

VERSEUR adj.m. *Bouchon, bec verseur,* qui sert à verser.

VERSEUSE n.f. Cafetière à poignée droite.

VERSICOLORE adj. (lat. *versus*, changé, et *color*, couleur). *Didact.* Dont la couleur est changeante ; qui a plusieurs couleurs.

VERSIFICATEUR, TRICE n. **1.** Personne, auteur qui pratique l'art des vers. **2.** *Péjor.* Personne qui fait des vers sans inspiration.

VERSIFICATION n.f. Art de composer des vers.

VERSIFIER v.i. [5] (lat. *versificare*). Faire des vers. ◆ v.t. Mettre en vers. *Versifier une fable.*

VERSION n.f. (lat. *versio*, de *vertere*, tourner). **1.** Chacun des divers aspects que peut prendre un même texte, selon des traditions ou dans des langues différentes. **2.** Chacun des états successifs d'un texte, d'une œuvre littéraire ou artistique. **3.** Manière de raconter, de rapporter, d'interpréter un fait. **4.** Exercice scolaire consistant à traduire un texte d'une langue étrangère dans la langue maternelle (par oppos. à *thème*). **5.** *Film en version originale (en VO) :* film présenté dans sa langue d'origine (par oppos. à *version doublée* [en France, *version française* ou *VF*]).

VERS-LIBRISTE adj. et n. (pl. *vers-libristes*). Qui compose des vers libres.

VERSO n.m. (lat. *folio verso*, sur le feuillet tourné). Envers d'un feuillet (par oppos. à *recto*).

VERSOIR n.m. Partie de la charrue qui retourne la bande de terre que le soc détache.

VERSTE n.f. (russe *versta*). Anc. Mesure itinéraire en usage en Russie et valant 1 067 m.

VERSUS [vɛrsys] prép. (mot lat., *du côté de*). Par opposition à. (S'emploie en linguistique, surtout sous la forme *vs*, pour les oppositions de type binaire : masculin *vs* féminin.)

1. VERT, E adj. (lat. *viridis*). **1.** De la couleur des plantes à chlorophylle, située, dans le spectre solaire, entre le bleu et le jaune et d'une longueur d'onde moyenne de 500 nm. *De l'encre verte. Une herbe verte et drue.* ◇ *Singe vert :* vervet. – *Rayon vert* → **2. rayon. 2. a.** Qui a encore de la sève, qui n'est pas encore sec. *Fourrage vert.* **b.** *Bois vert,* fraîchement coupé et donc très dur. – *Volée de bois vert* → **volée. 3.** Se dit d'un parfum à odeur acide, évoquant les feuilles et l'herbe coupée. **4.** Frais, nouveau, en parlant des légumes. *Haricots verts.* ◇ *Café vert,* non torréfié. **5.** Qui n'est pas mûr. *Un fruit vert et acide.* ◇ *Vin vert :* vin blanc très acide. – *Fam. Des vertes et des pas mûres :* des choses renversantes, choquantes ou pénibles. **6.** Qui a trait à l'agriculture, au monde rural, agricole. *L'Europe verte.* ◇ *Station verte :* commune rurale homologuée pour favoriser le développement du tourisme. – *Révolution verte :* diffusion rapide des techniques et des moyens de production modernes dans les agricultures des pays en développement. – *Avoir la main verte :* avoir des talents innés de jardinier. **7. a.** Qui a trait au mouvement écologiste, qui en fait partie. *Candidats verts.* **b.** Qui contribue au respect de l'environnement. *Produit vert.* **8.** *Le billet vert :* le dollar. **9.** *Numéro vert :* numéro téléphonique qui permet d'appeler gratuitement une entreprise, un organisme. **10.** Qui est resté vigoureux malgré son âge avancé. *Un octogénaire encore vert.* **11.** Âpre, rude, vif. *Une verte réprimande.*

2. VERT n.m. **1.** Couleur verte. *Un beau vert émeraude.* – Matière colorante verte. *Un tube de vert.* ◇ *Vert anglais :* mélange de bleu de Prusse et de jaune de chrome. – *Vert Véronèse :* arséniate de cuivre utilisé en peinture. **2. a.** Couleur des signaux indiquant que le passage est autorisé, dans la signalisation routière. *Attendre que le feu passe au vert.* **b.** Couleur des signaux de voie libre, dans la signalisation ferroviaire. **3.** Fourrage frais. **4.** *Fam. Se mettre au vert :* prendre des vacances à la campagne. **5.** Militant écologiste. **6.** HIST. *Les Verts :* la faction représentant le bas peuple, dans les villes de l'Empire byzantin (par oppos. à *Bleus*).

VERT-DE-GRIS n.m. inv. Hydrocarbonate de cuivre qui se forme dans l'air humide sur les objets de ce métal, sous l'action du gaz carbonique. ◆ adj. inv. D'un vert grisâtre.

VERT-DE-GRISÉ, E adj. (pl. *vert-de-grisés, es*). Couvert de vert-de-gris.

VERTÉBRAL, E, AUX adj. Relatif aux vertèbres, à la colonne vertébrale.

VERTÈBRE n.f. (lat. *vertebra*, de *vertere*, tourner). Chacun des os courts constituant la colonne vertébrale. (Il existe chez l'homme 24 vertèbres indépendantes, reliées entre elles par les disques intervertébraux : 7 cervicales, 12 dorsales, 5 lombaires. Chaque vertèbre est formée d'un corps, sur lequel s'attachent, de chaque côté, un pédicule et une lame limitant le trou vertébral, où passe la moelle épinière.)

VERTÉBRÉ, E adj. Se dit des animaux qui ont des vertèbres. ◆ n.m. Animal pourvu d'une colonne vertébrale et, génér., de deux paires de membres. (Les vertébrés forment un embranchement divisé traditionnellement en cinq classes principales : poissons, amphibiens, reptiles, oiseaux, mammifères.)

VERTÉBROTHÉRAPIE n.f. MÉD. Traitement par manipulation articulaire au niveau des vertèbres.

VERTEMENT adv. Avec vivacité, rudesse. *Réprimander vertement qqn.*

VERTEX n.m. (mot lat.). Point le plus élevé du crâne, chez l'homme, les vertébrés et les insectes.

VERTICAL, E, AUX adj. (du lat. *vertex, -icis*, sommet). **1.** Qui suit la direction du fil à plomb, de la pesanteur. *Le mur n'est pas très vertical.* ◇ *Tir vertical :* tir *courbe. **2.** GÉOMÉTR. Se dit d'une droite, d'un plan perpendiculaires à un plan horizontal de référence. **3.** Qui est organisé selon un schéma hiérarchique. *Structures verticales d'un organisme.* **4.** ÉCON. *Intégration verticale :* opération par laquelle une entreprise en absorbe une autre se situant à un niveau différent de la filière considérée (par oppos. à *intégration horizontale*). ◆ n.m. ASTRON. Grand cercle de la sphère céleste, dont le plan contient la verticale du point d'observation. ◆ n.f. **1.** Direction de la pesanteur matérialisée par un fil à plomb. **2.** Droite verticale.

VERTICALEMENT adv. Dans la direction de la verticale.

VERTICALITÉ n.f. État de ce qui est vertical.

VERTICILLE n.m. (lat. *verticillus*). BOT. Ensemble de feuilles, de fleurs, de pièces florales partant toutes d'un même niveau de l'axe qui les porte.

VERTICILLÉ, E adj. Disposé en verticille.

VERTIGE n.m. (lat. *vertigo*, tournoiement). **1.** Peur, malaise ressentis au-dessus du vide, se traduisant par des pertes d'équilibre. *Avoir le vertige en montagne.* **2.** MÉD. Trouble de la fonction d'équilibration, vestibulaire, consistant en une impression erronée de rotation ou d'oscillation du corps ou du monde environnant. **3.** Trouble, exaltation, égarement dus à qqch d'intense. *Le vertige de la gloire.*

VERTIGINEUX, EUSE adj. **1.** Qui donne le vertige. *Hauteur vertigineuse.* **2.** Très fort, très rapide. *Hausse des prix vertigineuse.*

VERTISOL n.m. Sol des climats chauds à fortes alternances saisonnières, dont une saison sèche très accentuée (par ex. dans les régions méditerranéennes). SYN. : *régur.*

VERTU n.f. (lat. *virtus*). **1.** *Litt.* Disposition constante qui porte à faire le bien et à éviter le mal. **2.** Qualité particulière. *Il a tous les vices et aucune vertu.* **3.** Vieilli ou *par plais.* Chasteté féminine. *Attenter à la vertu d'une femme.* **4.** Qualité qui rend propre à produire certains effets ; pouvoir, propriété. *Les vertus d'une plante.* ◇ *En vertu de :* en conséquence de, au nom de. *En vertu d'une loi.* ◆ pl. RELIG. Dans la tradition juive et chrétienne, second chœur de la deuxième hiérarchie des anges.

VERTUBLEU, VERTUCHOU ou **VERTUDIEU** interj. Anciens jurons.

VERTUEUSEMENT adv. De façon vertueuse.

VERTUEUX, EUSE adj. **1.** Qui manifeste de la vertu, des qualités morales. *Conduite vertueuse.* **2.** Se dit de qqn, en partic. d'une femme, chaste, pudique ou fidèle.

VERTUGADIN n.m. (esp. *verdugado*). **1.** Bourrelet que les femmes portaient par-dessous leur jupe pour la faire bouffer ; robe rendue bouffante par

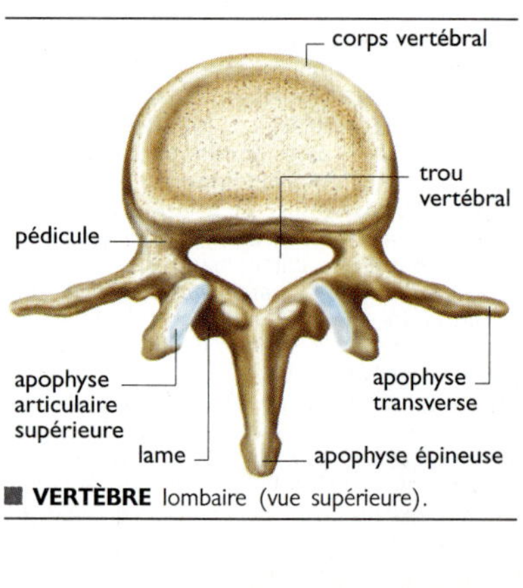

■ **VERTÈBRE** lombaire (vue supérieure).

un de ces bourrelets, à la mode de Henri III à Louis XIII. **2.** HORTIC. Terrain gazonné en glacis et formant un amphithéâtre.

VERVE n.f. (lat. *verbum,* parole). Qualité de qqn qui parle avec enthousiasme et brio.

VERVEINE n.f. (lat. *verbena*). **1.** Plante dont on cultive une espèce européenne à petites fleurs roses, aux propriétés médicinales, et d'autres espèces originaires d'Amérique, pour leurs fleurs ornementales. (Famille des verbénacées.) **2.** Infusion obtenue à partir de la variété médicinale de cette plante. **3.** Liqueur préparée avec la verveine.

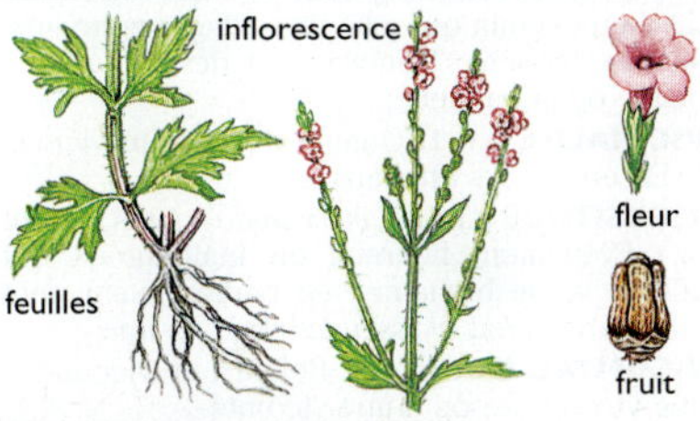

■ **VERVEINE.** Variété médicinale.

VERVET n.m. Cercopithèque commun en Afrique subsaharienne. SYN. : *singe vert.*

1. VERVEUX n.m. (du lat. *vertere,* tourner). Filet de pêche en forme d'entonnoir.

2. VERVEUX, EUSE adj. *Litt.* Plein de verve, de fougue, de brio.

VÉSANIE n.f. (lat. *vesania,* de *vesanus,* insensé). Vx. Folie.

VESCE n.f. (lat. *vicia*). Plante herbacée dont on cultive plusieurs espèces fourragères ; sa graine. (Genre *Vicia ;* famille des papilionacées.)

VÉSICAL, E, AUX adj. (du lat. *vesica,* vessie). MÉD. Relatif à la vessie.

VÉSICANT, E adj. (du lat. *vesica,* ampoule). PHARM. Qui fait naître des vésicules sur la peau. *Gaz vésicant.*

VÉSICATION n.f. PHARM. Vieilli. Effet produit par un produit vésicant ; apparition de vésicules.

VÉSICATOIRE adj. et n.m. Anc. Se disait d'un médicament externe faisant apparaître des vésicules sur la peau.

VÉSICULAIRE adj. Qui se rapporte à une vésicule ; qui a la forme d'une vésicule.

VÉSICULE n.f. (lat. *vesicula,* petite ampoule). **1.** ANAT. Organe creux ayant la forme d'un sac. ◇ ANAT. *Vésicule biliaire,* ou *vésicule,* logée sous le foie et concentrant la bile pour la rejeter dans le duodénum au moment des repas. – EMBRYOL. *Vésicule vitelline* ⟶ **vitellin. 2.** BOT. Flotteur de certaines algues. **3.** MÉD. Lésion cutanée élémentaire constituée d'un soulèvement de petite taille, rempli de sérosité.

VÉSICULEUX, EUSE adj. MÉD. Caractérisé par des vésicules. *Une dermatose vésiculeuse.*

VESOU [vəzu] n.m. (mot créole). Jus obtenu par broyage de la canne à sucre, dont on tire le sucre.

VESPA n.f. (nom déposé). Scooter de la marque de ce nom.

VESPASIENNE n.f. (de *Vespasien,* empereur romain). Vx. Urinoir établi sur la voie publique.

VESPÉRAL, E, AUX adj. (du lat. *vesper,* soir). *Litt.* Du soir. *Clarté vespérale.* ◆ n.m. CATH. Livre liturgique contenant l'office du soir.

VESPERTILION n.m. (lat. *vespertilio*). Chauve-souris très répandue en Europe. (Envergure 15 cm ; famille des vespertilionidés.)

VESPIDÉ n.m. (du lat. *vespa,* guêpe). Insecte hyménoptère solitaire ou social, tel que les guêpes et les frelons, aux ailes repliées longitudinalement au repos (contrairement aux abeilles). [Les vespidés forment une famille.]

VESSE n.f. *Fam.,* vieilli. Émission de gaz fétides, faite sans bruit par l'anus.

VESSE-DE-LOUP n.f. (pl. *vesses-de-loup*). MYCOL. Lycoperdon.

VESSER v.i. (lat. pop. *vissire*). *Fam.,* vx. Lâcher une vesse.

VESSIE n.f. (lat. *vesica*). **1.** Poche du petit bassin où s'accumule entre deux mictions l'urine amenée par les uretères, et communiquant avec l'extérieur par le canal de l'urètre. **2.** ZOOL. *Vessie natatoire :* expansion de l'œsophage de certains poissons, formant une poche, remplie de gaz, qui joue un rôle dans l'équilibre hydrostatique. **3.** Vessie desséchée d'un animal et gonflée d'air. ◇ *Fam. Prendre des vessies pour des lanternes :* se tromper grossièrement.

VESSIGON n.m. (ital. *vescicone*). VÉTÉR. Tumeur molle du jarret du cheval.

VESTALE n.f. **1.** ANTIQ. ROM. Prêtresse de Vesta, qui entretenait le feu sacré et était astreinte à la chasteté. **2.** *Litt.* Fille, femme chaste.

VESTE n.f. (ital. *veste,* lat. *vestis*). **1.** Vêtement à manches, boutonné devant, qui couvre le buste jusqu'aux hanches. *Veste de laine.* ◇ *Fam. Retourner sa veste :* changer de parti, d'opinion. **2.** *Fam.* Échec, insuccès. *Ramasser, prendre une veste.*

VESTIAIRE n.m. (lat. *vestiarium,* armoire à vêtements). **1.** Lieu où on dépose les manteaux, chapeaux, parapluies, etc., dans certains établissements. **2.** (Surtout pl.) Local dépendant d'un stade, d'une salle de sports, de danse, d'une piscine, etc., où l'on peut se changer et laisser ses vêtements. **3.** Recomm. off. pour *dressing* ou *dressing-room.* **4.** Ensemble des objets, vêtements déposés au vestiaire. *Prendre son vestiaire.*

VESTIBULAIRE adj. **1.** Relatif à un vestibule anatomique. **2.** Relatif au vestibule de l'oreille interne. – *Par ext.* Relatif au labyrinthe ou à l'équilibration. *Syndrome vestibulaire.*

VESTIBULE n.m. (lat. *vestibulum*). **1.** Pièce ou couloir d'entrée d'une maison, d'un édifice, donnant accès aux autres pièces, à l'escalier. **2.** ANAT. Cavité ou dépression s'ouvrant sur une autre cavité. ◇ *Vestibule de l'oreille interne,* ou *vestibule :* cavité osseuse formant la partie moyenne du labyrinthe, communiquant avec la cochlée et les canaux semi-circulaires, contenant deux poches membraneuses, l'utricule et le saccule, et jouant un rôle dans l'équilibration.

VESTIGE n.m. (lat. *vestigium,* trace). [Surtout pl.] Marque, reste du passé. *Les vestiges d'une civilisation.*

VESTIMENTAIRE adj. Relatif aux vêtements.

VESTON n.m. Veste croisée ou droite faisant partie du complet masculin.

VÊTAGE n.m. CONSTR. Système d'éléments de parement qui se fixe mécaniquement au mur sans utiliser d'ossature intermédiaire (par oppos. à *bardage,* à *vêture*).

VÉTÉCISTE n. Personne qui se déplace en VTC.

VÊTEMENT n.m. (lat. *vestimentum*). **1.** Tout ce qui sert à couvrir le corps humain pour le protéger, le parer ; pièce de l'habillement ; habit. **2.** HÉRALD. Pièce honorable, formée par la réunion de quatre triangles qui occupent les coins de l'écu et faisant apparaître un grand losange d'un émail différent.

VÉTÉRAN n.m. (lat. *veteranus,* vieux). **1.** Soldat ayant accompli un long service. **2.** Personne qui a une longue pratique dans une profession, une activité, etc. **3.** Sportif ayant dépassé l'âge senior. (La forme féminine *vétérane* est parfois usitée.) **4.** ANTIQ. ROM. Soldat qui, après avoir achevé son service, bénéficiait de certains avantages.

1. VÉTÉRINAIRE adj. (lat. *veterinarius,* de *veterinus,* relatif aux bêtes de somme). Relatif à la médecine des animaux. *Soins vétérinaires.*

2. VÉTÉRINAIRE n. Personne qui, diplômée d'une école nationale vétérinaire, exerce la médecine des animaux.

VÉTÉTISTE n. Personne qui se déplace en VTT ; sportif qui pratique le VTT.

VÉTILLARD, E adj. Vieilli. Vétilleux.

VÉTILLE n.f. Chose insignifiante, qui ne mérite pas qu'on s'y arrête ; bagatelle.

VÉTILLER v.i. (de l'anc. fr. *vette,* ruban). *Litt.* S'amuser à des vétilles ; critiquer sur des riens.

VÉTILLEUX, EUSE adj. *Litt.* Qui a l'habitude de s'attacher à des vétilles ; qui témoigne d'une minutie pointilleuse, tatillonne.

VÊTIR v.t. [32] (lat. *vestire*). Habiller, couvrir de vêtements ; mettre sur soi. *Vêtir un enfant. Vêtir une robe.* ◇ v.pr. *Se vêtir d'une robe.*

VÉTIVER [vetivɛr] n.m. (du tamoul). Plante cultivée en Inde et aux Antilles pour ses racines, dont on retire un parfum. (Genre *Vetiveria ;* famille des graminées.)

VETO [veto] n.m. inv. (mot lat., *je m'oppose*). **1.** ANTIQ. ROM. Formule employée par les tribuns du peuple pour s'opposer à un décret du sénat. **2.** Acte par lequel une autorité peut s'opposer à l'entrée en vigueur d'une loi (*veto absolu* ou *suspensif* du chef de l'État). **3.** Prérogative conférée aux États membres permanents du Conseil de sécurité des Nations unies, qui leur permet de s'opposer à toute question autre que de procédure. **4.** Opposition, refus formel. *Mettre son veto à une décision.*

VÊTU, E adj. Qui porte un vêtement ; habillé. *Chaudement vêtu.*

VÊTURE n.f. **1.** Cérémonie de la prise d'habit à l'entrée du noviciat dans une congrégation ou un ordre religieux. **2.** CONSTR. Système d'isolation à base d'éléments constitués d'un isolant thermique et d'une peau extérieure de protection, qui se pose en une seule fois sur la façade (par oppos. à *bardage,* à *vêtage*).

VÉTUSTE adj. (lat. *vetustus*). Qui est vieux, détérioré par le temps ; usé, dégradé. *Mobilier vétuste.*

VÉTUSTÉ n.f. État de ce qui est vétuste.

VEUF, VEUVE adj. et n. (lat. *vidua,* veuve, de *viduus,* vide). Dont le conjoint est décédé. ◇ *Défendre la veuve et l'orphelin :* protéger les malheureux, les opprimés. ◆ adj. *Fam., par plais.* Séparé momentanément de son conjoint.

VEULE adj. (lat. pop. *volus*). *Sout.* Qui manque d'énergie ; faible, mou.

VEULERIE n.f. *Sout.* Manque d'énergie.

VEUVAGE n.m. **1.** État d'un veuf, d'une veuve. **2.** *Assurance veuvage :* système français du régime général de la Sécurité sociale qui verse une allocation à la veuve ou au veuf d'un assuré social, temporairement et sous certaines conditions.

V

1. VEUVE n.f. ⟶ **VEUF.**

2. VEUVE n.f. **1.** Oiseau passereau d'Afrique, à plumage en grande partie noir, dont le mâle porte des plumes caudales très longues en période nuptiale, recherché comme oiseau de cage et de volière. (Genre *Vidua ;* famille des plocéidés.) **2.** *Veuve noire :* araignée venimeuse américaine, très voisine de la malmignatte, dont la femelle dévore le mâle après l'accouplement. (Genre *Latrodectus ;* famille des théridiidés.)

■ **VEUVE.** Veuve de paradis.

VEXANT, E adj. Qui vexe, cause une blessure d'amour-propre. *Un refus vexant.*

VEXATEUR, TRICE adj. *Litt.* Qui cause des vexations.

VEXATION n.f. (lat. *vexatio*). Action, parole ou situation qui vexe.

VEXATOIRE adj. Qui a le caractère de la vexation.

VEXER v.t. (lat. *vexare,* tourmenter). Faire de la peine, blesser qqn dans son amour-propre ; contrarier. ◆ **se vexer** v.pr. Être contrarié, se fâcher, se froisser.

VEXILLE n.m. (lat. *vexillum*). Chacun des deux côtés d'une plume d'oiseau.

VEXILLOLOGIE [vɛksilɔlɔʒi] n.f. Étude des drapeaux, des pavillons nationaux et régionaux.

VEXILLUM [vɛksilɔm] n.m. (mot lat.). Étendard des armées romaines.

VF ou **V. F.** n.f. (sigle). CINÉMA. Version française.

VHS (sigle de l'angl. *video home system*). Norme de matériel vidéo grand public d'origine japonaise.

VIA prép. (mot lat., *voie*). **1.** En passant par. *De Paris à Ajaccio via Nice.* **2.** *Fam.* Par l'intermédiaire de. *J'ai reçu le dossier via ma secrétaire.*

VIABILISER v.t. Réaliser les travaux de viabilité sur un terrain à bâtir.

1. VIABILITÉ n.f. (du lat. *vita,* vie). **1.** Aptitude à vivre d'un organisme. **2.** Caractère viable de qqch. *La viabilité d'un projet.*

2. VIABILITÉ n.f. (du lat. *via,* chemin). **1.** Bon état d'une route, permettant d'y circuler. **2.** Ensemble des travaux d'aménagement (voirie, réseaux d'eau, d'assainissement, de téléphone, etc.) à réaliser sur un terrain avant toute construction.

1. VIABLE adj. (de *vie*). **1.** Qui peut vivre. *Enfant viable.* **2.** Organisé pour aboutir, pour durer. *Entreprise viable.*

2. VIABLE adj. (du lat. *via*, chemin). Apte à la circulation des véhicules ; carrossable. *Route viable.*

VIADUC n.m. (lat. *via*, voie, et *ducere*, conduire). Ouvrage routier ou ferroviaire franchissant à grande hauteur une vallée, ou comportant de nombreuses travées.

VIAGER, ÈRE adj. (de l'anc. fr. *viage*, durée de la vie). *Rente viagère :* revenu dont on possède la jouissance durant toute sa vie. ◆ n.m. Rente viagère. ◇ *En viager :* en échange d'une rente viagère. *Acheter une maison en viager.*

VIANDE n.f. (lat. *vivenda*, ce qui sert à la vie). **1.** Aliment tiré des muscles des animaux, princip. des mammifères et des oiseaux. ◇ *Viande rouge :* viande de bœuf, de mouton, de cheval. – *Viande blanche :* viande de veau, de porc, de lapin, de volaille. – *Viande noire :* viande du gibier. **2.** *Fam.* Chair, corps humain.

1. VIANDER v.i. VÉNER. Pâturer, en parlant du cerf, du daim, du chevreuil.

2. VIANDER (SE) v.pr. *Fam.* Avoir un grave accident de voiture, de moto, d'alpinisme.

VIATIQUE n.m. (lat. *viaticum*, de *via*, route). **1.** Vx. Argent, provisions que l'on donne pour faire un voyage. **2.** *Litt.* Moyen de parvenir, soutien, atout. **3.** RELIG. Sacrement de l'eucharistie administré à un chrétien en danger de mort.

VIBICE n.f. (lat. *vibex, -icis*, ecchymose). [Souvent pl.] MÉD. Purpura formant un sillon rouge sur la peau.

VIBRAGE n.m. TECHN. Action de soumettre à des vibrations.

VIBRANT, E adj. **1.** Qui vibre. *Lame vibrante.* **2.** Qui manifeste de l'enthousiasme, de la passion, de l'émotion. *Un vibrant hommage.* **3.** PHON. *Consonne vibrante*, ou *vibrante*, n.f. : consonne que l'on articule en faisant vibrer la langue ou la luette, comme [l] et [r].

VIBRAPHONE n.m. Instrument de musique composé d'une série de lames d'acier percutées et de tubes de résonance contenant chacun un palette à rotation électrique provoquant un vibrato.

VIBRAPHONISTE n. Instrumentiste qui joue du vibraphone.

VIBRATEUR n.m. TECHN. Appareil produisant des vibrations mécaniques.

VIBRATILE adj. BIOL. Susceptible de vibrer. ◇ *Cil vibratile :* chacun des organites filamenteux dont l'ensemble *(ciliature)* assure le déplacement de certains protozoaires (paramécie), le courant d'eau nutritif des mollusques lamellibranches, l'expulsion de particules solides hors de la trachée de l'homme, etc.

VIBRATION n.f. **1.** PHYS. Mouvement d'oscillation rapide. *Les vibrations d'une corde.* – *Spécial.* Mouvement périodique d'un système matériel autour de sa position d'équilibre. **2.** Saccade répétée à un rythme rapide ; trépidation. *Les vibrations d'un moteur.* **3.** Modulation d'un son, d'un timbre. *Vibration de la voix.* **4.** TECHN. Procédé consistant à communiquer à du béton fluide des vibrations permettant d'en augmenter le tassement, la densité et la compacité.

VIBRATO n.m. (mot ital.). Légère ondulation du son produite sur les instruments de musique à cordes ou à vent, ou avec la voix.

VIBRATOIRE adj. Relatif aux vibrations.

VIBRER v.i. (lat. *vibrare*, agiter). **1.** Être soumis à une série d'oscillations, à des vibrations. **2.** Être touché, ému. *Vibrer à l'écoute d'un discours.* **3.** Traduire une certaine intensité d'émotion. *Sa voix vibrait de colère.* ◆ v.t. TECHN. Effectuer la vibration du béton.

VIBREUR n.m. Dispositif électromécanique vibrant sous l'effet d'un courant et destiné, notamm., à servir d'avertisseur acoustique.

VIBRION n.m. Micro-organisme mobile à corps incurvé en virgule ; en partic., genre de bacille dont une espèce provoque le choléra.

VIBRIONNER v.i. *Fam.* S'activer en tous sens, s'agiter continuellement.

VIBRISSE n.f. (lat. *vibrissa*). **1.** Poil situé à l'intérieur des narines de l'homme. **2.** Poil tactile de certains mammifères. (Les vibrisses forment la « moustache » des carnivores, des pinnipèdes et des rongeurs.) **3.** Plume filiforme des oiseaux.

VIBROMASSEUR n.m. Appareil électrique produisant des vibrations et avec lequel on fait des massages.

VICAIRE n.m. (lat. *vicarius*, remplaçant). Prêtre qui exerce son ministère dans une paroisse sous la dépendance d'un curé. ◇ *Vicaire apostolique :* évêque chargé de l'administration d'un pays de mission qui n'est pas encore érigé en diocèse. – *Vicaire épiscopal :* prêtre assistant de l'évêque pour des questions pastorales dans un secteur déterminé. – *Vicaire général :* prêtre assistant de l'évêque pour l'administration d'un diocèse. – *Vicaire de Jésus-Christ :* le pape.

VICARIANT, E adj. (de *vicaire*). BIOL. **1.** Se dit d'une espèce animale ou végétale qui occupe la même niche écologique qu'une espèce très voisine, mais dans une autre région. **2.** Se dit d'un organe, d'une fonction qui supplée à l'insuffisance d'une autre fonction, d'un autre organe.

VICARIAT n.m. Fonction d'un vicaire.

VICE n.m. (lat. *vitium*). **1.** *Litt.* Disposition naturelle à faire le mal, à agir contre la morale. *Le vice et la vertu.* ◇ *Fam. Avoir du vice :* être rusé, malin. **2.** Penchant particulier pour qqch, défaut dont on ne peut se débarrasser (jeu, boisson, drogue, etc.). **3.** Imperfection, défaut dans l'état de qqn ou de qqch. *Vice de conformation.* ◇ *Vice caché :* défaut non décelable d'une chose, qui la rend impropre à l'usage pour lequel elle a été vendue. – *Vice de construction :* défaut d'un bâtiment ou d'un autre ouvrage, dû à sa construction. **4.** *Vice de forme :* défaut qui rend nul un acte juridique lorsqu'une des formalités légales a été omise. – *Vice du consentement :* altération du consentement résultant d'une erreur, d'une violence, etc., pouvant entraîner l'annulation de l'acte qui en est entaché.

VICE- (lat. *vice*, à la place de). Particule inv. qui, en composition, indique des fonctions de suppléant ou d'adjoint du titulaire.

VICE-AMIRAL n.m. (pl. *vice-amiraux*). Officier général de la marine (→ *grade*).

VICE-CONSUL n.m. (pl. *vice-consuls*). Personne qui aide un consul ou qui en tient lieu dans un pays où il n'y a pas de consul.

VICE-CONSULAT n.m. (pl. *vice-consulats*). Fonction de vice-consul ; ses bureaux.

VICELARD, E adj. et n. *Fam.* Vicieux.

VICENNAL, E, AUX adj. (lat. *vicennalis*). Qui concerne une période de vingt ans ; qui a lieu tous les vingt ans.

VICE-PRÉSIDENCE n.f. (pl. *vice-présidences*). Fonction, dignité de vice-président.

VICE-PRÉSIDENT, E n. (pl. *vice-présidents, es*). Personne chargée de seconder et, éventuellement, de remplacer le président.

VICE-RECTEUR n.m. (pl. *vice-recteurs*). Dans les facultés catholiques, second du recteur.

VICE-ROI n.m. (pl. *vice-rois*). HIST. Gouverneur d'un royaume ou d'une grande province dépendant d'un État monarchique, notamm. dans les anciennes colonies espagnoles.

VICE-ROYAUTÉ n.f. (pl. *vice-royautés*). Fonction de vice-roi ; pays gouverné par un vice-roi.

VICÉSIMAL, E, AUX adj. (lat. *vicesimus*, vingtième). Qui a pour base le nombre vingt.

VICE VERSA [visversa] ou [viseversa] loc. adv. (mots lat.). Réciproquement, inversement. *Il prend toujours la droite pour la gauche et vice versa.*

VICHY n.m. (de *Vichy*, n.pr.). **1.** *Toile de Vichy*, ou *vichy :* étoffe de coton tissée de manière à former des carreaux. **2.** Eau minérale de Vichy. **3.** *Carottes (à la) Vichy :* carottes en rondelles cuites à l'eau sucrée et salée, servies avec du beurre frais et du persil haché.

VICHYSSOIS, E adj. et n. **1.** De Vichy. **2.** HIST. Vieilli. Vichyste.

VICHYSTE adj. et n. HIST. Relatif au gouvernement de Vichy ; partisan du gouvernement de Vichy.

VICIABLE adj. Qui peut être vicié.

VICIATEUR, TRICE adj. Rare. Qui vicie.

VICIATION n.f. *Litt.* Action de vicier.

VICIÉ, E adj. Impur, pollué. *Air vicié.*

VICIER v.t. [5] (lat. *vitiare*). **1.** *Litt.* Corrompre, gâter la pureté de. *Vicier l'air.* **2.** DR. Entacher d'un défaut qui rend nul.

VICIEUSEMENT adv. De façon vicieuse.

VICIEUX, EUSE adj. et n. **1.** Qui a des goûts dépravés, pervers, en partic. sur le plan sexuel. **2.** *Fam.* Qui a des goûts bizarres, étranges. ◆ adj. **1.** Marqué par le vice, en partic. sur le plan sexuel. *Un regard vicieux.* **2.** Exécuté avec ruse, pour tromper. *Envoyer une balle vicieuse.* **3.** Qui comporte une défectuosité, une imperfection. *Conformation vicieuse.* **4.** Se dit d'un animal ombrageux, rétif. *Mule vicieuse.*

VICINAL, E, AUX adj. (lat. *vicinus*, voisin). Se dit d'un chemin qui relie des villages entre eux. ◆ n.m. Belgique. Tramway qui dessert la campagne ou la banlieue.

VICINALITÉ n.f. **1.** Qualité de chemin vicinal. **2.** Ensemble des chemins vicinaux.

VICISSITUDE n.f. (lat. *vicissitudo*). *Litt.* (Surtout pl.) Événement heureux ou malheureux qui affecte la vie humaine ; en partic., événement malheureux. *Les vicissitudes de la fortune.*

VICOMTAL, E, AUX adj. Relatif à un vicomte, à une vicomtesse ou à une vicomté.

VICOMTE n.m. (bas lat. *vicecomes*). **1.** Sous les Carolingiens, délégué du comte dans une circonscription. (À partir du Xe s., le vicomte devient le titulaire d'un fief.) **2.** Noble dont le titre est immédiatement inférieur à celui de comte.

VICOMTÉ n.f. **1.** Au Moyen Âge, fief constitué d'une partie de comté. **2.** Terre possédée par un vicomte. **3.** Titre de noblesse porté par un vicomte.

VICOMTESSE n.f. Femme d'un vicomte ; femme possédant une vicomté.

VICTIME n.f. (lat. *victima*). **1.** Personne tuée ou blessée ; personne qui a péri dans une guerre, une catastrophe, un accident, etc. *L'explosion n'a pas fait de victime.* **2.** Personne ou groupe qui souffre de l'hostilité de qqn, de ses propres agissements, des événements. *Il a été victime de sa naïveté.* **3.** Créature vivante offerte en sacrifice à une divinité.

VICTIMOLOGIE n.f. Branche de la criminologie qui s'intéresse à la personnalité des victimes d'infractions pénales, à leur statut psychosocial, en vue d'étudier le phénomène de la délinquance.

VICTOIRE n.f. (lat. *victoria*). **1.** Issue favorable d'une bataille, d'une guerre. ◇ *Victoire à la Pyrrhus*, trop chèrement obtenue. **2.** Succès remporté dans une lutte, une compétition. ◇ *Chanter, crier victoire :* annoncer triomphalement un succès, s'en glorifier.

1. VICTORIA n.f. (de *Victoria*, reine de Grande-Bretagne). Anc. Voiture hippomobile découverte, à quatre roues.

2. VICTORIA n.m. Plante aquatique de l'Amérique tropicale, voisine du nénuphar, dont les feuilles flottantes atteignent 2 m de diamètre. (Famille des nymphéacées.)

VICTORIEN, ENNE adj. Relatif à la reine Victoria de Grande-Bretagne, à son époque.

VICTORIEUSEMENT adv. De façon victorieuse.

VICTORIEUX, EUSE adj. **1.** Qui a remporté la victoire. *Armée victorieuse.* **2.** Qui manifeste l'orgueil du succès obtenu. *Avoir un air victorieux.*

VICTUAILLES n.f. pl. (lat. *victualia*, de *victus*, nourriture). Provisions alimentaires.

VIDAGE n.m. Action de vider ; fait de se vider.

VIDAME n.m. (lat. *vicedominus*, lieutenant d'un prince). Au Moyen Âge, représentant d'une abbaye ou d'un évêché qui était chargé de l'administration des affaires temporelles.

VIDANGE n.f. (de *vider*). **1.** Action de vider pour nettoyer ou rendre de nouveau utilisable. ◇ *En vidange :* se dit d'un récipient, de son contenu en cours de vidage, d'épuisement. – *Matières de vidange :* matières retirées des fosses septiques. **2.** Dispositif servant à vidanger, à l'écoulement d'un liquide. **3.** Belgique. Verre consigné ; bouteille vide. **4.** SYLVIC. Enlèvement des bois abattus d'une coupe.

VIDANGER v.t. [10]. Vider un récipient de son contenu par vidange.

VIDANGEUR n.m. Ouvrier assurant la vidange des fosses septiques.

1. VIDE adj. (lat. *vacuus*, vide). **1.** Qui ne contient rien, ni objet ni matière. *Boîte vide. Espace vide.*

◇ ALGÈBRE. *Ensemble vide :* ensemble, noté Ø, ne comportant aucun élément. **2.** Qui n'a pas ou a très peu d'occupants. *Jouer devant une salle vide.* **3.** Qui manque d'intérêt, de vie, d'idées. *Sa vie est vide.* **4.** Où l'on ressent l'absence de qqn. *Sans les enfants, la maison est vide.* **5.** *Vide de :* privé, dépourvu de. *Mot vide de sens.*

2. VIDE n.m. **1.** Espace assez vaste qui ne contient rien. *Tomber dans le vide.* ◇ ***Faire le vide autour de soi, de qqn :*** éloigner de soi, de qqn amis et relations, créer l'isolement. – ***Vide sanitaire :*** espace libre, continu et ventilé, ménagé sous le plancher du rez-de-chaussée d'un bâtiment sans cave ou sous-sol. **2.** Solution de continuité ; espace où il manque qqch. – BX-ARTS. Évidement, ajouré ou non, d'un mur, d'une sculpture, etc. (par oppos. à *plein*). ◇ ***Vide juridique :*** absence de dispositions légales régissant de manière précise et non ambiguë un type donné de situations. **3.** Absence complète d'un type de personnes, d'objets, etc., que l'on recherche. *C'est le grand vide dans ce domaine.* **4.** Sentiment pénible d'absence, de privation. *Son départ a laissé un grand vide.* **5.** Caractère de ce qui manque d'intérêt, de valeur. *Le vide de son existence.* **6.** PHYS. **a.** État correspondant à l'absence totale de toute particule réelle. **b.** Espace où les particules matérielles sont fortement raréfiées (pression très inférieure à celle de l'atmosphère). **7.** *À vide.* **a.** Sans rien contenir. *Le bus part à vide.* **b.** Sans effet ; sans objet. *Tourner à vide. Raisonner à vide.*

VIDÉASTE n. Réalisateur de films en vidéo, d'œuvres intégrant des moyens vidéo.

VIDE-BOUTEILLE ou **VIDE-BOUTEILLES** n.m. (pl. *vide-bouteilles*). Siphon muni d'un robinet qui permet de vider une bouteille sans la déboucher.

VIDE-CAVE n.m. (pl. *vide-caves*). Pompe hydraulique pour évacuer l'eau d'un local inondé.

VIDE-GRENIERS n.m. inv. Manifestation commerciale, génér. organisée par une municipalité, au cours de laquelle des particuliers vendent de vieux objets.

VIDELLE n.f. (de *vider*). **1.** MAR. Réparation d'un accroc dans une voile à l'aide d'un point rapprochant les bords de la déchirure. **2.** Petit ustensile de confiseur pour dénoyauter les fruits.

VIDÉO adj. inv. (lat. *video,* je vois). Se dit de l'ensemble des techniques concernant la formation, l'enregistrement, le traitement ou la transmission d'images ou de signaux de type télévision. *Le montage vidéo d'un film.* ◇ ***Signal vidéo :*** signal assurant la transmission d'images. – ***Art vidéo :*** forme d'art fondée sur l'enregistrement et la fabrication d'images électroniques restituables en direct ou en différé. (Parmi ses nombreux adeptes à travers le monde, signalons, après N. J. Paik, les Américains Gary Hill et Bill Viola.) ◆ n.f. **1.** Ensemble des techniques vidéo. **2.** Film, émission tournés en vidéo. *Regarder des vidéos.*

VIDÉOCASSETTE n.f. Cassette contenant une bande magnétique qui permet l'enregistrement et la reproduction à volonté d'un programme de télévision ou d'un film vidéo.

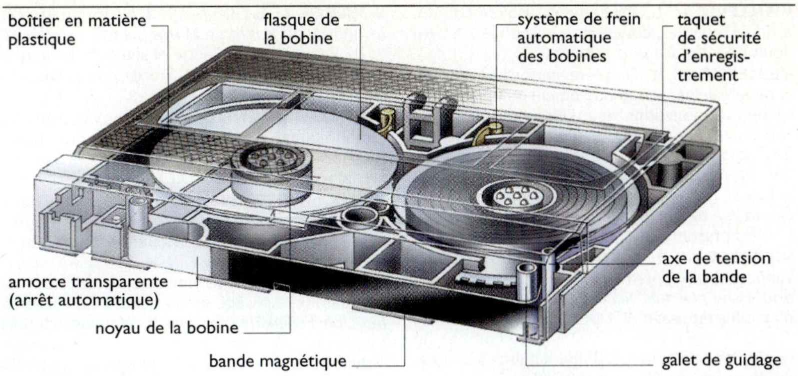

■ **VIDÉOCASSETTE**

■ ART **VIDÉO.** *And Sat Down Beside Her,* 1990-1992, de Gary Hill. (Galerie des Archives, Paris.)

VIDÉO-CLIP n.m. (pl. *vidéo-clips*). [Anglic. déconseillé]. Clip.

VIDÉOCLUB n.m. Boutique qui vend ou loue des vidéocassettes enregistrées.

VIDÉOCOMMUNICATION n.f. Communication fondée sur la transmission d'images télévisuelles.

VIDÉOCONFÉRENCE n.f. → **VISIOCONFÉRENCE.**

VIDÉODISQUE n.m. Disque sur lequel sont enregistrés des programmes audiovisuels restituables sur un téléviseur.

VIDÉOFRÉQUENCE n.f. Fréquence appartenant à la bande des fréquences qui contient les composantes spectrales d'un signal d'image en télévision.

VIDÉOGRAMME n.m. Tout support permettant l'enregistrement, la conservation et la reproduction d'un programme audiovisuel ; ce programme lui-même.

VIDÉOGRAPHIE n.f. **1.** Procédé de télécommunication qui permet la visualisation d'images alphanumériques et graphiques sur un écran cathodique. ◇ ***Vidéographie diffusée :*** télétexte. – ***Vidéographie interactive :*** vidéotex. **2.** Édition de programmes audiovisuels.

VIDÉOGRAPHIQUE adj. Relatif à la vidéographie.

VIDÉOLECTEUR n.m. Appareil de lecture de vidéodisques.

VIDE-ORDURES n.m. inv. Conduit vertical par lequel sont évacuées les ordures ménagères dans certains immeubles ; vidoir de ce conduit, installé à chaque étage ou dans chaque appartement.

VIDÉOSURVEILLANCE n.f. Procédé de surveillance à distance qui met en œuvre un système de télévision en circuit fermé.

VIDÉOTEX n.m. (de *vidéo* et *télex*). Vidéographie dans laquelle la transmission des demandes d'informations des usagers et des réponses fournies est assurée par un réseau de télécommunications, en partic. le réseau téléphonique. SYN. : ***vidéographie interactive.***

VIDÉOTHÈQUE n.f. **1.** Collection de documents vidéo. **2.** Meuble, lieu où on les entrepose.

VIDÉOTRANSMISSION n.f. Service de diffusion de programmes de télévision spécifiques projetés sur grand écran dans des salles de spectacle ou de conférences.

VIDE-POCHE ou **VIDE-POCHES** n.m. (pl. *vide-poches*). **1.** Petite coupe, corbeille, etc., où l'on dépose les menus objets que l'on porte dans ses poches. **2.** Dans une automobile, petit compartiment, génér. ouvert, pour déposer divers objets.

VIDE-POMME n.m. (pl. *vide-pommes*). Petit couteau servant à ôter le cœur des pommes sans les couper.

VIDER v.t. **1.** Retirer tout le contenu d'un lieu, d'un contenant. *Vider un tiroir.* **2.** Boire, manger tout le contenu de. *Vider le réfrigérateur.* **3.** Retirer les entrailles d'un poisson, d'une volaille, etc., pour rendre l'animal propre à la consommation. **4.** Faire évacuer. *Les pompiers ont vidé l'immeuble.* **5.** ***Vider les lieux,*** ou, *fam.,* ***vider le plancher :*** s'en aller. **6.** Enlever qqch d'un contenant ; faire s'écouler complètement le contenu de qqch. *Vider l'eau d'un réservoir.* **7.** *Fam.* Expulser, chasser qqn d'un lieu, d'un groupe. *Il s'est fait vider du lycée.* **8.** *Fam.* Épuiser, surmener physiquement ou nerveusement. *Ce boulot m'a vidé.* **9.** *Litt.* Terminer, régler. *Vider un différend, une querelle.*

VIDEUR, EUSE n. Personne qui vide qqch. *Un videur de volailles.* ◆ n.m. Homme chargé d'expulser les personnes jugées indésirables dans un bal, un dancing, un cabaret, etc.

VIDE-VITE n.m. inv. TECHN. Dispositif de vidange utilisé en cas de danger pour évacuer très rapidement le contenu d'un réservoir, d'un bassin, etc.

VIDICON n.m. Tube analyseur d'images de télévision utilisant la photoconduction.

VIDOIR n.m. Orifice par lequel on introduit les ordures dans un vide-ordures.

VIDUITÉ n.f. (du lat. *viduus,* veuf). Vx. État de veuve ou de veuf. ◇ DR. ***Délai de viduité :*** période, en principe de 300 jours, pendant laquelle une femme veuve ou divorcée ne peut contracter un nouveau mariage.

VIDURE n.f. Ce qu'on retire en vidant un animal.

VIE n.f. (lat. *vita*). **1.** Ensemble des phénomènes (nutrition, assimilation, croissance, reproduction...) communs aux êtres organisés et qui constituent leur mode d'activité propre, de la naissance à la mort. **2.** Fait de vivre, existence humaine (par oppos. à *mort*). ◇ ***Devoir la vie à :*** avoir été sauvé par qqn, par qqch, par un événement. – ***Donner la vie :*** mettre au monde. – ***Redonner, rendre la vie à qqn,*** le ranimer ; le rassurer, lui rendre l'espoir. – RELIG. ***Vie éternelle :*** bonheur éternel des élus après la mort. **3.** Entrain, vitalité manifestés dans tous les comportements. *Déborder de vie.* **4.** Existence humaine considérée dans sa durée ; ensemble des événements qui se succèdent lors de cette existence. *Une longue vie. Réussir sa vie.* ◇ ***Refaire sa vie :*** réorganiser son existence sur des bases nouvelles ; *spécial.,* se remarier. – ***À vie :*** pour tout le temps qui reste à vivre. – ***À la vie, à la mort :*** pour toujours. – ***De la vie, de ma vie :*** jamais. **5.** Manière de vivre propre à qqn ou à un groupe. *Mener une vie simple.* ◇ ***Ce n'est pas une vie :*** c'est intenable, c'est une situation insupportable. **6.** Ensemble des activités de qqn dans un domaine spécifique. *Il a une vie culturelle très remplie.* **7.** Ensemble des moyens matériels (aliments, argent, etc.) nécessaires pour assurer l'existence de qqn. *La vie est chère. Gagner bien, mal sa vie.* ◇ *Fam.* ***Faire la vie.*** **a.** S'adonner, souvent avec excès, à tous les plaisirs. **b.** Être insupportable. **8.** Condition humaine, monde des humains. *Connaître, affronter la vie.* **9.** Biographie, histoire de qqn. *Il a écrit une vie de Van Gogh.* **10.** Mouvement, dynamisme, vitalité qui caractérisent une œuvre, animent un lieu. *Style plein de vie. Rendre la vie à un quartier.* **11.** Ensemble des activités, de la production d'un pays, d'un groupe dans un domaine donné. *La vie politique en France.* **12.** Existence, dans le temps, des choses soumises à une évolution. *La vie des mots. La vie des étoiles.*

VIEIL adj.m. → **VIEUX.**

VIEILLARD n.m. Homme très âgé. (Le fém. *vieillarde* est litt. ou péjor ; on dit plutôt *vieille.*) ◆ pl. Ensemble des personnes âgées.

1. VIEILLE adj.f. et n.f. → **VIEUX.**

2. VIEILLE n.f. ZOOL. Labre d'une espèce commune dans l'Atlantique, à chair peu estimée. (Nom sc. *Labrus bergylta.*)

V

VIEILLERIE n.f. **1.** Objet ancien, usé et démodé. **2.** Idée rebattue, conception surannée ; œuvre démodée, qui n'a plus d'intérêt.

VIEILLESSE n.f. **1.** Dernière période de la vie, caractérisée par un ralentissement ou un affaiblissement des fonctions ; fait d'être vieux. ◇ *Assurance vieillesse :* branche de la Sécurité sociale qui assure, en France, le versement des prestations en espèces aux personnes retirées de la vie active du fait de leur âge ; cette prestation. **2.** *Litt.* Grand âge de qqch. *Vieillesse d'un vin.* **3.** Ensemble des personnes âgées.

VIEILLI, E adj. **1.** Qui porte les marques de la vieillesse ; qui a perdu sa force, sa jeunesse. *Il a trouvé son père très vieilli.* **2.** Passé de mode, qui n'est plus en usage. **3.** LING. Qui tend à sortir de l'usage courant mais qui est encore compris de la plupart des locuteurs d'une langue (à la différence de *vieux*). *Expression vieillie.*

VIEILLIR v.i. **1.** Avancer en âge. – *Spécial.* Perdre sa force, sa vitalité, l'apparence de la jeunesse en prenant de l'âge. *En quinze ans, il n'a pas vieilli.* **2.** S'affaiblir par la durée ; commencer à n'être plus d'usage, plus apprécié. *La mode vieillit vite.* **3.** Acquérir des qualités particulières par la conservation (alcools, vins, fromages, viandes fumées...). ◆ v.t. **1.** Faire paraître plus vieux. *Cette coiffure te vieillit.* **2.** Fatiguer, affaiblir comme le fait la vieillesse. *Les soucis l'ont vieilli.* ◆ **se vieillir** v.pr. Se faire paraître plus vieux ; se dire plus vieux qu'on ne l'est réellement.

VIEILLISSANT, E adj. Qui vieillit.

VIEILLISSEMENT n.m. **1.** Fait de devenir vieux ; ensemble des phénomènes qui marquent l'évolution d'un organisme vivant vers la mort. **2.** État de ce qui vieillit. – DÉMOGR. Augmentation de la moyenne d'âge d'un groupe humain. **3.** Action de donner artificiellement l'aspect d'une personne âgée à qqn. **4.** Modification que subit avec le temps une denrée, en partic. un vin, un alcool, un fromage. – MÉTALL. Maturation. **5.** Fait de se démoder, de ne plus correspondre aux besoins d'une époque. *Vieillissement d'une doctrine.*

VIEILLOT, OTTE adj. Démodé et un peu ridicule ; suranné. *Des idées vieillottes.*

VIÈLE n.f. (anc. fr. *viele,* var. de *viole*). Tout instrument de musique aux cordes frottées par un archet ou par une roue *(vielle),* indépendamment de sa forme et du nombre des cordes.

VIELLE n.f. (anc. provenç. *viola*). *Vielle à roue :* vièle à clavier dont les cordes sont frottées par une roue mise en rotation par une manivelle.

■ **VIELLE.** Joueuses de vielle à roue.

VIELLEUR, EUSE ou **VIELLEUX, EUSE** n. Joueur de vielle.

VIENNOIS, E adj. et n. **1.** De Vienne, capitale de l'Autriche. **2.** De Vienne, ville de l'Isère. **3.** Du département de la Vienne.

VIENNOISERIE n.f. Ensemble des produits de boulangerie fabriqués avec une pâte fermentée enrichie de sucre, de lait, de matières grasses et d'œufs (pains au lait, brioches, croissants, etc.).

1. VIERGE adj. (lat. *virgo, -inis*). **1.** Se dit d'une personne qui n'a jamais eu de relations sexuelles. **2.** Se dit d'un lieu où l'on n'a pas pénétré, de qqch qui est intact, qui n'a pas encore servi. *Forêt vierge. Page vierge.* – Se dit d'un support magnétique sur lequel aucun enregistrement n'a encore été effectué. *Cassette vierge.* ◇ *Huile vierge,* obtenue par pression à froid de graines ou de fruits oléagineux et directement consommable. – *Litt. Vierge de :* sans trace de, exempt de.

2. VIERGE n.f. **1.** Fille vierge. **2.** *La Sainte Vierge, la Vierge,* ou *la Vierge Marie :* la mère de Jésus. **3.** *La Vierge :* constellation et signe du zodiaque (v. partie n.pr.). – *Par ext. Vierge :* personne née sous ce signe.

VIETNAMIEN, ENNE adj. et n. Du Viêt Nam, de ses habitants. ◆ n.m. Langue parlée principalement au Viêt Nam. (Le vietnamien s'écrit avec un alphabet latin, le quôc-ngu.)

VIEUX ou **VIEIL, VIEILLE** adj. et n. (lat. *vetus*). Avancé en âge. *Un vieil homme. Une pauvre vieille.* ◇ *Se faire vieux :* vieillir. ◆ adj. **1.** Qui a les caractères de la vieillesse. *Se sentir vieux.* ◇ *Les vieux jours :* la vieillesse. **2.** (Surtout au comparatif.) Âgé, âgé de. *Il est plus vieux que son frère, plus vieux de deux ans.* **3.** Qui existe depuis longtemps, qui dure. *Un vieux meuble. Une vieille habitude.* **4.** Qui est depuis longtemps dans tel état, tel métier, etc. *Un vieil ami. Un vieux soldat.* **5.** Qui a beaucoup servi ; usé, suranné. *Une vieille pèlerine.* ◆ n. *Fam.* **1.** Père ou mère. ◇ *Les vieux :* les personnes âgées. **2.** *Mon vieux, ma vieille :* terme d'amitié. **3.** *Un vieux de la vieille :* un vétéran, ancien dans le métier. ◆ n.m. **1.** Ce qui est ancien. *Acheter du vieux.* **2.** *Fam. Prendre un coup de vieux :* vieillir brusquement. – REM. *Vieil,* adj. m., est employé devant un mot masc. commençant par une voyelle ou un *h* muet.

VIEUX-CATHOLIQUE, VIEILLE-CATHOLIQUE n. et adj. (pl. *vieux-catholiques, vieilles-catholiques*). **1.** Catholique qui refusa d'adhérer au dogme de l'infaillibilité pontificale en 1870. (Les vieux-catholiques constituent une Église indépendante de 600 000 fidèles env.) **2.** Se dit d'une Église schismatique néerlandaise, dite *Église d'Utrecht,* héritière du jansénisme du XVIIIe s.

VIEUX-CROYANT n.m. (pl. *vieux-croyants*). Membre d'une des communautés dissidentes russes qui vivent en marge de l'Église officielle depuis le raskol (XVIIe s.).

VIEUX-LILLE n.m. inv. Fromage de Maroilles soumis à un long affinage et au goût très prononcé.

1. VIF, VIVE adj. (lat. *vivus*). **1. a.** Qui a de la vitalité, de la vigueur ; agile, preste. *Des yeux vifs. Un pas vif.* **b.** *Être brûlé vif,* vivant. – *Plus mort que vif* → **2. mort.** – *De vive voix :* directement et oralement. – *Eau vive,* qui coule d'une source. – *Haie vive,* formée d'arbustes en pleine végétation. **2.** Qui manifeste de la promptitude dans la compréhension, dans la réaction. *Intelligence vive.* **3.** Très net ; prononcé. *Vive surprise. Un penchant très vif.* **4.** Prompt à s'emporter. *Tempérament un peu vif.* **5.** Exprimé avec violence ou mordant. *Vifs reproches.* ◇ *De vive force* → **force. 6.** Se dit d'une couleur éclatante, intense. **7.** Qui saisit. *Froid vif.* **8.** *À joints vifs :* se dit d'une construction en pierres posées à sec, sans mortier. – *Arête vive :* angle saillant et non émoussé d'une pierre, d'un matériau.

2. VIF n.m. **1.** Chair vivante. ◇ *À vif :* avec la chair à nu. – *Trancher, couper dans le vif :* trancher jusque dans les parties essentielles pour sauver le reste ; prendre des mesures énergiques. – *Piquer, toucher au vif,* au point le plus sensible. **2.** *Fig.* Ce qu'il y a de plus important, de plus intéressant. *Entrer dans le vif d'une question.* **3.** DR. Personne vivante. *Donation entre vifs.* ◇ *Prendre, saisir sur le vif :* imiter d'après nature avec beaucoup de vie. **4.** Petit poisson vivant qui sert d'appât.

VIF-ARGENT n.m. [pl. *vifs-argents*] (lat. *argentum vivum,* mercure). Vx. Mercure.

VIGIE n.f. (port. *vigia,* de *vigiar,* veiller). MAR. **1.** Homme de veille placé en observation à bord d'un navire. **2.** Surveillance ainsi exercée.

VIGIL, E adj. (lat. *vigil,* éveillé). MÉD. Relatif à la veille ; qui a lieu à l'état de veille. ◇ Vieilli. *Coma vigil,* peu profond.

VIGILAMMENT adv. *Litt.* De façon vigilante ; attentivement.

VIGILANCE n.f. (lat. *vigilantia,* habitude de veiller). **1.** Surveillance attentive et soutenue. *Redoubler de vigilance.* **2.** PHYSIOL. État du cerveau, de l'organisme pendant la phase de veille du cycle nycthéméral. *Les troubles de la vigilance.*

VIGILANT, E adj. Plein de vigilance ; attentif.

1. VIGILE n.f. (lat. *vigilia,* veille). CATH. Jour qui précède et prépare une fête religieuse importante.

2. VIGILE n.m. (lat. *vigil,* veilleur). **1.** ANTIQ. ROM. Membre des cohortes instituées par Auguste, chargées de combattre les incendies et d'assurer la police nocturne de la ville. **2.** Personne chargée de la surveillance de locaux administratifs, industriels, universitaires, etc.

VIGNE n.f. (lat. *vinea,* de *vinum,* vin). **1.** Arbrisseau grimpant dont une espèce cultivée produit le raisin, que l'on consomme comme fruit, ou dont le moût fermenté fournit le vin. (Genre *Vitis ;* famille des vitacées.) ◇ *Vigne vierge :* arbrisseau grimpant, souvent ornemental, qui s'accroche aux surfaces lisses par des vrilles formant ventouses. SYN. : *ampélopsis.* **2.** Terrain planté de vigne cultivée ; vignoble. ◇ *Pêche de vigne :* pêche rouge provenant, à l'origine, de pêchers intercalés entre les ceps de vigne, qui produisent au moment des vendanges. – *Litt. Être dans les vignes du Seigneur :* être ivre.

ENCYCL. La tige ligneuse de la vigne, ou *cep,* porte des rameaux feuillés, ou *pampres,* qui se lignifient ensuite et deviennent des *sarments ;* les pampres s'accrochent par des vrilles. On reproduit la vigne par bouturage, marcottage ou greffage. La vigne exige un climat local chaud et assez sec. L'invasion du phylloxéra, qui a affecté la France dans la décennie 1870 - 1880, a conduit à l'introduction de plants américains résistant au puceron, utilisés comme producteurs directs ou, le plus souvent, comme porte-greffes.

■ **VIGNE** et vigne vierge.

VIGNEAU ou **VIGNOT** n.m. (de *vigne*). Région. (Normandie). Bigorneau.

VIGNERON, ONNE n. Personne qui cultive la vigne, fait du vin. ◆ adj. Relatif à la vigne, au vigneron.

VIGNETAGE n.m. PHOTOGR. Défaut d'un matériel de prise de vue qui se traduit par un assombrissement des angles ou des bords de l'image.

VIGNETER v.i. [16]. Produire un vignetage.

VIGNETTE n.f. (de *vigne*). **1.** Petit motif ornemental, petite illustration d'un texte, d'un livre. **2.** Petite étiquette, portant l'estampille de l'État, servant à attester le paiement de certains droits, notamm. de la taxe sur les automobiles. (Instaurée en 1956, la vignette automobile a été supprimée pour les particuliers à partir de 2001.) **3.** En France, timbre attaché à certaines spécialités pharmaceutiques, que l'assuré social doit coller sur sa feuille de maladie pour être remboursé.

VIGNETTISTE n. Personne qui dessine ou grave des vignettes, en partic. pour les livres.

VIGNOBLE n.m. (anc. provenç. *vinhobre*). **1.** Territoire planté de vignes ; ces vignes elles-mêmes. **2.** Ensemble des vignes d'une région, d'un pays.

VIGNOT n.m. → **VIGNEAU.**

VIGOGNE n.f. (esp. *vicuña*, du quechua). **1.** Petit lama sauvage des Andes, au pelage laineux. (Genre *Lama* ; famille des camélidés.) **2.** Tissu fin fait avec le poil de cet animal.

VIGOUREUSEMENT adv. Avec vigueur.

VIGOUREUX, EUSE adj. **1.** Qui est plein de santé, qui a de la vigueur, de l'énergie, de la force ; robuste. *Un enfant vigoureux.* **2.** Qui est fait, appliqué, exécuté avec vigueur ; énergique. *Poignée de main vigoureuse.* **3.** Qui manifeste de la détermination, de la fermeté. *Des mesures vigoureuses.* **4.** Se dit d'un vin corsé dont l'effet en bouche est dû au degré alcoolique et à l'acidité.

VIGOUSSE adj. Suisse. *Fam.* Vigoureux, vif, alerte.

VIGUERIE [vigri] n.f. Fonction du viguier.

VIGUEUR n.f. (lat. *vigor*). **1.** Force physique. *La vigueur de la jeunesse.* **2.** Énergie physique ou morale avec laquelle on exécute qqch. *Agir avec vigueur.* **3.** Fermeté, puissance manifestée par la pensée, le style, etc. *S'exprimer avec vigueur. La vigueur d'un discours.* **4.** *En vigueur :* en usage, en application. *Les lois en vigueur.*

VIGUIER n.m. (mot d'anc. provenç., du lat. *vicarius*). **1.** HIST. Dans le midi de la France, juge qui rendait la justice au nom du comte ou du roi. **2.** Magistrat et chef militaire d'Andorre.

VIH ou **V. I. H.** [veiaʃ] n.m. (sigle de *virus de l'immunodéficience humaine*). Virus responsable du sida.

VIHARA n.m. inv. (mot sanskr.). Monastère bouddhique ou jaïn. Graphie savante : *vihāra.*

VIKING [-kiŋ] adj. Relatif aux Vikings.

VIL, E adj. (lat. *vilis*). *Sout.* **1.** Méprisable. *Homme vil.* **2.** *À vil prix :* très bon marché.

1. VILAIN n.m. (bas lat. *villanus*, de *villa*, ferme). Au Moyen Âge, paysan libre.

2. VILAIN, E adj. (de *1. vilain*). **1.** Qui est laid, désagréable à voir, qui déplaît. *De vilaines dents.* **2.** Qui est moralement laid, malhonnête, méprisable. *De vilaines pensées. Un vilain mot.* **3.** Qui peut présager un danger, qqch de grave ; inquiétant. *Une vilaine toux.* **4.** Se dit d'un temps désagréable. *Quel vilain temps !* ◆ adv. *Fam. Il fait vilain :* il fait mauvais temps. ◆ adj. et n. Se dit d'un enfant insupportable, désobéissant. ◆ n.m. *Fam. Du vilain :* des choses fâcheuses, une dispute, du scandale. *Il va y avoir du vilain !*

VILAINEMENT adv. *Litt.* De façon vilaine, contraire aux règles de la beauté, de la morale, etc. *Il est vilainement bâti. Parler vilainement.*

VILAYET [vilajɛ] n.m. (turc *vilâyet*, de l'ar.). HIST. Division administrative de l'Empire ottoman.

VILEBREQUIN n.m. (moyen fr. *wimbelkin*). **1.** Outil au moyen duquel on imprime un mouvement de rotation à une mèche pour percer des trous, ou à une clef de serrage pour vis ou écrou. **2.** MÉCAN. INDUSTR. Arbre qui transforme un mouvement rectiligne alternatif, notamm. celui de l'ensemble piston-bielle d'un moteur thermique, en un mouvement circulaire.

VILEMENT adv. *Litt.* De façon vile.

VILENIE [vileni] ou [vilni] n.f. (de *2. vilain*). *Litt.* Action ou parole basse et vile.

VILIPENDER v.t. (lat. *vilis*, vil, et *pendere*, estimer). *Litt.* Traiter qqn, qqch avec beaucoup de mépris ; dénigrer.

VILLA n.f. (mot ital., du lat.). **1.** Maison d'habitation ou de villégiature, génér. vaste et avec jardin. **2.** Voie privée bordée de maisons individuelles. **3.** HIST. Domaine rural ou riche demeure de villégiature à Rome puis sous les Mérovingiens et les Carolingiens.

VILLAGE n.m. (lat. médiév. *villagium*, du lat. *villa*, ferme). **1.** Groupement d'habitations permanentes dont les habitants, en majorité, sont engagés dans le secteur agricole. **2.** Ensemble des habitants d'une telle localité. *Tout le village est au courant.* **3.** Ensemble organisé de structures d'accueil, en partic. pour les séjours de vacances, de retraite, etc. *Village club.* ◇ *Village de toile :* terrain de camping.

VILLAGEOIS, E n. Habitant d'un village. ◆ adj. Relatif au village, aux villageois. *Fête villageoise.*

VILLANELLE n.f. (ital. *villanella*, de *villano*, paysan). MUS. **1.** Composition polyphonique de caractère populaire, originaire de Naples, en vogue aux XVe et XVIe s. **2.** À partir du XVIe s., chanson pastorale et populaire, sous forme de poème à forme fixe composé d'un nombre impair de tercets et terminé par un quatrain.

VILLE n.f. (lat. *villa*, maison de campagne). **1.** Agglomération relativement importante et dont les habitants ont des activités professionnelles diversifiées, notamm. dans le domaine tertiaire. ◇ *À la ville :* dans une ville (par oppos. à *à la campagne*) ; dans la vie quotidienne, dans la vie privée. – *En ville.* **a.** Dans une ville. *Vivre en ville.* **b.** Dans la partie commerçante de l'agglomération. *Faire ses courses en ville.* **c.** Hors de chez soi. *Souper en ville.* – *Ville nouvelle,* créée à proximité d'une métropole ancienne dont on souhaite limiter la croissance, et où est prévu le développement simultané des fonctions économiques et de résidence. – *Ville ouverte* → **ouvert.** – IMPRIM. *Travaux de ville :* bilboquet. **2.** Population, ensemble des habitants d'une ville. *Toute la ville en parle.* **3.** Vie que l'on mène en ville. *Préférer la campagne à la ville.*

VILLE-CHAMPIGNON n.f. (pl. *villes-champignons*). Ville dont la population s'accroît très rapidement.

VILLE-DORTOIR n.f. (pl. *villes-dortoirs*). Cité-dortoir.

VILLÉGIATURE n.f. (ital. *villeggiatura*, de *villeggiare*, aller à la campagne). **1.** Séjour à la campagne, à la mer, etc., pour prendre du repos, des vacances. *Partir en villégiature à Deauville.* **2.** Lieu d'un tel séjour.

VILLÉGIATURER v.i. *Fam.,* vx. Être en villégiature.

VILLE-SATELLITE n.f. (pl. *villes-satellites*). Ville distincte d'un centre urbain plus important, administrativement autonome, mais qui a des relations étroites avec lui.

VILLOSITÉ n.f. (du lat. *villosus*, poilu). **1.** *Didact.* État d'une surface velue ; ensemble des poils qui recouvrent cette surface. **2.** MÉD. Chacune des petites saillies filiformes qui tapissent certaines cavités naturelles, en partic. celle de l'intestin grêle, en leur donnant un aspect velu. *Les villosités intestinales.*

VIMANA n.m. inv. (mot sanskr.). En architecture indienne médiévale, tour-sanctuaire pyramidale. Graphie savante : *vimāna.*

VIN n.m. (lat. *vinum*). **1.** Boisson obtenue par la fermentation alcoolique de raisins frais, foulés ou non, ou de moûts de raisin. *Vin blanc, rouge.* ◇ *Vin cuit :* vin provenant d'un moût concentré par chauffage. – *Vin délimité de qualité supérieure (VDQS) :* vin d'appellation simple, dont la qualité est garantie par un syndicat responsable de l'appellation. – *Vin de liqueur, vin doux naturel :* vins mutés par addition d'alcool au cours de la fermentation alcoolique. – *Vin nou-*

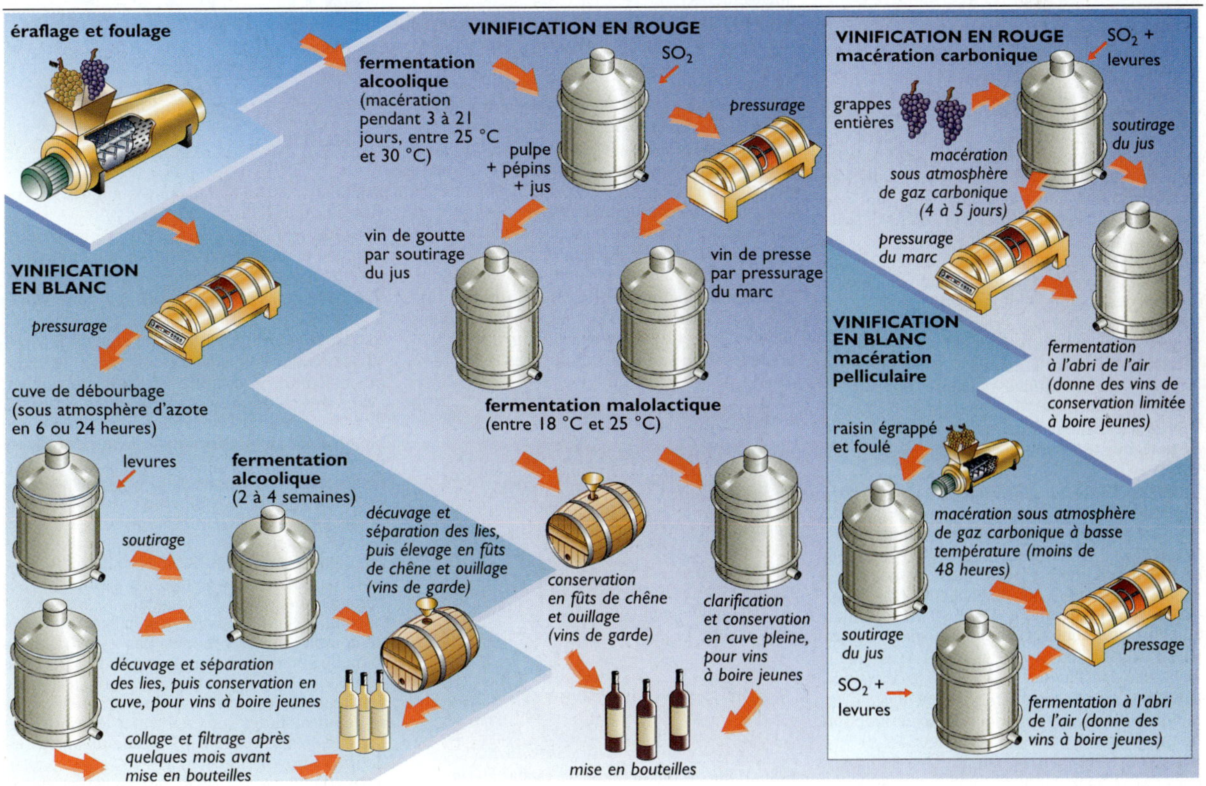

■ **VIN.** Élaboration du vin.

veau : vin de l'année, commercialisé rapidement après la vinification (en décembre ou, pour les vins dits « de primeur », à partir du troisième jeudi de novembre). – *Vin de pays :* vin dont la production est réglementée, vendu avec l'indication d'un département ou d'une zone de provenance. – *Vin de table :* vin ordinaire ne bénéficiant d'aucune classification particulière (8,5 ou 9° minimum). – *Vin d'honneur :* petite cérémonie offerte par une municipalité, une société, etc., au cours de laquelle on boit du vin en l'honneur de qqn ou pour fêter qqch. – *Être entre deux vins,* un peu ivre. **2.** Jus d'origine végétale dont une partie ou la totalité du sucre est transformée par fermentation. *Vin de riz. Vin de palme.* ◇ *Vin d'orange :* boisson obtenue par macération d'oranges amères dans du vin rouge. **3.** *Cour. Tache de vin :* angiome.

ENCYCL. Le vin rouge est obtenu à partir du raisin noir que l'on fait tout d'abord éclater par foulage. La vendange foulée, mise à macérer, subit la fermentation alcoolique sous l'action de levures. Le vin est ensuite soutiré pour être séparé des lies. Certains vins se commercialisent très tôt, dans l'année qui suit la vendange ; d'autres vieillissent en tonneaux ou en bouteilles. Dans la fabrication du vin blanc, les raisins, blancs ou noirs, sont foulés et pressés, et c'est le moût qui est soumis à fermentation.

V

VINA n.f. inv. (mot sanskr.). Cithare indienne à quatre cordes principales, munie de deux calebasses comme résonateurs. Graphie savante : *vīnā.*

VINAGE n.m. Addition d'alcool au vin ou au moût, licite pour la préparation des mistelles et des vins spéciaux.

VINAIGRE n.m. (de *vin* et *aigre*). **1.** Solution aqueuse riche en acide acétique, résultant d'une fermentation du vin ou d'un autre liquide alcoolisé, utilisé comme condiment pour l'assaisonnement et comme agent de conservation. **2.** *Fam. Faire vinaigre :* se dépêcher. – *Fam. Tourner au vinaigre :* prendre une fâcheuse tournure.

VINAIGRER v.t. Assaisonner avec du vinaigre.

VINAIGRERIE n.f. **1.** Usine ou atelier où l'on fabrique le vinaigre. **2.** Industrie du vinaigre.

VINAIGRETTE n.f. **1.** Sauce froide préparée avec du vinaigre, de l'huile et des condiments, servant à accompagner les salades, les crudités. **2.** Anc. Véhicule à deux roues, sorte de chaise à porteurs dans lequel on se faisait traîner par un homme.

1. VINAIGRIER n.m. Personne qui fabrique ou qui vend du vinaigre.

2. VINAIGRIER n.m. **1.** Récipient servant à la fabrication domestique du vinaigre. **2.** Burette à vinaigre.

VINAIRE adj. (lat. *vinarius*). Relatif au vin.

VINASSE n.f. **1.** *Fam.* Vin médiocre et fade. **2.** Résidu de la distillation des vins, des marcs, des mélasses de sucreries, utilisé comme engrais ou comme aliment du bétail après concentration.

VINBLASTINE n.f. Alcaloïde antimitotique extrait de la pervenche rose et utilisé dans le traitement de certains cancers.

VINCAMINE n.f. Alcaloïde de la pervenche, qui permettrait d'améliorer l'oxygénation de l'oreille interne, de la rétine et du cerveau.

VINDICATIF, IVE adj. et n. (du lat. *vindicare,* venger). Qui manifeste un désir de vengeance.

VINDICTE n.f. (lat. *vindicta*). *Litt.* Punition des crimes. ◇ *Litt. Vindicte publique, populaire :* poursuite d'un crime au nom de la société.

VINÉE n.f. Branche à fruits dans la taille longue de la vigne.

VINER v.t. Pratiquer le vinage.

VINEUX, EUSE adj. (lat. *vinosus*). **1.** Se dit d'un vin riche en alcool. **2.** Qui a le goût ou l'odeur du vin ; qui rappelle la couleur du vin rouge.

VINGT [vɛ̃] ([vɛ̃t] devant une voyelle, un *h* muet ou un autre nombre) adj. num. et n.m. (lat. *viginti*). **1.** Deux fois dix. **2.** Vingtième. *Page vingt.* – REM. *Vingt* prend un *s* quand il est précédé d'un adjectif de nombre qui le multiplie : *quatre-vingts.*

VINGTAINE [vɛ̃tɛn] n.f. Quantité représentant vingt unités ou environ. *Une vingtaine de blessés.*

VINGT-DEUX [vɛ̃tdø] interj. *Fam. Vingt-deux ! :* indique un danger imminent, l'arrivée inopportune de qqn, en partic. de la police.

VINGT-ET-UN [vɛ̃teœ̃] n.m. inv. Jeu de hasard dans lequel on reçoit deux cartes devant totaliser vingt et un points, ou s'en approcher.

1. VINGTIÈME [vɛ̃tjɛm] adj. num. ord. et n. Qui occupe le rang marqué par le nombre vingt. ◆ n.m. et adj. Quantité désignant le résultat d'une division par vingt.

2. VINGTIÈME n.m. HIST. *Impôt du vingtième :* dans la France d'Ancien Régime, impôt direct institué en 1749.

VINGTIÈMEMENT [vɛ̃tjɛmmɑ̃] adv. En vingtième lieu.

VINGT-QUATRE [vɛ̃tkatr] adj. *Vingt-quatre heures :* un jour entier.

VINICOLE adj. Relatif à la vinification.

VINIFÈRE adj. Qui produit du vin. *Terrain vinifère.*

VINIFICATEUR, TRICE n. Personne qui réalise la vinification.

VINIFICATION n.f. Transformation du raisin ou du moût en vin ; ensemble des techniques mises en œuvre pour cette transformation.

VINIFIER v.t. [5]. Opérer la vinification de.

VINOSITÉ n.f. Qualité d'un vin vineux.

VINTAGE n.m. (mot angl., *grand cru*). Porto millésimé qui a vieilli au moins dix ans.

VINYLE n.m. **1.** Radical éthylénique monovalent $H_2C{=}CH{-}$. **2.** Disque microsillon en vinylite (par oppos. à *disque compact*). SYN. : *disque noir.*

VINYLIQUE adj. Se dit des composés renfermant le radical vinyle et des résines obtenues par leur condensation.

VINYLITE n.f. Polymère utilisé pour le pressage des disques microsillons.

VIOC, VIOQUE n. et adj. (anc. fr. *viot,* vieillard). *Fam.,* vieilli. Vieux, vieille ; père, mère. ◆ n.m. pl. *Fam.,* vieilli. Parents.

VIOL n.m. **1.** Acte de pénétration sexuelle commis sur autrui par violence, contrainte, menace ou surprise, pénalement répréhensible. **2.** Action de transgresser une loi, une règle, etc.

VIOLACÉ, E adj. (du lat. *viola,* violette). Qui tire sur le violet.

VIOLACÉE n.f. Plante dicotylédone herbacée ou arbustive à fleurs dialypétales, telle que la violette, la pensée, le saintpaulia. (Les violacées forment une famille.)

VIOLACER (SE) v.pr. [9]. Devenir violet ou violacé.

VIOLATEUR, TRICE n. *Litt.* **1.** Personne qui viole un lieu. **2.** Personne qui viole les lois, les engagements.

VIOLATION n.f. **1.** Action de transgresser une loi, une règle, un engagement. *Violation d'un serment.* ◇ *Violation de la loi :* méconnaissance ou mauvaise application d'une disposition légale ou réglementaire par une décision de justice. – *Violation des correspondances :* délit commis par celui qui, de mauvaise foi, ouvre ou supprime la correspondance adressée à un tiers. **2.** Action de pénétrer de force dans un lieu. *Violation de territoire.* ◇ *Violation de domicile :* délit commis par celui qui s'introduit ou se maintient irrégulièrement au domicile d'autrui et contre son gré. **3.** Profanation d'un lieu sacré, d'une sépulture.

VIOLE n.f. (anc. provenç. *viola*). Instrument de musique à cordes frottées, comportant des frettes sur son manche. ◇ *Viole d'amour :* viole qui possède deux rangées superposées de cordes, dans laquelle le frottement de l'une entraîne la résonance de l'autre. – *Viole de gambe,* qui se joue sur ou entre les jambes.

■ **VIOLE.** Joueuse de viole de gambe, détail d'un tableau de C. Netscher. (Louvre, Paris.)

VIOLEMMENT [vjɔlamɑ̃] adv. Avec violence.

VIOLENCE n.f. (lat. *violentia*). **1.** Caractère de ce qui se manifeste, se produit ou produit ses effets avec une force intense, extrême, brutale. *Tempête d'une rare violence.* **2.** Caractère de qqn qui est emporté, agressif ; brutalité. **3.** Extrême véhémence, outrance dans les propos, le comportement. **4.** *Faire violence à :* contraindre qqn par la force ; interpréter qqch d'une manière forcée ; dénaturer. – *Fam. Se faire une douce violence :* n'avoir pas à se forcer beaucoup pour faire qqch qu'en fait on aime particulièrement faire. ◆ pl. Actes violents. *Commettre des violences.*

VIOLENT, E adj. et n. (lat. *violentus*). Qui fait preuve de brutalité, d'emportement. ◆ adj. **1.** Qui a une force brutale, une grande intensité. *Un orage violent. Une passion violente.* **2.** Qui exige de l'énergie. *Exercice violent.* **3.** *Fam.* Excessif, vexant. *C'est un peu violent d'être ainsi reçu !* **4.** *Mort violente :* mort causée par un accident, un suicide, un meurtre.

VIOLENTER v.t. **1.** Commettre sur qqn un viol ou une tentative de viol. **2.** *Litt.* Faire violence à qqn, le contraindre, le faire agir par force.

VIOLER v.t. (lat. *violare*). **1.** Commettre un viol sur qqn. **2.** Transgresser, enfreindre. *Violer la loi, un règlement.* **3.** Ouvrir qqch, pénétrer dans un lieu de force, malgré une interdiction. *Violer un coffre-fort. Violer un domicile.*

VIOLET, ETTE adj. De la couleur de la violette, correspondant à une des limites visibles du spectre solaire, et d'une longueur d'onde moyenne de 400 nm. ◆ n.m. **1.** Couleur violette. **2.** Matière colorante violette. *Un tube de violet.* **3.** ZOOL. Figue de mer.

VIOLETER v.t. [16]. Teinter de violet.

VIOLETTE n.f. (anc. fr. *viole,* du lat. *viola*). **1.** Plante des bois et des haies, à fleurs violettes ou blanches souvent odorantes. (Genre *Viola ;* famille des violacées.) **2.** Parfum de cette plante. ◇ *Bois de violette :* bois d'un palissandre du Brésil, utilisé en marqueterie et en ébénisterie (genre *Dalbergia*).

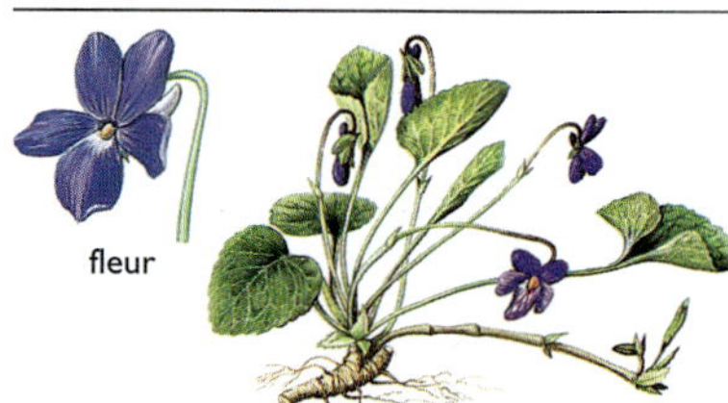

■ **VIOLETTE**

VIOLEUR, EUSE n. Personne qui a commis un viol sur qqn.

VIOLIER n.m. (de l'anc. fr. *viole,* violette). BOT. Nom usuel de diverses giroflées, notamm. de la giroflée rouge, et de diverses autres matthioles.

VIOLINE adj. et n.m. D'une couleur violet-pourpre.

VIOLISTE n. Instrumentiste qui joue de la viole.

VIOLON n.m. (de *viole*). **1.** Instrument de musique à quatre cordes frottées à l'aide d'un archet, accordées en quintes, respectivement sur le *sol,* le *ré,* le *la* et le *mi.* ◇ *Accorder ses violons :* se mettre d'accord. **2.** Instrumentiste qui joue de cet instrument. *Premier violon.* **3.** *Violon d'Ingres :* talent qu'une personne cultive pour son plaisir en marge de son activité principale ; hobby. **4.** *Fam.* Prison d'un poste de police, d'un corps de garde.

ENCYCL. Le terme de « violon » apparaît pour la première fois en 1529. C'est surtout aux luthiers de Crémone que la facture du violon doit ses perfectionnements (Stradivarius). L'instrument se compose de la caisse de résonance, formée de deux tables voûtées réunies par les éclisses, du manche, portant la touche sur laquelle l'interprète pose les doigts, et de la tête, dans laquelle sont plantées les chevilles autour desquelles s'enroulent les cordes supportées par le chevalet et retenues par le cordier. L'étendue du violon est de trois octaves et une sixte.

VIOLONCELLE n.m. (ital. *violoncello*). **1.** Instrument de musique à quatre cordes frottées à l'aide

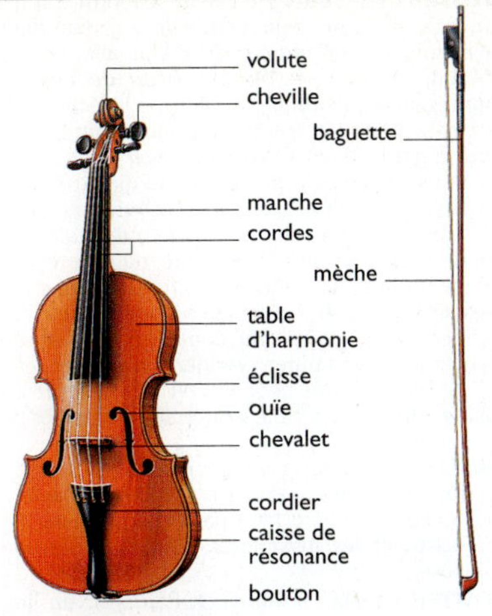

■ **VIOLON** et archet.

d'un archet, accordées en quintes, respectivement sur le *do*, le *sol*, le *ré* et le *la* (basse de la famille des violons). **2.** Vx. Violoncelliste.

VIOLONCELLISTE n. Instrumentiste qui joue du violoncelle.

VIOLONÉ, E adj. Se dit d'un dossier de fauteuil, d'un objet chantournés, rappelant la forme du violon. (Style Louis XV.)

VIOLONEUX n.m. **1.** Anc. Musicien de village ; ménétrier. **2.** *Fam.* Violoniste médiocre. **3.** Québec. *Fam.* Violoniste populaire, amateur.

VIOLONISTE n. Instrumentiste qui joue du violon.

VIOQUE n.f. et adj.f. → **VIOC.**

VIORNE n.f. (lat. *viburnum*). Arbuste à fleurs blanches et velues, aux baies rouges ou noires, dont les espèces principales sont l'obier et le laurier-tin. (Genre *Viburnum ;* famille des caprifoliacées.)

VIP ou **V. I. P.** [veipe] n.m. (sigle de l'angl. *very important person*). *Fam.* Personnalité de marque.

VIPÈRE n.f. (lat. *vipera*). **1.** Serpent venimeux, ovovivipare, à tête triangulaire et à queue très courte, à crochets percés d'un canal, commun en Europe, en Asie occidentale et en Afrique. (La morsure des vipères inocule un venin dangereux, parfois mortel pour l'homme. La péliade et l'aspic sont les deux principales espèces d'Europe occidentale ; famille des vipéridés.) ◇ ***Vipère à cornes*** : céraste. – ***Vipère des sables*** : ammodyte. **2.** *Fig.* Personne médisante ou malfaisante. ◇ *Fam.* ***Langue de vipère*** : personne qui se plaît à médire, à calomnier.

■ **VIPÈRE.** Vipère péliade.

VIPEREAU, VIPÉREAU ou **VIPÉRIAU** n.m. Jeune vipère.

VIPÉRIDÉ n.m. Serpent venimeux d'Europe, d'Asie et d'Amérique, à crochets en forme d'aiguille creuse et recourbée, tel que les vipères et les crotales. (Les vipéridés forment une famille.)

VIPÉRIN, E adj. (lat. *viperinus*). Relatif à la vipère ; qui ressemble à la vipère. ◇ ***Couleuvre vipérine,*** inoffensive, commune près des cours d'eau de l'Europe occidentale. (Nom sc. *Natrix viperina ;* famille des colubridés.)

VIPÉRINE n.f. Plante à grosses fleurs bleues et à tige velue, commune dans les endroits incultes. (Genre *Echium ;* famille des borraginacées.)

VIRAGE n.m. **1.** Changement de direction d'un véhicule, de qqn à skis, etc. *Faire un virage à droite.* **2.** Partie courbe d'une route, d'une piste. *Un virage relevé.* **3.** Changement d'orientation d'un parti, d'une pensée, d'une politique. **4.** CHIM. Changement de couleur d'un réactif coloré. **5.** PHOTOGR. Opération destinée à transformer une image en noir et blanc en une image colorée. **6.** MÉD. Fait de devenir positif, pour un test diagnostique d'infection.

VIRAGO n.f. (mot lat., *femme robuste,* de *vir,* homme). *Péjor.* Femme d'allure masculine, autoritaire et criarde.

VIRAL, E, AUX adj. Relatif aux virus ; dû à un virus. *Hépatite virale.*

VIRE n.f. Terrasse étroite sur la paroi verticale d'une montagne.

VIRÉE n.f. *Fam.* Promenade, sortie ou voyage rapides, faits pour se distraire.

VIRELAI n.m. (anc. fr. *vireli,* de *virer*). Poème médiéval sur deux rimes et de quatre strophes, dont la première est reprise intégralement ou partiellement après chacune des trois autres.

VIREMENT n.m. **1.** Opération consistant à créditer un compte bancaire ou postal par le débit d'un autre compte. ◇ ***Virement de crédits*** : opération consistant à affecter à un chapitre du budget des crédits votés pour un autre. **2.** MAR. ***Virement de bord*** : action de changer d'amures.

VIRER v.i. (lat. *vibrare,* balancer). **1.** Tourner sur soi, changer complètement de direction. **2.** Prendre un virage, tourner pour se diriger dans telle direction. *Virer brusquement. Virer à gauche.* **3.** MAR. Exercer un effort sur un cordage ou sur une chaîne par enroulement sur un treuil ou sur un guindeau. **4.** Changer de nuance, en parlant d'une étoffe teinte. ◆ v.t. ind. **(à).** Changer de couleur, d'aspect, de caractère, de goût. *Virer au bleu. Virer à l'aigre.* ◆ v.t. **1.** Transférer d'un compte à un autre, faire un virement. **2.** PHOTOGR. Soumettre à l'opération du virage. *Virer une épreuve.* **3.** ***Virer sa cuti*** : avoir un test tuberculinique qui devient positif ; *fam.,* changer d'opinion, de mode de vie ; devenir homosexuel. **4.** *Fam.* Enlever qqch de quelque part. *Virer un meuble.* **5.** *Fam.* Expulser qqn d'un lieu, d'un groupe. *On l'a viré du parti.* **6.** *Fam.* Congédier. *Virer un employé.*

VIRESCENCE [virɛsɑ̃s] n.f. (du lat. *virescere,* devenir vert). Verdissement accidentel des parties colorées des végétaux, notamm. des pétales, causé le plus souvent par des parasites.

VIREUR n.m. Mécanisme permettant de modifier, à l'arrêt, la position de l'axe d'une machine tournante (turbine, alternateur, etc.).

VIREUX, EUSE adj. (du lat. *virus,* poison). Se dit d'un produit végétal, génér. toxique (ciguë, opium, etc.), qui a une odeur forte ou une saveur nauséabonde. ◇ MYCOL. ***Amanite vireuse*** : l'une des trois amanites mortelles d'Europe, avec l'amanite printanière et l'amanite phalloïde.

VIREVOLTE n.f. **1.** Tour rapide que fait une personne sur elle-même. **2.** *Fig.* Changement complet de direction, d'opinion.

VIREVOLTER v.i. (anc. fr. *virevouster,* tourner en rond). Faire une, des virevoltes.

1. VIRGINAL, E, AUX adj. (du lat. *virgo, -inis,* vierge). **1.** Propre aux vierges ; qui a qqch de chaste. *Candeur virginale.* **2.** *Litt.* D'une pureté, d'une blancheur éclatante ; qui n'a jamais été touché. *Neige virginale.*

2. VIRGINAL n.m. (pl. *virginals*). Épinette en usage en Angleterre aux XVIe et XVIIe s.

VIRGINIE n.m. Tabac en feuilles provenant de la Virginie.

VIRGINITÉ n.f. (lat. *virginitas,* de *virgo,* vierge). **1.** État d'une personne vierge. **2.** *Litt.* Pureté, candeur.

VIRGULE n.f. (lat. *virgula*). **1.** Signe de ponctuation (,) servant à séparer les divers membres d'une phrase. **2.** Signe qui sépare la partie entière et la partie décimale d'un nombre décimal. **3.** ***Bacille virgule*** : vibrion du choléra.

VIRIL, E adj. (lat. *virilis,* de *vir,* homme). **1.** Propre à l'homme, au sexe masculin. **2.** Qui témoigne de l'énergie, de la fermeté, de la résolution que la tradition prête au sexe masculin. *Action virile. Langage viril.*

VIRILEMENT adv. D'une manière virile.

VIRILISANT, E adj. et n.m. PHARM. Se dit d'une substance qui fait apparaître des caractères masculins.

VIRILISATION n.f. Apparition, développement d'un virilisme.

VIRILISER v.t. Donner un caractère viril à.

VIRILISME n.m. Présence de caractères physiques masculins chez une femme (développement des poils, par ex.).

VIRILITÉ n.f. **1.** Ensemble des caractères physiques et psychiques du sexe masculin. **2.** Capacité d'engendrer ; vigueur sexuelle. **3.** *Litt.* Mâle énergie, courage.

VIRILOCAL, E, AUX adj. ANTHROP. Se dit d'un couple résidant chez le mari. SYN. : *patrilocal.*

VIRION n.m. Forme que prend un virus en dehors des cellules infectées, constituée d'un acide nucléique entouré d'une coque de protéines.

VIROÏDE n.m. Agent infectieux composé d'un ARN, de structure plus simple qu'un virus, et qui serait responsable de certaines maladies des plantes.

VIROLE n.f. (lat. *viriola*). **1.** Bague de métal qu'on met sur certains manches d'outils, pour les empêcher de se fendre, de s'user, ou sur certains couteaux pour bloquer la lame en position ouverte. **2.** Cylindre métallique ou en béton entrant dans la construction d'enceintes ou de réservoirs cylindriques. **3.** Moule circulaire, bague en acier trempé où se place le flan au moment de la frappe d'une monnaie.

VIROLET n.m. Suisse. Petit virage.

VIROLOGIE n.f. Partie de la microbiologie et de la médecine qui étudie les virus.

VIROLOGIQUE adj. Relatif à la virologie.

VIROLOGISTE ou **VIROLOGUE** n. Spécialiste de virologie.

VIROSE n.f. Infection due à un virus.

VIRTUALITÉ n.f. Caractère de ce qui est virtuel.

VIRTUEL, ELLE adj. (du lat. *virtus,* force). **1.** Qui n'est qu'en puissance ; potentiel, possible. *Les débouchés virtuels d'un nouveau produit.* **2.** OPT. Se dit d'une image dont les points se trouvent sur le prolongement des rayons lumineux et qui n'a donc pas de réalité matérielle. CONTR. : *réel.* **3.** Qui concerne la simulation d'un environnement réel par des images de synthèse tridimensionnelles. *Réalité, monde virtuels. Images virtuelles.* **4.** ***Particule virtuelle*** : en physique quantique, particule fictive permettant d'expliquer l'interaction entre quantons.

VIRTUELLEMENT adv. De façon virtuelle.

VIRTUOSE n. (ital. *virtuoso*). **1.** MUS. Instrumentiste capable de résoudre, avec aisance, les plus grandes difficultés techniques. **2.** Personne extrêmement habile dans un art, une technique, une activité.

VIRTUOSITÉ n.f. **1.** MUS. Talent et habileté du virtuose. **2.** Grande habileté artistique ou technique en général.

VIRULENCE n.f. Caractère de ce qui est virulent.

VIRULENT, E adj. (bas lat. *virulentus,* de *virus,* poison). **1.** MICROBIOL. Doué d'un pouvoir pathogène. *Germes virulents.* **2.** Nocif et violent. *Poison virulent.* **3.** D'un caractère agressif très violent et mordant. *Un discours virulent.*

VIRURE n.f. MAR. Bande de tôles s'étendant de l'avant à l'arrière de la carène d'un navire.

VIRUS [virys] n.m. (mot lat., *poison*). **1.** Agent infectieux très petit, qui possède un seul type d'acide nucléique, ADN ou ARN, et qui ne peut se reproduire qu'en parasitant une cellule. **2.** *Fig.* Principe de contagion morale. *Le virus de la contestation.* **3.** INFORM. Instruction ou suite d'instructions parasites, introduite dans un programme et susceptible d'entraîner diverses perturbations dans le fonctionnement d'un ordinateur.

■ **VIRUS** de l'herpès.

VIS [vis] n.f. (lat. *vitis,* vrille de la vigne). **1.** Pièce comportant une partie filetée et une tête permettant de la faire tourner, de manière à en assurer la pénétration dans une pièce taraudée, notamm. à des fins d'assemblage. <> ***Vis mère*** *:* sur un tour à fileter, vis de pas rigoureux qui assure à l'outil un déplacement de translation en relation avec le mouvement de rotation de la pièce à fileter. – ***Vis sans fin*** *:* vis dont les filets agissent sur les dents d'une roue à axe perpendiculaire à celui de la vis afin de lui transmettre un mouvement de rotation. – MANUT. ***Vis d'Archimède*** *:* hélice tournant autour de son axe dans une goulotte et assurant le déplacement de liquides ou de matériaux pâteux ou pulvérulents. – ***Vis platinée*** *:* pastille au tungstène des allumeurs classiques des moteurs à explosion. (Par analogie avec les anciennes vis réglables, à tête revêtue de platine.) **2.** ***Escalier à vis*** ou ***en vis*** *:* escalier tournant autour d'un noyau ou d'un vide central selon une courbe proche de l'hélice. (On dit aussi *escalier en hélice, en colimaçon, en spirale.*) **3.** *Fam.* ***Donner un tour de vis, serrer la vis*** *:* adopter une attitude plus sévère.

VISA n.m. (mot lat., *choses vues*). **1.** Sceau, signature ou paraphe apposés sur un document pour le valider ou pour attester le paiement d'un droit. **2.** Cachet authentique, valant autorisation de séjour, apposé sur un passeport par les services diplomatiques (ambassade, consulat) des pays dans lesquels le demandeur désire se rendre.

VISAGE n.m. (anc. fr. *vis,* du lat. *visus,* aspect). **1.** Face humaine ; partie antérieure de la tête. *Un joli visage.* **2.** Face, figure considérée comme caractéristique de la personne. *Aimer voir de nouveaux visages.* **3.** Expression des traits de la face. *Un visage souriant.* <> ***Changer de visage*** *:* changer de couleur (rougir, pâlir), d'expression. – ***Faire bon, mauvais visage à qqn,*** l'accueillir aimablement ou non. – ***À visage découvert*** *:* franchement. **4.** *Litt.* Aspect d'une chose. *La ville offrait un visage de fête.*

VISAGISME n.m. Ensemble des techniques destinées à mettre en valeur la beauté d'un visage.

VISAGISTE n. Coiffeur, esthéticien dont la technique a pour but de mettre en valeur la spécificité d'un visage.

1. VIS-À-VIS [vizavi] loc. adv. (du lat. *visus,* aspect). En face, à l'opposé. *Nous étions placées vis-à-vis.* <> ***Vis-à-vis de*** *:* En face de ; à l'égard de.

2. VIS-À-VIS n.m. **1.** Personne, chose qui se trouve en face d'une autre. *J'avais pour vis-à-vis, à table, la présidente.* **2.** Bâtiment, immeuble voisins que l'on voit en face d'une fenêtre. **3.** Confident (fauteuil).

VISCACHE [viskaʃ] n.f. (du quechua). Gros rongeur d'Amérique du Sud, voisin du chinchilla, recherché pour sa fourrure. (Genre *Lagostomus ;* famille des chinchillidés.)

VISCÉRAL, E, AUX [vise-] adj. **1.** Relatif aux viscères. *Cavité viscérale.* **2.** Qui vient des profondeurs de l'être. *Une haine viscérale.*

VISCÉRALEMENT adv. De façon viscérale ; profondément.

VISCÈRE [visɛr] n.m. (lat. *viscus, -eris*). Organe mou situé à l'intérieur de la tête, du thorax ou de l'abdomen (cœur, foie, estomac, etc.).

VISCOÉLASTICITÉ n.f. Caractère d'un solide à la fois élastique et visqueux.

VISCOÉLASTIQUE adj. Doué de viscoélasticité.

VISCOPLASTICITÉ n.f. Caractère d'un solide à la fois plastique et visqueux.

VISCOPLASTIQUE adj. Doué de viscoplasticité.

VISCOSE n.f. Cellulose sodique employée pour la fabrication de fibres (rayonne, Fibranne) et de pellicules transparentes (Cellophane, par ex.).

VISCOSIMÈTRE n.m. Appareil destiné à mesurer la viscosité des fluides, princip. des huiles de graissage.

VISCOSITÉ n.f. (du bas lat. *viscosus,* gluant). **1.** Caractère de ce qui est visqueux. **2.** Résistance d'un fluide à l'écoulement uniforme et sans turbulence. **3.** ÉCON. Lenteur d'adaptation des phénomènes économiques les uns aux autres. **4.** PSYCHIATR. *Viscosité mentale :* ralentissement des processus psychiques.

VISÉE n.f. Action de diriger le regard, une arme, un appareil photo vers qqch, un objectif. ◆ pl. But que qqn assigne à une action ; ce que l'on cherche à atteindre. *Des visées politiques.*

1. VISER v.t. et v.i. (lat. *visere,* voir). **1.** Diriger une arme, un objet vers l'objectif à atteindre. *Viser une cible. Viser juste.* **2.** ***Viser haut*** *:* avoir des projets ambitieux. ◆ v.t. **1.** Avoir un objectif en vue, briguer ; chercher à obtenir, rechercher. *Viser la présidence, les honneurs.* **2.** Concerner de près qqn, qqch. *Vous n'êtes pas visés par cette décision.* ◆ v.t. ind. **(à).** Avoir en vue, poursuivre tel résultat. *Viser à plaire. Viser au succès.*

2. VISER v.t. Marquer d'un visa. *Viser un document.*

VISEUR n.m. **1.** Dispositif optique servant à viser. **2.** Dispositif d'un appareil de prise de vues permettant de cadrer et, parfois, de mettre au point l'image à enregistrer.

VISHNOUISME [viʃnuism] n.m. Ensemble des doctrines et des pratiques religieuses liées à Vishnou, constituant l'une des principales formes de l'hindouisme.

VISIBILITÉ n.f. **1.** Qualité de ce qui est visible, facilement perceptible. **2.** Possibilité de voir à une certaine distance. *Manque de visibilité dans un virage.*

VISIBLE adj. (lat. *visibilis,* de *videre,* voir). **1.** Qui peut être vu. *Une étoile visible à l'œil nu.* **2.** Facilement perceptible ; évident, manifeste. *Une preuve visible. Un plaisir visible.* **3.** *Fam.* Disposé à recevoir des visites ; en état de les recevoir. ◆ n.m. **1.** Ensemble du monde, des choses, tels qu'ils se présentent à l'œil. **2.** OPT. Domaine du spectre électromagnétique perceptible par l'œil humain.

VISIBLEMENT adv. De façon visible ; manifestement.

VISIÈRE n.f. (de l'anc. fr. *vis,* visage). **1.** Pièce de casque qui se hausse et se baisse à volonté devant le visage. <> *Litt.* ***Rompre en visière*** *:* attaquer de front, contredire ouvertement. **2.** Partie d'une casquette, d'un képi qui abrite le front et les yeux.

VISIOCASQUE n.m. Appareil en forme de casque, muni d'écouteurs et de deux petits écrans vidéo s'adaptant sur les yeux, que l'on utilise pour accéder à un environnement virtuel.

VISIOCONFÉRENCE ou **VIDÉOCONFÉRENCE** n.f. Téléconférence permettant, outre la transmission de la parole et de documents graphiques, celle d'images animées des participants.

VISION n.f. (lat. *visio*). **1.** Fonction qui permet l'exercice du sens de la vue ; vue. *Troubles de la vision.* **2.** Fait, action de voir, de regarder qqch. *La vision de ce film l'a choquée.* **3.** *Fig.* Manière de voir, de concevoir, de comprendre qqch. *J'ai une autre vision que vous de ce problème.* **4.** Perception imaginaire d'objets irréels ; hallucination. *Avoir des visions.* **5.** Apparition surnaturelle.

ENCYCL. La vision comprend quatre fonctions : vision des formes (très performante chez les rapaces diurnes), celle des distances (notamm. pour les organismes à vision binoculaire, comme chez l'homme), celle des mouvements (partic. développée chez les insectes) et celle des couleurs. De nombreuses espèces animales voient dans l'infrarouge ou dans l'ultraviolet, certaines ne distinguent pas les couleurs.

VISIONIQUE n.f. Technique de réalisation et de mise en œuvre des systèmes de vision artificielle.

VISIONNAGE n.m. Action de visionner un film, une émission.

VISIONNAIRE adj. et n. **1.** Qui a ou croit avoir des visions surnaturelles. **2.** Qui est capable d'anticipation, qui a l'intuition de l'avenir.

VISIONNER v.t. **1.** Examiner à la visionneuse. **2.** Regarder un film, une émission, etc., à titre professionnel, avant leur passage en public ou leur mise en forme définitive.

VISIONNEUSE n.f. Appareil assurant la vision, directe ou par projection, de diapositives ou de films de cinéma.

VISIOPHONE n.m. **1.** Terminal de communication téléphonique permettant de voir l'image animée du correspondant. **2.** Visiophonie.

VISIOPHONIE n.f. Service de communication par visiophones. SYN. : *visiophone.*

VISITANDINE n.f. **1.** Religieuse de l'ordre catholique de la Visitation Sainte-Marie fondé à Annecy, en 1610, par saint François de Sales et sainte Jeanne de Chantal. **2.** Gâteau à base de blancs d'œufs battus, de beurre et d'amandes pilées.

VISITATION n.f. **1.** *La Visitation :* fête catholique commémorant la visite de la Vierge Marie à sainte Élisabeth, mère de saint Jean-Baptiste. **2.** BX-ARTS. Représentation de cette rencontre.

VISITE n.f. (de *visiter*). **1.** Fait de se rendre auprès de qqn pour lui tenir compagnie, s'entretenir avec lui, etc. <> ***Rendre visite à qqn,*** aller auprès de lui, chez lui. – DR. CIV. ***Droit de visite*** *:* autorisation accordée par décision judiciaire de recevoir périodiquement un enfant dont on n'a pas la garde. **2.** *Fam.* Visiteur. *Avoir de la visite.* **3.** Dans certaines professions (médicales, paramédicales, sociales), action de se rendre auprès du patient, du client. <> ***Visite médicale,*** ou ***visite*** *:* examen médical assuré dans le cadre d'une institution (médecine du travail, médecine scolaire, etc.). **4.** Action de visiter un lieu, un édifice. *Visite guidée du Louvre.* **5.** Action de visiter pour examiner, vérifier, expertiser, etc. *Visite d'un appartement.* <> DR., MAR. ***Droit de visite*** *:* droit de contrôle exercé sur les navires de commerce par des navires de guerre et comprenant la vérification des papiers de bord et, s'il y a lieu, la fouille. – CATH. ***Visite pastorale*** *:* inspection régulière faite par l'évêque dans les paroisses et les institutions religieuses de son diocèse.

VISITER v.t. (lat. *visitare*). **1.** Parcourir un lieu pour en examiner les caractéristiques, les curiosités, etc. **2.** Se rendre dans un lieu, une administration, un service, etc., pour l'inspecter. **3.** Vieilli. Examiner soigneusement le contenu de. *Les douaniers ont visité tous les bagages.* **4.** Afrique. Rendre visite à qqn.

VISITEUR, EUSE n. et adj. **1.** Personne qui rend visite à qqn. <> DR. ***Visiteur de prison*** *:* personne qui rencontre bénévolement des personnes incarcérées pour les soutenir, les préparer à leur reclassement social. **2.** Touriste, personne qui visite un site, un musée, etc.

VISON n.m. (lat. pop. *vissio,* puanteur). **1.** Mammifère carnassier voisin du putois, élevé pour sa fourrure, très recherchée. (On le trouve en Europe occidentale, en Asie occidentale, en Amérique du Nord ; genre *Mustela,* famille des mustélidés.) **2.** Fourrure de cet animal. **3.** Manteau ou veste de vison.

■ **VISON.** Vison d'Europe.

VISONNIÈRE n.f. Établissement d'élevage des visons.

VISQUEUX, EUSE adj. (du lat. *viscum,* glu). **1.** De consistance pâteuse, ni liquide ni solide ; gras, gluant. *Une peau visqueuse.* **2.** Qui possède une viscosité élevée. **3.** *Fig.* Répugnant, antipathique par son caractère obséquieux, servilement complaisant.

VISSAGE n.m. **1.** Action de visser. **2.** GÉOMÉTR. Déplacement hélicoïdal.

VISSER v.t. **1.** Fixer avec des vis. **2.** Serrer qqch, le fermer en le faisant tourner sur un pas de vis. *Visser un robinet.* **3.** *Fam.* Soumettre qqn, un groupe à une discipline et à une surveillance très sévères.

VISSERIE n.f. **1.** Ensemble des articles tels que vis, écrous, boulons. **2.** Usine où l'on fabrique ces articles.

VISSEUSE n.f. Appareil, machine servant à visser.

VISUALISATION n.f. **1.** Mise en évidence, d'une façon matérielle, de l'action et des effets d'un phénomène. **2.** INFORM. Présentation temporaire sur un écran, sous forme graphique ou alphanumérique, des résultats d'un traitement d'informations.

VISUALISER v.t. **1.** Rendre visible. **2.** INFORM. Présenter des données, des résultats sur un écran. **3.** Se représenter mentalement qqch.

VISUEL, ELLE adj. (bas lat. *visualis,* de *videre,* voir). Qui a rapport à la vision, à la vue. *Acuité* *visuelle.* ◇ ***Mémoire visuelle*** : mémoire des images perçues par la vue. ◆ n.m. **1.** Thème en images d'une publicité (par oppos. à *rédactionnel*). **2.** INFORM. Dispositif d'affichage temporaire des résultats d'un traitement d'informations par un ordinateur.

VISUELLEMENT adv. De façon visuelle ; par la vue.

VIT [vi] n.m. (lat. *vectis,* levier, pilon). Vx ou *litt.* Membre viril.

VITACÉE n.f. (du lat. *vitis,* vigne). Ampélidacée.

VITAL, E, AUX adj. (du lat. *vita,* vie). **1.** Qui appartient à la vie. *Fonctions vitales.* ◇ ***Principe vital*** : entité non matérielle, distincte à la fois de l'âme et de l'organisme, postulée autref. par certains biologistes (vitalistes) pour expliquer la vie. **2.** Essentiel à la vie. *Se nourrir est vital pour l'homme.* ◇ ***Minimum vital*** : revenu minimal nécessaire à la subsistance et à l'entretien d'une personne, d'une famille. **3.** Indispensable à qqn, à son existence. *La lecture est vitale pour elle.* **4.** Qui est absolument nécessaire pour maintenir l'existence, le niveau de développement d'un groupe, d'une région, d'une entreprise. *L'agriculture est vitale pour le pays.* **5.** Qui met en cause la vie d'une personne. *Une urgence vitale.*

VITALISME n.m. Doctrine selon laquelle la vie s'explique par l'action d'un principe vital, ou, tout au moins, manifeste un dynamisme irréductible au jeu des lois physiques et chimiques. (Le vitalisme, présent dans la tradition philosophique [Aristote, Leibniz, etc.], a été développé comme doctrine biologique par P. J. Barthez [1734 - 1806].)

VITALISTE adj. et n. Relatif au vitalisme ; qui en est partisan.

VITALITÉ n.f. Intensité de la vie, de l'énergie de qqn, de qqch ; dynamisme. *Doué d'une grande vitalité. Vitalité d'une entreprise.*

VITAMINE n.f. (mot angl., du lat. *vita,* vie, et *amine*). Substance organique indispensable, bien qu'en faible quantité, à la croissance et au bon fonctionnement de l'organisme, qui ne peut en effectuer lui-même la synthèse. (On distingue les vitamines liposolubles : A, D, E, K, et les vitamines hydrosolubles : B, PP, C et P.)

VITAMINÉ, E adj. Qui contient des vitamines.

VITAMINIQUE adj. Relatif aux vitamines.

VITAMINOTHÉRAPIE n.f. Emploi des vitamines à des fins thérapeutiques.

VITE adv. (anc. fr. *viste*). **1.** Avec vitesse, rapidement. *Courir vite.* **2.** En peu de temps, sous peu. *Elle sera vite guérie.* ◇ ***Faire vite*** : se hâter. ◆ adj. SPORTS. Qui se meut avec rapidité. *Les coureurs les plus vites du monde.*

VITELLIN, E adj. Relatif au vitellus. ◇ EMBRYOL. ***Vésicule vitelline,*** ou ***sac vitellin*** : l'une des annexes embryonnaires des vertébrés. (Chez les poissons, cette annexe subsiste après l'éclosion, et sa substance nourrit le jeune alevin.)

VITELLUS [vitelys] n.m. (mot lat., *jaune d'œuf*). BIOL. Ensemble des substances de réserve contenues dans l'ovocyte des animaux, correspondant au jaune des œufs de reptiles et d'oiseaux.

VITELOTTE [vitlɔt] n.f. (du lat. *vectis,* pilon). Pomme de terre d'une variété rouge et longue, très estimée.

VITESSE n.f. **1.** Qualité d'une personne ou d'une chose qui se déplace, agit beaucoup en peu de temps ; rapidité à agir, promptitude. ◇ ***En vitesse*** : rapidement. – ***Prendre qqn de vitesse,*** le devancer. **2.** ***Course de vitesse*** : en athlétisme, course sur piste de courte distance (100 m, 200 m ou 400 m) ; en cyclisme, course consistant en un sprint plus ou moins long lancé par l'un des concurrents qui cherche à surprendre les autres. **3.** PHYS. Rapport de la distance parcourue au temps mis à la parcourir. ◇ ***Vitesse moyenne*** : vitesse calculée entre deux instants séparés par une durée finie. – ***Vitesse angulaire*** : rapport de l'angle balayé par un axe, par une droite autour d'un point au temps mis à balayer cet angle. – ***Vitesse limite*** : valeur vers laquelle tend la vitesse d'un corps qui se déplace dans un milieu résistant sous l'action d'une force constante. – ***Vitesse initiale*** : vitesse à l'instant origine. – ***Vitesse instantanée*** : limite de la vitesse moyenne quand la durée tend vers zéro. – ***Vecteur vitesse*** : vecteur qui, dans le mouvement d'un point mobile, définit à un instant donné sa direction, son sens et son intensité. **4.** Chacune des combinaisons d'engrenages d'une *boîte de vitesses. **5.** ***À deux, à plusieurs vitesses*** : qui met en œuvre deux ou plusieurs systèmes, procédés, types de fonctionnement, etc., dont la rapidité, l'efficacité ou la qualité sont inégales. *Courrier à deux vitesses. Couverture sociale à deux vitesses.*

VITICOLE adj. (lat. *vitis,* vigne, et *colere,* cultiver). Relatif à la viticulture.

VITICULTEUR, TRICE n. Personne qui cultive la vigne, en partic. pour la production du vin.

VITICULTURE n.f. Culture de la vigne.

VITILIGO n.m. (mot lat., *tache blanche*). MÉD. Affection cutanée caractérisée par des plaques de dépigmentation.

VITIVINICOLE adj. Relatif à la vitiviniculture.

VITIVINICULTURE n.f. Ensemble des activités de la viticulture et de la vinification.

VITOULET n.m. Belgique. Boulette de hachis de viande.

VITRAGE n.m. **1.** Action de vitrer, de poser des vitres. **2.** Baie vitrée, châssis ou ensemble de châssis garnis de vitres. **3.** Rideau droit se fixant au vantail de la fenêtre.

VITRAIL n.m. (pl. *vitraux*). Composition décorative translucide faite de pièces de verre, génér. colorées, assemblées à l'aide de plombs et d'une armature métallique, et servant à clore une baie. (Les verres de couleur peuvent porter un dessin à la grisaille, être rehaussés d'émaux [époque gothique]. Les compositions sont figuratives, voire narratives, ou abstraites. Au XXe s., on pratique le vitrail en dalle de verre, dont les éléments sont unis par un ciment.) *[V. ill. page suivante].*

VITRAIN n.m. GÉOL. Constituant macroscopique du charbon, ayant l'aspect d'un verre noir.

VITRE n.f. (lat. *vitrum*). Chacune des plaques de verre placées dans un châssis, par ex. de fenêtre.

VITRÉ, E adj. **1.** Garni de vitres. **2.** ***Corps vitré,*** ou ***vitré,*** n.m. : substance transparente et visqueuse qui remplit le globe de l'œil, en arrière du cristallin.

VITRER v.t. Garnir de vitres ou de vitrages.

VITRERIE n.f. **1.** Fabrication, pose ou commerce des vitres. **2.** Marchandises du vitrier. **3.** Ensemble de vitraux, de vitrages.

VITREUX, EUSE adj. **1.** Qui a l'aspect brillant et homogène du verre, sans être nécessairement transparent. **2.** Se dit de la texture de certaines roches éruptives constituées par du verre. **3.** PHYS. Se dit d'un solide homogène à structure non cristalline. **4.** Se dit des yeux, d'un regard ternes, sans éclat.

VITRIER n.m. Personne qui fabrique, vend ou pose les vitres.

VITRIFIABLE adj. Qui peut être vitrifié.

VITRIFICATEUR n.m. Substance utilisée pour vitrifier un sol.

VITRIFICATION n.f. **1.** Action de transformer en verre. **2.** Action de vitrifier un sol. **3.** NUCL. Incorporation de déchets radioactifs dans une matrice de verre.

VITRIFIER v.t. [5]. **1.** Rendre vitreux par fusion. **2.** Revêtir un sol, un parquet d'un enduit plastique dur et transparent.

VITRINE n.f. **1.** Partie de magasin séparée de la rue par un vitrage et où l'on expose des objets à vendre. **2.** Le vitrage lui-même. **3.** Ensemble des objets mis en vitrine. **4.** Armoire, table munie d'un châssis vitré, où l'on expose des objets de collection, des bibelots. **5.** *Fig.* Ce qui représente favorablement un ensemble plus vaste. *Cette ville est la vitrine de la région.*

VITRIOL n.m. (bas lat. *vitriolum,* de *vitrum,* verre). **1.** Vx. Acide sulfurique concentré. **2.** ***Au vitriol*** : très caustique, très violent. *Un éditorial au vitriol.*

VITRIOLAGE n.m. Action de vitrioler qqn.

VITRIOLER v.t. **1.** Soumettre à l'action de l'acide sulfurique. **2.** Lancer du vitriol sur qqn pour le défigurer.

VITRIOLEUR, EUSE n. Personne qui lance du vitriol sur qqn.

VITROCÉRAMIQUE n.f. Produit céramique obtenu par des techniques verrières et constitué de microcristaux dispersés dans une phase vitreuse.

VITROPHANIE n.f. Étiquette autocollante qui s'applique sur une vitre et qui peut être lue par transparence.

VITULAIRE adj. (du lat. *vitulus,* veau). Se dit d'une fièvre puerpérale des vaches.

VITUPÉRATION n.f. (Surtout pl.) Injure, récrimination à l'adresse de qqn ou de qqch.

VITUPÉRER v.t. [11] (lat. *vituperare*). *Litt.* Blâmer avec force. *Vitupérer le gouvernement.* ◆ v.i. Proférer des injures, des récriminations. *Vitupérer contre la hausse des prix.* – REM. *Vitupérer contre* est critiqué par certains grammairiens.

VIVABLE adj. **1.** Où l'on peut vivre commodément. **2.** Qui est facile à vivre, qui a bon caractère. **3.** Se dit d'une situation supportable.

1. VIVACE adj. (lat. *vivax, -acis*). **1.** Qui peut vivre longtemps. ◇ BOT. ***Plante vivace,*** qui vit plus de

LES PRINCIPALES VITAMINES

	sources	carence
vitamine A	huiles de foie de poissons, légumes, produits laitiers	xérophtalmie, héméralopie
vitamine B1 antinévritique	enveloppe externe des céréales complètes, légumes secs, viande, poissons, œufs, produits laitiers	béribéri
vitamine B2	produits laitiers, œufs, viande, poissons, légumes verts	troubles cutanés et muqueux
vitamine B5	la plupart des aliments : viande, œufs, produits laitiers, légumes secs, poissons	arrêt de la croissance, troubles cutanés
vitamine B6	nombreux aliments : viande, poissons, céréales, légumes, fruits, lait	troubles cutanés et neurologiques
vitamine B9	nombreux aliments : foie, lait, fromage, légumes verts	anémie
vitamine B12 antianémique	foie, reins, jaune d'œuf	anémie de Biermer
vitamine C antiscorbutique	fruits frais, légumes	scorbut
vitamines D (D2 et D3) antirachitiques	huiles de foie de poissons, produits laitiers	troubles de la calcification (rachitisme ; ostéomalacie)
vitamine E de fertilité	germe des céréales	arrêt de la spermatogenèse, avortement
vitamine F	huiles végétales	troubles cutanés
vitamines H	reins, foie, jaune d'œuf	troubles cutanés
vitamines K (K1 et K2) antihémorragiques	végétaux verts	hémorragies
vitamine P	fruits	troubles capillaires
vitamine PP antipellagreuse	levure de bière, foie des mammifères	pellagre, troubles nerveux

■ LE VITRAIL

Connu dans l'Antiquité méditerranéenne et à Byzance, le vitrail a été magnifié par l'art religieux de l'Occident médiéval. Il est devenu un resplendissant « mur de lumière » grâce à la place que lui a réservée l'architecture gothique.

Chartres. Un des médaillons de la verrière de saint Eustache : le saint poursuit un cerf ; cathédrale de Chartres, XIIIe s. Type de vitrail garnissant les fenêtres basses d'une église, destiné à être regardé de près par les fidèles.

York. *L'Annonce à Joachim* (détail), cathédrale d'York, Angleterre, v. 1340-1350. Les figures sont modelées avec un sens nouveau du réalisme, à l'aide de la grisaille rehaussée de jaune d'argent.

Troyes. Grande verrière de l'*Arbre de Jessé* au chevet de l'église Ste-Madeleine de Troyes, début du XVIe s. : le légendaire et foisonnant arbre généalogique de la Vierge et du Christ, avec ses personnages rutilants tels des rois de cartes à jouer.

un an grâce à son appareil végétatif, et qui fructifie plusieurs fois dans son existence (arbre, plante rhizomateuse, etc.). **2.** Qui dure ; tenace, indestructible. *Des préjugés vivaces.*

2. VIVACE [vivatʃe] adj. inv. et adv. (mot ital.). MUS. Selon un tempo vif et rapide. *Allegro vivace.* ◆ n.m. MUS. Passage joué vivace.

VIVACITÉ n.f. **1.** Qualité d'une personne qui a de la vie, de l'entrain. **2.** Promptitude à concevoir, à comprendre. *Vivacité d'esprit.* **3.** Disposition à se mettre en colère ; colère. **4.** Qualité de ce qui est vif, intense. *Vivacité des couleurs, des sentiments.*

VIVANDIER, ÈRE n. (anc. fr. *vivendier,* hospitalier). Personne qui vendait aux soldats des vivres, des boissons (XVIe - XIXe s.).

VIVANT, E adj. **1.** Qui est en vie. **2.** Qui présente les caractères spécifiques de la vie, par oppos. à ce qui est inanimé. *Les êtres vivants.* **3.** Animé d'une sorte de vie. *Description vivante.* **4.** Plein de vie, d'énergie, d'activité. *Auditoire très vivant. Cité vivante.* **5.** Dont l'effet est encore sensible. *Influence encore vivante de qqn.* ◆ n.m. **1.** Personne qui est en vie. ◇ ***Bon vivant*** : homme d'humeur gaie et facile à vivre. **2.** Ce qui vit. **3.** ***Du vivant de qqn,*** pendant sa vie.

VIVARIUM [vivarjɔm] n.m. (mot lat.). Établissement aménagé en vue de la conservation de petits animaux vivant dans un milieu artificiel proche de leur habitat particulier.

VIVARO-ALPIN n.m. (pl. *vivaro-alpins*). Dialecte de langue d'oc parlé dans l'Ardèche et dans la Drôme.

VIVAT [viva] interj. (mot lat., *qu'il vive !*) Marque une vive approbation, une grande satisfaction. ◆ n.m. (Surtout pl.) Acclamation poussée en l'honneur de qqn, de qqch. *Elle s'avançait au milieu des vivats.*

1. VIVE n.f. (du lat. *vipera,* vipère). Poisson de l'Atlantique et de la Méditerranée, chassant à l'affût, enfoncé dans le sable des plages, à chair ferme appréciée, mais redouté pour les épines venimeuses de ses nageoires. (Long. 15 à 40 cm ; genre *Trachinus,* famille des trachinidés.)

2. VIVE interj. (de *1. vivre*). Sert à acclamer. *Vive la république !* — REM. Devant un nom pluriel, l'accord peut se faire ou non : *vive les vacances !* ou *vivent les vacances !*

VIVE-EAU n.f. (pl. *vives-eaux*). ***Marée de vive-eau,*** ou ***vive-eau*** : marée de nouvelle ou de pleine lune pendant laquelle le marnage est maximal (par oppos. à *morte-eau*).

VIVEMENT adv. **1.** Avec promptitude, rapidité. *Il sortit vivement de la pièce.* **2.** Profondément, beaucoup. *Vivement ému.* ◆ interj. Marque un vif désir de voir un événement arriver, se produire au plus tôt. *Vivement le départ !*

VIVERRIDÉ n.m. (du lat. *viverra,* furet). Mammifère carnivore des régions chaudes de l'Ancien Monde, tel que la mangouste, la civette, le suricate et la genette (l'une des rares espèces d'Europe). [Les viverridés forment une famille.]

VIVEUR, EUSE n. (Surtout au masc.) Personne qui mène une vie dissipée et ne songe qu'aux plaisirs.

VIVIER n.m. (lat. *vivarium,* de *vivus,* vivant). **1.** Enclos où les poissons et les crustacés capturés sont mis en attente. **2.** Récipient où sont conservés les poissons vivants. **3.** *Fig.* Lieu où est formée en grand nombre une catégorie particulière de personnes. *École qui est un vivier d'ingénieurs.*

VIVIFIANT, E adj. Qui vivifie. *Air vivifiant.*

VIVIFICATEUR, TRICE adj. et n. *Litt.,* rare. Qui vivifie.

VIVIFICATION n.f. Action de vivifier.

VIVIFIER v.t. [5] (lat. *vivificare,* de *vivus,* vivant, et *facere,* faire). Donner de la vie, de la santé, de la vigueur à ; tonifier.

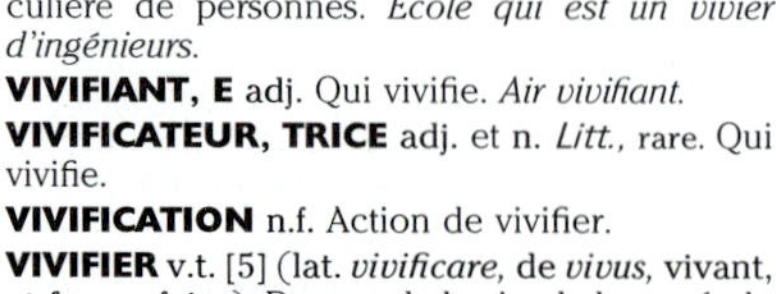

■ **VIVE.** Grande vive.

VIVIPARE adj. et n. (lat. *vivus,* vivant, et *parere,* mettre au monde). Se dit d'un animal dont les petits naissent complètement développés, et sans qu'aucune membrane les enveloppe (par oppos. à *ovipare*).

VIVIPARITÉ n.f. Mode de reproduction des animaux vivipares dans lequel l'œuf achève son développement dans l'organisme maternel.

VIVISECTION n.f. Dissection ou opération effectuée sur des êtres vivants dans un but expérimental.

VIVOIR n.m. Québec. Vieilli. Salle de séjour, living-room.

VIVOTER v.i. *Fam.* **1.** Vivre difficilement faute de moyens. **2.** Fonctionner au ralenti. *Entreprise qui vivote.*

1. VIVRE v.i. [70] (lat. *vivere*). **1.** Être vivant, en vie. *Vivre vieux.* ◇ ***Apprendre à vivre à qqn,*** le mener rudement. — ***Facile à vivre*** : d'un caractère accommodant. — ***Ne pas*** ou ***ne plus vivre*** : être dévoré par une inquiétude permanente. — ***Savoir vivre*** : avoir le sens des convenances, de la bienséance. — ***Vivre pour*** : faire de qqn, de qqch le but de sa vie. **2.** Passer sa vie d'une certaine façon. *Vivre seul. Vivre largement.* — *Spécial.* Habiter. *Vivre à la campagne.* **3.** Avoir, se procurer les moyens de se nourrir, de subsister. *Vivre de son travail.* **4.** Exister durablement. *Faire vivre une idée.* ◆ v.t. Mener telle vie, traverser tels événements. *Vivre de bons moments.* ◇ ***Vivre sa vie*** : jouir de l'existence à sa guise.

2. VIVRE n.m. *Le vivre et le couvert* : la nourriture et le logement. ◆ pl. Ensemble des aliments qui assurent la subsistance. *S'approvisionner en vivres.*

VIVRIER, ÈRE adj. *Cultures vivrières,* qui fournissent des produits alimentaires destinés princip. aux cultivateurs et à la population locale.

VIZIR n.m. (ar. *wazīr,* ministre). HIST. **1.** Ministre d'un souverain musulman. ◇ ***Grand vizir*** : Premier ministre, dans l'Empire ottoman. **2.** Premier ministre du pharaon.

VIZIRAT n.m. Dignité, fonction de vizir.

VLAN ou **V'LAN** [vlɑ̃] interj. Exprime un coup, un bruit violent.

VMC ou **V. M. C.** n.f. (sigle). CONSTR. Ventilation mécanique contrôlée.

VO ou **V. O.** [veo] n.f. (sigle). CINÉMA. Version originale.

VOCABLE n.m. (lat. *vocabulum*). **1.** Mot, terme considéré quant à sa signification particulière. **2.** CATH. Nom du saint sous le patronage duquel une église est placée.

VOCABULAIRE n.m. **1.** Ensemble des mots d'une langue. **2.** Ensemble des termes propres à une science, à une technique, à un groupe, à un auteur, etc. **3.** Ouvrage comportant les termes spécifiques d'une discipline.

VOCAL, E, AUX adj. (lat. *vocalis,* de *vox, vocis,* voix). **1.** Relatif à la voix. *Les cordes vocales.* ◇ ***Musique vocale,*** destinée à être chantée (par oppos. à ***musique instrumentale***). **2.** TÉLÉCOMM. ***Boîte vocale*** : dispositif permettant l'enregistrement de messages, en messagerie vocale. — ***Messagerie vocale*** : service de télécommunication interpersonnelle permettant l'enregistrement et le stockage de messages sonores, leur écoute et leur expédition éventuelle vers un ou plusieurs destinataires. — ***Serveur vocal*** : appareil connecté à un ordinateur avec lequel l'usager d'un poste téléphonique peut dialoguer de manière interactive pour obtenir des informations sous forme de messages sonores.

VOCALEMENT adv. Au moyen de la voix ; oralement.

VOCALIQUE adj. Relatif aux voyelles.

VOCALISATEUR, TRICE n. MUS. Personne qui vocalise, qui sait vocaliser.

VOCALISATION n.f. **1.** MUS. Action de vocaliser. **2.** PHON. Fait de se vocaliser.

VOCALISE n.f. MUS. Formule mélodique, écrite ou non, chantée sur des voyelles, en partic. sur le *a,* utilisée dans l'enseignement du chant.

VOCALISER v.i. MUS. Faire des vocalises ; chanter de la musique sur une ou plusieurs syllabes, sans prononcer les paroles ni nommer les notes. ◆ v.t. PHON. Transformer en voyelle. *Vocaliser une consonne.*

VOCALISME n.m. PHON. Ensemble des voyelles d'une langue, de leurs caractéristiques (par oppos. à *consonantisme*).

■ LES VOITURES HIPPOMOBILES

Les voitures pour le transport des personnes sont d'une grande diversité selon les époques et les pays. Toute voiture est constituée d'un train, formé par l'assemblage des roues et de l'essieu, et d'un coffre, qui repose sur le train.

« Tribus » anglais. Sorte de cab à deux roues, fermé sur trois côtés, l'entrée étant à l'avant et le cocher à l'arrière ; XIXe s. Estampe. (Coll. priv.)

Carrosse d'époque Louis XIII. Lourde et spacieuse voiture fermée à quatre roues, couverte et suspendue, parfois très luxueuse. Estampe. (BNF, Paris.)

Diligence anglaise. Voiture à quatre places intérieures et plusieurs rangs de banquettes extérieures, utilisée pour le service public ; XIXe s. Estampe. (Coll. priv.)

Cabriolet français. Voiture légère à capote mobile, conduite par le passager ; XIXe s. Estampe. (Coll. priv.)

Landau-calèche français. Voiture à quatre roues et quatre places en vis-à-vis, à double capote mobile, siège pour le cocher à l'avant ; XIXe s. Estampe. (Coll. priv.)

Berline française. Voiture fermée, suspendue, à quatre roues, quatre places à l'intérieur, deux portières vitrées, recouverte d'une capote, avec siège à l'avant pour le cocher ; XIXe s. Estampe. (Coll. priv.)

ou un parapente. **b.** *Vol relatif :* discipline du parachutisme consistant en des figures exécutées en groupe (de quatre, huit sauteurs ou plus) pendant la période de chute libre du saut. **5.** *Litt.* Déplacement d'un objet léger dans l'air. *Le vol des flocons de neige.* ◇ *Au vol :* en l'air ; en allant vite ; pendant la marche d'un véhicule. *Arrêter une balle au vol. Prendre l'autobus au vol.* **6.** *De haut vol :* de grande envergure. *Un escroc de haut vol.*

2. VOL n.m. (de *2. voler*). **1.** Action de soustraire frauduleusement ce qui appartient à autrui. **2.** Produit du vol. **3.** Fait de prendre plus que ce qui est dû, de vendre à un prix excessif.

VOLABLE adj. Susceptible d'être volé.

VOLAGE adj. (lat. *volaticus,* qui vole). Dont les sentiments changent souvent ; peu fidèle en amour.

VOLAILLE n.f. (lat. *volatilia,* oiseaux). **1.** Oiseau élevé en basse-cour ou selon les techniques modernes de l'aviculture. **2.** Ensemble des oiseaux d'une basse-cour. **3.** Chair de ces oiseaux.

VOLAILLER, ÈRE ou **VOLAILLEUR, EUSE** n. Marchand ou éleveur de volaille.

1. VOLANT, E adj. **1.** Qui peut voler, se déplacer en l'air. **2.** Se dit de certains objets suspendus et mobiles. *Trapèze volant.* **3.** Se dit d'objets qu'on peut déplacer facilement. *Table volante.* **4.** Qui se déplace facilement ; mobile. *Secrétariat volant.* **5.** *Feuille volante,* qui n'est reliée à aucune autre. **6.** *Poisson volant :* exocet.

2. VOLANT n.m. **1.** Petite sphère légère garnie d'une collerette de plumes ou de plastique qu'on lance à son partenaire avec une raquette ; jeu auquel on se livre avec cet objet. **2.** Organe de manœuvre d'un mécanisme. **3.** Organe circulaire servant à orienter les roues directrices d'une automobile ; conduite des automobiles. *Un as du volant.* **4.** *Volant d'inertie,* ou *volant :* organe tournant d'une machine, constitué par un solide ayant un grand moment d'inertie par rapport à son axe et destiné à en régulariser la marche. – *Volant magnétique :* dispositif d'allumage des moteurs à deux temps de motocyclette. – *Volant de sécurité :* ce qui sert à régulariser un processus ; somme ou stock en réserve, assurant la bonne marche d'une opération industrielle ou commerciale. **5.** Bande de tissu froncée sur un côté et servant de garniture dans l'habillement et l'ameublement.

3. VOLANT n.m. Dans l'aviation, membre du personnel navigant (par oppos. à *rampant*).

VOLAPÜK [vɔlapyk] n.m. (de l'angl. *world,* univers, et *puk,* altér. de *to speak,* parler). Langue artificielle, créée en 1879 par l'Allemand Johann Martin Schleyer et qui fut supplantée par l'espéranto.

VOLATIL, E adj. (lat. *volatilis,* léger). **1.** Qui se vaporise, s'évapore facilement. *Essence volatile.* **2.** *Fig.* Très mobile, très fluctuant ; instable. *Un électorat volatil.* **3.** INFORM. *Mémoire volatile,* dont le contenu s'efface lorsque l'alimentation électrique est coupée.

VOLATILE n.m. Oiseau, en partic. oiseau de basse-cour.

VOLATILISABLE adj. Qui peut se volatiliser.

VOLATILISATION n.f. Action de volatiliser ; fait de se volatiliser.

VOLATILISER v.t. **1.** *Didact.* Rendre volatil, transformer en vapeur. *Volatiliser du soufre.* **2.** *Fam.* Faire disparaître et, en partic., voler, subtiliser. ◆ **se volatiliser** v.pr. Disparaître brusquement.

VOLATILITÉ n.f. Caractère de ce qui est volatil.

VOL-AU-VENT n.m. inv. (de *voler au vent*). Croûte ronde en pâte feuilletée garnie de compositions diverses (viande, poisson, champignons, quenelles, etc.).

VOLCAN n.m. (ital. *vulcano,* de *Vulcanus,* dieu romain du Feu). **1.** Relief terrestre résultant de l'émission en surface de laves, de cendres, etc. issues du manteau supérieur ; lieu où des produits magmatiques (laves, gaz chauds) atteignent la surface du globe (dans l'air ou sous la mer), ou celle d'un astre (planète, satellite). *[V. ill. page suivante].* ◇ *Être sur un volcan,* dans une situation dangereuse. **2.** *Litt.* Personne d'une nature ardente, impétueuse.

VOLCANIQUE adj. **1.** Relatif aux volcans. *Éruption volcanique.* ◇ *Roches volcaniques :* roches magmatiques qui arrivent en surface lors d'une éruption et qui, au contact de l'atmosphère ou de l'eau, se refroidissent assez rapidement. **2.** *Litt.* Qui est plein de fougue, de violence, d'ardeur.

VOLCANISME n.m. GÉOL. Ensemble des manifestations volcaniques.

VOLCANOLOGIE ou, vx, **VULCANOLOGIE** n.f. Étude des volcans et des phénomènes volcaniques, notamm. pour la prévision des éruptions.

VOLCANOLOGIQUE ou, vx, **VULCANOLOGIQUE** adj. Relatif à la volcanologie.

VOLCANOLOGUE ou, vx, **VULCANOLOGUE** n. Spécialiste de volcanologie.

VOLE n.f. Aux cartes, coup qui consiste à faire toutes les levées.

VOLÉ, E adj. et n. Victime d'un vol.

VOLÉE n.f. **1.** Action de voler ; envol, essor. *Prendre sa volée.* **2.** Vieilli. Distance qu'un oiseau parcourt sans se poser. *Une hirondelle traverse la*

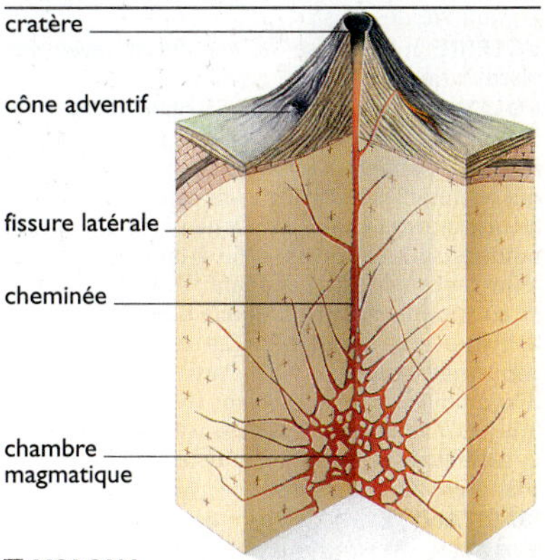

■ **VOLCAN** vu en coupe.

■ **VOLCAN.** L'éruption du Klioutchevskaïa Sopka, dans la péninsule du Kamtchatka (Russie), en 1994, photographiée depuis la navette spatiale américaine.

Méditerranée d'une seule volée. **3.** Groupe d'oiseaux qui volent ensemble. *Volée de moineaux.* **4.** Vieilli. Niveau social. ◇ ***De haute volée :*** de grande envergure. **5.** Suisse. Ensemble de personnes qui exercent simultanément la même activité ; ensemble de personnes nées la même année ; promotion. **6.** Décharge, tir simultané de plusieurs projectiles. *Volée d'obus.* **7.** SPORTS. Frappe de la balle, du ballon avant qu'ils aient touché terre. ◇ ***À la volée :*** au vol, en l'air ; au passage. *Saisir une allusion à la volée.* **8.** Son d'une cloche mise en branle ; la mise en branle elle-même. *Sonner à toute volée.* **9.** *Fam.* Série de coups rapprochés et nombreux. *Recevoir une volée.* ◇ ***Volée de bois vert :*** série de coups vigoureux ; *fig.*, suite de critiques violentes et acerbes. **10.** Pièce de bois disposée de chaque côté du timon pour atteler les chevaux. **11.** Pièce d'une grue qui supporte à son extrémité la poulie recevant le câble. **12.** Partie d'un escalier comprise entre deux paliers successifs. *Volée de marches.* **13.** MIN. Ensemble des produits abattus par un tir.

1. VOLER v.i. (lat. *volare*). **1.** Se mouvoir, se maintenir dans l'air ou dans l'espace. *Rêver qu'on peut voler.* – *Spécial.* Se livrer à la chasse au vol, en parlant d'un oiseau de proie. **2.** En parlant d'un objet, être projeté dans l'air à grande vitesse. ◇ ***Voler en éclats :*** être détruit, pulvérisé. **3.** Piloter un avion ou un engin spatial, ou voyager à bord. *Voler vers le sud, vers la Lune.* **4.** Se déplacer très rapidement. *Voler chez un ami pour annoncer la nouvelle.*

2. VOLER v.t. (lat. *volare*). S'approprier par un vol ; léser, dépouiller qqn par un vol. ◇ *Fam.* ***Ne l'avoir pas volé :*** l'avoir bien mérité. ◆ v.i. Commettre des vols.

VOLERIE n.f. Chasse qui se faisait avec les oiseaux de proie.

VOLET n.m. **1.** Panneau de bois ou de métal pour fermer une baie de fenêtre ou de porte. ◇ ***Volet roulant :*** panneau constitué de lattes articulées qui viennent s'enrouler dans un coffre placé au-dessus de la fenêtre. **2.** Partie plane d'un objet pouvant se rabattre sur celle à laquelle elle est reliée. – Feuillet d'un dépliant. *Volet d'un permis de conduire.* – Panneau mobile d'un polyptyque. **3.** Partie d'un ensemble. *Les volets d'un plan gouvernemental.* **4.** AVIAT. Partie d'une aile ou d'une gouverne pouvant être braquée par rotation pour en modifier les caractéristiques aérodynamiques. **5.** ***Trier sur le volet :*** choisir avec soin entre plusieurs personnes, plusieurs choses.

VOLETANT, E adj. Qui vole çà et là.

VOLETER v.i. [16]. Voler çà et là, légèrement ; être animé de petits mouvements.

VOLEUR, EUSE adj. et n. Qui a commis un vol ; qui vit du vol. ◇ ***Comme un voleur :*** en essayant de passer inaperçu.

VOLIÈRE n.f. Grande cage, endroit grillagé, etc., où l'on élève et nourrit des oiseaux.

VOLIGE n.f. (de *1. voler*). CONSTR. Planche mince, jointive avec d'autres, utilisée dans la réalisation de couvertures.

VOLIGEAGE n.m. **1.** Action de clouer des voliges sur des chevrons. **2.** Surface constituée de voliges et destinée à supporter des ardoises, des bardeaux, etc.

VOLIGER v.t. [10]. Garnir de voliges.

VOLIS [vɔli] n.m. (de l'anc. fr. *volaïz,* abattu par le vent). Cime d'un arbre qui a été rompue et enlevée par le vent.

VOLITIF, IVE adj. PHILOS. Relatif à la volonté.

VOLITION n.f. (du lat. *volo,* je veux). PHILOS. Acte par lequel la volonté se détermine à qqch ; la volonté elle-même.

VOLLEY-BALL [vɔlɛbol] ou **VOLLEY** [vɔlɛ] n.m. [pl. *volley-balls, volleys*] (mot angl., *balle à la volée*). Sport opposant deux équipes de six joueurs qui s'affrontent en se renvoyant un ballon avec les mains au-dessus d'un filet. ◇ ***Volley-ball de plage :*** volley-ball se pratiquant sur une aire de jeu de sable nivelé et opposant des équipes de 2 *(beach-volley)* ou de 3 joueurs.

VOLLEYER v.i. et v.t. [7]. Au tennis, jouer à la volée.

VOLLEYEUR, EUSE [vɔlɛjœr, øz] n. **1.** Joueur de volley-ball. **2.** Spécialiste de la volée, au tennis.

VOLNAY n.m. (de *Volnay,* n.pr.). Vin rouge de Bourgogne, très réputé.

VOLONTAIRE adj. (lat. *voluntarius*). Qui se fait sans contrainte et de pure volonté. *Acte volontaire.* ◆ adj. et n. **1.** Qui manifeste une volonté ferme. **2.** Qui accepte de son plein gré une mission, une tâche. – *Spécial.* Se dit d'un militaire qui s'est lui-même désigné pour une mission, sans y être obligé. ◇ ***Volontaire du service national actif (VSNA) :*** appelé accomplissant le service national actif au titre de la coopération.

VOLONTAIREMENT adv. **1.** De sa propre volonté. **2.** Avec intention ; exprès.

VOLONTARIAT n.m. **1.** Participation volontaire à une action, à une mission. **2.** MIL. Service accompli par un engagé volontaire.

VOLONTARISME n.m. **1.** Attitude de qqn qui pense modifier le cours des événements par la seule volonté. **2.** PHILOS. Doctrine ou thèse qui accorde la primauté à la volonté sur l'intelligence et à l'action sur la pensée intellectuelle. **3.** Comportement directif, autoritaire.

VOLONTARISTE adj. et n. PHILOS. Relatif au volontarisme ; qui en est partisan. ◆ adj. Qui fait preuve de volontarisme. *Une politique volontariste.*

VOLONTÉ n.f. (lat. *voluntas*). **1.** Faculté de se déterminer à certains actes et de les accomplir. **2.** Énergie, fermeté avec laquelle on exerce cette faculté. *Avoir de la volonté. Volonté inflexible.* ◇ PHILOS. ***Volonté de puissance :*** chez Nietzsche, volonté de dominer dont s'accompagne toute vie, mais de manière inégale, et dont la libre affirma-

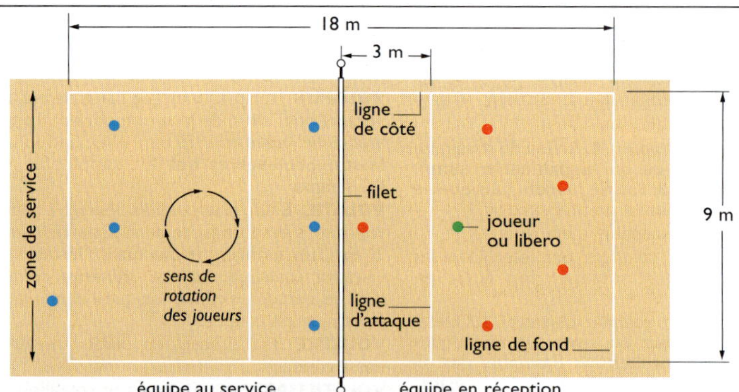

Joueuse de volley-ball effectuant une passe.

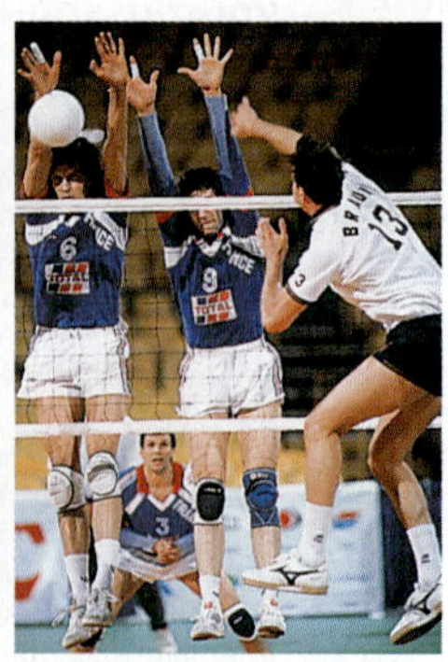

Tentative de contre effectuée pour parer un smash.

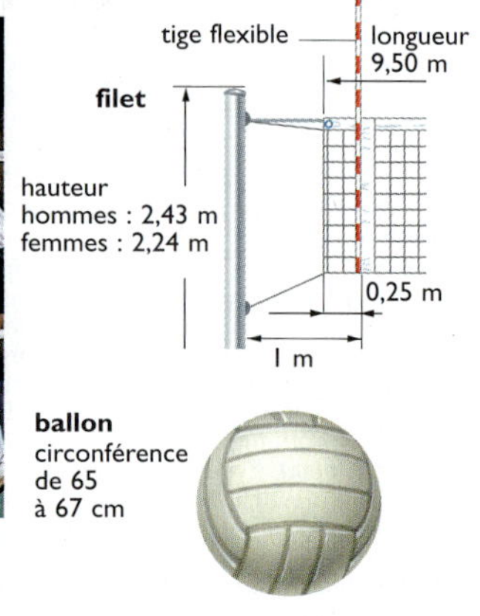

■ **VOLLEY-BALL**

tion chez les hommes les mieux doués devrait se traduire par le renversement des anciennes valeurs (celles, essentiellement, du christianisme) et par la création de nouvelles valeurs, centrées autour de l'acceptation de l'Éternel Retour. **3.** Ce que veut qqn, un groupe. *Aller contre la volonté de qqn.* ◇ ***À volonté*** : autant qu'on veut ; à discrétion. *Vin à volonté.* – ***Bonne, mauvaise volonté*** : intention réelle de bien, de mal faire. – PHILOS. ***Volonté générale*** : chez Rousseau, volonté du corps social (dont le contrat social a scellé l'union), portant sur l'intérêt commun, s'exprimant par le vote majoritaire et obligeant chaque individu. ◆ pl. **1.** *Fam.* ***Faire les quatre volontés de qqn,*** céder à tous ses caprices. **2.** ***Dernières volontés*** : intentions, désirs formels manifestés avant de mourir.

VOLONTIERS adv. (du lat. *voluntarius,* volontaire). De bon gré, avec plaisir.

VOLT n.m. (de *Volta,* n. d'un physicien). PHYS. Unité de force électromotrice et de différence de potentiel (symb. V), équivalant à la différence de potentiel qui existe entre deux points d'un conducteur parcouru par un courant constant de 1 ampère lorsque la puissance dissipée entre ces points est égale à 1 watt.

VOLTAGE n.m. *Cour.* (Impropre dans la langue technique.) Tension électrique.

1. VOLTAÏQUE adj. Se dit de la pile de Volta ; se dit de l'électricité développée par les piles.

2. VOLTAÏQUE adj. et n. De la Haute-Volta (auj. Burkina).

VOLTAIRE n.m. Fauteuil rembourré à bois apparent, à dossier haut et galbé, apparu vers 1830. (On dit aussi *fauteuil Voltaire.*)

VOLTAIRIANISME n.m. Philosophie de Voltaire ; incrédulité à l'égard de la religion et hostilité à l'influence de l'Église.

VOLTAIRIEN, ENNE adj. et n. Qui concerne Voltaire, sa philosophie ; qui en est partisan.

VOLTAMÈTRE n.m. ÉLECTR. Tout appareil où se produit une électrolyse.

VOLTAMPÈRE n.m. Watt utilisé pour la mesure de la puissance apparente du courant électrique alternatif (symb. VA).

VOLTE n.f. (ital. *volta,* tour). **1.** ÉQUIT. Mouvement en rond que l'on fait faire à un cheval. **2.** Danse d'origine provençale, exécutée en couples fermés qui tournoient sur eux-mêmes, à la mode au XVIe s., en France.

VOLTE-FACE n.f. inv. (ital. *voltafaccia,* de *voltare,* tourner, et *faccia,* visage). **1.** Mouvement par lequel on se tourne du côté opposé à celui qu'on regardait. **2.** Changement subit d'opinion, de manière d'agir ; revirement.

VOLTER v.i. ÉQUIT. Exécuter une volte.

VOLTIGE n.f. **1.** Exercice de manège, acrobatie de cirque consistant à sauter de diverses manières sur un cheval arrêté ou au galop. **2.** Exercice d'acrobatie exécuté sur une corde ou au trapèze volant. **3.** Ensemble des manœuvres inhabituelles dans le pilotage ordinaire d'un avion et qui font l'objet d'un apprentissage particulier. SYN. : ***acrobatie aérienne.*** **4.** Entreprise risquée et parfois malhonnête.

VOLTIGEMENT n.m. *Rare.* Mouvement de ce qui voltige.

VOLTIGER v.i. [10] (ital. *volteggiare,* de *volta,* volte). **1.** Voler çà et là. *Les papillons voltigent de fleur en fleur.* **2.** Flotter au gré du vent. *Des flocons de neige voltigeaient.* **3.** Se déplacer avec rapidité et légèreté. *Des patineurs qui voltigent sur la glace.*

VOLTIGEUR n.m. **1.** Acrobate qui fait des voltiges. **2.** Soldat de certaines unités d'élite d'infanterie légère (XIXe s.). **3.** Fantassin chargé de mener le combat en première ligne.

VOLTMÈTRE n.m. ÉLECTR. Appareil qui sert à mesurer une différence de potentiel en volts.

VOLUBILE adj. (lat. *volubilis,* qui tourne). **1.** Qui manifeste de l'abondance et de la rapidité dans l'expression. *Elle est très volubile. Une explication volubile.* **2.** BOT. ***Plante volubile,*** dont la tige s'enroule en spirale autour d'un support (houblon, haricot, liseron, etc.).

VOLUBILIS [vɔlybilis] n.m. (mot lat., *qui tourne*). Ipomée d'une espèce ornementale à grandes fleurs colorées. (Nom sc. *Ipomœa purpurea ;* famille des convolvulacées.)

VOLUBILITÉ n.f. Caractère d'une personne volubile.

VOLUCELLE n.f. (du lat. *volucer,* qui vole). Mouche dont l'aspect et le vol imitent ceux du bourdon, qui se nourrit du nectar des fleurs. (Long. 1 cm ; genre *Volucella,* famille des syrphidés.)

VOLUCOMPTEUR n.m. Appareil de mesure installé sur un distributeur de fluide pour indiquer le débit et le prix du produit distribué.

VOLUME n.m. (lat. *volumen,* rouleau). **1.** Livre relié ou broché. **2.** ANTIQ. Manuscrit composé de feuilles de papyrus ou de parchemin et enroulé autour d'un bâtonnet. **3.** Espace à trois dimensions occupé par un corps ou limité par des surfaces ; mesure de cet espace ; le corps lui-même. ◇ ***Mesure de volume*** : mesure d'un espace à trois dimensions (par oppos. à ***mesure linéaire, de surface***). – ***Faire du volume*** : être encombrant. **4.** Masse, quantité de qqch. – *Spécial.* Masse d'eau débitée par un fleuve, une fontaine, etc. **5.** Force, intensité d'un son. *Augmenter le volume de la radio.*

VOLUMÉTRIE n.f. Mesure des volumes.

VOLUMÉTRIQUE adj. Relatif à la volumétrie.

VOLUMINEUX, EUSE adj. De grand volume.

VOLUMIQUE adj. Se dit du quotient d'une grandeur par le volume correspondant.

VOLUPTÉ n.f. (lat. *voluptas*). **1.** Plaisir des sens et, spécial., plaisir sexuel. **2.** Plaisir, satisfaction intense d'ordre moral ou intellectuel.

VOLUPTUEUSEMENT adv. Avec volupté.

VOLUPTUEUX, EUSE adj. et n. Qui aime, recherche la volupté. ◆ adj. **1.** Qui inspire ou exprime le plaisir. *Une pose voluptueuse.* **2.** Qui procure la satisfaction des sens. *Un parfum voluptueux.*

VOLUTE n.f. (ital. *voluta*). **1.** Ce qui est en forme de spirale, d'hélice. *Volute de fumée.* **2.** ARCHIT. Enroulement en spirale formant les angles du chapiteau ionique.

VOLVAIRE n.f. Champignon basidiomycète à lamelles roses et à volve, sans anneau, comestible mais pouvant être confondu avec certaines amanites. (Genre *Volvaria ;* ordre des agaricales.)

VOLVE n.f. (lat. *volva,* vulve). Gaine membraneuse enveloppant la base du pied de certains champignons basidiomycètes (amanites, volvaires), vestige persistant du voile entourant le jeune champignon.

VOLVOX n.m. (mot lat.). Algue verte d'eau douce formée par une colonie de cellules à deux flagelles, en forme de sphère creuse (diamètre 1 mm).

VOLVULUS [vɔlvylys] n.m. (du lat. *volvere,* rouler). MÉD. Torsion d'un canal naturel, en partic. d'un segment d'intestin, formant une boucle qui tourne sur elle-même autour de sa base.

VOMER [vɔmɛr] n.m. (mot lat., *soc de charrue*). ANAT. Os qui forme la partie postérieure de la cloison des fosses nasales.

VOMI n.m. Vomissure.

1. VOMIQUE adj. (du lat. *vomere,* vomir). ***Noix vomique*** : graine toxique du vomiquier, contenant de la strychnine.

2. VOMIQUE n.f. (lat. *vomica,* abcès). MÉD. Expectoration soudaine de pus au cours d'un abcès du poumon.

VOMIQUIER n.m. Arbre de l'Asie tropicale, dont la graine est la noix vomique et dont l'écorce est appelée *fausse angusture.* (Genre *Strychnos ;* famille des loganiacées.)

VOMIR v.t. et v.i. (lat. *vomere*). Rejeter par la bouche ce qui était dans l'estomac, à la suite d'une brusque contraction du diaphragme. ◇ ***Être à vomir*** : être dégoûtant, au physique ou au moral. ◆ v.t. **1.** *Litt.* Projeter avec violence qqch au loin. *Volcan qui vomit sa lave.* **2.** *Fig.* Proférer avec violence. *Vomir des injures.*

VOMISSEMENT n.m. Action de vomir ; vomissure.

VOMISSURE n.f. Matières vomies. SYN. : *vomi, vomissement.*

VOMITIF, IVE adj. et n.m. Émétique.

VOMITOIRE n.m. (lat. *vomitorium*). ANTIQ. Chacun des larges passages qui, dans les théâtres et les amphithéâtres, donnaient accès aux différents étages et gradins.

VOMITO NEGRO n.m. [pl. *vomitos negros*] (mots esp., *vomissement noir*). Vomissement de sang noir au cours de la fièvre jaune ; la fièvre jaune elle-même.

VORACE adj. (lat. *vorax, -acis*). **1.** Qui manifeste un besoin avide de nourriture. *Enfant, appétit vorace.* **2.** *Fig.* Qui témoigne d'une grande avidité. *Des baisers voraces.*

VORACEMENT adv. De façon vorace.

VORACITÉ n.f. **1.** Avidité à manger, à satisfaire un besoin. *La voracité des loups.* **2.** *Fig.* Recherche immodérée du profit.

VORTEX n.m. (mot lat.). **1.** PHYS. Tourbillon creux qui prend naissance, sous certaines conditions, dans un fluide en écoulement. **2.** MÉTÉOROL. Ensemble de nuages enroulés en spirale, spécifique d'une dépression ou d'un cyclone.

VORTICELLE n.f. (du lat. *vortex,* tourbillon). Protozoaire cilié d'eau douce, en forme d'entonnoir, vivant fixé sur les végétaux par un pédoncule rétractile.

VOS adj. poss. Pl. de *votre.*

VOSGIEN, ENNE [voʒjɛ̃, ɛn] adj. et n. Des Vosges.

VOTANT, E n. Électeur ayant effectivement participé à un vote.

VOTATION n.f. *Québec, Suisse.* Vote.

VOTE n.m. (mot angl., du lat. *votum,* vœu). **1.** Acte par lequel les citoyens d'un pays ou les membres d'une assemblée expriment leur opinion lors d'une élection, d'une prise de décision. ◇ ***Vote bloqué,*** par lequel l'assemblée saisie d'un texte se prononce, en une seule fois, sur tout ou partie de celui-ci, en ne retenant que les amendements proposés ou acceptés par le gouvernement. **2.** Opinion exprimée par chacune des personnes appelées à voter. *Compter les votes.*

VOTER v.i. **1.** Donner son suffrage dans une élection. *Voter pour qqn* ou, *fam., voter qqn.* **2.** Exprimer son opinion par un vote. ◆ v.t. Décider ou demander par un vote. *Voter une loi.*

VOTIF, IVE adj. (du lat. *votum,* vœu). RELIG. Fait ou offert en vertu d'un vœu. *Autel votif.* ◇ ***Fête votive*** : fête religieuse célébrée en l'honneur d'un patron.

VOTRE adj. poss. (pl. *vos*). **1.** Représente un possesseur de la 2e pers. du pl., pour indiquer un rapport d'appartenance, un rapport d'ordre affectif ou social. *Votre stylo. Vos parents. Votre collègue.* **2.** Remplace *ton* ou *ta* dans le pluriel de politesse. *Donnez-moi votre main !*

VÔTRE pron. poss. (lat. *vester*). Précédé de *le, la, les,* désigne ce qui est à vous. *Mes enfants et les vôtres.* ◇ ***Les vôtres*** : vos proches. ◆ adj. poss. *Faire vôtre(s) qqch,* l'adopter, le reconnaître comme s'il était à vous, de vous.

VOUER v.t. (du lat. *votum,* vœu). **1.** RELIG. Consacrer par un vœu qqn, qqch à Dieu, à un saint ; mettre sous la protection de. **2.** Promettre, engager d'une manière particulière. *L'amitié que je lui ai vouée est indestructible.* **3.** Prédestiner qqn, qqch à qqch. *Cette mission était vouée à l'échec.* ◆ **se vouer** v.pr. **(à).** Se consacrer à. ◇ ***Ne plus savoir à quel saint se vouer*** : ne plus savoir à qui recourir.

VOUGE n.m. (bas lat. *vidubium,* serpe, du gaul.). Arme d'hast en usage du XIIIe au XVIe s., faite d'une lame tranchante et asymétrique.

VOUIVRE n.f. (du lat. *vipera,* vipère). *Région.* (Est). Serpent fabuleux apparaissant souvent dans le folklore.

1. VOULOIR v.t. [43] (lat. pop. *volere*). **1.** Appliquer sa volonté, son énergie à obtenir qqch. *Il veut tout le pouvoir.* ◇ ***Sans le vouloir*** : involontairement, par mégarde. **2.** Demander, exiger avec autorité. *Je veux une réponse tout de suite.* – En parlant d'un règlement, d'une loi, etc., exiger que qqn fasse qqch. *Le règlement veut que vous soyez rentrés à 10 h.* ◇ ***Vouloir tant de qqch*** : exiger tant en échange de qqch, le demander comme prix. *Combien veut-il de sa maison ?* **3.** Désirer, souhaiter. *Voulez-vous du vin ?* **4.** Avoir pour ambition, tendre vers. *Que veut-il faire plus tard ?* ◇ ***Vouloir du bien, du mal à qqn,*** avoir de bonnes, de mauvaises intentions à son égard. **5.** Attendre qqch de qqn. *Que veut-elle de moi ?* ◇ ***Que veux-tu, que voulez-vous*** : exprime la résignation. *C'est comme ça, que veux-tu !* **6.** ***Vouloir dire*** : avoir l'intention de dire ; signifier, exprimer. – ***Savoir ce que parler veut dire*** : comprendre le sens caché de certaines paroles. – ***Vouloir bien*** : accepter qqch, y consentir. **7.** Pouvoir, se prêter à. *Ce bois ne veut pas brûler.* ◆ v.t. ind. (de). **1.** Accepter de prendre qqn en tant que tel. *Je ne voudrais pas de lui comme ami.* **2.** (Surtout en tournure négative.) Accepter de recevoir qqch. *Elle ne veut pas de tes excuses.* **3.** *Fam.* *En vouloir :* être ambitieux, avoir un tempérament de gagneur. – *En vouloir à qqn,* lui garder de la rancune, lui reprocher qqch. – *En vouloir à qqch :* avoir des visées sur qqch, avoir l'intention de le détourner à son profit. ◆ **se vouloir** v.pr. Vouloir être ; vouloir paraître. *Se vouloir rassurant.*

2. VOULOIR n.m. *Sout. Bon, mauvais vouloir :* intentions favorables, défavorables.

VOULU, E adj. **1.** Délibéré, volontaire. **2.** Exigé par les circonstances. *Au moment voulu.*

VOUS pron. pers. (lat. *vos*). **1.** Désigne la 2e pers. du pl. représentant un groupe dont fait partie celui, celle à qui l'on s'adresse. **2.** Remplace *tu* comme forme de politesse. *Pierre, êtes-vous satisfait ?* ◇ *Dire vous à qqn,* le vouvoyer.

VOUSSOIR n.m. (de l'anc. fr. *vous,* voûté). **1.** ARCHIT. Claveau. **2.** TRAV. PUBL. **a.** Élément courbe préfabriqué, en béton ou en fonte, qui forme le revêtement d'un tunnel. **b.** Élément de structure compris entre deux plans transversaux voisins et formant une tranche d'un pont en béton précontraint construit par encorbellements successifs.

V

VOUSSOYER v.t. → **VOUVOYER.**

VOUSSURE n.f. (de l'anc. fr. *vous,* voûté). ARCHIT. **1.** Montée ou portion de montée d'une voûte ; portion de voûte. **2.** Petite voûte au-dessus de l'embrasure d'une baie. **3.** Adoucissement, partie courbe ménagée sur le pourtour d'un plafond.

VOÛTAIN n.m. ARCHIT. Quartier ou portion de voûte que délimitent des arêtes ou des nervures occupant la place d'arêtes.

VOÛTE n.f. (lat. pop. *volvita,* de *volvere,* tourner). **1.** Ouvrage de maçonnerie cintré couvrant un espace entre des appuis et formé, génér., d'un assemblage de claveaux qui s'appuient les uns sur les autres ; ouvrage de même forme en béton, en bois, etc. **2.** *Poét. La voûte azurée, étoilée, céleste :* le ciel. **3.** THERM. Partie supérieure d'un four à réverbère, qui est disposée en forme de coupole. **4.** ANAT. *Voûte du crâne :* partie supérieure, visible, de la boîte osseuse du crâne, reposant sur une base horizontale interne. – *Voûte du palais :* partie antérieure du palais. – *Voûte plantaire :* portion concave de la plante du pied, qui ne repose pas sur le sol. **5.** MAR. Partie arrière de la coque d'un navire, située au-dessus du gouvernail.

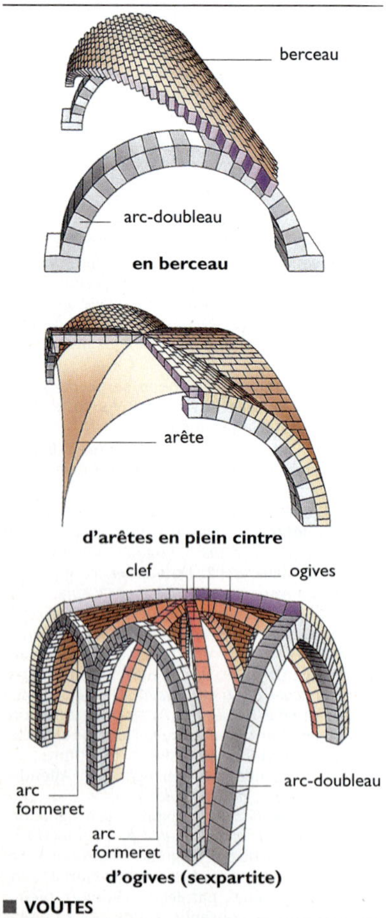

■ **VOÛTES**

VOÛTÉ, E adj. Anormalement courbé. *Avoir le dos voûté.*

VOÛTER v.t. Couvrir d'une voûte. *Voûter un souterrain.* ◆ **se voûter** v.pr. Se courber.

VOUVOIEMENT [-vwamɑ̃] n.m. Action de vouvoyer.

VOUVOYER [-waje] ou, vx, **VOUSSOYER** v.t. [7]. S'adresser à qqn en utilisant le pronom *vous* par politesse (et non le pronom *tu*).

VOUVRAY n.m. Vin blanc de la région de Vouvray.

VOX POPULI [vɔkspɔpyli] n.f. inv. (mots lat., *voix du peuple*). *Sout.* Opinion du plus grand nombre.

VOYAGE [vwajaʒ] n.m. (lat. *viaticum,* argent pour le voyage). **1.** Action de voyager, de se rendre ou d'être transporté en un autre lieu ; trajet ainsi fait. *Voyage en bateau.* **2.** Action de se rendre dans un lieu lointain ou étranger ; séjour ou périple ainsi fait. *Aimer les voyages.* **3.** Déplacement, allées et venues, en partic. pour transporter qqch. *Déménager en plusieurs voyages.* **4.** *Les gens du voyage.* **a.** Les artistes du cirque, les forains. **b.** Populations menant une vie nomade, en partic. les Tsiganes. **5.** *Fam.* (Pour traduire l'angl. *trip*). État hallucinatoire provoqué par l'usage de certaines drogues.

VOYAGEMENT ou, vieilli, **VOYAGEAGE** n.m. Québec. Ensemble d'allées et venues.

VOYAGER v.i. [10]. **1.** Faire un ou des voyages, partir temporairement dans une autre région, un autre pays. *Voyager à l'étranger.* **2.** Faire un parcours, un trajet de telle façon. *Voyager en seconde classe.* **3.** Être transporté, en parlant de choses, d'animaux. **4.** Afrique. Partir en voyage.

VOYAGEUR, EUSE n. **1.** Personne qui voyage. **2.** *Voyageur de commerce :* représentant qui voyage pour les affaires d'une maison de commerce.

VOYAGEUR-KILOMÈTRE n.m. (pl. *voyageurs-kilomètre*). Unité de mesure du trafic correspondant au transport d'un voyageur sur une distance de un kilomètre, utilisée pour les transports publics aériens, ferroviaires ou routiers.

VOYAGISTE n.m. Personne ou entreprise proposant des voyages à forfait, soit directement, soit par l'intermédiaire de revendeurs détaillants. SYN. : *tour-opérateur.*

VOYANCE [vwajɑ̃s] n.f. Don de ceux qui prétendent lire dans le passé et prédire l'avenir ; don de double vue.

1. VOYANT, E adj. et n. Qui jouit de la vue. ◆ adj. Qui attire l'œil. *Couleur voyante.* ◆ n. Personne possédant le don de voyance, le don de double vue ; personne qui fait métier de ces dons.

2. VOYANT n.m. **1.** Appareil, dispositif matérialisant qqch pour le rendre perceptible par la vue. **2.** Disque ou ampoule électrique d'avertissement de divers appareils de contrôle, de tableaux de sonnerie, etc. **3.** MAR. Partie caractéristique d'un signal (balise, bouée, amer, etc.), de forme géométrique nettement visible, permettant de reconnaître la nature du signal. **4.** TOPOGR. Plaque rouge et blanc, placée sur un trépied ou un jalon pour matérialiser une direction que l'on veut viser.

VOYELLE [vwajɛl] n.f. (du lat. *vocalis,* de *vox,* voix). **1.** Son du langage dont l'articulation est caractérisée par le libre écoulement de l'air expiré à travers le conduit vocal. **2.** Lettre représentant ce son. (L'alphabet français a six voyelles, qui sont : *a, e, i, o, u, y.*)

VOYEUR, EUSE n. **1.** *Souvent péjor.* Personne qui aime regarder, observer, en se tenant à l'écart. **2.** Personne atteinte de voyeurisme.

VOYEURISME n.m. PSYCHIATR. Trouble de la sexualité dans lequel le plaisir est obtenu par la vision dérobée de scènes érotiques.

VOYOU [vwaju] n.m. (de *voie*). **1.** Individu de mœurs crapuleuses faisant partie du milieu. **2.** Garçon plus ou moins délinquant qui traîne dans les rues. **3.** Enfant terrible, garnement. *Petit voyou !* ◆ adj. Propre aux voyous. *Un air voyou.*

VOYOUCRATIE [-krasi] n.f. Pouvoir exercé par des voyous, des personnes corrompues.

VPC ou **V.P.C.** n.f. (sigle). Vente par correspondance.

VRAC n.m. (néerl. *wrac,* mauvais). Marchandise, telle que le charbon, les minerais, etc., qui ne demande pas d'arrimage et qui n'est pas emballée. ◇ *En vrac :* pêle-mêle ou sans emballage ; en désordre.

VRAI, E adj. (lat. *verus*). **1.** Conforme à la vérité, à la réalité. *Rien n'est vrai dans ce qu'il dit.* **2.** Qui est réellement ce qu'il paraît être. *Un vrai diamant.* **3.** Conforme à ce qu'il doit être ; convenable. *Voilà sa vraie place.* **4.** (Après le nom.) Qui se comporte avec franchise et naturel ; droit, authentique. *Un homme vrai.* ◆ n.m. Ce qui est vrai, réel, la vérité, la réalité. *Distinguer le vrai du faux.* ◇ *À vrai dire, à dire vrai,* ou, *litt., au vrai :* pour parler franchement. – *Fam. Pour de vrai :* pour de bon, réellement. – *Être dans le vrai :* avoir raison, ne pas se tromper.

VRAI-FAUX, VRAIE-FAUSSE adj. (pl. *vrais-faux, vraies-fausses*). Se dit de faux documents établis par une autorité compétente.

VRAIMENT adv. **1.** D'une manière réelle, effective, et qui ne peut être mise en doute ; réellement, véritablement. *Elle veut vraiment changer de ville.* **2.** Marque un renchérissement ; franchement. *Vraiment, il exagère. Ce n'est vraiment pas malin.*

VRAISEMBLABLE adj. et n.m. Qui a l'aspect de la vérité, qu'on est en droit d'estimer vrai.

VRAISEMBLABLEMENT adv. Probablement ; sans doute, selon la vraisemblance.

VRAISEMBLANCE n.f. Caractère de ce qui est vraisemblable, a l'apparence de la vérité.

VRAQUIER n.m. Navire transportant des produits en vrac.

VRENELI [frenəli] n.m. Suisse. Pièce d'or de 20 francs.

VRILLAGE n.m. **1.** TEXT. Défaut des fils dû à une mauvaise torsion. **2.** AVIAT. Torsion donnée aux pales d'une hélice ou à une aile.

VRILLE n.f. (lat. *viticula,* vrille de la vigne). **1.** BOT. Organe porté par certaines plantes (vigne, pois) et qui s'enroule autour des supports. SYN. : *cirre.* **2.** TEXT. Défaut d'un fil qui se tortille sur lui-même. **3.** AVIAT. Figure de voltige aérienne dans laquelle le nez de l'avion suit sensiblement une verticale, tandis que l'extrémité des ailes décrit une hélice en descente assez rapide. **4.** Outil à percer le bois, constitué par une tige métallique usinée à son extrémité en forme de vis à bois à pas très allongé et se terminant par une pointe aiguë.

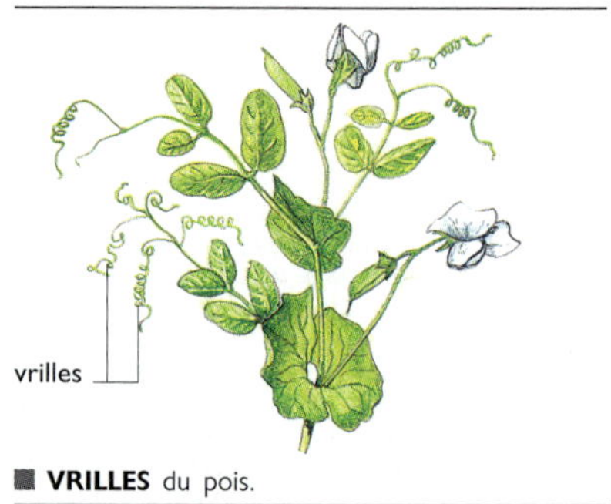

■ **VRILLES** du pois.

VRILLÉ, E adj. **1.** BOT. Muni de vrilles. **2.** Enroulé, tordu comme une vrille. *Ficelle vrillée.*

VRILLÉE n.f. Renouée d'une espèce à fleurs rose verdâtre, parfois appelée *faux liseron.* (Genre *Fallopia ;* famille des polygonacées.)

VRILLER v.t. Percer avec une vrille. *Vriller une planche.* ◆ v.i. **1.** Se mouvoir en décrivant une hélice. *Un avion qui vrille en tombant.* **2.** Se tordre en se rétrécissant. *Corde qui vrille.*

VRILLETTE n.f. Coléoptère dont la larve creuse des galeries dans le bois mort et cause des dégâts aux meubles et aux charpentes. (Genre *Xestobium ;* famille des anobiidés.) SYN. : *anobie.*

VROMBIR v.i. (onomat.). Produire un ronflement vibrant, caractéristique de certains objets en rotation rapide.

VROMBISSEMENT n.m. Bruit de ce qui vrombit.

VROUM interj. Exprime la vitesse, l'accélération d'un véhicule. *Vroum, la moto démarre !*

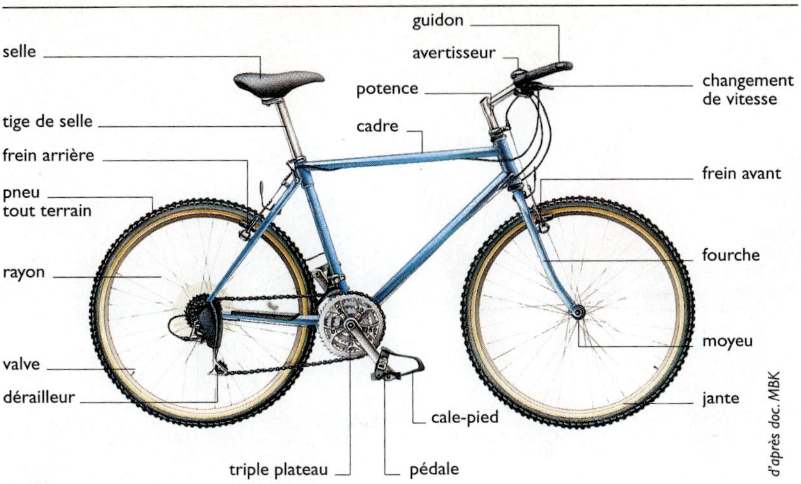

■ VTT

VRP ou **V. R. P.** n.m. (sigle de *voyageur représentant placier*). Intermédiaire du commerce qui prospecte la clientèle et reçoit les commandes pour le compte d'une ou de plusieurs entreprises.

VS prép. Abrév. de *versus.*

VSAT [vesat] n.m. inv. (acronyme de l'angl. *very small aperture terminal*). TÉLÉCOMM. Terminal d'émission ou de réception par satellite doté d'une antenne de faible dimension.

VTC ou **V. T. C.** n.m. (sigle de *vélo tout chemin*). Vélo proche du VTT, plus léger et adapté à la randonnée sur des chemins ou sur la route ; sport pratiqué avec ce vélo.

VTOL n.m. inv. (sigle de l'angl. *vertical take-off and landing*). [Anglic. déconseillé]. ADAV.

1. VTT ou **V. T. T.** n.m. (sigle de *vélo tout-terrain*). Vélo à roues épaisses et crantées, sans suspension ni garde-boue, utilisé sur des parcours accidentés ; sport pratiqué avec ce vélo.

2. VTT ou **V. T. T.** n.m. (sigle). Québec. Véhicule tout-terrain.

1. VU, E adj. *Bien vu, mal vu :* bien, mal considéré. – *Fam. C'est tout vu :* c'est réglé, décidé ; il n'y a pas à revenir dessus. ◆ n.m. *Au vu et au su de qqn,* sans se cacher de lui ; ouvertement. – *Sout. Au vu de qqch :* après examen, constatation de qqch.

2. VU prép. Étant donné, en considération de, eu égard à. *Vu la difficulté.* – Sert à exposer les références d'un texte légal ou réglementaire, d'un jugement. *Vu l'article 365 du Code pénal.* ◆ **vu que** loc. conj. Attendu que, étant donné que.

VUE n.f. **1.** Faculté de voir, de percevoir la lumière, les couleurs, la forme, le relief des objets. *Avoir une bonne vue. Sa vue baisse.* ◇ ***Seconde vue, double vue :*** prétendue faculté de voir des choses qui existent ou se passent dans des lieux éloignés ; *par ext.,* grande perspicacité. **2.** Action, fait de regarder. *Il ne supporte pas la vue du sang.* – *Par ext.* Le regard. *Détourner la vue d'un spectacle cruel.* ◇ ***À première vue :*** au premier regard, sans examen approfondi. – *Fam.* ***En mettre plein la vue :*** en imposer par son aspect, par ses manières ; être dans une position brillante qui attire les regards. **3.** Ce qui se présente au regard du lieu où l'on est. *Cette maison a une belle vue.* **4.** Image, représentation d'un lieu, d'un édifice, d'un paysage. *Une vue caractéristique de Rome.* **5.** DR. *Servitude de vue :* obligation pour le propriétaire d'un fonds d'accepter les ouvertures pratiquées à distance légale dans l'immeuble voisin et donnant vue sur son fonds. **6.** *Fig.* Manière de voir, d'interpréter, de concevoir qqch. *Avoir une vue optimiste de la situation. Procéder à un échange de vues.* ◇ ***Vue de l'esprit :*** conception théorique qui ne tient pas compte de la réalité, des faits. **7.** BANQUE. ***À vue :*** sur simple présentation d'un effet de commerce, d'un titre de paiement. *Retrait à vue.* – ***Naviguer, piloter à vue,*** sans l'aide d'instruments, en se guidant uniquement sur ce que l'on peut voir. **8.** *Fam.* ***À vue de nez :*** à peu près, sans pouvoir préciser ; approximativement. – ***À vue d'œil :*** autant qu'on en peut juger par la seule vue ; très rapidement. *Elle grandit à vue d'œil.* **9.** ***De vue :*** seulement par la vue, sans autre connaissance. *Connaître qqn de vue.* **10.** ***En vue, bien en vue :*** visible, manifeste ; à portée du regard. – ***Être en vue :*** avoir une position de premier plan. **11.** ***En vue de :*** dans l'intention de. ◆ pl. Projets, desseins. ◇ ***Avoir des vues sur :*** convoiter.

VULCAIN n.m. (lat. *Vulcanus*). Vanesse d'une espèce répandue dans tout l'hémisphère Nord tempéré, à ailes brun-noir portant une bande orange, et dont la chenille vit sur l'ortie. (Famille des nymphalidés.)

VULCANIEN, ENNE adj. (ital. *Vulcano,* volcan de Sicile). GÉOL. Se dit d'un dynamisme éruptif caractérisé par la large prédominance des explosions sur les émissions de lave.

VULCANISATION n.f. Opération qui consiste à améliorer les propriétés du caoutchouc en le traitant par le soufre.

VULCANISER v.t. (angl. *to vulcanize,* de *Vulcain*). Faire subir au caoutchouc la vulcanisation.

VULCANOLOGIE n.f., **VULCANOLOGIQUE** adj., **VULCANOLOGUE** n. → **VOLCANOLOGIE, VOLCANOLOGIQUE, VOLCANOLOGUE.**

VULGAIRE adj. (lat. *vulgaris,* de *vulgus,* multitude). **1.** Qui est sans aucune élévation, qui est ordinaire, prosaïque, bas, commun. *Des préoccupations vulgaires.* **2.** Qui manifeste un manque de délicatesse, d'éducation ; grossier. *Un homme vulgaire. Des manières vulgaires. Un mot vulgaire.* **3.** Qui est quelconque, ne dépasse pas le niveau moyen. *Un vulgaire roman d'aventures.* **4.** Qui appartient à la langue courante, non scientifique. *Nom vulgaire d'une plante, d'un animal.* ◆ n.m. Vx. *Le vulgaire :* le commun des hommes, la masse.

VULGAIREMENT adv. **1.** Communément, couramment. *L'arum se nomme vulgairement pied-de-veau.* **2.** De façon grossière. *S'exprimer vulgairement.*

VULGARISATEUR, TRICE adj. et n. Qui pratique la vulgarisation.

VULGARISATION n.f. Action de mettre des connaissances techniques et scientifiques à la portée des non-spécialistes.

VULGARISER v.t. Rendre une connaissance, des idées accessibles au grand public ; faire connaître, propager.

VULGARITÉ n.f. Caractère de qqn ou de qqch qui est vulgaire, grossier. ◆ pl. Paroles grossières.

VULGATE n.f. **1.** *La Vulgate : v. partie n.pr.* **2.** *Péjor.* Idéologie, courant de pensée vulgarisés, à l'usage du plus grand nombre. *La vulgate marxiste, nationaliste.*

VULGUM PECUS [vylgɔmpekys] n.m. inv. (lat. *vulgus,* foule, et *pecus,* troupeau). La multitude ignorante, le commun des mortels.

VULNÉRABILISER v.t. Rendre plus vulnérable.

VULNÉRABILITÉ n.f. Caractère vulnérable de qqch ou de qqn.

VULNÉRABLE adj. (du lat. *vulnerare,* blesser). **1.** Faible, qui donne prise à une attaque. *Sa situation personnelle le rend vulnérable.* **2.** Susceptible d'être blessé, attaqué. *Position vulnérable.* **3.** Au bridge, se dit d'une équipe qui, ayant gagné une manche, se trouve exposée à de plus fortes pénalités.

VULNÉRAIRE adj. et n.m. (du lat. *vulnus, -eris,* blessure). Vieilli. Se dit d'un médicament propre à guérir une blessure, ou que l'on administre après un traumatisme. ◆ n.f. Plante herbacée des prés secs du littoral, à fleurs jaunes, qui fut utilisée contre les blessures. (Genre *Anthyllis ;* famille des papilionacées.)

VULNÉRANT, E adj. Rare. Se dit d'un organe animal ou végétal, d'un projectile, etc., susceptible de provoquer des blessures.

VULPIN n.m. (du lat. *vulpinus,* de renard). Plante des prairies, voisine de la fétuque, dont l'épi rappelle la forme d'une queue de renard. (Famille des graminées.)

■ VULPIN

VULTUEUX, EUSE adj. (du lat. *vultus,* visage). MÉD. Se dit d'une face rouge et gonflée.

1. VULVAIRE n.f. (du lat. *vulva,* vulve). Chénopode d'une espèce dont les feuilles exhalent une odeur fétide. (Nom sc. *Chenopodium vulvaria.*) SYN. : *arroche puante.*

2. VULVAIRE adj. Relatif à la vulve.

VULVE n.f. (lat. *vulva*). Ensemble des organes génitaux externes, chez la femme et chez les femelles des mammifères placentaires.

VULVITE n.f. MÉD. Inflammation de la vulve.

VUMÈTRE n.m. Appareil de mesure normalisé de l'intensité d'un signal électroacoustique.

V

Caractère Weiss

W n.m. inv. Vingt-troisième lettre de l'alphabet et la dix-huitième des consonnes. (*W* note la fricative labiodentale sonore [v], comme dans *wagon,* ou la semi-voyelle [w], comme dans *watt.*)

WADING [wɛdiŋ] n.m. (mot angl.). Pêche en rivière, pratiquée en entrant dans l'eau.

WAGAGE [wagaʒ] n.m. (du néerl. *wak,* humide). Limon de rivière, employé comme engrais.

WAGNÉRIEN, ENNE [vagnerjɛ̃, ɛn] adj. et n. Relatif au musicien R. Wagner ; partisan, admirateur de R. Wagner.

WAGON [vagɔ̃] n.m. (mot angl.). Véhicule ferroviaire remorqué, destiné au transport des marchandises et des animaux (par oppos. à ***voiture***) ; son contenu. — Abusif. Voiture ferroviaire.

WAGON-CITERNE n.m. (pl. *wagons-citernes*). Wagon destiné au transport des liquides.

WAGON-FOUDRE n.m. (pl. *wagons-foudres*). Wagon supportant un ou plusieurs foudres pour le transport des boissons.

WAGON-LIT ou **WAGON-LITS** n.m. (pl. *wagons-lits*). Abusif. Voiture-lit.

WAGONNET n.m. Petit wagon, souvent à benne basculante, utilisé sur les chemins de fer industriels ou miniers et sur les chantiers de travaux publics.

WAGON-POSTE n.m. (pl. *wagons-poste*). Abusif. Voiture-poste.

WAGON-RESTAURANT n.m. (pl. *wagons-restaurants*). Abusif. Voiture-restaurant.

WAGON-TOMBEREAU n.m. (pl. *wagons-tombereaux*). Wagon à hauts bords élevés, munis de portes latérales, pour le transport des marchandises en vrac. SYN. : *tombereau.*

WAGON-TRÉMIE n.m. (pl. *wagons-trémies*). Wagon comportant une ou plusieurs trémies à sa partie supérieure pour le transport et le déchargement rapide des matériaux en vrac.

WAHHABISME [waabism] n.m. Mouvement politique et religieux, à tendance puritaine, des musulmans d'Arabie saoudite. (Institué par Muhammad ibn Abd al-Wahhab [1703 - 1792], puis écrasé par les Ottomans, le wahhabisme a été restauré à partir de 1902.)

WAHHABITE adj. et n. Relatif au wahhabisme ; qui en est partisan.

WALÉ n.m. → **AWALÉ.**

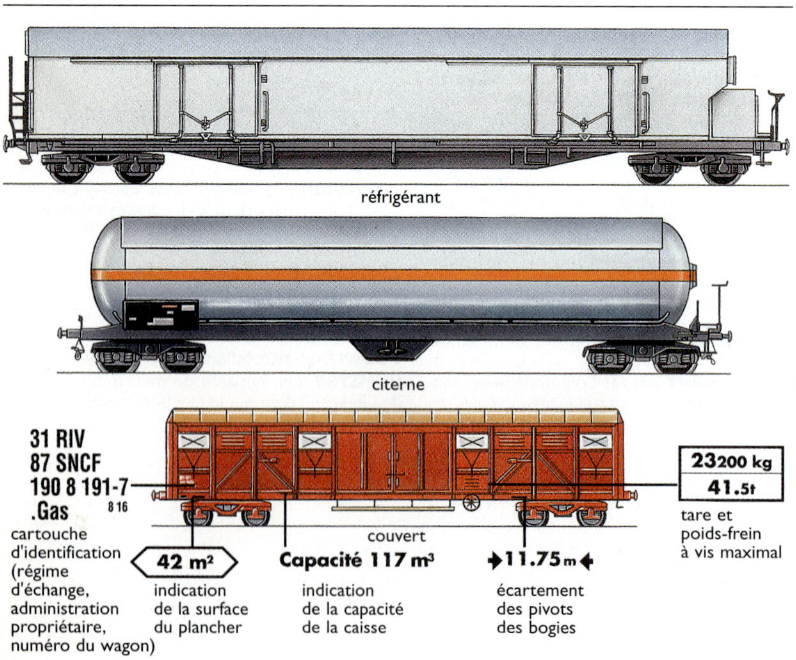

■ **WAGONS** et signification des marquages.

WALI [wali] n.m. (mot ar.). En Algérie, fonctionnaire placé à la tête d'une wilaya.

WALKMAN [wokman] n.m. (nom déposé). Baladeur.

WALLABY [walabi] n.m. [pl. *wallabys* ou *wallabies*] (mot australien). **1.** Petit marsupial herbivore australien, voisin du kangourou. (Deux populations férales de wallabys existent en Angleterre. Trois genres ; famille des macropodidés.) ◇ ***Wallaby des rochers :*** pétrogale. **2.** Surnom donné aux Australiens (notamm. aux joueurs de rugby).

■ **WALLABY.** Wallaby des rochers.

WALLINGANT, E [wa-] n. et adj. Wallon partisan de l'autonomie de la Wallonie.

WALLISIEN, ENNE [wa-] adj. et n. Des îles Wallis.

WALLON, ONNE [wa-] adj. et n. De la Wallonie. ◆ n.m. Dialecte de langue d'oïl parlé surtout en Wallonie (partie sud de la Belgique).

WALLONISME n.m. Fait de langue propre au français de Wallonie.

WAP [wap] n.m. (acronyme de l'angl. *wireless application protocol,* protocole d'application mobile). TÉLÉCOMM. Protocole adapté à la connexion des téléphones mobiles à Internet.

WAPITI [wapiti] n.m. (mot anglo-amér., de l'algonquien). Grand cerf d'Amérique du Nord et d'Asie. (Haut. au garrot 1,70 m ; nom sc. *Cervus canadensis.*)

WARGAME [wargɛm] n.m. (mot angl., *jeu de guerre*). Jeu de société qui simule des batailles historiques ou imaginaires et dont les règles suivent les principes de la stratégie ou de la tactique.

WARNING [warniŋ] n.m. (mot angl., *avertissement*). AUTOM. Signal de *détresse.

WARRANT [warɑ̃] n.m. (mot angl., *garant*). **1.** DR. Billet à ordre qui représente des marchandises et qui permet la constitution d'un gage sans dépossession du débiteur ou grâce au dépôt des marchandises dans des magasins généraux. **2.** BOURSE. Bon de souscription attaché à un titre d'emprunt, donnant la possibilité de souscrire à un titre du même type ou d'un type différent, pendant une période donnée.

WARRANTER v.t. DR. Donner un warrant en garantie à un créancier.

WASP [wasp] n. inv. et adj. inv. (acronyme de l'anglo-amér. *white anglo-saxon protestant*). Aux États-Unis, catégorie de citoyens de race blanche, d'origine anglo-saxonne et de religion protestante, constituant traditionnellement les couches dirigeantes du pays.

WASSINGUE [wasɛ̃g] n.f. (mot flamand). Région. (Nord, Est) ; Belgique. Toile à laver ; serpillière.

WATER-CLOSET [watɛrklɔzɛt] n.m. [pl. *water-closets*] ou **WATERS** n.m. pl. (mot angl., de *water*, eau, et *closet*, cabinet). Lieu où l'on peut satisfaire ses besoins naturels ; toilettes, lieux d'aisances. Abrév. : *W.-C.*

WATERGANG [watœrgɑ̃g] n.m. (néerl. *water*, eau, et *gang*, voie). Région. (Nord) ; Belgique. Fossé ou canal qui borde un chemin ou un polder.

WATERINGUE [watrɛ̃g] n.f. (mot flamand). Ensemble des travaux d'assèchement des terres ; association de propriétaires pour l'exécution de ces travaux.

WATER-POLO [watɛrpɔlo] n.m. [pl. *water-polos*] (angl. *water*, eau, et *polo*). Jeu de ballon qui se joue dans l'eau entre deux équipes de sept joueurs et qui consiste à faire pénétrer un ballon dans les buts adverses.

■ **WATER-POLO.** Action du match Australie-États-Unis lors du Championnat du monde de water-polo en 1986.

WATERPROOF [watɛrpruf] adj. inv. (mot angl., *à l'épreuve de l'eau*). **1.** Se dit d'un objet garanti étanche. *Une montre waterproof.* **2.** Se dit d'un produit qui résiste à l'eau. *Mascara waterproof.*

WATERZOOI ou **WATERZOÏ** [waterzoj] n.m. (flamand *waterzooi*, eau qui bout). Belgique. Plat de poissons et d'anguilles, ou de volaille, cuits dans un court-bouillon lié à l'œuf et à la crème fraîche. (Cuisine flamande.)

WATT [wat] n.m. (de *Watt*, n.pr.). Unité de puissance, de flux énergétique et de flux thermique (symb. W), équivalant à la puissance d'un système énergétique dans lequel est transférée uniformément une énergie de 1 joule pendant 1 seconde.

WATTHEURE [watœr] n.m. Unité de travail ou d'énergie (symb. Wh), représentant le travail fourni en 1 heure par une machine d'une puissance de 1 watt (1 Wh = 3 600 J).

WATTMAN [watman] n.m. [pl. *wattmans* ou *wattmen*] (de *watt* et angl. *man*, homme). Vx. Conducteur de tramway.

WATTMÈTRE n.m. Instrument de mesure de la puissance mise en jeu dans un circuit électrique.

WAX [waks] n.m. (mot angl., *cire*). Afrique. Tissu de coton imprimé de qualité supérieure.

W.-C. [vese] ou [dubləvese] n.m. (sigle). Water-closet.

WEB [wɛb] n.m. (abrév. de l'angl. *world wide web*, réseau mondial). Système hypermédia permettant d'accéder aux ressources du réseau Internet. (S'écrit aussi sans majuscule.) SYN. : *la Toile, WWW.* ◇ *Page Web* ⟶ **1. page.**

WEBCAM n.f. (de *Web* et *caméra*). Caméra numérique miniaturisée destinée à enregistrer et à diffuser, génér. en direct, des images animées sur un site Internet. SYN. : *netcam.*

WEBCAMÉRA n.f. Québec. Webcam.

WEBER [vebɛr] n.m. (de *Weber*, n.pr.). Unité de flux d'induction magnétique (symb. Wb), équivalant au flux d'induction magnétique qui, traversant un circuit d'une seule spire, y produit une force électromotrice de 1 volt si on l'annule en 1 seconde par décroissance uniforme.

WEBMESTRE [wɛbmɛstr] n. (anglo-amér. *webmaster*). INFORM. Administrateur de site.

WEEK-END [wikɛnd] n.m. [pl. *week-ends*] (mot angl., fin de semaine). Congé de fin de semaine, génér. du samedi au lundi matin. (Au Québec, on dit aussi *fin de semaine*.)

■ **WESTERN.** *La Conquête de l'Ouest* (1962) de J. Ford, H. Hathaway, G. Marshall.

WEHNELT [venɛlt] n.m. (de *Wehnelt*, n. d'un physicien all.). ÉLECTRON. Électrode cylindrique servant à régler le flux d'électrons dans les tubes cathodiques.

WELCHE ou **WELSCHE** [vɛlʃ] adj. et n. (all. *Welsch*, étranger, latin). *Souvent péjor.* **1.** Étranger, en partic. Français ou Italien, pour les Allemands. **2.** Suisse. Romand, pour les Suisses alémaniques.

WELLINGTONIA [welintɔnja] n.m. (mot angl., de *Wellington*, n. d'un général britannique). Séquoia.

WELTER [wɛltɛr] n.m. (mot angl.). En boxe, mi-moyen.

WELWITSCHIA [wɛlwitʃja] n.m. (de *Welwitsch*, n. d'un botaniste autrichien). Plante des déserts du Sud-Ouest africain, très rare, à tronc massif et très court, à longues feuilles rubanées à croissance continue, aux fructifications en forme de cônes, serpentant sur le sol sur plusieurs mètres. (Classe des gnétophytes.)

WERGELD [vɛrgɛld] n.m. (mot saxon). Dans le droit germanique médiéval, et notamm. chez les Francs, indemnité que l'auteur d'un fait dommageable payait à la victime ou à ses proches pour se soustraire à leur vengeance.

WESTERN [wɛstɛrn] n.m. (mot anglo-amér., *de l'Ouest*). **1.** Film dont l'action se situe dans l'Ouest américain à l'époque des pionniers et de la conquête des terres sur les Indiens. **2.** Genre cinématographique ou télévisuel constitué par ces films.

WHARF [warf] n.m. (mot angl.). Appontement perpendiculaire à la rive, auquel les navires peuvent accoster des deux côtés.

WHIG [wig] n.m. (mot angl.). Membre d'un parti qui s'opposait au parti tory et qui apparut vers 1680, en Angleterre. (Le parti libéral lui a succédé au milieu du XIXe s.) ◆ adj. Relatif à ce parti.

WHIP [wip] n. (mot angl., *fouet*). Au Canada, député désigné par chaque parti pour assurer sa cohésion, sa discipline et l'assiduité de ses membres.

WHIPCORD [wipkɔrd] n.m. (mot angl., *corde à fouet*). Étoffe anglaise à tissu très serré présentant un effet de côte oblique prononcé.

WHIPPET [wipɛt] n.m. (mot angl.). Chien d'origine anglaise proche du lévrier, utilisé pour la course et la chasse.

WHISKEY [wiski] n.m. Whisky irlandais.

WHISKY [wiski] n.m. [pl. *whiskys* ou *whiskies*] (mot angl., de l'irlandais). Eau-de-vie de grain que l'on fabrique surtout en Écosse et aux États-Unis.

WHIST [wist] n.m. (mot angl.). Jeu de cartes, ancêtre du bridge, qui se joue génér. entre quatre personnes, deux contre deux.

WHITE-SPIRIT [wajtspirit] n.m. [pl. *white-spirits*] (mot angl., *essence blanche*). Solvant minéral intermédiaire entre l'essence et le kérosène, qui a remplacé l'essence de térébenthine comme diluant des peintures.

WIENERLI [vinɛrli] n.m. (de *Wien*, Vienne). Suisse. Petite saucisse allongée dite *de Vienne.*

WIGWAM [wigwam] n.m. (de l'algonquien). Hutte, génér. de forme conique, des Amérindiens du Nord.

WILAYA ou **WILLAYA** [vilaja] n.f. (ar. *wilāya*). Division administrative de l'Algérie.

WILLIAMINE n.f. (nom déposé ; de *williams*). Suisse. Eau-de-vie de poire.

WILLIAMS [wiljams] n.f. (du n. de celui qui la fit connaître). Poire d'été d'une variété à chair fine et juteuse, très cultivée. SYN. : *bon-chrétien.*

WINCH [winʃ] n.m. [pl. *winchs* ou *winches*] (mot angl., *manivelle*). Sur un yacht, treuil à main constitué d'une poupée verticale manœuvrée par une manivelle ou un levier à cliquets.

WINCHESTER [winʃɛstɛr] n.f. (nom déposé ; de F. *Winchester*, n. d'un fabricant d'armes américain). Carabine à répétition utilisée aux États-Unis à partir de 1866.

WINDSURF [windsœrf] n.m. (nom déposé). Planche à voile de la marque et du type de ce nom.

WINTERGREEN [wintœrgrin] n.m. (mot angl.). *Essence de wintergreen :* essence parfumée, à base de salicylate de méthyle, que l'on tire de certains arbres (gaultheria, bouleau).

WIRSUNG [virsuŋ] **(CANAL DE) :** canal excréteur principal du pancréas, se terminant dans le duodénum.

WISHBONE [wiʃbon] n.m. (mot angl.). MAR. Vergue en forme d'arceau, entourant une voile, notamm. sur une planche à voile.

WISIGOTHIQUE [vizigɔtik] ou **WISIGOTH, E** [vizigo, ɔt] adj. Relatif aux Wisigoths.

WITLOOF [witlɔf] n.f. (mot flamand, *feuille blanche*). Chicorée d'une variété qui, par forçage, fournit l'endive.

WITZ [vits] n.m. (mot all.). Suisse. Plaisanterie, histoire drôle.

WOK [wɔk] n.m. Sorte de poêle profonde, parfois munie de deux anses, très utilisée dans la cuisine asiatique.

WOLFRAM [wɔlfram] n.m. (mot all.). **1.** MINÉRALOG. Tungstate de fer et de manganèse, principal minerai de tungstène, que l'on trouve associé au quartz. **2.** Vx. Tungstène.

WOLOF [wɔlɔf] ou **OUOLOF** adj. Qui se rapporte aux Wolof. ◆ n.m. Langue parlée par les Wolof.

WOMBAT [vɔ̃ba] n.m. (mot australien). Gros marsupial herbivore terrestre du Sud-Est australien, à denture évoquant celle des rongeurs, qui creuse des terriers profonds. (Genre *Wombatus ;* famille des wombatidés.)

■ **WOMBAT**

WON [wɔn] n.m. Unité monétaire principale de la Corée du Nord et de la Corée du Sud.

WOOFER [wufœr] n.m. (Anglic. déconseillé). Haut-parleur de graves.

WORLD MUSIC [wœrldmjuzik] n.f. [pl. *world musics*] (mots angl., *musique du monde*). Courant musical de la fin des années 1980, issu du jazz, de la musique pop et de musiques non occidentales.

WU [vu] n.m. Dialecte chinois parlé au Jiangsu et au Zhejiang.

WÜRM [vyrm] n.m. (de *Würm*, n. d'une rivière bavaroise). GÉOL. La dernière des quatre glaciations quaternaires alpines, de – 100 000 à – 10 000 ans.

WWW n.m. (sigle de l'angl. *world wide web*). Web.

WYANDOTTE [vjɑ̃dɔt] n.f. et adj. (mot anglo-amér.). Poule d'une race d'origine américaine, bonne pondeuse et appréciée pour sa chair.

Calligraphie

X n.m. inv. **1.** Vingt-quatrième lettre de l'alphabet et la dix-neuvième des consonnes. (*X* note les groupes consonantiques [ks] comme dans *taxi,* [gz] comme dans *examen,* ainsi que les consonnes [z] comme dans *dixième,* ou [s] comme dans *soixante.*) **2.** X : notation de 10, dans la numération romaine. **3.** Sert à désigner qqn ou qqch qu'on ne veut ou ne peut désigner plus clairement. *Monsieur X. En un temps* x. ◇ ***Accouchement sous X :*** préservation de l'anonymat d'une femme qui abandonne son enfant à la naissance. – ALGÈBRE. Lettre désignant souvent une inconnue. *Trouver la valeur de* x. **4.** GÉNÉT. Chromosome sexuel présent en un exemplaire chez l'homme et les mammifères mâles, et en deux exemplaires chez la femme et les mammifères femelles. (C'est l'inverse chez les oiseaux et les reptiles.) ◇ ***Syndrome du chromosome X fragile :*** anomalie héréditaire du chromosome X, cause fréquente de retard mental chez le garçon. **5.** PHYS. ***Rayons X :*** rayonnement électromagnétique de faible longueur d'onde (entre l'ultraviolet et les rayons γ), traversant plus ou moins facilement les corps matériels. (Les rayons X sont utilisés en médecine [radiographie], dans l'industrie [contrôles non destructifs] et dans la recherche [rayonnement synchrotron].) **6.** ***Film classé X,*** ou ***film X :*** film pornographique. **7.** Objet en forme d'X. **8.** Tabouret à pieds croisés. ◆ n.f. *Arg. scol.* École polytechnique. ◆ n. *Arg. scol.* Élève ou ancien élève de l'École polytechnique.

XANTHÉLASMA [gzɑ̃-] n.m. (gr. *xanthos,* jaune, et *elasma,* lame). MÉD. Tache jaune à l'angle interne des paupières, due à un dépôt de cholestérol.

XANTHIE [gzɑ̃ti] n.f. (du gr. *xanthos,* jaune). Papillon de nuit jaune tacheté de roux, au corps épais, et dont la chenille vit sur le saule. (Famille des noctuidés.) SYN. : *mantelée.*

XANTHINE [gzɑ̃-] n.f. BIOCHIM. Base purique provenant de la dégradation des acides nucléiques ; substance chimiquement apparentée à la précédente, telle que la caféine ou la théine (nom générique).

XANTHODERME [gzɑ̃-] adj. et n. (du gr. *xanthos,* jaune). Dont la peau est d'une couleur jaune.

XANTHOGÉNIQUE ou **XANTHIQUE** [gzɑ̃-] adj. Se dit d'acides peu stables, de formule générale RO–CS–SH, dérivant du sulfure de carbone.

XANTHOME [gzɑ̃tom] n.m. (du gr. *xanthos,* jaune). Tumeur bénigne, cutanée ou sous-cutanée, de couleur jaune, et contenant essentiellement du cholestérol.

XANTHOPHYCÉE [gzɑ̃-] n.f. (gr. *xanthos,* jaune, et *phûkos,* algue). Algue unicellulaire apparentée aux algues brunes, quoique de couleur vert-jaune, génér. d'eau douce, se déplaçant grâce à deux flagelles inégaux ou en émettant des pseudopodes, telle que la vauchérie. (Les xanthophycées forment une classe.)

XANTHOPHYLLE [gzɑ̃tɔfil] n.f. (gr. *xanthos,* jaune, et *phullon,* feuille). Pigment jaune des végétaux chlorophylliens, du groupe des caroténoïdes, génér. masqué par la chlorophylle, responsable de la couleur du feuillage en automne.

XÉNARTHRE [gze-] ou [kse-] n.m. (gr. *xenos,* étrange, et *arthron,* articulation). Mammifère édenté aux articulations vertébrales d'un type particulier, tel que le paresseux, le tatou et le fourmilier. (Les xénarthres forment un ordre.)

XÉNOCRISTAL [gze-] n.m. GÉOL. Cristal étranger à la roche dans laquelle il se trouve.

XÉNOGREFFE [gze-] n.f. MÉD. Greffe à partir d'un donneur d'une espèce étrangère à celle du receveur ; greffe d'un tissu animal sur l'homme. SYN. : *hétérogreffe.*

XÉNOLITE [gze-] n.f. GÉOL. Enclave dans une roche magmatique.

XÉNON [gzenɔ̃] n.m. (de l'angl., du gr. *xenon,* chose étrange). **1.** Gaz rare de l'atmosphère, de densité 4,5. **2.** Élément chimique (Xe), de numéro atomique 54, de masse atomique 131,29. (On connaît auj. de nombreux composés du xénon, dont certains sont parmi les oxydants les plus vigoureux.)

XÉNOPHILE [gzenɔfil] adj. et n. (gr. *xenos,* étranger, et *philos,* qui aime). Rare. Qui manifeste de la sympathie envers les étrangers.

XÉNOPHILIE [gze-] n.f. Rare. Sympathie pour les étrangers ; ouverture d'esprit envers ce qui est étranger.

XÉNOPHOBE [gze-] adj. et n. Qui manifeste de l'hostilité envers les étrangers.

XÉNOPHOBIE [gze-] n.f. Hostilité systématique à l'égard des étrangers, de ce qui vient de l'étranger.

XÉRANTHÈME [gze-] ou [kse-] n.m. (gr. *xêros,* sec, et *anthos,* fleur). Plante herbacée des régions méditerranéennes et de l'Asie occidentale, aux fleurs pourpre et violacé ou blanches, également appelée ***immortelle annuelle.*** (Genre *Xeranthemum ;* famille des composées.)

XÉRÈS [kserɛs] (ou, selon l'Académie, [kerɛs]) ou **JEREZ** [xerɛs] n.m. Vin blanc sec et alcoolisé produit dans la région de Jerez de la Frontera (province de Cadix).

XÉROCOPIE [gze-] ou [kse-] n.f. (nom déposé). Procédé de reprographie dérivé de la xérographie et basé sur l'utilisation des phénomènes électrostatiques.

XÉRODERMIE [gze-] ou [kse-] n.f. MÉD. État d'une peau sèche présentant une desquamation poudreuse, premier degré de l'ichtyose.

XÉROGRAPHIE [gze-] ou [kse-] n.f. Procédé de reproduction ou d'impression sans contact.

XÉROPHILE [gze-] ou [kse-] adj. ÉCOL. Se dit d'un organisme adapté aux climats arides.

XÉROPHTALMIE [gze-] ou [kse-] n.f. MÉD. Sécheresse de l'œil aboutissant à l'opacité de la cornée et à la cécité.

XÉROPHYTE [gze-] ou [kse-] n.f. Plante adaptée à la sécheresse, par sa morphologie (feuilles réduites, formes charnues) ou par son mode de vie (vie végétative souterraine, vie aérienne très brève, etc.).

XÉRUS [gzerys] ou [kserys] n.m. (lat. *xerus,* du gr. *xêros,* sec). Rongeur d'Afrique voisin de l'écureuil, appelé cour. ***rat palmiste.*** (Long. 20 cm sans la queue ; famille des sciuridés.)

XI n.m. inv. → **KSI.**

XIANG [ksjɑ̃g] n.m. Dialecte chinois parlé au Hunan.

XIMENIA n.m. ou **XIMÉNIE** [ksi-] ou [gzi-] n.f. (de *Ximénès,* n.pr.). Plante des régions tropicales, à fruits comestibles mais très acides, appelée aussi *citron de mer.* (Famille des olacacées.)

XIPHOÏDE [gzi-] ou [ksifɔid] adj.m. (gr. *xiphos,* épée, et *eidos,* aspect). ANAT. Se dit de l'appendice qui constitue la partie inférieure du sternum.

XIPHOÏDIEN, ENNE adj. Relatif à l'appendice xiphoïde.

XIPHOPHORE ou **XIPHO** [gzi-] ou [ksi-] n.m. (gr. *xiphophoros,* qui porte une épée). Petit poisson originaire du Mexique, de coloration variée, très fécond et souvent élevé en aquarium. (Le lobe inférieur de la caudale, long et pointu, sert d'organe de reproduction chez le mâle. Long. 6 à 10 cm ; famille des pœcilidés.) SYN. : *porte-glaive.*

■ **XIPHOPHORE**

XML n.m. (sigle de l'angl. *extensible markup language,* langage de balisage extensible). Langage de balisage destiné à faciliter la définition, la validation et le partage de documents sur le Web.

XYLÈME [gzi-] ou [ksi-] n.m. BOT. Tissu végétal, formé de cellules vivantes, de fibres ligneuses et de vaisseaux conducteurs de la sève brute, constituant le bois.

XYLÈNE [gzi-] ou [ksi-] n.m. (gr. *xulon,* bois). Hydrocarbure benzénique $C_6H_4(CH_3)_2$, extrait du goudron de houille et obtenu surtout à partir du pétrole (nom générique). [Les trois xylènes, *ortho, méta* et *para,* diffèrent par la position relative des deux groupes méthyles.]

XYLIDINE [gzi-] ou [ksi-] n.f. Arylamine dérivée du xylène, utilisée dans la fabrication de colorants azoïques.

XYLOCOPE [gzi-] ou [ksi-] n.m. (gr. *xulokopos*, qui coupe du bois). Insecte voisin de l'abeille, à corps noir et ailes bleutées, appelé aussi *abeille charpentière,* parce qu'il creuse son nid dans le bois. (Long. 2,4 cm ; ordre des hyménoptères, famille des apidés.)

■ **XYLOCOPE**

XYLOGRAPHIE [gzi-] ou [ksi-] n.f. Impression, estampe obtenues à l'aide d'une planche de bois de fil gravée par la méthode de la taille d'épargne (gravure en relief).

■ **XYLOGRAPHIE.** *Le Christ au jardin des Oliviers,* v. 1450-1470. (Louvre, Paris.)

XYLOGRAPHIQUE adj. Relatif à la xylographie ; obtenu par la xylographie. *Un incunable xylographique.*

XYLOPHAGE [gzi-] ou [ksi-] adj. et n. Se dit d'un insecte, d'un champignon qui peut s'attaquer au bois et le consommer.

XYLOPHONE [gzi-] ou [ksi-] n.m. Instrument de musique à percussion, de la famille des claviers, composé de lames de bois d'inégale longueur sur lesquelles on frappe avec deux baguettes de bois ou des mailloches. (Le xylophone d'orchestre possède des résonateurs, placés sous les lames.)

XYSTE [ksist] n.m. (gr. *xustos*). ANTIQ. GR. Galerie couverte d'un gymnase, où les exercices avaient lieu en hiver.

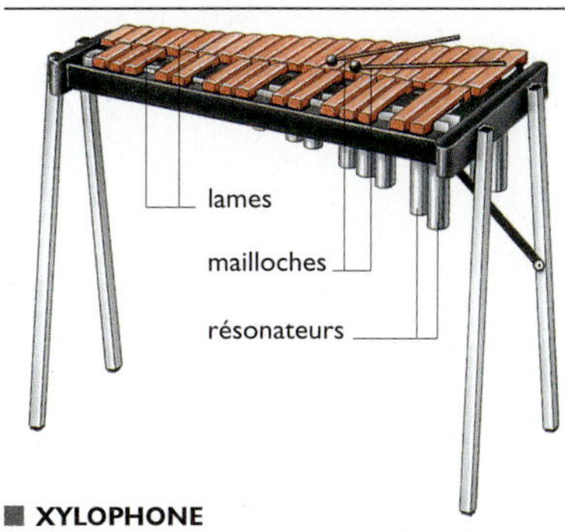

■ **XYLOPHONE**

1. Y [igrɛk] n.m. inv. **1.** Vingt-cinquième lettre de l'alphabet et la sixième des voyelles. (*Y* note la voyelle fermée [i] comme dans *cycle* ou la semi-consonne [j] quand il est suivi d'une voyelle, comme dans *yeux.* Il n'admet à l'initiale ni élision ni liaison sauf dans *yeuse, yèble* et *yeux.*) **2.** GÉNÉT. Chromosome sexuel présent chez l'homme et le mâle des mammifères, et chez la femelle des reptiles et des oiseaux, en un seul exemplaire par cellule.

2. Y [i] adv. (lat. *ibi*). Dans cet endroit-là. *Allez-y ! Nous y sommes !* ◇ *Il y a :* il est, il existe.

3. Y [i] pron. pers. (lat. *ibi*). À cela, à cette personne-là. *Ne vous y fiez pas. J'y renonce !*

YACHT [jot] n.m. (mot néerl.). Navire de plaisance, à voiles ou à moteur.

YACHT-CLUB [jotklœb] n.m. (pl. *yacht-clubs*). Association ayant pour objet la pratique des sports nautiques, en partic. du yachting.

YACHTING [jotiŋ] n.m. Pratique de la navigation de plaisance sous toutes ses formes.

YACHTMAN ou **YACHTSMAN** [jotman] n.m. (pl. *yacht [s]mans* ou *yacht [s]men*). Sportif pratiquant le yachting.

YACK ou **YAK** [jak] n.m. (angl. *yak*, du tibétain). Grand mammifère ruminant des hauts plateaux du Tibet, voisin du bœuf, à longue toison, utilisé comme animal de bât. (Haut. 2 m au garrot ; poids 750 kg ; nom sc. *Bos grunniens,* famille des bovidés.)

■ **YACK**

YAKUZA [jakuza] n.m. (mot jap.). Au Japon, membre du milieu, de la mafia.

YANG [jɑ̃g] n.m. (mot chin.). Dans la pensée taoïste chinoise, force cosmologique, indissociable du yin et du tao, qui se manifeste surtout par le mouvement.

1. YANKEE [jɑ̃ki] n. (Avec une majuscule.) Sobriquet donné par les Anglais aux colons révoltés de la Nouvelle-Angleterre, puis par les sudistes aux nordistes, et appliqué auj. aux habitants anglo-saxons des États-Unis. ◆ adj. *Fam., souvent péjor.* Des États-Unis.

2. YANKEE [jɑ̃ki] n.m. MAR. Grand foc dont le point d'écoute est relevé.

YAOURT [jaurt], **YOGOURT** ou **YOGHOURT** [jogurt] n.m. (du turc). Lait fermenté préparé à l'aide de ferments lactiques acidifiants ; pot de cette préparation.

YAOURTIÈRE n.f. Appareil servant à la fabrication domestique des yaourts.

YAPOCK n.m. (de *Oyapock,* fleuve de l'Amérique du Sud). Petit marsupial sud-américain, voisin de l'opossum, adapté à la vie aquatique, qui se nourrit de crustacés et de grenouilles. (Genre *Chironectes ;* famille des didelphidés.)

YARD [jard] n.m. (mot angl.). Ancienne unité anglo-saxonne de longueur, valant 0,914 4 m.

YASS ou **JASS** [jas] n.m. (mot all.). Suisse. Jeu de cartes par combinaisons et levées, pratiqué par deux à six joueurs, à l'aide d'un jeu de trente-six cartes.

YASSA n.m. (du créole de Casamance, *frire*). Afrique. *Poulet yassa :* poulet mariné, grillé, puis cuit dans une sauce épicée aux citrons et aux oignons. (Cuisine sénégalaise.)

YATAGAN [jatagɑ̃] n.m. (turc *yatağan*). Sabre incurvé en deux sens opposés, qui était en usage chez les Turcs et les Arabes.

YAWL [jol] n.m. (mot angl.). Voilier à deux mâts ayant l'artimon en arrière de la barre (à la différence du ketch).

YEARLING [jœrliŋ] n.m. (mot angl., *d'un an*). Poulain âgé de un an.

YÈBLE n.f. → **HIÈBLE.**

YÉMÉNITE adj. et n. Du Yémen, de ses habitants.

YEN [jɛn] n.m. Unité monétaire principale du Japon.

YEOMAN [jɔman] n.m. [pl. *yeomans* ou *yeomen*] (mot angl.). **1.** HIST. Petit propriétaire de l'Angleterre médiévale. **2.** *Yeomen de la garde :* corps assurant la garde des souverains britanniques, créé en 1485 par Henri VII.

YEOMANRY [jomanri] n.f. (mot angl.). Formation territoriale de cavalerie anglaise, créée à la fin du XVIIIe s. et utilisée ensuite comme infanterie montée.

YERSIN (BACILLE DE) : bacille de la peste.

YERSINIA n.f. Genre de bactéries en forme de bacilles, pathogènes, dont une espèce, le bacille de Yersin, provoque la peste.

YESHIVA [jeʃiva] n.f. (mot hébr.). Établissement d'enseignement consacré à l'étude du Talmud. Pluriel savant : *yeshivot.*

YETI n.m. (mot tibétain). Humanoïde légendaire de l'Himalaya, appelé aussi *abominable homme des neiges.*

YEUSE [jøz] n.f. (provenç. *euze,* du lat. *ilex*). Chêne vert.

YEUX n.m. pl. Pluriel de *œil.*

YÉ-YÉ adj. inv. et n.m. inv. *Fam.,* vieilli. Se dit d'un style de musique ou de chansons adaptées de succès américains, en vogue parmi les jeunes dans les années 1960.

YIDDISH [jidiʃ] n.m. inv. (mot angl., de l'all. *jüdisch,* juif). Langue germanique parlée par les Juifs ashkénazes. SYN. : *judéo-allemand.* ◆ adj. inv. Relatif au yiddish.

YIN [jin] n.m. (mot chin.). Dans la pensée taoïste chinoise, force cosmologique, indissociable du yang et du tao, et qui se manifeste surtout par la passivité.

YLANG-YLANG n.m. → **ILANG-ILANG.**

YOCTO- (du lat. *octo,* huit). Préfixe (symb. y) qui, placé devant une unité, la divise par 10^{24}.

YOD [jɔd] n.m. (mot hébr.). PHON. Semi-consonne constrictive sonore [j] (par ex. dans *maillot* [majo], *soleil* [sɔlɛj]).

YODLER v.i. → **IOULER.**

YOGA n.m. (mot sanskr., *jonction*). Discipline spirituelle et corporelle, issue d'un système philosophique brahmanique, et qui vise à libérer l'esprit des contraintes du corps par la maîtrise de son mouvement, de son rythme et du souffle.

YOGI [jɔgi] n.m. Personne qui pratique le yoga.

YOGOURT ou **YOGHOURT** n.m. → **YAOURT.**

YOHIMBEHE [jɔimbe] n.m. (du bantou). Arbre du Cameroun au bois violacé et dont l'écorce est employée en pharmacopée traditionnelle. (Genre *Pausinystalia ;* famille des rubiacées.)

YOHIMBINE [jɔimbin] n.f. Alcaloïde extrait de l'écorce de yohimbehe, vasodilatateur, prescrit notamm. dans le traitement de l'impuissance.

YOLE n.f. (néerl. *jol*). Embarcation légère et allongée, d'un faible tirant d'eau, propulsée à l'aviron.

YOM KIPPOUR ou **KIPPOUR** n.m. inv. (mot hébr.). Fête juive de pénitence célébrée dix jours après le nouvel an, dite aussi *Grand Pardon.*

YORKSHIRE-TERRIER ou **YORKSHIRE** [jɔrkʃœr] n.m. [pl. *yorkshire-terriers, yorkshires*] (de *Yorkshire,* n.pr.). Petit chien de compagnie, d'origine anglaise.

■ **YAWL**

YOTTA- (du lat. *octo,* huit). Préfixe (symb. Y) qui, placé devant une unité, la multiplie par 10^{24}.

YOUGOSLAVE adj. et n. De la Yougoslavie, de ses habitants.

YOUP interj. Marque la joie, la vivacité. *Youp la boum ! Allez, youp !*

YOUPI interj. Marque la joie, l'enthousiasme. *Youpi, nous avons gagné !*

YOURTE ou **IOURTE** n.f. (russe *jorta*). **1.** Tente en feutre des nomades turcs et mongols d'Asie centrale. **2.** Hutte conique en écorce de certains peuples sibériens.

1. YOUYOU n.m. (du chin.). Petite embarcation courte et large, manœuvrant à la voile ou à l'aviron et employée à divers services du bord.

2. YOUYOU n.m. (onomat.). Cri poussé par les femmes arabes à l'occasion de certaines cérémonies.

YO-YO n.m. inv. (de *Yo-Yo*). *Fam.* Phénomène de hausses et de baisses successives, notamm. dans le domaine économique. *Le yo-yo boursier.*

YO-YO n.m. inv. (nom déposé). Jouet consistant en un disque échancré par la tranche ou en deux disques accolés que l'on fait monter et descendre le long d'un fil enroulé autour de l'axe central de l'objet.

YPÉRITE n.f. (de *Ypres,* ville de Belgique où ce gaz fut employé en 1917). Liquide huileux (sulfure d'éthyle deux fois chloré), utilisé comme gaz de combat suffocant et vésicant.

YPONOMEUTE n.m. → **HYPONOMEUTE.**

YPRÉAU n.m. (de *Ypres,* n.pr.). Région. (Nord). Peuplier blanc.

YSOPET ou **ISOPET** n.m. (de *Ésope,* n.pr.). LITTÉR. Recueil de fables, au Moyen Âge.

YTTERBINE n.f. Oxyde d'ytterbium Yb_2O_3.

YTTERBIUM [itɛrbjɔm] n.m. (de *Ytterby,* village suédois). **1.** Métal du groupe des terres rares. **2.** Élément chimique (Yb), de numéro atomique 70, de masse atomique 173,04.

YTTRIA n.m. Oxyde d'yttrium Y_2O_3.

YTTRIQUE adj. Se dit de composés de l'yttrium. ◇ *Terres yttriques :* oxydes des lanthanides lourds.

YTTRIUM [itrijɔm] n.m. **1.** Métal apparenté aux terres rares, de densité 4,47. **2.** Élément chimique (Y), de numéro atomique 39, de masse atomique 88,905 8. (Certains composés de l'yttrium sont utilisés pour donner la coloration rouge dans les tubes de télévision.)

YUAN [jɥan] n.m. Unité monétaire principale de la Chine.

YUCCA [juka] n.m. (mot d'une langue d'Haïti). Plante ornementale originaire de Californie, acclimatée dans les pays tempérés et ressemblant à l'aloès. (Famille des agavacées.)

YUE [jue] n.m. LING. Cantonais.

YUPPIE [jupi] n. (de l'angl. *young,* jeune, *urban,* de la ville, *professional,* professionnel). Dans les pays anglo-saxons, jeune cadre dynamique et ambitieux.

■ YUCCA

Y

Caractère Zapf

Z n.m. inv. **1.** Vingt-sixième lettre de l'alphabet et la vingtième des consonnes. (*Z* note la fricative alvéolaire sonore [z].) **2.** MATH. $\mathbb{Z}$: ensemble des nombres entiers relatifs (entiers positifs, négatifs et zéro). **3.** *Film de série Z :* film commercial très médiocre.

ZABRE n.m. (lat. sc. *zabrus*). Insecte coléoptère se nourrissant de grains de céréales, et dont la larve dévore les jeunes pousses de blé. (Long. env. 15 mm.)

ZAC ou **Z.A.C.** [zak] n.f. (acronyme). Zone d'aménagement concerté.

ZAD ou **Z.A.D.** [zad] n.f. (acronyme). Zone d'aménagement différé.

ZAIBATSU [zajbatsu] n.m. (mot jap.). ÉCON. Conglomérat japonais de type familial fondé sur des réseaux financiers entre une banque et de nombreuses sociétés commerciales et industrielles.

ZAIN [zɛ̃] adj.m. (ital. *zaino,* de l'ar.). Se dit d'un cheval, et, par ext., d'un chien, qui n'a aucun poil blanc.

ZAÏROIS, E adj. et n. Du Zaïre (auj. République démocratique du Congo), de ses habitants.

ZAKOUSKI n.m. pl. (russe *zakouska*). Plat composé de petits mets variés, chauds ou froids, servis en assortiment avant le repas. (Cuisine russe.)

ZAMAK n.m. (nom déposé). Alliage à base de zinc, additionné d'aluminium, de magnésium, de cuivre, très employé en construction mécanique.

ZAMBIEN, ENNE adj. et n. De la Zambie, de ses habitants.

ZAMIA ou **ZAMIER** n.m. (lat. sc. *zamia*). Plante de l'Amérique subtropicale, voisine du cycas, parfois cultivée comme ornementale, et dont certaines espèces fournissent un sagou. (Ordre des cycadales.)

ZANNI ou **ZANI** [dzani] n.m. (dial. vénitien, altér. de *Giovanni,* Jean). THÉÂTRE. Serviteur bouffon dans la commedia dell'arte.

ZANZIBAR ou **ZANZI** n.m. Jeu de hasard qui se joue avec trois dés, à deux joueurs ou plus. – Au jeu de zanzibar, coup le plus fort, amenant trois points identiques.

ZAOUÏA n.f. → **ZAWIYA.**

ZAPATEADO [sapateado] n.m. (mot esp., de *zapato,* soulier). En danse flamenca, martèlement rythmé du pied (orteils, pointe, plante ou talon) sur le sol ; passage de virtuosité fondé sur ce martèlement.

ZAPPER v.i. **1.** Pratiquer le zapping. **2.** *Fig.* Passer d'une chose à l'autre.

ZAPPEUR, EUSE n. et adj. Personne qui zappe.

ZAPPING [zapiŋ] n.m. (de l'angl. *to zap*). Pratique du téléspectateur qui change fréquemment de chaîne à l'aide de son boîtier de télécommande.

ZARABE n. Réunion. Indien musulman.

ZARZUELA [sarswela] n.f. (mot esp.). Drame lyrique espagnol caractérisé par l'alternance de la déclamation et du chant.

ZAWIYA [zawija] ou **ZAOUÏA** n.f. (ar. *zāwiya,* angle). Établissement religieux islamique, construit à proximité d'un tombeau vénéré.

ZAYDITE [zaidit] adj. et n. (de *Zayd ibn Ali*). ISL. Se dit d'un membre d'une secte chiite, établie au Yémen, ne reconnaissant que les quatre premiers imams descendants d'Ali.

ZAZOU n. et adj. (onomat.). *Fam.,* anc. Jeune qui, en France, au sortir de la Seconde Guerre mondiale, se distinguait par son amour du jazz et sa tenue excentrique. – REM. On trouve parfois le fém. *zazoue.*

ZCIT ou **Z.C.I.T.** [zɛdseite] n.f. (sigle). CLIMATOL. Zone de convergence intertropicale.

ZÈBRE n.m. (port. *zebra*). **1.** Mammifère ongulé des savanes africaines, voisin du cheval, à pelage blanchâtre rayé de noir ou de brun, vivant en troupeaux importants. (Trois espèces du genre *Equus ;* famille des équidés.) **2.** *Fam.* Individu, personnage bizarre. *Quel drôle de zèbre !*

■ **ZÈBRE** femelle et son petit.

ZÉBRER v.t. [11]. Marquer de raies, de lignes sinueuses. *Les éclairs zèbrent le ciel.*

ZÉBRURE n.f. (Surtout pl.) Rayure du pelage d'un animal. – Raie, marque d'aspect comparable.

■ **ZÉBU**

ZÉBU n.m. Grand bovidé domestique des régions tropicales, dit *bœuf à bosse,* caractérisé par une bosse adipeuse sur le garrot.

ZEC [zɛk] n.f. (acronyme de *zone d'exploitation contrôlée*). Québec. Territoire de chasse et de pêche établi par l'État et destiné au contrôle des ressources fauniques.

ZÉE [ze] n.m. (lat. *zaeus*). ICHTYOL. Saint-pierre.

ZEF n.m. (de *zéphyr*). *Arg.* Vent.

ZÉINE n.f. Protéine extraite du maïs.

ZÉLATEUR, TRICE n. (bas lat. *zelator*). *Litt.* Personne qui montre un zèle ardent, le plus souvent intempestif, pour une idée, pour qqn.

ZÈLE n.m. (gr. *zêlos,* ardeur). Ardeur au service d'une personne ou d'une chose, inspirée par la foi, le dévouement, etc. ◇ *Faire du zèle :* montrer un empressement excessif.

ZÉLÉ, E adj. et n. Qui a, qui montre du zèle.

ZELLIGE n.m. (ar. *zallīdj*). Petit élément d'une marqueterie de céramique émaillée servant au décor monumental dans l'art maghrébin.

ZÉLOTE n.m. (gr. *zelôtês*). **1.** ANTIQ. Membre d'une secte juive nationaliste qui joua un rôle très actif dans la révolte de 66 - 70 contre l'occupant romain. **2.** *Péjor.* Personne animée d'un zèle fanatique.

ZEMSTVO [zjɛmstvo] n.m. (mot russe). Assemblée territoriale assurant l'administration locale dans les gouvernements de la Russie d'Europe (1864 - 1917).

ZEN [zɛn] n.m. (mot jap., du chin. *chan,* du sanskr. *dhyāna,* méditation). Importante école bouddhiste, originaire de Chine, introduite au Japon au XIIe s., et qui privilégie l'enseignement de maître à élève par rapport à celui des écritures. ◆ adj. inv. **1.** Relatif au zen. **2.** *Fam.* Calme, serein, décontracté. *Être, rester zen.*

ZEND [zɛ̃d] n.m. LING. Vx. Avestique.

ZÉNITH n.m. (de l'ar.). **1.** ASTRON. Point de la sphère céleste représentatif de la direction verticale ascendante, en un lieu donné (par oppos. à *nadir*). **2.** *Fig.* Degré le plus élevé ; apogée. *Sa gloire est au zénith.*

ZÉNITHAL, E, AUX adj. Relatif au zénith. ◇ ASTRON. *Distance zénithale :* distance angulaire d'un point de la sphère céleste au zénith. – ARCHIT. *Éclairage zénithal :* éclairage naturel venant du haut, par verrières, lanterneaux, etc.

ZÉOLITE ou **ZÉOLITHE** n.f. (gr. *zein,* bouillir, et *lithos,* pierre). MINÉRALOG. Aluminosilicate hydraté complexe de certaines roches volcaniques, utilisé dans l'industrie comme absorbant, en chimie comme tamis moléculaire, comme catalyseur, etc.

ZEP ou **Z.E.P.** [zɛp] n.f. (acronyme). Zone d'éducation prioritaire.

ZÉPHYR n.m. (gr. *zephuros*). **1.** *Litt.* Vent doux et agréable. **2.** Tissu de coton léger et souple, fin et serré.

ZÉPHYRIEN, ENNE adj. *Litt.* Doux et léger comme un zéphyr.

■ **ZIGGOURAT.** Vestiges de la ziggourat de Tchoga Zanbil, édifiée au XIIIe s. av. J.-C. par le roi d'Élam Ountashi-Napirisha.

ZEPPELIN [zɛplɛ̃] n.m. (du n. de l'inventeur). Ballon dirigeable rigide, fabriqué par les Allemands de 1900 à 1930.

ZEPTO- (du lat. *septem,* sept). Préfixe (symb. z) qui, placé devant une unité, la divise par 10^{21}.

ZÉRO n.m. (ital. *zero,* de l'ar.). **1.** Le plus petit élément de l'ensemble ℕ des entiers naturels, et le seul à ne pas avoir de prédécesseur dans ℕ. (Noté 0, ce nombre indique, dans la numération de position, l'absence de quantité dans le rang [unités, dizaines...] où il figure.) **2.** Cardinal de l'ensemble vide, élément neutre des groupes additifs. **3.** Valeur, quantité, grandeur numérique nulle. *Fortune réduite à zéro.* ◇ *Numéro zéro :* exemplaire d'un journal, d'un périodique précédant le lancement du premier numéro. SYN. : *pilote.* **4.** *Fam.* Personne dont les capacités sont nulles. **5.** *Fam. Avoir le moral à zéro, être à zéro :* aller très mal, être déprimé. **6.** Point de départ de l'échelle de graduation d'un instrument de mesure, du décompte des heures. ◇ *Appareil de zéro :* appareil de mesure dans lequel l'égalité de deux grandeurs est constatée par le retour d'une indication à la graduation zéro. **7.** *Point zéro :* température de la glace fondante qui correspond à une température Celsius de 0 °C et à une température thermodynamique de 273,15 K. – *Zéro absolu :* état inaccessible (mais dont on sait se rapprocher), qui correspond à une température de 0 K. ◆ adj. num. Aucun. *Zéro faute. Zéro centime. Zéro défaut.*

ZÉROTAGE n.m. MÉTROL. Détermination du zéro des thermomètres.

ZÉRUMBET [zerɔ̃bɛt] n.m. (ar. *zarunbād*). Plante de l'Asie tropicale à rhizome aromatique, voisine du gingembre. (Genre *Zingiber ;* famille des zingibéracées.)

ZEST n.m. (onomat.). Vx. *Être entre le zist et le zest :* n'être ni bon ni mauvais ; être incertain, hésiter.

ZESTE n.m. (onomat.). **1.** Écorce extérieure des agrumes ; petit morceau que l'on y découpe pour aromatiser une pâte, un entremets, un cocktail ou pour fabriquer certaines confiseries. **2.** *Fam.* Très petite quantité d'une chose abstraite. *Un zeste d'insolence.*

ZESTER v.t. CUIS. Prélever le zeste de. *Zester un citron.*

ZÊTA [dzɛta] ou **DZÊTA** n.m. inv. Sixième lettre de l'alphabet grec (Z, ζ), correspondant au son [dz].

ZETTA- (du lat. *septem,* sept). Préfixe (symb. Z) qui, placé devant une unité, la multiplie par 10^{21}.

ZEUGME ou **ZEUGMA** n.m. (gr. *zeûgma,* lien). RHÉT. Coordination de deux ou de plusieurs éléments qui ne sont pas sur le même plan syntaxique ou sémantique. (Ex. : *Vêtu de probité candide et de lin blanc* [Hugo].)

ZEUZÈRE n.f. (lat. sc. *zeuzera*). Papillon nocturne à ailes blanches tachetées de noir ou de bleu, dont la chenille creuse des galeries dans le tronc des arbres. (Famille des cossidés.)

ZÉZAIEMENT n.m. Défaut de qqn qui zézaye.

ZÉZAYER [zezɛje] v.i. [6] (onomat.). Prononcer *z* [z] les articulations *j* [ʒ] et *g* [ʒ], et prononcer *s* [s] le *ch* [ʃ] (par ex., *zuzube, pizon, sien,* pour *jujube, pigeon, chien*).

ZI ou **Z.I.** [zɛdi] n.f. (sigle). Zone industrielle.

ZIBELINE n.f. (ital. *zibellino*). **1.** Martre de Sibérie et du Japon à fourrure soyeuse très recherchée. **2.** Fourrure de cet animal.

ZICRAL n.m. (nom déposé). Alliage d'aluminium avec addition de zinc, utilisé notamm. dans la fabrication des skis.

ZIDOVUDINE n.f. AZT.

ZIEUTER ou **ZYEUTER** v.t. *Fam.* Regarder.

ZIF ou **Z.I.F.** [zif] n.f. (acronyme). Zone d'intervention foncière.

ZIG ou **ZIGUE** n.m. *Fam.* Type, individu.

ZIGGOURAT [zigurat] n.f. (assyrien *ziggurratu*). ARCHÉOL. Édifice religieux d'origine mésopotamienne, fait de la superposition de plates-formes de dimensions décroissantes, dont la plus petite, au sommet, porte une chapelle.

ZIGOTO n.m. *Fam.* Individu bizarre ou qui cherche à épater. ◇ *Fam. Faire le zigoto :* faire l'intéressant.

ZIGOUILLER v.t. (mot poitevin). *Fam.* Égorger, tuer, assassiner.

ZIGZAG n.m. (onomat.). **1.** Ligne brisée formant des angles alternativement saillants et rentrants. **2.** Mouvement qui suit une ligne sinueuse. *Les zigzags d'un ivrogne.* **3.** *Fig.* Évolution sinueuse de qqn, de sa vie. *Une carrière en zigzag.*

ZIGZAGUER v.i. **1.** Avancer en faisant des zigzags. **2.** Former des zigzags. *Le ruisseau zigzague entre les roseaux.*

ZIMBABWÉEN, ENNE [zim-] adj. et n. Du Zimbabwe, de ses habitants.

ZINC [zɛ̃g] n.m. (all. *Zink*). **1.** Métal d'un blanc bleuâtre, peu altérable, de densité 7,14, et qui fond à 419 °C. **2.** Élément chimique (Zn), de numéro atomique 30, de masse atomique 65,39. **3.** *Fam.* Comptoir d'un bar, d'un café. **4.** *Arg.,* vieilli. Avion.

ENCYCL. Le zinc est employé comme revêtement pour la protection contre la corrosion atmosphérique (galvanisation, métallisation, zingage, etc.) et sous forme massive pour la protection de l'acier. Il entre dans la composition de nombreux alliages : Zamak, laitons, maillechorts, etc. L'oxyde ZnO, ou « blanc de zinc », est employé dans la fabrication de peintures et dans l'industrie du verre.

ZINCATE n.m. Sel dérivant de l'hydroxyde de zinc.

ZINCIFÈRE ou **ZINCIQUE** [zɛ̃si-] adj. Qui renferme du zinc.

ZINGAGE ou **ZINCAGE** [zɛ̃gaʒ] n.m. **1.** CONSTR. Action de zinguer. **2.** MÉTALL. Action de couvrir de zinc, par différents procédés (galvanisation, dépôt électrolytique, shérardisation, métallisation), à des fins de protection.

ZINGIBÉRACÉE n.f. (lat. *zingiber,* gingembre). Plante monocotylédone aromatique des régions tropicales, fournissant de nombreuses épices, telle que le gingembre, la cardamome et le curcuma. (Les zingibéracées forment une famille.)

ZINGUER v.t. **1.** CONSTR. Recouvrir de zinc. *Zinguer un toit.* **2.** MÉTALL. Procéder à un zingage. *Zinguer du fer.*

ZINGUEUR n.m. Couvreur chargé en partic. de la pose du zinc en couverture.

ZINJANTHROPE n.m. (de *Zinj,* nom du lieu où ce fossile fut découvert). Australopithèque robuste découvert en 1959 en Tanzanie, daté de 1,75 million d'années environ.

ZINNIA n.m. (de *Zinn,* botaniste all.). Plante originaire du Mexique, cultivée pour ses fleurs ornementales et dont il existe de nombreuses variétés. (Famille des composées.)

1. ZINZIN n.m. (onomat.). *Fam.* **1.** Appareil, engin bruyant. **2.** Objet quelconque ; truc, machin. **3.** *Par plais.* Investisseur institutionnel.

2. ZINZIN adj. *Fam.* Bizarre, un peu fou, dérangé. *Elle est un peu zinzin.*

ZIP n.m. (nom déposé). Fermeture à glissière.

ZIPPER v.t. Garnir un sac, un vêtement d'un Zip. *Blouson zippé.*

ZIRABLE adj. Acadie. Qui lève le cœur ; dégoûtant.

ZIRCON n.m. (esp. *girgonça,* jacinthe). MINÉRALOG. Silicate de zirconium donnant des gemmes transparentes, jaunes, vertes, brunes, rouge-orangé (*hyacinthe,* très recherchée), incolores, ou bleu-vert. (Son indice de réfraction élevé le rapproche du diamant par l'éclat, mais sa dureté assez faible l'en éloigne.)

ZIRCONE n.f. Oxyde de zirconium ZrO_2.

ZIRCONIUM [zirkɔnjɔm] n.m. **1.** Métal blanc-gris qui se rapproche du titane et du silicium, de densité 6,5, et qui fond à 1 852 °C. **2.** Élément chimique (Zr), de numéro atomique 40, de masse atomique 91,224. (Le zirconium est utilisé dans des alliages pour l'industrie nucléaire, ou dans l'industrie chimique, à cause de sa grande résistance à la corrosion.)

ZIRE n.f. Acadie. *Faire zire :* causer de la répugnance ; dégoûter.

ZIST n.m. → **ZEST.**

1. ZIZANIE n.f. (lat. *zizania,* ivraie). Mésentente, discorde. *Mettre, semer la zizanie.*

2. ZIZANIE n.f. ou **ZIZANIA** n.m. Graminée aquatique d'Asie orientale et d'Amérique du Nord, fournissant une farine sucrée.

1. ZIZI n.m. (onomat.). Sexe, en partic. celui des garçons, dans le langage enfantin.

2. ZIZI n.m. (onomat.). Bruant sédentaire, commun en Europe méridionale, nichant dans les haies ou à même le sol. (Nom sc. *Emberiza cirlus ;* famille des embérizidés.)

ZLOTY n.m. (polon. *złoty*). Unité monétaire principale de la Pologne.

ZOANTHAIRE n.m. ZOOL. Hexacoralliaire.

ZODIAC n.m. (nom déposé). Canot en caoutchouc, pouvant être équipé d'un moteur hors-bord.

ZODIACAL, E, AUX adj. Relatif au zodiaque. ◇ *Lumière zodiacale :* lueur faible et diffuse, concentrée autour du Soleil, dans le plan de l'écliptique, observable avant l'aurore ou après le crépuscule, et qui est due à la diffusion de la lumière solaire par les poussières interplanétaires.

ZODIAQUE n.m. (gr. *zôdiakos,* de *zôon,* être vivant). ASTRON. Zone de la sphère céleste qui s'étend sur 8,50° de part et d'autre de l'écliptique et dans laquelle on voit se déplacer le Soleil, la Lune et les planètes principales du système solaire, sauf Pluton. ◇ *Signe du zodiaque :* chacune des douze parties qui s'étalent sur 30° de longitude et en lesquelles le zodiaque est divisé à partir du point vernal. (La prise en compte de l'influence que chacune de ces unités [Bélier, Taureau, Gémeaux, Cancer, Lion, Vierge, Balance, Scorpion, Sagittaire, Capricorne, Verseau, Poissons] exercerait sur les êtres humains est au cœur de l'astrologie.)

ZOÉ n.f. (gr. *zôê,* vie). ZOOL. Forme larvaire de certains crustacés.

ZOÉCIE n.f. ZOOL. Chacun des individus d'une colonie de bryozoaires.

ZOMBIE ou **ZOMBI** n.m. (mot créole). **1.** Dans le vaudou, mort sorti du tombeau et qu'un prêtre met à son service. **2.** *Fam.* Personne qui a un air absent, amorphe.

ZONA n.m. (mot lat., *ceinture*). Maladie infectieuse due à un virus du groupe herpès identique à celui de la varicelle, caractérisée par une éruption de vésicules linéaire et unilatérale, accompagnée de brûlures.

■ **ZINNIAS**

■ **ZODIAQUE.** Symboles des signes astrologiques du zodiaque. La numérotation en chiffres romains s'applique aux signes eux-mêmes, alors que les chiffres arabes renvoient aux mois de l'année.

ZONAGE n.m. **1.** URBAN. Répartition d'un territoire en zones affectées chacune à un genre déterminé d'occupation des sols. **2.** INFORM. Partage d'un ensemble d'informations en portions de structure homogène, selon divers critères.

ZONAL, E, AUX adj. GÉOGR. Se dit des caractères d'ensemble de toute une zone, qui s'expriment génér. dans la direction des parallèles, notamm. en climatologie.

ZONALITÉ n.f. GÉOGR. Disposition des caractéristiques du milieu naturel selon les zones climatiques, du fait des différences d'ensoleillement en fonction de la latitude.

ZONARD, E n. (de *zone*). *Fam.* Jeune, en partic. originaire des banlieues pauvres, vivant plus ou moins en marge de la société.

ZONE n.f. (lat. *zona,* ceinture). **1.** Étendue de terrain, espace d'une région, d'une ville, etc., définis par certaines caractéristiques. *Zone désertique. Zone résidentielle. Zone industrielle.* **2.** Territoire ou ensemble de territoires soumis à un statut, à un régime particulier. *Zone de libre-échange.* ◇ ***Zone frontière*** : territoire longeant la frontière d'un État et soumis à une réglementation particulière. – ***Zone d'entreprise*** : partie du territoire national dans laquelle, en raison de difficultés de reconversion industrielle, certaines entreprises bénéficient d'exonérations fiscales spécifiques. **3.** *La zone.* **a.** Anc. Zone militaire qui s'étendait au-delà des anciennes fortifications de Paris, où aucune construction ne devait être édifiée et où vivait une population marginale. **b.** Auj. Espace aux limites d'une ville, banlieue mal aménagée offrant de piètres conditions de vie. **4.** Territoire répondant à certaines normes en matière d'aménagement et d'urbanisme. ◇ ***Zone d'aménagement concerté (ZAC)*** : zone à l'intérieur de laquelle une collectivité publique ou un établissement public réalise ou fait réaliser une opération d'aménagement et d'équipement de terrains qui sont ensuite cédés à des utilisateurs privés ou publics. – ***Zone d'aménagement différé (ZAD)*** : zone d'extension dont l'aménagement n'est pas immédiatement nécessaire et pour laquelle l'État ou la collectivité locale a un droit de préemption en cas de vente de terrain. – ***Zone d'extension urbaine*** ou ***d'urbanisation*** : zone délimitée, dans le plan d'aménagement d'une agglomération, comme étant destinée à recevoir de nouveaux quartiers ou groupes d'habitations. – ***Zone industrielle (ZI)*** : zone spécial. localisée et équipée en vue d'accueillir des établissements industriels. – ***Zone d'intervention foncière (ZIF)*** : zone destinée à permettre la création de réserves foncières au profit de l'État ou de la collectivité locale par droit de préemption, mais à l'intérieur de zones déjà urbanisées. – ***Zone à urbaniser par priorité (ZUP)*** : zone conçue pour y développer des constructions, pour être urbanisée tout en prévenant la spéculation par l'usage du droit de préemption. (Instituées en 1958, les ZUP ont été supprimées en 1975 et remplacées par les ZAC et les ZIF.) – ***Zone non altius tollendi,*** dans laquelle aucune construction ne doit s'élever au-dessus d'une hauteur donnée. **5.** Partie de territoire dans laquelle s'exerce l'action de forces militaires. ◇ ***Zone d'action*** : étendue de terrain à l'intérieur de laquelle une unité est appelée à agir. – ***Zone de défense*** : depuis 1950, subdivision du territoire national à l'intérieur de laquelle s'exercent la préparation, la coordination et la conduite des efforts civils et militaires de défense. **6.** Espace, région délimités sur une surface, sur un corps. *Zone ensoleillée.* ◇ ***Zone érogène*** : surface cutanée ou muqueuse susceptible d'être le siège d'une excitation sexuelle. **7.** Domaine limité, à l'intérieur duquel s'exerce l'action de qqn ou d'une collectivité. *Zone de recherche.* ◇ ***Zone d'éducation prioritaire (ZEP)*** : aire géographique circonscrite, caractérisée par des difficultés économiques et sociales, où l'action éducative est renforcée pour lutter contre l'échec scolaire. – ***Zone d'influence*** : ensemble d'États ou de territoires réservés à l'influence politique exclusive d'un État. **8.** ÉCON. ***Zone euro*** : ensemble des douze pays de l'Union européenne (Allemagne, Autriche, Belgique, Espagne, Finlande, France, Grèce, Irlande, Italie, Luxembourg, Pays-Bas et Portugal) ayant adopté l'euro comme monnaie unique. – ***Zone monétaire*** : ensemble de pays dont les monnaies respectives sont rattachées à celle d'un pays centre qui exerce un rôle dominant (zone dollar, par ex.) ou entre les monnaies desquels existent des liens particuliers. **9.** GÉOGR. Espace délimité approximativement par des parallèles (zone tropicale, par ex.). ◇ CLIMATOL. ***Zone de convergence intertropicale (ZCIT)*** : limite entre la circulation atmosphérique de l'hémisphère Nord et celle de l'hémisphère Sud. (Également appelée ***équateur météorologique,*** la ZCIT se déplace vers le nord en été boréal, vers le sud en été austral, en liaison avec le mouvement apparent du Soleil.) **10.** DR. MAR. ***Zone contiguë*** : bande maritime comprise entre la limite des eaux territoriales (12 milles nautiques) et une distance de 200 milles à partir des côtes, et sur laquelle l'État riverain peut exercer un certain contrôle. – ***Zone économique exclusive*** : zone maritime, dite de 200 milles marins, au-delà des eaux territoriales, sur laquelle l'État riverain exerce des droits souverains de nature économique et fonctionnelle. **11.** Espace quelconque de forme circulaire ou allongée. *Son visage franchit la zone d'ombre de l'abat-jour.* **12.** MÉTALL. *Fusion de zone* : technique de purification des métaux, qui consiste à déplacer une petite zone fondue le long d'un barreau métallique dans le but de repousser les impuretés à une extrémité. **13.** INFORM. Champ. ◆ pl. ÉCOL. ***Zones humides*** : ensemble des biotopes aquatiques de marécages ou de lagunes, continentaux ou littoraux.

ZONÉ, E adj. *Didact.* Qui présente des bandes concentriques. *Coquille zonée. Roche zonée.*

1. ZONER v.t. INFORM. Effectuer le zonage de.

2. ZONER v.i. *Fam.* Mener une existence au jour le jour, plus ou moins en marge de la société, en vivant d'expédients.

ZONIER, ÈRE adj. Vx. Relatif à la zone autour de Paris. ◆ n. Vx. Habitant de la zone.

ZONING [zoniŋ] n.m. Belgique. Zone industrielle.

ZONURE n.m. (gr. *zônê,* ceinture, et *oura,* queue). Lézard d'Afrique australe et orientale, recouvert d'écailles épineuses, pouvant atteindre 60 cm de long. (Famille des cordylidés.)

ZOO [zoo] ou [zo] n.m. (abrév.). Jardin *zoologique.

ZOOFLAGELLÉ n.m. MICROBIOL. Protozoaire portant un ou plusieurs flagelles, souvent parasite d'organismes pluricellulaires. (Les zooflagellés forment une classe.)

ZOOGAMÈTE n.m. BIOL. Gamète mobile flagellé des algues et des champignons.

ZOOGÉOGRAPHIE n.f. Étude de la répartition des espèces animales sur la Terre.

ZOOGLÉE n.f. (lat. *zoogloea,* du gr. *glotos,* glu). MICROBIOL. Réunion de bactéries agglutinées par une substance visqueuse, qui se forme à la surface de certains liquides (vinaigre, eaux résiduaires).

ZOOLÂTRIE n.f. Adoration des animaux divinisés.

ZOOLOGIE n.f. (gr. *zôon,* animal, et *logos,* science). Branche des sciences naturelles qui étudie les animaux.

ZOOLOGIQUE adj. **1.** Relatif à la zoologie, aux animaux. **2.** *Jardin, parc zoologique* : lieu public où sont présentés aux visiteurs des animaux en captivité ou en semi-liberté appartenant à des espèces exotiques ou rares. Abrév. : *zoo.*

ZOOLOGISTE ou, rare, **ZOOLOGUE** n. Spécialiste de zoologie.

ZOOM [zum] n.m. (mot angl., de *to zoom,* se déplacer). **1.** Objectif photographique à focale variable. **2.** CINÉMA. Travelling optique.

ZOOMER [zume] v.i. Filmer en utilisant un zoom. ◆ v.t. ind. (sur). Faire un gros plan sur.

ZOOMORPHE ou **ZOOMORPHIQUE** adj. Qui présente une forme animale. *Chapiteau zoomorphe.*

ZOOMORPHISME n.m. LITTÉR., BX-ARTS. Fait de donner ou de revêtir une forme, une apparence animale.

ZOONOSE n.f. Maladie infectieuse atteignant les animaux, et qui peut être transmise à l'homme (peste, rage, etc.).

ZOOPATHIE n.f. Délire au cours duquel le sujet croit qu'un animal habite son propre corps.

ZOOPHAGE adj. et n.m. Se dit d'un animal (insecte, en partic.) qui se nourrit d'autres animaux, vivants ou morts.

ZOOPHILE adj. Relatif à la zoophilie. ◆ adj. et n. **1.** Vx. Qui manifeste de l'amour pour les animaux. **2.** Atteint de zoophilie.

ZOOPHILIE n.f. **1.** Vx. Amour pour les animaux. **2.** Trouble de la sexualité dans lequel les animaux sont l'objet du désir.

ZOOPHOBIE n.f. Crainte pathologique éprouvée par certaines personnes devant des animaux inoffensifs.

ZOOPHYTE n.m. Phytozoaire.

ZOOPLANCTON n.m. Plancton animal.

ZOOPSIE n.f. PSYCHIATR. Hallucination visuelle dans laquelle le sujet voit des animaux, en partic. dans le delirium tremens.

ZOOSPORE n.f. BIOL. Cellule reproductrice nageuse, ciliée, existant chez les algues et chez les champignons vivant dans l'eau.

ZOOTECHNICIEN, ENNE n. Spécialiste de zootechnie.

ZOOTECHNIE n.f. Science qui étudie les conditions et les méthodes d'élevage et de reproduction des animaux domestiques.

ZOOTECHNIQUE adj. Relatif à la zootechnie.

ZOOTHÈQUE n.f. Collection d'animaux naturalisés ou de squelettes destinés à être présentés au public ou conservés pour les recherches en zoologie.

ZOOTHÉRAPEUTIQUE adj. Rare. Vétérinaire.

ZOOTHÉRAPIE n.f. Rare. Médecine vétérinaire.

ZOREILLE n. *Fam.* Antilles, Nouvelle-Calédonie, Réunion. Habitant ou résident blanc arrivé de France métropolitaine.

ZORILLE n.f. (esp. *zorrilla*). Mammifère carnivore d'Afrique, voisin de la belette, à la robe noire marquée de bandes claires, produisant comme les moufettes un musc nauséabond. (Long. 60 cm env. ; genre *Ictonyx,* famille des mustélidés.)

ZOROASTRIEN, ENNE adj. Relatif à Zarathushtra (Zoroastre), à sa doctrine.

ZOROASTRISME n.m. Mazdéisme.

ZOSTÈRE n.f. (gr. *zôstêr,* ceinture). Herbe marine vivace, à feuilles linéaires, formant de vastes prairies sous-marines littorales. (Sous-classe des monocotylédones ; famille des zostéracées.)

ZOSTÉRIEN, ENNE adj. (du lat. *zoster,* zona). MÉD. Relatif au zona.

ZOU interj. Accompagne un geste brusque, vif, invitant à sortir. *Allez ! zou ! sortez !*

ZOUAVE n.m. (de *Zwava,* nom d'une tribu berbère). **1.** Soldat d'un corps d'infanterie français créé en Algérie en 1830 et dissous en 1962. **2.** *Fam. Faire le zouave :* faire le clown, le pitre.

Z

ZOUK n.m. (mot antillais). Danse d'origine antillaise née au début des années 1980, très rythmée, exécutée en couple, les partenaires se tenant serrés l'un contre l'autre en ondulant des hanches.

ZOULOU, E adj. et n. Qui se rapporte aux Zoulous, appartient à ce peuple.

ZOURNA n.f. (mot persan, *flûte de la force*). Hautbois à la sonorité puissante, joué en plein air lors des fêtes musulmanes au Proche-Orient et en Afrique du Nord. Graphie savante : *zurna.*

ZOZO n.m. (altér. de *oiseau*). *Fam.* Garçon niais et gauche.

ZOZOTEMENT n.m. *Fam.* Zézaiement.

ZOZOTER v.i. (onomat.). *Fam.* Zézayer.

ZUP ou **Z.U.P.** [zyp] n.f. (acronyme). Zone à urbaniser par priorité.

ZURICHOIS, E [-kwa, kwaz] adj. et n. De Zurich.

ZUT [zyt] interj. *Fam.* Exprime le dépit, le mépris, le refus. *Zut ! j'ai perdu mon stylo.*

ZUTIQUE adj. Du groupe des zutistes.

ZUTISTE n. (de *zut*). LITTÉR. Membre d'un groupe de poètes français de la fin du XIXe s., présidé par Charles Cros.

ZWANZE [zwɑ̃z] n.f. ou n.m. (mot bruxellois). Belgique. Blague, plaisanterie.

ZWANZER v.i. Belgique. Blaguer, plaisanter.

ZWANZEUR n.m. Belgique. Blagueur.

ZWIEBACK [tsvibak] n.m. (mot all., *deux fois cuit*). Suisse. Biscotte.

ZWINGLIANISME [zwɛ̃-] n.m. PROT. Doctrine de Zwingli et de ses disciples.

ZWINGLIEN, ENNE adj. et n. Relatif au zwinglianisme ; partisan de Zwingli.

ZYDECO [-de-] n.m. ou n.f. (altér. du fr. *les haricots*). Louisiane. Musique populaire, apparue dans les années 1940, combinant blues, jazz et musique cajun.

ZYEUTER v.t. → **ZIEUTER.**

ZYGÈNE n.f. (gr. *zugaina,* requin-marteau). Papillon aux fortes antennes renflées, à ailes noires tachetées de rouge et de blanc, dont les espèces vivent sur les légumineuses fourragères. (Long. 3 cm env. ; famille des zygénidés.)

ZYGOMA n.m. (gr. *zugôma,* jonction). Apophyse *zygomatique.

ZYGOMATIQUE adj. ANAT. De la pommette. ◇ *Apophyse zygomatique :* apophyse de l'os temporal, qui s'articule avec l'os malaire de la pommette et forme l'arcade zygomatique. SYN. : *zygoma. — Muscle zygomatique,* ou *zygomatique,* n.m. : chacun des trois muscles peauciers de la pommette, qui entrent en jeu lors du sourire.

ZYGOMORPHE adj. (du gr. *zugos,* couple). BOT. Se dit des fleurs qui présentent une symétrie bilatérale mais pas de symétrie axiale, telles que les fleurs du pois, les violettes, les orchidées. SYN. : *irrégulier.*

ZYGOMYCÈTE n.m. (du gr. *zugos,* couple). Champignon à mycélium non cloisonné (siphomycète), se reproduisant par isogamie, tel que le mucor. (Les zygomycètes forment une classe de champignons inférieurs.)

ZYGOPÉTALE ou **ZYGOPETALUM** [-petalɔm] n.m. (du gr. *zugos,* couple). Orchidée originaire des régions chaudes de l'Amérique, cultivée en serre. (Genre *Zygopetalon.*)

ZYGOTE n.m. (du gr. *zugôtos,* attelé). EMBRYOL. Œuf.

ZYKLON n.m. Acide cyanhydrique, employé dans les chambres à gaz par les nazis.

ZYMASE n.f. (gr. *zumê,* levain). Enzyme de la levure de bière, provoquant la décomposition du glucose en alcool et en gaz carbonique dans la fermentation alcoolique.

ZYTHUM [zitɔm] ou **ZYTHON** n.m. (gr. *zuthos,* bière). Nom donné par les archéologues du XIXe s. à la bière fabriquée dans l'Égypte pharaonique avec de l'orge fermentée.

LOCUTIONS, PROVERBES ET MOTS HISTORIQUES

LOCUTIONS LATINES, GRECQUES ET ÉTRANGÈRES

Les locutions étrangères gravées dans nos mémoires ont la magie des formules oubliées dont le charme va croissant lorsque l'alchimie des mots nous est plus mystérieuse. Elles ont l'autorité de la chose écrite. La plupart de celles que nous proposons sont en latin, qui fut longtemps la langue des enseignants, des penseurs, des médecins, des juristes et, jusqu'au milieu du XXe siècle, celle de l'Église.

PROVERBES ET MAXIMES

Les proverbes, sentences et maximes sont nés en marge du savoir institué, à l'office, aux quatre saisons des travaux de la terre, à l'atelier et dans les alcôves. Ils nous sont généralement parvenus par tradition orale, même si certains proviennent de textes littéraires pour nous dire la vérité du temps qui passe. Ils portent nos craintes et nos désirs et conjurent le mauvais sort. Ils professent la morale quotidienne et suggèrent, avec parfois des mots savoureux parce que surannés, les intimités de notre communauté langagière et culturelle.

MOTS HISTORIQUES

Les mots historiques sont ceux qui restent lorsqu'on a tout oublié de l'histoire. Souvent douteux, apocryphes ou mutilés, ils cimentent une société qui a besoin de s'inventer des repères pour jalonner son histoire mythique et celle du monde et se forger des modèles emblématiques.

Locutions, proverbes et mots historiques, réunis en florilège dans ces pages roses, sont, comme toutes les façons de dire et d'écrire de notre langue, des faits de culture portés par l'imaginaire collectif de notre communauté. Celle-ci a besoin d'un tel imaginaire pour rêver de son passé et conserver son unité.

LOCUTIONS LATINES, GRECQUES ET ÉTRANGÈRES

Locutions et traduction	*Application*
Ab imo pectore ou **imo pectore** *Du fond de la poitrine, du cœur.*	Du plus profond du cœur, avec une entière franchise. *Exprimer son indignation* ab imo pectore.
Ab irato *Par un mouvement de colère.*	*Ne prenez aucune résolution* ab irato. *Un testament* ab irato.
Ab ovo *À partir de l'œuf.*	Mot emprunté à Horace (*Art poétique*, 147) ; allusion à l'*œuf de Léda*, d'où était sortie Hélène. Homère aurait pu y remonter s'il avait voulu raconter **ab ovo** la guerre de Troie ; mais Horace le loue précisément d'avoir tiré *l'Iliade* d'un seul événement du siège : la colère d'Achille, sans remonter jusqu'à la naissance d'Hélène.
Ab urbe condita *Depuis la fondation de la ville.*	Les Romains dataient les années par rapport à la fondation de Rome (**ab urbe condita** ou **urbis conditae**), qui correspond à 753 av. J.-C. Ces mots se marquent souvent par les initiales U.C. : *L'an 532* U.C., c'est-à-dire *l'an 532 de la fondation de Rome.*
Abusus non tollit usum *L'abus n'exclut pas l'usage.*	Maxime de l'ancien droit. L'abus que l'on peut faire d'une chose ne doit pas forcer nécessairement de s'en abstenir.
Abyssus abyssum invocat *L'abîme appelle l'abîme.*	Expression figurée empruntée à un psaume de David (XLII, 8), qu'on emploie pour exprimer qu'une faute en entraîne une autre.
Acta est fabula *La pièce est jouée.*	C'est ainsi que, dans le théâtre antique, on annonçait la fin de la représentation. **Acta est fabula**, dit Auguste sur son lit de mort, et ce furent ses dernières paroles. *La farce est jouée*, aurait dit aussi Rabelais.
Ad augusta per angusta *À des résultats grandioses par des voies étroites.*	Mot de passe des conjurés au quatrième acte d'*Hernani*, de V. Hugo. On n'arrive au triomphe qu'en surmontant maintes difficultés.
Ad honores *Pour l'honneur ; gratuitement.*	S'emploie en parlant d'un titre purement honorifique, sans rétribution. *Des fonctions* ad honores.
Ad limina apostolorum *Au seuil* [des basiliques] *des apôtres.*	Périphrase pour dire *à Rome ; vers le Saint-Siège.* On dit, par abréviation : *Visite* ad limina.
Ad litteram *À la lettre.*	*Citer un auteur* ad litteram.
Ad rem *À la chose.*	Précisément. *Répondre* ad rem.
Ad usum Delphini *À l'usage du Dauphin.*	Se dit des excellentes éditions des classiques latins entreprises pour le Dauphin, fils de Louis XIV, mais dont on avait retranché quelques passages trop crus. On emploie ironiquement cette formule à propos de publications expurgées ou arrangées pour les besoins de la cause.
Ad vitam aeternam *Pour la vie éternelle.*	À jamais ; pour toujours.
Aequo animo *D'une âme égale ; avec constance.*	*Le sage supporte* aequo animo *les coups de l'adversité.*
Age quod agis *Fais ce que tu fais.*	Sois attentif à ce que tu fais. Conseil que l'on donne à une personne qui se laisse distraire par un objet étranger à son occupation.
Alea jacta est *Le sort en est jeté.*	Paroles fameuses qu'on attribue à César (Suétone, *César*, 32) se préparant à franchir le Rubicon avec son armée, parce qu'une loi ordonnait à tout général entrant en Italie par le nord de licencier ses troupes avant de passer cette rivière. Cette phrase s'emploie quand on prend une décision hardie et importante, après avoir longtemps hésité.
Alma mater ou **Alma parens** *Mère nourricière.*	Expressions souvent employées par les poètes latins pour désigner la patrie, et quelquefois de nos jours pour désigner l'Université.
Aperto libro *À livre ouvert.*	*Traduire* aperto libro.
Argumentum baculinum *Argument du bâton.*	Coups de bâton donnés en guise d'arguments ; emploi de la force pour convaincre. *Dans le* Mariage forcé, *de Molière, Sganarelle emploie avec le pyrrhonien Marphurius l'*argumentum baculinum.

Locutions et traduction	*Application*
Ars longa, vita brevis *L'art est long, la vie est courte.*	Traduction latine du premier aphorisme d'Hippocrate. (En grec : **Ho bios brakhus, hê de tekhnê makra.**)
Asinus asinum fricat *L'âne frotte l'âne.*	Se dit lorsque deux personnes s'adressent mutuellement des éloges outrés.
Audaces fortuna juvat *La fortune favorise les audacieux.*	Locution imitée de l'hémistiche de Virgile (*l'Énéide*, X, 284) : **Audentes fortuna juvat...**
Auri sacra fames ! *Exécrable faim de l'or !*	Expression de Virgile (*l'Énéide*, III, 57). On dirait, en français : *Exécrable soif de l'or.*
Aut Caesar, aut nihil *Ou empereur, ou rien.*	Devise attribuée à César Borgia.
Ave Caesar (ou **Imperator**), **morituri te salutant** *Salut Empereur, ceux qui vont mourir te saluent.*	Paroles que, suivant Suétone (*Claude*, 21), prononçaient les gladiateurs romains en défilant, avant le combat, devant la loge impériale.
Beati pauperes spiritu *Bienheureux les pauvres en esprit.*	C'est-à-dire ceux qui savent se détacher des biens du monde. Paroles qui se trouvent au début du *Sermon sur la montagne* (Évangile selon saint Matthieu, V, 3), et qui s'emploient ironiquement pour désigner ceux qui réussissent avec peu d'intelligence.
Bis repetita placent *Les choses répétées, redemandées, plaisent.*	Aphorisme imaginé d'après le vers 365 de l'*Art poétique* d'Horace, où le poète dit que telle œuvre ne plaira qu'une fois, tandis que telle autre répétée dix fois plaira toujours (**Haec decies repetita placebit**).
Bonum vinum laetificat cor hominis *Le bon vin réjouit le cœur de l'homme.*	Proverbe tiré d'un passage de la Bible (Ecclésiastique, XL, 20), dont le véritable texte est : **Vinum et musica laetificant cor** *(Le vin et la musique réjouissent le cœur)*, et le texte ajoute : *et plus que tous les deux, l'amour de la sagesse.*
Carpe diem *Mets à profit le jour présent.*	Mots d'Horace (*Odes*, I, 11, 8), qui rappellent que la vie est courte, et qu'il faut se hâter d'en jouir.
Castigat ridendo mores *Elle corrige les mœurs en riant.*	Devise de la comédie, imaginée par le poète Santeul (Paris 1630 – Dijon 1697), et donnée à l'arlequin Dominique (Bologne 1640 – Paris 1688) pour qu'il la mette sur la toile de son théâtre.
Caveant consules ! *Que les consuls prennent garde !*	Premiers mots d'une formule qui se complète par **ne quid detrimenti respublica capiat** *(afin que la république n'éprouve aucun dommage)*, et par laquelle le sénat romain, dans les moments de crise, accordait aux consuls les pleins pouvoirs.
Cave canem *Attention au chien.*	Mots que les Romains inscrivaient quelquefois sur la porte de leur maison.
Cedant arma togae *Que les armes le cèdent à la toge.*	Premier hémistiche d'un vers cité par Cicéron (*Des devoirs*, I, 22). On rappelle cette phrase pour exprimer que le gouvernement militaire, représenté par les armes, doit faire place au gouvernement civil, représenté par la toge, ou s'incliner devant lui.
Chi [ki] **va piano, va sano** *Qui va doucement, va sûrement.*	Proverbe italien. Il se complète par **chi va sano, va lontano** *(qui va sûrement, va loin)*. Racine a dit (*les Plaideurs*, I, 1) : *Qui veut voyager loin ménage sa monture.*
Consensus omnium *Le consentement universel.*	*Prouver une chose par le* **consensus omnium.**
Contraria contrariis curantur *Les contraires se guérissent par les contraires.*	Maxime de la médecine classique, en opposition avec celle de l'homéopathie : **Similia similibus curantur** *(Les semblables se guérissent par les semblables).*
Credo quia absurdum *Je le crois parce que c'est absurde.*	Paroles inexactement rapportées de Tertullien *(De carne Christi)* et attribuées à tort à saint Augustin, qui enseigne seulement que le propre de la foi est de croire, sans avoir besoin de preuves rationnelles.
Cujus regio, ejus religio *Telle la religion du prince, telle celle du pays.*	Ce principe fut consacré par la paix d'Augsbourg (1555) qui reconnut la liberté religieuse aux États luthériens.
De gustibus et coloribus non disputandum *Des goûts et des couleurs, il ne faut pas discuter.*	Proverbe des scolastiques du Moyen Âge, qui est devenu français. Chacun est libre de penser, d'agir selon ses préférences.
Delenda Carthago *Il faut détruire Carthage.*	Paroles par lesquelles Caton l'Ancien (Florus, *Histoire romaine*, II, 15) terminait tous ses discours, sur quelque sujet que ce soit. S'emploient pour parler d'une idée fixe, dont on poursuit avec acharnement la réalisation.
De minimis non curat praetor *Le préteur ne s'occupe pas des petites affaires.*	Axiome que l'on cite pour signifier qu'un homme qui a de hautes responsabilités n'a pas à s'occuper de vétilles. On dit aussi **Aquila non capit muscas** *(L'aigle ne prend pas de mouches).*
Deo gratias *Grâces soient rendues à Dieu.*	Formule liturgique latine employée familièrement pour exprimer le soulagement de voir la fin de choses désagréables ou ennuyeuses.
De omni re scibili, et quibusdam aliis *De toutes les choses qu'on peut savoir, et même de plusieurs autres.*	**De omni re scibili** était la devise du fameux Pic de La Mirandole, qui se faisait fort de tenir tête à quiconque sur tout ce que l'homme peut savoir ; **et quibusdam aliis** est une addition d'un plaisant, peut-être de Voltaire, qui critique ainsi les prétentions du jeune savant. La devise a passé en proverbe avec son complément, et sert à désigner ironiquement un prétentieux qui croit tout savoir.

Locutions et traduction	*Application*
Desinit in piscem *Finit en queue de poisson.*	Allusion au vers 4 de l'*Art poétique* d'Horace, où le poète compare une œuvre d'art sans unité à un beau buste de femme qui se terminerait en queue de poisson : **Desinit in piscem** *mulier formosa superne.* S'emploie pour dire que la fin n'est pas à la hauteur du commencement.
Dignus est intrare *Il est digne d'entrer.*	Formule empruntée à la cérémonie burlesque du *Malade imaginaire*, de Molière, et qui s'emploie, toujours par plaisanterie, quand il s'agit d'admettre quelqu'un dans une corporation ou une société.
Divide ut regnes *Divise, afin de régner.*	Maxime énoncée par Machiavel et qui a été celle du sénat romain, de Louis XI, de Catherine de Médicis. On dit aussi **Divide ut imperes** ou **Divide et impera** *(Divise et règne).*
Doctus cum libro *Savant avec le livre.*	Se dit de ceux qui, incapables de penser par eux-mêmes, étalent une science d'emprunt, et puisent leurs idées dans les ouvrages des autres.
Dominus vobiscum *Le Seigneur soit avec vous.*	Formule liturgique du rite latin.
Donec eris felix, multos numerabis amicos *Tant que tu seras heureux, tu compteras beaucoup d'amis.*	Vers d'Ovide (*Tristes*, I, 9, 5) exilé par Auguste et abandonné par ses amis. On ajoute d'ordinaire le second vers : **Tempora si fuerint nubila, solus eris.** *(Si le ciel se couvre de nuages, tu seras seul.)*
Dulce et decorum est pro patria mori *Il est doux et beau de mourir pour la patrie.*	Vers d'Horace (*Odes*, III, 2, 13) s'adressant aux jeunes Romains pour leur conseiller d'imiter les vertus de leurs ancêtres, et en particulier leur courage guerrier.
Dura lex, sed lex *La loi est dure, mais c'est la loi.*	Maxime que l'on rappelle en parlant d'une règle pénible à laquelle on est forcé de se soumettre.
Ecce homo *Voici l'homme.*	Paroles de Pilate aux Juifs (saint Jean, XIX, 5) lorsqu'il leur montra Jésus couronné d'épines et vêtu de pourpre.
Ejusdem farinae *De la même farine.*	S'emploie pour établir une comparaison entre des personnes ayant les mêmes vices, les mêmes défauts, etc.
Eli, Eli, lamma sabacthani *Mon Dieu, mon Dieu, pourquoi m'avez-vous abandonné ?*	C'est le cri du Christ mourant sur la Croix (saint Matthieu, XXVII, 46 ; saint Marc, XV, 34) ; début du psaume XXII.
Ense et aratro *Par l'épée et par la charrue.*	Devise du maréchal Bugeaud, alors qu'il était gouverneur de l'Algérie : il faut servir son pays en temps de guerre par son épée, en temps de paix par les travaux de l'agriculture.
Eppur (ou **E pur**), **si muove !** *Et pourtant, elle tourne !*	Mot prêté à Galilée forcé de faire amende honorable pour avoir proclamé, après Copernic, que la Terre tourne sur elle-même, contrairement à la lettre des Écritures.
Errare humanum est *Il est dans la nature de l'homme de se tromper.*	S'emploie pour expliquer, pour atténuer une faute, une chute morale. On ajoute souvent **perseverare diabolicum** *(persévérer est diabolique).*
Exegi monumentum aere perennius *J'ai achevé un monument plus durable que l'airain.*	Premier vers de la trentième et dernière ode du IIIe livre des *Odes* d'Horace. Le poète, terminant le recueil de ses trois premiers livres, promet à son œuvre l'immortalité. Souvent, on cite la première ou la seconde moitié du vers.
Exempli gratia *Par exemple.*	En abrégé : e.g.
Ex nihilo nihil *Rien* [ne vient] *de rien.*	Célèbre aphorisme résumant la philosophie de Lucrèce et d'Épicure, mais tiré d'un vers de Perse (*Satires*, III, 84), qui commence par **De nihilo nihil** (*Rien ne vient de rien*, c'est-à-dire *Rien n'a été tiré de rien.* Rien n'a été créé, mais tout ce qui existe existait déjà de toute éternité, sous une forme ou une autre).
Fama volat *La renommée vole.*	Expression de Virgile (*l'Énéide*, III, 121), pour dire la rapidité avec laquelle une nouvelle se répand.
Felix qui potuit rerum cognoscere causas *Heureux celui qui a pu pénétrer les causes secrètes des choses.*	Vers de Virgile (*Géorgiques*, II, 489), cité pour vanter le bonheur de ceux dont l'esprit vigoureux pénètre les secrets de la nature et s'élève ainsi au-dessus des superstitions.
Festina lente *Hâte-toi lentement.*	Maxime citée par Auguste, selon Suétone (*Auguste*, 25). Allez lentement pour arriver plus vite à un travail bien fait. Boileau a dit de même : *Hâtez-vous lentement.*
Fiat lux ! *Que la lumière soit !*	Parole créatrice de la Genèse (I, 3) : *Dieu dit « Que la lumière soit », et la lumière fut.* On l'emploie pour parler d'une grande découverte, qui fait, en quelque sorte, passer une chose de la nuit au jour, du néant à l'être.
Fiat voluntas tua *Que votre volonté soit faite.*	Paroles tirées de la liturgie catholique et qu'on emploie en manière d'acquiescement résigné.
Fluctuat nec mergitur *Il est battu par les flots, mais ne sombre pas.*	Devise de la Ville de Paris, qui a pour emblème un vaisseau.

Locutions et traduction	*Application*
Fugit irreparabile tempus *Le temps fuit irréparable.*	Fin d'un vers de Virgile (*Géorgiques*, III, 284). Se dit pour marquer la fuite du temps.
Gloria victis ! *Gloire aux vaincus !*	Antithèse de la locution **Vae victis !**
Gnôthi seauton [gnotiseotɔn] *Connais-toi toi-même.*	Inscription gravée au fronton du temple d'Apollon à Delphes et que Socrate avait choisie pour devise.
Gratis pro Deo *Gratuitement pour l'amour de Dieu.*	*Travailler* **gratis pro Deo.**
Hoc erat in votis *Cela était dans mes vœux ; voilà ce que je désirais.*	Mots d'Horace (*Satires,* II, 6, 1) que l'on rappelle en parlant d'un souhait dont la réalisation a comblé tous les désirs.
Homo homini lupus *L'homme est un loup pour l'homme.*	Phrase de Plaute (*Asinaria*, II, 4, 88), reprise et illustrée par Bacon et Hobbes, et qui signifie que l'homme fait souvent beaucoup de mal à ses semblables.
Homo sum : humani nihil a me alienum puto *Je suis homme : rien de ce qui est humain ne m'est étranger.*	Vers de Térence (*le Bourreau de soi-même*, I, 1, 25), exprimant le sentiment de la solidarité humaine.
Horresco referens *Je frémis en le racontant.*	Exclamation d'Énée racontant la mort de Laocoon (Virgile, *l'Énéide*, II, 204). Ces mots s'emploient quelquefois d'une manière plaisante.
Ignoti nulla cupido *On ne désire pas ce qu'on ne connaît pas.*	Aphorisme d'Ovide (*l'Art d'aimer*, III, 397). L'indifférence naît de causes diverses, le plus souvent de l'ignorance.
In articulo mortis *À l'article de la mort.*	*Se confesser, faire son testament* **in articulo mortis.**
In cauda venenum *Dans la queue le venin.*	Comme le venin du scorpion est renfermé dans sa queue, les Romains créèrent le proverbe **In cauda venenum,** qu'ils appliquaient à la dernière partie d'une lettre, d'un discours, débutant sur un ton inoffensif, et s'achevant par un trait blessant et inattendu.
In cha' Allah ! *Si Dieu le veut !*	Locution arabe employée pour marquer que l'on est soumis à la destinée voulue par Dieu.
In fine *À la fin.*	À la fin d'un paragraphe ou d'un chapitre. *Cette disposition se trouve dans tel titre du Code,* **in fine.**
In hoc signo vinces *Tu vaincras par ce signe.*	La tradition rapporte que, Constantin allant combattre contre Maxence, une croix se montra dans les airs à son armée, avec ces mots : **In hoc signo vinces.** Il fit peindre ce signe sur son étendard et fut vainqueur. S'emploie pour désigner ce qui, dans une circonstance quelconque, nous fera surmonter une difficulté, ou remporter un avantage.
In medias res *Au milieu des choses.*	Autrement dit, en plein sujet, au milieu de l'action. Expression d'Horace (*Art poétique*, 148) expliquant qu'Homère jette son lecteur **in medias res** dès le début du livre.
In medio stat virtus *La vertu est au milieu.*	La vertu est aussi éloignée d'un extrême que de l'autre.
In saecula saeculorum *Dans les siècles des siècles.*	S'emploie pour marquer la longue durée d'une chose. Cette locution, ainsi que **ad vitam aeternam**, qui a le même sens, est empruntée à la liturgie latine.
In vino veritas *La vérité dans le vin.*	L'homme est expansif quand il a bu du vin ; la vérité, qu'il ne dirait pas à jeun, lui échappe alors.
Ira furor brevis est *La colère est une courte folie.*	Maxime d'Horace (*Épîtres*, I, 2, 62). La colère, comme toute passion violente, est une aliénation mentale momentanée.
Is fecit cui prodest *Celui-là a fait, à qui la chose faite est utile.*	Le coupable est presque toujours celui à qui le délit ou le crime profite.
Ita diis placuit *Ainsi il a plu aux dieux.*	La chose est faite, accomplie ; il n'y a plus à y revenir.
Italia (L') farà da sè *L'Italie fera par elle-même.*	L'Italie n'a besoin de personne. Dicton favori des Italiens, à l'époque où l'unité était en voie de formation.
Ite, missa est *Allez, la messe est dite.*	Formule liturgique de la messe, qui suit la bénédiction finale donnée par le célébrant dans le rite latin.
Jus est ars boni et aequi *Le droit est l'art du bien et du juste.*	Telle est la définition du droit, donnée par le *Digeste*.
Labor omnia vincit improbus *Un travail opiniâtre vient à bout de tout.*	Proverbe tiré de deux vers des *Géorgiques* de Virgile (I, 145-146).
Last but not least *Dernier point mais non le moindre.*	Expression anglaise utilisée dans une argumentation pour mettre en valeur un argument final ou dans une énumération pour souligner l'importance du dernier terme.
Lex est quod notamus *Ce que nous écrivons fait loi.*	Devise de la Chambre des notaires, à Paris. Elle est due à Santeul (Paris 1630 – Dijon 1697).

Locutions et traduction	*Application*
Magister dixit *Le maître l'a dit.*	Formule d'origine pythagoricienne, traduite au Moyen Âge par les scolastiques citant, comme un argument sans réplique, un texte du maître (Aristote). Cette expression s'emploie lorsqu'on fait référence à la pensée de quelqu'un que l'on estime faire autorité en la matière.
Major e longinquo reverentia *L'éloignement augmente le prestige.*	Mot célèbre de Tacite (*Annales*, I, 47), souvent cité pour signifier que nous sommes portés à admirer sans hésiter ce qui est éloigné de nous dans le temps ou dans l'espace.
Malesuada fames *La faim, mauvaise conseillère.*	Caractérisation empruntée à Virgile (*l'Énéide*, VI, 276).
Mane, thecel, pharès *Compté, pesé, divisé.*	Menace prophétique qu'une main mystérieuse écrivit en hébreu sur le mur du palais royal au moment où Cyrus pénétrait dans Babylone (Ancien Testament, Livre de Daniel, chap. V).
Margaritas ante porcos [Ne jetez pas] *des perles aux pourceaux.*	Paroles de l'Évangile (saint Matthieu, VII, 6) qui signifient qu'il ne faut pas parler à un sot de choses qu'il est incapable d'apprécier.
Medice, cura te ipsum *Médecin, guéris-toi toi-même.*	Maxime de l'Évangile (saint Luc, IV, 23). Se dit à ceux qui donnent des conseils qu'ils devraient commencer par suivre eux-mêmes.
Mehr Licht ! *Plus de lumière !*	Expression allemande. Dernières paroles de Goethe demandant qu'on ouvre une fenêtre pour donner plus de lumière, et qu'on cite dans un sens tout différent pour dire : « Plus de clarté intellectuelle, plus de savoir, de vérité ! »
Memento, homo, quia pulvis es et in pulverem reverteris *Souviens-toi, homme, que tu es poussière et que tu retourneras en poussière.*	Paroles que prononce le prêtre en marquant de cendre le front des fidèles le jour des Cendres, en souvenir de la parole de la Genèse (III, 19), dite par Dieu à Adam, après le péché originel.
Mens sana in corpore sano *Âme saine dans un corps sain.*	Maxime de Juvénal (*Satires*, X, 356). L'homme vraiment sage, dit le poète, ne demande au ciel que *la santé de l'âme avec la santé du corps*. Dans l'application, ces vers sont souvent détournés de leur sens, pour exprimer que la santé du corps est une condition importante de la santé de l'esprit.
Minima de malis *Des maux choisir les moindres.*	Proverbe tiré des fables de Phèdre.
Morituri te salutant	V. AVE CAESAR.
Mors ultima ratio *La mort est la raison finale de tout.*	*La haine, l'envie, tout s'efface au trépas :* mors ultima ratio.
Multi sunt vocati, pauci vero electi *Beaucoup sont appelés, mais peu sont élus.*	Paroles de l'Évangile (saint Matthieu, XX et XXII), qui ne concernent que la vie future, mais qu'on applique à la vie présente dans certaines circonstances.
Nascuntur poetae, fiunt oratores *On naît poète, on devient orateur.*	Maxime attribuée à Cicéron. L'éloquence est fille de l'art, la poésie est fille de la nature. Brillat-Savarin, dans les *Aphorismes* qui précèdent sa *Physiologie du goût*, a parodié ainsi l'axiome latin : *On devient cuisinier, mais on naît rôtisseur.*
Naturam expelles furca, tamen usque recurret *Chassez la nature avec une fourche, elle reviendra toujours en courant.*	Vers d'Horace (*Épîtres*, I, 10, 24), que Destouches, dans son *Glorieux* (III, 5), a traduit par le vers célèbre : *Chassez le naturel, il revient au galop.*
Natura non facit saltus *La nature ne fait pas de sauts.*	La nature ne crée ni espèces ni genres absolument tranchés ; il y a toujours entre eux quelque intermédiaire qui les relie l'un à l'autre. Aphorisme scientifique énoncé par Leibniz (*Nouveaux Essais*, IV, 16).
Nec pluribus impar *Non inégal à plusieurs* [soleils].	Supérieur à tout le monde, au-dessus du reste des hommes. Devise de Louis XIV, qui avait pour emblème le soleil.
Ne quid nimis *Rien de trop.*	Sentence qui, empruntée par les Latins aux Grecs (**Mêden agan**), avait le sens de « l'excès en tout est un défaut ».
Ne sutor ultra crepidam	V. SUTOR, NE SUPRA CREPIDAM.
Nihil (ou **nil**) **obstat** *Rien n'empêche.*	Formule employée par la censure ecclésiastique pour autoriser l'impression d'un ouvrage contre lequel aucune objection doctrinale ne peut être retenue. *Le* **nihil obstat** *précède l'imprimatur.*
Nil admirari *Ne s'émouvoir de rien.*	Mots d'Horace (*Épîtres*, I, 6, 1). Cette maxime stoïcienne est d'après lui le principe du bonheur. Ces mots s'emploient souvent dans le sens de « ne s'étonner de rien », et sont pris alors comme la devise des indifférents.
Nil novi sub sole *Rien de nouveau sous le soleil.*	Paroles de l'Ecclésiaste (I, 9).
Nolens, volens *Ne voulant pas, voulant.*	Expression latine qui équivaut à l'expression française *Bon gré mal gré.*
Non bis in idem *Non deux fois pour la même chose.*	Axiome de jurisprudence, en vertu duquel on ne peut être jugé deux fois pour le même délit.
Non licet omnibus adire Corinthum *Il n'est pas donné à tout le monde d'aller à Corinthe.*	Traduction latine d'un proverbe grec exprimant que les plaisirs étaient si coûteux à Corinthe qu'il n'était pas permis à tous d'y aller séjourner. S'emploie à propos de toutes les choses auxquelles il faut renoncer faute d'argent, de moyens, etc.

Locutions et traduction	*Application*
Non, nisi parendo, vincitur *On ne la* [le] *vainc qu'en lui obéissant.*	Axiome que le philosophe Francis Bacon applique à la nature : « Pour faire servir la nature aux besoins de l'homme, il faut obéir à ses lois. »
Non nova, sed nove *Non pas des choses nouvelles, mais d'une manière nouvelle.*	S'emploie par exemple pour un auteur qui n'apporte pas d'idées nouvelles, mais qui fait siennes des idées déjà connues, en les présentant d'une manière nouvelle, dans un ordre qui lui est propre.
Non omnia possumus omnes *Nous ne pouvons tous faire toutes choses.*	Expression de Virgile (*Églogues*, VIII, 63). Tout le monde n'a pas toutes les aptitudes.
Non possumus *Nous ne pouvons.*	Réponse de saint Pierre et de saint Jean aux grands prêtres, qui voulaient leur interdire de prêcher l'Évangile (Actes des Apôtres, IV, 19-20). Ces mots s'utilisent pour exprimer un refus sur lequel on ne peut revenir. S'emploie aussi substantivement : *Opposer un* **non possumus.**
Nulla dies sine linea *Pas un jour sans une ligne.*	Mots prêtés par Pline (*Histoire naturelle*, 35-36) à Apelle, qui ne passait pas un jour sans tracer une ligne, c'est-à-dire sans peindre. Cette expression s'applique surtout aux écrivains.
Nunc dimittis servum tuum, Domine *Maintenant, tu renvoies ton serviteur, Seigneur.*	Paroles du vieillard juif Siméon, après avoir vu le Messie (saint Luc, II, 25). On peut mourir, après avoir vu s'accomplir ses plus chères espérances.
Nunc est bibendum *C'est maintenant qu'il faut boire.*	Mots empruntés à une ode d'Horace (I, 37, 1) composée à l'occasion de la victoire d'Actium. Manière familière de dire qu'il faut célébrer un grand succès, un succès inespéré.
Nutrisco et exstinguo *Je* [le] *nourris et je* [l'] *éteins.*	Devise qui accompagnait la salamandre sur les armes de François Ier, par allusion à une ancienne croyance selon laquelle les salamandres sont capables de vivre dans le feu, de l'activer et de l'éteindre.
Oderint, dum metuant *Qu'ils me haïssent, pourvu qu'ils me craignent.*	Expression du poète tragique Accius *(Atrée)*, citée par Cicéron (*De officiis*, I, 28, 97). Elle est mise dans la bouche du tyran Atrée.
O fortunatos nimium, sua si bona norint, agricolas ! *Trop heureux les hommes des champs s'ils connaissent leur bonheur !*	Vers de Virgile (*Géorgiques*, II, 458-459), dont on ne cite souvent que la première partie, laquelle s'applique à ceux qui jouissent d'un bonheur qu'ils ne savent pas apprécier.
Oleum perdidisti *Tu as perdu ton huile.*	Tu as perdu ton temps, ta peine. Les Anciens disaient d'un discours, d'un livre trop travaillé, qui avait dû coûter de la peine, qu'il sentait l'huile ; s'il ne valait rien, l'auteur « avait perdu son huile ».
Omne tulit punctum, qui miscuit utile dulci *Il a remporté tous les suffrages, celui qui a su mêler l'utile à l'agréable.*	Vers d'Horace (*Art poétique*, 343). On dit de quelqu'un qui a réussi, qui a recueilli tous les suffrages : **Omne tulit punctum.**
Omnia vincit amor *L'amour triomphe de tout.*	Première partie d'un vers de Virgile (*Églogues*, X, 69). Il s'agit de l'Amour personnifié, tyran des hommes et des dieux.
Omnis homo mendax *Tout homme est menteur.*	Paroles tirées du psaume CXVI, 11.
O tempora ! o mores ! *Ô temps, ô mœurs !*	Exclamation par laquelle Cicéron s'élève contre la perversité des hommes de son temps (*Catilinaires*, I, 1 et *Verrines : De signis*, 25, 56).
Panem et circenses *Du pain et les jeux du cirque.*	Mots de mépris adressés par Juvénal (*Satires*, X, 81) aux Romains incapables de s'intéresser à d'autres choses qu'aux distributions gratuites de blé et aux jeux du cirque.
Parturiunt montes ; nascetur ridiculus mus *Les montagnes sont en travail ; il en naîtra une souris ridicule.*	Pensée d'Horace (*Art poétique*, 139), que La Fontaine a commentée dans sa fable *la Montagne qui accouche*, et qui sert à qualifier des projets grandioses aboutissant à des réalisations ridicules.
Paulo majora canamus *Chantons des choses un peu plus relevées.*	Virgile (*Églogues*, IV, 1). Cette locution sert de transition pour passer d'un sujet à un autre plus important.
Perinde ac cadaver *Comme un cadavre.*	Expression par laquelle saint Ignace de Loyola, dans ses *Constitutions*, prescrit aux jésuites la discipline et l'obéissance à leurs supérieurs, sauf dans les cas où la conscience le défend.
Plaudite, cives ! *Citoyens, applaudissez !*	Mots par lesquels les acteurs romains, à la fin d'une comédie, sollicitaient les applaudissements du public.
Post hoc, ergo propter hoc *À la suite de cela, donc à cause de cela.*	Formule par laquelle on désignait, dans la scolastique, l'erreur qui consiste à prendre pour cause ce qui n'est qu'un antécédent dans le temps.
Potius mori quam foedari *Plutôt mourir que se déshonorer.*	Expression latine qui sert de devise à ceux qui préfèrent l'honneur à la vie. On l'attribue au cardinal Jacques de Portugal (mort en 1459). Sous une forme un peu différente, elle a été la devise d'Anne de Bretagne et de Ferdinand d'Aragon : **Malo mori quam foedari.**
Primum vivere, deinde philosophari *Vivre d'abord, philosopher ensuite.*	Précepte des Anciens, qu'on emploie pour se moquer de ceux qui ne savent que philosopher ou discuter, et ne sont pas capables de gagner leur vie.
Primus inter pares *Le premier entre ses égaux.*	*Le président d'une république n'est que le* **primus inter pares.**

Locutions et traduction	*Application*
Prolem sine matre creatam *Enfant né sans mère.*	Montesquieu a mis cette épigraphe, tirée d'un vers d'Ovide (*Métamorphoses*, II, 553), en tête de son *Esprit des lois*, pour marquer qu'il n'avait pas eu de modèle.
Pro rege saepe ; pro patria semper *Pour le roi, souvent ; pour la patrie, toujours.*	Devise de Colbert.
Qualis artifex pereo ! *Quel grand artiste périt avec moi !*	Dernière exclamation de Néron avant de se tuer, d'après Suétone (*Néron*, 44), exprimant la perte que le monde faisait par la mort d'un homme comme lui qui avait brillé au théâtre et dans le cirque.
Quia nominor leo *Parce que je m'appelle lion.*	Mots tirés d'une fable de Phèdre (I, 5). C'est la raison donnée par le lion pour s'attribuer la première part du butin. Se dit de celui qui abuse de sa force, de son autorité. Dans son imitation de cette fable, La Fontaine a donné naissance à l'expression *la part du lion*, qui s'emploie dans le même sens.
Qui bene amat, bene castigat *Qui aime bien, châtie bien.*	Le châtiment a pour but de corriger les défauts de ceux que l'on aime.
Quid novi ? *Quoi de nouveau ?*	Interrogation familière, que deux personnes s'adressent par plaisanterie quand elles se rencontrent.
Qui habet aures audiendi, audiat *Que celui qui a des oreilles pour entendre entende.*	Paroles qui se trouvent plusieurs fois dans l'Évangile, à la suite de paraboles du Christ. S'emploient pour avertir qu'on doit faire son profit de ce qui a été dit.
Qui nescit dissimulare, nescit regnare *Celui qui ne sait pas dissimuler ne sait pas régner.*	Maxime favorite de Louis XI.
Quis, quid, ubi, quibus auxiliis, cur, quomodo, quando ? *Qui, quoi, où, par quels moyens, pourquoi, comment, quand ?*	Hexamètre mnémotechnique, qui renferme ce qu'en rhétorique on appelle les circonstances : *la personne, le fait, le lieu, les moyens, les motifs, la manière et le temps*. Il résume aussi toute l'instruction criminelle : *Quel est le coupable ? quel est le crime ? où l'a-t-on commis ? par quels moyens ou avec quels complices ? pourquoi ? de quelle manière ? à quel moment ?* Il nous a été transmis par Quintilien.
Quo non ascendet ? *Où ne montera-t-il pas ?*	Devise de Fouquet. Elle figurait, dans ses armes, au-dessous d'un écureuil.
Rara avis in terris *Oiseau rare sur la terre.*	Hyperbole de Juvénal (*Satires*, VI, 165) à propos des Lucrèce et des Pénélope. Se dit par extension de tout ce qui est extraordinaire. Le plus souvent, on cite seulement les deux premiers mots : **Rara avis.**
Redde Caesari quae sunt Caesaris, et quae sunt Dei Deo *Rendez à César ce qui appartient à César, et à Dieu ce qui appartient à Dieu.*	Réponse de Jésus aux pharisiens qui lui demandaient insidieusement s'il fallait payer le tribut à César (saint Matthieu, XXII, 21). S'emploie le plus souvent sous la forme française.
Requiescat in pace ! *Qu'il repose en paix !*	Paroles qu'on chante à l'office des morts, et qu'on grave souvent sur les pierres tumulaires (parfois en abrégé R.I.P.).
Res judicata pro veritate habetur *La chose jugée est tenue pour vérité.*	Axiome de l'ancien droit, toujours en vigueur : « Chose jugée, chose démontrée ; arrêt rendu vaut titre formel. »
Res, non verba *Des réalités, non des mots.*	Expression latine qu'on emploie pour dire qu'on demande ou que la situation exige des effets, des actes, et non des paroles.
Rule [rul], **Britannia** *Gouverne, Angleterre.*	Premiers mots d'un chant patriotique des Anglais, dans lequel ils se glorifiaient de posséder l'empire des mers.
Salus populi suprema lex esto *Que le salut du peuple soit la suprême loi.*	Maxime du droit public, à Rome. Toutes les lois particulières doivent s'effacer s'il s'agit de sauver la patrie. *(Loi des XII Tables.)*
Sapiens nihil affirmat quod non probet *Le sage n'affirme rien qu'il ne prouve.*	Il ne faut pas avancer une chose sans être en mesure de la prouver.
Se non è vero, è bene trovato *Si cela n'est pas vrai, c'est bien trouvé.*	Proverbe italien, fréquemment employé.
Servum pecus *Troupeau servile.*	Paroles par lesquelles Horace (*Épîtres*, I, 19, 19) a flétri les imitateurs en littérature. Désigne les flatteurs, les plagiaires, les courtisans.
Sic transit gloria mundi *Ainsi passe la gloire du monde.*	Paroles (peut-être tirées de l'*Imitation*, I, 3, 6) adressées naguère au souverain pontife lors de son couronnement, pour lui rappeler la fragilité de toute puissance humaine.
Similia similibus curantur	V. CONTRARIA CONTRARIIS CURANTUR.
Sint ut sunt, aut non sint *Qu'ils soient ce qu'ils sont, ou qu'ils ne soient pas.*	Réponse attribuée, selon certains, au P. Ricci, général des jésuites, à qui l'on proposait de modifier les *Constitutions* de sa Société, et, selon d'autres, au pape Clément XIII. S'emploie pour faire entendre qu'il s'agit d'un changement substantiel qu'on ne peut accepter à aucun prix.
Sit tibi terra levis ! *Que la terre te soit légère !*	Inscription tumulaire, souvent employée.
Si vis pacem, para bellum *Si tu veux la paix, prépare la guerre.*	Pour éviter d'être attaqué, le meilleur moyen est de se mettre en état de se défendre. Végèce (*Traité de l'art militaire.*, III, Prol.) dit : **Qui desiderat pacem, praeparet bellum.**

Locutions et traduction	*Application*
Sol lucet omnibus *Le soleil luit pour tout le monde.*	Tout le monde a le droit de jouir de certains avantages naturels.
Spiritus promptus est, caro autem infirma *L'esprit est prompt, mais la chair est faible.*	Paroles de Jésus-Christ, au mont des Oliviers (saint Matthieu, XXVI, 36-41), lorsque, trouvant ses disciples endormis, il leur conseille de veiller et de prier afin d'éviter la tentation.
Spiritus ubi vult spirat *L'esprit souffle où il veut.*	Paroles de l'Écriture (saint Jean, III, 8), employées familièrement pour indiquer que l'inspiration ne dépend pas de la volonté : c'est un don du ciel. On dit aussi : **Spiritus flat ubi vult.** Le texte grec de l'Évangile parle du *pneuma*, qui désigne à la fois le vent et l'esprit.
Struggle for life *Lutte pour la vie.*	Locution anglaise, mise à la mode par Darwin. Elle équivaut à *concurrence vitale. La sélection dans les espèces animales s'explique par le* **struggle for life.**
Sublata causa, tollitur effectus *La cause supprimée, l'effet disparaît.*	Conséquence du principe philosophique *Il n'y a pas d'effet sans cause.*
Summum jus, summa injuria *Comble de justice, comble d'injustice.*	Adage latin de droit, cité par Cicéron (*De officiis*, I, 10, 33). Il entend par là qu'on commet souvent des injustices par une application trop rigoureuse de la loi.
Sursum corda *Haut les cœurs.*	Paroles que prononce le prêtre à la messe, en rite latin, au commencement de la préface. On cite ces mots pour faire appel ou indiquer que quelqu'un fait appel à des sentiments élevés.
Sustine et abstine *Supporte et abstiens-toi.*	Maxime des stoïciens (traduite du grec : **Anekhou kai apekhou**). *Supporte* tous les maux sans que ton âme en soit troublée ; *abstiens-toi* de tous les plaisirs qui peuvent nuire à ta liberté morale.
Sutor, ne supra crepidam *Cordonnier, pas plus haut que la chaussure.*	Paroles du peintre Apelle à un cordonnier qui, après avoir critiqué dans un de ses tableaux une sandale, voulut juger du reste (Pline, *Histoire naturelle*, 35-36). Ce proverbe s'adresse à ceux qui veulent parler en connaisseurs de choses au-dessus de leur compétence.
Tarde venientibus ossa *Ceux qui viennent tard à table ne trouvent plus que des os.*	S'emploie au propre et au figuré. Dans ce dernier cas, ces mots s'appliquent à tous ceux qui, par négligence ou par oubli, manquent une bonne affaire.
Tempus edax rerum *Le temps qui détruit tout.*	Expression d'Ovide (*Métamorphoses*, XV, 234).
Terminus ad quem... *Limite jusqu'à laquelle...*	Dans l'intervalle compris entre le **terminus a quo** *(limite à partir de laquelle...)* et le **terminus ad quem** se trouve la date approximative d'un fait dont la date certaine est ignorée.
Testis unus, testis nullus *Témoin seul, témoin nul.*	Adage de jurisprudence, qui s'emploie pour faire entendre que le témoignage d'un seul ne suffit pas pour établir en justice la vérité d'un fait.
Thalassa ! thalassa ! *La mer ! la mer !*	Cri de joie des dix mille Grecs conduits par Xénophon (*Anabase*, IV, 8), quand, accablés de fatigue après une retraite de seize mois, ils aperçurent le rivage du Pont-Euxin.
The right man in the right place *L'homme qu'il faut à la place qu'il faut.*	Expression anglaise, qu'on applique à tout homme qui convient tout à fait à l'emploi auquel on le destine.
Time is money *Le temps, c'est de l'argent.*	Proverbe anglais. Le temps bien employé est un profit.
Timeo Danaos et dona ferentes *Je crains les Grecs, même quand ils font des offrandes* [aux dieux].	Paroles que Virgile (*l'Énéide*, II, 49) met dans la bouche du grand prêtre Laocoon pour dissuader les Troyens de faire entrer dans leurs murs le fameux cheval de bois que les Grecs avaient perfidement laissé sur le rivage. Elles expriment l'idée qu'il faut toujours se défier d'un ennemi, quelque aimable, quelque généreux qu'il paraisse.
Timeo hominem unius libri *Je crains l'homme d'un seul livre.*	Pensée de saint Thomas d'Aquin. L'homme qui ne connaît qu'un seul livre, mais qui le possède bien, est un adversaire redoutable. Quelquefois, on donne à cette phrase un autre sens : « Je crains un homme qui a choisi un livre et ne jure que par lui. »
To be or not to be, that is the question *Être ou ne pas être, telle est la question.*	Premier vers du monologue d'Hamlet (III, 1), dans le drame de Shakespeare. Caractérise une situation où l'existence même d'un individu, d'une nation, est en jeu. La fin du vers s'emploie parfois seule pour caractériser un cas douteux.
Tolle, lege *Prends, lis.*	Un jour que saint Augustin, violemment agité par les hésitations qui précédèrent sa conversion, s'était réfugié dans un bosquet pour s'y recueillir, il entendit une voix prononcer ces mots : **Tolle, lege.** Jetant les yeux sur un livre que lisait son ami Alypius, il tomba sur un texte de saint Paul (*Romains*, XIII, 13-14), qui décida de sa conversion.
Traduttore, traditore *Traducteur, traître.*	Aphorisme italien, qui signifie que toute traduction est fatalement infidèle et trahit par conséquent la pensée de l'auteur du texte original.
Trahit sua quemque voluptas *Chacun a son penchant qui l'entraîne.*	Maxime empruntée à Virgile (*Églogues*, II, 65), équivalent des adages français : *Tous les goûts sont dans la nature* et *Chacun prend son plaisir où il le trouve.*
Tu duca, tu signore e tu maestro *Tu es mon guide, mon seigneur et mon maître.*	Paroles de Dante à Virgile, qu'il prend pour guide dans sa descente aux Enfers (*l'Enfer*, II, 140).
Tu es ille vir *Tu es cet homme.*	Paroles du prophète Nathan à David (Livre de Samuel, II, 12, 7), après lui avoir rappelé, au moyen d'une parabole, le crime dont il s'était rendu coupable en faisant tuer Urie pour épouser sa femme Bethsabée.
Tu quoque, fili ! *Toi aussi, mon fils !*	Exclamation de César, lorsqu'il aperçut au nombre de ses assassins Brutus, qu'il aimait particulièrement. Cette phrase, prononcée en grec, était en réalité une imprécation.

Locutions et traduction	*Application*
Ubi solitudinem faciunt, pacem appellant *Où ils font un désert, ils disent qu'ils ont donné la paix.*	Phrase mise par Tacite (*Vie d'Agricola*, 30) dans la bouche de Galgacus, héros calédonien, dénonçant les excès des Romains. Ces mots s'appliquent aux conquérants qui tentent de justifier leurs ravages par l'apport de la civilisation.
Ultima forsan *La dernière, peut-être.*	Inscription parfois placée sur les cadrans d'horloge. *Tu regardes l'heure ;* **ultima forsan.**
Ultima ratio regum *Dernier argument des rois.*	Devise que Louis XIV avait fait graver sur ses canons.
Uti, non abuti *User, ne pas abuser.*	Axiome de modération, s'appliquant à tout ordre d'idées.
Vade in pace *Va en paix.*	Paroles de l'Évangile, souvent utilisées dans le rituel romain.
Vade retro, Satana *Retire-toi, Satan.*	Paroles de Jésus, qu'on trouve dans l'Évangile sous une forme un peu différente (saint Matthieu, IV, 10, et saint Marc, VIII, 33). On les emploie pour repousser quelqu'un dont on rejette les propositions.
Vae soli ! *Malheur à l'homme seul !*	Paroles de l'Ecclésiaste (IV, 10), qui caractérisent la position malheureuse de l'homme isolé, abandonné à lui-même.
Vae victis ! *Malheur aux vaincus !*	Paroles adressées par Brennus aux Romains, au moment où il jetait son épée dans la balance dans laquelle on pesait l'or destiné à acheter le départ des Gaulois qui, v. 390 av. J.-C., s'étaient emparé de Rome (Tite-Live, V, 48). Elles s'emploient pour faire entendre que le vaincu est à la merci du vainqueur.
Vanitas vanitatum, et omnia vanitas *Vanité des vanités, et tout est vanité.*	Paroles par lesquelles l'Ecclésiaste (I, 2) enseigne que tout est illusion et déception ici-bas.
Varium et mutabile *Chose variable et changeante.*	Mots de Virgile (*l'Énéide*, IV, 569), appliqués par Mercure à la Femme, pour décider Énée à quitter Carthage, où le retient l'amour de Didon. François Ier les a redits à sa manière : *Souvent femme varie, / Bien fol est qui s'y fie.*
Vedi Napoli, e poi muori ! *Vois Naples, et meurs !*	Proverbe par lequel les Italiens expriment leur admiration pour Naples et son golfe.
Veni, vidi, vici *Je suis venu, j'ai vu, j'ai vaincu.*	Mots célèbres par lesquels César décrivit au sénat la rapidité de la victoire qu'il venait de remporter près de Zéla sur Pharnace, roi du Bosphore (47 av. J.-C.). Exprime la facilité et la rapidité d'un succès quelconque.
Verba volant, scripta manent *Les paroles s'envolent, les écrits restent.*	Ce proverbe latin conseille la circonspection dans les circonstances où il serait imprudent de laisser des preuves matérielles d'une opinion, d'un fait, etc.
Veritas odium parit *La franchise engendre la haine.*	Fin d'un vers de Térence (*Andrienne*, I, 1, 68), dont la première partie est **Obsequium amicos** *(La complaisance* [crée] *des amis).*
Vir bonus, dicendi peritus *Un homme de bien qui sait parler.*	Définition de l'orateur, que Caton l'Ancien proposait à son fils, donnant à entendre qu'il faut à l'orateur la double autorité de la vertu et du talent.
Vis comica *La force comique ; le pouvoir de faire rire.*	Mots extraits d'une épigramme de César sur Térence, cités par Suétone. En réalité, dans l'épigramme latine, l'adjectif *comica* ne se rapporte probablement pas à *vis*, mais à un substantif qui suit.
Vitam impendere vero *Consacrer sa vie à la vérité.*	Mots de Juvénal (*Satires*, IV, 91), dont J.-J. Rousseau fit sa devise.
Volenti non fit injuria *On ne fait pas tort à celui qui consent.*	Axiome de jurisprudence, d'après lequel on n'est pas fondé à porter plainte pour un dommage auquel on a consenti.
Vox clamantis in deserto *La voix de celui qui crie dans le désert.*	Paroles de saint Jean-Baptiste définissant son rôle de précurseur du Messie : « *Je suis la voix de celui qui crie dans le désert : Rendez droites les voies du Seigneur.* » (saint Matthieu, III, 3.) Il faisait allusion à ses prédications devant la foule, dans le désert. C'est abusivement qu'on applique ce texte à ceux qui parlent et ne sont pas écoutés.
Vox populi, vox Dei *Voix du peuple, voix de Dieu.*	Adage suivant lequel on établit la vérité d'un fait, la valeur d'une chose sur l'opinion du plus grand nombre.
Vulnerant omnes, ultima necat *Toutes blessent, la dernière tue.*	Il s'agit des heures. Inscription latine placée autrefois sur les cadrans d'horloge des églises ou des monuments publics.

PROVERBES, SENTENCES ET MAXIMES

A beau mentir qui vient de loin : celui qui vient d'un pays lointain peut, sans craindre d'être démenti, raconter des choses fausses.

À bon chat, bon rat : se dit quand celui qui attaque trouve un adversaire capable de lui résister.

Abondance de biens ne nuit pas : on accepte encore, par mesure de prévoyance, une chose dont on a déjà une quantité suffisante.

À bon vin point d'enseigne : ce qui est bon se recommande de soi-même.

À chaque jour suffit sa peine : faisons face aux difficultés d'aujourd'hui sans penser par avance à celles que peut nous réserver l'avenir.

À cœur vaillant rien d'impossible : avec du courage, on vient à bout de tout.

L'air ne fait pas la chanson : l'apparence n'est pas la réalité.

À la Chandeleur, l'hiver se passe ou prend vigueur : si le froid n'est pas fini à la Chandeleur, il devient plus rigoureux qu'auparavant.

À la Sainte-Luce, les jours croissent du saut d'une puce : les jours commencent à croître un peu à la Sainte-Luce (13 décembre).

À l'impossible nul n'est tenu : on ne peut exiger de quiconque ce qu'il lui est impossible de faire.

À l'œuvre on connaît l'ouvrier (ou **l'artisan**) : c'est par la valeur de l'ouvrage qu'on juge celui qui l'a fait.

À méchant ouvrier, point de bon outil : le mauvais ouvrier fait toujours du mauvais travail et met ses maladresses sur le compte de ses outils.

À père avare, fils prodigue : un défaut, un vice fait naître autour de soi, par réaction, le défaut, le vice contraire.

L'appétit vient en mangeant : plus on a, plus on veut avoir.

Après la pluie, le beau temps : la joie succède souvent à la tristesse, le bonheur au malheur.

À quelque chose malheur est bon : les événements pénibles peuvent avoir un aspect positif, notamment en donnant de l'expérience.

L'argent est un bon serviteur et un mauvais maître : l'argent contribue au bonheur de celui qui sait l'employer et fait le malheur de celui qui se laisse dominer par l'avarice ou la cupidité.

L'argent n'a pas d'odeur : certains ne se soucient guère de la manière dont ils gagnent de l'argent, pourvu qu'ils en gagnent.

À tout seigneur, tout honneur : il faut rendre honneur à chacun suivant son rang.

Au royaume des aveugles, les borgnes sont rois : avec un mérite, une intelligence médiocres, on brille au milieu des sots et des ignorants.

Autant en emporte le vent : se dit en parlant de promesses auxquelles on ne croit pas ou qui ne sont pas réalisées.

Autres temps, autres mœurs : les mœurs changent d'une époque à l'autre.

Aux grands maux les grands remèdes : il faut prendre des décisions énergiques contre les maux graves et dangereux.

Avec des « si », on mettrait Paris en bouteille : avec des hypothèses, tout devient possible.

À vieille mule, frein doré : on pare une vieille bête pour mieux la vendre ; se dit aussi de vieilles femmes qui abusent des artifices de la toilette.

Beaucoup de bruit pour rien : titre d'une comédie de Shakespeare, passé en proverbe pour exprimer qu'une affaire insignifiante a pris des proportions excessives.

Bien faire et laisser dire : il faut faire son devoir sans se préoccuper des critiques.

Bien mal acquis ne profite jamais : on ne peut jouir en paix du bien obtenu malhonnêtement.

Bon chien chasse de race : on hérite généralement des qualités de sa famille.

Bonne renommée vaut mieux que ceinture dorée : mieux vaut jouir de l'estime publique que d'être riche.

Bon sang ne peut (ou **ne saurait**) **mentir :** qui est d'une noble race n'en saurait être indigne.

Les bons comptes font les bons amis : pour rester amis, il faut s'acquitter exactement de ce que l'on se doit l'un à l'autre.

La caque sent toujours le hareng : on porte toujours la marque de son origine, de son passé.

Ce que femme veut, Dieu le veut : les femmes parviennent toujours à leurs fins.

C'est en forgeant qu'on devient forgeron : à force de s'exercer à une chose, on y devient habile.

C'est le ton qui fait la musique (ou **qui fait la chanson**) : c'est la manière dont on dit les choses qui marque l'intention véritable.

C'est l'hôpital qui se moque de la Charité : se dit de celui qui se moque de la misère d'autrui, bien qu'il soit lui-même aussi misérable.

Chacun pour soi et Dieu pour tous : laissons à Dieu le soin de s'occuper des autres.

Charbonnier est maître chez soi : chacun est libre d'agir comme il l'entend dans sa propre demeure.

Charité bien ordonnée commence par soi-même : avant de songer aux autres, il faut songer à soi.

Chat échaudé craint l'eau froide : on redoute même l'apparence de ce qui vous a déjà nui.

Le chat parti, les souris dansent : quand maîtres ou chefs sont absents, écoliers ou subordonnés mettent à profit leur liberté.

Les chiens aboient, la caravane passe : celui qui est sûr de sa voie ne s'en laisse pas détourner par la désapprobation la plus bruyante. (Proverbe arabe.)

Chose promise, chose due : on est obligé de faire ce qu'on a promis.

Cœur qui soupire n'a pas ce qu'il désire : les soupirs que l'on pousse prouvent qu'on n'est pas satisfait.

Comme on connaît les saints, on les honore : on traite chacun selon le caractère qu'on lui connaît.

Comme on fait son lit, on se couche : il faut s'attendre en bien ou en mal à ce qu'on s'est préparé à soi-même par sa conduite.

Comparaison n'est pas raison : une comparaison ne prouve rien.

Les conseilleurs ne sont pas les payeurs : défions-nous des conseilleurs ; ni leur personne ni leur bourse ne courent le risque qu'ils conseillent.

Contentement passe richesse : le bonheur est préférable à la fortune.

Les cordonniers sont les plus mal chaussés : on néglige souvent les avantages qu'on a, de par sa condition, à sa portée.

Dans le doute, abstiens-toi : dans l'incertitude, n'agis pas.

De (ou **entre**) **deux maux, il faut choisir le moindre :** adage que l'on prête à Socrate, qui aurait ainsi expliqué pourquoi il avait pris une femme de très petite taille.

Défiance (ou **méfiance**) **est mère de sûreté :** il ne faut pas être trop confiant si l'on ne veut pas être trompé.

De la discussion jaillit la lumière : de la confrontation des idées peut naître la solution.

Déshabiller Pierre pour habiller Paul : faire une dette pour en acquitter une autre ; se tirer d'une difficulté en s'en créant une nouvelle.

Deux avis valent mieux qu'un : il vaut mieux, avant d'agir, consulter plusieurs personnes.

Dis-moi qui tu hantes, je te dirai qui tu es : on juge une personne d'après la société qu'elle fréquente.

Donner un œuf pour avoir un bœuf : faire un petit cadeau dans l'espoir d'en recevoir un plus considérable.

L'eau va à la rivière : l'argent va aux riches.

En avril, n'ôte pas un fil ; en mai, fais ce qu'il te plaît : on ne doit pas mettre des vêtements légers en avril ; on le peut en mai.

L'enfer est pavé de bonnes intentions : les bonnes intentions ne suffisent pas si elles ne sont pas réalisées ou n'aboutissent qu'à des résultats fâcheux.

Entre l'arbre et l'écorce il ne faut pas mettre le doigt : il ne faut pas intervenir dans une dispute entre proches.

Erreur n'est pas compte : tant que subsiste une erreur, un compte n'est pas définitif.

L'exception confirme la règle : ce qui est reconnu comme exception ne met pas la règle en cause, puisque, sans elle, point d'exception.

La faim chasse le loup hors du bois : la nécessité contraint les hommes à faire des choses qui leur déplaisent.

Fais ce que dois, advienne que pourra : fais ton devoir sans t'inquiéter de ce qui pourra en résulter.

Faute de grives, on mange des merles : à défaut de mieux, il faut se contenter de ce que l'on a.

La fête passée, adieu le saint : une fois la satisfaction obtenue, on oublie qui l'a procurée.

La fin justifie les moyens : principe d'après lequel le but excuserait les actions coupables commises pour l'atteindre.

La fortune vient en dormant : le plus sûr moyen de s'enrichir est de s'en remettre au hasard.

Des goûts et des couleurs, il ne faut pas discuter : chacun est libre d'avoir ses préférences.

Les grandes douleurs sont muettes : l'extrême souffrance morale ne fait entendre aucune plainte.

Les grands diseurs ne sont pas les grands faiseurs : ceux qui se vantent le plus ou promettent le plus sont souvent ceux qui font le moins.

Les grands esprits se rencontrent : se dit plaisamment lorsqu'une même idée, une même pensée, une même vérité est énoncée simultanément par deux personnes.

L'habit ne fait pas le moine : ce n'est pas sur l'apparence qu'il faut juger les gens.

L'habitude est une seconde nature : l'habitude nous fait agir aussi spontanément qu'un instinct naturel.

Heureux au jeu, malheureux en amour : celui qui gagne souvent au jeu est rarement heureux en ménage.

Il faut battre le fer pendant qu'il est chaud : il faut exploiter une situation favorable sans tarder.

Il faut que jeunesse se passe : on doit excuser les erreurs que la légèreté et l'inexpérience font commettre à la jeunesse.

Il faut qu'une porte soit ouverte ou fermée : il faut prendre un parti dans un sens ou dans un autre.

Il faut rendre à César ce qui appartient à César, et à Dieu ce qui est à Dieu : il faut rendre à chacun ce qui lui est dû.

Il faut tourner sept fois sa langue dans sa bouche avant de parler : avant de parler, de se prononcer, il faut mûrement réfléchir.

Il ne faut jamais jeter le manche après la cognée : il ne faut jamais se décourager.

Il ne faut jurer de rien : il ne faut jamais répondre de ce qu'on fera ni de ce qui peut arriver.

Il ne faut pas dire : Fontaine, je ne boirai pas de ton eau : nul ne peut assurer qu'il ne recourra jamais à une personne ou à une chose.

Il n'est pire aveugle que celui qui ne veut pas voir ou **Il n'est pire sourd que celui qui ne veut pas entendre :** le parti pris ferme l'esprit à tout éclaircissement.

Il n'est pire eau que l'eau qui dort : c'est souvent des personnes d'apparence inoffensive qu'il faut le plus se méfier.

Il n'y a pas de fumée sans feu : derrière les rumeurs, les on-dit, il y a toujours un fond de vérité.

Il n'y a pas de sot métier : toutes les professions sont respectables.

Il n'y a que la vérité qui blesse : les reproches vraiment pénibles sont ceux que l'on a mérités.

Il n'y a que le premier pas qui coûte : le plus difficile en toute chose est de commencer.

Il vaut mieux aller au boulanger (ou **au moulin**) **qu'au médecin :** la maladie coûte plus cher encore que la dépense pour la nourriture.

Il vaut mieux avoir affaire (ou **s'adresser**) **à Dieu qu'à ses saints :** il vaut mieux s'adresser directement au maître qu'aux subalternes.

Il vaut mieux tenir que courir : la possession vaut mieux que l'espérance.

Il y a loin de la coupe aux lèvres : il peut arriver bien des événements entre un désir et sa réalisation.

L'intention vaut le fait : l'intention compte comme si elle avait été mise à exécution.

Le jeu ne vaut pas la chandelle : la chose ne vaut pas la peine qu'on se donne pour l'obtenir.

Les jours se suivent et ne se ressemblent pas : les circonstances varient avec le temps.

Loin des yeux, loin du cœur : l'absence détruit ou affaiblit les affections.

Les loups ne se mangent pas entre eux : les méchants ne cherchent pas à se nuire.

Mains froides, cœur chaud : la froideur des mains indique un tempérament amoureux.

Mauvaise herbe croît toujours : se dit pour expliquer la croissance rapide d'un enfant difficile.

Mettre la charrue avant (ou **devant**) **les bœufs :** commencer par où l'on devrait finir.

Le mieux est l'ennemi du bien : on court le risque de gâter ce qui est bien en voulant obtenir mieux.

Mieux vaut tard que jamais : il vaut mieux, en certains cas, agir tard que ne pas agir du tout.

Morte la bête, mort le venin : un ennemi, un être malfaisant ne peut plus nuire quand il est mort.

Les murs ont des oreilles : dans un entretien confidentiel, il faut se défier de ce qui vous entoure.

Nécessité fait loi : dans les cas extrêmes, certains actes sont justifiés.

Ne fais pas à autrui ce que tu ne voudrais pas qu'on te fît : règle de conduite qui est un des fondements de la morale.

N'éveillez pas le chat qui dort : il ne faut pas réveiller une fâcheuse affaire, une menace assoupie.

Noël au balcon, Pâques au tison : si le temps est beau à Noël, il fera froid à Pâques.

La nuit porte conseil : la nuit est propre à nous inspirer de sages réflexions.

La nuit, tous les chats sont gris : on ne peut pas bien, de nuit, distinguer les personnes et les choses.

Nul n'est prophète en son pays : personne n'est apprécié à sa vraie valeur là où il vit habituellement.

L'occasion fait le larron : les circonstances peuvent provoquer des actes répréhensibles auxquels on n'aurait pas songé.

Œil pour œil, dent pour dent : le châtiment doit être identique à l'offense (loi du talion).

L'oisiveté est mère (ou **la mère**) **de tous les vices :** n'avoir rien à faire, c'est s'exposer à toutes les tentations.

On ne fait pas d'omelette sans casser des œufs : on n'arrive pas à un résultat sans peine ni sacrifices.

On ne prête qu'aux riches : on ne rend des services qu'à ceux qui sont en état de les récompenser ; on attribue volontiers certains actes à ceux qui sont habitués à les faire.

On reconnaît l'arbre à ses fruits : c'est à ses actes qu'on connaît la valeur d'un homme.

Paris (ou **Rome**) **ne s'est pas fait(e) en un jour :** une tâche difficile exige du temps.

Pas de nouvelles, bonnes nouvelles : sans nouvelles de quelqu'un, on peut présumer qu'il ne lui est rien arrivé de fâcheux.

Pauvreté n'est pas vice : il n'y a pas de honte à être pauvre.

Péché avoué est à demi pardonné : celui qui avoue ses erreurs obtient plus aisément l'indulgence.

Petit à petit, l'oiseau fait son nid : à force de persévérance, on vient à bout d'une entreprise.

Petite pluie abat grand vent : souvent, peu de chose suffit pour calmer une grande colère.

Les petits ruisseaux font les grandes rivières : les petits profits accumulés finissent par faire de gros bénéfices.

Pierre qui roule n'amasse pas mousse : on ne s'enrichit pas en changeant souvent de métier, de pays.

Plaie d'argent n'est pas mortelle : les pertes d'argent peuvent toujours se réparer.

La pluie du matin réjouit le pèlerin : la pluie du matin est souvent la promesse d'une belle journée.

La plus belle fille du monde ne peut donner que ce qu'elle a : nul ne peut donner ce qu'il n'a pas.

Plus on est de fous, plus on rit : plus on est nombreux, plus on s'amuse.

Prudence est mère de sûreté : c'est en étant prudent qu'on évite tout danger.

Quand le vin est tiré, il faut le boire : l'affaire étant engagée, il faut en accepter les suites, même fâcheuses.

Qui a bu boira : on ne se corrige jamais d'un défaut devenu une habitude.

Qui aime bien châtie bien : celui qui aime vraiment ne craint pas de faire preuve de sévérité.

Quiconque se sert de l'épée périra par l'épée : celui qui se comporte avec violence sera victime de la violence.

Qui donne aux pauvres prête à Dieu : celui qui fait la charité en sera récompensé dans la vie future.

Qui dort dîne : le sommeil tient lieu de dîner.

Qui ne dit mot consent : ne pas élever d'objection, c'est donner son accord.

Qui ne risque rien n'a rien : un succès ne peut s'obtenir sans quelque risque.

Qui paie ses dettes s'enrichit : en payant ses dettes, on crée ou on augmente son crédit.

Qui peut le plus peut le moins : celui qui est capable de faire une chose difficile, coûteuse, etc., peut à plus forte raison faire une chose plus facile, moins coûteuse, etc.

Qui sème le vent récolte la tempête : celui qui provoque le désordre en subira les conséquences.

Qui se ressemble s'assemble : ceux qui ont les mêmes penchants se recherchent mutuellement.

Qui se sent morveux se mouche : que celui qui se sent en faute s'applique ce que l'on vient de dire.

Qui s'y frotte s'y pique : celui qui s'y risque s'en repent.

Qui trop embrasse mal étreint : celui qui entreprend trop de choses à la fois n'en réussit aucune.

Qui va à la chasse perd sa place : celui qui quitte sa place doit s'attendre à la trouver occupée à son retour.

Qui veut la fin veut les moyens : qui veut une chose ne doit pas reculer devant les moyens qu'elle réclame.

Qui veut noyer son chien l'accuse de la rage : quand on en veut à quelqu'un, on l'accuse faussement.

Qui veut voyager loin ménage sa monture : il faut ménager ses forces, ses ressources, etc., si l'on veut tenir, durer longtemps.

Qui vole un œuf vole un bœuf : qui commet un vol minime se montre par là capable d'en commettre un plus considérable.

Rira bien qui rira le dernier : celui qui triomphe actuellement sera finalement puni.

Santé passe richesse : la santé est plus précieuse que la richesse.

Si jeunesse savait, si vieillesse pouvait : les jeunes manquent d'expérience et les vieillards, de force.

Le soleil luit pour tout le monde : chacun a droit aux choses que la nature a accordées à tous.

Tant va la cruche à l'eau qu'à la fin elle se casse (ou **qu'enfin elle se brise**) : tout finit par s'user ; à force de braver un danger, on finit par y succomber ; à force de faire la même faute, on finit par en pâtir.

Tel est pris qui croyait prendre : on subit souvent le mal qu'on a voulu faire à autrui.

Tel père, tel fils : le plus souvent, le fils ressemble à son père.

Le temps, c'est de l'argent : le temps bien employé est un profit. (Traduction de l'adage anglais *Time is money.*)

Tous les chemins mènent à Rome : il y a bien des moyens d'arriver au même but.

Tous les goûts sont dans la nature : se dit à propos d'une personne qui a des goûts singuliers.

Toute peine mérite salaire : chacun doit être récompensé de son travail, si modeste soit-il.

Toute vérité n'est pas bonne à dire : il n'est pas toujours bon de dire ce que l'on pense, aussi vrai que cela puisse être.

Tout nouveau tout beau : la nouveauté a toujours un charme particulier.

Tout vient à point à qui sait attendre : avec du temps et de la patience, on réussit, on obtient ce que l'on désire.

Trop de précaution nuit : l'excès de précaution tourne souvent à notre propre désavantage.

Un clou chasse l'autre : se dit en parlant de personnes ou de choses qui succèdent à d'autres et les font oublier.

Un de perdu, dix de retrouvés : la personne, la chose perdue est très facile à remplacer.

Une fois n'est pas coutume : un acte isolé est sans conséquence ; on peut fermer les yeux sur un acte isolé.

Une hirondelle ne fait pas le printemps : on ne peut rien conclure d'un seul cas, d'un seul fait.

Un homme averti en vaut deux : quand on a été prévenu de ce que l'on doit craindre, on se tient doublement sur ses gardes.

Un mauvais arrangement vaut mieux qu'un bon (ou **que le meilleur**) **procès :** s'entendre, à quelque condition que ce soit, vaut mieux que de plaider.

Un tiens vaut mieux que deux tu l'auras : ce que l'on possède est préférable à tout ce qu'on peut espérer.

Ventre affamé n'a point d'oreilles : celui qui est tenaillé par la faim est sourd à toute parole.

Vouloir, c'est pouvoir : on réussit lorsqu'on a la ferme volonté de réussir.

MOTS HISTORIQUES

À la guerre [...] il n'y a pas de gagnants, il n'y a que des perdants. Jugement de Chamberlain *(In war [...] there are no winners, but all are losers)* dans *Speech at Kettering,* 3 juillet 1938.

Allez dire à ceux qui vous envoient que nous sommes ici par la volonté nationale et que nous n'en sortirons que par la puissance des baïonnettes. Apostrophe de Mirabeau à Dreux-Brezé, grand maître des cérémonies du roi, le 23 juin 1789, telle qu'elle est gravée sur le buste de Mirabeau par Houdon. Elle est plus souvent citée sous la forme : « Allez dire à votre maître que nous sommes ici par la volonté du peuple et que nous n'en sortirons que par la force des baïonnettes. »

Après nous le déluge. Mots prêtés au roi de France Louis XV, qui ne les a sans doute jamais prononcés. À cette époque, le mathématicien Maupertuis avait prévu le retour de la comète de 1680, qui provoquerait, croyait-il, un déluge.

Le bonheur est une idée neuve en Europe. Saint-Just, *Rapport à la Convention,* 3 mars 1794.

Ce n'est pas possible, m'écrivez-vous ; cela n'est pas français. Réponse de Napoléon Ier, le 9 juillet 1813, au général Lemarois, commandant de Magdebourg, qui avait des difficultés à tenir la place. Elle est à l'origine du dicton « Impossible n'est pas français. »

C'est bien taillé, mon fils ; maintenant il faut recoudre. Catherine de Médicis aurait adressé ces paroles à son fils Henri III après l'exécution du duc de Guise, le 23 décembre 1588.

C'est plus qu'un crime, c'est une faute. Ces mots auraient été prononcés, selon Sainte-Beuve *(les Nouveaux Lundis),* par Boulay de La Meurthe à propos de l'exécution du duc d'Enghien. Ils ont été également attribués à Talleyrand.

– C'est une révolte ?
– Non, Sire, c'est une révolution.
Dialogue entre Louis XVI et son grand maître de la garde-robe, La Rochefoucauld-Liancourt, qui annonçait au roi la prise de la Bastille.

Un chiffon de papier. Le 4 août 1914, au cours d'un entretien avec l'ambassadeur de Grande-Bretagne à Berlin, lui transmettant l'ultimatum de son pays, le chancelier allemand Bethmann-Hollweg désignait ainsi *(a scrap of paper)* le traité de 1839 qui garantissait la neutralité belge.

Commediante ! Tragediante ! Dans *Servitude et Grandeur militaires,* Alfred de Vigny attribue au pape Pie VII ces mots relatifs à Napoléon Ier, après une scène violente que l'empereur avait faite au souverain pontife.

Le communisme, c'est le pouvoir des Soviets plus l'électrification du pays. Lénine, *Œuvres complètes.*

Le corps d'un ennemi mort sent toujours bon. Phrase que Charles IX aurait prononcée devant le corps de l'amiral de Coligny, massacré à la Saint-Barthélemy. Elle a aussi été attribuée à Vitellius, empereur romain.

De l'amour ou haine que Dieu a pour les Anglais, je n'en sais rien, mais je sais bien qu'ils seront tous boutés hors de France, excepté ceux qui y périront. Jeanne d'Arc, lors de son procès (7e interrogatoire, 15 mars 1431).

De l'audace, encore de l'audace et toujours de l'audace ! Exhortation lancée par Danton à la fin de son discours du 2 septembre 1792 à l'Assemblée législative pour soulever la nation contre « les ennemis de la République ».

De la merde dans un bas de soie. Cette définition de Talleyrand a été attribuée en particulier à Napoléon Ier.

De Stettin jusqu'à Trieste, un rideau de fer est tombé sur le continent. Winston Churchill évoquait par ces mots, en mars 1946, la séparation entre les États socialistes de l'Est et les démocraties de l'Europe de l'Ouest.

Encore un moment, monsieur le bourreau, un petit moment. Prière adressée par la comtesse du Barry à son bourreau avant d'être guillotinée, le 8 décembre 1793.

Enrichissez-vous. Mot de Guizot, prononcé à la Chambre le 1er mars 1843 pour inviter l'opposition à user des avantages sociaux conquis par la Révolution plutôt que de réclamer des réformes. Guizot ajoutait : « Améliorez la condition morale et matérielle de notre France. »

L'État, c'est moi. L'attribution de ce mot à Louis XIV est controversée.

Eurêka (J'ai trouvé). Exclamation d'Archimède découvrant, dans son bain, la loi de la pesanteur spécifique des corps. Cité par Vitruve, *De l'architecture* (IX, 3).

L'exactitude est la politesse des rois. Formule du roi de France Louis XVIII, citée par le banquier Laffitte dans ses *Souvenirs.*

Faites-nous de bonne politique et je vous ferai de bonnes finances. Le baron Louis, ministre des Finances sous la Restauration, puis sous la monarchie de Juillet, énonça cette maxime devant Guizot (qui l'a rapportée) au cours d'un Conseil des ministres en 1830.

La femme de César ne doit pas être soupçonnée. Jules César justifiait par ces mots le renvoi de son épouse, compromise par un jeune patricien.

La France a perdu une bataille, mais la France n'a pas perdu la guerre. Cette phrase célèbre de Charles de Gaulle ne figure pas dans l'Appel du 18 juin ; mais elle est le début d'une proclamation affichée en juillet à Londres.

La France s'ennuie. Lamartine s'exclama : « La France est une nation qui s'ennuie » en 1839, dans un discours à la Chambre des députés. Plus tard, dans un autre discours, prononcé à Mâcon, il précisa : « J'ai dit, il y a quelques années, à la tribune, un mot qui a fait le tour du monde [...] j'ai dit un jour : La France s'ennuie ! ».

La garde meurt et ne se rend pas. Ces paroles, comme d'autres moins châtiées, sont attribuées au général Cambronne lors de la bataille de Waterloo et inscrites sur le monument élevé à la gloire du général à Nantes. Elles seraient apocryphes.

La guerre ! c'est une chose trop grave pour la confier à des militaires. Mots de Clemenceau, cités par Suarez dans *Soixante Années d'histoire française : Clemenceau* (Tallandier).

Honni soit qui mal y pense. Devise de l'ordre de la Jarretière *(Order of the Garter),* institué en Angleterre vers l'an 1340 par le roi Édouard III. Dans un bal, la comtesse de Salisbury, maîtresse du roi, avait laissé tomber, en dansant, sa jarretière. Le roi la ramassa et, coupant court aux plaisanteries, déclara : « Messieurs, honni soit qui mal y pense *[honi soit qui mal y pense]* ! Ceux qui rient maintenant seront un jour très honorés d'en porter une semblable, car ce ruban sera mis en tel honneur que les moqueurs eux-mêmes le rechercheront avec empressement. »

Il est plus facile de faire la guerre que la paix. Mots de Clemenceau dans son livre *Discours de paix* (1919).

Ils n'ont rien oublié ni rien appris. Mots de Napoléon Ier à propos des Bourbons (« Depuis le peu de mois qu'ils règnent, ils vous ont convaincus qu'ils n'ont rien oublié ni rien appris »), prononcés le 1er mars 1815 au retour de l'île d'Elbe.

J'ai failli attendre. Mots attribués à Louis XIV.

J'aimerais mieux être le premier dans ce village que le second à Rome. Mots de Jules César rapportés par Plutarque *(Vie de César).*

Je désire reposer [...] en face de cette ligne bleue des Vosges d'où monte jusqu'à mon cœur fidèle la plainte des vaincus. Phrase de Jules Ferry, dans son *Testament.*

Je n'ai rien à offrir que du sang, du labeur, des larmes et de la sueur. Paroles prononcées par Winston Churchill le 13 mai 1940 devant la Chambre des communes, au moment de l'attaque allemande en Belgique et en France. *(I have nothing to offer but blood, toil, tears and sweat.)*

Je reviendrai. Phrase *(I shall return)* prononcée par le général MacArthur à son arrivée en Australie en mars 1942, après avoir quitté les Philippines occupées par le Japon.

Je veux qu'il n'y ait si pauvre paysan en mon royaume qu'il n'ait tous les dimanches sa poule au pot. Déclaration attribuée à Henri IV.

Je vous ai compris ! Première phrase du discours prononcé par le général de Gaulle, le 4 juin 1958, devant la population européenne et musulmane d'Alger.

J'y suis, j'y reste. Mots prêtés à Mac-Mahon refusant d'abandonner le fort de Malakoff aux Russes (1855).

Labourage et pâturage sont les deux mamelles dont la France est alimentée et les vrais mines et trésors du Pérou. Phrase de Sully *(Économies royales).*

La Fayette nous voici ! Mots prononcés le 4 juillet 1917 par le colonel Charles Stanton sur la tombe du marquis de La Fayette, peu après l'entrée des États-Unis en guerre.

Messieurs les Anglais, tirez les premiers. Réponse d'un officier français à un officier anglais qui le sommait d'engager les hostilités lors de la bataille de Fontenoy (11 mai 1745).

Mieux vaut ne pas changer d'attelage au milieu du gué. Mots d'Abraham Lincoln, lors de la guerre de Sécession (*It is best not to swap horses while crossing the river* [*Speech,* 9 juin 1864]).

La mobilisation n'est pas la guerre. Proclamation du 1er août 1914, accompagnant l'ordre de mobilisation générale et signée du président de la République, Raymond Poincaré, et de tous les membres du gouvernement. Elle avait été rédigée par René Viviani, président du Conseil.

Le nez de Cléopâtre : s'il eût été plus court, toute la face de la terre aurait changé. Pensée de Blaise Pascal.

Notre but reste le pouvoir des Soviets, mais ce n'est pas pour ce soir ni pour demain matin... Alors il faut savoir terminer une grève dès que satisfaction est obtenue. Paroles prononcées par Maurice Thorez le 11 juin 1936 après la signature des accords de Matignon.

Oh ! les braves gens ! Exclamation de l'empereur d'Allemagne Guillaume Ier, admiratif devant les charges de la cavalerie française à Sedan.

Ô liberté ! que de crimes on commet en ton nom ! Phrase prononcée devant l'échafaud par Mme Roland de La Platière s'inclinant devant la statue de la Liberté.

On les aura ! Mots qui terminaient l'ordre du jour du général Pétain du 10 avril 1916.

L'ordre règne à Varsovie. Légende d'une caricature de Grandville et d'Eugène Forest dans *le Moniteur* montrant un soldat russe debout sur un amoncellement de cadavres polonais. Les Russes venaient de réprimer cruellement l'agitation en Pologne, et le ministre des Affaires étrangères français Sebastiani de La Porta avait estimé que la « tranquillité » régnait à Varsovie (1831).

Paris vaut bien une messe. Mot attribué à Henri IV.

Père, gardez-vous à droite ; père, gardez-vous à gauche. Conseils donnés à Jean II le Bon par son fils Philippe II le Hardi, âgé de quatorze ans, lors de la bataille de Poitiers (1356).

Péripéties que tout cela, mais qui n'ont que trop duré. La réforme, oui, la chienlit, non ! Il faut que cela se sache. De Gaulle, en mai 1968.

Prolétaires de tous les pays, unissez-vous ! C'est sur ces mots *(Proletarier aller Länder vereinigt Euch !)* que se termine le *Manifeste du parti communiste*, de Karl Marx.

Quand la France aura fait entendre sa voix souveraine, croyez-le bien, messieurs, il faudra se soumettre ou se démettre. Phrase d'un discours électoral de Gambetta prononcé en 1877 à Lille.

Que d'eau, que d'eau ! Mac-Mahon aurait prononcé ces mots devant le spectacle de graves inondations à Toulouse en 1875.

Qu'est-ce que le tiers état ? Titre d'une brochure de Sieyès, qui commençait ainsi : « 1° Qu'est-ce que le tiers état ? - Tout. 2° Qu'a-t-il été jusqu'à présent dans l'ordre politique ? - Rien. 3° Que demande-t-il ? - À être quelque chose. »

Qu'il est grand ! plus grand encore mort que vivant ! Henri III prononça ces mots devant le corps du duc de Guise, qu'il venait de faire assassiner.

Qui m'aime me suive. Mots lancés par Philippe VI de Valois à ses barons rechignant à partir en campagne et rapportés dans les *Chroniques de Saint-Denis.*

Ralliez-vous à mon panache blanc ! Harangue d'Henri IV devant ses troupes à la bataille d'Ivry, le 14 mars 1590 : « Si vous perdez vos enseignes, ralliez-vous à mon panache blanc ! Vous le trouverez toujours sur le chemin de l'honneur et de la victoire. »

La République sera conservatrice ou elle ne sera pas. Déclaration de Thiers, dans son *Message à l'Assemblée nationale,* le 18 novembre 1872.

La République n'a pas besoin de savants. L'abbé Grégoire attribue ce mot au président Dumas du Tribunal révolutionnaire, à l'occasion du procès de Lavoisier, qui demandait un délai pour terminer une expérience.

Soldats, je suis content de vous ! Proclamation de Napoléon Ier, le 2 décembre 1805, après la victoire d'Austerlitz.

Soldats, songez que, du haut de ces pyramides, quarante siècles vous contemplent. Phrase que Bonaparte aurait prononcée lors de la campagne d'Égypte, citée pour la première fois dans un ouvrage anonyme en 1803. Napoléon Ier reprit la formule à son compte.

Soldats, visez au cœur ! Exhortation du maréchal Ney aux soldats de son peloton d'exécution, le 7 décembre 1815.

Le soleil ne se couche pas sur mon empire. Phrase prononcée par Alexandre le Grand, aussi attribuée, avec des variantes, à Charles Quint.

Toute ma vie, je me suis fait une certaine idée de la France. Phrase de Charles de Gaulle (*Mémoires de guerre,* l'Appel).

Tout est perdu, fors l'honneur. Formule attribuée à François Ier prisonnier après le désastre de Pavie.

Tu montreras ma tête au peuple, elle en vaut bien la peine. Paroles de Danton (qui était fort laid) au bourreau avant de périr sur l'échafaud.

Un cheval ! Un cheval ! Mon royaume pour un cheval ! Exclamation de Richard III, roi d'Angleterre, lors de la bataille de Bosworth (22 août 1485), pendant la guerre des Deux-Roses. *(A horse ! a horse ! My kingdom for a horse !)*

Le vice appuyé sur le bras du crime. Chateaubriand caractérise ainsi, dans les *Mémoires d'outre-tombe,* Talleyrand au bras de Fouché, en 1815.

Voilà le commencement de la fin. Mot de Talleyrand à propos de la retraite de Russie.

Caractère Avant Garde

AA n.m., fl. de France, qui rejoint la mer du Nord ; 80 km. Il passe à Saint-Omer.

AACHEN → **AIX-LA-CHAPELLE.**

AALBORG → **ÅLBORG.**

AALST → **ALOST.**

AALTER, comm. de Belgique (Flandre-Orientale) ; 16 893 hab.

AALTO (Alvar), *Kuortane 1898 - Helsinki 1976,* architecte et designer finlandais. Le plus illustre des architectes nordiques modernes, il a infléchi le style international dans un sens organique.

AAR ou **AARE** n.f., riv. de Suisse, née dans le *massif de l'Aar-Gothard,* affl. du Rhin (r. g.) ; 295 km. Elle traverse les lacs de Brienz et de Thoune, passe à Berne, puis traverse le lac de Bienne.

AARAU, v. de Suisse, ch.-l. du cant. d'Argovie, au pied du Jura, sur l'Aar ; 16 481 hab. Ensemble de la vieille ville ; musées.

AARGAU → **ARGOVIE.**

AAR-GOTHARD (massif de l'), massif le plus élevé des Alpes bernoises (Suisse). Il englobe plusieurs sommets de plus de 4 000 m (dont la Jungfrau et le Finsteraarhorn), d'où sont issus des glaciers (dont celui d'Aletsch).

AARHUS → **ÅRHUS.**

AARON, *XIIIe s. av. J.-C.,* frère aîné de Moïse et premier grand prêtre des Hébreux.

AARSCHOT, v. de Belgique (Brabant flamand) ; 26 327 hab. Église Notre-Dame des XIVe-XVe s. – Érigée en duché au XVIe s.

ABA, v. du sud-est du Nigeria ; 271 000 hab.

ABADAN, v. d'Iran, près de l'embouchure du Chatt al-Arab dans le golfe Persique ; 84 774 hab. Port.

ABAKAN, v. de Russie, cap. de la Khakassie, en Sibérie, au confluent de l'*Abakan* et de l'Ienisseï ; 154 000 hab.

ABATE ou **ABBATE** (Nicolo **dell'**) → **NICOLO DELL' ABATE.**

ABBADIDES, dynastie arabe qui régna à Séville au XIe s.

ABBADO (Claudio), *Milan 1933,* chef d'orchestre italien. Connu pour son intérêt pour la création contemporaine, il a été directeur musical de l'Opéra de Vienne (1986 - 1991) avant d'être nommé, en 1989, à la tête de l'Orchestre philharmonique de Berlin.

ABBAS, *m. v. 652,* oncle de Mahomet.

ABBAS (Ferhat), *Taher 1899 - Alger 1985,* homme politique algérien. Il fut président du gouvernement provisoire de la République algérienne (1958 - 1961).

ABBAS Ier le Grand, *1571 - dans le Mazandaran 1629,* chah séfévide de Perse (1587 - 1629). Il fit d'Ispahan sa capitale.

ABBAS HILMI II, *Alexandrie 1874 - Genève 1944,* khédive d'Égypte (1892 - 1914). Il fut déposé par les Britanniques.

ABBASSIDES, dynastie de califes arabes (750 - 1258), fondée par Abu al-Abbas Abd Allah. Déplaçant le centre de l'Empire musulman en Iraq, ils firent de Bagdad leur capitale et le centre d'une civilisation brillante. Ils régnèrent jusqu'à la prise de Bagdad par les Mongols (1258).

Abbaye (groupe de l'), groupe d'écrivains et d'artistes (G. Duhamel, C. Vildrac, A. Gleizes, etc.) qui s'installa à Créteil en 1906 et créa une sorte de phalanstère fondé sur des principes de liberté artistique et d'indépendance économique.

■ ALVAR **AALTO.** Le musée du Nord du Jylland à Ålborg (1968 - 1972).

Abbaye-aux-Bois, couvent de femmes fondé à Paris, rue de Sèvres, en 1640 et démoli en 1907. Mme Récamier y résida de 1819 à 1849 et y tint un salon que Chateaubriand fréquenta.

ABBEVILLE (80100), ch.-l. d'arrond. de la Somme, sur la Somme ; 25 439 hab. *(Abbevillois).* Anc. cap. du Ponthieu. – Collégiale St-Vulfran, de style flamboyant (XVe-XVIIe s.) ; château de Bagatelle (1752). Musée Boucher-de-Perthes.

ABBON (saint), *Orléanais v. 945 - La Réole 1004,* abbé de Fleury (auj. Saint-Benoît-sur-Loire), théologien et chroniqueur.

ABC, quotidien espagnol de tendance monarchiste. Il a été fondé à Madrid en 1905.

ABC (American Broadcasting Company), l'un des trois grands réseaux de télévision américains (avec CBS et NBC), créé en 1943. ABC News présente un célèbre journal, « Good Morning America ».

ABD AL-AZIZ IBN AL-HASAN, *Marrakech 1878 ou 1881 - Tanger 1943,* sultan du Maroc (1894 - 1908). Fils et successeur de Mulay Hasan, il fut détrôné par son frère Mulay Hafiz.

ABD AL-AZIZ III IBN SAUD, dit **IBN SÉOUD,** *Riyad v. 1880 - id. 1953,* roi d'Arabie saoudite (1932 - 1953). À partir du Nadjd, il conquit les territoires qui forment l'Arabie saoudite, créée en 1932. Il y instaura des institutions modernes.

ABD ALLAH, *La Mecque 545 ou 554 - v. 570,* père de Mahomet.

ABD ALLAH ou **ABDALLAH** → **ABDULLAH.**

ABD ALLAH II ou **ABDALLAH II,** *Amman 1962,* roi de Jordanie, de la dynastie hachémite. Fils aîné de Husayn, il lui a succédé en 1999.

ABD AL-MUMIN, *m. à Salé en 1163,* fondateur de la dynastie almohade. Il conquit Marrakech (1147) puis toute l'Afrique du Nord.

ABD AL-RAHMAN Ier, *731 - Cordoue 788,* premier émir omeyyade de Cordoue (756 - 788). – **Abd al-Rahman III,** *v. 890 - Cordoue 961,* huitième émir omeyyade (912 - 961) et fondateur du califat de Cordoue (929).

ABDALWADIDES, dynastie berbère de Tlemcen (1235 - 1550).

ABD EL-KADER, en ar. **'Abd al-Qādir ibn Muḥyī al-Dīn,** *près de Mascara 1808 - Damas 1883,* émir arabe. Il dirigea de 1832 à 1847 la résistance à la conquête de l'Algérie par la France. Après la prise de sa smala par le duc d'Aumale (1843) et la défaite de ses alliés marocains sur l'Isly (1844), il dut se rendre en 1847 à Lamoricière. Interné en France jusqu'en 1852, il se retira ensuite à Damas.

ABD EL-KRIM, en ar. **'Abd al-Karīm,** *Ajdir 1882 - Le Caire 1963,* chef marocain. En 1921, il souleva le Rif contre les Espagnols, puis contre les Français, mais dut se rendre en 1926. Interné à la Réunion, il se réfugia au Caire au cours de son transfert en France (1947).

ABDEL WAHAB (Mohamed), *Le Caire 1902 ? - id. 1991,* compositeur et chanteur égyptien. Baryton célèbre pour ses improvisations au luth, il renouvela l'héritage de la musique arabe en y introduisant des éléments mélodiques et instrumentaux occidentaux.

ABDÈRE, anc. ville grecque de Thrace, sur la mer Égée.

ABDUH (Muhammad) → **MUHAMMAD ABDUH.**

ABDÜLAZIZ, *Istanbul 1830 - id. 1876,* sultan ottoman (1861 - 1876). Il fut déposé par un coup d'État de l'opposition libérale.

ABDÜLHAMID Ier, *Istanbul 1725 - id. 1789,* sultan ottoman (1774 - 1789). — **Abdülhamid II,** *Istanbul 1842 - id. 1918,* sultan ottoman (1876 - 1909). Il fut déposé par les Jeunes-Turcs.

ABDULLAH, ABD ALLAH ou **ABDALLAH,** *La Mecque 1882 - Jérusalem 1951,* émir (1921 - 1946) puis roi (1946 - 1951) de Transjordanie, de la dynastie hachémite. Sous son règne, la Transjordanie - devenue royaume de Jordanie - annexa une partie de la Palestine arabe (1950). Il fut assassiné.

ABDÜLMECID Ier, *Istanbul 1823 - id. 1861,* sultan ottoman (1839 - 1861). Il ouvrit l'ère des réformes : le Tanzimat (1839 - 1876).

ABDUL RAHMAN, *Alor Star 1903 - Kuala Lumpur 1990,* homme politique malaisien. Il négocia l'indépendance de la Malaisie et fut Premier ministre de 1957 à 1970.

ABÉCHÉ, v. de l'est du Tchad, ch.-l. du Ouaddaï ; 83 000 hab.

ABE KOBO, *Tokyo 1924 - id. 1993,* écrivain japonais, poète et romancier *(la Femme des sables).*

ABEL, personnage biblique. Deuxième fils d'Adam et d'Ève, berger nomade, il fut tué par son frère Caïn.

ABEL (Niels), *île de Finnøy 1802 - Arendal 1829,* mathématicien norvégien. Créateur de la théorie des intégrales elliptiques, il a démontré l'impossibilité de résoudre par radicaux l'équation algébrique générale du 5e degré.

ABÉLARD ou **ABAILARD** (Pierre), *Le Pallet 1079 - prieuré de Saint-Marcel, près de Chalon-sur-Saône, 1142,* théologien et philosophe français. Élève puis rival de *Guillaume de Champeaux, il mena une carrière mouvementée. Un épisode resté célèbre est son émasculation à Paris, sur ordre du chanoine Fulbert, oncle d'*Héloïse. Virtuose de la dialectique qu'il appliqua aux dogmes chrétiens *(Sic et Non),* adversaire du réalisme dans la querelle des universaux, il fut condamné à l'instigation de saint Bernard pour sa doctrine relative à la Trinité.

ABELL (Kjeld), *Ribe 1901 - Copenhague 1961,* auteur dramatique danois. Il a rénové la technique du genre en rompant avec le réalisme *(la Mélodie qui disparut, Silkeborg, le Cri).*

ABELLIO (Georges **Soulès,** dit Raymond), *Toulouse 1907 - Nice 1986,* écrivain français. Il s'est consacré dans des romans *(Les yeux d'Ézéchiel sont ouverts)* et des essais *(la Structure absolue)* à une relecture ésotérique des textes sacrés.

ABENGOUROU, v. de Côte d'Ivoire ; 59 000 hab.

ABEOKUTA, v. du sud-ouest du Nigeria ; 387 000 hab.

ABERDEEN, v. de Grande-Bretagne (Écosse), sur la mer du Nord ; 216 000 hab. Pêche. Terminal pétrolier. Métallurgie. — Cathédrale surtout du XVe s. ; musées.

ABERDEEN (George **Gordon,** comte **d'**), *Édimbourg 1784 - Londres 1860,* homme politique britannique. Premier ministre de 1852 à 1855, il ne put éviter la guerre de Crimée.

ABER-VRAC'H ou **ABER-WRACH** n.m., fl. côtier et estuaire de France, dans le nord du Finistère (Léon) ; 34 km.

ABETZ (Otto), *Schwetzingen 1903 - Langenfeld 1958,* homme politique allemand. Ambassadeur à Paris à partir de juin 1940, il fut chargé de préparer une « collaboration officielle » entre les gouvernements français et allemand. Jugé et emprisonné après 1949, il fut libéré en 1954.

ABGAR, nom de plusieurs rois d'Édesse (IIe s. av. J.-C.-IIIe s. apr. J.-C.).

ABIDJAN, v. de Côte d'Ivoire, sur la lagune Ébrié ; 2 500 000 hab. *(Abidjanais).* Principale ville du pays, dont elle fut la capitale jusqu'en 1983. Port. Aéroport.

ABILENE, v. des États-Unis (Texas) ; 106 654 hab.

ABITIBI, région du Canada, dans le sud-ouest du Québec. Elle est bordée à l'O. par le *lac Abitibi* (878 km^2), partagé entre le Québec et l'Ontario.

ABITIBI-TÉMISCAMINGUE, région administrative du Québec (Canada), occupant l'extrémité sud-ouest de la province ; env. 66 000 km^2 ; 151 978 hab. *(Témiscabitibiens) ;* v. princ. *Rouyn-Noranda.*

ABKHAZES, peuple caucasien de Géorgie (Abkhazie) et de Russie (env. 95 000). Les Abkhazes ont émigré pour moitié vers la Turquie dans les années 1870, après l'annexion de leur contrée par les Russes (1864) ; leur diaspora reste importante au Moyen-Orient. Majoritairement musulmans sunnites, ils parlent l'*abkhaze,* ou *abkhaz,* et se reconnaissent sous le nom d'*Apsoua.*

ABKHAZIE, république autonome de Géorgie, sur la mer Noire ; 538 000 hab. *(Abkhazes) ;* cap. *Soukhoumi.* Les Abkhazes ont développé un mouvement séparatiste auquel s'oppose le pouvoir géorgien.

ABNER, *XIe s. av. J.-C.,* général sous Saül et David. Il fut assassiné par Joab, général du roi David, qui voyait en lui un rival.

ABOMEY, v. du Bénin ; 41 000 hab. Anc. cap. du royaume de Dahomey, fondée au XVIIe s. — Musée dans les palais royaux du XIXe s.

ABONDANCE (74360), ch.-l. de cant. de la Haute-Savoie ; 1 374 hab. Station de sports d'hiver (950 m). — Anc. abbaye. — La ville a donné son nom à une race bovine.

ABORIGÈNES, populations autochtones d'Australie (plus de 300 000), où ils se sont établis il y a 40 000 ans. Après la colonisation, ils ont été victimes d'entreprises d'extermination. Respectueux de totems, gouvernés dans leur relation au sol par leur mythologie (dite « le Rêve »), ils sont de remarquables peintres sur écorce et sur tissu. Ils sont en conflit fréquent avec les compagnies minières exploitant leurs territoires.

Aboukir (bataille d') [1er août 1798], bataille navale de la campagne d'Égypte. Victoire de Nelson sur une escadre française dans la baie d'Aboukir. — bataille d'**Aboukir** (25 juill. 1799), bataille de la campagne d'Égypte. Victoire de Bonaparte qui rejeta à la mer une armée turque débarquée par les Britanniques.

ABOU-SIMBEL, site d'Égypte, en aval de la deuxième cataracte. Les deux temples rupestres, élevés sous Ramsès II, ont été démontés, à la suite de la construction du haut barrage d'Assouan, réédifiés au-dessus du niveau du Nil et adossés à une falaise artificielle.

ABOUT (Edmond), *Dieuze 1828 - Paris 1885,* écrivain français. Il fut journaliste et romancier *(le Roi des montagnes, l'Homme à l'oreille cassée).* [Acad. fr.]

ABRAHAM, *XIXe s. av. J.-C.,* patriarche biblique. Originaire d'Our, il s'établit avec son clan en Palestine. Ancêtre des peuples juif et arabe par ses fils Isaac et Ismaël, il est aussi revendiqué par les chrétiens, qui se considèrent comme ses héritiers spirituels.

Abraham (bataille des plaines d') [13 sept. 1759], bataille de la guerre de Sept Ans. Victoire décisive des Anglais sur l'armée française de Montcalm, sur la rive gauche du Saint-Laurent, devant Québec.

ABRAHAM (Karl), *Brême 1877 - Berlin 1925,* médecin et psychanalyste allemand. Il s'est intéressé aux stades prégénitaux de la libido.

ABRAHAMS (Peter), *Johannesburg 1919,* romancier sud-africain de langue anglaise. Son œuvre évoque les conflits raciaux *(Rouge est le sang des Noirs, Une couronne pour Udomo).*

ABRAMOVITZ (Chalom Jacob) → **MENDELE MOCHER SEFARIM.**

ABRUZZES (les), région du centre de l'Italie, dans l'Apennin ; 1 243 690 hab. *(Abruzzais) ;* cap. *L'Aquila ;* 4 prov. (*L'Aquila, Chieti, Pescara* et *Teramo*). C'est une région montagneuse, culminant au Gran Sasso (2 914 m). Parc national.

ABSALON, *Xe s. av. J.-C.,* fils de David. Révolté contre son père et vaincu dans un combat, il s'enfuit, mais sa chevelure se prit dans les branches d'un arbre où il resta suspendu. Joab, qui le poursuivait, le tua.

Abstraction-Création, groupement d'artistes et revue (1931 - 1936). Fondé à Paris par Georges Vantongerloo et Herbin, le groupe succédait à *Cercle et Carré* de Joaquín Torres García et Michel Seuphor (1930). Nombre d'artistes de tous pays, de tendance constructiviste, s'y affilièrent, dont Mondrian.

ABU AL-ABBAS ABD ALLAH, surnommé **al-Saffah** (« le Sanguinaire »), premier calife abbasside (750 - 754). Il fit massacrer les Omeyyades (750).

ABU AL-ALA AL-MAARRI, *Maarrat al-Numan, Syrie, 973 - id. 1057,* poète arabe, célèbre pour la hardiesse de sa pensée religieuse.

ABU AL-ATAHIYA, *Kufa 748 - Bagdad v. 826,* poète arabe, peintre pessimiste du destin de l'homme.

ABU AL-FARADJ AL-ISFAHANI, *Ispahan 897 - Bagdad 967,* écrivain arabe. Il est l'auteur du *Livre des chansons,* anthologie critique des anciens poèmes arabes chantés.

ABU BAKR, *v. 573 - Médine 634,* beau-père de Mahomet. Il lui succéda en devenant le premier calife (632 - 634).

ABU DHABI, l'un des Émirats arabes unis, sur le golfe Persique ; 670 000 hab. ; cap. *Abu Dhabi ;* (243 000 hab.). Pétrole.

ABUJA, cap. du Nigeria, au centre du pays ; 306 000 hab.

ABU NUWAS, *Ahvaz v. 762 - Bagdad v. 815,* poète arabe. Ce chantre du vin et de l'amour est le créateur du lyrisme moderne arabe.

ABU TAMMAM, *Djasim v. 804 - Mossoul 845,* poète arabe. En réaction contre Abu Nuwas, il retrouva l'inspiration de la poésie bédouine.

Abwehr (mot all. signif. *défense*), service de renseignements de l'état-major allemand, reconstitué après 1919. Il fut dirigé de 1935 à 1944 par l'amiral Canaris.

ABYDOS, site de Haute-Égypte. Lieu présumé du tombeau d'Osiris, ce qui en faisait un important centre de pèlerinage. — Nécropoles des premières dynasties pharaoniques. Temples, dont celui de Seti Ier, l'un des plus classiques, qui a livré la *table d'Abydos,* liste royale de Narmer à Seti.

ABYLA, une des deux *Colonnes d'Hercule. Anc. nom de *Ceuta.*

ABYMES (Les) [97139], comm. de la Guadeloupe ; 63 290 hab. La plus peuplée de ce département d'outre-mer.

■ NIELS **ABEL**

■ **ABIDJAN.** Le quartier du Plateau (centre d'affaires).

ABYSSINIE, anc. nom de l'*Éthiopie.

Académie, école philosophique fondée dans les jardins voisins d'Athènes par Platon, et qui dura du IVe au Ier s. av. J.-C.

Académie des beaux-arts, l'une des cinq compagnies de l'Institut de France. Elle comprend 55 membres (peintres, sculpteurs, architectes, graveurs, compositeurs de musique, créateurs d'œuvres cinématographiques et audiovisuelles, membres libres). Ses sections de base, créées successivement par Mazarin et Colbert, furent réunies en une seule compagnie en 1795.

Académie des Goncourt, société littéraire française instituée par le testament d'Edmond de Goncourt. Composée de dix membres, elle décerne chaque année, depuis 1903, le prix littéraire le plus recherché des romanciers. (V. liste des lauréats en fin de volume.)

Académie des inscriptions et belles-lettres, l'une des cinq compagnies de l'Institut de France. Fondée par Colbert en 1663, elle s'occupe de travaux d'érudition historique ou archéologique. Elle comprend 55 membres.

Académie des sciences, l'une des cinq compagnies de l'Institut de France. Fondée en 1666 par Colbert, elle se consacre à l'étude des sciences mathématiques, physiques, chimiques, naturelles, biologiques et médicales, ainsi qu'à leurs applications. Le nombre des titulaires n'est plus fixé ; l'effectif des académiciens, de moins de 80 ans, ne peut toutefois excéder 110.

Académie des sciences morales et politiques, l'une des cinq compagnies de l'Institut de France. Créée en 1795 par la Convention nationale (50 membres), elle se consacre à l'étude des questions de philosophie, de sociologie, d'économie politique, de droit, d'histoire et géographie.

Académie des technologies, institution scientifique française. Elle a succédé en 2000 au Conseil pour les applications de l'Académie des sciences pour constituer une instance indépendante de réflexion, d'expertise et de prospective sur les technologies. À terme, elle comportera 200 membres, de moins de 70 ans, élus pour cinq ans renouvelables.

Académie française, l'une des cinq compagnies de l'Institut de France. Fondée en 1634 par Richelieu, elle est chargée de la rédaction d'un *Dictionnaire* (8 éditions de 1694 à 1932, 9e édition à partir de 1986) et d'une *Grammaire* (publiée en 1933). Elle comprend 40 membres.

Académie royale de Belgique, institution belge fondée en 1772. Elle comporte trois classes (lettres, sciences, beaux-arts) et est chargée de promouvoir la recherche dans ces domaines. Elle est doublée par la *Koninklijke Academie voor Wetenschappen, Letteren en Schone Kunsten van België,* réservée aux membres de langue néerlandaise.

Académie royale de langue et de littérature françaises, Académie royale de langue et de littérature néerlandaises, institutions belges fondées, la première en 1920, la seconde en 1886. Elles sont chargées d'aider la recherche et les publications dans les domaines et les langues relevant de leurs compétences.

ACADIE, première colonie française d'Amérique du Nord, correspondant à la Nouvelle-Écosse. Elle fut cédée à l'Angleterre en 1713. Le terme d'*Acadie* s'emploie aujourd'hui pour désigner les Provinces maritimes du Canada où sont établis les Acadiens.

ACADIENNE (Péninsule) → **PÉNINSULE ACADIENNE.**

ACADIENS, peuple d'origine française du Canada (Nouveau-Brunswick, Nouvelle-Écosse, île du Prince-Édouard, Terre-Neuve) [env. 350 000]. Expulsés d'Acadie par les Anglais en 1755, ils ont formé une diaspora (Louisiane, Québec) ; partiellement revenus en Acadie après 1763, ils ont connu au XIXe s. une renaissance qui s'est confirmée depuis. Ils parlent l'*acadien.*

ACAPULCO, v. du Mexique, sur le Pacifique ; 592 187 hab. Port. Grande station touristique.

ACARIE (Mme) → **MARIE DE L'INCARNATION.**

ACCIAIUOLI, famille florentine, à la tête d'une puissante compagnie bancaire au XIVe s.

ACCRA, cap. du Ghana, sur le golfe de Guinée ; 949 000 hab. *(Accréens).* Port.

ACCURSE (François), en ital. Francesco **Accursio,** *Bagnolo v. 1185 - Bologne v. 1263,* jurisconsulte italien de l'école de Bologne. Auteur de la *Grande Glose* ou *Glossa ordinaria,* il est l'un des rénovateurs du droit romain.

ACEH ou **ATJEH,** région d'Indonésie, dans le nord de Sumatra ; 55 392 km^2 ; 3 416 000 hab. ; ch.-l. *Banda Aceh.* Anc. sultanat, contrôlant l'essentiel du commerce du poivre (XVIe-XVIIe s.). Principale puissance de Sumatra jusqu'au XIXe s., islamisée, Aceh s'oppose à l'armée coloniale hollandaise (1873 - 1904), puis au gouvernement indonésien, développant de fortes revendications indépendantistes.

ACHAB, *m. à Ramot Galaad en 853 av. J.-C.,* roi d'Israël (874 - 853). Souverain brillant mais idolâtre, il persécuta le prophète Élie.

ACHAÏE, contrée de l'anc. Grèce dans le nord du Péloponnèse. Après la conquête romaine (146 av. J.-C.), le nom désigne la Grèce soumise à Rome. – En 1205, les croisés créèrent la *principauté d'Achaïe* ou *de Morée,* qui fut reconquise par les Byzantins en 1432.

ACHARD (Marcel), *Sainte-Foy-lès-Lyon 1899 - Paris 1974,* auteur dramatique français. Il a écrit des comédies légères *(Jean de la Lune, Patate).* [Acad. fr.]

ACHAZ, roi de Juda (736 - 716 av. J.-C.). Il devint le vassal du roi d'Assyrie Téglath-Phalasar III, qu'il avait appelé à son secours.

ACHEBE (Chinua), *Ogidi 1930,* écrivain nigérian de langue anglaise. Ses romans décrivent la décomposition des sociétés africaines traditionnelles au contact de l'Europe *(la Flèche de Dieu, le Démagogue).*

Achéenne (ligue), confédération de douze villes du Péloponnèse. Créée au Ve s. av. J.-C., réorganisée en 281 av. J.-C., elle fut anéantie par les Romains en 146 av. J.-C.

ACHÉENS, la plus ancienne famille ethnique grecque. Venus des régions danubiennes, les Achéens envahirent la péninsule au début du IIe millénaire. Ils fondèrent une civilisation brillante, qui avait comme centres Mycènes et Tirynthe, et qui fut détruite par les Doriens (v. 1200 av. J.-C.).

ACHÉMÉNIDES, dynastie perse fondée par Cyrus II vers 556 av. J.-C. Ils firent progressivement l'unité de l'Orient, du milieu du VIe s. à la fin du IVe s. av. J.-C., et cessèrent de régner en 330 av. J.-C., à la mort de Darios III. – Persépolis et Suse témoignent de la splendeur et de l'éclectisme de son art aulique.

ACHÈRES (78260), comm. des Yvelines, près de la Seine ; 19 032 hab. *(Achérois).* Station d'épuration des eaux. Gare de triage.

ACHÉRON [akerɔ̃] MYTH. GR. Fleuve des Enfers.

ACHESON (Dean Gooderham), *Middletown, Connecticut, 1893 - Sandy Spring, Maryland, 1971,* homme politique américain. Successeur du général Marshall comme secrétaire d'État (1949 - 1953), il conclut l'Alliance atlantique et dirigea la politique américaine pendant la guerre de Corée.

ACHGABAT, anc. **Achkhabad,** cap. du Turkménistan ; 416 000 hab.

ACHILLE MYTH. GR. Personnage central de *l'Iliade,* fils de Thétis et de Pélée. Il tua Hector pour venger son ami Patrocle et mourut blessé au talon par une flèche lancée par Pâris et guidée par Apollon.

Acier (pacte d') [22 mai 1939], pacte d'assistance militaire germano-italien signé à Berlin par Ribbentrop et Ciano.

ACIS MYTH. GR. Berger sicilien aimé de Galatée. Il fut changé en fleuve pour échapper à Polyphème, qui, jaloux, tenta de l'écraser sous un rocher.

AÇOKA → **ASHOKA.**

ACONCAGUA n.m., point culminant de l'Amérique et des Andes, en Argentine ; 6 959 m.

AÇORES (anticyclone des), masse de hautes pressions, centrée sur l'Atlantique et qui atteint l'Europe occidentale en été.

AÇORES (les), archipel portugais de l'Atlantique ; 2 247 km^2 ; 241 794 hab. ; v. princ. *Ponta Delgada.* Les Açores constituent une région autonome. Les principales îles, volcaniques et montagneuses, sont São Miguel, Pico et Terceira. – Bases aériennes américaines dans les îles de Santa Maria et de Terceira.

ACP (pays), ensemble des pays d'Afrique, des Caraïbes et du Pacifique (auj. au nombre de 71) qui sont liés à l'Union européenne par des accords préférentiels conclus dans le cadre des conventions de *Lomé puis de l'accord de partenariat ACP-CE (signé à Cotonou en 2000).

ACRE, État du nord-ouest du Brésil ; 417 437 hab. ; cap. *Rio Branco.*

ACRE, auj. **Akko,** v. d'Israël, sur la Méditerranée ; 37 000 hab. Port. – Anc. forteresse des croisés *(Saint-Jean-d'Acre),* elle fit partie du royaume de Jérusalem.

Acropole, citadelle de l'ancienne Athènes. Installée sur un rocher haut d'une centaine de mètres - lieu consacré à Athéna dès l'âge mycénien -, elle fut ravagée par les Perses lors des guerres médiques. Au Ve s. av. J.-C., Périclès chargea Phidias de sa rénovation ; de magnifiques monuments (Parthénon, Érechthéion) furent construits, auxquels on accédait par les Propylées. Riche musée d'œuvres archaïques.

Acta sanctorum ou **Actes des saints,** recueils relatifs à la vie des saints, rédigés notamment au XVIIe s., par Bolland et ses continuateurs (bollandistes).

Acte additionnel aux Constitutions de l'Empire, constitution éphémère de tendances libérales, établie par Napoléon Ier après son retour de l'île d'Elbe (1815).

ACTÉON MYTH. GR. Chasseur qui surprit Artémis au bain et que la déesse, irritée, changea en cerf. Il fut dévoré par ses propres chiens.

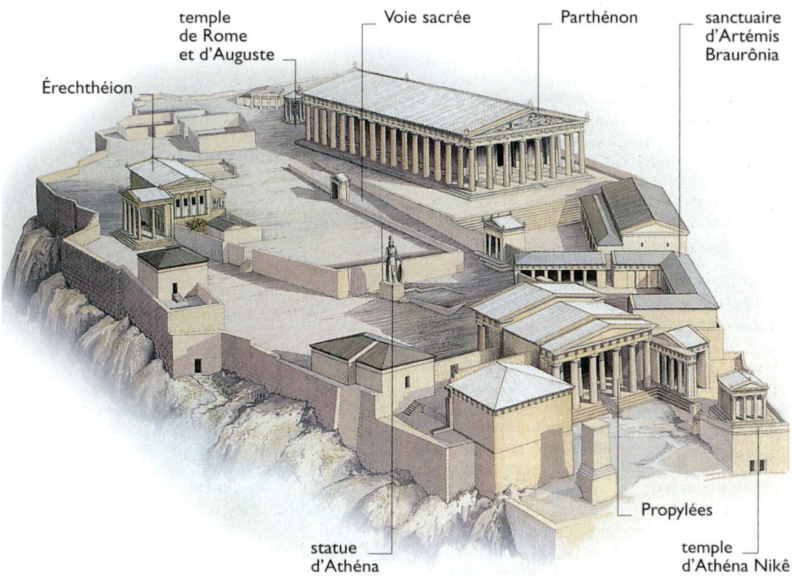

■ **ACROPOLE.** Reconstitution de l'Acropole d'Athènes.

Actes de courage et de dévouement (médaille d'honneur des), décoration française créée en 1816.

Actes des Apôtres, cinquième livre du Nouveau Testament, écrit entre 80 et 90 et attribué à l'évangéliste Luc. Ils relatent les débuts de l'Église, de l'Ascension du Christ à l'arrivée de Paul à Rome.

Acte unique européen, traité signé en 1985 et ratifié en 1986 et 1987 par les États membres de la CEE. Entré en vigueur le 1er juillet 1987, l'Acte unique fixe les modalités d'un « grand marché intérieur » qui a pris effet le 1er janvier 1993.

Action catholique, ensemble des mouvements catholiques qui s'organisèrent à partir de 1925, sous le pontificat de Pie XI, en vue d'associer les laïques à l'action apostolique du clergé.

Action française (l'), mouvement nationaliste et royaliste, né en France au moment de l'Affaire Dreyfus. Elle se développa à partir de 1905 autour de Charles Maurras et s'exprima dans *l'Action française,* revue bimensuelle fondée en 1899, qui devint un quotidien en 1908, et fut interdite en 1944. J. Bainville et Léon Daudet en furent les principaux animateurs.

Actium (bataille d') [31 av. J.-C.], victoire navale d'Octavien et d'Agrippa sur Antoine, à l'entrée du golfe d'Ambracie (auj. Árta) en Grèce. Elle assura à Octavien, le futur Auguste, la domination du monde romain.

Actors Studio, école d'art dramatique fondée en 1947 à New York et dirigée de 1951 à 1982 par Lee Strasberg. Sa méthode, inspirée des leçons de Stanislavski, repose sur la concentration et la recherche intérieure des émotions.

AÇVIN → ASHVIN.

ADAD, dieu sémitique de l'Orage et de la Pluie, devenu particulièrement important en Assyrie.

ADALBÉRON, *Basse-Lorraine v. 920 - Reims 989,* archevêque de Reims. Il contribua à l'avènement de Hugues Capet et le sacra roi (987).

ADAM, le premier homme, selon la Bible. Dieu, qui l'avait créé et à qui il désobéit, le chassa, avec sa femme Ève, du Paradis terrestre.

ADAM, famille de sculpteurs français du XVIIIe s. Les deux principaux sont : **Lambert Sigisbert A.,** *Nancy 1700 - Paris 1759,* prix de Rome, auteur du *Triomphe de Neptune et d'Amphitrite* du bassin de Neptune à Versailles (1740), et **Nicolas Sébastien A.,** *Nancy 1705 - Paris 1778,* frère de Lambert Sigisbert, qui a érigé le tombeau de la reine C. Opalinska à Nancy (1749). Ils se situent à l'apogée du style rocaille.

ADAM (Juliette), *Verberie, Oise, 1836 - Callian, Var, 1936,* femme de lettres française. Son salon fut un des centres de l'idéologie républicaine et revancharde, dans les années 1880.

ADAM (pont d'), chaîne de récifs entre Sri Lanka et l'Inde.

ADAM (Robert), *Kirkcaldy 1728 - Londres 1792,* architecte et décorateur britannique, qui eut pour collaborateur son frère **James A.,** *Kirkcaldy 1730 - Londres 1794.* S'inspirant de l'Antiquité tout en s'écartant du palladianisme, ils ont pratiqué un style élégant, qui porte leur nom.

ADAMAOUA n.m., haut plateau du Cameroun.

ADAM de la Halle ou **le Bossu,** *Arras v. 1240 - v. 1287,* trouvère picard. Il est l'auteur de motets, de rondeaux polyphoniques, du **Jeu de la feuillée* et du **Jeu de Robin et Marion.*

ADAMOV (Arthur), *Kislovodsk 1908 - Paris 1970,* auteur dramatique français d'origine russe. Son théâtre évolua du symbolisme tragique *(la Parodie, le Professeur Taranne)* au réalisme politique *(le Ping-Pong, Paolo Paoli, Printemps 71).*

ADAMS (Ansel), *San Francisco 1902 - Monterey 1984,* photographe américain. Il a signé d'une écriture rigoureuse et sensible les plus beaux paysages de l'Ouest américain.

ADAMS (John Couch), *Laneast, Cornwall, 1819 - Cambridge 1892,* astronome britannique. Il prédit par le calcul, indépendamment de Le Verrier, l'existence d'une planète située au-delà d'Uranus, mais son travail ne fut pas pris en considération.

ADAMS (Samuel), *Boston 1722 - id. 1803,* homme politique américain, l'un des pionniers de l'indépendance. — **John A.,** *Braintree 1735 - id. 1826,* homme politique américain. Cousin de Samuel, il participa à la rédaction de la Constitution et devint le deuxième président des États-Unis (1797 - 1801). — **John Quincy A.,** *Braintree 1767 - Washington 1848,* homme politique américain. Fils de John, il fut le sixième président des États-Unis (1825 - 1829).

■ KONRAD **ADENAUER**

ADANA, v. du sud de la Turquie ; 916 150 hab.

ADAPAZARI, v. du nord-ouest de la Turquie ; 159 116 hab.

ADDA n.f., riv. d'Italie, née au N.-E. de la Bernina, affl. du Pô (r. g.) ; 313 km. Elle draine la Valteline et traverse le lac de Côme.

ADDINGTON (Henry), vicomte **Sidmouth,** *Londres 1757 - id. 1844,* homme politique britannique. Premier ministre en 1801, il négocia la paix d'Amiens.

ADDIS-ABEBA ou **ADDIS-ABABA,** cap. de l'Éthiopie, à 2 500 m d'alt. ; 1 250 000 hab. Siège de l'Organisation de l'unité africaine. — Musées.

ADDISON (Joseph), *Milston 1672 - Kensington 1719,* écrivain anglais. Ses articles du *Spectator,* considérés comme des modèles de l'essai, contribuèrent à former le type idéal du gentleman.

ADDISON (Thomas), *Long Benton, près de Newcastle upon Tyne, 1793 - Brighton 1860,* médecin britannique. Il décrivit l'insuffisance des glandes surrénales *(maladie d'Addison).*

ADÉLAÏDE, v. d'Australie, cap. de l'Australie-Méridionale, sur l'océan Indien ; 1 023 700 hab. Port. Université. Métallurgie.

ADÉLAÏDE (sainte), *Orb, Suisse, v. 931 - monastère de Seltz 999,* épouse du roi d'Italie Lothaire II, puis de l'empereur Otton Ier.

ADÉLAÏDE DE FRANCE ou **MADAME ADÉLAÏDE,** *Versailles 1732 - Trieste 1800,* princesse française. Quatrième fille de Louis XV, elle anima le parti dévot et contribua au renvoi de Choiseul.

ADÉLAÏDE DE SAVOIE ou **ALIX DE SAVOIE,** *m. à l'abbaye de Montmartre en 1154,* reine de France. Elle épousa en 1115 Louis VI.

ADÉLAÏDE D'ORLÉANS, *Paris 1777 - id. 1847,* princesse française. Sœur de Louis-Philippe, elle fut sa conseillère.

ADELBODEN, comm. de Suisse (cant. de Berne) ; 3 347 hab. Station de sports d'hiver (alt. 1 400 - 2 330 m).

ADÈLE DE CHAMPAGNE ou **ALIX DE CHAMPAGNE,** *m. à Paris en 1206,* reine de France. Troisième femme (1160) de Louis VII et mère de Philippe Auguste.

ADÉLIE (terre), terre antarctique française, à 2 500 km au sud de la Tasmanie ; env. 350 000 km^2. Découverte par Dumont d'Urville en 1840. Bases scientifiques.

ADÉMAR DE MONTEIL ou **ADHÉMAR DE MONTEIL,** *m. à Antioche en 1098,* évêque du Puy. Il fut l'un des prédicateurs de la première croisade, pendant laquelle il mourut de la peste.

ADEN, v. du Yémen, sur le golfe d'Aden ; 417 000 hab. Port. Aden a été la capitale du Yémen du Sud de 1970 à 1990.

ADEN (golfe d'), golfe du nord-ouest de l'océan Indien, entre le sud de l'Arabie et le nord-est de l'Afrique.

ADEN (protectorat d'), anciens territoires sous protectorat britannique sur le *golfe d'Aden.* Aden et ses environs devinrent une colonie de la Couronne en 1937. De 1959 à 1963, cette colonie et la majorité des sultanats constituant le protectorat entrèrent dans une fédération d'États qui obtint son indépendance en 1967 (→ **Yémen**).

ADENA, site des États-Unis (Ohio). Il est éponyme d'une phase culturelle préhistorique (de 1000 av. J.-C. à 700 apr. J.-C.) caractérisée par de vastes tertres funéraires, la sédentarisation et les débuts de l'horticulture.

ADENAUER (Konrad), *Cologne 1876 - Rhöndorf 1967,* homme politique allemand. Chancelier de la République fédérale d'Allemagne de 1949 à 1963, président de l'Union chrétienne-démocrate (CDU), il présida au redressement économique de l'Allemagne. Il fut un des partisans les plus actifs de la création de la Communauté économique européenne et accéléra en 1962 - 1963 le rapprochement franco-allemand.

ADENET ou **ADAM,** dit **le Roi,** *v. 1240 - v. 1300,* trouvère brabançon. Il adapta les chansons de geste à la technique du récit romanesque *(Berthe au grand pied, Cléomadès).*

ADER (Clément), *Muret 1841 - Toulouse 1925,* ingénieur français. Précurseur de l'aviation, il construisit plusieurs appareils volants dont l'*Éole,* avec lequel il put décoller et parcourir quelques dizaines de mètres au-dessus du sol en 1890.

ADHERBAL, roi de Numidie (118 - 112 av. J.-C.). Fils de Micipsa, il fut assiégé et pris à Cirta par Jugurtha, qui le fit mettre à mort.

ADIGE n.m., fl. d'Italie, né dans les Alpes, aux confins de la Suisse et de l'Autriche et qui se jette dans l'Adriatique ; 410 km. Il traverse le Trentin et la Vénétie, passant à Trente et à Vérone.

ADIRONDACK ou **ADIRONDACKS** (monts), massif du nord-est des États-Unis (État de New York) ; 1 629 m.

ADJANI (Isabelle), *Paris 1955,* actrice française. Remarquée à la Comédie-Française (*l'École des femmes* en 1972 ; *Ondine* en 1974), elle excelle au cinéma dans le registre des passions exacerbées : *l'Histoire d'Adèle H.* (F. Truffaut, 1975), *l'Été meurtrier* (J. Becker, 1983), *Camille Claudel* (B. Nuytten, 1988), *la Reine Margot* (P. Chéreau, 1994). Elle revient au théâtre en 2000 pour interpréter *la Dame aux camélias.*

■ ISABELLE **ADJANI** dans *la Reine Margot* de Patrice Chéreau (1994).

ADJARIE, république autonome de Géorgie, sur la mer Noire ; 393 000 hab. ; cap. *Batoumi.*

ADJARS, peuple de Géorgie (Adjarie) [env. 120 000]. Sous-groupe géorgien, ils sont musulmans sunnites et parlent le *gourien,* ou *guruli.*

ADLER (Alfred), *Vienne 1870 - Aberdeen 1937,* médecin et psychologue autrichien. S'étant éloigné de la psychanalyse freudienne, il développa une théorie du fonctionnement psychique centrée sur le sentiment d'infériorité (*Théorie et pratique de la psychologie individuelle,* 1918).

ADLER (Victor), *Prague 1852 - Vienne 1918,* homme politique autrichien. Il fut l'un des principaux leaders du parti social-démocrate.

ADLISWIL, comm. de Suisse (cant. de Zurich), banlieue de Zurich ; 15 776 hab.

ADO-EKITI, v. du sud-ouest du Nigeria ; 325 000 hab.

ADOLPHE DE NASSAU, *1248 ou 1255 - 1298,* roi des Romains (1292 - 1298). Il fut battu et tué par Albert Ier de Habsbourg.

ADOLPHE-FRÉDÉRIC, *Gottorp 1710 - Stockholm 1771,* roi de Suède (1751 - 1771). Sous son gouvernement s'opposèrent les factions des *Bonnets* et des *Chapeaux.*

ADONAÏ, titre donné à Dieu dans l'Ancien Testament et dans la Bible hébraïque.

ADONIS, dieu phénicien de la Végétation, honoré dans le monde gréco-romain. Tué à la chasse, il passe une partie de l'année aux Enfers et l'autre, parmi les vivants, auprès d'Aphrodite.

ADONIS (Ali Ahmad **Said**, dit), *Qasabin 1930,* poète libanais d'origine syrienne, d'inspiration philosophique et politique.

ADOR (Gustave), *Genève 1845 - Cologny, près de Genève, 1928,* homme politique suisse. Président du Comité international de la Croix-Rouge en 1910, il fut président de la Confédération en 1919, puis représentant de la Suisse à la SDN (1920 - 1924).

ADORNO (Theodor), *Francfort-sur-le-Main 1903 - Visp, Suisse, 1969,* philosophe et musicologue allemand. Il a renouvelé l'esthétique à partir de sa lecture de Marx et de Freud (*la Personnalité autoritaire,* 1950).

Adoua ou **Adwa** (bataille d') [1896], victoire des Éthiopiens du négus Ménélik II sur les Italiens du général Baratieri à Adoua, dans le nord de l'Éthiopie.

ADOUR n.m., fl. du sud-ouest de la France, né près du Tourmalet et qui rejoint l'Atlantique dans le Pays basque ; 335 km. Il décrit une vaste courbe et passe à Tarbes, Dax et Bayonne.

ADRAR, wilaya du Sahara algérien ; ch.-l. *Adrar.*

ADRETS (François **de Beaumont,** baron **Des**) → **DES ADRETS.**

ADRIATIQUE (mer), partie de la Méditerranée, entre l'Italie et la péninsule balkanique. Le Pô est son principal tributaire.

ADRIEN Ier, *m. à Rome en 795,* pape de 772 à 795. Il fit appel à Charlemagne face à la menace lombarde. — **Adrien IV** (Nicholas **Breakspear**), *Langley v. 1100 - Anagni 1159,* pape de 1154 à 1159. Il s'opposa à Arnaud de Brescia, au roi normand de Sicile et à l'empereur Frédéric Barberousse.

ADULIS, ancien port d'Éthiopie, sur la mer Rouge (auj. *Zoula,* Érythrée). Centre du commerce de l'ivoire et de l'or du royaume d'Aksoum.

Adwa → **Adoua.**

ADY (Endre), *Érmindszent 1877 - Budapest 1919,* poète hongrois. Il a inauguré l'ère du lyrisme moderne dans son pays (*Sang et Or, Sur le char d'Élie, En tête des morts*).

ADYGUÉENS, un des trois peuples qui composent les Adygués (env. 125 000).

ADYGUÉS, nom sous lequel se reconnaissent les trois peuples caucasiens apparentés, les Adyguéens, les Kabardes et les Tcherkesses (env. 1 million au total, dont 560 000 en Russie). À la suite de la guerre du Caucase contre les Russes (1817 - 1864), beaucoup émigrèrent en Turquie et au Moyen-Orient, y faisant souche. Ils sont musulmans sunnites. On les a souvent appelés « Tcherkesses » ou « Circassiens ».

ADYGUÉS ou **ADYGUÉENS** (république des), république de Russie, proche de la mer Noire ; 442 000 hab. ; cap. *Maïkop.*

A.-É.F. → **AFRIQUE-ÉQUATORIALE FRANÇAISE.**

AEG (Allgemeine Elektricitäts-Gesellschaft), société de construction électrique allemande, fondée en 1883. Son domaine d'activité est aujourd'hui considérable (électronique, électroménager, composants, etc.).

Ægates → **Égates.**

AEIOU, abrév. de la devise de la maison des Habsbourg. Elle peut se lire à la fois en latin (*Austriae est imperare orbi universo :* « Il appartient à l'Autriche de régner sur tout l'univers ») et en allemand (*Alles Erdreich ist Österreich untertan :* « Toute la Terre est sujette de l'Autriche »).

AELE (Association européenne de libre-échange), organisation internationale à vocation régionale, constituée en 1960 par un groupement de pays pour favoriser la libre circulation des marchandises. Après l'adhésion du Danemark, de la Grande-Bretagne, du Portugal, de l'Autriche, de la Finlande et de la Suède à l'Union européenne, l'AELE ne compte plus que quatre membres : Islande, Liechtenstein, Norvège et Suisse.

AEMILIUS LEPIDUS (Marcus) → **LÉPIDE.**

Aéronautique (médaille de l'), la plus haute décoration française pour services aériens (créée en 1945).

AERTSEN (Pieter), *Amsterdam 1508 - id. 1575,* peintre néerlandais. Actif à Anvers et Amsterdam, il est l'auteur de tableaux religieux ainsi que de compositions réalistes et monumentales sur des thèmes populaires (cuisinières, marchandes de légumes...).

AETIUS, *Durostorum, Mésie, ? - 454,* général romain. Maître incontesté de l'Empire romain d'Occident, il défendit la Gaule contre les Francs et les Burgondes, puis contribua à la défaite d'Attila aux champs Catalauniques en 451. Il fut assassiné par Valentinien III.

AFAR ou **DANAKIL,** peuple du sud-est de l'Érythrée et des régions adjacentes de l'Éthiopie et de Djibouti (env. 150 000). Traditionnellement pasteurs nomades, éleveurs de chameaux, ils sont musulmans. Ils parlent l'*afar,* de la famille couchitique. *Danakil* est leur nom arabe.

AFARS ET DES ISSAS (territoire français des), nom donné de 1967 à 1977 à l'anc. *Côte française des Somalis,* auj. *république de Djibouti.*

Affaires indigènes (AI), organisation militaire française qui, succédant aux bureaux arabes, administra jusqu'en 1956 certains territoires d'Algérie et du Maroc.

AFFRE (Denis Auguste), *Saint-Rome-de-Tarn 1793 - Paris 1848,* prélat français. Archevêque de Paris, il fut mortellement blessé le 25 juin 1848 sur les barricades, où il était allé porter des paroles de paix.

AFGHANISTAN n.m., État d'Asie centrale ; 650 000 km² ; 21 500 000 hab. *(Afghans).* CAP. *Kaboul.* LANGUES : *dari* et *pachto.* MONNAIE : *afghani.*

GÉOGRAPHIE

C'est un pays en majeure partie montagneux (surtout au nord : Hindu Kuch) et aride (souvent moins de 250 mm de pluies), ouvert par quelques vallées (Amou-Daria au nord, Helmand au sud). Au pied des reliefs, relativement arrosés, se sont développées les cultures céréalières et fruitières et implantées les principales villes (Kaboul, Kandahar, Harat). Le reste du pays est surtout le domaine de l'élevage, souvent nomade, du mouton. L'économie de ce pays, demeuré rural, a été ruinée par l'occupation soviétique des années 1980, à laquelle a succédé une guerre civile, liée à la diversité ethnique des populations, toutes islamisées. La culture du pavot, qui assurait la subsistance de nombreuses familles paysannes, est auj. interdite.

HISTOIRE

L'Afghanistan antique et médiéval. Province de l'Empire iranien achéménide (VIe-IVe s. av. J.-C.), hellénisée après la conquête d'Alexandre (329 av. J.-C.) partic. en Bactriane, la région fait partie de l'Empire kushana (Ier s. av. J.-C.-Ve s. apr. J.-C.) influencé par le bouddhisme. Puis l'Afghanistan est progressivement intégré au monde musulman ; commencée lors de la conquête de Harat par les Arabes (651), l'islamisation se poursuit sous les Ghaznévides (Xe-XIIe s.). **1221 - 1222 :** la région est ravagée par les invasions mongoles.

L'époque moderne et contemporaine. XVIe - XVIIe s. : le pays est dominé par l'Inde et l'Iran qui se le partagent. **1747 :** fondation de la première dynastie nationale afghane. **1839 - 1842 :** première guerre anglo-afghane. **1878 - 1880 :** deuxième guerre anglo-afghane. **1921 :** traité d'amitié avec la Russie soviétique et reconnaissance de l'indépendance de l'Afghanistan. **1973 :** coup d'État qui renverse le roi Zaher Chah. Proclamation de la république. **1978 :** coup d'État communiste. **1979 - 1989 :** intervention militaire de l'URSS pour soutenir le gouvernement de Kaboul dans la lutte qui l'oppose aux moudjahidin. **1992 :** Mohammad Nadjibollah (au pouvoir depuis 1986) est renversé par les moudjahidin, qui établissent un régime islamiste. Mais les combats entre factions rivales continuent. **1996 :** les taliban s'emparent du pouvoir, imposant un islamisme radical.

AFL-CIO (American Federation of Labor-Congress of Industrial Organizations), organisation syndicale américaine. Créée en 1886 sur le modèle britannique des trade-unions, elle regroupe env. 80 % des salariés syndiqués.

AFNOR (Association française de normalisation), association française qui coordonne, sous le contrôle des pouvoirs publics, les études et travaux concernant la normalisation. Créée en 1926, l'AFNOR gère la marque nationale de conformité aux normes françaises (marque NF). Elle représente les intérêts français dans l'Organisation internationale de normalisation (ISO).

AFP (Agence France-Presse), agence de presse française. Née en 1944 de l'ancienne Agence Havas, nationalisée par le gouvernement de Vichy sous le nom d'*Office français d'information,* elle est devenue l'une des plus grandes agences mondiales.

AFRANCESADOS ou **JOSEFINOS,** nom donné aux Espagnols qui acceptèrent la domination napoléonienne.

African National Congress → **ANC.**

Afrikakorps, nom donné aux formations allemandes qui, de 1941 à 1943, sous les ordres de Rommel, luttèrent aux côtés des Italiens contre les Britanniques en Libye, en Égypte et en Tunisie.

E U R O P E
A S I E
MER MÉDITERRANÉE
Détroit de Gibraltar
Tanger
Oran
ALGER
TUNIS
Constantine
TUNISIE
RABAT
Fès
Casablanca
MAROC
Atlas Saharien
Ht Atlas
Marrakech
Madère (Port.)
Iles Canaries (Esp.)
TRIPOLI
Benghazi
Alexandrie
LE CAIRE
Tripolitaine
Cyrénaïque
Djofra
ALGÉRIE
LIBYE
ÉGYPTE
Assiout
Désert arabique
Assouan
Péninsule arabique
Tanezrouft
Hoggar ▲2918
Fezzan
Désert de Libye
MER ROUGE
Aozou
Tibesti
Désert de Nubie
Nil
Cap Blanc
S a h a r a
MAURITANIE
NOUAKCHOTT
MALI
Ténéré
Aïr
NIGER
Ennedi
ÉRYTHRÉE
ASMARA
Sénégal
Tombouctou
TCHAD
DAKAR
SÉNÉGAL
NIAMEY
Lac Tchad
Darfour
KHARTOUM
G. D'ADEN
GAMBIE
BAMAKO
BURKINA
N'DJAMENA
SOUDAN
Nil Bleu
DJIBOUTI
Cap Guardafui
BANJUL
BISSAU
Kano
GUINÉE BISSAU
GUINÉE
OUAGADOUGOU
Niger
BENIN
NIGERIA
Chari
Bahr el - Arab
Massif éthiopien
ADDIS-ABEBA
CONAKRY
CÔTE-D'IVOIRE
TOGO
ABUJA
Bahr el-Gebel
FREETOWN
SIERRA LEONE
GHANA
RÉP. CENTRAFRICAINE
ETHIOPIE
MONROVIA
LIBERIA
Lagos
CAMEROUN
SOMALIE
YAMOUSSOUKRO
Abidjan
ACCRA
LOMÉ
PORTO NOVO
Douala
BANGUI
Uélé
MALABO
YAOUNDÉ
Oubangui
Congo
GUINÉE ÉQ.
Kisangani
OUGANDA
KENYA
MUQDISHO
équateur
SÃO TOMÉ ET PRINCIPE
LIBREVILLE
KAMPALA
Lac Victoria
OCÉAN INDIEN
GOLFE DE GUINÉE
GABON
RWANDA
KIGALI
NAIROBI
CONGO
RÉP. DÉM. DU CONGO
BURUNDI
Kilimandjaro 5895
BRAZZAVILLE
BUJUMBURA
Mombasa
Cabinda
KINSHASA
Kananga
Tanganyika
DODOMA
Zanzibar
TANZANIE
DAR ES-SALAAM
Ascension (G.-B.)
LUANDA
OCÉAN ATLANTIQUE
ANGOLA
Lubumbashi
COMORES
MORONI
MALAWI
Lac Malawi
Mayotte (Fr.)
ZAMBIE
LILONGWE
MOZAMBIQUE
CANAL DE MOZAMBIQUE
LUSAKA
Ste-Hélène (G.-B.)
Zambèze
HARARE
Toamasina
ZIMBABWE
Beira
NAMIBIE
ANTANANARIVO
MADAGASCAR
BOTSWANA
Fianarantsoa
tropique du Capricorne
Kalahari
Désert du Namib
WINDHOEK
GABORONE
Limpopo
PRETORIA
MAPUTO
Johannesburg
MBABANE
SWAZILAND
Vaal
LESOTHO
Orange
MASERU
Durban
Drakensberg
AFRIQUE DU SUD
LE CAP
Port Elizabeth
Cap de Bonne - Espérance
20°
40°
0°
0
500
1000 km
200
1000
2000 m
plus de 5 000 000 h.
de 1 000 000 à 5 000 000 h.
de 100 000 à 1 000 000 h.
moins de 100 000 h.

AFRIQUE, une des cinq parties du monde ; 30 310 000 km² ; 799 000 000 hab. *(Africains).*

GÉOGRAPHIE

Traversée presque en son milieu par l'équateur et comprise en majeure partie entre les tropiques, l'Afrique est un continent chaud. Les climats et les types de végétation s'individualisent en fonction des variations pluviométriques plutôt que thermiques. En dehors des extrémités nord et sud, au climat méditerranéen, le trait dominant est la chaleur constante. L'apparition d'une saison sèche et son allongement, quand on s'éloigne de l'équateur, entraînent le passage du climat équatorial et de la forêt dense aux climats tropicaux, qui s'accompagnent de forêts claires, puis de savanes et de steppes. Le désert apparaît près des tropiques (Sahara, Kalahari). Plus de la moitié de l'Afrique est privée d'écoulement vers la mer, qu'atteignent souvent difficilement les grands fleuves (Nil, Congo, Niger, Zambèze).

La faiblesse globale du peuplement est liée aux conditions climatiques et pédologiques, souvent défavorables à l'homme, et à l'ampleur de la traite des esclaves (XVIe-XVIIe s.). Mais la colonisation européenne, combattant les épidémies et la forte mortalité infantile, a entraîné un renouveau démographique amorcé à la fin du XIXe s. La population s'accroît très vite (près de 3 % en moyenne par an) et se caractérise par sa grande jeunesse (plus de la moitié des Africains ont moins de 20 ans) et par une urbanisation rapide, liée à cet excédent naturel et, plus encore, à l'exode rural. Toutefois, aujourd'hui, le profil démographique du continent est profondément affecté par les ravages liés à l'extension du sida.

La colonisation est aussi en grande partie responsable de la structure politique actuelle (émiettement en une multitude d'États) et de la nature de l'économie, par les formes qu'elle a revêtues (colonies d'exploitation ou de peuplement). Elle explique largement l'importance des plantations (cacao, café, palmier à huile, arachide), de l'extraction minière (pétrole, cuivre, manganèse, diamants, métaux rares et précieux) et, en contrepartie, la fréquente insuffisance des cultures vivrières et des industries de transformation.

L'accession à l'indépendance n'a que partiellement modifié ces données. Elle a surtout ravivé les tensions ethniques, voire religieuses, résultant du maintien de frontières, souvent artificielles, issues du découpage colonial.

HISTOIRE

Des origines de l'histoire à la pénétration européenne. VIe - IIIe millénaire av. J.-C. : le Sahara est le territoire de pasteurs dont on connaît le mode de vie grâce aux gravures et aux peintures rupestres. **IVe millénaire :** dans la vallée du Nil naît la civilisation égyptienne. **IIe millénaire :** l'assèchement du Sahara sépare le Maghreb de l'Afrique noire. **V. 814 - 146 :** Carthage installe son empire dans le Nord. **V. 450 :** Hannon explore les côtes atlantiques. **Ier s. :** le Maghreb devient Province romaine d'Afrique. **Ve s. apr. J.-C. :** les Vandales s'en emparent. **VIe s. :** ils sont chassés par Byzance. **VIIe s. :** la conquête arabe va de pair avec l'islamisation ; celle-ci, par le biais des caravanes, s'étend à l'Afrique noire à partir du XIe s., malgré la résistance, en partic., des principautés chrétiennes (Nubie et Éthiopie). Cependant, des États se forment et deviennent de véritables empires : dans la région du fleuve Sénégal et de la boucle du Niger, les plus importants sont le Ghana (ancien royaume de Ouagadou, apogée au XIe s.), le Mali (apogée au XIIIe s.) et le Songhaï (apogée au XVIe s.), islamisés, ainsi que le Bornou (apogée au XVIe s.) ; sur la côte guinéenne se forment plus tardivement des royaumes, celui du Bénin notamm., créé par les Yoruba (apogée aux XVe-XVIe s.), et ceux des Mossi hostiles à l'islam ; enfin, au sud du 5e parallèle nord, les Bantous développent une civilisation originale appuyée sur des États bien organisés dont les plus notables sont le royaume du Kongo (fondé au début du XIVe s.) et, dans le centre-est de l'Afrique, celui du Monomotapa (apogée aux alentours de 1500).

La période coloniale. Les Portugais s'intéressent les premiers à l'Afrique. **1488 :** Bartolomeu Dias double le cap de Bonne-Espérance. **1497 - 1498 :** Vasco de Gama longe la côte est. **XVIe - XVIIe s. :** les comptoirs se multiplient, portugais (Angola, Mozambique), anglais et hollandais (Guinée) ou français (Guinée, Sénégal). L'intérieur, inexploré, décline sous l'effet de la traite. **XIXe s. :** les Européens se disputent le continent. La France conquiert l'Algérie (1830 - 1870) et le Sénégal (1854 - 1865) ; l'intérieur est visité (Caillié, Nachtigal, Livingstone et Stanley) ; Lesseps perce le canal de Suez (1869). Le véritable partage de l'Afrique ne débute que dans le dernier quart du XIXe s. Hâté par la conférence de Berlin (1884 - 1885), il aboutit à la constitution de grands empires coloniaux. Mais les puissances européennes doivent vaincre de nombreuses résistances et s'opposent en de multiples conflits. **1918 :** les colonies allemandes passent sous mandats britannique, belge et français.

L'Afrique indépendante. Le mouvement d'émancipation, amorcé avant la Seconde Guerre mondiale, s'accélère. **1955 - 1966 :** la plupart des colonies françaises et britanniques accèdent à l'indépendance. **1975 - 1990 :** en Afrique australe, les colonies portugaises (Angola, Mozambique) deviennent indépendantes en 1975, tandis qu'au Zimbabwe la minorité blanche reste au pouvoir jusqu'en 1980 et que la Namibie s'émancipe de la tutelle sud-africaine en 1990. Aux prises avec de graves difficultés économiques (famine d'Éthiopie, sécheresse du Sahel), troublé par des conflits locaux aux implications souvent ethniques, le continent africain est jusqu'en 1988 l'un des théâtres de la lutte Est-Ouest (notamm. en Angola et dans la Corne de l'Afrique). Depuis 1990, une évolution s'est engagée dans le sens d'une démocratisation politique, souvent difficile, et d'une libéralisation économique. Mais de nombreux points de tension subsistent et plusieurs pays connaissent encore des situations de guerre ouverte.

AFRIQUE DU NORD, autre appellation du *Maghreb.

A

LES ARTS DE L'AFRIQUE

L'art de l'Afrique traditionnelle a toujours pour origine une commande : société secrète pour ses rites d'initiation, communauté paysanne pour ses rites agraires, ou encore cour royale qui associe l'objet à ses pratiques divinatoires (la « porteuse de coupe », chez les Luba). Les canons de la représentation sont donc fixés par la tradition, et l'œuvre devient un véritable langage du sacré, bien que la sensibilité plastique du créateur n'en soit jamais exclue.

Art des Luba, S.-E. du Congo (ex-Zaïre). *« Porteuse de coupe »*, attribuée au Maître de Buli. (Musée royal de l'Afrique centrale, Tervuren.)

Art des Bobo, Burkina. Masque « Do », bois peint. « Do », le principe du renouveau, est invoqué par ce masque pour obtenir la pluie et la fertilité. Sa forme en papillon rappelle l'arrivée de ces insectes avec les premières pluies.

Art des Baga, Guinée. Nimba, bois, clous de cuivre. Agrémenté d'un long pagne, ce masque-sculpture porté sur les épaules participe aux rites de fécondité. (Musée Barbier-Mueller, Genève.)

Art des Dogon, Mali. Grande case de réunion des hommes (« togu-nà »). Son toit, constitué de tiges de mil bottelées, repose sur des pilastres de bois où sont sculptés en relief deux seins, évocation des huit ancêtres primordiaux des Dogon.

Art de la région de Djenné, Mali. Statuette de femme en terre cuite ; v. le XIIIe s. (MNAAO, Paris.)

AFRIQUE DU SUD n.f., État occupant l'extrémité méridionale de l'Afrique ; 1 221 000 km^2 ; 42 400 000 hab. *(Sud-Africains)*. CAP. *Pretoria* et *Le Cap*. LANGUES : *afrikaans, anglais, ndebele, pedi, sotho, swazi, tsonga, tswana, venda, xhosa* et *zoulou*. MONNAIE : *rand*. Le pays est formé de 9 provinces : Cap-Est, Cap-Nord, Cap-Ouest, État libre, Gauteng, Kwazulu-Natal, Mpumalanga, Province du Nord, Nord-Ouest.

INSTITUTIONS

République. Constitution de 1996, entrée en vigueur progressivement de 1997 à 1999. Le Parlement est composé de l'Assemblée nationale, élue pour 5 ans, et du Conseil national des provinces. Le président de la République, chef de l'État et de l'exécutif national, est élu par l'Assemblée nationale (avec un mandat de la même durée). Il nomme le vice-président et les membres du Conseil des ministres, qu'il préside.

GÉOGRAPHIE

L'Afrique du Sud, première puissance économique du continent, est un État multiracial, où la majorité noire (environ 75 % de la population totale) a accédé au pouvoir en 1994, succédant à la minorité blanche (moins de 15 %). Le pays compte d'autres minorités, métis et Asiatiques.
Il s'étend sur de vastes plateaux, relevés au S.-E. (Drakensberg), peu arrosés dans l'intérieur. L'altitude modère les températures dans cette zone subtropicale, ce qui explique l'importance du peuplement d'origine européenne (Néerlandais, puis Britanniques), la nature des productions agricoles (maïs, sucre, vins) et l'extension de l'élevage (bovins et surtout ovins).
Mais la richesse du sous-sol constitue l'atout essentiel. Le pays compte parmi les grands producteurs mondiaux d'or et de diamants, de chrome, de titane, de vanadium et de manganèse, de charbon et d'uranium. L'industrie de transformation est surtout localisée autour de Johannesburg (la plus grande agglomération) et dans les ports (Durban notamm.).
L'apartheid avait isolé le pays, aujourd'hui réintégré au sein de la communauté internationale. Mais, à l'intérieur, sa disparition n'a pas entraîné instantanément l'uniformisation des genres et des niveaux de vie, le recul de l'important sous-emploi ou la disparition de l'analphabétisme dans la population noire, alors qu'une partie de la minorité blanche, inquiète, émigre.

HISTOIRE

Période africaine et hollandaise. Peuplée très tôt dans la préhistoire, l'Afrique du Sud est occupée par les Bochiman, les Nama ou Hottentots (XIIe s.), puis par les Bantous (Xhosa, Zoulous, Sotho, au XVIe s.). **XVIe s. :** les Portugais découvrent le pays sans s'y fixer. **1652 :** les Hollandais fondent Le Cap, escale de la Compagnie des Indes orientales. **1685 :** les colons (Boers) sont rejoints par les huguenots français, après la révocation de l'édit de Nantes. L'esclavage se développe. Les Hottentots sont décimés par la variole apportée par les Européens, et les Bochiman, pilleurs de bétail, sont exterminés par les colons.
La domination britannique. 1814 : au traité de Paris, la colonie hollandaise du Cap passe sous administration britannique. **1834 :** l'abolition de l'esclavage (1833) mécontente les Boers qui migrent vers l'est et le nord (« Grand Trek »). Ceux-ci sont évincés du Natal par les Britanniques et établissent deux républiques, Transvaal et Orange, qui consolident leur indépendance après un premier conflit avec la Grande-Bretagne (1877 - 1881). Les Xhosa s'opposent à la pénétration européenne (neuf guerres « cafres », 1779 - 1877) tandis que les Zoulous affrontent les Boers (bataille de Bloodriver, 1838) et les Britanniques, à Isandhlwana (1879). **1884 :** la découverte d'or au Transvaal suscite un afflux d'étrangers, surtout anglais, et Cecil Rhodes, Premier ministre du Cap, tente en vain de s'en emparer (raid Jameson, 1895 - 1896). **1899 - 1902 :** la guerre des Boers s'achève par la victoire difficile des Britanniques sur le Transvaal et l'Orange, qui sont annexés. **1910 :** création de l'Union sud-africaine (États du Cap, Natal, Orange et Transvaal), qui sera membre du Commonwealth. **1913 :** les premières lois de ségrégation raciale (apartheid) affectent les métis, les Indiens et surtout les Noirs, très majoritaires, mais pratiquement exclus de la conduite des affaires. **1920 :** l'ancienne colonie allemande du Sud-Ouest africain est confiée à l'Union sud-africaine par la SDN, puis par l'ONU. **1948 :** le gouvernement du Dr Malan (Parti national, afrikaner) durcit les lois d'apartheid (interdiction des mariages mixtes, ségrégation résidentielle, etc.). **À partir de 1959 :** le gouvernement de H. F. Verwoerd amorce la politique des bantoustans.
La république d'Afrique du Sud. 1961 : à l'issue d'un référendum, l'Union se transforme en république indépendante, puis se retire du Commonwealth. Après 1966, B. J. Vorster et P. Botha poursuivent la politique d'apartheid, au prix d'un isolement grandissant du pays. **1976 :** graves émeutes à Soweto. **1985 - 1986 :** les émeutes antiapartheid font de nombreuses victimes. L'instauration de l'état d'urgence et la violence de la répression sont condamnées par plusieurs pays occidentaux qui prennent des sanctions économiques contre l'Afrique du Sud. **1988 :** l'Afrique du Sud conclut un accord avec l'Angola et Cuba, qui entraîne un cessez-le-feu en Namibie. **1989 :** Frederik De Klerk succède à P. Botha.
Vers une démocratie multiraciale. 1990 : F. De Klerk met en œuvre une politique d'ouverture vers la majorité noire (légalisation des organisations antiapartheid, libération de N. Mandela, négociations directes avec l'ANC, abolition de la ségrégation raciale dans les lieux publics). L'état d'urgence est levé. La Namibie accède à l'indépendance. **1991 :** les trois dernières lois régissant l'apartheid sont abolies. **1993 :** au terme de négociations difficiles, engagées en 1990, une Constitution intérimaire est adoptée (nov.), sous l'impulsion conjointe de F. De Klerk et de N. Mandela, et malgré l'opposition des extrémistes noirs et blancs. **1994 :** les premières élections multiraciales (avr.) sont largement remportées par l'ANC. N. Mandela est élu à la tête de l'État. Un gouvernement d'unité nationale est formé. L'Afrique du Sud retrouve sa place dans le concert des nations. **1996 :** une nouvelle Constitution est adoptée. F. De Klerk et le Parti national quittent le gouvernement. **1999 :** après une nouvelle et très nette victoire de l'ANC aux élections, Thabo Mbeki succède à N. Mandela à la présidence de la République.

AFRIQUE-ÉQUATORIALE FRANÇAISE (A.-É. F.), fédération qui regroupa, de 1910 à 1958, les colonies du Gabon, du Moyen-Congo, de l'Oubangui-Chari et du Tchad ; 2 510 000 km^2.

AFRIQUE NOIRE, partie du continent africain habitée essentiellement par des populations noires.

AFRIQUE-OCCIDENTALE FRANÇAISE (A.-O.F.), fédération qui regroupa, de 1895 à 1958, les colonies du Sénégal, de la Mauritanie, du Soudan, de la Haute-Volta, de la Guinée française, du Niger, de la Côte d'Ivoire et du Dahomey ; 4 425 000 km².

AFRIQUE-ORIENTALE ALLEMANDE, anc. colonie allemande en Afrique orientale, qui comprenait le Tanganyika, le Rwanda et le Burundi (1884 - 1919).

AFRIQUE-ORIENTALE BRITANNIQUE, anc. possessions britanniques de l'Afrique orientale : Kenya, Ouganda, Zanzibar, Tanganyika.

AFRIQUE ROMAINE, ensemble des territoires de l'Afrique du Nord colonisés par les Romains après la chute de Carthage (146 av. J.-C.) et qui restèrent dans l'Empire jusqu'à l'arrivée des Vandales (Vᵉ s.).

AFTALION (Albert), *Ruse, Bulgarie, 1874 - Chambéry 1956,* économiste français. Étudiant les crises de surproduction, il a mis en lumière le principe d'accélération.

AGADEZ, v. du centre du Niger.

AGADIR, v. du Maroc méridional, sur l'Atlantique ; 110 000 hab. Station balnéaire. Pêche. – En 1911, l'envoi d'une canonnière allemande (la *Panther*) dans ce port fut le point de départ d'un incident franco-allemand.

AGAMEMNON MYTH. GR. Fils d'Atrée et frère de Ménélas, roi légendaire de Mycènes et d'Argos. Chef des Grecs qui assiégèrent Troie, il sacrifia sa fille Iphigénie, sur les conseils du devin Calchas, pour apaiser Artémis et faire cesser les vents contraires. À son retour de Troie, il fut assassiné par Clytemnestre, sa femme, et par Égisthe.

AGAR, personnage biblique. Esclave égyptienne d'Abraham et mère d'Ismaël, elle fut renvoyée avec son fils par Sara, quand celle-ci donna naissance à Isaac.

AGASSIZ (Louis), *Môtier, canton de Fribourg, 1807 - Cambridge, Massachusetts, 1873,* naturaliste américain d'origine suisse. On lui doit des recherches en paléontologie, en glaciologie et en paléoclimatologie ; ces dernières permirent de faire admettre l'existence d'une époque glaciaire.

AGATHE (sainte), *IIIᵉ s.,* vierge et martyre sicilienne.

AGATHOCLE, *Thermae v. 361 - 289 av. J.-C.,* tyran, puis roi de Syracuse. Il lutta contre la suprématie de Carthage.

AGAY (83530), station balnéaire du Var (comm. de Saint-Raphaël), au pied de l'Esterel.

AGDE (34300), ch.-l. de cant. de l'Hérault, sur l'Hérault et le canal du Midi ; 20 303 hab. *(Agathois).* Cathédrale fortifiée (XIIᵉ s.). Musée.

AGDE (cap d'), promontoire de la côte de l'Hérault, au S.-E. d'Agde. Station balnéaire.

AGEN (47000), ch.-l. du dép. de Lot-et-Garonne, sur la Garonne, à 609 km au S.-S.-O. de Paris ; 32 180 hab. *(Agenais).* Évêché. Cour d'appel. Marché (prunes, chasselas). Conserves. Produits pharmaceutiques. – Cathédrale romane et gothique. Musée.

AGENAIS, anc. pays de France, dans la Guyenne, définitivement réuni à la Couronne en 1592.

Agence internationale de l'énergie atomique → **AIEA.**

Agence spatiale européenne → **ESA.**

AGÉSILAS II, roi de Sparte (399 - 360 av. J.-C.). Il vainquit les Perses et triompha à Coronée, en Béotie (394), de Thèbes et de ses alliés.

AGGÉE, *VIᵉ s. av. J.-C.,* prophète biblique.

AGHA KHAN III, *Karachi 1877 - Versoix, Suisse, 1957,* prince et chef religieux d'une partie des ismaéliens. – **Agha Khan IV,** *Creux-de-Genthod, cant. de Genève, 1936,* petit-fils et successeur d'Agha Khan III.

AGHLABIDES ou **ARHLABIDES,** dynastie arabe qui régna sur la partie orientale de l'Afrique du Nord (800 - 909).

AGIDES, dynastie royale de Sparte qui, conjointement avec les Eurypontides, exerça le pouvoir du VIᵉ au IIIᵉ s. av. J.-C.

AGIS IV, roi de Sparte (244 - 241 av. J.-C.). Sa réforme agraire lui coûta le trône et la vie.

Agneau mystique (retable de l'), polyptyque de Hubert et Jan Van Eyck à l'église St-Bavon de Gand. Inauguré en 1432, c'est le chef-d'œuvre initial de la grande école flamande de peinture.

AGNÈS (sainte), *m. en 303,* vierge romaine martyre sous Dioclétien.

AGNÈS DE FRANCE, *1171 - Constantinople 1220,* impératrice byzantine sous le nom d'Anne. Fille

■ **L'AGNEAU MYSTIQUE.** Détail du panneau central du polyptyque de *l'Agneau mystique*, par les Van Eyck ; 1432. (Cathédrale Saint-Bavon, Gand.)

de Louis VII, roi de France, elle épousa Alexis II Comnène (1180) puis Andronic Iᵉʳ Comnène (1183).

AGNÈS DE MÉRAN, *m. à Poissy en 1201,* reine de France. Philippe Auguste l'épousa (1196) après avoir répudié sa deuxième femme, Ingeborge. Innocent III obligea le roi à la renvoyer (1200).

AGNI, feu du sacrifice et dieu du Feu dans les textes védiques.

AGNI → **ANYI.**

AGNON (Samuel Joseph), *Buczacz, Galicie, 1888 - Rehovot 1970,* écrivain israélien. Il est l'auteur de romans consacrés à la vie des juifs de Pologne et aux pionniers de la colonisation de la Palestine *(les Délaissées, la Dot de la fiancée, Contes de Jérusalem).* [Prix Nobel 1966.]

AGOULT (Marie **de Flavigny,** comtesse **d'**), *Francfort-sur-le-Main 1805 - Paris 1876,* écrivain français. Sous le nom de **Daniel Stern,** elle publia une *Histoire de la Révolution de 1848* et d'importants *Souvenirs.* De sa liaison avec Liszt elle eut un fils et deux filles, dont l'une épousa É. Ollivier et l'autre R. Wagner.

AGOUT n.m., riv. de France, née dans l'Espinouse, affl. du Tarn (r. g.) ; 180 km. Il passe à Castres.

AGRA, v. d'Inde (Uttar Pradesh), sur la Yamuna ; 955 694 hab. Cité impériale de Baber. Nombreux monuments, dont le fort Rouge et le célèbre *Tadj Mahall, mausolée du XVIIᵉ s.

AGRAM → **ZAGREB.**

ÁGREDA (María **Coronel,** dite María **de**), *Ágreda 1602 - id. 1665,* religieuse espagnole. Elle est célèbre par ses extases et ses visions.

AGRICOLA (Cnaeus Julius), *Forum Julii, auj. Fréjus, 40 - 93,* général romain. Il acheva la conquête de l'île de Bretagne. Il fut le beau-père de Tacite, qui écrivit sa biographie.

AGRICOLA (Georg **Bauer,** dit), *Glauchau 1494 - Chemnitz 1555,* savant allemand. Médecin, il s'intéressa à la minéralogie et à la métallurgie, où il fut un novateur (*De re metallica,* 1556).

AGRICOLA (Mikael), *Pernaja v. 1510 - Kuolemajärvi 1557,* écrivain finnois et évêque de Turku. Il introduisit la Réforme en Finlande et publia le premier livre imprimé en finnois.

AGRIGENTE, v. d'Italie (Sicile, ch.-l. de prov.) ; 54 603 hab. Bel ensemble de temples doriques grecs (VIᵉ-Vᵉ s. av. J.-C.). – Monuments médiévaux et baroques. Musée archéologique national.

AGRIPPA (Marcus Vipsanius), *63 - 12 av. J.-C.,* général romain. Gendre et proche collaborateur d'Auguste, qui organisa pour lui une sorte de corégence, il s'illustra à Actium (31 av. J.-C.) et inaugura à Rome l'œuvre monumentale de l'époque impériale (le Panthéon).

AGRIPPA VON NETTESHEIM (Heinrich Cornelius), *Cologne 1486 - Grenoble 1535,* médecin, philosophe et alchimiste allemand. Véritable somme, son œuvre (*De philosophia occulta,* 1510) subordonne sciences et théologie à la magie.

AGRIPPINE l'Aînée, *14 av. J.-C. - 33 apr. J.-C.,* princesse romaine. Petite-fille d'Auguste, fille d'Agrippa et de Julie, elle épousa Germanicus, dont elle eut Caligula et Agrippine la Jeune.

AGRIPPINE la Jeune, *v. 15 - 59 apr. J.-C.,* princesse romaine. Fille d'Agrippine l'Aînée et de Germanicus, ambitieuse, elle épousa en troisièmes noces l'empereur Claude, son oncle, et lui fit adopter son fils, Néron. Puis elle empoisonna Claude pour placer Néron sur le trône, mais celui-ci la fit assassiner.

AGUASCALIENTES, v. du Mexique, cap. d'État ; 506 384 hab. Métallurgie.

AGUESSEAU (Henri François **d'**), *Limoges 1668 - Paris 1751,* magistrat français. Chancelier de 1717 à 1750, il fut en disgrâce de 1718 à 1720 et de 1722 à 1737 pour son opposition à Law. Son œuvre de juriste tend à substituer le droit écrit à la coutume.

AGULHON (Maurice), *Uzès 1926,* historien français. Inventeur de l'histoire de la sociabilité, c'est-à-dire des groupes ou des lieux où se forme l'opinion, il est l'auteur d'ouvrages sur le XIXᵉ s. (*la République au village,* 1970 ; *Marianne au combat,* 1979 ; *Marianne au pouvoir,* 1989).

AHASVÉRUS → **JUIF ERRANT (le).**

AHERN (Bertie), *Dublin 1951,* homme politique irlandais. Leader du Fianna Fáil depuis 1994, il est Premier ministre depuis 1997.

AHIDJO (Ahmadou), *Garoua 1924 - Dakar 1989,* homme politique camerounais. Il négocia l'indépendance du Cameroun et fut président de la République de 1961 à 1982.

AHLIN (Lars Gustav), *Sundsvall 1915 - Stockholm 1997,* écrivain suédois. Il a rénové le roman prolétarien.

AHMADABAD ou **AHMEDABAD,** v. d'Inde (Gujerat) ; 3 297 655 hab. Centre textile. – Vieille ville aux nombreux monuments des XVᵉ-XVIIᵉ s.

AHMAD IBN TULUN, *835 - Antioche 884,* fondateur de la dynastie des Tulunides.

AHMADNAGAR, v. d'Inde (Maharashtra), à l'E. de Bombay ; 221 710 hab. Marché du coton.

AHMED Iᵉʳ, *Manisa 1590 - Istanbul 1617,* sultan ottoman (1603 - 1617). – **Ahmed III,** *1673 - Istanbul 1736,* sultan ottoman (1703 - 1730). Il donna asile à Charles XII après sa défaite contre Pierre le Grand à Poltava. Il signa la paix de Passarowitz (1718).

AHMOSIS, roi d'Égypte (1580 - 1558 av. J.-C.). Il acheva de chasser les Hyksos hors d'Égypte et fonda la XVIIIᵉ dynastie.

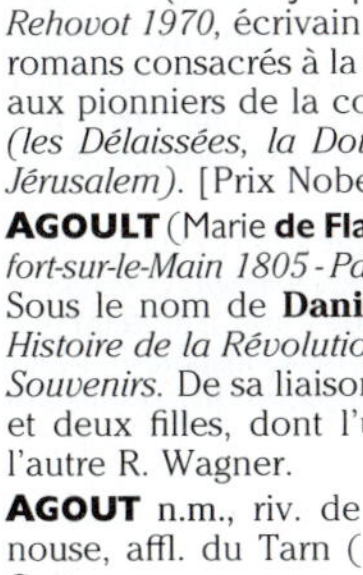

■ SAMUEL JOSEPH **AGNON**

■ **AGRIGENTE.** Temple dorique dit « de la Concorde ». Vᵉ s. av. J.-C.

A

AHO (Juhani **Brofeldt,** dit Juhani), *Lapinlahti 1861 - Helsinki 1921,* écrivain finlandais. On lui doit des romans d'inspiration naturaliste *(la Femme du pasteur).*

Ahram (al-), quotidien égyptien d'information générale. Il a été créé en 1876.

AHRIMAN, principe du Mal, opposé à *Ahura-Mazdā,* principe du Bien, dans le mazdéisme.

AHTISAARI (Martti), *Viipuri 1937,* diplomate et homme politique finlandais. Social-démocrate, il a été président de la République de 1994 à 2000.

AHUN (23150), ch.-l. de cant. du centre de la Creuse ; 1 927 hab. *(Ahunois).*

AHURA-MAZDÂ ou **ORMUZD,** dieu suprême, créateur et principe du Bien dans le mazdéisme.

AHVAZ, v. d'Iran, cap. du Khuzestan, au N. d'Abadan ; 724 653 hab.

AHVENANMAA → ÅLAND.

AÏCHA, *La Mecque v. 614 - Médine 678,* fille d'Abu Bakr et troisième femme de Mahomet.

AIEA (Agence internationale de l'énergie atomique), organisation intergouvernementale à vocation autonome, placée sous l'égide des Nations unies. Créée en 1957, elle a pour but de promouvoir les applications pacifiques de l'énergie atomique. Siège : Vienne.

AIGLE, v. de Suisse (Vaud), près du Rhône ; 7 825 hab. *(Aiglons).* Vins. Raffinerie de pétrole. — Château médiéval (musée de la Vigne et du Vin).

A

AIGLE (L') [61300], anc. **Laigle,** ch.-l. de cant. de l'Orne ; 9 289 hab. *(Aiglons).* Église des XIIe-XVIe s.

AIGNAN ou **AGNAN (saint),** *m. en 453,* évêque d'Orléans, qu'il défendit contre Attila (451).

Aigos-Potamos (bataille d') [405 av. J.-C.], bataille de la guerre du Péloponnèse. Victoire du Spartiate Lysandre sur la flotte athénienne à l'embouchure de l'Aigos-Potamos (presqu'île de Gallipoli).

AIGOUAL n.m., massif des Cévennes (France), entre le Gard et la Lozère ; 1 565 m. Forêt. Observatoire.

AIGREFEUILLE-D'AUNIS (17290), ch.-l. de cant. de la Charente-Maritime ; 3 194 hab.

AIGREFEUILLE-SUR-MAINE (44140), ch.-l. de cant. de la Loire-Atlantique ; 2 218 hab.

AIGUEPERSE (63260), ch.-l. de cant. du Puy-de-Dôme, dans la Limagne ; 2 538 hab. *(Aiguepersois).* Monuments anciens.

AIGUES-MORTES (30220), ch.-l. de cant. du Gard, à l'O. de la Camargue ; 6 084 hab. *(Aigues-Mortais).* Salines. — Belle enceinte médiévale quadrangulaire. — Jadis port de mer, où Saint Louis s'embarqua pour l'Égypte (septième croisade, 1248) et Tunis (huitième croisade, 1270).

AIGUILLE (mont), pic escarpé des Alpes françaises, en Isère, dans le Vercors ; 2 086 m.

AIGUILLES (cap des), extrémité sud de l'Afrique, à l'E. du cap de Bonne-Espérance. — courant des **Aiguilles,** courant marin chaud de l'océan Indien. Il se dirige du nord-est au sud-ouest le long des côtes de l'Afrique du Sud.

AIGUILLES-ROUGES (les), massif des Alpes françaises, au N. du massif du Mont-Blanc ; 2 965 m.

AIGUILLON (anse de l') ou **BAIE DE L'AIGUILLON,** échancrure du littoral atlantique, en face de l'île de Ré, limitée vers le large par la *pointe de l'Aiguillon.* Ostréiculture et mytiliculture.

AIGUILLON (Emmanuel Armand **de Vignerot du Plessis de Richelieu,** duc **d'**), *Paris 1720 - id. 1788,* homme d'État français. Commandant en chef en Bretagne, il eut de graves démêlés avec le parlement de Rennes. Dans le triumvirat formé avec Maupeou et Terray, Louis XV le chargea des Affaires étrangères et de la Guerre (1771 - 1774).

AIGUILLON (Marie-Madeleine **de Vignerot,** duchesse **d'**), *Glenay, Deux-Sèvres, 1604 - Paris 1675,* nièce de Richelieu. Elle fut une bienfaitrice des missions du Canada.

AIGUILLON-SUR-MER (L') [85460], comm. de la Vendée, sur l'estuaire du Lay ; 2 233 hab. Station balnéaire.

AIHOLE, site de l'Inde (Deccan). Certains des nombreux temples de cette anc. cap. des Calukya (VIe-VIIIe s.) comptent parmi les plus anciennes constructions appareillées en Inde.

AIKEN (Howard Hathaway), *Hoboken, New Jersey, 1900 - Saint Louis, Missouri, 1973,* informaticien américain. Le calculateur électronique *Mark 1,* programmé par une bande perforée, qu'il conçut et réalisa de 1939 à 1943 avec l'aide d'IBM, fut l'un des premiers ordinateurs.

AILEY (Alvin), *Rogers, Texas, 1931 - New York 1989,* danseur et chorégraphe américain. Fondateur et directeur de sa propre compagnie, l'Alvin Ailey Dance Theatre, en 1959, il fut l'un des maîtres de la danse noire américaine : *Revelations,* 1960 ; *Cry,* 1971 ; *For Bird with Love,* 1986.

■ ALVIN **AILEY** répétant un ballet avec sa troupe.

AILLAUD (Gilles), *Paris 1928,* peintre français. Fils de l'architecte Émile Aillaud (1902 - 1988), il pratique un art froid et objectif (animaux des zoos...) caractéristique de la « nouvelle figuration ».

AILLERET (Charles), *Gassicourt, Yvelines, 1907 - île de la Réunion 1968,* général français. Premier chef du commandement des armes spéciales, chargé de la recherche nucléaire militaire (1951 - 1960), il mit au point la première bombe atomique française.

AILLY (Pierre **d'**), *Compiègne 1350 - Avignon 1420,* théologien et cardinal français. Légat d'Avignon, chancelier de l'Université de Paris, il joua un rôle important lors du concile de Constance (1414 - 1418), où il défendit la primauté du concile sur celle du pape.

AILLY-SUR-NOYE (80250), ch.-l. de cant. de la Somme, au S.-E. d'Amiens ; 2 677 hab.

AIMARGUES (30470), ch.-l. de cant. du Gard ; 3 495 hab. Bonneterie.

AIME (73210), ch.-l. de cant. de la Savoie, en Tarentaise, sur l'Isère ; 3 291 hab. Basilique St-Martin (XIe s.), bâtie sur des substructures romaine et mérovingienne.

AIN n.m., riv. de France, qui sort du Jura, affl. du Rhône (r. dr.), en amont de Lyon ; 200 km. Aménagements hydroélectriques.

AIN n.m. (01), dép. de la Région Rhône-Alpes ; ch.-l. de dép. *Bourg-en-Bresse ;* ch.-l. d'arrond. *Belley, Gex, Nantua ;* 4 arrond. ; 43 cant. ; 419 comm. ; 5 762 km² ; 515 270 hab. Le dép. appartient à l'académie et à la cour d'appel de Lyon, à la zone de défense Sud-Est. Il comporte une partie montagneuse à l'E. (le Bugey jurassien), souvent boisée, et une partie basse, à l'O. (la Bresse et la Dombes). L'élevage (bovins, volailles) domine la vie agricole. L'industrie est représentée notamment par les constructions mécaniques (Bourg-en-Bresse) et les matières plastiques (Oyonnax), le travail du bois dans le Jura et la taille des diamants dans le pays de Gex, le nucléaire (centrale du Bugey).

AÏNOUS, peuple de Russie (Sakhaline et Kouriles) et du Japon (Hokkaido) [env. 25 000]. D'origine inconnue, refoulés et sédentarisés au fil du temps par les Japonais, très largement métissés, ils sont pour la plupart assimilés.

Ainsi parlait Zarathoustra, poème philosophique de F. Nietzsche (1883 - 1885). Les thèmes du surhomme et du retour éternel y sont développés.

AÏN TÉMOUCHENT, v. d'Algérie, au S.-O. d'Oran ; 49 000 hab.

AÏR n.m., massif du Niger, dans le Sahara méridional. V. princ. : *Agadez.*

Airbus, famille d'avions de transport européens. Le GIE Airbus Industrie, créé en 1970 pour la commercialisation de ces appareils et regroupant des constructeurs français, allemand, britannique et espagnol, a cédé la place en 2001 à une société privée, dont le siège est à Toulouse. Airbus occupe, au niveau mondial, une place de tout premier plan dans son secteur.

AIRE-SUR-L'ADOUR (40800), ch.-l. de cant. des Landes ; 6 868 hab. *(Aturins).* Évêché (résidence à Dax). — Cathédrale en partie romane.

AIRE-SUR-LA-LYS (62120), ch.-l. de cant. du Pas-de-Calais ; 10 011 hab. *(Airois).* Collégiale de style flamboyant (XVe s.), maisons des XVIIe-XVIIIe s.

Air France, compagnie nationale française de transports aériens. Elle a été constituée en 1948, prenant la suite d'une société anonyme fondée en 1933. Elle a fusionné en 1997 avec l'anc. compagnie Air Inter.

AIROLO, comm. de Suisse (Tessin), à l'entrée sud des tunnels, ferroviaire et routier, du Saint-Gothard ; 1 734 hab.

AIRVAULT (79600), ch.-l. de cant. des Deux-Sèvres, sur le Thouet ; 3 176 hab. *(Airvaudais).* Église, anc. abbatiale romane (XIIe-XIIIe s.).

AIRY (sir George Biddell), *Alnwick, Northumberland, 1801 - Londres 1892,* astronome britannique. Il développa l'hypothèse de l'isostasie et donna, le premier, la théorie complète de la formation de l'arc-en-ciel. Il fit de l'observatoire de Greenwich, qu'il dirigea de 1835 à 1881, un centre d'astrométrie de réputation internationale.

AISEAU-PRESLES, comm. de Belgique (Hainaut), banlieue est de Charleroi ; 10 926 hab.

AISNE [ɛn] n.f., riv. de France, née dans l'Argonne, affl. de l'Oise (r. g.), en amont de Compiègne ; 280 km. Elle passe à Soissons.

AISNE n.f. (02), dép. de la Région Picardie ; ch.-l. de dép. *Laon ;* ch.-l. d'arrond. *Château-Thierry, Saint-Quentin, Soissons, Vervins ;* 5 arrond. ; 42 cant. ; 816 comm. ; 7 369 km² ; 535 842 hab. Le dép. appartient à l'académie et à la cour d'appel d'Amiens, à la zone de défense Nord. Il est formé de plateaux souvent limoneux (extrémité nord de la Brie, Valois, Vermandois, Soissonnais), où la grande culture (blé, betterave à sucre), dominante, est parfois associée à l'élevage bovin. Ces plateaux sont entaillés par des vallées (Marne, Aisne et Oise), domaines de cultures maraîchères et sites des principales villes (Saint-Quentin, Soissons), en dehors de Laon. La Thiérache, herbagère, constitue l'extrémité nord du dép. L'industrie est concentrée surtout dans la vallée de l'Oise (métallurgie, verrerie et chimie) et à Saint-Quentin.

AISTOLF ou **ASTOLPHE,** roi des Lombards (749-756). Il fut battu par Pépin le Bref.

AIUN (**El-**), v. du Maroc, ch.-l. du Sahara occidental ; 94 000 hab.

AIX (île d') [17123], île formant une comm. du dép. de la Charente-Maritime ; 195 hab. Musée napoléonien.

AIX-D'ANGILLON (**Les**) [18220], ch.-l. de cant. du Cher, au N.-E. de Bourges ; 2 041 hab. Église romane de style bourguignon.

AIX-EN-OTHE (10160), ch.-l. de cant. de l'ouest de l'Aube ; 2 168 hab. *(Aixois).* Dans l'église, œuvres d'art des XVIe et XVIIe s.

AIX-EN-PROVENCE, ch.-l. d'arrond. des Bouches-du-Rhône ; 137 067 hab. *(Aixois).* Archevêché. Université. Cour d'appel. Constructions mécaniques. — Cathédrale St-Sauveur (XIe-XVe s. ; triptyque du *Buisson ardent* de N. Froment) avec baptistère remontant au Ve s. et cloître du XIIe s. Célèbre *Annonciation* (1443) de l'église de la Madeleine. Monuments, hôtels des XVIIe et XVIIIe s. Musées, dont le musée des beaux-arts « Granet ». — Festival musical (art lyrique). — Aix *(Aquae Sextiae)* fut fondée par les Romains en 123 av. J.-C. Aux environs, Marius vainquit les Teutons (102 av. J.-C.).

AIXE-SUR-VIENNE (87700), ch.-l. de cant. de la Haute-Vienne, au S.-O. de Limoges ; 5 594 hab. *(Aixois).*

AIX-LA-CHAPELLE, en all. **Aachen,** v. d'Allemagne (Rhénanie-du-Nord-Westphalie) ; 246 671 hab. Station thermale. — Belle cathédrale gothique, ayant pour noyau la chapelle Palatine de 805 ; trésor. Musées (beaux-arts, art contemporain). — Ce fut la résidence préférée de Charlemagne. Deux traités y furent signés, en 1668 et en 1748, qui mirent fin aux guerres de Dévolution et de la Succession d'Autriche. En 1818, un congrès y consacra la fin de l'occupation des Alliés en France et l'entrée du gouvernement de Louis XVIII dans la Sainte-Alliance.

■ **AIX-LA-CHAPELLE.** La chapelle Palatine, consacrée en 805.

A

AIX-LES-BAINS (73100), ch.-l. de cant. de la Savoie, sur la rive est du lac du Bourget ; 26 110 hab. *(Aixois).* Station thermale. Constructions électriques. — Vestiges romains.

AIZENAY (85190), comm. de la Vendée, dans le Bocage ; 6 210 hab. *(Agésinates).* Constructions électriques.

AJACCIO, ch.-l. de la collectivité territoriale de Corse et du dép. de la Corse-du-Sud, sur le *golfe d'Ajaccio ;* 54 697 hab. *(Ajacciens).* Évêché. Centre touristique et commercial. — Cathédrale du XVIe s. Musée Fesch. Maison natale de Napoléon.

AJANTA (monts), massif de l'Inde, dans le nord du Deccan. Sanctuaires rupestres bouddhiques (IIe s. av. J.-C.-déb. VIIe s. apr. J.-C.) au décor peint et sculpté. *(V. ill. page suivante.)*

AJAR (Émile), pseudonyme de Romain Gary, sous lequel il obtint le prix Goncourt en 1975 pour *la Vie devant soi.*

AJAX MYTH. GR. Personnage de *l'Iliade,* fils de Télamon, roi de Salamine. Il devint fou pour n'avoir pas obtenu les armes d'Achille, qu'Ulysse reçut après la mort du héros.

AJAX MYTH. GR. Personnage de *l'Iliade,* fils d'Oïlée, roi des Locriens. Il enleva Cassandre dans le temple d'Athéna ; la déesse le fit périr dans un naufrage.

AJDUKIEWICZ (Kazimierz), *Ternopol 1890 - Varsovie 1963,* logicien et épistémologue polonais. Se rattachant à l'empirisme logique, il a

■ MONTS **AJANTA.** Détail du décor peint (VIe s.) d'un des sanctuaires bouddhiques.

A

développé en histoire des sciences un point de vue conventionnaliste (*Langue et connaissance*, 1960 - 1966).

AJJER (tassili des), massif d'Algérie, dans le Sahara, au N. du Hoggar. Peintures et gravures rupestres (VIe-IIIe millénaires) des pasteurs du néolithique.

AJMER, v. d'Inde (Rajasthan) ; 401 930 hab. Monuments des XIIe-XVIIe s.

AKABA → AQABA.

AKADEMGORODOK, v. de Russie, en Sibérie, près de Novossibirsk ; 60 000 hab. Instituts de recherche scientifique.

AKAN, ensemble de peuples du Ghana et de la Côte d'Ivoire. Célèbres pour leur orfèvrerie (or, laiton), ils incluent les Baoulé, les Gouro, les Anyi, les Fanti et les Ashanti. Leurs langues appartiennent au groupe kwa.

AKASHI, v. du Japon (Honshu) ; 270 722 hab.

AKBAR, *Umarkot 1542 - Agra 1605,* empereur de l'Inde (1556 - 1605), de la dynastie des Grands Moghols. Il agrandit son empire et le dota d'une administration régulière et tolérante.

AKHENATON → AMÉNOPHIS IV.

AKHMATOVA (Anna Andreïevna), *Odessa 1889 - Moscou 1966,* poétesse russe. Principale représentante de l'acméisme, elle s'écarta du symbolisme et revint à un art classique inspiré des thèmes populaires (*le Rosaire, Requiem*).

AKHTAL (al-), *Hira ou Rusafa v. 640 - Kufa v. 710,* poète arabe. Ce chrétien nestorien vécut à la cour des Omeyyades de Damas et fut le rival de Djarir.

AKIHITO, *Tokyo 1933,* empereur du Japon depuis 1989. Il a succédé à son père Hirohito.

AKINARI → UEDA AKINARI.

AKITA, v. du Japon (Honshu) ; 302 362 hab.

AKKAD, ville, État et dynastie de la basse Mésopotamie (v. 2325 - 2160 av. J.-C.). Sargon l'Ancien fonda l'empire d'Akkad, qui devait être détruit par des envahisseurs barbares venus du Zagros.

AKMOLA → ASTANA.

AKOLA, v. d'Inde (Maharashtra) ; 327 946 hab. Marché cotonnier.

AKOSOMBO, v. du Ghana, sur la Volta. Importante retenue (lac Volta) et centrale hydroélectrique.

AKRON, v. des États-Unis (Ohio), près du lac Érié ; 223 019 hab. Centre de l'industrie des pneumatiques.

AKSAKOV (Sergueï Timofeïevitch), *Oufa 1791 - Moscou 1859,* écrivain russe, peintre de la vie campagnarde. — **Ivan A.,** *Nadejdino 1823 - Moscou 1886,* journaliste et poète russe, fils de Sergueï. Il fonda le journal slavophile *Rous (la Russie).*

AKSOUM ou **AXOUM,** v. du nord de l'Éthiopie ; 19 000 hab. Ruines antiques. — Le *royaume d'Aksoum* (Ier-Xe s.) devait sa prospérité à son commerce (ivoire). Berceau de la civilisation et de l'Église éthiopiennes, il fut détruit par les Arabes.

AKTAOU, anc. **Chevtchenko,** v. du Kazakhstan, sur la Caspienne ; 169 000 hab. Centrale nucléaire.

AKTOBE, v. du Kazakhstan ; 267 000 hab. Industrie chimique.

AKUTAGAWA RYUNOSUKE, *Tokyo 1892 - id. 1927,* écrivain japonais. Ses nouvelles peignent des êtres en proie à l'angoisse ou à la folie (*Rashomon, les Kappa*).

AKWESASNE, anc. **Saint-Régis,** réserve mohawk, sur la frontière du Canada (Québec et Ontario) et des États-Unis (New York) ; env. 10 000 hab.

AKYAB → SITTWE.

ALABAMA, État des États-Unis ; 4 040 587 hab. ; cap. *Montgomery.*

ALADI (Association latino-américaine d'intégration), organisation internationale à vocation régionale. Elle a été créée à Montevideo, en 1980, par 11 pays d'Amérique latine en vue d'établir un marché commun sud-américain.

Aladin, personnage des **Mille et Une Nuits.* Fils d'un pauvre tailleur, Aladin va chercher au centre de la Terre une lampe merveilleuse, habitée par un génie qui exauce tous ses souhaits.

ALAGOAS, État du nord-est du Brésil ; 2 512 515 hab. ; cap. *Maceió.*

ALAIN (Émile **Chartier,** dit), *Mortagne-au-Perche 1868 - Le Vésinet 1951,* philosophe français. Ses *Propos* révèlent un spiritualisme humaniste.

ALAIN (Jehan), *Saint-Germain-en-Laye 1911 - près de Saumur 1940,* compositeur et organiste français. Il est l'auteur de *Litanies* pour orgue (1938).

ALAIN-FOURNIER (Henri Alban **Fournier,** dit), *La Chapelle-d'Angillon 1886 - bois de Saint-Rémy 1914,* romancier français. Il est l'auteur du *Grand Meaulnes* (1913), roman des domaines mystérieux et des amours adolescentes.

ALAINS, Barbares qui envahirent la Gaule en 406. Passés en Espagne (v. 409), ils furent vaincus par les Wisigoths.

ALAMANS, tribus germaniques réunies en une confédération établie sur la rive droite du Rhin au IIIe s. Leur progression fut brisée en Alsace par Clovis (496 ou 506).

Alamein (bataille d'El-) [23 oct. 1942], bataille de la Seconde Guerre mondiale au cours de la campagne de Libye. Difficile victoire de Montgomery sur les forces germano-italiennes de Rommel à El-Alamein, à 100 km à l'O. d'Alexandrie.

Alamo, ancien monastère situé à San Antonio (Texas), site d'une bataille, dite de *Fort Alamo,* au cours de laquelle les Mexicains vainquirent les Texans (6 mars 1836) et où Davy Crockett fut tué.

ÅLAND ou **AHVENANMAA,** archipel finlandais de la Baltique ; 1 505 km² ; 24 647 hab.

ALAOUITES → ALAWITES.

ALARCÓN (Pedro Antonio **de**), *Guadix 1833 - Madrid 1891,* écrivain espagnol. Sa nouvelle *le Tricorne* (1874) inspira à Manuel de Falla la musique d'un ballet célèbre.

À la recherche du temps perdu, roman de Marcel Proust (1913 - 1927). Il se compose de sept parties : *Du côté de chez Swann* (1913), *À l'ombre des jeunes filles en fleurs* (1918), *le Côté de Guermantes* (1920), *Sodome et Gomorrhe* (1922), *la Prisonnière* (1923), *la Fugitive* ou *Albertine disparue* (1925), *le Temps retrouvé* (1927).

ALARIC Ier, *delta du Danube v. 370 - Cosenza 410,* roi des Wisigoths (396 - 410). Il ravagea les régions balkaniques (Empire romain d'Orient), envahit l'Italie et pilla Rome (410). — **Alaric II,** roi des Wisigoths (484 - 507). Il fut battu et tué par Clovis à Vouillé, en 507. Il promulgua le *Bréviaire d'Alaric* (506), recueil de lois.

ALASKA, État des États-Unis, occupant le nord-ouest de l'Amérique septentrionale ; 1 530 000 km² ; 550 043 hab. ; cap. *Juneau.* La région fut cédée en 1867 par la Russie aux États-Unis, dont elle devint un État en 1959. La chaîne de Brooks sépare les plaines du Nord de la dépression centrale, drainée par le Yukon. Au sud se dresse la chaîne de l'Alaska (6 194 m au mont McKinley), en partie volcanique, qui se continue dans la péninsule d'Alaska. La population se concentre sur le littoral méridional, au climat relativement doux. La pêche, la sylviculture, le tourisme et surtout, aujourd'hui, l'extraction des hydrocarbures sont les principales ressources.

ALASKA (courant d') **→ ALÉOUTIENNES.**

ALAUNGPAYA ou **ALOMPRA,** *Shwebo 1714 - 1760,* roi de Birmanie (1752 - 1760). Il unifia le pays et fonda la dynastie Konbaung.

ÁLAVA, prov. basque de l'Espagne ; 274 720 hab. ; ch.-l. *Vitoria.*

Alawites ou **Alaouites,** dits aussi **Nusayri,** secte de l'islam chiite fondée au IXe s., puissante notamment en Syrie.

ALAWITES ou **ALAOUITES** (dynastie des), dynastie régnant au Maroc depuis 1666.

ALBACETE, v. d'Espagne (Castille-La Manche, ch.-l. de prov.), au S.-E. de Madrid ; 130 023 hab.

ALBAINS (monts), collines d'Italie, dans le Latium. Elles dominent le site d'Albe la Longue.

ALBA IULIA, v. de Roumanie, en Transylvanie ; 71 254 hab. Cathédrale romano-gothique.

ALBAN ou **ALBANS** (saint), *m. à Verulamium, auj. Saint Albans, v. 303,* le premier martyr de l'Angleterre.

ALBANAIS, peuple indo-européen vivant en Albanie (3,2 millions), en Yougoslavie (1,8 million au Kosovo, 38 000 au Monténégro) et en Macédoine (377 000) et comprenant une importante diaspora (Italie du Sud, Allemagne, États-Unis, etc.). Ils sont à 60 % musulmans, avec une forte communauté de catholiques et une minorité d'orthodoxes. Ils parlent l'*albanais.*

ALBANE (Francesco **Albani,** dit en fr. **l'**), *Bologne 1578 - id. 1660,* peintre italien. Élève des Carrache, il a peint des compositions religieuses ainsi que des tableaux mythologiques aux paysages sereins et délicats.

ALBANIE n.f., en albanais **Shqipëria,** État de l'Europe balkanique, sur l'Adriatique ; 29 000 km² ; 3 500 000 hab. (*Albanais*). CAP. *Tirana.* LANGUE : *albanais.* MONNAIE : *lek.*

GÉOGRAPHIE

Les chaînes Dinariques, souvent forestières, occupent l'ensemble du pays, à l'exception de la partie centrale, où, en bordure de l'Adriatique, s'étendent des plaines et des collines. Celles-ci regroupent la plus grande partie d'une population majoritairement islamisée et encore rapidement croissante. Le climat est méditerranéen sur une étroite frange littorale ; ailleurs, il est de type continental. L'agriculture (blé, fruits, tabac), l'élevage et l'extraction du chrome constituent les principales ressources. Mais l'économie demeure celle d'un pays sous-développé et l'émigration n'a pas cessé.

HISTOIRE

Avant l'indépendance. D'abord occupée par les Illyriens, l'Albanie est colonisée par les Grecs (VIIe s. av. J.-C.) puis par Rome (IIe s. av. J.-C.). À la fin du VIe s., les Slaves s'y installent en grand nombre. **XVe - XIXe s. :** malgré la rébellion (1443 - 1468) de Skanderbeg, le pays tombe sous la domination ottomane et est largement islamisé. Plusieurs tentatives de révolte échouent, notamment celle d'Ali Pacha de Tebelen (1822).

L'Albanie indépendante. 1912 : l'Albanie devient une principauté indépendante. **1920 :** elle entre à la SDN. **1925 - 1939 :** Ahmed Zogu dirige le pays comme président de la République, puis comme roi (Zog Ier). **1939 :** invasion de l'Albanie par les troupes italiennes. **1946 :** la République populaire est proclamée. Dirigée par Enver Hoxha, elle rompt avec l'URSS (1961), puis avec la Chine (1978). **1985 :** Ramiz Alia succède à E. Hoxha. Sous sa conduite, le pays sort de son isolement politique et économique, et, à partir de 1990, se démocratise. **1992 :** après la victoire électorale de l'opposition démocratique, R. Alia démissionne et Sali Berisha devient président de la République. **1997 :** un mouvement insurrectionnel populaire déstabilise le pays. L'opposition socialiste, conduite par Fatos Nano, remporte les élections. S. Berisha se retire. Rexhep Meidani devient président de la République. **1998 :** une nouvelle Constitution est approuvée par référendum. **1999 :** l'Albanie doit faire face à l'afflux massif de réfugiés du Kosovo.

ALBANY, v. des États-Unis, cap. de l'État de New York, sur l'Hudson ; 101 082 hab.

ALBE (Fernando **Álvarez de Toledo,** duc **d'**), *Piedrahíta 1508 - Lisbonne 1582,* général de Charles Quint et de Philippe II. Gouverneur des Flandres (1567 - 1573), il exerça par l'intermédiaire du Conseil des troubles une violente répression contre les protestants, qui fut à l'origine de la révolte des Pays-Bas. Rappelé en Espagne, il fut chargé d'écraser le soulèvement du Portugal.

ALBE LA LONGUE, anc. ville d'Italie (Latium), qui aurait été fondée par Ascagne, fils d'Énée. Illustrée par la légende des Horaces et des Curiaces, sa rivalité avec Rome prit fin avec la victoire de celle-ci (VIIe s. av. J.-C.).

ALBEE (Edward), *Washington 1928,* auteur dramatique américain. Ses pièces traitent le thème de l'incommunicabilité entre les êtres *(Zoo Story, Qui a peur de Virginia Woolf ?, Délicate Balance).*

ALBÉNIZ (Isaac), *Camprodón 1860 - Cambo-les-Bains 1909,* compositeur et pianiste espagnol. Virtuose du piano, il est l'auteur d'*Iberia,* recueil pour piano en quatre cahiers (créés entre 1906 et 1909) admiré par Debussy.

ALBENS [-bɛ̃] (73410), ch.-l. de cant. de la Savoie ; 2 678 hab. *(Albanais).*

ALBERONI (Giulio), *Fiorenzuola d'Arda 1664 - Plaisance 1752,* cardinal italien et ministre d'Espagne. Premier ministre de Philippe V (1716), favori d'Élisabeth Farnèse, il chercha, au lendemain du traité d'Utrecht, à relever l'Espagne de sa décadence et à faire donner à son souverain la régence de Louis XV ; mais il échoua et fut écarté (1719).

ALBERS (Josef), *Bottrop 1888 - New Haven 1976,* peintre allemand naturalisé américain. Professeur au Bauhaus (1923 - 1933), abstrait géométrique, il a étudié l'interaction des couleurs.

ALBERT (80300), ch.-l. de cant. de la Somme, sur l'Ancre ; 10 380 hab. *(Albertins).* Aéronautique.

Albert (canal), canal de Belgique, faisant communiquer l'Escaut et la Meuse, entre Anvers et Liège ; 129 km.

ALBERT (lac), lac de l'Afrique équatoriale (Ouganda et Rép. dém. du Congo [ex-Zaïre]), traversé par le Nil ; 4 500 km².

SAINTS

ALBERT (saint), *Liège v. 1166 - Reims 1192,* évêque de Liège. Il fut assassiné par des émissaires de l'empereur Henri VI.

ALBERT le Grand (saint), *Lauingen, Bavière, v. 1200 - Cologne 1280,* dominicain, théologien et philosophe allemand. Par son enseignement en Allemagne et à Paris, il fit connaître la pensée d'Aristote et fut le maître de saint Thomas d'Aquin.

AUTRICHE

ALBERT Ier ou **ALBERT Ier DE HABSBOURG,** *v. 1255 - Brugg 1308,* duc d'Autriche et roi des Romains (1298 - 1308). — **Albert II** ou **Albert V de Habsbourg,** *1397 - Neszmély 1439,* duc d'Autriche (1404 - 1439). Il devint roi de Bohême et de Hongrie (1437) et roi des Romains (1438 - 1439).

ALBERT, *Wiener Neustadt 1559 - Bruxelles 1621,* archiduc d'Autriche. Gouverneur des Pays-Bas (1596 - 1621), il épousa en 1599 une fille de Philippe II.

ALBERT, *Vienne 1817 - Arco 1895,* archiduc et général autrichien. Oncle de François-Joseph, il vainquit les Italiens à Custoza (1866).

BELGIQUE

ALBERT Ier, *Bruxelles 1875 - Marche-les-Dames 1934,* roi des Belges (1909 - 1934). Son attitude lors de la Première Guerre mondiale, où il fit preuve de fermeté vis-à-vis de l'Allemagne et dirigea les troupes belges aux côtés des Alliés, lui valut le surnom de *Roi-Chevalier.* — **Albert II,** *Bruxelles 1934,* roi des Belges depuis 1993. Fils de Léopold III, il devient roi à la mort de son frère aîné Baudouin Ier. Il a épousé Paola Ruffo di Calabria en 1959.

■ **ALBERT Ier** de Belgique par J. Madyol. (Musée royal de l'Armée, Bruxelles.)

■ **ALBERT II** de Belgique.

GRANDE-BRETAGNE

ALBERT, *Rosenau, Thuringe, 1819 - Windsor 1861,* prince consort du Royaume-Uni. Deuxième fils du duc de Saxe-Cobourg-Gotha, il épousa en 1840 la reine Victoria Ire, sa cousine.

MONACO

ALBERT Ier (Honoré Charles **Grimaldi**), *Paris 1848 - id. 1922,* prince de Monaco (1889 - 1922). Il fonda l'Institut océanographique de Paris et le Musée océanographique de Monaco.

PRUSSE

ALBERT Ier DE BALLENSTEDT, l'Ours, *v. 1100 - 1170,* premier margrave de Brandebourg (1134 - 1170).

ALBERT DE BRANDEBOURG, *Ansbach 1490 - Tapiau 1568,* grand maître de l'ordre Teutonique et premier duc héréditaire de Prusse (1525 - 1568).

Albert (le Grand et le Petit), ensemble de textes de magie attribués à Albert le Grand, largement apocryphes.

ALBERTA, prov. du Canada, entre la Colombie-Britannique et la Saskatchewan ; 661 000 km² ; 2 545 553 hab. ; cap. *Edmonton ;* v. princ. *Calgary.* Les agglomérations d'Edmonton et de Calgary concentrent plus de la moitié de la population de la province. Importants gisements de pétrole et de gaz naturel. Culture du blé.

ALBERTI (Leon Battista), *Gênes 1404 - Rome 1472,* humaniste et architecte italien. Ses traités de peinture et d'architecture font de lui le premier grand théoricien des arts de la Renaissance. Il donna plans ou maquettes pour des édifices de Rimini (temple Malatesta), Florence (palais Rucellai), Mantoue (église S. Andrea).

ALBERTI (Rafael), *Puerto de Santa María 1902 - id. 1999,* écrivain espagnol. Son œuvre poétique et théâtrale unit l'inspiration populaire à une forme raffinée *(Marin à terre),* qu'il met au service de ses convictions esthétiques *(l'Homme inhabité)* ou politiques *(Radio-Séville, Mépris et merveille).*

Albertina, importante collection publique de dessins et d'estampes, à Vienne (Autriche).

ALBERTVILLE (73200), ch.-l. d'arrond. de la Savoie, au confluent de l'Isère et de l'Arly ; 18 190 hab. *(Albertvillois).* Centre commercial. Constructions électriques. — Anc. ville forte de Conflans, avec Musée savoyard.

ALBI (81000), ch.-l. du dép. du Tarn, sur le Tarn, à 667 km au S. de Paris ; 49 106 hab. *(Albigeois).* Archevêché. Verrerie. Centrale thermique. — Cathédrale gothique fortifiée, en brique, à nef unique (XIIIe-XVe s. ; décor peint) ; anc. palais épiscopal abritant le musée Toulouse-Lautrec.

ALBIGEOIS, région de plateaux dominant le Tarn, en aval d'Albi.

albigeois (croisade des) [1208 - 1244], guerre menée à l'initiative d'Innocent III contre le comte de Toulouse Raimond VI et les *albigeois,* ou *cathares.* Déclenchée à l'occasion de l'assassinat de Pierre de Castelnau, légat pontifical, elle fut conduite par les barons du Nord sous le commandement de Simon de Montfort. Marquée d'atrocités de part et d'autre, elle s'acheva par la prise de la citadelle albigeoise de Montségur.

ALBINONI (Tomaso), *Venise 1671 - id. 1750,* compositeur italien. Il est l'auteur de sonates et de concertos. Le célèbre *Adagio d'Albinoni,* pastiche réalisé au XXe s. (R. Giazotto), contribua à la redécouverte du compositeur.

ALBION, nom traditionnel de la Grande-Bretagne, depuis Ptolémée.

ALBION (plateau d') ou **MONTAGNE D'ALBION,** plateau du sud-est de la France, à l'E. du Ventoux. Base, de 1971 à 1996, des missiles sol-sol balistiques stratégiques de la force nucléaire française.

ALBIZZI, famille florentine qui fut l'adversaire des Médicis, aux XIVe-XVe s.

ALBOÏN, roi des Lombards (561 - 572).

ÅLBORG ou **AALBORG,** v. du Danemark, dans le nord du Jylland ; 158 141 hab. Cathédrale des XIVe-XVIIIe s. Musées.

ALBORNOZ (Gil **Álvarez Carrillo de**), *Cuenca v. 1300 - Viterbe 1367,* prélat et homme d'État espagnol. Archevêque de Tolède et cardinal, légat du pape d'Avignon en Italie, il reconquit l'État pontifical (1353 - 1360).

ALBRET, pays de Gascogne, érigé en duché par Henri II.

ALBRET, famille gasconne à laquelle appartenait Jeanne d'Albret, mère d'Henri IV.

ALBRIGHT (Madeleine), *Prague 1937,* diplomate et femme politique américaine d'origine tchèque. Démocrate, représentante permanente des États-Unis à l'ONU (1993 - 1996), elle a été secrétaire d'État de 1997 à 2001.

ALBUQUERQUE, v. des États-Unis (Nouveau-Mexique), sur le Rio Grande ; 384 736 hab.

ALBUQUERQUE (Afonso **de**), *Alhandra, près de Lisbonne, 1453 - Goa 1515,* conquistador portugais. Vice-roi des Indes (1509), il prit Goa et Malacca, fondant ainsi la puissance portugaise aux Indes.

ALCALÁ DE HENARES, v. d'Espagne, au N.-E. de Madrid ; 159 355 hab. Université fondée en 1498 par le cardinal Cisneros. — Monuments des XVIe-XVIIe s.

ALCALÁ ZAMORA (Niceto), *Priego 1877 - Buenos Aires 1949,* homme politique espagnol. Il fut président de la République de 1931 à 1936.

ALCAMÈNE, *Ve s. av. J.-C.,* sculpteur grec, élève et rival de Phidias (groupe de *Procné et Itys,* retrouvé sur l'Acropole d'Athènes).

ALCÁNTARA, v. d'Espagne (Estrémadure) ; 2 076 hab. Majestueux pont romain ; église romane et gothique. — La ville fut le centre d'un ordre militaire et religieux fondé en 1156 ou en 1166, à l'imitation de l'ordre des Templiers.

Alcatel, société française. Fondée en 1898 sous la dénomination de Compagnie générale d'électricité (CGE), devenue en 1991 Alcatel Alsthom Compagnie générale d'électricité (abrév. : Alcatel

■ **ALBI.** La cathédrale Sainte-Cécile (XIIIe-XVe s.) et son jubé (autour de 1500).

A

Alsthom), elle a pris sa raison sociale actuelle en 1998. Elle a abandonné ses activités dans l'énergie et les transports (regroupées dans la société Alstom) pour se recentrer sur les télécommunications et les câbles et composants.

ALCESTE MYTH. GR. Fille de Pélias et femme d'Admète. Elle accepta de mourir à la place de son mari, mais fut arrachée des Enfers par Héraclès. – Sa légende a inspiré à Euripide une tragédie (438 av. J.-C.). – Elle fournit aussi le sujet d'un opéra de Gluck, livret de Calzabigi (1767).

Alceste, personnage principal du **Misanthrope* de Molière.

ALCIAT (André), en ital. Andrea **Alciati,** *Alzate 1492 - Pavie 1550,* jurisconsulte italien. Auteur notamment des *Emblèmes* (1531), il approfondit l'étude du droit romain par l'analyse historique et linguistique.

ALCIBIADE, *v. 450 - en Phrygie 404 av. J.-C.,* général athénien. Il fut l'élève de Socrate. Chef du parti démocratique, il entraîna sa patrie dans l'aventureuse expédition contre la Sicile (415). Accusé de sacrilège (mutilation des statues d'Hermès), il s'enfuit et vécut quelque temps à Sparte ; il se réfugia ensuite auprès du satrape Tissapherne, puis revint à Athènes (407) après quelques succès militaires. Il mourut assassiné, en exil.

ALCINOOS MYTH. GR. Personnage de *l'Odyssée,* roi des Phéaciens, père de Nausicaa. Il accueillit Ulysse naufragé.

ALCMÈNE MYTH. GR. Épouse d'Amphitryon. Séduite par Zeus, elle donna naissance à Héraclès.

ALCMÉONIDES, famille aristocratique de l'Athènes antique. Ils se distinguèrent par leur attachement à la démocratie et comptèrent parmi leurs membres Clisthène, Périclès et Alcibiade.

ALCOBAÇA, v. du Portugal, au N. de Lisbonne ; 5 235 hab. Monastère cistercien (XIIIe-XVIIIe s.).

ALCUIN, en lat. **Albinus Flaccus,** *York v. 735 - Tours 804,* savant religieux anglo-saxon. Il fut l'un des maîtres de l'école palatine fondée par Charlemagne et il joua un rôle capital dans la renaissance carolingienne.

ALDABRA (îles), archipel de l'océan Indien, dépendance des Seychelles.

ALDAN n.m., riv. de Russie, en Sibérie, affl. de la Lena (r. dr.) ; 2 242 km.

ALDE → MANUCE.

ALDRICH (Robert), *Cranston, Rhode Island, 1918 - Los Angeles 1983,* cinéaste américain. Privilégiant l'action brutale et frénétique, les climats oppressants ou paroxystiques, il a réalisé *Vera Cruz* (1954), *En quatrième vitesse* (1955), *le Grand Couteau* (1955), *Qu'est-il arrivé à Baby Jane ?* (1962).

ALDRIN (Buzz), *Montclair, New Jersey, 1930,* astronaute américain. Il a été le deuxième homme, après Neil Armstrong, à poser le pied sur la Lune (Apollo 11, 21 juill. 1969).

ALDROVANDI (Ulisse), *Bologne 1522 - id. 1605,* médecin et naturaliste italien. Il a créé le premier jardin botanique en 1560, et est l'auteur de nombreux ouvrages sur les plantes et les animaux.

ALECHINSKY (Pierre), *Bruxelles 1927,* peintre et graveur belge. Issu du mouvement Cobra, installé en France, il se signale par ses dons de calligraphe et de coloriste, ainsi que par un humour incisif.

ALECSANDRI (Vasile), *Bacău 1821 - Mirceşti 1890,* écrivain et homme politique roumain, auteur de poèmes lyriques et épiques, et de comédies satiriques.

■ PIERRE **ALECHINSKY.** *Volcan ensorcelé,* 1974. (Stedelijk Museum, Ostende.)

ALEGRÍA (Ciro), *Sartimbamba 1909 - Lima 1967,* écrivain péruvien. Il a défendu dans ses romans la cause des Indiens *(le Serpent d'or, Vaste est le monde).*

ALEIJADINHO (Antônio Francisco **Lisboa,** dit **l'**), *Ouro Preto 1730 ? - id. 1814,* sculpteur, décorateur et architecte brésilien. Il a orné les églises du Minas Gerais d'œuvres d'un baroque très expressif (Bom Jesus de Congonhas do Campo).

ALEIXANDRE (Vicente), *Séville 1898 - Madrid 1984,* poète espagnol. Il est passé d'une inspiration surréaliste *(la Destruction ou l'Amour)* à des préoccupations sociales. (Prix Nobel 1977.)

ALEMÁN (Mateo), *Séville 1547 - au Mexique v. 1614,* écrivain espagnol, auteur de *Guzmán de Alfarache* (1599), modèle du roman picaresque.

ALEMBERT (Jean **Le Rond d'**), *Paris 1717 - id. 1783,* savant et encyclopédiste français. Sceptique en religion et en métaphysique, défenseur de la tolérance, il exposa, dans son *Discours préliminaire* de l'*Encyclopédie,* la philosophie naturelle et l'esprit scientifique qui présidaient à l'œuvre entreprise. Ses recherches de physique mathématique l'amenèrent à étudier les équations différentielles et les dérivées partielles, ainsi que diverses notions d'analyse mathématique ; il donna aussi un premier énoncé du théorème fondamental de l'algèbre. (Acad. fr.)

■ D'**ALEMBERT** par L. Tocqué. (Musée des Beaux-Arts, Grenoble.)

ALENA (Accord de libre-échange nord-américain, en angl. NAFTA [North American Free Trade Agreement]), accord économique multilatéral, signé en 1992 entre les États-Unis, le Canada et le Mexique et créant une zone de libre-échange entre ces trois pays. Il est entré en vigueur en 1994.

ALENCAR (José Martiniano **de**), *Mecejana 1829 - Rio de Janeiro 1877,* écrivain et homme politique brésilien. Il est l'auteur de romans historiques et indianistes *(le Guarani, Iracema).*

ALENÇON (61000), ch.-l. du dép. de l'Orne, sur la Sarthe, dans la *campagne d'Alençon,* à 195 km à l'O. de Paris ; 30 379 hab. *(Alençonnais).* Appareils ménagers. – Église Notre-Dame : porche flamboyant (début XVIe s.), vitraux. Musée. – Dentelles, dites *point d'Alençon.*

ALENTEJO, région du Portugal, au S. du Tage.

ALÉOUTES, peuple paléosibérien des États-Unis (îles Aléoutiennes, Alaska) et de Russie (îles du Commandeur) [env. 3 000]. Ils parlent *l'aléoutien,* de la famille esquimau-aléoute.

ALÉOUTIENNES (îles), chapelet d'îles volcaniques, sur la côte nord-ouest de l'Amérique du Nord, prolongeant l'Alaska et appartenant aux États-Unis. Bases aériennes. Pêche. – **Aléoutiennes** (courant d'Alaska et des), courant marin chaud de la zone arctique du Pacifique. Il se dirige d'ouest en est le long des côtes d'Alaska et des îles Aléoutiennes.

ALEP, v. du nord-ouest de la Syrie ; 1 494 000 hab. *(Aleppins).* Grande mosquée fondée en 715, refaite au XIIe s. Citadelle. Musée. – La ville, dont l'existence est attestée depuis le XXe s. av. J.-C., fut une ville arabe prospère aux XIIe-XIIIe s. et une des principales échelles du Levant (XVe-XVIIIe s.).

ALÉRIA (20270), comm. de la Haute-Corse, dans la *plaine d'Aléria* (ou plaine orientale) ; 2 006 hab. Site d'une ville romaine ruinée au Ve s. Musée archéologique J.-Carcopino.

ALÉRIA (plaine d'), plaine de l'est de la Corse (Haute-Corse). Vignes et cultures fruitières (agrumes).

ALÈS (30100), ch.-l. d'arrond. du Gard, en bordure des Cévennes, sur le *Gardon d'Alès ;* 41 054 hab. *(Alésiens).* Constructions électriques. – Cathédrale du XVIIIe s. Musées. – En 1629, Richelieu y conclut avec les protestants un traité, ou *édit de grâce,* qui leur laissait la liberté de conscience, mais supprimait leurs privilèges politiques, notamm. les places de sûreté.

ALÉSIA, oppidum gaulois, où César assiégea et captura Vercingétorix (52 av. J.-C.). On le situe aujourd'hui à Alise-Sainte-Reine.

ALESSI (Galeazzo), *Pérouse 1512 - id. 1572,* architecte italien. Formé à Rome, il fut actif surtout à Gênes et à Milan.

ALETSCH n.m., grand glacier des Alpes suisses, dans le Valais, long de 24 km.

ALEVIS, importante minorité religieuse de Turquie (env. 15 millions, dont 5 millions de Kurdes). Les Alevis représentent au sein de l'islam un courant original issu du chiisme, gnostique et déiste, mais remarquable par son humanisme et son approbation de la laïcité (leur rempart face à la majorité sunnite). Ils s'affirment désormais ouvertement dans le jeu politique turc.

ALEXANDER (Franz), *Budapest 1891 - New York 1964,* psychiatre et psychanalyste américain d'origine allemande. Pionnier de la psychanalyse aux États-Unis, il contribua aussi au développement de la médecine psychosomatique.

ALEXANDER (Harold George), comte **Alexander of Tunis,** *Londres 1891 - Slough, Buckinghamshire, 1969,* maréchal britannique. Adjoint d'Eisenhower, il commanda les forces alliées en Italie (1943 - 1944), puis en Méditerranée (1944 - 1945). Il fut gouverneur du Canada (1946 - 1952), puis ministre de la Défense (1952 - 1954).

ALEXANDRA FIODOROVNA, *Darmstadt 1872 - Iekaterinbourg 1918,* impératrice de Russie. Fille du duc de Hesse, Louis IV, épouse du tsar Nicolas II, elle fut exécutée avec lui et leurs enfants en 1918. Après le retour de ses restes à Saint-Pétersbourg (1998), elle a été, avec sa famille, canonisée par l'Église orthodoxe russe en 2000.

ALEXANDRE (archipel), archipel américain du Pacifique, dépendance de l'Alaska.

SAINT ET PAPES

ALEXANDRE (saint), *m. v. 326,* patriarche d'Alexandrie (313 - 326). Il fit condamner Arius au concile de Nicée (325).

ALEXANDRE III (Rolando **Bandinelli**), *Sienne ? - Civita Castellana 1181,* pape de 1159 à 1181. Il lutta contre Frédéric Barberousse, à qui il opposa la ligue Lombarde, et convoqua le 3e concile du Latran (1179). – **Alexandre VI** (Rodrigo **Borgia**), *Játiva, Espagne, 1431 - Rome 1503,* pape de 1492 à 1503. Par sa vie privée, son goût de l'intrigue, son népotisme, il fut un prince de la Renaissance plus qu'un pape. – **Alexandre VII** (Fabio **Chigi**), *Sienne 1599 - Rome 1667,* pape de 1655 à 1667. Il prescrivit, en 1665, la signature du formulaire antijanséniste.

ANTIQUITÉ

ALEXANDRE (III) le Grand, *Pella, Macédoine, 356 - Babylone 323 av. J.-C.,* roi de Macédoine (336 - 323). Fils de Philippe II auquel il succède, élève d'Aristote, il soumet la Grèce révoltée. En 334, il franchit l'Hellespont (les Dardanelles) et vainc les troupes perses de Darios III sur les bords du Granique (334), se rendant maître de l'Asie mineure. De nouveau vainqueur des Perses à Issos (333), il soumet ensuite le littoral syrien (notamm. Tyr), et pénètre en Égypte, où il fonde Alexandrie (332). Passant l'Euphrate et le Tigre, il bat les Perses entre Gaugamèles et Arbèles (331), mettant ainsi fin au pouvoir des Achéménides. Il s'empare de Babylone et de Suse, brûle

■ **ALEXANDRE LE GRAND.** (Musée archéologique national, Naples.)

Parsa (Persépolis) et atteint l'Indus. Mais son armée étant épuisée, il revient à Babylone, où il organise son empire, s'efforçant de fondre les civilisations grecque et perse. Cet empire ne lui survivra pas, et, dès sa mort, il est partagé entre ses généraux.

GRÈCE

ALEXANDRE Ier, *Tatoï 1893 - Athènes 1920,* roi de Grèce (1917 - 1920), fils de Constantin Ier.

RUSSIE

ALEXANDRE Ier, *Saint-Pétersbourg 1777 - Taganrog 1825,* empereur de Russie (1801 - 1825), de la dynastie des Romanov. Fils de Paul Ier, il adhéra à la 3e coalition contre Napoléon Ier puis composa avec lui (Tilsit, 1807 ; Erfut, 1808). Après l'échec de la campagne de Russie (1812), il participa à la libération de l'Europe (Leipzig, 1813 ; campagne de France, 1814) et conclut avec les souverains d'Autriche et de Prusse la Sainte-Alliance (1815). — **Alexandre II,** *Moscou 1818 - Saint-Pétersbourg 1881,* empereur de Russie (1855 - 1881), de la dynastie des Romanov. Fils de Nicolas Ier, il accomplit de grandes réformes : abolition du servage (1861), institution des zemstvos (1864), justice égale pour tous et service militaire obligatoire (1874). Vainqueur des Ottomans dans la guerre de 1877 - 1878, il dut accepter les dispositions du congrès de Berlin (1878). Il mourut assassiné. — **Alexandre III,** *Saint-Pétersbourg 1845 - Livadia 1894,* empereur de Russie (1881 - 1894), de la dynastie des Romanov. Fils d'Alexandre II, il pratiqua une politique réactionnaire et conclut avec la France l'alliance franco-russe (1891 - 1894).

■ **ALEXANDRE Ier** de Russie par F. Gérard. (Musée des Beaux-Arts, Lausanne.)

■ **ALEXANDRE II** de Russie par A. Mouillard. (BNF, Paris.)

ALEXANDRE Ier DE BATTENBERG, *Vérone 1857 - Graz 1893,* premier prince de Bulgarie (1879 - 1886). Il dut abdiquer.

ALEXANDRE FARNÈSE, *Rome 1545-Arras 1592,* duc de Parme (1586 - 1592), gouverneur général des Pays-Bas (1578 - 1592). Envoyé par Philippe II d'Espagne au secours des catholiques français, il fut l'adversaire d'Henri IV.

ALEXANDRE JAGELLON, *Cracovie 1461 - Vilnius 1506,* grand-duc de Lituanie (1492 - 1506) et roi de Pologne (1501 - 1506).

ALEXANDRE Ier KARADJORDJEVIĆ, *Cetinje 1888 - Marseille 1934,* roi des Serbes, Croates et Slovènes (1921 - 1929) et roi de Yougoslavie (1929 - 1934). Fils de Pierre Ier Karadjordjević, il pratiqua une politique centralisatrice et autoritaire et fut assassiné lors d'une visite officielle en France.

ALEXANDRE NEVSKI, *v. 1220 - Gorodets 1263,* prince de Novgorod (1236 - 1252), grand-prince de Vladimir (1252 - 1263). Il battit les Suédois (1240), puis les chevaliers Porte-Glaive (1242).

ALEXANDRE Ier OBRENOVIĆ, *Belgrade 1876 - id. 1903,* roi de Serbie (1889 - 1903). Fils de Milan Obrenović, il fut assassiné par une conjuration militaire.

ALEXANDRE SÉVÈRE → **SÉVÈRE ALEXANDRE.**

ALEXANDRETTE → **ISKENDERUN.**

ALEXANDRIE, en ar. **al-Iskandariyya,** v. d'Égypte, à l'O. du delta du Nil ; 3 170 000 hab. *(Alexandrins).* Port. Centre commercial et financier, intellectuel (université) et industriel (métallurgie, textile). — Cette ville, fondée par Alexandre le Grand (332 av. J.-C.), célèbre par le phare haut de 400 pieds qui éclairait sa rade, fut, au temps des Ptolémées, le centre artistique et littéraire de l'Orient, et l'un des principaux foyers de la civilisation hellénistique (musée, bibliothèque). — Ce fut le siège d'une importante communauté juive parlant le grec. L'*Église d'Alexandrie* joua, dans le développement du christianisme, un rôle majeur.

ALEXANDRIE, en ital. **Alessandria,** v. d'Italie (Piémont, ch.-l. de prov.), sur le Tanaro ; 90 475 hab. *(Alexandrins).* Monuments, notamm. des XVIIIe et XIXe s.

ALEXIS (saint), *m. en 1378,* prélat russe. Métropolite de Moscou (1354), il joua un rôle de premier plan dans la lutte pour la primauté de Moscou.

ALEXIS, nom de plusieurs empereurs byzantins. — **Alexis Ier Comnène,** *Constantinople 1058 - id. 1118,* empereur byzantin (1081 - 1118). Son règne fut marqué par un énergique redressement de la puissance byzantine. — **Alexis III Ange,** *m. en 1210,* empereur byzantin (1195 - 1203). — **Alexis IV Ange,** *v. 1182 - Constantinople 1204,* empereur byzantin (1203 - 1204).

ALEXIS MIKHAÏLOVITCH, *Moscou 1629 - id. 1676,* tsar de Russie (1645 - 1676), de la dynastie des Romanov. Il fit adopter le Code de 1649 et les réformes liturgiques de 1666 - 1667, à l'origine du schisme des vieux-croyants.

ALEXIS (Jacques Stephen), *Gonaïves 1922 - Haïti 1961,* romancier haïtien. Son œuvre fait une peinture lyrique et engagée de la réalité sociale de son pays *(Compère Général Soleil).*

ALFIERI (Vittorio), *Asti 1749 - Florence 1803,* écrivain italien. Il est l'auteur de tragédies qui proposent un idéal de volonté et d'héroïsme *(Saül, Antigone, Mirra),* et d'une autobiographie.

ALFÖLD, vaste plaine de la Hongrie, entre le Danube et la Roumanie.

ALFONSÍN (Raúl), *Chascomus 1926,* homme politique argentin. Leader du Parti radical, il a été président de la République de 1983 à 1989.

ALFORTVILLE (94140), ch.-l. de cant. du Val-de-Marne, au S.-E. de Paris, au confluent de la Seine et de la Marne ; 36 392 hab. *(Alfortvillais).* Traitement du gaz naturel. Verrerie. Chimie. Centre d'échanges franco-chinois *(Chinagora).*

ALFRED le Grand, *Wantage, Berkshire, 849 ? - 899,* roi de Wessex (871 - 878) et des Anglo-Saxons (878 - 899). Vainqueur des Danois établis en Angleterre, il favorisa une véritable renaissance de la civilisation anglo-saxonne.

A

■ **ALEXANDRIE.** Sortie de l'eau (1995), au pied du fort mamelouk de Qaitbay, du buste colossal en granit rose d'un Ptolémée de la période hellénistique.

L'EMPIRE D'ALEXANDRE LE GRAND

Itinéraire d'Alexandre — Bataille — Siège — Ville fondée par Alexandre — Empire d' Alexandre

ALFRINK (Bernardus Johannes), *Nijkerk 1900 - Utrecht 1987,* prélat néerlandais. Archevêque d'Utrecht (1955), cardinal (1960), il a ouvert en 1965 le premier concile pastoral de l'histoire.

ALFVÉN (Hannes), *Norrköping 1908 - Stockholm 1995,* physicien suédois. Il étudia le plasma de la magnétosphère et découvrit les ondes qui se propagent dans ce milieu. (Prix Nobel 1970.)

ALGARDE (Alessandro **Algardi,** dit en fr. **l'**), *Bologne v. 1595 - Rome 1654,* sculpteur italien. Il fut le rival de Bernin (relief d'*Attila et saint Léon,* St-Pierre de Rome).

■ **ALGER**

ALGARVE, région constituant l'extrémité méridionale du Portugal.

ALGER, en ar. **al-Djazā'ir,** cap. de l'Algérie, ch.-l. de wilaya ; 2 600 000 hab. *(Algérois).* Métropole politique et économique du pays. Aéroport et port. — La vieille ville (casbah) est d'époque ottomane. Grande mosquée (XIe s.). Musées. — Capitale d'un État algérien sous la domination ottomane depuis le XVIe s., elle fut prise par les Français en 1830. Le Comité français de libération nationale s'y constitua en 1943. C'est d'Alger que partirent les événements responsables de la chute de la IVe République (13 mai 1958).

Alger (putsch d') [21 - 26 avr. 1961], tentative de sédition militaire déclenchée en Algérie afin de s'opposer à la politique algérienne du général de Gaulle. Sous l'impulsion des généraux Challe (1905 - 1979), Jouhaud (1905 - 1995), Salan (1899 - 1984) et Zeller (1898 - 1979), une fraction de l'armée appuyée par une partie des Européens d'Algérie entra en rébellion contre le pouvoir. Peu suivi par le contingent et mal perçu en métropole, le putsch échoua.

ALGÉRIE n.f., en ar. **Barr al-Djazā'ir,** État d'Afrique, sur la Méditerranée ; 2 380 000 km² ; 28 600 000 hab. *(Algériens).* CAP. *Alger.* LANGUE : *arabe.* MONNAIE : *dinar algérien.*

INSTITUTIONS

République démocratique et populaire. Constitution de 1976, révisée en 1989 et en 1996. Le président de la République est élu pour 5 ans au suffrage universel. Il nomme le Premier ministre. Parlement bicaméral, composé de l'Assemblée populaire nationale, élue pour 5 ans, et du Conseil de la nation (2/3 des membres élus, 1/3 désignés par le président de la République).

GÉOGRAPHIE

Très vaste (plus de 4 fois la superficie de la France), l'Algérie est encore globalement peu peuplée. La majeure partie du pays appartient en fait au Sahara. La population, rapidement croissante (plus de 2 % par an), est concentrée sur le littoral, au climat méditerranéen, ou à proximité. Elle juxtapose arabophones (largement majoritaires) et berbérophones (Aurès, Kabylie), tous musulmans. Le fort taux de natalité explique sa grande jeunesse (plus de la moitié des Algériens ont moins de 20 ans) et les problèmes posés dans les domaines de l'éducation et de l'emploi. L'urbanisation a progressé plus vite que l'industrie, pourtant favorisée par les revenus tirés de l'extraction du pétrole et du gaz naturel, bases des exportations. L'élevage ovin domine sur les Hautes Plaines. La frange méditerranéenne, site des principales villes, porte quelques cultures (blé, orge), parfois irriguées (agrumes). Après l'indépendance, la socialisation de l'économie n'a pas stimulé la productivité. L'émigration (vers la France) n'a pas enrayé la montée du chômage. La dette extérieure est élevée. L'économie pâtit

en outre de la violence qui sévit dans le pays, freinant les investissements et hypothéquant les perspectives de développement.

HISTOIRE

L'Algérie antique. Peuplée par les Berbères, l'Algérie est influencée par les civilisations phénicienne (fin du IIe millénaire) puis carthaginoise (VIIe-IIIe s. av. J.-C.). Les Berbères, les Maures et les Numides organisent des royaumes puissants en Numidie et en Mauritanie. **IIe s. av. J.-C. :** sous la domination romaine (victoire de Marius sur Jugurtha en 105 av. J.-C.), l'Algérie connaît un réel essor (développement de Timgad, Tébessa). Elle est christianisée. **Ve s. :** les Vandales dévastent le pays. **VIe - VIIe s. :** domination de Byzance.

Arabes et Berbères. VIIe s. : arrivée des Arabes (raids d'Uqba ibn Nafi 681 - 682). L'Algérie est islamisée et gouvernée de Damas par des califes omeyyades, puis de Bagdad par des califes abbassides. Les Berbères résistent à la domination arabe. **Xe - XIe s. :** suzeraineté des Fatimides (dynastie chiite). **XIe - XIIe s. :** deux dynasties berbères, les Almoravides puis les Almohades, dominent le Maghreb et une partie de l'Espagne. **XIIIe-XVIe s. :** le pays est morcelé en de nombreuses principautés (dont une des plus importantes à Tlemcen), confédérations tribales ou ports libres. Le littoral s'ouvre à la civilisation andalouse.

La régence d'Alger. 1518 : face à la menace espagnole, les Algérois font appel aux corsaires turcs. L'un deux, Barberousse, place Alger sous la protection ottomane. **1587 :** l'Algérie forme la régence d'Alger. Elle est gouvernée par les deys à partir du XVIIe s. et vit essentiellement de la course des navires corsaires en Méditerranée.

La colonisation française. Juillet 1830 : le gouvernement de Charles X fait occuper Alger. **1832 - 1847 :** résistance d'Abd el-Kader, qui déclare la guerre à la France (1839) et qui est vaincu par le général Bugeaud. **1852 - 1870 :** la conquête est achevée avec l'occupation de la Kabylie et des confins sahariens. De nombreux colons s'installent surtout après 1870 (env. 984 000 « pieds-noirs » en 1954). **1870 - 1940 :** l'économie connaît un certain essor, mais la situation des indigènes ne s'améliore pas. **1er nov. 1954 :** insurrection algérienne qui marque le début de la guerre d'Algérie (→ **Algérie** [guerre d']). **1962 :** l'Algérie devient indépendante.

L'Algérie indépendante. 1963 : A. Ben Bella, président de la nouvelle République, établit un régime socialiste à parti unique (FLN). **1965 :** il est renversé par H. Boumediene, qui oriente la politique extérieure, d'abord anti-impérialiste, dans le sens du non-alignement. **1979 :** le colonel Chadli succède à Boumediene après sa mort. **1988 :** de graves émeutes éclatent contre la cherté de la vie et les pénuries. Chadli lance un programme de réformes politiques et économiques. **1989 :** une importante réforme de la Constitution est adoptée. Le FLN perd le statut de parti unique ; le multipartisme est instauré. **1992 :** après le succès remporté par le Front islamique du salut (FIS) lors du premier tour des élections législatives (déc. 1991), Chadli démissionne (janv.). Le processus électoral est suspendu et un Haut Comité d'État, présidé par Mohamed Boudiaf, assure transitoirement le pouvoir. L'état d'urgence est instauré (févr.) et le FIS est dissous (mars). Boudiaf est assassiné (juin) ; Ali Kafi lui succède (juill.). Le pouvoir doit faire face à la montée du terrorisme islamiste. **À partir de 1993 :** la violence s'accroît (multiplication des attentats islamistes, notamment contre les étrangers et les intellectuels). Un nouveau régime de transition, mis en place en janvier 1994 et présidé par le général L. Zeroual, répond à cette situation à la fois par la répression et par des tentatives de négociation. **1995 :** une élection présidentielle pluraliste confirme L. Zeroual à la tête de l'État. **1996 :** une révision de la Constitution étend les pouvoirs du président de la République. **1997 :** les élections législatives et locales sont remportées par le parti présidentiel. Mais la violence se radicalise encore (massacres collectifs de populations civiles). **1999 :** L. Zeroual quitte ses fonctions avant la fin de son mandat. Abdelaziz Bouteflika est élu à la présidence de la République (avr.). Il engage une politique de réconciliation nationale, largement approuvée par la population lors d'un référendum (sept.), mais qui se révèle vite impuissante à juguler une violence quasi quotidienne.

Algérie (guerre d') [1954 - 1962], conflit qui opposa, en Algérie, les nationalistes algériens au pouvoir d'État français. Apparu pendant l'entre-deux-guerres, le nationalisme musulman se radicalise peu à peu jusqu'aux émeutes du Constantinois (mai 1945) et à leur violente répression, qui creusent un fossé irréversible entre les communautés musulmane et française. Le 1er novembre 1954, la rébellion éclate en Grande Kabylie et dans les Aurès. Elle est animée principalement par le Front de libération nationale (FLN), fondé par A. Ben Bella, et par son bras armé, l'Armée de libération nationale (ALN). En 1955, le gouvernement français instaure l'état d'urgence et, en 1956, il envoie 400 000 hommes pour pacifier le territoire algérien. A. Ben Bella est arrêté et, en 1957, les réseaux du FLN sont éliminés à Alger. À la suite de la manifestation favorable à l'« Algérie française » du 13 mai 1958, le général de Gaulle revient au pouvoir et met peu à peu en œuvre une politique d'autodétermination pour l'Algérie (discours du 16 sept. 1959). De son côté, le FLN instaure (1958) le Gouvernement provisoire de la République algérienne (GPRA). Le 18 mars 1962, les accords d'Évian mettent fin à la guerre d'Algérie, et le 1er juillet, l'Algérie, choisit, par référendum, l'indépendance.

ALGÉROIS, région centrale de l'Algérie, correspondant au premier département d'Alger.

ALGÉSIRAS, v. d'Espagne (Andalousie), sur le détroit de Gibraltar ; 101 256 hab. Port. – Conférence internationale (1906) sur le Maroc, favorable surtout à la France.

ALGONQUINS, peuple amérindien du Canada (env. 7 000, au Québec et dans l'Ontario). Ils furent les alliés des Français dans le commerce des fourrures et dans les guerres contre les Anglais. Ils parlent une langue *algonquienne.*

ALGRANGE (57440), ch.-l. de cant. de la Moselle ; 6 266 hab.

Alhambra, forteresse et résidence des souverains arabes à Grenade. Élevée aux XIIIe et XIVe s., elle est pourvue de riches décors. Charles Quint l'a augmentée d'un palais à l'italienne. Beaux jardins.

■ **ALHAMBRA.** La cour des Lions, XIVe s.

ALHAZEN → **IBN AL-HAYTHAM.**

ALI, époux de Fatima et gendre de Mahomet. Quatrième calife (656-661), il fut assassiné à Kufa, sa capitale. Son tombeau supposé, à Nadjaf, devint un centre de pèlerinage.

ALI (Cassius **Clay**, puis Muhammad), *Louisville, Kentucky, 1942,* boxeur américain. Il a été plusieurs fois champion du monde des poids lourds.

Ali Baba, personnage des **Mille et Une Nuits.* Grâce à la formule magique « Sésame, ouvre-toi », Ali Baba ouvre la caverne où 40 voleurs ont entassé un fabuleux butin.

ALICANTE, v. d'Espagne, ch.-l. de prov., sur la Méditerranée ; 265 473 hab. Port. – Musées archéologique et d'Art moderne.

Alice au pays des merveilles, conte pour enfants de Lewis Carroll (1865). C'est le récit d'un rêve d'Alice, dans lequel la petite fille, en suivant un lapin blanc, découvre un monde gouverné par une logique absurde et menaçante.

ALIDES, descendants de Ali, considérés par les chiites comme les seuls héritiers spirituels du Prophète.

■ **ALIÉNOR D'AQUITAINE.** Gisant (XIIe s.) à l'abbaye de Fontevraud (Maine-et-Loire).

ALIÉNOR D'AQUITAINE, *1122 - Fontevraud 1204,* reine de France puis d'Angleterre. Duchesse d'Aquitaine (1137 - 1204), elle épousa (1137) Louis VII, roi de France, qui la répudia (1152) ; elle se remaria la même année au futur roi d'Angleterre, Henri II Plantagenêt. Emprisonnée pour avoir soutenu la révolte de ses fils (1173), elle joua à nouveau un rôle politique important sous deux d'entre eux : Richard Ier Cœur de Lion puis Jean sans Terre. Elle favorisa aussi le développement de la poésie courtoise.

ALIGARH, v. d'Inde (Uttar Pradesh) ; 479 978 hab. Université.

ALI PACHA ou **ALI PAŞA,** *Istanbul 1815 - Bebek 1871,* homme d'État ottoman. Il fut l'un des principaux réformateurs du Tanzimat (1839 - 1876).

ALI PACHA DE TEBELEN, *Tebelen v. 1744 - Ioánnina 1822,* gouverneur ottoman de Ioánnina. Révoqué par le gouvernement ottoman en 1820, il résista deux ans dans Ioánnina assiégée.

Aliscamps → **Alyscamps.**

ALISE-SAINTE-REINE (21150), comm. de la Côte-d'Or, au pied de l'emplacement probable d'Alésia ; 686 hab. Musée d'Alésia.

ALIX → **ADÉLAÏDE DE SAVOIE** et **ADÈLE DE CHAMPAGNE.**

ALKMAAR, v. des Pays-Bas, au N.-O. d'Amsterdam ; 90 778 hab. Marché aux fromages. – Ville pittoresque aux monuments gothiques.

ALLAH, nom arabe désignant le Dieu unique, et adopté par les musulmans et aussi par les chrétiens arabophones.

ALLAHABAD, anc. **Ilahabad,** v. d'Inde, au confluent du Gange et de la Yamuna ; 858 213 hab. Centre de pèlerinage. – Colonne d'Ashoka. Fort d'Akbar. Musée.

ALLAIRE (56350), ch.-l. de cant. du Morbihan ; 3 278 hab.

ALLAIS (Alphonse), *Honfleur 1854 - Paris 1905,* écrivain français. Cet humoriste imposa dans ses récits *(le Captain Cap)* et ses chroniques un comique fondé sur l'absurde et la mystification.

ALLAIS (Émile), *Megève 1912,* skieur français. Champion du monde de la descente, du slalom et du combiné en 1937, il a promu une nouvelle méthode de ski.

ALLAIS (Maurice), *Paris 1911,* économiste français. De tendance libérale, il a contribué au développement de l'économie mathématique ainsi qu'à l'étude de l'équilibre économique général et de la théorie des marchés, de la monnaie et du crédit. (Prix Nobel 1988.)

ALLAUCH [alo] (13190), ch.-l. de cant. des Bouches-du-Rhône, au N.-E. de Marseille ; 19 042 hab. *(Allaudiens).* Église des XVIe-XVIIIe s. et vestiges divers.

ALLEGHENY ou **ALLEGHANY** n.m., massif et plateau du centre des Appalaches, aux États-Unis.

ALLÈGRE (Claude), *Paris 1937,* géochimiste français. Ses travaux de géologie isotopique contribuent à la compréhension du fonctionnement global de la Terre d'un point de vue chimique. Il a publié plusieurs ouvrages de vulgarisation. Il a été de 1997 à 2000 ministre de l'Éducation nationale, de la Recherche et de la Technologie. (Prix Crafoord 1986.)

ALLEMAGNE n.f., en all. **Deutschland,** État fédéral d'Europe centrale ; 357 000 km² ; 81 700 000 hab. *(Allemands).* **CAP.** *Berlin.* **LANGUE :** *allemand.* **MONNAIES :** *euro* et *Deutsche Mark* ou *mark.* Le pays est formé de 16 Länder (États) : Bade-Wurtemberg, Bavière, Berlin, Brandebourg, Brême, Hambourg, Hesse, Mecklembourg-Poméranie-Occidentale, Rhénanie-du-Nord-Westpha-

A

DANEMARK
SUÈDE
MER DU NORD
MER BALTIQUE
PAYS-BAS
BELGIQUE
LUXEMBOURG
FRANCE
SUISSE
AUTRICHE
RÉPUBLIQUE TCHÈQUE
POLOGNE
LIECHTENSTEIN
SCHLESWIG-HOLSTEIN
MECKLEMBOURG-POMÉRANIE-OCC.
HAMBOURG
BRÊME
BASSE-SAXE
SAXE-ANHALT
BRANDEBOURG
BERLIN
RHÉNANIE-DU-NORD-WESTPHALIE
HESSE
THURINGE
SAXE
RHÉNANIE-PALATINAT
SARRE
BADE-WURTEMBERG
BAVIÈRE
Roskilde
Odense
Haderslev
Rømø
Åbenrå
Svendborg
Naestved
Bornholm
Sylt
Sønderborg
Lolland
Nykøbing
Flensburg
Baie de Kiel
Îles de la Frise sept.
Husum
Schleswig
Sassnitz
Rügen
Stralsund
Heide
Kiel
Rendsburg
Oldenburg
Warnemünde
Greifswald
Neumünster
Rostock
Świnoujście
Itzehoe
Lübeck
Wismar
Anklam
Îles de la Frise orient.
Cuxhaven
Elmshorn
Malchin
Wilhelmshaven
Stade
Hambourg
Schwerin
Emden
Bremerhaven
Neubrandenburg
Szczecin
Groningue
Leeuwarden
Leer
Oldenburg
Lüneburg
Ludwigslust
Neustrelitz
Prenzlau
Elbe
Brême
Schwedt
Oder
Wittenberge
Emmen
Ems
Uelzen
Neuruppin
Eberswalde
Diepholz
Nienburg
Zwolle
Lingen
Celle
Rathenow
Hanovre
Wolfsburg
Stendal
Apeldoorn
Minden
Brandenburg
Potsdam
Enschede
Rheine
Osnabrück
Brunswick
Francfort-sur-l'Oder
Hildesheim
Magdeburg
Luckenwalde
Arnhem
Coesfeld
Salzgitter
Münster
Bielefeld
Leine
Halberstadt
Wittenberg
Gütersloh
Weser
Bernburg
Dessau
Cottbus
Rhin
Recklinghausen
Hamm
Lippe
Harz
Spree
Gelsenkirchen
Paderborn
Saale
Mulde
Torgau
Hoyerswerda
Oberhausen
Dortmund
Göttingen
Duisburg
Essen
Bochum
Nordhausen
Halle
Elsterwerda
Krefeld
Hagen
Münden
Leipzig
Riesa
Bautzen
Görlitz
Wuppertal
Ruhr
Kassel
Meissen
Mönchengladbach
Düsseldorf
Korbach
Mühlhausen
Weissenfels
Dresde
Naumburg
Cologne
Siegen
Gotha
Erfurt
Aix-la-Chapelle
Fulda
Eisenach
Weimar
Zeitz
Chemnitz
Elbe
Liberec
Bonn
Marburg a. d. Lahn
Iéna
Gera
Bad-Godesberg
Werra
Zwickau
Erzgebirge
Giessen
Fulda
Suhl
Thüringer Wald
Limburg
Plauen
Ohře
Coblence
Coburg
Hof
Karlovy Vary
Kladno
Eifel
Moselle
Francfort
Bitburg
Wiesbaden
Offenbach
Schweinfurt
Bayreuth
Cheb
PRAGUE
Main
Mayence
Aschaffenburg
Bamberg
Weiden-i. d. Opbf.
Bad Kreuznach
Darmstadt
Würzburg
Trèves
Hunsrück
Plzeň
Worms
Erlangen
Franconien
Ludwigshafen
Mannheim
Fürth
Amberg
Kaiserslautern
Nuremberg
Böhmerwald
Sarrelouis
Heidelberg
Ansbach
Cham
Sarrebruck
Spire
Rachel
1452
Pirmasens
Crailsheim
Hardt
Metz
Karlsruhe
Heilbronn
Jura
Ratisbonne
České Budějovice
Pforzheim
Ludwigsburg
Rastatt
Stuttgart
Ingolstadt
Danube
Nancy
Esslingen
Baden-Baden
Heidenheim
Donauwörth
Passau
Strasbourg
Tübingen
Landshut
Offenburg
Reutlingen
Jura Souabe
Ulm
Isar
Linz
Augsbourg
Dachau
Inn
Wels
Épinal
Forêt-Noire
Fribourg-en-Brisgau
Biberach
Munich
Steyr
Vosges
Colmar
Sigmaringen
Starnberg
Enns
Tüttlingen
Memmingen
Ravensburg
Kempten
Rosenheim
Salzbourg
Mulhouse
Belfort
Lörrach
Constance
Friedrichshafen
Oberammergau
Berchtesgaden
Lindau
Kufstein
Dachstein
2996
Winterthur
Lac de Constance
Garmisch-Partenkirchen
Hochkönig
2938
Bâle
Zurich
St-Gall
Bienne
Innsbruck
10°
15°
55°
50°
0
50 km
200
500
1000 m
aéroport
autoroute
route
voie ferrée
plus de 1 000 000 h.
de 500 000 à 1 000 000 h.
de 100 000 à 500 000 h.
moins de 100 000 h.
autre localité ou site
Brême : capitale de Land

lie, Rhénanie-Palatinat, Sarre, Saxe, Basse-Saxe, Saxe-Anhalt, Schleswig-Holstein, Thuringe.

INSTITUTIONS

Nom officiel : République fédérale d'Allemagne. Loi fondamentale de 1949. Les 16 Länder ont chacun une Assemblée. Le président de la République (chef de l'État) est élu pour 5 ans par l'Assemblée fédérale (Bundestag et certains représentants des Länder). Le chancelier dirige le gouvernement fédéral (élu par le Bundestag sur proposition du chef de l'État). Le Parlement bicaméral est composé du Bundestag, élu pour 4 ans au suffrage universel direct, et du Bundesrat, désigné par les gouvernements des Länder.

GÉOGRAPHIE

L'Allemagne est de loin la première puissance économique de l'Europe, dont elle constitue aussi l'État le plus peuplé, après la Russie. L'histoire, plus que le milieu naturel (la superficie est restreinte : moins des deux tiers de celle de la France), explique cette primauté et, en particulier, la précocité et l'ampleur du développement commercial et industriel (celui-ci facilité toutefois par l'abondance de la houille de la Ruhr). Le caractère relativement récent de l'unité allemande (seconde moitié du XIXe s.) est aussi responsable, malgré le poids acquis par Berlin, de la présence de grandes villes (Hambourg, Munich, Francfort, Cologne, Stuttgart, Brême, Hanovre, Leipzig, Dresde) jouant toutes un rôle important dans la vie économique, sociale et culturelle du pays. Plus de 85 % des Allemands vivent d'ailleurs en ville. La population est dense (proche de 230 hab. au km², plus du double de la densité française), particulièrement dans les régions rhénanes. Elle a néanmoins diminué récemment, en raison d'un taux de natalité très bas, devenu inférieur à un taux de mortalité influencé par un vieillissement déjà sensible.

Environ le tiers des actifs sont employés dans un secteur industriel à vocation fortement exportatrice, concentré dans ses structures, mais diversifié dans ses productions. En tête viennent les constructions mécaniques (dont l'automobile) et électriques et la chimie, loin devant des branches traditionnelles, souvent en difficulté (comme l'extraction houillère, la sidérurgie ou le textile). L'agriculture n'occupe plus guère que 4 % des actifs, mais satisfait (au moins) la majeure partie des besoins nationaux en céréales, produits laitiers, sucre, pomme de terre, viande, fruits et légumes. Les services emploient donc la majeure partie de la population active, part témoignant du niveau du développement de l'économie. Environ 30 % de la production (produits industriels essentiellement) sont exportés (dont plus de la moitié vers les partenaires de l'Union européenne). Ce taux, exceptionnellement élevé compte tenu de l'importance du marché intérieur, permet de compenser le traditionnel déficit de la balance des services (investissements à l'étranger, solde négatif du tourisme).

L'intégration des Länder de l'ancienne RDA est coûteuse (modernisation des infrastructures et équipements notamment) et cette partie orientale du pays connaît un taux élevé de chômage. L'Allemagne souffre par ailleurs, comme les autres pays développés, de la concurrence des nouveaux pays industriels.

HISTOIRE

Les origines. **Ier millénaire av. J.-C. :** les Germains s'installent entre Rhin et Vistule, refoulant les Celtes en Gaule. Ils sont repoussés vers l'est par les Romains, qui établissent une frontière fortifiée (limes) entre Coblence et Ratisbonne. **Ve - VIe s. :** lors des Grandes Invasions, les Barbares germaniques fondent des royaumes parmi lesquels celui des Francs s'impose aux autres. **800 :** fondation de l'Empire carolingien. **843 :** le traité de Verdun partage l'Empire en trois royaumes : à l'est, la *Francia orientalis* de Louis le Germanique constituera la Germanie. **919 :** Henri Ier l'Oiseleur, duc de Saxe, est élu roi de Germanie.

Le Saint Empire. **962 :** le Saxon Otton Ier le Grand, roi de Germanie et d'Italie, fonde le Saint Empire romain germanique. **1024 - 1138 :** la dynastie franconienne se heurte à la papauté : c'est la querelle des Investitures (1076 - 1122), marquée par l'humiliation d'Henri IV à Canossa (1077). **1138 - 1250 :** la dynastie souabe (Hohenstaufen), avec Frédéric Ier Barberousse (1152 - 1190) et Frédéric II (1220 - 1250), engage la lutte du Sacerdoce et de l'Empire. **1250 - 1273 :** le Grand Interrègne, période d'anarchie, favorise l'émancipation des principautés. **1273 - 1291 :** Rodolphe Ier de Habsbourg est à la tête de l'Empire, avec le titre de roi des Romains. **1356 :** Charles IV de Luxembourg promulgue la Bulle d'or, véritable Constitution du Saint Empire. **XVIe s. :** l'Empire, à son apogée avec Maximilien Ier (1493 - 1519) et Charles Quint (1519 - 1556), voit son unité religieuse brisée par la Réforme protestante. **1618 - 1648 :** la guerre de Trente Ans ravage le pays. **1648 :** les traités de Westphalie confirment la division religieuse et politique (350 États) du pays et la faiblesse du pouvoir impérial. **XVIIIe s. :** le royaume de Prusse, dirigé par les Hohenzollern (à partir de 1701), domine l'Allemagne et devient une grande puissance sous Frédéric II. **1806 :** Napoléon écrase la Prusse à Iéna et remplace le Saint Empire par une Confédération du Rhin excluant l'Autriche et la Prusse.

L'unité allemande. **1815 :** au congrès de Vienne, la Confédération du Rhin est remplacée par une Confédération germanique (39 États autonomes) englobant Prusse et Autriche. **1834 :** union douanière entre les États allemands *(Zollverein)*. **1848 - 1850 :** échec des mouvements nationaux et libéraux. L'Autriche et la Prusse luttent pour constituer à leur profit une « Grande » ou une « Petite » Allemagne. **1862 - 1871 :** Bismarck réalise l'unité allemande, après avoir éliminé l'Autriche (Sadowa, 1866) et vaincu la France (1870 - 1871). **1871 :** l'« Empire allemand » est proclamé à Versailles (le roi de Prusse devient *Kaiser*). **1871 - 1890 :** Bismarck met en œuvre la politique du *Kulturkampf*. L'expansion industrielle, remarquable, va de pair avec la formation d'un puissant parti socialiste. **1890 - 1914 :** Guillaume II, qui a obtenu la démission de Bismarck, ajoute à sa politique coloniale des prétentions pangermanistes. **1914 - 1918 :** la Première Guerre mondiale s'achève par la défaite de l'Allemagne (traité de Versailles, 28 juin 1919).

De Weimar au IIIe Reich. **1919 :** la première Constitution démocratique est promulguée. Le social-démocrate F. Ebert est élu président de la République. La république de Weimar (17 États ou Länder) réprime le mouvement spartakiste (1919). L'humiliation causée par le traité de Versailles, l'occupation de la Ruhr par la France (1923 - 1925) et la crise économique favorisent la montée du nazisme. **1925 :** Hindenburg remplace Ebert. **1933 - 1934 :** Hitler, chancelier et « Führer », inaugure le IIIe Reich, un État dictatorial et centralisé. **1936 :** remilitarisation de la Rhénanie. **1938 - 1939 :** l'Allemagne annexe l'Autriche *(Anschluss)* et une partie de la Tchécoslovaquie, puis attaque la Pologne. **1939 - 1945 :** Seconde Guerre mondiale. L'Allemagne envahit et occupe la France et la plupart des pays européens, mais échoue face à la résistance de la Grande-Bretagne et de l'URSS, alliées aux États-Unis. Elle capitule le 8 mai 1945.

De l'occupation à la partition. **1945 - 1946 :** vaincue, l'Allemagne est occupée par les armées alliées des États-Unis, de la France, de la Grande-Bretagne et de l'URSS, et sa frontière avec la Pologne est limitée à l'est par la ligne Oder-Neisse. **1948 :** les États-Unis, la France et la Grande-Bretagne décident la création d'un État fédéral dans leurs zones d'occupation. L'URSS bloque les accès de Berlin-Ouest (jusqu'en mai 1949). **1949 :** la partition de fait est consacrée par la création de la République fédérale d'Allemagne ou RFA (23 mai) et, dans la zone d'occupation soviétique, de la République démocratique allemande ou RDA (7 oct.). Ces deux États précisent cependant dans leurs Constitutions que l'Allemagne est une république indivisible et que le peuple allemand devra parachever son unité.

La République fédérale d'Allemagne. **1949 :** à l'issue des élections remportées par la CDU (Union chrétienne démocrate), K. Adenauer devient chancelier. Bénéficiant de l'aide américaine (plan Marshall), l'Allemagne amorce un redressement économique rapide. Elle accueille des millions de réfugiés allemands expulsés de Hongrie, de Pologne et de Tchécoslovaquie. **1951 :** révision du statut d'occupation. La RFA entre dans la CECA. **1955 :** elle devient membre de l'OTAN. **1956 :** création de la Bundeswehr. **1958 :** la RFA entre dans la CEE. **1963 :** traité d'amitié et de coopération franco-allemand. **1963 - 1966 :** sous le chancelier L. Erhard (chrétien-démocrate), le « miracle économique » allemand se poursuit. **1966 - 1969 :** le chancelier K. Kiesinger, chrétien-démocrate, forme un gouvernement de « grande coalition » CDU-SPD (Parti social-démocrate). **1969 - 1974 :** le chancelier W. Brandt, social-démocrate, forme un gouvernement de « petite coalition » avec le Parti libéral. Il axe sa politique sur l'ouverture à l'Est *(Ostpolitik)*. Après avoir conclu un traité avec l'URSS et reconnu la ligne Oder-Neisse comme frontière germano-polonaise (1970), la RFA signe avec la RDA le traité interallemand de reconnaissance mutuelle (1972). **1974 - 1982 :** le chancelier H. Schmidt, social-démocrate, maintient la coalition avec les libéraux. **1982 - 1987 :** le chancelier H. Kohl, chrétien-démocrate, forme un gouvernement de coalition avec le Parti libéral. Les Verts font leur entrée au Bundestag en 1983. **1984 :** Richard von Weiszäcker est élu à la présidence de la République. **1987 :** la coalition CDU-Parti libéral remporte les élections et Kohl demeure chancelier. **1989 :** la RFA est confrontée aux problèmes posés par un afflux massif de réfugiés est-allemands et par les changements intervenus en RDA.

La République démocratique allemande. Organisée économiquement et politiquement sur le modèle soviétique, la RDA est dirigée par le Parti socialiste unifié (SED). **1949 :** Wilhelm Pieck devient président de la République et Otto Grotewohl chef du gouvernement. **1950 :** Walter Ulbricht est élu premier secrétaire du SED. La RDA adhère au Comecon. **1953 :** des émeutes ouvrières éclatent. **1955 :** la RDA adhère au pacte de Varsovie. **1960 :** mort de W. Pieck. La fonction de président de la République est remplacée par un organe collectif, le Conseil d'État, dont W. Ulbricht devient président. **1961 :** afin d'enrayer la forte émigration des Allemands de l'Est vers la RFA, un mur est construit séparant Berlin-Est et Berlin-Ouest. **1963 :** le système de planification économique est assoupli. **1964 :** Willi Stoph succède à Grotewohl comme chef du gouvernement. **1972 :** le traité interallemand de reconnaissance mutuelle est signé, ouvrant la voie à la reconnaissance de la RDA par les pays occidentaux. **1973 :** mort de W. Ulbricht. W. Stoph accède à la tête de l'État. **1976 :** E. Honecker (devenu premier secrétaire du SED en 1971) succède à W. Stoph, qui redevient chef du gouvernement. **1989 :** un exode massif de citoyens est-allemands vers la RFA et d'importantes manifestations réclamant la démocratisation du régime provoquent à partir d'octobre la démission des principaux dirigeants (dont Honecker et Stoph), l'ouverture du mur de Berlin et de la frontière interallemande, l'abandon de toute référence au rôle dirigeant du SED. **1990 :** lors des premières élections libres (mars), l'Alliance pour l'Allemagne, dont la CDU est la formation majoritaire, remporte une large victoire. Son leader, Lothar de Maizière, forme un gouvernement de coalition.

L'Allemagne réunifiée. **1990 :** l'union économique et monétaire entre la RFA et la RDA intervient en juillet. Le traité de Moscou (sept.) entre les deux États allemands, les États-Unis, la France, la Grande-Bretagne et l'URSS fixe les frontières de l'Allemagne unie, dont il restaure l'entière souveraineté. Les Länder (Brandebourg, Mecklembourg-Poméranie-Occidentale, Saxe, Saxe-Anhalt et Thuringe) sont reconstitués en Allemagne de l'Est (juill.) et, avec le Land de Berlin, adhèrent à la RFA. L'unification de l'Allemagne est proclamée le 3 octobre. Les premières élections de l'Allemagne unie (déc.) sont remportées par la coalition CDU-Parti libéral dirigée par Kohl. **1992 :** des extrémistes de droite commettent des violences à l'encontre des immigrés et des demandeurs d'asile. **1993 :** révision constitutionnelle limitant le droit d'asile. **1994 :** les élections confirment au pouvoir la coalition CDU-Parti libéral dirigée par H. Kohl, reconduit pour la quatrième fois à la tête du gouvernement. Roman Herzog est élu à la présidence de la République. **1998 :** après la nette victoire du SPD (Parti social-démocrate) aux élections, le nouveau chancelier, Gerhard Schröder, forme un gouvernement de coalition avec les Verts. **1999 :** l'Allemagne participe à l'intervention militaire de l'OTAN puis à la force multinationale de maintien de la paix au Kosovo. Johannes Rau est élu à la présidence de la République.

ALLEMANE (Jean), *Sauveterre 1843 - Herblay 1935,* syndicaliste et homme politique français. Il fonda le Parti ouvrier socialiste révolutionnaire (POSR) ou allemaniste, préconisant la grève générale comme moyen d'action révolutionnaire.

ALLEN (Allen Stewart **Konigsberg,** dit Woody), *New York 1935,* cinéaste et acteur américain. Représentant un certain type d'humour juif new-yorkais, fait de lucidité et d'autodérision, il réalise des comédies burlesques et des œuvres plus graves (*Prends l'oseille et tire-toi,* 1969 ; *Annie Hall,* 1977 ; *Intérieurs,* 1978 ; *Manhattan,* 1979 ; *Une autre femme,* 1988 ; *Maris et femmes,* 1992 ; *Maudite Aphrodite,* 1995 ; *Accords et désaccords,* 1999 ; *Escrocs mais pas trop,* 2000).

ALLENBY (Edmund, vicomte), *Brackenhurst, Nottinghamshire, 1861 - Londres 1936,* maréchal britannique. Commandant les forces britanniques en Palestine (1917 - 1918), il prit Jérusalem, Damas et Alep, puis contraignit les Turcs à capituler. Haut-commissaire en Égypte, il contribua à élaborer le traité d'indépendance de l'Égypte (1922).

ALLENDE GOSSENS (Salvador), *Valparaíso 1908 - Santiago 1973,* homme politique chilien. Socialiste, président de la République, élu par une coalition d'Unité populaire (1970), il entreprit une politique de réformes sociales aux effets économiques négatifs. Il fut renversé par un putsch militaire, dirigé par le général Pinochet, au cours duquel il se suicida.

■ WOODY **ALLEN**

■ SALVADOR **ALLENDE**

ALLENTOWN, v. des États-Unis (Pennsylvanie) ; 105 090 hab. Centre industriel.

ALLEPPEY, v. d'Inde (Kerala), sur la côte de Malabar ; 264 887 hab. Port.

ALLEVARD (38580), ch.-l. de cant. de l'Isère, sur le Bréda ; 3 110 hab. *(Allevardins).* Station thermale. Métallurgie. Sports d'hiver au *Collet d'Allevard.*

Allgemeine Elektricitäts-Gesellschaft → AEG.

Alliance (Quadruple-) [2 août 1718], pacte formé entre la France, l'Angleterre, les Provinces-Unies et le Saint Empire contre l'Espagne. Cette dernière y adhéra en 1720, renonçant ainsi à ses possessions italiennes.

Alliance (Quadruple-) [20 nov. 1815], pacte conclu, sur l'initiative de Castlereagh, entre l'Angleterre, l'Autriche, la Prusse et la Russie. Elle avait pour but de préserver l'équilibre européen.

Alliance (Sainte-) [26 sept. 1815], pacte de fraternité et d'assistance mutuelle conclu entre les souverains de Russie, d'Autriche et de Prusse. Les Alliés lui préférèrent la Quadruple-Alliance de 1815.

Alliance (Triple-) [23 janv. 1668], pacte formé à La Haye par l'Angleterre, les Provinces-Unies et la Suède contre la France.

Alliance (Triple-) ou **Triplice** [20 mai 1882], accord défensif conclu entre l'Allemagne, l'Autriche-Hongrie et l'Italie. Elle cessa lors de l'entrée en guerre de l'Italie aux côtés des Alliés en 1915.

Alliance française, association fondée en 1883 pour étendre l'influence de la France à l'étranger par la propagation de la langue et de la culture françaises.

ALLIER n.m., riv. de France, dans le Massif central, née en Lozère, affl. de la Loire (r. g.) ; 410 km. L'Allier draine les Limagnes, puis le Bourbonnais, passe à Vichy et à Moulins et conflue près de Nevers au *bec d'Allier.*

ALLIER n.m. (03), dép. de la Région Auvergne ; ch.-l. de dép. *Moulins ;* ch.-l. d'arrond. *Montluçon, Vichy ;* 3 arrond. ; 35 cant. ; 320 comm. ; 7 340 km² ; 344 721 hab. Le dép. appartient à l'académie de Clermont-Ferrand, à la cour d'appel de Riom, à la zone de défense Sud-Est. Peu peuplé, il subit toujours un notable exode rural. La vie agricole reste dominée par l'élevage (bovins surtout). Après la disparition ou le recul des activités traditionnelles (houille, métallurgie), l'industrie est représentée notamment par l'équipement automobile, l'armement et l'électronique. Le thermalisme et le tourisme animent la région de Vichy.

ALLIOT-MARIE (Michèle), *Villeneuve-le-Roi 1946,* femme politique française. Secrétaire d'État chargée de l'Enseignement (1986 - 1988), ministre de la Jeunesse et des Sports (1993 - 1995), elle est présidente du RPR depuis 1999.

ALLOBROGES, peuple de la Gaule, qui habitait le Dauphiné et la Savoie.

ALLONNES (49650), ch.-l. de cant. de Maine-et-Loire ; 2 660 hab. *(Allonnais).*

ALLONNES (72700), comm. de la Sarthe, banlieue du Mans ; 12 440 hab. *(Allonnais).*

ALLOS (04260), ch.-l. de cant. des Alpes-de-Haute-Provence, dans la haute vallée du Verdon, au pied du *col d'Allos* (2 240 m) ; 644 hab. Sports d'hiver à *la Foux-d'Allos* et au *Seignus-d'Allos.*

ALLSCHWIL, comm. de Suisse, banlieue sud-ouest de Bâle ; 18 802 hab.

ALMA, anc. **Saint-Joseph d'Alma,** v. du Canada (Québec), à l'E. du lac Saint-Jean ; 26 467 hab. *(Almatois).* Métallurgie. Papeterie.

Alma (bataille de l') [20 sept. 1854], bataille de la guerre de Crimée. Victoire des Franco-Britanniques sur les Russes, à 10 km de l'embouchure de l'Alma. Cette bataille ouvrait aux alliés la route de Sébastopol.

ALMA-ATA → ALMATY.

Almageste (l'), traité de mathématiques et d'astronomie, composé par Claude Ptolémée, au IIe s., qui fit autorité jusqu'au XVIe s.

ALMAGRO (Diego **de**), *Almagro, prov. de Ciudad Real, 1475 - Cuzco 1538,* conquistador espagnol. Compagnon de Pizarro dans la conquête du Pérou, il fut étranglé sur son ordre.

ALMATY, anc. **Alma-Ata,** v. du Kazakhstan, au S. du lac Balkhach ; 1 156 000 hab. Elle fut la capitale du pays jusqu'en 1997.

ALMEIDA GARRETT (João Baptista **de**), *Porto 1799 - Lisbonne 1854,* écrivain et homme politique portugais. Il est l'auteur d'un théâtre nationaliste et romantique *(Un auto de Gil Vicente ; Frei Luís de Sousa).*

ALMELO, v. de l'est des Pays-Bas (Overijssel) ; 62 668 hab.

ALMERE, v. des Pays-Bas (Flevoland) ; 91 689 hab.

ALMERÍA, v. d'Espagne (Andalousie, ch.-l. de prov.), sur la Méditerranée ; 155 120 hab. Port. – Anc. forteresse arabe ; cathédrale du XVIe s.

ALMODÓVAR (Pedro), *Calzada de Calatrava 1949,* cinéaste espagnol. Mêlant provocation et humour noir, il fait la satire de la société espagnole contemporaine : *Dans les ténèbres* (1983), *Femmes au bord de la crise de nerfs* (1988), *Talons aiguilles* (1991), *la Fleur de mon secret* (1995), *Tout sur ma mère* (1999).

ALMOHADES, adeptes du mouvement réformiste lancé par Muhammad ibn Tumart (entre 1078 et 1081 - 1130), dont les dirigeants ont fondé une dynastie berbère qui régna sur le nord de l'Afrique et sur l'Andalousie de 1147 à 1269.

ALMORAVIDES, confrérie de moines guerriers et dynastie berbère qui régna sur le Maghreb et l'Andalousie de 1061 à 1147. Elle fut fondée par Yusuf ibn Tachfin.

ALMQUIST (Carl Jonas Love), *Stockholm 1793 - Brême 1866,* écrivain suédois. Son œuvre poétique et romanesque est l'une des plus originales du romantisme suédois *(le Livre de l'églantier).*

ALOMPRA → ALAUNGPAYA.

ALONG (baie d'), baie du Viêt Nam, au N.-E. d'Haiphong, semée de rochers calcaires.

ALONSO (Alicia **Martínez,** dite Alicia), *La Havane 1920,* danseuse et chorégraphe cubaine. Grande interprète de *Giselle,* elle a fondé en 1948 la troupe qui deviendra le Ballet national de Cuba et, en 1951, l'école qui deviendra en 1962 l'École nationale de ballet de Cuba.

ALOST, en néerl. **Aalst,** v. de Belgique, ch.-l. d'arrond. de la Flandre-Orientale, entre Bruxelles et Gand ; 76 382 hab. Collégiale St-Martin, de la fin du XVe s. ; maison des échevins (XIIIe-XVIe s.).

ALOXE-CORTON (21420), comm. de la Côte-d'Or, au N. de Beaune ; 173 hab. Vins rouges (corton).

ALPE-D'HUEZ (l') [38750], station de sports d'hiver (alt. 1 450 - 3 350 m) de l'Isère (comm. d'Huez), dans l'Oisans.

ALPES n.f. pl., le plus grand massif de l'Europe, partagé entre l'Allemagne, l'Autriche, la France, l'Italie, le Liechtenstein, la Slovénie et la Suisse, s'étendant sur plus de 1 000 km de la Méditerranée jusqu'à Vienne (Autriche) ; 4 808 m au mont Blanc. Malgré leur altitude, les Alpes sont pénétrables grâce à de profondes vallées (Rhône et Rhin, Isère, Inn, Enns, Drave, Adige), élargies par les glaciers quaternaires. La chaîne est franchie par de nombreuses routes et voies ferrées (Mont-Blanc, Grand-Saint-Bernard, Simplon, Saint-Gothard, Brenner), souvent en tunnel.
Les conditions naturelles (relief accidenté, climat rude) n'apparaissent guère favorables à l'homme. Pourtant, le peuplement est ancien et relativement dense, surtout dans les vallées, sites des villes, dont Grenoble et Innsbruck sont les plus grandes. L'économie – initialement fondée sur la polyculture vivrière, l'élevage transhumant, l'exploitation de la forêt et parfois du sous-sol – a été rénovée, au moins localement, par l'hydroélectricité et surtout par le tourisme.
Le développement des échanges, permis par l'amélioration des communications, a orienté

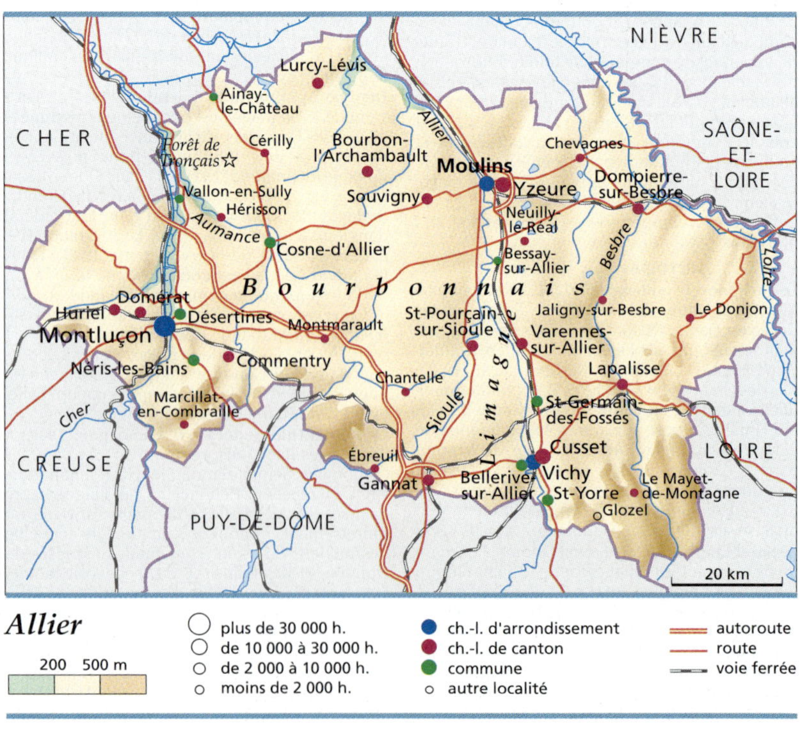

l'économie vers une spécialisation en fonction des aptitudes régionales : élevage bovin intensif pour les produits laitiers ; électrométallurgie et électrochimie, près des centrales (une grande partie de l'électricité est cependant exportée) ; tourisme d'été ou d'hiver en altitude ou en bordure des lacs subalpins (Léman, lac Majeur, lac de Constance). *[V. ill. page suivante.]*

ALPES (HAUTES-) [05], dép. de la Région Provence-Alpes-Côte d'Azur ; ch.-l. de dép. *Gap ;* ch.-l. d'arrond. *Briançon ;* 2 arrond. ; 30 cant. ; 177 comm. ; 5 549 km² ; 121 419 hab. *(Haut-Alpins).* Le dép. appartient à l'académie d'Aix-en-Provence-Marseille, à la cour d'appel de Grenoble, à la zone de défense Sud. Formé de parties du haut Dauphiné et de la Provence, c'est un dép. peu peuplé, en raison surtout des conditions naturelles difficiles (altitude élevée), et voué surtout à l'élevage et à une polyculture vivrière, portant parfois des vergers et animé localement par le tourisme (Briançon, Serre-Chevalier, Vars). Au S., les villes (Gap, Embrun) sont situées dans les vallées. Leur progression explique l'accroissement démographique récent.

ALPES AUSTRALIENNES, massif du sud de la Cordillère australienne.

ALPES-DE-HAUTE-PROVENCE n.f.pl. (04), dép. de la Région Provence-Alpes-Côte d'Azur ; ch.-l. de dép. *Digne-les-Bains ;* ch.-l. d'arrond. *Barcelonnette, Castellane, Forcalquier ;* 4 arrond. ; 30 cant. ; 200 comm. ; 6 925 km² ; 139 561 hab. Le dép. appartient à l'académie d'Aix-en-Provence-Marseille, à la cour d'appel d'Aix-en-Provence, à la zone de défense Sud. Il a porté jusqu'en 1970 le nom de *Basses-Alpes.* Montagneux, surtout dans l'est et le nord, peu peuplé, le dép. est aéré par les vallées de la Durance et de ses affluents, sites de la vie urbaine. Les conditions naturelles expliquent la faiblesse du peuplement, malgré une croissance récente, sensible dans le sud-ouest et profitant généralement aux villes. L'élevage ovin domine, en dehors de la vallée de la Durance (cultures fruitières) où l'irrigation est liée à l'aménagement hydroélectrique. L'industrie, peu importante, procure beaucoup moins d'emplois que le secteur tertiaire, stimulé localement par l'essor du tourisme estival et hivernal.

ALPES FRANÇAISES, partie la plus développée des Alpes occidentales. Elles sont divisées en deux ensembles. Les Alpes du Nord possèdent un relief ordonné, où se succèdent d'ouest en est : les Préalpes (Chablais, Bornes, Bauges, Chartreuse, Vercors), calcaires, aux plis généralement simples ; le Sillon alpin, longue dépression drainée par l'Arly et l'Isère (Combe de Savoie, Grésivaudan) ; les massifs centraux (Mont-Blanc, Beaufortin, Belledonne, Oisans, Pelvoux), cristallins, partie la plus élevée ; la zone intra-alpine aérée par les vallées de l'Isère supérieure (Tarentaise), de l'Arc (Maurienne) et de la Romanche. Les Alpes du Sud ne présentent pas une disposition aussi simple : il n'existe pas de dépression analogue au Sillon alpin et surtout les Préalpes s'étendent démesurément, dessinant un vaste arc de cercle (du Diois et des Baronnies aux Préalpes de Nice), ouvert par la Durance.
Les Alpes du Nord ont un climat humide qui a favorisé l'extension de la forêt et de la prairie. L'élevage bovin (pour les produits laitiers) constitue la principale ressource de la montagne, avec le tourisme estival et hivernal. Les cultures se réfugient dans les vallées où la vie industrielle (électrométallurgie et électrochimie) et urbaine (Grenoble) s'est développée, grâce à l'hydroélectricité. Les Alpes du Sud, plus sèches, mal aérées, vouées surtout à l'élevage ovin, aux cultures céréalières et localement à l'arboriculture fruitière, se sont longtemps dépeuplées, avant que l'essor du tourisme et les aménagements hydrauliques ne contribuent à enrayer ce déclin.

ALPES-MARITIMES n.f.pl. (06), dép. de la Région Provence-Alpes-Côte d'Azur ; ch.-l. de dép. *Nice ;* ch.-l. d'arrond. *Grasse ;* 2 arrond. ; 52 cant. ; 163 comm. ; 4 299 km² ; 1 011 326 hab. Le dép. appartient à l'académie de Nice, à la cour d'appel d'Aix-en-Provence, à la zone de défense Sud. Formé du comté de Nice et de l'extrémité orientale de la Provence, il s'étend en majeure partie sur les Préalpes du Sud (Préalpes de Grasse et de Nice), entaillées par les vallées du Var, de la Tinée et de la Vésubie. Mais le littoral (Côte d'Azur) est

A

la région vitale. Le tourisme et les activités liées (commerce, hôtellerie) se sont fortement développés. Le secteur tertiaire occupe plus des deux tiers des actifs dans ce département à l'accroissement démographique notable. L'agglomération niçoise groupe plus de la moitié de la population totale du département. *(V. carte page suivante.)*

ALPES NÉO-ZÉLANDAISES, chaîne de montagnes de Nouvelle-Zélande, dans l'île du Sud.

ALPES SCANDINAVES, nom parfois donné aux montagnes des confins de la Suède et de la Norvège.

ALPHÉE n.m., en gr. **Alfíos,** fl. de Grèce, dans le Péloponnèse. Il passe près d'Olympie. – Il fut divinisé par les anciens Grecs.

ARAGON

ALPHONSE Ier le Batailleur, *v. 1073 - 1134,* roi d'Aragon et de Navarre (1104 - 1134). Il reconquit

■ **ALPES.** La chaîne des Aravis, dans les Alpes françaises du Nord.

Saragosse sur les musulmans (1118) et lança un raid en Andalousie (1125). — **Alphonse II le Chaste,** *1152-Perpignan 1196,* roi d'Aragon (1162-1196). Il imposa sa domination sur le Roussillon et hérita en 1166 de la Provence. — **Alphonse V le Magnanime,** *1396-Naples 1458,* roi d'Aragon et de Sicile (1416 - 1458), roi (Alphonse Ier) des Deux-Siciles (1442 - 1458). Il conquit le royaume de Naples (1435 - 1442).

ASTURIES ET CASTILLE

ALPHONSE III le Grand, *838 - Zamora 910,* roi des Asturies (866 - 910). Il unifia les provinces chrétiennes du Nord-Ouest (León).

ALPHONSE VI, *1040 - 1109,* roi de León (1065 - 1109), de Castille (1072 - 1109) et de Galice (1073 - 1109). Il conquit le royaume de Tolède (1085) puis fut écrasé par les musulmans à Zalaca (Sagrajas) en 1086. — **Alphonse VII le Bon,** *1105 - Fresneda 1157,* roi de Castille et de León (1126 - 1157). Couronné empereur en 1135, il dut reconnaître l'indépendance du Portugal en 1143. — **Alphonse VIII le Noble,** *Soria 1155 - Ávila 1214,* roi de Castille (1158 - 1214). Il vainquit les musulmans à Las Navas de Tolosa (1212). — **Alphonse IX,** *Zamora 1171 - Villanueva de Sarria 1230,* roi de León (1188 - 1230). Il reconquit l'Estrémadure et réunit les premières Cortes (1188). — **Alphonse X le Sage,** *Tolède 1221 - Séville 1284,* roi de Castille et de León (1252 - 1284) et empereur germanique (1257 - 1272). Il fit dresser des tables astronomiques *(tables Alphonsines)* et composa des cantiques à la Vierge.

ESPAGNE

ALPHONSE XII, *Madrid 1857 - id. 1885,* roi d'Espagne (1874 - 1885), de la dynastie des Bourbons. Il restaura la monarchie et mit fin à la guerre carliste (1876).

ALPHONSE XIII, *Madrid 1886 - Rome 1941,* roi d'Espagne (1886 - 1931), de la dynastie des Bourbons. Il dut accepter à partir de 1923 la dictature du général Primo de Rivera et quitta son pays après les élections municipales de 1931 remportées par les républicains.

PORTUGAL

ALPHONSE Ier HENRIQUES, *Guimarães v. 1110 - Coimbra 1185,* roi de Portugal (1139 - 1185), de la dynastie de Bourgogne. Proclamé roi à la suite de ses succès contre les musulmans, il obtint l'indépendance du Portugal. — **Alphonse III le Boulonnais,** *Coimbra 1210 - Lisbonne 1279,* roi de Portugal (1248 - 1279), de la dynastie de Bourgogne. Il paracheva la reconquête sur les musulmans en occupant l'Algarve. — **Alphonse V l'Africain,** *Sintra 1432 - id. 1481,* roi de Portugal (1438 - 1481), de la dynastie d'Aviz. Il entreprit plusieurs expéditions au Maroc.

ALPHONSE DE POITIERS, *1220 - 1271,* comte de Poitiers et de Toulouse (1249 - 1271). Fils de Louis VIII et époux de Jeanne, comtesse de Toulouse, il participa à deux croisades et fut un remarquable administrateur.

ALPHONSE-MARIE de Liguori (saint), *Marianella 1696 - Nocera 1787,* ecclésiastique napolitain, fondateur des rédemptoristes (1732). Il a développé une théologie morale de tendance antijanséniste. Docteur de l'Église (1871).

ALPILLES n.f.pl., anc. **Alpines,** chaînon calcaire du sud de la France, au N. de la Crau.

ALSACE n.f., Région administrative de France ; 8 280 km² ; 1 734 145 hab. *(Alsaciens)* ; ch.-l. *Strasbourg* ; 2 dép. (Bas-Rhin et Haut-Rhin).

GÉOGRAPHIE

L'Alsace s'étend, à l'ouest, sur le versant oriental des Vosges, massif boisé, entaillé par des vallées où se concentrent la population et les activités (cultures céréalières et fruitières, textiles). À l'est, séparée de la montagne par les collines sous-vosgiennes, coteaux couverts de vignobles, la plaine d'Alsace est formée de terrasses parfois couvertes de lœss (blé, maïs, houblon, tabac, cultures fruitières et maraîchères), parfois sableuses (forêts de la Hardt, de Haguenau). Carrefour de la circulation européenne, l'Alsace a une grande activité commerciale et industrielle, aujourd'hui valorisée par l'aménagement du Rhin, le potentiel énergétique (raffinerie de pétrole, électricité hydraulique et nucléaire), la proximité de l'Allemagne et de la Suisse. De taille modeste, mais densément peuplée, l'Alsace, tôt urbanisée, possède trois grandes villes : Mulhouse, Colmar et surtout Strasbourg.

HISTOIRE

L'Alsace germanique. Ancienne province romaine, l'Alsace est envahie par les Alamans puis conquise par les Francs. Elle échoit à la Lotharingie (traité de Verdun 843) puis au roi de Germanie (870). Elle est dès cette époque une des régions les plus prospères de l'Europe. **1354 :** dix villes alsaciennes constituent la Décapole, pratiquement indépendante. **XVe - XVIe s. :** l'Alsace est un grand foyer d'humanisme : invention de l'imprimerie par Gutenberg à Strasbourg (1434) et développement de la Réforme.

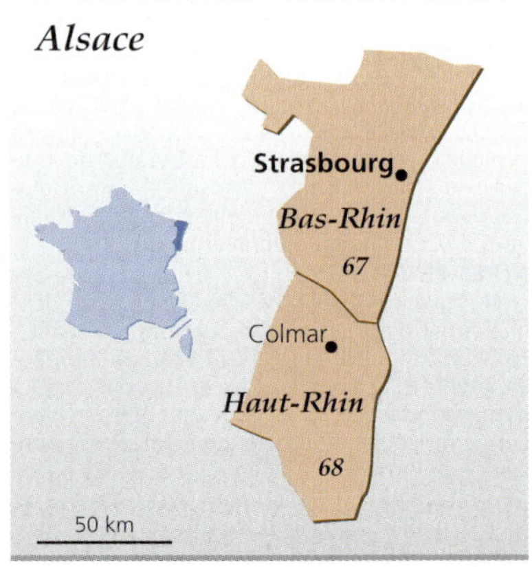

L'Alsace française. 1618 - 1648 : la guerre de Trente Ans ravage l'Alsace. **1648 :** les traités de Westphalie transfèrent au roi de France les droits des Habsbourg en Alsace (à l'exception de Strasbourg). **1678 :** la province devient française. **1681 :** Strasbourg est annexée.

Le Reichsland. 1871 : après la guerre franco-prussienne, l'Alsace est intégrée, avec le nord de la Lorraine, à l'Empire allemand, et proclamée « terre d'Empire » *(Reichsland).*

Le retour à la France. 1919 : l'Alsace est française. **1940 :** elle redevient allemande. **1944 :** elle est de nouveau rattachée à la France après la libération de Strasbourg (nov.).

ALSACE (ballon d'), montagne du sud du massif des Vosges, dans l'est de la France ; 1 247 m. Sports d'hiver.

Alsace (grand canal d'), canal latéral au Rhin en amont de Vogelgrun, et formé de biefs séparés en aval. Il est jalonné notamment par les centrales de Kembs, Ottmarsheim, Fessenheim, Vogelgrun, Marckolsheim, Rhinau, Gerstheim, Strasbourg, et est bordé de zones industrielles et portuaires.

ALSACE-LORRAINE (all. *Elsass-Lothringen*), partie des anc. prov. françaises d'Alsace et de Lorraine annexée par l'Allemagne de 1871 à 1919 puis de 1940 à 1944 - 1945. Elle correspond aux départements actuels de la Moselle, du Bas-Rhin et du Haut-Rhin.

ALSAMA, sigle désignant l'ensemble des provinces des Prairies (ALberta, SAskatchewan, MAnitoba) au Canada.

ALSOP (les frères), journalistes politiques américains. **Joseph Wright A.,** *Avon, Connecticut, 1910 - Washington 1989* et **Stewart Johonnot Oliver A.,** *Avon, Connecticut, 1914 - Bethesda, Maryland, 1974.* Leurs articles pour le *New York Herald Tribune* ont joué un rôle important, au lendemain de la Seconde Guerre mondiale, dans l'opinion publique américaine et internationale.

ALTAÏ n.m., massif de l'Asie centrale russe, chinoise et mongole ; 4 506 m.

ALTAÏ (république de l'), république de Russie, sur la bordure orientale du Kazakhstan ; 192 000 hab. ; cap. *Gorno-Altaïsk.*

ALTAÏ (Territoire de l'), région de Russie, limitrophe du Kazakhstan ; 2 630 000 hab. ; cap. *Barnaoul.*

ALTAÏENS, peuple turco-mongol de Russie (république de l'Altaï), du Kazakhstan et d'Ouzbékistan (env. 71 000), jadis appelés *Oïrats* et dits aussi *Kalmouks des montagnes.*

ALTAMIRA, station préhistorique d'Espagne, près du village de Santillana del Mar (prov. de Santander). Grottes ornées de peintures découvertes en 1879 datées du magdalénien moyen (XIIIe-XIIe millénaire).

ALTDORF, v. de Suisse, ch.-l. du cant. d'Uri, près de la Reuss ; 8 282 hab. Demeures anciennes.

ALTDORFER (Albrecht), *v. 1480 - Ratisbonne 1538,* peintre et graveur allemand. Il est le plus illustre représentant de l'« école du Danube », au style lyrique et minutieux (*Naissance de la Vierge* et *la Bataille d'Alexandre,* Munich).

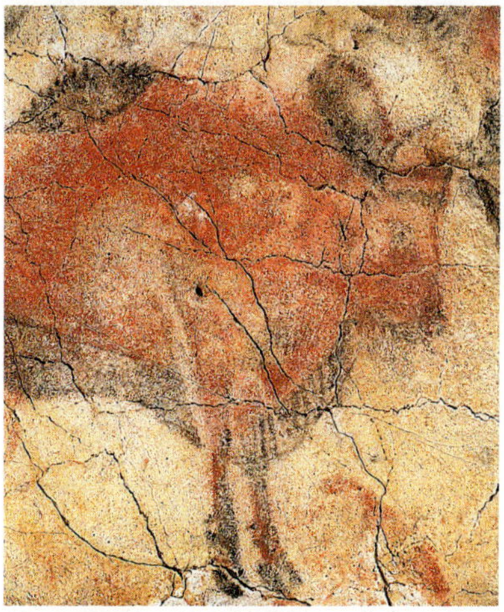

■ **ALTAMIRA.** Détail d'une peinture du plafond de la salle des bisons. Magdalénien moyen.

■ ALBRECHT **ALTDORFER.** *Repos pendant la fuite en Égypte.* (Galerie de peinture de Berlin-Dahlem.)

ALTHUSSER (Louis), *Birmandreis, Algérie, 1918 - La Verrière, Yvelines, 1990,* philosophe français. Il a renouvelé l'étude du marxisme (*Lire « le Capital »,* 1965).

ALTIPLANO n.m., haute plaine des Andes de Bolivie, s'élevant à plus de 4 000 m.

ALTKIRCH (68130), ch.-l. d'arrond. du Haut-Rhin, sur l'Ill ; 5 501 hab. *(Altkirchois).* Musée du Sundgau.

ALTMAN (Robert), *Kansas City 1925,* cinéaste américain. Réflexion critique sur la société américaine, son œuvre témoigne d'une grande invention formelle (*M.A.S.H.,* 1970 ; *le Privé,* 1973 ; *Nashville,* 1975 ; *The Player,* 1991 ; *Short Cuts,* 1993 ; *Prêt-à-porter,* 1994).

ALTMAN (Sidney), *Montréal 1939,* chimiste canadien et américain. Il a mis en évidence que la molécule d'ARN, considérée comme porteur passif de l'information génétique, peut avoir une activité enzymatique. (Prix Nobel 1989.)

ALTYNTAGH n.m., massif de Chine, séparant le Tibet et le Xinjiang, dépassant localement 5 000 m.

ALUKU ou **BONI,** société noire marronne de Guyane française et du Suriname (env. 2 500).

ALVARADO (Pedro **de**), *Badajoz 1485 - Guadalajara, Mexique, 1541,* conquistador espagnol. Il accompagna Cortés au Mexique et conquit le Guatemala (1524).

ALVEAR (Carlos María **de**), *Santo Ángel 1789 - New York 1852,* général argentin. Il fut l'un des chefs de l'indépendance argentine (1816). — Monument par Bourdelle à Buenos Aires.

Alyscamps ou **Aliscamps** (les), allée des environs d'Arles, bordée de tombeaux gallo-romains (nécropole établie le long de la via Aurelia).

ALZETTE n.f., riv. du Luxembourg, affl. de la Sûre (r. dr.) ; 65 km. Elle passe à Esch-sur-Alzette et à Luxembourg.

ALZON (Emmanuel **Daudé d'**), *Le Vigan 1810 - Nîmes 1880,* ecclésiastique français, fondateur des assomptionnistes (1845).

Amadis de Gaule, personnage principal du roman de chevalerie espagnol du même nom, publié par Garci Rodríguez (ou Ordóñez) de Montalvo en 1508. Surnommé *le Beau Ténébreux,* il est resté le type idéal du chevalier errant et de l'amant fidèle.

AMADO (Jorge), *Ferradas, près d'Itabuna, Bahia, 1912,* écrivain brésilien. Ses romans unissent critique sociale et inspiration folklorique (*Terre violente, la Boutique aux miracles, Tereza Batista, Tocaia Grande*).

AMADOU, *1833 - Maïkoulki, Sokoto, 1898,* souverain toucouleur. Fils et successeur (1864) de El-Hadj Omar, il fut dépossédé à partir de 1889 par les Français.

AMAGASAKI, v. du Japon (Honshu), sur la baie d'Osaka ; 498 999 hab. Centre industriel.

AMAGER, île danoise, partiellement banlieue de Copenhague.

Amal, parti et milice chiites du Liban, issus du mouvement fondé par l'imam Musa Sadr en 1974.

AMALASONTE, *498 - Bolsena 535,* reine et régente des Ostrogoths (526 - 534). Fille de Théodoric le Grand, elle voulut poursuivre la politique de conciliation avec les Romains, ce qui provoqua un soulèvement des Ostrogoths. Elle fut étranglée par ordre de son mari, Théodat.

AMALÉCITES, tribus nomades du sud du Néguev. Adversaires des Hébreux, ils furent définitivement vaincus par David (xe s. av. J.-C.).

AMALFI, v. d'Italie (Campanie), au S. de Naples ; 5 585 hab. Station balnéaire. — Cathédrale de styles arabo-normand (v. 1200) et baroque.

AMALTHÉE MYTH. GR. Chèvre qui nourrit Zeus. Une de ses cornes devint la corne d'abondance.

AMAN, favori et ministre du roi des Perses dans le livre biblique d'Esther. Il voulut perdre les Juifs, mais la reine Esther les sauva. Aman, disgracié, fut pendu.

AMAN ALLAH KHAN, *Paghman 1892 - Zurich 1960,* émir puis roi d'Afghanistan (1919 - 1929). Ayant obtenu de l'Angleterre la reconnaissance de l'indépendance de l'Afghanistan (1921), il tenta d'imposer des réformes modernistes et dut abdiquer.

AMAND (saint), *Bas-Poitou v. 584 - Hainaut v. 676,* évêque de Tongres-Maastricht v. 647. Il évangélisa la Flandre.

AMAPÁ, État du Brésil septentrional ; 289 050 hab. ; cap. *Macapá.* Manganèse.

AMARA, v. d'Iraq, sur le Tigre ; 132 000 hab. Marché agricole.

AMARAPURA, v. de Birmanie, au S. de Mandalay, sur l'Irrawaddy ; 10 000 hab. Soieries réputées. Anc. capitale du pays.

AMARAVATI, anc. cap. des Andhra, dans le Deccan, et site archéologique bouddhique. Célèbre école de sculpture (IIe s. av. J.-C. - IVe s.).

AMARILLO, v. des États-Unis, dans le nord-ouest du Texas ; 157 615 hab.

AMARNA (Tell al-), site d'Égypte, dans la moyenne vallée du Nil. C'est l'emplacement de l'anc. cap. d'Aménophis IV, Akhetaton, fondée au XIVe s. av. J.-C. Ses vestiges (unique exemple d'urbanisme) ont livré des archives diplomatiques et nombre d'œuvres d'art : bustes de Néfertiti (Berlin, Le Caire).

■ TELL AL-**AMARNA.** Buste de princesse amarnienne. Calcaire peint. Nouvel Empire, XIVe s. av. J.-C. (Louvre, Paris.)

AMASIS, *actif v. 555 - 525 av. J.-C.,* potier athénien. Il est l'un des brillants représentants de la céramique attique à figures noires.

AMATERASU, déesse du Soleil et de la Fertilité, dans le panthéon shinto. L'empereur du Japon en descendrait.

AMATI (Nicola), *Crémone 1596 - id. 1684,* luthier italien. Membre d'une célèbre famille de luthiers de Crémone, il fut le maître de Stradivari.

AMAURY ou **AMAURI Ier,** *1135 - 1174,* roi de Jérusalem (1163 - 1174). — **Amaury II de Lusignan,**

v. 1144 - Saint-Jean-d'Acre 1205, roi de Chypre et de Jérusalem (1197 - 1205).

AMAY, comm. de Belgique (prov. de Liège), au N.-E. de Huy ; 12 786 hab. Église en partie de la fin du XIe s. (mobilier, œuvres d'art).

AMAZONAS, État du Brésil ; 1 564 000 km^2 ; 2 088 682 hab. ; cap. *Manaus.*

AMAZONE n.f., fl. d'Amérique du Sud, né dans les Andes et qui rejoint l'Atlantique ; 7 000 km depuis les sources de l'Apurimac ; bassin d'env. 6 M de km^2. L'Amazone draine le Pérou et le nord-ouest du Brésil (en grande partie forestier). Par son débit, c'est le premier fleuve du monde.

AMAZONES (les) MYTH. GR. Peuplade de femmes guerrières établie sur les bords de la mer Noire. Elles tuaient leurs enfants mâles et brûlaient le sein droit de leurs filles pour que celles-ci tirent mieux à l'arc.

AMAZONIE, vaste région de l'Amérique du Sud, correspondant au bassin moyen et inférieur de l'Amazone. C'est une zone basse, presque déserte, au climat équatorial, où domine la grande forêt toujours verte, entaillée, au Brésil, par les routes transamazoniennes.

AMBARÈS-ET-LAGRAVE (33440), comm. de la Gironde, dans l'Entre-Deux-Mers ; 11 488 hab. Produits pharmaceutiques.

AMBARTSOUMIAN (Viktor Amazaspovitch), *Tiflis 1908 - Biourakan 1996,* astrophysicien arménien. Il a découvert les associations stellaires et a fait progresser l'étude des phénomènes explosifs dans les noyaux de galaxies.

A

AMBATO, v. de l'Équateur, au N.-E. du Chimborazo ; 124 166 hab.

AMBAZAC (87240), ch.-l. de cant. de la Haute-Vienne, près des *monts d'Ambazac ;* 4 936 hab. Église des XIIe et XVe s. (châsse émaillée d'env. 1200).

AMBÉRIEU-EN-BUGEY (01500), ch.-l. de cant. de l'Ain, sur l'Albarine ; 11 927 hab. *(Ambarrois).* Nœud ferroviaire.

AMBERT (63600), ch.-l. d'arrond. du Puy-de-Dôme, dans le *bassin d'Ambert,* sur la Dore ; 7 671 hab. *(Ambertois).* Chapelets. – Église gothique de la fin du XVe s. Aux environs, moulin à papier Richard-de-Bas, avec son musée.

AMBÈS (bec d'), pointe de terre au confluent de la Dordogne et de la Garonne.

AMBOINE, île d'Indonésie, dans l'archipel des Moluques ; v. princ. *Amboine.*

AMBOINE, v. d'Indonésie, ch.-l. des Moluques ; 276 000 hab. Elle fut, au XVIIe s., le principal centre colonial hollandais en Indonésie.

AMBOISE (37400), ch.-l. de cant. d'Indre-et-Loire, sur la Loire ; 11 968 hab. *(Amboisiens).* Importants restes du château royal gothique et Renaissance ; manoir du Clos-Lucé, où Léonard de Vinci termina sa vie ; église St-Denis (XIIe s.). Musées. – En 1563 y fut proclamé l'*édit d'Amboise* permettant aux protestants le libre exercice de leur culte.

Amboise (conjuration d') [1560], complot organisé par les protestants pour soustraire François II à l'influence des Guises. Inspirée par Louis Ier de Condé, conduite par G. de La Renaudie, elle fut découverte et cruellement réprimée.

AMBOISE (Georges **d'**), *Chaumont-sur-Loire 1460 - Lyon 1510,* prélat et homme d'État français. Archevêque de Narbonne (1492) puis de Rouen (1494), cardinal (1498), il fut le principal ministre de Louis XII. – Tombeau à la cathédrale de Rouen.

AMBRIÈRES-LES-VALLÉES (53300), ch.-l. de cant. de la Mayenne ; 2 960 hab. Restes d'enceinte ; église de la fin du XIe s.

AMBROISE (saint), *Trèves v. 340 - Milan 397,* Père et docteur de l'Église latine. Évêque de Milan, il lutta contre les cultes païens et l'arianisme, baptisa saint Augustin, et christianisa les institutions impériales. Il réforma le chant sacré et créa le rite *ambrosien.*

Ambrosienne (bibliothèque), bibliothèque de Milan. Ouverte en 1609, elle possède de nombreux manuscrits précieux et livres rares. Une pinacothèque lui est annexée.

AMÉDÉE, nom de plusieurs comtes et ducs de Savoie. – **Amédée VIII,** *Chambéry 1383 - Genève 1451,* comte (1391 - 1416) puis duc de Savoie (1416 - 1440). Véritable créateur de l'État savoyard, il fut le dernier antipape (1439 - 1449), sous le nom de Félix V.

AMÉDÉE DE SAVOIE, *Turin 1845 - id. 1890,* roi d'Espagne (1870 - 1873). Fils de Victor-Emmanuel II d'Italie, élu roi par les Cortes, il dut abdiquer en raison de l'opposition des carlistes et des républicains.

AMÉLIE-LES-BAINS-PALALDA (66110), comm. des Pyrénées-Orientales ; 3 537 hab. *(Améliens* ou *Palaldéens).* Station thermale.

AMENEMHAT, nom porté par quatre pharaons de la XIIe dynastie (XXe-XVIIIe s. av. J.-C.).

AMÉNOPHIS, nom de quatre rois d'Égypte de la XVIIIe dynastie (1580 - 1320 av. J.-C.). – **Aménophis IV** ou **Akhenaton** (« le Serviteur d'Aton »), roi d'Égypte (1372 - 1354 av. J.-C.). D'un tempérament mystique, il instaura, avec l'appui de la reine Néfertiti, le culte d'Aton, dieu suprême et unique. Aménophis IV transporta sa capitale de Thèbes (ville du dieu Amon) à Akhetaton (Amarna), mais sa réforme ne lui survécut pas.

■ **AMÉNOPHIS IV** et Néfertiti adorant le disque solaire représentant le dieu Aton. Stèle provenant d'Akhetaton, sur le site d'Amarna. (Musée égyptien, Le Caire.)

■ **AMAZONE.** Le bassin de l'Amazone, au Pérou.

America (Coupe de l'), en angl. **America's Cup** [du nom d'un voilier américain], régate disputée tous les 4 ans, dont l'origine remonte à 1851.

American Broadcasting Company → **ABC.**

American Federation of Labor → **AFL-CIO.**

AMÉRIC VESPUCE → **VESPUCCI.**

AMÉRINDIENS, premiers habitants du Nouveau Continent. Ils sont encore fréquemment confinés dans des réserves après avoir subi les conséquences de la colonisation (massacres, maladies, dissensions internes, exploitation économique, maintien dans des statuts juridiques inférieurs). Beaucoup se sont métissés. Ils font aujourd'hui valoir leurs droits pour la reconnaissance et la préservation de leurs territoires. L'appellation d'*Amérindiens* tend à l'emporter sur celle d'*Indiens.*

AMÉRIQUE, l'une des cinq parties du monde ; 42 000 000 km^2 ; 813 000 000 hab.

GÉOGRAPHIE

L'Amérique est le continent le plus étiré (sur plus de 15 000 km du N. au S.). Elle est formée de deux vastes masses triangulaires (Amérique du Nord et Amérique du Sud), reliées par un isthme étroit (Amérique centrale). Des reliefs, récents et élevés à l'ouest (Rocheuses et Andes), anciens et érodés à l'est (Appalaches, massif des Guyanes, plateau brésilien), encadrent de vastes bassins alluviaux drainés par les principaux cours d'eau (Mississippi et Missouri, Amazone, Paraná et Paraguay).

L'étirement en latitude explique la variété des climats (à tendance dominante tempérée et froide en Amérique du Nord, équatoriale et tropicale en Amérique centrale et en Amérique du Sud) et de la végétation (toundra du Nord canadien, à laquelle succède, vers le sud, la forêt de conifères ; steppe désertique des plateaux du Mexique septentrional et d'une partie de la façade maritime du Chili et du Pérou ; forêt dense de l'Amazonie, etc.).

L'Amérique a été totalement transformée par la colonisation européenne, plus précoce au sud. Les peuples précolombiens, numériquement peu importants, ont été souvent assimilés par métissage (fréquent en Amérique du Sud), refoulés dans des réserves (Indiens de l'Amérique du Nord) ou exterminés (Fuégiens), résistant mieux dans les Andes. Les Noirs, introduits comme esclaves, forment une communauté aux États-Unis et sont plus intégrés dans le reste du continent.

L'origine des immigrants permet de distinguer : une Amérique anglo-saxonne, où l'élément d'origine britannique est prédominant (États-Unis et, dans une moindre mesure, Canada, où subsiste une forte minorité d'origine française), aujourd'hui fortement urbanisée et développée économiquement ; une Amérique latine (Amérique du Sud et Amérique centrale, incluant ici le Mexique), peuplée par des Espagnols et par des Portugais (Brésil), aux contrastes socio-économiques marqués et connaissant souvent encore une sensible croissance démographique.

HISTOIRE

L'Amérique précolombienne. Peuplée vraisemblablement il y a plus de 30 000 ans par des hommes venus d'Asie par le détroit de Béring, l'Amérique reste inégalement développée au moment de l'arrivée des Européens. Aux brillantes civilisations précolombiennes de l'Amérique centrale et des Andes septentrionales s'oppose le reste du continent, à la population éparse et primitive (Algonquins et Sioux au nord, Indiens d'Amazonie au sud).

La domination européenne. 1492 : Christophe Colomb ouvre le Nouveau Monde à la conquête européenne. **XVIe s. :** les Portugais s'installent sur la côte brésilienne (1500 - 1526). Premiers établissements espagnols dans les Antilles. Depuis le Mexique où Cortés s'empare de l'Empire aztèque (1521), la colonisation espagnole s'étend en Amérique centrale, au Pérou avec Pizzaro et Almagro (1531 - 1536) et au Chili après l'expédition de Valdivia (1540). Malgré la protestation d'hommes d'Église (Bartolomé de Las Casas), le travail forcé et de terribles épidémies provoquent une vérita-

AMÉRIQUE DU NORD

A

BAHAMAS
NASSAU
LA HAVANE
CUBA
HAÏTI
PORT-AU-PRINCE
KINGSTON
JAMAÏQUE
ST-DOMINGUE
R. DOMINICAINE
Porto Rico (É.-U.)
SAN JUAN
Guadeloupe (Fr.)
DOMINIQUE
Martinique (Fr.)
STE-LUCIE
BARBADE
ST-VINCENT
MER DES ANTILLES
OCÉAN ATLANTIQUE
tropique du Cancer
NICARAGUA
MANAGUA
COSTA RICA
SAN JOSÉ
PANAMÁ
PANAMA
Isthme de Panamá
Maracaibo
CARACAS
PORT OF SPAIN
TRINITÉ-ET-TOBAGO
Ciudad Bolívar
VENEZUELA
GUYANA
GEORGETOWN
PARAMARIBO
SURINAME
Cayenne
Guyane (Fr.)
Medellín
COLOMBIE
BOGOTÁ
Cali
Orénoque
QUITO
ÉQUATEUR
Guayaquil
Iquitos
Marañón
Cordillère des Andes
R. Negro
Amazonie
Amazone
Manaus
Belém
équateur
Purus
Madeira
Tapajós
Xingu
Tocantins
Fortaleza
C. S. Roque
Recife
São Francisco
Huascaran 6768
PÉROU
LIMA
Cuzco
BRÉSIL
Mato Grosso
Salvador
L. Titicaca
LA PAZ
BOLIVIE
BRASÍLIA
Goiânia
Arica
OCÉAN PACIFIQUE
Belo Horizonte
Chaco
PARAGUAY
Paraná
Rio de Janeiro
São Paulo
tropique du Capricorne
ASUNCIÓN
Curitiba
CHILI
Uruguay
Porto Alegre
Córdoba
Aconcagua 6959
Rosario
SANTIAGO
URUGUAY
BUENOS AIRES
MONTEVIDEO
R. de la Plata
ARGENTINE
Pampa
Patagonie
Iles Falkland (G.-B.)
Détr. de Magellan
Terre de Feu
C. Horn
0
500
1000 km
200
1000
2000
4000 m
plus de 5 000 000 h.
de 1 000 000 à 5 000 000 h.
de 100 000 à 1 000 000 h.
moins de 100 000 h.
80°
60°
40°
20°
0°

A

ble hécatombe parmi la population indienne ; elle est remplacée par une main-d'œuvre noire amenée d'Afrique : c'est le début de la traite. En Amérique du Nord, les Français, avec Cartier, explorent la vallée du Saint-Laurent (1534 - 1541). **XVIIe s. :** les Anglais s'installent à Jamestown (1607), en Nouvelle-Angleterre (« Mayflower », 1620), et les Français à Québec (1608). Les Français Marquette et Jolliet découvrent le Mississippi (1673). **XVIIIe s. :** la lutte des Français et des Anglais pour la possession de l'Amérique du Nord se termine au bénéfice de ceux-ci (1763, perte du Canada par la France au traité de Paris).

L'indépendance. Après l'accession des États-Unis à l'indépendance (1783) et à l'occasion de l'occupation de la péninsule Ibérique par l'armée napoléonienne, les provinces de l'Amérique espagnole, privées de roi légitime, doivent de fait redéfinir leur mode de gouvernement. **1809 - 1816 :** les premières tentatives indépendantistes voient la victoire des partisans de l'Espagne (à l'exception de la République argentine et du Paraguay). **1816 - 1825 :** les « libertadores » l'emportent après des campagnes meurtrières. À partir de l'Argentine, San Martín libère le Chili (1818) puis le Pérou (1821). Après avoir acquis l'indépendance de la Colombie (1819), du Venezuela (1821) et de la province de Quito (1822), Bolívar et Sucre achèvent le processus de libération par les Andes. En 1821, Iturbide proclame l'indépendance du Mexique, puis le Brésil devient indépendant sans affrontement (1822). La bataille d'Ayacucho (déc. 1824) met fin à la guerre en Amérique du Sud. En 1825, à l'exception du Canada, l'Amérique entière est indépendante. Au nom du principe « l'Amérique aux Américains » (Monroe), les États-Unis la défendent contre toute ingérence européenne.

Le XXe s. Le contraste entre l'Amérique du Nord, riche et cohérente, et l'Amérique latine, morcelée, politiquement instable et formée en partie de pays en voie de développement, ne fait que croître. Au panaméricanisme officiel (Organisation des États américains, 1948) s'oppose la réalité : l'influence que les États-Unis, qui interviennent régulièrement depuis le début du siècle hors de leurs frontières, entendent exercer dans l'ensemble du continent.

AMÉRIQUE CENTRALE, partie la plus étroite de l'Amérique, comprise entre les isthmes de Tehuantepec (Mexique) et de Panamá, à laquelle on rattache parfois les Antilles.

AMÉRIQUE DU NORD, partie nord du continent américain, comprenant le Canada, les États-Unis et la plus grande partie du Mexique (au nord de l'isthme de Tehuantepec). *(V. carte page 1129.)*

AMÉRIQUE DU SUD, partie méridionale du continent américain, au sud de l'isthme de Panamá.

AMÉRIQUE LATINE, ensemble des pays de l'Amérique du Sud et de l'Amérique centrale (plus le Mexique) qui ont été des colonies espagnoles ou portugaises (Brésil). Indépendante depuis le début du XIXe s. (1816 - 1825), l'Amérique latine a connu depuis une évolution chaotique. Les officiers qui avaient mené les guerres d'indépendance s'imposèrent d'abord au pouvoir (« caudillisme »), puis les systèmes politiques évoluèrent vers des régimes autoritaires civils qui n'excluront jamais tout à fait les dictatures militaires. À l'instabilité politique s'ajoutèrent des conflits entre les pays (le dernier est la « guerre du football » entre le Honduras et le Salvador, 1969), relayés par des guérillas internes (Pérou, Nicaragua, Salvador). L'économie, fondée sur la grande propriété, malgré des réformes agraires au Mexique et dans les pays andins, et sur la production de matières premières, reste fragile. Dans les années 80, la région connaît deux phénomènes majeurs : la démocratisation politique des régimes autoritaires et une forte récession économique qui se traduit par une lourde dette extérieure. Dans le même temps, un certain nombre d'accords commerciaux sont conclus entre différents pays afin de réaliser à terme l'intégration économique, dans une vaste zone de libre-échange, de la région, fortement attirée par le marché nord-américain et l'exemple du Pacifique (Japon, Chine, Corée).

AMERSFOORT, v. des Pays-Bas (prov. d'Utrecht), sur l'Eem ; 101 974 hab. Vieux quartiers ceints de canaux.

AMHARA, peuple majoritaire d'Éthiopie. Chrétiens monophysites, ils ont joué un rôle déterminant dans la formation de l'État éthiopien. Ils parlent l'*amharique,* de la famille sémitique.

AMHERST (Jeffrey, baron), *Sevenoaks 1717 - id. 1797,* maréchal britannique. Il acheva la conquête du Canada (1758 - 1760).

AMIDA → **AMITABHA.**

Ami du peuple (l'), feuille révolutionnaire rédigée par Marat, qui parut de septembre 1789 à juillet 1793.

AMIEL (Henri Frédéric), *Genève 1821 - id. 1881,* écrivain suisse de langue française. Son immense *Journal intime* analyse avec minutie son inquiétude et sa timidité fondamentales devant la vie.

AMIENS, ch.-l. de la Région Picardie et ch.-l. du dép. de la Somme, sur la Somme, à 132 km au N. de Paris ; 139 210 hab. *(Amiénois).* Évêché. Académie et université. Cour d'appel. Centre administratif, commercial et industriel (pneumatiques, équipements automobiles). — Vaste cathédrale gothique du XIIIe s., exemplaire du style rayonnant (célèbres sculptures des portails et autres œuvres d'art). Musée de Picardie. — La ville fut un important centre commercial et drapier au Moyen Âge. En 1802 y fut signée la *paix d'Amiens* entre la France et la Grande-Bretagne, qui mit fin à la deuxième coalition. La ville fut bombardée en mai 1944.

■ **AMIENS.** Martyr, ange, saint, statues du portail gauche de la cathédrale Notre-Dame, v. 1220 - 1230.

AMILLY (45200), ch.-l. de cant. du Loiret ; 12 227 hab. Télécommunications.

AMIN (Samir), *Le Caire 1931,* économiste égyptien. Spécialiste des problèmes du tiers-monde, d'inspiration marxiste, il étudie les rapports entre le sous-développement et l'impérialisme (*le Développement inégal,* 1973).

AMIN DADA (Idi), *Koboko 1925,* homme politique ougandais. Président de la République (1971 - 1979), il établit un régime de terreur.

AMIRANTES (îles), archipel de l'océan Indien, dépendance des Seychelles.

AMIRAUTÉ (îles de l'), archipel de la Mélanésie, dépendance de la Papouasie-Nouvelle-Guinée ; 33 000 hab.

AMIS (îles des) → **TONGA.**

AMITABHA, « Bouddha de la Lumière infinie », le plus populaire des bouddhas du Grand Véhicule. Il est vénéré au Japon sous le nom d'Amida.

AMMAN, cap. de la Jordanie ; 1 272 000 hab. Vestiges romains, citadelle. Musées.

AMMIEN MARCELLIN, *Antioche v. 330 - v. 400,* historien latin. Ses *Histoires,* couvrant la période allant du règne de Nerva à la mort de Valens (96 - 378), continuent l'œuvre de Tacite.

AMMON, personnage biblique. Fils de Lot et frère de Moab, ancêtre éponyme des Ammonites.

AMMONIOS SACCAS, *début du IIe s. - IIIe s. apr. J.-C.,* philosophe grec. Il est considéré comme le fondateur, à Alexandrie, de l'école néoplatonicienne.

AMMONITES, peuple d'origine amorrite qui s'établit au XIVe s. av. J.-C. à l'est du Jourdain. Rivaux des Hébreux, ils furent soumis par David.

Amnesty International, organisation humanitaire, privée et internationale. Elle a été fondée en

1961 pour la défense des personnes emprisonnées à cause de leurs opinions, de leur race ou de leur religion et pour la lutte contre la torture. (Prix Nobel de la paix 1977.)

AMNÉVILLE (57360), comm. de la Moselle ; 9 361 hab. *(Amnévillois).* Métallurgie.

AMON, dieu égyptien originellement maître de l'Air et de la Fécondité à Thèbes. Assimilé plus tard à Rê (culte d'Amon-Rê), il est alors considéré comme le « roi des dieux ».

AMONTONS (Guillaume), *Paris 1663 - id. 1705,* physicien français. Le premier, il utilisa comme points fixes dans les thermomètres les températures des changements d'état de l'eau.

AMORRITES, peuple sémitique installé en Syrie, en Palestine et en Mésopotamie vers l'an 2000 av. J.-C. Des chefs amorrites y dirigèrent jusque vers 1600 des royaumes, notamment à Alep, Mari et Babylone, où leur dynastie assura, avec le règne d'Hammourabi (1793 - 1750), la prédominance politique.

AMOS, v. du Canada (Québec), dans l'Abitibi ; 13 996 hab. *(Amossois).*

AMOS, *VIIIe s. av. J.-C.,* prophète biblique. Le recueil de ses oracles et visions constitue le *Livre d'Amos.*

AMOU-DARIA n.m., anc. **Oxus,** fl. d'Asie centrale, qui naît dans le Pamir et se jette dans la mer d'Aral ; 2 540 km. Il est utilisé pour l'irrigation.

AMOUR n.m., en chin. **Heilong Jiang,** fl. du nord-est de l'Asie, formé par la réunion de l'Argoun et de la Chilka et qui se jette dans la mer d'Okhotsk ; 4 440 km. Il sépare la Russie (Sibérie) et la Chine du Nord-Est.

AMOUR (djebel), massif de l'Atlas saharien, en Algérie ; 1 977 m.

AMOY → **XIAMEN.**

AMPÈRE (André Marie), *Lyon 1775 - Marseille 1836,* physicien français. Il édifia la théorie de l'électromagnétisme et jeta les bases de la théorie électronique de la matière. Il imagina le galvanomètre, inventa le premier télégraphe électrique et, avec Arago, l'électroaimant. Il contribua aussi au développement des mathématiques, de la chimie et de la philosophie.

■ ANDRÉ MARIE **AMPÈRE,** détail d'un portrait par lui-même. (Acad. des sc., Paris).

■ ROALD **AMUNDSEN** en 1925, avant son expédition au pôle Nord.

AMPHION MYTH. GR. Fils de Zeus et d'Antiope, poète et musicien. Il aurait bâti les murs de Thèbes, les pierres venant se placer d'elles-mêmes au son de sa lyre.

AMPHIPOLIS, anc. v. grecque de Macédoine, colonie d'Athènes sur le Strymon. Pour ne pas avoir su la défendre contre le Spartiate Brasidas (424 av. J.-C.), Thucydide fut exilé. Philippe de Macédoine s'en empara (357 av. J.-C.).

AMPHITRITE MYTH. GR. Déesse de la Mer, épouse de Poséidon.

AMPHITRYON MYTH. GR. Roi de Tirynthe, fils d'Alcée et époux d'Alcmène. Zeus prit ses traits pour abuser Alcmène, qui donna naissance à Héraclès. – La légende d'Amphitryon a inspiré à Plaute une comédie, imitée, notamment, par Molière (1668) et J. Giraudoux (*Amphitryon 38,* 1929).

AMPLEPUIS (69550), ch.-l. de cant. de l'ouest du Rhône ; 5 021 hab. Musée B.-Thimonnier.

AMPURIAS, bourgade espagnole (Catalogne). Vestiges de l'ancienne *Emporion,* colonie phocéenne, et d'une ville romaine florissante jusqu'au IIIe s.

AMRAVATI, v. d'Inde (Maharashtra) ; 433 746 hab. Centre commercial (coton).

AMR IBN AL-AS, *m. v. 663,* compagnon de Mahomet et conquérant de l'Égypte (640 - 642).

AMRITSAR, v. d'Inde (Pendjab) ; 709 456 hab. C'est la ville sainte des sikhs. – Temple d'or (XVIe s.).

AMROUCHE (Jean), *Ighil Ali, Petite Kabylie, 1906 - Paris 1962,* écrivain français d'origine algérienne. Célèbre pour ses entretiens radiophoniques avec Gide et Claudel, il est l'auteur de poèmes lyriques et déchirés, et d'une traduction des *Chants berbères de Kabylie.*

AMSTERDAM, cap. des Pays-Bas (Hollande-Septentrionale), à 500 km au N.-N.-E. de Paris ; 702 444 hab. (*Amstellodamiens* ou *Amstellodamois*) [plus de 1 100 000 hab. dans l'agglomération]. Ville industrielle (taille des diamants, constructions mécaniques, industries chimiques et alimentaires) et port sur le golfe de l'IJ, relié à la mer du Nord et au Rhin par deux canaux. – Beaux monuments et prestigieux musées : Rijksmuseum (chefs-d'œuvre de la peinture hollandaise), maison de Rembrandt, Stedelijk Museum (art moderne), musée Van Gogh, etc. – Ayant rompu, en 1578, avec l'Espagne, Amsterdam connut au XVIIe s. une grande prospérité et joua un rôle important dans le commerce international.

■ AMSTERDAM

Amsterdam (traité d') [2 oct. 1997], traité signé à l'issue de la Conférence intergouvernementale de l'Union européenne (mars 1996 - juin 1997) et entré en vigueur, après ratification, le 1er mai 1999. Il révise et complète le traité de Maastricht.

AMSTERDAM ou **NOUVELLE-AMSTERDAM** (île), île française du sud de l'océan Indien. Station météorologique.

AMUNDSEN (Roald), *Borge 1872 - dans l'Arctique 1928,* explorateur norvégien. Il franchit le premier le passage du Nord-Ouest (1906) et atteignit le pôle Sud en 1911. Il disparut en recherchant l'expédition polaire de Nobile.

AMY (Gilbert), *Paris 1936,* compositeur et chef d'orchestre français. Représentant de la musique sérielle, il est l'auteur de *Cahiers d'épigrammes* (1964) pour piano, de *Strophe* (1965 - 1966) pour soprano et orchestre, de *Missa cum jubilo* (1981 - 1983, créée en 1988) et de l'opéra *le Premier Cercle* (1999).

AMYNTAS III, roi de Macédoine (v. 393 - 370/369 av. J.-C.). Il est le père de Philippe II.

AMYOT (Jacques), *Melun 1513 - Auxerre 1593,* humaniste français. Il fut précepteur, puis grand aumônier de Charles IX et d'Henri III, et évêque d'Auxerre. Par ses traductions savantes et savoureuses de Plutarque (*Vies parallèles,* 1559), de Longus et d'Héliodore, il eut une immense influence, de Montaigne à la Révolution française.

ANABAR, plateau de Russie, en Sibérie orientale. C'est la partie la plus ancienne du socle sibérien, où naît l'*Anabar.*

ANABAR n.m., fl. de Russie, tributaire de la mer des Laptev.

Anabase (l'), récit historique de Xénophon (IVe s. av. J.-C.). L'auteur y relate l'expédition de Cyrus le Jeune contre Artaxerxès II et la retraite des mercenaires grecs (les Dix Mille), qu'il avait lui-même conduite.

ANACLET ou **CLET** (saint), *m. à Rome en 88,* pape de 76 à 88. Il serait mort martyr.

ANACLET II (Pietro **Pierleoni**), antipape (1130 - 1138). Contre le pape Innocent II, soutenu par saint Bernard, il s'appuya sur le Normand Roger II, pour lequel il érigea la Sicile en royaume héréditaire.

ANACRÉON, *Téos, Ionie VIe s. av. J.-C.,* poète lyrique grec. Les *Odes* qui lui ont été attribuées célèbrent l'amour, la bonne chère, et inspirèrent la poésie dite *anacréontique* de la Renaissance.

ANADYR n.m., fl. de Russie, en Sibérie, qui rejoint, par le *golfe d'Anadyr,* la mer de Béring ; 1 145 km.

ANAGNI, v. d'Italie (Latium) ; 19 304 hab. Cathédrale des XIe-XIIIe s. – Le pape Boniface VIII y fut arrêté par les envoyés de Philippe le Bel (1303).

ANAHEIM, v. des États-Unis (Californie) ; 266 406 hab. Tourisme (Disneyland).

ANÁHUAC, nom aztèque du Mexique, appliqué aujourd'hui au plateau des environs de Mexico.

ANÁPOLIS, v. du Brésil, au N.-E. de Goiânia ; 239 047 hab.

ANASAZI, culture préhistorique du sud-ouest des États-Unis. Son développement connaît plusieurs phases successives : « Basket Makers » ou « Vanniers » entre 100 av. J.-C. et 700 apr. J.-C., puis la phase Pueblo et la phase Grand Pueblo, d'épanouissement, avec les grands ensembles de Pueblo Bonito ou Mesa Verde.

ANASTASE Ier (saint), *m. à Rome en 401,* pape de 399 à 401. Il condamna Origène et les donatistes.

ANASTASE Ier, *Dyrrachium, auj. Dürres, 431 ? - Constantinople ? 518,* empereur byzantin (491 - 518). Il soutint le monophysisme.

ANATOLIE (du gr. *anatolê,* le levant), nom souvent donné à l'Asie Mineure, désignant aujourd'hui l'ensemble de la Turquie d'Asie.

ANAXAGORE, *Clazomènes v. 500 - Lampsaque v. 428 av. J.-C.,* philosophe grec présocratique. Il faisait de l'intelligence le principe de l'univers.

ANAXIMANDRE, *Milet v. 610 - v. 547 av. J.-C.,* philosophe grec présocratique, de l'école ionienne. Il faisait de l'infini le principe de l'univers.

ANAXIMÈNE de Milet, *v. 585 - v. 525 av. J.-C.,* philosophe grec présocratique, de l'école ionienne. Il faisait de l'air le principe de l'univers.

ANC (African National Congress, en fr. Congrès national africain), organisation politique d'Afrique du Sud, créée en 1912. Fer de lance de la lutte contre l'apartheid, l'ANC a été interdit de 1960 à 1990. Interlocuteur privilégié du gouvernement dans les négociations qui ont abouti à l'instauration d'une démocratie multiraciale en Afrique du Sud, l'ANC a accédé au pouvoir en 1994.

ANCENIS (44150), ch.-l. d'arrond. de la Loire-Atlantique, sur la Loire ; 7 383 hab. *(Anceniens).* Constructions mécaniques. – Restes du château (XVe-XVIIe s.).

ANCERVILLE (55170), ch.-l. de cant. de la Meuse, à l'E. de Saint-Dizier ; 2 781 hab. Métallurgie.

ANCHISE MYTH. GR. Prince troyen, père d'Énée.

ANCHORAGE, v. des États-Unis (Alaska) ; 226 338 hab. Aéroport.

Ancien Régime, régime politique et social de la France depuis le règne de François Ier (1515 - 1547) jusqu'à la Révolution de 1789. La société d'Ancien Régime était divisée en trois ordres juridiquement inégaux (clergé, noblesse et tiers état). Le régime était, dans l'idéal, une monarchie absolue de droit divin ; dans les faits, le pouvoir royal était limité par les corps intermédiaires, états provinciaux, parlements, etc.

Anciens (Conseil des), assemblée qui, sous le Directoire (1795 - 1799), constituait avec le Conseil des Cinq-Cents le corps législatif. Formé de 250 députés, il devait se prononcer sur les lois élaborées par le Conseil des Cinq-Cents.

Anciens et des Modernes (querelle des), polémique littéraire et artistique sur les mérites comparés des écrivains et artistes de l'Antiquité et de ceux du siècle de Louis XIV. Elle prit une forme aiguë avec Charles Perrault (*Parallèle des Anciens et des Modernes* [1688 - 1697]) et annonça le débat entre classiques et romantiques.

ANCIZES-COMPS (Les) [63770], comm. du Puy-de-Dôme ; 1 855 hab. Métallurgie.

ANCÔNE, en ital. **Ancona,** v. d'Italie, cap. des Marches et ch.-l. de prov., sur l'Adriatique ; 101 179 hab. *(Anconitains).* Port. – Arc de Trajan ; cathédrale romano-byzantine (XIe-XIIIe s.). Musées.

ANCRE (maréchal **d'**) → **CONCINI.**

ANCUS MARTIUS, 4e roi légendaire de Rome (640 - 616 av. J.-C.). Petit-fils de Numa Pompilius, il aurait fondé Ostie.

ANCY-LE-FRANC (89160), ch.-l. de cant. de l'est de l'Yonne ; 1 134 hab. Château Renaissance, peut-être sur plans de Serlio (importants décors).

ANCYRE, ancien nom d'*Ankara.

ANDALOUSIE, en esp. **Andalucía,** communauté autonome du sud de l'Espagne ; 87 268 km² ; 6 963 116 hab. *(Andalous)* ; cap. *Séville* ; 8 prov. (*Almería, Cadix, Cordoue, Grenade, Huelva, Jaén, Málaga* et *Séville*). L'Andalousie comprend, du nord au sud : le rebord méridional de la sierra Morena ; la dépression drainée par le Guadalquivir, où se concentrent les cultures et les villes (Cordoue, Séville, Jerez, Cadix) ; la sierra Nevada, ouverte par des bassins fertiles (Grenade) et dominant le littoral aux petites plaines alluviales (Málaga, Almería) et animé par le tourisme (Costa del Sol). — Colonisée par les Phéniciens à partir du VIe s. av. J.-C. puis par les Carthaginois, conquise en 206 av. J.-C. par Rome qui créa la province de Bétique, la région fut du VIIIe s. aux XIIIe-XVe s. le principal foyer de la culture musulmane en Espagne.

ANDAMAN (îles), archipel indien du golfe du Bengale.

ANDAMAN ET NICOBAR, territoire de l'Inde, dans le golfe du Bengale ; 279 111 hab. ; ch.-l. *Port Blair.* Il est formé des archipels des Andaman et des Nicobar, bordés, à l'E., par la mer des Andaman.

ANDELYS [-li] **(Les)** [27700], ch.-l. d'arrond. de l'Eure, sur la Seine ; 9 307 hab. *(Andelysiens).* Ruines du Château-Gaillard. Deux églises remontant au XIIIe s.

ANDENNE, v. de Belgique (prov. de Namur), sur la Meuse ; 23 075 hab. Collégiale du XVIIIe s. (œuvres d'art).

ANDERLECHT [ɑ̃dɛrlɛkt], comm. de Belgique (Bruxelles-Capitale), banlieue sud-ouest de Bruxelles, sur la Senne ; 87 884 hab. Église des XIe-XVe s. Maison d'Érasme.

ANDERLUES, comm. de Belgique (Hainaut), à l'O. de Charleroi ; 11 421 hab.

ANDERMATT, comm. de Suisse (Uri) ; 1 319 hab. Station de sports d'hiver (1 447 - 3 000 m). — Monuments anciens, belles demeures.

ANDERNOS-LES-BAINS (33510), comm. de la Gironde, sur le bassin d'Arcachon ; 9 442 hab. Station balnéaire. Ostréiculture.

ANDERS (Władysław), *Błonie 1892-Londres 1970,* général polonais. Il commanda les forces polonaises reconstituées en URSS, qui s'illustrèrent en Italie (1943 - 1944).

ANDERSCH (Alfred), *Munich 1914 - Berzona 1980,* écrivain allemand naturalisé suisse. Ses récits sont dominés par le thème de la solitude *(Un amateur de demi-teintes).*

ANDERSEN (Hans Christian), *Odense 1805 - Copenhague 1875,* écrivain danois. Il est célèbre pour ses *Contes* populaires, tour à tour mélancoliques et humoristiques, merveilleux et réalistes.

ANDERSEN NEXØ (Martin), *Copenhague 1869 - Dresde 1954,* écrivain danois. Il est l'un des principaux représentants du roman prolétarien *(Pelle le Conquérant ; Ditte, enfant des hommes).*

ANDERSON (Carl David), *New York 1905 - San Marino, Californie, 1991,* physicien américain. Il a découvert le positron (1932) ainsi que le méson (1937). [Prix Nobel 1936.]

ANDERSON (Philip), *Indianapolis 1923,* physicien américain. Ses travaux ont porté sur la superfluidité et les matériaux supraconducteurs. (Prix Nobel 1977.)

■ HANS CHRISTIAN **ANDERSEN,** par C. A. Jensen. (Musée Andersen, Odense.)

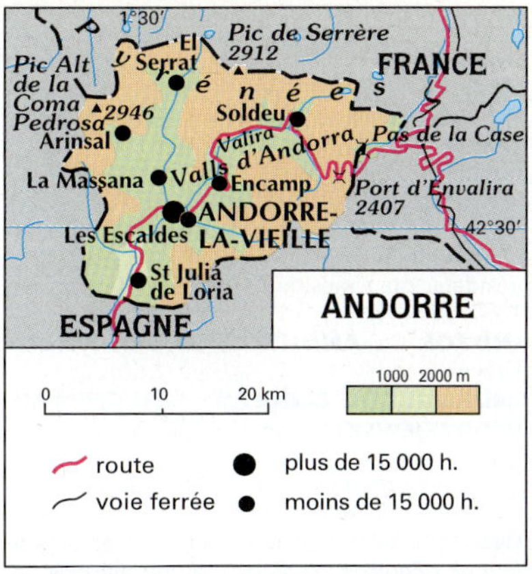

ANDERSON (Sherwood), *Camden 1876 - Colón, Panamá, 1941,* écrivain américain. Il est l'un des créateurs de la nouvelle américaine moderne (*Winesburg, Ohio,* 1919).

ANDES (cordillère des), grande chaîne de montagnes, dominant la côte occidentale de l'Amérique du Sud ; 6 959 m à l'Aconcagua. Elle s'étire sur près de 8 000 km du Venezuela à la Terre de Feu et est parsemée de volcans actifs. La population, toujours en majeure partie amérindienne, se concentre sur les plateaux intérieurs et dans les bassins intramontagnards, domaines d'une agriculture souvent vivrière, parfois commerciale (café), et d'un élevage fréquemment extensif. L'argent, l'étain, le fer, et surtout le cuivre et le pétrole sont extraits du sous-sol de la montagne ou de l'avant-pays.

ANDHRA, dynastie, dite aussi *Satavahana,* qui régna en Inde du Ier s. av. J.-C. au IIIe s. apr. J.-C., dans le Deccan.

ANDHRA PRADESH, État de l'Inde, dans le Deccan, sur le golfe du Bengale ; 275 000 km² ; 66 508 000 hab. ; cap. *Hyderabad.*

ANDIJAN, v. d'Ouzbékistan, dans le Fergana ; 298 300 hab.

ANDORRE n.f. (principauté d'), État d'Europe, dans les Pyrénées ; 465 km² ; 62 500 hab. *(Andorrans).* CAP. *Andorre-la-Vieille* (22 400 hab.). LANGUE : *catalan.* MONNAIES : *euro, peseta espagnole* et *franc français.* Tourisme. — Andorre a été placée à partir de 1607 sous la suzeraineté conjointe du roi (ou chef d'État) de France et de l'évêque de Seo de Urgel (Espagne). En 1993, l'approbation, par référendum, d'une Constitution qui établit un régime parlementaire est suivie par l'admission d'Andorre à l'ONU.

ANDO TADAO, *Osaka 1941,* architecte japonais. Il crée une poétique de l'espace, souvent accordée à l'environnement naturel, par l'articulation dépouillée de formes en béton.

ANDRADE (Mário **de**), *São Paulo 1893 - id. 1945,* écrivain brésilien. Ce poète et romancier fut l'un des initiateurs du « modernisme » (*Paulicéia Desvairada,* 1922).

ANDRADE (Olegario), *Alegrete, Brésil, 1839 - Buenos Aires 1882,* poète argentin. Ce disciple de Hugo donna une forme épique au sentiment national *(Prométhée).*

ANDRADE (Oswald **de**), *São Paulo 1890 - id. 1954,* écrivain brésilien. Il fut l'un des initiateurs du « modernisme » (*Pau-Brasil,* 1925) et du retour au « mauvais sauvage », cannibale des cultures étrangères (« mouvement anthropophagique »).

ANDRÁSSY (Gyula, comte), *Kassa, auj. Košice, 1823 - Volosca, près de Rijeka, 1890,* homme politique hongrois. Il fut président du Conseil en Hongrie (1867 - 1871), puis ministre des Affaires étrangères de l'Autriche-Hongrie (1871 - 1879).

ANDRAULT (Michel), *Montrouge 1926,* architecte français. En collaboration avec Pierre Parat (Versailles 1928), il a construit de nombreux immeubles d'habitation qui évitent la monotonie, ainsi que, notamment, le Palais omnisports de Paris-Bercy (1979) et la double tour de la Société générale à la Défense (1995).

ANDRÉ (saint), *Ier s.,* apôtre de Jésus. Frère de Pierre, il aurait été crucifié à Patras.

ANDRÉ II, *1175 - 1235,* roi de Hongrie (1205 - 1235), de la dynastie des Árpád. Il anima la 5e croisade en 1217 - 1218.

ANDRÉ (Maurice), *Alès 1933,* trompettiste français. Professeur au Conservatoire de Paris de 1967

■ **ANDO TADAO.** Intérieur du pavillon du Japon à l'Exposition universelle de Séville, 1992.

■ CORDILLÈRE DES **ANDES.** Lacs glaciaires en Argentine.

■ MAURICE **ANDRÉ**

à 1979, il poursuit une carrière de soliste de renommée internationale.

ANDREA del Castagno, *près de Florence, v. 1420 - Florence 1457,* peintre italien. Il est l'auteur des fresques les plus monumentales de l'école florentine (réfectoire de S. Apollonia, Florence).

ANDREA del Sarto, *Florence 1486 - id. 1530,* peintre italien. Son art, qui associe à l'eurythmie et à la monumentalité une sensibilité anxieuse, est à la jonction de la Renaissance classique et du maniérisme.

A

ANDREA PISANO, *Pontedera, près de Pise, v. 1290 - Orvieto v. 1348,* sculpteur et architecte italien. Son œuvre principale est l'une des portes historiées, en bronze, du baptistère de Florence. – **Nino Pisano,** *m. v. 1368,* sculpteur italien, fils d'Andrea, dont il fut le chef d'atelier. Il est l'auteur de souples madones d'influence française.

ANDRÉ-DESHAYS (Claudie), *Le Creusot 1957,* médecin et spationaute française. Elle est la première Française à avoir accompli un vol spatial (mission franco-russe Cassiopée, 17 août - 2 sept. 1996).

ANDREÏEV (Leonid Nikolaïevitch), *Orel 1871 - Mustamäggi, Finlande, 1919,* écrivain russe. Ses nouvelles *(le Gouffre)* et son théâtre *(la Vie humaine)* en font l'un des meilleurs représentants du symbolisme russe.

ANDREOTTI (Giulio), *Rome 1919,* homme politique italien. Député démocrate-chrétien dès 1945, il est président du Conseil (1972 - 1973, 1976 - 1979 et 1989 - 1992) et ministre des Affaires étrangères (1983 - 1989).

ANDRÉSY (78570), ch.-l. de cant. des Yvelines, sur la Seine ; 12 621 hab. *(Andrésiens).* Église des XIIIe-XIVe s. (vitraux).

ANDREWS (Thomas), *Belfast 1813 - id. 1885,* physicien irlandais. Il a découvert la température critique et reconnu la continuité des états liquide et gazeux.

ANDRÉZIEUX-BOUTHÉON (42160), comm. de la Loire, dans le Forez ; 9 329 hab. *(Andréziens-Bouthéonais).* Aéroport de Saint-Étienne. Équipements automobiles.

ANDRIA, v. d'Italie (Pouille) ; 82 556 hab. Monuments médiévaux.

ANDRIĆ (Ivo), *Dolac 1892 - Belgrade 1975,* romancier yougoslave d'expression serbe. Il a peint la Bosnie et les luttes politiques de son pays *(la Chronique de Travnik, le Pont sur la Drina).* [Prix Nobel 1961.]

ANDRIEU (Jean-François **d'**) → **DANDRIEU.**

ANDRINOPLE → **EDIRNE.**

Andrinople (traité d') [14 sept. 1829], traité conclu à Andrinople entre les Empires russe et ottoman. Il reconnaissait l'annexion, au Caucase, du littoral de la mer Noire par la Russie et l'indépendance de la Grèce.

ANDROMAQUE MYTH. GR. Héroïne de *l'Iliade,* femme d'Hector et mère d'Astyanax. Après la prise de Troie, elle fut emmenée captive en Grèce par Néoptolème, fils d'Achille. C'est le modèle des vertus familiales et domestiques. – Son histoire a notamment inspiré Euripide (v. 425 av. J.-C.) et Racine (1667).

ANDROMÈDE MYTH. GR. Fille de Céphée, roi d'Éthiopie, et de Cassiopée. Elle fut délivrée d'un monstre par Persée, qu'elle épousa.

ANDROMÈDE, constellation boréale. Elle abrite l'objet céleste le plus éloigné visible à l'œil nu, la galaxie spirale M 31 (galaxie d'Andromède), distante de 2,2 millions d'années de lumière.

ANDRONIC Ier COMNÈNE, *Constantinople 1122 - 1185,* empereur byzantin (1183 - 1185). Il fit étrangler Alexis II pour s'emparer du trône et fut renversé par Isaac II Ange. – **Andronic II Paléologue,** *Nicée 1256 - Constantinople 1332,* empereur byzantin (1282 - 1328). Il lutta sans succès contre les Turcs et contre son petit-fils, et abdiqua. – **Andronic III Paléologue,** *Constantinople v. 1296 - id. 1341,* empereur byzantin (1328 - 1341). Petit-fils d'Andronic II Paléologue, il ne put s'opposer aux Turcs en Asie Mineure.

ANDROPOV (Iouri Vladimirovitch), *Nagoutskaïa, région de Stavropol, 1914 - Moscou 1984,* homme politique soviétique. Chef du KGB (1967 - 1982), il fut secrétaire général du parti (1982 - 1984) et président du Praesidium du Soviet suprême (1983 - 1984).

ANDROS ou **ÁNDHROS,** île des Cyclades (Grèce).

ANDROUET DU CERCEAU → **DU CERCEAU.**

ANDRZEJEWSKI (Jerzy), *Varsovie 1909 - id. 1983,* écrivain polonais. Il fut l'un des initiateurs du mouvement de révolte des intellectuels en 1956 (*Cendres et diamant,* 1948).

ANDUZE (30140), ch.-l. de cant. du Gard, sur le *Gardon d'Anduze ;* 3 054 hab. Bourg pittoresque.

Âne d'or (l'), titre parfois donné aux **Métamorphoses* d'Apulée.

ANET (28260), ch.-l. de cant. d'Eure-et-Loir, près de l'Eure ; 2 775 hab. *(Anétais).* Henri II y fit élever par P. Delorme, pour Diane de Poitiers, un magnifique château dont il reste le portail, une aile et la chapelle de plan centré.

ANETO (pic d'), point culminant des Pyrénées, en Espagne, dans la Maladeta ; 3 404 m.

ANGARA n.f., riv. de Russie, en Sibérie, qui sort du lac Baïkal, affl. de l'Ienisseï (r. dr.) ; 1 826 km. Aménagements hydroélectriques (dont Bratsk).

ANGARSK, v. de Russie, en Sibérie, sur l'Angara ; 269 500 hab.

ANGE, dynastie qui régna sur l'Empire byzantin de 1185 à 1204.

ANGÈLE MERICI (sainte), *Desenzano del Garda 1474 - Brescia 1540,* religieuse italienne, fondatrice de l'ordre des Ursulines (1535).

ANGELES, v. des Philippines, au N.-O. de Manille ; 236 685 hab.

ÁNGELES (Los), v. du Chili, ch.-l. de prov., sur le rio Bío-Bío ; 132 632 hab.

ANGELICO (Guidolino **di Pietro,** en relig. Fra Giovanni **da Fiesole,** dit il Beato, et, le plus souvent **Fra**), *dans le Mugello v. 1400 - Rome 1455,* peintre et dominicain italien. C'est un des maîtres de l'école florentine et l'un des plus profonds interprètes de l'iconographie chrétienne (fresques et retables du couvent florentin S. Marco, où il était moine ; chapelle de Nicolas V au Vatican). Béatifié en 1982.

Angélique, héroïne du *Roland amoureux* (1495) de Boiardo et du *Roland furieux* (1532) de l'Arioste. Perfide sorcière chez Boiardo, elle devient chez l'Arioste une innocente Orientale égarée en Occident.

■ FRA **ANGELICO.** Ange musicien (détail), extrait du *Triptyque des Linaioli* (tisserands de lin), de 1433. (Musée de S. Marco, Florence.)

ANGÉLIQUE (Mère) → **ARNAULD.**

ANGELOPOULOS (Theodhoros, dit Theo), *Athènes 1935,* cinéaste grec. Des plans longs, le sens de l'errance et de la contemplation caractérisent son œuvre : *le Voyage des comédiens* (1975), *Paysage dans le brouillard* (1988), *le Regard d'Ulysse* (1995), *l'Éternité et un jour* (1998).

Angélus (l'), toile de J.-F. Millet (1857, musée d'Orsay), symbole surréel de piété paysanne et populaire.

ANGELUS SILESIUS (Johann **Scheffler,** dit), *Breslau 1624 - id. 1677,* poète allemand. Sa mystique baroque et passionnée mêle alchimie et spiritualité chrétienne *(le Pèlerin chérubinique).*

ANGERS, ch.-l. du dép. de Maine-et-Loire, sur la Maine, à 296 km au S.-O. de Paris ; 156 327 hab. *(Angevins).* Évêché. Cour d'appel. Université. École d'application du génie, école d'arts et métiers. Centre commercial et industriel (constructions électroniques, informatique) d'une agglomération de plus de 220 000 hab. – Cathédrale (XIIe-XIIIe s. ; vitraux) et autres édifices gothiques à voûtes « angevines » (bombées). Le château des comtes d'Anjou, reconstruit sous Saint Louis, forme une enceinte à 17 grosses tours ; il abrite un musée des Tapisseries et la tenture de l'**Apocalypse.* Autres musées (des Bx-Arts, David-d'Angers, Lurçat, etc.). – Oppidum gaulois puis riche cité romaine, la ville fut la capitale de l'État féodal des Plantagenêts.

■ **ANGERS.** Tours de l'enceinte du château, XIIIe s.

ANGILBERT (saint), *v. 745 - 814,* abbé laïc de Saint-Riquier. Conseiller de Charlemagne, il fut l'un des artisans de la renaissance carolingienne.

ANGIOLINI (Gasparo), *Florence 1731 - Milan 1803,* danseur, chorégraphe et compositeur italien. Il fut l'un des créateurs du ballet-pantomime.

ANGKOR, ensemble archéologique du Cambodge occidental, à l'emplacement d'une anc. cap. des rois khmers fondée en 889 par Yashovar-

■ **ANGKOR.** Le complexe funéraire d'Angkor Vat. Art khmer, XIIe s.

man Ier. D'innombrables monuments (VIIe - fin du XIIIe s.), au symbolisme architectural très poussé, sont ornés d'un riche décor sculpté. Les temples-montagnes du Phnom Bakheng et du Bayon dans la cité d'Angkor Thom et le complexe funéraire de Suryavarman II, Angkor Vat (XIIe s.), représentent l'apogée de l'art khmer.

ANGLEBERT (Jean-Henri **d'**), *Paris 1628 - id. 1691,* compositeur, claveciniste et organiste français. Représentant de l'école française du clavecin à ses débuts, il publia, en 1689, 60 *Pièces de clavecin.*

ANGLES, peuple germanique venu du Schleswig, qui envahit le nord et le centre de l'île de Bretagne (Ve s.). Ils donnèrent leur nom à l'Angleterre.

ANGLESEY, île de Grande-Bretagne (pays de Galles), dans la mer d'Irlande ; 67 800 hab.

ANGLES-SUR-L'ANGLIN (86260), comm. de la Vienne, au N. de Saint-Savin ; 380 hab. Restes d'un château médiéval. — Site préhistorique du Roc-aux-Sorciers (bas-reliefs, vestige d'un sanctuaire du magdalénien moyen, XIIIe -XIIe millénaires).

ANGLET (64600), ch.-l. de cant. des Pyrénées-Atlantiques ; 36 742 hab. *(Angloys).* Station balnéaire. Constructions aéronautiques.

ANGLETERRE, en angl. **England,** partie sud de la Grande-Bretagne, limitée par l'Écosse au N. et le pays de Galles à l'O. ; 130 400 km² ; 46 170 300 hab. *(Anglais)* ; cap. *Londres.*

HISTOIRE

Romains et Anglo-Saxons. Peuplée dès le IIIe millénaire av. J.-C., l'Angleterre est occupée par les Celtes. **43-83 apr. J.-C. :** conquise par Rome, elle forme la province de Bretagne. **Ve s. :** invasion des peuples germaniques (Saxons, Angles, Jutes) qui refoulent les Celtes vers l'est. **VIIe - VIIIe s. :** sept royaumes se constituent (Heptarchie). Opposés un temps aux moines irlandais, les bénédictins venus de Rome font du pays un centre profondément chrétien (saint Bède). **825 :** Egbert unifie l'Heptarchie au profit du Wessex.

L'Angleterre normande. IXe s. : invasion des Danois. Ils se heurtent à la résistance d'Alfred le Grand. **1016 - 1035 :** le Danois Knud le Grand est roi de toute l'Angleterre. **1042 - 1066 :** Édouard le Confesseur rétablit une dynastie saxonne. **1066 :** son successeur, Harold II, est battu à Hastings par Guillaume Ier le Conquérant, duc de Normandie. **1154 :** Henri II fonde la dynastie Plantagenêt. Outre son empire continental (Normandie, Aquitaine, Bretagne, etc.), il entreprend la conquête du pays de Galles et de l'Irlande. Pour être maître du clergé, il fait assassiner Thomas Becket.

Le duel franco-anglais. 1189 - 1199 : la France suscite des révoltes contre Richard Cœur de Lion. **1199 - 1216 :** Philippe Auguste prive Jean sans Terre de ses possessions françaises ; les barons, qui extorquent la Grande Charte (1215), reconnaissance écrite des libertés traditionnelles, accroissent encore leur pouvoir sous Henri III (1216 - 1272) puis, après le règne plus fort d'Édouard Ier (fin de la conquête du pays de Galles), sous Édouard II (1307 - 1327). **1327 - 1377 :** les prétentions d'Édouard III au trône de France et la rivalité des deux pays en Aquitaine déclenchent (1337) la guerre de Cent Ans. **1377 - 1399 :** la situation se détériore sous le faible Richard II : révolte paysanne (Wat Tyler), peste noire, hérésie de Wycliffe, agitation irlandaise. **1399 :** le roi est déposé au profit d'Henri IV, premier Lancastre. **1413 - 1422 :** Henri V, après Azincourt (1415), conquiert la moitié de la France et est reconnu héritier du trône (traité de Troyes). **1422 - 1461 :** Henri VI perd toutes ces possessions ; les Yorks remettent en cause les droits des Lancastres à la Couronne (guerre des Deux-Roses, 1450 - 1485). **1475 :** à la fin de la guerre de Cent Ans (accord de Picquigny), l'Angleterre ne conserve que Calais (jusqu'en 1558).

Les Tudors. 1485 : Henri VII, héritier des Lancastres, inaugure la dynastie Tudor. **1509 - 1547 :** Henri VIII rompt avec Rome et se proclame chef de l'Église anglicane (1534). Le protestantisme s'affirme sous Édouard VI (1547 - 1553) et, après l'intermède catholique de Marie Ire (1553 - 1558), il triomphe sous Élisabeth Ire (1558 - 1603). La victoire de celle-ci contre l'Espagne (Invincible Armada, 1588) préfigure l'avènement de la puissance maritime anglaise. **1603 :** Jacques Stuart, roi d'Écosse, hérite de la Couronne anglaise (→ **Grande-Bretagne et d'Irlande du Nord [Royaume-Uni de]**).

Angleterre (bataille d') [août-oct. 1940], campagne aérienne de la Seconde Guerre mondiale (août-oct. 1940). Menée par la Luftwaffe contre la Grande-Bretagne pour préparer l'invasion de ce pays, elle échoua devant la résistance de la RAF.

ANGLO-NORMANDES (îles), en angl. **Channel Islands,** groupe d'îles de la Manche, près de la côte normande, dépendance de la Couronne britannique : Jersey, Guernesey, Aurigny (Alderney), Sercq (Sark) ; 195 km² ; 120 000 hab. Centres touristiques importants. Cultures maraîchères florales et fruitières. Élevage. — La Couronne d'Angleterre y exerce la souveraineté au titre de descendante des ducs normands.

ANGLO-SAXONS, peuples germaniques (Angles, Jutes, Saxons) de l'Allemagne du Nord et du Danemark qui envahirent l'île de Bretagne aux Ve et VIe s.

ANGO (Jean), *Dieppe 1480 - id. 1551,* armateur français. Il commandita plusieurs voyages d'exploration, dont celui de Verrazzano au Brésil (1526 - 1527).

ANGOLA n.m., État d'Afrique australe, sur l'Atlantique ; 1 246 700 km² ; 11 500 000 hab. *(Angolais).* CAP. *Luanda.* LANGUE : *portugais.* MONNAIE : *kwanza.*

GÉOGRAPHIE

Occupant plus du double de la superficie de la France, l'Angola est formé d'un haut plateau, relativement arrosé et couvert de savanes, qui domine une étroite plaine côtière aride. La guerre civile, liée partiellement aux rivalités ethniques, a désorganisé une économie dont la richesse du sous-sol (diamants, fer et surtout pétrole) est l'atout essentiel. L'agriculture (manioc et maïs, café) et l'élevage occupent toujours la majeure partie de la population, dans un contexte auj. catastrophique (combats, sécheresse, famine).

HISTOIRE

Peuplée dès le néolithique, la région est occupée au Ier millénaire apr. J.-C. par les Bantous, auj. encore majoritaires. **XVe s. :** elle reçoit son nom de la dynastie Ngola (royaume Ndongo).

Avant l'indépendance. 1482 : le Portugais Diogo Cão découvre le pays. **1580 - 1625 :** les Portugais luttent contre le royaume Ndongo. La traite devient la première activité du pays. **1877 - 1879 :** Serpa Pinto explore l'intérieur. **1889 - 1901 :** des traités fixent les limites du pays. **1899 et 1911 :** des corvées obligatoires remplacent l'ancien esclavage. **1955 :** l'Angola reçoit le statut de province portugaise.

L'indépendance. 1961 : l'insurrection de Luanda inaugure la guerre d'indépendance, mais le mouvement nationaliste est divisé. **1975 :** l'indépendance est proclamée ; la guerre civile éclate. Le Mouvement populaire de libération de l'Angola (MPLA) d'Agostinho Neto (devenu président de la République) s'impose avec l'aide de Cuba, sans vaincre totalement la rébellion soutenue par l'Afrique du Sud. **1979 :** à la mort de Neto, Dos Santos lui succède à la tête de l'État. **1988 :** un accord entre l'Angola, l'Afrique du Sud et Cuba entraîne un cessez-le-feu dans le nord de la Namibie et le sud de l'Angola. Il est suivi par le retrait des troupes sud-africaines et cubaines (1989 - 1991). **1991 :** le multipartisme est instauré. Dos Santos signe un accord de paix avec l'UNITA (Union nationale pour l'indépendance totale de l'Angola). **1992 :** les premières élections législatives et présidentielles libres sont remportées par le MPLA au pouvoir. Mais le refus de l'UNITA d'accepter le résultat du scrutin entraîne une reprise de la guerre civile. **1994 :** un nouvel accord de paix est signé entre le gouvernement et l'UNITA. **1998 :** après l'échec d'une tentative de mise en place d'un gouvernement d'union nationale (1997), la confrontation armée reprend.

ANGOULÊME (16000), ch.-l. du dép. de la Charente, sur la Charente, à 439 km au S.-O. de Paris ; 46 324 hab. *(Angoumoisins).* Évêché. Centre d'une agglomération de plus de 100 000 hab., industrialisée (constructions électriques). — Remparts médiévaux. Cathédrale romane à coupoles, très reprise au XIXe s. Musées. Festival international de la bande dessinée, annuel. Centre national de la bande dessinée et de l'image.

ANGOULÊME (Louis **de Bourbon,** duc **d'**), *Versailles 1775 - Görz, Autriche, 1844,* dernier dauphin de France. Fils du comte d'Artois (Charles X), il commanda l'expédition d'Espagne (1823) et mourut en exil.

ANGOULÊME (Marie-Thérèse **de Bourbon,** duchesse **d'**), *Versailles 1778 - Görz, Autriche, 1851,*

princesse française, appelée Madame Royale. Fille de Louis XVI, elle épousa en 1799 son cousin, le duc d'Angoulême.

ANGOUMOIS ou **COMTÉ D'ANGOULÊME,** anc. région de France occupant la majeure partie du dép. de la Charente ; v. princ. *Angoulême.* (Hab. *Angoumoisins.*) Incorporé une première fois au royaume en 1308, il revint définitivement à la Couronne en 1515.

ÅNGSTRÖM (Anders Jonas), *Lögdö 1814 - Uppsala 1874,* physicien suédois. Spécialiste de l'analyse spectrale, il est le premier à avoir mesuré des longueurs d'onde et déterminé les limites du spectre visible.

ANGUIER (les frères), sculpteurs français. **François A.,** *Eu 1604 - Paris 1669,* et **Michel A.,** *Eu 1612 - Paris 1686.* Ils ont travaillé ensemble au mausolée d'Henri de Montmorency (v. 1650, Moulins) et à certains décors du Louvre.

ANGUILLA, île des Petites Antilles britanniques ; 9 000 hab. Occupée par les Anglais à partir de 1666, elle jouit de l'autonomie depuis 1976.

ANHALT, principauté allemande créée au début du XIIIe s. Elle fut un duché de 1806 - 1807 à 1918.

ANHUI, prov. de la Chine orientale, sur le Yangzi Jiang ; 140 000 km^2 ; 56 181 000 hab. ; cap. *Hefei.*

ANI, anc. cap. d'Arménie (auj. en Turquie). Elle fut mise à sac en 1064 par les Turcs. Importants vestiges.

A

ANIANE (34150), ch.-l. de cant. de l'Hérault ; 2 125 hab. *(Anianais).* Du monastère carolingien reconstruit par les mauristes subsiste l'abbatiale (autour de 1700).

ANICHE (59580), comm. du Nord, à l'E. de Douai ; 9 897 hab. *(Anichois).* Verrerie.

ANJERO-SOUDJENSK, v. de Russie, en Sibérie, dans le Kouzbass ; 108 000 hab. Houille. Chimie.

ANJOU, anc. prov. de l'ouest de la France (cap. *Angers*), qui a formé le dép. de Maine-et-Loire et une partie des dép. d'Indre-et-Loire, de la Mayenne et de la Sarthe. (Hab. *Angevins.*) Partagé entre le Bassin parisien (Anjou blanc) et le Massif armoricain (Anjou noir), c'est un carrefour de rivières : le Loir, la Sarthe et la Mayenne y forment la Maine, affl. de la Loire. Les vallées, favorisées par la douceur du climat, constituent des secteurs agricoles très riches (vignobles sur les versants, cultures fruitières et maraîchères, pépinières et élevage dans les parties alluviales). – Situé au cœur de l'empire Plantagenêt, au XIIe s., le comté d'Anjou fut conquis par Philippe Auguste (1205), cédé en apanage à des princes capétiens, érigé en duché par Jean le Bon (1360) puis définitivement rattaché à la Couronne par Louis XI (1481).

ANJOU, v. du Canada (Québec), au N. de Montréal ; 37 700 hab. *(Angevins).*

ANJOU (première maison **d'**), maison comtale d'Anjou fondée au Xe s., dont sont issues des branches qui régnèrent sur le royaume de Jérusalem (1131 - 1186) et sur celui d'Angleterre (→ **Plantagenêt**). – **deuxième maison d'A.,** maison fondée en 1246 par Charles Ier d'Anjou, roi de Sicile (1266 - 1285), dont sont issues des branches qui régnèrent sur les royaumes de Hongrie et de Pologne (XIVe s.) et sur celui de Naples (XIVe-XVe s.). – **troisième maison d'A.,** maison fondée en 1290 par Charles de Valois, frère de Philippe IV le Bel, qui s'éteignit en 1481 avec la mort de Charles V, neveu de René Ier le Bon.

ANJOUAN → **NDZOUANI.**

ANKARA, anc. **Angora,** cap. de la Turquie, dans l'Anatolie centrale, à près de 1 000 m d'altitude ; 2 559 471 hab. *(Ankariens).* Sous le nom d'*Ancyre* (en gr. *Ankura*), elle fut une des villes les plus florissantes de l'Antiquité. Monuments romains ; citadelle byzantine ; musées, dont le riche musée des Civilisations anatoliennes (périodes néolithique et hittite).

an mille → **mille (an).**

ANNABA, anc. **Bône,** v. de l'Algérie orientale, ch.-l. de wilaya ; 305 000 hab. Université. Métallurgie. – Site de l'anc. Hippone. Vestiges antiques.

ANNA IVANOVNA, *Moscou 1693 - Saint-Pétersbourg 1740,* impératrice de Russie (1730 - 1740), de la dynastie des Romanov. Elle laissa gouverner son favori E. J. Biron et les Allemands de son entourage.

Anna Karenine, roman psychologique de Léon Tolstoï (1875 - 1877). L'auteur oppose les ravages de la passion illégitime d'Anna et de Vronski à l'image paisible du couple uni que forment Kitty et Lévine.

Annales, œuvre de Tacite (IIe s.). Cet ouvrage, composé de 16 livres, dont certains ont été perdus, porte sur l'histoire romaine, de la mort d'Auguste à celle de Néron (14 - 68).

Annales, revue historique française. Elle a été créée en 1929, sous le titre d'*Annales d'histoire économique et sociale,* par Lucien Febvre et Marc Bloch, pour substituer à l'histoire événementielle une histoire intégrée à l'ensemble des sciences humaines. Elle a porté à partir de 1946 le sous-titre : *Économies, Sociétés, Civilisations,* et depuis 1994 : *Histoire, Sciences sociales.*

ANNAM n.m., région centrale du Viêt Nam, entre le Tonkin et la Cochinchine ; v. princ. *Huê* et *Da Nang.* L'Annam est formé de petites plaines rizicoles sur la mer de Chine méridionale, dominées à l'ouest par les montagnes, peu peuplées, de la cordillère Annamitique.

ANNAMITIQUE (cordillère), chaîne montagneuse d'Asie, aux confins du Viêt Nam et du Laos.

ANNAN (Kofi), *Kumasi 1938,* haut fonctionnaire international ghanéen. Dans la continuité d'une longue carrière menée au sein de l'ONU, il est secrétaire général de cette organisation depuis 1997.

ANNAPOLIS n.m., fl. du Canada, en Nouvelle-Écosse, qui rejoint la baie de Fundy.

ANNAPURNA n.m., sommet de l'Himalaya (Népal) ; 8 078 m. Premier « 8 000 m » gravi (en 1950 par l'expédition française de Maurice Herzog).

ANN ARBOR, v. des États-Unis (Michigan) ; 109 592 hab. Université.

ANNE (sainte), épouse de Joachim et mère de la Vierge Marie, selon d'anciennes traditions chrétiennes.

Anneau du Nibelung (l') → ***Tétralogie.***

ANNE BOLEYN, *v. 1507 - Londres 1536,* reine d'Angleterre. Deuxième femme d'Henri VIII, qui divorça de Catherine d'Aragon pour l'épouser, elle fut accusée d'adultère et décapitée.

ANNE COMNÈNE, *1083 - 1148,* princesse byzantine. Elle fut l'historienne du règne de son père, Alexis Ier Comnène *(l'Alexiade).*

ANNE D'AUTRICHE, *Valladolid 1601 - Paris 1666,* reine de France. Fille de Philippe III d'Espagne, épouse de Louis XIII (1615), elle s'opposa à Richelieu et fut régente (1643 - 1661) pendant la minorité de Louis XIV, son fils. Elle gouverna avec le concours de Mazarin.

ANNE DE BEAUJEU, *Genappe 1461 - Chantelle 1522,* duchesse de Bourbon. Fille aînée de Louis XI, elle exerça la régence avec son mari, Pierre de Beaujeu, pendant la minorité de Charles VIII (1483 - 1491).

ANNE DE BRETAGNE, *Nantes 1477 - Blois 1514,* duchesse de Bretagne (1488 - 1514) et reine de France. Fille du duc François II, femme de Charles VIII (1491), puis de Louis XII (1499), elle défendit farouchement l'indépendance de la Bretagne.

ANNE DE CLÈVES, *Düsseldorf 1515 - Chelsea 1557,* reine d'Angleterre. Elle fut la quatrième femme d'Henri VIII, qui l'épousa et la répudia la même année (1540).

ANNE DE GONZAGUE, dite **la Princesse Palatine,** *Paris 1616 - id. 1684,* princesse française. Fille de Charles Ier de Gonzague, et femme d'Édouard de Bavière, comte palatin, elle joua pendant la Fronde un rôle modérateur.

ANNE STUART, *Londres 1665 - id. 1714,* reine de Grande-Bretagne et d'Irlande (1702 - 1714). Fille de Jacques II, elle lutta contre Louis XIV et réunit l'Écosse et l'Angleterre sous le nom de Grande-Bretagne par l'Acte d'union (1707).

ANNECY (74000), ch.-l. du dép. de la Haute-Savoie, sur le *lac d'Annecy,* à 540 km au S.-E. de Paris ; 52 100 hab. *(Anneciens).* Évêché. Centre d'une agglomération industrialisée (constructions mécaniques) de plus de 130 000 hab. – Ensemble de la vieille ville : château des XIIIe-XVIe s. (musée régional), cathédrale (XVIe s.) et autres monuments. – Festival international du cinéma d'animation.

■ **ANNE D'AUTRICHE.** (Château de Versailles.)

■ **ANNE DE BRETAGNE.** (BNF, Paris.)

ANNECY (lac d'), lac de Haute-Savoie ; 27 km^2. Important site touristique.

ANNECY-LE-VIEUX (74000), ch.-l. de cant. de la Haute-Savoie, banlieue d'Annecy ; 19 596 hab.

ANNEMASSE (74100), ch.-l. de cant. de la Haute-Savoie, près de l'Arve ; 27 659 hab. *(Annemassiens).* Constructions mécaniques.

ANNENSKI (Innokenti Fiodorovitch), *Omsk 1856 - Saint-Pétersbourg 1909,* poète russe. Il fut l'un des inspirateurs du symbolisme russe (*le Coffret de cyprès,* 1910).

ANNOBÓN, île de la Guinée équatoriale ; 17 km^2 ; 2 000 hab.

ANNONAY (07100), ch.-l. de cant. du nord de l'Ardèche ; 18 233 hab. *(Annonéens).* Industrie automobile. Papeterie.

Annonciade (ordre de l'), ancien ordre de chevalerie italien fondé en 1364 par le duc Amédée VI de Savoie. Il fut aboli en 1946.

ANOU, dieu suprême du panthéon sumérien.

ANOUILH (Jean), *Bordeaux 1910 - Lausanne 1987,* auteur dramatique français. Son théâtre va de la fantaisie des pièces « roses » *(le Bal des voleurs)* et de l'humour des pièces « brillantes » ou « costumées » *(la Répétition ou l'Amour puni, l'Alouette)* à la satire des pièces « grinçantes » *(Pauvre Bitos ou le Dîner de têtes),* « farceuses » *(le Nombril)* et au pessimisme des pièces « noires » *(Antigone).*

ANPE (Agence nationale pour l'emploi), établissement public français. Créée en 1967, rattachée au ministère de l'Emploi et de la Solidarité, elle a pour mission d'améliorer le fonctionnement du marché du travail.

ANQUETIL (Jacques), *Mont-Saint-Aignan 1934 - Rouen 1987,* coureur cycliste français. Recordman du monde de l'heure (46,159 km), il fut vainqueur notamment de cinq Tours de France (1957, et 1961 à 1964).

ANS, comm. de Belgique (prov. de Liège) ; 27 554 hab.

ANSARIYYA ou **ANSARIEH** (djabal), montagne de Syrie, dominant le Ghab ; 1 583 m.

ANSCHAIRE ou **OSCAR** (saint), *près de Corbie 801 - Brême 865,* évangélisateur de la Scandinavie.

Anschluss (mot all. signifiant *rattachement*), rattachement de l'Autriche à l'Allemagne. Interdit par les Alliés lors des traités de paix de 1919, l'Anschluss fut imposé par Hitler en 1938 et cessa en 1945.

ANSE (69480), ch.-l. de cant. du Rhône, sur l'Azergues ; 4 867 hab. Vestiges romains ; châteaux.

ANSELME (saint), *Aoste 1033 - Canterbury 1109,* archevêque de Canterbury. Théologien, il enseigna à l'abbaye bénédictine du Bec (auj. Bec-Hellouin), et développa la preuve ontologique de l'existence de Dieu.

ANSELME (Pierre **Guibours,** dit **le Père**), *Paris 1625 - id. 1694,* augustin déchaussé et historien français, auteur d'une *Histoire généalogique et chronologique de la Maison royale de France.*

ANSERMET (Ernest), *Vevey 1883 - Genève 1969,* chef d'orchestre suisse. Fondateur en 1918 de l'Orchestre de la Suisse romande qu'il dirigea jusqu'en 1966, il fut un spécialiste des répertoires français et russe.

ANSHAN, v. de Chine (Liaoning) ; 1 390 000 hab. Sidérurgie.

ANTAIMORO, peuple du sud-est de Madagascar. Ils sont célèbres pour leurs rituels d'accès au tombeau ancestral *(kibory).*

ANTAISAKA, peuple des régions basses du sud-est de Madagascar (env. 700 000). Ils émigrent en nombre vers d'autres régions de l'île. Ils pratiquent le double ensevelissement des morts (sépultures provisoires, puis introduction des dépouilles dans des tombeaux collectifs, les *kibory,* après deux ou trois ans).

ANTAKYA → **ANTIOCHE.**

ANTALCIDAS, général spartiate. Il conclut avec la Perse un traité par lequel Sparte abandonnait les villes grecques de l'Asie Mineure (386 av. J.-C.).

ANTALL (József), *Budapest 1932 - id. 1993,* homme politique hongrois. Président du Forum démocratique à partir de 1989, il fut Premier ministre de 1990 à sa mort.

ANTALYA, anc. **Adalia,** v. de Turquie, sur la Méditerranée ; 378 208 hab. Port. – Porte d'Hadrien (IIe s.), minaret du XIIIe s. ; riche musée.

ANTANANARIVO, anc. **Tananarive,** cap. de Madagascar, sur le plateau de l'Imérina, entre 1 200 et 1 500 m d'altitude ; 1 050 000 hab. *(Tananariviens).*

ANTANDROY, peuple de l'extrême sud de Madagascar. Éleveurs de zébus, ils tendent à émigrer vers d'autres parties de l'île. Ils possèdent des tombeaux ancestraux collectifs *(kibory).*

ANTARCTIDE, nom parfois donné aux terres antarctiques.

ANTARCTIQUE, continent compris presque entièrement à l'intérieur du cercle polaire austral ; 13 000 000 km² env. Recouverte presque totalement par une énorme masse de glace dont l'épaisseur dépasse souvent 2 000 m, cette zone très froide (la température ne s'élève que rarement au-dessus de −10 °C), dépourvue de flore et de faune terrestres, est inhabitée hors des stations scientifiques (→ **polaires** [régions]). Parfois, le terme *Antarctique* désigne globalement le continent et la masse océanique qui l'entoure.

ANTARCTIQUE ou **AUSTRAL** (océan), nom donné à la partie des océans Atlantique, Pacifique et Indien comprise entre le cercle polaire antarctique et le continent polaire.

ANTARCTIQUE BRITANNIQUE (territoire de l'), colonie britannique regroupant le secteur britannique de l'Antarctique, les Shetland du Sud et les Orcades du Sud.

ANTÉE MYTH. GR. Géant, fils de Poséidon et de Gaia. Il reprenait force chaque fois qu'il touchait la Terre, dont il était sorti. Héraclès l'étouffa en le maintenant en l'air.

ANTÊNOR, *fin du VIe s. av. J.-C.,* sculpteur grec. Il a signé une majestueuse korê de l'Acropole d'Athènes.

ANTHÉMIOS de Tralles, *Tralles VIe s.,* architecte et mathématicien byzantin. Il établit les plans de Sainte-Sophie de Constantinople.

ANTHÉOR-CAP-ROUX (83530 Agay), station balnéaire du Var (comm. de Saint-Raphaël), sur la côte de l'Esterel.

Anthropologie structurale, œuvre de Claude Lévi-Strauss (1958 et 1973), dans laquelle il expose sa méthode d'analyse des faits sociaux (mythe, parenté, art des masques).

ANTI-ATLAS n.m., massif du Maroc méridional, entre les oueds Draa et Sous ; 2 531 m.

ANTIBES, ch.-l. de cant. des Alpes-Maritimes, sur la Côte d'Azur ; 73 383 hab. *(Antibois).* Centre touristique. Cultures florales. Parfumerie. Constructions électriques. — Musée d'Histoire et d'Archéologie au bastion St-André, musée Picasso au château Grimaldi.

ANTICOSTI (île d'), île du Canada (Québec), à l'entrée du Saint-Laurent ; 8 160 km² ; 230 hab.

ANTIFER (cap d'), promontoire de la Seine-Maritime, au N. du Havre. Terminal pétrolier.

ANTIGONE MYTH. GR. Fille d'Œdipe et de Jocaste, sœur d'Étéocle et de Polynice. Condamnée à mort pour avoir, malgré les ordres du roi Créon, enseveli son frère Polynice, elle se pendit. — Antigone, qui défend les lois « non écrites » du devoir moral, familial ou religieux contre la fausse justice de la raison d'État, a inspiré de nombreux dramaturges : Sophocle (v. 442 av. J.-C.), Alfieri (1783), J. Anouilh (1944).

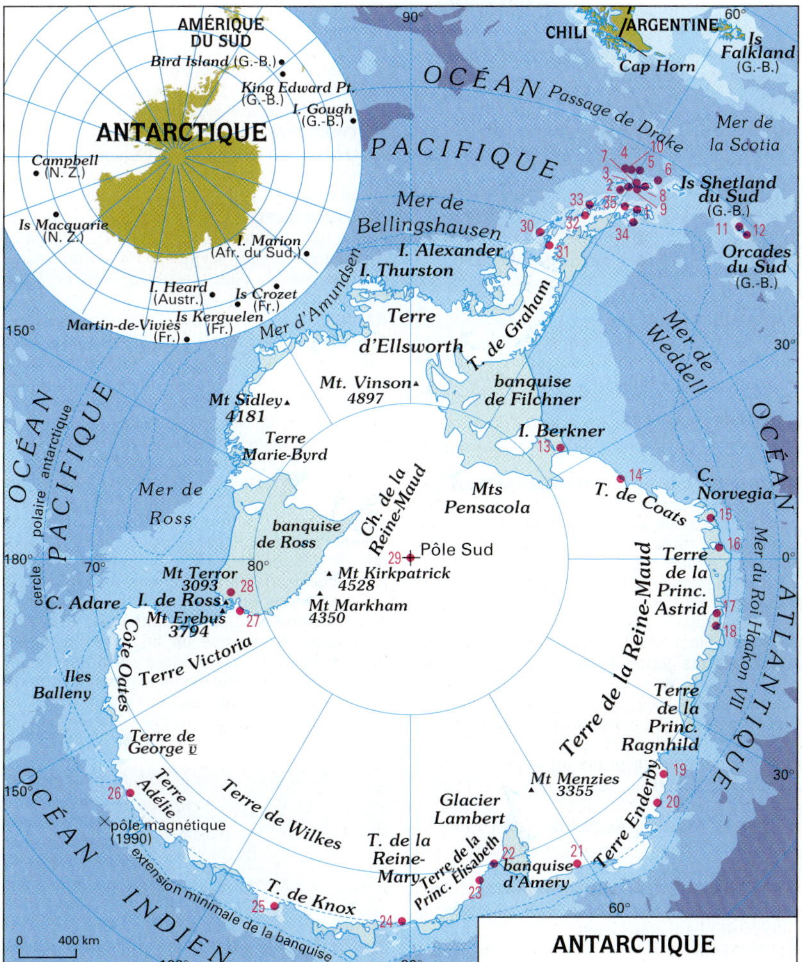

STATIONS GÉOPHYSIQUES PERMANENTES

1 Esperanza (Arg.)
2 Capitán Arturo Prat (Chili)
3 Bellingshausen (Russie)
4 Teniente Rodolfo Marsh (Chili)
5 Grande Muraille (Chine)
6 Artigas (Uruguay)
7 Comandante Ferraz (Brésil)
8 Arctowski (Pol.)
9 Jubany (Arg.)
10 King Séjong (Cor. du S.)
11 Signy (G.-B.)
12 Orcadas (Arg.)
13 General Belgrano (Arg.)
14 Halley (G.-B.)
15 G. von Neumayer (All.)
16 Sanae (Afr. du S.)
17 Maitri (Inde)
18 Novolazarevskaia (Russie)
19 Showa (Japon)
20 Molodejnaia (Russie)
21 Mawson (Austr.)
22 Zhongshan (Chine)
23 Davis (Austr.)
24 Mirnyi (Russie)
25 Casey (Austr.)
26 Dumont d'Urville (F.)
27 McMurdo (É.-U.)
28 Scott Base (N.-Z.)
29 Amundsen-Scott (É.-U.)
30 Rothera (G.-B.)
31 S. Martin (Arg.)
32 Vernadsky (Ukraine)
33 Palmer (É.-U.)
34 Marambio (Arg.)
35 Gral B. O'Higgins (Chili)

ANTIGONIDES, dynastie (306 - 168 av. J.-C.) qui régna sur la Macédoine et une partie de la Grèce à l'époque hellénistique.

ANTIGONOS, roi des Juifs (40 - 37 av. J.-C.), le dernier des Asmonéens.

ANTIGONOS Monophthalmos, *m. en 301 av. J.-C.,* général macédonien, fondateur de la dynastie des Antigonides. Il chercha à gouverner l'empire créé par Alexandre le Grand, se fit proclamer roi (306), mais fut vaincu et tué à Ipsos.

ANTIGUA-ET-BARBUDA n.f., État des Antilles ; 442 km² ; 85 000 hab. *(Antiguais et Barbudiens).* CAP. *Saint John's.* LANGUE : *anglais.* MONNAIE : *dollar des Caraïbes orientales.* (V. carte **Antilles.**) Le pays est formé par les îles d'Antigua (280 km²), de Barbuda et de Redonda.

ANTIGUA GUATEMALA, v. du sud du Guatemala ; 27 000 hab. Bel ensemble baroque d'époque coloniale.

Antikomintern (pacte) [25 nov. 1936], pacte conclu entre l'Allemagne et le Japon contre l'Internationale communiste. L'Italie y adhéra en 1937.

ANTI-LIBAN n.m., massif d'Asie occidentale, aux confins de la Syrie et du Liban, culminant à 2 629 m.

ANTILLES, archipel séparant l'océan Atlantique de la *mer des Antilles,* formé, au N., par les Grandes Antilles (Cuba, Haïti, Jamaïque, Porto Rico) et, à l'E. et au S., par les Petites Antilles. (Hab. *Antillais.*) De relief varié, souvent volcanique, les Antilles ont un climat tropical, tempéré par l'alizé. Elles reçoivent des précipitations, parfois violentes (cyclones), plus abondantes sur les Petites Antilles orientales (les « îles du Vent ») que sur les Petites Antilles méridionales (« îles sous le Vent », au large du Venezuela).
La population (près de 40 millions d'Antillais sur près de 240 000 km²) est hétérogène : les anciens Caraïbes ont été remplacés par des Blancs et surtout par des esclaves noirs, qui forment aujourd'hui, avec les métis, l'essentiel du peuplement. Elle a souvent un bas niveau de vie, affaibli encore par la croissance démographique. En dehors de la bauxite (Jamaïque) et du pétrole (Trinité), les cultures tropicales (canne à sucre, banane, café, agrumes, etc.) constituent - avec, localement, le tourisme - les principales ressources de l'archipel. *(V. carte p. suivante.)*

ANTILLES (mer des) ou **MER CARAÏBE** ou **MER DES CARAÏBES,** dépendance de l'Atlantique, entre l'Amérique centrale, l'Amérique du Sud et les Antilles.

ANTILLES FRANÇAISES, la Guadeloupe et la Martinique.

ANTILLES NÉERLANDAISES, possessions néerlandaises des Antilles ; env. 800 km² ; 197 000 hab. ; ch.-l. *Willemstad.* Elles correspondent essentiellement aux deux îles (Curaçao et Bonaire) situées au large du Venezuela.

ANTIN (Louis Antoine **de Pardaillan de Gondrin,** duc **d'**), *Paris 1665 - id. 1736,* homme d'État français. Fils légitime de Mme de Montespan, surintendant des Bâtiments du roi, il fut le modèle du parfait courtisan.

ANTINOË, v. de l'anc. Égypte (Thébaïde), sur le Nil. Hadrien la fit construire en souvenir d'Antinoüs.

ANTINOÜS [-nɔys], *m. en 130,* jeune Grec, favori de l'empereur Hadrien, qui le déifia après sa noyade dans le Nil.

ANTIOCHE, en turc **Antakya,** auj. **Hatay,** v. de Turquie, sur l'Oronte inférieur ; 123 871 hab. Musée archéologique (nombreuses mosaïques antiques). Ruines. — Capitale du royaume séleucide puis de la province romaine de Syrie, la ville fut une des grandes métropoles de l'Orient et joua un rôle primordial dans les débuts du christianisme. Elle déclina après l'invasion perse (540) et la conquête arabe (636). Les croisés en firent la capitale d'un État latin du Levant (1098), conquis par les Mamelouks en 1268.

ANTIOCHE (pertuis d'), détroit entre l'île d'Oléron et l'île de Ré.

ANTIOCHOS, nom porté par treize rois séleucides. — **Antiochos III Mégas,** *m. en 187 av. J.-C.,* roi de Syrie (223 - 187 av. J.-C.), de la dynastie des Séleucides. Il reconquit l'Arménie, le pays des Parthes et la Bactriane (212 - 205 av. J.-C.), puis se rendit maître de la Palestine (195). Il intervint en Grèce contre les Romains, mais fut vaincu à

Magnésie du Sipyle (189) et dut abandonner l'Asie Mineure à Rome par la paix d'Apamée (188). — **Antiochos IV Épiphane,** *m. en 164 av. J.-C.,* roi de Syrie (175 - 164 av. J.-C.), de la dynastie des Séleucides. Sa politique d'hellénisation provoqua en Judée la révolte des Maccabées (167).

ANTIOPE MYTH. GR. Fille de Nyctée, roi de Thèbes. Aimée de Zeus, elle en eut les jumeaux Amphion et Zéthos.

Antiope (nom déposé ; acronyme de *acquisition numérique et télévisualisation d'images organisées en pages d'écriture*), système français de télétexte.

ANTIPATROS ou **ANTIPATER,** *v. 397 - 319 av. J.-C.,* général macédonien. Il gouverna la Macédoine en l'absence d'Alexandre le Grand et, après la mort de ce dernier, vainquit les cités grecques révoltées (guerre lamiaque, 323 - 322 av. J.-C.).

Antiquité, période de l'histoire correspondant aux plus anciennes civilisations, que l'on situe des origines des temps historiques à la chute de l'Empire romain (476 apr. J.-C.).

Antiquités judaïques, ouvrage rédigé en grec par Flavius Josèphe (v. 95 apr. J.-C.), qui relate l'histoire du peuple juif depuis la création du monde jusqu'en 66 apr. J.-C.

ANTISTHÈNE, *Athènes v. 444 - 365 av. J.-C.,* philosophe grec, fondateur de l'école cynique.

ANTOFAGASTA, v. du nord du Chili, sur le Pacifique ; 226 749 hab. Port. Métallurgie et exportation du cuivre.

ANTOINE de Padoue (saint), *Lisbonne v. 1195 - Padoue 1231,* franciscain portugais. Il prêcha en Italie et en France notamment contre les cathares. On l'invoque pour retrouver les objets perdus.

ANTOINE le Grand (saint), *Qeman, Égypte, v. 251 - mont Golzim, près de la mer Rouge, 356,* patriarche du monachisme chrétien. Ermite retiré dans les déserts de la Thébaïde, il fonda, pour les nombreux chrétiens qui le rejoignaient, les deux premiers monastères voués à la vie cénobitique. La tradition veut qu'il ait été longtemps obsédé par de violentes tentations (sous forme de visions).

ANTOINE (André), *Limoges 1858 - Le Pouliguen 1943,* acteur et metteur en scène de théâtre français. Fondateur du Théâtre-Libre en 1887 et propagateur de l'esthétique naturaliste, il ouvrit en France l'ère de la mise en scène moderne.

ANTOINE (Jacques Denis), *Paris 1733 - id. 1801,* architecte français, auteur de l'hôtel de la *Monnaie de Paris.

ANTOINE (Marc), en lat. **Marcus Antonius,** *83 - 30 av. J.-C.,* général romain. Lieutenant de César en Gaule, il entra en conflit avec son héritier, Octavien (le futur Auguste). S'étant réconcilié avec ce dernier, il forma avec lui et Lépide le second triumvirat (43 av. J.-C.), qui se partagea le monde romain (40 av. J.-C.). Il reçut l'Orient et, répudiant Octavie, épousa la reine d'Égypte Cléopâtre VII. Vaincu à Actium en 31 av. J.-C., il se tua.

ANTOINE DE BOURBON, *1518 - Les Andelys 1562,* duc de Vendôme (1537 - 1562), roi de Navarre (1555 - 1562). Époux de Jeanne III d'Albret et père du futur Henri IV, il prit part à la première guerre de Religion à la tête de l'armée royale catholique et fut tué au siège de Rouen.

ANTOINE DANIEL (saint), un des *Martyrs canadiens.

ANTOINE-MARIE ZACCARIA (saint), *Crémone 1502 - id. 1539,* religieux italien, fondateur des barnabites (1530).

ANTOMMARCHI ou **ANTONMARCHI** (François), *Morsiglia 1780 - Cuba 1838,* médecin de Napoléon Ier à Sainte-Hélène.

ANTONELLI (Giacomo), *Sonnino 1806 - Rome 1876,* prélat et homme d'État italien. Cardinal et secrétaire d'État (1848) de Pie IX, il inspira la politique d'intransigeance des États pontificaux vis-à-vis du royaume d'Italie.

ANTONELLO da Messina, *Messine v. 1430 - id. v. 1479,* peintre italien. Formé à Naples, il unit le sens méditerranéen du volume, de l'ampleur des formes à l'observation méticuleuse des primitifs flamands. Il séjourna à Venise en 1475 - 1476.

ANTONESCU (Ion), *Piteşti 1882 - Jilava, auj. dans Bucarest, 1946,* maréchal et homme politique roumain. Dictateur de la Roumanie en 1940, il engagea son pays en 1941, aux côtés de Hitler, contre l'URSS. Arrêté en 1944, il fut exécuté.

ANTONIN (saint), *Florence 1389 - Montughi 1459,* dominicain italien. Champion de la réforme, dite de l'observance, à l'intérieur de son ordre, il commandita les peintures de Fra Angelico au couvent de Saint-Marc, dont il était le prieur. Il devint archevêque de Florence en 1446.

ANTONIN le Pieux, en lat. **Titus Aelius Hadrianus Antoninus Pius,** *Lanuvium 86 - 161,* empereur romain (138 - 161). Son règne marque l'apogée de l'Empire.

ANTONINS, dynastie impériale qui régna à Rome de 96 à 192 apr. J.-C. et qui compta sept empereurs : Nerva, Trajan, Hadrien, Antonin, Marc Aurèle, Verus, Commode.

ANTONIONI (Michelangelo), *Ferrare 1912,* cinéaste italien. Rigoureuse et dépouillée, d'une grande recherche formelle, son œuvre exprime l'opacité des êtres, la solitude et l'incommunicabilité : *l'Avventura* (1960), *la Nuit* (1961), *l'Éclipse* (1962), *Blow up* (1966), *Profession : reporter* (1975), *Identification d'une femme* (1982).

ANTONY (92160), ch.-l. d'arrond. des Hauts-de-Seine, au S. de Paris ; 60 420 hab. *(Antoniens).* Résidence universitaire.

ANTSIRABÉ, v. de Madagascar ; 79 000 hab.

ANTSIRANANA, anc. **Diégo-Suarez,** v. du nord de Madagascar, sur la *baie d'Antsiranana ;* 55 000 hab. Port.

ANTUNES (António **Lobo**), *Lisbonne 1942,* écrivain portugais. Médecin, envoyé en Angola pendant la guerre d'indépendance puis praticien en psychiatrie, il témoigne de l'histoire politique du Portugal et de l'inquiétude humaine dans des romans au style à la fois torrentiel et maîtrisé (*le Cul de Judas,* 1979 ; *Traité des passions de l'âme,* 1990 ; *le Manuel des inquisiteurs,* 1996).

ANTWERPEN → **ANVERS.**

ANUBIS, dieu funéraire de l'Égypte ancienne. Représenté avec une tête de chacal, il introduit les morts dans l'autre monde.

ANURADHAPURA, v. du nord de Sri Lanka ; 36 000 hab. Fondée au Ve s. av. J.-C., elle fut la capitale de Ceylan jusqu'au Xe s. — Importants vestiges bouddhiques, préservés dans un vaste parc archéologique.

ANVERS [ɑ̃vɛrs, en fr. ɑ̃vɛr], en néerl. **Antwerpen,** v. de Belgique, ch.-l. de la *prov. d'Anvers ;* 467 518 hab. *(Anversois)* [env. 800 000 hab. dans l'agglomération]. Université. Établie au fond de l'estuaire de l'Escaut (r. dr.), unie à Liège par le canal Albert, la ville est l'un des grands ports européens et l'un des principaux centres industriels belges (métallurgie, construction automobile, raffinage du pétrole et pétrochimie, taille des diamants, etc.). — Majestueuse cathédrale gothique (XIVe-XVe s. ; peintures de Rubens), hôtel de ville Renaissance, églises baroques et autres monuments. Riches musées, dont celui des Beaux-Arts (école flamande de peinture, du XVe au XXe s.). — Capitale économique de l'Occident au XVe s., Anvers fut détrônée au XVIIe s. par Amsterdam. Son importance stratégique en fit l'enjeu de nombreuses batailles. Elle connut un nouvel essor après 1833, quand elle devint le principal port du jeune royaume de Belgique. Occupée par les Allemands en 1914 et en 1940, libérée par les

■ **ANVERS.** Bateaux sur l'Escaut avec, au fond, à gauche, la cathédrale et sa grande tour (achevée en 1521).

Britanniques en 1944, la ville fut bombardée par les V1 et V2 allemands en 1944 et 1945.

ANVERS (province d'), prov. du nord de la Belgique ; 2 867 km² ; 1 605 167 hab. ; ch.-l. *Anvers ;* 3 arrond. *(Anvers, Malines, Turnhout) ;* 70 comm. Elle s'étend sur la Campine, région au relief monotone, sableuse, agricole et herbagère à l'O., industrielle à l'E. L'agglomération anversoise regroupe environ la moitié de la population totale de la province.

Anvil (opération) → **Provence** (débarquement de).

ANYANG, v. de Chine (Henan) ; 361 000 hab. Cap. des Shang du XIVe au XIe s. av. J.-C., vestiges de la nécropole royale.

ANYANG, v. de Corée du Sud, au S. de Séoul ; 480 668 hab.

ANYI ou **AGNI,** peuple akan du sud-est de la Côte d'Ivoire et de l'ouest du Ghana.

ANZÈRE, station de sports d'hiver de Suisse (Valais), au-dessus de la vallée du Rhône (alt. 1 500 m) [hab. *Ayentôts*].

ANZIN (59410), comm. du Nord, banlieue de Valenciennes ; 14 238 hab. *(Anzinois).* Métallurgie.

ANZIO, v. d'Italie (Latium), au S.-E. de Rome ; 32 383 hab. Port de pêche. – Les Alliés y débarquèrent derrière le front allemand en 1944.

ANZUS → **Pacifique** (Conseil du).

A.-O.F. → **AFRIQUE-OCCIDENTALE FRANÇAISE.**

AOL Time Warner, groupe de communication américain né de la fusion, en 2001, du fournisseur d'accès à Internet AOL (America Online) et du groupe multimédia Time Warner. Présent dans les réseaux télématiques (AOL), le cinéma (studios Warner Bros), la télévision (CNN), la presse *(Time)* et l'édition, il occupe une place de leader mondial dans son secteur.

AOMORI, v. du Japon, dans le nord de Honshu ; 287 808 hab. Port.

AORAKI ou **COOK** (mont), point culminant de la Nouvelle-Zélande, dans l'île du Sud ; 3 754 m.

AOSTE, en ital. **Aosta,** v. d'Italie, ch.-l. du *Val d'Aoste,* sur la Doire Baltée ; 35 895 hab. Monuments romains et médiévaux.

AOSTE (Val d'), en ital. **Valle d'Aosta,** région autonome d'Italie, entre la Suisse (Valais) et la France (Savoie) ; 115 397 hab. *(Valdôtains) ;* ch.-l. *Aoste.* La région est atteinte par les tunnels du Grand-Saint-Bernard et du Mont-Blanc. Une partie de la population parle encore le français. – De 1032 à 1945, sauf entre 1800 et 1814 (Empire français), le Val d'Aoste appartint à la maison de Savoie. En 1948, il devint région autonome.

AOUDH ou **OUDH,** région historique de l'Inde, auj. dans l'Uttar Pradesh.

Aouïna (El-), aéroport de Tunis.

AOUITA (Saïd), *Kenitra 1960,* athlète marocain. Champion olympique (1984) et du monde (1987) sur 5 000 m, il fut le premier à parcourir cette distance en moins de 13 min et a détenu les records du monde des 1 500, 2 000 et 3 000 m.

août 1789 (nuit du 4), nuit pendant laquelle les députés de la Constituante votèrent l'abolition des privilèges féodaux, décidant aussi le rachat des redevances seigneuriales et des dîmes, l'égalité devant l'impôt et la suppression de la vénalité des offices.

août 1792 (journée du 10), insurrection parisienne au cours de laquelle la Commune fit investir les Tuileries. L'Assemblée législative prononça la suspension du roi, que la Commune enferma au Temple.

AOZOU (bande d'), extrémité septentrionale du Tchad. Revendiquée et occupée par la Libye à partir de 1973, elle est rendue au Tchad en 1994.

APACHES, ensemble de peuples amérindiens des États-Unis (réserves en Arizona et au Nouveau-Mexique) [env. 50 000]. Ils comprennent notamment les Kiowa et les Mescalero. Ils furent parmi les derniers à résister à l'invasion blanche, sous la conduite de Cochise et de Geronimo. Ils parlent l'*apache,* de la famille athabascan.

Apamée (paix d') [188 av. J.-C.], traité signé par Antiochos III Mégas, à Apamée Kibôtos. Elle assurait aux Romains la mainmise sur l'Asie Mineure.

APAMÉE-SUR-L'ORONTE, anc. cité de Syrie. Important centre commercial romain. Vestiges romains et paléochrétiens (mosaïques).

APCHÉRON (presqu'île d'), extrémité orientale du Caucase, s'avançant dans la Caspienne. Site de Bakou.

APELDOORN, v. des Pays-Bas (Gueldre) ; 148 204 hab. Résidence d'été de la famille royale (palais et jardins fin XVIIe s.). Électronique.

APELLE, *IVe s. av. J.-C.,* peintre grec, portraitiste d'Alexandre le Grand, dont seule la réputation nous est parvenue.

APENNIN n.m. ou **APENNINS** n.m. pl., massif d'Italie, culminant dans les Abruzzes à 2 914 m au Gran Sasso. Il forme la dorsale de la péninsule italienne.

APERGHIS (Georges), *Athènes 1945,* compositeur grec. Il se consacre plus particulièrement au théâtre musical – genre dont il est l'initiateur – et à l'opéra (*Pandaemonium,* 1973 ; *Je vous dis que je suis mort,* d'après Edgar Poe, 1978 ; *Énumérations,* 1988 ; *Sextuor,* 1993 ; *Machinations,* 2000).

APHRODITE MYTH. GR. Déesse de la Beauté et de l'Amour. Née dans un tourbillon marin, elle est l'épouse infidèle d'Héphaïstos et la mère d'Éros. Elle fut assimilée à la Vénus romaine. – Son effigie est connue grâce aux répliques romaines (l'*Aphrodite de Cnide* et celle *d'Arles* d'après Praxitèle [Vatican et Louvre] ainsi que la *Vénus de *Milo*).

APIA, cap. des Samoa ; 34 000 hab.

APICIUS, *v. 25 av. J.-C.,* gastronome romain. Il est l'auteur présumé des *Dix Livres de la cuisine,* inventaire de nombreuses recettes insolites.

APIS [apis], taureau divinisé de la mythologie égyptienne. Vénéré très tôt à Memphis, il incarnait Ptah.

APO (mont), volcan et point culminant des Philippines, dans l'île de Mindanao ; 2 954 m.

Apocalypse de Jean, dernier livre du Nouveau Testament, attribué par la tradition à l'apôtre Jean. (V. partie n. comm. **apocalypse**).

Apocalypse (tenture de l'), au château d'Angers, le plus vaste ensemble de tapisseries historiées du Moyen Âge qui subsiste. Elle comprend six pièces totalisant 107 m de long et regroupant 69 scènes (sur 80 à l'origine) ; elle fut exécutée à partir de 1375 par le tapissier parisien Nicolas Bataille, pour Louis Ier d'Anjou, sur cartons de Hennequin de Bruges, peintre de Charles V.

APOLLINAIRE (Wilhelm Apollinaris **de Kostrowitzky,** dit Guillaume), *Rome 1880 - Paris 1918,* écrivain français. Chantre des avant-gardes artistiques (*les Peintres cubistes,* 1913), théoricien (*l'Esprit nouveau et les poètes,* 1917), auteur d'un « drame surréaliste », burlesque et nationaliste (*les Mamelles de Tirésias,* 1917), il fut un poète inventif et libre (*Alcools,* 1913 ; *Calligrammes,* 1918).

Apollo, programme américain d'exploration humaine de la Lune. Il permit, de 1969 à 1972, à douze astronautes de marcher sur la Lune. (1er atterrissage sur le sol lunaire le 20 juill. 1969 par N. Armstrong et B. Aldrin lors du vol Apollo 11.)

APOLLODORE de Damas ou **le Damascène,** *actif au IIe s. apr. J.-C.,* architecte et ingénieur grec. Auteur des constructions monumentales du règne de Trajan ; on connaît ses machines de guerre grâce aux reliefs de la colonne Trajane.

APOLLON MYTH. GR. Dieu de la Beauté, de la Lumière et des Arts. Il avait à Delphes un sanctuaire célèbre où sa prophétesse, la Pythie, rendait ses oracles. – Parmi les plus célèbres représentations du dieu, citons le fronton ouest du temple de Zeus à Olympie, l'*Apollon du Pirée* (Athènes, Musée national), l'*Apollon Sauroctone* (Louvre) d'après Praxitèle et celui *du Belvédaire* (Vatican) d'après Léocharès.

APOLLONIA, anc. v. de l'Illyrie (Albanie), centre intellectuel à l'époque hellénistique.

APOLLONIOS de Perga, *fin du IIIe s. - début du IIe s. av. J.-C.,* savant grec. Avec *les Coniques,* il systématise les connaissances antérieures sur ce sujet. Ses autres travaux, perdus, ont pu être restitués, en partie, grâce à Pappus.

APOLLONIOS de Rhodes, *Alexandrie v. 295 - v. 230 av. J.-C.,* poète grec, auteur de l'épopée *les Argonautiques.*

APOLLONIOS de Tyane, *Tyane, Cappadoce, ? - Éphèse 97 apr. J.-C.,* philosophe grec néopythagoricien.

APPALACHES n.f. pl., massif de l'est de l'Amérique du Nord, entre l'Alabama et l'estuaire du Saint-Laurent ; 2 037 m au mont Mitchell. Les Appalaches sont précédées à l'O. par le plateau appalachien et à l'E. par le Piedmont qui domine la plaine côtière ; importants gisements houillers. Elles ont donné leur nom à un type de relief classique, le *relief *appalachien.*

APPENZELL, canton de Suisse, enclavé dans celui de Saint-Gall ; 415 km² ; 68 800 hab. *(Appenzellois).* Entré dans la Confédération en 1513, il a été divisé en 1597, pour des raisons religieuses, en deux demi-cantons, Rhodes-Extérieures et Rhodes-Intérieures.

APPERT (Nicolas), *Châlons-sur-Marne 1749 - Massy 1841,* industriel français. On lui doit le procédé de la conservation des aliments par chauffage en récipient hermétiquement clos.

APPIA (Adolphe), *Genève 1862 - Nyon 1928,* théoricien et metteur en scène de théâtre suisse. Contre l'esthétique naturaliste, il privilégia les éléments expressifs du théâtre (acteur, lumière, rythme) et préconisa un décor à trois dimensions.

Appia (via) ou **voie Appienne,** ancienne voie romaine qui allait de Rome à Brindisi.

APPIEN, *Alexandrie v. 95 - apr. 160,* historien grec. Il est l'auteur d'une *Histoire romaine* des origines à Trajan.

■ GUILLAUME **APOLLINAIRE.** *Groupe d'artistes* (1908). Peinture de Marie Laurencin représentant Apollinaire entouré de Picasso, M. Laurencin et Fernande Olivier. (The Baltimore Museum of Art.)

■ Scène de la TENTURE DE L'**APOCALYPSE** (« la Jérusalem nouvelle »). Fin du XIVe s. (Musée des tapisseries, Angers.)

A

APPLETON (sir Edward Victor), *Bradford 1892 - Édimbourg 1965,* physicien britannique. Il a mesuré l'altitude de l'ionosphère et participé à la réalisation du radar. (Prix Nobel 1947.)

APPOMATTOX, village de Virginie (États-Unis). En 1865, y eut lieu la reddition des confédérés du général Lee aux troupes nordistes du général Grant, mettant fin à la guerre de Sécession.

APPONYI (Albert, comte), *Vienne 1846 - Genève 1933,* homme politique hongrois. Chef de l'opposition conservatrice, il représenta la Hongrie à la Conférence de la paix (1919 - 1920), puis à la SDN.

APT (84400), ch.-l. d'arrond. de Vaucluse, dans le *bassin d'Apt,* au pied du Luberon ; 11 488 hab. (*Aptésiens* ou *Aptois*). Confiserie. – Cathédrale en partie romane. Musée (faïences).

APULÉE, *Madaure, Numidie, 125 - ? v. 180,* écrivain latin, auteur du roman *les *Métamorphoses* ou *l'Âne d'or.*

APULIE, anc. région de l'Italie méridionale, formant auj. la Pouille.

APURÍMAC n.m., riv. du Pérou. L'une des branches mères de l'Amazone.

APUSENI (monts), anc. **Bihar** ou **Bihor,** massif de l'ouest de la Roumanie ; 1 848 m.

AQABA ou **AKABA** (golfe d'), golfe de l'extrémité nord-est de la mer Rouge. Site du port jordanien d'Aqaba et d'Eilat.

A

AQUILA (L'), v. d'Italie, cap. des Abruzzes et ch.-l. de prov., au N.-E. de Rome ; 66 863 hab. Forteresse du XVIe s. (Musée national).

AQUILÉE, en ital. **Aquileia,** v. d'Italie (Latium), sur l'Adriatique ; 3 359 hab. Elle fut détruite par Attila (452). – Vestiges romains ; basilique des XIe-XVe s. Musées archéologique et paléochrétien.

AQUIN (Louis Claude **d'**) ⟶ **DAQUIN.**

AQUINO (Corazón, dite Cory), *Manille 1933,* femme politique philippine. Leader de l'opposition après l'assassinat de son mari, Benigno Aquino (1983), elle a été présidente de la République de 1986 à 1992.

AQUITAIN (Bassin) ou **BASSIN D'AQUITAINE,** région sédimentaire de forme triangulaire, comprise entre le Massif armoricain, le Massif central, les Pyrénées et l'océan Atlantique. Correspondant en majeure partie au bassin de la Garonne, l'Aquitaine est un pays de plateaux et de collines. Les calcaires affleurent dans l'est (Périgord, Quercy) et le nord (Charentes) ; ils sont recouverts de débris détritiques dans le sud et l'ouest (molasse de Gascogne et de la rive droite de la Garonne, sables des Landes, cailloutis fluvio-glaciaires du plateau de Lannemezan). Le climat est caractérisé par la chaleur de l'été et une grande instabilité résultant de l'interférence d'influences océaniques, continentales et méditerranéennes. La polyculture (blé, maïs, vigne, tabac, fruits, légumes) est encore fréquemment associée à l'élevage du petit bétail. L'industrie, peu développée, est surtout présente dans les deux agglomérations majeures : Bordeaux et Toulouse.

AQUITAINE n.f., région historique du sud-ouest de la France. Constituée en province par les Romains, elle est occupée par les Wisigoths au Ve s. Après la victoire de Clovis à Vouillé (507), elle est intégrée au royaume franc, devient un duché indépendant à la fin du VIIe s., puis est érigée en royaume (781 - 877). Elle redevient un duché où règne, à partir du Xe s., la dynastie poitevine, illustrée notamm. par Guillaume IX, le « Prince des troubadours » (1086 - 1127). Réunie au domaine royal par le mariage d'Aliénor d'Aquitaine avec Louis VII (1137), l'Aquitaine passe sous domination anglaise à la suite du remariage d'Aliénor avec Henri II Plantagenêt (1152). Elle est reconnue possession anglaise au traité de Paris (1258 - 1259) et prend le nom de Guyenne. La bataille de Castillon (1453) rend la Guyenne à la France, et le duché revient définitivement à la Couronne en 1472.

AQUITAINE n.f., Région administrative de France ; 41 308 km² ; 2 908 359 hab. *(Aquitains) ;* ch.-l. *Bordeaux ;* 5 dép. (Dordogne, Gironde, Landes, Lot-et-Garonne et Pyrénées-Atlantiques). C'est l'une des plus vastes Régions françaises, mais elle est peu densément peuplée. Malgré le développement des axes de communication, l'Aquitaine demeure excentrée dans le cadre national et européen. L'agriculture (maïs, vins, fruits et légumes) reste une activité essentielle, alors que l'industrie a reculé.

■ CORY **AQUINO** en 1986.

■ YASSER **ARAFAT**

■ FRANÇOIS **ARAGO.** (Observatoire de Paris.)

■ LOUIS **ARAGON**

Aquitaine (l'), autoroute reliant Paris à Bordeaux.

arabe (Ligue) ⟶ **Ligue arabe.**

ARABE UNIE (République) [RAU], anc. État du Moyen-Orient, formé de l'Égypte et de la Syrie (1958 - 1961). L'Égypte garda jusqu'en 1971 le nom de République arabe unie.

ARABES, ensemble de populations formant une nation et réparties dans 22 États du Moyen-Orient et d'Afrique du Nord (env. 230 millions). À une souche qu'on localise dans la péninsule arabique se sont agrégées de nombreuses populations arabisées au fil du temps. Une histoire et une culture communes, la conscience d'une arabité partagée, l'usage d'une même langue (l'*arabe*) donnent ses traits d'homogénéité au « monde arabe », par ailleurs très diversifié. Les Arabes sont en très grande majorité musulmans sunnites, avec des minorités chiites, druzes, alawites ; mais on trouve aussi des communautés chrétiennes.

ARABES UNIS (Émirats) ⟶ **ÉMIRATS ARABES UNIS.**

ARABIE, vaste péninsule, entre la mer Rouge et le golfe Persique, sur la *mer d'Arabie* (ou mer d'Oman) ; 3 000 000 km² ; env. 32 000 000 hab. Elle constitue l'extrémité sud-ouest de l'Asie et englobe l'Arabie saoudite, le Yémen, l'Oman, la fédération des Émirats arabes unis, le Qatar, Bahreïn et le Koweït.

ARABIE SAOUDITE n.f., État d'Asie, occupant la majeure partie de la péninsule d'Arabie ; 2 150 000 km² ; 18 400 000 hab. *(Saoudiens).* CAP. *Riyad.* V. PRINC. *Djedda, Médine* et *La Mecque.* LANGUE : *arabe.* MONNAIE : *riyal saoudien.*

INSTITUTIONS

Monarchie. Une loi fondamentale de 1992 rappelle les principes d'exercice du pouvoir. Le roi gouverne selon la *charia,* loi islamique.

GÉOGRAPHIE

Vaste (près de quatre fois la superficie de la France), mais en majeure partie désertique, le pays doit son importance politique et économique au pétrole. L'Arabie saoudite, membre influent de l'OPEP, est le premier producteur et surtout exportateur de pétrole, dont elle détient environ le quart des réserves mondiales. Le pétrole a attiré de nombreux immigrés, sans bouleverser pourtant une structure sociale encore quasi féodale, dans ce berceau de l'islam (villes saintes de Médine et de La Mecque). Ses revenus ont financé le développement du raffinage, mais aussi celui, onéreux, de cultures (blé) dans un milieu naturel hostile.

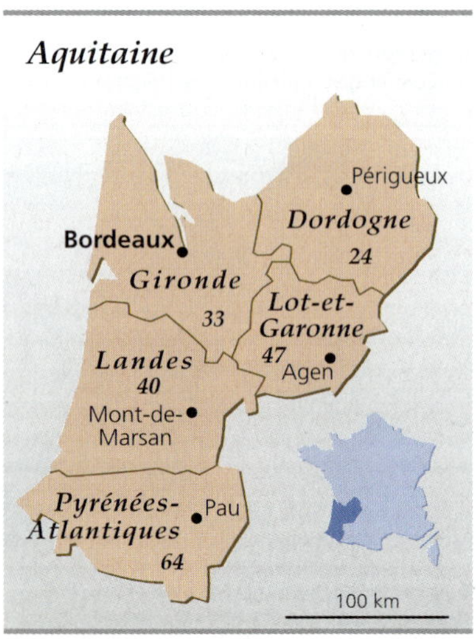

HISTOIRE

En 1932, l'Arabie saoudite naît de la réunion en un seul royaume des régions conquises par Abd al-Aziz III ibn Saud, dit Ibn Séoud, depuis 1902. **1932 - 1953 :** Ibn Séoud modernise le pays grâce aux fonds procurés par le pétrole, découvert en 1930 et exploité depuis 1945 par les Américains. **1953 - 1964 :** son fils Saud est roi ; il cède en 1958 la réalité du pouvoir à son frère Faysal, qui le dépose en 1964. **1964 - 1975 :** Faysal se fait le champion du panislamisme et le protecteur des régimes conservateurs arabes. **1975 - 1982 :** son frère Khalid règne sur le pays. **1982 :** son frère Fahd lui succède. **1991 :** une force multinationale, déployée sur le territoire saoudien, intervient contre l'Iraq (guerre du *Golfe).

ARABI PACHA ⟶ **URABI PACHA.**

ARABIQUE (golfe), ancien nom de la mer *Rouge.

ARABO-SWAHILI ⟶ **SWAHILI.**

ARACAJU, v. du Brésil, cap. de l'État de Sergipe ; 401 244 hab. Port.

ARACHNÉ MYTH. GR. Jeune Lydienne qui excellait dans le tissage et qui, pour avoir défié Athéna, fut métamorphosée en araignée.

ARAD, v. de Roumanie, près de la Hongrie ; 190 088 hab. Musée départemental.

ARADOS, île et ville de Phénicie, très florissante dès le IIe millénaire (auj. Ruwad, en Syrie).

ARAFAT (Yasser ou Yasir), *Jérusalem 1929,* homme politique palestinien. Président, depuis 1969, de l'Organisation de libération de la Palestine (OLP), il est nommé, en 1989, président de l'« État palestinien » proclamé par l'OLP. Un des artisans de l'accord israélo-palestinien signé à Washington en 1993, il reçoit l'année suivante le prix Nobel de la paix avec Y. Rabin et S. Peres. Devenu en 1994 président de l'Autorité nationale palestinienne, il est élu en 1996 raïs (président) du Conseil de l'autonomie palestinienne.

ARAGO, famille française de tradition politique républicaine. – **François A.,** *Estagel, Pyrénées-Orientales, 1786 - Paris 1853,* homme politique, physicien et astronome français. Directeur de l'Observatoire de Paris, célèbre par ses cours d'astronomie, il acheva, avec Biot, la mesure d'un arc de méridien terrestre. On lui doit également de nombreux travaux d'optique (polarisation de la lumière), d'électricité (aimantation du fer par le courant), etc. Esprit libéral, très populaire, il fut membre du gouvernement provisoire en 1848 et fit abolir l'esclavage dans les colonies françaises. – **Emmanuel A.,** *Paris 1812 - id. 1896,* homme politique français. Fils de François, il fut ministre de la Justice dans le gouvernement de la Défense nationale (1870 - 1871).

ARAGON, en esp. **Aragón,** communauté autonome du nord-est de l'Espagne ; 1 212 025 hab. *(Aragonais) ;* cap. *Saragosse ;* 3 prov. (*Huesca, Saragosse* et *Teruel*). Après sa réunion en 1137 avec le comté de Barcelone, le royaume d'Aragon devient une grande puissance méditerranéenne (couronne d'Aragon).

ARAGON (couronne d'), confédération d'États qui regroupa à partir du XIIe s. le royaume d'Aragon et le comté de Barcelone, puis les royaumes de Valence, de Majorque, de Sicile, de Sardaigne et de Naples (XIIIe-XVe s.). En 1469, le mariage de Ferdinand II le Catholique avec Isabelle de Cas-

tille prépara l'union du royaume d'Aragon à la Castille, réalisée en 1479.

ARAGON (Louis), *Paris 1897 - id. 1982,* écrivain français. Il fut l'un des fondateurs du surréalisme (*le Paysan de Paris,* 1926). Devenu communiste, il orienta ses romans vers la critique sociale (*les Beaux Quartiers,* 1936). Pendant la Résistance, il accentua l'aspect traditionnel de sa poésie (*le Crève-Cœur,* 1941 ; *les Yeux d'Elsa,* 1942). Il mêla enfin à sa création romanesque une réflexion sur l'art et l'écriture (*Henri Matisse, roman,* 1971 ; *Théâtre/Roman,* 1974).

ARAGUAIA n.m., riv. du Brésil, affl. du Tocantins (r. g.) ; 1 902 km.

ARAK, v. d'Iran ; 331 354 hab. Tapis.

ARAKAN n.m., chaîne de montagnes de Birmanie, entre l'Irrawaddy et le golfe du Bengale.

ARAL (mer d'), grand lac salé d'Asie, aux confins du Kazakhstan et de l'Ouzbékistan ; 34 000 km². La mer d'Aral reçoit le Syr-Daria et l'Amou-Daria, dont l'apport ne peut empêcher la diminution de sa superficie (68 000 km² en 1960), liée à l'intensité de l'irrigation.

ARAM, personnage biblique. Un des fils de Sem, ancêtre des Araméens.

ARAMÉENS, populations sémitiques qui, d'abord nomades, fondèrent divers États en Syrie. Leur langue fut parlée dans tout le Proche-Orient à partir du VIIIe s. av. J.-C. et ne disparut qu'avec la conquête arabe (VIIe s. apr. J.-C.).

ARAMON (30390), ch.-l. de cant. du Gard ; 3 823 hab. *(Aramonais).* Centrale thermique sur le Rhône. Produits pharmaceutiques.

ARAN (îles d'), archipel d'Irlande, formé de trois îles (Inishmore, Inishmaan et Inisheer), fermant la baie de Galway. Pêche. Tourisme.

ARAN (val d'), vallée des Pyrénées espagnoles (Catalogne), où naît la Garonne.

ARANDA (Pedro, comte **d'**), *Siétamo, Huesca, 1719 - Épila 1798,* général et homme d'État espagnol. Président du Conseil de Castille (1766 - 1773), il seconda Charles III dans son œuvre réformatrice.

ARANJUEZ, v. d'Espagne (prov. de Madrid), sur le Tage ; 36 162 hab. Palais royal des XVIe-XVIIIe s. ; jardins à la française. — L'insurrection qui y éclata en mars 1808 provoqua l'abdication de Charles IV en faveur de son fils Ferdinand VII et fut à l'origine de l'intervention de Napoléon Ier en Espagne.

ARANY (János), *Nagyszalonta, auj. Salonta, Roumanie, 1817 - Budapest 1882,* poète hongrois, auteur de l'épopée nationale de *Toldi.*

ARAPAHO, peuple amérindien des plaines centrales des États-Unis (réserves dans le Wyoming, le Montana, l'Oklahoma) [env. 6 500], de la famille algonquienne.

ARARAT (mont), massif volcanique de la Turquie orientale ; 5 165 m. Selon la Bible, l'arche de Noé s'y serait arrêtée.

ARAUCANS, nom ancien des *Mapuche.

ARAVALLI (monts), massif du nord-ouest de l'Inde, bordant le Deccan.

ARAVIS (chaîne des), chaîne des Alpes françaises, dans le massif des Bornes ; 2 752 m. Elle est franchie à 1 498 m par le *col des Aravis.*

ARAWAK, ensemble de peuples amérindiens répartis au Brésil, au Pérou, en Colombie, au Venezuela, en Guyana et au Suriname. La pression des Carib, jadis, explique leur dispersion. À l'arrivée des Espagnols, les Arawak occupaient aussi les Grandes Antilles, où ils n'ont survécu, acculturés, qu'à Cuba. Leurs langues forment une famille, l'*arawak.*

ARAXE n.m., riv. d'Asie, née en Turquie, affl. de la Koura (r. dr.) ; 994 km. Il sert notamment de frontière entre l'Iran et l'Azerbaïdjan.

Arbèles (bataille d') [331 av. J.-C.], bataille des campagnes d'Alexandre le Grand. Victoire décisive d'Alexandre en Assyrie sur le roi de Perse Darios III.

ARBIL ou **ERBIL,** v. d'Iraq, au pied du Zagros ; 334 000 hab. C'est l'antique *Arbèles.*

ARBOGAST, *m. en 394,* général d'origine franque au service de Valentinien II. Il fit tuer ce dernier pour proclamer empereur d'Occident (392) le rhéteur Eugène. Il fut vaincu par Théodose (394).

ARBOIS (39600), ch.-l. de cant. du Jura, dans le Vignoble jurassien ; 3 954 hab. *(Arboisiens).* Vins. Outillage. — Deux musées ; maison de Pasteur.

ARBON, v. de Suisse (Thurgovie), sur le lac de Constance ; 11 043 hab. Constructions mécaniques. — Château reconstruit au XVIe s.

ARBOUR (Louise), *Montréal 1947,* magistrate canadienne. Juge en Ontario (1987-1996), elle est procureur des tribunaux pénaux internationaux pour l'ex-Yougoslavie et pour le Rwanda de 1996 à 1999. Elle est nommée à la Cour suprême du Canada en 1999.

ARBRESLE [arbrɛl] **(L')** [69210], ch.-l. de cant. du Rhône, dans les monts du Lyonnais ; 5 975 hab. *(Arbreslois).* Église des XIIIe et XVe s. Couvent d'Éveux, par Le Corbusier (1957 - 1959).

ARBUS (Diane), *New York 1923 - id. 1971,* photographe américaine. Elle abandonna la mode pour s'intéresser au monde de la différence et des infirmités, établissant le constat de la solitude et de la souffrance humaine.

ARC n.m., riv. de France, en Savoie, dans les Alpes, affl. de l'Isère (r. g.) ; 150 km. Il draine la Maurienne. Centrales hydroélectriques.

arc de triomphe de l'Étoile, monument de Paris, en haut des Champs-Élysées, au milieu d'une place circulaire (auj. place Charles-de-Gaulle) d'où rayonnent douze avenues. Son érection fut décrétée en 1806. Construit d'après les plans de Chalgrin, il fut inauguré en 1836. Haut de 50 m, il est décoré de sculptures par Rude, Pradier, J.-P. Cortot, A. Étex et porte inscrits les noms de 386 généraux de la République et de l'Empire. Sous la grande arche se trouve, depuis 1920, la tombe du Soldat inconnu.

arc de triomphe du Carrousel, monument de Paris, au Louvre, élevé sur plans de Percier et Fontaine (1806) ; quadrige de Bosio.

ARCACHON (33120), ch.-l. de cant. de la Gironde, sur le *bassin d'Arcachon ;* 11 854 hab. *(Arcachonnais).* Station balnéaire et climatique. Casino. Ostréiculture. — bassin ou baie d'**Arcachon,** le plus vaste des étangs landais (15 000 ha), ouvert sur l'Atlantique ; importante région ostréicole.

A

ARCADIE, région de la Grèce ancienne, située dans la partie centrale du Péloponnèse, qui a donné son nom à un nome de la Grèce moderne. La tradition poétique a fait de l'Arcadie un pays idyllique.

ARCADIUS, *v. 377 - 408,* empereur romain d'Orient (395 - 408), fils aîné de Théodose Ier.

ARCAND (Denys), *Deschambault, Québec, 1941,* cinéaste canadien. Il réalise des documentaires, puis s'impose avec *le Déclin de l'empire américain* (1986) et *Jésus de Montréal* (1989).

ARC-ET-SENANS (25610), comm. du Doubs, sur la Loue ; 1 381 hab. Bâtiments d'une saline royale construits par Ledoux de 1775 à 1779 (auj. fondation culturelle).

■ LA **GRANDE ARCHE** de la Défense, par les architectes Otto von Spreckelsen et Paul Andreu (1985 - 1989).

Arche (la Grande), monument à l'extrémité ouest du quartier de la *Défense. Cube ouvert de 110 m de haut, conçue par le Danois Otto von Spreckelsen et inaugurée en 1989, elle abrite notamm. l'Arche de la fraternité (Fondation internationale des droits de l'homme).

ARCHÉLAOS, *v. 23 av. J.-C. - 18 apr. J.-C.,* ethnarque de Judée et de Samarie (4 av. J.-C. - 6 apr. J.-C.). Fils d'Hérode le Grand, il fut banni par Auguste pour sa mauvaise administration et son despotisme.

ARCHES (88380), comm. des Vosges, sur la Moselle ; 1 814 hab. Papeterie.

ARCHILOQUE, *Paros v. 712 - v. 664 av. J.-C.,* poète grec, auteur d'*Ïambes.*

ARCHIMÈDE, *Syracuse v. 287 - id. 212 av. J.-C.,* savant grec. Son œuvre scientifique est considérable, tant en mathématiques qu'en physique ou en mécanique. Ainsi, il fit les premiers travaux de géométrie infinitésimale, perfectionna le système numéral grec et obtint une bonne approximation de π grâce à la mesure de polygones inscrits dans le cercle et circonscrits à celui-ci. En physique, il fut le fondateur de la statique des solides, ainsi que de l'hydrostatique, et formula le principe qui porte son nom : « Tout corps plongé dans un fluide subit une poussée verticale, dirigée de bas en haut, égale au poids du fluide déplacé. » On attribue à Archimède l'invention de mécaniques subtiles : leviers, moufles, machines de guerre. Pendant trois ans, il tint en échec les Romains, qui assiégeaient Syracuse, et fut tué lors de la prise de la ville.

ARCHINARD (Louis), *Le Havre 1850 - Villiers-le-Bel 1932,* général français. Vainqueur d'Amadou (1890 - 1893) et de Samory Touré (1891), il permit la pénétration française au Soudan.

ARCHIPENKO (Alexander), *Kiev 1887 - New York 1964,* sculpteur américain d'origine russe. Il a joué à Paris, v. 1910 - 1914, un rôle de novateur (figures géométrisées et à formes évidées, « sculpto-peintures », assemblages).

Archives nationales, service qui conserve et communique les documents provenant des ministères et des organismes centraux de l'État ainsi que les archives privées qui lui sont confiées. Créées en 1794, les Archives nationales sont installées dans les hôtels de Soubise et de Rohan à Paris et dans les dépôts situés en province.

ARCIMBOLDO ou **ARCIMBOLDI** (Giuseppe), *Milan 1527 - id. 1593,* peintre italien. Actif à la cour de Prague, il est l'auteur de portraits de fantaisie, typiquement maniéristes, composés de fleurs et de fruits, de coquillages, de poissons.

■ GIUSEPPE **ARCIMBOLDO.** *L'Amiral.* (Coll. Tappenbeck, Mouzay.)

ARCIS-SUR-AUBE (10700), ch.-l. de cant. de l'Aube ; 2 949 hab. *(Arcisiens).* Église du XVe s.

Arcole (bataille d') [15 - 17 nov. 1796], bataille de la campagne d'Italie. Victoire de Bonaparte sur les Autrichiens à Arcole, au S.-E. de Vérone.

ARCS (les) [73700 Bourg St Maurice], station de sports d'hiver (alt. 1 600 - 3 226 m) de la Savoie (comm. de Bourg-Saint-Maurice).

ARCTIQUE, ensemble formé par l'*océan Arctique* et la région continentale et insulaire *(terres arctiques)* située à l'intérieur du cercle polaire. L'Arctique englobe le nord de l'Amérique, de l'Europe et de la Sibérie, le Groenland et le Svalbard. Le climat, très froid, permet cependant, localement, l'existence d'une maigre végétation (toundra) et d'une faune terrestre et marine. Les groupes humains (Inuits, Lapons, Samoyèdes) sont très dispersés et vivent principalement de la chasse, de la pêche et de l'élevage.

ARCTIQUE (archipel), ensemble des îles du Canada, entre le continent et le Groenland.

ARCTIQUE (océan), ensemble des mers situées dans la partie boréale du globe, limité par les côtes septentrionales de l'Asie, de l'Amérique et de l'Europe et par le cercle polaire boréal.

ARCUEIL (94110), ch.-l. de cant. du Val-de-Marne, banlieue sud de Paris ; 18 208 hab. *(Arcueillais).* Armement. — Église gothique.

ARCY-SUR-CURE (89270), comm. de l'Yonne ; 461 hab. Grottes. — Vestiges paléolithiques, dont un site d'habitat, fouillé par A. Leroi-Gourhan, révélateur du passage du paléolithique moyen au paléolithique supérieur. Peintures pariétales (v. 27000 à 25000 av. J.-C.).

ARDABIL, v. d'Iran, dans l'Azerbaïdjan ; 311 022 hab.

ARDANT DU PICQ (Charles), *Périgueux 1821 - près de Gravelotte 1870,* théoricien militaire français. Ses écrits sur l'importance du moral de la troupe eurent une grande influence sur les cadres de l'armée de 1914.

ARDÈCHE n.f., riv. de France, née dans les Cévennes, affl. du Rhône (r. dr.) ; 120 km. Elle traverse en cañons le bas Vivarais, passant sous l'arche naturelle du pont d'Arc.

ARDÈCHE n.f. (07), dép. de la Région Rhône-Alpes ; ch.-l. de dép. *Privas ;* ch.-l. d'arrond. *Largentière, Tournon-sur-Rhône ;* 3 arrond. ; 33 cant. ; 339 comm. ; 5 529 km² ; 286 023 hab. *(Ardéchois).* Le dép. appartient à l'académie de Grenoble, à la cour d'appel de Nîmes, à la zone de défense Sud-Est. Constituant la bordure sud-est du Massif central, le dép. est formé au nord-ouest de plateaux granitiques (monts du Vivarais) ou volcaniques (Mézenc, Gerbier-de-Jonc), domaines de la forêt et de l'élevage, et, au sud-est (bas Vivarais), de collines surtout calcaires, arides. La population se concentre dans les vallées des affluents du Rhône (Eyrieux, Ouvèze, Ardèche), sites de villes (Annonay, Aubenas, Privas) jalonnant aussi le cours du fleuve (Tournon-sur-Rhône, Le Teil, Viviers).

ARDEN (John), *Barnsley 1930,* auteur dramatique britannique. Son œuvre, carnavalesque et politique, est marquée par l'influence de Brecht *(la Danse du sergent Musgrave, l'Âne de l'hospice).*

ARDENNE n.f. ou **ARDENNES** n.f. pl., massif de Belgique, de France et du Luxembourg. Il est constitué de plateaux de grès et de schistes entaillés par des vallées profondes (Meuse). C'est une région située entre 400 et 700 m (culminant à 694 m au signal de Botrange), au climat rude, peu peuplée, couverte de bois et de tourbières (fagnes). – Théâtre, en août 1914, de combats de rencontre entre Français et Allemands, et, en mai 1940, de la percée de la Meuse par la Wehrmacht. – bataille des **Ardennes** (déc. 1944), ultime contre-offensive des blindés allemands de Rundstedt, qui échoua devant la résistance américaine à Bastogne.

ARDENNES n.f.pl. (08), dép. de la Région Champagne-Ardenne ; ch.-l. de dép. *Charleville-Mézières ;* ch.-l. d'arrond. *Rethel, Sedan, Vouziers ;* 4 arrond. ; 37 cant. ; 463 comm. ; 5 229 km² ; 290 130 hab. *(Ardennais).* Le dép. appartient à l'académie et à la cour d'appel de Reims, à la zone de défense Est. Près du tiers de la population active du dép. est employée dans l'industrie, représentée surtout par la métallurgie de la vallée de la Meuse (également site énergétique : centrales de Revin et de Chooz). L'élevage et l'exploitation forestière sont les principales ressources des plateaux du nord et de l'est (Ardenne et Argonne) ; les cultures apparaissent sur les terres calcaires du sud-ouest (Champagne crayeuse, Porcien). *[V. carte page suivante.]*

ARDENTES (36120), ch.-l. de cant. de l'Indre, sur l'Indre ; 3 407 hab. *(Ardentais).* Église du XIIe s.

Ardents (bal des) [1393], bal masqué donné en présence de Charles VI, au cours duquel de jeunes seigneurs, déguisés en sauvages, furent brûlés vifs accidentellement.

ARDRES (62610), ch.-l. de cant. du Pas-de-Calais ; 4 198 hab. *(Ardrésiens).* L'entrevue du Camp du Drap d'or eut lieu entre Ardres et Guînes (1520).

ARÉARÉ, peuple des îles Salomon (10 000). Connus pour leur protestation anticoloniale de 1943, dite *Maasina Ruru,* ils sont de langue austronésienne.

ARÊCHES (73270 Beaufort sur Doron), station de sports d'hiver (alt. 780 - 2 100 m) de la Savoie (comm. de Beaufort).

ARECIBO, v. de la côte nord de Porto Rico ; 93 385 hab. Radiotélescope à antenne paraboloïdale de 300 m de diamètre.

ARENDT (Hannah), *Hanovre 1906 - New York 1975,* philosophe américaine d'origine allemande. Juive, élève de Jaspers puis de Heidegger, elle fuit le nazisme en 1934 et s'installe en 1941 aux États-Unis. Son étude du totalitarisme, qui met l'accent sur la convergence du nazisme et du stalinisme, repose sur une analyse du développement de l'antisémitisme et de l'impérialisme dans le cadre de l'État-nation (*les Origines du totalitarisme,* 1951). Elle s'est attachée, plus largement, à élucider la relation de l'homme à l'action (*Condition de l'homme moderne,* 1958).

Aréopage n.m., dans l'ancienne Athènes, tribunal qui siégeait sur la colline consacrée à Arès. Il surveillait les magistrats, interprétait les lois et jugeait les meurtres.

AREQUIPA, v. du Pérou méridional, au pied du volcan Misti ; 620 471 hab. Centre commercial et industriel. – Églises de la période coloniale.

ARÈS MYTH. GR. Dieu de la Guerre. Il correspond au Mars des Romains.

ARÈS (33740), comm. de la Gironde, sur le bassin d'Arcachon ; 4 741 hab. Station balnéaire. Ostréiculture.

ARÉTIN (Pietro **Aretino**, dit **l'**), *Arezzo 1492 - Venise 1556,* écrivain italien. Ses *Lettres* satiriques et licencieuses sont une peinture de la vie politique et culturelle fondée sur la courtisanerie.

AREZZO, v. d'Italie (Toscane), ch.-l. de prov. ; 90 577 hab. *(Arétins).* Monuments médiévaux ; célèbres fresques de Piero della Francesca à l'église S. Francesco. Musées.

ARGELANDER (Friedrich), *Memel 1799 - Bonn 1875,* astronome allemand. On lui doit un grand catalogue d'étoiles, le *Bonner Durchmusterung (BD),* donnant la position et l'éclat de plus de 324 000 étoiles. Il contribua à développer l'étude des étoiles variables.

ARGELÈS-GAZOST (65400), ch.-l. d'arrond. des Hautes-Pyrénées, sur le gave d'Azun ; 3 431 hab. *(Argelésiens).* Station thermale.

ARGELÈS-SUR-MER (66700), ch.-l. de cant. des Pyrénées-Orientales ; 9 164 hab. *(Argelésiens).* Station balnéaire (Argelès-Plage). – Église du XIVe s.

ARGENLIEU (Georges **Thierry d'**), → **THIERRY D'ARGENLIEU.**

ARGENS [arʒɑ̃] n.f., fl. de France, en Provence, qui se jette dans la Méditerranée près de Fréjus ; 115 km.

ARGENSON (Voyer d') → **VOYER,** marquis **D'ARGENSON.**

ARGENTAN (61200), ch.-l. d'arrond. de l'Orne, dans la *plaine,* ou *campagne, d'Argentan,* sur l'Orne ; 17 448 hab. *(Argentanais).* Équipement automobile. Agroalimentaire. – Deux églises des XVe-XVIe s.

ARGENTAT (19400), ch.-l. de cant. de la Corrèze, sur la Dordogne ; 3 329 hab. *(Argentacois).* Centrale hydroélectrique.

ARGENTEUIL (95100), ch.-l. d'arrond. du Val-d'Oise, sur la Seine ; 95 416 hab. *(Argenteuillais).* Centre résidentiel et industriel (aéronautique). – Musée du Vieil-Argenteuil.

ARGENTIÈRE-LA-BESSÉE (L') [05120], ch.-l. de cant. des Hautes-Alpes, sur la Durance ; 2 334 hab. *(Argentiérois).* Église du début du XVIe s.

ARGENTINA (Antonia **Mercé y Luque**, dite **la**), *Buenos Aires 1890 - Bayonne 1936,* danseuse et chorégraphe espagnole. Fondatrice en 1928 de la première compagnie de ballets d'Espagne, les Ballets espagnols, elle s'imposa par la virtuosité de son jeu de castagnettes et par ses créations chorégraphiques (*l'Amour sorcier,* 1925 ; *Triana,* 1929).

Ardèche

A

ARGENTINE n.f., en esp. **Argentina,** État fédéral d'Amérique du Sud ; 2 780 000 km² ; 35 000 000 hab. *(Argentins).* CAP. *Buenos Aires.* V. PRINC. *Córdoba* et *Rosario.* LANGUE : *espagnol.* MONNAIE : *peso argentin.*

INSTITUTIONS

République fédérale de 23 provinces (ayant chacune un gouverneur et une Constitution), plus la capitale fédérale. Constitution de 1994. Le président de la République est élu pour 4 ans au suffrage universel. Le Congrès est composé de la Chambre des députés, élue pour 4 ans, et du Sénat, élu pour 6 ans.

GÉOGRAPHIE

En dehors de sa bordure occidentale, montagneuse, appartenant à la cordillère des Andes, l'Argentine, grande comme cinq fois la France, est formée de plateaux au sud (Patagonie), de plaines à l'est (Pampa) et au nord (Chaco). Le climat, subtropical au nord, devient tempéré vers le Río de la Plata, froid en Patagonie et dans la Terre de Feu. Les produits de l'agriculture et de l'élevage (céréales, soja, vins, sucre, viande, peaux, laine) demeurent les fondements de l'économie d'un pays lourdement endetté. Le sous-sol recèle surtout du pétrole et du gaz. L'industrie est présente principalement vers Buenos Aires, dont l'agglomération concentre environ le tiers de la population de l'Argentine, peu densément peuplée dans son ensemble.

HISTOIRE

La domination espagnole. 1516 : l'Espagnol Díaz de Solís pénètre dans le Río de la Plata. **1580 :** fondation de Buenos Aires. **1776 :** la région, d'abord dans la vice-royauté du Pérou, est intégrée à la vice-royauté du Río de la Plata, avec Buenos Aires comme capitale. **XVIIIe s. :** le port et son arrière-pays, qui se peuplent lentement, connaissent un essor économique important.

L'indépendance. 1806 - 1807 : les milices locales repoussent deux offensives britanniques sur Buenos Aires. **1810 :** le vice-roi est déposé par une junte de notables. **1816 :** le congrès de Tucumán proclame l'indépendance de l'Argentine.

Fédéralistes, centralistes et caudillos. 1820 - 1829 : les fédéralistes – dirigés par des caudillos provinciaux – et les centralistes – à Buenos Aires – se livrent une bataille acharnée. **1835 - 1852 :** dictature du caudillo fédéraliste Juan Manuel de Rosas. **1853 :** Justo José de Urquiza, vainqueur de Rosas, donne à l'Argentine une Constitution fédérale et libérale. **1862 :** avec l'élection de Bartolomé Mitre à la présidence, l'unité du pays est enfin réalisée.

Enrichissement et peuplement. 1862 - 1880 : les conditions du développement économique se mettent en place, celui-ci étant fondé sur l'expansion de l'élevage bovin et ovin et sur la construction d'un réseau de chemin de fer. Les Indiens sont soumis ou éliminés. **1865 - 1870 :** guerre de la Triple-Alliance contre le Paraguay. **1874 - 1879 :** guerres indiennes en Patagonie et dans la Pampa. **1880 - 1930 :** parallèlement à l'arrivée massive d'immigrants européens (en majorité italiens), l'économie connaît un essor remarquable, mais elle dépend étroitement des capitaux et des marchés étrangers (britanniques surtout). Face à la domination de l'oligarchie libérale, constituée de grands propriétaires terriens et d'exportateurs, l'opposition des classes moyennes et populaires (radicalisme) s'affirme. Le président Hipólito Yrigoyen (1916 - 1922 et 1928 - 1930), radical, impose une législation sociale sans toucher aux structures agraires.

Les militaires au pouvoir. La crise mondiale de 1929 favorise la mise en place de régimes militaires conservateurs. **1943 :** le président Ramón Castillo est déposé par une junte d'officiers nationalistes, dont fait partie Juan Domingo Perón. Devenu président de la République (1946 - 1955), celui-ci applique, avec sa femme, Eva Duarte, une doctrine populiste dite « justicialiste ». **1955 :** Perón est écarté par une junte militaire. Une période de crise permanente s'ensuit. **1973 :** Perón redevient président. À sa mort (1974), sa deuxième femme, Isabel, lui succède. **1976 :** une junte militaire présidée par le général Videla impose un régime d'exception, marqué par une répression sanglante. **1982 :** la défaite de la guerre des Malouines ramène les civils au pouvoir.

Les civils au pouvoir. 1983 : Raúl Alfonsín, leader du Parti radical, est élu président de la République. Le pays, qui doit faire face à une grave crise économique, est aussi confronté au problème de l'équilibre précaire entre le pouvoir civil et les militaires. **1989 :** le péroniste Carlos Saúl Menem est élu à la présidence de la République (réélu en 1995). **1999 :** Fernando De la Rúa (Parti radical) lui succède.

ARGENTON-SUR-CREUSE (36200), ch.-l. de cant. de l'Indre ; 5 416 hab. *(Argentonnais).* Ville pittoresque. Musée de la Chemiserie. Aux environs, à Saint-Marcel, vestiges de l'ancienne *Argentomagus ;* musée.

ARGENTRÉ (53210), ch.-l. de cant. de la Mayenne ; 2 389 hab. *(Argentréens).*

ARGENTRÉ-DU-PLESSIS (35370), ch.-l. de cant. d'Ille-et-Vilaine ; 3 728 hab.

ARGENT-SUR-SAULDRE (18410), ch.-l. de cant. du Cher, en Sologne ; 2 552 hab. *(Argentais).* Église des XIIe-XVIe s.

ARGERICH (Martha), *Buenos Aires 1941,* pianiste argentine. Elle a affirmé son talent en soliste et dans le domaine de la musique de chambre.

ARGHEZI (Ion N. **Theodorescu,** dit Tudor), *Bucarest 1880 - id. 1967,* écrivain roumain. Attiré d'abord par la vie monastique, il se tourna ensuite, en pamphlétaire et en lyrique, vers la lutte politique *(Cantique à l'homme).*

Arginuses (bataille des) [406 av. J.-C.], bataille navale de la guerre du Péloponnèse. Victoire d'Athènes sur Sparte, au large des Arginuses (mer Égée). Les généraux vainqueurs furent exécutés pour n'avoir pas recueilli les morts et les blessés.

ARGOLIDE, contrée montagneuse de la Grèce ancienne, dans le nord-est du Péloponnèse ; v. princ. *Mycènes, Tirynthe* et *Épidaure.* Cap. *Argos.*

ARGONAUTES MYTH. GR. Héros qui, montés sur le navire Argo et commandés par Jason, allèrent conquérir la Toison d'or en Colchide.

ARGONNE, région de collines boisées, aux confins de la Champagne et de la Lorraine, entre l'Aisne et l'Aire. (Hab. *Argonnais.*) Difficile à franchir hors de quelques défilés, l'Argonne reste célèbre par la victoire de Dumouriez à Valmy (1792) ainsi que par ses combats de 1914 - 1915 et de 1918.

ARGOS, v. de Grèce (Péloponnèse), près du golfe de Nauplie ; 22 256 hab. Anc. cap. de l'Argolide, à qui les Doriens donnèrent la suprématie sur les centres mycéniens.

ARGOS ou **ARGUS** MYTH. GR. Prince d'Argos aux cent yeux, dont cinquante restaient ouverts durant son sommeil. Chargé de veiller sur Io, il fut tué par Hermès et Héra, qui sema ses yeux sur la queue du paon.

ARGOUN n.m., riv. d'Asie ; 1 530 km. Cette branche mère de l'Amour sépare dans son cours inférieur la Chine et la Russie.

ARGOVIE, en all. **Aargau,** canton de Suisse ; 1 404 km² ; 518 900 hab. *(Argoviens) ;* ch.-l. *Aarau.* L'Argovie entra dans la Confédération en 1803.

ÁRGÜEDAS (Alcides), *La Paz 1879 - Santiago, Chili, 1946,* écrivain bolivien. Ses romans *(Race de bronze)* et ses essais décrivent les souffrances des Indiens.

ARGUEDAS (José María), *Andahuaylas 1911 - Lima 1969,* écrivain péruvien. Ses nouvelles et romans peignent la lente désagrégation de la culture indienne *(Tous sangs mêlés).*

ARGYLL (Archibald **Campbell,** marquis **d'**), *v. 1607 - Édimbourg 1661,* seigneur écossais. S'étant allié à Cromwell, il contribua à livrer le roi Charles Ier aux parlementaires anglais. Il fut décapité à la Restauration.

ARHLABIDES → **AGHLABIDES.**

ÅRHUS ou **AARHUS,** v. du Danemark, sur la côte est du Jylland ; 271 272 hab. Port. Constructions mécaniques. — Cathédrale des XIIIe-XVe s. Riche musée de Préhistoire et d'Archéologie.

ARIANE MYTH. GR. Fille de Minos et de Pasiphaé. Elle donna à Thésée, venu en Crète pour combattre le Minotaure, le fil à l'aide duquel il put sortir du Labyrinthe après avoir tué le monstre. Thésée l'enleva, puis l'abandonna dans l'île de Naxos.

Ariane, lanceur spatial européen. Inauguré en 1979, commercialisé en 1983, il a connu plusieurs versions à trois étages successives (Ariane 1 à 4), qui ont permis d'améliorer ses performances. Pour maintenir la compétitivité de l'Europe, un nouveau lanceur, beaucoup plus puissant mais de conception différente, Ariane 5, prend progressivement la relève. Expérimenté de 1996 à 1998, il a effectué avec succès son premier vol commercial en 1999 (v. partie n. comm. **lanceur**).

ARIAS SÁNCHEZ (Óscar), *Heredia 1941,* homme politique costaricain. Président de la République de 1986 à 1990, il a obtenu le prix Nobel de la paix en 1987 pour son action en faveur de la paix en Amérique centrale.

ARICA, v. du nord du Chili, proche du Pérou ; 169 217 hab. Port. Tourisme.

ARIÈGE n.f., riv. de France, née dans les Pyrénées, près du Carlitte, affl. de la Garonne (r. dr.) ; 170 km. Elle passe à Foix et à Pamiers.

ARIÈGE n.f. (09), dép. de la Région Midi-Pyrénées ; ch.-l. de dép. *Foix ;* ch.-l. d'arrond. *Pamiers, Saint-Girons ;* 3 arrond. ; 22 cant. ; 332 comm. ; 4 890 km² ; 137 205 hab. *(Ariégeois).* Le dép. appartient à l'académie et à la cour d'appel de Toulouse, à la zone de défense Sud-Ouest. Une partie des hautes Pyrénées (Pyrénées ariégeoises), pays d'élevage ovin localement animé par le tourisme et le thermalisme, est séparée, par les chaînons du Plantaurel, de collines vouées à la polyculture. L'industrie est représentée traditionnellement par la métallurgie, le textile et l'extraction du talc, activités souvent en crise, ce qui explique, avec la faiblesse de l'urbanisation, la persistance de l'émigration. *(V. carte page suivante.)*

ARIÈS (Philippe), *Blois 1914 - Toulouse 1984,* historien français. Il a orienté l'histoire vers l'étude des mentalités (*l'Enfant et la Vie familiale sous l'Ancien Régime,* 1960 ; *l'Homme devant la mort,* 1977).

ARION, *Lesbos VIIe s. av. J.-C.,* poète lyrique grec. Selon Hérodote, il fut jeté à la mer par des pirates et sauvé par des dauphins, que sa lyre avait charmés.

ARIOSTE (Ludovico **Ariosto,** dit **l'**), *Reggio nell'Emilia 1474 - Ferrare 1533,* écrivain italien. Son poème épique *Roland furieux* (1516 - 1532), qui prolonge le *Roland amoureux* de Boiardo, eut une immense influence.

ARIOVISTE, chef des Suèves. Il fut vaincu par César en 58 av. J.-C.

ARISTARQUE, *v. 215 - v. 143 av. J.-C.,* grammairien et critique grec, considéré par ses contemporains comme le type du critique sévère.

ARISTARQUE de Samos, *Samos 310 - v. 230 av. J.-C.,* astronome grec. Il fut le premier à émettre l'hypothèse de la rotation de la Terre sur elle-même et autour du Soleil. Il inventa une méthode permettant de calculer les distances relatives de la Terre à la Lune et au Soleil.

ARISTIDE, *v. 540 - v. 468 av. J.-C.,* général et homme politique athénien, surnommé le Juste. Il se couvrit de gloire à Marathon, mais fut, à l'instigation de Thémistocle, son rival, frappé d'ostracisme (483 av. J.-C.). Rappelé lors de la seconde invasion perse, il combattit à Salamine et à Platées, puis participa à la formation de la Ligue de Délos.

ARISTIDE (Jean-Bertrand), *Port-Salut, Haïti, 1953,* homme politique haïtien. Porte-parole de la théologie de la libération, il est le premier président de la République démocratiquement élu en Haïti (déc. 1990). Entré en fonctions en févr. 1991, il est renversé par un putsch quelques mois plus tard ; il est rétabli avec l'aide de l'armée américaine en 1994 (son mandat s'achève en 1996). Il revient à la tête de l'État en 2001.

ARISTOBULE II, roi de Judée (67 - 63 av. J.-C.). Il fut empoisonné par Pompée.

ARISTOPHANE, *Athènes v. 445 - v. 386 av. J.-C.,* poète comique grec. Les onze pièces qui nous sont parvenues de lui constituent des variations satiriques sur des thèmes d'actualité et défendent les traditions contre les idées nouvelles. *Les Cavaliers, les Acharniens, la Paix, Lysistrata* dénoncent les démocrates, qui poursuivent la guerre contre Sparte ; *les Guêpes* parodient la manie procédurière des Athéniens ; *les Thesmophories* et *les Grenouilles* visent Euripide ; Socrate est attaqué dans *les Nuées ; l'Assemblée des femmes* et *les Oiseaux* raillent les utopies politiques ; *Ploutos* marque le passage du théâtre « engagé » à l'allégorie moralisatrice.

ARISTOTE, *Stagire, Macédoine, 384 - Chalcis, Eubée, 322 av. J.-C.,* philosophe grec. Disciple de Platon à l'Académie, puis précepteur d'Alexandre le Grand, il fonde en 335 av. J.-C. à Athènes sa propre école, le Lycée, dit aussi école péripatéticienne. Il a développé, selon une approche encyclopédique, la conception d'un Univers fini, rigoureusement hiérarchisé selon le rapport en tout être de la forme et de la matière, et s'offrant globalement à l'emprise d'une pensée humaine dont les modalités doivent s'adapter à chaque objet d'étude. Il est l'auteur d'un grand nombre de traités de logique, de politique, de biologie (anatomie comparée, classification des animaux), de physique et de métaphysique, cette dernière assurant le fondement de l'ensemble. L'œuvre d'Aristote a exercé une influence majeure, tant sur la science et la philosophie de

A

l'islam à leurs débuts que sur la pensée chrétienne médiévale. Parmi ses œuvres : *Organon* (ouvrages de logique), *Éthique à Nicomaque, Politique, Physique* et *Métaphysique.*

ARIUS, *v. 256-336,* prêtre d'Alexandrie. En niant la divinité du Christ, il provoqua une des crises les plus graves de l'Église chrétienne. Sa doctrine, l'arianisme, fut condamnée par les conciles de Nicée (325) et de Constantinople (381).

ARIZONA, État du sud-ouest des États-Unis ; 295 000 km^2 ; 3 665 228 hab. ; cap. *Phoenix.* Tourisme (Grand Canyon). Extraction du cuivre.

ARKANSAS, État du sud des États-Unis, à l'O. du Mississippi ; 2 350 725 hab. ; cap. *Little Rock.* Bauxite. Il est drainé par l'*Arkansas* (2 300 km), affl. du Mississippi (r. dr.).

ARKHANGELSK, v. de Russie, sur la mer Blanche ; 416 000 hab. Port. Pêche. Industries du bois.

ARKWRIGHT (sir Richard), *Preston, Lancashire, 1732 - Cromford, Derbyshire, 1792,* inventeur et industriel britannique. Il fut l'un des créateurs de l'industrie cotonnière de son pays, inventant de nombreuses machines et installant des filatures qui fonctionnaient à l'énergie hydraulique.

ARLANC [arlã] (63220), ch.-l. de cant. du sud-est du Puy-de-Dôme ; 2 067 hab. *(Arlancois).* Église romane.

ARLAND (Marcel), *Varennes-sur-Amance 1899 - Saint-Sauveur-sur-École 1986,* écrivain français. Il est l'auteur de romans *(l'Ordre),* de nouvelles intimistes et pessimistes *(le Grand Pardon)* et d'essais critiques. (Acad. fr.)

ARLANDES (François, marquis **d'**), *Anneyron, Drôme, 1742 - ? 1809,* aéronaute français. Il fit, avec Pilâtre de Rozier, la première ascension en ballon libre (21 nov. 1783).

ARLBERG n.m., col d'Autriche, entre le Tyrol et le Vorarlberg ; 1 802 m. Tunnel ferroviaire (ouvert en 1884) et tunnel routier (en 1978).

Arlequin, personnage de la commedia dell'arte. Il porte un habit composé de petits morceaux de drap triangulaires de diverses couleurs, un masque noir et un sabre de bois. D'abord bouffon cynique et poltron, il évolue vers une plus grande complexité psychologique dans les pièces de Lesage, Regnard, Goldoni et surtout Marivaux.

ARLES (13200), ch.-l. d'arrond. des Bouches-du-Rhône, sur le Rhône ; 51 614 hab. *(Arlésiens).* Englobant la majeure partie de la Camargue, c'est la plus grande commune de France (750 km^2). Centre touristique. — Remarquables édifices gallo-romains, dont le théâtre et les arènes (de l'époque d'Auguste). Restes de la nécropole des Alyscamps. — Anc. cathédrale romane St-Trophime (portail historié, cloître), hôtel de ville du XVIIe s., etc. Musées, dont le nouveau Musée archéologique (1995). — Rencontres photographiques annuelles. — Siège de plusieurs conciles, dont le plus important (314) condamna le donatisme. Au Xe s., Arles devint la capitale du royaume de Bourgogne-Provence, dit « royaume d'Arles ». Réunie à la Couronne en 1535, la ville fut, au XIXe s., un des centres d'activité du félibrige.

Arlésienne (l'), drame d'Alphonse Daudet, tiré d'un conte des *Lettres de mon moulin* (musique de scène de Georges Bizet, 1872). Amoureux d'une Arlésienne - qu'on ne voit jamais sur scène - dont on lui apprend l'infidélité, un jeune paysan de Camargue perd la raison et se suicide.

ARLES-SUR-TECH (66150), ch.-l. de cant. des Pyrénées-Orientales ; 2 797 hab. Église et cloître d'une anc. abbaye (XIe-XIVe s.).

ARLETTY (Léonie **Bathiat,** dite), *Courbevoie 1898 - Paris 1992,* actrice française. Dans un registre populaire, elle s'est imposée notamment dans les films de Marcel Carné : *Hôtel du Nord* (1938), *Le jour se lève* (1939), *les Visiteurs du soir* (1942), *les Enfants du paradis* (1945).

ARLEUX (59151), ch.-l. de cant. du Nord, sur la Sensée ; 2 607 hab.

ARLINGTON, v. des États-Unis (Texas) ; 261 721 hab.

■ **ARLETTY** dans *les Enfants du paradis* de Marcel Carné (1945).

Arlington (cimetière d'), nécropole nationale des États-Unis, sur les bords du Potomac (Virginie), en face de Washington.

ARLINGTON (Henry **Bennet,** comte **d'**), *Little Saxham 1618-Euston 1685,* homme d'État anglais. Ministre de Charles II de 1662 à 1674, il fut l'inspirateur de sa politique étrangère.

Arlit, gisement d'uranium du Niger.

ARLOING (Saturnin), *Cusset 1846 - Lyon 1911,* vétérinaire français. Il mit au point le premier vaccin antituberculeux efficace chez les bovins.

ARLON, v. de Belgique, ch.-l. de la prov. de Luxembourg, sur la Semois ; 23 422 hab. *(Arlonais).* Musée (archéologie gallo-romaine).

Armada (l'Invincible), flotte de 130 vaisseaux envoyée par Philippe II, roi d'Espagne, contre l'Angleterre, en 1588, pour détrôner Élisabeth Ire et rétablir le catholicisme. Elle échoua devant la supériorité tactique anglaise et fut dispersée par la tempête.

ARMAGH, v. de Grande-Bretagne (Irlande du Nord) ; 14 000 hab. Métropole religieuse de l'île, résidence d'un archevêque catholique, primat d'Irlande, et d'un archevêque anglican.

ARMAGNAC, région de France, occupant la majeure partie du dép. du Gers. Elle est formée de collines vouées à la polyculture (céréales, élevage et vigne [à la base de la production d'eau-de-vie d'Armagnac]). — Le *comté d'Armagnac,* érigé v. 960, s'étendit au-delà de la Garonne et fut réuni à la Couronne en 1607.

Armagnacs (faction des), faction qui, pendant la guerre de Cent Ans, s'opposa en France à celle des Bourguignons, de 1411 à 1435. Constitué autour de Bernard VII, comte d'Armagnac, ce parti soutint Charles d'Orléans puis Charles VII contre les ducs de Bourgogne Jean sans Peur et Philippe III le Bon, alliés des Anglais. Le conflit prit fin au traité d'Arras (1435).

ARMAN (Armand **Fernandez,** dit), *Nice 1928,* artiste français naturalisé américain. C'est l'un des créateurs du « nouveau réalisme » (« accumulations », « colères », « combustions »).

ARMANÇON n.m., riv. de France, affl. de l'Yonne (r. dr.) ; 174 km.

ARMAND (aven), gouffre du causse Méjean (Lozère). Il a été exploré en 1897 par Martel.

ARMAVIR, v. de Russie, au pied nord du Caucase ; 178 300 hab.

Armée (musée de l'), musée constitué en 1905 à l'hôtel des Invalides, à Paris. Riches collections d'armes, d'uniformes et de souvenirs militaires.

Armée rouge, nom usuel **de l'Armée rouge des ouvriers et paysans,** appellation des forces armées soviétiques de 1918 à 1946.

ARMÉNIE n.f., en arm. **Hayastan,** État d'Asie, dans le Caucase ; 29 800 km^2 ; 3 600 000 hab. *(Arméniens).* CAP. *Erevan.* LANGUE : *arménien.* MONNAIE : *dram arménien.* (V. carte **Caucase.**)

GÉOGRAPHIE

L'Arménie est un haut pays, au relief instable, coupé de bassins (parfois lacustres) et accidenté de sommets (souvent volcaniques). Erevan concentre environ le tiers d'une population ethniquement homogène. L'économie juxtapose cultures (céréales, pomme de terre) et élevage (bovins et ovins) à quelques activités industrielles (extraction du cuivre, métallurgie de transformation). Elle est handicapée par le conflit latent avec l'Azerbaïdjan, qui englobe le Haut-Karabakh, peuplé majoritairement d'Arméniens.

HISTOIRE

L'Arménie antique et médiévale. IXe s. - VIIe s. av. J.-C. : autour du lac de Van se forme l'État de l'Ourartou, rival de l'Empire assyrien. Au VIIe s. sont mentionnés les Arméniens, population indo-européenne sans doute venue de Thrace ou d'Asie Mineure. **189 av. J.-C. :** soumise aux Séleucides depuis la fin du IVe s. av. J.-C., l'Arménie reconquiert son indépendance. **Ier s. av. J.-C. :** l'Arménie passe sous domination romaine puis parthe, et se convertit au christianisme dès la fin du IIIe s. **640 :** les Arabes envahissent l'Arménie. **885-1079 :** la dynastie locale des Bagratides assure au pays une relative prospérité. **Xe - XIVe s. :** épanouissement d'une école d'architecture et de peinture murale (Aghtamar, Ani, etc.). **Milieu XIe s. - début XVe s. :** la Grande Arménie est ravagée par les invasions turques et mongoles. La Petite Arménie, créée en Cilicie par Rouben (1080), soutient les croisés dans leur lutte contre l'islam, puis succombe sous les coups des Mamelouks (1375). Les Ottomans soumettent toute l'Arménie (sauf quelques khanats rattachés à l'Iran) et la placent sous l'autorité du patriarche arménien de Constantinople.

L'Arménie contemporaine. 1813 - 1828 : les Russes conquièrent l'Arménie orientale. **1915 :** 1 500 000 Arméniens sont victimes du génocide perpétré par le gouvernement jeune-turc. La république d'Arménie, proclamée en 1918, est reconnue par les Alliés au traité de Sèvres, mais les troupes turques kémalistes et l'Armée rouge occupent le pays. **1922 :** la république d'Arménie est intégrée à l'URSS. **1936 :** elle devient une république fédérée.

Le réveil national. 1988 : les Arméniens se soulèvent et réclament le rattachement du Haut-Karabakh à la république d'Arménie ; les gouvernements de l'URSS et de l'Azerbaïdjan s'y opposent. **1990 :** le mouvement national arménien remporte les premières élections libres. **1991 :** l'Arménie obtient son indépendance et adhère à la CEI. Levon Ter-Petrossian est élu à la présidence de la République (réélu en 1996). **1998 :** L. Ter-Petrossian démissionne ; Robert Kotcharian est élu à la tête de l'État.

ARMÉNIENS, peuple réparti entre l'Arménie (env. 3 300 000) et une diaspora mondiale (env. 3 500 000, dont 350 000 en France). Originaires vraisemblablement de Thrace et de Phrygie, avec assimilation ultérieure de populations caucasiennes, leur présence en Anatolie orientale et en Transcaucasie est attestée au VIe s. av. J.-C. La diaspora s'est constituée après le génocide de 1915. Les Arméniens sont de religion chrétienne (avec une Église apostolique et autocéphale). Ils parlent l'**arménien*. Ils se reconnaissent sous le nom de *Haik*.

ARMENTIÈRES (59280), ch.-l. de cant. du Nord, sur la Lys ; 25 979 hab. *(Armentiérois).* Brasserie. Métallurgie.

ARMINIUS, *v. 18 av. J.-C. - 19 apr. J.-C.,* chef du peuple germain des Chérusques. Il détruisit les légions romaines de Varus (9 apr. J.-C.) dans la forêt de Teutoburg, mais fut vaincu (16) par Germanicus. Il est resté en Allemagne un héros populaire sous le nom de *Hermann.*

ARMINIUS (Jacobus), nom latinisé de Jacob **Harmensz.,** *Oudewater 1560 - Leyde 1609,* théologien protestant hollandais, fondateur de la secte des arminiens. L'arminianisme adoucissait la doctrine de Calvin sur la prédestination et fut combattu par les rigoristes gomaristes.

Armoire de fer (l'), coffre dissimulé dans un mur du palais des Tuileries et qui, découvert en 1792, révéla les correspondances de Louis XVI avec les « ennemis de la nation ».

ARMOR ou **ARVOR** n.m. *(le pays de la mer),* nom celtique de la Bretagne, qui désigne auj. le littoral de cette région.

ARMORICAIN (Massif), région géologique de l'ouest de la France, occupant la Vendée, toute la Bretagne et la Normandie occidentale. C'est un massif hercynien aplani par l'érosion, où les ensembles de plateaux et de hauteurs de la Bretagne (384 m dans les monts d'Arrée) se prolongent, au sud-est, dans le Bocage vendéen (285 m au mont Mercure) et, à l'est, en Normandie (417 m au signal des Avaloirs et dans la forêt d'Écouves).

ARMORIQUE, partie de la Gaule formant auj. la Bretagne.

Armorique (parc naturel régional d'), parc naturel de la Bretagne occidentale ; env. 172 000 ha (dont 60 000 ha en mer). Il englobe notamment les monts d'Arrée et Ouessant.

ARMSTRONG (Louis), *La Nouvelle-Orléans 1901 - New York 1971,* musicien américain de jazz. Il fut le véritable initiateur du jazz classique et le fondateur de plusieurs orchestres (Hot Five, Hot Seven, All Stars, etc.). Chanteur, successivement cornettiste et trompettiste, il donna à l'improvisation et au soliste une place prépondérante (*West End Blues,* 1928 ; *Mahogany Hall Stomp,* 1929).

ARMSTRONG (Neil), *Wapakoneta, Ohio, 1930,* astronaute américain. Il a été le premier homme à marcher sur la Lune (Apollo 11, 21 juill. 1969).

ARNAC-POMPADOUR (19230), comm. de la Corrèze ; 1 384 hab. Haras national. Centre équestre.

ARNAGE (72230), comm. de la Sarthe, au S. du Mans ; 5 794 hab. Équipements automobiles. Aérodrome.

ARNAUD de Brescia, *Brescia fin XIe s. - Rome 1155,* réformateur italien. Luttant contre la corruption du clergé et pour le retour à la simplicité de l'Église primitive, il se réfugia en France, puis souleva Rome contre le pape. Livré par Frédéric Barberousse, il fut exécuté.

ARNAUD de Villeneuve, *près de Lérida v. 1240 ou 1250 - av. 1312,* alchimiste, astrologue et médecin catalan, conseiller du pape Clément V.

ARNAULD, ARNAUD ou **ARNAUT,** famille française liée à l'histoire du jansénisme et de Port-Royal. — **Robert A. d'Andilly,** *Paris 1588 - ? 1674,* écrivain français. Aîné d'une famille très nombreuse (et comptant notamm. parmi ses frères et sœurs : Angélique, Agnès et Antoine), il a laissé une traduction des *Confessions* de saint Augustin. — **Angélique A.,** dite **Mère Angélique,** *Paris 1591 - id. 1661,* religieuse française. Elle fut abbesse et réformatrice de Port-Royal. — **Agnès A.,** dite **Mère Agnès,** *Paris 1593 - ? 1671,* religieuse française. Appelée à Port-Royal par sa sœur Angélique, abbesse à son tour, elle fut enfermée jusqu'en 1665 pour avoir refusé de signer le *Formulaire* (1661). — **Antoine A.,** surnommé **le Grand Arnauld,** *Paris 1612 - Bruxelles 1694,* théologien français. Il fit paraître le traité *De la fréquente communion* (1643), dans lequel il attaquait la morale des jésuites et vulgarisait l'*Augustinus.* — Il a écrit aussi la *Grammaire générale et raisonnée* (1660, avec C. Lancelot) et la **Logique de Port-Royal* (avec P. Nicole).

ARNAY-LE-DUC (21230), ch.-l. de cant. de la Côte-d'Or, sur l'Arroux ; 1 943 hab. *(Arnétois).* Monuments des XVe-XVIIe s.

ARNHEM, v. des Pays-Bas, ch.-l. de la Gueldre, sur le Rhin ; 131 703 hab. Musées, dont le Musée néerlandais de plein air. — Objectif, en septembre 1944, d'une opération aéroportée alliée pour ouvrir l'accès à l'Allemagne du Nord, qui se solda par un échec devant la violence de la réaction allemande.

ARNIM (Ludwig Joachim **von Arnim,** dit Achim **von**), *Berlin 1781 - Wiepersdorf 1831,* écrivain allemand. Auteur de contes fantastiques, il recueillit, avec C. Brentano, les chansons populaires allemandes *(le Cor merveilleux).* — **Elisabeth von A.,** dite Bettina, née **Brentano,** *Francfort-sur-le-Main 1785 - Berlin 1859,* femme de lettres allemande, épouse d'Achim. Elle fut la correspondante de Goethe et consacra la fin de sa vie à rédiger des études sociales.

ARNO n.m., fl. d'Italie, qui se jette dans la Méditerranée ; 241 km. Il passe à Florence et Pise.

ARNOBE, *seconde moitié du IIIe s. apr. J.-C.,* écrivain latin. Il écrivit une apologie de la religion chrétienne *(Contre les païens).*

ARNOLD (Benedict), *Norwich 1741 - Londres 1801,* général américain. Il trahit son pays en tentant de livrer l'arsenal de West Point aux Anglais (1779).

ARNOLD (Matthew), *Laleham 1822 - Liverpool 1888,* écrivain britannique. Il se fit dans ses essais et ses poèmes le défenseur d'un moralisme panthéiste.

ARNOLD de Winkelried, *m. en 1386,* héros suisse. Paysan du canton d'Unterwald, il se distingua à la bataille de Sempach, où il fut tué.

ARNOLFO di Cambio, *près de Florence v. 1240 - Florence 1302,* sculpteur et architecte italien. Formé auprès de Nicola Pisano, il travailla à Rome, transforma le genre funéraire, puis suscita un renouveau architectural à Florence.

ARNOUL (saint), *v. 582 - v. 640,* évêque de Metz. Il est l'ancêtre des Carolingiens par son petit-fils, Pépin de Herstal.

ARNOUL ou **ARNULF,** *850 - Ratisbonne 899,* roi de Germanie (887 - 899), empereur d'Occident (896 - 899), de la dynastie des Carolingiens. Petit-fils de Louis le Germanique.

ARNOUVILLE-LÈS-GONESSE (95400), comm. du Val-d'Oise ; 12 403 hab.

ARON (Raymond), *Paris 1905 - id. 1983,* philosophe et sociologue français. Au fil d'une œuvre d'esprit interdisciplinaire (*les Étapes de la pensée sociologique,* 1967), il s'est attaché à dénoncer toute allégeance au marxisme et à promouvoir une pensée libérale.

AROSA, comm. de Suisse (Grisons) ; 2 271 hab. Station thermale et de sports d'hiver (alt. 1750 - 2639 m).

ARP (Hans ou Jean), *Strasbourg 1887 - Bâle 1966,* sculpteur, peintre et poète français. Cofondateur de dada à Zurich et à Cologne, il épousa en 1921 le peintre abstrait suisse Sophie **Taeuber** (1889 - 1943), s'installa en 1926 à Meudon et conjugua désormais surréalisme et abstraction dans ses reliefs polychromes et ses rondes-bosses.

A

ÁRPÁD, dynastie qui régna sur la Hongrie de 904 env. à 1301, transformant progressivement une confédération de tribus hongroises en un puissant royaume médiéval. — **Árpád,** *m. en 907,* chef hongrois, fondateur de sa dynastie. Il dirigea la conquête de la Pannonie par les Hongrois.

ARPAJON (91290), ch.-l. de cant. de l'Essonne, sur l'Orge ; 9 159 hab. *(Arpajonnais).* Foire aux haricots. — Halles du XVIIe s.

ARPAJON-SUR-CÈRE (15130), ch.-l. de cant. du Cantal ; 5 799 hab.

ARQUES (62510), ch.-l. de cant. du Pas-de-Calais, sur l'Aa ; 9 457 hab. Verrerie.

ARQUES-LA-BATAILLE (76880), comm. de la Seine-Maritime, près de Dieppe ; 2 565 hab. Ruines d'un château fort ; église gothique. — Henri IV y vainquit le duc de Mayenne en 1589.

ARRABAL (Fernando), *Melilla 1932,* écrivain et cinéaste espagnol d'expression espagnole et française. Son théâtre « panique » met en œuvre un cérémonial sadomasochiste *(le Cimetière des voitures).*

ARRAS (62000), ch.-l. du dép. du Pas-de-Calais, sur la Scarpe, à 178 km au N. de Paris ; 43 566 hab. *(Arrageois).* Anc. cap. de l'Artois. Évêché. Matériel électrique. — Trois traités y furent signés : entre Charles VI et Jean sans Peur (1414) ; entre Charles VII et Philippe le Bon (1435) ; entre Louis XI et Maximilien d'Autriche (1482). Cité industrielle au Moyen Âge, la ville passa successivement sous l'autorité des comtes de Flandre, du roi de France (Philippe Auguste) et des ducs de Bourgogne. Louis XI, qui la prit en 1477, fit raser ses murs et déporta sa population. Devenue ensuite espagnole (1492), elle fut reprise par

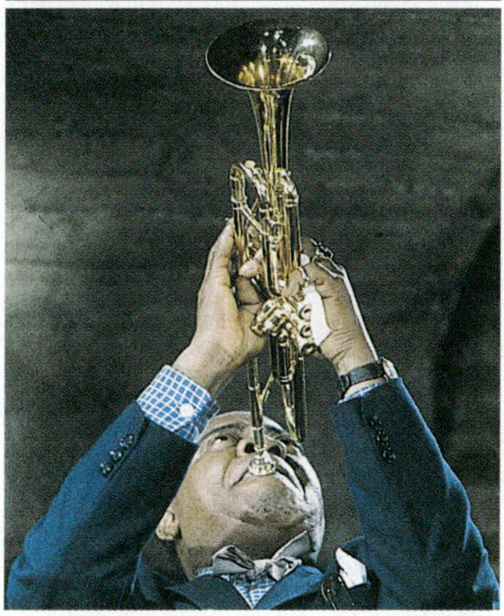

■ LOUIS **ARMSTRONG** en 1960.

■ HANS **ARP.** *Danseuse,* 1925. (MNAM, Paris.)

Louis XIII (1640), défendue par Turenne contre Condé et les Espagnols (1654), et fortifiée par Vauban. De 1914 à 1918, elle fut dévastée par les bombardements. – Les ensembles monumentaux ont été restaurés ou reconstruits : Grand-Place et Petite-Place (XVIIe-XVIIIe s.) ; hôtel de ville et son beffroi (XVIe s.) ; cathédrale et palais St-Vaast (XVIIIe s., musée des Bx-arts). Arras a été aux XIVe et XVe s. une capitale européenne de la tapisserie.

ARRAU (Claudio), *Chillán 1903 - Mürzzuschlag, Autriche, 1991,* pianiste américain d'origine chilienne. Il a excellé dans le répertoire allemand de Bach à Schumann et s'est illustré dans la musique de Chopin et de Liszt, alliant la rigueur de sa technique à une inspiration poétique.

ARRÉE (monts d'), hauteurs du Finistère, portant le point culminant de la Bretagne ; 384 m.

ARRHENIUS (Svante), *Wijk, près d'Uppsala, 1859 - Stockholm 1927,* physicien et chimiste suédois. Il est l'auteur de la théorie des ions ; il a également montré le rôle du gaz carbonique dans les processus climatiques. (Prix Nobel de chimie 1903.)

ARRIEN, en lat. **Flavius Arrianus,** *Nicomédie v. 95 - v. 175,* historien et philosophe grec. Citoyen romain, disciple d'Épictète, dont il rapporta les enseignements dans les *Entretiens* et le *Manuel,* il fut l'auteur d'une *Anabase* sur l'expédition d'Alexandre.

ARROMANCHES-LES-BAINS (14117), comm. du Calvados, sur la Manche ; 563 hab. Station balnéaire. – Les Alliés y débarquèrent le 6 juin 1944 et y établirent un port artificiel. Musée du Débarquement.

ARROW (Kenneth J.), *New York 1921,* économiste américain. Spécialiste de l'étude des choix collectifs et de la théorie du bien-être collectif, il a partagé le prix Nobel de sciences économiques, en 1972, avec le Britannique sir John R. Hicks.

ARROYO (Eduardo), *Madrid 1937,* peintre espagnol. Associé, en France, à la « nouvelle figuration », il applique souvent sa démarche allusive et ironique à un contenu politique.

ARS (curé d') → **JEAN-MARIE VIANNEY.**

ARSACIDES, dynastie parthe, qui régna en Iran de 250 av. J.-C. à 224 apr. J.-C. Fondée par Arsace (m. v. 248 av. J.-C.), elle compta trente-huit rois et fut renversée par les Sassanides.

Arsenal (bibliothèque de l'), bibliothèque française. Installée à Paris dans l'ancien hôtel du grand maître de l'Artillerie (fin XVIe s.), elle comporte un important fonds sur les arts du spectacle.

ARSINOÉ II PHILADELPHE, *v. 316 - v. 270 av. J.-C.,* reine d'Égypte, de la dynastie des Lagides. Elle épousa son frère Ptolémée II Philadelphe, sur lequel elle eut une grande influence.

ARSONVAL (Arsène **d'**), *près de La Porcherie, Haute-Vienne, 1851 - id. 1940,* physicien français. Il perfectionna le téléphone et le galvanomètre, et inventa une bouteille à double paroi vide (vase de D'Arsonval-Dewar).

ARS-SUR-FORMANS (01480), comm. de l'Ain ; 1 120 hab. Pèlerinage à la résidence de saint Jean-Marie Vianney, curé d'Ars.

ARS-SUR-MOSELLE (57130), ch.-l. de cant. de la Moselle ; 5 028 hab.

ÁRTA, v. de Grèce, près du *golfe d'Árta,* formé par la mer Ionienne ; 20 450 hab.

ARTABAN, nom de plusieurs rois parthes arsacides.

Artaban, personnage du roman *Cléopâtre* (1647-1658), de La Calprenède. La fierté de son caractère est devenue proverbiale : on dit *être fier comme Artaban.*

ARTAGNAN (Charles **de Batz,** comte **d'**), *Castelmore entre 1610 - 1620 - Maastricht 1673,* gentilhomme gascon. Officier des mousquetaires, il servit Louis XIV. – Le héros des romans d'A. Dumas (*les Trois Mousquetaires,* 1844) est inspiré de ce personnage.

ARTAUD (Antonin), *Marseille 1896 - Ivry-sur-Seine 1948,* écrivain français. D'abord poète d'obédience surréaliste (*l'Ombilic des limbes, le Pèse-Nerfs*), il a influencé profondément la littérature moderne, à la fois par son aventure intérieure, qui le conduisit à la limite de la folie, et par sa conception du « théâtre de la cruauté » (*le Théâtre et son double,* 1938).

ARTAXERXÈS Ier, roi perse achéménide (465 - 424 av. J.-C.). Fils de Xerxès Ier, il signa avec les Athéniens la paix de Callias (449 - 448), qui mit fin aux guerres médiques. – **Artaxerxès II,** roi perse achéménide (404 - 358 av. J.-C.). Il vainquit et tua à Counaxa (401) son frère Cyrus le Jeune, révolté contre lui. – **Artaxerxès III,** roi perse achéménide (358 - 338 av. J.-C.). Fils d'Artaxerxès II, il reconquit l'Égypte (343).

Arte (Association relative à la télévision européenne), chaîne de télévision culturelle européenne. Opérationnelle depuis 1992, elle est issue du rapprochement de la société française *La Sept* (société d'édition de programmes de télévision, créée en 1986 et devenue en 1993 *La Sept-Arte,* puis en 2000 *Arte France*) et de la société allemande *Arte Deutschland TV GmbH.*

ARTÉMIS MYTH. GR. Divinité de la nature sauvage et de la chasse. C'est la Diane des Romains.

ARTÉMISE II, reine de Carie (353 - 351 av. J.-C.). Elle éleva à Mausole, son frère et époux, le Mausolée d'Halicarnasse, qui fut l'une des Sept Merveilles du monde.

Artémision (bataille du cap) [480 av. J.-C.], bataille navale des guerres médiques. Combat indécis entre la flotte des Grecs et celle des Perses de Xerxès au cap Artémision, au N. de l'île d'Eubée.

ARTENAY (45410), ch.-l. de cant. du Loiret, dans la Beauce ; 1 974 hab. Sucrerie. – Musée du Théâtre forain.

ARTEVELDE (Van) → **VAN ARTEVELDE.**

ARTHAUD (Florence), *Boulogne-Billancourt 1957,* navigatrice française. Elle a été la première femme vainqueur d'une course transocéanique en solitaire (*Route du rhum,* 1990).

ARTHUR ou **ARTUS,** roi légendaire du pays de Galles. Il anima la résistance des Celtes à la conquête anglo-saxonne (fin Ve s.-début VIe s.). – Ses aventures ont donné naissance aux romans courtois du *cycle d'Arthur,* appelé aussi *cycle breton* ou *cycle de la Table ronde,* et ont notamment inspiré Wace et Chrétien de Troyes.

ARTHUR Ier, *Nantes 1187 - Rouen 1203,* duc de Bretagne (1196 - 1203). Enfant posthume de Geoffroi (fils d'Henri II Plantagenêt) et de Constance, duchesse de Bretagne, il fut écarté en 1199 du trône d'Angleterre par son oncle Jean sans Terre. Protégé par Philippe II Auguste, il fut assassiné sans doute par Jean sans Terre. – **Arthur II,** *1262 - L'Isle, Morbihan, 1312,* duc de Bretagne (1305 - 1312). – **Arthur III,** comte **de Richemont,** *1393 - Nantes 1458,* duc de Bretagne (1457 - 1458). Connétable de France (1425 - 1458), il fut l'un des meilleurs généraux de Charles VII.

ARTHUR (Chester Alan), *près de Fairfield, Vermont, 1830 - New York 1886,* homme politique américain. Républicain, il fut président des États-Unis (1881 - 1885).

ARTIGAS (José), *Montevideo 1764 - Ibiray 1850,* général uruguayen. Chef révolutionnaire à la tête des Gauchos, il lutta à partir de 1810 pour établir l'indépendance de l'Uruguay (*Banda Oriental*) tant contre l'Espagne que contre l'Argentine et le Brésil, mais il échoua (1820) et s'exila. Il est néanmoins considéré comme le père de l'indépendance de son pays (1828).

ARTIN (Emil), *Vienne 1898 - Hambourg 1962,* mathématicien allemand. Il est, avec Emmy Noether, l'un des fondateurs de l'algèbre abstraite.

Art moderne (musée national d'), musée situé à Paris. Installé à partir de 1937 au palais de Tokyo (qui avait lui-même succédé au musée du Luxembourg), il a été transféré en 1977 au *Centre national d'art et de culture G.-Pompidou. Il présente un panorama international des arts plastiques du XXe s., depuis le fauvisme.

ARTOIS n. m., région de plateaux et de collines du Pas-de-Calais ; hab. *Artésiens* ; cap. *Arras.* Anc. comté français, érigé par Saint Louis à partir d'une région héritée de la Flandre, il fut incorporé à la Couronne en 1223, passa à la Bourgogne (1384), puis à la maison d'Autriche (1493). Les traités des Pyrénées (1659) et de Nimègue (1678) le rendirent définitivement à la France. – Théâtre, entre Arras et Lens, de violents combats en 1914 (course à la mer), en 1915 (Notre-Dame-de-Lorette, Souchez, etc.) et en 1917 (Vimy).

ARTOIS (Charles Philippe **de Bourbon,** comte **d'**) → **CHARLES X.**

Arts d'Afrique et d'Océanie (musée national des), musée situé à Paris, porte Dorée. Il présente les arts du Maghreb, de l'Afrique noire et de l'Océanie.

Arts décoratifs (musée des), à Paris, musée fondé par l'Union centrale des arts décoratifs en 1882, installé au pavillon de Marsan, au Louvre, en 1905. Collections relatives aux arts appliqués, au décor et au mobilier depuis le Moyen Âge.

Arts et des Lettres (ordre des), ordre français créé en 1957 pour récompenser les mérites littéraires et artistiques.

arts et métiers (Conservatoire national des) → **Conservatoire national des arts et métiers.**

Arts et Traditions populaires (musée national des), musée situé à Paris, au bois de Boulogne. Ouvert en 1972, il est consacré à l'ethnologie, aux métiers et aux arts populaires français, surtout dans leurs dernières phases, contemporaines des débuts de la révolution industrielle.

ARUBA, île des Antilles, dépendance des Pays-Bas ; 67 000 hab.

ARUDY (64260), ch.-l. de cant. des Pyrénées-Atlantiques ; 2 287 hab. Maison d'Ossau, avec musée ethnographique.

ARUNACHAL PRADESH, État du nord-est de l'Inde ; 83 700 km² ; 865 000 hab. ; cap. *Itanagar.*

ARUNDEL (Thomas), *1353 - 1414,* prélat anglais. Chancelier sous Richard II, il devint archevêque de Canterbury (1396). Sous le règne du roi Henri IV, il combattit l'hérésie des lollards.

ARVE n.f., riv. de France, affl. du Rhône (r. g.) ; 100 km. Elle draine le massif du Mont-Blanc. Vallée industrialisée. Centrales, décolletage.

ARVERNES, peuple celte de la Gaule qui occupait l'Auvergne actuelle. Dirigés par Vercingétorix, ils prirent, en 52 av. J.-C., la direction de la révolte gauloise contre Rome.

ARVOR → **ARMOR.**

ARYABHATA, *Pataliputra, auj. Patna, 476 - 550,* mathématicien et astronome indien. On trouve dans ses écrits la première référence à la notation décimale de position ; en astronomie, il est partisan de la rotation de la Terre.

ARYENS (sanskrit *ārya,* « les nobles »), populations d'origine indo-européenne qui, à partir du XVIIIe s. av. J.-C., se répandirent d'une part en Iran, d'autre part dans le nord de l'Inde. Leur langue est l'ancêtre des langues indiennes (sanskrit, pali) et iraniennes (avestique, vieux perse).

ARZEW, v. d'Algérie, sur le *golfe d'Arzew,* au N.-E. d'Oran ; 22 000 hab. Terminal pétrolier et gazier. Liquéfaction du gaz et raffinage du pétrole.

ASAD (Hafiz **al-**) ou **ASSAD** (Hafez **el-**), *Qardaha, près de Lattaquié, 1930 - Damas 2000,* général et homme politique syrien. Il prit le pouvoir en 1970 et fut, de 1971 à sa mort, président de la République et secrétaire général du parti Baath. Exerçant à l'intérieur un pouvoir fort, il assura à la Syrie un rôle de premier plan dans la région. – **Bachar al-** ou **Bachar el-A.,** *Damas 1965,* homme politique syrien. Deuxième fils de Hafiz al-Asad, il lui a succédé à la tête du Baath et de l'État en 2000.

ASAD ou **ASSAD** (lac), lac de Syrie, créé par un barrage sur l'Euphrate ; 640 km².

ASAHIKAWA, v. du Japon (Hokkaido) ; 359 071 hab.

Asahi Shimbun (littéral., « journal du soleil levant »), quotidien d'information japonais. Fondé en 1879, il est l'un des plus importants quotidiens du pays par son tirage.

ASAM (les frères), artistes allemands. **Cosmas Damian A.,** *Benediktbeuern 1686 - Munich 1739,* peintre et architecte, et **Egid Quirin A.,** *Tegernsee 1692 - Mannheim 1750,* sculpteur et stucateur. Représentants majeurs du baroque de l'Allemagne du Sud, ils ont notamment élevé et décoré, ensemble, v. 1733, l'*Asamkirche* (« église des Asam ») à Munich.

ASANSOL, v. d'Inde (Bengale-Occidental) ; 763 845 hab. Houille. Métallurgie.

ASBESTOS, v. du Canada (Québec) ; 6 490 hab. (*Asbestriens*). Amiante.

ASCAGNE → **IULE.**

ASCALON, port de l'anc. Palestine.

ASCANIENS, dynastie allemande qui a régné sur le Brandebourg jusqu'au XIVe s., sur le Lauenburg jusqu'au XVIIe s. et sur l'Anhalt jusqu'en 1918.

ASCENSION (île de l'), île britannique du sud de l'Atlantique ; 1 100 hab. Elle a été découverte en 1501, le jour de l'Ascension, par João da Nova.

ASCHAFFENBURG, v. d'Allemagne (Bavière), sur le Main ; 65 650 hab. Château Renaissance des archevêques de Mayence (musée).

ASCLÉPIADE, *Prousa, Bithynie, 124 - 40 av. J.-C.,* médecin grec. Il exerça en Grèce et à Rome, où il

A

combattit les doctrines d'Hippocrate. Il est à l'origine de l'*école méthodique*, fondée par ses élèves.

ASCLÉPIOS MYTH. GR. Dieu de la Santé et de la Médecine. Particulièrement vénéré à Épidaure, il a pour attribut le bâton où s'enroule un serpent. Il correspond à l'Esculape des Romains.

ASCOLI PICENO, v. d'Italie (Marches), ch.-l. de prov., sur le Tronto ; 52 371 hab. Monuments de l'époque romaine à la Renaissance. Musées.

ASCOT, localité de Grande-Bretagne (Angleterre), près de Windsor. Hippodrome.

ASEAN (Association of Southeast Asian Nations), en fr. **ANASE** (Association des nations de l'Asie du Sud-Est), organisation régionale fondée en 1967 à Bangkok. Conçue au départ pour resserrer les liens entre les pays non communistes de la zone, elle s'est réorientée depuis la fin de la guerre froide vers une coopération régionale, économique et politique, plus large. Elle regroupe auj. l'Indonésie, la Malaisie, les Philippines, Singapour, la Thaïlande (1967), Brunei (1984), le Viêt Nam (1995), la Birmanie, le Laos (1997) et le Cambodge (1999).

ASER, personnage biblique. Huitième fils de Jacob et ancêtre éponyme d'une tribu d'Israël établie en haute Galilée.

ASES, dieux guerriers de la mythologie nord-germanique.

ASHANINKA, peuple amazonien du Pérou (50 000), de langue arawak.

ASHANTI, peuple akan du centre du Ghana (env. 2,5 millions). Profitant de l'intensification du commerce au XVIIe s., les Ashanti formèrent une puissante confédération (cap. Kumasi), symbolisée par le « siège d'or », qui, au début du XIXe s. et jusqu'à leur soumission aux Britanniques (1902), contrôlait le Ghana et les régions adjacentes. Ils parlent l'*ashanti,* du groupe kwa.

ASHDOD, v. d'Israël, au S. de Tel-Aviv-Jaffa, sur la Méditerranée ; 90 100 hab. Port.

ASHIKAGA, famille de shoguns japonais qui exerça le pouvoir à Kyoto de 1338 à 1573. Le premier shogun fut Ashikaga Takauji.

ASHKELON ou **ASHQELON,** v. d'Israël, sur la Méditerranée ; 64 200 hab. Port pétrolier.

ASHKÉNAZES, Juifs originaires des pays d'Europe centrale, orientale et septentrionale, par distinction avec les *Séfarades. Avant la Shoah, ils représentaient environ 90 % du nombre total des Juifs et parlaient, concurremment avec la langue de leurs pays de résidence, le *yiddish.*

ASHOKA ou **AÇOKA,** souverain de l'Inde (v. 269 - 232 av. J.-C.), de la dynastie maurya. Il régna sur la quasi-totalité de l'Inde et joua un rôle décisif dans le développement du bouddhisme, dont l'esprit inspira sa politique.

ASHTART ou **ASTARTÉ** → **ISHTAR.**

ASHTON (William **Mallandaine,** sir Frederick), *Guayaquil, Équateur, 1904 - Eye, Suffolk, 1988,* danseur et chorégraphe britannique. Il fut de 1963 à 1970 directeur du Royal Ballet de Grande-Bretagne et marqua la création chorégraphique anglaise par son style classique, raffiné et sensible (*Symphonic Variations,* 1946 ; *Marguerite and Armand,* 1963 ; *A Month in the Country,* 1976).

ASHVIN ou **AÇVIN,** dieux jumeaux de l'hindouisme primitif qui guérissent les maladies. Ils correspondent aux Dioscures.

ASIE, une des cinq parties du monde, située presque entièrement dans l'hémisphère Nord ; 44 millions de km² ; 3,6 milliards d'hab. *(Asiatiques).* L'Asie est principalement formée de régions basses au nord-ouest (Sibérie occidentale, dépression aralo-caspienne), de vastes plateaux de roches anciennes au sud (Arabie, Deccan), séparés par des montagnes (Caucase, Zagros, Himalaya, Tian Shan, Altaï) qui enserrent elles-mêmes des hautes terres (Anatolie, plateau iranien, Tibet). L'Est se morcelle en péninsules (Kamtchatka, Corée, Indochine, Malaisie), îles (Sakhaline, Taïwan, Hainan) et archipels (Japon, Philippines, Indonésie). En dehors de la Sibérie, de la Mongolie et du Tibet, au climat continental marqué (hivers très rudes), il existe deux grands domaines climatiques, généralement chauds : une Asie occidentale, sèche, et une Asie humide, l'Asie des moussons, aux pluies estivales.
Plus que le relief, le climat détermine la localisation de la population. Celle-ci se concentre pour près de 90 % dans l'Asie humide (30 % de la superficie du continent), particulièrement dans les plaines et les deltas des grands fleuves : Indus, Gange et Brahmapoutre, Mékong, fleuve Rouge, Yangzi Jiang, Huang He. Ici, la population se consacre encore principalement à la culture du riz, base d'une alimentation surtout végétarienne. L'aridité de l'Asie occidentale explique la faiblesse de son peuplement, la survivance locale de l'élevage nomade en dehors des points d'eau (où se réfugient les cultures) et des sites urbains ou industriels (pétrole), où se concentre une part croissante de la population. Celle-ci est en quasi-totalité islamisée dans l'Asie occidentale, en majeure partie bouddhiste ou hindouiste dans l'Asie humide, qui compte cependant les trois plus grands pays musulmans du monde (Indonésie, Pakistan et Bangladesh). *[V. carte page suivante.]*

ASIE CENTRALE, partie de l'Asie, de la Caspienne à la Chine. Elle s'étend sur le sud du Kazakhstan, l'Ouzbékistan, le Turkménistan, le Kirghizistan, le Tadjikistan et l'ouest du Xinjiang (Chine). On lui rattache parfois l'Afghanistan.

ASIE DU SUD-EST, ensemble continental (Viêt Nam, Laos, Cambodge, Thaïlande, Birmanie, Malaisie occidentale et Singapour) et insulaire (Indonésie, Malaisie orientale, Brunei et Philippines), correspondant à l'Indochine et à l'Insulinde traditionnelles.

ASIE MÉRIDIONALE, partie de l'Asie englobant l'Inde, le Pakistan, le Bangladesh, Sri Lanka et l'Asie du Sud-Est.

ASIE MINEURE, nom que donnaient les Anciens à la partie occidentale de l'Asie au sud de la mer Noire.

ASIMOV (Isaac), *Petrovitchi 1920 - New York 1992,* écrivain américain d'origine russe. Biochimiste de formation, il est l'auteur de récits de science-fiction *(Fondation).*

ASIR, prov. d'Arabie saoudite, au S. du Hedjaz ; ch.-l. *Abha.* C'est un anc. émirat d'Arabie.

ASKIA, dynastie islamisée qui a gouverné l'Empire songhaï de 1492 à 1591. Succédant à la dynastie des Sonni, les Askia furent éliminés par les Marocains (bataille de Tondibi).

ASMARA, cap. de l'Érythrée, à 2 400 m d'alt. ; 374 000 hab.

ASMAT, peuple de Nouvelle-Guinée (Irian Jaya) [env. 65 000]. Leur sculpture sur bois (pirogues, mâts commémoratifs, etc.) est remarquable. Ils sont de langue papoue.

ASMODÉE, démon des plaisirs impurs dans la Bible (livre de Tobie) et la littérature juive.

ASMONÉENS ou **HASMONÉENS,** dynastie issue des Maccabées et qui régna sur la Palestine de 134 à 37 av. J.-C.

ASNAM (El-) → **CHLEF.**

A

GROENLAND
OCÉAN ARCTIQUE
ALASKA
ISLANDE
MER DU GROENLAND
Svalbard
OCÉAN ATLANTIQUE
cercle polaire arctique
Archipel François-Joseph
Terre du Nord
I. Vrangel
Détroit de Béring
Presqu'île des Tchouktches
MER DE SIBÉRIE ORIENTALE
Iles de la Nlle-Sibérie
MER DES LAPTEV
Plateau de l'Anadyr
MER DE BÉRING
MER DE NORVÈGE
ILES BRITANNIQUES
MER DU NORD
MER DE BARENTS
Nouvelle-Zemble
MER DE KARA
Péninsule de Taïmyr
Mts Tcherski
Mts de la Kolyma
Mts de Verkhoïansk
Lena
Scandinavie
Presqu'île de Kola
Mer Blanche
Péninsule du Kamtchatka
MER D'OKHOTSK
BALTIQUE
St-Pétersbourg
Plaine d'Europe orientale
EUROPE
Oural
Ob
RUSSIE
Iénisseï
Plateau de Sibérie centrale
Sibérie
Mts Stanovoï
Sakhaline
Iles Kouriles
MOSCOU
Carpates
Dniepr
Mts Oural
Plaine de Sibérie occidentale
Iekaterinbourg
Samara
Don
Volga
Angara
Lac Baïkal
Mts Iablonovoï
Amour
Khabarovsk
HOKKAIDO
Sapporo
Istanbul
Mer Noire
Volgograd
Oural
ASTANA
Irtych
Novossibirsk
Irkoutsk
Grand Khingan
Mandchourie
Harbin
Vladivostok
JAPON
ANKARA
TURQUIE
Caucase
KAZAKHSTAN
Karagandy
OULAN-BATOR
Altaï
MER DU JAPON
TOKYO
CHYPRE
NICOSIE
G.
Caspienne
Mer d'Aral
SYr-Daria
L. Balkhach
MONGOLIE
Shenyang
R.D.P. DE CORÉE
HONSHU
BEYROUTH
LIBAN
DAMAS
SYRIE
AZ.
A.
BAKOU
TURKM.
OUZB.
BICHKEK
Almaty
Désert de Gobi
PYONGYANG
SÉOUL
Nagoya
Osaka
ISRAËL
JÉRUSALEM
AMMAN
JORD.
IRAQ
Karakoum
Altaï
KIRGH.
Ouroumtsi
PÉKIN
Dalian
Pusan
Shikoku
BAGDAD
Elbourz
TÉHÉRAN
TACHKENT
TADJ.
Bassin du Tarim
Tianjin
Taiyuan
Qingdao
R. DE CORÉE
Kita-kyushu
Kyushu
Bassora
Zagros
Ispahan
Hindu Kuch
Pamir
7719
Kunlun
Huang
Xi'an
Nankin
Shanghai
MER DE CHINE ORIENTALE
Iles Ryukyu
KOWEÏT
IRAN
KABOUL
AFGHANISTAN
Karakorum
ISLAMABAD
CHINE
Wuhan
Djedda
ARABIE
MANÂMA
BAHREIN
Lahore
Plateaux du Tibet
Chengdu
Jiang
Fuzhou
TAIPEI
TAÏWAN
Mer Rouge
RIYAD
QATAR
AL-DAWHA
PAKISTAN
Delhi
NÉPAL
Everest 8846
Himalaya
THIMBU
Mékong
Yangzi
Chongqing
É.A.U.
ABU-DHABI
NEW DELHI
Canton
Hongkong
MER DES PHILIPPINES
SAOUDITE
MASCATE
Karachi
Indus
KATMANDOU
Kanpur
BHOUTAN
BANGLADESH
Kunming
Macao
SANAA
OMAN
Ahmadabad
Gange
Calcutta
DACCA
HANOI
PHILIPPINES
Aden
YÉMEN
INDE
BIRMANIE
LAOS
Hainan
LUÇON
MANILLE
G.d'Aden
MER D'OMAN
Bombay
Deccan
VIENTIANE
MER DE CHINE MÉRIDIONALE
Hyderabad
RANGOON
THAÏLANDE
VIÊT NAM
Iles Visayas
AFRIQUE
GOLFE DU BENGALE
BANGKOK
CAMBODGE
PHNOM PENH
Davao
Palauan
MINDANAO
Madras
Bangalore
Iles Andaman
G. de Thaïlande
Hô Chi Minh-Ville
Mer de Célèbes
Iles Laquedives
BANDAR SERI BEGAWAN
Isthme de Kra
BRUNEI
SRI LANKA (CEYLAN)
COLOMBO
Iles Nicobar
MALAISIE
équateur
CÉLÈBES
Medan
KUALA LUMPUR
BORNÉO
MALDIVES
MALE
SINGAPOUR
ILES DE LA SONDE
SUMATRA
Ujungpandang
Palembang
INDONÉSIE
Mer de Java
JAKARTA
JAVA
Surabaya
Bandung
OCÉAN INDIEN
20°
40°
60°
80°
120°
160°
180°
100°
0
500
1000 km
200
1000
2000
4000 m
plus de 5 000 000 h.
de 1 000 000 à 5 000 000 h.
de 100 000 à 1 000 000 h.
moins de 100 000 h.

ASNIÈRES-SUR-SEINE [anjɛr] (92600), ch.-l. de cant. des Hauts-de-Seine, sur la Seine ; 76 314 hab. *(Asniérois).* Industrie automobile. Alimentation. Aéronautique.

ASO, volcan actif du Japon (Kyushu) ; 1 592 m. Parc national.

ASPASIE, *Milet seconde moitié du ve s. av. J.-C.,* maîtresse de Périclès. Célèbre par sa beauté et son esprit, elle fut critiquée pour l'influence qu'elle eut sur lui.

ASPE (vallée d'), vallée des Pyrénées-Atlantiques, drainée par le gave d'Aspe. Voie de passage vers l'Espagne.

ASPROMONTE n.m., massif granitique d'Italie, en Calabre ; 1 956 m.

ASQUITH (Herbert Henry), comte **d'Oxford and Asquith,** *Morley 1852 - Londres 1928,* homme politique britannique. Chef du Parti libéral, Premier ministre (1908 - 1916), il fit adopter le Home Rule et entrer la Grande-Bretagne dans la guerre en 1914.

ASSAB, v. d'Érythrée, sur la mer Rouge ; 40 000 hab. Raffinage du pétrole.

ASSAD → **ASAD.**

ASSAM, État de l'Inde, entre le Bangladesh et la Birmanie ; 78 400 km² ; 22 414 000 hab. ; cap. *Dispur.* Drainée par le Brahmapoutre, cette région, très humide, possède des plantations de théiers.

ASSARHADDON, roi d'Assyrie (680 - 669 av. J.-C.). Il étendit sa puissance en conquérant l'Égypte du Nord.

ASSAS (Nicolas Louis, chevalier **d'**), *Le Vigan 1733 - Clostercamp 1760,* officier français. Capitaine au régiment d'Auvergne, il aurait, selon Voltaire, sauvé son régiment au prix de sa vie en s'écriant : « À moi, Auvergne, ce sont les ennemis ! ».

Assassins, adeptes d'une branche de l'ismaélisme fondée par Hasan ibn al-Sabbah et établie à la fin du xie s. en Iran et en Syrie. Leur appellation de *hachichiyyin* (« enivrés de haschisch ») fut transformée par les croisés occidentaux en celle d'« assassins ».

ASSE, comm. de Belgique (Brabant flamand) ; 27 059 hab. Église gothique.

ASSEDIC (Association pour l'emploi dans l'industrie et le commerce), organisme paritaire français à compétence territoriale, créé en 1958 dans le but d'assurer aux chômeurs une indemnisation complémentaire de l'aide publique. Depuis 1984, les ASSEDIC gèrent l'assurance chômage. Elles sont fédérées au sein de l'UNEDIC.

Assemblée constituante, nom de deux assemblées élues au suffrage universel après la Libération. Elles siégèrent respectivement du 6 nov. 1945 au 26 avr. 1946 et du 11 juin au 5 oct. 1946.

Assemblée constituante de 1848, assemblée qui siégea du 4 mai 1848 au 27 mai 1849. Première assemblée élue au suffrage universel, instituée par la révolution de 1848, elle élabora la Constitution de la IIe République.

Assemblée législative → **législative** (Assemblée).

Assemblée législative, assemblée qui succéda à la Constituante de 1848 et qui siégea du 28 mai 1849 au coup d'État du 2 déc. 1851.

Assemblée nationale, assemblée élue le 8 février 1871 et qui siégea jusqu'au 30 déc. 1875.

Assemblée nationale, assemblée législative française, qui avec le Sénat constitue depuis 1946 le Parlement français. Ses membres, les députés (577), sont élus pour 5 ans au suffrage universel direct.

Assemblée nationale constituante → **Constituante.**

ASSEN, v. des Pays-Bas, ch.-l. de la Drenthe ; 50 357 hab. Musée provincial (préhistoire).

ASSINIBOINE, riv. du Canada, affl. de la rivière Rouge (r. g.), à Winnipeg ; 960 km.

ASSINIBOINES, peuple amérindien des plaines des États-Unis et du Canada (env. 5 500), de la famille des Sioux.

ASSIOUT ou **ASYUT,** v. de l'Égypte centrale ; 274 000 hab. Barrage sur le Nil.

ASSISE, en ital. **Assisi,** v. d'Italie (Ombrie, dans la prov. de Pérouse) ; 24 088 hab. Patrie de saint François d'Assise (qui y institua l'ordre des Frères mineurs) et de sainte Claire. – Basilique S. Francesco, formée de deux églises superposées (xiiie s.) ; fresques de Cimabue, Giotto, P. Lorenzetti, S. Martini. L'édifice, endommagé par un séisme en 1997, a été restauré.

Assises de Jérusalem, recueil des lois des royaumes latins de Jérusalem et de Chypre (xiie-xiiie s.).

Associated Press, agence de presse américaine. Fondée en 1848 par un groupe de six quotidiens new-yorkais, elle est devenue l'une des plus grandes agences mondiales.

ASSOUAN, v. de l'Égypte méridionale, sur le Nil, près de la première cataracte ; 191 500 hab. Barrage-réservoir, l'un des plus grands du monde, créant la retenue du lac Nasser.

ASSOUR, cité de Mésopotamie, sur la rive droite du Tigre (auj. al-Charqat, Iraq). Fondée au xxvie s. av. J.-C., elle fut l'une des capitales de l'Empire assyrien. – Mise au jour entre 1903 et 1914, elle a livré nombre d'objets d'art.

ASSOUR, dieu principal de la ville du même nom, puis de l'Assyrie.

ASSOURBANIPAL, roi d'Assyrie (669 - v. 627 av. J.-C.). Il conquit l'Égypte, soumit Babylone et détruisit l'Empire élamite, portant à son apogée la puissance assyrienne. – Sa bibliothèque a été en partie retrouvée dans les vestiges de son palais, à Ninive.

ASSUÉRUS, nom donné dans la version biblique de la Vulgate au roi perse Xerxès Ier.

ASSY, station climatique de la Haute-Savoie (comm. de Passy). Église d'env. 1945, décorée, notamm., par F. Léger.

ASSYRIE, Empire mésopotamien qui, du xxe au viie s. av. J.-C., domina épisodiquement l'Orient ancien. Du IIIe à la seconde moitié du IIe millénaire, la cité-État d'Assour fonde un empire en butte à la rivalité des Akkadiens, de Babylone et du Mitanni. Du xive au xie s. av. J.-C., avec le premier Empire assyrien, l'Assyrie devient un État puissant de l'Asie occidentale (Salmanasar Ier, 1275 - 1245). Mais cet empire est submergé par les invasions araméennes. Du ixe au viie s., avec le second Empire assyrien, l'Assyrie retrouve sa puissance, dont l'apogée se situe sous le règne d'Assourbanipal (669 - 627 env.). En 612 av. J.-C., la chute de Ninive, succombant aux coups portés par les Mèdes (Cyaxare) alliés aux Babyloniens, met définitivement fin à la suprématie assyrienne. – Une architecture de proportions colossales et un décor (briques émaillées ou orthostates ornés de reliefs) inspiré par les récits mythologiques et les exploits du souverain sont les traits distinctifs de l'art assyrien, qui s'épanouit entre le xiiie et le viie s. av. J.-C.

ASTAIRE (Frederick E. **Austerlitz,** dit Fred), *Omaha, Nebraska, 1899 - Los Angeles 1987,* danseur, chanteur et acteur américain. Virtuose des claquettes, il fut l'une des figures les plus brillantes de la comédie musicale filmée hollywoodienne (*Sur les ailes de la danse,* G. Stevens, 1936 ; *Parade de printemps,* C. Walters, 1948 ; *Tous en scène,* V. Minnelli, 1953), s'illustrant dans des solos mémorables ou des duos avec, notamment, Ginger Rogers ou Cyd Charisse.

■ FRED **ASTAIRE** et Ginger Rogers dans *Sur les ailes de la danse* de George Stevens (1936).

A

ASTANA, anc. **Tselinograd,** puis **Akmola,** cap. du Kazakhstan (depuis 1997) ; 286 000 hab.

ASTARTÉ → **ISHTAR.**

Astérix, personnage de bande dessinée créé en 1959 par le scénariste R. Goscinny et le dessinateur A. Uderzo dans l'hebdomadaire français *Pilote.* Les aventures humoristiques de ce petit guerrier gaulois, luttant avec son ami Obélix contre les occupants romains, mettent en scène les stéréotypes nationaux.

■ **ASSYRIE.** « Assournazirpal II chassant le lion à l'arc ». Bas-relief provenant du palais de Nimroud. ixe s. av. J.-C. (British Museum, Londres.)

■ **ASSISE.** L'église haute de la basilique S. Francesco, avec ses fresques de la fin du xiiie s. attribuées à Giotto.

■ **ASTÉRIX** et Obélix, les héros de la bande dessinée de Goscinny et Uderzo.
Extrait de la collection *Une aventure d'Astérix.*
(© 1988 Éditions Albert René/Goscinny-Uderzo.)

ASTI, v. d'Italie (Piémont), ch.-l. de prov. ; 72 384 hab. Vins blancs. – Monuments anciens.

ASTON (Francis William), *Harbone 1877 - Cambridge 1945,* physicien britannique. Il découvrit l'existence des isotopes des éléments chimiques. (Prix Nobel 1922.)

ASTRAKHAN ou **ASTRAKAN,** v. de Russie, près de l'embouchure de la Volga dans la Caspienne ; 512 000 hab. Port. Conserves de poissons.

Astrée (l'), roman pastoral d'Honoré d'Urfé (1607 - 1628). Il retrace les amours de la bergère Astrée et du berger Céladon : une des sources majeures de la préciosité.

ASTRID, *Stockholm 1905 - près de Küssnacht am Rigi, Suisse, 1935,* reine des Belges. Fille du prince Charles de Suède, elle épousa en 1926 le futur Léopold III, roi des Belges en 1934. La mort accidentelle de cette souveraine très populaire émut durablement le pays.

ASTURIAS (Miguel Ángel), *Guatemala 1899 - Madrid 1974,* écrivain guatémaltèque. Il est l'auteur de récits (*Légendes du Guatemala, Monsieur le Président*) et de poèmes consacrés à l'histoire et aux problèmes sociaux de son pays. (Prix Nobel 1967.)

ASTURIES, communauté autonome du nord de l'Espagne ; 1 096 155 hab. (*Asturiens*) ; cap. *Oviedo* ; 1 prov. (*Oviedo*). Houille. Sidérurgie. – Après la conquête arabe (711), le pays devint le refuge des Wisigoths, qui y créèrent en 718 un royaume chrétien. Celui-ci réunit les provinces du Nord-Ouest (fin IXe s.) et, v. 920, prit le nom de León. L'héritier présomptif de la couronne de Castille puis d'Espagne porte depuis 1388 le titre de prince des Asturies.

ASTYAGE, dernier roi mède d'Iran (v. 585 - 550 av. J.-C.). Il fut détrôné par Cyrus II le Grand.

ASTYANAX MYTH. GR. Personnage de *l'Iliade,* fils d'Hector et d'Andromaque. Ulysse le précipita du haut des murs de Troie.

ASUNCIÓN, cap. du Paraguay, sur le río Paraguay ; 729 000 hab.

ATACAMA, région désertique du nord du Chili. Cuivre.

ATAHUALPA, *v. 1500 - Cajamarca 1533,* dernier empereur inca (v. 1528 - 1533). Il fut capturé et exécuté par Pizarro, qui affirma ainsi la domination espagnole sur le Pérou.

ATAKORA, massif du nord du Bénin.

ATALANTE MYTH. GR. Vierge chasseresse. Elle avait juré de n'épouser que celui qui la vaincrait à la course. Hippomène y parvint, en laissant tomber trois pommes d'or cueillies dans le jardin des Hespérides.

ATATÜRK (Mustafa Kemal), *Salonique 1881 - Istanbul 1938,* homme politique turc. Promu général en 1917, il prend la tête du mouvement nationaliste opposé aux exigences de l'Entente (1919) et est élu président du comité exécutif de la Grande Assemblée nationale d'Ankara (avr. 1920). À la suite des victoires qu'il remporte sur les Arméniens, les Kurdes et les Grecs (1920 - 1922), il donne à la Turquie des frontières qui sont reconnues par les Alliés au traité de Lausanne (1923). Ayant déposé le Sultan (1922), il préside la République (1923 - 1938) et s'efforce de créer un État occidentalisé, en laïcisant les institutions (abolition du califat, 1924) ou encore en imposant l'alphabet latin (1928).

■ **ASTRID** de Belgique.

■ MUSTAFA KEMAL **ATATÜRK**

ATBARA n.m., riv. d'Éthiopie et du Soudan, affl. du Nil (r. dr.) ; 1 100 km.

ATCHINSK, v. de Russie, en Sibérie ; 122 000 hab. Cimenterie. Alumine.

ATD Quart Monde (Mouvement), organisation internationale non gouvernementale créée en 1957 par le père Joseph Wresinski (1917 - 1988) pour lutter contre la grande pauvreté et l'exclusion sociale (*A*ide à *T*oute *D*étresse).

Ateliers nationaux, chantiers établis à Paris par le Gouvernement provisoire pour les ouvriers sans travail (févr.-juin 1848). Leur dissolution provoqua une violente insurrection ouvrière (journées de *juin).

ATGET (Eugène), *Libourne 1856 - Paris 1927,* photographe français. En utilisant le grand format et une technique très simple, il a capté l'atmosphère magique d'un Paris souvent désert, presque irréel.

ATH, v. de Belgique, ch.-l. d'arrond. du Hainaut, sur la Dendre ; 24 080 hab. Donjon dit « tour de Burbant » (XIIe s.). Musée.

ATHABASCA ou **ATHABASKA** n.f., riv. du Canada occidental, qui se jette dans le *lac Athabasca* ; 1 230 km. Elle constitue ainsi la section supérieure du *Mackenzie. Importants gisements de sables bitumineux.

ATHABASCAN ou **ATHAPASCAN,** famille linguistique amérindienne, comprenant les Athabascan du Nord (ouest du Canada) et l'ensemble Navajo-Apache (sud-ouest des États-Unis).

ATHALIE, reine de Juda (841 - 835 av. J.-C.). Fille d'Achab, roi d'Israël, et de Jézabel, elle épousa Joram, roi de Juda, et monta sur le trône à la mort d'Ochozias, son fils, après avoir fait périr tous les princes de la famille royale. Une émeute populaire la renversa et lui donna comme successeur son petit-fils Joas, qui avait échappé au massacre des princes. – L'histoire d'Athalie a inspiré une tragédie à Racine (1691).

ATHANASE (saint), *Alexandrie v. 295 - id. 373,* patriarche d'Alexandrie, Père de l'Église grecque. Il fut l'un des principaux adversaires de l'arianisme.

ATHAULF, *m. à Barcelone en 415,* roi des Wisigoths (410 - 415). Il conquit le sud de la Gaule.

ATHÉNA MYTH. GR. Déesse de la Sagesse, des Arts, des Sciences, protectrice d'Athènes. Sortie tout armée du cerveau de Zeus, elle est la déesse guerrière. Elle correspond à la Minerve des Romains. – En dehors de l'*Athéna-Parthénos* de Phidias, connue par des répliques, l'une de ses plus célèbres représentations est celle d'une stèle funéraire (musée de l'Acropole) où on la voit casquée, appuyée sur sa lance.

ATHÊNAGORAS, *Tsaraplana, Épire, 1886 - Istanbul 1972,* prélat orthodoxe grec. Patriarche œcuménique de Constantinople (1948), il lutta pour l'unité du monde orthodoxe et le rétablissement de liens avec Rome (rencontre avec Paul VI à Jérusalem, 5 janv. 1964).

ATHÉNÉE, *Naucratis, Égypte, IIe-IIIe s. apr. J.-C,* écrivain grec. Il est l'auteur du *Banquet des sophistes,* recueil de curiosités relevées au cours de ses lectures, grâce auquel sont conservées des citations de 1 500 ouvrages perdus.

ATHÈNES, en gr. **Athínai,** cap. de la Grèce ; 748 110 hab. (*Athéniens*) [3 096 775 hab. dans l'agglomération]. L'agglomération englobe notamment le port du Pirée et rassemble la moitié du potentiel industriel de la Grèce. Athènes est un des grands centres touristiques du monde, grâce à la beauté des monuments antiques (Parthénon, Érechthéion, Propylées, etc.) de l'Acropole et à la richesse de ses musées (→ **Acropole**).

HISTOIRE

Établie, à l'origine, sur le rocher de l'Acropole, la ville s'étendit peu à peu au pied de l'ancienne forteresse, réunissant toutes les petites tribus des environs. Dirigée tout d'abord par les Eupatrides, elle fut ensuite réorganisée par Solon (594 av. J.-C.), brilla avec Pisistrate (560 - 527) et reçut de Clisthène ses institutions démocratiques (507). Au début du Ve s. av. J.-C., elle est, avec Sparte, l'une des premières villes grecques ; elle a déjà son double caractère de ville commerçante, avec ses ports du Pirée, de Phalère et de Mounychia, et de cité démocratique, alors que Sparte est une cité militaire et aristocratique. La victoire sur les Perses (→ **médiques** [guerres]), au Ve s. av. J.-C., fait d'Athènes la ville la plus importante de Grèce. La période qui suit ces guerres est la plus brillante de l'histoire d'Athènes : maîtresse des mers grecques, celle-ci dirige la ligue de Délos et brille, au temps de Périclès (461 - 429), d'un éclat incomparable. Le Siècle de Périclès voit l'Acropole se couvrir de splendides monuments (Parthénon) ; les œuvres de Phidias, les tragédies d'Eschyle et de Sophocle donnent à Athènes une renommée universelle. Mais la rivalité de Sparte amène la guerre du Péloponnèse (431 - 404 av. J.-C.) : Athènes perd sa puissance politique au profit de Sparte, tout en gardant sa suprématie intellectuelle et artistique. Tyrannisée alors par les Trente, elle retrouve liberté et grandeur quand Thèbes écrase Sparte (371). Puis elle apparaît, avec Démosthène, comme le champion de la cité libre, contre le conquérant Philippe de Macédoine, qui la vainc à Chéronée en 338 av. J.-C. Tentant en vain d'organiser la résistance contre les successeurs d'Alexandre, elle tombe, avec toute la Grèce, sous la domination romaine (146 av. J.-C.). Mais elle reste l'un des centres de la culture hellénistique, et Rome se met à son école.

■ EUGÈNE **ATGET.** *La Place du Tertre à Montmartre* (v. 1910).

■ **ATHÈNES.** Quartiers au pied de l'Acropole.

ATHIS-DE-L'ORNE (61430), ch.-l. de cant. de l'Orne ; 2 467 hab.

ATHIS-MONS [atismɔ̃s] (91200), ch.-l. de cant. de l'Essonne, au S. d'Orly ; 30 010 hab. *(Athégiens).* Centre de contrôle de la navigation aérienne.

ATHOS n.m., montagne de Grèce (Macédoine), dans le sud de la péninsule la plus orientale de la Chalcidique ; 2 033 m. Centre monastique de l'Église d'Orient depuis le VIIe s., le mont Athos constitue une république confédérale sous la juridiction canonique du patriarcat de Constantinople et sous le protectorat politique de la Grèce. – Ses couvents (XIIIe-XIXe s., avec des vestiges du IXe s.) renferment d'importants manuscrits et des œuvres d'art.

ATJEH → **ACEH.**

ATLAN (Jean Michel), *Constantine 1913 - Paris 1960,* peintre français. Il fait usage de formes mi-abstraites, mi-symboliques aux rythmes puissants, dont une armature sombre exalte les couleurs.

■ JEAN-MICHEL **ATLAN.** *Les Miroirs de l'Asie,* 1953 - 1954. (MNAM, Paris.)

ATLANTA, v. des États-Unis, cap. de la Géorgie ; 394 017 hab. (2 833 511 hab. dans l'agglomération). Centre industriel commercial et financier.

ATLANTIC CITY, v. des États-Unis (New Jersey) ; 37 986 hab. Station balnéaire.

Atlantide, île fabuleuse de l'Atlantique, jadis engloutie. Elle a inspiré depuis Platon de nombreux récits légendaires.

Atlantique (bataille de l'), ensemble des combats menés dans l'océan Atlantique et les mers adjacentes par les Allemands et les Alliés durant la Seconde Guerre mondiale pour le contrôle des voies de communication.

Atlantique (mur de l'), ligne de fortifications construite par les Allemands de 1942 à 1944 sur les côtes de la mer du Nord, de la Manche et de l'Atlantique.

ATLANTIQUE (océan), océan qui sépare l'Europe et l'Afrique de l'Amérique ; 106 000 000 km² ; profondeur maximale : 9 218 m. L'océan Atlantique est constitué par une série de grandes cuvettes en contrebas de la plate-forme continentale. Celle-ci est développée surtout dans l'hémisphère Nord, où se localisent les mers bordières (dont la Méditerranée, la mer du Nord et la Baltique, la mer des Antilles). Les cuvettes, ou bassins océaniques, sont séparées, dans la partie médiane de l'Océan, par une longue dorsale sous-marine méridienne, dont les sommets forment des îles (Açores, Ascension, Sainte-Hélène, Tristan da Cunha).

Atlantique Nord (pacte de l') → **OTAN.**

ATLAS n.m., ensemble montagneux de l'Afrique du Nord. Il est formé de plusieurs chaînes. Au Maroc, le *Haut Atlas,* ou *Grand Atlas,* partie la plus élevée du système (4 165 m au djebel Toubkal), est séparé du *Moyen Atlas,* au nord, par la

■ MONT **ATHOS.** Le monastère de Dhokhiariou, fondé dans la seconde moitié du Xe s.

Moulouya et de l'*Anti-Atlas,* au sud, par l'oued Sous. En Algérie, l'*Atlas tellien* et l'*Atlas saharien* ou *présaharien* enserrent les Hautes Plaines.

ATLAS MYTH. GR. Géant révolté contre les dieux, condamné par Zeus à soutenir sur ses épaules la voûte du ciel.

ATON, dieu égyptien vénéré sous la forme du disque solaire. Il fut érigé en dieu unique par Aménophis IV, devenu Akhenaton.

ATRIDES MYTH. GR. Descendants d'Atrée. Agamemnon et Ménélas sont les membres les plus connus de cette famille, marquée par des adultères, des parricides et des incestes et dont le destin tragique commença avec la haine d'Atrée pour son frère Thyeste.

ATROPOS MYTH. GR. Celle des trois Parques qui coupait le fil de la vie.

ATT (American Telephone and Telegraph), société américaine de télécommunications. Fondée en 1885, elle représentait, avec ses filiales, l'ensemble connu sous le nom de « Bell System ». En 1984, elle a perdu le quasi-monopole qu'elle détenait sur l'exploitation du réseau téléphonique aux États-Unis. Après avoir diversifié son activité, elle a individualisé en 1996 sa branche équipements (devenue Lucent Technologies) et s'est scindée en 2000 en quatre sociétés.

ATTALIDES, dynastie macédonienne qui régna du IIIe au IIe s. av. J.-C. sur le royaume de Pergame, à l'époque hellénistique.

ATTALOS Ier, *m. en 197 av. J.-C.,* roi de Pergame (241 - 197 av. J.-C.). Il lutta avec les Romains contre Philippe V de Macédoine. – **Attalos II Philadelphe,** *m. en 138 av. J.-C.,* roi de Pergame (159 - 138 av. J.-C.). Il participa aux côtés des Romains à l'écrasement de la ligue Achéenne (146). – **Attalos III,** *m. en 133 av. J.-C.,* roi de Pergame (138 - 133 av. J.-C.). Il légua son royaume aux Romains.

ATTAR (Farid al-Din), *Nichapur v. 1119 - v. 1190 ou v. 1220,* poète persan. Sa poésie s'inspire de la mystique soufie *(le Colloque des oiseaux).*

ATTIGNY (08130), ch.-l. de cant. des Ardennes, sur l'Aisne ; 1 231 hab. Ancienne résidence des rois francs.

ATTILA, *m. en 453,* roi des Huns (434 - 453). Il envahit l'empire d'Orient en 441 puis la Gaule, mais fut défait aux champs Catalauniques, non loin de Troyes (451), par les armées du Romain Aetius et du Wisigoth Théodoric. En 452, il pilla l'Italie, mais épargna Rome, à la prière du pape Léon Ier. Son empire s'effondra après lui.

ATTIQUE, péninsule de la Grèce, site d'Athènes.

ATTIS ou **ATYS** MYTH. GR. Dieu de la Végétation, d'origine phrygienne. Aimé de Cybèle, qui le rendit fou pour le punir de son infidélité, il s'émascula et fut transformé en pin.

ATTLEE (Clement, comte), *Londres 1883 - id. 1967,* homme politique britannique. Il fit partie du cabinet de guerre dirigé par W. Churchill. Leader travailliste, il fut Premier ministre de 1945 à 1951.

ATWOOD (George), *Londres 1746 - id. 1807,* physicien britannique. Il est l'inventeur d'un appareil pour l'étude de la chute des corps.

ATWOOD (Margaret), *Ottawa 1939,* femme de lettres canadienne de langue anglaise. Son œuvre multiple dénonce les conventions culturelles, l'invasion technologique et les atteintes aux droits de l'homme *(Faire surface, la Servante écarlate, l'Assassin aveugle).*

ATYRAOU, anc. **Gouriev,** v. du Kazakhstan, sur la mer Caspienne, à l'embouchure de l'Oural ; 156 700 hab. Port.

AUBAGNE (13400), ch.-l. de cant. des Bouches-du-Rhône, sur l'Huveaune ; 43 083 hab. *(Aubagnais).* Siège depuis 1962 du commandement de la Légion étrangère. Musée de la Légion.

AUBANEL (Théodore), *Avignon 1829 - id. 1886,* poète français d'expression provençale. Il fut l'un des fondateurs du *félibrige.

AUBE n.f., riv. de France, qui naît sur le plateau de Langres, affl. de la Seine (r. dr.) ; 248 km. Elle traverse la Champagne.

AUBE n.f. (10), dép. de la Région Champagne-Ardenne ; ch.-l. de dép. *Troyes ;* ch.-l. d'arrond.

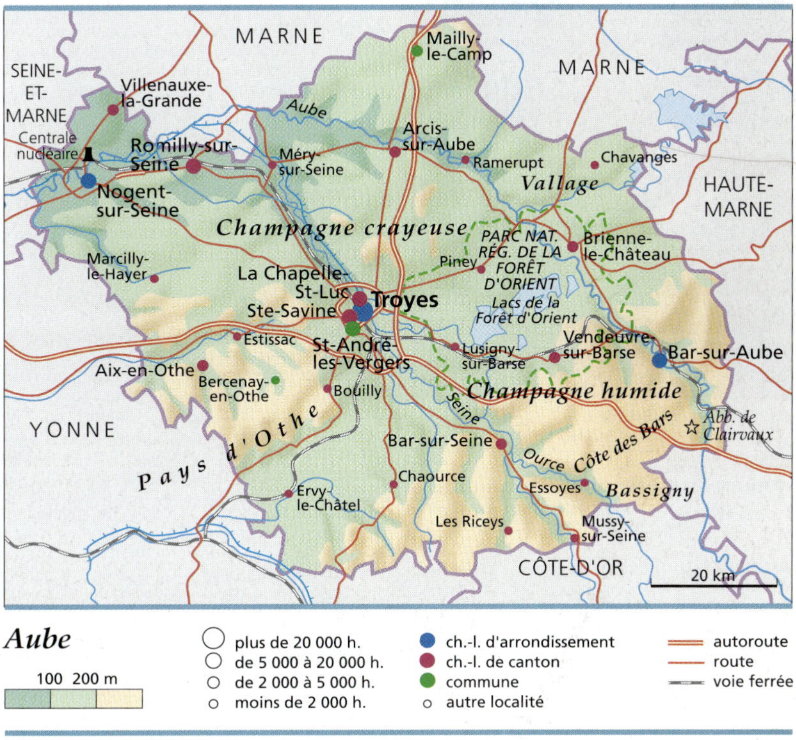

Bar-sur-Aube, Nogent-sur-Seine ; 3 arrond. ; 33 cant. ; 433 comm. ; 6 004 km² ; 292 131 hab. *(Aubois).* Le dép. appartient à l'académie et à la cour d'appel de Reims, à la zone de défense Est. Le nord-ouest (Champagne crayeuse), céréalier, s'oppose au sud-est, surtout argileux, où dominent la forêt et la prairie (Champagne humide, pays d'Othe). L'industrie, bien que souvent déclinante, occupe encore une place importante. Elle est représentée essentiellement par le textile (bonneterie), l'agroalimentaire et les constructions mécaniques (notamm. dans l'agglomération troyenne, qui rassemble presque la moitié de la population totale de l'Aube), la centrale nucléaire de Nogent-sur-Seine.

AUBENAS [-na] (07200), ch.-l. de cant. de l'Ardèche, sur l'Ardèche ; 12 152 hab. *(Albenassiens).* Monuments anciens.

AUBER (Esprit), *Caen 1782 - Paris 1871,* compositeur français. Directeur du Conservatoire de Paris (1842 - 1870), il ouvrit l'ère du grand opéra historique (*la Muette de Portici,* 1828) et composa des opéras-comiques (*Fra Diavolo,* 1830).

AUBERGENVILLE (78410), ch.-l. de cant. des Yvelines, près de la Seine ; 11 725 hab. Industrie automobile.

Auberges de Jeunesse (AJ), centres d'accueil et de vacances organisés pour les jeunes. La première auberge s'ouvrit en Allemagne en 1907.

A

AUBERT DE GASPÉ (Philippe Joseph), *Saint-Jean-Port-Joli 1786 - Québec 1871,* écrivain canadien de langue française. Son œuvre est une peinture des mœurs ancestrales *(les Anciens Canadiens).*

AUBERVILLIERS (93300), ch.-l. de cant. de la Seine-Saint-Denis, banlieue nord de Paris ; 63 524 hab. *(Albertivilliariens).*

AUBIÈRE (63170), ch.-l. de cant. du Puy-de-Dôme, près de Clermont-Ferrand ; 10 104 hab.

AUBIGNAC (abbé François **d'**), *Paris 1604 - Nemours 1676,* critique dramatique français. Dans sa *Pratique du théâtre* (1657), il fixa la règle classique des trois *unités.

AUBIGNÉ (Agrippa **d'**), *près de Pons 1552 - Genève 1630,* écrivain français. Calviniste ardent, compagnon d'armes d'Henri IV, il mit son talent au service de ses convictions en écrivant une épopée prophétique et accusatrice (*les Tragiques,* 1616), une *Histoire universelle,* un roman satirique *(les Aventures du baron de Faeneste).* Ses poèmes d'amour *(le Printemps)* sont caractéristiques de la poésie baroque. Mme de Maintenon était sa petite-fille.

■ AGRIPPA D'**AUBIGNÉ.**
(Bibliothèque universitaire, Genève.)

AUBIGNY-SUR-NÈRE (18700), ch.-l. de cant. du Cher, en Sologne ; 6 055 hab. Constructions mécaniques. – Église des XIIe-XVe s., château des XVe-XVIe s.

AUBIN (12110), ch.-l. de cant. de l'Aveyron ; 4 660 hab. Église des XIIe et XVe s.

AUBISQUE n.m., col des Pyrénées françaises (Pyrénées-Atlantiques), entre Laruns et Argelès-Gazost ; 1 709 m.

Au bord de l'eau, roman chinois attribué à Shi Naian et Luo Guanzhong (XIVe s.). Il raconte les aventures de 108 brigands redresseurs de torts, sous la dynastie Song.

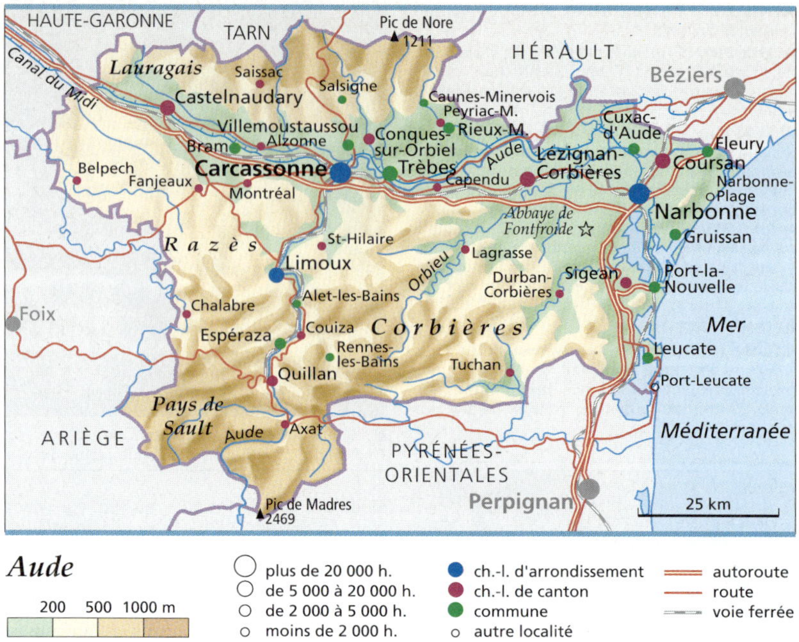

AUBRAC n.m., haut plateau du Massif central (France), entre les vallées du Lot et de la Truyère ; 1 469 m au Mailhebiau. Élevage bovin.

AUBRAIS (les), triage ferroviaire du Loiret (comm. de Fleury-les-Aubrais), au N. d'Orléans.

AUBRIOT (Hugues), *m. à Sommières v. 1389,* administrateur français. Prévôt de Paris (1367 - 1382), il fit construire la Bastille, les premiers égouts voûtés, des ponts et des quais.

AUBUSSON (23200), ch.-l. d'arrond. de la Creuse, sur la Creuse ; 5 009 hab. *(Aubussonnais).* Ateliers de tapisserie (depuis le XVIe s.) ; musée.

AUBUSSON (Pierre **d'**), *Monteil-au-Vicomte 1423 - Rhodes 1503,* grand maître de l'ordre des Hospitaliers de Saint-Jean-de-Jérusalem. En 1480, il soutint dans Rhodes un siège contre les Turcs.

AUBY (59950), comm. du Nord ; 8 020 hab. Métallurgie du zinc.

Aucassin et Nicolette, chantefable en dialecte picard du début du XIIIe s. Elle raconte les amours du fils du comte de Beaucaire et d'une esclave sarrasine.

AUCH [oʃ] (32000), ch.-l. du dép. du Gers, sur le Gers, à 680 km au S.-O. de Paris ; 23 501 hab. *(Auscitains).* Archevêché. Marché. – Cathédrale de style flamboyant, à façade classique (vitraux et stalles du premier tiers du XVIe s.). Musée.

AUCHEL (62260), ch.-l. de cant. du Pas-de-Calais ; 11 525 hab. *(Auchellois).* Équipements automobiles.

AUCKLAND, v. de Nouvelle-Zélande, dans l'île du Nord ; 840 000 hab. Principal port et principal centre industriel du pays. – Musées.

AUDE n.f., fl. de France, né dans le massif du Carlitte et qui rejoint la Méditerranée ; 220 km. Elle passe à Quillan, Limoux et Carcassonne.

AUDE n.f. (11), dép. de la Région Languedoc-Roussillon ; ch.-l. de dép. *Carcassonne ;* ch.-l. d'arrond. *Limoux, Narbonne ;* 3 arrond. ; 35 cant. ; 438 comm. ; 6 139 km² ; 309 770 hab. *(Audois).* Le dép. appartient à l'académie et à la cour d'appel de Montpellier, à la zone de défense Sud. En dehors de la plaine littorale, il est surtout montagneux. Il s'étend sur l'extrémité méridionale du Massif central (Montagne Noire) et l'avant-pays pyrénéen (Corbières), séparés par le seuil du Lauragais et la vallée de l'Aude, qui sont jalonnés de villes (Castelnaudary, Carcassonne et Narbonne). La viticulture demeure une ressource essentielle, développée surtout en bordure de la Méditerranée, dans les Corbières et dans la région de Limoux. Le tourisme s'est développé, en particulier sur le littoral.

AUDEN (Wystan Hugh), *York 1907 - Vienne 1973,* écrivain britannique naturalisé américain. Son œuvre poétique témoigne de son évolution de l'engagement social et politique à l'acceptation de l'attitude chrétienne *(l'Âge de l'anxiété).*

AUDENARDE, en néerl. **Oudenaarde,** v. de Belgique, ch.-l. d'arrond., de la Flandre-Orientale, sur l'Escaut ; 27 162 hab. Textile. Brasserie. – Bel hôtel de ville gothique (1526) et autres monuments. Musées.

AUDENGE (33980), ch.-l. de cant. de la Gironde, sur le bassin d'Arcachon ; 3 983 hab. *(Audengeois).* Station balnéaire. Ostréiculture.

AUDERGHEM, en néerl. **Oudergem,** comm. de Belgique (Bruxelles-Capitale), banlieue sud-est de Bruxelles ; 29 224 hab.

AUDIBERTI (Jacques), *Antibes 1899 - Paris 1965,* écrivain français. Il est l'auteur de poèmes, de romans et de pièces de théâtre à l'abondance baroque et cocasse *(Le mal court, l'Effet Glapion, la Fourmi dans le corps, Cavalier seul).*

AUDIERNE (baie d'), baie de France (Finistère), entre la pointe du Raz et la pointe de Penmarch. – **Audierne** (29770), comm. du Finistère, près de la *baie d'Audierne ;* 2 524 hab. *(Audiernais).* Port de pêche. Station balnéaire.

AUDINCOURT (25400), ch.-l. de cant. du Doubs, sur le Doubs ; 15 793 hab. *(Audincourtois).* Industrie automobile. – Église moderne (vitraux de Léger, Bazaine, Jean Le Moal).

AUDRAN, famille d'artistes français des XVIIe et XVIIIe s. – **Gérard II A.,** *Lyon 1640 - Paris 1703,* graveur, rénova l'estampe de reproduction (d'après Raphaël, Le Brun, Mignard, Poussin, etc.) en associant burin et eau-forte. – **Claude III A.,** *Lyon 1657 - Paris 1734,* peintre ornemaniste, fit usage d'arabesques et de grotesques d'un style allégé.

AUDRUICQ (62370), ch.-l. de cant. du Pas-de-Calais ; 4 634 hab. *(Audruicquois).*

AUDUBON (John James), *Les Cayes, île de Saint-Domingue, 1785 - New York 1851,* ornithologue et peintre américain. Il étudia les oiseaux et les quadrupèdes de l'Amérique du Nord et en réalisa des gravures coloriées dont le succès fut considérable aux États-Unis et en Grande-Bretagne.

AUDUN-LE-ROMAN (54560), ch.-l. de cant. de Meurthe-et-Moselle ; 2 098 hab. *(Audunois).*

Auerstedt (bataille d') [14 oct. 1806], bataille de l'Empire. Victoire de Davout sur les Prussiens, à 20 km au N. d'Iéna. Cette victoire, ainsi que celle d'Iéna, ouvrait à Napoléon les portes de Berlin.

Aufklärung (Zeitalter der) [Siècle des lumières], mouvement de pensée rationaliste qui s'efforça de promouvoir une émancipation intellectuelle dans l'Allemagne du XVIIIe siècle.

AUGE (pays d'), région bocagère de France (Calvados), entre les vallées de la Touques et de la Dives ; hab. *Augerons ;* v. princ. *Lisieux.* Région d'élevage, à l'origine de fromages réputés (camembert, livarot, pont-l'évêque).

AUGÉ (Claude), *L'Isle-Jourdain 1854 - Fontainebleau 1924*, éditeur et lexicographe français. Auteur d'ouvrages d'enseignement, il créa le *Dictionnaire complet illustré* (1889), qui devint, en 1905, le *Petit Larousse illustré*.

AUGEREAU (Pierre), duc **de Castiglione,** *Paris 1757-La Houssaye, Seine-et-Marne, 1816*, maréchal de France. Il se distingua en Italie (1796), participa en 1797 au coup d'État du 18 fructidor et prit part à toutes les campagnes de l'Empire.

AUGIAS MYTH. GR. Roi d'Élide. Héraclès nettoya ses immenses écuries en y faisant passer le fleuve Alphée.

AUGIER (Émile), *Valence 1820-Paris 1889*, auteur dramatique français. Ses comédies sociales illustrent la morale bourgeoise *(le Gendre de M. Poirier)*. [Acad. fr.]

AUGSBOURG, en all. **Augsburg,** v. d'Allemagne (Bavière), sur le Lech ; 264 764 hab. Industries mécaniques et textiles. – Monuments médiévaux et classiques ; musées.

Augsbourg (Confession d'), formulaire rédigé par Melanchthon et présenté à la diète impériale d'Augsbourg en 1530. Elle constitue, en 28 articles, la profession de foi luthérienne.

Augsbourg (guerre de la ligue d') [1688 - 1697], conflit qui opposa la France à la ligue d'Augsbourg (formée par l'empereur, des princes allemands, l'Espagne et la Suède) alliée aux Provinces-Unies, à l'Angleterre et à la Savoie. Provoquée par la politique d'annexions pratiquée par Louis XIV en pleine paix, cette guerre fut marquée par les victoires françaises de Fleurus (1690), de Steinkerque (1692), de La Marsaille (1693) en Italie, et par la défaite navale de la Hougue (1692). Elle se termina par les traités de Ryswick (1697).

Augsbourg (paix d'), texte signé en 1555 par les luthériens et les catholiques. Elle partageait l'Empire germanique entre les confessions catholique et luthérienne, en reconnaissant aux princes le droit de choisir la religion qui devait être pratiquée dans leur État, suivant le principe *cujus regio, ejus religio*.

AUGUSTE, en lat. **Caius Julius Caesar Octavianus Augustus,** *Rome 63 av. J.-C. - Nola 14 apr. J.-C.*, empereur romain (27 av. J.-C.-14 apr. J.-C.). Appelé d'abord Octave, puis Octavien, il est le petit-neveu de Jules César et son héritier. Associé avec Antoine et Lépide dans un triumvirat (43), il garde pour sa part l'Italie et l'Occident, et vainc l'armée républicaine à la bataille de Philippes (42). Seul maître du pouvoir après sa victoire d'Actium sur Antoine (31), il reçoit, outre le titre d'Auguste (27), les pouvoirs répartis jusqu'alors entre les diverses magistratures. Il organise une société fondée sur le retour aux traditions antiques et administrée par un corps de fonctionnaires recrutés dans les classes supérieures (ordre sénatorial et ordre équestre). Il réorganise les provinces, partagées en provinces sénatoriales et provinces impériales. Il achève la conquête de l'Espagne et porte la frontière de l'Empire sur le Danube ; mais, en Germanie, son lieutenant Varus subit un désastre (9 apr. J.-C.). Auguste désigne son successeur (son neveu Marcellus, Agrippa, puis Tibère) et, à sa mort, est honoré comme un dieu. Le principat d'Auguste apparaît comme l'une des époques les plus brillantes de l'histoire romaine *(Siècle d'Auguste)*.

■ **AUGUSTE.** Camée antique représentant l'empereur. (BNF, Paris.)

AUGUSTE II, *Dresde 1670 - Varsovie 1733*, Électeur de Saxe et roi de Pologne (1697 - 1733). Détrôné par Charles XII (1704), il fut rétabli par les troupes russes (1710). – **Auguste III,** *Dresde 1696 - id. 1763*, Électeur de Saxe et roi de Pologne (1733 - 1763). Fils d'Auguste II, il obtint le trône de Pologne contre Stanislas Leszczyński (guerre de la Succession de Pologne).

AUGUSTE (Robert Joseph), *Mons v. 1725 - Paris apr. 1795*, orfèvre français. Il rompit avec la rocaille au profit du répertoire classique. – **Henri A.,** *Paris 1759 - Port-au-Prince 1816*, fils de Robert Joseph. Un des orfèvres de l'Empire, il commença à industrialiser le métier.

AUGUSTIN (saint), *Tagaste, auj. Souk Ahras, Algérie, 354 - Hippone 430*, théologien, Père de l'Église latine. Romain d'Afrique, né d'un père païen et d'une mère chrétienne, sainte Monique, il resta longtemps étranger à l'Église. Professeur d'éloquence, il se convertit (387) sous l'influence de saint Ambroise et devint évêque d'Hippone (396). « Docteur de la grâce », il s'opposa au manichéisme, au donatisme et au pélagianisme. Outre ses *Lettres*, qui sont parfois de véritables traités, ses principaux ouvrages sont *la Cité de Dieu* et les *Confessions*. Théologien, philosophe, moraliste, il a exercé une influence capitale sur la théologie occidentale. Écrivain, il a donné au latin chrétien ses lettres de noblesse.

■ SAINT **AUGUSTIN.** Détail d'une fresque (1480) de Botticelli dans l'église d'Ognissanti, à Florence.

AUGUSTIN ou **AUSTIN** (saint), *m. à Canterbury v. 605*, archevêque de Canterbury. Moine bénédictin, il fut chargé par le pape Grégoire Ier d'évangéliser l'Angleterre et il fonda le siège épiscopal de Canterbury.

Augustinus, ouvrage posthume de Jansénius (1640). Censé exposer la doctrine de saint Augustin sur la grâce et la prédestination, il fut condamné par Urbain VIII en 1642, et les adversaires du jansénisme l'utilisèrent pour en tirer des propositions déclarées hérétiques en 1653.

AUGUSTULE → ROMULUS AUGUSTULE.

AULIS MYTH. GR. Dans *l'Iliade*, port de Béotie. La flotte des Grecs y partit pour Troie et Iphigénie y fut sacrifiée.

AULNAT (63510), comm. du Puy-de-Dôme ; 4 527 hab. *(Aulnatois)*. Aéroport de Clermont-Ferrand.

AULNAY [onɛ ou olnɛ] (17470), ch.-l. de cant. du nord-est de la Charente-Maritime ; 1 538 hab. Église exemplaire de l'art roman de Saintonge.

AULNAY-SOUS-BOIS (93600), ch.-l. de cant. de la Seine-Saint-Denis, banlieue nord-est de Paris ; 80 315 hab. *(Aulnaisiens)*. Construction automobile. Cosmétologie. – Église des XIIe et XVIIIe s.

AULNE [on] n.f., fl. de France, en Bretagne, qui rejoint la rade de Brest ; 140 km.

AULNOY [onwa] (Marie Catherine **Le Jumel de Barneville,** comtesse **d'**), *Barneville v. 1650 - Paris 1705*, femme de lettres française, auteur de contes de fées *(les Illustres Fées)*.

AULNOYE-AYMERIES [onwa-] (59620), comm. du Nord ; 9 448 hab. Nœud ferroviaire. Métallurgie.

AULT [olt] (80460), ch.-l. de cant. de la Somme ; 2 098 hab. *(Aultois)*. Station balnéaire.

AULU-GELLE, *IIe s. apr. J.-C.*, grammairien latin. Ses *Nuits attiques* fournissent de nombreux renseignements sur la littérature et la civilisation antiques.

AUMALE (76390), ch.-l. de cant. de la Seine-Maritime, sur la Bresle ; 2 675 hab. *(Aumalois)*. Église des XVIe-XVIIIe s.

AUMALE (Henri **d'Orléans,** duc **d'**), *Paris 1822 - Zucco, Sicile, 1897*, général et historien français. Quatrième fils de Louis-Philippe, il se distingua en Algérie, où il prit, en 1843, la smala d'Abd el-Kader. Exilé en Grande-Bretagne en 1848, il fut élu député à l'Assemblée nationale en 1871. Il a légué à l'Institut ses collections et le château de Chantilly. (Acad. fr.)

A

AUNAY-SUR-ODON (14260), ch.-l. de cant. du Calvados ; 2 935 hab. *(Aunais)*.

AUNEAU (28700), ch.-l. de cant. d'Eure-et-Loir ; 3 925 hab. Matériel médical. – Château médiéval. – Le duc de Guise y vainquit les protestants (1587).

AUNEUIL (60390), ch.-l. de cant. de l'Oise ; 2 803 hab.

AUNG SAN SUU KYI, *Rangoon 1945*, femme politique birmane. Leader de l'opposition démocratique, elle a été maintenue en résidence surveillée de 1989 à 1995 et reste soumise à l'étroit contrôle des militaires au pouvoir. (Prix Nobel de la paix 1991.)

AUNIS [onis], anc. prov. de France qui correspond au nord-ouest du dép. de la Charente-Maritime ; hab. *Aunisiens* ; v. princ. *La Rochelle*. L'Aunis appartint successivement aux ducs d'Aquitaine et aux Plantagenêts, et fut réunie à la Couronne en 1271 avant de redevenir anglaise de 1360 à 1373. Fief du parti protestant au XVIe s., elle résista à l'autorité royale jusqu'à la prise de La Rochelle (1628).

AURANGABAD, v. d'Inde (Maharashtra) ; 592 052 hab. Fondations bouddhiques rupestres (caitya et vihara, IIe-VIIe s.), ornées de reliefs sculptés. Édifices moghols.

AURANGZEB ou **AWRANGZIB,** *1618 - Aurangabad 1707*, empereur de l'Inde (1658 - 1707), de la dynastie des Grands Moghols. Ses guerres au Deccan et son intransigeance à l'égard des hindous amorcèrent la décadence de l'Empire moghol.

AURAY (56400), ch.-l. de cant. du Morbihan, à la tête de la *rivière d'Auray* (estuaire du Loch) ; 11 322 hab. *(Alréens)*. Église du XVIIe s.

AURE (vallée d'), vallée des Pyrénées centrales (Hautes-Pyrénées), drainée par la Neste d'Aure. Centrales hydroélectriques.

AUREC-SUR-LOIRE (43110), ch.-l. de cant. du nord de la Haute-Loire ; 5 221 hab.

AUREILHAN (65800), ch.-l. de cant. des Hautes-Pyrénées, banlieue de Tarbes ; 7 669 hab.

Aurelia (via) ou **voie Aurélienne,** voie romaine qui reliait Rome à Arles, en longeant les rives de la Méditerranée.

AURÉLIEN, en lat. **Lucius Domitius Aurelianus,** *v. 214 - 275*, empereur romain (270 - 275). Il s'opposa avec succès aux Goths (271) et vainquit Zénobie, reine de Palmyre (273). Il fit entourer Rome de murs qui existent encore.

AURÈS n.m. ou n.m.pl., massif de l'Algérie orientale ; 2 328 m. Il est surtout peuplé de Berbères.

AURIC (Georges), *Lodève 1899 - Paris 1983*, compositeur français. Membre du groupe des *Six, il a écrit des musiques de ballet pour Diaghilev (*les Fâcheux*, 1924) et des musiques de film pour J. Cocteau et R. Clair. Il fut aussi président de la SACEM (1954 - 1978) et administrateur de la Réunion des théâtres lyriques nationaux (1962 - 1968).

Aurige de Delphes, statue grecque en bronze du ve s. av. J.-C., de grandeur nature. Ce conducteur de char et le quadrige dont il faisait partie ont été offerts au temple de Delphes.

AURIGNAC (31420), ch.-l. de cant. de la Haute-Garonne ; 1 087 hab. *(Aurignaciens).* Station préhistorique éponyme de l'aurignacien.

AURIGNY, en angl. **Alderney,** une des îles Anglo-Normandes, à la pointe du Cotentin ; 2 375 hab. ; ch.-l. *Sainte-Anne.* Tourisme.

AURILLAC (15000), ch.-l. du dép. du Cantal, sur la Jordanne, à 631 m d'alt., à 547 km au S. de Paris ; 32 718 hab. *(Aurillacois).* Centre commercial. Mobilier. — Vieilles maisons. Muséum des Volcans et autres musées.

AURIOL (Vincent), *Revel 1884 - Paris 1966,* homme politique français. Socialiste, ministre des Finances du Front populaire (1936 - 1937), il fut le premier président de la IVe République (1947 - 1954).

AUROBINDO (Sri), *Calcutta 1872 - Pondichéry 1950,* philosophe indien. Il conçoit le yoga comme la discipline permettant de reconnaître en soi la vérité de Dieu.

AURON (06660 St Étienne de Tinée), station estivale et de sports d'hiver (alt. 1 600 - 2 450 m) des Alpes-Maritimes (comm. de Saint-Étienne-de-Tinée). Chapelle avec peintures du xve s.

Aurore (l'), quotidien républicain-socialiste (1897 - 1914). Lors de l'affaire Dreyfus, il publia le fameux pamphlet de É. Zola « J'accuse » (1898). — Le quotidien qui parut sous le même titre à partir de 1944 n'est plus depuis 1984 qu'une édition du *Figaro.*

AUSCHWITZ, en polon. **Oświęcim,** v. de Pologne, près de Katowice ; 45 100 hab. Camp de concentration ouvert en 1940. À proximité, les Allemands créèrent le plus grand des camps d'extermination (Auschwitz-Birkenau) et un camp de travail (Auschwitz-Monowitz). Entre 1940 et 1945, un million de déportés juifs y périrent. Musée de la Déportation.

■ L'**AURIGE DE DELPHES.** Bronze ; début du ve s. av. J.-C. (Musée de Delphes.)

AUSONE, *Burdigala, auj. Bordeaux, v. 310 - v. 395,* poète latin. Il a célébré avec lyrisme et érudition les paysages de Moselle et d'Aquitaine.

AUSTEN (Jane), *Steventon 1775 - Winchester 1817,* romancière britannique. Elle a peint de manière sensible et acerbe la bourgeoisie provinciale anglaise (*Raison et sentiments,* 1811 ; *Orgueil et préjugés,* 1813).

AUSTER (Paul), *Newark 1947,* écrivain américain. Ses romans, et notamment sa Trilogie new-yorkaise (*la Cité de verre,* 1985 ; *la Chambre dérobée,* 1986 ; *Revenants,* 1986), où il joue brillamment avec la forme policière, explorent les thèmes de la perte, de la solitude et de la tentation du néant.

Austerlitz (bataille d') [2 déc. 1805], bataille de l'Empire dite « des Trois Empereurs ». Victoire de Napoléon Ier sur les empereurs d'Autriche et de Russie à Austerlitz, auj. Slavkov (Moravie). Elle entraîna la dislocation de la coalition qui regroupait l'Angleterre, l'Autriche et la Russie.

AUSTIN, v. des États-Unis, cap. du Texas, sur le Colorado ; 465 622 hab. Université.

AUSTIN (John Langshaw), *Lancaster 1911 - Oxford 1960,* philosophe britannique. Ses travaux, dans le courant de la pensée analytique, ont eu une importance décisive dans l'histoire des théories du langage (*Quand dire, c'est faire,* 1962).

AUSTRAL (océan), nom parfois donné à l'océan Antarctique.

AUSTRALES (îles), archipel de la Polynésie française, au S. de Tahiti ; 164 km^2 ; 6 563 hab.

AUSTRALES ET ANTARCTIQUES FRANÇAISES (terres), territoire français d'outre-mer ; env. 400 000 km^2. Il comprend l'archipel des Kerguelen, la terre Adélie, les îles Saint-Paul et Amsterdam, l'archipel Crozet.

AUSTRALIE n.f., en angl. **Australia,** État fédéral d'Océanie ; 7 700 000 km^2 ; 18 300 000 hab. *(Australiens).* **CAP.** *Canberra.* **V. PRINC.** *Sydney* et *Melbourne.* **LANGUE :** *anglais.* **MONNAIE :** *dollar australien.* Le pays est formé de 6 États (Australie-Méridionale, Australie-Occidentale, Nouvelle-Galles du Sud, Queensland, Tasmanie, Victoria) et de 2 territoires (Territoire du Nord et Territoire de la Capitale australienne).

INSTITUTIONS

Constitution de 1901. L'État fédéral (6 États ayant chacun un gouvernement et un Parlement, 2 territoires) est membre du Commonwealth. Le gouverneur général représente la Couronne britannique. Le Premier ministre est responsable devant la Chambre des représentants, qui nomme les ministres. Le Parlement bicaméral comprend la Chambre des représentants, élue pour 3 ans, et le Sénat, élu pour 6 ans. Les derniers pouvoirs d'intervention directe de la Grande-Bretagne ont été abolis par l'*Australia Act* de 1986. (En 1999, les Australiens ont toutefois rejeté, par référendum, un projet de transformation du statut constitutionnel de leur pays en république.)

GÉOGRAPHIE

Vaste comme quinze fois la France, l'Australie est encore globalement peu peuplée. C'est un pays désertique, en dehors des bordures est et sud, au climat tempéré, où se concentrent, ponctuellement, les hommes. Canberra, création artificielle, est la seule grande ville de l'intérieur. Les cinq principales villes (Sydney, Melbourne, Brisbane, Adélaïde et Perth), toutes littorales, regroupent en effet 60 % de la population australienne, urbanisée au total à plus de 85 %. Les Aborigènes représentent 2 % de la population, moins que la minorité asiatique (en pleine expansion).

L'agriculture emploie moins de 5 % des actifs, mais la production, mécanisée et sur de grandes superficies, est notable : blé, sucre, élevage bovin et surtout ovin (premier rang mondial pour la laine). Le sous-sol, très riche, fournit d'abondantes quantités de produits énergétiques (houille, hydrocarbures et uranium) et minéraux (bauxite, fer, plomb et zinc). L'industrie valorise surtout ces productions (sidérurgie et métallurgie de transformation, chimie, aluminium). L'équilibre du commerce extérieur dépend des cours des matières premières, base des exportations, dirigées aujourd'hui en priorité vers le Japon.

HISTOIRE

Les origines et le début de la colonisation britannique. Occupée partiellement par des populations dites « australoïdes » (aborigènes), dont les traces d'activité remontent à près de 40 000 ans, l'Australie est atteinte par les Hollandais au XVIIe s. **1770 :** Cook explore la côte méridionale. **1788 :** début de la colonisation britannique en Nouvelle-Galles du Sud à partir de Port Jackson (Sydney). L'Australie est tout d'abord une terre de déportation pour les détenus (convicts).

Peuplement et expansion. La colonisation s'étend à tout le continent au XIXe s. Le sol est exploité par des cultivateurs et des éleveurs de moutons mérinos. La ruée vers l'or (1851) accélère l'immigration britannique, le chemin de fer se développe, ainsi que l'exportation du blé. Parallèlement, les six colonies (actuels États) sont successivement créées (1823 - 1859) et dotées de gouvernements responsables devant les Parlements (1851 - 1880). **1901 :** le *Commonwealth of Australia* est proclamé. Le pays participe activement aux deux guerres mondiales aux côtés des Alliés.

L'Australie depuis 1945. Devenue une nation dotée d'une industrie puissante et moderne, l'Australie s'affirme le partenaire privilégié des États-Unis dans la zone Pacifique. Elle développe des relations économiques avec le Japon, la Corée du Sud, la Chine et les pays de l'ASEAN. La vie politique est marquée par l'alternance au pouvoir des travaillistes (à la tête du pays de 1983 à 1996, avec R. Hawke puis P. Keating) et des libéraux (John Howard, Premier ministre depuis 1996).

AUSTRALIE-MÉRIDIONALE, État d'Australie ; 984 000 km² ; 1 459 622 hab. ; cap. *Adélaïde.*

AUSTRALIE-OCCIDENTALE, État d'Australie ; 2 530 000 km² ; 1 662 777 hab. ; cap. *Perth.*

AUSTRASIE, anc. partie de l'Europe qui correspondait pour l'essentiel aux régions du Rhin et de la Moselle. Elle englobait le nord-est de la France, une partie de la Belgique et de l'ouest de l'Allemagne. Rivale de la Neustrie, elle fut un royaume mérovingien de 561 à 751. C'est autour de l'Austrasie que les Francs firent leur unité sous les Mérovingiens et les Carolingiens.

austro-prussienne (guerre) [1866], conflit qui opposa la Prusse, soutenue par l'Italie, à l'Autriche, appuyée par les principaux États allemands. Voulue par Bismarck, cette guerre eut pour but d'évincer l'Autriche de sa position dominante en Allemagne au profit de la Prusse. La victoire de la Prusse fut aisément acquise, notamment après la bataille de Sadowa. Vaincue, l'Autriche dut, en outre, céder la Vénétie à l'Italie.

AUTANT-LARA (Claude), *Luzarches 1901 - Antibes 2000,* cinéaste français. Un humour caustique et de réelles qualités d'écriture caractérisent ses meilleures œuvres : *Douce* (1943), *le Diable au corps* (1947), *l'Auberge rouge* (1951), *le Blé en herbe* (1954), *la Traversée de Paris* (1956).

AUTERIVE (31190), ch.-l. de cant. de la Haute-Garonne, sur l'Ariège ; 6 626 hab. *(Auterivains).*

AUTEUIL, quartier de Paris (XVIe arrond.), constitué par une anc. comm. du dép. de la Seine, incorporée à la capitale en 1860. Hippodrome.

Automatisme psychologique (l'), thèse de P. Janet (1889), dans laquelle il est l'un des premiers à considérer, avant Freud, l'inconscient comme un objet de science.

AUTRANS [otrɑ̃] (38880), comm. de l'Isère, dans le Vercors ; 1 644 hab. Station estivale et de sports d'hiver (alt. 1 050 - 1 670 m).

AUTRICHE n.f., en all. **Österreich,** État fédéral d'Europe centrale ; 84 000 km² ; 8 000 000 hab. *(Autrichiens).* CAP. *Vienne.* LANGUE : *allemand.* MONNAIES : *euro* et *schilling.* Le pays est formé de 9 provinces, ou Länder (Basse-Autriche, Haute-Autriche, Burgenland, Carinthie, Salzbourg, Styrie, Tyrol, Vienne et Vorarlberg).

INSTITUTIONS

Constitution de 1920, restaurée en 1945. République fédérale (9 Länder, dont chacun a sa propre assemblée). Le président de la République est élu pour 6 ans. Le chancelier, chef de la majorité parlementaire, dirige le gouvernement fédéral. Le Parlement est composé du Conseil national *(Nationalrat),* élu pour 4 ans, et du Conseil fédéral *(Bundesrat),* élu par les assemblées des Länder.

GÉOGRAPHIE

La majeure partie du pays s'étend sur les Alpes, qui culminent dans les Hohe Tauern (3 796 m au Grossglockner), souvent englacées et découpées par de profondes vallées (Inn, Salzach, Enns, Mur, Drave), ouvrant des bassins où se concentre la vie humaine (Klagenfurt). Les plaines et les collines ne se développent qu'au nord (vallée du Danube) et à l'est (Burgenland). Le climat est influencé par l'altitude et l'exposition.

L'élevage (bovins) domine sur les versants des vallées alpines. La grande culture (blé et betterave à sucre) intéresse surtout les plaines. L'industrie, de tradition ancienne, a été favorisée surtout par les aménagements hydroélectriques. Assez diversifiée (sidérurgie, métallurgie de transformation, textile, chimie), elle se localise principalement dans les grandes villes : Linz, Graz et surtout Vienne. Le tourisme, très actif, ranime des régions montagneuses autrefois isolées (Vorarlberg et Tyrol), contribuant à combler le déficit des échanges commerciaux, effectués pour environ 40 % avec l'Allemagne voisine.

HISTOIRE

Les origines. Centre de la civilisation de Hallstatt au Ier millénaire av. J.-C., l'Autriche est occupée par les Romains, dont les camps militaires forment le noyau des villes. **796 apr. J.-C. :** Charlemagne vainc les Barbares, qui ont envahi la région entre le IIIe et le VIIe s., et il fonde en 803 la marche de l'Est (Österreich depuis 996). **1156 :** elle devient un duché héréditaire aux mains des Babenberg, qui l'augmentent de la Styrie et d'une partie de la Carniole. **1253 - 1278 :** le duché est rattaché à la Bohême puis conquis par Rodolphe Ier de Habsbourg, empereur en 1273.

L'Autriche des Habsbourg. Les Habsbourg, maîtres du pays, sont aussi les possesseurs de la couronne impériale après 1438. **1493 - 1519 :** Maximilien Ier fonde la grandeur de la maison d'Autriche : par son mariage avec Marie de Bourgogne (1477), il gagne les Pays-Bas et la Franche-Comté ; il fait épouser à son fils l'héritière d'Espagne et à ses petits-enfants ceux du roi de Bohême et de Hongrie. **1521 :** Ferdinand Ier de Habsbourg reçoit de Charles Quint (empereur depuis 1519) les domaines autrichiens. **1526 :** il devient roi de Bohême et de Hongrie. **XVIe - XVIIe s. :** l'Autriche est le rempart de l'Europe contre la progression ottomane (sièges de Vienne, 1529 puis 1683 ; traité de Karlowitz [1699], où l'Autriche obtient la Transylvanie). Foyer de la Réforme catholique pendant la guerre de Trente Ans, elle échoue à éviter l'émiettement politique et religieux de l'Allemagne (traités de Westphalie,

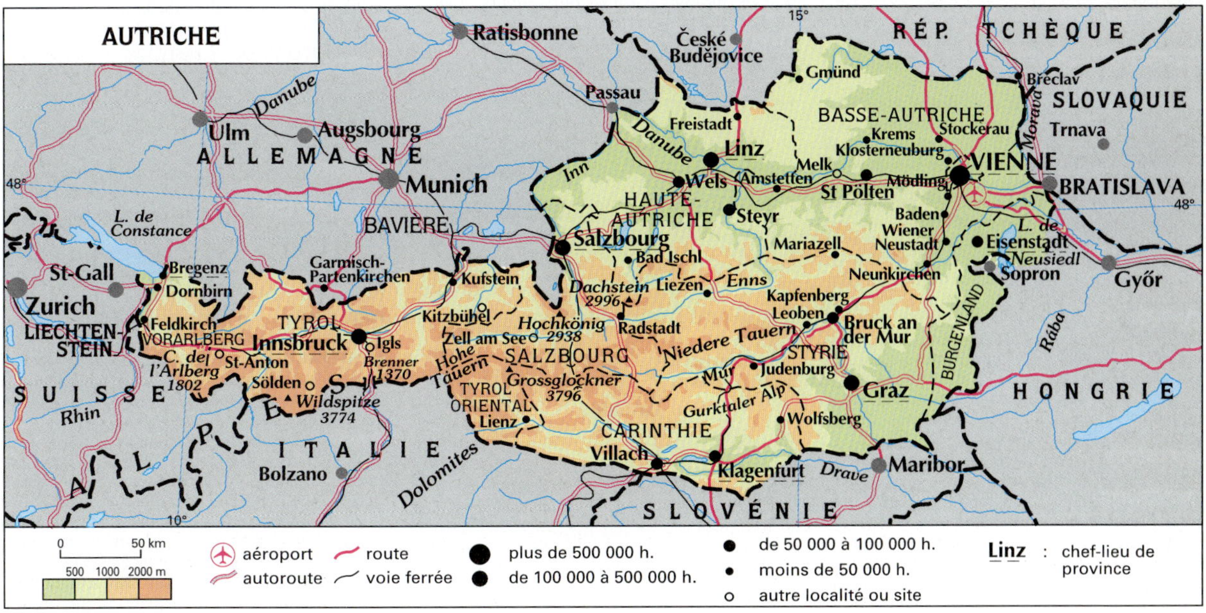

1648). **XVIIIe s. :** il est marqué par le règne éclairé de Marie-Thérèse (1740 - 1780) et par celui, centralisateur, de Joseph II (1780 - 1790) ; ainsi que par les guerres : contre la France (en 1714, l'Autriche y gagne les Pays-Bas et une partie de l'Italie) ; de la Succession d'Autriche (elle perd la Silésie) ; et de Sept Ans. Au premier partage de la Pologne (1772), elle obtient la Galicie. **1804 :** François II, battu deux fois par Bonaparte (1797 - 1800), réunit ses États sous le nom d'empire d'Autriche (il conserve jusqu'en 1806 le titre d'empereur romain germanique). **1814 - 1815 :** au congrès de Vienne, les territoires conquis par Napoléon Ier sont rendus à l'Autriche, qui domine l'Italie du Nord, préside la Confédération germanique et apparaît comme l'arbitre de l'Europe par l'entremise de Metternich. **1859 :** l'Autriche perd la Lombardie devant les Franco-Piémontais. **1866 :** elle est vaincue par la Prusse à Sadowa et perd la Vénétie. **1867 :** François-Joseph Ier accepte le compromis austro-hongrois qui, mettant le royaume de Hongrie et l'empire d'Autriche sur un pied d'égalité, donne naissance à la monarchie austro-hongroise. Les tensions nationalistes persistent. **1879 - 1882 :** l'Autriche signe avec l'Allemagne et l'Italie la Triple-Alliance. **1908 :** elle annexe la Bosnie-Herzégovine. **1914 :** l'assassinat de l'archiduc François-Ferdinand, héritier du trône, à Sarajevo (28 juin), déclenche la Première Guerre mondiale. **1916 :** Charles Ier succède à François-Joseph. **1918 :** la défaite provoque l'éclatement de la monarchie austro-hongroise.

A

La République autrichienne. 1919 - 1920 : les traités de Saint-Germain-en-Laye et de Trianon reconnaissent l'existence des États nationaux nés de la double monarchie. **1920 :** la république d'Autriche est proclamée et se dote d'une constitution fédérative (9 Länder). En dépit de la politique des chanceliers chrétiens-sociaux Seipel, Dollfuss et Schuschnigg, l'Autriche est rattachée à l'Allemagne nazie à la suite de l'Anschluss (1938) et fait partie du IIIe Reich jusqu'en 1945. **1945 - 1955 :** l'Autriche, redevenue république fédérale, est divisée en quatre zones d'occupation. **1955 :** le traité de paix en fait un État neutre. Après 1945 alternent au pouvoir, séparément ou formant une coalition, le Parti populaire (ÖVP, conservateur), avec le chancelier L. Figl (1945 - 1953), et le Parti socialiste (SPÖ), avec le président K. Renner (1945 - 1950) et le chancelier B. Kreisky (1970 - 1983). **1986 :** Kurt Waldheim est élu président de la République ; le socialiste Vranitzky devient chancelier. **1992 :** Thomas Klestil est élu à la présidence de la République. **1995 :** l'Autriche adhère à l'Union européenne. **1997 :** le social-démocrate Viktor Klima devient chancelier. **1999 :** les élections législatives sont marquées par la percée du Parti libéral (FPÖ, extrême droite), dirigé par Jörg Haider. **2000 :** après l'échec d'une reconduction de l'alliance SPÖ-ÖVP, le Parti populaire – dont le leader, Wolfgang Schüssel, devient chancelier – forme un gouvernement de coalition avec le Parti libéral. Cette alliance suscite de vives réactions de l'Union européenne.

AUTRICHE (BASSE-), prov. d'Autriche ; 1 481 000 hab. ; ch.-l. *Sankt Pölten.*

AUTRICHE (HAUTE-), prov. d'Autriche ; 1 340 000 hab. ; ch.-l. *Linz.*

AUTRICHE-HONGRIE, nom donné, de 1867 à 1918, à la monarchie double comprenant l'empire d'Autriche, ou Cisleithanie (cap. Vienne), et le royaume de Hongrie, ou Transleithanie (cap. Budapest). L'Autriche-Hongrie fut gouvernée par les Habsbourg. Elle était peuplée d'Autrichiens, de Hongrois, de Tchèques, de Serbes, de Slovènes, de Polonais, de Ruthènes, etc. Après la défaite des empires centraux (1918), le traité de Saint-Germain-en-Laye (1919) fit disparaître l'Empire, que remplacèrent des États indépendants.

AUTUN (71400), ch.-l. d'arrond. de Saône-et-Loire, sur l'Arroux ; 18 085 hab. *(Autunois).* Évêché. Textile. – Monuments romains (théâtre, portes, temple « de Janus »). Cathédrale St-Lazare (v. 1120 - 1140), chef-d'œuvre du roman bourguignon, avec son tympan du Jugement dernier signé Gislebertus. Musées.

AUTUNOIS, région boisée de France (Saône-et-Loire), à l'E. du Morvan.

AUVERGNE, région géographique occupant la partie centrale, la plus élevée, du Massif central.

AUVERGNE, région historique du centre de la France. Elle doit son nom aux Arvernes (Celtes), défaits par César à Alésia (52 av. J.-C.). Aux XIIIe et XIVe s., elle fut divisée en comté, dauphiné et

■ **AUTUN.** Ève étendue. Fragment du portail de la cathédrale Saint-Lazare. Sculpture attribuée à Gislebertus. Début du XIIe s. (Musée Rolin, Autun.)

terre (devenue duché en 1360) d'Auvergne, qui furent respectivement réunis à la Couronne en 1606, 1693 et 1531.

AUVERGNE n.f., Région administrative de France ; 26 013 km^2 ; 1 308 878 hab. *(Auvergnats)* ; ch.-l. *Clermont-Ferrand ;* 4 dép. (Allier, Cantal, Haute-Loire et Puy-de-Dôme). Elle occupe la majeure partie du Massif central. De hautes terres cristallines (plateaux dominant la vallée de la Sioule et la rive gauche de la haute Dordogne à l'ouest, Livradois et parties du Forez et de la Margeride à l'est) encadrent des massifs volcaniques (du nord au sud : chaîne des Puys, monts Dore, Cantal) et des fossés d'effondrement (Limagnes) ouverts par le haut Allier. L'élevage est la ressource essentielle de la montagne et du Bourbonnais (au N.), avec, localement, le thermalisme. Les cultures (céréales) sont développées dans les Limagnes, sites de la vie urbaine (Clermont-Ferrand) avec les vallées formées par les cours aval de l'Allier (Vichy, Moulins) et du Cher (Montluçon).

AUVERS-SUR-OISE [-vɛr-] (95430), ch.-l. de cant. du Val-d'Oise ; 6 909 hab. *(Auversois).* Église des XIIe-XIIIe s. Van Gogh et d'autres peintres ont rendu célèbre la localité.

AUXERRE [osɛr] (89000), ch.-l. du dép. de l'Yonne, sur l'Yonne, à 162 km au S.-E. de Paris ; 40 292 hab. *(Auxerrois).* Industrie automobile. Cartonnage. – Anc. abbatiale St-Germain (peintures carolingiennes), cathédrale gothique avec vitraux du XIIIe s. Musées.

AUXERROIS, région historique de France ; v. princ. *Auxerre.*

AUXI-LE-CHÂTEAU [oksi-] (62390), ch.-l. de cant. du Pas-de-Calais ; 3 126 hab. *(Auxilois).* Articles de ménage. – Église du XVIe s.

AUXOIS [oswa], région de France en Bourgogne (Côte-d'Or) ; hab. *Auxois ;* ch.-l. *Semur-en-Auxois.* Axe de passage parsemé de hauteurs, dont le *mont Auxois,* au-dessus d'Alise-Sainte-Reine.

AUXONNE [osɔn] (21130), ch.-l. de cant. de la Côte-d'Or, sur la Saône ; 7 785 hab. *(Auxonnais).*

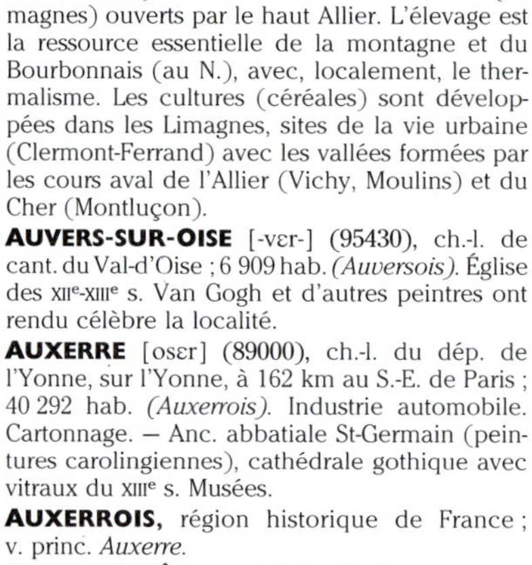

Électronique. – Église de style gothique bourguignon (XIIIe-XVIe s.).

AUZOUT (Adrien), *Rouen 1622 - Rome 1691,* astronome français. Il développa l'usage de la lunette astronomique après l'avoir perfectionnée par la mise au point du micromètre à fils.

AVALLON (89200), ch.-l. d'arrond. de l'Yonne, sur le Cousin ; 8 658 hab. *(Avallonnais).* Industrie du caoutchouc. – Anc. fortifications ; église romane St-Lazare, des XIe-XIIe s. Musée.

AVALOIRS (mont des) ou **SIGNAL DES AVALOIRS,** sommet de l'ouest de la France (Mayenne), point culminant, avec la forêt d'Écouves, du Massif armoricain ; 417 m.

AVALOKITESHVARA, un des principaux bodhisattvas du bouddhisme du Grand Véhicule. Son culte est surtout répandu au Japon et au Tibet.

AVALON, péninsule du Canada, dans le sud-est de Terre-Neuve, rattachée à l'île par l'*isthme d'Avalon.* Ville et port princ. : St. John's.

Avanti !, journal socialiste italien, fondé en 1896, à Rome.

Avare (l'), comédie en 5 actes et en prose de Molière (1668). Inspirée de l'*Aulularia* de Plaute, cette pièce est une peinture, à travers le personnage d'Harpagon, de la folie obsessionnelle que peut devenir l'avarice.

AVARICUM, v. de Gaule. (Auj. Bourges.)

AVARS, peuple originaire de l'Asie centrale, qui occupa la plaine hongroise au VIe s. apr. J.-C. Charlemagne les vainquit (796) et les intégra à l'Empire.

AVARS, peuple caucasien vivant principalement en Russie (Daguestan) et en Azerbaïdjan (600 000 au total). Musulmans sunnites, ils se reconnaissent sous le nom de *Maaroulal.*

AVDEÏEV (Sergueï Vassilievitch), *Tchapaïevsk, région de Samara, 1956,* cosmonaute russe. Ayant effectué trois vols spatiaux de longue durée à bord de la station Mir (1992, 1995 et 1999), il détient le record de temps passé dans l'espace en durée cumulée (747 j 14 h 11 min).

AVEDON (Richard), *New York 1923,* photographe américain. Célèbre pour ses photographies de mode étranges et d'une extrême sophistication, il a aussi composé des portraits d'une savante cruauté.

AVEIRO, v. du Portugal, au S. de Porto ; 35 246 hab. Musée régional dans un anc. couvent.

AVELLANEDA (Nicolás), *Tucumán 1836 - 1885,* homme politique argentin. Président de la République (1874 - 1880), il réprima l'insurrection de Mitre (1874) et fit accepter Buenos Aires comme capitale fédérale.

AVELLINO, v. d'Italie (Campanie), ch.-l. de prov. ; 54 343 hab.

AVEMPACE, en ar. **Ibn Bādjdja,** *Saragosse fin du XIe s. - Fès 1138,* philosophe arabe. Il est l'auteur d'un système rationaliste faisant de Dieu l'Intelligence suprême *(Régime du solitaire).*

Avenir (l'), quotidien français (oct. 1830 - nov. 1831). Fondé par La Mennais, il eut pour collaborateurs Lacordaire et Montalembert. Il réclamait la liberté de conscience, la séparation de l'Église et de l'État, le droit d'association, la liberté de la presse et de l'enseignement. Ces doctrines furent condamnées par le pape Grégoire XVI en 1832.

AVENTIN (mont), une des sept collines de Rome. La plèbe romaine révoltée contre le patriciat s'y retira jusqu'à ce qu'elle obtînt reconnaissance de ses droits (494 av. J.-C.).

Aventis, groupe né de la fusion, en 1999, de la société française Rhône-Poulenc (issue du rapprochement, en 1928, des établissements Poulenc frères et de la Société chimique des usines du Rhône) et de la société allemande Hoechst. Formé après séparation des activités touchant au domaine de la chimie, le groupe occupe auj. une place de leader dans le secteur des sciences de la vie (pharmacie).

AVENZOAR, en ar. **Abū Marwān ibn Zuhr,** *Peñaflor, Andalousie, 1073 - Séville 1162,* médecin arabe. Il fut le maître d'Averroès.

AVERCAMP (Hendrick), *Amsterdam 1585 - Kapen 1634,* peintre néerlandais. Une foule de petits personnages pittoresques animent ses paysages d'hiver.

AVERROÈS, en ar. **Abū al-Walīd ibn Ruchd,** *Cordoue 1126 - Marrakech 1198,* philosophe arabe. Son interprétation de la métaphysique d'Aristote à la lumière du Coran a influencé les pensées chrétienne et juive du Moyen Âge. Il a été également médecin et juriste.

AVERY (Tex), *Dallas v. 1908 - Burbank 1980,* dessinateur et cinéaste d'animation américain. Créateur du cochon Porky Pig, du chien Droopy et, en collab. avec Chuck Jones et Ben Hardaway, du lapin Bugs Bunny, il a, par son humour, renouvelé le rythme et l'esprit du dessin animé.

AVESNES-LE-COMTE [avɛn-] (62810), ch.-l. de cant. du Pas-de-Calais ; 2 019 hab. *(Avesnois).* Église gothique des XVe et XVIe s.

AVESNES-SUR-HELPE [avɛn-] (59440), ch.-l. d'arrond. du Nord, dans l'*Avesnois,* sur l'Helpe Majeure ; 5 389 hab. *(Avesnois).* Grand-place surtout du XVIIIe s. ; église gothique des XIIe-XVIe s.

AVESNOIS, région bocagère de l'est du dép. du Nord, autour d'*Avesnes-sur-Helpe.* Élevage bovin laitier. Parc naturel régional, couvrant env. 125 000 ha.

Avesta, livre saint des zoroastriens. Le texte en a été fixé au IVe s. apr. J.-C.

AVEYRON [avɛrɔ̃] n.m., riv. de France, qui naît près de Sévérac-le-Château (dép. de l'Aveyron) et rejoint le Tarn (r. dr.), au N.-O. de Montauban ; 250 km. Il passe à Rodez et à Villefranche-de-Rouergue.

AVEYRON n.m. (12), dép. de la Région Midi-Pyrénées ; ch.-l. de dép. *Rodez ;* ch.-l. d'arrond. *Millau, Villefranche-de-Rouergue ;* 3 arrond. ; 46 cant. ; 304 comm. ; 8 735 km² ; 263 808 hab. *(Aveyronnais).* Le dép. appartient à l'académie de Toulouse, à la cour d'appel de Montpellier, à la zone de défense Sud-Ouest. Dans le sud du Massif central, faiblement peuplé, ayant subi une intense émigration, il est formé de plateaux cristallins (Viadène, Ségala) ou calcaires (partie des Grands Causses, appartenant à un parc naturel régional). Ces plateaux sont découpés par les profondes vallées de la Truyère, du Lot, de l'Aveyron et du Tarn, où se localisent les principales villes (Rodez, Millau). L'agriculture juxtapose céréales dans le Ségala et élevage des brebis pour la fabrication du roquefort dans les Causses. L'industrie est représentée par le travail du cuir et les aménagements hydroélectriques (sur la Truyère surtout).

■ **AVIGNON.** Les restes du pont St-Bénezet, le Petit-Palais, la cathédrale et le palais des Papes.

AVICÉBRON, en ar. **Sulaymān ibn Gabīrūl,** *Málaga v. 1020 - Valence v. 1058,* philosophe et poète juif espagnol. Il exposa son panthéisme dans *la Source de vie,* connue par une traduction latine.

AVICENNE, en ar. **Ibn Sīnā,** *Afchana, près de Boukhara, 980 - Hamadan 1037,* médecin et philosophe iranien. Il fut l'un des savants les plus remarquables de l'Orient. Son *Canon de la médecine* et son interprétation d'Aristote eurent une influence considérable en Europe jusqu'au XVIIe s.

AVIGNON (84000), ch.-l. du dép. de Vaucluse, sur le Rhône, à 683 km au S.-S.-E. de Paris ; 88 312 hab. *(Avignonnais)* [plus de 190 000 hab. dans l'agglomération]. Archevêché. Centre commercial et touristique. — Cathédrale romane, palais-forteresse des papes (XIVe s.) et nombreux autres monuments. Musées, dont celui du Petit-Palais (primitifs italiens et avignonnais), le musée Calvet (archéologie, peinture, etc.), le musée Angladon (intérieur d'amateurs d'art ; peinture des XIXe et XXe s.) et la Collection Lambert (art contemporain). — Siège de la papauté de 1309 à 1376. En 1348, Clément VI l'acheta à Jeanne Ire, reine de Sicile, comtesse de Provence. Résidence des papes dits « d'Avignon » lors du Grand Schisme d'Occident (1378-1417), la ville, demeurée à l'Église jusqu'en 1791, fut alors réunie à la France en même temps que le Comtat Venaissin.

Avignon (Festival d'), festival de théâtre créé en 1947 par Jean Vilar. Il fut le lieu privilégié d'expression et de réflexion du TNP. Il s'est ouvert depuis 1966 à d'autres troupes, ainsi qu'à la danse, à la musique et au cinéma.

Avignon (papes d'), les sept papes d'origine française (Clément V, Jean XXII, Benoît XII, Clément VI, Innocent VI, Urbain V, Grégoire XI) qui, de 1309 à 1376, firent d'Avignon la capitale de la papauté, l'Italie n'étant plus assez sûre. Durant le Grand Schisme, Clément VII et Benoît XIII y résidèrent aussi.

ÁVILA, v. d'Espagne (Castille-León), ch.-l. de prov. ; 45 977 hab. Enceinte aux 88 tours ; cathédrale gothique, églises romanes (S. Vincente) et gothiques (couvent S. Tomás). — Patrie de sainte Thérèse.

AVILÉS, v. d'Espagne (Asturies) ; 85 351 hab. Port. Centre sidérurgique et métallurgique.

AVION (62210), ch.-l. de cant. du Pas-de-Calais, banlieue de Lens ; 18 422 hab.

AVIOTH (55600), comm. de la Meuse ; 116 hab. Basilique des XIVe-XVe s.

AVIZ (dynastie d'), dynastie qui régna sur le Portugal de 1385 à 1580.

AVIZE (51190), ch.-l. de cant. de la Marne ; 1 846 hab. Vignobles.

AVOGADRO (Amedeo **di Quaregna e Ceretto,** comte), *Turin 1776 - id. 1856,* chimiste et physicien italien. Il émit, en 1811, l'hypothèse selon laquelle il y a le même nombre de molécules dans des volumes égaux de gaz différents, à la même température et à la même pression (v. partie n. comm. **nombre d'*Avogadro**). La loi qui porte son nom est l'une des bases de la chimie.

AVOINE (37420), comm. d'Indre-et-Loire, au N.-O. de Chinon ; 1 828 hab. Centrale nucléaire, dite

■ **AYUTHIA.** Le stupa Pra Chedi Chai Mongkon (1593).

aussi « de Chinon », sur la Loire. Musée du nucléaire.

AVON (77210), comm. de Seine-et-Marne, près de Fontainebleau ; 14 362 hab. *(Avonnais).* Église des XIIe-XVIe s.

AVORIAZ (74110 Morzine), station de sports d'hiver (alt. 1 800 - 2 460 m) de Haute-Savoie (comm. de Morzine). Festival du film français.

AVRANCHES (50300), ch.-l. d'arrond. de la Manche, près de l'embouchure de la Sée ; 9 226 hab. *(Avranchinais).* Industrie automobile. — Musée. — Percée décisive du front allemand par les blindés américains de Patton en direction de la Bretagne et du Bassin parisien (31 juill. 1944).

AVRILLÉ (49240), comm. de Maine-et-Loire ; 13 267 hab. Mégalithes.

AVVAKOUM, *Grigorovo v. 1620 - Poustozersk 1682,* archiprêtre et écrivain russe. Son refus des réformes liturgiques du patriarche Nikon provoqua le schisme des vieux-croyants, ou *raskol.* Condamné à mort, il fut brûlé. — Il a écrit le récit de sa vie, une des premières œuvres de la littérature russe en langue populaire.

Axe (l'), alliance formée en 1936 par l'Allemagne et l'Italie (Axe Rome-Berlin). On donna le nom de « puissances de l'Axe » à l'ensemble constitué par l'Allemagne, l'Italie et leurs alliés pendant la Seconde Guerre mondiale.

AX-LES-THERMES (09110), ch.-l. de cant. de l'Ariège, sur l'Ariège ; 1 512 hab. *(Axéens).* Station thermale. Sports d'hiver sur le plateau du Saquet (alt. 2 000 m).

AY [ai] (51160), ch.-l. de cant. de la Marne, au S. de la Montagne de Reims, sur la Marne ; 4 357 hab. *(Agéens).* Vignobles.

AYACUCHO, v. du Pérou, dans les Andes ; 97 400 hab. Aux environs, victoire de Sucre sur les Espagnols (déc. 1824), qui consacra l'indépendance de l'Amérique du Sud.

AYDAT (lac d'), lac volcanique d'Auvergne (Puy-de-Dôme), dans les monts Dôme, à 825 m d'alt. Tourisme.

AYDIN, v. de l'ouest de la Turquie ; 107 000 hab.

AYER (sir Alfred Jules), *Londres 1910 - id. 1989,* philosophe britannique. Il est l'un des fondateurs du positivisme logique *(Language, Truth and Logic,* 1936).

AYERS ROCK → ULURU.

AYLWIN AZÓCAR (Patricio), *Viña del Mar 1918,* homme politique chilien. Succédant à Pinochet, il est président de la République de 1990 à 1994.

AYMARA, peuple amérindien des hauts plateaux andins de Bolivie, du Pérou, d'Argentine et du Chili (1,6 million). Présents dans la région avant les Incas, auxquels ils ont été soumis, ils sont agriculteurs et pasteurs, avec un fort dynamisme d'intégration. Leur langue, l'*aymara,* fait concurrence au quechua.

AYMÉ (Marcel), *Joigny 1902 - Paris 1967,* écrivain français. Il est l'auteur de nouvelles *(le Passe-Muraille)* et de romans où la fantaisie et la satire se mêlent au fantastique *(la Jument verte),* de pièces de théâtre *(Clérambard)* et de contes *(*Contes du chat perché).*

AYODHYA, site de l'Inde, près de Faizabad (Uttar Pradesh). Lieu de naissance présumé du dieu Rama, où a été édifiée au XVIe s. une mosquée. En 1992, la destruction de cette dernière par des militants nationalistes hindous entraîna de graves affrontements entre les communautés musulmanes et hindoues.

AYTRÉ (17440), ch.-l. de cant. de la Charente-Maritime ; 7 914 hab. Matériel ferroviaire.

AYUTHIA, v. de Thaïlande, au N. de Bangkok ; 60 847 hab. Anc. cap. du Siam (1350 - 1767) ; nombreux monuments des XIVe-XVIIIe s. (temples, stupas).

AYYUBIDES, dynastie musulmane fondée par Saladin. Les Ayyubides régnèrent aux XIIe-XIIIe s. sur l'Égypte, la Syrie et une grande partie de la Mésopotamie, de l'Arabie et du Yémen.

AZAÑA Y DÍAZ (Manuel), *Alcalá de Henares 1880 - Montauban 1940,* homme politique espagnol. Président du Conseil de 1931 à 1933, il fut président de la République de 1936 à 1939.

AZAY-LE-RIDEAU [azɛ-] (37190), ch.-l. de cant. d'Indre-et-Loire, sur l'Indre ; 3 175 hab. *(Ridellois).* Château de la Renaissance (1518 - 1529).

AZEGLIO (Massimo **d'**), *Turin 1798 - id. 1866,* écrivain et homme politique italien. Il fut l'un des chefs modérés du Risorgimento.

AZERBAÏDJAN, région d'Asie occidentale, aujourd'hui partagée entre la république d'Azerbaïdjan et l'Iran. L'Iran céda l'Azerbaïdjan septentrional à la Russie en 1828.

AZERBAÏDJAN n.m., en azéri **Azärbaycan,** État d'Asie, dans le Caucase ; 87 000 km^2 ; 7 200 000 hab. *(Azerbaïdjanais).* **CAP.** *Bakou.* **LANGUE** : *azéri.* **MONNAIE** : *manat azerbaïdjanais.* (V. carte **Caucase**.)

GÉOGRAPHIE

Le pays est peuplé à plus de 80 % d'Azéris, musulmans. Il correspond à la plaine de la Koura et à son pourtour montagneux. L'aridité explique l'extension de l'élevage ovin, en dehors de zones irriguées (coton, vignoble, tabac). Mais les hydrocarbures (gaz et surtout pétrole) demeurent les atouts essentiels d'une économie qui souffre du conflit relatif au Haut-Karabakh, opposant le pays à l'Arménie.

HISTOIRE

Ancienne province de l'Iran, l'Azerbaïdjan est envahi au XIe s. par les Turcs Seldjoukides. **1828 :** l'Iran cède l'Azerbaïdjan septentrional à l'Empire russe. **1918 :** une république indépendante est proclamée. **1920 :** elle est occupée par l'Armée rouge et soviétisée. **1922 :** elle est intégrée à l'URSS. **1923 - 1924 :** la république autonome du Nakhitchevan et la région autonome du *Haut-Karabakh sont instituées et rattachées à l'Azerbaïdjan. **1936 :** l'Azerbaïdjan devient une république fédérée. **1988 :** il s'oppose aux revendications arméniennes sur le Haut-Karabakh. Le nationalisme azéri se développe et des pogroms anti-arméniens se produisent. **1990 :** les communistes remportent les premières élections libres. **1991 :** l'Azerbaïdjan obtient son indépendance et adhère à la CEI. **1992 :** l'opposition nationaliste accède au pouvoir. **1993 :** l'armée arménienne du Haut-Karabakh prend le contrôle de cette région et occupe le sud-ouest de l'Azerbaïdjan. Les communistes reprennent le pouvoir. Gueïdar Aliev devient président de la République.

AZÉRIS, peuple vivant principalement en Azerbaïdjan, en Iran et en Russie (env. 17 millions au total). Divers dans leurs origines lointaines (populations caucasiennes au nord, tribus non perses au sud), ils ont été turquisés à partir du XIe s. Ils parlent l'**azéri.* On dit aussi *Azerbaïdjanais.*

AZEVEDO (Aluísio), *São Luís 1857 - Buenos Aires 1913,* écrivain brésilien. Il est l'auteur du premier roman naturaliste de son pays, *le Mulâtre* (1881).

Azhar (al-), mosquée fondée au Caire par les Fatimides en 973. Devenue, après de nombreuses adjonctions, un véritable répertoire de l'architecture islamique en Égypte, elle abrite l'une des grandes universités du monde musulman.

Azincourt (bataille d') [25 oct. 1415], bataille de la guerre de Cent Ans. Victoire des Anglais commandés par Henri V sur l'armée du roi de France Charles VI, à Azincourt (Pas-de-Calais). Elle permit aux Anglais de conquérir une grande partie de la France.

AZNAR LÓPEZ (José María), *Madrid 1953,* homme politique espagnol. Président du Parti populaire depuis 1990, il devient président du gouvernement après la victoire de son parti aux élections de 1996 (succès largement confirmé aux élections de 2000).

AZNAVOUR (Charles), *Paris 1924,* chanteur et acteur français. Également parolier et compositeur, il a su imposer un style de chanson réaliste et poétique, servi par une voix expressive et un sens aigu de l'interprétation dramatique *(Je m'voyais déjà ; la Mamma).* Il interprète l'un de ses meilleurs rôles d'acteur de cinéma dans *Tirez sur le pianiste* (F. Truffaut, 1960).

AZORÍN (José **Martínez Ruiz,** dit), *Monóvar 1873 - Madrid 1967,* écrivain espagnol. Anarchiste, puis sceptique nietzschéen et enfin écrivain officiel franquiste, il a peint avec minutie les petites villes provinciales *(Castille).*

AZOV (mer d'), golfe d'Europe orientale formé par la mer Noire ; 38 000 km^2. Elle s'enfonce entre l'Ukraine et la Russie méridionale, et reçoit le Don.

AZTÈQUES [astɛk], anc. peuple du Mexique, qui y fonda un empire au XVe s. Cap. *Tenochtitlán.* Formant une société militaire et conquérante fortement hiérarchisée, assimilant l'apport culturel (écriture idéographique, etc.) de leurs vaincus, ils possédaient un art d'un réalisme cruel, empreint de syncrétisme religieux. La conquête espagnole, dirigée par Cortés (1521), les soumit définitivement.

AZUELA (Mariano), *Lagos de Moreno 1873 - Mexico 1952,* écrivain mexicain. Il fut le premier représentant des « romanciers de la révolution » *(Ceux d'en bas,* 1916).

■ **AZTÈQUES.** Détail d'un feuillet de calendrier aztèque (XIVe-XVIe s.) dit *codex Borbonicus.* (Bibliothèque de l'Assemblée nationale, Paris.)

B

Caractère Bembo

BÂ (Amadou Hampaté), *Bandiagara 1901 - Abidjan 1991,* écrivain malien de langue française. Défenseur de la tradition africaine, il est l'auteur de récits autobiographiques et de recueils de contes initiatiques peuls.

BAADE (Walter), *Schröttinghausen 1893 - Göttingen 1960,* astronome américain d'origine allemande. Sa découverte de l'existence de deux populations stellaires distinctes (1944) a conduit à réviser l'échelle de mesure des distances des galaxies.

BAAL, terme sémitique signifiant « Seigneur », appliqué à un grand nombre de divinités et en partic. au dieu cananéen Hadad. Dans la Bible, il désigne tous les faux dieux.

BAALBEK ou **BALBEK,** v. du Liban ; 18 000 hab. Anc. cité syrienne, nommée *Héliopolis* à l'époque hellénistique, et qui fut prospère au temps des Antonins. — Vestiges des temples de Jupiter et de Bacchus.

BAAR, v. de Suisse (cant. de Zoug), au S. de Zurich ; 16 147 hab.

Baath ou **Bath,** parti socialiste fondé en 1953 par le Syrien Michel Aflak afin de regrouper en une seule nation tous les États arabes du Proche-Orient. Il est au pouvoir en Syrie depuis 1963 et, en Iraq, depuis 1968.

BAB (**Ali Muhammad,** dit **le**), *Chiraz 1819 - Tabriz 1850,* chef religieux iranien. Instigateur d'une réforme de l'islam dans un sens mystique, libéral et égalitaire, il fut fusillé et ses partisans furent massacrés.

BAB AL-MANDAB ou **BAB EL-MANDEB** (« Porte des pleurs »), détroit entre l'Arabie et l'Afrique, qui unit la mer Rouge au golfe d'Aden.

BABANGIDA (Ibrahim), *Minna 1941,* général et homme politique nigérian. Chef de l'armée de terre (1984), il dirige le coup d'État à l'issue duquel il devient président de la République, en 1985. En 1993, il abandonne le pouvoir.

BABBAGE (Charles), *Teignmouth, Devon, 1792 - Londres 1871,* mathématicien britannique. Il imagina, et s'efforça en vain de réaliser, une machine à calculer commandée par un programme enregistré sur des cartes perforées, qui peut être regardée comme l'ancêtre des ordinateurs.

BABEL (Issaak Emmanouilovitch), *Odessa 1894 - Moscou 1940,* écrivain soviétique. Ses nouvelles peignent avec force la révolution russe (*Cavalerie rouge,* 1926) et avec un humour attendri le milieu juif (*Contes d'Odessa,* 1931).

Babel (tour de), grande tour que, selon la Bible, les fils de Noé voulurent élever, à Babel (nom hébreu de Babylone), pour atteindre le ciel. Dieu aurait anéanti par la confusion des langues ces efforts insensés.

BABENBERG, famille de Franconie qui a régné sur la marche puis le duché (1156) d'Autriche jusqu'à son extinction (1246).

BABER ou **BABUR,** *Andijan 1483 - Agra 1530,* fondateur de l'empire moghol de l'Inde. Descendant de Timur Lang, il partit de Kaboul pour conquérir l'Inde (1526 - 1530).

BABEUF (François Noël, dit Gracchus), *Saint-Quentin 1760 - Vendôme 1797,* révolutionnaire français. Il conspira contre le Directoire (« conjuration des Égaux ») et fut guillotiné. Sa doctrine (babouvisme), qui préconise la collectivisation des terres, est proche du communisme.

BABINGTON (Anthony), *Dethick 1561 - Londres 1586,* conspirateur anglais. Il monta une conspiration pour assassiner la reine Élisabeth Ire et couronner Marie Stuart. Découvert, il fut exécuté.

BABINSKI (Joseph), *Paris 1857 - id. 1932,* médecin français d'origine polonaise. Il a décrit plusieurs signes caractéristiques d'affections neurologiques.

BABITS (Mihály), *Szekszárd 1883 - Budapest 1941,* écrivain hongrois. Directeur de la revue *Nyugat (Occident),* il est l'auteur de poèmes *(le Livre de Jonas)* et de romans psychologiques *(le Calife Cigogne).*

BABYLONE, v. de basse Mésopotamie, dont les imposantes ruines, au bord de l'Euphrate, sont à 160 km au sud-est de Bagdad. Sa fondation doit être attribuée aux Akkadiens (2325 - 2160 av. J.-C.). La Ire dynastie amorrite s'y établit (v. 1894 av. J.-C.). Hammourabi, 6e roi de cette dynastie, en fit sa capitale. Souvent soumise par l'Assyrie, Babylone resta la capitale intellectuelle et religieuse de la Mésopotamie. À la fin du VIIe s., une dynastie indépendante, dite « chaldéenne », s'établit à Babylone. Son fondateur, Nabopolassar, prit part avec les Mèdes à la ruine de l'Assyrie. Son fils, Nabuchodonosor II, prit Jérusalem (587 av. J.-C.) et déporta beaucoup de ses habitants. De son règne datent les principaux monuments de Babylone. La ville fut prise par Cyrus II (539 av. J.-C.), qui fit de la Babylonie une province de l'Empire perse. Xerxès démantela Babylone après sa révolte. Alexandre la choisit comme capitale de l'Asie et y mourut en 323 av. J.-C. Babylone déclina après la fondation par les Séleucides de la ville de Séleucie sur le Tigre.

BABYLONIE, partie inférieure de la Mésopotamie, appelée très tardivement **Chaldée ;* v. princ. *Babylone, Our* et *Béhistoun.*

BACALL (Betty Joan **Perske,** dite Lauren), *New York 1924,* actrice américaine. Elle inaugure dans *le Port de l'angoisse* (H. Hawks, 1944) sa carrière et son partenariat avec Humphrey Bogart puis est confirmée dans *Écrit sur du vent* (D. Sirk, 1957) ou *la Femme modèle* (V. Minnelli, 1957).

BACĂU, v. de l'est de la Roumanie ; 204 495 hab.

BACCARAT (54120), ch.-l. de cant. de Meurthe-et-Moselle, sur la Meurthe ; 4 817 hab. *(Bachamois).* Cristallerie (musée). — Église de 1957.

BACCHUS [bakys], nom donné à *Dionysos par les Romains, qui célébraient ce dieu lors des Bacchanales.

■ **BAALBEK.** Le temple de Bacchus. IIe s. apr. J.-C.

■ **BABEUF.** Gravure de Bonnerille. (BNF, Paris.)

■ **BABYLONE.** Un aspect des ruines.

BACH, nom d'une famille de musiciens allemands. – **Johann Sebastian** ou **Jean-Sébastien B.,** *Eisenach 1685 - Leipzig 1750,* compositeur allemand. Organiste, il dirigea l'orchestre du prince Leopold d'Anhalt à Köthen (1717) et devint, en 1723, maître de chapelle à l'école Saint-Thomas de Leipzig, où il demeura jusqu'à sa mort. Ses œuvres de musique religieuse, vocale ou instrumentale valent par la science de l'architecture, l'audace du langage harmonique, la richesse de l'inspiration et la spiritualité qui s'en dégagent : cantates, passions, *Messe en si mineur, Magnificat en ré majeur ;* préludes, fugues, chorals pour orgue, *le Clavier bien tempéré,* partitas ; **Concertos brandebourgeois,* suites pour orchestre, concertos pour clavecin et orchestre, concertos pour violon et orchestre, suites pour violoncelle seul, sonates pour flûte et clavier, pour violon et clavier ; *Offrande musicale ; l'Art de la fugue.* – **Wilhelm Friedemann B.,** *Weimar 1710 - Berlin 1784,* compositeur allemand. Organiste et maître de chapelle, fils aîné de Jean-Sébastien, il fut un pionnier de la « forme sonate » et l'un des compositeurs les plus inventifs de son époque avec ses *Fantaisies* pour clavier. – **Carl Philipp Emanuel B.,** *Weimar 1714 - Hambourg 1788,* compositeur allemand. Deuxième fils de Jean-Sébastien, claveciniste, musicien du roi de Prusse Frédéric II, directeur de la musique à Hambourg (1768 - 1788), il fut l'un des premiers à écrire des sonates à deux thèmes. – **Johann Christian B.,** *Leipzig 1735 - Londres 1782,* compositeur allemand. Sixième fils de Jean-Sébastien, nommé en 1760 organiste à la cathédrale de Milan, il devint en 1762 compositeur attitré du King's Theatre de Londres. Ses œuvres instrumentales, d'une esthétique galante, annoncent Mozart et l'école viennoise.

■ J.-S. **BACH,** par E. G. Haussmann. (Museum der Geschichte der Stadt, Leipzig.)

■ FRANCIS **BACON.** (National Portrait Gallery, Londres.)

BACH (Alexander, baron **von**), *Loosdorf 1813 - Schöngrabern 1893,* homme d'État autrichien. Ministre de l'Intérieur (1849 - 1859), il mena une politique centralisatrice.

BACHELARD (Gaston), *Bar-sur-Aube 1884 - Paris 1962,* philosophe français. Il est l'auteur d'une épistémologie historique et d'une psychanalyse de la connaissance scientifique (*la Formation de l'esprit scientifique,* 1938), ainsi que d'analyses de l'imaginaire poétique (*l'Eau et les Rêves,* 1942).

BACHELIER (Nicolas) *v. 1487 - Toulouse 1556/1557,* architecte et sculpteur français. Un des protagonistes majeurs de la Renaissance dans la région toulousaine.

BACHKIRS, peuple turc de Russie (env. 1 350 000, dont 870 000 en Bachkirie), d'Ukraine et d'Asie centrale. (Env. 1 500 000 au total.) Ils furent successivement assujettis aux Bulgares de la Volga, à la Horde d'Or (XIIIe-XIVe s.), au khanat tatar de Kazan (XVe-XVIe s.) et aux Russes, auxquels ils opposèrent une longue résistance. Leur culture, à l'important fonds traditionnel (récits épiques), est en reviviscence. Ils sont musulmans sunnites. Ils parlent le *bachkir.*

BACHKORTOSTAN ou **BACHKIRIE,** république de Russie, dans l'Oural méridional ; 4 008 000 hab. ; cap. *Oufa.* Les Russes et les Tatars y sont plus nombreux que les Bachkirs de souche. Pétrole.

BACHMANN (Ingeborg), *Klagenfurt 1926 - Rome 1973,* femme de lettres autrichienne. Son œuvre poétique et romanesque est marquée par l'influence de Heidegger et la réflexion sur la condition féminine face à la violence et à l'écriture (*Malina*).

BACICCIA ou **BACICCIO** (Giovanni Battista **Gaulli,** dit **il**), *Gênes 1639 - Rome 1709,* peintre italien. Il fut, à Rome, le plus brillant décorateur baroque de son temps (fresque à la voûte de l'église du Gesù, autour de 1675).

BACK (sir George), *Stockport 1796 - Londres 1878,* amiral britannique. Parti en 1833 à la recherche de John Ross, il explora le Nord-Ouest canadien.

BACOLOD, v. des Philippines, sur l'île de Negros ; 364 180 hab. Port.

BACON (Francis), baron **Verulam,** *Londres 1561 - id. 1626,* philosophe anglais. Il a lié de façon novatrice progrès humain et avancée du savoir, proposant une classification des sciences (*Novum Organum,* 1620) et développant des conceptions empiristes (*Instauratio magna,* 1623). Il a été chancelier d'Angleterre sous Jacques Ier.

BACON (Francis), *Dublin 1909 - Madrid 1992,* peintre britannique. Exprimant l'inadaptation, le malaise des êtres par des déformations violentes et par l'acidité de la couleur, il a exercé, dans l'après-guerre, une grande influence sur la « nouvelle figuration » internationale.

■ FRANCIS **BACON.** *Étude de George Dyer, panneau d'un diptyque,* 1971. (Coll. priv.)

BACON (Roger), *Ilchester, Somerset, ou Bisley, Gloucester, v. 1220 - Oxford 1292,* philosophe et savant anglais. Remarquable par ses interventions hardies dans tous les champs du savoir de son temps, dont l'alchimie, et par ses découvertes (il s'est aperçu notamment que le calendrier julien était erroné), il est un précurseur du recours à la méthode expérimentale dans les sciences (*Opus Majus,* 1267 - 1268). Il était franciscain et a été surnommé « le Docteur admirable ».

BACTRIANE, anc. région de l'Asie centrale, dans le nord de l'Afghanistan ; cap. *Bactres* (auj. *Balkh*). Satrapie de l'Empire perse puis séleucide, elle fut le siège d'un royaume grec (IIIe-IIe s. av. J.-C.).

BADAJOZ, v. d'Espagne (Estrémadure), ch.-l. de prov., sur le Guadiana ; 122 225 hab. Vestiges arabes, cathédrale des XIIIe-XVIe s., demeures anciennes.

BADAKHCHAN, région autonome du Tadjikistan, dans le Pamir ; 161 000 hab. ; cap. *Khorog.*

BADALONA, v. d'Espagne (Catalogne), banlieue de Barcelone ; 218 725 hab.

BADAMI, site archéologique de l'Inde (Karnataka), à l'emplacement de l'une des anc. cap. des Calukya. Sanctuaires rupestres brahmaniques (VIe-VIIe s.) ornés de reliefs.

BADA SHANREN → **ZHU DA.**

BADE, en all. **Baden,** anc. État de l'Allemagne rhénane, auj. partie du Bade-Wurtemberg. Margraviat en 1112, grand-duché en 1806, république en 1919.

BADE (Maximilien **de**) → **MAXIMILIEN DE BADE.**

BAD EMS → **EMS.**

BADEN, comm. de Suisse (Argovie), sur la Limmat ; 15 718 hab. Noyau ancien de la ville haute. Station thermale. – Fondation Langmatt (art des XIXe et XXe s. ; peinture française).

BADEN-BADEN, v. d'Allemagne (Bade-Wurtemberg), près du Rhin ; 51 085 hab. Station thermale. – Château-Neuf (XVIe s., musées) et autres monuments.

BADEN-POWELL (Robert, baron), *Londres 1857 - Nyeri, Kenya, 1941,* général anglais, fondateur du scoutisme (1908).

BADE-WURTEMBERG, en all. **Baden-Württemberg,** Land du sud-ouest de l'Allemagne ; 35 751 km² ; 9 618 696 hab. ; cap. *Stuttgart.*

BADGASTEIN, v. d'Autriche, près de Salzbourg ; 6 000 hab. Station thermale et de sports d'hiver (alt. 1 083 - 2 246 m).

BADINGUET, surnom de Napoléon III (du nom de l'ouvrier qui lui avait prêté ses habits lorsqu'il s'évada du fort de Ham, en 1846).

BADINIÈRES (38300), comm. de l'Isère, près de Bourgoin-Jallieu ; 422 hab. Textile.

BADINTER (Robert), *Paris 1928,* avocat français. Ministre de la Justice (1981 - 1986), il a fait voter l'abolition de la peine de mort (9 oct. 1981). Il a été président du Conseil constitutionnel de 1986 à 1995.

BADOGLIO (Pietro), *Grazzano Monferrato 1871 - id. 1956,* maréchal italien. Gouverneur de Libye (1929), vice-roi d'Éthiopie (1938), il fut président du Conseil après la chute de Mussolini et négocia l'armistice avec les Alliés (1943).

Badr (bataille de) [624], victoire de Mahomet sur les Quraychites, à Badr, au S.-O. de Médine.

BAD RAGAZ, comm. de Suisse (Saint-Gall) ; 4 325 hab. Station thermale.

BADUILA → **TOTILA.**

BADUY, société d'Indonésie (Java-Ouest) [env. 3 000]. Les Baduy se distinguent des populations soundanaises environnantes par leur refus de l'islam.

BAEDEKER (Karl), *Essen 1801 - Coblence 1859,* libraire et écrivain allemand. Il créa une célèbre collection de guides de voyage.

BAEKELAND (Leo Hendrik), *Gand 1863 - Beacon, État de New York, 1944,* chimiste américain d'origine belge. Il inventa, en 1907, la Bakélite, première résine de synthèse.

BAEYER (Adolf **von**), *Berlin 1835 - Starnberg, Bavière, 1917,* chimiste allemand. Il réalisa la synthèse de l'indigo. (Prix Nobel 1905.)

BAEZ (Joan), *Staten Island, New York, 1941,* chanteuse américaine de folk. Également parolière et compositrice, elle interprète des chansons engagées et contestataires, en accord avec ses convictions pacifistes et antiracistes (*Blow'in in the wind,* de Bob Dylan ; *Farewell Angelina*).

BAFFIN (île de) ou **TERRE DE BAFFIN,** en inuktitut **Qikiqtaaluk,** île du Canada (Nuvanut), appartenant à l'archipel Arctique et séparée du Groenland par la *mer de Baffin ;* env. 470 000 km².

BAFFIN (William), *Londres ? v. 1584 - golfe Persique 1622,* navigateur anglais. En 1616, il pénétra pour la première fois, par le détroit de Davis, dans la mer qui porte aujourd'hui son nom.

BAFOUSSAM, v. du Cameroun ; 131 000 hab.

BAGANDA → **GANDA.**

BAGAUDES, bandes de paysans de la Gaule romaine qui, ruinés par les guerres, se révoltèrent plusieurs fois et furent chaque fois écrasés (IIIe-Ve s.).

BAGDAD, cap. de l'Iraq, sur le Tigre ; 3 845 000 hab. *(Bagdadiens).* Monuments des XIIIe-XIVe s. Musées. – La ville connut sa plus grande prospérité comme capitale des Abbassides (VIIIe-XIIIe s.) et fut détruite par les Mongols en 1258.

Bagdad (pacte de) → **CENTO.**

BAGEHOT (Walter), *Langport, Somerset, 1826 - id. 1877,* économiste britannique. On lui doit des travaux sur le marché financier de Londres et la Constitution anglaise.

BAGGARA, ensemble de tribus arabes du Soudan (env. 1,5 million). Installés au Darfour au XVIIIe s., où ils se sont largement métissés, les Baggara constituèrent un soutien décisif du Mahdi à la fin du XIXe s. Suite aux sécheresses des années 1980 - 1990, une partie d'entre eux s'opposa violemment aux populations paysannes voisines (Fur, Nuba) ou nomades (Dinka). Ils sont musulmans.

BAGNÈRES-DE-BIGORRE (65200), ch.-l. d'arrond. des Hautes-Pyrénées, sur l'Adour ; 8 750 hab. *(Bagnérais).* Matériel électrique. Station thermale (affections respiratoires, rhumatismales et psychosomatiques). – Monuments anciens.

BAGNÈRES-DE-LUCHON ou **LUCHON** (31110), ch.-l. de cant. de la Haute-Garonne ; 3 039 hab. *(Luchonnais).* Station thermale (troubles respiratoires, rhumatismes). Sports d'hiver à *Superbagnères.*

BAGNEUX (92220), ch.-l. de cant. des Hauts-de-Seine, au S. de Paris ; 37 433 hab. *(Balnéolais).* Cimetière parisien.

BAGNOLES-DE-L'ORNE (61140), comm. de l'Orne ; 2 209 hab. (après rattachement de Tessé-la-Madeleine). Station thermale (troubles veineux).

BAGNOLET (93170), ch.-l. de cant. de la Seine-Saint-Denis ; 32 761 hab. *(Bagnoletais).*

BAGNOLS-LES-BAINS [-ɲɔl-] (48190), comm. de la Lozère, sur le Lot ; 251 hab. *(Bagnolais).* Station thermale.

BAGNOLS-SUR-CÈZE [-ɲɔl-] (30200), ch.-l. de cant. du Gard ; 18 561 hab. *(Bagnolais).* Musée (peintures postimpressionnistes).

BAGOT (sir Charles), *Rugeley 1781 - Kingston, Canada, 1843,* homme politique britannique, gouverneur général du Canada de 1841 à 1843.

BAGRATION (Piotr Ivanovitch, prince), *Kizliar, Daguestan, 1765 - Sima 1812,* général russe. Il se battit contre Napoléon et fut tué à la bataille de la Moskova.

BAGUIO, v. des Philippines (Luçon) ; 183 102 hab. Station climatique.

BAGUIRMI, ancien sultanat musulman du Soudan central (auj. au Tchad), fondé au XVIe s.

BAHAMAS n.f.pl., anc. **Lucayes,** État des Antilles ; 13 900 km² ; 280 000 hab. *(Bahamiens).* CAP. *Nassau.* LANGUE : *anglais.* MONNAIE : *dollar des Bahamas.* Le pays compte environ sept cents îles, dont deux (Grand Bahama et surtout New Providence) concentrent la majeure partie de la population. Il vit du tourisme et de son rôle de place financière et de siège de sociétés. – Anc. colonie britannique, indépendante depuis 1973.

BAHAWALPUR, v. du Pakistan ; 180 300 hab.

BAHIA, État du nord-est du Brésil ; 567 000 km² ; 11 801 810 hab. ; cap. *Salvador.*

BAHÍA BLANCA, v. d'Argentine, près de la *baie de Bahía Blanca ;* 271 467 hab. Port.

BAHREÏN, État d'Asie, sur le golfe Persique ; 660 km² ; 580 000 hab. *(Bahreïniens).* CAP. *Manama.* LANGUE : *arabe.* MONNAIE : *dinar de Bahreïn.* (V. carte **Arabie.**) C'est un archipel proche de la côte d'Arabie (il est relié à l'Arabie saoudite par un pont depuis 1986). Place financière. Pétrole. – Protectorat britannique en 1914, Bahreïn est devenu indépendant en 1971.

BAHR EL-ABIAD n.m., nom arabe du *Nil Blanc.

BAHR EL-AZRAK n.m., nom arabe du *Nil Bleu.

BAHR EL-GHAZAL n.m., riv. du Soudan, exutoire d'une cuvette marécageuse.

BAIA MARE, v. du nord-ouest de la Roumanie ; 148 815 hab.

BAIE-COMEAU, v. du Canada (Québec), sur la rive nord de l'estuaire du Saint-Laurent ; 26 905 hab. *(Baie-Comiens).* Port. Aluminium. Papier. Agroalimentaire.

BAIE-MAHAULT (97122), comm. de la Guadeloupe ; 23 838 hab.

■ **BAGDAD.** La grande mosquée chiite de Kazimayn (VIIIe s.; restaurée au XIXe s.).

BAÏES, en lat. **Baiae,** anc. ville d'eau, près de Naples. Lieu de plaisance des Romains.

BAIE-SAINT-PAUL, v. du Canada (Québec), sur l'estuaire du Saint-Laurent ; 3 730 hab. *(Baie-Saint-Paulois).* Centre touristique et culturel.

BAÏF (Lazare **de**), *près de La Flèche 1496 - Paris 1547,* diplomate et humaniste français. – **Jean Antoine de B.,** *Venise 1532 - Paris 1589,* poète français. Fils de Lazare, membre de la Pléiade, il tenta d'acclimater en France le vers de la poésie antique et de réformer l'orthographe.

BAÏKAL (lac), lac de Russie, en Sibérie méridionale, qui se déverse dans l'Ienisseï par l'Angara ; 31 500 km² ; longueur 640 km ; profondeur maximale 1 620 m. Il est gelé 6 mois par an. – Principal foyer paléolithique et mésolithique de Sibérie.

Baïkonour (cosmodrome de) → **Tiouratam.**

BAILÉN, v. d'Espagne (Andalousie) ; 16 814 hab. En 1808, le général français Dupont, qui occupait l'Andalousie, y capitula.

BAILLAIRGÉ ou **BAILLARGÉ,** famille de sculpteurs et d'architectes canadiens (Québec) des XVIIIe et XIXe s.

BAILLEUL (59270), ch.-l. de cant. du Nord ; 14 415 hab. *(Bailleulois).* Musée (céramiques).

BAILLON (André), *Anvers 1875 - Saint-Germain-en-Laye 1932,* écrivain belge de langue française. Son œuvre est passée du populisme dépouillé *(Histoire d'une Marie)* à l'autoanalyse de la folie.

BAILLY (Jean Sylvain), *Paris 1736 - id. 1793,* astronome et homme politique français. Doyen du tiers état, il lut le serment du Jeu de paume (20 juin 1789). Maire de Paris (1789 - 1791), il fit tirer sur les manifestants qui, assemblés au Champ-de-Mars, demandaient la déchéance de Louis XVI. Arrêté en 1793, il fut guillotiné. Il a laissé une *Histoire de l'astronomie.* (Acad. fr.)

BAILYN (Bernard), *Hartford 1922,* historien américain. Il a renouvelé l'histoire des relations entre l'Amérique et le continent européen à l'époque coloniale et celle de la révolution américaine (*The Ideological Origins of the American Revolution,* 1967).

Bain (Très honorable ordre du), ordre de chevalerie britannique institué en 1725 par le roi George Ier.

BAIN-DE-BRETAGNE (35470), ch.-l. de cant. d'Ille-et-Vilaine ; 5 674 hab. *(Bainais).*

BAINS-LES-BAINS (88240), ch.-l. de cant. des Vosges ; 1 596 hab. *(Balnéens).* Station thermale (affections des artères et du cœur, rhumatismes).

BAINVILLE (Jacques), *Vincennes 1879 - Paris 1936,* historien français. L'esprit de l'Action française imprégna son œuvre (*Histoire de deux peuples,* 1916 - 1933 ; *Napoléon,* 1931). [Acad. fr.]

BAIRD (John Logie), *Helensburgh, Écosse, 1888 - Bexhill, Sussex, 1946,* ingénieur britannique. Il fut l'un des pionniers de la télévision (première démonstration, Londres, 1926 ; premières images en couleurs, 1928 ; première transmission à longue distance, 1929).

BAÏSE n.f., riv. de France, en Gascogne, née sur le plateau de Lannemezan, affl. de la Garonne (r. g.) ; 190 km.

Baiser (le), nom, entre autres, de deux sculptures de styles opposés, dues à Rodin (1886 - 1898, marbre au musée Rodin) et à Brancusi (diverses versions 1908 - 1910, en pierre, dont celle du cimetière du Montparnasse à Paris).

BAJAU ou **BAJO,** groupe de peuples du sud des Philippines, de Malaisie (nord de Bornéo) et de l'est de l'Indonésie (env. 800 000). Ensemble ethnique le plus étendu d'Asie du Sud-Est insulaire, les Bajau sont agriculteurs et éleveurs à Bornéo ; dans les autres îles, ils vivent de la pêche et de la collecte des produits de la mer dans des villages construits au-dessus de l'eau. Ils ont été islamisés à une date tardive. Leurs dialectes appartiennent à la famille malayo-polynésienne. Ils se reconnaissent sous le nom de *Sama.*

BAJAZET → **BAYEZID Ier.**

BA JIN ou **PA KIN,** *Chengdu 1904,* écrivain chinois. Il décrit les transformations sociales de la Chine *(Famille).*

BAKER (Chesney Henry, dit Chet), *Yale, Oklahoma, 1929 - Amsterdam 1988,* trompettiste, chanteur et compositeur de jazz américain. Membre du quartette sans piano du saxophoniste Gerry Mulligan au début des années 1950, il a forgé une sonorité à la fois torturée et romantique (album *Broken Wing*).

BAKER (Joséphine), *Saint Louis 1906 - Paris 1975,* artiste de music-hall française d'origine américaine. Découverte en 1925 à Paris, elle connut la renommée comme chanteuse, danseuse, actrice de cinéma et animatrice de revues.

BAKER (Ray Stannard), *Lansing, Michigan, 1870 - Amherst, Massachusetts, 1946,* journaliste américain. Il dénonça les scandales de la société industrielle, et joua un rôle à la fin de la Première Guerre mondiale et dans les négociations des traités de paix. Sa biographie du président Wilson lui valut le prix Pulitzer (1940).

BAKER (sir Samuel White), *Londres 1821 - Standford Orleigh 1893,* voyageur britannique. Il explora l'Afrique centrale et découvrit le lac Albert en 1864.

BAKI (Mahmud **Abdulbaki,** dit), *Istanbul 1526 - id. 1600,* poète turc. Il est l'auteur d'un *Divan* où la virtuosité s'associe au lyrisme.

BAKIN, dit aussi **Kyokutei Bakin,** *Edo 1767 - id. 1848,* écrivain japonais. Il est l'auteur de romans à succès *(Histoire des huit chiens de Satomi).*

BAKONGO → **KONGO.**

BAKONY (monts), hauteurs boisées de Hongrie, au N. du lac Balaton ; 704 m. Bauxite.

BAKOU, en azéri **Bakı,** cap. de l'Azerbaïdjan, sur la Caspienne, dans la péninsule d'Apchéron ; 1 757 000 hab.

BAKOU (SECOND-), région pétrolifère de la Russie, entre l'Oural et la Volga.

BAKOUNINE (Mikhaïl Aleksandrovitch), *Priamoukhino 1814 - Berne 1876,* révolutionnaire russe. Il participa aux révolutions de 1848 à Paris et à Prague. Membre de la Ire Internationale (1868 - 1872), il s'y opposa à Marx et fut un théoricien de l'anarchisme.

BAKUBA → **KUBA.**

BALAGNE (la), région du nord-ouest de la Corse (Haute-Corse).

BALAGUER (Joaquín), *Navarrete, prov. de Santiago, 1907,* homme politique dominicain. Président de la République de 1960 à 1962, de 1966 à 1978 et de 1986 à 1996.

BALAGUER (Victor), *Barcelone 1824 - Madrid 1901,* écrivain et homme politique espagnol d'expression catalane. Il fut l'un des promoteurs de la renaissance culturelle et linguistique catalane *(Histoire de la Catalogne).*

BALAÏTOUS [-tu] (mont), sommet des Pyrénées françaises (Hautes-Pyrénées), à la frontière espagnole ; 3 144 m.

BALAKIREV (Mili Alekseïevitch), *Nijni Novgorod 1837 - Saint-Pétersbourg 1910,* compositeur russe. Également pianiste et chef d'orchestre, il fut le fondateur du « groupe des *Cinq » et l'auteur d'*Islamey* (1869), pour piano.

Balaklava (bataille de) [25 oct. 1854], bataille de la guerre de Crimée. Victoire des troupes franco-britanniques sur les Russes en Crimée, sur la mer Noire. La cavalerie britannique s'y distingua (charge de la brigade légère).

BALAKOVO, v. de Russie, sur la Volga ; 202 000 hab. Centrale hydroélectrique et centrale nucléaire.

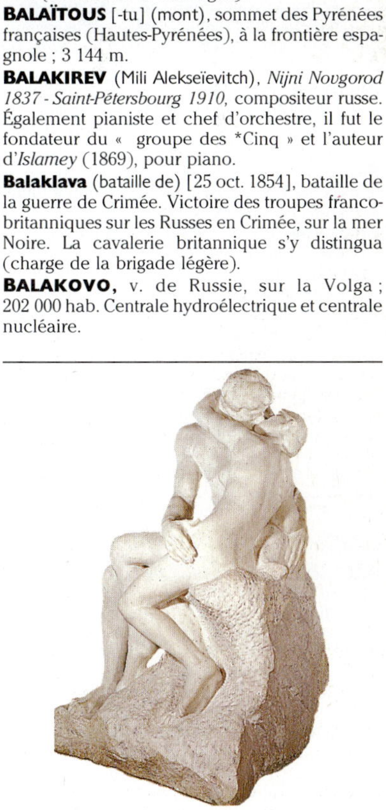

■ LE **BAISER** (1886), marbre, par Rodin. (Musée Rodin, Paris.)

B

BALANCE, constellation zodiacale. — **Balance,** septième signe du zodiaque, dans lequel le Soleil entre à l'équinoxe d'automne.

BALANCHINE (Gueorgui Melitonovitch **Balanchivadze,** dit George), *Saint-Pétersbourg 1904 - New York 1983,* chorégraphe russe naturalisé américain. Collaborateur de Diaghilev, cofondateur en 1934 de la School of American Ballet, animateur du New York City Ballet, il signa dans un style néoclassique rigoureux plusieurs des pièces maîtresses du répertoire du XXe s. : *Apollon musagète,* 1928 ; *les Quatre Tempéraments,* 1946 ; *Agon,* 1957.

BALARD (Antoine Jérôme), *Montpellier 1802 - Paris 1876,* chimiste français. Il découvrit le brome (1826) et tira la soude et la potasse de l'eau de mer.

BALARUC-LES-BAINS (34540), comm. de l'Hérault, sur l'étang de Thau ; 5 745 hab. Station thermale.

BALASSI ou **BALASSA** (Bálint), *Zólyom 1554 - Esztergom 1594,* poète hongrois. Il fut le premier en date des grands lyriques hongrois.

BALATON (lac), lac de Hongrie, au pied des monts Bakony, au S.-O. de Budapest ; 596 km². Tourisme.

BALBEK → BAALBEK.

B

BALBO (Cesare), comte **de Vinadio,** *Turin 1789 - id. 1853,* homme politique italien. Il fut l'un des chefs du Risorgimento.

BALBO (Italo), *Ferrare 1896 - près de Tobrouk 1940,* maréchal italien. Un des promoteurs du fascisme, ministre de l'Air (1926 - 1935), il dirigea de nombreux raids aériens, puis fut gouverneur de la Libye (1939).

BALBOA (Vasco **Núñez de**), *Jerez 1475 - Acla, Panamá, 1517,* conquistador espagnol. Il découvrit l'océan Pacifique en 1513, après avoir traversé l'isthme de Panamá.

BALDR ou **BALDER,** dieu nord-germanique, le meilleur des Ases. Fils d'Odin et de Frigg, enfermé dans le royaume de la mort, il présidera à la régénération universelle.

BALDUNG (Hans), dit **Baldung Grien,** *Gmünd, Souabe, 1484/1485 - Strasbourg 1545,* peintre et graveur allemand fixé à Strasbourg en 1509. Son œuvre associe souvent fantastique macabre et sensualité.

BALDWIN (James), *New York 1924 - Saint-Paul-de-Vence 1987,* écrivain américain. Fils d'un pasteur noir, il a cherché la solution des conflits raciaux dans une révolution morale *(les Élus du Seigneur).*

BALDWIN (James Mark), *Columbia, Caroline du Sud, 1861 - Paris 1934,* psychologue et sociologue américain. Il fut un des premiers théoriciens du développement de l'enfant.

BALDWIN (Robert), *Toronto 1804 - id. 1858,* homme politique canadien. Il fut Premier ministre de 1842 à 1843 et de 1848 à 1851.

BALDWIN (Stanley, comte), *Bewdley 1867 - Stourport 1947,* homme politique britannique. Conservateur, il fut Premier ministre en 1923, de 1924 à 1929, puis de 1935 à 1937.

BÂLE, en all. **Basel,** v. de Suisse, ch.-l. du demi-canton de *Bâle-Ville,* sur le Rhin ; 178 428 hab. *(Bâlois)* [env. 365 000 hab. dans l'agglomération]. Important port fluvial. Industries mécaniques et surtout chimiques. — Cathédrale romane et gothique, hôtel de ville du XVIe s., demeures anciennes. Riches musées. Foire annuelle d'art contemporain. — Il s'y tint un concile, qui se poursuivit à Ferrare et à Florence, et qui proclama la supériorité du concile sur celle du pape (1431 - 1449). — En 1795, deux traités y furent signés par la France : l'un avec la Prusse, l'autre avec l'Espagne.

BÂLE (canton de), canton de Suisse ; 555 km² ; 447 800 hab. Entré dans la Confédération en 1501, il est divisé depuis 1833 (à l'issue d'une guerre civile) en deux demi-cantons. — **Bâle-Campagne,** demi-canton du canton de Bâle (Suisse) ; 518 km² ; 250 400 hab. ; ch.-l. *Liestal.* — **Bâle-Ville,** demi-canton du canton de Bâle (Suisse) ; 37 km² ; 197 400 hab. ; ch.-l. *Bâle.*

BALÉARES, communauté autonome d'Espagne, formée par un archipel de la Méditerranée occidentale ; 5 014 km² ; 739 501 hab. *(Baléares)* ; ch.-l. *Palma de Majorque.* Les Baléares comptent quatre îles principales (Majorque, Minorque, Ibiza et Formentera), au relief souvent accidenté et au littoral découpé. Le tourisme en constitue aujourd'hui la principale ressource. — Conquises par Jacques Ier le Conquérant, roi d'Aragon, et constituées en royaume de Majorque (1276), elles furent, en 1343, réunies à la couronne d'Aragon.

BALEN [balɛn], comm. de Belgique (prov. d'Anvers) ; 18 678 hab. Métallurgie.

BALENCIAGA (Cristóbal), *Guetaria, Guipúzcoa, 1895 - Valence, Espagne, 1972,* couturier espagnol. Installé à Paris en 1937, il a marqué toute une génération de couturiers par sa créativité fondée sur une remarquable maîtrise de la coupe.

BALFOUR (Arthur James, comte), *Whittingehame, Écosse, 1848 - Woking 1930,* homme politique britannique. Premier ministre conservateur à la tête d'un gouvernement unioniste (1902 - 1906), secrétaire d'État aux Affaires étrangères (1916 - 1922), il préconisa, en 1917, la constitution d'un foyer national pour le peuple juif en Palestine *(déclaration Balfour).*

BALI, île d'Indonésie, séparée de Java par le détroit de Bali ; 5 561 km² ; 2 778 000 hab. *(Balinais).* Tourisme. — Du VIIIe au XVe s. s'y épanouit un intéressant art bouddhique.

BALIKESIR, v. de l'ouest de la Turquie ; 170 589 hab.

BALIKPAPAN, v. d'Indonésie (Bornéo) ; 344 000 hab. Port pétrolier.

Balilla (Opera nazionale), institution italienne fasciste paramilitaire. Elle fut créée en 1926 et prit pour nom celui du jeune Génois Giovanni Battista Perasso, dit Balilla, qui avait donné le signal de la révolte contre les Autrichiens (1746).

BALINAIS, peuple d'Indonésie (Bali, Lombok) [3 millions]. Ils sont essentiellement riziculteurs. Touchés par l'islamisation depuis le VIIIe s. au moins, ils pratiquent une forme particulière d'hindouisme, mêlé à un important fonds autochtone et sans véritable système de castes. Leurs localités *(desa)* sont parsemées de temples ; ils sont réputés pour leurs fêtes et leurs rituels (crémation), pour leur théâtre, leurs danses et leur musique *(gamelan).* Ils parlent le *balinais,* langue de la famille malayo-polynésienne de l'ouest.

BALINT (Michael), *Budapest 1896 - Londres 1970,* psychiatre et psychanalyste britannique d'origine hongroise. Il est l'auteur d'une méthode consistant à réunir régulièrement des médecins pour qu'ils analysent en commun leur comportement vis-à-vis des malades *(groupe Balint).*

BALIOL, BALLIOL ou **BAILLEUL,** famille d'origine normande qui accéda au trône d'Écosse en 1292.

BALKAN (mont), longue chaîne montagneuse de Bulgarie ; 2 376 m au pic Botev.

BALKANS (péninsule des) ou **PÉNINSULE BALKANIQUE,** la plus orientale des péninsules de l'Europe méridionale, limitée approximativement au N. par la Save et le Danube.

GÉOGRAPHIE

La péninsule englobe l'Albanie, la Bosnie-Herzégovine, la Bulgarie, la Croatie, la Grèce, la Macédoine, la Turquie d'Europe et la Yougoslavie. C'est une région essentiellement montagneuse (Chaînes Dinariques, mont Balkan, Rhodope, Pinde), au climat continental à l'intérieur, méditerranéen sur le littoral. Les vallées (Morava, Vardar, Marica) concentrent, avec les bassins intérieurs (Sofia), la majorité de la population.

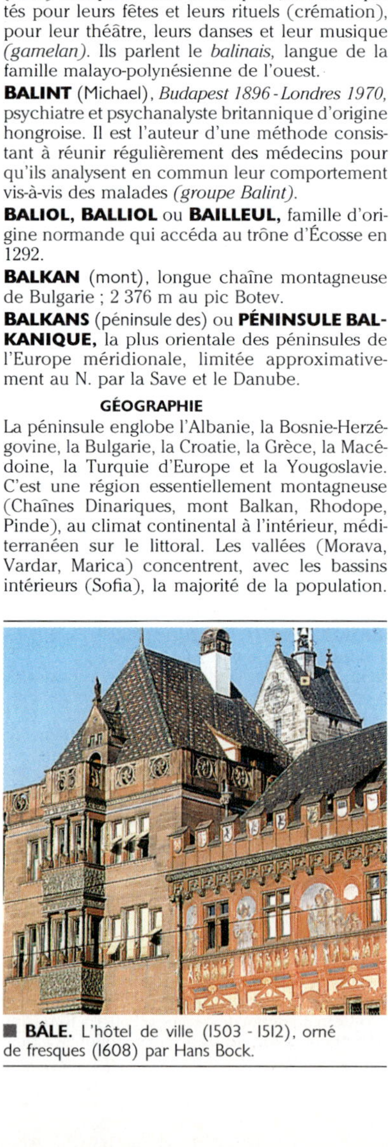

■ **BÂLE.** L'hôtel de ville (1503 - 1512), orné de fresques (1608) par Hans Bock.

HISTOIRE

Creuset où se mêlèrent divers peuples, la péninsule balkanique fut soumise aux Turcs à partir de la fin du XIVe s. L'Europe chrétienne (et particulièrement la maison d'Autriche et la Russie) amorça sa reconquête au XVIIIe s. La lutte des peuples balkaniques contre la domination ottomane, les dissensions religieuses entre orthodoxes, catholiques et musulmans et la rivalité des grandes puissances donnèrent lieu à de nombreux conflits : guerres russo-turque (1877 - 1878) et gréco-turque (1897), guerres balkaniques (1912 - 1913), campagnes des Dardanelles, de Serbie et de Macédoine pendant la Première Guerre mondiale, campagne des Balkans (1940 - 1941). Les problèmes des minorités nationales et des frontières étatiques ont ressurgi lors de l'éclatement de la Yougoslavie en 1991 - 1992 et sont à l'origine de la guerre en Croatie (1991 - 1992) et en Bosnie-Herzégovine (1992 - 1995), ainsi que du conflit du Kosovo (1999).

BALKARS, peuple turc de Russie (79 000, surtout en Kabardino-Balkarie) et du Kirghizistan. Montagnards musulmans du nord du Caucase, ils furent déportés en Asie centrale de 1944 à 1957.

BALKHACH (lac), lac de l'est du Kazakhstan ; 17 300 km².

BALL (John), *m. à Saint Albans en 1381,* prêtre anglais. Prêchant une doctrine égalitaire, il conduisit, avec Wat Tyler, la révolte des paysans, à Londres en 1381. Il fut exécuté.

BALLA (Giacomo), *Turin 1871 - Rome 1958,* peintre italien. Il fut, de 1910 à 1930 env., l'un des grands animateurs du futurisme par ses études de décomposition de la lumière et du mouvement.

BALLADUR (Édouard), *Izmir 1929,* homme politique français. Membre du RPR, ministre de l'Économie, des Finances et de la Privatisation de 1986 à 1988, il a été Premier ministre lors de la deuxième période de cohabitation (1993 - 1995).

BALLANCHE (Pierre Simon), *Lyon 1776 - Paris 1847,* écrivain français. Sa philosophie de l'histoire, héritée de Vico, s'allie à une sentimentalité mystique. (Acad. fr.)

BALLAN-MIRÉ (37510), ch.-l. de cant. d'Indre-et-Loire ; 7 172 hab.

BALLARD, famille d'imprimeurs français de musique. À partir de 1552, elle eut le monopole de l'imprimerie musicale pendant plus de deux siècles.

BALLEROY (14490), ch.-l. de cant. du Calvados ; 841 hab. Château d'époque Louis XIII, sur plans de F. Mansart (auj. musée des Ballons).

Ballets russes, compagnie de ballets, fondée et animée par Diaghilev de 1909 à 1929.

BALLIN, famille d'orfèvres parisiens au service de la Cour. Les plus importants sont : **Claude Ier B.,** *1615 - 1678* et **Claude II B.,** *1661 - 1754,* neveu de Claude Ier.

Ballons des Vosges (parc naturel régional des), parc naturel englobant la partie sud, la plus élevée, du massif des Vosges ; env. 300 000 ha.

BALLY (Charles), *Genève 1865 - id. 1947,* linguiste suisse. Disciple de F. de Saussure, il est l'auteur d'un *Traité de stylistique française.*

BALMA (31130), comm. de la Haute-Garonne, banlieue de Toulouse ; 12 588 hab.

BALMAT (Jacques), *Les Pèlerins, Chamonix, 1762 - vallée de Sixt 1834,* guide français. En 1786, il atteignit le premier le sommet du mont Blanc, accompagné du docteur M. G. Paccard ; il y retourna en 1787 avec H. B. de Saussure.

BALMER (Johann Jakob), *Lausen 1825 - Bâle 1898,* physicien suisse. Il expliqua la répartition des raies du spectre de l'hydrogène.

BALMONT (Konstantine Dmitrievitch), *Goumnichtchi 1867 - Noisy-le-Grand 1942,* poète russe, l'un des principaux représentants du symbolisme russe *(Visions solaires, Aurore boréale).*

BALOUTCHES, peuple iranien du Pakistan, d'Iran, d'Afghanistan et du Turkménistan (env. 5 millions). Originaires des bords de la Caspienne, installés aux XVIe et XVIIe s. dans l'actuel Baloutchistan, où ils furent mêlés à des populations dravidiennes *(Brahouis),* indépendants du XVIIIe au XIXe s., les Baloutches sont pasteurs nomades (chameaux, moutons). En majorité sunnites, ils parlent le *baloutche,* langue de la famille iranienne.

BALOUTCHISTAN ou **BÉLOUTCHISTAN** n.m., région montagneuse d'Asie, partagée entre l'Iran et le Pakistan.

■ **BALTHUS.** *Les Beaux Jours,* 1944 - 1946.
(Joseph Hirshhorn Museum and Sculpture Garden, Washington.)

■ HONORÉ DE **BALZAC,** par L. Boulanger.

BALTARD (Victor), *Paris 1805 - id. 1874,* architecte français. Utilisateur du fer, il a construit à Paris les anciennes Halles centrales (1851) et l'église St-Augustin.

BALTES, habitants des pays Baltes ; au sens strict, locuteurs des langues baltes (Lettons, Lituaniens, et, autrefois, Prussiens de la basse Vistule).

BALTES (pays), ensemble formé par les républiques d'Estonie, de Lettonie et de Lituanie.

BALTHASAR (Hans Urs **von**), *Lucerne 1905 - Bâle 1988,* théologien catholique suisse de langue allemande. Marqué par H. de Lubac et K. Barth, il fut l'un des plus grands théologiens du XXe s. (*la Gloire et la Croix,* 1961 - 1969 ; *la Dramatique divine,* 1973 - 1983 ; *la Théologique,* 1985 - 1987). Il fut nommé cardinal peu avant sa mort.

BALTHAZAR, nom populaire traditionnel de l'un des Rois mages.

BALTHAZAR, *m. en 539 av. J.-C.,* régent de Babylone. Fils du roi Nabonide, il fut vaincu et tué lors de la prise de Babylone par Cyrus II.

BALTHUS (Balthasar **Klossowski de Rola,** dit), *Paris 1908 - Rossinière, canton de Vaud, 2001,* peintre français. Très construits, mais souvent baignés d'une lumière pâle qui mange la couleur, ses paysages, ses intérieurs avec leurs figures troublantes de fillettes sont d'une grande originalité.

BĂLȚI, v. de Moldavie ; 159 000 hab.

BALTIMORE, v. des États-Unis (Maryland), sur la baie de Chesapeake ; 736 014 hab. (2 382 172 hab. dans l'agglomération). Port. Centre industriel. Université Johns Hopkins. — Riches musées.

BALTIQUE (mer), dépendance de l'Atlantique, bordant l'Allemagne, les États baltes, le Danemark, la Finlande, la Pologne, la Russie et la Suède ; 385 000 km². Généralement peu profonde, peu salée, sans marées notables, sujette à geler, la Baltique communique avec la mer du Nord par les détroits danois et forme entre la Suède et la Finlande le golfe de Botnie.

BALTRUSAÏTIS (Jurgis), *près de Kaunas 1903 - Paris 1988,* historien d'art français d'origine lituanienne : *le Moyen Âge fantastique* et *Anamorphoses* (1955), *la Quête d'Isis* (1967), etc.

BALUBA → LUBA.

BALUE (Jean), *Angles-sur-l'Anglin v. 1421 - Ripatransone, près d'Ancône, 1491,* prélat français. Il fut le conseiller de Louis XI, qui l'emprisonna de 1469 à 1480 après qu'il l'eut trahi pour Charles le Téméraire.

BALZAC (Honoré **de**), *Tours 1799 - Paris 1850,* écrivain français. Il est l'auteur de *la Comédie humaine,* qui, à partir de 1842, rassembla en plusieurs séries des romans formant une fresque de la société française de la Révolution à la fin de la monarchie de Juillet. Plus de 2 000 personnages composent une société hantée par le pouvoir de l'argent et de la presse, livrée à des passions dévorantes, et que décrivent ces 90 romans classés en *Études de mœurs, Études philosophiques* et *Études analytiques.* Les principaux sont : *Gobseck* (1830), *la Peau de chagrin* (1831), *le Colonel Chabert* (1832), *le Médecin de campagne* et *Eugénie Grandet* (1833), *le Père Goriot* (1834 - 1835), *la Recherche de l'absolu* (1834), *le Lys dans la vallée* (1835), *César Birotteau* (1837), *Illusions perdues* (1837 - 1843), *Splendeurs et misères des courtisanes* (1838 - 1847), *la Rabouilleuse* (1842), *les Paysans* (1844), *la Cousine Bette* (1846), *le Cousin Pons* (1847). On doit également à Balzac des contes (*Contes drolatiques,* 1832 - 1837) et des pièces de théâtre (*le Faiseur,* éd. posthume, 1853).

BALZAC (Jean-Louis **Guez** [gɛ] **de**), *Angoulême 1595 - id. 1654,* écrivain français. Ses *Lettres* et ses essais politiques *(le Prince)* et critiques *(le Socrate chrétien)* contribuèrent à la formation de la prose classique. (Acad. fr.)

BAMAKO, cap. du Mali, sur le Niger ; 658 300 hab. *(Bamakois).* Aéroport.

BAMANAN ou **BAMBARA,** peuple mandé vivant au Mali, ainsi qu'au Sénégal, en Côte d'Ivoire et au Burkina (env. 2 millions). Les Bamanan fondèrent au XVIIe s. les royaumes de Ségou et du Kaarta, détruits au XIXe s. par les Toucouleur. Ils sont avant tout des agriculteurs. Leur résistance à l'islamisation explique la vigueur de leurs sociétés initiatiques (N'Domo, Komo, Korè, Tyi Wara), auxquelles est associé un art réputé (masques). Ils parlent le *bambara,* ou *bamanankan,* langue du groupe nigéro-congolais. *Bambara* est une déformation française de *Bamanan.*

BAMBERG, v. d'Allemagne (Bavière) ; 70 770 hab. Port fluvial (sur le canal Rhin-Main-Danube). — Cathédrale du XIIIe s. (sculptures), monuments baroques et ensemble de maisons anciennes. Musées.

BAMBOCCIO (il) → VAN LAER (Pieter).

BAMENDA, v. de l'ouest du Cameroun ; 138 000 hab.

BAMILÉKÉ, peuple du sud-ouest du Cameroun (env. 700 000), réparti en petits royaumes.

BAMIYAN, v. d'Afghanistan, entre l'Hindu Kuch et le Kuh-e Baba ; 8 000 hab. Centre bouddhique, sur la route des caravanes, aux monastères rupestres (IIe-VIIe s.) [peintures et sculptures, dont deux bouddhas monumentaux, taillés dans la falaise, détruits par les taliban en 2001].

BAMOUM, peuple du sud-ouest du Cameroun (env. 140 000), organisé en royaume.

BANA, écrivain indien du VIIe s., de langue sanskrite. Poète à la cour du roi Harsha *(la Geste de Harsha),* il est l'un des maîtres du roman sanskrit *(Kadambari).*

BANACH (Stefan), *Cracovie 1892 - Lvov 1945,* mathématicien polonais. Ses travaux sur les espaces vectoriels topologiques l'ont amené à introduire les espaces normés complets.

BANAT, région d'Europe, correspondant à la partie sud-est du Bassin pannonien. En 1919, elle fut partagée entre la Roumanie, la Hongrie et la Yougoslavie.

BANCROFT (George), *Worcester, Massachusetts, 1800 - Washington 1891,* historien et homme politique américain. Il rédigea, de 1834 à 1874, une imposante *Histoire des États-Unis.*

BANDAR ABBAS, v. d'Iran, sur le détroit d'Ormuz ; 249 504 hab. Port.

BANDARANAIKE (Sirimavo), *Ratnapura 1916 - Kadawata, au nord-est de Colombo, 2000,* femme politique sri lankaise. Succédant à son mari **Solomon B.** (1899 - 1959), assassiné, elle fut présidente du Sri Lanka Freedom Party (de 1960 à sa mort) et Premier ministre (1960 - 1965, 1970 - 1977 et 1994 - 2000). — **Chandrika Bandaranaike Kumaratunga,** *Colombo 1945,* femme politique sri lankaise. Fille de Solomon et de Sirimavo, elle devient en 1994 Premier ministre (août), puis présidente de la République (nov.). Elle est réélue à la tête de l'État en 1999.

BANDAR SERI BEGAWAN, cap. de Brunei ; 64 000 hab.

Bande des Quatre, nom donné à la coalition de quatre dirigeants chinois : Jiang Qing, veuve de Mao Zedong, Wang Hongwen, Yao Wenyuan et Zhang Chunqiao. Ils furent accusés de complot et arrêtés en 1976, après la mort de Mao Zedong.

BANDEIRA (Manuel), *Recife 1886 - Rio de Janeiro 1968,* poète brésilien. Son œuvre joint la virtuosité formelle à la simplicité des thèmes quotidiens *(Carnaval, Étoile du soir).*

BANDELLO (Matteo), *Castelnuovo Scrivia v. 1485 - Bazens, près d'Agen, 1561,* écrivain italien. Il a écrit des *Nouvelles* à la manière de Boccace.

BANDIAGARA, village du Mali, sur le *plateau de Bandiagara.* Le plateau est limité par de hautes falaises, au pied desquelles habitent les Dogon.

BANDINELLI (Baccio), *Florence 1488 - id. 1560,* sculpteur italien. Émule de Michel-Ange, il a composé l'*Hercule et Cacus* (1534) de la place de la Seigneurie à Florence.

BANDOL (83150), comm. du Var ; 7 975 hab. *(Bandolais).* Station balnéaire.

BANDUNDU, v. de la Rép. dém. du Congo (ex-Zaïre), ch.-l. de région, sur le Kasaï ; 97 000 hab.

BANDUNG ou **BANDOENG,** v. d'Indonésie (Java) ; 2 058 000 hab.

Bandung (conférence afro-asiatique de) [18 - 24 avr. 1955], conférence réunissant les représentants de 29 pays d'Afrique et d'Asie. Ils condamnèrent l'impérialisme comme le colonialisme et affirmèrent leur volonté d'émancipation à l'égard des « Grands » (neutralisme). Cette conférence marqua l'émergence internationale du tiers-monde et préluda au non-alignement.

BANÉR (Johan Gustafsson), *Djursholm 1596 - Halberstadt, près de Magdebourg, 1641,* général suédois. Il se distingua pendant la guerre de Trente Ans : la victoire de Chemnitz sur les impériaux (1639) lui permit d'envahir la Bohême.

Banff (parc national de), parc national du Canada (Alberta), dans les Rocheuses.

BANGALORE, v. d'Inde, cap. du Karnataka ; 4 086 548 hab. Informatique. — Monuments anciens ; musée.

BANGE (Charles **Ragon de**), *Balignicourt, Aube, 1833 - Le Chesnay 1914,* officier français. Il mit au point un système d'artillerie employé pendant la Première Guerre mondiale.

BANGKA, île d'Indonésie, au S.-E. de Sumatra. Étain.

BANGKOK, en thaï **Krung Thep,** cap. de la Thaïlande, près de l'embouchure de la Chao Phraya ; 5 876 000 hab. *(Bangkokiens).* Aéroport. Tourisme. — Monuments du XVIIIe s.

BANGLADESH n.m., État d'Asie, sur le golfe du Bengale ; 143 000 km² ; 123 100 000 hab. *(Bangladais).* CAP. *Dacca.* V. PRINC. *Chittagong.* LANGUE : *bengali.* MONNAIE : *taka.*

GÉOGRAPHIE

Le Bangladesh s'étend sur la plus grande partie du delta du Gange et du Brahmapoutre. C'est une région très humide (avec de fréquentes inondations, souvent provoquées aussi par le passage de cyclones), productrice surtout de riz, alors que le jute est la première exportation. Le pays, très pauvre en ressources minérales, à l'industrialisation inexistante, souffre du surpeuplement, accru par une rapide croissance démographique. Le Bangladesh, peuplé très majoritairement de musulmans, est l'un des États les plus pauvres du monde et survit avec l'aide internationale.

■ **BANGKOK.** Marché flottant.

B

HISTOIRE

1971 : le Pakistan oriental, issu du partage du Bengale en 1947, obtient son indépendance et devient le Bangladesh. **1975 :** Mujibur Rahman, à la tête du pays depuis 1971, est renversé et tué lors d'un putsch dirigé par Zia ur-Rahman. **1978-1981 :** Zia ur-Rahman est président de la République. **1982 :** les forces armées portent au pouvoir le général Ershad, élu président de la République en 1983. **1990 :** l'opposition politique contraint ce dernier à démissionner. **1991 :** à la suite des élections législatives, la bégum Khaleda Zia, veuve de Zia ur-Rahman, devient Premier ministre. Le système parlementaire est rétabli. **1996 :** après la victoire de son parti aux élections législatives, Hasina Wajed devient Premier ministre.

BANGUI, cap. de la République centrafricaine, sur l'Oubangui ; 597 000 hab. *(Banguissois).*

BANGWEULU (lac), lac marécageux de la Zambie ; 5 000 km^2.

BANJA LUKA, v. du nord de la Bosnie-Herzégovine ; 195 000 hab. Anc. forteresse ; mosquée du XVIe s.

BANJAR, peuple d'Indonésie (sud de Bornéo) [env. 3 110 000]. Riziculteurs et artisans du fer réputés, musulmans depuis le XVIIe s., les Banjar parlent le *banjar,* langue proche du malais.

BANJERMASSIN, v. d'Indonésie (Bornéo) ; 481 000 hab.

BANJUL, anc. **Bathurst,** cap. de la Gambie, sur l'estuaire du fleuve Gambie ; 160 000 hab. *(Banjulais).*

BANKS (île de), île du Canada, la plus à l'ouest de l'archipel Arctique.

BANNA (Hasan **al-**), *Mahmoudièh 1906 - Le Caire 1949,* doctrinaire égyptien, fondateur en 1928 des Frères musulmans. Il périt assassiné.

BANNALEC (29380), ch.-l. de cant. du Finistère ; 4 945 hab. *(Bannalécois).*

Bannockburn (bataille de) [24 juin 1314], victoire remportée dans cette localité du comté de Stirling par le roi écossais Robert Bruce sur les Anglais, assurant l'indépendance de l'Écosse.

Banque centrale européenne (BCE), institution européenne. Créée par le traité de Maastricht (1992) et préfigurée par l'Institut monétaire européen (IME, 1994 - 1998), elle a été mise en place en 1998. Sa mission essentielle est, après l'instauration de l'euro (1er janv. 1999), de définir et de mettre en œuvre – en collaboration avec les banques centrales nationales (avec lesquelles elle forme le Système européen de banques centrales, ou SEBC) – la politique monétaire européenne commune. Son siège est à Francfort.

Banque de France, organisme bancaire français. Créée en 1800, elle obtient, en 1803 pour Paris et en 1848 pour l'ensemble du territoire, le privilège de l'émission des billets de banque. Nationalisée en 1945, elle est administrée par un Conseil général et dirigée par un gouverneur. L'application du traité sur l'Union européenne amène une profonde évolution de ses statuts : en 1993, elle devient indépendante du gouvernement pour la mise en œuvre de la politique monétaire nationale (définie par son Conseil de la politique monétaire) et, en 1998, à la veille de l'instauration de l'euro, elle voit une large part de ses pouvoirs transférée à la Banque centrale européenne. Elle fait auj. partie du Système européen de banques centrales.

Banque des règlements internationaux (BRI), organisation et banque internationales. Elle a été créée en 1930 dans le but de favoriser la coopération des banques centrales et de fournir des facilités pour des opérations financières internationales. Son siège est à Bâle.

Banque européenne d'investissement (BEI), organisme financier de droit communautaire. Créée par le traité de Rome, elle a pour but de contribuer au développement équilibré de l'Union européenne, en facilitant le financement de projets économiques à l'intérieur comme à l'extérieur de l'Union.

Banque mondiale, ensemble de cinq institutions internationales qui apportent une assistance technique et financière aux pays en développement. Ce sont : la Banque internationale pour la reconstruction et le développement (BIRD), créée en 1946 ; l'Association internationale de développement (AID), créée en 1960 ; la Société financière internationale (SFI), créée en 1956 ; l'Agence multilatérale de garantie des investissements (AMGI), créée en 1988, et le Centre international pour le règlement des différends relatifs aux investissements (CIRDI), créé en 1966.

Banquet (le), dialogue de Platon, sur l'amour et la science du beau (env. 385 av. J.-C.).

banquets (campagne des), banquets organisés en 1847 - 1848 par l'opposition au régime de Louis-Philippe, afin de propager les idées de réformes.

BANSKÁ BYSTRICA, v. du centre de la Slovaquie ; 85 007 hab. Monuments et demeures des XVe-XVIe s.

BANSKÁ ŠTIAVNICA, v. de Slovaquie ; 10 000 hab. Ancienne ville minière (argent), escarpée et pittoresque ; monuments et demeures des XVe - XVIIIe s.

BANTING (sir Frederick Grant), *Alliston 1891 - Musgrave Harbor 1941,* médecin canadien. Il participa à la découverte de l'insuline. (Prix Nobel 1923.)

BANTOUS ou **BANTU,** peuples d'Afrique centrale et méridionale parlant les langues bantoues. Ils sont issus de populations vivant vraisemblablement dans l'actuel Nigeria et qui ont commencé de coloniser il y a environ 3 000 ans les territoires occupés alors par des groupes de chasseurs-cueilleurs pygmées et bochimans.

BANVILLE (Théodore **de**), *Moulins 1823 - Paris 1891,* poète français. Auteur virtuose des *Odes funambulesques* (1857), il fut membre de l'école du Parnasse.

BANYULS-SUR-MER [baɲuls-] (66650), comm. des Pyrénées-Orientales ; 4 625 hab. *(Banyulencs).* Station balnéaire. Vins doux. Laboratoire de biologie marine.

BANZER SUÁREZ (Hugo), *Santa Cruz 1926,* général et homme politique bolivien. Au pouvoir une première fois à la suite d'un coup d'État (1971 - 1978), il redevient président de la République à la faveur d'une élection en 1997.

BAO DAI, *Huê 1913 - Paris 1997,* empereur du Viêt Nam (1932 - 1945). Contraint par le Viêt-minh d'abdiquer (1945), il fut de 1949 à 1955 chef de l'État vietnamien.

BAODING, v. de Chine (Hebei), au S.-O. de Pékin ; 535 100 hab. Jardins de l'époque Ming.

BAOTOU, v. de Chine (Mongolie-Intérieure), sur le Huang He ; 1 130 000 hab. Sidérurgie.

BAOULÉ ou **BAULE,** peuple akan du centre de la Côte d'Ivoire.

BAPAUME (62450), ch.-l. de cant. du Pas-de-Calais ; 4 725 hab. *(Bapalmois).* Faidherbe y battit les Prussiens (1871).

BAR (comté, duché de) → **BARROIS.**

BARA (Joseph), *Palaiseau 1779 - près de Cholet 1793,* enfant célèbre par son héroïsme. Selon la légende créée par Robespierre, il aurait été pris dans une embuscade et, sommé de crier : « Vive le roi ! », il se serait écrié : « Vive la République ! » avant d'être tué.

BARABBAS ou **BARRABAS,** dans les Évangiles, agitateur dont les Juifs réclamèrent la libération à la place de Jésus.

Barabudur ou **Borobudur,** grand monument bouddhique (v. 800) du centre de Java. Jalonnés de stupas, ses quatre étages de galeries ornées de bas-reliefs reproduisent un mandala.

BARACALDO, v. d'Espagne (Pays basque), banlieue de Bilbao ; 105 088 hab. Métallurgie.

BARADÉE ou **BARADAI** (Jacques), *m. à Édesse en 578,* moine et évêque syrien monophysite. Son apostolat est à l'origine de l'Église dite « jacobite ».

BARAGUEY D'HILLIERS (Achille), *Paris 1795 - Amélie-les-Bains 1878,* maréchal de France. Il se distingua pendant la guerre de Crimée (1854 - 1855), puis en Italie (1859).

Barajas, aéroport de Madrid.

BARAK (Ehoud), *Mishmar-Hasharon, près de Netanya, 1942,* général et homme politique israélien. Chef d'état-major de l'armée (1991 - 1994), président du Parti travailliste (1997-2001), il a été Premier ministre de 1999 à 2001.

BARANOVITCHI, v. de Biélorussie, au S.-O. de Minsk ; 167 000 hab.

BARANTE (Guillaume Prosper **Brugière,** baron **de**), *Riom 1782 - Dorat 1866,* historien et homme politique français. Il fut diplomate et l'auteur d'une *Histoire des ducs de Bourgogne* (1824 - 1826). [Acad. fr.]

BÁRÁNY (Robert), *Vienne 1876 - Uppsala 1936,* médecin autrichien. Il obtint en 1914 le prix Nobel pour ses travaux sur la physiologie et les maladies de l'oreille.

BARAQUEVILLE (12160), ch.-l. de cant. de l'Aveyron ; 2 738 hab.

BARATIERI (Oreste), *Condino 1841 - Sterzing, auj. Vipiteno, 1901,* général italien. Gouverneur de l'Érythrée, il fut vaincu par Ménélik II à Adoua (1896).

BARBA (Eugenio), *Gallipoli 1936,* metteur en scène de théâtre italien. Fondateur de l'Odin Teatret (1964), il travaille au Danemark depuis 1966 et s'inspire de Grotowski dans ses recherches sur la formation et l'art de l'acteur.

BARBADE n.f., en angl. **Barbados,** État des Petites Antilles ; 431 km^2 ; 263 000 hab. *(Barbadiens).* CAP. *Bridgetown.* LANGUE : *anglais.* MONNAIE : *dollar de la Barbade.* (V. carte **Antilles.**) Canne à sucre. Tourisme.

BARBARA (Monique **Serf,** dite), *Paris 1930 - Neuilly-sur-Seine 1997,* chanteuse française. Également parolière et compositrice, s'accompagnant souvent au piano, elle évoque dans ses chansons *(Dis, quand reviendras-tu ? ; l'Aigle noir ; le Mal de vivre)* des sentiments contrastés ou en demi-teinte.

BARBARES, nom donné par les Grecs à tous les peuples, y compris les Romains, restés en dehors de leur civilisation, puis par les Romains à tous ceux qui ne participaient pas à la civilisation gréco-romaine. L'histoire a, par ailleurs, appelé « Barbares » les peuples – Goths, Vandales, Burgondes, Suèves, Huns, Alains, Francs, etc. – qui, du IIIe au VIe s. de notre ère, envahirent l'Empire romain et fondèrent des États plus ou moins durables.

BARBARIE ou **ÉTATS BARBARESQUES,** nom donné jadis aux régions de l'Afrique du Nord situées à l'ouest de l'Égypte (Libye et Maghreb).

Barbarossa ou **Barberousse** (plan), plan d'attaque de l'URSS conçu par Hitler en déc. 1940 et déclenché le 22 juin 1941. L'offensive allemande brisait le pacte germano-soviétique (1939).

BARBAROUX (Charles), *Marseille 1767 - Bordeaux 1794,* homme politique français. Député girondin, il fomenta une révolte en Normandie contre la Convention montagnarde. Il fut décapité.

BARBE (sainte), vierge et martyre légendaire. Elle serait morte décapitée par son père. Patronne des artilleurs, des sapeurs et des pompiers.

Barbe-Bleue, personnage d'un conte de Perrault (1697), meurtrier de six épouses, qui tombe sous les coups des frères de la septième. Souvent rapproché de figures historiques (Gilles de Rais) ou légendaires, il a été repris par les frères Grimm (1812). – Il a inspiré à M. Maeterlinck et à Paul Dukas un conte musical créé en 1907, *Ariane et Barbe-Bleue,* et à Béla Bartók, un opéra créé en 1918, *le Château de Barbe-Bleue.*

■ **BARABUDUR.** Le temple à étages (IXe s.).

■ **BARCELONE.** Le port.

BARBERINI, famille romaine d'origine florentine, dont un des membres, le cardinal Maffeo Barberini, fut élu pape sous le nom d'Urbain VIII.

BARBEROUSSE → **FRÉDÉRIC Ier** [Saint Empire].

BARBEROUSSE (**Khayr al-Din,** dit), *m. à Istanbul en 1546,* corsaire turc. Maître d'Alger qu'il plaça sous la suzeraineté ottomane (1518), puis grand-amiral de la flotte ottomane (1533), il combattit Charles Quint.

BARBÈS (Armand), *Pointe-à-Pitre 1809 - La Haye 1870,* homme politique français. Républicain, il conspira contre la monarchie de Juillet puis fut élu député d'extrême gauche sous la IIe République. Il tenta de constituer un gouvernement insurrectionnel (mai 1848), fut emprisonné jusqu'en 1854 et mourut en exil.

BARBEY D'AUREVILLY (Jules), *Saint-Sauveur-le-Vicomte 1808-Paris 1889,* écrivain français. Auteur de nouvelles *(les Diaboliques)* et de romans *(le Chevalier Des Touches),* il se composa, par son allure de dandy et ses articles féroces, un personnage de « connétable des lettres », d'un catholicisme virulent et provocateur.

BARBEZIEUX (Louis **Le Tellier,** marquis **de**), *Paris 1668 - Versailles 1701,* homme d'État français. Il succéda à son père, Louvois, comme secrétaire d'État à la Guerre (1691 - 1701).

BARBEZIEUX-SAINT-HILAIRE (16300), ch.-l. de cant. de la Charente ; 5 119 hab. *(Barbeziliens).* Restes du château du XVe s.

Barbier de Séville (le) → **Figaro.**

BARBIZON (77630), comm. de Seine-et-Marne ; 1 499 hab. Dans ce village vinrent travailler ou s'établir T. Rousseau, Corot, Millet, Narcisse Diaz de La Peña (1807 - 1876), Constant Troyon (1810 - 1865), etc., constituant une « école de Barbizon » (musée).

BARBOTAN-LES-THERMES (32150 Cazaubon), localité du Gers (comm. de Cazaubon). Station thermale (rhumatismes, maladies des veines).

BARBUDA, île des Antilles, partie de l'*État d'Antigua-et-Barbuda.*

BARBUSSE (Henri), *Asnières 1873 - Moscou 1935,* écrivain français. Communiste et pacifiste, il présente dans son récit *le Feu* (1916) une peinture naturaliste et non conventionnelle de la vie des combattants.

BARCARÈS (Le) [66420], comm. des Pyrénées-Orientales ; 3 539 hab. Station balnéaire.

BARCELONA, v. du Venezuela, sur la mer des Antilles ; 221 792 hab.

BARCELONE, en esp. **Barcelona,** v. d'Espagne, cap. de la Catalogne et ch.-l. de prov. ; 1 643 542 hab. *(Barcelonais)* [env. 3 000 000 hab. dans l'agglomération]. Principal foyer industriel du pays. — Édifices gothiques, surtout du XIVe s., dont la cathédrale. Église de la Sagrada Familia, une des œuvres de Gaudí. Musées, dont celui d'Archéologie, celui de l'Art de Catalogne (peinture romane, retables gothiques), le musée Picasso, la Fondation Miró. — Rattachée à la Couronne d'Aragon (1137), Barcelone fut très prospère du XIIe s. au XVe s. et connut un nouvel essor au XIXe s. Elle fut le centre de la résistance des républicains pendant la guerre civile (1936 - 1939).

BARCELONNETTE (04400), ch.-l. d'arrond. des Alpes-de-Haute-Provence, sur l'Ubaye ; 3 316 hab. Station d'altitude (1 132 m). Sports d'hiver à proximité. — Centre d'émigration vers le Mexique au XIXe s.

BARCLAY DE TOLLY (Mikhaïl Bogdanovitch, prince), *Luhde-Grosshoff, Livonie, 1761 - Insterburg 1818,* maréchal russe d'origine écossaise. Habile adversaire de Napoléon Ier, il fut en 1815 commandant en chef des armées russes.

Barclays, banque britannique. Implantée dans la City de Londres depuis 1736, elle est l'une des banques les plus importantes dans le monde. Elle fut la première, en 1966, à lancer avec succès une carte de crédit en Grande-Bretagne.

BARDDHAMAN, anc. **Burdwan,** v. d'Inde (Bengale-Occidental) ; 244 789 hab.

BARDEEN (John), *Madison, Wisconsin, 1908 - Boston 1991,* physicien américain. Il a mis au point le transistor à germanium et proposé une théorie de la supraconductivité. (Prix Nobel 1956 et 1972.)

BARDO (Le), v. de Tunisie, banlieue de Tunis ; 66 000 hab. Anc. palais du Bey. Musée (antiques et mosaïques). — En 1881 y fut signé le traité établissant le protectorat français.

BARDONNÈCHE, v. d'Italie (Piémont), à la sortie des tunnels du Fréjus ; 3 200 hab. Station estivale et de sports d'hiver (alt. 1 312 - 2 700 m).

BARDOT (Brigitte), *Paris 1934,* actrice française. Elle fut consacrée par le film de R. Vadim *Et Dieu créa la femme* (1956). Sa popularité repose sur le mythe qu'elle a incarné, femme-enfant à la sensualité libre et joyeuse (*la Vérité*, de H. G. Clouzot, 1960 ; *Vie privée,* de L. Malle, 1962 ; *le Mépris,* de J.-L. Godard, 1963).

BARÈGES (65120), comm. des Hautes-Pyrénées ; 262 hab. Station thermale et de sports d'hiver (alt. 1 250 - 2 340 m).

BAREILLY, v. d'Inde (Uttar Pradesh) ; 607 652 hab.

BARENBOÏM (Daniel), *Buenos Aires 1942,* pianiste et chef d'orchestre israélien. Il dirige l'Orchestre de Paris (1975 - 1989), devient, en 1991, directeur musical de l'Orchestre symphonique de Chicago et, en 1992, directeur général de la musique à l'Opéra de Berlin.

BARENTIN (76360), comm. de la Seine-Maritime ; 13 125 hab. *(Barentinois).* Constructions électriques. Informatique.

BARENTS ou **BARENTSZ.** (Willem), *île de Terschelling v. 1550 - env. de la Nouvelle-Zemble 1597,* navigateur néerlandais. Il découvrit la Nouvelle-Zemble (1594) et le Spitzberg (1596).

■ BRIGITTE **BARDOT** dans *le Mépris* de Jean-Luc Godard (1963).

BARENTS (mer de), partie de l'océan Arctique, au N. de la péninsule scandinave et de la Russie occidentale.

BARÈRE DE VIEUZAC (Bertrand), *Tarbes 1755 - id. 1841,* homme politique français. Député aux États généraux (1789) et à la Convention (1792), il fut membre du Comité de salut public.

BARFLEUR (50760), comm. de la Manche, près de la *pointe de Barfleur,* extrémité nord-est de la presqu'île du Cotentin ; 650 hab. Station balnéaire. Pêche.

Bargello (le), palais du podestat, puis du chef de la police *(bargello)* à Florence, auj. riche musée national de Sculpture.

BAR-HILLEL (Yehoshua), *Vienne 1915 - Jérusalem 1975,* logicien israélien d'origine polonaise. Néopositiviste du cercle de Vienne, il a étudié les rapports du langage et de la logique, et s'est intéressé à la traduction et à la documentation automatiques.

BARI, v. d'Italie, cap. de la Pouille et ch.-l. de prov., sur l'Adriatique ; 341 273 hab. Port. Archevêché. Université. Centre industriel. — La ville fut un port important au Moyen Âge, une étape pour la Terre sainte. — Château fort ; cathédrale et basilique S. Nicola, chefs-d'œuvre de l'art roman de la Pouille. Musées.

BARISAL, v. du Bangladesh, dans le delta du Gange ; 180 000 hab.

BARISAN (monts), massif volcanique d'Indonésie (Sumatra) ; 3 801 m au Kerinci.

BARJAVEL (René), *Nyons 1911 - Paris 1985,* écrivain français. Il s'est imposé comme l'un des maîtres de la science-fiction française *(Ravage, le Voyageur imprudent, la Nuit des temps).*

BARJOLS [-ʒɔl] (83670), ch.-l. de cant. du Var ; 2 444 hab. *(Barjolais).* Église gothique du XVIe s. (mobilier).

BARKLA (Charles Glover), *Widnes, Lancashire, 1877 - Édimbourg 1944,* physicien britannique. Ses recherches ont porté sur les rayons X et les ondes radioélectriques. (Prix Nobel 1917.)

BAR-KOKHBA, *m. en 135,* nom de signification messianique (« Fils de l'étoile ») donné à Simon Bar Koziba, chef de la deuxième révolte juive (132 - 135). Des lettres de Simon ont été trouvées en 1951 dans des grottes des bords de la mer *Morte.

BARLACH (Ernst), *Wedel, Holstein, 1870 - Rostock 1938,* sculpteur allemand. Son style est d'un expressionnisme contenu.

BAR-LE-DUC (55000), ch.-l. du dép. de la Meuse, dans le sud du *Barrois,* sur l'Ornain, à 231 km à l'E. de Paris ; 18 079 hab. *(Barisiens).* Dans l'église St-Étienne (XIVe s.), célèbre sculpture funéraire de L. Richier. Autres monuments et demeures anciennes. Musée.

BARLETTA, v. d'Italie (Pouille), sur l'Adriatique ; 86 215 hab. Port. — Statue colossale d'un empereur romain (IVe ou Ve s.).

BARLIN (62620), ch.-l. de cant. du Pas-de-Calais ; 7 996 hab. *(Barlinois).* Industrie automobile. — Aux env., château d'Olhain (XVe s.).

BARLOW (Joel), *Redding 1754 - Żarnowiec, près de Cracovie, 1812,* diplomate et poète américain. Ami de La Fayette, ambassadeur en France, il a traité sur un mode épique le thème de la fondation du Nouveau Monde *(la Colombiade).*

B

BARLOW (Peter), *Norwich 1776 - Woolwich 1862,* savant britannique. Professeur de mathématiques, il imagina la roue qui porte son nom, prototype du moteur électrique, et la lentille utilisée pour amplifier le grossissement des lunettes astronomiques et des télescopes.

BARNABÉ (saint), apôtre, compagnon de saint Paul. L'épître qui lui est attribuée est apocryphe (début du IIe s.).

BARNAOUL, v. de Russie, en Sibérie, sur l'Ob ; 673 000 hab. Métallurgie. Chimie.

BARNARD (Christiaan), *Beaufort West, prov. du Cap, 1922,* chirurgien sud-africain naturalisé grec. Il réalisa la première transplantation cardiaque en 1967.

BARNARD (Edward Emerson), *Nashville 1857 - Williams Bay, Wisconsin, 1923,* astronome américain. Il a réalisé des milliers de photographies de la Voie lactée, et a découvert 19 comètes et un satellite de Jupiter (1892).

BARNAVE (Antoine), *Grenoble 1761 - Paris 1793,* homme politique français. Député du Dauphiné (1789), il exerça une influence prépondérante aux États généraux. Partisan d'une monarchie constitutionnelle, il fut décapité sous la Terreur.

BARNES (Djuna), *Cornwall-on-Hudson 1892 - New York 1982,* femme de lettres américaine. Son œuvre passionnée et noire est une traversée créatrice de la langue et du continent féminin *(le Bois de la nuit).*

BARNET (Boris), *Moscou 1902 - Riga 1965,* cinéaste soviétique. Il fut l'auteur de films intimistes, empreints d'humour et de poésie : *la Jeune Fille au carton à chapeaux* (1927), *Okraina* (1933), *Au bord de la mer bleue* (1936).

BARNEVILLE-CARTERET (50270), ch.-l. de cant. de la Manche ; 2 458 hab. Station balnéaire. — Église romane.

BARNUM (Phineas Taylor), *Bethel, Connecticut, 1810 - Bridgeport 1891,* imprésario et entrepreneur de spectacles américain. D'abord spécialisé dans l'exhibition de phénomènes, il créa en 1871 un grand cirque itinérant, qui s'est perpétué sous l'enseigne Ringling Bros. and Barnum & Bailey Circus.

BAROCCI ou **BAROCCIO** (Federico **Fiori**, dit), *Urbino v. 1535 - id. 1612,* peintre et graveur italien. Auteur de compositions religieuses, il emprunte au Corrège et aux maniéristes, et annonce le baroque.

BAROCHE (Pierre Jules), *La Rochelle 1802 - Jersey 1870,* homme politique français. Il fut ministre des Cultes et de la Justice de Napoléon III.

BARODA → **VADODARA.**

BAROJA (Pío), *Saint-Sébastien 1872 - Madrid 1956,* écrivain espagnol, auteur de contes et de romans réalistes *(Mémoires d'un homme d'action).*

BARON (Michel **Boyron**, dit Michel), *Paris 1653 - id. 1729,* acteur et auteur dramatique français. Membre de la troupe de Molière, puis de celle de l'Hôtel de Bourgogne, il a laissé des comédies *(l'Homme à bonnes fortunes).*

BARONNIES n.f. pl., massif des Préalpes françaises (Drôme) ; 1 532 m.

BARQUISIMETO, v. du Venezuela ; 703 000 hab.

BARR (67140), ch.-l. de cant. du Bas-Rhin ; 6 053 hab. Hôtel de ville du XVIIe s.

BARR (Murray Llewellyn), *Belmont, Ontario, 1908 - London 1995,* généticien canadien. Il mit au point un examen biologique permettant la détermination du sexe et le diagnostic de certaines anomalies chromosomiques.

BARRABAS → **BARABBAS.**

BARRANCABERMEJA, v. de Colombie, sur le Magdalena ; 153 000 hab.

BARRANQUILLA, v. de Colombie, sur l'Atlantique, à l'embouchure du Magdalena ; 1 019 000 hab. Chimie.

BARRAQUÉ (Jean), *Puteaux 1928 - Paris 1973,* compositeur français. Il fut l'un des principaux représentants de la tradition sérielle : *Sonate pour piano* (1950 - 1952), *Chant après chant* (1966).

BARRAS (Paul, vicomte **de**), *Fox-Amphoux, Var, 1755 - Paris 1829,* homme politique français. Élu député à la Convention (1792), il contribua à la chute de Robespierre (1794), fut un membre influent du Directoire (1795 - 1799) et favorisa l'ascension de Bonaparte.

BARRAULT (Jean-Louis), *Le Vésinet 1910 - Paris 1994,* acteur et metteur en scène de théâtre français. À la Comédie-Française comme dans la compagnie qu'il fonda (1946) avec sa femme, Madeleine Renaud, il a monté et interprété aussi bien des œuvres modernes (Claudel, Beckett, Genet) que classiques (Molière, Tchekhov), recherchant un langage dramatique de plus en plus « corporel », dans la lignée d'Artaud. Au cinéma, il s'est imposé dans *Drôle de drame* (M. Carné, 1937) et *les Enfants du paradis* (M. Carné, 1945).

BARRE (Raymond), *Saint-Denis, la Réunion, 1924,* économiste et homme politique français. Il a été Premier ministre (1976 - 1981) et ministre de l'Économie et des Finances (1976 - 1978), et aussi maire de Lyon de 1995 à 2001.

BARREIRO, v. du Portugal, sur le Tage, en face de Lisbonne ; 47 770 hab.

BARRÈS (Maurice), *Charmes, Vosges, 1862 - Neuilly-sur-Seine 1923,* écrivain français. Guide intellectuel du mouvement nationaliste, il chercha à concilier l'élan romantique avec les déterminations provinciales et héréditaires (*Du sang, de la volupté et de la mort,* 1893 - 1909 ; *les Déracinés,* 1897; *la Colline inspirée,* 1913), passant du culte du moi au besoin de tradition et de discipline pour aboutir à un constat de désenchantement *(Un jardin sur l'Oronte, Mes cahiers).* [Acad. fr.]

Barricades (journées des), insurrections parisiennes. La première, le 12 mai 1588, fut une manifestation des Ligueurs contre Henri III ; la seconde, le 26 août 1648, marqua le début de la Fronde.

BARRIE, v. du Canada (Ontario) ; 62 728 hab.

BARRIÈRE (Grande), longue bande de récifs coralliens, bordant la côte nord-est de l'Australie.

BARROIS ou **CÔTE DES BARS,** région du sud-est de l'Aube, vers Bar-sur-Aube et Bar-sur-Seine.

BARROIS ou **BAR,** région de la Lorraine (Meuse), aux confins de la Champagne ; v. princ. *Bar-le-Duc.* Le comté (puis duché) de Bar fut uni à la Lorraine en 1480 et annexé avec elle à la France en 1766. Une partie de la région (*Barrois mouvant,* sur la rive gauche de la Meuse) était dans la vassalité française depuis 1301.

BARROT (Odilon), *Villefort, Lozère, 1791 - Bougival 1873,* homme politique français. Il contribua à la chute de Louis-Philippe par sa participation à la campagne des banquets (1847). Il fut ministre de la Justice de Louis Napoléon en 1849, puis retourna dans l'opposition.

BARROW (Isaac), *Londres 1630 - id. 1677,* mathématicien anglais. Il a été le maître de Newton et l'un des précurseurs du calcul différentiel.

BARRY (Jeanne **Bécu**, comtesse **Du**) → **DU BARRY.**

BARSAC (33720), comm. de la Gironde, près de Sauternes ; 1 981 hab. *(Barsacais).* Vins blancs.

BARSACQ (André), *Feodossia 1909 - Paris 1973,* décorateur et metteur en scène de théâtre français. Après avoir réalisé des décors pour Copeau et Dullin, il dirigea à partir de 1940 le théâtre de l'Atelier.

BAR-SUR-AUBE (10200), ch.-l. d'arrond. de l'Aube ; 6 519 hab. (*Baralbins* ou *Barsuraubois*). Deux églises en partie du XIIe s.

BAR-SUR-LOUP (Le) [06620], ch.-l. de cant. des Alpes-Maritimes ; 2 571 hab. *(Aubarnois).* Agroalimentaire. — Dans l'église, peintures du XVe s. *(Danse macabre).*

BAR-SUR-SEINE (10110), ch.-l. de cant. de l'Aube ; 3 839 hab. (*Barrois* ou *Barséquanais*). Église du XVIe s.

■ JEAN-LOUIS **BARRAULT** dans une scène de *Hamlet.* (Version de J. Laforgue, au théâtre de l'Atelier, Paris, 1939.)

BART [bar] (Jean), *Dunkerque 1650 - id. 1702,* marin français. Marin dans la flotte de Ruyter, corsaire puis officier de la marine royale française, il remporta de nombreuses victoires contre les Anglais et les Hollandais.

■ JEAN **BART**

BARTAS (Du) → **DU BARTAS.**

BARTH (Heinrich), *Hambourg 1821 - Berlin 1865,* explorateur et géographe allemand. Il rapporta une précieuse documentation ethnographique de son expédition en Afrique centrale (1850 - 1855).

BARTH (Karl), *Bâle 1886 - id. 1968,* théologien protestant suisse. Professeur en Allemagne puis à Bâle, il dénonça l'hitlérisme, prôna un retour à l'Écriture et se fit le défenseur de l'intelligence de la foi et de la transcendance de Dieu *(Dogmatique).*

BARTHÉLEMY (saint), un des douze apôtres du Christ. Certains l'identifient avec le Nathanaël de l'Évangile de Jean.

BARTHÉLEMY (François, marquis **de**), *Aubagne 1747 - Paris 1830,* homme politique français. Il négocia la paix de Bâle en 1795, fut membre du Directoire (1797), sénateur et comte d'Empire, marquis sous Louis XVIII.

BARTHÉLEMY (abbé Jean-Jacques), *Cassis 1716 - Paris 1795,* écrivain français. Il est l'auteur du *Voyage du jeune Anacharsis en Grèce.* (Acad. fr.)

BARTHÉLEMY (René), *Nangis 1889 - Antibes 1954,* ingénieur français. Après avoir procédé à la première démonstration publique de télévision en France (1931), il améliora la définition des images et mit au point la technique qui permet d'éviter leur papillotement.

BARTHÉLEMY-SAINT-HILAIRE (Jules), *Paris 1805 - id. 1895,* homme politique et érudit français. Il a traduit les œuvres d'Aristote.

BARTHES [bart] (Roland), *Cherbourg 1915 - Paris 1980,* écrivain et critique français. Son œuvre critique et théorique s'inspire des travaux de la linguistique, de la psychanalyse et de l'anthropologie modernes (*le Degré zéro de l'écriture,* 1953 ; *Mythologies,* 1957 ; *S/Z,* 1970 ; *le Plaisir du texte,* 1973).

BARTHOLDI (Auguste), *Colmar 1834 - Paris 1904,* statuaire français, auteur du *Lion* de Belfort (1880) et de *la *Liberté éclairant le monde* de New York.

BARTHOLOMÉE (Pierre), *Bruxelles 1937,* compositeur et chef d'orchestre belge. Également pianiste, il a fondé en 1962 à Bruxelles l'ensemble Musique nouvelle et a créé de nombreuses œuvres de musique contemporaine. Il est devenu en 1977 directeur artistique et chef permanent de l'Orchestre philharmonique de Liège. Parmi ses compositions : *Tombeau de Marin Marais* (1967) ; *Polithophonie* (1984) ; *Fin de série* (1996).

BARTHOU (Louis), *Oloron-Sainte-Marie 1862 - Marseille 1934,* homme politique français. Président du Conseil en 1913, ministre des Affaires étrangères en 1934, il voulut l'encerclement diplomatique de l'Allemagne nazie. Il trouva la mort lors d'un attentat contre le roi Alexandre Ier de Yougoslavie.

BARTÓK (Béla), *Nagyszentmiklós, aujourd'hui en Roumanie, 1881 - New York 1945,* compositeur et pianiste hongrois. Son travail savant s'enrichit de ses recherches d'ethnomusicologie sur les folklores hongrois, roumain et bulgare. Il composa notamment l'opéra *le Château de Barbe-Bleue* en

1911, la pantomime *le Mandarin merveilleux* (1918 - 1919), 6 quatuors à cordes (1908 - 1939), les 6 recueils de *Mikrokosmos* (1926 - 1937), 3 concertos pour piano (1926 - 1945).

BARTOLOMEO (Baccio **della Porta,** en relig. Fra), *Florence 1472 - id. 1517,* peintre et dominicain italien. Son style tend à un classicisme monumental.

BARTON (sir Derek Harold Richard), *Gravesend, Kent, 1918 - College Station, Texas, 1998,* chimiste britannique. Ses recherches ont porté sur la conformation des molécules et sur les relations qui existent entre celle-ci et la réactivité chimique. (Prix Nobel 1969.)

BARUCH [-ryk], personnage biblique. Disciple et secrétaire du prophète Jérémie.

BARYCHNIKOV ou **BARYSHNIKOV** (Mikhaïl Nikolaïevitch), *Riga 1948,* danseur russe naturalisé américain. Passé à l'Ouest en 1974, il a dirigé l'American Ballet Theatre de 1980 à 1989 et a fondé en 1990 la compagnie White Oak Dance Project. Virtuose de l'école classique russe, il a su assimiler d'autres styles.

BARYE (Antoine Louis), *Paris 1796 - id. 1875,* sculpteur et aquarelliste français. Il excella dans l'art du bronze animalier.

BARZANI (Mulla Mustafa **al-**), *Barzan v. 1902 - Washington 1979,* chef kurde. Il a dirigé l'insurrection kurde (1961 - 1970) contre le gouvernement irakien.

BASARAB Ier, *v. 1310 - 1352,* prince de Valachie. Il réunit sous son autorité toute la Valachie.

BASDEVANT (Jules), *Anost, Saône-et-Loire, 1877 - id. 1968,* juriste français. Spécialiste du droit international, il a été de 1949 à 1952 président de la Cour internationale de justice de La Haye.

Bas-Empire ou **Empire tardif,** période de l'histoire romaine s'étendant de la mort de Sévère Alexandre (235) à la fin de l'empire d'Occident (476). Succédant à l'anarchie militaire (235 - 284), elle est marquée par l'établissement d'un pouvoir impérial absolu, l'essor du christianisme et l'éclatement de l'Empire entre l'Orient et l'Occident.

BAS-EN-BASSET (43210), ch.-l. de cant. de la Haute-Loire, sur la Loire ; 3 399 hab. *(Bassois).*

BASF (Badische Anilin und Soda Fabrik), société allemande de produits chimiques. Fondée en 1865, BASF forma le premier cartel de l'industrie des colorants, et devint l'une des pièces maîtresses de l'économie de guerre allemande. Malgré son démantèlement après la Seconde Guerre mondiale, la société est auj. l'un des premiers groupes chimiques mondiaux.

BASHO (**Matsuo Munefusa,** dit), *Ueno 1644 - Osaka 1694,* poète japonais. Il est l'un des maîtres du haïku *(la Sente étroite du bout du monde).*

BASIE (William, dit Count), *Red Bank, New Jersey, 1904 - Hollywood, Floride, 1984,* musicien américain de jazz. Compositeur, organiste et surtout pianiste, fondateur de deux orchestres successifs (1935 puis 1952), il révéla de nombreux solistes (Lester Young, Roy Eldridge...) et fut un maître du swing (*One o'Clock Jump,* 1937).

BASILDON, v. de Grande-Bretagne (Angleterre), au N.-E. de Londres ; 152 000 hab.

BASILE (saint), surnommé **le Grand,** *Césarée 329 - id. 379,* Père de l'Église grecque. Évêque de Césarée, il lutta contre l'arianisme et contribua au développement du monachisme.

BASILE Ier le Macédonien, *Andrinople v. 812 - 886,* empereur byzantin (867 - 886), fondateur de la dynastie macédonienne. — **Basile II le Bulgaroctone,** *957 - 1025,* empereur byzantin (963 - 1025). Il soumit l'aristocratie, battit les Fatimides et conquit la Bulgarie. Il porta au plus haut degré la prospérité de l'Empire.

BASILICATE, région du sud de l'Italie ; 605 940 hab. ; cap. *Potenza ;* 2 prov. (*Matera* et *Potenza*).

BASILIDE, *IIe s. apr. J.-C.,* gnostique chrétien d'Alexandrie. La secte qu'il fonda *(basilidiens)* disparut au IVe s.

BASIN (Thomas), *Caudebec 1412 - Utrecht 1491,* chroniqueur et prélat français. Il milita pour la réhabilitation de Jeanne d'Arc et fut l'historiographe de Charles VII et de Louis XI.

BASQUE (Pays), en esp. **País Vasco,** communauté autonome d'Espagne ; 2 099 978 hab. *(Basques) ;* cap. *Vitoria ;* v. princ. *Bilbao ;* 3 prov. (*Biscaye, Guipúzcoa* et *Álava*). Ces provinces constituent, avec la Navarre, le Pays basque espagnol. Rattachées à la Castille aux XIIIe-XIVe s., elles gardèrent leurs privilèges (fueros) jusqu'au XIXe s. Par la suite, elles furent affrontées au centralisme des Bourbons, de Primo de Rivera, puis du franquisme. L'ETA, créée en 1959, poursuit sa lutte contre le gouvernement de Madrid malgré l'accession des provinces basques à l'autonomie (1980).

BASQUE (Pays), région de France, qui occupe l'extrémité occidentale des Pyrénées et la basse vallée de l'Adour. L'intérieur, voué à l'élevage et à la polyculture est moins peuplé que la côte, animée par l'industrie et le commerce (Bayonne), par la pêche (Saint-Jean-de-Luz) et par le tourisme (Biarritz). — Le Pays basque regroupe les anciennes provinces basques, la Soule, le Labourd (réunis à la France en 1451) et la Basse-Navarre (réunie en 1620).

BASQUES, peuple vivant sur les deux versants des Pyrénées occidentales, en Espagne et en France. Leur civilisation, ancienne et toujours vivante, est caractérisée par une riche littérature orale, chantée par les *bertsolari,* par la pratique de la pelote basque et par un artisanat original (broderie). Ils parlent le **basque.*

BASQUIAT (Jean-Michel), *New York 1960 - id. 1988,* peintre américain. Proche du pop art, il mêle dans ses toiles, jalonnées de mots-concepts et de poèmes, des figures d'écorchés, flammes, totems vaudous (références à ses origines haïtienne et portoricaine) et des symboles de la société de consommation américaine.

BASS (détroit de), détroit séparant l'Australie continentale de la Tasmanie.

BASSÆ, site archéologique grec (Arcadie). Son temple dorique, élevé par Ictinos (fin du Ve s. av. J.-C.) et consacré à Apollon, est l'un des mieux conservés du pays.

BAS-SAINT-LAURENT, région administrative du Québec (Canada), sur la rive sud de l'estuaire du Saint-Laurent ; 21 392 km² ; 205 137 hab. *(Bas-Laurentiens) ;* v. princ. *Rimouski.*

BASSANI (Giorgio), *Bologne 1916 - Rome 2000,* écrivain italien. Dans son œuvre, la société rêvée et réelle de Ferrare sert de cadre à la peinture d'une marginalité juive et homosexuelle (*les Lunettes d'or,* 1958 ; *le Jardin des Finzi-Contini,* 1962).

BASSANO (Jacopo **da Ponte,** dit Jacopo), *Bassano, Vénétie, v. 1515 - id. 1592,* peintre italien. Naturaliste et maniériste, il donne une grande importance, dans ses tableaux bibliques et religieux, au paysage rural et aux effets luministes. Ses fils, surtout Francesco et Leandro, continuèrent son œuvre.

BASSAS DA INDIA, îlot français de l'océan Indien, dans le canal de Mozambique.

BASSÉE (La) [59480], ch.-l. de cant. du Nord ; 5 959 hab. *(Basséens).* Confection.

BASSE-GOULAINE (44115), ch.-l. de cant. de la Loire-Atlantique ; 7 685 hab.

BASSEIN, v. de Birmanie ; 144 000 hab.

BASSE-INDRE → INDRE.

BASSENS [-sɛ̃s] (33530), comm. de la Gironde ; 7 018 hab. *(Bassenais).* Pneumatiques.

BASSE-TERRE (97100), ch.-l. de la Guadeloupe, sur la côte sud-ouest de l'*île de Basse-Terre,* partie occidentale de la Guadeloupe ; 12 667 hab. *(Basse-Terriens).* Évêché. Cour d'appel. Port. Centre commercial.

BASSIGNY, région de France, dans l'est de la Haute-Marne.

BASSIN ROUGE, région agricole de la Chine (Sichuan), traversée par le Yangzi Jiang.

BASSOMPIERRE (François **de**), *Haroué 1579 - Provins 1646,* maréchal de France et diplomate. Il complota contre Richelieu et fut enfermé à la Bastille (1631 - 1643).

■ BÉLA **BARTÓK**

■ GEORGES **BATAILLE**

BASSORA ou **BASRA,** v. d'Iraq, sur le Chatt al-Arab ; 617 000 hab. Port. Grande palmeraie. Industries chimiques et alimentaires.

BASSOV (Nikolaï Guennadievitch), *Ousman, près de Voronej, 1922,* physicien russe. Il a réalisé en 1956 un oscillateur moléculaire à ammoniac, puis travaillé sur les lasers. (Prix Nobel 1964.)

BASTELICA (20119), ch.-l. de cant. de la Corse-du-Sud ; 485 hab. Centre touristique.

BASTIA, ch.-l. du dép. de la Haute-Corse ; 39 016 hab. *(Bastiais).* Cour d'appel. Port. Aéroport. Centre commercial. — Citadelle avec musée d'Ethnographie corse. Églises du XVIIe s.

BASTIAT (Frédéric), *Bayonne 1801 - Rome 1850,* économiste français. Défenseur de la liberté du travail et du libre-échange, auteur des *Harmonies économiques,* il croit à l'existence de lois économiques providentielles.

BASTIDE (Roger), *Nîmes 1898 - Maisons-Laffitte 1974,* anthropologue français. Il s'est intéressé à la déviance et à la religion (*Sociologie des maladies mentales,* 1965).

BASTIÉ (Marie-Louise, dite Maryse), née **Bombec,** *Limoges 1898 - Saint-Priest 1952,* aviatrice française. Elle traversa seule l'Atlantique sud en 1936 et fut détentrice de dix records internationaux de distance et de durée de vol.

Bastille (la), forteresse construite dans l'est de Paris (1370 - 1382). D'abord citadelle militaire, elle devint sous Louis XIII une prison d'État où les détenus étaient envoyés sur lettre de cachet du roi. La prise de la Bastille par les émeutiers le 14 juillet 1789 devint le symbole de la victoire du peuple sur l'arbitraire royal. Elle fut détruite l'année suivante.

■ LA **BASTILLE.** Jean-Baptiste Lallemand : *la Prise de la Bastille par les émeutiers, le 14 juillet 1789.* Peinture du XVIIIe s. (Musée Carnavalet, Paris.)

BASTOGNE, v. de Belgique, ch.-l. d'arrond. de la prov. de Luxembourg, dans l'Ardenne ; 12 187 hab. *(Bastognards).* Station estivale. — Église romane et gothique. — Centre de la résistance des troupes américaines lors de l'offensive allemande des Ardennes (déc. 1944).

BASUTOLAND, protectorat britannique de l'Afrique australe (1868 - 1966). [→ **Lesotho**].

BATA, v. de Guinée équatoriale, ch.-l. du Mbini ; 32 800 hab. Port. Aéroport.

BAT'A (Tomáš), *Zlín 1876 - Otrokovice 1932,* industriel tchèque. Fondateur d'une manufacture de chaussures, il fut l'un des premiers industriels à faire participer son personnel aux bénéfices.

BATAILLE (Georges), *Billom 1897 - Paris 1962,* écrivain français. Son œuvre est centrée sur l'érotisme et l'obsession de la mort *(l'Expérience intérieure, la Part maudite, les Larmes d'Éros).*

BATAILLE (Henry), *Nîmes 1872 - Rueil-Malmaison 1922,* auteur dramatique français. Ses pièces font la peinture des « instincts » d'une société décadente *(Maman Colibri).*

BATAK, groupe de peuples d'Indonésie (Sumatra) [3,6 millions]. Farouchement indépendants jusqu'au XIXe s., puis islamisés au sud et christianisés au nord, les Batak sont réputés pour leur architecture en bois et leur tissage.

BATALHA, v. du Portugal, au N. de Lisbonne ; 6 390 hab. Remarquable couvent royal des XIVe-XVIe s.

BATANGAS, v. des Philippines (Luçon) ; 184 970 hab. Port.

B

BATAVE (République), nom que prirent les Provinces-Unies de 1795 à 1806.

BATAVES, anc. peuple germanique fixé primitivement à l'embouchure du Rhin (la Hollande méridionale actuelle).

BATAVIA → **JAKARTA.**

Bateau-Lavoir (le), nom donné à un ancien immeuble de la butte Montmartre à Paris (rue Ravignan). Picasso devint un de ses locataires en 1904 ; les peintres et les poètes initiateurs du cubisme s'y réunirent.

BATÉKÉ → **TÉKÉ.**

BATESON (Gregory), *Grantchester, près de Cambridge, 1904 - San Francisco 1980,* anthropologue américain d'origine britannique. Après l'étude de populations de Bali et de la Nouvelle-Guinée, il s'est orienté vers la cybernétique et, au sein du groupe de Palo Alto, a appliqué au champ psychiatrique la théorie de la communication (*Vers une théorie de la schizophrénie,* 1956), pour aboutir à une approche globale des cultures (*Vers une écologie de l'esprit,* 1972).

BATH, v. de Grande-Bretagne (Angleterre), sur l'Avon ; 79 900 hab. Station thermale. — Bel urbanisme du XVIIIe s. Musées.

Bath → **Baath.**

BÂTHIE (La) [73540], comm. de la Savoie ; 2 078 hab. Centrale hydroélectrique alimentée par le barrage de Roselend.

B

BATHILDE ou **BALTHILDE** (sainte), *m. à Chelles en 680,* reine des Francs. Elle épousa Clovis II et gouverna pendant la minorité de son fils Clotaire III.

BÁTHORY, famille hongroise à laquelle appartenait Étienne Ier, roi de Pologne, et qui donna deux princes à la Transylvanie.

BATHURST, v. du Canada (Nouveau-Brunswick), sur la baie des Chaleurs ; 11 730 hab.

BATHURST → **BANJUL.**

BATILLY (54980), comm. de Meurthe-et-Moselle ; 1 144 hab. Industrie automobile.

BATISTA (Fulgencio), *Banes 1901 - Guadalmina 1973,* officier et homme politique cubain. Président de la République (1940 - 1944 ; 1952 - 1959), il fut renversé par Fidel Castro.

Batman, personnage de bande dessinée, justicier masqué, costumé en chauve-souris. Créé en 1939 par Bill Finger (1917 - 1974) et Bob Kane (1916 - 1998) dans *Detective Comics,* il a inspiré plusieurs films.

BATNA, v. d'Algérie, ch.-l. de wilaya, au N. de l'Aurès ; 185 000 hab.

BATON ROUGE, v. des États-Unis, cap. de la Louisiane, sur le Mississippi ; 219 531 hab. Raffinage du pétrole et chimie.

BATOUMI ou **BATOUM,** v. de Géorgie, ch.-l. de l'Adjarie, sur la mer Noire ; 138 000 hab. Port.

BATOUTA → **IBN BATTUTA.**

BATTAMBANG, v. du Cambodge, ch.-l. de prov. ; 94 000 hab.

BATTANI (al-), *Harran, Mésopotamie, auj. Turquie, v. 858 - Qasr al-Djiss, près de Samarra, 929,* astronome arabe. Ses observations permirent une meilleure connaissance des mouvements apparents du Soleil et des planètes. Il a laissé un grand traité d'astronomie, le *Zidj.*

BATTHYÁNY (Lajos), *Presbourg 1806 - Pest 1849,* homme politique hongrois. Président du Conseil (mars-oct. 1848) dans le premier ministère hongrois issu de la révolution de 1848, il fut fusillé.

BATU, *1204 - v. 1255,* prince mongol, fondateur de la Horde d'Or. Petit-fils de Gengis Khan, il conquit la Russie (1238 - 1240), la Hongrie et atteignit l'Adriatique (1242).

BATY (Gaston), *Pélussin 1885 - id. 1952,* metteur en scène de théâtre français. Contestant la primauté du texte et celle de l'acteur, il donna aux décors et aux éclairages un rôle de plus en plus important. Il fut l'un des animateurs du *Cartel.

BAT YAM, v. d'Israël, banlieue de Tel-Aviv-Jaffa ; 145 300 hab.

BATZ [ba] (île de) [29253], île et comm. de France (Finistère), dans la Manche, en face de Roscoff ; 596 hab. *(Batziens).* Pêche. Station balnéaire.

BATZ-SUR-MER (44740), comm. de la Loire-Atlantique, dans la presqu'île du Croisic ; 3 133 hab. *(Batziens).* Station balnéaire. — Église gothique des XVe-XVIe s.

BAUCHANT (André), *Château-Renault 1873 - Montoire 1958,* peintre français. Autodidacte, il fut un « naïf » de talent.

BAUCIS → **PHILÉMON ET BAUCIS.**

BAUD (56150), ch.-l. de cant. du Morbihan ; 4 932 hab. *(Baudais).* Église du XVIe s.

BAUDELAIRE (Charles), *Paris 1821 - id. 1867,* poète français. Héritier du romantisme et fidèle à la prosodie traditionnelle, il exprime à la fois le tragique de la destinée humaine et une vision de l'univers, où il découvre de secrètes « correspondances ». Après *les Fleurs du mal* (1857), qui lui valurent une condamnation pour immoralité, son œuvre critique (*Curiosités esthétiques, l'Art romantique,* 1868) et ses *Petits Poèmes en prose* (1869) sont à la source de la réflexion sur la modernité.

■ CHARLES **BAUDELAIRE**

■ **BAUDOUIN Ier** de Belgique.

BAUDELOCQUE (Jean-Louis), *Heilly, Somme, 1745 - Paris 1810,* médecin accoucheur français. Il participa à la transformation de l'obstétrique en une véritable spécialité médicale.

BAUDIN (Jean-Baptiste Alphonse), *Nantua 1811 - Paris 1851,* homme politique français. Député à l'Assemblée de 1849, il fut tué sur une barricade en tentant vainement d'entraîner les ouvriers contre le coup d'État du 2 Décembre.

BAUDOT (Anatole **de**), *Sarrebourg 1834 - Paris 1915,* architecte français. Disciple de Viollet-le-Duc, rationaliste, il a restauré la cathédrale du Puy et a utilisé le ciment armé pour St-Jean-l'Évangéliste de Montmartre (1897).

BAUDOT (Émile), *Magneux, Haute-Marne, 1845 - Sceaux 1903,* ingénieur français. Il est l'inventeur du télégraphe multiple imprimeur (1874) et d'un appareil de transmission automatique (1894).

BAUDOUIN Ier, *Valenciennes 1171 - 1205,* comte de Flandre et de Hainaut (Baudouin IX) et empereur latin de Constantinople (1204 - 1205). L'un des chefs de la 4e croisade, il fut élu empereur après la prise de Constantinople par les croisés. — **Baudouin II,** *Constantinople v. 1217 - 1273,* empereur latin de Constantinople (1228 - 1261).

BAUDOUIN Ier DE BOULOGNE, *m. à El-Arich en 1118,* roi de Jérusalem (1100 - 1118). Frère de Godefroi de Bouillon, il fut le fondateur du royaume de Jérusalem, qu'il agrandit et dota d'institutions solides.

BAUDOUIN Ier, *Bruxelles 1930 - Motril, Espagne, 1993,* roi des Belges (1951 - 1993). Il devint roi à la suite de l'abdication de son père, Léopold III. Il avait épousé Fabiola de Mora y Aragón en 1960.

BAUDOUIN DE COURTENAY (Jan Ignacy), *Radzymin 1845 - Varsovie 1929,* linguiste polonais, précurseur de la phonologie.

BAUDRICOURT (Robert **de**), capitaine de Vaucouleurs (XVe s.). Il fit conduire Jeanne d'Arc auprès de Charles VII à Chinon (1429).

BAUDRILLARD (Jean), *Reims 1929,* sociologue et philosophe français. Ses recherches initiales sur la relation entre la production des objets matériels et les désirs des consommateurs (*le Système des objets,* 1968) l'amènent à interroger la dissolution de toute réalité dans la société moderne (*le Crime parfait,* 1994 ; *l'Échange impossible,* 1999).

BAUER (Bruno), *Eisenberg 1809 - Rixdorf, près de Berlin, 1882,* critique et philosophe allemand. Influencé par l'hégélianisme, il critique le christianisme, qui, révolutionnaire au début, est devenu un obstacle au progrès.

BAUER (Otto), *Vienne 1881 - Paris 1938,* homme politique et théoricien autrichien. Il fut l'un des dirigeants du Parti social-démocrate autrichien.

BAUGÉ (49150), ch.-l. de cant. de Maine-et-Loire, dans le *Baugeois ;* 3 760 hab. *(Baugeois).* Château de René d'Anjou (XVe s.).

BAUGES n.f. pl. (les), massif des Préalpes françaises ; 2 217 m. Parc naturel régional (Savoie et Haute-Savoie), couvrant env. 80 000 ha.

Bauhaus, école d'architecture et d'arts appliqués, fondée en 1919, à Weimar, par W. Gropius et transférée, de 1925 à 1932, à Dessau. Le Bauhaus a joué un grand rôle dans l'évolution des idées et des techniques modernes. Y furent maîtres le peintre suisse Johannes Itten (1888 - 1967), les peintres Feininger, Klee, Oskar Schlemmer (1888 - 1943), Kandinsky, Moholy-Nagy, l'architecte suisse Hannes Meyer (1889 - 1954), Mies van der Rohe ; « apprentis », puis maîtres : Breuer, Albers, le graphiste autrichien Herbert Bayer (1900 - 1985).

BAULE-ESCOUBLAC (La) [44500], ch.-l. de cant. de la Loire-Atlantique ; 16 416 hab. *(Baulois).* Grande station balnéaire.

BAULIEU (Étienne Émile), *Strasbourg 1926,* médecin et endocrinologue français. Auteur de nombreux travaux sur les hormones stéroïdes, il a notamment mis au point la pilule abortive RU 486.

BAUME-LES-DAMES (25110), ch.-l. de cant. du Doubs, sur le Doubs ; 5 614 hab. *(Baumois).* Anc. abbaye de dames nobles ; église paroissiale du XVIIe s.

BAUME-LES-MESSIEURS, comm. du Jura ; 198 hab. Grottes. — Reculée. — Église des XIIe-XVe s., anc. abbatiale (œuvres d'art).

BAUMGARTEN (Alexander), *Berlin 1714 - Francfort-sur-l'Oder 1762,* philosophe allemand. Il a séparé l'esthétique de la philosophie et l'a définie comme la science du beau.

BAUMGARTNER (Gallus Jakob), *Altstätten 1797 - Saint-Gall 1869,* publiciste et homme politique suisse. Actif dans les luttes qui agitèrent le canton de Saint-Gall, il est l'auteur d'un ouvrage sur l'histoire de la Suisse entre 1830 et 1850.

BAUR (Harry), *Montrouge 1880 - Paris 1943,* acteur français. Vedette du cinéma français des années 1930, il a notamment joué dans des films de J. Duvivier (*Un carnet de bal,* 1937) et M. Tourneur (*Volpone,* 1941).

BAURU, v. du Brésil, à l'O.-N.-O. de São Paulo ; 254 698 hab.

BAUSCH (Philippine, dite Pina), *Solingen 1940,* danseuse et chorégraphe allemande. Directrice du Tanztheater de Wuppertal depuis 1973, figure marquante de la danse expressionniste contemporaine, elle s'est imposée dans un style cru et percutant (*Barbe-Bleue,* 1977 ; *Nelken,* 1982 ; *Palermo, Palermo,* 1989 ; *Ein Trauerspiel,* 1994 ; *le Laveur de carreaux,* 1997).

BAUTZEN, v. d'Allemagne (Saxe), à l'E. de Dresde ; 46 522 hab.

■ PINA **BAUSCH** dans *Café Müller* (1978), lors d'une reprise en 1995 au Festival d'Avignon.

■ LES **BAUX-DE-PROVENCE**

■ **BAYEUX.** Détail de la « tapisserie de la reine Mathilde » ; fin du XIe s. (Centre Guillaume-le-Conquérant, Bayeux.)

BAUX-DE-PROVENCE [bo-] **(Les)** [13520], comm. des Bouches-du-Rhône, sur un éperon des Alpilles ; 443 hab. Elle a donné son nom à la *bauxite*. – Ruines d'une importante cité du Moyen Âge ; demeures du XVIe s.

BAVAY (59570), ch.-l. de cant. du Nord ; 3 754 hab. *(Bavaisiens)*. Importants vestiges gallo-romains de l'anc. capitale des Nerviens.

BAVIÈRE, en all. **Bayern,** Land d'Allemagne ; 70 553 km^2 ; 11 220 735 hab. *(Bavarois)* ; cap. *Munich* ; v. princ. *Augsbourg, Nuremberg, Ratisbonne, Bayreuth.* Il comprend la Bavière proprement dite (avant-pays alpin au sud du Danube) et le nord du bassin de Souabe et de Franconie.

HISTOIRE

Au début du Xe s., la Bavière est l'un des plus importants duchés de l'Empire germanique. **1070 - 1180 :** elle est gouvernée par la dynastie des Guelfes, spoliée du duché en 1180 par les Wittelsbach, qui dominent la Bavière jusqu'en 1918. **1467 - 1508 :** le duc Albert IV le Sage unifie ses États, qui deviennent un bastion de la Réforme catholique. **1623 :** Maximilien Ier obtient le titre d'Électeur. **1806 :** allié de Napoléon Ier, Maximilien Ier Joseph obtient le titre de roi. **1825 - 1886 :** Louis Ier (1825 - 1848) et Louis II (1864 - 1886) sont de grands bâtisseurs. **1866 :** alliée de l'Autriche, la Bavière est battue par la Prusse. **1871 :** elle est incorporée dans l'Empire allemand. **1918 - 1919 :** elle devient un Land de la république de Weimar. **1923 :** le putsch organisé par Hitler à Munich échoue. **1949 :** l'État libre de Bavière forme un Land de la RFA.

BÂVILLE (Nicolas **de Lamoignon de**), *Paris 1648 - id. 1724,* administrateur français. Intendant du Languedoc, il fut l'adversaire des protestants, notamm. pendant la guerre des camisards (1703).

BAVON (saint), *m. av. 659,* moine de la ville de Gand, dont il est le patron.

BAYAMO, v. du sud-est de Cuba ; 139 000 hab.

BAYAMÓN, v. de Porto Rico, banlieue sud-ouest de San Juan ; 220 262 hab.

BAYARD (col), passage des Préalpes françaises (Hautes-Alpes), entre les vallées du Drac et de la Durance ; 1 248 m.

BAYARD (Hippolyte), *Breteuil, Oise, 1801 - Nemours 1887,* photographe français. En améliorant le procédé de W.H.F. Talbot, il obtint les premiers positifs directs sur papier (1839).

BAYARD (Pierre **Terrail,** seigneur **de**), *Pontcharra 1476 - Romagnano Sesia 1524,* homme de guerre français. Célèbre pour sa bravoure lors des guerres d'Italie (défense du pont du Garigliano, 1503), il fut surnommé *le Chevalier sans peur et sans reproche.* François Ier voulut être armé chevalier par lui sur le champ de bataille de Marignan.

Bayer, société allemande de produits chimiques. Ses origines remontent à 1863. Elle est devenue une des premières entreprises mondiales dans son secteur.

BAYER (Johann), *Rain, Bavière, 1572 - Augsbourg 1625,* astronome allemand. Auteur du premier atlas céleste imprimé (1603), il a introduit l'usage de désigner les étoiles des constellations par des lettres grecques, d'après leur éclat apparent.

BAYES (Thomas), *Londres 1702 - Tunbridge Wells 1761,* mathématicien anglais. Il tenta de déterminer la probabilité des causes par les effets observés, étude reprise par Laplace et Condorcet.

BAYEUX (14400), ch.-l. d'arrond. du Calvados, dans le Bessin, sur l'Aure ; 15 403 hab. (*Bayeusains* ou *Bajocasses*). Évêché. – Cathédrale des XIIe-XVe s. Le centre Guillaume-le-Conquérant abrite la « tapisserie de la reine Mathilde », broderie sur toile (70 m de long) qui représente en 58 scènes la conquête de l'Angleterre par les Normands (œuvre de l'époque). – Première ville française libérée par les Alliés, le 7 juin 1944. De Gaulle y fit son entrée le 14 juin 1944 et y prononça, le 16 juin 1946, un discours exposant les idées qui inspirèrent la Constitution de 1958.

BAYEZID Ier, en fr. **Bajazet,** *v. 1360 - Akşehir 1403,* sultan ottoman (1389 - 1403). Il défit les croisés à Nicopolis (1396), mais fut vaincu et fait prisonnier par Timur Lang à Ankara (1402).

BAYLE [bɛl] (Pierre), *Le Carla 1647 - Rotterdam 1706,* écrivain français. Sa critique des superstitions populaires *(Pensées sur la comète)* et son monumental *Dictionnaire historique et critique* (1696 - 1697) ouvrent l'ère de l'esprit philosophique du XVIIIe s.

BAYONNE (64100), ch.-l. d'arrond. des Pyrénées-Atlantiques, sur l'Adour ; 41 778 hab. *(Bayonnais)* [près de 180 000 hab. dans l'agglomération]. Évêché. Port et centre industriel (électronique). – Restes de fortifications romaines, médiévales et classiques. Cathédrale des XIIIe-XVIe s. Musée Bonnat et Musée basque. – Au terme de l'*entrevue de Bayonne* (1808), les souverains espagnols abdiquèrent en faveur de Napoléon Ier.

BAYREUTH, v. d'Allemagne (Bavière), sur le Main ; 73 393 hab. Monuments anciens, dont le théâtre du XVIIIe s., décoré par les Bibiena. Théâtre construit pour la représentation des œuvres de R. Wagner (1876) ; un festival d'opéras wagnériens s'y tient tous les ans depuis cette date.

BAYROU (François), *Bordères, Pyrénées-Atlantiques, 1951,* homme politique français. Ministre de l'Éducation nationale (1993 - 1997), élu en 1994 président du Centre des démocrates sociaux – devenu en 1995 Force démocrate –, il est président de l'*UDF depuis 1998.

BAZAINE (Achille), *Versailles 1811 - Madrid 1888,* maréchal de France. Après avoir participé à la guerre de Crimée (1855), il commanda en chef au Mexique (1863), puis en Lorraine (1870). Bloqué dans Metz, il y capitula (oct.). Sa condamnation à mort (1873) ayant été commuée en détention, il s'évada et gagna Madrid.

BAZAINE (Jean), *Paris 1904 - Clamart 2001,* peintre français. Venu à la peinture non figurative vers 1945, il a aussi réalisé des vitraux et des mosaïques.

BAZARD (Saint-Amand), *Paris 1791 - Courtry 1832,* socialiste français. Fondateur du carbonarisme en France, il fut propagateur, avec Enfantin, du saint-simonisme.

BAZAS (33430), ch.-l. de cant. du sud-est de la Gironde ; 4 788 hab. *(Bazadais)*. Cathédrale en partie du XIIIe s. (portails sculptés).

BAZEILLES (08140), comm. des Ardennes, près de la Meuse ; 2 151 hab. *(Bazeillais)*. Célèbre par la résistance de l'infanterie de marine française aux Bavarois le 1er sept. 1870.

BAZILLE (Frédéric), *Montpellier 1841 - Beaune-la-Rolande 1870,* peintre français. C'est l'un des initiateurs de l'impressionnisme (*Réunion de famille,* 1867, musée d'Orsay).

BAZIN (André), *Angers 1918 - Nogent-sur-Marne 1958,* critique français de cinéma. Fondateur des *Cahiers du cinéma* avec J. Doniol-Valcroze et Lo Duca en 1951, il proposa une réflexion fondamentale dans *Qu'est-ce que le cinéma ?* (1958 - 1963).

BAZIN (Jean-Pierre **Hervé-Bazin,** dit Hervé), *Angers 1911 - id. 1996,* écrivain français. Ses romans tracent une satire virulente des oppressions familiales et sociales (*Vipère au poing,* 1948).

BAZIN (René), *Angers 1853 - Paris 1932,* écrivain français. Il est l'auteur de romans d'inspiration catholique et terrienne *(les Oberlé)*. [Acad. fr.]

BBC (British Broadcasting Corporation), organisme britannique de radio et de télévision. Créée en 1922, la BBC joua un rôle considérable pendant la Seconde Guerre mondiale par ses émissions à destination de la France (« Les Français parlent aux Français ») et de la Résistance.

BCE, sigle de *Banque centrale européenne.

BEA (Augustinus), *Riedböhringen 1881 - Rome 1968,* théologien catholique allemand. Jésuite, cardinal (1959), il prépara Vatican II et travailla au développement de l'œcuménisme.

Beachy Head (bataille de) [10 juill. 1690], bataille navale de la guerre de la ligue d'Augsbourg. Victoire de Tourville sur la flotte anglo-hollandaise au large du *cap de Beachy Head,* sur la côte sud de l'Angleterre. Cette bataille est plus connue en France sous le nom de *bataille de Béveziers.*

BEACONSFIELD, v. du Canada (Québec), banlieue sud-ouest de Montréal ; 19 873 hab.

BEACONSFIELD (comte **de**) → **DISRAELI.**

BEAGLE (canal), détroit reliant l'Atlantique au Pacifique. Il est situé au S. de l'île principale de la Terre de Feu.

BEAMON (Robert, dit Bob), *Jamaica, État de New York, 1946,* athlète américain, champion olympique en 1968, et recordman du monde, de 1968 à 1991, du saut en longueur (8,90 m).

BEARDSLEY (Aubrey), *Brighton 1872 - Menton 1898,* dessinateur britannique. Esthète enfiévré, il s'est acquis la célébrité par ses illustrations, proches de l'Art nouveau (*Salomé,* de Wilde, 1894 ; *Mademoiselle de Maupin,* de Gautier, 1898).

BÉARN n.m., partie orientale du dép. des Pyrénées-Atlantiques ; hab. *Béarnais* ; v. princ. *Pau.* Anc. vicomté française, elle passa dans les maisons de Foix, d'Albret et de Bourbon. Roi de Navarre en 1572, le futur Henri IV en fut le dernier comte. Le Béarn fut réuni à la Couronne en 1620.

BÉART (Guy), *Le Caire 1930,* chanteur et auteur-compositeur français. Son sens de la mélodie et son talent de poète tour à tour grave et désinvolte lui assurent un grand succès populaire *(l'Eau vive, le Grand Chambardement).*

■ AUBREY **BEARDSLEY.** Illustration pour *Salomé* (1894), de O. Wilde. (BNF, Paris.)

Beat generation, mouvement littéraire et culturel qui se développa aux États-Unis dans les années 1950 - 1960. Ses membres (J. Kerouac, W. Burroughs, A. Ginsberg, etc.) proclamaient leur refus de la société industrielle et leur désir de retrouver les racines américaines dans le voyage (*Sur la route,* 1957, de J. Kerouac), la méditation (influencée par le bouddhisme zen), les expériences extatiques (la drogue).

BEATLES (The), groupe britannique de pop. Il était composé de **Richard Starkey,** dit **Ringo Starr,** *Liverpool 1940,* **John Lennon,** *Liverpool 1940 - New York 1980,* **Paul McCartney,** *Liverpool 1942,* et **George Harrison,** *Liverpool 1943.* Il fut, de 1962 à 1970, à l'origine du succès de la musique pop (*She Loves You,* 1962 ; *Yesterday,* 1965 ; *Sergeant Pepper's Lonely Hearts Club Band,* 1967 ; *Let it be,* 1970).

BÉATRICE ou **BEATRIX,** *Soestdijk 1938,* reine des Pays-Bas. Elle a succédé à sa mère Juliana en 1980.

Béatrice, personnage de la *Vita nuova* (entre 1292 et 1294) et de *la *Divine Comédie,* inspiré à Dante par la Florentine Béatrice Portinari (v. 1265 - 1290). Incarnation de la beauté et de la bonté, objet d'amour et de contemplation, elle est la muse et le guide du poète dans sa quête du salut.

BEATTY (David), *Borodale, Irlande, 1871 - Londres 1936,* amiral britannique. Après s'être distingué à la bataille du Jütland (1916), il commanda la flotte britannique (1916 - 1918) et fut premier lord de la Mer de 1919 à 1927.

BEAUCAIRE (30300), ch.-l. de cant. du Gard, sur le Rhône ; 13 940 hab. *(Beaucairois).* Centrale hydroélectrique sur le Rhône. — Château des XIIIe-XIVe s. et monuments d'époque classique. — Foires célèbres du XIIIe au XIXe s.

BEAUCE n.f., plaine limoneuse du Bassin parisien, entre Chartres et la forêt d'Orléans. (Hab. *Beaucerons.*) Grande région agricole (blé surtout). — Petite **Beauce,** partie du sud-ouest de la Beauce, entre la Loire et le Loir.

BEAUCE n.f., région du Canada (Québec), au S. du Saint-Laurent. (Hab. *Beaucerons.*)

BEAUCHAMP (95250), ch.-l. de cant. du Val-d'Oise ; 9 051 hab. *(Beauchampois).*

BEAUCHAMP (Pierre), *Paris v. 1631 - id. 1705,* danseur et chorégraphe français. Collaborateur de Molière et de Lully, il fut le premier maître de ballet (1672 - 1687) de l'Académie royale de musique (Opéra de Paris).

BEAUCHEMIN (Yves), *Noranda, Québec, 1941,* écrivain canadien de langue française. Célèbre pour ses romans *(le Matou, Juliette Pomerleau, les Émois d'un marchand de café),* il écrit aussi pour la jeunesse *(Antoine et Alfred).*

BEAUCOURT (90500), ch.-l. de cant. du Territoire de Belfort ; 5 435 hab. *(Beaucourtois).* Constructions mécaniques.

BEAU DE ROCHAS (Alphonse), *Digne 1815 - Vincennes 1893,* ingénieur français. En 1862, il fit breveter le cycle (qui porte son nom) de transformation en énergie mécanique de l'énergie thermique provenant de la combustion en vase clos d'un mélange carburé air-essence.

BEAUDOUIN (Eugène) → **LODS** (Marcel).

BEAUFORT (73270), ch.-l. de cant. de la Savoie, sur le Doron, dans le *massif de Beaufort ;* 2 036 hab. *(Beaufortains).* Sports d'hiver.

BEAUFORT (massif de) ou **BEAUFORTIN** n.m., massif des Alpes françaises, en Savoie essentiellement, entre l'Arly et la Tarentaise ; 2 889 m.

■ The **BEATLES** en 1968 : Ringo Starr (à gauche), Paul McCartney (au centre), John Lennon (à droite) et George Harrison (au premier plan).

■ **BÉATRICE,** reine des Pays-Bas.

■ **BEAUMARCHAIS,** par Nattier. (Coll. priv.)

BEAUFORT (mer de), partie de l'océan Arctique, au N. de l'Alaska et du Canada.

BEAUFORT (sir Francis), *1774 - 1857,* officier de marine britannique. Il conçut en 1805 l'échelle utilisée pour mesurer la force du vent (v. partie n. comm. **échelle de *Beaufort**).

BEAUFORT (François **de Bourbon,** duc **de**), *Paris 1616 - Candie 1669,* gentilhomme français. Petit-fils d'Henri IV, il conspira à plusieurs reprises, soutint le cardinal de Retz pendant la Fronde, où sa popularité le fit surnommer « le roi des Halles ».

BEAUFORT-EN-VALLÉE (49250), ch.-l. de cant. de Maine-et-Loire ; 5 571 hab. *(Beaufortais).* Église des XVe-XVIe s. Musée.

BEAUFRE (André), *Neuilly-sur-Seine 1902 - Belgrade 1975,* général français. Il a exposé dans ses ouvrages les modifications essentielles que l'irruption de l'arme atomique imprimait à la stratégie classique (*Dissuasion et Stratégie,* 1964).

BEAUGENCY (45190), ch.-l. de cant. du Loiret, sur la Loire ; 7 347 hab. *(Balgenciens).* Mobilier. — Monuments des XIe-XVIe s. Musée de l'Orléanais.

BEAUHARNAIS (Alexandre, vicomte **de**), *Fort-Royal de la Martinique 1760 - Paris 1794,* général français. Général dans l'armée du Rhin en 1793, il ne réussit pas à sauver Mayence et mourut sur l'échafaud. Il avait épousé Joséphine (1779), future impératrice des Français.

BEAUHARNAIS (Eugène **de**), *Paris 1781 - Munich 1824,* vice-roi d'Italie (1805 - 1814). Fils d'Alexandre de Beauharnais et de Joséphine, il est le beau-fils de Napoléon Ier.

BEAUHARNAIS (Hortense **de**) → **HORTENSE DE BEAUHARNAIS.**

BEAUHARNAIS (Joséphine **de**) → **JOSÉPHINE.**

BEAUJEU (69430), ch.-l. de cant. du Rhône ; 1 935 hab. *(Beaujolais).* Anc. cap. du Beaujolais.

BEAUJOLAIS, région de la bordure orientale du Massif central, entre la Loire et la Saône. Les *monts du Beaujolais,* pays de polyculture et d'élevage bovin, dominent la *côte beaujolaise,* grand secteur viticole.

BEAULIEU-LÈS-LOCHES (37600), comm. d'Indre-et-Loire ; 1 768 hab. Anc. abbaye bénédictine (clocher roman). — paix de **Beaulieu** → **Monsieur** (paix de).

BEAULIEU-SUR-DORDOGNE (19120), ch.-l. de cant. de la Corrèze ; 1 327 hab. Anc. abbatiale des XIIe-XIVe s. (tympan roman du *Jugement dernier ;* trésor).

BEAULIEU-SUR-MER (06310), comm. des Alpes-Maritimes ; 3 701 hab. *(Berlugans).* Station balnéaire. — Villa « grecque » Kerylos.

BEAUMANOIR (Jean **de**), *m. en 1366 ou 1367,* homme de guerre breton. Il participa au *combat des *Trente* (1351), qui opposa près de Ploërmel trente Bretons à trente Anglais.

BEAUMARCHAIS (Pierre Augustin **Caron de**), *Paris 1732 - id. 1799,* auteur dramatique français. Aventurier et libertin, célèbre par ses spéculations et ses procès, il fit dans *le Barbier de Séville* (1775) et *le Mariage de *Figaro* (1784) une critique hardie et spirituelle de la société française. Mais la Révolution, qu'il avait contribué à préparer, ne lui inspira qu'un drame larmoyant, *la Mère coupable* (1792).

BEAUMES-DE-VENISE (84190), ch.-l. de cant. de Vaucluse ; 2 070 hab. *(Balméens).* Vins.

BEAUMONT, v. des États-Unis (Texas) ; 114 323 hab. Port pétrolier. Chimie.

BEAUMONT (63110), ch.-l. de cant. du Puy-de-Dôme ; 10 947 hab. *(Beaumontois).* Anc. abbatiale des XIIe-XIIIe s.

BEAUMONT (Christophe **de**), *La Roque, près de Sarlat, 1703 - Paris 1781,* prélat français. Archevêque de Paris (1746 - 1754), il lutta contre les jansénistes et les philosophes.

BEAUMONT (Francis), *Grace-Dieu 1584 - Londres 1616,* poète dramatique anglais. Il est l'auteur, avec Fletcher, de tragédies et de comédies d'intrigue *(le Chevalier au pilon ardent).*

BEAUMONT (Léonce **Élie de**) → **ÉLIE DE BEAUMONT.**

BEAUMONT-DE-LOMAGNE (82500), ch.-l. de cant. de Tarn-et-Garonne ; 3 959 hab. *(Beaumontois).* Halle en bois du XIVe s.

BEAUMONT-LE-ROGER (27170), ch.-l. de cant. de l'Eure ; 2 874 hab. Équipement électrique. — Église des XIVe-XVIe s.

BEAUMONT-SUR-OISE (95260), ch.-l. de cant. du Val-d'Oise ; 8 556 hab. Église des XIIe-XVIe s.

BEAUNE (21200), ch.-l. d'arrond. de la Côte-d'Or ; 22 916 hab. *(Beaunois).* Vins de la *côte de Beaune.* — Hôtel-Dieu, fondé par le chancelier Rolin en 1443 (*Jugement dernier* de Van der Weyden) ; église romane Notre-Dame ; musée du Vin dans l'hôtel des ducs de Bourgogne (XIVe-XVIe s.) ; musée E. J. Marey.

■ **BEAUNE.** Les toits de l'hôtel-Dieu.

BEAUNE-LA-ROLANDE (45340), ch.-l. de cant. du Loiret ; 2 362 hab. Église des XIIIe et XVIe s.

BEAUNEVEU (André), sculpteur et miniaturiste français, né à Valenciennes, mentionné de 1360 à 1400. Artiste de cour, il travailla pour Charles V puis pour Jean de Berry.

BEAUPERTHUY (Louis Daniel), *la Guadeloupe 1807 - Bartica Grove, Guyana, 1871,* médecin français. Il a démontré, le premier, que la fièvre jaune est transmise par un moustique (1854).

BEAUPORT, v. du Canada (Québec), banlieue nord-est de Québec, sur le Saint-Laurent ; 72 259 hab. *(Beauportois).*

BEAUPRÉAU (49600), ch.-l. de cant. de Maine-et-Loire ; 6 677 hab. *(Bellopratains).* Château des XVe-XVIe et XIXe s.

BEAUREPAIRE (38270), ch.-l. de cant. de l'Isère ; 3 945 hab. *(Beaurepairois).*

BEAUSOLEIL (06240), ch.-l. de cant. des Alpes-Maritimes ; 12 876 hab. *(Beausoleillois).* Station balnéaire.

BEAUSSET (Le) [83330], ch.-l. de cant. du Var ; 7 807 hab. *(Beaussetans).*

BEAUTÉ (île de), nom parfois donné à la Corse.

BEAUVAIS (60000), ch.-l. du dép. de l'Oise, sur le Thérain, à 76 km au N. de Paris ; 57 355 hab. *(Beauvaisiens).* Évêché. Industries mécaniques, alimentaires et chimiques. — Église St-Étienne (en partie romane) et audacieuse cathédrale gothique inachevée (XIIIe-XVIe s.), aux beaux vitraux Renaissance. Galerie nationale de la Tapisserie. — Assiégée par Charles le Téméraire, la ville fut défendue par Jeanne Hachette (1472).

BEAUVAISIS [-zi] n.m., pays de l'ancienne France ; cap. *Beauvais.*

BEAUVALLON, station balnéaire du Var (comm. de Grimaud), sur la côte des Maures, en face de Saint-Tropez.

BEAUVILLIERS (François **de**), premier duc **de Saint-Aignan,** *Saint-Aignan 1610 - Paris 1687,* gentilhomme français. Il fut l'un des protecteurs des gens de lettres sous Louis XIV. (Acad. fr.) – **Paul de B.**, comte **de Saint-Aignan**, *Saint-Aignan 1648 - Vaucresson 1714,* gentilhomme français. Fils de François, il fut gouverneur des ducs de Bourgogne, d'Anjou et de Berry. L'enquête qu'il fit mener auprès des intendants constitue une source précieuse sur l'histoire de la France à la fin du XVIIe s.

BEAUVOIR (Simone **de**), *Paris 1908 - id. 1986,* femme de lettres française. Disciple et compagne de Sartre, ardente féministe, elle est l'auteur d'essais (*le Deuxième Sexe,* 1949), de romans (*les Mandarins,* 1954) et de Mémoires (*Mémoires d'une jeune fille rangée,* 1958).

BEAUVOIR-SUR-MER (85230), ch.-l. de cant. de la Vendée ; 3 447 hab. Église romane.

beaux-arts (École nationale supérieure des) [ENSBA], établissement d'enseignement supérieur, à Paris, rue Bonaparte et quai Malaquais. On y travaille toutes les disciplines des arts graphiques et plastiques.

BEBEL (August), *Cologne 1840 - Passugg, Suisse, 1913,* homme politique allemand. Il fut l'un des chefs de la social-démocratie.

BÉCANCOUR, v. du Canada (Québec), sur la rive sud du Saint-Laurent ; 11 411 hab. *(Bécancourois).*

Bécassine, personnage de bande dessinée créé en 1905 par le scénariste Caumery et le dessinateur Pinchon dans l'hebdomadaire français *la Semaine de Suzette.* Bretonne naïve et dévouée, elle campe le type de la servante au grand cœur.

■ **BÉCASSINE.** Éditions de *la Semaine de Suzette.* (© Hachette Livre / Gautier-Languereau.)

BÉCAUD (François **Silly,** dit Gilbert), *Toulon 1927,* chanteur français. Également compositeur, servi par les textes de brillants paroliers, il exprime la joie de vivre avec un grand dynamisme scénique (*le Jour où la pluie viendra, Et maintenant*).

BECCAFUMI (Domenico), *près de Sienne v. 1486 - Sienne 1551,* peintre italien. Également graveur et sculpteur, il est le plus important maniériste de l'école siennoise.

BECCARIA (Cesare **Bonesana,** marquis **de**), *Milan 1738 - id. 1794,* publiciste et économiste italien. Son traité *Des délits et des peines* (1764) est à la base des législations modernes. Il traduit les protestations de la conscience publique et des philosophes de l'époque contre la procédure secrète, la torture, l'inégalité des châtiments selon les personnes, l'atrocité des supplices.

BÉCHAR, v. d'Algérie, ch.-l. de wilaya, dans le Sahara ; 107 000 hab.

BEC-HELLOUIN (Le) [27800], comm. de l'Eure ; 417 hab. *(Bexiens).* Abbaye bénédictine, fondée en 1034, qui fut au Moyen Âge le centre d'une florissante école où enseignèrent Lanfranc et saint Anselme ; bâtiments du XVIIIe s.

BECHET (Sidney), *La Nouvelle-Orléans 1897 - Garches 1959,* musicien américain de jazz. Clarinettiste, saxophoniste, compositeur et chef d'orchestre, grand improvisateur, il fut l'un des plus grands représentants du style « Nouvelle-Orléans ». (*Petite Fleur,* 1952 ; *Dans les rues d'Antibes,* 1952).

BECHTEREV (Vladimir Mikhaïlovitch), *près de Viatka 1857 - Leningrad 1927,* psychophysiologiste russe. À partir du réflexe conditionné étudié par Pavlov, il a développé, avant Watson, une psychologie comportementale.

BECHUANALAND → **BOTSWANA.**

BECKENBAUER (Franz), *Munich 1945,* footballeur allemand. Libero, il fut capitaine de l'équipe de la RFA, victorieuse de la Coupe du monde en 1974.

BECKER (Gary Stanley), *Pottsville, Pennsylvanie, 1930,* économiste américain. Il a étendu l'analyse économique à l'étude des relations et des comportements humains. (Prix Nobel 1992.)

BECKER (Jacques), *Paris 1906 - id. 1960,* cinéaste français. Il est l'auteur de tableaux sociaux et psychologiques : *Goupi Mains rouges* (1943), *Casque d'or* (1952), *le Trou* (1960).

BECKET (saint Thomas) → **THOMAS BECKET** (saint).

BECKETT (Samuel), *Foxrock, près de Dublin, 1906 - Paris 1989,* écrivain irlandais. Il est l'auteur, en anglais puis en français, de romans *(Molloy, Watt)* et de pièces de théâtre qui expriment l'absurdité de la condition humaine (*En attendant Godot,* 1953 ; *Fin de partie,* 1957 ; *Oh les beaux jours,* 1961). [Prix Nobel 1969.]

BECKMANN (Max), *Leipzig 1884 - New York 1950,* peintre allemand. C'est l'un des meilleurs représentants de l'expressionnisme et de la « nouvelle objectivité ».

BÉCLÈRE (Antoine), *Paris 1856 - id. 1939,* médecin français. Il créa l'enseignement de la radiologie médicale en France.

BECQUE (Henry), *Paris 1837 - id. 1899,* auteur dramatique français. Il a écrit des comédies boulevardières *(la Parisienne)* et des drames réalistes *(les Corbeaux).*

BÉCQUER (Gustavo Adolfo), *Séville 1836 - Madrid 1870,* poète espagnol. Son œuvre simple et naturelle se situe au confluent du romantisme et de la poésie populaire.

BECQUEREL (Antoine), *Châtillon-Coligny 1788 - Paris 1878,* physicien français. Ses travaux apportèrent une contribution fondamentale aux progrès de l'électricité et de ses applications. – **Alexandre Edmond B.,** *Paris 1820 - id. 1891,* physicien français. Fils d'Antoine, il imagina la spectrographie. – **Henri B.,** *Paris 1852 - Le Croisic 1908,* physicien français. Petit-fils d'Antoine, il découvrit la radioactivité en 1896, sur les sels d'uranium. (Prix Nobel 1903.)

BÉDARD (Pierre Stanislas), *Charlesbourg 1762 - Trois-Rivières 1829,* avocat, homme politique et journaliste canadien. Député de 1792 à 1819, il fut le premier dirigeant du Parti canadien, ou Parti patriote. Il fonda le journal *le Canadien* (1806), qui devint l'organe de son parti, et fut l'un des précurseurs de la théorie de la responsabilité ministérielle.

BÉDARIEUX (34600), ch.-l. de cant. de l'Hérault ; 6 213 hab. *(Bédariciens).* Maison des Arts dans l'anc. hospice Saint-Louis.

BÉDARRIDES (84370), ch.-l. de cant. de Vaucluse, dans le Comtat ; 5 151 hab. *(Bédarridais).*

BEDAUX (Charles), *Paris v. 1887 - Miami 1944,* ingénieur français. Il mit au point un système de mesure du travail qui fait intervenir l'allure de l'opérateur.

BEDDOES (Thomas Lovell), *Clifton 1803 - Bâle 1849,* écrivain britannique. Son œuvre poétique et dramatique est marquée par un romantisme macabre *(les Facéties de la mort).*

BÈDE le Vénérable (saint), *Wearmouth v. 672 - Jarrow 735,* bénédictin anglo-saxon. Poète, théologien et historien, il a laissé une *Histoire ecclésiastique de la nation anglaise.* Docteur de l'Église.

BEDFORD, v. de Grande-Bretagne (Angleterre), ch.-l. du *Bedfordshire ;* 75 600 hab.

BEDFORD (Jean **de Lancastre,** duc **de**), *1389 - Rouen 1435,* prince anglais. Frère d'Henri V, il fut lieutenant en Angleterre (1415) puis régent de France pour son neveu Henri VI (1422). La réconciliation des Bourguignons avec le roi de France, scellée par le traité d'Arras (1435), ruina ses entreprises en France.

BÉDIÉ (Henri Konan), *Dadiékro 1934,* homme politique ivoirien. Président de l'Assemblée nationale (1980 - 1993), il devient président de la République après la mort d'Houphouët-Boigny (1993). Confirmé à la tête de l'État par une élection présidentielle en 1995, il est destitué en 1999.

BÉDIER (Joseph), *Paris 1864 - Le Grand-Serre 1938,* médiéviste français. Il interpréta les chansons de geste comme des récits composés par les clercs des sanctuaires placés sur les grandes routes de pèlerinage. (Acad. fr.)

BEDNORZ (Johannes Georg), *Neuenkirchen 1950,* physicien allemand. Avec K. Müller, il a effectué des recherches sur les céramiques supraconductrices à haute température. (Prix Nobel 1987.)

BÉDOUINS, Arabes nomades de la péninsule arabique, de Syrie, d'Iraq, de Jordanie et du Sahara. Chameliers, musulmans sunnites en majorité, ils sont pour partie en voie de sédentarisation.

BEECHAM (sir Thomas), *Saint Helens, Lancashire, 1879 - Londres 1961,* chef d'orchestre britannique. Il fonda en 1947 le Royal Philharmonic Orchestra.

BEECHER-STOWE (Harriet **Beecher,** Mrs. **Stowe,** dite Mrs.), *Litchfield, Connecticut, 1811 - Hartford 1896,* romancière américaine. Elle est l'auteur de *la* **Case de l'oncle Tom.*

BEERNAERT (Auguste), *Ostende 1829 - Lucerne 1912,* homme politique belge. Il fut l'un des chefs du parti catholique, et président du Conseil de 1884 à 1894. (Prix Nobel de la paix 1909.)

BEERSEL, comm. de Belgique (Brabant flamand), au S. de Bruxelles ; 22 195 hab. Château fort construit v. 1300.

BEERSHEBA ou **BEER-SHEVA,** v. d'Israël, en bordure du Néguev ; 135 000 hab. Vestiges de l'anc. *Bersabée* des rois de Judée, et des époques achéménide, hellénistique et romaine. Musée.

BEETHOVEN (Ludwig **van**), *Bonn 1770 - Vienne 1827,* compositeur allemand. Enfant prodige (il donne son premier concert à huit ans), adepte des idées révolutionnaires françaises, admirateur de l'épopée de Bonaparte, il fut hostile à l'hégémonie napoléonienne. Frappé de surdité dès 1802, il s'affirma cependant comme compositeur et héritier de Mozart et du classicisme viennois

■ MAX **BECKMANN.** *La Nuit,* 1918 - 1919. (Kunstsammlung Nordrhein-Westfalen, Düsseldorf.)

■ **BEETHOVEN.** Gravure de 1814. (Musée historique, Vienne.)

B

(*Fidelio*, 1814). Il fut le précurseur du romantisme allemand avec ses 17 quatuors à cordes, ses 32 sonates pour piano *(Pathétique, Au clair de lune, Appassionata, Hammerklavier)*, ses concertos pour piano et ses 9 symphonies (la 3e dite « Héroïque », 1804 ; la 6e dite « Pastorale », 1808 ; la 9e avec chœurs, 1824).

BÉGARD (22140), ch.-l. de cant. des Côtes-d'Armor ; 4 677 hab. *(Bégarrois).*

BEGIN (Menahem), *Brest-Litovsk 1913 - Tel-Aviv-Jaffa 1992,* homme politique israélien. Chef de l'Irgoun (1942), puis leader du Likoud, Premier ministre (1977 - 1983), il signa (1979) un traité de paix avec l'Égypte. (Prix Nobel de la paix 1978.)

■ MENAHEM **BEGIN**

B

BÉGIN (Louis), *Liège 1793-Locronan 1859,* chirurgien militaire français. Son nom a été donné à l'hôpital militaire de Vincennes, rénové en 1970.

BÈGLES (33130), ch.-l. de cant. de la Gironde, banlieue sud de Bordeaux ; 22 672 hab. *(Béglais).*

BEG-MEIL (29170), station balnéaire du sud du Finistère (comm. de Fouesnant).

BEGO (mont), massif des Alpes françaises (Alpes-Maritimes), près de Tende ; 2 873 m.

BEHAIM (Martin), *Nuremberg 1459 - Lisbonne 1507,* cosmographe et navigateur allemand. Il est l'auteur d'un globe terrestre figurant l'état des connaissances géographiques avant Colomb.

BEHAN (Brendan), *Dublin 1923-id. 1964,* écrivain irlandais. Il est l'auteur de récits autobiographiques *(Un peuple partisan)* et de pièces de théâtre *(le Client du matin).*

BÉHANZIN, *1844 - Alger 1906,* dernier roi du Dahomey (1889-1893). Fils de Glélé, il fut déporté en Algérie après la conquête de son royaume par les Français (effectuée à l'issue de deux campagnes : 1890 et 1892 - 1893).

BÉHISTOUN ou **BEHISTUN,** site du Kurdistan iranien. Rochers couverts de bas-reliefs et d'inscriptions qui ont servi de base au déchiffrement de l'écriture cunéiforme par le Britannique H. Rawlinson (1810 - 1895).

BÉHOBIE, hameau des Pyrénées-Atlantiques (comm. d'Urrugne). Poste frontière sur la Bidassoa.

BEHREN-LÈS-FORBACH (57460), ch.-l. de cant. de la Moselle ; 10 188 hab.

BEHRENS (Peter), *Hambourg 1868 - Berlin 1940,* architecte et designer allemand. Dans l'atelier de ce rationaliste sont passés Gropius, Mies van der Rohe, Le Corbusier.

BEHRING (Emil **von**), *Hansdorf 1854 - Marburg 1917,* médecin et bactériologiste allemand, l'un des créateurs de la sérothérapie. (Prix Nobel 1901.)

BEHZAD ou **BIHZAD** (Kamal al-Din), *v. 1455 - v. 1536,* miniaturiste persan. Il rénova les principes de composition et est à l'origine de l'école séfévide de Tabriz.

BEI, sigle de *Banque européenne d'investissement.

BEIDA (El-), v. de Libye ; 67 000 hab.

BEIDERBECKE (Leon **Beiderbecke,** dit Bix), *Davenport, Iowa, 1903 - New York 1931,* musicien américain de jazz. Cornettiste, également pianiste et compositeur, il fut l'un des premiers Blancs à s'adonner au jazz et à l'improvisation. Parmi ses enregistrements : *Singin' the Blues* (1927).

BEIJING → **PÉKIN.**

BEIPIAO, v. de Chine (Liaoning) ; 605 000 hab.

BEIRA, v. du Mozambique, sur l'océan Indien ; 299 300 hab. Port.

BEIRA, anc. prov. du Portugal central.

BEJA ou **BEDJA,** peuple de l'est du Soudan (env. 1 million). Éleveurs nomades, affectés par les sécheresses récentes, ils se sédentarisent ou se réfugient à Port-Soudan. Ils sont musulmans et de langue couchitique.

BÉJA, v. du nord de la Tunisie ; 46 700 hab. Sucrerie.

BÉJAÏA, anc. **Bougie,** v. d'Algérie, ch.-l. de wilaya, sur le *golfe de Béjaïa ;* 115 000 hab. Port pétrolier. Raffinerie.

BÉJART [-ʒar], famille d'acteurs de la troupe de Molière. — **Madeleine B.,** *Paris 1618 - id. 1672,* actrice française. Elle fonda l'Illustre-Théâtre avec Molière et fut sa compagne jusqu'en 1662. — **Armande B.,** *1642 ?-Paris 1700,* actrice française. Elle épousa Molière en 1662.

BÉJART (Maurice **Berger,** dit Maurice), *Marseille 1927,* danseur et chorégraphe français. Animateur du Ballet du XXe siècle fondé en 1960 à Bruxelles, devenu Béjart Ballet Lausanne en 1987, et du centre chorégraphique Mudra-Bruxelles (1970 - 1987), il dirige depuis 1992 l'école-atelier Rudra. Il reste attaché à la technique classique mais son esthétique et ses conceptions scéniques ont amené à la danse un plus vaste public (*Symphonie pour un homme seul,* 1955 ; *le Sacre du printemps,* 1959 ; *Messe pour le temps présent,* 1967 ; *King Lear-Prospero,* 1994).

■ MAURICE **BÉJART** dans *King Lear-Prospero* (1994).

BEKAA → **BEQAA.**

BÉKÉSCSABA, v. du sud-est de la Hongrie, ch.-l. de dép. ; 67 600 hab.

Bektachi ou **Bektachiyya,** ordre derviche, connu dès le XVIe s. et supprimé par la République turque en 1925. Nommé ainsi en l'honneur de Hadjdji Wali **Bektach** (en turc Veli Haci Bektaş) [v. 1210 - 1271], mystique musulman, cet ordre était en étroite relation avec les janissaires. Sa doctrine comporte des éléments chiites et chrétiens.

BÊL, dieu mésopotamien assimilé à Mardouk. Son nom évoque aussi le Baal cananéen que mentionne la Bible.

BÉLA IV, *1206 - Budapest 1270,* roi de Hongrie (1235 - 1270) de la dynastie des Árpád. Après l'invasion mongole (1241 - 1242), il se consacra à la reconstruction du pays.

Bel-Ami, roman de Maupassant (1885) sur l'ascension sociale d'un séducteur sans scrupules.

BÉLANGER (François), *Paris 1744 - id. 1818,* architecte français. Auteur, néoclassique, du petit château de Bagatelle au bois de Boulogne (1777).

BELARUS → **BIÉLORUSSIE.**

BELATE (col de) → **VELATE** (col de).

BELAU → **PALAOS.**

BELÉM, anc. **Pará,** v. du Brésil, cap. de l'État de Pará ; 1 246 435 hab. Port à l'embouchure de l'Amazone.

BELÉM, quartier de *Lisbonne. Tour fortifiée sur le Tage et monastère des Hiéronymites.

BELFAST, v. de Grande-Bretagne, cap. de l'Irlande du Nord ; 325 000 hab. (près de 600 000 hab. dans l'agglomération). Port. Chantiers navals. Textile. — Musée de l'Ulster.

BELFORT (90000), ch.-l. du *Territoire de Belfort,* à 423 km à l'E. de Paris ; 52 521 hab. *(Belfortains).* Constructions mécaniques. Informatique. — Festival musical (« les Eurockéennes »). — Place forte illustrée par la belle défense de Denfert-Rochereau durant la guerre franco-allemande (1870 - 1871). — *Lion* de Belfort, monument en grès rouge par Bartholdi. Musée d'Art et d'Histoire dans la citadelle. Cabinet d'un amateur (donation Maurice Jardot : art moderne).

BELFORT (Territoire de) [90], dép. de la Région Franche-Comté ; ch.-l. de dép. *Belfort ;* 1 arrond. ; 15 cant. ; 102 comm. ; 609 km^2 ; 137 408 hab. *(Belfortains).* Le dép. appartient à l'académie et à la cour d'appel de Besançon, à la zone de défense Est. Le Territoire de Belfort correspond à la partie du Haut-Rhin (anc. arrond. de Belfort) restée française après 1871. Il s'étend sur l'extrémité méridionale des Vosges, sur la région déprimée de la porte d'Alsace (ou *trouée de Belfort*), axe de circulation. L'industrie, développée, est représentée surtout dans l'agglomération de Belfort, qui regroupe près des deux tiers de la population du Territoire.

BELGAUM, v. d'Inde (Karnataka) ; 401 619 hab.

BELGIOJOSO (Cristina **Trivulzio,** princesse **de**), *Milan 1808 - id. 1871,* patriote et femme de lettres italienne. De son exil parisien, elle soutint les efforts du Risorgimento.

BELGIQUE n.f., en néerl. **België,** État fédéral d'Europe, sur la mer du Nord ; 30 500 km^2 ; 10 100 000 hab. *(Belges).* CAP. *Bruxelles.* V. PRINC. *Anvers, Liège* et *Gand.* LANGUES : *allemand, français* et *néerlandais.* MONNAIES : *euro* et *franc belge.* La Belgique compte trois Régions (Région flamande, Région wallonne et Bruxelles-Capitale), les deux premières étant divisées en dix provinces (Anvers, Brabant flamand, Brabant wallon, Flandre-Occidentale, Flandre-Orientale, Hainaut, Liège, Limbourg, Luxembourg et Namur).

INSTITUTIONS

Monarchie constitutionnelle héréditaire depuis la Constitution de 1831. La révision de la Constitution en 1993 fait de la Belgique un État fédéral, composé de 3 Communautés et de 3 Régions. Le gouvernement fédéral est dirigé par un Premier ministre, responsable devant le Parlement fédéral. Ce dernier est constitué de 2 chambres aux pouvoirs identiques, élues pour 4 ans, au suffrage universel direct : la Chambre des représentants et le Sénat. L'État fédéral est compétent pour tout ce qui a trait à l'intérêt général (finances, justice, sécurité, etc.). Les Communautés (Communauté française, Communauté flamande et Communauté germanophone) ont chacune un Parlement (Conseil) et un exécutif. Elles sont compétentes pour tout ce qui touche principalement à la langue et à son emploi, à la culture, à l'enseignement. Les Régions s'intéressent plus particulièrement aux secteurs économiques.

GÉOGRAPHIE

Pays de dimensions réduites (guère plus étendu que la Bretagne), au relief modéré (s'élevant vers le sud-est, de la plaine de Flandre à l'Ardenne, mais culminant seulement à 694 m), au climat océanique doux et humide, la Belgique est l'un des États les plus densément peuplés du monde (environ 330 hab. au km^2, plus du triple de la densité française).

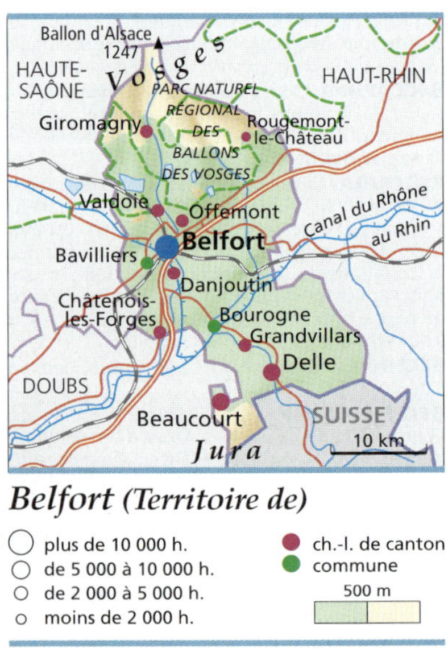

Belfort (Territoire de)

- plus de 10 000 h.
- de 5 000 à 10 000 h.
- de 2 000 à 5 000 h.
- moins de 2 000 h.
- ch.-l. de canton
- commune
- 500 m

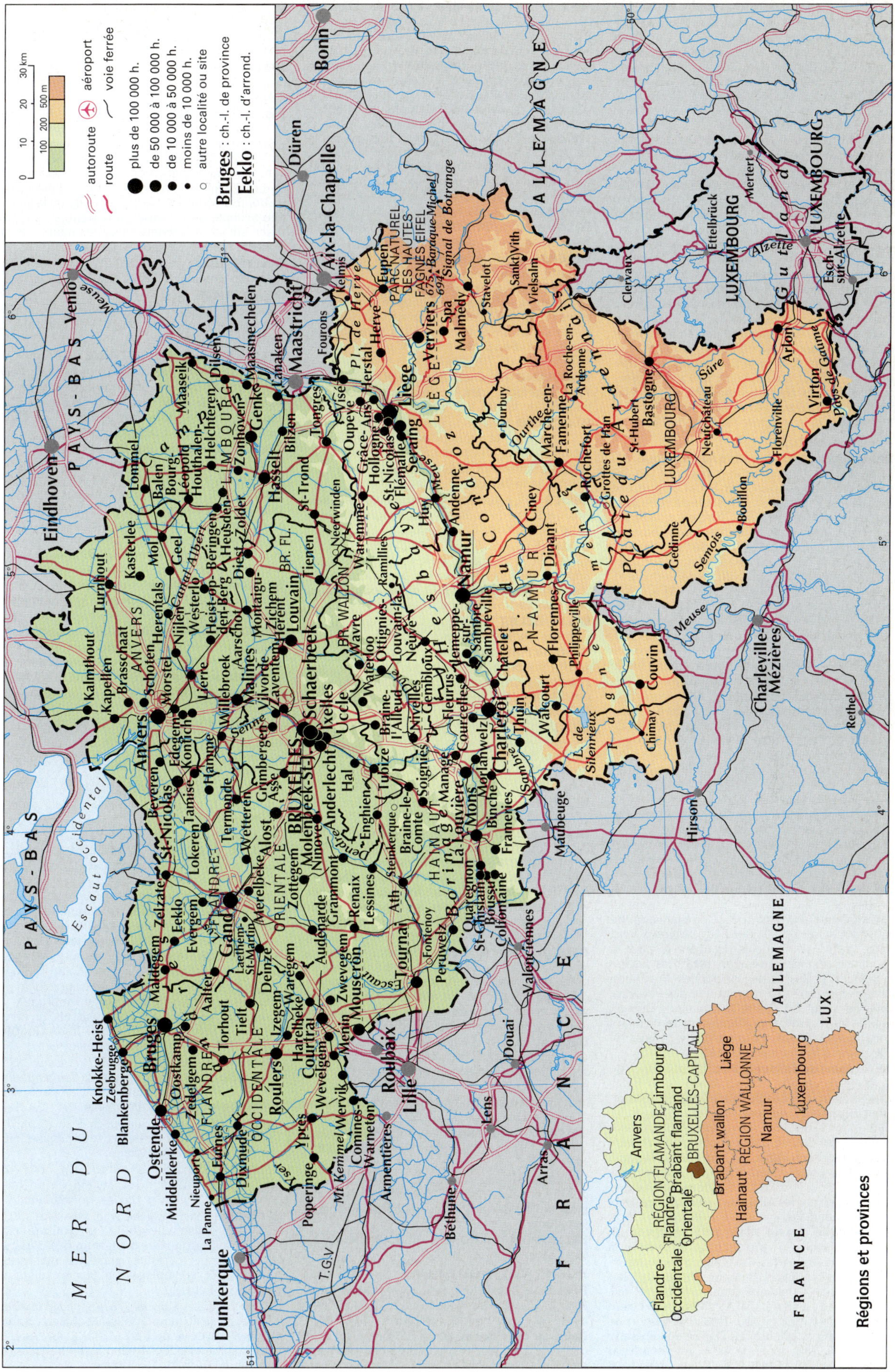
0 10 20 30 km
100 200 500 m
autoroute
route
aéroport
voie ferrée
plus de 100 000 h.
de 50 000 à 100 000 h.
de 10 000 à 50 000 h.
moins de 10 000 h.
autre localité ou site
Bruges : ch.-l. de province
Eeklo : ch.-l. d'arrond.
MER DU NORD
PAYS-BAS
ALLEMAGNE
FRANCE
LUXEMBOURG
BRUXELLES
Anvers
Gand
Bruges
Ostende
Liège
Namur
Charleroi
Mons
Hasselt
Louvain
Arlon
Bastogne
Maastricht
Aix-la-Chapelle
Eindhoven
Lille
Dunkerque
Régions et provinces
RÉGION FLAMANDE
RÉGION WALLONNE
BRUXELLES-CAPITALE
Flandre-Occidentale
Flandre-Orientale
Anvers
Limbourg
Brabant flamand
Brabant wallon
Hainaut
Namur
Liège
Luxembourg
LUX.

Elle doit cette situation à l'histoire, à une position géographique privilégiée au cœur de la partie la plus dynamique du continent, l'Europe du Nord-Ouest, à l'ouverture sur la mer du Nord. L'ampleur des échanges (les exportations représentent environ la moitié du PIB) tient aussi à l'étroitesse du marché intérieur, surtout au volume et à la nature de la production, et a été facilitée par l'intégration dans le Benelux d'abord, dans l'actuelle Union européenne ensuite.
L'industrie comprend sidérurgie et métallurgie de transformation, textile, chimie et agroalimentaire, mais elle est dans certains secteurs (industrie lourde, textile) et dans certaines régions (Wallonie surtout) en crise. L'agriculture emploie peu d'actifs (moins de 3 %), mais est très intensive, associant céréales et plantes industrielles (betterave), élevage bovin et porcin. Les services, diversifiés (importante infrastructure de transports notamm.), occupent plus des deux tiers des actifs, proportion liée (en grande partie) au taux élevé d'urbanisation, à la densité d'un réseau urbain bien hiérarchisé.
La population stagne aujourd'hui, ce qui n'a pas empêché la montée du chômage, problème majeur, avec l'ampleur de la dette publique (supérieure au PIB) et la persistance de l'antagonisme entre Flamands (devenus majoritaires) et Wallons, que traduisent l'existence d'une frontière linguistique et la structure fédérale de l'État.

B

HISTOIRE

Des origines à la domination autrichienne. 57-51 av. J.-C. : la Gaule belgique, occupée par des Celtes, est conquise par César. Sous l'Empire, elle joue un rôle important dans la stratégie et l'économie romaines. **IVe - VIe s. :** le Nord est envahi par les Francs. **843 :** au traité de Verdun, le pays est divisé entre la Francie occidentale (future France) et la Francie médiane (future Lotharingie, rattachée en 925 au royaume de Germanie), avec l'Escaut pour frontière. **IXe - XVe s. :** des principautés se forment, tandis que les villes deviennent des centres commerciaux importants (draperies flamandes). **XIVe-XVe s. :** les « Pays-Bas », dans lesquels la Belgique est intégrée, se constituent en un ensemble progressivement unifié entre les mains des ducs de Bourgogne.
La domination des Habsbourg. 1477 : le mariage de Marie de Bourgogne avec Maximilien d'Autriche fait passer les Pays-Bas à la maison de Habsbourg. **1555 - 1556 :** Philippe II d'Espagne accède au trône. **1572 :** son absolutisme et les excès du duc d'Albe provoquent la révolte des Pays-Bas. **1579 :** les sept provinces du Nord deviennent indépendantes et forment les Provinces-Unies ; celles du Sud se replacent sous l'autorité espagnole. **XVIIe s. :** le cadre territorial de la Belgique se précise, à la suite des guerres menées par Louis XIV. **1713 :** le traité d'Utrecht remet les Pays-Bas espagnols à la maison d'Autriche.
De la révolte à l'indépendance. 1789 : les réformes que veut imposer l'empereur Joseph II provoquent l'insurrection et la proclamation de l'indépendance (1790) des *États belgiques unis.*
1795 - 1815 : les Français occupent le pays et l'unifient administrativement. **1815 :** les futures provinces belges et les anciennes Provinces-Unies sont réunies en un royaume des Pays-Bas, créé au profit du comte Guillaume d'Orange, Guillaume Ier. **1830 :** la politique maladroite du roi provoque la sécession des provinces belges, qui proclament leur indépendance.
Le royaume de Belgique. 1831 : la conférence de Londres reconnaît l'indépendance de la Belgique, monarchie constitutionnelle et héréditaire, dont Léopold Ier devient le premier souverain. **1865 - 1909 :** sous le règne de Léopold II, l'essor industriel se double d'une implantation en Afrique. **1908 :** le roi lègue le Congo à la Belgique. **1909 - 1945 :** sous Albert Ier (1909 - 1934) et sous Léopold III (1934 - 1951), la Belgique, État neutre, est occupée par les Allemands pendant les deux guerres mondiales.
La Belgique depuis 1945. 1951 : Léopold III, accusé d'avoir eu une attitude équivoque à l'égard des Allemands, est obligé d'abdiquer en faveur de son fils, Baudouin Ier. Sur le plan international, la Belgique adhère à l'ONU (1945), au Benelux (1948), à l'OTAN (1949) et devient membre de la CEE (1958). **1958 :** la question de l'enseignement, qui oppose l'Église aux libéraux et aux socialistes depuis le XIXe s., est résolue par le pacte scolaire. **1960 :** le Congo belge est proclamé indépendant. **1977 :** sous le gouvernement de Léo Tindemans, le pacte d'Egmont découpe la Belgique en trois Régions : Flandre, Wallonie, Bruxelles. Cette régionalisation est adoptée pour la Flandre et la Wallonie par le Parlement en 1980. **1979 - 1992 :** Wilfried Martens dirige le gouvernement. Il engage un processus de décentralisation donnant davantage de pouvoirs aux Régions et aux Communautés. **1989 :** le statut de Bruxelles est définitivement adopté. **1992 :** Jean-Luc Dehaene devient Premier ministre. **1993 :** la révision constitutionnelle transforme la Belgique unitaire en un État fédéral aux pouvoirs décentralisés. Albert II succède à son frère Baudouin Ier. **1999 :** Guy Verhofstadt devient Premier ministre.

BELGOROD ou **BIELGOROD,** v. de Russie, au N. de Kharkiv ; 311 000 hab. Musées.

BELGRADE, en serbe **Beograd**, cap. de la Yougoslavie, au confluent du Danube et de la Save ; 1 168 454 hab. *(Belgradois).* Centre commercial et industriel. — Musées. — Occupée par les Ottomans (1521 - 1867), la ville devint la capitale de la Serbie en 1878, puis celle du royaume des Serbes, Croates et Slovènes (1918), qui prit en 1929 le nom de Yougoslavie.

BELGRAND (Eugène), *Ervy, Aube, 1810 - Paris 1878,* ingénieur français. Il installa le système d'égouts de la ville de Paris.

BELGRANO (Manuel), *Buenos Aires 1770 - id. 1820,* général et patriote argentin, artisan de l'indépendance sud-américaine.

BÉLIAL, autre nom de la puissance du mal dans la Bible et le judaïsme.

BÉLIER (le), constellation zodiacale. — le **Bélier**, premier signe du zodiaque, dans lequel le Soleil entre à l'équinoxe de printemps.

BELIN (Édouard), *Vesoul 1876 - Territet, canton de Vaud, 1963,* inventeur français. Il inventa un appareil de reproduction de documents à distance (bélinographe, 1907) et perfectionna les procédés de transmission des images fixes.

BELIN-BÉLIET (33830), ch.-l. de cant. de la Gironde, dans les Landes ; 2 791 hab.

BELINSKI ou **BIELINSKI** (Vissarion Grigorievitch), *Sveaborg, auj. Suomenlinna, 1811 - Saint-Pétersbourg 1848,* critique et publiciste russe. Il contribua à faire triompher le réalisme dans la littérature russe.

BÉLISAIRE, *en Thrace v. 500 - Constantinople 565,* général byzantin. Sous le règne de Justinien, il fut l'artisan de la reconquête sur les Vandales, en Afrique (533), en Sicile (535) et en Italie, où il combattit aussi les Ostrogoths (537 - 538).

BELITUNG ou **BILLITON,** île d'Indonésie, entre Sumatra et Bornéo. Étain.

BELIZE n.m., anc. **Honduras britannique,** État d'Amérique centrale, sur la mer des Antilles ; 23 000 km² ; 220 000 hab. *(Béliziens).* CAP. *Belmopan.* V. PRINC. *Belize* (44 000 hab.). LANGUE : *anglais.* MONNAIE : *dollar de Belize.* (V. carte **Amérique centrale**) Canne à sucre. — Colonie britannique de 1862 à 1964, devenu le Belize en 1973, le pays a accédé à l'indépendance en 1981.

BELL (Alexander Graham), *Édimbourg 1847 - près de Baddeck, Canada, 1922,* inventeur américain d'origine britannique. Après avoir mis au point, à l'usage des sourds, un appareil traduisant les vibrations acoustiques en oscillations électriques, il conçut le téléphone (1876).

BELL (sir Charles), *Édimbourg 1774 - North Hallow 1842,* physiologiste britannique. Il est connu pour ses recherches sur le système nerveux.

BELL (Daniel), *New York 1919,* sociologue américain. Il a analysé et théorisé l'évolution moderne (*Vers la société postindustrielle,* 1973).

BELLAC (87300), ch.-l. d'arrond. de la Haute-Vienne ; 4 905 hab. *(Bellachons).* Église des XIIe et XIVe s.

BELLANGE (Jacques [de ?]), *v. 1575 - Nancy 1616,* graveur et peintre lorrain. Maniériste, il est également brillant dans l'effusion religieuse ou dans le populisme.

BELLARMIN → **ROBERT BELLARMIN** (saint).

BELLARY, v. d'Inde (Karnataka) ; 245 758 hab.

BELLAY (Du) → **DU BELLAY.**

BELLEAU [belo] (Rémi), *Nogent-le-Rotrou 1528 - Paris 1577,* poète français. Membre de la Pléiade, il est l'auteur de poésies pastorales *(la Bergerie).*

Belle au bois dormant (la), personnage d'un conte de Perrault (1697). Cette jeune princesse est plongée par une fée dans un sommeil de cent ans et n'en sera tirée que par le baiser du Prince charmant. — Le personnage a inspiré le ballet de Marius Petipa sur la partition de Tchaïkovski (1890) et, en 1959, un dessin animé produit par les studios Disney.

BELLEDONNE (massif de), massif des Alpes françaises (Isère), dominant le Grésivaudan ; 2 978 m.

Belle et la Bête (la), personnages du conte homonyme de Mme Leprince de Beaumont (1757), déjà présents chez Mme d'Aulnoy (1698) et Mme de Villeneuve (1740). La Bête, prince charmant jadis métamorphosé en monstre par une méchante fée, parvient, à force d'amour et de bonté, à séduire la Belle. À l'instant où la jeune fille accepte de l'épouser, il reprend son apparence initiale. — Le conte a inspiré un film à Jean Cocteau (*la Belle et la Bête,* 1946).

BELLEFEUILLE, v. du Canada (Québec), au N.-O. de Montréal ; 12 038 hab. *(Bellefeuillois).*

BELLEGAMBE (Jean), *Douai v. 1470 - id. ? 1534/1540,* peintre flamand, auteur du monumental *Polyptyque d'Anchin* (v. 1510) du musée de Douai.

BELLEGARDE-SUR-VALSERINE (01200), ch.-l. de cant. de l'Ain, au confluent du Rhône et de la Valserine ; 11 329 hab. *(Bellegardiens).*

BELLE-ÎLE, île de France, en Bretagne (Morbihan), en face de Quiberon ; 90 km² ; 4 735 hab. *(Bellilois).* Ch.-l. *Le Palais.* Tourisme.

BELLE-ISLE (détroit de), bras de mer large de 20 km qui sépare le Labrador et le nord de l'île de Terre-Neuve (Canada).

BELLE-ISLE [bɛlil] (Charles **Fouquet,** duc **de**), *Villefranche-de-Rouergue 1684 - Versailles 1761,* maréchal de France. Petit-fils de Nicolas Fouquet, il participa à la guerre de la Succession d'Autriche et fut ministre de la Guerre (1758 - 1761). [Acad. fr.]

BELLÊME (61130), ch.-l. de cant. de l'Orne ; 1 797 hab. *(Bellêmois).* Forêt. — Monuments anciens.

BELLERIVE-SUR-ALLIER (03700), comm. de l'Allier, en face de Vichy ; 8 844 hab.

BELLÉROPHON MYTH. GR. Héros corinthien, fils de Poséidon. Il dompta Pégase et tua la chimère.

BELLEVILLE, v. du Canada (Ontario) ; 37 243 hab.

BELLEVILLE, quartier de Paris (XXe arrond.).

BELLEVILLE (69220), ch.-l. de cant. du Rhône, sur la Saône ; 6 012 hab. *(Bellevillois).* Église romane et gothique.

BELLEVILLE-SUR-LOIRE (18240), comm. du Cher, au S.-E. de Briare ; 1 107 hab. *(Bellevillois).* Centrale nucléaire.

BELLEY (01300), ch.-l. d'arrond. de l'Ain ; 8 473 hab. *(Belleysans).* Évêché *(Belley-Ars).* Travail du cuir. Anc. cap. du Bugey. — Cathédrale des XVe et XIXe s.

BELLIÈVRE (Pompone **de**), *Lyon 1529 - Paris 1607,* homme d'État français. Surintendant des Finances (1575 - 1588) sous Henri III, il fut chancelier de France (1599 - 1605) sous Henri IV.

BELLINI (Giovanni), *autour de 1430 - Venise 1516,* peintre italien. Il a donné une orientation décisive à l'école vénitienne par un sens nouveau de l'organisation spatiale (en partie empruntée à Mantegna), de la lumière, de la couleur. Son père, **Iacopo** (v. 1400 - 1470), et son frère **Gentile** (1429 - 1507) étaient également peintres.

BELLINI (Vincenzo), *Catane 1801 - Puteaux 1835,* compositeur italien. Ses opéras (*la Somnambule,* 1831 ; *Norma,* 1831) manifestent son talent pour la mélodie et son goût du lyrisme.

BELLINZONA, v. de Suisse, ch.-l. du cant. du Tessin ; 16 849 hab. Châteaux forts ; églises médiévales et de la Renaissance.

BELLMAN (Carl Michael), *Stockholm 1740 - id. 1795,* poète suédois. Il est l'auteur de poèmes populaires et idylliques *(Épîtres de Fredman).*

BELLMER (Hans), *Kattowitz, auj. Katowice, 1902 - Paris 1975,* artiste allemand. Son érotisme exacerbé l'a fait reconnaître comme un des leurs par les surréalistes (dessins, gravures, peintures, sculptures et assemblages [la *Poupée,* diverses versions], photos).

BELLO (Andrés), *Caracas 1781 - Santiago du Chili 1865,* écrivain et homme politique chilien. Fondateur de l'université du Chili (1842), il fut l'un des guides spirituels de l'Amérique latine dans la conquête de son indépendance.

BELLONE, déesse italique de la Guerre.

BELLONTE (Maurice), *Méru, Oise, 1896 - Paris 1984,* aviateur français. Il effectua avec Dieudonné Costes la première liaison aérienne Paris-New York (1er-2 sept. 1930, à bord du Breguet XIX *Point-d'Interrogation*).

BELLOW (Saul), *Lachine, Québec, 1915,* écrivain américain. Ses romans font des vicissitudes de la communauté juive nord-américaine un modèle des angoisses et de la destinée humaines *(les Aventures d'Augie March, Herzog, le Don de Humboldt).* [Prix Nobel 1976.]

BELMONDO (Jean-Paul), *Neuilly-sur-Seine 1933,* acteur français. Fils de Paul Belmondo, lancé par la « nouvelle vague » (*À bout de souffle,* de J.-L. Godard, 1960 ; *Pierrot le fou,* id., 1965), il a marqué ses rôles par sa désinvolture et sa gouaille. Il se voue auj. de plus en plus au théâtre.

BELMONDO (Paul), *Alger 1898 - Ivry-sur-Seine 1982,* sculpteur français. Ses œuvres sont d'un réalisme épuré et serein *(Apollon, Jeannette).*

BELMOPAN, cap. du Belize ; 5 000 hab.

BELŒIL, comm. de Belgique (Hainaut) ; 13 064 hab. Somptueux château des princes de Ligne, avec ses jardins.

BELŒIL, v. du Canada (Québec), banlieue est de Montréal ; 19 609 hab. *(Belœillois).*

BELO HORIZONTE, v. du Brésil, cap. du Minas Gerais ; 2 048 861 hab. (3 461 905 hab. dans l'agglomération). Centre industriel.

BELON ou **BÉLON** n.m., fl. côtier de Bretagne, près de Pont-Aven ; 25 km. Ostréiculture *(belons).*

BÉLOUTCHISTAN → BALOUTCHISTAN.

BELPHÉGOR, divinité moabite. On lui rendait un culte licencieux.

BELSUNCE DE CASTELMORON (Henri François-Xavier **de**), *La Force 1670 - Marseille 1755,* prélat français, évêque de Marseille, célèbre par son dévouement pendant la peste de 1720 - 1721.

BELT (Grand) et **PETIT BELT,** détroits : le premier entre les îles de Fionie et de Sjælland ; le second entre la Fionie et le Jylland. Prolongés par le Cattégat et le Skagerrak, ils réunissent la Baltique à la mer du Nord.

Belvédère (le), corps de bâtiment du Vatican construit sous Innocent VIII et Jules II. Il abrite une collection de sculptures antiques *(*Laocoon, Apollon du Belvédère, Torse du Belvédère).*

BELYÏ ou **BIELYÏ** (Boris Nikolaïevitch **Bougaïev,** dit Andreï), *Moscou 1880 - id. 1934,* écrivain russe. Ce poète et romancier symboliste interpréta la révolution d'Octobre comme la résurgence d'une civilisation spécifique, à mi-chemin entre l'Orient et l'Occident *(Symphonies, le Pigeon d'argent, Pétersbourg, Moscou).*

BELZ [bɛls] (56550), ch.-l. de cant. du Morbihan ; 3 369 hab.

BELZÉBUTH ou **BELZÉBUL,** divinité cananéenne, devenue chez les juifs et les chrétiens le prince des démons.

BEŁZEC, v. de Pologne, au S.-E. de Lublin. Camp d'extermination allemand (1942 - 1943). 550 000 Juifs y périrent.

BEMBA, peuple de langue bantoue du nord-est de la Zambie, organisé en royaume.

BEMBO (Pietro), *Venise 1470 - Rome 1547,* cardinal et humaniste italien. Il codifia les règles de la langue littéraire italienne.

BEN ALI (Zine el-Abidine), en ar. Zīn al-'Abidīn **Bin 'Alī,** *Hammam-Sousse 1936,* homme politique tunisien. Il devient président de la République après la destitution de Bourguiba (1987).

BÉNARÈS ou **VARANASI,** v. d'Inde (Uttar Pradesh), sur le Gange ; 1 026 467 hab. L'une des sept villes saintes de l'hindouisme, qui est sacrée aussi pour les bouddhistes, en souvenir des premiers sermons que le Bouddha y prononça.

BENAVENTE (Jacinto), *Madrid 1866 - id. 1954,* auteur dramatique espagnol. Son théâtre de mœurs dut son succès à ses sujets à scandale et à l'habileté de ses intrigues. (Prix Nobel 1922.)

BEN BELLA (Ahmed), *Maghnia 1916,* homme politique algérien. L'un des dirigeants de l'insurrection de 1954, interné en France de 1956 à 1962, il est le premier président de la République algérienne (1963 - 1965). Renversé par Boumediene, il est emprisonné jusqu'en 1980 puis exilé.

BENDA (Julien), *Paris 1867 - Fontenay-aux-Roses 1956,* essayiste français. Il combattit les tendances de la littérature à l'« engagement » (*la Trahison des clercs,* 1927).

BENDER → TIGHINA.

BENDOR, îlot situé en face de Bandol (Var). Centre de tourisme.

BENE (Carmelo), *Campi, Lecce, 1937,* homme de théâtre, cinéaste et écrivain italien. Esthétisme baroque et goût de la provocation caractérisent son jeu d'acteur et ses adaptations de son œuvre littéraire au cinéma ou au théâtre.

BENEDEK (Ludwig **von**), *Ödenburg, auj. Sopron, 1804 - Graz 1881,* général autrichien. Il fut vaincu en 1866 à Sadowa.

BENEDETTI MICHELANGELI (Arturo), *Orzinuovi, près de Brescia, 1920 - Lugano 1995,* pianiste italien. Il se distingua par sa recherche de sonorités denses et colorées.

BENEDETTO da Maiano, frère de *Giuliano da Maiano.

Benelux (Belgique, Nederland, Luxembourg), union monétaire et douanière. Signée à Londres en 1943 et 1944, entre la Belgique, les Pays-Bas et le Luxembourg, elle a été élargie en 1958 en union économique.

■ **BÉNARÈS.** Pèlerins hindouistes venant se purifier dans le Gange.

■ ZINE EL-ABIDINE **BEN ALI**

■ DAVID **BEN GOURION**

BENEŠ (Edvard), *Kožlany 1884 - Sezimovo-Ústí 1948,* homme politique tchécoslovaque. Il fut ministre des Affaires étrangères, puis président de la République de 1935 à 1938 et de 1945 à 1948.

BÉNÉVENT, en ital. **Benevento,** v. d'Italie (Campanie), ch.-l. de prov. ; 62 683 hab. Pyrrhos II y fut vaincu par les Romains (275 av. J.-C.). — Monuments antiques et médiévaux ; musée.

BÉNÉVENT (prince **de**) **→ TALLEYRAND-PÉRIGORD.**

BÉNEZET (saint), *1165 - 1184,* berger de Provence. Il aurait reçu de Dieu mission de construire, à Avignon, le pont qui porte son nom.

BENFELD (67230), ch.-l. de cant. du Bas-Rhin, sur l'Ill ; 4 961 hab. *(Benfeldois).* Hôtel de ville de 1531 et autres monuments.

BENGALE, région de l'est de la péninsule indienne. Elle est partagée entre la république de l'Inde (*Bengale-Occidental ;* 88 700 km² ; 68 078 000 hab. ; cap. *Calcutta*) et le Bangladesh. Ces territoires, surpeuplés, produisent du riz et du jute. — Conquis par les musulmans à la fin du XIIe s., le Bengale passa sous domination britannique après 1757. En 1947, le Bengale-Occidental (Calcutta) fut rattaché à l'Union indienne et le Bengale-Orie nt al (Dacca) devint le Pakistan oriental, auj. Bangladesh.

BENGALE (golfe du), golfe de l'océan Indien, entre l'Inde, le Bangladesh et la Birmanie.

BENGALIS, population du Bengale, en Inde et au Bangladesh (180 millions). Unis par la langue et la culture, ils se répartissent en hindous et musulmans. Ils ont été les pionniers des luttes pour l'indépendance de l'Inde. Ils parlent le *bengali,* langue indo-aryenne.

BENGBU, v. de Chine (Anhui) ; 449 000 hab.

BENGHAZI, v. de Libye, en Cyrénaïque ; 485 000 hab.

BENGKULU, v. d'Indonésie, dans le sud-ouest de Sumatra, sur l'océan Indien ; 170 183 hab.

BEN GOURION (David), *Płońsk, Pologne, 1886 - Tel-Aviv 1973,* homme politique israélien. Un des fondateurs de l'État d'Israël, il fut chef du gouvernement de 1948 à 1953 et de 1955 à 1963.

Ben Gourion, aéroport de Tel-Aviv-Jaffa.

BENGUELA, v. d'Angola, sur l'Atlantique ; 155 000 hab. Port.

BENGUELA (courant de), courant marin froid de l'Atlantique méridional. Il remonte vers l'équateur le long de la côte d'Afrique.

BENI (río), riv. de Bolivie ; 1 600 km. C'est une branche mère du Madeira.

BENIDORM, v. d'Espagne, près d'Alicante (Valence) ; 75 322 hab. Station balnéaire.

BENI MELLAL, v. du Maroc, dans la plaine du Tadla ; 95 000 hab.

BÉNIN, ancien royaume de la côte du golfe de Guinée (Nigeria actuel). Fondé peu avant 1300 par un prince venu d'Ife, il domina entre le XIVe s. et le XVIIe s. la région qui s'étend entre le delta du Niger et Lagos, grâce aux conquêtes de l'oba (roi) Ewuare. Il tira sa fortune du commerce avec les Portugais (esclaves, ivoires). Protectorat britannique en 1892, il fut, en 1897, incorporé dans la colonie anglaise du Nigeria. — Son apogée (XVIIe s.) est attesté notamm. par des bronzes qu'influence l'art d'*Ife et par des ivoires sculptés.

BÉNIN n.m., anc. **Dahomey,** État d'Afrique occidentale, sur le golfe du Bénin ; 113 000 km² ; 5 600 000 hab. *(Béninois).* **CAP.** *Porto-Novo.* **V. PRINC.** *Cotonou.* **LANGUE :** *français.* **MONNAIE :** *franc CFA.*

GÉOGRAPHIE

Au Sud, équatorial et partiellement forestier, s'oppose le Nord, tropical et recouvert de sa-

■ GIOVANNI **BELLINI.** *Vierge à l'Enfant entre saint Jean-Baptiste et une sainte* (autour de 1505 ?), peinture sur bois. (Accademia, Venise.)

■ JEAN-PAUL **BELMONDO**

vanes. Le manioc est la base de l'alimentation ; l'huile de palme, le coton et l'arachide sont les principaux produits d'exportation passant par le port de Cotonou, principale ville.

HISTOIRE

Une migration adja-fon venue de Tado (Togo actuel) est à l'origine de la création du royaume d'Allada (XVIe s. ?) dont sont issus les royaumes de Porto-Novo et d'Abomey. Ce dernier (le Dan Homé ou Dahomey) conquiert vers 1720 le port de Ouidah qui lui donne accès au commerce atlantique. **XIXe s. :** le Dahomey passe de la traite des esclaves au commerce de l'huile de palme. L'influence française s'accroît malgré les efforts du roi Glélé et de son fils Béhanzin, fait prisonnier en 1894. **XXe s. :** le Dahomey, colonie incluse dans l'Afrique-Occidentale française (1895), territoire d'outre-mer (1946) puis membre de la Communauté (1958), devient république indépendante en 1960. Dirigé à partir de 1972 par Mathieu Kérékou, qui met en place un régime marxiste-léniniste, le pays devient en 1975 la République populaire du Bénin. **1990 :** un processus de démocratisation est engagé (nouvelle Constitution instaurant un régime présidentiel). **1991 :** Nicéphore Soglo est élu à la tête de l'État. **1996 :** vainqueur de l'élection présidentielle, M. Kérékou revient au pouvoir.

BÉNIN (golfe du), partie du golfe de Guinée, à l'O. du delta du Niger.

BENIN CITY, v. du sud du Nigeria ; 207 000 hab.

BENJAMIN, personnage biblique. Dernier des douze fils de Jacob et Rachel, fondateur de la tribu des benjaminites, établis dans le sud de la Palestine.

BENJAMIN (Walter), *Berlin 1892 - près de Port-Bou 1940,* écrivain et philosophe allemand. Il est l'auteur d'essais historiques et esthétiques dans la ligne de l'école de Francfort (*l'Œuvre d'art à l'époque de sa reproductibilité technique,* 1936).

BEN JELLOUN (Tahar), *Fès 1944,* écrivain marocain d'expression française. Son récit autobiographique s'est élargi progressivement à travers des personnages marginaux et déracinés (*la Nuit sacrée,* 1987).

BEN JONSON → **JONSON** (Ben).

BENN (Gottfried), *Mansfeld 1886 - Berlin 1956,* écrivain allemand. Influencé d'abord par Nietzsche et par le national-socialisme, il chercha dans le lyrisme la solution à ses problèmes d'homme et d'écrivain *(Double Vie, Poèmes statiques).*

BENNETT (James Gordon), *New Mill, Écosse, 1795 - New York 1872,* journaliste américain. Il fonda en 1835 le *New York Herald,* qui deviendra le *New York Herald Tribune* (1924 - 1966).

BENNETT (Richard Bedford), *Hopewell 1870 - Mickleham 1947,* homme politique canadien. Il fut leader du Parti conservateur (1927 - 1938) et Premier ministre (1930 - 1935).

BEN NEVIS n.m., point culminant de la Grande-Bretagne, en Écosse, dans les Grampians ; 1 344 m.

BÉNODET (29950), comm. du sud du Finistère ; 2 812 hab. *(Bénodetois).* Station balnéaire.

BENOÎT d'Aniane (saint), *v. 750 - 821,* bénédictin français. Fondateur de l'abbaye d'Aniane, il rénova la règle bénédictine.

BENOÎT de Nursie (saint), *Nursie v. 480 - Mont-Cassin v. 547,* père et législateur du monachisme chrétien d'Occident. Élevé dans une famille noble romaine, il se retira dans la solitude de Subiaco puis fonda, v. 529, le monastère du Mont-Cassin, berceau de l'ordre des Bénédictins.

■ SAINT **BENOÎT DE NURSIE.** « Dame offrant du pain empoisonné à saint Benoît », détail des fresques (fin du XIIIe s.) du monastère de Subiaco.

BENOÎT XII (Jacques **Fournier**), *Saverdun - Avignon 1342,* pape d'Avignon (1334 - 1342). Il chercha à réformer l'Église, à rétablir la paix entre la France et l'Angleterre, et entreprit la construction du palais des Papes. — **Benoît XIII** (Pedro **Martínez de Luna**), *Illueca v. 1328 - Peñíscola 1423,* antipape d'obédience avignonnaise (1394 - 1423). Il refusa d'abdiquer après sa déposition en 1417 et se réfugia en Espagne. — **Benoît XIII** (Pietro Francesco **Orsini**), *Gravina 1649 - Rome 1730,* pape de 1724 à 1730. Il tenta vainement de faire accepter par les jansénistes la bulle *Unigenitus* (1725). — **Benoît XIV** (Prospero **Lambertini**), *Bologne 1675 - Rome 1758,* pape de 1740 à 1758. Sous son pontificat érudit fut fixé le rituel des béatifications et canonisations. — **Benoît XV** (Giacomo **Della Chiesa**), *Gênes 1854 - Rome 1922,* pape de 1914 à 1922. Il intervint sans succès en 1917 pour l'arrêt des hostilités, donna un élan nouveau aux missions et publia le Code du droit canonique (1917).

BENOIT (Pierre), *Albi 1886 - Ciboure 1962,* romancier français. Ses récits mêlent l'exotisme à une intrigue mouvementée *(Kœnigsmark, l'Atlantide).* [Acad. fr.]

BENOÎT de Sainte-Maure, trouvère anglo-normand du XIIe s. Il est l'auteur d'une *Chronique des ducs de Normandie* et d'un des prototypes du roman courtois, *le Roman de Troie.*

BENOÎT-JOSEPH LABRE (saint), *Amettes 1748 - Rome 1783,* pénitent français. N'ayant pu devenir religieux, il parcourut l'Europe comme pèlerin mendiant.

BENONI, v. d'Afrique du Sud, près de Johannesburg ; 207 000 hab. Mines d'or.

BÉNOUÉ n.f., riv. du Cameroun et du Nigeria, affl. du Niger (r. g.) ; 1 400 km.

BENQI → **BENXI.**

BENSERADE [bɛ̃srad] (Isaac **de**), *Paris ? v. 1613 - Gentilly 1691,* poète français. Poète de salon et de cour, il fut le rival de Voiture. (Acad. fr.)

BENTHAM (Jeremy), *Londres 1748 - id. 1832,* philosophe et jurisconsulte britannique. Sa morale utilitaire repose sur le calcul du plaisir par rapport à la peine. Il est l'auteur d'un important projet concernant l'architecture des prisons.

BENTIVOGLIO, famille princière italienne, souveraine de Bologne aux XVe et XVIe s.

BENVENISTE (Émile), *Alep 1902 - Versailles 1976,* linguiste français. Il est l'auteur d'importants travaux consacrés à la linguistique générale et à l'indo-européen.

BENXI ou **BENQI,** v. de Chine (Liaoning) ; 769 000 hab. Métallurgie.

BEN YEHUDA (Eliezer **Perelman**, dit Eliezer), *Louchki, Lituanie, 1858 - Jérusalem 1922,* écrivain hébreu. Il est l'initiateur du *Grand Dictionnaire de langue hébraïque ancienne et moderne* qui est à l'origine de la renaissance de l'hébreu.

BENZ (Carl), *Karlsruhe 1844 - Ladenburg 1929,* ingénieur allemand. Il mit au point un moteur à gaz à deux temps (1878) et fit breveter en 1886 sa première voiture, un tricycle mû par un moteur à essence.

BEOGRAD → **BELGRADE.**

BÉOTIE, contrée de la Grèce ancienne, au N.-E. du golfe de Corinthe, dont le centre principal était Thèbes. La Béotie, avec Épaminondas, imposa son hégémonie sur la Grèce de 371 à 362 av. J.-C.

Beowulf, héros légendaire du *Lai de Beowulf,* poème épique anglo-saxon en deux parties (VIIIe-Xe s.). Ce parfait chevalier tue le monstre Grendel et la mère de celui-ci, puis, vieillissant, ne survit pas à sa victoire contre un dragon.

BEQAA ou **BEKAA,** haute plaine aride (mais partiellement irriguée) du Liban, entre le mont Liban et l'Anti-Liban.

BERAIN (Jean), *Saint-Mihiel 1639 - Paris 1711,* ornemaniste français. « Dessinateur de la chambre et du cabinet » de Louis XIV (1674), il fut l'ordonnateur des fêtes de la cour.

BÉRANGER (Pierre Jean **de**), *Paris 1780 - id. 1857,* chansonnier français. Ses chansons, très populaires, idéalisaient l'épopée napoléonienne *(Parlez-nous de lui, Grand-Mère)* et célébraient les gens du peuple *(le Dieu des bonnes gens).*

BÉRARDE (la), station de sports d'hiver et centre d'alpinisme (alt. 1 740 m) de l'Isère (comm. de Saint-Christophe-en-Oisans).

BERBERA, v. de Somalie ; 65 000 hab. Port.

BERBERATI, v. de la République centrafricaine ; 95 000 hab.

BERBÈRES, populations vivant au Maroc (env. 11 millions), en Algérie (env. 6 millions), au Mali et au Niger [env. 19 millions au total]. Présents dans la région depuis la préhistoire, ils ont depuis le VIIe s. des relations complexes avec les Arabes. Ils comprennent, au Maroc, les Chleuh, les Imazighen, une partie des Rifains ; en Algérie, les Kabyles, les Chaouia, les Berbères du Sud-Oranais, les Mozabites et les Touareg du Hoggar. Ils sont représentés aussi en Tunisie, en Libye, en Égypte (oasis de Siouah), au Burkina, au Mali et au Niger (Touareg). Ils mènent un combat identitaire parfois violent (« Printemps kabyle » en 1980, guérillas touarègues depuis 1990). Ils sont musulmans et parlent le *berbère,* ou *tamazight.*

BERBEROVA (Nina Nikolaïevna), *Saint-Pétersbourg 1901 - Philadelphie 1993,* femme de lettres russe naturalisée américaine. Ses romans *(l'Accompagnatrice, le Roseau révolté)* peignent le sort des émigrés russes. Elle a également écrit des biographies *(Tchaïkovski)* et son autobiographie *(C'est moi qui souligne).*

BERCENAY-EN-OTHE (10190), comm. du sud de l'Aube ; 390 hab. Centre de télécommunications spatiales.

BERCHEM (Nicolaes), *Haarlem 1620 - Amsterdam 1683,* peintre néerlandais. Il est surtout célèbre pour ses paysages italianisants, animés de contrastes de lumière.

BERCHEM-SAINTE-AGATHE [bɛrkɛm-], en néerl. **Sint-Agatha-Berchem,** comm. de Belgique (Bruxelles-Capitale), banlieue ouest de Bruxelles ; 18 489 hab.

BERCHTESGADEN, v. d'Allemagne (Bavière), dans les Alpes bavaroises ; 8 045 hab. Maisons et monuments anciens. – Résidence de Hitler (le « nid d'aigle »).

BERCK (62600), ch.-l. de cant. du Pas-de-Calais ; 15 011 hab. *(Berckois).* Station balnéaire et climatique à Berck-Plage.

BERCY, quartier de l'est de Paris, sur la rive droite de la Seine. Autrefois consacré au commerce des vins, le quartier a fait l'objet de grands travaux d'urbanisme (Palais omnisports, ministère de l'Économie et des Finances, parc).

BERD (Banque européenne pour la reconstruction et le développement de l'Europe de l'Est), organisation bancaire internationale à vocation européenne créée, en 1990, pour favoriser la transition des économies des pays de l'Europe de l'Est vers des économies ouvertes de marché.

BÉRÉGOVOY (Pierre), *Déville-lès-Rouen 1925 - Pithiviers, au cours de son transfert entre Nevers et Paris, 1993,* homme politique français. Socialiste, ministre des Affaires sociales et de la Solidarité nationale (1982 - 1984), ministre de l'Économie, des Finances et du Budget (1984 - 1986 et 1988 - 1992), il fut ensuite Premier ministre (1992 - 1993). Il se suicida.

BÉRENGER Ier, *m. à Vérone en 924,* roi d'Italie (888 - 924), empereur d'Occident (915 - 924). Il fut battu près de Plaisance par Rodolphe de Bourgogne. – **Bérenger II,** *m. à Bamberg en 966,* roi d'Italie (950 - 961). Petit-fils de Béranger Ier, il fut détrôné par Otton Ier le Grand (961).

BÉRENGÈRE, *1181 - 1244,* reine de Castille. Épouse d'Alphonse IX, roi de León, régente (1214), puis reine de Castille (1217), elle abdiqua en faveur de son fils Ferdinand III qu'elle fit reconnaître roi de León à la mort d'Alphonse IX.

BÉRÉNICE, *Ier s. apr. J.-C.,* princesse juive. Titus l'emmena à Rome après la prise de Jérusalem (70), mais renonça à l'épouser pour ne pas déplaire au peuple romain. – Son histoire a inspiré une tragédie à Racine (1670) et à Corneille (*Tite et Bérénice,* 1670).

BERENSON (Bernard), *près de Vilnius 1865 - Settignano, près de Florence, 1959,* expert et écrivain d'art américain, spécialiste de la peinture italienne du XIIIe siècle à la Renaissance.

BEREZINA n.f., riv. de Biélorussie, affl. du Dniepr (r. dr.) ; 613 km. – bataille de la **Berezina** (25 - 29 nov. 1812), bataille de l'Empire. À la fin de la campagne de Russie, les rescapés de la Grande Armée, cernés par trois armées russes, traversèrent la Berezina, dégelée, grâce à des ponts construits par les pontonniers du général Éblé.

BEREZNIKI, v. de Russie, dans l'Oural ; 201 000 hab. Traitement de la potasse.

BERG (duché de), anc. État de l'Allemagne, sur la rive droite du Rhin. Cap. Düsseldorf. Créé en 1101, il fut, à partir de 1806, un grand-duché de la Confédération du Rhin avant de devenir une province prussienne (1815).

BERG (Alban), *Vienne 1885 - id. 1935,* compositeur autrichien. Élève de Schönberg, il est l'un des pionniers du dodécaphonisme sériel et l'auteur des opéras *Wozzeck* (1925) et *Lulu* (inachevé, créé en 1937).

BERGAME, en ital. **Bergamo,** v. d'Italie (Lombardie), ch.-l. de prov., en bordure des Alpes ; 115 655 hab. *(Bergamasques).* Église S. Maria Maggiore (XIIe-XVIe s.) et autres monuments. Pinacothèque de l'académie Carrara.

BERGAMÍN (José), *Madrid 1895 - Saint-Sébastien 1983,* écrivain espagnol. À travers essais, poésie et théâtre, il a incarné dans sa lutte et son exil son attachement de catholique à la République espagnole *(El cohete y la estrella, Velado desvelo).*

■ ALBAN **BERG**

■ HENRI **BERGSON** en 1912.

BERGANZA (Teresa), *Madrid 1935,* mezzo-soprano espagnole. Elle est une interprète remarquable de Mozart, Rossini et de la musique espagnole, celle de M. de Falla notamment.

BERGEN, v. de Norvège, sur l'Atlantique ; 216 066 hab. Port. – Monuments anciens, musées.

Bergen-Belsen (camp de), camp de concentration allemand, ouvert à 65 km de Hanovre en 1943. Il compta jusqu'à 75 000 internés.

BERGEN OP ZOOM, v. des Pays-Bas (Brabant-Septentrional) ; 46 900 hab. Monuments anciens.

BERGER (gouffre), gouffre de l'Isère (Vercors) ; 1 141 m de profondeur.

BERGERAC (24100), ch.-l. d'arrond. de la Dordogne, sur la Dordogne ; 27 201 hab. *(Bergeracois).* Musée du tabac.

BERGISCH GLADBACH, v. d'Allemagne (Rhénanie-du-Nord-Westphalie), à l'E. de Cologne ; 104 037 hab.

BERGIUS (Friedrich), *Goldschmieden, près de Wrocław, 1884 - Buenos Aires 1949,* chimiste allemand. Il réalisa, en 1921, la synthèse industrielle de carburants. (Prix Nobel 1931.)

BERGMAN (Ingmar), *Uppsala 1918,* cinéaste et metteur en scène de théâtre suédois. Ses portraits de couples, jeunes ou vieillissants, posent avec ironie et tendresse la question de la vérité des sentiments, de la peur de l'autre et du réel (*Jeux d'été,* 1951 ; *le Septième Sceau,* 1957 ; *Cris et Chuchotements,* 1972 ; *Fanny et Alexandre,* 1982).

BERGMAN (Ingrid), *Stockholm 1915 - Londres 1982,* actrice suédoise. Elle s'imposa dans des rôles de jeune première saine et spontanée, puis dans des compositions plus âpres (*Casablanca,* M. Curtiz, 1943 ; *Voyage en Italie,* R. Rossellini, 1954 ; *Sonate d'automne,* Ingmar Bergman, 1978).

■ INGRID **BERGMAN** et Charles Boyer dans *Hantise,* de George Cukor (1944).

BERGMAN (Torbern), *Katrineberg 1735 - Medevi 1784,* chimiste et cristallographe suédois. Il jeta les bases de la chimie analytique moderne et développa une théorie réticulaire des cristaux.

BERGSON [bɛrksɔn] (Henri), *Paris 1859 - id. 1941,* philosophe français. Sa philosophie spiritualiste fait de l'intuition le seul moyen de connaissance de la durée et de la vie (*Matière et mémoire,* 1896 ; *l'Évolution créatrice,* 1907). [Prix Nobel de littérature 1927.]

BERGUES (59380), ch.-l. de cant. du Nord ; 4 306 hab. *(Berguois).* Enceinte fortifiée. Musée dans le Mont-de-piété du XVIIe s.

BERIA (Lavrenti Pavlovitch), *Merkheouli, Géorgie, 1899 - Moscou 1953,* homme politique soviétique. Chef du NKVD à partir de 1938, il fut exécuté en 1953, après la mort de Staline.

BÉRING (détroit de), détroit entre l'Asie et l'Amérique, réunissant l'océan Pacifique *(mer de Béring)* à l'océan Arctique. Il doit son nom au navigateur danois Vitus **Bering** (1681 - 1741).

BÉRING (mer de), partie nord du Pacifique, entre l'Asie et l'Amérique.

BERINGEN, comm. de Belgique (Limbourg) ; 36 599 hab.

BÉRINGIE, nom donné à l'isthme qui unissait autref. l'Asie et l'Amérique, à l'emplacement du détroit de Béring. C'est par là que sont passées (25 000 à 10 000 av. notre ère) les populations asiatiques qui ont peuplé le continent américain.

BERIO (Luciano), *Oneglia 1925,* compositeur italien. Adepte du sérialisme (*Nones,* 1954), il se livre ensuite à des recherches sur les sonorités des instruments et de la voix. Pionnier de la musique électroacoustique en Italie, il a composé de la musique vocale (*Circles,* 1960), instrumentale (*Sequenza I à IX,* 1958 - 1980 ; *Chemins,* 1965 - 1975) et théâtrale (opéras : *La Vera Storia,* 1982 ; *Cronaca del luogo,* 1999).

BERKANE, v. du nord-est du Maroc ; 60 000 hab.

BERKELEY, v. des États-Unis (Californie), près de San Francisco ; 102 724 hab. Université.

BERKELEY (George), *près de Kilkenny 1685 - Oxford 1753,* évêque et philosophe irlandais. Son système affirme que la connaissance repose sur la sensation et qu'il n'existe que des esprits.

BERL (Emmanuel), *Le Vésinet 1892 - Paris 1976,* essayiste français. Son hostilité à la pensée bourgeoise et son pacifisme l'ont fait aller de Barbusse à Pétain, avant un nouvel écart anti-vichyssois dès 1940 (*Mort de la morale bourgeoise,* 1930).

BERLAGE (Hendrik), *Amsterdam 1856 - La Haye 1934,* architecte néerlandais, un des premiers adeptes du fonctionnalisme, comme le montre sa Bourse d'Amsterdam (1897).

B

BERLAIMONT (59145), ch.-l. de cant. du Nord ; 3 276 hab. *(Berlaimontois).*

BERLIER (Jean-Baptiste), *Rive-de-Gier, Loire, 1841 - Deauville 1911,* ingénieur français. Il installa, à Paris, un système de transmission postale par pneumatiques, et conçut le projet d'un tramway souterrain, réalisé depuis par le métro.

BERLIET (Marius), *Lyon 1866 - Cannes 1949,* industriel français. Il créa à Lyon une importante entreprise pour la production de poids lourds.

BERLIN, cap. de l'Allemagne, et cap. du *Land de Berlin,* sur la Spree ; 3 475 392 hab. *(Berlinois).* Centre administratif, industriel (constructions mécaniques et électriques, édition) et commercial. – Monuments des XVIIIe-XXe s. Nombreux et importants musées, dont ceux du Kulturforum (Galerie de peinture, Nouvelle Galerie nationale, etc.), ceux de l'île de la Spree (musée de Pergame, etc.) et ceux du faubourg de Dahlem. – Festival de cinéma. – La fortune de Berlin date de son choix comme capitale du Brandebourg (1415). Capitale du royaume de Prusse, elle devient celle de l'Empire allemand (1871) puis celle des IIe et IIIe Reich. Conquise par les troupes soviétiques en 1945, elle est divisée en quatre secteurs d'occupation administrés par les Alliés – États-Unis, France, Grande-Bretagne, URSS (statut quadripartite). Les trois secteurs d'occupation occidentaux sont unifiés en 1948, et l'URSS riposte en entreprenant le blocus de Berlin (jusqu'en 1949). Tandis que le secteur d'occupation soviétique, Berlin-Est, est proclamé capitale de la RDA en 1949, Berlin-Ouest devient une dépendance de fait de la RFA. De 1961 à 1989, le *mur de *Berlin* sépare les zones occidentale et orientale de la ville. En 1990, Berlin redevient la capitale de l'Allemagne. Les dernières troupes alliées quittent la ville en 1994. Le Parlement et le gouvernement s'y réinstallent en 1999.

BERLIN, Land de l'Allemagne ; 889 km² ; 3 475 392 hab.

■ **BERLIN.** Ouverture du mur séparant Berlin-Est de Berlin-Ouest en nov. 1989.

Berlin (conférence de) [15 nov. 1884 - 26 févr. 1885], conférence internationale qui se réunit à Berlin, à l'initiative de Bismarck, et qui préluda au partage de l'Afrique par les Européens.

Berlin (congrès de) [13 juin - 13 juill. 1878], congrès réuni à Berlin pour réviser le traité de *San Stefano et qui rétablit l'équilibre européen aux dépens de la Russie.

Berlin (mur de), ligne fortifiée édifiée en 1961 par la RDA pour isoler Berlin-Est de Berlin-Ouest et enrayer l'exode de ses citoyens. L'ouverture de ce mur, en nov. 1989, permettant le rétablissement de la libre circulation entre les deux parties de la ville, et sa destruction symbolisèrent la disparition de la frontière entre les deux Allemagnes, prélude à la réunification de 1990.

BERLIN (sir Isaiah), *Riga 1909 - Oxford 1997,* philosophe britannique. Il a réfléchi sur la liberté de manière à défendre un pluralisme radical évitant les écueils du relativisme (*Éloge de la liberté,* 1969).

Berliner Ensemble, troupe théâtrale fondée par Brecht en 1949 à Berlin-Est.

BERLINGUER (Enrico), *Sassari 1922 - Padoue 1984,* homme politique italien. Secrétaire général du Parti communiste italien après 1972, il préconisa le « compromis historique » avec la Démocratie chrétienne.

B

BERLIOZ [-oz] (Hector), *La Côte-Saint-André, Isère, 1803 - Paris 1869,* compositeur français. Ses œuvres sont remarquables par la puissance du sentiment dramatique et par la somptuosité de l'écriture orchestrale : la *Symphonie fantastique* (1830), *Harold en Italie* (1834), la *Grande Messe des morts* (1837), *Benvenuto Cellini* (1838), *Roméo et Juliette* (1839), *la Damnation de Faust* (1846), *l'Enfance du Christ* (1854), *les Troyens* (1863). Il a laissé de nombreux écrits sur la musique.

BERLUSCONI (Silvio), *Milan 1936,* homme d'affaires et homme politique italien. Propriétaire d'un puissant groupe financier et de plusieurs chaînes de télévision, fondateur (déc. 1993 - janv. 1994) du mouvement ultralibéral Forza Italia, il est président du Conseil d'avril à décembre 1994.

BERMEJO n.m., riv. d'Amérique du Sud, affl. du Paraguay (r. dr.) ; 1 500 km.

BERMEJO (Bartolomé), peintre espagnol. Il fut actif, en Aragon surtout, durant le troisième tiers du XVe s. (*Pietà,* Barcelone, 1490).

BERMUDES, en angl. **Bermuda,** archipel britannique de l'Atlantique, au N.-E. des Antilles ; 53 km^2 ; 74 000 hab. Tourisme. — Découvert v. 1515 par les Espagnols, devenu anglais en 1612, cet archipel bénéficie depuis 1968 d'un régime d'autonomie interne.

BERNÁCER (Germán), *Alicante 1883 - San Juan de Alicante 1965,* économiste espagnol. On lui doit d'importantes contributions à la science économique, qui annoncent les travaux de Keynes.

BERNADETTE SOUBIROUS [-ru ou -rus] (sainte), *Lourdes 1844 - Nevers 1879,* religieuse française. Ses visions (1858) sont à l'origine du pèlerinage de Lourdes. En 1866, elle entra chez les sœurs de la charité de Nevers.

BERNADOTTE (Jean-Baptiste) → **CHARLES XIV** [Suède].

BERNANOS (Georges), *Paris 1888 - Neuilly-sur-Seine 1948,* écrivain français. Catholique déchiré entre le mysticisme et la révolte, il combat dans ses romans (*Sous le soleil de Satan,* 1926 ; *le Journal d'un curé de campagne,* 1936), ses essais (*les Grands Cimetières sous la lune,* 1938) et une unique pièce de théâtre (*Dialogues des carmélites,* 1949) la médiocrité et l'indifférence.

■ HECTOR **BERLIOZ** par Gustave Courbet. (Musée d'Orsay, Paris).

■ GEORGES **BERNANOS**

■ CLAUDE **BERNARD,** au centre, par L. Lhermite. (Académie de médecine, Paris.)

BERNARD (Claude), *Saint-Julien, Rhône, 1813 - Paris 1878,* physiologiste français. Il démontra la fonction glycogénique du foie et établit une théorie pathogénique du diabète sucré. Il découvrit l'existence du système nerveux sympathique, indépendant du système nerveux cérébro-spinal. Son *Introduction à l'étude de la médecine expérimentale* (1865) définit les principes fondamentaux de la recherche scientifique. (Acad. fr.)

BERNARD (Émile), *Lille 1868 - Paris 1941,* peintre et écrivain français. Il influença, de concert avec Gauguin, les peintres de l'école de Pont-Aven. Importante correspondance avec Cézanne, Gauguin, Van Gogh.

BERNARD (Jean), *Paris 1907,* médecin hématologiste français. Auteur de recherches sur les leucémies, il a présidé le Comité national d'éthique médicale de 1983 à 1992. (Acad. fr.)

BERNARD (Samuel), comte **de Coubert,** *Paris 1651 - id. 1739,* financier français. Il prêta des sommes importantes à Louis XIV et à Louis XV, ce qui lui valut d'être anobli.

BERNARD (Paul, dit Tristan), *Besançon 1866 - Paris 1947,* écrivain français. Ses pièces humoristiques et ses romans sont typiques de l'esprit parisien et boulevardier.

BERNARD de Clairvaux (saint), *Fontaine-lès-Dijon 1090 - Clairvaux 1153,* religieux, théologien et docteur de l'Église. Moine de Cîteaux (1112), berceau des cisterciens, il fonda l'abbaye de Clairvaux (1115), donna un grand développement à son ordre et prêcha la 2e croisade. Mystique, adversaire d'Abélard, il fut le conseiller des rois et des papes.

BERNARD de Menthon (saint), *Menthon, près d'Annecy - Novare X^e ou XIe s.,* chanoine régulier, fondateur des hospices du Grand- et du Petit-Saint-Bernard, dans les Alpes. Patron des alpinistes.

BERNARD de Saxe-Weimar → **SAXE-WEIMAR.**

BERNARD de Ventadour, *château de Ventadour v. 1125 - abbaye de Dalon ? fin du XIIe s.,* troubadour limousin. Il vécut à la cour d'Aliénor d'Aquitaine et fut l'un des maîtres de la monodie profane au Moyen Âge.

BERNARD GUI, *Royère, Limousin, v. 1261 - Lauroux, Languedoc, 1331,* dominicain français. Inquisiteur de Toulouse (1307 - 1323) et évêque de Lodève, il est l'auteur d'un *Manuel de l'Inquisiteur.*

BERNARDIN DE SAINT-PIERRE (Henri), *Le Havre 1737 - Éragny-sur-Oise 1814,* écrivain français. Son roman **Paul et Virginie,* ses *Études de la nature* (1784), puis ses *Harmonies* sont à la source des thèmes poétiques et des émotions religieuses du romantisme. (Acad. fr.)

BERNARDIN de Sienne (saint), *Massa Marittima 1380 - L'Aquila 1444,* franciscain italien. Il prêcha la réforme des mœurs et, le premier, la dévotion au saint nom de Jésus.

BERNARDIN de Sienne ou **BERNARDINO Ochino,** *Sienne 1487 - Austerlitz 1564,* capucin italien. Prédicateur célèbre, il passa à la Réforme (1542).

BERNAY (27300), ch.-l. d'arrond. de l'Eure ; 11 620 hab. *(Bernayens).* Cosmétiques. — Églises anciennes, dont une ex-abbatiale du XIe s.

BERNE, en all. **Bern,** cap. de la Suisse, ch.-l. du *cant. de Berne,* sur l'Aar ; 136 338 hab. *(Bernois)* [env. 300 000 hab. dans l'agglomération]. Université. Siège de bureaux internationaux (Union

■ SAINT **BERNARD** de Clairvaux, miniature du XVe s. (BNF, Paris.)

■ **BERNE.** Maisons sur la rive gauche de l'Aar.

postale universelle). — Monuments anciens et musées. — Ville impériale en 1218, elle entra, avec son canton, dans la Confédération suisse en 1353. Elle devint la capitale fédérale en 1848.

BERNE, canton de Suisse ; 5 961 km^2 ; 941 100 hab. *(Bernois)* ; ch.-l. *Berne.*

BERNERIE-EN-RETZ [-re] **(La)** [44760], comm. de la Loire-Atlantique ; 2 162 hab. Station balnéaire.

BERNHARD (Thomas), *Heerlen 1931 - Gmunden, Autriche, 1989,* écrivain autrichien. Désespoir, autodestruction et haine du monde forment la trame jubilatoire de son œuvre poétique, romanesque (*Maîtres anciens*) et théâtrale (*le Faiseur de théâtre, Place des héros*).

BERNHARDT [-nar] (Rosine **Bernard,** dite Sarah), *Paris 1844 - id. 1923,* actrice française. Sa « voix d'or » et sa sensibilité dramatique ont marqué l'interprétation du répertoire classique.

BERNI (Francesco), *Lamporecchio v. 1497 - Florence 1535,* poète italien, auteur de poésies satiriques et parodiques.

■ SARAH **BERNHARDT** photographiée par Nadar (1864).

BERNIER (Étienne), *Daon, Mayenne, 1762 - Paris 1806,* prélat français. Négociateur du Concordat de 1801, il devint évêque d'Orléans (1802).

BERNIER (François), *Joué-Étiau, Maine-et-Loire, 1620 - Paris 1688,* voyageur français. Médecin d'Aurangzeb, il publia le récit de son voyage en Orient.

BERNIÈRES-SAINT-NICOLAS, v. du Canada (Québec), au S.-O. de Québec ; 15 615 hab.

BERNIN (Gian Lorenzo **Bernini**, dit en fr. **Bernin,** ou le Cavalier), *Naples 1598-Rome 1680,* sculpteur et architecte italien. Maître du baroque monumental et décoratif, il a réalisé, à Rome, de nombreux travaux pour les églises (baldaquin de St-Pierre, 1624), des fontaines (du Triton, des Quatre-Fleuves...), la double colonnade devant la basilique Saint-Pierre, etc. On lui doit des groupes comme *Apollon et Daphné* (1622 - 1625, galerie Borghèse) ainsi que des bustes. Louis XIV l'appela en France en 1665, mais ses projets pour la façade du Louvre ne furent pas retenus.

BERNINA n.f., massif des Alpes suisses et italiennes, entre l'Inn et l'Adda ; 4 052 m. Le *col de la Bernina* (2 323 m) relie l'Engadine (Suisse) et la Valteline (Italie).

BERNIS [-nis] (François Joachim **de Pierre de**), *Saint-Marcel-en-Vivarais 1715 - Rome 1794,* prélat français. Protégé par Mme de Pompadour, il fut ministre des Affaires étrangères sous Louis XV (1757), cardinal (1758), archevêque d'Albi, puis ambassadeur à Rome (1768 - 1791).

BERNISSART, comm. de Belgique (Hainaut), à la frontière française ; 11 456 hab.

BERNOULLI, famille de savants, originaire d'Anvers, réfugiée à Bâle vers la fin du XVIe s. — **Jacques Ier B.,** *Bâle 1654 - id. 1705,* mathématicien suisse. Il compléta le calcul infinitésimal de Leibniz. Son ouvrage posthume, *Ars conjectandi* (1713), posa les fondements du calcul des probabilités. — **Jean Ier B.,** *Bâle 1667 - id. 1748,* mathématicien suisse. Frère de Jacques, il développa et systématisa les travaux d'analyse de Leibniz. — **Daniel B.,** *Groningue 1700 - Bâle 1782,* physicien suisse. Second fils de Jean, il est l'un des fondateurs de l'hydrodynamique *(théorème de Bernoulli)* et mena des recherches fondamentales en mécanique.

BERNSTEIN (Eduard), *Berlin 1850 - id. 1932,* théoricien politique allemand. Marxiste, il introduisit un courant réformiste au sein de la social-démocratie allemande.

BERNSTEIN (Leonard), *Lawrence, Massachusetts, 1918 - New York 1990,* compositeur et chef d'orchestre américain. Il fut directeur musical de l'Orchestre philharmonique de New York (1958 - 1969) et composa notamment la musique de la comédie musicale *West Side Story* (1957).

BÉROALDE DE VERVILLE (François), *Paris v. 1556 - Tours v. 1626,* écrivain français. Son œuvre multiple culmine avec *le Moyen de parvenir,* dont la construction est d'une audacieuse modernité.

BÉROUL, trouvère anglo-normand du XIIe s., auteur d'un roman de **Tristan.*

BERR (Henri), *Lunéville 1863 - Paris 1954,* philosophe et historien français. Il fonda la *Revue de synthèse historique* (1900) et la collection l'« Évolution de l'humanité » (1920).

BERRE (étang de), étang des Bouches-du-Rhône. Il communique avec la Méditerranée par le chenal de Caronte. Important complexe de raffinage du pétrole et de pétrochimie sur ses rives.

BERRE-L'ÉTANG (13130), ch.-l. de cant. des Bouches-du-Rhône, sur l'*étang de Berre ;* 13 503 hab. (*Berrois* ou *Berratins*). Raffinage du pétrole. Pétrochimie.

BERRUGUETE (Pedro), *Paredes de Nava, Vieille-Castille, v. 1450 - id. 1503/1504,* peintre espagnol. Passé par l'Italie, il est l'auteur de portraits d'hommes célèbres (palais d'Urbino et Louvre) et de retables (Ávila ; Prado ; etc.). — **Alonso B.,** *Paredes de Nava v. 1488 - Tolède 1561,* sculpteur et peintre espagnol. Fils de Pedro, il a exprimé sa spiritualité dans les statues en bois polychrome de ses retables, où la véhémence le dispute aux influences italiennes classique et maniériste.

BERRY, région du sud du Bassin parisien (dép. du Cher et de l'Indre), entre la Sologne et le Massif central. (Hab. *Berrichons.*) Elle est formée par la Champagne berrichonne, le Boischaut, la Brenne et le Sancerrois.

BERRY, ancienne province de France. Comté indépendant sous les Carolingiens, il retourne à la Couronne au XIIIe s. En 1360, Jean II le Bon l'érige en duché et le donne en apanage à son fils Jean. En 1584, le duché est définitivement réuni à la Couronne. Le titre de *duc de Berry* sera encore porté par plusieurs princes.

■ **BERNIN.** Détail de l'autel de la chapelle Cornaro (église S. Maria della Vittoria, Rome), milieu du XVIIe s., avec *l'Extase de sainte Thérèse,* groupe en marbre et bronze doré.

■ DUC DE **BERRY.** Détail d'une miniature des frères Limbourg des *Très Riches Heures du duc de Berry ;* début du XVe s. (Musée Condé, Chantilly.)

BERRY (Jean **de France,** duc **de**), *Vincennes 1340 - Paris 1416,* prince capétien. Troisième fils de Jean II le Bon, il fut associé au gouvernement pendant la minorité de son neveu Charles VI et lorsque celui-ci fut atteint de folie. — La « librairie » de ce prince fastueux contenait quelques-uns des plus beaux manuscrits enluminés du siècle, notamm. les **Très Riches Heures,* commandées aux frères de Limbourg. — **Charles Ferdinand de Bourbon,** duc **de B.,** *Versailles 1778 - Paris 1820,* prince français. Second fils de Charles X et héritier du trône, il fut assassiné par un fanatique, Louvel. — **Marie-Caroline de Bourbon-Sicile,** duchesse **de B.,** *Palerme 1798 - Brünnsee, Autriche, 1870.* Épouse de Charles Ferdinand de Bourbon, fille de François Ier, roi des Deux-Siciles, elle essaya en vain de soulever la Vendée contre Louis-Philippe (1832). Elle fut la mère du comte de Chambord.

BERRY (Chuck), *Saint Louis 1926,* chanteur américain de rock. Pionnier du genre depuis 1955, il y inscrit l'influence de la culture noire du blues et du rhythm and blues. Également guitariste, il a écrit, composé et interprété toutes ses chansons.

BERRY (Jules), *Poitiers 1883 - Paris 1951,* acteur français. Après une brillante carrière au Boulevard, il interpréta au cinéma les escrocs cyniques et les personnages diaboliques (*le Crime de M. Lange,* J. Renoir, 1936 ; *les Visiteurs du soir,* M. Carné, 1942).

BERRYER [-rje] (Pierre Antoine), *Paris 1790 - Augerville-la-Rivière, Loiret, 1868,* avocat et homme politique français. Légitimiste célèbre par ses plaidoiries (procès de Ney, Cambronne, La Mennais, Chateaubriand), il soutint pourtant le droit d'association des ouvriers et la liberté des congrégations religieuses. (Acad. fr.)

BERT (Paul), *Auxerre 1833 - Hanoi 1886,* physiologiste et homme politique français. Défenseur de la république radicale et laïque, il fut ministre de l'Instruction publique (nov. 1881 - janv. 1882). — Il étudia la physiologie de la respiration (influence de l'altitude notamment).

BERTAUT (Jean), *Donnay, Calvados, 1552 - Séez, auj. Sées, Orne, 1611,* poète français. Proche de Desportes, il est l'auteur de poésies d'amour raisonneuses et sophistiquées.

Bertelsmann, groupe allemand fondé en 1835. C'est l'un des plus grands groupes mondiaux d'édition et de communication.

Bertha (de *Bertha* Krupp, fille d'un industriel allemand), surnom donné aux canons lourds allemands qui, à plus de 100 km, tirèrent sur Paris en 1918, par allusion au mortier de 420 mm *(Grosse Bertha)* employé par les Allemands contre Anvers en 1914.

BERTHE ou **BERTRADE,** dite **Berthe au grand pied,** *m. à Choisy-au-Bac en 783,* reine des Francs, épouse de Pépin le Bref, mère de Charlemagne et de Carloman.

BERTHE, *v. 964 - v. 1024,* reine de France. Princesse de Bourgogne, elle épousa Robert II, roi de France, qui fut contraint par l'Église de la répudier pour cause de parenté trop proche.

BERTHELOT (Marcellin), *Paris 1827 - id. 1907,* chimiste français. Il étudia l'estérification, réalisa de nombreuses synthèses organiques et créa la thermochimie. (Acad. fr.)

BERTHIER (Louis Alexandre), **prince de Neuchâteau,** et **de Wagram,** *Versailles 1753 - Bamberg 1815,* maréchal de France. Ministre de la Guerre de 1800 à 1807, major général de la Grande Armée de 1805 à 1814, il fut le collaborateur direct de Napoléon Ier.

BERTHOLLET (Claude, comte), *Talloires 1748 - Arcueil 1822,* chimiste français. Il découvrit les hypochlorites et les appliqua au blanchiment des toiles ; il mit au point des explosifs chloratés. Il accompagna Bonaparte en Égypte.

BERTILLON (Alphonse), *Paris 1853 - id. 1914,* criminologue français. Il créa en 1879 le système d'identification des criminels par leurs mensurations (anthropométrie ou *bertillonnage*).

BERTIN (saint), *Coutances ? - Sithiu, auj. Saint-Omer, v. 698,* moine normand, abbé du monastère de Sithiu (monastère Saint-Bertin), fondé par saint Omer.

BERTIN (Jean), *Druyes-les-Belles-Fontaines, Yonne, 1917 - Neuilly 1975,* ingénieur français. Il a créé, à partir de 1956, une série de véhicules sur coussin d'air (Terraplane, Naviplane, Aérotrain).

BERTIN l'Aîné (Louis François **Bertin,** dit), *Paris 1766 - id. 1841,* journaliste français. Il fit du *Journal des débats* le porte-parole du royalisme constitutionnel, puis de la monarchie de Juillet.

BERTOLUCCI (Bernardo), *Parme 1941,* cinéaste italien. Évocation de ses obsessions ou représentation de l'histoire, ses films révèlent un constant souci formel (*la Stratégie de l'araignée,* 1970 ; *le Dernier Tango à Paris,* 1972 ; *1900,* 1976 ; *le Dernier Empereur,* 1987 ; *Un thé au Sahara,* 1990 ; *Little Buddha,* 1993).

BERTRADE DE MONTFORT, *1070 ? - Fontevrault 1117 ?,* reine de France. Philippe Ier l'enleva à son mari, le comte d'Anjou Foulques IV le Réchin, et l'épousa malgré l'opposition de l'Église (1092).

BERTRAN de Born, *v. 1140 - abbaye de Dalon av. 1215,* troubadour périgourdin. Il est l'auteur de poèmes d'inspiration politique et morale.

BERTRAND (saint), *L'Isle-Jourdain v. 1050 - Comminges 1123,* prélat français. Évêque de Comminges, il rebâtit sa cathédrale.

BERTRAND (Louis, dit Aloysius), *Ceva, Piémont, 1807 - Paris 1841,* poète français. Les tableautins ciselés et fantastiques de *Gaspard de la nuit* (1842) font de lui l'initiateur du poème en prose romantique.

BERTRAND (Gabriel), *Paris 1867 - id. 1962,* biochimiste français. Il a mis en lumière le rôle des enzymes oxydantes et celui des oligoéléments, et est l'auteur de travaux sur le venin de serpent.

BERTRAND (Henri, comte), *Châteauroux 1773 - id. 1844,* général français. Aide de camp de Napoléon Ier en 1804, il le suivit à l'île d'Elbe et à Sainte-Hélène, puis, en 1840, organisa le retour de ses cendres.

BERTRAND (Marcel), *Paris 1847 - id. 1907,* géologue français. Fondateur de la tectonique moderne, il a étudié les charriages.

BÉRULLE (Pierre **de**), *Sérilly, Champagne, 1575 - Paris 1629,* théologien français. Prêtre en 1599, cardinal en 1627, il introduisit en France le Carmel (1604) et fonda la congrégation de l'Oratoire. Il est considéré comme le véritable créateur de l'école française de spiritualité.

BERWICK (James **Stuart Fitz-James,** ou en fr. Jacques **Stuart,** duc **de**), *Moulins 1670 - Philippsburg 1734,* maréchal de France. Fils naturel de Jacques II, roi d'Angleterre, il ne parvint pas à rétablir son père sur le trône (1689) et entra au service de Louis XIV. Maréchal de France (1706), il s'illustra lors de la guerre de la Succession d'Espagne (victoire d'Almansa, 1707).

BERZÉ-LA-VILLE (71960), comm. de Saône-et-Loire ; 554 hab. *(Berzélavilliens).* Chapelle d'un anc. prieuré clunisien (peintures romanes).

BERZELIUS (Jöns Jacob, baron), *Väversunda, Sörgård, 1779 - Stockholm 1848,* chimiste suédois. Un des créateurs de la chimie moderne, il institua la notation chimique par symboles, énonça les lois de l'électrochimie, isola de nombreux corps simples, étudia la catalyse, l'isomérie, etc.

BÈS, génie de la mythologie égyptienne. Il est représenté comme un nain grotesque ; il est devenu le protecteur des femmes en couches.

BESANÇON (25000), ch.-l. de la Région Franche-Comté et du dép. du Doubs, sur le Doubs, en bordure du Jura, à 393 km au S.-E. de Paris ; 122 308 hab. *(Bisontins).* Archevêché, académie et université, cour d'appel. Constructions mécaniques et électriques. Textile. — Vestiges romains ; édifices de la Renaissance (palais Granvelle : Musée historique) et des XVIIe-XVIIIe s. ; citadelle de Vauban (Musée populaire comtois). Musée des Beaux-Arts et d'Archéologie.

B

BESKIDES n.f. pl., massif du nord-ouest des Carpates (Slovaquie et Pologne).

BESSARABIE, région située entre le Prout et le Dniestr, auj. partagée entre la Moldavie et l'Ukraine. Elle fut annexée successivement par l'Empire ottoman (1538), l'Empire russe (1812), la Roumanie (1918), puis par l'URSS (1940).

BESSARION (Jean), *Trébizonde 1403 - Ravenne 1472,* humaniste byzantin. Cardinal, partisan de l'Union des Églises d'Orient et d'Occident, il fut l'un des promoteurs de la renaissance de l'hellénisme dans le monde latin.

BESSE-ET-SAINT-ANASTAISE (63610), ch.-l. de cant. du Puy-de-Dôme, dans les monts Dore ; 1 734 hab. *(Bessois).* Sports d'hiver (1350 - 1850 m) à *Superbesse.* — Église à nef romane.

BESSÈGES (30160), ch.-l. de cant. du Gard, sur la Cèze ; 3 175 hab. *(Bességeois).* Métallurgie.

BESSEL (Friedrich Wilhelm), *Minden 1784 - Königsberg 1846,* astronome allemand. Il publia en 1838 la première mesure précise d'une distance stellaire et donna un grand essor à l'astrométrie. Il développa des fonctions mathématiques qui ont de nombreuses applications en physique.

BESSEMER (sir Henry), *Charlton, Hertfordshire, 1813 - Londres 1898,* industriel britannique. Il mit au point un procédé économique de transformation de la fonte en acier (1855) qui s'est imposé.

BESSIÈRES (Jean-Baptiste), duc **d'Istrie,** *Prayssac, près de Cahors, 1768 - Rippach 1813,* maréchal de France. Commandant la cavalerie de la Garde impériale (1809 - 1812), il fut tué la veille de la bataille de Lützen.

■ PIERRE DE **BÉRULLE,** par P. de Champaigne. (Coll. priv.)

■ **BERZELIUS,** par J. Way. (Académie royale des sciences, Stockholm.)

BESSIN, région herbagère de la Normandie, dans le Calvados. (Hab. *Bessins.*)

BESSINES-SUR-GARTEMPE (87250), ch.-l. de cant. de la Haute-Vienne ; 2 797 hab.

BESSON (Benno), *Yverdon 1922,* metteur en scène de théâtre suisse. D'abord collaborateur de B. Brecht au Berliner Ensemble, il défend, notamment à la Volksbühne de Berlin puis à la Comédie de Genève, un théâtre révolutionnaire et social, marqué par le sens du grotesque *(Comme il vous plaira, le Cercle de craie caucasien).*

BETANCOURT (Rómulo), *Guatire 1908 - New York 1981,* homme politique vénézuélien. Il fut président de la République de 1959 à 1964.

BÉTHANIE, bourg proche de Jérusalem (auj. al-Azariyya). Dans les Évangiles, demeure de Marthe, Marie et Lazare.

BETHE (Hans Albrecht), *Strasbourg 1906,* physicien américain d'origine allemande. Il a découvert, en 1938, le cycle de transformations thermonucléaires pouvant expliquer l'origine de l'énergie du Soleil et des étoiles. (Prix Nobel 1967.)

BÉTHENCOURT (Jean **de**), *Grainville-la-Teinturière v. 1360 - id. 1425,* navigateur normand. Il colonisa les Canaries au profit du royaume de Castille.

BETHLÉEM, en ar. **Bayt Laḥm,** v. de Cisjordanie, au S. de Jérusalem ; 24 100 hab. Patrie de David, et, d'après les Évangiles, lieu de naissance de Jésus.

BETHLEHEM, v. des États-Unis (Pennsylvanie) ; 71 428 hab. Centre sidérurgique.

BETHLEN (Gabriel ou Gábor), *Illye 1580 - Gyulafehérvár 1629,* prince de Transylvanie (1613 - 1629). Il intervint dans la guerre de Trente Ans aux côtés des puissances protestantes.

BETHMANN-HOLLWEG (Theobald **von**), *Hohenfinow, Brandebourg, 1856 - id. 1921,* homme politique allemand. Il fut chancelier de l'Empire allemand (1909 - 1917).

BETHSABÉE, personnage biblique. Elle était la femme d'un général de David, Urie le Hittite. David en tomba amoureux et, pour l'épouser, envoya son mari se faire tuer au combat. Elle lui donna un fils, Salomon.

BÉTHUNE (62400), ch.-l. d'arrond. du Pas-de-Calais ; 28 522 hab. *(Béthunois).* Constructions mécaniques. Pneumatiques. — Beffroi du XIVe s.

BETI, peuple pahouin du sud du Cameroun.

■ **BESANÇON.** La vieille ville, dans un méandre du Doubs.

BÉTIQUE, prov. romaine d'Espagne créée par Auguste, correspondant à l'actuelle Andalousie.

BÉTIQUES (chaînes) ou **CORDILLÈRES BÉTIQUES,** massif de l'Espagne méridionale ; 3 478 m au Mulhacén, dans la sierra Nevada.

BETSILÉO, peuple des hautes terres du centre de Madagascar (env. 1,3 million).

BETSIMISARAKA, peuple de la côte est de Madagascar (env. 1,6 million).

BETTELHEIM (Bruno), *Vienne 1903 - Silver Spring, Maryland, 1990,* psychanalyste américain d'origine autrichienne. Il s'est consacré au traitement des psychoses infantiles et notamm. à celui de l'autisme (*la Forteresse vide,* 1967).

BETTEMBOURG [betɑ̃bur], v. du Luxembourg, sur l'Alzette ; 8 010 hab. Métallurgie.

BETTIGNIES (Louise **de**), *près de Saint-Amand-les-Eaux 1880 - Cologne 1918,* héroïne française. À l'origine d'un service de renseignements au service des Alliés, elle fut arrêtée par les Allemands (1915) et mourut en captivité.

BETTON (35830), ch.-l. de cant. d'Ille-et-Vilaine, près de Rennes ; 8 693 hab. *(Bettonnais).*

BEUVE-MÉRY (Hubert), *Paris 1902 - Fontainebleau 1989,* journaliste français. Fondateur, en décembre 1944, du journal *le Monde,* il en assura la direction jusqu'en décembre 1969.

BEUVRAY (mont) → **BIBRACTE.**

BEUYS (Joseph), *Clèves 1921 - Düsseldorf 1986,* artiste allemand. Protagoniste majeur de l'avant-garde à partir de la fin des années 1950, il a fait appel à des matériaux (feutre, graisse, etc.) et à des modes d'expression (interventions, environnements-actions) non traditionnels.

BEUZEVILLE (27210), ch.-l. de cant. de l'Eure, dans le Lieuvin ; 3 140 hab. *(Beuzevillais).*

BEVAN (Aneurin), *Tredegar 1897 - Asheridge Farm 1960,* homme politique britannique, l'un des chefs du Parti travailliste.

BEVEREN [bevərən], comm. de Belgique (Flandre-Orientale) ; 42 627 hab. Église des XVe et XVIIIe s.

BEVERIDGE (lord William Henry), *Rangpur, Bengale, 1879 - Oxford 1963,* économiste et administrateur britannique. Il a collaboré à l'institution de l'assurance chômage (1911) et à l'établissement de la sécurité sociale en Grande-Bretagne (*plan Beveridge,* 1942), mettant l'accent sur le plein-emploi et la sécurité du revenu.

BEVERLY HILLS, v. des États-Unis (Californie), dans la banlieue de Los Angeles ; 32 000 hab. Résidence de nombreux acteurs de cinéma.

Béveziers (bataille de) → **Beachy Head.**

BEVIN (Ernest), *Winsford 1881 - Londres 1951,* homme politique britannique. Syndicaliste, travailliste, ministre du Travail (1940 - 1945), il fut secrétaire d'État aux Affaires étrangères (1945 - 1951).

BEX [bɛ], comm. de Suisse (Vaud) ; 5 727 hab. *(Bellerins).* Mines de sel.

BEYLE (Henri) → **STENDHAL.**

BEYNE-HEUSAY, comm. de Belgique (prov. de Liège), banlieue est de Liège ; 11 255 hab.

BEYNES (78650), comm. des Yvelines ; 7 592 hab. *(Beynois).* Stockage souterrain de gaz.

BEYROUTH [bɛrut], en ar. **Bayrūt,** cap. du Liban, sur la Méditerranée ; 1 500 000 hab. *(Beyrouthins).* Important musée archéologique. — La ville a été ravagée, de 1975 à 1990, par les divers conflits qui ont affecté le Liban.

BÈZE (Théodore **de**), *Vézelay 1519 - Genève 1605,* écrivain et théologien protestant français. Principal lieutenant de Calvin, polémiste remarquable, il dirigea la rédaction de l'*Histoire ecclésiastique des Églises réformées du royaume de France* (1580) et fut aussi un promoteur de la Renaissance littéraire.

BÉZIERS [-zje] (34500), ch.-l. d'arrond. de l'Hérault, sur l'Orb et le canal du Midi ; 71 428 hab. *(Biterrois).* Marché viticole. Constructions mécaniques. — Cathédrale fortifiée (XIIe-XIVe s.) et autres monuments. Musées. — Pendant la croisade des albigeois, la ville fut saccagée par les troupes de Simon de Montfort (1209).

Beznau, centrale nucléaire de Suisse (Argovie), sur l'Aar.

BEZONS [bəzɔ̃] (95870), ch.-l. de cant. du Val-d'Oise, sur la Seine ; 26 480 hab. Construction automobile.

BÉZOUT (Étienne), *Nemours 1730 - Les Basses-Loges, près de Fontainebleau, 1783,* mathématicien français. Il est l'auteur d'une théorie générale des équations algébriques.

BEZWADA → **VIJAYAVADA.**

■ **BHADGAUN.** Le temple Nyatapola ; début du XVIIIe s.

BHADGAUN ou **BHATGAON,** v. du Népal ; 84 000 hab. Anc. cité fondée au IXe s., et cap. royale du XIIe au XVe s. Monuments du XVe au XVIIe s.

BHAGALPUR, v. d'Inde (Bihar), sur le Gange ; 261 855 hab.

Bhagavad-Gita → **Mahabharata.**

BHARHUT, site archéologique de l'Inde (Madhya Pradesh). Vestiges d'un stupa dont l'archaïque décor sculpté (musée de Calcutta) annonce le style de Sanci.

BHARTRIHARI, poète et grammairien indien du VIIe s., d'expression sanskrite. Ce nom désigne peut-être deux personnes différentes, le poète et le grammairien.

BHATGAON → **BHADGAUN.**

BHATPARA, v. d'Inde (Bengale-Occidental) ; 304 952 hab.

BHAVABHUTI, auteur dramatique indien des VIIe-VIIIe s., d'expression sanskrite. Son théâtre est souvent inspiré du **Ramayana.*

BHAVNAGAR, v. d'Inde (Gujerat), dans la presqu'île de Kathiawar ; 403 521 hab. Port.

BHIL, population de l'Inde (Gujerat, Madhya Pradesh, Rajasthan) [env. 6 millions], un des cinq groupes de tribus indiennes.

BHILAINAGAR → **DURG-BHILAINAGAR.**

BHOPAL, v. d'Inde, cap. du Madhya Pradesh ; 1 063 662 hab. Une fuite de gaz toxique y a provoqué la mort de plus de 3 800 personnes en 1984.

BHOUTAN n.m., État d'Asie, sur la bordure de l'Himalaya ; 47 000 km^2 ; 1 670 000 hab. *(Bhoutanais).* CAP. *Thimbu.* LANGUE : *tibétain.* MONNAIES : *ngultrum* et *roupie indienne.* (V. carte **Himalaya.**) Il est en majeure partie couvert par la forêt. La population, majoritairement bouddhiste, compte une importante minorité népalaise, hindouiste. – Ce royaume, vassal de l'Inde en 1865, d'abord contrôlé par les Britanniques (1910) puis soumis à un semi-protectorat indien (1949), est indépendant depuis 1971.

BHUBANESWAR, v. d'Inde, cap. de l'Orissa ; 411 542 hab. Centre shivaïte depuis le Ve s. – Nombreux temples de type sikhara, à la riche décoration sculptée, dont le plus parfait est le Lingaraja (XIe s.). Intéressant musée.

BHUMIBOL ADULYADEJ, *Cambridge, Massachusetts, 1927,* roi de Thaïlande depuis 1950 sous le nom de Rama IX.

BHUTTO (Zulfikar Ali), *Larkana 1928 - Rawalpindi 1979,* homme politique pakistanais. Président de la République (1971 - 1973), puis Premier ministre jusqu'en 1977, il fut renversé par le général Zia ul-Haq, puis exécuté. – **Benazir B.,** *Karachi 1953,* femme politique pakistanaise. Fille de Zulfikar Ali Bhutto, première femme chef de gouvernement dans un pays musulman, elle a été Premier ministre de 1988 à 1990, puis de 1993 à 1996.

BIACHE-SAINT-VAAST (62118), comm. du Pas-de-Calais ; 3 968 hab. *(Biachois).* Métallurgie. Cimenterie. – Important site d'habitat du paléolithique moyen, daté de 170 000 av. J.-C. ; on y a découvert un crâne humain.

BIAFRA (république du), nom que prit la région sud-est du Nigeria, peuplée majoritairement d'Ibo, en sécession de 1967 à 1970. Cette sécession provoqua la *guerre du Biafra.*

BIALIK (Hayim Nahman), *Rady, Ukraine, 1873 - Vienne 1934,* poète d'expression hébraïque. Il exerça une influence profonde sur le mouvement sioniste (*le Rouleau de feu,* 1905).

BIAŁYSTOK, v. du nord-est de la Pologne, ch.-l. de voïévodie ; 273 300 hab. Palais du XVIIIe s.

BIANCIOTTI (Hector), *près de Córdoba 1930,* écrivain argentin naturalisé français. Il est l'auteur de romans à la lisière du fantastique et de récits d'inspiration autobiographique, en espagnol (*les Déserts dorés,* 1967) puis en français (*Sans la miséricorde du Christ,* 1985 ; *Ce que la nuit raconte au jour,* 1992 ; *Comme la trace de l'oiseau dans l'air,* 1999). [Acad. fr.]

BIARRITZ [-rits] (64200), ch.-l. de cant. des Pyrénées-Atlantiques, sur le golfe de Gascogne ; 30 739 hab. *(Biarrots).* Aéronautique. Station balnéaire et climatique.

BIBANS (chaîne des), massif d'Algérie, dans le sud de la Grande Kabylie ; 1 735 m. Il est percé par le défilé des Portes de Fer.

BIBIENA, surnom des **Galli,** famille d'architectes et de scénographes bolonais (fin XVIIe et XVIIIe s.). Travaillant pour de nombreuses cours d'Europe, ils excellèrent dans le domaine du décor monumental éphémère d'esprit baroque (théâtre, cérémonies religieuses et civiles).

Bible, recueil des livres saints du judaïsme auxquels les chrétiens ont ajouté les leurs sous le nom de Nouveau Testament. La Bible juive (Ancien Testament des chrétiens), dont la langue est

■ **BEYROUTH.** La ville en reconstruction.

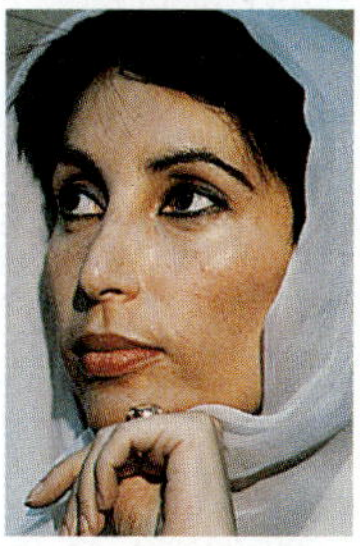

■ BENAZIR **BHUTTO**

LA BIBLE

Sauf mention spéciale (cath., prot.), les livres cités sont acceptés dans les trois canons (juif, catholique, protestant) pour l'Ancien Testament, dans les canons catholique et protestant pour le Nouveau Testament.

ANCIEN TESTAMENT

Pentateuque (ou Torah) :
- Genèse
- Exode
- Lévitique
- Nombres
- Deutéronome

Livres historiques (premiers prophètes) :
- Josué
- Juges
- I et II Samuel
- I et II Rois
- I et II Chroniques
- Esdras
- Néhémie
- I et II Maccabées (cath.)

Livres prophétiques (derniers prophètes) :
- Isaïe
- Jérémie
- Lamentations (cath., prot.)
- Baruch (cath.)
- Ezéchiel
- Daniel (cath., prot.)
- Osée
- Joël
- Amos
- Abdias
- Jonas
- Michée
- Nahum
- Habacuc
- Sophonie
- Aggée
- Zacharie
- Malachie

Livres poétiques et sapientiaux (ou hagiographes) :
- Psaumes
- Proverbes
- Job
- Cantique des cantiques
- Ecclésiaste
- Sagesse (cath.)
- Ecclésiastique (cath.)
- Tobie (cath.)
- Judith (cath.)
- Esther
- Ruth

NOUVEAU TESTAMENT

Évangiles
- Matthieu
- Marc
- Luc
- Jean

Actes des Apôtres

Épîtres de saint Paul
- aux Romains
- I et II aux Corinthiens
- aux Galates
- aux Éphésiens
- aux Philippiens
- aux Colossiens
- I et II aux Thessaloniciens
- I et II à Timothée
- à Tite
- à Philémon
- aux Hébreux

Épîtres « catholiques »
- de saint Jacques
- I et II de saint Pierre
- I, II et III de saint Jean
- de saint Jude

Livre prophétique :
- Apocalypse de saint Jean

l'hébreu (hormis quelques passages en araméen), s'est constituée en un code unifié entre le IIe s. av. J.-C. et la fin du Ier s. apr. J.-C. Elle comprend vingt-quatre livres distribués sur trois parties (Torah, Prophètes et Hagiographes) qui ont trait à l'histoire et à la religion du peuple juif. Le Nouveau Testament concerne la révélation chrétienne et les origines de l'Église ; il a été écrit principalement en grec. Au IVe s., saint Jérôme a donné une traduction latine de l'Ancien et du Nouveau Testament, dont une grande partie deviendra, sous le nom de Vulgate, la version officielle de l'Église d'Occident.

Bibliothèque nationale de France (BNF), établissement public né en 1994 de la fusion administrative des établissements de la Bibliothèque nationale (BN, rue de Richelieu, IIe arrond., Paris) et de la Bibliothèque de France (BDF, créée en 1989, quartier de Tolbiac, XIIIe arrond.). La BNF « Richelieu » (anc. BN), créée en 1926 et dont les origines remontent à Charles V, abrite de riches collections d'estampes, cartes, médailles, manuscrits, etc. La BNF « Tolbiac » (Bibliothèque François-Mitterrand) comprend, dans un nouvel édifice dû à D. Perrault, des espaces accessibles au public (ouverts en 1996) et des espaces réservés aux chercheurs (ouverts en 1998, après le transfert des imprimés - livres et périodiques - conservés auparavant à « Richelieu »). La BNF a notamment en France la gestion du dépôt légal.

BIBRACTE, v. de Gaule, cap. et oppidum des Éduens, sur le mont Beuvray. Musée. Temple, habitations, etc., ont livré de nombreux objets (musée d'Autun).

BICH (Marcel), *Turin 1914 - Paris 1994,* industriel français d'origine italienne. Fondateur en 1950 d'un groupe qui porte son nom, il se fit connaître en 1953 avec la diffusion du stylo à bille « Bic ».

BICHAT (Xavier), *Thoirette, Jura, 1771 - Paris 1802,* anatomiste et physiologiste français. Il fonda l'« anatomie générale » et contribua au développement de l'histologie.

■ XAVIER **BICHAT.**
(Hôpital Bichat, Paris.)

BICHKEK, de 1925 à 1991 **Frounze,** cap. du Kirghizistan ; 631 000 hab.

BIDACHE (64520), ch.-l. de cant. des Pyrénées-Atlantiques ; 1 090 hab. Ruines du château des Gramont (XVe-XVIe s.).

BIDART (64210), comm. des Pyrénées-Atlantiques ; 4 750 hab. *(Bidartars).* Station balnéaire.

BIDASSOA n.f., fl. côtier de France, dans les Pyrénées-Atlantiques, qui se jette dans le golfe de Gascogne ; 70 km. Elle sépare pendant 12 km la France et l'Espagne.

BIDAULT (Georges), *Moulins 1899 - Cambo-les-Bains 1983,* homme politique français. Président du Conseil national de la Résistance et l'un des fondateurs du MRP, il fut président du Conseil (1949 - 1950) et ministre des Affaires étrangères sous la IVe République. Opposé à la politique algérienne de De Gaulle, il s'exila de 1962 à 1968.

BIDOS (64400), comm. des Pyrénées-Atlantiques ; 1 238 hab. Industrie aéronautique.

BIDPAI ou **PILPAY,** brahmane hindou (IIIe s. ?). On attribue à ce personnage semi-légendaire un recueil d'apologues en sanskrit dont s'inspira La Fontaine.

Biedermeier, nom donné au style de la peinture et des arts décoratifs s'adressant aux classes moyennes, en Allemagne et en Autriche, dans les années 1815 - 1848.

BIELEFELD, v. d'Allemagne (Rhénanie-du-Nord-Westphalie) ; 324 674 hab. Métallurgie.

BIELGOROD → **BELGOROD.**

BIELINSKI → **BELINSKI.**

BIELLA, v. d'Italie (Piémont) ; 48 277 hab. Centre lainier. — Cathédrale en partie gothique, avec baptistère préroman.

BIÉLORUSSIE n.f., en biélor. **Belarus,** État d'Europe orientale, en bordure de la Pologne ; 208 000 km² ; 10 100 000 hab. *(Biélorusses).* CAP. *Minsk.* LANGUES : *biélorusse* et *russe.* MONNAIE : *rouble biélorusse.*

GÉOGRAPHIE

C'est un pays au relief peu contrasté, au climat frais et humide, en partie boisé et marécageux. L'agriculture associe élevage (bovins et porcins) et cultures (pomme de terre, orge, betterave), mais a souffert des suites de l'accident nucléaire de Tchernobyl, qui a aussi pénalisé l'agroalimentaire, branche essentielle d'une industrie manquant d'autres matières premières. Les liens économiques et culturels demeurent importants avec la Russie. La population compte environ 80 % de Biélorusses de souche, mais encore plus de 10 % de Russes.

HISTOIRE

IXe - XIIe s. : la région, peuplée de Slaves orientaux, fait partie des États de Kiev. **XIIIe - XIVe s. :** appelée Russie blanche, elle est intégrée dans le grand-duché de Lituanie, uni à la Pologne à partir de 1385. **XIVe - XVIIe s. :** la différenciation entre les trois branches de Slaves orientaux, Biélorusses, Russes et Ukrainiens, se précise. L'influence polonaise devient prépondérante. **1772 - 1793 :** les deux premiers partages de la Pologne donnent la Biélorussie à l'Empire russe. **1919 :** une république socialiste soviétique (RSS) de Biélorussie, indépendante, est proclamée. **1921 :** la partie occidentale de la Biélorussie est rattachée à la Pologne. **1922 :** la RSS de Biélorussie adhère à l'URSS. **1939 :** la Biélorussie occidentale lui est rattachée. **1945 :** la RSS de Biélorussie devient membre de l'ONU. **1991 :** le Soviet suprême proclame l'indépendance du pays (août), qui adhère à la CEI. **1994 :** la Biélorussie se dote d'un régime présidentiel et se rapproche de la Russie.

BIELSKO-BIAŁA, v. de Pologne, en Silésie ; 184 400 hab.

BIELYÏ (Andreï) → **BELYÏ.**

BIENAYMÉ (Jules), *Paris 1796 - id. 1878,* administrateur français. Il appliqua le calcul des probabilités aux mathématiques financières.

BIÊN HOA, v. du Viêt Nam ; 274 000 hab.

BIENNE, en all. **Biel,** v. de Suisse (cant. de Berne), sur le *lac de Bienne* ; 51 893 hab. *(Biennois).* Horlogerie. — Noyau médiéval sur une hauteur. Musée de Préhistoire.

BIENNE (lac de), lac de Suisse, dans l'ouest du cant. de Berne ; 40 km².

Bien public (ligue du), coalition féodale constituée en 1465 par les grands vassaux du royaume et dirigée contre Louis XI. Elle fut dissoute après la bataille de Montlhéry (juill. 1465).

BIENVENÜE [-ny] (Fulgence), *Uzel 1852 - Paris 1936,* ingénieur français. Il dirigea des travaux d'adduction d'eau de source à Paris ; il conçut puis dirigea la réalisation du métro de Paris.

BIERMANN (Ludwig), *Hamm, Westphalie, 1907 - Munich 1986,* astrophysicien allemand. Auteur de travaux concernant la physique des plasmas, le Soleil et les comètes, il a, le premier, suggéré l'existence du vent solaire (1951).

BIERUT (Bolesław), *près de Lublin 1892 - Moscou 1956,* homme politique polonais. Président du gouvernement provisoire (1945) puis de la République (1947 - 1952), président du Conseil des ministres (1952 - 1954) et secrétaire général du Parti ouvrier unifié polonais (1948 - 1956), il aligna son pays sur le modèle soviétique.

BIÈVRES (91570), ch.-l. de cant. de l'Essonne ; 4 115 hab. Musée français de la photographie.

BIGEARD (Marcel), *Toul 1916,* général français. Engagé volontaire en 1940, il combat en Indochine (1946 - 1954) puis en Algérie (1954 - 1960). Général de corps d'armée en 1974, il est secrétaire d'État à la Défense nationale (1975 - 1976).

BIGORRE n.f., partie centrale du dép. des Hautes-Pyrénées. Comté constitué dès le IXe s., réuni au Béarn en 1425, il suivit dès lors ses destinées. — Cap. *Tarbes.* (Hab. *Bigourdans.*)

BIGOT DE PRÉAMENEU (Félix), *Rennes 1747 - Paris 1825,* jurisconsulte français. Conseiller d'État sous le Consulat, il joua un rôle important lors de l'élaboration du Code civil. Il fut ministre des Cultes (1808 - 1814). [Acad. fr.]

BIHAR, État de l'Inde, dans le nord-est du Deccan et dans l'est de la plaine du Gange ; 94 150 km² ; 64 530 000 hab. ; cap. *Patna.*

BIHOR ou **BIHAR** → **APUSENI.**

BIISK, v. de Russie, en Sibérie, sur l'Ob ; 235 000 hab. Centre industriel.

BIJAPUR, v. d'Inde (Karnataka) ; 193 038 hab. Monuments indo-musulmans des XVIe et XVIIe s., dont le Gol Gunbadh, célèbre mausolée du XVIIe s.

BIKANER, v. d'Inde (Rajasthan) ; 415 355 hab. Textile. – Forteresse du XVIe s. Musée.

BIKINI, îlot du Pacifique (îles Marshall). Théâtre, à partir de 1946, d'expérimentations nucléaires américaines.

BILAL (Enki), *Belgrade 1951,* dessinateur et scénariste de bandes dessinées français d'origine yougoslave. Il mêle dans ses bandes dessinées politique-fiction et réalisme (*la Foire aux Immortels,* 1980 ; *Partie de chasse,* scénario de Pierre Christin, 1983 ; *le Sommeil du monstre,* 1998).

BILASPUR, v. d'Inde (Chhattisgarh) ; 233 570 hab.

BILBAO, v. d'Espagne (Pays basque), ch.-l. de la Biscaye ; 369 839 hab. (plus de 800 000 hab. dans l'agglomération). Port sur le Nervión canalisé, c'est la principale ville du Pays basque. Centre industriel. – Musées, dont le musée des Beaux-Arts et le musée Guggenheim.

BILDT (Carl), *Halmstad 1949,* homme politique suédois. Président du Parti modéré (1986 - 1999), il a été Premier ministre de 1991 à 1994. Depuis 1995, il occupe différentes fonctions d'émissaire international dans les Balkans.

Bild Zeitung, quotidien populaire allemand, créé en 1952 par A. Springer, et, par son tirage, le plus important quotidien d'Allemagne.

BILL (Max), *Winterthur 1908 - Berlin 1994,* architecte, designer, peintre et sculpteur suisse. Il a été le pionnier d'une abstraction rationnelle (« art concret ») et de la synthèse des arts.

BILLAUD-VARENNE (Jean Nicolas), *La Rochelle 1756 - Port-au-Prince 1819,* homme politique français. Membre du Comité de salut public (1793), partisan de Robespierre, il se retourna contre lui au 9 Thermidor. Adversaire de la réaction qui suivit, il fut déporté à Cayenne (1795).

BILLE (Corinna S.), *Veyras 1912 - Lausanne 1979,* femme de lettres suisse de langue française. Ses nouvelles et ses romans mêlent des éléments oniriques et fantastiques à un attachement sensuel au Valais (*le Sabot de Vénus, la Fraise noire*).

BILLÈRE (64140), ch.-l. de cant. des Pyrénées-Atlantiques ; 13 668 hab. Constructions électriques.

BILLETDOUX (François), *Paris 1927 - id. 1991,* auteur dramatique français. Son théâtre, insolite et ironique, présente l'image d'un monde et de personnages bouleversés, au bord de la disparition (*Tchin-Tchin, Réveille-toi, Philadelphie !*).

BILLITON → **BELITUNG.**

BILLOM [bijɔ̃] (63160), ch.-l. de cant. du Puy-de-Dôme ; 4 336 hab. (*Billomois*). Église avec chœur roman ; maisons anciennes.

BINCHE, v. de Belgique (Hainaut) ; 32 837 hab. (*Binchois*). Carnaval. Musée international du Carnaval et du Masque.

BINCHOIS (Gilles), *Mons v. 1400 - Soignies 1460,* compositeur franco-flamand. Il est l'auteur de chansons et de motets polyphoniques.

BINET (Alfred), *Nice 1857 - Paris 1911,* psychologue français. Il a fondé la psychologie expérimentale en France et créé la méthode des tests de niveau intellectuel (*échelle de Binet-Simon*).

BINET (Léon), *Saint-Martin, Seine-et-Marne, 1891 - Paris 1971,* médecin et physiologiste français. Il a étudié différents procédés de réanimation et la physiologie du poumon.

BINFORD (Lewis), *1930,* préhistorien américain. Il étudie les processus d'évolution culturelle (*New Perspectives in Archaeology,* 1968).

BINGER (Louis Gustave), *Strasbourg 1856 - L'Isle-Adam 1936,* officier et explorateur français. Il explora la boucle du Niger (1887 - 1889) et la Côte d'Ivoire, dont il fut gouverneur (1893 - 1897).

BINIC (22520), comm. des Côtes-d'Armor ; 3 202 hab. (*Binicais*). Station balnéaire.

BINNIG (Gerd), *Francfort 1947,* physicien allemand. Il a conçu, avec H. Rohrer, le premier microscope électronique à effet tunnel. (Prix Nobel 1986.)

BIOKO ou **BIOCO,** anc. **Fernando Poo,** île de la Guinée équatoriale ; 2 017 km² ; env. 80 000 hab. ; v. princ. *Malabo.*

BION (Wilfred Ruprecht), *Muttra, auj. Mathura, Inde, 1897 - Oxford 1979,* psychiatre et psychanalyste britannique. Il a étudié le développement de la pensée de l'enfant et ses troubles.

BIOT (06410), comm. des Alpes-Maritimes ; 7 489 hab. (*Biotois*). Artisanat. Cultures florales. – Musée Fernand-Léger.

BIOT (Jean-Baptiste), *Paris 1774 - id. 1862,* astronome et physicien français. Il est l'auteur de recherches en astronomie (origine des météorites), en géophysique (magnétisme terrestre) et, surtout, en physique (électromagnétisme, polarisation de la lumière, etc.). [Acad. fr.]

BIOY CASARES (Adolfo), *Buenos Aires 1914 - id. 1999,* écrivain argentin. Il est l'auteur de récits fantastiques (*l'Invention de Morel*).

BIRAGUE (René **de**), *Milan 1506 - Paris 1583,* prélat et homme d'État français. Investi de la confiance de Catherine de Médicis, il lui inspira la Saint-Barthélemy, puis prôna une politique de réconciliation (paix de Beaulieu). Le priant de son tombeau, par G. Pilon, est au Louvre.

BIRATNAGAR, v. de l'est du Népal ; 130 000 hab.

BIRD (Banque internationale pour la reconstruction et le développement), organisation internationale. Elle appartient au groupe de la *Banque mondiale.

BIRD (Junius Bouton), *Rye, État de New York, 1907 - New York 1982,* préhistorien et archéologue américain. Ses travaux sur des sites de chasseurs-cueilleurs en Patagonie ont démontré l'ancienneté et l'expansion du peuplement « paléo-indien » en Amérique du Sud.

Bir Hakeim (bataille de) [1942], bataille de la Seconde Guerre mondiale pendant la campagne de Libye. Encerclés par les Allemands et les Italiens à Bir Hakeim, dans le désert de Libye, les Français du général Kœnig y résistèrent 16 jours, puis réussirent à rejoindre les lignes britanniques.

BIRKENAU, en polon. **Brzezinka,** localité de Pologne, près d'Auschwitz. Camp allemand d'extermination créé en 1941 à 3 km au S.-O. d'Auschwitz, dont les victimes furent essentiellement des Juifs.

BIRKENHEAD, v. de Grande-Bretagne (Angleterre), sur l'estuaire de la Mersey ; 280 000 hab.

BIRKHOFF (George David), *Overisel, Michigan, 1884 - Cambridge, Massachusetts, 1944,* mathématicien américain. Il développa la théorie générale des systèmes dynamiques, à la suite des travaux de Poincaré.

BIRMANIE n.f., en birm. **Myanmar,** en angl. **Burma,** État d'Asie du Sud-Est ; 678 000 km² ; 47 500 000 hab. (*Birmans*). CAP. *Rangoon.* LANGUE : *birman.* MONNAIE : *kyat.*

GÉOGRAPHIE

Le pays regroupe en une fédération l'Union de Myanmar, l'ancienne colonie anglaise de Birmanie et sept États « périphériques » peuplés de

B

minorités ethniques, parfois turbulentes, qui représentent, globalement, 20 à 25 % de la population totale, en très large majorité bouddhiste. Coupée par le tropique et située dans le domaine de la mousson, la Birmanie est un pays presque exclusivement agricole, notable producteur de riz ; la culture en est répandue surtout dans le delta de l'Irrawaddy, au débouché de la grande dépression centrale, qui est le cœur du pays. Les autres cultures, vivrières ou commerciales (coton, arachide, canne à sucre, thé, hévéa), sont secondaires. L'exploitation de la forêt (teck, bambou) est la principale ressource (avec l'opium) des régions du pourtour, montagneuses, entaillées par les vallées de la Chindwin, de l'Irrawaddy et de la Salouen.

HISTOIRE

Les royaumes des Thaïs (Chan), des Môn et des Birmans. 832 : la civilisation très ancienne des Pyu, peuple tibéto-birman, disparaît sous les coups de tribus thaïes. **IXe s. :** les Môn instaurent en Basse-Birmanie le royaume de Pegu, et les Birmans venant du Nord-Est atteignent la Birmanie centrale. **XIe s. :** ils y constituent un État autour de Pagan (fondée en 849), qui tombe aux mains des Sino-Mongols puis des Chan (1287 - 1299). **1347 - 1752 :** les Birmans recréent un royaume dont la capitale est Toungoo. **1539 - 1541 :** ils conquièrent le territoire môn et unifient le pays. **1752 :** les Môn s'emparent d'Ava et mettent fin au royaume de Toungoo. **1752 - 1760 :** Alaungpaya reconstitue l'Empire birman. **1816 - 1824 :** celui-ci s'agrandit du Manipur et de l'Assam, que les Britanniques lui reprennent en 1826.

B

La domination britannique. 1852 - 1855 : ces derniers conquièrent Pegu et annexent la Birmanie à l'empire des Indes. **1942 - 1948 :** envahie par les Japonais (1942), reconquise par les Alliés en 1944 - 1945, la Birmanie accède à l'indépendance (1948).

La Birmanie indépendante. 1948 - 1962 : U Nu, Premier ministre de l'Union birmane (1948 - 1958 ; 1960 - 1962), est confronté à la guerre civile déclenchée par les communistes et à la rébellion des Karen (1949 - 1955). **1962 :** le général Ne Win prend le pouvoir. Un régime socialiste et autoritaire est instauré. Mais les rébellions ethniques reprennent et les tensions entre les minorités hindouiste, musulmane, chrétienne et la majorité bouddhiste demeurent. **1981 :** Ne Win est remplacé par le général San Yu à la tête de l'État mais conserve la réalité du pouvoir. **1988 :** Ne Win et San Yu démissionnent de leurs fonctions ; l'opposition au pouvoir militaire s'étend et réclame la démocratisation du régime. **1990 :** l'opposition remporte les élections mais les militaires gardent le pouvoir. **1992 :** la junte au pouvoir est condamnée à l'unanimité par l'ONU pour sa politique répressive. **1995 :** Aung San Suu Kyi, leader de l'opposition, est libérée. **1997 :** malgré l'absence d'ouverture politique, le pays est admis au sein de l'ASEAN.

Birmanie (route de), route reliant Rangoon à Kunming (Yunnan), construite en 1938. Elle permit aux Alliés, durant la Seconde Guerre mondiale, de ravitailler la Chine (1939 - 1942, 1945).

BIRMINGHAM, v. de Grande-Bretagne (Angleterre), dans les Midlands ; 934 900 hab. (2 500 400 hab. dans l'agglomération). Centre métallurgique. — Grâce à la présence de charbon et de fer, la ville fut, aux XVIIIe et XIXe s., l'un des principaux centres autour desquels se développa l'industrie britannique. — Riche musée.

BIRMINGHAM, v. des États-Unis (Alabama) ; 265 968 hab. Métallurgie.

BIROBIDJAN, v. de Russie, ch.-l. de la région autonome des Juifs (l'anc. *Birobidjan*), à l'O. de Khabarovsk ; 86 300 hab.

BIRON, famille française dont le berceau fut le château de Biron (Dordogne). — **Armand de Gontaut,** baron **de B.,** *v. 1524 - Épernay 1592,* maréchal de France. Il mourut en combattant aux côtés d'Henri IV contre les Ligueurs. — **Charles de Gontaut,** duc **de B.,** *1562 - Paris 1602,* maréchal de France. Fils d'Armand, il défendit la cause d'Henri IV, puis complota avec le duc de Savoie et l'Espagne contre la France et fut décapité.

BIRUNI (al-), *Kath, Kharezm, v. 973 - Ghazni ? apr. 1050,* savant et encyclopédiste d'origine iranienne. Il voyagea beaucoup, notamm. en Inde avec le sultan Mahmud de Ghazni. Il a laissé de nombreux traités concernant les mathématiques et l'astronomie ainsi que la botanique et la minéralogie. Il fut également un historien des civilisations.

BISAYAN → **VISAYA.**

BISCARROSSE (40600), comm. des Landes, près du *lac,* ou *étang, de Biscarrosse et de Parentis ;* 9 827 hab. Station balnéaire à *Biscarrosse-Plage.* — Musée de l'hydraviation. — Centre d'essais des Landes, où s'effectuent des essais en vol de systèmes d'armes à base de missiles.

BISCAYE [-kaj], en esp. **Vizcaya,** prov. basque d'Espagne ; 1 153 515 hab. ; ch.-l. *Bilbao.*

BISCHHEIM (67800), ch.-l. de cant. du Bas-Rhin ; 16 964 hab. *(Bischheimois).*

BISCHWILLER (67240), ch.-l. de cant. du Bas-Rhin ; 11 753 hab. *(Bischwillerois).* Textile. Céramique.

BISKRA, v. d'Algérie, ch.-l. de wilaya, en bordure de l'Aurès ; 130 000 hab. Oasis. Tourisme.

BISMARCK (archipel), archipel de la Mélanésie, au N.-E. de la Nouvelle-Guinée. L'île principale est la Nouvelle-Bretagne. — Anc. colonie allemande (1884 - 1914), auj. partie de la Papouasie-Nouvelle-Guinée.

BISMARCK (Otto, prince **von**), *Schönhausen 1815 - Friedrichsruh 1898,* homme politique prussien. Appelé à la présidence du Conseil de Prusse par Guillaume Ier (1862), il réalise l'unité allemande au profit de la Prusse de 1864 à 1871. Après avoir battu l'Autriche à Sadowa (1866), il crée la Confédération de l'Allemagne du Nord. Puis, à l'issue de la guerre franco-allemande (1870 - 1871), qui se solde par l'annexion de l'Alsace-Lorraine, il fait proclamer l'Empire allemand, à Versailles, le 18 janv. 1871. Devenu chancelier de cet empire (IIe Reich), il pratique une politique autoritaire, engageant contre les catholiques le *Kulturkampf* (1871 - 1878) et luttant contre les sociaux-démocrates par la répression et l'adoption d'une législation sociale avancée. Devant renoncer à l'alliance des Trois Empereurs (Allemagne, Autriche, Russie), il conclut avec l'Italie et l'Autriche la Triplice (1882). Il quitte le pouvoir en 1890, peu après l'avènement de Guillaume II.

BISSAGOS (îles), archipel de la Guinée-Bissau.

BISSAU, cap. de la Guinée-Bissau ; 127 000 hab. *(Bissaliens).* Aéroport.

BISSIÈRE (Roger), *Villeréal 1886 - Boissiérette, Lot, 1964,* peintre français. Il a évolué d'un cubisme modéré à une non-figuration sensible et intime.

BIT (Bureau international du travail), secrétariat permanent de l'Organisation internationale du travail.

BITCHE (57230), ch.-l. de cant. de la Moselle ; 6 538 hab. *(Bitchois).* Camp militaire. — Citadelle (musée).

BITHYNIE, anc. région et royaume du nord-ouest de l'Asie Mineure, en bordure du Pont-Euxin et de la Propontide. Indépendante du IIIe s. à l'an 74 av. J.-C., elle fut annexée par Rome.

BITOLA ou **BITOLJ,** anc. **Monastir,** v. de Macédoine ; 84 000 hab. Mosquée du XVIe s. Musée archéologique (→ **Monastir**).

BITURIGES (« rois du monde »), peuple de la Gaule, dont les deux principaux groupes avaient pour centres, l'un, Burdigala (Bordeaux), l'autre, Avaricum (Bourges).

BIYA (Paul), *Mvomékoa 1933,* homme politique camerounais. Il est président de la République depuis 1982.

BIZERTE, v. de Tunisie ; 94 500 hab. Port. Raffinage du pétrole. — Base navale sur la Méditerranée, au débouché du *lac de Bizerte,* utilisée par la France de 1882 à 1963.

BIZET (Georges), *Paris 1838 - Bougival 1875,* compositeur français. Il écrivit pour le théâtre lyrique des chefs-d'œuvre pleins de vitalité et de pittoresque (*les Pêcheurs de perles,* 1863 ; *l'Arlésienne,* 1872 ; *Carmen,* 1875).

BJERKNES (Vilhelm), *Christiania, auj. Oslo, 1862 - id. 1951,* géophysicien norvégien. Il est l'auteur de travaux précurseurs en météorologie, où il applique la mécanique des fluides aux mouvements de l'atmosphère et de l'océan.

BJØRNSON (Bjørnstjerne), *Kvikne 1832 - Paris 1910,* écrivain norvégien. L'un des plus grands auteurs dramatiques de son pays *(Une faillite, Au-delà des forces),* il joua un rôle important dans la séparation de la Norvège et de la Suède. (Prix Nobel 1903.)

BLACK (Joseph), *Bordeaux 1728 - Édimbourg 1799,* physicien et chimiste britannique. Il fut le premier à distinguer nettement température et quantité de chaleur.

BLACKBURN, v. de Grande-Bretagne (Angleterre), au N.-O. de Manchester ; 110 000 hab.

■ **BISMARCK.** (Photographie de Karl Hahn.)

BLACKFOOT → **PIEDS-NOIRS.**

Black Muslims (« musulmans noirs »), mouvement séparatiste noir nord-américain, fondé en 1930. Se réclamant de l'islam, il est hostile à l'intégration des Noirs dans la société américaine.

Black Panthers (« Panthères noires »), organisation d'autodéfense formée en 1966, aux États-Unis, par des militants noirs révolutionnaires revendiquant le « pouvoir noir » *(black power).*

BLACKPOOL, v. de Grande-Bretagne (Angleterre), sur la mer d'Irlande ; 144 500 hab. Station balnéaire.

BLACKSTONE (sir William), *Londres 1723 - id. 1780,* juriste britannique. Ses *Commentaries on the Laws of England* (1765 - 1769) vulgarisèrent le droit anglais et exercèrent une vive influence sur les idées constitutionnelles en Angleterre.

BLAGA (Lucian), *Lancrăm, près de Sibiu, 1895 - Cluj 1961,* auteur dramatique, poète et philosophe roumain. Il a voulu cerner à travers mythes, spiritualité et paysages, l'essence de la culture roumaine *(Poèmes de la lumière, les Pas du Prophète).*

BLAGNAC (31700), ch.-l. de cant. de la Haute-Garonne ; 20 806 hab. *(Blagnacais).* Aéroport de Toulouse. Constructions aéronautiques.

BLAGOVECHTCHENSK, v. de Russie, à la frontière chinoise ; 214 000 hab.

BLAIN (44130), ch.-l. de cant. de la Loire-Atlantique ; 7 901 hab. *(Blinois).* Château fort. Musée des Arts et Traditions populaires.

BLAINVILLE, v. du Canada (Québec), banlieue nord-ouest de Montréal ; 24 758 hab. *(Blainvillois).*

BLAINVILLE (Henri **Ducrotay de**), *Arques 1777 - Paris 1850,* naturaliste français. Il fut l'élève de Cuvier, dont il combattit les idées et à qui il succéda au Muséum d'histoire naturelle.

BLAINVILLE-SUR-L'EAU (54360), comm. de Meurthe-et-Moselle ; 3 823 hab. *(Blainvillois).* Gare de triage.

BLAINVILLE-SUR-ORNE (14550), comm. du Calvados ; 4 442 hab. *(Blainvillais).* Véhicules utilitaires.

BLAIR (Anthony, dit Tony), *Édimbourg 1953,* homme politique britannique. Leader du Parti travailliste depuis 1994, il devient Premier ministre après la victoire de son parti aux élections de 1997.

BLAIS (Marie-Claire), *Québec 1939,* femme de lettres canadienne de langue française. Son œu-

■ GEORGES **BIZET**

■ BJØRNSTJERNE **BJØRNSON** par E. Werenskjold. (Nasjonalgalleriet, Oslo.)

■ WILLIAM **BLAKE.** *Le Grand Dragon et la Femme revêtue de soleil,* 1805. (National Gallery of Art, Washington.)

vre est une critique désabusée des conformismes *(Une saison dans la vie d'Emmanuel, Sommeil d'hiver).*

BLAKE (sir Peter), *Auckland 1948,* navigateur néo-zélandais. Détenteur – de 1994 à 1997 – du record du tour du monde à la voile sans escale (trophée Jules-Verne), il a remporté en 1995, et conservé en 2000, avec le défi néo-zélandais, la coupe de l'America.

BLAKE (Robert), *Bridgwater 1599 - au large de Plymouth 1657,* amiral anglais. Il commanda la flotte sous Cromwell, assurant à l'Angleterre la maîtrise de la Manche.

BLAKE (William), *Londres 1757 - id. 1827,* poète et graveur britannique. Ses poèmes lyriques et épiques (*Chants d'innocence,* 1789 ; *Chants d'expérience,* 1794) unissent l'émerveillement naïf et l'invention d'une mythologie qui renvoie à la fois à la Révolution française et à une métaphysique personnelle. Il a lui-même illustré ses écrits (gravures, aquarelles).

BLAKEY (Art), *Pittsburgh 1919 - New York 1990,* musicien américain de jazz. Batteur et chef d'orchestre, inspirateur de plusieurs générations de jazzmen depuis le be-bop, il a animé le groupe de hard-bop des Jazz Messengers, fondé en 1955.

BLANC (cap), cap d'Afrique, en Mauritanie.

BLANC (mont), sommet le plus élevé des Alpes, en France (Haute-Savoie), près de la frontière italienne, dans le *massif du Mont-Blanc ;* 4 808 m. Il fut gravi pour la première fois en 1786 par le Dr Paccard et le guide Balmat. — Tunnel routier entre Chamonix et Courmayeur (long. 11,6 km).

BLANC (Le) [36300], ch.-l. d'arrond. de l'Indre, sur la Creuse ; 7 475 hab. *(Blancois).* Siège de l'écomusée de la Brenne au château Naillac.

BLANC (Louis), *Madrid 1811 - Cannes 1882,* historien et homme politique français. Gagné aux idées socialistes, il contribua par ses écrits à grossir l'opposition contre la monarchie de Juillet. Membre du Gouvernement provisoire en févr. 1848, il vit son projet d'ateliers sociaux échouer et dut s'exiler après les journées de juin. Rentré en France en 1870, il fut député d'extrême gauche à l'Assemblée nationale.

BLANCHARD (Jacques), *Paris 1600 - id. 1638,* peintre français, coloriste influencé par Titien (*Vénus et les Grâces surprises par un mortel,* Louvre).

BLANCHARD (Jean-Pierre), *Les Andelys 1753 - Paris 1809,* aéronaute français. Inventeur du parachute, il l'expérimenta avec des animaux ; il fut le premier à traverser la Manche en ballon (1785).

BLANCHARD (Raoul), *Orléans 1877 - Paris 1965,* géographe français, auteur de travaux sur les Alpes et sur le Canada.

Blanche (autoroute), autoroute menant de Genève vers Chamonix et le tunnel du Mont-Blanc.

BLANCHE (mer), mer formée par l'océan Arctique, au N.-O. de la Russie.

BLANCHE (vallée), haute vallée du massif du Mont-Blanc (France), occupée par un glacier.

BLANCHE DE CASTILLE, *Palencia 1188 - Paris 1252,* reine de France. Femme de Louis VIII (1200) et mère de Saint Louis. Elle fut régente durant la minorité de son fils (1226 - 1234) et pendant la septième croisade (1248 - 1252).

Blanche-Neige, personnage d'un conte des frères Grimm (1812). Cette jeune princesse, réfugiée dans la maison des sept nains et empoisonnée par sa marâtre, ne se réveillera à la vie qu'après l'arrivée du Prince charmant. Le dessin animé de W. Disney (*Blanche-Neige et les sept nains,* 1937) s'inspire de ce conte.

BLANCHOT (Maurice), *Quain, Saône-et-Loire, 1907,* écrivain français. Son œuvre romanesque et critique *(l'Espace littéraire, le Livre à venir)* relie la création littéraire à l'expérience de l'absence et de la mort.

BLANC-MESNIL [-mɛnil] **(Le)** [93150], ch.-l. de cant. de la Seine-Saint-Denis ; 47 079 hab. *(Blanc-Mesnilois).* Métallurgie. Chimie. Électronique.

BLANCO (Serge), *Caracas 1958,* joueur de rugby français. Arrière offensif, il est le recordman du nombre d'essais marqués en équipe de France (38).

BLANDINE (sainte), *m. en 177,* martyre lyonnaise. Torturée en même temps que saint Pothin, elle fut livrée aux bêtes. Une lettre des chrétiens de Lyon relate son martyre.

BLANGY-SUR-BRESLE (76340), ch.-l. de cant. de la Seine-Maritime ; 3 488 hab. *(Blangeois).* Aux env., château fort de Rambures (xve s.).

BLANKENBERGE [blɑ̃kɛnbɛrg], comm. de Belgique (Flandre-Occidentale) ; 16 602 hab. Station balnéaire. — Église en partie du xive s.

BLANQUEFORT (33290), ch.-l. de cant. de la Gironde ; 14 734 hab. Vins. Industrie automobile.

BLANQUI (Adolphe), *Nice 1798 - Paris 1854,* économiste français. Il prônait le libéralisme.

BLANQUI (Louis Auguste), *Puget-Théniers 1805 - Paris 1881,* théoricien socialiste et homme politique français. Frère d'Adolphe Blanqui, affilié au carbonarisme (1824), chef de l'opposition républicaine puis socialiste après 1830, il fut un des dirigeants des manifestations ouvrières de févr. à mai 1848 et joua un rôle important lors de la Commune. Ses idées, qui lui valurent de passer 36 années en prison, inspirèrent le syndicalisme révolutionnaire de la fin du siècle *(blanquisme).*

BLANTYRE, v. du Malawi ; 403 000 hab. Principale ville du pays.

BLANZY (71450), comm. de Saône-et-Loire, sur la Bourbince ; 7 399 hab. *(Blanzynois).* Pneumatiques.

BLASCO IBÁÑEZ (Vicente), *Valence 1867 - Menton 1928,* écrivain espagnol. Il est l'auteur de romans d'action et de mœurs *(Arènes sanglantes, les Quatre Cavaliers de l'Apocalypse).*

BLASIS (Carlo), *Naples 1795 - Cernobbio, près de Côme, 1878,* danseur et chorégraphe italien. Auteur d'ouvrages didactiques sur la danse classique (*Traité élémentaire théorique et pratique de l'art de la danse,* 1820), il enseigna à l'école de la Scala de Milan, où il forma quelques-unes des plus grandes ballerines du xixe siècle.

BLAU (Peter), *Vienne 1918,* sociologue américain d'origine autrichienne. Il a construit une théorie des organisations et contribué à l'analyse de la stratification sociale.

■ MONT **BLANC.** Le sommet.

■ **DER BLAUE REITER.** *Petit Cheval bleu* (1912), par Franz Marc. (Musée de la Sarre, Sarrebruck.)

Blaue Reiter (Der), en fr. **le Cavalier bleu,** mouvement artistique (1911 - 1914) constitué à Munich par Kandinsky, les peintres allemands F. Marc et August Macke (1887 - 1914), le peintre russe Alexei von Jawlensky (1864 - 1941), etc. Son registre esthétique se situait au confluent du fauvisme, de l'abstraction, d'une spontanéité lyrique et « primitiviste » et de l'expressionnisme. R. Delaunay et P. Klee, notamm., participèrent aux expositions du mouvement (Munich, Berlin).

BLAVATSKY ou **BLAVATSKAÏA** (Elena Petrovna), *Iekaterinoslav, auj. Dnipropetrovsk, 1831 - Londres 1891,* cofondatrice, avec le colonel H. S. Olcott, de la Société théosophique (1875).

B

BLAVET n.m., fl. de France, en Bretagne ; 140 km. Son estuaire forme, avec celui du Scorff, la rade de Lorient.

BLAYAIS n.m., région viticole du Bordelais (Gironde), à l'E. de Blaye. Sur l'estuaire de la Gironde, centrale nucléaire.

BLAYE [blaj] (33390), ch.-l. d'arrond. de la Gironde, sur la Gironde ; 4 924 hab. *(Blayais).* Vins. — Citadelle de Vauban.

BLÉGNY, comm. de Belgique (prov. de Liège), à l'E.-N.-E. de Liège ; 11 653 hab.

Blenheim (bataille de), nom que les Britanniques donnent à la bataille de Höchstädt (13 août 1704).

BLENKINSOP (John), *Leeds 1783 - id. 1831,* ingénieur britannique. Il construisit à partir de 1811 les premières locomotives qui aient effectué un service régulier dans les mines de houille.

BLÉRÉ (37150), ch.-l. de cant. d'Indre-et-Loire, sur le Cher ; 4 647 hab. *(Blérois).* Église des xie-xve s. ; demeures anciennes.

BLÉRIOT (Louis), *Cambrai 1872 - Paris 1936,* aviateur et constructeur d'avions français. Il traversa, le premier, la Manche en avion, de Calais à Douvres, le 25 juillet 1909.

BLÉSOIS n.m., région de France, autour de Blois.

BLEU (fleuve) → **YANGZI JIANG.**

BLEULER (Eugen), *Zollikon, près de Zurich, 1857 - id. 1939,* psychiatre suisse. Il effectua des travaux sur la schizophrénie.

BLIDA, v. d'Algérie, ch.-l. de wilaya, au pied de l'*Atlas de Blida ;* 191 000 hab.

BLIER (Bernard), *Buenos Aires 1916 - Saint-Cloud 1989,* acteur français. Il débute au théâtre avant d'entamer au cinéma une carrière riche en rôles de composition : *Entrée des artistes* (M. Allégret, 1938), *Le jour se lève* (M. Carné, 1939). — **Bertrand B.,** *Boulogne-Billancourt 1939,* cinéaste français. Fils de Bernard, il s'est imposé avec *les Valseuses* (1974), *Buffet froid* (1979), *Tenue de soirée* (1986), *Trop belle pour toi* (1989), *Un, deux, trois, soleil* (1993).

■ LOUIS AUGUSTE **BLANQUI**

■ LOUIS **BLÉRIOT** le 25 juillet 1909.

BLIN (Roger), *Neuilly-sur-Seine 1907 - Évecquemont 1984,* metteur en scène de théâtre et acteur français. Lié à Artaud, puis au théâtre d'avant-garde des années 1950, il interpréta et mit en scène de nombreuses pièces de Beckett et de Genet.

BLIXEN (Karen), *Rungsted 1885 - id. 1962,* femme de lettres danoise, auteur de contes *(Sept Contes gothiques)* et de romans (*la Ferme africaine,* 1937).

Bloc des gauches ou **Bloc républicain,** groupement politique qui unit radicaux et socialistes français de 1899 à 1904.

BLOCH (Ernst), *Ludwigshafen 1885 - Tübingen 1977,* philosophe allemand. Il fit une étude marxiste de l'utopie (*le Principe espérance,* 1954 - 1959).

BLOCH (Marc), *Lyon 1886 - Saint-Didier-de-Formans, Ain, 1944,* historien français. Son œuvre a exercé une influence décisive sur le renouvellement de la science historique en l'ouvrant aux méthodes des autres sciences sociales. Auteur des *Rois thaumaturges* (1924) et des *Caractères originaux de l'histoire rurale française* (1931), il fonda, avec Lucien Febvre, les *Annales d'histoire économique et sociale* (1929). Il fut fusillé par les Allemands.

Bloc national, groupement des partis de droite qui, de 1919 à 1924, constituèrent la majorité à la Chambre des députés française.

Blocus continental, mesures prises entre 1806 et 1808 par Napoléon Ier pour fermer au commerce de la Grande-Bretagne les ports du continent et ruiner la marine de ce pays. Leur application contribua à faire naître un sentiment antifrançais et à liguer l'Europe contre Napoléon.

BLOEMAERT (Abraham), *Gorinchem 1564 - Utrecht 1651,* peintre hollandais de l'école d'Utrecht. D'abord maniériste, son œuvre est très variée et d'une grande virtuosité. Il influença de nombreux élèves (dont ses fils, graveurs ou peintres), notamment par ses dessins de paysages.

BLOEMFONTEIN, v. d'Afrique du Sud, ch.-l. de l'État libre ; 300 150 hab.

BLOIS (41000), ch.-l. du dép. de Loir-et-Cher, sur la Loire, à 177 km au S.-O. de Paris ; 51 832 hab. *(Blésois).* Évêché. Équipements automobiles. Industries alimentaires (chocolaterie). Imprimerie. – Château construit ou remanié du XIIIe au XVIIe s., très restauré au XIXe s. (musées). Cathédrale (Xe-XVIIe s.), église St-Nicolas (XIIe-XIIIe s.), hôtels de la Renaissance. — Au XVIe s., Blois fut la résidence favorite des rois de France, qui y réunirent les états généraux en 1576 et 1588. Lors de ces derniers, Henri III fit assassiner le duc de Guise.

BLOK (Aleksandr Aleksandrovitch), *Saint-Pétersbourg 1880 - id. 1921,* poète russe. Il est l'un des principaux représentants du symbolisme russe *(la Ville, les Douze).*

BLONDEL (François), *Ribemont 1618 - Paris 1686,* ingénieur et architecte français. Il a construit la Corderie royale à Rochefort, la porte St-Denis à Paris, et a publié un *Cours d'architecture* (1675) qui exprime la rigueur de la doctrine classique.

BLONDEL (Jacques François), *Rouen 1705 - Paris 1774,* architecte français. Il a travaillé pour Metz et pour Strasbourg ; il a exercé une grande influence par ses traités, *l'Architecture française* (1752) et le *Cours d'architecture* (1771 - 1777).

BLONDEL (Maurice), *Dijon 1861 - Aix-en-Provence 1949,* philosophe français. Il construisit une philosophie de l'immanence (*l'Action,* 1893, remaniée en 1936 - 1937).

BLONDIN (Antoine), *Paris 1922 - id. 1991,* écrivain français. Membre des *Hussards, il est l'auteur de romans anticonformistes et impertinents *(l'Europe buissonnière, Un singe en hiver).*

■ MARC **BLOCH**

■ LÉON **BLUM** en 1937.

BLOOMFIELD (Leonard), *Chicago 1887 - New Haven, Connecticut, 1949,* linguiste américain. Son livre *le Langage* (1933) est à la base de l'école structuraliste américaine.

BLOTZHEIM (68730), comm. du Haut-Rhin ; 3 629 hab. Aéroport (pour Bâle et Mulhouse).

BLOW (John), *Newark 1648 ou 1649 - Londres 1708,* compositeur anglais. Il écrivit un grand nombre d'œuvres religieuses et l'opéra *Vénus et Adonis* (v. 1685).

BLOY [blwa] (Léon), *Périgueux 1846 - Bourg-la-Reine 1917,* écrivain français. Ce catholique intransigeant et révolté est l'auteur de pamphlets, de romans amers et visionnaires (*le Désespéré,* 1886 ; *la Femme pauvre,* 1897) et d'un *Journal* (1892 - 1917).

BLÜCHER (Gebhard Leberecht), prince **Blücher von Wahlstatt,** *Rostock 1742 - Krieblowitz 1819,* maréchal prussien. Commandant d'armée (1813 - 1815), il contribua à la victoire de Leipzig (1813). Battu par Napoléon à Ligny, il intervint de façon décisive à Waterloo (1815).

BLUE MOUNTAINS n.f. pl., nom donné à plusieurs chaînes de montagnes, notamment en Australie et aux États-Unis (dans les Appalaches).

BLUM (Léon), *Paris 1872 - Jouy-en-Josas 1950,* homme politique français. Membre du Parti socialiste français à partir de 1902, il fit partie, en 1920, au congrès de Tours, de la minorité qui refusa d'adhérer à la IIIe Internationale. Chef de la SFIO, il constitua un gouvernement « de Front populaire » (1936 - 1937) et revint au pouvoir en 1938. Arrêté en 1940, accusé au procès de Riom (1942), déporté en Allemagne (1943), il redevint chef du gouvernement de déc. 1946 à janv. 1947.

BLUMENAU, v. du sud-est du Brésil (Santa Catarina) ; 211 677 hab.

BLUNT (Anthony), *Bournemouth 1907 - Londres 1983,* historien d'art britannique. Spécialiste, notamm., de l'art classique français.

BLUNTSCHLI (Johann Kaspar), *Zurich 1808 - Karlsruhe 1881,* jurisconsulte allemand d'origine suisse. Il est un des fondateurs de l'Institut de droit international.

BNF, sigle de *Bibliothèque nationale de France.

BNP Paribas, groupe bancaire français. Il est né du rapprochement, en 1999 - 2000, de la BNP (Banque nationale de Paris, constituée en 1966 par la fusion de la Banque nationale pour le commerce et l'industrie [BNCI] et du Comptoir national d'escompte de Paris [CNEP]) et de la Banque Paribas (fondée en 1872 sous le nom de Banque de Paris et des Pays-Bas). Le groupe figure au tout premier rang des établissements bancaires français.

BOABDIL, nom déformé de **Abu Abd Allah,** roi musulman de Grenade sous le nom de Muhammad XI (1482 - 1483 et 1486 - 1492). Il fut vaincu par les Rois Catholiques.

BOADICÉE → **BOUDICCA.**

BOAL (Augusto Pinto), *Rio de Janeiro 1931,* metteur en scène et auteur dramatique brésilien. Il a écrit des pièces politiques *(Révolution en Amérique du Sud)* et expérimenté plusieurs formes de théâtre d'intervention (le « théâtre de l'opprimé », le « théâtre invisible »).

BOAS (Franz), *Minden, Westphalie, 1858 - New York 1942,* anthropologue américain d'origine allemande. Il a étudié sur le terrain de nombreux peuples indiens d'Amérique du Nord, définissant les conditions d'une approche rigoureuse des cultures (*The Mind of Primitive Man,* 1911).

BOBBIO (Norberto), *Turin 1909,* philosophe italien. Il s'est attaché à définir les conditions d'accomplissement de la démocratie.

BOBÈCHE (Jean-Antoine **Mardelard** ou **Mandelard,** dit), *Paris 1791 - id. v. 1840,* pitre français, célèbre par ses parades sous l'Empire et la Restauration.

BOBET (Louis, dit Louison), *Saint-Méen-le-Grand 1925 - Biarritz 1983,* coureur cycliste français. Triple vainqueur du Tour de France (1953 à 1955), il fut champion du monde (1954).

BOBIGNY (93000), ch.-l. de la Seine-Saint-Denis, au N.-E. de Paris ; 44 318 hab. *(Balbyniens).* Industrie automobile.

BOBO, peuple du Burkina, de langue voltaïque.

BOBO-DIOULASSO, v. du sud-ouest du Burkina ; 231 000 hab.

BOBROUÏSK, v. de Biélorussie, sur la Berezina ; 223 000 hab.

BOCAGE NORMAND, région française située dans l'ouest de la Normandie.

BOCAGE VENDÉEN, région française située dans l'ouest du dép. de la Vendée.

BOCCACE (Giovanni **Boccaccio,** dit), *Florence ou Certaldo 1313 - Certaldo 1375,* écrivain italien. Auteur d'idylles mythologiques, allégoriques *(le Nymphée de Fiesole)* ou psychologiques *(Fiammetta)* et du **Décaméron,* il fut le premier grand prosateur italien.

■ **BOCCACE,** fresque d'Andrea del Castagno. (Florence.)

BOCCANEGRA (Simone), *m. en 1363,* premier doge de Gênes. Il mourut empoisonné. Il inspira à Verdi l'opéra *Simon Boccanegra* (1857).

BOCCHERINI (Luigi), *Lucques 1743 - Madrid 1805,* compositeur et violoncelliste italien. Il effectua la majeure partie de sa carrière en Espagne et composa notamment quatuors et quintettes à cordes, symphonies et concertos.

BOCCIONI (Umberto), *Reggio di Calabria 1882 - Vérone 1916,* peintre, sculpteur et théoricien italien. Figure majeure du *futurisme, il a emprunté au divisionnisme, à l'arabesque de l'Art nouveau et au cubisme les moyens d'exprimer le mouvement.

BOCHIMANS ou **SAN,** peuples du Botswana (env. 30 000), de Namibie (env. 26 000) et d'Angola (env. 4 000). De petite taille et de peau claire, occupant jadis tout l'intérieur de l'Afrique méridionale, ils ont été refoulés jusqu'au désert de Kalahari (pression des Européens, des Hottentots et des peuples bantous). Ils sont de langue khoisan.

■ **BLOIS.** Cour intérieure du château, avec l'escalier à cage octogonale.

BOCHUM, v. d'Allemagne (Rhénanie-du-Nord-Westphalie), dans la Ruhr ; 401 058 hab. Université. Métallurgie (automobile).

BOCK (Fedor **von**), *Küstrin 1880 - Lehnsahn, Holstein, 1945,* maréchal allemand. Il commanda un groupe d'armées en Pologne, en France et en Russie (1939 - 1942). Relevé de son commandement après son échec devant Moscou (1941), il fut écarté définitivement par Hitler.

BÖCKLIN (Arnold), *Bâle 1827 - près de Fiesole 1901,* peintre suisse. Auteur de compositions mythologiques et symboliques, il vécut beaucoup en Italie.

BOCSKAI (Étienne ou István), *Cluj 1557 - Kassa 1606,* prince de Transylvanie (1605 - 1606). Chef de l'insurrection contre les Habsbourg (1604), il obtint la reconnaissance de l'indépendance de la Transylvanie (1606).

BOCUSE (Paul), *Collonges-au-Mont-d'Or 1926,* cuisinier français. Descendant d'une lignée de chefs cuisiniers, il est l'un des rénovateurs, mondialement connu, de l'art culinaire français.

BODEL (Jean) → **JEAN BODEL.**

BODENSEE → **CONSTANCE** (lac de).

BODH-GAYA, site d'Inde (Bihar), le plus important lieu de pèlerinage du bouddhisme. (Shakyamuni y parvint à l'état de bouddha.) — Grand temple Mahabodhi fondé v. les IIe-IIIe s., plusieurs fois reconstruit.

BODIN (Jean), *Angers 1530 - Laon 1596,* philosophe et magistrat français. Son traité *la République* (1576), développe les principes d'une monarchie tempérée par les états généraux.

Bodléienne (bibliothèque), bibliothèque d'Oxford organisée par sir Thomas **Bodley** (Exeter 1545 - Londres 1613). Elle a puissamment contribué au mouvement intellectuel de la Renaissance anglaise.

BODMER (Johann Jakob), *Greifensee 1698 - Zurich 1783,* écrivain suisse de langue allemande. Il défendit la poésie populaire allemande contre l'influence de la littérature française.

BODONI (Giambattista), *Saluces 1740 - Parme 1813,* imprimeur italien d'ouvrages célèbres par la beauté de leurs caractères.

BOÈCE, *Rome v. 480 - près de Pavie 524,* philosophe et poète latin. Ministre de Théodoric le Grand, il écrivit *De la consolation de la philosophie.*

BOEGNER (Marc), *Épinal 1881 - Paris 1970,* pasteur français. Président de la Fédération protestante de France (1929 - 1961), il prit la défense des Juifs pendant la Seconde Guerre mondiale et devint coprésident du Conseil œcuménique des Églises (1948 - 1954). [Acad. fr.]

Boeing Company, société de constructions aéronautiques américaine. Fondée en 1916, elle se situe au tout premier rang des groupes aéronautiques mondiaux. Elle a fusionné en 1997 avec McDonnell Douglas.

BOËLY (Alexandre Pierre François), *Versailles 1785 - Paris 1858,* compositeur français. Également organiste, il renoue dans ses œuvres de clavier avec l'esthétique de Bach, tout en annonçant Franck et Saint-Saëns.

BOËN [bɔɛ̃] (42130), ch.-l. de cant. de la Loire, sur le Lignon ; 3 154 hab.

BOERS [bur] (mot néerl. signif. *paysans*), colons de l'Afrique australe, d'origine néerlandaise. Leurs descendants sont les Afrikaners, ou Afrikaanders. La *guerre des Boers* (1899 - 1902) les opposa aux Britanniques, qui, victorieux, annexèrent l'Orange et le Transvaal.

BOESSET ou **BOYSSET** (Antoine), *Blois 1586 - Paris 1643,* compositeur français. Il fut surintendant de la musique de Louis XIII et composa des airs de cour.

BOÉTIE (Étienne **de La**) → **LA BOÉTIE.**

BOFF (Leonardo), *Concordia, Santa Catarina, 1938,* théologien catholique brésilien. Franciscain, il est l'un des principaux promoteurs de la théologie de la libération.

BOFFRAND (Germain), *Nantes 1667 - Paris 1754,* architecte français. D'abord sculpteur, puis élève de J. H.-Mansart, il eut une carrière très féconde. Il a notamment travaillé en Lorraine (château de Lunéville) et à Paris (hôtels du Faubourg St-Germain ; décors rocaille de l'hôtel de Soubise).

■ HUMPHREY **BOGART** et Lauren Bacall dans *Key Largo* (1948) de John Huston.

BOFILL (Ricardo), *Barcelone 1939,* architecte espagnol. Fondé à Barcelone en 1963, son « Taller de arquitectura » donne d'abord, en Espagne, des œuvres d'esprit néo-expressionniste. Dans les années 1980, un néoclassicisme monumental caractérise sa période française, en région parisienne et à Montpellier (ensemble *Antigone*). Il travaille ensuite dans le monde entier.

BOGARDE (sir Derek **Van den Bogaerde,** dit Dirk), *Londres 1921 - id. 1999,* acteur britannique. Élégant, impassible, il excelle dans les rôles de personnages troubles (*The Servant,* J. Losey, 1963), poignants (*Mort à Venise,* L. Visconti, 1971) ou raffinés (*Providence,* A. Resnais, 1976).

BOGART (Bram), *Delft 1921,* peintre néerlandais naturalisé belge. À partir de formes élémentaires, ses toiles, abstraites, opèrent une exaltation de la couleur et de la matière.

BOGART (Humphrey), *New York 1899 - Hollywood 1957,* acteur américain. Incarnation du détective privé ou de l'aventurier, il s'imposa en héros caustique et désabusé, mais vulnérable à l'amour (*le Faucon maltais,* J. Huston 1941 ; *The African Queen,* id., 1952 ; *Casablanca,* M. Curtiz, 1943 ; *le Grand Sommeil,* H. Hawks, 1946).

BOĞAZKÖY, site de Cappadoce, sur l'emplacement de l'anc. Hattousa. Fondée au XXIVe s. av. J.-C, elle fut (1600 - 1200) la cap. des Hittites. Vestiges. Nombreuses tablettes recueillies qui ont permis (1906) son identification.

BOGDAN Ier, prince de Moldavie (1359 - 1365). Il émancipa la Moldavie de la suzeraineté hongroise (1359).

BOGOR, anc. **Buitenzorg,** v. d'Indonésie (Java) ; 271 000 hab. Jardin botanique.

BOGOTÁ ou **SANTA FE DE BOGOTÁ,** cap. de la Colombie, dans la Cordillère orientale, à 2 600 m d'altitude ; 4 921 264 hab. Fondée en 1538, elle fut capitale de la vice-royauté espagnole de Nouvelle-Grenade (1739), puis de la république de Grande-Colombie jusqu'en 1831, et de la Colombie (1886). — Monuments d'époque coloniale. Musée de l'Or (bijoux précolombiens).

■ **BOGOTÁ.** Avenue dans le quartier moderne des affaires, avec, au fond, la montagne andine.

BOHAI (golfe du), golfe de Chine, sur la mer Jaune.

BOHAIN-EN-VERMANDOIS (02110), ch.-l. de cant. de l'Aisne ; 6 740 hab. Constructions électriques.

BOHÊME n.f., région d'Europe centrale qui constitue la partie occidentale de la République tchèque. Elle est formée de massifs hercyniens encadrant un plateau et la plaine (Polabí) drainée par l'Elbe. Cap. *Prague.*

HISTOIRE

La Bohême médiévale. Fin du VIIIe s. - début du Xe s. : les Slaves, établis dans la région depuis le Ve s., organisent l'empire de Grande-Moravie. **Xe s. :** les princes tchèques přemyslides unifient les diverses tribus slaves de la région. **1212 :** vassaux du Saint Empire, ils obtiennent le titre de roi (Otakar Ier Přemysl). **1278 :** rival de Rodolphe de Habsbourg, Otakar II (1253 - 1278), maître de l'Autriche depuis 1251, est battu par ce dernier. **1306 :** la dynastie přemyslide s'éteint. Depuis le XIIIe s., des colons allemands s'établissent en Bohême. **1310 - 1437 :** la dynastie des Luxembourg parachève le rattachement de la Moravie, de la Silésie et de la Lusace à la couronne de Bohême. Sous Charles IV (1346 - 1378), qui fait de Prague la capitale du Saint Empire, la Bohême médiévale est à son apogée. Après le supplice de Jan Hus, une guerre civile (1420 - 1436) oppose ses partisans, les hussites, aux croisés de Sigismond IV. **1458 - 1526 :** la diète élit roi Georges de Poděbrady (1458 - 1471), à qui succèdent les Jagellons Vladislav II (1471 - 1516) et Louis II (1516 - 1526), puis appelle Ferdinand Ier de Habsbourg (1526).

La domination des Habsbourg. 1526 - 1648 : l'union avec l'Autriche, renouvelée à chaque élection royale, est renforcée par la Constitution de 1627, qui donne, à titre héréditaire, la couronne de Bohême aux Habsbourg. Les protestants se révoltent contre leur autorité (défenestration de Prague, 1618) et sont vaincus à la Montagne-Blanche (1620). Le pays est ruiné par la guerre de Trente Ans (1618 - 1648). **XIXe s. :** les Tchèques participent à la révolution de 1848. Ils réclament l'égalité avec les Allemands, puis, après le compromis austro-hongrois (1867), un régime analogue à celui de la Hongrie. **1918 :** le pays accède à l'indépendance et forme avec la Slovaquie la Tchécoslovaquie. À partir de 1969, et jusqu'à la partition de 1993, la Bohême constitue avec la Moravie la République tchèque, l'une des deux républiques fédérées de Tchécoslovaquie.

BOHÉMOND Ier, *v. 1050 - Canosa di Puglia 1111,* prince d'Antioche (1098 - 1111). Fils de Robert Guiscard, il fut l'un des chefs de la 1re croisade et fonda la principauté d'Antioche.

BÖHM (Karl), *Graz 1894 - Salzbourg 1981,* chef d'orchestre autrichien. Directeur de l'Opéra de Vienne (1943 - 1945 ; 1954 - 1957), interprète de la *Tétralogie* de Wagner à Bayreuth, il fut aussi un spécialiste de Mozart et de Berg.

BÖHM-BAWERK (Eugen **von**), *Brünn, auj. Brno, 1851 - Vienne 1914,* économiste autrichien. Il fut un des chefs de l'école marginaliste autrichienne.

BÖHME (Jakob), *Altseidenberg 1575 - Görlitz 1624,* mystique allemand. Auteur du *Mysterium magnum* (1623), il eut une grande influence sur la pensée moderne en Allemagne.

BOHR (Niels), *Copenhague 1885 - id. 1962,* physicien danois. Dans son Institut de Copenhague, il fut l'un des fondateurs de la physique quantique. Il a élaboré une théorie de la structure de l'atome intégrant le modèle planétaire de Rutherford et le quantum d'action de Planck. Il proposa une interprétation de la mécanique quantique, à

■ NIELS **BOHR** en 1920.

laquelle s'opposait Einstein. (Prix Nobel 1922). – **Aage B.**, *Copenhague 1922*, physicien danois. Fils de Niels, il a contribué à élaborer la théorie de la structure en couches du noyau atomique et de la répartition des nucléons, dite « modèle unifié ». (Prix Nobel 1975.)

BOIARDO (Matteo Maria), *Scandiano 1441 - Reggio nell'Emilia 1494*, poète italien. Son poème épique *Roland amoureux* (1495), inachevé mais poursuivi par l'Arioste *(Roland furieux)*, s'inspire de l'épopée carolingienne et des romans bretons.

BOIELDIEU [bɔjɛldjø] (François Adrien), *Rouen 1775 - Jarcy, Essonne, 1834*, compositeur français. Il composa l'opéra *la Dame blanche*, créé en 1825.

BOILEAU (Étienne), *m. à Paris en 1270*, administrateur français. Prévôt de Paris à l'époque de Saint Louis, auteur du *Livre des métiers*, qui codifia les usages corporatifs parisiens.

BOILEAU (Nicolas), dit **Boileau-Despréaux**, *Paris 1636 - id. 1711*, écrivain français. Imitateur d'Horace dans des poèmes satiriques (*Satires*, 1666 - 1668 ; 1694 - 1705) ou moraux (*Épîtres*, 1669 - 1695), chef du parti favorable aux Anciens dans la querelle des *Anciens et des Modernes, il contribua à fixer l'idéal littéraire du classicisme (*Art poétique*, 1674 ; *le Lutrin*, 1674 - 1683). [Acad. fr.]

BOILLY (Louis Léopold), *La Bassée 1761 - Paris 1845*, peintre et lithographe français. Il excelle dans les scènes de genre familières (*l'Arrivée d'une diligence*, 1803, Louvre).

BOISBRIAND, v. du Canada (Québec), banlieue ouest-nord-ouest de Montréal ; 23 060 hab. *(Boisbriannais)*. Industrie automobile.

BOISCHAUT, région de France, dans le sud du Berry. Élevage bovin.

BOIS-COLOMBES (92270), ch.-l. de cant. des Hauts-de-Seine, banlieue nord-ouest de Paris ; 24 048 hab. Industrie aéronautique.

BOIS-D'ARCY (78390), comm. des Yvelines ; 12 130 hab. *(Arcisiens)*. Électronique. – Archives du film (CNC).

BOISE, v. des États-Unis, cap. de l'Idaho ; 125 738 hab.

BOISGUILBERT ou **BOISGUILLEBERT** (Pierre **Le Pesant**, seigneur **de**), *Rouen 1646 - id. 1714*, économiste français. Il rechercha les causes de la misère et les moyens d'y remédier, notamment par une meilleure répartition des impôts.

BOIS-GUILLAUME (76230), ch.-l. de cant. de la Seine-Maritime ; 12 174 hab.

BOIS-LE-DUC, en néerl. **'s-Hertogenbosch**, v. des Pays-Bas, ch.-l. du Brabant-Septentrional ; 92 057 hab. Cathédrale gothique des XIVe-XVe s. Musée provincial.

BOISMORTIER (Joseph **Bodin de**), *Thionville 1689 - Roissy-en-Brie 1755*, compositeur français. Il est l'auteur de concerts pour flûte, de sonates et de cantates.

BOISROBERT (François **Le Métel**, seigneur **de**), *Caen 1592 - Paris 1662*, écrivain français. Il joua un rôle important dans la création de l'Académie française, dont il fut un des premiers membres.

BOISSY D'ANGLAS [-as] (Francois, comte **de**), *Saint-Jean-Chambre, Ardèche, 1756 - Paris 1826*, homme politique français. Président de la Convention après Thermidor, il fit preuve d'une remarquable fermeté face aux émeutiers du 1er prairial an III (20 mai 1795).

BOISSY-SAINT-LÉGER (94470), ch.-l. de cant. du Val-de-Marne ; 15 393 hab.

BOITO (Arrigo), *Padoue 1842 - Milan 1918*, compositeur et écrivain italien. Il a écrit des opéras *(Mefistofele)* et rédigé les livrets de *Falstaff* et d'*Otello* pour Verdi.

BOJADOR (cap), cap du Sahara occidental.

BOJER (Johan), *Orkanger, près de Trondheim, 1872 - Oslo 1959*, écrivain norvégien, auteur de drames et de romans réalistes.

BO JUYI, *Xinzheng 772 - Luoyang 846*, poète chinois. Il réagit contre la poésie érudite et s'attacha à la peinture de la vie quotidienne *(le Chant de l'amour éternel)*.

BOKARO STEEL CITY, v. d'Inde (Jharkhand) ; 415 686 hab. Aciérie.

BOKASSA (Jean Bédel), *Bobangui 1921 - Bangui 1996*, homme politique centrafricain. Président de la République centrafricaine (1966), il se proclama empereur (1976), mais fut renversé en 1979.

BOKÉ, v. de Guinée ; 10 000 hab. Bauxite.

BOKSBURG, v. d'Afrique du Sud, près de Johannesburg ; 150 000 hab. Mines d'or.

BOLBEC (76210), ch.-l. de cant. de la Seine-Maritime, dans le pays de Caux ; 12 801 hab. *(Bolbécais)*. Chimie.

BOLDINI (Giovanni), *Ferrare 1842 - Paris 1931*, peintre italien. Il fut l'un des portraitistes préférés de la société parisienne à partir de 1880.

BOLINGBROKE (Henri **Saint John**, vicomte), *Battersea 1678 - id. 1751*, homme politique britannique. Premier ministre tory en 1714 - 1715, il combattit, à partir de 1723, la politique de Walpole. Ami de Pope et de Swift, il influença Voltaire et Rousseau par son déisme et sa philosophie de l'histoire.

BOLÍVAR (Simón), *Caracas 1783 - Santa Marta, Colombie, 1830*, général et homme politique vénézuélien. Il participa à la guerre d'indépendance dès ses débuts (recevant en 1813 le titre de *Libertador* [« Libérateur »]), parvint à libérer le Venezuela (1818), la Nouvelle-Grenade (1819) et le royaume de Quito (1822), à partir desquels il forma la Grande-Colombie (1822 - 1830). Il acheva la libération des Andes et donna son nom au Haut-Pérou (Bolivie). Son action politique, visant à une confédération hispano-américaine (congrès de Panamá, 1826), se solda par un échec, qui l'amena à se retirer de la vie publique.

■ SIMÓN **BOLÍVAR**, par A. Michelena. (Musée Bolivar, Caracas.)

BOLIVIE n.f., en esp. **Bolivia**, État d'Amérique du Sud ; 1 100 000 km² ; 7 600 000 hab. *(Boliviens)*. CAP. constitutionnelle : *Sucre*, et siège du gouvernement : *La Paz*. LANGUES : *espagnol, aymara* et *quechua*. MONNAIE : *boliviano*.

GÉOGRAPHIE

L'Est (Oriente), à la population très clairsemée, appartient à l'Amazonie forestière. L'Ouest, andin, région de hauts plateaux (3 000 et 4 000 m), concentre la majeure partie de la population (amérindienne ou métissée) et les principales villes (dont La Paz). Les gisements du sous-sol (étain surtout, argent, tungstène) constituent, avec l'élevage et quelques cultures (orge, pomme de terre et coca), les bases de l'économie, qui souffre de l'isolement lié à l'absence de façade maritime.

HISTOIRE

La domination espagnole. 1535 - 1538 : les conquérants espagnols, sous la conduite de Pizarro, s'établissent dans la région du Haut-Pérou, siège d'importantes cultures depuis les temps préhistoriques, incorporée à l'État inca depuis 1438. **1544 :** la découverte des mines d'argent du Potosí fait de la région la plus riche province de l'Empire espagnol et de Potosí la ville la plus peuplée d'Amérique au XVIIe s. **1776 :** dépendant depuis le XVIe s. de la vice-royauté du Pérou, le Haut-Pérou (audiencia de Charcas) est rattaché à celle du Río de la Plata.

Le XIXe s. 1824 - 1825 : après la victoire d'Ayacucho, remportée par Sucre sur les partisans de l'Espagne, l'indépendance de la Bolivie est proclamée. Le pays rédige sa première Constitution. **1829 - 1839 :** sous la présidence du maréchal Santa Cruz, le pays s'organise, mais la tentative de fonder un grand État andin (Pérou-Bolivie, 1836 - 1839) se heurte à l'hostilité du Chili et se solde par un échec. **1879 - 1883 :** guerre du Pacifique. La Bolivie perd, au profit du Chili, tout accès à la mer. À partir des années 1870, l'exploitation des richesses minières (argent, puis étain) permet un enrichissement inégal du pays, accompagné d'une relative stabilité.

Le XXe s. À partir de 1930, les militaires reviennent sur la scène politique. **1932 - 1935 :** vaincue lors de la guerre meurtrière du Chaco, la Bolivie doit céder cette région au Paraguay. **1936 - 1952 :** des régimes militaires se succèdent, dont certains (présidents Germán Busch et José David Toro) sont attirés par une politique nationale et réformiste. **1952 :** le Mouvement nationaliste révolutionnaire (MNR) parvient au pouvoir par une révolution, nationalise les mines, principale ressource du pays, et entreprend une réforme agraire (V. Paz Estenssoro, puis H. Siles Zuazo). **1964 - 1982 :** les coups d'État militaires et les régimes d'exception se succèdent - avec, notamment, de 1971 à 1978, Hugo Banzer Suárez - jusqu'à l'élection de Hernán Siles Zuazo à la présidence de la République (1982). **1985 :** V. Paz Estenssoro accède de nouveau à la tête de l'État. **1989 :** Jaime Paz Zamora lui succède. **1993 :** Gonzalo Sánchez de Lozada est élu président de la République. **1997 :** H. Banzer Suárez revient au pouvoir par la voie démocratique.

BÖLL (Heinrich), *Cologne 1917 - Langenbroich, près de Düren, 1985,* écrivain allemand. Marqué par ses convictions catholiques, il a peint l'Allemagne dans l'effondrement de la défaite (*Le train était à l'heure,* 1949), puis dans sa renaissance fondée sur les jouissances matérielles (*Portrait de groupe avec dame,* 1971 ; *l'Honneur perdu de Katharina Blum,* 1974). [Prix Nobel 1972.]

BOLLAND (Jean), dit **Bollandus,** *Julémont 1596 - Anvers 1665,* jésuite des Pays-Bas du Sud. Il commença le vaste recueil des *Acta sanctorum.* Ses continuateurs prirent le nom de *bollandistes.*

BOLLÉE, constructeurs automobiles français. **Amédée B.,** *Le Mans 1844 - Paris 1917.* Il réalisa une série de voitures à vapeur (1873 - 1885). - **Léon B.,** *Le Mans 1870 - Neuilly-sur-Seine 1913,* et **Amédée B.,** *Le Mans 1872 - Paris 1926.* Tous deux fils d'Amédée, ils poursuivirent son œuvre et perfectionnèrent la technique automobile (transmission, graissage, carburateur, etc.).

BOLLÈNE (84500), ch.-l. de cant. de Vaucluse, dans le Comtat ; 14 288 hab. *(Bollénois).* Centrale hydroélectrique sur une dérivation du Rhône.

BOLOGNE, v. d'Italie, cap. de l'Émilie-Romagne et ch.-l. de prov. ; 404 322 hab. (*Bolonais* ou *Bolognais*). Université. Foire du livre. — En 1516, un concordat y fut signé entre François Ier et Léon X, qui accordait au roi de France le droit de nommer les prélats. — Siège d'une importante école de droit aux XIIe et XIIIe s.

BOLOGNE (Jean) → **GIAMBOLOGNA.**

BOLSENA (lac), lac d'Italie, au N. de Viterbe ; 115 km².

BOLTANSKI (Christian), *Paris 1944,* artiste français. Avec pour matériaux de vieilles photos, des documents et des objets banals, il se livre à une quête méthodique de l'identité des êtres et de la vie, minée par la répétition, le dérisoire, l'oubli.

BOLTON, v. de Grande-Bretagne (Angleterre, dans le Lancashire) ; 154 000 hab. Textile.

BOLTZMANN (Ludwig), *Vienne 1844 - Duino, près de Trieste, 1906,* physicien autrichien. Il est le principal créateur de la théorie cinétique des gaz, qu'il élargit ensuite en une mécanique statistique.

BOLYAI (János), *Kolozsvár, auj. Cluj-Napoca, 1802 - Marosvásárhely 1860,* mathématicien hongrois, auteur d'une géométrie non euclidienne.

BOLZANO, en all. **Bozen,** v. d'Italie (Haut-Adige), ch.-l. de prov. ; 98 233 hab. Centre touristique. Métallurgie. — Monuments médiévaux ; maisons anciennes ; musée.

BOLZANO (Bernard), *Prague 1781 - id. 1848,* mathématicien et logicien tchèque d'origine italienne. Il a élucidé des concepts fondamentaux de la sémantique moderne. Ses travaux sur l'infini sont à l'origine de la théorie des ensembles.

BOMBARD (Alain), *Paris 1924,* médecin et biologiste français. Sa traversée de l'Atlantique en solitaire, à bord d'un canot pneumatique, en 1952, lui a permis d'expérimenter les conditions de survie en mer.

BOMBARDIER (J.-Armand), *Valcourt, Québec, 1908 - Sherbrooke 1964,* industriel canadien. Inventeur de la motoneige, il a donné son nom à une entreprise spécialisée dans le matériel de transport en commun.

BOMBAY ou **MUMBAI,** v. d'Inde, cap. du Maharashtra, sur l'océan Indien ; 12 571 720 hab. Port. Industries textiles, mécaniques et chimiques. — Musée. — Au XVIIe s., la ville devint le principal comptoir anglais, puis fut, au XIXe s., l'une des capitales de l'Inde britannique.

BOMBELLI (Raffaele), *Borgo Panigale, près de Bologne, 1526 - Bologne 1572,* mathématicien

■ MARIA LETIZIA **BONAPARTE,** par F. Gérard. (Château de Malmaison.)

■ JOSEPH **BONAPARTE,** par F. Gérard. (Château de Fontainebleau.)

■ LUCIEN **BONAPARTE,** par F. X. Fabre. (Musée Fabre, Montpellier.)

■ ÉLISA **BONAPARTE.** (Coll. priv.)

■ LOUIS **BONAPARTE,** par F. Gérard. (Coll. priv.)

■ PAULINE **BONAPARTE,** par R. Le Fèvre. (Château de Versailles.)

■ CAROLINE **BONAPARTE,** par R. Le Fèvre. (Musée Frédéric-Masson, Paris.)

■ JÉRÔME **BONAPARTE,** par F. Gérard. (Château de Fontainebleau.)

italien. Il a formulé les règles de calcul des nombres complexes.

BON (cap), cap et péninsule de Tunisie.

BONAIRE, une des Antilles néerlandaises.

BONALD [-ald] (Louis, vicomte **de**), *près de Millau 1754 - id. 1840,* écrivain politique français. Théoricien contre-révolutionnaire, il aspire à la restauration de l'harmonie qui existait entre le religieux et le social avant la Révolution (*Théorie du pouvoir politique et religieux,* 1796). [Acad. fr.]

BONAMPAK, site maya du Mexique (État de Chiapas). Centre cérémoniel (VIIe-IXe s.) célèbre par ses peintures murales polychromes (VIIIe s.).

BONAPARTE, famille française d'origine italienne dont une branche s'établit en Corse au XVIe s. Du mariage de Charles Marie (Ajaccio 1746 - Montpellier 1785) avec Maria Letizia **Ramolino** (Ajaccio 1750 - Rome 1836), en 1764, est issue une nombreuse descendance. — **Joseph B.,** *Corte 1768 - Florence 1844,* roi de Naples (1806 - 1808), puis roi d'Espagne (1808 - 1813), frère aîné de Napoléon Ier. — **Napoléon B.** → **Napoléon Ier.** — **Napoléon François Charles Joseph B.** → **Napoléon II.** — **Lucien B.,** *Ajaccio 1775 - Viterbe 1840,* prince de Canino. Frère de Napoléon Ier, il joua un rôle décisif lors du coup d'État du 18 brumaire an VIII. — **Maria-Anna,** dite **Élisa B.,** *Ajaccio 1777 -*

■ **BOMBAY.** La Porte de l'Inde, arc de triomphe élevé à l'occasion de la venue du roi George V en nov. 1911 (sud de la ville).

près de Trieste 1820, princesse de Lucques et Piombino. Sœur de Napoléon Ier, elle fut grande-duchesse de Toscane (1809 - 1814). — **Louis B.,** *Ajaccio 1778 - Livourne 1846,* roi de Hollande (1806 - 1810). Frère de Napoléon Ier, il dut abdiquer sous la pression de ce dernier. — **Charles Louis B.** → **Napoléon III.** — **Eugène Louis Napoléon B.,** *Paris 1856 - Ulundi, Kwazulu, 1879,* prince impérial. Fils de Napoléon III, il fut tué par les Zoulous en Afrique du Sud, où il était attaché à l'état-major de l'armée britannique. — **Marie Paulette,** dite **Pauline B.,** *Ajaccio 1780 - Florence 1825.* Sœur de Napoléon Ier, elle épousa le général Leclerc (1797) puis le prince Camillo Borghèse (1803). — **Marie-Annonciade,** dite **Caroline B.,** *Ajaccio 1782 - Florence 1839.* Sœur de Napoléon Ier, elle épousa Joachim Murat et devint grande-duchesse de Berg et de Clèves (1806) puis reine de Naples (1808 - 1814). — **Jérôme B.,** *Ajaccio 1784 - Villegenis [Massy], Essonne, 1860,* roi de Westphalie (1807 - 1813). Frère de Napoléon Ier, maréchal de France (1850), il fut président du Sénat en 1852. — **Mathilde B.,** *Trieste 1820 - Paris 1904,* fille de Jérôme, princesse Demidov par son mariage, elle tint à Paris un salon brillant.

BONAVENTURE (île), île du Canada (Québec), dans le golfe du Saint-Laurent.

BONAVENTURE (saint), *Bagnorea, auj. Bagnoregio, Toscane, 1221 - Lyon 1274,* théologien italien. Général des franciscains (1257), cardinal-évêque d'Albano (1273), il fut légat du pape au concile de Lyon. Ses nombreux ouvrages de théologie, inspirés par la doctrine de saint Augustin, lui ont valu le nom de « Docteur séraphique ».

BONCHAMPS (Charles, marquis **de**), *Juvardeil, Maine-et-Loire, 1760 - Saint-Florent-le-Vieil 1793,* chef vendéen. Blessé au combat de Cholet (1793), il mourut le lendemain, après avoir gracié 4 000 prisonniers.

BONCOURT, comm. de Suisse (Jura) ; 1 354 hab. *(Boncourtois).*

BOND (Edward), *Londres 1934,* auteur dramatique britannique. Son théâtre, souvent inspiré par Shakespeare *(Bingo, Lear),* mêle la poésie à la dénonciation sociale et politique *(Sauvés).*

Bond (James), héros des romans d'espionnage de Ian Fleming (Londres 1908 - Canterbury 1964). Agent secret, séducteur infatigable, il fut popularisé au cinéma par Terence Young, notamm. dans *James Bond 007 contre docteur No* (1962).

BONDOUFLE (91700), comm. de l'Essonne ; 9 183 hab. *(Bondouflois).* Stade.

BONDUES (59910), comm. du Nord ; 10 841 hab. *(Bonduois).* Industries alimentaires.

BONDY (93140), ch.-l. de cant. de la Seine-Saint-Denis ; 47 084 hab. Industrie automobile.

BONDY (Luc), *Zurich 1948,* metteur en scène de théâtre et d'opéra suisse. Il monte ses spectacles en France (où, notamm., il a révélé l'œuvre d'Arthur Schnitzler) et surtout dans le monde germanophone. Son style privilégie la liberté et la légèreté, au service d'une approche psychologique très fine des textes.

BÔNE → **ANNABA.**

BONGO (Omar), *Lewai 1935,* homme politique gabonais, président de la République depuis 1967.

BONG RANGE n.f., massif du Liberia. Minerai de fer.

Bonheur de vivre (le), grande toile de Matisse (1905 - 1906 ; fondation Barnes, Merion, Pennsylvanie). Ce manifeste d'irréalisme spatial et chromatique annonce la maturité de l'artiste.

BONHOEFFER (Dietrich), *Breslau 1906 - camp de Flossenbürg 1945,* théologien protestant allemand. Après avoir lutté dès 1933 contre le nazisme et aidé des groupes de Juifs à quitter l'Allemagne, il fut arrêté en 1943, puis exécuté. Sa théologie est centrée sur le rôle du chrétien dans un monde radicalement sécularisé *(l'Éthique).*

BONHOMME (col du), col des Vosges, dans l'est de la France, entre Saint-Dié-des-Vosges et Colmar ; 949 m.

BONIFACE (**Wynfrith,** en relig. saint), *Kirton, Wessex, v. 675 - près de Dokkum 754,* archevêque de Mayence. Il évangélisa la Germanie et réorganisa le clergé franc.

BONIFACE VIII (Benedetto **Caetani**), *Anagni v. 1235 - Rome 1303,* pape de 1294 à 1303. Convaincu de la supériorité spirituelle et même temporelle du Saint-Siège, il entra en conflit avec Philippe le Bel, qui, en 1303, l'humilia à Anagni. — **Boniface IX** (Pietro **Tomacelli**), *Naples v. 1355 - Rome 1404,* pape de Rome (1389 - 1404) pendant le grand schisme d'Occident. Il retarda la solution du conflit par son intransigeance.

BONIFACIO (20169), ch.-l. de cant. de la Corse-du-Sud, au N. des *bouches de Bonifacio* (détroit entre la Corse et la Sardaigne) ; 2 705 hab. *(Bonifaciens).* Port. Tourisme. — Dans la ville haute, citadelle et deux églises médiévales.

BONIN (îles), en jap. **Ogasawara shoto,** archipel japonais du Pacifique, au S.-E. du Japon. À l'E., profonde fosse marine (10 347 m).

BONINGTON (Richard Parkes), *Arnold, près de Nottingham, 1802 - Londres 1828,* peintre britannique. Peintre de genre « troubadour » et excellent aquarelliste, il vécut surtout en France et fut ami de Delacroix.

BONIVARD (François **de**), *Seyssel 1493 - Genève 1570,* patriote genevois, immortalisé par Byron dans son poème du *Prisonnier de Chillon.*

BONN, v. d'Allemagne (Rhénanie-du-Nord-Westphalie), sur le Rhin ; 296 859 hab. *(Bonnois).* Université. — Monuments anciens. Importants musées. — Elle a été la capitale de la République fédérale d'Allemagne de 1949 à 1990.

BONNARD (Pierre), *Fontenay-aux-Roses 1867 - Le Cannet 1947,* peintre et lithographe français. Il fit partie du groupe des nabis, fut influencé par l'estampe japonaise et devint le coloriste post-impressionniste le plus subtil et le plus lyrique (*la Partie de croquet,* musée d'Orsay ; *Place Clichy,* Besançon ; *Intérieur blanc,* Grenoble ; *Nu dans le bain,* Petit Palais, Paris).

■ PIERRE **BONNARD.** *La Nappe à carreaux rouges,* ou *le Déjeuner du chien,* 1910. (Coll. priv.)

■ OMAR **BONGO** en 1991.

■ JORGE LUIS **BORGES**

BONNAT (Léon), *Bayonne 1833 - Monchy-Saint-Éloi 1922,* peintre français. Il fit une carrière officielle surtout comme portraitiste et légua au musée de Bayonne sa collection de dessins et de peintures.

BONNE-ESPÉRANCE (cap de), anc. **cap des Tempêtes,** cap du sud de l'Afrique (Afrique du Sud). Découvert par Bartolomeu Dias en 1488, il fut doublé par Vasco de Gama, alors en route pour les Indes, en 1497.

BONNEFOY (Yves), *Tours 1923,* poète français. Sa poésie, orientée par la quête du lieu et le sentiment de la présence *(Du mouvement et de l'immobilité de Douve, Dans le leurre du seuil),* se double de traductions (Shakespeare) et de réflexions sur l'art *(Alberto Giacometti).*

BONNET (Charles), *Genève 1720 - Genthod, près de Genève, 1793,* philosophe et naturaliste suisse. Il a découvert la parthénogenèse naturelle et est l'auteur d'ouvrages sur les insectes, sur la philosophie de la nature et sur la psychologie.

BONNÉTABLE (72110), ch.-l. de cant. de la Sarthe ; 4 060 hab. *(Bonnétabliens).* Château des XVe et XVIIe s.

Bonnets et des Chapeaux (faction des) → **Chapeaux et Bonnets.**

BONNEUIL-SUR-MARNE (94380), ch.-l. de cant. du Val-de-Marne, au S.-E. de Paris ; 16 352 hab. *(Bonneuillois).* Port fluvial. Équipements électriques.

BONNEVAL (28800), ch.-l. de cant. d'Eure-et-Loir, sur le Loir ; 4 377 hab. *(Bonnevalais).* Église du XIIIe s., vestiges d'une abbaye bénédictine, maisons anciennes.

BONNEVILLE (74130), ch.-l. d'arrond. de la Haute-Savoie, sur l'Arve ; 10 868 hab. *(Bonnevillois).* Matériel téléphonique. Industrie automobile. — Monuments du début du XIXe s.

BONNIER (Gaston), *Paris 1853 - id. 1922,* botaniste français. Il est l'auteur de flores de conception moderne.

BONNIÈRES-SUR-SEINE (78270), ch.-l. de cant. des Yvelines ; 4 017 hab. *(Bonniérois).*

BONNIVET (Guillaume **Gouffier,** seigneur **de**) → **GOUFFIER** (Guillaume).

Bonnot (la bande à), groupe d'anarchistes conduit par Jules Joseph **Bonnot** (Pont-de-Roide, Doubs, 1876 - Choisy-le-Roi 1912), célèbre par ses attaques de banques accompagnées de meurtres. Ses chefs furent abattus au moment de leur arrestation (1912).

BONTEMPS (Pierre), *v. 1507 - v. 1570,* sculpteur français. Il est l'un des auteurs du tombeau de François Ier à Saint-Denis.

Book of Common Prayer (The) [« le livre des prières communes »], recueil officiel des prières et de la liturgie de l'Église anglicane (1549, révisé en 1552, 1559, 1604 et 1662).

BOOLE (George), *Lincoln 1815 - Ballintemple, près de Cork, 1864,* mathématicien et logicien britannique. Il a posé les fondements de la logique mathématique moderne (l'*algèbre de Boole*).

BOONE (Daniel), *près de Reading, Pennsylvanie, 1734 - près de Saint Charles, Missouri, 1820,* pionnier américain. Il découvrit le Kentucky. Fenimore Cooper l'a immortalisé sous les noms de *Bas-de-Cuir* et de *Longue-Carabine.*

BOORMAN (John), *Shepperton, Surrey, 1933,* cinéaste britannique. Il s'intéresse aux itinéraires spirituels et se livre à une réflexion allégorique sur le devenir des civilisations (*Délivrance,* 1972 ; *Zardoz,* 1974 ; *Excalibur,* 1981 ; *le Général,* 1998).

BOOS [bo] (76520), ch.-l. de cant. de la Seine-Maritime ; 2 901 hab. Aéroport de Rouen.

BOOTH (William), *Nottingham 1829 - Londres 1912,* prédicateur évangélique britannique. Il fonda en 1865 la Mission chrétienne, qui devint en 1878 l'Armée du salut.

BOOTHIA, péninsule du nord du Canada, séparée de l'île de Baffin par le *golfe de Boothia.*

BOOZ, personnage biblique. Époux de Ruth et ancêtre de Jésus.

BOPHUTHATSWANA, ancien bantoustan d'Afrique du Sud.

BOPP (Franz), *Mayence 1791 - Berlin 1867,* linguiste allemand. Sa *Grammaire comparée des langues indo-européennes* (1833 - 1852) est à l'origine de la linguistique comparatiste.

BOR, v. de Yougoslavie (Serbie) ; 29 000 hab. Extraction et métallurgie du cuivre.

BORA BORA, île de la Polynésie française ; 5 767 hab. Tombeau d'Alain Gerbault.

BORÅS, v. de Suède ; 101 766 hab.

BORDA (Jean-Charles), *Dax 1733 - Paris 1799,* marin et mathématicien français. Les améliorations qu'il apporta aux instruments de navigation ou de géodésie servirent aux travaux d'établissement du système métrique.

BORDEAUX, ch.-l. de la Région Aquitaine et du dép. de la Gironde, sur la Garonne, à 557 km au S.-O. de Paris ; 218 948 hab. *(Bordelais)* [plus de 760 000 hab. dans l'agglomération]. Archevêché. Cour d'appel. Académie et université. Siège de la zone de défense Sud-Ouest. Port actif (traditionnelles importations de produits tropicaux). Commerce des vins du Bordelais. Industrie aéronautique. Presse. — Monuments médiévaux, dont l'église St-Seurin (XIe-XIVe s.) et la cathédrale (XIIe-XIVe s.). Ensembles classiques, surtout du XVIIIe s. (place de la Bourse par les Gabriel, Grand-Théâtre par V. Louis, hôtels, etc.). Musées (de la préhistoire et de l'époque romaine à l'art contemporain). — Capitale du duché d'Aquitaine (1032) puis port anglais (1154 - 1453), Bordeaux tira sa prospérité du commerce avec les Antilles au XVIIIe s. (sucre et esclaves). Le gouvernement s'y transporta en 1870, 1914 et 1940.

BORDEAUX (duc **de**) → **CHAMBORD.**

BORDELAIS, grande région viticole du dép. de la Gironde, autour de Bordeaux. Elle englobe notamment le Médoc, les Graves, le Sauternais et le Saint-Émilionnais.

BORDÈRES-SUR-L'ÉCHEZ (65320), ch.-l. de cant. des Hautes-Pyrénées, banlieue de Tarbes ; 3 753 hab.

BORDES (64320), comm. des Pyrénées-Atlantiques ; 1 980 hab. *(Bordais).* Industrie aéronautique.

BORDES (Charles), *Vouvray 1863 - Toulon 1909,* compositeur français. Il fut l'un des fondateurs de la *Schola cantorum* et l'un des restaurateurs de la polyphonie du XVIe s.

BORDET (Jules), *Soignies 1870 - Bruxelles 1961,* médecin et microbiologiste belge. Il découvrit le microbe de la coqueluche. (Prix Nobel 1919.)

BORDIGHERA, v. d'Italie (Ligurie), sur la Riviera ; 11 559 hab. Station balnéaire.

BORDJ BOU ARRÉRIDJ, v. d'Algérie, au pied des Bibans ; 84 000 hab.

BORDUAS (Paul Émile), *Saint-Hilaire, Québec, 1905 - Paris 1960,* peintre canadien. Chef de file des « automatistes » de Montréal (1948), il fut un maître de l'abstraction lyrique.

BORÉE MYTH. GR. Dieu des Vents du nord, fils d'un Titan et de l'Aurore (Éos).

BOREL (Émile), *Saint-Affrique 1871 - Paris 1956,* mathématicien français. Il fut l'un des chefs de file de l'école française de la théorie des fonctions.

BOREL (Pétrus), *Lyon 1809 - Mostaganem 1859,* écrivain français. Ce romantique marginal *(Madame Putiphar),* surnommé *le Lycanthrope,* fut célébré par les surréalistes.

BORG (Björn), *Södertälje, près de Stockholm, 1956,* joueur de tennis suédois. Il a remporté notamment cinq titres à Wimbledon (1976 à 1980) et six à Roland-Garros (1974 et 1975, 1978 à 1981).

BORGES (Jorge Luis), *Buenos Aires 1899 - Genève 1986,* écrivain argentin. Dans ses poèmes (*Cahiers de San Martín,* 1929), ses nouvelles fantastiques (*Fictions,* 1944 ; *le Livre de sable,* 1975) et ses essais (*Histoire de l'infamie,* 1935 ; *Histoire de l'éternité,* 1936), il parcourt, en les récrivant,

■ **BORDEAUX.** Le Pont de pierre sur la Garonne et, à l'arrière-plan, la Bourse (par les Gabriel ; XVIIIe s.).

■ JÉRÔME **BOSCH.** Détail du *Portement de croix,* entre 1500 et 1516. (Musée des Beaux-Arts, Gand.)

mythologies, cauchemars et labyrinthes d'une bibliothèque réelle et imaginaire.

BORGHÈSE, famille italienne originaire de Sienne et établie à Rome. Elle donna à l'Église des prélats, dont le pape Paul V (1605). — **Camillo B.,** *Rome 1775 - Florence 1832,* officier de l'armée napoléonienne. Il épousa Pauline Bonaparte, sœur de Napoléon Ier.

Borghèse (villa), grand parc public de Rome. Galerie Borghèse (musée de peinture), musée Borghèse (sculpture), villa Giulia (musée étrusque).

BORGIA, famille italienne d'origine espagnole. — **Alexandre B.** → **Alexandre VI** [saint et papes]. — **César B.,** *Rome v. 1475-Pampelune 1507,* prince et condottiere italien. Duc de Valentinois, il chercha à se constituer une principauté en Italie centrale ; homme d'État habile et sans scrupule, il est pris comme modèle par Machiavel dans son livre *le Prince.* — **Lucrèce B.,** *Rome 1480 - Ferrare 1519,* duchesse de Ferrare. Sœur de César Borgia, célèbre par sa beauté, protectrice des arts et des lettres, elle fut le jouet de la politique de sa famille plutôt que criminelle, comme le veut sa réputation. — **François B.** → **François Borgia** (saint).

BORGNIS-DESBORDES (Gustave), *Paris 1839 - Biên Hoa 1900,* général français. Initiateur du chemin de fer Niger-Océan, il pacifia le haut Sénégal, puis combattit au Tonkin (1884 - 1890).

BORGO (20290), ch.-l. de cant. de la Haute-Corse ; 5 136 hab.

BORINAGE n. m., anc. région houillère de Belgique (Hainaut).

BORIS Ier, *m. en 907,* khan des Bulgares (852 - 889). Il proclama le christianisme religion officielle de son État (865).

BORIS III, *Sofia 1894 - id. 1943,* roi des Bulgares (1918 - 1943). Fils du prince Ferdinand, il se rapprocha de l'Allemagne durant la Seconde Guerre mondiale. Il fut sans doute assassiné.

BORIS GODOUNOV, *v. 1552-Moscou 1605,* tsar de Russie (1598-1605). Son règne fut marqué par des troubles liés à la famine de 1601 - 1603. — Il a inspiré à Pouchkine une tragédie (1831), d'après laquelle Moussorgski a composé un opéra (*Boris Godounov,* 1874), remarquable par la couleur et le réalisme du récitatif et des chœurs.

BORKOU, région du Tchad, au pied du Tibesti.

BORMANN (Martin), *Halberstadt 1900 - Berlin 1945 ?,* homme politique allemand. Un des chefs du Parti nazi, général des SS en 1933 et chef d'état-major de R. Hess, il disparut en 1945 lors des combats de Berlin.

BORMES-LES-MIMOSAS (83230), comm. du Var, dans le massif des Maures ; 6 399 hab. Centre touristique. Bourg pittoresque.

BORN (Bertran **de**) → **BERTRAN de Born.**

BORN (Max), *Breslau 1882 - Göttingen 1970,* physicien britannique d'origine allemande. Il est à l'origine de l'interprétation probabiliste de la mécanique quantique. (Prix Nobel 1954.)

BORNEM, comm. de Belgique (prov. d'Anvers) ; 18 977 hab.

BORNÉO, île d'Asie, la plus grande et la plus massive de l'Insulinde ; 750 000 km². La majeure partie (540 000 km²), au S. (Kalimantan), appartient à la république d'Indonésie 8 232 000 hab. ; le nord de l'île forme deux territoires membres de la Malaisie (Sabah [anc. Bornéo-Septentrional] et Sarawak) et un sultanat indépendant (Brunei). C'est un pays de plateaux, dominés au nord par des chaînes montagneuses et limités au sud par de vastes plaines marécageuses. Traversée par l'équateur, l'île de Bornéo est recouverte par la forêt dense. Gisements de pétrole et de gaz.

BORNES (massif des), massif des Préalpes françaises (Haute-Savoie), entre l'Arve et le lac d'Annecy ; 2 437 m.

BORNHOLM, île du Danemark, dans la Baltique ; 45 067 hab. Pierres runiques ; églises rondes fortifiées.

BORNOU, anc. empire de la zone soudanaise, au sud-ouest du lac Tchad. Il prit au XVIe s. le nom de Kanem-Bornou et fut anéanti lors de la défaite de Rabah devant les Français (1900).

Borobudur → **Barabudur.**

BORODINE (Aleksandr), *Saint-Pétersbourg 1833 - id. 1887,* compositeur russe. Il est l'auteur du *Prince Igor,* achevé par Rimski-Korsakov et Glazounov (1890), de quatuors, de symphonies et de *Dans les steppes de l'Asie centrale* (1880).

Borodino (bataille de) [7 sept. 1812], nom donné par les Russes à la bataille de la *Moskova.

BORORO, tribu amérindienne du centre du Brésil (env. 800), apparentée aux Gé.

BOROTRA (Jean), *Biarritz 1898 - Arbonne, près de Biarritz, 1994,* joueur de tennis français. Vainqueur deux fois à Wimbledon (1924 et 1926) et à Paris (1924 et 1931), il a remporté six Coupes Davis (1927 à 1932).

BORRASSÀ (Lluís), *Gérone v. 1360 - Barcelone v. 1425,* peintre catalan. Il est le premier et brillant représentant du « gothique international » à Barcelone, où il installa un important atelier.

BORROMÉE (saint Charles) → **CHARLES BORROMÉE** (saint).

BORROMÉES (îles), groupe de quatre îles pittoresques, situées dans le lac Majeur (Italie).

BORROMINI (Francesco), *Bissone 1599 - Rome 1667,* architecte italien. L'un des maîtres du baroque italien, à l'art complexe et mouvementé, il a construit, à Rome, les églises St-Charles-aux-Quatre-Fontaines, St-Yves, etc.

BORT-LES-ORGUES (19110), ch.-l. de cant. de la Corrèze ; 3 705 hab. Barrage sur la Dordogne et centrale hydroélectrique. Colonnades de phonolite, dites *orgues de Bort.*

BORUDJERD, v. de l'Iran, au S.-O. de Téhéran ; 201 016 hab.

BORVO, dieu gaulois des sources thermales.

BORZAGE (Frank), *Salt Lake City 1893-Hollywood 1962,* cinéaste américain. Ses films exaltent, dans un cadre réaliste, la puissance de l'amour (*l'Heure suprême,* 1927 ; *la Femme au corbeau,* 1929 ; *Ceux de la zone,* 1933).

BOSCH (Carl), *Cologne 1874 - Heidelberg 1940,* chimiste et industriel allemand. Il mit au point avec F. Haber, en 1909, la synthèse industrielle de l'ammoniac. (Prix Nobel 1931.)

BOSCH (Jheronimus **Van Aken,** dit Jérôme), *Bois-le-Duc v. 1450 - id. 1516,* peintre brabançon. Il a traité des sujets religieux ou populaires avec un symbolisme étrange et une imagination hors de pair, servis par une haute qualité picturale (*le *Jardin des délices,* Prado ; *la Tentation de saint Antoine,* triptyque, Lisbonne).

BOSCH (Juan), *La Vega 1909,* homme politique dominicain. Fondateur du Parti révolutionnaire dominicain (1939), il fut président de la République en 1962 - 1963.

BOSCO (Henri), *Avignon 1888-Nice 1976,* romancier français. Il a célébré la Provence dans ses romans (*l'Âne Culotte, le Mas Théotime*).

BOSE (Satyendranath), *Calcutta 1894 - id. 1974,* physicien indien. Il a élaboré une théorie statistique applicable aux photons, qu'Einstein reprendra pour l'appliquer aux bosons.

BOSIO (François Joseph), *Monaco 1768 - Paris 1845,* sculpteur français. Il fut un artiste officiel sous l'Empire et la Restauration (quadrige de l'arc de triomphe du Carrousel, Louis XIV équestre de la place des Victoires, à Paris).

BOSNIE-HERZÉGOVINE n.f., officiellement **Bosna i Hercegovina,** État de l'Europe balkanique ; 51 100 km² ; 3 500 000 hab. *(Bosniaques).* CAP. *Sarajevo.* LANGUES : *bosniaque, croate* et *serbe.* MONNAIE : *mark convertible.* (V. carte **Croatie et Bosnie-Herzégovine.**)

INSTITUTIONS

République fédérale composée de deux entités : la Fédération de Bosnie-Herzégovine (croato-musulmane) et la République serbe de Bosnie. Constitution de 1995. Présidence collégiale constituée de 3 membres (un Croate, un Musulman et un Serbe), élue pour 4 ans (la présidence de la présidence tournant tous les 8 mois entre ces membres). Parlement composé de la Chambre des représentants et de la Chambre populaire. Chaque entité dispose d'un président et d'un Parlement.

GÉOGRAPHIE

Le pays est composé de trois nationalités de tradition religieuse différente : Musulmans (44 % en 1991 et dotés du statut de nationalité en 1969), Serbes (31 % ; orthodoxes) et Croates (17 % ; catholiques). La viabilité du nouvel État (compartimenté par le relief, pratiquement sans accès à la mer) a été compromise par la guerre civile, qui a entraîné destructions, déplacements de population débouchant sur une partition de fait sur des bases ethnico-religieuses.

HISTOIRE

La région fut conquise par les Ottomans (la Bosnie en 1463, l'Herzégovine en 1482) et islamisée. Administrée par l'Autriche-Hongrie (1878), puis annexée par elle en 1908, elle fut intégrée au royaume des Serbes, Croates et Slovènes (1918), puis devint une république de la Yougoslavie (1945 - 1946). **1990 :** le Musulman Alija Izetbegović est élu président de la Bosnie-Herzégovine. Confrontés à l'éclatement de la Fédération yougoslave, Serbes, Musulmans et Croates prennent des positions antagonistes : les Serbes veulent rester dans la Yougoslavie et se séparer de la Bosnie si celle-ci quitte la Fédération ; les Musulmans souhaitent un État bosniaque indépendant et multinational ; les Croates sont soit partisans d'un État bosniaque unitaire, soit favorables à sa partition selon des critères ethniques. **1992 :** après la proclamation de l'indépendance, reconnue par la communauté internationale, une guerre très meurtrière oppose les Serbes (dirigés par Radovan Karadžić et soutenus par la nouvelle république de Yougoslavie), les Musulmans et les Croates. Les Serbes, qui ont unilatéralement proclamé une République serbe de Bosnie-Herzégovine (janv.), occupent la majeure partie du pays, y pratiquant une politique de purification ethnique. Une force de protection de l'ONU (FORPRONU) est établie. **1993 :** des plans successifs de partage ou de découpage sont proposés. Croates et Musulmans s'affrontent. L'ONU déclare zones de sécurité Sarajevo et cinq autres villes assiégées par les Serbes. **1994 :** les États-Unis amènent Croates et Musulmans à former une Fédération croato-musulmane en Bosnie. Les représentants de l'Allemagne, des États-Unis, de la France, de la Grande-Bretagne et de la Russie (groupe de contact) tentent d'imposer un nouveau plan de partage. **1995 :** une force de réaction rapide est créée pour appuyer la FORPRONU (juin). Les Serbes s'emparent des zones de sécurité de Srebrenica et de Zepa (juill.). Une vaste contre-offensive (août-sept.), appuyée par l'armée croate, redonne aux forces croato-musulmanes le

B

contrôle de la moitié du territoire. Un cessez-le-feu est proclamé (oct.). Sous l'égide des États-Unis, un accord est conclu à Dayton (nov., signé en déc. à Paris) entre les présidents serbe – représentant les Serbes de Bosnie –, croate et bosniaque. Il prévoit le maintien d'un État unique de Bosnie-Herzégovine, composé de deux entités : la Fédération croato-musulmane et la République serbe de Bosnie. Une force multinationale de mise en application de la paix (IFOR), placée sous le commandement de l'OTAN, prend le relais de la FORPRONU. **1996** : les premières élections après la fin du conflit voient la victoire des partis nationalistes. Une force de stabilisation de la paix (SFOR) succède à l'IFOR. **1998** et **2000** : le maintien de la suprématie des partis nationalistes lors des élections traduit les difficultés de la reconstruction politique et civile du pays.

BOSON, *m. en 887,* roi de Provence et de Bourgogne (879 - 887), beau-frère de Charles le Chauve.

BOSPHORE (« Passage du Bœuf »), anc. **détroit de Constantinople,** détroit entre l'Europe et l'Asie, reliant la mer de Marmara et la mer Noire. Il est franchi par deux ponts routiers. Sur la rive ouest est établie Istanbul.

BOSPHORE (royaume du) → **CRIMÉE.**

BOSQUET (Anatole **Bisk,** dit Alain), *Odessa 1919 - Paris 1998,* écrivain français. Poète (*Langue morte,* 1953 ; *Sonnets pour une fin de siècle,* 1981 ; *Demain sans moi,* 1994), il a aussi publié de nombreux romans (*la Confession mexicaine,* 1965 ; *Une mère russe,* 1978) et travaux critiques.

BOSSCHÈRE (Jean **de**), *Uccle 1878 - Châteauroux, Indre, 1953,* écrivain belge de langue française. Son œuvre poétique et narrative est marquée par le mysticisme et l'ésotérisme.

BOSSE (Abraham), *Tours 1602 - Paris 1676,* graveur français. Son œuvre d'aquafortiste (1 500 planches) constitue un tableau complet de la société française à l'époque de Louis XIII.

BOSSUET (Jacques Bénigne), *Dijon 1627 - Paris 1704,* écrivain et prélat français. Célèbre dès 1659 pour ses prédications, évêque de Condom (1669), il fut choisi comme précepteur du Dauphin, pour qui il écrivit le *Discours sur l'histoire universelle.* Évêque de Meaux en 1681, il soutint la politique religieuse de Louis XIV en combattant les protestants (*Histoire des variations des Églises protestantes,* 1688), en inspirant en 1682 la déclaration sur les libertés gallicanes et en faisant condamner le quiétisme de Fénelon. Son œuvre oratoire, qui comprend des *Sermons* et des *Oraisons funèbres,* fait de lui un des grands écrivains classiques. (Acad. fr.)

BOSTON, v. des États-Unis, cap. du Massachusetts ; 574 283 hab. *(Bostoniens)* [2 870 669 hab. dans l'agglomération]. Port. Centre industriel, culturel et financier. – Important musée d'art.

Bosworth (bataille de) [22 août 1485], bataille, à l'O. de Leicester, qui mit fin à la guerre des Deux-Roses. Victoire des armées d'Henri Tudor (futur Henri VII) sur Richard III, qui y trouva la mort.

BOTERO (Fernando), *Medellín 1932,* peintre et sculpteur colombien. Il exagère les formes et les volumes de ses sujets dans un dessein à la fois sensuel et parodique.

BOTEV (pic), point culminant du Balkan, en Bulgarie ; 2 376 m.

BOTEV (Hristo), *Kalofer 1848 - près de Vraca 1876,* écrivain et patriote bulgare, auteur de poésies d'inspiration révolutionnaire et nationale.

BOTHA (Louis), *Greytown 1862 - Pretoria 1919,* général et homme politique sud-africain. Réorganisateur de l'armée boer, adversaire acharné des Anglais, il fut Premier ministre du Transvaal (1907), puis de l'Union sud-africaine (1910).

BOTHA (Pieter Willem), *Paul Roux, État d'Orange, 1916,* homme politique sud-africain. Leader du Parti national, il est Premier ministre (1978 - 1984), puis président de la République (1984 - 1989).

BOTHE (Walter), *Oranienburg 1891 - Heidelberg 1957,* physicien allemand. Il a obtenu en 1930, par action des rayons alpha sur le béryllium, un rayonnement pénétrant identifié plus tard comme étant des neutrons. (Prix Nobel 1954.)

BOTHWELL (James **Hepburn,** comte **de**), *1535 ? - Dragsholm, Danemark, 1578,* seigneur écossais. Il fit périr Henry Stuart, comte de Darnley, deuxième époux de Marie Stuart (1567), qu'il épousa, mais il dut s'exiler peu après.

BOTNIE (golfe de), extrémité septentrionale de la Baltique, entre la Suède et la Finlande.

BOTRANGE (signal de), point culminant de la Belgique, dans l'Ardenne ; 694 m.

BOTSWANA n.m., anc. **Bechuanaland,** État d'Afrique australe ; 570 000 km^2 ; 1 530 000 hab. *(Botswanais).* CAP. *Gaborone.* LANGUE : *anglais.* MONNAIE : *pula.* (V. carte **Afrique.**) S'étendant en majeure partie sur le Kalahari, c'est un pays désertique, domaine d'un élevage bovin extensif. Importante production de diamants. – Protectorat britannique de 1885 à 1966.

BOTTA (Mario), *Mendrisio, Tessin, 1943,* architecte suisse. Il s'est d'abord illustré, dans son pays, avec des maisons individuelles s'écartant des conventions du modernisme international. Son musée d'Art moderne de San Francisco et la cathédrale d'Évry l'ont mis en vedette en 1995.

BOTTICELLI (Sandro **Filipepi,** dit), *Florence 1445 - id. 1510,* peintre italien. Il est l'auteur d'un grand nombre de madones, de tableaux d'inspiration religieuse ou mythologique (*le *Printemps, la Naissance de Vénus,* musée des Offices), qu'idéalisent leurs arabesques gracieuses et leur coloris limpide. Une inquiétude spirituelle marque toutefois sa dernière période (*la Calomnie,* Offices ; *Pietà,* Munich).

BOTTIN (Sébastien), *Grimonviller 1764 - Paris 1853,* administrateur et statisticien français. Il a donné son nom à un annuaire du commerce et de l'industrie.

BOTTROP, v. d'Allemagne (Rhénanie-du-Nord-Westphalie), dans la Ruhr ; 119 676 hab. Houille. Chimie.

BOTZARIS ou **BÓTSARIS** (Márkos), *Soúli 1786 - Karpenísion 1823,* un des héros de la guerre de l'Indépendance grecque, défenseur de Missolonghi (1822 - 1823).

BOUAKÉ, v. de Côte d'Ivoire ; 330 000 hab.

BOUAYE (44830), ch.-l. de cant. de la Loire-Atlantique ; 5 342 hab. *(Boscéens).*

BOUBAT (Édouard), *Paris 1923 - id. 1999,* photographe français. Il privilégie un réel serein — paysages et hommes fixés dans leurs activités les plus quotidiennes —, baigné d'une lumière subtile (*la Survivance,* 1976).

BOUBKA → **BUBKA.**

BOUC-BEL-AIR (13320), comm. des Bouches-du-Rhône ; 12 430 hab. *(Boucains).*

BOUCHARD (Lucien), *Saint-Cœur-de-Marie, Québec, 1938,* homme politique canadien. Fondateur (1990) et chef du Bloc québécois, il dirige l'opposition officielle au Parlement d'Ottawa après les élections fédérales de 1993. Devenu chef du Parti québécois et Premier ministre du Québec en 1996, il démissionne en 2001.

BOUCHARDON (Edme), *Chaumont 1698 - Paris 1762,* sculpteur français. Artiste officiel de goût classique et réaliste, il s'oppose à la rocaille (*l'Amour se faisant un arc dans la massue d'Hercule,* marbre de 1747 - 1750, Louvre).

BOUCHER (François), *Paris 1703 - id. 1770,* peintre, graveur et décorateur français. Protégé par Mme de Pompadour, il a notamment peint des scènes pastorales ou mythologiques d'une gracieuse virtuosité (au Louvre : *Vénus demande à Vulcain des armes pour Énée, le Nid, Renaud et Armide, Diane au bain, l'Odalisque brune...*).

BOUCHER (Hélène), *Paris 1908 - Versailles 1934,* aviatrice française. Après un raid Paris-Ramadi (Iraq) en solitaire (1931), elle conquit sept records mondiaux.

BOUCHER (Pierre), *Mortagne 1622 - Boucherville, Canada, 1717,* officier français. Établi à Trois-Rivières, il accomplit en 1661 une mission auprès de Louis XIV, qui fut suivie par le rattachement de la Nouvelle-France au domaine royal (1663).

BOUCHER DE CRÈVECŒUR DE PERTHES (Jacques), *Rethel 1788 - Abbeville 1868,* préhistorien français. Il démontra la très haute antiquité de l'homme et fut l'un des précurseurs des sciences préhistoriques *(Antiquités celtiques et antédiluviennes).*

BOUCHERVILLE [buʃɛrvil], v. du Canada (Québec), banlieue est de Montréal ; 36 198 hab. *(Bouchervillois).*

BOUCHES-DU-RHÔNE n.f.pl. (13), dép. de la Région Provence-Alpes-Côte d'Azur ; ch.-l. de dép. *Marseille ;* ch.-l. d'arrond. *Aix-en-Provence, Arles, Istres ;* 4 arrond. ; 53 cant. ; 119 comm. ; 5 087 km^2 ; 1 835 719 hab. Le dép. appartient à l'académie d'Aix-en-Provence-Marseille, à la cour d'appel d'Aix-en-Provence, à la zone de défense Sud. Les plaines occidentales (Comtat, Crau, Camargue) s'opposent aux hauteurs calcaires de l'est (Trévaresse, Sainte-Victoire, Estaque, Sainte-Baume), aérées par des bassins (Aix-en-Provence, Huveaune). L'agriculture (fruits et légumes, riz, vigne, élevage bovin) occupe une place secondaire. Les industries et les services sont concentrés dans l'agglomération de Marseille (et ses annexes : pourtour du golfe de Fos et de l'étang de Berre), qui groupe plus des deux tiers de la population totale du département.

BOUCICAUT (Aristide), *Bellême 1810 - Paris 1877,* négociant français, fondateur du grand magasin « Au Bon Marché » à Paris.

BOUCICAUT (Jean **Le Meingre,** dit), *v. 1366 - Yorkshire 1421,* maréchal de France. Il défendit Constantinople contre les Turcs (1399) et gouverna Gênes (1401 - 1409). Fait prisonnier par les Anglais à Azincourt (1415), il mourut en captivité.

BOUCOURECHLIEV (André), *Sofia 1925 - Paris 1997,* compositeur français d'origine bulgare. Il a utilisé tour à tour une instrumentation traditionnelle et les procédés électroacoustiques, ou la combinaison des deux, faisant parfois appel à la musique aléatoire : *Archipels I* à *V, Thrène.*

BOU CRAA, site du Sahara occidental. Gisement de phosphates.

BOUDDHA, nom par lequel on désigne le fondateur du bouddhisme, Siddharta Gautama, appelé aussi Shakyamuni, parce qu'il appartenait à la tribu shakya. Né à Kapilavastu (VIe-Ve s. ? avant notre ère), il prit le nom de Bouddha après qu'il fut parvenu à l'« illumination », ou « éveil » *(bodhi),* à Bodh-Gaya. Sa prédication commença par le Sermon de Bénarès et se poursuivit longtemps à travers l'Inde du Nord-Est.

BOUDICCA ou **BOADICÉE,** *m. en 61 apr. J.-C.,* femme d'un roi de l'île de Bretagne. Elle lutta contre les Romains et, vaincue, s'empoisonna.

BOUDIN (Eugène), *Honfleur 1824 - Deauville 1898,* peintre français. Ses marines et ses paysages en font un précurseur de l'impressionnisme (musées du Havre, de Honfleur).

BOUDON (Raymond), *Paris 1934,* sociologue français. Promoteur d'une sociologie fondée sur la compréhension des actions individuelles (*l'Inégalité des chances,* 1973), il s'oppose au relativisme dans ses travaux de sociologie de la connaissance (*le Juste et le Vrai,* 1995).

■ FRANÇOIS **BOUCHER.** *Diane au bain,* 1742. (Louvre, Paris.)

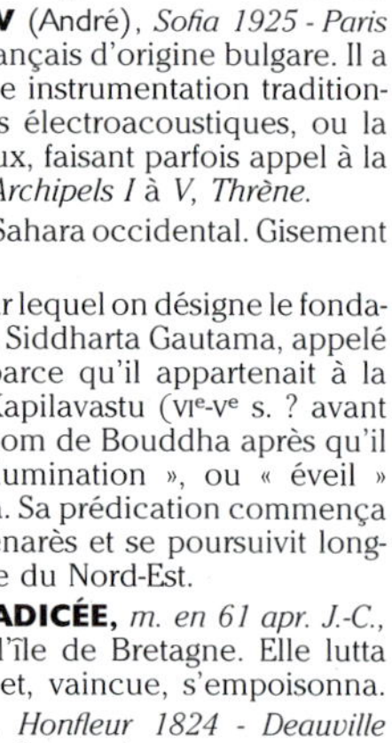

■ **BOUDDHA** donnant le premier sermon.
Art gupta ; Ve s. apr. J.-C.
(Musée de Sarnath, Inde.)

Bouches-du-Rhône

200 m

◯ plus de 100 000 h. ◯ de 20 000 à 100 000 h. ○ de 5 000 à 20 000 h. ○ moins de 5 000 h. ○ autre localité

● ch.-l. d'arrondissement ● ch.-l. de canton ● commune

autoroute — route — voie ferrée

BOUÉ DE LAPEYRÈRE (Augustin), *Castéra-Lectourois 1852 - Pau 1924,* amiral français. Il commanda les flottes alliées en Méditerranée (1914 - 1915).

BOUFFLERS [buflɛr] (Louis François, duc **de**), *Cagny, auj. Crillon, Oise, 1644-Fontainebleau 1711,* maréchal de France. Il défendit Lille (1708) et dirigea la retraite de Malplaquet (1709) durant la guerre de la Succession d'Espagne.

Bouffons (querelle des), polémique esthétique qui opposa les partisans de l'opéra français à ceux de l'opéra italien, parmi lesquels J.-J. Rousseau. Elle débuta avec des représentations données par la troupe des Bouffons en 1752, à Paris.

BOUG, parfois **BUG** ou **BOUG MÉRIDIONAL** n.m., fl. d'Ukraine, qui rejoint la mer Noire ; 806 km.

BOUG, parfois **BUG** ou **BOUG OCCIDENTAL** n.m., riv. de Biélorussie et de Pologne, qui rejoint le Narew (r. g.) ; 810 km.

BOUGAINVILLE (île), la plus grande île de l'archipel des Salomon ; env. 9 000 km^2 ; 120 000 hab. Cuivre. Elle appartient depuis 1975 à la Papouasie-Nouvelle-Guinée. — L'île a été découverte par Bougainville en 1768.

BOUGAINVILLE (Louis Antoine **de**), *Paris 1729 - id. 1811,* navigateur et écrivain français. Il a écrit le récit du célèbre *Voyage autour du monde,* qu'il fit de 1766 à 1769.

BOUGIE → **BÉJAÏA.**

BOUGIVAL (78380), comm. des Yvelines, sur la Seine ; 8 533 hab. *(Bougivalais).*

■ **BOSSUET,** par H. Rigaud. (Louvre, Paris.)

■ GEORGES **BOULANGER**

BOUGLIONE, famille d'artistes de cirque française d'origine italienne. Elle dirige depuis 1934 le cirque d'Hiver à Paris.

BOUGON (79800), comm. des Deux-Sèvres ; 212 hab. Vaste ensemble de sépultures mégalithiques du néolithique, édifié entre le Ve et la fin du IIIe millénaire. Intéressant musée de site.

BOUGUENAIS (44340), comm. de la Loire-Atlantique ; 15 978 hab. *(Bouguenaisiens).* Constructions aéronautiques.

BOUGUER (Pierre), *Le Croisic 1698 - Paris 1758,* savant français. Il participa à la mission qui mesura au Pérou un arc de méridien au niveau de l'équateur et fit à cette occasion des observations gravimétriques. Il a fondé la photométrie.

BOUGUEREAU (William), *La Rochelle 1825 - id. 1905,* peintre français. Académiste épris de Raphaël, il fut une gloire officielle sous le second Empire et au début de la IIIe République.

BOUHOURS (Dominique), *Paris 1628 - id. 1702,* grammairien et jésuite français. Il défendit la doctrine classique et la pureté de la langue (*Entretiens d'Ariste et d'Eugène,* 1671).

BOUILLARGUES (30230), ch.-l. de cant. du Gard, près de Nîmes ; 5 327 hab.

BOUILLAUD (Jean-Baptiste), *Garat, Charente, 1796 - Paris 1881,* médecin français. Il a notamment décrit le rhumatisme articulaire aigu *(maladie de Bouillaud).*

BOUILLON, v. de Belgique (prov. de Luxembourg), sur la Semois ; 5 468 hab. Centre touristique. — Château fort, anc. résidence des ducs de Bouillon. Musée ducal.

BOUILLON (Godefroi **de**) → **GODEFROI DE BOUILLON.**

BOUILLON (Henri **de La Tour d'Auvergne,** vicomte **de Turenne,** duc **de**), *Joze 1555 - Sedan 1623,* maréchal de France. Il fut un des chefs du parti protestant et partisan dévoué d'Henri IV.

BOUIN (Jean), *Marseille 1888 - au champ d'honneur 1914,* athlète français, champion de course à pied (fond).

BOUKHARA, v. du centre de l'Ouzbékistan ; 249 600 hab. Tourisme. — Monuments des IXe-XVIe s., dont le mausolée (v. 907) d'Ismaïl le Samanide.

BOUKHARINE (Nikolaï Ivanovitch), *Moscou 1888 - id. 1938,* économiste et homme politique soviétique. Théoricien du Parti, adepte d'une politique économique modérée, il fut éliminé par Staline de la présidence de l'Internationale communiste (1928), puis condamné et exécuté (1938). Il a été réhabilité en 1988.

BOULAINVILLIERS (Henri, comte **de**), *Saint-Saire, Seine-Maritime, 1658 - Paris 1722,* historien et philosophe français, auteur d'un *Essai sur la noblesse de France* (1732).

BOULANGER (Georges), *Rennes 1837 - Ixelles, Belgique, 1891,* général et homme politique français. Ministre de la Guerre républicain (1886 - 1887) très populaire, il regroupa autour de lui les mécontents allant de l'extrême gauche à une droite dure et nationaliste. Mis à la retraite (1888), il fut élu triomphalement dans plusieurs départements et à Paris. Renonçant à faire un coup d'État (1889), il s'enfuit en Belgique, où il se suicida sur la tombe de sa maîtresse.

BOULANGER (Nadia), *Paris 1887 - id. 1979,* compositrice française. Également chef d'orchestre et organiste, elle fut directrice du Conservatoire américain de Fontainebleau.

BOULAY-MOSELLE (57220), ch.-l. d'arrond. de la Moselle ; 4 505 hab. *(Boulageois).*

Boulder Dam → **Hoover Dam.**

BOULE (Marcellin), *Montsalvy 1861 - id. 1942,* géologue et paléontologiste français. Directeur de l'Institut de paléontologie humaine de Paris (1920), auteur d'un traité sur *les Hommes fossiles* (1921), il est le fondateur de l'école française de paléontologie humaine.

■ **BOUKHARA.** Mausolée (v. 907) d'Ismaïl le Samanide (souverain de Transoxiane).

■ PIERRE **BOULEZ**

BOULEZ (Pierre), *Montbrison 1925,* compositeur et chef d'orchestre français. Héritier de Debussy et de Webern, il poursuit la tradition du sérialisme (*le Marteau sans maître,* 1955 ; *Pli selon pli,* 1960 et 1969) et aborde la *forme ouverte (*Troisième Sonate* pour piano, 1957). Avec *Répons* (1981), il rend effectifs les résultats des travaux de l'IRCAM, qu'il a dirigé de 1976 à 1991.

BOULGAKOV (Mikhaïl Afanassievitch), *Kiev 1891 - Moscou 1940,* écrivain russe. Auteur de récits sur la guerre civile (*la Garde blanche,* 1925) et la NEP, de comédies satiriques et de drames historiques, il a traité le thème de l'artiste condamné au compromis avec le pouvoir politique (*le Maître et Marguerite,* 1928 - 1940, publié en 1966).

BOULGANINE (Nikolaï Aleksandrovitch), *Nijni Novgorod 1895 - Moscou 1975,* maréchal soviétique. Il fut président du Conseil de 1955 à 1958.

BOULLE (André Charles), *Paris 1642 - id. 1732,* ébéniste français. Il est le créateur d'un type de meubles luxueux recouverts de marqueterie d'écaille et de cuivre, enrichis de bronzes ciselés.

Boulle (école), lycée d'enseignement technique et professionnel, fondé à Paris en 1886 sous le nom d'*École municipale d'ameublement.* Elle forme des praticiens de l'ameublement et de la décoration intérieure.

BOULLE (Pierre), *Avignon 1912 - Paris 1994,* écrivain français. Il est l'auteur de romans d'aventures *(le Pont de la rivière Kwaï)* et de science-fiction *(la Planète des singes).*

BOULLÉE (Étienne Louis), *Paris 1728 - id. 1799,* architecte français. Il est l'auteur de projets utopiques qui tiennent à la fois du néoclassicisme des Lumières et d'un préromantisme visionnaire (cénotaphe, sphérique, pour Newton, 1784).

BOULMERKA (Hassiba), *Constantine 1968,* athlète algérienne, championne du monde (1991, 1995) et olympique (1992) du 1 500 m.

BOULLONGNE ou **BOULOGNE,** famille de peintres parisiens des XVIIe et XVIIIe s.

Boulogne (bois de), parc de l'ouest de Paris, aménagé sous le second Empire sur les vestiges de l'ancienne forêt de Rouvray.

Boulogne (camp de), camp établi de 1803 à 1805 par Napoléon Ier à Boulogne-sur-Mer, pour préparer l'invasion de l'Angleterre.

BOULOGNE (Jean) → **GIAMBOLOGNA.**

BOULOGNE (Valentin **de**) → **VALENTIN.**

BOULOGNE-BILLANCOURT (92100), ch.-l. d'arrond. des Hauts-de-Seine, au S.-O. de Paris ; 107 042 hab. *(Boulonnais).* Quartiers résidentiels en bordure du bois de Boulogne. Anc. site des usines Renault (sur et face à l'île Seguin). Constructions aéronautiques. — Jardins Albert-Kahn. Musées.

BOULOGNE-SUR-MER (62200), ch.-l. d'arrond. du Pas-de-Calais, sur la Manche, à l'embouchure de la Liane ; 45 508 hab. *(Boulonnais)* [près de 100 000 hab. dans l'agglomération]. Principal port de pêche français (conserveries). Métallurgie. — Enceinte du XIIIe s. autour de la ville haute ; musée dans le château fort. Centre national de la Mer « Nausicaa ».

BOULONNAIS, région de France, dans le Pas-de-Calais. ; v. princ. *Boulogne-sur-Mer.* C'est un plateau de craie ouvert par une dépression argileuse, la « fosse du Boulonnais ». Élevage.

BOULOU (Le) [66160], comm. des Pyrénées-Orientales, sur le Tech ; 4 472 hab. *(Boulounencqs).* Station thermale (troubles digestifs). — Église romane.

BOULOURIS (83700 St Raphaël), station balnéaire du Var (comm. de Saint-Raphaël), sur le littoral de l'Esterel.

BOUMEDIENE (Muhammad **Bukharruba,** dit Houari), *Héliopolis 1932 - Alger 1978,* militaire et homme politique algérien. Chef d'état-major de l'Armée de libération nationale (1960), il fut président de la République (1965 - 1978).

BOUNINE (Ivan Alekseïevitch), *Voronej 1870 - Paris 1953,* écrivain russe. Fidèle au réalisme classique dans ses romans et ses nouvelles (*le Village,* 1910), il évolua ensuite vers une prose plus lyrique et sensuelle (*l'Amour de Mitia,* 1925). [Prix Nobel 1933.]

Bounty, navire britannique dont l'équipage se mutina (1789) et abandonna son capitaine, W. Bligh, dans une chaloupe en pleine mer.

BOUQUET (Michel), *Paris 1925,* acteur français. Au théâtre et au cinéma, il campe des personnages complexes et énigmatiques : *la Femme infidèle* (Chabrol, 1969) ; *Toto le héros* (J. Van Dormael, 1990).

BOURASSA (Robert), *Montréal 1933 - id. 1996,* homme politique canadien. Chef du Parti libéral, il fut Premier ministre du Québec de 1970 à 1976 et de 1985 à 1994.

BOURBAKI (Charles), *Pau 1816 - Cambo 1897,* général français. Commandant de la garde impériale en 1870, il fut nommé à la tête de l'armée de l'Est en 1871.

Bourbaki (Nicolas), pseudonyme collectif d'un groupe de mathématiciens. Pour la plupart français, ceux-ci ont entrepris, depuis 1939, l'exposé des mathématiques en les reprenant à leur point de départ logique et en proposant leur systématisation *(Éléments de mathématique).*

BOURBON (île) → **RÉUNION.**

BOURBON (Charles III, duc **de**), *1490 - Rome 1527,* connétable de France. Il se distingua à Agnadel (1509) et à Marignan (1515). Louise de Savoie, mère de François Ier, lui ayant réclamé l'héritage bourbonnais, il passa au service de Charles Quint (1523) et fut tué au siège de Rome.

BOURBON (Charles **de**), *La Ferté-sous-Jouarre 1523 - Fontenay-le-Comte 1590,* prélat français. Cardinal, il devint archevêque de Rouen en 1550. La Ligue le proclama roi de France sous le nom de Charles X (1589).

BOURBON (maisons de), maisons souveraines, issues des Capétiens, dont les membres ont régné en France (XVIe-XIXe s.), à Naples, en Sicile, à Parme (XVIIIe-XIXe s.) et règnent en Espagne depuis le XVIIIe s.

La maison féodale. Fondée au Xe s., la maison de Bourbon commence à prospérer après que la seigneurie est passée en 1272 à Robert de France, comte de Clermont, fils de Saint Louis. Le fils de Robert, Louis Ier le Grand, est fait duc de Bourbon en 1327. Huit ducs de Bourbon se succèdent, de Louis Ier à Charles III, connétable de François Ier, dont les biens sont confisqués en 1527. La branche de la *Marche-Vendôme* devient alors la branche aînée de la famille.

Les maisons royales. La maison de Bourbon parvient d'abord au trône de Navarre avec Antoine de Bourbon (1555), dont le frère donne naissance à la branche des Condés. Elle accède ensuite au trône de France avec Henri IV (1589). Le fils de ce dernier, Louis XIII, a deux fils. De la lignée aînée, issue de Louis XIV, fils aîné de Louis XIII, viennent : d'une part, la branche aînée française, héritière du trône de France jusqu'en 1830 et qui s'éteindra avec le comte de Chambord (Henri V) en 1883 ; d'autre part, la branche espagnole, divisée en divers rameaux, principalement le rameau royal d'Espagne, dont le représentant actuel est Juan Carlos Ier, le rameau royal des Deux-Siciles et le rameau ducal de Parme.
La lignée cadette, appelée branche d'Orléans, est issue de Philippe, duc d'Orléans, second fils de Louis XIII. Cette branche est parvenue au trône de France avec Louis-Philippe Ier (1830 - 1848), et son chef actuel est Henri d'*Orléans, comte de Paris.

BOURBON (Louis **de**), duc **d'Angoulême** → **ANGOULÊME** (duc **d'**).

BOURBON (Louis **de**), duc **de Penthièvre** → **PENTHIÈVRE** (duc **de**).

BOURBON (Louis Alexandre **de**) → **TOULOUSE** (comte **de**).

BOURBON (Louis Auguste **de**) → **MAINE** (duc **du**).

Bourbon (palais), à Paris, édifice situé sur la rive gauche de la Seine, en face de la place de la Concorde. Construit en 1722 pour la duchesse de Bourbon, très agrandi et modifié aux XVIIIe et XIXe s., il est occupé par l'Assemblée nationale *(Palais-Bourbon).*

BOURBON-LANCY (71140), ch.-l. de cant. de Saône-et-Loire ; 5 767 hab. *(Bourbonnais).* Industrie automobile. Station thermale (rhumatismes). — Musée dans une anc. église romane.

BOURBON-L'ARCHAMBAULT [-bo] (03160), ch.-l. de cant. de l'Allier ; 2 602 hab. *(Bourbonnais).* Station thermale (rhumatismes). — Anc. cap. de la seigneurie de Bourbon ; ruines du château des XIIIe-XIVe s.

BOURBONNAIS, région au N. du Massif central, correspondant approximativement au dép. de l'Allier. Possession des seigneurs de Bourbon, érigé en duché (1327), le Bourbonnais fut réuni à la Couronne en 1531, après la confiscation des domaines du connétable de Bourbon.

BOURBONNE-LES-BAINS (52400), ch.-l. de cant. de l'est de la Haute-Marne ; 2 592 hab. *(Bourbonnais).* Station thermale (rhumatismes).

BOURBOULE (La) [63150], comm. du Puy-de-Dôme, dans les monts Dore ; 2 099 hab. *(Bourbouliens).* Station thermale (voies respiratoires, allergies).

BOURBOURG (59630), ch.-l. de cant. du Nord ; 6 979 hab. *(Bourbourgeois).*

BOURBRIAC (22390), ch.-l. de cant. des Côtes-d'Armor ; 2 337 hab. Église des XIe-XVIe s.

BOURDALOUE (Louis), *Bourges 1632 - Paris 1704,* prédicateur français. Jésuite, il prêcha avec un vif succès devant la cour de 1670 à 1693.

BOURDELLE (Antoine), *Montauban 1861 - Le Vésinet 1929,* sculpteur français. Il est l'auteur de bronzes comme l'*Héraclès archer* (1909) ou l'*Alvear* équestre de Buenos Aires (entouré de 4 allégories, 1913 - 1923), ainsi que des bas-reliefs du Théâtre des Champs-Élysées, à Paris. Son atelier, à Paris, est auj. un musée.

BOURDICHON (Jean), *Tours ? v. 1457 - id. 1521,* peintre et miniaturiste français. Les *Grandes Heures* d'Anne de Bretagne (v. 1500 - 1508 ; BN, Paris) sont son œuvre la plus connue.

BOURDIEU (Pierre), *Denguin, Pyrénées-Atlantiques, 1930,* sociologue français. Professeur au Collège de France (1982), il est l'auteur de travaux en sociologie de l'éducation (*la Reproduction,* 1970) et de la culture (*la Distinction,* 1979), ainsi que d'enquêtes descriptives (*la Misère du monde,* 1993), qui rendent compte avec vigueur des clivages sociaux et de leur reproduction.

BOURDON (Sébastien), *Montpellier 1616 - Paris 1671,* peintre français. Auteur éclectique de scènes de genre, de tableaux religieux et de portraits, il travailla à Rome, à Stockholm et surtout à Paris.

BOUREÏA n.f., riv. de Russie, en Sibérie, affl. de l'Amour (r. g.) ; 623 km. Gisements miniers (fer et houille) dans sa vallée.

BOURG (33710), ch.-l. de cant. de la Gironde, dans le *Bourgeais ;* 2 168 hab. Vignobles.

BOURGAIN (Jean), *Ostende 1954,* mathématicien belge. Ses travaux portent sur les domaines les plus variés de l'analyse mathématique. (Médaille Fields 1994.)

BOURGANEUF (23400), ch.-l. de cant. de la Creuse ; 3 477 hab. *(Bourganiauds).* Tour Zizim, reste du château d'un ordre d'hospitaliers.

BOURG-ARGENTAL (42220), ch.-l. de cant. de la Loire ; 2 827 hab. *(Bourguisans).*

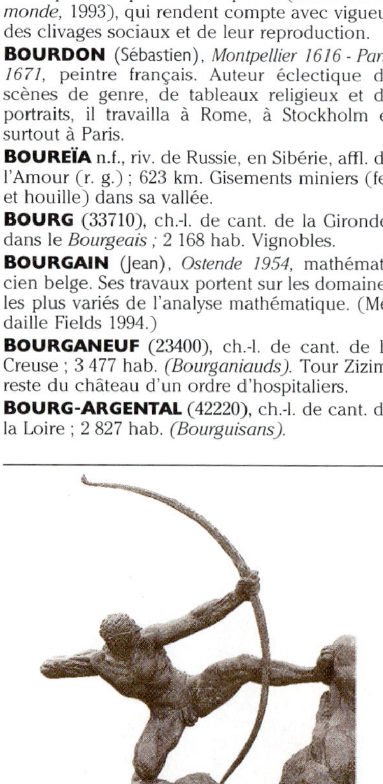

■ ANTOINE **BOURDELLE.** *Héraclès archer.* Détail du plâtre original. (Musée Bourdelle, Paris.)

BOURG-DE-PÉAGE (26300), ch.-l. de cant. de la Drôme, sur l'Isère ; 10 080 hab. *(Péageois).* Travail du cuir.

BOURG-D'OISANS (Le) [38520], ch.-l. de cant. de l'Isère ; 3 060 hab. *(Bourcats).* Centre d'excursions.

BOURGELAT (Claude), *Lyon 1712 - id. 1779,* vétérinaire français. Il est le fondateur de la première école vétérinaire au monde, à Lyon en 1761, puis de celle d'Alfort en 1766.

BOURG-EN-BRESSE [burkɑ̃brɛs] (01000), ch.-l. du dép. de l'Ain, à 414 km au S.-E. de Paris ; 43 008 hab. *(Burgiens* ou *Bressans).* Industrie automobile. Câbles. — Collégiale des XVIe-XVIIe s. Anc. monastère de *Brou.

BOURGEOIS (Léon), *Paris 1851 - Oger, Marne, 1925,* homme politique français. Douze fois ministre (1888 - 1917), président du Conseil (1895 - 1896), il fut l'un des promoteurs de la SDN. (Prix Nobel de la paix 1920.)

BOURGEOIS (Louise), *Paris 1911,* sculpteur américain d'origine française. En 1938, elle suit son mari américain à New York, où elle fréquente le milieu surréaliste. Son œuvre, par formes allusives ou symboliques, va au cœur de la vie.

BOURGEOIS (Robert), *Sainte-Marie-aux-Mines 1857 - Paris 1945,* général et savant français. Auteur de travaux géodésiques et topographiques, il devint chef du Service géographique de l'armée en 1911.

BOURGEOIS DE PARIS, chroniqueur anonyme du XVe s., auteur d'un *Journal* (1405 - 1449).

Bourgeois gentilhomme (le), comédie-ballet en 5 actes et en prose de Molière, musique de Lully, intermède dansé réglé par Beauchamp (1670). Un marchand drapier parvenu, M. Jourdain, veut être considéré comme un gentilhomme.

BOURGEOYS (Marguerite) → **MARGUERITE BOURGEOYS** (sainte).

BOURGES (18000), ch.-l. du dép. du Cher, à 226 km au S. de Paris ; 76 075 hab. *(Berruyers).* Archevêché. Cour d'appel. Armement. Pneumatiques. — Importante cathédrale gothique (1195 - 1255 pour l'essentiel ; portails sculptés, vitraux). Hôtel Jacques-Cœur (XVe s.). Musées. — Festival musical (« le Printemps de Bourges »). — Réunie au domaine royal au XIIe s., la ville devint la résidence du « roi de Bourges » (Charles VII) et le centre de la résistance aux Anglais à la fin de la guerre de Cent Ans. Elle s'enrichit par les opérations commerciales et financières de Jacques Cœur.

BOURGES (Élémir), *Manosque 1852 - Paris 1925,* écrivain français. Il est l'auteur de romans symbolistes et d'un drame, *la Nef* (1904 - 1922).

BOURGET (lac du), lac de Savoie, à 9 km de Chambéry ; 45 km² (long. 18 km). Lamartine l'a chanté en des strophes célèbres *(le Lac).*

BOURGET (Le) [93350], ch.-l. de cant. de la Seine-Saint-Denis, banlieue nord-est de Paris ; 12 151 hab. Aéroport. Salons internationaux de l'aéronautique et de l'espace (les années impaires). Musée de l'Air et de l'Espace. Constructions mécaniques et aéronautiques.

■ **BOURGES.** Façade sur cour de l'hôtel Jacques-Cœur (milieu du XVe s.).

BOURGET (Ignace), *Lauzon 1799 - Sault-au-Récollet, près de Montréal, 1885,* prélat canadien. Il fut le deuxième évêque de Montréal.

BOURGET (Paul), *Amiens 1852 - Paris 1935,* écrivain français. Adversaire du culte de la science et de l'esthétique naturaliste, il célébra les valeurs traditionnelles dans ses romans psychologiques *(le Disciple).* [Acad. fr.]

BOURGET-DU-LAC (Le) [73370], comm. de la Savoie, près du *lac du Bourget ;* 4 000 hab. Station estivale. — Église (XIe-XVe s.) d'un anc. prieuré.

BOURG-LA-REINE (92340), ch.-l. de cant. des Hauts-de-Seine, banlieue sud de Paris ; 18 497 hab. *(Réginaborgiens).*

BOURG-LÉOPOLD, en néerl. **Leopoldsburg,** comm. de Belgique (Limbourg) ; 13 657 hab.

BOURG-LÈS-VALENCE (26500), ch.-l. de cant. de la Drôme ; 18 910 hab. *(Bourcains).* Centrale hydroélectrique sur une dérivation du Rhône. Métallurgie.

BOURG-MADAME (66760), comm. des Pyrénées-Orientales ; 1 267 hab. *(Guinguettois).* Station d'altitude (1 130 m) à la frontière espagnole.

BOURGNEUF-EN-RETZ [burnœfɑ̃rɛ] (44580), ch.-l. de cant. de la Loire-Atlantique, près de la *baie de Bourgneuf ;* 2 440 hab. Anc. port. Ostréiculture. — Musée du pays de Retz.

BOURGOGNE, n.f. région de l'est de la France, qui est plus une unité historique qu'une unité géographique.

HISTOIRE

Faisant d'abord partie de la Gaule puis de l'Empire romain, la Bourgogne doit son nom aux Burgondes, qui l'envahissent au Ve s. apr. J.-C. **534 :** le premier royaume, fondé par les Burgondes, passe dans les possessions mérovingiennes. **561 :** un second royaume bourguignon atteint le littoral méditerranéen. **879 :** Boson se fait proclamer roi en Bourgogne méridionale et en Provence. **888 :** Rodolphe Ier se fait reconnaître roi dans la Bourgogne septentrionale, ou Bourgogne jurane. **934 :** Rodolphe II unit les deux royaumes de Bourgogne provençale et de Bourgogne jurane. **IXe s. :** tandis que le comté de Bourgogne, sur la rive gauche de la Saône, reste impérial (Franche-Comté), le duché de Bourgogne (rive droite) se constitue (IXe s.) avec, comme premier titulaire, Richard le Justicier (m. en 921), frère de Boson. **1002 :** le duché passe au roi Robert II le Pieux, dont le 3e fils, Robert, est la souche de la première maison capétienne de Bourgogne. **1032 :** après la mort de Rodolphe III, l'empereur d'Occident Conrad II, son cousin, se fait couronner roi de Bourgogne. **1361 :** la première maison capétienne s'étant éteinte, Jean II le Bon, roi de France, fils de Jeanne de Bourgogne, hérite du duché. **1363 :** Jean le Bon transmet le duché à son quatrième fils, Philippe II le Hardi, fondateur de la seconde maison capétienne de Bourgogne (→ **Bourguignons** [États]).

BOURGOGNE n.f., Région administrative de France ; 31 582 km² ; 1 610 067 hab. *(Bourguignons) ;* ch.-l. *Dijon ;* 4 dép. (Côte-d'Or, Nièvre, Saône-et-Loire et Yonne). Entre Paris et Lyon, la Bourgogne demeure un axe de passage. Les constructions mécaniques et, dans une moindre mesure, l'agroalimentaire sont les deux secteurs industriels prépondérants. Le vignoble et, parfois, l'élevage favorisent une prospérité locale, dans des espaces souvent dépeuplés.

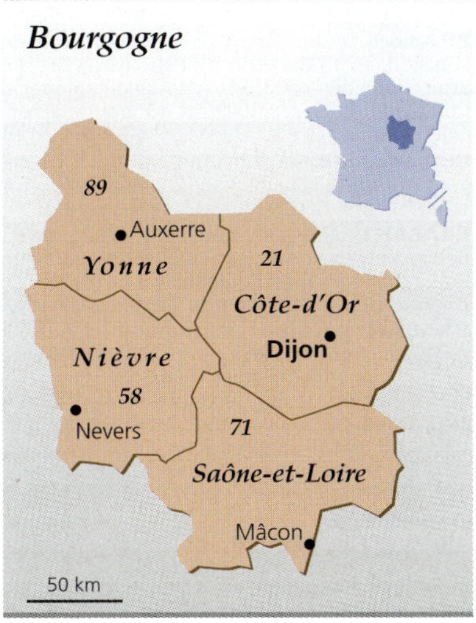

Bourgogne (canal de), canal qui unit le bassin de la Seine à celui du Rhône par les vallées de l'Armançon et de l'Ouche ; 242 km.

BOURGOGNE (dynastie de), première dynastie qui régna au Portugal (1128 - 1383).

Bourgogne (hôtel de), résidence parisienne des ducs de Bourgogne. Il n'en reste aujourd'hui qu'une tour, dite *donjon de Jean sans Peur* (IVe arrond.). Transformé en 1548 par les *Confrères de la Passion* en salle de spectacle, il fut, dès la fin du XVIe s., le premier théâtre régulier de Paris.

BOURGOGNE (vignoble de), région viticole englobant notamment la côte de Nuits et la côte de Beaune, la côte chalonnaise, la côte mâconnaise et le Beaujolais.

BOURGOGNE (Louis, duc **de**) → **LOUIS DE FRANCE.**

BOURGOING (François), *Paris 1585 - id. 1662,* théologien catholique français, l'un des fondateurs de l'Oratoire et son troisième général (1641).

BOURGOIN-JALLIEU (38300), ch.-l. de cant. de l'Isère, sur la Bourbre ; 23 517 hab. *(Berjalliens).* Industries mécaniques, textiles et chimiques.

BOURG-SAINT-ANDÉOL (07700), ch.-l. de cant. de l'Ardèche, sur le Rhône ; 7 988 hab. *(Bourguesans).* Église en partie romane.

BOURG-SAINT-MAURICE (73700), ch.-l. de cant. de la Savoie, en Tarentaise, sur l'Isère ; 7 613 hab. *(Borains).* Station d'altitude (840 m).

BOURGTHEROULDE-INFREVILLE (27520), ch.-l. de cant. de l'Eure ; 2 862 hab. *(Theroulde-bourgeois).*

BOURGUEIL (37140), ch.-l. de cant. d'Indre-et-Loire ; 4 226 hab. Vins rouges. — Restes d'une anc. abbaye (XIIIe-XVIIIe s.).

BOURGUIBA (Habib ibn Ali), *Monastir 1903 - id. 2000,* homme politique tunisien. Fondateur (1934) du Néo-Destour, moderniste et laïque, il fut le principal artisan de l'indépendance de son pays. Président de la République tunisienne à partir de 1957, élu président à vie en 1975, il fut destitué en 1987.

■ HABIB **BOURGUIBA**

■ ABDELAZIZ **BOUTEFLIKA**

BOURGUIGNONS (États), États constitués entre 1363 et 1477 autour de la Bourgogne et des Flandres. Formés à partir du duché de Bourgogne par Philippe le Hardi (1363 - 1404) et ses successeurs, ils s'agrandirent, par achats, mariages et héritages, de nombreux territoires (Flandre, Brabant, Hainaut, Hollande, Luxembourg...) qui en firent une des grandes puissances européennes du XVe s. Devenus peu à peu indépendants de la Couronne de France, ils jouèrent un rôle décisif lors de la guerre de Cent Ans. À la mort de Charles le Téméraire (1477), les États bourguignons furent partagés entre la France et la maison d'Autriche.

Bourguignons (faction des), faction qui s'opposa aux Armagnacs durant la guerre de Cent Ans. D'abord dirigée par Jean sans Peur, elle s'allia aux Anglais après l'assassinat de ce dernier (1419), avant de se réconcilier avec Charles VII (1435).

BOURIATES, peuple mongol de Russie (420 000, dont 250 000 en Bouriatie) et de Mongolie (70 000).

BOURIATIE, république de Russie, limitrophe de la Mongolie ; 1 053 000 hab. ; cap. *Oulan-Oude.* À peine 25 % de Bouriates de souche (environ 70 % de Russes).

B

BOURMONT (Louis **de Ghaisnes,** comte **de**), *Freigné, Maine-et-Loire, 1773 - id. 1846,* maréchal de France. Après avoir servi Napoléon Ier, il l'abandonna en 1815 et rejoignit Louis XVIII à Gand. Ministre de la Guerre (1829), il commanda l'armée qui, en 1830, prit Alger.

BOURNAZEL (Henri **de**), *Limoges 1898 - Bou Gafer, Maroc, 1933,* officier français. Il s'illustra dans la lutte contre Abd el-Krim, puis dans la pacification du Tafilalet.

BOURNEMOUTH, v. de Grande-Bretagne (Angleterre), sur la Manche ; 154 400 hab. Station balnéaire.

BOURNONVILLE (August), *Copenhague 1805 - id. 1879,* chorégraphe danois. Danseur et pédagogue, héritier de la tradition française, il fut maître du ballet danois. Le Ballet royal danois perpétue son répertoire (*la Sylphide,* 1836 ; *Napoli,* 1842).

BOURRIENNE (Louis **Fauvelet de**), *Sens 1769 - Caen 1834,* diplomate français. Camarade de Bonaparte à Brienne, il le suivit en Italie. Conseiller d'État, puis diplomate, il se rallia à Louis XVIII en 1814. Il est l'auteur de *Mémoires* (1829 - 1831).

BOURSAULT (Edme), *Mussy-l'Évêque 1638 - Paris 1701,* écrivain français. Auteur de comédies *(le Mercure galant)* et de *Lettres,* il attaqua violemment Molière.

BOURVIL (André **Raimbourg,** dit), *Pretot-Vicquemare 1917 - Paris 1970,* acteur et chanteur français. dans un registre le plus souvent comique (*la Traversée de Paris,* C. Autant-Lara, 1956 ; *la Grande Vadrouille,* G. Oury, 1966 ; *le Cercle rouge,* J.-P. Melville, 1970).

BOU SAADA, v. d'Algérie ; 67 000 hab. Oasis.

BOUSCAT (Le) [33110], ch.-l. de cant. de la Gironde, banlieue nord-ouest de Bordeaux ; 22 669 hab. *(Bouscatais).* Métallurgie.

BOUSQUET (Joë), *Narbonne 1897 - Carcassonne 1950,* écrivain français. Paralysé par une blessure de guerre en 1918, ce poète a constitué une œuvre séductrice et retorse centrée sur son corps, où l'autobiographie traverse érotisme, ésotérisme et tradition occitane *(Traduit du silence).*

BOUSSINGAULT (Jean-Baptiste), *Paris 1802 - id. 1887,* chimiste français, spécialiste de la chimie agricole et de la physiologie végétale.

BOUSSOIS (59168), comm. du Nord ; 3 513 hab. Verrerie.

BOUSSU, comm. de Belgique (Hainaut) ; 20 676 hab. Métallurgie. — Église des XIIIe-XVIe s.

BOUTEFLIKA (Abdelaziz), *Oujda 1937,* homme politique algérien. Ministre des Affaires étrangères de 1963 à 1979, il est président de la République depuis 1999. *(V. ill. page 1197.)*

BOUTHOUL (Gaston), *Monastir, Tunisie, 1896 - Paris 1980,* sociologue français. Il s'est consacré à l'étude des guerres, qu'il a appelée « polémologie ».

BOUTROS-GHALI (Boutros), *Le Caire 1922,* juriste, diplomate et homme politique égyptien. Ministre égyptien des Affaires étrangères de 1977 à 1991, il est secrétaire général de l'ONU de 1992 à 1996 et secrétaire général à la francophonie depuis 1997.

BOUTS (Dirk ou Dieric), *Haarlem v. 1415 - Louvain 1475,* peintre des anciens Pays-Bas. Émule de Van Eyck et de Van der Weyden, il est l'auteur de sujets religieux de caractère intimiste (triptyque de *la Cène,* Louvain).

Bouvard et Pécuchet, roman inachevé de Flaubert (1881). Deux copistes s'essaient sans méthode aux sciences et aux techniques, mais, ne pouvant assimiler que des « idées reçues », ils échouent misérablement.

BOUVERESSE (Jacques), *Épenoy, Doubs, 1940,* philosophe français. Sa réflexion, dans la ligne de la philosophie analytique, le mène à une défense vigoureuse des exigences de la rationalité (*la Parole malheureuse,* 1971; *Rationalité et cynisme,* 1984). Il est professeur au Collège de France.

BOUVET, île norvégienne de l'Atlantique sud.

BOUVIER (Nicolas), *Genève 1929 - id. 1998,* écrivain suisse de langue française. Également photographe, il mêle dans ses récits de voyages humour distancié et vision ascétique du déracinement *(l'Usage du monde, le Poisson-Scorpion).*

Bouvines (bataille de) [27 juill. 1214], victoire remportée à Bouvines (au S.-E. de Lille) par le roi de France Philippe Auguste, soutenu par les milices communales, sur l'empereur germanique Otton IV et ses alliés, Jean sans Terre et le comte de Flandre. Cette victoire établit la supériorité de la royauté capétienne sur les grands vassaux.

BOUXWILLER [buksvilɛr] (67330), ch.-l. de cant. du Bas-Rhin ; 3 731 hab. Hôtel de ville du XVIIe s. (musée régional).

Bouygues, société française de bâtiment et travaux publics, créée en 1952 par Francis Bouygues (Paris 1922 - Saint-Coulomb, Ille-et-Vilaine, 1993). Premier groupe français dans son secteur, il s'est diversifié, notamm. dans l'ingénierie pétrolière et l'audiovisuel (principal actionnaire de TF1).

BOUZIGUES (34140), comm. de l'Hérault, sur l'étang de Thau ; 1 216 hab. Mytiliculture.

BOUZONVILLE (57320), ch.-l. de cant. de la Moselle ; 4 220 hab. *(Bouzonvillois).* Freins.

BOVES (80440), ch.-l. de cant. de la Somme ; 2 811 hab. *(Bovois).*

BOVET (Daniel), *Neuchâtel 1907 - Rome 1992,* pharmacologue italien d'origine suisse. Ses travaux sur les antihistaminiques et les curarisants de synthèse lui ont valu en 1957 le prix Nobel de physiologie ou de médecine.

BOWEN (Norman Levi), *Kingston, Ontario, 1887 - Washington 1956,* géologue américain d'origine canadienne. Il fut le fondateur de la pétrologie expérimentale moderne.

BOWIE (David Robert **Jones,** dit David), *Londres 1947,* chanteur britannique de rock. Également guitariste et compositeur, il a influencé la *new wave,* et développé un « rock décadent », éclectique et mondain (*Ziggy Stardust,* 1972).

BOWLBY (John), *Londres 1907 - Skye 1990,* médecin et psychiatre britannique. Il a développé la théorie de l'attachement du nourrisson à sa mère (*Attachement et perte,* 1969).

BOWLES (Paul), *New York 1910 - Tanger 1999,* compositeur et écrivain américain. Romancier (*Un thé au Sahara,* 1949 ; *la Maison de l'Araignée,* 1955) et poète, il marqua particulièrement de son style la *Beat generation.

Boxers ou **Boxeurs,** membres d'une société secrète chinoise qui, à partir de 1895, anima un mouvement xénophobe dirigé contre les Européens établis en Chine. Celui-ci culmina en 1900 avec une émeute qui menaça les légations européennes à Pékin, ce qui provoqua une expédition internationale qui en eut raison.

Boyacá (bataille de) [7 août 1819], bataille de l'indépendance de l'Amérique latine. Victoire de Bolívar sur les Espagnols à Boyacá (Colombie), qui préluda à l'indépendance de la Colombie.

BOYER (Charles), *Figeac 1897 - Phoenix 1978,* acteur français naturalisé américain. Il incarna le séducteur français : *Back Street* (R. Stevenson, 1941), *Hantise* (G. Cukor, 1944).

BOYLE (Robert), *Lismore Castle 1627 - Londres 1691,* physicien et chimiste irlandais. Il énonça, avant E. Mariotte, la loi de compressibilité des gaz, introduisit la notion moderne d'élément chimique en opposition à la théorie aristotélicienne des éléments et découvrit le rôle de l'oxygène dans la combustion et la respiration.

Boyne (bataille de la) [1er juill. 1690], victoire remportée par Guillaume III de Nassau sur les troupes catholiques de Jacques II sur les rives de la Boyne (Irlande). Elle consacrait le triomphe de la révolution commencée en 1688 en Angleterre.

BOYSSET (Antoine) → **BOESSET.**

BOZEN → **BOLZANO.**

BOZOULS [bozul] (12340), ch.-l. de cant. de l'Aveyron ; 2 390 hab. *(Bouzoulais).* Cañon du Dourdou, dit *trou de Bozouls.* — Église romane.

BP Amoco, groupe pétrolier international né de la fusion, en 1998, de British Petroleum (BP, qui avait succédé, en 1954, à l'Anglo-Iranian Oil Company fondée en 1909) et du groupe américain Amoco.

Brabançonne (la), hymne national belge, composé en 1830 par F. Van Campenhout (1779 - 1848).

BRABANT n.m., anc. prov. du centre de la Belgique. Il englobait les actuelles provinces du Brabant flamand et du Brabant wallon (créées en 1995) ainsi que la région de Bruxelles-Capitale.

BRABANT, région historique divisée aujourd'hui entre la Belgique et les Pays-Bas. Le duché naquit au XIe s. de la réunion du comté de Louvain et du comté de Bruxelles. Il échut en 1430 à Philippe III le Bon, duc de Bourgogne, puis en 1477 à la maison d'Autriche (Habsbourg). En 1609, les Habsbourg d'Espagne durent reconnaître aux Provinces-Unies la possession de sa partie septentrionale.

BRABANT FLAMAND, prov. de Belgique ; 2 119 km² ; 939 252 hab. ; ch.-l. *Louvain ;* 2 arrond. *(Louvain, Hal-Vilvorde) ;* 65 comm. Il correspond à la partie nord de l'ancien Brabant belge.

BRABANT-SEPTENTRIONAL, prov. du sud des Pays-Bas ; 2 243 546 hab. ; ch.-l. *Bois-le-Duc ;* v. princ. *Eindhoven.*

BRABANT WALLON, prov. de Belgique ; 1 097 km² ; 332 966 hab. ; ch.-l. *Wavre ;* 1 arrond. ; 27 comm. Il correspond à la partie sud de l'ancien Brabant belge.

BRABHAM (sir Jack), *Hurstville, banlieue de Sydney, 1926,* coureur et constructeur automobile australien. Il a remporté le championnat du monde des conducteurs en 1959, 1960 et 1966.

BRACHET (Jean), *Bruxelles 1909 - Braine-l'Alleud 1988,* biochimiste belge. Il étudia les acides nucléiques (ARN notamm.) et les mécanismes de la différenciation cellulaire.

BRACQUEMOND (Félix), *Paris 1833 - id. 1914,* graveur, peintre et décorateur français. Féru de recherches techniques, il joua un rôle d'animateur, amenant, par ex., Manet à l'eau-forte.

BRADBURY (Ray Douglas), *Waukegan, Illinois, 1920,* écrivain américain. Il est l'un des plus grands auteurs de récits de science-fiction (*Chroniques martiennes,* 1950 ; *Fahrenheit 451,* 1953).

BRADFORD, v. de Grande-Bretagne (Angleterre) ; 295 000 hab. Textile. Électronique. — Musée national de la Photographie, du Film et de la Télévision.

BRADLEY (Francis Herbert), *Clapham, auj. dans Londres, 1846 - Oxford 1924,* philosophe britannique, idéaliste hégélien.

BRADLEY (James), *Sherborne, Gloucestershire, 1693 - Chalford, Gloucestershire, 1762,* astronome britannique. Il a découvert l'aberration de la lumière des étoiles (1727) et la nutation de l'axe de rotation de la Terre (1748).

BRADLEY (Omar), *Clark, Missouri, 1893 - New York 1981,* général américain. Il se distingua en Tunisie et en Sicile (1943) et commanda le 12e groupe d'armées de la Normandie jusqu'à l'Allemagne (1944 - 1945).

BRAGA, v. du Portugal septentrional ; 90 535 hab. Cathédrale des XIIe-XVIIIe s. (œuvres d'art ; trésor) ; sanctuaire du Bom Jesus do Monte, du XVIIIe s.

BRAGA (Teófilo), *Ponta Delgada 1843 - Lisbonne 1924,* homme politique et écrivain portugais. Président de la République en 1915.

BRAGANCE, v. du Portugal septentrional ; 16 554 hab. Ville haute fortifiée.

BRAGANCE, dynastie royale qui régna sur le Portugal de 1640 à 1910 et sur le Brésil de 1822 à 1889. Elle est issue d'Alphonse Ier, duc de Bragance, fils naturel de Jean Ier, roi de Portugal.

BRAGG (sir William Henry), *Wigton, Cumberland, 1862 - Londres 1942,* physicien britannique. Avec son fils, *sir* W.L. Bragg, il construisit le premier spectrographe à haute fréquence, découvrant ainsi la structure de nombreux cristaux. (Prix Nobel 1915.) — sir **William Lawrence B.,** *Adélaïde, Australie, 1890 - Ipswich, Suffolk, 1971,* physicien britannique. Il a travaillé avec son père, William Henry, sur la diffraction des rayons X par les cristaux. (Prix Nobel 1915.)

BRAHE (Tycho), *Knudstrup 1546 - Prague 1601,* astronome danois. À partir de 1576, il fit édifier dans l'île de Hveen, dans le Sund, un observatoire astronomique qu'il équipa de grands instruments grâce auxquels il effectua les observations astronomiques les plus précises avant l'invention de la lunette. Ses observations de la planète Mars permirent à Kepler d'énoncer les lois du mouvement des planètes.

BRAHMA, un des principaux dieux du panthéon hindou. Premier créé et créateur de toute chose,

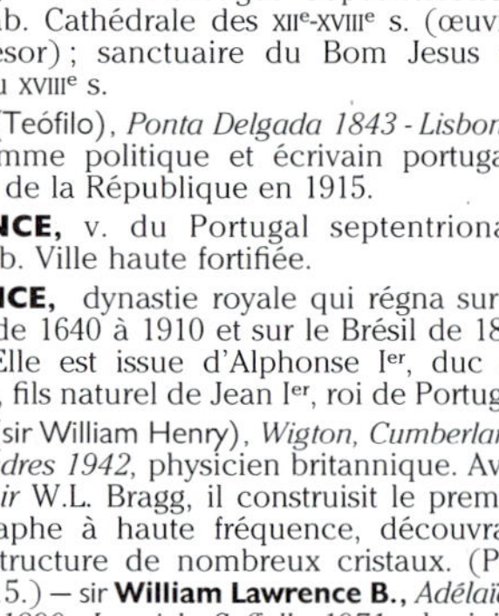

■ **BRAHMA.** Bois sculpté ; Inde ; XVIIIe s. (Musée de Trivandrum, Inde.)

■ TYCHO **BRAHE**

■ JOHANNES **BRAHMS**, par Laurens. (AKG, Berlin.)

il est souvent représenté avec quatre bras et quatre têtes qui symbolisent son omniscience et son omniprésence.

BRAHMAGUPTA, *v. 598 - v. 665,* mathématicien indien. Il a utilisé, le premier, des nombres négatifs et énoncé les quatre opérations fondamentales.

BRAHMAPOUTRE n.m., fl. d'Asie, né au Tibet et débouchant dans le golfe du Bengale ; 2 900 km ; bassin de 900 000 km². Avec le Gange, il a formé un grand delta.

BRAHMS (Johannes), *Hambourg 1833 - Vienne 1897,* compositeur allemand. Il est l'auteur de lieder, de musique de chambre, d'œuvres pour piano, de quatre symphonies d'un émouvant lyrisme, d'ouvertures, de concertos (*Concerto pour violon,* 1879), et d'un *Requiem allemand* (1869).

BRĂILA, v. de Roumanie, sur le Danube ; 234 706 hab. Port fluvial. Cellulose et papier.

BRAILLE (Louis), *Coupvray, Seine-et-Marne, 1809 - Paris 1852,* inventeur français. Devenu aveugle à 3 ans, il créa pour les aveugles un système d'écriture en points saillants, le **braille.*

BRAINE (02220), ch.-l. de cant. de l'Aisne ; 2 105 hab. *(Brainois).* Église gothique St-Yved, anc. abbatiale (autour de 1200).

BRAINE-L'ALLEUD, comm. de Belgique (Brabant wallon) ; 32 458 hab. Souvenirs de la bataille de Waterloo.

BRAINE-LE-COMTE, v. de Belgique (Hainaut) ; 17 817 hab. Église gothique (œuvres d'art).

BRAMAH (Joseph), *Stainborough 1748 - Londres 1814,* industriel britannique. Précurseur dans la construction de machines-outils industrielles, il mit au point notamm. une presse hydraulique et une raboteuse à bois à 28 outils.

BRAMANTE (Donato **d'Angelo,** dit), *près d'Urbino 1444 - Rome 1514,* architecte italien. Il travailla à Milan (abside de S. Maria delle Grazie), puis à Rome, où son œuvre est celle d'un maître du classicisme : *Tempietto* de S. Pietro in Montorio ; à partir de 1505, pour Jules II, cour du Belvédère et premiers travaux de la basilique St-Pierre.

BRAMPTON, v. du Canada (Ontario) ; 209 222 hab. Industrie automobile.

BRANCUSI (Constantin), *Peștișani, Olténie, 1876 - Paris 1957,* sculpteur roumain de l'école de Paris. Il a recherché une essence symbolique de la forme (*la Muse endormie, l'Oiseau dans l'espace,* diverses versions), mais aussi renoué avec une veine fruste, archaïque *(le Baiser)* ; ses *Colonnes sans fin* semblent minimalistes avant la lettre. L'atelier parisien de l'artiste est reconstitué à côté du Centre G.-Pompidou.

BRANDEBOURG, en all. **Brandenburg,** Land d'Allemagne ; 29 059 km² ; 2 641 152 hab. *(Brandebourgeois)* ; cap. *Potsdam.* Il occupe la partie occidentale du Brandebourg historique (v. princ. Berlin) qui fit partie de la RDA de 1949 à 1990 ; sa partie orientale a été attribuée à la Pologne en 1945. Terre de rencontre entre Slaves et Germains depuis le VIIe s., le Brandebourg passa aux Ascaniens (XIIe s.), puis aux Wittelsbach et aux Luxembourg. En 1356, le margraviat fut érigé en Électorat, qui échut aux Hohenzollern (1415) dont l'héritage s'accrut de la Prusse en 1618. (→ **Prusse**).

BRANDEBOURG, en all. **Brandenburg,** v. d'Allemagne (Brandebourg), sur la Havel, à l'O. de Berlin ; 89 208 hab. *(Brandebourgeois).* Cathédrale des XIIe-XVe s. et autres monuments.

BRANDES (Georg), *Copenhague 1842 - id. 1927,* critique danois. Il initia les pays scandinaves aux littératures européennes modernes et fit triompher l'esthétique réaliste.

BRANDO (Marlon), *Omaha 1924,* acteur américain. Formé à l'Actors Studio, acteur puissant, complexe, excessif, il a joué notamment avec E. Kazan (*Un tramway nommé Désir,* 1951 ; *Sur les quais,* 1954), L. Benedek (*l'Équipée sauvage,* 1954), F. F. Coppola (*le Parrain,* 1972), B. Bertolucci (*le Dernier Tango à Paris,* 1972).

BRANDON, v. du Canada (Manitoba), sur l'Assiniboine ; 38 565 hab.

BRANDT (Bill), *Londres 1904 - id. 1983,* photographe britannique. Ses photos de corps pétrifiés au sein de perspectives extraordinaires font de lui un novateur du nu féminin. Il a aussi réalisé de poignants reportages sur les Londoniens pendant les attaques aériennes.

BRANDT (Herbert Karl **Frahm,** dit Willy), *Lübeck 1913 - Unkel, près de Bonn, 1992,* homme politique allemand. Président du Parti social-démocrate (1964 - 1987), chancelier de la RFA (1969 - 1974), il orienta la diplomatie allemande vers l'ouverture à l'Est *(Ostpolitik).* [Prix Nobel de la paix 1971.]

BRANLY (Édouard), *Amiens 1844 - Paris 1940,* physicien français. Il imagina, en 1890, le *cohéreur* à limaille, premier détecteur d'ondes hertziennes. Il conçut le principe de l'antenne émettrice (1891) et fit des expériences de télécommande (1902).

BRANNER (Hans Christian), *Ordrup 1903 - Copenhague 1966,* écrivain danois. Ses romans et son théâtre s'inspirent de la psychanalyse *(le Cavalier).*

BRANT ou **BRANDT** (Sebastian), *Strasbourg v. 1458 - id. 1521,* humaniste alsacien. Il est l'auteur du poème satirique *la Nef des fous* (1494).

BRANTFORD, v. du Canada (Ontario) ; 81 997 hab. Musée (collections iroquoises, etc.).

BRANTING (Hjalmar), *Stockholm 1860 - id. 1925,* homme politique suédois. Fondateur du Parti social-démocrate (1889), il contribua à la séparation pacifique de la Norvège et de la Suède (1905). À la tête de trois gouvernements socialistes entre 1920 et 1925, il pratiqua une politique sociale avancée. (Prix Nobel de la paix 1921.)

BRANTÔME (24310), ch.-l. de cant. de la Dordogne, sur la Dronne ; 2 075 hab. *(Brantômais).* Anc. abbaye fondée par Charlemagne : bâtiments du XIe au XVIIIe s.

BRANTÔME (Pierre **de Bourdeille,** seigneur **de**), *Bourdeille v. 1540 - ? 1614,* écrivain français. Il est l'auteur des *Vies des hommes illustres et des grands capitaines,* et des *Vies des dames galantes.*

BRAQUE (Georges), *Argenteuil 1882 - Paris 1963,* peintre français. Créateur du *cubisme avec Picasso, il est célèbre pour ses « papiers collés » sévèrement rythmés (1912 - 1914), ses natures mortes d'une sensualité retenue, ses « Ateliers », ses « Oiseaux », ses illustrations d'Hésiode ou de Reverdy, etc.

BRASÍLIA, cap. du Brésil, sur les plateaux de l'intérieur, à environ 1 100 m d'alt. ; 1 596 274 hab. *(Brasiliens).* Ch.-l. du district fédéral (5 814 km²). Centre administratif et commercial. — Construite à partir de 1957, audacieuse création ex nihilo, la ville a pour auteurs principaux l'urbaniste Lucio Costa (1902 - 1998) et l'architecte O. *Niemeyer.

■ GEORGES **BRAQUE.** *Atelier IX,* 1954 - 1956. (Fondation Maeght, Saint-Paul-de-Vence.)

BRASILLACH (Robert), *Perpignan 1909 - Montrouge 1945,* écrivain français. Critique, romancier et journaliste politique, il s'engagea pour le fascisme dès 1934, puis pour l'Allemagne nazie, et fut condamné à mort et exécuté à la Libération (*Comme le temps passe,* 1937 ; *Notre avant-guerre,* 1941).

BRAȘOV, v. de Roumanie, en Transylvanie ; 323 835 hab. Constructions mécaniques. — Monuments médiévaux.

BRASSAÏ (Gyula **Halász,** dit), *Brașov 1899 - Nice 1984,* photographe français d'origine hongroise. Un climat fantomatique d'ombre et de lumière amplifie dans son œuvre l'étrange et l'insolite, qui rappellent ses liens avec les surréalistes.

BRASSCHAAT [braskat], comm. de Belgique (prov. d'Anvers) ; 35 231 hab.

BRASSEMPOUY (40330), comm. des Landes ; 269 hab. Gisements paléolithiques.

BRASSENS (Georges), *Sète 1921 - Saint-Gély-du-Fesc 1981,* chanteur français. Également parolier et compositeur, il est l'auteur de chansons poétiques, pleines de verve et de non-conformisme (*Chanson pour l'Auvergnat, le Gorille, Supplique pour être enterré sur la plage de Sète).*

■ GEORGES **BRASSENS** en 1981.

BRASSEUR (Pierre **Espinasse,** dit Pierre), *Paris 1905 - Brunico, Italie, 1972,* acteur français. Sa présence et sa verve l'ont imposé tant au théâtre (*Kean,* de Sartre d'après Dumas, 1953) qu'au cinéma (*les Enfants du paradis,* M. Carné, 1945).

BRĂTIANU (Ion), *Pitești 1821 - Florica 1891,* homme politique roumain. Il fut Premier ministre de 1876 à 1888. — **Ion (Ionel) B.,** *Florica 1864 - Bucarest 1927,* homme politique roumain. Fils de Ion Brătianu, il fut Premier ministre, notamm. en 1914 - 1918 et 1922 - 1926.

BRATISLAVA, cap. de la Slovaquie, sur le Danube ; 441 453 hab. Centre commercial, culturel et industriel. C'est l'anc. *Presbourg* (en all. *Pressburg*). — Monuments anciens et musées.

BRATSK, v. de Russie, en Sibérie ; 259 000 hab. Grande centrale hydroélectrique sur l'Angara. Industries du bois. Aluminium.

BRATTAIN (Walter Houser), *Amoy, Chine, 1902 - Seattle 1987,* physicien et technicien américain. Il a contribué à la mise au point du transistor à germanium. (Prix Nobel 1956.)

■ **BRASÍLIA.** Édifices du palais des Congrès, sur la place des Trois-Pouvoirs (1957 - 1960 ; Oscar Niemeyer architecte).

■ FERNAND **BRAUDEL**

■ BERTOLT **BRECHT** en 1955.

BRAUCHITSCH (Walther **von**), *Berlin 1881 - Hambourg 1948,* maréchal allemand. Commandant en chef de l'armée de terre en 1938, il fut démis de ses fonctions par Hitler en 1941.

BRAUDEL (Fernand), *Luméville-en-Ornois 1902 - Cluses, Haute-Savoie, 1985,* historien français. Il ouvrit l'histoire à l'étude des grands espaces et des phénomènes de longue durée (*la Méditerranée et le monde méditerranéen à l'époque de Philippe II,* 1949) et s'intéressa à l'économie de l'Europe préindustrielle (*Civilisation matérielle, économie et capitalisme,* XVe - XVIIIe *s.,* 1979). Il est également l'auteur de *l'Identité de la France* (1986, posthume). [Acad. fr.]

B

BRAULT (Michel), *Montréal 1928,* cinéaste canadien. Comme chef opérateur, il a travaillé pour P. Perrault ou Jean Rouch et est l'un des pionniers du cinéma *direct : *Pour la suite du monde* (avec P. Perrault, 1963), *les Ordres* (1974).

BRAUN (Karl Ferdinand), *Fulda 1850 - New York 1918,* physicien allemand. Il inventa l'oscillographe cathodique. (Prix Nobel 1909.)

BRAUN (Matyáš Bernard), *Oetz, Tyrol, 1684 - Prague 1738,* sculpteur tchèque. Outre quelques statues du pont Charles à Prague, les œuvres les plus célèbres de cet artiste baroque sont les groupes de la forêt de Kuks, en Bohême du Nord.

BRAUN (Wernher **von**), *Wirsitz, auj. Wyrzysk, Pologne, 1912 - Alexandria, Virginie, 1977,* ingénieur allemand, naturalisé américain. Dès 1930, il travailla sur des fusées expérimentales avec Oberth. En 1937, il devint directeur technique du centre d'essais de fusées de Peenemünde, où il assura la réalisation du V2. Emmené aux États-Unis en 1945, il mit au point, à partir de 1950, le premier missile balistique guidé américain, puis devint l'un des principaux artisans du programme spatial des États-Unis : il dirigea ainsi la construction de la fusée Saturn V, qui permit l'envoi d'astronautes sur la Lune.

BRAUNER (Victor), *Piatra Neamţ 1903 - Paris 1966,* peintre français d'origine roumaine, apparenté au surréalisme.

BRAVAIS (Auguste), *Annonay 1811 - Versailles 1863,* physicien français. Il est l'auteur de l'hypothèse de la structure réticulaire des cristaux.

BRAY (pays de), région de France, en Haute-Normandie (Seine-Maritime). C'est une dépression argileuse. Élevage bovin (produits laitiers).

BRAY-DUNES (59123), comm. du Nord ; 4 628 hab. *(Bray-Dunois).* Station balnéaire.

BRAY-SUR-SEINE (77480), ch.-l. de cant. de Seine-et-Marne ; 2 303 hab. *(Braytois).*

BRAZZA (Pierre **Savorgnan de**) → **SAVORGNAN DE BRAZZA.**

BRAZZAVILLE, cap. du Congo, sur le Malebo Pool ; 938 000 hab. *(Brazzavillois).* Un chemin de fer (Congo-Océan) relie la ville à l'Atlantique. Université. Aéroport.

Brazzaville (conférence de) [30 janv. - 8 févr. 1944], conférence des gouverneurs des colonies organisée par le général de Gaulle et le Comité français de libération nationale d'Alger. Elle établit les principes d'une organisation nouvelle des colonies françaises d'Afrique noire.

BREA, famille de peintres niçois des XVe-XVIe s. Ils ont laissé de nombreux polyptyques dans les églises des régions de Nice et de Gênes.

BRÉAL (Michel), *Landau 1832 - Paris 1915,* linguiste français. Traducteur de F. Bopp, il a introduit en France la linguistique historique.

BRÉCEY (50370), ch.-l. de cant. de la Manche ; 2 319 hab.

BRECHT [brɛt ou brekt], comm. de Belgique (prov. d'Anvers) ; 21 108 hab. Église gothique.

BRECHT (Bertolt), *Augsbourg 1898 - Berlin-Est 1956,* auteur dramatique allemand. Poète (*Élégies de Buckow)* et conteur *(Histoires de calendrier),* il a créé, par opposition au théâtre traditionnel, où le spectateur s'identifie au héros, le « théâtre épique », qui invite l'acteur à présenter son personnage sans se confondre avec lui (c'est l'« effet de distanciation ») et le spectateur à porter sur la pièce le regard critique et objectif qu'il accorde d'habitude à la réalité (*l'Opéra de quat'sous,* 1928 ; *Mère Courage et ses enfants,* 1941 ; *Maître Puntila et son valet Matti,* 1948 ; *le Cercle de craie caucasien,* 1948 ; *la Résistible Ascension d'Arturo Ui,* 1959). Il a fondé en 1949 et dirigé la troupe du Berliner Ensemble.

BREDA, v. des Pays-Bas (Brabant-Septentrional) ; 124 794 hab. Château ; Grande Église du XVe s. ; musée ethnographique (Indonésie...). — La ville fut prise par Spinola en 1625. — traité de **Breda** (1667), traité conclu entre l'Angleterre, les Provinces-Unies, la France et le Danemark. Il mit fin au conflit opposant les Anglais aux Provinces-Unies. L'Angleterre accordait aux Provinces-Unies et à la France des avantages territoriaux et commerciaux.

BRÈDE (La) [33650], anc. **Labrède,** ch.-l. de cant. de la Gironde ; 3 504 hab. Vignobles. — Château féodal où naquit Montesquieu.

BREENDONK, village de Belgique (prov. d'Anvers) [comm. de Puurs], à l'O. de Malines. Camp de concentration allemand de 1940 à 1944, qui a été transformé en Musée national.

BRÉGANÇON (cap de), cap de Provence (Var). Ancien fort (XVIe s.), devenu résidence d'été des présidents de la République en 1968.

BREGENZ, v. d'Autriche, cap. du Vorarlberg, sur le lac de Constance ; 27 236 hab. Vieille ville haute. Musée du Vorarlberg. — Tourisme.

BREGUET (Abraham Louis), *Neuchâtel 1747 - Paris 1823,* horloger français. Il fut un spécialiste de l'horlogerie de luxe et de la chronométrie de marine. — **Louis B.,** *Paris 1804 - id. 1883,* constructeur français d'instruments scientifiques. Petit-fils d'Abraham Louis, spécialiste de l'instrumentation de précision, il fabriqua les premiers télégraphes français. — **Louis B.,** *Paris 1880 - Saint-Germain-en-Laye 1955,* industriel français. Petit-fils de Louis, il fut l'un des pionniers de la construction aéronautique en France.

BRÉHAL (50290), ch.-l. de cant. de la Manche ; 2 649 hab.

BRÉHAT (22870), île et comm. des Côtes-d'Armor ; 424 hab. *(Bréhatins).* Station balnéaire.

BREIL-SUR-ROYA (06540), ch.-l. de cant. des Alpes-Maritimes ; 2 069 hab. Deux églises au décor baroque.

BREJNEV (Leonid Ilitch), *Kamenskoïe, auj. Dniprodzerjynsk, 1906 - Moscou 1982,* homme politique soviétique. Premier secrétaire du Parti communiste (1964), maréchal (1976), il fut président du Praesidium du Soviet suprême à partir de 1977. Après avoir signé avec Nixon les accords SALT-I (1972) et souscrit aux accords SALT-II (1979), il mit un terme à la détente lors de l'invasion de l'Afghanistan (déc. 1979).

BREL (Jacques), *Schaerbeek 1929 - Bobigny 1978,* chanteur belge. Également parolier et compositeur, il se rendit célèbre pour la qualité de ses textes, poétiques *(le Plat Pays),* passionnés *(Ne me quitte pas)* ou satiriques *(les Bourgeois).*

BRÊME, en all. **Bremen,** v. d'Allemagne, cap. du *Land de Brême,* sur la Weser ; 551 604 hab. Port. Centre commercial, financier et industriel. — Port de commerce, qui fut l'un des plus actifs de la Hanse (XIIIe s.). Ville libre d'Empire en 1646. — Monuments anciens. Riches musées (peinture ; cultures extra-européennes).

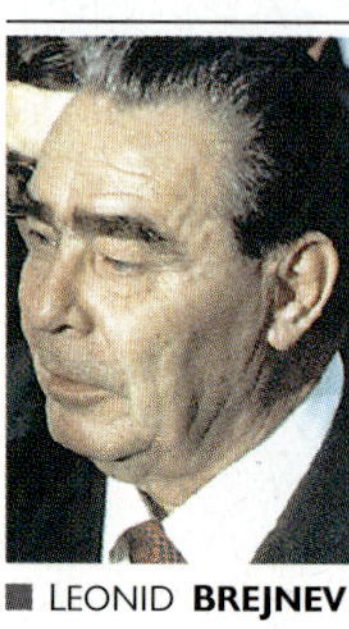

■ LEONID **BREJNEV**

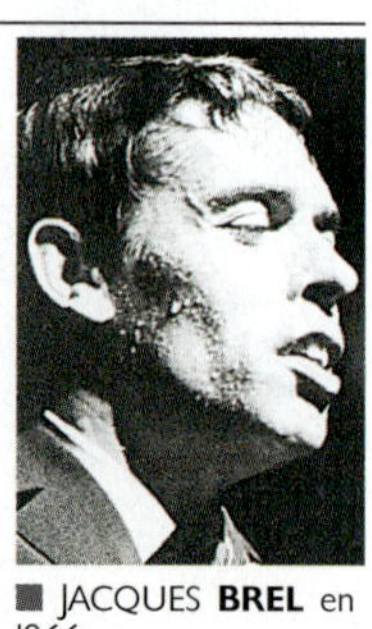

■ JACQUES **BREL** en 1966.

BRÊME (Land de), Land d'Allemagne ; 404 km^2 ; 673 684 hab.

BREMERHAVEN, v. d'Allemagne (Land de Brême), à l'embouchure de la Weser ; 131 492 hab. Musée allemand de la Marine.

BREMOND (abbé Henri), *Aix-en-Provence 1865 - Arthez-d'Asson 1933,* critique et historien français. Il est l'auteur d'une *Histoire littéraire du sentiment religieux en France* et d'essais *(la Poésie pure).* [Acad. fr.]

BRÉMONTIER (Nicolas), *Le Tronquay, Eure, 1738 - Paris 1809,* ingénieur français. Il contribua à fixer les dunes de Gascogne par la mise au point de techniques de plantation et par l'installation d'importantes forêts de pins.

BRENDEL (Alfred), *Loučná nad Desnou, Moravie, 1931,* pianiste autrichien, l'un des plus grands interprètes de Beethoven, de Schubert et de Liszt.

BRENN ou **BRENNUS,** nom de chefs gaulois. La légende romaine en a fait le nom d'un chef des Senones qui, v. 390 av. J.-C., s'emparèrent de Rome.

BRENNE n.f., région humide (étangs) du Berry (Indre), entre la Creuse et la Claise. (Hab. *Brennous.*) Parc naturel régional (env. 167 000 ha).

BRENNER (col du), col des Alpes, à la frontière italo-autrichienne, entre Bolzano et Innsbruck ; 1 370 m. Important passage ferroviaire et routier.

BRENNUS → BRENN.

BRENTANO (Bettina) → **ARNIM** (Elisabeth **von**).

BRENTANO (Clemens), *Ehrenbreitstein 1778 - Aschaffenburg 1842,* écrivain allemand. Frère de Bettina von Arnim et collaborateur d'Achim von *Arnim pour *le Cor merveilleux,* il est l'un des principaux représentants du romantisme allemand.

BRENTANO (Franz), *Marienberg 1838 - Zurich 1917,* philosophe et psychologue allemand, neveu de Clemens Brentano. Distinguant la psychologie de la logique, il développa la notion d'intentionnalité de la conscience (*la Psychologie du point de vue empirique,* 1874).

Brera (palais de), à Milan, palais du XVIIe s. qui abrite une célèbre pinacothèque, une bibliothèque, etc.

BRESCIA, v. d'Italie (Lombardie), ch.-l. de prov. ; 200 722 hab. Monuments (depuis l'époque romaine) et musées.

BRESDIN (Rodolphe), *Montrelais, Loire-Atlantique, 1822 - Sèvres 1885,* aquafortiste et lithographe français. Bohème, méconnu de son vivant, il a laissé des œuvres foisonnantes et visionnaires (*Sainte Famille au bord d'un torrent,* 1853).

BRÉSIL n.m., en port. **Brasil,** État fédéral d'Amérique du Sud ; 8 512 000 km^2 ; 164 400 000 hab. *(Brésiliens).* CAP. *Brasília.* V. PRINC. *São Paulo* et *Rio de Janeiro.* LANGUE : *portugais.* MONNAIE : *real brésilien.*

INSTITUTIONS

République fédérale (26 États dotés d'un gouvernement et d'un Parlement ; et un district fédéral). La Constitution de 1988 a été amendée en 1994 et en 1997. Le président de la République est élu pour 4 ans au suffrage universel. Le Congrès est composé de la Chambre des députés, élue pour 4 ans, et du Sénat fédéral, élu pour 8 ans.

GÉOGRAPHIE

Le Brésil occupe la moitié de la superficie et regroupe une part égale de la population de l'Amérique du Sud. La population brésilienne est très composite, mêlant Blancs, Noirs, Indiens, Asiatiques, le plus souvent métissés. Elle s'accroît toujours à un rythme rapide (près de 2 % par an) et se concentre pour plus des trois quarts dans les villes, dont une dizaine dépassent le million d'habitants. Dans les grandes villes, où affluent les ruraux alors que sévit le sous-emploi, les bidonvilles se sont multipliés. La population est plus dense sur le littoral. L'intérieur (au N.-O., Amazonie forestière, chaude et humide ; plus à l'E. et au S., plateaux souvent arides et aux sols médiocres) est souvent vide, hors des sites miniers et des fronts de colonisation des routes transamazoniennes, à l'origine de la déforestation progressive de l'Amazonie.

L'agriculture emploie encore plus de 20 % des actifs. Le Brésil est le premier ou deuxième producteur mondial de café, de cacao, d'agrumes, de sucre, de soja. L'élevage bovin est également développé. L'industrie bénéficie d'abondantes ressources minérales : fer surtout (ayant permis l'essor de la sidérurgie), bauxite, manganèse et même pétrole. Le potentiel hydroélectrique est partiellement aménagé.
Les atouts ne manquent donc pas, mais la croissance est freinée par une structure agraire archaïque (beaucoup de grandes propriétés sous-exploitées et une masse de paysans sans terre), les irrégularités climatiques aussi, la trop rapide augmentation de population. Aux inégalités sociales se superposent des contrastes régionaux de développement, notamment entre le Nordeste, souvent misérable, et les villes du Sud-Est, plus dynamiques. Une part importante de l'industrie de transformation (montage automobile, chimie, électronique) est sous contrôle étranger. Enfin, la dette extérieure, liée, en priorité, à une politique d'industrialisation rapide dans les années 1960 et 1970, demeure énorme et hypothèque toute perspective de croissance durable.

HISTOIRE

La période coloniale. 1500 : Pedro Álvares Cabral découvre le Brésil, qui devient possession portugaise. **1532 - 1560 :** les tentatives françaises d'installation se terminent par la victoire des Portugais. **1624 - 1654 :** attirés par la richesse sucrière du pays, les Hollandais occupent les côtes brésiliennes, avant d'être rejetés à la mer. **1720 - 1770 :** la recherche de l'or provoque la création du Brésil intérieur, domaine des métis, qui laissent la côte aux Blancs. Les grandes plantations se développent (culture du coton, du cacao et du tabac) et assurent le renouveau économique du pays. **1775 :** l'esclavage indien est aboli, l'appel de la main-d'œuvre noire est accru. **1808 - 1821 :** la famille royale portugaise, en fuite devant les armées napoléoniennes, s'installe à Rio de Janeiro. **1815 :** Jean VI élève le Brésil au rang de royaume.
L'Empire brésilien. 1822 - 1889 : sous Pierre Ier (1822 - 1831) et Pierre II (1831 - 1889), le Brésil, empire indépendant, connaît un considérable essor démographique (immigration) et économique (café, voies ferrées) ; ses frontières sont rectifiées après la guerre contre le Paraguay. L'abolition de l'esclavage noir mécontente l'aristocratie foncière (1888).

La république des « coronels ». 1889 : Pierre II est renversé par l'armée, et une république fédéraliste est proclamée. La réalité du pouvoir appartient cependant aux oligarchies qui possèdent la terre et les hommes. La culture du café reste prépondérante, assurant la prospérité, mais la production du blé et du caoutchouc se développe. **1917 :** le Brésil déclare la guerre à l'Allemagne.

L'ère Vargas. 1930 : la crise économique entraîne la chute du régime. Getúlio Vargas accède au pouvoir ; élu président en 1934, il instaure en 1937 un régime dictatorial. **1942 :** la participation du Brésil à la Seconde Guerre mondiale aux côtés des Alliés stimule l'essor économique du pays. **1945 :** Vargas est déposé par les militaires. **1950 :** Vargas est réélu président. Mais l'opposition, liée aux intérêts étrangers, l'accule au suicide (1954).

Les militaires au pouvoir. 1956 - 1964 : des gouvernements réformistes se succèdent, en butte à l'emprise des sociétés multinationales. **1960 :** Brasília devient la capitale du Brésil. **1964 - 1985 :** à la suite d'un coup d'État militaire, les généraux accèdent au pouvoir (Castello Branco, Costa e Silva, Médici, Geisel, Figueiredo). L'économie nationale est largement subordonnée à la domination nord-américaine.

Le retour à la démocratie. 1985 : les civils reviennent au pouvoir. Le président José Sarney (1985 - 1990) et son successeur, Fernando Collor de Mello (élu en déc. 1989, pour la première fois au suffrage universel), doivent faire face à une situation économique et financière particulièrement difficile. **1992 :** accusé de corruption, Collor de Mello est suspendu de ses fonctions, et contraint de démissionner. Le vice-président Itamar Franco assure la transition à la tête de l'État. **1995 :** Fernando Henrique Cardoso accède à la présidence de la République. **1999 :** il est confronté, au début de son second mandat, à une grave crise financière.

BRÉSIL (courant du), courant marin chaud. Il se dirige du N. vers le S. le long des côtes du Brésil.

BRESLAU → WROCŁAW.

BRESLE n.f., fl. de France, se jetant dans la Manche ; 72 km. Elle sépare la Normandie (Haute-Normandie) et la Picardie.

BRESSE n.f., région argileuse de l'est de la France, entre la Saône et le Jura ; hab. *Bressans* ; v. princ. *Bourg-en-Bresse*. Élevage (bovins, volailles).

BRESSE (La) [88250], comm. des Vosges, dans les hautes Vosges ; 5 092 hab. Sports d'hiver (alt. 900 - 1 350 m). Équipement électrique.

BRESSON (Robert), *Bromont-Lamothe, Puy-de-Dôme, 1901 - Droue-sur-Drouette, Eure-et-Loir, 1999,* cinéaste français. Ses films explorent, par une rigoureuse économie des gestes, des regards et des voix, l'aventure spirituelle de ses héros (*les Dames du bois de Boulogne,* 1945 ; *le Journal d'un curé de campagne,* 1951 ; *Pickpocket,* 1960 ; *Mouchette,* 1967 ; *l'Argent,* 1983).

BRESSUIRE (79300), ch.-l. d'arrond. des Deux-Sèvres ; 19 356 hab. *(Bressuirais)*. Mobilier. — Forteresse en ruine ; église des XIIe-XVIe s.

BREST (29200), ch.-l. d'arrond. du Finistère, sur la rive nord de la *rade de Brest,* à 580 km à l'O. de Paris ; 156 217 hab. *(Brestois)* [plus de 210 000 hab. dans l'agglomération]. Université. Arsenal. Constructions électriques. Musées. — Château fort des XVe-XVIe s. — Siège de région maritime. Port militaire de la marine du Ponant. Siège, de 1830 à 1940, de l'École navale, reconstruite en 1961 à Lanvéoc-Poulmic, au sud de la rade ; à l'île Longue, depuis 1968, base des sous-marins nucléaires lance-missiles. Siège du Service hydrographique et océanographique de la marine. Parc de découverte des océans (« Océanopolis »). — Base sous-marine allemande de 1940 à 1944, Brest a été détruite par les bombardements alliés.

BREST, anc. **Brest-Litovsk,** v. de Biélorussie, à la frontière polonaise ; 277 000 hab.

Brest-Litovsk (traité de) [3 mars 1918], traité de paix signé entre l'Allemagne, l'Autriche-Hongrie, la Bulgarie, l'Empire ottoman et la Russie soviétique, qui renonçait à la Pologne et aux pays Baltes. Ce traité fut annulé par le traité de Versailles.

BRETAGNE, région de l'ouest de la France, formée des dép. du Finistère, des Côtes-d'Armor, du Morbihan, d'Ille-et-Vilaine et de la Loire-Atlantique. Cap. *Rennes.* (Hab. *Bretons.*)

HISTOIRE

Ve s. : les Bretons de l'île de Bretagne (l'actuelle Grande-Bretagne) émigrent en masse en Armorique, devenue par la suite la Bretagne. **845 :** en battant Charles II le Chauve, Nominoë rend la Bretagne pratiquement indépendante. **939 :** après la défaite des Normands, la Bretagne devient un duché. **1341 - 1365 :** la guerre de la Succession de Bretagne s'achève au profit de Jean de Montfort, qui devient le duc Jean IV. **1365 - 1491 :** sous la dynastie des Montforts, le duché connaît une réelle indépendance. **1491 - 1515 :** la duchesse Anne épouse Charles VIII (1491) puis Louis XII (1499), rois de France, créant un lien personnel entre la France et la Bretagne, tout en sauvegardant l'indépendance du duché. **1532 :** par l'édit d'Union, la Bretagne est indissolublement liée à la France. **1760 - 1770 :** l'opposition parlementaire à la monarchie est incarnée par la lutte entre le procureur général, La Chalotais, et le duc d'Aiguillon. **1793 - 1795 :** la chouannerie agite la région. **XXe s. :** le particularisme breton s'affirme dans des mouvements régionalistes et culturels.

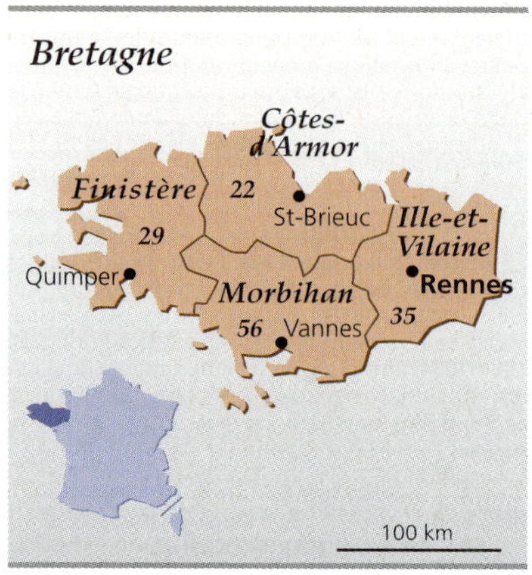

BRETAGNE n.f., Région administrative de France ; 27 208 km² ; 2 906 197 hab. *(Bretons)* ; ch.-l. *Rennes* ; 4 dép. (Côtes-d'Armor, Finistère, Ille-et-Vilaine et Morbihan).

GÉOGRAPHIE

Constituant la majeure partie du Massif armoricain, région la plus occidentale de la France, la Bretagne possède un climat généralement doux et humide lié à la présence ou à la proximité de la mer. La pêche (développée surtout entre Douarnenez et Lorient) et les activités annexes (conserveries), le tourisme estival, les cultures spéciales (primeurs du Léon) font de la Bretagne maritime (Armor, ou Arvor) la partie la plus vivante et la plus peuplée de la province. À part Rennes, toutes les grandes villes sont liées directement à la mer. La Bretagne intérieure se consacre aux cultures céréalières et surtout à l'élevage (bovins, porcs, volailles), présents aussi sur le littoral. L'industrialisation (construction automobile, électronique) a, ponctuellement, progressé et le réseau routier a été amélioré. L'émigration, autrefois intense vers Paris, a beaucoup diminué.

BRETAGNE, en lat. **Britannia,** nom donné par les Romains à la Grande-Bretagne avant les invasions anglo-saxonnes (V^e^-VIe s.).

BRETAGNE (NOUVELLE-), principale île de l'archipel Bismarck (Papouasie-Nouvelle-Guinée).

BRETÉCHER (Claire), *Nantes 1940,* dessinatrice et scénariste française de bandes dessinées. Elle a créé la série *les Frustrés* (1973 - 1980), chronique des mœurs des intellectuels parisiens.

BRETEUIL (27160), ch.-l. de cant. de l'Eure ; 3 580 hab. *(Bretoliens).* Forêt. — Église en partie romane.

BRETEUIL (60120), ch.-l. de cant. de l'Oise ; 4 301 hab.

BRETEUIL (Louis Auguste **Le Tonnelier,** baron **de**), *Azay-le-Ferron, Indre, 1730 - Paris 1807,* diplomate français. Ministre sous Louis XVI, il fut rappelé en 1789 après le renvoi de Necker.

Brétigny (traité de) [8 mai 1360], traité conclu entre la France et l'Angleterre au cours de la guerre de Cent Ans. Signé à Brétigny (Beauce), il délivrait Jean II le Bon, mais donnait le sud-ouest de la France à Édouard III en échange de sa renonciation au trône de France.

BRÉTIGNY-SUR-ORGE (91220), ch.-l. de cant. de l'Essonne ; 22 114 hab. *(Brétignolais).* Gare de triage. — Établissement du Centre d'essais en vol.

BRETON (pertuis), détroit entre la côte de Vendée et l'île de Ré.

BRETON (André), *Tinchebray, Orne, 1896 - Paris 1966,* écrivain français. Principal fondateur du surréalisme, il s'efforça de théoriser et de sauvegarder l'originalité de ce mouvement (*Manifestes du surréalisme,* 1924 - 1930), qu'il illustra par son œuvre poétique et narrative (*Nadja,* 1928 ; *les Vases communicants,* 1932 ; *l'Amour fou,* 1937).

BRETONNEAU (Pierre), *Saint-Georges-sur-Cher 1778 - Paris 1862,* médecin français. Il étudia les maladies infectieuses et identifia la fièvre typhoïde et la diphtérie.

Bretton Woods (accords de), accords financiers internationaux. Conclus en juill. 1944 à Bretton Woods (New Hampshire, États-Unis) entre 44 pays, ils instaurèrent un système monétaire international favorisant le rôle du dollar.

BREUER (Marcel), *Pécs 1902 - New York 1981,* architecte et designer américain d'origine hongroise. Ancien membre du Bauhaus, il a construit à Paris la Maison de l'Unesco (1953) avec Nervi et Zehrfuss.

BREUGHEL → BRUEGEL.

BREUIL (abbé Henri), *Mortain 1877 - L'Isle-Adam 1961,* préhistorien français. On lui doit d'innombrables relevés d'œuvres pariétales du paléolithique et plusieurs ouvrages fondamentaux (*les Subdivisions du paléolithique supérieur et leur signification,* 1912 ; *Quatre Cents Siècles d'art pariétal,* 1952).

BREUIL-CERVINIA, station de sports d'hiver d'Italie (Val d'Aoste), au pied du Cervin (alt. 2 050 m).

BREWSTER (sir David), *Jedburgh, Écosse, 1781 - Melrose 1868,* physicien britannique. Ses travaux d'optique lui ont permis de découvrir, notamm., les lois de la polarisation par réflexion.

BRÉZÉ, famille angevine dont plusieurs membres s'illustrèrent dans la guerre et au service de l'État. — **Louis de B.,** *m. à Anet en 1531,* sénéchal de Normandie. Il épousa Diane de Poitiers.

BRI, sigle de *Banque des règlements internationaux.

BRIALMONT (Laurent Mathieu), *Seraing 1789 - Anvers 1885,* général belge. Il fit les campagnes de l'Empire (1805 - 1814), devint aide de camp de Léopold Ier, puis ministre de la Guerre (1850).

BRIANÇON (05100), ch.-l. d'arrond. des Hautes-Alpes, dans le *Briançonnais,* sur la Durance ; 11 287 hab. *(Briançonnais).* Station climatique à 1 321 m d'alt. — Fortifications et église dues à Vauban.

BRIANÇONNAIS, région des Alpes françaises (bassin supérieur de la Durance).

BRIAND (Aristide), *Nantes 1862 - Paris 1932,* homme politique français. Militant socialiste, il fut vingt-cinq fois ministre (en partic. des Affaires étrangères) et onze fois président du Conseil. Ardent pacifiste et partisan d'une politique de réconciliation avec l'Allemagne, il signa l'accord de Locarno (1925) et fut l'un des animateurs de la SDN. (Prix Nobel de la paix 1926.)

Briand-Kellogg (pacte) [27 août 1928], pacte de renonciation à la guerre, élaboré par A. Briand et F.B. Kellogg, auquel adhérèrent près de 60 États en 1928 - 1929.

BRIANSK, v. de Russie, au S.-O. de Moscou ; 459 000 hab.

BRIARE (45250), ch.-l. de cant. du Loiret, sur la Loire ; 6 192 hab. *(Briarois).* Céramique. Pont-canal par lequel le canal latéral franchit la Loire. Le *canal de Briare* relie la Loire au Loing (56 km).

BRIÇONNET (Guillaume), *Paris 1472 - Esmans, Seine-et-Marne, 1534,* prélat français. Évêque de

■ ANDRÉ **BRETON,** par Man Ray.

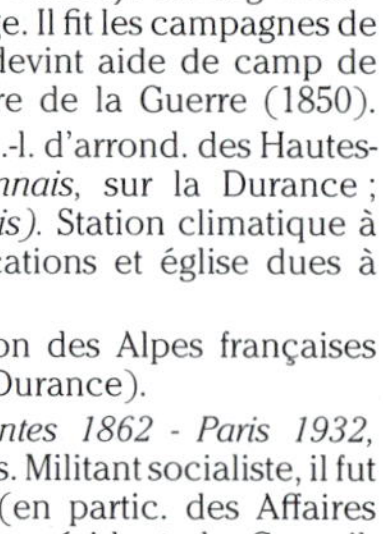

■ ARISTIDE **BRIAND**

Meaux (1516 - 1534), marqué par Érasme et par Lefèvre d'Étaples, il favorisa la constitution, autour de ce dernier, d'un groupe d'humanistes et de théologiens (cénacle de Meaux), soucieux de promouvoir une réforme générale de l'Église de France.

BRICQUEBEC (50260), ch.-l. de cant. de la Manche ; 4 442 hab. *(Bricquebétais).* Forteresse médiévale.

BRIDES-LES-BAINS (73600), comm. de Savoie ; 606 hab. *(Bridois).* Station thermale (obésité, rhumatismes).

BRIDGEPORT, v. des États-Unis (Connecticut) ; 141 686 hab. Port.

BRIDGMAN (Percy Williams), *Cambridge, Massachusetts, 1882 - Randolph, New Hampshire, 1961,* physicien américain. Ses recherches ont porté sur les ultrapressions. (Prix Nobel 1946.)

BRIE n.f., région du Bassin parisien, entre la Marne et la Seine ; hab. *Briards.* C'est un plateau argileux, partiellement recouvert de limon, favorable aux cultures (blé, betteraves) et aux prairies (élevage). Les villes se concentrent surtout dans les vallées : Melun, Château-Thierry, Meaux, Coulommiers.

BRIEC (29510), ch.-l. de cant. du Finistère ; 4 735 hab. *(Briecois).*

BRIE-COMTE-ROBERT (77170), ch.-l. de cant. de Seine-et-Marne ; 13 828 hab. *(Briards).* Église des XIIIe-XVIe s.

BRIENNE, famille champenoise. — **Jean de B.** → **Jean de Brienne.** — **Gautier VI de B.,** *m. à Poitiers en 1356,* duc d'Athènes et gouverneur de Florence (1342 - 1343).

BRIENNE-LE-CHÂTEAU (10500), ch.-l. de cant. de l'Aube ; 3 474 hab. *(Briennois).* De 1776 à 1790, ancien siège d'une école militaire où Bonaparte fut élève. Victoire de Napoléon Ier sur les Alliés (29 janv. 1814). — Église des XIVe-XVIe s. ; château du XVIIIe s.

BRIENON-SUR-ARMANÇON (89210), ch.-l. de cant. de l'Yonne ; 3 283 hab. Église en partie du XVIe s.

BRIENZ (lac de), lac de Suisse (cant. de Berne), formé par l'Aar ; 30 km².

BRIÈRE ou **GRANDE BRIÈRE,** région marécageuse de la Loire-Atlantique, au N. de Saint-Nazaire. (Hab. *Briérons.*) Parc naturel régional (env. 40 000 ha).

BRIÈRE DE L'ISLE (Louis), *Saint-Michel-du-François, Martinique, 1827 - Saint-Leu-Taverny 1896,* général français. Gouverneur du Sénégal (1877), il commanda au Tonkin (1884 - 1885).

BRIEY (54150), ch.-l. d'arrond. de Meurthe-et-Moselle ; 5 230 hab. *(Briotins).*

Brigades internationales, formations militaires de volontaires étrangers, en majorité communistes, provenant de 50 États, qui combattirent avec les républicains durant la guerre civile espagnole (1936 - 1939).

BRIGHT (Richard), *Bristol 1789 - Londres 1858,* médecin britannique. Il est connu par ses recherches sur les maladies des reins.

BRIGHTON, v. de Grande-Bretagne (Angleterre), sur la Manche ; 133 400 hab. Station balnéaire et ville de congrès. — Ensemble urbain d'époque Regency.

BRIGIDE (sainte), *Fochart v. 455 - Kildare v. 524,* religieuse irlandaise, patronne de l'Irlande. Fondatrice du monastère de Kildare, elle forme avec saint Patrick et saint Colomba la « triade thaumaturge » de l'Irlande.

BRIGITTE (sainte), *Hof Finstad v. 1303 - Rome 1373,* mystique suédoise. Mère de sainte Catherine de Suède, elle écrivit des *Révélations* sur la Passion.

BRIGNAIS (69530), comm. du Rhône ; 11 294 hab.

BRIGNOLES (83170), ch.-l. d'arrond. du Var ; 13 326 hab. *(Brignolais).* Bauxite. — Musée dans l'anc. palais des comtes de Provence.

BRIGUE (La) [06430], comm. des Alpes-Maritimes ; 600 hab. Église St-Martin (retables du début du XVe s.) ; aux environs, chapelle N.-D.-des-Fontaines (fresques de la fin du XVe s.).

BRIGUE-GLIS, en all. **Brig-Glis,** comm. de Suisse (Valais), sur le Rhône, à la tête de la route du Simplon ; 11 597 hab. Palais Stockalper, du XVIIe s.

BRIL (Paul ou Paulus), *Anvers 1554 - Rome 1626,* peintre flamand. Paysagiste de la campagne romaine, il annonce Claude Lorrain.

BRILLAT-SAVARIN (Anthelme), *Belley 1755 - Paris 1826,* gastronome français, auteur de la **Physiologie du goût* (1826).

BRILLOUIN (Léon), *Sèvres 1889 - New York 1969,* physicien français. Spécialiste de physique quantique et de la théorie des semi-conducteurs, il a aussi montré l'analogie entre information et entropie, créant le concept de « néguentropie ».

BRINDISI, v. d'Italie (Pouille), ch.-l. de prov., sur l'Adriatique ; 91 778 hab. Port de voyageurs. Pétrochimie.

BRINK (André Philippus), *Vrede, État libre d'Orange, 1935,* écrivain sud-africain de langue afrikaans. Son œuvre romanesque mêle recherche formelle et dénonciation de l'apartheid *(Au plus noir de la nuit, Une saison blanche et sèche).*

BRINVILLIERS (Marie-Madeleine **d'Aubray,** marquise **de**), *Paris 1630 - id. 1676.* Elle fut brûlée en place de Grève pour avoir empoisonné son père et ses frères afin de s'emparer de l'héritage familial. Son procès est à l'origine de l'affaire des *Poisons.

BRIOCHÉ (Pierre **Datelin,** dit), *m. à Paris en 1671,* bateleur français, célèbre pour ses marionnettes et son singe Fagotin, il exerça à Paris.

BRION (Marcel), *Marseille 1895 - Paris 1984,* écrivain français. Il est l'auteur de récits fantastiques et d'essais sur l'art. (Acad. fr.)

BRIONNE (27800), ch.-l. de cant. de l'Eure, sur la Risle ; 4 653 hab. *(Brionnais).* Donjon féodal, église gothique St-Martin.

BRIOUDE (43100), ch.-l. d'arrond. de la Haute-Loire, dans la *Limagne de Brioude ;* 7 223 hab. *(Brivadois).* Imposante église romane St-Julien.

BRISBANE, v. d'Australie, cap. du Queensland ; 1 301 000 hab. Port. Centre industriel.

BRISSAC, famille française. — **Charles Ier de Cossé,** comte **de B.,** *v. 1505 - Paris 1563,* maréchal de France, grand maître et surintendant de l'artillerie de France (1547). — **Charles II de Cossé,** duc **de B.,** *v. 1550 - Pouancé 1621,* maréchal de France. Fils de Charles Ier de Cossé, rallié à Henri IV, il négocia l'entrée du roi dans Paris (1594).

BRISSOT DE WARVILLE (Jacques Pierre **Brissot,** dit), *Chartres 1754 - Paris 1793,* journaliste et homme politique français. Député à la Législative et à la Convention, partisan de la guerre, il fut un des chefs des Girondins *(brissotins) ;* les Jacobins le firent guillotiner.

BRISTOL, v. de Grande-Bretagne (Angleterre), près du *canal de Bristol ;* 370 300 hab. Port. — Cathédrale et église St Mary Redcliffe, gothiques. Musées.

BRISTOL (canal de), bras de mer formé par l'Atlantique, entre le pays de Galles et la Cornouailles (Cornwall).

BRITANNICUS (Tiberius Claudius), *41 apr. J.-C. ?-55,* prince romain. Fils de Claude et de Messaline, héritier du trône impérial, il fut écarté par Agrippine, et Néron le fit empoisonner. — Son histoire a inspiré une tragédie à Racine (1669), centrée sur l'affrontement entre Néron, « monstre naissant », et Agrippine, sa mère, jalouse du pouvoir.

BRITANNIQUES (îles), ensemble formé par la Grande-Bretagne et ses dépendances et l'Irlande.

British Airways, compagnie aérienne britannique, fondée en 1973 par le rapprochement de trois sociétés. Privatisée en 1987, elle figure auj. au tout premier rang mondial.

British Museum, musée de Londres, créé en 1753. Riches collections d'archéologie du Moyen-Orient, d'art grec (frise du Parthénon) et romain, etc.

British Petroleum → **BP Amoco.**

BRITTEN (Benjamin), *Lowestoft 1913 - Aldeburgh 1976,* compositeur britannique. Également pianiste et chef d'orchestre, il a écrit des opéras (*Peter Grimes,* 1945 ; *The Turn of the Screw,* 1954) et de la musique religieuse *(War Requiem).*

BRIVE-LA-GAILLARDE (19100), ch.-l. d'arrond. de la Corrèze, sur la Corrèze ; 51 586 hab. *(Brivistes).* Constructions mécaniques et électroniques. — Église des XIIe-XIVe s. Musée.

BRIZEUX (Auguste), *Lorient 1803 - Montpellier 1858,* poète français, chantre de son pays natal *(les Bretons).*

BRNO, en all. **Brünn,** v. de la République tchèque, en Moravie ; 387 986 hab. Foire internationale. — Monuments du Moyen Âge à l'époque baroque. Musées.

Broadway, grande artère traversant New York, dans Manhattan.

BROCA (Paul), *Sainte-Foy-la-Grande 1824 - Paris 1880,* chirurgien et anthropologue français. Il a fondé l'École d'anthropologie et a étudié le cerveau et le langage.

Brocéliande, vaste forêt légendaire bretonne, souvent identifiée à l'actuelle *forêt de Paimpont.* Les romans du cycle d'*Arthur y font vivre l'enchanteur *Merlin.

BROCH (Hermann), *Vienne 1886 - New Haven, Connecticut, 1951,* écrivain autrichien. Son œuvre romanesque est une méditation sur l'évolution de la société allemande et sur le sens de l'œuvre littéraire (*les Somnambules,* 1931 - 1932 ; *la Mort de Virgile,* 1945).

BROCKEN n.m., point culminant du Harz (Allemagne) ; 1 142 m. Lieu de la réunion légendaire des sorcières pendant la nuit de Walpurgis (30 avr.-1er mai).

BRODSKY (Joseph), *Leningrad 1940 - New York 1996,* poète américain d'origine soviétique. Condamné en 1964 en URSS pour « parasitisme social », il se fixa aux États-Unis en 1972. Sa poésie nourrie de culture classique mêle le quotidien à la philosophie *(Collines et autres poèmes, Urania).* [Prix Nobel 1987.]

BROEDERLAM (Melchior), peintre flamand, cité à Ypres de 1381 à 1409. Il est l'auteur des volets d'un des retables de la chartreuse de Champmol (v. 1394, musée de Dijon).

BROGLIE [brɔj] (ducs **de**), famille française originaire du Piémont. — **Victor François,** duc **de B.,** *1718 - Munster 1804,* maréchal de France. Il se distingua pendant la guerre de Sept Ans et commanda l'armée des émigrés en 1792. — **Victor,** duc **de B.,** *Paris 1785 - id. 1870,* homme politique français. Petit-fils de Victor François, il fut président du Conseil (1835 - 1836). [Acad. fr.] — **Albert,** duc **de B.,** *Paris 1821 - id. 1901,* homme politique français. Fils de Victor, chef de l'opposition monarchique sous la IIIe République, président du Conseil (1873 - 1874 et 1877), il s'efforça d'instaurer un régime d'Ordre moral. (Acad. fr.) — **Maurice,** duc **de B.,** *Paris 1875 - Neuilly-sur-Seine 1960,* physicien français. Petit-fils d'Albert, il s'est consacré à l'étude des spectres de rayons X. En 1921, il a découvert l'effet photoélectrique nucléaire. (Acad. fr.) — **Louis,** duc **de B.,** *Dieppe 1892 - Louveciennes 1987,* physicien français. Frère de Maurice, il a établi une relation traduisant son hypothèse selon laquelle les particules matérielles, comme l'électron, présentent un caractère ondulatoire, ce qui permet de leur associer une longueur d'onde. La mécanique ondulatoire ainsi développée est à l'origine de la mécanique quantique. (Acad. fr. ; prix Nobel 1929.)

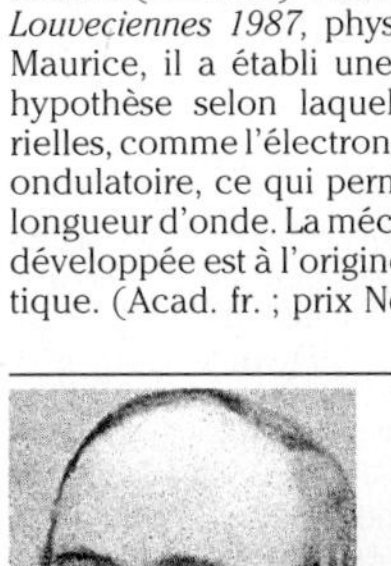

■ PAUL **BROCA.**
(Musée Carnavalet, Paris.)

■ LOUIS DE **BROGLIE**

BROMFIELD (Louis), *Mansfield 1896 - Columbus 1956,* romancier américain, auteur de *la Mousson* (1937).

BRON (69500), ch.-l. de cant. du Rhône, banlieue est de Lyon ; 38 058 hab. *(Brondillants).* Aéroport.

BRONGNIART (Alexandre Théodore), *Paris 1739 - id. 1813,* architecte français. Néoclassique, il a édifié à Paris divers hôtels, le couvent des capucins (1789, auj. lycée Condorcet) et la Bourse (1807). — **Alexandre B.,** *Paris 1770 - id. 1847,* géologue et administrateur français. Fils d'Alexandre Théodore, il participa à la fondation de la Société géologique de France et dirigea la Manufacture de porcelaine de Sèvres. — **Adolphe B.,** *Paris 1801 - id. 1876,* botaniste français. Fils d'Alexandre, il a créé la paléobotanique.

B

BRONSON (Charles **Buchinski,** dit Charles), *Ehrenfeld, Pennsylvanie, 1920,* acteur américain. Il a joué dans de nombreux films d'action ou de violence : *les Sept Mercenaires* (J. Sturges, 1960), *Il était une fois dans l'Ouest* (S. Leone, 1968), *Protection rapprochée* (P. Hunt, 1987).

BRØNSTED (Johannes Nicolaus), *Varde, Jylland, 1879 - Copenhague 1947,* chimiste danois. Il a étudié la cinétique des réactions chimiques, la thermodynamique des solutions et renouvelé la théorie des ions d'Arrhenius.

BRONTË (Charlotte), *Thornton 1816 - Haworth 1855,* romancière britannique. Elle évoqua dans ses romans les exigences sociales et passionnelles de la femme (*Jane Eyre,* 1847). — **Emily B.,** *Thornton 1818 - Haworth 1848,* romancière et poète britannique. Sœur de Charlotte, elle est l'auteur du roman lyrique *les Hauts de Hurlevent* (1847). — **Anne B.,** *Thornton 1820 - Scarborough 1849,* romancière britannique. Sœur de Charlotte et d'Emily, elle publia des récits didactiques et moraux *(Agnes Grey).*

BRONX, quartier (borough) de New York ; 1 203 789 hab.

BRONZINO (Agnolo **Tori,** dit [**il**]), *Florence 1503 - id. 1572,* peintre italien, auteur de portraits d'apparat maniéristes.

BROODTHAERS (Marcel), *Bruxelles 1924 - Cologne 1976,* artiste belge. Héritier de dada, il a développé un mode d'expression original, qui mêle humour, absurde et verve critique (objets, dessins, textes, photos, films).

B

BROOK (Peter), *Londres 1925,* metteur en scène de théâtre et cinéaste britannique. Nourri des idées d'Antonin Artaud en même temps que des formes dramatiques extra-occidentales (Afrique, Asie), il définit sa propre esthétique théâtrale, fondée sur une scène totalement dépouillée, dans son essai *l'Espace vide* (1970), et rénove, entre autres, la vision du répertoire shakespearien. Installé à Paris depuis 1970, il crée ses principaux spectacles au théâtre des Bouffes-du-Nord. Il a également réalisé des films (*Moderato cantabile,* 1960 ; *le Mahabharata,* 1990).

BROOKLYN, quartier (borough) de New York, dans l'ouest de Long Island ; 2 291 664 hab.

BROOKS (Louise), *Cherryvale, Kansas, 1906 - Rochester, État de New York, 1985,* actrice américaine. Elle dut ses grands rôles à G. W. Pabst, qui l'appela en Allemagne (*Loulou,* 1929 ; *Journal d'une fille perdue,* 1929).

BROONS [brɔ̃] (22250), ch.-l. de cant. des Côtes-d'Armor ; 2 488 hab.

BROONZY (William Lee Conley **Broonzy,** dit Big Bill), *Scott, Mississippi, 1893 - Chicago 1958,* chanteur et guitariste américain de blues. Il exerça une influence majeure sur l'histoire du blues, notamment grâce à l'éclat et à la puissance de sa voix.

BROQUEVILLE (Charles, comte **de**), *Postel, prov. d'Anvers, 1860 - Bruxelles 1940,* homme politique belge. Député catholique, plusieurs fois ministre (1911 - 1918, 1932 - 1934), il coordonna l'effort de guerre belge aux côtés des Alliés jusqu'en 1918.

BROSSARD, v. du Canada (Québec), banlieue est de Montréal ; 68 414 hab. *(Brossardois).*

BROSSE (Salomon **de**), *Verneuil-en-Halatte v. 1571 - Paris 1626,* architecte français. Parent des Du Cerceau, il a construit plusieurs châteaux, le palais du Luxembourg à Paris et a donné les plans du palais de justice de Rennes.

BROSSES (Charles **de**), *Dijon 1709 - Paris 1777,* écrivain et magistrat français. Ethnologue, linguiste, il est l'auteur de *Lettres familières* qui racontent un voyage qu'il fit en Italie.

BROSSOLETTE (Pierre), *Paris 1903 - id. 1944,* professeur et journaliste français. Socialiste, résistant de la première heure, il fut arrêté, torturé, et se suicida pour ne pas parler.

BROTONNE (forêt de), forêt de la Seine-Maritime, dans un méandre de la Seine. Parc naturel régional, couvrant env. 58 000 ha.

BROU, faubourg de Bourg-en-Bresse. Anc. monastère reconstruit au début du XVIe s. à la suite d'un vœu de Marguerite d'Autriche : église de style gothique flamboyant (somptueux tombeaux, jubé, vitraux) ; bâtiments abritant le musée municipal de Bourg-en-Bresse.

BROU (28160), ch.-l. de cant. d'Eure-et-Loir ; 3 769 hab. *(Broutains).* Maisons à pans de bois.

BROUAGE, bourg de Charente-Maritime, écart de la commune d'Hiers-Brouage. Anc. port et place forte, auj. dans les terres ; enceinte rectangulaire refaite entre 1630 et 1640.

BROUCKÈRE (Charles **de**), *Bruges 1796 - Bruxelles 1860,* homme politique belge. Il joua un rôle important dans la révolution belge. — **Henri de B.,** *Bruges 1801 - Bruxelles 1891,* homme politique belge. Frère de Charles, membre du Parti libéral, il fut Premier ministre et ministre des Affaires étrangères de 1852 à 1855.

BROUSSAIS (François), *Saint-Malo 1772 - Vitry 1838,* médecin français. Il tenait l'inflammation des tissus pour la cause des maladies, et préconisa l'usage des sangsues.

BROUSSE → BURSA.

BROUSSE (Paul), *Montpellier 1844 - Paris 1912,* homme politique français. Il créa le parti socialiste possibiliste, dit « broussiste » (1882), dont l'objectif était la transformation de la société par la voie des réformes et non par la révolution.

BROUSSEL (Pierre), *v. 1576-Paris 1654,* magistrat français. Il fut conseiller au parlement de Paris et son arrestation sur l'ordre de Mazarin déclencha la Fronde (1648).

BROUSSILOV (Alekseï Alekseïevitch), *Saint-Pétersbourg 1853 - Moscou 1926,* général russe. Célèbre par son offensive victorieuse en Galicie (1916), généralissime après l'abdication de Nicolas II (1917), il se rallia au régime soviétique.

BROUWER (Adriaen), *Audenarde 1605/1606 - Anvers 1638,* peintre flamand. Artiste à la vie tumultueuse, il est l'auteur de scènes de taverne et de tabagies d'une grande qualité plastique.

BROUWER (Luitzen Egbertus Jan), *Overschie 1881 - Blaricum 1966,* mathématicien et logicien néerlandais. Il développa une logique, dite « intuitionniste », affirmant que la mathématique ne peut être déduite de la logique.

BROWN (Earle), *Lunenburg, Massachusetts, 1926,* compositeur américain. Il fut influencé par John Cage et les théories mathématiques (*Available Forms, I* et *II,* 1961 - 1962).

BROWN (Herbert Charles), *Londres 1912,* chimiste américain d'origine britannique. Ses travaux de chimie organique portent sur les hydrures et sur les dérivés du bore comme agents de synthèse. (Prix Nobel 1979.)

BROWN (James), *Augusta, Géorgie, 1928,* chanteur américain de rhythm and blues. Il a contribué à l'avènement de la soul music et proclamé l'identité noire.

BROWN (John), *Torrington, Connecticut, 1800 - Charlestown, Virginie, 1859,* homme politique américain. Adversaire acharné de l'esclavagisme, il fut exécuté après avoir dirigé un coup de main armé contre un arsenal.

BROWN (Robert), *Montrose, Écosse, 1773 - Londres 1858,* botaniste britannique. Il a décrit la flore australienne et découvert le mouvement appelé depuis *mouvement *brownien.*

BROWN (Trisha), *Aberdeen, État de Washington, 1936,* danseuse et chorégraphe américaine. Cofondatrice du Judson Dance Theater à New York en 1962, elle passe des réalisations expérimentales (*Walking on the Wall,* 1971) à des pièces conçues pour sa compagnie, créée en 1970 (*Glacial Decoy,* 1979 ; *Newark,* 1987 ; *M.O.,* 1995).

BROWNE (sir Thomas), *Londres 1605 - Norwich 1682,* écrivain et médecin anglais. Une réflexion tolérante, influencée par Montaigne, traverse son célèbre *Religio medici* ainsi que de curieux et subtils essais autobiographiques.

BROWNING (Elizabeth), née **Barrett,** *près de Durham 1806 - Florence 1861,* femme de lettres britannique. Elle est l'auteur des *Sonnets de la Portugaise* et du roman en vers *Aurora Leigh.* — **Robert B.,** *Camberwell, Londres, 1812 - Venise 1889,* poète britannique, mari d'Elizabeth. Poète à l'inspiration romantique *(Sordello, l'Anneau et le Livre),* il se fit le prophète de la désillusion au cœur de l'époque victorienne.

BROWNING (Kurt), *Rocky Mountain House, Alberta, 1966,* patineur canadien. Champion du monde en 1989, 1990, 1991 et 1993, il a été le premier à réussir un quadruple saut en compétition.

BROWN-SÉQUARD (Édouard), *Port Louis, île Maurice, 1817 - Paris 1894,* médecin et physiologiste français. Il étudia la physiologie de la moelle épinière et définit le rôle des glandes endocrines.

BRUANT (Aristide), *Courtenay 1851 - Paris 1925,* chansonnier français. Il créa des chansons réalistes, dans une langue argotique.

BRUANT (Libéral), *Paris 1635 - id. 1697,* architecte français. Il a construit, à Paris, la chapelle de la Salpêtrière, puis l'hôtel des Invalides (1670).

BRUAY-LA-BUISSIÈRE (62700), anc. **Bruay-en-Artois,** ch.-l. de cant. du Pas-de-Calais ; 24 552 hab. *(Bruaysiens).* Constructions mécaniques. Textile.

BRUAY-SUR-L'ESCAUT (59860), comm. du Nord ; 11 947 hab.

BRUCE, famille normande établie en Écosse, où elle s'illustra. Elle a donné les rois *Robert Ier et *David II.

Brücke (Die), groupe artistique qui fut le creuset de l'*expressionnisme allemand.

BRUCKNER (Anton), *Ansfelden 1824 - Vienne 1896,* compositeur autrichien. Également pédagogue et organiste, il est l'auteur de monumentales symphonies, de motets, de messes, d'une écriture souvent contrapuntique.

BRUCKNER (Theodor **Tagger,** dit Ferdinand), *Vienne 1891 - Berlin 1958,* auteur dramatique autrichien. Il fut l'un des animateurs du théâtre d'avant-garde après la Première Guerre mondiale *(les Criminels).*

BRUEGEL ou **BREUGHEL** (Pieter), dit **Bruegel l'Ancien, ?** *v. 1525/1530 - Bruxelles 1569,* peintre flamand. Fixé à Bruxelles en 1563, il est l'auteur de scènes inspirées du folklore brabançon (*les Proverbes,* Berlin ; *Margot l'Enragée,* Anvers), aussi célèbres que ses paysages rustiques *(les *Chasseurs dans la neige)* ou historiques (*le Dénombrement de Bethléem,* Bruxelles), toutes œuvres d'une haute qualité picturale. — **Pieter II B.,** dit **Bruegel d'Enfer,** *Bruxelles 1564 - Anvers 1638,* peintre flamand. Fils de Bruegel l'Ancien, il travailla dans la même veine que celui-ci. — **Jan B.,** dit **Bruegel de Velours,** *Bruxelles 1568 - Anvers 1625,* peintre flamand. Frère de Pieter II, il est l'auteur de tableaux de fleurs et de fins paysages bibliques ou allégoriques.

BRUGES, en néerl. **Brugge** (« Pont »), v. de Belgique, ch.-l. de la Flandre-Occidentale ; 117 063 hab. *(Brugeois).* Port relié à Zeebrugge par un canal maritime. Industries mécaniques et textiles. — Centre d'échanges internationaux dès le XIIIe s., indépendante en fait sous les comtes de Flandre, Bruges connut sa plus grande prospérité au XIVe s. Son déclin économique se précipita, au profit d'Anvers, à partir du XVe s. — Elle a gardé des monuments célèbres, surtout des XIIIe-XVIe s. : halles et leur beffroi ; hôtel de ville ; basilique du Saint-Sang ; cathédrale ; église Notre-Dame ; béguinage ; hôpital St-Jean, qui abrite plusieurs

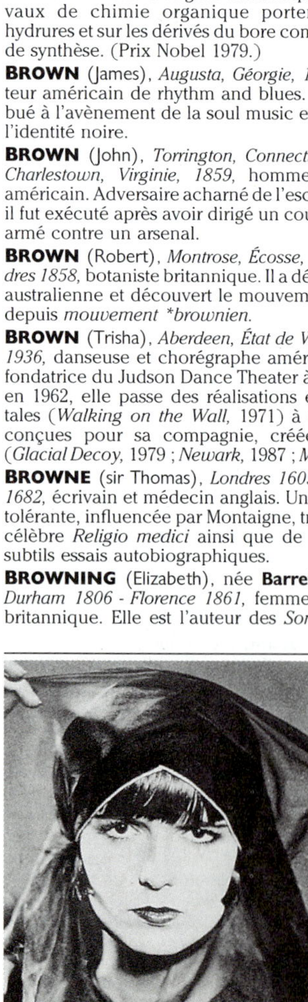

■ LOUISE **BROOKS** dans *Loulou* de Pabst (1929).

■ **BRUEGEL** l'Ancien. *Danse de paysans.* (Kunsthistorisches Museum, Vienne.)

■ **BRUGES.** Maisons anciennes dans le centre.

chefs-d'œuvre de Memling. Le musée municipal est riche en peintures des primitifs flamands.

BRÜHL, v. d'Allemagne (Rhénanie-du-Nord-Westphalie) ; 41 301 hab. Château rococo d'Augustusburg, résidence des évêques de Cologne, par F. de Cuvilliés et J.B. Neumann (v. 1725 - 1765) ; beaux jardins.

Brumaire an VIII (coup d'État du 18) [9 nov. 1799], coup d'État par lequel Bonaparte renversa le régime du Directoire.

BRUMMELL (George), *Londres 1778 - Caen 1840,* dandy britannique. Il fut surnommé *le Roi de la mode.*

BRUNDTLAND (Gro Harlem), *Oslo 1939,* femme politique norvégienne. Présidente du Parti travailliste (1981 - 1992), elle est Premier ministre en 1981, de 1986 à 1989, et de 1990 à 1996. Ayant animé à l'ONU, dans les années 1980, la Commission mondiale pour l'environnement et le développement *(Commission Brundtland),* elle est directeur général de l'Organisation mondiale de la santé depuis 1998.

BRUNE (Guillaume), *Brive-la-Gaillarde 1763 - Avignon 1815,* maréchal de France. Il s'illustra en Hollande (1799) puis à Marengo (1800). Disgracié (1807), il fut assassiné pendant la Terreur blanche.

BRUNEHAUT, *Espagne v. 543 - Renève, Bourgogne, 613,* reine d'Austrasie. Épouse de Sigebert, roi d'Austrasie, elle engagea avec Frédégonde, reine de Neustrie, une lutte qui ensanglanta leurs deux royaumes. Elle fut capturée par Clotaire II, fils de Frédégonde, qui la fit périr.

BRUNEI n.m., État d'Asie du Sud-Est, dans l'île de Bornéo ; 5 765 km² ; 290 000 hab. *(Brunéiens).* CAP. *Bandar Seri Begawan.* LANGUE : *malais.* MONNAIE : *dollar de Brunei.* (V. carte **Indonésie.**) Pétrole et gaz naturel. — Protectorat de la Couronne britannique en 1906, il est devenu indépendant (1984) dans le cadre du Commonwealth.

BRUNEL (sir Marc Isambard), *Hacqueville, Vexin, 1769 - Londres 1849,* ingénieur britannique d'origine française. Il réalisa des machines-outils automatiques et fit percer le premier tunnel sous la Tamise (1824 - 1842). — **Isambard Kingdom B.,** *Portsmouth 1806 - Westminster 1859,* ingénieur britannique. Fils de Marc Isambard, il construisit les premiers grands navires en fer propulsés par hélice : *Great Western* (1837), *Great Britain* (1845) et *Great Eastern,* ou *Leviathan* (1858).

BRUNELLESCHI (Filippo), *Florence 1377 - id. 1446,* architecte italien. D'abord orfèvre, il eut la révélation de l'antique à Rome et devint, à Florence, le grand initiateur de la Renaissance : portique de l'hôpital des Innocents (1419), coupole de S. Maria del Fiore (1420 - 1436), église et « vieille sacristie » de S. Lorenzo, chapelle des Pazzi à S. Croce. Églises S. Lorenzo et S. Spirito.

BRUNER (Jerome), *New York 1915,* psychologue américain. Il a étudié l'acquisition du langage et le développement cognitif de l'enfant (*A Study of Thinking,* 1956 ; *Acts of Meaning,* 1990).

BRUNETIÈRE (Ferdinand), *Toulon 1849 - Paris 1906,* critique français. Il s'opposa violemment au naturalisme. (Acad. fr.)

BRUNHES (Jean), *Toulouse 1869 - Boulogne-Billancourt 1930,* géographe français, auteur de la *Géographie humaine* (1910).

BRÜNING (Heinrich), *Münster 1885 - Norwich, Vermont, 1970,* homme politique allemand. Chef du Centre catholique (1924 - 1929), chancelier du Reich (1930 - 1932), il fut renvoyé par Hindenburg.

■ SAINT **BRUNO** en oraison dans le désert, par N. Mignard. (Musée Calvet, Avignon.)

BRÜNN → **BRNO.**

BRUNNEN, station touristique de Suisse (cant. de Schwyz), sur le lac des Quatre-Cantons.

Brunnen (pacte de) [9 déc. 1315], pacte conclu à Brunnen, renouvelant l'alliance (1291) des trois cantons de la Confédération suisse, Schwyz, Uri et Unterwald.

BRUNO (saint), *Cologne v. 1030 - San Stefano de Bosco, Calabre, 1101,* fondateur de l'ordre des Chartreux. En 1084, il s'établit dans le massif de la Chartreuse, près de Grenoble, et en fit le centre d'un important centre érémitique.

BRUNO (Giordano), *Nola 1548 - Rome 1600,* philosophe italien. L'un des premiers à rompre avec la conception aristotélicienne d'un univers clos et à défendre la thèse copernicienne (*le Banquet des cendres,* 1584), il aboutit à un humanisme panthéiste. Il fut brûlé vif sur ordre du Saint-Office.

BRUNON ou **BONIFACE de Querfurt** (saint), *Querfurt, Saxe, v. 974 - Sudauen 1009,* religieux camaldule. Il évangélisa la Russie et la Prusse.

BRUNOT (Ferdinand), *Saint-Dié 1860 - Paris 1938,* linguiste français. Il est l'auteur d'une *Histoire de la langue française des origines à 1900.*

BRUNOY (91800), ch.-l. de cant. de l'Essonne, sur l'Yerres ; 23 937 hab. *(Brunoyens).*

BRUNSCHVICG (Léon), *Paris 1869 - Aix-les-Bains 1944,* philosophe français. Il exprima au travers de ses études épistémologiques une philosophie spiritualiste. Il édita les *Pensées* de Pascal.

BRUNSWICK, en all. **Braunschweig,** v. d'Allemagne (Basse-Saxe) ; 256 267 hab. Centre industriel. — Cathédrale romane et gothique. Musées. — La ville fut capitale de l'État de Brunswick.

BRUNSWICK (État de), en all. **Braunschweig,** ancien État d'Allemagne. Duché depuis 1235 jusqu'à 1918, puis république, il fut incorporé au IIIe Reich en 1934.

■ **BRUNELLESCHI.** Un aspect de la chapelle des Pazzi, à Florence (entreprise v. 1430).

■ **BRUXELLES.** Partie de la Grand-Place.

BRUNSWICK (Charles, duc **de**), *Wolfenbüttel 1735 - Ottensen, près d'Altona, 1806,* général allemand. Chef des armées coalisées en 1792, il lança de Cologne le 25 juillet le manifeste qui, menaçant Paris en cas d'atteinte envers la famille de Louis XVI, provoqua la chute de la royauté. Vaincu à Valmy (1792), il fut blessé mortellement à la bataille d'Auerstedt.

B

BRUTTIUM, nom antique de la Calabre.

BRUTUS (Lucius Junius), personnage légendaire. Il aurait chassé Tarquin le Superbe, dernier roi de Rome, et serait devenu l'un des deux premiers consuls de la République (509 av. J.-C.).

BRUTUS (Marcus Junius), *Rome v. 85 - 42 av. J.-C.,* homme politique romain. Avec Cassius, il entra dans la conspiration qui amena la mort de César (ides de mars 44). Vaincu par Antoine et Octavien à Philippes, il se tua.

BRUXELLES [brysɛl], en néerl. **Brussel,** cap. de la Belgique, ch.-l. de la Région de *Bruxelles-Capitale,* sur la Senne, à 310 km au N.-E. de Paris ; 136 424 hab. *(Bruxellois).* [Bruxelles et son agglomération constituent la Région de Bruxelles-Capitale : formée de 19 communes, elle couvre 162 km² et compte 949 070 hab., à nette majorité francophone.] Archevêché (avec Malines). Université. Centre administratif, commercial, intellectuel et industriel. — Cathédrale St-Michel, anc. collégiale des XIIIe-XVe s. (vitraux, œuvres d'art) ; magnifique hôtel de ville du XVe s. sur la *Grand-Place ; église N.-D.-du-Sablon (XVe s.) ; église baroque St-Jean-Baptiste-au-Béguinage (XVIIe s.) ; place Royale (XVIIIe s.) ; édifices de V. Horta, etc. Nombreux musées, dont ceux d'Art ancien et d'Art et d'Histoire. — Favorisée par son site et sa situation, Bruxelles connut un essor rapide au XIIIe s. et devint la principale ville des Pays-Bas après la réunion du Brabant aux États bourguignons (1430). S'étant révoltée contre le roi Guillaume Ier d'Orange, elle devint la capitale du royaume indépendant de Belgique en 1830. Bruxelles est une des capitales de l'Union européenne et, depuis 1967, le siège du Conseil permanent de l'OTAN.

Bruxelles (traité de) [17 mars 1948], alliance défensive conclue entre la France, la Grande-Bretagne et les pays du Benelux. Étendu en 1954 à l'Allemagne fédérale et à l'Italie par les accords de Paris, il servit de base à l'Union de l'Europe occidentale (UEO), organisation politique et militaire elle-même relayée en 2000 par la politique étrangère et de sécurité commune (PESC) de l'Union européenne.

BRUYÈRES (88600), ch.-l. de cant. des Vosges, sur la Vologne ; 3 420 hab. *(Bruyérois).*

BRUYÈRES-LE-CHÂTEL (91680), comm. de l'Essonne ; 3 040 hab. *(Bruyérois).* Centre d'études nucléaires. — Église des XIIe-XVe s.

BRUZ [bry] (35170), ch.-l. de cant. d'Ille-et-Vilaine ; 13 522 hab. *(Bruzois).* Le bourg, détruit par un bombardement allié dans la nuit du 7 au 8 mai 1944, a été reconstruit.

BRYAN (William Jennings), *Salem, Illinois, 1860 - Dayton, Tennessee, 1925,* homme politique américain. Trois fois candidat démocrate à la présidence des États-Unis, il s'effaça devant Wilson en 1912 et contribua à son succès.

BRY-SUR-MARNE (94360), ch.-l. de cant. du Val-de-Marne, sur la Marne ; 15 066 hab. Hospice. Institut national de l'audiovisuel.

BUACHE (Freddy), *Lausanne 1924,* écrivain suisse de cinéma. Il a fondé en 1948 la Cinémathèque suisse, qu'il dirigea de 1950 à 1996. Il est notamment l'auteur de *Trente Ans de cinéma suisse 1965 - 1995* (1995).

BUBER (Martin), *Vienne 1878 - Jérusalem 1965,* philosophe israélien d'origine autrichienne. Il a renouvelé l'étude de la tradition juive (*le Je et le Tu,* 1923 ; *Gog et Magog,* 1941).

BUBKA ou **BOUBKA** (Sergueï), *Donetsk 1963,* athlète ukrainien. Champion du monde de saut à la perche à six reprises (1983, 1987, 1991, 1993, 1995 et 1997) et champion olympique en 1988, il a battu 17 fois le record du monde entre 1984 et 1994, le portant de 5,85 m à 6,14 m (premier perchiste à franchir 6 m, en 1985).

BUC (78530), comm. des Yvelines, sur la Bièvre ; 5 871 hab. *(Bucois).* Équipements électroniques.

BUCARAMANGA, v. de Colombie ; 352 326 hab.

BUCAREST, en roum. **București,** cap. de la Roumanie, sur la Dâmbovița, sous-affluent du Danube ; 2 064 474 hab. *(Bucarestois).* Centre administratif et industriel. – Églises d'ascendance byzantine (XVIe-XVIIIe s.). Nombreux musées, dont le musée national d'Art et le musée du Village (ethnographique). – Mentionnée en 1459, la ville devint en 1862 la capitale des Principautés unies de Moldavie et de Valachie. Plusieurs traités y ont été signés (1812, 1913, 1918).

■ **BUCAREST.** L'« Athénée roumain » (salle de concert). Fin du XIXe s.

Bucentaure, vaisseau sur lequel le doge de Venise montait le jour de l'Ascension, pour célébrer son mariage symbolique avec la mer.

Bucéphale, nom du cheval d'Alexandre.

BUCER ou **BUTZER** (Martin), *Sélestat 1491 - Cambridge 1551,* réformateur alsacien. Dominicain rallié à Luther, il propagea la Réforme en Alsace et en Angleterre.

BUCHANAN (George), *Killearn 1506 - Édimbourg 1582,* humaniste écossais. Précepteur du futur Jacques Ier d'Angleterre, il prôna une monarchie limitée (*De jure regni apud Scotos,* 1579).

BUCHANAN (James), *près de Mercersburg, Pennsylvanie, 1791 - Wheatland, Pennsylvanie, 1868,* homme politique américain. Président des États-Unis de 1857 à 1861, il prit des mesures plutôt favorables à l'esclavage.

BUCHANAN (James M.), *Murfreesboro, Tennessee, 1919,* économiste américain. Il est l'auteur d'importants travaux sur les choix collectifs et les dépenses publiques. (Prix Nobel 1986).

BUCHEHR, v. de l'Iran, sur le golfe Persique ; 132 824 hab. Port.

Buchenwald, camp de concentration allemand (1937 - 1945) à proximité de Weimar.

BUCHEZ (Philippe), *Matagne-la-Petite 1796 - Rodez 1865,* philosophe et homme politique français. Proche du carbonarisme et du saint-simonisme, il fut l'un des principaux inspirateurs du socialisme chrétien.

BUCHNER (Eduard), *Munich 1860 - Focșani, Roumanie, 1917,* chimiste allemand. Il a montré que les ferments agissent par l'intermédiaire des enzymes. (Prix Nobel 1907.)

BÜCHNER (Georg), *Goddelau 1813 - Zurich 1837,* auteur dramatique allemand. Ses drames révolutionnaires et désillusionnés ont sondé « l'abîme qu'est l'homme » et ouvert la voie d'une nouvelle dramaturgie (*la Mort de Danton,* 1835 ; **Woyzeck*).

BUCK (Pearl), *Hillsboro, Virginie, 1892 - Danby, Vermont, 1973,* romancière américaine. Elle est l'auteur de romans sur la Chine. (Prix Nobel 1938.)

BUCKINGHAM, v. du Canada (Québec), au N.-E. d'Ottawa ; 11 429 hab. *(Buckinois).*

BUCKINGHAM (George **Villiers,** duc **de**), *Brooksby 1592 - Portsmouth 1628,* homme politique anglais. Favori des rois Jacques Ier et Charles Ier, il s'attira, par ses compromissions, la haine des parlementaires anglais. Il se préparait à secourir les huguenots assiégés à La Rochelle quand il fut assassiné par un officier puritain.

Buckingham Palace, palais de Londres. Construit en 1705 et plusieurs fois remanié, c'est la résidence officielle des souverains de Grande-Bretagne depuis 1837.

BUCKINGHAMSHIRE, comté de Grande-Bretagne, au N.-O. de Londres ; 619 500 hab. ; ch.-l. *Aylesbury.*

Bucoliques ou **Églogues** (les), recueil de dix poésies de Virgile (42 - 39 av. J.-C.), courts dialogues de bergers, imités de Théocrite.

BUCOVINE, région d'Europe partagée entre l'Ukraine et la Roumanie. Partie septentrionale de la Moldavie, elle fut cédée à l'Autriche (1775), puis rattachée à la Roumanie en 1918. La Bucovine du Nord a été annexée par l'URSS en 1947.

■ **BUDAPEST.** L'église du Couronnement (ou église Mathias). À droite, le temple calviniste.

BUDAPEST, cap. de la Hongrie, sur le Danube ; 2 016 774 hab. *(Budapestois).* Formée par la réunion (1872) de *Buda* (la Ville haute), sur la rive droite du fleuve, et de *Pest,* sur la rive gauche. Centre administratif, intellectuel, commercial et industriel. – Vestiges romains ; monuments baroques, néoclassiques et éclectiques. Musées, dont celui, très riche, des Beaux-Arts. – Buda, qui avait été occupée par les Ottomans de 1541 à 1686, devint la capitale de la Hongrie en 1867.

BUDÉ (Guillaume), *Paris 1467 - id. 1540,* humaniste français. Il propagea en France l'étude du grec et contribua à la création des « lecteurs royaux », le futur Collège de France.

BUEIL (Jean V **de**), *v. 1405 - 1478,* homme de guerre français. Un des meilleurs généraux de Charles VII, amiral de France, il contribua à la reconquête de la Normandie et de la Guyenne.

BUENAVENTURA, v. de Colombie, sur le Pacifique ; 160 342 hab. Port.

BUENOS AIRES, cap. de l'Argentine ; 2 960 976 hab. *(Buenos-Airiens)* [7 950 427 hab. dans l'agglomération]. Port (exportations de céréales et de viande). Centre commercial, industriel et culturel (universités, musée des Beaux-Arts, opéra). – La ville, fondée au XVIe s., capitale en 1776 de la vice-royauté de La Plata, puis de l'Argentine indépendante (1816), ne s'est développée qu'à partir de la seconde moitié du XIXe s.

BUFFALO, v. des États-Unis (État de New York), sur le lac Érié, près du Niagara ; 328 123 hab. (968 532 hab. dans l'agglomération). Université. Port fluvial. Centre industriel. – Musée d'art.

BUFFALO BILL (William Frederick **Cody,** dit), *comté de Scott, Iowa, 1846 - Denver 1917,* pionnier américain. Il participa aux opérations contre les Cheyennes et les Sioux. Célèbre pour son adresse de tireur, il devint directeur de cirque.

BUFFET (Bernard), *Paris 1928 - Tourtour, Var, 1999,* peintre et graveur français. Il est le créateur d'une imagerie percutante, au graphisme nerveux et acéré.

BUFFON (Georges Louis **Leclerc,** comte **de**), *Montbard 1707 - Paris 1788,* naturaliste français. Auteur de l'*Histoire naturelle* (près de 40 volumes, de 1749 à 1804), qui connut un immense succès, il contribua à l'essor du Jardin du roi (futur Muséum d'histoire naturelle de Paris) et fut un grand promoteur de la vulgarisation scientifique. (Acad. fr.)

BUG → **BOUG.**

BUGANDA ou **BOUGANDA,** ancien et puissant royaume fortement centralisé d'Afrique orientale (actuel Ouganda).

BUGATTI (Ettore), *Milan 1881 - Paris 1947,* industriel italien naturalisé français. Il fut l'un des pionniers de la construction automobile de sport, de course et de grand luxe en France. On lui doit aussi les premiers autorails français (1933). – **Rembrandt B.,** *Milan 1885 - Paris 1916,* sculpteur italien. Frère d'Ettore, il fut un animalier de talent.

BUGEAUD (Thomas), marquis **de la Piconnerie,** duc **d'Isly,** *Limoges 1784 - Paris 1849,* maréchal de France. Gouverneur général de l'Algérie (1840 - 1847), il allia la conquête militaire aux réalisations administratives. Il battit les Marocains sur l'Isly (1844).

BUGEY n.m., région de France, correspondant à l'extrémité méridionale des monts du Jura (dép. de l'Ain) et divisée en *haut Bugey,* au nord, et *bas Bugey,* au sud. Centrale nucléaire à Saint-Vulbas (Ain). – Le *pays de Bugey* (cap. *Belley*) fut rattaché à la France en 1601.

BUGIS, peuple d'Indonésie (Célèbes) [env. 3 670 000]. Convertis à l'islam au XVIIe s., tout en ayant conservé un important fond de croyances autochtones, les Bugis se sont orientés très tôt vers le contrôle et le commerce de produits à haute valeur marchande et sont depuis le XVIIIe s. des navigateurs et des constructeurs de voiliers réputés. Leur langue appartient à la famille malayo-polynésienne.

BUGUE (Le) [24260], ch.-l. de cant. de la Dordogne, sur la Vézère ; 2 825 hab. *(Buguois).*

■ **BUENOS AIRES.** Un aspect du centre de la ville.

■ **BUFFON**

BUIS-LES-BARONNIES (26170), ch.-l. de cant. de la Drôme, sur l'Ouvèze ; 2 367 hab. *(Buxois).*

BUISSON (Ferdinand), *Paris 1841 - Thieuloy-Saint-Antoine 1932,* pédagogue et homme politique français. Collaborateur de Jules Ferry, il fut l'un des fondateurs de la Ligue des droits de l'homme. (Prix Nobel de la paix 1927.)

BUISSON-DE-CADOUIN (Le) [24480], ch.-l. de cant. de la Dordogne ; 2 115 hab. *(Buissonnais).* Église et cloître d'une anc. abbaye cistercienne.

BUJUMBURA, anc. **Usumbura,** cap. du Burundi ; 272 600 hab. *(Bujumburiens).*

BUKAVU, v. de la Rép. dém. du Congo (ex-Zaïre), près du lac Kivu ; 418 000 hab.

BÜLACH, v. de Suisse (cant. de Zurich), au N. de Zurich ; 13 472 hab.

BULAWAYO, v. du Zimbabwe ; 414 000 hab.

BULGARIE n.f., en bulg. **Bălgarija,** État de l'Europe balkanique, sur la mer Noire ; 111 000 km^2 ; 8 700 000 hab. *(Bulgares).* CAP. *Sofia.* LANGUE : *bulgare.* MONNAIE : *lev bulgare.*

INSTITUTIONS

Régime parlementaire. La Constitution date de 1991. Le président de la République est élu au suffrage universel pour 5 ans. L'Assemblée nationale, élue pour 4 ans, exerce le pouvoir législatif.

GÉOGRAPHIE

La population, qui compte une minorité d'origine turque, se concentre dans des bassins intérieurs (Sofia) et des plaines (partie méridionale de la vallée du Danube et vallée de la Marica), séparées par le Balkan. Le massif du Rhodope occupe le sud du pays. Le climat est continental, avec une tendance à l'aridité.

L'agriculture fournit du blé et du maïs, ainsi que du tabac, des fruits, des roses et des vins, principaux produits d'exportation. À côté des traditionnelles industries textiles et alimentaires se sont développées la sidérurgie, la métallurgie et l'industrie chimique, valorisant notamment les productions du sous-sol (lignite et cuivre surtout). Le tourisme est actif sur le littoral de la mer Noire.

HISTOIRE

Les origines. Peuplée de Thraces, la région est conquise par les Romains (Ier s. apr. J.-C.). Elle appartient ensuite à l'Empire byzantin. Les Slaves s'y établissent à partir du VIe s.

Des Empires bulgares à la domination ottomane. V. 680 : des peuples d'origine turque s'installent sur le bas Danube et fondent le premier Empire bulgare. **852 - 889 :** Boris Ier, après sa conversion au christianisme (865), organise une Église nationale de langue slavonne. **893 - 927 :** Siméon Ier le Grand instaure un patriarcat indépendant. **1018 :** les Byzantins vainquent le tsar Samuel et établissent leur domination sur la Bulgarie. **1187 :** fondation du second Empire bulgare. **Milieu du XIVe s. :** menacée par les Mongols, établis à ses frontières depuis 1241, et par les Tatars, la Bulgarie est divisée en plusieurs principautés. **1396 - 1878 :** sous domination ottomane, la Bulgarie est partiellement islamisée. L'Église bulgare, rattachée au patriarcat de Constantinople, obtient la création d'un exarchat indépendant en 1870.

La Bulgarie indépendante. 1878 : à l'issue de la guerre russo-turque (1877 - 1878), le congrès de Berlin décide de créer une Bulgarie autonome et de maintenir l'administration ottomane en Macédoine et en Roumélie-Orientale. **1885 :** cette dernière est rattachée à la Bulgarie. **1908 :** le pays accède à l'indépendance sous Ferdinand Ier de Saxe-Cobourg (1887 - 1918). **1912 :** la Bulgarie entre en guerre contre l'Empire ottoman aux côtés de la Serbie, de la Grèce et du Monténégro. **1913 :** en désaccord avec ses anciens alliés à propos du partage de la Macédoine, elle leur déclare la guerre et est défaite. **1915 :** la Bulgarie s'engage dans la Première Guerre mondiale aux côtés des empires centraux. **1919 :** le traité de Neuilly lui retire l'accès à la mer Égée. **1935 :** le tsar Boris III instaure une dictature personnelle. **1941 :** d'abord neutre dans la Seconde Guerre mondiale, la Bulgarie adhère au pacte tripartite. **1944 :** alors que le pays est occupé par l'Armée rouge, un gouvernement formé au lendemain de l'insurrection du 9 sept. le fait entrer en guerre aux côtés de l'URSS. La république, proclamée en 1946, est dirigée par les communistes V. Kolarov et G. Dimitrov, qui engagent le pays dans la construction du socialisme (1948). Premiers secrétaires du Parti communiste, V. Červenkov (1950 - 1954) puis T. Živkov (Jivkov) demeurent fidèles à l'alignement sur l'Union soviétique. **1990 :** le Parti renonce à son rôle dirigeant ; il remporte les premières élections libres. Un gouvernement d'union nationale est mis en place. Želju Želev (Jeliou Jelev), porte-parole de l'opposition, devient président de la République. **1991 :** l'opposition démocratique forme un nouveau gouvernement. **1994 :** les socialistes (ex-communistes) remportent les élections législatives. **1995 :** la Bulgarie dépose une demande d'adhésion à l'Union européenne. **1997 :** le leader démocrate Petăr Stojanov (élu en 1996) devient président de la République. Les élections législatives ramènent au pouvoir l'opposition démocratique.

BULL (Frederik Rosing), *Oslo 1882 - id. 1925,* ingénieur norvégien. Avec sa tabulatrice imprimante et sa trieuse (1922), il développa la mécanographie par cartes perforées.

BULL (John), *Somerset v. 1562 - Anvers 1628,* compositeur anglais. Organiste et joueur de virginal, il est l'auteur de pièces pour clavier.

BULL (John) → **JOHN BULL.**

BULL (Olaf), *Christiania, auj. Oslo, 1883 - id. 1933,* poète norvégien d'inspiration philosophique *(les Étoiles).*

BULLANT (Jean), *Écouen v. 1520 - id. 1578,* architecte français. Il travailla pour les Montmorency (château d'Écouen ; petit château de Chantilly, v. 1560) et pour Catherine de Médicis (continuation d'œuvres de Delorme, etc.).

Bulle d'or, acte marqué de la capsule d'or du sceau impérial, promulgué en 1356 par Charles IV et qui fixa les règles de l'élection au Saint Empire, confiée à sept Électeurs, trois ecclésiastiques et quatre laïques.

BULLY-LES-MINES (62160), comm. du Pas-de-Calais ; 12 157 hab. *(Bullygeois).*

BÜLOW (Bernhard, prince **von**), *Klein-Flottbeck 1849 - Rome 1929,* homme politique allemand. Il fut chancelier de 1900 à 1909.

BÜLOW (Friedrich Wilhelm), *Falkenberg 1755 - Königsberg 1816,* général prussien. Vainqueur de Ney à Dennewitz (1813), il se distingua à Waterloo (1815).

BÜLOW (Karl **von**), *Berlin 1846 - id. 1921,* maréchal allemand. Commandant de la IIe armée, il fut battu à la Marne (1914).

BULTMANN (Rudolf), *Wiefelstede, près d'Oldenburg, 1884 - Marbourg 1976,* exégète et théologien protestant allemand. Son œuvre est fondée sur l'interprétation de l'élément miraculeux dans le Nouveau Testament en vue de dégager le noyau doctrinal de celui-ci (« démythologisation »).

BUNAQ, peuple d'Indonésie (Timor) [env. 80 000]. Christianisés au XXe s., les Bunaq gardent néanmoins très vivante leur tradition autochtone. Ils parlent une langue du groupe papou.

Bund ou **Union générale juive des travailleurs de Lituanie, Pologne et Russie,** parti socialiste juif fondé en Russie en 1897, actif en Pologne jusqu'en 1948.

Bundesbank, officiellement **Deutsche Bundesbank,** dite **Buba,** banque fédérale de la République fédérale d'Allemagne. Créée en 1957, base du système monétaire et bancaire allemand, elle fait partie, depuis l'instauration de l'euro, du Système européen de banques centrales.

Bundesrat, l'une des assemblées législatives de la Confédération de l'Allemagne du Nord (1867 - 1870), puis de l'Empire allemand (1871 - 1918), et, depuis 1949, de la République fédérale d'Allemagne.

Bundestag, l'une des assemblées législatives de la République fédérale d'Allemagne.

Bundeswehr, nom donné en 1956 aux forces armées de l'Allemagne fédérale.

BUNGE (Mario), *Buenos Aires 1919,* philosophe argentin. Après une formation en physique nucléaire, il a fait œuvre d'épistémologue et a développé une philosophie matérialiste (*Traité de philosophie fondamentale,* 1974 - 1989).

BUNSEN (Robert Wilhelm), *Göttingen 1811 - Heidelberg 1899,* chimiste et physicien allemand. Il a construit une pile électrique, imaginé un brûleur à gaz et inventé, avec Kirchhoff, l'analyse spectrale.

BUÑUEL (Luis), *Calanda, Aragon, 1900 - Mexico 1983,* cinéaste espagnol naturalisé mexicain. Sur-

■ LUIS **BUÑUEL** au début des années 1970.

B

réaliste, il scrute, sous les masques de la comédie sociale, la vérité aveuglante du rêve et l'irruption du désir (*Un chien andalou,* 1928 ; *l'Âge d'or,* 1930 ; *Los Olvidados,* 1950 ; *Nazarin,* 1958 ; *Belle de jour,* 1967 ; *Cet obscur objet du désir,* 1977).

BUNYAN (John), *Elstow 1628 - Londres 1688,* écrivain anglais. Son allégorie religieuse *le Voyage du pèlerin* (1678 - 1684) exerça une profonde influence sur le public populaire.

BUONARROTI (Michelangelo) → **MICHEL-ANGE.**

BUONARROTI (Philippe), *Pise 1761 - Paris 1837,* révolutionnaire français d'origine italienne. Il fut le disciple de Babeuf, dont il fit connaître la vie et l'œuvre par son histoire de la *Conspiration pour l'égalité,* dite *de Babeuf* (1828).

BUONTALENTI (Bernardo), *Florence 1536 - id. 1608,* architecte, peintre et sculpteur italien. Maniériste, il fut notamment le décorateur des fêtes de cour des Médicis.

BURAYDA, v. d'Arabie saoudite ; 184 000 hab. Marché de chameaux.

BURBAGE (Richard), *Londres v. 1567 - id. 1619,* acteur anglais, créateur des principaux rôles des drames de Shakespeare.

BURCKHARDT (Jacob), *Bâle 1818 - id. 1897,* historien suisse de langue allemande. Il développa l'histoire de la culture *(Kulturgeschichte)* sous tous ses aspects (notamm. artistique), en partic. dans *le Cicerone* (1855) et *la Civilisation de la Renaissance en Italie* (1860).

B

BURCKHARDT (Johann Ludwig), *Lausanne 1784 - Le Caire 1817,* explorateur suisse. Il découvrit le site de Pétra (1812) et visita La Mecque (1814).

BURDWAN → **BARDDHAMAN.**

BUREAU, nom de deux frères. **Jean B.,** seigneur **de Montglat,** *Paris v. 1390 - id. 1463* et **Gaspard B.,** *Paris v. 1393 - id. 1469.* Maîtres de l'artillerie sous Charles VII, ils modernisèrent cette arme.

Bureau des longitudes, organisme scientifique français. Créé en 1795 pour améliorer la précision de la détermination des longitudes en mer, il constitue auj. une académie associée à l'*Institut de mécanique céleste et de calcul des éphémérides.

Bureaux arabes, organismes militaires français créés en 1833 en Algérie et organisés par Bugeaud (1844), pour l'administration de certains territoires.

BUREN (Daniel), *Boulogne-sur-Seine 1938,* artiste français. Sa critique sociologique de l'art passe par un travail sur l'environnement : installations structurant l'espace à l'aide de toiles blanches rayées de bandes verticales monochromes (depuis 1966) ; « colonnes » du Palais-Royal à Paris (*les Deux Plateaux,* 1985 - 1986).

BURES-SUR-YVETTE (91440), comm. de l'Essonne ; 9 817 hab. Institut des hautes études scientifiques.

BURGAS, v. de Bulgarie, sur la mer Noire ; 211 600 hab. Port. Raffinage du pétrole. Chimie.

BURGDORF, v. de Suisse (cant. de Berne) ; 15 373 hab. Château des XIIe-XVIIIe s.

BURGENLAND, prov. d'Autriche, aux confins de la Hongrie ; 274 000 hab. ; ch.-l. *Eisenstadt.*

BÜRGER (Gottfried August), *Molmerswende 1747 - Göttingen 1794,* poète allemand, auteur de ballades *(Lenore).*

BURGESS (Anthony), *Manchester 1917 - Londres 1993,* écrivain britannique. Il a dénoncé dans ses romans la violence moderne *(l'Orange mécanique)* à travers un culte ambigu des héros *(la Symphonie Napoléon).*

BURGKMAIR (Hans), *Augsbourg 1473 - id. 1531,* peintre et graveur allemand. Il se rallia aux conceptions de la Renaissance italienne.

BURGONDES, peuple germanique établi au Ve s. en Gaule et en Germanie. D'abord battus par le général romain Aetius (436), ils conquirent le bassin de la Saône et du Rhône. Soumis par les Francs en 532, ils ont donné leur nom à la Bourgogne.

BURGOS, v. d'Espagne (Castille-León), ch.-l. de prov., dans le nord de la Castille ; 160 278 hab. Tourisme. — Capitale de l'art gothique en Castille : cathédrale entreprise en 1221 (nombreuses œuvres d'art), monastère de Las Huelgas, chartreuse de Miraflores. Musée. — Cap. de la Castille de 1037 à 1492. Siège du gouvernement nationaliste de 1936 à 1939.

BURGOYNE (John), *Sutton 1722 - Londres 1792,* général britannique. Commandant les renforts britanniques envoyés au Canada contre les insurgés américains, il dut capituler à Saratoga (1777).

BURIDAN (Jean), *Béthune ? v. 1300 - apr. 1358,* philosophe scolastique français. Il se rattache au *nominalisme.

Buridan (âne de), fable faussement attribuée à Buridan, affirmant qu'un âne, également assoiffé et affamé, se laisserait mourir plutôt que de choisir entre un seau d'eau et un picotin d'avoine.

BURKE (Edmund), *Dublin v. 1729 - Beaconsfield 1797,* homme politique et écrivain britannique. Whig, il s'opposa à la politique colonialiste anglaise en Amérique. Son ouvrage *Réflexions sur la Révolution en France* (1790), contre-révolutionnaire, connut un grand succès.

BURKINA n.m., anc. **Haute-Volta,** État d'Afrique occidentale ; 275 000 km^{2} ; 10 600 000 hab. *(Burkinabés).* CAP. *Ouagadougou.* LANGUE : *français.* MONNAIE : *franc CFA.*

GÉOGRAPHIE

Enclavé au cœur du Sahel, c'est un pays pauvre, souvent aride, domaine d'une médiocre agriculture vivrière (sorgho, mil) avec quelques plantations commerciales (coton, arachide). L'élevage (bovin et surtout ovin) souffre des fréquentes sécheresses. Les Mossi constituent l'ethnie principale d'un pays dont l'islam est devenu la religion dominante.

■ **BURGOS.** La cathédrale, XIIIe-XVe s.

HISTOIRE

La période précoloniale. XIIe - XVIe s. : Gourmantché et Mossi fondent des royaumes guerriers. Les cavaliers Mossi, venus du sud, dominent les agriculteurs autochtones. Ils fondent au XVe s. le royaume de Ouagadougou, d'où sont issus à diverses époques d'autres royaumes mossi. Leur langue, le more, se diffuse largement. Les Mossi résistent longtemps à l'islamisation. **XVIIIe s. :** les Dioula du royaume de Kong (actuelle Côte d'Ivoire) unifient l'ouest du pays en créant le Gwiriko, autour de Bobo-Dioulasso.

La colonisation. 1898 : après les explorations de Binger (1886 - 1888) et de Monteil (1890 - 1891), la France, victorieuse de Samory Touré, occupe Bobo-Dioulasso. **1919 :** d'abord incluse dans le Haut-Sénégal-Niger (1904), la Haute-Volta devient colonie particulière. **1932 :** elle est partagée entre le Soudan, la Côte d'Ivoire et le Niger. **1947 :** reconstituée, elle voit se développer un mouvement nationaliste mené par Maurice Yaméogo.

L'indépendance. 1960 : la république indépendante est proclamée (5 août) ; son président est Yaméogo. **1966 - 1980 :** le pays est gouverné par le général Lamizana, arrivé au pouvoir par un coup d'État. Il est lui-même renversé par un coup d'État. Après deux autres coups d'État, le capitaine Thomas Sankara s'empare du pouvoir en 1983, et change le nom du pays en Burkina (1984). Il mène une « révolution démocratique et populaire ». **1987 :** Thomas Sankara est tué lors du coup d'État militaire dirigé par le capitaine Blaise Compaoré, qui lui succède à la tête de l'État. **1991 :** une nouvelle Constitution instaure le multipartisme. Mais l'opposition boycotte les élections présidentielles (1991, 1998) qui maintiennent B. Compaoré au pouvoir.

BURLINGTON, v. du Canada (Ontario), sur le lac Ontario ; 125 912 hab.

BURNABY, v. du Canada (Colombie-Britannique), banlieue de Vancouver ; 158 858 hab.

BURNE-JONES (sir Edward), *Birmingham 1833 - Londres 1898,* peintre britannique. Avec ses thèmes issus de la mythologie antique ou de légendes médiévales, ce préraphaélite a influencé le symbolisme européen.

BURNS (Robert), *Alloway 1759 - Dumfries 1796,* poète britannique. Préromantique, fidèle de Rousseau, il a célébré en dialecte écossais la nature et la vie simple.

BURROUGHS (Edgar Rice), *Chicago 1875 - Encino, Californie, 1950,* romancier américain, créateur de *Tarzan.

■ L'ART BYZANTIN

Parfaitement accomplie, la synthèse entre hellénisme, orientalisme et romanité confère à la civilisation byzantine toute son originalité. Essentiellement spirituel, l'art est garant du dogme et propagateur de la foi chrétienne. Architecture et programme iconographique participent du symbolisme religieux. La coupole, évocation du ciel, est réservée au Christ, l'abside à la Vierge de l'Incarnation, alors que l'univers terrestre se déploie le long des parois de la nef.

Sainte-Sophie de Constantinople. VIe s. Un plan inspiré de l'Antiquité, mais une conception novatrice : immense espace central à l'éclairage rayonnant, coupole commandant toutes les structures.

Plaque d'une porte de chœur. Ivoire, VIIIe s. Les gardes assoupis devant le tombeau du Christ, et, en bas, les deux Marie face au Christ ressuscité. (Musée du Castello Sforzesco, Milan.)

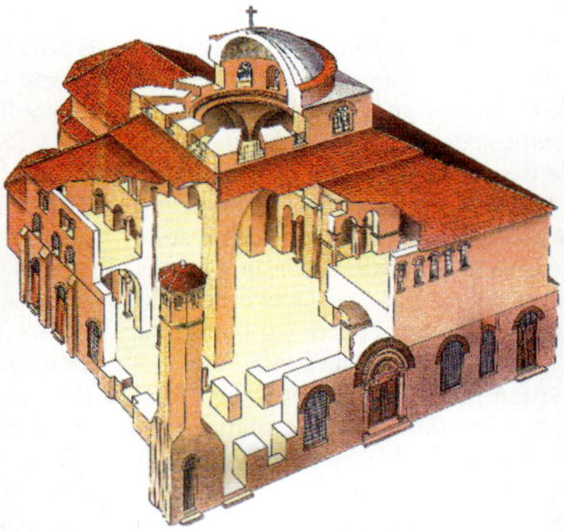

Sainte-Sophie de Thessalonique. VIIIe s. Compromis entre plan allongé et plan centré et coupole à peine dégagée annoncent les réussites ultérieures en croix grecque et à coupole sur haut tambour.

Moïse recevant les Tables de la Loi. Miniature du *Psautier de Paris* (1re moitié du Xe s.) Tout ici – composition, style – est souvenir de l'Antiquité et illustre la renaissance du temps des Macédoniens. (BNF, Paris.)

La thrène, ou déploration du Christ. Fresque (XIIe s.) de l'église Sveti Pantelejmon à Nerezi, près de Skopje. Rythme de la composition, souplesse de la ligne, tendance au réalisme s'allient à une sobre tension dramatique dans ce décor probablement dû à des artistes venus de Constantinople.

Vierge de Vladimir. Cette icône du XIIe s., ramenée de Constantinople par un prince russe et offerte à la cathédrale de Vladimir, a été l'initiatrice des icônes dites « Vierges de tendresse ». (Galerie Tretiakov, Moscou.)

Église des Saints-Théodore. Mistra, XIIIe s. La lisibilité du plan et l'étagement des volumes bien distincts sont désormais acquis. Montée sur un haut tambour, la coupole, à 16 pans et arcatures, accentue la verticalité et l'impression de légèreté. Le jeu décoratif des pierres et des briques est propre à la tradition grecque.

BURROUGHS (William), *Saint Louis, Missouri, 1914-Lawrence, Kansas, 1997,* écrivain américain. Il fut l'un des principaux représentants de la *Beat generation *(le Festin nu, le Ticket qui explosa).*

BURRUS (Sextus Afranius), *m. en 62 apr. J.-C.,* homme politique romain. Préfet du prétoire, il fut le précepteur et le conseiller de Néron.

BURSA, en fr. **Brousse,** v. de Turquie, au S.-E. de la mer de Marmara ; 834 576 hab. Capitale de l'Empire ottoman de 1326 à 1402. – Beaux monuments richement décorés, dont le Türbe vert (1414 - 1424).

BURTON (sir Richard), *Torquay 1821 - Trieste 1890,* voyageur britannique. Il découvrit le lac Tanganyika avec Speke (1858).

BURTON (Richard Walter **Jenkins Jr.,** dit Richard), *Pontrhydfen, pays de Galles, 1925 - Genève 1984,* acteur britannique. Célèbre pour ses mariages orageux avec Elizabeth Taylor et son aisance dans les films historiques, il partagea une carrière inégale entre théâtre et cinéma : *Cléopâtre* (J. L. Mankiewicz, 1963), *la Nuit de l'iguane* (J. Huston, 1964).

BURTON (Robert), *Lindley, Leicestershire, 1577 - Oxford 1640,* humaniste britannique, auteur de *l'Anatomie de la mélancolie* (1621).

BURUNDI n.m., anc. **Urundi,** État d'Afrique centrale ; 28 000 km^2 ; 6 600 000 hab. *(Burundais).* CAP. *Bujumbura.* LANGUES : *français* et *kirundi.* MONNAIE : *franc du Burundi.* (V. carte **République démocratique du *Congo.**) Partie méridionale de l'ancien territoire du Ruanda-Urundi, c'est un pays de hauts plateaux, exclusivement agricole, densément peuplé (par les Hutu et les Tutsi).

HISTOIRE

Royaume africain fondé peut-être à la fin du XVIIe s., le Burundi fit partie de l'Afrique-Orientale allemande à partir de la fin du XIXe s. De 1916 à 1962, il fut, avec le Ruanda-Urundi, sous mandat, puis sous tutelle belge. Il devint indépendant en 1962, et la royauté y fut abolie au profit de la république en 1966. Le lieutenant-colonel J.-B. Bagaza, président de la République depuis 1976, est renversé en 1987 par un coup d'État militaire dirigé par le major Pierre Buyoya. La vie politique est dominée par des rivalités (massacres de 1972 et de 1988) qui opposent les Hutu, majoritaires, et les Tutsi, minoritaires mais qui, traditionnellement, détiennent le pouvoir. Un processus de démocratisation est engagé à partir de 1988 : rééquilibrage du pouvoir entre Hutu et Tutsi ; nouvelle Constitution, instaurant le multipartisme, en 1992, qui permet l'élection, en juin 1993, du premier président hutu de l'histoire du pays. Mais l'assassinat de ce dernier (oct.) marque le retour à des affrontements intercommunautaires permanents. Son successeur est renversé en 1996 par P. Buyoya.

BURY (Pol), *Haine-Saint-Pierre (auj. dans La Louvière) 1922,* artiste belge. Ses œuvres, cinétiques, cultivent la magie de l'insolite : sculptures-assemblages à mouvements ultralents, fontaines à éléments mobiles, « cinétisations » d'images, etc.

BUS (César **de**), *Cavaillon 1544 - Avignon 1607,* missionnaire français. Il introduisit en France la congrégation des Pères de la doctrine chrétienne.

BUSH (George Herbert Walker), *Milton, Massachusetts, 1924,* homme politique américain. Républicain, vice-président des États-Unis de 1981 à 1989, il est ensuite président de 1989 à 1993. Très actif en politique extérieure, il se montre impuissant à régler les problèmes économiques et sociaux. – **George Walker B.,** *New Haven 1946,* homme politique américain. Fils du président George H.W. Bush, républicain, gouverneur du Texas (1995 - 2000), il devient président des États-Unis en 2001.

■ GEORGE **BUSH**

■ GEORGE W. **BUSH**

BUSHMEN → BOCHIMANS.

BUSHNELL (David), *Saybrook, Connecticut, 1742 - Warrenton, Géorgie, 1824,* inventeur américain. Il fut un précurseur tant pour la réalisation du sous-marin (la *Tortue,* 1775) que pour l'emploi de l'hélice comme moyen de propulsion des navires.

BUSON ou **YOSA BUSON,** *Kema 1716 - Kyoto 1784,* poète et peintre japonais. Il a renouvelé l'art du haïku en y introduisant humour et liberté de ton, et en lui associant la peinture. Avec Ike No Taiga, il est de ceux qui ont le mieux assimilé l'inspiration des peintres lettrés de Chine.

BUSONI (Ferruccio Benvenuto), *Empoli 1866 - Berlin 1924,* compositeur, pianiste et théoricien italien. Enfant prodige au piano, il est l'auteur de l'opéra *Doktor Faust* (1925) et de l'essai *Ébauche d'une nouvelle esthétique de la musique* (1907).

BUSSANG [bysã] (88540), comm. des Vosges, sur la Moselle, près du *col de Bussang* (731 m) ; 1 802 hab. *(Bussenets).* Sports d'hiver (alt. 620 - 1 220 m). Théâtre du peuple.

BUSSOTTI (Sylvano), *Florence 1931,* compositeur italien. Homme de théâtre, il dirigea le théâtre de la Fenice à Venise (1976 - 1980) et s'imposa avec *la Passion selon Sade* (1965), puis *The Rara Requiem.*

BUSSY (Roger **de Rabutin,** comte **de**), connu sous le nom de **Bussy-Rabutin,** *Épiry, près d'Autun, 1618 - Autun 1693,* écrivain et général français. Cousin de Mme de Sévigné, il est l'auteur de *l'Histoire amoureuse des Gaules.* (Acad. fr.) – Il a commandé le décor peint de son château (XVIe-XVIIe s.) situé près de Bussy-le-Grand (Côte-d'Or).

BUSSY D'AMBOISE (Louis **de Clermont d'Amboise,** dit), *Mognéville v. 1549 - Brain-sur-Allonnes 1579,* homme de guerre français. Gouverneur de l'Anjou, il fut assassiné sur l'ordre du comte de Montsoreau, dont il avait séduit la femme.

BUTE (John **Stuart,** comte **de**), *Édimbourg 1713 - Londres 1792,* homme politique britannique. Premier ministre du roi George III de 1761 à 1763, il négocia le traité de Paris (1763).

BUTENANDT (Adolf), *Lehe 1903 - Munich 1995,* chimiste allemand. Il reçut le prix Nobel (1939) pour ses recherches sur les hormones sexuelles.

BUTLER (Samuel), *Langar 1835 - Londres 1902,* écrivain britannique. Ses romans sont une satire de la société victorienne *(Erewhon, Ainsi va toute chair).*

BUTOR (Michel), *Mons-en-Barœul 1926,* écrivain français. Son œuvre poétique, critique *(Essai sur « les Essais »)* et romanesque *(Passage de Milan, l'Emploi du temps, la Modification, Degrés, Mobile, Boomerang),* a expérimenté des formes nouvelles (« *nouveau roman ») et exploré avec agilité les réseaux de la culture contemporaine.

BUTT (Isaac), *Glenfin 1813 - près de Dundrum 1879,* homme politique irlandais. En 1870, il inaugura le mouvement pour le Home Rule.

BUTUAN, v. des Philippines, dans le nord de Mindanao ; 227 829 hab.

BUXTEHUDE (Dietrich), *Oldesloe 1637 - Lübeck 1707,* compositeur allemand. Organiste de Lübeck, il fonda dans cette ville des concerts du soir *(Abendmusiken).* On lui doit des cantates, des pièces pour orgue et pour clavecin.

BUXY [bysi] (71390), ch.-l. de cant. de Saône-et-Loire ; 2 197 hab.

BUYS-BALLOT (Christophorus Henricus Diedericus), *Kloetinge 1817 - Utrecht 1890,* météorologue néerlandais. Organisateur de la météorologie dans son pays et au niveau international, il a établi la règle déterminant l'emplacement du centre d'une dépression d'après l'observation du vent et l'importance du déficit barométrique.

BUYSSE (Cyriel), *Nevele 1859 - Afsnee 1932,* écrivain belge de langue néerlandaise, auteur de romans, de drames et de contes réalistes *(les Tantes).*

BUZANÇAIS (36500), ch.-l. de cant. de l'Indre, sur l'Indre ; 4 670 hab. *(Buzancéens).*

BUZĂU, v. du sud-est de la Roumanie ; 148 247 hab.

BUZENVAL, écart de la comm. de Rueil-Malmaison. Combat du siège de Paris (19 janv. 1871).

BUZOT (François), *Évreux 1760 - Saint-Magne, Gironde, 1794,* homme politique français. Député girondin à la Convention, ami de Mme Roland, il se suicida.

BUZZATI (Dino), *Belluno 1906 - Milan 1972,* écrivain italien. Comme peintre, romancier (*le Désert des Tartares,* 1940) et conteur (*le K,* 1966), il témoigne de la même inspiration fantastique mêlée au réalisme le plus savoureux.

BVA (Brulé Ville Associés), société française d'études de marché et d'opinion, créée en 1970.

BVP (Bureau de vérification de la publicité), association française chargée de contrôler l'expression des annonces publicitaires. Créée en 1953, elle ne peut agir qu'auprès de ses adhérents (représentants des annonceurs, des supports publicitaires et des agences de publicité).

BYBLOS, v. de l'anc. Phénicie, au nord de Beyrouth (auj. Djebail, Liban). Active du IVe au Ier millénaire comme centre commercial lié à l'Égypte, elle fut évincée par Tyr. – On y a découvert le sarcophage d'Ahiram (XIIIe-XIIe s. av. J.-C.), portant la plus ancienne inscription alphabétique (entre le XIIIe et le Xe s. av. J.-C.). Vestiges antiques et médiévaux.

BYDGOSZCZ, v. de Pologne, ch.-l. de voïévodie, au N.-E. de Poznań ; 383 600 hab. Nœud de communications.

BYNG (George), vicomte **Torrington,** *Wrotham 1663 - Southill 1733,* amiral anglais. Il détruisit la flotte espagnole au large du cap Passero (1718).

BYRD (Richard Evelyn), *Winchester, Virginie, 1888 - Boston 1957,* amiral, aviateur et explorateur américain. Il survola le pôle Nord (1926) puis le pôle Sud (1929) et explora le continent antarctique (1933 - 1935, 1939 - 1941, 1946 - 1947).

BYRD (William), *1543 - Stondon Massey 1623,* compositeur et organiste anglais. Organiste de la Chapelle royale, il a laissé des messes, des motets, des chansons, des pièces pour clavier et pour viole.

BYRON (George **Gordon,** lord), *Londres 1788 - Missolonghi 1824,* poète britannique. Ses poèmes énoncent le mal de vivre (*Pèlerinage de Childe Harold,* 1812) ou exaltent les héros rebelles (*Manfred,* 1817 ; *Don Juan,* 1824). Sa mort au milieu des insurgés grecs combattant pour leur indépendance a fait de lui le type même du héros et de l'écrivain romantiques.

BYTOM, v. de Pologne (Silésie) ; 232 000 hab. Houille. Sidérurgie. – Églises médiévales ; musée.

BYZANCE, colonie grecque construite au VIIe s. av. J.-C. sur le Bosphore. Sur son site fut créée Constantinople, capitale de l'Empire byzantin puis, sous le nom d'*Istanbul,* de l'Empire ottoman.

BYZANTIN (Empire), nom donné à l'Empire romain d'Orient dont la capitale était Constantinople et qui dura de 395 à 1453. **324 - 330 :** Constantin fonde Constantinople sur le site de Byzance. **395 :** Théodose Ier partage l'Empire romain ; l'Orient échoit à Arcadius. **527 - 565 :** Justinien Ier essaie de rétablir l'Empire romain dans ses anciennes frontières. Mais les Byzantins sont assaillis par les Barbares : Slaves dans les Balkans, Lombards en Italie, Iraniens en Syrie. **610 - 711 :** avec les Héraclides, l'Empire cesse d'être romain pour devenir gréco-oriental. **636 - 642 :** il perd la Syrie et l'Égypte, conquises par les Arabes. **717 - 802 :** sous la dynastie des Isauriens éclate la querelle des images (iconoclasme). Les Byzantins sont éliminés de Ravenne (751). **820 - 867 :** sous la dynastie d'Amorion, le culte des images est définitivement rétabli (843). **867 - 1057 :** l'Empire connaît son apogée sous la dynastie macédonienne. **1054 :** le pape Léon IX et le patriarche Keroularios s'excommunient réciproquement. C'est le schisme d'Orient. **1071 :** les Turcs déferlent en Asie Mineure. **1081 - 1185 :** les Comnènes sont contraints d'accorder des avantages commerciaux à Venise et ne peuvent résister aux Turcs ni aux Normands. **1185 - 1204 :** les Anges ne peuvent remédier à l'effondrement de l'Empire. **1204 :** les croisés prennent Constantinople. Des principautés grecques se forment en Épire, à Trébizonde et à Nicée. **1204 - 1258 :** les Lascaris de Nicée restaurent l'Empire. **1258 - 1453 :** la dynastie des Paléologues, qui a reconquis en 1261 Constantinople, assure la survie de l'Empire. **1453 :** les Turcs prennent Constantinople. *(V. ill. page 1209.)*

C

Caractère Cochin

CABALLÉ (Montserrat), *Barcelone 1933,* soprano espagnole. Elle est une interprète remarquable de la musique italienne classique et romantique.

CABALLERO (Cecilia **Böhl de Faber,** dite Fernán), *Morges, Suisse, 1796 - Séville 1877,* femme de lettres espagnole, auteur de romans de mœurs *(la Gaviota).*

CABANATUAN, v. des Philippines (Luçon), au N. de Manille ; 173 065 hab.

CABANIS (Georges), *Cosnac, Corrèze, 1757 - Rueil, Val-d'Oise, 1808,* médecin et philosophe français. Il fut membre du groupe des idéologues. (Acad. fr.)

CABESTANY (66330), comm. des Pyrénées-Orientales, près de Perpignan ; 8 410 hab. *(Cabestanyencs).* À l'église, tympan roman sculpté.

CABET (Étienne), *Dijon 1788 - Saint Louis, États-Unis, 1856,* théoricien et homme politique français. Pour propager le communisme idéal qu'il décrit dans une utopie, le *Voyage en Icarie* (1842), il comptait sur l'exemple de petites communautés, telles celles qu'il tenta vainement de bâtir en Amérique avec ses disciples.

CABEZA DE VACA (Álvar Núñez), *Jerez de la Frontera 1507 - Séville 1559,* explorateur espagnol. Il explora la Floride (1527), puis le Río de la Plata jusqu'à Asunción (1542).

CABEZÓN (Antonio **de**), *Castrillo de Matajudíos, près de Burgos, 1510 - Madrid 1566,* compositeur et organiste espagnol. Musicien de Philippe II d'Espagne, il écrivit de nombreuses pièces pour clavier (tientos, variations).

Cabillauds (les), faction politique hollandaise qui soutenait le comte Guillaume V, opposée à celle des *Hameçons,* favorable à sa mère Marguerite de Bavière (XIVe-XVe s.).

CABIMAS, v. du Venezuela, sur le lac de Maracaibo ; 165 755 hab. Pétrole.

CABINDA, territoire de l'Angola, sur l'Atlantique, entre les deux républiques du Congo ; 7 270 km² ; 152 100 hab. ; ch.-l. *Cabinda.* Pétrole.

Cabochiens (du nom de son chef, Simon *Caboche,* boucher de Paris), faction populaire du parti bourguignon, sous Charles VI.

Cabora Bassa ou **Cahora Bassa,** barrage et centrale de la vallée du Zambèze, au Mozambique.

CABOT (détroit de), bras de mer entre Terre-Neuve et l'île du Cap-Breton.

CABOT (Jean), ou Giovanni **Caboto,** *Gênes ? v. 1450 - en Angleterre v. 1500,* navigateur italien. Il obtint d'Henri VII, roi d'Angleterre, le monopole de la recherche de nouvelles terres et atteignit probablement l'île du Cap-Breton (1497). — **Sébastien C.,** ou Sebastiano **Caboto,** *Venise entre 1476 et 1482 - Londres 1557,* navigateur italien. Fils de Jean, il participa à ses voyages et, au service de Charles Quint, reconnut le Río de la Plata (1527).

CABOURG (14390), ch.-l. de cant. du Calvados ; 3 561 hab. *(Cabourgeais).* Station balnéaire.

CABRAL (Amilcar), *Bafatá v. 1925 - Conakry 1973,* homme politique guinéen. Il créa en 1956 le Parti africain pour l'indépendance de la Guinée portugaise et des îles du Cap-Vert (PAIGC). Il fut assassiné.

CABRAL (Pedro Álvares), *Belmonte v. 1467 - Santarém ? 1520 ou 1526,* navigateur portugais. Il prit possession du Brésil au nom du Portugal en 1500, puis explora les côtes du Mozambique et atteignit les Indes.

CABRERA INFANTE (Guillermo), *Gibara 1929,* écrivain cubain d'expression espagnole et anglaise. Partisan et membre du gouvernement castriste, puis exilé, il est marqué par l'influence de Faulkner *(Trois Tristes Tigres).*

CABU (Jean **Cabut,** dit), *Châlons-sur-Marne 1938,* dessinateur et scénariste français de bandes dessinées. Caricaturiste d'actualités, il a créé le personnage du *Grand Duduche* (1962) et le type du « beauf » *(Mon beauf,* 1976).

CACCINI (Giulio), *Tivoli v. 1550 - Florence 1618,* compositeur et chanteur italien. Également instrumentiste, il contribua à la naissance du style récitatif et à la mise en valeur du texte en musique *(Nuove Musiche,* 1602), et fut l'un des initiateurs de l'opéra florentin *(Euridice,* 1600).

CÁCERES, v. d'Espagne (Estrémadure), ch.-l. de prov. ; 74 589 hab. Enceinte d'origine romaine, palais des XVe-XVIe s., églises.

CACHAN (94230), ch.-l. de cant. du Val-de-Marne, au S. de Paris ; 25 327 hab. *(Cachanais).* Hospices. École normale supérieure.

CACHEMIRE, anc. État de l'Inde, auj. partagé entre la République indienne (État de Jammu-et-Cachemire) et le Pakistan. C'est une région montagneuse, ouverte par la Jhelam qui draine le bassin de Srinagar. — Royaume hindou jusqu'à sa conquête par un aventurier musulman (1346), le Cachemire fut intégré à l'Empire moghol (1586). Peuplé aux trois quarts de musulmans, revendiqué depuis 1947 par l'Inde et le Pakistan, il fut l'enjeu des guerres indo-pakistanaises de 1947 - 1949 et de 1965 et reste un lieu de très fortes tensions.

CACHIN (Marcel), *Paimpol 1869 - Choisy-le-Roi 1958,* homme politique français. Il fut l'un des fondateurs du Parti communiste français (1920) et directeur de *l'Humanité* (1918 - 1958).

CACUS MYTH. ROM. Brigand qui vivait sur l'Aventin. Il déroba à Hercule les bœufs de Géryon en les faisant sortir à reculons. Hercule déjoua la ruse et tua Cacus.

CA' DA MOSTO (Alvise), *Venise 1432 - 1488,* navigateur vénitien. Il explora, pour le compte du Portugal, les côtes du Sénégal et aurait découvert les îles du Cap-Vert (1456).

CADARACHE, site des Bouches-du-Rhône (comm. de Saint-Paul-lès-Durance). Centre d'études nucléaires.

CADENET (84160), ch.-l. de cant. de Vaucluse ; 3 937 hab. Église des XIIe-XVIe s.

Cadets → **constitutionnel démocrate** (Parti).

CADILLAC (33410), ch.-l. de cant. de la Gironde, sur la Garonne ; 2 396 hab. *(Cadillacais).* Vins. — Bastide du XIVe s. Château du début du XVIIe s.

CADIX, en esp. **Cádiz,** v. d'Espagne (Andalousie), ch.-l. de prov., sur le *golfe de Cadix ;* 154 347 hab. *(Gaditans).* Port. — Musée archéologique et pinacothèque. — Elle fut occupée par les Français en 1823 (→ **Trocadéro** [bataille de]).

CADIX (golfe de), golfe de l'Atlantique, dans le sud de la péninsule Ibérique.

CADMÉE, citadelle de Thèbes en Béotie (Grèce).

CADMOS MYTH. GR. Phénicien, fondateur légendaire de Thèbes, en Béotie.

CADORNA (Luigi, comte), *Pallanza 1850 - Bordighera 1928,* maréchal italien. Chef d'état-major général en 1914, il fut généralissime de l'armée italienne de 1915 à 1917.

CADOU (René Guy), *Sainte-Reine-de-Bretagne 1920 - Louisfert 1951,* poète français. Il est le principal représentant de l'« école de Rochefort », groupe littéraire formé en 1941 pour affirmer, en pleine Occupation, l'indépendance de la poésie *(la Vie rêvée, Hélène ou le Règne végétal).*

CADOUDAL (Georges), *Kerléano, près d'Auray, 1771 - Paris 1804,* chef chouan. Chef de la chouannerie bretonne, il participa au débarquement de Quiberon (1795) et fut impliqué dans l'attentat de la « Machine infernale » contre Bonaparte (1800). Ayant organisé avec Pichegru et Moreau un nouveau complot (1803), il fut arrêté en 1804 et guillotiné.

CAELIUS n.m., une des sept collines de Rome.

CAEM → **Comecon.**

CAEN [kɑ̃], ch.-l. de la Région Basse-Normandie et du dép. du Calvados, sur l'Orne, dans la

■ **CAEN.** Saint-Étienne, église de l'abbaye aux Hommes, du côté du chevet.

campagne de Caen, à 223 km à l'O. de Paris ; 117 157 hab. *(Caennais)* [plus de 200 000 hab. dans l'agglomération]. Académie et université ; cour d'appel. Industrie automobile. Papeterie. Électronique. – Anc. abbayes aux Hommes et aux Dames, fondées par Guillaume le Conquérant et la reine Mathilde (imposantes abbatiales romanes et gothiques) ; autres églises. Musée des Beaux-Arts et musée de Normandie dans l'enceinte du château. Mémorial Musée pour la paix.

CAERE → **CERVETERI.**

CAFFIERI, famille d'artistes français d'origine italienne. Sculpteurs ou ciseleurs, ils ont travaillé à Paris, pour la cour et la haute société, d'environ 1660 à 1790.

CAFRERIE ou **PAYS DES CAFRES** (de l'ar. *kāfir* « infidèle »), dénomination d'origine arabe donnée par les géographes des XVIIe et XVIIIe s. à la partie de l'Afrique située au sud de l'Équateur et peuplée de Bantous.

CAGAYAN DE ORO, v. des Philippines, dans le nord de Mindanao ; 339 598 hab. Port.

CAGE (John), *Los Angeles 1912 - New York 1992,* compositeur américain. Élève de Schoenberg, et inventeur des « pianos préparés », il fut l'un des premiers à introduire en musique la notion d'indétermination dans la composition et celle d'aléatoire dans l'exécution. Il créa en 1952 un spectacle qui annonçait les happenings.

C

CAGLIARI, v. d'Italie, cap. de la Sardaigne et ch.-l. de prov. ; 203 254 hab. Pétrochimie. – Riche musée archéologique.

CAGLIOSTRO [kaljɔstro] (Giuseppe **Balsamo**, dit Alexandre, comte **de**), *Palerme 1743 - prison pontificale de San Leo, près de Saint-Marin, 1795,* aventurier italien. Médecin, adepte de l'occultisme, il fut compromis dans l'affaire du collier de la reine Marie-Antoinette.

CAGNES-SUR-MER [kanj-] (06800), ch.-l. de cant. des Alpes-Maritimes ; 44 207 hab. *(Cagnois).* Château surtout des XIVe et XVIIe s. (musées). – Station balnéaire et hippodrome au *Cros-de-Cagnes.*

Cagoule, surnom du Comité secret d'action révolutionnaire (CSAR), organisation clandestine d'extrême droite (1936 - 1941).

CAHOKIA, site archéologique des États-Unis, à l'est de Saint Louis (Illinois). Vestiges d'un centre cérémoniel des Indiens, florissant au Xe s. Nombreux tumulus (900 - 1050). Parc naturel.

Cahora Bassa → **Cabora Bassa.**

CAHORS [kaɔr] (46000), ch.-l. du dép. du Lot, sur le Lot, à 569 km au S. de Paris ; 21 432 hab. *(Cadurciens).* Évêché. Câbles. – Cathédrale à coupoles remontant au début du XIIe s. ; pont fortifié Valentré (XIVe s.). Musée.

CAICOS → **TURKS.**

CAILLAUX (Joseph), *Le Mans 1863 - Mamers 1944,* homme politique français. Plusieurs fois ministre des Finances entre 1899 et 1926, artisan de l'impôt sur le revenu, il fut président du Conseil (1911 - 1912) et négocia la convention franco-allemande sur le Maroc. Sa femme assassina en 1914 Gaston Calmette, directeur du *Figaro,* qui menait contre lui une campagne de presse. Il fut arrêté en 1917 pour « correspondance avec l'ennemi » puis amnistié.

CAILLEBOTTE (Gustave), *Paris 1848 - Gennevilliers 1894,* peintre français. Membre du groupe impressionniste, il légua à l'État (qui n'accepta que partiellement) une importante collection de tableaux des maîtres de cette école.

CAILLIÉ (René), *Mauzé 1799 - La Baderre 1838,* voyageur français. Il fut le premier Français à visiter Tombouctou (1828).

CAILLOIS (Roger), *Reims 1913 - Paris 1978,* écrivain et anthropologue français. Il est l'auteur de recueils de poèmes et d'essais sur les mythes sociaux et intellectuels, et sur le fantastique naturel (*l'Homme et le Sacré,* 1939 ; *Au cœur du fantastique,* 1965). [Acad. fr.]

CAÏMANS (îles) → **CAYMAN** (îles).

CAÏN, personnage biblique. Fils aîné d'Adam et d'Ève, cultivateur, il tua par jalousie son frère Abel.

CAÏPHE, surnom de Joseph, grand prêtre juif (18 - 36), durant le procès de Jésus.

Ça ira, chanson écrite en 1790 par Ladré, sur une musique de Bécourt, et qui devint un cri de ralliement sous la Terreur.

■ LE **CAIRE.** À gauche, la madrasa (1356 - 1363) du sultan Hasan.

CAIRE (Le), en ar. **al-Qāhira,** cap. de l'Égypte, sur le Nil ; 9 750 000 hab. *(Cairotes)* [env. 13 000 000 hab. dans l'agglomération]. Plus grande ville d'Afrique. Centre commercial, administratif, intellectuel (université) et touristique. – Mosquées anciennes (Ibn Tulun [IXe s.], al-*Azhar, etc.) ; remparts, portes imposantes et citadelle du Moyen Âge ; palais et mausolées. Riches musées, dont le musée d'Art égyptien. – La ville, créée par les Fatimides en 969, devint une grande métropole économique et intellectuelle, dont Ismaïl Pacha entreprit la modernisation à la fin du XIXe s. Siège de la Ligue arabe (1945 - 1979 et depuis 1990).

CAJAL (Santiago **Ramón y**) → **RAMÓN Y CAJAL** (Santiago).

CAJETAN ou **CAETANO** (Giacomo **de Vio**, en relig. Tommaso, dit), *Gaète 1468 - Rome 1533,* théologien italien. Maître général des Dominicains, cardinal, légat, il fut chargé par le pape Léon X de ramener Luther dans la communion romaine (diète d'Augsbourg, oct. 1518), mais échoua. Il fut l'un des grands commentateurs de saint Thomas d'Aquin.

CAJUNS, population d'origine française des États-Unis (Louisiane) [1,1 million], ayant partiellement conservé l'usage du français (270 000 locuteurs). Rameau acadien, ils maintinrent leurs traditions et forgèrent leur culture originale à l'abri des bayous, avant d'être victimes d'une lourde répression linguistique.

CAKCHIQUEL, peuple amérindien du Guatemala (env. 500 000). Agriculteurs des hautes plaines, renommés pour leurs étoffes colorées, les Cakchiquel furent durement affectés par la récente guerre civile. Ils parlent une langue quiché.

Çakuntala → **Shakuntala.**

ÇAKYAMUNI → **BOUDDHA.**

CALABRE, région d'Italie, à l'extrémité méridionale de la péninsule ; 2 037 686 hab. *(Calabrais) ;* cap. *Catanzaro ;* 5 prov. (*Catanzaro, Cosenza, Crotone, Reggio di Calabria* et *Vibo Valentia*). Le duché de Calabre, conquis au XIe s. par les Normands, fut l'un des noyaux du royaume de Sicile.

CALAFERTE (Louis), *Turin 1928 - Dijon 1994,* écrivain français. Ses récits *(Requiem des innocents, Septentrion),* son théâtre *(Pièces intimistes, Pièces baroques),* sa poésie, ses essais et ses carnets mêlent, dans une étonnante diversité de styles, la révolte libertaire au mysticisme.

CALAIS (62100), ch.-l. d'arrond. du Pas-de-Calais, sur le *pas de Calais ;* 78 170 hab. *(Calaisiens)* [plus de 100 000 hab. dans l'agglomération]. Premier port français de voyageurs. Industries électriques et automobiles. Télécommunications. – Musée des Beaux-Arts et de la Dentelle. – Pendant la guerre de Cent Ans, Calais fut prise par les Anglais en 1347 ; la ville fut sauvée par le dévouement d'Eustache de Saint-Pierre et de cinq bourgeois, qui se livrèrent à Édouard III (ils inspirèrent à Rodin le groupe en bronze des *Bourgeois de Calais*) ; elle fut définitivement restituée à la France en 1598. Le vieux Calais fut détruit pendant la Seconde Guerre mondiale.

CALAIS (pas de), détroit entre la France et l'Angleterre, large de 31 km entre Calais et Douvres et long de 185 km. Il est peu profond et unit la Manche à la mer du Nord. Il est franchi par un tunnel ferroviaire.

■ **CALDERÓN.** (BN, Madrid.)

Calas [-las] (affaire) [1762 - 1765], affaire judiciaire dont la victime fut Jean **Calas** (Lacabarède, Tarn, 1698 - Toulouse 1762), protestant français, négociant à Toulouse. Accusé d'avoir tué son fils pour l'empêcher de se convertir au catholicisme, J. Calas fut supplicié. Voltaire contribua à sa réhabilitation en 1765.

Calatrava (ordre de), ordre religieux et militaire espagnol fondé en 1158 à Calatrava (Nouvelle-Castille) pour lutter contre les Maures.

CALCHAS MYTH. GR. Devin qui, dans *l'Iliade,* participa à la guerre de Troie. Il ordonna le sacrifice d'Iphigénie et conseilla de construire le cheval de Troie.

CALCUTTA, v. d'Inde, cap. du Bengale-Occidental, sur l'Hoogly ; 10 916 672 hab. Commerce du jute. Industries mécaniques, chimiques et textiles. – Important Indian Museum. – La ville fut fondée en 1690 par les Britanniques, qui en firent la capitale de l'Inde (1772 - 1912).

■ **CALCUTTA.** Immeuble d'architecture victorienne dans le Centre.

CALDER (Alexander), *Philadelphie 1898 - New York 1976,* sculpteur américain. Il a exécuté, à l'aide de tôles peintes articulées, les poétiques « mobiles » qu'agite l'air (à partir de 1932 - 1934, à Paris), accompagnés par la suite des structures puissantes des « stabiles ».

CALDERA RODRÍGUEZ (Rafael), *San Felipe 1916,* homme politique vénézuélien. Président de la République de 1969 à 1974, il entreprend des réformes économiques et sociales. Il est de nouveau à la tête de l'État de 1994 à 1999.

CALDERÓN DE LA BARCA (Pedro), *Madrid 1600 - id. 1681,* poète dramatique espagnol. Il est l'auteur d'*autos sacramentales (*le Grand Théâtre du monde,* 1649) et de pièces à thèmes historiques ou religieux (*la Dévotion à la Croix,* 1634 ; *La vie est un songe,* v. 1635 ; *le Médecin de son honneur,* 1635 ; *l'Alcade de Zalamea,* 1642).

CALDWELL (Erskine), *White Oak, Géorgie, 1903 - Paradise Valley, Arizona, 1987,* écrivain américain. Ses romans font une peinture réaliste des petits Blancs du sud des États-Unis *(la Route au tabac, le Petit Arpent du Bon Dieu).*

CALÉDONIE, anc. nom de l'Écosse.

CALEPINO (Ambrogio), *Bergame v. 1440 - 1510,* lexicographe italien. Il est l'auteur d'un *Dictionnaire de la langue latine* (1502).

CALGARY, v. du Canada (Alberta), au pied des Rocheuses ; 710 677 hab. Centre ferroviaire, commercial et industriel. — Musée d'Art et d'Ethnologie.

CALI, v. de Colombie, dans la Cordillère occidentale ; 1 624 401 hab. Anc. monastère de S. Francisco (XVIIIe s.).

Caliban, personnage de *la Tempête* de Shakespeare (1611). Fils d'une sorcière, incarnation de la force brute (par opposition à Ariel, esprit de l'air), ce monstre est à la fois soumis par le magicien Prospero et en révolte contre celui-ci. E. Renan (*Caliban,* 1878) et J. Guéhenno (*Caliban parle,* 1928) en ont fait le symbole du peuple opprimé.

CALICUT, auj. **Kozhikode,** v. d'Inde (Kerala), sur la mer d'Oman ; 800 913 hab. Port. Aéroport. La ville a donné son nom aux étoffes de coton dites *calicots.* — Le port, fréquenté par les marchands arabes dès le VIIe s., fut atteint par Vasco de Gama en 1498.

CALIFORNIE, en angl. **California,** État de l'ouest des États-Unis, sur le Pacifique ; 411 000 km² ; 29 760 021 hab. *(Californiens)* ; cap. *Sacramento ;* v. princ. *Los Angeles, San Francisco, San Diego.* C'est l'État le plus peuplé du pays. De climat chaud et souvent sec, la Californie est formée par une longue dépression (Grande Vallée), encadrée par la sierra Nevada à l'est et par de moyennes montagnes à l'ouest (Coast Ranges), retombant sur le littoral où se localisent les principales villes. Les riches cultures fruitières et les vignobles sont localisés dans la Grande Vallée. Toutes les industries sont représentées (hydrocarbures, chimie, agroalimentaire, électronique, audiovisuel, etc.). — Mexicaine de 1822 à 1848, la Californie entra dans l'Union en 1848 et fut érigée en État en 1850. La découverte de l'or et la construction du premier chemin de fer transcontinental assurèrent sa prospérité au XIXe s.

CALIFORNIE (BASSE-), longue péninsule montagneuse et aride du Mexique au S. de la *Californie* (américaine), entre le Pacifique et le *golfe de Californie.*

CALIFORNIE (courant de), courant marin froid du Pacifique. Il s'écoule vers le sud, le long du littoral de la Californie.

CALIFORNIE (golfe de), golfe du Pacifique, sur la côte ouest du Mexique, limité à l'O. par la *péninsule de Basse-Californie.*

CALIGULA (Gaius Caesar Augustus Germanicus), *Antium 12 apr. J.-C. - Rome 41,* empereur romain (37 - 41). Fils de Germanicus. Déséquilibré mental, il gouverna en tyran et périt assassiné.

CĂLINESCU (George), *Bucarest 1899 - id. 1965,* écrivain roumain. Son œuvre romanesque et critique reflète la crise de conscience des lettres roumaines *(Vie d'Eminescu, le Bahut noir).*

CALIXTE Ier ou **CALLISTE Ier** (saint), *v. 155 - 222,* ancien esclave, pape de 217 à 222. — **Calixte II** (Gui **de Bourgogne**), *m. en 1124,* pape de 1119 à 1124. Il régla la querelle des Investitures par le concordat de Worms (1122). — **Calixte III** (Alonso **Borgia**), *Játiva 1378 - Rome 1458,* pape de 1455 à 1458. Il échoua dans son projet de croisade contre les Turcs.

CALLAC (22160), ch.-l. de cant. des Côtes-d'Armor ; 2 509 hab. *(Callacois).*

CALLAGHAN (James), *Portsmouth 1912,* homme politique britannique. Leader du Parti travailliste (1976 - 1980), il a été Premier ministre de 1976 à 1979.

CALLAO (El) ou **CALLAO,** v. du Pérou, près de Lima ; 637 755 hab. Principal port (pêche et commerce) du Pérou.

CALLAS (María **Kalogheropoúlos,** dite **la**), *New York 1923 - Paris 1977,* soprano américaine et grecque. Remarquable par sa virtuosité vocale et son expressivité dramatique, elle s'est notamment illustrée dans les plus grands rôles de l'opéra italien du XIXe s. (Bellini, Verdi).

Callias (paix de) [449-448 av. J.-C.], paix conclue entre Athènes et les Perses, qui mettait fin aux guerres médiques. Elle garantissait l'autonomie des cités grecques d'Asie et assurait l'hégémonie athénienne sur la mer Égée.

CALLICRATÈS, architecte grec du Ve s. av. J.-C. Il collabora avec Phidias et Ictinos pour la construction du Parthénon.

CALLIÈRES (Louis Hector **de**), *Torigni-sur-Vire 1648 - Québec 1703,* administrateur français, gouverneur général de la Nouvelle-France (1699 - 1703).

CALLIMAQUE, sculpteur grec actif à Athènes à la fin du Ve s. av. J.-C., disciple de Phidias.

CALLIMAQUE, *Cyrène v. 305 - v. 240 av. J.-C.,* poète et grammairien alexandrin, l'un des principaux représentants de la poésie *alexandrine.

CALLIOPE MYTH. GR. Muse de la Poésie épique et de l'Éloquence.

■ JACQUES **CALLOT.** Frontispice de la suite des *Gueux* (v. 1620 - 1622), eau-forte.

■ LA **CALLAS** dans *Norma,* de Bellini, en 1964.

CALLISTO MYTH. GR. Nymphe d'Arcadie. Aimée de Zeus, elle fut changée en ourse par Héra et tuée à la chasse par Artémis. Zeus fit d'elle une constellation, la Grande Ourse.

CALLOT (Jacques), *Nancy 1592 - id. 1635,* graveur et peintre français. Génie hardi et fantasque, il travailla surtout en Italie et en Lorraine. Maître de l'eau-forte, il eut une grande influence sur les graveurs du XVIIe s. Ses suites des *Caprices* (1617), des *Gueux,* des *Misères et Malheurs de la guerre* (1633) sont particulièrement célèbres.

CALLOWAY (Cabell, dit Cab), *Rochester 1907 - Hockessin, Delaware, 1994,* musicien de jazz américain. Chanteur connu pour sa fantaisie scénique, il fut un virtuose du scat (*Minnie The Moocher,* 1931) et accompagna le mouvement be-bop. Il dirigea plusieurs orchestres.

CALMETTE (Albert), *Nice 1863 - Paris 1933,* médecin et bactériologiste français. Il a découvert, avec Guérin, le vaccin antituberculeux dit *BCG.*

CALONNE (Charles Alexandre **de**), *Douai 1734 - Paris 1802,* homme d'État français. Contrôleur général des Finances (1783 - 1787), il s'efforça de rétablir l'équilibre budgétaire en réformant la gestion des fonds publics et le mode de répartition des impôts. L'Assemblée des notables ayant refusé d'entériner son plan, il fut disgracié.

CALOOCAN, v. des Philippines (Luçon), banlieue de Manille ; 761 011 hab.

CALPÉ, une des deux *Colonnes d'Hercule. Anc. nom de Gibraltar.

CALPURNIUS PISON, nom d'une branche de la gens Calpurnia. — **Caius Calpurnius P.,** homme politique romain. Consul en 67 av. J.-C., il fut accusé de détournement par César et défendu par Cicéron. — **Caius Calpurnius P.,** *m. en 65 apr. J.-C.,* homme politique romain. Il organisa la conspiration, dite de Pison, contre Néron.

CALTANISSETTA, v. d'Italie (Sicile), ch.-l. de prov. ; 60 162 hab. Monuments anciens. Musée minéralogique.

CALUIRE-ET-CUIRE (69300), ch.-l. de cant. du Rhône, banlieue nord de Lyon ; 41 667 hab.

CALUKYA ou **CHALUKYA,** nom de deux dynasties de l'Inde : les *Calukya occidentaux* (v. 543 - v. 755) et les *Calukya orientaux* (v. 973 - v. 1190).

CALVADOS [-dos] n.m. (14), dép. de la Région Basse-Normandie ; ch.-l. de dép. *Caen ;* ch.-l. d'arrond. *Bayeux, Lisieux, Vire ;* 4 arrond. ; 49 cant. ; 705 comm. ; 5 548 km² ; 648 385 hab. *(Calvadosiens).* Le dép. appartient à l'académie et à la cour d'appel de Caen, à la zone de défense Ouest. S'étendant sur le Massif armoricain (Bocage normand) et le Bassin parisien (Bessin, campagne de Caen, pays d'Auge), le dép. est une riche région agricole où domine l'élevage bovin, surtout pour les produits laitiers. L'industrie (industrie automobile, électrique et électronique) est concentrée dans l'agglomération de Caen. Le tourisme anime le littoral (Deauville, Cabourg).

CALVADOS (plateau du), chaîne d'écueils et de petites falaises, sur la Manche.

CALVI (20260), ch.-l. d'arrond. de la Haute-Corse ; 5 275 hab. *(Calvais).* Port de voyageurs. Station balnéaire. — Vieille citadelle.

CALVIN (Jean **Cauvin,** dit Jean), *Noyon 1509 - Genève 1564,* réformateur français. Partisan avoué des idées luthériennes (1533), il dut quitter Paris et effectua des séjours à Strasbourg, Bâle et Genève, où il se fixa définitivement en 1541. Il voulut faire de cette ville une cité modèle et y instaura une rigoureuse discipline. Son œuvre principale, l'*Institution de la religion chrétienne* (1536), est une affirmation solennelle de la souveraineté de Dieu, seul maître du salut de l'homme par la prédestination.

■ **CALVIN.** (Musée Boymans-Van Beuningen, Rotterdam.)

CALVIN (Melvin), *Saint Paul 1911 - Berkeley 1997,* biochimiste américain. Il a décrit le *cycle de Calvin,* qui assure la photosynthèse des plantes chlorophylliennes. (Prix Nobel de chimie 1961.)

CALVINO (Italo), *Santiago de Las Vegas, Cuba, 1923 - Sienne 1985,* écrivain italien. Ses contes introduisent l'humour et la fantaisie dans l'esthétique néoréaliste (*le Baron perché,* 1957), avant d'atteindre, par une intelligence aiguë des mécanismes formels et textuels, à des recherches de type postmoderne (*les Villes invisibles,* 1972).

CALVO SOTELO (José), *Tuy 1893 - Madrid 1936,* homme politique espagnol. Il fut le chef du Parti monarchiste. Son assassinat déclencha la guerre civile.

CALYPSO MYTH. GR. Nymphe de l'île d'Ogygie (Ceuta ?). Dans l'*Odyssée,* elle accueillit Ulysse naufragé et le retint dix années.

CAM (Diogo) → **CÃO.**

CAMAGÜEY, v. de Cuba, ch.-l. de prov., dans l'intérieur de l'île ; 286 404 hab. Églises baroques.

CÂMARA (Hélder Pessõa) → **PESSÕA CÂMARA.**

CAMARET-SUR-MER (29570), comm. du Finistère, dans la presqu'île de Crozon ; 2 733 hab. *(Camarétois).* Station balnéaire. Pêche.

CAMARGO (Marie-Anne **de Cupis de**), *Bruxelles 1710 - Paris 1770,* danseuse française d'origine belge. Elle triompha dans les opéras et opéras-ballets de Rameau et de Campra grâce à son extrême virtuosité technique.

CAMARGUE n.f., région de France, dans les Bouches-du-Rhône, comprise entre les deux principaux bras du delta du Rhône ; 60 000 ha (dont près de la moitié en marais et en étangs). [Hab. *Camarguais.*] Le sud, marécageux, est le domaine de l'élevage des taureaux et des chevaux, et des marais salants. Au nord, on cultive le riz, la vigne et les plantes fourragères. Parc naturel régional, couvrant env. 86 000 ha.

CA MAU (cap), pointe sud de l'Indochine (Viêt Nam).

CAMBACÉRÈS (Jean-Jacques **de**), duc **de Parme,** *Montpellier 1753 - Paris 1824,* juriste et homme politique français. Député à la Convention puis sous le Directoire, deuxième consul (1799), il fut l'un des principaux rédacteurs du Code civil (1804). [Acad. fr.]

CAMBAY (golfe de), échancrure de la côte occidentale de l'Inde, sur la mer d'Oman.

CAMBODGE n.m., État d'Asie du Sud-Est ; 181 000 km² ; 10 530 000 hab. *(Cambodgiens).* CAP. *Phnom Penh.* LANGUE : *khmer.* MONNAIE : *riel.* (V. carte **Asie du Sud-Est continentale.**)

GÉOGRAPHIE

Le pays, au climat chaud et humide, est formé de plaines ou de plateaux recouverts de forêts ou de savanes, entourant une dépression centrale, où se loge le Tonlé Sap et qui est drainée par le Mékong. C'est dans cette zone que se concentre la population (formée essentiellement de Khmers et en grande majorité bouddhiste), qui vit surtout de la culture du riz.

HISTOIRE

Des origines au protectorat français. Ier s. - déb. du IXe s. : le royaume indianisé du Funan (Ier-VIe s.) est établi sur le delta et le cours moyen du Mékong. Il est conquis au milieu du VIe s. par les Kambuja, ancêtres des Khmers. **Début du IXe s. - 1432 :** Jayavarman II (802 - v. 836) instaure le culte du dieu-roi, d'inspiration shivaïte. Ses successeurs, dont Yashovarman Ier (889 - v. 900), fondateur d'Angkor, créent par leurs conquêtes un empire dont les frontières atteignent la Birmanie et le Viêt Nam actuels. Au XIIIe s., la brillante civilisation du Cambodge décline et le bouddhisme triomphe. Angkor est abandonnée en 1432 au profit de Phnom Penh. **1432 - 1863 :** Ang Chan (1516 - 1566) construit la nouvelle capitale, Lovêk, pillée en 1594 par les Siamois. Déchiré par les querelles de ses princes, le pays perd le delta du Mékong, colonisé au XVIIIe s. par les Vietnamiens, et sert, au milieu du XIXe s., de terrain de batailles entre le Siam et le Viêt Nam. **1863 :** Norodom Ier (1859 - 1904) accepte le protectorat français.

L'indépendance. Norodom Sihanouk, roi depuis 1941, obtient l'indépendance totale du Cambodge en 1953. **1955 - 1970 :** Norodom Sihanouk, chef de l'État depuis 1960, bénéficie du soutien des pays socialistes et de la France, et entend maintenir une politique de neutralité. **1970 :** il est renversé par un coup d'État militaire, appuyé par les États-Unis, au profit du général Lon Nol. **1975 :** les Khmers rouges prennent le pouvoir. Devenu le Kampuchéa démocratique, le pays est soumis à une dictature meurtrière dirigée par Pol Pot et Khieu Samphan. **1978 - 1979 :** s'appuyant sur les adversaires du régime, l'armée vietnamienne occupe le Cambodge. La république populaire du Kampuchéa est proclamée. **1982 :** Sihanouk regroupe dans un gouvernement de coalition en exil les diverses tendances de la résistance cambodgienne. **1989 :** les troupes vietnamiennes quittent le pays, redevenu l'État du Cambodge. **1990 :** création d'un Conseil national suprême (CNS) composé des différentes factions cambodgiennes, dont les Khmers rouges. **1991 :** retour à Phnom Penh de Norodom Sihanouk, nommé président du CNS. Un accord, signé à Paris, place le pays sous la tutelle de l'ONU jusqu'à la tenue d'élections libres. Parallèlement, le gouvernement du Cambodge, dirigé depuis 1985 par Hun Sen, reste en place. **1993 :** après les élections libres (mai), une nouvelle Constitution (sept.) rétablit la monarchie parlementaire. Norodom Sihanouk redevient roi. Un gouvernement de coalition est mis en place, dirigé conjointement par Norodom Ranariddh, fils de Sihanouk et chef de file des royalistes, et Hun Sen, leader du Parti du peuple cambodgien (PPC). **1997 :** Hun Sen destitue le prince Ranariddh, remplacé par Ung Huot. **1998 :** mort de Pol Pot. Au terme d'élections remportées par le PPC, Hun Sen dirige seul un nouveau gouvernement de coalition. Les derniers chefs khmers rouges se rallient au pouvoir ou sont arrêtés. **1999 :** le Cambodge est admis au sein de l'ASEAN.

CAMBO-LES-BAINS (64250), comm. des Pyrénées-Atlantiques ; 4 541 hab. *(Camboars).* Station thermale et climatique. — Église basque typique. Musée Edmond-Rostand.

CAMBON (Joseph), *Montpellier 1756 - Saint-Josse-ten-Noode, près de Bruxelles, 1820,* homme politique français. Membre de la Convention, président du Comité des finances (1793 - 1795), il fut le créateur du *Grand Livre de la dette publique.*

CAMBON (Paul), *Paris 1843 - id. 1924,* diplomate français. Il fut ambassadeur à Londres de 1898 à 1920. — **Jules C.,** *Paris 1845 - Vevey 1935,* diplomate français. Frère de Paul, il fut ambassadeur à Berlin de 1907 à 1914. (Acad. fr.)

CAMBRAI (59400), ch.-l. d'arrond. du Nord, sur l'Escaut, dans le Cambrésis ; 34 993 hab. *(Cambrésiens).* Archevêché. Industries textiles et alimentaires (confiserie : *bêtises de Cambrai*). — Base aérienne. — Monuments des XVIIe et XVIIIe s. ; musée municipal. — Cambrai fut réunie à la France par Louis XIV (1677). — traité de **Cambrai** ou paix des **Dames** (1529), traité négocié par Louise de Savoie au nom de François Ier et par Marguerite d'Autriche au nom de Charles Quint. François Ier renonçait à l'Italie et Charles Quint, à la Bourgogne.

Cambrai (ligue de) [1508], alliance conclue entre le pape Jules II, l'empereur Maximilien, Louis XII et Ferdinand II le Catholique contre les Vénitiens. Venise fut vaincue par Louis XII à Agnadel (mai 1509), mais parvint à dissocier la coalition (1510).

CAMBRE (bois de la), petit massif forestier aménagé de Belgique, dans le sud de l'agglomération de Bruxelles.

CAMBRÉSIS [kɑ̃brezi] n. m., région de France, occupant essentiellement l'angle sud-ouest du dép. du Nord ; hab. *Cambrésiens.* ; v. princ. *Cambrai.* Il fut réuni au royaume après le traité de Nimègue (1678).

CAMBRIDGE, v. des États-Unis (Massachusetts) ; 95 802 hab. Université Harvard (musées). MIT (Massachusetts Institute of Technology).

CAMBRIDGE, v. de Grande-Bretagne (Angleterre), ch.-l. du *Cambridgeshire ;* 101 000 hab. Université comptant des collèges célèbres (le premier fut fondé en 1284). — Chapelle de style perpendiculaire (XVe s.) du King's College. Riche musée Fitzwilliam.

■ **CAMBRIDGE.** La chapelle (XVe s.) de King's College, avec ses voûtes « en éventail ».

CAMBRONNE (Pierre, vicomte), *Nantes 1770 - id. 1842,* général français. Il participa aux campagnes de la Révolution et de l'Empire, et fut nommé général en 1813. Blessé à Waterloo, où il commandait le 1er chasseurs à pied de la Garde, il aurait répondu à la sommation de se rendre par le mot célèbre auquel reste attaché son nom.

CAMBYSE II, roi de Perse achéménide (530 - 522 av. J.-C.). Fils et successeur de Cyrus II le Grand, il conquit l'Égypte (525).

CAMERARIUS (Joachim), *Bamberg 1500 - Leipzig 1574,* humaniste allemand. Il rédigea, avec Melanchthon, la *Confession d'Augsbourg* (1530).

CAMERON (Verney Lovett), *Radipole 1844 - Leighton Buzzard 1894,* explorateur britannique. Parti de Zanzibar (1873), il traversa l'Afrique d'est en ouest et atteignit Benguela (1875).

Camerone (combat de) [30 avr. 1863], bataille de la guerre du Mexique. La Légion étrangère française s'y illustra. Le 30 avril est devenu la fête traditionnelle de ce corps.

CAMEROUN n.m., État d'Afrique centrale, sur le golfe de Guinée ; 475 000 km² ; 13 600 000 hab. *(Camerounais).* CAP. *Yaoundé.* LANGUES : *anglais* et *français.* MONNAIE : *franc CFA.*

GÉOGRAPHIE

Le Cameroun est formé de plaines (sur le littoral), de hauteurs volcaniques isolées (mont Cameroun [4 070 m]), de chaînes massives au centre

(Adamaoua), de collines et de plateaux aux extrémités sud et nord. Toujours chaud, le climat devient plus sec vers le nord. On passe de la forêt dense (fournissant du bois précieux et trouée par des cultures de cacao et de café) à la savane (domaine de l'élevage bovin et des cultures vivrières [mil, sorgho, manioc]). En dehors des branches alimentaires, l'industrie est représentée par la production d'aluminium (Édéa) et surtout de pétrole. Douala demeure le principal port et la métropole économique du pays.

HISTOIRE

Avant la colonisation. **XIIIe s. :** la première vague d'immigrants bantous arrive du sud (notamm. les Douala), suivie par celle des Fang. Au N. se trouvent des locuteurs de langue soudanaise (Sao, Peul), venus de la vallée du Niger en deux vagues (XIe et XIXe s.). Au S. les Bamiléké et les Bamoum fondent des chefferies et royaumes. Les Pygmées sont les plus anciens habitants de la forêt.

L'époque coloniale et l'indépendance. **1860 :** les Européens (Britanniques, Allemands) interviennent ; des missionnaires arrivent et les premières factoreries s'installent. **1884 :** G. Nachtigal obtient le premier traité de protectorat sur le Cameroun, qui devient colonie allemande. **1911 :** un traité franco-allemand étend les possessions allemandes. **1916 :** les Alliés expulsent les Allemands. **1919 et 1922 :** le Cameroun est divisé en deux zones, sous mandats britannique et français. **1946 :** les mandats sont transformés en tutelles. Les revendications nationales se développent. **1960 :** l'ex-Cameroun français est proclamé indépendant. Ahmadou Ahidjo devient président de la République. **1961 :** après le rattachement du sud de l'ex-Cameroun britannique (le nord est réuni au Nigeria), la république devient fédérale. **1966 :** Ahidjo instaure un régime à parti unique. **1972 :** la fédération devient une république unitaire. **1982 :** Paul Biya succède à Ahidjo. **1990 :** le multipartisme est rétabli. **Depuis 1991 :** le pouvoir en place, très contesté, doit faire face à la montée de l'opposition. **1995 :** le Cameroun devient membre du Commonwealth.

CAMILLUS (Marcus Furius), *fin du Ve s. - 365 ? av. J.-C.*, général romain. Il s'empara de Véies (396) et aurait libéré Rome des Gaulois (v. 390).

CAMÕES ou **CAMOENS** (Luís **Vaz de**), *Lisbonne 1524 ou 1525 - id. 1580*, poète portugais. Il est l'auteur de poèmes dans la tradition médiévale *(redondilhas)* ou pastorale, de sonnets inspirés de la Renaissance italienne, et de l'épopée nationale des *Lusiades* (1572).

CAMPAGNE ROMAINE, en ital. **Agro Romano,** région de l'Italie (Latium), autour de Rome.

CAMPAN (Jeanne Louise **Genet,** Mme), *Paris 1752 - Mantes 1822*, éducatrice française. Secrétaire de Marie-Antoinette, puis directrice de la maison de la Légion d'honneur d'Écouen, elle a laissé des *Mémoires*.

CAMPANA (Dino), *Marradi 1885 - Castel Pulci 1932*, poète italien. Il mena jusqu'à la folie une expérience visionnaire *(Canti orfici)*.

CAMPANELLA (Tommaso), *Stilo, Calabre, 1568 - Paris 1639*, philosophe et dominicain italien. Accusé d'hérésie, emprisonné vingt-sept ans, il est l'auteur d'une utopie célèbre, *la Cité du soleil*.

CAMPANIE, région d'Italie, sur le versant occidental de l'Apennin ; 5 589 587 hab. *(Campaniens)* ; cap. *Naples* ; 5 prov. (*Avellino, Bénévent, Caserte, Naples* et *Salerne*). Le littoral est formé de plaines séparées par de petits massifs calcaires (péninsule de Sorrente) ou volcaniques (Vésuve, champs Phlégréens, etc.). Les sols riches portent des cultures spécialisées (arbres fruitiers, primeurs, vigne).

CAMPBELL-BANNERMAN (sir Henry), *Glasgow 1836 - Londres 1908*, homme politique britannique. Leader des libéraux à la Chambre des communes (1899), Premier ministre (1905-1908), il amorça d'importantes réformes (nouveau statut des syndicats, préparation de l'autonomie sud-africaine).

Camp David (accords de) [17 sept. 1978], accords-cadres conclus à Washington à l'issue du sommet américano-égypto-israélien. Ils prévoyaient la signature d'un traité de paix israélo-égyptien (signé en mars 1979) et posaient le problème du statut de Gaza et de la Cisjordanie.

Camp du Drap d'or (entrevue du) [7 - 24 juin 1520], rencontre qui eut lieu dans une plaine située entre Guînes et Ardres (Pas-de-Calais), entre François Ier, roi de France, et Henri VIII, roi d'Angleterre. Les deux rois firent assaut de munificence, mais François Ier ne parvint pas à détourner Henri VIII d'une alliance avec Charles Quint.

CAMPECHE (baie de) ou **GOLFE DE CAMPECHE,** partie sud-ouest du golfe du Mexique, sur le littoral mexicain. Hydrocarbures. Sur la côte est se trouve la ville portuaire de *Campeche* (173 700 hab.).

CAMPIDANO, plaine d'Italie, dans le sud de la Sardaigne.

CAMPIN (Robert) → **FLÉMALLE** (Maître de).

CAMPINA GRANDE, v. du nord-est du Brésil ; 326 153 hab.

CAMPINAS, v. du Brésil (État de São Paulo) ; 846 084 hab.

CAMPINE, région du nord de la Belgique (qui se prolonge aux Pays-Bas). Élevage bovin.

CAMPOBASSO, v. d'Italie, cap. de la Molise et ch.-l. de prov. ; 50 163 hab.

Campo del Oro, aéroport d'Ajaccio.

Campoformio (traité de) [18 oct. 1797], traité signé près de Campoformio (auj. Campoformido) en Vénétie, entre la France et l'Autriche à l'issue de la campagne de Bonaparte en Italie. L'Autriche cédait à la France la Belgique et le Milanais, lui reconnaissait le droit d'annexion sur la rive gauche du Rhin et recevait la partie orientale de l'ancienne république de Venise.

■ LUÍS DE **CAMÕES** (v. 1570).

CAMPO GRANDE, v. du Brésil, cap. du Mato Grosso do Sul ; 525 612 hab.

CAMPOS, v. du Brésil (État de Rio de Janeiro) ; 388 640 hab. Églises des XVIIe et XVIIIe s.

CAMPRA (André), *Aix-en-Provence 1660 - Versailles 1744*, compositeur français. Il fut l'un des créateurs de l'opéra-ballet (*l'Europe galante*, 1697) et composa de la musique sacrée.

CAM RANH, v. du Viêt Nam ; 118 000 hab.

CAMUS (Albert), *Mondovi, auj. Deraan, Algérie, 1913 - Villeblevin 1960*, écrivain français. Il a traduit dans ses essais (*le Mythe de Sisyphe*, 1942), ses romans (*l'Étranger*, 1942 ; *la Peste*, 1947 ; *la Chute*, 1956) et son théâtre (*Caligula*, 1945 ; *les Justes*, 1949) le sentiment de l'absurdité du destin humain né du choc de la Seconde Guerre mondiale. (Prix Nobel 1957.)

■ ALBERT **CAMUS** au festival d'Angers en 1953.

CAMUS (Armand), *Paris 1740 - id. 1804*, homme politique français. Premier conservateur des Archives nationales, il prit une part active à l'élaboration de la Constitution civile du clergé.

CANA, v. de Galilée, où Jésus opéra son premier miracle, en changeant l'eau en vin (Évangile de Jean).

CANAAN, personnage biblique. Fils de Cham et petit-fils de Noé, ancêtre éponyme des Cananéens.

CANAAN (terre de) ou **PAYS DE CANAAN,** nom biblique de la Terre promise par Dieu aux Hébreux. Originellement occupée par les Cananéens, elle désigne l'ensemble de la Syrie-Palestine, ou simplement la bande littorale sur la Méditerranée.

CANADA n.m., État fédéral d'Amérique du Nord ; 9 975 000 km² ; 29 800 000 hab. *(Canadiens)*. CAP. *Ottawa*. V. PRINC. *Montréal, Toronto* et *Vancouver*. LANGUES : *anglais* et *français*. MONNAIE : *dollar canadien*.

INSTITUTIONS

État fédéral régi par l'Acte de l'Amérique du Nord de 1867 amendé, entre autres, par la Loi constitutionnelle de 1982. Cette dernière modification soustrait définitivement la Constitution à l'autorité du Parlement britannique. Elle s'accompagne de l'inscription, dans la Constitution, d'une « Charte des droits et des libertés » garantissant les mêmes droits à tous les citoyens canadiens. Le gouverneur général, représentant la Couronne britannique, est le chef de l'État. Le Premier ministre, chef de la majorité parlementaire, est responsable devant le Parlement. Celui-ci est composé d'une Chambre des communes (301 membres élus pour 5 ans) et d'un Sénat (104 membres désignés par le gouverneur général, sur proposition du Premier ministre, jusqu'à l'âge de 75 ans). Chaque province est dotée d'un Parlement et d'un gouvernement.

GÉOGRAPHIE

Le pays est divisé en dix provinces (Nouvelle-Écosse, Nouveau-Brunswick, Québec, Ontario, Manitoba, Colombie-Britannique, Île-du-Prince-Édouard, Alberta, Saskatchewan, Terre-Neuve) et trois territoires (Territoires du Nord-Ouest, Nunavut et Yukon).

Pays le plus vaste du monde après la Russie, le Canada possède une population guère supé-

C

OCÉAN ARCTIQUE
OCÉAN ATLANTIQUE
OCÉAN PACIFIQUE
MER DU LABRADOR
GROENLAND (Dan.)
ISLANDE
REYKJAVÍK
RUSSIE
ALASKA
ÉTATS-UNIS
YUKON
TERRITOIRES DU NORD-OUEST
NUNAVUT
COLOMBIE-BRITANNIQUE
ALBERTA
SASKATCHEWAN
MANITOBA
ONTARIO
QUÉBEC
TERRE-NEUVE
NOUVEAU-BRUNSWICK
NOUVELLE-ÉCOSSE
Détroit de Davis
Baie de Baffin
Île de Baffin
Baie d'Hudson
Baie James
Détroit d'Hudson
Ellesmere
Axel-Heiberg
Îles de la Reine-Élisabeth
Victoria
Banks
Mer de Beaufort
Golfe d'Alaska
Îles de la Reine-Charlotte
Î. de Vancouver
Détroit de Béring
Mt McKinley 6194
Mt Logan 5959
Anchorage
Fairbanks
Inuvik
Dawson
Whitehorse
Yellowknife
Grand Lac des Esclaves
Grand Lac de l'Ours
Edmonton
Calgary
Vancouver
Victoria
Seattle
Regina
Saskatoon
Winnipeg
Lac Winnipeg
Churchill
Iqaluit
Thunder Bay
Toronto
Hamilton
Ottawa
Montréal
Québec
Halifax
St. John's
Boston
New York
Lac Supérieur
Lac Huron
Lac Ontario
Lac Érié
Lac Michigan
St-Pierre-et-Miquelon (Fr.)
plus de 1 000 000 h.
de 500 000 à 1 000 000 h.
de 100 000 à 500 000 h.
moins de 100 000 h.
Québec : capitale de province
Yellowknife : ch.-l. de territoire
route
voie ferrée
aéroport
0 500 km
200 500 1000 2000 m

rieure à la moitié de celle de la France. Le climat, de plus en plus rude vers le N. au-delà du 50e parallèle (sur le bouclier à l'E., dans les Rocheuses à l'O.), explique la faiblesse de la densité moyenne (3 hab. au km^2) et la concentration de la population dans la région du Saint-Laurent et des Grands Lacs (provinces de l'Ontario et du Québec), souvent dans des villes (près de 80 % de la population sont urbanisés). Parmi celles-ci émergent nettement les deux métropoles de Toronto et de Montréal. Héritage de l'histoire, cette population (à l'accroissement démographique réduit par le recul du taux de natalité) se caractérise par le dualisme anglophones (globalement largement majoritaires) – francophones (près de 30 % de la population totale, mais plus de 80 % au Québec).
Le Canada est, depuis longtemps, un grand producteur agricole et minier. Il se situe parmi les dix premiers fournisseurs mondiaux de blé, de bois (la forêt couvre environ le tiers du territoire), de gaz naturel, de fer, de plomb et de zinc, de cuivre et de nickel, d'uranium, d'or. Aux hydrocarbures (le pétrole est également abondant) s'ajoute l'électricité nucléaire et surtout hydraulique. Ces productions sont naturellement valorisées par l'industrie : agroalimentaire (lié aussi à l'élevage bovin), industries du bois, métallurgie (également à partir de minerais importés, pour la production d'aluminium essentiellement). Des branches de transformation, comme l'automobile ou la chimie, ont été stimulées par l'apport financier du puissant voisin américain, à l'influence parfois écrasante. Environ les deux tiers du commerce extérieur s'effectuent avec les États-Unis.
L'économie bénéficie d'atouts indiscutables, en particulier de l'exceptionnel potentiel agricole et minier (notamment énergétique), qui ne résout pas toutefois le problème de l'emploi et n'a pu réussir à libérer le pays de l'emprise américaine.

HISTOIRE

La Nouvelle-France. Le premier peuplement du Canada est constitué par des tribus amérindiennes. **1534 :** Jacques Cartier prend possession du Canada au nom du roi de France. **1535 - 1536 :** il remonte le Saint-Laurent. **1604 - 1605 :** S. de Champlain entreprend la colonisation de l'Acadie (création de Port-Royal). **1608 :** il fonde Québec. **1627 :** Richelieu crée la Compagnie des Cent-Associés, chargée de coloniser le pays. Mais l'immigration est faible, et les Français et leurs alliés indiens doivent faire face aux incursions des Iroquois. **1663 - 1664 :** Louis XIV réintègre le Canada dans le domaine royal et le dote d'une nouvelle administration. **1665 - 1672 :** sous l'impulsion de l'intendant Jean Talon, la Nouvelle-France connaît un brillant essor et la colonisation se développe le long du Saint-Laurent. **1672 :** les Français sont près de 7 000 au Canada. L'exploration intérieure s'amplifie jusqu'à l'embouchure du Mississippi. Les Anglais, établis sur la côte atlantique (env. 100 000), se sentent menacés. Ils combattent les Français. **1713 :** au traité d'Utrecht, les Français perdent la baie d'Hudson, l'Acadie et l'essentiel de Terre-Neuve. **1745 :** la forteresse de Louisbourg tombe aux mains des Anglais. **1756 - 1763** (guerre de Sept Ans) : les Anglais s'emparent de Québec après la défaite de Montcalm aux Plaines d'Abraham (1759) et prennent Montréal (1760). **1763 :** par le traité de Paris, la France cède tout le Canada à la Grande-Bretagne.
Le Canada britannique. 1774 : les Canadiens recouvrent certains droits par l'Acte de Québec. **1783 :** la signature du traité de Versailles, reconnaissant l'indépendance des États-Unis, provoque l'arrivée massive de loyalistes américains dans les provinces de Québec et de Nouvelle-Écosse (anc. Acadie), qui aboutit à la création de la province du Nouveau-Brunswick (1784) et à la division de la province de Québec en deux colonies : Haut-Canada (auj. l'Ontario), anglophone, et Bas-Canada (auj. le Québec), francophone (1791). **1812 - 1814 :** lors de la guerre entre les États-Unis et la Grande-Bretagne, le Haut-et le Bas-Canada font bloc autour de la Couronne. Les années qui suivent voient le développement d'une opposition conduite par Louis Joseph Papineau au Bas-Canada, et par William Lyon Mackenzie dans le Haut-Canada, qui exigent un vrai régime parlementaire. **1837 :** le refus de Londres provoque une rébellion dans les deux colonies. **1840 :** la révolte écrasée, le gouvernement britannique réunit les deux Canada sous un même parlement et impose l'anglais comme langue unique. **1848 :** le français est restauré au rang de langue officielle.
La Confédération canadienne. 1867 : l'Acte de l'Amérique du Nord britannique crée le dominion du Canada, qui regroupe l'Ontario (anc. Haut-Canada), le Québec (anc. Bas-Canada), la Nouvelle-Écosse et le Nouveau-Brunswick. **1870 - 1905 :** au cours de ces années, la Confédération étend son territoire. **1870 :** après la révolte des métis conduite par Louis Riel, elle crée la province du Manitoba, tandis que la Colombie-Britannique (1871) et l'Île-du-Prince-Édouard (1873) se joignent à elle. **1882 - 1885 :** la construction du Canadian Pacific Railway reliant Vancouver à Montréal contribue à un nouvel essor de la colonisation. **1905 :** les provinces de la Saskatchewan et de l'Alberta sont instituées. **1896 - 1911 :** le Premier ministre Wilfrid Laurier resserre les liens commerciaux avec la Grande-Bretagne tout en renforçant l'autonomie du dominion. **1914 - 1918 :** le Canada accède au rang de puissance internationale par sa participation à la Première Guerre mondiale aux côtés des Alliés. **1921 - 1948 :** William Lyon Mackenzie King, chef du Parti libéral, préside presque sans interruption aux destinées du pays. **1926 :** la Conférence impériale reconnaît l'indépendance du Canada au sein du Commonwealth, sanctionnée par le Statut de Westminster (1931). **1940 - 1945 :** le Canada déclare la guerre à l'Allemagne et développe une puissante industrie de guerre. **1949 :** l'île de Terre-Neuve devient une province canadienne. **1948 - 1984 :** sous la direction des libéraux, qui dominent la vie politique avec les Premiers ministres Louis Saint-Laurent (1948 - 1957), Lester Pearson (1963 - 1968) et Pierre Elliott Trudeau (1968 - 1979 et 1980 - 1984), le Canada pratique une politique de rapprochement de plus en plus étroit avec les États-Unis. Mais, au cours de ces années, la Confédération doit constamment faire face aux revendications autonomistes de la province francophone de Québec, qui trouvent leurs aboutissements dans un référendum sur l'indépendance du Québec (1980). **1982 :** dans la foulée de l'échec des indépendantistes, Trudeau obtient le rapatriement de la Constitution canadienne, qui pourra être modifiée sans l'autorisation du Parlement britannique. Les autochtones obtiennent d'importantes garanties, tandis que les revendications québécoises sont ignorées. Le Québec refuse d'adhérer à la loi constitutionnelle de 1982. **1984 :** le conservateur Brian Mulroney accède au pouvoir. **1988 :** il est reconduit à la tête du gouvernement après la victoire des conservateurs aux élections qui consacrent l'accord de libre-échange avec les États-Unis. **1989 :** le Canada adhère à l'OEA. **1990 :** l'échec du projet d'accord constitutionnel (dit « du lac Meech »), destiné à satisfaire les demandes minimales du Québec, ouvre une crise politique sans précédent, aggravée par des revendications territoriales amérindiennes. **1992 :** un nouveau projet de réforme constitutionnelle (Charlottetown) comportant, entre autres, un nouveau statut pour les autochtones est rejeté par référendum. **1993 :** après la démission de B. Mulroney, Kim Campbell, élue à la tête du Parti conservateur, lui succède. Lors des élections générales, ce même parti enregistre une défaite écrasante. Arrivé en deuxième position, le Bloc québécois, parti indépendantiste dirigé (jusqu'en 1996) par Lucien Bouchard, constitue désormais l'opposition officielle. Jean Chrétien, chef des libéraux, devient Premier ministre. **1994 :** l'accord de libre-échange (ALENA), négocié en 1992 avec les États-Unis et le Mexique, entre en vigueur. **1995 :** le référendum sur la souveraineté du Québec, qui voit les partisans du maintien de la province dans l'ensemble canadien l'emporter d'extrême justesse sur les indépendantistes, ébranle fortement la Confédération. **1997 :** le Parti libéral de J. Chrétien remporte la majorité absolue aux élections, devant le parti de la Réforme (nouvelle opposition officielle). **1999 :** les Territoires du Nord-Ouest voient leur partie orientale se détacher et former le Nunavut, peuplé majoritairement d'Inuits. **2000 :** J. Chrétien est confirmé au pouvoir après la nouvelle et large victoire (majorité absolue) du Parti libéral aux élections.

Canada-France-Hawaii (télescope) [CFH], télescope franco-canadien de 3,60 m de diamètre, mis en service en 1979 sur le Mauna Kea (Hawaii).

CANADEL (Le) [83820 Rayol Canadel sur Mer], station balnéaire du Var (comm. de Rayol-Canadel-sur-Mer), sur la côte des Maures.

CANADIAN RIVER n.f., riv. des États-Unis, affl. de l'Arkansas (r. dr.) ; 1 544 km.

CANADIEN (bouclier), région géologique du Canada, correspondant à un socle raboté par les glaciers et entourant la baie d'Hudson.

CANALA, comm. de Nouvelle-Calédonie ; 3 374 hab. Nickel.

CANALETTO (Giovanni Antonio **Canal,** dit **il**), *Venise 1697 - id. 1768,* peintre et graveur italien. Il a magnifié le genre de la « vue » urbaine (*veduta*) en peignant sa ville natale et a aussi travaillé à Londres (v. 1746 - 1754).

Canal + (Canal Plus), chaîne française de télévision à péage. Mise en service en 1984, elle accorde une place importante à la diffusion de films et au sport. Canal +, auj. composante du groupe de communication *Vivendi Universal, a créé des filiales en Europe et en Afrique, fondé une société de production de cinéma et lancé en 1996 le bouquet de chaînes numériques CanalSatellite.

CANANÉENS, peuples sémitiques installés en Syrie et en Palestine au IIIe millénaire av. J.-C. Leurs cités continentales disparurent sous la poussée des Hébreux et des Araméens (XIIIe-XIIe s.). Ils se maintinrent sur le littoral sous le nom de Phéniciens.

CANAQUES → KANAK.

Canard enchaîné (le), hebdomadaire satirique illustré français. Fondé à Paris en 1916, il fustige par ses pamphlets et ses caricatures les milieux politiques et financiers aussi bien que littéraires et artistiques. Il refuse toute publicité.

CANARIES (courant des), courant marin froid de l'Atlantique. Il longe vers le S. les côtes du Maroc et de la Mauritanie.

CANARIES (îles), en esp. **Canarias,** archipel de l'Atlantique (constituant une communauté autonome d'Espagne) ; 7 300 km^2 ; 1 601 812 hab. (*Canariens*) ; cap. *Las Palmas* et *Santa Cruz de Tenerife* ; 2 prov. (*Las Palmas* et *Santa Cruz de Tenerife*). Il comprend la Grande Canarie, Fuerteventura, Lanzarote, Tenerife, Gomera, Palma et Hierro (île du Fer). Climat chaud et sec en été. Tourisme. — Ces îles, dont le Normand Jean de Béthencourt entama la conquête en 1402, furent reconnues espagnoles en 1479.

CANARIS (Constantin) **→ KANÁRIS.**

CANARIS (Wilhelm), *Aplerbeck 1887 - Flossenbürg 1945,* amiral allemand. Chef des services de renseignements de l'armée allemande (1935 - 1944), il fut exécuté sur ordre de Hitler.

CANAVERAL (cap), de 1964 à 1973 **cap Kennedy,** flèche sableuse des États-Unis, sur la côte est de la Floride. Principale base américaine de lancement d'engins spatiaux.

CANBERRA, cap. fédérale de l'Australie, à 250 km au S.-O. de Sydney ; 278 894 hab. Université. — Galerie d'art nationale.

CANCALE (35260), ch.-l. de cant. d'Ille-et-Vilaine, sur la Manche ; 5 351 hab. *(Cancalais).* Station balnéaire. Ostréiculture.

CANCER, constellation zodiacale. — **Cancer,** quatrième signe du zodiaque, dans lequel le Soleil entre au solstice d'été.

CANCÚN, station balnéaire du Mexique, au N.-E. de la péninsule du Yucatán.

CANDÉ (49440), ch.-l. de cant. de Maine-et-Loire, sur l'Erdre ; 2 654 hab. *(Candéens).*

CANDIAC, v. du Canada (Québec), banlieue sud-est de Montréal ; 11 735 hab. *(Candiacois).*

Candide ou l'Optimisme, conte de Voltaire (1759). Les souffrances vécues ou observées par Candide se veulent un démenti de l'optimisme philosophique de Leibniz et de Wolff, incarné par le précepteur de Candide, Pangloss, et résumé dans la formule « tout est pour le mieux dans le meilleur des mondes possibles ».

CANDIE, ancien nom de la Crète et de la ville d'Iráklion.

CANDOLLE (Augustin **Pyrame de**), *Genève 1778 - id. 1841,* botaniste suisse. Auteur de la *Théorie élémentaire de la botanique* (1813), il fut un descripteur et classificateur du monde végétal.

CANDRAGUPTA ou **CHANDRAGUPTA,** roi de l'Inde (v. 320 - v. 296 av. J.-C.), fondateur de la dynastie maurya. — **Candragupta Ier,** souverain indien (v. 320 - v. 330 apr. J.-C.), fondateur de la dynastie gupta. — **Candragupta II,** souverain indien (v. 375 - 414) de la dynastie gupta.

Canebière (la), avenue de Marseille, débouchant sur le Vieux-Port.

CANÉE (La) ⟶ **KHANIÁ.**

CANET-EN-ROUSSILLON (66140), ch.-l. de cant. des Pyrénées-Orientales ; 10 299 hab. *(Canétois).* Station balnéaire à *Canet-Plage.*

CANETTI (Elias), *Ruse, Bulgarie, 1905 - Zurich 1994,* écrivain britannique d'expression allemande. Ses romans allégoriques (*Auto-da-fé,* 1936), ses essais (*Masse et Puissance,* 1960) et son autobiographie (1977 - 1985) analysent les mécanismes qui régissent les comportements humains. (Prix Nobel 1981.)

CANGE (Charles **Du Fresne,** seigneur **Du**) ⟶ **DU CANGE.**

CANGUILHEM (Georges), *Castelnaudary 1904 - Marly-le-Roi 1995,* philosophe français. Rénovateur de l'épistémologie en France, il s'est particulièrement intéressé aux sciences de la vie (*le Normal et le Pathologique,* 1966).

CANIFF (Milton), *Hillsboro, Ohio, 1907 - New York 1988,* dessinateur et scénariste américain de bandes dessinées. Son style fondé sur les contrastes entre le noir et le blanc a exercé une grande influence (*Steve Canyon,* 1947).

CANIGOU n.m., massif des Pyrénées françaises (Pyrénées-Orientales) ; 2 784 m.

CANISIUS (Pierre) ⟶ **PIERRE CANISIUS** (saint).

CANJUERS [kɑ̃ʒɥɛr] (plan de), plateau du sud de la France (Var), au S. des gorges du Verdon, à proximité de Draguignan. Camp militaire.

CANNES, ch.-l. de cant. des Alpes-Maritimes ; 68 214 hab. *(Cannois).* Station balnéaire et hivernale. Aéronautique. — Festival international du film. — Musée de la Castre.

Cannes (bataille de) [216 av. J.-C.], bataille de la deuxième guerre punique. Victoire d'Hannibal sur les Romains en Apulie, près de l'Aufidus (auj. Ofanto). Elle reste pour les théoriciens militaires un exemple constamment étudié.

CANNET (Le) [06110], ch.-l. de cant. des Alpes-Maritimes ; 42 492 hab. *(Cannettans).*

CANNING (George), *Londres 1770 - Chiswick 1827,* homme politique britannique. Tory, ministre des Affaires étrangères (1807 - 1809), il lutta énergiquement contre Napoléon. De retour au Foreign Office (1822 - 1827), Premier ministre (1827), il favorisa les mouvements nationaux et libéraux dans le monde.

CANNIZZARO (Stanislao), *Palerme 1826 - Rome 1910,* chimiste italien. Il introduisit la notion de nombre d'Avogadro (1858) et découvrit les alcools aromatiques.

CANO (Alonso), *Grenade 1601 - id. 1667,* peintre et sculpteur espagnol. Actif à Séville, à Madrid, à Grenade, il est l'auteur de statues polychromes et de tableaux d'église caractérisés par le lyrisme et la recherche d'une beauté idéale.

CANOPE, anc. v. de la Basse-Égypte, dans le delta du Nil. Célèbre dans l'Antiquité pour ses temples (celui de Sérapis a inspiré certaines parties de la villa Hadriana). Osiris était ici vénéré sous la forme d'une cruche, ce qui est à l'origine de la dénomination de *vase canope.*

CANOSSA, village d'Italie (Émilie-Romagne). Le futur empereur germanique Henri IV y fit amende honorable devant le pape Grégoire VII (janv. 1077) durant la querelle des Investitures, d'où l'expression *aller à Canossa,* s'humilier devant son adversaire.

CANOVA (Antonio), *Possagno, prov. de Trévise, 1757 - Venise 1822,* sculpteur italien. Principal représentant du *néoclassicisme, il est l'auteur de marbres comme les deux *Amour et Psyché* (Louvre) et comme *Pauline Borghèse* (Rome), etc.

CANROBERT (François **Certain**), *Saint-Céré 1809 - Paris 1895,* maréchal de France. Il commanda le corps expéditionnaire en Crimée (1855) et se distingua à Saint-Privat (1870).

CANSADO, v. de Mauritanie, près de Nouadhibou ; 5 000 hab. Port. Exportation de minerai de fer.

CANTABRES, anc. peuple d'Espagne, au sud du golfe de Gascogne, soumis par les Romains en 25-19 av. J.-C.

CANTABRIQUE, en esp. **Cantabria,** communauté autonome d'Espagne ; 529 866 hab. ; cap. *Santander ;* 1 prov. *(Santander).*

CANTABRIQUES (monts), chaîne du nord-ouest de l'Espagne ; 2 648 m au *picos de Europa.* Prolongement montagneux des Pyrénées, le long du golfe de Gascogne.

Cantal

500 1000 m

plus de 10 000 h.
de 2 000 à 10 000 h.
de 1 000 à 2 000 h.
moins de 1 000 h.
ch.-l. d'arrondissement
ch.-l. de canton
commune
autre localité
autoroute
route
voie ferrée

CANTACUZÈNE, famille de l'aristocratie byzantine. Elle a donné des empereurs à Byzance, des despotes à Mistra et des hospodars aux principautés roumaines.

CANTAL n.m., massif volcanique de France, en Auvergne ; 1 855 m au *plomb du Cantal.* Très démantelé par l'érosion, il est bordé de planèzes basaltiques.

CANTAL n.m. (15), dép. de la Région Auvergne ; ch.-l. de dép. *Aurillac ;* ch.-l. d'arrond. *Mauriac, Saint-Flour ;* 3 arrond. ; 27 cant. ; 260 comm. ; 5 726 km² ; 150 778 hab. *(Cantaliens).* Le dép. appartient à l'académie de Clermont-Ferrand, à la cour d'appel de Riom, à la zone de défense Sud-Est. Il est formé de terrains volcaniques (massif du Cantal et partie de l'Aubrac) et cristallins (Margeride, Châtaigneraie). C'est un dép. encore rural, où l'élevage bovin pour les produits laitiers (fromages) constitue la ressource essentielle. La faiblesse de l'industrialisation et de l'urbanisation (seule Aurillac dépasse 10 000 hab.) s'accompagne d'un constant dépeuplement, que ne ralentit guère l'activité touristique.

CANTELEU, comm. de la Seine-Maritime, banlieue de Rouen ; 15 838 hab. *(Cantiliens).*

CANTEMIR (Dimitrie), *Fălciu 1673 - Kharkov 1723,* prince de Moldavie (1693 et 1710 - 1711) et historien. Allié de Pierre le Grand qui fut défait par les Ottomans en 1711, il se réfugia en Russie. — Esprit encyclopédique, remarquable érudit, il mit en avant les origines latines des peuples roumains.

CANTERBURY, en fr. **Cantorbéry,** v. de Grande-Bretagne (Angleterre, Kent) ; 33 000 hab. Siège de l'archevêque primat du royaume. — Importante cathédrale des XIe-XVe s. ; autres monuments et vestiges médiévaux.

CAN THO, v. du Viêt Nam méridional ; 208 000 hab.

CANTILLON (Richard), *v. 1680 - Londres 1734,* banquier, économiste et démographe irlandais. Auteur d'un *Essai sur la nature du commerce en général* (1755), il a inspiré les physiocrates et Adam Smith.

Cantique des cantiques (le), livre biblique (v. 450 av. J.-C.). Recueil de chants d'amour dans lesquels la tradition a vu le symbole de l'union de Dieu et de son peuple.

CANTON, en chin. **Guangzhou,** v. de Chine, cap. du Guangdong, à l'embouchure du Xi Jiang ; 3 620 000 hab. *(Cantonais).* Centre industriel et commercial (foire internationale). — Monuments anciens ; musées ; jardins. — Centre d'un actif commerce avec l'Inde et l'Empire musulman dès le VIIe s., la ville eut des contacts avec les Occidentaux dès 1514.

CANTONS-DE-L'EST ⟶ **ESTRIE.**

CANTOR (Georg), *Saint-Pétersbourg 1845 - Halle 1918,* mathématicien allemand. Il est considéré comme le créateur, avec Dedekind, de la théorie des ensembles. Il a étendu ses recherches à la topologie et à la théorie des nombres. Épuisé par son travail, il mourut en asile psychiatrique.

Canuts (révolte des) [nov.-déc. 1831], insurrection des tisseurs de soie de Lyon (*canuts*) afin de faire respecter le tarif minimal qu'ils venaient d'obtenir. Une armée conduite par le maréchal Soult écrasa ce mouvement.

CANY-BARVILLE (76450), ch.-l. de cant. de la Seine-Maritime ; 3 425 hab. *(Canycais).* Château de Cany (1640).

CÃO ou **CAM** (Diogo), *XVe s.,* navigateur portugais. Il reconnut en 1483 l'embouchure du Congo.

CAO BANG, v. du nord du Viêt Nam. Première véritable victoire des forces du Viêt-minh sur les troupes françaises (1950).

CAO CAO, *Pei 155 - Luoyang 220,* poète et homme de guerre chinois. Il ouvrit à la poésie chinoise la voie de l'inspiration personnelle.

CAP (Le), en angl. **Cape Town,** en afrik. **Kaapstad,** cap. législative de l'Afrique du Sud, ch.-l. de la *prov. du Cap-Ouest* (2 350 000 hab. dans l'agglomération). Port actif à l'extrémité sud du continent africain, sur la baie de la Table, à 50 km du cap de Bonne-Espérance. Centre industriel (agroalimentaire). — Le Cap fut fondé par les Hollandais en 1652 ; la ville devint britannique, avec toute la *province du Cap,* en 1814.

CAP (Le), anc. prov. d'Afrique du Sud ayant formé en 1994 les *provinces du Cap-Est, du Cap-Nord, du Cap-Ouest* et une partie du Nord-Ouest.

CAPA (Andrei **Friedmann,** dit Robert), *Budapest 1913 - Thai Binh, Viêt Nam, 1954,* photographe américain d'origine hongroise. De la guerre d'Espagne à celle d'Indochine, où il mourut, il a toujours témoigné non de l'exploit mais de la détresse humaine. Il fut l'un des fondateurs de l'agence Magnum.

■ LE **CAP.** La ville au pied de la montagne de la Table.

CAPBRETON (40130), comm. des Landes ; 6 928 hab. *(Capbretonnais).* Station balnéaire.

CAP-BRETON (île du), île du Canada (Nouvelle-Écosse), à l'entrée du golfe du Saint-Laurent (reliée par une route au continent) ; v. princ. *Sydney.* Parc national.

CAPCIR, région de France (Pyrénées-Orientales), au pied du Carlitte, dans la vallée supérieure de l'Aude. (Hab. *Capcirais.*)

CAP-D'AIL [kabdaj] (06320), comm. des Alpes-Maritimes ; 4 565 hab. *(Cap-d'Aillois).* Station balnéaire.

CAP-DE-LA-MADELEINE, v. du Canada (Québec), sur le Saint-Laurent ; 35 070 hab. *(Madelinois).* Pèlerinage.

CAPDENAC-GARE (12700), ch.-l. de cant. de l'Aveyron, sur le Lot, en face de Capdenac (Lot) ; 4 801 hab. *(Capdenacois).*

ČAPEK (Karel), *Malé-Svatoňovice 1890 - Prague 1938,* écrivain tchèque. Ses romans *(la Fabrique d'absolu)* et ses pièces de théâtre *(R.U.R.)* dénoncent la soumission de l'homme à ses propres créations scientifiques et techniques.

CAPELLE (La) [02260], ch.-l. de cant. de l'Aisne ; 2 118 hab. *(Capellois).*

CAPELLEN, écart de la commune de Mamer, constituant un ch.-l. de cant. du Luxembourg.

CAPESTANG [kapestɑ̃] (34310), ch.-l. de cant. de l'Hérault, sur le canal du Midi ; 3 051 hab. *(Capestanais).* Église gothique.

CAPESTERRE-BELLE-EAU (97130), comm. de la Guadeloupe ; 19 678 hab. *(Capesterriens).*

CAPET, surnom d'Hugues Ier (« vêtu d'une cape »), premier roi de France capétien, puis nom de famille attribué par ironie à Louis XVI sous la Révolution française.

CAPÉTIENS, dynastie de rois qui régnèrent sur la France de 987 à 1328. Fondée par Hugues Capet, cette dynastie, dite aussi « des Capétiens directs », succéda aux Carolingiens et eut pour successeurs les Valois, issus d'une branche collatérale.

CAPE TOWN → **CAP (Le).**

CAP-FERRAT → **SAINT-JEAN-CAP-FERRAT.**

CAP-FERRET (33970 Lège Cap Ferret), station balnéaire de la Gironde (comm. de Lège-Cap-Ferret), en face d'Arcachon.

CAP-HAÏTIEN, v. d'Haïti, sur la côte nord de l'île ; 76 000 hab. Ce fut la cap. de Saint-Domingue jusqu'en 1770. — Aux environs, ruines de la citadelle du roi Christophe.

CAPHARNAÜM [kafarnaɔm], v. de Galilée, au bord du lac de Tibériade, où, selon les Évangiles, Jésus enseigna.

Capital (le), ouvrage de Karl Marx (livre I, 1867), où il s'attache à dégager les lois de fonctionnement du système capitaliste. Les livres II, III et IV parurent après sa mort.

CAPITANT (Henri), *Grenoble 1865 - Allinges, Haute-Savoie, 1937,* juriste français. Il est l'auteur de nombreux ouvrages de droit civil *(Introduction à l'étude du droit civil,* 1904).

Capitole, palais de Washington où siègent le Sénat et la Chambre des représentants des États-Unis (première pierre posée en 1793).

CAPITOLE n. m. ou **CAPITOLIN** (mont), une des sept collines de Rome, où, dans l'Antiquité, s'élevait le temple consacré à Jupiter Capitolin, protecteur de la Cité, entouré de Junon et de Minerve (« triade capitoline »). L'actuelle place du Capitole a été tracée par Michel-Ange. L'un de ses palais est l'hôtel de ville de Rome, les deux autres sont des musées d'antiques.

CAPLET (André), *Le Havre 1878 - Neuilly-sur-Seine 1925,* compositeur français. Également chef d'orchestre, il fut l'ami de Debussy et composa notamment des œuvres vocales et de la musique religieuse *(le Miroir de Jésus).*

CAP-MARTIN → **ROQUEBRUNE-CAP-MARTIN.**

CAPO D'ISTRIA ou **CAPODISTRIA** (Jean, comte **de**), *Corfou 1776 - Nauplie 1831,* homme politique grec. Après avoir été au service de la Russie (1809-1822), il fut élu président du nouvel État grec (1827), dont il jeta les bases. Il fut assassiné.

CAPONE (Alphonse, dit Al), *Brooklyn 1899 - Miami 1947,* gangster américain. Il fit fortune grâce au commerce clandestin de boissons alcoolisées, qu'il organisa pendant la prohibition.

Caporetto (bataille de) [24 - 28 oct. 1917], bataille de la Première Guerre mondiale. Victoire des Austro-Allemands sur les Italiens à Caporetto, sur l'Isonzo (auj. Kobarid, Slovénie). Cette bataille provoqua un sursaut patriotique en Italie.

CAPOTE (Truman), *La Nouvelle-Orléans 1924 - Los Angeles 1984,* écrivain américain. Il mêla fantaisie et délicate nostalgie dans son œuvre narrative *(Petit Déjeuner chez Tiffany,* 1958) avant d'évoluer vers le « roman-reportage » *(De sang-froid,* 1965).

CAPOUE, en ital. **Capua,** v. d'Italie (Campanie), sur le Volturno ; 17 967 hab. *(Capouans).* Hannibal s'en empara (215 av. J.-C.) ; son armée, affaiblie par le luxe de la ville *(délices de Capoue),* y perdit sa combativité. — Vestiges romains. Musée.

CAPPADOCE n.f., région d'Anatolie (Turquie). Elle fut le centre de l'Empire hittite (IIIe-IIe millénaire av. J.-C.) et devint à la fin du IVe s. un brillant foyer du christianisme. — Nombreuses églises rupestres ornées de peintures (VIe-XIIIe s.).

CAPPIELLO (Leonetto), *Livourne 1875 - Grasse 1942,* affichiste, caricaturiste et peintre français d'origine italienne. Il a su, l'un des premiers, condenser le motif pour augmenter le pouvoir du message publicitaire.

CAPRA (Frank), *Palerme 1897 - Los Angeles 1991,* cinéaste américain. Il incarne la comédie américaine sophistiquée et optimiste : *New York-Miami* (1934), *l'Extravagant M. Deeds* (1936), *Arsenic et vieilles dentelles* (1944), *La vie est belle* (1947).

CAPRARA (Giovanni Battista), comte **Montecuccoli,** *Bologne 1733 - Paris 1810,* prélat italien. Légat de Pie VII en France, il conclut le Concordat de 1801.

CAPRERA, île d'Italie, sur la côte nord de la Sardaigne. Tourisme. — Maison et tombe de Garibaldi.

CAPRI, île d'Italie, dans le golfe de Naples ; 7 045 hab. Rivages escarpés et creusés de grottes. Grand centre touristique. — Résidence favorite de Tibère (ruines de deux villas).

CAPRICORNE, constellation zodiacale. — **Capricorne,** dixième signe du zodiaque, dans lequel le Soleil entre au solstice d'hiver.

CAPRIVI (Leo **von**), *Charlottenburg 1831 - Skyren 1899,* général et homme politique allemand. Chef de l'Amirauté (1883 - 1888), puis président du Conseil de Prusse (1890 - 1892), il fut chancelier (1890 - 1894).

CAP-ROUGE, v. du Canada (Québec), banlieue sud-ouest de Québec ; 14 738 hab. *(Carougeois).*

Caps et Marais d'Opale (parc naturel régional des), parc naturel couvrant env. 130 000 ha sur le dép. du Pas-de-Calais (Boulonnais et Audomarois).

Captivité de Babylone, période (587 - 538 av. J.-C.) pendant laquelle les Hébreux déportés par Nabuchodonosor II demeurèrent exilés à Babylone, jusqu'à l'édit de libération de Cyrus II.

CAPULETS → **Roméo et Juliette.**

CAPVERN (65130), comm. des Hautes-Pyrénées ; 1 099 hab. Station thermale.

CAP-VERT (îles du), État insulaire d'Afrique, à l'O. du Sénégal ; 4 000 km² ; 400 000 hab. *(Cap-Verdiens).* CAP. *Praia.* LANGUE : *portugais.* MONNAIE : *escudo du Cap-Vert.* Le pays compte une dizaine d'îles habitées et de nombreux îlots. — Anc. possession portugaise, il est devenu indépendant en 1975.

Carabobo (bataille de) [24 juin 1821], victoire de Bolívar sur les Espagnols, qui assura l'indépendance du Venezuela.

CARACALLA (Marcus Aurelius Antoninus Bassianus, surnommé), *Lyon 188 - Carrhae, auj. Harran, 217,* empereur romain (211 - 217). Fils de Septime Sévère, son règne fut marqué par la *Constitution antonine,* ou *édit de Caracalla* (212), qui étendit à tout l'Empire le droit de cité romain. Il fit construire à Rome les thermes qui portent son nom.

CARACAS, cap. du Venezuela, à environ 900 m d'alt., près de la mer des Antilles ; 1 822 465 hab. *(Caracassiens)* [plus de 4 000 000 hab. dans l'agglomération]. Port à La Guaira. Aéroport à Maiquetía. — Musées.

■ **CARACAS.** Un aspect de la ville et du site.

CARACCIOLO, famille napolitaine connue à partir du Xe s., dont plusieurs membres s'illustrèrent dans l'Église, les armes ou la politique. — **Francesco C.,** *Naples 1752 - id. 1799,* amiral napolitain. Amiral de la République parthénopéenne, il fut pendu sur l'ordre de Nelson au grand mât de sa frégate.

Caractères (les), recueil de maximes et de portraits de La Bruyère (1688 - 1696). L'auteur observe en moraliste les différents types humains de la société française de son temps.

CARAGIALE (Ion Luca), *Haimanale 1852 - Berlin 1912,* auteur dramatique roumain. Ses comédies font de lui l'un des précurseurs du théâtre de l'*absurde *(Une lettre perdue,* 1884).

CARAÏBE (la) ou les **CARAÏBES,** région géographique regroupant l'ensemble des Antilles et une partie des terres bordant la mer des Antilles.

CARAÏBES → **CARIB.**

CARAÏBES (mer des) ou **MER CARAÏBE,** autres noms de la mer des Antilles.

CARAJÁS (serra dos), hautes terres du Brésil (État de Pará). Minerai de fer.

CARAMANLIS (Constantin) → **KARAMANLÍS** (Konstandínos).

CARANTEC (29660), comm. du Finistère ; 2 818 hab. Station balnéaire sur la Manche.

CARAQUET, v. du Canada (Nouveau-Brunswick), sur la baie des Chaleurs ; 3 487 hab. Pêche.

C

■ LE **CARAVAGE.** *La Conversion de saint Paul,* 1601. (Église Sainte-Marie-du-Peuple, Rome.)

– Musée acadien et, aux environs, village historique acadien (reconstitution).

CARAVAGE (Michelangelo **Merisi**, dit **il Caravaggio,** en fr. **le**), *Milan ? v. 1571 - Porto Ercole, prov. de Grosseto, 1610,* peintre italien. Artiste au destin tumultueux, il a dramatisé le réalisme de sa vision en recourant à de puissants contrastes d'ombre et de lumière (trois scènes de la vie de saint Matthieu, église St-Louis-des-Français, Rome, v. 1600 ; *les Sept Œuvres de miséricorde,* 1607, Naples ; *Décollation de saint Jean-Baptiste,* 1608, cathédrale de La Valette ; etc.). De nombreux peintres *caravagesques* attestent sa postérité européenne.

CARBON-BLANC (33560), ch.-l. de cant. de la Gironde ; 6 681 hab. *(Carbonblannais).*

CARBONNE (31390), ch.-l. de cant. de la Haute-Garonne ; 3 790 hab. *(Carbonnais).* Centrale hydroélectrique sur la Garonne. – Église gothique.

CARBONNIER (Jean), *Libourne 1908,* juriste français. Professeur de droit, il a apporté d'importantes contributions à la sociologie juridique (*Flexible Droit,* 1969 ; *Sociologie juridique,* 1972).

CARCASSONNE (11000), ch.-l. du dép. de l'Aude, sur l'Aude et le canal du Midi, à 770 km au S. de Paris ; 46 216 hab. *(Carcassonnais).* La ville est partagée entre la ville basse et la cité. Évêché. – Les murailles qui entourent la cité de Carcassonne forment l'ensemble le plus complet que l'on possède de fortifications du Moyen Âge, très restauré par Viollet-le-Duc ; château comtal ; église St-Nazaire, des XIIe-XIVe s. Monuments de la ville basse. Musées.

CARCO (François **Carcopino-Tusoli,** dit Francis), *Nouméa 1886 - Paris 1958,* écrivain français. Il a évoqué dans son œuvre poétique et romanesque l'univers des mauvais garçons et de la bohème artiste *(Jésus la Caille).*

CARCOPINO (Jérôme), *Verneuil-sur-Avre 1881 - Paris 1970,* historien français. Spécialiste de l'Antiquité romaine, il est l'auteur de *César* (1936) et de *la Vie quotidienne à Rome à l'apogée de l'Empire* (1939).

CARDAN (Gerolamo **Cardano,** en fr. Jérôme), *Pavie 1501 - Rome 1576,* savant italien. Médecin, il est surtout connu en tant qu'auteur (après Tartaglia) de la formule de résolution de l'équation du 3e degré, et par son exposé d'algèbre qui introduit la théorie des équations. Il a décrit le mode de suspension qui, depuis, porte son nom.

CÁRDENAS (Lázaro), *Jiquilpan 1895 - Mexico 1970,* homme politique mexicain. Il fut président du Mexique de 1934 à 1940.

CARDIFF, v. de Grande-Bretagne, sur la côte sud du pays de Galles ; 272 600 hab. Port. Stade de rugby. – Musée national du pays de Galles.

CARDIJN (Joseph), *Schaerbeek 1882 - Louvain 1967,* prêtre belge. Vicaire d'une paroisse populaire, il jeta les bases de la Jeunesse ouvrière chrétienne (JOC) et devint cardinal en 1965.

CARDIN (Pierre), *Sant'Andrea di Barbarana, Italie, 1922,* couturier français. Il a libéré la mode masculine de la rigueur britannique et, le premier, imposé à la couture ses modèles unisexes et son style futuriste très architecturé.

CARDINALE (Claudia), *Tunis 1938,* actrice italienne. Avec sa voix un peu rauque, elle excelle dans tous les genres : *le Guépard* (L. Visconti, 1963), *la Panthère rose* (B. Edwards, 1964), *la Storia* (L. Comencini, 1986).

CARDOSO (Fernando Henrique), *Rio de Janeiro 1931,* homme politique brésilien. Il est président de la République depuis 1995.

CARDUCCI (Giosuè), *Valdicastello 1835-Bologne 1907,* écrivain italien. Poète officiel de l'Italie unifiée, il chercha à réaliser la fusion de la ballade romantique et de la prosodie gréco-latine. (Prix Nobel 1906.)

CARÉLIE, région du nord de l'Europe, entre la mer Blanche et le golfe de Finlande, dont la majeure partie appartient à la Russie, le reste faisant partie de la Finlande.

CARÉLIE, république du nord-ouest de la Russie ; 800 000 hab. *(Caréliens)* ; cap. *Petrozavodsk.*

CARÉLIENS, peuple finno-ougrien de Russie (125 000, surtout en république de Carélie) et de Finlande.

CARÊME (Marie-Antoine), *Paris 1784 - id. 1833,* cuisinier français, fondateur de la cuisine française d'apparat et auteur d'ouvrages d'art culinaire.

CARÊME (Maurice), *Wavre 1899-Anderlecht 1978,* poète belge de langue française, auteur de recueils pour enfants *(la Lanterne magique).*

CARENTAN (50500), ch.-l. de cant. de la Manche ; 6 899 hab. *(Carentanais).* Église gothique.

CAREY (Henry Charles), *Philadelphie 1793 - id. 1879,* économiste américain. Favorable aux thèses protectionnistes, il soutint, contre Malthus, la thèse du rendement croissant des terres en agriculture.

■ **CARCASSONNE.** La cité (ville ancienne) avec son enceinte, élevée aux XIIe-XIIIe s.

CARHAIX-PLOUGUER [karɛpluger] ou **CARHAIX** (29270), ch.-l. de cant. du Finistère ; 8 024 hab. *(Carhaisiens).* Maisons anciennes.

CARIB, famille linguistique amérindienne représentée dans tout le nord de l'Amérique latine. Ces langues sont issues ou parentes de celles que parlaient les anciens Carib, ou Caraïbes, qui habitaient la Guyane et les petites Antilles à l'arrivée des Européens.

CARIBÉENS, nom donné à l'ensemble des sociétés métissées des îles de la région caraïbe. Ces populations, issues d'Amérindiens, d'esclaves noirs et de colonisateurs blancs, sont marquées par leurs anciennes conditions de vie (esclavage, économie de plantation), par la pratique de la religion vaudoue et l'usage du créole.

CARIBERT ou **CHARIBERT,** roi franc de Paris (561 - 567), de la dynastie mérovingienne.

CARIE, anc. pays du sud-ouest de l'Asie Mineure, sur la mer Égée ; v. princ. *Milet* et *Halicarnasse.* Son souverain le plus célèbre fut Mausole.

CARIGNAN (08110), ch.-l. de cant. des Ardennes, sur la Chiers ; 3 316 hab. *(Yvoisiens).*

Carillon (fort), fort construit par les Français en Nouvelle-France, au sud du lac Champlain (1756). Victoire de Montcalm sur les Anglais (8 juill. 1758).

CARINTHIE, prov. de l'Autriche méridionale ; 552 000 hab. ; ch.-l. *Klagenfurt.*

CARISSIMI (Giacomo), *Marino, près de Rome, 1605-Rome 1674,* compositeur italien. Il a contribué à fixer la forme de l'oratorio en Italie.

CARLE (Gilles), *Maniwaki, Québec, 1929,* cinéaste canadien. Il est l'auteur de fables réalistes ou utopistes (*les Mâles,* 1970 ; *la Mort d'un bûcheron,* 1973 ; *Maria Chapdelaine,* 1983).

CARLETON (Guy), baron **Dorchester,** *Strabane, Irlande, 1724 - Stubbings 1808,* général britannique. Gouverneur de la province de Québec (1768 - 1778 et 1786 - 1796), il fit adopter l'Acte de Québec (1774).

CARLISLE, v. de Grande-Bretagne (Angleterre), ch.-l. du Cumbria ; 73 200 hab. Cathédrale des XIIe-XIVe s.

CARLITTE ou **CARLIT** (massif du), massif des Pyrénées françaises (Pyrénées-Orientales) ; 2 921 m au *pic Carlitte.*

CARLOMAN, *v. 715 - Vienne, Isère, 754,* maire du palais d'Austrasie (741 - 747), fils aîné de Charles Martel.

CARLOMAN, *v. 751 - Samoussy ou Chaumuzy 771,* roi des Francs (768 - 771), de la dynastie carolingienne. Partageant le pouvoir avec son frère Charlemagne, il se brouilla avec lui (769 - 770). Après sa mort, ce dernier fit cloîtrer ses fils.

CARLOMAN, roi de France (879 - 884), de la dynastie carolingienne. Fils de Louis II le Bègue, il régna conjointement avec son frère Louis III jusqu'en 882.

CARLOS (don) ou **CHARLES DE BOURBON,** *Madrid 1788 - Trieste 1855,* infant d'Espagne, comte de Molina. Revendiquant la succession au trône d'Espagne contre Isabelle II, il provoqua la première guerre carliste (1833 - 1839).

CARLOS (don) ou **CHARLES DE BOURBON,** *Madrid 1818-Trieste 1861,* prince espagnol, comte de Montemolin. Fils de Charles de Bourbon, comte de Molina, il suscita la deuxième guerre carliste (1846 - 1849).

CARLSBAD, v. des États-Unis (Nouveau-Mexique) ; 21 000 hab. Immenses grottes aux environs. Potasse.

CARLSON (Carolyn), *Oakland 1943,* danseuse et chorégraphe américaine. Fixée en Europe dès 1974, elle a joué un rôle essentiel dans le développement de la danse moderne, particulièrement en France, où elle a animé le Groupe de recherches théâtrales de l'Opéra de Paris (1975 - 1980) [*Density 21,5,* 1973 ; *Wind, Water, Sand,* 1976 ; *Blue Lady,* 1983 ; *Signes,* 1997].

CARLSSON (Ingvar), *Borås 1934,* homme politique suédois. Président du Parti social-démocrate (1986-1996), il est Premier ministre de 1986 à 1991 et de 1994 à 1996.

CARLU (Jean), *Bonnières-sur-Seine 1900 - Nogent-sur-Marne 1997,* affichiste français, au style synthétique et familier (*Monsavon,* 1925 ; *Perrier-Pschitt, Larousse,* etc.).

CARLYLE (Thomas), *Ecclefechan, Écosse, 1795 - Londres 1881,* historien et écrivain britannique. Influencé par l'idéalisme allemand, fasciné par les héros charismatiques, il est l'auteur du puissant roman autobiographique *Sartor Resartus* et d'une importante *Histoire de la Révolution française.*

CARMAGNOLA (Francesco **Bussone,** dit), *Carmagnola v. 1380 - Venise 1432,* condottiere italien. Il fut au service de Milan, puis de Venise. Soupçonné de trahison, il fut décapité.

Carmagnole (la), chant et ronde des sans-culottes, datant de l'époque où Louis XVI était prisonnier au Temple (1792).

CARMAUX (81400), ch.-l. de cant. du Tarn ; 10 417 hab. *(Carmausins).* Anc. centre houiller.

CARMEL (mont), montagne d'Israël, au-dessus de Haïfa ; 546 m. Il est considéré comme le berceau de l'ordre des Carmes, un croisé, Berthold, s'y étant retiré au XIIe s. et de nombreux disciples l'y ayant rejoint.

Carmen, personnage d'une nouvelle de P. Mérimée (1845). Cette belle Gitane, sensuelle et passionnée, est le type même de la femme fatale. — La nouvelle a inspiré un opéra-comique (*Carmen,* 1875, livret de H. Meilhac et L. Halévy) à G. Bizet, ainsi que des adaptations chorégraphiques à R. Petit (Londres, 1949), A. Alonso (*Carmen-suite,* Moscou, 1967), A. Gadès (Paris, 1983) et Mats Ek (1992). Au cinéma, E. Lubitsch (1918), C. Saura (1983) et F. Rosi (1984), notamment, ont réalisé des films sous ce titre, ainsi qu'O. Preminger (*Carmen Jones,* 1954).

CARMET (Jean), *Tours 1921 - Sèvres 1994,* acteur français. Au théâtre, à la radio et au cinéma dans de très nombreux films (*Violette Nozière,* C. Chabrol, 1978), il a incarné le « Français moyen ».

CARMONA (António Óscar **de Fragoso**), *Lisbonne 1869 - Lumiar 1951,* maréchal et homme politique portugais. Président de la République de 1928 à sa mort, il choisit Salazar comme président du Conseil (1932).

CARMONTELLE (Louis **Carrogis,** dit), *Paris 1717 - id. 1806,* auteur dramatique et artiste français. Ses portraits, à la plume et à l'aquarelle, sont vivants et spirituels. Il donna vers 1774 sa première forme de jardin anglais à ce qui est devenu le parc Monceau, à Paris. On lui doit également des comédies légères *(Proverbes dramatiques).*

CARNAC (56340), comm. du Morbihan, sur la baie de Quiberon ; 4 569 hab. *(Carnacois).* Station balnéaire. — Alignements mégalithiques (néolithique final, v. 2000 av. J.-C.).

CARNAC → **KARNAK.**

CARNAP (Rudolf), *Ronsdorf, auj. dans Wuppertal, 1891 - Santa Monica 1970,* logicien et philosophe américain d'origine allemande. L'un des promoteurs du cercle de Vienne, il a cherché à formaliser tout langage à partir de l'approche syntaxique des langages de Hilbert (*la Syntaxe logique de la langue,* 1934).

CARNATIC, anc. royaume de l'Inde du Sud, qui s'étendait sur les États actuels du Tamil Nadu et du Karnataka.

CAROLYN **CARLSON** dans un solo au Théâtre de la Ville à Paris en 1995.

Carnavalet (musée), musée historique de la Ville de Paris, dans le Marais. Il occupe l'ancien hôtel Carnavalet, des XVIe et XVIIe s. (sculptures de l'école de J. Goujon). Archéologie ; reconstitutions d'intérieurs parisiens ; peintures, documents graphiques et objets divers ; fonds de l'époque révolutionnaire ; souvenirs de Mme de Sévigné.

CARNÉ (Marcel), *Paris 1906 - Clamart 1996,* cinéaste français. Avec la collaboration de Jacques Prévert, scénariste de la plupart de ses films, il fut l'un des chefs de file du réalisme poétique, privilégiant les atmosphères sombres et les dénouements fatals : *Drôle de drame* (1937), *le Quai des Brumes* (1938), *Hôtel du Nord (id.), Le jour se lève (1939), les Visiteurs du soir* (1942), *les Enfants du paradis* (1945), *les Portes de la nuit* (1946), *les Tricheurs* (1958).

CARNÉADE, *Cyrène v. 215 - Athènes v. 129 av. J.-C.,* philosophe grec. Il fonda une école, la Nouvelle Académie, et enseigna une philosophie sceptique, le probabilisme.

CARNEGIE (Andrew), *Dunfermline, Écosse, 1835 - Lenox, Massachusetts, 1919,* industriel américain. Self-made-man, fondateur d'un trust sidérurgique, il amassa une immense fortune et subventionna des fondations charitables ainsi que des instituts scientifiques et culturels.

CARNIOLE, anc. prov. d'Autriche, dont la majeure partie de la population, slovène, entra dans le royaume des Serbes, Croates et Slovènes (1918).

CARNON-PLAGE (34280 La Grande Motte), station balnéaire de l'Hérault (comm. de Mauguio).

CARNOT (Lazare), *Nolay 1753 - Magdebourg 1823,* homme politique et savant français. Ingénieur militaire, député à la Législative (1791) et à la Convention (1792), membre du Comité de salut public (1793), il organisa les armées de la République et conçut tous les plans de campagne ; il fut surnommé *l'Organisateur de la victoire.* Membre du Directoire (1795), ministre de la Guerre (1800), il s'opposa au pouvoir personnel de Napoléon, mais accepta le portefeuille de l'Intérieur durant les Cent-Jours (1815). Il fut exilé par la Restauration comme régicide. Son œuvre scientifique, importante, concerne la mécanique et les mathématiques ; il est, avec Monge, l'un des créateurs de la géométrie moderne. — **Sadi C.,** *Paris 1796 - id. 1832,* physicien français. Fils aîné de Lazare, il est considéré comme le créateur de la thermodynamique ; il énonça, dans sa brochure *Réflexions sur la puissance motrice du feu* (1824), le deuxième principe de la thermodynamique, et en retrouva, dans ses notes, les notions constituant le premier principe. — **Hippolyte C.,** *Saint-Omer 1801 - Paris 1888,* homme politique français. Second fils de Lazare, il fut ministre de l'Instruction publique en 1848. — **Marie François Sadi,** dit **Sadi C.,** *Limoges 1837 - Lyon 1894,* homme politique français. Fils d'Hippolyte, président de la République en 1887, il fut assassiné par l'anarchiste Caserio.

CARNUTES, anc. peuple de la Gaule. Les Carnutes occupaient la future province de l'Orléanais avec deux villes principales, Chartres et Orléans. La *forêt des Carnutes* était le lieu de rassemblement des druides de la Gaule.

CARO (Anthony), *Londres 1924,* sculpteur britannique. Après avoir, dans les années 1960, employé le métal sous forme d'assemblages polychromes d'une géométrie économe, il en est venu, travaillant dans des forges industrielles, à une plus grande complexité et au baroquisme.

LAZARE **CARNOT,** par F. Bouchot. (Dir. du génie, Paris.)

CAROBERT → **CHARLES Ier ROBERT.**

CAROL → **CHARLES Ier** [Roumanie].

CAROLINE BONAPARTE → **BONAPARTE.**

CAROLINE de Brunswick, *Brunswick 1768 - Londres 1821,* princesse britannique. Elle épousa (1795) le futur George IV, roi de Grande-Bretagne, qui lui intenta un procès en adultère et la répudia.

CAROLINE DU NORD, État des États-Unis, sur l'Atlantique ; 6 628 637 hab. ; cap. *Raleigh.*

CAROLINE DU SUD, État des États-Unis, sur l'Atlantique ; 3 486 703 hab. ; cap. *Columbia.*

CAROLINES (îles), archipel d'Océanie. D'abord espagnol, puis allemand (1899), enfin japonais (1919), cet archipel a été administré au nom de l'ONU par les États-Unis, à partir de 1947. Sa partie orientale est devenue indépendante en 1979 (États fédérés de Micronésie) ; l'Ouest constitue, depuis 1994, la république des Palaos.

CAROLINGIENS, dynastie franque qui succéda aux Mérovingiens en 751, restaura l'empire d'Occident (800 - 887), régna en Germanie jusqu'en 911 et en France jusqu'en 987. Fondée par Pépin le Bref, elle doit son nom à son représentant le plus illustre, Charlemagne. *(V. carte page suivante.)*

CAROLUS-DURAN (Charles **Durand,** dit), *Lille 1837 - Paris 1917,* peintre français. Il est l'auteur de portraits mondains.

CARON (Antoine), *Beauvais 1521 - id. 1599,* peintre et décorateur français. Artiste de cour, il acquit sur le chantier de Fontainebleau son style italianisant.

CARONÍ (río), riv. du Venezuela, affl. de l'Orénoque (r. dr.) ; 690 km.

CARONTE (chenal de) ou **CANAL DE CARONTE,** passage maritime des Bouches-du-Rhône entre l'étang de Berre et le golfe de Fos.

CAROTHERS (Wallace Hume), *Burlington, Iowa, 1896 - Philadelphie 1937,* chimiste américain. Il a créé le Néoprène (1931) et le Nylon (1937).

CAROUGE, v. de Suisse (cant. de Genève), banlieue sud de Genève ; 15 036 hab. *(Carougeois).*

CARPACCIO (Vittore), *Venise autour de 1460 - ? v. 1525,* peintre italien. Narrateur inventif, il a peint notamment, en des séries célèbres, la *Légende de sainte Ursule* (Accademia de Venise), les *Histoires de saint Georges, saint Jérôme et saint Tryphon,* les scènes de la *Vie de saint Étienne.*

CARPATES n.f. pl., chaîne de montagnes de l'Europe orientale, qui s'étend en arc de cercle sur la Slovaquie, la Pologne, l'Ukraine et surtout la Roumanie. Moins élevées que les Alpes, très boisées, les Carpates culminent à 2 655 m.

CARPEAUX (Jean-Baptiste), *Valenciennes 1827 - Courbevoie 1875,* sculpteur et peintre français. Interprète du mouvement et de la grâce (*le Triomphe de Flore,* pour une façade du Louvre ; *la Danse,* pour l'Opéra de Paris [copie sur place, original au musée d'Orsay]), il est aussi l'auteur de nombreux bustes.

CARPENTARIE (golfe de), golfe de la côte nord de l'Australie.

CARPENTIER (Alejo), *La Havane 1904 - Paris 1980,* écrivain cubain. Ses romans tissent autour de faits historiques d'amples fictions qui évoquent le métissage de la civilisation antillaise *(le Royaume de ce monde, le Siècle des lumières).*

CARPENTIER (Georges), *Liévin 1894 - Paris 1975,* boxeur français. Il fut champion du monde des poids mi-lourds (1920).

CARPENTRAS [karpɑ̃tra] (84200), ch.-l. d'arrond. de Vaucluse, dans le Comtat ; 27 249 hab. *(Carpentrassiens).* Marché. — Monuments de l'époque romaine au XVIIIe s. Musées. — Anc. cap. du Comtat Venaissin.

CARPACCIO. *Saint Georges combattant le dragon,* v. 1501 - 1507. (Scuola di San Giorgio, Venise.)

Carpiagne (camp de), camp militaire situé à 10 km à l'E. de Marseille.

CARQUEFOU (44470), ch.-l. de cant. de la Loire-Atlantique ; 15 684 hab. *(Carquefolliens).* Industrie automobile. Électronique.

CARRÀ (Carlo), *Quargnento, prov. d'Alexandrie, 1881 - Milan 1966,* peintre et théoricien italien. Il a participé tour à tour au futurisme, à la tendance « métaphysique », puis au retour à la tradition des années 1920.

CARRACHE, en ital. **Carracci,** peintres italiens. **Louis C.,** en ital. Ludovico **Carracci,** *Bologne 1555 - id. 1619,* et ses cousins, les frères **Augustin C.,** en ital. Agostino **Carracci,** *Bologne 1557 - Parme 1602,* et **Annibal C.,** en ital. Annibale **Carracci,** *Bologne 1560 - Rome 1609.* Ce dernier décora la galerie du palais Farnèse à Rome (voûte avec *les Amours des dieux,* v. 1595 - 1600). Vers 1585, ils fondèrent dans leur ville natale une académie réputée, où se formèrent G. Reni, l'Albane, le Dominiquin, le Guerchin. Leur doctrine associait l'étude de l'Antiquité, celle des grands maîtres de la Renaissance et l'observation de la nature, la recherche de la vérité expressive, en réaction contre les artifices du maniérisme.

CARRARE, en ital. **Carrara,** v. d'Italie (Toscane), près de la Méditerranée ; 65 945 hab. Carrières de marbre. — Cathédrale romano-gothique.

C

CARREL (Alexis), *Sainte-Foy-lès-Lyon 1873 - Paris 1944,* chirurgien et biologiste français. Il fut l'auteur d'importantes découvertes sur la culture des tissus. Son œuvre littéraire *(l'Homme, cet inconnu)* est marquée par l'eugénisme. (Prix Nobel 1912.)

CARREL (Armand), *Rouen 1800 - Saint-Mandé 1836,* journaliste français. Il fonda, avec Thiers et Mignet, le quotidien *le National* (1830) et combattit la monarchie de Juillet. Il fut tué en duel par Émile de Girardin.

CARREÑO DE MIRANDA (Juan), *Avilés 1614 - Madrid 1685,* peintre espagnol. Il est l'auteur de tableaux d'autels, comme la magistrale *Fondation de l'ordre trinitaire* (Louvre), et de portraits.

CARRERAS (José), *Barcelone 1946,* ténor espagnol. Il mène, depuis ses débuts en 1970 à Barcelone, une brillante carrière internationale, dans le répertoire italien notamment.

CARRÈRE D'ENCAUSSE (Hélène), *Paris 1929,* historienne et politologue française. Spécialiste de l'histoire russe et soviétique, elle est notamm. l'auteur de : *l'Empire éclaté* (1978), *le Grand Frère* (1983), *la Gloire des nations ou la Fin de l'empire soviétique* (1990), *Lénine* (1998). [Acad. fr.]

CARRERO BLANCO (Luis), *Santoña 1903 - Madrid 1973,* amiral et homme politique espagnol. Ministre de Franco à partir de 1951, chef du gouvernement (1973), il fut assassiné par l'ETA.

CARRIER (Jean-Baptiste), *Yolet, Cantal, 1756 - Paris 1794,* homme politique français. Député à la Convention, il fut envoyé en mission à Nantes, où il organisa des noyades collectives. Il fut guillotiné.

CARRIERA (Rosalba), souvent dite **Rosalba,** *Venise 1675 - id. 1757,* pastelliste italienne. Elle

■ ANNIBAL **CARRACHE.** *Le Triomphe de Bacchus et d'Ariane,* fresque à la voûte de la galerie du palais Farnèse (1595 et suiv.).

L'EMPIRE CAROLINGIEN

Le royaume des Francs en 771

Conquêtes de Charlemagne

Couronnement impérial de Charlemagne en 800

Peuples et États dépendants en 814

Partage de Verdun (843)

Royaume de Charles le Chauve (Francia occidentalis)

Royaume de Lothaire

Royaume de Louis le Germanique (Francia orientalis)

Abbayes

Archevêchés

400 km

obtint, comme portraitiste, un grand succès dans plusieurs villes ou capitales d'Europe.

CARRIER-BELLEUSE (Albert), *Anizy-le-Château, Aisne, 1824 - Sèvres 1887,* sculpteur et décorateur français. C'est l'un des meilleurs représentants du style « second Empire ».

CARRIÈRE (Eugène), *Gournay-sur-Marne 1849 - Paris 1906,* peintre et lithographe français. Il a surtout peint des maternités et des portraits, traités dans un camaïeu gris-brun d'où les formes essentielles se dégagent en clair.

CARRIÈRES-SOUS-POISSY (78300), comm. des Yvelines ; 13 545 hab. *(Carriérois).*

CARRIÈRES-SUR-SEINE (78420), comm. des Yvelines ; 12 130 hab. *(Carriérois).*

CARRILLO (Santiago), *Gijón 1915,* homme politique espagnol. Exilé de 1937 à 1976, il fut de 1960 à 1982 secrétaire général du Parti communiste espagnol, qu'il engagea dans la voie de l'eurocommunisme.

CARROLL (Charles **Dodgson,** dit Lewis), *Daresbury 1832 - Guildford 1898,* mathématicien et écrivain britannique. Il est l'auteur d'œuvres logiques telles que la *Logique symbolique* (1896), adressée aux profanes et aux jeunes. Ses récits unissent sa passion de la logique formelle et sa fascination pour l'imagination enfantine (**Alice au pays des merveilles ; la Chasse au Snark,* 1876).

CARROS (06510), ch.-l. de cant. des Alpes-Maritimes ; 10 762 hab. Produits pharmaceutiques. Électronique.

CARROZ-D'ARÂCHES (les) [74300 Cluses], station de sports d'hiver (alt. 1 140 - 2 480 m) de la Haute-Savoie (comm. d'Arâches-la-Frasse), entre les vallées de l'Arve et du Giffre.

CARRY-LE-ROUET (13620), comm. des Bouches-du-Rhône ; 6 107 hab. *(Carryens).* Station balnéaire.

CARSON (Christopher **Carson,** dit Kit), *Madison County, Kentucky, 1809 - Fort Lyon, Colorado, 1868,* pionnier américain. Guide et éclaireur, il participa à partir de 1831 à plusieurs expéditions vers l'Ouest, et prit part aux guerres indiennes.

CARTAGENA, v. de Colombie, sur la mer des Antilles ; 688 306 hab. Monuments anciens.

CARTAGENA, v. d'Espagne. (→ **CARTHAGÈNE**).

CARTAN (Élie), *Dolomieu 1869 - Paris 1951,* mathématicien français. Il approfondit la théorie des groupes. — **Henri C.,** *Nancy 1904,* mathématicien français. Fils d'Élie, il étudia surtout les fonctions de variables complexes. Il est l'un des fondateurs du groupe Nicolas *Bourbaki.

Cartel (le), groupe formé de 1927 à 1940 par les metteurs en scène G. Baty, C. Dullin, L. Jouvet et G. Pitoëff, pour la défense de leurs intérêts professionnels et moraux.

Cartel des gauches, coalition des partis de l'opposition (socialistes SFIO, républicains socialistes, radicaux-socialistes et gauche radicale) formée lors des élections de 1924 contre la majorité de droite du Bloc national. Sa victoire entraîna la démission du président Millerand (1924). L'hostilité des milieux d'affaires face à la politique du Cartel provoqua la démission d'Édouard Herriot (1926).

CARTELLIER (Pierre), *Paris 1757 - id. 1831,* sculpteur français. Néoclassique, il est l'auteur du relief de *la Victoire sur un quadrige* à la Colonnade du Louvre (1807), d'effigies funéraires, de statues officielles.

CARTER (Elliott), *New York 1908,* compositeur américain. Il est célèbre notamment pour ses recherches rythmiques (*Symphonie de trois orchestres,* quatuors à cordes).

■ LEWIS **CARROLL,** par H. von Herkomer. (Oxford.)

■ JEAN DOMINIQUE **CASSINI,** par Durantel. (Observatoire de Paris.)

CARTER (James Earl **Carter,** dit Jimmy), *Plains, Géorgie, 1924,* homme politique américain. Démocrate, président des États-Unis de 1977 à 1981, il a été l'artisan des accords de Camp David.

CARTERET, station balnéaire de la Manche (comm. de Barneville-Carteret).

CARTERET (Philip), *m. à Southampton en 1796,* navigateur britannique. Il effectua le tour du monde (1766 - 1769), explorant particulièrement les parties équatoriales du Pacifique.

CARTHAGE, v. d'Afrique du Nord, près de l'actuelle Tunis. Fondée par des colons phéniciens venus de Tyr, conduits selon la légende par Didon (814 av. J.-C.), Carthage devint la capitale d'une république maritime très puissante. Elle se substitua à Tyr en Occident, créa des colonies en Sicile, en Espagne, et envoya des navigateurs dans l'Atlantique nord et sur les côtes occidentales d'Afrique. Elle soutint contre Rome, sa rivale, de longues luttes connues sous le nom de guerres *puniques (264 - 146 av. J.-C.). Vaincue, malgré les efforts d'Hannibal, par Scipion l'Africain (201 av. J.-C.), Carthage fut détruite par Scipion Émilien (146 av. J.-C.). Fondée à nouveau comme colonie romaine (Ier s. av. J.-C.), elle devint la capitale de l'Afrique romaine et de l'Afrique chrétienne. Prise en 439 par les Vandales, elle fut anéantie par les Arabes (v. 698). — Ruines antiques sauvegardées par l'Unesco.

CARTHAGÈNE, en esp. **Cartagena,** v. d'Espagne, région de Murcie, sur la Méditerranée ; 168 023 hab. Port. Métallurgie. Raffinerie de pétrole. — Musée archéologique. — La ville fut fondée par les Carthaginois v. 226 av. J.-C.

CARTIER (sir George Étienne), *Saint-Antoine-sur-Richelieu, Québec, 1814 - Londres 1873,* homme politique canadien. Il joua un rôle important dans l'établissement de la Confédération canadienne (1867).

CARTIER (Jacques), *Saint-Malo 1491 ? - id. 1557,* explorateur français. Il prit possession du Canada, à Gaspé, au nom de François Ier (24 juill. 1534), et remonta le Saint-Laurent au cours d'un deuxième voyage (1535) ; il revint au Canada en 1541.

CARTIER-BRESSON (Henri), *Chanteloup 1908,* photographe français. On lui doit quantité de reportages, tous révélateurs de ce qu'il a lui-même défini comme étant « l'instant décisif ».

CARTOUCHE (Louis Dominique), *Paris 1693 - id. 1721,* brigand français. Chef d'une bande de voleurs, il fut roué vif en place de Grève.

CARTWRIGHT (Edmund), *Marnham, Nottinghamshire, 1743 - Hastings 1823,* inventeur britannique. Il créa le premier métier à tisser mécanique moderne (1785) mais échoua dans les applications industrielles.

CARUARU, v. du Brésil, à l'O. de Recife ; 213 557 hab.

CARUSO (Enrico), *Naples 1873 - id. 1921,* ténor italien. Renommé pour la beauté de son timbre et la sensualité de sa voix, il chanta au Metropolitan Opera de 1903 à 1920 et participa à la création de nombreuses œuvres de la jeune école italienne (Cilea, Franchetti, Puccini).

CARVIN (62220), ch.-l. de cant. du Pas-de-Calais ; 17 891 hab. *(Carvinois).* Église baroque.

CASABLANCA, en ar. **Dar el-Beida,** v. du Maroc, sur l'Atlantique ; env. 2 500 000 hab. *(Casablancais).* Centre commercial et industriel. Exportation de phosphates. — Mosquée Hasan II. — Théâtre de combats lors du débarquement allié de 1942. Une conférence s'y tint (janv. 1943), entre Churchill et Roosevelt, au cours de laquelle eut lieu la première rencontre entre de Gaulle et Giraud.

Casa de Contratación, organisme commercial espagnol, créé par les Rois Catholiques afin de stimuler et de protéger le commerce avec l'Amérique (1503 - 1790).

CASADESUS (Robert), *Paris 1899 - id. 1972,* pianiste français. Également compositeur, il a fait connaître dans le monde le répertoire français.

CASALS [kazals] (Pablo, ou, en catalan, Pau), *Vendrell, Tarragone, 1876 - San Juan, Porto Rico, 1973,* violoncelliste espagnol. Également compositeur et chef d'orchestre, il joua en trio avec A. Cortot et J. Thibaud, fonda l'Orchestre Pau Casals à Barcelone en 1919 et le Festival de Prades (1950) en France.

CASAMANCE (la), région du sud du Sénégal, entre la Gambie et le *fleuve Casamance* (320 km).

CASANOVA (Giovanni Giacomo Girolamo), dit chevalier **de Seingalt,** *Venise 1725 - Dux, Bohême, 1798,* aventurier et écrivain italien. Il est célèbre par ses exploits romanesques (notamment son évasion des *Plombs de Venise) et galants, qu'il a contés dans ses *Mémoires.*

CASARÈS (Maria), *La Corogne 1922 - La Vergne, comm. d'Alloue, Charente, 1996,* actrice française d'origine espagnole. Elle s'est imposée comme tragédienne au théâtre (*Phèdre,* 1958 ; *les Paravents,* 1966) et au cinéma (*les Enfants du paradis,* M. Carné, 1945 ; *la Chartreuse de Parme,* Christian-Jaque, 1948 ; *le Testament d'Orphée,* J. Cocteau, 1960).

CASAUBON (Isaac), *Genève 1559 - Londres 1614,* helléniste et théologien calviniste français. Il fut surnommé « le Phénix des érudits ».

CASCADES (chaîne des), montagnes de l'ouest des États-Unis et du Canada, en bordure du Pacifique ; 4 391 m au mont Rainier.

Case de l'oncle Tom (la), roman de Harriet Beecher-Stowe contre l'esclavage (1852).

CASERIO (Sante Jeronimo), *Motta Visconti, Lombardie, 1873 - Lyon 1894,* anarchiste italien. Il assassina Sadi Carnot.

CASERTE, en ital. **Caserta,** v. d'Italie (Campanie), ch.-l. de prov., au N. de Naples ; 68 811 hab. Vaste château royal (1752 - 1773) dû à l'architecte Luigi Vanvitelli ; parc, jeux d'eau. — Les forces allemandes d'Italie et d'Autriche y capitulèrent en 1945.

cash and carry (clause), clause (1939) qui modifia la loi de neutralité américaine et autorisa l'exportation du matériel de guerre aux belligérants moyennant paiement comptant *(cash)* et transport *(carry)* par les acheteurs.

CASIMIR (saint), *Cracovie 1458 - Grodno 1484,* prince polonais. Fils du roi Casimir IV. Patron de la Pologne et de la Lituanie.

CASIMIR, nom de cinq ducs et rois de Pologne. — **Casimir III le Grand,** *Kowal 1310 - Cracovie 1370,* roi de Pologne (1333 - 1370) de la dynastie des Piast. Par ses conquêtes, il agrandit la Pologne, et créa l'université de Cracovie. — **Casimir IV Jagellon,** *Cracovie 1427 - Grodno 1492,* grand-duc de Lituanie (1440 - 1492) et roi de Pologne (1445 - 1492). — **Casimir V** → **Jean II Casimir.**

CASIMIR-PERIER (Auguste), *Paris 1811 - id. 1876,* homme politique français. Fils de Casimir Perier, il soutint la politique de Thiers dont il fut ministre de l'Intérieur (1871 - 1872). Il ajouta le prénom de son père à son patronyme en 1874. — **Jean C.-P.,** *Paris 1847 - id. 1907,* homme politique français. Fils d'Auguste, il fut président du Conseil (1893 - 1894) puis président de la République (1894 - 1895), et dut démissionner, devant l'opposition de gauche, dès le 15 janvier 1895.

CASPIENNE (mer), le plus grand lac du monde, aux confins de l'Europe et de l'Asie, entre la Russie, le Kazakhstan, le Turkménistan, l'Iran et l'Azerbaïdjan ; environ 360 000 km². Son principal tributaire est la Volga. Le niveau de la Caspienne se situe à 28 m au-dessous du niveau marin. Son sous-sol recèle des gisements, exploités, de pétrole.

CASSAGNAC (Granier de) → **GRANIER DE CASSAGNAC.**

CASSANDRE MYTH. GR. Héroïne de *l'Iliade,* fille de Priam et d'Hécube. Elle reçut d'Apollon le don de prédire l'avenir, mais elle se refusa à lui, et le dieu décréta que personne ne croirait à ses prédictions.

CASSANDRE, *v. 354 - 297 av. J.-C.,* roi de Macédoine. Fils d'Antipatros, il soumit la Grèce (319 - 317) et épousa Thessalonikê, sœur d'Alexandre le Grand.

CASSANDRE (Adolphe **Mouron,** dit), *Kharkov 1901 - Paris 1968,* peintre et affichiste français. Auteur d'*affiches d'un style hardiment synthétique (*l'Intransigeant,* 1925), il a également donné des décors de théâtre.

CASSARD (Jacques), *Nantes 1679 - Ham 1740,* marin français. Corsaire, il lutta contre les Anglais et les Portugais. Ayant réclamé au gouvernement les sommes qui lui étaient dues, il fut enfermé au fort de Ham où il mourut.

CASSATT (Mary), *Pittsburgh 1844 - Le Mesnil-Théribus 1926,* peintre et graveur américain. Fixée à Paris, elle reçut les conseils de Degas et s'illustra au sein du groupe impressionniste.

CASSAVETES (John), *New York 1929 - Los Angeles 1989,* cinéaste américain. Également acteur (*Rosemary's Baby,* R. Polanski, 1968), il privilégie dans son œuvre de cinéaste en rupture avec Hollywood l'expression des émotions, servie, en particulier, par les interprétations de son épouse Gena Rowlands : *Faces* (1968), *Une femme sous influence* (1974), *Gloria* (1980).

CASSEL → **KASSEL.**

CASSEL (59670), ch.-l. de cant. du Nord, sur le *mont Cassel* (alt. 176 m) ; 2 410 hab. Demeures anciennes ; musée.

Casse-Noisette, personnage du ballet *Casse-Noisette et le Roi des souris* (Saint-Pétersbourg, 1892). Défenseur des jouets contre les souris, le casse-noisettes se transforme en prince charmant grâce à l'intervention de Clara contre le roi des souris. Le livret (inspiré d'un conte d'Hoffmann, 1819) est dû à Marius Petipa, la musique à Tchaïkovski et la chorégraphie à L. Ivanov.

CASSIN (mont), montagne de l'Italie méridionale, près de Cassino ; 516 m. Saint Benoît y fonda en 529 un monastère bénédictin qui rayonna sur toute la chrétienté au Moyen Âge.

CASSIN (René), *Bayonne 1887 - Paris 1976,* juriste français. Il prit une part importante à la fondation de l'Unesco et fit adopter la Déclaration universelle des *droits de l'homme (1948). Membre du Conseil constitutionnel, il présida la Cour européenne des droits de l'homme (1965). Ses cendres ont été transférées au Panthéon en 1987. (Prix Nobel de la paix 1968.)

C

CASSINI, famille de savants français, d'origine italienne. — **Jean Dominique C.**, dit **Cassini Ier**, *Perinaldo, Imperia, 1625 - Paris 1712,* astronome français. Il fut appelé en France par Colbert (1669) pour organiser l'Observatoire de Paris et fit progresser par ses observations la connaissance du système solaire. — **Jacques C.**, *Paris 1677 - Thury, Oise, 1756,* savant français. Fils de Jean Dominique, il est surtout connu pour ses travaux de géodésie. — **César François C. de Thury,** *Thury 1714 - Paris 1784,* astronome et géographe français, fils de Jacques. Il entreprit la plus grande carte de France, appelée *carte de Cassini,* à l'échelle de 1/86 400. — **Jean Dominique C. de Thury,** *Paris 1748 - Thury 1845,* astronome et géographe français, fils de César François. Il termina la carte de France et prit une part active à la division du pays en départements.

Cassino (bataille de) [18 janv.-18 mai 1944], bataille de la Seconde Guerre mondiale. Violents combats entre soldats allemands et forces anglo-américaines en Italie, au pied du mont Cassin (point essentiel du dispositif de défense allemand), au cours desquels se distinguèrent les Nord-Africains sous les ordres du général Juin.

CASSIODORE, *Scylacium, Calabre, v. 490 - Vivarium v. 580,* homme politique et érudit latin. Préfet du prétoire sous Théodoric. — Son encyclopédie, *Institutions des lettres divines et séculières,* servit de règle à l'enseignement au Moyen Âge.

CASSIRER (Ernst), *Breslau 1874 - New York 1945,* philosophe allemand. Précurseur de l'herméneutique contemporaine, il analysa les mythes, les religions et les symboles (*la Philosophie des formes symboliques,* 1923 - 1929) dans une perspective kantienne, et fit œuvre d'historien de la philosophie (*Individu et cosmos dans la philosophie de la Renaissance,* 1927).

CASSIS [kasi] (13260), comm. des Bouches-du-Rhône ; 8 070 hab. *(Cassidens).* Station balnéaire. Vins blancs.

CASSITÉRIDES (îles), nom antique d'un archipel formé peut-être par les actuelles îles Scilly. On y produisait de l'étain.

CASSOLA (Carlo), *Rome 1917 - Montecarlo, Toscane, 1987,* écrivain italien. Son œuvre narrative, marquée par un sentiment aigu de l'existence et des relations amoureuses, a pour décor le paysage toscan *(la Coupe de bois, la Ragazza).*

CASSOU (Jean), *Deusto, Espagne, 1897 - Paris 1986,* écrivain français. Romancier *(le Bel Automne)* et historien de l'art, il a prolongé une vaste culture en un engagement dans le Front populaire et la Résistance *(Une vie pour la liberté).*

CASTAGNO (Andrea del) → **ANDREA del Castagno.**

CASTANET-TOLOSAN (31320), ch.-l. de cant. de la Haute-Garonne ; 10 396 hab. *(Castanéens).*

Castel del Monte, château d'Italie, près d'Andria (prov. de Bari). Octogone à cour centrale cantonné de 8 tours, de style gothique primitif assorti de souvenirs antiques, il a été érigé pour Frédéric II de Hohenstaufen (v. 1240 - 1250).

CASTEL GANDOLFO, comm. d'Italie (Latium), sur le lac d'Albano ; 6 784 hab. Palais, résidence d'été des papes, remontant au XVIIe s.

CASTELJALOUX (47700), ch.-l. de cant. de Lot-et-Garonne ; 4 900 hab. *(Casteljalousains).* Maisons anciennes.

CASTELLANE (04120), ch.-l. d'arrond. des Alpes-de-Haute-Provence, sur le Verdon, au pied des *Préalpes de Castellane ;* 1 539 hab. *(Castellanais).* Église romano-gothique.

CASTELLET (Le) [83330], comm. du Var ; 3 839 hab. *(Castellans).* Circuit automobile. Aérodrome.

CASTELLION ou **CHATEILLON** (Sébastien), *Saint-Martin-du-Fresne, Ain, v. 1515 - Bâle 1563,* théologien et humaniste français. Devenu protestant, il collabora avec Calvin, puis s'opposa à lui au nom de la tolérance dans l'affaire Servet. Il traduisit la Bible en latin et en français.

CASTELLÓN DE LA PLANA, v. d'Espagne, région de Valence, ch.-l. de prov., près de la Méditerranée ; 134 213 hab. Faïence.

CASTELNAU (Édouard **de Curières de**), *Saint-Affrique 1851 - Montastruc-la-Conseillère 1944,* général français. Il commanda la IIe armée en Lorraine (1914), fut l'adjoint de Joffre (1915 - 1916), puis il prit la tête du groupe d'armées de l'Est (1917 - 1918). Il fut député de l'Aveyron (1919 - 1924).

CASTELNAU (Pierre **de**), *m. près de Saint-Gilles, Gard, en 1208,* cistercien français. Légat du pape Innocent III en Languedoc, il tenta vainement d'endiguer l'hérésie cathare. Son assassinat fut le signal de la croisade des albigeois.

CASTELNAUDARY (11400), ch.-l. de cant. de l'Aude, sur le canal du Midi ; 11 613 hab. *(Chauriens).* Industries alimentaires. — Église gothique.

CASTELNAU-DE-MÉDOC (33480), ch.-l. de cant. de la Gironde ; 3 226 hab. *(Castelnaudais).* Vins. — Église du XVe s.

CASTELNAU-LE-LEZ [-lɛz] (34170), ch.-l. de cant. de l'Hérault, près de Montpellier ; 14 594 hab.

CASTELO BRANCO (Camilo), *Lisbonne 1825 - São Miguel de Ceide, près de Braga, 1890,* écrivain portugais. Il fut l'un des maîtres du récit réaliste dans son pays *(Nouvelles du Minho).*

CASTELSARRASIN (82100), ch.-l. d'arrond. de Tarn-et-Garonne ; 12 221 hab. *(Castelsarrasinois).* Église gothique St-Sauveur (mobilier baroque).

CASTERET (Norbert), *Saint-Martory, Haute-Garonne, 1897 - Toulouse 1987,* spéléologue français. Il a exploré plus de 2 000 grottes et a déterminé la source de la Garonne.

CASTEX (Raoul), *Saint-Omer 1878 - Villeneuve-de-Rivière 1968,* amiral et théoricien militaire français. Il est l'auteur d'ouvrages historiques et stratégiques *(Théories stratégiques).*

Castiglione (bataille de) [5 août 1796], bataille de la campagne d'Italie. Victoire des troupes françaises d'Augereau sur les Autrichiens à Castiglione delle Stiviere, au N.-O. de Mantoue.

CASTIGLIONE (Baldassare), *Casatico, prov. de Mantoue, 1478 - Tolède 1529,* écrivain et diplomate italien. Son traité du *Courtisan* est un guide du parfait homme de cour sous la Renaissance. — Portrait par Raphaël au Louvre.

CASTIGLIONE (Giovanni Benedetto), *Gênes v. 1610 - Mantoue v. 1665,* peintre et graveur italien. Influencé par le naturalisme flamand et hollandais, actif à Rome, Naples, Gênes, Mantoue, il fut un baroque plein de virtuosité et d'imagination.

CASTILLE, en esp. **Castilla,** région du centre de la péninsule Ibérique. Les sierras de Gredos et de Guadarrama séparent la Vieille-Castille au N., drainée par le Douro, de la Nouvelle-Castille au S., traversée par le Tage et le Guadiana, où se trouve Madrid. La Castille, au climat torride en été et froid l'hiver, est le domaine d'une culture céréalière et d'un élevage ovin extensifs, en dehors de secteurs plus favorisés (vignes) ou irrigués (cultures fruitières et maraîchères). — La Castille forma au IXe s. un comté (cap. Burgos) puis au XIe s. un royaume. Celui-ci occupa progressivement la majeure partie de la péninsule Ibérique, grâce à la Reconquista (prise de Tolède en 1085, Séville en 1248, Grenade en 1492) et à l'union avec le royaume de León (1230) puis avec la Couronne aragonaise (1479).

CASTILLE-LA MANCHE, communauté autonome d'Espagne ; 79 500 km² ; 1 644 401 hab. ; cap. *Tolède ;* 5 prov. *(Albacete, Ciudad Real, Cuenca, Guadalajara* et *Tolède).*

CASTILLE-LEÓN, communauté autonome d'Espagne ; 94 200 km² ; 2 556 316 hab. ; cap. *Valladolid ;* 9 prov. *(Ávila, Burgos, León, Palencia, Salamanque, Ségovie, Soria, Valladolid* et *Zamora).*

CASTILLO (mont), mont du nord de l'Espagne, dominant Puente Viesgo, près de Santander. Il abrite de nombreuses grottes (el Castillo, la Pasiega, etc.) qui en font l'un des hauts lieux de la peinture pariétale du paléolithique supérieur.

Castillon (barrage de), retenue des Alpes-de-Haute-Provence, sur le Verdon, au N. de Castellane.

CASTILLON-LA-BATAILLE (33350), ch.-l. de cant. de la Gironde, sur la Dordogne ; 3 162 hab. *(Castillonnais).* Vins. — Victoire de Charles VII sur les Anglais, qui mit fin à la guerre de Cent Ans (1453).

CASTLEREAGH (Robert **Stewart,** vicomte), *Mount Stewart Down 1769 - North Cray Kent 1822,* homme politique britannique. Secrétaire à la Guerre (1805 - 1809) puis aux Affaires étrangères (1812), il fut l'âme des coalitions contre Napoléon Ier et joua un rôle primordial au congrès de Vienne (1814 - 1815).

CASTOR ET POLLUX, dits **les Dioscures** MYTH. GR. Héros de Sparte, fils jumeaux de Zeus et de Léda. Ils furent identifiés à la constellation des Gémeaux. Leur culte fut très populaire à Rome. — Leur légende a fait l'objet d'une tragédie lyrique de Rameau (*Castor et Pollux,* 1737), sur un livret de Gentil-Bernard.

CASTRES (81100), ch.-l. d'arrond. du Tarn, sur l'Agout ; 45 413 hab. *(Castrais).* Industrie automobile. — Églises baroques St-Benoît et N.-D.-de-la-Platé (œuvres d'art). Musée « Goya » dans l'anc. évêché ; centre national et musée J.-Jaurès.

CASTRIES (34160), ch.-l. de cant. de l'Hérault ; 5 208 hab. *(Castriotes).* Château des XVIe et XVIIe s.

CASTRIES [kastr] (Charles **de La Croix,** marquis **de**), *Paris 1727 - Wolfenbüttel 1800,* maréchal de France. Secrétaire d'État à la Marine de 1780 à 1787, il entreprit la construction du port de Cherbourg.

CASTRO (Fidel), *Mayarí 1927,* homme politique cubain. Engagé dans la lutte contre Batista (1952), emprisonné (1953 - 1955) puis exilé, il débarque à Cuba en 1956, organisant une guérilla qui aboutit, en 1959, à la prise du pouvoir. Devenu Premier ministre (1959), il est ensuite chef de l'État (depuis 1976). Leader charismatique, Fidel Castro, alors soutenu par l'URSS, se pose en porte-parole du tiers-monde. Confronté, au début des années 1990, au problème de l'effondrement des pays socialistes partenaires de Cuba, il doit aussi faire face à une forte contestation intérieure.

CASTRO (João **de**), *Lisbonne 1500 - Goa 1548,* explorateur et administrateur portugais. Il a été vice-roi des Indes portugaises.

CASTRO (Josué **de**), *Recife 1908 - Paris 1973,* médecin et économiste brésilien. Ses principales études portent sur le problème de la faim dans le monde (*Géopolitique de la faim,* 1952).

CASTRO Y BELLVÍS (Guillén ou Guilhem **de**), *Valence 1569 - Madrid 1631,* auteur dramatique espagnol. Ses *Enfances du Cid* inspirèrent Corneille.

Catalauniques (bataille des champs) [451], victoire des Romains d'Aetius, alliés aux Wisigoths de Théodoric, sur les Huns d'Attila. L'emplacement exact de la bataille, dans les plaines de Champagne, est discuté.

ÇATAL HÖYÜK, site archéologique de Turquie, au sud-est de Konya. Habitats (milieu VIIe millé-

■ FIDEL **CASTRO**

naire - milieu VIe millénaire) ornés de peintures murales et de reliefs conservés avec les statuettes au musée des Civilisations anatoliennes à Ankara.

CATALOGNE, en esp. **Cataluña,** en catal. **Catalunya,** communauté autonome du nord-est de l'Espagne ; 32 100 km^2 ; 6 008 245 hab. *(Catalans)* ; cap. *Barcelone* ; 4 prov. (*Barcelone, Gérone, Lérida* et *Tarragone*). La région s'étend sur l'extrémité orientale des Pyrénées, peu peuplée, et sur la partie aval du bassin de l'Èbre. Le littoral est animé par le tourisme estival (Costa Brava). L'agglomération de Barcelone concentre la moitié des habitants et la majeure partie de l'industrie de la Catalogne. – Occupée par les Arabes (717 - 718), reconquise par Charlemagne (801), la Catalogne est le centre du comté de Barcelone (xe-xiie s.) qui s'étend sur le midi de la France. Réunie au royaume d'Aragon (1150), elle édifie avec lui un vaste empire méditerranéen. Rattachée à la monarchie espagnole (début du xvie s.), elle est amputée en 1659 du Roussillon et d'une partie de la Cerdagne. Dotée d'un statut d'autonomie (1931) supprimé sous le franquisme, elle le retrouve en 1979. Elle est dirigée par un gouvernement régional *(Generalitat de Catalunya)*, présidé depuis 1980 par Jordi Pujol.

CATANE, en ital. **Catania,** v. d'Italie, sur la côte est de la Sicile, ch.-l. de prov. ; 330 037 hab. Port. – Monuments de l'époque grecque au xviiie s.

CATANZARO, v. d'Italie, cap. de la Calabre et ch.-l. de prov. ; 93 464 hab.

CATEAU-CAMBRÉSIS (Le) [59360], ch.-l. de cant. du Nord ; 7 688 hab. *(Catésiens)*. Église du xviie s. Musée H.-Matisse. – Traités de paix de 1559, l'un, entre la France et l'Angleterre, où Henri II, roi de France, conservait Calais ; l'autre, entre la France et l'Espagne, qui mettait fin aux guerres d'Italie et reconnaissait à la France les Trois-Évêchés (Metz, Toul, Verdun).

CATHELINEAU (Jacques), *Le Pin-en-Mauges 1759 - Saint-Florent-le-Vieil 1793,* chef vendéen. Il fut mortellement blessé lors de l'attaque de Nantes. Il est surnommé le Saint de l'Anjou.

SAINTES

CATHERINE d'Alexandrie, martyre légendaire. Adoptée par une longue tradition comme patronne des philosophes et des jeunes filles, elle a été retirée du calendrier romain en 1970 en raison du caractère légendaire de sa biographie.

CATHERINE de Sienne (sainte), *Sienne 1347 - Rome 1380,* religieuse italienne. Membre du tiers ordre de saint Dominique, auteur mystique *(De la doctrine divine)*, elle intervint publiquement dans la vie de l'Église en demandant à Grégoire XI de quitter Avignon pour Rome, puis en luttant pour mettre fin au grand schisme d'Occident. Docteur de l'Église (1970).

CATHERINE LABOURÉ (sainte), *Fain-lès-Moutiers 1806 - Paris 1876,* religieuse française. Elle eut à Paris en nov. 1830, chez les Filles de la Charité de la rue du Bac, les visions de la Vierge dite « de la Médaille miraculeuse ».

ANGLETERRE

CATHERINE D'ARAGON, *Alcalá de Henares 1485 - Kimbolton 1536,* reine d'Angleterre. Fille des Rois Catholiques, elle épousa en 1509 Henri VIII, qui la répudia (1533). Ce divorce est à l'origine du schisme anglican. Elle est la mère de Marie Tudor.

CATHERINE HOWARD, *v. 1522 - Londres 1542,* reine d'Angleterre. Cinquième femme d'Henri VIII, elle fut décapitée pour cause d'inconduite.

CATHERINE PARR, *1512 - Sudeley Castle 1548,* reine d'Angleterre. Elle fut la sixième et dernière femme d'Henri VIII (1543).

FRANCE

CATHERINE DE MÉDICIS, *Florence 1519 - Blois 1589,* reine de France. Fille de Laurent II de Médicis, femme d'Henri II, mère de François II, Charles IX et Henri III, elle fut proclamée régente à l'avènement de Charles IX (1560) et devint le principal personnage politique du royaume. Pour pacifier le pays, ravagé par les guerres de Religion, et préserver l'autorité monarchique, elle négocia avec les protestants (paix de Saint-Germain, 1570), mais, hostile à Coligny, fut l'instigatrice du massacre de la Saint-Barthélemy (1572).

RUSSIE

CATHERINE Ire, *Malbork 1684 - Saint-Pétersbourg 1727,* impératrice de Russie (1725 - 1727) de la dynastie des Romanov. Femme de Pierre le Grand, elle lui succéda.

CATHERINE II la Grande, *Stettin 1729 - Tsarskoïe Selo 1796,* impératrice de Russie (1762 - 1796) de la dynastie des Romanov. Femme de Pierre III, qu'elle écarta du pouvoir, elle prétendit régner en souveraine éclairée, correspondant avec Voltaire et recevant Diderot à sa cour. Elle réforma l'administration (1775) et l'économie, mais brisa la révolte de Pougatchev (1773 - 1774) et introduisit le servage en Ukraine. Elle codifia les privilèges de la noblesse et des villes (chartes de 1785). Sous son règne, la Russie s'agrandit aux dépens de l'Empire ottoman (traité de Kutchuk-Kaïnardji, 1774) et de la Pologne (trois partages, 1792, 1793 et 1795).

CATILINA (Lucius Sergius), *v. 108 - Pistoia 62 av. J.-C.,* homme politique romain. Sa conjuration contre le sénat fut dénoncée par Cicéron dans quatre discours, *les Catilinaires.* Ayant rejoint les rebelles, Catilina fut tué à la bataille de Pistoia.

CATINAT [-na] (Nicolas), *Paris 1637 - Saint-Gratien 1712,* maréchal de France. Il s'illustra, à la tête de l'armée d'Italie, pendant la guerre de la ligue d'Augsbourg (1688 - 1697).

CATON, dit **l'Ancien** ou **le Censeur,** *Tusculum 234 - 149 av. J.-C.,* homme politique romain. Consul en 195 av. J.-C., il incarna la politique conservatrice de l'oligarchie sénatoriale, s'attachant à briser le pouvoir des Scipions et la puissance de Carthage. Censeur en 184 av. J.-C., il lutta contre le luxe et les mœurs grecques à Rome. – Il fut aussi l'un des premiers grands écrivains de langue latine (*De agri cultura,* les *Origines*).

CATON d'Utique, *95 - Utique 46 av. J.-C.,* homme politique romain. Arrière-petit-fils de Caton l'Ancien, tribun de la plèbe (63), puis sénateur, il s'opposa à Pompée puis à César. Il se suicida après la défaite de Thapsus. Il fut à Rome l'un des modèles du stoïcisme.

CATROUX (Georges), *Limoges 1877 - Paris 1969,* général français. Gouverneur général de l'Indochine en 1940, rallié à de Gaulle, il fut haut-commissaire au Levant (1941 - 1942), membre du Comité français de libération nationale à Alger (1943 - 1944), ambassadeur à Moscou (1945 - 1948), puis grand chancelier de la Légion d'honneur (1954 - 1969).

CATTÉGAT ou **KATTEGAT,** bras de mer entre la Suède et le Danemark (Jylland).

CATTELL (James McKeen), *Easton, Californie, 1860 - Lancaster, Pennsylvanie, 1944,* psychologue américain. Il est l'auteur de travaux de psychologie différentielle.

■ ÇATAL HÖYÜK. Peinture murale représentant un taureau. Néolithique, fin du viie millénaire.

■ CATHERINE DE MÉDICIS. (Musée Carnavalet, Paris.)

■ CATHERINE II LA GRANDE, par D.G. Levitski. (Musée de Petrodvorets.)

■ CATON, DIT L'ANCIEN

CATTENOM [katnɔm] (57570), ch.-l. de cant. de la Moselle ; 2 376 hab. *(Cattenomois)*. Centrale nucléaire près de la Moselle.

CATTERJI → **CHATTERJI.**

CATULLE, *Vérone v. 87 - Rome v. 54 av. J.-C.,* poète latin. Influencé par la poésie *alexandrine, soucieux de la forme, il est l'auteur de poèmes mythologiques *(les Noces de Thétis et de Pélée)*, d'élégies et d'épigrammes.

CAUCA n.m., riv. de Colombie, affl. du Magdalena (r. g.) ; 1 250 km.

CAUCASE n.m., chaîne de montagnes, limite conventionnelle entre l'Europe et l'Asie qui s'étend sur 1 250 km entre la mer Noire et la Caspienne ; 5 642 m à l'Elbrous. C'est une haute barrière où l'altitude descend rarement au-dessous de 2 000 m, dominée par de puissants volcans (Elbrous, Kazbek).
Difficilement pénétrable, le Caucase a été un refuge de populations et constitue encore une véritable mosaïque ethnique. On étend parfois le nom de « Caucase » aux massifs situés au S. de Tbilissi (appelés encore *Petit Caucase*). La région comprend des républiques de Russie qui forment le Caucase du Nord (celles du Daguestan, de Kabardino-Balkarie, d'Ossétie du Nord, de Tchétchénie, d'Ingouchie, des Adyguéens, des Karatchaïs-Tcherkesses) et les trois républiques de Transcaucasie (Arménie, Azerbaïdjan et Géorgie) appelées fréquemment *pays du Caucase. (V. carte page suivante.)*

CAUCHON (Pierre), *près de Reims v. 1371 - Rouen 1442,* prélat français. Évêque de Beauvais, il embrassa le parti bourguignon et présida au procès de Jeanne d'Arc.

CAUCHY (Augustin, baron), *Paris 1789 - Sceaux 1857,* mathématicien français. Rénovateur de l'analyse mathématique, il a introduit la rigueur dans l'étude des fonctions élémentaires et des séries. Il est le créateur de la théorie des fonctions d'une variable complexe.

CAUDAN (56850), comm. du Morbihan ; 6 925 hab. *(Caudanais)*. Fonderie.

CAUDEBEC-EN-CAUX (76490), ch.-l. de cant. de la Seine-Maritime ; 2 382 hab. *(Caudebecquais)*. Aéronautique. – Église de style gothique flamboyant. Musée de la Marine de Seine.

CAUDEBEC-LÈS-ELBEUF (76320), ch.-l. de cant. de la Seine-Maritime ; 10 001 hab. *(Caudebecquais)*. Matériel d'éclairage.

CAUDINES (fourches), défilé, dans le Samnium, en Italie centrale. L'armée romaine, vaincue par les Samnites (321 av. J.-C.), dut y passer sous le joug, d'où l'expression *passer sous les fourches Caudines,* subir des conditions humiliantes.

CAUDRON (les frères), ingénieurs et aviateurs français. **Gaston C.,** *Favières, Somme, 1882 - Lyon 1915,* et **René C.,** *Favières, Somme, 1884 - Vron, Somme, 1959.* Ils construisirent, à partir de 1908, de nombreux avions, tant militaires que commerciaux ou de tourisme.

CAUDRY (59540), comm. du Nord ; 13 697 hab. *(Caudrésiens)*. Cosmétologie.

CAULAINCOURT (Armand, marquis **de**), duc **de Vicence,** *Caulaincourt, Aisne, 1773 - Paris 1827,* général français. Ambassadeur en Russie (1807 - 1811), il fut ministre des Affaires étrangères (1813 - 1814 et 1815).

CAULNES [kon] (22350), ch.-l. de cant. des Côtes-d'Armor ; 2 270 hab. *(Caulnais)*.

Caures (bois des), un des hauts lieux de la bataille de Verdun, dans la Meuse, illustré par la défense du colonel Driant en 1916.

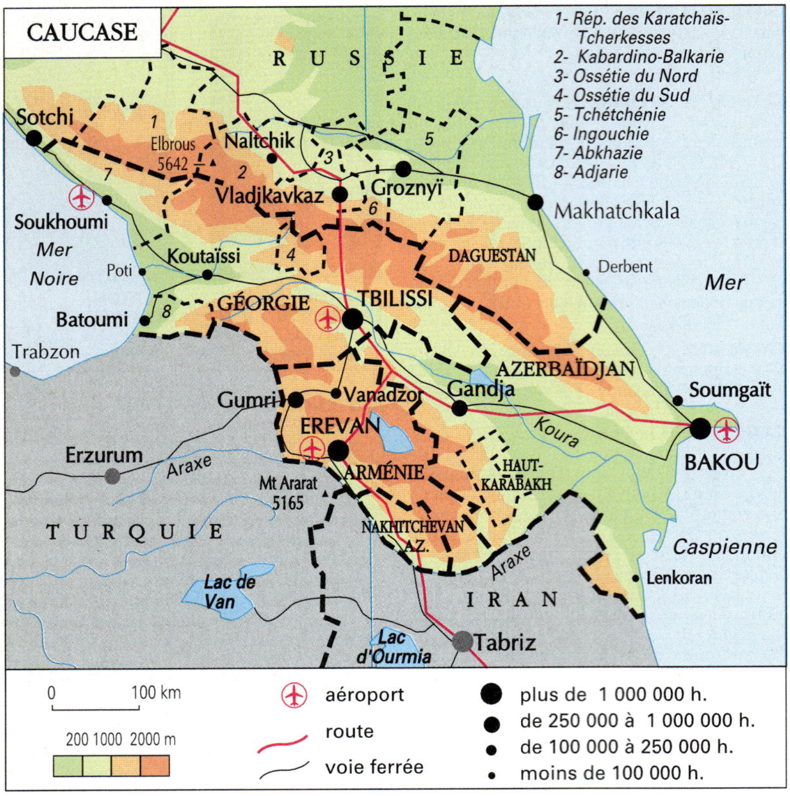

CAUS [ko] (Salomon **de**), *pays de Caux v. 1576 - Paris 1626,* ingénieur français. Il contribua à l'invention de la machine à vapeur en décrivant une machine de pompage de l'eau.

CAUSSADE (82300), ch.-l. de cant. de Tarn-et-Garonne ; 6 269 hab. *(Caussadais).*

CAUSSES n.m.pl., plateaux calcaires du sud *(Grands Causses)* et du sud-ouest *(Causses du Quercy)* du Massif central (France). [Hab. *Caussenards.*] Les *Grands Causses* donnent leur nom à un parc naturel régional, d'env. 315 000 ha, dans l'Aveyron. Ils sont entaillés par les gorges du Tarn, de la Jonte et de la Dourbie, et comprennent le *causse de Sauveterre,* le *causse de Sévérac,* le *causse Comtal,* le *causse Méjean,* le *causse Noir* et le *causse du Larzac.* Les *Causses du Quercy* englobent le *causse de Martel,* le *causse de Gramat* et le *causse de Limogne.* Ils donnent leur nom à un parc naturel régional d'env. 175 000 ha, dans le Lot. Élevage ovin.

CAUTERETS [kotrɛ] (65110), comm. des Hautes-Pyrénées, sur le *gave de Cauterets ;* 1 336 hab. *(Cautérésiens).* Station thermale (ORL et rhumatismes). Sports d'hiver (alt. 1 000 - 2 350 m).

CAUVERY n.f. → **KAVIRI.**

CAUX [ko] (pays de), région de France (Normandie) en Seine-Maritime, sur la Manche. (Hab. *Cauchois.*) C'est un plateau crayeux recouvert de limon (blé, betterave à sucre, élevage bovin), retombant en de hautes falaises sur le littoral de la Manche, jalonné de ports et de stations balnéaires (Dieppe, Fécamp, Étretat).

CAVACO SILVA (Aníbal), *Loulé, district de Faro, 1939,* homme politique portugais. Leader du Parti social-démocrate, il est Premier ministre de 1985 à 1995.

CAVAFY (Konstandínos **Kaváfis,** dit Constantin), *Alexandrie 1863 - id. 1933,* poète grec. La modernité formelle de son œuvre se fonde sur l'évocation de la Grèce hellénistique.

CAVAIGNAC, famille française dont plusieurs membres s'illustrèrent dans la politique. — **Godefroy C.,** *Paris 1801 - id. 1845,* homme politique français. Il fut un des chefs du Parti républicain sous Charles X et Louis-Philippe. — **Louis Eugène C.,** *Paris 1802 - Ourne, Sarthe, 1857,* général et homme politique français. Frère de Godefroy, gouverneur de l'Algérie puis ministre de la Guerre, il fut investi, en juin 1848, de pouvoirs dictatoriaux qui lui permirent d'écraser l'insurrection ouvrière, puis fut nommé chef du pouvoir exécutif. Candidat à la présidence de la République, il fut battu en décembre par Louis Napoléon, futur Napoléon III.

CAVAILLÉ-COLL (Aristide), *Montpellier 1811 - Paris 1899,* facteur d'orgues français. Il fut l'un des propagateurs de l'orgue symphonique et construisit notamment l'orgue de Notre-Dame de Paris.

CAVAILLÈS (Jean), *Saint-Maixent 1903 - Arras 1944,* mathématicien et philosophe français. Il est l'auteur d'importants travaux de logique mathématique sur les fondements de la théorie des ensembles. Il fut exécuté par les Allemands pour son activité dans la Résistance.

CAVAILLON [kavajɔ̃] (84300), ch.-l. de cant. de Vaucluse ; 25 058 hab. *(Cavaillonnais).* Marché de fruits (melons) et primeurs. — Arc romain, église en partie romane, synagogue du XVIIIe s. Musée archéologique.

CAVALAIRE-SUR-MER (83240), comm. du Var, sur la côte des Maures, près du *cap Cavalaire ;* 5 291 hab. *(Cavalairois).* Station balnéaire.

CAVALCANTI (Guido), *Florence v. 1225 - id. 1300,* poète italien. La poésie de cet ami de Dante exprime sa conception aristocratique de l'amour.

CAVALIER (Jean), *Ribaute-les-Tavernes 1680 - Chelsea, Jersey, 1740,* chef camisard. Il se soumit en 1704 puis servit l'étranger contre la France et publia ses *Mémoires* (1726).

Cavalier bleu (le) → **Blaue Reiter (Der).**

CAVALIERI (Bonaventura), *Milan 1598 - Bologne 1647,* religieux et mathématicien italien. Précurseur du calcul intégral, ce père jésuite, disciple de Galilée, développa la théorie des indivisibles.

CAVALIERI (Emilio **de'**), *Rome v. 1550 - id. 1602,* compositeur italien. Il fut l'un des créateurs du récitatif accompagné et de l'oratorio.

Cavaliers, partisans royalistes qui soutinrent Charles Ier pendant la première révolution d'Angleterre (1642 - 1649), par oppos. aux parlementaires, appelés *Têtes rondes.*

CAVALLI (Pier Francesco **Caletti-Bruni,** dit Pier Francesco), *Crema 1602 - Venise 1676,* compositeur italien. Organiste puis maître de chapelle de Venise, il fut l'un des compositeurs d'opéras (*L'Egisto,* 1643 ; *La Calisto,* 1651) les plus remarquables de l'école vénitienne.

CAVALLINI (Pietro), peintre et mosaïste italien, figure majeure de l'école romaine dans les années 1270 - 1330.

Caveau (Société du), groupe de chansonniers et d'écrivains (Crébillon père et fils, Helvétius, Piron, etc.) fondé en 1729. Dispersée puis reconstituée à plusieurs reprises, elle prit un nouveau départ en 1805, avec la création du *Caveau moderne,* où brillèrent Désaugiers et Béranger.

CAVELIER DE LA SALLE (Robert), *Rouen 1643 - au Texas 1687,* voyageur français. Il reconnut la Louisiane et le cours du Mississippi.

CAVELL (Edith), *Swardeston 1865 - Bruxelles 1915,* héroïne britannique. Elle fut fusillée par les Allemands en raison de son activité au service des Alliés en Belgique occupée.

CAVELL (Stanley), *Atlanta 1926,* philosophe américain. Professeur d'esthétique à Harvard, il construit, au carrefour de diverses inspirations dont en particulier celle d'Emerson, une philosophie de l'expérience quotidienne.

CAVENDISH (Henry), *Nice 1731 - Londres 1810,* physicien et chimiste britannique. Il détermina, à l'aide de la balance de torsion, la densité moyenne du globe, fut l'un des créateurs de l'électrostatique, isola l'hydrogène et réalisa la synthèse de l'eau.

CAVENTOU (Joseph Bienaimé), *Saint-Omer 1795 - Paris 1877,* pharmacien français. Avec Pelletier, il isola entre 1818 et 1820 plusieurs alcaloïdes (strychnine, vératrine, quinine).

CAVOUR (Camillo **Benso,** comte **de**), *Turin 1810 - id. 1861,* homme d'État italien. Fondateur du journal *Il Risorgimento* (1847), défenseur des idées libérales, député au Parlement de Turin (1848), ministre piémontais de l'Agriculture et du Commerce (1850), puis des Finances (1851), il devient président du Conseil en 1852 et s'attache à réaliser l'unité italienne. Il négocie avec Napoléon III (entrevue de Plombières, 1858) et obtient son appui armé pour éliminer les Autrichiens de la péninsule. Malgré les victoires des Franco-Piémontais (Magenta, Solferino, 1859), Napoléon III signe l'armistice de Villafranca. Démissionnaire, Cavour revient au pouvoir en 1860 et réalise en grande partie l'unité du pays (Lombardie, Italie centrale). En 1861, le « royaume d'Italie » est créé.

CAWNPORE → **KANPUR.**

CAXIAS DO SUL, v. du sud du Brésil ; 290 968 hab.

CAYENNE (97300), ch.-l. de la Guyane française ; 50 675 hab. *(Cayennais).* Préfecture dans un anc. couvent du XVIIIe s. Musée.

CAYEUX (Lucien), *Semousies 1864 - Mauves-sur-Loire 1944,* géologue français. Il fut l'un des pionniers de l'étude pétrographique des roches sédimentaires à l'aide du microscope polarisant.

CAYEUX-SUR-MER (80410), comm. de la Somme, sur la Manche ; 2 805 hab. *(Cayolais).* Station balnéaire.

CAYLEY (Arthur), *Richmond 1821 - Cambridge 1895,* mathématicien britannique. Créateur du calcul matriciel (1858), il fut l'un des représentants les plus éminents de l'école algébrique britannique du XIXe s.

CAYLEY (sir George), *Scarborough, Yorkshire, 1773 - Brompton 1857,* inventeur britannique. Il fut le premier à exposer le principe de l'avion et détermina toutes les composantes de l'avion moderne, préconisant l'emploi de l'hélice et du moteur à gaz ou à explosion.

CAYLUS (82160), ch.-l. de cant. de Tarn-et-Garonne ; 1 475 hab. *(Caylusiens).* Donjon du XIIIe s., église des XIVe-XVe s. — Camp militaire.

CAYLUS (Anne Claude Philippe **de Tubières,** comte **de**), *Paris 1692 - id. 1765,* graveur et archéologue français. Il est notamment l'auteur d'un *Recueil d'antiquités* et d'écrits sur Watteau.

CAYMAN ou **CAÏMANS** (îles), archipel britannique des Antilles, au S. de Cuba ; 260 km² ; 31 150 hab. ; ch.-l. *George Town.*

CAYOLLE (col de la), col des Alpes françaises, entre l'Ubaye et le haut Var ; 2 327 m.

CAYROL (Jean), *Bordeaux 1911,* écrivain français. Son œuvre poétique et romanesque, d'abord marquée par l'expérience des camps allemands (*Poèmes de la nuit et du brouillard,* 1946), s'oriente vers un art discret et une présence pudique du christianisme (*Histoire d'une prairie,* 1970).

CAZAUX, site de la Gironde (comm. de La Teste-de-Buch) sur le *lac* (ou *étang*) *de Cazaux et de Sanguinet* (couvrant environ 5 600 ha). Extraction de pétrole. Base aérienne. Établissement du Centre d'essais en vol, où s'effectuent les essais des armements des aéronefs militaires.

CAZÈRES (31220), ch.-l. de cant. de la Haute-Garonne ; 3 389 hab. *(Cazériens).* Église gothique.

CAZOTTE (Jacques), *Dijon 1719 - Paris 1792,* écrivain français, auteur du récit fantastique *le Diable amoureux* (1772).

CBS (Columbia Broadcasting Systems), l'un des trois grands réseaux américains de télévision (avec ABC et NBC), créé en 1927.

CCI (Chambre de commerce internationale), organisation internationale non gouvernementale réunissant des entreprises et des associations économiques. Fondée en 1919, elle représente le monde des affaires auprès des organisations intergouvernementales. En 1923, elle a créé la Cour internationale d'arbitrage. Son siège est à Paris.

CDU (Christlich-Demokratische Union), en fr. **Union chrétienne-démocrate**, parti politique allemand fondé en 1945 et dont la CSU (Christlich-Soziale Union) constitue l'aile bavaroise. Au pouvoir en RFA de 1949 à 1969 et de 1982 à 1998, ce parti a joué un rôle majeur dans la réalisation de la réunification de l'Allemagne.

CE (Communauté européenne), organisation internationale à vocation européenne, qui a pris le relais de la CEE, et qui forme auj. un des piliers de l'*Union européenne.

CEA (Commissariat à l'énergie atomique), établissement public français. Créé en 1945, il a pour but de poursuivre toute recherche scientifique et technique en vue de l'utilisation de l'énergie nucléaire dans les divers domaines de la science, de l'industrie et de la défense nationale.

CEARÁ, État du nord-est du Brésil ; 150 630 km² ; 6 353 346 hab. ; cap. *Fortaleza.*

CEAUŞESCU (Nicolae), *Scorniceşti 1918 - Tîrgovişte 1989,* homme politique roumain. Secrétaire général du Parti communiste (1965), président du Conseil d'État (1967), président de la République (1974), il établit un régime autoritaire. Renversé par une insurrection en 1989, il est exécuté.

CEBU, île des Philippines ; 2 092 000 hab. ; v. princ. *Cebu* (610 417 hab.).

CECA (Communauté européenne du charbon et de l'acier), organisation internationale à vocation européenne, dont les organes ont fusionné avec ceux de la CEE et de l'Euratom en 1967. C'est une composante de l'*Union européenne.

CECCHETTI (Enrico), *Rome 1850 - Milan 1928,* danseur et pédagogue italien. Danseur virtuose, il fit surtout carrière en Russie et fut le professeur de la plupart des étoiles du ballet classique au début du XXe s.

CECH (Thomas Robert), *Chicago 1947,* biochimiste américain. Il a mis en évidence le rôle catalytique que peut jouer l'ARN dans une réaction chimique. (Prix Nobel de chimie 1989.)

CECIL (William), baron **Burghley** ou **Burleigh,** *Bourne 1520-Londres 1598,* homme d'État anglais. Secrétaire d'État d'Édouard VI de 1550 à 1553, puis de la reine Élisabeth Ire de 1558 à 1572, il fut grand trésorier de 1572 à 1598.

CÉCILE (sainte), *m. v. 232,* vierge et martyre romaine. Mariée au païen Valentinien, qu'elle convertit, elle est la patronne des musiciens.

CÉCROPS, héros mythique grec, premier roi de l'Attique. Il est figuré avec le buste d'un homme et le corps d'un serpent.

CEDAR RAPIDS, v. des États-Unis (Iowa) ; 108 751 hab. Électronique.

CÉDRON n.m., riv. de Judée, qui sépare Jérusalem du mont des Oliviers.

CEE (Communauté économique européenne), organisation internationale à vocation européenne. En application du traité de Maastricht (1992), elle est devenue en 1993 la CE (Communauté européenne).

CEFALU, v. d'Italie (Sicile) ; 13 791 hab. Port. Tourisme. — Cathédrale commencée en 1131 (somptueuses mosaïques byzantines).

CEI (Communauté d'États indépendants), organisation, créée en déc. 1991, regroupant douze républiques de l'anc. URSS (Arménie, Azerbaïdjan, Biélorussie, Kazakhstan, Kirghizistan, Moldavie, Ouzbékistan, Russie, Tadjikistan, Turkménistan, Ukraine et, depuis 1993, Géorgie). Elle a pour but essentiel l'intégration économique et militaire de ces pays au sein d'un espace commun.

CELA (Camilo José), *Padrón, La Corogne, 1916,* écrivain espagnol. Il a évoqué dans ses romans, avec une grande virtuosité formelle et narrative, la violence des instincts (*la Famille de Pascal Duarte,* 1942 ; *la Ruche,* 1951). [Prix Nobel 1989.]

CELAN (Paul **Antschel,** dit Paul), *Tchernovtsy 1920 - Paris 1970,* poète roumain de langue allemande, naturalisé français. Marqué par la déportation, déchiré par son rapport à la langue allemande, il a exprimé en un style dépouillé le désespoir de l'homme face à la solitude et à la mort (*la Rose de personne,* 1963).

CELANO (Tommaso **da**) → **THOMAS DE CELANO.**

CELAYA, v. du Mexique, au N.-O. de Mexico ; 315 577 hab. Églises d'époque coloniale.

CELAYA (Rafael **Múgica,** dit Gabriel), *Hernani 1911-Madrid 1991,* poète espagnol. Antifranquiste et auteur d'une poésie sociale (*Las Cosas como son),* il soutint la cause basque et donna finalement une dimension cosmique à son œuvre *(El Mundo abierto).*

CÉLÈBES ou **SULAWESI,** île d'Indonésie formée de quatre péninsules ; 189 000 km² ; 12 521 000 hab. Découverte en 1512 par les Portugais, devenue hollandaise en 1667, l'île fait partie de la république d'Indonésie depuis 1950.

CÉLÈBES (mer de), mer d'Indonésie comprise entre Célèbes, Bornéo et Mindanaó.

CÉLESTIN V (saint) [Pietro **Angeleri,** dit aussi Pietro **del Morrone**], *Isernia 1215 - Castello di Fumone 1296,* pape en 1294. Ermite en Pouille, porté, malgré lui, au pontificat, au moment où l'Église traversait une crise grave, il abdiqua après cinq mois de pontificat, sous la pression du futur Boniface VIII. Canonisé en 1313 sous le nom de *Pierre Célestin.*

Célimène, personnage du **Misanthrope* de Molière (1666), jeune coquette spirituelle et médisante.

CÉLINE (Louis Ferdinand **Destouches,** dit Louis-Ferdinand), *Courbevoie 1894 - Meudon 1961,* écrivain français. Ses romans (*Voyage au bout de la nuit,* 1932 ; *Mort à crédit,* 1936 ; *D'un château l'autre,* 1957) et ses pamphlets, emportés vers la dénonciation de la société bien-pensante, puis vers la vitupération antisémite sous le régime de Vichy, recréent, dans un flux épique, un parler trivial et quotidien parfois nauséeux.

CELLAMARE (Antonio **del Giudice,** prince **de**), *Naples 1657 - Séville 1733,* diplomate espagnol. Ambassadeur d'Espagne à la cour de France, il conspira vainement avec le duc et la duchesse du Maine pour mettre Philippe V à la place du Régent (1718).

CELLE, v. d'Allemagne (Basse-Saxe) ; 73 671 hab. Maisons et monuments des XVe-XVIIIe s.

CELLE-SAINT-CLOUD (La) [78170], ch.-l. de cant. des Yvelines ; 21 761 hab. *(Cellois).* Château des XVIIe et XVIIIe s.

CELLES-SUR-BELLE (79370), ch.-l. de cant. des Deux-Sèvres ; 3 550 hab. *(Cellois).* Église surtout des XVe et XVIIe s., anc. abbatiale.

CELLINI (Benvenuto), *Florence 1500 - id. 1571,* orfèvre, médailleur et sculpteur italien. François Ier l'attira à sa cour. Ses chefs-d'œuvre sont la *Nymphe de Fontainebleau* (haut-relief en bronze, v. 1543, Louvre) et surtout le *Persée* de la loggia dei Lanzi (Florence, v. 1550). Ses *Mémoires* mêlent aventures réelles et vantardises.

CELSE, en lat. **Aulus Cornelius Celsus,** médecin et érudit contemporain d'Auguste. Il fut l'auteur du *De arte medica* qui donne un tableau de la médecine de son temps.

CELSE, philosophe grec du IIe s. apr. J.-C. Il est connu par Origène, qui réfuta ses attaques contre le christianisme.

CELSIUS (Anders), *Uppsala 1701 - id. 1744,* astronome et physicien suédois. En tant qu'astronome, il fit partie (1737) de l'expédition de Maupertuis en Laponie. Il créa l'échelle thermométrique centésimale à laquelle fut donné son nom (1742).

■ **CAVOUR,** par F. Hayer. (Pinacothèque de Brera, Milan.)

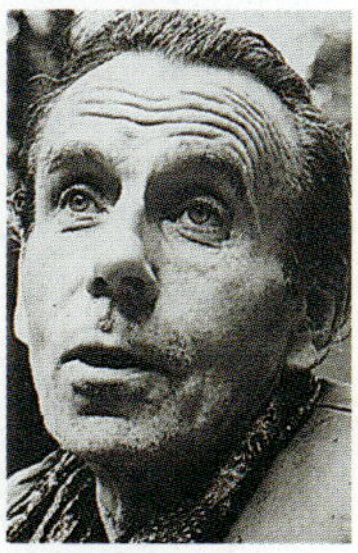

■ LOUIS-FERDINAND **CÉLINE**

CELTES, ensemble de peuples parlant une langue indo-européenne, individualisés vers le IIe millénaire et qui occupèrent une grande partie de l'Europe ancienne. Sans doute issus du sud-ouest de l'Allemagne, les Celtes émigrèrent en Gaule à l'époque de Hallstatt (900 - 450 av. J.-C.) puis en Espagne *(Celtibères),* en Italie, dans les Balkans et en Asie Mineure (sous le nom de *Galates*) à l'époque de La Tène (Ve s. - Ier s. av. J.-C.). Ils s'établirent également, dès le Ier millénaire, dans les îles Britanniques. Les Germains puis les Romains (IIIe-Ier s. av. J.-C.) détruisirent la puissance celtique ; seuls subsistèrent les royaumes d'Irlande. — Dynamisme, schématisation, triomphe de la courbe et de l'entrelacs transfigurant le réel sont les traits majeurs de leur art, connu par l'ornementation des armes, le monnayage et la statuaire religieuse.

■ ART DES **CELTES.** Le chaudron de Gundestrup ; Jylland, Danemark, v. le Ier s. av. J.-C. ; argent repoussé, décor de guerriers et d'animaux. (Musée national, Copenhague.)

CELTIBÈRES, anc. peuple d'Espagne (VIe s. av. J.-C.), soumis par les Romains au IIe s. av. J.-C.

CELTIQUE, appelée aussi **GAULE CELTIQUE,** partie de la Gaule comprise entre l'Atlantique, la Seine et la Garonne, au temps de César, et qui constitua par la suite une des Trois Gaules.

CEMAL PAŞA → **DJAMAL PACHA.**

Cénacle, groupe de jeunes écrivains romantiques qui se réunirent de 1823 à 1830 chez C. Nodier et chez V. Hugo.

CENCI, famille romaine, célèbre par ses crimes et ses malheurs (XVIe s.). Son histoire a inspiré une tragédie à Shelley (1819), adaptée et mise en scène de façon mémorable par Artaud en 1935, et une nouvelle à Stendhal (1837).

CENDRARS [sɑ̃drar] (Frédéric **Sauser,** dit Blaise), *La Chaux-de-Fonds 1887 - Paris 1961,* écrivain français d'origine suisse. Grand voyageur, il a célébré la passion de l'aventure dans ses poèmes (*la Prose du Transsibérien et de la petite Jehanne de France,* 1913) et ses romans (*l'Or,* 1925 ; *Moravagine,* 1926 ; *l'Homme foudroyé,* 1945).

Cendrillon, personnage de contes de fées. Cette jeune fille, persécutée par sa marâtre, triomphe de l'adversité grâce à sa seule beauté et épouse le fils du roi. Elle inspira des écrivains (C. Perrault, 1697 ; Mme d'Aulnoy, 1698 ; les frères Grimm, 1812), des compositeurs (Prokofiev, 1945), des chorégraphes dont E. Cecchetti, L. Ivanov et probablement M. Petipa (1893) sur une partition de B. Schell, M. Marin (1985) et R. Noureïev (1986) sur la partition de Prokofiev. Au cinéma, l'équipe de W. Disney a adapté le conte en 1950.

CENIS [səni] (Mont-), massif des Alpes françaises (Savoie), dominant le *col routier du Mont-Cenis* (2 083 m) et le *lac de barrage du Mont-Cenis ;* 3 610 m. Le col est emprunté par la route de Lyon à Turin.

CENNINI (Cennino), *près de Sienne v. 1370 - Padoue ? début du XVe s.,* peintre et écrivain d'art italien. Son *Libro dell'arte* (« Livre de l'art ») est un précieux traité relatif aux techniques et aux débats artistiques à la veille de la Renaissance.

CENON (33150), ch.-l. de cant. de la Gironde ; 21 533 hab. *(Cenonnais).*

Cent Ans (guerre de), nom donné à la série de conflits qui, de 1337 à 1453, opposèrent la France à l'Angleterre. Deux causes principales les déterminèrent : la revendication du trône de France par Édouard III d'Angleterre, petit-fils, par sa mère, de Philippe IV le Bel, et la volonté du roi d'Angleterre de s'attacher les riches cités flamandes liées au commerce anglais des laines. En 1337, Édouard III rompt avec Philippe VI. Sous le règne de ce dernier, les Français sont battus à Crécy (1346) et perdent Calais (1347). Sous Jean II le Bon, le Prince Noir triomphe près de Poitiers (1356) ; la France, affaiblie par les discordes parisiennes (Étienne Marcel) et dévastée par la Jacquerie, est obligée de signer le désastreux traité de Brétigny (1360), qui accorde à Édouard III le quart sud-ouest de la France. Charles V et Du Guesclin redressent la situation, et, en 1380, les Anglais n'occupent plus que Calais et la Guyenne. Sous Charles VI, la guerre civile (lutte entre Armagnacs, partisans de la famille d'Orléans, et Bourguignons, partisans des ducs de Bourgogne) et la folie du roi favorisent de nouveau les progrès des Anglais, qui gagnent la bataille d'Azincourt (1415) et imposent, avec la complicité d'Isabeau de Bavière, le traité de Troyes, qui consacre la déchéance du roi de France et la régence du roi d'Angleterre (1420). Sous Charles VII, Jeanne d'Arc réveille le patriotisme français ; elle délivre Orléans, fait sacrer le roi à Reims, mais elle est prise à Compiègne et brûlée à Rouen (1431). Cependant, l'impulsion est donnée : les Anglais sont battus à Formigny (1450), à Castillon (1453), et chassés du royaume, sauf de Calais, qu'ils conservent jusqu'en 1558.

C

Cent-Associés (Compagnie des) ou **Compagnie de la Nouvelle-France,** compagnie fondée en 1627, par Richelieu, pour développer la nouvelle colonie du Canada.

CENTAURE, constellation australe. Ses deux étoiles principales, α *(Rigil Kentarus)* et β *(Agena),* comptent parmi les plus brillantes du ciel. Elle renferme aussi l'étoile la plus proche du système solaire, *Proxima,* située à 4,2 al.

CENTAURES MYTH. GR. Habitants des montagnes de Thessalie, figurés plus tard comme des monstres fabuleux, moitié hommes, moitié chevaux. Ils furent exterminés par les Lapithes.

Cent-Jours (les) [20 mars-22 juin 1815], période au cours de laquelle Napoléon Ier fut de nouveau au pouvoir. Parti de l'île d'Elbe, Napoléon traversa la France *(le vol de l'Aigle),* et entra à Paris (20 mars). Vaincu à Waterloo par une coalition de puissances européennes (18 juin), il abdiqua (22 juin).

Cento (Central Treaty Organization), organisation d'assistance mutuelle regroupant la Grande-Bretagne, l'Iran, le Pakistan et la Turquie, créée en 1959 après la dénonciation par l'Iraq du pacte de Bagdad (signé en 1955), et dissoute en 1979.

CENTRAFRICAINE (République), État d'Afrique centrale ; 620 000 km² ; 3 100 000 hab. *(Centrafricains).* CAP. *Bangui.* LANGUE : *français.* MONNAIE : *franc CFA.* C'est un pays de forêts et de savanes, où, à côté des cultures vivrières (mil, maïs, manioc), quelques plantations (coton, café) et les diamants (richesses essentielles du sous-sol avec l'uranium) fournissent l'essentiel des exportations.

HISTOIRE

Le pays est peuplé anciennement par des Pygmées et par quelques Bantous puis, massivement au XIXe s., par d'autres Bantous (Baya, Banda) venus du Soudan, du Congo et du Tchad pour fuir la traite esclavagiste. **1877 :** la descente du Congo par Stanley ouvre la voie à l'exploration européenne. **1889 - 1910 :** soucieuse de s'ouvrir les routes du Tchad et du Nil, la France crée le poste de Bangui, renforce son implantation avec la mission Marchand (1896 - 1898), constitue l'Oubangui-Chari en colonie (1905) et l'intègre dans l'A.-É.F. **1946 :** l'Oubangui-Chari devient territoire d'outre-mer. **1950 :** son premier député, Barthélemy Boganda, fonde le Mouvement pour l'évolution sociale de l'Afrique noire (MESAN). **1960 :** la République centrafricaine, proclamée en 1958, devient indépendante avec David Dacko, président à la mort de Boganda (1959). **1965 :** un coup d'État amène au pouvoir Bokassa, président à vie (1972), puis empereur (1976). **1979 :** avec l'aide de la France, Dacko renverse Bokassa et rétablit la république. **1981 :** coup d'État militaire d'André Kolingba. **1991 - 1992 :** le pays s'ouvre au multipartisme. **1993 :** Ange-Félix Patassé est élu à la présidence de la République (réélu en 1999). **Depuis 1996 :** le pays connaît une crise militaire (mutineries) et politique permanente.

centrale des arts et manufactures (École), établissement public national d'enseignement supérieur, fondé à Paris en 1829, auj. à Châtenay-Malabry. Elle forme des ingénieurs hautement qualifiés.

Central Park, grand parc de New York (Manhattan).

Centre (canal du), canal qui unit la Saône à la Loire ; 114 km. Il dessert les régions industrielles du Creusot et de Montceau-les-Mines.

CENTRE (Région du), Région administrative de France ; 39 151 km² ; 2 440 329 hab. ; ch.-l. *Orléans ;* 6 dép. (Cher, Eure-et-Loir, Indre, Indre-et-Loire, Loir-et-Cher et Loiret). Entre l'Île-de-France et l'Auvergne, c'est un pays de plaines et de plateaux, drainé essentiellement par la Loire (site des principales villes, Orléans et Tours) et correspondant aux anciennes provinces de l'Orléanais, de la Touraine et du Berry. Cette Région est relativement peu peuplée (aucun département n'atteint la moyenne nationale, un peu supérieure à 100 hab. au km²).

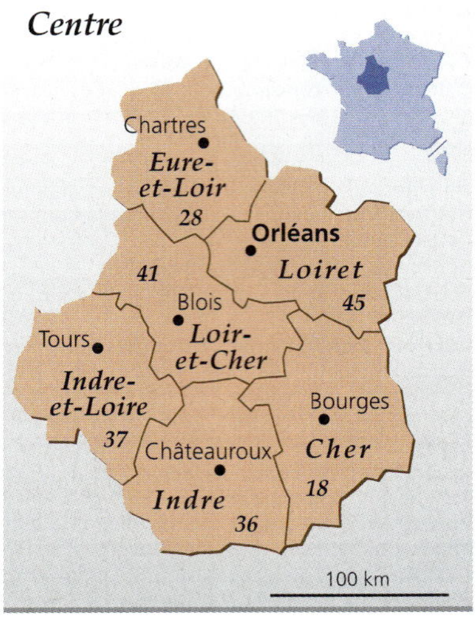

CENTRE-DU-QUÉBEC, région administrative du Québec (Canada), sur la rive sud du Saint-Laurent ; 6 949 km² ; 215 200 hab. ; v. princ. *Drummondville.*

Centre national d'art et de culture Georges-Pompidou (CNAC G.-P.), établissement public parisien entre les rues Beaubourg et Saint-Martin (IIIe arrond.). Il groupe, dans un édifice des architectes *Piano et Rogers (1977, rénové entre 1996 et 2000), la Bibliothèque publique d'information (BPI) et le musée d'*Art moderne (MNAM), auquel se rattache le Centre de création industrielle (CCI). Des locaux contigus abritent l'Institut de recherche et de coordination acoustique-musique (IRCAM).

Centre national de la recherche scientifique → CNRS.

Centre national des jeunes agriculteurs → CNJA.

Centre national d'études spatiales → CNES.

CÉPHALONIE, île de Grèce, la plus grande des îles Ioniennes ; 73 km² ; 32 314 hab.

CÉRAM, île d'Indonésie, partie des Moluques.

Céramique (le), quartier de l'Athènes antique, qui tirait son nom de l'activité des potiers. Nécropole (nombreuses stèles sculptées).

CERBÈRE (66290), comm. des Pyrénées-Orientales, à la frontière espagnole, près du *cap Cerbère ;* 1 504 hab. *(Cerbériens).* Gare internationale. Station balnéaire.

CERBÈRE MYTH. GR. Chien monstrueux à trois têtes, gardien des Enfers.

CERDAGNE, région des Pyrénées françaises (Pyrénées-Orientales) et espagnoles (Catalogne). [Hab. *Cerdans.*] C'est un haut bassin intérieur (vers 1 200 m) drainé vers l'Espagne par le (ou la) Sègre. – Cette région fut partagée entre la France et l'Espagne en 1659 (paix des Pyrénées).

CERDAN (Marcel), *Sidi Bel Abbès 1916 - dans un accident d'avion, au-dessus des Açores, 1949,* boxeur français. Il fut champion du monde des poids moyens (1948).

CÈRE n.f., riv. de France, en Auvergne, affl. de la Dordogne (r. g.) ; 110 km. Gorges.

CÉRÈS MYTH. ROM. Déesse des Moissons. Elle correspond à la *Déméter* grecque.

CÉRÈS, astéroïde le plus gros (diamètre : 930 km) et le premier à avoir été découvert (1801).

CÉRET (66400), ch.-l. d'arrond. des Pyrénées-

■ **CENTRE NATIONAL D'ART ET DE CULTURE GEORGES-POMPIDOU,** conçu par les architectes Piano et Rogers.

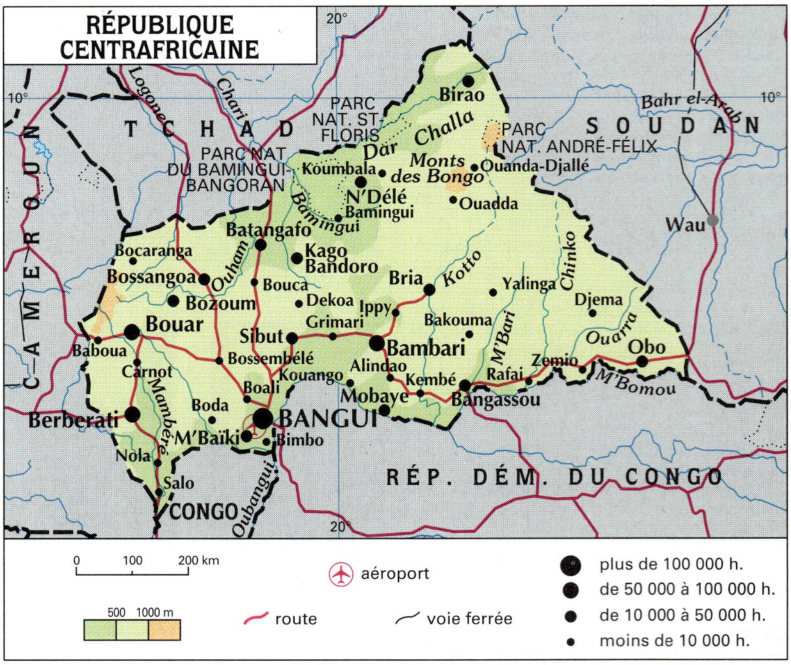

Orientales, sur le Tech ; 7 549 hab. *(Céretans).* Musée d'Art moderne.

CERGY, ch.-l. de cant. du Val-d'Oise, sur l'Oise ; 55 162 hab. *(Cergyssois).* Église des XIIe-XIIIe et XVIe s. – Sur le territoire de la commune est établie la préfecture du dép. du Val-d'Oise, noyau de la ville nouvelle de *Cergy-Pontoise.* Constructions mécaniques. Électronique.

CERHA (Friedrich), *Vienne 1926,* compositeur et chef d'orchestre autrichien. Fondateur de l'ensemble de musique contemporaine *die Reihe,* il termina l'orchestration de l'opéra *Lulu* de A. Berg.

CERIZAY (79140), ch.-l. de cant. des Deux-Sèvres ; 4 710 hab. Industrie automobile.

Cern, Organisation européenne pour la recherche nucléaire ou, communément, Laboratoire européen pour la physique des particules. Appelé, à sa création (1952 - 1954), Conseil européen pour la recherche nucléaire, il est implanté à Meyrin (frontière franco-suisse). Il a construit et exploite un ensemble d'accélérateurs ou de collisionneurs de particules ; un grand collisionneur de hadrons (LHC) doit entrer en service en 2005.

CERNAY (68700), ch.-l. de cant. du Haut-Rhin, sur la Thur ; 10 790 hab. *(Cernéens).* Mécanique.

CERNUNNOS, dieu gaulois aux bois de cerf, qui symbolisait la fécondité.

Cernuschi (musée), à Paris, musée municipal consacré à l'art d'Extrême-Orient. Il est installé dans l'hôtel du parc Monceau que le banquier et collectionneur italien Enrico **Cernuschi** (1821 - 1896) légua à la Ville à sa mort.

CERRO BOLÍVAR, gisement de fer du Venezuela.

CERRO DE PASCO, v. du Pérou ; 66 373 hab. Centre minier.

CERRO PARANAL → PARANAL.

CÉRULAIRE (Michel) **→ KEROULARIOS.**

CERVANTÈS, en esp. Miguel **de Cervantes Saavedra,** *Alcalá de Henares 1547 - Madrid 1616,* écrivain espagnol. Sa vie mouvementée (il combattit à Lépante où il perdit un bras, fut cinq ans prisonnier des pirates barbaresques, puis commissaire aux vivres de l'Invincible Armada, excommunié, emprisonné, avant de devenir familier de la cour de Philippe III) lui inspira l'humour et la satire de ses romans (**Don Quichotte de la Manche ; les Travaux de Persilès et Sigismonde,* 1617), des *Nouvelles exemplaires* (1613) et de ses comédies ou tragédies (*le Siège de Numance,* écrit v. 1582 et publié en 1784).

CERVETERI, comm. d'Italie (Latium) ; 18 694 hab. Nécropole étrusque sur le site de *Caere.* Elle fut l'une des plus puissantes villes étrusques et tomba sous la domination de Rome en 351 av. J.-C.

CERVIN (mont), en all. **Matterhorn,** sommet des Alpes, à la frontière de la Suisse et de l'Italie, dominant la vallée de Zermatt ; 4 478 m. Il fut escaladé par Whymper en 1865.

CERVIONE (20221), ch.-l. de cant. de la Haute-Corse ; 1 474 hab. Église baroque ; musée ; aux environs, chapelle S. Cristina (fresques de 1473).

CÉSAIRE (saint), *Chalon-sur-Saône v. 470 - Arles 543,* évêque d'Arles. Il eut une grande influence dans l'Église franque.

CÉSAIRE (Aimé), *Basse-Pointe, Martinique, 1913,* écrivain et homme politique français. Influencé par le surréalisme (*Soleil cou coupé,* 1948), il cherche à retrouver les sources de la « négritude » (*Cahier d'un retour au pays natal,* édité en revue dès 1939 ; *la Tragédie du roi Christophe,* 1963). Il a été député de la Martinique de 1946 à 1993 et maire de Fort-de-France de 1945 à 2001.

■ **CERVANTÈS,** par Juan de Jáuregui. (Académie espagnole de Madrid.)

■ AIMÉ **CÉSAIRE**

■ JULES **CÉSAR.** (Musée national, Naples.)

■ PAUL **CÉZANNE.** *La Montagne Sainte-Victoire,* v. 1885 - 1887. (Institut Courtauld, Londres.)

CÉSALPIN (Andrea **Cesalpino,** dit en fr. André **de**), *Arezzo 1519 - Rome 1603,* naturaliste et médecin italien. Il reconnut le sexe chez les fleurs.

CÉSAR (César **Baldaccini,** dit), *Marseille 1921 - Paris 1998,* sculpteur français. Apparenté au « nouveau réalisme », il a surtout travaillé les métaux (fer soudé ; « compressions » de voitures, 1960) et les matières plastiques (« expansions », 1967). Son *Pouce* géant date de 1965, son *Centaure* en bronze, de 1985.

CÉSAR (Jules), en lat. **Caius Julius Caesar,** *Rome 100 ou 101 - id. 44 av. J.-C.,* homme d'État romain. Patricien, mais lié aux milieux plébéiens (sa tante Julia a épousé Marius), il s'oppose au dictateur Sulla et s'exile en Asie (82 - 78). Il entreprend ensuite une carrière politique, profitant à la fois des milieux d'argent (Licinius Crassus) et des mécontentements populaires (il soutient en sous-main la conjuration de Catilina). Questeur (68), préteur (62) puis propréteur en Espagne, où il mène une campagne facile, il forme un triumvirat avec Pompée et Licinius Crassus (60). Consul en 59 et en 56, il entreprend la conquête des Gaules (58 - 51), qui lui donne la gloire militaire et une armée fidèle, avec laquelle il franchit le Rubicon (49) et marche sur Rome, ce qui déclenche la guerre civile contre Pompée et le sénat : victorieux à Pharsale (48), il installe Cléopâtre sur le trône d'Égypte. Il vainc les derniers pompéiens à Thapsus (46) et à Munda (45), et devient à Rome consul et dictateur à vie (févr. 44). Mais une conspiration (à laquelle prend part son protégé Brutus) se forme contre lui, et il est assassiné en plein sénat aux ides de mars (le 15 mars 44). Il avait adopté son petit-neveu Octave, qui deviendra Auguste. Historien, César a laissé des Mémoires, *Commentaires de la guerre des Gaules* et *De la guerre civile.*

CÉSARÉE, anc. v. du nord de la Palestine, sur la Méditerranée. Bâtie par Hérode le Grand, elle possédait au IIIe s. une riche bibliothèque.

CÉSARÉE DE CAPPADOCE → KAYSERI.

CESENA, v. d'Italie (Émilie-Romagne) ; 87 841 hab. Bibliothèque Malatestiana (1452).

ČESKÉ BUDĚJOVICE, v. de la République tchèque, en Bohême, sur la Vltava ; 97 283 hab. Centre industriel. – Monuments anciens.

ČESKY KRUMLOV, v. de la République tchèque ; 12 000 hab. Vaste château, monuments divers et maisons surtout de la Renaissance.

CESSON-SÉVIGNÉ (35510), ch.-l. de cant. d'Ille-et-Vilaine ; 15 522 hab. *(Cessonnais).*

CESTAS (33610), comm. de la Gironde ; 17 170 hab. Agroalimentaire. Électronique.

CEUTA, v. d'Espagne, sur la côte d'Afrique, en face de Gibraltar ; 67 615 hab. Port.

CÉVENNES n.f. pl., partie de la bordure orientale du Massif central (France), entre l'Hérault et l'Ardèche ; 1 699 m au mont Lozère. (Hab. *Cévenols.*) Retombée abrupte sur les plaines rhodaniennes, les Cévennes sont formées de hauts plateaux granitiques, qui cèdent la place, à l'est, à de longues crêtes schisteuses (les serres), allongées entre de profondes vallées. Pays rude, dépeuplé, les Cévennes ont pour ressources essentielles l'élevage ovin et le tourisme (parc national [environ 86 000 ha] et résidences secondaires).

Cévennes (guerre des), nom parfois donné à la guerre des *camisards.

CEYLAN → SRI LANKA.

CEYZÉRIAT (01250), ch.-l. de cant. de l'Ain ; 2 445 hab. *(Ceyzériatis).*

CÉZALLIER n.m., plateau basaltique au N.-E. du massif du Cantal, en Auvergne ; 1 551 m.

CÉZANNE (Paul), *Aix-en-Provence 1839 - id. 1906,* peintre français. Comme ses amis impressionnistes, il pratiqua la peinture sur le motif, mais s'évertua à transposer la sensation visuelle dans une stricte construction plastique. Portraits, figures (*Joueurs de cartes*), natures mortes, paysages (dont ceux de la Sainte-Victoire), baigneurs ou baigneuses en plein air sont ses thèmes principaux. Son influence a été capitale sur certains des grands courants de l'art du XXe s. (fauvisme, cubisme, abstraction).

CFDT (Confédération française démocratique du travail), organisation syndicale française issue, en 1964, de la majorité de la CFTC. Secrétaires généraux : Eugène *Descamps (1964 - 1971), Edmond Maire (1971 - 1988), Jean Kaspar (1988 - 1992), Nicole Notat (depuis 1992).

CFE-CGC (Confédération française de l'encadrement-CGC), organisation syndicale française regroupant agents de maîtrise, VRP, ingénieurs et cadres. Créée en 1944, elle a porté jusqu'en 1981 le nom de Confédération générale des cadres (CGC). Principaux présidents : André Malterre (1956 - 1975) ; Yvan Charpentié (1975 - 1979) ; Jean Menu (1979 - 1984) ; Paul Marchelli (1984 - 1993) ; Marc Vilbenoît (1993 - 1999), Jean-Luc Cazettes (depuis 1999).

CFTC (Confédération française des travailleurs chrétiens), organisation syndicale française, créée en 1919. Principaux dirigeants : Gaston *Tessier (1919 - 1953) ; Jacques *Tessier (1964 - 1981) Jean Bornard (secrétaire général 1970 - 1981 puis président 1981 - 1990) ; Guy Drilleaud (secrét. gén. 1981 - 1990 puis président 1990 - 1993) ; Alain Deleu (secrét. gén. 1990 - 1993 puis président depuis 1993).

CGC → CFE-CGC.

CGT (Confédération générale du travail), organisation syndicale française créée en 1895. Après la scission de 1921 (création de la Confédération générale du travail unitaire ou CGTU en 1922), elle ne retrouva son unité qu'en 1936 ; mais, en 1947 - 1948, une nouvelle scission provoqua la création de la CGT-FO. Principaux secrétaires généraux : Léon *Jouhaux (1909 - 1947), Benoît *Frachon (1936 - 1939 ; 1944 - 1967), Georges Séguy (1967 - 1982), Henri Krasucki (1982 - 1992), Louis Viannet (1992 - 1999), Bernard Thibault (depuis 1999).

CGT-FO → FO.

CHAALIS [ʃali], site d'une anc. abbaye au S.-E. de Senlis. Ruines de l'église et chapelle du XIIIe s. Palais abbatial du XVIIIe s., légué par Mme Jacquemart-André à l'Institut de France avec ses collections d'art ; souvenirs de J.-J. Rousseau.

CHABANAIS (16150), ch.-l. de cant. de la Charente ; 2 000 hab.

CHABAN-DELMAS (Jacques), *Paris 1915 - id. 2000,* homme politique français. Gaulliste et résistant (général en 1944), maire de Bordeaux de 1947 à 1995, il fut Premier ministre (1969 - 1972) et plusieurs fois président de l'Assemblée nationale (1958 - 1969, 1978 - 1981 et 1986 - 1988).

CHABANNES, famille du Limousin. – **Antoine de C.,** *Saint-Exupéry, Corrèze, 1408 - 1488,* homme de guerre français. Il se distingua, sous Charles VII, dans sa lutte contre les Anglais. – **Jacques de C.** → **La Palice.**

CHABEUIL (26120), ch.-l. de cant. de la Drôme ; 5 974 hab.

CHABLAIS n.m., massif des Préalpes françaises (Haute-Savoie), au S. du lac Léman ; 2 464 m. Élevage. Tourisme.

CHABLIS [-bli] (89800), ch.-l. de cant. de l'Yonne ; 2 690 hab. *(Chablisiens).* Vins blancs. – Église du XIIIe s.

CHABOT, famille originaire du Poitou, divisée en plusieurs branches. – **Philippe de C.,** seigneur **de Brion,** *1480 - 1543,* amiral de France. Favori de François Ier, capturé avec lui à Pavie, il dirigea la conquête du Piémont en 1536. – Son effigie, demi-couchée, est au Louvre. – **Henri de C.,** *m. en 1655,* fondateur de la branche de Rohan-Chabot. Il devint duc de Rohan par son mariage avec Marguerite, duchesse de Rohan.

CHABRA AL-KHAYMA, v. d'Égypte, banlieue nord du Caire ; 811 000 hab.

CHABRIER (Emmanuel), *Ambert 1841 - Paris 1894,* compositeur français. Également pianiste, il est l'auteur d'œuvres pour piano (*Pièces pittoresques,* 1881 ; *Bourrée fantasque,* 1891), pour orchestre (*España,* 1883) et pour le théâtre (*Gwendoline,* 1886 ; *le Roi malgré lui,* 1887).

Chabrol (fort), nom donné au local de la Ligue antisémite, rue de Chabrol, à Paris. Le chef de cette Ligue, Jules Guérin, opposé à la révision du procès Dreyfus (1899), y fut arrêté après un siège de trente-huit jours.

CHABROL (Claude), *Paris 1930,* cinéaste français. Pionnier de la « nouvelle vague » (*le Beau Serge,* 1959), son humour excelle dans la peinture des mœurs bourgeoises : *la Femme infidèle* (1969), *le Boucher* (1970), *Inspecteur Lavardin* (1986), *Une affaire de femmes* (1988), *Madame Bovary* (1991), *Betty* (1992), *l'Enfer* (1994), *la Cérémonie* (1995), *Merci pour le chocolat* (2000).

CHACO ou, parfois, **GRAN CHACO,** région de steppes, peu peuplée, de l'Amérique du Sud, partagée entre l'Argentine et le Paraguay.

Chaco (guerre du) [1932 - 1935], conflit qui opposa la Bolivie au Paraguay pour la possession du Chaco et dont le Paraguay sortit vainqueur.

CHADLI (Chadli **Ben Djedid,** dit), *Bouteldja, près d'Annaba, 1929,* officier et homme politique algérien. Il fut président de la République de 1979 à 1992.

CHADWICK (sir James), *Bollington, Cheshire, 1891 - Cambridge 1974,* physicien britannique. Au cours d'expériences de désintégration nucléaire, il a reconnu, en 1932, la nature du neutron. (Prix Nobel 1935.)

CHAGALL (Marc), *Vitebsk 1887 - Saint-Paul-de-Vence 1985,* peintre et graveur français d'origine russe. Après avoir travaillé à Paris de 1910 à 1914, il s'installa en France en 1923. Avec une verve inventive, il s'est inspiré de la terre russe, du folklore juif, de Paris et de la Provence. On lui doit des illustrations de livres, des vitraux et autres travaux décoratifs. À Nice, un musée national est consacré à son *Message biblique.*

■ MARC **CHAGALL.** *Double Portrait au verre de vin,* 1917. (MNAM, Paris.)

CHAGNY (71150), ch.-l. de cant. de Saône-et-Loire, sur la Dheune ; 5 751 hab. *(Chagnotins).* Église romane et gothique.

CHAGOS (îles), archipel britannique de l'océan Indien.

CHAH DJAHAN, *Lahore 1592 - Agra 1666,* souverain de l'Inde (1628 - 1658) de la dynastie des Grands Moghols. Il fit construire le Tadj Mahall.

CHAHINE (Youssef) ou **CHAHIN** (Yusuf), *Alexandrie 1926,* cinéaste égyptien. Également interprète, producteur et distributeur, il est l'un des plus importants auteurs du cinéma égyptien (*Gare centrale,* 1958 ; *la Terre,* 1969 ; *Adieu Bonaparte,* 1985 ; *le Sixième Jour,* 1986 ; *Alexandrie, encore et toujours,* 1990 ; *l'Émigré,* 1994 ; *le Destin,* 1997 ; *l'Autre,* 1999).

Chah-namè *(le Livre des rois),* épopée persane de Ferdowsi (Xe s.) chantant l'histoire de l'Iran.

CHÂHPUHR Ier ou **SHÂHPUR Ier,** en lat. **Sapor,** roi sassanide de Perse (241 - 272). Il vainquit et fit prisonnier l'empereur Valérien (260), mais il ne put conquérir la Syrie et l'Asie Mineure. – **Châhpuhr II,** roi sassanide de Perse (310 - 379). Il fut le protecteur du mazdéisme et persécuta le christianisme. Il arracha l'Arménie aux Romains (apr. 338). – **Châhpuhr III,** roi sassanide de Perse (383 - 388). Il signa la paix avec Théodose Ier et reconnut l'indépendance de l'Arménie.

Chaillot (palais de), édifice construit à Paris (XVIe arrond.) pour l'Exposition universelle de 1937. Œuvre des architectes Carlu, Boileau et Azéma (qui ont repris les substructures de l'ancien palais du Trocadéro [1878]), il abrite les musées des Monuments français, de la Marine, de l'Homme, un théâtre, la Cinémathèque française.

CHAIN (sir Ernst Boris), *Berlin 1906 - Castlebar, Irlande, 1979,* biochimiste britannique. Il collabora avec Fleming et Florey à la découverte de la pénicilline. (Prix Nobel de physiologie ou de médecine 1945.)

CHAISE-DIEU (La) [43160], ch.-l. de cant. de la Haute-Loire ; 999 hab. Festival de musique. – Anc. abbatiale, beau monument reconstruit au milieu du XIVe s. (tombeau de Clément VI ; *Danse macabre,* fresque du XVe s. ; tapisseries).

CHAKA, *1787 - 1828,* fondateur de l'empire zoulou en 1816. Surnommé « le Napoléon noir » en raison de ses victoires sur les peuples voisins, il devint maître de l'actuel Natal. Il fut assassiné par ses frères.

CHAKHTY, v. de Russie, dans le Donbass ; 224 000 hab. Houille.

CHALAIS (16210), ch.-l. de cant. de la Charente ; 2 104 hab. *(Chalaisiens).* Église à portail roman ; château des Talleyrand, des XIVe-XVIIIe s.

CHALAIS (Henri **de Talleyrand,** comte **de**), *1599 - Nantes 1626,* favori du roi Louis XIII. Accusé de conspiration contre Richelieu, il fut décapité.

CHALAMOV (Varlam Tikhonovitch), *Vologda 1907 - Moscou 1982,* écrivain soviétique. Ses *Récits de Kolyma* constituent un témoignage dépouillé et poignant sur le goulag.

CHALCÉDOINE [kal-], anc. v. d'Asie Mineure (Bithynie), sur le Bosphore, en face de Byzance. (Auj. *Kadıköy.*) Siège du IVe concile œcuménique (451) qui condamna le monophysisme.

CHALCIDIQUE [kal-], presqu'île grecque formant trois péninsules, dont celle du mont Athos.

CHALCOCONDYLE [kal-] (Démétrios), *Athènes v. 1423 - Milan 1511,* grammairien grec. Réfugié en Italie après 1447, il contribua à la renaissance des études grecques.

CHALDÉE [kal-], nom donné à une partie de la région de Sumer puis à la Babylonie (VIIe-VIe s. av. J.-C.).

CHALETTE-SUR-LOING (45120), ch.-l. de cant. du Loiret, banlieue de Montargis ; 14 359 hab.

CHALEURS (baie des), baie du Canada, formée par le golfe du Saint-Laurent, entre la Gaspésie (Québec) et le Nouveau-Brunswick. Découverte en 1534 par Jacques Cartier.

CHALGRIN (Jean), *Paris 1739 - id. 1811,* architecte français. Élève de Servandoni et de Boullée, il est notamment l'auteur, à Paris, de l'église St-Philippe-du-Roule (1774) et des plans (1806) de l'arc de triomphe de l'Étoile.

CHALIAPINE (Fiodor), *Kazan 1873 - Paris 1938,* baryton-basse russe. Il créa le rôle de *Don Quichotte* (Massenet, 1910) et contribua à populariser l'opéra russe grâce à son interprétation de *Boris Godounov* (Moussorgski).

CHALLANS (85300), ch.-l. de cant. de la Vendée ; 16 781 hab. *(Challandais).* Aviculture.

CHALLES-LES-EAUX (73190), comm. de la Savoie ; 4 162 hab. *(Challésiens).* Station thermale (affections respiratoires et gynécologiques).

CHALONNAISE (côte), région viticole de Bourgogne (Saône-et-Loire), à l'O. de Chalon-sur-Saône.

CHALONNES-SUR-LOIRE (49290), ch.-l. de cant. de Maine-et-Loire, au confluent de la Loire et du Layon ; 5 731 hab. *(Chalonnais).* Église St-Maurille, des XIIe-XIIIe s.

CHÂLONS-EN-CHAMPAGNE [-lɔ̃] (51000), anc. **Châlons-sur-Marne,** ch.-l. de la Région Champagne-Ardenne et du dép. de la Marne, sur la Marne, à 167 km à l'E. de Paris ; 50 338 hab. *(Châlonnais).* Évêché. Constructions mécaniques. Industrie automobile. – Monuments, dont l'église N.-D.-en-Vaux (XIIe s., romane et gothique) et la cathédrale (reconstruite apr. 1230 ; vitraux du XIIe au XVIe s.). Centre national des Arts du cirque. – Camp militaire. – Au S.-O., sur la comm. de Vatry, aéroport de fret Europort-Vatry.

CHALON-SUR-SAÔNE (71100), ch.-l. d'arrond. de Saône-et-Loire, sur la rive droite de la Saône ; 52 260 hab. *(Chalonnais).* Marché vinicole et centre industriel (constructions mécaniques et électriques, chimie, emballage). – Cathédrale surtout des XIIe-XVe s. Musées Denon (archéologie, beaux-arts, etc.) et Nicéphore-Niépce (histoire de la photographie).

CHALOSSE, région de collines, entre le gave de Pau et l'Adour. Pays de polyculture et d'élevage.

CHÂLUS [-ly] (87230), ch.-l. de cant. de la Haute-Vienne ; 1 842 hab. *(Chalusiens).* Industrie électrique. – Vestiges féodaux.

CHAM, personnage biblique. Deuxième fils de Noé, il fut maudit, dans sa descendance (Cananéens), pour son irrévérence envers son père.

CHAM, peuple du sud du Viêt Nam et du Cambodge (env. 100 000). Vraisemblablement d'origine indonésienne, les Cham fondèrent le royaume du Champa. Ils sont musulmans et brahmanistes, et de langue malayo-polynésienne.

CHAM [kam] (Amédée **de Noé,** dit), *Paris 1819 - id. 1879,* caricaturiste français. Il collabora au *Charivari.*

CHAMALIÈRES (63400), ch.-l. de cant. du Puy-de-Dôme, banlieue de Clermont-Ferrand ; 18 802 hab. *(Chamaliérois).* Imprimerie de la Banque de France. – Église en partie romane.

CHAMBERLAIN (Joseph), *Londres 1836 - Birmingham 1914,* homme politique britannique. Ministre du Commerce (1880 - 1886), puis des Colonies (1895 - 1903), il fut l'un des promoteurs du mouvement impérialiste et provoqua la scission du Parti libéral, en regroupant dans le Parti libéral unioniste les adversaires du Home Rule en Irlande. – sir **Joseph Austen C.,** *Birmingham 1863 - Londres 1937,* homme politique britannique. Fils de Joseph Chamberlain, chancelier de l'Échiquier (1903 - 1906, 1919 - 1921), chef du Parti libéral unioniste, ministre des Affaires étrangères (1924 - 1929), il pratiqua une politique de détente dans le cadre de la Société des Nations. (Prix Nobel de la paix 1925.) – **Arthur Neville C.,** *près de Birmingham 1869 - Heckfield 1940,* homme politique britannique. Demi-frère de Joseph Austen Chamberlain, député conservateur, il fut chancelier de l'Échiquier (1931 - 1937), puis Premier ministre (1937 - 1940). Il essaya en vain de régler pacifiquement les problèmes posés par la guerre d'Espagne, l'agression italienne contre l'Éthiopie et les revendications allemandes (accords de Munich, 1938), mais dut déclarer la guerre à l'Allemagne en 1939.

CHAMBERLAIN (Owen), *San Francisco 1920,* physicien américain. Il a réalisé, avec E. Segrè, la production de l'antiproton dans le bévatron de l'université de Berkeley. (Prix Nobel 1959.)

CHAMBERS (Ephraim), *Kendal v. 1680 - Islington, près de Londres, 1740,* encyclopédiste britannique. Sa *Cyclopaedia* donna à Diderot l'idée de l'**Encyclopédie.*

CHAMBERS (sir William), *Göteborg 1723 ou 1726 - Londres 1796,* architecte britannique. Il acquit une position officielle en combinant influences françaises et italiennes, néoclassicisme et exotisme (il voyagea jusqu'en Chine). Il est l'auteur de la pagode des jardins de Kew au S.-O. de Londres (v. 1760), de Somerset House (palais londonien, autour de 1780).

CHAMBÉRY (73000), ch.-l. du dép. de la Savoie, sur la Leysse, entre les Bauges et la Chartreuse, à 553 km au S.-E. de Paris ; 57 592 hab. *(Chambériens).* Archevêché. Cour d'appel. Université. Fibres de verre. – Château médiéval restauré, cathédrale des XVe-XVIe s., musées.

CHAMBIGES (Martin) *m. à Beauvais en 1532,* architecte français. Il donna d'harmonieux compléments, gothiques, aux cathédrales de Sens, Troyes, Beauvais. – **Pierre Ier C.,** *m. à Paris en 1544,* architecte français. Fils de Martin C., il se convertit au style de la Renaissance (château Vieux de Saint-Germain-en-Laye, 1539 et suiv.).

CHAMBLY, v. du Canada (Québec), au S.-E. de Montréal ; 16 384 hab. *(Chamblyens).* Fort du XVIIIe s.

CHAMBOLLE-MUSIGNY (21220), comm. de la Côte-d'Or ; 315 hab. Vins de la côte de Nuits.

CHAMBON-FEUGEROLLES (Le) [42500], ch.-l. de cant. de la Loire ; 14 202 hab. *(Chambonnaires).*

CHAMBONNIÈRES (Jacques **Champion de**) → **CHAMPION DE CHAMBONNIÈRES.**

CHAMBORD (41250), comm. de Loir-et-Cher, en Sologne, sur le Cosson ; 204 hab. Imposant château bâti pour François Ier à partir de 1519, chef-d'œuvre de la première Renaissance (escalier central à double hélice ; terrasses décorées).

CHAMBORD (Henri **de Bourbon,** duc **de Bordeaux,** comte **de**), *Paris 1820 - Frohsdorf, Autriche, 1883,* prince français, dernier représentant de la branche aînée des Bourbons. Fils posthume du duc de Berry, il devint le prétendant légitimiste (« Henri V ») au trône de France, après la mort de Charles X. En 1873, la restauration de la monarchie à son profit, qui semblait possible, échoua devant l'intransigeance du comte, qui refusa le drapeau tricolore comme emblème national.

CHAMBOURCY (78240), comm. des Yvelines ; 5 153 hab. Parc « anglo-chinois » du *Désert de Retz* (fin du XVIIIe s.).

CHAMBRAY-LÈS-TOURS (37170), ch.-l. de cant. d'Indre-et-Loire ; 10 576 hab.

Chambre de commerce internationale → **CCI.**

Chambre des communes → **communes.**

Chambre des députés, une des assemblées du Parlement français sous la Restauration, la monarchie de Juillet et la IIIe République. Depuis 1946, on dit « Assemblée nationale ».

Chambre des lords → **lords.**

Chambre introuvable (la), nom donné à la Chambre des députés, dominée par les ultra-royalistes, réunie en octobre 1815 et dissoute par Louis XVIII en septembre 1816.

CHAMFORT (Sébastien Roch **Nicolas,** dit Nicolas **de**), *près de Clermont-Ferrand 1740 - Paris 1794,* écrivain français. Cet esprit tranchant et pessimiste fut républicain dans les salons, accumula les mots d'esprit *(Maximes, pensées et anecdotes)* et se suicida sous la Terreur. (Acad. fr.)

CHAMIL, *Guimry, Daguestan, 1797 - Médine 1871,* héros de l'indépendance du Caucase. Imam du Daguestan (1834 - 1859), il s'opposa à l'avance russe dans le Caucase.

CHAMILLART (Michel **de**), *Paris 1652 - id. 1721,* homme d'État français, contrôleur des Finances et secrétaire d'État à la Guerre sous Louis XIV.

CHAMISSO de Boncourt (Louis Charles Adélaïde **de Chamisso de Boncourt,** dit Adelbert **von**), *château de Boncourt, Champagne, 1781 - Berlin 1838,* écrivain et naturaliste allemand d'origine française. Auteur de la *Merveilleuse Histoire de Peter Schlemihl,* il fut directeur du Jardin botanique de Berlin.

CHAMONIX-MONT-BLANC [-ni-] (74400), ch.-l. de cant. de la Haute-Savoie, au pied du mont Blanc ; 10 109 hab. *(Chamoniards).* Superbe vallée de l'Arve, célèbre par ses glaciers. Centre d'alpinisme et de sports d'hiver (alt. 1 037 - 3 842 m).

CHAMORRO (Violeta **Barrios de**), *Rivas 1929,* femme politique nicaraguayenne, présidente de la République de 1990 à 1997.

CHAMOUN (Camille), *Dayr al-Qamar 1900 - Beyrouth 1987,* homme politique libanais. Président de la République (1952 - 1958), il fut l'un des principaux dirigeants maronites.

CHAMPA ou **TCHAMPA,** royaume indianisé de l'Indochine centrale, fondé en 192 dans la région de Huê. Après 1471, il fut peu à peu absorbé par le Viêt Nam, et il disparut en 1822. – Mi Son en fut le principal centre religieux.

CHAMPAGNE, région historique de l'est de la France, correspondant en partie à la Région administrative de Champagne-Ardenne. Possédée par la maison de Vermandois puis, après le XIe s., par celle de Blois, la Champagne connut, aux XIIe et XIIIe s., une grande prospérité économique liée à ses foires internationales (Provins, Troyes...). La réunion de la Champagne à la France se fit, progressivement, à partir du mariage du futur Philippe IV le Bel avec Jeanne Ire de Navarre (1284). La région connut un nouvel essor, au XVIIe s., grâce au vin mousseux dit « champagne » et, au XIXe s., grâce à l'industrie textile et métallurgique. Batailles importantes en 1915, 1917, 1918.

CHAMPAGNE, région géographique de France, correspondant à la majeure partie de la Région administrative *Champagne-Ardenne.* (Hab. *Champenois.*) La *Champagne crayeuse* (dite autref. *pouilleuse*), longtemps pauvre et vouée à l'élevage ovin, est aujourd'hui reboisée en pins ou amendée (cultures céréalières et betteravière). Elle sépare le *vignoble champenois,*

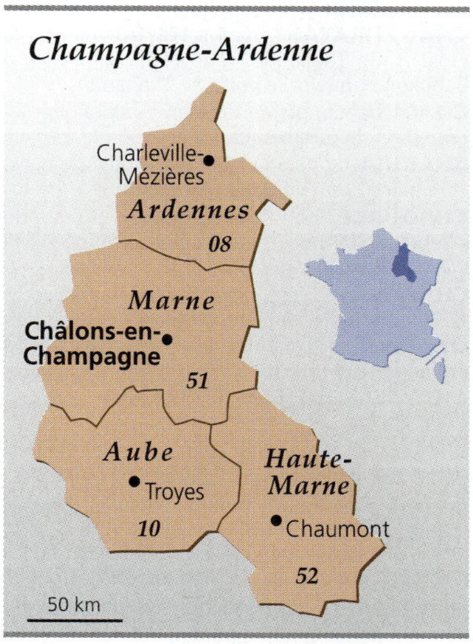

implanté sur le front de la côte de l'Île-de-France, à l'ouest, de la *Champagne humide,* à l'est, terre argileuse parsemée d'étangs, où l'élevage laitier s'est développé. Les villes se sont établies dans les vallées de la Seine (Troyes), de la Marne (Châlons-en-Champagne et Épernay) et de la Vesle (Reims).

CHAMPAGNE (Adonaï **Desparois,** dit Claude), *Montréal 1891 - id. 1965,* compositeur canadien. Influencé par le folklore québécois et par la musique française, il est à la source de l'école canadienne contemporaine.

CHAMPAGNE-ARDENNE n.f., Région administrative de France ; 25 606 km^2 ; 1 342 363 hab. ; ch.-l. *Châlons-en-Champagne ;* 4 dép. (Ardennes, Aube, Marne et Haute-Marne).

CHAMPAGNEY (70290), ch.-l. de cant. de la Haute-Saône ; 3 397 hab.

CHAMPAGNOLE (39300), ch.-l. de cant. du Jura, sur l'Ain ; 9 196 hab. *(Champagnolais).*

CHAMPAIGNE [-paɲ] (Philippe **de**), *Bruxelles 1602 - Paris 1674,* peintre français d'origine brabançonne. L'un des grands représentants du classicisme, il est l'auteur de portraits (Richelieu ; jansénistes et religieuses de Port-Royal) et de tableaux religieux.

Champ-de-Mars, à Paris, vaste terrain situé entre la façade septentrionale de l'École militaire et la Seine. Autref. affecté aux manœuvres et revues militaires, cet emplacement accueillit les Expositions universelles ou internationales de 1867, 1878, 1889 (construction de la tour Eiffel), 1900, 1937. C'est là aussi que fut célébrée la fête de la Fédération, le 14 juillet 1790.

CHAMPDIVERS (Odinette **de**), *m. apr. 1425,* maîtresse de Charles VI.

CHAMPEAUX (Guillaume **de**) → **GUILLAUME DE CHAMPEAUX.**

CHAMPFLEURY (Jules **Husson,** dit **Fleury,** puis), *Laon 1821 - Sèvres 1889,* écrivain et critique d'art français. Il défendit l'esthétique réaliste (Le Nain, Daumier, Courbet), qu'il illustra par ses récits *(Chien-Caillou).*

CHAMPIGNEULLES (54250), comm. de Meurthe-et-Moselle ; 7 223 hab. *(Champigneullais).* Brasserie.

CHAMPIGNY-SUR-MARNE (94500), ch.-l. de cant. du Val-de-Marne, sur la rive gauche de la Marne ; 74 658 hab. *(Campinois).* Constructions mécaniques. – Église des XIIe et XIIIe s. Musée de la Résistance.

CHAMPION DE CHAMBONNIÈRES (Jacques **de**), *Paris ou Chambonnières, Brie, apr. 1601 - Paris 1672,* compositeur et claveciniste français. Il fonda l'école de clavecin en France.

CHAMPLAIN (lac), lac à la frontière du Canada (Québec) et des États-Unis, découvert par Champlain ; 1 269 km^2. Tourisme.

CHAMPLAIN (Samuel **de**), *Brouage v. 1567 - Québec 1635,* explorateur et colonisateur français. Il fit un premier voyage en Nouvelle-France (1603), visita l'Acadie et les côtes de la Nouvelle-Angleterre (1604 - 1607), fonda Québec en 1608 et explora une partie des Grands Lacs (1615 - 1616). Après 1620, il se consacra à la mise en valeur de la nouvelle colonie.

CHAMPLITTE (70600), ch.-l. de cant. de la Haute-Saône ; 1 865 hab. *(Chanitois).* Château des XVIe-XVIIIe s. (musée d'Arts et Traditions populaires).

CHAMPLITTE (Guillaume **de**), *Champagne seconde moitié du XIIe s. - 1209,* prince d'Achaïe (1205 - 1209). Il conquit l'Achaïe avec Geoffroi de Villehardouin.

CHAMPMESLÉ (Marie **Desmares,** dite **la**), *Rouen 1642 - Auteuil 1698,* tragédienne française. Elle créa toutes les grandes héroïnes de Racine, de qui elle fut la maîtresse.

Champmol [ʃɑ̃mɔl] (chartreuse de), monastère fondé près de Dijon par Philippe le Hardi (1383) pour servir de nécropole à sa lignée. Rares vestiges sur place (auj. dans un faubourg de Dijon), dont le *Puits de Moïse* de *Sluter.

CHAMPOLLION (Jean-François), *Figeac 1790 - Paris 1832,* égyptologue français. Il déchiffra le premier les hiéroglyphes égyptiens *(Précis du système hiéroglyphique,* 1824).

CHAMPSAUR [ʃɑ̃sɔr], région du dép. des Hautes-Alpes, dans la haute vallée du Drac.

CHAMPS ÉLYSÉES ou **ÉLYSÉE** MYTH. GR. Séjour des âmes vertueuses dans l'au-delà.

■ **CHAMBORD.** Le château, 1519 - 1537.

■ SAMUEL DE **CHAMPLAIN.** (BNF, Paris.)

C

Champs-Élysées, avenue de Paris, longue de 1 880 m de la place de la Concorde à la place Charles-de-Gaulle (anc. place de l'Étoile).

Champs-Élysées (Théâtre des), complexe théâtral de Paris, avenue Montaigne (VIIIe arrond.). Construit en béton armé par A. Perret (1911 - 1913), l'édifice a été décoré par Bourdelle, Vuillard, M. Denis. Une annexe de l'hôtel de Drouot (« Drouot Montaigne ») a été aménagée en sous-sol dans les années 1986 - 1988.

CHAMPS-SUR-MARNE (77420), ch.-l. de cant. de Seine-et-Marne ; 24 858 hab. Château du début du XVIIIe s., propriété de l'État (décors intérieurs ; parc à la française).

CHAMROUSSE [ʃɑ̃rus] (38410), comm. de l'Isère ; 532 hab. Sports d'hiver (alt. 1 650 - 2 255 m).

CHAMSON (André), *Nîmes 1900 - Paris 1983,* écrivain français. Il a peint dans ses récits la nature et les paysans des Cévennes *(Roux le Bandit, la Superbe).* [Acad. fr.]

CHAN (État des) ou **ÉTAT CHAN,** État de l'est de la Birmanie ; 3 726 000 hab.

CHANCELADE (24650), comm. de la Dordogne ; 3 999 hab. *(Chanceladais).* Station préhistorique du paléolithique supérieur (sépulture d'un *Homo sapiens* de la fin du magdalénien, découverte en 1888). — Anc. abbaye à l'église des XIIe et XVIIe s., aux bâtiments des XVe-XVIIIe s.

CHANCELLOR (Richard), *m. sur les côtes de l'Écosse en 1556,* navigateur écossais. Il reconnut la mer Blanche.

CHANCHÁN, site archéologique, sur la côte nord du Pérou, près de Trujillo. Vestiges (plus de 20 km²) de l'anc. cap. (XIIe-XVe s.) du royaume chimú ; enceintes de briques enserrant palais, centres cérémoniels, maisons, etc.

CHANDERNAGOR, v. d'Inde (Bengale-Occidental), sur l'Hooghly ; 76 000 hab. Ancien comptoir français (1686 - 1951).

CHANDIGARH, v. d'Inde, cap. du Pendjab et de l'Haryana ; 640 725 hab. Elle constitue un territoire de l'Union indienne (114 km²). — Elle a été construite sous la direction de Le Corbusier à partir de 1951.

CHANDLER (Raymond Thornton), *Chicago 1888 - La Jolla, Californie, 1959,* écrivain américain. Ses romans noirs *(le Grand Sommeil, Adieu ma jolie)* mettent en scène le détective privé Philip Marlowe.

CHANDOS (sir John), *XIVe s.,* homme de guerre anglais. Connétable de Guyenne (1362) et sénéchal de Poitou, il fut mortellement blessé à Lussac-les-Châteaux en 1370.

CHANDRAGUPTA → CANDRAGUPTA.

CHANDRASEKHAR (Subrahmanyan), *Lahore 1910 - Chicago 1995,* astrophysicien américain d'origine indienne. Auteur de travaux sur le transfert d'énergie dans les étoiles et l'évolution stellaire, il a établi que les naines blanches ne peuvent avoir une masse supérieure à 1,4 fois celle du Soleil. (Prix Nobel 1983.)

CHANEL (Gabrielle **Chasnel,** dite Coco), *Saumur 1883 - Paris 1971,* couturière française. Elle donna à la mode, dès 1916, un tour nouveau en empruntant des vêtements masculins comme le tailleur, en travaillant le jersey et en prenant pour règle de l'élégance une extrême simplicité.

CHANGAN, ancien nom de *Xi'an.

CHANGARNIER (Nicolas), *Autun 1793 - Paris 1877,* général et homme politique français. Il fut gouverneur de l'Algérie en 1848.

■ **CHAMPOLLION,** par L. Cogniet. (Louvre, Paris.)

■ COCO **CHANEL**

CHANGCHUN, v. de la Chine du Nord-Est, cap. du Jilin ; 2 400 000 hab. Centre industriel.

CHANGEUX (Jean-Pierre), *Domont 1936,* biologiste français. Il a étudié le développement du système nerveux et a fait découvrir les neurosciences à un large public. Il a été président du Comité national d'éthique de 1992 à 1999.

CHANG-HAI → SHANGHAI.

CHANGHUA, v. de Taïwan ; 217 000 hab.

CHANGSHA, v. de Chine, cap. du Hunan ; 1 480 000 hab. Centre industriel. — Vestiges de la nécropole de cette anc. cap. du royaume de Chu sous les Royaumes Combattants (Ve-IIIe s. av. J.-C.) au musée local.

CHANGZHOU, v. de Chine (Jiangsu) ; 531 000 hab.

CHANNEL (the), nom angl. de la *Manche.*

Chanson de Roland (la), la plus ancienne et la plus célèbre des chansons de geste françaises (fin XIe s.). Composée en décasyllabes groupés en laisses assonancées, elle fait le récit des guerres de Charlemagne contre les Maures, et notamment de la résistance héroïque de *Roland à *Roncevaux.

Chant du départ (le), chant patriotique français créé en 1794. Paroles de M.-J. Chénier, musique de Méhul.

CHANTELOUP-LES-VIGNES (78570), comm. des Yvelines, au N. de Poissy ; 9 649 hab.

CHANTEMESSE (André), *Le Puy 1851 - Paris 1919,* médecin et bactériologiste français. Il inventa, avec F. Widal, le vaccin contre la typhoïde (1888).

CHANTILLY (60500), ch.-l. de cant. de l'Oise, en bordure de la *forêt de Chantilly* (6 300 ha) ; 11 200 hab. *(Cantiliens).* Hippodrome. — Château des Montmorency et des Condés, reconstruit au XIXe s., sauf le petit château (de J. Bullant, v. 1560) et les somptueuses écuries (œuvre de Jean Aubert, v. 1720) ; il a été légué (1886) par le duc d'Aumale à l'Institut de France, avec ses riches collections d'art (musée Condé).

CHANTONNAY (85110), ch.-l. de cant. de la Vendée ; 7 963 hab. *(Chantonnaisiens).*

CHANZY (Alfred), *Nouart, Ardennes, 1823 - Châlons-sur-Marne 1883,* général français. Il commanda la IIe armée de la Loire en 1871, puis il fut gouverneur de l'Algérie (1873) et ambassadeur en Russie (1879).

CHAO PHRAYA n.f., parfois **MÉNAM** n.m., principal fl. de Thaïlande ; 1 200 km. Elle passe à Bangkok et rejoint le golfe de Thaïlande.

CHAOUÏA n.f., plaine du Maroc atlantique, arrière-pays de Casablanca.

CHAOUIA, population berbère d'Algérie (env. 1,6 million), qui vit dans l'Aurès.

CHAOURCE (10210), ch.-l. de cant. du sud de l'Aube ; 1 109 hab. Dans l'église, groupe de la *Mise au tombeau,* de 1515.

CHAPAIS (Thomas), *Saint-Denis-de-Kamouraska 1858 - id. 1946,* homme politique et historien canadien. Il est l'auteur d'un *Cours d'histoire du Canada* (1919 - 1934).

CHAPALA (lac), lac du Mexique central ; 1 080 km².

Chapeaux et Bonnets, nom des deux factions qui se disputèrent le pouvoir aux diètes suédoises de 1738 à 1772. Les Bonnets étaient partisans d'une politique pacifiste, ménageant la Russie, tandis que les Chapeaux désiraient reprendre les territoires conquis par les Russes. Les deux factions furent éliminées par Gustave III (1772).

CHAPEL (Alain), *Lyon 1937 - Saint-Rémy-de-Provence 1990,* cuisinier français. À partir de 1969, il relance le restaurant familial, où s'allient tradition et harmonie des saveurs nouvelles, et acquiert une notoriété internationale.

CHAPELAIN (Jean), *Paris 1595 - id. 1674,* écrivain français. Poète médiocre, raillé par Boileau, il joua un rôle important dans la création de l'*Académie française et la formation de la doctrine classique.

CHAPELLE-AUX-SAINTS (La) [19120], comm. de la Corrèze ; 172 hab. Station préhistorique ; sépulture ayant livré un squelette de type néandertalien, associé à des outils en silex d'âge moustérien.

CHAPELLE-DE-GUINCHAY (La) [71570], ch.-l. de cant. de Saône-et-Loire ; 2 657 hab. Vins.

CHAPELLE-LA-REINE (La) [77760], ch.-l. de cant. de Seine-et-Marne ; 2 798 hab.

CHAPELLE-LEZ-HERLAIMONT, comm. de Belgique (Hainaut), à l'E. de La Louvière ; 14 185 hab.

CHAPELLE-SAINT-LUC (La) [10600], ch.-l. de cant. de l'Aube, banlieue nord-ouest de Troyes ; 14 628 hab. Pneumatiques.

CHAPELLE-SUR-ERDRE (La) [44240], ch.-l. de cant. de la Loire-Atlantique ; 16 805 hab. *(Chapelains).* Château de la Gâcherie (XVe s.).

CHAPLIN (sir Charles Spencer **Chaplin,** dit Charlie), *Londres 1889 - Corsier-sur-Vevey, Suisse, 1977,* acteur et cinéaste britannique. Longtemps fixé aux États-Unis, créateur du personnage universellement célèbre de *Charlot, cet auteur complet s'est imposé comme l'un des plus authentiques artistes du siècle, conjuguant dans ses œuvres burlesque, satire et émotion : *la Ruée vers l'or* (1925), *les Lumières de la ville* (1931), *les Temps modernes* (1936), *le Dictateur* (1940), *Monsieur Verdoux* (1947), *les Feux de la rampe* (1952), *la Comtesse de Hong Kong* (1967).

■ CHARLIE **CHAPLIN** incarnant Charlot dans le film *The Kid* (*le Gosse,* 1921).

CHAPOCHNIKOV (Boris Mikhaïlovitch), *Zlatooust 1882 - Moscou 1945,* maréchal soviétique. Chef d'état-major de l'Armée rouge de 1937 à 1942, il fut conseiller militaire de Staline.

CHAPPAZ (Maurice), *Martigny 1916,* écrivain suisse de langue française. Bien que grand voyageur, il a surtout célébré avec lyrisme son Valais natal *(les Grandes Journées de printemps).*

CHAPPE (Claude), *Brûlon, Sarthe, 1763 - Paris 1805,* ingénieur français. Il créa la télégraphie aérienne, dont il installa la première ligne en 1794, entre Paris et Lille.

CHAPTAL (Jean), comte **de Chanteloup,** *Nojaret, comm. de Badaroux, Lozère, 1756 - Paris 1832,* chimiste et homme politique français. Il mit au point la *chaptalisation* des vins et développa l'industrie chimique en France, notamm. en diffusant des méthodes de teinture et de blanchiment. Il fut ministre de l'Intérieur sous Napoléon Ier.

CHAR (René), *L'Isle-sur-la-Sorgue 1907 - Paris 1988,* poète français. Son œuvre, marquée par le surréalisme *(le Marteau sans maître)* puis par son engagement dans la Résistance *(Feuillets d'Hypnos),* cherche l'accord profond entre forces naturelles et aspirations humaines *(Fureur et Mystère, la Parole en archipel, la Nuit talismanique, Chants de la Balandrane).*

CHARAVINES (38850), comm. de l'Isère, près du lac de Paladru ; 1 447 hab. Vestiges d'un village (2400 - 2300 av. J.-C.) installé sur les bords du lac, qui ont permis de reconstituer tous les aspects de la vie au néolithique récent. Musée.

CHARCOT (Jean Martin), *Paris 1825 - près du lac des Settons 1893,* médecin français. Fondateur d'une école de neurologie, il donna des cours célèbres fréquentés par de futurs savants français et étrangers (dont Freud). — **Jean C.,** *Neuilly-sur-Seine 1867 - en mer 1936,* médecin, naturaliste et explorateur français. Fils de Jean Martin, il est l'auteur de campagnes et de travaux océanographiques dans les régions polaires. Son bateau, le *Pourquoi-Pas ?,* fit naufrage.

■ **CHARDIN.** *Canard mort avec pâté, écuelle et bocal d'olives,* 1764. (Musée de Springfield, Massachusetts.)

CHARDIN (Jean), *Paris 1643 - près de Londres 1713,* voyageur français. Auteur d'un *Voyage en Perse et aux Indes orientales* (1686).

CHARDIN (Jean Siméon), *Paris 1699 - id. 1779,* peintre français. Auteur de natures mortes et de scènes de genre (au Louvre : *le Bénédicité, la Pourvoyeuse,* etc.), il traduit en technicien hors pair l'intensité de « vie silencieuse » du sujet choisi.

CHARDJA, l'un des Émirats arabes unis ; 269 000 hab. Pétrole.

CHARDONNE (Jacques **Boutelleau,** dit Jacques), *Barbezieux 1884 - La Frette-sur-Seine 1968,* écrivain français. Ses romans *(l'Épithalame)* et ses essais sont une peinture du couple et de l'amour conjugal.

CHAREAU (Pierre), *Le Havre 1883 - New York 1950,* architecte et designer français. Il a construit la première maison française en acier apparent et verre (rue Saint-Guillaume, Paris VIe, 1928).

CHARENTE n.f., fl. de l'ouest de la France, né dans le Limousin et qui rejoint l'Atlantique par un estuaire envasé ; 360 km. Elle passe à Angoulême, Cognac, Saintes et Rochefort.

CHARENTE n.f. (16), dép. de la Région Poitou-Charentes ; ch.-l. de dép. *Angoulême ;* ch.-l. d'arrond. *Cognac, Confolens ;* 3 arrond. ; 35 cant. ; 404 comm. ; 5 956 km² ; 339 628 hab. *(Charentais).* Le dép. appartient à l'académie de Poitiers, à la cour d'appel de Bordeaux, à la zone de défense Sud-Ouest. Il s'étend sur le Confolentais et l'Angoumois, où l'élevage bovin et la culture du blé constituent les ressources principales. Le vignoble est localisé surtout autour de Cognac (Champagne) et fournit une eau-de-vie réputée (cognac). L'industrie, en dehors des activités dispersées liées au vignoble et surtout à l'élevage, est localisée principalement à Angoulême.

CHARENTE-MARITIME n.f. (17), dép. de la Région Poitou-Charentes ; ch.-l. de dép. *La Rochelle ;* ch.-l. d'arrond. *Jonzac, Rochefort, Saintes, Saint-Jean-d'Angély ;* 5 arrond. ; 51 cant. ; 472 comm. ; 6 864 km² ; 557 024 hab. Le dép. appartient à l'académie et à la cour d'appel de Poitiers, à la zone de défense Sud-Ouest. Il est formé de plaines et de bas plateaux, surtout calcaires, où l'élevage bovin pour les produits laitiers a progressé aux dépens des cultures (blé) ; la production de cognac se maintient à l'E. de Saintes. Le littoral, en partie marécageux (Marais poitevin, marais de Rochefort et de Brouage), est animé par l'ostréiculture (Marennes), la mytiliculture, le tourisme estival (Royan, îles de Ré et d'Oléron) et la pêche (La Rochelle). La Rochelle (avec son avant-port, La Pallice) et Rochefort concentrent l'essentiel de l'industrie (cartonnages, industries automobile et aéronautique), en dehors de l'agroalimentaire.

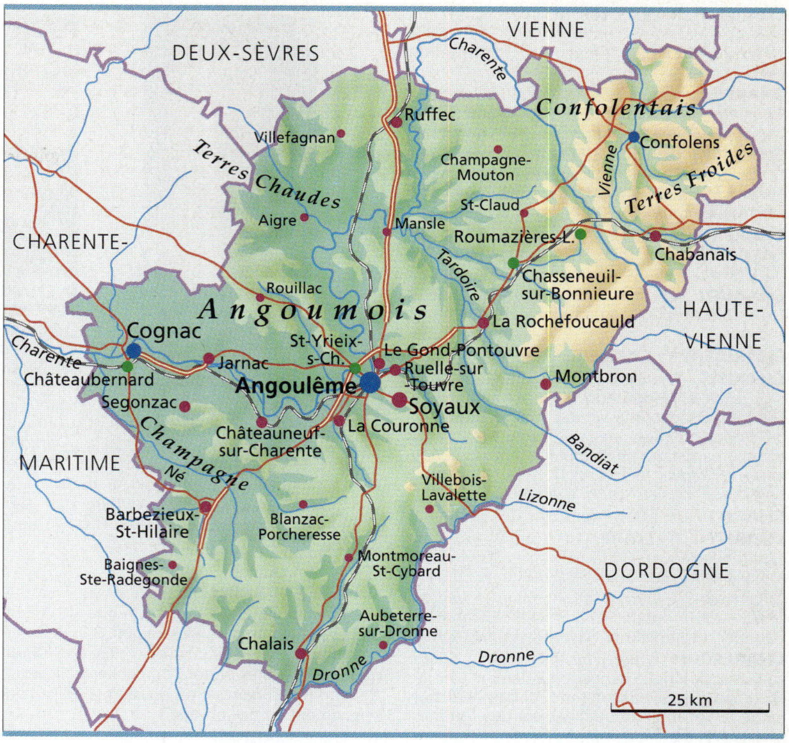

Charente

100 200 m

- plus de 30 000 h.
- de 10 000 à 30 000 h.
- de 2 000 à 10 000 h.
- moins de 2 000 h.
- ch.-l. d'arrondissement
- ch.-l. de canton
- commune
- autoroute
- route
- voie ferrée

Charente-Maritime

100 m

- plus de 50 000 h.
- de 10 000 à 50 000 h.
- de 2 000 à 10 000 h.
- moins de 2 000 h.
- ch.-l. d'arrondissement
- ch.-l. de canton
- commune
- autre localité
- autoroute
- route
- voie ferrée

CHARENTON-LE-PONT (94220), ch.-l. de cant. du Val-de-Marne, au confluent de la Seine et de la Marne ; 26 706 hab. *(Charentonnais)*. Musée du Pain.

CHARÈS [karɛs], *v. 400 - 330 av. J.-C.*, général athénien. Il fut vaincu à Chéronée (338) par Philippe de Macédoine.

CHARETTE DE LA CONTRIE (François **de**), *Couffé 1763 - Nantes 1796*, chef vendéen. Vainqueur à Machecoul (1793), il fut ensuite capturé par Hoche et fusillé.

CHARI n.m., fl. d'Afrique, qui rejoint le lac Tchad ; 1 200 km. Il reçoit le Logone (r. g.) à N'Djamena.

CHARIATI (Ali), *dans le Khorasan 1933 - Londres 1977*, philosophe iranien. Il a renouvelé le chiisme.

CHARIBERT → CARIBERT.

CHARISSE (Tula Ellice **Finklea**, dite Cyd), *Amarillo, Texas, 1921*, danseuse et actrice américaine. Elle fut sur scène et à l'écran l'une des vedettes de la comédie musicale américaine, notamment comme partenaire privilégiée de G. Kelly (*Chantons sous la pluie*, S. Donen, G. Kelly, 1952) et de F. Astaire (*Tous en scène*, V. Minnelli, 1953).

CHARITES [ka-] (les), nom grec des Grâces.

CHARITÉ-SUR-LOIRE (La) [58400], ch.-l. de cant. de la Nièvre ; 5 515 hab. *(Charitois)*. Église romane d'une anc. abbaye clunisienne ; musée.

C

Charivari (le), journal satirique illustré français (1832 - 1937), fondé à Paris. Les caricaturistes Daumier, Grandville et Gavarni y collaborèrent.

CHARLEBOIS (Robert), *Montréal 1944*, chanteur canadien de langue française. Également parolier et compositeur, il utilise à ses débuts le joual, puis marie le vocabulaire québécois à des sonorités rock *(Lindberg, California, Ordinaire)*.

CHARLEMAGNE ou **CHARLES Ier le Grand**, *742 ou 747 - Aix-la-Chapelle 814*, roi des Francs (768 - 814) et des Lombards (774 - 814), empereur d'Occident (800 - 814), de la dynastie carolingienne. Fils aîné de Pépin le Bref, il règne seul (771) à la mort de son frère Carloman. Vainqueur des Lombards, il devient le maître du nord de l'Italie (774). Il crée le royaume d'Aquitaine, vassalise la Bavière, soumet les Frisons (785), les Avars de Pannonie (796) et les Saxons (804), au terme d'une lutte de plus de trente ans. Ayant échoué dans la conquête de l'Espagne musulmane, il crée une zone de sécurité au sud des Pyrénées, la marche d'Espagne ; de même, il établit une marche de Bretagne (789 - 790). Le jour de Noël 800, il est couronné empereur des Romains par le pape. D'Aix-la-Chapelle, où il réside habituellement, il contrôle l'administration des comtes et des évêques par l'intermédiaire des *missi dominici* et de l'assemblée annuelle des notables. Ses ordres s'expriment en des *capitulaires*. Animateur d'une véritable renaissance culturelle, il fait appel à des lettrés (Alcuin) et crée une école du palais. Il multiplie les ateliers d'art dans les monastères. En même temps qu'il veille au développement du christianisme, il rétablit des contacts commerciaux avec l'Orient . En 813, il fait couronner son fils Louis le Pieux. Personnage vite devenu légendaire, Charlemagne est le héros de nombreuses chansons de geste.

■ **CHARLEMAGNE.** Représentation présumée (v. 1350) ; chef reliquaire en argent doré. (Cathédrale d'Aix-la-Chapelle.)

■ **CHARLES Ier** d'Angleterre, par Van Dyck. (Louvre, Paris.)

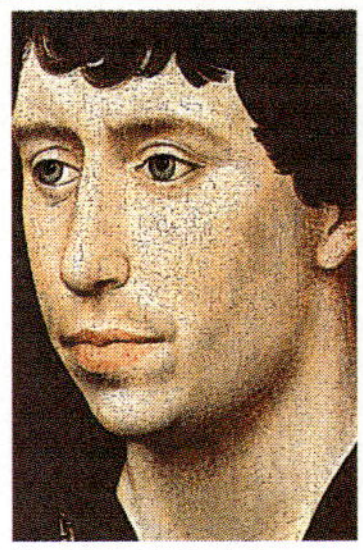

■ **CHARLES LE TÉMÉRAIRE.** Portrait attribué à Van der Weyden. (Galerie de peinture de Berlin-Dahlem.)

■ **CHARLES V LE SAGE.** (Louvre, Paris.)

CHARLEROI, v. de Belgique, ch.-l. d'arrond. du Hainaut, sur la Sambre ; 206 214 hab. *(Carolorégiens)*. Centre industriel. — Musée du Verre et musée de la Photographie. — Au cours de la Première Guerre mondiale, victoire des Allemands sur les armées françaises (21 - 23 août 1914).

SAINTS

CHARLES BORROMÉE (saint), *Arona 1538 - Milan 1584*, prélat italien. Archevêque de Milan, cardinal, il contribua puissamment à la Réforme catholique, en restaurant la discipline ecclésiastique par les visites pastorales régulières, la tenue de synodes, l'organisation de séminaires et l'enseignement du catéchisme.

CHARLES GARNIER (saint), un des *Martyrs canadiens.

EMPIRE CAROLINGIEN

CHARLES Ier → CHARLEMAGNE.

CHARLES II → CHARLES II le Chauve [France].

CHARLES III le Gros, *Neidingen 839 - id. 888*, empereur d'Occident (881 - 887), roi de Germanie (882 - 887), roi de France (884 - 887), de la dynastie carolingienne. Fils cadet de Louis le Germanique, il reconstitua en théorie l'empire de Charlemagne, mais sa faiblesse devant les féodaux et les Normands lui valut d'être déposé à la diète de Tribur en 887.

SAINT EMPIRE

CHARLES IV de Luxembourg, *Prague 1316 - id. 1378*, roi de Germanie (1346 - 1378), roi de Bohême (Charles Ier) [1346 - 1378], empereur germanique (1355 - 1378). Fils de Jean Ier de Luxembourg, il promulgua la *Bulle d'or* (1356) et fit de Prague, qu'il dota d'une université (1348), le centre culturel de l'Empire.

CHARLES V, dit **Charles Quint**, *Gand 1500 - Yuste, Estrémadure, 1558*, empereur germanique (1519 - 1556), roi d'Espagne (Charles Ier) [1516 - 1556], roi de Sicile (Charles IV) [1516 - 1556], de la dynastie des Habsbourg. Fils de Philippe le Beau, archiduc d'Autriche, et de Jeanne la Folle, reine de Castille, il reçoit en 1515 le gouvernement des Pays-Bas et hérite, à la mort de Ferdinand le Catholique (1516), des couronnes de Castille, d'Aragon, de Naples et de Sicile, dont dépendent de vastes colonies en Amérique. Élu à la tête du Saint Empire (1519), il gouverne un immense territoire sur lequel « jamais le soleil ne se couche ». Rival de François Ier, qui avait brigué la couronne impériale, il mène contre lui trois guerres (1521 - 1529, 1536 - 1538, 1539 - 1544), marquées par le désastre de Pavie (1525) et le sac de Rome (1527). Il lutte contre l'expansion ottomane sous Soliman le Magnifique, assiégeant victorieusement Tunis (1535) et échouant devant Alger (1541). Puis il poursuit la guerre contre la France sous Henri II (1547 - 1556). À l'intérieur, il se heurte à la Réforme, en Allemagne, et doit accepter la paix d'Augsbourg (1555). Il abdique en 1556 et se retire au couvent de Yuste.

CHARLES VI, *Vienne 1685 - id. 1740*, empereur germanique (1711 - 1740), roi de Hongrie (Charles III) [1711 - 1740] et de Sicile (Charles VI) [1714 - 1734], de la dynastie des Habsbourg. Deuxième fils de Léopold Ier de Habsbourg, il dut renoncer à ses prétentions sur l'Espagne (traité de Rastatt, 1714). Il s'employa à faire accepter par l'Europe la *Pragmatique Sanction* de 1713, par laquelle il garantissait à sa fille Marie-Thérèse la succession d'Autriche. Il perdit définitivement Naples et la Sicile en 1738.

CHARLES VII ALBERT, *Bruxelles 1697 - Munich 1745*, Électeur de Bavière (1726 - 1745), empereur germanique (1742 - 1745). Il fut le compétiteur de Marie-Thérèse à la succession d'Autriche.

ANGLETERRE

CHARLES Ier, *Dunfermline 1600 - Londres 1649*, roi d'Angleterre, d'Écosse et d'Irlande (1625 - 1649), de la dynastie des Stuarts. Fils de Jacques Ier, poussé dans la voie du despotisme par ses ministres Buckingham, Strafford, l'évêque Laud, ainsi que par sa femme, Henriette-Marie de France, il soulève une violente opposition parlementaire ; la pétition de Droit (1628) le conduit à renvoyer le Parlement (1629) et à gouverner seul. Mais une révolte écossaise le contraint à convoquer, en 1640, le Parlement (*Court*, puis *Long Parlement*), qui envoie Strafford, puis Laud à la mort. Ces exécutions, auxquelles il n'a pas le courage de s'opposer, et les complaisances du souverain envers les catholiques provoquent la rupture entre le roi et le Parlement (1642). Éclate alors la guerre civile entre les partisans du roi et l'armée du Parlement, alliée aux Écossais. L'armée royale est vaincue à Naseby (1645). Charles Ier se rend aux Écossais, qui le livrent au Parlement. Son évasion (1647) provoque une seconde guerre civile et la victoire de l'armée de Cromwell. Ce dernier obtient du Parlement épuré (« Parlement croupion ») la condamnation à mort du roi, qui est décapité à Whitehall.

CHARLES II, *Londres 1630 - id. 1685*, roi d'Angleterre, d'Écosse et d'Irlande (1660 - 1685), de la dynastie des Stuarts. Fils de Charles Ier et d'Henriette-Marie de France, il s'exile après la victoire de Cromwell. Son retour en Angleterre (1660) est facilité par le ralliement du général Monck. Il blesse le sentiment national anglais en s'alliant avec la France contre la Hollande pour s'assurer les subsides de Louis XIV (1664 - 1667) et en pratiquant la tolérance à l'égard des catholiques. Il affronte ainsi l'opposition du Parlement, favorable à l'anglicanisme, et doit accepter le *Test Act* (1673) puis l'*habeas corpus* (1679). En 1681, il dissout le Parlement qui avait tenté d'écarter de la succession royale le futur Jacques II.

AUTRICHE

CHARLES DE HABSBOURG, *Florence 1771 - Vienne 1847*, archiduc d'Autriche. Troisième fils de Léopold II, ministre de la Guerre à partir de 1805 et feld-maréchal, il combattit Napoléon à Essling (mai 1809) et fut défait à Wagram (juill.).

CHARLES Ier, *Persenbeug 1887 - Funchal, Madère, 1922*, empereur d'Autriche et roi de Hongrie (Charles IV) [1916 - 1918], de la maison des Habsbourg-Lorraine. Petit-neveu et successeur de François-Joseph Ier, il entreprit en 1917 des négociations secrètes avec l'Entente. Après la proclamation de la république en Autriche (1918), il tenta de reprendre le pouvoir en Hongrie (1921).

BELGIQUE

CHARLES DE BELGIQUE, *Bruxelles 1903 - Ostende 1983*, comte de Flandre. Second fils d'Albert Ier, il fut régent de Belgique de 1944 à 1950.

BOURGOGNE

CHARLES LE TÉMÉRAIRE, *Dijon 1433 - devant Nancy 1477*, duc de Bourgogne (1467 - 1477). Fils de Philippe le Bon, il essaie de se constituer une principauté puissante aux dépens de la monarchie capétienne. Chef de la ligue du Bien public, il obtient de Louis XI la restitution des villes de la

Somme (traités de Conflans et de Saint-Maur), après la bataille indécise de Montlhéry (1465). Puis, Louis XI appuyant la révolte de Liège, il le retient prisonnier à Péronne (1468) et réprime la rébellion. Il soumet la Lorraine, mais est vaincu par les Suisses à Granson et à Morat (1476). Lorsqu'il meurt l'année suivante en combattant le duc de Lorraine, la puissance des États bourguignons s'écroule.

ESPAGNE

CHARLES Ier → CHARLES V [Saint Empire].

CHARLES II, *Madrid 1661 - id. 1700,* roi d'Espagne et de Sicile (Charles V) [1665 - 1700], le dernier des Habsbourg d'Espagne. Fils de Philippe IV, il désigna comme successeur Philippe d'Anjou, petit-fils de Louis XIV, ce qui provoqua la guerre de la Succession d'Espagne.

CHARLES III, *Madrid 1716 - id. 1788,* roi d'Espagne (1759 - 1788), duc de Parme (1731 - 1735), roi de Naples et de Sicile (Charles VII) [1734 - 1759], de la dynastie des Bourbons. Fils de Philippe V, il conclut avec la France le pacte de Famille (1761), qui l'entraîna dans la guerre de Sept Ans. Tenant du despotisme éclairé, il s'efforça de rénover le pays avec l'aide de ses ministres Aranda et Floridablanca.

Charles III (ordre de), ordre fondé en Espagne par Charles III en 1771. Il constitue la plus haute distinction espagnole.

CHARLES IV, *Portici 1748 - Rome 1819,* roi d'Espagne (1788 - 1808), de la dynastie des Bourbons. Fils de Charles III, il fut soumis à l'influence de son épouse, Marie-Louise de Parme, et du favori de celle-ci, Godoy. Entraîné par la France dans sa lutte contre l'Empire britannique depuis 1796, il fut contraint d'abdiquer en 1808 en faveur de son fils Ferdinand VII, puis il s'en remit à Napoléon Ier, qui donna la couronne d'Espagne à son frère Joseph.

CHARLES DE BOURBON → CARLOS (don).

FRANCE

CHARLES Ier → CHARLEMAGNE.

CHARLES II le Chauve, *Francfort-sur-le-Main 823 - Avrieux, dans les Alpes, 877,* roi de France (843 - 877) et empereur d'Occident (875 - 877), de la dynastie carolingienne. Fils de Louis Ier le Pieux et de Judith de Bavière, il vainc, à Fontenoy-en-Puisaye (841), son frère Lothaire, avec l'appui de son autre frère Louis le Germanique (alliance confirmée par les *Serments de Strasbourg,* 842). Il signe avec eux le traité de Verdun (843), qui le fait roi de la *Francia occidentalis.* Son règne est marqué par les invasions normandes, les guerres franco-germaniques et le progrès de la féodalité. À la mort de l'empereur Louis II (875), il reçoit la couronne impériale et acquiert la Provence.

CHARLES III le Simple, *879 - Péronne 929,* roi de France (898 - 923), de la dynastie carolingienne. Fils posthume de Louis II le Bègue, il partagea le trône avec le comte de Paris, Eudes, en 893, devenant seul roi de France à la mort de ce dernier (898). Il donna la Normandie à Rollon au traité de Saint-Clair-sur-Epte (911). Il fut vaincu par Hugues le Grand à Soissons, et détrôné en 923.

CHARLES IV le Bel, *v. 1295 - Vincennes 1328,* roi de France et de Navarre (Charles Ier) [1322 - 1328], le dernier des Capétiens directs. Il est le troisième fils de Philippe IV le Bel et de Jeanne Ire de Navarre.

CHARLES V le Sage, *Vincennes 1338 - Nogent-sur-Marne 1380,* roi de France (1364 - 1380), de la dynastie des Valois. Fils de Jean II le Bon, il assume le gouvernement du royaume pendant la captivité de son père (1356 - 1360). Il doit faire face aux intrigues de Charles II le Mauvais, roi de Navarre, et assiste impuissant aux troubles qui se produisent à Paris sous la direction d'Étienne Marcel ainsi qu'à la Jacquerie qui ravage le nord du royaume. Avec l'Angleterre, il négocie le traité de Brétigny (1360). Devenu roi, il impose la paix à Charles le Mauvais, débarrasse le royaume des Grandes Compagnies et reprend à l'Angleterre presque toutes les provinces conquises. Ces succès sont dus à sa prudente politique et à l'action militaire de Du Guesclin. Charles V est à l'origine d'heureuses réformes financières, de l'extension des privilèges de l'Université, de la construction ou de l'embellissement de plusieurs palais (hôtel Saint-Pol, Louvre, etc.), ainsi que de la réunion d'une importante collection de manuscrits.

CHARLES VI le Bien-Aimé, *Paris 1368 - id. 1422,* roi de France (1380 - 1422), de la dynastie des Valois. Fils de Charles V, il gouverne d'abord sous la tutelle de ses oncles, qui dilapident le Trésor et provoquent des révoltes (*Maillotins*) par la levée de nouveaux impôts. Il défait les Flamands à Rozebeke (1382) et, en 1388, renvoie ses oncles pour les remplacer par les *Marmousets,* anciens conseillers de son père. Mais, en 1392, il commence à sombrer dans la folie, et son royaume, déchiré par la rivalité des *Bourguignons* et des *Armagnacs,* est livré à l'anarchie. Sous la tutelle de la reine Isabeau de Bavière, il doit signer le traité de Troyes (1420) en faveur du roi d'Angleterre Henri V.

CHARLES VII, *Paris 1403 - Mehun-sur-Yèvre 1461,* roi de France (1422 - 1461), de la dynastie des Valois. Fils de Charles VI et d'Isabeau de Bavière, il est d'abord appelé « le Roi de Bourges », son autorité n'étant reconnue, à son avènement, qu'au sud de la Loire. Après plusieurs échecs contre les Anglais, il reçoit le secours de Jeanne d'Arc, qui le fait sacrer roi à Reims (1429). Réconcilié avec le duc de Bourgogne (traité d'Arras, 1435), il reconquiert son royaume sur les Anglais, battus à Formigny (1450) et à Castillon (1453). À l'intérieur, Charles VII réforme le gouvernement, les finances et l'armée (qui devient permanente avec l'institution des francs archers et des compagnies d'ordonnance) ; il donne à l'Église de France une charte, la *Pragmatique Sanction de Bourges* (1438), qui l'assujettit à la royauté, et triomphe de la Praguerie, révolte des seigneurs, que son propre fils, le futur Louis XI, soutenait.

CHARLES VIII, *Amboise 1470 - id. 1498,* roi de France (1483 - 1498), de la dynastie des Valois. Fils de Louis XI et de Charlotte de Savoie, il règne jusqu'en 1494 sous la tutelle de sa sœur, Anne, nommée régente, et du mari de celle-ci, Pierre de Beaujeu, qui réunissent les états généraux à Tours (1484), et matent la Guerre folle des grands seigneurs (1488). Le roi est marié à Anne de Bretagne (1491) pour préparer l'annexion de ce pays à la France. Le rôle personnel de Charles VIII se borne à la politique extérieure : pour agir librement au royaume de Naples, qu'il convoitait, il cède le Roussillon et la Cerdagne à l'Espagne, l'Artois et la Franche-Comté à l'Autriche, mais son expédition en Italie (1495 - 1497) échoue totalement.

CHARLES IX, *Saint-Germain-en-Laye 1550 - Vincennes 1574,* roi de France (1560 - 1574), de la dynastie des Valois. Fils d'Henri II et de Catherine de Médicis, il resta sous l'influence de sa mère, qui exerça le pouvoir réel. Après la paix de Saint-Germain (1570), il accorda sa confiance au protestant Coligny, mais ne s'opposa pas au massacre de la Saint-Barthélemy (1572), au cours duquel celui-ci fut assassiné.

CHARLES X, *Versailles 1757 - Görz, auj. Gorizia, 1836,* roi de France (1824 - 1830), de la dynastie des Bourbons. Dernier fils de Louis, Dauphin de France, et de Marie-Josèphe de Saxe ; petit-fils de Louis XV, frère de Louis XVI et de Louis XVIII, il est, pendant la Révolution, l'un des chefs des émigrés. À la tête du Parti ultraroyaliste durant le règne de Louis XVIII (1814 - 1824), il devient roi à la mort de ce dernier. Le ministère autoritaire et réactionnaire de Villèle (1824 - 1828) lui vaut une impopularité qui ne diminue pas sous celui, plus libéral, de Martignac (1828). La Chambre, ayant refusé la confiance au cabinet Polignac, formé en 1829, est dissoute, mais les élections s'avèrent favorables à l'opposition. Malgré le succès de l'expédition d'Alger (4 juill.), les ordonnances du 25 juillet 1830, dissolvant la Chambre, non encore réunie, restreignant le droit de vote et supprimant la liberté de la presse, provoquent la révolution de juillet 1830 et l'abdication de Charles X (2 août).

HONGRIE

CHARLES Ier ROBERT, dit **Carobert,** *Naples 1288 - Visegrád 1342,* roi de Hongrie (1301 - 1342), de la maison d'Anjou.

CHARLES II → CHARLES III [Sicile et Naples].

CHARLES III → CHARLES VI [Saint Empire].

CHARLES IV → CHARLES Ier [Autriche].

NAVARRE

CHARLES Ier → CHARLES IV le Bel [France].

CHARLES II le Mauvais, *Évreux 1332 - 1387,* roi de Navarre (1349 - 1387). Petit-fils de Louis X, roi de France, il lutta contre Jean II le Bon, puis contre Charles V, et fut battu à Cocherel par Du Guesclin (1364).

CHARLES III le Noble, *Mantes 1361 - Olite 1425,* roi de Navarre (1387 - 1425), fils de Charles II le Mauvais.

ROUMANIE

CHARLES Ier ou **CAROL Ier,** *Sigmaringen 1839 - Sinaia 1914,* prince (1866 - 1881), puis roi (1881 - 1914) de Roumanie, de la maison des Hohenzollern. Sous son règne, la Roumanie proclama son indépendance (1878).

CHARLES II ou **CAROL II,** *Sinaia 1893 - Estoril, Portugal, 1953,* roi de Roumanie (1930 - 1940). Fils de Ferdinand Ier, il dut renoncer au trône en faveur de son fils Michel (1926). Il s'imposa comme roi en 1930 mais dut abdiquer en 1940.

SICILE ET NAPLES

CHARLES Ier D'ANJOU, *1226 - Foggia 1285,* prince capétien, comte d'Anjou, du Maine et de Provence (1246 - 1285), roi de Sicile (1266 - 1285). Frère de Saint Louis, il voulut faire de la Sicile le centre d'un empire méditerranéen s'étendant jusqu'à l'Orient. Ainsi, il fut un moment roi d'Albanie (1272) et roi de Jérusalem (1277). La révolte des Vêpres siciliennes (1282) le priva de l'île de Sicile et provoqua la formation de deux royaumes de Sicile, l'un insulaire, l'autre péninsulaire.

CHARLES II le Boiteux, *v. 1248 - Naples 1309,* roi de Sicile péninsulaire (Naples) [1285 - 1309], fils de Charles Ier d'Anjou.

CHARLES III, *1345 - Buda 1386,* roi de Naples (1381 - 1386), roi de Hongrie (Charles II) [1385 - 1386].

CHARLES IV → CHARLES V [Saint Empire].

CHARLES V → CHARLES II [Espagne].

CHARLES VI → CHARLES VI [Saint Empire].

CHARLES VII → CHARLES III [Espagne].

SUÈDE

CHARLES IX, *Stockholm 1550 - Nyköping 1611,* régent (1595) puis roi de Suède (1607 - 1611). Troisième fils de Gustave Vasa et père de Gustave II Adolphe, il assura l'unité politique et religieuse du royaume.

CHARLES X GUSTAVE, *Nyköping 1622 - Göteborg 1660,* roi de Suède (1654 - 1660). Succédant à Christine, il imposa au Danemark la paix de Roskilde (1658), qui lui accorda notamm. la Scanie.

CHARLES XI, *Stockholm 1655 - id. 1697,* roi de Suède (1660 - 1697). Fils et successeur de Charles X Gustave, il fut l'allié de la France en 1675 contre les Provinces-Unies et instaura la monarchie absolue.

■ **CHARLES QUINT,** par Titien. (Ancienne Pinacothèque, Munich.)

■ **CHARLES VII,** par J. Fouquet. (Louvre, Paris.)

■ **CHARLES X,** par H. Vernet. (Musée des Beaux-Arts, Dunkerque.)

■ **CHARLES XII** de Suède. (Musée Condé, Chantilly.)

CHARLES XII, *Stockholm 1682 - Fredrikshald, auj. Halden, Norvège, 1718,* roi de Suède (1697 - 1718). Fils de Charles XI, il engage son pays dans la guerre du Nord (1700 - 1721). Vainqueur des Danois à Copenhague puis des Russes à Narva (1700), il envahit la Pologne et détrône Auguste II (1704). Mais il ne peut triompher de Pierre le Grand à Poltava (1709) et doit se réfugier auprès des Turcs, qui le gardent prisonnier. En 1715, il regagne son pays, attaque la Norvège, et est tué au siège de Fredrikshald.

CHARLES XIII, *Stockholm 1748 - id. 1818,* roi de Suède (1809 - 1818) et de Norvège (1814 - 1818). Il céda la Finlande à la Russie, et reçut en 1814 la couronne de Norvège. Il adopta comme successeur Bernadotte.

CHARLES XIV ou **CHARLES-JEAN** (Jean-Baptiste **Bernadotte**), *Pau 1763 - Stockholm 1844,* maréchal de France, roi de Suède et de Norvège (1818 - 1844). Il se distingua dans les guerres de la Révolution et de l'Empire, fut fait maréchal d'Empire en 1804 et prince de Pontecorvo en 1806. Devenu prince héritier de Suède (1810), il combattit Napoléon lors de la campagne de Russie et à Leipzig ; en 1818, il succéda à Charles XIII, fondant ainsi la dynastie actuelle de Suède.

CHARLES XV, *Stockholm 1826 - Malmö 1872,* roi de Suède et de Norvège (1859 - 1872). Fils aîné d'Oscar Ier, il favorisa la démocratisation de la Suède.

CHARLES XVI GUSTAVE, *château de Haga, Stockholm, 1946,* roi de Suède depuis 1973. Il a succédé à son grand-père Gustave VI Adolphe.

CHARLES (Jacques), *Beaugency 1746 - Paris 1823,* physicien français. Le premier, il utilisa l'hydrogène pour gonfler les aérostats. Il étudia la variation de la pression des gaz à volume constant.

CHARLES (Ray Charles **Robinson**, dit Ray), *Albany, Géorgie, 1930,* chanteur et pianiste américain. Aveugle à six ans, compositeur, arrangeur et chef d'orchestre, il connaît le succès, dès 1954, dans un registre intermédiaire entre le jazz, le rhythm and blues et le rock and roll naissant, et est l'un des artisans de la naissance de la soul (*Yes indeed,* 1956 ; *What'd I Say,* 1959).

CHARLES-ALBERT, *Turin 1798 - Porto, Portugal, 1849,* roi de Sardaigne (1831 - 1849). Il promulgua le *Statut fondamental* (1848), qui établissait une monarchie constitutionnelle. Il voulut libérer la Lombardie, mais fut vaincu par les Autrichiens à Custoza en 1848, puis à Novare en 1849, et dut abdiquer en faveur de son fils Victor-Emmanuel II.

CHARLESBOURG, v. du Canada (Québec), banlieue nord-ouest de Québec ; 73 962 hab. *(Charlesbourgeois).*

Charles-de-Gaulle (aéroport), aéroport de la région parisienne, près de Roissy-en-France.

Charles-de-Gaulle (place), jusqu'en 1970 **place de l'Étoile,** grande place de l'ouest de Paris, occupée en son centre par l'*Arc de Triomphe et d'où divergent douze avenues.

CHARLES-EMMANUEL Ier, *Rivoli 1562 - Savigliano 1630,* duc de Savoie (1580 - 1630).

CHARLES-EMMANUEL II, *Turin 1634 - id. 1675,* duc de Savoie (1638 - 1675).

CHARLES-EMMANUEL III, *Turin 1701 - id. 1773,* duc de Savoie et roi de Sardaigne (1730 - 1773).

CHARLES-EMMANUEL IV, *Turin 1751 - Rome 1819,* roi de Sardaigne (1796 - 1802). Chassé par les Français de ses États continentaux, il abdiqua en faveur de son frère Victor-Emmanuel Ier.

CHARLES-FÉLIX, *Turin 1765 - id. 1831,* roi de Sardaigne (1821 - 1831).

CHARLES MARTEL, *v. 688 - Quierzy 741,* maire du palais d'Austrasie et de Neustrie. Fils de Pépin de Herstal, il vainquit les Arabes à Poitiers en 732 puis soumit l'Aquitaine, la Provence et la Bourgogne, restaurant ainsi l'unité du royaume franc, qu'il partagea entre ses fils Carloman et Pépin le Bref.

CHARLESTON, v. des États-Unis (Caroline du Sud), sur l'Atlantique ; 80 414 hab. Port.

CHARLESTON, v. des États-Unis, cap. de la Virginie-Occidentale ; 57 287 hab. Belles demeures (XVIIIe-XIXe s.) de la vieille ville.

CHARLEVILLE-MÉZIÈRES (08000), ch.-l. du dép. des Ardennes, sur la Meuse, à 239 km au N.-E. de Paris ; 58 092 hab. *(Carolomacériens).* Industries automobile et électrique. — Place Ducale (1611) de Charleville. Musées. École nationale supérieure des Arts de la marionnette.

CHARLEVOIX, municipalité régionale de comté du Canada, dans le Québec (région de Québec) ; 3 799 km^2 ; 13 500 hab.

CHARLEVOIX (le P. François Xavier **de**), *Saint-Quentin 1682 - La Flèche 1761,* jésuite français. Il explora le Mississippi, et écrivit une *Histoire et description générale de la Nouvelle-France.*

CHARLIER (Jean-Michel), *Liège 1924 - Saint-Cloud 1989,* scénariste belge de bandes dessinées. Il a créé de nombreuses séries d'aventures pour les revues *Spirou* et *Pilote* (*Buck Danny,* 1947 ; *Tanguy et Laverdure,* 1959 ; *Blueberry,* 1963).

CHARLIEU (42190), ch.-l. de cant. de la Loire ; 3 737 hab. *(Charliandins).* Restes d'une abbatiale des XIe-XIIe s. (portails sculptés).

Charlot, personnage créé par Charlie *Chaplin au music-hall puis au cinéma. Frondeur, sentimental et obstiné, il incarne, avec sa canne, ses godillots et son chapeau melon, un héros solitaire en butte à l'hostilité de la société mais aspirant à s'y intégrer. Présent dès les premiers courts-métrages muets (1914), il apparut dans une centaine de films.

CHARLOTTE, v. des États-Unis (Caroline du Nord) ; 395 934 hab. Textile. Chimie.

CHARLOTTE, *Laeken 1840 - château de Bouchout, près de Bruxelles, 1927,* princesse de Saxe-Cobourg-Gotha et de Belgique. Fille de Léopold Ier, roi des Belges, elle épousa (1857) l'archiduc Maximilien, devenu en 1864 empereur du Mexique, et perdit la raison après l'exécution de son mari.

CHARLOTTE DE NASSAU, *château de Berg 1896 - château de Fischbach 1985,* grande-duchesse de Luxembourg (1919 - 1964). Elle abdiqua en faveur de son fils aîné, Jean, en 1964.

CHARLOTTE-ÉLISABETH de Bavière, *Heidelberg 1652 - Saint-Cloud 1722,* princesse palatine. Elle fut la seconde femme du duc Philippe d'Orléans, frère de Louis XIV, et mère de Philippe d'Orléans, le futur Régent. Sa correspondance est un document sur les mœurs du règne de Louis XIV.

CHARLOTTESVILLE, v. des États-Unis (Virginie) ; 40 341 hab. Thomas Jefferson a donné les plans, néoclassiques, de l'université de Virginie, fondée par lui en 1819, comme, auparavant, ceux de sa demeure personnelle à Monticello.

CHARLOTTETOWN, v. du Canada, cap. de la prov. de l'Île du Prince-Édouard ; 15 396 hab. Université. Pêche.

CHARLY (02310), ch.-l. de cant. de l'Aisne, sur la Marne ; 2 769 hab.

CHARMES (88130), ch.-l. de cant. des Vosges, sur la Moselle ; 4 821 hab. *(Carpiniens).*

CHARMETTES (les), hameau de Savoie (comm. de Chambéry). J.-J. Rousseau y séjourna chez Mme de Warens. Musée.

CHARNEY (Jule Gregory), *San Francisco 1917 - Boston 1981,* météorologue américain. Il fut (avec J. von Neumann) le pionnier de l'utilisation des ordinateurs pour la prévision météorologique.

CHARNY, v. du Canada (Québec), banlieue sud de Québec ; 11 081 hab. *(Charnycois).*

CHAROLAIS ou **CHAROLLAIS,** région de plateaux de la bordure nord-est du Massif central. Élevage bovin.

CHAROLLES (71120), ch.-l. d'arrond. de Saône-et-Loire ; 3 362 hab. *(Charollais).*

CHARON [ka-] MYTH. GR. Nocher des Enfers, qui faisait passer aux morts les fleuves infernaux, moyennant une obole.

CHARONTON ou **CHARRETON** (Enguerrand) → **QUARTON.**

CHARPAK (Georges), *Dąbrowica, Pologne, 1924,* physicien français. Chercheur au Cern, il y conçoit de nombreux détecteurs de particules. Ses appareils sont également utilisés en biologie et en médecine. (Prix Nobel 1992.)

CHARPENTIER (Gustave), *Dieuze 1860 - Paris 1956,* compositeur français. Il est l'auteur du roman musical *Louise* (1900).

CHARPENTIER (Jacques), *Rueil-Malmaison 1881 - Paris 1974,* avocat français. Bâtonnier du barreau de Paris en 1938, contraint à la clandestinité en 1943, il s'est illustré lors de grands procès financiers et politiques.

CHARPENTIER (Jacques), *Paris 1933,* compositeur et organiste français. Influencé par la musique de l'Inde (*Soixante-Douze Études karnatiques,* 1957 - 1983), il a composé également un *Livre d'orgue* (1973).

CHARPENTIER (Marc Antoine), *Paris 1643 - id. 1704,* compositeur français. Élève de Carissimi, il fut maître de chapelle du collège des jésuites (1684) et de la Sainte-Chapelle (1698). Auteur de motets, de messes, d'oratorios *(Histoires sacrées),* d'un opéra (*Médée,* 1693) et de divertissements *(les Arts florissants),* il fut l'un des créateurs en France de la cantate profane (*Orphée,* v. 1683).

CHARRAT (Janine), *Grenoble 1924,* danseuse et chorégraphe française. Ses créations (*les Algues,* 1953 ; *les Liens,* 1957) l'imposèrent comme l'une des figures marquantes du ballet néoclassique français.

CHARRIER, écart de la comm. de Laprugne (Allier). Eau minérale.

CHARRON (Pierre), *Paris 1541 - id. 1603,* écrivain français. Son *De la sagesse* reprend les idées des *Essais* de Montaigne sous une forme systématique.

chartes (École nationale des), établissement français d'enseignement supérieur, fondé en 1821, qui forme des archivistes-paléographes.

CHARTIER (Alain), *Bayeux v. 1385 - v. 1435,* écrivain français. Secrétaire de Charles VII, il a laissé des écrits politiques *(le Quadrilogue invectif)* et des poésies *(la Belle Dame sans merci).*

CHARTRES (28000), ch.-l. du dép. d'Eure-et-Loir, sur l'Eure, à 96 km au S.-O. de Paris ; 42 059 hab. *(Chartrains).* Évêché. Industrie automobile et pharmaceutique. — Cathédrale reconstruite pour l'essentiel de 1194 à 1260, chef-d'œuvre de l'art gothique dans sa première maturité ; crypte (XIe s.) ; portails sculptés (façade ouest, avec le « portail royal » : 1134 - 1150 ; façades du transept : v. 1200 - 1250) ; ensemble de vitraux (XIIe-XIIIe s.). Maisons anciennes. Musée des Beaux-Arts.

■ **CHARTRES.** Statues de saints (XIIIe s.) ornant l'ébrasement du portail sud de la cathédrale.

Chartres (école de), école philosophique et théologique. Fondée par l'évêque Fulbert, elle fut fréquentée par Guillaume de Conches et Gilbert de la Porrée.

CHARTRES-DE-BRETAGNE (35131), comm. d'Ille-et-Vilaine, près de Rennes ; 6 582 hab. Construction automobile.

CHARTREUSE ou **GRANDE-CHARTREUSE** (massif de la), massif des Préalpes françaises (Isère et Savoie), dominant le Grésivaudan ; 2 082 m. Parc naturel régional (env. 69 000 ha).

Chartreuse (la Grande-), monastère fondé au cœur du *massif de la Chartreuse,* en 1084, par saint Bruno. Les bâtiments actuels datent des XIVe-XVIIe s.

CHARYBDE [ka-] MYTH. Tourbillon redouté du détroit de Messine. Si on l'évitait, on touchait souvent le récif de Scylla, tout proche. De là le proverbe : *Tomber de Charybde en Scylla,* c'est-à-dire quitter un mal pour un autre pire encore.

CHASE (James Hadley), *Londres 1906 - Corseaux, cant. de Vaud, Suisse, 1985,* romancier britannique. Ses romans noirs sont dominés par la violence et la sexualité *(Pas d'orchidées pour miss Blandish).*

CHASLES [ʃal] (Michel), *Épernon 1793 - Paris 1880,* mathématicien français. Ses travaux de géométrie supérieure marquent un retour à la géométrie pure.

CHASSAGNE-MONTRACHET (21190), comm. de la Côte-d'Or ; 481 hab. Vins blancs et rouges de la côte de Beaune.

CHASSELOUP-LAUBAT (François, marquis **de**), *Saint-Sornin, près de Marennes, 1754 - Paris 1833,* général et ingénieur français. Il commanda en chef le génie de la Grande Armée. — **Justin de C.-L.,** *Alexandrie, Italie, 1805 - Versailles 1873,* homme politique français. Fils de François, il fut ministre de la Marine (1851 et 1860 - 1867) et fit approuver par Napoléon III l'installation de la France en Cochinchine et au Cambodge.

CHASSÉRIAU (Théodore), *Santa Barbara de Samaná, République dominicaine, 1819 - Paris 1856,* peintre français. Élève d'Ingres, il a laissé une œuvre d'une tonalité nostalgique (au Louvre : portrait de *Lacordaire, la Toilette d'Esther, le Tepidarium ;* restes des peintures monumentales de l'anc. Cour des comptes).

■ **CHASSÉRIAU.** *Juives au balcon, Alger,* 1849. (Louvre, Paris.)

Chasseurs dans la neige (les), peinture sur bois de Bruegel l'Ancien (1565, Kunsthistorisches Museum, Vienne), un des tableaux de « saisons » de l'artiste, exemple accompli de paysage composite auquel s'intègre une scène paysanne.

CHASSIGNET (Jean-Baptiste), *Besançon 1571 - Gray 1635,* poète français. Son *Mépris de la vie et consolation contre la mort* (1594) est une méditation baroque et violente sur la vanité d'un monde en perpétuelle pourriture.

CHASTEL (André), *Paris 1912 - id. 1990,* historien d'art français. Auteur d'ouvrages fondamentaux sur la Renaissance italienne et sur l'art français, il milita en faveur des études d'histoire de l'art et de la sauvegarde du patrimoine.

CHASTELLAIN [ʃatlɛ̃] (Georges), *comté d'Alost 1415 - Valenciennes 1475,* écrivain français. Il est l'auteur de poèmes et d'une chronique de la cour de Bourgogne.

CHÂTAIGNERAIE (La) [85120], ch.-l. de cant. de l'est de la Vendée ; 2 840 hab.

Chat botté (le), conte de Perrault (1697). Un chat ingénieux, chaussé de bottes magiques, fait la fortune de son maître.

CHÂTEAU-ARNOUX-SAINT-AUBAN (04160), comm. des Alpes-de-Haute-Provence, sur la Durance ; 5 102 hab. *(Jarlandins).* Industrie chimique.

Château-Bougon, aéroport de Nantes.

CHÂTEAUBOURG (35220), ch.-l. de cant. d'Ille-et-Vilaine, sur la Vilaine ; 4 989 hab.

CHATEAUBRIAND (François René, vicomte **de**), *Saint-Malo 1768 - Paris 1848,* écrivain français. Dernier-né d'un hobereau breton, sous-lieutenant attiré par les hommes de lettres, il assiste aux débuts de la Révolution, avant de chercher en Amérique la gloire de l'explorateur et la fortune du pionnier (*Voyage en Amérique,* écrit en 1791 et publié en 1827). Blessé dans l'armée des émigrés, exilé en Angleterre où il connaît la misère, il juge son époque et sa propre vie (*Essai sur les révolutions,* 1797), et rentre en France pour contribuer à la fois à l'annonce du « mal du siècle » (*Atala,* 1801 ; **René*) et à la restauration de l'ordre moral (*Génie du christianisme,* 1802). Il rompt avec Bonaparte après l'assassinat du duc d'Enghien et illustre sa conception de l'épopée chrétienne (*les Martyrs,* 1809). Déçu par la Restauration (qui l'a fait ambassadeur à Londres et ministre des Affaires étrangères) mais légitimiste par fidélité, il groupe autour de lui la jeunesse romantique (*les Natchez,* 1826) et libérale (par opposition à Louis-Philippe), avant de se consacrer au poème nostalgique de sa vie et de son temps (*Mémoires d'outre-tombe,* 1848 - 1850). [Acad. fr.]

CHÂTEAUBRIANT (44110), ch.-l. d'arrond. de la Loire-Atlantique ; 12 807 hab. *(Castelbriantais).* Restes du Vieux-Château (XIe-XVe s.) et Château-Neuf (v. 1535). Église de Béré, du XIe s.

CHÂTEAU-CHINON (58120), ch.-l. d'arrond. de la Nièvre, dans le Morvan ; 2 719 hab. *(Château-Chinonais).* Musée du Septennat (de F. Mitterrand).

CHÂTEAU-D'OLÉRON (Le) [17480], ch.-l. de cant. de la Charente-Maritime, dans l'*île d'Oléron ;* 3 600 hab. Citadelle du XVIIe s.

CHÂTEAU-D'OLONNE (85100), comm. de Vendée ; 13 263 hab.

CHÂTEAU-DU-LOIR (72500), ch.-l. de cant. de la Sarthe, près du Loir ; 5 384 hab. *(Castéloriens).*

CHÂTEAUDUN (28200), ch.-l. d'arrond. d'Eure-et-Loir, sur le Loir ; 15 378 hab. *(Dunois).* Électronique. Industrie automobile. — Château des XVe et XVIe s., avec donjon du XIIe (sculptures, tapisseries) ; églises médiévales. Musée.

Château-d'Yquem [-kɛm], vignoble bordelais (vins blancs) du pays de Sauternes.

Château-Gaillard, forteresse en ruine, dominant la Seine aux Andelys. Construite par Richard Cœur de Lion (1196), prise par Philippe Auguste (1204), elle fut démantelée par Henri IV (1603).

CHÂTEAUGIRON (35410), ch.-l. de cant. d'Ille-et-Vilaine ; 5 590 hab. *(Castelgironnais).*

CHÂTEAU-GONTIER (53200), ch.-l. d'arrond. de la Mayenne, sur la Mayenne ; 11 702 hab. *(Castrogontériens).* Marché du bétail. — Église St-Jean, avec restes de peintures romanes et gothiques. Musée.

■ LES **CHASSEURS DANS LA NEIGE.** Tableau de Bruegel l'Ancien, 1565. (Kunsthistorisches Museum, Vienne.)

■ **CHATEAUBRIAND** par Girodet-Trioson. (Château de Versailles.)

CHÂTEAUGUAY n.f., riv. des États-Unis et du Canada, affl. du Saint-Laurent (r. dr.) ; 81 km. Victoire des Canadiens sur les Américains (1813).

CHÂTEAUGUAY, v. du Canada (Québec), banlieue sud de Montréal ; 42 246 hab. *(Châteauguois).*

Château-Lafite, vignoble du Médoc (Gironde).

CHÂTEAU-LANDON (77570), ch.-l. de cant. de Seine-et-Marne ; 3 463 hab. *(Châteaulandonnais).* Monuments médiévaux.

Château-Latour, vignoble du Médoc (Gironde).

CHÂTEAULIN (29150), ch.-l. d'arrond. du Finistère, dans le *bassin de Châteaulin,* sur l'Aulne ; 5 797 hab. (*Castellinois* ou *Châteaulinois*). Agroalimentaire. — Église Notre-Dame, des XVe-XVIe s.

Château-Margaux → **Margaux.**

CHÂTEAUMEILLANT (18370), ch.-l. de cant. du Cher ; 2 114 hab. Vins. — Église romane à chœur de plan bénédictin. Musée archéologique.

CHÂTEAUNEUF-DU-FAOU [-fu] (29520), ch.-l. de cant. du Finistère, sur l'Aulne ; 3 727 hab. Agroalimentaire.

CHÂTEAUNEUF-DU-PAPE (84230), comm. de Vaucluse, dans le Comtat ; 2 098 hab. Vins.

CHÂTEAUNEUF-EN-THYMERAIS (28170), ch.-l. de cant. d'Eure-et-Loir ; 2 454 hab. *(Castelneuviens).*

CHÂTEAUNEUF-LES-BAINS (63390), comm. du Puy-de-Dôme ; 312 hab. *(Castelneuvois).* Station thermale (rhumatismes).

CHÂTEAUNEUF-LES-MARTIGUES (13220), ch.-l. de cant. des Bouches-du-Rhône ; 11 538 hab. Raffinage du pétrole.

CHÂTEAUNEUF-SUR-CHARENTE (16120), ch.-l. de cant. de la Charente ; 3 479 hab. *(Castelnoviens).* Église en partie romane.

CHÂTEAUNEUF-SUR-LOIRE (45110), ch.-l. de cant. du Loiret ; 7 143 hab. *(Castelneuviens).* Vestiges et parc d'un château du XVIIe s. ; musée de la Marine de Loire.

CHÂTEAUNEUF-SUR-SARTHE (49330), ch.-l. de cant. de Maine-et-Loire, sur la Sarthe ; 2 449 hab. Église des XIIe-XIIIe s.

CHÂTEAUPONSAC (87290), ch.-l. de cant. du nord de la Haute-Vienne ; 2 342 hab. Église en partie romane ; musée.

CHÂTEAU-QUEYRAS, site touristique des Hautes-Alpes, dans le Queyras, au-dessus du Guil. Donjon féodal ; fortifications de Vauban.

CHÂTEAURENARD (13160), ch.-l. de cant. des Bouches-du-Rhône ; 13 131 hab. Marché de fruits et légumes.

CHÂTEAU-RENARD (45220), ch.-l. de cant. du Loiret ; 2 483 hab. Église des XIe-XIIe et XVe s.

CHÂTEAU-RENAULT [-no] (37110), ch.-l. de cant. d'Indre-et-Loire, sur la Brenne ; 5 612 hab. *(Renaudins).* Château des XIIe-XVIIIe s. ; musée de la Tannerie.

CHÂTEAUROUX (36000), ch.-l. du dép. de l'Indre, sur l'Indre, à 251 km au S. de Paris ; 52 345 hab. *(Castelroussins).* Centre ferroviaire et industriel (cartonnage, agroalimentaire). Forêt. — Anc. couvent des Cordeliers, du XIIIe s. (centre culturel). Musée dans l'hôtel Bertrand.

CHÂTEAUROUX (Marie-Anne **de Mailly-Nesle,** duchesse **de**), *Paris 1717 - id. 1744,* favorite de Louis XV.

CHÂTEAU-SALINS (57170), ch.-l. d'arrond. de la Moselle, sur la Petite Seille ; 2 825 hab. *(Castelsalinois).*

CHÂTEAU-THIERRY (02400), ch.-l. d'arrond. de l'Aisne, sur la Marne ; 15 729 hab. (*Castelthéodoriciens* ou *Castrothéodoriciens*). Biscuiterie. — Église des XVe-XVIe s. Maison natale de La Fontaine.

CHÂTEAUVALLON → **OLLIOULES.**

CHATEILLON (Sébastien) → **CASTELLION.**

CHÂTEL (74390), comm. de la Haute-Savoie ; 1 201 hab. Sports d'hiver (alt. 1 200 - 2 200 m).

CHÂTEL (Jean), *1575 - Paris 1594,* fanatique qui tenta d'assassiner Henri IV (1594) peu après son entrée à Paris. Il fut écartelé.

CHÂTELAILLON-PLAGE (17340), comm. de la Charente-Maritime ; 5 753 hab. *(Châtelaillonnais).* Station balnéaire. Ostréiculture.

CHÂTELET, v. de Belgique (Hainaut), sur la Sambre ; 36 538 hab. Métallurgie.

Châtelet, nom donné à deux forteresses de Paris, le *Grand* et le *Petit Châtelet.* Le premier, situé sur la rive droite de la Seine, en face du Pont-au-

Change, fut démoli en 1802. C'était le siège de la juridiction criminelle de la vicomté et prévôté de Paris. Le second, sur la rive gauche, démoli en 1782, servait de prison.

CHÂTELET-EN-BRIE (Le) [77820], ch.-l. de cant. de Seine-et-Marne ; 4 570 hab.

CHÂTELGUYON [-gɥijɔ̃] (63140), comm. du Puy-de-Dôme ; 5 516 hab. *(Châtelguyonnais)*. Station thermale (troubles digestifs).

CHÂTELLERAULT (86100), ch.-l. d'arrond. de la Vienne, sur la Vienne ; 35 795 hab. *(Châtelleraudais)*. Constructions mécaniques et électroniques. Armement. – Beau pont Henri-IV ; musées, dont celui de l'Automobile.

CHÂTENAY-MALABRY (92290), ch.-l. de cant. des Hauts-de-Seine, dans la banlieue sud de Paris ; 30 919 hab. *(Châtenaisiens)*. Siège de l'École centrale. – Église surtout du XIIIe s. Maison de Chateaubriand (musée) à la Vallée-aux-Loups.

CHÂTENOIS (88170), ch.-l. de cant. des Vosges ; 1 981 hab. Monuments anciens.

CHÂTENOIS-LES-FORGES (90700), ch.-l. de cant. du Territoire de Belfort ; 2 733 hab.

CHATHAM, v. du Canada (Ontario) ; 43 557 hab.

CHATHAM (îles), archipel néo-zélandais d'Océanie, à l'E. de la Nouvelle-Zélande.

CHATHAM (comtes **de**) → **PITT.**

CHÂTILLON (92320), ch.-l. de cant. des Hauts-de-Seine, au S. de Paris ; 28 788 hab. *(Châtillonnais)*. Armement.

CHÂTILLON (Renaud **de**) → **RENAUD DE CHÂTILLON.**

CHÂTILLON-SUR-CHALARONNE (01400), ch.-l. de cant. de l'Ain ; 4 318 hab. *(Châtillonnais)*. Industrie pharmaceutique.

CHÂTILLON-SUR-INDRE (36700), ch.-l. de cant. de l'Indre ; 3 165 hab. *(Châtillonnais)*. Église des XIe-XIIe s., donjon (XIIe s.).

CHÂTILLON-SUR-LOIRE (45360), ch.-l. de cant. du Loiret ; 3 010 hab. *(Châtillonnais)*.

CHÂTILLON-SUR-SEINE (21400), ch.-l. de cant. du nord de la Côte-d'Or, dans le *Châtillonnais ;* 6 788 hab. *(Châtillonnais)*. Église St-Vorles, remontant à 980 ; musée (trésor de *Vix ; archéologie gallo-romaine).

CHATOU (78400), ch.-l. de cant. des Yvelines, sur la Seine ; 28 889 hab. *(Catoviens)*. Centre résidentiel et industriel. Laboratoires de recherches.

CHÂTRE (La) [36400], ch.-l. d'arrond. de l'Indre, sur l'Indre ; 4 758 hab. *(Castrais)*. Marché. Confection. – Musée George-Sand.

CHATRIAN → **ERCKMANN-CHATRIAN.**

CHATT AL-ARAB n.m., fl. du Moyen-Orient, formé en Iraq par la réunion du Tigre et de l'Euphrate, et qui se jette dans le golfe Persique ; 200 km. Il passe à Bassora et à Abadan. Grande palmeraie sur ses rives.

CHATTANOOGA, v. des États-Unis (Tennessee), dans les Appalaches ; 152 466 hab. Victoire du général Grant sur les sudistes (1863), pendant la guerre de Sécession.

CHATTERJI (Bankim Chandra), *Kantalpara 1838 - Calcutta 1894,* écrivain indien d'expression bengalie, auteur de romans populaires *(Rajani)*.

CHATTERTON (Thomas), *Bristol 1752 - Londres 1770,* poète britannique. Auteur de poèmes imités du Moyen Âge, il mit fin à ses jours en s'empoisonnant. Son destin de « poète martyr » a inspiré à Vigny le drame de *Chatterton* (1835).

CHATTISGARH → **CHHATTISGARH.**

CHAUCER (Geoffrey), *Londres v. 1340 - id. 1400,* poète anglais. Il traduisit le *Roman de la rose* et imita les poètes italiens. Ses **Contes de Cantorbéry* ont contribué à fixer la grammaire et la langue anglaises.

CHAUDES-AIGUES (15110), ch.-l. de cant. du Cantal ; 1 022 hab. *(Caldaguès)*. Station thermale (rhumatismes) aux eaux de 66 à 82 °C (les plus chaudes d'Europe). – Église du XVe s.

CHAUDET (Antoine Denis), *Paris 1763 - id. 1810,* sculpteur français. C'est un néoclassique de ton élégiaque (*l'Amour,* 1802 - 1817, marbre achevé par P. Cartellier, Louvre).

CHAUDFONTAINE [ʃofɔ̃tɛn], comm. de Belgique (prov. de Liège), sur la Vesdre ; 20 426 hab. *(Calidifontains)*.

CHAUDIÈRE n. f., riv. du Canada (Québec), affl. du Saint-Laurent (r. dr.), qu'elle rejoint dans la banlieue de Québec ; env. 200 km.

CHAUDIÈRE-APPALACHES, région administrative du Québec (Canada), sur la rive sud du Saint-Laurent, en face de Québec ; 15 027 km^2 ; 367 953 hab. ; v. princ. *Québec.*

CHAUFFAILLES (71170), ch.-l. de cant. de Saône-et-Loire ; 4 234 hab. *(Chauffaillons)*.

CHAUMETTE (Pierre Gaspard), *Nevers 1763 - Paris 1794,* révolutionnaire français. Membre de la Commune de Paris en 1792, il fut l'un des instigateurs du culte de la Raison. Arrêté avec Hébert, il fut guillotiné.

CHAUMONT (52000), ch.-l. du dép. de la Haute-Marne, sur la Marne, à 252 km au S.-E. de Paris ; 28 365 hab. *(Chaumontais)*. Église des XIIIe-XVIe s. (œuvres d'art) ; musée. Rencontres internationales des Arts graphiques - Festival de l'affiche.

CHAUMONT-EN-VEXIN (60240), ch.-l. de cant. de l'Oise ; 3 119 hab. *(Chaumontois)*. Église du XVIe s.

CHAUMONT-SUR-LOIRE (41150), comm. de Loir-et-Cher ; 1 041 hab. Château reconstruit de 1465 à 1510 env. Festival des jardins.

CHAUNU (Pierre), *Belleville, Meuse, 1923,* historien français. Un des créateurs de l'histoire quantitative (basée princip. sur les statistiques) et de l'histoire de la longue durée, il a consacré sa thèse au commerce espagnol vers l'Amérique : *Séville et l'Atlantique, 1504 - 1650* (1955 - 1959).

CHAUNY (02300), ch.-l. de cant. de l'Aisne, sur l'Oise et le canal de Saint-Quentin ; 13 109 hab. *(Chaunois)*. Constructions électriques.

CHAUSEY (îles), îlots français, au large du Cotentin, dépendant de la comm. de Granville (Manche).

CHAUSSÉE DES GÉANTS, site du nord de l'Irlande. Elle est formée de colonnes basaltiques érodées par la mer.

CHAUSSON (Ernest), *Paris 1855 - Limay, près de Mantes-la-Jolie, 1899,* compositeur français. Il est l'auteur du *Roi Arthus,* du *Concert* (1891), de mélodies *(Chanson perpétuelle),* d'un *Poème* pour violon et orchestre (1896).

CHAUTEMPS (Camille), *Paris 1885 - Washington 1963,* homme politique français. Député radical-socialiste, il fut président du Conseil (1930, 1933 - 1934, 1937 - 1938). Membre du cabinet P. Reynaud, il se déclara en faveur de l'armistice (1940) mais gagna peu après les États-Unis.

CHAUVEAU (Auguste), *Villeneuve-la-Guyard, Yonne, 1827 - Paris 1917,* vétérinaire français. Auteur d'un traité d'anatomie comparée des animaux domestiques, il établit avant Pasteur la nature corpusculaire des germes infectieux et pressentit l'intérêt prophylactique des vaccins.

CHAUVEAU (Pierre Joseph Olivier), *Québec 1820 - id. 1890,* écrivain et homme politique canadien, Premier ministre du Québec (1867 - 1873).

CHAUVEAU-LAGARDE (Claude), *Chartres 1756 - Paris 1841,* avocat français. Il défendit Marie-Antoinette, Madame Élisabeth et Charlotte Corday devant le Tribunal révolutionnaire.

CHAUVELIN (Germain Louis **de**), *Paris 1685 - id. 1762,* homme d'État français. Secrétaire d'État aux Affaires étrangères (1727), il engagea la France dans la guerre de la Succession de Pologne et fut écarté par le cardinal Fleury, hostile à sa politique antiautrichienne (1737).

CHAUVET (grotte) → **VALLON-PONT-D'ARC.**

CHAUVIGNY (86300), ch.-l. de cant. de la Vienne, sur la Vienne ; 7 173 hab. *(Chauvinois)*. Ruines féodales ; centre d'Archéologie industrielle dans le donjon de Gouzon. Église romane St-Pierre (chapiteaux historiés).

CHAUVIRÉ (Yvette), *Paris 1917,* danseuse française. Étoile de l'Opéra de Paris (1942 - 1972), elle fut une inoubliable Giselle, et l'interprète inspirée du chorégraphe S. Lifar.

CHAUX (forêt de), massif forestier de France (Jura), entre le Doubs et la Loue.

CHAUX-DE-FONDS [ʃofɔ̃] **(La),** v. de Suisse (cant. de Neuchâtel) ; 36 894 hab. *(Chaux-de-Fonniers)*. Industrie horlogère. – Musées de l'Horlogerie et des Beaux-Arts.

CHAVAL (Yvan **Le Louarn,** dit), *Bordeaux 1915 - Paris 1968,* dessinateur d'humour français. Usant d'un graphisme incisif et de gags percutants, il a dressé, en misanthrope tendre, un constat de la bêtise et de l'absurde.

CHAVÉE (Achille), *Charleroi 1906 - Mons 1969,* poète belge de langue française. Engagé à gauche, auteur d'une œuvre mêlant jeux de mots et lyrisme bouillonnant *(le Cendrier de chair, De vie et de mort naturelles),* il fut l'un des principaux représentants du surréalisme en Belgique.

■ **CHAVÍN DE HUANTAR.** Monolithe gravé ; VIIIe-VIe s. av. J.-C.

CHÁVEZ FRÍAS (Hugo), *Sabaneta, État de Barinas, 1954,* colonel et homme politique vénézuélien. Président de la République depuis 1999, il prône la mise en œuvre d'une « révolution bolivarienne » et se pose en défenseur des intérêts du tiers-monde.

CHAVILLE (92370), ch.-l. de cant. des Hauts-de-Seine, au S.-O. de Paris ; 18 136 hab. *(Chavillois)*.

CHAVÍN DE HUANTAR, site archéologique dans le nord du Pérou. Il est éponyme de la première des hautes cultures andines (IXe-IIIe s. av. J.-C.), au large rayonnement économique et artistique (thème du félin). Ruines en granite d'un vaste complexe sacrificiel.

CHAZAL (Malcolm **de**), *Vacoas 1902 - Port-Louis 1981,* écrivain mauricien de langue française. Proche du surréalisme, sa poésie sensuelle et raffinée développe, à partir des analogies de sensations, une cosmogonie fabuleuse *(Sens plastique)*.

CHAZELLES-SUR-LYON (42140), ch.-l. de cant. de la Loire ; 4 896 hab. *(Chazellois)*. Musée du Chapeau.

CHÉBÉLI n.m., fl. d'Éthiopie et de Somalie, qui rejoint l'océan Indien ; 1 900 km env.

CHEBIN EL-KOM, v. d'Égypte, ch.-l. de prov. ; 133 000 hab.

CHÉCY (45430), ch.-l. de cant. du Loiret ; 7 344 hab. *(Caciens)*.

CHEDID (Andrée), *Le Caire 1920,* femme de lettres française et égyptienne, d'origine libanaise. Sa poésie (*Textes pour une figure,* 1949 ; *Visage premier,* 1972) mais aussi ses romans (*la Maison sans racines,* 1985), ses nouvelles (*Mondes Miroirs Magies,* 1988) et son théâtre (*Bérénice d'Égypte,* 1968), imprégnés de culture moyen-orientale, sont empreints d'un humanisme profond.

CHEF-BOUTONNE (79110), ch.-l. de cant. des Deux-Sèvres ; 2 400 hab. Château médiéval et renaissant de Javarzay.

CHEJU, île de la Corée du Sud, séparée du continent par le *détroit de Cheju ;* 1 820 km^2 (515 000 hab.).

CHELIFF ou **CHÉLIF** → **CHLEF.**

CHELLES, ch.-l. de cant. de Seine-et-Marne, sur la Marne ; 45 711 hab. *(Chellois)*. Souvenirs d'une anc. abbaye. – Station paléolithique.

CHEŁMNO, en all. **Culm,** v. de Pologne, sur la Vistule ; 21 900 hab. Camp d'extermination allemand (1941 - 1945) où périrent 200 000 Juifs.

CHELSEA, quartier de l'ouest de Londres, sur la Tamise. Au XVIIIe s., manufacture de porcelaine.

CHELTENHAM, v. de Grande-Bretagne (Angleterre, dans le Gloucestershire) ; 85 900 hab. Station thermale.

CHEMETOV (Paul), *Paris 1928,* architecte français. Cofondateur de l'Atelier d'urbanisme et d'architecture en 1961, il a réalisé de nombreux logements et équipements sociaux. Associé à Borja Huidobro, il est aussi l'auteur, notamment, du ministère de l'Économie et des Finances à Paris (1982 - 1989).

CHEMILLÉ (49120), ch.-l. de cant. de Maine-et-Loire ; 6 437 hab. Anc. église Notre-Dame, romane. Jardin de plantes médicinales.

Chemin des Dames (le), route courant sur les crêtes entre l'Aisne et l'Ailette et qui était empruntée au XVIIIe s. par les filles de Louis XV (« Dames de France »). Violents combats lors de l'offensive française du général Nivelle (1917) et lors de la percée allemande sur Château-Thierry (1918).

CHEMNITZ, de 1953 à 1990 **Karl-Marx-Stadt,** v. d'Allemagne (Saxe) ; 280 744 hab. Métallurgie. Textile. – Église du château, gothique ; musées.

CHEMULPO → INCHON.

CHENAB n.f., riv. de l'Inde et du Pakistan ; 1 210 km. L'une des cinq grandes rivières du Pendjab.

CHENGDU, v. de Chine, cap. du Sichuan ; 2 840 000 hab. Centre commercial et industriel (électronique). – Anc. cap. des Tang ; vieux quartiers pittoresques. Musées.

CHÉNIER (André **de**), *Constantinople 1762 - Paris 1794,* poète français. Mêlé d'abord au mouvement révolutionnaire, il protesta contre les excès de la Terreur et mourut sur l'échafaud. Lyrique élégiaque *(la Jeune Captive),* il a donné avec les *Ïambes* un des chefs-d'œuvre de la satire politique. – **Marie-Joseph de C.,** *Constantinople 1764 - Paris 1811,* auteur dramatique français, frère d'André. On lui doit la tragédie *Charles IX ou l'École des rois* et les paroles du **Chant du départ.* Il fut membre de la Convention. (Acad. fr.)

CHENNAI → MADRAS.

CHENNEVIÈRES-SUR-MARNE (94430), ch.-l. de cant. du Val-de-Marne, au S.-E. de Paris ; 17 919 hab. *(Canavérois).* Église du XIIIe s.

CHENONCEAUX (37150), comm. d'Indre-et-Loire, sur le Cher ; 326 hab. Élégant château avec aile formant pont sur le Cher (v. 1515 - v. 1580 ; mobilier, tapisseries, peintures).

CHENÔVE (21300), ch.-l. de cant. de la Côte-d'Or, banlieue de Dijon ; 16 454 hab. *(Cheneveliers).* Équipements automobiles.

CHENU (Marie Dominique), *Soisy-sur-Seine 1895 - Paris 1990,* dominicain et théologien français. Spécialiste de la théologie médiévale et du thomisme, il s'imposa aussi par sa réflexion sur les nouvelles orientations apostoliques exigées par les mutations de la société.

CHÉOPS → KHEOPS.

CHÉPHREN → KHEPHREN.

CHER n.m., riv. de France, née dans la Combraille, affl. de la Loire (r. g.) ; 350 km. Il passe à Montluçon, Vierzon et Tours.

CHER n.m. (18), dép. de la Région Centre ; ch.-l. de dép. *Bourges ;* ch.-l. d'arrond. *Saint-Amand-Montrond, Vierzon ;* 3 arrond. ; 35 cant. ; 290 comm. ; 7 235 km² ; 314 428 hab. *(Berrichons).* Le dép. appartient à l'académie d'Orléans-Tours, à la cour d'appel de Bourges, à la zone de défense Ouest. S'étendant sur la majeure partie du Berry et sur une partie de la Sologne, il se consacre aux cultures du blé (Champagne berrichonne) et de la vigne (Sancerrois), ainsi qu'à l'élevage bovin (Boischaut, vallée de Germigny). L'industrie (métallurgie surtout) est de tradition ancienne à Bourges et à Vierzon. Centrale nucléaire à Belleville-sur-Loire.

CHERBOURG (50100), ch.-l. d'arrond. de la Manche ; 26 750 hab. *(Cherbourgeois)* [plus de 90 000 hab. dans l'agglomération]. Port militaire. Constructions mécaniques. – Arsenal (sous-marins) et École des applications militaires de l'énergie atomique. – Basilique de la Trinité (XVe s.) ; musée Thomas-Henry (peintures surtout).

CHERBULIEZ [-lje] (Victor), *Genève 1829 - Combs-la-Ville 1899,* écrivain suisse naturalisé français. Il est l'auteur de romans et d'essais politiques. (Acad. fr.)

CHERCHELL, v. d'Algérie, sur la Méditerranée ; 36 800 hab. Emplacement de *Césarée* de Mauritanie. – Ruines ; musée d'antiques.

CHÉREAU (Patrice), *Lézigné, Maine-et-Loire, 1944,* metteur en scène de théâtre, d'opéra et cinéaste français. Directeur, de 1972 à 1981, avec R. Planchon et R. Gilbert, du Théâtre national populaire et, de 1982 à 1990, du Théâtre des Amandiers, à Nanterre, où il a monté l'œuvre de B.-M. Koltès, il conjugue dans ses mises en scène recherche plastique et perspective politique. Au cinéma, il a notamm. réalisé *la Chair de l'orchidée* (1975), *la Reine Margot* (1994), *Ceux qui m'aiment prendront le train* (1998), *Intimité* (2001).

Cheremetievo, aéroport international de Moscou (Russie).

CHÉRET (Jules), *Paris 1836 - Nice 1932,* peintre et affichiste français. Grâce à la chromolithographie, il a, durant le dernier tiers du XIXe s., lancé la production des affiches en couleurs, leur donnant un style dynamique et primesautier.

CHERGUI (chott ech-), dépression marécageuse de l'ouest de l'Algérie.

CHEROKEE, peuple amérindien des États-Unis (réserves dans l'Oklahoma et la Caroline du Nord) [env. 70 000], de la famille iroquoienne.

Chéronée [ke-] (bataille de) [338 av. J.-C.], victoire de Philippe de Macédoine sur les Athéniens et les Thébains à Chéronée (Béotie). Elle ouvrait la voie à la domination macédonienne sur l'ensemble de la Grèce. – bataille de **Chéronée** (86 av. J.-C.), victoire de l'armée romaine de Sulla sur les troupes de Mithridate VI, roi du Pont.

CHERRAPUNJI ou **TCHERRAPOUNDJI,** v. du nord-est de l'Inde (Meghalaya). C'est l'une des stations les plus arrosées du globe (plus de 10 m de précipitations par an).

CHERSONÈSE [ker-] (du gr. *khersos,* continent, et *nêsos,* île), nom que les Grecs donnaient à plusieurs péninsules, dont la *Chersonèse de Thrace* (auj. presqu'île de Gallipoli) et la *Chersonèse Taurique* (auj. la Crimée).

Chérubin, personnage du *Mariage de Figaro,* de Beaumarchais (1784), type de l'adolescent qui s'éveille à l'amour.

CHERUBINI (Luigi), *Florence 1760 - Paris 1842,* compositeur italien. Il dirigea le Conservatoire de Paris. On lui doit des messes, deux requiem, des opéras (*Médée,* 1797), des sonates et des quatuors.

CHÉRUSQUES, anc. peuple de la Germanie. Leur chef Arminius battit les Romains (9 apr. J.-C.) avant d'être vaincu par Germanicus (16).

CHESAPEAKE (baie de), baie des États-Unis (Maryland et Virginie), sur l'Atlantique. Elle est franchie par un système de ponts et de tunnels. Site de Baltimore.

CHESHIRE, comté de Grande-Bretagne, dans le nord-ouest de l'Angleterre ; 937 300 hab. ; ch.-l. *Chester.*

CHESNAY [ʃɛnɛ] **(Le)** [78150], ch.-l. de cant. des Yvelines, banlieue de Versailles ; 28 942 hab. *(Chesnaysiens).*

CHESSEX (Jacques), *Payerne 1934,* écrivain suisse de langue française. Il est l'auteur de romans au style truculent *(l'Ogre)* et d'essais.

CHESTER, v. de Grande-Bretagne (Angleterre), ch.-l. du *Cheshire ;* 61 000 hab. Fromages renommés. – Murailles d'origine romaine ; cathédrale romane et gothique ; quartiers médiévaux.

CHESTERFIELD (Philip **Stanhope,** comte **de**), *Londres 1694 - id. 1773,* homme politique et écrivain britannique. Ses *Letters to His Son* (1774) ont marqué l'âge d'or de la prose anglaise.

CHESTERTON (Gilbert Keith), *Londres 1874 - Beaconsfield, Buckinghamshire, 1936,* écrivain britannique. Ses essais, ses romans et ses nouvelles policières *(Histoires du Père Brown)* mêlent l'inspiration catholique à la verve satirique.

CHEVAL (Ferdinand), auteur du **Palais idéal,* à Hauterives.

CHEVALIER (Maurice), *Paris 1888 - Marnes-la-Coquette, Hauts-de-Seine, 1972,* chanteur et acteur de cinéma français. Célèbre pour sa gouaille et sa silhouette (canotier, smoking, nœud papillon), il interpréta des chansons restées populaires *(Valentine, Prosper).*

CHEVALIER (Michel), *Limoges 1806 - Lodève 1879,* économiste français. Saint-simonien, libre-échangiste, il fut l'un des artisans du traité de commerce franco-anglais de 1860 qui baissa les droits de douane entre ces deux pays.

■ **CHICAGO.** Les bords du lac Michigan.

■ **CHICHÉN ITZÁ.** Le temple pyramide de Kukulkán (dit aussi « le Castillo ») ; art maya-toltèque, époque postclassique (950 - 1500).

C

CHEVALLEY (Claude), *Johannesburg 1909 - Paris 1984,* mathématicien français. Ses travaux concernent l'algèbre. Il participa à la fondation du groupe Nicolas *Bourbaki.

CHEVARDNADZE (Edouard), *Mamati, Géorgie, 1928,* homme politique géorgien. Ministre des Affaires étrangères de l'URSS (1985 - 1990 et nov.-déc. 1991), il est élu, en Géorgie, président du Conseil d'État (mars 1992), puis du Parlement (oct.), exerçant de ce fait la fonction de chef de l'État. En 1995, il est élu président de la République (réélu en 2000).

CHEVELUE (Gaule), en lat. **Gallia comata,** partie de la Gaule demeurée indépendante jusqu'à la conquête de César (par opposition à la Gaule Narbonnaise).

Cheverny (château de), château de Loir-et-Cher, au S.-E. de Blois. Édifice homogène de la première moitié du XVIIe s., avec peintures de Jean Mosnier, de Blois, et tapisseries de Vouet.

CHEVILLY-LARUE (94550), ch.-l. de cant. du Val-de-Marne, au S. de Paris ; 18 288 hab.

CHEVIOT n.m. pl., hautes collines de Grande-Bretagne, aux confins de l'Angleterre et de l'Écosse ; 815 m au *mont Cheviot.* Élevage ovin. Parc national.

CHEVREUL (Eugène), *Angers 1786 - Paris 1889,* chimiste français. On lui doit des travaux de chimie organique, notamm. l'analyse des corps gras, ainsi qu'une théorie des couleurs dont s'inspirèrent les peintres néo-impressionnistes.

CHEVREUSE (78460), ch.-l. de cant. des Yvelines, sur l'Yvette ; 5 456 hab. *(Chevrotins).* Ruines d'un château des XIIe-XVe s.

CHEVREUSE (vallée de), vallée de l'Yvette (Yvelines), de part et d'autre de Chevreuse. Sites pittoresques dans le *parc naturel régional de la Haute-Vallée de Chevreuse* (environ 25 000 ha).

CHEVREUSE (Charles Honoré **d'Albert,** duc **de Luynes, de Chaulnes,** et **de**), *1646 - Paris 1712,* gentilhomme français. Gendre de Colbert et ami de Fénelon, il fut le conseiller privé de Louis XIV.

CHEVREUSE (Marie **de Rohan-Montbazon,** duchesse **de**), *1600 - Gagny 1679,* aristocrate française. Veuve d'Albert de Luynes, elle épousa Claude de Lorraine, duc de Chevreuse. Intrigante inlassable, elle conspira contre Richelieu, Mazarin, puis prit part à la Fronde.

CHEVROLET (Louis Joseph), *La Chaux-de-Fonds 1878 - Detroit 1941,* constructeur automobile américain d'origine suisse. Émigré aux États-Unis en 1900, il y travailla d'abord pour Renault et de Dion-Bouton, puis créa sa propre usine.

CHEVTCHENKO → **AKTAOU.**

CHEVTCHENKO (Tarass Grigorievitch), *Morintsy, auj. Zvenigorod, 1814 - Saint-Pétersbourg 1861,* poète ukrainien. Animateur des idées démocratiques dans son pays, il est considéré comme le père de la littérature nationale ukrainienne.

CHEYENNE, v. des États-Unis, cap. du Wyoming ; 50 008 hab. Musées.

CHEYENNE, peuple amérindien des plaines des États-Unis (réserves dans le Montana et l'Oklahoma) [11 500], de la famille algonquienne. Chasseurs de bisons, victimes de massacres commis par l'armée américaine (1864, 1868), les Cheyenne furent parmi les vainqueurs de Custer à la bataille de Little Bighorn (1876).

CHEYLARD (Le) [07160], ch.-l. de cant. de l'Ardèche ; 3 632 hab.

CHEYNEY (Peter **Southouse-Cheyney,** dit Peter), *Londres 1896 - id. 1951,* écrivain britannique. Ses romans policiers remplacèrent le détective traditionnel par un type d'aventurier séducteur et brutal *(la Môme Vert-de-gris).*

CHHATTISGARH ou **CHATTISGARH,** État du centre de l'Inde ; 135 100 km^2 ; 17 615 000 hab. ; cap. *Raipur.*

CHIANG CHIN-KUO → **JIANG JINGGUO.**

CHIANGMAI, v. de Thaïlande ; 164 382 hab. Anc. cap. au XIIIe s. ; monuments anciens, musée.

CHIANTI [kjɑ̃ti], région viticole d'Italie (Toscane, prov. de Sienne).

CHIAPAS, État du Mexique, sur le Pacifique ; 3 203 915 hab. ; cap. *Tuxtla Gutiérrez.* Hydrocarbures.

CHIASSO [kjaso], comm. de Suisse (Tessin) ; 8 212 hab. Gare, à la frontière italienne, sur la ligne du Saint-Gothard.

CHIAYI, v. de Taïwan ; 258 000 hab.

CHIBA, v. du Japon (Honshu), sur la baie de Tokyo ; 829 455 hab. Port et centre industriel.

CHIBCHA, famille linguistique de l'Amérique centrale et du nord de l'Amérique du Sud. Elle correspond aux langues que parlaient autrefois les Muisca et les Tairona, et regroupe les langues encore parlées par de nombreuses populations autochtones.

CHIBOUGAMAU, v. du Canada (Québec) ; 8 855 hab. *(Chibougamois).* Cuivre. Elle est près du *lac Chibougamau* (206 km^2). Réserve naturelle.

CHICAGO, v. des États-Unis (Illinois), dans la région des Grands Lacs, sur le lac Michigan ; 2 783 726 hab. (6 069 974 hab. dans l'agglomération). Port actif et grand centre industriel (sidérurgie, constructions mécaniques, industries alimentaires), commercial (Bourses des matières premières) et culturel. — Foyer de l'architecture moderne v. 1880 - 1900 et à l'époque contemporaine. Grands musées (art, science).

■ **CHIANGMAI.** Stucs ornant le Chedi Chet Yot (v. 1450).

CHIC-CHOCS (monts), massif du Canada (Québec), en Gaspésie, dominant l'estuaire du Saint-Laurent ; 1 268 m au mont Jacques-Cartier.

CHICHÉN ITZÁ, cité maya (Mexique, nord du Yucatán). Abandonnée au XVe s., elle associe traditions architecturales mayas et toltèques.

CHICHIMÈQUES, anciens chasseurs-cueilleurs nomades du nord du Mexique. Ce sont les Aztèques qui donnèrent ce nom générique à des populations parmi lesquelles se trouvaient ceux qui allaient devenir les Apaches.

CHICLAYO, v. du Pérou, près du Pacifique ; 410 468 hab.

CHICOUTIMI, v. du Canada (Québec), au confluent de la *rivière Chicoutimi* et du Saguenay ; 64 616 hab. *(Chicoutimiens).* Évêché.

CHIETI, v. d'Italie (Abruzzes), ch.-l. de prov., dominant la vallée de la Pescara ; 55 709 hab. Musée d'archéologie.

CHIGASAKI, v. du Japon (Honshu), banlieue sud-ouest de Yokohama ; 201 675 hab.

CHIGI, famille de mécènes italiens (XVIe-XVIIe s.). — **Agostino C.,** *Sienne 1465 - Rome 1520,* banquier italien. Il fit construire la villa *Farnésine. — **Fabio C.,** pape sous le nom d'*Alexandre VII. Le *palais Chigi* de Rome, du XVIe s., lui appartint.

CHIHUAHUA, v. du Mexique septentrional, au pied de la sierra Madre occidentale ; 530 487 hab. Centre minier.

CHIKAMATSU MONZAEMON (**Sugimori Nobumori,** dit), *Kyoto 1653 - Osaka 1724,* auteur dramatique japonais. Il écrivit pour le théâtre de marionnettes *(bunraku)* de nombreux drames historiques *(les Batailles de Coxinga)* ou réalistes *(Double Suicide par amour à Sonezaki).*

CHILDE (Vere Gordon), *Sydney 1892 - Mount Victoria 1957,* préhistorien australien, auteur de travaux sur l'économie et sur les courants culturels du IIIe et du IIe millénaire av. J.-C.

CHILDEBERT Ier, *m. en 558,* roi franc (511 - 558), de la dynastie mérovingienne. Fils de Clovis et de Clotilde, il régna sur un royaume englobant Paris. — **Childebert II,** *570 - 595,* roi d'Austrasie (575 - 595), de Bourgogne et Orléans (592 - 595), de la dynastie mérovingienne, fils de Sigebert Ier et de Brunehaut. Sous son règne fut signé le traité d'Andelot. — **Childebert III,** *683 - 711,* roi de Neustrie et de Bourgogne (695 - 711), de la dynastie mérovingienne. Fils de Thierry III, il régna sous la tutelle de Pépin de Herstal.

CHILDÉRIC Ier, *v. 436 - v. 481,* roi des Francs Saliens (457 - v. 481), de la dynastie mérovingienne, fils de Mérovée et père de Clovis. — **Childéric II,** *v. 650 - 675,* roi d'Austrasie (662 - 675), de la dynastie mérovingienne, fils de Clovis II et de Bathilde. — **Childéric III,** *m. à Sithiu, auj. dans Saint-Omer, en 754,* roi des Francs (743 - 751), le dernier de la dynastie mérovingienne. Fils de Chilpéric II, il fut déposé par Pépin le Bref.

CHILI n.m., État d'Amérique du Sud ; 757 000 km^2 ; 14 500 000 hab. *(Chiliens).* **CAP.** *Santiago.* **LANGUE :** *espagnol.* **MONNAIE :** *peso chilien.*

INSTITUTIONS

Régime parlementaire. Constitution de 1980, amendée en 1989 et en 1994. Président de la République élu pour 6 ans, à la fois chef de l'État et chef du gouvernement. Congrès national composé de la Chambre des députés, élue pour 4 ans, et du Sénat, dont les membres sont élus (pour la plupart) ou nommés pour 8 ans (les anciens chefs de l'État sont sénateurs à vie).

GÉOGRAPHIE

Étiré sur plus de 4 000 km du nord au sud, large seulement de 100 à 200 km en moyenne, le Chili est formé d'une dépression centrale discontinue, entre les Andes proprement dites, à l'est, et une chaîne côtière, à l'ouest. L'extension en latitude explique en partie la succession des climats et des paysages végétaux : désert de l'Atacama au nord ; climat méditerranéen de la région de Santiago, océanique vers Osorno, froid et humide plus au sud, où la forêt disparaît progressivement. Santiago concentre environ le tiers (!) de la population fortement urbanisée et qui s'accroît encore sensiblement. L'agriculture juxtapose blé, vignoble et élevage (bovin et ovin). La pêche est active. Le sous-sol fournit du fer et surtout du cuivre (premier rang mondial), base des exportations. L'endettement demeure notable, mais le Chili a connu un réel essor économique depuis le milieu des années 1980.

HISTOIRE

La période coloniale. Le Chili précolombien est peuplé de groupes ethniques qui résistent à la conquête inca, puis, pendant trois siècles, à la conquête espagnole. **1541 :** Pedro de Valdivia fonde Santiago. **1553 :** il est vaincu et tué par les Araucans. **1778 :** le Chili, qui dépendait jusqu'alors de la vice-royauté du Pérou, devient capitainerie générale.

L'indépendance et le XIXe s. 1810 : une junte patriotique se forme à Santiago. **1814 :** les insurgés chiliens, commandés par Bernardo O'Higgins et José Miguel Carrera, sont vaincus par les Espagnols à Rancagua. **1817 :** San Martín bat les Espagnols à Chacabuco ; O'Higgins reçoit le titre de directeur suprême du Chili. **1818 :** la victoire de Maipú libère définitivement le pays. La république est instaurée. **1823 - 1831 :** une période d'anarchie succède à la dictature de O'Higgins. **1831 - 1871 :** les conservateurs sont au pouvoir et promulguent une Constitution (1833). **1871 - 1891 :** une coalition de libéraux et de radicaux dirige le pays et engage la guerre du Pacifique (1879 - 1884) contre le Pérou et la Bolivie ; vainqueur, le Chili s'empare de toute la façade maritime de la Bolivie et des provinces de Tarapacá, Tacna et Arica, appartenant au Pérou.

Le XXe s. 1891 - 1925 : la guerre civile de 1891 aboutit au triomphe du régime parlementaire sur le régime présidentiel. Pendant la Première Guerre mondiale, le Chili connaît une période de prospérité due à l'exploitation de ses richesses minières (cuivre, nitrates). **1925 :** l'armée rétablit le régime présidentiel. **1938 - 1952 :** l'entrée dans la vie politique des classes moyennes amène au pouvoir des gouvernements de front populaire, puis de centre gauche. **1964 - 1970 :** à la réaction oligarchique menée par le conservateur Jorge Alessandri (1958 - 1964) succède le gouvernement du démocrate-chrétien Eduardo Frei. **1970 :** le candidat de la gauche, Salvador Allende, remporte les élections présidentielles. Il entreprend la nationalisation des mines et des banques. **1973 :** il est éliminé par une junte militaire. Le général Pinochet, « chef suprême de la nation », instaure un régime d'exception. **1980 :** une nouvelle Constitution confirme le caractère autoritaire du régime, confronté à une contestation grandissante. **1988 :** Pinochet organise un plébiscite visant à assurer la reconduction du régime en place. Le « non » l'emporte, mais Pinochet décide de rester à la tête de l'État jusqu'en 1990, terme légal de son mandat. **1990 :** le démocrate-chrétien Patricio Aylwin Azócar (élu en 1989) succède à Pinochet. **1994 :** le démocrate-chrétien Eduardo Frei Ruíz-Tagle (fils du président E. Frei Montalva) devient président de la République. **1998 :** l'arrestation, à Londres, du général Pinochet relance le débat intérieur sur les années 1970 - 1980. **2000 :** le socialiste Ricardo Lagos Escobar est élu à la présidence de la République.

CHILLÁN, v. du Chili central ; 158 731 hab.

CHILLIDA (Eduardo), *Saint-Sébastien 1924,* sculpteur espagnol. Il est le créateur de formes non figuratives sobres et puissantes. Musée à Hernani, près de Saint-Sébastien.

Chillon, château fort de Suisse (XIIIe s.), sur le lac Léman, près de Montreux. Résidence des comtes et ducs de Savoie. Bonivard y fut emprisonné.

CHILLY-MAZARIN (91380), ch.-l. de cant. de l'Essonne ; 17 868 hab. *(Chiroquois).*

CHILOÉ, île du Chili méridional.

CHILPÉRIC Ier, *539 - Chelles 584,* roi de Neustrie (561 - 584), de la dynastie mérovingienne. Fils de Clotaire Ier et époux de Frédégonde, il fut assassiné. – **Chilpéric II,** *670 - 721,* roi de Neustrie (715 - 721), de la dynastie mérovingienne.

CHIMAY, v. de Belgique (Hainaut) ; 9 572 hab. *(Chimaciens).* Berceau d'une famille princière. – Château ; collégiale des XIIIe-XVIe s.

CHIMBORAZO, volcan des Andes (Équateur) ; 6 310 m.

CHIMBOTE, v. du Pérou septentrional ; 223 341 hab. Port. Sidérurgie. Pêche.

Chimène, personnage du *Cid,* de Corneille, type de l'héroïne cornélienne.

CHIMÚ, peuple ancien du Pérou, qui, vers 1200, succéda à celui de la vallée de Moche sur la côte nord. Florissant au XIVe s., avec *Chanchán pour capitale, l'empire des Chimú fut soumis (v. 1470) par les Incas. Ils ont produit de remarquables orfèvreries.

CHINARD (Joseph), *Lyon 1756 - id. 1813,* sculpteur français. Il esquisse en 1794 une *Liberté couronnant le peuple* (terre cuite, musée Carnavalet, Paris), puis devient portraitiste : la famille impériale, Mme Récamier (marbre, 1806, Lyon).

CHINDWIN n.m., riv. de Birmanie, principal affl. de l'Irrawaddy (r. dr.) ; 800 km.

CHINE n.f., État d'Asie, sur le Pacifique ; 9 600 000 km² ; 1 234 300 000 hab. *(Chinois).* CAP. *Pékin.* V. PRINC. *Shanghai, Hongkong, Tianjin, Shenyang, Wuhan* et *Canton.* LANGUE : *chinois.* MONNAIE : *yuan.*

INSTITUTIONS

Démocratie populaire depuis 1949, la Chine est constituée de 22 provinces – hors Taïwan –, de 5 régions autonomes, de 4 municipalités autonomes et de 2 régions administratives spéciales (Hongkong et Macao). La Constitution date de 1982. Le président de la République est élu pour 5 ans par l'Assemblée populaire nationale, qui nomme également le Premier ministre. L'Assemblée populaire nationale, organe suprême, compte environ 3 000 délégués, élus pour 5 ans par les représentants des provinces, des régions, des municipalités et de l'armée populaire. Les membres du Parti communiste chinois (PCC) détiennent les principaux postes à l'échelon national et régional.

GÉOGRAPHIE

La Chine regroupe plus du cinquième de la population mondiale (plus de 20 fois celle de la France). La politique antinataliste a réduit la croissance démographique, aujourd'hui de l'ordre de 1 % par an. La densité moyenne (environ 130 hab. au km², donc un peu supérieure à celle de la France) n'est pas vraiment significative.

L'Ouest, juxtaposant chaînes montagneuses et hauts plateaux (Tibet ou Mongolie) au climat rude et cuvettes arides (Xinjiang), est souvent vide, peuplé surtout par des minorités ethniques (Tibétains, Mongols, etc.) qui ne constituent toutefois guère plus de 5 % de la population totale. Celle-ci est essentiellement formée des Han, les Chinois proprement dits, concentrés dans la Chine orientale. Ici, sous un climat de plus en plus clément vers le S., dans un paysage de collines, de plaines et de vallées (dont celles du Huang He et du Yangzi Jiang), sur 15 % seulement du territoire, s'entassent 90 % de la population. Près de 70 % des Chinois sont encore des ruraux, mais l'urbanisation a beaucoup progressé depuis 1949. Aujourd'hui, une quarantaine de villes dépassent le million d'habitants. Shanghai, Pékin, Hongkong et Tianjin comptent parmi les grandes métropoles mondiales.

L'agriculture a été développée et modernisée (aménagements hydrauliques, engrais, motorisation) d'abord dans un cadre collectivisé (communes populaires), dorénavant souvent familial. L'autosuffisance alimentaire est pratiquement atteinte. La Chine est le premier producteur mondial de blé et surtout de riz. Elle se situe encore aux premiers rangs mondiaux pour le coton, le tabac, le maïs, les oléagineux, le thé, le sucre, l'élevage (porcins et volailles notamment) et la pêche. L'industrie a connu une progression spectaculaire pour les branches lourdes (extraction de charbon surtout et d'hydrocarbures, sidérurgie), plus récente dans des domaines plus élaborés (chimie, métallurgie de transformation) s'ajoutant au traditionnel textile.

C

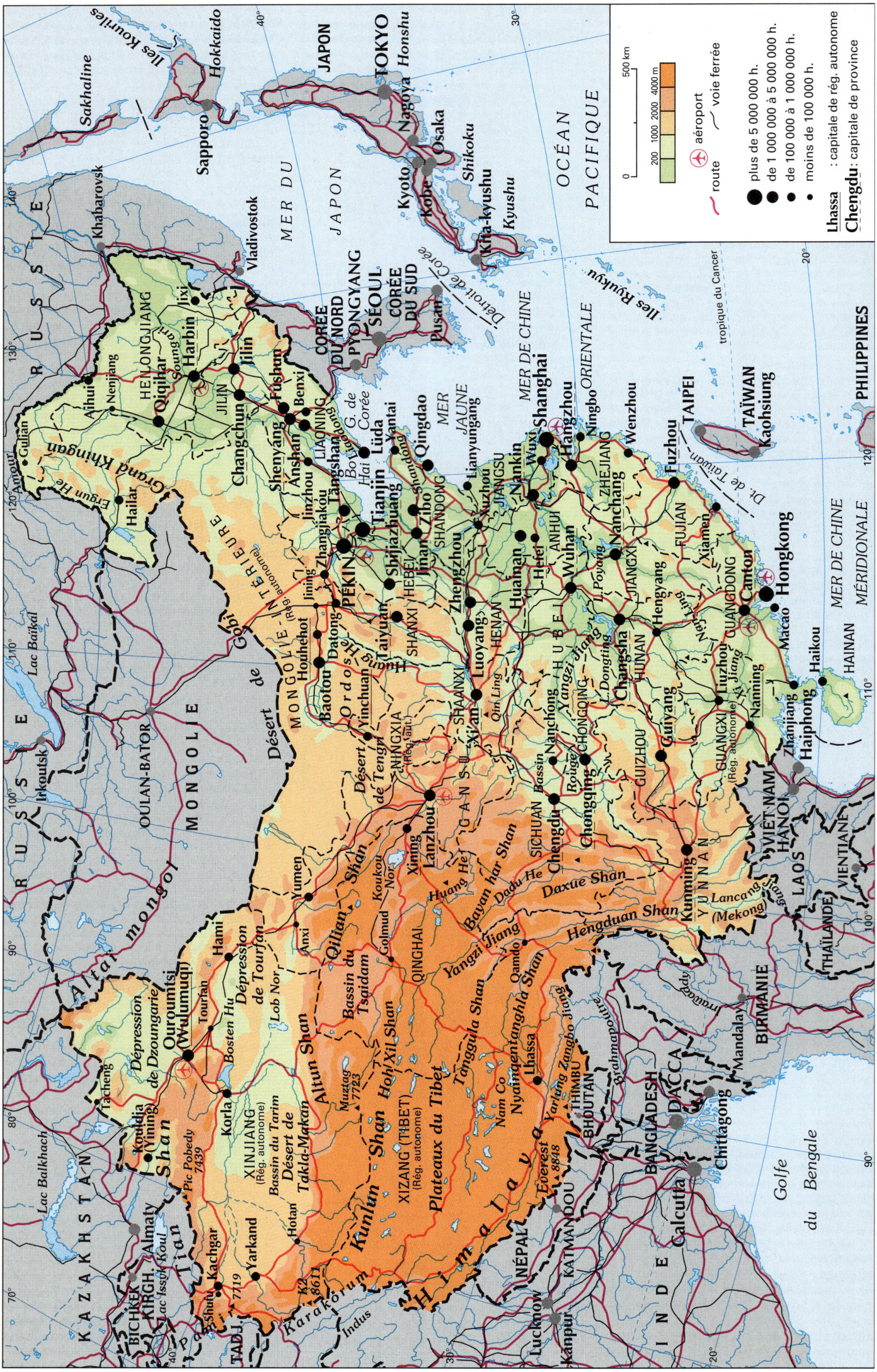
500 km
200 1000 2000 4000 m
aéroport
route
voie ferrée
plus de 5 000 000 h.
de 1 000 000 à 5 000 000 h.
de 100 000 à 1 000 000 h.
moins de 100 000 h.
Lhassa : capitale de rég. autonome
Chengdu : capitale de province
OCÉAN PACIFIQUE
MER DU JAPON
MER JAUNE
MER DE CHINE ORIENTALE
MER DE CHINE MÉRIDIONALE
Golfe du Bengale
R U S S I E
M O N G O L I E
K A Z A K H S T A N
I N D E
JAPON
TOKYO
COREE DU NORD
PYONGYANG
SEOUL
CORÉE DU SUD
PHILIPPINES
TAÏWAN
TAIPEI
BIRMANIE
LAOS
VIÊT NAM
HANOI
THAÏLANDE
BANGLADESH
DACCA
NÉPAL
KATMANDOU
BHOUTAN
THIMBU
OULAN-BATOR
PÉKIN
Shanghai
Tianjin
Hongkong
Canton
Macao
Wuhan
Chongqing
Chengdu
Lanzhou
Lhassa
Kunming
Harbin
Shenyang
Xi'an
Nankin
Désert de Gobi
Plateaux du Tibet
H i m a l a y a
Everest 8848
K2 8611
Kunlun Shan
Tian Shan
Altaï mongol
Grand Khingan
Désert de Takla-Makan
Yangzi Jiang
Huang He
XINJIANG (Rég. autonome)
XIZANG (TIBET) (Rég. autonome)
MONGOLIE INTÉRIEURE (Rég. autonome)
Calcutta
Hainan
tropique du Cancer
Sakhaline
Hokkaido
Honshu
Îles Kouriles
Îles Ryukyu

La progression des échanges, l'appel aux capitaux et à la technologie de l'étranger, le desserrement de l'emprise de l'État dans les domaines financier et industriel témoignent d'une ouverture vers l'extérieur, Occident et Japon notamm. Cette ouverture est cause et effet d'une spectaculaire croissance de la production, dont la rançon est l'accentuation des inégalités sociales et régionales, l'accélération de l'exode rural (générateur de sous-emploi) et l'inflation.

HISTOIRE

L'existence de la dynastie légendaire des Xia, entre le XXIe et le XVIIIe s. av. J.-C., est attestée par l'archéologie. La civilisation du bronze, née sous les Shang (XVIIIe s.-v. 1025 av. J.-C.), se perpétue sous les Zhou (v. 1025 - 256 av. J.-C.). **V^{e} - IIIe s. :** période des Royaumes combattants, marquée par la désunion politique et par l'épanouissement de la culture antique avec Confucius.

La Chine impériale jusqu'à la conquête mongole. 221 - 206 av. J.-C. : l'empire Qin est fondé par Qin Shi Huangdi, qui unifie l'ensemble des royaumes chinois, de la Mandchourie au nord de l'actuel Viêt Nam. **206 av. J.-C. - 220 apr. J.-C. :** dynastie des Han, qui étendent leur empire en Mandchourie, en Corée, en Mongolie, au Viêt Nam et en Asie centrale. Ils fondent le mandarinat et remettent à l'honneur le confucianisme. Ils contrôlent la route de la soie et s'ouvrent aux influences étrangères, notamm. au bouddhisme. **220 - 581 :** période de morcellement territorial et de guerres. L'influence du bouddhisme se développe. À la période des Trois Royaumes (220 - 265) succède celle des dynasties du Nord et du Sud (317 - 589). **581 - 618 :** la dynastie Sui réunifie le pays et fait construire le Grand Canal. **618 - 907 :** dynastie des Tang. La Chine connaît une administration remarquable et poursuit son expansion militaire avec les empereurs Tang Taizong (627 - 649) et Tang Gaozong (650 - 683). **907 - 960 :** elle est à nouveau morcelée pendant la période des Cinq Dynasties. **960 - 1279 :** dynastie des Song, qui gouvernent un territoire beaucoup moins étendu que celui des Tang depuis que les « barbares du Nord » ont créé les empires Liao (947 - 1124) et Jin (1115 - 1234). La civilisation scientifique et technique chinoise est très en avance sur celle de l'Occident. Repliés dans le Sud à partir de 1127, les Song sont éliminés par les Mongols, qui conquièrent le pays. **1279 - 1368 :** la dynastie mongole des Yuan gouverne la Chine, qui se soulève contre sa domination sous la conduite de Zhu Yuanzhang (Hongwu), fondateur de la dynastie Ming.

La Chine des Ming et des Qing. 1368 - 1644 : dynastie des Ming. Ses empereurs renouent avec la tradition nationale mais instaurent des pratiques autocratiques. Yongle (1403 - 1424) conquiert la Mandchourie. **1573 - 1620 :** règne de Wanli, sous lequel commence le déclin des Ming. **1644 :** les Mandchous, qui ont envahi le pays, fondent la dynastie Qing, laquelle régnera jusqu'en 1911. Les Qing, avec les empereurs Kangxi (1662 - 1722), Yongzheng (1723 - 1736) et Qianlong (1736 - 1796), établissent leur domination sur un territoire plus étendu que jamais (protectorat sur le Tibet, 1751 ; progression en Mongolie et en Asie centrale).

Le XIXe s. Affaiblie par des problèmes économiques et sociaux, la Chine, militairement fragile, doit céder aux Occidentaux sa souveraineté sur des ports. **1839 - 1842 :** guerre de l'opium. **1851 - 1864 :** insurrection des Taiping. **1875 - 1908 :** l'impératrice Cixi détient le pouvoir. Vaincue par le Japon (1894 - 1895), la Chine doit céder à ce dernier le Liaodong et Taïwan (anc. Formose). La Russie, l'Allemagne, la Grande-Bretagne et la France se partagent le pays en zones d'influence. **1900 :** la révolte des Boxers est réprimée.

La république de Chine. 1911 - 1937 : la république, instaurée en 1911, est présidée par Yuan Shikai (1913 - 1916). Les nationalistes du Guomindang, dirigés par Sun Yat-sen puis, après 1925, par Jiang Jieshi (Tchang Kaï-chek), rompent avec les communistes en 1927. Ceux-ci gagnent le Nord au terme de la « Longue Marche » (1934 - 1935). **1937 - 1945 :** le Japon, qui occupe la Chine du Nord depuis 1937, progresse vers le Sud en 1944. **1945 - 1949 :** après la capitulation japonaise, la guerre civile oppose nationalistes et communistes.

La République populaire de Chine jusqu'en 1976. 1949 : création de la République populaire de Chine. Mao Zedong en assure la direction. Zhou Enlai est Premier ministre et ministre des Affaires étrangères. Les nationalistes se sont repliés à Taïwan. **1956 :** devant les résistances et les difficultés économiques, Mao lance la campagne des « Cent Fleurs », grand débat d'idées. **1958 :** Mao impose lors du « Grand Bond en avant » la collectivisation des terres et la création des communes populaires ; c'est un échec économique. **1960 :** l'URSS rappelle ses experts et provoque l'arrêt des grands projets industriels. **1966 :** Mao lance la « Grande Révolution culturelle prolétarienne ». Au cours de dix années de troubles (1966 - 1976), les responsables du Parti communiste sont éliminés par les étudiants, organisés en gardes rouges, et par l'armée, dirigée jusqu'en 1971 par Lin Biao. **1969 :** la détérioration des relations avec l'URSS aboutit à des incidents frontaliers. **1971 :** admission de la République populaire de Chine à l'ONU, où elle remplace Taïwan. Rapprochement avec les États-Unis.

Les nouvelles orientations. 1976 : arrestation de la « Bande des Quatre ». **1977 :** Hua Guofeng, à la tête du parti et du gouvernement, et Deng Xiaoping, réhabilité pour la seconde fois, mènent une politique de réformes économiques, d'ouverture sur l'étranger et de révision du maoïsme. **1979 :** un conflit armé oppose la Chine au Viêt Nam. **1980 - 1987 :** Hua Guofeng est remplacé à la tête du gouvernement par Zhao Ziyang. Hu Yaobang, secrétaire général du Parti, poursuit les réformes, tandis que Li Xiannian devient président de la République en 1983. Le développement du secteur privé, engendrant corruption et fortes hausses des prix, provoque, à partir de 1986, une grave crise sociale. **1987 :** Zhao Ziyang est nommé à la tête du Parti. Il cède la direction du gouvernement à Li Peng. **1988 :** Yang Shangkun est élu à la présidence de la République. **1989 :** la visite de Gorbatchev à Pékin consacre la normalisation des relations avec l'URSS. Les étudiants et la population réclament la libéralisation du régime. Deng Xiaoping fait intervenir l'armée contre les manifestants, qui sont victimes d'une répression sanglante (juin, notamm. à Pékin, place Tian'anmen). Zhao Ziyang, limogé, est remplacé par Jiang Zemin. **1991 :** la Chine normalise ses relations avec le Viêt Nam. **1992 :** les conservateurs, opposés aux options économiques de Deng Xiaoping, sont écartés. Le Parti communiste se rallie officiellement à l'économie de marché socialiste. La Chine normalise ses relations avec la Corée du Sud. **1993 :** Jiang Zemin succède à Yang Shangkun à la tête de l'État. **1997 :** mort de Deng Xiaoping. La Grande-Bretagne rétrocède Hongkong à la Chine (juill.). **1998 :** Zhu Rongji remplace Li Peng au poste de Premier ministre. **1999 :** le Portugal rétrocède Macao à la Chine (déc.).

CHINE (mer de), partie de l'océan Pacifique, s'étendant le long des côtes de la Chine et de l'Indochine. Elle comprend la *mer de Chine orientale* (entre la Corée, les Ryukyu et Taïwan) et la *mer de Chine méridionale* (limitée à l'E. par les Philippines et Bornéo).

CHINJU, v. de Corée du Sud, à l'O. de Pusan ; 258 365 hab.

CHINON (37500), ch.-l. d'arrond. d'Indre-et-Loire, sur la Vienne ; 9 117 hab. *(Chinonais).* Forêt. Centrale nucléaire à proximité (à Avoine). – Forteresse en partie ruinée, comprenant trois châteaux (X^{e}-XVe s.), et notamm. celui où Jeanne d'Arc rencontra Charles VII en 1429.

CHIO [kjo], île grecque de la mer Égée ; 52 691 hab. ; ch.-l. *Chio* (24 070 hab.). Vins. Fruits. – Église de la Néa Moní (1045) : remarquable décor mural de mosaïques.

CHIOGGIA, v. d'Italie (Vénétie) ; 52 582 hab.

CHIPPENDALE (Thomas), *Otley, Yorkshire, 1718 - Londres 1779,* ébéniste britannique. Il a publié en 1754 un recueil de modèles qui combine avec fantaisie les styles rocaille, « gothique », « chinois », etc.

CHIPPEWA → OJIBWA.

CHIRAC (Jacques), *Paris 1932,* homme politique français. Premier ministre (1974 - 1976), président du RPR (1976 - 1994), maire de Paris (1977 - 1995), il est de nouveau Premier ministre de 1986 à 1988, appelé à diriger, sous la présidence de F. Mitterrand, le premier gouvernement de cohabitation de la Ve République. Élu président de la République en 1995, il cohabite depuis 1997 avec un gouvernement de gauche.

CHIRAZ, v. d'Iran, dans le Zagros ; 965 117 hab. Monuments du XVIIIe s. Jardins célèbres. Tapis.

CHIRIAEFF (Ludmilla), *Riga 1924,* danseuse et chorégraphe canadienne. Elle travaille avec Fokine et Massine, puis se fixe au Québec (1952). Fondatrice en 1955 des Ballets Chiriaeff, devenus Grands Ballets canadiens en 1957, elle en assure la direction artistique jusqu'en 1974 avant d'en diriger l'école de danse.

CHIRICO (Giorgio **de**) **→ DE CHIRICO.**

CHIRON MYTH. GR. Centaure éducateur d'Achille.

CHISASIBI, village cri du Canada (Québec), près de l'embouchure de la Grande Rivière, dans la baie James ; 2 310 hab.

CHIŞINĂU, anc. **Kichinev,** cap. de la Moldavie ; 677 000 hab. Musées.

CHITTAGONG, v. du Bangladesh ; 2 041 000 hab. Deuxième ville et principal port du pays. Exportation de jute.

CHIUSI, anc. **Clusium,** v. d'Italie (Toscane) ; 9 113 hab. Nécropole étrusque. Musée national étrusque.

CHKLOVSKI (Viktor Borissovitch), *Saint-Pétersbourg 1893 - Moscou 1984,* théoricien et écrivain soviétique de langue russe. Futuriste et formaliste, il a étudié la *littérarité, les procédés poétiques et les structures narratives du roman *(Théorie de la prose).* On lui doit également des scénarios et de nombreux essais sur le cinéma.

CHLEF, anc. **Cheliff** ou **Chélif,** le plus long fl. d'Algérie, tributaire de la Méditerranée ; 700 km.

CHLEF, anc. **Orléansville,** puis **El-Asnam,** v. d'Algérie, ch.-l. de wilaya ; 130 000 hab. La ville a été ravagée par deux séismes (1954 et 1980).

CHLEUH, tribus berbères du Maroc (env. 6 millions). Peuplant la plaine du Sous, le Haut Atlas et l'Anti-Atlas, les Chleuh constituent l'essentiel de l'émigration marocaine en Europe.

CHLODION ou **CLODION,** dit **le Chevelu,** *m. v. 460,* chef de la tribu des Francs Saliens. Il serait l'ancêtre des Mérovingiens.

CHOA, prov. d'Éthiopie ; 10 714 000 hab. ; ch.-l. *Addis-Abeba.* C'est la plus peuplée du pays.

CHOCANO (José Santos), *Lima 1875 - Santiago du Chili 1934,* poète péruvien. Contemporain du modernisme, il se fit le chantre de l'identité et de la nature latino-américaines.

CHODERLOS DE LACLOS (Pierre), *Amiens 1741 - Tarente 1803,* écrivain français, auteur des *Liaisons dangereuses* (1782), chef-d'œuvre du roman épistolaire et de la stratégie libertine.

Choéphores (les), tragédie d'Eschyle appartenant à la trilogie de *l'*Orestie.*

CHOISEUL (César, duc **de**), comte **du Plessis-Praslin,** *Paris 1598 - id. 1675,* maréchal de France. Il se distingua au siège de La Rochelle (1627 - 1628) et lors de la Fronde.

CHOISEUL (César Gabriel **de**), comte **de Chevigny,** duc **de Praslin → PRASLIN** (duc **de**).

CHOISEUL (Étienne François, duc **de**), *Nancy 1719 - Paris 1785,* homme d'État français. Protégé par Mme de Pompadour, il fut ambassadeur à Rome (1754 - 1757), puis à Vienne (1757 - 1758). Secrétaire d'État aux Affaires étrangères (1758 - 1761 et 1766 - 1770), puis à la Guerre (1761 - 1770) et à la Marine (1761 - 1766), il conclut le pacte de *Famille (1761). En 1763, il dut signer le traité de Paris mettant fin à la guerre de Sept Ans, mais parvint à réunir la Lorraine (1766) et la Corse (1768) à la France. *(V. ill. page 1245.)*

■ JACQUES **CHIRAC**

■ PIERRE **CHODERLOS DE LACLOS.** (Musée de Picardie, Amiens.)

L'ART DE LA CHINE TRADITIONNELLE

Parfaitement codifiés dès le xᵉ s. av. J.-C., sous les Zhou, les principes fondamentaux de l'urbanisme sont régis par la cosmogonie traditionnelle, qui privilégie l'harmonie et la symétrie de mondes clos imbriqués. Au long des millénaires, symbolique et valeur rituelle confèrent aux sculptures de jade et aux céramiques une importance majeure. Mais ce sont les « arts de pinceaux » (calligraphie et peinture), auxquels s'associe souvent la création littéraire, qui représentent en Chine la quintessence de l'expression artistique.

Vase tripode. Il est destiné à chauffer les liquides lors du culte des ancêtres. Bronze, époque Shang de Zhengzhou ; XVIᵉ-XVᵉ s. av. J.-C. (République populaire de Chine.)

Disque « bi » orné de dragons. Symbole céleste et objet rituel, il fait partie du mobilier funéraire depuis le néolithique. Jade, époque des Royaumes combattants. (The Nelson-Atkins Museum of Art, Kansas City.)

Tour céramique funéraire. Ces offrandes funéraires de modèles réduits nous renseignent sur l'architecture. Terre cuite vernissée (1,23 m ; détail), époque Han. (Musée Cernuschi, Paris.)

Temple principal du monastère de la Joie solitaire. Édifié à Jixian (Hebei), dédié à Guanyin (l'incarnation d'Avalokiteshvara en Chine), c'est l'un des plus anciens exemples conservés de cette architecture de bois sans murs porteurs et dont les toitures incurvées sont supportées par la charpente.

La pagode des Oies sauvages, à Xi'an (Shaanxi). La forme de la pagode chinoise est inspirée de l'ancienne tour de guet de l'époque Han et elle a la même fonction que le stupa en Inde.

Huang Gongwang. *Habiter dans les monts Fuchun.* Composition solide et rythmée, transparence de l'air, complexité des jeux d'encre et vision grandiose et sensible de la nature font de ce peintre l'un des rénovateurs du paysage. Encre sur papier, détail d'un rouleau (6,36 m), XIVᵉ s. (National Palace Museum, Taipei.)

Plat de porcelaine blanche. Traités en émaux lumineux, narcisses du bonheur, rose de bon augure et champignons de la longévité illustrent les vœux du Nouvel An. Dynastie Qing. (Musée Guimet, Paris.)

CHOISY (François Timoléon, abbé **de**), *Paris 1644 - id. 1724,* écrivain français. Son *Journal du voyage de Siam* et ses *Mémoires* lui ont valu une notoriété pimentée par son goût du travestissement féminin. (Acad. fr.)

CHOISY-LE-ROI (94600), ch.-l. de cant. du Val-de-Marne, au S. de Paris, sur la Seine ; 34 574 hab. *(Choisyens).* Construction automobile. – Vestiges d'un château où Louis XV recevait ses favorites ; église de 1748 - 1760, auj. cathédrale.

CHOKWE ou **TSHOKWE,** peuple du nord-est de l'Angola et du sud de la Rép. dém. du Congo (ex-Zaïre) [env. 1 million]. Ils se lancèrent à partir de 1830 dans la traite de l'ivoire, de la cire et des esclaves et conquirent d'immenses territoires. Leur art plastique est réputé. Ils parlent une langue bantoue.

CHOL, groupe linguistique de la famille maya, représenté au Guatemala et au Honduras. Il comprend les Chorti et les Lacandon-Chol (Lacandon du Guatemala).

CHOLEM ALEICHEM (Cholom **Rabinovitch,** dit), *Pereïaslav, Ukraine, 1859 - New York 1916,* écrivain de langue yiddish, auteur de récits sur la vie des ghettos d'Europe centrale *(Tévié le laitier).*

CHOLET (49300), ch.-l. d'arrond. de Maine-et-Loire, dans les Mauges (ou *Choletais*) ; 56 320 hab. *(Choletais).* Marché et centre industriel (pneumatiques, confection, matières plastiques, armement). – Luttes sanglantes pendant les guerres de Vendée (1793). – Musées.

CHOLOKHOV (Mikhaïl Aleksandrovitch), *Vechenskaïa, Ukraine, 1905 - id. 1984,* écrivain soviétique de langue russe. Il est l'auteur du *Don paisible* et de *Terres défrichées,* romans épiques de la Révolution russe et de la collectivisation. (Prix Nobel 1965.)

CHO LON, banlieue de Hô Chi Minh-Ville (Viêt Nam), auj. intégrée à la ville.

CHOLTITZ (Dietrich **von**), *Schloss Wiese, Silésie, 1894 - Baden-Baden 1966,* général allemand. Commandant la garnison allemande de Paris en 1944, il éluda l'ordre de Hitler de détruire la capitale et se rendit au général Leclerc.

CHOMEDEY DE MAISONNEUVE (Paul **de**), *Neuville-sur-Vanne, Aube, 1612 - Paris 1676,* gentilhomme français. En 1642, il fonda, au Canada, Ville-Marie, la future Montréal.

CHOMÉRAC (07210), ch.-l. de cant. de l'Ardèche ; 2 594 hab. *(Choméracois).*

CHOMSKY (Noam), *Philadelphie 1928,* linguiste américain. Il a proposé un nouveau modèle de description du langage : la grammaire générative (*Structures syntaxiques,* 1957 ; *Aspects de la théorie syntaxique,* 1965).

CHONGJIN, v. de Corée du Nord, sur la mer du Japon ; 754 000 hab. Port.

CHONGJU, v. de Corée du Sud ; 497 000 hab.

CHONGQING, v. de Chine, sur le Yangzi Jiang ; 3 780 000 hab. Municipalité dépendant du pouvoir central. Centre industriel. – Vieux quartier pittoresque. Musée. – Siège du gouvernement nationaliste (1938 - 1946).

CHONJU, v. de Corée du Sud ; 517 000 hab.

CHO OYU n.m., sommet de l'Himalaya, aux confins du Népal et de la Chine (Tibet) ; 8 154 m.

CHOOZ [ʃo] (08600), comm. des Ardennes ; 762 hab. *(Calcéens).* Centrale nucléaire sur la Meuse.

CHOPIN (Frédéric), *Zelazowa Wola 1810 - Paris 1849,* pianiste et compositeur polonais. Ses compositions (mazurkas, valses, nocturnes, polonaises, préludes, etc.), d'un caractère romantique tendre ou passionné, souvent mélancolique, ont rénové le style du piano dans le domaine de l'harmonie et de l'ornementation. Il eut une longue liaison avec George Sand (1837 - 1848).

CHORS, peuple turco-mongol de Russie (rives du Tom et de la Kondoma, républiques de Khakassie et de l'Altaï) [env. 17 000].

CHORTI, peuple amérindien du sud-ouest du Guatemala et du nord-ouest du Honduras (env. 60 000), du groupe linguistique chol.

CHORZÓW, v. de Pologne, en haute Silésie ; 128 000 hab. Houille. Sidérurgie.

CHOSROÊS Ier → **KHOSRÔ Ier.**

CHOSTAKOVITCH (Dmitri), *Saint-Pétersbourg 1906 - Moscou 1975,* compositeur soviétique. Il a écrit des œuvres de circonstance et d'inspiration nationale, des musiques de films, quinze symphonies, de la musique de piano et de chambre et des opéras *(Lady Macbeth de Mtsensk).*

chouannerie, insurrection paysanne née dans le bas Maine en 1793, sous l'influence de Jean Cottereau (dit Jean *Chouan*) et de ses frères. Elle gagna la Normandie et la Bretagne, et prit fin en 1800.

CHOUART DES GROSEILLIERS (Médard), *Charly-sur-Marne 1618 - v. 1696,* explorateur français. Il parcourut le Canada depuis les Grands Lacs jusqu'à la baie d'Hudson.

CHOU EN-LAI → **ZHOU ENLAI.**

CHOUF, région du Liban, au S. de Beyrouth.

CHOUÏSKI, famille noble russe (XVe-XVIIe s.), qui fut écartée du pouvoir par Ivan IV, et donna à la Russie un tsar : *Vassili Chouïski.

CHRAÏBI (Driss), *Mazagan 1926,* écrivain marocain d'expression française. Critique envers la société marocaine traditionnelle (*le Passé simple,* 1954) et l'exil en France, son œuvre romanesque s'est ensuite tournée vers la mémoire berbère et marocaine (*Une enquête au pays,* 1981).

CHRÉTIEN (Jean), *Shawinigan 1934,* homme politique canadien. Chef du Parti libéral, il est Premier ministre depuis 1993.

CHRÉTIEN (Jean-Loup), *La Rochelle 1938,* général et spationaute français. Pilote de chasse, puis pilote d'essais, il est le premier Français à avoir effectué un vol spatial (mission franco-soviétique Premier Vol habité, 24 juin-2 juill. 1982). Il a participé à deux vols ultérieurs à destination de la station Mir, en 1988 (avec un véhicule spatial soviétique) et en 1997 (avec la navette américaine). Il est entré à la NASA en 1999.

CHRÉTIEN DE TROYES, *v. 1135 - v. 1183,* poète français. Auteur de romans de chevalerie où mythe et folklore s'unissent admirablement pour former des récits de quête, il est l'initiateur de la littérature courtoise en France : *Érec et Énide, Cligès, *Lancelot ou le Chevalier à la charrette, *Yvain ou le Chevalier au lion, *Perceval ou le Conte du Graal.*

Christ (ordre du), ordre de chevalerie fondé en 1319 par le roi de Portugal Denis Ier pour accueillir les templiers, dont l'ordre avait été dissous.

CHRISTALLER (Walter), *Berneck 1893 - Königstein 1969,* géographe allemand, initiateur des recherches sur la théorie des lieux centraux (villes, marchés).

CHRISTCHURCH, v. de Nouvelle-Zélande ; 308 000 hab. La plus grande ville de l'île du Sud. Laine. – Monuments néogothiques.

CHRISTIAN Ier, *1426 - Copenhague 1481,* roi de Danemark (1448), de Norvège (1450 - 1481) et de Suède (1457 - 1464). En 1460, il devint duc de Slesvig et comte de Holstein. Il a fondé l'université de Copenhague (1479). – **Christian II,** *Nyborg 1481 - Kalundborg 1559,* roi de Danemark et de Norvège (1513 - 1523) et de Suède (1520 - 1523). La révolte de Gustave Vasa lui enleva la couronne de Suède (1523). – **Christian III,** *Gottorp 1503 - Kolding 1559,* roi de Danemark et de Norvège (1534 - 1559). Il établit le luthéranisme dans ses États. – **Christian IV,** *Frederiksborg 1577 - Copenhague 1648,* roi de Danemark et de Norvège (1588 - 1648). Il prit part à la guerre de Trente Ans et fut battu par Tilly (1629). – **Christian V,** *Flensborg 1646 - Copenhague 1699,* roi de Danemark et de Norvège (1670 - 1699). Premier roi héréditaire du Danemark, il s'allia aux Provinces-Unies contre la Suède et Louis XIV, mais dut restituer ses conquêtes en 1679. – **Christian VI,** *Copenhague 1699 - Hørsholm 1746,* roi de Danemark et de Norvège (1730 - 1746). Il encouragea le commerce et l'industrie. – **Christian VII,** *Copenhague 1749 - Rendsborg 1808,* roi de Danemark et de Norvège (1766 - 1808). Il laissa gouverner ses favoris, notamment Struensee. – **Christian VIII,** *Copenhague 1786 - Amalienborg 1848,* roi de Danemark (1839 - 1848). Élu roi de Norvège en 1814, il fut contraint par les grandes puissances à renoncer à cette couronne. – **Christian IX,** *Gottorp 1818 - Copenhague 1906,* roi de Danemark (1863 - 1906). À son avènement au trône, il adopta, contre son gré, la nouvelle Constitution incorporant le Slesvig au Danemark, ce qui provoqua l'intervention de la Prusse et de l'Autriche (1864) qui lui enlevèrent le Slesvig et le Holstein. – **Christian X,** *Charlottenlund 1870 - Copenhague 1947,* roi de Danemark (1912 - 1947) et d'Islande (1918 - 1944). En 1919, il récupéra le Slesvig septentrional. Lors de l'occupation allemande (1940 - 1944), il résista de tout son pouvoir à l'envahisseur.

CHRISTIAN (Charles, dit Charlie), *Bonham, Texas, 1916 - New York 1942,* guitariste américain de jazz. Il participa aux premières expériences du be-bop et fut un brillant soliste à la guitare électrique (*Star Dust,* 1939 ; *From Swing to Bop,* 1941).

CHRISTIANIA, nom d'Oslo de 1624 à 1924.

CHRISTIAN-JAQUE (Christian **Maudet,** dit), *Paris 1904 - id. 1994,* cinéaste français. Son brio et sa verve lui ont valu de grands succès : *les Disparus de Saint-Agil* (1938), *Fanfan la Tulipe* (1952).

CHRISTIE (Agatha), *Torquay 1890 - Wallingford 1976,* femme de lettres britannique. Ses romans policiers à énigmes *(le Meurtre de Roger Ackroyd, Dix Petits Nègres, le Crime de l'Orient-Express)* mettent en scène Miss Marple et Hercule *Poirot.

CHRISTIE (William), *Buffalo, État de New York, 1944,* claveciniste et chef d'orchestre américain et français. Spécialiste de la musique baroque, française en particulier, il a fondé en 1979 l'ensemble instrumental et vocal les Arts florissants.

Christie's, la plus ancienne maison de ventes aux enchères, et l'une des plus importantes dans le monde, fondée à Londres en 1766. Elle est auj. sous contrôle français.

CHRISTINE, *Stockholm 1626 - Rome 1689,* reine de Suède (1632 - 1654). Fille de Gustave II Adolphe, elle hâta les négociations des traités de Westphalie (1648). Ayant fait de sa cour un foyer d'humanisme, elle y reçut Descartes. Elle abdiqua en 1654 en faveur de son cousin Charles X Gustave et se convertit au catholicisme. Elle visita une partie de l'Europe et s'installa à Rome.

CHRISTINE DE FRANCE, *Paris 1606 - Turin 1663,* duchesse de Savoie. Fille d'Henri IV et de Marie de Médicis, elle épousa Victor-Amédée Ier, duc de Savoie.

CHRISTINE DE PISAN, *Venise v. 1365 - v. 1430,* femme de lettres française. Son œuvre poétique *(Ditié de Jeanne d'Arc)* et ses écrits historiques *(Livre des faits et bonnes mœurs du sage roi Charles V)* prennent la défense de la femme.

Christlich-Demokratische Union → **CDU.**

CHRISTMAS (île), île de l'océan Indien, dépendance de l'Australie ; 135 km² ; 2 500 hab. Phosphates.

CHRISTMAS (île) → **KIRITIMATI.**

CHRISTO ET JEANNE-CLAUDE, artistes américains (**Christo Javacheff,** *Gabrovo 1935,* d'origine bulgare, et **Jeanne-Claude de Guillebon,** *Casablanca 1935,* d'origine française). Ils créent des installations éphémères en utilisant de la toile pour intervenir sur des sites urbains (« empaquetages » de monuments : le Pont-Neuf, Paris, 1985 ; le Reichstag, Berlin, 1995) ou sur des paysages (*Surrounded Islands,* Biscayne Bay, Miami, 1983).

■ **CHOISEUL** par Roslin. (Château de Versailles.)

■ FRÉDÉRIC **CHOPIN** par Delacroix. (Louvre, Paris.)

■ **CHRISTINE** de Suède par S. Bourdon. (Musée des Beaux-Arts, Béziers.)

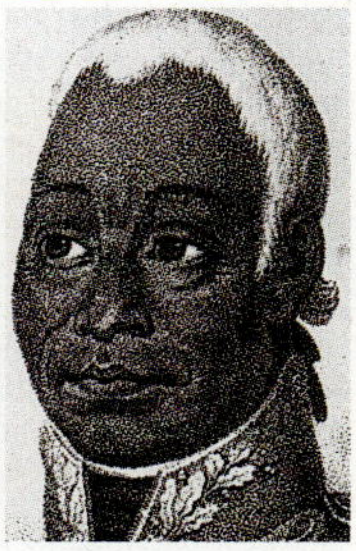

■ HENRI **CHRISTOPHE**

CHRISTOFLE (Charles), *Paris 1805-Brunoy 1863,* industriel français. Il créa l'entreprise d'orfèvrerie qui porte son nom.

CHRISTOPHE (saint), martyr légendaire. Il aurait porté l'Enfant Jésus sur ses épaules pour passer une rivière. Patron des voyageurs et des automobilistes, écarté du calendrier romain en 1970.

CHRISTOPHE (Georges **Colomb**, dit), *Lure 1856-Nyons 1945,* écrivain et dessinateur français. Il fut l'un des pionniers de la bande dessinée (*la Famille Fenouillard,* 1889 - 1893 ; *les Facéties du sapeur Camember,* 1890 - 1896).

CHRISTOPHE (Henri), *île de Grenade 1767 - Port-au-Prince 1820,* roi d'Haïti (1811 - 1820). Esclave affranchi, lieutenant de Toussaint Louverture, il servit sous Dessalines. Président de la république d'Haïti (1807), il fut proclamé roi dans le nord de l'île en 1811. *(V. ill. page 1245.)*

CHRISTUS (Petrus), *m. en 1472 ou 1473,* peintre flamand. Maître à Bruges en 1444, il s'inspira de J. Van Eyck, puis de R. Van der Weyden.

CHRODEGANG ou **ROTGANG** (saint), *712 - 766,* évêque de Metz. Il fut l'un des organisateurs de l'Église franque.

Chroniques (livres des), livre de la Bible, divisé en deux parties. Écrites entre 350 et 300 av. J.-C., les *Chroniques* retracent dans l'esprit du judaïsme d'après l'Exil l'histoire du peuple juif jusqu'à la prise de Jérusalem (587 av. J.-C.).

Chroniques de Saint-Denis ou **Grandes Chroniques de France,** histoire officielle des rois de France, des origines à la fin du XVe s. Elles furent rédigées à l'abbaye de Saint-Denis, d'abord en latin puis en français, et imprimées à la fin du XVe s. – Il en existe un résumé manuscrit enluminé par Jean Fouquet (BNF).

CHRYSIPPE, *Soli, Cilicie, v. 281 - Athènes v. 205 av. J.-C.,* philosophe grec. Il donna au système stoïcien (notamm. pour la physique et la logique) toute sa cohérence.

CHRYSOSTOME → JEAN CHRYSOSTOME.

CHU (Steven), *Saint Louis, Missouri, 1948,* physicien américain. Spécialiste de spectroscopie laser, il réussit, en 1985, à immobiliser des atomes de sodium dans une mélasse optique, à une température très proche du zéro absolu. (Prix Nobel 1997.)

CHUQUET (Nicolas), *Paris v. 1445 - 1500,* mathématicien français. Il est l'auteur du plus ancien traité d'algèbre écrit par un Français (1484).

CHUQUICAMATA, v. du Chili septentrional ; 22 000 hab. Extraction et métallurgie du cuivre.

CHUQUISACA → SUCRE.

CHUR, nom all. de *Coire.

CHURCH (Alonzo), *Washington 1903 - Hudson, Ohio, 1995,* mathématicien et logicien américain. Il a démontré l'indécidabilité du calcul des prédicats du premier ordre et étudié les critères de calculabilité.

CHURCHILL n.m., fl. du Canada, qui se jette dans la baie d'Hudson ; 1 609 km. À son embouchure se trouve le port de Churchill (1 300 hab.).

CHURCHILL, anc. **Hamilton,** fl. de l'est du Canada, dans le Labrador, qui rejoint l'Atlantique ; 856 km. Hydroélectricité *(Churchill Falls).*

CHURCHILL (sir Winston Leonard **Spencer**), *Blenheim Palace 1874 - Londres 1965,* homme politique britannique. Député conservateur en 1900, plusieurs fois ministre libéral de 1906 à 1911, il est Premier lord de l'Amirauté (1911 - 1915). Inquiet de l'émergence du communisme, Il se rallie aux conservateurs (1924) et devient chancelier de l'Échiquier dans le cabinet Baldwin (1924 - 1929). Succédant à Chamberlain au poste de Premier ministre (1940 - 1945), il sait très vite galvaniser l'effort de guerre britannique (bataille d'Angleterre, 1940) et est l'un des artisans de la victoire alliée sur l'Axe. Il joue un rôle prépondérant dans le règlement du conflit (conférence de Yalta, 1945). Battu aux élections de 1945, il redevient Premier ministre de 1951 à 1955. Il est l'auteur de *Mémoires de guerre* (1948 - 1954). [Prix Nobel de littérature 1953.]

CHURRIGUERA, famille d'artistes espagnols. Dans leur œuvre, c'est surtout à des retables sculptés exubérants, à colonnes torses, que s'applique le qualificatif de *churrigueresque.* – **José Benito de C.,** *Madrid 1665 - id. 1725,* sculpteur et architecte. Il créa en 1709 la petite ville de Nuevo Baztán, près de Madrid. – **Joaquín de C.,** *Madrid 1674 - Salamanque ? v. 1724,* sculpteur et architecte, frère de José Benito et d'Alberto. Il est l'auteur du collège de Calatrava à Salamanque (1717). – **Alberto de C.,** *Madrid 1676 - Orgaz ? v. 1740,* architecte et sculpteur, frère de José Benito et de Joaquín. Il édifia notamment, à partir de 1729, l'harmonieuse Plaza Mayor de Salamanque.

CHYMKENT, anc. **Tchimkent,** v. du sud du Kazakhstan ; 438 800 hab. Centre industriel.

CHYPRE n.f., État insulaire d'Asie, dans la Méditerranée orientale ; 9 251 km² ; 750 000 hab. (*Chypriotes* ou *Cypriotes*). CAP. *Nicosie.* LANGUES : *grec* et *turc.* MONNAIE : *livre cypriote.*

GÉOGRAPHIE

Deux chaînes de montagnes séparent une dépression centrale, site de Nicosie. L'économie, à dominante agricole (agrumes, vigne, céréales), et le tourisme ont souffert de la partition de fait de l'île entre communautés grecque (environ 80 % de la population totale) et turque. Mais la croissance a rapidement repris dans la partie méridionale « grecque ».

HISTOIRE

L'Antiquité. Peuplée dès le VIIe millénaire, l'île de Chypre, convoitée pour sa richesse en cuivre, est colonisée par les Grecs, puis par les Phéniciens. **IIIe - Ier s. av. J.-C. :** l'île passe sous la domination des Ptolémées, puis des Lagides. **58 av. J.-C. :** Chypre devient une province romaine. **395 apr. J.-C. :** elle est englobée dans l'Empire byzantin.

Le Moyen Âge et l'époque moderne. 1191 - 1489 : conquise par Richard Cœur de Lion, passée aux mains des Lusignan (1192) qui en font un royaume latin (1197), l'île est une des bases d'attaque des croisés et le principal centre latin d'Orient après la chute de Saint-Jean-d'Acre (1291). **1489 :** elle devient vénitienne. **1570 - 1571 :** elle est conquise par les Turcs.

L'époque contemporaine. 1878 : l'île passe sous administration britannique, tout en demeurant sous la souveraineté ottomane. **1925 :** annexée par la Grande-Bretagne, sitôt l'entrée en guerre de la Turquie (1914), elle devient colonie britannique, malgré les protestations de la Grèce. **1955 - 1959 :** les Chypriotes grecs luttent contre la domination britannique et réclament l'union avec la Grèce (l'*Enôsis*). **1959 :** l'indépendance est accordée dans le cadre du Commonwealth. **1960 :** la république est proclamée, avec un président grec (Mgr Makários) et un vice-président turc. **1974 :** un coup d'État favorable à l'*Enôsis* provoque un débarquement turc dans le nord de l'île. **1977 :** Spóros Kyprianoú remplace Makários, décédé. **1983 :** proclamation unilatérale d'une « République turque de Chypre du Nord », que la communauté internationale refuse de reconnaître. **1988 :** Gheórghios Vassilíou succède à Kyprianoú. **1990 :** la république de Chypre dépose une demande d'adhésion à la CEE. **1993 :** Ghláfkos Klirídhis (Glafcos Cléridès) est élu à la présidence de la République (réélu en 1998).

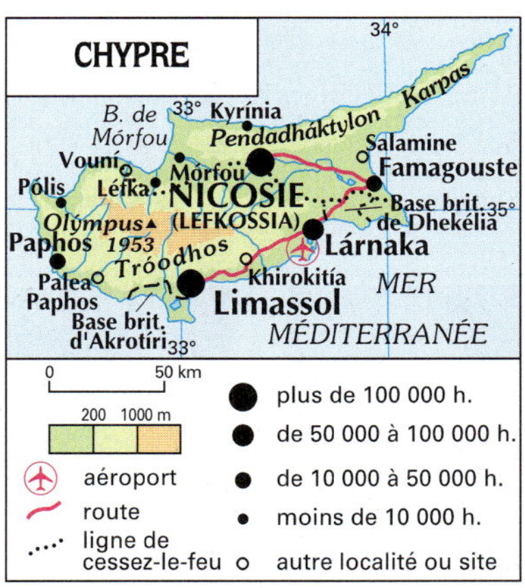

CIA (Central Intelligence Agency), service d'espionnage et de contre-espionnage des États-Unis. Créée en 1946 par le président Truman, institutionnalisée en 1947, elle est placée sous l'autorité du président des États-Unis. Elle dispose d'unités militaires spéciales, les *bérets verts.*

CIAMPI (Carlo Azeglio), *Livourne 1920,* homme politique italien. Gouverneur de la Banque d'Italie (1979 - 1993), président du Conseil (1993 - 1994) puis ministre du Trésor et du Budget (1996 - 1999), il est président de la République depuis 1999.

CIANO (Galeazzo), comte **de Cortellazzo,** *Livourne 1903 - Vérone 1944,* homme politique italien. Gendre de Mussolini, ministre des Affaires étrangères (1936), puis ambassadeur auprès du Saint-Siège (1943), il s'opposa à la poursuite de la guerre et fut exécuté sur l'ordre du Parti fasciste.

CIBOURE (64500), comm. des Pyrénées-Atlantiques ; 6 447 hab. Station balnéaire. Pêche. – Église des XVIe et XVIIe s.

CICÉRON, en lat. **Marcus Tullius Cicero,** *Arpinum 106 - Formies 43 av. J.-C.,* homme politique et orateur romain. Issu d'une famille plébéienne entrée dans l'ordre équestre, avocat, il débute dans la carrière politique en attaquant Sulla à travers un de ses affranchis *(Pro Roscio Amerino),* puis en défendant les Siciliens contre les exactions de leur gouverneur Verrès *(les Verrines).* Consul (63), il déjoue la conjuration de Catilina et fait exécuter ses complices *(Catilinaires).* Il embrasse le parti de Pompée, mais, après Pharsale (48 av. J.-C.), se rallie à César. À la mort de ce dernier, il attaque vivement Antoine et lui oppose Octavien. Proscrit par le second triumvirat, il est assassiné. S'il fut un politique médiocre, Cicéron a porté l'éloquence latine à son apogée : ses plaidoyers et ses discours ont servi de modèle à toute la rhétorique latine *(De oratore).* Il est l'auteur de traités *(De finibus, De officiis)* qui ont intégré la philosophie grecque à la littérature latine. On a conservé une grande part de sa correspondance *(Lettres à Atticus).*

■ SIR WINSTON **CHURCHILL** en 1951.

■ **CICÉRON.** (Offices, Florence.)

Cid (le), tragi-comédie de P. Corneille (1637), inspirée des *Enfances du Cid* de Guillén de Castro. Rodrigue (le Cid) est obligé, pour venger l'honneur de son propre père, de tuer le père de Chimène, sa fiancée. Celle-ci poursuit le meurtrier, sans cesser pour cela de l'aimer, l'accomplissement du devoir exacerbant l'amour que ces deux âmes généreuses éprouvent l'une pour l'autre. Accueilli avec enthousiasme par le public, *le Cid* fut critiqué par l'Académie sous prétexte que les règles de la tragédie n'y étaient pas observées (→ **Cid Campeador**).

CIDAMBARAM, v. d'Inde (Tamil Nadu) ; 67 949 hab. Important centre de pèlerinage shi-

■ **CIDAMBARAM.** Gopura nord et bassin du grand temple de Shiva, Xe-XVIIe s.

vaïte. Nombreux temples, dont le grand temple de Shiva (xe-xviie s.).

CID CAMPEADOR (Rodrigo **Díaz de Vivar,** dit **le**), *Vivar v. 1043 - Valence 1099,* chevalier espagnol. Banni par le roi Alphonse VI de Castille (1081), il se mit au service de l'émir de Saragosse, puis s'empara de Valence (1095), où il régna jusqu'à sa mort. – Le Cid est le héros d'un grand nombre d'œuvres littéraires (*Poème de mon Cid,* v. 1140 ; *Romancero espagnol,* 1612 ; *les Enfances du Cid,* de Guillén de Castro, 1618 ; *le *Cid,* de Corneille).

CIÉNAGA, v. de Colombie, sur la mer des Antilles ; 120 253 hab. Port.

CIENFUEGOS, v. de Cuba, sur la côte méridionale ; 136 000 hab.

CILAOS (97413), comm. de la Réunion, dans le *cirque de Cilaos ;* 6 164 hab.

CILICIE, région du sud de la Turquie d'Asie ; v. princ. *Adana* et *Tarsus.*

CIMA (Giovanni Battista), *Conegliano, prov. de Trévise, v. 1459 - id. 1517/1518,* peintre italien. Influencé, à Venise, par Giovanni Bellini, il a donné d'harmonieuses compositions religieuses sur fonds de paysages.

CIMABUE (Cenni **di Pepo,** dit), peintre italien mentionné à Rome en 1272, à Pise en 1301. Il est réputé avoir été le maître de Giotto et avoir, le premier, affranchi son art des conventions byzantines. On lui attribue notamment, à Florence, le *Crucifix* de S. Croce et la *Maestà* (Vierge en majesté) de S. Trinità (Offices), et, à Assise, d'importantes fresques.

CIMAROSA (Domenico), *Aversa 1749 - Venise 1801,* compositeur italien, auteur d'opéras (*le Mariage secret,* 1792), de sonates et de symphonies.

CIMBRES, anc. peuple germanique qui, avec les Teutons, envahit la Gaule au iie s. av. J.-C. Ils furent vaincus par Marius à Verceil (101 av. J.-C.).

CIMMÉRIENS, anc. peuple nomade d'origine thrace, qui envahit l'Asie Mineure au viie s. av. J.-C.

CIMON, *v. 510 - 450 av. J.-C.,* stratège athénien. Fils de Miltiade, il consolida la ligue de Délos et combattit les Perses (victoire de l'Eurymédon, 468 av. J.-C.).

CINCINNATI, v. des États-Unis (Ohio), sur l'Ohio ; 364 040 hab. (1 452 645 hab. dans l'agglomération). Centre industriel. – Musées.

CINCINNATUS (Lucius Quinctius), *né v. 519 av. J.-C.,* homme politique romain. Consul en 460 av. J.-C., il fut deux fois dictateur (458 et 439), mais retourna finalement au travail de la terre. L'austérité de ses mœurs était réputée.

Cinecittà, complexe cinématographique situé au S.-E. de Rome. Édifié en 1936 - 1937, il comprend des studios et des laboratoires.

Cinémathèque française, association fondée pour la sauvegarde, la conservation et la promotion du répertoire cinématographique. Elle fut créée à Paris en 1936 par H. Langlois, G. Franju et P. A. Harlé.

CINEY, v. de Belgique (prov. de Namur) ; 13 930 hab. *(Cinaciens).* Anc. cap. du Condroz. – Église des xiie-xiiie et xviie s.

CINGRIA (Charles-Albert), *Genève 1883-id. 1954,* écrivain suisse de langue française. Cosmopolite et vagabond, il tire d'anecdotes minuscules ou de trouvailles érudites des chroniques d'une poésie imprévisible (*Bois sec, bois vert,* 1948).

CINNA (Cneius Cornelius), homme politique romain. Arrière-petit-fils de Pompée, il fut traité avec clémence par Auguste, contre lequel il avait conspiré et qui le nomma consul en 5 apr. J.-C. – Son histoire a inspiré une tragédie à P. Corneille (*Cinna ou la Clémence d'Auguste,* 1642).

CINNA (Lucius Cornelius), *m. à Ancône en 84 av. J.-C.,* général romain. Chef du parti populaire après la mort de Marius, il tyrannisa l'Italie (86 - 84 av. J.-C.).

CINO DA PISTOIA, *Pistoia 1270 - v. 1337,* poète et jurisconsulte italien. Ami de Dante, il est l'auteur de poèmes d'inspiration amoureuse et de textes juridiques *(Lectura in codicem).*

Cinq (groupe des), cénacle de musiciens russes. Créé en 1857 par Balakirev, il regroupe jusqu'en 1872 env. Cui et Moussorgski, rejoints plus tard par Rimski-Korsakov puis Borodine. Partageant l'idéal d'une musique fondée sur le folklore de leurs pays, ces artistes furent à l'origine du renouveau de l'école russe.

Cinq-Cents (Conseil des), assemblée qui, sous le Directoire (1795 - 1799), constituait, avec le Conseil des Anciens, le corps législatif. Composé de cinq cents députés élus au suffrage censitaire à deux degrés, il élaborait les lois, ensuite soumises à l'approbation du Conseil des Anciens.

CINQ-MARS [sɛ̃mar] (Henri **Coeffier de Ruzé,** marquis **de**), *1620-Lyon 1642,* favori de Louis XIII. Grand écuyer de France, il mourut sur l'échafaud, avec de Thou, pour avoir conspiré contre Richelieu.

CINQ NATIONS (les), nom donné à la confédération que formèrent les Iroquois.

Cinquante-Trois Relais du Tokaido → TOKAIDO.

Cinquième (La), chaîne publique de télévision française à vocation éducative et populaire. Constituée en 1994, elle est diffusée depuis 1995 par voie hertzienne, sur un canal qu'elle partage avec Arte. En 2000, elle a été intégrée dans France Télévision, enseigne commune aux chaînes de télévision du service public français.

CINTEGABELLE (31550), ch.-l. de cant. de la Haute-Garonne, sur l'Ariège ; 2 384 hab. *(Cintegabellois).* Église abritant un intéressant mobilier.

CINTO [tʃinto] (monte), point culminant de la Corse (Haute-Corse) ; 2 710 m.

CIO → AFL-CIO.

CIO, sigle de Comité international *olympique.

Ciompi, les artisans pauvres, à Florence, au xive s. Privés de tout droit politique, ils déclenchèrent la *révolte des Ciompi* (1378 - 1382).

CIORAN (Émile Michel), *Răşinari 1911 - Paris 1995,* essayiste et moraliste français d'origine roumaine. Il a développé une philosophie pessimiste sous forme d'aphorismes (*Précis de décomposition,* 1949 ; *Aveux et Anathèmes,* 1987).

CIOTAT (La) [13600], ch.-l. de cant. des Bouches-du-Rhône ; 31 923 hab. *(Ciotadens).* Station balnéaire.

CIPRIANI (Amilcare), *Anzio 1844 - Paris 1918,* homme politique italien. Lieutenant de Garibaldi, il prit part à la fondation de la Ire Internationale (1864) et fut l'un des chefs de la Commune de Paris (1871).

CIRCASSIE, anc. nom de la contrée située sur le versant nord du Caucase.

CIRCÉ MYTH. GR. Personnage de *l'Odyssée.* Magicienne, elle métamorphosa les compagnons d'Ulysse en pourceaux.

CIREBON ou **TJIREBON,** v. d'Indonésie, sur la côte nord de Java ; 254 000 hab. Port.

CIRTA, anc. cap. de la Numidie, auj. *Constantine.*

CISALPINE (Gaule), nom que les Romains donnaient à la partie septentrionale de l'Italie, qui, pour eux, était située en deçà des Alpes.

CISALPINE (république), État formé en Italie du Nord par Bonaparte (1797), et constitué en royaume d'Italie en 1805.

CISJORDANIE, région de Palestine, à l'O. du Jourdain. (V. carte **Jordanie.**)

HISTOIRE

1949 : la Cisjordanie est annexée par le royaume hachémite de Jordanie. **Depuis 1967** (guerre des Six-Jours) : elle est occupée et administrée militairement, sous le nom de Judée-Samarie, par Israël qui y favorise l'implantation de colonies juives. **Depuis 1987 :** cette occupation se heurte à un soulèvement populaire palestinien. **1988 :** le roi Husayn rompt les liens légaux et administratifs entre son pays et la Cisjordanie. **1994 :** un statut d'autonomie est instauré dans la zone de Jéricho, conformément à l'accord israélo-palestinien de Washington. **1995 :** un nouvel accord consacre l'extension de l'autonomie aux grandes villes arabes de Cisjordanie (Djenin, Naplouse, Tulkarm, Qalqilya, Ramallah, Bethléem et partiellement Hébron).

CISKEI, ancien bantoustan d'Afrique du Sud.

CISLEITHANIE, partie autrichienne de l'Autriche-Hongrie (1867 - 1918), qui était séparée de la Transleithanie hongroise par la Leitha.

CISNEROS (Francisco **Jiménez de**), *Torrelaguna, Castille, 1436 - Roa 1517,* prélat espagnol. Franciscain, confesseur de la reine Isabelle Ire la Catholique (1492), il devint archevêque de Tolède (1495), cardinal, puis grand inquisiteur de Castille (1507 - 1516). Fondateur de l'université d'Alcalá de Henares, il fit entreprendre la Bible polyglotte et fut favorable à l'humanisme.

CISPADANE (Gaule), nom romain de la partie de la Gaule Cisalpine située au sud du Pô.

CISPADANE (république), république organisée par Bonaparte en 1796 au sud du Pô, unie dès 1797 à la république Cisalpine.

CISSÉ (Souleymane), *Bamako 1940,* cinéaste malien. Inspiré par l'Afrique et ses civilisations, il pose un regard critique sur la société et les formes du pouvoir : *Den Mousso* (la Fille), 1975 ; *Finyé, le Vent,* 1982 ; *Yeelen* (la Lumière), 1987 ; *Waati* (le Temps), 1995.

CITÉ (île de la), île de la Seine, à Paris, qui fut le berceau de la ville. C'est dans la Cité que se trouvent la cathédrale *Notre-Dame et le Palais de Justice. Celui-ci est un développement moderne du siège médiéval de la royauté, dont subsistent la *Conciergerie et la *Sainte-Chapelle.

Cité antique (la), ouvrage historique de Fustel de Coulanges (1864). Il y étudie le gouvernement et l'évolution des cités de la Grèce et de Rome.

CÎTEAUX (abbaye de), monastère (auj. à Saint-Nicolas-lès-Cîteaux en Côte-d'Or) fondé en 1098 par Robert de Molesmes pour y abriter une branche réformée du monachisme bénédictin, l'ordre cistercien. Saint Bernard y fit profession en 1113.

Cité de Dieu (la), ouvrage de saint Augustin (413 - 426). Cette œuvre majeure est une défense des chrétiens que les païens accusaient d'être responsables de la chute de Rome (410). L'auteur y oppose la cité temporelle et la cité mystique, domaine des âmes prédestinées.

Cité de la musique → Villette (parc de la).

Cité des étoiles, nom donné au centre russe de préparation des cosmonautes, à 35 km au N.-E. de Moscou.

Cité des sciences et de l'industrie, établissement public, situé dans la partie nord du parc de la Villette à Paris, ouvert depuis 1986. Elle comprend, notamm., des espaces d'exposition, un planétarium, une médiathèque et une salle de cinéma hémisphérique, la *Géode.*

Cité interdite, palais impérial de Pékin (ou Gugong). Ce domaine réservé de l'empereur et de sa cour, édifié en 1406, a été restauré du xviie au xixe s. Musée.

CITLALTÉPETL n.m. **→ ORIZABA.**

CITROËN (André), *Paris 1878-id. 1935,* ingénieur et industriel français. Fondateur d'une importante entreprise de construction automobile, il introduisit en France la fabrication de voitures en

■ LE CARDINAL DE **CISNEROS** par P. Biguerny. (Rectorat de l'université, Madrid.)

■ LA **CITÉ INTERDITE** (élevée en 1406, restaurée du xviie au xixe s.) à Pékin : vue de la porte centrale d'accès à la cour du palais impérial.

C

■ ANDRÉ **CITROËN** examinant la carte de la traversée du Sahara en autochenilles qu'il organisa en 1922 et qui servit de prélude à la « croisière noire ».

grande série (1919). Il organisa la première traversée de l'Afrique en automobile (« croisière noire », 1924 - 1925) et une traversée de l'Asie centrale (« croisière jaune », 1931 - 1932).

CITY (la), quartier financier du centre de Londres.

CIUDAD BOLÍVAR, v. du Venezuela, sur l'Orénoque ; 225 340 hab. Métallurgie.

CIUDAD DEL ESTE, v. du Paraguay ; 124 000 hab.

CIUDAD GUAYANA, v. du Venezuela, au confluent de l'Orénoque et du Caroní ; 453 047 hab. Centre métallurgique.

CIUDAD JUÁREZ, v. du Mexique, sur la frontière américaine ; 797 679 hab.

CIUDAD OBREGÓN, v. du nord-ouest du Mexique ; 311 078 hab.

CIUDAD REAL, v. d'Espagne (Castille-La Manche), ch.-l. de prov. ; 57 030 hab. Monuments anciens ; musées.

CIUDAD TRUJILLO → SAINT-DOMINGUE.

CIUDAD VICTORIA, v. du nord-est du Mexique ; 207 830 hab.

ÇIVA → SHIVA.

CIVAUX (86320), comm. de la Vienne, sur la Vienne ; 858 hab. Centrale nucléaire. — Nécropole remontant au IVe s.

CIVILIS (Claudius Julius), *Ier s. apr. J.-C.,* chef batave. Il se révolta en 69 contre les Romains ; vaincu, il dut accepter le statut d'allié de Rome (70).

CIVITAVECCHIA, v. d'Italie (Latium), au N. de Rome ; 50 856 hab. Port.

CIVRAY (86400), ch.-l. de cant. de la Vienne ; 2 913 hab. Église romane à façade historiée.

CIXI ou **TS'EU-HI,** *Pékin 1835 - id. 1908,* impératrice de Chine. Elle domina la vie politique de la Chine de 1875 à 1908, confisquant le pouvoir à son profit en opposant modernistes et conservateurs.

CIXOUS (Hélène), *Oran 1937,* femme de lettres française. L'écriture de ses romans *(La)* est une déconstruction de la dominante masculine de la littérature. Elle écrit également pour le théâtre *(l'Histoire terrible mais inachevée de Norodom Sihanouk, roi du Cambodge ; Tambours sur la digue),* collaborant régulièrement avec la troupe d'Ariane Mnouchkine.

CLAIN n.m., riv. de France, dans le Poitou, affl. de la Vienne (r. g.) ; 125 km. Il passe à Poitiers.

CLAIR (René **Chomette,** dit René), *Paris 1898 - id. 1981,* cinéaste français. Il a marqué les années 1920 et 1930 par des films empreints de fantaisie poétique et d'ironie joyeuse *(Entr'acte,* 1924 ; *Un chapeau de paille d'Italie,* 1928 ; *Sous les toits de Paris,* 1930 ; *À nous la liberté,* 1931 ; *Le silence est d'or,* 1947; *les Grandes Manœuvres,* 1955 ; *Porte des Lilas,* 1957). [Acad. fr.]

CLAIRAUT (Alexis), *Paris 1713 - id. 1765,* mathématicien français. Reçu à l'Académie des sciences à 18 ans, il fut envoyé, en 1736, avec Maupertuis en Laponie pour y déterminer la longueur d'un degré de méridien. Il contribua à faire accepter en France la théorie newtonienne de la gravitation. Auteur de travaux de mécanique céleste, il fit progresser la théorie des équations différentielles.

CLAIRE (sainte), *Assise v. 1193 - id. 1253,* fondatrice des clarisses, religieuses de l'ordre de Saint-François d'Assise.

CLAIROIX (60200), comm. de l'Oise ; 2 013 hab. Pneumatiques.

CLAIRON (Claire Josèphe **Leris,** dite Mlle), *Condé-sur-l'Escaut 1723 - Paris 1803,* actrice française, interprète des tragédies de Voltaire.

Clairvaux (abbaye de), restes d'une abbaye (comm. de Ville-sous-la-Ferté, Aube) fondée par l'abbé de Cîteaux en 1115. C'est à partir de ce monastère que saint Bernard, son premier abbé, donna à l'ordre cistercien un essor considérable.

CLAMART (92140), ch.-l. de cant. des Hauts-de-Seine, au S.-O. de Paris ; 49 131 hab. *(Clamartois* ou *Clamariots).* Centre industriel.

CLAMECY (58500), ch.-l. d'arrond. de la Nièvre, sur l'Yonne ; 5 105 hab. *(Clamecycois).* Église des XIIIe-XVIe s. ; musée Romain-Rolland.

CLAPARÈDE (Édouard), *Genève 1873 - id. 1940,* psychologue et pédagogue suisse. Pionnier des études sur l'intelligence s'opposant à l'associationnisme, il a créé en 1912 l'Institut J.-J. Rousseau, destiné aux recherches en psychologie de l'enfant *(Psychologie de l'enfant et pédagogie expérimentale,* 1909).

CLAPEYRON (Émile), *Paris 1799 - id. 1864,* physicien français. Un des fondateurs de la thermodynamique, il sauva de l'oubli la brochure de Carnot sur la « puissance motrice du feu ».

CLAPPERTON (Hugh), *Annan, comté de Dumfries, Écosse, 1788 - près de Sokoto, Nigeria, 1827,* voyageur britannique. Il fut le premier Européen à atteindre le lac Tchad (1823) et visita le nord de l'actuel Nigeria.

CLAPTON (Eric), *Ripley 1945,* guitariste et chanteur britannique de pop. Également compositeur, il est fortement influencé par la tradition du blues noir américain. Il a contribué à l'émergence du blues rock anglais avec le groupe The Yardbirds.

CLARENCE (George, duc **de**), *Dublin 1449 - Londres 1478,* seigneur anglais. Il complota contre son frère Édouard IV et fut exécuté.

Clarendon (Constitutions de) [1164], statuts des rapports de l'Église et de l'État que le roi d'Angleterre Henri II présenta à Clarendon Park (Wiltshire). Visant à replacer l'Église anglaise sous le contrôle monarchique, ces statuts furent violemment dénoncés par *Thomas Beckett.

CLARENDON (Edward **Hyde,** comte **de**), *Dinton 1609 - Rouen 1674,* homme d'État anglais. Partisan de Charles Ier lors de la première révolution d'Angleterre (1642 - 1649), il fut, de 1660 à 1667, Premier ministre de Charles II.

CLARENS [klarɑ̃], quartier de la comm. de Montreux (Suisse), sur le lac Léman. Il est célèbre par le séjour qu'y fit J.-J. Rousseau.

CLARÍN (Leopoldo **Alas y Ureña,** dit), *Zamora 1852 - Oviedo 1901,* écrivain et critique espagnol. Son œuvre narrative allie la peinture satirique et grotesque de la société asturienne à une exploration de l'intériorité humaine *(la Régente,* 1885).

CLARK (lord Kenneth), *Londres 1903 - id. 1983,* historien d'art britannique *(Léonard de Vinci,* 1939 ; *Piero della Francesca,* 1951 ; *le Nu,* 1955 ; série télévisée *Civilisation,* 1969 - 1970).

CLARK (Mark Wayne), *Madison Barracks 1896 - Charleston 1984,* général américain. Il se distingua en Tunisie et en Italie (1943 - 1945), puis en Corée (1952 - 1953), en tant que commandant en chef des forces des Nations unies et des forces américaines d'Extrême-Orient.

CLARKE (Henri), comte **d'Hunebourg,** duc **de Feltre,** *Landrecies 1765 - Neuwiller 1818,* maréchal de France. Ministre de la Guerre de Napoléon Ier (1807 - 1814), il se rallia à Louis XVIII pendant les Cent-Jours.

CLARKE (Kenneth **Spearman,** dit Kenny), *Pittsburgh 1914 - Montreuil-sous-Bois 1985,* batteur américain de jazz. Il fit partie des inventeurs du bop et participa à la création du Modern Jazz Quartet (1952).

CLARKE (Samuel), *Norwich 1675 - Leicestershire 1729,* philosophe et théologien anglais. Il s'est attaché à réfuter l'athéisme et a été un disciple de Newton, dont il a défendu les thèses relatives à l'espace et au temps dans une correspondance avec Leibniz (1715 - 1716).

CLAROS, v. de Lydie. Elle abritait l'un des plus anciens sanctuaires d'Apollon ; ruines importantes.

CLAUDE (saint), évêque de Besançon au VIIe s.

CLAUDE Ier, en lat. **Tiberius Claudius Caesar Augustus Germanicus,** *Lyon 10 av. J.-C. - Rome 54 apr. J.-C.,* empereur romain (41 - 54). Il eut pour femmes Messaline, puis Agrippine. Il développa l'administration centrale et s'illustra dans la conquête de la Bretagne (l'actuelle Grande-Bretagne) [43]. Cultivé, mais faible, il se laissa dominer par Agrippine, qui l'empoisonna. — **Claude II le Gothique,** *v. 214 - Sirmium 270,* empereur romain (268 - 270). Il combattit les Alamans et les Goths.

CLAUDE (Georges), *Paris 1870 - Saint-Cloud 1960,* physicien et industriel français. Il est l'auteur de nombreuses inventions, aux conséquences pratiques très importantes : procédé de liquéfaction de l'air (1902), tubes luminescents au néon (1910), etc. ; il fit aussi des recherches sur l'énergie thermique des mers (1926).

CLAUDE (Jean), *La Sauvetat-du-Dropt 1619 - La Haye 1687,* pasteur protestant français. Il eut de vives polémiques avec Bossuet et émigra lors de la révocation de l'édit de Nantes.

CLAUDE DE FRANCE, *Romorantin 1499 - Blois 1524,* reine de France. Fille de Louis XII et d'Anne de Bretagne, elle fut la première femme de François Ier, lui apportant notamment en dot le duché de Bretagne.

CLAUDEL (Paul), *Villeneuve-sur-Fère 1868 - Paris 1955,* écrivain et diplomate français. Poète *(Connaissance de l'Est,* 1895 - 1905 ; *Cinq Grandes Odes,* 1900 - 1908), il montra dans ses drames que les aspirations contradictoires de l'homme, le conflit entre la chair et l'esprit ne peuvent être résolus que dans un dépassement de soi-même et la reconnaissance de l'amour sauveur de Dieu *(Tête d'or,* 1890 ; *Partage de midi,* 1905 ; *l'Annonce faite à Marie,* 1912 ; *le Soulier de satin,* 1943). [Acad. fr.] — **Camille C.,** *Fère-en-Tardenois 1864 - Montfavet, comm. d'Avignon, 1943,* sculpteur française. Sœur de P. Claudel, elle fut une artiste de talent, collaboratrice et maîtresse de Rodin d'environ 1883 à 1898. Elle fut internée en 1913 dans un asile.

CLAUDIEN, *Alexandrie, Égypte, v. 370 - Rome v. 404,* poète latin, un des derniers représentants de la poésie latine.

CLAUDIUS CAECUS (Appius), *IVe - IIIe s. av. J.-C.,* homme politique romain. Deux fois consul (307 et 296 av. J.-C.), dictateur et censeur, il fit construire la via Appia et le premier aqueduc pour Rome.

CLAUDIUS MARCELLUS (Marcus) **→ MARCELLUS** (Marcus Claudius).

CLAUS (Hugo), *Bruges 1929,* écrivain belge de langue néerlandaise. Les traditions réaliste et expressionniste s'unissent dans ses poèmes *(Monsieur Sanglier),* ses romans *(le Chagrin des Belges)* et ses drames *(Sucre).*

CLAUSEL ou **CLAUZEL** (Bertrand, comte), *Mirepoix 1772 - Secourrieu, Haute-Garonne, 1842,* maréchal de France. Commandant l'armée d'Afrique, il devint en 1835 gouverneur de l'Algérie. Ses troupes échouèrent devant Constantine (1836).

CLAUSEWITZ (Carl **von**), *Burg 1780 - Breslau 1831,* général et théoricien militaire prussien. Après avoir lutté contre Napoléon, il devint en 1818 directeur de l'École générale de guerre de Berlin. Son traité *De la *guerre* eut une grande influence sur la doctrine de l'état-major allemand, puis sur la conception marxiste de la guerre (Engels, Lénine). Il y souligne le caractère intrinsèquement violent de la guerre et la subordination totale de celle-ci à la politique, dont elle ne constitue qu'un moyen d'action particulier.

CLAUSIUS (Rudolf), *Köslin, Poméranie, 1822 - Bonn 1888,* physicien allemand. Il introduisit l'entropie en thermodynamique (1850) et développa la théorie cinétique des gaz.

CLAY (Henry), *Hanover County, Virginie, 1777 - Washington 1852,* homme politique américain. Il fut président du Congrès (1811 - 1821) et l'un des partisans du protectionnisme.

CLAYE-SOUILLY (77410), ch.-l. de cant. de Seine-et-Marne ; 10 391 hab. *(Clayois).* Industrie automobile.

CLAYES-SOUS-BOIS (Les) [78340], comm. des Yvelines, près de Versailles ; 17 182 hab. *(Clétiens).*

CLAYETTE [klɛt] **(La)** [71800], ch.-l. de cant. de Saône-et-Loire ; 2 188 hab. *(Clayettois).* Agroalimentaire. — Château des XIVe-XIXe s.

CLÉGUÉREC (56480), ch.-l. de cant. du Morbihan ; 2 835 hab. *(Cléguérecois).*

■ PAUL **CLAUDEL**

■ GEORGES **CLEMENCEAU** en 1917.

■ **CLÉOPÂTRE VII.** (British Museum, Londres.)

■ BILL **CLINTON**

CLEMENCEAU (Georges), *Mouilleron-en-Pareds 1841 - Paris 1929,* homme politique français. Député à partir de 1876, chef de la gauche radicale, d'une éloquence passionnée, il combat la politique coloniale de Jules Ferry. Compromis un moment dans le scandale de Panamá, il publie dans *l'Aurore* le « J'accuse » de Zola en faveur de Dreyfus (1898). Ministre de l'Intérieur puis président du Conseil (1906 - 1909), il crée le ministère du Travail mais réprime violemment les grèves et rompt avec les socialistes. De nouveau au pouvoir en 1917, il se consacre à la poursuite de la guerre et se rend populaire *(le Tigre).* Il négocie le traité de Versailles (1919), mais est battu aux élections présidentielles de 1920. (Acad. fr.)

CLÉMENT Ier (saint), *m. en 97,* pape de 88 à 97. Auteur d'une importante lettre à l'Église de Corinthe. — **Clément IV** (Gui **Foulques**), *Saint-Gilles, Gard, fin du XIIe s. - Viterbe 1268,* pape de 1265 à 1268. Il soutint Charles d'Anjou en Sicile, contre Manfred et Conradin. — **Clément V** (Bertrand **de Got**), *Villandraut ?-Roquemaure 1314,* pape d'Avignon (1305 - 1314). Ancien archevêque de Bordeaux, c'est lui qui transporta le Saint-Siège à Avignon. Il abolit l'ordre des Templiers au concile de Vienne (1311 - 1312). — **Clément VI** (Pierre **Roger**), *Maumont 1291 - Avignon 1352,* pape d'Avignon (1342 - 1352). Il fit de sa résidence à Avignon un palais magnifique et protégea les arts. — **Clément VII** (Robert **de Genève**), *Genève 1342 - Avignon 1394,* pape d'Avignon (1378 - 1394). Son élection par les cardinaux qui avaient cessé de reconnaître Urbain VI ouvrit le Grand Schisme. — **Clément VII** (Jules **de Médicis**), *Florence 1478 - Rome 1534,* pape de 1523 à 1534. Célèbre pour ses démêlés avec Charles Quint, il fut fait prisonnier dans Rome par les troupes impériales (sac de Rome, 1527) et refusa d'autoriser le divorce d'Henri VIII, ce qui amena le schisme anglican. — **Clément XI** (Giovanni Francesco **Albani**), *Urbino 1649 - Rome 1721,* pape de 1700 à 1721. Il publia la bulle *Unigenitus* contre les jansénistes (1713). — **Clément XIV** (Giovanni Vincenzo **Ganganelli**), *Sant'Arcangelo di Romagna 1705 - Rome 1774,* pape de 1769 à 1774. Il supprima la Compagnie de Jésus.

CLÉMENT (Jacques), *Serbonnes v. 1567 - Saint-Cloud 1589,* dominicain français. Ligueur fanatique, il assassina Henri III.

CLÉMENT (René), *Bordeaux 1913 - Monte-Carlo 1996,* cinéaste français. Un style rigoureux et un réalisme souvent pessimiste caractérisent ses films (*la Bataille du rail,* 1946 ; *Jeux interdits,* 1952 ; *Monsieur Ripois,* 1954 ; *le Passager de la pluie,* 1969).

CLÉMENT d'Alexandrie, *Athènes v. 150 - entre 211 et 216,* Père de l'Église grecque. Il fut le premier philosophe chrétien à considérer la pensée antique comme une préparation à l'Évangile (« Platon éclairé par l'Écriture »).

CLEMENTI (Muzio), *Rome 1752 - Evesham, Angleterre, 1832,* compositeur italien. Également pianiste, chef d'orchestre et facteur de pianos, il fut l'un des maîtres de l'école moderne du piano et écrivit des sonates et des symphonies.

CLÉOMÈNE III, *m. à Alexandrie en 219 av. J.-C.,* roi de Sparte (235 - 222 av. J.-C.). Il essaya de restaurer la puissance spartiate, mais fut vaincu par la coalition de la ligue Achéenne et de la Macédoine.

CLÉON (76410), comm. de la Seine-Maritime, sur la Seine ; 6 096 hab. Industrie automobile.

CLÉOPÂTRE, nom de sept reines d'Égypte. — **Cléopâtre VII,** *Alexandrie 69 - id. 30 av. J.-C.,* reine d'Égypte (51 - 30 av. J.-C.). Aimée de César, puis d'Antoine, elle régna sur la Méditerranée orientale. Vaincus par Octavien à Actium (31 av. J.-C.), Antoine et Cléopâtre s'enfuirent en Égypte, où ils se suicidèrent (elle se serait fait mordre par une vipère). Avec Cléopâtre finirent la dynastie des Lagides et l'indépendance de l'Égypte hellénistique.

CLÉRAMBAULT (Louis Nicolas), *Paris 1676 - id. 1749,* compositeur et organiste français. Auteur de pièces d'orgue et de clavecin, il fut l'un des maîtres de la cantate.

CLÈRES (76690), ch.-l. de cant. de la Seine-Maritime ; 1 284 hab. *(Clérois).* Parc zoologique.

CLERMONT (60600), ch.-l. d'arrond. de l'Oise ; 9 923 hab. *(Clermontois).* Chimie. — Hôtel de ville du XIVe s. ; œuvres d'art dans l'église.

CLERMONT (Robert, comte **de**), *1256 - Vincennes 1318,* prince français, sixième fils de Saint Louis, fondateur de la troisième maison de Bourbon par son mariage avec Béatrice de Bourbon.

CLERMONT-FERRAND, ch.-l. de la Région Auvergne et du dép. du Puy-de-Dôme, à 401 m d'alt., à 388 km au S. de Paris ; 141 004 hab. *(Clermontois)* [plus de 250 000 hab. dans l'agglomération]. Académie et université. Évêché. Centre français de l'industrie des pneumatiques. Armement. — Cathédrale gothique achevée par Viollet-le-Duc ; église romane N.-D.-du-Port (XIIe s.) ; hôtels gothiques et Renaissance. Musées. — Festival international du court-métrage. — En 1095, le pape Urbain II présida à Clermont le concile où fut décidée la 1re croisade. La ville passa au domaine royal en 1551 et fut réunie en 1630 à Montferrand.

■ **CLERMONT-FERRAND.** L'église Notre-Dame-du-Port, XIIe s.

CLERMONT-L'HÉRAULT (34800), ch.-l. de cant. de l'Hérault ; 6 653 hab. *(Clermontais).* Église gothique fortifiée.

CLERMONT-TONNERRE, famille comtale française dont plusieurs membres s'illustrèrent dans l'armée, l'Église et la politique. — **Stanislas Marie Adélaïde de C.-T.,** *Hamonville, Meurthe-et-Moselle, 1757 - Paris 1792,* homme politique français. Député de la noblesse aux États généraux, il se prononça pour l'abolition des privilèges (nuit du 4 août). Rallié aux monarchiens, il fut assassiné le 10 août 1792 par des émeutiers.

CLERVAUX, v. du nord du Luxembourg, ch.-l. de cant. ; 1 400 hab. Château féodal très restauré.

CLÉRY-SAINT-ANDRÉ (45370), ch.-l. de cant. du Loiret, près de la Loire ; 2 789 hab. Basilique Notre-Dame, reconstruite par Louis XI, qui s'y est fait enterrer.

CLEVELAND, v. des États-Unis (Ohio), sur le lac Érié ; 505 616 hab. (1 831 122 hab. dans l'agglomération). Centre industriel. — Musée d'art. Musée du rock and roll.

CLEVELAND (Stephen Grover), *Caldwell, New Jersey, 1837 - Princeton 1908,* homme politique américain. Président démocrate des États-Unis (1885 - 1889 ; 1893 - 1897), il s'opposa au protectionnisme et au pouvoir des partis politiques.

CLÈVES, en all. **Kleve,** v. d'Allemagne (Rhénanie-du-Nord-Westphalie) ; 47 869 hab. Capitale d'un ancien duché.

CLICHY (92110), ch.-l. de cant. des Hauts-de-Seine, au N.-O. de Paris ; 50 420 hab. *(Clichois).* Hôpital Beaujon. Centre industriel. — Musée.

CLICHY-SOUS-BOIS (93390), comm. de la Seine-Saint-Denis, au N.-E. de Paris ; 28 379 hab. *(Clichois).* Mairie dans un château des XVIIe-XIXe s.

CLICQUOT, famille française de facteurs d'orgues (XVIIe-XVIIIe s.), originaire de Reims.

CLINTON (William Jefferson, dit Bill), *Hope, Arkansas, 1946,* homme politique américain. Démocrate, gouverneur de l'Arkansas (1979 - 1981 et 1983 - 1992), il devient président des États-Unis en 1993. Développant une diplomatie active (Moyen-Orient, Bosnie), et bénéficiant d'une conjoncture économique favorable, il est réélu en 1996. Un moment déstabilisé par l'affaire Monica Lewinsky (soumis à une procédure d'impeachment en 1998, il est acquitté par le Sénat en 1999), il retrouve ensuite une popularité certaine, dans un contexte de croissance, jusqu'à la fin de son second mandat (2001).

CLIO MYTH. GR. Muse de la Poésie épique et de l'Histoire.

CLIPPERTON, îlot français inhabité du Pacifique à 1 300 km du Mexique ; 5 km². Il appartient à la France depuis 1931.

CLISSON (44190), ch.-l. de cant. de la Loire-Atlantique ; 6 102 hab. *(Clissonnais).* Ruines d'un château fort des XIIIe-XVIe s. ; parc romantique de la Garenne-Lemot (début XIXe s.).

CLISSON (Olivier, sire **de**), *Clisson 1336 - Josselin 1407,* connétable de France. Il lutta contre les Anglais aux côtés de Du Guesclin, devint connétable (1380) et fut très influent auprès de Charles VI, au début de son règne.

CLISTHÈNE, *seconde moitié du VIe s. av. J.-C.,* homme d'État athénien. Il démocratisa les institutions d'Athènes, après avoir mis en place de nouvelles divisions territoriales de façon à renforcer, par le brassage des citoyens, l'unité de la cité.

CLIVE (Robert), baron **Clive of Plassey,** *Styche 1725 - Londres 1774,* général et administrateur britannique. Gouverneur du Bengale (1765), il fonda la puissance britannique dans l'Inde. Accusé de concussion, il se tua.

CLODION (Claude **Michel**, dit), *Nancy 1738 - Paris 1814,* sculpteur français. Élève de son oncle L. S. Adam, il connut le succès avec ses gracieuses terres cuites de bacchantes ou de faunesses.

CLODION le Chevelu → **CHLODION.**

CLODIUS (Publius Appius), *v. 93 - 52 av. J.-C.,* agitateur romain. Tribun de la plèbe (58 av. J.-C.), célèbre par ses violences, il fit bannir Cicéron et fut tué par Milon.

CLODOMIR, *v. 495 - Vézeronce, Isère, 524,* roi d'Orléans (511 - 524), de la dynastie mérovingienne. Fils de Clovis et de Clotilde, il fut tué en combattant les Burgondes.

CLOOTS [klots] (Jean-Baptiste **du Val de Grâce,** baron **de**), surnommé Anacharsis **Cloots,** *Gnadenthal 1755 - Paris 1794,* homme politique français, d'origine prussienne. Député à la Convention (1792), partisan de la déchristianisation, il fut guillotiné avec les hébertistes.

CLOSTERMANN (Pierre), *Curitiba, Brésil, 1921,* aviateur français. Premier as français de la Seconde Guerre mondiale (33 victoires homologuées), plusieurs fois député de 1946 à 1969, il est l'auteur du *Grand Cirque* (1948).

Clos-Vougeot, vignoble de la Bourgogne, dans la côte de Nuits (Côte-d'Or). Vins rouges.

CLOTAIRE Ier, *v. 497 - 561,* roi franc (511 - 561), de la dynastie mérovingienne. Fils de Clovis, il fit périr, avec Childebert Ier, les fils de leur frère Clodomir. — **Clotaire II,** *584 - 629,* roi de Neustrie (584 - 629), de la dynastie mérovingienne. Fils de

Chilpéric Ier et de Frédégonde, il devint le seul maître du royaume franc en 613. Il fit périr Brunehaut. — **Clotaire III,** *m. en 673,* roi de Neustrie (657 - 673), de la dynastie mérovingienne, fils de Clovis II. — **Clotaire IV,** *m. en 719,* roi d'Austrasie (718 - 719), de la dynastie mérovingienne. Il fut imposé par Charles Martel, qui l'opposa à Chilpéric II.

CLOTILDE (sainte), *v. 475 - Tours 545,* reine des Francs. Fille de Chilpéric, roi des Burgondes, et femme de Clovis Ier, elle contribua à la conversion de son mari au catholicisme.

CLOUD [klu] ou **CLODOALD** (saint), *v. 522 - Novigentum, auj. Saint-Cloud, v. 560,* prince mérovingien. Fils de Clodomir, il échappa au massacre de sa famille par ses oncles Childebert et Clotaire et fonda près de Paris le monastère qui prit son nom.

CLOUET (Jean), *v. 1485 ? - Paris 1540/1541,* peintre et dessinateur français d'origine flamande. Artiste de cour, au service de François Ier à partir de 1516, il est l'auteur de portraits précis et véridiques, soit peints, soit dessinés aux deux ou trois crayons (pierre noire, sanguine, craie). — **François C.,** *Tours v. 1510/1515 - Paris 1572,* peintre français, fils de Jean. Continuateur de son père, avec un métier plus complexe, il travailla pour François Ier et pour ses successeurs. Quelques scènes de genre ou tableaux mythologiques (*Diane au bain,* Rouen) montrent ses affinités avec l'école de Fontainebleau.

C

CLOUZOT (Henri Georges), *Niort 1907 - Paris 1977,* cinéaste français. Maître du suspense et des atmosphères troubles, il a réalisé *L'assassin habite au 21* (1942), *le Corbeau* (1943), *Quai des Orfèvres* (1947), *le Salaire de la peur* (1953), *les Diaboliques* (1955), *la Vérité* (1960), *la Prisonnière* (1968).

CLOVIS, site des États-Unis (Nouveau-Mexique). Il est éponyme d'une culture préhistorique qui s'est développée il y a environ 12 000 à 10 000 ans et qui est caractérisée par des pointes de projectile à cannelures, finement retouchées.

CLOVIS Ier, *v. 465 - Paris 511,* roi des Francs (481/482 - 511), mérovingien. Il devient roi des Francs Saliens de Tournai à la mort de son père Childéric Ier (481 ou 482), vainc Syagrius (Soissons, 486), les Alamans (v. 495 et/ou 505 - 506), les Burgondes (500) et les Wisigoths (Vouillé, 507). Fondateur de la monarchie franque et seul roi de toute la Gaule, il reçoit de l'empereur d'Orient le titre de *patrice,* protège le catholicisme et réunit un concile à Orléans en 511. Il avait reçu le baptême des mains de saint Remi à Reims (v. 498), devenant le premier roi barbare chrétien. Après sa mort, son royaume est partagé entre ses quatre fils. — **Clovis II,** *635-657,* roi de Neustrie et de Bourgogne (639 - 657), mérovingien. Fils de Dagobert Ier, il épousa Bathilde. — **Clovis III,** *m. v. 676,* roi des Francs (675), mérovingien. — **Clovis IV,** *v. 681 - 695,* roi des Francs (v. 691 - 695), mérovingien. Sous son règne, le vrai maître du royaume fut Pépin de Herstal.

CLOYES-SUR-LE-LOIR (28220), ch.-l. de cant. d'Eure-et-Loir ; 2 685 hab. *(Cloysiens).* Église et chapelle romanes.

Club de Paris, groupe informel de pays réunissant les créanciers publics des pays en développement. Il a été constitué en 1956 pour rééchelonner la dette des pays en développement lorsque celle-ci est susceptible d'une renégociation.

Club de Rome, groupe rassemblant des économistes et des scientifiques préoccupés par les problèmes de l'avenir de l'humanité. La première rencontre eut lieu à Rome en 1968.

Club Méditerranée, société française de tourisme et de loisirs. Créée en 1950, elle gère des villages de vacances dans de nombreux pays.

CLUJ-NAPOCA, anc. **Cluj,** en hongr. **Kolozsvár,** v. de Roumanie, en Transylvanie ; 328 008 hab. Centre industriel et universitaire. — Monuments gothiques et baroques. Musées.

CLUNY (71250), ch.-l. de cant. de Saône-et-Loire ; 4 866 hab. *(Clunysois).* École d'arts et métiers. — L'abbatiale romane entreprise en 1088 (« Cluny III »), le plus vaste monument de l'Occident médiéval, a été presque entièrement démolie au début du XIXe s. ; bâtiments divers du XIIIe au XVIIIe s. ; musée Ochier.

Cluny (abbaye de), abbaye fondée par des moines bénédictins sur une terre donnée en 910 par Guillaume, duc d'Aquitaine. Elle devint très tôt, sous la conduite de ses premiers abbés (Odon, Odilon, Hugues, Pierre le Vénérable), le centre d'un mouvement monastique, de spiritualité, de culture et d'art, dont l'influence s'étendit à toute la chrétienté. À son apogée, au début du XIIe s., l'ordre clunisien comptait plus de 1 000 monastères en France et en Europe.

Cluny (hôtel et musée de), à Paris, hôtel du XVe s. situé rue du Sommerard (Ve arrond.). Ils communiquent avec les importants restes de thermes gallo-romains. L'ensemble abrite le musée national du Moyen Âge, prolongement du Louvre.

CLUSAZ [-za] **(La)** [74220], comm. de la Haute-Savoie, dans le massif des Aravis ; 2 056 hab. Station de sports d'hiver (alt. 1 100 - 2 600 m).

CLUSES (74300), ch.-l. de cant. de la Haute-Savoie, sur l'Arve ; 18 126 hab. *(Clusiens).* École d'horlogerie. Équipement électrique.

CLYDE n.f., fl. de Grande-Bretagne, en Écosse, qui se jette dans la mer d'Irlande ; 170 km. Il passe à Glasgow.

CLYTEMNESTRE MYTH. GR. Fille de Léda et de Tyndare, roi mythique de Sparte, ou de Zeus, selon d'autres versions de la légende. Épouse d'Agamemnon, mère d'Oreste, d'Électre et d'Iphigénie, elle ne put pardonner le sacrifice de celle-ci et tua son mari à son retour de Troie avec la complicité d'Égisthe, son amant. Tous deux furent tués par son fils Oreste.

CNAC ou **CNAC G.-P.,** sigle de *Centre national d'art et de culture Georges-Pompidou.

CNAM, sigle de *Conservatoire national des arts et métiers.

CNC (Centre national de la cinématographie), établissement public français fondé en 1946. Il est chargé d'étudier et de contrôler la réglementation relative à l'industrie cinématographique, de gérer le soutien financier de l'État au cinéma et à l'audiovisuel, et d'assurer la promotion du patrimoine cinématographique.

CNES (Centre national d'études spatiales), agence française de l'espace, créée en 1961.

CNIDE, anc. v. de Carie. Elle est célèbre pour son temple d'Aphrodite abritant la statue de la déesse, chef-d'œuvre de Praxitèle, auj. connu par des copies antiques.

CNJA (Centre national des jeunes agriculteurs), organisation professionnelle agricole fondée en 1961. Les membres de cette organisation, qui est rattachée à la FNSEA, sont âgés de 18 à 35 ans.

CNN (Cable News Network), chaîne américaine de télévision par câble, créée en 1980. Elle diffuse 24 h sur 24 un programme d'informations dans le monde entier.

CNOSSOS ou **KNOSSÓS,** principale cité de la Crète antique (résidence du légendaire roi Minos), occupée par les Mycéniens au XVe s. av. J.-C. Des fouilles, commencées par Evans, ont mis au jour un vaste complexe palatial, plusieurs fois reconstruit entre le IIe millénaire et 1600 av. J.-C., date à laquelle apparaissent les premières peintures murales.

CNPF (Conseil national du patronat français) → **Medef.**

CNR → Conseil national de la Résistance.

CNRS (Centre national de la recherche scientifique), établissement public français chargé de développer et de coordonner les recherches scientifiques de tous ordres.

CNUCED (Conférence des Nations unies pour le commerce et le développement), organe subsidiaire permanent de l'Organisation des Nations unies, créé en 1964. Elle a pour objectif de favoriser l'essor du commerce international en tenant compte des intérêts spécifiques des pays en voie de développement.

CNUT → KNUD.

CÔA (vallée du), vallée parcourue par le *Côa,* affluent du Douro, dans le nord-est du Portugal. On y a découvert, dans les années 1990, le plus grand complexe d'art rupestre paléolithique en plein air connu à ce jour (ensemble dit de *Foz Côa,* 22000 - 10000 av. J.-C.).

Coalitions (les), alliances militaires et politiques conclues par des États européens contre la France. Sous Louis XIV, la *première coalition* (1673 - 1674) se forme pendant la guerre de *Hollande, la *deuxième coalition* (1689 - 1690) pendant la guerre de la ligue d'*Augsbourg, la *troisième coalition* (1701) pendant la guerre de la *Succession d'Espagne. Pendant la Révolution et l'Empire, sept coalitions regroupèrent les principaux pays d'Europe, particulièrement la Grande-Bretagne, l'Autriche (qui ne prit pas part à la quatrième) et la Russie (qui ne prit pas part à la cinquième). La *première coalition* (1793 - 1797) se disloqua après la campagne de Bonaparte en Italie et le traité de Campoformio. La *deuxième coalition* (1799 - 1802) s'acheva par la paix de Lunéville avec l'Autriche et par celle d'Amiens avec la Grande-Bretagne. La *troisième coalition* se forma en 1805 (victoire d'Austerlitz ; traité de Presbourg), la *quatrième coalition* en 1806 - 1807 (victoires d'Iéna, d'Eylau, de Friedland ; traités de Tilsit), la *cinquième coalition* en 1809 (victoire de Wagram ; paix de Vienne). La *sixième coalition* (1813 - 1814) contraignit Napoléon Ier à abdiquer une première fois. La *septième coalition* (1815), qui se termina par la bataille de Waterloo, aboutit à la seconde abdication de l'Empereur.

COASE (Ronald), *Willesden, auj. dans le Grand Londres, 1910,* économiste britannique. Il a été l'un des premiers, en 1937, à mettre l'accent sur l'importance des coûts liés à la coordination des activités dans le processus de production. (Prix Nobel 1991.)

COAST RANGES n.f. pl. (« Chaînes côtières »), montagnes du Canada et des États-Unis, bordant le Pacifique. Elles s'étendent de la Colombie-Britannique à la Californie.

COATZACOALCOS, v. du Mexique, sur le golfe du Mexique ; 233 115 hab. Port pétrolier. Raffinage.

COBBETT (William), *Farnham 1762 - Guildford 1835,* homme politique et journaliste britannique. Il fut un des chefs de file du radicalisme anglais.

COBDEN (Richard), *Dunford Farm 1804 - Londres 1865,* économiste et homme politique britannique. Libre-échangiste militant, il obtint, dès 1846, la suppression des *Corn Laws (lois sur le blé). Il négocia le traité de commerce franco-britannique de 1860, qui abaissait les barrières douanières entre les deux pays.

COBLENCE, en all. **Koblenz,** v. d'Allemagne (Rhénanie-Palatinat), à la confluence du Rhin et de la Moselle ; 109 807 hab. Église St-Castor (XIIe et XVe s.) ; musée du Rhin moyen. — Ce fut, en 1792, le lieu de ralliement des émigrés français.

COBOURG (Frédéric **Josias,** prince **de Saxe-Cobourg,** dit), *Cobourg 1737 - id. 1815,* maréchal autrichien. Vainqueur de Dumouriez à Neerwinden, il fut vaincu par Jourdan à Fleurus (1794).

Cobra (de *CO*penhague, *BR*uxelles, *A*msterdam), mouvement artistique européen, dont l'existence organisée concerne les années 1948 - 1951. Il a exercé une forte et durable influence en exaltant toutes les formes de création spontanée (arts primitifs et populaires, art brut, dessins d'enfants). Le poète belge Christian Dotremont, les peintres Jorn (danois), Alechinsky (belge), Karel Appel (néerlandais) en firent partie.

COCANADA → KAKINADA.

COCHABAMBA, v. de Bolivie, au S.-E. de La Paz, à plus de 2 500 m d'alt. ; 404 102 hab. Noyau urbain d'époque coloniale.

COCHEREAU (Pierre), *Saint-Mandé 1924 - Lyon 1984,* organiste français. Grand virtuose et improvisateur, mais aussi compositeur, il fut titulaire des grandes orgues de Notre-Dame de Paris.

■ **CNOSSOS.** *L'Oiseau bleu* (v. 1500 av. J.-C.). Détail d'une fresque provenant de la « Maison des fresques ». (Musée d'Iráklion.)

COCHET (Henri), *Villeurbanne 1901 - Saint-Germain-en-Laye 1987,* joueur de tennis français. Deux fois vainqueur à Wimbledon (1927 et 1929) et cinq fois à Paris (1922, 1926, 1928, 1930 et 1932), il a remporté six fois la coupe Davis (1927 à 1932).

COCHIN, v. d'Inde (Kerala), sur la côte de Malabar ; 1 139 543 hab. Port. – Anc. comptoir portugais (1502 - 1663) puis néerlandais (1663 - 1795).

COCHIN (Charles Nicolas), dit **le Fils** ou **le Jeune,** *Paris 1715 - id. 1790,* artiste français, membre le plus connu d'une famille de graveurs des XVIIe et XVIIIe s. Dessinateur et graveur des fêtes de la cour, artiste officiel et théoricien, il contribua à détourner l'art français du goût rocaille.

COCHINCHINE, partie méridionale du Viêt Nam, qui s'étend surtout sur le cours inférieur et sur le delta du Mékong. Conquise par les Français de 1859 à 1867, colonie entrée dans l'Union indochinoise en 1887, la Cochinchine fut rattachée au Viêt Nam en 1949.

COCHISE, *m. en Arizona en 1874,* chef apache de la tribu des Chiricahua. Il opposa une farouche résistance aux incursions des Blancs dans l'Arizona et ne se rendit qu'après la création, dans cet État, d'une réserve pour son peuple.

COCKCROFT (sir John Douglas), *Todmorden 1897 - Cambridge 1967,* physicien britannique. Avec E. T. S. **Walton** (Waterford, Irlande, 1903 - Belfast 1995), il réalisa la première transmutation d'atomes au moyen de particules artificiellement accélérées. (Prix Nobel 1951.)

COCKERILL (John), *Haslington, Lancashire, 1790-Varsovie 1840,* ingénieur et industriel belge d'origine britannique. Sa société installa le premier haut-fourneau à coke du continent (1830).

COCONNAT ou **COCONNAS** (Annibal, comte **de**), *v. 1535-Paris 1574,* gentilhomme piémontais. Il complota en faveur du duc François d'Alençon contre le futur Henri III et fut décapité avec son complice La Mole.

COCOS ou **KEELING** (îles), archipel australien de l'océan Indien, au S.-O. de Java.

COCTEAU (Jean), *Maisons-Laffitte 1889 - Milly-la-Forêt 1963,* écrivain et cinéaste français. Sa virtuosité, sa vivacité brillante se sont exprimées dans des poèmes, des romans (*les Enfants terribles,* 1929), des drames (*les Parents terribles,* 1938), des scénarios et des films (*le Sang d'un poète,* 1931 ; *la Belle et la Bête,* 1946 ; *Orphée,* 1950), ainsi que dans de nombreux dessins. (Acad. fr.)

COCYTE n.m. MYTH. GR. Un des fleuves des Enfers.

COD (presqu'île du cap), péninsule des États-Unis (Massachusetts). Tourisme. Parc national.

COECKE (Pieter), dit **Van Aelst,** *Alost 1502 - Bruxelles 1550,* peintre et décorateur flamand. Ses peintures, ses dessins, ses cartons de tapisseries évoluent du maniérisme gothique à l'italianisme (contacts avec Van Orley, séjour en Italie). Son influence fut grande comme traducteur de Vitruve (1539) puis de Serlio.

Coëtquidan, camp militaire (Morbihan, comm. de Guer). École spéciale militaire (Saint-Cyr), École militaire interarmes et École militaire du corps technique et administratif.

COETZEE (John), *Le Cap 1940,* romancier sud-africain de langue anglaise. Son œuvre mêle recherches formelles et allusions à la réalité de son pays (*Michael K, sa vie, son temps ; Disgrâce).*

CŒUR (Jacques), *Bourges v. 1395 - Chio 1456,* marchand et financier français. Enrichi par la spéculation sur les métaux précieux, il est à la tête d'un empire commercial fondé sur les échanges avec le Levant lorsqu'il devient (1439) argentier de Charles VII : il rétablit la confiance dans la monnaie, est chargé de missions diplomatiques et anobli (1441). Mais, créancier du roi et des grands seigneurs, il est craint et jalousé. Accusé d'avoir empoisonné Agnès Sorel, arrêté en 1451, il s'enfuit en 1454 et trouve refuge auprès du pape. – Son hôtel, à Bourges (v. 1445), est un riche spécimen de l'architecture civile du temps.

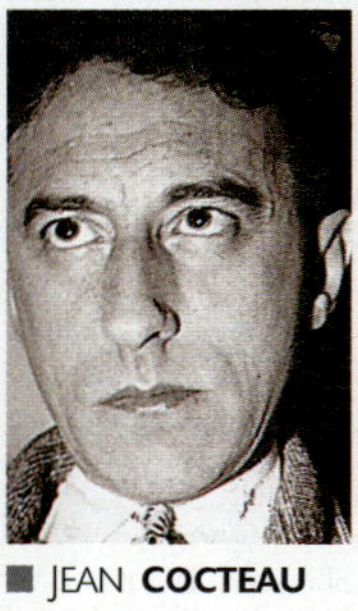
■ JEAN **COCTEAU**

■ JACQUES **CŒUR.**
(Mairie de Bourges.)

COËVRONS (les), hauteurs parfois boisées de la Mayenne ; 357 m.

COGNAC (16100), ch.-l. d'arrond. de la Charente, sur la Charente ; 20 126 hab. *(Cognaçais).* Centre de la commercialisation du cognac. Verrerie. – Monuments anciens ; musée.

COGNIN (73160), ch.-l. de cant. de la Savoie, banlieue de Chambéry ; 6 171 hab. *(Cognerauds).*

COGOLIN (83310), comm. du Var ; 9 181 hab. *(Cogolinois).* Station balnéaire sur le golfe de Saint-Tropez.

COHEN (Albert), *Corfou 1895 - Genève 1981,* écrivain suisse de langue française. Haut fonctionnaire à la SDN puis à l'ONU, il est l'auteur de romans (*Mangeclous,* 1938 ; *Belle du seigneur,* 1968) et de souvenirs (*le Livre de ma mère,* 1954).

COHEN (Hermann), *Coswig 1842 - Berlin 1918,* philosophe allemand. Fondateur de l'école de Marburg, il a commenté la pensée de Kant et mené une réflexion sur le judaïsme.

COHEN (Leonard), *Montréal 1934,* écrivain et chanteur canadien de langue anglaise. Poète *(Flowers for Hitler),* romancier *(les Perdants magnifiques),* compositeur, il interprète ses textes intimistes dans la lignée d'un folksong urbain mélancolique et parfois contestataire *(Suzanne, So Long Marianne).*

COHEN (Paul), *Long Branch, New Jersey, 1934,* mathématicien américain. Il a démontré que l'hypothèse du continu, conjecturée par G. Cantor, est indécidable. (Médaille Fields 1966.)

COHEN-TANNOUDJI (Claude), *Constantine 1933,* physicien français. Spécialiste de physique atomique, il développe la théorie du refroidissement et du piégeage d'atomes par laser. Il interprète les expériences de S. Chu et W. D. Phillips et met au point une procédure pour atteindre des températures extrêmement basses, à quelques milliardièmes de degré au-dessus du zéro absolu. (Prix Nobel 1997.)

COHL (Émile **Courtet**, dit Émile), *Paris 1857 - Villejuif 1938,* cinéaste français d'animation. Il fut l'un des pionniers du dessin animé (*le Cauchemar du fantoche,* 1908 ; *Fantasmagorie,* 1908 ; *les Chaussures matrimoniales,* 1909).

COIMBATORE, v. d'Inde (Tamil Nadu) ; 1 135 549 hab.

COIMBRA, v. du Portugal, sur le Mondego ; 96 142 hab. Université. – Cathédrale ancienne du XIIe s., monastère de S. Cruz, manuélin, bâtiments de l'université et autres monuments. Musée.

Cointrin, aéroport de Genève (Suisse).

COIRE, en all. **Chur,** v. de Suisse, ch.-l. des Grisons, sur le Rhin ; 32 868 hab. Noyau médiéval (cathédrale et autres monuments) ; musées.

COIRON n.m. ou **COIRONS** n.m. pl., plateau basaltique de l'Ardèche dans le Vivarais ; 1 061 m.

COLA, dynastie d'Inde du Sud (VIIe-XIIIe s.). Elle fut à son apogée lorsqu'elle domina Ceylan, aux Xe-XIe s.

COLA DI RIENZO, *Rome 1313 ou 1314 - id. 1354,* homme politique italien. Féru de l'Antiquité, il voulut restaurer la grandeur romaine et se fit proclamer tribun et libérateur de l'État romain (1347) ; il fut massacré au cours d'une révolte.

COLBERT (Charles) → **CROISSY** (marquis **de**).

COLBERT (Jean-Baptiste), *Reims 1619 - Paris 1683,* homme d'État français. Recommandé à Louis XIV par Mazarin, dont il était l'homme de confiance, il contribue à la chute de Fouquet, devient surintendant des Bâtiments (1664), contrôleur des Finances (1665), puis secrétaire d'État à la Maison du roi (1668) et à la Marine (1669). Il exerce peu à peu son activité dans tous les domaines de l'administration publique. Par des mesures protectionnistes et s'appuyant sur les théories mercantilistes, il favorise l'industrie et le commerce, fait venir en France des artisans de l'étranger, multiplie les manufactures d'État (tapisseries des Gobelins, d'Aubusson), réorganise les finances, la justice, la marine, crée le régime de l'inscription maritime et la caisse des invalides, fonde des compagnies de commerce (des Indes orientales et occidentales, 1664 ; du Levant, 1670 ; du Sénégal, 1673) et favorise la « peuplade » du Canada. Membre de l'Académie française, il constitue en 1663 un « conseil », noyau de la future Académie des inscriptions, fonde en 1666 l'Académie des sciences, crée l'Observatoire en 1667, patronne Le Brun. Il publie une série d'ordonnances destinées à uniformiser et à rationaliser la législation selon les principes de la centralisation monarchique. À partir de 1671, il tente de lutter contre les dépenses royales, mais son influence diminue au profit de Louvois.

■ **COLBERT**
par R. Nanteuil.
(Château de Versailles.)

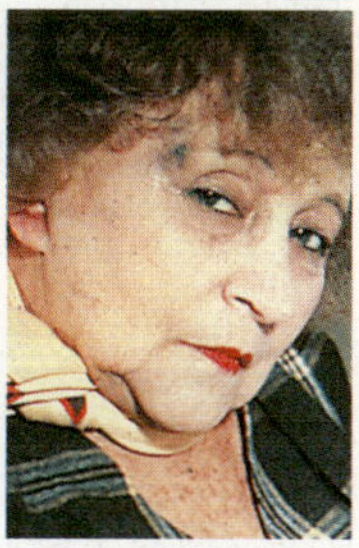
■ **COLETTE**

COLBERT (Jean-Baptiste), marquis **de Seignelay** → **SEIGNELAY** (marquis **de**).

COLBERT (Jean-Baptiste), marquis **de Torcy** → **TORCY** (marquis **de**).

COLCHESTER, v. de Grande-Bretagne (Angleterre, dans l'Essex) ; 82 000 hab. Université. – Vestiges romains ; musées.

COLCHIDE, ancien pays de l'Asie Mineure, sur la côte orientale du Pont-Euxin. Les Argonautes allèrent y conquérir la Toison d'or.

COLE (Jack), *New Brunswick 1913 - Los Angeles 1974,* danseur et chorégraphe américain. Il fut l'un des maîtres de la danse jazz, travaillant notamm. pour Broadway et Hollywood (*Les hommes préfèrent les blondes,* H. Hawks, 1953 ; *Kismet,* V. Minnelli, 1955 ; *les Girls,* G. Cukor, 1957).

COLEMAN (James Samuel), *Bedford, Indiana, 1926 - Chicago 1995,* sociologue américain. Il a développé l'application des mathématiques à la sociologie et s'est intéressé aux domaines de la politique et de l'éducation (*Equality of Educational Opportunity,* 1966).

COLEMAN (Ornette), *Fort Worth 1930,* compositeur et saxophoniste américain de jazz. Il devint l'un des chefs de file du free jazz en bouleversant, au début des années 1960, les principes d'improvisation traditionnels (*Free Jazz,* 1960).

COLERIDGE (Samuel Taylor), *Ottery Saint Mary, Devon, 1772-Londres 1834,* poète britannique. Ses poèmes lumineux, visionnaires et fantastiques s'accordent avec une conception philosophique de l'imagination créatrice. Ses *Ballades lyriques,* écrites avec Wordsworth (1798), marquent l'avènement du romantisme.

COLET (Louise), *Aix-en-Provence 1810-Paris 1876,* femme de lettres française, auteur de poèmes et de romans, amie et correspondante de Flaubert.

COLETTE (sainte), *Corbie 1381 - Gand 1447,* religieuse d'origine picarde. Elle réforma l'ordre des Clarisses.

COLETTE (Sidonie Gabrielle), *Saint-Sauveur-en-Puisaye 1873 - Paris 1954,* femme de lettres française. Dans son œuvre narrative, souvent autobiographique, la sensualité féminine s'étend à la description charnelle des choses et des paysages bourguignons (*Claudine,* 1900 - 1903 ; *la Vagabonde,* 1910 ; *le Blé en herbe,* 1923 ; *Sido,* 1930).

COLFONTAINE, comm. de Belgique (Hainaut) ; 21 530 hab.

COLI (François), *Marseille 1881 - Atlantique nord 1927,* aviateur français. Il disparut le 8 mai 1927, avec C. Nungesser, à bord de l'*Oiseau blanc,* en tentant de relier Paris à New York sans escale.

COLIGNY, famille française qui s'illustra dans l'armée ou dans l'Église. – **Odet de C.,** dit le cardinal **de Châtillon,** *Châtillon-sur-Loing, auj. Châtillon-Coligny, 1517 - Canterbury 1571,* prélat français. Cardinal-archevêque de Toulouse, puis évêque de Beauvais, il se convertit au calvinisme. – **Gaspard de C.,** dit l'amiral **de Coligny,** *Châtillon-sur-Loing, auj. Châtillon-Coligny, 1519 - Paris 1572,* gentilhomme français. Frère d'Odet, attaché au service de Henri II, il défendit Saint-Quentin contre les Espagnols (1557), puis se convertit au calvinisme (1559) et devint l'un des chefs du parti protestant. Il prit un moment un ascendant considérable sur Charles IX ; Catherine de Médicis le fit éliminer lors du massacre de la Saint-Barthélemy. — **François de C.**, seigneur **d'Andelot**, *Châtillon-sur-Loing, auj. Châtillon-Coligny, 1521 - Saintes 1569,* homme de guerre français. Frère de Gaspard, il fut le premier à embrasser la religion calviniste.

■ L'AMIRAL DE **COLIGNY.** (Louvre, Paris.)

■ CHRISTOPHE **COLOMB.** (Musée de Cluny, Paris.)

COLIN (Paul), *Nancy 1892 - Nogent-sur-Marne 1985,* peintre et décorateur français. Il est surtout célèbre pour les affiches d'un style ramassé, très plastique, qu'il produisit en grand nombre depuis celle de la *Revue nègre* (1925).

Colisée, amphithéâtre de Rome. Il a été construit à la fin du Ier s. apr. J.-C. sous les Flaviens. Ses proportions grandioses (50 000 spectateurs y tiennent à l'aise) et l'ordonnance de la façade, présentant les trois ordres, ont profondément influencé les architectes de la Renaissance.

■ LE **COLISÉE,** à Rome, Ier s. apr. J.-C.

Collège de France, établissement public d'enseignement et de recherche, à Paris. Il ne décerne aucun diplôme et ses cours, ouverts à tous, sont assurés par des professeurs, nommés sur liste par le chef de l'État, qui fixent librement leur programme. Il a été créé en 1529 par François Ier, sur les conseils de G. Budé, pour dispenser des enseignements non encore admis par l'Université. Il comporte auj. 52 chaires auxquelles sont associés des laboratoires de recherche.

Collège de sociologie, groupe d'écrivains et de penseurs fondé en 1937 par G. Bataille, R. Caillois et M. Leiris. Les conférences qu'il organisa jusqu'en 1939 tentaient de définir une nouvelle voie qui refuserait à la fois stalinisme et nazisme.

COLLEONI (Bartolomeo), *Solza 1400 - Malpaga 1475,* condottiere italien. Il servit indifféremment Venise et Milan, en guerre l'une contre l'autre. — Sa statue équestre, à Venise, est un chef-d'œuvre de Verrocchio.

COLLE-SUR-LOUP (La) [06480], comm. des Alpes-Maritimes ; 6 763 hab. *(Collois).* Centre de séjour.

Collier (affaire du) [1785 - 1786], scandale qui éclata en France à la suite d'une escroquerie montée par la comtesse de La Motte aidée de Cagliostro. Ils convainquirent le cardinal de Rohan d'acheter pour la reine un collier, qu'il ne put jamais rembourser. La réputation de Marie-Antoinette, pourtant innocente, s'en trouva ternie.

COLLIN D'HARLEVILLE (Jean-François), *Maintenon 1755 - Paris 1806,* écrivain français, auteur de comédies moralisatrices *(le Vieux Célibataire).* [Acad. fr.]

COLLINÉE (22330), ch.-l. de cant. des Côtes-d'Armor ; 952 hab. *(Collinéens).* Abattoir.

COLLINS (Michael), *Clonakilty 1890 - Bandon 1922,* homme politique et chef militaire irlandais. Un des chefs du Sinn Féin, il fut président du gouvernement provisoire de l'État libre d'Irlande (1921), mais il ne put empêcher la guerre civile, au cours de laquelle il fut tué.

COLLINS (Wilkie), *Londres 1824 - id. 1889,* romancier britannique. Ses romans à suspense *(la Pierre de lune)* jettent les bases du roman policier.

COLLINS (William), *Chichester 1721 - id. 1759,* poète britannique. Ses *Odes* font de lui un précurseur du romantisme.

COLLIOURE (66190), comm. des Pyrénées-Orientales ; 2 929 hab. *(Colliourencs).* Station balnéaire. — Anc. ville forte. Château des XIIIe-XVIIe s. Retables baroques dans l'église.

COLLOT D'HERBOIS (Jean-Marie), *Paris 1750 - Sinnamary, Guyane, 1796,* homme politique français. Membre de la Convention, il réprima avec violence l'insurrection royaliste de Lyon (1793), contribua à la chute de Robespierre le 9 thermidor, mais fut déporté en 1795.

COLMAR (68000), ch.-l. du dép. du Haut-Rhin, sur la Lauch, affluent de l'Ill, à 444 km à l'E. de Paris ; 67 163 hab. *(Colmariens).* Cour d'appel. Industries mécaniques et textiles. — Anc. ville de la Décapole. — Églises et maisons médiévales. Musée d'Unterlinden (retable de Schongauer et célèbre *Retable d'Issenheim* de *Grünewald).

■ **COLMAR.** Le quartier de « la Petite Venise ».

COLOCOTRONIS → KOLOKOTRÓNIS.

COLOGNE, en all. **Köln,** v. d'Allemagne (Rhénanie-du-Nord-Westphalie), sur le Rhin ; 962 517 hab. Centre administratif, intellectuel, financier, commercial et industriel (chimie, constructions mécaniques). — Importantes églises, très restaurées, des époques ottonienne et romane ; cathédrale gothique grandiose (XIIIe-XIXe s.) ; riches musées (Romano-germanique, Schnütgen, Wallraf-Richartz-Ludwig, etc.). — Camp romain (Ier s. apr. J.-C.), capitale des Francs du Rhin (Ve s.), archevêché (785), Cologne devint au XIIIe s. une ville libre impériale dont l'archevêque était Électeur du Saint Empire. La ville fut très endommagée par les bombardements alliés pendant la Seconde Guerre mondiale.

COLOMB (Christophe), *Gênes 1450 ou 1451 - Valladolid 1506,* navigateur génois, découvreur de l'Amérique. Fils d'un tisserand, il se fixe au Portugal en 1476 ou 1477, après avoir effectué des voyages demeurés mal connus. Persuadé de pouvoir atteindre l'Orient en traversant l'océan Atlantique, il ne parvient pas à convaincre le roi Jean II de Portugal de soutenir son projet et se rend en Espagne (1485). En 1492, il gagne à sa cause les souverains Ferdinand II et Isabelle Ire la Catholique, qui lui accordent le titre de vice-roi sur les terres qu'il pourrait découvrir. L'expédition, composée de trois navires (la *Santa María,* la *Pinta* et la *Niña*), quitte Palos de Moguer le 3 août 1492. Colomb aperçoit la terre le 12 oct. : probablement une île des Bahamas ; il aborde ensuite à Cuba et à Haïti, qu'il appelle Hispaniola, puis revient en Espagne (1493). Dans un deuxième voyage (1493 - 1496), il reconnaît la Dominique, la Guadeloupe, et poursuit l'exploration de Cuba. Dans un troisième voyage (1498), après avoir découvert la Trinité, il atteint le continent et longe la côte de l'Amérique méridionale à l'est de l'Orénoque. Mais il ne peut maîtriser une rébellion des premiers colons d'Hispaniola. Dans un quatrième voyage (1502 - 1504), il explore la côte de l'Amérique centrale, du Honduras au golfe de Darién.

COLOMBA (saint), *comté de Donegal v. 521 - île d'Iona, Hébrides, 597,* moine irlandais. Abbé d'Iona, il évangélisa l'Écosse.

COLOMBAN (saint), *province de Leinster v. 540 - Bobbio 615,* moine irlandais. Il fonda de nombreux monastères (Luxeuil, v. 590 ; Bobbio, Italie, 614) sur le continent.

COLOMB-BÉCHAR → BÉCHAR.

COLOMBE (Michel), *Berry ou Bourbonnais v. 1430 - Tours v. 1513,* sculpteur français. C'est un maître du style apaisé de la fin du gothique dans les pays de la Loire (tombeau de François II de Bretagne à la cathédrale de Nantes, œuvre touchée par l'italianisme [1502 - 1507]).

COLOMBES (92700), ch.-l. de cant. des Hauts-de-Seine, sur la Seine ; 77 184 hab. Stade. Constructions électriques. Armement.

COLOMBEY-LES-DEUX-ÉGLISES (52330), comm. de la Haute-Marne ; 662 hab. Tombe du général de Gaulle. Mémorial (croix de Lorraine).

COLOMBIE n.f., en esp. **Colombia,** État d'Amérique du Sud ; 1 140 000 km² ; 35 700 000 hab. *(Colombiens).* CAP. *Bogotá.* LANGUE : *espagnol.* MONNAIE : *peso colombien.*

INSTITUTIONS

Régime parlementaire. Constitution de 1991. Président de la République élu pour 4 ans. Vice-président élu simultanément. Parlement bicaméral (Congrès), composé du Sénat et d'une Chambre des représentants, élus pour 4 ans.

GÉOGRAPHIE

Le nord des Andes, entaillé par le Cauca et le Magdalena, qui délimitent de hauts plateaux, sépare le littoral, marécageux et insalubre, de l'Est amazonien, couvert de forêts et de savanes. La population en accroissement rapide, où les métis dominent, se concentre dans la région andine, partie vitale du pays. L'agriculture s'étage ici en fonction de l'altitude : coton, canne à sucre, riz et surtout café, principal produit d'exportation, au-dessous de 2 000 m ; céréales et élevage bovin jusqu'à plus de 3 000 m. Le sous-sol fournit surtout du pétrole et du charbon. Lourdement endetté, le pays peine aussi pour résoudre le problème de la production et du commerce de la drogue. La Colombie réalise une part notable de son commerce extérieur avec les États-Unis, par les ports de Buenaventura, Cartagena et Barranquilla (quatrième ville du pays, après Bogotá, Medellín et Cali).

HISTOIRE

La colonisation. 1500 : les Espagnols entreprennent la conquête du pays, habité par les Indiens Muisca (Chibcha). **1538 :** Gonzalo Jiménez de Quesada fonde Bogotá. **1739 :** la vice-royauté de Nouvelle-Grenade est créée. La colonie connaît une certaine prospérité grâce à l'exportation de produits miniers vers la métropole.

L'indépendance. 1810 - 1815 : l'insurrection pour l'indépendance est réprimée par les Espagnols. **1817 - 1819 :** Bolívar reprend la lutte et remporte la victoire de Boyacá (1819), ce qui lui permet, au congrès d'Angostura (déc.), de proclamer la république de Grande-Colombie (Venezuela et Nouvelle-Grenade), à laquelle il annexe l'Équateur en 1822. **1830 :** à la mort de Bolívar, le Venezuela et l'Équateur font sécession.

■ **COLOGNE.** La rive du Rhin avec la tour de l'église St-Martin et, au fond, la cathédrale.

Libéraux et conservateurs au pouvoir. 1833 - 1849 : après la présidence autoritaire de Santander (1833 - 1837), les conservateurs, centralistes, exercent le pouvoir. **1849 - 1852 :** les libéraux, fédéralistes et anticléricaux, accomplissent un certain nombre de réformes. **1861 - 1864 :** sous la présidence de T. C. Mosquera, les biens du clergé sont confisqués, une Constitution fédérale est adoptée (1863). **1880 - 1888 :** le président Núñez renoue avec l'Église (concordat de 1883) et dote le pays d'une Constitution unitaire (1886). **1899 - 1903 :** la « Guerre des Mille Jours » ravage le pays.

Le XXe s. 1903 : la Colombie abandonne Panamá, sous la pression des États-Unis. **1904 - 1930 :** la stabilité politique accompagne l'expansion économique (café, pétrole). **1930 - 1948 :** les libéraux reviennent au pouvoir et tentent une politique réformiste. **1948 - 1958 :** l'assassinat du libéral Gaitán est suivi d'une guerre civile larvée. **1958 - 1970 :** libéraux et conservateurs constituent un Front national et alternent au pouvoir, tandis qu'apparaît une guérilla d'inspiration castriste. **1978 :** l'aggravation de la situation provoque l'adoption de lois d'exception. **1982 :** Belisario Betancur, élu président, promulgue une loi d'amnistie. Ses successeurs, Virgilio Barco (1986 - 1990), César Gaviria (1990 - 1994), Ernesto Samper (1994 - 1998) et Andrés Pastrana (depuis 1998), doivent faire face à la montée de la violence liée aux tensions politiques et au trafic de la drogue.

COLOMBIE-BRITANNIQUE, prov. de l'ouest du Canada, en bordure du Pacifique ; 950 000 km² ; 3 282 061 hab. ; cap. *Victoria ;* v. princ. *Vancouver.* L'exploitation de la forêt et du sous-sol (charbon, hydrocarbures, cuivre, zinc), les aménagements hydroélectriques, favorisés par le relief montagneux, alimentent une industrie (papeterie, électrométallurgie et électrochimie, etc.) représentée surtout à Vancouver, dont l'agglomération regroupe la moitié de la population provinciale.

Colombine, personnage de la commedia dell'arte, type de la soubrette à l'esprit vif.

COLOMBO ou **KOLAMBA,** cap. de Sri Lanka, sur la côte ouest de l'île ; 623 000 hab. (env. 1 000 000 hab. dans l'agglomération). Port.

COLOMIERS [-mje] (31770), comm. de la Haute-Garonne, banlieue de Toulouse ; 28 988 hab. *(Columérins).* Constructions aéronautiques.

COLÓN, v. de Panamá, à l'extrémité du canal de Panamá, sur l'Atlantique ; 140 908 hab. Port.

COLONIA DEL SACRAMENTO, v. de l'Uruguay, sur le río de la Plata ; 19 000 hab. Beaux monuments et centre pittoresque d'époque coloniale.

COLONNA, famille romaine qui a donné un pape (Martin V), des cardinaux, des condottieres, du XIIIe au XVIIe s.

COLONNE (Édouard), *Bordeaux 1838 - Paris 1910,* chef d'orchestre français. Il fonda le Concert national (1873), qui porta son nom.

COLONNES D'HERCULE ou **D'HÉRAKLÈS,** nom donné dans l'Antiquité au mont Calpé (Europe) et au promontoire d'Abyla (Afrique), situés de chaque côté du détroit de Gibraltar.

COLORADO (rio), fl. des États-Unis, qui naît dans les Rocheuses et qui rejoint le golfe de Californie, au Mexique ; 2 250 km. Il traverse les plateaux arides du Colorado puis entaille de profonds cañons dans l'Arizona.

COLORADO (rio), fl. des États-Unis (Texas), qui rejoint le golfe du Mexique ; 1 560 km.

COLORADO (río), fl. d'Argentine, né dans les Andes et qui rejoint l'Atlantique ; 1 300 km.

COLORADO, État des États-Unis, dans les Rocheuses ; 270 000 km² ; 3 294 394 hab. ; cap. *Denver.*

COLORADO SPRINGS, v. des États-Unis (Colorado) ; 281 140 hab. Centre touristique. — École et base de l'armée de l'air américaine.

COLOT, famille de chirurgiens français, illustres au XVIe et au XVIIe s.

COLTRANE (John William), *Hamlet, Caroline du Nord, 1926 - Huntington, État de New York, 1967,* compositeur et saxophoniste américain de jazz. Improvisateur audacieux, il fonda son propre quartette en 1960 et influença, par son style véhément et incantatoire, les meilleurs représentants du free jazz (*Giant Steps,* 1959 ; l'album *A Love Supreme,* 1964).

COLUCHE (Michel **Colucci,** dit), *Paris 1944 - Opio, Alpes-Maritimes, 1986,* artiste comique et acteur français. Il dénonçait, dans ses sketches, les stéréotypes de la société contemporaine. Au cinéma, il a interprété des rôles comiques et parfois dramatiques (*Tchao Pantin,* C. Berri, 1983). Il a lancé en 1985 les Restaurants du cœur pour venir en aide aux plus démunis.

COLUMBIA n.f., fl. d'Amérique du Nord, né dans les Rocheuses canadiennes et qui rejoint le Pacifique en aval de Portland ; 1 930 km. Il entaille le *plateau de la Columbia.* Hydroélectricité.

COLUMBIA, v. des États-Unis, cap. de la Caroline du Sud ; 98 052 hab. Université. — Musée.

COLUMBIA (district de), district fédéral des États-Unis ; 175 km² ; 606 900 hab. ; cap. *Washington.* Il correspond à la seule ville de Washington, dont l'agglomération dépasse largement les limites du district.

Columbia (université), université située à New York et fondée en 1912.

COLUMBUS, v. des États-Unis (Géorgie) ; 178 681 hab.

COLUMBUS, v. des États-Unis, cap. de l'Ohio ; 632 910 hab. (1 377 419 hab. dans l'agglomération). Musées.

COLUMELLE, *Cadix Ier s. apr. J.-C.,* écrivain latin, auteur d'un traité d'agronomie.

COMANCHE, peuple amérindien des plaines du sud des États-Unis (auj. réserve dans l'Oklahoma) [11 400]. Apparentés aux Shoshone, cavaliers remarquables, les Comanche chassaient les bisons.

COMANECI (Nadia), *Gheorghe Gheorghiu-Dej, auj. Oneşti, 1961,* gymnaste roumaine, championne olympique en 1976.

COMBARELLES (les), grotte de la comm. des Eyzies-de-Tayac-Sireuil (Dordogne). Important ensemble de gravures pariétales du magdalénien.

COMBAS (Robert), *Lyon 1957,* peintre français. Représentant de la « figuration libre », il manipule les images de la vie quotidienne, tout en y mêlant références historiques et mythologiques. Cultivant un style inspiré de la bande dessinée et du graff, il crée une peinture tantôt désinvolte et humoristique, tantôt violente et sensuelle.

COMBES (Émile), *Roquecourbe 1835 - Pons 1921,* homme politique français. Président du Conseil de 1902 à 1905, violemment anticlérical, il s'attaqua aux congrégations religieuses et prépara la loi qui aboutit à la séparation des Églises et de l'État.

COMBLOUX (74920), comm. de la Haute-Savoie ; 2 096 hab. Station de sports d'hiver (alt. 900 - 1 850 m).

COMBOURG (35270), ch.-l. de cant. d'Ille-et-Vilaine ; 4 989 hab. *(Combourgeois).* Château (XIe-XVe s.) où Chateaubriand passa son enfance.

COMBRAILLE ou **COMBRAILLES** n.f., plateau du nord du Massif central. Forêts. Élevage.

COMBS-LA-VILLE [kɔ̃b-] (77380), ch.-l. de cant. de Seine-et-Marne, sur l'Yerres ; 21 092 hab.

CÔME, en ital. **Como,** v. d'Italie (Lombardie), ch.-l. de prov., sur le *lac de Côme* (146 km²) ; 85 955 hab. Églises romanes ; cathédrale des XIVe-XVIIIe s. ; musées.

CÔME (ou **COSME**) et **DAMIEN** (saints), *m. à Cyr, Syrie, v. 295 ?,* frères martyrs sous Dioclétien. Patrons des médecins et des chirurgiens.

Comecon (Council for Mutual Economic Assistance), en fr. **CAEM** (Conseil d'assistance [ou

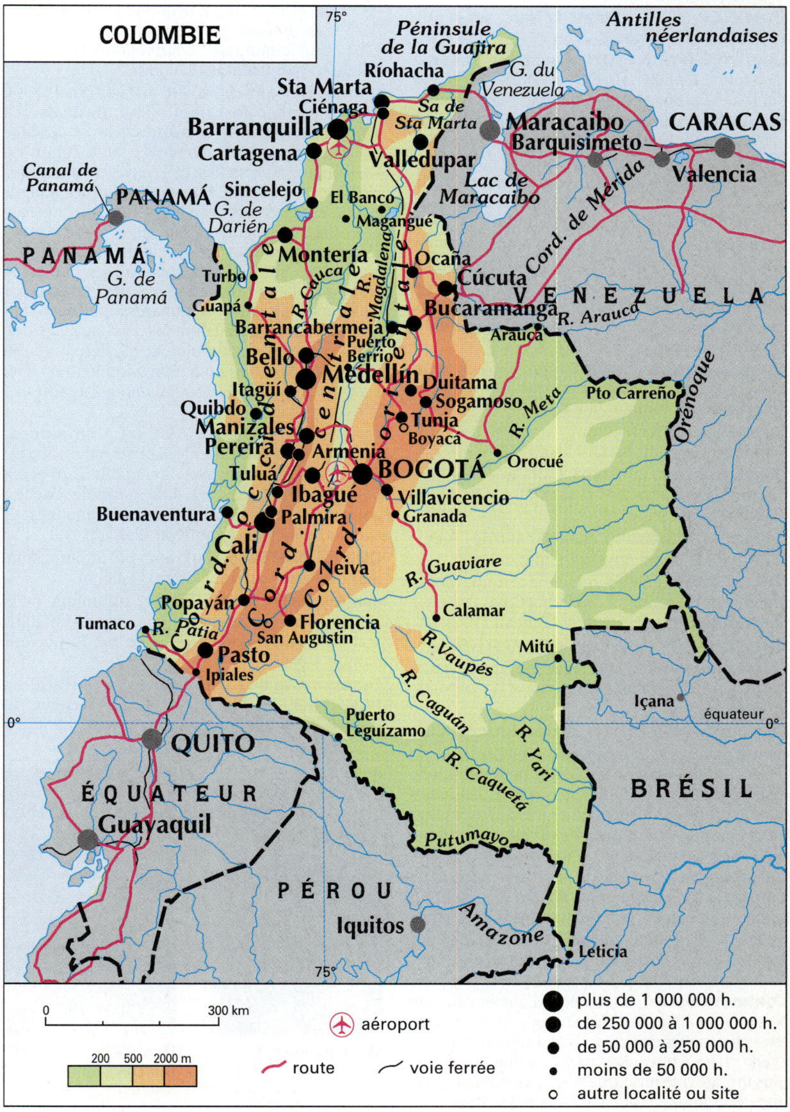

d'aide] économique mutuelle), organisme de coopération économique créé en 1949 et dissous en 1991, qui regroupait l'URSS, l'Albanie (1950 - 1961), la RDA (1950 - 1990), la Bulgarie, la Hongrie, la Pologne, la Roumanie, la Tchécoslovaquie ainsi que la Mongolie, Cuba et le Viêt Nam.

Comédie-Française, société de comédiens français, née de la fusion, ordonnée par Louis XIV en 1680, de la troupe de Molière avec les acteurs du Marais et de l'Hôtel de Bourgogne. Dissoute en 1792, reconstituée en 1804 et organisée en 1812, elle est installée depuis lors rue de Richelieu, dans une dépendance du Palais-Royal, devenue le Théâtre-Français. Subventionnée par l'État, la Comédie-Française se consacre essentiellement au répertoire classique. Elle dispose toutefois de deux autres salles largement ouvertes au répertoire contemporain : le théâtre du Vieux-Colombier (VIe arrond.) et le Studio-Théâtre (galerie du Carrousel du Louvre).

Comédie humaine (la), titre sous lequel Balzac a réuni ses romans à partir de l'édition de 1842.

Comédie-Italienne, nom donné aux troupes d'acteurs italiens venues à Paris du XVIe au XVIIIe s. pour faire connaître la commedia dell'arte. Ces acteurs s'associèrent en 1762 à l'Opéra-Comique, avant d'être expulsés en 1779.

COMENCINI (Luigi), *Salo, prov. de Brescia, 1916,* cinéaste italien. Dans un registre à la fois grave et comique, il a réalisé *la Grande Pagaille* (1960), *l'Incompris* (1967), *Casanova, un adolescent à Venise* (1969), *l'Argent de la vieille* (1972), *la Storia* (1986), *la Bohème* (1988).

COMENIUS, nom latin de Jan Ámos **Komenský,** *Nivnice, Moravie, 1592 - Amsterdam 1670,* humaniste tchèque. Évêque des Frères moraves, il dut s'exiler en Pologne. C'est un des précurseurs de la pédagogie moderne.

COMINES (59560), comm. du Nord, sur la Lys ; 12 008 hab. *(Cominois).*

COMINES-WARNETON, comm. de Belgique (Hainaut) ; 17 849 hab. Elle est située sur la Lys, qui la sépare de la comm. française de Comines.

Comité de salut public, organisme institué par la Convention le 6 avr. 1793. Créé pour prendre, dans les circonstances urgentes, des mesures de défense générale intérieure et extérieure, il devint, sous l'influence de Robespierre, l'instrument principal de la Terreur. Il disparut en oct. 1795.

Comité de sûreté générale, organisme créé par la Convention en 1792 pour diriger la police révolutionnaire. Il fut supprimé lors de l'installation du Directoire (1795).

Comité secret d'action révolutionnaire → Cagoule.

COMMAGÈNE, anc. pays du nord-est de la Syrie. Royaume indépendant au IIe s. av. J.-C., il devint un protectorat romain en 64 av. J.-C.

COMMANDEUR (îles du), archipel russe du Pacifique, à l'E. du Kamtchatka.

Commentaires, mémoires historiques de Jules César sur la guerre des Gaules et sur la guerre civile (Ier s. av. J.-C.).

COMMENTRY (03600), ch.-l. de cant. de l'Allier ; 7 464 hab. *(Commentryens).* Chimie.

COMMERCY (55200), ch.-l. d'arrond. de la Meuse, sur la Meuse ; 7 163 hab. *(Commerciens).* Spécialité de madeleines. — Château (musée).

COMMINES (Philippe **de**) → **COMMYNES.**

COMMINGES n.m., anc. pays de France, entre l'Armagnac et les Pyrénées, réuni à la Couronne en 1454.

Commissariat à l'énergie atomique → CEA.

Commission européenne, institution de l'Union européenne. Gardienne des traités, elle dispose d'un droit d'initiative quasi exclusif dans le domaine législatif et est chargée de l'exécution des politiques communautaires. Elle est composée de 20 commissaires, nommés pour 5 ans.

COMMODE, en lat. **Marcus Aurelius Commodus,** *Lanuvium 161 - Rome 192,* empereur romain (180 - 192). Fils de Marc Aurèle, il abandonna la politique militaire de son père. Ses extravagances (il s'identifia à Hercule) et ses cruautés lui valurent d'être assassiné.

Commonwealth, association d'anciennes possessions de l'Empire britannique (Mozambique excepté) devenues des États indépendants et ayant établi entre elles une certaine solidarité, plus morale que juridique. Ces États sont unis par une commune et libre allégeance à la Couronne britannique ou, à défaut, par la reconnaissance du souverain de Grande-Bretagne comme chef symbolique. Le Commonwealth s'est substitué au *British Commonwealth of Nations* (1931 - 1946). Outre le Royaume-Uni, les membres du Commonwealth sont : l'Afrique du Sud, Antigua-et-Barbuda, l'Australie, les Bahamas, le Bangladesh, la Barbade, le Belize, le Botswana, Brunei, le Cameroun, le Canada, Chypre, la Dominique, les Fidji (suspendues en 2000), la Gambie, le Ghana, Grenade, la Guyana, l'Inde, la Jamaïque, le Kenya, Kiribati, le Lesotho, le Malawi, la Malaisie, les Maldives, Malte, Maurice, le Mozambique, la Namibie, Nauru, le Nigeria, la Nouvelle-Zélande, l'Ouganda, le Pakistan (suspendu en 1999), la Papouasie-Nouvelle-Guinée, Saint-Kitts-et-Nevis, Sainte-Lucie, Saint-Vincent-et-les Grenadines, les Salomon, les Samoa, les Seychelles, la Sierra Leone, Singapour, Sri Lanka, le Swaziland, la Tanzanie, les Tonga, Trinité-et-Tobago, Tuvalu, Vanuatu, la Zambie, le Zimbabwe.

Communauté, association remplaçant l'Union française, formée en 1958 par la France, les DOM-TOM et divers États d'Afrique, anc. dépendances françaises. Ses institutions cessèrent de fonctionner dès 1960.

Communauté d'États indépendants → CEI.

Communautés européennes, ensemble des organisations (CECA, CEE, Euratom) créées entre plusieurs pays d'Europe occidentale et méditerranéenne, et tendant à l'intégration progressive des économies de ces pays. Leur unification institutionnelle, décidée en 1965, a été réalisée en 1967. Le traité de Maastricht (1992, entré en vigueur en 1993) fait de la CEE, devenue CE, ou « Communauté européenne », le cadre institutionnel unique de l'*Union européenne.

Commune de Paris, gouvernement municipal de Paris (1789 - 1795). À la commune légale, élue par les sections de Paris, se substitua, le 10 août 1792, une commune insurrectionnelle sur laquelle s'appuyèrent les Jacobins.

Commune de Paris (la) [18 mars - 27 mai 1871], gouvernement insurrectionnel français. La Commune, formée à Paris après la levée du siège de la ville par les Prussiens et l'installation de l'Assemblée à Versailles, fut l'œuvre de socialistes et d'ouvriers qui cherchèrent à gérer les affaires publiques sans recours à l'État. Elle fut renversée au cours de la « semaine sanglante » (21 - 27 mai). L'entrée des troupes de Thiers dans Paris fut suivie par l'incendie des bâtiments publics (Tuileries, Hôtel de Ville), et aux massacres des Parisiens par les « Versaillais » les communards répondirent par l'exécution d'otages (dont Mgr Darboy). Les derniers combats se déroulèrent au Père-Lachaise (mur des *Fédérés) et la répression fut très dure, avec de nombreuses condamnations à mort et à la déportation.

communes (Chambre des) ou **Communes,** chambre basse du Parlement britannique. Elle est élue au suffrage universel direct pour 5 ans et élit un président *(speaker).* Elle contrôle l'action gouvernementale, la gestion des finances et exerce l'essentiel du pouvoir législatif.

COMMUNISME (pic du), anc. **pic Staline,** sommet du Pamir, au Tadjikistan ; 7 495 m.

communiste chinois (Parti), parti unique de la République populaire de Chine, fondé en 1921. Son bureau politique exerce en fait le pouvoir dans le pays.

communiste de l'Union soviétique (Parti) ou **PCUS,** parti politique de l'URSS. Héritier du POSDR, il est fondé en Russie en 1918. Étendu à l'URSS en 1925, il en est le parti unique jusqu'en 1990. Suspendu en 1991, il donne naissance à divers partis dans les Républiques de l'ancienne URSS.

communiste français (Parti) ou **PCF,** parti politique français né de la scission du parti socialiste (SFIO) au congrès de Tours (1920). Dominé par la personnalité de Maurice Thorez de 1930 à 1964, le PCF est dirigé par Georges Marchais (secrétaire général de 1972 à 1994) et, depuis 1994, par Robert Hue (secrétaire national).

communiste italien (Parti) ou **PCI,** parti politique italien fondé en 1921. Transformé en 1991 en Parti démocratique de la gauche (*Partito democratico della sinistra,* ou *PDS*), il a pris en 1998 le nom de Démocrates de gauche (*Democratici di sinistra,* ou *DS*).

COMMYNES ou **COMMINES** (Philippe **de**), *Renescure, près d'Hazebrouck ?, 1447 - Argenton 1511,* chroniqueur français, auteur de *Mémoires* sur les règnes de Louis XI et de Charles VIII (1464 - 1498).

COMNÈNE, famille byzantine qui a donné de nombreux dignitaires byzantins et six empereurs : Isaac Ier, Alexis Ier, Jean II, Manuel Ier, Alexis II (1180 - 1183), Andronic Ier.

COMODORO RIVADAVIA, v. d'Argentine, en Patagonie ; 73 000 hab. Centre pétrolier.

COMOÉ n.f., fl. du Burkina et de Côte d'Ivoire, qui rejoint le golfe de Guinée ; 1 000 km.

COMORES n.f. pl., État insulaire d'Afrique, dans l'océan Indien, au N.-O. de Madagascar ; 1 900 km^{2} ; 680 000 hab. *(Comoriens).* CAP. *Moroni.* LANGUES : *arabe* et *français.* MONNAIE : *franc des Comores.* (V. carte **Madagascar.**) Le pays comprend les îles de Ngazidja (anc. *Grande Comore*), de Moili (anc. Mohéli) et de Ndzouani (anc. Anjouan). La quatrième île de l'archipel, Mayotte, a choisi, en 1976, le maintien dans le cadre français. La population, d'origines ethniques variées, est musulmane. Production de vanille, de coprah, d'huiles essentielles. — Sous protectorat français à partir de 1886, les Comores forment un territoire français d'outre-mer de 1958 à 1975. La République fédérale islamique est proclamée en 1978. Elle est confrontée à des mouvements séparatistes (sécession de Ndzouani [Anjouan] en 1997).

COMORIN (cap), cap du sud de l'Inde.

Compagnie de Jésus → Jésus (Compagnie de).

Compagnie du Saint-Sacrement → Saint-Sacrement (Compagnie du).

Compagnies (Grandes), bandes de soldats mercenaires qui, entre les principaux épisodes de la guerre de Cent Ans, ravageaient la France. Du Guesclin en débarrassa le royaume en les emmenant combattre en Espagne (1366).

COMPIÈGNE (60200), ch.-l. d'arrond. de l'Oise, sur l'Oise ; 43 380 hab. *(Compiégnois).* Verrerie. Équipement automobile. Université de technologie. — Le château, reconstruit pour Louis XV sur plans de J. A. Gabriel, fut la résidence préférée de Napoléon III ; beaux appartements, musée national du Second Empire et musée de la Voiture et du Tourisme. Autres monuments et musées (dont celui de la Figurine historique). — Jeanne d'Arc y fut faite prisonnière par les Bourguignons en 1430. Entre 1940 et 1944, les Allemands avaient installé près de Compiègne un camp de transit d'où partirent de nombreux déportés vers les camps de concentration. — forêt de **Compiègne,** forêt domaniale entre les vallées de l'Aisne, de l'Oise et de l'Automne (env. 14 500 ha).

COMPOSTELLE (Saint-Jacques-de-) → **SAINT-JACQUES-DE-COMPOSTELLE.**

COMPTON (Arthur Holly), *Wooster, Ohio, 1892 - Berkeley 1962,* physicien américain. Il a découvert en 1923 l'accroissement de longueur d'onde des rayons X diffusés par des atomes légers *(effet Compton).* [Prix Nobel 1927.]

COMPTON-BURNETT (Ivy), *Pinner 1884 - Londres 1969,* romancière britannique. Son œuvre, fondée sur l'art du dialogue, offre une vision noire de la haute société à la fin de l'ère victorienne *(Frères et sœurs).*

COMTAT VENAISSIN ou **COMTAT,** anc. pays de France, dans le Vaucluse. Il appartint aux papes, avec Avignon, de 1274 à 1791.

COMTE (Auguste), *Montpellier 1798 - Paris 1857,* philosophe français. Son *Cours de philosophie positive* (1830 - 1842) est à l'origine du positivisme. Il est considéré comme l'un des fondateurs de la sociologie.

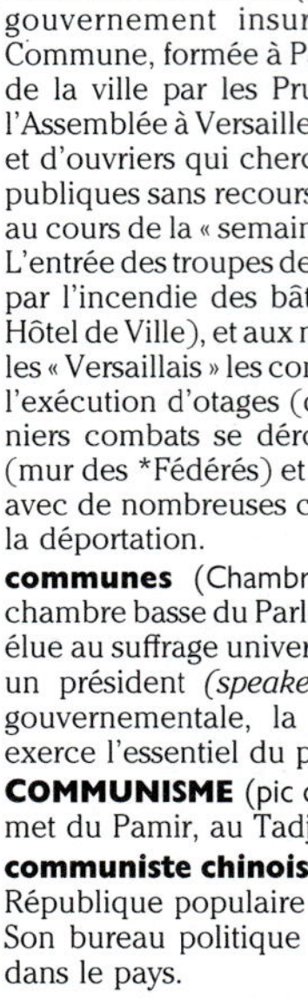

■ **COMENIUS**

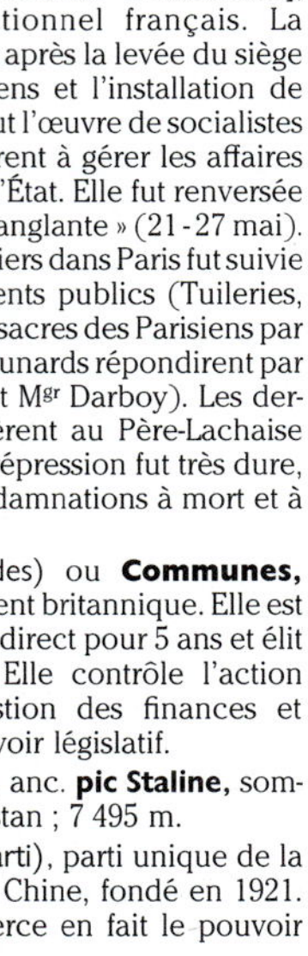

■ AUGUSTE **COMTE** par Etex. (Maison Auguste-Comte, Paris.)

CONAKRY, cap. de la Guinée, sur l'Atlantique ; 800 000 hab.

CONAN, nom d'un comte et de trois ducs de Bretagne au Moyen Âge (Xe-XIIe s.).

CONAN (Félicité **Angers,** dite Laure), *La Malbaie 1845 - Sillery 1924,* femme de lettres canadienne de langue française. Elle a donné au Canada français son premier roman psychologique (*Angéline de Montbrun,* 1884).

CONCARNEAU (29900), ch.-l. de cant. du Finistère ; 20 021 hab. *(Concarnois).* Pêche et conserveries. Station balnéaire. — Remparts de la Ville close, surtout des XVIe-XVIIe s. Musée de la Pêche.

CONCEPCIÓN, v. du Chili central ; 329 304 hab.

Concertos brandebourgeois ou **Concerts brandebourgeois,** série des six *Concerts pour plusieurs instruments* de J. S. Bach. Ils furent dédiés en 1721 à Christian Ludwig de Brandebourg.

CONCHES-EN-OUCHE (27190), ch.-l. de cant. de l'Eure ; 4 344 hab. *(Conchois).* Église Ste-Foy, des XVe et XVIe s. (vitraux).

Conciergerie, partie médiévale du Palais de Justice de Paris. Prison à partir de 1392, elle fut le lieu de nombreuses incarcérations en 1793 - 1794.

CONCINI (Concino), *Florence v. 1575 - Paris 1617,* aventurier italien au service de la France. Avec sa femme, Leonora Galigaï, il exerça une grande influence sur Marie de Médicis, qui le fit marquis d'Ancre et maréchal de France. Il fut assassiné sur ordre de Louis XIII, conseillé par de Luynes ; son épouse, accusée de sorcellerie, fut décapitée et brûlée.

Concordat (15 juill. 1801), concordat signé par les représentants du pape Pie VII et de Bonaparte. Il reconnaît que la religion catholique est celle de la « majorité des Français » (et non de l'État) et donne au chef de l'État le droit de nommer les évêques, auxquels le pape accorde l'institution canonique.

Concorde, avion de ligne supersonique franco-britannique. Son premier vol d'essai, piloté par André Turcat, a eu lieu en 1969, et il est entré en service commercial en 1976. Son exploitation a été suspendue à la suite d'un accident survenu le 25 juillet 2000.

Concorde (place de la), à Paris, anc. place Louis-XV et place de la Révolution de 1792 à 1795, entre le jardin des Tuileries et les Champs-Élysées. Les deux édifices jumeaux qui la bordent au nord sont l'œuvre de J. A. Gabriel. Un obélisque provenant de Louqsor y a été érigé en 1836 (présent de Méhémet-Ali).

CONDÉ (maison princière **de**), branche collatérale de la maison de Bourbon. — **Louis Ier de Bourbon, Ier prince de C.,** *Vendôme 1530 - Jarnac 1569,* prince français. Frère d'Antoine de Bourbon et chef des calvinistes, il fut assassiné. — **Henri Ier de Bourbon,** 2e prince **de C.,** *La Ferté-sous-Jouarre 1552 - Saint-Jean-d'Angély 1588,* prince français. Fils de Louis Ier de Condé, il fut, à la mort de son père, le chef du parti protestant avec le roi de Navarre Henri III. — **Louis II de Bourbon,** 4e prince **de C.,** dit **le Grand Condé,** *Paris 1621 - Fontainebleau 1686,* prince français. Petit-fils d'Henri Ier de Condé, duc d'Enghien jusqu'en 1646, il s'illustra par la victoire de Rocroi (1643) sur les Espagnols et par celles de Fribourg (1644), Nördlingen (1645) et Lens (1648) sur le Saint Empire. Chargé par Mazarin de mettre fin à la Fronde parlementaire, il prit ensuite la tête de la Fronde des princes. Passé au service de l'Espagne (1652), il se soumit à Louis XIV en 1659 et se distingua durant les guerres de Dévolution et de Hollande. — **Louis Joseph de Bourbon,** 8e prince **de C.,** *Paris 1736 - id. 1818,* prince français. Un des premiers nobles à avoir émigré (dès 1789), il organisa en 1791 l'armée contre-révolutionnaire, dite « armée de Condé ». — **Louis Antoine Henri de C.,** duc **d'Enghien** → **Enghien** (duc **d'**).

CONDÉ-SUR-L'ESCAUT (59163), ch.-l. de cant. du Nord ; 10 607 hab. *(Condéens).* Monuments des XVe-XVIIIe s.

CONDÉ-SUR-NOIREAU (14110), ch.-l. de cant. du Calvados ; 6 148 hab. *(Condéens).* Constructions mécaniques.

CONDILLAC (Étienne **Bonnot de**), *Grenoble 1714 - Flux, près de Beaugency, 1780,* philosophe français. Son empirisme radical (*Traité des sensations,* 1754), qui a été qualifié de *sensualisme,* accorde une place importante à la réflexion sur le langage. (Acad. fr.)

CONDOM [kɔ̃dɔ̃] (32100), ch.-l. d'arrond. du Gers, sur la Baïse ; 7 555 hab. *(Condomois).*

■ LE GRAND **CONDÉ** par Teniers le Jeune. (Musée Condé, Chantilly.)

■ **CONDORCET,** peinture de l'école de Greuze. (Château de Versailles.)

Eaux-de-vie (armagnac). — Cathédrale gothique du XVIe s. ; hôtels des XVIIe et XVIIIe s.

Condor (légion), unité formée de volontaires allemands, qui participèrent aux côtés des troupes nationalistes de Franco à la guerre civile d'Espagne (1936 - 1939).

CONDORCET (Marie Jean Antoine **Caritat,** marquis **de**), *Ribemont 1743 - Bourg-la-Reine 1794,* savant et homme politique français. Député à l'Assemblée législative (1791), puis à la Convention (1792), il présenta un plan grandiose d'instruction publique. Accusé comme Girondin, il se cacha pendant huit mois, composant l'*Esquisse d'un tableau historique des progrès de l'esprit humain ;* arrêté, il s'empoisonna. Il est l'auteur de nombreux écrits scientifiques et philosophiques, et collabora à l'*Encyclopédie.* Ses cendres ont été transférées au Panthéon en 1989. (Acad. fr.)

CONDRIEU (69420), ch.-l. de cant. du Rhône, sur le Rhône ; 3 475 hab. *(Condriots).*

CONDROZ [-dro] n.m., région de Belgique, entre la Meuse et l'Ourthe. (Hab. *Condrusiens.*)

Confédération athénienne (première) [477 - 404 av. J.-C.] → **Délos** (ligue de).

Confédération athénienne (seconde) [378 - 338 av. J.-C.], organisation groupant des cités grecques sous la direction d'Athènes. Fondée initialement contre Sparte, elle fut dissoute après la victoire de Philippe II à Chéronée.

Confédération de l'Allemagne du Nord, union politique créée par Bismarck qui groupa, de 1867 à 1870, 22 États allemands au nord du Main.

Confédération du Rhin, union politique de certains États allemands (1806 - 1813). Placée sous la protection de Napoléon Ier, elle regroupait en 1808 l'ensemble de l'Allemagne, à l'exception de la Prusse. Elle se désagrégea après la bataille de Leipzig (oct. 1813).

Confédération européenne des syndicats (CES), organisation syndicale européenne créée en 1973. Regroupant des confédérations syndicales nationales (la CFDT, la CFTC, la CGT et la CGT-FO y sont notamm. affiliées) et des fédérations professionnelles européennes, elle constitue la principale organisation de salariés au niveau européen.

Confédération française de l'encadrement → **CFE-CGC.**

Confédération française démocratique du travail → **CFDT.**

Confédération française des travailleurs chrétiens → **CFTC.**

Confédération générale des cadres → **CGC.**

Confédération générale du travail → **CGT.**

Confédération générale du travail-Force ouvrière ou **CGT-FO** → **FO.**

Confédération germanique, union politique des États allemands (1815 - 1866). Instaurée par le congrès de Vienne (1815), et regroupant 34 États souverains et 4 villes libres sous la présidence de l'empereur d'Autriche, elle fut le théâtre d'une opposition grandissante entre l'Autriche et la Prusse. La victoire prussienne de Sadowa (1866) entraîna sa dissolution.

Confédération internationale des syndicats libres ou **CISL,** organisation constituée en 1949 par les syndicats qui avaient quitté la Fédération syndicale mondiale. Elle compte la CGT-FO et la CFDT parmi ses membres.

Confédération suisse, nom officiel de la Suisse (qui, cependant, constitue depuis 1874 un véritable État fédéral).

Confession d'Augsbourg → **Augsbourg.**

Conflans (traité de) [oct. 1465], traité signé à Conflans-l'Archevêque (auj. dans la comm. de Charenton-le-Pont, Val-de-Marne), qui mit fin à la ligue du Bien public dirigée contre Louis XI.

CONFLANS-EN-JARNISY (54800), ch.-l. de cant. de Meurthe-et-Moselle, sur l'Orne ; 2 590 hab. *(Conflanais).* Carrefour ferroviaire.

CONFLANS-SAINTE-HONORINE (78700), ch.-l. de cant. des Yvelines, au confluent de l'Oise et de la Seine ; 33 948 hab. *(Conflanais).* Musée de la Batellerie. — Câbles électriques.

CONFLENT n.m., région des Pyrénées-Orientales (moyenne vallée de la Têt, entre Mont-Louis et Prades).

CONFOLENS [-lɑ̃] (16500), ch.-l. d'arrond. de la Charente, au confluent du Goire et de la Vienne ; 3 065 hab. *(Confolentais).* Maisons et monuments anciens.

Confrérie de la Passion, association consacrée, au Moyen Âge, à la représentation des mystères.

CONFUCIUS, en chin. **Kongzi** ou **Kongfuzi,** *v. 551 - 479 av. J.-C.,* lettré et philosophe chinois. Sa philosophie est morale et politique. Sa préoccupation majeure est de faire régner l'ordre dans l'État en formant des hommes qui vivent en conformité avec la vertu. Son œuvre est à l'origine du *confucianisme.

C

CONGAR (Yves), *Sedan 1904 - Paris 1995,* théologien et dominicain français. Auteur d'une œuvre importante sur l'œcuménisme et l'ecclésiologie, nommé cardinal peu avant sa mort, il fut l'un des grands experts du concile Vatican II.

CONGO n.m., fl. d'Afrique centrale, né sur le plateau du Katanga, qui se jette dans l'Atlantique ; 4 700 km ; bassin de 3 800 000 km². Il porte le nom de *Lualaba* jusqu'à Kisangani. Il reçoit l'Oubangui et le Kasaï avant de déboucher dans le Malebo Pool, site de Kinshasa et de Brazzaville. Vers l'aval, Matadi est accessible aux navires de haute mer. Navigable par biefs, le Congo a un régime assez régulier. La pêche est active.

CONGO n. m., État d'Afrique centrale, sur l'Atlantique ; 342 000 km² ; 2 700 000 hab. *(Congolais).* **CAP.** *Brazzaville.* **LANGUE :** *français.* **MONNAIE :** *franc CFA.*

GÉOGRAPHIE

Chevauchant l'équateur, le pays est en grande partie recouvert par la forêt dense, localement exploitée. Le manioc est la base de l'alimentation. Le pétrole est la principale source d'exportations qui passent surtout par le port de Pointe-Noire qui, avec la capitale, est la seule grande ville.

HISTOIRE

Avant l'indépendance. XVe s. - XVIIIe s. : deux royaumes existent, celui des Téké, dans le Nord ; celui du Loango, dans le Sud. La forêt est occupée par les Pygmées (Binga). **1875 :** le Français P. Savorgnan de Brazza explore la région. **1910 :** la colonie du Moyen-Congo, créée dans le cadre du Congo français (1891), est intégrée dans l'A-ÉF (capitale Brazzaville). **1926 - 1942 :** un mouvement syncrétiste, le matswanisme, mené par André Matswa (m. en 1942), provoque des troubles. **1944 :** à Brazzaville, où le gouverneur général Félix Éboué a choisi la France libre dès 1940, le général de Gaulle jette les bases de l'Union française. **1946 :** le Congo devient territoire d'outre-mer. **1956 :** l'abbé Fulbert Youlou crée l'Union démocratique de défense des intérêts africains (UDDIA).

La république du Congo. 1958 : le Congo devient république autonome. **1959 :** F. Youlou est élu président. **1960 :** la république du Congo, dite « Congo-Brazzaville », accède à l'indépendance. **1963 :** F. Youlou est écarté du pouvoir par Alphonse Massamba-Débat, qui engage le pays dans la voie socialiste. **1969 - 1977 :** dirigé par Marien Ngouabi, le pays devient la république populaire du Congo et resserre ses liens avec la Chine et les pays du pacte de Varsovie. **1977 :** M. Ngouabi est assassiné. **1979 :** Denis Sassou-Nguesso devient président de la République. **À partir de 1990 :** un processus de démocratisation est engagé (retour au multipartisme, abandon des références au marxisme). **1992 :** une nouvelle Constitution est approuvée par référendum. Pascal Lissouba, un des leaders de l'opposition démocratique, est élu à la tête de l'État. **1997 :** de violents combats opposent les partisans de P. Lissouba à ceux de son prédécesseur, D. Sassou-Nguesso. Ce dernier l'emporte et se fait proclamer président de la République.

CONGO (République démocratique du), anc. **Congo belge,** et, de 1971 à 1997, **Zaïre,** État d'Afrique centrale ; 2 345 000 km² ; 45 280 000 hab. *(Congolais).* CAP. *Kinshasa.* LANGUE : *français.* MONNAIE : *franc congolais.*

GÉOGRAPHIE

Traversé par l'équateur, le pays s'étend sur la cuvette forestière humide et chaude qui correspond à la majeure partie du bassin du fleuve Congo et sur les plateaux ou hauteurs de l'Est. La population (plus de 500 ethnies), très inégalement répartie, connaît une forte croissance démographique ; l'exode rural a gonflé les villes (notamm. Kinshasa). Le secteur agricole, toujours dominant, est surtout vivrier (manioc, maïs, banane plantain). Mais le pays ne couvre pas ses besoins alimentaires. Des plantations fournissent huile de palme, palmistes, café et cacao. Les ressources minières sont abondantes et variées (cuivre, cobalt et diamants industriels notamm.). Le potentiel hydroélectrique, un des plus puissants du monde, est sous-utilisé. Le réseau des transports (routes, voies ferrées) s'est considérablement dégradé. Kinshasa, Lubumbashi et Kisangani concentrent les quelques activités industrielles. La pression démographique accroît le sous-emploi, et le pays s'est lourdement endetté. La désintégration du pouvoir politique a entraîné celle de l'économie.

HISTOIRE

Les origines et l'époque coloniale. La région est occupée par les Pygmées et les Bantous. **XVIIe - XVIIIe s. :** le royaume kuba est créé sur la rivière Kasaï, tandis qu'au Katanga le royaume luba est à son apogée ; le royaume lunda s'en détache v. 1750. **1876 :** le roi des Belges Léopold II crée l'Association internationale africaine (AIA), bientôt transformée en Association internationale du Congo. **1885 :** l'État indépendant du Congo reçoit à Berlin une consécration internationale. Son union avec la Belgique est purement personnelle, le Congo étant propriété du souverain Léopold II. **1908 :** la Belgique assume l'héritage de Léopold II (Congo belge). **1918 - 1939 :** le développement économique de la colonie est poussé activement.

L'indépendance. 1960 : après quatre années d'effervescence nationaliste, le Congo belge accède à l'indépendance sous le nom de république du Congo, dite « Congo-Kinshasa ». P. Lumumba devient Premier ministre, Joseph Kasavubu est président de la République. Le Katanga, avec Moïse Tschombé, fait sécession. **1961 - 1965 :** les troubles continuent, marqués notamm. par l'assassinat de Lumumba (1961), l'intervention des Casques bleus de l'ONU (1961 - 1963), qui réduisent la sécession au Katanga, et celle des parachutistes belges (1964) pour mater une rébellion d'obédience lumumbiste. **Nov. 1965 :** l'accession à la présidence de la République de Sese Seko Mobutu, à la suite d'un coup d'État, inaugure une ère de relative stabilité. **1970 :** l'autoritarisme se renforce, avec l'instauration d'un régime de parti unique (Mouvement populaire de la révolution). **1971 :** la république du Congo prend le nom de Zaïre. **1977 - 1978 :** Mobutu fait appel à la France pour contenir de nouvelles rébellions (*Kolwezi). **À partir de 1990 :** confronté à une opposition croissante, Mobutu est acculé à certaines concessions (ouverture au multipartisme, mise en place d'un pouvoir de transition) mais refuse la démocratisation complète des institutions. **1994 :** la crise politique se double du problème de l'afflux massif de réfugiés rwandais. **1997 :** des troupes rebelles, progressant d'est en ouest, prennent le contrôle du pays et contraignent Mobutu à abandonner le pouvoir. Leur chef, Laurent-Désiré Kabila, se fait proclamer à la tête de l'État, rebaptisé République démocratique du Congo. **1998 :** le soulèvement d'anciens alliés de L.-D. Kabila, appuyés par le Rwanda et l'Ouganda, contre le pouvoir central entraîne à nouveau le pays dans la guerre. **2001 :** L.-D. Kabila est assassiné. Son fils, Joseph Kabila, est porté à la tête de l'État.

CONGO (royaume du) → **KONGO.**

CONGO BELGE, nom porté par l'ancienne colonie belge d'Afrique centrale, de 1908 à la proclamation de l'indépendance en 1960 (→ **Congo** [République démocratique du]).

CONGO-OCÉAN, ligne de chemin de fer (plus de 500 km) reliant Brazzaville à Pointe-Noire.

Congrès (bibliothèque du), bibliothèque du Parlement américain, fondée en 1800 à Washington. Bibliothèque nationale des États-Unis, elle recense la production imprimée mondiale.

Congrès (parti du), mouvement puis parti politique indien. Fondé en 1885, il lutte à partir de 1929 pour l'indépendance de l'Inde. Il est au pouvoir de 1947 à 1977, de 1980 à 1989 et de 1991 à 1996.

CONGREVE (William), *Bardsey, près de Leeds, 1670 - Londres 1729,* auteur dramatique britannique. Ses comédies *(Ainsi va le monde)* réagissent contre l'austérité puritaine.

CONGREVE (sir William), *Londres 1772 - Toulouse 1828,* officier britannique. Il inventa en 1804 des fusées qui portent son nom, utilisées contre le camp de Boulogne (1806).

CONI → **CUNEO.**

CONNACHT ou **CONNAUGHT,** prov. d'Irlande ; 422 909 hab.

CONNECTICUT n.m., fl. de l'est des États-Unis, qui rejoint la baie de Long Island ; 650 km.

CONNECTICUT n.m., État des États-Unis, en Nouvelle-Angleterre ; 13 000 km² ; 3 287 116 hab. ; cap. *Hartford.*

CONNEMARA n.m., région de l'ouest de l'Irlande.

CONNERY (Thomas, dit Sean), *Édimbourg 1930,* acteur britannique. Devenu célèbre grâce à *James Bond 007 contre Docteur No* (1962), il a cultivé son art de la composition notamm. dans : *Pas de printemps pour Marnie* (1964), *l'Homme qui voulut être roi* (1975), *le Nom de la rose* (1986), *les Incorruptibles* (1987).

CONNES (Alain), *Draguignan 1947,* mathématicien français. Ses travaux portent notamm. sur les algèbres de J. von Neumann, généralisation des algèbres de matrices. (Médaille Fields 1982 ; prix Crafoord 2001.)

CONON, *v. 444 - 390 av. J.-C.,* général athénien. Vaincu à l'Aigos-Potamos (405), il battit la flotte spartiate près de Cnide (394 av. J.-C.).

CONON de Béthune, *v. 1150 - 1219,* trouvère picard. Chevalier et poète, il composa des chansons courtoises et de croisade.

CONQUES (12320), ch.-l. de cant. de l'Aveyron, au N.-O. de Rodez ; 314 hab. Grande abbatiale romane Ste-Foy, reconstruite au milieu du XIe s. ; tympan du *Jugement dernier ;* trésor renfermant de rares orfèvreries du Moyen Âge ; vitraux de P. Soulages.

CONQUES-SUR-ORBIEL (11600), ch.-l. de cant. de l'Aude ; 2 109 hab. Église gothique.

CONQUET (Le) [29217], comm. du Finistère ; 2 441 hab. Pêche. Centre radiomaritime.

CONRAD Ier, *m. en 1192,* marquis de Montferrat (1188 - 1192), seigneur de Tyr et roi de Jérusalem (1992). Il défendit avec succès Tyr, assiégée par Saladin, et fut tué par les ismaéliens.

CONRAD II le Salique, *v. 990 - Utrecht 1039,* empereur germanique (1027 - 1039). Il fut élu roi de Germanie en 1024, roi d'Italie en 1026. Fondateur de la dynastie franconienne, il rattacha la Bourgogne à l'Empire (1032). — **Conrad III de Hohenstaufen,** *v. 1093 - Bamberg 1152,* roi des Romains (1138 - 1152). — **Conrad IV de Hohenstaufen,** *Andria 1228 - Lavello 1254,* roi des Romains (1250 - 1254). Il régna aussi sur la Sicile (1250 - 1254) et fut roi titulaire de Jérusalem (1228 - 1254). — **Conrad V** ou **Conradin,** *Wolfstein 1252 - Naples 1268,* roi titulaire de Jérusalem (1254 - 1268). Fils de Conrad IV et dernier des Hohenstaufen, il fut vaincu en 1268 par Charles Ier d'Anjou, qui le fit exécuter.

CONRAD (Józef Konrad **Korzeniowski,** dit Joseph), *Berditchev 1857 - Bishopsbourne 1924,* romancier britannique d'origine polonaise. Ses romans d'aventures et histoires de marins, remarquables par la maîtrise esthétique d'une langue d'adoption, explorent la solitude humaine (*Lord Jim,* 1900 ; *Au cœur des ténèbres,* 1902).

CONRAD VON HÖTZENDORF (Franz, comte), *Penzing 1852 - Bad Mergentheim 1925,* maréchal autrichien. Il fut chef de l'état-major austro-hongrois de 1906 à 1911, puis de 1912 à 1917.

CONRART (Valentin), *Paris 1603 - id. 1675,* écrivain français. Il fut le premier secrétaire perpétuel de l'Académie française.

CONSALVI (Ercole), *Rome 1757 - Anzio 1824,* prélat italien. Cardinal, secrétaire d'État de Pie VII (1800), il négocia le Concordat avec Bonaparte (1801).

CONSCIENCE (Hendrik), *Anvers 1812 - Bruxelles 1883,* écrivain belge de langue néerlandaise, auteur de romans de mœurs et de récits historiques *(le Lion de Flandre).*

Conseil constitutionnel, organe juridictionnel français. Il a été créé en 1958 pour veiller à la régularité des élections et des référendums et à la conformité à la Constitution des lois organiques, du règlement intérieur du Parlement, et des lois ordinaires qui lui sont déférées par le président de la République, le Premier ministre, le président de l'une ou l'autre assemblée, ou par soixante députés ou sénateurs. Il est composé de neuf membres, nommés pour neuf ans, et des anciens présidents de la République.

Conseil de la République, seconde chambre du Parlement français sous la IVe République. Il ne disposait que d'un pouvoir législatif consultatif. En 1948, ses membres prirent le nom de sénateurs.

Conseil de l'Europe, organisation de coopération européenne. Créé en 1949, il réunit aujourd'hui 43 États. Le respect de la Convention européenne de sauvegarde des droits de l'homme et des libertés fondamentales (1950), établie par le Conseil de l'Europe, est assuré par la Cour européenne des droits de l'homme. Son siège est à Strasbourg.

Conseil des Anciens → **Anciens.**

Conseil des Cinq-Cents → **Cinq-Cents.**

Conseil de sécurité, organe permanent de l'Organisation des Nations unies. Parmi les 15 membres qui le composent, 5 sont permanents (Chine, France, Royaume-Uni, Russie, États-Unis) et disposent du « droit de veto », les autres sont élus pour deux ans. Le Conseil assume la responsabilité principale du maintien de la paix.

Conseil d'État, instance consultative et juridictionnelle suprême de l'administration française. Créé par la Constitution de l'an VIII (1799), il est réorganisé en 1872. Le Conseil d'État (six sections, 200 membres) est juge d'appel ou de cassation de certaines décisions des juridictions administratives. En tant qu'instance consultative, il donne obligatoirement un avis préalable sur les ordonnances, les projets de loi et certains décrets.

Conseil économique et social, assemblée consultative française, créée en 1958. Composé de représentants du gouvernement et des principales activités économiques et sociales de la nation, il est chargé de donner son avis sur les textes ou les questions d'ordre économique et social (231 membres).

Conseil européen, institution de l'Union européenne chargée de la définition des orientations politiques générales. Créé en 1974 sous la forme d'une réunion périodique des chefs d'État et du gouvernement de la CEE et du président de la Commission européenne, il a été institutionnalisé en 1986.

Conseil national de la Résistance ou **CNR,** organisme fédérateur des organisations de la Résistance française, créé en 1943 sous la présidence de J. Moulin.

Conseil national du patronat français (CNPF) → **Medef.**

Conseil œcuménique des Églises (COE), organisme créé en 1948 à Amsterdam en vue de coordonner l'action de la plupart des confessions protestantes et des orthodoxes orientaux. Son siège est à Genève. Des observateurs catholiques participent à ses réunions.

conservateur (Parti), parti politique britannique. Le terme « conservateur » fut officiellement substitué à celui de « tory » après la réforme électorale de 1832. Traditionnellement aristocratique, ce parti a progressivement atteint les classes moyennes. Principaux dirigeants : R. Peel, B. Disraeli, lord Salisbury, W. Churchill, A. Eden, H. Macmillan, E. Heath, M. Thatcher, J. Major et, depuis 1997, William Hague.

Conservatoire de l'espace littoral et des rivages lacustres, établissement public administratif français créé en 1975, chargé d'acquérir les espaces naturels fragiles ou menacés, en bord de mer et sur les rives des grands lacs, pour en assurer la protection définitive.

Conservatoire national des arts et métiers (CNAM), établissement public d'enseignement supérieur, à Paris. Il propose, à l'intention en particulier des adultes engagés dans la vie professionnelle, diverses formations et délivre des diplômes, notamm. d'ingénieur. Il est aussi un centre de recherche et d'information scientifique ; un *musée des Arts et Métiers* lui est annexé. Fondé en 1794 sur rapport de l'abbé Grégoire, il est installé depuis 1802 dans l'ancien prieuré de St-Martin-des-Champs.

Conservatoire national supérieur d'art dramatique, établissement d'enseignement supérieur destiné à la formation de comédiens et de metteurs en scène, à Paris. Il a été séparé en 1946 du Conservatoire national supérieur de musique.

Conservatoire national supérieur de musique et de danse de Paris (CNSMDP), dénomination actuelle de l'établissement qui assure la formation des musiciens professionnels. Créé à Paris en 1795, il a, depuis 1979, son homologue à Lyon (CNSMDL : Conservatoire national supérieur de musique et de danse de Lyon).

■ **CONSERVATOIRE NATIONAL SUPÉRIEUR DE MUSIQUE ET DE DANSE,** à Paris-la Villette, par C. de Portzamparc (1990).

CONSIDÉRANT (Victor), *Salins, Jura, 1808 - Paris 1893,* théoricien et homme politique français. Disciple de Fourier, il précisa la notion de droit au travail (*Théorie du droit de propriété et du droit au travail,* 1845), une des idées-forces de la révolution de 1848, à laquelle il participa activement. Il adhéra plus tard à la Ire Internationale (1871) et se rallia à la Commune.

Conspiration des poudres (1605), complot organisé par des catholiques anglais. Ceux-ci projetèrent d'éliminer le gouvernement en faisant sauter le Parlement le jour où ses membres devaient y accueillir le roi Jacques Ier, accompagné de ses ministres. Le gouvernement, averti, fit mettre à mort la plupart des conjurés.

CONSTABLE (John), *East Bergholt, Suffolk, 1776 - Londres 1837,* peintre britannique. Romantique et réaliste, il est un des grands initiateurs du paysage moderne (*Scène de rivière au moulin de Flatford,* 1816 - 1817, Tate Britain).

CONSTANCE, en all. **Konstanz,** v. d'Allemagne (Bade-Wurtemberg), sur le *lac de Constance ;* 75 891 hab. Cathédrale des XIe-XVIIe s. et autres monuments. — Concile œcuménique (1414 - 1418) qui mit fin au grand schisme d'Occident ; Jan Hus y fut condamné.

CONSTANCE (lac de), en all. **Bodensee,** lac formé par le Rhin, entre la Suisse, l'Autriche et l'Allemagne ; 540 km².

CONSTANCE Ier CHLORE, en lat. **Marcus Flavius Valerius Constantius,** *v. 225 - Eboracum, auj. York, 306,* empereur romain de la Tétrarchie (305 - 306). Père de Constantin Ier, il reconquit la Bretagne (l'actuelle Angleterre).

CONSTANCE II, *317 - 361,* empereur romain (337 - 361). Fils de Constantin Ier, il régna seul à partir de 351. Il favorisa le christianisme dans l'Empire mais protégea les ariens et renforça le despotisme impérial. Il mourut en se portant contre Julien l'Apostat, que l'armée des Gaules avait nommé empereur.

CONSTANT Ier, *320 - 350,* empereur romain (337 - 350).

C

CONSTANT (Benjamin Henri **Constant de Rebecque,** dit Benjamin), *Lausanne 1767 - Paris 1830,* homme politique et écrivain français. Ami de Mme de Staël, il est célèbre pour son roman psychologique *Adolphe* (1816). Hostile au despotisme, il rédigea cependant l'Acte additionnel lors des Cent-Jours (1815), siégea dans les rangs de l'opposition libérale sous la Restauration et se rallia à Louis-Philippe en 1830.

CONSTANT (Marius), *Bucarest 1925,* compositeur et chef d'orchestre français. Auteur de *24 Préludes pour orchestre* (1959), il s'est orienté vers la musique aléatoire (*les Chants de Maldoror,* 1962). Il a aussi écrit ou adapté des musiques de scène pour R. Petit (*Nana,* 1976) ou P. Brook (*la Tragédie de Carmen,* 1981).

CONSTANŢA, v. de Roumanie, sur la mer Noire ; 350 476 hab. Port. Centre industriel. — Vestiges grecs et romains ; musée archéologique.

CONSTANTIN Ier le Grand, en lat. **Caius Flavius Valerius Aurelius Constantinus,** *Naissus, auj. Niš, entre 270 et 288 - Nicomédie 337,* empereur romain (306 - 337). Fils de Constance Chlore, il fut proclamé empereur à la mort de son père. Sa victoire contre Maxence sous les murs de Rome, en 312, décida du triomphe du christianisme ; en 313, l'édit de Milan établit la liberté religieuse. En 324, Constantin vainquit Licinius, qui régnait sur l'Orient, rétablissant ainsi l'unité impériale. L'année suivante, il convoqua un concile œcuménique à Nicée : considérant l'Église comme un des principaux soutiens de l'État, il intervint directement dans les questions religieuses. En 324 - 330, pour mieux surveiller la frontière du Danube et les Perses, il fonda une nouvelle Rome, Constantinople. Sous son règne, l'Empire prit la forme d'une monarchie de droit divin, centralisée, s'appuyant sur une société très hiérarchisée. — **Constantin II le Jeune,** *317 - Aquilée 340,* empereur romain (337 - 340), fils de Constantin Ier. — **Constantin III Héraclius,** *612 - Chalcédoine 641,* empereur byzantin (641), père de Théodose. — **Constantin IV,** *654 - 685,* empereur byzantin (668 - 685). Il brisa définitivement l'avance arabe en Orient. — **Constantin V,** *718 - 775,* empereur byzantin (741 - 775). Il combattit le culte des images. — **Constantin VI,** *771 - v. 800,* empereur byzantin (780 - 797). Fils de Léon IV et d'Irène, il fut battu par les Bulgares (792) et par les Arabes (797). Sa mère l'écarta du pouvoir. — **Constantin VII Porphyrogénète,** *905 - 959,* empereur byzantin (913 - 959). Après avoir régné sous la tutelle de sa mère Zoé, il subit l'autorité de son beau-père Romain Ier Lécapène et des fils de celui-ci. Il régna seul après 945. — **Constantin VIII,** *v. 960 - 1028,* empereur byzantin (961 - 1028). D'abord associé à Basile II de 961 à 1025, il régna seul de 1025 à 1028. — **Constantin IX Monomaque,** *m. en 1055,* empereur byzantin (1042 - 1055). Son règne fut marqué par le schisme entre Rome et Byzance (1054). — **Constantin X Doukas,** *m. en 1067,* empereur byzantin (1059 - 1067). Sous son règne, les Seldjoukides pénétrèrent en Cappadoce. — **Constantin XII Paléologue** ou **Constantin XI,** surnommé **Dragasès,** *1403 - Constantinople 1453,* empereur byzantin (1449 - 1453). Il fut tué en défendant Constantinople contre Mehmed II.

■ JOHN **CONSTABLE.** *La Charrette à foin,* 1821. (National Gallery, Londres.)

■ **CONSTANTIN Ier LE GRAND.** (Musée des Conservateurs, Rome.)

CONSTANTIN Ier, *Athènes 1868 - Palerme 1923,* roi de Grèce (1913 - 1917 ; 1920 - 1922). Fils et successeur de Georges Ier, il fut contraint par les Alliés et Venizélos d'abdiquer en 1917. Revenu au pouvoir (1920), il dut abdiquer une seconde fois après la défaite devant les Turcs.

CONSTANTIN II, *Psykhikón 1940,* roi de Grèce (1964 - 1973). Fils et successeur de Paul Ier, il s'exila en 1967 à la suite du « coup d'État des colonels ».

CONSTANTIN Pavlovitch, *Tsarskoïe Selo 1779 - Vitebsk 1831,* grand-duc de Russie. Fils de Paul Ier, il fut commandant en chef de l'armée du royaume de Pologne (1815 - 1830). Il céda ses droits au trône de Russie à son frère Nicolas Ier.

CONSTANTINE ou **QACENTINA,** v. d'Algérie, ch.-l. de wilaya, au-dessus des gorges du Rummel ; 441 000 hab. *(Constantinois).* Centre commercial. Université. — C'est la *Cirta* antique. Musée archéologique.

CONSTANTINOIS, région orientale de l'Algérie.

CONSTANTINOPLE, nom donné par Constantin Ier le Grand à l'ancienne Byzance, appelée plus tard par les Turcs **Istanbul.* Construite par Constantin en 324 - 336 et inaugurée en 330, résidence de l'empereur, siège du patriarcat d'Orient depuis 451, Constantinople devint rapidement la capitale politique, religieuse, intellectuelle de l'Empire byzantin. Port actif, elle attira de nombreuses colonies étrangères, surtout italiennes. Capitale de l'Empire latin de 1204 à 1261, elle résista aux Barbares, aux Arabes, aux Russes et aux Bulgares, mais tomba, le 29 mai 1453, aux mains des Turcs Ottomans, qui en firent leur capitale. — Quatre conciles œcuméniques s'y tinrent (381, 553, 680 - 681, 869 - 870).

Constituante ou **Assemblée nationale constituante,** nom que prirent les États généraux le 9 juill. 1789. À cette assemblée succéda la Législative (1er oct. 1791).

Constitution civile du clergé, décret qui organisait le clergé séculier, voté par la Constituante le 12 juill. 1790 et sanctionné par Louis XVI le 24 août. Élus par des assemblées, les évêques ne recevaient plus l'investiture du pape et devenaient des fonctionnaires. La condamnation de cette réforme par Pie VI (1791) provoqua dans l'Église de France un schisme de fait entre prêtres *constitutionnels* et prêtres *réfractaires.*

constitutionnel démocrate (Parti), dit **K.D.** ou **Cadets,** parti libéral russe (1905 - 1917).

Consulat (9 - 10 nov. 1799 - 18 mai 1804), régime politique de la France issu du coup d'État du 18 brumaire an VIII. Il prit fin lorsque Napoléon Bonaparte, alors Premier consul, se fit proclamer empereur.

CONTAMINES-MONTJOIE (Les) [74170], comm. de la Haute-Savoie, dans le massif du Mont-Blanc ; 1 145 hab. *(Contaminards).* Station de sports d'hiver (alt. 1 165 - 2 500 m).

CONTARINI, famille de Venise, qui a donné huit doges à la République (XIe-XVIIe s.).

CONTÉ (Nicolas Jacques), *près de Sées, Orne, 1755 - Paris 1805,* savant français. Il inventa les crayons à mine de graphite et eut l'idée d'utiliser les aérostats dans les opérations militaires.

CONTES (06390), ch.-l. de cant. des Alpes-Maritimes ; 6 644 hab. *(Contois).* Église des XVIe et XVIIe s. (importants polyptyques).

Contes, recueil de contes d'Andersen (1835 - 1872). L'auteur s'inspire de thèmes folkloriques, de légendes scandinaves, de sources littéraires ou de souvenirs personnels *(le Vilain Petit Canard, la Petite Sirène, la Bergère et le Ramoneur, la Petite Fille aux allumettes, les Nouveaux Habits de l'empereur).*

Contes, recueil de contes posthume de C. Perrault (1781). Il rassemble huit contes en prose, publiés en 1697 sous le titre *Contes de ma mère l'Oye (la *Belle au bois dormant, le *Petit Chaperon rouge, *Barbe-Bleue, le *Chat botté, les Fées, *Cendrillon, *Riquet à la houppe, le *Petit Poucet),* et trois contes en vers *(Grisélidis, les Souhaits ridicules, *Peau d'âne).*

Contes de Cantorbéry, recueil de contes en vers et en prose de Chaucer (écrit v. 1390 et édité v. 1478). En route vers la tombe de saint Thomas Becket, 31 pèlerins racontent chacun une histoire, l'ensemble constituant un brillant panorama de la société et des genres littéraires médiévaux.

Contes de Noël, recueil de contes de C. Dickens (1843 - 1848). Ces récits populaires allient l'humour et l'émotion *(le Chant de Noël, le Grillon du foyer).*

Contes des frères Sérapion, recueil de contes de E. T. A. Hoffmann (1819 - 1821). L'auteur allie une inspiration fantastique à un réalisme minutieux *(Casse-Noisette et le Roi des rats, les Mines de Falun).*

Contes du chat perché, recueil de contes de M. Aymé (1934), complété par les *Autres Contes du chat perché* (1950) et les *Derniers Contes du chat perché* (1958). Les héroïnes en sont deux fillettes, Delphine et Marinette, qui ont pour amis les animaux de la ferme de leurs parents.

Contes du lundi, recueil de contes de A. Daudet (1873), inspirés, pour la plupart, par la guerre de 1870.

CONTI ou **CONTY** (maison **de**), branche cadette de la maison de Condé, elle-même issue de la maison de Bourbon. — **Armand de Bourbon,** prince **de C.,** *Paris 1629 - Pézenas 1666,* prince français. Frère du Grand Condé, il prit part aux troubles de la Fronde et épousa une nièce de Mazarin.

contrat social (Du) ou **Principes du droit politique,** traité de J.-J. Rousseau (1762). L'auteur y explique que l'abandon réciproque et simultané de leurs droits naturels par les individus est le seul fondement concevable de la liberté civile, et place la notion de volonté générale au cœur de sa conception de la démocratie.

Contre-Réforme → **Réforme catholique.**

CONTRES (41700), ch.-l. de cant. de Loir-et-Cher ; 3 336 hab. *(Controis).*

CONTREXÉVILLE (88140), comm. des Vosges, près de Vittel ; 4 178 hab. Eaux minérales et station thermale (affections urinaires, goutte).

Convention nationale, assemblée qui succéda à la Législative le 21 sept. 1792 et gouverna la France jusqu'au 26 oct. 1795 (4 brumaire an IV).

COOK (détroit de), bras de mer séparant les deux îles principales de la Nouvelle-Zélande.

COOK (îles), archipel d'Océanie, entre les îles Tonga et Tahiti, à 1 600 km au N.-E. de la Nouvelle-Zélande, dont il constitue un territoire associé ; 241 km² ; 18 500 hab. ; ch.-l. *Avarua,* dans l'île de Rarotonga.

COOK (mont) → **AORAKI** (mont).

COOK (James), *Marton-in-Cleveland 1728 - baie de Kealakekua, îles Hawaii, 1779,* navigateur britannique. Lors d'un premier voyage, il découvrit les îles de la Société et explora la Nouvelle-Zélande (1768 - 1771). Un deuxième voyage le mena dans l'océan Antarctique (1772 - 1775). Reparti en 1776, il découvrit les îles Sandwich (Hawaii) [1778], où il fut tué par les indigènes.

COOK (Thomas), *Melbourne, Derbyshire, 1808 - Leicester 1892,* homme d'affaires britannique. Initiateur, en 1841, du premier « voyage organisé » entre Leicester et Loughborough, il fonda les agences de voyage qui portent son nom.

COOLIDGE (Calvin), *Plymouth, Vermont, 1872 - Northampton, Massachusetts, 1933,* homme politique américain. Il fut président républicain des États-Unis (1923 - 1929).

COOLIDGE (William David), *Hudson 1873 - Schenectady 1975,* physicien américain, inventeur du tube à rayons X à cathode incandescente (1913).

COOPER (David), *Le Cap 1931 - Paris 1986,* psychiatre britannique. Il fonda, avec R. Laing, l'antipsychiatrie (*Mort de la famille,* 1971).

COOPER (Gary), *Helena, Montana, 1901 - Los Angeles 1961,* acteur américain. Il fut l'incarnation de l'Américain viril, réservé et loyal : *l'Extravagant M. Deeds* (F. Capra, 1936), *Le train sifflera trois fois* (F. Zinneman, 1952).

■ GARY **COOPER** dans une scène de *Sergent York* (1941) de Howard Hawks.

COOPER (James Fenimore), *Burlington 1789 - Cooperstown 1851,* romancier américain. Ses récits d'aventures mettent en scène, à travers des personnages d'Indiens peu réalistes, le conflit entre la civilisation et la culture primitive (*le Dernier des Mohicans,* 1826).

COOPER (Leon N.), *New York 1930,* physicien américain. Il a travaillé, avec J. Bardeen et J. R. Schrieffer, à une théorie de la supraconductivité, dite *théorie BCS.* (Prix Nobel 1972.)

COPACABANA, quartier de Rio de Janeiro. Station balnéaire.

COPÁN, cité maya du Honduras. Elle appartient à la période classique (250 - 950) ; imposants vestiges, glyphes et décor sculpté.

COPEAU (Jacques), *Paris 1879 - Beaune 1949,* acteur, metteur en scène de théâtre et écrivain français. L'un des fondateurs de *la *Nouvelle Revue française,* il créa le théâtre du Vieux-Colombier, où il renouvela la technique dramatique. Il tenta, en Bourgogne, de retrouver les sources d'un théâtre populaire avec un groupe de disciples, les *Copiaux.*

COPENHAGUE, en dan. **København,** cap. du Danemark, sur la côte est de l'île de Sjaelland, sur le Sund ; 620 970 hab. *(Copenhaguois)* [1 366 000 hab. dans l'agglomération]. Principal port et aéroport (Kastrup), centre politique, intellectuel et industriel du pays. – Monuments remarquables, notamm. des XVIIe-XIXe s. Importants musées. – Copenhague devint la capitale danoise en 1443. Maîtresse du commerce balte, elle connut une grande prospérité aux XVIIe et XVIIIe s. En 1801 et 1807, la ville fut bombardée par les Anglais, le Danemark ayant adhéré à la ligue des Neutres puis étant devenu l'allié de Napoléon Ier.

COPERNIC (Nicolas), en polon. **Mikołaj Kopernik,** *Toruń 1473 - Frauenburg, auj. Frombork, 1543,* astronome polonais. Au terme de longues années d'études et de réflexion, il fait l'hypothèse du mouvement de la Terre et des autres planètes autour du Soleil. Publiée en 1543 dans un traité intitulé *De revolutionibus orbium coelestium libri VI,* cette conception rend compte des principaux phénomènes astronomiques connus à l'époque, de façon bien plus simple que le système de Ptolémée admis jusque-là. Mais, déniant à la Terre tout rôle privilégié dans l'Univers, elle soulève de nombreuses critiques, notamment au sein de l'Église. Ce n'est qu'après l'invention de la lunette, au XVIIe s., que sa validité est définitivement reconnue. En rompant avec la conception géocentrique du monde, l'œuvre de Copernic a marqué un tournant dans l'histoire de la pensée et du progrès scientifique.

COPI (Raúl **Damonte,** dit), *Buenos Aires 1939 - Paris 1987,* auteur dramatique et humoriste argentin. Dans ses dessins *(la Femme assise)* et son théâtre *(Eva Perón, Une visite inopportune),* il traite de la difficulté d'être contemporaine en utilisant l'humour, la provocation et l'insolite.

COPLAND (Aaron), *Brooklyn 1900 - North Tarrytown, État de New York, 1990,* compositeur américain. Il s'exprime dans un langage néoclassique (*El Salón México,* pour orchestre, 1936 ; *Appalachian Spring,* ballet, 1944).

COPPÉE (François), *Paris 1842 - id. 1908,* poète français. Il s'est fait le peintre sentimental de la vie du petit peuple *(les Humbles).* [Acad. fr.]

Coppélia, personnage du ballet-pantomime *Coppélia ou la Fille aux yeux d'émail* (Paris, 1870). Cette poupée-automate animée est inspirée par le personnage d'Olympia du *Marchand de sable (*Contes des frères Sérapion)* de E. T. A. Hoffmann. Le livret du ballet est dû à C. Nuitter et A. Saint-Léon, la musique à L. Delibes, la chorégraphie à A. Saint-Léon.

COPPENS (Yves), *Vannes 1934,* paléontologue français. Il a proposé une interprétation environnementale de l'apparition des premiers hominidés (australopithèques) en Afrique de l'Est.

COPPET, comm. de Suisse (Vaud), sur le lac Léman ; 1 827 hab. *(Coppétans).* Le château de Coppet a appartenu à Necker, puis à sa fille, Mme de Staël, qui y réunit, durant le premier Empire, une société intellectuelle cosmopolite.

COPPI (Angelo Fausto), *Castellania 1919 - Novi Ligure 1960,* coureur cycliste italien. Recordman du monde de l'heure et champion du monde sur route (1953), il a remporté deux fois le Tour de France (1949 et 1952) et cinq fois le Tour d'Italie (entre 1940 et 1953).

COPPOLA (Francis Ford), *Detroit 1939,* cinéaste américain. Ses œuvres spectaculaires, ses recherches techniques ont fait de lui l'incarnation de la nouvelle génération hollywoodienne des années 70 : *le Parrain* (1972), *Apocalypse Now* (1979), *Rusty James* (1983), *Cotton Club* (1984), *Jardins de pierre* (1987), *Tucker* (1988), *Dracula* (1992), *l'Idéaliste* (1997).

COPTES, membres de l'Église chrétienne orthodoxe d'Égypte, qui fait partie du rameau monophysite opposé aux décisions christologiques du concile de Chalcédoine (451) et qui, après avoir gagné l'ensemble du pays, fut submergée par l'islam. Comptant auj. 7 millions de fidèles, elle a pour chef le patriarche d'Alexandrie, qui réside au Caire, et elle suit le rite copte (en langue copte). Le terme, qui désigna d'abord un peuple, sa langue et sa culture, puis exclusivement sa religion, a été étendu de façon abusive à l'Église orthodoxe éthiopienne, qui appartient, elle aussi, à la tradition monophysite et qui, avec 14 millions de fidèles en Éthiopie et en Érythrée, a adopté le rite copte, mais en langue guèze ou en amharique.

COQUELLES (62231), comm. du Pas-de-Calais, près de Calais ; 2 415 hab. *(Coquellois).* Terminal du tunnel sous la Manche. Textiles chimiques.

COQUILHATVILLE → **MBANDAKA.**

COQUIMBO, v. du Chili septentrional ; 122 476 hab.

CORAÏ ou **KORAÍS** (Adhamándios), *Smyrne 1748 - Paris 1833,* écrivain grec. Il préconisa l'usage d'une langue mi-populaire, mi-savante.

CORAIL (mer de), partie de l'océan Pacifique, entre l'Australie et la Mélanésie.

Corail (bataille de la mer de) [4 - 8 mai 1942], bataille aéronavale de la Seconde Guerre mondiale, pendant la guerre du Pacifique. Victoire américaine sur les Japonais, qui durent renoncer à débarquer en Nouvelle-Guinée.

CORALLI PERACINI (Jean), *Paris 1779 - id. 1854,* danseur et chorégraphe français. Il fut l'auteur, en collaboration avec Jules Perrot, du ballet **Giselle ou les Wilis* (1841).

C

Coran (de l'ar. *qur'ān,* récitation), livre sacré des musulmans. Il contient la révélation que le Dieu unique, Allah, a transmise à Mahomet par l'intermédiaire de l'ange Gabriel de 612 à 632, à La Mecque puis à Médine. Rédigé en arabe et composé de 114 chapitres, ou *surates,* le Coran traite notamm. de l'unicité de Dieu, de la purification et de la vie de la communauté musulmane. Il est le fondement de celle-ci, la source du dogme et (avec les hadith) de la loi de l'islam *(charia).*

CORBAS (69960), comm. du Rhône, au S.-E. de Lyon ; 9 309 hab. *(Corbasiens).* Abattoir.

CORBEHEM (62112), comm. du Pas-de-Calais ; 2 332 hab. *(Corbehemois).* Papeterie.

CORBEIL-ESSONNES (91100), ch.-l. de cant. de l'Essonne, au confluent de l'Essonne et de la Seine ; 39 951 hab. *(Corbeillessonnois).* Évêché. Centre industriel (imprimerie, électronique). – Église St-Spire, des XIIe-XVe s., auj. cathédrale.

CORBIE (80800), ch.-l. de cant. de la Somme, sur la Somme ; 6 452 hab. *(Corbéens).* Bonneterie. – Église gothique (XVIe-XVIIIe s.), un des vestiges d'une puissante abbaye du VIIe s.

CORBIER (le) [73300 Villarembert], station de sports d'hiver du sud de la Savoie (alt. 1 500 - 2 260 m).

CORBIÈRE (Édouard Joachim, dit Tristan), *près de Morlaix 1845 - Morlaix 1875,* poète français. « Poète maudit » révélé par Verlaine, il est l'auteur des *Amours jaunes* (1873).

CORBIÈRES n.f. pl., bordure des Pyrénées françaises, surtout dans le sud de l'Aude ; 1 230 m. Vignobles.

CORCYRE → **CORFOU.**

CORDAY (Charlotte **de Corday d'Armont,** dite Charlotte), *Saint-Saturnin-des-Ligneries, près de Vimoutiers, 1768 - Paris 1793,* révolutionnaire française. Pour venger les Girondins, elle poignarda Marat dans son bain et fut guillotinée.

■ **COPENHAGUE.** L'hôtel de ville, œuvre de M. Nyrop (fin du XIXe s.).

■ **COPERNIC.** (Université de Cracovie.)

Cordeliers (club des), club révolutionnaire fondé à Paris en avril 1790. Ses chefs étaient Danton, Marat, Desmoulins, Hébert, Chaumette. Il perdit toute influence politique en mars 1794, lors de l'élimination des hébertistes.

CORDES-SUR-CIEL (81170), anc. **Cordes,** ch.-l. de cant. du nord du Tarn ; 1 047 hab. *(Cordais).* Anc. bastide conservant portes fortifiées, église, halle et demeures gothiques ; petits musées.

CORDIER (Louis), *Abbeville 1777 - Paris 1861,* géologue français. Inspecteur des mines, il fut l'un des premiers à appliquer des méthodes physicochimiques à la pétrologie.

CÓRDOBA, v. d'Argentine, au pied de la *sierra de Córdoba ;* 1 179 067 hab. Deuxième ville et centre industriel du pays. — Églises baroques des XVIIe et XVIIIe s. ; musées.

CORDOUAN, rocher au large de l'estuaire de la Gironde. Phare des XVIe et XVIIIe s.

CORDOUE, en esp. **Córdoba,** v. d'Espagne (Andalousie), ch.-l. de prov., sur le Guadalquivir ; 310 488 hab. *(Cordouans).* Colonie romaine (169 av. J.-C.), conquise par les Arabes en 711, Cordoue fut le siège d'un émirat (756) puis d'un califat (929). Elle fut reconquise en 1236. — Grande Mosquée (785 - 987), chef-d'œuvre de l'architecture omeyyade, convertie en cathédrale sous Charles Quint. Églises mudéjares, gothiques et baroques. Musées. La ville fut jadis célèbre pour ses cuirs décorés.

C

■ **CORDOUE.** Double étagement d'arcs de brique et de pierre, dans la nef de la Grande Mosquée (VIIIe-Xe s.).

CORDOUE (Gonzalve **de**) → **GONZALVE.**

CORÉ → **PERSÉPHONE.**

CORÉE, péninsule comprise entre la mer du Japon (dite ici mer de l'Est) et la mer Jaune, partagée en deux unités politiques : la *Corée du Nord (République populaire démocratique de Corée)* et la *Corée du Sud (république de Corée).*

HISTOIRE

Les Chinois établissent des commanderies en Corée au Ier s. av. J.-C. **57 av. J.-C. - 935 apr. J.-C. :** le pays, d'abord partagé entre les royaumes de Silla (57 av. J.-C.-935), Koguryo (37 av. J.-C.-668) et Paikche (18 av. J.-C.-660), est unifié par Silla en 735. **935 - 1392 :** sous la dynastie Koryo, la Corée est envahie par les Mongols (1231). **1392 - 1910 :** la dynastie Choson (dite aussi dynastie Li, ou Yi) adopte le confucianisme et interdit le bouddhisme. Elle repousse les Japonais (1592, 1597) mais doit reconnaître en 1637 la suzeraineté des Mandchous (dynastie des Qing de Chine). **1910 :** le Japon, qui a éliminé les Qing de Corée en 1895, annexe le pays. **1945 :** occupation par les troupes soviétiques et américaines. **1948 :** le gouvernement de la république de Corée est établi à Séoul ; la République populaire démocratique de Corée est proclamée à Pyongyang. **1953 :** à l'issue de la guerre de Corée (1950 - 1953), la division du pays est maintenue.

CORÉE (détroit de), détroit reliant la mer du Japon et la mer de Chine orientale, entre la Corée et le Japon.

Corée (guerre de) [juin 1950 - juill. 1953], conflit qui opposa la Corée du Sud, soutenue par les forces de l'ONU (fournies surtout par les États-Unis, puis par la France, la Grande-Bretagne, le Benelux et la Turquie), à la Corée du Nord, appuyée à partir de 1951 par les troupes de la

Chine populaire. Cette guerre marque le point culminant de la guerre froide entre l'Est et l'Ouest. Elle aboutit à la reconnaissance des deux États coréens par les États-Unis et l'URSS.

CORÉE n.f. (république de) ou **CORÉE DU SUD,** État d'Asie orientale, occupant la partie sud de la péninsule coréenne ; 99 000 km² ; 45 400 000 hab. *(Sud-Coréens).* CAP. *Séoul.* V. PRINC. *Pusan.* LANGUE : *coréen.* MONNAIE : *won.*

GÉOGRAPHIE

Moins étendu que la Corée du Nord, cet État est beaucoup plus peuplé. L'extension des plaines et des collines et un climat plus doux expliquent la prédominance de la culture du riz. La pêche est aussi active. Palliant la pauvreté du sous-sol, l'abondance de la main-d'œuvre et les capitaux étrangers ont stimulé l'industrie (textile, chimie, sidérurgie et surtout construction navale et automobile, constructions électriques et électroniques). Cette industrie, représentée notamment dans les grandes villes de Pusan (débouché maritime) et de Séoul, est largement exportatrice (vers le Japon et surtout les États-Unis). Après une phase de croissance spectaculaire, l'économie a connu une période difficile (crise financière de 1997 - 1998 dans les pays asiatiques émergents et problèmes structurels), auj. suivie d'une phase de rénovation et de redressement.

HISTOIRE

Présidée par Syngman Rhee (1948 - 1960), auquel ont succédé Park Chung-hee (1963 - 1979) puis Chun Doo-hwan (1980 - 1988), la république de Corée est soumise à un régime autoritaire, mais un processus de démocratisation s'engage en 1987. **1988 :** Roh Tae-woo devient président de la République (élu au suffrage universel, déc. 1987). **1991 :** les deux Corées entrent à l'ONU et signent un accord de réconciliation. **1993 :** Kim Young-sam accède à la tête de l'État. **1998 :** Kim Dae-jung, leader historique de l'opposition, devient président de la République. **2000 :** un dialogue s'engage entre les deux Corées (rencontre historique des deux chefs d'État, en juin, à Pyongyang).

CORÉE n.f. (République populaire démocratique de) ou **CORÉE DU NORD,** État d'Asie orientale, occupant la partie nord de la péninsule coréenne ; 120 500 km² ; 24 300 000 hab. *(Nord-Coréens).* CAP. *Pyongyang.* LANGUE : *coréen.* MONNAIE : *won nord-coréen.*

GÉOGRAPHIE

C'est un pays montagneux, au climat rude, où le riz, le maïs et le blé constituent, avec les produits de la pêche, les bases de l'alimentation. La présence de charbon surtout et de fer, les aménagements hydroélectriques (sur le Yalu) ont favorisé le développement de l'industrie de base (sidérurgie, chimie), dans le cadre d'une économie collectiviste et peu ouverte sur l'extérieur. Mais la Corée du Nord est auj. confrontée à un effondrement de sa production agricole (famine) et à la faillite de son économie.

HISTOIRE

Kim Il-sung assume la direction du pays dès la création de la République (1948). Il instaure un régime socialiste à parti unique (parti du Travail), inspiré du modèle soviétique. **1991 :** les deux Corées entrent à l'ONU et signent un accord de réconciliation. **1994 :** mort de Kim Il-sung. **1998 :** son fils Kim Jong-il, son successeur désigné, est officiellement porté à la tête de l'État. **2000 :** amorce d'une détente avec la Corée du Sud (rencontre historique des chefs d'État des deux Corées, en juin, à Pyongyang).

CORÉENS, peuple vivant en Corée du Nord et en Corée du Sud, avec une importante diaspora (Chine, Japon, États-Unis, ex-URSS) [env. 70 millions au total]. Ils sont majoritairement bouddhistes. Ils parlent le *coréen.*

CORELLI (Arcangelo), *Fusignano 1653 - Rome 1713,* compositeur et violoniste italien. Auteur de sonates d'église et de chambre et de concertos grossos, il fonda l'école classique du violon.

COREY (Elias James), *Methuen, Massachusetts, 1928,* chimiste américain. Il a trouvé une méthode simple et systématique de synthèse des molécules organiques, appelée « analyse *rétrosynthétique ». (Prix Nobel 1990.)

CORFOU, en gr. **Kérkyra,** anc. **Corcyre,** une des îles Ioniennes (Grèce) ; 107 592 hab. ; ch.-l. *Corfou* (36 901 hab.). Port. Tourisme. — Musée (fronton du temple d'Artémis, v. 600 av. J.-C.). — L'île fut colonisée par les Corinthiens dès la fin du VIIIe s. av. J.-C.

CORI (Carl Ferdinand), *Prague 1896 - Cambridge, Massachusetts, 1984,* biologiste américain. Avec sa femme, Gerty Theresa (Prague 1896 - Saint Louis, Missouri, 1957), il obtint en 1947 le prix Nobel de médecine pour leurs travaux sur le métabolisme des glucides.

CORINTH (Lovis), *Tapiau, Prusse-Orientale, 1858 - Zandwoort, Pays-Bas, 1925,* peintre et graveur allemand. Il est l'auteur de paysages, de portraits et de compositions religieuses d'une nervosité proche de l'expressionnisme.

CORINTHE, en gr. **Kórinthos,** v. de Grèce, sur le *golfe de Corinthe ;* 28 903 hab. *(Corinthiens).* Port, à proximité du *canal de Corinthe* (6,3 km), percé à travers l'isthme du même nom, qui relie le Péloponnèse au reste de la Grèce. — Musée. Vaste ensemble de ruines grecques et romaines. — Rivale d'Athènes et de Sparte, Corinthe fut une cité marchande et industrielle très prospère aux VIIe et VIe s. av. J.-C. Elle fonda de nombreuses colonies en Grèce d'Occident. Elle fut détruite en 146 av. J.-C. par les Romains, avant de devenir la capitale de la province d'Achaïe.

CORIOLAN, en lat. **Gnaeus Marcius Coriolanus,** général romain du Ve s. av. J.-C., semi-légendaire. Vainqueur des Volsques (493 av. J.-C.), exilé pour avoir attenté aux droits de la plèbe, il assiégea Rome. Seules les prières de sa mère et de son épouse l'arrêtèrent dans son désir de vengeance.

CORIOLIS (Gaspard), *Paris 1792 - id. 1843,* physicien français. Il a mis en évidence la force de déviation due à la rotation d'un repère (la Terre, par exemple) et s'exerçant sur les corps en mouvement à la surface de celui-ci.

CORK, en gaél. **Corcaigh,** v. d'Irlande, sur la côte sud de l'île ; 127 024 hab. Port.

CORMACK (Allan MacLeod), *Johannesburg 1924 - Winchester, Massachusetts, 1998,* physicien américain d'origine sud-africaine. Avec G. N. Hounsfield, il a développé le scanner. (Prix Nobel de médecine 1979.)

CORMEILLES-EN-PARISIS (95240), ch.-l. de cant. du Val-d'Oise ; 19 822 hab. *(Cormeillais).* Cimenterie. – Église des XIIe-XVe s.

CORMELLES-LE-ROYAL (14123), comm. du Calvados, près de Caen ; 4 644 hab. *(Cormellois).* Électroménager. Industrie automobile.

CORNARO ou **CORNER** (Catherine), *Venise 1454 - id. 1510,* reine de Chypre. Femme de Jacques II de Lusignan, roi de Chypre, elle gouverna l'île à la mort de son mari (1473) mais dut abdiquer en faveur de Venise (1489).

CORNE DE L'AFRIQUE, extrémité orientale de l'Afrique, sur l'océan Indien, autour du cap Guardafui (Somalie). L'expression s'applique parfois à l'ensemble régional formé par la Somalie, l'Éthiopie, Djibouti et l'Érythrée.

CORNE D'OR (la), baie du Bosphore, à Istanbul.

CORNEILLE (saint), *m. en 253,* pape de 251 à 253. Il combattit le schisme de Novatien. Mort en exil, il est honoré par l'Église comme martyr.

CORNEILLE, famille de peintres et de graveurs français actifs à Paris au XVIIe s.

CORNEILLE (Pierre), *Rouen 1606 - Paris 1684,* poète dramatique français. Avocat, il débute au théâtre par des comédies (*Mélite,* 1629 ; *la Galerie du Palais,* 1632 - 1633 ; *la Place Royale,* 1633 - 1634 ; *l'Illusion comique,* 1635 - 1636) et devient célèbre avec une tragi-comédie, *le *Cid* (1637), qui provoque une querelle littéraire. Sensible aux critiques, il se consacre alors à la tragédie « régulière » (*Horace,* 1640 ; *Cinna,* 1642 ; *Polyeucte,* 1643), sans abandonner la comédie à la mode espagnole (*le Menteur,* 1643 ; *Don Sanche d'Aragon,* 1650) et les divertissements de cour (*Andromède,* 1650). Évoluant vers une utilisation systématique du pathétique et des intrigues plus complexes (*la Mort de Pompée,* 1643 ; *Rodogune,* 1644 - 1645 ; *Nicomède,* 1651), il connaît avec *Pertharite* (1651) un échec qui l'éloigne du théâtre pendant sept ans. Il traduit en vers l'*Imitation de Jésus-Christ* (1651 - 1656) et s'occupe de l'édition de son théâtre, dont il définit les principes dans les *Examens* de ses pièces et trois *Discours* (1660). Revenu à la scène (*Œdipe,* 1659 ; *Sertorius,* 1662 ; *Sophonisbe,* 1663 ; *Attila,* 1667), il voit le public lui préférer Racine (*Tite et Bérénice,* 1670). Corneille peint des héros « généreux », lucides et volontaires, pour qui l'honneur et la gloire méritent tous les sacrifices. Le drame cornélien atteint le « sublime », mais refuse le « tragique », puisqu'il est le fait d'êtres libres qui décident toujours de leur destin. (Acad. fr.)

■ PIERRE **CORNEILLE** par F. Sicre. (Musée Carnavalet, Paris.)

CORNEILLE (Thomas), *Rouen 1625 - Les Andelys 1709,* poète dramatique français, frère de Pierre Corneille. Il est l'auteur de tragédies *(Timocrate),* de comédies et de travaux lexicographiques. (Acad. fr.)

CORNEILLE de Lyon ou **de La Haye,** *m. v. 1574,* peintre français d'origine hollandaise, établi à Lyon v. 1533. Il est l'auteur de petits portraits d'une facture fine et précieuse, où le visage se détache en clair sur un fond bleu ou vert.

CORNELIA, *v. 189 - v. 110 av. J.-C.,* fille de Scipion l'Africain et mère des Gracques. Elle incarna le type idéal de la femme romaine.

CORNELIUS NEPOS, *Gaule Cisalpine v. 99 - v. 24 av. J.-C.,* historien latin, auteur du *De excellentibus ducibus (Vie des grands capitaines).*

CORNER BROOK, v. du Canada (prov. de Terre-Neuve) ; 22 047 hab. Papier.

CORNFORTH (sir John Warcup), *Sydney 1917,* chimiste australien. Ses travaux concernent la stéréochimie des processus enzymatiques et, partic., la biosynthèse des stérols et des terpénoïdes. (Prix Nobel 1975.)

Corn Laws *(lois sur le blé),* législation britannique protectionniste concernant la production céréalière. En vigueur dès 1815, ces lois suscitèrent à partir de 1838 un mouvement de protestations autour de l'*Anti Corn Law League* fondée par R. Cobden, qui obtint leur abolition en 1846.

CORNOUAILLE n.f., région de France (Finistère) [hab. *Cornouaillais*] ; v. princ. *Quimper.*

CORNOUAILLES n.f., en angl. **Cornwall,** extrémité sud-ouest de l'Angleterre. Longue péninsule aux côtes découpées.

CORNWALL, v. du Canada (Ontario), sur le Saint-Laurent ; 47 137 hab. Électrochimie.

CORNWALLIS (Charles), *Londres 1738 - Ghazipur, Uttar Pradesh, 1805,* général et administrateur britannique. Il dut capituler devant les Américains à Yorktown (1781). Commandant en chef pour l'Inde, il soumit Tippoo Sahib (1792). Vice-roi d'Irlande, il y réprima la rébellion (1798).

CORO, v. du nord-ouest du Venezuela ; 131 000 hab. Édifices d'époque coloniale.

COROGNE (La), en esp. **La Coruña,** v. d'Espagne (Galice), ch.-l. de prov., sur l'Atlantique ; 246 953 hab. Port.

COROMANDEL (côte de), côte orientale de l'Inde, sur le golfe du Bengale. Centre d'exportation vers l'Europe, aux XVIIe et XVIIIe s., de laques importés de Chine.

COROT (Jean-Baptiste Camille), *Paris 1796 - id. 1875,* peintre et graveur français. Traducteur subtil des valeurs lumineuses et atmosphériques dans ses paysages d'Italie et de France, auteur également de paysages « historiques » ou « composés », ainsi que de figures féminines fermes et sensibles, il continue la tradition classique en la nourrissant tour à tour de réalisme et de lyrisme contenu. Nombreux tableaux au Louvre.

CORPUS CHRISTI, v. des États-Unis (Texas) ; 257 453 hab. Port. Raffinage du pétrole.

CORRÈGE (Antonio **Allegri,** dit **il Correggio,** en fr. **[le]**), *Correggio, près de Parme, v. 1489 - id. 1534,* peintre italien. Il a laissé à Parme des décors aux effets illusionnistes d'une virtuosité novatrice (église St-Jean-l'Évangéliste et cathédrale : coupoles). Le luminisme, la fluidité, la grâce sensuelle de ses tableaux d'autel (*Madone de saint Jérôme,* Parme) et de ses compositions mythologiques (*Io* et *Ganymède,* Vienne) eurent également un grand écho dans l'art européen.

■ LE **CORRÈGE.** *Jupiter et Io,* 1530. (Kunsthistorisches Museum, Vienne.)

Correspondance littéraire, chronique adressée de Paris (1753 - 1794), puis de Zurich (1794 - 1813), à des souverains de l'Europe des Lumières pour les renseigner sur la vie culturelle en France. Commencée par l'abbé Raynal, elle fut continuée par M. de Grimm, assisté notamment par Diderot et Mme d'Épinay, puis par J.-H. Meister (1744 - 1826).

CORRÈZE n.f., riv. de France, dans le Massif central, qui rejoint la Vézère (r. g.) ; 85 km. Elle traverse le dép. de la Corrèze, passe à Tulle et à Brive-la-Gaillarde.

CORRÈZE n.f. (19), dép. de la Région Limousin ; ch.-l. de dép. *Tulle ;* ch.-l. d'arrond. *Brive-la-Gaillarde, Ussel ;* 3 arrond. ; 37 cant. ; 286 comm. ; 5 857 km² ; 232 576 hab. *(Corréziens).* Le dép. appartient à l'académie et à la cour d'appel de Limoges, à la zone de défense Sud-Ouest. S'étendant sur la partie méridionale du Limousin, peu peuplé, le dép. se consacre surtout à l'élevage. Les cultures sont concentrées dans les vallées (Vézère, Corrèze, Dordogne), qui sont aussi les sites d'aménagements hydroélectriques (Dordogne surtout) et des principales villes (Brive-la-Gaillarde et Tulle). L'industrie, modeste, est représentée par les constructions mécaniques et électriques et par l'agroalimentaire. *(V. carte page 1261.)*

CORRIENTES, v. du nord de l'Argentine, ch.-l. de prov., sur le Paraná ; 267 742 hab.

Corriere della Sera, quotidien milanais de tendance libérale progressiste, fondé en 1876.

CORSE n.f., île et collectivité territoriale de France, dans la Méditerranée ; 8 680 km² ; 260 196 hab. *(Corses) ;* ch.-l. *Ajaccio ;* 2 dép. (Corse-du-Sud et Haute-Corse).

GÉOGRAPHIE

En dehors de la plus grande partie de sa façade orientale, la Corse est une île montagneuse, ouverte par quelques bassins (Corte). Le climat méditerranéen est influencé par l'insularité et l'altitude (augmentation des précipitations, étagement d'une végétation où domine le maquis). Le tourisme, plus développé sur les côtes, en premier lieu (un parc naturel régional, couvrant env. 375 000 ha, englobe aussi les principaux massifs de l'intérieur), l'élevage ovin (pour la production des fromages, souvent affinés à Roquefort), la vigne et les cultures fruitières et maraîchères (plaine orientale) constituent les ressources essentielles.

Plus de la moitié de la population active appartient au secteur tertiaire, représenté surtout dans les deux principales villes, Ajaccio et Bastia. La faiblesse de l'industrie tient à des causes naturelles et humaines difficiles à combattre (pauvreté du sous-sol, problèmes dus à l'insularité, faiblesse du peuplement). Elle contribue à expliquer la traditionnelle émigration (cependant aujourd'hui réduite) vers la France continentale (alors même que l'île a accueilli des rapatriés d'Afrique du Nord) et l'accroissement du sous-emploi, qui nécessite une aide importante de l'État.

HISTOIRE

Les origines. IIIe millénaire : la civilisation est celle du mégalithisme. La population est formée de descendants des Celto-Ligures et des Ibères. **XIVe-XIIe s. av. J.-C. :** des envahisseurs, les Torréens, leur succèdent. **V. 565 :** les Phocéens fondent Alalia (auj. Aléria). **535 :** les Étrusques, puis les Carthaginois leur succèdent. **238 - 162 av. J.-C. :** Rome domine l'île.

Le Moyen Âge. VIe - VIIe s. : Byzance est maîtresse de la Corse. **IXe s. :** le pape accroît son influence sur l'île. **1077 :** il en confie l'administration à Pise. **XIIe s. :** Gênes relaie l'influence pisane. **1284 :** elle impose définitivement sa domination après sa victoire navale de la Meloria. **XIVe s. :** la résistance corse contre Gênes culmine lors de la révolte populaire de 1347.

Entre la France et l'Italie. 1559 : la Corse, aux mains de la France depuis 1553, redevient génoise (traité du Cateau-Cambrésis). **1755 :** Pascal Paoli organise la révolte contre la domination génoise. **1768 :** Gênes cède l'île à la France. **1769 :** Paoli, vaincu à Ponte-Novo, doit quitter l'île. **1789 :** la Corse est proclamée partie intégrante de la France. **1793 - 1796 :** Paoli poursuit la résistance, appuyé par l'Angleterre ; il est vaincu par Bonaparte.

La Corse française. XIXe s. et première moitié du XXe s. : sans ressources industrielles, avec une agriculture retardataire, la Corse subit une grave crise économique qui provoque le départ d'une partie de sa population. **1942 - 1943 :** les troupes italiennes puis allemandes occupent l'île, qui est libérée par la Résistance soutenue par des forces venues d'Algérie. **À partir des années 1970 :** à la suite, notamment, d'événements violents (Aléria, 1975), les tendances autonomistes et indépendantistes se développent et se radicalisent. **1982 :** dans le cadre de la loi sur la décentralisation, un nouveau statut érige la Corse en Région. **1991 :** l'île devient une collectivité territoriale à statut particulier. **1998 :** l'assassinat du préfet de Corse pose avec une acuité accrue le problème de la garantie de l'État de droit dans l'île. **1999 :** le gouvernement engage un dialogue avec les élus de tous les partis politiques de l'île, qui débouche en 2000 sur un projet de nouveau contrat entre la Corse et la République.

CORSE (cap), péninsule formant la partie nord de l'île de Corse.

CORSE (HAUTE-) [2B], dép. de la Corse ; ch.-l. de dép. *Bastia ;* ch.-l. d'arrond. *Calvi, Corte ;* 3 arrond. ; 30 cant. ; 236 comm. ; 4 666 km² ; 141 603 hab. Le dép. appartient à l'académie d'Ajaccio, à la cour d'appel de Bastia, à la zone de défense Sud.

CORSE-DU-SUD (2A), dép. de la Corse ; ch.-l. de dép. *Ajaccio ;* ch.-l. d'arrond. *Sartène ;* 2 arrond. ; 22 cant. ; 124 comm. ; 4 014 km² ; 118 593 hab. Le dép. appartient à l'académie d'Ajaccio, à la cour d'appel de Bastia, à la zone de défense Sud.

CORTÁZAR (Julio), *Bruxelles 1914 - Paris 1984,* écrivain argentin naturalisé français. Ses nouvelles (*Bestiaire,* 1951) et ses romans (*Marelle,* 1963) mêlent le réalisme social et politique à l'inspiration fantastique.

CORTE [-te] (20250), ch.-l. d'arrond. de la Haute-Corse, dans le centre de l'île ; 6 693 hab. *(Cortenais).* Université. – Citadelle remontant au XVe s. ; musée d'Ethnographie corse.

CORTÉS (Hernán), *Medellín 1485 - Castilleja de la Cuesta 1547,* conquistador espagnol. En 1519, il partit à la conquête du Mexique, détruisit l'Empire aztèque (1521) et devint gouverneur général de la Nouvelle-Espagne (1522). Rentré en Espagne (1540), il tomba en disgrâce.

CORTINA D'AMPEZZO, v. d'Italie (Vénétie) ; 7 095 hab. Station de sports d'hiver des Dolomites (alt. 1 224 - 3 243 m).

CORTONE (Pierre **de**) → **PIERRE DE CORTONE.**

■ ALFRED **CORTOT** en 1957.

CORTOT (Alfred), *Nyon, Suisse, 1877 - Lausanne 1962,* pianiste français. Chef d'orchestre et professeur, il fonda, avec A. Mangeot, l'École normale de musique. Il est célèbre pour ses interprétations de Chopin et de Schumann.

CORVIN (Mathias) → **MATHIAS Ier Corvin.**

CORVISART (Jean, baron), *Dricourt, Ardennes, 1755 - Paris 1821,* médecin français. Premier médecin de Napoléon Ier, il améliora le diagnostic des affections cardiaques et pulmonaires.

COS, en gr. **Kós,** île grecque du Dodécanèse ; ch.-l. *Cos.* Ruines antiques.

COSAQUES, population de Russie (région du Don, nord du Caucase, Oural, Sibérie) et d'Ukraine (env. 2 millions). À l'origine, ils formaient des communautés de paysans libres, installés (XVe s.) dans les steppes de la Russie méridionale. Soumis à la Russie en 1654, ils perdirent leur autonomie au XVIIIe s. Ils eurent une fonction militaire mais aussi répressive. En majorité hostiles au pouvoir soviétique, ils furent décimés dans les années 1930. Réhabilités officiellement en 1992, ils connaissent une renaissance depuis 1989.

COSENZA, v. d'Italie (Calabre), ch.-l. de prov. ; 87 140 hab. Monuments et maisons de la vieille ville ; musée (archéologie).

COSGRAVE (William Thomas), *Dublin 1880 - id. 1965,* homme politique irlandais. Chef de la fraction modérée du Sinn Féin, président du Conseil exécutif de l'État libre (1922 - 1932), il conserva jusqu'en 1944 la direction de son parti, devenu le Fine Gael.

COSIMO (Piero **di**) → **PIERO DI COSIMO.**

COSME (saint) → **CÔME.**

COSNE-COURS-SUR-LOIRE [kon-] (58200), ch.-l. d'arrond. de la Nièvre, sur la Loire ; 11 834 hab. *(Cosnois).* Imprimerie. – Deux églises médiévales.

COSQUER (grotte), grotte sous-marine du cap Morgiou, à 12 km au S.-E. de Marseille. Découverte en 1991 par le scaphandrier Henri Cosquer, elle est située à 37 m sous le niveau de la mer et abrite des peintures pariétales paléolithiques (28000 av. J.-C.).

COSSA (Francesco **del**), *Ferrare v. 1436 - Bologne 1478,* peintre italien. Influencé, notamm., par C. Tura, il travailla à Ferrare (fresques des *Mois* au palais Schifanoia), puis à Bologne.

COSSÉ-BRISSAC → **BRISSAC.**

COSSÉ-LE-VIVIEN (53230), ch.-l. de cant. de la Mayenne ; 2 777 hab. *(Cosséens).* Musée Robert-Tatin (art brut ou fantastique).

COSSIGA (Francesco), *Sassari 1928,* homme politique italien. Démocrate-chrétien, il a été président de la République de 1985 à 1992.

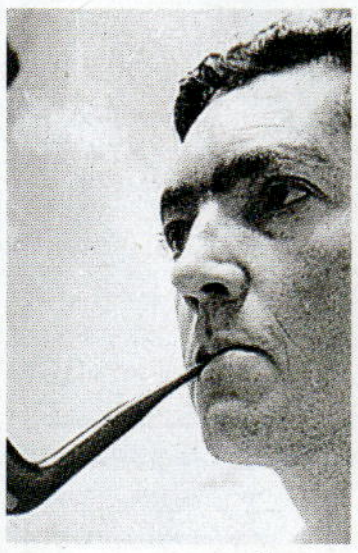

■ JULIO **CORTÁZAR**

■ HERNÁN **CORTÉS** par Saldana. (Musée national d'Histoire, Mexico.)

COSTA BRAVA, littoral de l'Espagne (Catalogne), sur la Méditerranée, au N. de l'embouchure du río Tordera. Tourisme.

COSTA DEL SOL, littoral de l'Espagne, sur la Méditerranée, de part et d'autre de Málaga.

COSTA-GAVRAS (Konstandínos **Gavras,** dit), *Athènes 1933,* cinéaste français d'origine grecque. Sa réflexion sur le pouvoir s'inspire d'événements politiques contemporains : *Z* (1969), *l'Aveu* (1970), *Music Box* (1990), *Mad City* (1997).

COSTA RICA n.m., État d'Amérique centrale ; 51 000 km² ; 3 500 000 hab. *(Costaricains).* CAP. *San José.* LANGUE : *espagnol.* MONNAIE : *colón costaricain.* (V. carte **Amérique centrale.**)

GÉOGRAPHIE

C'est un pays en partie forestier, montagneux au centre (foyer de peuplement), formé de plaines en bordure de la mer des Antilles. Le café et la banane sont les principales exportations, dirigées en priorité vers les États-Unis, qui sont également premier fournisseur.

HISTOIRE

1502 : le Costa Rica est découvert par Christophe Colomb. **1569 :** il est rattaché à la capitainerie générale du Guatemala. **1822-1823 :** sans insurrection, le pays accède à l'indépendance. **1824 - 1838 :** il devient l'une des cinq républiques des Provinces-Unies de l'Amérique centrale, avant d'être un État souverain (1839). **1840 :** l'expansion de la culture du café apporte la prospérité économique et permet une vie démocratique durable. **1857 :** le Costa Rica parvient à repousser l'armée de l'aventurier américain William Walker. **1871 :** installation de l'United Fruit Company, qui développe la culture du bananier ; le pays passe sous la dépendance économique des États-Unis. **1949-1974 :** la vie politique est dominée par la personnalité de José Figueres. **1986 :** Oscar Arias succède à Alberto Monge. À son initiative, des accords (1987 ; 1989), visant à rétablir la paix en Amérique centrale, sont signés par le Costa Rica, le Guatemala, le Honduras, le Nicaragua et le Salvador. **1990 :** Rafael Ángel Calderón est élu à la présidence de la République. **1994 :** José María Figueres (fils du président J. Figueres) lui succède. **1998 :** Miguel Ángel Rodríguez est élu à la présidence de la République.

COSTELEY (Guillaume), *Fontanges ? v. 1530 - Évreux 1606,* compositeur et organiste français. Certaines chansons de son recueil *Musique* (1570) sont écrites sur des textes de Ronsard.

COSTES (Dieudonné), *Septfonds, Tarn-et-Garonne, 1892 - Paris 1973,* aviateur français. Il effectua un tour du monde aérien avec J. Le Brix (1927 - 1928) et réussit, avec M. Bellonte, la première liaison Paris-New York sans escale à bord du Breguet XIX *Point-d'Interrogation* (1er-2 sept. 1930).

CÔTE D'AMOUR, littoral atlantique de la région de La Baule-Escoublac.

CÔTE D'ARGENT, partie du littoral français, sur l'Atlantique, entre l'embouchure de la Gironde et celle de la Bidassoa.

CÔTE D'AZUR, partie orientale du littoral français, sur la Méditerranée, de Cassis à Menton. Stations estivales et hivernales au climat très doux en hiver, chaud et ensoleillé en été.

CÔTE-DE-BEAUPRÉ, région du Canada (Québec), sur la rive nord du Saint-Laurent, en aval de Québec.

CÔTE-DE-L'OR, en angl. **Gold Coast,** anc. nom du *Ghana.

CÔTE D'ÉMERAUDE, littoral de la Manche, vers Dinard et Saint-Malo.

CÔTE D'IVOIRE, État d'Afrique occidentale, sur le golfe de Guinée ; 322 000 km² ; 14 700 000 hab. *(Ivoiriens).* CAP. *Yamoussoukro.* V. PRINC. *Abidjan.* LANGUE : *français.* MONNAIE : *franc CFA.*

INSTITUTIONS

République. Constitution de 2000. Président de la République élu au suffrage universel pour 5 ans, qui nomme le Premier ministre. Assemblée nationale élue pour 5 ans.

C

GÉOGRAPHIE

En arrière de la région littorale, bordée par des lagunes et occupée partiellement par la forêt dense, des plateaux recouverts par la savane apparaissent au nord. La Côte d'Ivoire, encore très rurale, associe les cultures commerciales, développées aux dépens de la forêt (fruits, coton, café et surtout cacao [premier rang mondial]), et vivrières (manioc, riz) à l'exploitation forestière (acajou) et au tourisme. Elle a connu une notable expansion (provoquant une forte immigration des pays voisins), mais l'économie reste dépendante de l'évolution des cours des matières premières et de la situation politique intérieure. Abidjan demeure la seule grande ville et le débouché maritime du pays.

HISTOIRE

Avant l'indépendance. Les plus anciennes populations sont les Kru (au sud-ouest), puis les Sénoufo (au nord-est). Vers le XVe s., les Kru se replient sous la poussée des Mandé, qui fonderont le royaume de Kong. Les Akan (Agni, Baoulé), implantés au début du XVIIIe s., fondent des chefferies ou royaumes (sud-est). **1842 :** les Français s'emparent de la zone lagunaire. **1895 - 1896 :** la colonie de Côte d'Ivoire, créée en 1893, est rattachée à l'A-OF. **1908 - 1915 :** le gouverneur Angoulvant (1872 - 1932) conquiert militairement le pays. **1934 :** après Grand-Bassam puis Bingerville, Abidjan devient capitale. Le pays vit des plantations de cacao et de café et de l'exploitation de la forêt, facilitée par la création d'une voie ferrée Abidjan-Niger, menant jusqu'à la frontière de la Haute-Volta (en partie rattachée à la Côte d'Ivoire de 1932 à 1947).

La république. 1958 : territoire d'outre-mer depuis 1946, la Côte d'Ivoire devient république autonome. **1960 :** elle accède à l'indépendance, avec pour président Félix Houphouët-Boigny, constamment réélu par la suite et fidèle à la coopération avec la France. **1990 :** une grave crise politique et sociale conduit le pouvoir à ouvrir le pays au multipartisme. **1993 :** après la mort d'Houphouët-Boigny, Henri Konan Bédié lui succède (confirmé à la tête de l'État par une élection présidentielle en 1995). **1999 :** dans un contexte de crise économique et politique, H. K. Bédié est destitué par des militaires dirigés par le général Robert Gueï. **2000 :** Laurent Gbagbo, leader historique de l'opposition, est élu à la présidence de la République, face à R. Gueï. Mais le scrutin, d'où ont été écartés la majorité des candidats (notamm. l'anc. Premier ministre Alassane Ouattara), ravive les tensions ethniques et religieuses dans le pays.

CÔTE D'OPALE, partie du littoral français, de la baie de Somme à Dunkerque.

CÔTE D'OR, ligne de hauteurs de Bourgogne, dominant à l'O. la plaine de la Saône et couvertes de vignobles réputés.

CÔTE-D'OR (21), dép. de la Région Bourgogne ; ch.-l. de dép. *Dijon ;* ch.-l. d'arrond. *Beaune, Montbard ;* 3 arrond. ; 43 cant. ; 707 comm. ; 8 765 km² ; 506 755 hab. Le dép. appartient à l'académie et à la cour d'appel de Dijon, à la zone de défense Est. Le dép. est formé de régions naturelles variées (Châtillonnais, plateau de Langres, Auxois, partie du Morvan, plaine de la Saône). Sa partie vitale correspond à la *Côte d'Or,* couverte de vignobles aux vins réputés (Aloxe-Corton, Clos-Vougeot, Gevrey-Chambertin, Meursault, Nuits-Saint-Georges, Pommard, etc.). Les villes (grands carrefours de circulation) se sont établies au pied ou près de la Côte : Dijon et Beaune, marché des vins. Dijon concentre dans son agglomération près de la moitié de la population du dép. et possède l'essentiel des industries (agroalimentaire, constructions mécaniques et électriques) et des services.

CÔTE-NORD, région administrative du Québec (Canada), sur la rive nord de l'estuaire et du golfe du Saint-Laurent ; 196 058 km² ; 103 224 hab. *(Nord-Côtiers) ;* v. princ. *Sept-Îles.*

COTENTIN n.m., presqu'île de France, en Normandie occidentale. Il s'avance dans la Manche (dép. de la Manche). Élevage bovin. Industrie nucléaire (vers Flamanville et la Hague).

CÔTE-SAINT-ANDRÉ (La) [38260], ch.-l. de cant. de l'Isère ; 4 968 hab. *(Côtois).* Musée Berlioz dans la maison natale du compositeur.

CÔTE-SAINT-LUC, v. du Canada (Québec), près de Montréal ; 30 890 hab.

CÔTES-D'ARMOR (22), dép. de la Région Bretagne ; ch.-l. de dép. *Saint-Brieuc ;* ch.-l. d'arrond. *Dinan, Guingamp, Lannion ;* 4 arrond. ; 52 cant. ; 372 comm. ; 6 878 km² ; 542 373 hab. *(Costarmoricains).* Le dép. appartient à l'académie et à la cour d'appel de Rennes, à la zone de défense Ouest. Il a porté jusqu'en 1990 le nom de *Côtes-du-Nord.* C'est un pays de collines, plus élevées dans le sud (extrémité orientale des monts d'Arrée, landes du Mené), limitées au N. par une côte à rias, surtout rocheuse, où alternent saillants (Trégorrois) et rentrants (baie de Saint-Brieuc). L'agriculture demeure importante. Les cultures céréalières et fourragères, parfois légumières (Trégorrois), sont juxtaposées à l'élevage (bovins, porcins, volailles). La pêche, bien qu'en recul, anime le littoral, qui bénéficie surtout du tourisme estival. La faiblesse de l'industrialisation, malgré des réalisations spectaculaires (à Lannion), explique l'émigration, cependant ralentie.

CÔTE VERMEILLE, littoral français de la Méditerranée, de Collioure à Cerbère.

COTON (le Père Pierre), *près de Néronde 1564 - Paris 1626,* jésuite français. Confesseur d'Henri IV puis de Louis XIII, il fut disgracié après la mort de Concini (1617).

COTONOU, v. du Bénin ; 487 000 hab. Plus grande ville et débouché maritime du pays.

COTOPAXI, volcan actif des Andes (Équateur) ; 5 897 m.

COTTBUS, v. d'Allemagne (Brandebourg), sur la Spree ; 128 121 hab. Textile. — Monuments anciens.

COTTE (Robert **de**), *Paris 1656 - id. 1735,* architecte français. Disciple de J. H.-Mansart, architecte du roi (1689), puis premier architecte (1708), il fut un des créateurs du style « Régence » (hôtels à Paris ; château des Rohan à Strasbourg ; nombreux projets pour l'Allemagne).

COTTEREAU (les quatre frères) ou **FRÈRES CHOUAN,** chefs de l'insurrection dite *chouannerie. Les trois aînés (Pierre, Jean et François) moururent au combat ou guillotinés ; le plus jeune, René, survécut (1764 - 1846).

COTTON (Aimé), *Bourg-en-Bresse 1869 - Sèvres 1951,* physicien français. Ses travaux concernent l'optique, le magnétisme et certains phénomènes reliant ces deux domaines. Il inventa la balance pour la mesure des champs magnétiques.

COTY (René), *Le Havre 1882 - id. 1962,* homme politique français. Il fut président de la République (1954 - 1959).

COUBERTIN (Pierre **de**), *Paris 1863 - Genève 1937,* éducateur français. Il a rénové les jeux Olympiques.

COUCY-LE-CHÂTEAU-AUFFRIQUE (02380), ch.-l. de cant. de l'Aisne ; 1 088 hab. Restes d'un château fort du XIIIe s., chef-d'œuvre de l'architecture militaire (le donjon avait 60 m de hauteur), détruit par les Allemands en 1917.

COUDEKERQUE-BRANCHE (59210), ch.-l. de cant. du Nord, banlieue de Dunkerque ; 24 487 hab. *(Coudekerquois).*

COUDENHOVE-KALERGI (comte Richard), *Tokyo 1894 - Schruns, Autriche, 1972,* diplomate autrichien. Promoteur de l'unité européenne dès les années 1920, il prépara la création du Conseil de l'Europe (1949).

COUDRES (île aux), île du Canada (Québec), dans l'estuaire du Saint-Laurent. (Hab. *Coudriens.*)

COUËRON (44220), comm. de la Loire-Atlantique ; 18 004 hab.

COUESNON [kwɛnɔ̃] n.m., fl. de France, qui rejoint la baie du Mont-Saint-Michel ; 90 km. Il sépare la Normandie et la Bretagne.

COULOMB (Charles **de**), *Angoulême 1736 - Paris 1806,* physicien français. Il établit les lois expérimentales et théoriques du magnétisme et de l'électrostatique, introduisant notamm. les notions de moment magnétique et de polarisation.

COULOMMIERS (77120), ch.-l. de cant. de Seine-et-Marne, sur le Grand Morin ; 14 191 hab. *(Columériens).* Fromages. — Restes d'une commanderie de Templiers (XIIIe-XVIe s.) et d'un château (XVIIe s.).

COULONGES-SUR-L'AUTIZE (79160), ch.-l. de cant. des Deux-Sèvres ; 2 190 hab. *(Coulongeois).* Mairie dans un château Renaissance.

COUMANS, peuple turc qui occupa les steppes entre le Dniepr et la Volga à partir du XIe s.

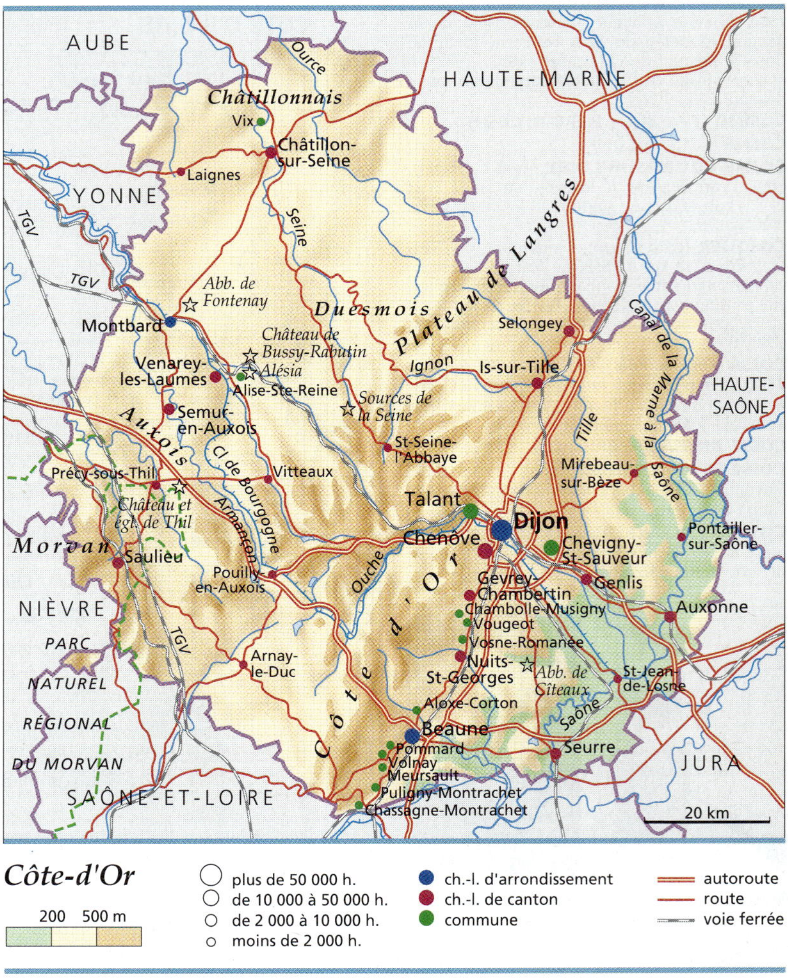

Côtes-d'Armor

200 m

plus de 20 000 h.
de 5000 à 20 000 h.
de 2 000 à 5 000 h.
moins de 2 000 h.

ch.-l. d'arrondissement
ch.-l. de canton
commune
autre localité

autoroute
route
voie ferrée

Counaxa ou **Cunaxa** (bataille de) [401 av. J.-C.], victoire, près de Babylone, de l'armée perse d'Artaxerxès II sur celle de son frère Cyrus le Jeune, qui y trouva la mort. Les mercenaires grecs au service de ce dernier entamèrent alors la retraite des *Dix Mille.

COUPER (Archibald Scott), *Kirkintilloch, près de Glasgow, 1831 - id. 1892,* chimiste britannique. Il découvrit, parallèlement à Kekulé, la tétravalence du carbone et fut l'un des fondateurs de la chimie organique moderne (1858).

COUPERIN, famille de musiciens français. – **Louis C.**, *Chaumes-en-Brie 1626 - Paris 1661,* violiste et organiste français. Il fut nommé titulaire de l'orgue de Saint-Gervais en 1653 et est l'auteur de nombreuses pièces de clavier. – **François C.**, dit **le Grand**, *Paris 1668 - id. 1733,* compositeur français. Neveu de Louis, il fut le plus grand maître français du clavecin (quatre livres de 27 séries, ou « ordres », de pièces) et composa motets, sonates, concerts royaux, leçons de ténèbres et pièces de violes.

■ FRANÇOIS **COUPERIN** (gravure de 1735).

COUPERUS (Louis), *La Haye 1863 - De Steeg 1923,* écrivain néerlandais. Ses romans historiques *(la Montagne de lumière)* et ses récits symboliques *(Fidessa)* mêlent inspiration naturaliste et esthétisme décadent.

Coupole du Rocher (la), en ar. **Qubbat al-Ṣakhra,** mosquée de Jérusalem. Érigé en 691 sur le rocher sacré lié au sacrifice d'Abraham et au voyage céleste de Mahomet, l'édifice, par son plan octogonal surmonté d'une coupole sur tambour et son décor de mosaïque, reste imprégné par la tradition byzantine.

COURBET (Amédée Anatole), *Abbeville 1827 - Les Pescadores 1885,* amiral français. Il établit le protectorat français sur l'Annam (1883) et combattit les Pavillons-Noirs et les Chinois.

COURBET (Gustave), *Ornans 1819 - La Tour-de-Peilz, Suisse, 1877,* peintre français. Ami de Proudhon, il devint le chef de l'école réaliste. Citons parmi ses toiles les plus marquantes, d'une expression monumentale et d'une riche matière : *Un enterrement à Ornans* (1850, musée d'Orsay) ; *la Rencontre* ou *Bonjour, monsieur Courbet !* (1854, Montpellier) ; *l'Atelier du peintre* (1855, Orsay) ; *les Demoiselles des bords de la Seine* (1856, Petit Palais, Paris) ; *le Rut du printemps, combat de cerfs* (1861, Orsay) ; *le Sommeil* (1866, Petit Palais) ; *la Falaise d'Étretat après l'orage* (1869, Orsay).

COURBEVOIE (92400), ch.-l. de cant. des Hauts-de-Seine, sur la Seine, au N.-O. de Paris ; 70 105 hab. *(Courbevoisiens).*

COURCELLES, comm. de Belgique (Hainaut), banlieue de Charleroi ; 29 465 hab.

COURCHEVEL (73120), station de sports d'hiver (alt. 1 100 - 2 700 m) de la Savoie (comm. de Saint-Bon-Tarentaise), dans la Vanoise.

COURÇON (Robert **de**) → **ROBERT DE COURÇON.**

COURCOURONNES (91080), comm. de l'Essonne ; 14 037 hab. *(Courcouronnais).*

Cour de cassation, juridiction suprême de l'ordre judiciaire français. Statuant sur les pourvois formés contre les décisions qui lui sont déférées en dernier ressort, la Cour juge les questions de droit et non les faits. Elle assure le respect de l'exacte application des lois.

Cour de discipline budgétaire et financière, juridiction administrative française. Créée en 1948, elle sanctionne les ordonnateurs de fonds publics dont les comptes sont irréguliers.

Cour de justice (Haute), juridiction répressive d'exception chargée, en France, de juger le président de la République en cas de haute trahison, sur mise en accusation du Parlement. Elle est composée de parlementaires.

Cour de justice de la République, juridiction répressive d'exception chargée, en France, de juger les ministres pour les crimes et délits commis dans l'exercice de leurs fonctions. Instituée en 1993, elle est composée de parlementaires et de magistrats de la Cour de cassation.

Cour de justice des Communautés européennes, juridiction communautaire. Elle contrôle la légalité des actes pris par les institutions communautaires et le respect par les États membres du droit communautaire. Depuis 1989, elle est assistée par un tribunal de première instance. Son siège est à Luxembourg.

Cour des comptes, juridiction administrative française. Créée en 1807, elle contrôle l'exécution des opérations financières de l'État et l'usage qui est fait des deniers publics.

Cour européenne des droits de l'homme, juridiction internationale créée en 1959 pour être l'organe judiciaire du Conseil de l'Europe. Elle est composée d'autant de juges que d'États membres du Conseil de l'Europe. Son siège est à Strasbourg.

COURIER (Paul-Louis), *Paris 1772 - Véretz 1825,* écrivain français. Il lança de brillants pamphlets contre la Restauration.

Cour internationale de justice, organe juridictionnel des Nations unies. Créée en 1945, elle juge les différends entre les États. Son siège est à La Haye.

COURLANDE, en lett. **Kurzeme,** anc. région de la Lettonie, à l'O. du golfe de Riga.

COURMAYEUR [-majœr], comm. d'Italie (Val d'Aoste), sur la Doire Baltée, au pied du mont Blanc ; 2 471 hab. Station de sports d'hiver (alt. 1 224 - 3 456 m) et centre d'alpinisme, près du débouché du tunnel du Mont-Blanc.

COURNAND (André), *Paris 1895 - Great Barrington, Massachusetts, 1988,* médecin américain d'origine française. Il reçut le prix Nobel en 1956 pour ses travaux sur l'insuffisance cardiaque.

COURNEUVE (La) [93120], ch.-l. de cant. de la Seine-Saint-Denis, au N.-E. de Paris ; 35 608 hab. *(Courneuviens).* Industrie aéronautique. Parc départemental.

COURNON-D'AUVERGNE (63800), ch.-l. de cant. du Puy-de-Dôme ; 19 292 hab. *(Cournonnais).* Église romane.

COURNOT (Antoine Augustin), *Gray 1801 - Paris 1877,* économiste, mathématicien et philosophe français. Il fut un précurseur de l'école mathématique en économie. En philosophie, il chercha à appliquer les résultats de ses réflexions sur le calcul des probabilités.

COURONNE (La) [16400], ch.-l. de cant. de la Charente ; 7 495 hab. *(Couronnais).* Papeteries. – Restes (XIIe-XVIIIe s.) d'une abbaye.

Couronne de chêne (ordre de la), ordre luxembourgeois, créé en 1841.

Couronnement de la Vierge (le), grand retable d'Enguerrand Quarton (1454, musée de Villeneuve-lès-Avignon). Il témoigne de l'impact des modèles flamands et italiens sur une sensibilité française gothique, pour aboutir à un langage plastique spécifique du XVe s. provençal.

Cour permanente d'arbitrage, organisme juridictionnel international. Créée à La Haye en 1899, elle a pour mission de favoriser l'arbitrage des différends internationaux.

COURPIÈRE (63120), ch.-l. de cant. du Puy-de-Dôme, sur la Dore ; 4 775 hab. Église romane.

COURRÈGES (André), *Pau 1923,* couturier français. Il a lancé la minijupe en France en 1965, et a révolutionné la haute couture avec un style court, très structuré, privilégiant le blanc pur.

COURRIÈRES (62710), ch.-l. de cant. du Pas-de-Calais ; 10 682 hab. En 1906, une terrible catastrophe fit 1 200 victimes dans une mine de houille.

COURSAN (11110), ch.-l. de cant. de l'Aude, sur l'Aude ; 5 339 hab. *(Coursannais).* Vins.

Cours de linguistique générale, livre posthume rédigé d'après les notes de cours de F. de Saussure (1916). Cet ouvrage, dans lequel sont définis les concepts fondamentaux de la linguistique structurale, a influencé l'ensemble des sciences humaines.

Cours de philosophie positive, œuvre de A. Comte (1830 - 1842), où il expose la loi des trois états du développement de l'esprit humain et propose sa classification des sciences.

COURSEULLES-SUR-MER (14470), comm. du Calvados ; 3 923 hab. *(Courseullais).* Station balnéaire. – Débarquement canadien, le 6 juin 1944.

Cour supérieure d'arbitrage, juridiction française d'exception. Créée en 1938, réorganisée en 1950, elle est chargée d'examiner les sentences arbitrales qui lui sont déférées pour excès de pouvoir ou en violation de la loi.

Cour suprême des États-Unis, juridiction fédérale américaine la plus élevée. Composée de 9 juges nommés à vie par le président des États-Unis, elle contrôle la constitutionnalité des lois des États et des lois fédérales.

COURTELINE (Georges **Moinaux,** dit Georges), *Tours 1858-Paris 1929,* écrivain français. Ses récits *(le Train de 8 h 47, Messieurs les ronds-de-cuir)* et ses comédies *(Boubouroche, la Paix chez soi)* présentent avec ironie l'absurdité de la vie bourgeoise et administrative.

COURTENAY (45320), ch.-l. de cant. du Loiret, dans le Gâtinais ; 3 538 hab. *(Curtiniens).* Église reconstruite au XVIe s.

COURTENAY (maison **de**), famille française issue du frère cadet du roi de France Louis VII. Elle a donné des comtes à Édesse lors des croisades et trois empereurs latins de Constantinople : Pierre II, Robert et Baudouin II.

COURTOIS (Jacques), dit **il Borgognone,** *Saint-Hippolyte 1621 - Rome 1675,* peintre français. Fixé à Rome vers 1640, il s'y fit une brillante réputation de peintre de batailles.

COURTRAI, en néerl. **Kortrijk,** v. de Belgique, ch.-l. d'arrond. de la Flandre-Occidentale, sur la Lys ; 76 141 hab. Textile. — Monuments des XIIIe-XVIIe s. ; musées.

Courtrai (bataille de) [11 juill. 1302], victoire des milices flamandes sur les troupes du roi de France Philippe IV le Bel, commandées par Robert II le Noble, comte d'Artois. On l'appelle aussi « bataille des *Éperons d'or ».

COURVILLE-SUR-EURE (28190), ch.-l. de cant. d'Eure-et-Loir ; 2 762 hab. *(Courvillois).* Église du XVIe s.

COUSERANS [kuzrɑ̃] n.m., région des Pyrénées centrales (Ariège), dans le bassin supérieur du Salat.

COUSIN (Jean), dit **le Père,** *Sens v. 1490 - Paris ? v. 1560,* peintre français. Pratiquant un art élégant et monumental, il a donné des cartons de vitraux et de tapisseries (cathédrale de Langres : deux pièces de la *Vie de saint Mammès*), des dessins, gravures, peintures (*Eva Prima Pandora,* Louvre) ainsi que des traités théoriques (*Livre de perspective,* 1560). — **Jean C.,** dit **le Fils,** *Sens v. 1522 - Paris v. 1594,* peintre français. Surtout connu pour ses dessins, il prolonge l'œuvre de son père avec plus de maniérisme.

COUSIN (Victor), *Paris 1792 - Cannes 1867,* philosophe et homme politique français. Il introduisit la philosophie allemande en France, fonda l'histoire de la philosophie et se fit le promoteur d'un éclectisme spiritualiste (*Du vrai, du beau et du bien,* 1853). [Acad. fr.]

COUSINET (Roger), *Arcueil 1881 - Paris 1973,* pédagogue français. Il fut le promoteur d'une pédagogie fondée sur la psychologie de l'enfant et libérée de la tutelle magistrale.

COUSIN-MONTAUBAN (Charles), comte **de Palikao,** *Paris 1796 - Versailles 1878,* général français. Vainqueur en Chine à Palikao (1860), il présida en 1870 le dernier ministère de Napoléon III.

COUSTEAU (Jacques-Yves), *Saint-André-de-Cubzac, Gironde, 1910 - Paris 1997,* océanographe français. Inventeur, notamm., du scaphandre autonome (avec E. Gagnan), il a conduit plusieurs campagnes à bord de la *Calypso* et a réalisé de nombreux films (*le Monde du silence,* 1955, avec L. Malle) et ouvrages sur le monde sous-marin. Il milita activement pour la protection de l'environnement. [Acad. fr.]

■ Le commandant **COUSTEAU**

COUSTOU (Nicolas), *Lyon 1658 - Paris 1733,* sculpteur français. Il est notamm. l'auteur d'une *Pietà* à Notre-Dame de Paris. — **Guillaume Ier C.,** *Lyon 1677 - Paris 1746,* sculpteur français, frère de Nicolas. On lui doit les deux fougueux *Chevaux de Marly* (moulages place de la Concorde à Paris, originaux au Louvre). — **Guillaume II C.,** *Paris 1716 - id. 1777,* sculpteur français, fils de Guillaume Ier. Il est l'auteur du mausolée du Dauphin, à Sens.

COUTANCES (50200), ch.-l. d'arrond. de la Manche, au S.-O. de Saint-Lô ; 11 479 hab. *(Coutançais).* Évêché. Marché. Agroalimentaire. Équipements électriques. — Cathédrale de style gothique normand avec tour-lanterne (XIIIe s.) ; musée.

COUTHON (Georges), *Orcet, Puy-de-Dôme, 1755 - Paris 1794,* homme politique français. Il forma avec Robespierre et Saint-Just une sorte de triumvirat, réprima l'insurrection de Lyon (1793) et fit voter la loi du 22 prairial (10 juin 1794) instituant la « Grande Terreur ». Il fut guillotiné le 10 thermidor.

COUTRAS [-tra] (33230), ch.-l. de cant. de la Gironde, sur la Dronne ; 7 168 hab. *(Coutrasiens).* -Dans la région, uranium.

COUTURE (Thomas), *Senlis 1815 - Villiers-le-Bel 1879,* peintre français. Académiste éclectique (*les Romains de la décadence,* 1847, musée d'Orsay), il forma de nombreux élèves, dont Manet.

COUVE DE MURVILLE (Maurice), *Reims 1907 - Paris 1999,* homme politique français. Ministre des Affaires étrangères (1958 - 1968), il fut Premier ministre en 1968 - 1969.

COUVIN, comm. de Belgique, dans le nord de la prov. de Namur ; 13 022 hab.

COUZA (Alexandre-Jean Ier) → **CUZA.**

Covenanters (de l'angl. *covenant,* pacte), presbytériens écossais qui s'opposèrent au XVIIe s. à l'introduction de l'anglicanisme en Écosse, après avoir proclamé le *National Covenant* de 1638.

COVENTRY, v. de Grande-Bretagne (Angleterre), dans les Midlands ; 292 600 hab. Université. Constructions mécaniques. — Cathédrale reconstruite après la Seconde Guerre mondiale. — La ville fut violemment bombardée durant la bataille d'Angleterre.

COVILHÃ (Pêro **da**), *Covilhã - en Éthiopie apr. 1545,* voyageur portugais. Chargé par Jean II, roi de Portugal, de trouver la route des Indes, il atteignit les côtes du Deccan puis gagna l'Éthiopie (1490).

COWANSVILLE, v. du Canada (Québec), près de la frontière américaine ; 12 533 hab. *(Cowansvillois).* Industrie textile. Plastiques.

COWARD (sir Noel), *Teddington 1899 - Jamaïque 1973,* auteur dramatique britannique. Acteur, compositeur et metteur en scène, il a élaboré un théâtre brillant qui s'étend de la farce au drame *(le Vortex, les Amants terribles, Projet de vie).*

COWES, v. de Grande-Bretagne (Angleterre), dans l'île de Wight ; 19 000 hab. Port. Régates internationales.

COWLEY (Abraham), *Londres 1618 - Chertsey 1667,* écrivain anglais, auteur d'essais et de poésies dans la manière d'Anacréon et de Pindare.

COWPER (William), *Great Berkhamsted 1731 - East Dereham 1800,* poète britannique, peintre de la campagne et du foyer *(la Tâche).*

COYPEL [kwapɛl] (Noël), *Paris 1628 - id. 1707,* peintre français. Il exécuta des décorations d'esprit classique au parlement de Rennes, aux Tuileries, à Versailles. — **Antoine C.,** *Paris 1661 - id. 1722,* peintre français, fils de Noël. Influencé par le baroque romain et par Rubens, il fut peintre d'histoire et grand décorateur, au service des ducs d'Orléans et du roi (voûte de la chapelle du château de Versailles, 1709 ; grands tableaux inspirés de *l'Énéide,* pour le Palais-Royal, 1714 - 1717). Directeur de l'Académie, premier peintre du roi (1716), il a publié des *Discours* sur son art. — **Noël Nicolas C.,** *Paris 1690 - id. 1734,* peintre français, frère d'Antoine. Il est considéré comme un précurseur de F. Boucher. — **Charles**

■ GUILLAUME **COUSTOU.** Moulage, place de la Concorde, de l'un des deux *Chevaux de Marly* (entre 1740 et 1745).

Antoine C., *Paris 1694 - id. 1752,* peintre français, fils d'Antoine. Il s'attacha à l'expression des passions sous l'influence du théâtre ; il a donné des cartons de tapisserie pour les Gobelins (tenture de *Don Quichotte*).

COYZEVOX ou **COYSEVOX** [kwazvo] (Antoine), *Lyon 1640 - Paris 1720,* sculpteur français. Il travailla pour Versailles, pour Marly (deux *Chevaux ailés,* auj. au Louvre, copies aux Tuileries), donna des tombeaux et des bustes et fut le portraitiste de Louis XIV.

CRABBE (George), *Aldeburgh 1754 - Trowbridge 1832,* poète britannique, peintre de la vie des paysans et des pêcheurs *(le Village).*

CRACOVIE, en polon. **Kraków,** v. du sud de la Pologne, ch.-l. de voïévodie, sur la Vistule ; 751 300 hab. Université. Archevêché. Chimie. Textile. — Importants monuments : église Notre-Dame (XIIIe-XVe s.) ; halles et beffroi (XIVe-XVIIe s.) ; forteresse de la Barbacane (XVe s.) ; cathédrale (XIIe-XIVe s.) et château royal du Wawel, etc. Musées. — Cracovie, siège d'un évêché à partir du XIe s. et d'une université en 1364, fut la capitale de la Pologne de 1320 à 1596.

■ **CRACOVIE.** La cathédrale du Wawel, XIIe-XIVe s., et ses chapelles du XVIe s.

Crafoord (prix) [de Anna-Greta et Holger *Crafoord*], prix scientifique décerné par l'Académie royale des sciences de Suède. Il est attribué tous les ans, depuis 1982, dans l'un des domaines suivants : mathématiques, sciences de la vie, astronomie, sciences de la Terre.

CRAIG (Edward Gordon), *Stevenage 1872 - Vence, France, 1966,* metteur en scène de théâtre britannique. Par ses mises en scène, ses écrits théoriques et son enseignement à l'école de comédiens qu'il créa à Florence, il s'efforça d'illustrer sa conception d'un « théâtre total ».

CRAIOVA, v. de la Roumanie méridionale ; 303 520 hab.

CRAM (Donald James), *Chester, Vermont, 1919,* chimiste américain. Ses recherches portent sur les complexes stables d'ions alcalins liés à des molécules organiques. (Prix Nobel 1987.)

■ LUCAS **CRANACH L'ANCIEN.** *La Mélancolie,* 1532. (Statens Museum for Kunst, Copenhague.)

■ LA **CRÉATION D'ADAM,** fresque de Michel-Ange, à la voûte de la chapelle Sixtine, au Vatican (v. 1511).

CRAMANT (51200), comm. de la Marne ; 931 hab. Vins de Champagne.

CRAMER (Gabriel), *Genève 1704 - Bagnols-sur-Cèze 1752,* mathématicien suisse. Il est l'auteur de travaux d'algèbre linéaire.

CRAMPTON (Thomas Russell), *Broadstairs 1816 - Londres 1888,* ingénieur britannique. Il réalisa un type de locomotive à grande vitesse qui fut très utilisée en Europe et construisit, en 1855, le réseau hydraulique de Berlin.

CRANACH (Lucas), dit **l'Ancien,** *Kronach, Franconie, 1472 - Weimar 1553,* peintre et graveur allemand. Fixé à partir de 1505 à la cour de Saxe, à Wittenberg, il a pratiqué tous les genres : compositions religieuses ou mythologiques, portraits (Luther), nus féminins d'un charme subtil. — **Lucas C.,** dit **le Jeune,** *Wittenberg 1515 - Weimar 1586,* peintre allemand. Fils de Lucas l'Ancien, il dirigea après lui l'atelier familial.

CRANE (Hart), *Garettsville, Ohio, 1899 - golfe du Mexique 1932,* poète américain. Il tenta de réconcilier la poésie et la civilisation industrielle américaine *(le Pont).*

CRANE (Stephen), *Newark, New Jersey, 1871 - Badenweiler, Allemagne, 1900,* écrivain américain. Il est l'un des créateurs de la nouvelle américaine contemporaine (*la Conquête du courage,* 1895).

CRAN-GEVRIER (74000), comm. de la Haute-Savoie, banlieue d'Annecy ; 17 540 hab. *(Gévriens).*

CRANKO (John), *Rustenburg, Transvaal, 1927 - en vol, au-dessus de Dublin, 1973,* danseur et chorégraphe britannique. Directeur artistique du Ballet de Stuttgart (1961 - 1973), il s'illustra dans de grandes compositions dramatiques (*Roméo et Juliette,* 1962 ; *Onéguine,* 1965).

CRANMER (Thomas), *Aslacton, Nottinghamshire, 1489 - Oxford 1556,* théologien anglican et archevêque de Canterbury. Il joua un rôle important dans l'établissement de la Réforme en Angleterre et fut mis à mort sous Marie Ire Tudor.

CRANS-SUR-SIERRE [krɑ̃syrsjɛr], station de sports d'hiver de Suisse (Valais) [alt. 1 500 - 3 000 m].

CRAON [krɑ̃] (53400), ch.-l. de cant. de la Mayenne ; 4 977 hab. *(Craonnais).* Hippodrome. Agroalimentaire. Forêt. — Maisons anciennes ; château de la fin du XVIIIe s. (parc).

CRAONNE [kran] (02160), ch.-l. de cant. de l'Aisne ; 68 hab. Victoire de Napoléon sur Blücher en 1814. Combats en 1917 et 1918.

CRAPONNE-SUR-ARZON (43500), ch.-l. de cant. du nord-est de la Haute-Loire ; 2 709 hab. *(Craponnais).* Restes d'enceinte, église du XVIe s.

CRASHAW (Richard), *Londres v. 1613 - Loreto 1649,* poète anglais, d'inspiration métaphysique.

CRASSUS, en lat. **Marcus Licinius Crassus Dives** *(le Riche), Rome 115 - Carres 53 av. J.-C.,* homme politique romain. Consul en 70, il fit partie, avec César et Pompée, du premier triumvirat (60). Consul en 55 av. J.-C., il gouverna la Syrie et fut tué lors de la guerre contre les Parthes.

CRAU n.f., plaine du bas Rhône, à l'E. de la Camargue. Anc. delta de la Durance, autrefois désert de pierres, la Crau est auj. en partie fertilisée par l'irrigation. Foin. Fruits et légumes.

CRAU (La) [83260], ch.-l. de cant. du Var ; 14 844 hab. *(Craurois).*

CRAWFORD (Lucille **Le Sueur,** dite Joan), *San Antonio 1904 - New York 1977,* actrice américaine. Star dès l'époque du muet, elle mena une longue carrière cinématographique (*Poupées de théâtre,* E. Goulding, 1925 ; *Mannequin,* F. Borzage, 1938 ; *Johnny Guitare,* N. Ray, 1954).

CRAWLEY, v. de Grande-Bretagne (Angleterre), au S. de Londres ; 87 100 hab. Ville nouvelle.

CRAXI (Bettino), *Milan 1934 - Hammamet, Tunisie, 2000,* homme politique italien. Secrétaire général du Parti socialiste italien (1976 - 1993), il fut président du Conseil de 1983 à 1987.

Création d'Adam (la), fresque de Michel-Ange dans la chapelle *Sixtine, au Vatican, v. 1511. C'est l'une des 9 compositions sur des thèmes de la Genèse disposées perpendiculairement à l'axe de la voûte de cet édifice, formant la zone supérieure d'un complexe dispositif architectonique et iconographique.

CRÉBILLON (Prosper **Jolyot,** sieur **de Crais-Billon, dit**), *Dijon 1674 - Paris 1762,* poète dramatique français. Ses tragédies multiplient les effets pathétiques et les coups de théâtre *(Rhadamiste et Zénobie).* [Acad. fr.] — **Claude Jolyot,** sieur **de Crais-Billon,** dit **C. fils,** *Paris 1707 - id. 1777,* écrivain français, fils de Prosper. On lui doit des romans de mœurs *(les Égarements du cœur et de l'esprit)* et des contes licencieux *(le Sopha).*

CRÉCY-EN-PONTHIEU (80150), ch.-l. de cant. de la Somme ; 1 611 hab. *(Crécéens).* Église des XVe-XVIe s. — Forêt. — bataille de **Crécy** (26 août 1346), bataille de la guerre de Cent Ans. Victoire d'Édouard III sur Philippe VI et la chevalerie française, obtenue grâce aux archers anglais.

CRÉCY-LA-CHAPELLE (77580), ch.-l. de cant. de Seine-et-Marne, sur le Grand Morin ; 3 909 hab. *(Créçois).* Collégiale gothique à La Chapelle-sous-Crécy.

Crédit agricole (Caisse nationale de), banque française. Créée en 1920, elle joue le rôle de caisse centrale des caisses régionales et locales de crédit agricole. L'ensemble du groupe Crédit agricole forme l'un des plus grands ensembles bancaires du monde.

Crédit Lyonnais, banque française. Créé à Lyon en 1863, nationalisé en 1945, il est retourné au secteur privé en 1999.

CREE → **CRIS.**

CREIL [krɛj] (60100), ch.-l. de cant. de l'Oise, sur l'Oise ; 31 947 hab. *(Creillois).* Centre ferroviaire. — Musée (mobilier, faïences, etc.).

CRÉMAZIE (Octave), *Québec 1827 - Le Havre 1879,* écrivain canadien de langue française. Il est l'auteur de poèmes d'inspiration patriotique *(le Drapeau de Carillon).*

CRÉMIEU (38460), ch.-l. de cant. de l'Isère, en bordure de l'*île* ou *plateau Crémieu ;* 3 209 hab. Vieilles maisons et monuments des XIVe-XVIIe s.

CRÉMIEUX (Adolphe), *Nîmes 1796 - Paris 1880,* avocat et homme politique français. Ministre de la Justice en 1848 et en 1870, il fit adopter le décret qui conféra la qualité de citoyens français aux Juifs d'Algérie (*décret Crémieux,* 24 oct. 1870).

CRÉMONE, en ital. **Cremona,** v. d'Italie (Lombardie), ch.-l. de prov. ; 73 404 hab. Renommée pour la fabrication de violons, elle fut la patrie de célèbres luthiers (Amati, Guarneri, Stradivari). — Cathédrale médiévale, avec campanile haut de 115 m. Musée municipal ; musée Stradivarius.

CRENEY-PRÈS-TROYES (10150), comm. de l'Aube ; 1 449 hab. Centre d'interconnexion EDF.

CRENNE (Marguerite **Briet,** dite Hélisenne **de**), *v. 1510 - ? apr. 1552,* femme de lettres française. Son récit indirectement autobiographique (*les Angoisses douloureuses qui procèdent d'amours,* 1538) est le premier roman d'inspiration personnelle de la littérature française.

CRÉON (33670), ch.-l. de cant. de la Gironde ; 2 929 hab. Vins. — Bastide du XIVe s. Aux environs, ruines de l'abbatiale romane de la Sauve.

CRÉON MYTH. GR. Roi de Thèbes dans le mythe d'Œdipe.

CRÉPIN et **CRÉPINIEN** (saints), frères d'origine romaine, martyrisés, peut-être à Soissons sous Maximien. Patrons des cordonniers.

Crépuscule des dieux (le), opéra de Wagner, dernière partie de la **Tétralogie.*

CRÉPY-EN-VALOIS (60800), ch.-l. de cant. de l'Oise ; 14 704 hab. *(Crépynois).* Chimie. — Ville pittoresque ; musée du Valois et de l'Archerie.

CRÉQUI ou **CRÉQUY** (Charles **de**), *v. 1578 - Crema 1638,* maréchal de France. Il prit Pignerol (1630) et devint ambassadeur à Rome (1633), puis à Venise (1634). — **François de C.,** *1629 - Paris 1687,* maréchal de France, petit-fils de Charles.

CRESPI (Giuseppe Maria), *Bologne 1665 - id. 1747,* peintre et graveur italien. C'est un maître du naturalisme (*la Foire de Poggio a Caiano,* 1709, musée des Offices).

CRESPIN [krɛpɛ̃] (59154), comm. du Nord ; 4 453 hab. Matériel ferroviaire.

CRESPIN (Régine), *Marseille 1927,* soprano française. Elle interpréta notamment R. Wagner, R. Strauss et F. Poulenc.

CRESSENT (Charles), *Amiens 1685 - Paris 1768,* ébéniste français. Il exécuta pour la famille d'Orléans de précieux meubles ornés de marqueteries et de bronzes, d'un style rocaille mesuré.

CRESSIER, comm. de Suisse (cant. de Neuchâtel) ; 1 766 hab. *(Cressiacois).* Raffinerie de pétrole.

CRESSON (Édith), *Boulogne-Billancourt 1934,* femme politique française. Socialiste, ministre de l'Agriculture (1981 - 1983), du Commerce extérieur (1983 - 1986), puis des Affaires européennes (1988 - 1990), elle est la première femme, en

France, à accéder au poste de Premier ministre (1991 - 1992).

CREST [krɛ] (26400), ch.-l. de cant. de la Drôme, sur la Drôme ; 8 074 hab. *(Crestois).* Donjon du XIIe s.

CREST-VOLAND [krɛvɔlɑ̃] (73590), comm. de la Savoie ; 427 hab. Sports d'hiver (alt. 1 150 - 1 650 m).

CRÉSUS, dernier roi de Lydie (v. 560 - 546 av. J.-C.). Il devait sa légendaire richesse aux mines d'or et au trafic commercial de son royaume. Il fut vaincu et exécuté par Cyrus.

CRÈTE, en gr. **Kríti,** anc. **Candie,** île grecque de la Méditerranée ; 8 336 km^2 ; 536 980 hab. *(Crétois) ;* v. princ. *Iráklion* et *Khaniá.* C'est une île allongée d'ouest en est, formée de chaînes calcaires ouvertes par des plaines (blé, vigne, agrumes et oliviers). Tourisme.

HISTOIRE

L'île connaît aux IIIe-IIe millénaires une brillante civilisation dite « minoenne », dont témoignent les palais de Cnossos, Malia et Phaistos. **XVe - XIIe s. :** la Crète, sous la domination partielle des Mycéniens, décline irrémédiablement lors de l'invasion dorienne (XIIe s.). **Ve s. - Ier s. av. J.-C. :** l'île devient un marché de mercenaires, entretenu par les guerres qui opposent les villes crétoises. **67 av. J.-C. :** les Romains conquièrent l'île. **395 - 1204 :** possession byzantine, la Crète est occupée par les musulmans de 827 - 828 à 960 - 961. **1204 - 1669 :** l'île appartient aux Vénitiens, qui ne peuvent résister à la conquête turque, commencée en 1645. **1669 - 1913 :** sous domination ottomane, elle obtient, après plusieurs soulèvements, son autonomie (1898), proclame son union avec la Grèce (1908) et se libère totalement de la souveraineté ottomane (1913).

CRÉTEIL (94000), ch.-l. du dép. du Val-de-Marne, sur la Marne, au S.-E. de Paris ; 82 630 hab. *(Cristoliens).* Académie et université. Évêché. Centre hospitalier.

CREUS (cap), cap du nord-est de l'Espagne.

CREUSE n.f., riv. de France, dans le Limousin et le Berry, affl. de la Vienne (r. dr.) ; 255 km.

CREUSE n.f. (23), dép. de la Région Limousin ; ch.-l. de dép. *Guéret ;* ch.-l. d'arrond. *Aubusson ;* 2 arrond. ; 27 cant. ; 260 comm. ; 5 565 km^2 ; 124 470 hab. *(Creusois).* Le dép. appartient à l'académie et à la cour d'appel de Limoges, à la zone de défense Sud-Ouest. S'étendant sur les plateaux de la Marche et de la Combrailles, s'élevant vers le sud-est, de part et d'autre de la vallée encaissée de la Creuse, le dép. est surtout rural (orienté vers l'élevage bovin). La faiblesse de l'industrialisation et celle de l'urbanisation (Guéret est la seule ville dépassant 10 000 hab.) expliquent que depuis le début du siècle, la Creuse ait perdu la moitié de sa population.

■ **CRÈTE.** La cour centrale et les gradins du palais de Malia, 1650 av. J.-C.

CREUSOT (Le) [71200], ch.-l. de cant. de Saône-et-Loire ; 26 758 hab. *(Creusotins).* Métallurgie. — Écomusée et centre culturel au château de la Verrerie.

CREUTZWALD (57150), comm. de la Moselle ; 14 614 hab. Houille. Téléviseurs. Industrie automobile.

CREVAUX (Jules), *Lorquin, Moselle, 1847 - dans le Chaco 1882,* explorateur français. Il explora les bassins de l'Amazone et de l'Orénoque et fut tué par les Indiens.

CRÈVECŒUR (Philippe **de**), *v. 1418 - L'Arbresle 1494,* maréchal de France. Il servit Charles le Téméraire, Louis XI puis Charles VIII.

CRÈVECŒUR-LE-GRAND (60360), ch.-l. de cant. de l'Oise ; 3 225 hab. *(Crépicordiens).* Château des XVe-XVIe s.

CREVEL (René), *Paris 1900 - id. 1935,* écrivain français. Pur et tourmenté, tiraillé entre sa fidélité au surréalisme et son engagement communiste, il est l'auteur d'une œuvre éparse et poignante *(Détours, Êtes-vous fous ?).* Il se suicida.

Creys-Malville, centrale nucléaire équipée du surgénérateur Super-Phénix, sur la comm. de Creys-et-Pusignieu (Isère), sur le Rhône. En butte à une succession d'incidents techniques, la centrale, entrée en service en 1986, n'a jamais fonctionné à régime optimal. Son arrêt définitif et son démantèlement ont été décidés en 1997 - 1998.

CRF, sigle de *Croix-Rouge française.

CRICK (Francis Harry Compton), *Northampton 1916,* biologiste britannique. Avec J. D. Watson et M. H. F. Wilkins, il a découvert la structure en double hélice de l'ADN et a contribué à la compréhension de la véritable nature du code génétique. (Prix Nobel 1962.)

CRIEL-SUR-MER (76910), comm. de la Seine-Maritime ; 2 740 hab. *(Criellois).* Station balnéaire. — Château du XVIe s. (mairie).

CRIF (Conseil représentatif des institutions juives de France), organisme créé en 1943 et représentant env. soixante organisations.

CRILLON (Louis **de Berton de**), *Murs, Vaucluse, 1541 ou 1543 - Avignon 1615,* homme de guerre français. Il prit part aux guerres de Religion dans l'armée royale, défendit Henri III contre les ligueurs et se rallia à Henri IV.

CRIMÉE, presqu'île de l'Ukraine, qui sépare la mer Noire de la mer d'Azov. Les montagnes de sa partie méridionale (1 545 m) dominent une côte pittoresque bordée de stations balnéaires, dont Yalta.

HISTOIRE

Peuplée par les Cimmériens, puis par les Scythes, la région est colonisée par les Grecs à partir du VIIe s. av. J.-C. **Ve s. av. J.-C. :** création du royaume du Bosphore. **63 av. J.-C. :** celui-ci passe sous protectorat romain. **IIIe-IVe s. apr. J.-C. :** il est envahi par les Goths et les Huns. **VIIIe - XIIIe s. :** des peuples d'origine turque (Khazars, Coumans) puis les Mongols (XIIIe s.) occupent la presqu'île. Les Vénitiens et les Génois animent les comptoirs de Caffa (1266 - 1475) et de Tana. **XVIe s. :** les princes mongols (khans) reconnaissent la suzeraineté des Ottomans. **1783 :** la Crimée est annexée par la Russie. **1945 :** les Tatars de Crimée sont déportés et leur république autonome (créée en 1921) est supprimée. **1954 :** la Crimée, peuplée majoritairement de Russes, est rattachée à l'Ukraine. **1991 :** l'accession de l'Ukraine à l'indépendance réactive les revendications séparatistes des russophones de Crimée, partisans de la souveraineté ou d'un rattachement à la Russie. **1992 :** la Crimée devient république autonome au sein de l'Ukraine.

Crimée (guerre de) [1854 - 1855], conflit qui opposa la France, la Grande-Bretagne, l'Empire ottoman et le Piémont à la Russie. Illustrée par les batailles de l'Alma et de Sébastopol, elle se termina par la défaite de la Russie, consacrée par le traité de Paris (1856).

CRIPPS (sir Stafford), *Londres 1889 - Zurich 1952,* homme politique britannique. Travailliste, ministre de l'Économie et chancelier de l'Échiquier (1947 - 1950), il mit en place un efficace programme d'austérité.

CRIQUETOT-L'ESNEVAL [kriktolɛnval] (76280), ch.-l. de cant. de la Seine-Maritime ; 2 292 hab. Monuments anciens.

CRIS ou **CREE,** peuple amérindien du Canada (Ontario, Alberta, Québec) [env. 51 000]. Occupant un immense territoire au sud et à l'est de la baie d'Hudson et autour de la baie James, ils ont pris après l'arrivée des Européens une part importante dans le commerce des fourrures. Ils se sont vu reconnaître d'importants droits territoriaux. Ils parlent le *cri,* langue algonquienne.

CRIŞ n.m., en hongr. **Körös,** nom de trois rivières d'Europe orientale, nées en Roumanie (Transylvanie) et qui confluent en Hongrie, avant de rejoindre la Tisza (r. g.).

CRISPI (Francesco), *Ribera, Sicile, 1818 - Naples 1901,* homme politique italien. Compagnon de Garibaldi, président du Conseil (1887 - 1891 ; 1893 - 1896), il renouvela avec l'Allemagne et l'Autriche la Triple-Alliance (1887) et engagea l'Italie dans la voie de l'expansion coloniale ; il démissionna après le désastre d'Adoua (1896).

CRISTAL (monts de), massif de l'Afrique équatoriale (Gabon), au N. de l'Ogooué.

CRISTOFORI (Bartolomeo), *Padoue 1655 - Florence 1731,* facteur italien d'instruments à clavier. Il fut l'un des inventeurs du pianoforte.

CRITIAS, *450 - 404 av. J.-C.,* homme politique athénien. Oncle de Platon et l'un des Trente, il fut tué en essayant de reprendre Le Pirée à Thrasybule.

Critique de la faculté de juger, œuvre de Kant (1790), dans laquelle il traite du jugement esthétique et du jugement téléologique.

Critique de la raison pratique, œuvre de Kant (1788). Kant cherche comment la moralité comme impératif catégorique, c'est-à-dire comme loi a priori, peut constituer le principe déterminant de l'action d'une personne.

Critique de la raison pure, œuvre de Kant (1781, 2e éd. 1787). Kant analyse le pouvoir de la raison en général en déterminant son étendue et ses limites à partir de principes a priori afin de répondre à la question « que puis-je savoir ? ».

CRIVELLI (Carlo), *Venise v. 1430/1435 - Ascoli Piceno av. 1501,* peintre italien. Il a exécuté, dans les Marches, des polyptyques d'autel d'un graphisme nerveux, d'un coloris vif et précieux.

CRNA GORA, nom serbe du Monténégro.

CROATIE n.f., en croate **Hrvatska,** État de l'Europe balkanique, sur l'Adriatique ; 56 500 km² ; 4 500 000 hab. *(Croates).* CAP. *Zagreb.* LANGUE : *croate.* MONNAIE : *kuna.*

GÉOGRAPHIE

Étirée en forme de croissant, du Danube à l'Adriatique, la Croatie est formée de collines et de plaines dans le nord et l'est, de reliefs (Alpes Dinariques) dominant la côte dalmate à l'O. En 1991, le territoire était peuplé à 75 % de Croates de souche, catholiques, mais comptait plus de 10 % de Serbes, orthodoxes. L'agriculture domine à l'E. en Slavonie, l'industrie autour de Zagreb, et le littoral est une grande région touristique (vers Split et Dubrovnik).

HISTOIRE

Peuplée d'Illyriens, la région appartient à partir de 6 - 9 apr. J.-C. à l'Empire romain et est envahie par les Slaves au VIe s. **925 :** Tomislav (910 - 928) réunit sous son autorité les Croaties pannonienne et dalmate et prend le titre de roi. **1102 :** le roi de Hongrie est reconnu roi de la Croatie, où il est représenté par un ban. **1526 - 1527 :** une partie du pays tombe sous la domination des Ottomans, le reste est intégré aux possessions de la maison d'Autriche. **1867 - 1868 :** le compromis austro-hongrois rattache la Croatie à la Hongrie, avec laquelle est conclu le compromis hungaro-croate. **1918 - 1941 :** la Croatie adhère au royaume des Serbes, Croates et Slovènes, qui devient la Yougoslavie en 1929. Les Croates s'opposent au centralisme serbe ; des opposants créent la société secrète Oustacha (1929) et recourent au terrorisme. **1941 - 1945 :** l'État indépendant croate, contrôlé par les Allemands et les Italiens, est gouverné par A. Pavelić. **1945 :** la Croatie devient une des six républiques de la République populaire fédérative de Yougoslavie, mais le mouvement national croate persiste. **1990 :** les premières élections libres sont remportées par l'Union démocratique croate (HDZ), dirigée par Franjo Tudjman, qui devient président. **1991 :** la Croatie déclare son indépendance (juin). De violents combats opposent les Croates aux Serbes de Croatie et à l'armée fédérale. **1992 :** l'indépendance est reconnue par la communauté internationale (janv.). La Croatie accepte le plan de paix proposé par l'ONU et le déploiement d'une force de protection (FORPRONU), tout en affirmant sa volonté de restaurer son autorité sur la totalité du territoire (y compris la Krajina, où les Serbes ont proclamé une république en 1991). **1995 :** l'armée croate reconquiert la Krajina (août) et appuie la contre-offensive des forces croato-musulmanes en Bosnie. Le président Tudjman cosigne l'accord de paix sur la Bosnie-Herzégovine. **1999 :** F. Tudjman, qui avait été réélu à la tête de l'État en 1997, meurt. **2000 :** l'opposition remporte les élections législatives (grave échec de la HDZ). Un de ses leaders, le centriste Stipe Mesić, est élu à la présidence de la République.

CROCE (Benedetto), *Pescasseroli 1866 - Naples 1952,* philosophe, historien et homme politique italien. Sa pensée historiciste et spiritualiste, inspirée par Vico et par Hegel, suppose l'identité de l'histoire et de la philosophie et accorde à l'art un intérêt privilégié (*Bréviaire d'esthétique,* 1913 ; *l'Histoire comme pensée et action,* 1938). Antifasciste, il fut président du Parti libéral en 1947.

CROCKETT (David, dit Davy), *Rogersville, Tennessee, 1786 - Fort Alamo, Texas, 1836,* pionnier américain. Député du Tennessee, il est célèbre par sa participation héroïque à la résistance de Fort Alamo, face aux Mexicains (1836).

Croisade des enfants (1212), croisade de jeunes célibataires, appelés à tort « enfants », qui, de France et d'Allemagne, partirent pour les Lieux saints.

Croisade des pastoureaux, mouvement de paysans qui, v. 1250, formèrent des bandes afin de partir pour la croisade et de délivrer Louis IX. Leur action dégénéra en brigandage et en tueries.

croisades, expéditions militaires entreprises du XIe au XIIIe s. par l'Europe chrétienne sous l'impulsion de la papauté. Leur but était de porter secours aux chrétiens d'Orient, de reprendre le Saint-Sépulcre aux musulmans, puis de défendre les États latins du Levant fondés par les croisés en Syrie et en Palestine. *(V. tableau page 1270.)*

CROISIC (Le) [44490], ch.-l. de cant. de la Loire-Atlantique, sur la *pointe du Croisic ;* 4 325 hab. *(Croisicais).* Port. Station balnéaire. — Église de style gothique flamboyant.

Croissant-Rouge (le), organisation humanitaire ayant, dans les pays musulmans, les mêmes fonctions que la *Croix-Rouge.

CROISSY (Charles **Colbert,** marquis **de**), *Reims 1629 - Versailles 1696,* homme d'État français. Frère de Colbert, il fut secrétaire d'État aux Affaires étrangères (1679).

CROIX (59170), comm. du Nord ; 20 832 hab. *(Croisiens).* Matériel agricole. Vente par correspondance. — Villa Cavrois (R. Mallet-Stevens).

Croix (la), quotidien catholique français. Fondé en 1883 par les assomptionnistes, il est devenu le principal organe de la presse catholique.

Croix-de-Feu (les), organisation française d'anciens combattants fondée en 1927 par l'écrivain Maurice Hanot et présidée à partir de 1931 par le lieutenant-colonel de La Rocque. Nationalistes et anticommunistes, elles furent dissoutes en juin 1936 par le Front populaire.

CROIX DU SUD, constellation australe. Ses quatre étoiles les plus brillantes forment une croix dont la grande branche est orientée vers le pôle Sud et qui servait jadis de repère d'orientation aux navigateurs.

Croix-Rouge (la), organisation internationale à vocation humanitaire. Fondée par Henri Dunant, à Genève, en 1863, pour venir en aide aux blessés et aux victimes de la guerre, elle fut reconnue par la Convention de Genève du 22 août 1864, qui adopta l'emblème de la croix rouge sur fond blanc (celui du croissant rouge fut reconnu en 1949). En temps de paix, la Croix-Rouge participe à un grand nombre d'actions humanitaires. Depuis 1986, la Croix-Rouge internationale a pour dénomination *Mouvement international de la Croix-Rouge et du Croissant-Rouge.*

CROLLIUS (Oswaldus) ou **CROLL** (Oswald), *Wetter, Hesse, 1580 - Prague ? 1609,* alchimiste et chimiste allemand. Son *Basilica chymica* (1608) postule l'analogie parfaite entre le microcosme (l'homme) et le macrocosme (le monde).

CRO-MAGNON, site de la Dordogne (comm. des Eyzies-de-Tayac-Sireuil). Il a livré en 1868 les premiers restes fossiles d'une population d'*Homo sapiens* qui peuplait l'Europe occidentale et centrale au paléolithique supérieur.

CROMMELYNCK (Fernand), *Paris 1886 - Saint-Germain-en-Laye 1970,* auteur dramatique belge de langue française. Il a écrit des comédies *(le Cocu magnifique).*

CROMWELL (Oliver), *Huntingdon 1599 - Londres 1658,* homme d'État anglais. Gentilhomme puri-

LES HUIT CROISADES

Ire CROISADE (1096-1099)
Ordonnateur : Urbain II au concile de Clermont.
Conduite par Pierre l'Ermite et Gautier Sans Avoir, la croisade populaire est défaite par les Turcs. Ensuite, la croisade des seigneurs conquiert Antioche, Édesse puis Jérusalem (1099). Elle aboutit à la création des États latins d'Orient : la principauté d'Antioche, le comté d'Édesse, le royaume de Jérusalem (confié à Godefroi de Bouillon) et le comté de Tripoli.

2e CROISADE (1147-1149)
Prédicateur : Bernard de Clairvaux pour Eugène III.
Conduite par Conrad III de Hohenstaufen et Louis VII, elle assiège en vain Damas et ne délivre pas Édesse tombée aux mains des Turcs.

3e CROISADE (1189-1192)
Conduite par Frédéric Barberousse, Philippe Auguste et Richard Cœur de Lion, elle a pour but la délivrance de Jérusalem reconquise par Saladin en 1187 et n'aboutit qu'à la prise de Chypre et de Saint-Jean-d'Acre.

4e CROISADE (1202-1204)
Ordonnateur : Innocent III.
Conduite par Boniface Ier de Montferrat et Baudouin IX de Flandre, elle est détournée par les Vénitiens de son but initial (l'Égypte) pour se diriger sur Constantinople, pillée en 1204. L'Empire latin de Constantinople est fondé, et les Vénitiens obtiennent d'énormes avantages commerciaux et territoriaux.

5e CROISADE (1217-1219)
Ordonnateur : Innocent III.
La croisade est proclamée en 1215 par le IVe concile de Latran. Conduite par André II, roi de Hongrie, puis par Jean de Brienne, roi de Jérusalem, elle ne peut libérer le mont Thabor aux mains des musulmans et conquiert temporairement Damiette, en Égypte (1219-1221).

6e CROISADE (1228-1229)
Ordonnateur : Honorius III.
Elle est dirigée par Frédéric II de Hohenstaufen, qui négocie avec les musulmans la restitution de Jérusalem, Bethléem et Nazareth.

7e CROISADE (1248-1254)
Ordonnateur : Innocent IV.
Sous la conduite de Louis IX (Saint Louis), elle tente de conquérir l'Égypte, qui contrôle les Lieux saints. Elle s'empare de Damiette puis est défaite à Mansourah et abandonne l'Égypte.

8e CROISADE (1270)
Organisée par Louis IX et Charles Ier d'Anjou, elle se dirige vers Tunis, où le roi de France trouve la mort.

C

tain, il est élu député à la Chambre des communes (1640) et devient le chef de l'opposition à l'arbitraire royal et à l'épiscopat anglican. Lors de la première guerre civile (1642 - 1646), il bat les troupes royales à Marston Moor (1644), puis à Naseby (1645) avec ses « Côtes de fer ». En fait modéré, adversaire des niveleurs, il ne devient un adversaire décidé de Charles Ier que lorsque celui-ci déchaîne la seconde guerre civile (1648). Après avoir épuré le Parlement, appelé alors « Parlement croupion », il élimine la Chambre des lords et fait condamner le roi à mort (1649). L'État anglais prend le nom de Commonwealth. Véritable maître, Cromwell soumet par la force l'Irlande puis l'Écosse (1650 - 1651). En faisant voter l'Acte de navigation (1651), il se trouve entraîné dans une guerre contre les Provinces-Unies (1652 - 1654), qui contribua à faire de l'Angleterre une grande puissance navale. Devenu lord-protecteur (1653), il partage d'abord les pouvoirs avec un Conseil d'État, puis, durcissant le régime en 1655, agit en véritable souverain. — **Richard C.**, *Huntingdon 1626 - Cheshunt 1712*, homme d'État anglais. Fils d'Oliver, il succéda à son père à la mort de celui-ci, mais démissionna dès 1659.

CROMWELL (Thomas), comte **d'Essex**, *Putney v. 1485 - Londres 1540*, homme d'État anglais. Chancelier de l'Échiquier (1533) et secrétaire du roi Henri VIII, artisan de la Réforme en Angleterre, il fut décapité.

CRONOS ou **KRONOS** MYTH. GR. Titan, père de Zeus. Il mutila son père Ouranos et dévora ses enfants, à l'exception de Zeus, qui le détrôna. Identifié par les Romains avec Saturne.

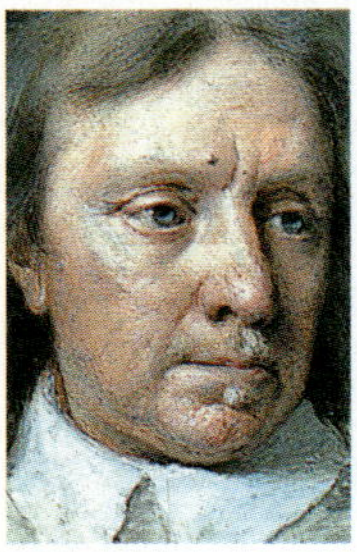

■ OLIVER **CROMWELL** par S. Cooper. (Coll. priv.)

■ CHARLES **CROS** par Nadar.

CRONQUIST (Arthur), *New York 1919*, botaniste américain. Connu pour ses travaux sur la taxinomie et l'évolution des végétaux, il est l'auteur d'une classification des plantes à fleurs.

CRONSTADT → **KRONCHTADT.**

CROOKES (sir William), *Londres 1832 - id. 1919*, chimiste et physicien britannique. Il découvrit le thallium (1861), inventa un tube électronique (1872) et montra que les rayons cathodiques sont des particules électrisées (1878).

CROS (Charles), *Fabrezan 1842-Paris 1888*, inventeur et écrivain français. Il découvrit un procédé indirect de photographie des couleurs en 1869 (en même temps que Ducos du Hauron) et conçut en 1877 (indépendamment d'Edison) un dispositif d'enregistrement et de reproduction des sons. — Humaniste et poète *(le Coffret de santal)*, il fut célébré après 1920 par les surréalistes comme un de leurs inspirateurs.

CROTONE, v. d'Italie (Calabre) ; 55 633 hab. Elle est proche de l'anc. Crotone, qui fut la résidence de Pythagore et la patrie de l'athlète Milon.

CROTOY (Le) [80550], comm. de la Somme ; 2 468 hab. *(Crotellois).* Station balnéaire.

CROW, peuple amérindien des plaines centrales des États-Unis (Montana, Wyoming) [env. 5 000], de la famille des Sioux.

CROWLEY (Edward Alexander, dit Aleister), *Leamington, Warwickshire, 1875 - Hastings 1947*, occultiste britannique. Mage sataniste, il exalta la sexualité sous toutes ses formes et prétendit être la Bête de l'Apocalypse.

CROZET (îles) ou **ARCHIPEL CROZET,** archipel français de l'océan Indien méridional, au S. de Madagascar ; 500 km² env. Base scientifique.

CROZIER (Michel), *Sainte-Menehould 1922*, sociologue français. Il a développé l'étude des organisations, mettant l'accent sur les facteurs de résistance au changement (*le Phénomène bureaucratique,* 1964).

CROZON (29160), ch.-l. de cant. du Finistère, dans la *presqu'île de Crozon ;* 7 881 hab. *(Crozonnais).*

CRUAS [kryas] (07350), comm. de l'Ardèche ; 2 431 hab. Centrale nucléaire en bordure du Rhône. — Remarquable église romane, anc. abbatiale (mosaïque de pavement de 1098).

CRUIKSHANK (George), *Londres 1792 - id. 1878*, caricaturiste et illustrateur britannique. Il cultiva le grotesque et la violence dans la satire politique, puis triompha avec ses chroniques de la vie populaire.

CRUMB (Robert), *Philadelphie 1943*, dessinateur et scénariste américain de bandes dessinées. Il s'est imposé avec *Fritz the Cat* (1965) comme un leader du mouvement underground.

CRUSEILLES (74350), ch.-l. de cant. de la Haute-Savoie, au N. d'Annecy ; 3 446 hab.

CRUZ (Juana Inés **de Asbaje,** dite sor Juana Inés **de la**), *San Miguel de Nepautla 1651 - Mexico 1695*, poétesse et religieuse mexicaine. Auteur de comédies et d'autos sacramentales *(El divino Narciso)*, elle mêle dans sa poésie religieuse ou profane virtuosité baroque, profondeur des sentiments et curiosité scientifique.

CRUZ (Ramón **de la**), *Madrid 1731 - id. 1794*, auteur dramatique espagnol. Ses saynètes peignent avec réalisme le peuple de Madrid.

CSA (Conseil supérieur de l'audiovisuel), autorité administrative indépendante qui assure la liberté et qui contrôle l'exercice de la communication audiovisuelle en France. Institué par la loi du 17 janvier 1989, il est composé de neuf membres.

CSCE (Conférence sur la sécurité et la coopération en Europe) → **OSCE.**

CSOKONAI VITÉZ (Mihály), *Debrecen 1773 - id. 1805*, poète hongrois, auteur de poèmes lyriques et philosophiques.

CSU → **CDU.**

CTÉSIAS, *Cnide ve s. av. J.-C.*, historien grec. Auteur d'ouvrages sur la Perse et sur l'Inde.

CTÉSIPHON, anc. ville parthe au S.-E. de Bagdad, résidence des Arsacides et des Sassanides. Ruines du palais de Châhpuhr Ier.

CUANZA ou **KWANZA** n.m., fl. d'Angola ; 1 000 km env.

CUAUHTÉMOC, *v. 1495 ou v. 1502 - Izancanac 1525*, dernier souverain aztèque. Il fut pendu par ordre de Cortés.

CUBA n.f., État des Antilles, au S. de la Floride ; 111 000 km² ; 11 000 000 hab. *(Cubains).* CAP. *La Havane.* LANGUE : *espagnol.* MONNAIE : *peso cubain.*

GÉOGRAPHIE

Le pays, au climat tropical, est formé de plaines et de plateaux calcaires, en dehors du Sud-Est, qui est montagneux. Cuba est un important producteur de sucre et fournit aussi du tabac et des fruits tropicaux. Le sous-sol recèle surtout du nickel. L'agroalimentaire est l'industrie dominante. La Havane regroupe près de 20 % de la population et constitue le principal débouché maritime. Malgré une relative libéralisation et un renouveau du tourisme, l'économie reste délabrée.

HISTOIRE

La période coloniale. 1492 : peuplée à l'origine par les Indiens Arawak, l'île est découverte par Christophe Colomb. **1511 - 1513 :** Cuba est conquise par Diego Velázquez. Dès les premiers temps de la colonisation, les esclaves noirs remplacent les Indiens, exterminés. **XVIIIe s. :** riche colonie de plantation (tabac), l'île devient grand producteur de canne à sucre. **1818 :** les Cubains obtiennent la liberté générale du commerce. Redoutant une révolte des esclaves noirs, l'élite créole reste fidèle à l'Espagne. **1868 - 1878 :** les abus de l'administration coloniale provoquent une insurrection générale. L'île obtient une autonomie relative. **1880 :** l'esclavage est aboli. **1895 :** à l'instigation du poète Martí et des généraux Máximo Gómez et Antonio Maceo, la guerre d'indépendance est déclenchée. **1898 :** à la suite de l'explosion de leur cuirassé *Maine* en rade de La Havane, les États-Unis entrent en guerre contre l'Espagne, qui doit renoncer à Cuba (traité de Paris). **1898 - 1901 :** un gouvernement militaire américain s'installe dans l'île.

L'indépendance. 1901 : la République cubaine reçoit une constitution de type présidentiel, mais reste étroitement dépendante des États-Unis, qui interviennent dans l'île en 1906, 1912 et 1917, en renforçant leur domination économique. **1925 - 1933 :** le pays est gouverné par un dictateur, Gerardo Machado, qui est renversé par l'armée. **1933 - 1944 :** le général Batista, protégé par les États-Unis, exerce la réalité du pouvoir jusqu'en 1940, puis devient président. **1952 :** revenu au pouvoir à la suite d'un coup d'État, Batista suspend la Constitution. **1953 :** après l'échec d'une première rébellion, Fidel Castro est emprisonné, puis s'exile. **1956 :** Castro débarque à Cuba et prend le maquis dans la sierra Maestra. **1959 :**

l'offensive générale des guérilleros aboutit au départ de Batista. Manuel Urrutia est proclamé président de la République.
Le régime castriste. Devenu Premier ministre, Fidel Castro entreprend une politique de nationalisations qui provoque l'embargo des États-Unis sur le commerce cubain, tandis que l'URSS apporte son soutien au nouveau régime. **1961 :** une tentative de débarquement de Cubains anticastristes, soutenue par les États-Unis, est repoussée (baie des Cochons). **1962 :** l'installation de fusées soviétiques dans l'île provoque une crise internationale. **1965 - 1972 :** le durcissement du régime (nationalisation du commerce privé ; entraînement militaire dans les écoles) s'accompagne d'une émigration massive ; Cuba adhère au Comecon et s'aligne sur la politique de l'URSS. **1976 :** F. Castro devient président de la République cubaine et concentre en ses mains tous les pouvoirs. Cuba intervient militairement en Afrique (Angola, 1975 ; Éthiopie, 1977). **1979 :** Cuba accède à la présidence du mouvement des pays non alignés, dont la conférence se tient à La Havane. **1980 :** détente avec les États-Unis et nouvelle émigration de Cubains en Floride. **1989-1990 :** Cuba se désengage du continent africain (retrait d'Éthiopie et d'Angola). **1994 :** une nouvelle vague d'émigration de Cubains vers la Floride provoque des tensions avec les États-Unis. Affaibli par l'effondrement des pays de l'Est et par la désintégration de l'URSS, le régime persiste dans l'orthodoxie marxiste, malgré quelques concessions à l'économie de marché. **1998 :** la visite du pape Jean-Paul II dans l'île marque le retour de Cuba sur la scène internationale. **1999 :** à l'intérieur, le régime se durcit.

Cuba (crise de) [oct.-nov. 1962], crise qui opposa les États-Unis et l'URSS à propos de l'installation de fusées soviétiques à Cuba. Kennedy décida le blocus des armes livrées à Cuba par les cargos soviétiques. La crise se dénoua après les propositions de Khrouchtchev prévoyant le retrait des missiles soviétiques sous contrôle de l'ONU, l'engagement de Cuba de ne pas accepter d'armes offensives et celui des États-Unis de ne pas envahir Cuba.

CÚCUTA ou **SAN JOSÉ DE CÚCUTA,** v. de la Colombie septentrionale ; 450 318 hab. Café. Tabac.

CUDDAPAH, v. de l'Inde, au N.-O. de Madras ; 215 545 hab.

CUELLO, site archéologique maya du nord du Belize. Il est daté du préclassique (v. 1000 av. J.-C.). On y a retrouvé les plus anciennes manifestations culturelles de la civilisation maya.

CUENCA, v. de l'Équateur, dans les Andes, à plus de 2 500 m d'alt. ; 194 981 hab. Églises d'époque coloniale ; musée.

CUENCA, v. d'Espagne (Castille-La Manche), ch.-l. de prov. ; 42 817 hab. Cathédrale du XIIIe s. Musée d'Art abstrait espagnol.

CUÉNOT (Lucien), *Paris 1866 - Nancy 1951,* biologiste français. Il a étudié l'hérédité chez les animaux (démontrant l'existence de caractères létaux), ainsi que l'adaptation, l'évolution et l'écologie.

CUERNAVACA, v. du Mexique, au S. de Mexico ; 281 752 hab. Université. — Palais de Cortés (Musée archéologique).

CUERS [kyɛr] (83390), ch.-l. de cant. du Var ; 8 277 hab. *(Cuersois).* Armement.

CUES (Nicolas **de**) → **NICOLAS DE CUES.**

CUEVAS (George **de Piedrablanca de Guana,** marquis **de**), *Santiago du Chili 1885 - Cannes 1961,* mécène américain d'origine chilienne. Il se consacra à partir de 1944 à la danse et à la compagnie de ballet qui porta son nom.

CUGNAUX (31270), comm. de la Haute-Garonne ; 13 382 hab. *(Cugnalais).*

CUGNOT (Joseph), *Void, Lorraine, 1725 - Paris 1804,* ingénieur français. Il réalisa en 1770 la première voiture automobile à vapeur et, en 1771, un second modèle, appelé « fardier », pour le transport des pièces d'artillerie.

CUI (César), *Vilna, auj. Vilnius, 1835 - Petrograd 1918,* compositeur russe. Cofondateur du groupe des Cinq, il est l'auteur d'opéras *(le Prisonnier du Caucase,* 1883) et de nombreuses mélodies.

CUIABÁ, v. du Brésil, cap. du Mato Grosso ; 401 112 hab. Tourisme.

CUIRY-LES-CHAUDARDES (02160), comm. de l'Aisne, sur l'Aisne ; 42 hab. Vestiges d'un village du néolithique ancien rubané, avec reconstitution de l'une des maisons (v. 4800 av. J.-C. pour le plus ancien stade d'occupation).

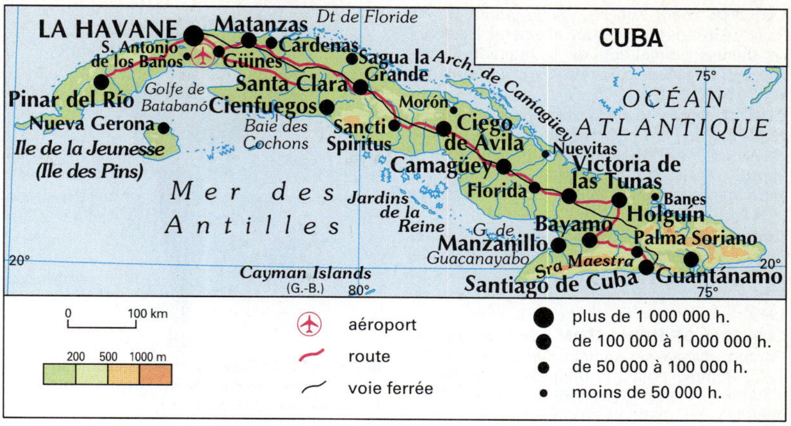

CUJAS (Jacques), *Toulouse 1522 - Bourges 1590,* jurisconsulte français. Il a été le représentant le plus brillant de l'École historique du droit romain.

CUKOR (George), *New York 1899 - Los Angeles 1983,* cinéaste américain. Son talent s'épanouit dans des comédies à la fois caustiques et sentimentales : *David Copperfield* (1935), *Hantise* (1944), *Une étoile est née* (1954), *le Milliardaire* (1960), *My Fair Lady* (1964).

CULIACÁN, v. du Mexique, au pied de la sierra Madre occidentale ; 602 114 hab.

CULLBERG (Birgit Ragnhild), *Nyköping 1908 - Stockholm 1999,* danseuse et chorégraphe suédoise. Elle fonda en 1967 le Ballet Cullberg. On peut citer notamment parmi ses chorégraphies : *Mademoiselle Julie,* 1950 ; *Révolte,* 1973.

CULLMANN (Oscar), *Strasbourg 1902 - Chamonix 1999,* théologien protestant français, auteur de travaux sur l'exégèse du Nouveau Testament et le christianisme primitif.

Culloden (bataille de) [16 avr. 1746], défaite du prétendant Stuart, Charles Édouard, devant le duc de Cumberland, non loin d'Inverness (Écosse). Elle marqua définitivement la ruine des ambitions des Stuarts sur le royaume britannique.

CULOZ [-loz] (01350), comm. de l'Ain ; 2 680 hab. Nœud ferroviaire. Matériel thermique.

CUMANÁ, v. du Venezuela, cap. de l'État de Sucre ; 212 432 hab.

CUMBERLAND (William Augustus, duc **de**), *Londres 1721 - id. 1765,* prince et général britannique. Fils de George II, vaincu à Fontenoy (1745) et à Lawfeld (1747) par les Français, il battit le prétendant Charles Édouard à Culloden (1746).

CUMBRIA, comté du nord-ouest de l'Angleterre, s'étendant sur le massif du Cumberland (1 070 m) ; 487 000 hab. ; ch.-l. *Carlisle.* Tourisme (Lake District).

CUMES, en lat. **Cumae,** v. de Campanie, anc. colonie grecque. Elle était célèbre pour sa sibylle, dont l'antre impressionnant existe toujours ; autres vestiges antiques.

CUMMINGS (Edward **Estlin,** dit E. E.), *Cambridge, Massachusetts, 1894 - North Conway, New Hampshire, 1962,* écrivain américain. Romancier de la *Génération perdue *(l'Énorme Chambrée),* dramaturge et peintre, il est l'auteur d'une poésie fraîche et intense, marquée par l'innovation formelle *(Tulipes et Cheminées).*

CUMONT (Franz), *Alost 1868 - Bruxelles 1947,* philologue et archéologue belge. Il étudia la vie religieuse dans le monde romain (*les Religions orientales dans le paganisme romain,* 1929).

CUNA → **KUNA.**

CUNAULT, village de Maine-et-Loire (comm. de Chênehutte-Trèves-Cunault). Majestueuse église romane d'un anc. prieuré (chapiteaux). Aux environs, dolmens, amphithéâtre et églises (avec vestiges préromans) de Gennes.

CUNEO, en fr. **Coni,** v. d'Italie (Piémont), ch.-l. de prov. ; 55 568 hab. Textile. — Ville de plan régulier, aux monuments du XVIIIe s.

CUNHA (Tristão ou Tristan **da**), *Lisbonne 1460 - en mer 1540,* navigateur portugais. Il découvrit plusieurs îles de l'Atlantique austral, dont *Tristan da Cunha,* et reconnut Madagascar.

CUNNINGHAM (Merce), *Centralia, État de Washington, 1919,* danseur et chorégraphe américain. Interprète de M. Graham, il collabore avec J. Cage et fonde sa compagnie en 1953. Il conçoit la danse indépendamment de supports narratifs ou psychologiques et de sources d'inspiration musicales (*Suite for Five in Space and Time,* 1956 ; *Changing Steps,* 1975 ; *Roaratorio,* 1983 ; *Windows,* 1995 ; *Biped,* 1999).

C

CUPIDON MYTH. ROM. Dieu de l'Amour. Il correspond à l'Éros grec.

CURAÇAO [kyraso], île des Antilles néerlandaises, près de la côte du Venezuela ; 147 000 hab. ; ch.-l. *Willemstad.* Oranges (liqueur). Raffinage du pétrole.

CURIACES → **HORACES** (les trois).

CURIE (Marie), née **Skłodowska,** *Varsovie 1867 - Passy, Haute-Savoie, 1934,* physicienne française d'origine polonaise. Arrivée à Paris en 1892, elle épouse P. Curie en 1895. Première femme titulaire d'une chaire à la Sorbonne, elle découvre la radioactivité du thorium, identifie, avec son mari, le polonium en 1898 et, avec A. Debierne, isole le radium en 1910. Ses cendres ont été transférées au Panthéon (avec celles de P. Curie), en 1995. (Prix Nobel de physique 1903, de chimie 1911.)

■ MARIE ET PIERRE **CURIE**

CURIE (Pierre), *Paris 1859 - id. 1906,* physicien français. Il découvre, avec son frère Jacques, la piézo-électricité (1880) ; il étudie aussi le magnétisme des corps en fonction de la température et en déduit le « principe de symétrie » (1894) : les éléments de symétrie des causes d'un phénomène physique doivent se retrouver dans les effets produits. Enfin, il se consacre, avec sa femme, à l'étude des phénomènes radioactifs. (Prix Nobel 1903.)

CURIEN (Hubert), *Cornimont, Vosges, 1924,* physicien français. Ses travaux concernent la minéralogie et la cristallographie. Directeur général du CNRS, délégué général à la Recherche scientifique et technique, président du CNES, puis ministre de la Recherche (1984-1986 et 1988-1993), il a notablement contribué au développement de la recherche publique en France.

Curiosités esthétiques, volume posthume (1868) regroupant une partie des textes de critique d'art de Baudelaire. L'écrivain s'y affirme théoricien du romantisme (Delacroix) et chantre de la « modernité » (Guys).

CURITIBA, v. du Brésil, cap. du Paraná ; 1 290 142 hab. Musées.

CURNONSKY (Maurice Edmond **Sailland,** dit), *Angers 1872 - Paris 1956,* journaliste et écrivain français. Élu en 1927 « prince des gastronomes », il fut un ardent défenseur de la cuisine du terroir.

CURTIUS (Ernst Robert), *Thann, Alsace, 1886 - Rome 1956,* critique littéraire allemand. Il a défini les thèmes permanents de la littérature européenne (*la Littérature européenne et le Moyen Âge latin,* 1948).

CURTIZ (Mihály **Kertész,** dit Michael), *Budapest 1888 - Hollywood 1962,* cinéaste américain d'origine hongroise. Prolifique et populaire, il a abordé tous les genres : *Capitaine Blood* (1935), *la Charge de la brigade légère* (1936), *Casablanca* (1943).

Curzon (ligne), ligne proposée en 1919 par les Alliés comme frontière orientale de la Pologne, sur la suggestion de lord Curzon. Elle correspond à peu près à la frontière soviéto-polonaise de 1945.

CURZON OF KEDLESTON (George Nathaniel **Curzon,** marquis), *Kedleston Hall 1859 - Londres 1925,* homme politique britannique. Secrétaire d'État aux Affaires étrangères de 1919 à 1924, il prit une part importante aux négociations de paix et fut le principal artisan du traité de Lausanne (1923).

CUSHING (Harvey), *Cleveland 1869 - New Haven 1939,* chirurgien américain. Il est considéré comme le créateur de la neurochirurgie.

CUSSET (03300), ch.-l. de cant. de l'Allier, banlieue de Vichy ; 13 975 hab. *(Cussétois).* Armement.

C

CUSTINE (Adam Philippe, comte **de**), *Metz 1740 - Paris 1793,* général français. Il prit Spire et Mayence en 1792. Commandant l'armée du Nord en 1793, il fut guillotiné pour avoir perdu Mayence. — **Astolphe,** marquis **de C.,** *Niederwiller 1790 - Paris 1857,* écrivain français, petit-fils d'Adam Philippe. Auteur de lettres lucides, *la Russie en 1839,* il a exprimé son instabilité romantique et son désir d'absolu dans un roman autobiographique *(Aloys).*

Custoza ou **Custozza** (bataille de) [24 juin 1866], bataille de la guerre austro-prussienne. Victoire des Autrichiens sur l'armée italienne, près de Custoza (Vénétie).

CUTTACK, v. d'Inde (Orissa), dans le delta de la Mahanadi ; 439 273 hab.

CUVIER (Georges, baron), *Montbéliard 1769 - Paris 1832,* zoologiste et paléontologue français. Fondateur de l'anatomie comparée et de la paléontologie des vertébrés, il énonça les lois de subordination des organes et de corrélation des formes, reconstitua le squelette de mammifères fossiles à partir de quelques os, mais s'opposa aux doctrines évolutionnistes *(Recherches sur les ossements fossiles, le Règne animal).* — **Frédéric C.,** *Montbéliard 1773 - Strasbourg 1838,* zoologiste français, frère de Georges. Il entreprit avec Geoffroy Saint-Hilaire une *Histoire des mammifères* après avoir écrit une *Histoire des cétacés.*

CUVILLIÉS (François **de**), *Soignies 1695 - Munich 1768,* architecte et ornemaniste allemand originaire du Hainaut. Il fut le maître de l'art rococo à la cour de Munich (pavillon d'Amalienburg, théâtre de la Résidence).

■ ART DES **CYCLADES :** statue d'idole en marbre, provenant de l'île de Sýros, IIIe millénaire. (Musée national d'Archéologie, Athènes.)

CUYP (Albert), *Dordrecht 1620 - id. 1691,* peintre néerlandais. Ses scènes agrestes des bords de Meuse sont baignées d'une lumière poétique.

CUZA ou **COUZA** (Alexandre-Jean Ier), *Galați 1820 - Heidelberg 1873,* prince des principautés de Moldavie et de Valachie (1859 - 1866). Son programme de réformes suscita une coalition qui l'obligea à abdiquer en 1866.

CUZCO, v. du Pérou, dans les Andes, à env. 3 500 m d'alt. ; 257 751 hab. Anc. cap. des Incas et grand centre de l'Amérique espagnole. — Nombreux édifices coloniaux, parfois sur soubassement de constructions incas : forteresse de Sacsahuamán (XVe s.), cathédrale (XVIe-XVIIe s.) ; musées.

CYAXARE, premier roi connu des Mèdes (v. 625 - 585 av. J.-C.). Il mit fin à l'empire d'Assyrie en détruisant Ninive (612 av. J.-C.).

CYBÈLE, déesse phrygienne de la Fertilité. Son culte, lié à celui d'Attis et comportant des cérémonies initiatiques, se répandit au IIIe s. av. J.-C. dans le monde gréco-romain (ce fut la première religion orientale officiellement introduite à Rome).

CYCLADES, en gr. **Kykládhes,** archipel grec de la mer Égée, formant un cercle (gr. *kuklos*) autour de l'île de Délos. Les principales autres îles sont : *Andros, Náxos, Páros, Santorin, Sýros, Milo, Mýkonos* (95 083 hab.). Foyer, dès le IIIe millénaire, d'une brillante civilisation (idoles de marbre au schématisme géométrique, entre autres).

CYCLOPES MYTH. GR. Géants forgerons et bâtisseurs n'ayant qu'un œil au milieu du front.

CYNEWULF, poète anglo-saxon de la seconde moitié du VIIIe s., auteur de poèmes religieux.

Cynoscéphales (bataille de) [197 av. J.-C.], victoire de l'armée romaine du consul Flaminius sur Philippe V de Macédoine, en Thessalie. Elle marqua la supériorité de la légion romaine sur la phalange macédonienne.

CYPRIEN (saint), *Carthage début du IIIe s. - id. 258,* Père de l'Église latine. Évêque de Carthage (249 - 258), il se montra modéré face au phénomène des *lapsi,* mais dénonça comme invalides les baptêmes conférés par les hérétiques. Il mourut martyr lors de la persécution de Valérien.

CYPSÉLOS, tyran de Corinthe (657 - 627 av. J.-C.), père de Périandre.

CYRANO DE BERGERAC (Savinien **de**), *Paris 1619 - id. 1655,* écrivain français. Auteur de comédies *(le Pédant joué)* et d'une tragédie *(la Mort d'Agrippine),* il a exprimé sa philosophie matérialiste dans des récits de voyages imaginaires *(Histoire comique des États et Empires de la Lune, Histoire comique des États et Empires du Soleil).* E. Rostand, dans sa comédie *Cyrano de Bergerac* (1897), en a fait un personnage picaresque et généreux qui a inspiré des cinéastes comme A. Gance (*Cyrano et d'Artagnan,* 1963) ou J.-P. Rappeneau (*Cyrano de Bergerac,* 1990).

CYRÉNAÏQUE, partie nord-est de la Libye ; v. princ. *Benghazi.* Pétrole.

CYRÈNE, ville principale de la Cyrénaïque antique (Libye). Importantes ruines (agora, temple d'Apollon, thermes).

CYRILLE (saint), *Jérusalem v. 315 - id. 386,* évêque de Jérusalem et docteur de l'Église. Il fut l'un des grands adversaires de l'arianisme.

CYRILLE (saint), *Alexandrie v. 380 - id. 444,* patriarche d'Alexandrie et Père de l'Église grecque. Il combattit le nestorianisme, qu'il fit condamner au concile d'Éphèse (431).

CYRILLE et **MÉTHODE** (saints), évangélisateurs des Slaves. **Cyrille,** *Thessalonique v. 827 - Rome 869,* et son frère **Méthode,** *Thessalonique v. 825 - 885.* Ils traduisirent la Bible et les livres liturgiques en langue slave. Cyrille créa, selon la tradition, un alphabet approprié dit « glagolitique », qui, simplifié, devint l'alphabet cyrillique.

CYRUS II le Grand, *m. v. 530 av. J.-C.,* roi de Perse achéménide (v. 556 - 530 av. J.-C.). Fils de Cambyse Ier, il renversa le roi des Mèdes Astyage (550 av. J.-C.), vainquit Crésus (546), prit Babylone (539) et se trouva maître de toute l'Asie occidentale. Il eut une politique religieuse de tolérance et permit aux Juifs de rentrer à Jérusalem. Il périt en combattant les Massagètes.

CYRUS le Jeune, *v. 424 - Counaxa 401 av. J.-C.,* prince perse achéménide. Il fut tué à Counaxa à la tête des mercenaires grecs et asiatiques qu'il avait réunis contre son frère Artaxerxès II.

CYSOING [sizwɛ̃] (59830), ch.-l. de cant. du Nord ; 4 255 hab. *(Cysoniens).*

CYTHÈRE, île de Grèce, dans la mer Égée, entre le Péloponnèse et la Crète. Célèbre sanctuaire d'Aphrodite. — Watteau a évoqué cette patrie mythique de l'amour avec son **Pèlerinage à l'île de Cythère.*

CYZIQUE, anc. ville de Phrygie, sur la Propontide.

CZARTORYSKI, famille princière polonaise qui joua un rôle éminent en Pologne aux XVIIIe-XIXe s. — **Adam Jerzy C.,** *Varsovie 1770 - Montfermeil 1861,* homme politique polonais. Ami d'Alexandre Ier, il obtint, en 1815, la restauration du royaume de Pologne et fut, en 1831, président du gouvernement national, issu de la révolution de 1830.

CZERNY (Karl), *Vienne 1791 - id. 1857,* pianiste et compositeur autrichien, auteur d'ouvrages fondamentaux pour l'enseignement du piano.

CZĘSTOCHOWA, v. de la Pologne méridionale, en Silésie ; 259 500 hab. Pèlerinage marial (Vierge noire) très fréquenté.

CZIFFRA (Georges), *Budapest 1921 - Longpont-sur-Orge, Essonne, 1994,* pianiste hongrois naturalisé français. Virtuose exceptionnel, il fut un grand interprète de Liszt, Chopin et Schumann.

■ GEORGES **CUVIER**

■ **CUZCO.** Enceintes en appareil cyclopéen de la forteresse de Sacsahuamán, XVe s.

D

Caractère Didot

DABIT (Eugène), *Mers, Somme, 1898 - Sébastopol 1936,* écrivain français, auteur du roman populiste *Hôtel du Nord* (1929).

DĄBROWSKA ou **DOMBROWSKA** (Maria), *Russów 1889 - Varsovie 1965,* femme de lettres polonaise. Ses romans peignent avec réalisme la vie paysanne et la société polonaise traditionnelle *(Gens de là-bas)*.

DĄBROWSKI ou **DOMBROWSKI** (Jan Henryk), *Pierzchowice, près de Cracovie, 1755 - Winnogóra 1818,* général polonais. Il commanda les légions polonaises au service de la France (1797 - 1814).

DAC (André **Issac**, dit Pierre), *Châlons-sur-Marne 1893 - Paris 1975,* artiste comique français. Il s'est imposé comme un humoriste loufoque, adepte du non-sens et de l'aphorisme incongru.

DACCA ou **DHAKA,** cap. du Bangladesh, sur le delta du Gange ; 6 105 160 hab. Cœur administratif, commercial et industriel du pays. — Édifices de L. I. Kahn.

DACHAU, v. d'Allemagne (Bavière) ; 36 294 hab. Premier camp de concentration allemand (1933 - 1945).

DACIE, anc. pays de l'Europe, correspondant à l'actuelle Roumanie. Ses habitants *(Daces)* furent soumis par Trajan (101 - 107 apr. J.-C.). Peuplée de colons romains, la Dacie fut aussi exploitée pour ses mines d'or. Elle fut abandonnée aux Goths par Aurélien (271).

DACIER (Anne **Lefebvre,** Mme), *Preuilly 1647 - Paris 1720,* femme de lettres française. Traductrice d'Homère, elle fut, dans la querelle des *Anciens et des Modernes, une adversaire passionnée des Modernes.

DADANT (Charles), *Vaux-sous-Aubigny, Haute-Marne, 1817 - Hamilton, Illinois, 1902,* pionnier de l'apiculture moderne. Il créa le modèle de ruche « Dadant » toujours utilisé, développa une importante production industrielle de matériel apicole et écrivit de nombreux ouvrages d'apiculture.

DADDAH (Moktar Mohamedoun **Ould**), *Boutilimit 1924,* homme politique mauritanien. Il fut président de la République islamique de Mauritanie (1961 - 1978).

DADIÉ (Bernard Binlin), *Assinie 1916,* écrivain et homme politique ivoirien. Son œuvre romanesque *(Climbié)* et théâtrale *(Monsieur Thôgo-Gnini),* plongeant dans le passé culturel africain, traite avec générosité des rapports des Noirs et des Blancs en Afrique et en Occident.

DAGERMAN (Stig), *Älvkarleby 1923 - Enebyberg 1954,* écrivain suédois. Ses romans sont marqués par l'influence de Kafka et par la Seconde Guerre mondiale *(le Serpent, l'Enfant brûlé)*.

DAGHESTAN → **DAGUESTAN.**

DAGO → **HIIUMAA.**

DAGOBERT Ier, *début du VIIe s. - Saint-Denis v. 638,* roi des Francs (629 - 638), de la dynastie mérovingienne. Fils de Clotaire II, il fut secondé par son ministre saint Éloi dans la réorganisation et la réunification du royaume. Il accorda d'importants privilèges à l'abbaye de Saint-Denis. — **Dagobert II,** *m. en 679,* roi d'Austrasie (676 - 679), de la dynastie mérovingienne. Petit-fils de Dagobert Ier, il fut assassiné. — **Dagobert III,** *m. en 715,* roi des Francs (711 - 715), de la dynastie mérovingienne. Fils de Childebert III, il régna sous la tutelle de Pépin de Herstal.

■ **DAGOBERT Ier.** (BNF, Paris.)

DAGUERRE (Louis Jacques), *Cormeilles-en-Parisis 1787 - Bry-sur-Marne 1851,* inventeur français. Il perfectionna la photographie et obtint, en 1837, les premiers *daguerréotypes.*

DAGUESTAN ou **DAGHESTAN,** république de Russie, sur la Caspienne ; 1 890 000 hab. ; cap. *Makhatchkala.*

DAHL (Roald), *Llandaff 1916 - Oxford 1990,* écrivain britannique, auteur de romans pour enfants *(Charlie et la chocolaterie)*.

DAHOMEY → **BÉNIN.**

Daily Express, quotidien britannique. Fondé en 1900 par Arthur Pearson, il a été le premier dans le Royaume-Uni à imiter les journaux américains, mettant notamm. les titres des principales nouvelles sur la première page.

Daily Mail, quotidien britannique. Fondé en 1896 par les frères Alfred (lord Northcliffe) et Harold Harmsworth, il a été par son tirage le premier quotidien du monde entre 1920 et 1930.

Daily Mirror, quotidien britannique. Fondé en 1903 par Alfred Harmsworth (lord Northcliffe), comme journal féminin, il devint le premier quotidien d'information illustré.

Daily Telegraph (The), quotidien britannique. Fondé en 1855 par Arthur B. Sleigh sous le titre *Daily Telegraph and Courrier,* il absorba, en 1937, le *Morning Post.*

DAIMLER (Gottlieb), *Schorndorf, Wurtemberg, 1834 - Cannstatt, auj. Stuttgart-Bad Cannstatt, 1900,* ingénieur allemand. Avec son compatriote W. Maybach, il réalisa, à partir de 1883, les premiers moteurs à essence légers à haute vitesse de rotation, ouvrant ainsi la voie à leur emploi sur les véhicules automobiles. Les deux associés fondèrent en 1890 une firme de construction automobile, puis s'allièrent en 1926 à celle créée par C. Benz en 1883 pour fonder la firme Daimler-Benz.

DaimlerChrysler, groupe de construction automobile issu de la fusion, en 1998, de la société allemande Daimler-Benz et de la société américaine Chrysler (fondée en 1925).

DAINVILLE (62000), ch.-l. de cant. du Pas-de-Calais ; 5 532 hab.

DAIREN → **DALIAN.**

DAISNE (Herman **Thiery,** dit Johan), *Gand 1912 - id. 1978,* écrivain belge de langue néerlandaise. Ses romans *(l'Homme au crâne rasé)* et ses pièces de théâtre explorent le monde magique caché derrière la réalité quotidienne.

DAKAR, cap. du Sénégal, sur l'Atlantique ; 1 490 000 hab. *(Dakarois).* Université. Port et escale aérienne. Centre industriel. — Elle fut la capitale de l'A-OF de 1902 à 1958.

■ **DAKAR.** Minaret de la Grande Mosquée.

DAKOTA DU NORD, État des États-Unis, dans les Grandes Plaines ; 653 800 hab. ; cap. *Bismarck.* Il tire son nom d'un groupe d'Indiens.

DAKOTA DU SUD, État des États-Unis, dans les Grandes Plaines ; 696 004 hab. ; cap. *Pierre.* Il tire son nom d'un groupe d'Indiens.

■ ÉDOUARD **DALADIER**

■ SALVADOR **DALÍ.** *Métamorphose de Narcisse*, 1937. (Tate Modern, Londres.)

D

DALADIER (Édouard), *Carpentras 1884 - Paris 1970,* homme politique français. Député (1919), président du Parti radical-socialiste (1927), président du Conseil en 1933 puis en 1934, il doit démissionner après l'émeute du 6 février. Ministre de la Défense nationale du Front populaire (1936 - 1937), il revient à la présidence du Conseil en 1938 : il signe alors les accords de Munich (1938), mais doit déclarer la guerre à l'Allemagne (1939). Démissionnaire en mars 1940, il fait partie du cabinet Paul Reynaud. Déporté de 1943 à 1945, il préside le Parti radical en 1957 - 1958.

DALAT, v. du Viêt Nam, dans la région des plateaux moï ; 105 000 hab. Station climatique. – Trois conférences franco-vietnamiennes y eurent lieu (mai 1946 ; août 1946 ; 1953).

DALBERG (Karl Theodor, baron **von**), *Herrnsheim 1744 - Ratisbonne 1817,* prélat et homme politique allemand. Dernier archevêque-électeur de Mayence, il fut fait par Napoléon Ier archichancelier de la Confédération du Rhin (1806 - 1813).

DALE (sir Henry Hallett), *Londres 1875 - Cambridge 1968,* médecin britannique. Il reçut le prix Nobel (1936) pour ses travaux de pharmacologie sur le mécanisme des échanges chimiques dans le système nerveux.

DALÉCARLIE, région de la Suède centrale.

D'ALEMA (Massimo), *Rome 1949,* homme politique italien. Secrétaire national du PDS (Parti démocratique de la gauche, ex-Parti communiste italien) de 1994 à 1998 puis président de ce même parti devenu DS (Démocrates de gauche), il a été président du Conseil de 1998 à 2000.

DALHOUSIE (James **Ramsay,** marquis **de**), *Dalhousie Castle, Écosse, 1812 - id. 1860,* homme politique britannique. Gouverneur de l'Inde (1848 - 1856), il annexa le Pendjab et réforma l'administration, mais sa politique, contraire aux traditions du pays, prépara la révolte des cipayes (1857).

DALÍ (Salvador), *Figueras, prov. de Gérone, 1904 - id. 1989,* peintre et graveur espagnol. Il fut à Paris, à partir de 1929, le plus étonnant créateur d'images oniriques du surréalisme, visions fondées sur la « méthode paranoïaque critique », « libre interprétation des associations délirantes » (*Persistance de la mémoire,* avec la montre molle, 1931, MOMA, New York ; *Six Images de Lénine sur un piano,* 1933, MNAM, Paris ; *Construction molle avec haricots bouillis,* dite *Prémonition de la guerre civile,* 1936, Philadelphie ; *le Christ de saint Jean de la Croix,* 1951, Glasgow).

DALIAN, anc. **Dairen,** v. de Chine (Liaoning) ; 1 723 000 hab. Port et centre industriel.

DALILA, personnage biblique. Philistine, elle livra son époux Samson à ses compatriotes en lui coupant les cheveux, où résidait sa force.

DALLAPICCOLA (Luigi), *Pisino d'Istria 1904 - Florence 1975,* compositeur italien. Marquée d'abord par la tradition italienne, son écriture, toujours très lyrique, s'imprégna de dodécaphonisme. Son œuvre, en majeure partie vocale, traduit son engagement contre le totalitarisme, notamm. ses opéras (*Il Prigioniero,* 1950 ; *Ulisse,* 1968).

DALLAS, v. des États-Unis (Texas) ; 1 006 877 hab. (2 553 362 hab. dans l'agglomération). Nœud de communications. Centre industriel. – Musées. – Le président Kennedy y fut assassiné en 1963.

DALLOZ [-loz] (Désiré), *Septmoncel, Jura, 1795 - Paris 1869,* avocat et homme politique français. Il publie un répertoire, puis un *Recueil périodique de jurisprudence générale* et fonde en 1824 avec son frère Armand (1797 - 1867) une maison d'édition de publications juridiques.

DALMATIE, région de la Croatie, sur la côte de l'Adriatique, bordée par de nombreuses îles *(archipel Dalmate).* Tourisme. – Elle fut incorporée à la Croatie (Xe-XIe s.), puis son littoral fut occupé par Venise (1420 - 1797). Annexée par l'Autriche (1797), elle fut attribuée en 1920 au royaume des Serbes, Croates et Slovènes, devenu la Yougoslavie en 1929.

DALOA, v. de Côte d'Ivoire, ch.-l. de dép., à l'O. de Yamoussoukro ; 121 842 hab.

DALOU (Jules), *Paris 1838 - id. 1902,* sculpteur français. Il est l'auteur du *Triomphe de la République* (bronze), place de la Nation, à Paris, et d'esquisses pour un *Monument aux travailleurs.*

DALTON (John), *Eaglesfield, Cumberland, 1766 - Manchester 1844,* physicien et chimiste britannique. Il donna les premières bases scientifiques à la théorie atomique. Il énonça la loi des proportions multiples et celle du mélange des gaz. Il étudia sur lui-même l'anomalie de la perception des couleurs, appelée, depuis, *daltonisme.*

DALUIS (06470), comm. des Alpes-Maritimes ; 133 hab. Gorges du Var.

DAM (Henrik), *Copenhague 1895 - id. 1976,* biochimiste danois. Il partagea le prix Nobel de physiologie ou médecine (1943) avec Edward Doisy (1893 - 1986) pour la découverte et la synthèse de la vitamine K.

DAMAN ou **DAMÃO,** v. d'Inde, au N. de Bombay ; 61 951 hab. Port. – Ancien comptoir portugais (1558 - 1961).

DAMAN-ET-DIU, territoire de l'Inde ; 112 km² ; 101 439 hab. ; ch.-l. *Daman.*

DAMANHOUR ou **DAMANHUR,** v. d'Égypte, près d'Alexandrie ; 226 000 hab.

DAMAS [damas], cap. de la Syrie, dans une oasis irriguée par le Barada ; 1 497 000 hab. *(Damascènes).* Grande Mosquée des Omeyyades (commencée en 705), première grande réalisation architecturale de l'islam. – Musées. Nombreux édifices médiévaux. – Capitale d'un important royaume araméen (XIe-VIIIe s. av. J.-C.), conquise par les Romains en 64 av. J.-C., Damas fut un important centre chrétien. Prise par les Arabes en 635, elle fut la résidence des califes omeyyades (661 - 750), puis le centre de principautés ou de provinces plus ou moins autonomes. Après la domination ottomane (1516 - 1918), elle devint le foyer du nationalisme arabe.

■ **DAMAS.** Cour de la Grande Mosquée des Omeyyades (fondée en 705).

DAMAS (Léon Gontran), *Cayenne 1912 - Washington 1978,* écrivain français. Aux côtés d'A. Césaire et L. S. Senghor, il a contribué par ses textes poétiques *(Pigments)* et politiques *(Retour de Guyane)* à définir la négritude.

DAMASE Ier (saint), *m. en 384,* pape de 366 à 384. Il chargea saint Jérôme de la révision des traductions latines de la Bible, qui aboutit à la *Vulgate.

DAMASKINOS ou **DHAMASKINÓS** (Dhimítrios Papandhréou), *Dhorvitsa 1890 - près d'Athènes 1949,* prélat et homme politique grec. Archevêque d'Athènes, il s'opposa à l'occupation allemande et fut régent de 1944 à 1946.

Dame à la licorne (la), ensemble de six tapisseries de la fin du XVe s. (musée de Cluny, Paris). La symbolique de cinq d'entre elles se rapporte aux sens ; la 6e a pour devise : « À mon seul désir ».

Dame aux camélias (la), roman (1848) et drame en 5 actes (1852) d'Alexandre Dumas fils. Ils ont pour sujet les amours malheureuses d'une courtisane, Marguerite Gautier (la Dame aux camélias), et d'un jeune homme de bonne famille, Armand Duval. Le drame a inspiré l'opéra de G. Verdi *la Traviata* (1853, sur un livret de Piave).

Dames (paix des) → **Cambrai** (traité de).

DAMIA (Louise Marie **Damien,** dite), *Paris 1889 - La Celle-Saint-Cloud 1978,* chanteuse française. Elle interpréta des chansons dramatiques *(Sombre Dimanche, le Grand Frisé)* et institua, au Concert Mayol à Paris, le tour de chant.

DAMIEN (saint) → **CÔME ET DAMIEN.**

DAMIEN (saint **Pierre**) → **PIERRE DAMIEN.**

DAMIEN (Jozef **De Veuster, le Père**), *Tremelo 1840 - Molokai, Hawaii, 1889,* missionnaire catholique belge. Aux Hawaii, il se consacra aux malades atteints de la lèpre, et mourut de cette maladie. Béatifié en 1995.

DAMIENS (Robert François), *La Tieuloy, auj. La Thieuloye, Pas-de-Calais, 1715 - Paris 1757,* domestique français. Il frappa Louis XV d'un coup de canif et fut écartelé.

DAMIETTE, v. d'Égypte, près de la Méditerranée ; 113 000 hab. Port. – Lors de la septième croisade, Saint Louis la prit (1249) puis, capturé, la rendit en guise de rançon.

DAMMAM, v. d'Arabie saoudite, ch.-l. du Hasa, sur le golfe Persique ; 128 000 hab. Port.

DAMMARIE-LES-LYS [damari-] (77190), comm. de Seine-et-Marne, banlieue de Melun ; 20 816 hab. Ruines d'une abbaye du XIIIe s.

DAMMARTIN-EN-GOËLE [damartɛ̃gwal] (77230), ch.-l. de cant. de Seine-et-Marne ; 7 867 hab. Église Notre-Dame, des XIIIe et XVe s.

DAMOCLÈS, *IVe s. av. J.-C.,* familier du tyran de Syracuse, Denys l'Ancien. Pour lui faire comprendre combien le bonheur des rois est fragile, Denys, au cours d'un banquet, fit suspendre au-dessus de la tête de Damoclès une lourde épée, attachée à un crin de cheval.

DAMODAR n.f., riv. de l'Inde, qui rejoint l'estuaire de l'Hooghly ; 545 km. Sa moyenne vallée constitue la principale région indienne d'industrie lourde.

DAMPIER (William), *East Coker 1652 - Londres 1715,* navigateur anglais. Corsaire, il ravagea les établissements espagnols d'Amérique (1678 - 1691). Il explora le Pacifique et découvrit l'archipel et le détroit qui portent son nom.

DAMPIERRE (Auguste **Picot,** marquis **de**), *Paris 1756 - Valenciennes 1793,* général français. Commandant l'armée de Belgique en 1793, après la désertion de Dumouriez, il fut tué en tentant de dégager Condé.

DAMPIERRE (Gui **de**) → **GUI DE DAMPIERRE.**

DAMPIERRE-EN-BURLY (45570), comm. du Loiret ; 1 125 hab. Centrale nucléaire sur la Loire.

DAN, peuple mandé de l'ouest de la Côte d'Ivoire.

DANA (James Dwight), *Utica 1813 - New Haven, Connecticut, 1895,* naturaliste américain. Il a donné la première description de nombreux minéraux.

DANAÉ MYTH. GR. Fille du roi d'Argos. Celui-ci l'enferma dans une tour, où Zeus la féconda sous la forme d'une pluie d'or. De cette union naquit Persée.

DANAÏDES MYTH. GR. Nom des cinquante filles du roi d'Argos, Danaos, qui, toutes, à l'exception d'Hypermnestre, tuèrent leurs époux la nuit de leurs noces. Elles furent condamnées, dans les Enfers, à remplir d'eau un tonneau sans fond.

DANAKIL → **AFAR.**

DA NANG, anc. **Tourane,** v. du Viêt Nam ; 371 000 hab. Port.

DANBY (Thomas **Osborne,** lord), *Kiveton 1632 - Easton 1712,* homme d'État anglais. Favorable au futur Guillaume III, il fut l'un des principaux artisans de la révolution de 1688 et fut, de fait, Premier ministre de 1690 à 1696.

DANCOURT (Florent **Carton, sieur d'Ancourt,** dit), *Fontainebleau 1661 - Courcelles-le-Roi 1725,* auteur dramatique et acteur français, auteur de comédies de mœurs *(le Chevalier à la mode).*

DANDOLO, famille de Venise qui a donné plusieurs doges à la République. — **Enrico D.,** *Venise v. 1107 - Constantinople 1205,* doge de Venise (1192 - 1205). Il contribua au détournement vers Constantinople de la 4e croisade et obtint pour Venise, aux dépens de l'Empire byzantin, Candie, certaines îles Ioniennes et les ports de la Morée. — **Andrea D.,** *Venise v. 1307 - id. 1354,* doge de Venise (1343 - 1354). Après avoir combattu les Turcs, il mena une guerre implacable contre Gênes.

DANDONG, v. de Chine, à la frontière nord-coréenne ; 545 000 hab.

DANDRIEU (Jean François), *Paris 1682 - id. 1738,* compositeur et organiste français. Il a composé des pièces pour clavecin et pour orgue, et des sonates.

DANEMARK n.m., en dan. **Danmark,** État d'Europe du Nord ; 43 000 km² ; 5 200 000 hab. *(Danois).* **CAP.** *Copenhague.* **LANGUE** : *danois.* **MONNAIE** : *krone (couronne danoise).*

INSTITUTIONS

Monarchie constitutionnelle. La Constitution date de 1953. Le roi nomme le Premier ministre au sein du Parlement (le *Folketing*). Ce dernier, monocaméral, est élu pour 4 ans au scrutin direct.

GÉOGRAPHIE

Pays plat, culminant à 173 m, le Danemark est un État continental (presqu'île du Jylland) et insulaire (Sjaelland, Fyn, Lolland, etc.), au climat doux et assez humide. L'extension des plaines a favorisé l'essor des cultures céréalières (orge et blé) et fourragères. Celles-ci alimentent, partiellement, un important élevage bovin et porcin, dont les produits (lait, beurre, viande) forment l'une des bases des exportations. La pêche est aussi développée. L'extraction du pétrole et du gaz naturel de la mer du Nord est récente. Mais le Danemark constitue déjà une puissance industrielle, grâce aux branches de transformation (constructions mécaniques et navales, industries chimiques, textiles et alimentaires), localisées dans les principales villes (Copenhague, Århus, Odense, Ålborg). Le chômage et l'endettement extérieur sont notables, mais le niveau de vie, assez également réparti, reste élevé.

HISTOIRE

Les origines et la formation du royaume. Peuplé dès le néolithique, le pays connaît à l'âge du bronze une culture très élaborée. **IXe s.** : les Danois participent aux expéditions vikings qui ravagent les côtes de l'Europe occidentale. **Xe s.** : la dynastie du Jylland unifie le pays, qui se christianise peu à peu. **XIe s.** : Svend Ier (v. 986 - 1014) s'empare de l'Angleterre. Son fils, Knud Ier le Grand, règne sur l'Angleterre, le Danemark et une partie de la Scandinavie. **1042** : l'Angleterre s'affranchit du Danemark.

Le Moyen Âge chrétien. XIIe s. : le régime féodal s'implante, tandis que l'influence de l'Église romaine se renforce, multipliant églises et monastères. **1167** : l'évêque Absalon (1128 - 1201) fonde Copenhague. **1157 - 1241** : « l'ère des Valdemar » marque l'apogée de la civilisation médiévale du Danemark. **XIIIe s.** : cette période est suivie d'un affaiblissement politique et économique, les villes hanséatiques concurrençant le commerce danois. **XIVe s.** : le redressement s'opère avec Valdemar IV (1340 - 1375) et surtout avec sa fille, Marguerite Valdemarsdotter, qui réalise l'union des trois royaumes scandinaves sous la domination danoise (union de Kalmar, 1397).

L'époque de la Réforme. Le XVIe s. est caractérisé par l'hégémonie culturelle allemande et l'affermissement d'une bourgeoisie commerçante prospère dans les ports. **1523** : l'union de Kalmar est définitivement rompue avec l'élection de Gustave Vasa au trône de Suède. **1536** : le luthéranisme devient religion d'État. **1563 - 1570** : la guerre dano-suédoise pour la possession des détroits (Sund) consacre la suprématie du Danemark sur la Baltique et la fin de la domination hanséatique.

La lutte avec la Suède. 1625 - 1629 : le Danemark participe à la guerre de Trente Ans ; c'est un échec. **1645** : attaqué et vaincu par les Suédois, il doit renoncer à percevoir de la Suède les péages du Sund et des Belts (paix de Brömsebro). **1658** : la paix de Roskilde attribue la Scanie à la Suède. **1720** : au traité de Frederiksborg, le Danemark obtient le sud du Slesvig. **XVIIIe s.** : il connaît une période d'expansion économique et commerciale. **1770 - 1772** : Christian VII laisse le pouvoir à Struensee, qui gouverne en despote éclairé et décide d'importantes réformes.

Le XIXe s. 1801 : le Danemark entre dans la ligue des Neutres contre la Grande-Bretagne, mais la pression anglaise (bombardements de Copenhague en 1801 et 1807) le fait basculer dans le camp français. **1814** : à la paix de Kiel, le Danemark perd la Norvège, mais reçoit le Lauenburg. **1849** : Frédéric VII promulgue une constitution démocratique. **1864** : à la suite de la guerre des Duchés, le Danemark doit céder le Slesvig, le Holstein et le Lauenburg à la Prusse et à l'Autriche.

Le XXe s. 1901 : la formation d'une classe ouvrière fortement syndicalisée contribue à l'arrivée au pouvoir d'une majorité radicale et socialiste. **1918** : l'Islande devient indépendante, mais reste unie au royaume par la personne du roi. **1920** : un plébiscite restitue le nord du Slesvig au Danemark, resté neutre pendant la Première Guerre mondiale. **1924 - 1940** : le pouvoir est presque constamment aux mains des sociaux-démocrates, qui introduisent d'importantes réformes sociales. **1940 - 1945** : le Danemark est occupé par les Allemands. Le roi Christian X reste au pouvoir tout en encourageant la résistance. **1944** : l'Islande se détache complètement du Danemark.

L'après-guerre. 1945 - 1970 : le Parti social-démocrate, dirigé par J. O. Krag, domine la scène politique et restitue sa prospérité au pays. **1972** : la reine Marguerite II succède à son père, Frédéric IX. **1973** : le Danemark entre dans le Marché commun. **1982** : les conservateurs arrivent au pouvoir avec Poul Schlüter. **1993** : après la démission de P. Schlüter, le leader du Parti social-démocrate, Poul Nyrup Rasmussen, forme un nouveau gouvernement. Les Danois approuvent la ratification du traité de Maastricht, repoussée lors d'un premier référendum en 1992.

DANGEAU (Philippe **de Courcillon,** marquis **de**), *Chartres 1638 - Paris 1720,* mémorialiste français. Son *Journal* (1684 - 1720) fut une source précieuse pour les *Mémoires* de Saint-Simon. (Acad. fr.) — **Louis de Courcillon,** abbé **de D.,** *Paris 1643 - id. 1723,* érudit français, frère de Philippe. Il est l'auteur d'ouvrages de religion et de grammaire. (Acad. fr.)

DANGÉ-SAINT-ROMAIN (86220), ch.-l. de cant. de la Vienne ; 3 215 hab.

DANICAN-PHILIDOR → **PHILIDOR.**

DANIEL, héros du livre biblique qui porte son nom et qui fut composé v. 165 av. J.-C., au temps de la révolte des Maccabées. Juif déporté à Babylone, il y acquiert une grande influence. Jeté, à la suite de calomnies des prêtres babyloniens, dans une fosse aux lions, il en ressort miraculeusement vivant.

DANIELE da Volterra (Daniele **Ricciarelli,** dit), *Volterra 1509 - Rome 1566,* peintre italien. Il travailla, à Rome, sous l'influence de Michel-Ange et de Raphaël.

DANIELL (John Frederic), *Londres 1790 - id. 1845,* physicien britannique. Il inventa une pile électrique à deux liquides qui porte son nom.

DANIÉLOU (Jean), *Neuilly-sur-Seine 1905 - Paris 1974,* historien et théologien catholique français. Jésuite, cardinal (1969), il étudia notamment les influences helléniques et juives sur le christianisme primitif. (Acad. fr.)

DANIEL-ROPS (Henri **Petiot,** dit), *Épinal 1901 - Chambéry 1965,* écrivain et historien français, auteur d'ouvrages d'histoire religieuse (*Jésus en son temps,* 1945). [Acad. fr.]

DANJON (André), *Caen 1890 - Suresnes 1967,* astronome français. Directeur de l'Observatoire de Paris de 1945 à 1963, il a été le principal artisan du renouveau de l'astronomie en France après la Seconde Guerre mondiale. Il a perfectionné l'astrolabe (1951) en le rendant insensible aux erreurs de mesure introduites par l'observateur.

DANJOUTIN (90400), ch.-l. de cant. du Territoire de Belfort ; 3 445 hab.

D'ANNUNZIO (Gabriele), *Pescara 1863 - Gardone Riviera 1938,* écrivain italien. Ses poésies, ses pièces de théâtre et ses romans *(l'Enfant de volupté, le Feu)* mêlent le culte de la beauté, hérité de Carducci, et le raffinement symboliste appliqué aussi bien à la vie (D'Annunzio se composa un personnage de dandy et de héros pendant la Première Guerre mondiale) qu'à l'œuvre d'art. *(V. ill. page 1276.)*

Danone (groupe), groupe agroalimentaire français. Connu jusqu'en 1994 sous le nom de BSN (Boussois-Souchon-Neuvesel), Danone constitue le premier groupe agroalimentaire en France (produits laitiers, biscuits, boissons) et occupe une place de leader sur le plan mondial.

Danse (la), grande toile de Matisse (1910, Ermitage, Saint-Pétersbourg). Elle a fait date par son style épuré, sa densité chromatique et son unité rythmique (pendant : *la Musique*). Autres décors de Matisse, postérieurs, sur le même thème.

DANTE ALIGHIERI, *Florence 1265 - Ravenne 1321,* écrivain italien. Il joua un rôle politique dans sa ville natale, qui le chargea de diverses missions diplomatiques et dont il fut un des six prieurs (hauts magistrats) ; mais, appartenant au parti des guelfes « blancs » (modérés), il fut exilé par les « noirs » en 1302 et finit sa vie à Ravenne. Dès sa jeunesse, il avait composé des sonnets amoureux et des canzones où il célébrait sa passion idéale pour *Béatrice Portinari. C'est

■ **DANTE ALIGHIERI.** Détail du *Paradis* (v. 1336), fresque de l'atelier de Giotto, représentant Dante. (Musée national du Bargello, Florence.)

■ GABRIELE **D'ANNUNZIO.** (Coll. Bertarelli, Milan.)

■ **DANTON** par C. Charpentier. (Musée Carnavalet, Paris.)

cette aventure amoureuse qu'il transforma en expérience littéraire et philosophique dans la *Vita nuova* (écrite probablement entre 1292 et 1294). Pendant son exil, il écrivit un traité de philosophie *(le Banquet),* des essais portant sur des problèmes scientifiques, linguistiques *(De vulgari eloquentia)* et politiques *(De monarchia).* Mais il est surtout l'auteur de *la *Divine Comédie,* expression parfaite de l'humanisme chrétien médiéval, qui fait de lui le père de la poésie italienne.

DANTON (Georges Jacques), *Arcis-sur-Aube 1759 - Paris 1794,* homme politique français. Avocat, il fonde, en 1790, le club des Cordeliers. Membre de la Commune puis du directoire du département de Paris (1791), il est le principal artisan de la journée du 10 août 1792. Ministre de la Justice et membre du Conseil exécutif provisoire, où il exerce le rôle de chef du gouvernement, il est ensuite député de Paris à la Convention. Orateur d'exception, il siège à la Montagne et est le principal organisateur de la défense nationale. Membre du Comité de salut public, il est jugé trop modéré et en est éliminé en 1793. Il réclame la fin du régime de la Terreur et entreprend des négociations secrètes avec l'étranger. Accusé de malversation et de trahison par Robespierre, il est guillotiné avec Camille Desmoulins.

DANTZIG ou **DANZIG,** anc. nom de *Gdańsk.

DANUBE n.m., en all. **die Donau,** fl. d'Europe, né en Allemagne, dans la Forêt-Noire et qui se termine par un vaste delta (extrémité orientale de la Roumanie) sur la mer Noire ; 2 850 km ; bassin de plus de 800 000 km^2. C'est le deuxième fleuve d'Europe (après la Volga) pour sa longueur et la superficie de son bassin. Il traverse ou longe l'Allemagne, l'Autriche, la Slovaquie, la Hongrie, la Croatie, la Yougoslavie, la Bulgarie, l'Ukraine et la Roumanie. Il passe notamment à Vienne, Budapest et Belgrade, franchit le défilé des Portes de Fer (entre les Carpates et le mont Balkan). De régime complexe, il est utilisé pour la navigation, la production d'hydroélectricité et l'irrigation.

■ Le **DANUBE** aux Portes de Fer, entre les Carpates et le mont Balkan.

DAO (**Nguyên Thien Dao,** dit), *Hanoi 1940,* compositeur français d'origine vietnamienne. Il est influencé à la fois par Messiaen, la musique électroacoustique et la tradition orientale (*Écouter-mourir,* 1980).

DAPHNÉ MYTH. GR. Nymphe aimée d'Apollon et métamorphosée en laurier.

Daphnis et Chloé, personnages principaux du roman pastoral homonyme de Longus (IIIe s. apr. J.-C.), couple idéal de jeunes amoureux beaux et purs. Le roman a inspiré à M. Fokine une symphonie chorégraphique créée en 1912 par les Ballets russes sur une musique de Ravel.

DA PONTE (Emanuele **Conegliano,** dit Lorenzo), *Ceneda, auj. Vittorio Veneto, 1749 - New York 1838,* librettiste italien. Il a écrit de nombreux livrets pour Salieri et Mozart *(les Noces de Figaro, Don Giovanni, Cosi fan tutte).*

DAQING, v. de la Chine du Nord-Est (Heilongjiang) ; 657 000 hab. Centre pétrolier.

DAQUIN ou **D'AQUIN** (Louis Claude), *Paris 1694 - id. 1772,* compositeur et organiste français, auteur de pièces de clavecin et de noëls pour orgue.

DARBHANGA, v. d'Inde (Bihar) ; 218 274 hab.

DARBOUX (Gaston), *Nîmes 1842 - Paris 1917,* mathématicien français. Son œuvre est consacrée à la géométrie infinitésimale.

DARD (Frédéric), *Jallieu, Isère, 1921 - Bonnefontaine, canton de Fribourg, 2000,* écrivain français. Il est l'auteur de romans policiers au style humoristique, remplis de créations verbales, animés par le célèbre commissaire San-Antonio.

DARDANELLES (détroit des), détroit de Turquie entre l'Europe (péninsule des Balkans) et l'Asie (Anatolie). Il unit la mer Égée à la mer de Marmara. — expédition des **Dardanelles** (1915), expédition franco-britannique entreprise dans le dessein de conquérir les Détroits pour obliger la Turquie à sortir de la guerre. Elle échoua devant la résistance de l'armée turque.

DARDANOS MYTH. GR. Fondateur mythique de Troie.

DAR EL-BEIDA, anc. **Maison-Blanche,** v. d'Algérie. Aéroport d'Alger.

DAR EL-BEIDA → **CASABLANCA.**

DAREMBERG (Charles), *Dijon 1817 - Le Mesnil-le-Roi 1872,* médecin et érudit français. Il est l'auteur, avec l'archéologue Edmond **Saglio** (1828 - 1911), d'un *Dictionnaire des antiquités grecques et romaines.*

DAR ES-SALAAM ou **DAR ES SALAM,** cap. de la Tanzanie, sur l'océan Indien ; 1 362 000 hab. Centre administratif et commercial.

DARFOUR n.m., région montagneuse de l'ouest du Soudan.

DARGOMYJSKI (Aleksandr Sergueïevitch), *Troïtskoïe 1813 - Saint-Pétersbourg 1869,* compositeur russe. Il est l'un des fondateurs de l'école russe moderne (*le Convive de pierre,* 1860, créé en 1929).

DARGUINES, peuple caucasien de Russie (centre du Daguestan principalement) [env. 365 000]. Les Darguines luttèrent activement contre la colonisation russe au XIXe s. Musulmans sunnites, ils parlent le *darguine* (ou *dargwa*).

DARIEN (Georges **Adrien,** dit Georges), *Paris 1862 - id. 1921,* écrivain français. Anarchiste, il a dénoncé les bataillons disciplinaires *(Biribi)* et écrit le roman d'un voleur professionnel *(le Voleur).*

DARIÉN (golfe de), golfe de la mer des Antilles (Panamá et Colombie).

DARÍO (Félix Rubén **García Sarmiento,** dit Rubén), *Metapa, auj. Ciudad-Darío, 1867 - León 1916,* poète nicaraguayen. Il est à l'origine du mouvement moderniste en Amérique latine (*Azur,* 1888 ; *Chants de vie et d'espérance*).

DARIOS Ier ou **DARIUS Ier,** *m. en 486 av. J.-C.,* roi de Perse achéménide (522 - 486 av. J.-C.). Il reconstitua l'empire de Cyrus II, conquit le Pendjab à l'est et, à l'ouest, la Thrace et la Macédoine, mais fut vaincu par les Grecs à Marathon (490 av. J.-C.). Il divisa l'Empire en satrapies et fit construire Persépolis. — **Darios III Codoman,** *m. en 330 av. J.-C.,* roi de Perse achéménide (336 - 330 av. J.-C.). Vaincu par Alexandre le Grand à Issos et près d'Arbèles, il fut tué par un de ses satrapes.

DARJEELING ou **DARJILING,** v. d'Inde (Bengale-Occidental), en bordure de l'Himalaya, à 2 185 m d'alt. Célèbres jardins de théiers.

DARKHAN, v. de Mongolie ; 88 600 hab.

DARLAN (François), *Nérac 1881 - Alger 1942,* amiral et homme politique français. Commandant de la flotte (1939 - 1940), ministre de la Marine, puis vice-président du Conseil et successeur désigné de Pétain (1940 - 1942), il mena une politique active de collaboration avec l'Allemagne. Se trouvant en Afrique du Nord lors du débarquement allié de 1942, il signa un accord avec les Américains. Il fut assassiné le 24 décembre 1942.

DARLING n.m., riv. d'Australie, principal affl. du Murray (r. dr.) ; 2 700 km.

DARLINGTON, v. de Grande-Bretagne (Angleterre) ; 85 000 hab. Église des XIIe-XIIIe s.

DARMSTADT, v. d'Allemagne (Hesse) ; 139 754 hab. Monuments Art nouveau de la Mathildenhöhe ; musées.

DARNAND (Joseph), *Coligny, Ain, 1897 - Châtillon, Hauts-de-Seine, 1945,* homme politique français. Chef de la Milice en 1943, secrétaire général au Maintien de l'ordre (1944) dans le gouvernement de Vichy, il fut condamné à mort et exécuté.

DARNÉTAL (76160), ch.-l. de cant. de la Seine-Maritime ; 9 313 hab.

DARNLEY (Henry **Stuart,** baron), comte **de Ross,** et duc **d'Albany,** *Temple Newsam 1545 - Édimbourg 1567,* prince écossais. Petit-neveu d'Henri VIII, il fut le deuxième époux de Marie Ire Stuart, dont il eut un fils, le futur Jacques Ier d'Angleterre. Il fut assassiné avec la complicité de Bothwell, amant de la reine.

DARRACQ (Alexandre), *Bordeaux 1855 - Monaco 1931,* industriel français. Pionnier de l'industrie du cycle et de l'automobile, il préconisa le premier la construction en série.

DARRIEUX (Danielle), *Bordeaux 1917,* actrice française. Elle s'est imposée très jeune au cinéma, passant avec aisance des comédies légères à des rôles plus graves : *Mayerling* (A. Litvak, 1936), *Premier Rendez-vous* (H. Decoin, 1941), *Madame de...* (M. Ophuls, 1953).

DARTMOUTH, v. du Canada (Nouvelle-Écosse), sur la baie de Halifax ; 67 798 hab. Port.

DARU (Pierre, comte), *Montpellier 1767 - Bécheville 1829,* administrateur et historien français. Intendant général de la Grande Armée (1806), ministre secrétaire d'État (1811), il a laissé des ouvrages d'histoire. (Acad. fr.)

DARWIN, v. d'Australie, cap. du Territoire du Nord ; 78 000 hab.

DARWIN (Charles), *Shrewsbury 1809 - Down, Kent, 1882,* naturaliste britannique. Ayant recueilli au cours d'une croisière autour du monde sur le *Beagle* (1831 - 1836) d'innombrables observations sur la variabilité des espèces, il fut conduit à élaborer la doctrine évolutionniste, appelée depuis lors « darwinisme », qu'il fit connaître dans son ouvrage majeur : *De l'origine des espèces par voie de sélection naturelle* (1859).

■ CHARLES **DARWIN**

■ ALPHONSE **DAUDET** par Carjat.

DASSAULT (Marcel **Bloch,** puis), *Paris 1892 - Neuilly-sur-Seine 1986,* constructeur d'avions français. Inventeur d'un type d'hélice adopté par l'aviation de chasse française durant la Première Guerre mondiale, il a forgé, après la Seconde Guerre mondiale, un puissant holding industriel, commercial et financier. Ce dernier comprend une importante société de constructions aéronautiques qui a produit de nombreux types d'appareils, principalement militaires (Mirage, Jaguar, Super-Étendard, Alphajet, Rafale).

DATONG, v. de Chine (Shanxi) ; 798 000 hab. Vieille ville en partie d'époque Ming et vestiges de monastères fondés aux VIIIe et XIe s. : belle statuaire et vaste temple bouddhique du XIe s.

DAUBENTON (Louis), *Montbard 1716 - Paris 1800,* naturaliste français. Il s'occupa de zoologie, de minéralogie, d'économie rurale et collabora à l'*Histoire naturelle* de Buffon pour l'anatomie des mammifères.

DAUBERVAL (Jean **Bercher,** dit Jean), *Montpellier 1742 - Tours 1806,* danseur et chorégraphe français. Assistant de Noverre et de M. Gardel, il est l'auteur de la première version de *la Fille mal gardée* (1789).

DAUBIGNY (Charles François), *Paris 1817 - id. 1878,* peintre et graveur français. Paysagiste, ami de Corot, il fait la liaison entre l'école de Barbizon et l'impressionnisme. Son fils Karl (1846 - 1886) fut également peintre.

DAUDET (Alphonse), *Nîmes 1840 - Paris 1897,* écrivain français. Bien que rattachés à l'école naturaliste, ses contes et nouvelles *(*Lettres de mon moulin, *Contes du lundi)* et ses romans (*le Petit Chose,* 1868 ; **Tartarin de Tarascon ; Sapho,* 1884) mêlent la fantaisie à la peinture réaliste de la vie quotidienne. — **Léon D.,** *Paris 1867 - Saint-Rémy-de-Provence 1942,* écrivain et homme politique français. Fils d'Alphonse, il dirigea le journal *l'*Action française* avec Charles Maurras.

DAUGAVPILS, v. de Lettonie ; 129 000 hab.

DAUM, lignée de verriers et de cristalliers français. L'Alsacien Jean Daum (1825 - 1885) installe une usine de verrerie à Nancy en 1875. La production de la maison Daum devient artistique vers 1890 (Art nouveau) ; à partir de 1945, cristal et « pâte de verre » prédominent. Collections exposées au musée des Beaux-Arts de Nancy.

DAUMAL (René), *Boulzicourt, Ardennes, 1908 - Paris 1944,* écrivain français. L'un des fondateurs de la revue *le Grand Jeu,* il évolua du surréalisme à la mystique orientale et tenta de joindre révolution et révélation.

DAUMESNIL (Pierre), *Périgueux 1776 - Vincennes 1832,* général français. Il fit les campagnes d'Italie et d'Égypte et défendit Vincennes contre les Alliés en 1814.

DAUMIER (Honoré), *Marseille 1808 - Valmondois, Val-d'Oise, 1879,* peintre et lithographe français. Célèbre par ses *caricatures politiques et sociales, parues dans *la Caricature* ou *le Charivari,* il est aussi l'auteur de peintures (*le Wagon de 3e classe,* v. 1862, New York ; série des *Don Quichotte*) et de quelques sculptures, œuvres remarquablement traitées par masses synthétiques.

DAUNOU (Pierre Claude François), *Boulogne-sur-Mer 1761 - Paris 1840,* homme politique et érudit français. Prêtre constitutionnel, député à la Convention (1792), il contribua à organiser l'instruction publique, puis l'Institut de France, et devint archiviste de l'Empire en 1804.

DAUPHINÉ n.m., région de France (dép. de l'Isère, des Hautes-Alpes et de la Drôme), associant partie alpestre *(haut Dauphiné)* et plaines (entre Isère et Rhône, correspondant au *bas Dauphiné*) ; v. princ. *Grenoble.* (Hab. *Dauphinois.*) En 1349, la province du Dauphiné fut cédée au roi de France Philippe VI à la condition qu'elle devienne l'apanage du fils aîné de la famille royale, dès lors appelé *Dauphin.* Les réformes réclamées par les états du Dauphiné en 1788 furent à l'origine de la réunion des États généraux de 1789.

Dauphiné libéré (le), quotidien régional français. Il a été créé en 1945 à Grenoble.

■ HONORÉ **DAUMIER.** *La Blanchisseuse,* v. 1863. (Musée d'Orsay, Paris.)

DAURAT (Didier), *Montreuil-sous-Bois 1891 - Toulouse 1969,* aviateur français. Pilote de chasse en 1914 - 1918, il fut, chez Latécoère, puis à l'Aéropostale, un pionnier de l'aviation commerciale.

DAUSSET (Jean), *Toulouse 1916,* médecin français. Il a découvert le système HLA (groupes tissulaires et leucocytaires). [Prix Nobel 1980.]

DAUTRY (Raoul), *Montluçon 1880 - Lourmarin 1951,* administrateur et homme politique français. Ministre de la Reconstruction et de l'Urbanisme (1944 - 1945), il fut administrateur général du CEA (1946).

DAVANGERE, v. d'Inde (Karnataka) ; 287 114 hab.

DAVAO, v. des Philippines (Mindanao), sur le *golfe de Davao ;* 849 947 hab. Port.

DAVEL (Jean Daniel Abraham), *Morrens 1670 - Vidy 1723,* patriote vaudois. Désireux d'affranchir le canton de Vaud de la domination de Berne, il chercha à déclencher une insurrection à Lausanne, et fut exécuté.

DAVES (Delmer), *San Francisco 1904 - La Jolla 1977,* cinéaste américain. Scénariste et réalisateur, il fut l'auteur de westerns célèbres : *la Flèche brisée* (1950) ; *la Colline des potences* (1959).

DAVID, v. du Panamá, ch.-l. de prov. ; 102 678 hab.

DAVID, deuxième roi hébreu (v. 1010 - v. 970 av. J.-C.). Il succéda à Saül, dont il apaisait la mélancolie en jouant de la harpe. Vainqueur des Philistins, il prit Jérusalem, et en fit sa capitale. On lui attribue la composition de chants religieux et de psaumes. — Son combat avec le géant philistin Goliath a suscité une abondante iconographie.

David, statue colossale (plus de 4 m) de Michel-Ange (marbre, 1501 - 1504, auj. à l'Académie de Florence ; copie sur la place de la Signoria). Par ses qualités techniques et esthétiques jointes à un contenu symbolique (l'idéal du citoyen-guerrier), l'œuvre fit du jeune sculpteur l'artiste le plus en vue de Florence.

DAVID Ier, *1084 - Carlisle 1153,* roi d'Écosse (1124 - 1153). Il consolida l'unité de son royaume. — **David II** ou **David Bruce,** *Dunfermline 1324 - Édimbourg 1371,* roi d'Écosse (1329 - 1371). Il ne put empêcher l'Angleterre d'établir sa tutelle.

DAVID (Félicien), *Cadenet 1810 - Saint-Germain-en-Laye 1876,* compositeur français. Auteur de l'ode symphonique *le Désert* (1844), il est l'un des représentants de l'exotisme musical.

DAVID (Gerard), *Oudewater, Hollande, v. 1460 - Bruges 1523,* peintre des anciens Pays-Bas. Installé à Bruges, il a été le dernier des grands « primitifs » de cette ville.

DAVID (Louis), *Paris 1748 - Bruxelles 1825,* peintre français. Il fut membre de la Convention et, sous l'Empire, peintre de Napoléon. Prix de Rome, chef de l'école néoclassique, il domina la peinture française de 1785 à sa mort, survenue en exil (*le Serment des Horaces,* 1784, Louvre ; *la Mort de Marat,* Bruxelles ; *les Sabines,* 1795 - 1799, Louvre ; *le Sacre,* 1805 - 1807, ibid. ; *Léonidas aux Thermopyles,* ibid. ; *l'Amour et Psyché,* Cleveland, etc. ; nombreux portraits d'une grande sûreté).

DAVID (Pierre Jean), dit **David d'Angers,** *Angers 1788 - Paris 1856,* sculpteur français. Il est l'auteur du fronton du Panthéon (Paris), de statues, de nombreux bustes et de plus de 500 portraits en médaillon. Musée à Angers.

David Copperfield, roman autobiographique de C. Dickens (1849 - 1850), histoire d'un orphelin.

DAVID-NEEL (Alexandra), *Saint-Mandé 1868 - Digne 1969,* exploratrice française. Première Européenne à pénétrer à Lhassa (1924), elle publia des ouvrages sur le bouddhisme, l'Inde, le Tibet et la Chine.

DAVIDSON (Donald), *Springfield, Massachusetts, 1917,* philosophe américain. Sa réflexion, menée dans la ligne de la philosophie analytique, porte sur les rapports entre le langage et la réalité et sur les fondements de l'action morale (*Essais sur les actions et les événements,* 1980).

DAVIES (Robertson), *Thamesville, Ontario, 1913 - Orangeville, Ontario, 1995,* écrivain canadien de langue anglaise. Journaliste et dramaturge *(Fortune My Foe),* il a fait dans ses romans *(le Monde des merveilles, les Anges rebelles)* une peinture ironique des petites villes canadiennes.

DAVILER ou **D'AVILER** (Augustin Charles), *Paris 1653 - Montpellier 1701,* architecte français. Auteur du palais archiépiscopal de Toulouse, il a publié un important *Cours d'architecture.*

■ LOUIS **DAVID.** *Marat assassiné.* (Musées royaux, Bruxelles.)

Davis (coupe), épreuve internationale annuelle de tennis. Créée en 1900, elle oppose des équipes nationales (de 4 joueurs au plus) en 5 matchs (quatre simples, un double).

DAVIS (détroit de), bras de mer de l'Atlantique, entre le Groenland et le Canada (île de Baffin).

DAVIS (Ruth Elizabeth, dite Bette), *Lowell, Massachusetts, 1908 - Paris 1989,* actrice américaine. Elle fut l'une des grandes comédiennes d'Hollywood (*l'Insoumise,* W. Wyler, 1938 ; *la Vipère,* id., 1941 ; *Ève,* J. L. Mankiewicz, 1950 ; *l'Argent de la vieille,* L. Comencini, 1972).

DAVIS (sir Colin), *Weybridge, Surrey, 1927,* chef d'orchestre britannique. Il dirige l'Orchestre symphonique de la BBC (1967 - 1971), devient directeur musical de l'Opéra royal de Covent Garden (1971 - 1986) puis dirige l'Orchestre symphonique de la Radiodiffusion bavaroise (1983 - 1992) et l'Orchestre symphonique de Londres. Il s'illustre surtout dans le répertoire lyrique.

DAVIS (Jefferson), *Fairview, Todd County, Kentucky, 1808 - La Nouvelle-Orléans 1889,* officier et homme politique américain. Il fut président des États confédérés du Sud pendant la guerre de Sécession (1861 - 1865).

DAVIS (John), *Sandridge v. 1550 - dans le détroit de Malacca 1605,* navigateur anglais. Il découvrit en 1585 le détroit qui porte son nom.

DAVIS (Miles), *Alton, Illinois, 1926 - Santa Monica 1991,* compositeur et trompettiste de jazz américain. Il fut l'un des plus grands solistes et improvisateurs à la trompette, et l'un des pionniers du jazz cool et du jazz-rock (*Walkin',* 1954 ; *Bye Bye Blackbird,* 1956).

DAVIS (William Morris), *Philadelphie 1850 - Pasadena 1934,* géographe américain. Il fut l'un des fondateurs de la géographie physique, notamment de la géomorphologie.

DAVISSON (Clinton Joseph), *Bloomington, Illinois, 1881 - Charlottesville 1958,* physicien américain. Sa découverte de la diffraction des électrons par les cristaux (1927) confirma la mécanique ondulatoire de L. de Broglie. (Prix Nobel 1937.)

DAVOS [davɔs], comm. de Suisse (Grisons) ; 10 957 hab. Sports d'hiver (alt. 1 560 - 2 844 m). Forum économique mondial, annuel.

DAVOUT (Louis Nicolas), duc **d'Auerstaedt,** prince **d'Eckmühl,** *Annoux 1770 - Paris 1823,* maréchal de France. Vainqueur des Prussiens en 1806 et des Autrichiens en 1809, il fut l'un des meilleurs lieutenants de Napoléon Ier.

DAVY (sir Humphry), *Penzance 1778 - Genève 1829,* chimiste et physicien britannique. Il découvrit l'arc électrique, les propriétés catalytiques du platine, et isola les métaux alcalins grâce à l'électrolyse.

DAWES (Charles Gates), *Marietta, Ohio, 1865 - Evanston, Illinois, 1951,* financier et homme politique américain. Il présida la commission des réparations (1923) qui élabora le *plan Dawes,* puis fut vice-président des États-Unis de 1925 à 1929. (Prix Nobel de la paix 1925.)

Dawes (plan) [1923], plan destiné à résoudre le problème des réparations dues par l'Allemagne

D

à ses adversaires de la Première Guerre mondiale, en préservant l'équilibre économique du pays. Il fut relayé en 1930 par le plan Young.

DAWHA ou **DOHA (al-),** cap. du Qatar, sur le golfe Persique ; 217 300 hab.

DAWSON, anc. **Dawson City,** village du Canada ; 700 hab. Anc. cap. du Yukon et anc. centre aurifère.

DAX (40100), ch.-l. d'arrond. des Landes, sur l'Adour ; 20 649 hab. *(Dacquois).* Station thermale (traitement des rhumatismes et des séquelles de traumatismes ostéo-articulaires). – Cathédrale surtout du XVIIe s. ; musée.

DAYAK, ensemble des populations non islamisées de Bornéo et, plus précisément, celles qui pratiquent l'agriculture (plus de 3 millions). Vivant en petites communautés dans des villages ou dans des maisons collectives édifiés le long des cours d'eau, en majorité christianisés, ils parlent des langues de la famille malayo-polynésienne de l'Ouest.

DAYAN (Moshe), *Deganya 1915 - Ramat Gan 1981,* général et homme politique israélien. Chef d'état-major de l'armée (1953 - 1958), il fut ministre de la Défense (1967, 1969 - 1974) puis des Affaires étrangères (1977 - 1979).

DAYTON, v. des États-Unis (Ohio) ; 182 044 hab. À proximité, base militaire où fut conclu, le 21 nov. 1995, l'accord de paix sur l'ex-Yougoslavie (→ **Bosnie-Herzégovine**).

D

DAYTONA BEACH, v. des États-Unis (Floride) ; 61 621 hab. Station balnéaire. Circuit automobile.

DEÁK (Ferenc), *Söjtör 1803 - Pest 1876,* homme politique hongrois. Il fut l'un des principaux artisans du compromis austro-hongrois de 1867.

DE AMICIS (Edmondo), *Oneglia 1846 - Bordighera 1908,* écrivain italien, auteur de romans sentimentaux et moralisateurs *(Cuore).*

DEAN (James), *Marion, Indiana, 1931 - Paso Robles, Californie, 1955,* acteur américain. Trois films (*À l'est d'Eden,* E. Kazan, 1955 ; *la Fureur de vivre,* N. Ray, 1955 ; *Géant,* G. Stevens, 1956) et sa mort brutale firent de lui l'incarnation mythique d'une jeunesse inquiète et rebelle.

DEARBORN, v. des États-Unis (Michigan) ; 89 286 hab. Automobiles.

DÉAT (Marcel), *Guérigny 1894 - San Vito, près de Turin, 1955,* homme politique français. Fondateur du Parti socialiste de France (PSF) en 1933, dissidence autoritaire et pacifiste de la SFIO, il prôna la collaboration avec l'Allemagne et fut secrétaire d'État au Travail dans le gouvernement de Vichy (1944). Condamné à mort par contumace après la Libération, il vécut en exil en Italie.

DEATH VALLEY, nom anglais de la Vallée de la *Mort.

DEAUVILLE (14800), comm. du Calvados ; 4 518 hab. Station balnéaire. Hippodrome. Casino. – Festival du cinéma américain.

DEBENEY (Marie Eugène), *Bourg-en-Bresse 1864 - id. 1943,* général français. Il fut commandant de la Ire armée en Picardie (1918) puis chef d'état-major général (1924 - 1930).

DEBIERNE (André Louis), *Paris 1874 - id. 1949,* chimiste français. Il a isolé le radium, avec Marie Curie, et découvert l'actinium.

DÉBORAH ou **DEBORA,** prophétesse et juge d'Israël. Elle célébra la victoire des Israélites sur les Cananéens dans un cantique conservé dans le livre biblique des Juges.

DEBORD (Guy), *Paris 1931 - Bellevue-la-Montagne, Haute-Loire, 1994,* écrivain, théoricien et cinéaste français. Membre du lettrisme, puis principal animateur de l'Internationale situationniste (1957), il a élaboré, dans des essais (*la Société du spectacle,* 1967) et des films d'avant-garde, une critique radicale et prémonitoire de la société contemporaine, marquée par l'imbrication du capitalisme et des médias. Il s'est suicidé.

■ JAMES **DEAN** dans *À l'est d'Eden* (1955) de Elia Kazan.

■ CLAUDE **DEBUSSY** par P. Robier. (Musée de la musique, Paris.)

DEBRÉ (Michel), *Paris 1912 - Montlouis-sur-Loire 1996,* homme politique français, fils de Robert Debré. Garde des Sceaux en 1958, il joua un rôle prépondérant dans la préparation de la Constitution de la Ve République. Il fut Premier ministre (1959 - 1962), ministre des Affaires étrangères (1968 - 1969) et ministre de la Défense nationale (1969 - 1973). [Acad. fr.]

DEBRÉ (Olivier), *Paris 1920 - id. 1999,* peintre français, fils de Robert Debré. D'une abstraction solidement construite dans les années 50, sa peinture a évolué ensuite vers une ample respiration qui évoque le spectacle décanté de la nature.

DEBRÉ (Robert), *Sedan 1882 - Le Kremlin-Bicêtre 1978,* médecin français. Il a contribué aux progrès de la pédiatrie et à la protection de l'enfance.

DEBRECEN, v. de l'est de la Hongrie ; 212 235 hab. Université. – Monuments du XVIIIe s.

DEBREU (Gerard), *Calais 1921,* économiste américain d'origine française. Spécialiste de l'économie mathématique et de l'économétrie, il a surtout étudié la théorie de l'équilibre général. (Prix Nobel 1983.)

DEBUCOURT (Philibert Louis), *Paris 1755 - Belleville 1832,* peintre et graveur français. Ses aquatintes en couleurs sur la société de son temps sont particulièrement estimées.

DEBURAU (Jean Gaspard, dit Jean-Baptiste), *Kolín, Bohême, 1796 - Paris 1846,* mime français interprète de Pierrot.

DEBUSSY (Claude), *Saint-Germain-en-Laye 1862 - Paris 1918,* compositeur français. Échappant par son indépendance d'esprit à l'influence wagnérienne dans l'opéra, il créa un style de récitatif (*Pelléas et Mélisande,* 1902) et proposa un nouveau raffinement sonore dans ses œuvres pour piano *(Préludes, Études)* et pour orchestre (*Prélude à l'après-midi d'un faune,* 1894 ; *la Mer,* 1905).

DEBYE (Peter), *Maastricht 1884 - Ithaca, État de New York, 1966,* physicien et chimiste américain d'origine néerlandaise. Il étudia l'état solide aux basses températures et détermina par interférence des rayons X les dimensions des molécules gazeuses. (Prix Nobel de chimie 1936.)

Décaméron, recueil de nouvelles de Boccace (1349 - 1351), peintures des mœurs au XIVe s., dont le style a contribué à fixer la prose italienne.

DECAMPS (Alexandre), *Paris 1803 - Fontainebleau 1860,* peintre français. Il fut le plus populaire des orientalistes romantiques (*Enfants turcs près d'une fontaine,* Chantilly).

DÉCAPOLE, confédération de dix villes palestiniennes situées à l'est du Jourdain (Ier s. av. J.-C.- IIe s. apr. J.-C.). – **Décapole,** ligue de dix villes d'Alsace fondée en 1353 - 1354. Elle ne fut totalement intégrée à la France que sous la Révolution.

DECAUX (Alain), *Lille 1925,* historien français. Créateur d'émissions radiophoniques et télévisées populaires consacrées à l'histoire, il a été de 1988 à 1991 ministre délégué chargé de la Francophonie. (Acad. fr.)

DECAZES ET DE GLÜCKSBERG (Élie, duc), *Saint-Martin-de-Laye, Gironde, 1780 - Decazeville 1860,* homme politique français. Ministre de la Police (1815), puis président du Conseil (1819) sous Louis XVIII, il dut démissionner après l'assassinat du duc de Berry (1820). – **Louis,** duc **D. et de G.,** *Paris 1819 - château de la Grave, Gironde, 1886,* homme politique français, fils d'Élie. Ministre des Affaires étrangères (1873 - 1877), il chercha l'apaisement avec l'Allemagne de Bismarck.

DECAZEVILLE (12300), ch.-l. de cant. de l'Aveyron ; 7 152 hab. *(Decazevillois).* La cité doit son développement (XIXe s.) au duc Élie Decazes.

DECCAN ou **DEKKAN,** partie péninsulaire de l'Inde. C'est un plateau dont les bordures, escarpées, forment les Ghats.

DÉCÉBALE, nom donné au roi des Daces. Le plus connu anéantit une armée romaine (87) puis, vaincu par Trajan, se donna la mort (106).

décembre 1851 (coup d'État du 2), coup d'État par lequel Louis Napoléon Bonaparte, alors président de la République, élimina l'opposition parlementaire, rendant ainsi possible le rétablissement de l'Empire.

■ GIORGIO **DE CHIRICO.** *Les Muses inquiétantes,* 1916. (Coll. Gianni Mattioli, Milan.)

DÉCHELETTE (Joseph), *Roanne 1862 - Nouvron-Vingré, Aisne, 1914,* archéologue français. Il est l'auteur d'un *Manuel d'archéologie préhistorique, celtique et gallo-romaine.*

DE CHIRICO (Giorgio), *Vólos, Grèce, 1888 - Rome 1978,* peintre italien. Inventeur à Paris, v. 1911 - 1914, d'une peinture qu'on appellera « métaphysique », précurseur du surréalisme, il évolua vers une sorte de pastiche de l'art classique.

DÉCINES-CHARPIEU (69150), ch.-l. de cant. du Rhône, banlieue de Lyon ; 24 324 hab.

DECIUS (Caius Messius Quintus Valerianus Trajanus), en fr. **Dèce,** *Bubalia, Pannonie, 201 - Abryttos, Mésie, 251,* empereur romain (249 - 251). Il persécuta les chrétiens (250).

DECIZE (58300), ch.-l. de cant. de la Nièvre, sur la Loire ; 6 718 hab. *(Decizois).* Pneumatiques. – Église avec chœur roman et crypte mérovingienne.

Déclaration des droits de l'homme et du citoyen → **droits de l'homme et du citoyen.**

Déclaration du clergé de France ou **Déclaration des Quatre Articles,** déclaration rédigée par Bossuet et acceptée, le 19 mars 1682, par l'assemblée du clergé de France. Elle constitua la charte de l'Église gallicane.

Déclaration universelle des droits de l'homme → **droits de l'homme.**

Décorations (affaire des) [nov. 1887], scandale né d'un trafic de décorations dans lequel était impliqué Daniel Wilson, le gendre du président de la République J. Grévy. Ce dernier dut démissionner.

DE COSTER (Charles), *Munich 1827 - Ixelles 1879,* écrivain belge de langue française, auteur de *la Légende et les aventures d'Ulenspiegel et de Lamme Goedzak.*

DE COSTER (Roger), *Bruxelles 1944,* coureur motocycliste belge. Il a été champion du monde de motocross (500 cm³) en 1971, 1972, 1973, 1975 et 1976.

DECOUFLÉ (Philippe), *Paris 1961,* danseur, chorégraphe et metteur en scène français. À la tête, depuis 1983, de sa propre compagnie (DCA), il popularise une danse contemporaine ludique (*Codex,* 1986 ; cérémonies des J.O. d'hiver d'Albertville, 1992 ; *Petites Pièces montées,* 1993 ; *Shazam !,* 1998).

Découverte (palais de la), établissement public à caractère scientifique, culturel et professionnel. Situé à Paris, il a été créé par Jean Perrin en 1937 dans une partie du Grand Palais.

DECOUX (Jean), *Bordeaux 1884 - Paris 1963,* amiral français. Gouverneur général de l'Indochine en 1940, il dut négocier avec les Japonais, mais parvint à maintenir la souveraineté de la France jusqu'en 1945.

DE CRAYER (Gaspar), *Anvers 1582 - Gand 1669,* peintre flamand, disciple de Rubens et auteur prolifique de tableaux d'autel.

DECROLY (Ovide), *Renaix 1871 - Uccle 1932,* médecin et pédagogue belge. Il fut le promoteur d'une pédagogie fondée sur la notion de centre d'intérêt.

DÉCUMATES (champs), anc. territoires entre Rhin et haut Danube. Annexés par Domitien, ils furent protégés par un *limes* que les Alamans forcèrent en 260.

DÉDALE MYTH. GR. Architecte et sculpteur, constructeur du labyrinthe de Crète, dans lequel fut enfermé le Minotaure. Il y fut emprisonné lui-même par ordre de Minos, mais s'échappa avec son fils Icare en se faisant des ailes de plumes et de cire.

DEDEKIND (Richard), *Brunswick 1831 - id. 1916,* mathématicien allemand. Ses travaux sur les idéaux et la divisibilité dans les corps de nombres algébriques ont fourni (avec ceux de Cantor) les premières bases de la théorie des ensembles.

DEE (John), *Londres 1527 - Mortlake 1608,* mathématicien et occultiste anglais. Savant de renom, astrologue consulté par Élisabeth Ire, il forma après 1581, avec un certain Edward Kelley (1555 - 1597), le premier duo médiumnique répertorié.

DÉFENSE (quartier de la), quartier d'affaires, à l'O. de Paris (comm. de Puteaux, Courbevoie et Nanterre). Construit pour l'essentiel, avec sa dalle piétonnière, entre 1957 et 1989, il comprend de multiples tours de bureaux (sièges de grandes entreprises), le CNIT (auj. « Centre des nouvelles industries et technologies ») à la voûte de béton audacieuse (1958) et la Grande *Arche.

Défense et illustration de la langue française, ouvrage de Du Bellay (1549), manifeste de l'école de Ronsard (la future *Pléiade) pour le renouvellement de la langue et des genres poétiques.

Défense nationale (gouvernement de la), gouvernement qui succéda au second Empire et proclama la république le 4 sept. 1870. Il remit ses pouvoirs à l'Assemblée nationale le 12 février 1871.

DEFFAND → DU DEFFAND.

DEFFERRE (Gaston), *Marsillargues, Hérault, 1910 - Marseille 1986,* homme politique français. Maire socialiste de Marseille (1944 - 1945 ; 1953 - 1986), il fut ministre de la France d'outre-mer (1956 - 1957) et de l'Intérieur (1981 - 1984).

DE FILIPPO (Eduardo), *Naples 1900 - Rome 1984,* auteur dramatique, cinéaste et acteur italien. Ses pièces, souvent écrites en dialecte napolitain *(la Grande Magie),* et ses films *(Naples millionnaire)* présentent le conflit entre les individus et la société.

DEFOE ou **DE FOE** (Daniel), *Londres v. 1660 - id. 1731,* écrivain britannique. Aventurier, commerçant, agent politique, il connut la célébrité par un roman d'aventures *(*Robinson Crusoé)* et une série de récits réalistes *(Moll Flanders).*

DE FOREST (Lee), *Council Bluffs, Iowa, 1873 - Hollywood 1961,* ingénieur américain. Il est l'inventeur de la triode (1906).

DEGAS (Edgar), *Paris 1834 - id. 1917,* peintre, graveur et sculpteur français. L'un des impressionnistes, issu d'un milieu bourgeois cultivé, influencé par Ingres, par Delacroix et tenté

■ EDGAR **DEGAS.** *Les Repasseuses,* v. 1884. (Musée d'Orsay, Paris.)

par le naturalisme, il est parvenu à une manière très nouvelle de synthétiser espace, lumière, formes, mouvement (thèmes des courses de chevaux, des danseuses, des femmes à leur toilette, etc.).

DE GASPERI (Alcide), *Pieve Tesino, Trentin, 1881 - Sella di Valsugana 1954,* homme politique italien. Chef de la Démocratie chrétienne, président du Conseil (1945 - 1953), il redonna à son pays sa place en Europe et amorça son redressement économique.

DE GEER (Louis, baron), *Finspång 1818 - Truedstorp 1896,* homme politique suédois. Premier ministre (1858 - 1870 ; 1876 - 1880), il fit voter l'institution de deux chambres élues au suffrage censitaire (1866).

DE GRAAF (Reinier), *Schoonhoven, près d'Utrecht, 1641 - Delft 1673,* médecin et physiologiste néerlandais. Il réalisa les premiers travaux scientifiques sur le pancréas et découvrit les follicules de l'ovaire.

DEGRELLE (Léon), *Bouillon 1906 - Málaga 1994,* homme politique belge. Fondateur du rexisme, il prôna la collaboration avec l'Allemagne après la défaite de 1940. Il s'exila en 1944.

DEGUY (Michel), *Paris 1930,* poète français. Sa poésie, doublée d'une critique de la société de consommation culturelle, est passée d'un arpentage des sites naturels (*Fragments du cadastre,* 1960) à un collage moderniste, rapide et aigu (*Jumelages,* 1978 ; *l'Énergie du désespoir,* 1998).

DEHAENE (Jean-Luc), *Montpellier 1940,* homme politique belge. Social-chrétien flamand, il a été Premier ministre de 1992 à 1999.

DE HAVILLAND (sir Geoffrey), *Haslemere, Surrey, 1882 - Londres 1965,* constructeur d'avions britannique. De 1909 à 1954, il réalisa cent douze types d'appareils civils et militaires, notamment le premier avion commercial à réaction (*Comet,* mis en service en 1952).

DEHMELT (Hans Georg), *Görlitz 1922,* physicien américain d'origine allemande. Grâce à ses travaux sur la spectroscopie atomique de précision, il est parvenu à observer un électron isolé. (Prix Nobel 1989.)

DE HOOCH, DE HOOGHE ou **DE HOOGH** (Pieter), *Rotterdam 1629 - Amsterdam v. 1684,* peintre néerlandais. Il est l'auteur de scènes d'intérieur d'un réalisme poétisé (notamm. celles de sa période d'installation à Delft : 1654 - 1662).

DEHRA DUN, v. d'Inde, cap. de l'Uttaranchal ; 367 411 hab.

DEINZE [dɛ̃z], v. de Belgique (Flandre-Orientale), sur la Lys ; 25 839 hab. Textile. — Église gothique.

DEIR EL-BAHARI, site archéologique d'Égypte, près de Thèbes. Remarquables ensembles funéraires de Montouhotep Ier, de Thoutmosis III et surtout de la reine Hatshepsout.

DEIR EZ-ZOR, v. de Syrie, sur l'Euphrate ; 174 000 hab. À proximité, gisement de pétrole.

DÉJANIRE MYTH. GR. Épouse d'Héraclès, dont elle causa la mort en lui donnant la tunique de *Nessos.

Déjeuner sur l'herbe (le), grande toile de Manet (1862 - 1863, musée d'Orsay). Sa modernité (malgré ses sources : Raphaël, Giorgione...) fit scandale au « Salon des refusés » de 1863.

DE KEERSMAEKER (Anne Teresa), *Malines 1960,* danseuse et chorégraphe belge. Formée au centre Mudra-Bruxelles de Béjart, et à New York, elle fonde en 1983 sa compagnie (Rosas), en résidence au Théâtre de la Monnaie de Bruxelles depuis 1992. Parmi ses créations : *Fase* (1982), *Rosas danst rosas* (1983), *Mozart Concert Arias* (1992), *Just Before* (1997).

DEKKAN → DECCAN.

DEKKER (Thomas), *Londres v. 1572 - id. v. 1632,* écrivain anglais. Ses pièces de théâtre *(le Jour de fête des cordonniers)* et ses chroniques décrivent avec verve le peuple londonien.

DE KLERK (Frederik Willem), *Johannesburg 1936,* homme politique sud-africain. Leader du Parti national (1989 - 1997), président de la République de 1989 à 1994, il est, avec Nelson Mandela, l'initiateur de l'abolition de l'apartheid et du processus de démocratisation en Afrique du Sud. Nommé deuxième vice-président après la victoire de l'ANC aux élections multiraciales de 1994, il démissionne en 1996. (Prix Nobel de la paix 1993.)

DE KOONING (Willem), *Rotterdam 1904 - East Hampton, Long Island, État de New York, 1997,* peintre américain d'origine néerlandaise. Parti pour New York en 1926, il s'est affirmé à la fin des années 1940 comme un des maîtres de l'expressionnisme, abstrait ou figuratif (thème de la *Femme,* disloquée et recomposée).

DELACROIX (Eugène), *Charenton-Saint-Maurice, auj. Saint-Maurice, 1798 - Paris 1863,* peintre français. Grand coloriste et novateur réfléchi, il fut le chef de l'école romantique. Il est l'auteur de vastes peintures murales à Paris (bibliothèques du Palais-Bourbon et du Sénat ; plafond de la galerie d'Apollon au Louvre, 1850 - 1851 ; chapelle des Saints-Anges à l'église St-Sulpice, 1850 - 1861). Parmi ses tableaux célèbres, citons, au Louvre : *Dante et Virgile aux Enfers* (1822), *Scènes des massacres de Scio* (1824), *Mort de Sardanapale* (1827), *la *Liberté guidant le peuple* (1830), *Femmes d'Alger dans leur appartement* (1834), *Entrée des croisés à Constantinople* (1840). Il a illustré de lithographies le *Faust* de Goethe. Son *Journal* est d'un grand intérêt.

DELAGE (Louis), *Cognac 1874 - Le Pecq 1947,* ingénieur et industriel français. Pionnier de l'industrie automobile, il se spécialisa dans la voiture de grand luxe, puis mit au point des voitures de course à moteur surcomprimé.

DELAGE (Yves), *Avignon 1854 - Sceaux 1920,* zoologiste français. Il est notamm. l'auteur de travaux sur la parthénogenèse expérimentale.

DELAGOA (baie), baie de l'océan Indien, au Mozambique.

DELAHAYE (Émile), *Tours 1843 - Saint-Raphaël 1905,* ingénieur et industriel français. Pionnier de la construction automobile (1894), il inventa notamment l'accélérateur et fonda, avec plusieurs associés, une société portant son nom qui fabriqua, outre des automobiles réputées pour leur solidité, des véhicules utilitaires, des moteurs et du matériel de lutte contre l'incendie.

DELALANDE (Michel Richard), *Paris 1657 - Versailles 1726,* compositeur français. Il accumula les charges à la cour et laissa 71 grands motets, chefs-d'œuvre du genre, et des *Symphonies pour les soupers du Roy.*

■ DANIEL **DEFOE.** (London Library.)

■ **DELACROIX.** *Dante et Virgile aux Enfers,* 1822. (Musée d'Orsay, Paris.)

D

DE LA MARE (Walter), *Charlton, Kent, 1873 - Twickenham, Middlesex, 1956*, écrivain britannique. Son œuvre narrative *(À première vue)* et poétique *(Chants de l'enfance)* mêle aux souvenirs d'enfance hallucinations et rêveries.

DELAMARE-DEBOUTTEVILLE (Édouard), *Rouen 1856 - Montgrimont, Seine-Maritime, 1901*, industriel et inventeur français. Avec l'aide du chef mécanicien de sa filature, Léon Malandin, il réalisa la première voiture automobile qui, actionnée par un moteur à explosion, ait roulé sur une route (1883).

DELAMBRE (Jean-Baptiste, chevalier), *Amiens 1749 - Paris 1822*, astronome et géodésien français. Après l'instauration du système métrique, il mesura, avec P. Méchain, l'arc de méridien compris entre Dunkerque et Barcelone (1792 - 1799) pour déterminer l'étalon de longueur. Directeur de l'Observatoire de Paris de 1804 à sa mort, il a laissé une *Histoire de l'astronomie*.

DELANNOY (Jean), *Noisy-le-Sec 1908*, cinéaste français. Il est l'auteur de films dramatiques et psychologiques (*l'Éternel retour*, 1943 ; *la Symphonie pastorale*, 1946 ; *la Princesse de Clèves*, 1961).

DELANOË (Pierre **Leroyer**, dit Pierre), *Paris 1918*, parolier français. Il a servi le talent d'artistes aussi divers que G. Bécaud *(Et maintenant)*, Michel Fugain *(Une belle histoire)*, Joe Dassin *(l'Amérique)*, Michel Polnareff *(le Bal des Laze)*, Nicoletta *(Il est mort le soleil)* ou Michel Sardou *(le France)*.

DELAROCHE (Hippolyte, dit Paul), *Paris 1797 - id. 1856*, peintre français. Éclectique, il tenta de concilier classicisme et romantisme dans des sujets d'histoire au caractère théâtral.

DELAUNAY (Louis), *Corbeil 1843 - Cannes 1912*, ingénieur et industriel français. Il réalisa de nombreux modèles de luxe d'automobiles à moteur à essence.

DELAUNAY (Robert), *Paris 1885 - Montpellier 1941*, peintre français. Sous la dénomination d'*orphisme*, due à Apollinaire, il a apporté au cubisme un jeu de contrastes chromatiques et lumineux brisant et recomposant les formes (séries des « Tours Eiffel », 1909 - 1910, des « Fenêtres », 1912), pour aboutir dans certaines de ses œuvres à l'abstraction (« Formes circulaires », « Rythmes », etc.). — **Sonia D.**, *Odessa 1885 - Paris 1979*, peintre français d'origine russe, femme de Robert. Elle a mené les mêmes recherches que son mari sur la couleur pure et les rythmes (*Prismes électriques*, 1914, MNAM, Paris) et les a appliquées aux arts graphiques et décoratifs, aux tissus, à la mode.

DELAUNE (Étienne), *Orléans ? v. 1518 - ? 1583*, graveur, orfèvre et dessinateur ornemaniste français. Il a joué un grand rôle dans la diffusion du style de l'école de Fontainebleau.

DE LAVAL (Gustaf), *Orsa, Dalécarlie, 1845 - Stockholm 1913*, ingénieur suédois. Il est l'inventeur de la turbine à vapeur qui porte son nom (1883).

DELAVIGNE (Casimir), *Le Havre 1793 - Lyon 1843*, écrivain français, auteur de tragédies *(les Vêpres siciliennes)* et d'élégies patriotiques. (Acad. fr.)

DELAWARE n.f., fl. des États-Unis, qui rejoint la *baie de la Delaware*, sur l'Atlantique ; 400 km. Elle passe à Philadelphie.

DELAWARE, État des États-Unis, sur l'Atlantique ; 666 168 hab. ; cap. *Dover*.

DELAWARE, peuple amérindien des États-Unis (Oklahoma, Missouri, Kansas) et du Canada (Ontario), de la famille algonquienne.

DELAY (Jean), *Bayonne 1907 - Paris 1987*, psychiatre français. Il a étudié les troubles de la mémoire et les effets des psychotropes. (Acad. fr.)

DELBRÜCK (Max), *Berlin 1906 - Pasadena 1981*, biophysicien américain d'origine allemande. Il a reçu en 1969 le prix Nobel de physiologie ou médecine pour ses travaux de biologie moléculaire sur l'ADN et son rôle génétique.

DELCASSÉ (Théophile), *Pamiers 1852 - Nice 1923*, homme politique français. Ministre des Affaires étrangères (1898 - 1905), il resserra l'alliance franco-russe (1900) et fut l'artisan de l'Entente cordiale avec la Grande-Bretagne (1904).

DELEDDA (Grazia), *Nuoro 1871 - Rome 1936*, romancière italienne. Son œuvre est une peinture des mœurs sardes. (Prix Nobel 1926.)

■ **DELHI.** Le mausolée d'Humayun (v. 1564).

■ ALAIN **DELON**

DELÉMONT, v. de Suisse, ch.-l. du cant. du Jura ; 11 548 hab. Monuments des XVIe-XVIIIe s. ; Musée jurassien.

DELERUE (Georges), *Roubaix 1925 - Los Angeles 1992*, compositeur français. Il est connu pour ses musiques de film (*Hiroshima mon amour*, A. Resnais, 1959 ; *la Peau douce*, F. Truffaut, 1964 ; *Diên Biên Phu*, P. Schoendoerffer, 1992).

DELESCLUZE (Charles), *Dreux 1809 - Paris 1871*, journaliste et homme politique français. Membre de la Commune, il fut tué sur les barricades.

DELESSERT (Benjamin, baron), *Lyon 1773 - Paris 1847*, industriel, financier et philanthrope français. Régent de la Banque de France, il fonda en 1818 la première caisse d'épargne.

DELESTRAINT (Charles), *Biache-Saint-Vaast 1879 - Dachau 1945*, général français. Chef de l'armée secrète dans la Résistance, il fut arrêté en 1943, déporté au Struthof en 1944, puis à Dachau, où il fut fusillé.

DELEUZE (Gilles), *Paris 1925 - id. 1995*, philosophe français. Penseur de la « différence », il a défendu contre les institutions les droits du désir et de la production inconsciente (*l'Anti-Œdipe*, 1972 ; *Mille Plateaux*, 1980 ; *Qu'est-ce que la philosophie ?*, 1991, tous en collab. avec F. Guattari). Historien de la philosophie (*Nietzsche et la philosophie*, 1962), il s'est également intéressé au cinéma et à la peinture.

DELFT, v. des Pays-Bas (Hollande-Méridionale) ; 89 365 hab. Centre de faïencerie, dont l'apogée se situe aux XVIIe et XVIIIe s. — Monuments des XIIIe-XVIIe s. ; musées.

DELGADO (cap), cap du Mozambique, sur l'océan Indien.

DELHI, v. d'Inde, cap. du *territoire de Delhi*, sur la Yamuna ; 8 375 188 hab. (9 370 475 hab. pour le territoire). Englobant *New Delhi*, capitale fédérale de l'Inde, c'est la troisième ville du pays. — Nombreux monuments : colonne de fer (IVe s.), remarquables édifices de style « indo-musulman » des XIIIe-XVIe s., dont le Qutb minar (v. 1229) ; haut lieu de l'architecture moghole (mausolée d'Humayun, v. 1564 ; Fort-Rouge, 1639 - 1647 ; Grande Mosquée, 1644 - 1658 ; etc.). — Ancienne ville hindoue, elle fut du XIIIe au XIXe s. la capitale des États musulmans de l'Inde du Nord.

DELIBES (Léo), *Saint-Germain-du-Val 1836 - Paris 1891*, compositeur français. Il est l'auteur de musiques de ballets (*Coppélia*, 1870 ; *Sylvia*, 1876) et d'opéras-comiques (*Lakmé*, 1883).

DELIGNE (Pierre), *Bruxelles 1944*, mathématicien belge. Ses travaux portent sur la géométrie algébrique. (Médaille Fields 1978 ; prix Crafoord 1988.)

DELILLE (abbé Jacques), *Clermont-Ferrand 1738 - Paris 1813*, poète français. Traducteur de Virgile, il est l'auteur de poèmes didactiques et descriptifs *(les Jardins)*. [Acad. fr.]

DELLA FRANCESCA → PIERO DELLA FRANCESCA.

DELLA PORTA (Giacomo), *en Lombardie ? v. 1540 - Rome 1602*, architecte italien. Il a terminé, à Rome, des édifices entrepris par Michel-Ange (dôme de St-Pierre, v. 1585 - 1590). La façade qu'il a donnée au Gesù de Vignole est typique du style de la Contre-Réforme.

DELLA PORTA (Giambattista), *Naples 1535 - id. 1615*, humaniste et physicien italien. Il s'efforça de promouvoir la magie naturelle (*Magiae naturalis*, 1558), contribuant à fonder la science sur l'observation.

DELLA QUERCIA → JACOPO DELLA QUERCIA.

DELLA ROBBIA (Luca), *Florence 1400 - id. 1482*, sculpteur et céramiste italien. Il participa à la décoration de la cathédrale de Florence (tribune des chantres, 1431 - 1438) et fut le promoteur de la sculpture en terre cuite émaillée. — **Andrea Della R.**, *Florence 1435 - id. 1525*, sculpteur et céramiste italien, neveu de Luca. Il continua l'œuvre de son oncle ; de même firent ses fils.

DELLA ROVERE, famille italienne originaire de Savone, dont sont issus les papes Sixte IV et Jules II. Elle détint le duché d'Urbino de 1508 à 1631.

DELLA SCALA ou **SCALIGERI,** famille italienne dont certains membres, appartenant au parti gibelin, furent seigneurs ou podestats de Vérone. — **Cangrande Ier Della S.**, *Vérone 1291 - Trévise 1329*, seigneur de Vérone (1311 - 1329). Chef des gibelins de Lombardie, il offrit un asile à Dante.

DELLE (90100), ch.-l. de cant. du Territoire de Belfort ; 6 746 hab. *(Dellois)*. Équipements électriques. Fonderie.

DELLER (Alfred), *Margate 1912 - Bologne 1979*, haute-contre britannique. Fondateur du Deller Consort, il contribua à la redécouverte de l'interprétation vocale des répertoires anglais de la Renaissance (Dowland) et du Baroque (Purcell).

DELLUC (Louis), *Cadouin, Dordogne, 1890 - Paris 1924*, écrivain et cinéaste français. Il fut l'un des fondateurs des ciné-clubs et un pionnier de la critique cinématographique (le prix qui porte son nom a été fondé en 1936). Il tourna quelques films, dont *la Femme de nulle part* (1922) et *l'Inondation* (1924).

DEL MONACO (Mario), *Florence 1915 - Mestre 1982*, ténor italien, célèbre pour ses interprétations d'opéras italiens (de Verdi, notamment).

DELON (Alain), *Sceaux 1935*, acteur français. L'une des vedettes les plus populaires du cinéma français, il a joué notamment pour R. Clément (*Plein Soleil*, 1960), L. Visconti (*Rocco et ses frères*, id.), J.-P. Melville (*le Samouraï*, 1967), J. Losey (*M. Klein*, 1976), J.-L. Godard (*Nouvelle Vague*, 1990).

DELORME ou **DE L'ORME** (Philibert), *Lyon 1514 - Paris 1570*, architecte français. Bâtisseur, artiste et théoricien, il est le représentant majeur de la seconde Renaissance (château d'Anet, 1547 - 1555 ; travaux divers sous Henri II ; château des Tuileries, 1564 et suiv.).

DELORS (Jacques), *Paris 1925*, économiste et homme politique français. Socialiste, ministre de l'Économie et des Finances (1981 - 1984), il a été ensuite président de la Commission européenne de 1985 à 1995.

DÉLOS, île de Grèce, la plus petite des Cyclades. Elle abrita le grand sanctuaire d'Apollon et fut, au Ve s. av. J.-C., le siège de la ligue de Délos. Elle fut ruinée par Mithridate VI Eupator (88 av. J.-C.). — Ensemble archéologique parmi les plus complets (sanctuaires, théâtre, quartiers d'habitations aux belles mosaïques, ports, etc.).

Délos (ligue de) ou **première Confédération athénienne** (477 - 404 av. J.-C.), alliance unissant de nombreuses cités grecques sous l'autorité d'Athènes. Formée contre les Perses après les guerres médiques, elle fut en fait l'instrument de la domination athénienne sur la mer Égée.

DELPHES, v. de l'anc. Grèce, en Phocide, sur le versant sud-ouest du Parnasse. Elle abritait un temple dédié à Apollon, qui y rendait des oracles par la bouche de la pythie. Important centre religieux, siège des jeux Pythiques, Delphes rayonna sur tout le monde antique du VIIe s. av. J.-C. à l'époque romaine. — Des fouilles entreprises par l'école française d'Athènes depuis 1860 sur l'emplacement de l'anc. village de Kastrí ont mis au jour les temples d'Apollon et d'Athéna, les trésors (dont celui de la cité d'Athènes, Ve s. av. J.-C.), le théâtre, le stade. Très riche musée.

DEL PONTE (Carla), *Lugano 1947,* magistrate suisse. Procureur dans le Tessin puis, de 1994 à 1999, procureur général de la Confédération suisse, réputée pour son engagement dans la lutte contre la corruption et la Mafia, elle est depuis 1999 procureur des tribunaux pénaux internationaux pour l'ex-Yougoslavie et pour le Rwanda.

DELSARTE (François), *Solesmes, Nord, 1811 - Paris 1870,* pédagogue français. Il est à l'origine du renouveau pédagogique de l'expression corporelle et de la danse.

DELSARTE (Jean), *Fourmies 1903 - Nancy 1968,* mathématicien français. Il est l'un des membres fondateurs du groupe Nicolas *Bourbaki. Ses travaux portent notamm. sur la théorie des nombres.

Delta (plan), nom donné aux travaux (1958 - 1986) reliant par des digues les îles de la Hollande-Méridionale et de la Zélande aux Pays-Bas, et destinés surtout à lutter contre les inondations.

DELUC (Jean-André), *Genève 1727 - Windsor 1817,* naturaliste suisse. Il fut le premier à utiliser le mot « géologie » et étudia aussi l'atmosphère.

DELUMEAU (Jean), *Nantes 1923,* historien français. Il s'est attaché à l'étude des mentalités (*la Peur en Occident XIVe - XVIIIe siècle : une cité assiégée,* 1978 ; *Rassurer et protéger : le sentiment de sécurité dans l'Occident d'autrefois,* 1989 ; *Histoire du paradis,* 3 vol., 1992, 1995 et 2000).

DELVAUX (André), *Heverlee, près de Louvain, 1926,* cinéaste belge. Le réel et le rêve se conjuguent dans l'univers envoûtant et raffiné de ses films : *Un soir, un train* (1968) ; *Rendez-vous à Bray* (1971) ; *l'Œuvre au noir* (1988).

DELVAUX (Paul), *Antheit, prov. de Liège, 1897 - Furnes 1994,* peintre belge. D'une facture classique, ses toiles se rattachent à un surréalisme onirique (*Pygmalion,* 1939, MAM, Bruxelles ; *Trains du soir,* 1957, ibid.). Un musée lui est consacré à Sint-Idesbald (comm. de Koksijde).

DE MAN (Henri), *Anvers 1885 - Morat 1953,* théoricien et homme politique belge. Vice-président du Parti ouvrier belge (1933), il fut après 1940 favorable à la collaboration avec l'Allemagne et dut se réfugier en Suisse. Son œuvre est à la fois une critique et un effort de dépassement du marxisme (*Au-delà du marxisme,* 1929).

DEMANGEON (Albert), *Cormeilles, Eure, 1872 - Paris 1940,* géographe français, l'un des fondateurs de la géographie humaine.

DEMAVEND n.m., volcan formant le point culminant de l'Elbourz et de l'Iran, au N.-E. de Téhéran ; 5 671 m.

DÉMÉTER MYTH. GR. Déesse de la Fertilité, divinisation de la terre nourricière. Identifiée avec la Cérès romaine, elle est la mère de Perséphone. On célébrait ses mystères à Éleusis.

DÉMÉTRIOS Ier Poliorcète (« Preneur de villes »), *336 - 282 av. J.-C.,* roi antigonide de Macédoine (294 - 287 av. J.-C.). Fils d'Antigonos Ier Monophthalmos, il fut, avec son père, maître du monde égéen jusqu'à sa défaite à Ipsos (301 av. J.-C.). Séleucos Ier le fit prisonnier en 285.

DÉMÉTRIOS Ier Sôter (« Sauveur »), *m. en 150 av. J.-C.,* roi séleucide de Syrie (162 - 150 av. J.-C.), petit-fils d'Antiochos III Mégas.

DÉMÉTRIOS de Phalère, *Phalère v. 350 - Haute-Égypte v. 283 av. J.-C.,* homme politique et orateur athénien. Il gouverna Athènes au nom du Macédonien Cassandre.

DEMIDOV ou **DEMIDOF,** famille d'industriels russes, anoblie en 1720, dont plusieurs membres furent proches de la Cour au XIXe s. — **Nikita D.,** *Toula 1656 - id. 1725,* industriel russe. Maître de forges à Toula, il développa ses activités dans l'Oural, sous Pierre le Grand. — **Anatoli Nikolaïevitch D.,** prince **de San Donato,** *Florence 1812 - Paris 1870,* époux de Mathilde Bonaparte.

DE MILLE (Agnes), *New York 1905 - id. 1993,* danseuse et chorégraphe américaine. Nièce de Cecil B. De Mille, elle contribua à donner un style propre au ballet américain et à faire découvrir les sources du folklore des États-Unis.

DE MILLE (Cecil Blount), *Ashfield, Massachusetts, 1881 - Hollywood 1959,* cinéaste américain. Spécialiste des reconstitutions historiques à grand spectacle, il a réalisé : *Forfaiture* (1915), *les Dix Commandements* (1923, 1956), *Cléopâtre* (1934), *Sous le plus grand chapiteau du monde* (1952).

DEMIREL (Süleyman), *Islâmköy, près d'Isparta, 1924,* homme politique turc. Plusieurs fois Premier ministre (1965 - 1971 ; 1975 - 1978 ; 1979 - 1980), il est emprisonné à deux reprises après le coup d'État militaire de 1980. Redevenu chef du gouvernement en 1991, il est président de la République de 1993 à 2000.

démocrate (Parti), le plus ancien des deux grands partis qui dominent la vie politique des États-Unis. Partisan, à l'origine, d'une politique en faveur des agriculteurs et d'un gouvernement décentralisé, il prit le nom de « démocrate » sous la présidence de Jackson (1829 - 1837). Avec la crise de 1929, il prôna l'intervention des pouvoirs publics dans la vie économique et sociale. Il a depuis lors donné plusieurs présidents aux États-Unis : F. D. Roosevelt, H. Truman, J. Kennedy, L. Johnson, J. Carter, B. Clinton.

Démocratie chrétienne ou **DC → PPI.**

démocratie en Amérique (De la), œuvre de A. de Tocqueville (1835 - 1840), analysant la société américaine et l'évolution des démocraties.

Démocratie libérale, parti politique français, issu en 1997 du Parti républicain (lui-même formé en 1977 par les Républicains indépendants). Cette formation a été, de 1978 à 1998, une des composantes de l'UDF.

DÉMOCRITE, *Abdère v. 460 - v. 370 av. J.-C.,* philosophe grec présocratique. Prolongeant Leucippe, il réduit la nature à un jeu d'atomes en évolution dans un vide infini, et propose une morale empreinte de modération et de quiétude. Il influença l'épicurisme.

Demoiselles d'Avignon (les), grande toile manifeste de Picasso (1906 - 1907, MOMA, New York), qui a préludé au cubisme.

DEMOLDER (Eugène), *Bruxelles 1862 - Essonnes 1919,* écrivain belge de langue française. Ses récits s'inspirent de la vie et de l'œuvre des peintres anciens *(la Route d'émeraude).*

DEMOLON (Albert), *Lille 1881 - Paris 1954,* agronome et biologiste français, auteur de recherches en pédologie et en physiologie végétale.

DE MOMPER (Joos), *Anvers 1564 - id. 1635,* peintre flamand, auteur de paysages de montagne aux vastes panoramas pittoresques.

DE MORGAN (Augustus), *Madura, auj. Madurai, 1806 - Londres 1871,* mathématicien et logicien britannique. Il a fondé, en même temps que Boole, la logique des classes et des relations.

DÉMOSTHÈNE, *Athènes 384 - Calaurie 322 av. J.-C.,* homme politique et orateur athénien. Il réussit à surmonter ses difficultés d'élocution et emploie son talent oratoire d'abord comme avocat, puis, en politique, contre Philippe de Macédoine *(Olynthiennes, Philippiques).* De 340 à 338, il domine la vie politique de la cité et obtient l'alliance de Thèbes, mais les Athéniens et les Thébains sont écrasés par Philippe à Chéronée (338 av. J.-C.). Exilé, il encourage la révolte des Grecs, après la mort d'Alexandre le Grand, mais s'empoisonne après leur défaite.

■ **DELPHES.** Vestiges de la tholos, édifice du IVe s. av. J.-C.

■ **DENG XIAOPING**

DEMPSEY (William **Harrison Dempsey,** dit Jack), *Manassa, Colorado, 1895 - New York 1983,* boxeur américain. Il a été champion du monde des poids lourds (1919 - 1926).

DEMY (Jacques), *Pontchâteau 1931 - Paris 1990,* cinéaste français. Ses films, à la fois tendres et amers, entre réalisme et onirisme (*Lola,* 1961 ; *Peau d'Âne,* 1970), sont parfois chantés (*les Parapluies de Cherbourg,* 1964 ; *les Demoiselles de Rochefort,* 1967 ; *Une chambre en ville,* 1982).

DENAIN (59220), ch.-l. de cant. du Nord, sur l'Escaut ; 20 584 hab. *(Denaisiens).* — bataille de **Denain** (24 juill. 1712), bataille de la guerre de la Succession d'Espagne. Victoire de Villars sur le Prince Eugène, qui mit fin au conflit.

DENDÉRAH, village de Haute-Égypte. Temple ptolémaïque consacré à Hathor, bien conservé.

DENDERLEEUW [dɛndɛrlew], comm. de Belgique (Flandre-Orientale) ; 16 615 hab.

DENDERMONDE → TERMONDE.

DENEUVE (Catherine **Dorléac,** dite Catherine), *Paris 1943,* actrice française. Remarquée dans *les Parapluies de Cherbourg* (J. Demy, 1964), elle s'est imposée notamm. dans *Belle de jour* (L. Buñuel, 1967), *Liza* (M. Ferreri, 1972), *le Dernier Métro* (F. Truffaut, 1980), *Indochine* (R. Wargnier, 1992), *Ma saison préférée* (A. Téchiné, 1993), *Généalogies d'un crime* (R. Ruiz, 1997), *Place Vendôme* (N. Garcia, 1998).

■ CATHERINE **DENEUVE**

■ GÉRARD **DEPARDIEU**

DENFERT-ROCHEREAU (Pierre Philippe), *Saint-Maixent 1823 - Versailles 1878,* colonel français. Gouverneur de Belfort, il participa à la défense héroïque de la place en 1870 - 1871.

DENG XIAOPING, *Guang'an 1904 - Pékin 1997,* homme politique chinois. Secrétaire général du PCC à partir de 1956, il fut limogé lors de la Révolution culturelle (1966). Principal responsable des orientations nouvelles de la politique chinoise à partir de 1977, il se retira officiellement en 1987, tout en restant très influent.

DEN HAAG → HAYE (La).

DENIKINE (Anton Ivanovitch), *près de Varsovie 1872 - Ann Arbor 1947,* général russe. L'un des chefs des Russes blancs, il lutta contre les bolcheviks, notamment en Ukraine, en 1919.

DE NIRO (Robert), *New York 1943,* acteur américain. Inventif, il signe de grands rôles de composition, sous la direction de M. Scorsese (*Taxi Driver,* 1976 ; *Raging Bull,* 1980 ; *les Affranchis,* 1990 ; *Casino,* 1995) ou d'autres grands réalisateurs (*le Parrain II,* F. F. Coppola, 1974 ; *le Dernier Nabab,* E. Kazan, 1976).

DENIS ou **DENYS** (saint), *IIIe s.,* premier évêque de Paris. Il aurait été décapité sur la colline de Montmartre. Dagobert lui dédia une abbaye célèbre (auj. basilique de Saint-Denis).

DENIS Ier le Libéral, *Lisbonne 1261 - Odivelas 1325,* roi de Portugal (1279 - 1325), de la dynastie de Bourgogne. Il favorisa la mise en valeur du pays et fonda l'université de Coimbra (1308).

DENIS (Maurice), *Granville 1870 - Paris 1943,* peintre français. Il participa au mouvement nabi, dont il fut un théoricien, et fonda en 1919 les « Ateliers d'art sacré ». Sa demeure à Saint-Germain-en-Laye, *le Prieuré,* est auj. un musée.

DENIZLI, v. du sud-ouest de la Turquie ; 204 118 hab.

DENNERY puis **D'ENNERY** (Adolphe **Philippe,** dit), *Paris 1811 - id. 1899,* auteur dramatique français. Il écrivit de nombreux mélodrames *(les Deux Orphelines)* et des livrets d'opéras. — Il a légué à l'État une collection d'objets d'art d'Extrême-Orient (musée d'Ennery, à Paris).

DENON (Dominique Vivant, baron), *Givry 1747 - Paris 1825,* graveur, administrateur et écrivain français. Aquafortiste, il accompagna Bonaparte en Égypte *(Description de l'Égypte),* fut nommé en 1802 directeur général des musées et s'occupa de l'organisation du Louvre. — Il est l'auteur du récit libertin *Point de lendemain* (1777).

DENPASAR, v. d'Indonésie, dans l'île de Bali ; 209 500 hab.

DENVER, v. des États-Unis, cap. du Colorado, au pied des Rocheuses ; 467 610 hab. (1 622 980 hab. dans l'agglomération). Construction aéronautique. — Musée d'art.

DENYS l'Aréopagite (saint), *Ier s. apr. J.-C.,* premier évêque d'Athènes, selon la tradition. Membre de l'Aréopage, converti par saint Paul, il fut considéré comme l'auteur de plusieurs œuvres théologiques du Ve s. qui eurent une grande influence sur la scolastique.

DENYS d'Halicarnasse, *m. apr. 7 av. J.-C.,* historien grec. Ses *Antiquités romaines* retracent l'histoire de Rome des origines à la deuxième guerre punique.

DENYS l'Ancien, *Syracuse v. 430 - id. 367 av. J.-C.,* tyran de Syracuse (405 - 367 av. J.-C.). Il chassa les Carthaginois de Sicile et fonda des comptoirs en Italie. Il protégea les lettres (Platon) et fit de Syracuse un important centre économique.

DENYS le Jeune, *v. 397 - 344 av. J.-C.,* tyran de Syracuse. Fils et successeur de Denys l'Ancien en 367 av. J.-C., il fut chassé de Syracuse en 356 puis, de nouveau, en 344 et dut s'exiler à Corinthe.

DENYS le Petit, *en Scythie ou en Arménie à la fin du Ve s. - v. 540,* écrivain ecclésiastique. Ses travaux pour tenter de fixer la date de naissance de Jésus sont à la base de notre calendrier.

DÉOLS [deɔl] (36130), comm. de l'Indre, banlieue de Châteauroux ; 8 767 hab. Clocher roman d'une anc. abbaye.

DÉON (Michel), *Paris 1919,* écrivain français. Ses romans témoignent d'une conception aristocratique de la vie et des sentiments *(les Poneys sauvages, Un taxi mauve).* [Acad. fr.]

DEPARDIEU (Gérard), *Châteauroux 1948,* acteur français. Révélée par *les Valseuses* (B. Blier, 1974), sa personnalité puissante l'a imposé au cinéma : *le Dernier Métro* (F. Truffaut, 1980), *Danton* (A. Wajda, 1983), *Sous le soleil de Satan* (M. Pialat, 1987), *Cyrano de Bergerac* (J.-P. Rappeneau, 1990), *Hélas pour moi* (J.-L. Godard, 1993), *le Colonel Chabert* (Y. Angelo, 1994). *[V. ill. page 1281.]*

Dépêche du Midi (la), quotidien régional français. Fondée à Toulouse sous le titre *la Dépêche* (1870 - 1947), elle était alors un organe d'opposition républicaine.

DEPESTRE (René), *Jacmel 1926,* écrivain haïtien. Exilé à Cuba puis en France, il a donné à la négritude une dimension universelle dans ses poèmes *(Étincelles, Minerai noir, Journal d'un animal marin)* et ses romans *(Hadriana dans tous mes rêves).*

dépôts et consignations (Caisse des), établissement public français créé en 1816. À côté de ses rôles traditionnels (gestion des consignations et dépôts réglementés, centralisation et gestion de l'épargne sur livrets défiscalisés, financement du logement social et des collectivités locales), elle a des activités directes de services et est un acteur important des marchés financiers français.

DEPRETIS (Agostino), *Mezzana Corti, près de Pavie, 1813 - Stradella 1887,* homme politique italien. Président du Conseil (1876 - 1878 ; 1878 - 1879 ; 1881 - 1887), il conclut la Triple-Alliance (1882).

DE QUINCEY (Thomas), *Manchester 1785 - Édimbourg 1859,* écrivain britannique. Il est surtout célèbre par ses *Confessions d'un mangeur d'opium anglais* (1821) et par son essai *De l'assassinat considéré comme un des beaux-arts* (1827).

DER [dɛr] n.m., région de la Champagne, au S.-O. de Saint-Dizier, englobant la *forêt du Der* (env. 12 000 ha) et le *lac du Der-Chantecoq* (ou réservoir Marne) [env. 4 800 ha].

DERAIN (André), *Chatou 1880 - Garches 1954,* peintre français. Un des plus brillants créateurs du fauvisme, il y renonça au profit d'un style cézannien, puis archaïsant (période « gothique » ou « byzantine », v. 1910 - 1914), et pratiqua ensuite un classicisme personnel. Il a donné des décors et costumes pour le ballet, a illustré Pétrone, Ovide, Rabelais.

DERBY, v. de Grande-Bretagne (Angleterre, dans le Derbyshire) ; 214 000 hab. Construction aéronautique. Matériel ferroviaire. — Musées.

DERBY (Edward **Stanley,** 14e comte **de**), *Knowsley 1799 - id. 1869,* homme politique britannique. L'un des chefs du Parti conservateur, Premier ministre (1852 ; 1858 ; 1866 - 1868), il fut un protectionniste acharné. — **Edward Stanley,** 15e comte **de D.,** *Knowsley 1826 - id. 1893,* homme politique britannique. Fils du 14e comte de Derby, ministre des Affaires étrangères (1866 - 1868, 1874 - 1878), il s'opposa à l'impérialisme de Disraeli.

DERJAVINE (Gavrila Romanovitch), *gouvernement de Kazan 1743 - Zvanka, gouvernement de Novgorod, 1816,* poète russe. Ses odes *(Felitsa)* illustrent le classicisme.

Dernières Nouvelles d'Alsace (les), quotidien régional français créé en 1877 à Strasbourg.

DÉROULÈDE (Paul), *Paris 1846 - Nice 1914,* écrivain et homme politique français. Fondateur (1882) et président de la ligue des Patriotes, auteur de chants patriotiques (les *Chants du soldat*), il fut un boulangiste ardent. Élu député, il tenta d'entraîner l'armée contre l'Élysée (1899). Il fut banni de 1900 à 1905.

DERRIDA (Jacques), *El-Biar, Algérie, 1930,* philosophe français. Il poursuit une démarche de « déconstruction » des textes et des pensées, allant de la redéfinition des rapports de la littérature et de la philosophie *(l'Écriture et la différence,* 1967) à la généralisation d'exercices d'interprétation critique *(Marges de la philosophie,* 1972 ; *Glas,* 1974 ; *la Carte postale, de Socrate à Freud et au-delà,* 1980 ; *Donner la mort,* 1999).

DERVAL (44590), ch.-l. de cant. de la Loire-Atlantique ; 2 945 hab.

DÉRY (Tibor), *Budapest 1894 - id. 1977,* écrivain hongrois. Ses romans sont passés d'une peinture réaliste de la société à une évocation ironique des illusions humaines *(Cher Beau-Père).*

DES ADRETS (François **de Beaumont,** baron), *La Frette 1513 - id. 1587,* capitaine dauphinois. Il abjura le catholicisme en 1562, dévasta le midi de la France, puis revint au catholicisme, et combattit les protestants.

DESAIX [dəsɛ] (Louis Charles Antoine **Des Aix,** dit), *château d'Ayat, près de Riom, 1768 - Marengo 1800,* général français. Il se distingua à l'armée du Rhin (1796) et en Égypte (1798). Son intervention décida de la victoire de Marengo (1800).

DESANTI (Jean Toussaint), *Ajaccio 1914,* philosophe français. Il a apporté une contribution décisive à l'épistémologie des mathématiques *(les Idéalités mathématiques,* 1968).

DESARGUES (Girard), *Lyon 1591 - id. 1661,* mathématicien et architecte français. Il fut l'un des fondateurs de la géométrie projective et publia des traités sur la perspective.

DÉSAUGIERS (Marc Antoine), *Fréjus 1772 - Paris 1827,* chansonnier français, auteur de vaudevilles.

DES AUTELS (Guillaume), *Montcenis ? 1529 - 1581,* poète français. Son imitation de Pétrarque et de Ronsard l'apparente à la Pléiade.

DESBORDES-VALMORE (Marceline), *Douai 1786 - Paris 1859,* femme de lettres française, auteur de contes pour enfants, et poète sincère et bouleversant de l'amour et de ses souffrances.

DESCAMPS (Eugène), *Lomme, Nord, 1922 - Buis-les-Baronnies 1990,* syndicaliste français. Il fut secrétaire général de la CFTC (1961), puis secrétaire général de la CFDT (1964 - 1971).

DESCARTES [dekart] (37160), ch.-l. de cant. d'Indre-et-Loire ; 4 142 hab. *(Descartois).* Fonderie. Patrie de Descartes (petit musée).

DESCARTES (René), *La Haye, aujourd'hui Descartes, Indre-et-Loire, 1596 - Stockholm 1650,* philosophe, mathématicien et physicien français. Après des études au collège de La Flèche, tenu par les Jésuites, il se fit militaire et parcourut l'Europe. À partir de 1629, il vécut essentiellement en Hollande. Tôt convaincu de l'unité fondamentale de la science, et, de ce fait, en rupture avec la pensée aristotélicienne et scolastique, Descartes s'attache à définir une méthode déductive, ayant l'évidence pour critère, et permettant la reconstruction de tout l'édifice du savoir. En quête d'une assise métaphysique, il fixe dès le *Discours de la méthode* (1637) les étapes d'un cheminement qui va du doute hyperbolique à la position de la première certitude absolue (le « cogito ») et, de là, à la distinction des deux substances (pensée et étendue), aux démonstrations de l'existence de Dieu et à la déduction de l'existence du monde. Cette démarche, développée dans les *Méditations métaphysiques* (1641) et à nouveau exposée dans les *Principes de la philosophie* (1644), lui permet de jeter les bases d'une éthique nouvelle *(les Passions de l'âme,* 1649), propre à relayer les bases de la morale provisoire jusqu'alors admise par défaut. Sur le plan scientifique, Descartes a simplifié l'écriture mathématique et fondé la géométrie analytique. Il a dégagé les lois de la réfraction de la lumière et découvert la notion de travail. Sa physique mécaniste et sa théorie des animaux-machines sont des jalons significatifs des débuts de la science moderne *(Dioptrique,* 1637 ; *Géométrie,* 1637).

■ **DESCARTES** d'après Frans Hals. (Louvre, Paris.)

DESCHAMPS (Didier), *Bayonne 1968,* footballeur français. Capitaine de l'équipe de France championne du monde (1998) et championne d'Europe (2000), il a aussi remporté la Coupe d'Europe des clubs champions en 1993 (avec l'Olympique de Marseille) et en 1996 (avec la Juventus de Turin). Il est le recordman du nombre de sélections en équipe de France (103).

DESCHAMPS (Émile **Deschamps de Saint-Amand,** dit Émile), *Bourges 1791 - Versailles 1871,* écrivain français, l'un des premiers représentants du romantisme. — **Antoine Deschamps de Saint-Amand,** dit **Antony D.,** *Paris 1800 - id. 1869,* écrivain français, frère d'Émile. Sa poésie est marquée par la montée de la folie *(Dernières Paroles).*

DESCHAMPS (Eustache), *Vertus v. 1346 - v. 1407,* poète français. Il est l'auteur de poèmes (lais, ballades, rondeaux) et du premier art poétique français *(Art de dictier).*

DESCHAMPS (Jean), architecte français de la seconde moitié du XIIIe s. Il contribua à introduire le gothique du Nord dans la France méridionale (cathédrales de Clermont[-Ferrand], de Narbonne, etc.).

DESCHAMPS (Jérôme), *Neuilly-sur-Seine 1947,* acteur et metteur en scène de théâtre français. Au théâtre *(la Veillée, Lapin-chasseur)* et à la télévision *(les Deschiens),* ses spectacles comiques populaires, conçus avec Macha Makeieff, reposent sur la satire du quotidien.

DESCHANEL (Paul), *Schaerbeek 1855 - Paris 1922,* homme politique français. Président de la République (févr.-sept. 1920), il dut démissionner en raison de son état de santé. (Acad. fr.)

DES FORÊTS (Louis-René), *Paris 1918 - id. 2000,* écrivain français. Ses récits sont un parcours laconique et obstiné de la vanité des mots et de l'irréalité ambiguë des images de soi *(le Bavard,* 1946 ; *Ostinato,* 1997).

DESHOULIÈRES [dezu-] (Antoinette **du Ligier de La Garde,** Mme), *Paris 1637 - id. 1694,* poétesse française, auteur de poésies pastorales.

DE SICA (Vittorio), *Sora 1901 - Paris 1974,* acteur et cinéaste italien. Il fut l'un des chefs de file du néoréalisme : *Sciuscia* (1946), *le Voleur de bicyclette* (1948), *Miracle à Milan* (1951), *Umberto D* (1952), *Mariage à l'italienne* (1964), *le Jardin des Finzi Contini* (1970).

DÉSIRADE (La) [97127], une des Antilles françaises, dépendant de la Guadeloupe ; 1 631 hab. ; ch.-l. *Grande-Anse.*

DÉSIRÉE, *Marseille 1777 - Stockholm 1860,* reine de Suède. Fille du négociant François Clary, elle épousa (1798) le général Bernadotte, qui devint roi de Suède en 1818.

DE SITTER (Willem), *Sneek 1872 - Leyde 1934,* astronome et mathématicien néerlandais. L'un des premiers à appliquer la théorie de la relativité à la cosmologie, il a montré en 1917 que le modèle statique d'univers proposé par Einstein n'était pas le seul concevable.

DESJARDINS (Alphonse), *Lévis, Québec, 1854 - id. 1920,* journaliste et fonctionnaire canadien. Il créa la Caisse populaire de Lévis (1900), point de départ du Mouvement coopératif Desjardins, vaste réseau d'institutions financières.

DESJARDINS (Martin **Van den Bogaert,** dit), *Breda 1640 - Paris 1694,* sculpteur français d'origine néerlandaise. Il fit à Paris une carrière officielle brillante (académicien en 1671).

DESLANDRES (Henri), *Paris 1853 - id. 1948,* astrophysicien français. Spécialiste de l'étude du Soleil, il a inventé le spectrohéliographe, indépendamment de l'Américain Hale. Il est aussi le premier à avoir prévu l'existence du rayonnement radioélectrique solaire.

DESMARETS (Nicolas), seigneur **de Maillebois,** *Paris 1648 - id. 1721,* homme d'État français. Neveu de Colbert, il fut contrôleur général des Finances (1708 - 1715).

DESMARETS DE SAINT-SORLIN (Jean), *Paris 1595 - id. 1676,* écrivain français. Auteur de la comédie *les Visionnaires,* il fut l'adversaire des jansénistes. (Acad. fr.)

DES MOINES, v. des États-Unis, cap. de l'Iowa, sur la *rivière Des Moines,* affl. du Mississippi (r. dr.) ; 193 187 hab. Musées.

DESMOULINS [demulɛ̃] (Camille), *Guise 1760 - Paris 1794,* journaliste et homme politique français. Avocat républicain, il appela aux armes la foule réunie dans les jardins du Palais-Royal, le 12 juill. 1789. Membre du club des Cordeliers, il participa au mouvement révolutionnaire avec son journal, *les Révolutions de France et de Brabant* (1789 - 1791). Adversaire des hébertistes, qu'il attaqua dans son nouveau journal, *le Vieux Cordelier* (1793), il fut guillotiné avec Danton. **— Lucile D.,** *Paris 1771 - id. 1794,* femme de Camille. Elle fut guillotinée pour avoir protesté auprès de Robespierre contre l'exécution de son mari.

DESNOS [dɛsnɔs] (Robert), *Paris 1900 - Terezín, République tchèque, 1945,* poète français. Il évolua du surréalisme, où il fut le meilleur explorateur du rêve, le praticien du jeu verbal et de l'humour (*Corps et biens,* 1930), vers un lyrisme familier (*Domaine public,* 1953).

DES PÉRIERS (Bonaventure), *Arnay-le-Duc v. 1500 - v. 1543,* écrivain français. Il est l'auteur du *Cymbalum mundi,* satire de la religion chrétienne, et des *Nouvelles Récréations et joyeux devis,* peinture réaliste des mœurs du temps.

DESPIAU [dɛs-] (Charles), *Mont-de-Marsan 1874 - Paris 1946,* sculpteur français. Il est l'auteur de bas-reliefs, de statues et surtout de nombreux bustes d'un modelé délicat et d'une grande vérité psychologique.

DESPORTES (François), *Champigneulle, Ardennes, 1661 - Paris 1743,* peintre français. Peintre des chasses et des chenils royaux, il a aussi donné de riches natures mortes, les cartons des *Nouvelles Indes* pour les Gobelins et une série d'esquisses de paysages d'Île-de-France (Louvre, musées de Gien et de Senlis, château de Compiègne...).

DESPORTES (Philippe), *Chartres 1546 - abbaye de Bonport, Normandie, 1606,* poète français. Rival heureux de Ronsard comme poète de cour, il fut critiqué par Malherbe.

DES PRÉS (Josquin) → **JOSQUIN DES PRÉS.**

DESROCHES NOBLECOURT (Christiane), *Paris 1913,* égyptologue française. Elle a participé à de nombreux chantiers de fouilles et a contribué activement à la sauvegarde des monuments de Nubie menacés par les eaux du barrage d'Assouan. Conservateur en chef des Antiquités égyptiennes du Louvre de 1974 à 1981, elle a publié de nombreux ouvrages (*Toutankhamon,* 1963).

DESSALINES (Jean-Jacques), *Guinée av. 1758 - Jacmel 1806,* empereur d'Haïti. Esclave noir, lieutenant de Toussaint-Louverture, il proclama l'indépendance d'Haïti et prit le titre d'empereur (1804) sous le nom de Jacques Ier. Il fut assassiné par Christophe et Pétion.

DESSAU, v. d'Allemagne (Saxe-Anhalt), au S.-O. de Berlin ; 93 855 hab. Matériel ferroviaire.

DESTELBERGEN, comm. de Belgique (Flandre-Orientale), à l'E. de Gand ; 16 847 hab.

DESTOUCHES (Philippe **Néricault,** dit), *Tours 1680 - Villiers-en-Bière 1754,* auteur dramatique français. Il a écrit des comédies moralisatrices *(le Glorieux).* [Acad. fr.]

Destour (de l'ar. *dustūr,* Constitution), parti politique tunisien fondé en 1920. Il se scinda en 1934 en un *Vieux Destour* et un *Néo-Destour,* qui, dirigé par Bourguiba, réclama l'indépendance. Parti présidentiel depuis 1957, il prit le nom de *Parti socialiste destourien* (1964 - 1988), puis de Rassemblement constitutionnel démocratique.

DESTRÉE (Jules), *Marcinelle 1863 - Bruxelles 1936,* homme politique belge. Député socialiste (1894), il fut l'un des promoteurs du mouvement intellectuel et politique wallon, fondant l'*Académie royale de langue et de littérature françaises.

DESTUTT DE TRACY (Antoine, comte), *Paris 1754 - id. 1836,* philosophe français. Chef de file des idéologues, il a développé son matérialisme sensualiste dans les *Éléments d'idéologie* (1803 - 1815). [Acad. fr.]

DESVRES [dɛvr] (62240), ch.-l. de cant. du Pas-de-Calais ; 5 260 hab. *(Desvrois).* Faïenceries.

DETROIT, v. des États-Unis (Michigan), sur la *rivière de Detroit* unissant les lacs Érié et Saint-Clair ; 1 027 974 hab. (4 553 000 hab. dans l'agglomération). Centre de la construction automobile. – Musée d'art.

DÉTROITS (les), ensemble formé par le *Bosphore et les *Dardanelles, reliant la Méditerranée et la mer Noire.

DÉTROITS (établissement des) ou **STRAITS SETTLEMENTS,** anc. colonie britannique de la péninsule malaise (1867 - 1946), qui comprenait notamment Penang, Singapour et Malacca.

DE TROY [-trwa], famille de peintres français. **— François De T.,** *Toulouse 1645 - Paris 1730.* Il fut un portraitiste de l'aristocratie parisienne et des artistes de son temps. **— Jean-François De T.,** *Paris 1679 - Rome 1752,* fils de François. Peintre d'histoire et de genre à la carrière officielle, il possède un style aisé et brillant (7 toiles de *l'Histoire d'Esther,* pour la tapisserie, 1737 et suiv., Louvre).

DEUCALION MYTH. GR. Fils de Prométhée et mari de Pyrrha. Seuls survivants d'un déluge déclenché par Zeus, Deucalion et Pyrrha repeuplèrent le monde en jetant des pierres qui se transformèrent en hommes et en femmes.

DEUIL-LA-BARRE (95170), comm. du Val-d'Oise ; 20 292 hab. *(Deuillois).*

DEÛLE n.f., riv. du nord de la France, affl. de la Lys (r. dr.) ; 68 km. Partiellement canalisée, elle passe à Lens et à Lille.

Deutéronome, cinquième livre du Pentateuque, code de lois civiles et religieuses (622 av. J.-C.).

Deutsche Bank AG, établissement bancaire allemand fondé à Berlin en 1870, première banque commerciale allemande.

Deutschlandlied, hymne national de la République fédérale d'Allemagne, d'après une strophe du chant populaire nationaliste allemand, *Deutschland über alles,* écrit en 1841.

DEUX-ALPES (les) [38860], station de sports d'hiver (alt. 1 650 - 3 600 m) de l'Isère (comm. de Vénosc et de Mont-de-Lans), en bordure de l'Oisans.

DEUX-MONTAGNES, v. du Canada (Québec), au N.-E. du *lac des Deux-Montagnes ;* 14 481 hab. *(Deux-Montagnais).*

DEUX-PONTS, en all. **Zweibrücken,** v. d'Allemagne (Rhénanie-Palatinat) ; 35 704 hab. Ancien chef-lieu d'un duché cédé à la France en 1801, puis partagé en 1816 entre la Bavière et la Prusse.

Deux-Roses (guerre des) [1455 - 1485], conflit qui opposa deux branches des Plantagenêts, les maisons d'York (rose blanche) et de Lancastre (rose rouge) pour la possession de la Couronne d'Angleterre. Elle se termina par le triomphe d'Henri Tudor, dernier représentant des Lancastres, qui, devenu roi sous le nom d'Henri VII, épousa Élisabeth d'York.

DEUX-SICILES (royaume des), ancien royaume de l'Italie méridionale formé du royaume de Sicile (insulaire), et du royaume de Naples (Sicile péninsulaire), et qui dura de 1442 à 1458 et de 1816 à 1861.

DE VALERA (Eamon), *New York 1882 - Dublin 1975,* homme politique irlandais. Leader du mouvement nationaliste Sinn Fein, chef du gouvernement révolutionnaire irlandais (1918), il fonda le Fianna Fáil et fut président du Conseil exécutif de l'État libre (1932 - 1937). Rompant tout lien avec la Grande-Bretagne, il fit voter en 1937 la nouvelle Constitution de l'Irlande, dont il fut Premier ministre (1937 - 1948 ; 1951 - 1954 ; 1957), puis devint président de la République (1959 - 1973).

DE VALOIS ou **DEVALOIS** (Edris **Stannus,** dite Dame Ninette), *Blessington, Irlande, 1898 - Londres 2001,* danseuse et chorégraphe britannique. Figure emblématique du ballet britannique, elle créa le Sadler's Wells Ballet (1931), devenu le Royal Ballet (1956).

DEVAUX (Paul), *Bruges 1801 - Bruxelles 1880,* homme politique belge. Il fut l'un des négociateurs du traité de Londres (1830 - 1831) qui consacra l'indépendance de la Belgique.

DEVENTER, v. des Pays-Bas (Overijssel), sur l'IJssel ; 65 000 hab. Monuments du Moyen Âge au XVIIe s.

DEVEREUX (Georges), *Lugos, auj. Lugoj, 1908 - Paris 1985,* anthropologue et psychiatre américain d'origine hongroise, fondateur de l'ethnopsychiatrie (*Essai d'ethnopsychiatrie générale,* 1970).

DEVÉRIA (Achille), *Paris 1800 - id. 1857,* dessinateur et lithographe français. Il est l'auteur, grâce à la lithographie, de portraits de célébrités romantiques ainsi que de scènes de la vie élégante du temps. **— Eugène D.,** *Paris 1805 - Pau 1865,* peintre d'histoire français, frère de Achille.

DÉVILLE-LÈS-ROUEN (76250), comm. de la Seine-Maritime ; 10 512 hab. Télécommunications. Métallurgie.

DE VISSCHER (Charles), *Gand 1884 - Bruxelles 1973,* juriste belge. Membre de la Cour permanente d'arbitrage (1923), juge en 1937 à la Cour permanente de justice internationale (future Cour internationale de justice), il a écrit un ouvrage fondamental : *Théories et réalités en droit international public* (1953, 1955, 1960).

Devoir (le), quotidien canadien de langue française. Il a été fondé en 1910 à Montréal par Henri Bourassa, journaliste et homme politique.

Dévolution (guerre de) [1667 - 1668], conflit qui opposa la France à l'Espagne. À la mort de Philippe IV d'Espagne, Louis XIV réclama les Pays-Bas au nom de sa femme, Marie-Thérèse d'Autriche, fille du roi défunt. Il fit envahir la Flandre par Turenne (1667) et la Franche-Comté par le Grand Condé (1668). Au traité d'Aix-la-Chapelle (1668), la France conserva les douze places flamandes conquises par Turenne (dont Lille et Douai).

DÉVOLUY n.m., massif des Alpes françaises, au S. de la haute vallée du Drac ; 2 790 m à l'Obiou.

DEVON (île), île de l'archipel arctique canadien.

DEVON ou **DEVONSHIRE,** comté du sud-ouest de la Grande-Bretagne ; 1 008 300 hab. ; ch.-l. *Exeter ;* v. princ. *Plymouth.*

DE VOS (Cornelis), *Hulst 1584 - Anvers 1651,* peintre flamand. Il est, après Van Dyck, le plus célèbre portraitiste du XVIIe s. flamand (enfants, groupes familiaux). **— Paul De V.,** *v. 1595 - 1678,* peintre flamand. Frère de Cornélis, beau-frère de Snijders, il fut surtout un peintre de scènes de chasse et de natures mortes animalières.

DE VOS (Maarten), *Anvers 1532 - id. 1603,* peintre flamand, maniériste éclectique, élève de F. Floris.

DEVOS (Raymond), *Mouscron, Belgique, 1922,* artiste comique et acteur français. Son sens de l'absurde anime ses monologues, où, à travers

■ EAMON **DE VALERA**

■ RAYMOND **DEVOS**

calembours, non-sens et gags verbaux, le personnage principal est toujours le langage.

Devotio moderna ou **Dévotion moderne,** mouvement ascétique et mystique né à la fin du XIVe s. aux Pays-Bas. Elle cherchait à promouvoir une spiritualité accessible à tous, appuyée sur la méditation de la Passion du Christ. Elle a été illustrée par l'**Imitation de Jésus-Christ.*

DE VRIES (Hugo), *Haarlem 1848 - Lunteren 1935,* botaniste néerlandais. On lui doit la découverte des mutations, qu'il considérait comme le seul moteur de l'évolution (mutationnisme).

DE WAILLY (Charles), un des architectes de l'*Odéon, à Paris.

DEWAR (sir James), *Kincardine-on-Forth, Écosse, 1842 - Londres 1923,* chimiste et physicien britannique. Il liquéfia l'hydrogène et le fluor et inventa le récipient isolant *(vase de [d'Arsonval-]Dewar)* pour la conservation des gaz liquéfiés.

DEWEY (John), *Burlington, Vermont, 1859 - New York 1952,* philosophe et pédagogue américain. Sa pédagogie est fondée sur sa doctrine, l'*instrumentalisme,* dérivant du pragmatisme.

DEWEY (Melvil), *Adams Center, État de New York, 1851 - Lake Placid 1931,* bibliographe américain. Il a inventé le système de classification décimale des livres utilisé dans les bibliothèques.

DE WITTE (Emmanuel), *Alkmaar v. 1615 - Amsterdam 1691 ou 1692,* peintre néerlandais. Il est admiré notamm. pour le rendu spatial et l'animation de ses intérieurs d'églises.

D

DEWOITINE (Émile), *Crépy-en-Laonnois, Aisne, 1892 - Toulouse 1979,* constructeur d'avions français. À partir de 1920, il implanta à Toulouse d'importantes usines et réalisa plus de 50 types d'avions.

DEZFUL, v. d'Iran, dans le Khuzestan ; 181 309 hab.

DGSE (Direction générale de la sécurité extérieure), appellation, depuis 1982, des services d'espionnage et de contre-espionnage français (autref. SDECE). La DGSE relève directement du ministère de la Défense.

DHAHRAN, v. de l'est de l'Arabie saoudite. Base aérienne. Pétrochimie.

DHAKA → DACCA.

DHAMASKINÓS → DAMASKINOS.

DHANBAD, v. d'Inde (Jharkhand) ; 817 549 hab. Extraction du charbon.

DHAULAGIRI n.m., sommet de l'Himalaya, au Népal ; 8 172 m.

DHORME (Édouard), *Armentières 1881 - Roquebrune-Cap-Martin 1966,* orientaliste français. Professeur au Collège de France (1945 - 1951), il est l'auteur d'une traduction de l'Ancien Testament.

DHÔTEL (André), *Attigny 1900 - Paris 1991,* écrivain français. Ses récits enveloppent les paysages ardennais dans le rêve et le merveilleux *(le Pays où l'on n'arrive jamais).*

DHULIA, v. d'Inde (Maharashtra) ; 277 957 hab.

DIABLERETS (les), massif de Suisse, dominant la vallée du Rhône ; 3 210 m. Sports d'hiver.

DIACRE (Paul) **→ PAUL DIACRE.**

DIAGHILEV (Serge **de**), *Nijni Novgorod 1872 - Venise 1929,* directeur de troupe russe. Il créa et anima la compagnie des Ballets russes (1909 - 1929).

DIANE MYTH. ROM. Déesse de la Chasse et de la Nature sauvage. Elle correspond à l'Artémis grecque.

DIANE DE POITIERS, *1499 - Anet 1566,* favorite d'Henri II. Le roi fit construire pour elle le château d'Anet. Elle était la veuve de Louis II de Brézé.

DIANE DE VALOIS ou **DE FRANCE,** *en Piémont 1538 - Paris 1619,* princesse française. Fille naturelle d'Henri II, elle fut mariée à Orazio Farnèse, duc de Castro, puis au maréchal François de Montmorency. Elle contribua à réconcilier Henri III et le futur Henri IV.

DIAS (Bartolomeu), *en Algarve v. 1450 - au large du cap de Bonne-Espérance 1500,* navigateur portugais. Il fut le premier Européen à doubler le cap de Bonne-Espérance (1488).

Diaspora, ensemble des communautés juives établies hors de Palestine, surtout après l'Exil (VIe s.), ou qui demeurent en dehors d'Israël depuis la création de cet État.

DÍAZ (Porfirio), *Oaxaca 1830 - Paris 1915,* général et homme politique mexicain. Président de la République (1876 - 1880 et 1884 - 1911), il établit un régime autoritaire et posa les bases d'une économie moderne.

■ CHARLES **DICKENS** en 1839 par D. Maclise. (Tate Britain, Londres.)

■ **DIDEROT** par L. M. Van Loo. (Louvre, Paris.)

DIB (Mohammed), *Tlemcen 1920,* écrivain algérien d'expression française. Ses romans *(l'Incendie, le Maître de chasse)* et ses poèmes mêlent description de la réalité algérienne et interrogation sur les pouvoirs du langage.

DICKENS (Charles), *Landport, auj. dans Portsmouth, 1812 - Gadshill, près de Rochester, 1870,* écrivain britannique. De sa jeunesse malheureuse, il tira la matière de romans sensibles et humoristiques, où la générosité de la pensée, dénonçant les fléaux sociaux et les valeurs victoriennes, s'accorde avec un réalisme poétique *(les Aventures de M. *Pickwick ; *Oliver Twist ; Nicolas Nickleby,* 1839 ; **Contes de Noël ; *David Copperfield ; les Grandes Espérances,* 1861).

DICKINSON (Emily), *Amherst, Massachusetts, 1830 - id. 1886,* poétesse américaine. Ses brefs poèmes introspectifs, publiés pour la plupart après sa mort, exercèrent une grande influence sur la poésie américaine.

DIDELOT (Charles Louis), *Stockholm 1767 - Kiev 1837,* danseur et chorégraphe français. Maître de ballet au Théâtre-Impérial de Saint-Pétersbourg, il est l'auteur de *Flore et Zéphyre* (1796) et du *Prisonnier du Caucase* (1823).

DIDEROT (Denis), *Langres 1713 - Paris 1784,* écrivain et philosophe français. Considéré par son époque comme « le philosophe » par excellence, il manifeste un génie multiple, créant la critique d'art *(Salons,* 1759 - 1781), une nouvelle forme romanesque *(*Jacques le Fataliste),* clarifiant le rapport entre science et métaphysique *(*Lettre sur les aveugles),* définissant une nouvelle esthétique dramatique (le *Paradoxe sur le comédien,* 1830), illustrée notamm. par ses « drames bourgeois » *(le Fils naturel,* 1757), brossant le portrait tumultueux de sa vie et de son art *(le *Neveu de Rameau).* Mais il doit sa gloire à l'**Encyclopédie,* qu'il anima pendant vingt ans.

DIDIER, *m. apr. 774,* dernier roi des Lombards (756 - 774). Couronné par le pape Étienne II, il fut pris dans Pavie et détrôné par Charlemagne.

DIDON ou **ÉLISSA,** princesse tyrienne, fondatrice légendaire de Carthage (v. 814 av. J.-C.). Selon *l'Énéide* de Virgile, Énée, fugitif, fut aimé de Didon, mais dut l'abandonner sur l'ordre de Jupiter ; celle-ci se donna la mort. – Cet épisode a inspiré un opéra à Purcell *(Didon et Énée,* 1689).

DIDOT (François Ambroise), *Paris 1730 - id. 1804,* éditeur et imprimeur français. Il est à l'origine d'un caractère typographique et d'une mesure, le *point Didot ;* il introduisit en France la fabrication du papier vélin. – **Firmin D.,** *Paris 1764 - Le-Mesnil-sur-l'Estrée, Eure, 1836,* fils de François Ambroise. Il fut un grand graveur et fondeur de caractères et inventa la stéréotypie.

DIDYMES, en gr. **Diduma,** v. d'Asie Mineure (auj. en Turquie), près de Milet, en Ionie. Vestiges de l'immense sanctuaire d'Apollon, fondé à l'époque archaïque et reconstruit en 313 av. J.-C. et au début du Ier s. de notre ère.

DIE (26150), ch.-l. d'arrond. de la Drôme, sur la Drôme ; 4 668 hab. *(Diois).* Vins blancs (clairette). – Vestiges gallo-romains ; cathédrale romane.

DIEFENBAKER (John George), *Newstadt, Ontario, 1895 - Ottawa 1979,* homme politique canadien. Président du Parti conservateur, il fut Premier ministre du Canada (1957 - 1963).

DIEGO GARCIA, île de l'archipel britannique des Chagos (océan Indien). Bases militaires britannique et américaine.

DIÉGO-SUAREZ → ANTSIRANANA.

DIEKIRCH, v. du Luxembourg, ch.-l. de cant., sur la Sûre ; 5 586 hab. Église paléochrétienne et gothique ; musée (mosaïques romaines).

DIELS (Otto), *Hambourg 1876 - Kiel 1954,* chimiste allemand. Avec son élève Kurt Alder, il mit au point, en 1928, la *synthèse diénique,* procédé de condensation des composés organiques comportant un certain nombre de doubles liaisons. (Prix Nobel 1950.)

DIÊM → NGÔ DINH DIÊM.

Diên Biên Phu (bataille de) [13 mars-7 mai 1954], bataille décisive de la première guerre d'Indochine. Cette défaite des forces françaises du général Navarre par les troupes viêt-minh du général Vo Nguyên Giap dans le haut Tonkin marqua la fin de la première guerre d'Indochine.

DIENTZENHOFER (Kilian Ignaz), *Prague 1689 - id. 1751,* architecte germano-tchèque. Le plus célèbre d'une nombreuse famille d'architectes d'origine bavaroise, il a construit à Prague et en Bohême des églises baroques aux plans très variés, aux effets souvent théâtraux.

DIEPENBEEK [dipənbek], comm. de Belgique (Limbourg) ; 16 219 hab.

DIEPPE (76200), ch.-l. d'arrond. de la Seine-Maritime, sur la Manche ; 35 694 hab. *(Dieppois).* Station balnéaire. Port de voyageurs et de commerce. Industrie automobile. Alimentation. – Château surtout du XVe s. (musée) ; deux églises anciennes.

DIERX (Léon), *la Réunion 1838 - Paris 1912,* poète français de l'école parnassienne.

DIESEL (Rudolf), *Paris 1858 - en mer 1913,* ingénieur allemand. Il conçut (1893) et réalisa (1897) le moteur à combustion interne auquel son nom est resté attaché.

DIEST [dist], v. de Belgique (Brabant flamand) ; 21 461 hab. Béguinage (église du XIVe s.), autres monuments et maisons anciennes.

DIETERLEN (Germaine), *Valleraugue, Gard, 1903 - Paris 1999,* ethnologue française. Elle est l'auteur de nombreux travaux sur les Bamanan, les Malinké, les Dogon et les Soninké, et a contribué à une meilleure connaissance des grands rituels des sociétés d'initiation *(Essai sur la religion bambara,* 1951 ; *le Renard pâle,* avec M. Griaule, 1965).

DIETIKON, comm. de Suisse (cant. de Zurich), dans la vallée de la Limmat ; 21 152 hab.

DIETRICH (Maria Magdalena, dite Marlene), *Berlin 1901 - Paris 1992,* actrice américaine d'origine allemande. Incarnation de la femme fatale, mystérieuse et sophistiquée, elle s'imposa dans les films de J. von Sternberg *(l'Ange bleu,* 1930 ; *Cœurs brûlés,* id. ; *Shanghai Express,* 1932 ; *l'Impératrice rouge,* 1934).

DIETRICH (Philippe Frédéric, baron **de**), *Strasbourg 1748 - Paris 1793,* homme politique français, maire de Strasbourg. C'est chez lui que Rouget de Lisle chanta pour la première fois la *Marseillaise* (1792).

DIEUDONNÉ (Jean), *Lille 1906 - Paris 1992,* mathématicien français. Auteur de travaux d'analyse, d'algèbre et de topologie, il fut l'un des fondateurs du groupe Nicolas *Bourbaki, dont il supervisa la rédaction du traité monumental *Éléments de mathématique.*

DIEULEFIT (26220), ch.-l. de cant. de la Drôme ; 3 202 hab. *(Dieulefitois).* Poteries.

DIEULOUARD (54380), ch.-l. de cant. de Meurthe-et-Moselle ; 4 797 hab. *(Déicustodiens).* Église de 1504.

■ MARLENE **DIETRICH**

■ **DIOCLÉTIEN.** (Musée archéologique, Izmir.)

■ **DIJON.** L'hôtel de Vogüé (XVIIe s.).

DIEUZE (57260), ch.-l. de cant. de la Moselle, sur la Seille ; 4 069 hab. Salines.

DIEZ (Friedrich), *Giessen 1794 - Bonn 1876,* linguiste allemand. Spécialiste des langues romanes, il leur appliqua les principes de la grammaire comparée.

DIFFERDANGE, v. du Luxembourg ; 15 699 hab. Métallurgie.

DIGNE-LES-BAINS (04000), ch.-l. du dép. des Alpes-de-Haute-Provence, au pied des *Préalpes de Digne,* à 745 km au S.-E. de Paris ; 17 680 hab. *(Dignois).* Évêché. Centre commercial (lavande). – Anc. et nouvelle cathédrales (v. 1200 et fin du XVe s.) ; musées.

DIGOIN (71160), ch.-l. de cant. de Saône-et-Loire, sur la Loire ; 9 324 hab. *(Digoinais).* Céramique sanitaire.

DIJON (21000), ch.-l. de la Région Bourgogne et du dép. de la Côte-d'Or, sur l'Ouche et le canal de Bourgogne, à 310 km au S.-E. de Paris ; 153 813 hab. *(Dijonnais).* Académie et université. Cour d'appel. Évêché. Centre ferroviaire et industriel (constructions automobiles et électriques, agroalimentaire, optique). – Cathédrale St-Bénigne (XIIIe-XIVe s., crypte du XIe s.) ; églises Notre-Dame (XIIIe s.) et St-Michel (XVIe s.) ; restes de l'anc. palais ducal, devenu palais des États au XVIIe s. (auj. hôtel de ville et riche musée des Beaux-Arts) ; palais de justice, anc. parlement (XVIe s.) ; demeures anciennes ; restes de la chartreuse de Champmol. Autres musées.

DIKSMUIDE → DIXMUDE.

DIKTONIUS (Elmer), *Helsinki 1896 - id. 1961,* poète finlandais d'expression finnoise et suédoise. Sa poésie dynamique et explosive est marquée par les idées socialistes *(Chansons dures, Herbe et granit).*

DILBEEK [dilbek], comm. de Belgique (Brabant flamand) ; 36 859 hab. Église des XIIIe-XVe s.

DILI, v. d'Indonésie (Timor) ; 85 000 hab.

DILLON (John), *Blackrock, près de Dublin, 1851 - Londres 1927,* homme politique irlandais. Il devint chef du Parti national irlandais en 1918.

DILSEN-STOKKEM [dilsənstokεm], comm. de Belgique (Limbourg) ; 16 918 hab.

DILTHEY (Wilhelm), *Biebrich, auj. dans Wiesbaden, 1833-Seis, Tyrol, 1911,* philosophe allemand. Il est le premier auteur qui ait assigné un statut autonome aux sciences humaines.

dimanche après-midi à l'île de la Grande Jatte (Un), grande toile de Seurat (1884 - 1885, Art Institute de Chicago), premier chef-d'œuvre de l'artiste exécuté selon la technique pointilliste.

DIMITRI DONSKOÏ, *Moscou 1350 - id. 1389,* grand-prince de Moscou (1362 - 1389). Il remporta la bataille de Koulikovo sur les Mongols (1380).

DIMITROV (Georgi), *Kovačevci, près de Pernik, 1882 - Moscou 1949,* homme politique bulgare. Secrétaire général du Komintern (1935 - 1943), il fut président du Conseil de la république de Bulgarie (1946 - 1949).

DIMITROVO → PERNIK.

DINAN (22100), ch.-l. d'arrond. des Côtes-d'Armor, sur la Rance ; 11 833 hab. *(Dinannais).* Télécommunications. – Constructions médiévales, dont les remparts et le château (musée).

DINANT, v. de Belgique (prov. de Namur), sur la Meuse ; 12 183 hab. Chaudronneries dites « dinanderies ». – Citadelle reconstruite du XVIe au XIXe s. ; collégiale Notre-Dame, surtout du XIIIe s.

DINARD (35800), ch.-l. de cant. d'Ille-et-Vilaine, sur la Manche ; 10 988 hab. *(Dinardais).* Station balnéaire. Casino.

DINARIQUES (Alpes) ou **CHAÎNES DINARIQUES,** massif des Balkans entre les Alpes de Slovénie et le massif du Rhodope (Bulgarie).

DINKA, peuple du sud du Soudan (env. 2 millions). Éleveurs de bovins, attachés à leurs traditions, apparentés aux Nuer, ils sont comme ces derniers victimes de la guerre civile. Ils parlent une langue nilotique.

DIOCLÉTIEN, en lat. **Caius Aurelius Valerius Diocles Diocletianus,** *près de Salone, Dalmatie, 245 - id. 313,* empereur romain (284 - 305). Proclamé empereur en 284, il s'associa Maximien (286) et lui confia l'Occident, tandis qu'il gardait l'Orient. En 293, pour mieux défendre l'Empire, il établit la *tétrarchie* : deux « césars » (Constance Chlore et Galère) furent adjoints aux empereurs (les deux « augustes »), avec droit de succession. Dioclétien entreprit alors une vaste réforme administrative (regroupement des provinces en diocèses), militaire, judiciaire et monétaire. Il persécuta les chrétiens à partir de 303 et se retira près de Salone.

DIODORE de Sicile, *Agyrion, Sicile, v. 90 - fin du Ier s. av. J.-C.,* historien grec. Il est l'auteur d'une *Bibliothèque historique,* histoire universelle des origines à 58 av. J.-C.

DIOGÈNE Laërce ou **de Laërte,** *Laërte, Cilicie IIIe s. apr. J.-C.,* écrivain grec. Son panorama biographique des écoles philosophiques contient des citations de nombreux ouvrages perdus.

DIOGÈNE le Cynique, *Sinope v. 410 - v. 323 av. J.-C.,* philosophe grec, le plus illustre représentant de l'école cynique. Élève d'Antisthène, il poussa à l'extrême le mépris des richesses et des conventions sociales (il demeurait dans un tonneau).

DIOIS n.m., massif des Préalpes françaises, drainé par la Drôme ; 2 041 m.

DIOLA, peuple du Sénégal (Casamance du Sud). Les Diola manifestent des revendications indépendantistes. Leur langue appartient au groupe nigéro-congolais.

DIOMÈDE MYTH. GR. Roi fabuleux de la Thrace. Héraclès le fit dévorer par ses propres juments, qu'il nourrissait de chair humaine.

DIOMÈDE MYTH. GR. Personnage de *l'Iliade,* un des héros argiens de la guerre de Troie, renommé pour son courage.

DION (Albert, marquis **de**), *Nantes 1856 - Paris 1946,* industriel français. Associé en 1881 avec les constructeurs de moteurs à vapeur Bouton et Trépardoux, il fut l'un des pionniers de l'automobile. Il eut l'idée de la voiture militaire blindée (1905).

DION (Céline), *Charlemagne, Québec, 1968,* chanteuse canadienne. L'une des plus grandes voix des années 1990, elle est une vedette mondialement connue *(Pour que tu m'aimes encore ; My Heart Will Go On,* chanson du film *Titanic* de James Cameron).

DION CASSIUS, *Nicée v. 155 - id. v. 235,* historien grec. Auteur d'une *Histoire romaine,* qu'il mène jusqu'à 229 apr. J.-C.

DION CHRYSOSTOME, *Prousa, Bithynie, v. 30 - Rome 117,* rhéteur grec. Il popularisa les enseignements des philosophes stoïciens.

DION de Syracuse, *Syracuse 409 - id. 354 av. J.-C.,* homme politique syracusain. Appuyé par Carthage, il fut tyran de Syracuse de 357 à 354 av. J.-C.

DIONYSOS MYTH. GR. Dieu de la Végétation, en particulier de la Vigne et du Vin, fils de Zeus et de Sémélé. Appelé aussi *Bakkhos,* il devint *Bacchus* chez les Romains. Le culte de Dionysos a contribué au développement de la tragédie et de l'art lyrique.

DIOP (Birago), *Ouakam, près de Dakar, 1906 - Dakar 1989,* écrivain sénégalais. Il a inscrit la tradition orale dans ses contes *(les Contes d'Amadou Koumba)* et insufflé à ses poèmes *(Leurres et lueurs)* un animisme ancestral.

DIOPHANTE, *entre le IIe s. av. J.-C. et le IVe s. apr. J.-C.,* mathématicien grec. Membre de l'école d'Alexandrie, il a écrit *les Arithmétiques,* apogée de l'algèbre grecque, qui a influencé considérablement les mathématiques arabes et inspiré les algébristes de la Renaissance.

DIOR (Christian), *Granville 1905 - Montecatini, Italie, 1957,* couturier français. En 1947, dès sa première collection, son succès a été immédiat avec le style « new-look » marqué par le retour au faste, à la guêpière et aux jupes longues et amples.

DIORI (Hamani), *Soudouré 1916 - Rabat 1989,* homme politique nigérien. Il fut président de la république du Niger (1960 - 1974).

DIOSCURES (« Enfants de Zeus ») MYTH. GR. Surnom des jumeaux Castor et Pollux.

DIOUF (Abdou), *Louga 1935,* homme politique sénégalais. Premier ministre (1970-1980), il succède à Senghor à la présidence de la République en 1981 et reste à la tête de l'État jusqu'en 2000.

DIOULA, groupe social mandé (surtout malinké) représenté principalement en Côte d'Ivoire et au Burkina. Son nom est celui de sa profession (« colporteur ») ; sa langue, le *dioula,* sert de langue véhiculaire dans les pays concernés.

DIRAC (Paul), *Bristol 1902 - Tallahassee 1984,* physicien britannique. L'un des fondateurs de la théorie quantique relativiste, il introduisit un formalisme mathématique qui lui permit de prévoir l'existence de l'électron positif, ou positron. Il contribua également à l'élaboration d'une statistique, dite *de Fermi-Dirac,* du comportement des particules. (Prix Nobel 1933.) *[V. ill. page 1286.]*

Directoire, conseil de cinq membres chargé, en France, du pouvoir exécutif de 1795 à 1799 ; par ext., le régime politique de cette période.

DIRÉDAOUA, v. d'Éthiopie, au N.-O. de Harar ; 98 104 hab.

DIRICHLET (Peter Gustav **Lejeune-**), *Düren 1805 - Göttingen 1859,* mathématicien allemand. Auteur de recherches sur les séries trigonométriques et la théorie des nombres, il a défini le concept de fonction dans son sens moderne de correspondance.

Discobole (le), statue en bronze de Myron. Réalisée aux env. de 450 av. J.-C., elle représente un lanceur de disque. Connue par des répliques antiques (Musée national, Rome), l'œuvre est annonciatrice de la perfection classique grecque dans l'évocation du mouvement.

Discours de la méthode pour bien conduire sa raison et chercher la vérité dans les sciences, œuvre de Descartes (1637). L'auteur y propose la méthode à laquelle il entend désormais se conformer ; ensuite, après avoir confié la conduite de sa vie à une morale provisoire, il se soumet à l'épreuve d'un doute radical, auquel seule s'avère résister l'existence du sujet comme pure pensée (le « cogito ») ; sur cette base, il prouve l'existence de Dieu, s'assure de la vérité des mathématiques, passe à la description des corps et anticipe une possible maîtrise de la nature (grâce à la mécanique et à la médecine).

Discours sur les sciences et les arts, première œuvre publiée par J.-J. Rousseau (1750), où il dresse un réquisitoire contre la civilisation, dont les progrès favorisent l'immoralité.

Discours sur l'origine et les fondements de l'inégalité parmi les hommes, œuvre de J.-J. Rousseau (1755). L'auteur s'y efforce, de manière hypothétique, de rendre compte de la dénaturation progressive de l'être humain au fur et à mesure de son développement, qu'il lie au passage d'un état de nature caractérisé par l'isolement et la bonté des individus, à un état social marqué par les inégalités et l'amour-propre.

DISNEY (Walter Elias, dit Walt), *Chicago 1901 - Burbank, Los Angeles, 1966,* dessinateur, cinéaste

■ WALT **DISNEY**

■ PAUL **DIRAC.** (Académie des Sciences, Paris.)

■ **DISRAELI** par J. E. Millais. (National Portrait Gallery, Londres.)

et producteur américain. Pionnier du dessin animé, il s'imposa dans le monde entier avec la série des *Mickey,* puis avec *Blanche-Neige et les sept nains* (1937), *Fantasia* (1940), *Bambi* (1942), *Alice au pays des merveilles* (1951) et fonda un empire commercial (création de *Disneyland).

Disneyland, parc de loisirs. Situé près d'Anaheim (Californie) et inauguré en 1955, il est le premier des parcs à thèmes de la société Walt Disney : Walt Disney World Resort (près d'Orlando, Floride, 1971) ; Tokyo Disneyland (Japon, 1983) ; Disneyland Paris (Marne-la-Vallée, 1992).

DISON, comm. de Belgique (prov. de Liège), banlieue nord de Verviers ; 13 905 hab.

DISRAELI (Benjamin), comte **de Beaconsfield,** *Londres 1804 - id. 1881,* homme politique et écrivain britannique. Député conservateur en 1837, défenseur du protectionnisme, il s'imposa comme le chef de son parti. Chancelier de l'Échiquier (1852, 1858, 1866 - 1868), il fut Premier ministre en 1868, puis de 1874 à 1880. Tout en réalisant d'importantes réformes sociales, il mena à l'extérieur une politique de prestige et d'expansion : en 1876, il fit proclamer la reine Victoria impératrice des Indes. En 1878, au congrès de Berlin, il mit en échec l'expansion russe dans les Balkans.

DI STEFANO (Alfredo), *Buenos Aires 1926,* footballeur espagnol d'origine argentine. Avant-centre, stratège et buteur, il fut notamment cinq fois champion d'Europe des clubs (1956 - 1960) avec le Real Madrid.

Distinguished Service Order (abrév. DSO [en français « ordre du Service distingué »]), ordre militaire britannique créé en 1886.

DIU, île d'Inde, au N.-O. de Bombay, partie du *territoire de Daman-et-Diu ;* 40 km^2 (39 485 hab.) ; v. princ. *Diu* (20 643 hab.). Ancien comptoir portugais (1535 - 1670 ; 1717 - 1961).

DIVES-SUR-MER (14160), comm. du Calvados, à l'embouchure de la *Dives ;* 6 037 hab. *(Divais).* Église des XIVe-XVe s.

Divine Comédie (la), poème de Dante Alighieri (écrit v. 1307 - 1321). Elle se compose d'un prologue et de trois parties *(l'Enfer, le Purgatoire, le Paradis)* de trente-trois chants chacune. L'auteur y rapporte une vision qu'il eut en 1300, durant la semaine sainte. Guidé par Virgile, il traverse les neuf cercles de l'Enfer et, au sommet de la montagne du Purgatoire, rencontre *Béatrice, qui le conduit au Paradis.

DIVION (62460), ch.-l. de cant. du Pas-de-Calais ; 7 218 hab. *(Divionnais).*

DIVISIA (François), *Tizi Ouzou, Algérie, 1889 - Paris 1964,* économiste français. Considéré comme un des fondateurs de l'économétrie, il a surtout étudié les problèmes de la monnaie.

division du travail social (De la), œuvre de É. Durkheim (1893). L'auteur fonde sa typologie des sociétés sur les diverses conceptions qu'elles ont de la solidarité sociale.

DIVONNE-LES-BAINS (01220), comm. de l'Ain, dans le pays de Gex ; 6 277 hab. *(Divonnais).* Station thermale. Casino.

Dix (Conseil des), conseil secret créé à Venise en 1310. Il étendit progressivement ses attributions et fut, du XVIe s. à 1797, le véritable pouvoir exécutif de la République.

DIX (Otto), *près de Gera 1891 - Singen, près de Constance, 1969,* peintre et graveur allemand. Influencé par l'expressionnisme, puis lié à dada, il fut dans les années 20 l'un des maîtres du courant de la « nouvelle objectivité ».

Dix Mille (retraite des) [401 av. J.-C.], retraite effectuée à travers l'Arménie par les mercenaires grecs de Cyrus le Jeune après la mort de leur chef à Counaxa. Xénophon, qui conduisit cette retraite, l'a décrite dans *l'Anabase.*

DIXMUDE, en néerl. **Diksmuide,** v. de Belgique (Flandre-Occidentale), sur l'Yser ; 15 273 hab.

DIYARBAKIR, v. de Turquie, sur le Tigre ; 381 144 hab. Enceinte (XIe-XIIIe s.) et Grande Mosquée en partie du XIe s.

DJABIR → GEBER.

DJAHIZ (Abu Uthman al-Basri **al-**), *Bassora v. 776 - id. 868 ou 869,* écrivain et théologien arabe, l'un des créateurs de la prose littéraire arabe.

DJAKARTA → JAKARTA.

DJALAL AL-DIN RUMI, *Balkh, Khorasan, 1207 - Konya 1273,* poète persan de religion musulmane, fondateur des derviches tourneurs et principal interprète du soufisme.

DJAMAL AL-DIN AL-AFGHANI, *Asadabad 1838 - Istanbul 1897,* penseur musulman d'origine persane. Il fut l'un des principaux artisans du renouveau de l'islam au XIXe s.

DJAMAL PACHA (Ahmad) ou **CEMAL PAŞA** (Ahmed), *Mytilène 1872 - Tiflis 1922,* général et homme politique ottoman. Il fut un des chefs des Jeunes-Turcs qui s'emparèrent du pouvoir en 1913 et engagèrent l'Empire ottoman aux côtés de l'Allemagne dans la Première Guerre mondiale. Il fut assassiné.

DJAMBOUL → TARAZ.

DJAMI (Abd al-Rahman), *Khardjird, Khorasan, 1414 - Harat 1492,* écrivain persan, auteur de l'épopée courtoise *Yusuf et Zulaykha.*

DJARIR, *m. à Uthayfiyya v. 729,* poète arabe, auteur de poèmes satiriques et de panégyriques.

DJEDDA, v. d'Arabie saoudite, sur la mer Rouge ; 1 500 000 hab. Aéroport et port des villes saintes de La Mecque et de Médine. Siège de missions diplomatiques étrangères.

DJELFA, v. d'Algérie, ch.-l. de wilaya ; 84 207 hab.

DJEM (el-), localité de Tunisie, entre Sousse et Sfax. Vestiges de Thysdrus (amphithéâtre), l'une des principales cités romaines des IIe-IIIe s.

DJEMILA, v. d'Algérie, au N.-E. de Sétif ; 24 200 hab. Ruines de la ville antique de Cuicul, à son apogée au IIIe s. C'est un bel exemple de l'urbanisme romain. Musée (mosaïques).

DJENNÉ, v. du Mali ; 9 500 hab. Important carrefour commercial et centre musulman du XVIe au XVIIIe s. — Mosquée de fondation très ancienne, plusieurs fois restaurée.

DJERACH → GERASA.

DJERASSI (Carl), *Vienne 1923,* chimiste américain d'origine autrichienne. Ses travaux ont porté sur la chimie des substances naturelles (stéroïdes tels que la cortisone ou la progestérone), sur leur synthèse et sur leur production industrielle, notamm. celle du contraceptif oral (pilule).

DJERBA, île de Tunisie (reliée au continent par une route), à l'entrée du golfe de Gabès. Pêche. Tourisme.

DJÉRID (chott el-), dépression de la Tunisie méridionale, en bordure du Sahara, occupée par des lagunes plus ou moins asséchées.

DJÉZIREH, région du Proche-Orient, comprenant le nord et le centre de l'anc. Mésopotamie (Iraq et Syrie).

DJIBOUTI, cap. de la république de Djibouti ; 329 000 hab. *(Djiboutiens).* Port et tête de ligne du chemin de fer de Djibouti à Addis-Abeba.

DJIBOUTI (république de), État d'Afrique orientale, sur l'océan Indien ; 23 000 km^2 ; 590 000 hab. *(Djiboutiens).* CAP. *Djibouti.* LANGUES : *arabe* et *français.* MONNAIE : *franc de Djibouti.* (V. carte **Somalie.**) Territoire aride, la région offre surtout un intérêt stratégique par sa situation à l'entrée de la mer Rouge. La population, juxtaposant deux ethnies dominantes (Afar, Issa), islamisées, vit surtout de l'élevage ovin dans l'intérieur. Mais plus de la moitié des habitants se concentrent à Djibouti. — Créée en 1896, la « Côte française des Somalis » reçoit le statut de territoire d'outre-mer en 1946. Celui-ci devient en 1967 le Territoire français des Afars et des Issas. Il accède à l'indépendance en 1977 et prend le nom de république de Djibouti, présidée par Hassan Gouled Aptidon (qui reste à la tête de l'État jusqu'en 1999), puis par Ismaël Omar Guelleh.

DJIDJELLI → JIJEL.

DJOFRA (al-), oasis de la Libye.

DJOSER, souverain égyptien, fondateur de la IIIe dynastie (v. 2800 av. J.-C.). Il fit construire à Saqqarah la première pyramide à degrés.

DJOUBA n.m., fl. d'Éthiopie et de Somalie, qui se jette dans l'océan Indien ; 880 km.

DJOUNGARIE → DZOUNGARIE.

DJUBRAN KHALIL DJUBRAN ou **GIBRAN** (Khalil), *Bcharré 1883 - New York 1931,* écrivain libanais de langues arabe et anglaise. Son œuvre allie un romantisme quasi mystique à une aspiration au changement social *(le Prophète).*

DJURDJURA ou **DJURJURA** n.m., massif d'Algérie, sur la bordure méridionale de la Grande Kabylie ; 2 308 m. Parc national.

DMOWSKI (Roman), *Kanionek, près de Varsovie, 1864 - Drozdowo 1939,* homme politique polonais. Fondateur du Parti national-démocrate (1897) qui lutta pour l'indépendance de la Pologne, il dirigea avec Paderewski la délégation polonaise à la conférence de la Paix, à Paris (1919).

DNIEPR ou **DNIPRO** n.m., fl. de Russie, de Biélorussie et d'Ukraine, né dans le Valdaï et qui rejoint la mer Noire ; 2 200 km. Il passe à Kiev. Aménagements hydroélectriques.

DNIESTR n.m., fl. de Moldavie et d'Ukraine, né dans les Carpates et qui rejoint la mer Noire en Ukraine ; 1 352 km.

DNIPRODZERJYNSK, anc. **Dnieprodzerjinsk,** v. d'Ukraine, sur le Dniepr ; 284 000 hab. Centrale hydroélectrique. Métallurgie.

DNIPROPETROVSK, anc. **Dniepropetrovsk,** v. d'Ukraine, dans la boucle du Dniepr ; 1 189 000 hab. Port fluvial et centre industriel.

DÖBLIN (Alfred), *Stettin 1878 - Emmendingen 1957,* écrivain allemand naturalisé français. Ses romans réalisent la synthèse entre expressionnisme et futurisme *(Berlin Alexanderplatz).*

DOBRIČ, v. de Bulgarie, ch.-l. de district, au N. de Varna ; 115 786 hab.

DOBRO POLJE n.m., sommet de Macédoine, à l'E. de Bitola.

DOBROUDJA n.f., en roum. **Dobrogea,** en bulg. **Dobrudža,** région de Roumanie (qui en possède la plus grande partie) et de Bulgarie, comprise entre la mer Noire et le Danube. En 1878, le nord de la Dobroudja fut réuni à la Roumanie ; le sud, attribué alors à la Bulgarie, fut annexé en 1913 par la Roumanie, qui dut le lui restituer en 1940.

DOBZHANSKY (Theodosius), *Nemirov, Ukraine, 1900 - Davis, Californie, 1975,* généticien américain d'origine russe. Spécialiste de la génétique des populations, il a apporté une contribution majeure au développement du néodarwinisme.

Docteur Jekyll et M. Hyde, roman fantastique de R. L. Stevenson (1886). Un médecin *(Dr. Jekyll)* découvre une mixture qui libère ses pulsions négatives et le fait se transformer en un monstre de laideur et de cruauté *(M. Hyde).*

Docteur Jivago (le), roman de B. Pasternak (1957). C'est l'odyssée d'un médecin pendant la Première Guerre mondiale et les premières années de la révolution russe. Le roman a inspiré à David Lean le film *Docteur Jivago* (1965).

DODDS (Alfred), *Saint-Louis, Sénégal, 1842 - Paris 1922,* général français. Il conquit le Dahomey (1892 - 1893) sur le roi Béhanzin.

DODDS (Johnny), *La Nouvelle-Orléans 1892 - Chicago 1940,* clarinettiste de jazz américain. L'un des pionniers du jazz *Nouvelle-Orléans (*High Society Rag,* 1923), il rejoint King Oliver à Chicago et dirige des orchestres (*Weary City,* 1928).

DODÉCANÈSE n.m., archipel grec de la mer Égée, au large de la Turquie et dont Rhodes est l'île principale ; 162 439 hab. Sous domination ottomane, puis occupé en 1912 par les Italiens, il fut rattaché à la Grèce en 1947 - 1948.

DODERER (Heimito **von**), *Weidlingau, près de Vienne, 1896 - Vienne 1966,* écrivain autrichien. Ses romans peignent la fin de la société austro-hongroise *(le Secret de l'Empire, les Démons).*

DODOMA, v. de Tanzanie ; 204 000 hab. *(Dodomais).* Capitale désignée du pays.

DODONE, anc. v. d'Épire où se trouvait un très ancien sanctuaire de Zeus. Le dieu y rendait ses oracles par le bruissement du feuillage des chênes du bois sacré.

Doel [dul], centrale nucléaire de Belgique, sur l'Escaut, en aval d'Anvers.

DOGON, peuple du centre du Mali et du nord du Burkina (env. 500 000). Agriculteurs vivant notamment au pied des falaises de Bandiagara, les Dogon sont célèbres pour leur art austère et dépouillé (masques, statuaire) et pour leur cosmogonie complexe ; ils ont gardé leur religion et leur culture traditionnelles. Leur langue forme un isolat au sein du groupe nigéro-congolais.

DOHA (al-) → **DAWHA (al-).**

DOILLON (Jacques), *Paris 1944,* cinéaste français. Il filme les passions jusqu'au paroxysme : *les Doigts dans la tête* (1974), *le Petit Criminel* (1990), *Ponette* (1996).

DOIRE n.f., en ital. **Dora,** nom de deux riv. piémontaises, issues des Alpes, affl. du Pô (r. g.). La *Doire Baltée* (160 km) passe à Aoste ; la *Doire Ripaire* (125 km) rejoint le Pô à Turin.

DOISNEAU (Robert), *Gentilly 1912 - Paris 1994,* photographe français. Paris et sa banlieue lui inspirèrent quantité d'images, où verve et humour s'allient à une chaleureuse complicité.

DOKOUTCHAÏEV (Vassili Vassilievitch), *Miliou-kovo, région de Smolensk, 1846 - Saint-Pétersbourg 1903,* géographe et naturaliste russe. Il a découvert la disposition zonale des sols, orienté la géographie russe vers l'analyse synthétique des milieux et créé la pédologie moderne.

DOL-DE-BRETAGNE (35120), ch.-l. de cant. d'Ille-et-Vilaine ; 5 019 hab. *(Dolois).* Cathédrale des XIIIe-XIVe s. ; Musée historique.

DOLE (39100), ch.-l. d'arrond. du Jura, sur le Doubs et le canal du Rhône au Rhin ; 26 015 hab. *(Dolois).* Constructions électriques. — Monuments des XVIe et XVIIe s. ; Musée municipal ; maison natale de Pasteur.

DÔLE n.f., sommet du Jura suisse (Vaud) ; 1 680 m. Panorama.

DOLET (Étienne), *Orléans 1509 - Paris 1546,* imprimeur et humaniste français. Esprit libre accusé d'hérésie et d'athéisme, il fut brûlé.

DOLGANES, peuple de Russie (presqu'île de Taïmyr, rép. de Sakha) [env. 7 000]. Issus d'un métissage des Evenks avec des Iakoutes, des Nenets, des Enets et des Russes, les Dolganes sont éleveurs de rennes, chasseurs et pêcheurs. Leur langue, le *dolgane,* est un dialecte du iakoute.

DOLGOROUKOV ou **DOLGOROUKI,** famille princière russe qui joua un rôle de premier plan sous Pierre le Grand, Catherine Ire et Pierre II (1727 - 1730).

DOLIN (Patrick **Healey-Kay,** dit Anton), *Slinford, Sussex, 1904 - Neuilly-sur-Seine 1983,* danseur et chorégraphe britannique. Il s'imposa comme le plus grand danseur anglais de la première moitié du XXe s. et fonda avec A. Markova la compagnie Markova-Dolin (1935) et le Festival Ballet (1950), devenu English National Ballet.

DOLLARD-DES-ORMEAUX, v. du Canada (Québec), près de Montréal ; 47 538 hab.

DOLLARD DES ORMEAUX (Adam), *en Île-de-France 1635 - Long-Sault, Canada, 1660,* officier français. Il fut tué avec seize compagnons en luttant contre les Iroquois.

DOLLFUSS (Engelbert), *Texing 1892 - Vienne 1934,* homme politique autrichien. Chancelier (1932 - 1934), il réorganisa l'État sur la base de principes autoritaires et corporatifs. Hostile à l'Anschluss, il fut assassiné par les nazis.

■ ROBERT **DOISNEAU.** *La Récréation, rue Buffon, à Paris* (1959).

DÖLLINGER (Johann Ignaz **von**), *Bamberg 1799 - Munich 1890,* prêtre et historien allemand. Pour s'être opposé au dogme de l'infaillibilité du pape, il fut excommunié (1871) et devint le chef des « vieux-catholiques ».

DOLNÍ VĚSTONICE, site préhistorique de la République tchèque, près de Břeclav. Campements de chasseurs du paléolithique supérieur qui ont notamm. livré des statuettes féminines (v. 25000 av. J.-C.).

DOLOMIEU (Dieudonné ou Déodat **de Gratet de**), *Dolomieu, Isère, 1750 - Châteauneuf, Saône-et-Loire, 1801,* géologue français. Il a étudié les tremblements de terre et les calcaires auxquels on a donné le nom de *dolomie.*

DOLOMITES ou **ALPES DOLOMITIQUES** n.f. pl., massif des Alpes, en Italie, entre l'Adige et la Piave ; 3 342 m à la Marmolada.

DOLTO (Françoise), *Paris 1908 - id. 1988,* psychiatre et psychanalyste française. Elle s'est intéressée principalement à la psychanalyse des enfants (*Psychanalyse et Pédiatrie,* 1939 ; *le Cas Dominique,* 1971).

DOMAGK (Gerhard), *Lagow, Brandebourg, 1895 - Burgberg 1964,* médecin allemand. Il a découvert le premier sulfamide utilisé en thérapeutique, ouvrant ainsi la voie à la chimiothérapie anti-infectieuse. (Prix Nobel 1939.)

DOMAT (Jean), *Clermont, auj. Clermont-Ferrand, 1625 - Paris 1696,* jurisconsulte français. Dans *les Lois civiles dans leur ordre naturel* (1689 - 1694), il affirma la prééminence du droit romain. Son œuvre prépara l'unification du droit.

DOMBASLE (Christophe Joseph **Mathieu de**), *Nancy 1777 - id. 1843,* agronome français. Il inventa un modèle de charrue, perfectionna les méthodes de culture (chaulage) et développa l'enseignement agricole.

DOMBASLE-SUR-MEURTHE [dɔ̃bal-] (54110), comm. de Meurthe-et-Moselle ; 9 153 hab. *(Dombaslois).* Mine de sel. Soude. Chaussures. — Église gothique (XVe s.) de Varangéville.

DOMBES n.f. ou n.f. pl., région argileuse du dép. de l'Ain. Parsemée d'étangs (pisciculture), la Dombes est aussi une terre d'élevage et de chasse. (Hab. *Dombistes.*) — Anc. principauté réunie à la Couronne en 1762 (cap. *Trévoux*).

DOMBROWSKA → **DĄBROWSKA.**

DOMBROWSKI (Jan Henryk) → **DĄBROWSKI.**

DÔME (monts) → **PUYS** (chaîne des).

DOMÈNE (38420), ch.-l. de cant. de l'Isère ; 6 444 hab. *(Doménois).*

DOMENICO VENEZIANO, *Venise ? début du XVe s. - Florence 1461,* peintre italien. Poète de la couleur et de l'espace, il eut Piero della Francesca pour élève.

DOMÉRAT (03410), ch.-l. de cant. de l'Allier, banlieue de Montluçon ; 9 018 hab.

Domesday Book *(Livre du Jugement dernier),* recueil cadastral donnant la situation de toutes les terres anglaises à la fin du XIe s. Il fut réalisé sur l'ordre de Guillaume le Conquérant.

DOMFRONT [dɔ̃frɔ̃] (61700), ch.-l. de cant. de l'Orne ; 4 388 hab. *(Domfrontais).* Ruines féodales ; église Notre-Dame-sur-l'Eau, du XIe s.

DOMINGO (Plácido), *Madrid 1941,* ténor espagnol. Il chante le répertoire complet de Händel à Wagner et participe à de nombreux films d'opéras (*la Traviata,* F. Zeffirelli, 1983 ; *Carmen,* F. Rosi, 1984).

DOMINICAINE (République), État des Antilles, occupant la partie orientale de l'île d'Haïti ; 48 400 km² ; 8 000 000 hab. *(Dominicains).* CAP. *Saint-Domingue.* LANGUE : *espagnol.* MONNAIE : *peso dominicain.* (V. carte **Haïti et République dominicaine.**)

GÉOGRAPHIE

À l'Ouest, montagneux, ouvert par des fossés d'effondrement, s'oppose l'Est, formé surtout de plaines et de collines, domaines de la canne à sucre (principale ressource), du riz, du café, du cacao et du tabac. La population (dont Saint-Domingue concentre environ 25 %) s'accroît rapidement et est largement métissée.

HISTOIRE

La période coloniale. 1492 : Christophe Colomb atteint l'île d'Haïti, qu'il baptise Hispaniola. **XVIe - XVIIIe s. :** la première colonisation espagnole entraîne la disparition des populations autochtones (Indiens Arawak). **1697 :** l'île est partagée entre la France (Haïti) et l'Espagne au traité de Ryswick. **1795 :** la colonie espagnole est cédée à la France lors du traité de Bâle.

Le XIXe s. 1809 : les Dominicains se libèrent des troupes françaises. **1822 - 1844 :** l'ensemble de l'île est sous domination haïtienne. **1844 :** à la suite d'une révolte contre les Haïtiens, la République dominicaine est proclamée. **1861 :** pour parer la menace haïtienne, le président Pedro Santana déclare le retour de la république à l'Espagne. **1865 :** le pays accède définitivement à l'indépendance. **1870 - 1916 :** secoué par de multiples coups d'État, il finit par tomber sous la coupe des États-Unis.

Le XXe s. 1916 - 1924 : en raison de ses dettes, le pays est occupé militairement par les États-Unis, qui favorisent l'arrivée au pouvoir de Rafael Leónidas Trujillo. **1930 - 1961 :** celui-ci exerce une dictature absolue. Il est assassiné en 1961. **1962 - 1963 :** Juan Bosch, élu président, est renversé par les militaires. **1965 :** craignant la contagion castriste, les États-Unis interviennent militairement. **1966 - 1978 :** Joaquín Balaguer se maintient au pouvoir en s'appuyant sur l'armée. **1978 :** Antonio Guzmán Fernández devient président. **1982 :** Jorge Blanco lui succède. **1986 - 1996 :** J. Balaguer est de nouveau président de la République. **1996 :** Leonel Fernández lui succède. **2000 :** Hipólito Mejía est élu à la tête de l'État.

D

DOMINIQUE (la), État des Petites Antilles ; 751 km² ; 71 000 hab. *(Dominiquais).* CAP. *Roseau.* LANGUE : *anglais.* MONNAIE : *dollar des Caraïbes orientales.* (V. carte **Antilles.**) État indépendant, dans le cadre du Commonwealth, depuis 1978.

DOMINIQUE (saint), *Caleruega v. 1170 - Bologne 1221,* religieux castillan. Il fonda l'ordre des Dominicains, ou Frères prêcheurs, confirmé par Honorius III en 1216, prêcha auprès des cathares dans la région de Toulouse et fut canonisé en 1234.

■ SAINT **DOMINIQUE** méditant, par Fra Angelico. (Couvent San Marco, Florence.)

DOMINIQUIN (Domenico **Zampieri,** dit **il Domenichino,** en fr. **le**), *Bologne 1581 - Naples 1641,* peintre italien. Disciple des Carrache, il a exécuté, à Rome, des fresques dans les églises St-Louis-des-Français et S. Andrea della Valle ; sa *Chasse de Diane* est à la galerie Borghèse.

DOMITIEN, en lat. **Titus Flavius Domitianus,** *Rome 51 - id. 96 apr. J.-C.,* empereur romain (81 - 96). Frère et successeur de Titus, il releva Rome des ruines provoquées par les incendies de 64 et de 80 et couvrit la frontière danubienne d'un limes fortifié. Il instaura un régime absolutiste, persécuta le sénat et mourut assassiné.

Dom Juan → **Don Juan.**

DOMME (24250), ch.-l. de cant. de la Dordogne ; 1 002 hab. Bastide du XIIIe s. dominant la vallée.

Domodedovo, l'un des aéroports de Moscou.

DOMODOSSOLA, v. d'Italie (Piémont), au débouché du tunnel du Simplon ; 18 853 hab. Gare frontière.

DOMONT (95330), ch.-l. de cant. du Val-d'Oise ; 15 051 hab. *(Domontois).*

DOMPIERRE-SUR-BESBRE [-bɛbr] (03290), ch.-l. de cant. de l'Allier ; 3 577 hab. Industrie automobile.

DOMRÉMY-LA-PUCELLE [dɔ̃remi-] (88630), comm. des Vosges, en Lorraine, sur la Meuse ; 167 hab. Patrie de Jeanne d'Arc.

DOM-TOM, abrév. de départements et territoires d'*outre-mer.

DON n.m., fl. de Russie, né au S. de Moscou et qui rejoint la mer d'Azov en aval de Rostov ; 1 870 km. Il est relié à la Volga par un canal.

DONAT, *v. 270 - en Gaule ou en Espagne v. 355,* évêque de Casae Nigrae, en Numidie. Refusant toute indulgence aux chrétiens qui avaient renié leur foi sous Dioclétien (lapsi), il créa un schisme, le *donatisme,* combattu par saint Augustin.

DONAT, en lat. **Aelius Donatus,** grammairien latin du IVe s., précepteur de saint Jérôme.

DONATELLO (Donato **di Betto Bardi,** dit), *Florence 1386 - id. 1466,* sculpteur italien. Formé par l'étude de l'art antique, il a associé à la monumentalité de celui-ci le réalisme et l'esprit religieux du Moyen Âge. Citons, outre de puissants bas-reliefs : à Florence, le *Saint Georges* en marbre d'Orsammichele (v. 1417, auj. au musée de l'Œuvre de la cathédrale), les prophètes du Campanile (*Jérémie, Habacuc,* auj. au Bargello) ; à Padoue, la statue équestre du *Gattamelata* (v. 1450).

Donation de Constantin, document utilisé pendant tout le Moyen Âge pour justifier l'autorité spirituelle et temporelle de la papauté, que Constantin aurait reconnue au pape Sylvestre Ier. Écrit dans la seconde moitié du VIIIe s., ce document fut dénoncé comme un faux en 1440.

DONAU (die), nom all. du *Danube.

Donaueschingen (Festival de), festival de musique contemporaine, fondé en Allemagne (Bade-Wurtemberg) en 1921.

DONBASS, bassin houiller et région industrielle, aux confins de l'Ukraine et de la Russie, de part et d'autre du Donets ; v. princ. *Donetsk.*

DONCASTER, v. de Grande-Bretagne (Angleterre), près de Sheffield ; 86 000 hab.

DONEN (Stanley), *Columbia 1924,* cinéaste américain. D'abord danseur et chorégraphe, il a réalisé de brillantes comédies musicales, souvent en collaboration avec G. Kelly (*Chantons sous la pluie,* 1952 ; *les Sept Femmes de Barberousse,* 1954), ainsi que des comédies (*Charade,* 1963 ; *Arabesque,* 1966).

DONETS n.m., riv. d'Ukraine et de Russie, affl. du Don (r. dr.) ; 1 016 km. Il borde le bassin houiller du Donbass.

DONETSK, de 1924 à 1961 **Stalino,** v. d'Ukraine, dans le Donbass ; 1 121 000 hab. Métallurgie. Chimie. — Musée des Beaux-Arts.

DONG, peuple de Chine (Hunan, Guizhou) [env. 1,5 million], dont la langue se rattache à la famille thaïe.

DONGES (44480), comm. de la Loire-Atlantique, sur l'estuaire de la Loire ; 6 356 hab. *(Dongeois).* Raffinerie de pétrole. Pétrochimie.

DONGGUAN, v. de Chine, entre Canton et Hongkong ; 1 230 000 hab.

■ **DONATELLO.** *David,* statue en bronze de la maturité de l'artiste. (Musée national du Bargello, Florence.)

DONG QICHANG, *env. de Shanghai 1555 - ? 1636,* calligraphe et peintre chinois. Il a défini les dogmes de la peinture lettrée et est à l'origine de la théorie opposant paysagistes de l'école du Nord à ceux de l'école du Sud.

DÔNG SON, village du Viêt Nam, au nord-est de Thanh Hoa. Site éponyme de la phase finale (500 - 250 av. J.-C.) et la plus brillante d'une culture de l'âge du bronze du Sud-Est asiatique, célèbre, entre autres, pour ses tambours de bronze.

DONGTING (lac), grand lac de la Chine centrale (Hunan) ; env. 5 000 km².

DONGYING, v. de Chine, près de l'embouchure du Huang He ; 640 000 hab.

DONG YUAN ou **TONG YUAN,** *Zhongling, auj. Nankin,* peintre chinois actif entre 932 et 976. Il est le père du grand paysage chinois et ses œuvres deviendront les modèles des peintres lettrés.

DONIAMBO (pointe), cap de la Nouvelle-Calédonie. Fonderie de nickel.

DÖNITZ (Karl), *Berlin 1891 - Aumühle 1980,* amiral allemand. Commandant la flotte sous-marine (1935 - 1942) qui menaça un temps les flottes alliées, il devint commandant en chef de la marine allemande (1943 - 1945) et succéda à Hitler en mai 1945. Il endossa la capitulation du Reich.

DONIZETTI (Gaetano), *Bergame 1797 - id. 1848,* compositeur italien. Il est l'auteur d'œuvres lyriques : *Lucia di Lammermoor,* 1835 ; *la Favorite,* 1840 ; *Don Pasquale,* 1843.

Don Juan, personnage légendaire d'origine espagnole. Séducteur impie et cruel, il apparaît dans *le Trompeur de Séville et le Convive de pierre* (v. 1625) de Tirso de Molina. Il a inspiré ensuite d'innombrables œuvres littéraires et artistiques : la comédie *Dom Juan* de Molière (1665), l'opéra de Mozart *Don Giovanni* (1787, sur un livret de L. Da Ponte), le poème symphonique de R. Strauss *Don Juan* (1887), et des films.

DONNE (John), *Londres 1572 - id. 1631,* poète et prêtre anglais. Sa poésie « métaphysique » est marquée par l'obsession de la mort.

DONNEAU DE VISÉ (Jean), *Paris 1638 - id. 1710,* écrivain français, fondateur de la revue *le Mercure galant* (1672).

DONNEMARIE-DONTILLY (77520), ch.-l. de cant. de Seine-et-Marne ; 2 648 hab. Église du XIIIe s.

DONON n.m., sommet des Vosges (France), dominant le *col du Donon* (727 m) ; 1 009 m.

DONOSO (José), *Santiago 1924 - id. 1996,* romancier chilien. L'atmosphère étouffante et ambiguë de ses récits *(Ce lieu sans limites, l'Obscène Oiseau de la nuit)* se renforce d'un désespoir issu de la situation de son pays *(la Désespérance).*

Don Quichotte de la Manche, héros du roman homonyme de Cervantès (1605 - 1615), vieil hidalgo idéaliste et généreux, à la maigre silhouette et à l'imagination chimérique. Ce personnage parodique est toujours accompagné de *Sancho Pança et est amoureux de *Dulcinée. L'œuvre de Cervantès marque l'apparition du roman moderne. — Le roman de Cervantès sert de thème au ballet de M. Petipa, créé au théâtre Bolchoï de Moscou en 1869, sur une musique de L. Minkus.

DONSKOÏ (Mark), *Odessa 1901 - Moscou 1981,* cinéaste soviétique. Célèbre pour ses adaptations de Gorki, dont il rejoint les préoccupations humanistes (*l'Enfance de Gorki,* 1938 ; *En gagnant mon pain,* 1939 ; *Mes universités,* 1940), il réalisa aussi *l'Arc-en-ciel* (1944) et *le Cheval qui pleure* (1958).

DONZENAC (19270), ch.-l. de cant. de la Corrèze ; 2 278 hab. *(Donzenacois).*

DONZÈRE (26290), comm. de la Drôme, près du Rhône ; 4 455 hab. *(Donzérois).* En aval du *défilé de Donzère,* canal de dérivation du Rhône alimentant la centrale de Bollène.

Doon de Mayence (geste de), cycle épique français du Moyen Âge. Les principales chansons *(Raoul de Cambrai, Renaud de Montauban, Girart de Roussillon)* peignent des féodaux révoltés contre leur suzerain.

DOORS (The), groupe américain de rock formé à partir de 1965 et dissous en 1973. Jim **Morrison** (Melbourne 1943 - Paris 1971) en était le chanteur. Musique psychédélique, textes contestataires, désespérés, violemment érotiques et mises en scène provocantes caractérisent le groupe.

DOPPLER (Christian), *Salzbourg 1803 - Venise 1853,* physicien autrichien. Il découvrit la variation de fréquence du son perçu lorsqu'une source sonore se déplace par rapport à un observateur *(effet Doppler[-Fizeau]).*

Dora-Mittelbau, camp de concentration créé par les Allemands en 1943 près de Nordhausen, dans le massif du Harz (Thuringe).

DORAT (Le) [87210], ch.-l. de cant. de la Haute-Vienne ; 2 105 hab. *(Dorachons).* Importante église romane du XIIe s. (crypte du XIe s.)

DORAT (Jean **Dinemandi,** dit), *Limoges 1508 - Paris 1588,* poète et humaniste français. Maître de Ronsard et de Du Bellay, il fit partie de la *Pléiade.

D'ORBAY (François), *Paris 1631 ou 1634 - id. 1697,* architecte français. Il semble avoir remplacé à Versailles, en 1670, son maître Le Vau. Il a participé aux grands travaux parisiens de l'époque, de la Colonnade du Louvre au collège des Quatre-Nations. Il a dessiné la porte du Peyrou à Montpellier (réalisée par Daviler) et a entrepris en 1692 la cathédrale de Montauban.

DORCHESTER (Guy **Carleton,** baron) → **CARLETON.**

DORDOGNE n.f., riv. du sud-ouest de la France, née au pied du Sancy et qui rejoint la Garonne au bec d'Ambès ; 472 km. Elle s'écoule vers l'O., reçoit successivement la Cère, la Vézère et l'Isle, passe à Bergerac et à Libourne. Aménagements hydroélectriques sur son cours supérieur (Bort-les-Orgues, Marèges, l'Aigle, Chastang).

DORDOGNE n.f. (24), dép. de la Région Aquitaine ; ch.-l. de dép. *Périgueux ;* ch.-l. d'arrond. *Bergerac, Nontron, Sarlat-la-Canéda ;* 4 arrond. ; 50 cant. ; 557 comm. ; 9 060 km² ; 388 293 hab. Le dép. appartient à l'académie et à la cour d'appel de Bordeaux, à la zone de défense Sud-Ouest. La majeure partie du dép. s'étend sur le Périgord, où les cultures (céréales, fruits, primeurs, vigne, tabac) et l'élevage bovin se concentrent dans les vallées (Isle, Vézère, Dordogne), jalonnées par les principales villes (Périgueux et Bergerac). La faiblesse de l'industrie (agroalimentaire surtout) et du secteur tertiaire explique la persistance de l'exode rural, malgré l'essor du tourisme.

DORDRECHT, v. des Pays-Bas (Hollande-Méridionale), à l'embouchure de la Meuse ; 110 473 hab. Port. — Ville ancienne et pittoresque (église des XIVe-XVe s.) ; musées. — Importante place commerciale au XIVe s. En 1618 - 1619 y fut tenu un grand synode, dont les décisions régissent encore l'Église réformée de Hollande.

DORE n.f., riv. de France, en Auvergne, affl. de l'Allier (r. dr.) ; 140 km.

DORE (monts) ou parfois **MASSIF DU MONT-DORE,** massif volcanique de France, en Auvergne ; 1 885 m au puy de Sancy. Élevage et tourisme.

DORÉ (Gustave), *Strasbourg 1832 - Paris 1883,* dessinateur et peintre français. Il a illustré, avec une faconde qui prolonge le romantisme, Rabelais, C. Perrault, Balzac, Dante, Cervantès, etc.

DORGELÈS (Roland), *Amiens 1885 - Paris 1973,* écrivain français, auteur du roman *les Croix de bois* (1919).

DORIA, famille noble de Gênes qui, au Moyen Âge, fut à la tête de la faction gibeline de la ville. — **Andrea D.,** *Oneglia 1466 - Gênes 1560,* condottiere génois. Il commanda les flottes de François Ier et de Charles Quint avant d'instaurer à Gênes (1528) une « république aristocratique ».

DORIDE, anc. région de la Grèce centrale.

DORIDE, anc. région de la côte sud-ouest de l'Asie Mineure.

DORIENS, peuple indo-européen qui envahit la Grèce à la fin du IIe millénaire av. J.-C. Apparentés aux Achéens, qu'ils refoulèrent, les Doriens envahirent la Thessalie, le Péloponnèse, la Crète, les Cyclades et colonisèrent le sud-ouest de l'Asie Mineure. Ils étaient organisés en société guerrière, dont Sparte s'est beaucoup inspirée.

DORIOT (Jacques), *Bresles, Oise, 1898 - Menningen, Bade, 1945,* homme politique français. Secrétaire général des Jeunesses communistes, membre du comité central du Parti (1923), il protesta contre l'influence soviétique. Exclu du PCF (1934), il fonda (1936) le Parti populaire français (PPF), de tendance fasciste. Pendant l'Occupation, il collabora avec l'Allemagne et combattit sous l'uniforme allemand.

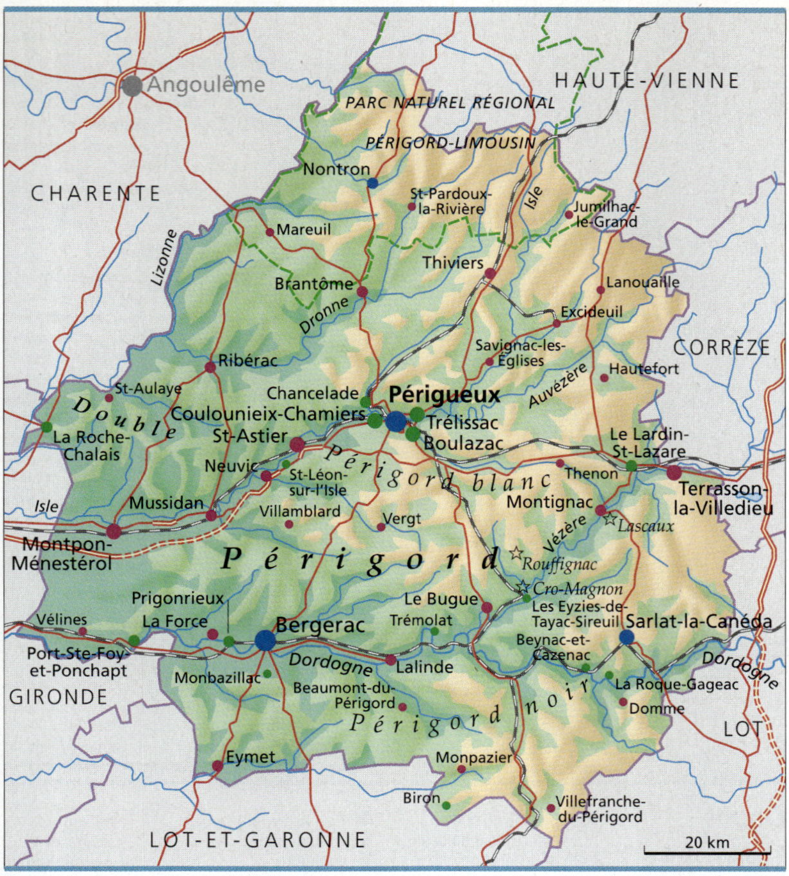

Dordogne

100 200 m

plus de 20 000 h. · de 5 000 à 20 000 h. · de 2 000 à 5 000 h. · moins de 2 000 h.
ch.-l. d'arrondissement · ch.-l. de canton · commune
autoroute · route · voie ferrée

DORIS MYTH. GR. Fille d'Océanos et de Téthys. Elle épousa Nérée, dont elle eut cinquante filles, les Néréides.

DORMANS (51700), ch.-l. de cant. de la Marne, sur la Marne ; 3 173 hab. Chapelle commémorant les victoires de la Marne (1914 et 1918).

DORNIER (Claude, dit Claudius), *Kempten, Bavière, 1884 - Zoug, Suisse, 1969,* constructeur d'avions allemand. Fondateur, en 1922, de la firme qui porte son nom (intégrée aujourd'hui dans Daimler-Benz Aerospace), il a réalisé 150 types d'avions de toutes catégories.

DOROTHÉE (sainte), vierge et martyre du IVe s. Elle serait morte décapitée. Elle est la patronne des jardiniers. Son nom a été supprimé du calendrier romain.

DORPAT → **TARTU.**

DORSALE GUINÉENNE, hauteurs du sud-est de la Guinée. Minerai de fer.

DORSALE TUNISIENNE, chaîne montagneuse du nord de la Tunisie.

DORSET, comté de Grande-Bretagne, sur la Manche ; 645 200 hab. ; ch.-l. *Dorchester.*

DORSET (culture de), culture préhistorique de l'Arctique central et oriental. Elle s'est développée il y a 3 500 ans et son déclin s'est amorcé vers le Xe s. apr. J.-C. Elle est caractérisée par de gros villages semi-enterrés, une industrie lithique de microlames et diverses manifestations artistiques.

DORTMUND, v. d'Allemagne (Rhénanie-du-Nord-Westphalie), dans la Ruhr ; 601 966 hab. Port fluvial. Centre industriel. — Églises médiévales, musées. — canal **Dortmund-Ems,** canal qui relie la Ruhr à la mer du Nord (269 km).

DORVAL, v. du Canada (Québec), au S.-O. de Montréal ; 17 477 hab. *(Dorvalois).* Aéroport.

DORVAL (Marie **Delaunay,** dite Mme), *Lorient 1798 - Paris 1849,* actrice française. Elle interpréta les héroïnes romantiques et fut aimée d'Alfred de Vigny.

DOS PASSOS (John Roderigo), *Chicago 1896 - Baltimore 1970,* écrivain américain. Romancier de la *Génération perdue *(Manhattan Transfer, la Grosse Galette),* il cherche à donner une peinture totale et critique de la société américaine par la juxtaposition d'écritures diverses (reportage, poésie, chansons, etc.).

DOS SANTOS (José Eduardo), *Luanda 1942,* homme politique angolais. Il est président de la République depuis 1979.

DOSSO DOSSI (Giovanni **Luteri,** dit), *v. 1480 - Ferrare v. 1542,* peintre italien de l'école de Ferrare. Il est l'auteur de compositions religieuses ou mythologiques d'un maniérisme imaginatif.

DOSTOÏEVSKI (Fiodor Mikhaïlovitch), *Moscou 1821 - Saint-Pétersbourg 1881,* écrivain russe. Fils d'un père tyrannique qui sera assassiné par ses paysans, il est encouragé dans la voie de la littérature *(les Pauvres Gens)* par Nekrassov et Belinski, mais ses premiers échecs auprès de la critique *(le Double ; la Logeuse ; les Nuits blanches,* 1848) le poussent vers les cercles politiques libéraux. Condamné à mort et gracié sur le lieu de l'exécution, il est déporté en Sibérie. Cette épreuve *(Souvenirs de la maison des morts,* 1862), jointe à l'instabilité de sa vie après son retour du bagne (ses mariages, ses crises d'épilepsie, la mort de sa fille, sa passion du jeu), lui fait voir dans la souffrance et l'humiliation la raison même de l'existence *(Humiliés et offensés ; Mémoires écrits dans un souterrain ; Crime et châtiment,* 1866 ; *le Joueur,* 1867 ; *l'*Idiot ; les Démons* [ou *les Possédés*], 1872 ; *l'Adolescent*), qui ne peut trouver son équilibre, sur le plan individuel, que dans la charité *(les *Frères Karamazov)* et, sur le plan collectif, dans la synthèse des cultures orientale et occidentale réalisée par le peuple russe *(Journal d'un écrivain).*

■ JOHN **DOS PASSOS**

■ **DOSTOÏEVSKI** par V. G. Perov. (Galerie Tretiakov, Moscou.)

DOTREMONT (Christian), *Tervuren 1922 - Bruxelles 1979,* poète et dessinateur belge de langue française. Fondateur du mouvement *Cobra, il est l'auteur de « logogrammes », manuscrits spontanés qui mêlent mots et traces picturales.

DOU (Gerard), *Leyde 1613 - id. 1675,* peintre néerlandais. Élève de Rembrandt, il donne des scènes de genre de la vie bourgeoise d'une facture lisse et froide, d'une minutie extrême.

DOUAI (59500), ch.-l. d'arrond. du Nord, sur la Scarpe ; 44 742 hab. *(Douaisiens)* [près de 200 000 hab. dans l'agglomération]. Métallurgie. Construction automobile. Matériel ferroviaire. Cour d'appel. — Beffroi des XIVe-XVe s. et autres monuments ; musée dans l'anc. chartreuse.

DOUALA, v. du Cameroun, sur l'estuaire du Wouri ; 1 030 000 hab. Port. Centre industriel (aluminium, papier, textile). Aéroport.

DOUARNENEZ (29100), ch.-l. de cant. du Finistère, sur la *baie de Douarnenez ;* 16 330 hab. *(Douarnenistes).* Pêche. Télécommunications. Musée du Bateau.

DOUAUMONT (55100), comm. de la Meuse, sur les Hauts de Meuse ; 6 hab. Le fort (388 m) fut, en 1916, un des hauts lieux de la bataille de *Verdun. Ossuaire abritant les restes d'env. 300 000 soldats français tombés à Verdun.

DOUBS n.m., riv. de France et de Suisse, née dans le Jura français, affl. de la Saône (r. g.) ; 430 km. Il traverse les lacs de Saint-Point et de Chaillexon (d'où il sort par le *saut du Doubs*) et passe en Suisse avant de traverser Besançon et Dole.

DOUBS n.m. (25), dép. de la Région Franche-Comté ; ch.-l. de dép. *Besançon ;* ch.-l. d'arrond. *Montbéliard, Pontarlier ;* 3 arrond. ; 35 cant. ; 594 comm. ; 5 234 km² ; 499 062 hab. *(Doubiens).* Le dép. appartient à l'académie et à la cour d'appel de Besançon, à la zone de défense Est. L'élevage bovin (fromages) et l'exploitation forestière du Jura central et septentrional s'opposent à la polyculture des collines situées entre le Doubs et l'Ognon. L'industrie (constructions mécaniques et automobiles) est localisée essentiellement à Besançon et dans l'agglomération de Montbéliard (Sochaux). *[V. carte page 1290.]*

DOUCHANBE, de 1929 à 1961 **Stalinabad,** cap. du Tadjikistan ; 595 000 hab.

DOUCHY-LES-MINES (59282), comm. du Nord ; 10 497 hab.

DOUDART DE LAGRÉE (Ernest), *Saint-Vincent-de-Mercuze, Isère, 1823 - Dongchuan, Yunnan, 1868,* officier de marine français. Il représenta la France auprès du roi du Cambodge (1862) et reconnut le cours du Mékong en 1866.

DOUDEVILLE (76560), ch.-l. de cant. de la Seine-Maritime ; 2 582 hab. *(Doudevillais).*

DOUÉ-LA-FONTAINE (49700), ch.-l. de cant. de Maine-et-Loire ; 7 792 hab. *(Douessins).* « Arènes », anc. carrière ; maisons troglodytiques ; musée des Vieux Commerces. — Parc zoologique. — Combats pendant la guerre de Vendée.

DOUGGA, village de Tunisie septentrionale, près de Téboursouk. Nombreux vestiges de l'antique cité de *Thugga,* résidence des princes numides, prospère aux IIe et IIIe s. sous les Romains.

DOUGLAS, v. de Grande-Bretagne, ch.-l. de l'île de Man ; 20 000 hab.

DOUGLAS, famille d'Écosse qui joua un rôle important du XIVe au XVIe s., par sa résistance aux Anglais et sa rivalité avec les Stuarts.

DOUGLAS (Donalds Wills), *New York 1892 - Palm Springs, Californie, 1981,* constructeur aéronautique américain. La firme qu'il fonda (1920) a produit de nombreux avions de transport, notamment le célèbre DC-3 (premier vol en 1935).

DOUGLAS (Kirk), *Amsterdam, État de New York, 1916,* acteur américain. Il a joué des héros vulnérables, obstinés et tragiques (*le Gouffre aux chimères,* B. Wilder, 1951 ; *la Vie passionnée de Vincent Van Gogh,* V. Minnelli, 1956 ; *le Reptile,* J. Mankiewicz, 1970).

DOUGLAS-HOME (sir Alexander Frederick), *Londres 1903-Coldstream, Berwickshire, 1995,* homme politique britannique. Premier ministre (1963 - 1964), président du Parti conservateur (1964 - 1965), il fut ministre des Affaires étrangères (1970 - 1974).

DOUGLASS (Frederick), *Tuckahoe, Maryland, v. 1817 - Washington 1895,* homme politique américain. Abolitionniste, il fut le conseiller de Lincoln pendant la guerre de Sécession et le premier citoyen noir à occuper de hautes fonctions.

DOUHET (Giulio), *Caserte 1869 - Rome 1930,* général italien. Il commanda en 1912 le premier bataillon d'aviation italien. Son œuvre a servi de référence aux stratégies aériennes de la Seconde Guerre mondiale (*Il Dominio dell'aria,* 1921).

DOUILLET (David), *Rouen 1969,* judoka français. Triple champion du monde (1993, 1995, 1997) et double champion olympique (1996, 2000) en catégorie lourds, il a été — en 1995 — le premier non-Japonais à remporter le titre mondial à la fois en lourds et en toutes catégories.

DOUKAS, famille byzantine dont sont issus plusieurs empereurs, notamm. Constantin X et Michel VII.

DOULLENS [dulɑ̃] (80600), ch.-l. de cant. de la Somme, sur l'Authie ; 7 196 hab. *(Doullennais).* Citadelle et autres monuments anciens. — conférence de **Doullens** (26 mars 1918), conférence franco-britannique lors de laquelle le commandement unique des armées fut confié à Foch.

DOUMER (Paul), *Aurillac 1857 - Paris 1932,* homme politique français. Gouverneur général de l'Indochine (1897 - 1902), plusieurs fois ministre des Finances, président du Sénat (1927) et président de la République (1931), il mourut assassiné.

DOUMERGUE (Gaston), *Aigues-Vives, Gard, 1863-id. 1937,* homme politique français. Député, puis sénateur radical-socialiste, il fut président du Conseil (1913-1914), du Sénat (1923) et président de la République (1924 - 1931). Rappelé au lendemain du 6 février 1934, il constitua un gouvernement d'« Union nationale », qui démissionna le 8 nov. suivant.

DOUNGANES ⟶ **HUI.**

DOUR, comm. de Belgique (Hainaut) ; 17 341 hab.

DOURA-EUROPOS, anc. ville de Syrie, fondée sur l'Euphrate au IIIe s. av. J.-C. par les Séleucides. Elle fut détruite par Châhpuhr Ier (256 apr. J.-C.). — Vestiges antiques. Synagogue et maison chrétienne avec baptistère, ornées de fresques du IIIe s.

DOURDAN (91410), ch.-l. de cant. de l'Essonne ; 9 647 hab. (*Dourdanais* ou *Dourdannais*). Anc. cap. du Hurepoix. — Château (donjon du XIIIe s.). — Forêt.

DOURO n.m., en esp. **Duero,** fl. d'Espagne et du Portugal, né en Vieille-Castille et qui rejoint l'Atlantique près de Porto ; 850 km. Gorges. Aménagements hydrauliques.

DOUR-SHARROUKÊN ⟶ **KHURSABAD.**

DOUVAINE (74140), ch.-l. de cant. de la Haute-Savoie ; 3 924 hab. *(Douvainois).*

D'où venons-nous ? Que sommes-nous ? Où allons-nous ?, grande toile tahitienne de Gauguin (1897, musée de Boston). C'est à la fois une sorte de testament artistique et un témoignage d'inquiétude spirituelle.

DOUVRES, en angl. **Dover,** v. de Grande-Bretagne (Angleterre), dans le Kent, sur le pas de Calais ; 34 000 hab. Port de voyageurs. Puissante forteresse remontant au XIIe s.

DOUVRES-LA-DÉLIVRANDE (14440), ch.-l. de cant. du Calvados ; 5 006 hab. *(Douvrais).* Pèlerinage.

DOUVRIN (62138), ch.-l. de cant. du Pas-de-Calais ; 5 483 hab. *(Douvrinois).* Industrie automobile.

DOUWES DEKKER (Edward) ⟶ **MULTATULI.**

Douze Tables (loi des), première législation écrite des Romains, inscrite sur douze tables de bronze (v. 451 av. J.-C.).

DOVJENKO (Aleksandr Petrovitch), *Sosnitsa, Ukraine, 1894 - Moscou 1956,* cinéaste soviétique. Sa terre natale lui a inspiré de vastes fresques lyriques, qui exaltent la fusion de l'homme et de la nature au sein d'un socialisme cosmique : *Zvenigora* (1928), *Arsenal* (1929), *la Terre* (1930), *Aerograd* (1935).

DOWDING (sir Hugh), *Moffat, Écosse, 1882 - Tunbridge Wells 1970,* maréchal de l'air britannique. Il commanda la chasse britannique et joua un rôle décisif dans l'échec allemand durant la bataille d'Angleterre (août-oct. 1940).

DOWLAND (John), *Londres 1563 - id. 1626,* compositeur et luthiste anglais. Ses airs à une ou plusieurs voix, ses fantaisies pour luth ou ses pièces pour ensemble de violes figurent parmi les sommets de la musique élisabéthaine.

Downing Street, rue de Londres. Au no 10, résidence du Premier ministre britannique.

DOWNS n.f. pl., lignes de coteaux calcaires du sud du bassin de Londres, qui encadrent la dépression humide du Weald.

DOYLE (sir Arthur **Conan**), *Édimbourg 1859 - Crowborough, Sussex, 1930,* romancier britannique. Ses romans policiers ont pour héros Sherlock *Holmes.

DRAA ou **DRA** (oued) n.m., fl. de l'Afrique du Nord-Ouest (Algérie et surtout Maroc), né dans le Haut Atlas, tributaire de l'Atlantique ; 1 000 km env. Il est jalonné de nombreuses oasis.

DRAC n.m., riv. de France, dans les Alpes, affl. de l'Isère (r. g.) ; 150 km. Hydroélectricité.

DRACHMANN (Holger), *Copenhague 1846 - Hornbaek, Sjaelland, 1908,* écrivain danois. Ses poèmes et ses romans témoignent d'une inspiration tour à tour sociale et romantique.

DRACON, *VIIe s. av. J.-C.,* législateur d'Athènes. Le code qu'il rédigea v. 621 av. J.-C. est resté célèbre par sa sévérité.

Dracula, personnage du roman homonyme de Bram Stoker (1897), inspiré d'un prince de Transylvanie du XVe s. Archétype du vampire, il inspira de nombreux films : F. W. Murnau, *Nosferatu le vampire,* 1922 ; T. Browning, *Dracula,* 1931 ; T. Fisher, *le Cauchemar de Dracula,* 1958, et *Dracula, prince des ténèbres,* 1966 ; F. F. Coppola, *Dracula,* 1992.

Dragoon (opération) ⟶ **Provence** (débarquement de).

DRAGUIGNAN (83300), ch.-l. d'arrond. du Var ; 34 814 hab. *(Dracénois).* La ville fut le ch.-l. du Var de 1797 à 1974. — Restes de fortifications ; musée-bibliothèque dans un anc. couvent du XVIIe s.

DRAIS (Karl Friedrich), baron **von Sauerbronn,** *Karlsruhe 1785 - id. 1851,* ingénieur badois. Il est l'inventeur de la *draisienne* (1816), ancêtre de la bicyclette.

DRAKE (détroit de), large bras de mer séparant la Terre de Feu et l'Antarctique et reliant l'Atlantique au Pacifique.

DRAKE (Edwin Laurentine, dit **le Colonel**), *Greenville, État de New York, 1819-Bethlehem, Pennsylvanie, 1880,* industriel américain. Il réalisa la première exploitation de pétrole (1859), à Titusville (Pennsylvanie).

DRAKE (sir Francis), *près de Tavistock v. 1540 - au large de Portobelo 1596,* marin et corsaire anglais. Il lutta avec succès contre les Espagnols, détruisant leur flotte à Cadix (1587), et prit une part importante à la défaite de l'Invincible Armada (1588). Il a réalisé le premier voyage anglais de circumnavigation.

DRAKENSBERG n.m., massif de l'Afrique australe, aux confins de l'Afrique du Sud et du Lesotho ; 3 482 m.

DRANCY (93700), ch.-l. de cant. de la Seine-Saint-Denis ; 62 624 hab. *(Drancéens).* Camp de transit pour les détenus juifs, de 1941 à 1944.

DRANEM (Armand **Ménard,** dit), *Paris 1869 - id. 1935,* fantaisiste et chanteur français. Il lança au café-concert le genre du comique niais et malicieux.

DRAPER (Henry), *Prince Edward County, Virginie, 1837 - New York 1882,* astrophysicien américain. Il fut un pionnier de la spectrographie stellaire.

DRAVE n.f., riv. d'Europe, née dans les Alpes italiennes, affl. du Danube (r. dr.) ; 700 km. Elle coule en Autriche et en Slovénie, puis sépare la Hongrie de la Croatie après avoir reçu la Mur.

DRAVEIL (91210), ch.-l. de cant. de l'Essonne ; 28 384 hab. *(Draveillois).*

DRAVIDIENS, ensemble de populations du sud du sous-continent indien (env. 200 millions). Le terme « dravidien » était autrefois appliqué aux aborigènes de l'Inde refoulés dans le Sud par les invasions indo-européennes, selon une thèse de la différenciation par conquête largement révisée par les anthropologues. Il désigne aujourd'hui à la fois des groupes linguistiques (Tamoul, Telougou, Kannara, Malayalam) et des sociétés de castes du sud de l'Inde, caractérisées par un système de parenté spécifique.

DRAYTON (Michael), *Hartshill, Warwickshire, 1563 - Londres 1631,* poète anglais. Il est l'auteur de poèmes lyriques et historiques, ainsi que d'une géographie poétique de l'Angleterre *(Poly-Olbion).*

DREES (Willem), *Amsterdam 1886 - La Haye 1988,* homme politique néerlandais. Chef du Parti socialiste, il dirigea le gouvernement de 1948 à 1958.

DREIFUSS (Ruth), *Saint-Gall 1940,* femme politique suisse. Chef du département de l'Intérieur au sein du Conseil fédéral depuis 1993, elle est la première femme présidente de la Confédération (en 1999).

DREISER (Theodore), *Terre Haute, Indiana, 1871 - Hollywood 1945,* écrivain américain. Ses romans font de lui l'initiateur du naturalisme dans son pays *(Sœur Carrie, Jennie Gerhardt, Une tragédie américaine).*

DRENTHE, prov. du nord-est des Pays-Bas ; 448 000 hab. ; ch.-l. *Assen.*

DRESDE, en all. **Dresden,** v. d'Allemagne, cap. de la Saxe, sur l'Elbe ; 479 273 hab. Centre industriel. — Palais baroque du Zwinger (v. 1720, très restauré), œuvre de l'architecte Matthäus Daniel Pöppelmann, abritant une riche galerie de peinture ; autres monuments et musées. — La ville fut le théâtre d'une bataille remportée par Napoléon sur les Autrichiens (26 - 27 août 1813). Lors de la Seconde Guerre mondiale, elle fut détruite en février 1945 par les bombardements aériens alliés (environ 35 000 morts).

DREUX (28100), ch.-l. d'arrond. d'Eure-et-Loir ; 32 565 hab. *(Drouais).* Industries électronique et automobile. — Église des XIIIe-XVIe s., beffroi du XVIe s. ; chapelle royale St-Louis (1816).

DREUX-BRÉZÉ (Henri Évrard, marquis **de**), *Paris 1766 - id. 1829,* gentilhomme français. Il fut chargé de congédier le tiers état de la salle du Jeu de paume, lors de la séance du 23 juin 1789.

DREYER (Carl Theodor), *Copenhague 1889 - id. 1968,* cinéaste danois. Il explora l'intériorité dans un style dépouillé, fondé sur la beauté plastique du noir et blanc, le rythme et l'expressivité des visages *(le Maître du logis,* 1925 ; *la Passion de Jeanne d'Arc,* 1928 ; *Dies Irae,* 1943 ; *Ordet,* 1955 ; *Gertrud,* 1964).

DREYER (Johan), *Copenhague 1852 - Oxford 1926,* astronome danois. Son catalogue, connu par les initiales NGC (1888), donne la position de plusieurs milliers de nébuleuses, d'amas stellaires et de galaxies observés visuellement.

Dreyfus (affaire), scandale judiciaire et politique qui divisa l'opinion française de 1894 à 1906 et préluda à la formation du Bloc des gauches et de l'Action française. En 1894, Alfred **Dreyfus** (Mulhouse 1859 - Paris 1935), officier français de confession israélite, est condamné (à tort) pour espionnage au profit de l'Allemagne. La campagne de révision du procès (1897 - 1899), au cours de laquelle É. Zola publie un violent réquisitoire contre l'état-major (« J'accuse », 1898), oppose les *dreyfusards,* antimilitaristes groupés autour de la Ligue des droits de l'homme, et les *antidreyfusards,* antisémites ou ultranationalistes, que rassemblent la Ligue de la patrie française puis le comité de l'Action française. Alfred Dreyfus est gracié en 1899 et réhabilité en 1906.

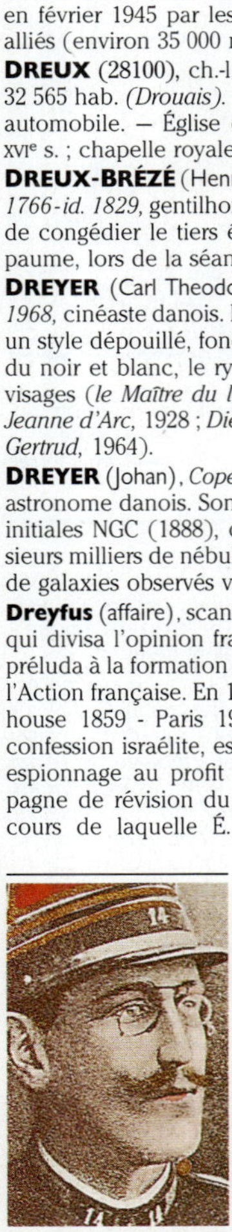

■ ALFRED **DREYFUS.** (BNF, Paris.)

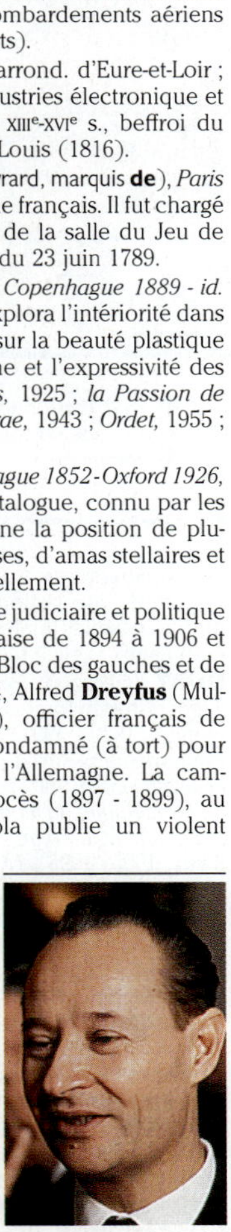

■ ALEXANDER **DUBČEK** en 1968.

DRIANT (Émile), *Neufchâtel-sur-Aisne 1855 - bois des Caures 1916,* officier français. Gendre du général Boulanger, il s'illustra dans la défense du bois des Caures au début de la bataille de Verdun.

DRIESCH (Hans), *Bad Kreuznach 1867 - Leipzig 1941,* biologiste et philosophe allemand. Il construisit une ample théorie vitaliste *(la Philosophie de l'organisme,* 1909), qui est à l'origine d'un courant de pensée, le néovitalisme.

DRIEU LA ROCHELLE (Pierre), *Paris 1893 - id. 1945,* écrivain français. Romancier *(le Feu follet, Gilles),* influencé par le fascisme, il fut directeur de *la Nouvelle Revue française* sous l'occupation allemande. Il se suicida.

DROGHEDA, en irland. **Droichead Átha,** v. d'Irlande, sur la mer d'Irlande ; 23 845 hab. Port. — Centre de la résistance royaliste, la ville fut prise par Cromwell (1649), qui massacra ses habitants. — Vestiges médiévaux. Aux environs, tumulus de Newgrange (2500 av. J.-C. ?).

droits (Déclaration des) *[Bill of Rights],* texte constitutionnel anglais élaboré en 1689 par le Parlement. Cette déclaration prononçait l'abdication de Jacques II et rappelait les libertés et les droits fondamentaux du royaume.

droits de l'homme (Déclaration universelle des), texte proclamant les droits civils, politiques, économiques, sociaux et culturels de « tous les membres de la famille humaine ». Adopté le 10 déc. 1948 par l'Assemblée générale des Nations unies, ce texte a été complété en 1966 par deux pactes internationaux à caractère obligatoire sur la garantie des droits (l'un relatif aux droits économiques, sociaux et culturels, l'autre relatif aux droits civils et politiques).

droits de l'homme (Ligue des), association française ayant pour but de défendre les principes de liberté, d'égalité et de justice énoncés dans les Déclarations des droits de l'homme de 1789, de 1793 et dans la Déclaration universelle de 1948. La ligue fut fondée en févr. 1898, à l'occasion de l'affaire Dreyfus, sur l'initiative du sénateur Ludovic Trarieux.

droits de l'homme et des libertés fondamentales (Convention européenne de sauvegarde des), convention établie par le Conseil de l'Europe (Rome, 4 nov. 1950) et qui a pour but d'organiser une garantie juridictionnelle des libertés individuelles. Entrée en vigueur en 1953, elle a été ratifiée par la France en 1974.

droits de l'homme et du citoyen (Déclaration des), texte solennel voté le 26 août 1789 par l'Assemblée nationale constituante et placé en tête de la Constitution française de 1791. La Déclaration, précédée d'un préambule, énumère, en ses 17 articles, les droits de l'homme et ceux de la nation. Les principes qu'elle affirme, appelés parfois « principes de 1789 », sont : égalité politique et sociale de tous les citoyens ; respect de la propriété ; souveraineté de la nation ; admissibilité de tous les citoyens aux emplois publics ; obligation imposée à chaque homme d'obéir à la loi, expression de la volonté générale ; respect des opinions et des croyances ; liberté de la parole et de la presse ; répartition équitable des impôts consentis librement par les représentants du pays.

DRÔME n.f., riv. de France, née dans les Alpes, affl. du Rhône (r. g.) ; 110 km. Elle passe à Die.

DRÔME n.f. (26), dép. de la Région Rhône-Alpes ; ch.-l. de dép. *Valence ;* ch.-l. d'arrond. *Die, Nyons ;* 3 arrond. ; 36 cant. ; 370 comm. ; 6 530 km^2 ; 437 778 hab. *(Drômois).* Le dép. appartient à l'académie et à la cour d'appel de Grenoble, à la zone de défense Sud-Est. Il s'étend, à l'est, sur une partie des Préalpes (Vercors, pays forestier voué à l'élevage bovin ; Diois, domaine de l'élevage ovin ; Baronnies, où apparaissent des cultures fruitières) et, à l'ouest, sur les plaines du Rhône moyen (grand axe de circulation où s'est concentrée la population) consacrées aux cultures maraîchères et fruitières et à la vigne. L'industrie est représentée notamment par les constructions mécaniques, le travail du cuir, l'agroalimentaire et la production d'électricité, hydraulique et nucléaire. *(V. carte page 1292.)*

DROSTE-HÜLSHOFF (Annette, baronne **von**), *Hülshoff, près de Münster, 1797 - château de Meersburg 1848,* poétesse allemande, auteur de poésies épiques ou d'inspiration religieuse.

DROUAIS (François Hubert), *Paris 1727 - id. 1775,* peintre français. Académicien en 1758, il fut un portraitiste très en honneur à la Cour. — **Jean Germain D.,** *Paris 1763 - Rome 1788,* peintre français, fils de François Hubert. Élève favori de David, il est l'auteur de tableaux d'histoire.

DROUET (Jean-Baptiste), *Sainte-Menehould 1763 - Mâcon 1824,* homme politique français. Maître de poste de Sainte-Menehould, il reconnut Louis XVI lors de sa fuite et le fit arrêter à Varennes (1791). Il fut membre de la Convention.

DROUET (Jean-Baptiste), comte **d'Erlon,** *Reims 1765 - Paris 1844,* maréchal de France. Il participa aux campagnes de la Révolution et de l'Empire et fut gouverneur de l'Algérie en 1834 - 1835.

DROUET (Julienne **Gauvain,** dite Juliette), *Fougères 1806 - Paris 1883,* actrice française, maîtresse et inspiratrice de V. Hugo à partir de 1833.

DROUOT (Antoine, comte), *Nancy 1774 - id. 1847,* général français. Surnommé « le Sage de la Grande Armée », il accompagna Napoléon à l'île d'Elbe.

D

Drouot (hôtel), hôtel des commissaires-priseurs de Paris, rue Drouot (IXe arrond.), où se tiennent la plupart des ventes mobilières aux enchères.

DRU (aiguille du), sommet des Alpes françaises (Haute-Savoie), dans le massif du Mont-Blanc ; 3 754 m.

DRUILLET (Philippe), *Toulouse 1944,* dessinateur et scénariste français de bandes dessinées, créateur du personnage de Lone Sloane *(le Mystère des abîmes,* 1966).

DRUMEV (Vasil), *Šumen v. 1838 - Tărnovo 1901,* écrivain et prélat bulgare. Métropolite de Tărnovo sous le nom de Clément, auteur de nouvelles *(la Famille malheureuse)* et d'un drame historique *(Ivanko),* il joua un rôle important dans le parti russophile.

DRUMMONDVILLE [drɔmɔdvil], v. du Canada (Québec), sur le Saint-François ; 45 554 hab. *(Drummondvillois).* Festival mondial de folklore.

DRUMONT (Édouard), *Paris 1844 - id. 1917,* homme politique et journaliste français. Antisémite, auteur de *la France juive, essai d'histoire contemporaine* (1886), il fonda *la Libre Parole* (1892 - 1910), journal nationaliste antidreyfusard.

DRUON (Maurice), *Paris 1918,* écrivain français. Il composa, avec son oncle Joseph Kessel, les paroles du *Chant des partisans* (1943). Peintre de la société française de l'entre-deux-guerres *(les Grandes Familles),* auteur de romans historiques *(les Rois maudits)* et de pièces de théâtre, il a été ministre des Affaires culturelles (1973 - 1974). [Acad. fr.]

DRUZE (djebel), massif volcanique du sud de la Syrie ; 1 801 m.

DRUZES ou **DRUSES,** population du Proche-Orient (Liban, Syrie, Israël) [env. 300 000], qui pratique depuis le XIe s. une religion initiatique issue du chiisme ismaélien des Fatimides. Les Druzes jouèrent un grand rôle politique dans le Liban du XVIIe s. au XIXe s. puis furent supplantés par les maronites.

DRYDEN (John), *Aldwinkle, Northamptonshire, 1631 - Londres 1700,* écrivain anglais. Principal représentant de l'esprit classique, il est l'auteur de tragédies, de satires politiques *(Absalon et Achitophel),* de *Fables* et de poèmes.

DST (Direction de la surveillance du territoire), service de la Police nationale française. La DST recherche et prévient sur le territoire français les activités menées par des puissances étrangères et de nature à menacer la sécurité du pays.

DUARTE (José Napoleón), *San Salvador 1925 - id. 1990,* homme politique salvadorien, président de la République de 1980 à 1982 et de 1984 à 1989.

DU BARRY (Jeanne **Bécu,** comtesse), *Vaucouleurs 1743 - Paris 1793,* favorite de Louis XV. Elle succéda à la marquise de Pompadour comme favorite en titre (1769). Elle fut guillotinée sous la Terreur.

DU BARTAS [-as] (Guillaume **de Salluste,** seigneur), *Montfort, près d'Auch, 1544 - Condom 1590,* poète français. Protestant et disciple de Ronsard, il est l'auteur de *la Semaine,* poème d'inspiration biblique et encyclopédique.

DUBAYY, l'un des Émirats arabes unis, sur le golfe Persique ; 419 000 hab. ; cap. *Dubayy* (266 000 hab.). Pétrole.

DUBČEK (Alexander), *Uhrovec, Slovaquie, 1921 - Prague 1992,* homme politique tchécoslovaque. Premier secrétaire du Parti communiste tchécoslovaque (janv. 1968), il prend la tête du mouvement de libéralisation du régime, appelé le « printemps de Prague », qui est brisé par l'intervention militaire soviétique (août). Il est remplacé en avr. 1969 par Husák. Après les changements intervenus en 1989, il devient président de l'Assemblée fédérale (déc. 1989 - juin 1992). *[V. ill. page 1291.]*

DU BELLAY (Guillaume), seigneur **de Langey,** *Glatigny 1491 - Saint-Symphorien-de-Lay 1543,* homme de guerre et écrivain français. Général de François Ier, il laissa des *Mémoires.* — **Jean Du B.,** *Glatigny 1492 ou 1498 - Rome 1560,* cardinal français, frère de Guillaume, protecteur de Rabelais. — **Joachim Du B.,** *près de Liré 1522 - Paris 1560,* poète français, cousin de Jean. Ami et collaborateur de Ronsard, il rédigea le manifeste de la Pléiade, **Défense et illustration de la langue française.* De son séjour à Rome comme secrétaire de son cousin, il rapporta deux recueils : *les Antiquités de Rome* et *les Regrets* (1558), qui expriment ses déceptions et ses nostalgies.

DÜBENDORF, comm. de Suisse (cant. de Zurich) ; 21 106 hab. Aéroport militaire.

DUBILLARD (Roland), *Paris 1923,* homme de théâtre français. Auteur et acteur de sketches et de monologues pleins d'humour et de dérision (*Grégoire et Amédée,* 1953 ; *Diablogues,* 1975), il porte à la scène le quotidien de l'absurde (*Naïves Hirondelles,* 1961).

DUBLIN, en irland. **Baile Átha Cliath,** cap. de l'Irlande, sur la mer d'Irlande ; 477 675 hab. *(Dublinois)* [861 000 hab. dans l'agglomération]. Port. Universités. Textile. Chimie. — Monuments surtout néoclassiques. Riches musées (archéologie celtique ; manuscrits enluminés des VIIe-VIIIe s. ; peinture, etc.).

DUBOIS (Guillaume), *Brive-la-Gaillarde 1656 - Versailles 1723,* prélat et homme d'État français. Ministre des Affaires étrangères (1718), archevêque de Cambrai (1720), cardinal (1721), puis Premier ministre (1722), il fut l'artisan de la Quadruple-Alliance (1718). [Acad. fr.]

DU BOIS (William Edward Burghardt), *Great Barrington, Massachusetts, 1869 - Accra, Ghana, 1963,* écrivain américain naturalisé ghanéen en 1963. Descendant d'esclaves, il prit la défense des Noirs aux États-Unis et fut l'un des fondateurs du panafricanisme.

DUBOIS DE CRANCÉ ou **DUBOIS-CRANCÉ** (Edmond Louis Alexis), *Charleville 1747 - Rethel 1814,* général et homme politique français. Il réforma le régime militaire et consolida la cohésion des armées républicaines.

DU BOS [-bɔs] (Charles), *Paris 1882 - La Celle-Saint-Cloud 1939,* écrivain français. Auteur d'essais critiques *(Approximations)* et d'un *Journal,* il correspondit avec André Gide.

DUBOS ou **DU BOS** (Jean-Baptiste, abbé), *Beauvais 1670 - Paris 1742,* historien français. Il est l'auteur de *Réflexions critiques sur la poésie et la peinture* (1719), qui mettent en cause le dogmatisme des « Anciens », et d'une *Histoire critique de l'établissement de la monarchie française dans les Gaules* (1734). [Acad. fr.]

DUBOS (René Jules), *Saint-Brice-sous-Forêt 1901 - New York 1982,* biochimiste et bactériologiste américain d'origine française. Il est l'auteur de travaux sur les micro-organismes, les antibiotiques et sur l'écologie appliquée à l'homme.

DU BOUCHET (André), *Paris 1924,* poète français. Sa poésie âpre et exigeante, cernée par le vide, affronte la nudité abrupte de la matière (*Dans la chaleur vacante,* 1961).

DU BOURG (Anne), *Riom v. 1520 - Paris 1559,* magistrat français. Conseiller au parlement de Paris, il fut brûlé comme hérétique pour avoir prôné la clémence envers les protestants.

Drôme

DUBOUT (Albert), *Marseille 1905 - Saint-Aunès, Hérault, 1976,* dessinateur humoriste français. Ses scènes à nombreux personnages ont un caractère minutieusement burlesque. Il a illustré notamment Rabelais et Villon.

DUBREUIL (Hyacinthe), *Bérou-la-Mulotière, Eure-et-Loir, 1883 - Paris 1971,* économiste français. Il est partisan de la réforme sociale de l'entreprise, sur la base d'une division en groupes autonomes et du travail en équipes semi-autonomes.

DUBROVNIK, anc. **Raguse,** v. de Croatie ; 49 729 hab. Port. Centre touristique sur la côte dalmate. — Nombreux monuments, de l'époque préromane au baroque. Musées. — Fondée au VIIe s., la ville passa sous la suzeraineté de Venise (1205 - 1358), de la Hongrie (1358 - 1526), des Ottomans (1526 - 1806), puis sous celle des Habsbourg (1815 - 1918). Devenue aux XVe-XVIe s. une véritable « république », elle connut une intense activité commerciale et culturelle.

DUBUFFET (Jean), *Le Havre 1901 - Paris 1985,* peintre et sculpteur français. Théoricien de l'art *brut, il s'est inspiré des graffiti et du dessin d'enfants (séries « Métro », 1943, « Portraits », 1947 et suiv.), a réalisé des textures matiéristes à l'aide de graviers, mastic, goudron (série « Mirobolus, Macadam et Cie », 1944) avant d'entamer le cycle de l'« Hourloupe » (1962 - 1974 : peintures ; sculptures en plastique peint ; petites architectures). Les séries finales (« Théâtres de mémoire », « Non-lieux », etc.) redoublent de liberté.

DUBY (Georges), *Paris 1919 - Aix-en-Provence 1996,* historien français. Professeur au Collège de France (1970 - 1991), il est l'auteur d'ouvrages fondamentaux sur la période féodale (*le Temps des cathédrales 980 - 1420,* 1976 ; *les Trois Ordres, ou l'Imaginaire du féodalisme,* 1978 ; *le Chevalier, la Femme et le Prêtre,* 1981 ; *Dames du XIIe siècle,* 3 vol., 1995 - 1996). [Acad. fr.]

DU CAMP (Maxime), *Paris 1822 - Baden-Baden 1894,* écrivain français. Ami de Flaubert, il est l'auteur de récits de voyages, de recueils de souvenirs et l'un des premiers grands reporters photographes. (Acad. fr.)

DU CANGE (Charles **Du Fresne,** seigneur), *Amiens 1610 - Paris 1688,* érudit français. Auteur d'ouvrages sur Byzance et l'Orient latin, et de glossaires sur le latin et le grec non classiques.

DUCASSE (Alain), *Orthez 1956,* cuisinier français. Son exigence de qualité et sa grande créativité ont fait la rapide renommée de ses deux restaurants, à Monte-Carlo et à Paris.

DU CAURROY (Eustache), *Gerberoy, près de Beauvais, 1549 - Paris 1609,* compositeur français. Sous-maître de la Chapelle du roi, il a composé des œuvres polyphoniques, des chansons mesurées, des fantaisies instrumentales.

DUCCIO di Buoninsegna, *Sienne v. 1260 - id. 1318 ou 1319,* peintre italien. Son chef-d'œuvre est le grand retable de la Vierge *(Maestà)* de la cathédrale de Sienne, où il s'affranchit de la tradition byzantine (1308 - 1311).

DU CERCEAU (Jacques Ier **Androuet**), *Paris ? v. 1510 - Annecy v. 1585,* architecte, théoricien et graveur français. Représentant d'une seconde Renaissance encore pleine de fantaisie, baroquisante, il eut une grande influence par ses publications gravées (dont *les Plus Excellents Bâtiments de France,* 1576 - 1579), par son œuvre bâtie (château de Verneuil-en-Halatte, auj. détruit), ainsi qu'au travers des réalisations de ses descendants, parmi lesquels son petit-neveu S. de Brosse.

DUCEY (50220), ch.-l. de cant. de la Manche ; 2 217 hab. *(Ducéens).*

DUCHAMP (Marcel), *Blainville, Seine-Maritime, 1887 - Neuilly-sur-Seine 1968,* artiste français naturalisé américain. Il côtoie le futurisme avec une toile comme le *Nu descendant un escalier* (1912, musée de Philadelphie), puis s'écarte de la peinture vers 1913 - 1915 avec les premiers *ready-mades,* objets usuels ironiquement promus œuvres d'art. À New York, à partir de 1915, il est un des précurseurs de *dada, courant auquel se rattache son œuvre la plus complexe, *la *Mariée mise à nu par ses célibataires, même.* Le happening, le pop art, Fluxus, l'art conceptuel, etc., ont fait de fréquents emprunts aux pratiques et aux attitudes « anti-art » de Duchamp.

DUCHAMP-VILLON (Raymond **Duchamp**, dit), *Damville 1876 - Cannes 1918,* sculpteur français, frère de M. Duchamp et de J. Villon. Les principes du cubisme et du futurisme ont concouru à l'élaboration de son célèbre *Cheval* (1914).

■ **DUCHAMP-VILLON.** *Le Cheval* (1914), bronze. (MNAM, Paris.)

DUCHARME (Réjean), *Saint-Félix-de-Valois, Québec, 1941,* écrivain canadien de langue française. Ses romans *(l'Avalée des avalés, Dévadé),* d'une grande invention langagière, mêlent l'humour à l'onirisme.

DUCHÂTEL ou **DU CHASTEL** (Tanneguy), *Trémazan v. 1368 - Beaucaire 1458,* homme de guerre breton. Il fut l'un des chefs des Armagnacs et participa au meurtre de Jean sans Peur.

DU CHÂTELET (Émilie **Le Tonnelier de Breteuil,** marquise), *Paris 1706 - Lunéville 1749,* femme de lettres française, amie et inspiratrice de Voltaire.

DUCHENNE de Boulogne (Guillaume), *Boulogne-sur-Mer 1806 - Paris 1875,* médecin français. Il est l'auteur de travaux sur les maladies du système nerveux.

Duchés (guerre des) [1864], conflit qui opposa le Danemark à la Prusse et à l'Autriche pour la possession des duchés de Slesvig, de Holstein et de Lauenburg. Vaincu par la Prusse et l'Autriche, le Danemark dut céder à ces puissances l'administration des duchés.

DUCHESNE (Ernest), *Paris 1874 - Amélie-les-Bains 1912,* médecin militaire français. Il a étudié en 1897 l'activité antimicrobienne des moisissures et il est l'initiateur de la thérapeutique antibiotique.

DUCHESNE (Louis), *Saint-Servan 1843 - Rome 1922,* historien et ecclésiastique français. Il fut l'un des premiers à étudier les origines du christianisme selon les méthodes de la critique historique. (Acad. fr.)

DUCLAIR (76480), ch.-l. de cant. de la Seine-Maritime, sur la Seine ; 4 201 hab. *(Duclairois).* Église des XIe-XVIe s. (œuvres d'art).

DUCLAUX (Émile), *Aurillac 1840 - Paris 1904,* biochimiste français. Successeur de Pasteur, il étudia les fermentations et les maladies microbiennes.

DUCLOS (Charles **Pinot**), *Dinan 1704 - Paris 1772,* écrivain français. Il est l'auteur de romans et d'essais *(Considérations sur les mœurs de ce siècle).* [Acad. fr.]

DUCLOS (Jacques), *Louey, Hautes-Pyrénées, 1896 - Montreuil 1975,* homme politique français. Il fut, de 1926 à sa mort, l'un des principaux dirigeants du Parti communiste français.

DUCOMMUN (Élie), *Genève 1833 - Berne 1906,* journaliste suisse. Il milita en faveur de la paix internationale et de la création des États-Unis d'Europe. (Prix Nobel de la paix 1902.)

DUCOS [dyko] (97224), comm. de la Martinique ; 15 292 hab.

DUCOS (Roger), *Dax 1747 - près d'Ulm 1816,* homme politique français. Député à la Convention (1792), membre du Directoire, il fut consul provisoire après le 18 brumaire an VIII.

DUCOS DU HAURON (Louis), *Langon 1837 - Agen 1920,* physicien français, inventeur du procédé trichrome pour la photographie en couleurs.

DUCRAY-DUMINIL (François Guillaume), *Paris 1761 - Ville-d'Avray 1819,* écrivain français. Ses romans populaires fournirent la matière de nombreux mélodrames.

DUCRETET (Eugène), *Paris 1844 - id. 1915,* industriel et inventeur français. Il conçut et réalisa le premier dispositif français de télégraphie sans fil d'emploi pratique (1897) et fut un pionnier des radiocommunications.

DU DEFFAND (Marie **de Vichy-Chamrond,** marquise), *château de Chamrond, Bourgogne, 1697 - Paris 1780,* femme de lettres française. Son salon fut fréquenté par les écrivains et les philosophes.

DUDELANGE, v. du sud du Luxembourg ; 14 677 hab. Sidérurgie.

DUDLEY, v. de Grande-Bretagne (Angleterre), près de Birmingham ; 187 000 hab. Musées.

DUDLEY (John), comte **de Warwick,** duc **de Northumberland,** *1502 ? - Londres 1553,* homme d'État anglais. Grand maréchal d'Angleterre, il prit un fort ascendant sur Édouard VI, orientant l'Église anglaise vers le protestantisme. Beau-père de Jeanne Grey (1553), il fut exécuté à l'avènement de Marie Tudor. — **Robert D.,** comte **de Leicester,** *v. 1532 - Cornbury 1588,* fils de John Dudley, favori de la reine Elisabeth Ire.

DUERO → **DOURO.**

DU FAIL [faj] (Noël), seigneur **de La Hérissaye,** *Château-Letard, près de Rennes, v. 1520 - Rennes 1591,* jurisconsulte et écrivain français, auteur de contes *(Propos rustiques).*

■ JEAN **DUBUFFET.** *Le Train de pendules* (1965), une des peintures du cycle de l'Hourloupe. (MNAM, Paris.)

■ RAOUL **DUFY.** *Jardin et maison de Dufy au Havre, 1915.* (MNAM, Paris.)

DU FAY (Charles François **de Cisternay**), *Paris 1698 - id. 1739,* savant français. Il reconnut l'existence de deux types d'électricité.

DUFAY (Guillaume), *v. 1400 - Cambrai 1474,* compositeur de l'école franco-flamande. Il est l'auteur de messes, de motets, de chansons polyphoniques.

DUFFEL, comm. de Belgique (prov. d'Anvers), au N. de Malines ; 15 194 hab.

DUFOUR (Guillaume Henri), *Constance 1787 - Les Contamines 1875,* général suisse. Il maîtrisa la révolte des cantons catholiques du Sonderbund (1847). Il présida la conférence d'où sortit la Convention de Genève (1864). Il avait dirigé de 1833 à 1864 les travaux de la carte topographique suisse.

DUFOUR (pointe), point culminant du massif du Mont-Rose et de la Suisse, à la frontière italienne ; 4 634 m.

DUFOURT (Hugues), *Lyon 1943,* compositeur français. Théoricien, il cherche à concilier dans ses compositions, inscrites dans le sillage de la musique *spectrale *(Antiphysis,* 1978), lutherie traditionnelle et électronique *(Saturne,* 1979) et réfléchit sur le temps en musique *(le Philosophe selon Rembrandt,* 1992).

DUFRESNE (Diane), *Montréal 1944,* chanteuse canadienne de langue française. Elle a débuté à Montréal en 1969 *(J'ai rencontré l'homme de ma vie).*

DU FU, *Duling, Shaanxi, 712 - Leiyang, Hunan, 770,* poète chinois. Ami de Li Bo, surnommé « le Sage de la poésie », il a tiré de son expérience de la guerre civile et de sa misère personnelle la matière de ses poèmes.

DUFY (Raoul), *Le Havre 1877 - Forcalquier 1953,* peintre et décorateur français. Coloriste d'une grande fraîcheur, un moment apparenté au fauvisme, il n'est pas moins remarquable par le charme elliptique de son dessin (musée du Havre, MAM de la Ville de Paris, MNAM).

DUGHET (Gaspard), dit **le Guaspre Poussin,** *Rome 1615 - id. 1675,* peintre français. Beau-frère de Poussin, qu'il avait accueilli à Rome, il fit œuvre de paysagiste tantôt sous l'influence de celui-ci, tantôt sous celle de Claude Lorrain.

DUGOMMIER (Jacques François **Coquille,** dit), *La Basse-Terre, Guadeloupe, 1736 ou 1738 - fort de Bellegarde, Pyrénées-Orientales, 1794,* général français. Député à la Convention, il commanda l'armée assiégeant Toulon (1793).

DUGUAY-TROUIN (René), *Saint-Malo 1673 - Paris 1736,* corsaire français. Il s'illustra pendant les guerres de Louis XIV contre la flotte portugaise (1707), s'empara de Rio de Janeiro (1711), devint chef d'escadre (1715) et lieutenant général (1728). *[V. ill. page 1294.]*

DU GUESCLIN (Bertrand), *La Motte-Broons, près de Dinan, v. 1320 - Châteauneuf-de-Randon 1380,* homme de guerre français. Il combattit pour Charles de Blois, duc de Bretagne, puis passa au service du roi de France, battit à Cocherel (1364) les troupes de Charles II le Mauvais, mais fut fait prisonnier à la bataille d'Auray. Charles V paya sa rançon et le chargea de débarrasser le pays des Grandes *Compagnies, qu'il conduisit en

■ **DUGUAY-TROUIN.** (Musée municipal, Saint-Malo.)

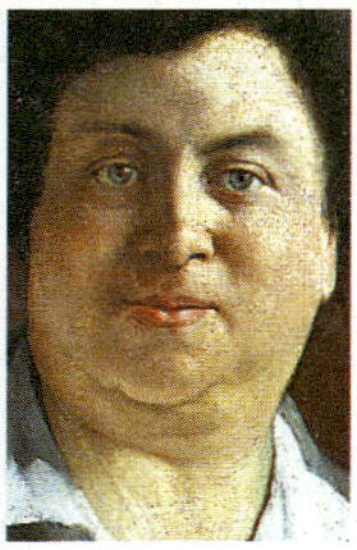

■ **DUMAS PÈRE** par A. Bellay. (Château de Versailles.)

■ JEAN-BAPTISTE **DUMAS**

■ **DUMONT D'URVILLE** par J. Cartellier. (Château de Versailles.)

Espagne, où il assura le triomphe d'Henri de Trastamare, le futur Henri II le Magnifique (1369). À son retour, nommé connétable de France (1370), il mena contre les Anglais une efficace guerre de harcèlement. Il fut enterré à Saint-Denis.

DU GUILLET (Pernette), *Lyon v. 1520 - id. 1545,* poétesse française. Amie et inspiratrice de M. Scève, elle est l'auteur de *Rimes* vives et hardies, d'une ingénuité qui ne va pas sans désir.

DUGUIT (Léon), *Libourne 1859 - Bordeaux 1928,* juriste français. Il s'est fait le défenseur d'une conception purement positiviste du droit. Son *Traité de droit constitutionnel* (1911) a marqué la pensée juridique du XXᵉ s.

DUHAMEL (Georges), *Paris 1884 - Valmondois, Val-d'Oise, 1966,* écrivain français. Il se montre sensible, dans ses cycles romanesques *(Vie et aventures de Salavin, Chronique des Pasquier)* et ses essais, aux transformations et aux souffrances de la société moderne. (Acad. fr.)

DUHAMEL DU MONCEAU (Henri-Louis), *Paris 1700 - id. 1782,* ingénieur et savant français. Auteur de nombreux ouvrages scientifiques ou techniques (*Traité de la culture des terres,* 1750 - 1761 ; *Traité général des forêts,* 1755 - 1767), il fut l'un des pères de l'agronomie et de la sylviculture modernes.

DUHEM (Pierre), *Paris 1861 - Cabrespine, Aude, 1916,* philosophe et physicien français. Il se fit le promoteur d'une épistémologie fondée sur l'histoire des sciences.

DUISBURG, v. d'Allemagne (Rhénanie-du-Nord-Westphalie), sur le Rhin ; 536 797 hab. Port fluvial, débouché du bassin de la Ruhr et centre industriel. — Musée W.-Lehmbruck (art moderne).

DUJARDIN (Félix), *Tours 1801 - Rennes 1860,* naturaliste français. Il a décrit le cytoplasme cellulaire.

DUJARDIN (Karel), *Amsterdam v. 1622 - Venise 1678,* peintre et graveur néerlandais. Influencé par l'Italie, il est l'auteur de paysages lumineux agrémentés de figures, ainsi que de compositions religieuses ou mythologiques.

DUKAS (Paul), *Paris 1865 - id. 1935,* compositeur français. Il est l'auteur de *l'Apprenti sorcier* (scherzo symphonique d'après Goethe, 1897), *Ariane et Barbe-Bleue* (1907), *la Péri* (1912). C'est un des maîtres de l'orchestration.

DUKOU, v. de Chine (Sichuan) ; 380 000 hab. Sidérurgie.

DULAC (Germaine **Saisset-Schneider,** Mᵐᵉ Germaine), *Amiens 1882 - Paris 1942,* cinéaste française. Réalisatrice et théoricienne d'avant-garde, passionnée de recherches esthétiques, elle a réalisé *la Fête espagnole* (1920), *la Souriante Madame Beudet* (1923), *la Coquille et le Clergyman* (1927).

Dulcinée, personnage de **Don Quichotte de la Manche,* de Cervantès, paysanne dont le héros fait la « dame de ses pensées ».

DULLES (John Foster), *Washington 1888 - id. 1959,* homme politique américain. Secrétaire d'État aux Affaires étrangères (1953 - 1959) à l'époque de la guerre froide, il tenta de contenir l'expansion du communisme dans le monde.

DULLIN (Charles), *Yenne, Savoie, 1885 - Paris 1949,* acteur et metteur en scène de théâtre français. Fondateur du théâtre de l'Atelier, l'un des animateurs du *Cartel, il a renouvelé par ses mises en scène l'interprétation des répertoires classique et moderne.

DULONG (Pierre Louis), *Rouen 1785 - Paris 1838,* chimiste et physicien français. Il est l'auteur de travaux sur les chaleurs spécifiques, sur les dilatations et les indices de réfraction des gaz.

DULUTH, v. des États-Unis (Minnesota), sur le lac Supérieur ; 85 493 hab. Port actif (fer). Métallurgie. — Musées.

DUMARSAIS (César **Chesneau**), *Marseille 1676 - Paris 1756,* grammairien français. Il est l'auteur d'un *Traité des tropes* (1730) et de nombreux articles de l'*Encyclopédie* sur la grammaire.

DUMAS (Alexandre **Davy de La Pailleterie,** dit), *Jérémie, Saint-Domingue, 1762 - Villers-Cotterêts 1806,* général français. Il s'illustra à l'armée des Pyrénées, puis en Italie et en Égypte où il commanda la cavalerie de Bonaparte. — **Alexandre D.,** dit **Dumas père,** *Villers-Cotterêts 1802 - Puys, près de Dieppe, 1870,* écrivain français, fils d'Alexandre Davy de La Pailleterie. Aidé de plusieurs collaborateurs, il signa près de trois cents ouvrages et fut le plus populaire des écrivains de l'époque romantique avec ses drames *(Henri III et sa Cour, Antony, la Tour de Nesle, *Kean)* et ses romans *(les *Trois Mousquetaires, Vingt Ans après, le Vicomte de Bragelonne, le Comte de Monte-Cristo, la Reine Margot, la Dame de Montsoreau, les Quarante-Cinq).* — **Alexandre D.,** dit **Dumas fils,** *Paris 1824 - Marly-le-Roi 1895,* écrivain français, fils naturel d'Alexandre Dumas. Il se fit l'apôtre d'un « théâtre utile » d'inspiration sociale *(la *Dame aux camélias, le Demi-Monde, la Question d'argent, le Fils naturel).* [Acad. fr.]

DUMAS (Jean-Baptiste), *Alès 1800 - Cannes 1884,* chimiste français. Il a déterminé la masse atomique d'un grand nombre d'éléments, utilisé systématiquement les équations chimiques et découvert la notion de fonction chimique. (Acad. fr.)

DU MAURIER (Daphné), *Londres 1907 - Par, Cornouailles, 1989,* femme de lettres britannique, auteur de romans populaires (*l'Auberge de la Jamaïque,* 1936 ; *Rébecca,* 1938).

Dumbarton Oaks (plan de) [1944], projet qui servit de base à la Charte des Nations unies. Il fut élaboré à Dumbarton Oaks, près de Washington, par des délégués américains, britanniques, chinois et soviétiques.

DUMÉZIL (Georges), *Paris 1898 - id. 1986,* historien français. Il fut le spécialiste de l'étude comparée des mythologies et de l'organisation sociale des peuples indo-européens (*l'Idéologie tripartie des Indo-Européens,* 1958 ; *Mythe et épopée,* 1968 - 1973). [Acad. fr.]

DUMONSTIER, DUMOUSTIER ou **DUMOÛTIER,** famille de peintres, miniaturistes et dessinateurs portraitistes français des XVIᵉ-XVIIᵉ s.

■ CHARLES **DULLIN** jouant Savonarole dans *La Terre est ronde* (1946) de A. Salacrou.

DU MONT (Henry **de Thier,** dit), *Villers-l'Évêque, près de Liège, 1610 - Paris 1684,* compositeur et organiste wallon. Établi à Paris en 1638, il devint maître de musique de la Chapelle royale ; il fut l'un des créateurs du grand motet concertant.

DUMONT (Fernand), *Montmorency, Québec, 1927 - Sillery 1997,* sociologue canadien. Il a publié de nombreux essais (*le Lieu de l'homme,* 1968 ; *les Idéologies,* 1974).

DUMONT (Louis), *Thessalonique 1911 - Paris 1998,* anthropologue français. Il a comparé les hiérarchies de valeurs des sociétés traditionnelles et des sociétés modernes à partir de l'étude de la société de castes en Inde (*Homo hierarchicus,* 1966 ; *Homo aequalis,* 1977 ; *Essais sur l'individualisme,* 1983).

DUMONT (René), *Cambrai 1904,* agronome français. Spécialiste de l'agriculture et des économies du tiers-monde (*L'Afrique noire est mal partie,* 1962), il s'engagea politiquement dans la défense de l'environnement.

DUMONT D'URVILLE (Jules), *Condé-sur-Noireau 1790 - Meudon 1842,* marin français. Parti à bord de *l'Astrolabe,* il explora les côtes de Nouvelle-Zélande et de Nouvelle-Guinée, retrouva en Mélanésie les restes de l'expédition La Pérouse (1828), puis découvrit dans l'Antarctique la terre Adélie (1840).

DUMOULIN (Charles), *Paris 1500 - id. 1566,* jurisconsulte français. Par ses études sur le droit coutumier, il est l'un des plus grands juristes français du XVIᵉ s. Il a préparé l'unité du droit.

DUMOURIEZ (Charles François **Du Périer,** dit), *Cambrai 1739 - Turville-Park, Angleterre, 1823,* général français. Ministre girondin des Affaires étrangères en 1792, puis commandant de l'armée du Nord, il fut vainqueur à Valmy puis à Jemmapes et conquit la Belgique. Battu à Neerwinden (1793) et relevé de son commandement, il passa dans les rangs autrichiens.

DUNA, nom hongrois du *Danube.

DUNANT (Henri ou Henry), *Genève 1828 - Heiden 1910,* philanthrope suisse. Pionnier de l'action humanitaire, il fit adopter la Convention de Genève (1864) et fut le principal fondateur de la Croix-Rouge. (Prix Nobel de la paix 1901.)

DUNAÚJVÁROS, v. de Hongrie, au S. de Budapest ; 59 028 hab. Sidérurgie.

DUNCAN Iᵉʳ, *m. près d'Elgin en 1040,* roi d'Écosse (1034 - 1040). Il fut assassiné par Macbeth.

DUNCAN (Isadora), *San Francisco 1878 - Nice 1927,* danseuse et chorégraphe américaine. En refusant les contraintes de la technique classique et en prônant une « danse libre », elle a ouvert la voie à la modern dance américaine.

■ HENRI **DUNANT**

■ ISADORA **DUNCAN**

DUNDEE, v. de Grande-Bretagne (Écosse), sur l'estuaire du Tay ; 175 000 hab. Port. — Église Ste-Marie, avec tour du XVᵉ s. Musées.

DUNEDIN, v. de Nouvelle-Zélande, dans l'île du Sud ; 113 000 hab. Port. Université.

Dunes (bataille des) [14 juin 1658], victoire remportée par l'armée française de Turenne sur l'armée espagnole commandée par le Grand Condé, près de Dunkerque.

DUNGENESS (cap), pointe du sud-est de l'Angleterre (Kent), sur le pas de Calais. Centrale nucléaire.

DUNHAM (Katherine), *près de Chicago 1912,* danseuse et chorégraphe américaine. Spécialiste des danses afro-américaines, l'une des premières figures de la danse noire, elle influença la danse jazz par son enseignement et sa création (*Tropical Revue,* 1943).

DUNHUANG, v. de Chine (Gansu), aux confins du désert de Gobi. Grand centre caravanier, étape importante sur la route de la *soie. Aux env., à Mogao, monastère rupestre bouddhique florissant du IVe au Xe s., dont certaines des 492 grottes constituent un ensemble unique de peintures murales. La bibliothèque et un précieux trésor de bannières votives peintes sur soie (musée Guimet et British Museum) ont été retrouvés dans une caverne murée depuis le XIe s.

DUNKERQUE, ch.-l. d'arrond. du Nord ; 72 333 hab. *(Dunkerquois)* [près de 200 000 hab. dans l'agglomération]. Port actif sur la mer du Nord, relié à l'agglomération de Valenciennes par un canal à grand gabarit. Sidérurgie. — Musées des Beaux-Arts, d'Art contemporain et Musée portuaire. — Enjeu d'une violente bataille en 1940, qui permit le rembarquement pour l'Angleterre de près de 340 000 soldats alliés.

DUN LAOGHAIRE, anc. **Kingstown,** v. d'Irlande ; 54 000 hab. Station balnéaire et avant-port de Dublin.

DUNLOP (John Boyd), *Dreghorn, comté de Ayr, 1840 - Dublin 1921,* inventeur britannique. Il a réalisé le premier pneumatique (1887) et fondé l'entreprise portant son nom (1889).

DUNOIS (Jean **d'Orléans,** comte **de**), dit **le Bâtard d'Orléans,** *Paris 1403 - L'Haÿ, près de Bourg-la-Reine, 1468,* prince capétien. Fils naturel de Louis Ier, duc d'Orléans, il combattit l'Angleterre aux côtés de Jeanne d'Arc, puis contribua à la soumission de la Normandie et de la Guyenne (1449 - 1451).

DUNOYER DE SEGONZAC (André), *Boussy-Saint-Antoine 1884 - Clichy 1974,* peintre et graveur français. Il est l'auteur de paysages de l'Île-de-France et de Provence, ainsi que de figures et de natures mortes. Aquafortiste, il a illustré notamm. *les Géorgiques.*

DUNS SCOT (John), *Maxton, Écosse, v. 1266 - Cologne 1308,* philosophe et théologien écossais. Il s'attacha à penser l'univocité de l'Être, et défendit au nom de la foi le réalisme de la connaissance qui part du monde sensible pour atteindre Dieu. Franciscain, il fut surnommé « le docteur subtil » ; il a été béatifié en 1993.

DUNSTABLE (John), *v. 1385 - Londres 1453,* compositeur anglais. Il est l'auteur d'œuvres polyphoniques, surtout religieuses.

DUNSTAN (saint), *près de Glastonbury 924 - Canterbury 988,* archevêque de Canterbury. Il favorisa le développement du monachisme anglais et travailla à la réforme de l'Église.

DUN-SUR-AURON (18130), ch.-l. de cant. du Cher ; 4 089 hab. *(Dunois).* Importante église en partie romane.

DUPANLOUP (Félix), *Saint-Félix, Haute-Savoie, 1802 - château de Lacombe, Savoie, 1878,* prélat français. Évêque d'Orléans (1849), il défendit la liberté de l'enseignement et fut l'un des chefs du catholicisme libéral. (Acad. fr.)

DUPARC (Henri **Fouques-**), *Paris 1848 - Mont-de-Marsan 1933,* compositeur français. Il est l'auteur de mélodies sur des poèmes de Baudelaire *(l'Invitation au voyage ; la Vie antérieure),* de Leconte de Lisle *(Phidylé)* ou de F. Coppée *(la Vague et la Cloche).*

DU PARC (Thérèse **de Gorle,** dite **la**), *Paris 1633 - id. 1668,* actrice française. Elle quitta la troupe de Molière pour aller jouer la tragédie à l'Hôtel de Bourgogne, où elle créa *Andromaque.* Elle fut la maîtresse de Racine.

DUPERRÉ (Victor Guy, baron), *La Rochelle 1775 - Paris 1846,* amiral français. Il commanda l'expédition d'Alger en 1830 et fut ministre de la Marine (1834 - 1843).

DU PERRON (Jacques **Davy**), *1556 - Paris 1618,* prélat français. Premier aumônier d'Henri IV, il s'illustra par de nombreuses controverses avec les protestants. Cardinal (1604), il entra au Conseil de régence (1610).

Dupes (journée des) [10 nov. 1630], journée marquée par l'échec des Dévots (partisans de la paix et des réformes intérieures), groupés autour de Marie de Médicis et de Michel de Marillac et hostiles à la politique de Richelieu, dont ils crurent avoir obtenu le renvoi. Rentré en grâce auprès du roi, le cardinal fit exiler ses adversaires.

DUPETIT-THOUARS (Abel **Aubert**), *près de Saumur 1793 - Paris 1864,* amiral français. Il établit en 1843 le protectorat de la France sur Tahiti.

DUPIN (André), dit **Dupin aîné,** *Varzy 1783 - Paris 1865,* magistrat et homme politique français. Député libéral, président de la Chambre des députés (1832 - 1840) puis de l'Assemblée législative (1849 - 1851), il se rallia au bonapartisme. (Acad. fr.) — **Charles,** baron **D.,** *Varzy 1784 - Paris 1873,* mathématicien français, frère d'André. Il étudia la courbure des surfaces et contribua à la création des services statistiques français.

DUPIN (Jacques), *Privas 1927,* poète et critique d'art français. Sa poésie exprime la souffrance du poète dans sa montée vers la lumière *(Gravir)* et se double d'importantes études sur l'art contemporain *(Miró, Giacometti).*

DUPLEIX [-plɛks] (Joseph François), *Landrecies 1696 - Paris 1763,* administrateur français. Gouverneur général des Établissements français dans l'Inde (1742), il obligea l'Angleterre à lever le siège de Pondichéry (1748) et acquit pour la France un vaste empire comprenant le Carnatic et les six provinces du Deccan. Désavoué par la Compagnie des Indes et par le roi, il revint en France (1755) après les victoires anglaises du baron Clive et ne put obtenir le remboursement des sommes qu'il avait prêtées à la Compagnie.

DUPLESSIS (Jean), sieur **d'Ossonville,** *m. à la Guadeloupe en 1635,* voyageur français. Il colonisa la Guadeloupe.

DUPLESSIS (Maurice **Le Noblet**), *Trois-Rivières 1890 - Schefferville 1959,* homme politique canadien. Leader des conservateurs québécois (1933), fondateur de l'Union nationale (1935), il fut Premier ministre du Québec (1936 - 1939, 1944 - 1959).

DUPLESSIS-MORNAY → MORNAY.

Duplice (7 oct. 1879), alliance conclue à Vienne entre l'Autriche-Hongrie et l'Allemagne.

DUPOND (Patrick), *Paris 1959,* danseur français. Danseur étoile à l'Opéra de Paris, il a été directeur de la danse de cet établissement de 1990 à 1995. Il a également assuré la direction artistique du Ballet de Nancy (1988 - 1990).

DUPONT (Pierre), *Lyon 1821 - id. 1870,* poète et chansonnier français. Il est l'auteur du *Chant des ouvriers* (1846) et de chansons rustiques *(les Bœufs).*

Du Pont, société américaine de produits chimiques et de biotechnologies. Fondée en 1802 près de Wilmington par E. Du Pont de Nemours, elle se développa puissamment au cours du XXe s., réalisant notamm. les premières fabrications de textiles artificiels, et découvrit le caoutchouc synthétique, le Nylon et le DDT. Elle s'est diversifiée vers les sciences de la vie (pharmacie, agriculture, santé et nutrition).

DUPONT de l'Étang (Pierre Antoine, comte), *Chabanais 1765 - Paris 1840,* général français. Il capitula à Bailén (1808) et fut ministre de la Guerre de Louis XVIII en 1814.

DUPONT de l'Eure (Jacques Charles), *Le Neubourg 1767 - Rouge-Perriers, Eure, 1855,* homme politique français. Député libéral sous la Restauration, ministre de la Justice sous la monarchie de Juillet, il fut président du Gouvernement provisoire en 1848.

DUPONT de Nemours (Pierre Samuel), *Paris 1739 - Eleutherian Mills, Delaware, 1817,* économiste français. Disciple de Quesnay, il inspira les principales réformes financières de la fin de l'Ancien Régime. — **Éleuthère Irénée Du Pont de Nemours,** *Paris 1771 - Philadelphie 1834,* chimiste et industriel français, fils de Pierre Samuel. Il étudia la fabrication de la poudre avec Lavoisier et fonda aux États-Unis une poudrerie, origine de la firme *Du Pont de Nemours,* auj. *Du Pont.*

DUPONT-SOMMER (André), *Marnes-la-Coquette 1900 - Paris 1983,* orientaliste français. Auteur de travaux sur la civilisation araméenne, il traduisit des manuscrits de la mer Morte.

DU PORT ou **DUPORT** (Adrien), *Paris 1759 - dans l'Appenzell 1798,* homme politique français. Député à l'Assemblée constituante, il forma avec Barnave et Lameth un triumvirat qui se distingua dans la réorganisation de la justice. Il fonda le club des Feuillants et s'exila après le 10 août 1792.

DUPRAT (Antoine), *Issoire 1463 - Nantouillet 1535,* cardinal et homme politique français. Chancelier de France sous François Ier, il fut le principal auteur du concordat de Bologne (1516).

DUPRÉ (Jules), *Nantes 1811 - L'Isle-Adam 1889,* peintre français, paysagiste apparenté à l'école de Barbizon.

DUPRÉ (Louis), *Rouen 1697 - ? 1774,* danseur français. Il fut surnommé, avant G. Vestris, le « dieu de la danse » et créa, à partir de 1733, tous les ballets de Rameau.

DUPRÉ (Marcel), *Rouen 1886 - Meudon 1971,* compositeur et organiste français. Il composa des pièces pour orgue.

DUPUY DE LÔME (Henri), *Ploemeur, Morbihan, 1816 - Paris 1885,* ingénieur militaire français. Il construisit le premier vaisseau de guerre utilisant la vapeur, le *Napoléon* (1848 - 1852), puis la première frégate cuirassée, la *Gloire* (1858 - 1859).

DUPUYTREN [-trɛ̃] (Guillaume, baron), *Pierre-Buffière, Haute-Vienne, 1777 - Paris 1835,* chirurgien français. Chirurgien de Louis XVIII et de Charles X, il fut l'un des fondateurs de l'anatomie pathologique.

DUQUE DE CAXIAS, v. du Brésil, banlieue de Rio de Janeiro ; 664 643 hab.

DUQUESNE [-kɛn] (Abraham), marquis **du Bouchet,** *Dieppe 1610 - Paris 1688,* marin français. Après avoir participé à la guerre de Trente Ans, il remporta, en Sicile, de brillantes victoires contre Ruyter (1676) et fit plusieurs expéditions contre les États barbaresques (Alger, 1682). Calviniste, il refusa d'abjurer et ne put être amiral.

D

DUQUESNOY (François), dit Francesco **Fiammingo,** *Bruxelles 1597 - Livourne 1643,* sculpteur des Pays-Bas du Sud. Il vécut principalement à Rome, où sa statue de *Sainte Suzanne* (1633, église S. Maria di Loreto), d'esprit classique, le rendit célèbre. Il était le fils de **Jérôme Duquesnoy le Vieux,** auteur du célèbre *Manneken-Pis* de Bruxelles (1619), et **Jérôme le Jeune** était son frère cadet.

DURAN (Carolus-) **→ CAROLUS-DURAN.**

DURANCE n.f., riv. de France, dans les Alpes du Sud, née près du col de Montgenèvre, affl. du Rhône (r. g.) ; 305 km. Elle passe à Briançon, Embrun, Sisteron. Son aménagement, en aval de Serre-Ponçon (barrages avec centrales hydrauliques et canaux d'irrigation), a entraîné la dérivation de la plus grande partie de ses eaux, à partir de Mallemort, vers l'étang de Berre et la Méditerranée.

Durandal → Durendal.

DURAND-RUEL (Paul), *Paris 1831 - id. 1922,* marchand de tableaux français. Il soutint les impressionnistes, accueillant notamm. dans sa galerie leur deuxième manifestation (1876) et les faisant connaître aux États-Unis.

DURANGO, v. du Mexique, au pied de la sierra Madre occidentale ; 414 015 hab. Cathédrale baroque (XVIIIe s.).

DURANTY (Louis Edmond), *Paris 1833 - id. 1880,* écrivain français. Critique d'art, défenseur des impressionnistes, il publia des romans réalistes *(le Malheur d'Henriette Gérard).*

DURÃO (José **de Santa Rita**), *Cata Preta, Minas Gerais, 1722 - Lisbonne 1784,* poète brésilien, auteur de l'épopée nationale *Caramuru.*

DURAS (Marguerite), *Gia Dinh, Viêt Nam, 1914 - Paris 1996,* femme de lettres et cinéaste française. Ses romans *(Un barrage contre le Pacifique, le Marin de Gibraltar, Moderato cantabile, l'Amant),* son théâtre *(Savannah Bay)* et ses films *(India Song, le Camion)* amènent les souvenirs obsédants de l'enfance et la violence de l'amour aux limites de l'extrême dépouillement.

■ **DUPLEIX** par Mme de Cernel, d'après Sergent. (BNF, Paris.)

■ MARGUERITE **DURAS**

DURAZZO → **DURRËS.**

DURBAN, v. d'Afrique du Sud (Kwazulu-Natal), sur l'océan Indien ; 982 000 hab. Port. Centre industriel.

DURBUY, comm. de Belgique (prov. du Luxembourg) ; 8 787 hab. Ensemble homogène de maisons et de monuments anciens.

DÜREN, v. d'Allemagne (Rhénanie-du-Nord-Westphalie) ; 89 852 hab. Métallurgie.

Durendal ou **Durandal,** nom de l'épée de *Roland dans *la *Chanson de Roland.*

DÜRER (Albrecht), *Nuremberg 1471 - id. 1528,* peintre et graveur allemand. Il fit un tour de compagnon par Colmar, Bâle, Strasbourg, séjourna deux fois à Venise, mais effectua l'essentiel de sa carrière à Nuremberg. Il a manifesté son génie dans la peinture à l'huile (*la Fête du rosaire,* 1506, Prague ; portraits...), dans le dessin et l'aquarelle (coll. de l'Albertina, Vienne) et dans son œuvre gravé, d'emblée célèbre en Europe (xylographies, d'un graphisme bouillonnant, encore médiéval : l'*Apocalypse* [15 planches, 1498], la *Grande Passion,* etc. ; burins, plus italianisants et reflétant l'influence des humanistes : *Némésis,* v. 1500, *le Chevalier, la Mort et le Diable, Saint Jérôme* et *la Mélancolie [Melencolia],* 1514). Il se passionna pour les principes mathématiques et optiques de la perspective et publia plusieurs ouvrages théoriques et techniques à la fin de sa vie, dont un *Traité des proportions du corps humain.*

■ **DÜRER.** *Grande Étude d'herbes,* 1503, aquarelle et gouache. (Albertina, Vienne.)

DURGA, une des formes principales de la déesse hindoue Shakti, épouse de Shiva. Elle est représentée sous les traits d'une guerrière féroce.

DURGAPUR, v. d'Inde (Bengale-Occidental) ; 415 986 hab. Centre industriel.

DURG-BHILAINAGAR, agglomération d'Inde (Chhattisgarh) ; 668 670 hab. Sidérurgie.

DURHAM, v. des États-Unis (Caroline du Nord) ; 136 611 hab.

DURHAM, v. de Grande-Bretagne (Angleterre), ch.-l. du *comté de Durham ;* 26 000 hab. Remarquable cathédrale romane du premier tiers du XIIe s. ; château des XIe-XVIIe s. ; maisons anciennes.

DURHAM (John George **Lambton,** comte **de**), *Londres 1792 - Cowes 1840,* homme politique britannique. Gouverneur du Canada (1838), il publia un rapport qui préconisait l'union du Haut- et du Bas-Canada.

DURKHEIM (Émile), *Épinal 1858 - Paris 1917,* sociologue français. Un des fondateurs de la sociologie, il ramène les faits moraux aux faits sociaux, qu'il considère comme indépendants des consciences individuelles (*De la *division du travail social,* 1893 ; *les Règles de la méthode sociologique,* 1895 ; *le Suicide,* 1897).

DUROC (Géraud Christophe Michel), duc **de Frioul,** *Pont-à-Mousson 1772 - Markersdorf, Silésie, 1813,* général français. Grand maréchal du palais sous l'Empire (1805), il participa aux campagnes d'Autriche, de Prusse et de Pologne.

DURRELL (Lawrence), *Jullundur, Inde, 1912 - Sommières, France, 1990,* écrivain britannique. Ses romans mêlent expérimentation littéraire et célébration de la beauté des paysages méditerranéens *(le Quatuor d'Alexandrie).*

DÜRRENMATT (Friedrich), *Konolfingen, près de Berne, 1921 - Neuchâtel 1990,* écrivain suisse de langue allemande. Sa conscience de protestant et son humour baroque s'unissent dans son théâtre (*la Visite de la vieille dame,* 1956) en une critique des illusions et oppressions humaines.

DURRËS, en ital. **Durazzo,** v. d'Albanie, sur l'Adriatique ; 82 700 hab. Port. — Vestiges antiques.

DURRUTI (Buenaventura), *prov. de León 1896 - Madrid 1936,* anarchiste espagnol. Il organisa la *Colonne Durruti* qui, pendant la guerre civile espagnole, tenta vainement de libérer Saragosse occupée par les franquistes, puis participa à la défense de Madrid, où il trouva la mort.

DURTAL (49430), ch.-l. de cant. de Maine-et-Loire ; 3 297 hab. Château des XVe-XVIIe s.

DURUFLÉ (Maurice), *Louviers 1902 - Louveciennes 1986,* compositeur et organiste français. Liturgiste, il a beaucoup utilisé les thèmes grégoriens (*Requiem,* 1947).

DURUY (Victor), *Paris 1811 - id. 1894,* historien et homme politique français. Ministre de l'Instruction publique (1863 - 1869), il développa l'instruction primaire, créa un enseignement secondaire pour jeunes filles et l'École pratique des hautes études (1868). [Acad. fr.]

DU RYER (Pierre), *Paris 1605 - id. 1658,* écrivain français. Il est l'auteur de tragi-comédies romanesques. (Acad. fr.)

DUSE (Eleonora), *Vigevano 1858 - Pittsburgh, Pennsylvanie, 1924,* actrice italienne, interprète de Dumas fils, d'Ibsen et de D'Annunzio.

DÜSSELDORF, v. d'Allemagne, cap. de la Rhénanie-du-Nord-Westphalie, sur le Rhin ; 574 936 hab. Centre commercial et financier de la Rhénanie. Métallurgie. Chimie. — Églises de la vieille ville ; importants musées.

DUST MOHAMMAD, *1793 - 1863,* souverain d'Afghanistan. Reconnu émir à Kaboul en 1834, évincé par les Britanniques (1839), il reprit le pouvoir en 1843.

DUTERT (Ferdinand), *Douai 1845 - Paris 1906,* architecte français. Virtuose du fer, il construisit à Paris l'immense Galerie des machines de l'Exposition de 1889 et les « nouvelles galeries » du Muséum national d'histoire naturelle.

DUTILLEUX (Henri), *Angers 1916,* compositeur français. Héritier de Debussy et Ravel, il a développé un langage musical riche et coloré, dans une orchestration raffinée (*Métaboles,* 1964 ; *Tout un monde lointain,* 1970 ; *Timbres, Espace, Mouvement,* 1977 ; *Mystère de l'instant,* 1989 ; *The Shadows of Time,* 1997).

DUTOURD (Jean), *Paris 1920,* écrivain français. Son œuvre de romancier *(Au bon beurre, les Taxis de la Marne)* et de pamphlétaire anticonformiste de droite dénonce avec verve la médiocrité et les idées reçues. (Acad. fr.)

DUTROCHET (René), *château de Néons, Poitou, 1776 - Paris 1847,* biologiste français. L'un des fondateurs de la biologie cellulaire, il est l'auteur de travaux capitaux sur l'osmose, la diapédèse, la structure cellulaire des végétaux, l'embryologie des oiseaux, etc.

■ ÉMILE **DURKHEIM**

DUTTON (Clarence Edward), *Wallingford, Connecticut, 1841 - Englewood, New Jersey, 1912,* géologue américain. Il a été le promoteur de la théorie de l'*isostasie* (1892), qu'il appliqua à la formation des montagnes.

DUUN (Olav), *dans le Nord-Trøndelag 1876 - Tønsberg 1939,* romancier norvégien. Ses romans peignent la nature et les habitants des fjords *(Gens de Juvik).*

DU VAIR (Guillaume), *Paris 1556 - Tonneins 1621,* homme politique et philosophe français. Garde des Sceaux (1615), évêque de Lisieux (1616), il a cherché dans ses discours et ses traités une conciliation entre le christianisme et le stoïcisme.

DUVAL (Émile Victor **Duval,** dit **le général**), *Paris 1840 - Clamart 1871,* un des chefs militaires de la Commune de 1871. Il fut fusillé.

DUVALIER (François), dit **Papa Doc,** *Port-au-Prince 1907 - id. 1971,* homme politique haïtien. Président de la République en 1957, président à vie à partir de 1964, il exerça un pouvoir dictatorial. — **Jean-Claude D.,** *Port-au-Prince 1951,* homme politique haïtien. Il succéda à son père François Duvalier en 1971 et dut s'exiler en 1986.

DUVERGER (Maurice), *Angoulême 1917,* juriste français. Il a contribué à l'essor de la sociologie électorale (*l'Influence des systèmes électoraux sur la vie politique,* 1950) et a aussi dégagé une typologie originale des partis (*les Partis politiques,* 1951).

DU VERGIER DE HAURANNE (Jean), dit **Saint-Cyran,** *Bayonne 1581 - Paris 1643,* théologien français. Ami de Jansénius et directeur spirituel du monastère de Port-Royal (1636), il encourut l'hostilité de Richelieu, qui le fit emprisonner (1638).

DUVERNOY (Georges), *Montbéliard 1777 - Paris 1855,* zoologiste et anatomiste français. Il succéda à Cuvier au Collège de France et continua son œuvre.

DUVEYRIER (Henri), *Paris 1840 - Sèvres 1892,* voyageur français. Il explora le nord du Sahara (1859 - 1861).

DUVIVIER (Julien), *Lille 1896 - Paris 1967,* cinéaste français. Auteur prolifique et varié, brillant technicien, il a réalisé *la Bandera* (1935), *la Belle Équipe* (1936), *Pépé le Moko* (1937), *Un carnet de bal* (id.), *Panique* (1947), *le Petit Monde de Don Camillo* (1952).

DVINA OCCIDENTALE n.f., en lett. **Daugava,** fl. d'Europe orientale qui traverse la Russie, la Biélorussie et la Lettonie, et qui se jette dans le golfe de Riga ; 1 020 km.

DVINA SEPTENTRIONALE n.f., fl. de Russie, qui se jette dans la mer Blanche à Arkhangelsk ; 744 km.

DVOŘÁK (Antonín), *Nelahozeves, Bohême, 1841 - Prague 1904,* compositeur tchèque. Il dirigea les conservatoires de New York, puis de Prague, et composa notamm. 9 symphonies (*la Symphonie du Nouveau Monde,* 1893), des concertos, des poèmes symphoniques et des quatuors.

DYLAN (Robert **Zimmerman,** dit Bob), *Duluth 1941,* compositeur et chanteur américain de folk et de rock. Également parolier et guitariste, il fut le porte-parole de la génération contestataire des années 1960 *(The Times they are a Changin', Like a Rolling Stone),* passant de la chanson folk et engagée au rock et à une poésie plus libre.

DYLE n.f., riv. de Belgique, qui se joint à la Nèthe pour former le Rupel ; 86 km. Elle passe à Louvain et à Malines.

DYOLOF (royaume), un des grands royaumes de la Sénégambie médiévale (XIVe-XVIe s.).

DZERJINSK, v. de Russie, à l'O. de Nijni Novgorod ; 285 000 hab.

DZERJINSKI (Feliks Edmoundovitch), *Dzerjinovo 1877 - Moscou 1926,* homme politique soviétique. Révolutionnaire actif en Lituanie et en Pologne à partir de 1895, il fut l'un des organisateurs de l'insurrection d'oct.-nov. 1917. Il dirigea la Tcheka (1917 - 1922), puis la Guépéou (1922 - 1926).

DZOUNGARIE ou **DJOUNGARIE,** région de la Chine occidentale (Xinjiang), entre l'Altaï mongol et le Tian Shan. C'est une vaste dépression qui conduit, par la *porte de Dzoungarie,* au Kazakhstan. — La région fut aux XVIIe-XVIIIe s. le centre d'un Empire mongol, qui fut anéanti par les Chinois (1754 - 1756).

E

Caractère Eras

EADS (European Aeronautic Defence and Space), groupe aérospatial européen, créé en 2000. Il regroupe les activités de ses trois sociétés fondatrices : Aerospatiale Matra (France), DaimlerChrysler Aerospace (DASA, Allemagne) et Construcciones Aeronáuticas (CASA, Espagne).

EAMES (Charles), *Saint Louis 1907 - id. 1978,* architecte et designer américain. Pionnier du design moderne, il a innové tant dans les techniques de fabrication que dans les formes.

EANES (António **Dos Santos Ramalho**), *Alcains 1935,* général et homme politique portugais. L'un des instigateurs du coup d'État du 25 avr. 1974, il fut président de la République de 1976 à 1986.

ÉAQUE MYTH. GR. L'un des trois juges des Enfers, avec Minos et Rhadamanthe.

EAST ANGLIA, royaume fondé par les Angles au VIe s. et annexé au VIIIe s. par Offa, roi de Mercie.

EASTBOURNE, v. de Grande-Bretagne (Angleterre), sur la Manche ; 83 200 hab. Station balnéaire du Sussex.

EAST KILBRIDE, v. de Grande-Bretagne (Écosse), près de Glasgow ; 70 000 hab.

EAST LONDON, v. d'Afrique du Sud (prov. du Cap-Est), sur l'océan Indien ; 194 000 hab. Port.

EASTMAIN, village cri du Canada (Québec), près de l'embouchure de la *rivière Eastmain,* dans la baie James ; 445 hab. Anc. centre de la traite des fourrures.

EASTMAN (George), *Waterville, État de New York, 1854 - Rochester 1932,* industriel américain. Il inventa le film photographique transparent de nitrocellulose (1889) et organisa la Eastman Kodak Company (1892).

EASTWOOD (Clint), *San Francisco 1930,* acteur et cinéaste américain. Il s'impose dans des westerns puis, devenu réalisateur et producteur, s'exprime dans les genres les plus divers : *Un frisson dans la nuit* (1971), *Pale Rider* (1985), *Bird* (1988), *Sur la route de Madison* (1995), *les Pleins Pouvoirs* (1997), *Space Cowboys* (2000).

EAUBONNE (95600), ch.-l. de cant. du Val-d'Oise, au S. de la forêt de Montmorency ; 23 026 hab. *(Eaubonnais).*

EAU D'HEURE (barrages de l'), plans d'eau de Belgique (Hainaut et prov. de Namur) sur l'*Eau d'Heure,* affl. de la Sambre.

EAUX-BONNES (64440), comm. des Pyrénées-Atlantiques ; 444 hab. Station thermale.

EAUX-CHAUDES, station thermale des Pyrénées-Atlantiques (comm. de Laruns).

EAUZE [eoz] (32800), ch.-l. de cant. du Gers, dans l'Armagnac ; 3 976 hab. *(Élusates).* Eau-de-vie. Conserverie. — C'est l'*Elusa* gallo-romaine. Église gothique d'env. 1500 ; musée.

EBBINGHAUS (Hermann), *Barmen, auj. dans Wuppertal, 1850 - Halle 1909,* psychologue allemand. Ses travaux sur la mémoire (*De la mémoire,* 1885) font de lui l'un des fondateurs de la psychologie expérimentale.

■ ÉVANGILES D'**EBBON.** *Saint Jean,* peinture en pleine page des *Évangiles d'Ebbon* ; Ier quart du IXe s. (Bibliothèque municipale, Épernay.)

EBBON, *v. 778 - Hildesheim 851,* archevêque de Reims. Il joua un rôle politique majeur sous Louis le Pieux et Lothaire Ier. — Les *Évangiles d'Ebbon* sont un célèbre manuscrit enluminé carolingien dédié à ce prélat et produit dans l'atelier de l'abbaye de Hautvillers, près d'Épernay.

EBERT (Friedrich), *Heidelberg 1871 - Berlin 1925,* homme politique allemand. Président du Parti social-démocrate allemand (1913), il contribua à la chute de Guillaume II (1918). Chancelier, il réduisit le spartakisme ; il fut le premier président de la République allemande (1919 - 1925).

EBERTH (Karl), *Würzburg 1835 - Berlin 1926,* bactériologiste allemand. Il découvrit le bacille de la fièvre typhoïde.

EBLA, cité antique de Syrie (auj. Tell Mardikh), à 70 km au S.-O. d'Alep. Au IIIe millénaire, le royaume d'Ebla était l'un des plus grands centres de l'Asie antérieure. Vestiges et importantes archives sur tablettes.

ÉBLÉ (Jean-Baptiste, comte), *Saint-Jean-Rohrbach, Moselle, 1758 - Königsberg 1812,* général français. En 1812, il assura le passage de la Berezina à la Grande Armée en retraite.

ÉBOUÉ (Félix), *Cayenne 1884 - Le Caire 1944,* administrateur français. Il fut le premier Noir gouverneur des colonies, d'abord à la Guadeloupe (1936), puis au Tchad (1938), territoire qu'il rallia à la France libre (1940).

ÈBRE n.m., en esp. **Ebro,** fl. d'Espagne, né dans les monts Cantabriques et qui se jette dans la Méditerranée ; 928 km. Il passe à Saragosse. Aménagements pour la production d'électricité et surtout l'irrigation.

ÉBREUIL (03450), ch.-l. de cant. de l'Allier ; 1 246 hab. Église, anc. abbatiale des XIe-XIIe s., avec beau clocher-porche et peintures murales.

ÉBROÏN [ebrɔɛ̃], *m. v. 683,* maire du palais de Neustrie sous Clotaire III et Thierry III. Il fit mettre à mort son adversaire saint Léger et battit les Austrasiens à Latofao, près de Laon (680). Il périt assassiné.

ÉBURONS, anc. peuple germanique de la Gaule Belgique, établi entre la Meuse et le Rhin. César les vainquit.

EÇA DE QUEIRÓS → QUEIRÓS.

ECATEPEC DE MORELOS, v. du Mexique, banlieue nord de Mexico ; 1 218 135 hab.

ECBATANE, cap. des Mèdes (v. 612 - 550 av. J.-C.), puis résidence royale des dynasties iraniennes. Vestiges antiques. (auj. *Hamadan*).

Ecclésiaste (livre de l'), livre biblique (IIIe s. av. J.-C.) qui souligne le caractère précaire de la vie : « tout est vanité ».

Ecclésiastique (livre de l') ou **le Siracide,** livre biblique (v. 200 av. J.-C.), recueil de maximes et de sentences.

ECEVIT (Bülent), *Istanbul 1925,* homme politique turc. Premier ministre en 1974, 1977 et 1978-1979, il est emprisonné à plusieurs reprises après le coup d'État militaire de 1980. Leader du parti de la Gauche démocratique, il revient à la tête du gouvernement en 1999.

ECHEGARAY (José), *Madrid 1832 - id. 1916,* auteur dramatique espagnol. Professeur de mathématiques, vulgarisateur scientifique et homme politique, il est l'auteur du *Grand Galeoto.* (Prix Nobel 1904.)

ECHEVERRÍA ÁLVAREZ (Luis), *Mexico 1922,* homme politique mexicain. Il fut président de la République de 1970 à 1976.

ÉCHIROLLES (38130), ch.-l. de cant. de l'Isère, banlieue sud de Grenoble ; 33 169 hab. *(Échirollois).*

ÉCHO MYTH. GR. Nymphe des sources et des forêts, personnification de l'écho.

Échos (les), journal économique français, créé en 1908, devenu quotidien en 1928.

ECHTERNACH, v. du Luxembourg, ch.-l. de cant., sur la Sûre ; 4 211 hab. Basilique (époques diverses) d'une anc. abbaye fondée en 698. — Célèbre pèlerinage dansant.

ÉCIJA, v. d'Espagne, en Andalousie, prov. de Séville ; 35 786 hab. Ensemble urbain et monumental typiquement andalou.

ECK (Johann **Maier,** dit Johann), *Egg an der Günz, Souabe, 1486 - Ingolstadt 1543,* théologien catholique allemand. Adversaire de Luther, il fut un ardent défenseur de l'Église romaine.

ECKART ou **ECKHART** (Johannes **Eckhart,** dit Maître), *Hochheim 1260 - Avignon ou Cologne*

■ **L'ÉCOLE D'ATHÈNES,** fresque de Raphaël au Vatican (1509 - 1510).

v. 1328, théologien et philosophe allemand. Dominicain, il enseigna à Paris et à Cologne. Son œuvre, composée de traités et de sermons, est à l'origine du courant mystique rhénan et se propose d'élever le savoir théologique au rang d'une sagesse véritable. Plusieurs de ses thèses furent condamnées par le pape Jean XXII.

ECKERSBERG (Christoffer Wilhelm), *Blåkrog 1783 - Copenhague 1853,* peintre danois. Son style net, clair et élégant est caractéristique de l'« âge d'or » de la peinture danoise.

ECKERT (John), *Philadelphie 1919 - Bryn Mawr, Pennsylvanie, 1995,* ingénieur américain. Avec John William **Mauchly** (Cincinnati 1907 - Ambles, Pennsylvanie, 1980), il a construit le premier ordinateur entièrement électronique, l'ENIAC *(Electronic Numerical Integrator And Calculator)* [1946] et créé une firme à l'origine du premier ordinateur de gestion, l'*Univac* (1952).

Eckmühl (bataille d') [22 avr. 1809], bataille de l'Empire. Victoire de Napoléon Ier et de Davout sur les Autrichiens, à 20 km au S. de Ratisbonne.

Écluse (bataille de L') [1340], bataille de la guerre de Cent Ans. Victoire de la flotte anglaise d'Édouard III sur la flotte française, au large de la ville néerlandaise de L'Écluse (en néerl. *Sluis*).

ECO (Umberto), *Alexandrie 1932,* écrivain italien. Il est l'auteur d'études sémiotiques sur les rapports de la création artistique et des moyens de communication de masse (*l'Œuvre ouverte,* 1962), et de romans (notamm. *le Nom de la rose,* 1980, qui mêle, dans un foisonnement verbal, questions théologiques et intrigue policière).

École d'Athènes (l'), grande fresque de Raphaël, exécutée en 1509 - 1510 dans la « chambre de la Signature » au Vatican. À cette œuvre, qui exalte la recherche rationnelle des philosophes, fait face *la Dispute du saint sacrement,* consacrée à la « vérité révélée ».

École de l'air, école de formation des officiers de l'armée de l'air. Fondée en 1935 à Versailles, elle est implantée depuis 1937 à Salon-de-Provence.

École militaire, édifice élevé de 1752 à 1774, à Paris, par J.A. Gabriel, pour y recevoir des élèves officiers. Ouverte en 1760, elle servit de caserne après 1787 et abrite auj. des établissements d'enseignement militaire supérieur.

École navale, école de formation des officiers de la Marine nationale, fondée à Brest en 1830 et installée depuis 1945 à Lanvéoc-Poulmic.

ÉCOMMOY (72220), ch.-l. de cant. de la Sarthe ; 4 363 hab. *(Écomméens).*

ÉCOSSE, en angl. **Scotland,** partie nord de la Grande-Bretagne ; 78 800 km² ; 5 130 000 hab. *(Écossais)* ; cap. *Édimbourg ;* v. princ. *Glasgow.* C'est un pays de hautes terres, surtout au N. (Grampians et Highlands), mais la population se concentre principalement dans les Lowlands.

HISTOIRE

La naissance de l'Écosse. Ier s. apr. J.-C. : les Romains entreprennent la conquête de l'Écosse, alors occupée par les Pictes, qui résistent victorieusement. **Ve - VIe s. :** Scots, Bretons et Angles s'établissent dans le pays, repoussant les Pictes vers le nord. **VIe - IXe s. :** l'évangélisation de l'Écosse (v. 563, par saint Colomba) puis les raids scandinaves (VIIIe-IXe s.) accélèrent la fusion de tous ces peuples. **843 :** le roi scot Kenneth MacAlpin règne sur les Scots et sur les Pictes. **1005 - 1034 :** Malcolm II réalise l'unité écossaise.

L'essor de la monarchie écossaise. 1124 - 1153 : avec David Ier, l'Écosse s'anglicise et la féodalité se développe. **1286 :** la mort sans héritier d'Alexandre III permet l'intervention d'Édouard Ier d'Angleterre, qui impose un protectorat sur le pays (1292), avant de l'annexer (1296). Wallace, puis Robert Ier Bruce s'opposent à cette conquête. **1314 :** la victoire de Bannockburn assure le triomphe de la cause écossaise. **1328 :** l'indépendance du pays est reconnue par le traité de Northampton.

L'Écosse des Stuarts. XIVe - XVe s. : au cours de la guerre de Cent Ans, l'Écosse s'engage avec les Stuarts dans l'alliance française. Le pays entre dans une longue période de convulsions internes. **XVIe s. :** la réforme religieuse de John Knox fait de nombreux adeptes dans l'aristocratie qui s'oppose alors à la monarchie, demeurée catholique. **1567 :** la reine Marie Stuart doit abdiquer en faveur de son fils Jacques VI. **1603 :** à la mort d'Élisabeth Ire, celui-ci devient roi d'Angleterre sous le nom de Jacques Ier. **1707 :** l'Acte d'union réalise la fusion des royaumes d'Écosse et d'Angleterre.

L'Écosse contemporaine. 1997 : le gouvernement britannique accorde à l'Écosse un statut d'autonomie (élection, en 1999, d'un Parlement régional aux pouvoirs étendus).

ÉCOUEN [ekwã] (95440), ch.-l. de cant. du Val-d'Oise ; 7 200 hab. *(Écouennais).* Important château construit d'env. 1538 à 1555 pour le connétable Anne de Montmorency ; il abrite le musée national de la Renaissance.

ÉCOUVES (forêt d'), forêt de Normandie (Orne) ; 15 000 ha. Elle porte l'un des points culminants du Massif armoricain (417 m).

ÉCRINS (massif des) ou **MASSIF DU PELVOUX,** massif des Alpes françaises (Isère et Hautes-Alpes) ; 4 102 m à la *barre des Écrins.* Parc national (env. 90 000 ha).

ÉCULLY (69130), comm. du Rhône, banlieue de Lyon ; 18 774 hab. *(Écullois).*

Edda, nom donné à deux recueils islandais des traditions mythologiques et légendaires des anciens peuples scandinaves. L'*Edda poétique* est un ensemble de poèmes anonymes, rédigés probablement au XIIe s. L'*Edda prosaïque* est l'œuvre de Snorri Sturluson (v. 1220).

EDDINGTON (sir Arthur Stanley), *Kendal 1882 - Cambridge 1944,* astrophysicien britannique. Pionnier de l'astrophysique stellaire, il développa la théorie de l'équilibre radiatif des étoiles (1916 - 1924), qui lui permit d'élaborer, le premier, un modèle de leur structure interne ; il découvrit en 1924 qu'il existe une relation entre la masse et la luminosité des étoiles.

EDDY (Mary **Baker**), *Bow, New Hampshire, 1821 - Chestnut Hill, Massachusetts, 1910,* réformatrice américaine, fondatrice du mouvement de la *Science chrétienne* (1883).

EDE, v. du sud-ouest du Nigeria ; 278 000 hab.

EDE, v. des Pays-Bas (Gueldre) ; 94 754 hab.

ÉDÉA, v. du Cameroun, sur la Sanaga ; 31 000 hab. Usine d'aluminium.

EDEGEM [edəgɛm], comm. de Belgique (prov. d'Anvers), banlieue d'Anvers ; 23 227 hab.

ÉDEN (mot hébreu signif. *Délices*), lieu où la Bible (Genèse) situe le paradis terrestre.

EDEN (Anthony), comte **d'Avon,** *Windlestone Hall 1897 - Alvediston 1977,* homme politique britannique. Conservateur, il fut plusieurs fois ministre des Affaires étrangères à partir de 1935, puis Premier ministre de 1955 à 1957.

ÉDESSE, ville et cité caravanière de Mésopotamie (auj. Urfa, Turquie), qui fut du IIe s. au Xe s. un important centre intellectuel de langue syriaque. Elle fut la capitale d'un État latin du Levant, le *comté d'Édesse* (1098 - 1144), fondé par Baudouin Ier de Boulogne.

EDF-GDF (Électricité de France-Gaz de France), entreprises françaises nationalisées de service public. Créées en 1946, elles sont chargées de gérer la production, le transport et la distribution de l'énergie électrique et du gaz domestique en France (secteurs ouverts à la concurrence, au niveau européen, à partir de 1999 pour l'électricité et de 2000 pour le gaz).

EDFOU ou **IDFU,** v. d'Égypte, sur le Nil ; 28 000 hab. Temple ptolémaïque d'Horus, l'un des mieux conservés d'Égypte.

EDGAR le Pacifique, *944 - 975,* roi des Anglo-Saxons (959 - 975). Il renforça la monarchie par ses réformes administratives.

■ L'**ÉCOLE MILITAIRE,** édifice élevé par J.A. Gabriel à l'extrémité du Champ-de-Mars, à Paris, à partir de 1752.

■ **ÉCOUEN.** Aquarelle d'Alphonse Lejeune (XIXe s.) présentant l'état ancien du château. (Musée de l'Île-de-France, Sceaux.)

EDGAR ATHELING ou **AETHELING,** *v. 1050 - v. 1125,* prince anglo-saxon. Il s'opposa vainement à Harold II en 1066, puis à Guillaume le Conquérant pour la possession du trône d'Angleterre.

EDIACARA, site paléontologique d'Australie méridionale, au nord d'Adélaïde. Il a livré d'exceptionnels fossiles d'animaux à corps mou du précambrien (600 millions d'années), dont certains ne peuvent être reliés à aucun groupe connu.

ÉDIMBOURG, en angl. **Edinburgh,** v. de Grande-Bretagne, cap. de l'Écosse, sur l'estuaire du Forth ; 420 000 hab. *(Édimbourgeois).* Centre commercial et universitaire. Tourisme. — Dans la vieille ville, château avec parties médiévales, cathédrale gothique et palais de Holyrood, du XVIIe s. Ensemble classique (XVIIIe-XIXe s.) de la « ville neuve ». Musées, dont la National Gallery of Scotland et le Museum of Scotland. — Festival annuel (musique, ballet, théâtre).

EDIRNE, anc. **Andrinople,** v. de la Turquie d'Europe ; 102 345 hab. Lieu de résidence des sultans ottomans : mosquée Selimiye (1569 - 1574), chef-d'œuvre de *Sinan.

EDISON (Thomas), *Milan, Ohio, 1847 - West Orange, New Jersey, 1931,* inventeur américain. Parmi ses nombreuses inventions figurent notamm. le télégraphe duplex (1864), le phonographe et le microtéléphone (1877), la lampe à incandescence (1878). Il découvrit l'émission d'électrons par un filament conducteur chauffé à haute température dans le vide (1883), à la base du fonctionnement des tubes électroniques.

■ THOMAS **EDISON** et son phonographe. (Coll. G. Sirot.)

EDMOND Ier, *921 - Pucklechurch, Gloucestershire, 946,* roi des Anglo-Saxons (939 - 946). Il soumit Malcolm Ier, roi d'Écosse (945).

EDMOND RICH (saint), *Abingdon v. 1170 - Soisy 1240,* prélat anglais. Archevêque de Canterbury, il s'opposa au roi d'Angleterre Henri III à propos de la collation des bénéfices ecclésiastiques et s'exila en France.

EDMONTON, v. du Canada, cap. de l'Alberta ; 616 741 hab. Centre commercial et industriel (raffinage du pétrole et chimie). Université.

EDMUNDSTON, v. du Canada (Nouveau-Brunswick), sur la rivière Saint-Jean ; 9 348 hab.

EDO, peuple du sud-ouest du Nigeria. Les Edo créèrent le royaume du Bénin et ont été longtemps assimilés à une branche de la nation yoruba. Ils parlent une langue kwa.

EDO ou **YEDO,** cap. de la dynastie shogunale des Tokugawa. En 1868, elle prit le nom de Tokyo.

ÉDOM ou **IDUMÉE,** région au sud de la Palestine, habitée jadis par les Édomites.

ÉDOMITES ou **IDUMÉENS,** tribus sémitiques établies au sud-est de la mer Morte (Édom) et soumises par David (Xe s. av. J.-C.). Le nom d'*Iduméens* fut utilisé à l'époque gréco-romaine.

ÉDOUARD (lac), lac de l'Afrique équatoriale, entre l'Ouganda et la Rép. dém. du Congo (ex-Zaïre) ; 2 150 km^2.

ANGLETERRE ET GRANDE-BRETAGNE

ÉDOUARD l'Ancien, *m. à Farndon en 924,* roi des Anglo-Saxons (899 - 924). Il refoula les Danois jusqu'au Humber et reçut leur hommage.

ÉDOUARD le Confesseur (saint), *Islip v. 1003 - Londres 1066,* roi d'Angleterre (1042 - 1066). Il restaura la monarchie anglo-saxonne.

ÉDOUARD Ier, *Westminster 1239 - Burgh by Sands 1307,* roi d'Angleterre (1272 - 1307), de la dynastie des Plantagenêts. Fils et successeur d'Henri III, il soumit les Gallois (1282 - 1284) et fit reconnaître sa suzeraineté par l'Écosse (1292), avant d'en entreprendre la conquête (1296). Il établit une importante législation et restaura l'autorité royale. — **Édouard II,** *Caernarvon 1284 - Berkeley 1327,* roi d'Angleterre (1307 - 1327), de la dynastie des Plantagenêts. Fils d'Édouard Ier, il ne put soumettre l'Écosse (Bannockburn, 1314) ; après de longues luttes contre la grande aristocratie britannique, il fut trahi par sa femme Isabelle de France, déposé, puis assassiné. — **Édouard III,** *Windsor 1312 - Sheen 1377,* roi d'Angleterre (1327 - 1377), de la dynastie des Plantagenêts. Fils d'Édouard II et d'Isabelle de France, revendiquant comme petit-fils de Philippe IV le Bel le trône capétien, il entreprit contre la France la guerre de Cent Ans ; vainqueur à Crécy (1346), il prit Calais (1347), puis imposa à Jean le Bon la paix de Brétigny (1360). Il institua l'ordre de la Jarretière. — **Édouard IV,** *Rouen 1442 - Westminster 1483,* roi d'Angleterre (1461 - 1483), de la maison d'York. Fils de Richard, duc d'York, il signa avec la France le traité de Picquigny (1475), qui mit fin à la guerre de Cent Ans. — **Édouard V,** *Westminster 1470 - tour de Londres 1483,* roi d'Angleterre (1483), de la maison d'York. Fils et successeur d'Édouard IV, il fut séquestré et assassiné en même temps que son frère Richard par leur oncle, le futur Richard III. — **Édouard VI,** *Hampton Court 1537 - Greenwich 1553,* roi d'Angleterre et d'Irlande (1547 - 1553), de la dynastie des Tudors. Fils d'Henri VIII et de Jeanne Seymour, il laissa gouverner son oncle, Edward Seymour, duc de Somerset, puis John Dudley. Il favorisa la propagation du protestantisme dans son royaume. — **Édouard VII,** *Londres 1841 - id. 1910,* roi de Grande-Bretagne et d'Irlande (1901 - 1910), de la dynastie de Hanovre. Fils de la reine Victoria, il s'intéressa surtout à la politique extérieure et fut l'initiateur de l'Entente cordiale avec la France (1904). — **Édouard VIII,** *Richmond, auj. Richmond upon Thames, 1894 - Paris 1972,* roi de Grande-Bretagne et d'Irlande du Nord en 1936, de la dynastie de Windsor. Fils aîné de George V, il abdiqua dès 1936 afin d'épouser une Américaine divorcée, Mrs. Simpson, et reçut alors le titre de duc de Windsor.

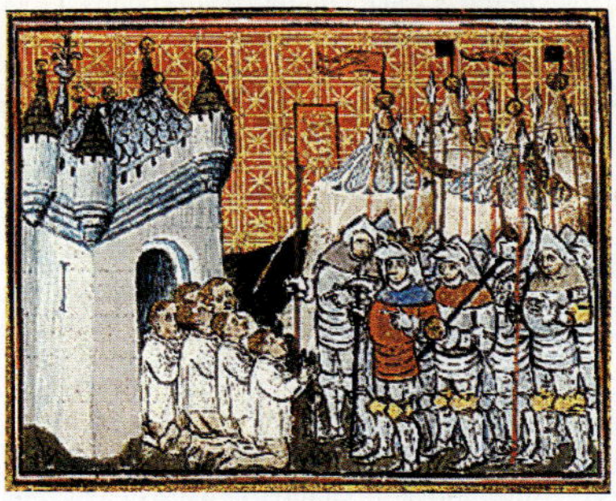

■ **ÉDOUARD III.** Miniature (XVe s.) des *Chroniques* de Froissart représentant les six bourgeois de Calais se livrant à Édouard III après la prise de la ville, en 1347. (BNF, Paris.)

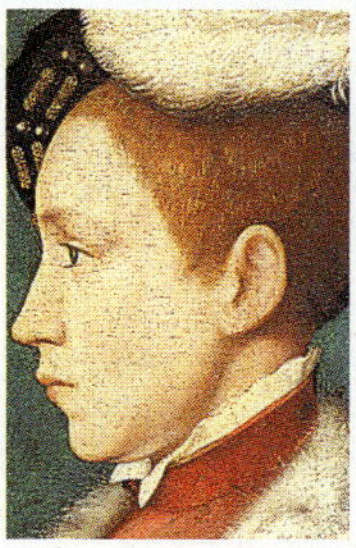

■ **ÉDOUARD VI** (détail), par Holbein le Jeune. (Metropolitan Museum, New York.)

■ **ÉDOUARD VII**

ÉDOUARD, le Prince Noir, *Woodstock 1330 - Westminster 1376,* prince de Galles. Fils aîné d'Édouard III, il gagna la bataille de Poitiers, où il fit prisonnier Jean le Bon (1356). Prince d'Aquitaine (1362 - 1372), il combattit en Castille Henri II le Magnifique (bataille de Nájera, 1367).

PORTUGAL

ÉDOUARD, en port. **Duarte,** *Lisbonne 1391 - Tomar 1438,* roi de Portugal (1433 - 1438), de la dynastie d'Aviz. Fils de Jean Ier, il codifia les lois portugaises.

EDRISI (el-) ⟶ **IDRISI (al-).**

ÉDUENS, anc. peuple de la Gaule celtique, établi dans les départements actuels de Saône-et-Loire et de la Nièvre. Bibracte était leur ville principale. Alliés des Romains, ils se rallièrent un temps à Vercingétorix.

Edwards (base), base de l'US Air Force, dans le désert Mohave, au N. de Los Angeles. Centre d'essais en vol de la NASA et piste d'atterrissage de la navette spatiale américaine.

EDWARDS (William Blake **McEdwards,** dit Blake), *Tulsa, Oklahoma, 1922,* cinéaste américain. Il est plus connu pour la série de films commencée avec *la Panthère rose* (1964) que pour la richesse et la diversité de son cinéma burlesque (*Opération jupons,* 1959 ; *Diamants sur canapé* 1961 ; *Victor Victoria,* 1982).

EEE, sigle de *Espace économique européen.

EEKHOUD (Georges), *Anvers 1854 - Bruxelles 1927,* écrivain belge de langue française. Ses romans font une peinture réaliste du peuple de la Campine (*Kermesses,* 1885).

EEKLO [eklo], v. de Belgique, ch.-l. d'arrond. de la Flandre-Orientale ; 19 032 hab.

EFFEL (François **Lejeune,** dit Jean), *Paris 1908 - id. 1982,* dessinateur français. Il est l'auteur de recueils d'un humour poétique *(la Création du monde)* et de caricatures.

EFFIAT (Antoine **Coeffier de Ruzé,** marquis **d'**), *Effiat 1581 - Lutzelbourg, Moselle, 1632,* maréchal de France. Surintendant des Finances, il était le père de Cinq-Mars.

EGAS (Enrique), architecte espagnol du 1er tiers du XVIe s., d'ascendance flamande. Il a construit dans le style plateresque l'hôpital royal de Saint-Jacques-de-Compostelle (1501 - 1512) et a travaillé à la cathédrale de Grenade.

Égates ou **Ægates** (bataille des îles) [241 av. J.-C.], bataille navale qui mit fin à la première guerre punique par la victoire des Romains, au large de la Sicile, sur les Carthaginois.

Égaux (conjuration des) [1796 - 1797], conspiration contre le Directoire, dirigée par Babeuf. Elle fut dénoncée et ses instigateurs guillotinés.

EGBERT, *v. 775 - 839,* roi de Wessex (802 - 839). Il réunit sous sa domination l'heptarchie anglo-saxonne et combattit les invasions scandinaves.

EGEDE (Hans), *Hinnøy, Norvège, 1686 - Stubbekøbing, Falster, 1758,* pasteur luthérien norvégien, évangélisateur du Groenland.

ÉGÉE MYTH. GR. Roi d'Athènes. Croyant que son fils Thésée avait été dévoré par le Minotaure, il se noya dans la mer qui porte son nom.

ÉGÉE (mer), partie de la Méditerranée entre la Grèce et la Turquie.

EGER ⟶ **OHŘE.**

EGER, v. de Hongrie, au pied des monts Mátra ; 61 892 hab. Monuments surtout d'époques gothique et baroque.

ÉGÉRIE MYTH. ROM. Nymphe qui était censée conseiller en secret le roi Numa.

EGHEZÉE, comm. de Belgique (prov. de Namur), au N. de Namur ; 12 060 hab.

ÉGINE, île de la Grèce, dans le *golfe d'Égine,* entre le Péloponnèse et l'Attique ; 10 000 hab. *(Éginètes),* dont 5 440 dans la ville homonyme. La ville fut du VIIIe au Ve s. av. J.-C. une riche et puissante cité qui imposa son système monétaire au monde grec. Elle tomba sous la domination athénienne au Ve s. av. J.-C. — Temple d'Athéna Aphaia (500 - 490) [à la glyptothèque de Munich, décoration sculptée, restaurée].

ÉGINHARD ou **EINHARD,** *Maingau, Franconie, v. 770 - Seligenstadt 840,* chroniqueur franc. L'un des principaux représentants de la renaissance carolingienne, il est l'auteur d'une *Vie de Charlemagne* (v. 830).

ÉGISTHE MYTH. GR. Roi de Mycènes, de la famille des Atrides. Amant de Clytemnestre et meurtrier d'Agamemnon, il fut tué par Oreste.

ÉGLETONS (19300), ch.-l. de cant. de la Corrèze ; 5 319 hab. *(Égletonnais).* Marché. Agroalimentaire. École de travaux publics.

Église catholique ou **Église romaine,** Église chrétienne, qui reconnaît le magistère suprême du pape, évêque de Rome.

Églises orientales ⟶ **Orient** (Églises chrétiennes d').

E

Églises protestantes, ensemble des Églises issues de la Réforme. Elles se sont organisées autour de trois courants principaux, le luthéranisme, le calvinisme et l'anglicanisme, qui ont donné naissance à de nombreuses autres Églises.

EGMONT (Lamoral, comte **d'**), prince **de Gavre,** *La Hamaide 1522-Bruxelles 1568,* gentilhomme du Hainaut. Capitaine général des Flandres et conseiller d'État, il fut décapité avec le comte de Hornes à la suite d'une révolte des Pays-Bas contre Philippe II. – Son histoire a inspiré à Goethe une tragédie (1788), pour laquelle Beethoven composa une musique de scène (1810).

EGOLZWIL, site archéologique de Suisse, près de Lucerne. Vestiges d'un village d'agriculteurs itinérants du néolithique moyen suisse (première moitié du IVe millénaire).

ÉGYPTE n.f., en ar. **Miṣr,** État de l'Afrique du Nord-Est, sur la Méditerranée ; 1 000 000 km² ; 64 200 000 hab. *(Égyptiens).* CAP. *Le Caire.* V. PRINC. *Alexandrie.* LANGUE : *arabe.* MONNAIE : *livre égyptienne.*

INSTITUTIONS

République depuis juin 1953. La Constitution de 1971 a été amendée en 1980. Elle fait de ce pays un État démocratique socialiste, dans lequel la charia est néanmoins la source unique du droit et de la loi. Le président de la République est élu par référendum pour 6 ans sur proposition de l'Assemblée du peuple. Le Premier ministre est responsable devant l'Assemblée du peuple, élue pour 5 ans (à l'exception de 10 de ses 454 membres, nommés par le président de la République).

GÉOGRAPHIE

La quasi-totalité de la population se concentre dans la vallée du Nil, qui représente moins de 5 % de la superficie du pays, dont le reste est formé de déserts parsemés d'oasis. La construction de barrages-réservoirs (dont le « haut barrage » d'Assouan) a permis une irrigation, aujourd'hui indépendante de la crue saisonnière du Nil, qui a rendu possible le développement des cultures commerciales (canne à sucre et surtout coton), à côté des traditionnelles cultures céréalières (blé, maïs, riz). L'industrie (textile surtout) est peu développée, malgré la présence du pétrole. La population a un niveau de vie d'autant plus faible qu'elle s'accroît toujours rapidement. Le problème du surpeuplement est grave, notamment au Caire, la plus grande ville d'Afrique. Les envois des émigrés, les revenus du canal de Suez et d'un tourisme menacé par le terrorisme islamiste ne comblent pas le lourd déficit commercial.

HISTOIRE

VIIe-V[e] millénaire av. J.-C. Néolithisation et, vers 5500, civilisation fondée sur l'économie villageoise associée aux premières nécropoles. Vers 4500 apparaît le prédynastique ancien : préfiguration des caractéristiques de la civilisation pharaonique (rituel et mobilier funéraire).

L'Égypte des pharaons. 3150 - 2700 av. J.-C. (époque thinite, Ire et IIe dynasties) : Ménès (ou Narmer) unifie l'Égypte. Apparition du relief (palette de Narmer) et de l'écriture hiéroglyphique. **2700 - 2190** (Ancien Empire, IIIe -VIe dynastie) : Memphis devient capitale de l'Égypte. Temps des pyramides : pyramide à degrés de Djoser à Saqqarah (IIIe dynastie) ; pyramides de Kheops, Khephren et Mykerinus à Gizeh (IVe dynastie). Nécropoles des dignitaires aux mastabas ornés de reliefs polychromes. **v. 2160 - v. 2060** (première période intermédiaire, VIIe ?-XIe dynastie) : période de troubles politiques et sociaux. **v. 2060 - 1785** (Moyen Empire, ou premier Empire thébain, fin de la XIe -XIIe dynastie) : l'Égypte conquiert la Syrie et la Nubie. La XIIe dynastie favorise le culte d'Amon. Constructions du complexe funéraire de Deir el-Bahari, mise en valeur du Fayoum. **v. 1780 - v. 1550** (seconde période intermédiaire, XIIIe -XVIIe dynastie) : invasion des Hyksos venus d'Asie. Utilisation du cheval attelé. **v. 1580 - 1085** (Nouvel Empire, ou second Empire thébain, XVIIIe -XXe dynastie) : avec Thèbes pour capitale, l'Égypte est une des grandes puissances du Proche-Orient. Sous les règnes de Thoutmosis III, d'Aménophis IV, initiateur du culte d'Aton (sous le nom d'Akhenaton), et de Ramsès II, elle connaît un épanouissement artistique inégalé avec la construction de grands ensembles architecturaux : Karnak, temples funéraires d'Hatshepsout, de Ramsès II et de Ramsès III à Deir el-Bahari, hypogées royaux de la Vallée des Rois ; aboutissement architectural du temple divin (Louqsor). La peinture murale est à son apogée. Réalisme et sensualité caractérisent la sculpture du règne d'Akhenaton (buste de Néfertiti, colosses d'Akhenaton). **1085 - VIe s. av. J.-C.** (Basse Époque, XXe -XXVIe dynastie) : 1085 marque la fin de l'unité égyptienne. Des dynasties étrangères ou nationales alternent au pouvoir (XXIe -XXVe dynastie, dynastie saïte) ; grande activité architecturale (temples de Philae, Denderah, Edfou). Le pays subit l'invasion assyrienne. En 525, le roi perse Cambyse conquiert l'Égypte. **VIe - IVe s. av. J.-C.** (XXVIIe -XXXe dynastie) : des rois perses et indigènes se succèdent.

L'Égypte hellénistique, romaine et byzantine. 332 : Alexandre Ier le Grand s'empare de l'Égypte. **305 - 30 :** les Lagides, dynastie grecque, règnent sur le pays. **30 av. J.-C. - 395 apr. J.-C. :** l'Égypte est dans la dépendance romaine. Le christianisme se développe. **395 - 639 :** l'Égypte est dans la mouvance byzantine. Les chrétiens forment l'Église copte.

L'Égypte musulmane jusqu'à Méhémet-Ali. 640 - 642 : les troupes arabes de Amr conquièrent le pays. **642 - 868 :** intégrée à l'Empire musulman des Omeyyades puis des Abbassides, l'Égypte est islamisée. Les Coptes ne représentent plus qu'un quart de la population en 750. **868 - 905 :** les Tulunides, affranchis de la tutelle abbasside, gouvernent le pays. **969 - 1171 :** les Fatimides, dynastie chiite ismaélienne, fondent Le Caire et l'université d'al-Azhar (973). **1171 :** Saladin prend le pouvoir. **1171 - 1250 :** la dynastie ayyubide fondée par Saladin s'empare de la quasi-totalité des États latins du Levant et restaure le sunnisme. **1250 - 1517 :** la caste militaire des Mamelouks domine le pays et y instaure une administration efficace. **1517 - 1805 :** l'Égypte est une province ottomane. Elle est occupée par les troupes françaises commandées par Bonaparte (1798 - 1801).

L'Égypte moderne. 1805 - 1848 : Méhémet-Ali, qui s'est déclaré pacha à vie, massacre les Mamelouks (1811) et modernise le pays. Il conquiert le Soudan (1820). **1867 :** Ismaïl Pacha obtient le titre de khédive (vice-roi). **1869 :** le canal de Suez est inauguré. L'Égypte, ne pouvant plus assurer le paiement des dettes qu'elle a contractées, doit accepter que les postes-clefs du gouvernement soient confiés à des Français et à des Britanniques, puis à ces derniers seulement, qui établissent une domination de fait sur le pays dès 1882. **1914 - 1922 :** mettant fin à la suzeraineté ottomane, le protectorat britannique est établi. **1922 :** il est supprimé, et l'Égypte devient un royaume. **1922 - 1936 :** sous le règne de Fuad Ier, le parti nationaliste Wafd lutte pour l'obtention de l'indépendance effective. **1936 :** le traité anglo-égyptien confirme l'indépendance de l'Égypte, qui accepte le stationnement de troupes britanniques sur son territoire. **1936 - 1952 :** sous Farouk Ier, les Frères musulmans radicalisent le mouvement nationaliste, qui se renforce encore après la défaite infligée aux armées arabes par Israël (1948 - 1949).

L'Égypte républicaine. 1952 : les « officiers libres » dirigés par Néguib et Nasser prennent le pouvoir. **1953 :** la république est proclamée. **1954 :** Nasser devient le seul maître du pays. **1956 :** il obtient des Soviétiques le financement du haut barrage d'Assouan et nationalise le canal de Suez, ce qui provoque un conflit avec Israël et l'intervention militaire franco-britannique. **1958 - 1961 :** l'Égypte et la Syrie forment la République arabe unie, présidée par Nasser. **1967 :** la guerre des « Six-Jours » entraîne la fermeture du canal de Suez et l'occupation du Sinaï par Israël. **1970 :** Sadate succède à Nasser. **1973 :** « guerre du Kippour » : l'Égypte récupère le contrôle du canal de Suez. **1976 :** l'Égypte rompt ses relations avec l'URSS et expulse les derniers conseillers soviétiques. **1979 :** le traité de paix avec Israël est signé à Washington conformément aux accords de Camp David. **1981 :** Sadate est assassiné par des extrémistes islamistes. H. Moubarak devient président de la République. **1982 :** l'Égypte récupère le Sinaï. Après la signature de la paix avec Israël, elle est mise au ban du monde arabe, puis s'en rapproche à partir de 1983 - 1984. Sous la pression des fondamentalistes musulmans, elle procède à une certaine islamisation des lois, de la Constitution et de l'enseignement. **1989 :** l'Égypte est réintégrée au sein de la Ligue arabe. **1991 :** lors de la guerre du Golfe, elle participe à la force multinationale contre l'Iraq. **Depuis 1993 :** le gouvernement exerce une sévère répression contre les islamistes, qui multiplient les attentats.

Égypte (campagne d') [1798 - 1801], action engagée par Bonaparte dans le but de s'assurer une base d'opérations contre la domination britannique en Inde. Marquée par l'écrasement des Mamelouks à la bataille des Pyramides (1798) et par l'anéantissement de la flotte française à Aboukir (1798), elle permit aussi une meilleure

■ L'ART DE L'ÉGYPTE PHARAONIQUE

Alors qu'il semble centré sur le réel et le pittoresque du quotidien, l'art de l'Égypte pharaonique est essentiellement funéraire. Et, au-delà des apparences, c'est l'une des symboliques religieuses les plus élaborées qui guide le défunt, à travers les rites de passage, vers l'accès à l'éternité.

La nécropole de Gizeh. Les pyramides ont été élevées sous la IVe dynastie pour les pharaons : Kheops à l'arrière-plan, Khephren au centre et Mykerinus, la moins haute des trois, précédant celles, plus petites, des reines.

La palette de Narmer. Commémorative d'une victoire du roi, elle est le plus ancien document attestant l'unification de l'Égypte. Schiste, époque thinite, v. 3200 av. J.-C. (Musée égyptien, Le Caire.)

Khephren protégé par le faucon du dieu Horus. ▷ Le roi est assis sur un trône orné de plantes emblématiques de la Haute- et de la Basse-Égypte. Diorite, IVe dynastie. (Musée égyptien, Le Caire.)

Mastaba de Ti. Reliefs de la chapelle : le passage du gué. Tout dans le tombeau – architecture, décor, offrandes – est voué à la survie du défunt. Saqqarah, IVe dynastie.

Hypogée de Nakht. Plus de mille ans après Ti, les plaisirs terrestres animent toujours la survie. Ici, les participantes au banquet sont parées de bijoux et de cônes parfumés sur la perruque. Vallée des Nobles, à Thèbes, XVIIIe dynastie.

Le scribe Nebmertouf. Protégé par le babouin du dieu Thot, le scribe (qui vivait v. 1400 av. J.-C.) demeure l'image emblématique de l'Égypte. Schiste, XVIIIe dynastie. (Louvre, Paris.)

Le temple de Khonsou à Karnak. Les structures essentielles et immuables d'un temple divin se déploient derrière l'imposante maçonnerie pleine du pylône. Long. : 75 m ; commencé en 1190 av. J.-C., XIXe-XXe dynastie.

Cuiller à fard. La symbolique de cet objet rituel est très élaborée : signe de vie pour la forme, plantes aquatiques du renouveau pour le décor. Bois, XVIIIe dynastie. (Louvre, Paris.)

connaissance de l'Égypte ancienne (fondation de l'Institut d'Égypte). Bonaparte fut remplacé par Kléber (1799), puis par Menou, qui capitula et signa une convention d'évacuation avec les Anglais (1801).

EHRENBOURG (Ilia Grigorievitch), *Kiev 1891 - Moscou 1967,* écrivain soviétique. Auteur de récits sociaux et patriotiques, il fut l'un des premiers à critiquer le climat moral du stalinisme (*le Dégel,* 1954).

EHRENFELS (Christian, baron **von**), *Rodaun, près de Vienne, 1859 - Lichtenau 1932,* psychologue autrichien. Ses travaux sur la perception font de lui l'un des fondateurs de la théorie de la forme.

EHRLICH (Paul), *Strehlen, Silésie, 1854 - Bad Homburg 1915,* médecin allemand. Il découvrit l'action de certaines molécules sur la syphilis. (Prix Nobel 1908.)

EICHENDORFF (Joseph, baron **von**), *château de Lubowitz, Haute-Silésie, 1788 - Neisse, auj. Nysa, 1857,* écrivain allemand. Son œuvre poétique et narrative (*Scènes de la vie d'un propre à rien*) exprime un romantisme marqué par une tendance au mysticisme.

EICHMANN (Adolf), *Solingen 1906 - Ramla, Israël, 1962,* officier allemand. Membre du parti nazi puis de la SS, il joua, à partir de 1938, un rôle capital dans la déportation et l'extermination des Juifs. Il se réfugia après la guerre en Argentine, où il fut enlevé par les services secrets israéliens en 1960, condamné à mort et exécuté.

EIFEL, massif boisé d'Allemagne (Rhénanie-Palatinat) ; 747 m.

EIFFEL (Gustave **Bonickausen,** dit **Eiffel,** puis Gustave), *Dijon 1832 - Paris 1923,* ingénieur français. L'un des meilleurs spécialistes mondiaux de la construction métallique, il édifia de nombreux ouvrages d'art (ponts, viaducs, notamm. celui de *Garabit) et la tour qui porte son nom. Il mit également au point l'ossature de la statue de la Liberté, à New York.

Eiffel (tour), monument métallique, érigé par G. Eiffel sur le Champ-de-Mars, à Paris, pour l'Exposition universelle de 1889 ; sa hauteur est de 324 m hors tout (300 m à l'origine).

■ La TOUR **EIFFEL**, vue du Trocadéro.

EIGEN (Manfred), *Bochum 1927,* physico-chimiste allemand. Il a déterminé le mécanisme de réactions chimiques extrêmement rapides. (Prix Nobel de chimie 1967.)

EIGER n.m., sommet des Alpes bernoises (Suisse) ; 3 970 m. Première ascension en 1858 par C. Barrington, C. Almer et P. Bohren.

EIJKMAN (Christiaan), *Nijkerk 1858 - Utrecht 1930,* physiologiste néerlandais. Ses travaux sur le béribéri (1896) ont permis la découverte des vitamines. (Prix Nobel 1929.)

EILAT, v. d'Israël, sur la mer Rouge, au fond du golfe d'Aqaba ; 24 700 hab. Port et station balnéaire.

EINAUDI (Luigi), *Carru, Piémont, 1874 - Rome 1961,* économiste et homme politique italien. Il fut président de la République de 1948 à 1955.

EINDHOVEN, v. du sud des Pays-Bas ; 192 895 hab. Constructions électriques et électroniques. — Musée d'Art moderne et musée des Sciences et Techniques.

EINHARD → **ÉGINHARD.**

EINSIEDELN, v. de Suisse (cant. de Schwyz) ; 10 869 hab. Abbaye reconstruite fastueusement au début du XVIIIe s. — Pèlerinage.

EINSTEIN (Albert), *Ulm 1879 - Princeton 1955,* physicien d'origine allemande naturalisé suisse, puis américain. Il établit la théorie du mouvement brownien et, appliquant la théorie des quanta à l'énergie rayonnante, aboutit au concept de photon. Il est surtout l'auteur des théories de la relativité (*relativité restreinte,* 1905 ; *relativité générale,* 1916), qui ont marqué la science moderne, dans lesquelles il révise profondément les notions physiques d'espace et de temps, et établit l'équivalence de la masse et de l'énergie ($E = mc^2$). Épris de justice et de paix, il cosigna la lettre au président Roosevelt qui, devant la menace allemande, lança les recherches sur l'arme nucléaire. Mais, après la guerre, il lutta activement contre la prolifération de cette arme, notamm. avec B. Russell. (Prix Nobel 1921.)

EINTHOVEN (Willem), *Semarang, Java, 1860 - Leyde 1927,* physiologiste néerlandais. Il a inventé l'électrocardiographie. (Prix Nobel 1924.)

ÉIRE, nom gaélique de l'Irlande, adopté par l'État libre en 1937.

EISENACH, v. d'Allemagne (Thuringe) ; 46 951 hab. Château de la *Wartburg et autres monuments. Musée de la Thuringe ; maisons-musées de Luther et de Bach.

EISENHOWER (Dwight David), *Denison, Texas, 1890 - Washington 1969,* général et homme politique américain. Il dirigea les débarquements alliés en Afrique du Nord (1942), en Italie (1943), puis en Normandie (1944). Commandant en chef des forces alliées, il reçut la capitulation de l'Allemagne à Reims, le 7 mai 1945. Nommé en 1950 à la tête des forces du Pacte atlantique en Europe, il fut président républicain des États-Unis de 1953 à 1961.

EISENHÜTTENSTADT, anc. **Stalinstadt,** v. d'Allemagne (Brandebourg), sur l'Oder ; 47 545 hab. Sidérurgie.

EISENSTADT, v. d'Autriche, cap. du Burgenland ; 10 506 hab. Château Esterházy, surtout du XVIIe s. ; musée.

EISENSTEIN (Sergueï Mikhaïlovitch), *Riga 1898 - Moscou 1948,* cinéaste soviétique. Son rôle est fondamental dans l'histoire du cinéma, par ses écrits et par ses fresques épiques associant inspiration révolutionnaire et recherche esthétique : *la Grève* (1925), *le Cuirassé « Potemkine » (id.), Octobre* (1927), *Que viva Mexico !* (1931, inachevé), *Alexandre Nevski* (1938), *Ivan le Terrible* (en deux parties, 1942 - 1946).

EITOKU → **KANO.**

EK (Mats), *Malmö 1945,* danseur et chorégraphe suédois. Codirecteur (1980 - 1985) puis directeur (1985 - 1993) du Ballet fondé par sa mère, Birgit Cullberg, il poursuit ensuite une carrière indépendante. Créateur de pièces fortes (*Soweto,* 1977), il se rend célèbre par ses relectures de ballets classiques (*Giselle,* 1982 ; *le Lac des cygnes,* 1987 ; *la Belle au bois dormant,* 1996).

EKATERINBOURG → **IEKATERINBOURG.**

EKELÖF (Gunnar), *Stockholm 1907 - Sigtuna 1968,* poète suédois. Il unit les recherches surréalistes aux thèmes lyriques traditionnels.

EKELUND (Vilhelm), *Stehag 1880 - Saltsjöbaden 1949,* poète suédois. Influencé par les symbolistes français, il est l'un des précurseurs de la poésie moderne suédoise.

Ekofisk, gisement d'hydrocarbures de la mer du Nord, dans la zone exploitée par la Norvège.

■ ALBERT **EINSTEIN** en 1946.

■ DWIGHT DAVID **EISENHOWER**

ÉLAGABAL ou **HÉLIOGABAL** (**Marcus Aurelius Antoninus,** dit), *204 - Rome 222,* empereur romain (218 - 222). Grand prêtre du Baal solaire d'Émèse (Syrie), qu'il proclama dieu suprême de l'Empire, il fut assassiné par les prétoriens.

ÉLAM n.m., anc. État situé dans le sud-ouest de l'Iran actuel (la *Susiane* des Grecs). Siège d'une grande civilisation dès le Ve millénaire, l'Élam (cap. *Suse*) devint aux XIIIe-XIIe s. av. J.-C. un puissant empire. Suse fut détruite par Assourbanipal v. 646 av. J.-C. ; les Élamites furent incorporés à l'Empire mède (612), puis à l'Empire perse.

ÉLANCOURT (78990), comm. des Yvelines ; 26 983 hab. *(Élancourtois).* Électronique.

ELAZIĞ, v. de la Turquie orientale ; 204 603 hab.

ELBASAN, v. de l'Albanie centrale ; 80 700 hab. Sidérurgie.

ELBE n.f., en tch. **Labe,** fl. de la République tchèque et d'Allemagne, né en Bohême et qui rejoint la mer du Nord ; 1 165 km. Elle passe à Dresde, à Magdebourg et à Hambourg (à la tête de l'estuaire).

ELBE (île d'), île italienne de la Méditerranée, à l'E. de la Corse. Napoléon Ier y régna après sa première abdication (3 mai 1814 - 26 févr. 1815).

ELBÉE (Maurice **Gigost d'**), *Dresde 1752 - Noirmoutier 1794,* général vendéen. Il succéda en 1793 à Cathelineau comme généralissime de l'« armée catholique et royale ».

ELBEUF (76500), ch.-l. de cant. de la Seine-Maritime, sur la Seine ; 16 944 hab. *(Elbeuviens).* Textile. — Deux églises des XVIe-XVIIe s.

ELBLĄG, v. de Pologne, près de la Baltique ; 117 000 hab.

ELBOURZ n.m., massif de l'Iran, au S. de la Caspienne ; 5 671 m au Demavend.

ELBROUS ou **ELBROUZ** n.m., point culminant du Caucase, en Russie ; 5 642 m. Il est formé par un volcan éteint.

ELCANO (Juan Sebastián), *Guetaria v. 1476 - dans l'océan Pacifique 1526,* navigateur espagnol. Il participa au voyage de Magellan et ramena en Europe le dernier navire de l'expédition, en 1522. Il est le premier marin à avoir fait le tour du monde.

ELCHE, v. d'Espagne, dans la région de Valence, prov. d'Alicante ; 188 062 hab. Palmeraie. — Le buste de la *Dame d'Elche* (musée archéologique de Madrid) y a été découvert en 1897. On situe l'œuvre entre le Ve et le IIIe s. av. J.-C. et on y reconnaît l'influence de la Grèce.

Elchingen (bataille d') [14 oct. 1805], bataille de l'Empire. Victoire de Ney sur les Autrichiens en Bavière, qui entraîna la capitulation d'Ulm.

ELDORADO n.m. (mot espagnol signifiant « le Doré »), pays fabuleux d'Amérique, riche en or, que les conquistadors plaçaient entre l'Amazone et l'Orénoque.

ÉLECTRE MYTH. GR. Fille d'Agamemnon et de Clytemnestre. Pour venger son père, elle poussa son frère Oreste à tuer Égisthe et Clytemnestre. — La vengeance d'Électre a inspiré une tragédie à Eschyle (*les Choéphores,* 458 av. J.-C.), à Sophocle (v. 415 av. J.-C.), à Euripide (v. 413 av. J.-C.), et un drame à J. Giraudoux (1937).

ÉLÉE, anc. v. d'Italie (Lucanie), en Grande-Grèce. Colonie des Phocéens et siège de l'*école éléate* (**éléate** v. partie n. comm.).

ELEKTROSTAL, v. de Russie, à l'E. de Moscou ; 153 000 hab.

Éléments, traité d'Euclide, synthèse des mathématiques de son temps. Ce texte fut une référence tout au long de l'histoire des mathématiques.

Éléments de mathématique, traité collectif du groupe Nicolas *Bourbaki, publié depuis la fin des années 1930. Cette œuvre monumentale, partagée en dix livres, procède d'un souci de formalisation complète des mathématiques.

ÉLÉONORE DE HABSBOURG, *Louvain 1498 - Talavera 1558,* archiduchesse d'Autriche, reine de Portugal, puis reine de France. Fille de Philippe Ier le Beau, roi de Castille et archiduc d'Autriche, elle épousa en 1518 Manuel Ier le Grand, roi de Portugal, puis, en 1530, François Ier, roi de France.

Éléphant (ordre de l'), ordre danois, créé en 1462 par le roi Christian Ier et réorganisé en 1808.

ELEPHANTA, île indienne au centre du golfe de Bombay. L'un des hauts lieux du shivaïsme, célèbre pour son ensemble de grottes ornées du VIIe s. (relief de la *Descente du Gange sur la terre,* buste colossal de Shiva tricéphale).

ÉLÉPHANTINE (île), île du Nil, en face d'Assouan. Place forte et point de départ des expéditions vers le Soudan à l'époque pharaonique. – Ruines ; musée.

ÉLEUSIS, v. de Grèce (Attique), au N.-E. d'Athènes ; 23 041 hab. Sidérurgie. – Dans l'Antiquité, on y célébrait des mystères liés au culte de Déméter. – Ruines importantes (du VIIe s. av. J.-C. à l'époque romaine), qui ont livré, entre autres, la *Mission de Triptolème,* relief originaire de l'atelier de Phidias (Athènes, Musée national).

ELGAR (sir Edward), *Broadheath 1857 - Worcester 1934,* compositeur britannique. Directeur de la musique du roi, il est notamment l'auteur d'oratorios (*The Dream of Gerontius,* 1900), de symphonies, de concertos et des fameuses *Pomp and Circumstance Marches.*

ELGIN (Thomas **Bruce,** 7e comte **d'**), *1766 - Paris 1841,* diplomate britannique. Ambassadeur en Turquie (1799 - 1802), il fit transporter au British Museum une partie des sculptures du Parthénon. – **James Bruce,** 8e comte **d'E.,** *Londres 1811 - Dharmsala 1863,* homme politique britannique. Fils du 7e comte d'Elgin, il fut gouverneur du Canada de 1846 à 1854 et vice-roi des Indes (1862).

EL-HADJ OMAR, *près de Podor v. 1797 - près de Bandiagara, Mali, 1864,* chef musulman toucouleur. Il tenta par une guerre sainte, lancée en 1854, de constituer un empire dans la région du Sénégal et du Mali actuels, et conquit l'Empire peul du Macina (1862). À sa mort, ses fils régnèrent sur ses territoires, qui furent conquis par les Français.

ELIADE (Mircea), *Bucarest 1907 - Chicago 1986,* historien des religions et écrivain roumain. Son œuvre porte essentiellement sur l'histoire comparée des religions et des mythes (*Traité d'histoire des religions,* 1949).

ELIAS (Norbert), *Breslau 1897 - Amsterdam 1990,* sociologue allemand. Il s'est attaché à éclairer sur le long terme le processus de formation de la civilisation européenne (*la Civilisation des mœurs et la Dynamique de l'Occident,* 1939 ; *la Société de cour,* 1969), élargissant son étude à l'humanité dans son ensemble (*Sur le temps,* 1985) et développant une réflexion épistémologique (*Engagement et détachement,* 1987).

ÉLIDE n.f., pays de la Grèce ancienne, sur la côte ouest du Péloponnèse. Dans sa principale ville, Olympie, on célébrait les jeux Olympiques.

ÉLIE, *IXe s. av. J.-C.,* prophète biblique. Il exerça son ministère dans le royaume d'Israël et lutta contre les cultes idolâtriques cananéens.

ÉLIE d'Assise ou **FRÈRE ÉLIE,** *Castel Britti 1171 - Cortone 1253,* franciscain italien, ministre général des frères mineurs après saint François (1232).

ÉLIE DE BEAUMONT (Léonce), *Canon, Calvados, 1798 - id. 1874,* géologue français. Ses travaux sur l'orogenèse ont marqué la géologie au XIXe s. Il a travaillé à la cartographie du sous-sol français au 1/500 000.

ELIOT (Mary Ann **Evans,** dite George), *Chilvers Coton, Warwickshire, 1819 - Londres 1880,* femme de lettres britannique. Ses romans réalistes peignent la vie rurale et provinciale anglaise *(Adam Bede, le Moulin sur la Floss, Silas Marner).*

ELIOT (John), *Widford, Hertfordshire, 1604 - Roxbury, Massachusetts, 1690,* missionnaire protestant anglais. Fervent puritain, il évangélisa la Nouvelle-Angleterre.

ELIOT (Thomas Stearns), *Saint Louis 1888 - Londres 1965,* écrivain britannique d'origine américaine. Poète, essayiste et auteur dramatique, il évolua d'une critique de la société moderne à travers les mythes antiques (*la Terre Gaste,* 1922) vers un catholicisme mystique (*Meurtre dans la cathédrale,* 1935). [Prix Nobel 1948.]

■ T. S. **ELIOT**

■ DUKE **ELLINGTON**

ÉLISABETH (sainte), mère de Jean-Baptiste, femme du prêtre Zacharie et parente de Marie.

ÉLISABETH (sainte), *Sáxospatak 1207 - Marburg 1231,* princesse hongroise, fille d'André II, roi de Hongrie.

AUTRICHE

ÉLISABETH DE WITTELSBACH, dite **Sissi,** *Munich 1837 - Genève 1898,* impératrice d'Autriche. Femme de François-Joseph Ier, elle fut assassinée par un anarchiste italien.

BELGIQUE

ÉLISABETH, *Possenhofen, Bavière, 1876 - Bruxelles 1965,* reine des Belges. Fille du duc de Bavière Charles-Théodore, femme d'Albert Ier.

ESPAGNE

ÉLISABETH DE FRANCE, *Fontainebleau 1545 - Madrid 1568,* reine d'Espagne. Fille d'Henri II et de Catherine de Médicis, elle épousa Philippe II en 1559.

ÉLISABETH DE FRANCE, *Fontainebleau 1602 - Madrid 1644,* reine d'Espagne. Fille d'Henri IV et de Marie de Médicis, elle épousa le futur Philippe IV (1615) et fut la mère de Marie-Thérèse, femme de Louis XIV.

ÉLISABETH FARNÈSE, *Parme 1692 - Madrid 1766,* reine d'Espagne. Seconde épouse (1714) de Philippe V, elle contribua à rétablir la domination espagnole sur l'Italie.

FRANCE

ÉLISABETH D'AUTRICHE, *Vienne 1554 - id. 1592,* reine de France. Fille de l'empereur Maximilien II, elle épousa (1570) Charles IX.

ÉLISABETH DE FRANCE (Philippine Marie Hélène, **Madame**), *Versailles 1764 - Paris 1794,* sœur de Louis XVI. Elle fut guillotinée.

GRANDE-BRETAGNE

ÉLISABETH Ire, *Greenwich 1533 - Richmond 1603,* reine d'Angleterre et d'Irlande (1558 - 1603), la dernière des Tudors. Fille d'Henri VIII et d'Anne Boleyn, souveraine énergique et autoritaire, elle fut la véritable « instauratrice » de l'Église anglicane, considérée comme « voie moyenne » entre catholicisme et protestantisme (Acte de suprématie et Acte d'uniformité [1559], Trente-Neuf Articles [1563]). Ainsi, elle se heurta à l'opposition des puritains, qu'elle pourchassa, et des catholiques, qu'elle frappa dans la personne de leur protectrice, sa cousine Marie Stuart, qu'elle fit décapiter (1587). Cette exécution déclencha les hostilités entre l'Angleterre et l'Espagne, dont l'Invincible Armada fut dispersée (1588). Cette lutte consacra la suprématie maritime de l'Angleterre et encouragea son expansionnisme (fondation de la Compagnie des Indes orientales, 1600). La période élisabéthaine fut aussi marquée par un grand essor culturel et artistique, notamm. au théâtre (Marlowe, Shakespeare) et en musique.

■ **ÉLISABETH Ire** par M. Gheeraerts. (National Maritime Museum, Greenwich.)

■ **ÉLISABETH II** et le duc d'Édimbourg.

ÉLISABETH II, *Londres 1926,* reine de Grande-Bretagne et chef du Commonwealth depuis 1952, de la dynastie de Windsor. Fille de George VI, elle épouse en 1947 Philippe, duc d'Édimbourg, et a quatre enfants : Charles (prince de Galles), Anne, Andrew et Edward.

RUSSIE

ÉLISABETH, *Kolomenskoïe 1709 - Saint-Pétersbourg 1762,* impératrice de Russie (1741 - 1762), de la dynastie des Romanov. Fille de Pierre le Grand et de Catherine Ire, elle favorisa l'influence française et engagea la Russie aux côtés de la France et de l'Autriche dans la guerre de Sept Ans (1756 - 1763).

ÉLISABETHVILLE → **LUBUMBASHI.**

ÉLISÉE, *IXe s. av. J.-C.,* prophète biblique, successeur d'Élie.

ELIZABETH, v. des États-Unis (New Jersey) ; 110 002 hab. Port.

ELLESMERE (île d') ou **TERRE D'ELLESMERE,** île de l'archipel Arctique canadien (Nunavut). Elle est en grande partie englacée.

ELLICE → **TUVALU.**

ELLINGTON (Edward Kennedy **Ellington,** dit Duke), *Washington 1899 - New York 1974,* compositeur et chef d'orchestre américain de jazz. Il prit la tête de l'orchestre des Washingtonians, devenu Duke Ellington Orchestra, et fut la vedette du Cotton Club de Harlem (1927 - 1932), où il développa le style dit « jungle ». Également pianiste, il fut l'un des grands créateurs du jazz, cherchant à concilier forme musicale composée et improvisation (*Mood Indigo,* 1930 ; *Satin Doll,* 1958).

ELLORA, site archéologique d'Inde, au nord-ouest d'Aurangabad. Plus d'une trentaine de temples rupestres ou excavés du VIe au IXe s., dont le Kailasa (VIIIe s.), relèvent du bouddhisme, du brahmanisme et du jaïnisme ; décoration sculptée en haut relief.

■ **ELLORA.** Détail du Kailasa (VIIIe s.), consacré à Shiva.

ELLORE → **ELURU.**

ELLUL (Jacques), *Bordeaux 1912 - id. 1994,* sociologue français. Il a notamment étudié la part croissante prise par la technique dans la société contemporaine (*Propagandes,* 1962 ; *le Système technicien,* 1977).

ELNE (66200), ch.-l. de cant. des Pyrénées-Orientales, près du Tech ; 6 473 hab. *(Illibériens).* Cathédrale en partie romane ; cloître des XIIe-XIVe s. (chapiteaux).

Éloge de la Folie, ouvrage en latin d'Érasme (1511), dans lequel l'auteur se livre à une satire sociale visant notamment le clergé.

ÉLOI (saint), *près de Limoges v. 588 - 660,* évêque de Noyon. Orfèvre et trésorier de Clotaire II, puis de Dagobert Ier, il succéda à saint Médard comme évêque de Noyon-Tournai (641). Patron des orfèvres et des métallurgistes.

EL PASO, v. des États-Unis (Texas), sur le Rio Grande ; 515 342 hab. Musées.

ELSENE → IXELLES.

ELSENEUR, en dan. **Helsingør,** v. du Danemark, sur le Sund ; 56 000 hab. Port. – Château de Kronborg (XVIe s.), où Shakespeare situa l'action de **Hamlet.* Ensemble de maisons des XVIIe-XVIIIe s.

ELSHEIMER (Adam), *Francfort-sur-le-Main 1578 - Rome 1610,* peintre et graveur allemand. Il pratiqua l'un des premiers, en petit format, le genre du paysage historique.

ELSKAMP (Max), *Anvers 1862 - id. 1931,* poète belge de langue française. Sa poésie s'inspire des traditions populaires et de la pensée extrême-orientale.

ELSSLER (Franziska, dite Fanny), *Gumpendorf, auj. dans Vienne, 1810 - Vienne 1884,* danseuse autrichienne. Première rivale de Marie Taglioni, elle fut l'une des plus grandes ballerines romantiques.

ELSTER BLANCHE, riv. d'Allemagne (Saxe), affl. de la Saale (r. dr.) ; 257 km. Elle passe à Leipzig.

ELSTER NOIRE, riv. d'Allemagne (Saxe), affl. de l'Elbe (r. dr.) ; 188 km.

ELTSINE → IELTSINE.

ELUARD (Eugène **Grindel,** dit Paul), *Saint-Denis 1895 - Charenton-le-Pont 1952,* poète français. Il passa du surréalisme (*Capitale de la douleur,* 1926) à l'engagement dans la Résistance (*Poésie et Vérité,* 1942), puis au Parti communiste, restant toujours fidèle à l'exaltation de l'amour et des sensations immédiates (*la Vie immédiate,* 1932 ; *la Rose publique,* 1934).

ELURU ou **ELLORE,** v. d'Inde (Andhra Pradesh) ; 212 918 hab.

ELVEN [ɛlvɛ̃] (56250), ch.-l. de cant. du Morbihan ; 3 657 hab. *(Elvinois).* Vestiges, dits « tours d'Elven », de la forteresse de Largoët (XIIIe-XVe s.).

ELY, v. de Grande-Bretagne (Angleterre), au N.-E. de Cambridge ; 10 000 hab. Majestueuse cathédrale dont les styles s'échelonnent du roman normand au gothique perpendiculaire.

ÉLYSÉE → CHAMPS ÉLYSÉES.

Élysée (palais de l'), résidence parisienne, située à l'angle de la rue du Faubourg-Saint-Honoré et de l'avenue de Marigny (VIIIe arrond.). Construit en 1718 par l'architecte Claude Mollet pour le comte d'Évreux, l'édifice servit de résidence à Mme de Pompadour, aux ambassadeurs extraordinaires, à la duchesse de Bourbon (1787), à la princesse Caroline Murat, à Napoléon Ier, puis fut affecté, en 1848 et à partir de 1873, à la présidence de la République. Il a été souvent remanié.

ELÝTIS (Odhysséas **Alepoudhélis,** dit Odhysséas), *Iráklion, Crète, 1911 - Athènes 1996,* poète grec. Sa poésie mêle surréalisme et inspiration sociale *(Soleil, le premier ; Six et Un Remords pour le ciel).* [Prix Nobel 1979.]

ELZÉVIR, ELZEVIER ou **ELSEVIER,** imprimeurs et libraires hollandais des XVIe et XVIIe s. Établis à Leyde, à La Haye, à Utrecht et à Amsterdam, ils éditèrent des ouvrages considérés comme des modèles d'élégance typographique.

EMBA n.m., fl. du Kazakhstan, qui rejoint la Caspienne ; 712 km. Il donne son nom à une région pétrolifère entre l'Oural et la Caspienne.

EMBIEZ (îles des), petit archipel de la côte varoise. Tourisme.

EMBRUN (05200), ch.-l. de cant. des Hautes-Alpes, dans l'*Embrunais,* sur la Durance ; 6 703 hab. *(Embrunais).* Tourisme. – Cathédrale du XIIe s. (trésor) ; maisons anciennes.

EMDEN, v. d'Allemagne (Basse-Saxe), à l'embouchure de l'Ems ; 52 216 hab. Port.

EMERSON (Ralph Waldo), *Boston 1803 - Concord, Massachusetts, 1882,* philosophe américain. Il est le fondateur d'un système idéaliste, mystique et panthéiste, le transcendantalisme.

ÉMERY (Jacques André), *Gex 1732 - Issy-les-Moulineaux 1811,* prêtre français. Supérieur de la Compagnie de Saint-Sulpice (1782), il prit la tête des prêtres réfractaires pendant la Révolution puis défendit les droits du pape contre Napoléon Ier.

ÉMERY (Michel **Particelli,** seigneur **d'**) → **PARTICELLI.**

Émile ou De l'éducation, roman pédagogique de J.-J. Rousseau (1762). L'auteur y développe en 5 livres le programme d'une éducation menée à l'écart de la corruption sociale, dans le but de former l'homme sans trahir sa bonté naturelle. L'enfant reçoit une éducation sensorielle, puis manuelle et, enfin, à la puberté, intellectuelle, morale et religieuse (célèbre « Profession de foi du vicaire savoyard »). L'ouvrage a largement inspiré la pédagogie moderne.

ÉMILIE-ROMAGNE, région d'Italie, au S. du Pô, sur l'Adriatique ; 3 899 170 hab. ; cap. *Bologne ;* 8 prov. (*Bologne, Ferrare, Forli, Modène, Parme, Plaisance, Ravenne* et *Reggio nell'Emilia*).

EMINESCU (Mihai), *Ipoteşti 1850 - Bucarest 1889,* écrivain roumain. Sa poésie lyrique, d'inspiration tour à tour philosophique, sociale et érotique, fait de lui le grand poète national de la Roumanie.

ÉMIRATS ARABES UNIS n.m.pl., État fédéral d'Asie, dans le nord-est de la péninsule d'Arabie, sur le golfe Persique ; 80 000 km² ; 1 950 000 hab. *(Émiriens).* CAP. *Abu Dhabi.* LANGUE : *arabe.* MONNAIE : *dirham des Émirats arabes unis.* (V. carte **Arabie.**) Le pays regroupe 7 émirats (Abu Dhabi, Dubayy, Chardja, Fudjayra, Adjman, Umm al-Qaywayn et Ras al-Khayma). Cette région désertique, peuplée d'une majorité d'immigrés, est un important producteur de pétrole. – Les « États de la Trêve » (Trucial States), du nom du traité de paix perpétuelle signé en 1853 avec la Grande-Bretagne, furent sous protectorat britannique de 1892 à 1971. En 1971 - 1972, ils forment la fédération indépendante des Émirats arabes unis, dirigée depuis par l'émir Zayid ibn Sultan al-Nayan.

EMMANUEL (Noël **Mathieu,** devenu Pierre), *Gan, Pyrénées-Atlantiques, 1916 - Paris 1984,* écrivain français. Dans des essais et des recueils poétiques *(Évangéliaire, Sophia),* il a confronté sa foi chrétienne aux problèmes du monde et de la culture modernes. (Acad. fr.)

EMMANUEL-PHILIBERT Tête de Fer, *Chambéry 1528 - Turin 1580,* duc de Savoie (1553 - 1580). Il servit Charles Quint, puis Philippe II, et s'efforça, avec l'aide de saint François de Sales, de restaurer le catholicisme dans ses États.

EMMAÜS, bourg de Palestine, près de Jérusalem. D'après l'Évangile de Jean, Jésus y apparut à deux disciples après sa résurrection.

EMMEN, v. des Pays-Bas (Drenthe) ; 92 895 hab. Textile.

EMMEN, comm. de Suisse (cant. de Lucerne) ; 25 407 hab.

EMMENTAL ou **EMMENTHAL,** vallée suisse (canton de Berne). Fromages.

Émosson, barrage-réservoir de Suisse (Valais), à la frontière française, qui alimente une centrale française et une centrale suisse.

EMPÉDOCLE, *Agrigente v. 490 - v. 435 av. J.-C.,* philosophe grec présocratique. La sagesse qu'il enseigna repose sur une cosmogonie assimilant le devenir du monde à un cycle, où les rapports des quatre éléments sont régis par l'Amour qui unit et la Haine qui divise. Il aurait choisi de mourir en se jetant dans l'Etna.

Empire (premier), régime politique de la France de mai 1804 à avril 1814. Établi par Napoléon Ier, il succéda au Consulat et prit fin avec l'abdication de l'Empereur. Il fut momentanément restauré, sous une forme plus libérale, durant les Cent-Jours (mars-juin 1815).

Empire (second), régime politique de la France de déc. 1852 à sept. 1870. Établi par Napoléon III, après le coup d'État du 2 décembre 1851, il succéda à la IIe République et prit fin avec la défaite de la France lors de la guerre franco-allemande.

■ PAUL **ELUARD**

■ FRIEDRICH **ENGELS**

EMS n.m., fl. d'Allemagne, qui rejoint la mer du Nord ; 371 km.

EMS, auj. **Bad Ems,** v. d'Allemagne (Rhénanie-Palatinat), près de Coblence ; 9 731 hab. Station thermale. – On appelle *dépêche d'Ems* la version, publiée par Bismarck le 13 juill. 1870, des informations que l'empereur Guillaume Ier lui avait télégraphiées d'Ems. Ce dernier refusait de recevoir l'ambassadeur de France pour lui confirmer le retrait de la candidature d'un Hohenzollern au trône d'Espagne. Cette dépêche est à l'origine du déclenchement de la guerre franco-allemande.

ENA (École nationale d'administration), établissement public créé en 1945, chargé de recruter sur concours et de former les cadres supérieurs de l'administration française. Elle a été partiellement transférée en 1993 - 1994 de Paris à Strasbourg, où elle a désormais son siège.

ENCINA (Juan **del**), *Encinas, près de Salamanque, 1469 - León v. 1529,* poète et compositeur espagnol. Ses poèmes dramatiques *(Églogues),* qui s'achevaient par des chants polyphoniques, sont caractéristiques du passage de la dramaturgie médiévale à celle de la Renaissance.

Encyclopédie ou Dictionnaire raisonné des sciences, des arts et des métiers, publication inspirée par un ouvrage similaire de Chambers (1728), et dirigée par Diderot, comprenant 35 volumes, dont 11 de planches (1751 - 1772). Elle visait à rendre compte du progrès humain dans tous les domaines, une place majeure étant accordée aux techniques. L'ouvrage eut 150 collaborateurs (outre Voltaire, Montesquieu, Rousseau, Condillac, Jaucourt, etc., de nombreux spécialistes, médecins ou ingénieurs). La publication, à laquelle s'opposèrent le clergé et la noblesse de cour, fut menée à terme grâce au sens des affaires du libraire Le Breton et à l'énergie de Diderot. Précédée du *Discours préliminaire* de d'Alembert, l'*Encyclopédie* imposa l'idée du progrès économique et, dans sa prétention à favoriser en tout la raison contre les préjugés, fut annonciatrice d'un nouvel ordre des choses.

ENDYMION MYTH. GR. Berger aimé de Séléné, qui obtint de Zeus de conserver sa beauté dans un sommeil éternel.

ÉNÉE MYTH. GR. Prince troyen dont Virgile a fait le héros de son *Énéide.*

Énéide (l'), poème épique de Virgile, en 12 chants (écrit de 29 à 19 av. J.-C.). Inspirée de *l'Iliade* et de *l'Odyssée,* cette épopée nationale raconte les pérégrinations d'Énée après l'incendie de Troie, l'établissement des Troyens en Italie, et annonce la fondation de Rome. Elle a inspiré à H. Berlioz un opéra *(les Troyens)* en 5 actes et en 2 parties créé intégralement en 1890.

ENESCO ou **ENESCU** (George), *Liveni 1881 - Paris 1955,* compositeur et violoniste roumain. Il est l'auteur de *Rhapsodies roumaines* (1901), de 3 sonates pour violon et piano et de l'opéra *Œdipe* (1936).

ENFANTIN (Barthélemy Prosper), dit **le Père Enfantin,** *Paris 1796 - id. 1864,* ingénieur et économiste français. Avec Saint-Amand Bazard, il transforma le mouvement saint-simonien en Église (1828 - 1832).

Enfant prodigue (parabole de l'), parabole de l'Évangile, illustration de la mansuétude divine. Un fils ayant quitté son père pour courir l'aventure est reçu à bras ouverts lorsqu'il revient chez lui dans la misère. (Luc, XV.)

ENFERS MYTH. Séjour des morts.

ENGADINE n.f., partie suisse (Grisons) de la vallée de l'Inn. Tourisme.

ENGELBERG, comm. de Suisse (Unterwald), au pied du Titlis ; 2 958 hab. Station de sports d'hiver (alt. 1 050 - 3 020 m). – Église au décor baroque.

ENGELS → POKROVSK.

ENGELS (Friedrich), *Barmen, auj. dans Wuppertal, 1820 - Londres 1895,* théoricien socialiste et homme politique allemand. Il rédigea en commun avec K. Marx, dont il fut l'ami et le soutien, plusieurs des textes fondateurs du marxisme, dont *l'Idéologie allemande* (1845 - 1846) et le *Manifeste du parti communiste* (1848) ; il assura la publication posthume des deuxième et troisième tomes du *Capital.* Son apport personnel à l'élaboration du matérialisme historique et dialectique fut également considérable (*la Situation de la classe laborieuse en Angleterre,* 1845 ; *l'Anti-Dühring,* 1878 ; *l'Origine de la famille, de la propriété privée et de l'État,* 1884), de même que son activité militante ; il fut au centre de la création de la IIe Internationale.

ENGHIEN [ɑ̃gjɛ̃], en néerl. **Edingen,** v. de Belgique (Hainaut) ; 10 258 hab. Deux églises anciennes (œuvres d'art) ; parc du domaine des ducs d'Arenberg.

ENGHIEN [ɑ̃gɛ̃] (Louis Antoine Henri **de Bourbon-Condé, duc d'**), *Chantilly 1772 - Vincennes 1804,* dernier héritier des Condés. Fils de Louis Joseph, prince de Condé, il émigra en 1789. Bonaparte le fit enlever en territoire allemand, transférer à Vincennes et fusiller dans les fossés du château pour briser tout espoir de restauration des Bourbons.

ENGHIEN-LES-BAINS [ɑ̃gɛ̃-] (95880), ch.-l. de cant. du Val-d'Oise, sur le *lac d'Enghien ;* 10 468 hab. *(Enghiennois).* Station thermale (affections respiratoires et articulaires). Casino. Au N.-O., hippodrome.

ENGILBERT (saint) → **ANGILBERT.**

ENGLAND, nom anglais de l'Angleterre.

ENGÓMI ou **ENKOMI,** site archéologique de Chypre. Situé à l'emplacement probable de la cap. du royaume d'Alashiya, c'est l'un des principaux centres urbains de l'île à l'époque du bronze récent (XIVe-XIIIe s. av. J.-C.).

ENKI, dieu mésopotamien des eaux profondes sur lesquelles repose la Terre. Il est aussi le maître de la magie.

ENLIL, dieu mésopotamien, maître de la terre ferme.

ENNA, v. d'Italie (Sicile), ch.-l. de prov. ; 28 296 hab. Restes du château médiéval, dominant un magnifique panorama.

Ennéades (les), recueil des œuvres de Plotin, édité par Porphyre (IIIe s. apr. J.-C.), où se développe la thématique du néoplatonisme.

ENNEZAT [ɛnza] (63720), ch.-l. de cant. du Puy-de-Dôme ; 2 130 hab. Remarquable église des XIe-XIIIe s. (peintures murales du XVe s.)

ENNIUS (Quintus), *Rudiae, Calabre, 239 - Rome 169 av. J.-C.,* poète latin. Il est l'auteur de poésies philosophiques et morales *(Saturae)* et d'une épopée à la gloire de Rome, les *Annales.*

ENNS n.m., riv. d'Autriche, dans les Alpes, affl. du Danube (r. dr.) ; 254 km.

ÉNOCH → **HÉNOCH.**

ENS, sigle de École *normale supérieure.

ENSAD (École nationale supérieure des arts décoratifs), établissement d'enseignement supérieur, situé à Paris, rue d'Ulm, qui a pour mission de former des créateurs aptes à intervenir dans la conception et la réalisation de toutes les composantes du cadre de vie.

ENSAM (École nationale supérieure d'arts et métiers), établissement d'enseignement technique supérieur, qui forme des ingénieurs hautement qualifiés, à caractère polyvalent, dans 8 centres (Aix-en-Provence, Angers, Bordeaux, Châlons-en-Champagne, Cluny, Lille, Metz et Paris).

ENSBA, sigle de École nationale supérieure des *beaux-arts.

ENSCHEDE, v. des Pays-Bas (Overijssel) ; 146 509 hab.

Enseigne de Gersaint (l'), grande toile de Watteau (1720, château de Charlottenburg, Berlin). Elle évoque la boutique du marchand de tableaux parisien Edme Gersaint.

enseignement et de l'éducation permanente (Ligue française de l'), association fondée en 1866 par J. Macé (Ligue française de l'enseignement) pour favoriser la diffusion de l'instruction dans les classes populaires.

ENSENADA, v. du Mexique, sur le Pacifique ; 260 905 hab. Port.

ENSÉRUNE (montagne d'), plateau du sud-ouest de la France, dans le bas Languedoc, entre l'Orb et l'Aude. Site archéologique préromain (VIe-Ier s. av. J.-C.), sur l'emplacement d'un oppidum qui évolua d'une tradition ibère vers une occupation gauloise. Musée.

ENSISHEIM [ɛnzisɛm] (68190), ch.-l. de cant. du Haut-Rhin ; 6 706 hab. Hôtel de ville du XVIe s.

ENSOR (James), *Ostende 1860 - id. 1949,* peintre et graveur belge. Tour à tour réaliste, expressionniste et visionnaire, il est considéré comme un des grands précurseurs de l'art moderne *(le Chou,* 1880, Bruxelles ; *l'Entrée du Christ à Bruxelles,* 1888, musée J. Paul Getty, Los Angeles ; *l'Étonnement du masque Wouse,* 1890, Anvers).

ENTEBBE, v. d'Ouganda, sur le lac Victoria ; 41 638 hab. Anc. capitale. Aéroport.

Entente (Petite-), alliance élaborée en 1920 - 1921 entre le royaume des Serbes, Croates et Slovènes, la Tchécoslovaquie et la Roumanie pour le maintien des frontières fixées en 1919 - 1920. Patronnée par la France, elle s'effondra en 1938.

Entente (Triple-), système d'alliance fondé sur les accords bilatéraux conclus à partir de 1907 entre la France, la Grande-Bretagne et la Russie en vue de contrebalancer la Triple-Alliance.

Entente cordiale, nom donné aux bons rapports qui existèrent sous Louis-Philippe entre la France et la Grande-Bretagne, et qui fut repris en 1904 pour qualifier le nouveau rapprochement entre les deux pays, concrétisé par la signature d'accords (avr.) réglant les questions coloniales en litige.

enterrement à Ornans (Un), immense toile de Courbet (1849, musée d'Orsay). Exposée au Salon de 1850 - 1851, cette œuvre scandalisa par son réalisme et fit du peintre un chef d'école.

Enterrement du comte d'Orgaz (l'), grande toile du Greco (1586, église S. Tomé, Tolède), sur un thème légendaire médiéval.

■ **L'ENTERREMENT DU COMTE D'ORGAZ** (1586), par le Greco. (Église S. Tomé, Tolède.)

ENTRAGUES (Henriette **de Balzac d'**), marquise **de Verneuil,** *Orléans 1579 - Paris 1633,* favorite d'Henri IV de 1599 à 1608.

ENTRECASTEAUX (Antoine **Bruny,** chevalier **d'**), *Aix, Provence, 1737 - en mer, près de Java, 1793,* marin français, mort en recherchant La Pérouse.

ENTRE-DEUX-MERS, région viticole du Bordelais, entre la Garonne et la Dordogne.

ENTREMONT, vallée de la Suisse (Valais), au pied du Grand-Saint-Bernard.

ENTREMONT (plateau d'), site archéologique de Provence, au nord d'Aix-en-Provence, où s'élevait la capitale d'une peuplade ligure. La tradition celtique s'y allie avec l'art méditerranéen (IIIe s. av. J.-C. - Ier s. apr. J.-C.). [Ensemble de grande statuaire au musée Granet, à Aix-en-Provence.]

■ JAMES **ENSOR.** *Masques singuliers,* 1892. (Musées royaux des Beaux-Arts, Bruxelles.)

ENTREVAUX (04320), ch.-l. de cant. des Alpes-de-Haute-Provence ; 752 hab. Anc. citadelle et fortifications remarquables ; cathédrale du XVIIe s., encore gothique.

ENTZHEIM [ɛntsɛm] (67960), comm. du Bas-Rhin ; 1 871 hab. Aéroport de Strasbourg.

ENUGU, v. du Nigeria oriental ; 286 000 hab.

ENVALIRA (col) ou **PORT D'ENVALIRA,** col des Pyrénées, en Andorre ; 2 407 m.

ENVERMEU (76630), ch.-l. de cant. de la Seine-Maritime ; 2 194 hab. Église du XVIe s.

ENVER PAŞA, *Istanbul 1881 - près de Douchanbe 1922,* général et homme politique ottoman. Ministre de la Guerre, il fit entrer l'Empire ottoman dans la Première Guerre mondiale aux côtés de l'Allemagne. Il rejoignit en 1921 les insurgés musulmans d'Asie centrale et mourut au combat.

ENZENSBERGER (Hans Magnus), *Kaufbeuren 1929,* écrivain allemand. Ses essais *(Culture ou mise en condition ?),* ses poèmes *(Défense des loups)* et ses romans composent une critique virulente de la société bourgeoise allemande et de l'impérialisme américain.

ENZO, ENZIO ou **HEINZ,** *Palerme v. 1220 - Bologne 1272,* roi de Sardaigne. Fils naturel de l'empereur Frédéric II de Hohenstaufen, il fut le meilleur lieutenant de son père en Italie.

ÉOLE MYTH. GR. ET ROM. Dieu des Vents.

ÉOLIE ou **ÉOLIDE** n.f., anc. contrée du nord-ouest de l'Asie Mineure.

ÉOLIENNES ou **LIPARI** (îles), archipel italien de la mer Tyrrhénienne, au N. de la Sicile, englobant les îles Lipari, Vulcano et Stromboli.

ÉON (Charles **de Beaumont,** chevalier **d'**), *Tonnerre 1728 - Londres 1810,* officier et agent secret de Louis XV. Chargé de mission à la cour de Russie, puis à Londres, il est célèbre pour ses Mémoires *(Loisirs du chevalier d'Éon,* 1774) et pour le mystère qu'il laissa planer quant à son sexe (il portait souvent des habits de femme).

EÖTVÖS (Loránd, baron), *Pest 1848 - Budapest 1919,* physicien hongrois. Il a montré l'identité des deux concepts de masse (inerte et gravitationnelle), résultat qui est d'une importance théorique fondamentale dans la théorie de la relativité d'Einstein.

ÉPAMINONDAS, *Thèbes v. 418 - Mantinée 362 av. J.-C.,* général et homme politique béotien. Un des chefs du parti démocratique à Thèbes, il écrasa les Spartiates à Leuctres (371). Sa mort mit fin à l'hégémonie de Thèbes.

ÉPARGES (Les) [55160], comm. de la Meuse ; 59 hab. Violents combats en 1914 - 1915.

ÉPÉE (Charles Michel, abbé **de L'**) → **L'ÉPÉE.**

ÉPERNAY (51200), ch.-l. d'arrond. de la Marne, sur la Marne ; 27 033 hab. *(Sparnaciens).* Vins de Champagne. Musées.

ÉPERNON (28230), comm. d'Eure-et-Loir ; 5 554 hab. *(Sparnoniens).* Plastiques. – « Les Pressoirs », anc. cellier du XIIIe s.

ÉPERNON (Jean-Louis **de Nogaret de La Valette, duc d'**), *Caumont 1554 - Loches 1642,* gentilhomme français. Favori d'Henri III, amiral de France (1587), il incita le parlement à donner la régence à Marie de Médicis en 1610.

Éperons (journée des) → **Guinegatte.**

ÉPHÈSE, anc. ville d'Ionie, sur la mer Égée. Grand centre commercial dès le VIIIe s. av. J.-C., elle fut célèbre par son temple d'Artémis, considéré comme une des Sept Merveilles du monde. L'apôtre Paul l'évangélisa ; la tradition y fait mourir la Vierge. Le *concile d'Éphèse* (431) condamna le nestorianisme. – Vestiges hellénistiques, romains et byzantins.

ÉPHIALTE, *Athènes v. 495 - id. v. 461 av. J.-C.,* homme politique athénien. Il fut le chef du parti démocratique avant Périclès.

ÉPHRAÏM, personnage biblique. Second fils de Joseph, il est l'ancêtre éponyme d'une tribu d'Israël.

ÉPHREM (saint), *Nisibis v. 306 - Édesse 373,* diacre et docteur de l'Église. Grand théologien de l'Église syriaque, il a jeté les bases de l'école d'Édesse.

ÉPHRUSSI (Boris), *Moscou 1901 - Gif-sur-Yvette 1979,* généticien français d'origine russe. Il fut l'un des fondateurs de la génétique moléculaire.

■ **ÉPIDAURE.** Le théâtre (IVe s. av. J.-C.).

ÉPICTÈTE, *Hiérapolis, Phrygie, v. 50 - Nicopolis, Épire, v. 125,* philosophe grec, un des principaux représentants du stoïcisme latin. Esclave à Rome, il fut affranchi, puis banni. Il tend à réduire le stoïcisme à une prédication morale fondée sur la différence entre ce qui dépend de l'individu et ce qui n'en dépend pas ; ses *Entretiens* et son *Manuel,* qui ont largement modelé la compréhension ultérieure du stoïcisme, ont été rédigés par son disciple Arrien.

E

ÉPICURE, *Samos ou Athènes 341 - Athènes 270 av. J.-C.,* philosophe grec. Il fonda à Athènes une école, le Jardin. En quête de la tranquillité de l'âme, il fut l'initiateur d'un des courants majeurs de la pensée antique (l'*épicurisme*). De son œuvre abondante il ne reste que trois lettres *(Lettre à Pythoclès, Lettre à Hérodote, Lettre à Ménécée).*

ÉPIDAURE, anc. ville d'Argolide, célèbre par son sanctuaire d'Asclépios et par les guérisons qui s'y opéraient. Importantes ruines, dont le mieux conservé des théâtres grecs (fin du IVe s. av. J.-C.).

ÉPIMÉTHÉE MYTH. GR. Titan, frère de Prométhée. Il eut l'imprudence d'accueillir Pandore.

ÉPINAC (71360), ch.-l. de cant. de Saône-et-Loire ; 2 561 hab. *(Épinacois).*

ÉPINAL (88000), ch.-l. du dép. des Vosges, sur la Moselle, à 372 km à l'E. de Paris ; 38 207 hab. *(Spinaliens).* Foire internationale forestière. – Basilique romane et gothique ; musée départemental (peinture, imagerie). Centre d'imagerie populaire à partir de la fin du XVIIIe s.

ÉPINAY (Louise **Tardieu d'Esclavelles,** marquise **d'**), *Valenciennes 1726 - Paris 1783,* femme de lettres française. Un moment protectrice de J.-J. Rousseau, elle a laissé des Mémoires, des essais de morale et des ouvrages d'éducation.

ÉPINAY-SOUS-SÉNART (91860), ch.-l. de cant. de l'Essonne ; 12 873 hab. *(Spinoliens).*

ÉPINAY-SUR-SEINE (93800), ch.-l. de cant. de la Seine-Saint-Denis ; 46 593 hab.

ÉPINE (L') [51460], anc. **Lépine,** comm. de la Marne ; 682 hab. Église N.-D.-de-l'Épine (XVe-XVIe s.), à façade flamboyante. – Pèlerinage.

Épinicies, nom générique donné à 4 livres d'odes de Pindare (Ve s. av. J.-C.), poésies lyriques dédiées aux athlètes vainqueurs.

ÉPIPHANE (saint), *près d'Éleuthéropolis, Palestine, v. 315 - en mer 403,* écrivain grec chrétien. Il fut un défenseur farouche de l'orthodoxie, notamment contre Arius et Origène.

ÉPIRE n.f., région de la Grèce, aux confins de l'Albanie ; 339 210 hab. ; v. princ. *Ioánnina.* Le *royaume d'Épire,* érigé à la fin du Ve s. av. J.-C., connut son apogée avec Pyrrhos II (295 - 272). Soumise par les Romains en 168 av. J.-C., la région constitua, dans l'Empire byzantin, un *despotat d'Épire* (1204 - 1318) au profit des Comnènes.

Épîtres du Nouveau Testament ou **Épîtres des Apôtres,** lettres des Apôtres insérées dans le canon du Nouveau Testament. Elles comprennent 14 épîtres de Paul et 7 épîtres dites « catholiques » (celles de Jacques, de Pierre [2], de Jean [3] et de Jude). L'authenticité de certaines est parfois mise en doute.

ÉPONA, déesse gauloise des Chevaux et des Cavaliers.

EPSOM, v. de Grande-Bretagne (Angleterre), au S. de Londres ; 71 000 hab. Célèbre course de chevaux (le *Derby*), depuis 1780.

EPSTEIN (sir Jacob), *New York 1880 - Londres 1959,* sculpteur britannique d'origine russo-polonaise. Influencée par Rodin, par les arts primitifs et par l'avant-garde parisienne, son œuvre contribua, initialement, au recul de l'académisme dans la sculpture anglaise (rapports, v. 1913 - 1915, avec le « vorticisme », mouvement fondé par le peintre Percy Wyndham Lewis).

EPSTEIN (Jean), *Varsovie 1897 - Paris 1953,* cinéaste français. Il fut l'un des principaux théoriciens de l'avant-garde et l'auteur de *Cœur fidèle* (1923), *la Chute de la maison Usher* (1928), *Finis Terrae* (1929).

EPTE n.f., riv. de France, affl. de la Seine (r. dr.) ; 101 km. Elle sépare le Vexin français et le Vexin normand.

ÉQUATEUR n.m., en esp. **Ecuador,** État d'Amérique du Sud, sur le Pacifique ; 270 670 km² ; 11 700 000 hab. *(Équatoriens).* CAP. *Quito.* V. PRINC. *Guayaquil.* LANGUE : *espagnol.* MONNAIE : *dollar des États-Unis.*

GÉOGRAPHIE

Les Andes forment de hauts plateaux dominés par des volcans et séparent la plaine côtière, plus large et plus humide au nord, de la région orientale, amazonienne, recouverte par la forêt dense. La population, augmentant rapidement et urbanisée environ aux deux tiers, est composée pour 80 % de métis et d'Amérindiens. Le riz et le maïs sont les principales cultures vivrières ; le cacao, le café et, surtout, la banane représentent les plus importantes cultures commerciales. Mais le pétrole est devenu la ressource essentielle et constitue la base des exportations.

HISTOIRE

La colonisation et l'indépendance. 1534 : annexé par les Incas au XVe s., le pays est conquis par un lieutenant de Pizarro, Sebastián de Belalcázar. **1563 :** les Espagnols créent l'*audiencia* de Quito, rattachée à la vice-royauté du Pérou, puis à celle de Nouvelle-Grenade (1739). **1822 :** le général Sucre libère le pays des forces espagnoles. **1830 :** intégré par Bolívar à la Grande-Colombie, l'Équateur redevient indépendant.

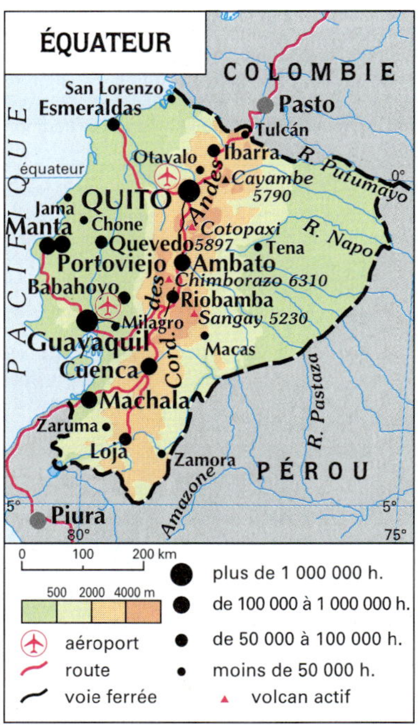

La fin du XIXe s. 1830 - 1845 : le général Juan Flores dirige autoritairement le pays. **1845 - 1859 :** les libéraux accèdent au pouvoir. **1861 - 1875 :** le conservateur Gabriel García Moreno s'efforce de moderniser le pays en s'appuyant sur l'Église. **1875 - 1895 :** après l'assassinat de ce dernier, les conservateurs dominent la vie politique.

Le XXe s. 1895 - 1930 : de retour au pouvoir, les libéraux laïcisent l'État (Constitutions de 1897 et de 1906). L'Équateur devient le premier producteur mondial de cacao. **1934 :** incarnant les aspirations des classes populaires, José María Velasco Ibarra est élu président. Porté cinq fois au pouvoir, il dominera la vie politique jusqu'en 1972. **1941 - 1942 :** la guerre contre le Pérou fait perdre à l'Équateur sa province amazonienne. **1972 :** le général Guillermo Rodríguez Lara devient chef de l'État. **1976 :** une junte militaire le renverse. **1979 :** candidat de la gauche modérée, Jaime Roldós est élu président de la République. **1981 :** après la mort accidentelle de J. Roldós, O. Hurtado pratique une politique d'austérité. **1984 :** le conservateur León Febres Cordero lui succède. **1988 :** le social-démocrate Rodrigo Borja est élu président de la République. **1992 :** son successeur, le conservateur Sixto Durán Ballén, hérite d'une situation économique difficile. Parallèlement, la contestation des mouvements indiens ne cesse de croître. **1997 :** destitution du président Abdala Bucaram (élu en 1996). **1998 :** le démocrate-chrétien Jamil Mahuad est élu président de la République. Un accord règle le litige frontalier opposant depuis plusieurs décennies l'Équateur au Pérou. **2000 :** J. Mahuad est destitué. Le vice-président, Gustavo Noboa, est proclamé chef de l'État.

ÉQUEURDREVILLE-HAINNEVILLE (50120), ch.-l. de cant. de la Manche, banlieue de Cherbourg ; 18 565 hab. *(Équeurdrevillais).*

Équipe (l'), quotidien sportif français publié à Paris depuis 1946.

ÉRAGNY (95610), comm. du Val-d'Oise, près de Pontoise ; 15 770 hab. *(Éragniens).* Armement.

ÉRARD (Sébastien), *Strasbourg 1752 - Passy 1831,* facteur d'instruments de musique français. Il a perfectionné la mécanique du piano et celle de la harpe.

ÉRASME, en lat. **Desiderius Erasmus Roterodamus,** *Rotterdam v. 1469 - Bâle 1536,* humaniste hollandais d'expression latine. Esprit indépendant et satirique *(*Éloge de la folie, Colloques),* il chercha à définir un humanisme chrétien (*Institution du prince chrétien,* 1515), à la lumière de ses travaux critiques sur le Nouveau Testament, en préconisant l'entente entre catholiques et réformés.

ÉRATO MYTH. GR. Muse de la Poésie lyrique.

ÉRATOSTHÈNE, *Cyrène v. 284 - Alexandrie v. 192 av. J.-C.,* savant et philosophe grec de l'école d'Alexandrie. Grâce à la mesure ingénieuse d'un arc de méridien, il fut le premier à évaluer correctement la circonférence de la Terre. On lui doit aussi une méthode permettant de trouver les nombres premiers *(crible d'Ératosthène).*

ERBIL → **ARBIL.**

ERCILLA Y ZÚÑIGA (Alonso **de**), *Madrid 1533 - id. 1594,* poète espagnol. Il prit part à une expédition au Chili, qui inspira son poème épique *La Araucana* (→ **Mapuche**).

ERCKMANN-CHATRIAN, nom sous lequel ont publié leurs œuvres deux écrivains français, **Émile Erckmann,** *Phalsbourg 1822 - Lunéville 1899,* et **Alexandre Chatrian,** *Abreschviller, Moselle, 1826 - Villemomble 1890.* Ils ont écrit ensemble un grand nombre de contes, de romans *(l'Ami Fritz, Histoire d'un conscrit de 1813)* et de pièces de théâtre *(les Rantzau),* qui forment une sorte d'épopée populaire de l'ancienne Alsace.

ERDRE n.f., riv. de France, affl. de la Loire (r. dr.), à Nantes ; 105 km.

EREBUS, volcan actif de l'Antarctique dans l'île de Ross ; 3 794 m.

Érechthéion, temple grec d'Athènes. Dédié à Athéna et à Poséidon, associé aux héros mythiques Érechthée et Cécrops, il a été élevé sur l'Acropole entre 421 et 406 av. J.-C. Ce chef-d'œuvre du style ionique comprend trois portiques, dont celui des Caryatides au sud.

EREVAN ou **ERIVAN,** cap. de l'Arménie, à 1 040 m d'alt. ; 1 283 000 hab. Musées et bibliothèque. Centre d'une région de riches cultures (coton, vignobles et vergers). Centre industriel.

ERFURT, v. d'Allemagne, cap. de la Thuringe, sur la Gera ; 216 397 hab. Centre industriel.

– Cathédrale gothique et autres témoignages médiévaux. – Napoléon y eut avec Alexandre Ier une entrevue (27 sept.-14 oct. 1808), au cours de laquelle fut renouvelée l'alliance avec la Russie conclue à Tilsit.

ERHARD (Ludwig), *Fürth 1897 - Bonn 1977,* homme politique allemand. Démocrate-chrétien, ministre de l'Économie de la RFA (1949 - 1963) puis chancelier (1963 - 1966), il présida au redressement économique de l'Allemagne.

ERICE, v. d'Italie (Sicile) ; 27 538 hab. Anc. *Eryx,* célèbre dans l'Antiquité pour son temple, dédié à la déesse méditerranéenne de la Fécondité (successivement Ashtart, Aphrodite et Vénus).

ÉRIDOU, site archéologique d'Iraq, près d'Our. Il abrite les vestiges de l'une des plus anc. cités (IVe millénaire) de la région. Important centre religieux dès le VIe millénaire.

ÉRIÉ (lac), l'un des cinq grands lacs américains, entre les lacs Huron et Ontario ; 25 900 km².

ÉRIÉ, v. des États-Unis (Pennsylvanie), sur le *lac Érié* ; 108 718 hab. Port.

ÉRIÉ (canal de l'), canal reliant le *lac Érié* (Buffalo) à l'Hudson (Albany) ; 590 km.

ÉRIGÈNE (Jean **Scot**) → **SCOT ÉRIGÈNE.**

ERIK ou **ERIC,** nom de quatorze rois de Suède et de sept rois de Danemark. – **Erik Jedvardsson,** dit **le Saint,** *m. à Uppsala en 1160,* roi de Suède (1156 - 1160), fondateur de la dynastie des Erik. – **Erik de Poméranie,** *1382 - Rügenwalde, auj. Darłowo, Pologne, 1459,* roi de Norvège (1389 - 1442), de Danemark et de Suède (Erik XIII) [1396 - 1439]. Petit-neveu de Marguerite Ire, il fut couronné roi des trois pays lors de la diète de Kalmar (1397). – **Erik XIV,** *Stockholm 1533 - Orbyhus 1577,* roi de Suède (1560 - 1568). Fils de Gustave Vasa, il dut lutter contre le Danemark, la Pologne et Lübeck (1563 - 1570).

ERIK le Rouge, *Jaeren v. 940 - v. 1010,* explorateur norvégien. Il découvrit le Groenland vers 985 et y installa des colons en 988.

ERIKSON (Erik), *Francfort-sur-le-Main 1902 - Harwich, Massachusetts, 1994,* psychanalyste américain. Représentant de la tendance culturaliste de la psychanalyse, il s'est surtout intéressé aux problèmes de l'adolescence.

ÉRIN, nom poétique de l'Irlande.

ÉRINYES (les) MYTH. GR. Les trois déesses de la Vengeance (Alecto, Tisiphoné et Mégère). Appelées aussi *les Euménides,* elles ont été assimilées aux *Furies* par les Romains.

ERIVAN → **EREVAN.**

ERLANGEN, v. d'Allemagne (Bavière) ; 102 383 hab. Université. Constructions électriques. – Monuments des XVIIe et XVIIIe s.

ERLANGER (Joseph), *San Francisco 1874 - Saint Louis 1965,* physiologiste américain. Il réalisa des études sur la différenciation fonctionnelle des fibres nerveuses. (Prix Nobel 1944.)

ERMENONVILLE (60950), comm. de l'Oise ; 838 hab. J.-J. Rousseau y mourut dans le domaine du marquis de Girardin (parc paysager). – Curieux site du *désert d'Ermenonville.*

Ermitage (l'), chalet de la vallée de Montmorency, propriété de Mme d'Épinay. J.-J. Rousseau y résida en 1756 - 1757.

Ermitage (l'), musée de Saint-Pétersbourg. À un ensemble de palais construits pour abriter les collections de la tsarine Catherine II a été adjoint le palais d'Hiver, l'ensemble constituant un des musées les plus importants du monde (archéologie, arts décoratifs, riche galerie de peinture occidentale).

ERMONT (95120), ch.-l. de cant. du Val-d'Oise ; 27 696 hab. *(Ermontois).*

■ L'**ÉRECHTHÉION,** sur l'Acropole d'Athènes (421 - 406 av. J.-C.).

ERNE, fl. d'Irlande, qui se jette dans l'Atlantique ; 115 km. Il traverse les deux *lacs d'Erne.*

ERNÉE (53500), ch.-l. de cant. du nord-ouest de la Mayenne, sur l'*Ernée* ; 5 944 hab. *(Ernéens).*

ERNEST-AUGUSTE de Brunswick-Lunebourg, *Herzberg 1629 - Herrenhausen 1698,* premier Électeur de Hanovre. Il participa aux guerres contre Louis XIV. Son fils Georges devint roi d'Angleterre (George Ier).

ERNI (Hans), *Lucerne 1909,* peintre suisse. Également sculpteur, céramiste, lithographe, il met son talent multiforme au service d'un engagement en faveur de la « complète harmonie entre le sensible et le rationnel ».

ERNST (Max), *Brühl 1891 - Paris 1976,* peintre allemand naturalisé français. Les collages de son époque dadaïste (1919) le firent remarquer par les surréalistes, auxquels il se joignit à Paris en 1922. Également graveur, sculpteur, écrivain, il a apporté au surréalisme une contribution poétique et technique de première importance (toiles exploitant des procédés de « frottage », « grattage », « décalcomanie » ; « romans-collages » comme *la Femme 100 têtes*).

■ MAX **ERNST.** *Couple zoomorphe en gestation,* 1933. (Musée Guggenheim, Venise.)

ERNST (Richard), *Winterthur 1933,* chimiste suisse. Il a perfectionné la spectroscopie de résonance magnétique nucléaire, en faisant une puissante technique d'analyse de la structure des molécules. (Prix Nobel 1991.)

ERODE, v. d'Inde (Tamil Nadu) ; 357 427 hab.

ÉROS MYTH. GR. Dieu de l'Amour. Considéré comme le plus jeune des dieux, il fut ensuite représenté sous les traits d'un enfant qui blesse les cœurs de ses flèches.

ÉROSTRATE, Éphésien qui, voulant se rendre immortel par un exploit mémorable, incendia le temple d'Artémis à Éphèse (356 av. J.-C.).

ERPE-MÈRE, comm. de Belgique (Flandre-Orientale) ; 18 778 hab.

ERQUY (22430), comm. des Côtes-d'Armor ; 3 841 hab. *(Réginéens).* Pêche. Station balnéaire.

ERSHAD (Hussain Mohammed), *Rangpur 1930,* général et homme politique du Bangladesh. Il fut président de la République de 1983 à 1990.

ERSTEIN [ɛrstɛn ou ɛrʃtɛn] (67150), ch.-l. de cant. du Bas-Rhin, sur l'Ill ; 9 802 hab. *(Ersteinois).* Chimie.

ERTÉ (Romain **de Tirtoff,** dit), *Saint-Pétersbourg 1892 - Paris 1990,* peintre, décorateur et dessinateur russe naturalisé français. Il s'est forgé un style personnel, proche de l'Art déco, dans le dessin de mode comme dans les décors et costumes de théâtre ou de cinéma (à Hollywood).

ERWIN, dit **de Steinbach,** *v. 1244 - Strasbourg 1318,* architecte alsacien. Il a participé à la construction de la cathédrale de Strasbourg.

ÉRYMANTHE MYTH. GR. Montagne d'Arcadie, repaire d'un sanglier redoutable capturé par Héraclès.

ÉRYTHRÉE n.f., État d'Afrique orientale, sur la mer Rouge ; 120 000 km² ; 3 600 000 hab. *(Érythréens).* CAP. *Asmara.* LANGUES : *tigrigna* et *arabe.* MONNAIE : *nakfa.* (V. carte **Éthiopie et Érythrée.**)

GÉOGRAPHIE

Une étroite plaine côtière, aride, est dominée par un plateau, plus arrosé, associant maigres cultures et élevage extensif, parfois encore nomade. La population juxtapose musulmans (sunnites) et chrétiens (monophysites).

HISTOIRE

L'Érythrée a longtemps constitué la seule province maritime de l'Éthiopie. **1890 :** elle devient une colonie italienne. **1941 - 1952 :** les Britanniques occupent la région, puis l'administrent après la guerre. **1952 :** l'Érythrée est réunie à l'Éthiopie avec le statut d'État fédéré. **1962 :** devenue une province de l'Éthiopie, elle s'oppose à la politique autoritaire du gouvernement d'Addis-Abeba, contre lequel se bat le Front populaire de libération de l'Érythrée (FPLE), fondé en 1970. **1991 :** après la chute de Mengistu, le nouveau régime éthiopien accepte le principe d'un référendum d'autodétermination. **1993 :** le pays accède à l'indépendance. **1998 - 2000 :** un conflit frontalier oppose l'Érythrée à l'Éthiopie.

ÉRYTHRÉE (mer), nom donné par les Anciens à la mer Rouge, au golfe Persique et à la partie nord-ouest de l'océan Indien.

ERZBERGER (Matthias), *Buttenhausen 1875 - près de Griesbach 1921,* homme politique allemand. Principal négociateur de l'armistice du 11 nov. 1918, puis ministre des Finances (1919), il fut assassiné par des nationalistes.

ERZGEBIRGE n.m., en fr. **monts Métallifères,** en tch. **Krušné hory,** massif des confins de l'Allemagne et de la République tchèque ; 1 244 m. Il fut le siège d'exploitations minières (plomb, zinc, cuivre, argent).

ERZURUM, v. de la Turquie orientale, à 1 800 m d'alt. ; 242 391 hab. Monuments divers, dont la grande madrasa de Çifteminare (1253), chef-d'œuvre de l'époque seldjoukide, auj. musée.

ESA (European Space Agency), agence spatiale européenne, créée en 1975. Son siège est à Paris.

ÉSAÏE → **ISAÏE.**

ESAKI LEO, *Osaka 1925,* physicien japonais. Il fut le premier à obtenir, en 1957, l'effet tunnel des électrons dans un semi-conducteur. (Prix Nobel 1973.)

ÉSAÜ, personnage biblique. Fils d'Isaac et de Rébecca, et frère aîné de Jacob, il vendit à ce dernier son droit d'aînesse pour un plat de lentilles.

ESBJERG, v. du Danemark (Jylland) ; 82 593 hab. Port. Pêche. Conserveries. – Musées.

ESBO → **ESPOO.**

ESCAUDAIN (59124), comm. du Nord ; 9 383 hab. *(Escaudinois).*

ESCAUT n.m., en néerl. **Schelde,** fl. de France, de Belgique et des Pays-Bas, né dans le dép. de l'Aisne et qui rejoint la mer du Nord ; 430 km. Il passe à Cambrai, Valenciennes, Tournai, Gand et Anvers (à la tête d'un long estuaire qui est une importante voie navigable).

ESCHINE, *v. 390 - 314 av. J.-C.,* orateur athénien. D'abord adversaire de Philippe de Macédoine, il devint partisan de la paix, s'opposant ainsi à Démosthène. Il dut s'exiler à la suite du procès de la Couronne qu'il intenta contre Démosthène et qu'il perdit (330 av. J.-C.). – Ses discours *(Sur l'ambassade, Contre Ctésiphon)* sont des exemples d'élégance attique.

ESCH-SUR-ALZETTE, v. du Luxembourg, ch.-l. de cant. ; 24 012 hab. Métallurgie.

ESCHYLE, *Éleusis v. 525 - Gela, Sicile, 456 av. J.-C.,* poète tragique grec. Ses œuvres, inspirées des légendes thébaines et anciennes (*les Sept contre Thèbes,* 467 ; *l'*Orestie ; les Suppliantes,* v. 463), des mythes traditionnels *(Prométhée enchaîné)* ou des exploits des guerres médiques (*les Perses,* 472), font de lui le créateur de la tragédie antique.

ESCLAVES (côte des), anc. dénomination du littoral du Bénin et du Nigeria occidental.

ESCLAVES (Grand Lac des), lac du Canada (Territoires du Nord-Ouest), alimenté par la *rivière des Esclaves,* section du fleuve Mackenzie ; 28 930 km².

ESCOFFIER (Auguste), *Villeneuve-Loubet 1846 - Monte-Carlo 1935,* cuisinier français. Ses écrits font toujours référence. Il est notamm. le créateur de la pêche Melba.

ESCRIVÁ DE BALAGUER (Mgr José María), *Barbastro 1902 - Rome 1975,* prélat espagnol. Fondateur de l'Opus Dei (1928), il fut béatifié en 1992.

ESCUDERO (Vicente), *Valladolid 1892 - Barcelone 1980,* danseur et professeur espagnol. Il fut le

E

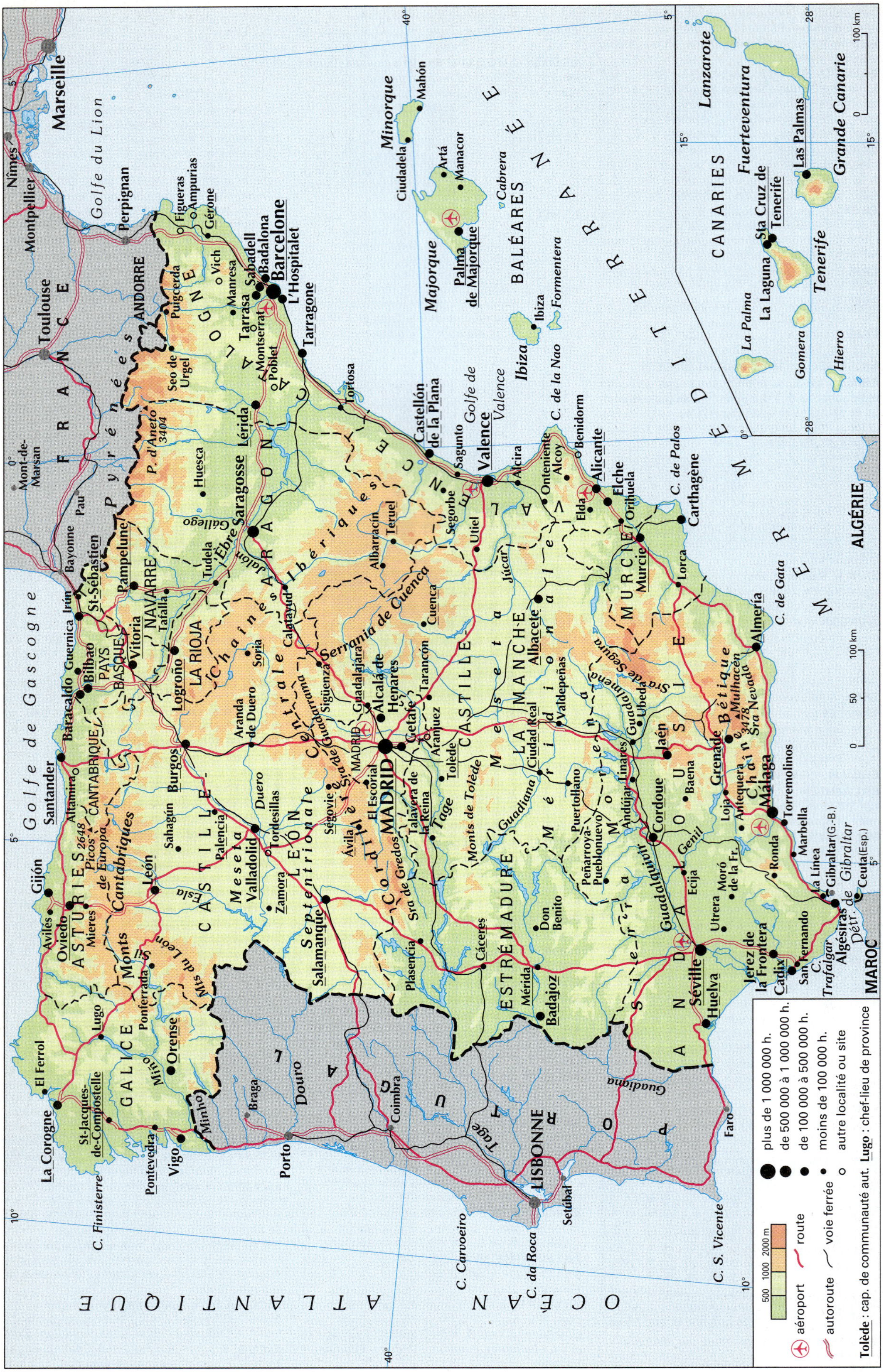
FRANCE
Marseille
Nîmes
Montpellier
Golfe du Lion
Perpignan
Toulouse
ANDORRE
Mont-de-Marsan
Pau
Bayonne
Pyrénées
Golfe de Gascogne
OCÉAN ATLANTIQUE
MER MÉDITERRANÉE
ALGÉRIE
MAROC
PORTUGAL
Figueras
Ampurias
Gérone
Vich
Puigcerda
Seo de Urgel
Manresa
Sabadell
Badalona
Tarrasa
Barcelone
L'Hospitalet
Montserrat
Poblet
Tarragone
CATALOGNE
Lérida
Tortosa
P. d'Aneto 3404
Huesca
Saragosse
Gallego
Èbre
ARAGON
Tudela
Jalón
Pampelune
NAVARRE
St-Sébastien
Irún
Guernica
Bilbao
Baracaldo
PAYS BASQUE
Vitoria
Tafalla
LA RIOJA
Logroño
Soria
Calatayud
Chaîne Ibérique
Albarracín
Teruel
Serranía de Cuenca
Cuenca
Segorbe
Castellón de la Plana
Golfe de Valence
Sagunto
Valence
Utiel
Júcar
Alcira
Onteniente
Alcoy
Benidorm
Alicante
Elda
Elche
Orihuela
C. de la Nao
C. de Palos
Carthagène
MURCIE
Murcie
Lorca
Almería
C. de Gata
Minorque
Ciudadela
Mahón
Majorque
Artá
Manacor
Palma de Majorque
Cabrera
BALÉARES
Ibiza
Formentera
CANARIES
Lanzarote
Fuerteventura
Las Palmas
Grande Canarie
Sta Cruz de Tenerife
La Laguna
Tenerife
La Palma
Gomera
Hierro
Santander
Altamira
CANTABRIQUE
Burgos
Aranda de Duero
Sigüenza
Guadalajara
Alcalá de Henares
MADRID
Getafe
Tarancón
Aranjuez
Tolède
CASTILLE
LA MANCHE
Albacete
Ciudad Real
Valdepeñas
Sra de Segura
Sra de Alcaraz
Úbeda
Linares
Jaén
Andújar
Cordoue
Baena
Sra Morena
Guadalquivir
Puertollano
Peñarroya-Pueblonuevo
Don Benito
Guadiana
Mérida
Badajoz
ESTRÉMADURE
Cáceres
Plasencia
Monts de Tolède
Tage
Talavera de la Reina
El Escorial
Sra de Guadarrama
Ségovie
Ávila
Sra de Gredos
Cordillère Centrale
Salamanque
Zamora
Tordesillas
Valladolid
Duero
LEÓN
Palencia
Sahagún
León
Esla
Meseta
Gijón
Avilés
Oviedo
Mieres
ASTURIES
Picos de Europa 2648
Monts Cantabriques
Ponferrada
Mts du León
La Corogne
El Ferrol
Lugo
GALICE
St-Jacques-de-Compostelle
Orense
Miño
Pontevedra
Vigo
C. Finisterre
Minho
Braga
Porto
Douro
Coimbra
LISBONNE
Setúbal
C. Carvoeiro
C. da Roca
C. S. Vicente
Faro
Huelva
Séville
ANDALOUSIE
Sierra Morena
Écija
Genil
Utrera
Morón de la Fr.
Jerez de la Frontera
Cadix
San Fernando
C. Trafalgar
Algésiras
Détr. de Gibraltar
La Línea
Gibraltar (G.-B.)
Ceuta (Esp.)
Ronda
Marbella
Málaga
Torremolinos
Antequera
Loja
Grenade
Mulhacén 3478
Sra Nevada
Chaîne Bétique
0 50 100 km
500 1000 2000 m
aéroport
autoroute
route
voie ferrée
plus de 1 000 000 h.
de 500 000 à 1 000 000 h.
de 100 000 à 500 000 h.
moins de 100 000 h.
autre localité ou site
Tolède : cap. de communauté aut.
Lugo : chef-lieu de province

■ L'ESCURIAL, ancien palais-monastère (2e moitié du XVIe s.), à 45 km au N.-O. de Madrid.

partenaire de la Argentina, avec laquelle il créa *l'Amour sorcier* (1925).

ESCULAPE MYTH. ROM. Dieu de la Médecine. Il correspond à l'Asclépios grec.

Escurial (l'), en esp. **el Escorial,** palais et monastère d'Espagne, au pied de la sierra de Guadarrama, au N.-O. de Madrid. Accomplissement d'un vœu de Philippe II après sa prise de Saint-Quentin, conçu comme nécropole royale et centre d'études au service de la Contre-Réforme, il fut élevé de 1563 à 1584 par Juan Bautista de Toledo, l'Italien Giambattista Castello et Juan de Herrera dans un style classique sévère. Nombreuses œuvres d'art : bronzes des Leoni père et fils (Leone et Pompeo), peintures de primitifs flamands, de Titien, du Greco, de Ribera, de Velázquez, fresques de L. Giordano, tapisseries de Goya, etc.

ESDRAS ou **EZRA,** *Ve s. av. J.-C.,* prêtre juif. Il restaura la religion juive et le Temple après l'exil de Babylone.

ESHKOL (Levi), *Oratov, Ukraine, 1895 - Jérusalem 1969,* homme politique israélien. Il fut Premier ministre de 1963 à 1969.

ESKILSTUNA, v. de Suède, près du lac Mälaren ; 89 765 hab. Métallurgie. — Musées.

ESKIMO → **ESQUIMAUX.**

ESKIŞEHIR, v. de Turquie, à l'O. d'Ankara ; 413 082 hab.

ESMEIN (Adhémar), *Touvérac, Charente, 1848 - Paris 1913,* juriste français. Remarquable historien du droit, il est l'auteur d'importants travaux sur le droit public et le droit canon.

Esméralda (la), personnage du roman de V. Hugo *Notre-Dame de Paris* (1831 - 1832), qui est une jeune et belle bohémienne.

ESMERALDAS, v. de l'Équateur ; 98 558 hab. Port.

ESNAULT-PELTERIE (Robert), *Paris 1881 - Nice 1957,* ingénieur français. Il est l'inventeur du moteur d'avion en étoile à nombre impair de cylindres et du dispositif de commande d'avion appelé « manche à balai » (1906). Il fut aussi l'un des théoriciens de la navigation interplanétaire au moyen de fusées.

ESNÈH ou **ISNA,** v. d'Égypte (Haute-Égypte), sur le Nil ; 34 000 hab. Vestiges bien conservés de la salle hypostyle du temple ptolémaïque (colonnes gravées d'importants textes relatifs au mythe de la création).

ESNEUX, comm. de Belgique (prov. de Liège), sur l'Ourthe ; 12 718 hab.

ESO (European Southern Observatory), organisation européenne de recherches astronomiques dans l'hémisphère Sud, créée en 1962. Son siège est à Garching (Allemagne). Au Chili, l'ESO dispose d'un observatoire, sur le mont La Silla, et installe un très grand télescope (*VLT) sur le Cerro Paranal, dans le désert d'Atacama.

ÉSOPE, *VIIe s. – VIe s. av. J.-C.,* fabuliste grec. On attribue à ce personnage à demi légendaire un ensemble de *Fables,* connues dès la fin du Ve s. av. J.-C., qui exercèrent une grande influence, notamm. sur La Fontaine.

Espace économique européen (EEE), zone de libre-échange en Europe. Institué par le traité de Porto (1992) et entré en vigueur le 1er janvier 1994, l'EEE comprend dix-huit États : les quinze États de l'Union européenne et trois pays de l'AELE (la Suisse ne faisant pas partie de l'EEE).

ESPAGNE n.f., en esp. **España,** État du sud-ouest de l'Europe ; 505 000 km² (y compris les Canaries ; 497 500 km² en les excluant) ; 39 700 000 hab. *(Espagnols).* CAP. *Madrid.* V. PRINC. *Barcelone.* LANGUE : *espagnol.* MONNAIES : *euro* et *peseta espagnole.*

INSTITUTIONS

Monarchie parlementaire. Constitution de 1978. Le pouvoir exécutif est confié au roi et à un gouvernement (responsable devant le Congrès des députés) dirigé par un président du gouvernement. Le pouvoir législatif appartient à un Parlement bicaméral, les *Cortes,* constitué du Congrès des députés et du Sénat, tous deux élus pour 4 ans au scrutin direct. La Constitution espagnole instaure un système semi-fédéral d'administration des régions, l'élément de base étant la communauté autonome. En 1983, à l'issue du processus d'autonomie des régions, l'Espagne est divisée en 17 communautés autonomes - chacune d'elles étant dotée d'un Parlement élu au suffrage universel et d'un gouvernement régional -, auxquelles s'ajoutent Ceuta et Melilla. — Les 17 communautés autonomes sont les suivantes : Andalousie, Aragón, Asturies, Baléares, Pays basque, Canaries, Cantabrique, Castille-La Manche, Castille-León, Catalogne, Estrémadure, Galice, Madrid, Murcie, Navarre, La Rioja, Valence.

GÉOGRAPHIE

L'Espagne appartient à la frange méditerranéenne de l'Europe, la moins développée du continent, malgré un passé souvent brillant. Le poids de l'agriculture demeure important, malgré le développement de l'industrie et surtout des services. La population se caractérise par un particularisme souvent affirmé (au Pays basque et en Catalogne notamm.) et un taux d'urbanisation élevé (près de 80 %), avec quelques grandes villes (six dépassant 500 000 habitants).

Les cultures, souvent extensives, du blé, parfois de la vigne, et l'élevage ovin dominent sur la Meseta, vaste plateau intérieur, au climat assez sec, chaud en été, rude en hiver. Les fruits (agrumes) et les légumes sont cultivés dans les huertas, sur un littoral au climat méditerranéen et dans les périmètres irrigués par les grands fleuves (Tage et Èbre). L'élevage bovin est présent dans le Nord-Ouest, frais et humide. L'industrie, implantée notamm. dans le Pays basque et les Asturies, ainsi que dans la région de Barcelone, est représentée principalement par la métallurgie de transformation, devant le textile et l'agroalimentaire.

Le traditionnel déficit de la balance commerciale est partiellement comblé par les revenus du tourisme (environ 60 millions de visiteurs par an), surtout balnéaire (Baléares et littoral méditerranéen). L'appartenance à l'Union européenne a posé des problèmes d'adaptation (quotas de prises pour une pêche active, compétitivité industrielle, surproduction agricole) dans un pays qui souffrait d'un important chômage. L'Espagne connaît toutefois auj. une forte croissance et une nette amélioration de la situation de l'emploi.

HISTOIRE

Les premiers temps. L'Espagne est peuplée dès le paléolithique. Ses premiers habitants historiquement connus sont les Ibères. À la fin du IIe millénaire, Phéniciens et Grecs fondent des comptoirs sur les côtes. **VIe s. av. J.-C. :** les Celtes fusionnent avec les Ibères pour former les Celtibères. **IIIe s. - IIe s. av. J.-C. :** enjeu des guerres puniques, l'Espagne est sous la domination de Carthage (à l'est du pays) puis de Rome (201 av. J.-C.). **19 av. J.-C. :** elle est totalement soumise par Rome. **Ve s. apr. J.-C. :** les Vandales envahissent le pays. **412 :** les Wisigoths pénètrent en Espagne. Ils y établissent une monarchie brillante, catholique à partir du roi Reccared Ier (587).

L'islam et la Reconquista. 711 : début de la conquête arabe. **756 :** l'émirat omeyyade de Cordoue se déclare indépendant. Califat en 929, il se maintient jusqu'en 1031. Son émiettement favorise ensuite la *Reconquista* (Reconquête) depuis le Nord, où subsistaient des États chrétiens (Castille, León, Aragon...). **1085 :** prise de Tolède par Alphonse VI. **1212 :** les Arabes sont vaincus à Las Navas de Tolosa. **1248 :** prise de Séville par Ferdinand III. Au milieu du XIIIe s., les musulmans refoulés dans le Sud sont réduits au royaume de Grenade. **1492 :** ils en sont chassés par les « Rois Catholiques », Ferdinand d'Aragon et Isabelle de Castille, mariés en 1469.

L'âge d'or. XVIe s. : outre ses conquêtes coloniales d'Amérique, Charles Ier (1516 - 1556), devenu l'empereur Charles Quint en 1519, incorpore à ses domaines les territoires autrichiens des Habsbourg. Philippe II (1556 - 1598) hérite du Portugal (1580), et son règne inaugure le « Siècle d'or » des arts et des lettres espagnols. Mais la défaite de l'Invincible Armada (1588) contre l'Angleterre prélude au déclin.

Le déclin. 1640 : le Portugal se détache de l'Espagne. **1700 :** l'extinction de la maison de Habsbourg permet l'avènement de Philippe V de Bourbon, petit-fils de Louis XIV : c'est la guerre de la Succession d'Espagne (1701 - 1714). **1759 - 1788 :** Charles III, despote éclairé, s'efforce de redresser le pays. **1808 :** Napoléon Ier impose comme roi son frère Joseph. Une émeute sanglante (*Dos de Mayo,* 2 mai) puis une répression (*Tres de Mayo*) marquent le début de la guerre d'indépendance. **1814 :** les Bourbons sont restaurés. **1814 - 1833 :** Ferdinand VII, aidé par l'intervention française en 1823, établit une monarchie absolue et perd les colonies d'Amérique.

Des guerres fratricides. 1833 - 1868 : la reine Isabelle II doit lutter contre les carlistes, partisans de son oncle don Carlos, et est finalement renversée. **1874 :** retour des Bourbons après une éphémère république. Alphonse XII (1874 - 1885) est proclamé roi. **1885 - 1931 :** la régence de Marie-Christine (jusqu'en 1902) puis le règne d'Alphonse XIII sont marqués par des troubles. Au terme de la guerre contre les États-Unis (1898), l'Espagne perd Cuba, les Philippines et Porto Rico. À l'intérieur du pays, anarchie et mouvements nationalistes (basque, catalan) se développent. **1923 - 1930 :** Primo de Rivera met en place une première dictature. **1931 :** après la victoire républicaine aux élections, Alphonse XIII quitte l'Espagne et la république est proclamée. **1936 :** en février, le Front populaire gagne les élections. En juillet, le soulèvement du général Franco marque le début de la guerre civile (→ **Espagne** [guerre civile d']).

Le régime franquiste. 1939 - 1975 : Franco, « caudillo », chef d'État à vie, gouverne avec un parti unique et organise un État autoritaire. Le pouvoir législatif est dévolu aux Cortes, assemblées non élues (1942). Pendant la Seconde Guerre mondiale, l'Espagne, favorable à l'Axe, reste en position de non-belligérance. **1947 :** la loi de succession réaffirme le principe de la monarchie. **1955 :** l'Espagne entre à l'ONU. Parallèlement, elle connaît, dès la fin des années 1960, une modernisation économique rapide. **1969 :** Franco choisit Juan Carlos comme successeur.

L'Espagne démocratique. 1975 : Franco meurt. Juan Carlos Ier devient roi d'Espagne. Il entreprend la démocratisation du régime, aidé par le gouvernement centriste d'Adolfo Suárez (1976 - 1981). **1978 :** la nouvelle Constitution rétablit les institutions représentatives et crée des gouvernements autonomes dans les dix-sept régions du pays. **1982 :** le socialiste Felipe González devient président du gouvernement. L'Espagne adhère à l'OTAN. **1986 :** elle entre dans la CEE. **1996 :** le Parti populaire (droite) remporte les élections ; son leader, José María Aznar, devient président du gouvernement. **2000 :** le pouvoir de ce dernier est conforté par la nouvelle et large victoire (majorité absolue) du Parti populaire aux élections. Mais le pays doit faire face à une vague d'attentats terroristes de l'ETA.

Espagne (guerre civile d') [1936 - 1939], conflit qui opposa le gouvernement républicain du Front populaire espagnol à une insurrection militaire et nationaliste dirigée par Franco. Les nationalistes, aidés par l'Allemagne hitlérienne et l'Italie fasciste, l'emportèrent finalement sur les républicains aux côtés desquels luttèrent les Brigades internationales, regroupant des volontaires venus de plus de 50 nations. Cette guerre fit plus de 600 000 victimes.

ESPALION (12500), ch.-l. de cant. de l'Aveyron, sur le Lot ; 4 578 hab. *(Espalionnais).* Bourg pittoresque ; deux musées. Aux environs, église romane de Perse, en grès rouge.

E

ESPARTERO (Baldomero), duc **de la Victoire,** *Granátula 1793 - Logroño 1879,* général et homme politique espagnol. Il remporta la victoire de Luchana (1836) sur les carlistes et fut régent (1840 - 1843).

ESPINEL (Vicente), *Ronda 1550 - Madrid 1624,* écrivain espagnol. Poète et compositeur, il est l'auteur du roman d'aventures *Marcos de Obregón* (1618), dont A. R. Lesage s'est inspiré dans son **Gil Blas de Santillane.*

ESPINOUSE (monts de l'), hauts plateaux, couverts de landes ou boisés, du sud du Massif central (France) ; 1 124 m.

ESPÍRITO SANTO, État du Brésil, sur l'Atlantique ; 2 598 231 hab. ; cap. *Vitória.*

ESPOO ou **ESBO,** v. de Finlande, banlieue d'Helsinki ; 175 670 hab.

esprit des lois (De l'), œuvre de Montesquieu (1748). L'auteur y montre les rapports qu'entretiennent les lois avec la constitution des États, les mœurs, la religion, le commerce, le climat et la nature des sols des pays. Il prône la séparation des pouvoirs et se déclare favorable à la monarchie constitutionnelle.

ESPRIU (Salvador), *Santa Coloma de Farnés 1913 - Barcelone 1985,* écrivain espagnol d'expression catalane. Ses poèmes et ses nouvelles évoquent le destin du peuple catalan.

ESPRONCEDA (José **de**), *Almendralejo 1808 - Madrid 1842,* poète espagnol. Il est l'un des principaux poètes romantiques de son pays *(le Diable-Monde).*

ESQUILIN (mont), une des sept collines de Rome, à l'est de la ville.

ESQUIMAUX ou **ESKIMO,** nom donné à un ensemble de peuples de l'Arctique (Groenland, Canada, Alaska, Sibérie), regroupés en deux familles linguistiques (*Inuits d'une part, *Yu'pit d'autre part). Venus de Sibérie en Amérique entre 10 000 et 4 000 ans avant notre ère, leurs ancêtres se sont répandus vers l'est à travers toute la zone arctique américaine, pour atteindre le Groenland vers 2 000 ans avant notre ère. Leur mode de vie traditionnel, basé sur la chasse aux mammifères marins et rendu possible par une remarquable faculté d'adaptation (construction d'igloos, invention, entre autres, du kayak), allait de pair avec une riche culture (chamanisme) ; il a été remis en cause par le contact avec la civilisation occidentale (alcoolisme et autres pathologies sociales). Les Esquimaux luttent désormais pour la survie de leur société et se sont dotés d'organisations de défense.

ESQUIROL (Jean Étienne Dominique), *Toulouse 1772 - Paris 1840,* médecin français. L'un des fondateurs de la clinique et de la nosographie psychiatriques, il est à l'origine de la mise en place des institutions psychiatriques en France.

Essais philosophiques sur l'entendement humain, œuvre de Hume (1748), ultérieurement rééditée sous le titre d'*Enquête sur l'entendement humain.* L'auteur y expose ses conceptions empiristes et développe notamment sa très importante théorie de la causalité.

ESSAOUIRA, anc. **Mogador,** v. du Maroc, sur l'Atlantique ; 30 000 hab. Pêche. Station balnéaire. — Fortifications surtout du XVIIIe s.

ESSARTS (Les) [85140], ch.-l. de cant. de la Vendée ; 4 263 hab. *(Essartais).* Restes du château ; crypte romane de l'église.

ESSEN, v. d'Allemagne (Rhénanie-du-Nord-Westphalie), sur la Ruhr ; 622 380 hab. Centre industriel et tertiaire. — Cathédrale, anc. abbatiale remontant au XIe s. Musée Folkwang (art des XIXe et XXe s. ; département de photographie).

ESSENINE → **IESSENINE.**

ESSEQUIBO n.m., fl. de la Guyana ; 1 000 km env. Bauxite dans son bassin.

ESSEX, comté d'Angleterre, sur l'estuaire de la Tamise ; 1 495 600 hab. ; ch.-l. *Chelmsford.* Anc. royaume saxon fondé au VIe s., réuni au Wessex en 825, et dont la capitale était *Lunden* (Londres).

ESSEX (Robert **Devereux,** 2e comte **d'**), *Netherwood 1566 ou 1567 - Londres 1601,* soldat et courtisan anglais. Favori d'Élisabeth Ire, disgracié (1600), il conspira contre la reine et fut exécuté. — **Robert Devereux,** 3e comte **d'E.,** *Londres 1591 - id. 1646,* gentilhomme anglais. Fils du 2e comte d'Essex, il commanda l'armée parlementaire pendant la guerre civile.

ESSEY-LÈS-NANCY (54270), comm. de Meurthe-et-Moselle ; 8 000 hab. *(Ascyens* ou *Ascéiens).* Aéroport de Nancy.

Essling (bataille d') [21 - 22 mai 1809], bataille de l'Empire. Difficile victoire des Français sur les Autrichiens de l'archiduc Charles de Habsbourg, non loin de Vienne.

ESSLINGEN, v. d'Allemagne (Bade-Wurtemberg), sur le Neckar ; 91 388 hab. Constructions mécaniques. — Monuments médiévaux.

ESSONNE n.f., riv. de France, affl. de la Seine (r. g.), à Corbeil-Essonnes ; 90 km.

ESSONNE n.f. (91), dép. de la Région Île-de-France ; ch.-l. de dép. *Évry ;* ch.-l. d'arrond. *Étampes, Palaiseau ;* 3 arrond. ; 42 cant. ; 196 comm. ; 1 804 km² ; 1 134 238 hab. *(Essonniens).* Le dép. appartient à l'académie de Versailles, à la cour d'appel et à la zone de défense de Paris. Le nord, banlieue de Paris, est fortement urbanisé et localement industrialisé (vallée de la Seine). Malgré les villes nouvelles (Évry et, en partie, Melun-Sénart), la croissance démographique s'est ralentie. Le sud, plus éloigné de Paris, est encore surtout rural. Les cultures fruitières et maraîchères s'étendent dans les vallées du Hurepoix, dont les plateaux sont souvent le domaine de la grande culture céréalière, que l'on retrouve, au-delà d'Étampes, dans l'extrémité septentrionale de la Beauce.

Est (autoroute de l'), autoroute reliant Paris à Strasbourg par Reims et Metz.

ESTAING (Charles Henri, comte **d'**), *Ravel, Puy-de-Dôme, 1729 - Paris 1794,* amiral français. Il servit aux Indes et se distingua dans la guerre de l'Indépendance américaine, puis commanda la Garde nationale à Versailles (1789). Il fut guillotiné.

ESTAQUE n.f., chaînon du sud de la France, au N.-O. de Marseille, fermant au S. l'étang de Berre ; 279 m.

ESTE, v. d'Italie (Vénétie) ; 17 714 hab. Château en partie du XIVe s. ; Musée archéologique. — Ce fut un centre important des Vénètes.

ESTE, famille princière d'Italie qui gouverna longtemps Ferrare, Modène et Reggio. Elle protégea des artistes comme l'Arioste et le Tasse.

Este (villa d'), résidence du XVIe s., à Tivoli. Avec ses célèbres jardins étagés qu'animent de multiples jeux d'eau, elle est l'œuvre (à partir de 1550) de l'architecte et décorateur Pirro Ligorio.

ESTEREL [ɛstərɛl] ou **ESTÉREL** [ɛsterɛl] n.m., massif de Provence ; 618 m au mont Vinaigre.

ESTERHÁZY ou **ESZTERHÁZY,** famille d'aristocrates hongrois (XVIIe-XIXe s.) qui œuvra à la consolidation du pouvoir des Habsbourg. — **Miklós E.,** *1714 - Vienne 1790,* aristocrate hongrois. Il construisit le château d'Esterháza (auj. Fertőd), considéré comme le « Versailles hongrois ».

ESTÈVE (Maurice), *Culan 1904,* peintre français. La vivacité expressive du coloris s'allie dans ses toiles à la souplesse et à la complexité de structures non figuratives. Musée à Bourges.

ESTHER, *Ve s. av. J.-C.,* jeune Juive déportée à Babylone. Elle devint, d'après le livre biblique qui porte son nom (IIe s. av. J.-C.), reine des Perses et sauva les Juifs du massacre. — Son histoire a inspiré une tragédie à Racine (1689).

ESTIENNE, famille d'humanistes français, imprimeurs et éditeurs. — **Robert Ier E.,** *Paris 1503 - Genève 1559,* imprimeur et éditeur français. Ses dictionnaires bilingues de latin et de français firent date. — **Henri II E.,** *Paris 1528 ? - Lyon 1598,* imprimeur et éditeur français, fils de Robert Ier. Cet helléniste éminent, auteur d'un *Thesaurus graecae linguae,* défendit l'emploi de la langue nationale dans son *Projet du livre intitulé : « De la précellence du langage français ».*

ESTIENNE (Jean-Baptiste), *Condé-en-Barrois 1860 - Paris 1936,* général français. Il fut, en 1916 - 1917, le créateur des chars d'assaut français, utilisés à partir de 1917.

ESTIENNE D'ORVES (Honoré **d'**), *Verrières-le-Buisson 1901 - mont Valérien 1941,* officier de marine français. Résistant de la première heure, il fut fusillé par les Allemands.

ESTONIE n.f., en eston. **Eesti,** État d'Europe orientale, sur la Baltique ; 45 000 km² ; 1 520 000 hab. *(Estoniens).* **CAP.** *Tallinn.* **LANGUE :** *estonien.* **MONNAIE :** *kroon (couronne estonienne).*

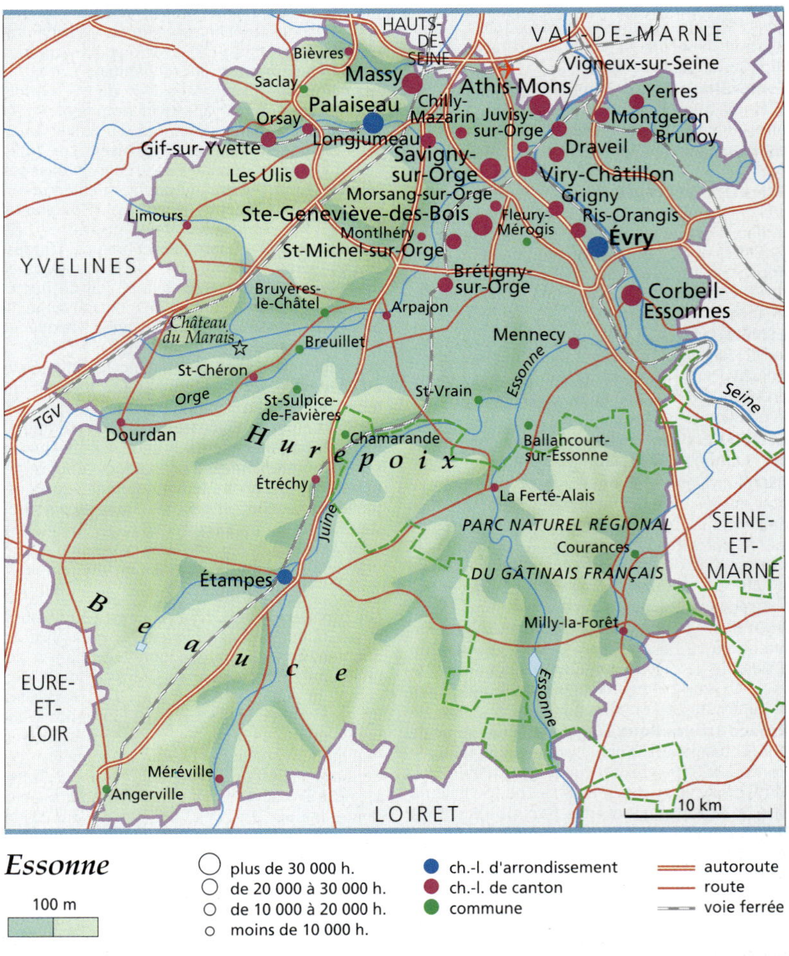

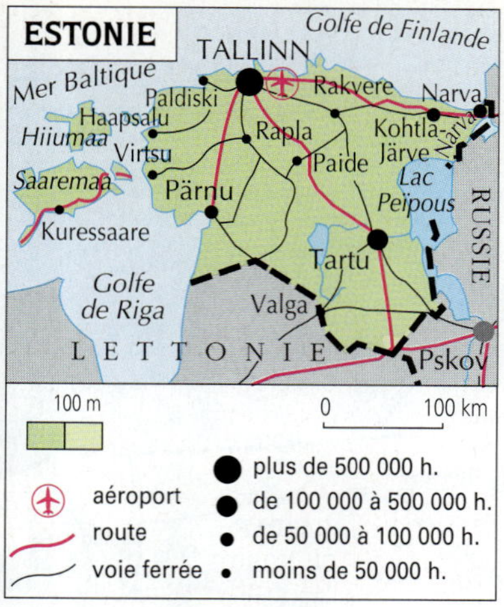

GÉOGRAPHIE

C'est un pays plat, au climat frais, plus favorable à l'élevage qu'aux cultures. L'agroalimentaire, le textile, la chimie, les constructions mécaniques et électroniques sont les grandes branches industrielles, alors que les schistes bitumineux constituent la ressource essentielle du sous-sol. La population, urbanisée, compte un peu plus de 60 % d'Estoniens de souche, mais aussi près d'un tiers de Russes, dont l'intégration est un problème.

HISTOIRE

D'origine finno-ougrienne, les Estoniens s'unissent contre les envahisseurs vikings (IXe s.), russes (XIe-XIIe s.), puis sont écrasés en 1217 par les Danois et les chevaliers allemands (Porte-Glaive). **1346-1561 :** la région est gouvernée par les chevaliers Porte-Glaive. **1629 :** elle passe sous domination suédoise. **1721 :** elle est intégrée à l'Empire russe. **1920 :** la Russie soviétique reconnaît son indépendance. **1940 :** conformément au pacte germano-soviétique, l'Estonie est annexée par l'URSS. **1941-1944 :** elle est occupée par les Allemands. **1944 :** elle redevient une république soviétique. **1991 :** l'indépendance restaurée est reconnue par la communauté internationale (sept.). **1994 :** les troupes russes achèvent leur retrait du pays. **1995 :** l'Estonie dépose une demande d'adhésion à l'Union européenne.

ESTORIL, v. du Portugal. Station balnéaire. Circuit automobile.

ESTRÉES [etre] (maison **d'**), famille française qui compta notamment plusieurs maréchaux. — **Gabrielle d'E.**, *Cœuvres, Aisne, 1571 - Paris 1599,* favorite d'Henri IV. Elle eut avec lui trois enfants légitimés, dont César, duc de Vendôme.

ESTRÉES-SAINT-DENIS [ɛstre-] (60190), ch.-l. de cant. de l'Oise ; 3 655 hab. *(Dionysiens).*

ESTRELA (serra da), massif du Portugal, portant le point culminant du pays ; 1 991 m.

ESTRÉMADURE n.f., en esp. **Extremadura,** en port. **Estremadura,** région de la péninsule Ibérique (Espagne et Portugal).

ESTRÉMADURE, en esp. **Extremadura,** communauté autonome d'Espagne ; 1 045 201 hab. ; cap. *Mérida* ; 2 prov. (*Badajoz* et *Cáceres*).

ESTRÉMADURE, en port. **Estremadura,** région du Portugal. Elle correspond partiellement aux districts de Leiria, Santarém et Lisbonne.

Est républicain (l'), quotidien régional français. Il fut créé, en 1889, à Nancy par un groupe de républicains hostiles au boulangisme.

ESTRIE, anc. **Cantons-de-l'Est,** division administrative du Québec (Canada), à l'E. de Montréal, limitrophe des États-Unis ; 10 698 km² ; 268 053 hab. *(Estriens)* ; v. princ. *Sherbrooke.*

ÉSUS, un des trois grands dieux gaulois, avec Taranis et Teutatès.

ESZTERGOM, v. de Hongrie, sur le Danube ; 29 841 hab. Archevêché, siège du primat de Hongrie. — Monuments du XVIIIe s. et immense cathédrale néoclassique du XIXe s. ; musées.

ETA (Euskadi ta Askatasuna, en fr. Pays basque et liberté), organisation révolutionnaire clandestine issue en 1959 de l'aile extrémiste du mouvement nationaliste basque. L'ETA revendique l'indépendance du Pays basque.

ÉTABLES-SUR-MER (22680), ch.-l. de cant. des Côtes-d'Armor ; 2 567 hab. *(Tagarins).*

établissement (Acte d') [en angl. Act of Settlement], loi votée en 1701 par le Parlement anglais, qui assurait une succession protestante au trône d'Angleterre.

Établissements de Saint Louis, recueil des coutumes de Touraine, d'Anjou et d'Orléanais, contenant une ordonnance de Saint Louis (v. 1272 - 1273). Ces textes eurent une grande influence dans l'ouest du royaume.

ÉTABLISSEMENTS FRANÇAIS DANS L'INDE, ensemble de territoires situés sur les côtes de l'Inde et formant une colonie française, dont la capitale était Pondichéry. Formée de comptoirs et d'établissements créés entre 1668 et 1739, cette colonie fut étendue par Dupleix, dont l'œuvre fut annihilée par le traité de Paris (1763). Les cinq comptoirs que la France conserva furent rattachés à l'Union indienne : Chandernagor en 1951, Karikal, Mahé, Pondichéry et Yanaon en 1954.

ÉTAIN (55400), ch.-l. de cant. de la Meuse ; 3 765 hab. *(Stainois).* Église remontant au XIVe s.

ÉTAIX (Pierre), *Roanne 1928,* cinéaste et acteur français. Gagman de J. Tati (*Mon oncle,* 1958), clown, il allie dans ses films le burlesque et l'émotion (*le Soupirant,* 1963 ; *Yoyo,* 1965).

ÉTAMPES (91150), ch.-l. d'arrond. de l'Essonne, à l'extrémité nord-est de la Beauce ; 22 114 hab. *(Étampois).* Équipements automobiles. — Quatre églises médiévales : XIe-XVIe s. ; anc. donjon royal, quadrilobé, du XIIe s.

ÉTAMPES (Anne **de Pisseleu,** duchesse **d'**), *Fontaine-Lavaganne, Oise, 1508 - Heilly, Somme, 1580,* favorite de François Ier.

ÉTAPLES (62630), ch.-l. de cant. du Pas-de-Calais, sur la Canche ; 11 316 hab. *(Étaplois).* Port de pêche. Industrie automobile. — Musée archéologique et musée de la Marine. — Traité entre Charles VIII et Henri VII d'Angleterre (1492).

État français, régime politique de la France de juill. 1940 à août 1944. Établi par le maréchal Pétain après la défaite de juin 1940, il prit fin à la Libération (→ **Vichy** [gouvernement de]).

ÉTAT LIBRE, anc. **État libre d'Orange,** prov. d'Afrique du Sud ; 2 800 000 hab. ; ch.-l. *Bloemfontein.* Or, uranium et charbon. — Fondée par des Boers vers 1836, la colonie fut intégrée à la Couronne britannique (1902) à l'issue de la guerre des Boers et entra dans l'Union sud-africaine en 1910.

ÉTATS DE L'ÉGLISE ou **ÉTATS PONTIFICAUX,** nom donné à la partie centrale de l'Italie tant qu'elle fut sous la domination des papes (756 - 1870). Le noyau primitif de ces États, qui comprenait le « Patrimoine de Saint-Pierre » constitué par Grégoire Ier le Grand, fut concédé par les Lombards à la papauté sous la pression de Pépin le Bref. Les États de l'Église furent annexés au royaume d'Italie en 1870. Les accords du Latran (1929) ont créé le petit État du Vatican.

ÉTATS-UNIS n.m.pl., en angl. **United States of America,** en abrégé **USA,** État fédéral d'Amérique du Nord ; 9 364 000 km² (sans les territoires extérieurs) ; 281 421 906 hab. *(Américains).* CAP. *Washington.* V. PRINC. *New York, Los Angeles* et *Chicago.* LANGUE : *anglais.* MONNAIE : *dollar des États-Unis.* Le pays groupe 50 États avec l'Alaska et les îles Hawaii, auxquels il faut joindre le district fédéral de Columbia et les territoires extérieurs : Porto Rico et divers îles ou archipels du Pacifique. *(V. carte pages 1312-1313.)*

INSTITUTIONS

La Constitution de 1787, amendée plusieurs fois, crée un État fédéral et institue un régime présidentiel. Le Parlement bicaméral, le *Congrès,* est composé de la *Chambre des représentants* (435 membres élus pour 2 ans) et du *Sénat* (100 membres, 2 par État, élus pour 6 ans). Le président de la République, chef de l'État et chef du gouvernement, est élu pour 4 ans par un collège de grands électeurs, issu lui-même d'élections au suffrage universel ; il est rééligible une fois. Un vice-président remplace le président en cas de décès, de démission ou d'empêchement majeur. Chaque État membre établit librement sa Constitution. Un gouverneur élu joue au niveau local un rôle équivalent à celui du président au niveau fédéral. Dans presque tous les États, le pouvoir législatif est confié à deux assemblées, un Sénat et une Chambre des représentants. Les États sont divisés en comtés.

GÉOGRAPHIE

Au troisième rang mondial pour la population et au quatrième pour la superficie, les États-Unis constituent, et de loin, la première puissance économique du monde.

Cette prépondérance s'appuie d'abord sur un support spatial à l'échelle d'un continent. D'E. en O. se succèdent une étroite plaine sur l'Atlantique, les hauteurs des Appalaches, le Midwest (région des Grandes Plaines, drainée en majeure partie par le Mississippi) et le système montagneux des Rocheuses. Les climats et les paysages varient considérablement : la pluviosité est plus réduite à l'O. du Mississippi, en dehors de la façade pacifique ; le Nord (en bordure des Grands Lacs et du Canada) est beaucoup plus froid que le Sud, chaud et humide en bordure du golfe du Mexique.

La population se caractérise par une inégale répartition, une forte urbanisation, un dynamisme démographique réduit et une hétérogénéité ethnique assez marquée. L'Est et la région des Grands Lacs demeurent encore les régions les plus densément peuplées, malgré le rapide accroissement de la Californie et du Sud-Ouest, lié en partie à la forte mobilité de la population. Celle-ci compte 75 % de citadins : plus de 200 villes de plus de 100 000 hab., une trentaine d'agglomérations (les aires métropolitaines) millionnaires, parmi lesquelles émergent New York, Los Angeles et Chicago. Le taux de natalité a baissé et l'accroissement démographique est ralenti (moins de 1 % par an). Les Noirs représentent plus de 12 % du total, beaucoup plus que l'ensemble des autres minorités (Indiens, Asiatiques) ; le nombre des Hispaniques est mal connu en raison d'une notable immigration clandestine, à partir du Mexique en particulier.

Les services occupent plus des deux tiers des actifs, l'industrie, 25 %, et l'agriculture, moins de 3 % seulement. Mais les États-Unis se situent parmi les trois premiers producteurs mondiaux dans de nombreux domaines : pétrole, gaz, charbon et électricité (mais le secteur énergétique est déficitaire en hydrocarbures) ; céréales (blé, maïs) et soja, fruits tropicaux, élevage ; cultures industrielles (coton, tabac) ; sidérurgie et métallurgie des non-ferreux (aluminium) ; construction automobile et aéronautique ; chimie et électronique. Les firmes américaines sont souvent parmi les plus puissantes du monde et possèdent de nombreuses filiales dans les autres pays développés et le tiers-monde. Cependant, la concurrence au niveau mondial est de plus en plus vive.

L'économie américaine a connu ces dernières années une phase de croissance soutenue, avec un taux de chômage réduit. Mais le déficit commercial reste très important.

Les États-Unis, selon les domaines et les moments, souffrent parfois, mais surtout bénéficient de la puissance du dollar, véritable monnaie de réserve. Les fluctuations du billet vert, partiellement dictées par la politique américaine, se répercutent sur l'ensemble de l'économie mondiale.

HISTOIRE

L'époque coloniale et l'indépendance. À partir du XVIe s. : le territoire, occupé par des Amérindiens semi-nomades, est exploré par des navigateurs français, espagnols puis anglais. **XVIIe s. :** les Anglais y émigrent en masse, fuyant les bouleversements politiques et religieux de leur pays. Ils s'installent sur la côte est, alors que les Français poursuivent leur expansion le long du Mississippi, fondant la Louisiane. Par fondations successives ou par annexion des territoires hollandais sont créées treize colonies britanniques. Le Sud (Virginie, Maryland), dominé par une société de planteurs propriétaires de grands domaines, exploités à l'aide d'esclaves noirs, s'oppose au Nord (Nouvelle-Angleterre), bourgeois et mercantile, d'un puritanisme rigoureux. **XVIIIe s. :** colonies et métropole sont unies dans la lutte contre les Indiens et, surtout, contre la France. **1763 :** le traité de Paris écarte définitivement la menace française et ouvre l'Ouest aux colons anglais. **1763 - 1773 :** les colonies supportent mal l'autorité de la Grande-Bretagne et se révoltent contre les monopoles commerciaux de la métropole. **1774 :** un premier congrès continental se réunit à Philadelphie. **1775 :** le blocus de Boston inaugure la guerre de l'Indépendance, marquée par l'alliance avec la France. **4 juill. 1776 :** le Congrès proclame l'indépendance des États-Unis. **1783 :** la paix de Paris reconnaît l'existence de la République fédérée des États-Unis.

E

E

130°
120°
110°
100°
40°
30°
Edmonton
COLOMBIE BRITANNIQUE
Î. de Vancouver
Détroit de Juan de Fuca
ALBERTA
CANADA
North Saskatchewan
Vancouver
Calgary
Saskatoon
SASKATCHEWAN
South Saskatchewan
Lac Winnipeg
MANITOBA
Regina
Souris
Winnipeg
Lac des Bois
C. Flattery
PARC NAT. DES MONTS OLYMPIC
Seattle
Tacoma
Olympia
Cascades
WASHINGTON
4392 Mt Rainier
2549 St Helens
Spokane
PARC NAT. DES GLACIERS
Havre
Milk
Missouri
Portland
Salem
Columbia
Eugene
Lewiston
Missoula
Great Falls
Minot
Grand Forks
Blue Mts
Plateau de la Columbia
Butte
Helena
MONTANA
Yellowstone
DAKOTA DU NORD
Bismarck
Fargo
Duluth
OREGON
Salmon River Mts
PARC NAT. DU YELLOWSTONE
Billings
Coteau du Missouri
James R.
MINNESOTA
Bassin Harney
Boise
IDAHO
Mts Big Horn
Rapid City
DAKOTA DU SUD
Pierre
Minneapolis
St P
Eureka
C. Mendocino
Chaîne des Cascades
Mt Shasta 4317
Sacramento
Idaho Falls
Snake
Pic Gannett 4202
Black Hills
Sioux Falls
CALIFORNIE
Montagnes Rocheuses
WYOMING
Casper
Grandes Plaines
Sioux City
IOWA
Sta Rosa
Reno
Carson City
Gd Lac Salé
Ogden
North Platte
Sand Hills
Cedar Rapids
San Francisco
Oakland
San Jose
Sacramento
Stockton
PARC NAT. DU YOSEMITE
Grand Bassin
Salt Lake City
Provo
Mts Uinta
Cheyenne
NEBRASKA
Grand Island
Omaha
Des Moines
Lincoln
Salinas
Fresno
Sierra Nevada
Coast Ranges
NEVADA
UTAH
Fort Collins
South Platte
Platte
Mt Whitney 4418
Colorado
Mt Elbert 4399
COLORADO
Denver
Missouri
Colorado Springs
VALLÉE DE LA MORT
Mts S. Juan
Sangre de Cristo
Pueblo
Arkansas
Salina
Topeka
Kansas City
Jefferson City
Bakersfield
Las Vegas
Plateaux du Colorado
PARC NAT. DU GRAND CANYON
KANSAS
Wichita
Sta Barbara
Désert Mohave
Plateau Ozark
Springfield
Los Angeles
Long Beach
San Bernardino
Flagstaff
Los Alamos
Santa Fe
Canadian R.
Oklahoma City
Tulsa
Mts Boston
San Diego
Imperial Valley
Yuma
ARIZONA
Albuquerque
Amarillo
OKLAHOMA
ARK
Little Rock
Phoenix
NOUVEAU-MEXIQUE
Mts Ouachita
Red R.
OCÉAN
Désert de Sonora
Tucson
Llano Estacado
Wichita Falls
Lubbock
Rio Grande
Las Cruces
Abilene
Fort Worth
Dallas
Shreveport
PACIFIQUE
Péninsule de Basse-Californie
Golfe de Californie
Ciudad Juárez
El Paso
TEXAS
Odessa
Colorado
Waco
LOUIS
Sierra Madre occidentale
PARC NAT. DU BIG BEND
Edwards Plateau
Austin
Lafaye
San Antonio
Houston
Galveston
Bolsón de Mapimí
Sierra Madre orientale
Rio Grande
Corpus Christi
Laredo
tropique du Cancer
MEXIQUE
Monterrey
Culiacán
C. San Lucas
León
Guadalajara
0
400 km
200 500 1000 2000 m
aéroport
route
voie ferrée
plus de 5 000 000 h.
de 1 000 000 à 5 000 000 h.
de 100 000 à 1 000 000 h.
moins de 100 000 h.
autre localité ou site
Atlanta : capitale d'État

Démocratisation et expansionnisme. 1787 : une constitution fédérale, toujours en vigueur, est élaborée par la convention de Philadelphie. **1789-1797 :** George Washington devient le premier président des États-Unis. L'application de la Constitution suscite deux tendances politiques : les fédéralistes, partisans d'un pouvoir central fort, et les républicains, soucieux de préserver les libertés locales. **1803 :** les États-Unis achètent la Louisiane à la France. **1812-1815 :** les Américains sortent victorieux de la seconde guerre de l'Indépendance, suscitée par la Grande-Bretagne. **1819 :** la Floride est achetée aux Espagnols. **1823 :** le républicain James Monroe (1817 - 1825) réaffirme la volonté de neutralité des États-Unis et leur opposition à toute ingérence européenne dans le continent américain. **1829 - 1837 :** la présidence d'Andrew Jackson marque une nouvelle étape de l'évolution démocratique des institutions. **1846 - 1848 :** à l'issue de la guerre contre le Mexique, les États-Unis annexent le Texas, le Nouveau-Mexique et la Californie. **1853 - 1861 :** l'antagonisme entre le Sud, agricole et libre-échangiste, et le Nord, en voie d'industrialisation et protectionniste, est aggravé par le problème de l'esclavage, désavoué par le Nord. **1854 :** un parti républicain, antiesclavagiste, est créé.

La sécession du Sud et la reconstruction. 1860 : le républicain Abraham Lincoln est élu à la présidence. Les sudistes font alors sécession et se constituent en États confédérés d'Amérique. **1861 - 1865 :** les nordistes l'emportent dans la guerre de Sécession et abolissent l'esclavage. Lincoln est assassiné. **1867-1874 :** les États sudistes sont privés de leurs institutions politiques. L'égalité civique des Noirs et des Blancs leur est imposée.

L'essor des États-Unis. 1867 : l'Alaska est acheté à la Russie. **1869 - 1877 :** Ulysses Grant devient président de l'Union. **1870 - 1900 :** les États-Unis entrent dans « l'âge doré ». La population passe de 40 millions à plus de 75 millions d'habitants, tandis que le produit national brut est quadruplé. Le développement du réseau ferré joue un rôle capital dans la progression vers l'ouest. L'essor du grand capitalisme provoque par contrecoup une grave crise populiste qui contribue à former et à fortifier le syndicalisme. **1890 :** massacre des Sioux par l'armée américaine, à Wounded Knee. Fin des « guerres indiennes », au cours desquelles les Indiens, pendant la seconde moitié du XIXe s., se sont opposés à la conquête systématique de leur territoire par les Blancs. **1898 :** les États-Unis aident Cuba à accéder à l'indépendance, mais lui imposent leur tutelle et annexent Guam, Porto Rico et les Philippines. **1901-1909 :** le républicain Theodore Roosevelt radicalise l'action gouvernementale contre les trusts. Le Panamá naît sous la tutelle des États-Unis, qui se font céder la zone du canal (achevé en 1914). **1913 - 1921 :** sous la présidence du démocrate Thomas W. Wilson, les États-Unis interviennent au Mexique (1914) et à Haïti (1915).

D'une guerre à l'autre. 1917 : la guerre est déclarée à l'Allemagne. **1919 :** Wilson ne peut faire ratifier par le Sénat les traités de paix et l'entrée des États-Unis à la SDN. **1921 - 1933 :** les présidents républicains Warren Harding, Calvin Coolidge et Herbert Clark Hoover se succèdent au pouvoir et renforcent le protectionnisme. L'absence de toute régulation économique conduit à la surproduction et à la spéculation, tandis que la prohibition de l'alcool (1919) favorise le gangstérisme. **1929 :** le krach boursier de Wall Street (« jeudi noir ») inaugure une crise économique et sociale sans précédent. **1933 - 1945 :** le démocrate Franklin D. Roosevelt accède à la présidence. Sa politique de New Deal (« Nouvelle Donne ») s'efforce de porter remède par des mesures dirigistes aux maux de l'économie américaine. **1941 - 1945 :** les États-Unis entrent dans la Seconde Guerre mondiale et accomplissent un formidable effort économique et militaire. **1945 :** ils ratifient la charte de l'ONU.

Les États-Unis depuis 1945. 1945 - 1953 : sous la présidence du démocrate Harry S. Truman, les États-Unis affirment leur volonté de s'opposer à l'expansion soviétique. C'est le début de la guerre froide. **1948 :** un plan d'aide économique à l'Europe (plan Marshall) est adopté. **1949 :** la signature du traité de l'Atlantique Nord (OTAN) renforce l'alliance des puissances occidentales. **1950 - 1953 :** guerre de Corée. **1953 - 1961 :** présidence du républicain Dwight David Eisenhower.

1961 - 1969 : les démocrates John F. Kennedy (assassiné en 1963) et Lyndon B. Johnson s'efforcent de lutter contre la pauvreté et la ségrégation raciale. **1962 :** crise de Cuba. **1964 :** les États-Unis interviennent directement au Viêt Nam. **1969 - 1974 :** le républicain Richard Nixon se rapproche de la Chine (voyage à Pékin) et améliore ses relations avec l'URSS (accords SALT). **1973 :** il retire les troupes américaines du Viêt Nam, mais le scandale du Watergate l'oblige à démissionner. **1974 - 1977 :** le vice-président Gerald Ford lui succède. **1977 - 1981 :** les démocrates reviennent au pouvoir avec Jimmy Carter. **1979 :** la prise d'otages à l'ambassade américaine de Téhéran souligne la faiblesse de la politique du président. **1981 - 1984 :** le républicain Ronald Reagan redonne une allure offensive à la politique étrangère (intervention militaire à la Grenade, 1983) et commerciale des États-Unis ; il parvient à relancer l'économie américaine, ce qui lui vaut d'être triomphalement réélu (1984). **1985 - 1986 :** il renoue le dialogue avec l'URSS (rencontres Reagan-Gorbatchev). **1986 - 1987 :** le scandale de l'« Irangate » (vente secrète d'armes à l'Iran) crée de profonds remous dans l'opinion. Signature à Washington par Reagan et Gorbatchev d'un accord sur le démantèlement des missiles à moyenne portée en Europe (déc.). **1989 - 1993 :** prolongeant la ligne politique de Reagan, le républicain George Bush mène, à l'extérieur, une politique d'ouverture (dialogue avec l'URSS) et de fermeté (intervention militaire au Panamá, 1989). À l'intérieur, cependant, il n'arrive pas à régler les problèmes économiques et sociaux. **1991 :** les États-Unis s'engagent dans la guerre du Golfe. **1993 :** le démocrate Bill Clinton devient président. **1994 :** l'accord de libre-échange avec le Canada et le Mexique (ALENA) entre en vigueur (janv.). Les États-Unis soutiennent l'effort de paix au Proche-Orient et interviennent à Haïti (sept.) pour restaurer J.-B. Aristide. Les élections à mi-mandat (nov.) sont remportées par les républicains, qui deviennent majoritaires à la Chambre des représentants et au Sénat. **1995 :** les États-Unis s'emploient à faire signer l'accord de paix sur la Bosnie-Herzégovine et participent largement à la force multinationale chargée de sa mise en application. À l'intérieur, le pays connaît une embellie économique, qui contribue largement à la réélection de B. Clinton (1996). Le second mandat du président est toutefois perturbé par une succession d'affaires (en partic. l'affaire Monica Lewinsky, 1998 - 1999). **1999 :** les États-Unis jouent un rôle de premier plan dans l'intervention militaire de l'OTAN en Yougoslavie (conflit du Kosovo). **2001 :** le républicain George W. Bush devient président, l'ayant emporté, au terme d'élections au résultat longtemps incertain, sur le démocrate Al Gore.

ETCHMIADZINE, v. d'Arménie ; 53 000 hab. Siège du primat de l'Église arménienne, lieu de pèlerinage.

ÉTEL (56410), comm. du Morbihan, sur la *rivière d'Étel ;* 2 410 hab. *(Étellois).*

ÉTÉOCLE MYTH. GR. Fils d'Œdipe et de Jocaste. Il disputa Thèbes à son frère Polynice ; les deux frères s'entre-tuèrent.

ÉTHIOPIE n.f., État d'Afrique orientale ; 1 100 000 km² ; 56 700 000 hab. *(Éthiopiens).* CAP. *Addis-Abeba.* LANGUE : *amharique.* MONNAIE : *birr éthiopien.*

GÉOGRAPHIE

En dehors des plateaux de l'Est (Ogaden) et de la dépression Danakil, plus au nord, domaines de l'élevage nomade, l'Éthiopie est un pays montagneux (ce qui lui vaut, à cette latitude, de ne pas être désertique), où l'économie rurale s'étage en fonction de l'altitude. Au-dessous de 1 800 m, quelques cultures de coton, de maïs et de tabac trouent la forêt tropicale ; au-dessus de 2 500 m, les conditions n'autorisent que l'orge et l'élevage. Entre 1 800 et 2 500 m se situe la zone la plus riche : céréales, légumes, fruits, café (principal produit d'exportation). Cette région concentre la majeure partie d'une population mêlant principalement Abyssins et Galla, et partagée entre chrétiens monophysites et musulmans. L'Éthiopie est ravagée localement par la guerre civile (Tigré, Ogaden) et les sécheresses, cause de famines et d'importants mouvements de population. Le pays, sans accès direct à la mer depuis la sécession de l'Érythrée, tributaire de l'aide internationale, est l'un des plus pauvres du monde.

HISTOIRE

Le royaume d'Aksoum. Ier - IXe s. apr. J.-C. : le royaume d'Aksoum, dont le chef porte le titre de « roi des rois » (négus), étend sa domination jusqu'au Nil Bleu. Christianisé par l'Église égyptienne (copte) au IVe s., il connaît sa période la plus brillante au VIe s.

L'apogée médiéval et la lutte contre l'islam. Xe s. : le royaume d'Aksoum s'effondre sous les coups de l'islam. **v. 1140 - 1270 :** une dynastie Zagoué s'établit à l'est du lac Tana, avec pour capitale Roha (actuelle Lalibela). **1270 - 1285 :** Yekouno Amlak tente de restaurer le royaume d'Aksoum, renversant les Zagoué. **XVIe s. :** les Portugais découvrent le pays, l'identifient au royaume fabuleux du « Prêtre Jean » et le libèrent (1543) de l'occupation musulmane imposée en 1527. **XVIIe - XVIIIe s. :** le pays est pénétré par des populations païennes, les Galla, et sombre bientôt dans des luttes entre seigneurs féodaux, les « ras ».

L'Éthiopie contemporaine. 1855 - 1868 : Théodoros II brise la puissance des seigneurs et se fait proclamer « roi des rois ». **1885 :** les Italiens s'installent à Massaoua. **1889 - 1909 :** Ménélik II, « ras » du Choa, devient « roi des rois », bat les Italiens à Adoua (1896) et fait d'Addis-Abeba sa capitale. **1917 :** les Européens, maîtres des côtes, imposent Tafari comme régent. **1930 :** Tafari, négus depuis 1928, devient empereur (Hailé Sélassié Ier). **1931 :** il promulgue une Constitution de type occidental. **1935 - 1936 :** guerre contre l'Italie. Vaincue, l'Éthiopie constitue, avec l'Érythrée et la Somalie, l'Afrique-Orientale italienne. **1941 :** les troupes franco-anglaises libèrent l'Éthiopie et rétablissent le négus sur le trône. **1962 :** l'Érythrée, réunie à l'Éthiopie en 1952 avec le statut d'État fédéré, forme alors une province. La rébellion s'y développe. **1963 :** Addis-Abeda devient siège de l'OUA. **1974 :** des officiers réformistes renversent le négus. L'Éthiopie s'engage dans la voie d'un socialisme autoritaire. **1977 :** Mengistu Hailé Mariam devient chef de l'État. Il renforce ses liens avec l'URSS et Cuba, qui le soutiennent dans le conflit érythréen et la lutte contre la Somalie à propos de l'Ogaden. **1987 :** une nouvelle Constitution fait de l'Éthiopie une république populaire et démocratique, à parti unique (créé en 1984). **1988 :** un accord de paix intervient entre l'Éthiopie et la Somalie. **1989 - 1990 :** le désengagement de l'URSS affaiblit le régime, confronté à la montée de la guerre civile. **1991 :** Mengistu doit abandonner le pouvoir. Meles Zenawi, leader du Front démocratique révolutionnaire du peuple éthiopien (FDRPE), est élu à la tête de l'État à titre intérimaire. **1993 :** l'Érythrée accède à l'indépendance. **1994 :** une nouvelle Constitution fait de l'Éthiopie un État fédéral (9 régions, formées sur des bases ethniques). **1995 :** le FDRPE remporte les premières élections pluralistes. M. Zenawi quitte la présidence pour devenir Premier ministre. **1998 - 2000 :** un conflit frontalier oppose l'Éthiopie à l'Érythrée.

Éthique (l'), œuvre maîtresse de Spinoza, en latin, publiée en 1677, peu après sa mort. Le philosophe expose son système en procédant par axiomes, définitions et démonstrations, selon un parcours en cinq parties qui mène de la caractérisation de Dieu, immanent au monde, à l'examen des conditions de la liberté humaine : l'accès à la connaissance vraie doit conduire le sage à la béatitude.

Éthique à Nicomaque, traité d'Aristote. L'auteur y fait du bonheur la fin suprême de l'activité humaine et expose sa conception des vertus, juste milieu entre les extrêmes.

ÉTIEMBLE (René), *Mayenne 1909,* écrivain français. Comparatiste, critique *(Mythe de Rimbaud),* essayiste épris d'une « hygiène des lettres », il a exercé notamment sa verve de polémiste contre les anglicismes dans la langue française *(Parlez-vous franglais ?)* et s'est employé à mieux faire connaître la Chine *(l'Europe chinoise).*

ÉTIENNE (saint), *m. à Jérusalem v. 37,* diacre de la première communauté chrétienne de Jérusalem. Accusé de donner la primauté à la foi sur la loi, il fut lapidé.

ÉTIENNE II, *Rome ? - id. 757,* pape de 752 à 757. Il reçut de Pépin le Bref l'exarchat de Ravenne, origine du pouvoir temporel des papes.

ANGLETERRE

ÉTIENNE de Blois, *v. 1097 - Douvres 1154,* roi d'Angleterre (1135 - 1154). Petit-fils de Guillaume le Conquérant, il usurpa le trône aux dépens de Mathilde et s'opposa à celle-ci au cours d'une longue guerre civile.

HONGRIE

ÉTIENNE Ier (saint), *v. 970 - Esztergom 1038,* duc (997 - 1000), puis roi (1000 - 1038) de Hongrie. Il fit évangéliser la Hongrie et fut couronné roi par le pape Sylvestre II en l'an 1000. Il s'allia avec Byzance contre les Bulgares.

MOLDAVIE

ÉTIENNE III le Grand, *Borzeşti 1433 - Suceava 1504,* prince de Moldavie (1457 - 1504). Vainqueur des Hongrois puis des Turcs, il porta la Moldavie à son apogée.

POLOGNE

ÉTIENNE Ier BÁTHORY, *Szilágysomlyó 1533 - Grodno 1586,* prince de Transylvanie (1571 - 1576), roi de Pologne (1576 - 1586). Il battit Ivan le Terrible (1581) et favorisa le développement de l'humanisme.

SERBIE

ÉTIENNE NEMANJA, *Ribnica 1114 - mont Athos 1200,* prince de Serbie (v. 1170 - v. 1196), fondateur de la dynastie des Nemanjić. — **Étienne Ier Nemanjić,** *m. en 1228,* prince (1196 - 1217), puis roi (1217 - 1227) de Serbie. Second fils d'Étienne Nemanja, il créa l'Église serbe indépendante. — **Étienne IX Uroš IV Dušan,** *1308 - 1355,* roi (1331 - 1346), puis tsar (1346 - 1355) de Serbie. Il conquit la Thessalie et l'Épire, créa le patriarcat de Peć (1346) et promulgua un Code en 1349.

ÉTIENNE-MARTIN (Étienne **Martin,** dit), *Loriol-sur-Drôme 1913 - Paris 1995,* sculpteur français. Ses « Demeures », en bois ou en bronze, à la fois massives et découpées, évoquent un fond primitif de l'être et de la civilisation (au MNAM, Paris : *Nuit ouvrante,* 1945 - 1955 ; *le Manteau, Demeure 5,* matériaux textiles, 1962 ; *le Mur-Miroir, Demeure 15,* polychrome, 1979).

ÉTIOLLES (91450), comm. de l'Essonne, près de Corbeil-Essonnes ; 2 662 hab. Site préhistorique de plein air, occupé, vers 11000 av. J.-C., par des chasseurs magdaléniens (structures d'habitat, avec vastes foyers recouverts de pierres et ateliers de taille du silex).

ETNA, volcan actif d'Italie, dans le nord-est de la Sicile ; 3 345 m.

ETOBICOKE, v. du Canada (Ontario), banlieue de Toronto ; 309 993 hab.

Étoile (ordre de l'), l'un des premiers ordres de chevalerie français, fondé par Jean II le Bon en 1351.

Étoile (place de l') ⟶ **Charles-de-Gaulle** (place).

ÉTOLIE n.f., région de la Grèce, au N. du golfe de Corinthe. À partir du IVe s. av. J.-C., ses cités s'unirent en une *Ligue étolienne* qui mit en échec la Macédoine. Rome la vainquit en 189 av. J.-C.

ETON, v. de Grande-Bretagne (Angleterre), sur la Tamise ; 4 000 hab. Collège fondé en 1440.

Être et le Néant (l'), ouvrage de J.-P. Sartre (1943), où il fonde sa philosophie existentialiste.

Être et Temps, ouvrage de Heidegger (1927). L'auteur s'y applique, selon une approche phénoménologique, à déterminer le sens de l'être, distingué des *étants,* et à analyser la condition humaine (*Dasein,* ou *être-là*).

ÉTRÉCHY (91580), ch.-l. de cant. de l'Essonne ; 6 168 hab. *(Strépiniacois).* Église des XIIe-XIIIe s.

ÉTRÉPAGNY (27150), ch.-l. de cant. de l'Eure ; 3 626 hab. *(Sterpinaciens).* Église du XVe s.

ÉTRETAT (76790), comm. de la Seine-Maritime, sur la Manche ; 1 640 hab. *(Étretatais).* Station balnéaire. Falaises. — Église romane et gothique.

ÉTRURIE, anc. région de l'Italie, correspondant approximativement à l'actuelle Toscane. Elle fut le foyer de la civilisation des Étrusques. Le royaume d'Étrurie, créé par Bonaparte au profit du duc de Parme (1801 - 1808), fut réuni à l'Empire français et érigé en grand-duché de Toscane au profit d'Élisa Bonaparte (1809 - 1814).

ÉTRUSQUES, peuple qui apparut à la fin du VIIIe s. av. J.-C. en Toscane et dont l'origine est controversée. Les Étrusques fondèrent de puissantes et riches cités *(lucumonies),* groupées en

■ L'ART DES ÉTRUSQUES

Chez les Étrusques – héritiers des anciennes cultures autochtones, notamment celle de Villanova –, l'évolution se déroule sur sept siècles. Excellents navigateurs et métallurgistes de talent, ils commercent non seulement avec toute la Méditerranée, mais aussi avec les princes celtes de Hallstatt. Au gré de ces échanges commerciaux, si leurs objets et leurs techniques se diffusent, leur expression artistique s'enrichit sans jamais se départir de son génie propre.

Cerveteri, la nécropole à tumulus. Véritables villes des morts, les nécropoles s'organisent à l'exemple de l'habitat des vivants, comme à Cerveteri (VIIe-VIe s. av. J.-C.).

Pendentif à tête du dieu fluvial Achéloos. Orfèvres réputés, les Étrusques – avec la technique de la granulation – ont atteint la perfection, et le mobilier funéraire des VIIe et VIe s. reflète l'apogée économique. Or, VIe s. av. J.-C. (Louvre, Paris.) ▽

△ **Statuette votive.** C'est par l'intermédiaire des Étrusques que l'armement et la stratégie des hoplites grecs parvinrent aux Romains. Bronze, début du IVe s. av. J.-C. (Musée archéologique, Florence.)

Tarquinia, tombe du Triclinium. Tarquinia possédait une véritable école de peinture funéraire, et la tradition des banquets et des danses, apparue au siècle précédent, se perpétue au début du Ve s. Mais le trait s'est affermi et les personnages s'intègrent avec bonheur au paysage. Fresque, v. 470 av. J.-C. ; détail : le joueur de flûte double. (Musée national, Tarquinia.)

Sarcophage des Amazones. Liberté des formes, relief, jeux d'ombre et de lumière et caractère pathétique témoignent d'un art de peindre qui n'ignore pas les conquêtes de la peinture grecque. Calcaire poli et peint, v. 360 av. J.-C. (Musée archéologique, Florence.)

confédérations, gouvernées par des rois, puis, vers la fin du VIe s. av. J.-C., par des oligarchies. Du VIIe au VIe s. av. J.-C., ils étendirent leur domination jusqu'à la Campanie et à la plaine du Pô et s'installèrent à Rome v. 575 av. J.-C. (règnes de Servius Tullius et des Tarquin). Le particularisme des cités les rendit vulnérables face aux Grecs, aux Samnites, aux Gaulois et, surtout, aux Romains, qui, à partir du IVe s. av. J.-C., s'emparèrent de la totalité de la Toscane. La civilisation étrusque, qui survécut à ces défaites, influença profondément la religion et les institutions romaines. – L'évolution artistique s'échelonne sur près de sept siècles et son apogée (610 - 460 av. J.-C.) correspond à la période dite archaïque, qui laisse, entre autres, de vastes nécropoles (Cerveteri, Chiusi, Tarquinia, Volterra, etc.) aux chambres funéraires architecturées et ornées de peintures murales.

ETTERBEEK [etərbɛk], comm. de Belgique (Bruxelles-Capitale), banlieue sud-est de Bruxelles ; 38 894 hab. Parc et palais du Cinquantenaire (musées royaux d'Art et d'Histoire).

ÉTUPES (25460), ch.-l. de cant. du Doubs ; 3 589 hab.

ETZIONI (Amitai Werner), *Cologne 1929,* sociologue américain. Auteur de travaux en sociologie des organisations (*les Organisations modernes,* 1971), il est aussi un représentant majeur du communautarisme américain.

E

EU (76260), ch.-l. de cant. de la Seine-Maritime, sur la Bresle ; 8 332 hab. *(Eudois).* Électronique. – Église gothique ; château des princes de Guise puis d'Orléans, en partie de la fin du XVIe s. (musée Louis-Philippe) ; collège de la même époque. – Forêt.

EUBÉE, île grecque de la mer Égée ; 208 408 hab. *(Eubéens).* Dans l'Antiquité, les cités de l'Eubée (surtout Chalcis et Érétrie) fondèrent de nombreuses colonies.

EUCLIDE, *Alexandrie ? IIIe s. av. J.-C.,* mathématicien grec. Son œuvre est couronnée par les **Éléments,* où de quelques définitions, postulats et axiomes il déduit des propositions de plus en plus complexes. On y trouve, en particulier, le postulat (dit *axiome d'Euclide*) selon lequel par un point du plan on ne peut mener qu'une parallèle à une droite donnée.

EUDES ou **EUDE,** *v. 860 - La Fère 898,* comte de Paris, puis roi de France (888 - 898), de la dynastie des Robertiens. Fils de Robert le Fort, il défendit victorieusement Paris contre les Normands (885 - 886) et fut élu roi. Vainqueur des Normands à Montfaucon-d'Argonne, il combattit Charles le Simple à partir de 893, mais le reconnut finalement pour successeur.

EUDES (saint Jean) → **JEAN EUDES** (saint).

EUDOXE de Cnide, *Cnide v. 406 - 355 av. J.-C.,* savant grec. Il imagina un ingénieux système cosmologique (sphères homocentriques) pour rendre compte des mouvements célestes observés, au moyen d'une combinaison de mouvements circulaires uniformes, conformément aux idées de Platon.

EUDOXIE, *m. à Constantinople en 404,* impératrice d'Orient. Femme d'Arcadius, ambitieuse et énergique, elle fit condamner à l'exil saint Jean Chrysostome.

EUDOXIE, *Athènes - Jérusalem 460,* impératrice d'Orient. Femme de Théodose II, elle contribua au progrès de l'hellénisme dans l'empire d'Orient.

EUGENE, v. des États-Unis (Oregon) ; 112 669 hab.

EUGÈNE II, *Rome ? - id. 827,* pape de 824 à 827. Il conclut alliance avec l'empereur Louis le Pieux et réorganisa l'État pontifical. – bienheureux **Eugène III** (Bernardo **Paganelli di Montemagno**), *Pise - Tivoli 1153,* pape de 1145 à 1153. Grâce à l'appui de saint Bernard, ce cistercien poursuivit l'œuvre réformatrice de Grégoire VII. – **Eugène IV** (Gabriele **Condulmer**), *Venise 1383 - Rome 1447,* pape de 1431 à 1447. Au concile de Florence (1439), il réalisa l'union (toute formelle) de Rome et des Églises d'Orient.

EUGÈNE DE BEAUHARNAIS → **BEAUHARNAIS.**

EUGÈNE DE SAVOIE-CARIGNAN, dit **le Prince Eugène,** *Paris 1663 - Vienne 1736,* homme de guerre au service de l'Autriche. Lors de la guerre de la Succession d'Espagne, il vainquit l'armée de Louis XIV à Malplaquet (1709), mais fut battu à Denain par Villars (1712). En 1717, il enleva Belgrade aux Turcs.

EUGÉNIE (Eugenia María **de Montijo de Guzmán**), *Grenade 1826 - Madrid 1920,* impératrice des Français. Elle épousa Napoléon III (1853) et eut une grande influence sur lui.

L'impératrice **EUGÉNIE** par Winterhalter. (Château de Compiègne.)

EULALIE (sainte), vierge martyrisée à Mérida (IIIe s.). Sa passion a fait l'objet de la *Cantilène* ou *Séquence de sainte Eulalie* (v. 880), le plus ancien poème en langue d'oïl conservé.

EULER (Leonhard), *Bâle 1707 - Saint-Pétersbourg 1783,* mathématicien suisse. Il fut, au XVIIIe s., le principal artisan de l'essor de l'analyse, qu'il réorganisa autour du concept fondamental de fonction. Il exerça son inventivité dans de nombreux domaines de la physique mathématique.

EUMENÈS II, roi de Pergame (197 - 159 av. J.-C.). Allié des Romains, il reçut à la paix d'Apamée (188 av. J.-C.) une partie de l'Asie Mineure.

Euménides (les), troisième pièce de l'**Orestie.*

EUPEN [øpɛn], comm. de Belgique (prov. de Liège), sur la Vesdre ; 17 161 hab. Église du XVIIIe s.

EUPHRATE n.m., fl. d'Asie, qui naît en Arménie turque, traverse la Syrie et rejoint le Tigre en Iraq pour former le Chatt al-Arab ; 2 780 km.

EUPHRONIOS, peintre de vases et céramiste athénien, actif fin VIe s.-début du Ve s. av. J.-C. Il est le meilleur représentant du « style sévère » à figures rouges.

EURAFRIQUE, nom parfois donné à l'ensemble de l'Europe et de l'Afrique.

EURASIE, nom parfois donné à l'ensemble de l'Europe et de l'Asie.

Euratom, autre nom de la Communauté européenne de l'énergie atomique, organisation internationale à vocation européenne. L'Euratom, dont les organes ont fusionné avec ceux de la CEE et de la CECA en 1967, est une des composantes de l'*Union européenne.

EURE n.f., riv. de France, née dans le Perche, affl. de la Seine (r. g.) ; 225 km. Elle passe à Chartres.

EURE n.f. (27), dép. de la Région Haute-Normandie ; ch.-l. de dép. *Évreux ;* ch.-l. d'arrond. *Les Andelys, Bernay ;* 3 arrond. ; 43 cant. ; 675 comm. ; 6 040 km^2 ; 541 054 hab. Le dép. appartient à l'académie et à la cour d'appel de Rouen, à la zone de défense Ouest. Le dép. est formé de plaines et de plateaux calcaires, souvent crayeux, où des placages limoneux ont favorisé l'essor des cultures du blé, de la betterave à sucre et des plantes fourragères (Vexin normand, plaines du Neubourg et de Saint-André). L'élevage domine dans l'ouest (Lieuvin et Roumois, pays d'Ouche). L'industrie, en dehors de l'agroalimentaire, est surtout représentée par les constructions mécaniques et électriques, et le textile. La proximité et l'accessibilité de Paris expliquent le récent développement économique et démographique.

EURE-ET-LOIR n.m. (28), dép. de la Région Centre ; ch.-l. de dép. *Chartres ;* ch.-l. d'arrond. *Châteaudun, Dreux, Nogent-le-Rotrou ;* 4 arrond. ; 29 cant. ; 403 comm. ; 5 880 km^2 ; 407 665 hab. Le dép. appartient à l'académie d'Orléans-Tours, à la cour d'appel de Versailles, à la zone de défense Ouest. L'ouest et le nord (Thymerais, collines du Perche), humides et souvent bocagers, consacrés plutôt à l'élevage bovin, s'opposent à l'est, constitué par la plaine dénudée de la Beauce, riche région agricole, productrice de blé surtout, de betterave à sucre et de maïs. L'industrialisation (constructions mécaniques et électriques), stimulée par la proximité de Paris (décentralisation), rapidement atteint par la route et le rail, s'est développée, surtout dans les villes de l'est et du nord (Chartres et Dreux). Elle explique partiellement l'accroissement démographique récent.

Eurêka, programme européen d'activités de recherche et de développement dans des secteurs technologiques de pointe. Il a été élaboré, en 1985, à l'initiative de la France.

EURIPE, chenal étroit entre l'île d'Eubée et la Béotie, aux courants violents.

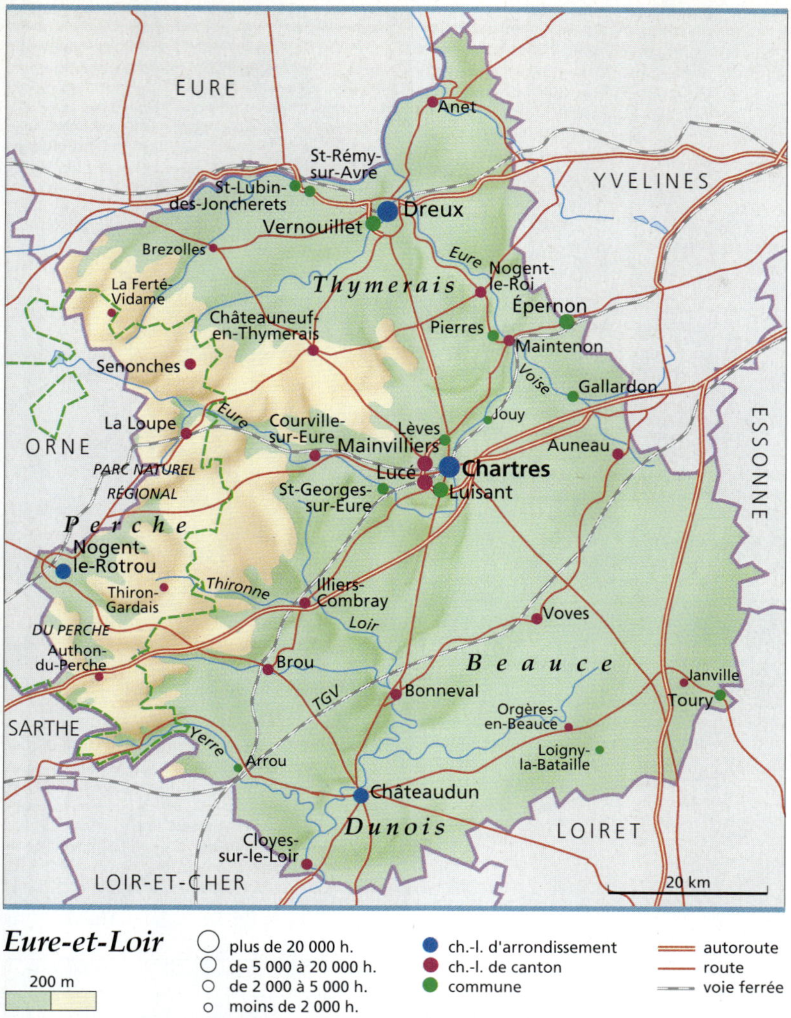

EURIPIDE, *Salamine 480 - Pella 406 av. J.-C.,* poète tragique grec. Si ses tragédies, marquées par les troubles de la guerre du Péloponnèse, déconcertèrent ses contemporains (*Alceste,* 438 ; *Médée,* 431 ; *Hippolyte,* 428 ; *Andromaque,* v. 425 ; *Hécube,* v. 424 ; *les Suppliantes,* v. 423 ; *Électre,* v. 416 ; *Iphigénie en Tauride,* v. 413 ; *Hélène,* 412 ; *les Phéniciennes,* v. 410 ; *les Bacchantes,* apr. 406), ses innovations dramatiques (importance de l'analyse psychologique, rajeunissement des mythes, indépendance des chœurs par rapport à l'action) devaient influencer profondément les écrivains classiques français. Il est également l'auteur du drame satirique *le Cyclope.*

Eurocity (EC), train rapide international répondant à certains critères de qualité.

Eurocorps, corps d'armée européen créé, en 1992, à l'initiative de la France et de l'Allemagne, et opérationnel depuis 1995.

Euronews, chaîne européenne de télévision d'informations en continu. Créée par les États membres de l'UER (Union européenne de radio-télévision) et diffusée sur le câble depuis 1993, elle émet en plusieurs langues.

EUROPA, îlot français de l'océan Indien, à l'O. de Madagascar.

EUROPE, une des cinq parties du monde, comprise entre l'océan Arctique au N., l'océan Atlantique à l'O., la Méditerranée et ses annexes, ainsi que, traditionnellement, la chaîne du Caucase au S., la mer Caspienne et l'Oural à l'E. ; env. 10 500 000 km² ; 729 000 000 hab. *(Européens).* La géologie et le relief distinguent une Europe septentrionale, formée de vastes plaines (plaine nord-européenne) et de vieux socles (massifs calédoniens et hercyniens), souvent rajeunis (Scandinavie), d'une Europe méridionale, occupée par des chaînes tertiaires (Pyrénées, Alpes, Carpates), enserrant des régions basses, souvent peu étendues. L'Europe appartient à la zone de climat tempéré, mais le plus ou moins grand éloignement de l'Océan surtout, la latitude et la disposition des reliefs introduisent des nuances thermiques et pluviométriques permettant de différencier une Europe océanique à l'O., continentale à l'E., méditerranéenne au S. À chacune d'elles correspond une formation végétale (feuillus à l'O., conifères à l'E. et dans l'extrémité nord, maquis et garrigues provenant de la dégradation de la forêt méditerranéenne au S.).
La position de l'Europe dans la zone tempérée, au centre des terres émergées de l'hémisphère boréal, sa profonde pénétration par les mers ont facilité son peuplement, expliquant son ancienneté, sa densité et sa variété. L'Europe, peuplée dès le paléolithique, groupe, sur moins de 10 % des terres émergées, plus de 12 % de la population mondiale (part qui diminue cependant rapidement en raison de la faiblesse de la natalité), mais ne possède aucune unité ethnique ou linguistique (le christianisme et les langues indo-européennes dominent toutefois largement).
L'Union européenne a permis la réalisation d'une unification économique et monétaire, concrétisée en 1999 par l'adoption d'une monnaie unique, l'euro. Elle regroupe les États les plus riches du continent (à l'exception de la Suisse et de la Norvège), mais n'intègre pas encore les anciens pays socialistes ni les nouveaux États issus du démantèlement de l'URSS et de la Yougoslavie (d'avant 1991) et de la partition de la Tchécoslovaquie. Ainsi, en ce qui concerne le niveau de développement au moins, la distinction entre Europe occidentale et Europe orientale n'a pas disparu. *(V. cartes pages 1318, 1319, 1320.)*

EUROPE MYTH. GR. Mortelle aimée de Zeus. Celui-ci, métamorphosé en taureau blanc, l'enleva et la conduisit en Crète, où elle devint mère de Minos.

Europe I Communication, société de radiodiffusion et de communication. Fondée en 1949, elle a lancé en 1954 la station Europe1.

EUROPOORT, avant-port de Rotterdam (Pays-Bas). Raffinage du pétrole et pétrochimie.

EUROTAS n.m., fl. de Grèce, en Laconie ; 80 km. Sparte fut bâtie sur ses bords.

Eurovision, organisme international chargé, au sein de l'UER (Union européenne de radio-télévision), de coordonner les échanges de programmes de télévision entre les pays d'Europe occidentale et du bassin méditerranéen. Son siège est à Genève.

EURYDICE MYTH. GR. Épouse d'Orphée.

EURYMÉDON n.m., fl. de Pamphylie (auj. *Köprü,* Turquie). À son embouchure, Cimon vainquit les Perses en 468 av. J.-C.

EURYSTHÉE MYTH. GR. Roi de Mycènes. Il imposa à Héraclès les « douze travaux » afin de se débarrasser de lui.

EUSÈBE de Césarée, *Palestine v. 265 - id. 340,* écrivain et prélat grec. Évêque de Césarée, mêlé aux controverses sur l'arianisme, il est l'auteur d'une *Histoire ecclésiastique* (des origines à Constantin).

EUSKALDUNAK, nom que se donnent les Basques dans leur langue.

EUSKEMEN, anc. **Oust-Kamenogorsk,** v. de l'est du Kazakhstan ; 332 900 hab. Métallurgie.

EUSTACHE (saint), martyr. Selon la légende, il fut converti par la rencontre d'un cerf portant entre ses bois une croix lumineuse. Patron des chasseurs (conjointement à saint Hubert). Son nom a été supprimé du calendrier romain.

EUSTACHE (Jean), *Pessac 1938 - Paris 1981,* cinéaste français. La force de la parole et la franchise du regard caractérisent une œuvre majeure des années 1970 : *la Rosière de Pessac* (1969 ; nouvelle version 1979), *la Maman et la Putain* (1973), *Mes petites amoureuses* (1974).

EUSTACHE DE SAINT-PIERRE, *Saint-Pierre-lès-Calais v. 1287 - 1371,* un des six bourgeois de Calais qui se livrèrent au roi d'Angleterre Édouard III pour sauver leur ville (1347).

EUTERPE MYTH. GR. Muse de la Musique.

EUTYCHÈS, *av. 378 - v. 454,* moine byzantin. Défenseur du monophysisme, il fut condamné au concile de Chalcédoine (451).

Évadés (médaille des), décoration française, créée en 1926 et modifiée en 1946, pour les prisonniers de guerre évadés.

Évangiles, écrits du Nouveau Testament où sont consignés la vie et le message de Jésus. Au nombre de quatre, ils sont attribués à Matthieu, Marc, Luc et Jean. Leur rédaction se situe entre 70 et 80 env. pour les trois premiers et v. l'an 100 pour le quatrième.

EVANS (sir Arthur John), *Nash Mills 1851 - Youlbury 1941,* archéologue britannique. Ses découvertes faites à Cnossos, en Crète, à partir de 1900, ont révélé la civilisation minoenne.

EVANS (William John, dit Bill), *Plainfield, New Jersey, 1929 - New York 1980,* pianiste et compositeur américain de jazz. Marqué par le bop de Bud Powell, fondateur d'un trio de jazz au début des années 1960, il développa d'importantes innovations harmoniques (*Waltz for Debby,* 1956 ; *Peace Piece,* 1958).

EVANS (Oliver), *près de Newport, Delaware, 1755 - New York 1819,* ingénieur américain. Il développa des machines à vapeur à haute pression.

EVANS (Walker), *Saint Louis 1903 - New Haven 1975,* photographe américain. Sa vision statique et brutale de la réalité (reportages [1935 - 1940] sur la misère rurale aux États-Unis), son écriture, exemplaire du style documentaire, ont influencé fortement le langage photographique.

EVANS-PRITCHARD (sir Edward), *Crowborough, Sussex, 1902 - Oxford 1973,* anthropologue britannique. Il a fait ressortir la complémentarité des liens existant entre l'organisation lignagère et politique des sociétés africaines et leur milieu écologique (*les Nuer,* 1940).

EVANSVILLE, v. des États-Unis (Indiana), sur l'Ohio ; 126 272 hab. Matériel agricole.

ÉVARISTE (saint), *m. en 105,* pape de 97 à 105 et peut-être martyr.

ÉVAUX-LES-BAINS (23110), ch.-l. de cant. de la Creuse ; 1 625 hab. *(Évahoniens).* Station thermale. — Église romane et gothique.

ÈVE, nom donné par la Bible à la première femme, épouse d'Adam et mère du genre humain.

ÉVÊCHÉS (les Trois-) → **TROIS-ÉVÊCHÉS** (les).

E

L'EUROPE MÉDIÉVALE FIN DU XIIe SIÈCLE-DÉBUT DU XIIIe SIÈCLE

Capétiens et Plantagenêts

- Possessions d'Henri II Plantagenêt 1154-1189
- Possessions anglaises en France à la fin du règne de Philippe Auguste

Lutte du Sacerdoce et de l'Empire

- Saint Empire romain germanique
- Villes de la Ligue lombarde en 1167

Chrétiens et musulmans

- Reconquête chrétienne en Espagne
- Conquête musulmane au Moyen-Orient
- Limites de l'Empire byzantin en 1180
- Croisades
- Venise et ses possessions

L'EUROPE DU CONGRÈS DE VIENNE 1814-1815

Acquisitions

- du Royaume-Uni
- de l'Autriche
- de la Prusse
- de la Russie
- de la Suède
- du Piémont

- Confédération germanique
- Traités de Paris (1814 et 1815)
- Congrès de Vienne (juin 1814-juin 1815)
- Frontières de 1815

1 ROY. LOMBARDO-VÉNITIEN
2 ROY. DE PIÉMONT-SARDAIGNE

NOUVELLES FRONTIÈRES EN EUROPE 1918-1923
Frontières des empires allemand, austro-hongrois et russe en 1914
Traités de paix
Frontières des États en 1923
Capitales des États
États nouveaux
Extension de la Roumanie
Territoires conquis sur la Grèce par la nouvelle Turquie 1920/22
Villes libres
Oslo
NORVÈGE
Stockholm
SUÈDE
Tallinn
ESTONIE
Petrograd
RUSSIE
Riga, 1921
LETTONIE
Moscou
DANEMARK
Copenhague
SCHLESVIG DU NORD
Klaïpeda (Memel) 1923
LITUANIE
Kaunas
URSS
Dantzig
Königsberg
Wilno
PRUSSE ORALE
Minsk
Amsterdam
Londres
PAYS-BAS
Berlin
BIÉLORUSSIE
Varsovie
Brest-Litovsk 1918
Bruxelles
RUHR
ALLEMAGNE
BELGIQUE
Eupen
Malmédy
Weimar
POLOGNE
Kiev
Paris
LUX.
SARRE
Prague
Versailles 1919
ALSACE-LORRAINE
Strasbourg
TCHÉCOSLOVAQUIE
RUTHÉNIE SUBCARPATIQUE
UKRAINE
FRANCE
Bratislava
Vienne
Berne
Lausanne 1923
SUISSE
AUTRICHE
Budapest
BESSARABIE
Genève
Trente
HONGRIE
Cluj
Odessa
Trieste
Fiume
ROUMANIE
CRIMÉE
Gênes
ROY. DES SERBES CROATES ET SLOVÈNES
Rapallo 1920, 1922
Belgrade
Bucarest
Zara Ital.
ITALIE
BULGARIE
Sofia
Lagosta Ital.
Rome
Istanbul (Constantinople)
ALBANIE
Tirana
MACÉDOINE
THRACE
Bosphore
Ankara
Dardanelles
GRÈCE
TURQUIE
Izmir (Smyrne)
Athènes
Antalya
500 km
DODÉCANÈSE Ital.

NOUVELLES FRONTIÈRES EN EUROPE 1945-1949
Frontières des États en 1947
Limites des républiques fédérées
Capitales des États
Gains territoriaux de l'URSS
Partage de l'Allemagne
République fédérale d'Allemagne (1949)
République démocratique allemande (1949)
Division de Berlin en Berlin-Ouest et Berlin-Est
Territoires sous administration
soviétique
polonaise
de 1945 jusqu'aux traités germano-soviétique et germano-polonais
Ligne Oder-Neisse
Territoire libre de Trieste 1947-1954
Oslo
NORVÈGE
Stockholm
Tallin
Leningrad
ESTONIE
RUSSIE
SUÈDE
LETTONIE
Riga
DANEMARK
Moscou
Copenhague
LITUANIE
URSS
Kaliningrad
Vilnious
Gdansk
Minsk
Amsterdam
Szczecin
Londres
PAYS-BAS
Berlin
POLOGNE
Conférence de Potsdam 1945
BIÉLORUSSIE
Varsovie
Bruxelles
Brest
RUHR
BELGIQUE
Bonn
RDA
Kiev
Wroclaw
Paris
SARRE 1957
LUX.
Prague
UKRAINE
Traités de Paris, 1947
RFA
TCHÉCOSLOVAQUIE
RUTHÉNIE SUBCARPATIQUE
BUCOVINE
Bratislava
FRANCE
BESSARABIE
MOLDAVIE
Vienne
Berne
SUISSE
AUTRICHE
Budapest
Cluj
HONGRIE
CRIMÉE
Trieste
1
Zagreb
ROUMANIE
Conférence de Yalta, 1945
CROATIE
Belgrade
Tende
Bucarest
Rijeka
YOUGOSLAVIE
Zadar
DOBROUDJA MÉRIDIONALE 1940
2
SERBIE
ITALIE
BULGARIE
Lastovo
3
Sofia
Rome
Istanbul
4
Tirana
ALBANIE
Ankara
1 Slovénie
2 Bosnie-Herzégovine
3 Monténégro
4 Macédoine
GRÈCE
TURQUIE
Athènes
500 km

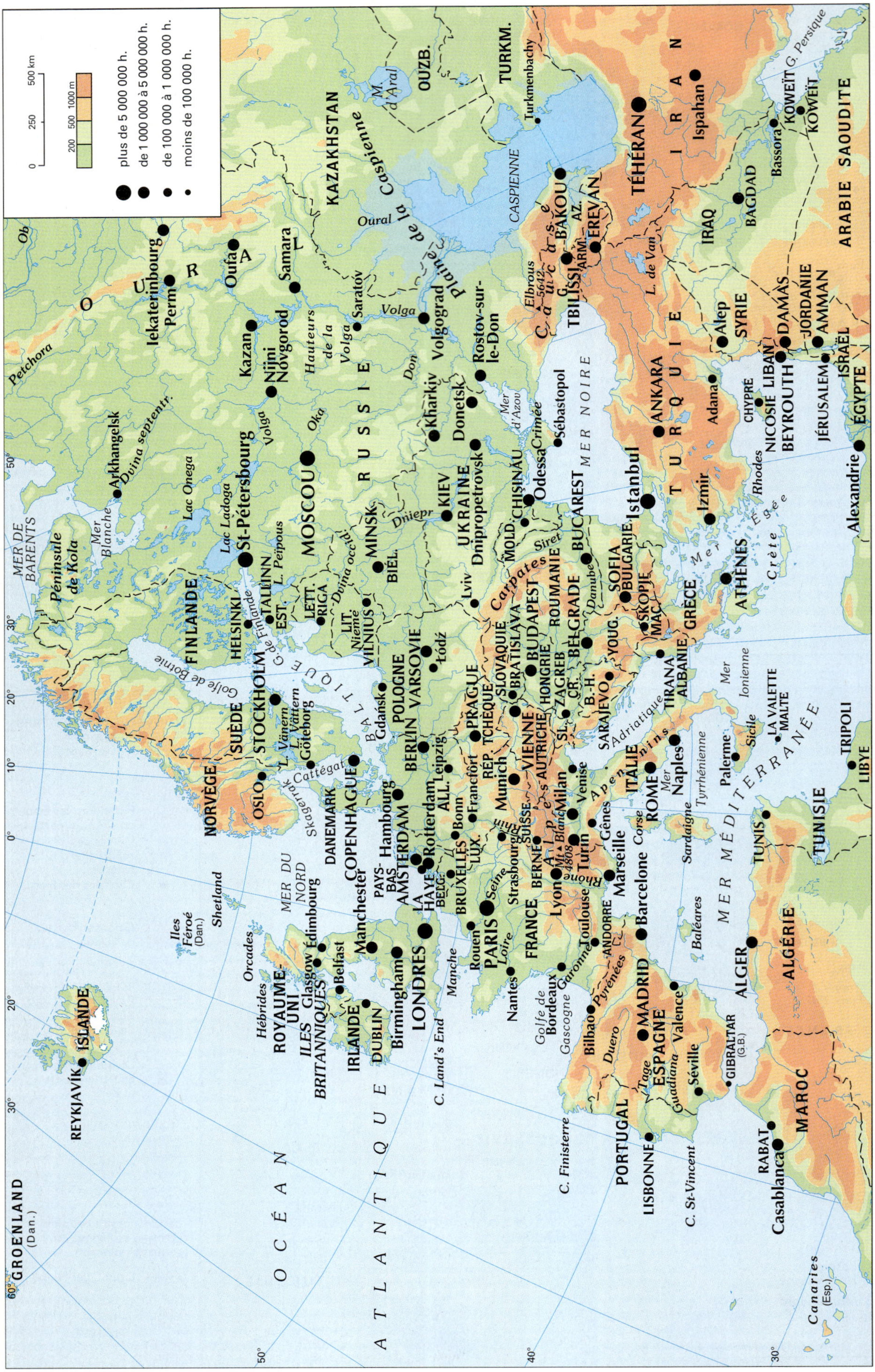
0
250
500 km
200
500
1000 m
plus de 5 000 000 h.
de 1 000 000 à 5 000 000 h.
de 100 000 à 1 000 000 h.
moins de 100 000 h.
GROENLAND
(Dan.)
REYKJAVÍK
ISLANDE
Iles Féroé
(Dan.)
Shetland
Orcades
Hébrides
ROYAUME-UNI
ILES BRITANNIQUES
Glasgow
Edimbourg
Belfast
IRLANDE
DUBLIN
Manchester
Birmingham
LONDRES
C. Land's End
Manche
O C É A N
A T L A N T I Q U E
MER DU NORD
NORVÈGE
OSLO
Skagerrak
Cattégat
Göteborg
L. Vänern
L. Vättern
SUÈDE
STOCKHOLM
Golfe de Botnie
G. de Finlande
FINLANDE
HELSINKI
DANEMARK
COPENHAGUE
B A L T I Q U E
PAYS-BAS
AMSTERDAM
LA HAYE
Rotterdam
BELG.
BRUXELLES
LUX.
Hambourg
BERLIN
Leipzig
ALL.
Bonn
Francfort
Munich
Gdańsk
POLOGNE
VARSOVIE
Łódź
PRAGUE
RÉP. TCHÈQUE
SLOVAQUIE
BRATISLAVA
VIENNE
AUTRICHE
HONGRIE
BUDAPEST
Carpates
ROUMANIE
BUCAREST
Danube
Siret
MOLD.
CHIŞINĂU
Odessa
Crimée
Sébastopol
MER NOIRE
SL.
ZAGREB
CR.
BELGRADE
B.-H.
SARAJEVO
YOUG.
SOFIA
BULGARIE
SKOPJE
MAC.
TIRANA
ALBANIE
GRÈCE
ATHÈNES
Crète
Mer Égée
Rhodes
Istanbul
ANKARA
T U R Q U I E
Izmir
Adana
CHYPRE
NICOSIE
LIBAN
BEYROUTH
SYRIE
Alep
DAMAS
JORDANIE
AMMAN
ISRAËL
JÉRUSALEM
ÉGYPTE
Alexandrie
IRAQ
BAGDAD
Bassora
KOWEÏT
G. Persique
ARABIE SAOUDITE
I R A N
TÉHÉRAN
Ispahan
L. de Van
EREVAN
ARM.
AZ.
BAKOU
TBILISSI
G.
C a u c a s e
Elbrous
5642
CASPIENNE
Turkmenbachy
TURKM.
OUZB.
M. d'Aral
KAZAKHSTAN
Caspienne
Plaine de la
Oural
Volga
Volgograd
Rostov-sur-le-Don
Mer d'Azov
Donetsk
Don
Kharkiv
UKRAINE
KIEV
Dniepr
Dnipropetrovsk
Lviv
MINSK
BIÉL.
Dvina occid.
LIT.
Niémen
VILNIUS
LETT.
RIGA
EST.
TALLINN
L. Peïpous
St-Pétersbourg
Lac Ladoga
Lac Onega
MOSCOU
Oka
R U S S I E
Hauteurs de la Volga
Saratov
Samara
Nijni Novgorod
Kazan
Oufa
Perm
Iekaterinbourg
O U R A L
Petchora
Ob
Arkhangelsk
Dvina septentr.
Mer Blanche
Péninsule de Kola
MER DE BARENTS
FRANCE
PARIS
Seine
Rouen
Loire
Nantes
Golfe de Gascogne
Bordeaux
Garonne
Toulouse
Lyon
Rhône
Strasbourg
Rhin
SUISSE
BERNE
A L P E S
M. Blanc
4808
Milan
Turin
Gênes
Venise
Marseille
Pyrénées
ANDORRE
Corse
Sardaigne
ITALIE
A p e n n i n s
ROME
Naples
Mer Tyrrhénienne
Adriatique
Sicile
Palerme
LA VALETTE
MALTE
Mer Ionienne
M E R M É D I T E R R A N É E
Baléares
Barcelone
ESPAGNE
MADRID
Bilbao
Duero
Tage
Guadiana
Valence
Séville
GIBRALTAR
(G.B.)
PORTUGAL
LISBONNE
C. Finisterre
C. St-Vincent
MAROC
RABAT
Casablanca
Canaries
(Esp.)
ALGÉRIE
ALGER
TUNISIE
TUNIS
LIBYE
TRIPOLI
60°
50°
40°
30°
20°
10°
0°

■ L'**EVEREST**, le « Toit du monde ».

EVÈNES ou **LAMOUTES**, peuple de Russie (bord de la mer d'Okhotsk, nord-est de la rép. de Sakha) [env. 17 000]. Traditionnellement éleveurs nomades de rennes, ils ont conservé l'essentiel de leur culture. On les a regroupés avec les Evenks sous l'appellation de *Toungouses.

EVENKS, peuple de Russie (arrondissement autonome dans le bassin de la Toungouska inférieure) [env. 30 000], de Chine (env. 20 000) et de Mongolie. Ils restent pour la plupart chasseurs et éleveurs nomades de rennes. Leur désignation comme *Toungouses est vieillie.

EVERE [evɛr], comm. de Belgique (Bruxelles-Capitale), banlieue nord de Bruxelles ; 29 229 hab.

EVEREST (mont), point culminant du monde, dans l'Himalaya, à la frontière du Népal et de la Chine (Tibet) ; 8 848 m (alt. traditionnellement admise ; d'autres mesures ont été effectuées : 8 846 m en 1993, 8 850 m en 1999). Son nom tibétain est *Chomo Lungma* (« Déesse mère du Monde »). Son sommet a été atteint en 1953 par le Néo-Zélandais E. Hillary et le sherpa Tenzing Norgay.

EVERGEM [evərgɛm], comm. de Belgique (Flandre-Orientale) ; 29 412 hab.

EVERGLADES (les), région marécageuse des États-Unis, dans le sud de la Floride. Parc national.

EVERT (Chris), *Fort Lauderdale, Floride, 1954,* joueuse de tennis américaine. Elle a remporté 7 titres à Roland-Garros (1974, 1975, 1979, 1980, 1983, 1985 et 1986), 3 à Wimbledon (1974, 1976 et 1981) et 6 à Forest Hills et à Flushing Meadow (1975 à 1978, 1980 et 1982).

ÉVHÉMÈRE, *v. 340 - v. 260 av. J.-C.,* écrivain grec. Selon lui, les dieux de la mythologie étaient des rois d'une époque reculée qui furent divinisés après leur mort. Cette interprétation fut reprise, surtout au XVIIIe et au XIXe s., par certains historiens des religions sous le nom d'*évhémérisme.*

ÉVIAN-LES-BAINS (74500), ch.-l. de cant. de la Haute-Savoie, sur le lac Léman ; 7 528 hab. *(Évianais).* Station thermale. Eaux minérales. Casino. – Les accords signés en mars 1962 à Évian entre la France et le FLN mirent fin à la guerre d'Algérie.

Évolution créatrice (l'), œuvre de Bergson (1907). L'auteur y rend compte de l'évolution de la vie par sa théorie de l'élan vital et développe les thèmes fondateurs (distinction de l'instinct et de l'intelligence, opposition de l'intuition à cette dernière, etc.) d'un spiritualisme renouvelé.

ÉVORA, v. du Portugal (Alentejo) ; 38 938 hab. Temple romain du IIe s., cathédrale des XIIe-XIIIe s. et nombreux autres monuments. Musée.

EVORA (Cesaria), *Mindelo, Sao Vincente, 1941,* chanteuse cap-verdienne. Elle a fait connaître dans le monde la *morna,* chanson intimiste, marquée par les accents nostalgiques du fado.

ÉVREUX (27000), ch.-l. du dép. de l'Eure, sur l'Iton, à 102 km à l'O. de Paris ; 54 076 hab. *(Ébroïciens).* Évêché. Base aérienne. Constructions électroniques. Équipements automobiles. Produits pharmaceutiques. – Cathédrale des XIIe-XVIIIe s., aux vitraux des XIVe et XVe s. ; musée.

ÉVRON (53600), ch.-l. de cant. de la Mayenne ; 7 575 hab. *(Évronnais).* Agroalimentaire. – Église romane et gothique, anc. abbatiale.

ÉVRY (91000), anc. **Évry-Petit-Bourg**, ch.-l. du dép. de l'Essonne, sur la Seine, à 27 km au S. de Paris ; 50 013 hab. *(Évryens).* Noyau d'une ville nouvelle. Aéronautique. Métallurgie. Agroalimentaire. Pôle de recherches sur le génome et ses applications (Généthon, etc.). – Cathédrale (1995) par M. Botta.

EVTOUCHENKO → **IEVTOUCHENKO.**

EWE, peuple du sud-est du Ghana et du sud du Togo (env. 4 millions), de langue kwa.

EWING (sir James), *Dundee, Écosse, 1855 - Cambridge 1935,* physicien britannique. Il découvrit l'hystérésis magnétique (1882).

EXÉKIAS, peintre de vases et céramiste athénien, actif à la fin du VIe s. av. J.-C. Il est l'un des créateurs les plus inventifs du style attique à figures noires.

EXELMANS [-mɑ̃s] (Remy Isidore, comte), *Bar-le-Duc 1775 - Sèvres 1852,* maréchal de France. Volontaire en 1792, général après Eylau (1807), il participa aux campagnes de 1812 - 1813. Il fut fait maréchal en 1851.

EXETER, v. de Grande-Bretagne (Angleterre), ch.-l. du Devon ; 101 100 hab. Port. – Cathédrale des XIIe-XIVe s.

Exil → **Captivité de Babylone.**

Exode (l'), sortie d'Égypte des Hébreux sous la conduite de Moïse. Ces événements, que les historiens situent v. 1250 av. J.-C., sont rapportés dans la Bible au livre de l'Exode.

Exodus, navire chargé de 4 500 émigrants juifs, que la marine britannique empêcha en juill. 1947 d'atteindre la côte palestinienne. Ses passagers furent débarqués à Hambourg.

Expansion, groupe de presse français. Son origine remonte à la création du magazine *l'Expansion* (1967) par J.-L. Servan-Schreiber et J. Boissonnat.

Express (l'), hebdomadaire français, créé à Paris en 1953 par J.-J. Servan-Schreiber et F. Giroud.

EXTRÊME-ORIENT, ensemble des pays de l'Asie orientale (Chine, Japon, Corée, États de l'Indochine et de l'Insulinde, extrémité orientale de la Russie).

Exxon Mobil Corporation ou **ExxonMobil**, groupe pétrolier américain. Il est né de la fusion, en 1999, d'Exxon Corporation (surtout connue, hors des États-Unis, sous la marque Esso) et de Mobil Corporation, sociétés dont les origines, communes, remontent à la création, en 1882, de la Standard Oil Company of New Jersey. Le groupe figure au tout premier rang mondial dans les secteurs du pétrole et de la pétrochimie.

EY (Henri), *Banyuls-dels-Aspres 1900 - id. 1977,* psychiatre français. Concevant les maladies mentales comme des modalités de désorganisation de la conscience, il élabora un modèle « organo-dynamique » visant à dépasser la psychanalyse sans en revenir au mécanisme du XIXe s.

EYADEMA (Étienne Gnassingbé), *Pya 1935,* homme politique togolais. Il est président de la République depuis 1967.

EYBENS [ebɛ̃s] (38320), ch.-l. de cant. de l'Isère ; 9 546 hab.

EYGUIÈRES (13430), ch.-l. de cant. des Bouches-du-Rhône ; 5 483 hab.

Eylau (bataille d') [8 févr. 1807], bataille de l'Empire. Difficile victoire de Napoléon Ier contre les Russes à Eylau (auj. Bagrationovsk, près de Kaliningrad, Russie).

EYMET [ɛjme] (24500), ch.-l. de cant. de la Dordogne, sur le Dropt ; 2 623 hab. *(Eymétois).* Bastide du XIIIe s.

EYMOUTIERS (87120), ch.-l. de cant. de la Haute-Vienne, sur la Vienne ; 2 158 hab. Église romane et gothique (vitraux) ; musée Rebeyrolle.

EYRE ou **LEYRE** n.f., fl. côtier de France, dans les Landes, formé de la *Grande Leyre* et de la *Petite Leyre* et qui rejoint le bassin d'Arcachon.

EYRE (lac), grande lagune salée du sud de l'Australie, au N. de la *péninsule d'Eyre ;* env. 10 000 km².

EYRING (Henry), *Colonia Juárez, Chihuahua, 1901 - Salt Lake City 1981,* physico-chimiste américain d'origine mexicaine. Il a élaboré une théorie des états de transition permettant, notamm., de prévoir les vitesses de réaction.

EYSENCK (Hans Jürgen), *Berlin 1916 - Londres 1997,* psychologue britannique d'origine allemande. Il s'est intéressé à la pathologie de la personnalité et aux névroses.

EYSINES (33320), comm. de la Gironde ; 18 892 hab. *(Eysinais).*

EYSKENS (Gaston), *Lierre 1905 - Louvain 1988,* homme politique belge. Social-chrétien, trois fois Premier ministre entre 1949 et 1972, il s'efforça de régler les problèmes communautaires entre Wallons et Flamands.

EYZIES-DE-TAYAC-SIREUIL (Les) [24620], comm. de la Dordogne, sur la Vézère ; 928 hab. Nombreuses stations préhistoriques dans la région (Laugerie-Haute, Cro-Magnon, Font-de-Gaume, etc.). Musée national de la Préhistoire.

ÈZE (06360), comm. des Alpes-Maritimes ; 2 526 hab. *(Ézasques).* Bourg médiéval perché ; chapelle du XVIIe s. ; jardin exotique. – Station balnéaire à *Èze-sur-Mer.*

ÉZÉCHIEL, prophète biblique du VIe s. av. J.-C. Déporté à Babylone avec ses compatriotes, il soutint l'espérance des exilés en la restauration du peuple élu.

EZRA → **ESDRAS.**

E

F

Caractère Frutiger

FAAA, comm. de la Polynésie française (Tahiti) ; 25 888 hab. Aéroport de Papeete.

FABERGÉ (Carl), *Saint-Pétersbourg 1846 - Lausanne 1920,* orfèvre et joaillier russe. Il a excellé dans la production de bijoux et de bibelots, utilisant des pierres dures et l'émaillerie sur or ou argent (œufs de Pâques pour la cour des tsars).

Fabian Society, association socialiste britannique fondée à Londres en 1884, qui joua un rôle notable dans la naissance du Parti travailliste.

FABIEN (saint), *m. à Rome en 250,* pape de 236 à 250. Il divisa la Rome chrétienne en sept régions et mourut victime de la persécution de Decius.

FABIOLA DE MORA Y DE ARAGÓN, *Madrid 1928,* reine des Belges. Elle épousa en 1960 Baudouin Ier.

FABIUS (Laurent), *Paris 1946,* homme politique français. Socialiste, il a été Premier ministre de 1984 à 1986, premier secrétaire du PS en 1992 - 1993 et président de l'Assemblée nationale de 1988 à 1992 et de 1997 à 2000. Il est depuis 2000 ministre de l'Économie, des Finances et de l'Industrie.

FABIUS MAXIMUS RULLIANUS (Quintus), homme politique romain. Cinq fois consul, il fut dictateur en 315 av. J.-C. et vainquit en 295 av. J.-C. les Samnites, les Étrusques et les Gaulois coalisés à Sentinum.

FABIUS MAXIMUS VERRUCOSUS (Quintus), dit **Cunctator** (« le Temporisateur »), *v. 275 - 203 av. J.-C.,* homme politique romain. Cinq fois consul, nommé dictateur après la défaite de Trasimène (217 av. J.-C.), il arrêta un moment les progrès d'Hannibal par sa tactique prudente.

FABIUS PICTOR (Quintus), *v. 260 av. J.-C.,* un des plus anciens historiens latins.

Fables, recueil de fables en vers de La Fontaine. Inspirées des *Fables* attribuées à Ésope, elles se divisent en douze livres (I à VI, 1668 ; VII et VIII, 1678 ; IX à XI, 1679 ; XII, 1694) : d'abord brefs apologues proches de la tradition (*la Cigale et la Fourmi, le Corbeau et le Renard, le Loup et l'Agneau, le Chêne et le Roseau,* I ; *le Lion et le Moucheron,* II ; *le Renard et le Bouc, le Meunier, son Fils et l'Âne,* III ; *l'Alouette et ses Petits,* IV ; *le Laboureur et ses Enfants, la Poule aux œufs d'or,* V ; *le Lièvre et la Tortue,* VI), elles s'assouplissent ensuite et prennent de l'ampleur pour accueillir toutes les inspirations - satirique (*Un animal dans la lune,* VII, 17), pastorale (*Tircis et Amarante,* VIII, 13), élégiaque (*les Deux Pigeons,* IX, 2), politique (*le Paysan du Danube,* XI, 7) - et tous les rythmes. Parfois représentés directement, les comportements humains et sociaux y sont le plus souvent transposés dans le monde animal.

FABRE (Ferdinand), *Bédarieux 1827 - Paris 1898,* écrivain français. Ses romans sont une peinture de la vie cévenole *(l'Abbé Tigrane).*

FABRE (Henri), *Marseille 1882 - Le Touvet 1984,* ingénieur et industriel français. Il réussit le premier vol en hydravion (28 mars 1910), sur l'étang de Berre.

FABRE (Jean Henri), *Saint-Léons, Aveyron, 1823 - Sérignan-du-Comtat 1915,* entomologiste français. Il est surtout connu pour ses remarquables *Souvenirs entomologiques* (10 volumes), qui ont conquis le grand public.

FABRE D'ÉGLANTINE (Philippe **Fabre,** dit), *Carcassonne 1750 - Paris 1794,* écrivain et homme politique français. Auteur de pièces de théâtre et de la célèbre chanson *Il pleut, il pleut, bergère,* il donna leurs noms aux mois du calendrier républicain et fut guillotiné avec les partisans de Danton.

FABRE D'OLIVET (Antoine), *Ganges 1767 - Paris 1825,* écrivain et érudit français. Poète en langue d'oc, romancier initiateur de la mode troubadour, il a surtout été un théosophe évoquant âge d'or perdu et spiritualisation de l'humanité *(la Langue hébraïque restituée).*

FABRY (Charles), *Marseille 1867 - Paris 1945,* physicien français. Spécialiste d'optique, il inventa un interféromètre qui lui permit, notamm., de découvrir l'ozone de la haute atmosphère.

FACHES-THUMESNIL (59155), comm. du Nord ; 15 979 hab.

Fachoda (affaire de) [1898], incident qui mit face à face à Fachoda (auj. *Kodok,* Soudan) la mission française de J.-B. Marchand et l'expédition britannique de Kitchener. Sommée d'évacuer la ville, la France s'inclina et dut reconnaître l'autorité britannique sur la totalité du bassin du Nil (1899).

FACTURE, écart de la comm. de Biganos (Gironde), dans les Landes. Papeterie.

FADEÏEV (Aleksandr Aleksandrovitch), *Kimry, région de Tver, 1901 - Moscou 1956,* écrivain soviétique. Ses romans célèbrent la révolution soviétique *(la Défaite).*

FAENZA, v. d'Italie (Émilie-Romagne) ; 53 577 hab. Dès le XIVe s., la ville fut un centre important de la majolique (devenue, en fr., la faïence). – Cathédrale du XVe s. ; musée international de la Céramique ; pinacothèque.

FAGNES (Hautes), plateau de l'Ardenne belge, portant le point culminant de la Belgique ; 694 m au signal de Botrange. Parc naturel se prolongeant en Allemagne.

FAHD, *Riyad 1923,* roi d'Arabie saoudite depuis 1982.

FAHRENHEIT (Daniel Gabriel), *Dantzig 1686 - La Haye 1736,* physicien allemand. Il construisit des aréomètres et des thermomètres pour lesquels il imagina la graduation qui porte son nom.

FAIDHERBE (Louis), *Lille 1818 - Paris 1889,* général français. Gouverneur du Sénégal (1854 - 1861 et 1863 - 1865), il créa le port de Dakar (1857). Sa résistance à la tête de l'armée du Nord en 1870 épargna l'occupation allemande aux départements du Nord et du Pas-de-Calais.

FAIL → DU FAIL.

FAIRBANKS (Douglas Elton **Ullman,** dit Douglas), *Denver 1883 - Santa Monica 1939,* acteur américain, incarnation du jeune premier sportif et optimiste (*le Signe de Zorro,* F. Niblo, 1920 ; *Robin des Bois,* A. Dwan, 1922 ; *le Voleur de Bagdad,* R. Walsh, 1924).

FAIRFAX (Thomas, baron), *Denton 1612 - Nunappleton 1671,* général anglais. Chef des troupes parlementaires pendant la guerre civile, il battit Charles Ier à Naseby (1645). Il favorisa ensuite la restauration de Charles II.

FAISALABAD, anc. **Lyallpur,** v. du Pakistan (Pendjab) ; 1 092 000 hab. Textile.

FAISANS (île des), île au milieu de la Bidassoa, où fut conclu le traité des Pyrénées (1659).

FAIZANT (Jacques), *Laroquebrou 1918,* dessinateur satirique français. Ses dessins politiques font la une du *Figaro* depuis 1967.

FAKHR AL-DIN ou **FICARDIN,** *v. 1572 - Istanbul 1635,* émir druze du Liban (1585 - 1633). S'alliant aux maronites, il devint le maître d'une grande partie du Liban et fut le premier à unifier le pays. Réfugié à la cour des Médicis de 1614 à 1618, il fut finalement vaincu par les Ottomans (1633), qui l'exécutèrent.

FALACHAS ou **FALASHAS,** peuple noir du nord de l'Éthiopie, auj. installé en Israël (env. 60 000). Agriculteurs de langue sémitique et de religion juive, descendants supposés des Dan (une des tribus perdues d'Israël), ils ont massivement rejoint Israël dans les années 1980 et 1990, après la reconnaissance officielle de leur appartenance au judaïsme.

FALAISE (14700), ch.-l. de cant. du Calvados ; 8 797 hab. *(Falaisiens).* Électroménager. – Château ducal des XIe-XIIIe s. et autres monuments. – Violents combats en 1944.

FALCONET (Étienne), *Paris 1716 - id. 1791,* sculpteur et théoricien français. Il travailla pour Mme de Pompadour et fournit à la manufacture de Sèvres les modèles de nombreux petits groupes. Son œuvre maîtresse est la statue équestre de Pierre le Grand, qu'il alla ériger à Saint-Pétersbourg (bronze, 1767 - 1778).

FALÉMÉ n.f., riv. d'Afrique occidentale, affl. du fleuve Sénégal (r. g.) ; 650 km env. Elle sépare le Sénégal et le Mali.

FALÉRIES, anc. v. d'Étrurie, sur le Tibre, à 40 km en amont de Rome. Nécropoles et ruines antiques. (Auj. *Civita Castellana.*)

FALIER ou **FALIERO** (Marino), *Venise 1274 - id. 1355,* doge de Venise (1354 - 1355). Il fut décapité pour avoir conspiré contre le gouvernement patricien de la ville.

FALKENHAYN (Erich **von**), *Burg Belchau 1861 - près de Potsdam 1922,* général allemand. Chef du grand état-major général de 1914 à 1916, il commanda ensuite en Roumanie (1916) puis en Palestine (1917 - 1918).

FALKLAND (îles), en fr. **Malouines,** en esp. **Malvinas,** archipel de l'Atlantique, au large de l'Argentine ; 2 121 hab. Occupées par l'Angleterre depuis 1832, elles sont revendiquées par l'Argentine, qui a tenté en vain de s'en emparer au cours d'un bref conflit armé avec la Grande-Bretagne (avr.-juin 1982).

Falkland (bataille navale des) [8 déc. 1914], bataille de la Première Guerre mondiale. Victoire de la flotte britannique sur l'escadre allemande de von Spee.

FALKLAND (courant des), courant marin froid de l'océan Atlantique. Il se dirige du S. au N. le long des côtes de l'Argentine.

FALLA (Manuel **de**), *Cadix 1876 - Alta Gracia, Argentine, 1946,* compositeur espagnol. Il est l'auteur de l'opéra *la Vie brève* (1913), de la musique des ballets *l'Amour sorcier* (1915) et *le Tricorne* (1919), de mélodies et de musique de chambre (*Concerto* pour clavecin et cinq instruments, 1926).

■ MANUEL DE **FALLA**

■ MICHAEL **FARADAY** par S.W. Stancase. (Science Museum, Londres.)

FALLADA (Rudolf **Ditzen,** dit Hans), *Greifswald 1893 - Berlin 1947,* écrivain allemand. Ses romans décrivent la vie des petites gens *(Paysans, bonzes et bombes).*

FALLIÈRES (Armand), *Mézin 1841 - id. 1931,* homme politique français. Plusieurs fois ministre entre 1882 et 1892, il fut président de la République de 1906 à 1913.

FALLOPE (Gabriel), en ital. Gabriele **Falloppio** ou **Falloppia,** *Modène 1523 - Padoue 1562,* chirurgien et anatomiste italien. Il a laissé son nom à des éléments anatomiques importants (*aqueduc de Fallope,* dans l'oreille interne, et surtout *trompe de Fallope* [trompe utérine]).

FALLOUX (Frédéric, comte **de**), *Angers 1811 - id. 1886,* homme politique français. Ministre de l'Instruction publique (1848 - 1849), il élabora la loi scolaire, votée en 1850, qui porte son nom. Cette loi soumettait les instituteurs aux autorités religieuses et favorisait les collèges et institutions ecclésiastiques. (Acad. fr.)

Falstaff, personnage de poltron vantard et truculent qui apparaît dans *Henri IV* (1597 - 1598) et *les Joyeuses Commères de Windsor* (v. 1600) de Shakespeare. Il a inspiré à Verdi une comédie lyrique, *Falstaff* (1893, sur un livret de A. Boito), et à O. Welles un film dramatique (*Falstaff,* 1966).

FALSTER, île danoise de la Baltique, au S. de Sjaelland ; ch.-l. *Nykøbing Falster.*

FAMAGOUSTE, v. de la côte est de Chypre ; 39 000 hab. Port. — Monuments gothiques.

FAMECK (57290), ch.-l. de cant. de la Moselle ; 12 822 hab. *(Fameckois).*

FAMENNE n.f., petite région de Belgique, entre l'Ardenne et le Condroz.

Famille (pacte de) [1761], traité conclu par Choiseul, pendant la guerre de Sept Ans, entre les Bourbons de France, d'Espagne, de Parme et de Naples pour résister à la puissance navale britannique.

Famine (pacte de), contrat conclu en 1765 entre le gouvernement de Louis XV et des marchands de grains chargés du ravitaillement de Paris. Il fut dénoncé par la rumeur publique comme un complot visant à affamer le peuple.

FANFANI (Amintore), *Pieve Santo Stefano, prov. d'Arezzo, 1908 - Rome 1999,* homme politique italien. Secrétaire général (1954 - 1959, 1973 - 1975) puis président (1976) de la Démocratie chrétienne, il fut plusieurs fois président du Conseil (1954, 1958 - 1959, 1960 - 1963, 1982 - 1983, 1987).

Fanfan la Tulipe, personnage de soldat fougueux, généreux et aimant le vin et les femmes. Héros d'une chanson populaire (1819) de Paul Émile Debraux, il a inspiré aussi plusieurs pièces de théâtre et des films.

FANG, peuple du sud-ouest du Cameroun, du nord-est du Gabon et de Guinée équatoriale (env. 400 000), constitutif, entre autres, des Pahouins. Ils sont réputés pour leurs masques et leurs statues d'ancêtres placées au sommet de reliquaires.

FANGATAUFA, atoll de la Polynésie française, dans l'archipel des Tuamotu. Site de la première explosion thermonucléaire française (24 août 1968) et, de 1975 à 1996, d'explosions nucléaires souterraines.

FANGIO (Juan Manuel), *Balcarce 1911 - Buenos Aires 1995,* coureur automobile argentin. Il a été cinq fois champion du monde des conducteurs (1951, 1954, 1955, 1956 et 1957).

FAN KUAN, *milieu du xe s. - début du xie s.,* peintre chinois. Ascète taoïste, il est l'un des grands paysagistes au style sévère de l'école des Song du Nord.

■ **FAN KUAN.** *Voyageurs sur un chemin de montagne,* encre sur soie. (Musée de Taipei, Taïwan.)

FANTI ou **FANTE,** peuple akan du sud du Ghana.

FANTIN-LATOUR (Henri), *Grenoble 1836 - Buré, Orne, 1904,* peintre et lithographe français. Il est l'auteur de portraits individuels ou collectifs (*l'Atelier des Batignolles,* hommage à Manet, 1870, musée d'Orsay), de natures mortes, de tableaux de fleurs ou inspirés par la musique.

Fantômas, personnage du roman-feuilleton homonyme de Marcel Allain et Pierre Souvestre (1911), bandit virtuose et insaisissable. Le roman inspira à Louis Feuillade un film en 5 épisodes (*Fantômas,* 1913 - 1914).

FAO (Food and Agriculture Organization, en fr. Organisation pour l'alimentation et l'agriculture), institution spécialisée de l'ONU. Créée en 1945, elle a pour but de mener une action internationale contre la faim et pour l'amélioration des conditions de vie. Son siège est à Rome.

FAOUËT (Le) [56320], ch.-l. de cant. du Morbihan ; 2 900 hab. *(Faouëtais).* Halles de la fin du xve s. ; aux environs, chapelles St-Fiacre (jubé) et Ste-Barbe, de la même époque.

FARABI (Abu **al-**), *Wasidj, Turkestan, v. 870 - Damas 950,* philosophe musulman. Commentateur d'Aristote et de Platon, dont il s'efforça de démontrer l'accord profond, il bâtit un système unissant métaphysique et politique et concordant avec le Coran *(Opinions des habitants de la cité vertueuse).* Maître d'Avicenne, il exerça une forte influence sur Avempace et Averroès, ainsi que sur la philosophie juive.

FARADAY (Michael), *Newington, Surrey, 1791 - Hampton Court 1867,* chimiste et physicien britannique. Après avoir découvert le benzène et liquéfié presque tous les gaz connus à son époque, il donna le principe du moteur électrique. Il découvrit l'induction électromagnétique (qui le mènera à l'invention de la dynamo) et établit la théorie de l'électrolyse. Il donna aussi la théorie de l'électrisation par influence et montra qu'un conducteur creux *(cage de Faraday)* forme écran pour les actions électrostatiques.

FARAZDAQ (al-), *Yamama v. 641 - Bassora v. 728 ou 730,* poète arabe. Représentant de la poésie des nomades d'Arabie orientale, il fut le rival de Djarir.

Farce de Maître Pathelin (la), farce française d'auteur inconnu, composée v. 1464. L'avocat Pathelin, qui a extorqué une pièce de drap à un marchand, est berné à son tour par un berger.

FARCIENNES, comm. de Belgique (Hainaut), banlieue est de Charleroi ; 12 064 hab.

FAREL (Guillaume), *Les Fareaux, près de Gap, 1489 - Neuchâtel 1565,* réformateur français. Il propagea la Réforme en Suisse francophone, notamment à Genève (où il obtint que Calvin se fixe) et à Neuchâtel.

FARÈS (Nabile), *Collo 1940,* écrivain algérien d'expression française. Son œuvre poétique et romanesque (*le Champ des oliviers, Mémoire de l'absent*) est marquée par l'arrachement de l'exil.

FARET (Nicolas), *Bourg-en-Bresse v. 1596 - Paris 1646,* écrivain français. Avec son *Honnête homme ou l'Art de plaire à la cour,* il contribua à fixer les règles de la politesse mondaine et courtisane. (Acad. fr.)

FAREWELL, cap du sud du Groenland.

FARGUE (Léon-Paul), *Paris 1876 - id. 1947,* poète français. Son œuvre nostalgique et ironique est centrée sur le parcours inlassable d'un Paris insolite (*le Piéton de Paris,* 1939).

FARIDABAD, v. d'Inde, au S.-E. de Delhi ; 613 828 hab.

FARINA (Giovanni Maria), *Santa Maria Maggiore, prov. de Novare, 1685 - Cologne 1766,* chimiste italien. Il s'établit à Cologne, où il fabriqua la célèbre *eau de Cologne.*

FARINELLI (Carlo **Broschi,** dit), *Andria 1705 - Bologne 1782,* castrat soprano italien. Il débuta à Naples en 1720 et, en 1750, persuada le roi Ferdinand VI de fonder un opéra italien à Madrid.

Farines (guerre des) [1775], troubles qui, en France, suivirent la flambée du prix du pain et la promulgation, par Turgot, d'un édit sur la liberté de commerce des grains.

FARMAN (Henri), *Paris 1874 - id. 1958,* aviateur et constructeur d'avions français. Il effectua, en 1908, le premier kilomètre aérien en circuit fermé et le premier vol avec passager, puis battit divers records de vitesse et d'altitude (1910). — **Maurice F.,** *Paris 1877 - id. 1964,* aviateur français. Frère d'Henri, également titulaire de plusieurs records aéronautiques, il fonda avec lui l'entreprise de construction aéronautique à laquelle ils donnèrent leur nom.

FARNBOROUGH, v. de Grande-Bretagne (Angleterre), au S.-O. de Londres ; 41 000 hab. Exposition aéronautique bisannuelle.

FARNÈSE, famille romaine originaire des environs d'Orvieto, qui régna sur le duché de Parme et Plaisance de 1545 à 1731. Ses membres les plus célèbres sont le pape *Paul III, *Alexandre Farnèse et *Élisabeth Farnèse.

Farnèse (palais), palais du xvie s., à Rome. Ce vaste édifice fut construit, en plusieurs étapes, par Sangallo le Jeune, Michel-Ange, G. Della Porta ; décors des Carrache. Il est le siège de l'ambassade de France et de l'École française de Rome (histoire et archéologie).

Farnésine (villa), villa du xvie s., à Rome. Construite v. 1510 par Peruzzi, décorée par Raphaël et ses élèves, elle abrite auj. le Cabinet national italien des estampes.

FARO, v. du Portugal, dans l'Algarve ; 31 966 hab. Port. Aéroport. Tourisme.

FARON (mont) sommet calcaire du sud de la France, dominant Toulon ; 542 m. Mémorial du débarquement de 1944.

FAROUK ou **FARUQ,** *Le Caire 1920 - Rome 1965,* roi d'Égypte (1937 - 1952). Fils et successeur de Fuad Ier, il abdiqua en 1952 après le coup d'État de Neguib et de Nasser.

FARQUHAR (George), *Londonderry, Irlande, 1678 - Londres 1707,* auteur dramatique britannique. Il a écrit des comédies *(le Stratagème des petits-maîtres).*

FARRAGUT (David), *près de Knoxville 1801 - Portsmouth, New Hampshire, 1870,* amiral américain. Il se distingua avec les forces nordistes et fut mis à la tête de l'escadre de l'Atlantique (1867).

FARRELL (Suzanne **Ficker,** dite Suzanne), *Cincinnati 1945,* danseuse américaine. Danseuse étoile du New York City Ballet, elle fut la muse de G. Balanchine, dont elle créa de nombreuses œuvres, et travailla également avec M. Béjart.

FARS, région du sud de l'Iran ; v. princ. *Chiraz.*

FAR WEST n.m. (mots angl. signif. « Ouest lointain »), nom donné aux États-Unis, pendant le XIXe s., aux territoires situés au-delà du Mississippi.

FASSBINDER (Rainer Werner), *Bad Wörishofen 1945 - Munich 1982,* cinéaste et metteur en scène de théâtre allemand. Il fut l'un des principaux chefs de file du renouveau du cinéma allemand : *les Larmes amères de Petra von Kant* (1972), *le Mariage de Maria Braun* (1979), *Querelle* (1982).

FASTNET, îlot de la côte sud-ouest de l'Irlande. Il a donné son nom à une grande compétition de yachting.

FATHPUR-SIKRI, v. d'Inde (Uttar Pradesh), à 38 km d'Agra. Capitale (1569 - 1586) d'Akbar, elle est une parfaite réussite de l'art des Grands Moghols et de leur syncrétisme architectural.

■ **FATHPUR-SIKRI.** Le tombeau de Salim Tchichti (1580 - 1581).

F

FÁTIMA, v. du Portugal, au N.-E. de Lisbonne ; 7 693 hab. Lieu de pèlerinage depuis que trois jeunes bergers affirmèrent, en 1917, y avoir été les témoins de six apparitions de la Vierge.

FATIMA, *La Mecque v. 616 - Médine 633,* fille de Mahomet et de Khadidja. Épouse d'Ali et mère de Hasan et de Husayn, elle est vénérée par l'ensemble des musulmans.

FATIMIDES, dynastie chiite ismaélienne qui régna en Afrique du Nord-Est aux Xe-XIe s., puis en Égypte de 969 à 1171. Fondée par Ubayd Allah à Kairouan (909 - 910), elle conquit l'Égypte (969), créa Le Caire et s'y établit (973). Le dernier calife fatimide fut renversé par Saladin (1171).

FAUCHER (César et Constantin), connus sous le nom de **Jumeaux de La Réole,** *La Réole 1760 - Bordeaux 1815,* généraux français. Généraux pendant les guerres de Vendée, ils furent accusés sous la Restauration d'avoir constitué un dépôt d'armes et furent fusillés.

FAUCIGNY n.m., région des Préalpes drainée par l'Arve et le Giffre.

FAUCILLE (col de la), col du Jura français, entre Gex et Morez ; 1 320 m. Sports d'hiver.

FAULKNER (William Harrison **Falkner,** dit William), *New Albany 1897 - Oxford, Mississippi, 1962,* écrivain américain. Ses romans psychologiques et symboliques (*le Bruit et la Fureur,* 1929 ; *Sanctuaire,* 1931 ; *Lumière d'août,* 1932 ; *Absalon ! Absalon !,* 1936) ont pour cadre le sud des États-Unis et passent du cocasse et de l'humour au sordide et à la sauvagerie tragique. [Prix Nobel 1949.]

FAULQUEMONT (57380), ch.-l. de cant. de la Moselle ; 5 551 hab.

FAURE (Edgar), *Béziers 1908 - Paris 1988,* homme politique français. Il fut président du Conseil (1952 et 1955 - 1956) et président de l'Assemblée nationale (1973 - 1978). [Acad. fr.]

FAURE (Élie), *Sainte-Foy-la-Grande 1873 - Paris 1937,* historien d'art et essayiste français. Il est l'auteur d'une vibrante *Histoire de l'art* (1919 - 1921) et de *l'Esprit des formes* (1927).

FAURE (Félix), *Paris 1841 - id. 1899,* homme politique français. Président de la République (1895 - 1899), il contribua au renforcement de l'alliance franco-russe.

FAURÉ (Gabriel), *Pamiers 1845 - Paris 1924,* compositeur français. Également organiste, il fut directeur du Conservatoire de Paris (1905 - 1920). Il composa 3 recueils de mélodies, de la musique de chambre, des pièces pour piano, un *Requiem* (1900), des œuvres lyriques (*Prométhée,* 1900 ; *Pénélope,* 1913). Son langage séduit par la richesse de l'harmonie.

Faust, héros de nombreuses œuvres littéraires, musicales, plastiques et cinématographiques. Il y aurait, à l'origine de sa légende, un J. Faust, médecin et astrologue (Knittlingen, Wurtemberg, v. 1480 - Staufen v. 1540). La première version du thème parut en 1587 à Francfort-sur-le-Main : le magicien Faust vend son âme au démon Méphistophélès en échange du savoir et des biens terrestres. Marlowe (*la Tragique Histoire du docteur Faust,* v. 1590) puis Goethe (1808 - 1832) prirent Faust comme héros, inspirant par la suite le cinéaste Murnau (*Faust,* 1926). Le drame de Goethe a inspiré *la Damnation de Faust,* de H. Berlioz, créée à Paris en 1846, et l'opéra *Faust* de C. Gounod (première version, 1859), sur un livret de M. Carré et J. Barbier.

FAUSTIN Ier → SOULOUQUE.

FAUTE-SUR-MER (La) [85460], comm. de la Vendée ; 924 hab. *(Fautais).* Station balnéaire.

FAUTRIER (Jean), *Paris 1898 - Châtenay-Malabry 1964,* peintre français. Artiste raffiné, il est passé d'un réalisme sombre à l'informel et au matiérisme (série des « Otages », 1943 - 1945).

FAVART (Charles Simon), *Paris 1710 - Belleville 1792,* auteur dramatique français. Il écrivit des comédies *(la Chercheuse d'esprit)* et fut directeur de l'Opéra-Comique. — **Justine Du Ronceray,** Mme **F.,** *Avignon 1727 - Paris 1772,* actrice et cantatrice française, épouse de Charles Simon Favart. Elle excella dans le répertoire de l'opéra-comique, à la Comédie-Italienne notamment.

FAVERGES (74210), ch.-l. de cant. de la Haute-Savoie ; 6 535 hab. *(Favergiens).* Constructions mécaniques. Briquets et stylos. — Église en partie romane ; Musée archéologique.

FAVIER (Jean), *Paris 1932,* historien français. Spécialiste du Moyen Âge, de son histoire économique et financière (*les Finances pontificales à l'époque du grand schisme d'Occident,* 1966 ; *De l'or et des épices,* 1987 ; *Dictionnaire de la France médiévale,* 1993), il a été directeur des Archives nationales de 1975 à 1994.

FAVRE (Jules), *Lyon 1809 - Versailles 1880,* homme politique et avocat français. Ministre des Affaires étrangères dans le gouvernement de la Défense nationale puis dans celui de Thiers, il négocia avec Bismarck l'armistice du 28 janv. 1871 et le traité de Francfort (10 mai).

FAWCETT (Dame Millicent), née **Garrett,** *Aldeburgh, Suffolk, 1847 - Londres 1929,* réformatrice britannique. Elle s'est battue pour le droit de vote des femmes britanniques (lois de 1918 et 1928).

FAYA-LARGEAU, v. du nord du Tchad, ch.-l. de la préfecture Borkou-Ennedi-Tibesti ; 5 000 hab.

FAYDHERBE ou **FAYD'HERBE** (Luc), *Malines 1617 - id. 1697,* sculpteur et architecte flamand. Les sculptures de ce disciple de Rubens ornent les églises de Malines, où il a construit et décoré N.-D.-de-Hanswijk (1663 - 1681).

FAYENCE (83440), ch.-l. de cant. du Var ; 4 296 hab. *(Fayençois).*

FAYET (le) [74190], station thermale de la Haute-Savoie (comm. de Saint-Gervais-les-Bains). Centrale hydroélectrique.

■ WILLIAM **FAULKNER**

■ GABRIEL **FAURÉ**

FAYOL (Henri), *Istanbul 1841 - Paris 1925,* ingénieur français. Il élabora une doctrine de gestion de l'entreprise mettant en valeur la fonction administrative.

FAYOLLE (Émile), *Le Puy 1852 - Paris 1928,* maréchal de France. Il se distingua sur la Somme (1916) et en Italie (1917), après la défaite de Caporetto, et commanda un groupe d'armées dans les offensives finales de 1918.

FAYOUM n.m., prov. d'Égypte, au S.-O. du Caire. Il est célèbre pour ses gisements paléontologiques (éocène et oligocène) et ses vestiges archéologiques : système d'irrigation, temples, etc., de la XIIe dynastie, villes ptolémaïques et, surtout, nécropoles qui ont livré de nombreux portraits funéraires (Ier-IVe s.), remplaçant l'ancien masque des momies.

■ **FAYOUM.** Détail du sarcophage d'Artémidoros (IIe s. apr. J.-C.) provenant du site de Hawara ; le visage du défunt est peint sur une plaque de bois. (British Museum, Londres.)

■ **FAYROUZ**

FAYROUZ (Nouhad **Haddad,** dite), *Beyrouth 1935,* chanteuse libanaise. Ses courtes chansons sentimentales sont interprétées dans une langue dialectale.

FAYSAL ou **FAYÇAL,** *Riyad 1906 - id. 1975,* roi d'Arabie saoudite (1964 - 1975). Premier ministre (1958 - 1960 ; 1962 - 1964) durant le règne de son frère Saud, il fit déposer celui-ci en 1964 et entreprit une politique d'assainissement financier et d'alliance islamique. Il fut assassiné.

FAYSAL Ier ou **FAYÇAL Ier,** *Taif, Arabie saoudite, 1883 - Berne 1933,* roi d'Iraq (1921 - 1933), de la dynastie hachémite. Il dirigea la révolte arabe contre les Ottomans (1916) et devint roi de Syrie (1920). Expulsé de Damas par les Français, il devint roi d'Iraq (1921) avec l'appui de la Grande-Bretagne. — **Faysal II,** *Bagdad 1935 - id. 1958,* roi d'Iraq (1939 - 1958), de la dynastie hachémite. Petit-fils de Faysal Ier, il fut assassiné lors de la révolution de 1958.

FBI (Federal Bureau of Investigation, en fr. Bureau fédéral d'enquêtes), service chargé, aux États-Unis, de la police fédérale.

F'DERICK, anc. **Fort-Gouraud,** v. de Mauritanie, dans la région de la Kedia d'Idjil ; 4 700 hab. Minerai de fer. Voie ferrée vers Nouadhibou.

FEBVRE [fɛvr] (Lucien), *Nancy 1878 - Saint-Amour, Jura, 1956,* historien français. Fondateur avec Marc Bloch des *Annales d'histoire économi-*

que et sociale (1929), il est notamment l'auteur du *Problème de l'incroyance au XVIe siècle. La Religion de Rabelais* (1942).

FÉCAMP (76400), ch.-l. de cant. de la Seine-Maritime ; 21 479 hab. *(Fécampois).* Port de pêche. Liqueurs. Électronique. Station balnéaire. – Église de la Trinité, anc. abbatiale bénédictine de la fin du XIIe s. ; musées.

FECHNER (Gustav Theodor), *Gross-Särchen, Lusace, 1801 - Leipzig 1887,* physiologiste et philosophe allemand. Un des fondateurs de la psychophysique, il formula la loi dite *de Weber-Fechner,* selon laquelle « la sensation varie comme le logarithme de l'excitation ».

Federal Reserve Bank (Fed), banque centrale des États-Unis. Subdivisée en 12 banques locales, elle est chargée de conduire la politique monétaire élaborée par le *Federal Reserve Board.* Ce dernier gouverne le système monétaire et bancaire *(Federal Reserve System)* mis en place par le *Federal Reserve Act* de 1913.

fédéralistes (Insurrections), soulèvements qui éclatèrent dans plusieurs départements français pendant la Révolution. Elles furent fomentées après le 2 juin 1793 par les Girondins, hostiles à la prédominance politique de Paris et à la conception centralisatrice de la République.

Fédération de l'Éducation nationale (FEN) → **UNSA-Éducation.**

Fédération nationale des syndicats d'exploitants agricoles → **FNSEA.**

Fédération protestante de France (FPF), organisation religieuse française. Créée en 1905, elle regroupe entre 900 000 et 1 million de protestants français (réformés, luthériens, la majorité des baptistes et une partie des pentecôtistes).

Fédération syndicale mondiale (FSM), organisation syndicale internationale fondée en 1945. Divers syndicats s'en retirèrent en 1948 et 1949 pour constituer la *Confédération internationale des syndicats libres.

Fédérés (mur des), mur du cimetière du Père-Lachaise, à Paris, devant lequel furent exécutés les derniers défenseurs de la Commune (mai 1871).

FEDINE (Konstantine Aleksandrovitch), *Saratov 1892 - Moscou 1977,* écrivain soviétique. Il est l'auteur de romans sociaux et psychologiques *(Cités et Années, le Bûcher).*

FÉDOR ou **FIODOR,** nom de trois tsars de Russie. – **Fédor Ier,** *Moscou 1557 - id. 1598,* tsar de Russie (1584 - 1598), de la dynastie des Riourikides. Fils d'Ivan IV le Terrible, il fut assisté par un conseil de régence dominé par Boris Godounov (1587).

FEIGNIES (59750), comm. du Nord ; 7 286 hab. Métallurgie.

FEININGER (Lyonel), *New York 1871 - id. 1956,* peintre américain d'origine allemande. Il dirigea l'atelier de gravure du Bauhaus de 1919 à 1933. Sa peinture associe schématisme aigu des formes et subtile transparence des couleurs.

FEIRA DE SANTANA, v. du Brésil (État de Bahia) ; 405 691 hab.

FELBER (René), *Bienne 1933,* homme politique suisse. Socialiste, il est responsable du département des Affaires étrangères au sein du Conseil fédéral (1988 - 1993) et président de la Confédération suisse en 1992.

FÉLIBIEN (André), *Chartres 1619 - id. 1695,* architecte, théoricien et historien de l'art français. Défenseur des principes académiques, admirateur de Poussin, il a notamm. publié des *Entretiens* sur la vie et les œuvres des grands peintres et un volume relatif aux *Principes* des différents arts (1676, accompagné d'un *Dictionnaire*).

FÉLICITÉ (sainte), *m. à Carthage en 203,* martyre africaine. Elle fut livrée aux bêtes en même temps que plusieurs compagnons, parmi lesquels la matrone Perpétue.

Félix le Chat, personnage de dessin animé créé en 1919 par Pat Sullivan (1887 - 1933) et Otto Messmer (1892 - 1983). Repris en bande dessinée en 1923, il incarne un matou doté d'un esprit logique et d'un tempérament irritable.

FELLETIN (23500), ch.-l. de cant. de la Creuse ; 2 380 hab. *(Felletinois).* Deux églises médiévales. Centre de tapisserie depuis le début du XVe s.

FELLINI (Federico), *Rimini 1920 - Rome 1993,* cinéaste italien. Visionnaire et ironique, créateur de fresques baroques où s'exprime tout un univers de fantasmes et de réminiscences, il peignit la solitude de l'homme face à une société en décadence : *les Vitelloni* (1953), *La Strada* (1954), *La Dolce Vita* (1960), *Huit et demi* (1963), *Satyricon* (1969), *Roma* (1972), *Amarcord* (1973), *la Cité des femmes* (1980), *Et vogue le navire* (1983), *Ginger et Fred* (1986), *La Voce della luna* (1990).

Femina (prix), prix littéraire fondé en 1904 et décerné chaque année par un groupe de femmes de lettres à une œuvre d'imagination de langue française. Le même jury couronne également une œuvre étrangère, un essai et un premier roman.

FEMIS (Fondation européenne des métiers de l'image et du son), auj. École nationale supérieure des métiers de l'image et du son), établissement public ayant pour vocation de former aux métiers du cinéma et de l'audiovisuel. Créée en 1986 à Paris, la FEMIS a pris le relais de l'IDHEC (Institut des hautes études cinématographiques), fondé en 1943.

FEN (Fédération de l'Éducation nationale) → **UNSA-Éducation.**

FÉNELON (François **de Salignac de La Mothe-**), *château de Fénelon, Périgord, 1651 - Cambrai 1715,* prélat et écrivain français. Il écrivit pour le duc de Bourgogne, dont il fut le précepteur (1689), des *Fables* en prose (1701), les *Dialogues des morts* (publiés en 1712) et les *Aventures de Télémaque* (1699). Cet ouvrage, plein de critiques indirectes contre la politique de Louis XIV, lui valut la disgrâce. En même temps, son *Explication des maximes des saints* (1697), favorable à la doctrine quiétiste, fut condamnée par l'Église (1699). Fénelon acheva sa vie dans son évêché de Cambrai, tout en poursuivant sa réflexion politique *(l'Examen de conscience d'un roi)* et esthétique (*Lettre sur les occupations de l'Académie française,* 1716), qui annonce l'esprit du XVIIIe s. (Acad. fr.)

FÉNÉON (Félix), *Turin 1861 - Châtenay-Malabry 1944,* journaliste et critique français. Directeur de *la Revue blanche* de 1893 à 1905, il soutint les poètes symbolistes et les peintres baptisés par lui « néo-impressionnistes ».

FENOGLIO (Beppe), *Alba 1922 - id. 1963,* romancier italien. Entre réalisme et expérimentation littéraire, son œuvre est une vaste chronique de la Résistance italienne *(la Guerre sur les collines)* et de la vie paysanne *(le Mauvais Sort).*

FER (île de), en esp. **Hierro,** île la plus occidentale des îles Canaries (Espagne) ; 6 995 hab.

fer (Croix de), ordre militaire prussien, fondé par Frédéric-Guillaume III en 1813, reconnu en 1956 par le gouvernement fédéral allemand.

FERAOUN (Mouloud), *Tizi Hibel, Grande Kabylie, 1913 - El-Biar 1962,* écrivain algérien d'expression française. Instituteur, humaniste, il a décrit dans ses romans *(le Fils du pauvre, la Terre et le Sang)* le monde kabyle en crise. Il fut assassiné par l'OAS.

SAINT EMPIRE

FERDINAND Ier DE HABSBOURG, *Alcalá de Henares 1503 - Vienne 1564,* roi de Bohême et de Hongrie (1526), roi des Romains (1531), empereur germanique (1556 - 1564). Frère cadet de Charles Quint, qui lui confia les possessions héréditaires des Habsbourg en Autriche (1521), il lutta contre les Ottomans et s'efforça de préserver la paix religieuse (paix d'Augsbourg, 1555). Il succéda à Charles Quint à la tête de l'Empire après l'abdication de ce dernier (1556). – **Ferdinand II de Habsbourg,** *Graz 1578 - Vienne 1637,* roi de Bohême (1617) et de Hongrie (1618), empereur germanique (1619 - 1637). Cousin et successeur de Mathias, champion de la Réforme catholique et partisan de l'absolutisme, il mena contre les armées protestantes la guerre de Trente Ans (1618 - 1648). – **Ferdinand III de Habsbourg,** *Graz 1608 - Vienne 1657,* roi de Hongrie (1625) et de Bohême (1627), empereur germanique (1637 - 1657). Fils de Ferdinand II, il poursuivit sa politique et dut signer en 1648 les traités de Westphalie.

■ FEDERICO **FELLINI**

■ **FERDINAND Ier DE HABSBOURG** en 1524, par H. Maler. (Offices, Florence.)

ARAGON

FERDINAND Ier DE ANTEQUERA, *Medina del Campo 1380 - Igualada 1416,* roi d'Aragon et de Sicile (1412 - 1416). – **Ferdinand II le Catholique,** *Sos, Saragosse, 1452 - Madrigalejo 1516,* roi de Sicile (1468 - 1516), roi d'Aragon (1479 - 1516), roi de Castille (Ferdinand V) [1474 - 1504], puis de Naples (ou de Sicile péninsulaire, Ferdinand III) [1504 - 1516]. Par son mariage avec Isabelle de Castille (1469), il prépara l'unité espagnole. Avec elle, il renforça l'autorité monarchique, acheva la Reconquista (prise de Grenade, 1492) et œuvra pour l'unité religieuse du royaume (renforcement de l'Inquisition, expulsion des Juifs). À l'extérieur, il combattit Louis XII dans le Milanais.

AUTRICHE

FERDINAND Ier, *Vienne 1793 - Prague 1875,* empereur d'Autriche (1835 - 1848), roi de Bohême et de Hongrie (1830 - 1848), de la maison des Habsbourg-Lorraine. Il dut abdiquer lors de la révolution de 1848.

BULGARIE

FERDINAND, prince **de Saxe-Cobourg-Gotha,** *Vienne 1861 - Cobourg 1948,* prince (1887 - 1908), puis tsar de Bulgarie (1908 - 1918). Il proclama l'indépendance de la Bulgarie (1908), puis, à l'issue de la première guerre balkanique (1912), il attaqua les Serbes et les Grecs (1913) et fut défait. Il s'allia aux empires centraux (1915) et abdiqua en 1918.

CASTILLE ET ESPAGNE

FERDINAND Ier le Grand, *m. à León en 1065,* roi de Castille (1035 - 1065) et de León (1037 - 1065). Il s'illustra dans la lutte contre les musulmans et annexa une partie de la Navarre (1054). – **Ferdinand III le Saint,** *v. 1201 - Séville 1252,* roi de Castille (1217 - 1252) et de León (1230 - 1252). Il fit faire à la Reconquista des progrès décisifs. – **Ferdinand V** → **Ferdinand II le Catholique** [Aragon]. – **Ferdinand VI,** *Madrid 1713 - Villaviciosa de Odón 1759,* roi d'Espagne (1746 - 1759), de la dynastie des Bourbons. Fils de Philippe V, il conclut le traité d'Aix-la-Chapelle (1748), qui mit fin à la guerre de la Succession d'Autriche. – **Ferdinand VII,** *Escurial 1784 - Madrid 1833,* roi d'Espagne (1808 et 1814 - 1833), de la dynastie des Bourbons. Fils de Charles IV, il fut, en 1808, relégué par Napoléon Ier au château de Valençay, mais fut rétabli en 1814. Sa politique absolutiste provoqua une révolution, réprimée grâce à l'intervention de Louis XVIII (1823). Il ne put s'opposer à l'émancipation des colonies d'Amérique.

FLANDRE

FERDINAND DE PORTUGAL, dit **Ferrand,** *1186 - 1233,* comte de Flandre et de Hainaut (1211 - 1233). Fils de Sanche Ier, roi de Portugal, et époux de Jeanne de Flandre, il s'allia à Otton IV et à Jean sans Terre, auquel il prêta hommage, contre son ancien suzerain Philippe Auguste.

ROUMANIE

FERDINAND Ier, *Sigmaringen 1865 - Sinaia 1927,* roi de Roumanie (1914 - 1927). Il s'allia en 1916 aux puissances de l'Entente.

SICILE PÉNINSULAIRE (NAPLES)

FERDINAND Ier ou **FERRANTE,** *v. 1431 - 1494,* roi de Sicile péninsulaire (1458 - 1494). – **Ferdinand III** → **Ferdinand II le Catholique** [Aragon]. – **Ferdinand IV** → **Ferdinand Ier de Bourbon** [Deux-Siciles].

DEUX-SICILES

FERDINAND Ier DE BOURBON, *Naples 1751 - id. 1825,* roi des Deux-Siciles (1816 - 1825). Roi de Sicile (Ferdinand III) et de Sicile péninsulaire (Naples) [Ferdinand IV] à partir de 1759, il fut dépossédé du royaume de Naples à plusieurs reprises. Rétabli en 1815, il réunit ses deux États en un « royaume des Deux-Siciles » et prit le nom de Ferdinand Ier (1816). – **Ferdinand II de Bourbon,** *Palerme 1810 - Caserte 1859,* roi des Deux-Siciles (1830 - 1859).

TOSCANE

FERDINAND Ier → **MÉDICIS.** – **Ferdinand II** → **Médicis.** – **Ferdinand III,** *Florence 1769 - id. 1824,* grand-duc de Toscane (1790). Il fut chassé par les Français en 1799 et en 1801, puis rétabli en 1814.

FERDOWSI ou **FIRDUSI,** *près de Tus, Khorasan, v. 932 - id. 1020,* poète persan, auteur du **Chahnamè.*

F

FÈRE (La) [02800], ch.-l. de cant. de l'Aisne, au confluent de la Serre et de l'Oise ; 2 941 hab. *(Laférois).* Église des XIIe-XVe s. ; musée (peintures ; archéologie).

FÈRE-CHAMPENOISE (51230), ch.-l. de cant. de la Marne ; 2 336 hab. *(Fertons).* Combats pendant la bataille de la Marne (1914).

FÈRE-EN-TARDENOIS (02130), ch.-l. de cant. de l'Aisne, sur l'Ourcq ; 3 388 hab. *(Férois).* Halles en charpente du XVIe s.

FERENCZI (Sándor), *Miskolc 1873 - Budapest 1933,* médecin et psychanalyste hongrois. Après s'être séparé de Freud (1923), il a proposé une nouvelle thérapeutique et étendu la théorie psychanalytique à la biologie.

FERGANA, v. d'Ouzbékistan, dans le *bassin de Fergana ;* 226 500 hab.

FERGANA ou **FERGHANA** n.m., région de l'Ouzbékistan, dans le bassin du Syr-Daria ; v. princ. *Fergana.* Pétrole, coton, vergers.

FERMAT (Pierre **de**), *Beaumont-de-Lomagne 1601 - Castres 1665,* mathématicien français. Précurseur dans le calcul différentiel, la géométrie analytique, la théorie des nombres et le calcul des probabilités, il est l'auteur d'une célèbre conjecture sur les nombres, ou « grand théorème de Fermat », qui n'a été démontrée qu'en 1993 - 1994.

FERMI (Enrico), *Rome 1901 - Chicago 1954,* physicien italien. Il créa, en 1927, conjointement à Dirac, une théorie permettant d'expliquer le comportement des électrons et des nucléons *(statistique de Fermi-Dirac).* Il construisit en 1942, à Chicago, la première pile atomique à uranium et joua un rôle majeur dans la mise au point des armes nucléaires. Il fut l'un des initiateurs de la physique des particules. (Prix Nobel 1938.)

FERNANDEL (Fernand **Contandin,** dit), *Marseille 1903 - Paris 1971,* acteur français. Il débuta au café-concert avant de devenir un des comiques les plus populaires de l'écran : *Angèle* (M. Pagnol, 1934), la série des Don Camillo (J. Duvivier, 1952 - 1955), inaugurée avec *le Petit Monde de Don Camillo.*

■ **FERNANDEL** dans le film *Angèle* (1934) de Marcel Pagnol.

FERNÁNDEZ (Gregorio) → **HERNÁNDEZ** (Gregorio).

FERNANDO POO → **BIOKO.**

FERNEY-VOLTAIRE (01210), ch.-l. de cant. de l'Ain ; 7 173 hab. *(Ferneysiens).* Électronique. — Voltaire y résida de 1759 à 1778.

FÉROÉ, en dan. **Færøerne,** archipel danois, au N. de l'Écosse ; 45 349 hab. ; ch.-l. *Thorshavn.* Pêche. — Autonome depuis 1948.

FERRANTE → **FERDINAND Ier** [Sicile péninsulaire (Naples)].

FERRARE, v. d'Italie (Émilie-Romagne), ch.-l. de prov., sur le Pô ; 137 336 hab. *(Ferrarais).* Cathédrale des XIIe-XVIe s., avec musée de l'Œuvre (peintures de C. Tura, sculptures, etc.) ; château d'Este, des XIVe-XVIe s. ; palais Schifanoia (fresques de F. del Cossa et E. de'Roberti ; musée), palais de Ludovic le More (Musée gréco-étrusque), des Diamants (pinacothèque). — Concile en 1438, transféré à Florence en 1439. — Ville très brillante aux XVe et XVIe s. sous les princes d'Este, érigée en duché en 1471, Ferrare fut rattachée aux États de l'Église de 1598 à 1796.

FERRARI (Enzo), *Modène 1898 - id. 1988,* pilote et constructeur automobile italien. Il est célèbre autant pour ses voitures de course que pour ses prestigieux modèles de tourisme.

FERRARI (Gaudenzio), *Valduggia, Piémont, v. 1475 - Milan 1546,* peintre et sculpteur italien. Maniériste éclectique, il est l'auteur de fresques pleines d'invention à Varallo (prov. de Verceil), à Verceil, à Saronno (prov. de Varese).

FERRARI (Luc), *Paris 1929,* compositeur français. Il veut, par la musique, abolir les frontières entre artiste et public (*Und so weiter,* 1966 ; *Cellule 75,* 1975 ; *Bonjour, comment ça va ?,* 1979).

FERRASSIE (la), grotte et abris-sous-roche de la comm. de Savignac-de-Miremont (24260). Important site préhistorique occupé depuis le moustérien (paléolithique moyen [v. 90000 av. J.-C.]) jusqu'au périgordien du paléolithique supérieur (v. 25000 av. J.-C.).

FERRAT (Jean **Tenenbaum,** dit Jean), *Vaucresson 1930,* chanteur français. Il écrit, compose et interprète des chansons poétiques (*Nuit et brouillard,* 1963 ; *la Montagne,* 1966 ; *Que serais-je sans toi,* Aragon, 1966) et engagées (*Potemkine,* 1965).

FERRÉ, dit **le Grand Ferré,** paysan de Rivecourt (Oise) qui, pendant la guerre de Cent Ans, se distingua contre les Anglais (1358).

FERRÉ (Léo), *Monte-Carlo 1916 - Castellina in Chianti 1993,* chanteur français. Également parolier et compositeur, il a interprété des chansons poétiques, tendres, amères *(Avec le temps)* et de tonalité anarchiste *(Jolie Môme, Graine d'ananar, Thank you Satan).*

FERREIRA (Vergílio), *Melo, Serra da Estrela, 1916 - près de Sintra 1996,* écrivain portugais. Ses romans *(Apparition, Au nom de la terre)* élaborent une réflexion sur le destin de l'homme dans la société contemporaine.

FERRER GUARDIA (Francisco), *Alella 1859 - Barcelone 1909,* anarchiste et pédagogue espagnol. Il fonda en 1901 à Barcelone une école d'inspiration libertaire. Jugé responsable d'une insurrection anticolonialiste, il fut jugé et exécuté.

FERRERI (Marco), *Milan 1928 - Paris 1997,* cinéaste italien. Ironiques et provocateurs, ses films sont autant d'allégories sur l'aliénation de l'homme moderne (*Dillinger est mort,* 1969 ; *la Grande Bouffe,* 1973 ; *Y'a bon les Blancs,* 1988 ; *la Chair,* 1991).

FERRET (val), nom de deux vallées de Suisse et d'Italie, au pied du massif du Mont-Blanc.

FERRI (Enrico), *San Benedetto Po 1856 - Rome 1929,* criminaliste italien. Il est considéré comme l'un des fondateurs de la criminologie moderne (*Sociologie criminelle,* 1929).

FERRIÉ (Gustave), *Saint-Michel-de-Maurienne 1868 - Paris 1932,* officier et ingénieur français. Il contribua à l'essor des radiocommunications et fut à l'origine de l'utilisation de la tour Eiffel comme émetteur à longue portée (1903).

FERRIER (Kathleen), *Higher Walton 1912 - Londres 1953,* contralto britannique. Elle s'est illustrée, par la chaleur du timbre de sa voix, dans un large répertoire, notamm. dans Gluck, Mahler et Britten (création du *Viol de Lucrèce,* en 1946).

FERRIÈRE (Adolphe), *Genève 1879 - id. 1960,* pédagogue suisse. Il fut un pionnier de l'éducation nouvelle et des méthodes actives.

FERRIÈRES-EN-GÂTINAIS (45210), anc. **Ferrières,** ch.-l. de cant. du Loiret ; 3 130 hab. *(Ferriérois).* Église des XIIe-XIIIe s.

FERROL, v. d'Espagne (Galice), sur l'Atlantique ; 83 045 hab. Port. Chantiers navals.

FERRON (Jacques), *Louiseville 1921 - Longueuil 1985,* écrivain canadien de langue française. Avec un réalisme mêlé d'humour et de fantaisie, il a brossé dans ses romans *(Cotnoir),* ses contes *(Contes du pays incertain)* et son théâtre *(les Grands Soleils)* un tableau savoureux et mordant du Canada contemporain.

FERRY (Jules), *Saint-Dié 1832 - Paris 1893,* avocat et homme politique français. Député républicain à la fin de l'Empire (1869), membre du gouvernement de la Défense nationale et maire de Paris (1870), ministre de l'Instruction publique (1879 - 1883), président du Conseil (1880 - 1881, 1883 - 1885), il fit voter les lois relatives à la liberté de réunion, de la presse et des syndicats, et attacha son nom à une législation scolaire : obligation, gratuité et laïcité de l'enseignement primaire. Sa politique coloniale (conquête du Tonkin) provoqua sa chute.

■ ENRICO **FERMI**

■ JULES **FERRY**

FERSEN (Hans Axel, comte **de**), *Stockholm 1755 - id. 1810,* maréchal suédois. Officier, il séjourna longtemps à la cour de France. Très attaché à Marie-Antoinette, il aida la famille royale à fuir en 1791.

FERTÉ-ALAIS (La) [91590], ch.-l. de cant. de l'Essonne ; 3 582 hab. *(Fertois).* Église du premier art gothique (XIIe s.). À proximité, « musée volant » de l'aérodrome de Cerny.

FERTÉ-BERNARD (La) [72400], ch.-l. de cant. de la Sarthe ; 9 775 hab. *(Fertois).* Agroalimentaire. — Église des XVe-XVIe s. (chœur Renaissance, avec vitraux) et autres témoignages du passé.

FERTÉ-GAUCHER (La) [77320], ch.-l. de cant. de Seine-et-Marne ; 4 201 hab. *(Fertois).* Céramique industrielle.

FERTÉ-MACÉ (La) [61600], ch.-l. de cant. de l'Orne ; 7 348 hab. *(Fertois).*

FERTÉ-MILON (La) [02460], comm. de l'Aisne ; 2 372 hab. *(Milonais).* Restes d'un puissant château inachevé de Louis Ier d'Orléans (autour de 1400) ; église St-Nicolas (vitraux Renaissance). Petit musée Jean-Racine.

FERTÉ-SAINT-AUBIN (La) [45240], ch.-l. de cant. du Loiret, en Sologne ; 6 886 hab. *(Fertésiens).* Armement. — Château du milieu du XVIIe s.

FERTÉ-SOUS-JOUARRE (La) [77260], ch.-l. de cant. de Seine-et-Marne ; 8 687 hab. *(Fertois).* Armement.

FERTÖ (lac) → **NEUSIEDL** (lac de).

FÈS, v. du Maroc, sur l'*oued Fès,* affluent du Sebou ; 448 823 hab. Centre religieux, touristique et universitaire. Artisanat dans la pittoresque médina. — La ville a été fondée par les Idrisides à la charnière des VIIIe et IXe s. — Nombreux monuments, dont la mosquée Qarawiyyin (IXe-XIIe s.) et, à l'intérieur de l'enceinte percée de portes monumentales, quelques-uns des plus beaux exemples de l'art musulman du Maghreb (madrasa Bu-Inaniyya, 1350 - 1357).

■ **FÈS.** Cour de la mosquée Qarawiyyin (IXe-XIIe s.).

FESCH (Joseph), *Ajaccio 1763 - Rome 1839,* prélat français. Oncle de Napoléon Ier, il fut archevêque de Lyon (1802), cardinal (1803) et grand aumônier de l'Empire.

FESSENHEIM (68740), comm. du Haut-Rhin ; 2 127 hab. Centrale hydraulique et centrale nucléaire sur le grand canal d'Alsace.

FESTINGER (Leon), *New York 1919 - id. 1989,* psychosociologue américain. Il est l'auteur de la théorie de la dissonance cognitive.

FÉTIS (François Joseph), *Mons 1784 - Bruxelles 1871,* musicologue belge. Il est l'auteur d'une *Biographie universelle des musiciens et bibliographie générale de la musique* (8 vol., 1835 - 1844).

FEUERBACH (Ludwig), *Landshut 1804 - Rechenberg, près de Nuremberg, 1872,* philosophe allemand, fils de Paul Johann Anselm Feuerbach. Il se détacha de l'idéalisme hégélien et développa le matérialisme à partir d'une critique de l'idée de Dieu et de la religion (*l'Essence du christianisme,* 1841).

FEUERBACH (Paul Johann Anselm), *Hainichen, près d'Iéna, 1775 - Francfort-sur-le-Main 1833,* criminaliste allemand. Auteur du Code pénal bavarois (1813), il est également l'auteur de la théorie de la contrainte psychologique.

FEUILLADE (Louis), *Lunel 1873 - Nice 1925,* cinéaste français. Il fut l'un des maîtres du film à épisodes : *Fantômas* (1913 - 1914), *les Vampires* (1915), *Judex* (1917).

Feuillants (club des), club révolutionnaire (1791 - 1792), fréquenté par des partisans de la monarchie constitutionnelle (La Fayette, Barnave, Du Port...). Il siégeait à Paris, dans l'ancien couvent des Feuillants, près des Tuileries.

FEUILLÈRE (Edwige **Cunati,** Mme Edwige), *Vesoul 1907 - Paris 1998,* actrice française. Interprète de Giraudoux (*Sodome et Gomorrhe,* 1943), Claudel et Cocteau, elle a aussi joué dans des films (*la Duchesse de Langeais,* de J. de Baroncelli, 1942).

FEUILLET (Raoul Auger), *v. 1660 - v. 1710,* chorégraphe et pédagogue français. Il est l'auteur d'un système d'écriture de la danse (1700).

FEURS [fœr] (42110), ch.-l. de cant. de la Loire, sur la Loire ; 7 877 hab. *(Foréziens).* Anc. cap. du Forez. Métallurgie. Agroalimentaire. — Musée gallo-romain.

FÉVAL (Paul), *Rennes 1816 - Paris 1887,* écrivain français. Ses romans-feuilletons mélodramatiques, ses récits de cape et d'épée (*le Bossu,* 1858, adapté au théâtre en 1862) opposent la noirceur sociale et l'innocence persécutée.

février 1848 (journées des 22, 23 et 24), journées qui amenèrent la chute de Louis-Philippe (→ **révolution française de 1848**).

février 1934 (le 6), journée d'émeutes provoquée par l'affaire Stavisky et dont le prétexte fut la mutation du préfet de police Chiappe. Cette journée opposa aux forces de l'ordre les ligues de droite et les associations d'anciens combattants, hostiles à un régime parlementaire affaibli par les scandales et l'instabilité ministérielle. Faisant 20 morts et 2 000 blessés, l'émeute amena la chute du gouvernement Daladier et encouragea la gauche à s'unir.

FEYDEAU (Georges), *Paris 1862 - Rueil 1921,* auteur dramatique français. Ses vaudevilles d'une savoureuse vérité sont fondés sur le comique de situation *(le Dindon, la Dame de chez Maxim, Occupe-toi d'Amélie !, On purge bébé).*

FEYDER (Jacques **Frédérix,** dit Jacques), *Ixelles 1885 - Rives-de-Prangins, Suisse, 1948,* cinéaste français d'origine belge. Un des précurseurs du réalisme poétique, il a réalisé notamment *le Grand Jeu* (1934) et *la Kermesse héroïque* (1935).

FEYERABEND (Paul), *Vienne 1924 - Genolier, Suisse, 1994,* philosophe autrichien. Promoteur d'une épistémologie « anarchiste », il s'oppose au positivisme, incrimine la compromission de la recherche avec le pouvoir d'État (*Contre la méthode,* 1975) et, plus généralement, remet en question tout le rationalisme occidental (*Adieu la Raison,* 1987).

FEYNMAN (Richard P.), *New York 1918 - Los Angeles 1988,* physicien américain. Ses travaux ont porté sur la théorie des interactions entre électrons et photons *(électrodynamique quantique)* et sur la physique de la matière condensée. (Prix Nobel 1965.)

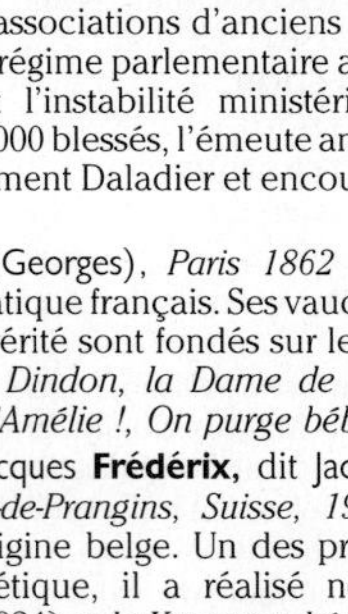

■ RICHARD P. **FEYNMAN**

FEYZIN (69320), comm. du Rhône ; 8 557 hab. *(Feyzinois).* Raffinage du pétrole. Pétrochimie.

FEZZAN n.m., région désertique du sud-ouest de la Libye, parsemée d'oasis (palmeraies) ; v. princ. *Sebha.* Conquis par les Italiens en 1913 - 1914 puis en 1929 - 1930, occupé par les Français de Leclerc en 1941 - 1942, il fut évacué par la France en 1955.

FFI → **Forces françaises de l'intérieur.**

FFL → **Forces françaises libres.**

FIACRE (saint), *v. 610 - v. 670,* ermite scot venu en Gaule. Patron des jardiniers, invoqué aussi pour les hémorroïdes (mal de saint Fiacre).

FIANARANTSOA, v. du sud-est de Madagascar ; 124 000 hab.

Fianna Fáil (« Soldats de la destinée »), parti politique irlandais, fondé en 1926 par De Valera. Il domine, en alternance avec le Fine Gael, la vie politique du pays depuis 1932.

Fiat, société italienne de constructions automobiles, fondée à Turin en 1899. Première entreprise privée italienne, la firme produit par ailleurs des engins de travaux publics, des matériels agricoles, des machines-outils.

FIBONACCI (Leonardo), *Pise v. 1175 - id. apr. 1240,* mathématicien italien. Dans son *Liber abbaci* (1202), qui diffuse en Occident la science mathématique des Arabes et des Grecs, il utilise les chiffres arabes avec le zéro et introduit la suite dans laquelle chaque terme est égal à la somme des deux termes précédents.

Fiches (affaire des) [1900 - 1904], scandale qui éclata à propos d'un système établi par le général André (1838 - 1913), ministre de la Guerre. L'avancement des officiers était subordonné à leurs opinions politiques et religieuses, consignées sur des *fiches* (les catholiques et les conservateurs étaient dénoncés).

FICHTE (Johann Gottlieb), *Rammenau, Saxe, 1762 - Berlin 1814,* philosophe allemand. Disciple émancipé de Kant, il conçut un idéalisme absolu où le moi justifie l'existence du monde et son sens (*Théorie de la science,* 1801 - 1804). Son influence sur Schelling et Hegel fut importante. Il convia les Allemands au sursaut national (*Discours à la nation allemande,* 1807).

FICIN (Marsile), en ital. Marsilio **Ficino,** *Figline Valdarno, Toscane, 1433 - Careggi, près de Florence, 1499,* humaniste italien. Prêtre, il traduisit et commenta Platon et les néoplatoniciens, développant une thématique spiritualiste dont l'élan, porté par l'Académie platonicienne de Florence qu'il anima, se propagea dans toute l'Europe.

FIDJI (îles), État d'Océanie ; 18 300 km² ; 800 000 hab. *(Fidjiens).* CAP. *Suva.* LANGUE : *anglais.* MONNAIE : *dollar fidjien.* (V. carte **Océanie.**) Le pays est formé par un archipel (comptant plus de 300 îles), dont les îles principales sont Viti Levu et Vanua Levu. Canne à sucre. Tourisme. Or. — Annexées par les Britanniques en 1874, les îles Fidji sont devenues indépendantes en 1970 dans le cadre du Commonwealth (dont elles ont été exclues de 1987 à 1997 et dont elles sont suspendues depuis 2000).

FIDJIENS, terme désignant soit l'ensemble de la population des îles Fidji, soit sa partie autochtone (env. la moitié). Cette dernière, évangélisée depuis 1835 par des missionnaires méthodistes, reste organisée en ordres sociaux réunis sous l'égide de chefferies territoriales. Elle est de langue malayo-polynésienne.

FIELD (Cyrus West), *Stockbridge, Massachusetts, 1819 - New York 1892,* industriel américain. Il établit le premier câble sous-marin reliant l'Amérique à l'Europe (1858 - 1866).

FIELD (John), *Dublin 1782 - Moscou 1837,* compositeur et pianiste irlandais. Virtuose du piano, il composa de nombreux nocturnes, publiés à partir de 1812.

FIELDING (Henry), *Sharpham Park, Somerset, 1707 - Lisbonne 1754,* écrivain britannique. Ses comédies *(l'Amour sous plusieurs masques, la Tragédie de Tom Pouce le Grand)* et ses romans réalistes *(Histoire de Tom Jones, enfant trouvé)* confrontent avec truculence l'innocence de l'honnête homme et les vices et hypocrisies de la société.

Fields (médaille), récompense internationale de mathématiques, créée par le mathématicien canadien John Charles **Fields** (1863 - 1932). Aussi prestigieuse qu'un prix Nobel, elle est attribuée tous les quatre ans, depuis 1936, à des mathématiciens âgés de moins de 40 ans. *(V. liste des lauréats en fin de volume.)*

FIELDS (William Claude **Dukinfield,** dit W. C.), *Philadelphie 1879 - Pasadena 1946,* acteur américain. Vedette de music-hall, il fut l'un des artistes les plus inventifs du cinéma burlesque (*les Joies de la famille,* 1935 ; *Passez muscade,* 1941).

FIESCHI (Giuseppe), *Murato 1790 - Paris 1836,* conspirateur corse. Ayant attenté à la vie de Louis-Philippe au moyen d'une machine infernale (1835), il fut exécuté.

FIESOLE, v. d'Italie (Toscane) ; 15 056 hab. Vestiges étrusques et romains ; cathédrale romane et autres monuments ; petits musées.

FIESQUE, en ital. **Fieschi,** famille génoise qui, aux XIIIe-XIVe s., appartint au parti guelfe et dont sont issus deux papes, Innocent IV et Adrien V. — **Jean-Louis F.,** en ital. Gian Luigi **Fieschi,** *Gênes v. 1522 - id. 1547,* noble génois. Il conspira contre Andrea Doria (1547). Cette conjuration, racontée par le cardinal de Retz, inspira un drame à Schiller (1783).

FIGARI (20114), ch.-l. de cant. de la Corse-du-Sud ; 1 018 hab. Aéroport.

Figaro, personnage de la trilogie dramatique de Beaumarchais, composée du *Barbier de Séville* (1775), du *Mariage de Figaro* (1784) et de *la Mère coupable* (1792). Barbier passé au service du comte Almaviva, spirituel et intrigant, il apparaît comme un homme du peuple révolté par les abus de l'Ancien Régime. *Le Barbier de Séville* a inspiré à Rossini un opéra, créé en 1816 sous le même titre, et *le Mariage de Figaro* a inspiré à Mozart *les Noces de Figaro* (1786), opéra bouffe en 4 actes, sur un livret de Lorenzo Da Ponte.

Figaro (le), quotidien français d'informations. Hebdomadaire satirique au début (1854), il ne prit sa forme actuelle qu'en 1866. Dénonçant le nazisme, il cessa de paraître entre 1942 et 1944.

FIGEAC (46100), ch.-l. d'arrond. du Lot, sur le Célé ; 10 482 hab. *(Figeacois).* Industrie aéronautique. — Maisons anciennes ; musée de l'hôtel de la Monnaie, du XIIIe s. ; musée Champollion.

FIGL (Leopold), *Rust 1902 - Vienne 1965,* homme politique autrichien. Il fut chancelier de la République de 1945 à 1953.

FIGUIG, oasis du Sahara marocain.

FILARETE (Antonio **Averlino,** dit **il**), en fr. **[le] Filarète,** *Florence v. 1400 - Rome ? v. 1469,* architecte et sculpteur italien. Auteur notamm. d'une porte de bronze pour St-Pierre de Rome et des plans de l'hôpital Majeur de Milan (1456), il a composé un original *Traité d'architecture* comprenant la vision d'une cité idéale, la « Sforzinda ».

FILITOSA, site archéologique de la Corse, dans la vallée du Taravo. Statues-menhirs témoins d'une culture mégalithique qui s'y est développée à partir du IIIe millénaire.

FILLASTRE (Guillaume), *La Suze-sur-Sarthe v. 1348 - Rome 1428,* prélat et humaniste français. Cardinal et archevêque, il siégea aux conciles de Pise (1409) et de Constance (1414 - 1418).

FILLIOZAT (Jean), *Paris 1906 - id. 1982,* indianiste français. Il est à l'origine d'un renouveau des connaissances sur la civilisation indienne.

Findel, aéroport de la ville de Luxembourg.

Fine Gael (« Famille gaélique »), parti politique irlandais, fondé en 1923 (sous le nom de Communauté des Gaels) par W. T. Cosgrave. Depuis 1948, il dirige les gouvernements irlandais en alternance avec le Fianna Fáil.

FINI (Leonor), *Buenos Aires 1908 - Paris 1996,* peintre italien. Créatrice de figures oniriques ambiguës et délicates, elle a aussi donné des illustrations de livres, des costumes, masques et décors pour la scène.

FINIGUERRA (Maso), *Florence v. 1426 - id. 1464,* orfèvre nielleur italien. Il a parfois tiré de ses nielles des estampages sur papier, ce pour quoi Vasari lui attribua, à tort, l'invention de la gravure en taille-douce.

FINISTÈRE n.m. (29), dép. de la Région Bretagne ; ch.-l. de dép. *Quimper ;* ch.-l. d'arrond. *Brest, Châteaulin, Morlaix ;* 4 arrond. ; 54 cant. ; 283 comm. ; 6 733 km² ; 852 418 hab. *(Finistériens).* Le dép. appartient à l'académie et à la cour d'appel de Rennes, à la zone de défense Ouest. Deux lignes de hauteurs (monts d'Arrée et Montagne Noire) encadrent le bassin de Châteaulin (polyculture, élevage des bovins, porcs, volailles). Elles dominent le promontoire du Léon, qui porte de riches cultures de primeurs, et la Cornouaille, où l'élevage (bovins et porcs) est associé aux cultures et aux vergers (pommiers). La pêche est active d'Audierne à Concarneau et le tourisme demeure important sur l'ensemble de la côte. L'industrie (en dehors de l'agroalimentaire, présent un peu partout) est surtout représentée à Brest, la principale ville.

FINISTERRE (cap), promontoire situé à l'extrémité nord-ouest de l'Espagne.

FINLANDE n.f., en finn. **Suomi,** État d'Europe du Nord, sur la Baltique ; 338 000 km² ; 5 130 000 hab. *(Finlandais).* **CAP.** *Helsinki.* **LANGUES** : *finnois* et *suédois.* **MONNAIES** : *euro* et *markka (mark finlandais).*

INSTITUTIONS

République. Constitution de 1999, entrée en vigueur en 2000. Le pouvoir exécutif appartient à un président élu pour 6 ans au suffrage universel direct. Premier ministre désigné par le Parlement. Parlement monocaméral, l'*Eduskunta,* élu pour 4 ans au scrutin direct.

GÉOGRAPHIE

La Finlande est un vaste plateau de roches anciennes, parsemé de dépôts morainiques et troué de milliers de lacs. En dehors du Nord, domaine de la toundra, le pays est couvert par la forêt de conifères, dont l'exploitation (scieries, pâte à papier, papier) constitue sa principale ressource. Les cultures (orge, pomme de terre) et l'élevage (bovins pour le lait et le beurre) sont développés dans le Sud, au climat plus clément. L'électricité, en partie d'origine hydraulique et nucléaire, fournit de l'énergie aux industries métallurgiques, textiles et chimiques, actives dans un pays où le chômage est cependant important.

HISTOIRE

La période suédoise. Iᵉʳ s. av. J.-C. - Iᵉʳ s. apr. J.-C. : les Finnois occupent progressivement le sol finlandais. **1157 :** le roi de Suède Erik IX organise une croisade contre la Finlande. **1323 :** la Russie reconnaît la possession de la Finlande à la Suède, qui fait de celle-ci un duché (1353). **XVIᵉ s. :** la réforme luthérienne s'établit en Finlande. **1550 :** Gustave Vasa fonde Helsinki. Les guerres reprennent entre la Suède et la Russie. **1595 :** la paix de Täyssinä fixe les frontières orientales de la Finlande. **1710 - 1721 :** les armées de Pierre le Grand ravagent le pays, qui perd la Carélie à la paix de Nystad (1721).

La période russe. 1809 : la Finlande devient un grand-duché de l'Empire russe, doté d'une certaine autonomie. Sous le règne d'Alexandre III et de Nicolas II, la russification s'intensifie, tandis que se développe la résistance nationale (assassinat du gouverneur Bobrikov en 1904).

L'indépendance. 1917 : à la suite de la révolution russe, la Finlande proclame son indépendance. **1918 :** une guerre civile oppose les partisans du régime soviétique à la garde civique de Carl Gustaf Mannerheim, qui l'emporte. **1920 :** la Russie soviétique reconnaît la nouvelle république de Finlande. **1939 - 1940 :** après une lutte héroïque contre l'Armée rouge, la Finlande doit accepter les conditions de Staline, qui annexe la Carélie. **1941 - 1944 :** la Finlande combat l'URSS aux côtés du Reich. **1944 - 1946 :** C. G. Mannerheim est président de la République. **1946 - 1956 :** sous la présidence de J. K. Paasikivi, la paix avec les Alliés est signée à Paris (1947). **1948 :** la Finlande signe un traité d'assistance mutuelle avec l'URSS (renouvelé en 1970 et en 1983). **1956 - 1981 :** le président U. K. Kekkonen poursuit une politique d'entente avec ses voisins. **1982 :** le social-démocrate Mauno Koivisto est élu à la présidence de la République. **1994 :** le social-démocrate Martti Ahtisaari lui succède (à l'issue de la première élection présidentielle au suffrage universel direct). **1995 :** la Finlande adhère à l'Union européenne. **2000 :** la sociale-démocrate Tarja Halonen est élue à la présidence de la République.

FINLANDE (golfe de), golfe formé par la Baltique, entre la Finlande, la Russie et l'Estonie, sur lequel sont établis Helsinki, Tallinn et Saint-Pétersbourg.

FINLAY (Carlos Juan), *Puerto Príncipe, auj. Camagüey, 1833 - La Havane 1915,* médecin cubain. Il étudia la transmission de la fièvre jaune par les moustiques.

FINNBOGADÓTTIR (Vigdís), *Reykjavík 1930,* femme politique islandaise. Présidente de la République de 1980 à 1996, elle a été la première femme au monde élue chef de l'État au suffrage universel.

FINNMARK n.m., région de la Norvège septentrionale.

FINSEN (Niels), *Thorshavn, îles Féroé, 1860 - Copenhague 1904,* médecin et biologiste danois. Il reçut le prix Nobel en 1903 pour ses recherches sur les applications thérapeutiques de la lumière et de ses rayons ultraviolets.

FINSTERAARHORN n.m., sommet des Alpes bernoises (Suisse) ; 4 274 m.

FIODOR → **FÉDOR.**

FIONIE → **FYN.**

FIRDUSI → **FERDOWSI.**

FIRMINY (42700), ch.-l. de cant. de la Loire ; 19 557 hab. Édifices de Le Corbusier.

FIROZABAD, v. d'Inde (Uttar Pradesh) ; 270 534 hab.

FIRTH (sir Raymond William), *Auckland, Nouvelle-Zélande, 1901,* anthropologue britannique. Ses études ont porté sur l'organisation socio-économique des sociétés non industrielles, notamment en Polynésie chez les Maori.

FIS (Front islamique du salut), parti politique algérien fondé en 1989. Principal parti islamiste, il est dissous en 1992 après l'annulation des élections législatives, dont il avait remporté le premier tour (déc. 1991).

FISCHART (Johann), *Strasbourg v. 1546 - Forbach 1590,* écrivain allemand. Il est l'auteur de pamphlets contre le catholicisme et d'une adaptation du *Gargantua* de Rabelais.

FISCHER (Emil), *Euskirchen 1852 - Berlin 1919,* chimiste allemand. Il a établi un lien entre la chimie organique, la stéréochimie et la biologie. Il a réalisé la synthèse de nombreux sucres. (Prix Nobel 1902.)

FISCHER (Ernst Otto), *Munich 1918,* chimiste allemand. Ses travaux concernent la chimie des complexes organométalliques des métaux de transition, notamm. ceux dits « à structure sandwich ». (Prix Nobel 1973.)

FISCHER (Hans), *Höchst am Main 1881 - Munich 1945,* chimiste allemand. Il précisa la composition de l'hémoglobine, réalisa la synthèse de l'hématine (1929) et étudia la constitution de la chlorophylle. (Prix Nobel 1930.)

FISCHER (Johann Michael), *Burglengenfeld, Haut-Palatinat, 1692 - Munich 1766,* architecte allemand. Il a diffusé en Bavière et en Souabe un style rococo riche et lumineux (abbatiales de Zwiefalten [v. 1740 - 1750], d'*Ottobeuren, etc.).

FISCHER-DIESKAU (Dietrich), *Berlin 1925,* baryton allemand. Il a chanté Bach et a été un grand spécialiste du lied et de l'opéra romantiques ainsi que du répertoire vocal du XXᵉ siècle.

FISCHER VON ERLACH (Johann Bernhard), *Graz 1656 - Vienne 1723,* architecte autrichien. Dans un style qui associe le baroque à une tendance classique majestueuse, il a construit à Salzbourg (églises), à Prague (palais) et surtout à Vienne (église St-Charles-Borromée, 1716 et suiv. ; Bibliothèque impériale, 1723 et suiv.).

■ **FISCHER VON ERLACH.** Une vue de la bibliothèque du Palais impérial de Vienne, construite à partir de 1723 sur les plans de J.B. Fischer von Erlach (auj. Bibliothèque nationale d'Autriche).

FISHER (Irving), *Saugerties, État de New York, 1867 - New York 1947,* mathématicien et économiste américain. Il a établi une relation entre la quantité de monnaie en circulation, la vitesse où celle-ci circule et le niveau des prix.

FISHER OF KILVERSTONE (John Arbuthnot **Fisher,** baron), *Ramboda, Sri Lanka, 1841 - Londres 1920,* amiral britannique. Créateur du dreadnought, il fut à la tête de la flotte de son pays de 1904 à 1909 et en 1914 - 1915.

FISMES [fim] (51170), ch.-l. de cant. de la Marne ; 5 389 hab. *(Fismois).*

FITZGERALD (Ella), *Newport News, Virginie, 1917 - Beverly Hills 1996,* chanteuse de jazz américaine. Elle interpréta et enregistra des ballades et des romances, mais aussi des pièces de swing et des dialogues en scat avec les meilleurs solistes instrumentaux ou vocaux.

FITZGERALD (Francis Scott), *Saint Paul, Minnesota, 1896 - Hollywood 1940,* écrivain américain. Ses romans expriment le désenchantement de la *Génération perdue (*Gatsby le Magnifique,* 1925 ; *Tendre est la nuit,* 1934 ; *le Dernier Nabab,* 1941).

FITZ-JAMES, famille française d'origine anglaise. Son premier membre, fils naturel de Jacques II, se fit naturaliser français et devint le maréchal de *Berwick.

FIUME → **RIJEKA.**

Fiumicino, aéroport de Rome.

FIZEAU (Hippolyte), *Paris 1819 - près de La Ferté-sous-Jouarre 1896,* physicien français. Il effectua la première mesure directe de la vitesse de la lumière (1849), étudia sa polarisation ainsi que le spectre infrarouge. Il découvrit, indépendamment de Doppler, l'effet de déplacement des fréquences d'une source de vibrations en mouvement *(effet Doppler-Fizeau).* Il montra que la propagation de l'électricité n'est pas instantanée.

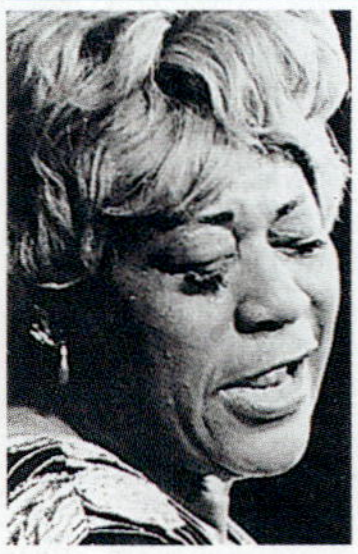

■ ELLA **FITZGERALD**

■ FRANCIS SCOTT **FITZGERALD**

FLACHAT (Eugène), *Nîmes 1802 - Arcachon 1873,* ingénieur français. Il construisit avec son demi-frère Stéphane Mony le premier chemin de fer français à vapeur, de Paris à Saint-Germain-en-Laye (1835 - 1837).

FLAGSTAD (Kirsten), *Hamar 1895 - Oslo 1962,* soprano norvégienne. Elle fut une brillante interprète de Wagner.

FLAHAUT DE LA BILLARDERIE (Auguste, comte **de**), *Paris 1785 - id. 1870,* général et diplomate français. Sans doute le fils naturel de Talleyrand, il fut aide de camp de Napoléon Ier (1813) et eut avec la reine Hortense un fils, le duc de *Morny.

FLAHERTY (Robert), *Iron Mountain, Michigan, 1884 - Dummerston, Vermont, 1951,* cinéaste américain. Véritable créateur du genre documentaire, il réalisa *Nanouk l'Esquimau* (1922), *Moana* (1926), *l'Homme d'Aran* (1934), *Louisiana Story* (1948) et, en collaboration avec F. W. Murnau, *Tabou* (1931).

FLAINE (74300 Cluses), station de sports d'hiver (alt. 1 575 - 2 500 m) de la Haute-Savoie (comm. d'Arâches-la-Frasse et de Magland). Sculptures, œuvres d'art contemporaines.

FLAMANVILLE (50340), comm. de la Manche ; 1 709 hab. Centrale nucléaire sur le littoral du Cotentin.

FLAMEL (Nicolas), *Pontoise v. 1330 - Paris 1418,* écrivain public français. Alimentée par ses nombreuses largesses, la légende veut que, secondé par Pernelle, riche veuve épousée en 1360, il soit parvenu à tirer d'un texte kabbalistique le secret de la pierre philosophale.

FLAMININUS (Titus Quinctius), *228 - 174 av. J.-C.,* général romain. Consul en 198 av. J.-C., il battit à Cynoscéphales Philippe V de Macédoine (197) et libéra la Grèce de la domination macédonienne.

FLAMMARION (Camille), *Montigny-le-Roi, Haute-Marne, 1842 - Juvisy-sur-Orge 1925,* astronome français. Auteur de nombreux ouvrages de vulgarisation, parmi lesquels une célèbre *Astronomie populaire* (1879), il a fondé la Société astronomique de France (1887).

FLAMSTEED (John), *Denby 1646 - Greenwich 1719,* astronome anglais. Premier astronome royal (1675), il organisa l'observatoire de Greenwich, perfectionna les instruments et les méthodes d'observation des positions stellaires et réalisa un catalogue d'étoiles.

FLANDRE n.f. ou **FLANDRES** n.f. pl., plaine de l'Europe (France, Belgique et Pays-Bas), sur la mer du Nord, entre les collines de l'Artois et l'embouchure de l'Escaut. (Hab. *Flamands.*)

GÉOGRAPHIE

La Flandre s'élève insensiblement vers l'intérieur et est accidentée de buttes sableuses (*monts de* ou *des Flandres*). Elle porte des cultures céréalières, fourragères, maraîchères et industrielles (betterave, lin, houblon) mais est aussi une importante région industrielle (textile, métallurgie), fortement peuplée et urbanisée (Anvers, Bruges et Gand, agglomération de Lille). Le littoral, bordé de dunes, est jalonné par quelques ports et stations balnéaires (Dunkerque, Ostende).

HISTOIRE

Les origines. Ier s. av. J.-C. : peuplé dès le néolithique, le pays est conquis par César et intégré à la province romaine de Belgique. **Ve s. :** les Francs Saliens occupent la région et la germanisent. **VIe - VIIe s. :** la Flandre est évangélisée (fondation de l'abbaye de Saint-Omer). **VIIe - Xe s. :** essor économique et commercial lié à l'industrie drapière.

Constitution et évolution du comté. 879 - 918 : Baudouin II crée véritablement le comté de Flandre en occupant le Boulonnais, l'Artois et le Ternois. **XIe s. :** ses successeurs dotent le comté de nombreuses institutions. L'industrie drapière se développe. Le mouvement communal se renforce. **XIIe s. :** les grandes cités (Arras, Bruges, Douai, etc.) obtiennent des chartes d'affranchissement. **1297 :** Philippe le Bel fait occuper la Flandre. **1302 :** les troupes royales sont vaincues par les milices communales à Courtrai.

Déclin et renouveau. 1384 : le duc de Bourgogne Philippe le Hardi hérite du comté. **1477 :** après la mort de Charles le Téméraire, le pays devient un domaine des Habsbourg d'Autriche, puis d'Espagne. **XVIIe s. :** un certain nombre de villes sont annexées par Louis XIV. **1713 :** l'ancienne Flandre espagnole est transférée à l'Autriche. **1794 :** la Flandre est annexée par la France. **XIXe s. :** province des Pays-Bas (1815) puis de la Belgique (1830), la Flandre connaît un puissant réveil industriel et culturel. **1898 :** le néerlandais est reconnu langue officielle de la Belgique au même titre que le français. **1970 :** la Flandre devient une région partiellement autonome. **1993 :** elle devient l'une des trois Régions de l'État fédéral de Belgique.

FLANDRE ou **RÉGION FLAMANDE,** Région néerlandophone de la Belgique ; 13 523 km^2 ; 5 768 925 hab. *(Flamands)* ; 5 prov. *(Anvers, Brabant flamand, Flandre-Occidentale, Flandre-Orientale* et *Limbourg).*

FLANDRE-OCCIDENTALE, prov. de Belgique, correspondant à la partie nord-ouest de la Flandre, sur la mer du Nord ; 3 134 km^2 ; 1 106 829 hab. ; ch.-l. *Bruges ;* 8 arrond. *(Bruges, Courtrai, Dixmude, Furnes, Ostende, Roulers, Tielt, Ypres) ;* 64 comm.

FLANDRE-ORIENTALE, prov. de Belgique, traversée par l'Escaut ; 2 982 km^2 ; 1 335 793 hab. ; ch.-l. *Gand ;* 6 arrond. *(Alost, Audenarde, Eeklo, Gand, Saint-Nicolas, Termonde) ;* 65 comm.

FLANDRIN (Hippolyte), *Lyon 1809 - Rome 1864,* peintre français. Élève d'Ingres, il est l'auteur de peintures murales religieuses (église St-Germain-des-Prés, Paris) et de portraits.

FLATTERS (Paul), *Paris 1832 - Bir el-Gharama 1881,* officier français. Chef de deux missions destinées à reconnaître le tracé d'un chemin de fer transsaharien (1880 - 1881), il fut tué lors de la seconde par les Touareg.

FLAUBERT (Gustave), *Rouen 1821 - Croisset, près de Rouen, 1880,* écrivain français. Son œuvre, qui s'imposa par un succès de scandale (**Madame Bovary,* 1857), compose, dans son double parti pris de réalisme désenchanté et d'extrême rigueur stylistique, une tentative pour dominer à la fois la bêtise d'une époque bourgeoise qu'il exécra et la tentation romantique qui ne cessa de l'obséder (*Salammbô,* 1862 ; *l'Éducation sentimentale,* 1869 ; *la Tentation de saint Antoine,* 1874 ; **Trois Contes ; *Bouvard et Pécuchet*).

■ **FLAUBERT**
par E. Giraud.
(Château de Versailles.)

FLAVIEN (saint), *v. 390 - v. 449,* patriarche de Constantinople (446 - 449). Adversaire d'Eutychès, il fut déposé et exilé à l'instigation de celui-ci.

FLAVIENS, dynastie romaine qui gouverna l'Empire de 69 à 96 avec Vespasien, Titus et Domitien.

FLAVIUS JOSÈPHE, *Jérusalem v. 37 apr. J.-C. - apr. 100,* historien juif. Commandant de la Galilée durant la guerre contre les Romains, il finit par s'installer à Rome, où il rédigea *la Guerre des Juifs* et *les Antiquités judaïques.*

FLAXMAN (John), *York 1755 - Londres 1826,* sculpteur et dessinateur britannique. Néoclassique, il a fourni des modèles à la manufacture de porcelaine de Wedgwood, illustré *l'Iliade* et *l'Odyssée* de dessins linéaires (v. 1690, à Rome) et exécuté de nombreux monuments, tel celui à Nelson (St Paul de Londres).

FLÈCHE (La) [72200], ch.-l. d'arrond. de la Sarthe, sur le Loir ; 16 900 hab. *(Fléchois).* Emballage. — Prytanée militaire (1808) installé dans l'anc. collège des jésuites fondé par Henri IV (chapelle de 1607 - 1622).

FLÉCHIER (Esprit), *Pernes-les-Fontaines 1632 - Nîmes 1710,* prédicateur et prélat français. Évêque

F

de Nîmes, il est l'auteur des *Mémoires sur les Grands Jours d'Auvergne* et d'oraisons funèbres, dont celle de Turenne (1676). [Acad. fr.]

FLÉMALLE, comm. de Belgique (prov. de Liège) ; 26 500 hab. Port fluvial. Métallurgie.

FLÉMALLE (Maître de), *1er tiers du XVe s.*, nom de commodité donné à un peintre des Pays-Bas du Sud auquel sont attribués divers panneaux religieux conservés à Francfort, New York, Londres, Dijon *(Nativité)*. L'ampleur novatrice du style, la vigueur de l'expression réaliste caractérisent cet artiste, que l'on tend à identifier à **Robert Campin,** maître à Tournai en 1406 et m. en 1444.

■ LE MAÎTRE DE **FLÉMALLE.** Partie centrale du triptyque de l'*Annonciation.* (Metropolitan Museum, New York.)

FLEMING (sir Alexander), *Darvel, Ayrshire, 1881 - Londres 1955,* médecin britannique. Il découvrit la pénicilline en 1928. (Prix Nobel 1945.)

FLEMING (sir John Ambrose), *Lancaster 1849 - Sidmouth 1945,* ingénieur britannique. Il est l'inventeur de la diode (1904).

FLEMING (Victor), *Pasadena, Californie, 1883 - Phoenix, Arizona, 1949,* cinéaste américain. Réalisateur du film à succès *Autant en emporte le vent* (1939), il fut aussi l'auteur de *l'Île au trésor* (1934) et du *Magicien d'Oz* (1939).

FLENSBURG, v. d'Allemagne (Schleswig-Holstein), sur la Baltique ; 87 994 hab. Port. — Vieil ensemble monumental ; musées.

FLÉRON, comm. de Belgique (prov. de Liège) ; 15 913 hab.

FLERS [flɛr] (61100), ch.-l. de cant. de l'Orne ; 17 552 hab. *(Flériens).* Industrie automobile. Agroalimentaire. — Château des XVIe-XVIIIe s. (musée).

FLERS-EN-ESCREBIEUX [flɛrs-] (59128), comm. du Nord ; 5 605 hab. Imprimerie nationale.

FLESSELLES (Jacques **de**), *Paris 1721 - id. 1789,* prévôt des marchands de Paris, massacré par le peuple le jour de la prise de la Bastille.

FLESSINGUE, en néerl. **Vlissingen,** v. des Pays-Bas (Zélande) ; 43 900 hab. Port. Aluminium.

FLETCHER (John), *Rye, Sussex, 1579 - Londres 1625,* auteur dramatique anglais. Seul ou avec F. Beaumont, puis notamm. P. Massinger, il a écrit de nombreuses pièces qui firent de lui un rival, souvent heureux, de Shakespeare *(la Bergère fidèle)*.

FLEURANCE (32500), ch.-l. de cant. du Gers ; 6 414 hab. *(Fleurantins).* Produits d'hygiène et de beauté. — Église des XIVe-XVIe s. (vitraux).

FLEURIE (69820), comm. du Rhône ; 1 208 hab. *(Fleuriatons).* Vins du Beaujolais.

FLEURIMONT, v. du Canada (Québec), près de Sherbrooke ; 15 309 hab. *(Fleurimontois).*

FLEURUS [flørys], comm. de Belgique (Hainaut), près de la Sambre ; 22 507 hab. — bataille de **Fleurus** (26 juin 1794), victoire de l'armée de Sambre-et-Meuse commandée par Jourdan sur les troupes anglo-hollandaises.

FLEURY (André Hercule, cardinal **de**), *Lodève 1653 - Issy-les-Moulineaux 1743,* prélat et homme d'État français. Aumônier de la reine (1675) puis du roi (1678), évêque de Fréjus (1698), précepteur de Louis XV (1716), ministre d'État (1726) et cardinal la même année, il gouverna avec autorité, restaura les finances et apaisa la querelle janséniste. Il fut entraîné dans la guerre de la Succession de Pologne (1733) et dans celle de la Succession d'Autriche (1740). [Acad. fr.]

FLEURY (Claude), *Paris 1640 - id. 1723,* prêtre français. Confesseur de Louis XV et auteur d'une *Histoire ecclésiastique.* (Acad. fr.)

FLEURY-LES-AUBRAIS (45400), ch.-l. de cant. du Loiret, banlieue nord d'Orléans ; 20 875 hab. *(Fleuryssois).* Nœud ferroviaire. Matériel agricole.

FLEURY-MÉROGIS (91700), comm. de l'Essonne ; 9 290 hab. Prison.

FLEURY-SUR-ANDELLE (27380), ch.-l. de cant. de l'Eure ; 1 923 hab. Industrie automobile.

FLEVOLAND, prov. des Pays-Bas ; 233 000 hab. ; ch.-l. *Lelystad.*

FLIMS, en romanche **Flem,** comm. de Suisse (Grisons), au pied du *Flimserstein ;* 2 258 hab. Station de sports d'hiver (alt. 1 150 - 2 800 m).

FLINS-SUR-SEINE (78410), comm. des Yvelines ; 2 233 hab. *(Flinois).* Usine d'automobiles sur la Seine.

FLINT, v. des États-Unis (Michigan), près de Detroit ; 140 761 hab. Industrie automobile.

FLN (Front de libération nationale), mouvement nationaliste algérien, formé en 1954, qui encadra l'insurrection algérienne pendant la guerre d'Algérie (1954 - 1962) et qui domina longtemps la vie politique algérienne (parti unique de 1963 à 1989).

FLODOARD, *Épernay 894 - Reims 966,* chroniqueur et hagiographe français. Il est l'auteur d'une *Histoire de l'église de Reims* et d'*Annales.*

FLOIRAC (33270), ch.-l. de cant. de la Gironde, banlieue de Bordeaux ; 16 284 hab. *(Floiracais).*

FLOQUET (Charles), *Saint-Jean-Pied-de-Port 1828 - Paris 1896,* homme politique français. Président du Conseil (1888), il combattit le boulangisme.

FLORAC (48400), ch.-l. d'arrond. du sud de la Lozère ; 2 074 hab. *(Floracois).* Château (XVIIe s.).

FLORANGE (57190), ch.-l. de cant. de la Moselle ; 10 900 hab. *(Florangeois).* Métallurgie.

FLORE, déesse italique des Fleurs et des Jardins. On célébrait en son honneur les *floralies.*

FLORENCE, en ital. **Firenze,** v. d'Italie, cap. de la Toscane et ch.-l. de prov., sur l'Arno ; 402 316 hab. *(Florentins).* Grand centre touristique. — Dès le XIIIe s., Florence fut une des villes les plus actives de l'Italie ; en 1406, elle conquit Pise et devint une puissance maritime ; la compagnie des Médicis domina la ville du XIVe au XVIIe s. Le *concile de Florence* (1439 - 1443) continua les travaux des conciles de Bâle et de Ferrare sur l'union avec les Grecs. En 1569, Florence devint la capitale du grand-duché de Toscane puis, de 1865 à 1870, celle du royaume d'Italie. — La ville est célèbre par son école de peinture et de sculpture, particulièrement novatrice du XIVe au XVIe s. (de Giotto à Michel-Ange), ses palais (Palazzo Vecchio, palais *Médicis, Strozzi, Pitti, etc.), ses églises (cathédrale S. Maria del Fiore, S. Croce, S. Maria Novella, Orsammichele, S. Lorenzo...), ses couvents (S. Marco), possédant de nombreuses œuvres d'art, ses bibliothèques, ses riches musées (*Offices, *Bargello, *Pitti, galerie de l'Académie, Musée archéologique).

■ **FLORENCE.** À droite, la tour du Palazzo Vecchio et, au centre, la cathédrale S. Maria del Fiore (XIVe-XVe s., dôme de Brunelleschi).

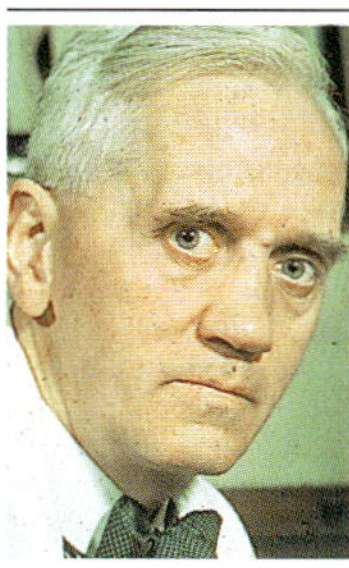

■ SIR ALEXANDER **FLEMING.** (Imperial War Museum, Londres.)

■ LE MARÉCHAL **FOCH** en 1919, par Calderé. (Musée de l'Armée, Paris.)

FLORENNES, comm. de Belgique (prov. de Namur), au S.-E. de Charleroi ; 10 619 hab.

FLORENSAC (34510), ch.-l. de cant. de l'Hérault ; 3 983 hab. *(Florensacois).* Vins.

FLORES, une des Açores. Installations militaires françaises depuis 1964.

FLORES, île de l'Indonésie, séparée de Célèbes par la *mer de Flores.*

FLOREY (baron Howard), *Adélaïde, Australie, 1898 - Oxford 1968,* médecin britannique. Il partagea le prix Nobel de médecine, en 1945, avec Chain et Fleming pour ses travaux sur la fabrication de la pénicilline.

FLORIAN (Jean-Pierre **Claris de**), *Sauve 1755 - Sceaux 1794,* écrivain français. Il est l'auteur de *Fables,* de chansons *(Plaisir d'amour),* de pastorales et de comédies pour le Théâtre-Italien. (Acad. fr.)

FLORIANÓPOLIS, v. du Brésil, cap. de l'État de Santa Catarina ; 254 944 hab. Monuments anciens.

FLORIDABLANCA (José Moñino, comte **de**), *Murcie 1728 - Séville 1808,* homme d'État espagnol. Premier ministre de Charles III puis de Charles IV (1777 - 1792), il se montra partisan du despotisme éclairé.

FLORIDE, État du sud-est des États-Unis ; 12 937 926 hab. ; cap. *Tallahassee ;* v. princ. *Miami.* La Floride est formée par une péninsule séparée de Cuba par le *détroit de Floride.* Agrumes. Phosphates. Tourisme (Miami, Palm Beach, parc des Everglades). — Découverte en 1513 par les Espagnols, la Floride fut achetée en 1819 par les États-Unis et devint État de l'Union en 1845.

FLORIOT (René), *Paris 1902 - Neuilly 1975,* avocat français. Il acquit sa notoriété lors de grands procès criminels (Petiot, Jaccoud).

FLORIS DE VRIENDT (Cornelis), *Anvers 1514 - id. 1575,* architecte et sculpteur flamand. Averti de l'art italien, il est l'auteur notamm. de l'hôtel de ville d'Anvers (1561) et du jubé de la cathédrale de Tournai (v. 1570). — **Frans F. de Vriendt,** *Anvers v. 1516/1520 - id. 1570,* peintre flamand, frère de Cornelis. Admirateur de Michel-Ange, il fut un chef de file de la peinture romaniste.

FLORY (Paul John), *Sterling, Illinois, 1910 - Big Sur, Californie, 1985,* chimiste américain. Ses travaux ont porté sur les macromolécules entrant dans la fabrication des plastiques. (Prix Nobel 1974.)

Flossenbürg (camp de), camp de concentration allemand (1938 - 1945), situé à Flossenbürg, près de la frontière tchèque.

FLOTE ou **FLOTTE** (Pierre), *en Languedoc seconde moitié du XIIIe s. - Courtrai 1302,* légiste français. Chancelier de Philippe le Bel, il s'opposa au pape Boniface VIII.

FLOURENS (Pierre), *Maureilhan 1794 - Montgeron 1867,* physiologiste français, auteur de travaux sur le système nerveux. (Acad. fr.)

FLOURNOY (Théodore), *Genève 1854 - id. 1920,* philosophe et psychologue suisse. Il a prouvé que certains phénomènes de médiumnité spirite sont des productions de l'inconscient.

FLUMET (73590), comm. de la Savoie ; 776 hab. Bourg ancien. — Station de sports d'hiver (alt. 1 000 - 2 030 m), dite *Flumet-Val d'Arly.*

Flushing Meadow Park, site des championnats internationaux de tennis des États-Unis, à New York (Queens).

Fluxus, mouvement artistique qui s'est développé aux États-Unis et en Europe à partir des années 1960. En liaison avec le courant du happening, opposant à la sacralisation de l'art un esprit de contestation ludique, il s'est manifesté par des concerts (avec J. Cage, T. Riley...), des environnements, des interventions variées. Citons notamm. les Américains George Maciunas (1931 - 1978), George Brecht et Dick Higgins, N. J. Paik, les Allemands Beuys et Wolf Vostell, le Suisse Benjamin Vautier, dit Ben (installé à Nice), le Français Robert Filliou (1926 - 1987).

FLYNN (Errol), *Hobart, Tasmanie, 1909 - Los Angeles 1959,* acteur américain. Il tint surtout des rôles d'aventurier, notamm. dans les films de M. Curtiz (*Capitaine Blood,* 1935) et de R. Walsh (*Gentleman Jim,* 1942).

FMI (Fonds monétaire international), organisme international de coopération monétaire et financière. Créé à Bretton Woods en 1944, et initialement chargé de veiller au bon fonctionnement du système monétaire international, il assure la surveillance des politiques de change, gère l'octroi de crédits aux pays rencontrant des difficultés dans leur balance des paiements et supervise le processus de libéralisation des mouvements de capitaux dans le monde. Siégeant à Washington, il regroupe la quasi-totalité des États.

FNSEA (Fédération nationale des syndicats d'exploitants agricoles), organisation syndicale française. Constituée en 1946, elle a pour objectif de représenter et de défendre les intérêts de la profession agricole. Le CNJA lui est rattaché organiquement, bien que juridiquement autonome.

FO (Force ouvrière), appellation courante de la Confédération générale du travail - Force ouvrière, issue d'une scission de la CGT en 1948, dont Léon Jouhaux fut à l'origine. Secrétaires généraux : Robert Bothereau (1954 - 1963) ; André Bergeron (1963 - 1989) ; Marc Blondel (depuis 1989).

FO (Dario), *Sangiano, Varèse, 1926,* homme de théâtre italien. Il écrit et interprète un théâtre comique et engagé, inspiré de la culture médiévale et des formes de spectacle populaire (*Mystère Bouffe, Mort accidentelle d'un anarchiste, Histoire du tigre*). [Prix Nobel 1997.]

FOCH (Ferdinand), *Tarbes 1851 - Paris 1929,* maréchal de France. Il commanda l'École de guerre (1907), se distingua pendant la Première Guerre mondiale à la Marne et dans les Flandres (1914), dirigea la bataille de la Somme (1916), puis commanda en chef les troupes alliées (1918), qu'il conduisit à la victoire. Maréchal de France en 1918, il se vit confier la même dignité par la Grande-Bretagne et la Pologne. (Acad. fr.)

FOCILLON (Henri), *Dijon 1881 - New Haven 1943,* historien de l'art français. Son enseignement et ses écrits (*l'Art des sculpteurs romans,* 1931 ; *Vie des formes,* 1934 ; *Art d'Occident,* 1938 ; etc.) ont exercé une grande influence.

FOGAZZARO (Antonio), *Vicence 1842 - id. 1911,* écrivain italien. Ses romans (*Petit Monde d'autrefois, le Saint*) et ses poèmes d'inspiration catholique oscillent entre le mysticisme et l'attirance pour la sensualité.

FOGGIA, v. d'Italie (Pouille), ch.-l. de prov. ; 155 042 hab. Cathédrale des XIIe-XVIIIe s.

FOIX (09000), ch.-l. du dép. de l'Ariège, sur l'Ariège, à 761 km au S. de Paris ; 9 708 hab. (*Fuxéens*). Château fort (musée de l'Ariège).

FOIX (comté de), ancien fief qui correspond approximativement au dép. de l'Ariège. Ch.-l. *Foix*. Érigé au début du XIe s., le comté de Foix fut réuni à la Couronne en 1607 par le dernier comte de Foix, Henri IV.

FOKINE (Michel), *Saint-Pétersbourg 1880 - New York 1942,* danseur et chorégraphe russe. Il fut le collaborateur de Diaghilev, pour qui il créa ses chefs-d'œuvre (*le Spectre de la rose,* 1911 ; *Petrouchka,* 1911), et fit évoluer le ballet classique vers le néoclassicisme, en favorisant l'expressivité.

FOKKER (Anthony), *Kediri, Java, 1890 - New York 1939,* aviateur et constructeur d'avions néerlandais. Il créa l'une des firmes les plus importantes de l'industrie aéronautique allemande, réalisant notamm. des avions de chasse réputés. Après la Première Guerre mondiale, il implanta ses usines aux Pays-Bas, puis aux États-Unis et réalisa de nombreux avions commerciaux.

FOLENGO (Teofilo), connu aussi sous le nom de Merlin **Cocai,** *Mantoue 1491 - Bassano 1544,* poète italien, auteur de poésies macaroniques (*Baldus*).

FOLGOËT (Le) [29260], comm. du Finistère ; 3 188 hab. Belle église de style gothique flamboyant (XVe s.). Pardon.

■ ÉCOLE DE **FONTAINEBLEAU.** *Les Funérailles de l'Amour* (v. 1560 - 1570), peinture attribuée à l'atelier d'Antoine Caron.

FOLKESTONE, v. de Grande-Bretagne (Angleterre) ; 46 000 hab. Port de voyageurs sur le pas de Calais. Station balnéaire. À proximité, terminal du tunnel sous la Manche.

FOLLAIN (Jean), *Canisy, Manche, 1903 - Paris 1971,* écrivain français. Ses poèmes (*Usage du temps*) et ses proses, marqués par une secrète angoisse face au passage du temps, offrent une vision lumineuse du pays normand.

FOLLEREAU (Raoul), *Nevers 1903 - Paris 1977,* journaliste et avocat français, fondateur, en 1966, de la Fédération internationale des associations de lutte contre la lèpre.

FOLON (Jean-Michel), *Bruxelles 1934,* artiste belge. Son univers graphique et plastique (aquarelle, affiche, film...) prend pour ressorts principaux l'absurde et la menace d'un monde déshumanisé.

FOLSCHVILLER [fɔlʃvilɛr] (57730), comm. de la Moselle ; 4 695 hab. Houille.

FON, peuple du sud du Bénin (env. 3 millions). Ils créèrent au XVIIe s. le royaume de Dahomey, ou Dan Homé. Ils parlent une langue kwa.

FONCK (René), *Saulcy-sur-Meurthe 1894 - Paris 1953,* officier aviateur français. Il fut le premier as français de la Première Guerre mondiale (75 victoires homologuées).

FONDA (Henry), *Grand Island, Nebraska, 1905 - Los Angeles 1982,* acteur américain. Personnification de l'homme fort et intègre, il joua notamm. avec F. Lang (*J'ai le droit de vivre,* 1937) et J. Ford (*les Raisins de la colère,* 1940).

Fonds monétaire international → **FMI.**

FONSECA (golfe de), golfe formé par le Pacifique, sur les côtes du Salvador, du Honduras et du Nicaragua.

FONSECA (Pedro **da**), *Cortiçada, près de Crato, 1528 - Lisbonne 1599,* philosophe portugais. Jésuite, auteur de *Commentaires* d'Aristote, il conçut la doctrine de la « science moyenne », conciliant libre arbitre humain et prédestination divine, qui fut reprise par Molina.

FONTAINE (38600), ch.-l. de cant. de l'Isère ; 23 586 hab. (*Fontainois*).

■ MICHEL **FOKINE** dans *Schéhérazade* (1910).

FONTAINE (Nicole), *Grainville-Ymauville, Seine-Maritime, 1942,* femme politique française. Membre de l'UDF, députée européenne depuis 1984, elle est élue présidente du Parlement européen en 1999.

FONTAINE (Pierre), *Pontoise 1762 - Paris 1853,* architecte français. Il fut en faveur à la cour de Napoléon Ier (associé avec Percier), sous la Restauration et sous Louis-Philippe. On lui doit à Paris l'ouverture de la rue de Rivoli, l'arc de triomphe du Carrousel, la Chapelle expiatoire.

FONTAINEBLEAU (77300), ch.-l. d'arrond. de Seine-et-Marne ; 17 811 hab. (*Bellifontains*). Château royal d'origine médiévale reconstruit à partir de 1528 pour François Ier, qui en fit le centre de son mécénat, puis augmenté depuis Henri II jusqu'au second Empire ; beaux décors Renaissance ; musée Napoléon. — Napoléon Ier y signa sa première abdication (1814). — Grande forêt de chênes, de hêtres et de résineux (17 000 ha).

Fontainebleau (école de), ensemble d'artistes actifs en France au XVIe s. Animée par les Italiens que François Ier fit venir à partir de 1530 pour décorer le château de Fontainebleau (Rosso, Primatice, N. dell'Abate...), cette école influença de nombreux Français, tels J. Goujon, les Cousin, A. Caron. — Une seconde école se situe sous le règne d'Henri IV, avec les peintres Ambrosius Bosschaert, dit Ambroise Dubois (d'Anvers), Toussaint Dubreuil et Martin Fréminet.

FONTAINE-LÈS-DIJON (21121), ch.-l. de cant. de la Côte-d'Or ; 9 033 hab. Industrie pharmaceutique. — Église de la fin du XIVe s.

FONTAINE-L'ÉVÊQUE, v. de Belgique (Hainaut) ; 17 612 hab. Église et château (auj. hôtel de ville), tous deux des XIIIe-XVIe s.

FONTANA (Carlo), *Brusata 1634 - Rome 1714,* architecte originaire du Tessin. Assistant de Bernin, à Rome, pendant dix ans, il prolongea l'art de celui-ci en l'infléchissant dans un sens classique. Il fut un maître influent.

FONTANA (Domenico), *Melide 1543 - Naples 1607,* architecte originaire du Tessin. Appelé à Rome, il construisit notamm. le palais du Latran (1587) et suscita un renouveau urbaniste.

FONTANA (Lucio), *Rosario, Argentine, 1899 - Comabbio, prov. de Varèse, 1968,* peintre, sculpteur et théoricien italien. Non-figuratif, il a influencé l'avant-garde européenne par ses œuvres des années 1950 et 1960, toutes intitulées *Concept spatial* (monochromes ponctués de perforations, lacérés, évidés, sculptures d'allure informelle).

FONTANE (Theodor), *Neuruppin, Brandebourg, 1819 - Berlin 1898,* écrivain allemand. Ses romans traitent avec humour des problèmes sociaux (*Madame Jenny Treibel*).

FONTANES (Louis **de**), *Niort 1757 - Paris 1821,* homme politique et écrivain français. Il fut grand maître de l'Université sous l'Empire (1808). [Acad. fr.]

FONTARABIE, en esp. **Fuenterrabía,** v. d'Espagne, dans le Pays basque, sur la Bidassoa ; 13 524 hab.

FONT-DE-GAUME, site de la comm. des Eyzies-de-Tayac-Sireuil (Dordogne). Grotte ornée d'un remarquable ensemble de peintures et gravures du magdalénien supérieur.

F

■ **FONTENAY.** Le cloître, aux arcades géminées, de l'abbaye (XIIe s.).

FONTENAY, hameau de la Côte-d'Or (comm. de Marmagne), près de Montbard. Anc. abbaye cistercienne, fondée par saint Bernard en 1119.

FONTENAY-AUX-ROSES (92260), ch.-l. de cant. des Hauts-de-Seine ; 23 849 hab. *(Fontenaisiens).* Centre de recherches nucléaires.

FONTENAY-LE-COMTE (85200), ch.-l. d'arrond. de la Vendée, sur la Vendée ; 15 419 hab. *(Fontenaisiens).* Constructions mécaniques. – Église Notre-Dame (XVe - XVIe s.), autres monuments et demeures anciennes ; château de Terre-Neuve (fin XVIe et XIXe s.) ; Musée vendéen.

FONTENAY-LE-FLEURY (78330), comm. des Yvelines, près de Versailles ; 12 676 hab. *(Fontenaysiens).*

FONTENAY-SOUS-BOIS (94120), ch.-l. de cant. du Val-de-Marne, à l'E. de Paris ; 51 264 hab. *(Fontenaysiens).*

FONTENELLE (Bernard **Le Bovier de**), *Rouen 1657 - Paris 1757,* écrivain français. Neveu de Corneille, il dut sa célébrité à ses traités de vulgarisation scientifique, qui annoncent l'esprit philosophique du XVIIIe s. *(Entretiens sur la pluralité des mondes).* [Acad. fr.]

Fontenoy (bataille de) [11 mai 1745], bataille de la guerre de la Succession d'Autriche, à Fontenoy (au S.-E. de Tournai). Victoire des Français, commandés par le maréchal de Saxe et en présence de Louis XV, sur les troupes anglo-hollandaises. Cette victoire préluda à la conquête des Pays-Bas par les Français.

FONTEVRAUD-L'ABBAYE (49590), comm. de Maine-et-Loire ; 1 492 hab. Une abbaye double (hommes, femmes), dont la direction était confiée à une abbesse, y fut fondée en 1101 par Robert d'Arbrissel. – L'ensemble monastique est en grande partie conservé : église romane à quatre coupoles (gisants des Plantagenêts), cloître gothique et Renaissance, cuisines monumentales de la seconde moitié du XIIe s.

FONTEYN (Margaret **Hookham**, Dame Margot), *Reigate, Surrey, 1919 - Panamá 1991,* danseuse britannique. Elle créa la plupart des œuvres que F. Ashton composa pour elle *(Symphonic Variations,* 1946 ; *Ondine,* 1958) et fut une interprète d'exception du répertoire classique *(Giselle, la Belle au bois dormant, le Lac des cygnes).*

Fontfroide, anc. abbaye bénédictine puis cistercienne fondée à la fin du XIe s. sur le versant nord des Corbières (Aude), au S.-O. de Narbonne. Église romane (XIIe s.), cloître gothique (XIIIe s.) et autres bâtiments, restaurés.

FONTOY (57650), ch.-l. de cant. de la Moselle ; 3 194 hab. *(Fonschois).*

FONT-ROMEU-ODEILLO-VIA (66120), comm. des Pyrénées-Orientales, en Cerdagne, à 1 800 m d'alt. ; 2 426 hab. *(Romeufontains).* Centre touristique. Lycée climatique. Centre d'entraînement sportif en altitude. Four et centrale solaires à Odeillo.

FONTVIEILLE (13990), comm. des Bouches-du-Rhône ; 3 556 hab. Moulin dit « d'Alphonse Daudet ». Carrières de pierre de taille.

FONVIZINE (Denis Ivanovitch), *Moscou 1745 - Saint-Pétersbourg 1792,* auteur dramatique russe. Il est à l'origine du théâtre russe *(le Mineur,* 1782).

FOOTIT (Tudor **Hall,** dit George), *Manchester 1864 - Paris 1921,* artiste de cirque et comédien d'origine britannique. Ce célèbre clown blanc imposa, avec son partenaire cubain Rafael Padilla, dit **Chocolat** (La Havane 1868 - Bordeaux 1917), le principe de dualité et d'opposition entre clown et auguste.

FOPPA (Vincenzo), *Brescia v. 1427 - id. v. 1515,* peintre italien. Premier représentant de la Renaissance lombarde, il manifeste un sentiment naturaliste et une poésie très personnels (fresques de S. Eustorgio, Milan, v. 1467).

FORAIN (Jean-Louis), *Reims 1852 - Paris 1931,* peintre, dessinateur et graveur français, auteur de dessins satiriques mordants et au trait précis.

FORBACH [-bak] (57600), ch.-l. d'arrond. de la Moselle ; 23 281 hab. *(Forbachois).* Anc. centre houiller. – Défaite française le 6 août 1870 lors de la guerre franco-allemande.

FORBIN (Claude, comte **de**), *Gardanne 1656 - château de Saint-Marcel, près de Marseille, 1733,* marin français. Capitaine de vaisseau puis chef d'escadre sous Louis XIV, il se distingua, lors de la guerre de la ligue d'Augsbourg, aux batailles de Beachy Head (1690) et de Barfleur (1692).

FORCALQUIER (04300), ch.-l. d'arrond. des Alpes-de-Haute-Provence ; 4 375 hab. *(Forcalquiérens).* Église romane et gothique et autres témoignages du passé ; musée.

FORCE (La) [24130], anc. **Laforce,** ch.-l. de cant. de la Dordogne ; 2 412 hab.

Force (la), anc. prison de Paris, dans le Marais. Elle fut utilisée pendant la Révolution et fut détruite en 1845.

Forces françaises de l'intérieur (FFI), nom donné en 1944 à l'ensemble des formations militaires de la Résistance engagées dans les combats de la Libération.

Forces françaises libres (FFL), ensemble des formations militaires qui, après l'armistice de 1940, continuèrent, sous les ordres du général de Gaulle, à combattre l'Allemagne et l'Italie.

FORCLAZ [-kla] (la), col des Alpes suisses (Valais), entre Chamonix et Martigny ; 1 527 m.

FORD (Gerald), *Omaha 1913,* homme politique américain. Membre du Parti républicain, il devint, après la démission de Nixon, président des États-Unis (1974 - 1977).

FORD (Harrison), *Chicago 1942,* acteur américain. Héros de films d'aventures, notamm. sous la direction de S. Spielberg *(les Aventuriers de l'arche perdue,* 1981, et les *Indiana Jones,* 1984 et 1989), il manifeste la diversité de ses talents dans *American Graffiti* (1973), *Blade Runner* (1982), *Sabrina* (1995).

FORD (Henry), *Wayne County, près de Dearborn, 1863 - Dearborn 1947,* industriel américain. Pionnier de l'industrie automobile américaine, il lança la construction en série et imagina la standardisation des pièces composant un ensemble. On lui doit une théorie des hauts salaires ainsi qu'une théorie d'action industrielle, le *fordisme.*

FORD (John), *Ilsington, Devon, 1586 - Devon apr. 1639,* auteur dramatique anglais. Ses tragédies spectaculaires font de lui l'un des plus originaux continuateurs du théâtre élisabéthain *(Dommage qu'elle soit une putain, le Cœur brisé).*

FORD (Sean Aloysius **O'Feeney** ou **O'Fearna,** dit John), *Cape Elizabeth, Maine, 1895 - Palm Desert, Californie, 1973,* cinéaste américain. Il a réalisé plus de cent films, des westerns notamm., exaltant l'héroïsme et la noblesse des humbles : *la Chevauchée fantastique* (1939) ; *les Raisins de la colère* (1940) ; *Le Soleil brille pour tout le monde* (1953) ; *Frontière chinoise* (1966).

Ford Motor Company, société américaine de construction automobile. Fondée en 1903 par Henry Ford, elle produisit, en 1908, le fameux modèle « T » à 15 millions d'exemplaires.

Foreign Office, ministère britannique des Affaires étrangères.

FOREL (François), *Morges 1841 - id. 1912,* médecin et naturaliste suisse. Fondateur de l'étude scientifique des lacs (limnologie), il a également étudié le mouvement des glaciers. – **Auguste F.,** *La Gracieuse, près de Morges, 1848 - Yvorne 1931,* psychiatre et entomologiste suisse. Cousin de François, il fut un grand spécialiste des fourmis (près de 3 500 genres et espèces décrites).

FOREST [fɔrɛ], en néerl. **Vorst,** comm. de Belgique (Bruxelles-Capitale), banlieue sud de Bruxelles ; 46 437 hab.

FOREST (Fernand), *Clermont-Ferrand 1851 - Monaco 1914,* inventeur français, précurseur de l'automobile par ses travaux sur le moteur à combustion interne. On lui doit, semble-t-il, les premiers moteurs à quatre cylindres en ligne (1891).

Forêt d'Orient (parc naturel régional de la), parc naturel (Aube), à l'E. de Troyes ; env. 70 000 ha. Entre la Seine et l'Aube, un grand massif forestier (qui a donné son nom au parc) englobe les lacs d'Orient et du Temple, créés pour atténuer les crues de la Seine.

FORÊT-FOUESNANT [-fwɛnɑ̃] **(La)** [29940], comm. du Finistère ; 2 867 hab. Station balnéaire. – Église de style flamboyant (XVIe s.).

FORÊT-NOIRE n.f., en all. **Schwarzwald,** massif d'Allemagne, en face des Vosges, dont il est séparé par la plaine du Rhin ; 1 493 m au Feldberg.

FOREZ [-rɛ] n. m., région du Massif central, qui comprend les *monts du Forez,* à l'est de la Dore, et la *plaine,* ou *bassin, du Forez,* traversée par la Loire. Cap. *Feurs,* puis *Montbrison.* Parc naturel régional *(Livradois-Forez),* couvrant env. 300 000 ha.

FORGES-LES-EAUX (76440), ch.-l. de cant. de la Seine-Maritime ; 3 734 hab. *(Forgions).* Casino.

Forillon, parc national du Canada (Québec), dans l'est de la Gaspésie ; env. 245 km².

FORLI, v. d'Italie (Émilie-Romagne), ch.-l. de prov. ; 109 228 hab. Monuments anciens et musées.

FORMAN (Miloš), *Čáslav 1932,* cinéaste américain d'origine tchèque. Mêlant humour et mélancolie, il réalise ses premiers films dans son pays natal *(l'As de pique,* 1963 ; *les Amours d'une blonde,* 1965) avant de poursuivre sa carrière aux États-Unis *(Taking off,* 1971 ; *Vol au-dessus d'un nid de coucou,* 1975 ; *Amadeus,* 1984 ; *Larry Flynt,* 1996 ; *Man on the Moon,* 2000) et en France *(Valmont,* 1989).

FORMENTERA, île des Baléares, au S. d'Ibiza.

FORMERIE (60220), ch.-l. de cant. de l'Oise ; 2 203 hab. *(Formions).*

Formigny (bataille de) [1450], bataille de la guerre de Cent Ans. Victoire du connétable de Richemont sur les Anglais, à Formigny (Calvados), qui assurait aux Français la reprise de la Normandie.

FORMOSE → **TAÏWAN.**

FORNI (Raymond), *Belfort 1941,* homme politique français d'origine italienne. Socialiste, il est président de l'Assemblée nationale depuis 2000.

FORRESTER (Maureen), *Montréal 1930,* contralto canadienne. Elle s'est illustrée, grâce à un timbre de voix très riche et personnel, dans le lied (Mahler) et l'opéra (de Monteverdi à Menotti).

FORSYTHE (William), *New York 1949,* chorégraphe américain. Souvent provocateur, il se plaît à explorer les limites du ballet et de la danse classique *(Artifact,* 1984 ; *Impressing the Czar,* 1988 ; *The Loss of Small Detail,* 1991 ; *Eidos : Telos,* 1995). Depuis 1984, il dirige le Ballet de Francfort.

FORT (Paul), *Reims 1872 - Argenlieu, Essonne, 1960,* poète français. Ses *Ballades françaises,* simples et familières, chantent la joie de vivre.

FORTALEZA, v. du Brésil, cap. de l'État de Ceará ; 1 758 334 hab. Port.

FORT-ARCHAMBAULT → **SARH.**

FORT-DE-FRANCE, ch.-l. de la Martinique ; 94 778 hab. *(Foyalais).* Cour d'appel. – Musée départemental (anciennes cultures arawak et caraïbe).

FORT-GOURAUD → **F'DERICK.**

FORTH n.m., fl. de Grande-Bretagne, en Écosse, qui se jette dans le *Firth of Forth* (mer du Nord) ; 186 km.

FORT-LAMY → **N'DJAMENA.**

FORT LAUDERDALE, v. des États-Unis (Floride), au N. de Miami, sur l'Atlantique ; 149 377 hab.

FORT MCMURRAY, v. du Canada (Alberta) ; 34 706 hab. Traitement des sables bitumineux.

FORT-MAHON-PLAGE (80790), comm. de la Somme ; 1 152 hab. Station balnéaire.

FORTUNAT (saint Venance) → **VENANCE FORTUNAT** (saint).

FORTUNE MYTH. ROM. Divinité du Destin.

FORTUNÉES (îles), anc. nom des îles Canaries.

FORT WAYNE, v. des États-Unis (Indiana) ; 173 072 hab.

FORT WORTH, v. des États-Unis (Texas), près de Dallas ; 447 619 hab. Aéronautique. – Musées.

FOS [fɔs] (golfe de), golfe de France (Bouches-du-Rhône), près de Marseille. Ses rives constituent une grande zone industrielle (terminaux pétrolier, gazier et minéralier et sidérurgie, notamm.).

FOSCARI (Francesco), *Venise 1373 - id. 1457,* doge de Venise. Doge en 1423, il accrut les possessions de Venise en prenant Bergame aux Milanais (1427 - 1428). Sous son règne, son fils Jacopo, accusé de trahison, fut banni.

FOSCOLO (Ugo), *Zante 1778 - Turnham Green, près de Londres, 1827,* écrivain italien. Son œuvre poétique *(les Tombeaux)* et romanesque *(Dernières Lettres de Jacopo Ortis)* mêle sensibilité romantique et patriotisme.

FOSHAN, v. de Chine (Guangdong) ; 303 160 hab. Temple fondé au xe s.

FOSSE (Robert Louis, dit Bob), *Chicago 1927 - Washington 1987,* danseur, chorégraphe et cinéaste américain. Spécialiste des claquettes et de la danse jazz, il a fait carrière à Broadway et à Hollywood en mettant en scène et en filmant des comédies musicales *(Sweet Charity, Cabaret, Dancin', All That Jazz).*

FOS-SUR-MER [fɔs-] (13270), comm. des Bouches-du-Rhône, sur le golfe de Fos ; 14 732 hab. Port pétrolier et minéralier. Raffinage du pétrole. Chimie. Sidérurgie.

FOSTER (Harold), *Halifax, Nouvelle-Écosse, 1892 - Spring Hill, Floride, 1982,* dessinateur et scénariste américain de bandes dessinées. Il est l'auteur d'une version dessinée de **Tarzan* et de la série *Prince Valiant* (1937).

FOSTER (sir Norman), *Manchester 1935,* architecte britannique. Il s'est spécialisé depuis la fin des années 1960 dans une architecture métallique à hautes performances (Centre Sainsbury pour les arts visuels, à Norwich, 1974 - 1978 ; Carré d'art, à Nîmes, 1984 - 1993 ; aéroport Chek Lap Kok, à Hongkong, 1992 - 1998 ; rénovation du Reichstag, à Berlin, 1995 - 1999 ; réaménagement de la grande cour du British Museum, 1997 - 2000).

FOUAD Ier → **FUAD Ier.**

FOUCAULD (Charles, vicomte, puis Père **de**), *Strasbourg 1858 - Tamanrasset 1916,* explorateur et missionnaire français. Officier converti et devenu prêtre (1901), il s'installa dans le Sud algérien, puis (1905) à Tamanrasset, où il étudia la langue des Touareg. Il fut tué par des pillards senousis. Son influence a été très grande sur la spiritualité chrétienne du milieu du xxe s.

FOUCAULT (Léon), *Paris 1819 - id. 1868,* physicien français. Il démontra, grâce au pendule, le mouvement de rotation de la Terre (1851). Il découvrit les courants induits dans les masses métalliques *(courants de Foucault),* détermina la vitesse de la lumière dans différents milieux (1850) et inventa le gyroscope (1852).

FOUCAULT (Michel), *Poitiers 1926 - Paris 1984,* philosophe français. Son analyse des institutions répressives (l'asile, la prison) est étayée par une conception nouvelle de l'histoire, marquée selon lui par des « coupures épistémologiques », et une critique radicale des sciences humaines (*les Mots et les Choses,* 1966).

FOUCHÉ (Joseph), duc **d'Otrante,** *Le Pellerin, près de Nantes, 1759 - Trieste 1820,* homme politique français. Conventionnel montagnard, chargé de mission dans les départements du Centre, il réprima brutalement l'insurrection de Lyon (1793) et mena une politique de déchristianisation et d'action révolutionnaire. Ministre de la Police sous le Directoire, le Consulat puis l'Empire (jusqu'en 1810), il retrouva son poste lors des Cent-Jours et le conserva à la Restauration jusqu'en 1816.

FOUCQUET → **FOUQUET** (Nicolas).

FOUESNANT [fwɛnɑ̃] (29170), ch.-l. de cant. du Finistère ; 8 462 hab. *(Fouesnantais).* Église en partie romane. — Station balnéaire à Beg-Meil.

FOUGÈRES (35300), ch.-l. d'arrond. d'Ille-et-Vilaine ; 22 819 hab. *(Fougerais).* Composants électroniques. Chaussures. — Château fort des xiie-xve s., aux treize tours, église gothique St-Sulpice (œuvres d'art) et autres monuments.

FOUGEROLLES (70220), comm. de la Haute-Saône ; 4 207 hab. *(Fougerollais).* Eaux-de-vie.

FOUJITA (**Fujita Tsuguharu,** baptisé Léonard), *Tokyo 1886 - Zurich 1968,* peintre et graveur japonais naturalisé français. Il a connu le succès, à Paris, dès 1915, avec une peinture qui allie réalisme et poésie, technique occidentale et souvenirs d'une tradition orientale raffinée.

FOULANI → **PEULS.**

FOULBÉ → **PEULS.**

FOULD (Achille), *Paris 1800 - Laloubère, Hautes-Pyrénées, 1867,* homme d'affaires et homme politique français. Ministre des Finances (1849 - 1852 et 1861 - 1867), il se montra partisan du libre-échange. Adepte du saint-simonisme, il fonda, avec les frères Pereire, le Crédit mobilier (1852).

FOULLON (Joseph François), *Saumur 1715 - Paris 1789,* administrateur français. Contrôleur des Finances, après Necker, il fut pendu par le peuple après la prise de la Bastille.

FOULQUES ou **FOULQUE,** *v. 840 - 900,* prélat français. Archevêque de Reims (883), il permit l'accession de Charles III le Simple au trône de France et devint son chancelier (898). Baudouin, comte de Flandre, le fit assassiner.

FOULQUES III Nerra ou **le Noir,** *972 - Metz v. 1040,* comte d'Anjou. Il vainquit les Bretons et le comte de Rennes, Conan Ier. — **Foulques IV le Réchin,** *Château-Landon 1043 - Angers 1109,* comte d'Anjou. Compétiteur de Guillaume le Conquérant pour le comté du Maine, il fut quitté par sa femme, Bertrade de Montfort, qui épousa Philippe Ier, roi de France. — **Foulques V le Jeune,** *1095 - dans le royaume de Jérusalem 1143,* comte d'Anjou, roi de Jérusalem (1131 - 1143).

FOULQUES de Neuilly, *m. à Neuilly-sur-Marne en 1202,* prédicateur français. Innocent III lui fit prêcher la 4e croisade (1198).

FOUQUÉ (Ferdinand André), *Mortain, Manche, 1828 - Paris 1904,* géologue français. Il a contribué à dresser un tableau de classification des roches qui est à la base des classements modernes.

FOUQUET (Jean), *Tours v. 1415/1420 - id. entre 1478 et 1481,* peintre français. Il s'initia aux nouveautés de la Renaissance italienne lors d'un séjour prolongé à Rome (v. 1445). La maturité de son style, monumental et sensible, apparaît dans le diptyque, auj. démembré, comprenant *la Vierge* (musée d'Anvers) et *Étienne Chevalier avec saint Étienne* (Berlin), ainsi que dans des miniatures comme celles des *Heures d'É. Chevalier* (av. 1460, Chantilly) ou des *Antiquités judaïques* (v. 1470, BNF). Il est aussi l'auteur des portraits de *Charles VII* et de *Juvénal des Ursins* (Louvre) et, sans doute, de la *Pietà* de l'église de Nouans (Indre-et-Loire).

FOUQUET ou **FOUCQUET** (Nicolas), vicomte **de Vaux,** *Paris 1615 - Pignerol 1680,* homme d'État français. Procureur général au parlement de Paris (1650), puis surintendant général des Finances (1653), il employa son immense fortune au mécénat des artistes et des écrivains (Molière, La Fontaine, Pellisson), construisit le château de Vaux, suscitant ainsi la jalousie de Louis XIV. Colbert établit le dossier qui permit au roi de faire arrêter puis condamner (1664) Fouquet à l'exil, peine qui fut transformée en une détention rigoureuse au fort de Pignerol (auj. dans le Piémont).

■ JEAN **FOUQUET.** *Étienne Chevalier avec saint Étienne,* volet gauche du *Diptyque de Melun,* v. 1452. (Galerie de peinture de Berlin-Dahlem.)

FOUQUIER-TINVILLE (Antoine Quentin), *Hérouel, Picardie, 1746 - Paris 1795,* magistrat et homme politique français. Accusateur public du Tribunal révolutionnaire dès 1793, il se montra impitoyable sous la Terreur et fut guillotiné lors de la réaction thermidorienne.

F

FOURAS (17450), comm. de la Charente-Maritime ; 3 919 hab. Station balnéaire.

FOURASTIÉ (Jean), *Saint-Bénin, Nièvre, 1907 - Douelle, Lot, 1990,* économiste français. Il vit dans le progrès technique le moteur essentiel des progrès économique et social. Il est l'auteur de nombreux ouvrages, dont *le Grand Espoir du xxe siècle* (1949), *les Trente Glorieuses ou la Révolution invisible* (1979).

FOURCHES CAUDINES → **CAUDINES.**

FOURCROY (Antoine François, comte **de**), *Paris 1755 - id. 1809,* chimiste français. Avec Guyton de Morveau, Berthollet et Lavoisier, il fut l'un des auteurs de la nomenclature chimique rationnelle (1787) et participa à l'organisation de l'enseignement public.

FOUREAU (Fernand), *Saint-Barbant, Haute-Vienne, 1850 - Paris 1914,* explorateur français. Il dirigea avec le commandant Lamy une mission qui partit d'Ouargla (Algérie), traversa le Hoggar et l'Aïr, atteignit le lac Tchad puis remonta le Chari pour rejoindre la mission Gentil.

FOURIER (saint Pierre) → **PIERRE FOURIER.**

FOURIER (Charles), *Besançon 1772 - Paris 1837,* théoricien socialiste français. Il préconisa une organisation sociale fondée sur de petites unités autonomes, les *phalanstères. Il en fit la théorie dans *le Nouveau Monde industriel et sociétaire* (1829) et, de 1832 à 1849, dans la revue *la Réforme industrielle ou le Phalanstère,* devenue *la Phalange.*

FOURIER (Joseph, baron), *Auxerre 1768 - Paris 1830,* mathématicien français. En étudiant la propagation de la chaleur, il découvrit les séries trigonométriques dites « séries de Fourier », puissant instrument mathématique utilisé en physique. (Acad. fr.)

FOURMIES (59610), comm. du Nord, sur l'Helpe Mineure ; 14 231 hab. *(Fourmisiens).* Le 1er mai 1891, la troupe y réprima dans le sang une grève ouvrière. — Musée du Textile et de la Vie sociale.

FOURNAISE (piton de la), volcan actif du sud-est de la Réunion ; 2 631 m.

FOURNEAU (Ernest), *Biarritz 1872 - Paris 1949,* pharmacologue français. Il fut l'un des pionniers de la chimiothérapie et l'auteur de travaux sur les sulfamides et les antipaludéens de synthèse.

FOURNEYRON (Benoît), *Saint-Étienne 1802 - Paris 1867,* ingénieur français. Il réalisa la première turbine hydraulique moderne (1827), utilisée industriellement à partir de 1832.

FOURNIER (Pierre), *Paris 1906 - Genève 1986,* violoncelliste français. Il enseigna au Conservatoire de Paris (1941 - 1949) et se fit le défenseur de la musique contemporaine.

FOURONS, en néerl. **Voeren,** comm. de Belgique (Limbourg) ; 4 226 hab. Située au N. de la prov. de Liège et séparée du reste du Limbourg, elle est en majorité francophone. C'est un terrain privilégié de la querelle linguistique entre Wallons et Flamands.

■ CHARLES DE **FOUCAULD**

■ LÉON **FOUCAULT.** (BNF, Paris.)

■ JOSEPH **FOUCHÉ** par E. L. Dubufe. (Château de Versailles.)

■ CHARLES **FOURIER** par J. Gigoux. (Musée Granvelle, Besançon.)

FOURVIÈRE, colline de Lyon, dominant la Saône. Vestiges de Lugdunum (vaste théâtre, odéon) et musée, souterrain, de la Civilisation gallo-romaine. Basilique de pèlerinage Notre-Dame de Fourvière, élevée après 1870 à l'emplacement de sanctuaires antérieurs.

FOUTA-DJALON n.m., massif de Guinée ; 1 515 m.

FOVEAUX (détroit de), détroit de Nouvelle-Zélande, entre l'île du Sud et l'île Stewart.

FOWLER (William Alfred), *Pittsburgh 1911 - Pasadena 1995*, astrophysicien américain. Il a étudié les processus qui permettent la formation, au sein des étoiles, des éléments chimiques plus lourds que l'hydrogène (nucléosynthèse stellaire). [Prix Nobel de physique 1983.]

FOX (Charles), *Londres 1749 - Chiswick 1806*, homme politique britannique. Chef du parti whig et adversaire de Pitt, il tenta en vain de conclure la paix avec Napoléon et prépara l'abolition de la traite des Noirs.

FOX (George), *Drayton 1624 - Londres 1691*, mystique anglais, fondateur des quakers (1652).

FOX QUESADA (Vicente), *Mexico 1942*, homme politique mexicain. Leader de l'opposition au PRI (Parti révolutionnaire institutionnel), il est président de la République depuis 2000.

FOY ou **FOI** (sainte), *m. à Agen au IIIe s. ?*, vierge et martyre. Son culte fut très populaire au Moyen Âge.

FOY (Maximilien), *Ham 1775 - Paris 1825*, général français. Il couvrit la retraite de l'armée d'Espagne en 1814 et devint député libéral en 1819. Ses obsèques furent l'occasion d'une manifestation contre le régime de Charles X.

FOZ CÔA → **CÔA** (vallée du).

FRA ANGELICO → **ANGELICO**.

FRAC (Fonds régional d'art contemporain), nom, dans chaque Région administrative française, de l'organisme ayant pour mission l achat d'œuvres à des artistes contemporains et la gestion de la collection ainsi constituée. Mis en place à partir de 1982, les FRAC disposent de fonds alloués pour moitié par la Région, pour moitié par l'État.

FRACHON (Benoît), *Le Chambon-Feugerolles, Loire, 1893 - Les Bordes, Loiret, 1975*, syndicaliste français. Il joua un rôle déterminant lors des accords Matignon puis dans l'organisation de la CGT, dont il fut secrétaire général (1936 - 1939, 1944 - 1967) puis président (1967 - 1975).

FRAENKEL (Adolf Abraham), *Munich 1891 - Jérusalem 1965*, mathématicien israélien d'origine allemande. Il a révisé en 1922 l'axiomatisation de la théorie des ensembles, proposée par Zermelo.

FRAGONARD (Jean Honoré), *Grasse 1732 - Paris 1806*, peintre et graveur français. Il est l'auteur de scènes galantes (série des *Progrès de l'amour*, coll. Frick, New York), de scènes de genre et de portraits où la fougue, la saveur s'allient à la grâce. Un de ses chefs-d'œuvre est *la Fête à Saint-Cloud* (Banque de France, Paris). — **Évariste F.**, *Grasse 1780 - Paris 1850*, fils de Jean Honoré, fut un peintre de style troubadour.

■ **FRAGONARD.** Figure de fantaisie : *Portrait d'un jeune artiste*, v. 1769. (Louvre, Paris.)

FRAISSE (Paul), *Saint-Étienne 1911 - Châtenay-Malabry 1996*, psychologue français. Il s'est consacré à l'étude du temps et a promu en France la psychologie scientifique (*les Structures rythmiques*, 1956 ; *Psychologie du temps*, 1957).

FRAIZE (88230), ch.-l. de cant. des Vosges ; 3 027 hab. *(Fraxiniens).*

FRAMERIES, comm. de Belgique (Hainaut) ; 21 270 hab.

FRANCASTEL (Pierre), *Paris 1900 - id. 1970*, historien de l'art français. Professeur de sociologie de l'art, il a étudié la peinture comme système figuratif exprimant de façon autonome, à chaque époque, un certain état de civilisation (*Peinture et société*, 1952 ; *la Réalité figurative*, 1965 ; etc.).

FRANCE n.f., État d'Europe occidentale ; 549 000 km² ; 60 186 184 hab. *(Français).* CAP. *Paris.* V. PRINC. *Marseille* et *Lyon.* LANGUE : *français.* MONNAIES : *euro* et *franc français.*

INSTITUTIONS

Constitution. En 1958, un référendum a approuvé une nouvelle Constitution préparée par le gouvernement du général de Gaulle, entrée en vigueur le 4 oct. 1958 et modifiée en 1960 puis, plus fondamentalement à la suite d'un référendum, par la loi du 6 novembre 1962. Le président de la République, élu pour sept ans au suffrage universel direct (pour cinq ans à partir de la révision constitutionnelle du 2 octobre 2000), nomme le Premier ministre et, sur la proposition de celui-ci, les membres du gouvernement ; il promulgue les lois et peut soumettre au référendum certains projets de loi (organisation des pouvoirs publics, ratification d'un traité ayant des incidences sur les institutions et, depuis 1995,

LES RÉGIONS

1 Alsace	12 Limousin
2 Aquitaine	13 Lorraine
3 Auvergne	14 Midi-Pyrénées
4 Bourgogne	15 Nord-Pas-de-Calais
5 Bretagne	16 Normandie (Basse-)
6 Centre	17 Normandie (Haute-)
7 Champagne-Ardenne	18 Pays de la Loire
8 Corse (collectivité terr.)	19 Picardie
9 Franche-Comté	20 Poitou-Charentes
10 Île-de-France	21 Provence-Alpes-Côte d'Azur
11 Languedoc-Roussillon	22 Rhône-Alpes

Les départements d'outre-mer (Guadeloupe, Martinique, Guyane, Réunion) constituent des Régions monodépartementales.

LES DÉPARTEMENTS

nom	code	Région	nom	code	Région
Ain	01	22	Lot-et-Garonne	47	2
Aisne	02	19	Lozère	48	11
Allier	03	3	Maine-et-Loire	49	18
Alpes-de-Haute-Provence	04	21	Manche	50	16
Alpes (Hautes-)	05	21	Marne	51	7
Alpes-Maritimes	06	21	Marne (Haute-)	52	7
Ardèche	07	22	Mayenne	53	18
Ardennes	08	7	Meurthe-et-Moselle	54	13
Ariège	09	14	Meuse	55	13
Aube	10	7	Morbihan	56	5
Aude	11	11	Moselle	57	13
Aveyron	12	14	Nièvre	58	4
Belfort (Territoire de)	90	9	Nord	59	15
Bouches-du-Rhône	13	21	Oise	60	19
Calvados	14	16	Orne	61	16
Cantal	15	3	Paris (Ville de)	75	10
Charente	16	20	Pas-de-Calais	62	15
Charente-Maritime	17	20	Puy-de-Dôme	63	3
Cher	18	6	Pyrénées-Atlantiques	64	2
Corrèze	19	12	Pyrénées (Hautes-)	65	14
Corse-du-Sud	2A	8	Pyrénées-Orientales	66	11
Corse (Haute-)	2B	8	Rhin (Bas-)	67	1
Côte-d'Or	21	4	Rhin (Haut-)	68	1
Côtes-d'Armor	22	5	Rhône	69	22
Creuse	23	12	Saône (Haute-)	70	9
Dordogne	24	2	Saône-et-Loire	71	4
Doubs	25	9	Sarthe	72	18
Drôme	26	22	Savoie	73	22
Essonne	91	10	Savoie (Haute-)	74	22
Eure	27	17	Seine-Maritime	76	17
Eure-et-Loir	28	6	Seine-et-Marne	77	10
Finistère	29	5	Seine-Saint-Denis	93	10
Gard	30	11	Sèvres (Deux-)	79	20
Garonne (Haute-)	31	14	Somme	80	19
Gers	32	14	Tarn	81	14
Gironde	33	2	Tarn-et-Garonne	82	14
Hauts-de-Seine	92	10	Val-de-Marne	94	10
Hérault	34	11	Val-d'Oise	95	10
Ille-et-Vilaine	35	5	Var	83	21
Indre	36	6	Vaucluse	84	21
Indre-et-Loire	37	6	Vendée	85	18
Isère	38	22	Vienne	86	20
Jura	39	9	Vienne (Haute-)	87	12
Landes	40	2	Vosges	88	13
Loir-et-Cher	41	6	Yonne	89	4
Loire	42	22	Yvelines	78	10
Loire (Haute-)	43	3	Guadeloupe	971	
Loire-Atlantique	44	18	Martinique	972	
Loiret	45	6	Guyane	973	
Lot	46	14	Réunion	974	

MER DU NORD
MANCHE
ATLANTIQUE
GOLFE DE GASCOGNE
MÉDITERRANÉE
GRANDE-BRETAGNE
Leicester
Birmingham
Oxford
Cardiff
LONDRES
Tamise
Canal de Bristol
Bristol
Douvres
Southampton
I. de Wight
Plymouth
PAYS-BAS
AMSTERDAM
LA HAYE
Utrecht
Rotterdam
Munster
Rhin
Dortmund
Duisburg
Essen
Düsseldorf
Cologne
Bonn
ALLEMAGNE
Wiesbaden
Pas de Calais
Dunkerque
Calais
Gand
Anvers
BRUXELLES
BELGIQUE
Liège
Boulogne-sur-Mer
Tourcoing
Lille
Roubaix
Douai
NORD-PAS-DE-CALAIS
Arras
Valenciennes
LUXEMBOURG
Moselle
Somme
Dieppe
Amiens
St-Quentin
Charleville-Mézières
C. de la Hague
Aurigny
Pte de Barfleur
Cherbourg
Guernesey
Îles Anglo-Normandes
Jersey
Golfe de St-Malo
HAUTE-NORMANDIE
PICARDIE
Le Havre
Rouen
Beauvais
Oise
Laon
Seine
Meuse
Thionville
Metz
Karlsruhe
ALSACE
St-Lô
Caen
Évreux
Pontoise
Reims
Bobigny
Châlons-en-Champagne
BASSE-NORMANDIE
Nanterre
PARIS
Créteil
CHAMPAGNE-ARDENNE
Nancy
Strasbourg
Brest
St-Malo
Versailles
Bar-le-Duc
St-Brieuc
Alençon
Chartres
ÎLE-DE-FRANCE
Evry
Melun
LORRAINE
Épinal
Vosges
Colmar
BRETAGNE
Quimper
Vilaine
Rennes
Troyes
Chaumont
Mulhouse
Laval
Le Mans
Lorient
Vannes
PAYS DE LA LOIRE
Orléans
Auxerre
Vesoul
Belfort
Marne
Loir
Loire
Montbéliard
Belle-Île
Angers
Blois
Tours
Yonne
Saône
Besançon
St-Nazaire
Nantes
CENTRE
Dijon
Saumur
Bourges
BOURGOGNE
FRANCHE-COMTÉ
BERNE
Noirmoutier
Indre
Cher
Nevers
La Roche-sur-Yon
Châtellerault
Chalon-sur-Saône
Doubs
SUISSE
Yeu
Châteauroux
Allier
Lons-le-Saunier
Jura
Lausanne
Poitiers
Moulins
Ain
L. Léman
Rhône
Niort
Creuse
Montluçon
Mâcon
Ré
La Rochelle
Vienne
Guéret
Vichy
Bourg-en-Bresse
Genève
Annecy
Oléron
POITOU-CHARENTES
Charente
LIMOUSIN
Clermont-Ferrand
Roanne
Mt Blanc 4808
Angoulême
Limoges
Lyon
Villeurbanne
Chambéry
Puy de Sancy 1885
St-Étienne
Gironde
Tulle
AUVERGNE
RHÔNE-ALPES
Grenoble
Turin
Isère
Alpes
Périgueux
Dordogne
Isle
Massif Central
Le Puy-en-Velay
Valence
Bordeaux
Aurillac
Privas
Gap
ITALIE
Lot
Montélimar
Durance
Landes
AQUITAINE
Cahors
Mende
PROVENCE-ALPES-CÔTE D'AZUR
Var
Mont-de-Marsan
Agen
MIDI-PYRÉNÉES
Rodez
Alès
Digne-les-Bains
MONACO
Aveyron
Albi
Tarn
Montauban
Nîmes
Avignon
Nice
Verdon
Adour
Auch
Agout
Hérault
Aix-en-Provence
Cannes
Bayonne
Toulouse
Montpellier
CÔTE D'AZUR
Bilbao
Pau
Tarbes
LANGUEDOC-ROUSSILLON
Carcassonne
Béziers
Marseille
Toulon
Côte d'Azur
Garonne
Foix
Golfe du Lion
Pyrénées
P. d'Aneto 3404
Perpignan
ANDORRE
ESPAGNE
Saragosse
Èbre
Barcelone
MADRID
C. Corse
Bastia
Calvi
Corte
CORSE
Ajaccio
Bonifacio
0°
5°
50°
45°
0 50 100 km
200 500 1000 m
aéroport
autoroute
route
voie ferrée
plus de 1 000 000 h.
de 500 000 à 1 000 000 h.
de 100 000 à 500 000 h.
moins de 100 000 h.
Caen chef-lieu de région
St-Lô chef-lieu de département

F

COURS D'EAU	longueur en km
Rhin (190 km sur la frontière française)	1 320
Loire	1 020
Meuse (450 km en France)	950
Rhône (522 km en France)	812
Seine	776
Garonne	650
Moselle	550
Marne	525
Lot	480
Saône	480
Dordogne	472
Doubs	430
Allier	410
Tarn	375
Charente	360
Cher	350
Vienne	350
Adour	335
Loir	311
Durance	305
Oise	302
Yonne	293
Isère	290
Sarthe	285
Aisne	280
Indre	265
Creuse	255
Aveyron	250
Aube	248
Somme	245
Eure	225
Vilaine	225
Ill	208

LACS	superficie en km²
Lac Léman (partagé avec la Suisse)	582
Lac du Der-Chantecoq	48
Lac du Bourget	45
Lac de Grand-Lieu	37
Lac de Serre-Ponçon	30
Lac d'Annecy	27

ÎLES	
Corse	8 620
Oléron	175
Belle-Île	90
Ré	85
Noirmoutier	48

SOMMETS	altitude en m
ALPES	
Mont Blanc	4 808
Dôme du Goûter	4 304
Grandes Jorasses	4 208
Aiguille Verte	4 122
Barre des Écrins	4 102
Aiguille du Géant	4 013
Meije	3 983
Mont Pelvoux	3 946
Grande Casse	3 852
Ventoux	1 909
Lubéron	1 125
PYRÉNÉES	
Pic de Vignemale	3 298
Pic du Marboré	3 253
Pic de Néouvielle	3 091
Pic Carlitte	2 921
Pic du Midi d'Ossau	2 884
Pic du Midi de Bigorre	2 872
Pic du Canigou	2 784
Pic d'Anie	2 504
JURA	
Crêt de la Neige	1 718
Grand Colombier	1 531
MASSIF CENTRAL	
Puy de Sancy	1 885
Plomb du Cantal	1 855
Puy Mary	1 787
Mézenc	1 753
Aigoual	1 565
Puy de Dôme	1 465
VOSGES	
Grand Ballon	1 424
Hohneck	1 362
Ballon d'Alsace	1 247
CORSE	
Monte Cinto	2 710

réforme de la politique économique et sociale) ; il peut prononcer la dissolution de l'Assemblée nationale ; dans certains cas graves (art. 16), il prend les mesures exigées par les circonstances après consultation du Premier ministre, des présidents des Assemblées et du Conseil constitutionnel. Le gouvernement est responsable devant l'Assemblée nationale. Le Parlement, qui comprend l'Assemblée nationale (élue pour cinq ans au suffrage direct) et le Sénat (élu pour neuf ans avec renouvellement triennal au suffrage indirect), exerce le pouvoir législatif. La Constitution définit la composition et les pouvoirs du Conseil constitutionnel, du Conseil supérieur de la magistrature, de la Haute Cour de justice, de la Cour de justice de la République et du Conseil économique et social. La Constitution a été modifiée à différentes reprises : en 1963 (sessions parlementaires), en 1974 (saisine du Conseil constitutionnel), en 1976 (remplacement du président de la République), en 1992 (en vue de la ratification du traité de Maastricht), en 1993 (réformes du Conseil supérieur de la magistrature et de la Haute Cour de justice avec création de la Cour de justice de la République ; révision du droit d'asile), en 1995 (session parlementaire unique ; extension du champ du référendum), en 1996 (Sécurité sociale), en 1998 (avenir institutionnel de la Nouvelle-Calédonie), en 1999 (en vue de la ratification du traité d'Amsterdam ; en vue de la ratification du traité créant la Cour pénale internationale ; principe de la parité hommes-femmes en politique), en 2000 (réduction du mandat présidentiel de sept à cinq ans).

Administration. Le territoire est divisé en 21 Régions et la collectivité territoriale de Corse, entre lesquelles sont répartis les 96 départements métropolitains. La République compte également 4 départements d'outre-mer (Guadeloupe, Martinique, Guyane, Réunion), qui constituent aussi chacun une Région, 3 territoires d'outre-mer (Polynésie française, Wallis-et-Futuna, terres Australes et Antarctiques françaises), 2 collectivités territoriales à statut particulier (Mayotte, Saint-Pierre-et-Miquelon) et la Nouvelle-Calédonie. Chaque département est divisé en arrondissements, subdivisés en cantons et en communes. Avant la loi du 2 mars 1982 sur la décentralisation, le préfet était nommé par le gouvernement à la tête du département. Depuis 1982, il n'est plus que le représentant de l'État dans le département. Le président du conseil général — assisté de conseillers généraux élus au suffrage universel — est l'organe exécutif du département. Le président du conseil régional — assisté de conseillers régionaux élus depuis 1986 au suffrage universel — est l'organe exécutif de la Région. Depuis 1982, celle-ci est une collectivité locale au même titre que la commune et le département. La Corse est dotée d'un statut particulier (Assemblée de Corse). Des chambres régionales des comptes assurent le contrôle budgétaire des collectivités locales. L'administration de chaque commune est confiée à un maire, assisté d'un conseil municipal. Il existe en France 342 arrondissements (329 en métropole), 4 032 cantons (3 876) et 36 680 communes (36 566).

Justice. En France, la justice entre les particuliers est rendue par 473 tribunaux d'instance (tribunaux de police pour les contraventions) et 181 tribunaux de grande instance (tribunaux correctionnels pour les délits) [au moins un par département]. Certains litiges sont portés devant d'autres tribunaux : tribunal de commerce, conseil de prud'hommes, etc. Les affaires d'une certaine importance peuvent être jugées une seconde fois par l'une des 35 cours d'appel. La Cour de cassation, juridiction suprême de l'ordre judiciaire, qui siège à Paris, juge en droit et non en fait, c'est-à-dire qu'elle juge les arrêts ou jugements et les casse, s'il y a lieu, pour non-conformité à la loi ; elle juge également les pourvois en révision. Les cours d'assises, composées de magistrats professionnels et d'un jury, jugent les crimes en premier ressort (9 jurés) et en appel (12 jurés). La justice administrative est rendue par des tribunaux administratifs et, en appel, par des cours administratives d'appel et/ou par le Conseil d'État, juridiction suprême de l'ordre administratif. Le Tribunal des conflits tranche les conflits de compétence entre les tribunaux judiciaires et les tribunaux administratifs. La Cour des comptes juge les comptes des comptables publics et des chambres régionales des comptes.

F

LA GAULE vers 60 av. J.-C.

ARVERNES : Peuple celte
Burdigala : Nom ancien
Bordeaux : Nom moderne
● Principaux sites archéologiques préromains
200 km

Structures religieuses. L'administration de l'Église catholique romaine, dont l'ensemble des fidèles baptisés représente entre 80 et 84 % de la population, est divisée, dans la métropole, en 95 diocèses territoriaux (dont 74 correspondent à ces départements), regroupés en 17 provinces ecclésiastiques et 9 régions apostoliques. Les protestants (entre 900 000 et 1 million de fidèles) se répartissent en plusieurs communautés (notamment l'Église réformée de France et l'Église de la Confession d'Augsbourg d'Alsace et de Lorraine [luthérienne]), qui sont regroupées dans la Fédération protestante de France. L'islam, devenu avec environ 4 millions de fidèles la deuxième religion du pays, est divisé entre différents courants et ne possède pas de véritables structures unitaires. Les communautés juives (entre 500 000 et 600 000 fidèles) se partagent entre les deux grandes traditions ashkénaze et séfarade, mais n'ont pas d'administration religieuse centralisée et hiérarchisée ; le Consistoire central de France, créé par Napoléon en 1808, et le Conseil représentatif des institutions juives de France (CRIF) n'ont qu'un rôle de représentation, d'assistance ou de défense des communautés.

GÉOGRAPHIE

La France est aujourd'hui une puissance moyenne, comptant seulement 1 % de la population mondiale. Mais elle appartient au groupe restreint des pays développés et conserve d'un passé prestigieux un rayonnement politique et surtout culturel débordant largement le cadre hexagonal et même européen.

Le milieu naturel est caractérisé par l'extension des plaines et des bas plateaux (plus des deux tiers du territoire sont au-dessous de 250 m) ; la montagne elle-même est souvent bordée ou pénétrée par des vallées, voies de circulation et de peuplement. La latitude, la proximité de l'Atlantique et aussi la disposition du relief expliquent la dominante océanique du climat, caractérisé par l'instabilité des types de temps, la faiblesse des écarts de température, la relative abondance et la fréquence des précipitations. La rigueur de l'hiver s'accroît cependant vers l'intérieur, alors que la frange méridionale connaît un climat de type méditerranéen, marqué surtout par la chaleur et la sécheresse de l'été.

L'ancienneté et la relative densité du peuplement, l'étendue des cultures expliquent la quasi-disparition de la végétation naturelle, mais la forêt occupe environ le quart du territoire. La population s'accroît à un rythme réduit (0,3 à 0,4 % par an), en raison d'un faible taux de natalité (inférieur à 13‰). La population vieillit : seulement 25 % de moins de 20 ans dans la population totale et 20 % de 60 ans et plus. Déjà, dans de nombreux départements (essentiellement au S. de la Loire), les décès sont plus nombreux que les naissances. Les immigrés représentent environ 8 % de la population totale, mais localement (dans les grandes agglomérations) parfois 10 à 15 %. Environ 75 % des Français vivent dans les villes, dont près de 40 dépassent 100 000 hab. L'agglomération parisienne concentre le sixième des Français (loin devant Lyon et Marseille).

La population active représente environ 26 millions de personnes (14 millions d'hommes et 12 millions de femmes), parmi lesquelles env. 9 % sont à la recherche d'un emploi. L'agriculture occupe aujourd'hui seulement 4 % des actifs ; l'industrie, guère plus de 25 %. Les services (administration, commerce, banques, transports, armée, etc.) emploient donc plus des deux tiers des Français.

L'industrie, dans le cadre de la mondialisation des échanges, de la division internationale du travail, a connu des fortunes diverses. Des branches anciennement développées ont souffert, comme le textile ou la sidérurgie. Des branches plus élaborées, comme la construction mécanique (automobile, aéronautique) et électrique, la chimie, ont mieux résisté, de même que l'agroalimentaire. Dans le domaine énergétique, le nucléaire a partiellement compensé le déclin continu du charbon et le recul, plus récent, du pétrole (presque totalement importé) et fournit environ les trois quarts de la production totale d'électricité. Des régions ont été très touchées, comme le Nord et la Lorraine, précocement industrialisés. La modernisation du réseau de transport est permanente dans le domaine ferroviaire (TGV) et routier (plus de 10 000 km de voies autoroutières), tandis que le réseau aérien intérieur s'est densifié. La France demeure, et de loin, la première puissance agricole de l'Union européenne (blé, vins, viande, produits laitiers...). Elle exporte aujourd'hui environ 20 % de sa production totale (pour plus de moitié vers ses partenaires de l'Union européenne), vendant surtout des produits industriels (automobiles, avions, etc.) ainsi que des excédents agricoles. Les achats de matières premières minérales et énergétiques (pétrole notamm.) n'empêchent pas un excédent de la balance commerciale. La situation de la balance des paiements est améliorée par l'excédent du solde du tourisme, mais le pays est endetté. L'inflation est devenue quasi nulle, sans que cela s'accompagne toutefois d'un net accroissement de la compétitivité industrielle sur le plan international, alors que la concurrence est vive, venant des autres États développés, mais aussi de pays récemment industrialisés (Asie du Sud-Est notamm.). Le problème de l'emploi reste une préoccupation majeure, même si la reprise de la croissance, à la fin des années 1990, induit une tendance nette au reflux du chômage.

HISTOIRE

La préhistoire. 1 million d'années-90 000 (paléolithique ancien ou inférieur) : arrivée probable des premiers habitants et éclosion des premières industries lithiques (galets aménagés, acheuléen). **90 000 - 40 000** (paléolithique moyen) : l'outillage se diversifie (moustérien) ; l'homme de Neandertal a un habitat organisé et pratique le culte des morts. Les principaux gisements sont ceux de La Chapelle-aux-Saints, du Moustier, de la Ferrassie, d'Arcy-sur-Cure et de Biache-Saint-Vaast. **40 000 - 8 000** (paléolithique supérieur) : *Homo sapiens* fait son apparition ; l'industrie lithique comporte le débitage laminaire (périgordien, aurignacien, solutréen, magdalénien), naissance de l'industrie osseuse ; des formes d'art sont attestées (peintures rupestres de Lascaux, Font-de-Gaume, Niaux, art mobilier des Eyzies, la Madeleine, etc.). **8 000 - Ve millénaire** (mésolithique ou épipaléolithique) : sous l'effet de l'adoucissement du climat (fin de la glaciation de würm), les chasseurs-cueilleurs évoluent vers une économie de production. Le travail de la pierre est renouvelé par la création d'industries microlithiques. **Ve millénaire - début du IIIe millénaire** (néolithique) : des communautés villageoises pratiquent l'agriculture, chassent à l'arc et aux flèches, inventent de nouvelles formes de pêche et multiplient les innovations techniques. C'est l'époque du mégalithisme. **IIIe millénaire** (chalcolithique ou énéolithique) : la métallurgie fait ses débuts, avec l'usage du cuivre. Ce qui sera la France compte peut-être 2 millions d'habitants. **IIe millénaire** (âge du bronze) : une civilisation aux fonctions plus diversifiées s'organise, avec des guerriers et des marchands, agents d'un commerce à la recherche de métaux (cuivre et surtout étain, en provenance de Bretagne et de Grande-Bretagne). **Ier millénaire** (âge du fer) : les civilisations de Hallstatt, de La Tène témoignent d'une métallurgie de qualité, d'un art funéraire évolué en ce qui concerne les sépultures des chefs (chars d'apparat, très beau mobilier funéraire, attesté notamm. à Vix). Cette époque, celle du passage à l'histoire, est marquée aussi par l'installation des Celtes, dont la civilisation s'organise autour d'*oppida* (tel Ensérune) contenant des sanctuaires (Entremont, Roquepertuse).

La Gaule romaine. 58 - 51 av. J.-C. - Ve s. apr. J.-C. : de la conquête par Jules César aux invasions barbares, après les résistances initiales (Vercingétorix), une brillante culture, gallo-romaine, se développe. (→ **Gaule.**)

Francs et Mérovingiens. Ve s. : les grandes invasions mettent fin à la domination romaine : Vandales, Wisigoths traversent le pays. Les Huns sont arrêtés aux champs Catalauniques. Les Francs, avec Clovis, se rendent maîtres de la plus grande partie du territoire. **511 :** à la mort de Clovis se forment les trois royaumes mérovingiens d'Austrasie, de Neustrie et de Bourgogne, qui se combattent. **Milieu du VIIe s. - milieu du VIIIe s. :** les derniers rois mérovingiens perdent l'Aquitaine et l'Armorique ; la réalité du pouvoir appartient à l'aristocratie et en partie aux maires du palais. Le plus important, Pépin de Herstal, se rend maître des trois royaumes (687) et son fils, Charles Martel, écrase les Sarrasins à Poitiers (732).

Les Carolingiens. 751 : Pépin le Bref dépose le dernier Mérovingien et se fait couronner roi,

LA FRANCE DE PHILIPPE AUGUSTE

- Le domaine royal en 1180
- Acquisitions de Philippe Auguste
- Fiefs de la Couronne
- Seigneuries ecclésiastiques
- Dépendances du roi d'Angleterre en 1223

LA FRANCE DE LOUIS XI

- Le domaine royal en 1461
- Acquisitions de Louis XI
- Fiefs de la Couronne
- Calais, possession anglaise

fondant ainsi la dynastie carolingienne. **768 - 814 :** Charlemagne, protecteur de la papauté, couronné empereur à Rome par Léon III (800), crée un empire allant de l'Èbre à l'Elbe et favorise un renouveau culturel et artistique. **814 - 840 :** Louis Ier le Pieux se heurte à la révolte de ses fils. **843 :** au traité de Verdun, l'Empire est partagé en trois royaumes. **843 - 987 :** Charles le Chauve, premier roi de France, et ses successeurs doivent faire face aux invasions vikings en Normandie (911 notamm.) tandis que naît le régime féodal.

La force des Capétiens. 987 : Hugues Capet, élu roi, fonde la dynastie capétienne. Il fait sacrer son fils de son vivant pour assurer le principe dynastique. **987 - 1108 :** Hugues et ses trois successeurs (Robert II, Henri Ier et Philippe Ier) ne dominent réellement qu'un petit domaine autour de Paris. **XIIe s. :** Louis VI le Gros et Louis VII le Jeune agrandissent ce domaine et affermissent leur pouvoir face aux féodaux. Un puissant réveil religieux (Cluny, chevalerie, croisades), économique et urbain, la constitution d'une bourgeoisie, le développement culturel et artistique (passage de l'art roman à l'art gothique) marquent ces règnes, malgré la menace que fait peser sur la France le renforcement de l'« Empire angevin » des rois d'Angleterre (Plantagenêts). **1180 - 1223 :** Philippe Auguste donne à la monarchie son caractère national par sa lutte contre la coalition formée par l'Angleterre, la Flandre et l'Empire (victoire de Bouvines, 1214). **1226 - 1270 :** règne de Louis IX (Saint Louis). **1285 - 1314 :** s'appuyant sur le droit romain, Philippe IV le Bel renforce l'appareil administratif de la royauté et affermit son indépendance face au pouvoir temporel de l'Église. **1328 :** Charles IV le Bel meurt sans fils. La couronne passe à un Valois, Philippe VI.

La fin du Moyen Âge. 1337 - 1453 : la guerre de Cent Ans oppose Français et Anglais. La peste noire fait des ravages (1347 - 1349). Charles V, avec Du Guesclin, rétablit la situation (1364 - 1380). Celle-ci se détériore de nouveau sous Charles VI (1380 - 1422) : la monarchie ne peut résister à l'alliance du duché de Bourgogne et de l'Angleterre et, après la défaite d'Azincourt (1415), le traité de Troyes (1420) rend l'Angleterre maîtresse du pays. Charles VII (1422 - 1461), le « roi de Bourges », a plus de succès, grâce, d'abord, à l'aide de Jeanne d'Arc (délivrance d'Orléans en 1429). Les Anglais sont « boutés hors de France », les finances restaurées (Jacques Cœur), une armée permanente est organisée ; l'autorité royale s'étend même à l'Église nationale (pragmatique

LA FRANCE DEPUIS 1610

- Limites de la France en 1610
- Acquisitions de 1610 à 1789
- La France en 1789
- Les provinces-gouvernements en 1789
- Capitales de provinces
- Acquisitions territoriales après 1789
- Territoires perdus en 1815
- Territoires perdus en 1871 et recouvrés en 1919
- T Tende et La Brigue, acquisitions de 1947
- Frontières actuelles

sanction de Bourges, 1438). **1461 - 1483 :** le redressement se confirme sous Louis XI, qui triomphe des féodaux, recueille l'héritage de la maison d'Anjou et, par sa victoire sur Charles le Téméraire, acquiert le duché de Bourgogne (1477) ; mais il voit se constituer la formidable puissance des Habsbourg.

La Renaissance. 1483 - 1515 : Charles VIII (qui épouse l'héritière de la Bretagne) et Louis XII engagent les guerres d'Italie. **1515 - 1547 :** François Ier poursuit la politique italienne, conquiert le Milanais (Marignan, 1515), signe la *paix perpétuelle* avec les cantons suisses (1516), fait alliance avec le pape et les Ottomans contre les Habsbourg, mais ne peut éviter l'alliance de ceux-ci avec l'Angleterre ; il renforce la monarchie, à l'intérieur, et favorise la Renaissance. **1547 - 1589 :** sous Henri II (1547 - 1559), la lutte continue contre les Habsbourg et l'Angleterre ; le développement du calvinisme provoque les guerres de Religion, qui, culminant en 1572 avec la Saint-Barthélemy, ruinent le pays et affaibliront l'autorité royale sous François II, Charles IX et Henri III.

Le temps des Bourbons. 1589 - 1610 : Henri de Navarre (Henri IV), gendre d'Henri II, hérite de la couronne. Il pacifie et reconstitue la France, assure la liberté de culte aux protestants (édit de Nantes, 1598), restaure, avec Sully, les finances et l'économie. **1610 - 1643 :** Louis XIII, aidé de Richelieu, soumet les protestants et les nobles, développe l'absolutisme. Il crée le premier empire colonial (Canada), mais engage la France dans la guerre de Trente Ans. **1643-1715 :** pendant la minorité de Louis XIV, les troubles de la Fronde menacent l'autorité royale. La France triomphe de l'Espagne au traité des Pyrénées (1659) ; elle y gagne l'Artois et le Roussillon. Après 1661 (mort de Mazarin), Louis XIV gouverne en maître absolu. Chef de l'Église de France, le roi exige la même soumission générale (condamnation du jansénisme, lutte contre les protestants [révoca-

TABLEAU CHRONOLOGIQUE DES SOUVERAINS, RÉGIMES ET CHEFS D'ÉTAT DE LA FRANCE

MÉROVINGIENS	
Chlodion (ou Clodion)	v. 428-v. 447
Mérovée	v. 447-v. 457
Childéric Ier	v. 457-481 ou 482
Clovis	481 ou 482-511
Premier partage (511)	
Austrasie	
Thierry Ier	511-v. 534
Théodebert Ier ou Thibert	534-547/548
Théodebald ou Thibaud	547/548-555
Orléans	
Clodomir	511-524
Paris	
Childebert Ier	511-558
Neustrie	
Clotaire Ier (seul roi de 558 à 561)	511-561
Deuxième partage (561)	
Paris	
Caribert	561-567
Orléans et Bourgogne	
Gontran	561-592
Neustrie	
Chilpéric Ier	561-584
Clotaire II (seul roi de 613 à 629)	584-629
Dagobert Ier (seul roi de 629 à 634)	629-v. 638
Austrasie	
Sigebert Ier	561-575
Childebert II	575-595
Thibert ou Théodebert II	595-612
Sigebert II	613
Bourgogne	
Thierry II	595/596-613
Austrasie	
Sigebert III	634-656
Childéric II	662-675
Dagobert II	676-679
Neustrie et Bourgogne	
Clovis II	639-657
Clotaire III	657-673
Thierry III	673-690 ou 691
Clovis III	675
Clovis IV	691-695
Childebert III	695-711
Dagobert III	711-715
Chilpéric II, désigné par les Neustriens	715-721
Clotaire IV, désigné par Charles Martel	718-719
Thierry IV	721-737
Interrègne	737-743
Childéric III	743-751

CAROLINGIENS	
Pépin le Bref	751-768
Charlemagne (avec Carloman jusqu'en 771)	768-814
Louis Ier le Pieux ou le Débonnaire	814-840
Charles II le Chauve	843-877
Louis II le Bègue	877-879
Louis III et Carloman	879-882
Carloman seul	882-884
Charles le Gros	884-887
Eudes (famille capétienne)	888-898
Charles III le Simple (Il partagea le trône avec Eudes de 893 à 898.)	893-923
Robert Ier (famille capétienne) : opposé à Charles le Simple	922-923
Raoul	923-936
Louis IV d'Outremer	936-954
Lothaire	954-986
Louis V	986-987
CAPÉTIENS DIRECTS	
Hugues Capet	987-996
Robert II le Pieux	996-1031
Henri Ier	1031-1060
Philippe Ier	1060-1108
Louis VI le Gros	1108-1137
Louis VII le Jeune	1137-1180
Philippe II Auguste	1180-1223
Louis VIII	1223-1226
Louis IX (Saint Louis)	1226-1270
Philippe III le Hardi	1270-1285
Philippe IV le Bel	1285-1314
Louis X le Hutin	1314-1316
Jean Ier (posthume)	1316
Philippe V le Long	1316-1322
Charles IV le Bel	1322-1328
VALOIS	
Valois directs	
(issus de Charles de Valois, frère de Philippe le Bel)	
Philippe VI de Valois	1328-1350
Jean II le Bon	1350-1364
Charles V le Sage	1364-1380
Charles VI	1380-1422
Charles VII	1422-1461
Louis XI	1461-1483
Charles VIII	1483-1498
Valois-Orléans	
(issus du 1er fils de Louis d'Orléans, frère de Charles VI)	
Louis XII	1498-1515
Valois-Angoulême	
(issus du 3e fils de Louis d'Orléans)	
François Ier	1515-1547
Henri II	1547-1559
François II	1559-1560
Charles IX	1560-1574
Henri III	1574-1589

BOURBONS	
(issus de Robert, comte de Clermont, 6e fils de Saint Louis)	
Henri IV	1589-1610
Louis XIII	1610-1643
Louis XIV	1643-1715
Louis XV	1715-1774
Louis XVI	1774-1792
Ire RÉPUBLIQUE	
Convention	1792-1795
Directoire	1795-1799
Consulat	1799-1804
PREMIER EMPIRE	
Napoléon Ier, empereur	1804-1814
Les Cent-Jours	1815
RESTAURATION	
(Bourbons)	
Louis XVIII	1814-1824
Charles X	1824-1830
MONARCHIE DE JUILLET	
(Bourbons-Orléans)	
Louis-Philippe Ier	1830-1848
IIe RÉPUBLIQUE	
Louis Napoléon Bonaparte	1848-1852
SECOND EMPIRE	
Napoléon III, empereur	1852-1870
IIIe RÉPUBLIQUE	
Adolphe Thiers	1871-1873
Mac-Mahon	1873-1879
Jules Grévy	1879-1887
Sadi-Carnot	1887-1894
Casimir-Perier	1894-1895
Félix Faure	1895-1899
Émile Loubet	1899-1906
Armand Fallières	1906-1913
Raymond Poincaré	1913-1920
Paul Deschanel	(févr.-sept.) 1920
Alexandre Millerand	1920-1924
Gaston Doumergue	1924-1931
Paul Doumer	1931-1932
Albert Lebrun	1932-1940
ÉTAT FRANÇAIS	
Philippe Pétain	1940-1944
GOUVERNEMENT PROVISOIRE DE LA RÉPUBLIQUE	
Charles de Gaulle	1944-1946
Félix Gouin, Georges Bidault, Léon Blum	1946-1947
IVe RÉPUBLIQUE	
Vincent Auriol	1947-1954
René Coty	1954-1959
Ve RÉPUBLIQUE	
Charles de Gaulle	1959-1969
Georges Pompidou	1969-1974
Valéry Giscard d'Estaing	1974-1981
François Mitterrand	1981-1995
Jacques Chirac	1995

tion de l'édit de Nantes, 1685]). À l'extérieur, aux victoires et aux conquêtes des débuts (Flandre, Franche-Comté, Alsace ; guerres de Dévolution, 1667-1668, et de Hollande, 1672-1678) succèdent des revers (guerre de la ligue d'Augsbourg, 1686-1697 ; guerre de la Succession d'Espagne, 1701-1714), qui s'accompagnent de misère. **1715-1774 :** le règne de Louis XV commence par la régence de Philippe d'Orléans (1715-1723), qui prend le contre-pied de la politique de Louis XIV dans le domaine des alliances (rapprochement avec l'Angleterre). À sa majorité, Louis XV confie le gouvernement de l'État au cardinal Fleury et ne prend en main les affaires qu'après 1743. L'expansion démographique et commerciale ne compense pas les difficultés financières grandissantes, tandis que le mouvement philosophique menace l'autorité de l'Église et celle du roi. Aux victoires de la guerre de la Succession d'Autriche (Fontenoy, 1745) succèdent les désastres de la guerre de Sept Ans et la perte de la plus grande partie de l'empire colonial au profit de l'Angleterre (traité de Paris, 1763). **1774-1789 :** Louis XVI est impuissant à résoudre le problème financier et la crise économique et sociale des années 1780 ; les réformateurs (Turgot, Necker) se heurtent aux privilèges nobiliaires. À l'extérieur, l'intervention française assure l'indépendance américaine (traité de Versailles, 1783).

La Révolution. 1789 : les États généraux convoqués en mai se proclament dès juin Assemblée nationale constituante. Privilèges et droits féodaux sont abolis, une Déclaration des droits de l'homme est publiée (août) ; les biens du clergé, déclarés biens nationaux, sont vendus (nov.). **1790 :** la proclamation de la Constitution civile du clergé déclenche un schisme au sein de l'Église française. Le pays est divisé en départements. **1791 :** la Constitution de septembre instaure une monarchie constitutionnelle et censitaire avec assemblée unique. **Oct. 1791 - sept. 1792 :** l'Assemblée constituante est remplacée par la Législative. Les désastres extérieurs, les erreurs du roi (fuite à Varennes) provoquent la chute de la monarchie (10 août). **Sept. 1792 - oct. 1795 :** la Convention nationale remplace la Législative. Les victoires se multiplient (Valmy, Jemmapes) : la Savoie et la Belgique sont annexées. La Ire République est proclamée (21 sept. 1792). Le roi est exécuté (21 janv. 1793). Un gouvernement révolutionnaire est institué (juin 1793-juill. 1794) : il instaure la Terreur et repousse la coalition ennemie. La chute de son chef, Robespierre, est suivie de la réaction thermidorienne (juill. 1794 - oct. 1795). La rive gauche du Rhin est annexée ; la Constitution de l'an III est proclamée. **Oct. 1795-sept. 1799 :** le *Directoire succède à la Convention. À l'extérieur, Bonaparte remporte les victoires d'Italie (1796 - 1797) puis d'Égypte. **1799 :** de retour en France, Bonaparte installe le *Consulat (coup d'État du 18 brumaire an VIII).

Le Consulat et l'Empire. 1799 - 1804 : Premier consul, Bonaparte pacifie le pays (Concordat, 1801) et jette les bases d'un État fort et centralisé (préfets, cours d'appel, Banque de France, lycées, Code civil, etc.). **1804 - 1814 :** l'Empire succède au Consulat. Bonaparte, devenu Napoléon Ier, instaure un régime de plus en plus autoritaire et constitue un vaste empire. **1814 :** Napoléon abdique. Les Bourbons sont restaurés. Louis XVIII octroie une charte constitutionnelle. **1815 :** le retour de Napoléon (mars) marque le début des Cent-Jours, qui s'achèvent à Waterloo (18 juin). Napoléon abdique une seconde fois (22 juin). Le pays est envahi et occupé.

La Restauration et la IIe République. 1815-1830 : la seconde Restauration a pour souverains Louis XVIII, puis, à partir de 1824, Charles X. La révolution de juillet 1830 (les Trois Glorieuses) instaure la monarchie de *Juillet. **1830 - 1848 :** Louis-Philippe Ier devient « roi des Français ». Son règne est marqué par l'essor de la bourgeoisie possédante. **1848 :** les journées de février fondent la IIe République. **1848-1851 :** d'abord fraternelle et démocratique (instauration du suffrage universel, liberté de presse et de réunion), la IIe République évolue, après l'insurrection ouvrière de juin 1848, vers le conservatisme, ce qui favorise l'ambition de Louis Napoléon Bonaparte, triomphalement élu président le 10 déc. 1848. Le 2 déc. 1851, par un coup d'État qu'entérine un plébiscite, il institue un régime présidentiel autoritaire.

Le second Empire. 1852 - 1870 : devenu l'empereur Napoléon III (2 déc. 1852), Louis Napoléon consolide son pouvoir. **1860 :** après la guerre d'Italie, cession à la France de Nice et de la Savoie. Le régime se libéralise.

La IIIe République. 4 sept. 1870 : après la défaite de l'Empire lors de la guerre franco-allemande, la IIIe République est proclamée. **1871 :** une assemblée nationale, à majorité monarchiste, est élue. Les préliminaires de paix (1er mars) enlèvent à la France l'Alsace et une partie de la Lorraine ; la Commune de Paris (18 mars-28 mai) est réprimée dans le sang. Le traité de Francfort (10 mai) ratifie les préliminaires de paix. **1871 - 1873 :** Thiers, chef du pouvoir exécutif puis président de la République, travaille au redressement de la France et à sa libération anticipée. **24 mai 1873 :** il est renversé par la majorité monarchique de l'Assemblée, qui lui substitue le légitimiste Mac-Mahon. Mise en œuvre d'une politique d'« Ordre moral ». **1873 - 1875 :** la restauration monarchique échoue ; vote des lois constitutionnelles de la IIIe République ; l'Assemblée nationale se sépare (déc. 1875). **1877 :** la crise du 16 mai, épreuve de force entre le président de la République et les républicains, aboutit au succès de ces derniers aux élections d'oct. **Janv. 1879 :** les élections sénatoriales donnent la majorité aux républicains : Mac-Mahon démissionne ; Jules Grévy lui succède. **1879-1885 :** organisation de la république par le vote de lois fondamentales établissant les libertés publiques (Gambetta, Ferry). La conquête coloniale reprend en Afrique et en Asie tandis qu'à l'intérieur sévit une dépression économique. **1885-1899 :** une série de crises et de scandales menacent la république (boulangisme, 1885-1889 ; Panamá, 1888-1893 ; attentats anarchistes, 1894). L'affaire Dreyfus (1894-1899) divise profondément l'opinion. Elle a pour conséquence le développement d'une agitation nationaliste et antisémite, auquel répond la formation du Bloc des gauches. **1899 - 1905 :** le Bloc des gauches (É. Combes, 1902 - 1905) pratique une politique résolument anticléricale. La séparation de l'Église et de l'État est proclamée (1905). **1906-1914 :** rupture du Bloc des gauches. Les difficultés économiques entretiennent une agitation sociale endémique, tandis que la croissance démographique ralentit. À l'extérieur, la menace allemande se précise (crise d'Agadir, 1911) ; le nationalisme français s'en trouve renforcé. R. Poincaré est élu président de la République (1913). **1914-1918 :** Première Guerre mondiale : la France sort du conflit victorieuse mais très affaiblie (elle a perdu 10 % de sa population active et 1/6 de son revenu national). **1919 :** au traité de Versailles (28 juin), la France retrouve l'Alsace-Lorraine. **1919-1929 :** face à l'Allemagne endettée, la France engage une politique de force, mais n'est pas suivie par ses alliés. Le redressement économique, effectif, est grevé par l'inflation (jusqu'à la stabilisation du franc, en 1928) et l'accroissement de la dette publique. Le socialisme progresse (création du Parti communiste français, 1920). Un Cartel des gauches se constitue (1924 - 1926), auquel succède le gouvernement d'union nationale de Poincaré (1926-1929), qui doit dévaluer le franc (25 juin 1928). **1929-1936 :** la France est touchée par la crise économique, à laquelle s'ajoutent instabilité ministérielle et scandales financiers et politiques (affaire Stavisky). Émeutes (6 févr. 1934) et grèves se succèdent. Victoire électorale du Front populaire. **1936 - 1938 :** L. Blum, à la tête de deux des cabinets de Front populaire, met en œuvre d'importantes réformes sociales. **1938 - 1939 :** le gouvernement Daladier essaie en vain de détourner le danger de guerre (accords de Munich avec l'Allemagne nazie). **1939 - 1940 :** début de la Seconde Guerre mondiale. La « drôle de guerre » se termine par les désastres de mai-juin et l'occupation allemande.

L'Occupation et la Libération. 1940 : le 18 juin, depuis Londres, le général de Gaulle lance un appel pour la poursuite de la guerre. Le 22 juin est signé l'armistice qui établit l'occupation par l'Allemagne des trois cinquièmes du territoire, le gouvernement français restant maître de la zone libre. Le maréchal Pétain y instaure le régime de Vichy. Tandis que la collaboration avec l'Allemagne s'organise, une résistance intérieure se développe. **1942 :** les Allemands occupent la zone libre. **1944 :** les Alliés débarquent en Normandie et le Gouvernement provisoire de la République française, formé à Alger sous la présidence de De Gaulle, s'installe à Paris (août).

La IVe République. 1946-1958 : la IVe République entreprend un redressement économique, favorisé par l'aide américaine (plan Marshall), et adopte une importante législation sociale. **1951 :** la France adhère à la CECA, créée à l'initiative de J. Monnet et R. Schuman. Les guerres d'Indochine, puis d'Algérie, et l'instabilité ministérielle minent le régime.

La Ve République. 1958 : la crise algérienne ramène Charles de Gaulle au pouvoir. Il met en place la Ve République, dont la Constitution renforce les pouvoirs de l'exécutif. La France devient membre de la CEE. **1959-1968 :** président de la République, Charles de Gaulle redonne confiance au pays, qui amorce sa grande mutation économique. Après la guerre d'Algérie (1954 - 1962), une forte opposition de gauche se reconstitue (1963 - 1967). **1968 :** la crise qui éclate en mai met en cause non seulement le régime mais encore les bases de la société. La conjonction du mouvement ouvrier et du mouvement étudiant explique son ampleur. De Gaulle parvient néanmoins à maîtriser la situation. **1969 :** le 28 avr., le général de Gaulle démissionne, après l'échec du référendum sur la régionalisation et le Sénat. **1969-1974 :** Georges Pompidou, deuxième président de la Ve République, se donne comme objectif prioritaire l'expansion industrielle et commerciale. **1974 - 1981 :** élu en 1974, le président Valéry Giscard d'Estaing mène une politique plus ouvertement européenne que celle de ses prédécesseurs ; il se heurte aux réticences des gaullistes de stricte obédience (RPR) et à une opposition de gauche rassemblée depuis 1972 autour d'un « Programme commun de gouvernement ». **1981 :** l'élection de F. Mitterrand à la présidence de la République marque un tournant. La gauche revient au pouvoir après un quart de siècle d'absence et des ministres communistes participent au gouvernement. Un programme de réformes est mis en œuvre (abolition de la peine de mort, régionalisation, nationalisations). **1983 :** les difficultés économiques (inflation, déficit commercial) obligent le gouvernement à mettre en place un plan de rigueur. **1984 :** les ministres communistes se retirent du gouvernement. **1986-1988 :** la victoire de l'opposition aux élections législatives et régionales (mars 1986) crée une situation inédite dans l'histoire de la Ve République, la « cohabitation » d'un président de gauche et d'un Premier ministre de droite (J. Chirac). Le nouveau gouvernement met en œuvre une politique d'inspiration libérale (privatisation de banques, de grands groupes industriels et de médias). **1988 :** François Mitterrand est réélu à la présidence de la République. **1991 :** la France participe militairement à la guerre du Golfe. **1992 :** les Français approuvent par référendum la ratification du traité de Maastricht (20 sept.). **1993-1995 :** la victoire écrasante de l'opposition de droite aux élections législatives (mars 1993) est suivie d'une deuxième période de cohabitation, avec la nomination de É. Balladur au poste de Premier ministre. Le gouvernement applique un programme centré sur le redressement économique, la sécurité et le contrôle de l'immigration. **1995 :** Jacques Chirac est élu à la présidence de la République. Le gouvernement, après s'être fixé comme objectif la réduction de la « fracture sociale », revient à une politique de rigueur qui suscite (notamm. lors de l'annonce du plan de réforme de la Sécurité sociale) un vaste mouvement de protestation. **1997 :** la gauche gagne très largement les élections législatives organisées à la suite de la dissolution, par J. Chirac, de l'Assemblée nationale. L. Jospin, Premier ministre d'une nouvelle cohabitation, forme un gouvernement à majorité socialiste, avec une participation des communistes et des écologistes (gauche « plurielle »). Le gouvernement, tout en poursuivant la libéralisation (privatisations, ouverture des entreprises publiques à la concurrence), cherche à innover en matière de traitement du chômage et des inégalités sociales (lois sur les 35 heures [1998 - 2000], couverture maladie universelle [1999]) ; il engage également des réformes sur des problèmes de société (PACS [1999]). **1999 :** la France participe à l'intervention militaire de l'OTAN puis à la force multinationale de maintien de la paix au Kosovo.

F

France (campagne de) [janv.-mars 1814], opérations qui opposèrent, à la fin de l'Empire, Napoléon Ier aux armées alliées. L'ultime bataille devant Paris contraignit l'Empereur à abdiquer.

France (campagne de) [10 mai-25 juin 1940], opérations qui opposèrent pendant la Seconde Guerre mondiale les armées françaises et alliées (britanniques, belges, néerlandaises) aux forces allemandes. La chute de Dunkerque (4 juin) et les percées allemandes sur la Somme (5 juin) et sur l'Aisne (10 juin) amenèrent la France à demander (17 juin) l'armistice (signé le 22).

FRANCE (île de), anc. nom de l'île *Maurice.

FRANCE (Anatole François **Thibault,** dit Anatole), *Paris 1844 - La Béchellerie, Saint-Cyr-sur-Loire, 1924,* écrivain français. Ses romans historiques ou de mœurs (*le Crime de Sylvestre Bonnard,* 1881 ; *la Rôtisserie de la reine Pédauque ; le Lys rouge,* 1894 ; *Les dieux ont soif,* 1912) sont empreints d'ironie et de scepticisme. (Prix Nobel 1921.) [Acad. fr.]

FRANCE (Henri **de**), *Paris 1911 - id. 1986,* ingénieur français. Il est l'inventeur du procédé SECAM de télévision en couleurs (1956), adopté notamm. en France (1966).

France 2, chaîne nationale de télévision française. Ses origines remontent à la mise en service de la 2e chaîne, en 1964, puis à la constitution, en 1974, de la société nationale Antenne 2. De 1992 datent sa dénomination actuelle et sa réunion avec France 3 sous l'enseigne de France Télévision.

F

France 3, chaîne nationale de télévision française à vocation régionale. Ses origines remontent à la mise en service de la 3e chaîne, en 1973, puis à la création, en 1974, de la société nationale France Régions 3 (FR3). De 1992 datent sa dénomination actuelle et sa réunion avec France 2 sous l'enseigne de France Télévision.

France libre (la), nom donné au mouvement lancé en 1940 par le général de Gaulle. Il fut d'abord appliqué aux volontaires qui répondirent à l'appel du 18 juin 1940, puis à toutes les troupes et à tous les territoires qui continuèrent la lutte contre l'Allemagne malgré l'armistice. Le 14 juillet 1942, de Gaulle changea le nom de la « France libre » en « France combattante ».

FRANCESCA (Piero **della**) → **PIERO DELLA FRANCESCA.**

FRANCESCO DI GIORGIO MARTINI, *Sienne 1439 - id. 1501,* architecte, peintre, sculpteur et théoricien italien. Représentant du caractère universel de la culture renaissante toscane, il fut au service, notamm., de la cour d'Urbino.

France-Soir, quotidien français. Fondé en 1941, il fut dirigé par P. Lazareff de 1945 à 1972.

France Télécom, société anonyme française, détenue majoritairement par l'État. Elle est chargée d'établir, de développer et d'exploiter (dans un secteur ouvert en 1998 à la concurrence d'autres opérateurs) les réseaux publics de télécommunications.

FRANCEVILLE ou **MASUKU,** v. du sud-est du Gabon ; 59 000 hab.

FRANCFORT ou **FRANCFORT-SUR-LE-MAIN,** en all. **Frankfurt am Main,** v. d'Allemagne (Hesse), sur le Main ; 659 803 hab. Centre financier (Bourse, Bundesbank, Banque centrale européenne) et industriel (mécanique de précision, optique, chimie, machines agricoles). Université. Important aéroport. Foire annuelle internationale du livre. – Cathédrale des XIIIe-XVe s. et maisons gothiques, très restaurées. Nombreux et importants musées, dont ceux des Beaux-Arts (Institut Städel) et des Arts décoratifs. Maison de Goethe. – Déjà occupée par les Romains, la ville fut fréquemment le lieu de l'élection impériale à partir du XIIe s. puis devint celui du couronnement de l'empereur (1562 - 1792). Capitale de la Confédération du Rhin (1806 - 1813) puis de la Confédération germanique (1815 - 1866), elle fut annexée par la Prusse en 1866.

Francfort (école de), école philosophique allemande. À partir de 1923, avec Horkheimer et Marcuse, puis de 1950 avec Adorno et Habermas, elle tenta de repenser un marxisme indépendant des partis politiques à partir de la théorie critique et de la psychanalyse.

Francfort (traité de) [10 mai 1871], traité signé entre la France et l'Empire allemand, mettant fin à la guerre franco-allemande. Il cédait à l'Allemagne l'Alsace et le nord-est du plateau lorrain, et prévoyait le versement par la France d'une indemnité de 5 milliards de francs-or.

FRANCFORT-SUR-L'ODER, en all. **Frankfurt an der Oder,** v. d'Allemagne (Brandebourg), sur la rive gauche de l'Oder, à la frontière polonaise ; 83 850 hab. Anc. ville hanséatique. Musées.

FRANCHE-COMTÉ, anc. prov. de l'est de la France. (Hab. *Francs-Comtois.*) Attribuée à la Lotharingie au traité de Verdun (843), la région revient au royaume de Bourgogne en 879. Érigée en comté de Bourgogne au XIe s., elle devient terre du Saint Empire. Rattachée au duché de Bourgogne en 1384, elle se trouve, dès la fin du XVe s., disputée entre la France et le Saint Empire, passe en 1556 aux Habsbourg d'Espagne puis est cédée à la France au traité de Nimègue (1678).

FRANCHE-COMTÉ n.f., Région administrative de France ; 16 202 km² ; 1 117 059 hab. *(Francs-Comtois)* ; ch.-l. *Besançon* ; 4 dép. (Doubs, Jura, Haute-Saône et Territoire de Belfort). Petite région (à peine 3 % de la superficie et 2 % de la population françaises) qui occupe le nord de la chaîne du Jura (élevage laitier, artisanat et tourisme) ainsi que la majeure partie des plaines et plateaux du bassin supérieur de la Saône (élevage bovin, cultures et vignobles). L'industrie est d'abord représentée par la construction automobile, loin devant le travail du bois (jouets), la lunetterie et l'horlogerie. Les deux principaux pôles urbains sont Besançon et la conurbation Belfort-Montbéliard.

Franche-Comté

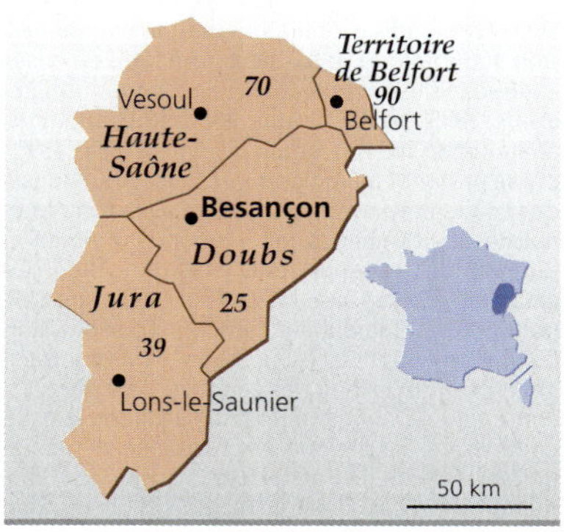

FRANCHET D'ESPEREY (Louis), *Mostaganem 1856 - château de Saint-Amancet, Tarn, 1942,* maréchal de France. Il servit au Maroc sous Lyautey (1912), et se distingua sur la Marne (1914). Commandant en chef les troupes alliées en Macédoine (1918), il contraignit la Bulgarie à cesser le combat.

FRANCHEVILLE (69340), comm. du Rhône ; 11 431 hab. *(Franchevillois).*

FRANCIS (James Bicheno), *Southleigh, Devon, 1815 - Lowell, Massachusetts, 1892,* ingénieur américain d'origine britannique. Il a réalisé la turbine hydraulique à réaction qui porte son nom (1849).

FRANCIS (Sam), *San Mateo, Californie, 1923 - Santa Monica 1994,* peintre américain. Tachiste, maître de la couleur et de la modulation spatiale, il a travaillé à Paris dans les années 1950.

FRANCK (César), *Liège 1822 - Paris 1890,* compositeur et organiste français d'origine belge. Par l'emploi de la forme cyclique, du chromatisme, d'une ample mélodie, il a rénové le style français dans le contexte d'une esthétique germanique : *Prélude, choral et fugue,* pour piano (1885), *Sonate pour piano et violon* (1887), *Symphonie en « ré » mineur* (1889), *Trois Chorals,* pour orgue (1890).

FRANCK (James), *Hambourg 1882 - Göttingen 1964,* physicien américain d'origine allemande. Il étudia l'excitation des atomes et proposa une théorie de la luminescence en introduisant la notion de niveaux d'énergie. (Prix Nobel 1925.)

FRANCO (Francisco), *El Ferrol 1892 - Madrid 1975,* général et homme politique espagnol. Il combattit de 1921 à 1927 à la tête de la légion étrangère *(Tercio)* au Maroc et, en 1936, prit la tête du mouvement nationaliste après la mort du général José Sanjurjo. Nommé chef de gouvernement et généralissime des armées, il participa activement à la guerre civile (1936 - 1939). Proclamé Caudillo puis chef de l'État, du gouvernement et de l'armée (1938), il instaura à l'issue de la guerre un régime dictatorial. Il assouplit les institutions en 1966 et désigna (1969) pour lui succéder, avec le titre de roi, don Juan Carlos de Bourbon.

franco-allemande (guerre) [1870 - 1871], conflit qui opposa la Prusse et l'ensemble des États allemands à la France. Recherchée par Bismarck pour réaliser l'unité allemande après la guerre des Duchés (1864) et le conflit austro-prussien (1866), cette guerre eut pour occasion la candidature d'un Hohenzollern au trône d'Espagne. Provoquée par la dépêche d'Ems, la guerre tourna très vite au désavantage de l'armée française, mal préparée et mal commandée, face à une armée prussienne très bien organisée et dirigée par un état-major compétent. La chute du second Empire français survint après une série de défaites en Alsace et en Lorraine et la reddition de Napoléon III à Sedan (2 sept. 1870). Les efforts du gouvernement de la Défense nationale (Gambetta) ne purent empêcher les capitulations de Strasbourg, Metz et Paris (28 janv. 1871). Le traité de Francfort (10 mai 1871) consacra la victoire de l'Empire allemand, proclamé à Versailles le 18 janv. 1871, et la défaite de la France, qui perdait l'Alsace (moins Belfort) et une partie de la Lorraine.

FRANÇOIS (Le) [97240], comm. de l'est de la Martinique ; 18 633 hab.

SAINTS

FRANÇOIS BORGIA (saint), *Gandia 1510 - Rome 1572,* jésuite d'origine espagnole. Vice-roi de Catalogne, veuf en 1546, il entra en 1551 chez les jésuites, dont il fut le troisième général.

FRANÇOIS D'ASSISE (saint), *Assise v. 1182 - id. 1226,* fondateur de l'ordre des Franciscains. Fils d'un riche marchand, il rompt avec sa jeunesse dorée (1206) et s'entoure de disciples, qui se vouent comme lui à la pauvreté évangélique : les Frères mineurs (1209), ordre religieux auquel s'ajoute, en 1212, un ordre de femmes, les Pauvres Dames, ou clarisses, dont la cofondatrice fut Claire d'Assise. Après avoir voyagé au Maroc et en Égypte, pour tâcher de convertir les musulmans, François reçoit les stigmates de la Passion (1224). – Son idéal de pureté et de joie évangélique s'est exprimé dans le *Cantique du soleil* ou *Cantique des créatures,* un des premiers textes de la littérature italienne. – Sa légende revit dans les *Fioretti* et dans les fresques attribuées à Giotto et à son atelier, à Assise.

■ SAINT **FRANÇOIS D'ASSISE** recevant les stigmates ; partie principale d'un retable de Giotto. (Louvre, Paris.)

FRANÇOIS DE PAULE (saint), *Paola 1416 - Plessis-lez-Tours 1507,* religieux italien, fondateur de l'ordre des Minimes. En 1482, Louis XI le fit venir en Touraine dans l'espoir que ses dons de thaumaturge lui prolongeraient la vie.

FRANÇOIS DE SALES (saint), *Sales, Savoie, 1567 - Lyon 1622,* prélat et théologien savoyard. Évêque de Genève-Annecy (1602), il s'attacha à promouvoir le renouveau spirituel des catholiques dans l'esprit de la Contre-Réforme. Avec sainte Jeanne de Chantal, il fonda l'ordre de la Visitation. Il est l'auteur de l'*Introduction à la vie* *dévote* (1609), où il développe en un style fleuri une spiritualité adaptée aux gens du monde, et du *Traité de l'amour de Dieu* (1616).

FRANÇOIS RÉGIS (saint) → **JEAN FRANÇOIS RÉGIS** (saint).

FRANÇOIS XAVIER (Francisco **de Jaso**, dit [saint]), *Javier, Navarre, 1506 - Chine 1552,* jésuite et missionnaire espagnol. Un des premiers membres de la Compagnie de Jésus, il évangélisa l'Inde portugaise et le Japon.

SAINT EMPIRE

FRANÇOIS Ier de Habsbourg-Lorraine, *Nancy 1708 - Innsbruck 1765,* empereur germanique (1745 - 1765), duc de Lorraine (François III) [1729-1736], grand-duc de Toscane (1737-1765), fondateur de la maison des Habsbourg-Lorraine. Il épousa Marie-Thérèse d'Autriche en 1736. – **François II,** *Florence 1768 - Vienne 1835,* empereur germanique (1792 - 1806) puis empereur héréditaire d'Autriche (François Ier) [1804 - 1835] de la maison des Habsbourg-Lorraine. Il lutta sans succès contre la Révolution française et contre Napoléon Ier, qui, en supprimant le Saint Empire (1806), le réduisit au rang d'empereur d'Autriche et à qui il dut accorder la main de sa fille Marie-Louise (1810). Conseillé par Metternich, il rejoignit en 1813 la coalition antifrançaise. Président de la Confédération germanique (1815), il réprima les mouvements libéraux en Allemagne et en Italie.

BRETAGNE

FRANÇOIS Ier, *Vannes 1414 - Plaisance, près de Vannes, 1450,* duc de Bretagne (1442 - 1450). Il soutint Charles VII dans sa lutte contre l'Angleterre. – **François II,** *1435 - Couëron, près de Nantes, 1488,* duc de Bretagne (1458 - 1488). Il participa à la ligue du Bien public contre Louis XI puis à la Guerre folle contre Anne de Beaujeu.

DEUX-SICILES

FRANÇOIS Ier, *Naples 1777 - id. 1830,* roi des Deux-Siciles (1825 - 1830). Il réprima sévèrement les révoltes libérales. – **François II,** *Naples 1836 - Arco 1894,* roi des Deux-Siciles (1859 - 1860). Il ne put empêcher les Mille de Garibaldi d'occuper la Sicile et Naples (1860).

FRANCE

FRANÇOIS Ier, *Cognac 1494 - Rambouillet 1547,* roi de France (1515 - 1547) de la dynastie des Valois. Fils de Charles d'Orléans, comte d'Angoulême, et de Louise de Savoie, il est d'abord comte d'Angoulême et duc de Valois, et succède à son cousin Louis XII, dont il a épousé la fille, Claude de France. Dès son avènement, il reprend la politique italienne de ses prédécesseurs, passe les Alpes et remporte sur les Suisses la victoire de Marignan (1515), qui lui livre le Milanais. Il tente alors, sans succès, de se faire élire empereur contre Charles Ier d'Espagne (le futur Charles Quint). Pour vaincre ce rival, il essaie en vain d'obtenir l'alliance anglaise (entrevue du camp du Drap d'or, avec Henri VIII, 1520). La lutte contre la maison d'Autriche occupe dès lors son règne ; elle est marquée au début par la trahison du connétable de Bourbon, la défaite de Pavie (1525) et le traité de Madrid (1526). Puis, allié au pape Clément VII, François Ier reprend la guerre contre Charles Quint, mais doit renoncer à ses prétentions italiennes au traité de Cambrai (1529). Veuf, il épouse Éléonore, fille de Philippe Ier d'Espagne (1530). Il se tourne ensuite vers les pays du Saint Empire et s'allie, contre les Habsbourg d'Autriche, aux princes protestants d'Allemagne et aux Turcs de Soliman le Magnifique. La

■ **FRANCO**

■ **FRANÇOIS Ier** d'après J. Clouet. (Louvre, Paris.)

■ SAINT **FRANÇOIS XAVIER.** (Musée de Kobe.)

■ **FRANÇOIS-JOSEPH Ier** par H. Wassmuth. (Hofburg, Vienne.)

guerre reprend, marquée par l'invasion de la Provence par les impériaux. Elle aboutit à la paix de Crépy (1544). François Ier abandonne la Savoie et le Piémont, renonce à ses prétentions sur la Flandre, l'Artois et Naples. De son côté, Charles Quint cède la Bourgogne. Ainsi prennent fin les guerres d'Italie. Par l'ordonnance de Villers-Cotterêts (1539), François Ier substitue le français au latin dans les jugements, actes notariés et registres d'état civil. Il encourage les lettres et les arts, secondant le mouvement de la Renaissance française, attirant à la cour poètes et peintres (Léonard de Vinci et les Italiens qui constituent la première école de *Fontainebleau), fondant les futurs Collège de France et Imprimerie nationale, promenant une cour brillante dans les châteaux royaux de l'Île-de-France ou de la vallée de la Loire. D'abord tolérant envers la Réforme, il choisit la répression après l'affaire des Placards (1534). – Le tombeau du roi et de sa femme, conçu par P. Delorme, avec gisants et reliefs de P. Bontemps, est à Saint-Denis (v. 1548 - 1560).

FRANÇOIS II, *Fontainebleau 1544 - Orléans 1560,* roi de France (1559 - 1560) de la dynastie des Valois. Fils aîné d'Henri II et de Catherine de Médicis, époux de Marie Ire Stuart, nièce des Guises, il subit l'influence de ces derniers, qui persécutèrent les protestants et réprimèrent avec cruauté la conjuration d'Amboise (mars 1560).

FRANÇOIS (André **Farkas,** dit André), *Timişoara 1915,* peintre et dessinateur français d'origine roumaine. Ses dessins d'humour, ses illustrations, ses affiches créent un monde d'absurdité goguenarde, où l'imaginaire se mêle au quotidien.

FRANÇOIS (Claude), *Ismaïlia, Égypte, 1939 - Paris 1978,* chanteur français. Également parolier, il connut le succès à partir de 1962 avec la vague yé-yé (*Belles, belles, belles ; Comme d'habitude*).

FRANÇOIS (Samson), *Francfort-sur-le-Main 1924 - Paris 1970,* pianiste français. Également compositeur (*Concerto pour piano et orchestre,* 1951), il s'est imposé comme l'un des grands pianistes de sa génération, en particulier dans le répertoire français (Fauré, Debussy, Ravel).

FRANÇOIS DE NEUFCHÂTEAU (Nicolas, comte **François,** dit), *Saffais, Meurthe-et-Moselle, 1750 - Paris 1828,* homme politique français. Membre du Directoire (1797) et ministre de l'Intérieur (1797 - 1799), il prit d'importantes initiatives en matière d'instruction et d'assistance publiques.

FRANÇOISE ROMAINE (sainte), *Rome 1384 - id. 1440,* religieuse italienne, fondatrice de la congrégation des Oblates bénédictines (1433).

FRANÇOIS-FERDINAND de Habsbourg, *Graz 1863 - Sarajevo 1914,* archiduc d'Autriche. Il était le neveu de l'empereur François-Joseph, héritier du trône depuis 1889. Son assassinat, à Sarajevo, le 28 juin 1914, préluda à la Première Guerre mondiale.

FRANÇOIS-JOSEPH (archipel), archipel russe de l'Arctique, à l'E. du Svalbard.

FRANÇOIS-JOSEPH Ier, *Schönbrunn 1830 - Vienne 1916,* empereur d'Autriche (1848 - 1916) et roi de Hongrie (1867 - 1916), de la dynastie des Habsbourg. Neveu et successeur de Ferdinand Ier, il établit d'abord un régime autoritaire avec l'appui de l'armée. Mais la perte de la Lombardie (1859) l'oriente vers une politique plus libérale. En guerre contre la Prusse (1866), battu à Sadowa, il accepte le compromis austro-hongrois (1867) mettant le royaume de Hongrie sur un pied d'égalité avec l'empire d'Autriche, mais ne parvient pas à enrayer l'exacerbation des passions nationales. Il s'allie avec les empereurs de Russie et d'Allemagne (1873), conclut avec l'Allemagne la Duplice (1879) et annexe la Bosnie-Herzégovine (1908). En 1914, il déclare la guerre à la Serbie, déclenchant la Première Guerre mondiale.

FRANCONIE, en all. **Franken,** région d'Allemagne, dont la plus grande partie appartient auj. à la Bavière. La Franconie fut l'un des premiers duchés du Saint Empire romain germanique.

FRANCONVILLE (95130), ch.-l. de cant. du Val-d'Oise ; 33 665 hab. *(Franconvillois).*

Francorchamps → SPA.

franco-russe (alliance), alliance entre la France et la Russie, élaborée entre 1891 et 1894 et demeurée en vigueur jusqu'en 1917. La France y obtenait des garanties militaires pour sa défense, tandis que la Russie plaçait sur le marché français les emprunts d'État pour le financement de son industrialisation.

FRANCS, peuple germanique qui donna son nom à la France. Établis au IIIe s. sur le Rhin inférieur, ils participent alors aux incursions barbares dans la Gaule romaine. Ils forment deux grands groupes : les *Francs Saliens,* établis dans l'actuel Brabant en 358, au service de l'Empire romain ; les *Francs du Rhin,* qui vivent sur les rives du Rhin et de la Moselle (auxquels on a longtemps donné à tort le nom de *Francs Ripuaires*). Les Francs, unifiés par Clovis, conquièrent la Gaule aux Ve et VIe s. et la gouvernent (Mérovingiens, puis Carolingiens).

F

Francs-tireurs et partisans (FTP), formations de combat créées en 1942, à l'initiative du Parti communiste français, et qui, dans le cadre des Forces françaises de l'intérieur, jouèrent un rôle important dans la Résistance.

FRANGIÉ (Soleiman), *Zghorta 1910 - Beyrouth 1992,* homme politique libanais. Président de la République (1970 - 1976), il soutint l'intervention syrienne en 1976.

FRANJU (Georges), *Fougères 1912 - Paris 1987,* cinéaste français. Il est l'auteur de documentaires (*le Sang des bêtes,* 1949) et de longs métrages (*la Tête contre les murs,* 1959 ; *Thérèse Desqueyroux,* 1962), où se mêlent violence et poésie.

FRANK (Anne), *Francfort-sur-le-Main 1929 - Bergen-Belsen 1945,* auteur d'un célèbre *Journal.* Petite fille juive allemande émigrée avec sa famille aux Pays-Bas en 1933, elle a laissé par ce livre, écrit entre 1942 et 1944, un témoignage émouvant sur la clandestinité sous l'occupation hitlérienne.

FRANK (Robert), *Zurich 1924,* photographe et cinéaste américain d'origine suisse. Regard subjectif sur le banal quotidien et écriture à dominante de gris, privilégiant l'espace, parfois le flou, font de lui l'un des initiateurs de la photographie contemporaine (*les Américains,* 1958).

Frankenstein, personnage de savant fou du roman d'épouvante de Mary Shelley *Frankenstein ou le Prométhée moderne* (1818). Il a inspiré de nombreux films.

Frankfurter Allgemeine Zeitung, quotidien conservateur allemand fondé en 1949.

FRANKLAND (sir Edward), *Churchtown, près de Lancaster, 1825 - Golaa, Norvège, 1899,* chimiste britannique. Il découvrit, en même temps que H. Kolbe, les composés organométalliques (1849), fut l'un des créateurs du concept de valence chimique et prédit, parallèlement à J. N. Lockyer, l'existence de l'hélium dans l'atmosphère solaire.

FRANKLIN (Aretha), *Memphis 1942,* chanteuse américaine de rhythm and blues. Sa voix expressive porte la tradition du gospel aussi bien que l'innovation de la musique soul dans les années 1960 (*Respect* d'Otis Redding ; *Chain of Fools* de Don Covay).

FRANKLIN (Benjamin), *Boston 1706 - Philadelphie 1790,* homme politique, physicien et publiciste américain. Partisan des Lumières, député au premier Congrès américain (1774), il rédigea avec Jefferson et John Adams la Déclaration d'indépendance (1776) et vint à Versailles négocier l'alliance française, effective en 1778. – Il a découvert la nature électrique de l'éclair et le pouvoir des pointes, ce qui l'a conduit à l'invention du paratonnerre (1752).

FRANKLIN (sir John), *Spilsby 1786 - Terre du Roi-Guillaume 1847,* navigateur britannique. Il

■ BENJAMIN **FRANKLIN.** (National Portrait Gallery, Londres.)

■ **FRÉDÉRIC II LE GRAND** par J.-G. Ziesenis. (Kurpfälzisches Museum, Heidelberg.)

explora les côtes arctiques du Canada, fut gouverneur de la Tasmanie (1836 - 1843) et périt en tentant de découvrir le passage du Nord-Ouest.

FRANQUIN (André), *Bruxelles 1924 - Saint-Laurent-du-Var 1997,* dessinateur et scénariste de bandes dessinées belge. Collaborateur du journal *Spirou* (il y dessina les aventures de *Spirou et Fantasio* de 1946 à 1968), il a créé notamm. les personnages du *Marsupilami* (1952) et de *Gaston Lagaffe* (1957).

FRANTZ (Joseph), *Beaujeu 1890 - Paris 1979,* aviateur français. Au cours de la Première Guerre mondiale, il remporta, avec son mécanicien Quénault, la première victoire en combat aérien de l'histoire (5 oct. 1914).

FRASCATI, v. d'Italie (Latium), près de Rome ; 20 043 hab. Vins. Centre de recherches nucléaires. — C'est l'antique *Tusculum.* Villas du XVIe s., dans un site remarquable.

FRASER n.m., fl. du Canada, né dans les Rocheuses et qui se jette dans le Pacifique ; 1 200 km. Gorges.

FRASER (Dawn), *Sydney 1937,* nageuse australienne. Triple championne olympique (1956, 1960 et 1964) du 100 m nage libre, elle fut la première femme à nager cette distance en moins de 1 min (1962).

FRASNES-LEZ-ANVAING, comm. de Belgique (Hainaut), à l'O.-N.-O. d'Ath ; 10 721 hab.

FRATELLINI, famille d'artistes de cirque d'origine italienne, dont trois membres formèrent, de 1920 à 1940, un célèbre trio de clowns : **Paul F.,** *Catane 1877 - Le Perreux-sur-Marne 1940,* **François F.,** *Paris 1879 - id. 1951,* et **Albert F.,** *Moscou 1885 - Épinay-sur-Seine 1961.*

FRATELLINI (Annie), *Alger 1932 - Paris 1997,* artiste de cirque française, petite-fille de Paul Fratellini. Clown de renom, elle fonda avec P. Étaix l'École nationale du cirque en 1972.

Fraternité républicaine irlandaise, mouvement révolutionnaire irlandais fondé en 1858 aux États-Unis. Ses membres, les Fenians, luttaient pour l'indépendance de l'Irlande.

FRAUENFELD, v. de Suisse, ch.-l. du cant. de Thurgovie, sur la Murg ; 20 204 hab. Monuments anciens, musée.

FRAUNHOFER (Joseph **von**), *Straubing, Bavière, 1787 - Munich 1826,* opticien et physicien allemand. Il inventa le spectroscope, avec lequel il repéra les raies du spectre solaire (1814).

FRAYSSINOUS (Denis, comte **de**), *Salles-la-Source, Aveyron, 1765 - Saint-Geniez-d'Olt, Aveyron, 1841,* prélat français. Grand maître de l'Université (1822 - 1824), il fut ministre de l'Instruction publique et des Cultes (1824 - 1828). [Acad. fr.]

FRAZER (sir James George), *Glasgow 1854 - Cambridge 1941,* anthropologue britannique. Ses travaux ont porté sur les sociétés de l'Antiquité grecque et latine, sur les croyances totémiques, sur l'évolution qui mène selon lui de la magie à la religion et enfin sur l'Ancien Testament (*le Rameau d'or,* 1890 - 1915).

FRÉCHETTE (Louis), *Lévis 1839 - Montréal 1908,* écrivain canadien de langue française, auteur de l'épopée nationale *la Légende d'un peuple* (1887).

FRED (Othon **Aristides,** dit), *Paris 1931,* dessinateur et scénariste français de bandes dessinées. Avec *le Petit Cirque* et *Philémon,* publiés respectivement dans *Hara-Kiri* et dans *Pilote,* il a créé un univers fantastique et poétique ouvrant de nouvelles voies à la bande dessinée.

FRÉDÉGONDE, *545 - 597,* reine de Neustrie. Femme de Chilpéric Ier, qu'elle épousa après avoir fait étrangler sa femme Galswinthe, elle lutta contre la sœur de Galswinthe, Brunehaut, dont elle fit tuer l'époux, Sigebert (575).

SAINT EMPIRE

FRÉDÉRIC Ier Barberousse, *Waiblingen 1122 - dans le Cydnos 1190,* empereur germanique (1155 - 1190), de la dynastie des Hohenstaufen. Il voulut restaurer l'autorité impériale mais se heurta en Italie à la Ligue lombarde, qui le défit à Legnano (1176) et lui imposa la paix. Il se noya en Cilicie pendant la 3e croisade. À partir du XVIe s., il devint le symbole des espérances populaires et nationales du peuple allemand.

FRÉDÉRIC II, *Iesi 1194 - château de Fiorentino, Foggia, 1250,* roi de Sicile (Frédéric Ier) [1197 - 1250], empereur germanique (1220 - 1250) de la dynastie des Hohenstaufen. Maître de l'Allemagne après la bataille de Bouvines (1214), il fut en lutte presque constante avec la papauté. Excommunié (1227), il prit part à une croisade qu'il mena en diplomate et obtint la cession de Jérusalem (1229). Réconcilié avec le pape (1230), il reprit le combat avec la Ligue lombarde et se fit à nouveau excommunier (1239), puis déposer (1245). Il fit de Palerme une somptueuse capitale, y attirant artistes et lettrés.

FRÉDÉRIC III de Styrie, *Innsbruck 1415 - Linz 1493,* roi des Romains (1440), empereur germanique (1452 - 1493) de la dynastie des Habsbourg.

DANEMARK ET NORVÈGE

FRÉDÉRIC Ier, *Copenhague 1471 - Gottorp 1533,* roi de Danemark et de Norvège (1523 - 1533). Il favorisa les progrès de la Réforme. — **Frédéric II,** *Haderslev 1534 - Antvorskov 1588,* roi de Danemark et de Norvège (1559 - 1588). Il lutta contre la Suède (1563 - 1570). — **Frédéric III,** *Haderslev 1609 - Copenhague 1670,* roi de Danemark et de Norvège (1648 - 1670). Il rétablit le caractère absolu du pouvoir royal. — **Frédéric IV,** *Copenhague 1671 - Odense 1730,* roi de Danemark et de Norvège (1699 - 1730). Ennemi de Charles XII de Suède, il obtint finalement la partie sud du Slesvig (1720). — **Frédéric V,** *Copenhague 1723 - id. 1766,* roi de Danemark et de Norvège (1746 - 1766). Il accomplit de profondes réformes. — **Frédéric VI,** *Copenhague 1768 - id. 1839,* roi de Danemark (1808 - 1839) et de Norvège (1808 - 1814). Allié à la France (1807), il dut céder la Norvège à la Suède (1814). — **Frédéric VII,** *Copenhague 1808 - Glücksburg 1863,* roi de Danemark (1848 - 1863). C'est sous son règne qu'éclata l'affaire des *Duchés. — **Frédéric VIII,** *Copenhague 1843 - Hambourg 1912,* roi de Danemark (1906 - 1912). — **Frédéric IX,** *château de Sorgenfri 1899 - Copenhague 1972,* roi de Danemark (1947 - 1972). Sa fille, Marguerite II, lui a succédé.

ÉLECTEUR PALATIN

FRÉDÉRIC V, *Amberg 1596 - Mayence 1632,* électeur palatin (1610 - 1623) et roi de Bohême (1619 - 1620). Chef du parti protestant (l'Union évangélique) pendant la guerre de Trente Ans, il fut vaincu à la Montagne Blanche (1620) par Ferdinand II de Habsbourg.

PRUSSE

FRÉDÉRIC Ier, *Königsberg 1657 - Berlin 1713,* électeur de Brandebourg (1688), premier roi en Prusse (1701 - 1713) de la dynastie des Hohenzollern. Il était le fils de Frédéric-Guillaume, le Grand Électeur.

FRÉDÉRIC II le Grand, *Berlin 1712 - Potsdam 1786,* roi de Prusse (1740 - 1786) de la dynastie des Hohenzollern. À l'issue des deux guerres de Silésie (1740 - 1742 ; 1744 - 1745), il réussit, en dépit des graves revers essuyés pendant la guerre de Sept Ans (1756 - 1763), à conserver cette région. Au premier partage de la Pologne (1772), il reçut la Prusse occidentale. Il réorganisa ses États, les dotant d'une administration moderne, colonisant des terres et forgeant une armée qui deviendra la meilleure d'Europe. Il expérimenta l'ordre oblique, qui permettait à l'infanterie d'effectuer la manœuvre sur ses ailes, jusqu'alors réservée à la cavalerie. Ami des lettres, grand collectionneur d'art français, auteur d'un *Anti-Machiavel* (1739), compositeur de pièces pour flûte, il attira en Prusse, autour de sa résidence de Sans-Souci, Voltaire et de nombreux savants français, devenant ainsi le modèle du despote éclairé.

FRÉDÉRIC III, *Potsdam 1831 - id. 1888,* roi de Prusse et empereur d'Allemagne (1888). Fils et successeur de Guillaume Ier, il ne régna que quelques mois.

SAXE

FRÉDÉRIC III le Sage, *Torgau 1463 - Lochau 1525,* duc-électeur de Saxe (1486 - 1525). Il soutint Luther contre le pape et Charles Quint.

SICILE

FRÉDÉRIC Ier → **FRÉDÉRIC II** [Saint Empire].

FRÉDÉRIC II, *1272 - Palerme 1337,* roi de Sicile (1296 - 1337). — **Frédéric III,** dit **le Simple,** *Catane 1342 - Messine 1377,* roi de Sicile et duc d'Athènes de 1355 à 1377.

FRÉDÉRIC Ier, *Naples 1452 - Tours 1504,* roi de Sicile péninsulaire (Naples) de 1496 à 1501. Il dut céder son royaume au roi de France Louis XII et obtint en échange le comté du Maine.

SUÈDE

FRÉDÉRIC Ier, *Kassel 1676 - Stockholm 1751,* roi de Suède (1720 - 1751). Beau-frère de Charles XII, il succéda à sa femme Ulrique Éléonore, reine de Suède de 1718 à 1720.

FRÉDÉRIC-AUGUSTE Ier le Juste, *Dresde 1750 - id. 1827,* roi de Saxe (1806 - 1827). Il fut l'allié fidèle de Napoléon, qui, au traité de Tilsit, lui donna le grand-duché de Varsovie (1807).

FRÉDÉRIC-CHARLES, *Berlin 1828 - Potsdam 1885,* général et prince prussien. Neveu de Guillaume Ier, il combattit à Sadowa (1866) et commanda la IIe armée pendant la guerre franco-allemande de 1870 - 1871.

FRÉDÉRIC-GUILLAUME, dit **le Grand Électeur,** *Berlin 1620 - Potsdam 1688,* électeur de Brandebourg et duc de Prusse de la dynastie des Hohenzollern. Il monta sur le trône en 1640 et, après la signature des traités de Westphalie (1648), s'efforça de relever le Brandebourg. Chef de l'opposition calviniste aux impériaux, il accueillit les protestants français après la révocation de l'édit de Nantes (1685).

FRÉDÉRIC-GUILLAUME Ier, surnommé **le Roi-Sergent,** *Berlin 1688 - Potsdam 1740,* roi de Prusse (1713 - 1740), de la dynastie des Hohenzollern. Fils de Frédéric Ier, il poursuivit l'œuvre de centralisation et de développement économique de ses prédécesseurs et légua à son fils, Frédéric II, un royaume puissant. — **Frédéric-Guillaume II,** *Berlin 1744 - id. 1797,* roi de Prusse (1786 - 1797) de la dynastie des Hohenzollern. Neveu et successeur de Frédéric II, il participa aux coalitions contre la France révolutionnaire, mais, à la paix de Bâle (1795), dut lui céder la rive gauche du Rhin. Il participa aux deuxième et troisième partages de la Pologne (1793 - 1795). — **Frédéric-Guillaume III,** *Potsdam 1770 - Berlin 1840,* roi de Prusse (1797 - 1840) de la dynastie des Hohenzollern. Après l'effondrement prussien devant Napoléon (1806 - 1807), il réussit avec le concours de Stein, Hardenberg, Scharnhorst, Gneisenau et Clausewitz à redresser le pays et à lui redonner son rang de grande puissance au congrès de Vienne (1815). — **Frédéric-Guillaume IV,** *Berlin 1795 - château de Sans-Souci 1861,* roi de Prusse (1840 - 1861) de la dynastie des Hohenzollern. Il dut accorder à son peuple une Constitution en 1848. Atteint de troubles mentaux, il abandonna la régence à son frère, Guillaume Ier, en 1858.

FRÉDÉRIC-HENRI, *Delft 1584 - La Haye 1647,* prince d'Orange-Nassau. Stathouder des Provinces-Unies (1625 - 1647), il lutta contre les Espagnols pendant la guerre de Trente Ans.

FREDERICTON, v. du Canada, cap. du Nouveau-Brunswick ; 44 814 hab. Université.

FREDERIKSBERG, v. du Danemark, banlieue de Copenhague ; 88 000 hab.

Frederiksborg, château royal du Danemark (XVIIe et XIXe s.) à Hillerød, au N.-O. de Copenhague. Musée national d'histoire.

FREETOWN, cap. de la Sierra Leone ; 469 776 hab. Port. Raffinerie de pétrole.

FREGE (Gottlob), *Wismar 1848 - Bad Kleinen, Mecklembourg, 1925,* logicien et mathématicien allemand. Il est à l'origine de la formalisation des mathématiques et de la doctrine logiciste du fondement des mathématiques.

FRÉHEL (cap), cap de la Bretagne, fermant au nord-est la baie de Saint-Brieuc.

FRÉHEL (Marguerite **Boulch,** dite), *Paris 1891 - id. 1951,* chanteuse française. Également actrice (*Pépé le Moko,* J. Duvivier, 1937), elle chanta un répertoire populaire, réaliste et gouailleur (*Tel qu'il est, il me plaît ; la Java bleue ; Où sont mes amants ?*).

FREIBERG, v. d'Allemagne (Saxe), au S.-O. de Dresde ; 48 597 hab. Métallurgie. — Cathédrale des XIIe-XVIe s. (œuvres d'art), autres monuments et musées.

FREILIGRATH (Ferdinand), *Detmold 1810 - Stuttgart 1876,* poète allemand, auteur de ballades romantiques et de poèmes politiques.

FREI MONTALVA (Eduardo), *Santiago 1911 - id. 1982,* homme politique chilien. Chef de la Démocratie chrétienne, il fut président de la République de 1964 à 1970. — **Eduardo Frei Ruíz-Tagle,** *Santiago 1942,* homme politique chilien. Fils d'Eduardo Frei Montalva, démocrate-chrétien, il a été président de la République de 1994 à 2000.

FREINET (Célestin), *Gars, Alpes-Maritimes, 1896 - Vence 1966,* pédagogue français. Il a développé une pédagogie fondée sur les groupes coopératifs au service de l'expression libre des enfants (création, impression de texte) et de la formation personnelle (*l'Éducation du travail,* 1947).

FREIRE (Paulo), *Recife 1921 - São Paulo 1997,* pédagogue brésilien. Il est l'auteur d'une méthode d'alphabétisation qui repose sur la prise de conscience de sa condition sociale par celui qui apprend (*Pédagogie des opprimés,* 1969).

Fréjorgues, aéroport de Montpellier.

FRÉJUS [freʒys] (83600), ch.-l. de cant. du Var ; 47 897 hab. *(Fréjusiens).* Évêché. Station balnéaire. — Vestiges romains ; cathédrale et cloître romans et gothiques, avec baptistère du ve s.

FRÉJUS (col du) ou **COL DE FRÉJUS,** col des Alpes, à la frontière entre la France (Savoie) et l'Italie ; 2 542 m. À proximité, tunnels ferroviaire (dit parfois « du Mont-Cenis ») et routier.

FRÉMIET (Emmanuel), *Paris 1824 - id. 1910,* sculpteur français. Neveu et élève de Rude, il est l'auteur de la *Jeanne d'Arc* équestre de la place des Pyramides, à Paris (bronze doré, 1874).

FRÉNAUD (André), *Montceau-les-Mines 1907 - Paris 1993,* poète français. Sa nostalgie et sa rêverie d'une terre lourde, paysanne sont souvent rompues par une ironie rageuse et une amertume pessimiste *(les Rois mages, Il n'y a pas de paradis).*

FRENAY (Henri), *Lyon 1905 - Porto-Vecchio 1988,* officier et homme politique français. Chef du mouvement de résistance « Combat », fondateur du journal du même nom, organisateur de l'armée secrète, membre du Comité français de libération nationale (nov. 1943), il fut ministre dans le Gouvernement provisoire.

FRENCH (John), *Ripple, Kent, 1852 - Deal Castle, Kent, 1925,* maréchal britannique. Chef d'état-major impérial en 1913, il commanda les troupes britanniques en France en 1914 et en 1915.

FREPPEL (Charles), *Obernai 1827 - Angers 1891,* prélat et homme politique français. Évêque d'Angers (1869), il y fonda les facultés catholiques et fut député conservateur de Brest (1880).

FRÈRE (Aubert), *Grévillers, Pas-de-Calais, 1881 - Struthof 1944,* général français. Commandant la VIIe armée en 1940, il devint en 1942 chef de l'Organisation de résistance de l'armée (ORA), fut arrêté en 1943 par la Gestapo et mourut en déportation.

FRÈRE-ORBAN (Walthère), *Liège 1812 - Bruxelles 1896,* homme politique belge. Chef du Parti libéral, président du Conseil (1878 - 1884), il établit la neutralité confessionnelle de l'école publique (1879), déchaînant la « guerre scolaire ».

Frères Karamazov (les), roman de Dostoïevski (1879 - 1880). Trois frères (Ivan, froid raisonneur en révolte contre Dieu ; Mitia, sensuel et violent ; Smerdiakov, l'enfant naturel), soupçonnés d'avoir tué leur père, découvrent leur vérité profonde à travers les épreuves et les entretiens avec leur benjamin, l'innocent et pur Aliocha.

Frères musulmans, mouvement politico-religieux sunnite militant pour l'instauration de régimes conformes à la loi canonique (charia). Fondé en Égypte en 1927 - 1928, le mouvement a essaimé dans les années 1940 en Syrie et en Palestine.

FRÉRON (Élie), *Quimper 1718 - Montrouge 1776,* publiciste et critique français. Adversaire de Voltaire et des philosophes, il fonda en 1754 la revue *l'Année littéraire.* — **Stanislas F.,** *Paris 1754 - Saint-Domingue 1802,* homme politique français. Fils d'Élie, député à la Convention (1792), il réprima les insurrections girondines et royalistes à Marseille et à Toulon avant de conduire la réaction thermidorienne.

Frescaty, aéroport de Metz.

FRESCOBALDI (Girolamo), *Ferrare 1583 - Rome 1643,* compositeur italien. Organiste de Saint-Pierre de Rome, à partir de 1608, il innova dans la musique d'orgue et de clavecin (*Fiori musicali,* 1635).

■ AUGUSTIN **FRESNEL**

■ SIGMUND **FREUD**

FRESNAY (Pierre **Laudenbach,** dit Pierre), *Paris 1897 - Neuilly-sur-Seine 1975,* acteur français. Comédien fin et racé, il s'affirma au théâtre comme au cinéma (*Marius, Fanny, César,* M. Pagnol, 1931 - 1936 ; *la Grande Illusion,* J. Renoir, 1937 ; *le Corbeau,* H. G. Clouzot, 1943).

FRESNAY-SUR-SARTHE (72130), ch.-l. de cant. de la Sarthe ; 2 363 hab. *(Fresnois).* Électroménager. — Église du XIIe s., vieilles maisons.

FRESNEAU (François), *Marennes 1703 - id. 1770,* ingénieur français. Il découvrit en Guyane l'hévéa et ses propriétés, ainsi que celles du caoutchouc, cultiva la pomme de terre et en vanta les qualités bien avant Parmentier (1762).

FRESNEL (Augustin), *Chambrais, auj. Broglie, 1788 - Ville-d'Avray 1827,* physicien français. Il développa l'optique ondulatoire, créa l'optique cristalline, expliqua la polarisation de la lumière et inventa les lentilles à échelons pour phares.

FRESNES [frɛn] (94260), ch.-l. de cant. du Val-de-Marne, au S. de Paris ; 25 315 hab. *(Fresnois).* Écomusée (histoire, ethnologie). — Prison, que les Allemands transformèrent en camp de détenus politiques pendant la Seconde Guerre mondiale.

FRESNO, v. des États-Unis (Californie) ; 354 202 hab.

FRESNOY-LE-GRAND (02230), comm. de l'Aisne ; 3 316 hab. *(Fresnoysiens).* Bonneterie.

FREUD (Anna), *Vienne 1895 - Londres 1982,* psychanalyste britannique d'origine autrichienne, fille de S. Freud. Elle s'est intéressée à la psychanalyse des enfants.

FREUD (Lucian), *Berlin 1922,* peintre britannique, petit-fils de Sigmund Freud. La matière somptueuse de ce figuratif sert une vision implacable (nus, portraits).

FREUD (Sigmund), *Freiberg, auj. Příbor, Moravie, 1856 - Londres 1939,* médecin autrichien, fondateur de la psychanalyse. Spécialisé en neurologie, il se consacre notamm. à l'étude de l'hystérie et s'écarte, résolument à partir de 1896, des conceptions et méthodes de la psychologie et de la psychiatrie traditionnelles. À l'origine des troubles névrotiques se trouvent selon lui des désirs refoulés en rapport avec le complexe d'Œdipe, qui subsistent dans l'inconscient et ne peuvent faire irruption dans la conscience que de manière déguisée. C'est ainsi que, outre les symptômes névrotiques, se forment les rêves et les actes manqués (*l'Interprétation des rêves,* 1900 ; *Trois Essais sur la théorie de la sexualité,* 1905 ; *Totem et tabou,* 1912). À partir de 1920, avec la publication d'*Au-delà du principe de plaisir,* Freud oppose pulsion de vie et pulsion de mort et remplace sa première « topique » (inconscient, préconscient, conscient) par une seconde (ça, moi, surmoi). Il étend l'inspiration psychanalytique à l'étude des grands problèmes de la civilisation (*l'Avenir d'une illusion,* 1927 ; *Malaise dans la civilisation,* 1930 ; *Moïse et le monothéisme,* 1939). Freud a présidé à l'institutionnalisation de la psychanalyse, fondant en 1910 l'International Psychoanalytical Association (IPA).

FREUND (Gisèle), *Berlin 1912 - Paris 2000,* photographe française d'origine allemande. De nombreux portraits d'écrivains témoignent de son regard à la fois perspicace et retenu.

FREYCINET (Charles **de Saulces de**), *Foix 1828 - Paris 1923,* ingénieur et homme politique français. Ministre des Travaux publics, quatre fois président du Conseil entre 1879 et 1892, il attacha son nom à la réalisation de grands travaux (ports, canaux, chemins de fer). [Acad. fr.]

FREYMING-MERLEBACH [-bak] (57800), ch.-l. de cant. de la Moselle ; 14 691 hab. *(Freyming-Merlebachois).* Houille.

FREYR, dieu nord-germanique de la Fécondité, de la famille des Vanes.

FREYSSINET (Eugène), *Objat, Corrèze, 1879 - Saint-Martin-Vésubie 1962,* ingénieur français. Son apport à la technologie du béton est de première importance : béton *vibré* (1917) et, surtout, béton *précontraint* (1926) et préfabrication intégrale.

FRIA, v. de Guinée, près du Konkouré ; 12 000 hab. Usine d'alumine.

FRIBOURG, v. de Suisse, ch.-l. du *cant. de Fribourg,* sur la Sarine ; 36 355 hab. *(Fribourgeois).* Université catholique. Constructions mécaniques. Industries alimentaires. — Cathédrale des XIIIe-XVe s. (mobilier, œuvres d'art) et autres monuments. Musée d'Art et d'Histoire.

FRIBOURG (canton de), canton de Suisse ; 1 671 km^{2} ; 218 700 hab. *(Fribourgeois) ;* ch.-l. *Fribourg.* Il entra dans la Confédération en 1481.

FRIBOURG-EN-BRISGAU, en all. **Freiburg im Breisgau,** v. d'Allemagne (Bade-Wurtemberg) ; 197 384 hab. Université. — Cathédrale des XIIIe-XVIe s. (retable de H. Baldung). Musée dans un anc. couvent d'augustins.

FRIDMAN ou **FRIEDMANN** (Aleksandr Aleksandrovitch), *Saint-Pétersbourg 1888 - id. 1925,* astronome et mathématicien russe. Il a développé, en 1922, des modèles d'univers isotrope, dont la densité moyenne et le rayon varient au cours du temps, et qui sont à la base de la cosmologie moderne.

FRIEDEL (Charles), *Strasbourg 1832 - Montauban 1899,* chimiste et minéralogiste français. Auteur, avec l'Américain James M. Crafts, d'une méthode de synthèse organique *(réaction de Friedel-Crafts),* il fut l'un des premiers partisans français de la théorie atomique.

Friedland (bataille de) [14 juin 1807], bataille de l'Empire. Victoire de Napoléon Ier sur l'armée russe en Prusse-Orientale (auj. Pravdinsk, en Russie). Cette victoire préluda aux traités de Tilsit.

Friedlingen (bataille de) [14 oct. 1702], bataille de la guerre de la Succession d'Espagne. Victoire de Villars sur les armées coalisées (Autriche, Angleterre, Provinces-Unies), à Friedlingen (Allemagne), en face de Huningue.

FRIEDMAN (Jerome Isaac), *Chicago 1930,* physicien américain. Il a participé aux recherches, menées entre 1967 et 1973, qui ont abouti à la mise en évidence expérimentale des quarks. (Prix Nobel 1990.)

FRIEDMAN (Milton), *New York 1912,* économiste américain. Chef de l'école monétariste dite « de Chicago », il défend une politique stricte de contrôle de la croissance de la masse monétaire. (Prix Nobel 1976.)

FRIEDRICH (Caspar David), *Greifswald, près de Stralsund, 1774 - Dresde 1840,* peintre allemand. Il a traité notamm. le thème romantique de l'homme solitaire face aux grands espaces et aux forces de la nature.

FRIEDRICHSHAFEN, v. d'Allemagne (Bade-Wurtemberg), sur le lac de Constance ; 56 047 hab. Église du Château, baroque.

FRIGG ou **FRIGGA,** déesse nord-germanique de la Terre habitée et de l'Érotisme.

Frileuse, camp militaire des Yvelines, à 20 km env. à l'ouest-nord-ouest de Versailles.

FRIOUL-VÉNÉTIE JULIENNE, région autonome du nord-est de l'Italie ; 1 193 520 hab. ; cap. *Trieste ;* 4 prov. (*Gorizia, Trieste, Udine* et *Pordenone*). Pays de l'anc. Vénétie, le Frioul fut annexé au royaume d'Italie en 1866, sauf la province de Gorizia, autrichienne jusqu'en 1919.

FRISCH (Karl **von**), *Vienne 1886 - Munich 1982,* zoologiste et éthologiste autrichien. Il a découvert le « langage » des abeilles, qui s'exprime par l'orientation de leur « danse », et a aussi étudié les organes des sens et l'univers sensoriel des invertébrés. (Prix Nobel 1973.)

FRISCH (Max), *Zurich 1911 - id. 1991,* écrivain suisse de langue allemande. Son œuvre romanesque *(Homo faber)* et théâtrale *(Biedermann et les incendiaires ; Andorra)* est marquée par l'influence de Brecht et de l'existentialisme.

F

FRISCH (Ragnar), *Oslo 1895 - id. 1973,* économiste norvégien. L'un des fondateurs de l'économétrie (1931), il a partagé avec J. Tinbergen le premier prix Nobel de sciences économiques (1969).

FRISE, en néerl. **Friesland,** région des Pays-Bas (dont elle forme une province ; 598 000 hab. ; ch.-l. Leeuwarden) et d'Allemagne (anc. *Frise-Orientale*), sur la mer du Nord. Elle est précédée d'îles *(archipel frison).*

FRISON-ROCHE (Roger), *Paris 1906 - Chamonix 1999,* alpiniste et écrivain français. Ses romans disent son amour de la montagne et de la nature sauvage (*Premier de cordée,* 1941).

FRIVILLE-ESCARBOTIN (80130), ch.-l. de cant. de la Somme ; 4 826 hab. *(Frivillois).* Musée des Industries du Vimeu.

FRÖBEL (Friedrich), *Oberweissbach, Thuringe, 1782 - Marienthal 1852,* pédagogue allemand. Il fonda, en 1837, le premier jardin d'enfants et mit au point un des premiers systèmes de jeux éducatifs.

FROBENIUS (Leo), *Berlin 1873 - Biganzolo, lac Majeur, 1938,* anthropologue allemand. Il a attribué une origine commune aux cultures de l'Océanie et de l'Afrique et prôné une explication des cultures par le diffusionnisme.

FROBERGER (Johann Jakob), *Stuttgart 1616 - Héricourt, Haute-Saône, 1667,* compositeur et organiste allemand. Il est l'auteur de pièces pour clavier.

FROBISHER (baie de), golfe du Canada, sur la côte est de l'île de Baffin. Elle abrite notamm. Iqaluit, ch.-l. du Nunavut.

FROBISHER (sir Martin), *Altofts v. 1535 - Plymouth 1594,* navigateur anglais. Il a exploré le Groenland et l'île de Baffin.

FROISSART (Jean), *Valenciennes v. 1337 - Chimay apr. 1404,* chroniqueur français. Ses *Chroniques* forment une peinture vivante du monde féodal entre 1325 et 1400.

FROMENT (Nicolas), *m. à Avignon en 1483/1484,* peintre français, sans doute originaire du nord de la France. Installé à Uzès, puis à Avignon, il fut au service du roi René (triptyque du *Buisson ardent,* 1476, cathédrale d'Aix-en-Provence).

FROMENTIN (Eugène), *La Rochelle 1820 - id. 1876,* peintre et écrivain français. Orientaliste, il a représenté des scènes et des paysages observés en Afrique du Nord. Ses *Maîtres d'autrefois* (1876) sont une importante étude sur la peinture flamande et hollandaise. — Son *Dominique* (1863) est un chef-d'œuvre du roman psychologique.

FROMENTINE (goulet de), détroit de France séparant l'île de Noirmoutier du continent et enjambé par un pont routier.

FROMENT-MEURICE (François Désiré), *Paris 1802 - id. 1855,* orfèvre français. Adulé comme un nouveau Cellini par Hugo, Gautier, Balzac, il s'est beaucoup inspiré de la Renaissance. — **Émile F.-M.,** *Paris 1837 - id. 1913,* orfèvre français. Fils de François Désiré, il poursuivit l'activité de l'atelier familial sous le second Empire, créant des pièces exceptionnelles pour une clientèle riche.

FROMM (Erich), *Francfort-sur-le-Main 1900 - Muralto, Tessin, 1980,* psychanalyste américain d'origine allemande. Il prôna l'adaptation de la psychanalyse à la dynamique sociale à partir d'une lecture humaniste de Marx (*la Peur de la liberté,* 1941 ; *l'Art d'aimer,* 1956).

Fronde (la) [1648 - 1653], troubles qui éclatèrent en France pendant la minorité de Louis XIV. Dirigée contre le cardinal Mazarin, impopulaire en raison de sa politique fiscale, la Fronde eut deux phases. La *Fronde parlementaire* (1648 - 1649), fut marquée par l'arrestation du conseiller Broussel, l'édification de barricades par le peuple de Paris, les intrigues du cardinal de Retz et la retraite de la Cour à Saint-Germain. Dans la *Fronde des princes,* Condé, Beaufort et Mme de Longueville, avec l'appui secret de l'Espagne, engagèrent une véritable campagne contre les troupes royales, que Turenne commandait. La révolte échoua, et la royauté et Mazarin sortirent affermis de cette période troublée.

FRONSAC (33126), ch.-l. de cant. de la Gironde, sur la Dordogne ; 1 067 hab. *(Fronsadais).* Vins.

Front de libération nationale → FLN.

Front islamique du salut → FIS.

Front national, mouvement de résistance français créé en mai 1941 à l'instigation du Parti communiste.

Front national (FN), parti politique français créé en 1972. De tendance d'extrême droite, il a pour président Jean-Marie Le Pen. Une scission, en 1999, a donné lieu à la création du Mouvement national républicain (MNR), présidé par Bruno Mégret.

Front populaire (mai 1936 - avr. 1938), période pendant laquelle la France fut gouvernée par une coalition de partis de gauche. Formé par l'alliance du Parti communiste, de la SFIO et du Parti radical, le Front populaire remporte les élections de mai 1936 et arrive au pouvoir avec Léon Blum. Il réalise d'importantes réformes sociales (semaine de quarante heures, relèvement des salaires, congés payés, conventions collectives, délégués ouvriers) dans le cadre des accords Matignon. Sous la pression des événements extérieurs (guerre d'Espagne), le Front populaire se disloque (démission du premier cabinet Blum, juin 1937) et prend fin en avril 1938, lors de l'accession au pouvoir d'Édouard Daladier.

■ **FRONT POPULAIRE.** Léon Blum, Maurice Thorez, Roger Salengro (de gauche à droite), lors de la manifestation du 14 juillet 1936, place de la Nation à Paris.

FRONTENAC (33119), comm. de la Gironde ; 658 hab. Vins blancs de l'Entre-deux-Mers.

FRONTENAC (Louis **de Buade,** comte **de**), *Saint-Germain-en-Laye v. 1620 - Québec 1698,* administrateur français. Il fut gouverneur de la Nouvelle-France (1672 - 1682 et 1689 - 1698).

FRONTENAY-ROHAN-ROHAN (79270), ch.-l. de cant. des Deux-Sèvres ; 2 714 hab.

FRONTIGNAN (34110), ch.-l. de cant. de l'Hérault ; 19 293 hab. *(Frontignanais).* Vins muscats.

FRONTON (31620), ch.-l. de cant. de la Haute-Garonne ; 3 954 hab. *(Frontonnais).* Vins.

FROSINONE, v. d'Italie (Latium), ch.-l. de prov. ; 45 525 hab.

FROST (Robert Lee), *San Francisco 1874 - Boston 1963,* poète américain. Son œuvre, inspirée des paysages de la Nouvelle-Angleterre, mêle réalisme sobre et rigueur formelle.

FROUDE (William), *Dartington, Devon, 1810 - Simonstown, Afrique du Sud, 1879,* ingénieur britannique. Auteur de travaux en mécanique des fluides, il créa le premier bassin pour essais de modèles.

FROUNZE → BICHKEK.

FROUNZE (Mikhaïl Vassilievitch), *Bichkek 1885 - Moscou 1925,* général soviétique. Il fut l'un des organisateurs des forces bolcheviques en Biélorussie. Chef d'état-major général (1924), il fut nommé la même année commandant de l'académie militaire de Moscou, qui porte son nom.

fructidor an V (coup d'État du 18) [4 sept. 1797], coup de force réalisé sous le Directoire par les anciens Directeurs républicains (Barras, La Révellière-Lépaux, Rewbell) contre le Conseil des Anciens et la nouvelle majorité des Cinq-Cents après les élections d'avr. 1797, favorables aux royalistes.

FRUGES (62310), ch.-l. de cant. du Pas-de-Calais ; 2 834 hab. *(Frugeois).*

FRY (Christopher), *Bristol 1907,* auteur dramatique britannique. Ses drames poétiques s'inspirent d'une vision cosmique de la nature *(La dame ne brûlera pas).*

FSU (Fédération syndicale unitaire), organisation syndicale de personnels de l'enseignement issue de l'éclatement de la FEN en 1993. Elle est auj., en France, la principale organisation syndicale du monde enseignant.

FTP → Francs-tireurs et partisans.

FUAD Ier ou **FOUAD Ier,** *Le Caire 1868 - id. 1936,* sultan (1917 - 1922), puis roi (1922 - 1936) d'Égypte.

FUALDÈS (Antoine), *Mur-de-Barrez 1761 - Rodez 1817,* magistrat français. Son assassinat donna lieu à un procès retentissant.

FUÉGIENS, ensemble des peuples nomades qui habitaient l'extrême sud du continent américain (de la Terre de Feu à la Patagonie), et qui comprenait les Yaghan, les Alakaluf et les Ona. Ils sont désormais éteints ou assimilés.

FUENTES (Carlos), *Mexico 1928,* écrivain mexicain. Ses romans, ancrés dans la réalité latino-américaine, témoignent d'un grand souci de recherches formelles *(la Mort d'Artemio Cruz).*

FUERTEVENTURA, l'une des îles Canaries.

FUGGER, famille de banquiers d'Augsbourg, qui accorda son appui aux Habsbourg (XVe-XVIe s.).

FUJI, v. du Japon (Honshu) ; 222 500 hab. Centre industriel.

FUJIAN, prov. du sud-est de la Chine ; 30 610 000 hab. ; cap. *Fuzhou.*

FUJIMORI (Alberto), *Lima 1938,* homme politique péruvien d'origine japonaise. Il a été président de la République de 1990 à 2000 (destitué en nov. 2000).

FUJISAWA, v. du Japon (Honshu) ; 350 330 hab.

FUJIWARA, famille aristocratique japonaise qui usurpa pratiquement le pouvoir aux empereurs du Milieu du IXe au XIIe s.

FUJI-YAMA, point culminant du Japon (Honshu) ; 3 776 m. C'est un volcan éteint.

■ Le **FUJI-YAMA.**

FUKUI, v. du Japon (Honshu) ; 252 743 hab.

FUKUI KENICHI, *dans la préf. de Nara 1918 - Kyoto 1998,* chimiste japonais. Il a contribué à introduire en chimie les résultats de la physique quantique. (Prix Nobel 1981.)

FUKUOKA, v. du Japon (Kyushu), sur le détroit de Corée ; 1 237 062 hab. Temple (XIIe s.) ; musées. — Port.

FUKUSHIMA, v. du Japon, dans le nord de Honshu ; 277 528 hab.

FUKUYAMA, v. du Japon (Honshu) ; 365 612 hab. Monastère Myoo-in (IXe s.). — Sidérurgie.

FULBERT, *en Italie v. 960 - Chartres 1028,* philosophe et théologien français. Évêque de Chartres, il tint dans cette ville une école célèbre.

FULDA, v. d'Allemagne (Hesse), sur la *Fulda* (branche mère de la Weser) ; 58 711 hab. Anc. abbaye bénédictine fondée en 744, foyer religieux et culturel au Moyen Âge. — Église St-Michel, avec rotonde du IXe s. ; cathédrale baroque (début XVIIIe s.) ; musées.

FULGENCE (saint), *Telepte, près de Gafsa, 467 - Ruspe, près de Sfax, 533,* prélat et théologien africain. Évêque de Ruspe, il fut en théologie un disciple de saint Augustin.

FULLER (Marie-Louise **Fuller,** dite Loïe), *Fullersburg, près de Chicago, 1862 - Paris 1928,* danseuse américaine. Elle acquit sa célébrité au music-hall, employant jeux de lumière et voiles ondoyants.

FULLER (Richard Buckminster), *Milton, Massachusetts, 1895 - Los Angeles 1983,* ingénieur américain. Il a conçu des « dômes géodésiques », constructions hémisphériques faites d'un réseau tridimensionnel de tiges d'acier, qui trouvent des applications en cartographie *(projection de Fuller).*

FULLER (Samuel), *Worcester, Massachusetts, 1911 - Hollywood 1997,* cinéaste américain. Également écrivain, il est l'auteur anticonformiste et éclectique de films violents (*le Jugement des flèches,* 1957 ; *Shock Corridor,* 1963 ; *Au-delà de la gloire,* 1979).

FULTON (Robert), *Little Britain, auj. Fulton, Pennsylvanie, 1765 - New York 1815,* mécanicien américain. Il construisit le premier sous-marin à hélice, le *Nautulus* (plus tard *Nautilus*) [1800], et réalisa industriellement la propulsion des navires par la vapeur (1807).

FUMAY (08170), ch.-l. de cant. des Ardennes, sur la Meuse ; 4 745 hab. *(Fumaciens).*

FUMEL (47500), ch.-l. de cant. de Lot-et-Garonne ; 5 637 hab. *(Fumélois).* Métallurgie. Travail du bois.

FUNABASHI, v. du Japon (Honshu) ; 533 270 hab.

FUNCHAL, cap. de Madère ; 48 600 hab. Port. – Cathédrale manuéline et baroque ; autres monuments ; beaux jardins ; musées.

FUNDY (baie de), baie du Canada et des États-Unis, sur l'Atlantique. Marées d'une grande amplitude.

FUNÈS (Louis **de**), *Courbevoie 1914 - Nantes 1983,* acteur français. Il fut un acteur comique très populaire dans les années 1960 - 1970 (*le Corniaud,* 1964 ; *la Grande Vadrouille,* 1966).

■ LOUIS DE **FUNÈS**

FURET (François), *Paris 1927 - Toulouse 1997,* historien français. Directeur d'études à l'École des hautes études en sciences sociales (à partir de 1966), il est l'auteur d'ouvrages sur la Révolution (*Penser la Révolution française,* 1978 ; *Dictionnaire critique de la Révolution française* [en collab. avec Mona Ozouf], 1988). [Acad. fr.]

FURETIÈRE (Antoine), *Paris 1619 - id. 1688,* écrivain français, auteur du **Roman bourgeois.* Son *Essai d'un dictionnaire universel* (1684) le fit exclure de l'Académie française. Son *Dictionnaire universel,* publié en Hollande en 1690, constitue une source précieuse pour l'étude du vocabulaire du XVIIe s.

FURGLER (Kurt), *Saint-Gall 1924,* homme politique suisse. Démocrate-chrétien, conseiller fédéral (1972 - 1986), il assuma trois fois la présidence de la Confédération (1977, 1981, 1985).

FURIES → **ÉRINYES.**

FURIUS CAMILLUS (Marcus) → **CAMILLUS.**

FURKA n.f., col des Alpes suisses ; 2 431 m. Le Rhône prend sa source à proximité.

FURNES, en néerl. **Veurne,** v. de Belgique, ch.-l. d'arrond. de la Flandre-Occidentale ; 11 175 hab. Monuments anciens de la Grand-Place.

FÜRST (Walter), héros de l'indépendance suisse. Compagnon de Guillaume Tell, il aurait juré, au nom du canton d'Uri, le serment du Rütli (1291).

FÜRSTENBERG, famille allemande, originaire de Souabe. – **Wilhelm Egon von F.,** *Heiligenberg 1629 - Paris 1704,* prélat allemand. Évêque de Strasbourg (1682) et cardinal (1686), il favorisa la politique de Louis XIV en Alsace.

FURTADO (Celso), *Pombal, État de Paraíba, 1920,* économiste brésilien. Spécialiste des problèmes du développement, ministre d'État pour le Développement économique (1962 - 1963), il a joué un grand rôle dans le développement du Nordeste (1959 - 1964).

FÜRTH, v. d'Allemagne (Bavière) ; 108 097 hab. Constructions électriques.

FURTWÄNGLER (Wilhelm), *Berlin 1886 - Ebersteinburg, auj. dans Baden-Baden, 1954,* chef d'orchestre allemand. Également compositeur, il dirigea les orchestres philharmoniques de Vienne et de Berlin et sut conférer une intensité émotionnelle exceptionnelle aux œuvres de Beethoven, de Brahms et de Bruckner, notamment.

FUSHUN, v. de Chine (Liaoning) ; 1 202 000 hab. Métallurgie. Raffinerie de pétrole.

FÜSSLI (Johann Heinrich), en angl. Henry **Fuseli,** *Zurich 1741 - Londres 1825,* peintre suisse installé en Angleterre en 1779. Son goût du fantastique, joint à des sujets et à des effets théâtraux, fait déjà de lui un romantique.

FUST (Johann), *Mayence v. 1400 - Paris 1466,* imprimeur allemand. Associé avec Gutenberg jusqu'en 1455, il publia avec P. Schöffer le *Psautier* de Mayence (1457), premier livre imprimé portant une date.

FÜST (Milán), *Budapest 1888 - id. 1967,* écrivain hongrois. L'un des fondateurs de la revue *Nyugat (Occident),* il a laissé une œuvre de poète *(Rue des fantômes),* de romancier et d'auteur dramatique *(les Malheureux),* marquée par ses préoccupations philosophiques.

FUSTEL DE COULANGES (Numa Denis), *Paris 1830 - Massy 1889,* historien français. Il est l'auteur de *la Cité antique* (1864) et de *l'Histoire des institutions de l'ancienne France* (1875 - 1892). Sa méthode accordait la priorité à l'exploitation rigoureuse des documents écrits.

FUTUNA, île française de la Mélanésie ; 4 638 hab. Avec Wallis, elle forme un territoire d'outre-mer.

Futuroscope, parc d'attractions ouvert en 1987 près de Poitiers, sur les communes de Jaunay-Clan et de Chasseneuil-du-Poitou (Vienne). Il présente les techniques audiovisuelles du futur.

FUXIN, v. de Chine (Liaoning) ; 635 500 hab. Houille. Sidérurgie.

FUZHOU, v. de Chine, cap. du Fujian ; 1 290 000 hab. Musée. – Centre commercial.

FUZULI (Mehmed bin Süleyman), *Karbala ? 1480 - id. 1556,* poète turc d'origine kurde, auteur de *Divans,* en turc, en arabe et en persan.

FYN, en fr. **Fionie,** île du Danemark, séparée du Jylland par le Petit-Belt, de Sjaelland par le Grand-Belt ; v. princ. *Odense.*

FYT ou **FIJT** (Jan), *Anvers 1611 - id. 1661,* peintre flamand. Ses natures mortes, ses animaux et ses fleurs sont remarquables par leur qualité proprement plastique et leur lyrisme intime.

F

Caractère Goudy

G7 (Groupe des 7), groupe réunissant les sept pays les plus industrialisés du monde (Allemagne, Canada, États-Unis, France, Grande-Bretagne, Italie et Japon). Il organise, depuis 1975, des sommets annuels, essentiellement consacrés aux questions économiques. Depuis 1997, la Russie est très régulièrement associée à ses travaux ; on parle alors de **G8** (Groupe des 8).

G77 (Groupe des 77), groupe formé en 1964 lors de la première réunion de la Conférence des Nations unies sur le commerce et le développement (CNUCED) à Genève, réunissant à l'origine 77 États pour la défense des intérêts du Sud. Le groupe s'est élargi depuis à de nombreux autres pays en développement.

GABČÍKOVO, v. de Slovaquie, proche du Danube. Aménagement hydroélectrique en construction sur le fleuve.

GABÈS, v. de Tunisie, sur le *golfe de Gabès ;* 92 300 hab. Port. Palmeraie. Engrais.

GABIN (Jean Alexis **Moncorgé,** dit Jean), *Paris 1904 - Neuilly-sur-Seine 1976,* acteur français. Il imposa dans près de cent films son personnage de cabochard au grand cœur puis de vieil homme bougon et autoritaire : *la Bandera* (J. Duvivier, 1935) ; *la Grande Illusion* (J. Renoir, *id.*) ; *le Quai des Brumes* (M. Carné, 1938) ; *Le jour se lève* (*id.*, 1939) ; *le Chat* (P. Granier-Deferre, 1971).

■ JEAN **GABIN** et Michèle Morgan dans *le Quai des Brumes* (1938) de Marcel Carné.

GABLE (Clark), *Cadiz, Ohio, 1901 - Hollywood 1960,* acteur américain. Incarnation de l'aventurier séducteur, parfois cynique, il fut l'une des grandes stars d'Hollywood : *New York-Miami* (F. Capra, 1934) ; *les Révoltés du « Bounty »* (F. Lloyd, 1935) ; *Autant en emporte le vent* (V. Fleming, 1939) ; *les Misfits* (J. Huston, 1961).

GABO (Naoum **Pevsner,** dit Naum) → **PEVSNER.**

GABON n.m., estuaire de la côte d'Afrique, sur l'Atlantique. Il a donné son nom à la république du Gabon.

GABON n.m., État de l'Afrique centrale, sur l'Atlantique ; 268 000 km² ; 1 360 000 hab. *(Gabonais).* CAP. *Libreville.* LANGUE : *français.* MONNAIE : *franc CFA.*

GÉOGRAPHIE

Correspondant au bassin de l'Ogooué, le Gabon est un pays peu peuplé, au climat équatorial, chaud et humide. Il est recouvert par la forêt dense, dont l'exploitation constitue une ressource importante, à côté des industries extractives (uranium, manganèse et, surtout, pétrole, base des exportations).

HISTOIRE

La colonie. Les premiers habitants sont probablement les Pygmées, vivant dans l'arrière-pays. Le groupe bantou le plus nombreux est celui des Fang, au nord ; au sud, les groupes bantous (Nzabi, Pounou, Myene) sont plus réduits. **1471 ou 1473 :** les Portugais arrivent sur les côtes. **XVIIᵉ - début du XIXᵉ s. :** les Européens pratiquent la traite des Noirs, en même temps que le commerce de l'ivoire et de l'ébène. **1843 :** la France s'établit définitivement au Gabon, d'où les Fang venus du nord-est refoulent les populations locales. **1849 :** Libreville est fondée avec des esclaves libérés. **1875 :** Savorgnan de Brazza explore l'Ogooué. **1886 :** le Gabon devient colonie française. Il fusionne avec le Congo (1888 - 1904), puis est intégré dans l'A-ÉF (1910).

L'indépendance. 1956 : la colonie devient autonome. **1958 :** la République gabonaise est proclamée. **1960 :** elle accède à l'indépendance. **1961 - 1967 :** Léon M'Ba est président de la République. **Depuis 1967 :** Omar Bongo dirige le pays. **1990 :** après plus de vingt ans de régime de parti unique, il doit, sous la pression de manifestations populaires, instaurer le multipartisme. (Mais les résultats des élections présidentielles pluralistes qui, en 1993 et en 1998, lui permettent d'être reconduit à la tête de l'État sont fortement contestés par l'opposition.)

GABOR (Dennis), *Budapest 1900 - Londres 1979,* physicien britannique d'origine hongroise. Il inventa l'holographie en 1948. (Prix Nobel 1971.)

GABORIAU (Émile), *Saujon 1832 - Paris 1873,* romancier français, précurseur du roman policier en France (*l'Affaire Lerouge,* 1866).

GABORONE, cap. du Botswana ; 138 000 hab. *(Gaboronais).*

GABRIEL, ange des traditions juive, chrétienne et islamique. Dans l'Évangile, Gabriel annonce la naissance de Jean-Baptiste et de Jésus. La littérature postérieure en fait un archange. Dans l'islam, il est celui qui transmet le message de Dieu à Mahomet.

GABRIEL, famille d'architectes français, maîtres de l'art classique. – **Jacques V G.,** *Paris 1667 - id. 1742,* architecte français. Il a travaillé à Paris, Orléans, Blois, Dijon, Rennes (hôtel de ville), Bordeaux (place Royale, auj. de la Bourse). – **Jacques Ange G.,** *Paris 1698 - id. 1782,* architecte français, fils de Jacques V. Ses chefs-d'œuvre sont, à Versailles, l'Opéra du château et le Petit Trianon (1764), à Paris, la place Louis-XV (auj. place de la Concorde, 1754 - 1772) et l'*École militaire.

GABRIELI (Andrea), *Venise v. 1510 - id. 1586,* compositeur et organiste italien. Il composa surtout de la musique religieuse et fut à l'origine du style concertant, employant souvent deux chœurs, voire davantage. – **Giovanni G.,** *Venise v. 1557 - id. 1612,* compositeur et organiste italien. Neveu d'Andrea, il fut l'un des précurseurs de l'orchestration, évoluant vers des œuvres de plus en plus concertantes (*Sacrae symphoniae,* 1597 ; *Canzoni e Sonate,* 1615).

GABRIEL LALEMANT (saint), un des *Martyrs canadiens.

GABROVO, v. de Bulgarie, au pied du Balkan ; 90 000 hab. Musée de plein air (artisanat, industrie).

GACÉ (61230), ch.-l. de cant. de l'Orne ; 2 101 hab. *(Gacéens).* Vestiges d'un château.

GACILLY (La) [56200], ch.-l. de cant. du Morbihan ; 2 346 hab. Produits d'hygiène et de beauté.

GADAMER (Hans Georg), *Marburg 1900,* philosophe allemand. Il a été le promoteur de l'herméneutique moderne, au travers d'une exploration de l'expérience du langage et de la communication artistique (*Vérité et Méthode,* 1960).

GADDA (Carlo Emilio), *Milan 1893 - Rome 1973,* écrivain italien. Ses recherches verbales et narratives l'ont placé à l'avant-garde du roman italien *(l'Adalgisa, l'Affreux Pastis de la rue des Merles, la Connaissance de la douleur).*

GADDI, peintres florentins, dont les principaux sont : **Taddeo G.,** *documenté de 1327 à 1366,* élève de Giotto, et **Agnolo G.,** *documenté de 1369 à 1396,* fils de Taddeo. Tous deux sont les auteurs, à cinquante ans de distance, de fresques dans l'église S. Croce de Florence, celles du second étant d'un style plus pittoresque.

GADES ou **GADÈS,** ancien nom de *Cadix.

GADES (Antonio **Esteve Ródenas,** dit Antonio), *Elda 1936,* danseur et chorégraphe espagnol. À la tête de sa troupe, fondée en 1964, il a popularisé un ballet flamenco moderne, rigoureux et flamboyant (*Noces de sang,* 1979 ; *Carmen,* 1983).

GAËLS, peuple celtique établi en Irlande et en Écosse vers la fin du Ier millénaire av. J.-C.

GAÉTAN DE THIENE (saint), *Vicence 1480 - Naples 1547,* religieux italien, fondateur de l'ordre des Clercs réguliers dits « théatins » (1524).

GAÈTE, en ital. **Gaeta,** v. d'Italie (Latium), sur la mer Tyrrhénienne ; 22 393 hab. Port. – Mausolée romain du mont Orlando et autres monuments.

GAFSA, v. de la Tunisie méridionale ; 60 900 hab. Phosphates.

GAGAOUZES, peuple turc vivant principalement dans le sud de la Moldavie (env. 150 000) et dans le sud de l'Ukraine (env. 200 000 au total). Christianisés au XIIIe s., ils ont émigré des Balkans vers la Bessarabie aux XVIIIe et XIXe s. Ils sont éleveurs et viticulteurs. Ils ont obtenu en 1994 un statut d'autonomie au sein de la Moldavie. Ils parlent le *gagaouze,* de la famille turque.

GAGARINE (Iouri Alekseïevitch), *Klouchino, auj. Gagarine, région de Smolensk, 1934 - région de Vladimir 1968,* pilote militaire et cosmonaute soviétique. Il fut le premier homme à effectuer un vol spatial (12 avril 1961, à bord du vaisseau Vostok 1).

GAGNOA, v. de Côte d'Ivoire ; 42 300 hab.

GAGNY (93220), ch.-l. de cant. de la Seine-Saint-Denis ; 36 876 hab.

GAIA ou **GÊ** MYTH. GR. Divinité personnifiant la Terre mère. Unie à Ouranos, elle donna naissance aux Titans, aux Cyclopes et aux monstres marins.

GAIGNIÈRES (Roger **de**), *Entrains-sur-Nohain, Nièvre, 1642 - Paris 1715,* érudit et collectionneur français. Il légua à la bibliothèque du roi sa collection de dessins d'iconographie, de topographie et d'archéologie (auj. à la BNF).

GAILLAC (81600), ch.-l. de cant. du Tarn, sur le Tarn ; 11 461 hab. *(Gaillacois).* Vins. – Deux églises médiévales ; château du XVIIe s. (petit musée, jardins).

GAILLARD (74240), comm. de la Haute-Savoie, près de l'Arve ; 10 013 hab. *(Gaillardins).*

GAILLON (27600), ch.-l. de cant. de l'Eure, sur la Seine ; 7 002 hab. *(Gaillonnais).* Plastiques. – Vestiges d'un château du cardinal G. d'Amboise, au décor italianisant précoce.

GAINSBOROUGH (Thomas), *Sudbury, Suffolk, 1727 - Londres 1788,* peintre anglais. Il est l'auteur de portraits aristocratiques ou familiers, d'un charme frémissant, ainsi que d'amples paysages, qu'admirèrent les impressionnistes.

GAINSBOURG (Lucien **Ginsburg,** dit Serge), *Paris 1928 - id. 1991,* chanteur français. Également acteur et cinéaste, il a écrit et composé de nombreuses chansons, riches en jeux de mots et en innovations musicales, grinçantes et désenchantées, cultivant ainsi son image provocatrice *(le Poinçonneur des Lilas, la Javanaise).*

GAIUS, *IIe s. apr. J.-C.,* juriste romain. Ses *Institutiones* ont servi de base aux *Institutes* de Justinien.

GALÁPAGOS (îles), archipel du Pacifique, à l'O. de l'Équateur, dont il dépend depuis 1832 ; 8 010 km² ; 9 800 hab. Réserve de faune.

GALATA, quartier d'Istanbul.

GALATÉE MYTH. GR. Divinité marine. Elle fit changer en fleuve son amant, le berger Acis, victime de la jalousie du cyclope Polyphème.

GALAȚI, v. de Roumanie, sur le Danube ; 325 788 hab. Port. Sidérurgie.

GALATIE, anc. région du centre de l'Asie Mineure. Des populations d'origine celtique (en gr. *Galatai,* Gaulois) venues d'Europe s'y installèrent au IIIe s. av. J.-C. Province romaine en 25 av. J.-C., la Galatie fut évangélisée par saint Paul (Épître aux Galates).

GALAXIE (la), galaxie dans laquelle est situé le système solaire. (V. partie n. comm.)

GALBA (Servius Sulpicius), *Terracina v. 3 av. J.-C. - Rome 69 apr. J.-C.,* empereur romain (68 - 69). Successeur de Néron, il fut assassiné par les partisans d'Othon.

GALBRAITH (John Kenneth), *Iona Station, Ontario, 1908,* économiste américain. Collaborateur de Roosevelt, il a analysé la société de consommation (*l'Ère de l'opulence,* 1958) et théorisé le phénomène du « management » (*le Nouvel État industriel,* 1967).

GALDÓS (Benito **Pérez**) → **PÉREZ GALDÓS.**

GALÈRE, en lat. **Caius Galerius Valerius Maximianus,** *Illyrie v. 250 - Nicomédie 311,* empereur romain de la tétrarchie. César en 293, gendre de Dioclétien, il devint auguste après l'abdication de ce dernier (305). Peu avant sa mort, il promulgua un édit de tolérance vis-à-vis des chrétiens.

GALIBI → **KALIÑA.**

GALIBIER n.m., col routier des Alpes françaises (Hautes-Alpes), entre Briançon et la Maurienne ; 2 645 m.

GALICE, communauté autonome du nord-ouest de l'Espagne ; 2 700 288 hab. *(Galiciens) ;* cap. *Saint-Jacques-de-Compostelle ;* 4 prov. (*La Coruña, Lugo, Orense* et *Pontevedra*).

GALICIE, région de l'Europe centrale, au nord des Carpates, partagée entre la Pologne (v. princ. *Cracovie*) et l'Ukraine (v. princ. *Lviv*). Principauté de la Russie kievienne, indépendante du XIIe au XIVe s., elle appartint ensuite à la Pologne, puis à l'Autriche (1772 - 1918). La Galicie orientale, attribuée à la Pologne en 1923, fut annexée par l'URSS en 1939.

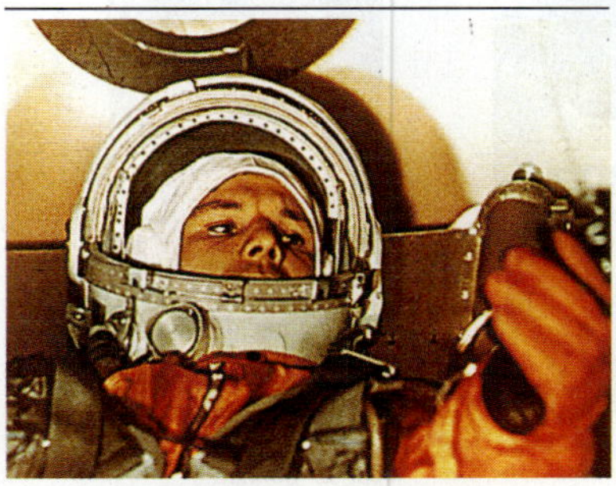

■ IOURI **GAGARINE** en 1961.

GALIEN (Claude), *Pergame v. 131 - Rome ou Pergame v. 201,* médecin grec. Il fit d'importantes découvertes en anatomie. Son œuvre, qui reposait sur l'existence hypothétique des « humeurs », a joui jusqu'à la Renaissance d'un grand prestige.

GALIGAÏ (Leonora **Dori,** dite Leonora), *Florence v. 1571 - Paris 1617,* aventurière italienne. Épouse de Concini, favorite de Marie de Médicis, elle partagea la disgrâce de son mari et fut exécutée pour sorcellerie.

GALILÉE, province du nord de la Palestine. (Hab. *Galiléens.*) Les Évangiles mentionnent souvent les cités de cette région, Nazareth, Tibériade, Cana et Capharnaüm, où Jésus passa son enfance et exerça une grande partie de son ministère.

GALILÉE (Galileo **Galilei,** dit), *Pise 1564 - Arcetri 1642,* savant et écrivain italien. En introduisant l'emploi de la lunette en astronomie (1609), il a été à l'origine d'une révolution dans l'observation de l'Univers. Il découvrit, en particulier, le relief de la Lune, les principaux satellites de Jupiter, les phases de Vénus et la présence d'étoiles dans la Voie lactée. Rallié au système héliocentrique de Copernic, dont l'œuvre venait d'être mise à l'Index (1616), Galilée fut déféré, après la publication du *Dialogue sur les deux grands systèmes du monde,* devant le tribunal de l'Inquisition, qui le condamna et l'obligea à se rétracter (1633) ; l'Église l'a réhabilité en 1992. Galilée fut aussi l'un des fondateurs de la mécanique moderne (*Discours concernant deux sciences nouvelles*) et joua un rôle majeur dans l'introduction des mathématiques pour l'explication des lois physiques. Il établit notamm. la loi de la chute des corps dans le vide et donna une première formulation du principe de relativité.

■ **GALILÉE.** Le procès de Galilée (assis à droite). Détail d'une peinture anonyme italienne du XVIIe s. (Coll. priv.)

GALITZINE → **GOLITSYNE.**

GALL (Franz Josef), *Tiefenbronn, Bade-Wurtemberg, 1758 - Montrouge 1828,* médecin allemand. Il fut le créateur de la phrénologie.

GALLA → **OROMO.**

GALLANT (Mavis), *Montréal 1922,* femme de lettres canadienne de langue anglaise. Elle s'attache, dans des récits d'une précision ironique *(Voix perdues dans la neige),* à peindre les menus événements de la vie quotidienne.

GALLA PLACIDIA, *389 ou 392 - Rome 450,* princesse romaine. Fille de Théodose Ier, femme d'Athaulf (414), puis (417) de Constance III, mère de Valentinien III. – Son mausolée, à Ravenne, est célèbre pour ses mosaïques.

GALLE, v. de Sri Lanka ; 84 000 hab. Port.

GALLE (Johann), *Pabsthaus 1812 - Potsdam 1910,* astronome allemand. En 1846, il découvrit la planète Neptune, dont Le Verrier avait prévu l'existence et la position par le calcul.

GALLÉ (Émile), *Nancy 1846 - id. 1904,* verrier, céramiste et ébéniste français. Animateur de l'école de Nancy (Art nouveau), il a orienté les arts décoratifs vers un symbolisme poétique.

GALLEGOS (Rómulo), *Caracas 1884 - id. 1969,* écrivain et homme politique vénézuélien. Ses romans sont une peinture de la société et des paysages de son pays *(Doña Bárbara, Canaima).* – Il fut président de la République en 1948.

GALLES (pays de), en angl. **Wales,** région de l'ouest de la Grande-Bretagne ; 20 800 km² ;

G

2 798 200 hab. *(Gallois)* ; cap. *Cardiff.* Dans cette région de plateaux, au climat océanique, l'agriculture (élevage surtout) tient une place secondaire, mais l'industrie (métallurgie), née de la houille et implantée dans les villes qui jalonnent le canal de Bristol (Swansea, Port Talbot, Cardiff, Newport), a beaucoup décliné.

HISTOIRE

Le pays de Galles jusqu'à la conquête normande. Ier s. av. J.-C. - Ve s. apr. J.-C. : la population galloise adopte la langue celtique et la religion druidique. **Ier-Ve s. apr. J.-C. :** l'occupation romaine marque peu le pays. **VIIe s. :** les Gallois repoussent les Anglo-Saxons, qui envahissent l'Angleterre. **IXe - XIe s. :** malgré sa division en plusieurs royaumes, le pays contient les raids scandinaves.

La conquête anglaise. 1066 - 1139 : tout le sud du pays de Galles tombe aux mains des Anglo-Normands, mais la résistance reste vive. **XIIIe s. :** les rois Llewelyn ap Iorwerth (1194 - 1240) et Llewelyn ap Gruffydd (1246 - 1282) entravent la volonté de conquête des rois anglais. **1282 - 1284 :** Édouard Ier soumet le pays. **1536 - 1542 :** le pays de Galles est définitivement incorporé à l'Angleterre sous Henri VIII.

Le pays de Galles contemporain. 1997 : le gouvernement britannique accorde au pays de Galles un statut d'autonomie (élection, en 1999, d'une Assemblée régionale).

Galles (prince de), titre britannique créé en 1301 et porté par le fils aîné du souverain.

GALLIEN, en lat. **Publius Licinius Egnatius Gallienus,** *v. 218 - Milan 268,* empereur romain (253 - 268). D'abord associé à son père Valérien (253 - 260), il défendit l'Italie contre les Alamans et les Goths, laissant plusieurs provinces (Gaule, Palmyre) se donner des souverains particuliers.

GALLIENI (Joseph), *Saint-Béat 1849 - Versailles 1916,* maréchal de France. Après avoir servi au Soudan et au Tonkin, il pacifia et organisa Madagascar (1896 - 1905). Gouverneur de Paris en 1914, il participa à la victoire de la Marne. Ministre de la Guerre en 1915 - 1916, il fut fait maréchal à titre posthume en 1921.

GALLIFFET (Gaston **de**), *Paris 1830 - id. 1909,* général français. Il se distingua à Sedan en 1870, puis réprima durement la Commune. Il fut ministre de la Guerre de 1899 à 1900.

GALLIMARD (Gaston), *Paris 1881 - Neuilly-sur-Seine 1975,* éditeur français. Il fonda en 1911 les Éditions Gallimard, dont la raison sociale fut jusqu'en 1919 « Éditions de la Nouvelle Revue française ». Celles-ci jouent depuis leur création un rôle prépondérant dans la publication d'auteurs contemporains, français et étrangers.

GALLIPOLI, en turc **Gelibolu,** v. de la Turquie d'Europe, sur la rive est de la *péninsule de Gallipoli,* dominant les *Dardanelles ; 18 670 hab. L'un des objectifs de l'expédition alliée de 1915.

GALLUP (George Horace), *Jefferson, Iowa, 1901 - Tschingel, canton de Berne, 1984,* statisticien américain. Il a créé, en 1935, un important institut de sondages d'opinion.

GALOIS (Évariste), *Bourg-la-Reine 1811 - Paris 1832,* mathématicien français. La nuit précédant sa mort (au cours d'un duel pour une banale intrigue), il rassembla dans une lettre ses principales idées sur le rôle des groupes dans la résolution des équations algébriques. Ces notes se sont révélées d'une exceptionnelle fécondité.

GALSWINTHE, *v. 540 - 568,* reine de Neustrie. Sœur aînée de Brunehaut et deuxième femme de Chilpéric Ier, elle fut étranglée à l'instigation de Frédégonde.

GALSWORTHY (John), *Coombe, auj. dans Londres, 1867 - Londres 1933,* écrivain britannique. Son œuvre romanesque *(la Saga des Forsyte)* et théâtrale *(Justice)* offre une vision critique de la haute bourgeoisie et des conventions sociales. (Prix Nobel 1932.)

GALTON (sir Francis), *Sparkbrook, près de Birmingham, 1822 - Haslemere, Surrey, 1911,* physiologiste britannique. Cousin de C. Darwin, il fut l'un des fondateurs de l'eugénique, de la méthode statistique et de la psychologie différentielle.

GALVANI (Luigi), *Bologne 1737 - id. 1798,* médecin italien. Professeur d'anatomie, il remarqua, par hasard, en 1786, que les muscles d'une grenouille écorchée au contact d'un scalpel se contractaient et attribua ce phénomène à une forme d'électricité animale. Cette interprétation fut démentie, avec raison, par A. Volta.

GALWAY, v. d'Irlande, ch.-l. de comté, sur la *baie de Galway ;* 50 842 hab. Belles demeures du XVIIIe s.

GAMA (Vasco **de**), *Sines v. 1469 - Cochin 1524,* navigateur portugais. Il découvrit la route des Indes par le cap de Bonne-Espérance (nov. 1497), fit escale à Mozambique et atteignit Calicut (1498), dont le souverain lui accorda un traité de commerce. Reparti en 1502, il fonda les établissements de Mozambique puis de Cochin (Inde), premier comptoir portugais d'Asie. Revenu en 1503, il ne fut nommé vice-roi des Indes portugaises qu'en 1524.

■ VASCO DE **GAMA,** miniature du XVIIe s. (BNF, Paris.)

GAMACHES (80220), ch.-l. de cant. de la Somme ; 3 120 hab. *(Gamachois).* Église des XIIe-XVe s.

GAMBETTA (Léon), *Cahors 1838 - Ville-d'Avray 1882,* avocat et homme politique français. Avocat libéral, il fut député républicain de Belleville (1869). Après la défaite de Sedan, il proclama la république (4 sept. 1870). Il quitta en ballon Paris assiégée, pour s'installer à Tours, où, ministre de la Guerre dans le gouvernement provisoire, il organisa la Défense nationale. Député de Belleville (1871 - 1875), il défendit la république contre ceux qui espéraient une restauration de la monarchie, et contribua à l'adoption des lois constitutionnelles fondant la république (1875). Président de la Chambre après la démission de Mac-Mahon (1879), il dut affronter l'hostilité de Jules Grévy et des radicaux : le « grand ministère » qu'il présida ne dura que de nov. 1881 à janv. 1882.

GAMBIE n.f., fl. de Guinée, du Sénégal et de Gambie, qui se jette dans l'Atlantique ; 1 100 km.

GAMBIE n.f., État d'Afrique, sur l'Atlantique, s'étendant de part et d'autre du cours inférieur de la *Gambie ;* 11 300 km^2 ; 1 150 000 hab. *(Gambiens).* **CAP.** *Banjul.* **LANGUE :** *anglais.* **MONNAIE :** *dalasi.* (V. carte **Sénégal et Gambie.**) Le plus petit pays d'Afrique continentale, la Gambie est presque entièrement islamisée et vit surtout de la culture de l'arachide et, localement, du tourisme.

HISTOIRE

XIIIe - XVIIe s. : vassale du Mali, l'actuelle Gambie est découverte par les Portugais en 1455 - 1456. **XVIIe s. :** les marchands européens d'esclaves s'y installent. **XIXe s. :** la Grande-Bretagne acquiert le contrôle exclusif du pays, où elle fonde le poste de Bathurst (1815). **1888 :** elle transforme la zone côtière en colonie et l'intérieur en protectorat. **1965 :** la Gambie passe de l'autonomie à l'indépendance, dans le cadre du Commonwealth. **1970 :** la république est proclamée, avec Dawda Jawara pour président. **1982 :** Gambie et Sénégal s'unissent en une confédération (la Sénégambie). **1989 :** la Sénégambie est suspendue. **1994 :** un coup d'État militaire conduit par Yahya Jammeh renverse Dawda Jawara. **1996 :** Y. Jammeh remporte l'élection présidentielle.

GAMBIER (îles), archipel de la Polynésie française ; 1 087 hab. Découvert en 1797 par les Britanniques, cet archipel devint français de fait en 1844, en droit en 1881.

GAMELIN (Maurice), *Paris 1872 - id. 1958,* général français. Collaborateur de Joffre (1914 - 1915), chef d'état-major de la Défense nationale en 1938, il commanda les forces franco-britanniques de septembre 1939 au 19 mai 1940.

GAMOW (George Anthony), *Odessa 1904 - Boulder, Colorado, 1968,* physicien et astrophysicien américain d'origine russe. Il a donné son nom à la barrière de potentiel défendant l'accès du noyau d'un atome. En cosmologie, il a repris et développé l'hypothèse selon laquelle l'Univers, actuellement en expansion, aurait connu une explosion primordiale (1948).

GANCE (Abel), *Paris 1889 - id. 1981,* cinéaste français. Inventeur de plusieurs procédés techniques (triple écran), auteur ambitieux et inspiré (*J'accuse,* 1919 ; *la Roue,* 1923 ; *Napoléon,* 1927), il fut un pionnier du langage cinématographique.

GAND, en néerl. **Gent,** v. de Belgique, ch.-l. de la Flandre-Orientale, au confluent de l'Escaut et de la Lys ; 230 246 hab. *(Gantois).* Centre textile, métallurgique et chimique. Port relié à la mer du Nord par le canal de Terneuzen. Université. — Château des comtes (XIe-XIIIe s., très restauré), cathédrale Saint-Bavon (XIIe-XVIe s. ; retable de *l'Agneau mystique* des Van Eyck), beffroi (XIVe s.), nombreux autres monuments et maisons anciennes. Importants musées, dont celui des Beaux-Arts. — Au IXe s., la ville se constitue autour des abbayes de St-Bavon et de St-Pierre, et devient au XIIIe s. la première ville drapière d'Europe. La charte de 1277 marque la prépondérance du patriciat gantois, qui, allié aux rois de France, perd en 1302 le gouvernement de la ville au profit des gens de métier. Le XIVe s. est caractérisé par des révoltes populaires ; J. Van Artevelde s'allie aux Anglais. Au XVe s., Gand, ville bourguignonne, tente en vain de reconquérir son autonomie communale ; l'industrie drapière entre en décadence. Annexée par la France en 1794 et intégrée à la Belgique en 1830, Gand redevient au XIXe s. un grand centre textile.

■ LE MARÉCHAL **GALLIENI** par Calderé. (Musée de l'Armée, Paris.)

■ ÉVARISTE **GALOIS.** (Académie des sciences, Paris.)

■ LÉON **GAMBETTA** par L. Bonnat. (Château de Versailles.)

■ **GAND.** Le « quai aux Herbes », le long de la Lys.

Gand (traité de) [24 déc. 1814], traité qui mit fin à la seconde guerre de l'Indépendance entre la Grande-Bretagne et les États-Unis (1812 - 1814). La frontière entre le Canada et les États-Unis fut fixée sur le 49e parallèle.

GANDA, peuple du centre de l'Ouganda, de langue bantoue. On les dénomme encore parfois *Baganda.*

GANDER, v. du Canada, dans l'île de Terre-Neuve ; 10 139 hab. Base aérienne.

GANDHARA, prov. de l'Inde ancienne (actuel district de Peshawar, Pakistan). Elle fut le centre d'une école artistique (appelée autref. gréco-bouddhique), florissante entre le Ier et le IVe s. et célèbre pour ses représentations sculptées de Bouddha.

GANDHI (Indira), *Allahabad 1917 - Delhi 1984,* femme politique indienne. Fille de Nehru, plusieurs fois chef du gouvernement (1966 - 1977 ; 1980 - 1984), elle fut assassinée par des extrémistes sikhs. — **Rajiv G.,** *Bombay 1944 - Sriperumbudur, au S.-O. de Madras, 1991,* homme politique indien. Fils d'Indira, il lui succéda à la tête du parti du Congrès et, de 1984 à 1989, à la tête du gouvernement. Il fut lui-même assassiné.

GANDHI (Mohandas Karamchand), surnommé **le Mahatma,** *Porbandar 1869 - Delhi 1948,* apôtre national et religieux de l'Inde. Avocat, il défend, au cours de séjours en Afrique du Sud (entre 1893 et 1914), les Indiens contre les discriminations raciales et élabore sa doctrine de l'action non violente. De retour en Inde, il s'engage dans la lutte contre les Britanniques, qui l'emprisonnent à plusieurs reprises. Leader du mouvement national à partir de 1920, il en laisse la direction à J. Nehru en 1928. Il se consacre alors à l'éducation du peuple et aux problèmes des intouchables, et intervient comme caution morale pour soutenir les actions de masse (désobéissance civile de 1930 ; Quit India [« Quittez l'Inde »], 1942) ou pour calmer des violences entre hindous et musulmans (1946 - 1947). Il est assassiné en 1948 par un extrémiste hindou.

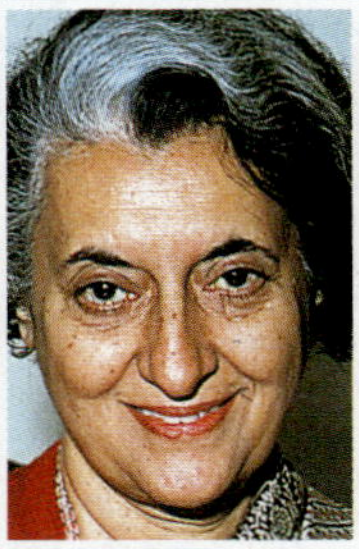

■ INDIRA **GANDHI**

■ LE MAHATMA **GANDHI** en 1947.

GANDJA, de 1804 à 1918 **Ielizavetpol,** de 1935 à 1990 **Kirovabad,** v. d'Azerbaïdjan ; 282 200 hab.

GANDRANGE (57175), comm. de la Moselle ; 2 570 hab. *(Gandrangeois).* Aciérie.

GANESHA ou **GANAPATI,** dieu hindou à tête d'éléphant, avec quatre bras et monté sur un rat. Il est le dieu du Savoir et de l'Intelligence.

GANGE n.m., fl. de l'Inde, né dans l'Himalaya et qui se jette dans le golfe du Bengale par un vaste delta couvert de rizières ; 3 090 km. Il passe à Kanpur, Bénarès et Patna. — C'est dans ce fleuve sacré que se baignent les pèlerins.

GANGES (34190), ch.-l. de cant. de l'Hérault, sur l'Hérault ; 3 595 hab. *(Gangeois).*

GANIVET (Ángel), *Grenade 1865 - Riga, Lettonie, 1898,* écrivain espagnol. Ses romans réalistes et son *Idearium español* préparèrent le renouveau des lettres espagnoles au tournant du siècle.

GANNAT (03800), ch.-l. de cant. de l'Allier ; 6 098 hab. *(Gannatois).* Église romane et gothique ; restes d'un château fort (musée).

GANSHOREN [gansorən], comm. de Belgique (Bruxelles-Capitale), banlieue nord-ouest de Bruxelles ; 20 422 hab.

GANSU, prov. de la Chine du Nord ; 22 930 000 hab. ; cap. *Lanzhou.*

GANTT (Henry Laurence), *Calvert County, Maryland, 1861 - Pine Island, État de New York, 1919,* ingénieur américain. Il prolongea l'action de Taylor en développant l'aspect social de l'organisation du travail.

GANYMÈDE MYTH. GR. Prince de Troie. Zeus, ayant pris la forme d'un aigle, l'enleva et fit de lui l'échanson des dieux.

GANZHOU, v. de Chine (Jiangxi) ; 346 000 hab.

GAO, v. du Mali, sur le Niger ; 55 300 hab. Fondée v. le VIIIe s., elle fut la cap. de l'Empire songhaï (1464 - 1591). — Mosquée (XIVe s.) et nécropole princière.

GAO XINGJIAN, *Ganzhou 1940,* écrivain et peintre français d'origine chinoise. Figure de proue du modernisme, en butte à l'hostilité des autorités de Pékin, il se réfugie en France en 1988. Essayiste, dramaturge et romancier (*la Montagne de l'âme,* 1995), il se consacre aussi à la peinture — encre et lavis — dans la tradition des lettrés. (Prix Nobel de littérature 2000.)

GAP (05000), ch.-l. du dép. des Hautes-Alpes, à 733 m d'alt., à 668 km au S.-E. de Paris ; 38 612 hab. *(Gapençais).* Évêché. Centre administratif et commercial. — Musée.

Garabit (viaduc de), pont-rail métallique, au-dessus de la Truyère (Cantal). Construit de 1882 à 1884 par Eiffel, il a 564 m de long ; la portée de l'arche centrale est de 165 m.

GARAMONT ou **GARAMOND** (Claude), *Paris 1499 - id. 1561,* graveur et fondeur français. On lui doit la création de divers caractères typographiques, dont l'un porte son nom.

GARBO (Greta Lovisa **Gustafsson,** dite Greta), *Stockholm 1905 - New York 1990,* actrice suédoise naturalisée américaine. Surnommée « la Divine », elle fut par sa beauté légendaire et sa personnalité secrète l'archétype de la star : *la Reine Christine* (R. Mamoulian, 1933), *Anna Karenine* (C. Brown, 1935), *Ninotchka* (E. Lubitsch, 1939).

■ GRETA **GARBO** dans *la Rue sans joie* (1925), de G.W. Pabst.

GARBORG (Arne), *Time 1851 - Asker 1924,* écrivain norvégien. Propagandiste du parler populaire, il défendit dans ses romans la libre pensée.

GARCHES (92380), ch.-l. de cant. des Hauts-de-Seine ; 18 320 hab. *(Garchois).* Centre hospitalier.

GARCÍA CALDERÓN (Ventura), *Paris 1886 - id. 1959,* diplomate et écrivain péruvien, auteur de contes et de nouvelles *(la Vengeance du condor).*

GARCÍA GUTIÉRREZ (Antonio), *Chiclana de la Frontera 1813 - Madrid 1884,* auteur dramatique espagnol. Ses drames sont marqués par un romantisme sombre *(le Trouvère).*

GARCÍA LORCA (Federico), *Fuente Vaqueros 1898 - Víznar 1936,* écrivain espagnol. Auteur de poèmes lyriques et généreux (*Romancero gitan,* 1928 ; *le Poète à New York,* 1940) et de pièces de théâtre (*Noces de sang,* 1933 ; *Yerma,* 1934 ; *la Maison de Bernarda Alba,* 1936), il fut fusillé par les franquistes au début de la guerre civile.

■ FEDERICO **GARCÍA LORCA** par G. Prieto.

■ GABRIEL **GARCÍA MÁRQUEZ**

GARCÍA MÁRQUEZ (Gabriel), *Aracataca 1928,* écrivain colombien. Son œuvre romanesque compose, dans une prose luxuriante, une chronique à la fois réaliste, fantastique et baroque de l'Amérique latine (*Cent Ans de solitude,* 1967). [Prix Nobel 1982.]

GARCÍA PÉREZ (Alan), *Lima 1949,* homme politique péruvien. Président de la République de 1985 à 1990, il mit en œuvre des mesures économiques radicales (nationalisation des banques, 1987), avant la récession de 1988.

GARCILASO DE LA VEGA, *Tolède 1501 ou 1503 - Nice 1536,* homme de guerre et poète espagnol, auteur de poèmes lyriques et pastoraux.

GARCILASO DE LA VEGA (Sebastián), *Badajoz 1495 - Cuzco 1559,* conquistador espagnol. Il participa à la conquête du Pérou. Gouverneur de Cuzco (1548), il se fit remarquer par son humanité à l'égard des indigènes. — **Garcilaso de la Vega,** dit **l'Inca,** *Cuzco 1539 - Cordoue 1616,* écrivain péruvien. Fils de Sebastián et d'une princesse inca, il s'établit en Espagne à partir de 1560. Ses *Comentarios reales* (1609) influencèrent pendant plusieurs siècles la vision que l'on avait de l'Empire inca.

GARÇON (Maurice), *Lille 1889 - Paris 1967,* avocat français. Il s'illustra lors de procès criminels et littéraires. (Acad. fr.)

GARD ou **GARDON** n.m., riv. de France, formée de la réunion du *Gardon d'Alès* et du *Gardon d'Anduze,* affl. du Rhône (r. dr.) ; 71 km. Un aqueduc romain *(pont du Gard),* haut de 49 m, le franchit.

GARD n.m. (30), dép. de la Région Languedoc-Roussillon ; ch.-l. de dép. *Nîmes ;* ch.-l. d'arrond. *Alès, Le Vigan ;* 3 arrond. ; 46 cant. ; 353 comm. ; 5 853 km^2 ; 623 125 hab. *(Gardois).* Le dép. appartient à l'académie de Montpellier, à la cour d'appel de Nîmes, à la zone de défense Sud. Les arides plateaux calcaires des Garrigues séparent l'extrémité méridionale des Cévennes de la partie orientale de la plaine languedocienne, qui porte des vignobles, et, grâce à l'irrigation, des cultures fruitières et légumières. Au sud, la Petite Camargue est une région marécageuse. L'industrie est présente principalement à Nîmes et près du Rhône, zones desservies par l'autoroute. *(V. carte page suivante.)*

Gard (pont du), pont-aqueduc romain (commune de Vers, au S.-O. d'Uzès), du Ier s. apr. J.-C. Formé de trois rangs d'arcades superposées, il est long de 273 m et haut de 49 m. Au XVIIIe s., un pont routier lui a été accolé.

GARDAFUI (cap) → **GUARDAFUI** (cap).

GARDANNE (13120), ch.-l. de cant. des Bouches-du-Rhône ; 19 679 hab. *(Gardannais).* Lignite. Centrale thermique. Alumine.

GARDE (La) [83130], ch.-l. de cant. du Var ; 25 637 hab. Son noyau est un vieux village fortifié.

GARDE (lac de), le plus oriental des grands lacs de l'Italie du Nord, traversé par le Mincio ; 370 km^2. Tourisme.

GARDEL (Charles **Gardés,** dit Carlos), *Toulouse 1890 - Medellín, Colombie, 1935,* chanteur de tango argentin, d'origine française. Il a écrit, composé et interprété de sa voix vibrante des pièces qui ont popularisé le tango dans le monde entier *(Mano a mano, Amor).*

GARDEL (Maximilien), dit **Gardel l'Aîné,** *Mannheim 1741 - Paris 1787,* danseur et chorégraphe français. Maître de ballet à l'Opéra de Paris (1773 - 1787), il y favorisa le développement du ballet-pantomime. — **Pierre G.,** *Nancy 1758 - Paris 1840,* danseur et chorégraphe français, frère de Gardel l'Aîné, à qui il succéda comme maître de ballet à l'Opéra de Paris (1787 - 1820).

GARDINER (Stephen), *Bury Saint Edmunds v. 1482 - Londres 1555,* prélat et homme d'État anglais. Il soutint Henri VIII contre le pape en 1533. Devenu lord-chancelier sous Marie Tudor (1553), il combattit les protestants.

GARDNER (Ava), *Smithfield, Caroline du Nord, 1922 - Londres 1990,* actrice américaine, l'une des grandes stars d'Hollywood (*Pandora,* A. Lewin, 1951 ; *la Comtesse aux pieds nus,* J. Mankiewicz, 1954 ; *la Nuit de l'iguane,* J. Huston, 1964).

GARENNE-COLOMBES (La) [92250], ch.-l. de cant. des Hauts-de-Seine, banlieue nord-ouest de Paris ; 24 181 hab. *(Garennois).*

G

GARGALLO (Pablo), *Maella, Saragosse, 1881 - Reus 1934,* sculpteur espagnol. Parti de l'analyse cubiste, il a utilisé notamm. le fer pour créer des figures d'un baroquisme élégant.

GARGANO, promontoire calcaire de l'Italie péninsulaire, sur l'Adriatique ; 1 056 m.

Gargantua (Vie inestimable du grand), roman de Rabelais (1534). Écrit après *Pantagruel,* l'ouvrage sera placé en tête des œuvres complètes, Gargantua étant le père de Pantagruel. Les principaux épisodes du livre sont la guerre contre Picrochole et la fondation de l'abbaye de Thélème pour le frère Jean des Entommeures.

GARGES-LÈS-GONESSE (95140), ch.-l. de cant. du Val-d'Oise ; 40 213 hab. *(Gargeois).*

GARGILESSE-DAMPIERRE (36190), comm. de l'Indre ; 331 hab. *(Gargilessois).* Village pittoresque, célébré par G. Sand. Église romane (chapiteaux historiés, peintures murales gothiques).

GARIBALDI (Giuseppe), *Nice 1807 - Caprera 1882,* patriote italien. Il lutta pour l'unification de l'Italie. Après avoir tenté de défendre à Rome la république (1849), il s'exila. De retour en Italie (1854), il combattit d'abord contre l'Autriche, puis contre le royaume des Deux-Siciles (expédition des Mille, en 1860) et contre la papauté ; il combattit pour la France en 1870 - 1871.

■ GIUSEPPE **GARIBALDI.** (Musée du Risorgimento, Rome.)

GARIFUNA, population de la côte caraïbe de l'Amérique centrale, du Nicaragua au Belize (env. 250 000).

GARIGLIANO n.m., fl. d'Italie, entre le Latium et la Campanie ; 38 km. Sur ses bords, Gonzalve de Cordoue battit les Français (1503), malgré les exploits du chevalier Bayard qui défendit seul un des ponts. — Victoire du corps expéditionnaire français, commandé par Juin (mai 1944).

Garin de Monglane (geste de), cycle de chansons de geste français (XIIe-XIVe s.). Elle relate l'histoire de Garin, petit seigneur féodal, et de ses descendants, dont le plus célèbre, Guillaume d'Orange, dit aussi « Guillaume au Court Nez », est inspiré de saint Guillaume le Grand.

GARIZIM (mont), montagne de Palestine, au sud de Sichem. Haut lieu des Samaritains.

GARLAND (Frances **Gumm,** dite Judy), *Grand Rapids, Minnesota, 1922 - Londres 1969,* actrice américaine. Révélée dans *le Magicien d'Oz* (V. Fleming, 1939), elle chanta dans des comédies musicales et fut l'héroïne de nombreux films : *le Chant du Missouri* (V. Minnelli, 1944), *le Pirate* (*id.,* 1948), *Une étoile est née* (G. Cukor, 1954).

GARMISCH-PARTENKIRCHEN, v. d'Allemagne (Bavière) ; 26 996 hab. Station de sports d'hiver (alt. 708 - 2 963 m). — Églises anciennes.

GARNEAU (François-Xavier), *Québec 1809 - id. 1866,* historien canadien, auteur d'une *Histoire du Canada* (1845 - 1852).

GARNEAU (Hector **de Saint-Denys**), *Montréal 1912 - Sainte-Catherine-de-Fossambault 1943,* écrivain canadien de langue française. Il a laissé des recueils lyriques *(Regards et jeux dans l'espace)* et un *Journal.*

GARNER (Erroll), *Pittsburgh 1921 - Los Angeles 1977,* pianiste américain de jazz. Issu du courant bop, il fut, à la tête de son trio ou en soliste, l'un des plus grands improvisateurs du jazz, développant un style très mélodique, fondé sur un traitement original du swing.

GARNERIN (André), *Paris 1770 - id. 1823,* aéronaute français. Il réussit, à partir d'un ballon, la première descente en parachute (Paris, 22 oct. 1797). — **Jeanne Labrosse,** *1775 - 1847,* aéronaute française. Épouse de A. Garnerin, elle fut la première femme aéronaute et parachutiste.

GARNIER (Charles), *Paris 1825 - id. 1898,* architecte français. Prix de Rome, fasciné par l'Italie, il a donné son chef-d'œuvre avec l'Opéra de Paris (1862 - 1874), à la fois rationnel dans ses dispositions et d'un éclectisme exubérant dans le décor.

GARNIER (Marie Joseph François, dit Francis), *Saint-Étienne 1839 - Hanoi 1873,* marin français. Explorateur du Mékong (1869), il conquit le delta du fleuve Rouge (1873), mais fut tué par les Pavillons-Noirs.

GARNIER (Robert), *La Ferté-Bernard 1544 ou 1545 - Le Mans 1590,* poète français. Ses tragédies *(les Juives)* et sa tragi-comédie *(Bradamante)* imitent le pathétique de Sénèque.

GARNIER (Tony), *Lyon 1869 - Carnoux, comm. de Roquefort-la-Bédoule, Bouches-du-Rhône, 1948,* architecte français. Prix de Rome, auteur d'un projet novateur de *Cité industrielle* (1901 - 1917), il a surtout construit à Lyon.

GARNIER-PAGÈS (Étienne), *Marseille 1801 - Paris 1841,* homme politique français, l'un des chefs du Parti républicain sous Louis-Philippe. — **Louis Antoine G.-P.,** *Marseille 1803 - Paris 1878,* homme politique français. Frère d'Étienne, membre du gouvernement provisoire et maire de Paris (1848), membre du gouvernement de la Défense nationale (1870), il est l'auteur d'une *Histoire de la révolution de 1848* (1861 - 1872).

GARO, population tribale de l'Inde (Meghalaya) [env. 600 000]. Agriculteurs sur brûlis, les Garo ont pratiqué la *chasse aux têtes ; christianisés pour moitié environ, ils conservent un culte des ancêtres proche de l'hindouisme. Ils parlent le *boro,* de la famille tibéto-birmane.

GARONNE n.f., fl. du sud-ouest de la France, né en Espagne (val d'Aran), à 1 870 m d'alt., et qui, avec la Dordogne, forme la Gironde ; 650 km (575 en excluant la Gironde). Elle entre en France au Pont-du-Roi et sort des Pyrénées en aval de Saint-Gaudens. Elle reçoit alors l'Ariège, traverse Toulouse et reçoit le Tarn et le Lot, avant d'atteindre Bordeaux, un peu en amont de l'estuaire. Fleuve aux crues fréquentes (de l'automne au printemps) sur son cours supérieur, la Garonne a un rôle économique médiocre.

Garonne (canal latéral à la), canal longeant la Garonne, de Toulouse à Castets-en-Dorthe (près de Langon) ; 193 km.

GARONNE (HAUTE-) [31], dép. de la Région Midi-Pyrénées ; ch.-l. de dép. *Toulouse ;* ch.-l. d'arrond. *Muret, Saint-Gaudens ;* 3 arrond. ; 53 cant. ; 588 comm. ; 6 309 km² ; 1 046 338 hab. *(Haut-Garonnais).* Le dép. appartient à l'académie et à la cour d'appel de Toulouse, à la zone de défense Sud-Ouest. Les Pyrénées (élevage bovin, tourisme, électrochimie liée à l'hydroélectricité) et les plaines alluviales de la Garonne (céréales, vigne, fruits et légumes, bovins et petit bétail) constituent les deux principales régions du département. Son pouvoir d'attraction est lié au poids de Toulouse (dans le secteur industriel et tertiaire), dont l'agglomération concentre 70 % de la population du département.

GAROUA, v. du nord du Cameroun, sur la Bénoué ; 177 000 hab.

GAROUSTE (Gérard), *Paris 1946,* peintre français. Son postmodernisme l'a conduit à imiter la peinture d'histoire dans des compositions pseudo-mythiques baroquisantes (*Orion le classique, Orion l'Indien,* 1981, MNAM).

GARRETT (Almeida) → **ALMEIDA GARRETT.**

GARRICK (David), *Hereford 1717 - Londres 1779,* acteur et auteur dramatique britannique. Interprète de Shakespeare et auteur de comédies, il a réformé la tradition scénique anglaise.

GARRIGUES n.f. pl., plateaux arides du Languedoc, au pied des Cévennes. Camp militaire (près de Nîmes). Élevage des moutons.

GARROS (Roland), *Saint-Denis, la Réunion, 1888 - près de Vouziers 1918,* aviateur et officier français. Détenteur à plusieurs reprises du record du monde d'altitude, il réussit la première traversée de la Méditerranée (1913) et perfectionna le procédé de tir à travers l'hélice. Il fut tué en combat aérien.

GARY, v. des États-Unis (Indiana), sur le lac Michigan ; 116 646 hab. Sidérurgie.

GARY (Romain **Kacew,** dit Romain), *Vilna, auj. Vilnius, 1914 - Paris 1980,* écrivain français. Romancier des mensonges du monde moderne *(les Racines du ciel)* et de l'angoisse face au vieillissement et à la mort *(Au-delà de cette limite votre ticket n'est plus valable),* il se suicida. Il s'était inventé un double littéraire (Émile *Ajar).

GASCOGNE, duché français qui s'étendait entre Pyrénées, Atlantique et Garonne (en aval de Toulouse) ; cap. *Auch.* Érigée en duché v. 852, la Gascogne fit partie de la Guyenne sous domination anglaise du XIIe au XVe s. Elle fut rattachée au domaine royal par Henri IV en 1607.

GASCOGNE (golfe de), golfe de l'Atlantique, entre la France et l'Espagne.

Haute-Garonne

200 500 1000 m

- plus de 50 000 h.
- de 10 000 à 50 000 h.
- de 2 000 à 10 000 h.
- moins de 2 000 h.
- ch.-l. d'arrondissement
- ch.-l. de canton
- commune
- autre localité ou site
- autoroute
- route
- voie ferrée

GASCOIGNE (George), *Cardington v. 1525 - Bernack 1577,* écrivain anglais. Il fut le premier dans son pays à rédiger un art poétique.

GASHERBRUM n.m., massif du Karakorum, aux confins de la Chine et du Pakistan ; 8 068 m au Hidden Peak, ou *Gasherbrum I.*

GASPAR ou **GASPARD,** nom donné par une tradition tardive à l'un des trois Rois mages.

GASPARIN (Adrien, comte **de**), *Orange 1783 - id. 1862,* agronome et homme politique français. Il contribua à l'application des sciences à l'agriculture et analysa l'économie rurale.

GASPÉ, v. du Canada (Québec), au fond de la *baie de Gaspé,* à l'extrémité est de la *Gaspésie ;* 16 670 hab. *(Gaspésiens).* Pêche. Pisciculture. – Musée de la Gaspésie. – Jacques Cartier y débarqua en 1534.

GASPERI (Alcide **de**) → **DE GASPERI.**

GASPÉSIE, péninsule du Canada (Québec), entre le golfe du Saint-Laurent et la baie des Chaleurs. Parc de conservation (802 km²).

GASPÉSIE-ÎLES-DE-LA-MADELEINE, région administrative du Québec (Canada), extrémité sud-est de la province ; 21 096 km² ; 105 968 hab. ; v. princ. *Gaspé.*

GASSENDI (Pierre **Gassend,** dit), *Champtercier, près de Digne, 1592 - Paris 1655,* philosophe français. Auteur de travaux en mathématiques, en acoustique et en astronomie, critique de Descartes, il chercha à concilier l'atomisme antique et la morale épicurienne avec le christianisme.

GASSER (Herbert), *Platteville, Wisconsin, 1888 - New York 1963,* physiologiste américain. Il réalisa des recherches sur les fibres nerveuses. (Prix Nobel 1944.)

GASSION (Jean **de**), *Pau 1609 - Arras 1647,* maréchal de France. Il combattit sous les ordres de Gustave II Adolphe (1630), se distingua à Rocroi (1643), mais fut blessé mortellement devant Lens.

GASSMAN (Vittorio), *Gênes 1922 - Rome 2000,* acteur italien. Il s'est imposé au théâtre et surtout au cinéma : *Riz amer* (G. De Santis, 1949), *le Fanfaron* (D. Risi, 1962), *Parfum de femme* (id., 1974).

GASTAUT (Henri), *Monaco 1915 - Marseille 1995,* médecin français. Ses travaux portent sur l'épilepsie et la neurophysiologie.

GASTON III DE FOIX, dit **Phébus,** *1331 - Orthez 1391,* comte de Foix (1343 - 1391). Il lutta contre l'Armagnac. Fin lettré, auteur d'un *Livre de la chasse,* il entretint à Orthez une cour fastueuse. Il légua ses biens au roi de France.

GATES (William, dit Bill), *Seattle 1955,* informaticien et industriel américain. Il a fondé en 1975 la société d'informatique *Microsoft.

GÂTINAIS, région de France, au S. de Paris (Loiret, Essonne, Seine-et-Marne et Yonne), traversée par le Loing. Parc naturel régional *(Gâtinais français),* couvrant env. 63 500 ha sur les dép. de l'Essonne et de la Seine-et-Marne.

GÂTINE n.f., nom de deux régions de France, l'une occupant le nord du dép. d'Indre-et-Loire *(Gâtine tourangelle),* l'autre, les confins des Deux-Sèvres et de la Vendée *(Gâtine vendéenne* ou *de Parthenay).*

GATINEAU, v. du Canada (Québec), banlieue nord d'Ottawa, sur la *Gatineau* (400 km), affluent de l'Outaouais (r. g.) ; 99 971 hab. *(Gatinois).* Papier journal. Chimie.

GATT (General Agreement on Tariffs and Trade, en fr. accord général sur les tarifs douaniers et le commerce), accord, signé en 1947 à Genève, qui a fourni le cadre des grandes négociations commerciales internationales, mises en œuvre, depuis 1995, par l'Organisation mondiale du commerce (OMC).

GATTAMELATA (le), *Narni v. 1370 - Padoue 1443,* condottiere italien. Statue équestre à Padoue, chef-d'œuvre de Donatello (v. 1446 - 1453).

GATTI (Dante, dit Armand), *Monaco 1924,* homme de théâtre français. Journaliste et cinéaste, auteur de pièces sur les luttes syndicales *(la Vie imaginaire de l'éboueur Auguste Geai),* le fascisme *(la Passion du général Franco),* les camps de concentration, il est le créateur en France d'ateliers de théâtre social.

GAUDÍ (Antoni ou Antonio), *Reus 1852 - Barcelone 1926,* architecte et sculpteur espagnol. Il s'est inspiré de l'art gothique pour pratiquer, au sein du « modernisme catalan », une architecture audacieuse et singulière. À Barcelone : église de la Sagrada Familia (inachevée) ; casa Milá, dite *la Pedrera,* siège d'un « Espace Gaudí ».

G

GAUDIN (Martin Charles), duc **de Gaète,** *Saint-Denis 1756 - Gennevilliers 1841,* financier français. Ministre des Finances (1799 - 1814), il réorganisa l'administration financière, fit établir un cadastre (1802 - 1807) et créa la Cour des comptes (1807).

GAUDRY (Albert), *Saint-Germain-en-Laye 1827 - Paris 1908,* paléontologiste français. Spécialiste des vertébrés fossiles, il contribua au développement de la théorie évolutionniste.

GAUGUIN (Paul), *Paris 1848 - Atuona, îles Marquises, 1903,* peintre français. Issu de l'impressionnisme, il a réagi contre celui-ci en procédant par larges aplats de couleurs sur un dessin également résumé. Il a voulu aussi, en symboliste, conférer à ses tableaux un sens spirituel. Anxieux de remonter aux sources de la création, il séjourne en Bretagne, à partir de 1886, avec É. Bernard et quelques autres (école de Pont-Aven, naissance du synthétisme), rejoint un moment à Arles son ami Van Gogh, puis, en 1891, s'installe en Polynésie (Tahiti, Hiva-Oa). Il a fortement influencé les nabis et les fauves. (*La Vision après le sermon,* 1888, Édimbourg ; **D'où venons-nous ? Que sommes-nous ?* [...], Boston ; *Cavaliers sur la plage,* 1902, Essen.)

GAUHATI, v. d'Inde (Assam), sur le Brahmapoutre ; 577 591 hab.

GAULE n.f., nom donné dans l'Antiquité aux régions comprises entre le Rhin, les Alpes, la Méditerranée, les Pyrénées et l'Atlantique. Appelée par les Romains *Gaule Transalpine* (ou *Lyonnaise,* ou *Ultérieure*) par oppos. à la *Gaule Cisalpine* (Italie continentale), elle comprenait v. 60 av. J.-C. d'une part la *Gaule Chevelue* (ou *Trois Gaules*), composée de la *Gaule Belgique,* de la *Gaule Celtique* et de l'*Aquitaine,* et d'autre part la *Province (Provincia),* ou *Narbonnaise,* soumise à Rome.

HISTOIRE

La Gaule indépendante. V. 1100 - 150 av. J.-C. : les Celtes s'installent sur le sol gaulois. La Gaule est divisée en 90 peuples *(civitates),* dirigés par une

■ PAUL **GAUGUIN.** *Femmes de Tahiti,* 1891. (Musée d'Orsay, Paris.)

■ ART DE LA **GAULE :** dieu au torque provenant de Bouray-sur-Juine (Essonne). Plaques de bronze repoussées et soudées émail ; fin du Ier s. av. J.-C.-début du Ier s. apr. J.-C. (Musée des Antiquités nationales, Saint-Germain-en-Laye.)

G

aristocratie de grands propriétaires qui partagent le pouvoir avec les druides, dont le rôle dépasse les limites de la religion. **IIIe s. av. J.-C. :** les monnaies gauloises commencent à circuler. **125-121 av. J.-C. :** les Romains fondent une province *(Provincia)* dans le sud de la Gaule, avec Narbonne pour capitale.

La Gaule romaine. 58 - 51 av. J.-C. : Jules César entreprend la conquête du pays. **52 av. J.-C. :** Vercingétorix capitule à Alésia. **27 av. J.-C. :** la Gaule est divisée en quatre provinces, la Narbonnaise (anc. Provincia), l'Aquitaine, la Celtique, ou Lyonnaise, et la Belgique. **Ier - IIIe s. apr. J.-C. :** la création d'un réseau routier, les défrichements et le développement de l'artisanat favorisent l'expansion économique. Le latin supplante les dialectes gaulois, tandis que le druidisme disparaît. La Gaule adopte la civilisation des Romains (arènes et Maison carrée de Nîmes, théâtre d'Orange, pont du Gard, villes de Glanum, Vaison-la-Romaine, Vienne, Lyon [Fourvière], etc.). Grandes villas (Montmaurin, etc.). Abondante production de céramique sigillée (La Graufesenque, Lezoux, etc.). Coexistence des religions : sur certains monuments (pilier des Nautes à Paris, musée de Cluny), les divinités autochtones sont associées aux dieux officiels. Le christianisme pénètre dans les campagnes. **IIIe s. :** premières invasions germaniques. **481 - 511 :** Clovis, roi des Francs, conquiert la Gaule et restaure l'unité territoriale.

GAULLE (Charles **de**), *Lille 1890 - Colombey-les-Deux-Églises 1970,* général et homme politique français. Sorti de Saint-Cyr en 1912 comme officier d'infanterie, il écrit après la Première Guerre mondiale plusieurs ouvrages de stratégie et de réflexion politique et militaire (*le Fil de l'épée,* 1932 ; *Vers l'armée de métier,* 1934 ; *la France et son armée,* 1938), où il préconise l'utilisation des blindés. Nommé général de brigade, sous-secrétaire d'État à la Défense nationale dans le cabinet Reynaud en juin 1940, il refuse l'armistice et lance, de Londres, le 18 juin, un appel à la résistance. S'imposant, non sans difficultés, comme le chef de la France libre, il préside ensuite à Alger en 1943 le Comité français de libération nationale, devenu en juin 1944 Gouvernement provisoire de la République française, qui s'installe en France après la libération de Paris (août 1944). Décidé à rendre à la France son rang, mais hostile aux « jeux des partis », il démissionne en janv. 1946. Fondateur et chef du Rassemblement du peuple français (RPF) [1947 - 1953], il se retire ensuite de la vie politique et se consacre à la rédaction de ses *Mémoires de guerre* (1954 - 1959). Rappelé au pouvoir à la faveur de la crise algérienne (mai 1958), il fait approuver une nouvelle Constitution, qui fonde la Ve République. Président de la République (1959), il met fin, non sans drames (barricades d'Alger en janv.-févr. 1960, putsch des généraux en avr. 1961), à la guerre d'Algérie et renforce l'autorité présidentielle par l'élection du président au suffrage universel (1962). Il mène une politique de réconciliation avec l'Allemagne (traité franco-allemand, 1963). Réélu en 1965, il développe une politique étrangère d'indépendance nationale (réalisation d'une force nucléaire, retrait de l'OTAN en 1966). Un an après la crise de mai 1968, son projet de régionalisation et de réforme du Sénat étant repoussé par référendum, il démissionne (28 avr. 1969).

■ CHARLES DE **GAULLE** en 1965.

■ CARL FRIEDRICH **GAUSS** par C.A. Jensen. (Observatoire de Göttingen.)

GAULTIER (Jean-Paul), *Arcueil 1952,* couturier français. Humour, détournement d'objets et caractère provocateur de ses vêtements s'allient à une inventivité et à un talent inspirés par la variété des courants socio-ethniques et par la plastique du corps humain.

GAUME n.f. ou **LORRAINE BELGE,** région la plus méridionale de la Belgique (prov. du Luxembourg), autour de Virton. (Hab. *Gaumais.*)

GAUMONT (Léon), *Paris 1863 - Sainte-Maxime 1946,* inventeur et industriel français. Il fut l'un des promoteurs de l'industrie cinématographique. On lui doit les premiers procédés de cinéma parlant (1902) et de cinéma en couleurs (1912).

GAUSS (Carl Friedrich), *Brunswick 1777 - Göttingen 1855,* astronome, physicien et mathématicien allemand. Ses nombreux et importants travaux concernent notamm. la mécanique céleste, la géodésie, le magnétisme, l'électromagnétisme ou l'optique. Sa conception moderne de la nature abstraite des mathématiques lui permit d'étendre le champ de la théorie des nombres. Convaincu que l'axiome d'Euclide sur les parallèles est indémontrable, il eut l'intuition des géométries non euclidiennes.

GAUSSEN (Henri), *Cabrières-d'Aigues, Vaucluse, 1891 - Toulouse 1981,* botaniste français. Il est l'auteur de travaux de géographie et de cartographie sur les associations végétales.

GAUTIER (Théophile), *Tarbes 1811 - Neuilly 1872,* écrivain français. Partisan du romantisme à la bataille d'*Hernani, critique d'art et de théâtre, auteur de récits de voyage (*Tra los montes,* 1843), de nouvelles fantastiques et de romans (*Mademoiselle de Maupin,* 1835 ; *le Capitaine Fracasse,* 1863), il a défendu en poésie « l'art pour l'art » (*Émaux et Camées,* 1852).

GAUTIER de Coincy, *Coincy 1177 - Soissons 1236,* poète français, auteur des *Miracles de Notre-Dame.*

GAUTIER Sans Avoir, *Boissy-Sans-Avoir ? - Civitot 1096 ou 1097,* chef croisé. Il dirigea l'avant-garde de la 1re croisade et périt près de Nicée.

GAVARNI (Sulpice Guillaume **Chevalier,** dit Paul), *Paris 1804 - id. 1866,* dessinateur et lithographe français. Collaborateur, notamm., du *Charivari,* il a décrit avec esprit les mœurs de la bourgeoisie, des étudiants et des lorettes.

GAVARNIE (cirque de), site touristique des Pyrénées françaises (Hautes-Pyrénées), au pied du Marboré, où naît le gave de Pau.

GÄVLE, v. de Suède, sur le golfe de Botnie ; 88 568 hab. Port.

GAVRINIS, île de Bretagne, dans le golfe du Morbihan. Vaste dolmen à couloir, aux monolithes ornés de gravures en relief, remontant au IVe millénaire.

Gavroche, personnage des **Misérables,* de V. Hugo. Gamin de Paris railleur, il meurt sur les barricades de l'insurrection de 1832 en chantant « la faute à Voltaire, la faute à Rousseau ».

GAXOTTE (Pierre), *Revigny, Meuse, 1895 - Paris 1982,* historien et journaliste français. Il écrivit pour la presse de droite dans l'entre-deux-guerres et publia divers ouvrages sur l'histoire de la France et de l'Allemagne.

GAY (Francisque), *Roanne 1885 - Paris 1963,* homme politique français. Un des fondateurs du MRP, dont il fut député de 1945 à 1951, il participa aux premiers gouvernements de l'après-guerre (1945 - 1946).

GAY (John), *Barnstaple 1685 - Londres 1732,* écrivain anglais. B. Brecht et K. Weill s'inspirèrent de son *Opéra du gueux* (1728) pour leur **Opéra de quat'sous.*

GAYA, v. d'Inde (Bihar) ; 293 971 hab. Dans les env., *Bodh-Gaya, grand centre de pèlerinage.

GAY-LUSSAC (Louis Joseph), *Saint-Léonard-de-Noblat 1778 - Paris 1850,* physicien et chimiste français. Il établit, en 1802, la loi de la dilatation des gaz. En 1804, lors de deux ascensions en ballon, il étudia le magnétisme terrestre et montra la constance de la composition de l'air. Il énonça les lois de la combinaison des gaz en volume (1805). Avec L. J. Thenard, il montra que le chlore est un corps simple. Il découvrit le bore, étudia l'iode et, en chimie industrielle, perfectionna les procédés d'affinage des métaux précieux.

■ THÉOPHILE **GAUTIER** par A. de Châtillon. (Musée Carnavalet, Paris.)

■ LOUIS JOSEPH **GAY-LUSSAC**

GAZA, v. et territoire de la Palestine (dit aussi *bande de Gaza*) ; 363 km² ; 676 000 hab. Aéroport. Contesté entre Israël et l'Égypte, Gaza a vécu sous administration égyptienne (1948 - 1962), puis sous contrôle israélien (1967 - 1994), lequel a favorisé l'implantation de colonies juives. Théâtre, notamm. à partir de 1987, d'un soulèvement populaire palestinien, Gaza est doté, en 1994, d'un statut d'autonomie selon le plan prévu par l'accord israélo-palestinien de 1993.

Gazette (la), journal français, fondé par Théophraste Renaudot en 1631. Hebdomadaire à l'origine, elle devint quotidienne en 1792. Elle fut au XIXe s. l'un des principaux organes royalistes. Elle cessa de paraître en 1914.

GAZIANTEP, v. de Turquie, au N. d'Alep ; 603 434 hab.

GAZLI, v. d'Ouzbékistan ; 12 000 hab. Gaz naturel.

GDAŃSK, en all. **Danzig,** en fr. **Dantzig,** v. de Pologne, ch.-l. de voïévodie, sur la *baie de Gdańsk,* près de l'embouchure de la Vistule ; 466 500 hab. Port. Constructions navales. — Nombreux monuments restaurés ; Musée poméranien. — Membre de la Hanse (1361), la ville jouit, sous les rois de Pologne, d'une quasi-autonomie (XVe-XVIIIe s.) ; elle fut annexée par la Prusse en 1793. Sous contrôle français (1807 - 1815), elle devint le chef-lieu de la Prusse-Occidentale (1815 - 1919), puis fut érigée en ville libre. Son incorporation au Reich le 1er sept. 1939 servit de prétexte au déclenchement de la Seconde Guerre mondiale. Dantzig fut rattachée à la Pologne en 1945. Théâtre, en 1980, de grèves massives, Gdańsk fut le berceau du syndicat Solidarność.

GDYNIA, v. de Pologne, sur la Baltique, au N.-O. de Gdańsk ; 251 800 hab. Port.

GÉ, famille ethnolinguistique d'Amérique du Sud (essentiellement centre du Brésil et nord du Paraguay ; env. 20 000 locuteurs).

GÊ → **GAIA.**

GÉANTS MYTH. GR. Êtres divins, bien que mortels, nés de la Terre (Gaia) et du sang d'Ouranos mutilé.

GÉANTS (monts des) → **KARKONOSZE.**

GEBER ou **DJABIR** (**Abu Musa Djabir ibn Hayyan,** dit), *Kufa, sur l'Euphrate,* alchimiste arabe. Il vécut aux environs de l'an 800. Son œuvre a exercé une influence considérable sur les alchimistes du Moyen Âge.

GÉDÉON, *XIIe s. ou XIe s. av. J.-C.*, juge d'Israël. Il vainquit la tribu palestinienne des Madianites.

GÉDYMIN, *m. à Wielona, sur le Niémen, en 1341*, grand-duc de Lituanie (1316 - 1341). Il est le véritable fondateur de l'État lituanien.

GEEL [gel], comm. de Belgique (prov. d'Anvers) ; 32 487 hab. Constructions électriques. – Église gothique Ste-Dimphne (XVe s.).

GEELONG, v. d'Australie (Victoria) ; 153 000 hab. Raffinage du pétrole. Aluminium.

GEFFROY (Gustave), *Paris 1855 - id. 1926*, écrivain et critique d'art français. Il soutint l'esthétique naturaliste ainsi que les impressionnistes. Il fut directeur des Gobelins et l'un des dix premiers membres de l'*Académie des Goncourt.

GEHRY (Frank), *Toronto 1929*, architecte et designer américain. Le baroque formel le dispute dans son œuvre à la polychromie et au détournement des matériaux (musée de l'Air et de l'Espace, Los Angeles, 1984 ; musée de design Vitra, Weil am Rhein [RFA], 1989 ; musée Guggenheim, Bilbao, 1997).

GEIGER (Hans), *Neustadt an der Weinstrasse 1882 - Potsdam 1945*, physicien allemand. Après des recherches en physique nucléaire, avec Rutherford, il inventa, en 1913, le compteur de particules qui porte son nom.

GEISÉRIC ou **GENSÉRIC,** *m. en 477*, premier roi vandale d'Afrique (428 - 477). Il fonda en Afrique et dans les îles de la Méditerranée occidentale (Sicile, Sardaigne, Baléares) un État puissant. Il prit et pilla Rome en 455.

GEISPOLSHEIM [gɛspɔlsɛm] (67400), ch.-l. de cant. du Bas-Rhin ; 7 071 hab. Village pittoresque.

GELA, v. d'Italie (Sicile) ; 72 079 hab. Port. Pétrochimie. – Fondée au VIIe s. par les Grecs, la ville antique fut détruite au IIIe s. av. J.-C. Une ville neuve, *Terranova*, fondée en 1230, a repris son nom en 1927. – Musée archéologique.

GÉLASE Ier (saint), *m. à Rome en 496*, pape (492 - 496), originaire d'Afrique. Il combattit le manichéisme, le pélagianisme et l'arianisme.

GÉLIMER, dernier roi des Vandales d'Afrique (530 - 534). Il fut vaincu par Bélisaire en 534.

GÉLINIER (Octave), *Corbigny 1916*, économiste français. On lui doit d'importantes contributions à l'économie d'entreprise.

GELLÉE (Claude) → **LORRAIN.**

GELL-MANN (Murray), *New York 1929*, physicien américain. Il a contribué aux classifications des particules à interactions fortes *(hadrons)*, introduisant la notion d'*étrangeté* (charge conservée au cours des interactions fortes). Il a postulé l'existence des constituants élémentaires des hadrons, les *quarks*. (Prix Nobel 1969.)

GÉLON, *Gela 540 - Syracuse 478 av. J.-C.*, tyran de Gela (491 - 485) et de Syracuse (485 - 478). Il vainquit les Carthaginois à Himère (480).

GELSENKIRCHEN, v. d'Allemagne (Rhénanie-du-Nord-Westphalie), dans la Ruhr ; 295 037 hab. Raffinerie de pétrole. Chimie.

GEMAYEL (Pierre), *Mansourah 1905 - Bikfaya 1984*, homme politique libanais. Maronite, fondateur des Phalanges libanaises (1936), il lutta contre les nationalistes arabes en 1958 et contre les Palestiniens à partir de 1975. – **Amine G.,** *Bikfaya 1942*, homme politique libanais. Fils de Pierre, président de la République de 1982 à 1988, il chercha à préserver les positions politiques des chrétiens.

GEMBLOUX [ʒɑ̃blu], comm. de Belgique (prov. de Namur) ; 19 163 hab. Faculté des sciences agronomiques de l'État, dans une anc. abbaye des XIIe-XVIIIe s.

GÉMEAUX, constellation zodiacale. Ses deux étoiles les plus brillantes sont *Castor* et *Pollux*. – **Gémeaux,** troisième signe du zodiaque, que le Soleil quitte au solstice de juin.

GÉMIER (Firmin **Tonnerre,** dit Firmin), *Aubervilliers 1869 - Paris 1933*, acteur et directeur de théâtre français. Metteur en scène, directeur de l'Odéon (1922 - 1930), il fonda le Théâtre national populaire (1920), qu'il dirigea jusqu'en 1933.

GÉMISTE PLÉTHON (Georges), *Constantinople v. 1355 - dans le Péloponnèse v. 1450*, philosophe et humaniste byzantin. Par son rôle dans la diffusion en Italie de la pensée de Platon, il exerça une influence notable sur la Renaissance.

GÉMOZAC (17260), ch.-l. de cant. de la Charente-Maritime ; 2 414 hab. Église romane et gothique.

GENAPPE, comm. de Belgique (Brabant wallon), à l'E. de Nivelles ; 12 822 hab.

General Motors, société américaine fondée en 1908, premier constructeur mondial d'automobiles. Elle produit plus du tiers des véhicules fabriqués aux États-Unis et dispose de filiales à l'étranger.

GENERAL SANTOS, v. des Philippines, sur la côte sud de Mindanao ; 250 389 hab.

Génération perdue, nom donné aux écrivains américains (Dos Passos, Fitzgerald, Hemingway, Cummings) qui, au lendemain de la Première Guerre mondiale, cherchèrent un remède à leur désarroi intellectuel dans l'Europe des Années folles, le voyage ou le socialisme.

GÊNES, en ital. **Genova,** v. d'Italie, cap. de la Ligurie et ch.-l. de prov., sur le *golfe de Gênes* (que forme la Méditerranée) ; 675 639 hab. *(Génois)*. Principal port italien. Centre industriel (raffinerie de pétrole). – Cathédrale et nombreuses églises, construites et décorées du Moyen Âge à l'époque baroque ; riches palais Rosso, Bianco et Spinola, auj. galeries d'art (peintures, notamm. de l'école génoise des XVIIe-XVIIIe s.). – Dotée à partir du XIe s. d'une flotte puissante, Gênes participa à la première croisade (1097), au cours de laquelle elle jeta les bases de son empire maritime, malgré la concurrence de Pise puis la rivalité de Venise (XIIIe s.). En 1339, elle se donna un doge ; aux XIVe et XVe s., son empire fut détruit par Venise et par les Turcs. En 1768, elle céda la Corse à la France. Capitale de la République ligurienne en 1797, elle fut annexée à l'Empire français (1805), puis au royaume de Sardaigne (1815).

GÊNES (golfe de), golfe de la Méditerranée, sur la côte nord-ouest de l'Italie.

GENÈS ou **GENEST** (saint), martyr romain dont la légende a été appliquée à Genès d'Arles, martyr au début du IVe s. Il a inspiré la tragédie de Rotrou *le Véritable Saint Genest* (1647).

GÉNÉSARETH (lac de), nom donné par les Évangiles au lac de Tibériade.

Genèse, le premier livre de la Bible et donc le premier des cinq écrits du Pentateuque. Ce livre est consacré aux origines de l'humanité et à l'histoire d'Abraham, d'Isaac et de Jacob.

GENET (Jean), *Paris 1910 - id. 1986*, écrivain français. Dans ses romans (*Notre-Dame-des-Fleurs*, 1944 ; *Miracle de la rose*, 1946), ses poèmes et son théâtre (*les Bonnes*, 1947 ; *le Balcon*, 1957 *les Paravents*, 1961), ce chantre du désir homosexuel, des voleurs (*Journal du voleur*, 1949) et des marginaux a évoqué sa jeunesse abandonnée et délinquante et fustigé les hypocrisies du monde contemporain.

GENETTE (Gérard), *Paris 1930*, critique français. Il a développé, notamm. dans la série des *Figures*, une analyse du récit (« narratologie ») et une théorie du texte, en relation de transformation avec des textes antérieurs.

GENÈVE, v. de Suisse, ch.-l. du *cant. de Genève*, à l'extrémité sud-ouest du lac Léman, à 526 km au S.-E. de Paris ; 171 042 hab. *(Genevois)* [372 000 hab. dans l'agglomération]. Université fondée par Calvin. Centre bancaire et commercial. Horlogerie et mécanique de précision. – Cathédrale St-Pierre, remontant aux XIIe-XIIIe s., autres monuments et belles demeures de la vieille ville ; nombreux musées, dont celui d'Art et d'Histoire. – Intégrée au royaume de Bourgogne puis au Saint Empire (1032), la ville se heurta, à partir de 1290, à la puissance des comtes puis des ducs de Savoie. Elle devint après 1536 le principal foyer du calvinisme puis la capitale du protestantisme. Elle entra dans la Confédération suisse en 1814 et fut, de 1920 à 1947, le siège de la Société des Nations ; elle est encore celui de la Croix-Rouge et de différentes organisations internationales.

■ **GENÈVE.** Les bords du lac Léman, avec l'île Rousseau, le pont du Mont-Blanc et la jetée des Eaux-Vives.

GENÈVE (canton de), canton de Suisse ; 282 km² ; 387 600 hab. *(Genevois)*.

GENÈVE (lac de), nom parfois donné à l'extrémité sud-ouest du lac Léman.

Genève (accords de) [juill. 1954], accords qui mirent fin à la guerre d'Indochine. Ils firent suite à la conférence internationale qui réunit, à Genève, les représentants des deux blocs (occidental et communiste) et des pays non alignés et qui aboutit à un cessez-le-feu en Indochine et au partage du Viêt Nam en deux zones de part et d'autre du 17e parallèle.

Genève (conventions de), ensemble de conventions internationales conclues dans le souci d'améliorer la protection des personnes (blessés de guerre, prisonniers de guerre, personnes civiles) en temps de guerre (1864, 1907, 1929 et 1949).

G

GENEVIÈVE (sainte), *Nanterre v. 422 - Paris v. 502*, patronne de Paris. Elle soutint la lutte des habitants de Paris lors de l'invasion d'Attila (451).

Geneviève de Brabant, héroïne d'une légende populaire du Moyen Âge, dont la première transcription se trouve dans *la *Légende dorée*. Épouse injustement punie, elle ne voit sa vertu reconnue qu'après une longue épreuve.

GENEVOIX (Maurice), *Decize 1890 - Alsudia-Cansades, Alicante, 1980*, écrivain français. Il est l'auteur de souvenirs de guerre *(Ceux de 14)* et de récits sur le monde rural *(Raboliot)* et animal *(Tendre Bestiaire)*. [Acad. fr.]

GENGIS KHAN, *Delün Boldaq v. 1167 - Qingshui, Gansu, 1227*, titre de Temüdjin, fondateur de l'Empire mongol. Reconnu comme khan suprême par les Mongols (1206), il conquit la Chine du Nord (1211 - 1216), la Transoxiane (1219 - 1221), l'Afghanistan et l'Iran oriental (1221 - 1222).

■ **GENGIS KHAN** à la chasse. Détail d'une peinture sur soie ; Chine, époque Yuan. (Coll. priv.)

GENIL n.m., riv. d'Espagne, affl. du Guadalquivir (r. g.) ; 358 km. Il passe à Grenade.

Génissiat, barrage et aménagement hydroélectrique de l'Ain (comm. d'Injoux-Génissiat), sur le Rhône.

Genji monogatari, roman de Murasaki Shikibu (début du XIe s.). Ce classique de la littérature japonaise peint la vie de la cour de Kyoto aux environs de l'an mille.

GENK [gɛnk], comm. de Belgique (Limbourg) ; 61 339 hab. Métallurgie.

GENLIS (21110), ch.-l. de cant. de la Côte-d'Or ; 5 334 hab. Électronique.

GENLIS (Stéphanie Félicité **Du Crest,** comtesse **de**), *Champcéri, près d'Autun, 1746 - Paris 1830*, femme de lettres française. Gouvernante des enfants du duc d'Orléans Philippe Égalité, elle a laissé des ouvrages sur l'éducation et des *Mémoires.*

GENNES (Pierre-Gilles **de**), *Paris 1932,* physicien français. Spécialiste de la physique de la matière condensée, il a fourni des contributions théoriques marquantes dans des domaines très variés : semi-conducteurs, supraconductivité, cristaux liquides, polymères, etc. (Prix Nobel 1991.)

GENNEVILLIERS (92230), ch.-l. de cant. des Hauts-de-Seine ; 42 733 hab. Port sur la Seine. Industrie automobile et aéronautique.

GENSCHER (Hans-Dietrich), *Reideburg, près de Halle, 1927,* homme politique allemand. Président du parti libéral de la RFA (1974 - 1985), il est ministre des Affaires étrangères de 1974 à 1992.

gens de lettres (Société des) [SGDL], association fondée en 1838 pour défendre les intérêts des écrivains. La SGDL a créé la Société civile des auteurs multimédia (SCAM) pour l'exploitation audiovisuelle des œuvres.

GENSÉRIC → GEISÉRIC.

GENSONNÉ (Armand), *Bordeaux 1758 - Paris 1793,* homme politique français. Député à l'Assemblée législative, puis à la Convention, il fut l'un des chefs girondins. Il mourut sur l'échafaud.

GENTIL (Émile), *Volmunster 1866 - Bordeaux 1914,* explorateur et administrateur français. Il explora le Chari (1896 - 1898), accula l'émir du Soudan Rabah à la capitulation (1900), rejoignit la mission Foureau-Lamy et devint administrateur de la région du Congo.

GENTILE (Giovanni), *Castelvetrano, Sicile, 1875 - Florence 1944,* philosophe et homme politique italien. Il développa une philosophie d'inspiration hégélienne, l'*actualisme,* qui réduit toute réalité à de purs actes de l'esprit, et dont l'influence sur la pensée italienne fut considérable. Ministre de l'Instruction publique sous Mussolini, il fut exécuté par les partisans.

GENTILE da Fabriano, *Fabriano, prov. d'Ancône, v. 1370-Rome 1427,* peintre italien. Maître du style gothique international, héritier des miniaturistes, il travailla à Venise, Brescia, Florence (*Adoration des mages,* 1423, Offices) et Rome.

GENTILESCHI (Orazio **Lomi,** dit), *Pise 1563 - Londres 1639,* peintre italien. Il se constitua à Rome, à partir de l'exemple du Caravage, une manière personnelle, élégante et nuancée, travailla dans les Marches (v. 1615), à Gênes, à Paris (1624), puis à Londres. — **Artemisia G.,** *Rome 1597-Naples apr. 1651,* peintre italien, fille d'Orazio. Elle travailla, à Florence et à Naples principalement, dans un style caravagesque assez violent.

GENTILLY (94250), comm. du Val-de-Marne ; 16 183 hab. Église des XIIIe et XVIe s.

GENTZEN (Gerhard), *Greifswald 1909 - Prague 1945,* logicien allemand. Il a proposé un système de logique non axiomatique.

GÉNY (François), *Baccarat 1861 - Nancy 1959,* juriste français. Spécialiste de la philosophie du droit, il reconnaît au juge la faculté de combler les lacunes de la loi à l'aide d'un raisonnement logique.

GEOFFRIN (Marie-Thérèse **Rodet,** Mme), *Paris 1699 - id. 1777,* mécène française, célèbre pour son salon fréquenté par les hommes de lettres et les artistes.

GEOFFROI, nom porté par six comtes d'Anjou. — **Geoffroi V le Bel,** surnommé **Plantagenêt,** *1113 - Le Mans 1151,* comte d'Anjou et du Maine (1129 - 1151), duc de Normandie (1135/1144 - 1150). Il était le gendre d'Henri Ier, roi d'Angleterre, et le père du futur Henri II.

GEOFFROY SAINT-HILAIRE (Étienne), *Étampes 1772 - Paris 1844,* naturaliste français. Professeur de zoologie au Muséum, il créa la ménagerie du Jardin des Plantes. Ses travaux tendent à démontrer l'unité de composition organique des animaux, dans une perspective transformiste.

Géographie universelle, ouvrage publié sous la direction de Vidal de La Blache et Gallois (1927 - 1948, 23 vol.).

GEORGE Ier, *Osnabrück 1660 - id. 1727,* électeur de Hanovre (1698 - 1727), roi de Grande-Bretagne et d'Irlande (1714 - 1727). Il succéda à Anne Stuart en vertu de l'Acte d'établissement (1701). S'appuyant sur les whigs, il laissa le pouvoir réel à ses ministres Stanhope (1717 - 1721) et Walpole (1715 - 1717 et à partir de 1721). — **George II,** *Herrenhausen 1683 - Kensington 1760,* roi de Grande-Bretagne et d'Irlande, et électeur de Hanovre (1727 - 1760). Fils de George Ier, il conserva sa confiance à Walpole, qui jeta les fondements de l'Empire britannique. — **George III,** *Londres 1738 - Windsor 1820,* roi de Grande-Bretagne et d'Irlande (1760 - 1820), électeur (1760 - 1815) puis roi (1815 - 1820) de Hanovre. Petit-fils de George II, il perdit les colonies anglaises de l'Amérique et lutta contre la Révolution française. Il fut le premier des Hanovre à s'intéresser à l'Angleterre. — **George IV,** *Londres 1762 - Windsor 1830,* roi de Grande-Bretagne et d'Irlande, et roi de Hanovre (1820 - 1830). Fils aîné de George III, il émancipa les catholiques d'Irlande. — **George V,** *Londres 1865 - Sandringham 1936,* roi de Grande-Bretagne et d'Irlande, et empereur des Indes (1910 - 1936), de la dynastie des Hanovre. Fils d'Édouard VII, son règne fut marqué par la participation victorieuse de l'Empire à la Première Guerre mondiale. Il changea (1917) le nom de la dynastie de Hanovre-Saxe-Cobourg en celui de dynastie de Windsor. — **George VI,** *Sandringham 1895 - id. 1952,* roi de Grande-Bretagne et d'Irlande du Nord (1936 - 1952), et empereur des Indes (1936 - 1947), de la dynastie des Windsor. Deuxième fils de George V, il succéda à Édouard VIII. Sous son règne, la Grande-Bretagne participa victorieusement à la Seconde Guerre mondiale.

GEORGE (Lloyd) **→ LLOYD GEORGE.**

GEORGE (Stefan), *Büdesheim, Rhénanie, 1868 - Minusio, près de Locarno, 1933,* poète allemand. Influencé par les symbolistes français, il donna ensuite une dimension prophétique à sa poésie (*l'Étoile d'alliance, le Nouveau Règne*).

George Cross, décoration britannique créée en 1940 par le roi George VI.

GEORGES (saint), martyr du IVe s. Sa légende en fait un saint combattant, qui terrassa un dragon pour délivrer une princesse. Il est le patron de l'Angleterre.

GEORGES Ier, *Copenhague 1845 - Thessalonique 1913,* roi de Grèce (1863 - 1913). Choisi par les puissances protectrices de la Grèce (Grande-Bretagne, France, Russie) pour succéder à Otton, il fut assassiné. — **Georges II,** *Tatói 1890 - Athènes 1947,* roi de Grèce (1922 - 1924 et 1935 - 1947). Fils de Constantin Ier, lors de l'invasion allemande (1941), il se réfugia en Crète, puis au Caire et à Londres, et fut rétabli sur son trône en 1946.

GEORGES DE PODĚBRADY, *Poděbrady 1420 - Prague 1471,* roi de Bohême (1458 - 1471). Excommunié par Paul II, il se maintint à Prague bien que les nobles catholiques aient élu Mathias Corvin roi de Bohême (1469).

GEORGETOWN, cap. de la Guyana ; 200 000 hab. Port.

GEORGE TOWN, v. de Malaisie, cap. de l'État de Penang ; 495 000 hab. Port. Électronique. Textile.

GÉORGIE n.f., en géorg. **Sakartvelo,** État d'Asie, dans le Caucase ; 70 000 km² ; 5 500 000 hab. (*Géorgiens*). CAP. *Tbilissi.* LANGUE : *géorgien.* MONNAIE : *lari.* (V. carte **Caucase.**)

GÉOGRAPHIE

Le pays est peuplé à 70 % de Géorgiens de souche (minorités d'Arméniens, de Russes, d'Abkhazes, d'Ossètes, d'Adjars, etc.). Au S. du Grand Caucase, il possède un climat subtropical, au moins dans la plaine du Rioni et sur le littoral (animé par le tourisme). Il produit agrumes, thé, vins. Le sous-sol recèle surtout du manganèse.

HISTOIRE

Colonisée par les Grecs et les Romains (Colchide) puis dominée par les Sassanides (Ibérie), la région est conquise par les Arabes (v. 650). **IXe - XIIIe s. :** elle connaît une remarquable renaissance, atteint son apogée sous la reine Thamar (1184 - 1213), puis est ravagée par les Mongols. **XVIe - XVIIIe s. :** la Géorgie perd des territoires au profit de l'Iran et de l'Empire ottoman et se place sous la protection de la Russie (1783). **1801 :** elle est annexée par la Russie. **1918 :** une république indépendante est proclamée. **1921 :** l'Armée rouge intervient et un régime soviétique est instauré. **1922 :** la Géorgie, à laquelle sont rattachées les républiques autonomes d'Abkhazie et d'Adjarie ainsi que la région autonome d'Ossétie du Sud, est intégrée à l'URSS. **1936 :** elle devient une république fédérée. **1990 :** les indépendantistes remportent les premières élections républicaines libres. **1991 :** la Géorgie accède à l'indépendance. **1992 :** E. Chevarnadze prend la direction du nouvel État, qui doit faire face aux mouvements séparatistes en Ossétie du Sud et en Abkhazie. **1993 :** Confronté à de graves troubles intérieurs, Chevardnadze fait appel aux forces armées russes et, en contrepartie, accepte de rejoindre la CEI. **1995 :** après l'adoption d'une nouvelle Constitution, E. Chevarnadze est élu président de la République au suffrage universel (réélu en 2000).

GÉORGIE, en angl. **Georgia,** État des États-Unis, sur l'Atlantique ; 6 478 216 hab. ; cap. *Atlanta.*

GÉORGIE (détroit de), bras de mer du Pacifique séparant l'île de Vancouver du littoral continental canadien.

GÉORGIE DU SUD, île britannique de l'Atlantique Sud, dépendance des Falkland.

GEORGIENNE (baie), baie du Canada formée par le lac Huron.

GÉORGIENS, peuple caucasien vivant en Géorgie et comprenant des communautés dans l'ex-URSS, en Turquie et en Iran (env. 4 millions). Plus anciens habitants attestés du sud du Caucase, ils se répartissent en Géorgiens proprement dits et en sous-groupes ethnolinguistiques (Mingréliens, Lazes et Svanes). Ils sont majoritairement chrétiens orthodoxes (patriarcat de Tbilissi) et parlent le *géorgien.* Ils se donnent le nom de *Kartveli.*

Géorgiques (les), poème didactique en quatre chants de Virgile (39 - 29 av. J.-C.). Cette épopée des rapports de l'homme et de la nature mêle développements techniques et digressions poétiques.

GERA, v. d'Allemagne (Thuringe), sur l'Elster blanche ; 128 230 hab. Monuments anciens.

GERAARDSBERGEN → GRAMMONT.

GÉRARD (Maurice Étienne, comte), *Damvillers 1773 - Paris 1852,* maréchal de France. Il se distingua à Ligny (1815). Fait maréchal par Louis-Philippe, il dirigea le siège d'Anvers (1832).

GÉRARD (François, baron), *Rome 1770 - Paris 1837,* peintre français. Auteur d'un *Ossian* pour Malmaison, il fut surtout, sous la Restauration comme sous l'Empire, un portraitiste couvert d'honneurs.

GÉRARDMER [ʒerarme] (88400), ch.-l. de cant. des Vosges ; 9 573 hab. (*Géromois*). Centre touristique. — Festival du film fantastique. — À l'O. se trouve le *lac de Gérardmer* (115 ha).

GERASA, anc. ville de Palestine. C'est l'actuelle *Djerach,* en Jordanie. Nombreux vestiges romains et surtout chrétiens des Ve-VIe s.

GERBAULT (Alain), *Laval 1893 - Dili, île de Timor, 1941,* navigateur français. Sur un petit cotre, il réalisa le tour du monde en solitaire (1923 - 1929).

GERBERT d'Aurillac → SYLVESTRE II.

GERBIER-DE-JONC n.m., mont du sud de la France (Ardèche), dans le Vivarais ; 1 551 m. La Loire y prend sa source.

GERDT (Pavel Andreïevitch), *près de Saint-Pétersbourg 1844 - Vommola, Finlande, 1917,* danseur russe. Il créa de nombreux rôles dans les ballets de M. Petipa et fut le professeur de A. Pavlova, V. Nijinski et M. Fokine.

GERGOVIE, oppidum gaulois, au S. de Clermont-Ferrand, dans le pays des Arvernes (Puy-de-Dôme). Vercingétorix le défendit avec succès contre César (52 av. J.-C.). — Vestiges historiques.

GERHARDT (Charles), *Strasbourg 1816 - id. 1856,* chimiste français. Il fut l'un des créateurs de la notation atomique et introduisit la notion de « fonction » en chimie organique.

GÉRICAULT (Théodore), *Rouen 1791 - Paris 1824,* peintre et lithographe français. Artiste à la carrière fulgurante, il fut le premier des romantiques, mais aussi un précurseur du réalisme. (Au Louvre : *Officier de chasseurs à cheval [...],* 1812 ; *Course de chevaux libres à Rome,* v. 1817 ; *le *Radeau de la Méduse ; le Four à plâtre,* 1822).

GERLACH (Walther), *Biebrich, auj. dans Wiesbaden, 1889 - Munich 1979,* physicien allemand. Auteur de travaux sur la structure de l'atome, il a déterminé, en 1921, avec O. Stern, le moment magnétique élémentaire, ou *magnéton.*

GERLACHE DE GOMERY (Adrien **de**), *Hasselt 1866 - Bruxelles 1934,* explorateur belge. Il dirigea l'expédition à bord du *Belgica* en Antarctique, où il réalisa le premier hivernage (1897 - 1899).

GERLACHOVSKY (pic), point culminant des Carpates, en Slovaquie ; 2 655 m.

GERMAIN (saint), *près d'Autun v. 496 - Paris v. 576,* évêque de Paris.

GERMAIN d'Auxerre (saint), *Auxerre v. 378 - Ravenne 448,* évêque d'Auxerre. Il fut envoyé en Grande-Bretagne combattre les pélagiens.

GERMAIN, famille d'orfèvres parisiens, fournisseurs de la cour, dont les plus célèbres sont : **Pierre G.,** *v. 1645 - 1684,* **Thomas G.,** *1673 - 1748,* dont Voltaire a vanté la « main divine », et **François Thomas G.,** *1726 - 1791.*

GERMAIN (Sophie), *Paris 1776 - id. 1831,* mathématicienne française. En physique mathématique, elle est l'auteur d'importants travaux sur la théorie de l'élasticité.

GERMAINE (Germaine **Cousin,** sainte), *Pibrac, près de Toulouse, v. 1579 - id. 1601,* mystique française. Bergère infirme et maltraitée, elle offrit ses souffrances pour la réparation des sacrilèges attribués aux protestants.

GERMAINS, peuple indo-européen, issu de la Scandinavie méridionale et qui migra au Ier millénaire av. J.-C. vers la grande plaine européenne. Les Germains (Goths, Vandales, Burgondes, Suèves, Francs, etc.) se stabilisèrent aux Ier et IIe s. apr. J.-C. au centre et au nord de l'Europe, établissant des rapports avec Rome, à laquelle ils fournirent esclaves et mercenaires. Au milieu du IIe s., ils envahirent le nord de l'Italie et des Balkans ; ce fut le prélude à plusieurs siècles d'invasions en Occident, où ils finirent par former plusieurs royaumes (Ve s.).

GERMANICUS (Julius Caesar), *Rome 15 av. J.-C. - Antioche 19 apr. J.-C.,* général romain. Petit-neveu d'Auguste, adopté par Tibère, il fut vainqueur d'Arminius en Germanie (16 apr. J.-C.). Il mourut en Orient, peut-être empoisonné.

GERMANIE, ancienne contrée de l'Europe centrale, entre le Rhin et la Vistule, peuplée au cours du Ier millénaire av. J.-C. par les Germains.

GERMANIE (royaume de), État formé en 843 (traité de Verdun) d'une partie de l'Empire carolingien et attribué à Louis le Germanique. Le titre de *roi de Germanie* fut porté (jusqu'au XVe s.) par les empereurs du Saint Empire élus, mais non encore couronnés par le pape.

germano-soviétique (pacte) [23 août 1939], traité de non-agression conclu entre l'Allemagne et l'URSS. Signé à Moscou par Ribbentrop et Molotov, il était accompagné d'un protocole secret qui prévoyait l'établissement des zones d'influence soviétique et allemande, et notamm. le partage de la Pologne.

GERMER (Lester Halbert), *Chicago 1896 - Gardiner, État de New York, 1971,* physicien américain. Il a mis en évidence, avec C. J. Davisson, la diffraction des électrons par un cristal, vérifiant ainsi la théorie de la mécanique ondulatoire (1927).

germinal an III (journée du 12) [1er avr. 1795], soulèvement des faubourgs parisiens contre la Convention.

GERMISTON, v. d'Afrique du Sud, près de Johannesburg ; 155 000 hab. Raffinerie d'or.

GERNSBACK (Hugo), *Luxembourg 1884 - New York 1967,* ingénieur et écrivain américain. Pionnier de la radio et de la télévision, il fut le premier à énoncer le principe du radar (1911). On lui doit aussi le terme « science-fiction ».

GÉRÔME (Jean Léon), *Vesoul 1824 - Paris 1904,* peintre et sculpteur français. Artiste officiel, professeur, amoureux du fini et du détail objectif, il a cultivé la scène de genre antique, moderne ou orientale.

GÉRONE, en esp. **Gerona,** v. d'Espagne (Catalogne), ch.-l. de prov. ; 68 656 hab. Cathédrale gothique à nef unique majestueuse (trésor) et autres monuments ; musée d'art.

GERONIMO, *No-Doyohn Canyon, auj. Clifton, Arizona, 1829 - Fort Sill, Oklahoma, 1909,* chef apache. Il mena des opérations de guérilla dans le sud-ouest des États-Unis (1882 - 1885) et obtint pour sa tribu un territoire dans l'Oklahoma.

Géronte, personnage de la comédie classique, type du vieillard dupé et ridicule. On le trouve notamm. chez Molière *(le Médecin malgré lui, les Fourberies de Scapin).*

GERPINNES, comm. de Belgique (Hainaut), au S.-S.-E. de Charleroi ; 11 452 hab. Église des XIIe - XVIIIe s.

GERS [ʒɛr] n.m., riv. de France, dans le Bassin aquitain, affl. de la Garonne (r. g.) ; 178 km. Il passe à Auch.

GERS [ʒɛr] n.m. (32), dép. de la Région Midi-Pyrénées ; ch.-l. de dép. *Auch ;* ch.-l. d'arrond. *Condom, Mirande ;* 3 arrond. ; 31 cant. ; 463 comm. ; 6 257 km² ; 172 335 hab. *(Gersois).* Le dép. appartient à l'académie de Toulouse, à la cour d'appel d'Agen, à la zone de défense Sud-Ouest. Au cœur de la Gascogne, formé d'un plateau découpé par les vallées divergentes des affluents de la Garonne (Baïse, Gers, Arrats, Gimone, Save), le dép. est surtout rural. L'agriculture (céréales ; vignobles, fournissant l'armagnac) est associée à l'élevage (porcs et volailles). La faiblesse de l'industrie et celle de l'urbanisation (seule Auch dépasse 10 000 hab.) ont contribué à son dépeuplement.

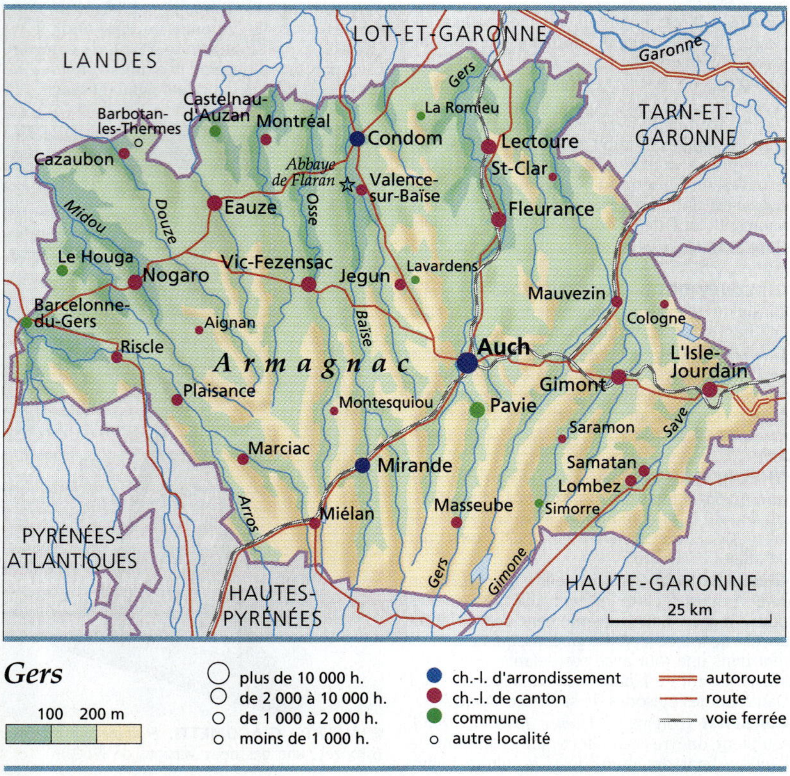

GERSHWIN (George), *Brooklyn 1898 - Hollywood 1937,* compositeur et pianiste américain. Il est l'auteur de *Rhapsody in Blue* (1924), *Concerto en « fa »,* pour piano (1925), *An American in Paris* (1928), *Porgy and Bess,* dans lesquels il mêle le jazz et la musique postromantique.

■ GEORGE **GERSHWIN**

GERSON (Jean **Charlier,** dit Jean **de**), *Gerson, Ardennes, 1363 - Lyon 1429,* philosophe et théologien français. Chancelier de l'Université de Paris, un des grands mystiques de son temps, il travailla à mettre fin au Grand Schisme et anima le concile de Constance (1414 - 1418).

GERSONIDES (Levi **ben Gerson,** dit), *Bagnols-sur-Cèze 1288 - Perpignan v. 1344,* philosophe et savant juif. Il tenta une synthèse entre l'aristotélisme, la philosophie de Maimonide et le judaïsme. Il est aussi l'auteur, entre autres, d'un traité de trigonométrie.

GERTRUDE la Grande (sainte), *Eisleben 1256 - Helfta, Saxe, v. 1302,* moniale et mystique allemande.

GERVAIS ET PROTAIS (saints), frères martyrs, à la vie inconnue. Leurs reliques firent l'objet d'un culte important au Moyen Âge en Occident.

GÉRYON MYTH. GR. Géant à trois troncs et trois têtes, tué par Héraclès.

GERZAT (63360), ch.-l. de cant. du Puy-de-Dôme, banlieue de Clermont-Ferrand ; 9 188 hab. *(Gerzatois).*

GESELL (Arnold), *Alma, Wisconsin, 1880 - New Haven, Connecticut, 1961,* psychologue américain. Ses travaux ont porté sur la psychologie de l'enfant, notamm. sur la maturation neuropsychologique.

GESNER (Conrad), *Zurich 1516 - id. 1565,* médecin et naturaliste suisse. Parmi ses nombreux écrits figure une *Histoire des animaux* (1551), considérée comme l'une des bases de la zoologie moderne.

GESSNER (Salomon), *Zurich 1730 - id. 1788,* poète et artiste suisse de langue allemande. Ses *Idylles,* qu'il illustra de gravures, annoncent le romantisme.

Gestapo (abrév. de Ge*heime* Sta*ats*po*lizei, police secrète d'État*), police politique de l'Allemagne nazie. Section de la police de sûreté du IIIe Reich, elle fut de 1936 à 1945 l'instrument le plus redoutable du régime policier hitlérien.

GESUALDO (Carlo), prince **de Venosa,** *Naples v. 1560 - id. v. 1614,* compositeur italien. Il est l'auteur de madrigaux d'un art très recherché.

GETA (Publius Septimius), *189 - 212,* empereur romain (211 - 212). Second fils de Septime Sévère, il partagea le pouvoir avec son frère Caracalla, qui le fit assassiner.

Gethsémani, jardin près de Jérusalem, au pied du mont des Oliviers, où, selon les Évangiles, Jésus pria la nuit précédant son arrestation.

GETS [ʒɛ] (Les) [74260], comm. de Haute-Savoie, dans le Faucigny ; 1 369 hab. Station de sports d'hiver (alt. 1 172 - 2 002 m).

GETTY (Jean Paul), *Minneapolis 1892 - Sutton Place, Surrey, 1976,* industriel et collectionneur américain. Les bénéfices de l'industrie pétrolière lui ont permis de constituer d'importantes collections d'antiquités grecques et romaines, d'objets d'art et de peintures, installées en 1974 dans un musée construit à Malibu (Californie) sur les plans de la villa des papyrus à Herculanum ; ces collections – hormis les antiquités – ont été transférées en 1997 dans le musée du Centre J. Paul Getty à Los Angeles (un des plus grands musées et centres culturels privés du monde ; édifice dû à R. Meier). La fondation qui porte son nom continue à enrichir cet ensemble et exerce un mécénat dans le domaine des études et publications d'histoire de l'art.

GETTYSBURG, v. des États-Unis (Pennsylvanie) ; 7 025 hab. Victoire des nordistes pendant la guerre de Sécession (1er-3 juill. 1863).

GÉTULES, ancien peuple berbère nomade, vivant en bordure du Sahara. Ils furent les alliés de Jugurtha contre les Romains.

GETZ (Stanley, dit Stan), *Philadelphie 1927-Malibu 1991,* saxophoniste ténor américain de jazz. Personnalité importante de l'esthétique cool à la fin des années 1940, il fut l'initiateur de la rencontre entre le jazz et la bossa-nova. Grand improvisateur et virtuose, il émeut par une expression alliant intériorité rêveuse et véhémence.

GÉVAUDAN, anc. comté français entre la Margeride et l'Aubrac (dép. de la Lozère). [Hab. *Gabalitains.*] Dans ses forêts apparut, vers 1765, la fameuse *bête du Gévaudan* (probablement un loup de très grande taille).

GEVREY-CHAMBERTIN (21220), ch.-l. de cant. de la Côte-d'Or ; 3 283 hab. *(Gibriaçois).* Vins de la côte de Nuits. Gare de triage. Matériel électrique. — Église et château du Moyen Âge.

GEX [ʒɛks] (01170), ch.-l. d'arrond. de l'Ain, au pied oriental du Jura ; 7 844 hab. *(Gexois).* Le *pays de Gex,* dépendance de la Bourgogne, fut rattaché à la France en 1601. — Isolé du reste de la France, il constitue une « zone franche », dont l'économie est liée à celle de la Suisse.

G

GEZELLE (Guido), *Bruges 1830 - id. 1899,* poète belge de langue néerlandaise. Il pratiqua un art impressionniste qui préfigure la poésie moderne *(Couronne du temps).*

GEZIREH n.f., région agricole (coton) du Soudan, partie vitale du pays, entre le Nil Blanc et le Nil Bleu.

GHAB ou **RHAB,** dépression de la Syrie, drainée par l'Oronte.

GHADAMÈS ou **RHADAMÈS,** oasis de l'ouest de la Libye.

GHALIB (Mirza Asadullah Khan, dit), *Agra 1797 - Delhi 1869,* écrivain indien de langue persane et ourdou. Il est le dernier poète classique persan et le premier prosateur moderne en ourdou.

GHANA, anc. royaume du Soudan occidental (Ve-XIe s.), en pays soninké, aux confins de la Mauritanie et du Mali actuels. Situé en plein Sahel et tirant sa richesse du commerce transsaharien (sel et or), il connut son apogée au XIe s. et fut détruit en 1076 par les Almoravides.

GHANA n.m., État d'Afrique occidentale, sur l'Atlantique ; 240 000 km² ; 18 000 000 hab. *(Ghanéens).* CAP. *Accra.* LANGUE : *anglais.* MONNAIE : *cedi.*

GÉOGRAPHIE

Au Sud, recouvert par la forêt dense, trouée par les plantations de cacaoyers (principale ressource du Ghana), s'oppose le Nord, pays de savanes. Le sous-sol fournit un peu d'or, de diamants, de manganèse et de bauxite (la production d'aluminium est liée aussi à l'aménagement hydraulique d'Akosombo).

HISTOIRE

L'époque coloniale. 1471 : les Portugais atteignent la côte du futur Ghana, qui recevra ensuite le nom de Côte-de-l'Or, ou Gold Coast. Ils y construisent le fort d'Elmina et parviennent à garder pendant un siècle et demi le monopole du commerce de l'or. **XVIIe - XVIIIe s. :** ils sont évincés par les Hollandais, qui se partagent le littoral avec les Britanniques et d'autres marchands européens. À partir du milieu du XVIIe s., le commerce de l'or est supplanté par celui des esclaves. À l'intérieur s'édifient de puissants États akan : en 1701 à l'hégémonie denkyéra succède celle des Ashanti. **XIXe s. :** nombreuses guerres entre les Ashanti et les Britanniques, auxquels les Fanti se sont ralliés (conquête de Kumasi par les Britanniques en 1896). La Grande-Bretagne domine seule le pays, qui passe petit à petit sous son protectorat. La traite étant abolie depuis 1807, l'expansion économique, remarquable, s'appuie sur les ressources minières et le cacao.

Le Ghana indépendant. 1949 : K. Nkrumah crée le Convention People's Party (CPP), qui réclame l'autonomie immédiate. **1952 :** il devient Premier ministre d'un gouvernement auquel est accordée une autonomie toujours plus large. **1957 :** la Gold Coast devient indépendante, sous le nom de Ghana, dans le cadre du Commonwealth. **1960 :** le nouvel État adopte une constitution républicaine. Son président oriente le régime dans un sens socialiste. **1966 :** un coup d'État évince Nkrumah et les relations avec l'Occident sont rétablies. Des gouvernements civils se succèdent. **1972 :** un nouveau coup d'État instaure le régime autoritaire du général I. Acheampong, renversé à son tour en 1978. Après plusieurs coups d'État, le capitaine Jerry Rawlings prend le pouvoir en 1981. **1992 :** une nouvelle Constitution, approuvée par référendum, restaure le multipartisme. J. Rawlings est confirmé à la tête de l'État lors de l'élection présidentielle au suffrage universel (réélu en 1996). **2001 :** John Kufuor, leader de l'opposition, devient président de la République.

GHARB ou **RHARB,** plaine du Maroc, sur l'Atlantique, drainée par l'oued Sebou.

GHARDAÏA, oasis du Sahara algérien ; 62 500 hab.

GHATS n.m. pl., escarpements montagneux de l'Inde, dans le Deccan, dominant la côte de Malabar et la côte de Coromandel.

GHAZALI ou **RHAZALI (al-),** *Tus, Khorasan, 1058 - id. 1111,* philosophe et théologien de l'islam. Tôt orienté vers le soufisme, il rédigea, outre des traités de droit, une somme du savoir islamique (*Ihya ulum al-din,* « Reviviscence des sciences de la religion ») et marqua de son conservatisme doctrinal les évolutions ultérieures. Il est l'*Algazel* du Moyen Âge chrétien.

GHAZIABAD, v. d'Inde, dans la grande banlieue est de Delhi ; 519 508 hab.

GHAZNÉVIDES ou **RHAZNÉVIDES,** dynastie turque qui régna sur l'Afghanistan, sur une partie de l'Iran et sur le Pendjab aux Xe-XIIIe s.

GHELDERODE (Michel **de**), *Ixelles 1898 - Schaerbeek 1962,* auteur dramatique belge de langue française. Son théâtre expressionniste unit la farce de carnaval au mysticisme des autos sacramentales *(Barrabas, Fastes d'enfer, Mademoiselle Jaïre).*

GHEORGHIU-DEJ (Gheorghe), *Bîrlad 1901 - Bucarest 1965,* homme politique roumain. Secrétaire général du Parti communiste à partir de 1945, il fut président du Conseil (1952 - 1955), puis chef de l'État (1961 - 1965).

GHERARDESCA (Ugolino **della**), *m. en 1288 ou 1289,* podestat pisan. S'étant allié aux guelfes pour s'emparer du gouvernement de Pise, il fut accusé de trahison par les gibelins, qui l'enfermèrent dans une tour avec ses enfants, pour les y laisser mourir de faim. — Son supplice inspira à Dante un des épisodes de sa *Divine Comédie.*

GHIBERTI (Lorenzo), *Florence 1378 - id. 1455,* sculpteur, orfèvre et architecte italien. Informé de l'antique, mais demeuré fidèle à la culture médiévale, il a donné ses chefs-d'œuvre avec les deuxième et troisième portes de bronze du baptistère de Florence, garnies de reliefs narratifs (la troisième, achevée en 1452, fut qualifiée par Michel-Ange de « porte du Paradis »). Il a rédigé trois livres de *Commentaires,* dont l'un constitue une histoire de l'art italien depuis Giotto.

■ **LORENZO GHIBERTI.** *Joseph vendu par ses frères,* un des reliefs de la « porte du Paradis » (bronze doré, 1425 - 1452) du baptistère de Florence.

GHILIZANE → **RELIZANE.**

GHIRLANDAIO (Domenico **Bigordi,** dit Domenico), *Florence 1449 - id. 1494,* peintre italien. Il a participé à la décoration de la chapelle Sixtine et, dans ses compositions religieuses pour les églises de Florence (*Vie de la Vierge* à S. Maria Novella), a donné aux personnages de l'histoire sainte l'apparence des bourgeois de la ville, ses clients. Ses frères **David** (1452 - 1523) et **Benedetto** (1458 - 1497) le secondèrent. Son fils **Ridolfo** (1483 - 1561) fut un bon portraitiste.

GHISONACCIA (20240), comm. de la Haute-Corse, dans la plaine d'Aléria ; 3 260 hab.

GHOR n.m., dépression allongée de Palestine, occupée par la vallée du Jourdain, le lac de Tibériade et la mer Morte.

GHURIDES ou **RHURIDES,** dynastie d'origine iranienne qui domina l'Afghanistan et le nord de l'Inde (XIIe s.-début du XIIIe s.).

GIACOMETTI (Alberto), *Stampa, Grisons, 1901 - Coire 1966,* sculpteur et peintre suisse, installé à Paris. Une période surréaliste (1930 - 1935) montre ses dons de visionnaire. Plus tard, il est l'auteur, expressionniste, de sculptures caractérisées par un allongement extrême, figures de bronze au modelé vibrant baigné d'espace.

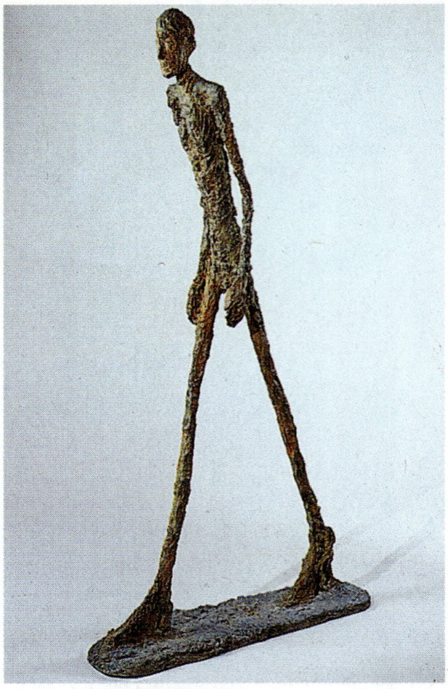

■ ALBERTO **GIACOMETTI.** *Homme qui marche* (bronze), une des deux versions de 1960.

GIA LONG, *Huê 1762 - id. 1820,* empereur du Viêt Nam (1802 - 1820). Avant de se proclamer empereur (1802), le prince Nguyên Anh reconquit ses États sur les rebelles Tây Son avec l'aide de la France et leur donna le nom de Viêt Nam.

GIAMBOLOGNA (Jean **Boulogne** ou **Bologne,** dit), *Douai 1529 - Florence 1608,* sculpteur flamand de l'école italienne. Après avoir séjourné à Rome, il fit à Florence l'essentiel de sa carrière de maniériste abondant et divers (*Vénus* des jardins Boboli, v. 1573 ; *l'Enlèvement d'une Sabine,* 1582). Il eut pour disciples le Florentin Pietro Tacca, le Néerlandais de Prague Adriaen De Vries, le Français Pierre Francheville.

■ **GIAMBOLOGNA.** *Mercure volant,* statue en bronze, 1563 - 1565. (Musée du Bargello, Florence.)

GIAP (Vo Nguyên) → **VO NGUYÊN GIAP.**

GIAUQUE (William Francis), *Niagara Falls, Canada, 1895 - Oakland 1982,* physicien et chimiste américain d'origine canadienne. Il préconisa, en 1924, en même temps que P. Debye, la méthode de production du froid fondée sur la désaimantation adiabatique, ce qui permit de réaliser les plus basses températures obtenues à l'époque. (Prix Nobel de chimie 1949.)

GIBBON (Edward), *Putney, Londres, 1737 - Londres 1794,* historien britannique. Par son *Histoire de la décadence et de la chute de l'Empire romain* (1776 - 1788), il fut et demeure un des historiens majeurs du déclin de la civilisation romaine.

GIBBONS (Orlando), *Oxford 1583 - Canterbury 1625,* compositeur anglais. L'un des grands représentants de la musique élisabéthaine, il composa des madrigaux, des motets et des pièces instrumentales.

GIBBS (James), *près d'Aberdeen 1682 - Londres 1754,* architecte britannique. Disciple de C. Fontana et de Wren, il a construit des églises à Londres et la bibliothèque Radcliffe à Oxford.

GIBBS (Willard), *New Haven, Connecticut, 1839 - id. 1903,* physicien américain. Il fonda la chimie physique en étendant la thermodynamique à la chimie. Il perfectionna la mécanique statistique de Boltzmann et énonça la *loi des phases,* base d'étude des équilibres physico-chimiques.

■ WILLARD **GIBBS**

■ ANDRÉ **GIDE**

GIBRALTAR, territoire britannique, sur le détroit du même nom, à l'extrémité méridionale de l'Espagne ; 6 km² ; 28 000 hab. Célèbre dès l'Antiquité (*Colonnes d'Hercule), Gibraltar fut le premier point de la conquête musulmane en Espagne (711) [*djabal al-Tariq,* du nom du chef berbère Tariq ibn Ziyad, a donné *Gibraltar*]. Pris en 1704 par les Anglais, à qui il est reconnu (traité d'Utrecht, 1713), devenu une puissante base aéronavale, Gibraltar est toujours revendiqué par l'Espagne.

■ **GIBRALTAR.** Le rocher vu de l'Espagne.

GIBRALTAR (détroit de), détroit entre l'Espagne et le Maroc, unissant la Méditerranée et l'Atlantique (15 km de large).

GIBRAN (Khalil) → **DJUBRAN KHALIL DJUBRAN.**

GIBSON (Ralph), *Los Angeles 1939,* photographe américain. Sa technique rigoureuse et ses tirages qu'il exécute lui-même s'allient à une vision glacée, mais essentiellement subjective, de fragments du réel (*The Somnambulist,* 1970).

GIDE (André), *Paris 1869 - id. 1951,* écrivain français. Son œuvre, animée par la passion de la liberté (*les Nourritures terrestres,* 1897) et de la sincérité (*l'Immoraliste,* 1902), et marquée par la volonté d'engagement (*Voyage au Congo,* 1927 ; *Retour de l'U.R.S.S.,* 1936), cherche à définir un humanisme moderne conciliant la lucidité de l'intelligence et la vitalité des instincts (*les Caves du Vatican,* 1914 ; *la Symphonie pastorale,* 1919 ; *les Faux-Monnayeurs,* 1926 ; *Journal,* publié essentiellement à partir de 1939). [Prix Nobel 1947.]

GIDE (Charles), *Uzès 1847 - Paris 1932,* économiste français. Il a développé le principe du coopératisme.

GIELGUD (sir Arthur John), *Londres 1904 - Wotton Underwood, près d'Aylesbury, Buckinghamshire, 2000,* metteur en scène de théâtre et acteur britannique. Grand interprète de Shakespeare (Hamlet, Roméo, Lear), il joua également les pièces d'auteurs contemporains (T. Williams, E. Bond, H. Pinter) et se distingua au cinéma (*Providence,* A. Resnais, 1977 ; *le Chef d'orchestre,* A. Wajda, 1980).

GIEN [ʒjɛ̃] (45500), ch.-l. de cant. du Loiret, sur la Loire ; 16 125 hab. *(Giennois).* Produits pharmaceutiques. Cellulose. Ascenseurs. Faïencerie. – Dans le château d'Anne de Beaujeu (XVe s.), musée international de la Chasse.

GIENS [ʒjɛ̃] (presqu'île de), presqu'île de France (Var), entre le *golfe de Giens* et la rade d'Hyères.

GIEREK (Edward), *Porąbka 1913,* homme politique polonais. Il succéda à Gomulka à la tête du Parti ouvrier unifié (1970 - 1980).

GIERS (Nikolaï Karlovitch **de**), *Radzivilov 1820 - Saint-Pétersbourg 1895,* diplomate et homme politique russe. Ministre des Affaires étrangères (1882 - 1895), il renouvela l'alliance avec l'Allemagne (1884, 1887), puis se résolut en 1891 à l'alliance avec la France.

GIESEKING (Walter), *Lyon 1895 - Londres 1956,* pianiste allemand. Il interpréta en virtuose Mozart, Debussy et Ravel.

GIF-SUR-YVETTE (91190), ch.-l. de cant. de l'Essonne ; 21 715 hab. *(Giffois).* Laboratoires de recherche scientifique (physiologie végétale [phytotron], physique atomique et nucléaire, etc.). École supérieure d'électricité.

GIFU, v. du Japon (Honshu) ; 410 324 hab.

GIGNAC (34150), ch.-l. de cant. de l'Hérault ; 4 027 hab. *(Gignacois).* Monuments anciens.

GIGONDAS [ʒigɔ̃das] (84190), comm. de Vaucluse ; 656 hab. Vins.

GIJÓN, v. d'Espagne (Asturies), sur l'Atlantique ; 259 067 hab. Port (pêche). Métallurgie.

GILBERT (îles) → **KIRIBATI.**

GILBERT (Kenneth), *Montréal 1931,* claveciniste et organiste canadien. Spécialiste du répertoire de clavecin français (Couperin, Rameau), il a contribué à la diffusion de la musique baroque.

GILBERT (Nicolas Joseph Florent), *Fontenoy-le-Château, Vosges, 1750 - Paris 1780,* poète français, auteur de satires et de poèmes élégiaques.

GILBERT (Walter), *Boston 1932,* biochimiste américain. Il a isolé la protéine qui joue le rôle de répresseur dans le contrôle génétique (1966) et travaillé sur le séquençage des bases de l'ADN. (Prix Nobel de chimie 1980.)

GILBERT (William), *Colchester 1544 - Londres ou Colchester 1603,* physicien anglais. Médecin à la cour d'Angleterre, il effectua les premières expériences relatives à l'électrostatique et au magnétisme, et émit l'hypothèse du géomagnétisme.

Gil Blas de Santillane (Histoire de), roman de A. R. Lesage (1715 - 1735). C'est le récit des multiples péripéties qui ponctuent la difficile ascension sociale du fils d'un écuyer.

GILBRETH (Frank Bunker), *Fairfield, Maine, 1868 - Montclair, New Jersey, 1924,* ingénieur américain. Collaborateur de Taylor, il fut un pionnier de l'organisation du travail, établissant les principes de la simplification des mouvements, en vue de réduire leur durée et la fatigue.

GILDAS (saint), **le Sage,** *Dumbarton v. 500 - île d'Houat 570,* missionnaire britannique. Il réorganisa l'Église celte et fonda le monastère de Rhuys.

Gileppe (barrage de la), plan d'eau de Belgique (prov. de Liège), à l'E. de Verviers.

Gilgamesh, roi légendaire d'Ourouk, héros de poèmes épiques mésopotamiens, rassemblés en un récit unique vers le XVIIIe s. av. J.-C.

GILL (Louis André **Gosset de Guines,** dit André), *Paris 1840 - Charenton 1885,* dessinateur et peintre français. Fondateur des hebdomadaires satiriques *la Lune* et *l'Éclipse,* il est célèbre pour ses portraits-charges.

Gilles, personnage de la comédie bouffonne, type du niais.

GILLES (saint), *fin VIIe s. - début VIIIe s. ?,* moine d'origine athénienne, fondateur de l'abbaye et de la ville de Saint-Gilles, dans le Gard. Il fut popularisé au Moyen Âge par de nombreuses légendes.

GILLES (Jean), *Tarascon 1668 - Toulouse 1705,* compositeur français. Il est l'auteur de motets et d'une célèbre *Messe des morts.*

GILLESPIE (John **Birks,** dit Dizzy), *Cheraw, Caroline du Sud, 1917 - Englewood, New Jersey, 1993,* musicien américain de jazz. Compositeur, trompettiste et chanteur, il fut avec Charlie Parker l'un des créateurs du style be-bop, dirigea plusieurs orchestres et introduisit alors les rythmes afro-cubains dans le jazz (*A Night in Tunisia,* 1946 ; *Manteca,* 1947).

GILLINGHAM, v. de Grande-Bretagne (Angleterre), sur la mer du Nord ; 93 700 hab. Port.

GILLRAY (James), *Chelsea 1756 - Londres 1815,* graveur et caricaturiste britannique. Il s'attaqua sur un mode grotesque et féroce à la Révolution française, puis à Napoléon.

GILSON (Étienne), *Paris 1884 - Cravant, Yonne, 1978,* philosophe français. Il a renouvelé l'étude de la philosophie médiévale et, particulièrement, du thomisme. (Acad. fr.)

GIMONT (32200), ch.-l. de cant. du Gers, sur la Gimone (affl. de la Garonne) ; 2 787 hab. *(Gimontois).* Église et halle en bois des XIVe-XVIe s.

GINSBERG (Allen), *Newark 1926 - New York 1997,* poète américain. Sa poésie libertaire et incantatoire est marquée par l'influence de W. Whitman, la culture de la *Beat generation et l'affirmation homosexuelle *(Howl, Kaddish).*

GIOBERTI (Vincenzo), *Turin 1801 - Paris 1852,* homme politique italien. Prêtre, l'un des chefs du *Risorgimento,* partisan avant 1848 d'une fédération italienne dont le pape serait le président, il dirigea le gouvernement piémontais en 1848 - 1849.

GIOLITTI (Giovanni), *Mondovì 1842 - Cavour 1928,* homme politique italien. Président du Conseil de nombreuses fois entre 1892 et 1921, il redressa les finances du pays, pratiqua une large politique sociale et instaura le suffrage universel (1912). Il annexa la Tripolitaine (1912).

■ JEAN **GIONO**

■ JEAN **GIRAUDOUX**

GIONO (Jean), *Manosque 1895 - id. 1970,* écrivain français. Romancier de la haute Provence (*Colline,* 1929 ; *Regain,* 1930), apôtre d'un idéal de vie naturelle et rustique (*le Chant du monde,* 1934 ; *Que ma joie demeure,* 1935 ; *l'Eau vive,* 1943), il évolua vers une philosophie et un art plus classiques (*le Hussard sur le toit,* 1951 ; *le Bonheur fou,* 1957 ; *l'Iris de Suse,* 1970).

GIORDANO (Luca), *Naples 1634 - id. 1705,* peintre italien. Il est l'auteur de célèbres plafonds au palais Médicis (Florence) et à l'Escorial. Sa virtuosité dans le baroque et sa rapidité lui valurent le surnom de *Luca Fapresto.*

GIORGIONE (Giorgio **da Castelfranco,** dit), *Castelfranco Veneto v. 1477 - Venise 1510,* peintre italien. Peut-être formé dans l'atelier de Giovanni Bellini, il est l'auteur de compositions où la lumière diffuse et la suavité du coloris créent une atmosphère de lyrisme discret et de recueillement (*la Tempête,* Venise ; *les Trois Philosophes,* Vienne). Il influença notamm. Titien, qui aurait terminé sa *Vénus endormie* (Dresde).

■ **GIORGIONE.** *La Tempête* ou *l'Orage.* (Accademia, Venise.)

GIOTTO di Bondone, *Colle di Vespignano, dans le Mugello, 1266 - Florence 1337,* peintre et architecte italien. Peut-être élève de Cimabue, et auteur probable du cycle de la *Vie de saint François* à Assise (basilique supérieure), il a exécuté les fresques de la *Vie de la Vierge et du Christ* à la chapelle Scrovegni de Padoue (v. 1303 - 1305), des fresques à S. Croce de Florence, etc. Par l'ampleur de sa vision, par ses recherches de volume et d'espace, il apparaît comme un des principaux créateurs de la peinture occidentale moderne. Il commença la construction du campanile de la cathédrale de Florence.

■ **GIOTTO.** *Présentation de la Vierge au Temple,* une des fresques de la *Vie de la Vierge et du Christ* (v. 1303 - 1305) dans la chapelle de l'*Arena* à Padoue.

GIOVANNETTI (Matteo), peintre italien originaire de Viterbe, mentionné à Avignon de 1343 à 1367 (fresques du palais des Papes : chapelle St-Martial, Grande Audience), ensuite à Rome.

GIOVANNI da Udine, *Udine 1487 - Rome v. 1564,* peintre et stucateur italien. Collaborateur de Raphaël à Rome (Loges du Vatican), de J. Romain à Mantoue, il s'inspira des décors antiques découverts dans les « grottes » de l'Esquilin, créant ainsi les *grotesques.*

GIOVANNI PISANO, fils de *Nicola Pisano.

GIR → **GIRAUD** (Jean).

GIRARD (René), *Avignon 1923,* essayiste français. À partir de l'analyse littéraire, il cherche à créer une nouvelle anthropologie, décelant au fondement de toute culture la violence, à laquelle il oppose l'irréductibilité du message évangélique (*la Violence et le Sacré,* 1972 ; *le Bouc émissaire,* 1982).

GIRARDET (Alfred, dit Fredy), *Lausanne 1936,* cuisinier suisse. Héritier d'une auberge familiale à Crissier (Vaud), il en fit un haut lieu de la gastronomie avant d'en remettre la direction à l'un de ses élèves.

GIRARDIN (Émile **de**), *Paris 1806 - id. 1881,* journaliste français. Il lança la presse à bon marché (*la Presse,* 1836) ayant recours à la publicité. — **Delphine Gay,** Mme **de G.,** *Aix-la-Chapelle 1804 - Paris 1855,* femme de lettres française, épouse d'Émile de Girardin. On lui doit des poèmes, des romans et une chronique de Paris sous Louis-Philippe (*Lettres parisiennes*).

GIRARDON (François), *Troyes 1628 - Paris 1715,* sculpteur français. Représentant par excellence du classicisme fastueux de Versailles, il a notamm. donné, pour le parc du château, les groupes d'*Apollon servi par les nymphes* (1666 - 1673) et de *l'Enlèvement de Proserpine.*

GIRAUD (Henri), *Paris 1879 - Dijon 1949,* général français. Commandant la VIIe armée en 1940, il est fait prisonnier, mais s'évade (1942). Passé à Alger en nov. 1942, il assume, à la mort de Darlan, le commandement en chef civil et militaire de l'Afrique française. Coprésident du Comité français de libération nationale avec de Gaulle, il s'efface devant ce dernier (1943).

GIRAUD (Jean), *Nogent-sur-Marne 1938,* dessinateur et scénariste français de bandes dessinées. Sous le pseudonyme de **Gir,** il dessine les aventures du *Lieutenant Blueberry* (1963) et, sous celui de **Moebius,** des séries de science-fiction.

GIRAUDOUX (Jean), *Bellac 1882 - Paris 1944,* écrivain français. Ses romans (*Suzanne et le Pacifique, Siegfried et le Limousin, Bella*) et ses pièces de théâtre (*Amphitryon 38,* 1929 ; *Intermezzo,* 1933 ; *La guerre de Troie n'aura pas lieu,* 1935 ; *Électre,* 1937 ; *Ondine,* 1939 ; *la Folle de Chaillot,* 1945) mêlent les grands thèmes classiques et les préoccupations contemporaines dans un univers précieux, fait d'humour et de fantaisie.

GIRAUD-SOULAVIE (Jean-Louis), *Largentière 1752 - Paris 1813,* naturaliste français. Il fut, dès 1780, un des précurseurs du transformisme et le fondateur de la paléontologie stratigraphique. Combattu par Buffon, il imagina, le premier, que la durée des temps géologiques puisse s'élever à des centaines de millions d'années.

Giro (le), tour cycliste d'Italie.

GIRODET-TRIOSON (Anne Louis **Girodet de Roucy,** dit), *Montargis 1767 - Paris 1824,* peintre français. Il est néoclassique de style, romantique d'inspiration (*Ossian* ou *l'Apothéose des héros français,* 1801, Malmaison).

GIROMAGNY (90200), ch.-l. de cant. du Territoire de Belfort, sur la Savoureuse ; 3 446 hab. (*Giromagniens*).

GIRONDE n.f., estuaire de France, sur l'Atlantique, formé par la confluence de la Garonne et de la Dordogne ; 75 km.

GIRONDE n.f. (33), dép. de la Région Aquitaine ; ch.-l. de dép. *Bordeaux ;* ch.-l. d'arrond. *Blaye, Langon, Lesparre-Médoc, Libourne ;* 5 arrond. ; 63 cant. ; 542 comm. ; 10 000 km² ; 1 287 334 hab. (*Girondins*). Le dép. appartient à l'académie et à la cour d'appel de Bordeaux, à la zone de défense Sud-Ouest. L'extrémité occidentale du dép. (le plus vaste de France) se rattache à la plaine forestière des Landes, bordée par un littoral rectiligne, ouvert seulement par le bassin d'Arcachon (centres balnéaires et ostréicoles). Le Bordelais, occupant le reste du dép., est une grande région viticole (Médoc, Graves, Sauternes, Entre-deux-Mers, Saint-Émilion, Pomerol). L'industrie est concentrée dans l'agglomération de Bordeaux, qui rassemble près des deux tiers de la population totale de la Gironde.

Girondins, groupe politique pendant la Révolution française. Formé en 1791 autour de Brissot (d'où son autre nom de *Brissotins*), il réunit plusieurs députés de la Gironde à l'Assemblée législative, puis à la Convention (Vergniaud, Guadet, Gensonné, etc.). Défenseurs d'une bourgeoisie éclairée contre la vague populaire, jacobine et centralisatrice, acquis au fédéralisme, les Girondins se heurtèrent à la Commune de Paris, qui finit par les éliminer (mai-oct. 1793).

GIRSOU, auj. **Tello,** site archéologique d'Iraq, près du bas Tigre. Vestiges de la ville d'un État du pays de Sumer au IIIe millénaire, qui avait Lagash pour capitale et où ont été recueillis de nombreux objets d'art (statues de Goudéa, Louvre).

GISCARD D'ESTAING (Valéry), *Coblence 1926,* homme politique français. Fondateur du groupe des Républicains indépendants (1962), ministre des Finances (1962 - 1966, 1969 - 1974), il est président de la République de 1974 à 1981. De 1988 à 1996, il préside l'UDF, qu'il a fondée en 1978.

■ VALÉRY **GISCARD D'ESTAING**

■ **GLADSTONE** par J. E. Millais. (National Portrait Gallery, Londres.)

Giselle, personnage du ballet fantastique *Giselle* ou *les Wilis* (Paris, 1841). Paysanne courtisée par un prince déjà fiancé, elle meurt et est métamorphosée en wili, créature ailée et immatérielle qui danse la nuit. L'argument est dû à T. Gautier, J. Coralli et J. H. Vernoy de Saint-Georges, d'après une ballade de H. Heine ; la chorégraphie est de J. Coralli et J. Perrot, la musique, de A. Adam.

GISH (Lillian), *Springfield, Ohio, 1896 - New York 1993,* actrice américaine. Avec sa sœur Dorothy, puis seule, elle fut l'héroïne enfantine et poignante des chefs-d'œuvre de Griffith : *le Lys brisé* (1919) ; *les Deux Orphelines* (1922). Elle joua également dans *Duel au soleil* (K. Vidor, 1947), *la Nuit du chasseur* (C. Laughton, 1955).

GISLEBERTUS, sculpteur de la 1re moitié du XIIe s., dont le nom est gravé sur le tympan du grand portail de la cathédrale d'Autun, dont on lui attribue la plupart des chapiteaux historiés (v. 1130 - 1145).

GISORS (27140), ch.-l. de cant. de l'Eure, sur l'Epte ; 11 115 hab. (*Gisorsiens*). Restes de la forteresse des XIe-XIIIe s. ; église des XIIIe-XVIe s., gothique et Renaissance.

GITANS, population tsigane vivant principalement en Espagne, au Portugal et dans le sud de la France (env. 800 000). Leur arrivée dans la péninsule Ibérique remonte au XVIe s. Ils se sont massivement sédentarisés, tout en préservant et en développant une culture originale (influente en Andalousie au travers du flamenco) ; ils exercent traditionnellement certains métiers (ferrailleurs, chineurs, marchands ambulants), sont chrétiens (catholiques, évangélistes) et ont pour langue d'origine le *calo.* Ils se reconnaissent sous le nom de *Calo* (ou *Calé*).

GIULIANO da Maiano, *Maiano, près de Fiesole, 1432 - Naples 1490,* architecte et sculpteur italien. Continuateur de Brunelleschi et de Michelozzo, il contribua à diffuser les principes de la nouvelle

Gironde

architecture florentine (cathédrale de Faenza, 1474 et suiv.). — **Benedetto da Maiano**, *Maiano 1442 - Florence 1497,* sculpteur et architecte italien, frère de Giuliano. Il collabora avec celui-ci, à l'église de Lorette notamm., et entreprit le palais Strozzi à Florence ; sculpteur marbrier, proche de A. Rossellino, il est l'auteur de bustes, de l'autel de sainte Fine à la cathédrale de San Giminiano, de la chaire de S. Croce (Florence), etc.

GIULINI (Carlo Maria), *Barletta 1914,* chef d'orchestre italien. Il a été l'un des plus grands chefs d'opéra, travaillant notamm. avec Maria Callas *(la Traviata)* et le metteur en scène L. Visconti *(Don Carlos)* avant de se consacrer, à partir de 1967, au répertoire symphonique.

GIULIO ROMANO → **ROMAIN** (Jules).

GIVERNY (27200), comm. de l'Eure ; 544 hab. *(Givernois).* Maison et important jardin du peintre Monet ; musée américain.

GIVET (08600), ch.-l. de cant. des Ardennes, sur la Meuse ; 7 600 hab. *(Givetois).* Port fluvial. Métallurgie. — Fort reconstruit par Vauban.

GIVORS (69700), ch.-l. de cant. du Rhône, sur le Rhône ; 18 562 hab. *(Givordins).* Verrerie.

GIVRY (71640), ch.-l. de cant. de Saône-et-Loire ; 3 785 hab. Vins. — Église de 1770.

GIZEH ou **GUIZÈH**, v. d'Égypte, ch.-l. de prov., banlieue du Caire, sur le Nil ; 2 156 000 hab. Production de films. — Immense nécropole et complexes funéraires, dont le Sphinx et les pyramides des pharaons Kheops, Khephren et Mykerinus.

GJELLERUP (Karl), *Roholte 1857 - Klotzsche, près de Dresde, 1919,* écrivain danois. Il évolua du naturalisme au spiritualisme dans son théâtre et ses romans *(le Moulin).* [Prix Nobel 1917.]

GLABER (Raoul), *Bourgogne v. la fin du xe s. - ? v. 1050,* chroniqueur français. Il est l'auteur d'une *Chronique* en cinq livres, qui va de 900 à 1046.

GLACE (mer de), glacier des Alpes françaises, dans le massif du Mont-Blanc, au N.-E. de Chamonix.

GLACE BAY, v. du Canada (Nouvelle-Écosse), dans l'île du Cap-Breton ; 19 501 hab. Port.

GLADSTONE (William Ewart), *Liverpool 1809 - Hawarden 1898,* homme politique britannique. Chef du parti libéral à partir de 1865, trois fois Premier ministre (1868 - 1874, 1880 - 1885, 1892 - 1894), il accomplit de nombreuses réformes. Sa campagne en faveur du *Home Rule* (1886) en Irlande provoqua la sécession des unionistes du parti libéral.

GLÅMA ou **GLOMMA** n.m., le plus long fl. de Norvège, qui se jette dans le Skagerrak ; 570 km.

GLAMORGAN, anc. comté de Grande-Bretagne (Galles), sur le canal de Bristol.

GLANUM, ville gallo-romaine, près de Saint-Rémy-de-Provence (Bouches-du-Rhône). Bâti sur

■ **GIZEH.** Le sphinx et, à l'arrière-plan, la pyramide de Kheops (Égypte, Ancien Empire, IVe dynastie).

un ancien établissement hellénistique, le site devient une ville « à la romaine » à partir du Ier s. av. J.-C. Importants vestiges comprenant édifices publics et quartiers d'habitation aux maisons ornées de peintures et de mosaïques.

GLAOUI ou **GLAWI** (al-Hadjdj Thami **al-Glawi,** dit **le**), *Telonet v. 1875 - Marrakech 1956,* pacha de Marrakech. Il soutint la politique française au Maroc et prit la tête d'un mouvement qui provoqua la déposition du sultan Muhammad V.

GLARIS, en all. **Glarus,** comm. de Suisse, ch.-l. du cant. de ce nom, dans les *Alpes de Glaris,* sur la Linth ; 5 728 hab.

GLARIS (canton de), canton de Suisse ; 685 km^2 ; 39 100 hab. *(Glaronnais)* ; ch.-l. *Glaris.* Il entra dans la Confédération en 1352.

GLASER (Donald Arthur), *Cleveland 1926,* physicien américain. Il a inventé la chambre à bulles, dérivant de la chambre de Wilson et permettant de détecter les particules de haute énergie. (Prix Nobel 1960.)

GLASGOW, v. de Grande-Bretagne (Écosse), sur la Clyde ; 642 000 hab. Université. Aéroport. Métropole commerciale et industrielle de l'Écosse. — Cathédrale des XIIIe-XVe s. Foyer artistique à l'époque de C. R. Mackintosh. Musées, dont une riche galerie de peinture.

GLASHOW (Sheldon Lee), *New York 1932,* physicien américain. Il proposa en 1960 la première théorie unifiée de l'interaction électromagnétique et de l'interaction faible. (Prix Nobel 1979.)

GLASS (Philip), *Baltimore 1937,* compositeur américain. Fortement inspiré par la musique de l'Inde, il illustre le courant de la musique dite répétitive. Parallèlement à une importante œuvre instrumentale, il a composé plusieurs opéras *(Einstein on the Beach,* 1976).

GLAZOUNOV (Aleksandr Konstantinovitch), *Saint-Pétersbourg 1865 - Paris 1936,* compositeur russe. Directeur du conservatoire de Saint-Pétersbourg (1905 - 1928), il est l'auteur de symphonies et de musique de chambre.

GLEIZES (Albert), *Paris 1881 - Saint-Rémy-de-Provence 1953,* peintre français. Il participa aux premières manifestations du cubisme, publia avec Jean Metzinger (1883 - 1956) le traité *Du cubisme* (1912), puis se consacra à l'art sacré.

GLÉLÉ, auparavant **Badohou,** *m. en 1889,* roi du Dahomey (1858 - 1889). Il s'opposa à la domination française, mais dut céder Cotonou (1868).

GLÉNAN (îles de), petit archipel, au large de la côte sud du Finistère. Centre nautique.

GLENDALE, v. des États-Unis (Californie), banlieue de Los Angeles ; 180 038 hab. Industrie aéronautique.

GLEN MORE, dépression du nord de l'Écosse, partiellement occupée par le loch Ness et suivie par le canal Calédonien.

GLENN (John Herschel), *Cambridge, Ohio, 1921,* astronaute américain. Premier Américain ayant effectué un vol orbital (20 févr. 1962, à bord d'une cabine *Mercury*), il est devenu le vétéran des astronautes en volant à bord de la navette spatiale en 1998.

GLIER (Reïngold Moritsevitch), *Kiev 1875 - Moscou 1956,* compositeur et pédagogue russe. Il a composé des opéras, des ballets (dont le célèbre *Pavot rouge,* 1927), de la musique symphonique et des concertos.

GLIÈRES (plateau des), plateau du massif des Bornes (France) ; 1 400 m. Théâtre, en 1944, de la lutte héroïque d'un groupe de maquisards contre les troupes allemandes et la Milice.

GLINKA (Mikhaïl Ivanovitch), *Novospasskoïe 1804 - Berlin 1857,* compositeur russe. Il fut le fondateur de l'école musicale russe moderne et composa notamment deux opéras *(la Vie pour le tsar,* 1836 ; *Rouslan et Lioudmila,* 1842).

GLISSANT (Édouard), *Sainte-Marie, Martinique, 1928,* écrivain français. Poète *(le Sel noir),* romancier *(la Lézarde)* et essayiste *(le Discours antillais),* il a, dans une langue riche et inventive, intégré la réflexion sur la créativité créole à une vision cosmique du métissage culturel.

GLIWICE, v. de Pologne, en Silésie ; 215 700 hab. Houille.

Globe and Mail (The), quotidien canadien. Né, en 1936, de la fusion des journaux *The Globe* (1844) et *The Mail and Empire* (1872), il a une couverture nationale et internationale.

Globo, groupe de communication brésilien comprenant le quotidien *O Globo* et le réseau de télévision *Rede Globo,* célèbre pour ses « telenovelas », feuilletons populaires télévisés.

GLOMMA → **GLÅMA.**

GLORIEUSES (îles), petit archipel français de l'océan Indien, au N. de Madagascar.

Glorieuses (les Trois) [27, 28, 29 juill. 1830], journées de la révolution de 1830 qui mirent fin au règne de Charles X.

GLOUCESTER, v. de Grande-Bretagne (Angleterre), ch.-l. du Gloucestershire, sur la Severn ; 91 800 hab. Constructions aéronautiques. – Cathédrale romane et gothique (grand vitrail du chœur, XIVe s. ; cloître aux voûtes en éventail).

GLOUCHKO (Valentine Petrovitch), *Odessa 1908 - Moscou 1989,* ingénieur soviétique. Il a mis au point les moteurs de la plupart des fusées et missiles de l'ex-URSS.

GLOZEL, hameau de la comm. de Ferrières-sur-Sichon (Allier). Découvertes préhistoriques qui, depuis leur mise au jour en 1924, sont l'objet de controverses quant à leur authenticité.

GLUBB (sir John Bagot), dit **Glubb Pacha,** *Preston 1897 - Mayfield, Sussex, 1986,* général britannique. Il commanda la Légion arabe (armée bédouine de Transjordanie [1939 - 1946]), puis l'armée de Jordanie (jusqu'en 1956).

GLUCK (Christoph Willibald, chevalier **von**), *Erasbach, auj. dans Berching, Haut-Palatinat, 1714 - Vienne 1787,* compositeur allemand. Avec son librettiste R. Calzabigi, il réforma l'opéra, cherchant, loin des influences italiennes, le naturel et la simplicité : *Orphée et Eurydice* (1762 ; version française, 1774), *Alceste* (1767 ; version française, 1776), *Iphigénie en Aulide* (1774), *Iphigénie en Tauride* (1779).

G

Glyndebourne (Festival de), festival d'opéra annuel, fondé en 1934 à Glyndebourne (Grande-Bretagne) par John Christie.

GMELIN (Leopold), *Göttingen 1788 - Heidelberg 1853,* chimiste et physiologiste allemand. Il étudia la chimie de la digestion et fit d'importantes découvertes en chimie organique.

GNEISENAU (August, comte **Neidhardt von**), *Schildau 1760 - Posen, auj. Poznań, 1831,* maréchal prussien. Avec l'aide de Scharnhorst, il reconstitua l'armée prussienne (1808) et fut chef d'état-major de Blücher (1813 - 1814 et 1815).

GNIEZNO, v. de Pologne, au N.-E. de Poznań ; 70 600 hab. Siège des primats de Pologne. – Cathédrale gothique élevée sur des substructures des Xe-XIe s. et très restaurée.

GOA, État de la côte occidentale de l'Inde ; 3 700 km² ; 1 168 622 hab. ; cap. *Panaji.* Il fut occupé par les Portugais de 1510 à 1961 - 1962.

GOAJIRO → **GUAJIRO.**

Gobelins (les), manufacture parisienne royale, puis nationale, installée à l'origine dans les ateliers des teinturiers *Gobelins,* au bord de la rivière Bièvre. Créée et dirigée par des tapissiers flamands, sous l'impulsion d'Henri IV (début du XVIIe s.), la manufacture connaît son grand essor sous Louis XIV : Colbert lui donne le titre de *manufacture royale des meubles de la Couronne* en 1667. Le Brun dirige alors les ateliers de cartons de tapisseries, mais aussi des ateliers d'orfèvrerie, d'ébénisterie et de sculpture. Les Gobelins sont auj. manufacture nationale de tapisserie ; les mêmes locaux (XIIIe arrond.) abritent les manufactures de Beauvais (tapisseries) et de la Savonnerie (tapis).

GOBI n.m., désert d'Asie (Mongolie et Chine).

GOBINEAU (Joseph Arthur, comte **de**), *Ville-d'Avray 1816 - Turin 1882,* écrivain et diplomate français. Romancier *(les Pléiades)* et nouvelliste *(Nouvelles asiatiques)* en désaccord avec son siècle, il prétend, dans l'*Essai sur l'inégalité des races humaines* (1853 - 1855), retracer et expliquer par le processus historique du métissage la marche de l'humanité vers un déclin inéluctable. Les théoriciens du racisme germanique se réclamèrent de lui non sans travestir ses thèses.

GODARD (Eugène), *Clichy 1827 - Bruxelles 1890,* aéronaute français. Il exécuta plus de 2 500 ascensions, dont une, à bord du *Géant,* avec Nadar (1863), et organisa la poste aérienne pendant le siège de Paris (1870 - 1871).

GODARD (Jean-Luc), *Paris 1930,* cinéaste français. Pionnier de la « nouvelle vague », il a remis en question les codes idéologiques et esthétiques pour explorer de nouvelles relations entre le spectateur et le film : *À bout de souffle* (1960), *le Mépris* (1963), *Pierrot le Fou* (1965), *la Chinoise* (1967), *Week-end* (1967), *Je vous salue Marie* (1985), *Nouvelle Vague* (1990), *Hélas pour moi* (1993), *JLG/JLG* (1995). Dans *Histoire(s) du cinéma,* à la fois livre (4 vol., 1998) et ensemble d'émissions pour la télévision, il donne à voir toute la force du septième art.

■ JEAN-LUC GODARD

■ **GOETHE** par J. von Egloffstein. (Musée Goethe, Francfort-sur-le-Main.)

GODAVARI n.f., fl. d'Inde, qui rejoint le golfe du Bengale ; 1 500 km. Un des fleuves sacrés de l'Inde.

GODBOUT (Adélard), *Saint-Éloi 1892 - Montréal 1956,* agronome et homme politique canadien. Libéral, il fut Premier ministre du Québec en 1936 et de 1939 à 1944.

GODBOUT (Jacques), *Montréal 1933,* écrivain et cinéaste canadien de langue française. Son œuvre poétique et romanesque *(l'Aquarium ; Salut Galarneau ! ; D'amour, P.Q. ; Une histoire américaine)* compose une quête de son identité d'homme et d'écrivain.

GODDARD (Marion **Levy**, dite Paulette), *Great Neck, État de New York, 1905 - Rosco, Suisse, 1990,* actrice américaine. Sa beauté et son talent se mêlèrent notamm. dans les films de C. Chaplin, dont elle fut l'épouse de 1936 à 1942 (*les Temps modernes,* C. Chaplin, 1936 ; *le Dictateur, id.,* 1940 ; *le Journal d'une femme de chambre,* J. Renoir, 1946 ; *la Folle Enquête,* K. Vidor, 1948).

GODDARD (Robert Hutchings), *Worcester, Massachusetts, 1882 - Baltimore 1945,* ingénieur américain. Précurseur de l'astronautique, il lança, en 1926, la première fusée à ergols liquides.

GODEFROI DE BOUILLON, *Baisy v. 1061 - Jérusalem 1100,* duc de Basse-Lorraine. Un des chefs de la première croisade, il fonda le royaume de Jérusalem (1099) et le gouverna avec le titre d'« avoué du Saint-Sépulcre ».

GÖDEL (Kurt), *Brünn, auj. Brno, 1906 - Princeton 1978,* logicien et mathématicien américain d'origine autrichienne. Il est l'auteur de deux théorèmes (1931) selon lesquels une arithmétique non contradictoire ne saurait former un système complet, car la non-contradiction constitue dans ce système un énoncé indécidable.

GODERVILLE (76110), ch.-l. de cant. de la Seine-Maritime ; 2 309 hab.

GODOUNOV (Boris) → **BORIS GODOUNOV.**

GODOY ÁLVAREZ DE FARIA (Manuel), *Badajoz 1767 - Paris 1851,* homme d'État espagnol. Ministre de Charles IV d'Espagne et favori de la reine Marie-Louise, il fut Premier ministre de 1792 à 1798 et de 1800 à 1808, et joua un rôle important à l'époque de la Révolution française et de l'Empire.

God save the King [the Queen] *(Dieu protège le roi [la reine]),* hymne national britannique.

GODTHÅB → **NUUK.**

GODWIN (William), *Wisbech 1756 - Londres 1836,* écrivain britannique. Il est l'auteur d'essais et de romans d'inspiration sociale *(les Aventures de Caleb Williams).*

GOEBBELS (Joseph Paul), *Rheydt 1897 - Berlin 1945,* homme politique allemand. Journaliste national-socialiste, ministre de la Propagande et de l'Information (1933 - 1945), il fut chargé par Hitler de la direction de la guerre totale (1944) ; il se suicida avec toute sa famille.

GOEPPERT-MAYER (Maria), *Kattowitz, auj. Katowice, 1906 - San Diego 1972,* physicienne américaine d'origine allemande. Elle a proposé, indépendamment de H. D. Jensen, une théorie relative à la structure du noyau de l'atome qui permet d'en expliquer diverses propriétés. (Prix Nobel 1963.)

GOERING (Hermann) → **GÖRING.**

GOETHE (Johann Wolfgang **von**), *Francfort-sur-le-Main 1749 - Weimar 1832,* écrivain allemand. L'un des chefs de file du *Sturm und Drang avec son roman *les Souffrances du jeune *Werther* et son drame *Götz von Berlichingen* (1774), il évolua, à travers son expérience de l'Italie (*Torquato Tasso,* composé en 1789), de la Révolution française et de la politique (il fut ministre du grand-duc de Weimar), de son amitié avec Schiller (*Xénies,* 1796) et de ses recherches scientifiques (*la Métamorphose des plantes,* 1790 ; *la Théorie des couleurs,* 1810), vers un art plus classique (*Wilhelm Meister ; Hermann* et *Dorothée,* 1797 ; *les Affinités électives,* 1809), qui prit une forme autobiographique (*Poésie et vérité,* 1811 - 1833) et symbolique (*Divan occidental et oriental,* 1819 ; **Faust*).

GOFFMAN (Erving), *Manville, Alberta, 1922 - Philadelphie 1982,* sociologue canadien. Il s'est intéressé aux interactions sociales et aux éléments non codifiés des conduites (*Asiles,* 1961 ; *les Rites d'interaction,* 1967).

GOG ET MAGOG, dans les littératures juive, chrétienne et musulmane, personnification des forces du mal.

GOGOL (Nikolaï Vassilievitch), *Sorotchintsy 1809 - Moscou 1852,* écrivain russe. Auteur de récits (**Tarass Boulba, le Journal d'un fou,* 1835), de pièces de théâtre (*le Revizor,* 1836), il créa le roman moderne russe avec *les Âmes mortes,* œuvre inachevée (première partie publiée en 1842), foisonnante et cocasse, où les détails réalistes se mêlent à l'absurde et au fantastique.

GOGUEL (François), *Paris 1909 - id. 1999,* juriste et politologue français. Membre du Conseil constitutionnel (1971 - 1980), il a marqué l'étude scientifique de la vie politique française et le développement de la sociologie électorale.

GOIÂNIA, v. du Brésil central, cap. de l'État de Goiás ; 920 838 hab.

GOIÁS, État du Brésil ; 4 024 507 hab. ; cap. *Goiânia.*

Gois (passage du), route praticable à marée basse, entre Noirmoutier et le continent.

GOLAN (plateau du), plateau du sud-ouest de la Syrie, dominant le Jourdain. Occupé par Israël en 1967, théâtre de combats en 1973, il est annexé par Israël sur décision de la Knesset en 1981.

GOLBEY (88190), comm. des Vosges ; 8 616 hab. *(Golbéens).* Matériel de climatisation. Papier. Pneumatiques.

GOLCONDE, forteresse et ville ruinée de l'Inde (Andhra Pradesh). Capitale depuis 1518 d'un sultanat musulman du Deccan, aux trésors légendaires, elle fut détruite par Aurangzeb en 1687. Vestiges (XVIe s.-début du XVIIe s.), dont les mausolées à dômes bulbeux de la nécropole.

GOLDBACH (Christian), *Königsberg 1690 - Moscou 1764,* mathématicien russe d'origine prussienne. Connu par ses travaux d'arithmétique, il est l'auteur d'une conjecture qui porte son nom (tout entier pair est la somme de deux nombres premiers).

GOLD COAST → **GHANA.**

GOLDING (sir William), *Saint Columb Minor, Cornouailles, 1911 - Perranarworthal, près de Falmouth, Cornouailles, 1993,* écrivain britannique. Son œuvre romanesque montre l'homme toujours prêt à revenir à sa barbarie primitive (*Sa Majesté des Mouches,* 1954). [Prix Nobel 1983.]

GOLDMAN (Jean-Jacques), *Paris 1951,* chanteur et auteur-compositeur français. Influencé par le rock, il a contribué au renouveau de la chanson française *(Quand la musique est bonne, Au bout de mes rêves),* tout en mettant son talent au service d'artistes les plus divers (J. Hallyday, C. Dion).

GOLDMANN (Nahum), *Wisznewo, Lituanie, 1895 - Bad Reichenhall 1982,* leader sioniste. Fondateur (1936) et président du Congrès juif mondial, président de l'Organisation mondiale sioniste (1956 - 1968), il prit successivement les nationalités allemande, américaine (1940), israélienne (1962) et suisse (1968). Il demanda la restitution par Israël des territoires conquis en 1967 et l'octroi à Israël du statut d'État neutre.

GOLDONI (Carlo), *Venise 1707 - Paris 1793,* auteur dramatique italien. Aux bouffonneries de la commedia dell'arte, il substitua la peinture critique des mœurs et la représentation de personnages populaires dans des comédies écrites en italien (*La Locandiera,* 1753 ; *la Villégiature,* 1761), puis en français (*le Bourru bienfaisant,* 1771). Il a laissé des *Mémoires* en français.

GOLDSCHMIDT (Victor Moritz), *Zurich 1888 - Oslo 1947,* géologue norvégien d'origine suisse. À l'origine de la géochimie moderne, il a créé une classification des éléments chimiques selon leurs affinités.

GOLDSMITH (Oliver), *comté de Westmeath, Irlande, v. 1730-Londres 1774,* écrivain britannique. Il est l'auteur de romans *(le Vicaire de Wakefield),* de poèmes sentimentaux *(le Village abandonné)* et de pièces de théâtre *(Elle s'abaisse pour triompher).*

GOLDSTEIN (Kurt), *Kattowitz, auj. Katowice, 1878 - New York 1965,* neurologue américain d'origine allemande. Instigateur d'une conception unitaire et globaliste de la neurologie, issue de la théorie de la forme, il a étudié en particulier l'aphasie.

GOLÉA (El-) → MENIAA (El-).

Golestan ou **Gulistan** (« Jardin des roses »), recueil de récits en prose et en vers de Sadi (v. 1258). Il contient, selon son auteur, tous les préceptes nécessaires à la conduite de la vie.

Golfe (guerre du) [août 1990 - février 1991], conflit déclenché par l'invasion du Koweït par l'Iraq (1er -2 août 1990) et ayant opposé à ce pays une coalition d'une trentaine d'États conduite par les États-Unis. L'ONU ayant condamné l'annexion du Koweït, puis autorisé l'emploi de tous les moyens nécessaires pour le libérer, une force multinationale à prépondérance américaine et à participation arabe (Égypte notamm.), déployée dans le golfe Persique et en Arabie saoudite, intervint contre l'Iraq (17 janv. 1991) et libéra le Koweït (28 févr.).

GOLFECH (82400), comm. de Tarn-et-Garonne, sur la Garonne ; 720 hab. Centrale hydroélectrique et centrale nucléaire.

GOLFE-JUAN (06220 Vallauris), station balnéaire des Alpes-Maritimes (comm. de Vallauris), sur la Méditerranée. Napoléon y débarqua en 1815, à son retour de l'île d'Elbe.

GOLGI (Camillo), *Corteno, près de Brescia, 1843 - Pavie 1926,* médecin et histologiste italien. Il a étudié le système nerveux et mis en évidence un organite fondamental de la cellule *(appareil de Golgi).* [Prix Nobel 1906.]

Golgotha, nom araméen du *Calvaire,* où Jésus fut crucifié.

GOLIATH, personnage biblique. Géant philistin, il fut vaincu en combat singulier par David.

GOLITSYNE ou **GALITZINE** ou **GALLITZIN,** famille princière qui donna à la Russie, à la fin du XVIIe s. et au XVIIIe s., des hommes d'État et des chefs militaires.

GOLTZIUS (Hendrick), *Mühlbracht, Limbourg, 1558 - Haarlem 1617,* graveur et peintre néerlandais. Maniériste brillant, il fut le cofondateur d'une académie d'art à Haarlem.

GOMAR (François) ou **GOMARUS,** *Bruges 1563 - Groningue 1641,* théologien protestant néerlandais. Adversaire d'Arminius, il donna à la doctrine de Calvin sur la prédestination l'interprétation la plus rigoriste. Ses partisans, les *gomaristes,* provoquèrent des troubles graves aux Pays-Bas.

GOMBERVILLE (Marin **Le Roy de**), *Paris ou Étampes 1600 - Paris 1674,* écrivain français, auteur de romans précieux *(Polexandre).* [Acad. fr.].

gombette (loi), loi burgonde rédigée en latin v. 501 - 515 sur l'ordre du roi Gondebaud pour tenir la balance égale entre les sujets burgondes et les sujets gallo-romains.

GOMBRICH (Ernst Hans), *Vienne 1909,* historien de l'art britannique d'origine autrichienne. *L'Art et son histoire* est une somme parue en 1950 ; *l'Art et l'Illusion* (1960) analyse les aspects techniques de la création et, chez le spectateur, le rôle de la psychologie de la perception.

GOMBROWICZ (Witold), *Małoszyce 1904 - Vence, France, 1969,* écrivain polonais. Ses romans *(Ferdydurke, la Pornographie),* son théâtre *(Yvonne, princesse de Bourgogne)* et son *Journal* cherchent à saisir la réalité intime des êtres à travers les stéréotypes sociaux et culturels.

GOMEL, v. du sud-est de la Biélorussie ; 503 000 hab. Constructions mécaniques.

GÓMEZ DE LA SERNA (Ramón), *Madrid 1888 - Buenos Aires 1963,* écrivain espagnol. Romancier *(le Rastro),* il a créé le genre des *greguerías,* brèves et piquantes observations d'un monde moderne perçu comme discontinu et hétéroclite.

GOMORRHE, anc. cité cananéenne détruite avec *Sodome.

GOMPERS (Samuel), *Londres 1850 - San Antonio, Texas, 1924,* syndicaliste américain. Il fit triompher un syndicalisme réformiste au sein de l'American Federation of Labor, dont il fut le fondateur (1886).

GOMUŁKA (Władysław), *Krosno, Galicie, 1905 - Varsovie 1982,* homme politique polonais. Secrétaire général du Parti ouvrier (1943 - 1948), défenseur d'une « voie polonaise vers le socialisme », il est exclu par les staliniens en 1948 - 1949. Appelé à la tête du Parti et de l'État (oct. 1956) après les émeutes de Poznań, il est destitué en 1970.

GONÂVE (île de la), dépendance d'Haïti, dans le *golfe de Gonaïves.*

GONÇALVES (Nuno), peintre portugais nommé peintre du roi Alphonse V en 1450. On lui attribue le monumental *Polyptyque de São Vicente* du musée de Lisbonne (v. 1465), portrait vigoureux et d'un humanisme pénétrant des types divers de la société de l'époque.

GONÇALVES DIAS (Antônio), *Caxias 1823 - dans un naufrage 1864,* poète brésilien, fondateur de l'école indianiste *(Primeiros cantos,* 1846).

GONCOURT (les), écrivains français. **Edmond Huot de G.,** *Nancy 1822 - Champrosay, Essonne, 1896,* et **Jules Huot de G.,** *Paris 1830 - id. 1870.* Peintres de la vie dans ses états de crise physiologique ou sentimentale, ces deux frères usèrent dans leur œuvre commune d'une écriture « artiste » qui évolua du naturalisme *(Renée Mauperin,* 1864 ; *Madame Gervaisais,* 1869 ; *la Fille Élisa,* 1877) vers un impressionnisme raffiné influencé par leur passion de l'art du XVIIIe s. français et de la civilisation japonaise *(Journal).* Edmond réunit dans son hôtel d'Auteuil un cercle d'amis au sein duquel naquit l'idée de fonder l'*Académie des Goncourt.

■ LES **GONCOURT** (Edmond, à gauche, et Jules). [BNF, Paris.]

GÖNCZ (Árpád), *Budapest 1922,* écrivain et homme politique hongrois. Ancien opposant au régime communiste, emprisonné de 1957 à 1963, il a été président de la République de 1990 à 2000.

GOND, groupe tribal du centre de l'Inde (Madhya Pradesh, Chhattisgarh, Andhra Pradesh, Orissa, Bihar) [env. 7 millions]. Les Gond ont joué un rôle historique important comme soutien des petites royautés hindoues. Ils utilisent des langues indiennes régionales, une minorité parlant leur langue d'origine, le *gondi.*

GONDAR, v. d'Éthiopie, au N. du lac Tana ; 88 000 hab. Vestiges de palais et d'églises des XVIIe-XVIIIe s.

GONDEBAUD ou **GONDOBALD,** *m. à Genève en 516,* roi des Burgondes (v. 480 - 516). Il promulgua la *loi *gombette.*

GONDI, famille originaire de Florence, à laquelle appartenait Paul de Gondi, cardinal de *Retz.

GOND-PONTOUVRE (Le) [16160], ch.-l. de cant. de la Charente ; 6 140 hab. *(Gonpontolviens).*

GONDWANA n.m., région de l'Inde, dans le Deccan, habitée par les *Gond* (3 millions env.). Il a donné son nom à un continent qui a réuni, à l'ère primaire, l'Amérique méridionale, l'Afrique, l'Arabie, l'Inde, l'Australie et l'Antarctique.

GONESSE (95500), ch.-l. de cant. du Val-d'Oise ; 24 974 hab. *(Gonessiens).* Église des XIIe et XIIIe s.

GONFREVILLE-L'ORCHER (76700), ch.-l. de cant. de la Seine-Maritime, sur le canal de Tancarville ; 10 004 hab. *(Gonfrevillais).* Raffinage du pétrole. Pétrochimie.

GÓNGORA Y ARGOTE (Luis **de**), *Cordoue 1561 - id. 1627,* poète espagnol. Son style obscur, sa poésie hermétique et éclatante *(la Fable de Polyphème et Galatée, les Solitudes)* ont fait école sous le nom de *gongorisme,* ou *cultisme.*

GÖNNERSDORF, site préhistorique de plein air en Allemagne (Rhénanie-Palatinat), près de Neuwied. Des chasseurs magdaléniens y ont laissé, parmi plusieurs structures d'habitat, nombre de statuettes féminines stylisées et des gravures animalières sur schiste (v. 12000 av. J.-C.).

GONTCHAROV (Ivan Aleksandrovitch), *Simbirsk 1812 - Saint-Pétersbourg 1891,* romancier russe, peintre de la décadence de la noblesse *(Oblomov).*

GONTCHAROVA (Natalia Sergueïevna), *près de Toula 1881 - Paris 1962,* peintre russe naturalisé français. Auteur, notamm., d'audacieux décors et costumes pour les Ballets russes de Diaghilev, elle était la femme de Larionov.

GONTRAN (saint), *v. 545 - Chalon-sur-Saône 592,* roi de Bourgogne (561 - 592), de la dynastie mérovingienne. Fils de Clotaire Ier, il favorisa la diffusion du christianisme dans ses États.

GONZAGUE, famille princière italienne, qui a régné sur Mantoue du XIVe au XVIIIe s. et sur le duché de Nevers (XVIe-XVIIe s.).

GONZAGUE (Anne **de**) **→ ANNE DE GONZAGUE.**

GONZÁLEZ (Julio), *Barcelone 1876 - Arcueil 1942,* sculpteur espagnol. Installé à Paris, il a utilisé librement le fer soudé, à partir de 1927.

GONZÁLEZ MÁRQUEZ (Felipe), *Séville 1942,* homme politique espagnol. Secrétaire général du Parti socialiste ouvrier (1974 - 1997), il est président du gouvernement de 1982 à 1996.

GONZALVE DE CORDOUE, *Montilla 1453 - Grenade 1515,* général espagnol. Il vainquit les troupes de Louis XII et conquit le royaume de Naples, dont il devint vice-roi (1504 - 1507).

GOODMAN (Benjamin David, dit Benny), *Chicago 1909 - New York 1986,* clarinettiste et chef d'orchestre américain de jazz. Il fut l'un des premiers musiciens blancs à intégrer des jazzmen noirs dans son orchestre, fondé en 1934.

Goodyear, société américaine fondée en 1898 à Akron, un des principaux producteurs mondiaux de pneumatiques.

GOODYEAR (Charles), *New Haven, 1800 - New York 1860,* inventeur américain. Il a découvert la vulcanisation du caoutchouc (1839).

GORAKHPUR, v. d'Inde (Uttar Pradesh), au N. de Bénarès ; 489 850 hab.

GORBATCHEV (Mikhaïl Sergueïevitch), *Privolnoïe, région de Stavropol, 1931,* homme politique russe. Secrétaire général du Parti communiste de l'Union soviétique (mars 1985 - août 1991), président du Praesidium du Soviet suprême (oct. 1988 - mars 1990), il met en œuvre un programme de réformes économiques et politiques (la « perestroïka ») et adopte, en politique internationale, des positions résolument nouvelles (traité de désarmement de Washington, 1987). En mars 1990, il est élu à la présidence de l'URSS par le Congrès des députés du peuple. Après le putsch d'août 1991 qui tente de le renverser, il ne peut empêcher la désintégration de l'URSS. Il démissionne en décembre. (Prix Nobel de la paix 1990.)

■ MIKHAÏL **GORBATCHEV**

G

GORCHKOV (Sergueï Gueorguievitch), *Kamenets-Podolski 1910 - Moscou 1988,* amiral soviétique. Il présida à l'essor de la marine de guerre, dont il fut le commandant en chef de 1956 à 1985.

GORDES (84220), ch.-l. de cant. de Vaucluse ; 2 127 hab. *(Gordiens).* Bourg perché pittoresque, au château des XIIe-XVIe s. À 4 km, abbaye de *Sénanque.

GORDIEN III le Pieux, en lat. Marcus Antonius **Gordianus,** *Rome 225 ? - près de Doura-Europos 244,* empereur romain (238 - 244). Il reprit aux Perses la ville d'Antioche (242).

GORDIMER (Nadine), *Springs 1923,* romancière sud-africaine de langue anglaise. Ses romans traitent du problème de l'apartheid *(Un monde d'étrangers, Ceux de July).* [Prix Nobel 1991.]

GORDION, anc. ville d'Asie Mineure, cap. des rois de Phrygie (auj. *Yassıhöyük*). Dans le temple de Zeus, Alexandre le Grand trancha d'un coup d'épée le *nœud gordien.* Un oracle avait prédit que celui qui le dénouerait deviendrait le maître de l'Asie.

GORDON (Charles), appelé **Gordon Pacha,** *Woolwich 1833 - Khartoum 1885,* officier et administrateur britannique. Gouverneur du Soudan (1877 - 1880), il périt lors de la prise de Khartoum par le Mahdi.

GORÉE, île des côtes du Sénégal, en face de Dakar. Elle fut découverte au XVe s. par les Portugais et devint un des principaux centres de la traite des esclaves. Musée historique.

GORGAN, v. d'Iran, au N.-E. de Téhéran ; 162 468 hab.

GORGONES MYTH. GR. Monstres ailés au corps de femme et à la chevelure de serpents, dont le regard changeait en pierre celui qui les contemplait. Elles étaient trois sœurs : Méduse, Euryale et Sthéno.

GORGONZOLA, v. d'Italie (Lombardie) ; 16 260 hab. Fromages.

GÖRING ou **GOERING** (Hermann), *Rosenheim 1893 - Nuremberg 1946,* maréchal et homme politique allemand. Aviateur, commandant de l'escadrille Richthofen (1918), membre du parti nazi dès 1922 et familier de Hitler, il fut président du Reichstag (1932). Il se consacra à la création de la *Luftwaffe.* Successeur désigné de Hitler (1939), qui le désavoua en 1945, il fut condamné à mort à Nuremberg (1946) et se suicida.

GORIZIA, v. d'Italie (Frioul-Vénétie Julienne), ch.-l. de prov., sur l'Isonzo, à la frontière slovène ; 37 999 hab. Château des XIIe-XVIe s. ; musées.

GORKI → NIJNI NOVGOROD.

GORKI (Alekseï Maksimovitch **Pechkov,** dit Maksim, en fr. Maxime), *Nijni Novgorod 1868 - Moscou 1936,* écrivain russe. Romancier et auteur dramatique, peintre réaliste de son enfance difficile (*Enfance,* 1913-1914 ; *En gagnant mon pain,* 1915-1916 ; *Mes universités,* 1923), des vagabonds et des déracinés *(les Bas-Fonds,* 1902), il est le créateur de la littérature sociale soviétique (*la Mère,* 1906 ; *les Artamonov,* 1925 ; *la Vie de Klim Samguine,* 1925 - 1936).

GORKY (Vosdanig **Adoian,** dit Arshile), *Hayotz Dzore 1904 - Sherman, Connecticut, 1948,* peintre américain d'origine arménienne. Il a tiré de l'automatisme surréaliste, dans les années 1940, une brillante abstraction biomorphique (*Le foie est la crête du coq,* 1944, Buffalo).

GÖRLITZ, v. d'Allemagne (Saxe), sur la Neisse ; 69 493 hab. Églises et maisons anciennes.

GORLOVKA → HORLIVKA.

GÖRRES (Joseph **von**), *Coblence 1776 - Munich 1848,* écrivain et publiciste allemand. L'un des animateurs du mouvement romantique et nationaliste, il est l'auteur d'une importante *Mystique chrétienne* (1836 - 1842).

■ NADINE **GORDIMER**

■ MAXIME **GORKI.** (Coll. G. Sirot.)

GORRON (53120), ch.-l. de cant. de la Mayenne ; 2 949 hab. *(Gorronnais).*

GORT (John **Vereker,** vicomte), *Londres 1886 - id. 1946,* maréchal britannique. Commandant le corps expéditionnaire britannique en France (1939 - 1940), puis gouverneur de Malte (1942 - 1943), il fut haut-commissaire en Palestine (1944 - 1945).

GORTCHAKOV (Aleksandr Mikhaïlovitch, prince), *Haspal 1798 - Baden-Baden 1883,* homme d'État russe. Ministre des Affaires étrangères (1856 - 1882), il redressa la situation diplomatique de son pays après la guerre de Crimée.

GORTYNE, anc. ville de Crète centrale. Les *lois de Gortyne* sont une longue inscription juridique gravée dans la pierre, datée du Ve s. av. J.-C., essentielle pour la connaissance de la société grecque archaïque. – Vestiges grecs et romains.

GORZÓW WIELKOPOLSKI, v. de Pologne, ch.-l. de voïévodie, sur la Warta ; 125 200 hab.

GOSAINTHAN → XIXABANGMA.

GOSCINNY (René), *Paris 1926 - id. 1977,* dessinateur et scénariste français de bandes dessinées. Maître du scénario d'humour avec *Lucky Luke* (à partir de 1955), *le Petit Nicolas* (1956, dessin de Sempé), *Astérix,* il a renouvelé en profondeur la bande dessinée.

GOSIER (Le) [97190], comm. de la Guadeloupe ; 25 435 hab. Station balnéaire.

GOSLAR, v. d'Allemagne (Basse-Saxe), au pied du Harz ; 46 191 hab. Remarquable ensemble médiéval de la vieille ville.

GOSPORT, v. de Grande-Bretagne (Angleterre), sur la baie de Portsmouth ; 72 800 hab. Port.

GOSSART (Jean) ou **GOSSAERT** (Jan), dit **Mabuse,** *Maubeuge ? v. 1478 - Middelburg ou Anvers 1532,* peintre des anc. Pays-Bas. Sa production, complexe, est l'une de celles qui introduisirent l'italianisme (il alla à Rome en 1508) et les concepts de la Renaissance dans l'art du Nord.

GOSSAU, v. de Suisse (cant. de Saint-Gall), à l'O. de Saint-Gall ; 15 562 hab.

GOSSEC (François Joseph **Gossé,** dit), *Vergnies, Hainaut, 1734 - Paris 1829,* compositeur français. Il est l'un des créateurs de la symphonie, l'auteur d'hymnes révolutionnaires et l'un des fondateurs du Conservatoire.

GÖTALAND, partie sud de la Suède.

GÖTEBORG, v. de Suède, sur le Göta Älv ; 433 042 hab. Port. Centre industriel. Université. – Importants musées.

GOTHA, v. d'Allemagne (Thuringe), au pied du Thüringerwald ; 53 298 hab. Édition. – Musée dans le château. – Le *programme de Gotha,* élaboré lors du congrès de Gotha (mai 1875), marqua la création du Parti social-démocrate allemand.

Gotha (Almanach de), annuaire généalogique et diplomatique, publié à *Gotha,* en français et en allemand, de 1763 à 1944.

GOTHS [gɔ], anc. peuple germanique. Venus de Scandinavie et établis au Ier s. av. J.-C. sur la basse Vistule, ils s'installèrent au IIIe s. au nord-ouest de la mer Noire. Au IVe s., l'évêque Ulfilas les convertit à l'arianisme et les dota d'une écriture et d'une langue littéraire. Sous la poussée des Huns (v. 375), leur empire se dissocia et les deux rameaux, *Wisigoths et *Ostrogoths, eurent leur histoire propre.

GOTLAND, île de Suède, dans la Baltique ; 57 108 hab. ; ch.-l. *Visby.* Nombreux vestiges médiévaux.

GOTLIB (Marcel **Gotlieb,** dit), *Paris 1934,* dessinateur et scénariste français de bandes dessinées. Auteur des séries humoristiques *Gai-Luron* (1964), *Dingodossiers* (1965, avec Goscinny), *la Rubrique-à-brac* (1968), il a développé la bande dessinée pour adultes en créant les revues *l'Écho des savanes* (1972) et *Fluide glacial* (1975).

GOTTFRIED de Strasbourg, *fin du XIIe s. - début du XIIIe s.,* poète allemand, auteur d'un *Tristan.*

GÖTTINGEN, v. d'Allemagne (Basse-Saxe), au S.-O. du Harz ; 128 419 hab. Université. Constructions mécaniques. – Églises et maisons du Moyen Âge.

GOTTSCHALK ou **GODESCALC D'ORBAIS,** *près de Mayence v. 805 - Hautvillers, Marne, v. 868,* théologien allemand. Il fut condamné par le concile de Mayence pour ses idées sur la prédestination (848), et emprisonné.

GOTTSCHED (Johann Christoph), *Juditten, auj. dans Kaliningrad, 1700 - Leipzig 1766,* écrivain allemand, partisan de l'imitation du classicisme français.

GOTTWALD (Klement), *Dědice 1896 - Prague 1953,* homme politique tchécoslovaque. Secrétaire général du Parti communiste à partir de 1929, président du Conseil (1946 - 1948), il élimina du gouvernement les ministres non communistes (« coup de Prague », févr. 1948) et devint président de la République (1948 - 1953).

GOTTWALDOV → ZLÍN.

GOUBERT (Pierre), *Saumur 1915,* historien français, auteur de recherches sur l'histoire économique et sociale de la France de l'Ancien Régime (*Beauvais et le Beauvaisis de 1600 à 1730,* 1960).

GOUDA, v. des Pays-Bas, sur l'IJssel ; 65 926 hab. Céramique. Fromages. – Hôtel de ville du XVe s., église du XVIe (vitraux).

GOUDÉA, prince sumérien de Lagash (XXIIe s. av. J.-C.). Le Louvre conserve de lui douze statues en diorite, recueillies à Girsou.

GOUDIMEL (Claude), *Besançon v. 1520 - Lyon 1572,* compositeur français. L'un des compositeurs les plus représentatifs de la Réforme (messes, motets, chansons), il harmonisa les traductions de psaumes dues à C. Marot et T. de Bèze. Il fut tué lors de la Saint-Barthélemy.

GOUDSMIT (Samuel Abraham), *La Haye 1902 - Reno, Nevada, 1978,* physicien américain d'origine néerlandaise. Avec G. E. Uhlenbeck, il a créé en 1925 la théorie du spin de l'électron.

GOUFFÉ (Jules), *Paris 1807 - Neuilly-sur-Seine 1877,* cuisinier français. Il est l'auteur d'un *Livre de cuisine* (1867) célèbre.

GOUFFIER (Guillaume), seigneur **de Bonnivet,** *v. 1488 - Pavie 1525,* amiral de France. Conseiller de François Ier, il soutint en Allemagne la candidature du roi à l'Empire et fut tué à Pavie.

GOUGES (Marie **Gouze,** dite Olympe **de**), *Montauban 1748 ou 1755 - Paris 1793,* femme de lettres et révolutionnaire française. Elle réclama l'émancipation des femmes dans une *Déclaration des droits de la femme et de la citoyenne* et mourut guillotinée pour avoir pris la défense de Louis XVI.

GOUIN (Félix), *Peypin, Bouches-du-Rhône, 1884 - Nice 1977,* homme politique français. Député socialiste (1924 - 1958), il rejoignit la « France libre » en 1942 et fut chef du Gouvernement provisoire de janv. à juin 1946.

GOUJON (Jean), *en Normandie ? v. 1510 - Bologne v. 1566,* sculpteur français. Il est à Rouen en 1541, à Paris en 1544, participe à l'illustration de la première traduction de Vitruve en 1547, aux décors de l'« entrée » d'Henri II en 1549 *(fontaine des Innocents, avec les célèbres Nymphes),* puis collabore avec Lescot au nouveau Louvre (façade, tribune des Caryatides). Son maniérisme raffiné tend à la pureté classique.

GOULD (Glenn), *Toronto 1932 - id. 1982,* pianiste canadien. Il débuta en 1955 et renonça à tout concert public à partir de 1964 pour se consacrer à l'enregistrement (Bach, Beethoven, Schoenberg).

GOULD (Stephen Jay), *New York 1941,* paléontologiste américain. Auteur, avec l'Américain Niles Eldredge, de la théorie des équilibres ponctués, alternative au modèle classique d'évolution graduelle des espèces défini par le néodarwinisme, il a largement popularisé les thèses évolutionnistes.

GOULETTE (La), auj. **Halq el-Oued,** v. de Tunisie ; 62 600 hab. Avant-port de Tunis et station balnéaire.

GOUNOD (Charles), *Paris 1818 - Saint-Cloud 1893,* compositeur français. Il est l'auteur d'opéras (*Faust,* 1859 ; *Mireille,* 1864 ; *Roméo et Juliette,* 1867) et de compositions religieuses (*Mors et Vita,* 1885).

GOURAUD (Henri Eugène), *Paris 1867 - id. 1946,* général français. Il captura Samory Touré au Soudan (1898) et fut adjoint de Lyautey au Maroc (1911). Commandant les forces françaises d'Orient (1915), puis la IVe armée en Champagne, il fut haut-commissaire en Syrie (1919 - 1923), puis gouverneur de Paris (1923 - 1937).

GOURDON (46300), ch.-l. d'arrond. du Lot ; 5 086 hab. *(Gourdonnais).* Église gothique à large nef unique.

GOURETTE (64440 Eaux Bonnes), station de sports d'hiver (alt. 1 400 - 2 400 m) des Pyrénées-Atlantiques (comm. d'Eaux-Bonnes).

GOURGAUD (Gaspard, baron), *Versailles 1783 - Paris 1852,* général français. Il accompagna à Sainte-Hélène Napoléon Ier, qui lui dicta ses *Mémoires.*

GOURIEV → ATYRAOU.

GOURIN (56110), ch.-l. de cant. du Morbihan ; 4 787 hab. Église gothique du XVIIe s.

GOURMONT (Remy **de**), *Bazoches-au-Houlme, Orne, 1858 - Paris 1915,* écrivain français. Critique littéraire proche des symbolistes, il illustra l'esthétique décadente dans *Sixtine, roman de la vie cérébrale* (1890).

GOURNAY (Marie **Le Jars de**), *Paris 1566 - id. 1645,* femme de lettres française. Éditrice des *Essais* de Montaigne (1595), elle est aussi reconnue comme féministe et comme analyste de la langue *(l'Ombre de la demoiselle de Gournay).*

GOURNAY (Vincent **de**), *Saint-Malo 1712 - Cadix 1759,* économiste français. Intendant du commerce en 1751, il se montra partisan de la liberté de l'industrie et de la suppression des règlements et des monopoles.

GOURNAY-EN-BRAY (76220), ch.-l. de cant. de la Seine-Maritime, sur l'Epte ; 6 378 hab. Église romane et gothique.

GOURO, peuple akan du centre de la Côte d'Ivoire.

GOUSSAINVILLE (95190), ch.-l. de cant. du Val-d'Oise ; 27 540 hab. *(Goussainvillois).* Église des XIIe et XVIe s.

GOUTHIÈRE (Pierre), *Bar-sur-Aube 1732 - Paris 1813/14,* fondeur et ciseleur français. Il est, pour le bronze doré d'ameublement, le représentant parfait du style Louis XVI « à la grecque ».

Gouvernement provisoire de la République française (GPRF [juin 1944 - oct. 1946]), gouvernement qui se substitua, en juin 1944, à Alger, au Comité français de libération nationale et qui, installé à Paris à partir d'août, assura la transition entre l'État français et la IVe République.

GOUVIEUX (60270), comm. de l'Oise, en bordure de la forêt de Chantilly ; 9 762 hab.

GOUVION-SAINT-CYR (Laurent, marquis **de**), *Toul 1764 - Hyères 1830,* maréchal de France. Ministre de la Guerre de Louis XVIII en 1815 et 1817, il est l'auteur de la loi qui, en 1818, réorganisa le recrutement de l'armée.

GOVERNADOR VALADARES, v. du Brésil, au N.-E. de Belo Horizonte ; 230 487 hab.

GOYA Y LUCIENTES (Francisco **de**), *Fuendetodos, Saragosse, 1746 - Bordeaux 1828,* peintre et graveur espagnol. Illustrateur de la vie populaire (cartons de tapisseries) et portraitiste brillant, premier peintre du roi Charles IV (1789), il acquiert, après une maladie qui le rend sourd (1793), un style incisif et sensuel, parfois brutal ou visionnaire, d'une liberté et d'une efficacité rares. Ses eaux-fortes des *Caprices* stigmatisent l'éternelle misère humaine, celles des *Désastres de la guerre* dénoncent la guerre napoléonienne. En 1824, fuyant l'absolutisme de Ferdinand VII, Goya s'établit à Bordeaux. Le musée du Prado montre un incomparable panorama de sa peinture (*la Pradera de San Isidro, la Maja vestida* et *la Maja desnuda,* les *Dos* et *Tres de mayo,* les « peintures noires », *la Laitière de Bordeaux* ...), dont l'influence fut grande sur l'art français du XIXe s., du romantisme à l'impressionnisme.

■ **GOYA.** *La Lettre,* ou *les Jeunes,* v. 1814 ? (Musée des Beaux-Arts, Lille.)

GOYIGAMA, nom générique donné aux agriculteurs des hautes terres centrales de Sri Lanka (env. 10 millions). Ils représentent plus de la moitié de la population de l'île et sont de religion bouddhiste.

GOYTISOLO (Juan), *Barcelone 1931,* écrivain espagnol. Essayiste, il est passé dans son œuvre narrative d'une esthétique réaliste (*Jeux de mains,* 1954) à des techniques proches du « nouveau roman » français (*Don Julián,* 1970).

GOZO, île de la Méditerranée, près de Malte, dont elle dépend. Important sanctuaire mégalithique de Ggantija (IIIe millénaire av. J.-C).

GOZZI (Carlo), *Venise 1720 - id. 1806,* écrivain italien. Défenseur, contre Goldoni, de la tradition théâtrale italienne, il composa des comédies féeriques *(l'Amour des trois oranges, Turandot).*

GOZZOLI (Benozzo **di Lese,** dit Benozzo), *Florence 1420 - Pistoia 1497,* peintre italien. Son style est d'un coloriste clair, d'un décorateur brillant et pittoresque : *le Cortège des Rois mages,* v. 1460 (palais Médicis, à Florence).

GRAAF (Reinier **De**) **→ DE GRAAF.**

Graal [gral] ou **Saint-Graal** (le), vase qui aurait servi à Jésus-Christ pour la Cène et dans lequel Joseph d'Arimathie aurait recueilli le sang qui coula de son flanc lors de la Crucifixion. Aux XIIe et XIIIe s., de nombreux romans de chevalerie *(*Perceval)* racontent la « quête » (recherche) du Graal par les chevaliers du roi Arthur.

GRACCHUS (Tiberius et Caius) **→ GRACQUES.**

GRÂCE-HOLLOGNE, comm. de Belgique (prov. de Liège) ; 22 087 hab.

GRÂCES (les), en gr. **Charites,** divinités gréco-romaines de la Beauté. Elles sont trois : Aglaé, Thalie, Euphrosyne.

GRACIÁN Y MORALES (Baltasar), *Belmonte de Calatayud 1601 - Tarazona 1658,* jésuite et écrivain espagnol. Moraliste marqué par le *conceptisme *(le Héros, l'Homme de cour, l'Homme détrompé),* il est l'auteur d'un code de la vie littéraire et mondaine *(Finesse et art du bel esprit).*

GRACQ (Louis **Poirier,** dit Julien), *Saint-Florent-le-Vieil 1910,* écrivain français. Marqué par le surréalisme, il est l'auteur de romans à l'atmosphère mystérieuse et onirique (*Au château d'Argol ; Un beau ténébreux ; le Rivage des Syrtes,* 1951 ; *Un balcon en forêt*) et de vigoureux essais critiques *(la Littérature à l'estomac).*

GRACQUES (les), nom donné à deux frères, tribuns de la plèbe romains : **Tiberius Sempronius Gracchus,** *Rome 162 - id. 133 av. J.-C.,* et **Caius Sempronius Gracchus,** *Rome 154 - id. 121 av. J.-C.* Ils tentèrent de réaliser à Rome une réforme agraire visant à redistribuer aux citoyens les plus pauvres les terres accaparées par l'aristocratie. Tous deux furent massacrés, victimes de l'opposition des grands propriétaires.

GRADIGNAN (33170), ch.-l. de cant. de la Gironde, banlieue de Bordeaux ; 22 834 hab. *(Gradignanais).*

GRAF (Steffi), *Brühl 1969,* joueuse de tennis allemande. Vainqueur à Roland-Garros (1987, 1988, 1993, 1995, 1996, 1999), aux Internationaux d'Australie (1988, 1989, 1990, 1994), à Wimbledon (1988, 1989, 1991, 1992, 1993, 1995, 1996) et à Flushing Meadow (1988, 1989, 1993, 1995, 1996), elle a été championne olympique en 1988 (année où elle a réalisé le grand chelem).

GRAF (Urs), *Soleure v. 1485 - Bâle v. 1527,* graveur, peintre et lansquenet suisse. Son œuvre, notamm. gravé, reflète avec une verve incisive, souvent morbide ou érotique, son expérience d'aventurier et de soldat.

GRAFFENSTADEN → ILLKIRCH-GRAFFENSTADEN.

GRAHAM (terre de), péninsule de l'Antarctique, au S. de l'Amérique du Sud. Elle est appelée *péninsule de Palmer* ou *terre de O'Higgins.*

GRAHAM (Martha), *Allegheny, près de Pittsburgh, Pennsylvanie, 1894 - New York 1991,* danseuse et chorégraphe américaine. Fondatrice d'une école (Martha Graham School of Contemporary Dance, 1927) et d'une troupe (Dance Group, créé en 1930, devenu Martha Graham Dance Company en

■ MARTHA **GRAHAM** en 1930.

1938), elle fut l'une des principales figures de la modern dance : on lui doit une technique chorégraphique (fondée sur la respiration, la contraction et la détente du corps) et une œuvre considérable (*Lamentation,* 1930 ; *Cave of the Heart,* 1946 ; *The Rite of Spring,* 1984).

GRAHAM (Thomas), *Glasgow 1805 - Londres 1869,* chimiste britannique. Il étudia la diffusion des gaz, les colloïdes et introduisit la notion de polyacide (1833).

GRAILLY (Jean III **de**), *1343 - Paris 1377,* captal de Buch (près d'Arcachon). Il se distingua aux côtés du Prince Noir contre Du Guesclin pendant la guerre de Cent Ans. (Le *captal* était un chef de guerre.)

GRAMAT (46500), ch.-l. de cant. du Lot, sur le *causse de Gramat ;* 3 705 hab. *(Gramatois).*

GRAMME (Zénobe), *Jehay-Bodegnée 1826 - Bois-Colombes 1901,* inventeur belge. Il mit au point le collecteur, qui permit la réalisation de machines électriques à courant continu, et construisit la première dynamo industrielle (1871).

GRAMMONT, en néerl. **Geraardsbergen,** v. de Belgique (Flandre-Orientale) ; 30 280 hab. Monuments anciens et musées.

GRAMMONT (Jacques **Delmas de**), *La Sauvetat 1796 - Miramont 1862,* général et homme politique français. Il fit voter la première loi protectrice des animaux (1850).

GRAMONT (Antoine, duc **de**), *Hagetmau 1604 - Bayonne 1678,* maréchal de France. Il prit part à la guerre de Trente Ans et laissa des *Mémoires.*

GRAMONT (Antoine Agénor, duc **de**), *Paris 1819 - id. 1880,* diplomate français. Ministre des Affaires étrangères en mai 1870, il joua un rôle important dans la déclaration de guerre à la Prusse (juill.).

GRAMPIANS n.m. pl., massif de Grande-Bretagne, en Écosse, entre la dépression du Glen More et la mer du Nord ; 1 344 m au Ben Nevis.

GRAMSCI (Antonio), *Ales, Sardaigne, 1891 - Rome 1937,* philosophe et homme politique italien. Avec Togliatti, il créa le journal *L'Ordine nuovo* (1919). Secrétaire du Parti communiste italien (1924), il fut arrêté en 1926 et mourut quelques

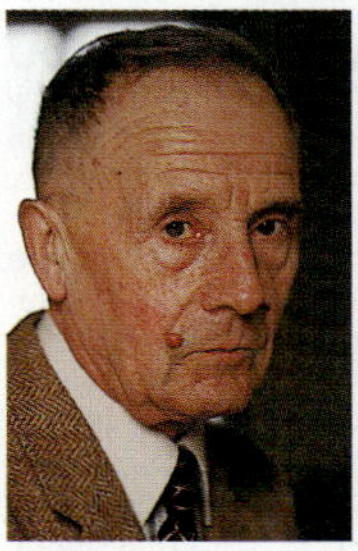

■ JULIEN **GRACQ**

■ ANTONIO **GRAMSCI**

G

jours après sa libération. Dans ses *Cahiers de prison,* rédigés entre 1929 et 1935, il a substitué au concept de « dictature du prolétariat » celui d'« hégémonie du prolétariat », qui met l'accent sur la direction intellectuelle et morale plus que sur la domination d'État.

GRANADOS Y CAMPIÑA (Enrique), *Lérida 1867 - en mer 1916,* compositeur et pianiste espagnol. Il est l'auteur de pièces pour piano (*Danses espagnoles, Goyescas,* 1911), d'opéras et de zarzuelas.

GRANBY, v. du Canada (Québec), à l'E. de Montréal ; 45 194 hab. *(Granbyens).* Parc zoologique.

GRAN CHACO → CHACO.

GRAND (88350), comm. de l'ouest des Vosges. Vestiges gallo-romains d'un important sanctuaire des eaux, avec ses canalisations, ses édifices publics, dont une basilique (mosaïque) et un très grand amphithéâtre.

GRAND BALLON n.m., anc. **Ballon de Guebwiller,** point culminant du massif des Vosges (France) ; 1 424 m.

GRAND BASSIN n.m., hautes plaines désertiques de l'ouest des États-Unis, entre la sierra Nevada et les monts Wasatch.

GRANDBOIS (Alain), *Saint-Casimir-de-Portneuf 1900 - Québec 1975,* écrivain canadien de langue française, auteur de nouvelles et de recueils lyriques *(l'Étoile pourpre).*

GRAND-BORNAND (Le) [74450], comm. de la Haute-Savoie ; 2 138 hab. *(Bornandins).* Station de sports d'hiver (alt. 1 000 - 2 100 m).

Grand Canal ou **Canal Impérial,** voie navigable de Chine, commencée au Ve s. et terminée au XIIIe s., unissant Pékin à Hangzhou (Zhejiang).

GRAND CANYON n.m., gorges du Colorado, aux États-Unis (Arizona). Parc national.

■ Le **GRAND CANYON** du Colorado, en Arizona.

GRAND-CHAMP (56390), ch.-l. de cant. du Morbihan ; 4 331 hab. *(Grégamistes).* Église romane et gothique.

GRAND-COMBE (La) [30110], ch.-l. de cant. du Gard ; 5 936 hab.

GRAND COULEE, v. des États-Unis (État de Washington) ; 3 000 hab. Aménagement hydroélectrique sur la Columbia.

GRAND-COURONNE (76530), ch.-l. de cant. de la Seine-Maritime ; 9 632 hab. *(Couronnais).* Construction automobile. Papeterie.

GRAND-CROIX (La) [42320], ch.-l. de cant. de la Loire ; 5 030 hab.

GRANDE (Rio) **→ RIO GRANDE.**

GRANDE (rio), riv. du Brésil ; 1 500 km. L'une des branches mères du Paraná. Hydroélectricité.

GRANDE-BRETAGNE ET D'IRLANDE DU NORD (Royaume-Uni de), État d'Europe occidentale ; 253 500 km² (230 000 km² pour la Grande-Bretagne proprement dite : Angleterre, Écosse, Galles) ; 58 400 000 hab. *(Britanniques).* CAP. *Londres.* LANGUE : *anglais.* MONNAIE : *livre sterling.* Le Royaume-Uni comprend quatre parties principales : l'Angleterre proprement dite, le pays de Galles, l'Écosse et l'Irlande du Nord (avec l'Irlande du Sud, ou république d'Irlande, ces régions forment les îles Britanniques).

INSTITUTIONS

Monarchie parlementaire. Il n'y a pas de Constitution mais des textes considérés comme de valeur constitutionnelle, la Charte de 1215 *(Magna Carta)* et plusieurs lois fondamentales. Le souverain détient théoriquement le pouvoir exécutif, mais il n'a qu'une autorité symbolique. Le Premier ministre est responsable devant la Chambre des communes. Le Parlement, bicaméral, est composé de la *Chambre des communes,* élue pour 5 ans, et de la *Chambre des lords* (pairs nommés à vie [le privilège des pairs héréditaires ayant été supprimé en 1999]).

GÉOGRAPHIE

Au premier rang mondial au XIXe s. et alors à la tête d'un empire immense, la Grande-Bretagne n'est plus aujourd'hui qu'une puissance moyenne, d'un poids économique inférieur à celui de la France et surtout de l'Allemagne dans le cadre de l'Union européenne.

Le milieu naturel (sinon, peut-être, l'insularité) n'a pas été le support de la prospérité passée : une superficie modeste (moins de la moitié de celle de la France), beaucoup de hautes terres et peu de plaines (sauf le bassin de Londres), un climat humide et frais, souvent plus favorable à l'élevage qu'aux cultures, à la lande qu'à la forêt.

La pression démographique, ancienne, demeure (plus du double de la densité française). Elle explique la longue émigration (à la base de l'Empire), la forte urbanisation (dominée par Londres). Aujourd'hui, le taux de natalité a beaucoup diminué, l'excédent naturel a pratiquement disparu et les mouvements migratoires se sont inversés, à partir des anciennes colonies d'Asie méridionale surtout, et des Antilles.

Économiquement, la Grande-Bretagne a payé la rançon de la précocité de son essor industriel (également d'un excès d'étatisme et de protectionnisme social, combattu dans les années 1980). Des branches (sidérurgie, construction navale, textile, extraction houillère) et des régions (estuaire de la Clyde, Lancashire, Midlands, pays de Galles) ont beaucoup souffert. D'autres (chimie, électronique ; sud-est de Londres) ont mieux résisté ou même prospéré. Mais globalement l'industrie a reculé, malgré l'atout que représente la possession des gisements d'hydrocarbures de la mer du Nord, alors que s'est arrêté le développement de l'énergie nucléaire, dont la Grande-Bretagne a été une pionnière. Malgré les exportations de pétrole, la balance commerciale est déficitaire. Le chômage est moins préoccupant, mais les inégalités sociales et régionales n'ont pas diminué.

HISTOIRE

Avant le XVIIe s. → **Angleterre, Écosse, Galles** (pays de) et **Irlande**

Des premiers Stuarts au Royaume-Uni. 1603 : Jacques VI, roi d'Écosse, succède à Élisabeth Ire, morte sans héritier, et devient roi d'Angleterre sous le nom de Jacques Ier, réunissant à titre personnel les Couronnes des deux royaumes. Son autoritarisme en matière religieuse et en politique le rend très impopulaire. **1625 :** son fils Charles Ier lui succède. Très vite, le roi se heurte au Parlement, où s'organise l'opposition puritaine. **1629 - 1639 :** Charles Ier gouverne sans Parlement avec les deux ministres Strafford et Laud. **1639 :** la politique religieuse de ce dernier, favorable à l'anglicanisme, provoque le soulèvement de l'Écosse presbytérienne. **1640 :** pour obtenir des subsides, le roi est obligé de convoquer le Long Parlement. **1642 - 1649 :** la révolte du Parlement aboutit à une véritable guerre civile, remportée par l'armée puritaine, dirigée par Oliver Cromwell. **1649 :** Charles Ier est exécuté. **1649 - 1658 :** Cromwell instaure le régime personnel du Protectorat, ou Commonwealth (1653), et triomphe des Provinces-Unies et de l'Espagne. **1658 - 1659 :** son fils, Richard Cromwell, lui succède, mais démissionne peu après. **1660 - 1688 :** la dynastie Stuart est restaurée. Les règnes de Charles II (1660-1685) et de Jacques II (1685 - 1688) sont de nouveau marqués par des conflits avec le Parlement, ce qui suscite l'intervention de Guillaume d'Orange. **1688 :** Jacques II s'enfuit en France. **1689 - 1701 :** le Parlement offre la Couronne à Marie II Stuart et à son mari Guillaume d'Orange (Guillaume III). **1689 :** Déclaration des droits. Les libertés traditionnelles sont consolidées, tandis que les tendances protestantes s'accentuent. **1701 :** l'Acte d'établissement exclut les Stuarts de la succession au profit des Hanovre. **1702 - 1714 :** sous le règne d'Anne Stuart, la guerre de la Succession d'Espagne renforce la puissance maritime anglaise. **1707 :** l'Acte d'union lie définitivement les royaumes d'Écosse et d'Angleterre.

La montée de la prépondérance britannique. 1714 : le pays passe sous la souveraineté des Hanovre. **1714 - 1760 :** les règnes de George Ier (1714-1727) et de George II (1727-1760), rois plus allemands qu'anglais, renforcent le rôle du Premier ministre tel Robert Walpole et celui du Parlement. Les whigs dominent la vie politique. **1756 - 1763 :** à la suite de la guerre de Sept Ans, la Grande-Bretagne obtient au traité de Paris (1763) des gains territoriaux considérables (Canada, Inde). **1760 - 1820 :** George III essaie de restaurer la prérogative royale. La première révolution industrielle fait de la Grande-Bretagne la première puissance économique mondiale. **1775 - 1783 :** le soulèvement des colonies américaines aboutit à la reconnaissance des États-Unis d'Amérique. **1793 - 1815 :** la Grande-Bretagne lutte victorieusement contre la France révolutionnaire et napoléonienne. **1800 :** formation du Royaume-Uni par l'union de la Grande-Bretagne et de l'Irlande.

L'hégémonie britannique. 1820 - 1830 : sous le règne de George IV, l'émancipation des catholiques est votée (1829). **1830 - 1837 :** après l'avènement de Guillaume IV, le retour des whigs permet une réforme électorale (1832) et l'adoption de mesures sociales (abolition de l'esclavage, 1833 ; loi sur les pauvres, 1834). **1837 :** avènement de la reine Victoria ; l'Angleterre affirme son hégémonie par une diplomatie d'intimidation face aux puissances rivales et par des opérations militaires (guerre de Crimée, 1854 - 1856). À l'intérieur, le mouvement réformiste élargit peu à peu la place des classes moyennes, tandis que le chartisme permet au syndicalisme de se développer (Trade Union Act, 1871). **1874 - 1880 :** le ministère du conservateur Benjamin Disraeli donne une vigueur nouvelle aux ambitions coloniales. **1876 :** Victoria est proclamée impératrice des Indes. **1880 - 1894 :** William Gladstone, leader des libéraux, dirige une politique favorable aux trade unions et au libre-échange. **1885 :** la réforme électorale accorde pratiquement le suffrage universel. **1886 :** partisan du Home Rule en Irlande, Gladstone se heurte à l'hostilité des libéraux unionistes, dirigés par Joseph Chamberlain. **1895 :** ces derniers gouvernent avec les conservateurs jusqu'en 1905. Mais leur politique impérialiste ne va pas sans créer de multiples litiges internationaux (Fachoda, 1898 ; guerre des Boers, 1899 - 1902). **1901 - 1910 :** Édouard VII, successeur de Victoria, s'attache à promouvoir l'Entente cordiale franco-anglaise (1904). **1905 - 1914 :** les libéraux reviennent au pouvoir ; les élections de 1906 font entrer le Labour Party (travaillistes) au Parlement. **1910 :** avènement de George V.

D'une guerre à l'autre. 1914 - 1918 : la Grande-Bretagne participe activement à la Première Guerre mondiale, dont elle sort économiquement affaiblie. **1921 :** le problème irlandais trouve sa solution dans la reconnaissance de l'État libre d'Irlande (Éire). Le pays prend le nom de Royaume-Uni de Grande-Bretagne et d'Irlande du Nord. **1924 - 1925 :** pour la première fois, les travaillistes, appuyés par les libéraux, accèdent au pouvoir (MacDonald). **1929 :** revenus au pouvoir, ils se trouvent confrontés à la crise mondiale. **1931 :** création du Commonwealth. **1936 :** Édouard VIII succède à George V, mais il abdique presque aussitôt au profit de son frère George VI. **1935 - 1940 :** les conservateurs cherchent, en vain, à sauvegarder la paix (accords de Munich, 1938). **1939 - 1945 :** au cours de la Seconde Guerre mondiale, la Grande-Bretagne fournit un exceptionnel effort, sous la conduite du conservateur Winston Churchill (Premier ministre depuis 1940), qui mène le pays jusqu'à la victoire.

La Grande-Bretagne depuis 1945. 1945 - 1951 : le travailliste Clement Attlee obtient d'importants progrès sociaux et fait adhérer la Grande-Bretagne à l'OTAN. **1951 - 1964 :** les conservateurs sont confrontés aux structures vieillies de l'économie britannique. **1952 :** Élisabeth II succède à son père, George VI. **1964 - 1970 :** le retour au pouvoir des travaillistes ne peut résoudre la crise économique. **1970 - 1974 :** les conservateurs parviennent à rétablir la balance des paiements. **1973 :** entrée de la Grande-Bretagne dans le Marché commun. **1974 - 1979 :** les travaillistes, avec Harold Wilson puis (1976) James Callaghan, ne parviennent pas à juguler le chômage et l'inflation. **1979 :** le Premier ministre conservateur Margaret Thatcher développe une politique de libéralisme strict, de dénationalisations et de restauration monétaire.

GRANDE-BRETAGNE

G

1982 : elle repousse la tentative de conquête des îles Falkland par l'Argentine. **1985 :** un accord est signé entre la Grande-Bretagne et la république d'Irlande sur la gestion des affaires de l'Ulster. **1987 :** les conservateurs remportent les élections ; Margaret Thatcher est pour la 3e fois Premier ministre. **1990 :** après la démission de M. Thatcher, John Major, nouveau leader des conservateurs, lui succède. **1991 :** la Grande-Bretagne participe militairement à la guerre du Golfe. **1992 :** les conservateurs gagnent les élections. John Major est reconduit dans ses fonctions. **1993 :** le traité de Maastricht est ratifié, en dépit d'une forte opposition à l'intégration européenne. Le processus de paix en Irlande du Nord est relancé. **1997 :** les travaillistes remportent les élections ; leur leader, Tony Blair, devient Premier ministre. L'Écosse et le pays de Galles se voient accorder un statut de plus grande autonomie. Le territoire de Hongkong est rétrocédé à la Chine. **1999 :** la Grande-Bretagne participe à l'intervention militaire de l'OTAN puis à la force multinationale de maintien de la paix au Kosovo. Conformément à l'accord conclu en 1998, un gouvernement semi-autonome est installé en Irlande du Nord.

GRANDE-GRÈCE, nom donné aux terres de l'Italie du Sud et de la Sicile colonisées par les Grecs à partir du VIIIe s. av. J.-C. *(V. carte page 1370.)*

GRANDE MADEMOISELLE (la) → **MONTPENSIER** (duchesse **de**).

G

GRANDE-MOTTE (La) [34280], comm. de l'Hérault, sur la Méditerranée ; 6 598 hab. Station balnéaire et port de plaisance (immeubles-pyramides par Jean Balladur).

GRANDE RIVIÈRE n.f., fl. du Canada (Québec), qui rejoint la baie James à Chisasibi ; 893 km. Importants aménagements hydroélectriques.

Grandes Baigneuses (les), chacune des trois grandes toiles de la fin de la carrière de Cézanne (v. 1894 - 1906) peintes sur le thème des baigneuses dans le paysage : National Gallery de Londres, Fondation Barnes à Merion (près de Philadelphie), musée de Philadelphie.

GRANDES PLAINES, région des États-Unis constituant la partie occidentale du Midwest, entre le Mississippi et les Rocheuses.

GRANDES ROUSSES n.f. pl., massif des Alpes françaises, entre l'Arc et la Romanche ; 3 468 m.

GRANDE-SYNTHE (59760), ch.-l. de cant. du Nord, banlieue de Dunkerque ; 23 560 hab. *(Grand-Synthois).* Gare de triage. Métallurgie.

GRANDE-TERRE, île basse formant la partie est de la Guadeloupe.

GRAND-FOUGERAY (35390), ch.-l. de cant. d'Ille-et-Vilaine ; 2 006 hab. Donjon médiéval.

GRANDIER (Urbain), *près de Sablé 1590 - Loudun 1634,* curé de Loudun. Accusé d'avoir jeté dans la possession démoniaque les religieuses de Loudun, il fut brûlé vif.

GRAND LAC SALÉ, en angl. **Great Salt Lake,** marécage salé des États-Unis (Utah), près de Salt Lake City.

GRAND-LEMPS [-lɑ̃] **(Le)** [38690], ch.-l. de cant. de l'Isère ; 2 403 hab.

GRAND-LIEU (lac de), lac de France, situé au S.-O. de Nantes.

GRAND-MÈRE, v. du Canada (Québec), sur le Saint-Maurice ; 14 541 hab. *(Grand-Mérois).*

GRAND PARADIS, massif des Alpes italiennes, proche de la Savoie ; 4 061 m. Parc national.

Grand-Place, à Bruxelles, place d'origine médiévale, au cœur de la ville ancienne. Les maisons de corporations qui l'entourent ont été reconstruites dans un style baroque très orné après le bombardement français de 1695 ; le côté S.-O. comprend le splendide hôtel de ville gothique (1402 - 1454, très restauré) au beffroi de 91 mètres.

GRAND-PRÉ, village et parc historique de Nouvelle-Écosse (Canada), sur la baie de Fundy. Établissement acadien remontant au XVIIe s.

GRAND-PRESSIGNY (Le) [37350], ch.-l. de cant. d'Indre-et-Loire ; 1 133 hab. *(Pressignois).* Gisement préhistorique d'une industrie lithique du néolithique massivement exportée de la Bretagne à la Suisse (musée dans l'anc. château).

GRANDPUITS-BAILLY-CARROIS (77720), comm. de Seine-et-Marne ; 960 hab. Raffinerie de pétrole.

GRAND-QUEVILLY (Le) [76120], ch.-l. de cant. de Seine-Maritime ; 26 893 hab. *(Grand-Quevillais).* Chimie. Métallurgie.

GRAND RAPIDS, v. des États-Unis (Michigan) ; 189 126 hab.

GRANDS LACS, les cinq grands lacs nord-américains : Supérieur, Michigan, Huron, Érié, Ontario.

GRANDS LACS, ensemble de grands lacs de l'Afrique orientale (en partic. Tanganyika, Victoria, Édouard, Albert). Ils donnent leur nom à la *région des Grands Lacs,* couvrant le Burundi, la Rép. dém. du Congo, l'Ouganda et le Rwanda.

Grandson ou **Granson** (bataille de) [2 mars 1476], victoire des Suisses, alliés à Louis XI, sur l'armée bourguignonne de Charles le Téméraire à Grandson (cant. de Vaud).

Grandval, aménagement hydroélectrique (barrage et centrale), sur la Truyère (Cantal).

GRANDVILLARS (90600), ch.-l. de cant. du Territoire de Belfort ; 3 020 hab. *(Grandvellais).*

GRANDVILLE (Jean Ignace Isidore **Gérard,** dit), *Nancy 1803 - Vanves 1847,* dessinateur français. La fantaisie de son style imaginatif (métamorphoses de l'homme en animal ou en végétal), dans ses illustrations des *Fables de La Fontaine* (1838) ou d'*Un autre monde* (1844), a été célébrée par les surréalistes.

GRANDVILLIERS (60210), ch.-l. de cant. de l'Oise ; 3 004 hab.

GRANET (François), *Aix-en-Provence 1775 - id. 1849,* peintre français. Il fréquenta à Paris l'atelier de David et travailla à Rome de 1802 à 1819. Son œuvre comporte des vues intérieures d'édifices religieux, des scènes de genre et d'admirables paysages à l'aquarelle. Il légua ses collections à sa ville natale *(musée Granet).*

GRANET (Marcel), *Luc-en-Diois, Drôme, 1884 - Paris 1940,* anthropologue français. Il a ouvert les études chinoises à l'anthropologie sociale (*la Civilisation chinoise,* 1929 ; *la Pensée chinoise,* 1934). Sa méthode a inspiré les travaux de G. Dumézil sur les cultures indo-européennes.

■ LES **GRANDES BAIGNEUSES.** Peinture de Cézanne (v. 1898 - 1906), version de Philadelphie. (Museum of Art, Philadelphie.)

GRANGEMOUTH, v. de Grande-Bretagne (Écosse), au fond du Firth of Forth ; 25 000 hab. Port. Terminal pétrolier. Raffinage.

GRANGES → **GRENCHEN.**

GRANIER DE CASSAGNAC (Bernard), *Avéron-Bergelle, Gers, 1806 - château de Coulaumé, Gers, 1880,* journaliste et député français, défenseur des idées bonapartistes. — **Paul G. de C.,** *Paris 1843 - Saint-Viâtre 1904,* journaliste et député français, fils de Bernard, fut un des chefs du parti impérialiste et du mouvement boulangiste.

Granique (bataille du) [334 av. J.-C.], victoire d'Alexandre sur Darios III, remportée sur les bords du Granique, fl. côtier d'Asie Mineure.

Granja (La), résidence royale d'Espagne (bourg de San Ildefonso, près de Ségovie). Palais construit à partir de 1721 pour Philippe V dans un style baroque pittoresque ; jardins à la française.

GRAN SASSO D'ITALIA n.m., massif des Abruzzes (Italie), point culminant des Apennins ; 2 914 m au Corno Grande. Laboratoire souterrain de physique des particules.

GRANT (Archibald Alexander **Leach,** dit Cary), *Bristol 1904 - Davenport, Iowa, 1986,* acteur américain d'origine britannique. Son charme et son talent firent de lui l'interprète idéal de la comédie américaine (*l'Impossible Monsieur Bébé,* H. Hawks, 1938 ; *Arsenic et vieilles dentelles,* F. Capra, 1944). Il fut aussi l'un des acteurs favoris de Hitchcock (*la Mort aux trousses,* 1959).

GRANT (Ulysses), *Point Pleasant, Ohio, 1822 - Mount McGregor, État de New York, 1885,* général et homme politique américain. Commandant les forces fédérales à la fin de la guerre de Sécession (1864 - 1865), il fut président des États-Unis de 1869 à 1877.

GRANVELLE (Nicolas **Perrenot de**), *Ornans 1486 - Augsbourg 1550,* homme d'État franc-comtois. Conseiller de Charles Quint à partir de 1530, il joua un grand rôle dans les affaires politiques et religieuses de l'Empire. — **Antoine Perrenot de G.,** *Besançon 1517 - Madrid 1586,* prélat et homme d'État au service de l'Espagne. Fils de Nicolas, cardinal, il défendit dans les Pays-Bas la politique catholique et absolutiste de Philippe II (1569 - 1564). Il fut vice-roi de Naples (1571 - 1575) et archevêque de Besançon (1584).

GRANVILLE (50400), ch.-l. de cant. de la Manche ; 13 486 hab. *(Granvillais).* Station balnéaire. — Ville haute fortifiée ; musées.

GRAPPELLI (Stéphane), *Paris 1908 - id. 1997,* violoniste de jazz français. Après avoir créé en 1934 avec le guitariste Django Reinhardt le quintette à cordes du Hot Club de France, il s'imposa comme un improvisateur virtuose et lyrique.

GRASS (Günter), *Dantzig 1927,* écrivain allemand. Essayiste engagé, peintre satirique du monde contemporain, il mêle le réalisme et le fantastique dans ses romans (*le Tambour,* 1959 ; *le Turbot,* 1977 ; *la Ratte,* 1986 ; *Toute une histoire,* 1995) et son théâtre. (Prix Nobel 1999.)

GRASSE (06130), ch.-l. d'arrond. des Alpes-Maritimes ; 44 790 hab. *(Grassois).* Culture de fleurs. Parfumerie. Station hivernale. — Cathédrale du XIIe s. ; musées (d'Art et d'Histoire, Fragonard, de la Parfumerie, de la Marine).

GRASSE (François Joseph Paul, comte **de**), *Le Bar, Provence, 1722 - Paris 1788,* marin français. Il s'illustra pendant la guerre de l'Indépendance américaine.

GRASSÉ (Pierre Paul), *Périgueux 1895 - Carlux 1985,* biologiste français. Il est l'auteur de travaux importants sur les protistes, les termites, sur la zoologie générale, et d'un *Traité de zoologie.*

GRASSET (Bernard), *Chambéry 1881 - Paris 1955,* éditeur français. Fondateur des *Éditions Grasset* (1907), il publia les jeunes écrivains de l'entre-deux-guerres.

■ ULYSSES **GRANT** par Thulstrup (Chicago).

■ GÜNTER **GRASS**

GRASSET (Eugène), *Lausanne 1845-Sceaux 1917,* artiste français d'origine suisse. Un des précurseurs de l'Art nouveau, il a donné des affiches, des illustrations, des cartons de vitraux, des modèles de meubles, de papiers peints, etc., ainsi qu'un type de caractères d'imprimerie.

GRASSMANN (Hermann), *Stettin 1809-id. 1877,* mathématicien et linguiste allemand. Il fut l'un des fondateurs des algèbres multilinéaires et des géométries à plusieurs dimensions. Ses études de linguistique portent notamm. sur le sanskrit.

GRATIEN, en lat. **Flavius Gratianus,** *Sirmium, Pannonie, 359-Lyon 383,* empereur romain (375-383). Il partagea l'Empire d'Occident avec son frère Valentinien II. Son règne (avec celui de Théodose en Orient) marqua la fin du paganisme comme religion d'État.

GRATIEN, *Chiusi fin XIe s. - Bologne v. 1160,* canoniste et moine camaldule italien. Son œuvre principale est le *Décret* (v. 1140), qui pose les fondements de la science du droit canonique.

GRATRY (Alphonse), *Lille 1805-Montreux, Suisse, 1872,* prêtre et philosophe français. Il restaura l'Oratoire de France (1852). [Acad. fr.]

GRAUBÜNDEN, nom all. des *Grisons.

GRAU-DU-ROI (Le) [30240], comm. du Gard, sur la Méditerranée ; 5 936 hab. *(Graulens).* Pêche. Station balnéaire.

GRAUFESENQUE (la), site de la comm. de Millau (Aveyron). Vestiges d'ateliers de céramique sigillée gallo-romaine.

GRAULHET [grojɛ] (81300), ch.-l. de cant. du Tarn, sur le Dadou ; 12 982 hab. *(Graulhetois).* Mégisserie. Maroquinerie.

GRAUNT (John), *Londres 1620-id. 1674,* statisticien anglais. Auteur de travaux statistiques sur la population londonienne, il est considéré comme le fondateur de la démographie.

GRAVE (La) [05320], ch.-l. de cant. des Hautes-Alpes, sur la Romanche, à 1 526 m d'alt. ; 516 hab. *(Graverots).* Tourisme.

GRAVE (pointe de), cap à l'embouchure de la Gironde.

GRAVELINES (59820), ch.-l. de cant. du Nord, sur l'Aa ; 12 769 hab. *(Gravelinois).* Centrale nucléaire. – Enceinte à la Vauban, église de style flamboyant. Musée du Dessin et de l'Estampe.

GRAVELOTTE (57130), comm. de la Moselle ; 654 hab. Violente bataille de la guerre franco-allemande où fut utilisé le canon à balles de Reffye, précurseur de la mitrailleuse (16 et 18 août 1870). Musée militaire.

GRAVENHAGE ('s-) → **HAYE (La).**

Graves (les), vignobles du Bordelais (Gironde), sur la rive gauche de la Garonne.

GRAY (70100), ch.-l. de cant. de la Haute-Saône, sur la Saône ; 7 341 hab. *(Graylois).* Électronique. – Hôtel de ville Renaissance ; musée dans le château (dessins de Prud'hon).

GRAY (Stephen), *v. 1670 - Londres 1736,* physicien anglais. Il montra la possibilité d'électriser les conducteurs isolés et découvrit l'électrisation par influence.

GRAY (Thomas), *Londres 1716 - Cambridge 1771,* poète britannique. Sa poésie annonce la mélancolie romantique (*Élégie écrite dans un cimetière de campagne,* 1751).

GRAZ, v. d'Autriche, cap. de la Styrie, sur la Mur ; 232 155 hab. Monuments anciens ; musées.

GRAZIANI (Rodolfo), *Filettino 1882 - Rome 1955,* maréchal italien. Vice-roi d'Éthiopie (1936-1937). Il fut ministre de la Guerre dans le gouvernement républicain de Mussolini (1943 - 1945).

GREAT YARMOUTH ou **YARMOUTH,** v. de Grande-Bretagne (Angleterre), sur la mer du Nord ; 53 000 hab. Port et station balnéaire.

GRÉBAN (Arnoul), *Le Mans v. 1420 - id. 1471,* poète dramatique français, auteur d'un *Mystère de la Passion.*

GRÈCE n.f., en gr. **Ellás** ou **Hellas,** État du sud-est de l'Europe ; 132 000 km² ; 10 500 000 hab. *(Grecs).* CAP. *Athènes.* LANGUE : *grec.* MONNAIES : *euro* et *drachme.*

INSTITUTIONS

Régime parlementaire. Constitution de 1975. Président de la République (élu pour 5 ans par la Chambre des députés), qui nomme le Premier ministre. Chambre des députés élue pour 4 ans.

GÉOGRAPHIE

Continentale, péninsulaire (Péloponnèse) et insulaire (îles Ioniennes, Cyclades, Sporades, Crète), la Grèce est un pays montagneux (2 917 m à l'Olympe), au relief fragmenté. Le climat est méditerranéen dans le Sud, dans les îles et sur l'ensemble du littoral, mais il se dégrade vers le nord, où les hivers peuvent être rudes.

Malgré l'exiguïté des surfaces cultivables, en rapport avec la faible étendue des bassins et des plaines (Thrace, Macédoine, Thessalie, Attique), l'agriculture demeure une ressource essentielle. Fondée sur la trilogie méditerranéenne blé-vigne-olivier, elle fournit aussi du tabac, des agrumes. L'élevage ovin est surtout montagnard.

Athènes et son port, Le Pirée, regroupent près du tiers de la population. Avec Thessalonique, ces villes concentrent l'essentiel des industries de transformation, partiellement fondées sur quelques activités extractives (lignite et bauxite). Le déficit considérable de la balance commerciale est plus ou moins comblé par les revenus de la flotte marchande, les envois des émigrés et par le tourisme. Mais l'endettement est lourd et le sous-emploi, important. Enfin, les relations avec les pays voisins (Turquie, Albanie, Macédoine) sont délicates. Membre de l'Union européenne, la Grèce redevient aussi un pays balkanique.

HISTOIRE

La période achéenne et mycénienne. VIIe millénaire : les premiers établissements humains apparaissent. **V. 3000 - 2000 av. J.-C. :** épanouissement de l'art cycladique. Au début du IIe millénaire, les Achéens s'installent dans la région. **2000 - 1500 :** la Crète minoenne domine le monde égéen. Architecture palatiale (Cnossos, Phaistos, Malia). **V. 1600 av. J.-C. :** la civilisation mycénienne se développe et de petits royaumes se créent : Mycènes, Tyrinthe, Pýlos.

Le « Moyen Âge » grec (XIIe - VIIIe s. av. J.-C.). Les invasions doriennes (XIIe s.) marquent le début du « Moyen Âge » grec, période obscure connue surtout par les poèmes homériques, rédigés aux XIe-VIIIe s. Extension de l'usage du fer. Les Doriens poussent les anciens habitants de la Grèce continentale vers les côtes d'Asie Mineure.

Les temps archaïques. VIIIe - VIe s. av. J.-C. : dans les cités, le régime oligarchique se substitue aux régimes monarchiques. L'expansion de la colonisation progresse vers l'Occident, le nord de l'Égée et la mer Noire. **776 :** les jeux Olympiques sont créés. **V. 657 :** le tyran Cypsélos prend le pouvoir à Corinthe. **V. 594 :** Solon devient archonte à Athènes et engage un certain nombre de réformes institutionnelles. **560 - 510 :** Pisistrate et ses fils établissent leur tyrannie sur Athènes. La société est désormais assez organisée pour construire de grands édifices religieux. À partir du VIIe s. s'élaborent les ordres dorique (Delphes) puis ionique (Didymes, Éphèse) ; deux types de statuaire différents sont créés : le kouros et la koré. En céramique, la peinture de vase, d'abord à figures noires (Amasis), voit apparaître au VIe s. la technique des figures rouges (Euphronios).

La Grèce classique. 507 av. J.-C. : Clisthène dote Athènes d'institutions démocratiques. **490 - 479 :** les guerres médiques opposent les Grecs et les Perses, qui doivent se retirer en Asie Mineure. **476 :** la ligue de Délos, dirigée par Athènes, est créée pour chasser les Perses de la mer Égée. **449-448 :** la paix de Callias met fin aux hostilités avec les Perses. **443 - 429 :** la civilisation grecque s'épanouit dans l'Athènes de Périclès. Ictinos et Callicratès édifient le Parthénon d'Athènes, orné notamm. des sculptures de Phidias. La statuaire classique (*Doryphore* de Polyclète, *Discobole* de Myron) s'exprime surtout en bronze (*Aurige* de Delphes). **431 - 404 :** la guerre du Péloponnèse oppose Sparte et Athènes, qui capitule en 404. **404 - 371 :** Sparte substitue son hégémonie à celle d'Athènes. **371 :** Sparte est battue à Leuctres par les Thébains. **371 - 362 :** Thèbes établit son hégémonie sur la Grèce continentale. **Début du IVe s. :** naissance de l'architecture civile et de l'urbanisme (Priène, Épidaure, Pella). Temples d'Apollon, tholos de Delphes. La sculpture évolue avec Praxitèle, Lysippe ; terres cuites de Tanagra.

L'époque hellénistique. 359 - 336 av. J.-C. : Philippe II de Macédoine, victorieux à Chéronée (338), étend progressivement sa domination sur les cités grecques. **336 - 323 :** Alexandre le Grand, maître de la Grèce, conquiert l'Empire perse. **323-168 :** après le partage de l'empire d'Alexandre, la Grèce revient aux rois antigonides de Macédoine.

G

216 - 168 : la Macédoine lutte contre Rome ; Philippe V est battu aux Cynoscéphales (197). **196 - 146 :** la Grèce retrouve une semi-indépendance sous contrôle romain. La libération des cités grecques d'Asie Mineure par Alexandre a amené la création d'un nouvel urbanisme (Pergame, Priène, Milet) où dominent l'ordre corinthien, la construction de grands temples (Pergame, Éphèse) et de nombreux bâtiments civils (bibliothèque d'Alexandrie [Égypte], théâtre de Pergame). Cet art a exercé une grande influence sur l'art romain.

La domination romaine. 146 : les cités grecques coalisées sont vaincues par Rome ; Corinthe est détruite. La Grèce devient une province romaine. **88 - 84 :** la tentative de Mithridate de libérer l'Asie Mineure (alors sous domination romaine) et la Grèce se solde par un échec. **Ier s. av. J.-C. - IVe s. apr. J.-C. :** le rayonnement culturel de la Grèce influence le monde romain. **330 :** fondation de Constantinople. **395 :** à la mort de Théodose, le partage définitif de l'Empire romain est réalisé. La Grèce est intégrée à l'Empire d'Orient.

LA GRANDE-GRÈCE

Zones sous influence

- grecque
- punique
- étrusque
- Cités grecques
- Cités siciliennes hellénisées
- *OSQUES* Populations indigènes

La Grèce byzantine. V. 630 : Héraclius adopte le grec comme langue officielle de l'Empire byzantin. **VIe - VIIe s. :** des Slaves s'installent en Grèce, alors que les anciens habitants refluent vers les côtes et les îles. **Xe - XIe s. :** les Bulgares font de nombreuses incursions. **1204 :** la quatrième croisade aboutit à la création de l'Empire latin de Constantinople, du royaume de Thessalonique, de la principauté d'Achaïe (ou Morée) et de divers duchés. **XIVe - XVe s. :** Vénitiens, Génois et Catalans se disputent la possession de la Grèce, tandis que les Ottomans occupent la Thrace, la Thessalie et la Macédoine dans la seconde moitié du XIVe s. **1456 :** les Ottomans conquièrent Athènes et le Péloponnèse.

La Grèce moderne. Les Grecs commerçants forment une bourgeoisie influente au sein de l'Empire ottoman après la signature des capitulations. Le sentiment national se développe au XVIIIe s. en réaction contre la décadence turque et la volonté hégémonique de la Russie de prendre sous sa protection tous les orthodoxes. **Fin du XVIIIe s. :** le philhellénisme est entretenu par les Grecs émigrés en Occident (Coraï, Ríghas Feraíos, qui milite à Vienne). **1814 :** A. Ypsilanti fonde l'Hétairie à Odessa. **1821 - 1822 :** l'insurrection éclate ; après la prise de Trípolis, le congrès d'Épidaure proclame l'indépendance de la Grèce (1822). Les Turcs réagissent par des massacres (dont celui de Chio). **1826 - 1827 :** les Turcs reprennent Missolonghi et Athènes. **1827 :** la Grande-Bretagne, la France et la Russie interviennent et battent les Ottomans et la flotte d'Ibrahim Pacha à Navarin. **1828 - 1829 :** la Russie entre en guerre contre les Ottomans et obtient l'autonomie de la Grèce (traité d'Andrinople). **1830 :** le traité de Londres stipule la création d'un État grec indépendant sous la protection de la Grande-Bretagne, de la France et de la Russie. **1832 - 1862 :** le royaume de Grèce est confié à Otton Ier. **1862 :** Otton Ier est déchu. **1863 - 1913 :** Georges Ier, imposé par la Grande-Bretagne, qui cède à la Grèce les îles Ioniennes (1864), tente de récupérer les régions peuplées de Grecs mais est défait par les Ottomans (1897) et se heurte aux aspirations des autres nations balkaniques. **1912 - 1913 :** à l'issue des guerres balkaniques, la Grèce obtient la plus grande partie de la Macédoine, le sud de l'Épire, la Crète et les îles de Samos, Chio, Mytilène et Lemnos. **1913 :** Constantin Ier succède à son père, Georges Ier, assassiné. **1914 - 1918 :** le gouvernement grec se partage entre germanophiles, groupés autour de Constantin Ier, et partisans des Alliés, dirigés par Venizélos, qui organise à Thessalonique un gouvernement républicain (1916). **1917 :** Constantin Ier abdique au profit d'Alexandre Ier (1917 - 1920). La Grèce entre en guerre aux côtés des Alliés. **1919 - 1920 :** elle obtient la Thrace et la région de Smyrne (traités de Neuilly et de Sèvres). **1921 - 1922 :** la guerre gréco-turque se solde par l'écrasement des Grecs. Constantin Ier, revenu au pouvoir, doit laisser la couronne à son fils, Georges II. **1923 :** le traité de Lausanne attribue la région de Smyrne et la Thrace orientale à la Turquie. **1924 :** la république est proclamée. **1924 - 1935 :** elle ne peut éviter l'anarchie, que veulent combattre divers coups d'État, dont le dernier réussit. **1935 :** Georges II revient en Grèce et Venizélos s'exile. **1936 - 1941 :** le pays est soumis à la dictature de Metaxás. **1940 - 1944 :** la Grèce est envahie par l'Italie (1940), puis par l'Allemagne (1941). Un puissant mouvement de résistance se développe. **1947 :** Paul Ier devient roi. **1946 - 1949 :** le pays est en proie à la guerre civile, qui se termine par la défaite des insurgés communistes. **1952 :** la Grèce est admise à l'OTAN. **1964 :** Constantin II devient roi. **1965 :** la crise de Chypre provoque la démission du Premier ministre G. Papandhréou et une grave crise interne. **1967 :** une junte d'officiers instaure le « régime des colonels », dominé par Papadhópoulos ; le roi s'exile. **1973 :** la république est proclamée. **1974 :** fin du régime dictatorial des colonels ; Karamanlís restaure les libertés. **1980 :** il est élu président de la République. **1981 :** son parti, la Nouvelle Démocratie, perd les élections au profit du Mouvement panhellénique socialiste (PASOK), présidé par A. Papandhréou, qui devient Premier ministre. La Grèce adhère à la CEE. **1985 :** le socialiste Khrístos Sárdzetakis est élu à la présidence de la République. **1989 :** après la victoire de la Nouvelle Démocratie aux élections législatives, Papandhréou démissionne. Aucun parti n'ayant obtenu la majorité absolue, des gouvernements de coalition se succèdent. **1990 :** des élections donnent la majorité à la Nouvelle Démocratie. K. Mitsotákis forme le nouveau gouvernement et K. Karamanlís retrouve la présidence de la République. **À partir de 1992 :** la vie politique se cristallise autour de l'affirmation de l'hellénisme et de l'opposition à la constitution d'un État indépendant portant le nom de Macédoine. **1993 :** le PASOK remporte les élections législatives anticipées. A. Papandhréou redevient Premier ministre. **1995 :** Kostís Stefanópoulos est élu à la présidence de la République. **1996 :** A. Papandhréou démissionne. Kóstas Simitis lui succède à la tête du gouvernement, puis du PASOK (qui gagne les élections, sept.). **2000 :** le PASOK remporte de justesse les élections législatives.

LA GRÈCE AU Ve S. AV. J.-C.

SPARTE
- Sparte
- Ligue du Péloponnèse
- Cités de la ligue

ATHÈNES
- L'"empire" athénien au Ve s. av. J.-C. avant la guerre du Péloponnèse

GRÈCE D'ASIE, îles et terres de la côte orientale de la mer Égée, peuplées par les Grecs au Ier millénaire av. J.-C.

GRECO (Dhomínikos **Theotokópoulos, dit El,** en fr. **le**), *Candie 1541 - Tolède 1614,* peintre espagnol d'origine crétoise. Il passa quelques années à Venise, voyagea en Italie, subit l'influence de

■ LE **GRECO.** *Le Christ au jardin des Oliviers.* (Version du musée des Beaux-Arts de Lille.)

■ L'ART GREC

Dès l'Antiquité, colons, marchands, puis légions armées propagent l'art grec, qui marque le décor des palais achéménides ou la statuaire bouddhique du Gandhara. Étrusques et surtout Romains ont transmis l'héritage grec. Qu'il s'agisse de l'ordonnancement de son architecture ou du langage si varié de ses sculpteurs, l'empreinte de la Grèce s'est perpétuée jusqu'au XXe s., en passant par la Renaissance et le néoclassicisme.

Kouros de Kroiros. Marbre provenant d'Anávyssos, v. 525 av. J.-C. Statues votives dressées en plein air près du sanctuaire ou offrandes funéraires marquant la tombe – Kroiros était soldat –, les kouros vont devenir un thème de prédilection de la grande sculpture en marbre. (Musée national, Athènes.)

Euphronios. Face B du cratère d'Héraclès et Antée : « le concours musical », v. 515 av. J.-C. Désormais la ligne n'est plus incisée, mais peinte : elle devient fluide. L'artiste s'attache à rendre les volumes et s'approprie l'espace. (Louvre, Paris.)

La porte des Lionnes, à Mycènes. Bien que le thème décoratif des animaux affrontés soit originaire de Mésopotamie, ce haut-relief du XIVe s. av. J.-C. est la première sculpture monumentale des Grecs, qui innovent également en construisant ces palais forteresses.

G

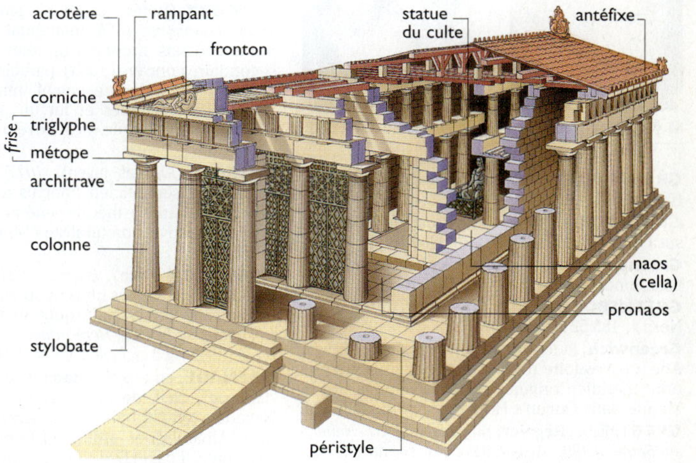

Temple d'Athéna Aphaia, à Égine. ▷ 500 - 490 av. J.-C., reconstitution. De plan rectangulaire, souvent périptère, le temple grec – ici régi par l'ordre dorique – a pour fonction d'abriter la statue du culte dans le naos. Cette salle centrale a, dans le cas présent, conservé sa colonnade intérieure à deux niveaux.

Le grand autel de Zeus, à Pergame. Détail de la Gigantomachie, frise est, 180 - 160 av. J.-C. Inspirée par la *Théogonie* d'Hésiode, cette colossale mêlée témoigne du souffle épique et des derniers feux de la sculpture grecque, ainsi que de la volonté de la Grèce d'Asie d'être l'héritière d'Athènes. (Staatliche Museen, Berlin.)

Praxitèle. *Hermès portant Dionysos enfant ;* marbre, v. 350 - 330 av. J.-C. (réplique antique). Ligne sinueuse, volupté... ici, seules sensibilité et intériorité importent. Voilà un dieu adolescent bien différent de ceux – virils et héroïques ou sereins et graves – des siècles précédents. (Musée d'Olympie.)

Bassano et du Tintoret, et travailla dans l'atelier de Titien avant de s'installer définitivement à Tolède (1577). Son style, maniériste et expressionniste, est caractérisé par l'élongation des figures, l'étrangeté de l'éclairage, l'irréalité de la composition, qui traduisent une exaltation mystique. Avec Velázquez et Goya, il domine la peinture espagnole (*Martyre de saint Maurice*, Escurial ; *l'Enterrement du comte d'Orgaz*, église S. Tomé, Tolède ; *le Christ au jardin des Oliviers*, diverses versions ; *Laocoon*, Washington ; *l'Adoration des bergers*, Prado).

GRÉCO (Juliette), *Montpellier 1927*, chanteuse et actrice française. Elle fut surnommée la « muse de Saint-Germain-des-Prés » et s'est imposée dès 1949 en chantant Queneau (*Si tu t'imagines*) et Sartre (*Rue des Blancs-Manteaux*).

GREEN [grin] (Julien), *Paris 1900 - id. 1998*, écrivain américain d'expression française. Ses romans (*Adrienne Mesurat, Moïra, les Pays lointains*), son théâtre (*Sud*) et son *Journal* expriment une constante angoisse métaphysique. (Acad. fr.)

GREENE (Graham), *Berkhamsted 1904 - Vevey 1991*, écrivain britannique. Ses romans évoquent avec ironie l'impuissance tragique de la foi face à l'absurdité de la déchéance (*la Puissance et la Gloire, Voyages avec ma tante, le Dixième Homme*).

■ JULIEN **GREEN**

■ GRAHAM **GREENE**

GREENFIELD PARK, v. du Canada (Québec), banlieue est de Montréal ; 18 637 hab.

GREENOCK, v. de Grande-Bretagne (Écosse), sur l'estuaire de la Clyde ; 70 000 hab. Port.

Greenpeace, mouvement écologiste et pacifiste, fondé à Vancouver en 1971.

GREENSBORO, v. des États-Unis (Caroline du Nord) ; 183 521 hab.

Greenwich, faubourg de Londres, sur la Tamise. Anc. observatoire royal ; son méridien a été pris pour méridien origine. — Musée national de la Marine dans Queen's House, œuvre de I. Jones.

GREG (Michel **Régnier**, dit), *Ixelles 1931 - Neuilly-sur-Seine 1999*, dessinateur et scénariste de bandes dessinées belge. Auteur prolifique de séries humoristiques pour la jeunesse, il excelle dans l'écriture des dialogues (*Achille Talon*, 1963).

GRÉGOIRE DE NAZIANZE (saint), *Arianze, près de Nazianze, v. 330 - id. v. 390*, Père de l'Église grecque. Évêque de Constantinople (379 - 381), il lutta avec ses amis Basile et Grégoire de Nysse contre l'arianisme.

GRÉGOIRE DE NYSSE (saint), *Césarée de Cappadoce v. 335 - Nysse v. 394*, Père de l'Église grecque. Frère cadet de Basile et évêque de Nysse, il lutta contre l'arianisme et fut un grand théologien mystique.

GRÉGOIRE DE TOURS (saint), *Clermont-Ferrand v. 538 - Tours v. 594*, prélat et historien français. Évêque de Tours (573 - 594), il joua un grand rôle dans la vie politique de la Gaule. Il est célèbre par son *Histoire des Francs*, chronique du haut Moyen Âge mérovingien.

GRÉGOIRE Ier le Grand (saint), *Rome v. 540 - id. 604*, pape de 590 à 604. Patricien préfet de Rome (572 - 574), il se fit moine. Ambassadeur du pape à Constantinople (579 - 585), il fut élu pape par acclamation du clergé et du peuple de Rome. Il réforma la liturgie et organisa l'évangélisation de l'Angleterre. Ses commentaires du Livre de Job furent un des livres de base de la morale et de la culture chrétiennes au Moyen Âge. — saint **Grégoire VII (Hildebrand)**, *Soana, Toscane, v. 1020 - Salerne 1085*, pape de 1073 à 1085. Il se rendit célèbre par ses luttes contre l'empereur Henri IV, qu'il humilia à Canossa (1077) mais qui le contraignit finalement à l'exil. Par ses nombreuses mesures de discipline ecclésiastique, il mena à bien la réforme dite « grégorienne ». — **Grégoire IX** (Ugolino **di Segni**), *Anagni v. 1170 - Rome 1241*, pape de 1227 à 1241. Ses *Décrétales* forment une partie essentielle du droit canonique. — **Grégoire XII** (Angelo **Correr**), *Venise v. 1325 - Recanati 1417*, pape de 1406 à 1415. Sa démission au concile de Constance contribua à la fin du Schisme d'Occident. — **Grégoire XIII** (Ugo **Boncompagni**), *Bologne 1502 - Rome 1585*, pape de 1572 à 1585. Il travailla à la mise en œuvre des décrets du concile de Trente. Son nom reste attaché à la réforme du calendrier dit « grégorien ». — **Grégoire XV** (Alessandro **Ludovisi**), *Bologne 1554 - Rome 1623*, pape de 1621 à 1623. Il fonda la congrégation de la Propagation de la foi, protégea les jésuites et favorisa le catholicisme en Europe centrale. — **Grégoire XVI** (Bartolomeo Alberto **Cappellari**, dit Fra **Mauro**), *Belluno 1765 - Rome 1846*, pape de 1831 à 1846. Adversaire du libéralisme, il condamna les idées de La Mennais (encyclique *Mirari vos*, 1832).

GRÉGOIRE Ier l'Illuminateur, *v. 240 - v. 326*, apôtre et premier patriarche de l'Église chrétienne d'Arménie.

GRÉGOIRE (Henri, dit **l'abbé**), *Vého, près de Lunéville, 1750 - Paris 1831*, ecclésiastique et homme politique français. Il prêta serment à la Constitution civile du clergé (1790) et fut à l'origine de l'émancipation des Juifs français. Évêque constitutionnel de Loir-et-Cher (1791) et député à la Convention, il fit voter l'abolition de l'esclavage. Sénateur en 1802, il s'opposa au despotisme napoléonien. Ses cendres ont été transférées au Panthéon en 1989.

GRÉGOIRE PALAMAS → **PALAMAS** (Grégoire).

GREGORY (James), *Drumoak, près d'Aberdeen, 1638 - Édimbourg 1675*, mathématicien et astronome écossais. Il conçut un télescope à miroir secondaire concave (1663), participa à l'élaboration des méthodes de calcul infinitésimal des aires et des volumes et fut un précurseur de Newton dans l'étude des développements en série.

GREIMAS (Algirdas Julien), *1917 - Paris 1992*, linguiste et sémioticien français d'origine lituanienne. Il a bâti une théorie générale du sens dans une perspective structuraliste (*Sémantique structurale*, 1966).

GRÉMILLON (Jean), *Bayeux 1901 - Paris 1959*, cinéaste français. Ses films rigoureux et sensibles s'inscrivent dans la réalité quotidienne et sociale : *la Petite Lise* (1930), *Remorques* (1941), *Lumière d'été* (1943), *Le ciel est à vous* (1944).

GRENADE, en esp. **Granada,** v. d'Espagne (Andalousie), ch.-l. de prov., au pied de la sierra Nevada ; 255 212 hab. (*Grenadins*). Palais arabe de l'*Alhambra et jardins du Generalife, cathédrale par E. Egas et D. de Siloé, chartreuse (décors baroques) et nombreux autres monuments. Musées. — Capitale du royaume arabe de Grenade, fondé au XIe s., Grenade fut prise en 1492 par les Rois Catholiques à l'issue de la Reconquista.

GRENADE (31330), ch.-l. de cant. de la Haute-Garonne ; 5 832 hab. Bastide de la fin du XIIIe s.

GRENADE n.f., État des Petites Antilles ; 344 km² ; 92 000 hab. (*Grenadiens*). **CAP.** *Saint George's*. **LANGUE :** *anglais*. **MONNAIE :** *dollar des Caraïbes orientales*. (V. carte **Antilles.**) L'État est formé de l'île de la Grenade et d'îles des Grenadines (dont Carriacou). Tourisme. En 1983, l'intervention militaire des États-Unis mit fin à un régime placé dans l'orbite de Cuba.

GRENADE-SUR-L'ADOUR (40270), ch.-l. de cant. des Landes ; 2 305 hab. Bastide du XIVe s.

GRENADINES, îles et îlots des Petites Antilles, dépendances de la Grenade et de l'État de Saint-Vincent-et-les Grenadines.

GRENCHEN, en fr. **Granges,** comm. de Suisse (cant. de Soleure) ; 16 241 hab. Horlogerie.

GRENOBLE, ch.-l. du dép. de l'Isère, sur l'Isère, à 569 km au S.-E. de Paris ; 156 203 hab. (*Grenoblois*). Cour d'appel. Académie et université. Évêché. L'agglomération (qui compte plus de 420 000 hab.) est un centre industriel (constructions mécaniques et électriques notamm.) et scientifique (nombreux laboratoires de recherche, synchrotron). — Oratoire des Ve-VIIIe s. sous l'église St-Laurent ; Palais de justice, anc. parlement, gothique et Renaissance. Musée dauphinois, musée Stendhal et nouveau musée de Grenoble (1993), riche en art ancien, moderne et contemporain ; muséum ; maison de la Culture par André Wogenscky (1968).

GRENVILLE (George), *1712 - Londres 1770*, homme politique britannique. Premier ministre de 1763 à 1765, il mécontenta les colonies américaines par sa politique de taxation (loi du timbre, 1765). — **William G.**, *1759 - Dropmore 1834*, homme politique britannique. Fils de George, député tory, ministre des Affaires étrangères de 1791 à 1801, Premier ministre (1806 - 1807), il fit abolir la traite des Noirs (1807).

GRÉOUX-LES-BAINS (04800), comm. des Alpes-de-Haute-Prov ence ; 1 945 hab. (*Gryséliens*). Station thermale (rhumatismes, troubles respiratoires, ORL). Barrage sur le Verdon.

GRÈS (Germaine **Czerefkow**, dite Mme), *Paris 1903 - La Valette-du-Var 1993*, couturière française, célèbre pour son art du drapé sculptural.

GRESHAM (sir Thomas), *Londres v. 1519 - id. 1579*, financier anglais. Créateur de la Bourse de Londres (« Royal Exchange », terminé en 1571), il a surtout attaché son nom à la loi économique « la mauvaise monnaie chasse la bonne » : la monnaie sûre, thésaurisée, tend à disparaître de la circulation lorsqu'elle est en concurrence avec une monnaie considérée comme moins bonne.

GRÉSIVAUDAN n.m., large vallée formée par l'Isère, entre le confluent de l'Arc et Grenoble. Partie du Sillon alpin, le Grésivaudan sépare les Préalpes des massifs centraux. Riche agriculture (vigne, arbres fruitiers) ; élevage (prairies).

GRÉSY-SUR-AIX (73100), ch.-l. de cant. de la Savoie ; 2 876 hab. (*Grésyliens*).

GRETCHKO (Andreï Antonovitch), *Golodaïevsk 1910 - Moscou 1976*, maréchal soviétique. Commandant les forces du pacte de Varsovie (1960), il fut ministre de la Défense de 1967 à sa mort.

GRÉTRY (André Ernest Modeste), *Liège 1741 - Ermitage de Montmorency 1813*, compositeur français d'origine liégeoise. Il a développé les possibilités expressives de l'opéra-comique (*Zémire et Azor*, 1771 ; *Richard Cœur de Lion*, 1784).

GRETZKY (Wayne), *Brantford, Ontario, 1961*, joueur de hockey sur glace canadien. Excellent marqueur de buts, il est considéré comme le plus grand champion de l'histoire de son sport.

GREUZE (Jean-Baptiste), *Tournus 1725 - Paris 1805*, peintre français. Il est l'auteur, célébré par Diderot, de compositions habiles sur des sujets propres à « élever l'âme » du spectateur (au Louvre : *l'Accordée de village, le Fils ingrat*, etc.) ainsi que de portraits. L'allusion sensuelle n'est pas rare (*la Cruche cassée*, Louvre).

Grève (place de), place de Paris devenue en 1806 place de l'Hôtel-de-Ville. Les ouvriers y venaient chercher de l'embauche. De 1310 à la Révolution, elle fut le lieu des exécutions capitales.

GREVENMACHER, v. du Luxembourg, ch.-l. du *cant. de Grevenmacher ;* 3 022 hab. Port sur la Moselle. — Beffroi et restes de fortifications.

Grévin (musée), galerie de figures de cire, à Paris, boulevard Montmartre, créé en 1882 par le journaliste Arthur Meyer (1844 - 1924) et le dessinateur Alfred Grévin (1827 - 1892).

GREVISSE (Maurice), *Rulles 1895 - La Louvière 1980*, grammairien belge. Son *Bon Usage* (1936, nombreuses rééditions), fondé sur l'observation du français écrit, s'inscrit dans la lignée de Vaugelas et fait largement autorité.

GRÉVY (Jules), *Mont-sous-Vaudrey, Jura, 1807 - id. 1891*, homme politique français. Il remplaça Mac-Mahon comme président de la République (1879). Réélu en 1885, il démissionna dès 1887 à la suite du scandale des décorations, où était impliqué son gendre Wilson.

GREY (Charles, comte), *Fallodon 1764 - Howick House 1845*, homme politique britannique. Chef du parti whig à la Chambre des lords, Premier ministre de 1830 à 1834, il fit voter en 1832, malgré les Lords, la première grande réforme électorale.

GREY (Edward, vicomte), *Londres 1862 - Fallodon 1933*, homme politique britannique. Ministre des Affaires étrangères (1905 - 1916), favorable à l'Entente cordiale, il fut l'artisan de l'accord avec la Russie (1907).

GREZ-DOICEAU, comm. de Belgique (Brabant wallon), au N.-E. de Wavre ; 10 421 hab. Église de 1782 avec tour romane.

GRIAULE (Marcel), *Aisy-sur-Armançon, Yonne, 1898-Paris 1956,* ethnologue français. Après avoir travaillé en Éthiopie (dont il fut le représentant à la SDN) et organisé la mission scientifique Dakar-Djibouti (1931 - 1933), il a étudié les rites et les systèmes de pensée des Dogon et des Bamanan (*Masques dogons,* 1938 ; *le Renard pâle,* avec G. Dieterlen, 1965).

GRIBEAUVAL (Jean-Baptiste **Vaquette de**), *Amiens 1715 - Paris 1789,* général et ingénieur militaire français. Premier inspecteur de l'artillerie (1776), il créa un nouveau système distinguant *l'artillerie de campagne* et *l'artillerie de siège,* employé avec succès de 1792 à 1815.

GRIBOÏEDOV (Aleksandr Sergueïevitch), *Moscou 1795 - Téhéran 1829,* auteur dramatique russe. Il a écrit la comédie satirique *le Malheur d'avoir trop d'esprit.*

GRIEG (Edvard), *Bergen 1843 - id. 1907,* compositeur norvégien. Célèbre pour la musique de scène (1876) du drame d'Ibsen *Peer Gynt* et pour son *Concerto pour piano et orchestre* en *la* mineur (1868), il est aussi l'auteur de pièces pour piano et de lieder.

GRIERSON (John), *Kilmadock, comté de Stirling, 1898 - Bath 1972,* cinéaste et producteur britannique. Il fut le créateur et l'animateur de l'école documentariste anglaise (*Drifters,* 1929).

GRIFFITH (Arthur), *Dublin 1872 - id. 1922,* homme politique irlandais. Fondateur du mouvement Sinn Féin (1902), vice-président de la république d'Irlande (1918), il signe le traité de Londres (1921) reconnaissant l'État libre d'Irlande.

GRIFFITH (David Wark), *Floydsfork, Kentucky, 1875 - Hollywood 1948,* cinéaste américain. Il élabora la plupart des principes fondamentaux de l'expression cinématographique : gros plan, travelling, flash-back, montage parallèle. Il tourna notamment *la Naissance d'une nation* (1915), *Intolérance* (1916), *le Lys brisé* (1919).

GRIGNAN (26230), ch.-l. de cant. de la Drôme ; 1 368 hab. Important château de la Renaissance (complété au XVIIe s.) où mourut Mme de Sévigné ; église des mêmes époques.

GRIGNARD (Victor), *Cherbourg 1871 - Lyon 1935,* chimiste français. Il découvrit les composés organomagnésiens, sources de nombreuses synthèses en chimie organique. (Prix Nobel 1912.)

GRIGNION DE MONTFORT (saint Louis-Marie) → **LOUIS-MARIE GRIGNION DE MONTFORT.**

GRIGNON, hameau de la comm. de *Thiverval-Grignon* (Yvelines), où se trouve l'une des deux implantations de l'Institut national agronomique Paris-Grignon (INA P-G), l'autre étant à Paris.

GRIGNON (Claude Henri), *Sainte-Adèle, Québec, 1894 - id. 1976,* écrivain canadien de langue française. Il est l'auteur du roman de mœurs *Un homme et son péché.*

GRIGNY (91350), ch.-l. de cant. de l'Essonne, sur la Seine ; 24 620 hab. *(Grignois).*

GRIGNY (Nicolas **de**), *Reims 1672 - id. 1703,* compositeur et organiste français. Il est l'auteur d'un *Livre d'orgue* (1699), que recopia Bach.

GRIGORESCU (Nicolae), *Pitaru 1838 - Cîmpina 1907,* peintre roumain. Passé par Barbizon (1861), ce fondateur de l'école roumaine moderne a été, notamm., le chantre de la vie paysanne de la Munténie.

GRIGOROVITCH (Iouri Nikolaïevitch), *Leningrad 1927,* danseur et chorégraphe russe. Chef chorégraphe et directeur artistique du ballet au théâtre Bolchoï de Moscou (1964 - 1995), il est l'auteur d'œuvres à grande mise en scène : *Spartacus,* 1968 (nouvelle version en collab. avec M. Liepa) ; *Ivan le Terrible,* 1975.

GRILLPARZER (Franz), *Vienne 1791 - id. 1872,* écrivain autrichien, auteur de drames historiques et mythologiques.

GRIMALDI (maison **de**), famille noble d'origine génoise, qui établit son autorité sur Monaco au XVe s. La troisième *maison de Grimaldi* a été fondée par Rainier III, petit-fils de Louis II, l'ultime représentant de la deuxième maison de Grimaldi, celle de Goyon-Matignon, fondée au XVIIIe s.

Grimaldi (ordre de), ordre monégasque créé en 1954.

GRIMAUD (83310), ch.-l. de cant. du Var ; 3 847 hab. *(Grimaudois).* Station balnéaire à *Port-Grimaud.* — Bourg pittoresque, avec église romane et ruines du château féodal.

GRIMAULT (Paul), *Neuilly-sur-Seine 1905 - Le Mesnil-Saint-Denis 1994,* cinéaste français d'animation. Il est l'auteur de dessins animés poétiques (*la Bergère et le Ramoneur,* en collab. avec J. Prévert, 1953 [repris sous le titre *le Roi et l'Oiseau,* 1980] ; *la Table tournante,* 1988).

GRIMBERGEN [grimbɛrgən], comm. de Belgique (Bruxelles - Capitale), banlieue nord de Bruxelles ; 32 120 hab. Abbatiale baroque du XVIIe s. (beau mobilier).

GRIMM, nom de deux frères, linguistes et écrivains allemands : **Jacob G.,** *Hanau 1785 - Berlin 1863,* fondateur de la philologie allemande, et **Wilhelm G.,** *Hanau 1786 - Berlin 1859.* Ils réunirent de nombreux contes populaires germaniques *(Contes d'enfants et du foyer).*

GRIMM (Melchior, baron **de**), *Ratisbonne 1723 - Gotha 1807,* critique allemand d'expression française. Il succéda à l'abbé Raynal comme rédacteur de la **Correspondance littéraire.*

GRIMMELSHAUSEN (Hans Jakob Christoffel **von**), *Gelnhausen v. 1622 - Renchen, Bade, 1676,* romancier allemand, auteur de *la Vie de l'aventurier *Simplicius Simplicissimus.*

GRIMOD DE LA REYNIÈRE (Alexandre Balthasar Laurent), *Paris 1758 - Villiers-sur-Orge, Essonne, 1838,* gastronome français. Avec son fameux *Almanach des gourmands* (1803 - 1812), il est l'initiateur de la presse gastronomique.

GRIMSBY, v. de Grande-Bretagne (Angleterre), sur la mer du Nord ; 88 900 hab. Port. Pêche. Conserveries.

GRIMSEL n.m., col des Alpes bernoises (Suisse), entre les vallées du Rhône et de l'Aar ; 2 165 m.

GRINDELWALD, comm. de Suisse (cant. de Berne) ; 3 733 hab. Station d'été et d'hiver (alt. 1 050 - 3 454 m).

GRINGORE ou **GRINGOIRE** (Pierre), *Thury-Harcourt v. 1475 - en Lorraine v. 1539,* écrivain français. Il soutint la politique de Louis XII à l'égard du pape Jules II dans sa sottie du *Jeu du prince des sots* (1512). V. Hugo a fait de lui l'un des personnages de *Notre-Dame de Paris.*

GRIS (Victoriano **González,** dit Juan), *Madrid 1887 - Boulogne-sur-Seine 1927,* peintre espagnol. Il s'installa à Paris en 1906. Son œuvre, cubiste à partir de 1911, manifeste une grande rigueur de composition et de structure (collages et peintures synthétiques v. 1913 - 1917).

GRISI (Carlotta), *Visinada 1819 - Saint-Jean, près de Genève, 1899,* danseuse italienne. Grande interprète romantique, elle créa le rôle titre du ballet *Giselle* (1841).

GRIS-NEZ (cap), promontoire à l'entrée du pas de Calais, limite traditionnelle entre la Manche et le détroit. Phare.

GRISOLLES (82170), ch.-l. de cant. de Tarn-et-Garonne ; 2 968 hab. *(Grisollais).*

GRISONS, en all. **Graubünden,** canton de Suisse ; 7 106 km² ; 182 000 hab. *(Grisons)* ; ch.-l. *Coire.* Grande région touristique (Saint-Moritz, Davos, etc.). — Les Grisons, qui ont appartenu au Saint Empire de 916 à 1648, sont entrés dans la Confédération suisse en 1803.

GROCK (Adrien **Wettach,** dit), *Reconvilier, canton de Berne, 1880 - Imperia, Italie, 1959,* artiste de cirque suisse. Il fut l'un des premiers augustes à se passer de la présence d'un clown blanc.

GRODDECK (Georg Walther), *Bad Kösen 1866 - Zurich 1934,* médecin allemand. Il a montré l'importance des facteurs psychiques dans les maladies organiques (*le Livre du ça,* 1923).

GRODNO, v. de l'ouest de la Biélorussie ; 285 000 hab.

GROENLAND, île dépendant du Danemark, située au N.-E. de l'Amérique ; 2 186 000 km² ; 55 117 hab. *Groenlandais* ; cap. *Nuuk.* Elle est en grande partie recouverte de glace. Bases aériennes. — Le Groenland fut découvert v. 985 par Erik le Rouge et redécouvert au XVIe s. par Davis. Les Danois le colonisèrent à partir de 1721. Département danois depuis 1953, doté depuis 1979 d'un statut d'autonomie interne, le Groenland s'est retiré de la CEE en 1985.

GROENLAND (courant du), courant marin froid. Il se dirige du nord vers le sud le long de la côte est du Groenland.

GROIX (île de) [56590], île française de l'Atlantique, constituant une commune et un canton du Morbihan ; 15 km² ; 2 323 hab. (*Grésillons* ou *Groizillons*).

GROMAIRE (Marcel), *Noyelles-sur-Sambre 1892 - Paris 1971,* peintre, graveur et cartonnier de tapisserie français. Son art est à la fois expressionniste et d'une stabilité classique (*la Guerre,* 1925, MAM de la Ville de Paris).

GROMYKO (Andreï Andreïevitch), *Starye Gromyki, Biélorussie, 1909 - Moscou 1989,* homme politique soviétique. Ministre des Affaires étrangères (1957 - 1985), il a présidé le praesidium du Soviet suprême de 1985 à 1988.

GRONINGUE, en néerl. **Groningen,** prov. du nord des Pays-Bas ; 560 000 hab. ; ch.-l. *Groningue.*

GRONINGUE, en néerl. **Groningen,** v. des Pays-Bas, ch.-l. de la *prov. de Groningue* ; 168 702 hab. Importantes exploitations de gaz naturel dans la région. — Église St-Martin, des XIIIe-XVe s. ; musées.

GROOTE (Geert), dit **Gérard le Grand,** *Deventer 1340 - id. 1384,* mystique néerlandais. Il fut l'initiateur du renouveau spirituel de la *Devotio moderna.*

GROPIUS (Walter), *Berlin 1883 - Boston 1969,* architecte et théoricien allemand naturalisé américain. Fondateur du Bauhaus à Weimar en 1919, il participa à la genèse de l'architecture moderne (locaux du Bauhaus à Dessau, 1925). Il émigra en 1937 aux États-Unis, où il enseigna à Harvard et fonda l'agence d'architecture TAC.

GROS (Antoine, baron), *Paris 1771 - Meudon 1835,* peintre français. Élève de David, il est l'auteur de grandes compositions qui préludent au romantisme : *les Pestiférés de Jaffa* (1804, Louvre), *la Bataille d'Aboukir* (1807, Versailles), *le Champ de bataille d'Eylau* (1808, Louvre).

GROSJEAN (Jean), *Paris 1912,* poète français. Traducteur de la Bible et du Coran, il exprime dans sa poésie *(la Gloire)* et ses récits la recherche de la présence divine et de l'intensité du présent.

GROS-MORNE (97213), comm. de la Martinique ; 10 710 hab.

GROSS (Hans), *Graz 1847 - id. 1915,* magistrat autrichien. Il a imaginé la coordination internationale des polices, qui devint « Interpol ».

Gross Rosen, camp de concentration allemand (1940 - 1945), près de Rogoźnica (Silésie, auj. en Pologne).

Grosse Bertha → **Bertha.**

GROSSE-ÎLE, île du Saint-Laurent, à 50 km env. en aval de Québec. Lieu de quarantaine pour le contrôle sanitaire des immigrants de 1832 à 1937.

GROSSETO, v. d'Italie (Toscane), ch.-l. de prov. ; 70 096 hab. Cathédrale de la fin du XIIIe s.

GROSSGLOCKNER n.m., point culminant de l'Autriche, dans les Hohe Tauern ; 3 796 m. Route touristique jusqu'à 2 571 m.

GROSZ (Georg), *Berlin 1893 - id. 1959,* dessinateur et peintre allemand naturalisé américain. Proche du courant de la « nouvelle objectivité », il a donné une critique sociale aussi mordante par le style que par le contenu.

GROTEWOHL (Otto), *Brunswick 1894 - Berlin 1964,* homme politique allemand. Fondateur (1946) du Parti socialiste unifié (SED), il a été chef du gouvernement de la RDA (1949 - 1964).

GROTHENDIECK (Alexander), *Berlin 1928,* mathématicien français d'origine allemande. Il est l'auteur de travaux concernant surtout la géométrie algébrique. (Médaille Fields 1966 ; prix Crafoord 1988.)

GROTIUS (Hugo **de Groot,** dit), *Delft 1583 - Rostock 1645,* jurisconsulte et diplomate hollandais. Dans le *De jure belli ac pacis* (1625), il combat l'esclavage et s'efforce de prévenir et de réglementer les guerres. Cet ouvrage, véritable code de droit international public, a valu à son auteur le titre de « Père du droit des gens ».

GROTOWSKI (Jerzy), *Rzeszów 1933 - Pontedera, prov. de Pise, 1999,* metteur en scène et directeur de théâtre polonais naturalisé français. Animateur du théâtre-laboratoire de Wrocław (1965 - 1985), puis d'un centre de travail près de Pontedera, en Italie (1986), partisan d'un « théâtre pauvre », il a concentré ses recherches sur le jeu de l'acteur et la communication directe avec les spectateurs. Il avait été nommé professeur au Collège de France (anthropologie théâtrale) en 1997.

GROUCHY (Emmanuel, marquis **de**), *Paris 1766 - Saint-Étienne 1847,* maréchal de France. Il ne put empêcher la jonction entre Prussiens et Anglais à Waterloo (1815).

Groupe 47, cercle littéraire (1947 - 1977), créé à l'initiative de H. W. Richter pour rassembler les écrivains de langue allemande d'Allemagne, de Suisse et d'Autriche dans la défense des libertés littéraire et politique.

Groupe des 7 → **G7.**
Groupe des 8 (G8) → **G7.**
Groupe des 77 → **G77.**
GROUSSET (René), *Aubais, Gard, 1885 - Paris 1952,* historien français. Il est l'auteur de travaux sur l'Asie et les croisades. (Acad. fr.)
GROZNYÏ, v. de Russie, cap. de la Tchétchénie, dans le Caucase ; 401 000 hab. (en 1989). Bombardée par les forces russes de 1994 à 1996 et depuis 1999, la ville est en grande partie détruite.
GRUBER (Francis), *Nancy 1912 - Paris 1948,* peintre français. Fils du peintre verrier Jacques Gruber, il a produit une œuvre d'une inspiration angoissée, d'un style expressionniste parfois qualifiés de « misérabilistes ».
GRÜBER (Klaus Michael), *Neckarelz, auj. rattachée à Mosbach, 1941,* metteur en scène de théâtre allemand. En Allemagne ou en France, ses spectacles, privilégiant l'intériorité, tendent souvent vers un dépouillement minimaliste *(Faust, Bérénice, le Récit de la servante Zerline, Amphitryon, Iphigénie en Tauride).*
GRUDZIĄDZ, v. de Pologne, sur la Vistule ; 102 900 hab. Métallurgie.
GRUISSAN (11430), comm. de l'Aude ; 3 101 hab. Station balnéaire.
GRUNDTVIG (Nikolai), *Udby 1783 - Copenhague 1872,* écrivain danois. Pasteur, puis évêque luthérien, poète *(le Lys de Pâques)* et essayiste, il fut le rénovateur de l'esprit national et religieux.
GRÜNEWALD (Mathis **Nithart** ou **Gothart,** dit Matthias), *Würzburg ? v. 1475/1480 - sans doute m. à Halle en 1528,* peintre allemand. Son chef-d'œuvre est la partie peinte du grand polyptyque à transformations des Antonins d'Issenheim (v. 1511 - 1516, musée de Colmar), d'un art expressionniste et visionnaire.

■ MATTHIAS **GRÜNEWALD.** « Visite de saint Antoine à saint Paul l'Ermite au désert », partie principale d'un des volets du retable d'Issenheim, 1511 - 1516. (Musée d'Unterlinden, Colmar.)

Grunwald ou **Tannenberg** (bataille de) [15 juill. 1410], victoire du roi de Pologne Ladislas II Jagellon et du grand-duc de Lituanie Vytautas sur les chevaliers Teutoniques.
GRUSS, famille française d'artistes de cirque. À travers de nombreuses enseignes (Radio-Circus, Médrano voyageur, le Grand Cirque de France), elle a marqué l'histoire du cirque depuis 1945. – **Alexis G. Junior,** *Bart, Doubs, 1944,* artiste et directeur de cirque français. Il a créé en 1974 le Cirque à l'ancienne, devenu cirque national en 1983.
GRÜTLI → **RÜTLI.**
GRUYÈRES, comm. de Suisse (cant. de Fribourg), dans la *Gruyère* (région célèbre par ses fromages) ; 1 460 hab. (*Gruériens* ou *Gruyériens*). Château des XIIe-XVe s.
GRYPHIUS (Andreas **Greif,** dit), *Glogau, Silésie, 1616 - id. 1664,* écrivain allemand. Son œuvre poétique et dramatique *(Catherine de Géorgie)* tire un puissant lyrisme religieux du sentiment de la vanité des choses et de la mort.
GSELL (Stéphane), *Paris 1864 - id. 1932,* archéologue et historien français, spécialiste d'archéologie étrusque et algérienne.
GSTAAD, station estivale et de sports d'hiver (alt. 1 100 - 3 000 m) de Suisse (cant. de Berne).
GUADALAJARA, v. d'Espagne (Castille-La Manche), ch.-l. de prov. ; 63 649 hab. Palais gothico-mudéjar des ducs de l'Infantado (fin du XVe s.). – Défaite en mars 1937 des milices italiennes engagées avec les troupes de Franco.
GUADALAJARA, v. du Mexique ; 2 846 720 hab. Aéroport. Université. Métallurgie. – Urbanisme d'époque coloniale, avec une cathédrale des XVIe-XVIIe s. ; musées.
GUADALCANAL, île volcanique de l'archipel des Salomon. Occupée par les Japonais en juill. 1942, l'île fut reconquise par les Américains en févr. 1943, après six mois de durs combats.
GUADALQUIVIR n.m., fl. d'Espagne, qui rejoint l'Atlantique ; 680 km. Il passe à Cordoue et Séville.
GUADALUPE, v. d'Espagne (Estrémadure), dans la *sierra de Guadalupe ;* 2 447 hab. Célèbre monastère, fondation royale du XIVe s. (tableaux de Zurbarán et autres œuvres d'art).
GUADALUPE, v. du Mexique, banlieue est de Monterrey ; 535 332 hab.
GUADALUPE (sierra de), chaîne de montagnes du centre de l'Espagne ; 1 740 m.
GUADARRAMA (sierra de), chaîne de montagnes d'Espagne, entre le Tage et le Douro ; 2 430 m. Elle sépare la Vieille-Castille et la Nouvelle-Castille.
GUADELOUPE [gwa-] n.f. (971), dép. français d'outre-mer, constitué par une des Petites Antilles (et des dépendances) ; ch.-l. de dép. *Basse-Terre ;* ch.-l. d'arrond. *Pointe-à-Pitre, Marigot ;* 3 arrond. ; 43 cant. ; 34 comm. ; 1 780 km² ; 422 496 hab. *(Guadeloupéens).* Le dép. appartient à l'académie de la Guadeloupe, à la cour d'appel de Basse-Terre, à la zone de défense Antilles. La Guadeloupe est formée de deux îles, Basse-Terre et Grande-Terre, séparées par un bras de mer, la rivière Salée. Malgré son nom, Basse-Terre est la plus élevée (volcan de la Soufrière, 1 467 m) ; Grande-Terre est un plateau qui dépasse à peine 100 m. Plusieurs îles (la Désirade, les Saintes, Marie-Galante, Saint-Barthélemy, une partie de Saint-Martin) dépendent de la Guadeloupe. En dehors du tourisme, les principales ressources sont la canne à sucre, le rhum, les bananes, insuffisantes pour équilibrer les importations et pour enrayer le sous-emploi (malgré l'émigration). Parc national sur l'île de Basse-Terre. – Découverte par Christophe Colomb en 1493, l'île fut colonisée par la France dès 1635 et rattachée à la Couronne en 1674. L'esclavage y fut aboli en 1848. Département français d'outre-mer en 1946, elle fut dotée d'un conseil régional en 1983.
GUADET (Marguerite Élie), *Saint-Émilion 1758 - Bordeaux 1794,* homme politique français. Député girondin à l'Assemblée législative (1791) puis à la Convention (1792), il fut décapité.
GUADIANA n.m., fl. d'Espagne et de Portugal, qui se jette dans l'Atlantique ; 744 km. Il sert (partiellement) de frontière entre les deux pays.
GUAIRA (La), v. du Venezuela ; 25 000 hab. Port de Caracas.
GUAÏTA (Stanislas **de**), *château d'Alteville, Tarquimpol, Moselle, 1861 - id. 1897,* occultiste français. Fondateur de l'ordre kabbalistique de la Rose-Croix (1888), il nia dans son triptyque, *le Serpent de la Genèse* (1892, 1897 et, posthume, 1952), l'existence du « prince des Ténèbres ».
GUAJIRO ou **GOAJIRO,** peuple amérindien de la péninsule de la Guajira (Colombie, Venezuela) [env. 90 000]. Éleveurs semi-nomades, les Guajiro parlent une langue de la famille arawak.
GUAM, île principale de l'archipel des Mariannes, en Micronésie ; 133 152 hab. ; ch.-l. *Agana.* Occupée par les Japonais de 1941 à 1944, Guam est devenue une puissante base militaire américaine.
GUANAJUATO, v. du Mexique, au N.-O. de Mexico ; 73 108 hab. Ville pittoresque, aux monuments de style baroque colonial.
GUANGDONG, prov. de la Chine du Sud ; 63 210 000 hab. ; cap. *Canton.*
GUANGXI, région autonome de la Chine du Sud ; 42 530 000 hab. ; cap. *Nanning.*
GUANGZHOU → **CANTON.**
GUAN HANQING, *Pékin v. 1210 - v. 1298,* le plus grand dramaturge des Yuan.
GUANTÁNAMO, v. de Cuba, près de la *baie de Guantánamo ;* 216 000 hab. Sur la baie, base navale concédée aux États-Unis en 1903.
GUAPORÉ n.m., riv. d'Amérique du Sud, affl. du Mamoré (r. dr.) ; 1 750 km. Il sépare le Brésil et la Bolivie.
GUARANI, groupe amérindien de la forêt amazonienne du Brésil et du Paraguay (env. 7 000). Les Guarani furent en partie rassemblés au XVIIe s. et au XVIIIe s. par les Jésuites dans des « réductions », où ils prospérèrent. Après l'expulsion de leurs protecteurs, ils furent victimes de massacres et durent se disperser. Ils comprennent notamment les Nadeva, les Mbya et les Kaiwa. Leurs langues appartiennent à la famille tupi-guarani.
GUARDAFUI ou **GARDAFUI** (cap), cap de l'extrémité est de l'Afrique, à l'entrée du golfe d'Aden.
GUARDI (Francesco), *Venise 1712 - id. 1793,* peintre italien. Il débuta dans l'atelier de son frère aîné Giovanni Antonio (1699 - 1760). Maître d'un style nerveux et scintillant, il a représenté Venise,

■ FRANCESCO **GUARDI.** Petit *Caprice architectural* (National Gallery, Londres).

ses monuments, ses fêtes ainsi que les jeux changeants de son ciel et de ses eaux.

Guardian (The), quotidien britannique libéral. Fondé comme hebdomadaire en 1821, il devient quotidien en 1855 et prend son titre actuel en 1960. Il a une large audience internationale.

GUARINI (Giovan Battista), *Ferrare 1538 - Venise 1612,* écrivain italien, auteur de la tragi-comédie pastorale *Il Pastor fido.*

GUARINI (Guarino), *Modène 1624 - Milan 1683,* architecte italien. Moine théatin, philosophe et mathématicien, influencé par Borromini, il a donné à Turin ses œuvres les plus célèbres, dont l'église à plan central S. Lorenzo.

GUARNERI (Giuseppe Antonio) dit **GUARNERIUS,** *Crémone 1698 - id. 1744,* luthier italien. Rival de Stradivarius, surnommé « Giuseppe del Gesù », il fut le membre le plus célèbre d'une famille de luthiers réputée (XVIIe-XVIIIe s.).

GUARRAZAR, localité d'Espagne, près de Tolède. On y a mis au jour (1853) un riche trésor de couronnes votives wisigothiques, auj. au Musée archéologique de Madrid.

GUARULHOS, v. du Brésil, près de São Paulo ; 781 499 hab.

GUATEMALA n.m., État d'Amérique centrale ; 109 000 km^2 ; 10 900 000 hab. *(Guatémaltèques).* CAP. *Guatemala.* LANGUE : *espagnol.* MONNAIE : *quetzal.* (V. carte **Amérique centrale.**)

GÉOGRAPHIE

Pays de montagnes, en partie volcaniques, au sud, de bas plateaux au nord, le Guatemala est l'État le plus peuplé d'Amérique centrale. La population, encore majoritairement indienne, augmente rapidement. Le café est la base des exportations, dirigées surtout vers les États-Unis, également premier fournisseur.

HISTOIRE

La colonisation et le XIXe s. 1524 : peuplé de Maya-Quiché, le Guatemala est conquis par Pedro de Alvarado. **1544 :** la région devient capitainerie générale dépendant du vice-roi de Mexico. **1821 - 1823 :** le Guatemala s'unit au Mexique sous l'autorité d'Agustín de Iturbide. **1824 - 1839 :** il fait partie des Provinces-Unies de l'Amérique centrale. **1839 :** le pays reprend son indépendance. **1840 - 1865 :** Rafael Carrera gouverne autoritairement jusqu'à sa mort. **1873 - 1885 :** libéral et positiviste, Justo Rufino Barrios modernise le pays ; la culture du caféier se développe.

Le XXe s. 1898 - 1920 : son successeur, Manuel Estrada Cabrera, poursuit son œuvre, tandis que se constitue l'empire bananier de United Fruit. **1931 - 1944 :** dictature du général Jorge Ubico. **1951 - 1954 :** la tentative de réforme agraire entreprise par le colonel Jacobo Arbenz Guzmán lui vaut d'être renversé par des généraux appuyés par les États-Unis. **1960 :** début d'une opposition insurrectionnelle. **1970 - 1982 :** le pays, ravagé en 1976 par des tremblements de terre, est confronté à une guerre civile larvée qu'animent des guérilleros de type castriste ou sandiniste. **1982 - 1983 :** coup d'État du général Efraín Ríos Montt. **1983 :** coup d'État du général Oscar Mejía Victores. **1986 :** le démocrate-chrétien Vinicio Cerezo Arévalo accède à la présidence de la République. À partir de 1987, le Guatemala participe à l'effort de paix en Amérique centrale (signature d'accords en 1987 et en 1989 avec le Costa Rica, le Honduras, le Nicaragua et le Salvador). **1989 :** des négociations de paix s'engagent avec la guérilla. **1991 :** l'évangéliste Jorge Serrano Elías, dirigeant du Mouvement d'action solidaire (centre droit), est élu à la présidence de la République. **1993 :** il est destitué. Le Parlement désigne pour lui succéder Ramiro de León Carpio. **1996 :** Álvaro Arzú Irigoyen, leader du Parti pour l'avancement national (droite progressiste), est élu à la tête de l'État. Un accord de paix est conclu entre le pouvoir central et la guérilla, mettant fin à plus de 35 ans de conflit. **2000 :** Alfonso Portillo Cabrera (Front républicain guatémaltèque, droite populiste) devient président de la République.

GUATEMALA, cap. du Guatemala ; 1 400 000 hab. *(Guatémaliens).*

GUATTARI (Félix), *Villeneuve-lès-Sablons, Oise, 1930 - La Borde, comm. de Cour-Cheverny, Loir-et-Cher, 1992,* psychanalyste français. Ses travaux marquent un tournant dans la critique de la psychanalyse. Il est l'auteur, avec G. Deleuze, de *l'Anti-Œdipe* (1972), de *Mille Plateaux* (1980) et de *Qu'est-ce que la philosophie ?* (1991).

GUAYAQUIL, v. de l'Équateur, sur le Pacifique ; 1 508 444 hab. Principale ville et métropole économique du pays. Port.

GUAYASAMÍN (Oswaldo), *Quito 1919 - Baltimore, États-Unis, 1999,* peintre équatorien. Sa série « l'Âge de la colère » (1962 - 1971) est d'une expression violente et austère.

GUAYMI, peuple amérindien du Panamá et du Costa Rica (env. 125 000). Agriculteurs et éleveurs, ils parlent le *ngobere.*

GUBBIO, v. d'Italie (Ombrie) ; 30 539 hab. C'est l'anc. ville étrusque et romaine d'*Iguvium.* — Monuments, surtout médiévaux. Centre de production de majolique au XVIe s.

GUDERIAN (Heinz), *Kulm, auj. Chelmno, 1888 - Schwangau, Bavière, 1954,* général allemand. Créateur de l'arme blindée allemande (1935 - 1939), il fut chef d'état-major de l'armée de terre (1944 - 1945).

GUDULE (sainte), *en Brabant VIIe s. - Hamme 712,* patronne de Bruxelles.

GUEBWILLER [gɛbvilɛr] (68500), ch.-l. d'arrond. du Haut-Rhin ; 11 883 hab. *(Guebwillerois).* Textile. Constructions mécaniques. — Églises St-Léger (XIIe-XIVe s.), des Dominicains (XIVe s.) et Notre-Dame (XVIIIe s.) ; musée du Florival.

GUEBWILLER (ballon de) → **GRAND BALLON.**

GUÉHENNO (Jean), *Fougères 1890 - Paris 1978,* écrivain français. Issu d'un milieu modeste, humaniste engagé dans les mouvements antifascistes, il est l'auteur d'essais *(Caliban parle),* de journaux *(Journal d'un homme de quarante ans)* et de Mémoires *(Changer la vie).* [Acad. fr.]

GUELDRE, en néerl. **Gelderland,** prov. des Pays-Bas ; 1 829 000 hab. ; ch.-l. *Arnhem.* Comté (1079), puis duché (1339), la Gueldre fut acquise par Charles Quint en 1543. En 1578, le nord du pays fut rattaché aux Provinces-Unies ; le sud, partagé entre l'Autriche et la Prusse, ne fut incorporé aux Provinces-Unies qu'en 1814.

GUELMA, v. de l'est de l'Algérie, ch.-l. de wilaya ; 78 000 hab. Vestiges romains.

GUELPH, v. du Canada (Ontario), au S.-O. de Toronto ; 87 976 hab. Université.

GUÉMENÉ-PENFAO [gemenepɛ̃fo] (44290), ch.-l. de cant. de la Loire-Atlantique ; 4 674 hab.

GUÉNON (René), *Blois 1886 - Le Caire 1951,* philosophe ésotérique français. L'étude rigoureuse des traditions de l'Orient nourrit sa condamnation du matérialisme du monde moderne (*Introduction générale à l'étude des doctrines hindoues,* 1922). Il se convertit à l'islam.

Guépéou (GPU), administration politique chargée de la sécurité de l'État soviétique (1922 - 1934). Succédant à la *Tcheka et préludant au *NKVD, il joua un grand rôle dans le régime stalinien après 1929.

GUÉPRATTE (Émile), *Granville 1856 - Brest 1939,* amiral français. Il se distingua en 1915 à la tête de la division navale française aux Dardanelles.

GUER [gɛr] (56380), ch.-l. de cant. du Morbihan ; 6 794 hab. Camp de *Coëtquidan.

GUÉRANDE (44350), ch.-l. de cant. de la Loire-Atlantique ; 14 296 hab. *(Guérandais).* Enceinte du XVe s. (musée dans la porte St-Michel), collégiale des XIIe-XVe s., maisons anciennes. — Aux env., marais salants. — traité de **Guérande** (12 avr. 1365), traité entre Charles V et le fils de Jean de Montfort, reconnu duc de Bretagne (Jean IV), qui mit fin à la guerre de la Succession de Bretagne.

GUÉRANGER (dom Prosper), *Sablé 1805 - Solesmes 1875,* religieux français. Restaurateur de l'ordre bénédictin en France (1837) et premier abbé de Solesmes, il initia le renouveau de la liturgie romaine.

GUERCHE-DE-BRETAGNE (La) [35130], ch.-l. de cant. d'Ille-et-Vilaine ; 4 235 hab. Collégiale des XVe-XVIe s., maisons anciennes.

GUERCHE-SUR-L'AUBOIS (La) [18150], ch.-l. de cant. du Cher ; 3 439 hab. Église romane et gothique.

GUERCHIN (Giovanni Francesco **Barbieri,** dit **il Guercino,** en fr. **le**), *Cento, près de Ferrare, 1591 - Bologne 1666,* peintre italien. Il fut influencé par les Vénitiens, les Bolonais, le Caravage (plafond de *l'Aurore* au casino Ludovisi, à Rome, 1621 ; *Mariage mystique de sainte Catherine,* 1650, pinacothèque de Modène).

GUÉRET (23000), ch.-l. du dép. de la Creuse, à 327 km au S. de Paris ; 15 286 hab. *(Guérétois).* Centre administratif et commercial. — Deux musées (émaillerie limousine, notamm.).

GUERICKE (Otto **von**), *Magdebourg 1602 - Hambourg 1686,* physicien allemand. Lors d'expériences sur les effets du vide, il réalisa notamm., en 1654, celle des *hémisphères de Magdebourg,* destinée à mettre en évidence la pression atmosphérique. Il inventa la première machine électrostatique et la machine pneumatique.

GUÉRIGNY (58130), ch.-l. de cant. de la Nièvre ; 2 529 hab. Site d'archéologie industrielle.

GUÉRIN (Camille), *Poitiers 1872 - Paris 1961,* vétérinaire et microbiologiste français. Avec Calmette, il est l'inventeur du BCG.

GUÉRIN (Eugénie **de**), *château du Cayla, près d'Albi, 1805 - id. 1848,* femme de lettres française, auteur de *Lettres* et d'un *Journal.* — **Maurice de G.,** *château du Cayla 1810 - id. 1839,* écrivain français, frère d'Eugénie. Influencé par La Mennais, il est l'auteur du poème en prose *le Centaure.*

GUÉRIN (Pierre Narcisse, baron), *Paris 1774 - Rome 1833,* peintre français. Un des meilleurs artistes de la seconde génération néoclassique.

GUERLÉDAN, barrage et lac de la Bretagne centrale.

GUERNESEY, l'une des îles Anglo-Normandes ; 63 km^2 ; 59 000 hab. *(Guernesiais)* ; ch.-l. *Saint-Pierre.* Cultures (fruits, légumes et fleurs). Tourisme.

GUERNICA Y LUNO, v. d'Espagne, dans le Pays basque ; 16 042 hab. La ville fut détruite par l'aviation allemande au service des franquistes

G

■ **GUERNICA** (1937), toile de Picasso. (Centre d'art Reina Sofía, Madrid.)

pendant la guerre civile (1937). — **Guernica,** toile monumentale de Picasso, inspirée par cet événement. Elle fut peinte pour l'Exposition internationale de Paris de la même année 1937 (auj. au Centre d'art Reina Sofía, Madrid). *[V. ill. page 1375.]*

guerre (croix de), nom donné dans divers pays à des décorations commémorant les citations individuelles ou collectives. En France : *croix de guerre 1914 - 1918 ; croix de guerre 1939 - 1945 ; croix de guerre des théâtres d'opérations extérieures (TOE),* créée en 1921.

guerre (De la), œuvre de C. von Clausewitz. Composée entre 1816 et 1830, et publiée en 1832 - 1834, elle fait de la guerre un élément fondamental du jeu politique entre nations.

guerre de 1870 - 1871 → **franco-allemande** (guerre).

Guerre folle (1485 - 1488), révolte des grands seigneurs contre le gouvernement d'Anne de Beaujeu, fille de Louis XI et régente de France pendant la minorité de son frère Charles VIII.

guerre froide, état de tension qui opposa, de 1945 à 1990, les États-Unis, l'URSS et leurs alliés respectifs, qui formaient deux blocs dotés de moyens militaires considérables et défendant des systèmes idéologiques et économiques antinomiques. Aux années 1948 - 1962, très conflictuelles, succédèrent une phase de détente (1963 - 1978) puis une nouvelle intensification des tensions (1979 - 1985), après l'intervention militaire soviétique en Afghanistan. Elle prit fin avec l'effondrement du système communiste en Europe.

Guerre mondiale (Première), conflit qui, de 1914 à 1918, opposa l'Allemagne et l'Autriche-Hongrie, rejointes par la Turquie (1914) et la Bulgarie (1915), à la Serbie, à la France, à la Russie, à la Belgique et à la Grande-Bretagne, alliées au Japon (1914), à l'Italie (1915), à la Roumanie et au Portugal (1916), enfin aux États-Unis, à la Grèce, à la Chine et à plusieurs États sud-américains (1917).

Causes. La politique mondiale de l'Allemagne, son expansion économique et navale, notamm. dans le Proche-Orient, l'antagonisme germano-slave dans les Balkans et la course aux armements conduite par les deux blocs de la Triple-Alliance (Allemagne, Autriche-Hongrie, Italie) et de la Triple-Entente (France, Grande-Bretagne, Russie) créent en Europe, au lendemain des guerres balkaniques (1912 - 1913), un état de tension que le moindre incident peut transformer en conflit armé. L'assassinat par un étudiant bosniaque, le 28 juin 1914 à Sarajevo, de l'archiduc héritier François-Ferdinand d'Autriche fait office de détonateur. Le 28 juill., l'Autriche-Hongrie, poussée par Guillaume II, qui lui a accordé dès le 15 juill. un véritable « chèque en blanc », déclare la guerre à la Serbie. Le système des alliances entre alors en jeu et, en quelques semaines, les pays des deux camps antagonistes se trouvent en guerre, à l'exception de l'Italie, qui proclame sa neutralité. *(V. tableaux et cartes.)*

Conséquences. L'étendue et l'importance des destructions, les difficultés de ravitaillement, la hausse des prix et l'incertitude de la monnaie concernent à des degrés divers vainqueurs et vaincus. L'écroulement des empires russe, austro-hongrois, ottoman et du IIe Reich permet l'épanouissement de minorités nationales jusque-là brimées. L'Allemagne abandonne 70 000 km², soit 7 millions d'habitants et le huitième de son territoire, diminué de l'Alsace-Lorraine, de la Prusse-Occidentale et de la Posnanie. La Prusse-Orientale est désormais coupée de l'ensemble du Reich par le « couloir » qui donne à la Pologne un accès à la mer, tandis que Dantzig est érigée en ville libre sous contrôle de la SDN. L'Empire britannique se transforme en une confédération de peuples alors que l'Empire colonial français pose, dans l'immédiat, moins de problèmes politiques. En définitive, deux nations, les États-Unis et le Japon, seront les principales bénéficiaires des difficultés économiques et politiques de l'Europe de l'après-guerre.

G

PREMIÈRE GUERRE MONDIALE 1914-1918

1914. Déclaration de guerre de l'Autriche à la Serbie (28 juill.) et à la Russie (5 août), de l'Allemagne à la Russie (1er août) et à la France (3 août), de la Grande-Bretagne (4 août) et du Japon (23 août) à l'Allemagne. — Violation par l'Allemagne de la neutralité belge. — Neutralité italienne. — 3 nov. La Turquie en guerre contre les Alliés.	**Front Ouest.** Août. Invasion de la Belgique et du nord de la France (retraite française). — 6-13 sept. Manœuvre et victoire de Joffre sur la Marne. — Sept.-nov. Course à la mer et mêlée des Flandres : stabilisation d'un front continu de 750 km d'Ypres à la frontière suisse. **Front Est.** Août-oct. Offensives russes en Prusse-Orientale (arrêtée à Tannenberg, 26 août) et en Galicie (prise de Lvov, sept. ; retraite austro-allemande sur les Carpates et la Warta). Front stabilisé du Niémen aux Carpates (Memel [auj. Klaipeda], ouest de Varsovie, Gorlice). **Autres fronts.** Sept.-déc. Échecs autrichiens en Serbie. — Oct.-déc. Débarquement britannique sur le golfe Persique.
1915. 18 févr. Les Allemands déclenchent la guerre sous-marine. L'Italie signe le traité de Londres avec les Alliés (26 avr.), dénonce la Triplice et entre en guerre contre l'Autriche (23 mai). La Bulgarie entre en guerre aux côtés des empires centraux (5 oct.). — Maintien de la neutralité grecque. — Les Alliés mettent en place le blocus naval des empires centraux.	**Front Ouest.** Avr. Emploi des gaz par les Allemands. — Mai-sept. Vaines tentatives françaises de percée en Champagne et en Artois. **Front Est et Balkans.** Févr.-sept. Offensives allemandes en Prusse-Orientale et en Pologne : repli russe en Pologne jusqu'à la ligne Riga - Dvinsk - Pinsk - Czernowitz (Tchernovtsy). — Févr.-avr. Échecs alliés aux Dardanelles. — 5 oct. Débarquement allié à Salonique. — Oct.-nov. Conquête de la Serbie par les Allemands et les Bulgares. **Autres fronts.** Offensives italiennes dans le Trentin et le Karst (juill.). — Occupation du Sud-Ouest africain allemand par les Alliés (juill.).
1916. Soulèvement de l'Arabie contre le Sultan : Husayn, roi du Hedjaz. — Accords franco-britanniques sur le Moyen-Orient. — 27 août. La Roumanie déclare la guerre à l'Autriche et l'Italie déclare la guerre à l'Allemagne.	**Front Ouest.** 21 févr.-déc. Bataille de Verdun. — 1er juill.-oct. Offensive alliée sur la Somme (emploi des chars par les Britanniques). — 29 août. Hindenburg et Ludendorff chefs de la direction de guerre allemande. **Front Est et autres fronts.** Offensives russes en Arménie (févr.), en Galicie et en Bucovine (Broussilov, juin-sept.). — 14 septembre. Offensive alliée en Macédoine (Monastir [Bitola], 19 nov.). — Les Allemands conquièrent la Roumanie (oct.-déc.). — Janv. Occupation du Cameroun par les Alliés. — 28 avr. Défaite britannique à Kut al-Amara. — 31 mai. Bataille navale du Jütland.
1917. 1er févr. Guillaume II décide la guerre sous-marine à outrance (avr. : 875 000 tonnes de navires alliés coulées). — Mars-nov. Révolution russe. — 2 avr. Les États-Unis en guerre aux côtés des Alliés. — 16 nov. Clemenceau, chef du gouvernement français.	**Front Ouest.** Échec de l'offensive Nivelle sur le Chemin des Dames (16 avr.). Crise de l'armée française : Pétain généralissime (15 mai). — Attaques françaises devant Verdun (août) et sur l'Ailette (oct.), anglaises dans les Flandres (juin-nov.) et, avec chars, sur Cambrai (20 nov.). **Front russe.** Les Allemands prennent Riga (3 sept.) et occupent la Bucovine (juill.-sept.). — 15 déc. Armistice russo-allemand de Brest-Litovsk. **Autres fronts.** Défaite italienne de Caporetto (24 oct.). Prises de Bagdad (11 mars) et de Jérusalem (9 déc.) par les Britanniques.
1918. 9 févr. et 3 mars. Traités de Brest-Litovsk entre l'Allemagne, l'Ukraine et la Russie. — Foch, commandant en chef des armées alliées sur le front occidental (Doullens, 26 mars ; Beauvais, 3 avr.). 7 mai. Traité de Bucarest. — Oct. Indépendance des Hongrois, des Tchèques et des Yougoslaves. — 9 nov. Abdication de Guillaume II. — 12 nov. L'Autriche proclame la république et son rattachement à l'Allemagne.	**Front Ouest.** Offensives allemandes en Picardie (21 mars), sur la Marne (27 mai), en Champagne (15 juill.). — Juill.-nov. Contre-offensives de Foch en Champagne (18 juill.), en Picardie (août), de la Meuse à la mer (sept.), retraite allemande sur Gand, Mons et Sedan. — 11 nov. Armistice de Rethondes. **Balkans et autres fronts.** 15 sept. Offensive générale de Franchet d'Esperey en Macédoine. — 29 sept. Armistice avec la Bulgarie. — Sept.-oct. Prises de Beyrouth, Damas, Alep par les Anglais. — 24 oct. Victoire italienne de Vittorio Veneto. — Armistices de Moúdhros avec la Turquie (30 oct.) et de Padoue avec l'Autriche (3 nov.). — 14 nov. Reddition des Allemands en Afrique orientale.
Traités de paix. — 28 juin 1919. Traité de Versailles avec l'Allemagne. — 10 sept. 1919. Traité de Saint-Germain avec l'Autriche. — 27 nov. 1919. Traité de Neuilly avec la Bulgarie. — 4 juin 1920. Traité de Trianon avec la Hongrie. — 10 août 1920. Traité de Sèvres avec la Turquie. — 12 nov. 1920. Traité italo-yougoslave de Rapallo. — 18 mars 1921. Traité de Riga entre la Pologne et la Russie soviétique. — 24 juill. 1923. Traité de Lausanne avec la Turquie.	**Pertes humaines civiles et militaires.** Total général : plus de 8 millions, dont France : 1 400 000. — Allemagne : 1 800 000. — Autriche-Hongrie : env. 950 000. — Belgique : 45 000. — Canada : 62 000. — États-Unis : 114 000. — Grande-Bretagne : 780 000. — Italie : 530 000. — Roumanie : env. 700 000. — Russie : env. 1 700 000. — Serbie : 400 000. — Turquie : 400 000.

■ LA PREMIÈRE GUERRE MONDIALE

En 1914, l'Europe est divisée en deux principaux blocs antagonistes. Les états-majors croient à une décision rapide, mais les fronts se stabilisent et commence dès lors une guerre d'usure (1915 - 1916). L'entrée en guerre des États-Unis en 1917, qui donne très rapidement aux puissances alliées la supériorité matérielle sur les Empires centraux, permet la victoire de la France et de ses alliés en 1918.

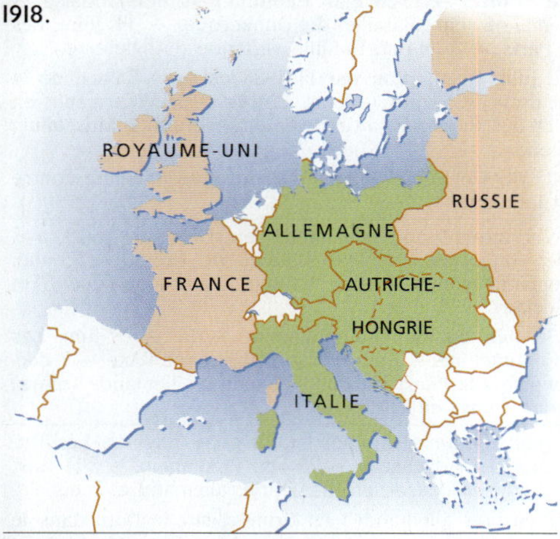

L'EUROPE EN 1914

Triple-Entente — Triple-Alliance

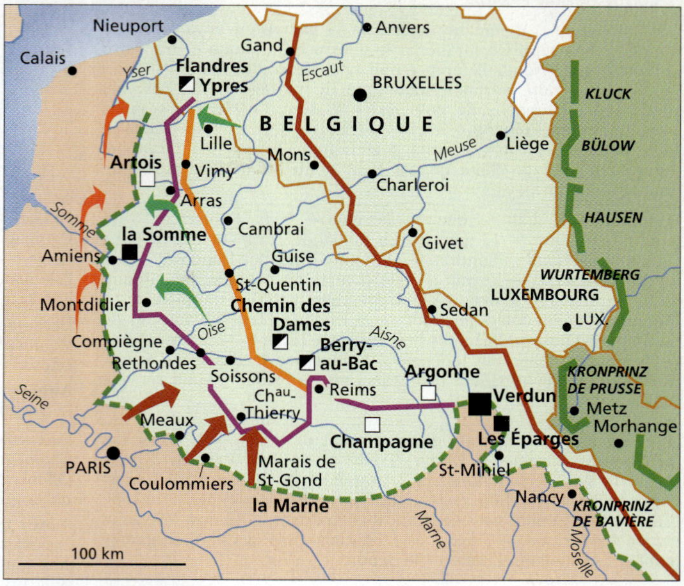

FRONTS OCCIDENTAUX

- Frontières de 1914
- Dispositif allemand (août 1914)
- Extrême avance allemande (5 sept. 1914)
- Offensive alliée en sept. 1914 (bataille de la Marne)

Course à la mer (sept.-nov. 1914)
Alliés — Allemands

Batailles
□ 1915 ■ 1916 ◪ 1917

- Fronts après les offensives de Ludendorff (1918)

Fronts après les contre-offensives de Foch (1918)
20 sept. — 11 nov.

G

FRONTS D'EUROPE ET DU MOYEN-ORIENT

Offensives ou mouvements — Alliés	Empires centraux	Opérations ou combats	Positions	
1914		□ 1914	Front après les opérations de Pologne (déc.1914-févr.1915)	Frontières de 1914
1915		□ 1915	1917	1916-1917-1918 :
1916		■ 1916	1918	Alliés — Empires centraux
1917		◪ 1917		Neutres — Territoires occupés par les Empires centraux
1918		◪ 1918		

SECONDE GUERRE MONDIALE 1939-1945	
1939. 1er sept. L'Allemagne déclenche la guerre en envahissant la Pologne. — 3 sept. Déclarations de guerre britannique et française à l'Allemagne. (Non-belligérance italienne. Neutralité des États-Unis.) — 28 sept. Traité germano-soviétique de partage de la Pologne. 1er-27 sept. Campagne de Pologne. — 17 sept. Entrée des troupes soviétiques en Pologne orientale. — Sept.-oct. Opération française dans la Sarre. — 30 nov. Attaque soviétique de la Finlande. Le Japon, en guerre avec la Chine depuis 1937, contrôle en 1939 la façade maritime de ce pays.	
1940. 10 juin. L'Italie déclare la guerre à la France et à la Grande-Bretagne. — 17 juin. Pétain demande l'armistice. — 18 juin. Appel de De Gaulle à Londres. — 22-24 juin. Armistice franco-allemand et franco-italien. — 10 juill. Pétain investi du pouvoir constituant. — 27 sept. Pacte à trois (Allemagne-Italie-Japon). — Août-sept. La Roumanie démantelée au profit de la Hongrie (Transylvanie) et de la Bulgarie (Dobroudja). — 24 oct. Entrevue Hitler-Pétain à Montoire. — Juin-août. Ultimatum japonais à l'Indochine française. — 4 nov. Roosevelt réélu président des États-Unis. — 13 déc. Pétain renvoie Laval.	**Ouest.** 9 avr. - 10 juin. Campagne de Norvège. — 10 mai - 25 juin. Campagne de France. — 15-28 mai. Capitulations néerlandaise et belge. — 28 mai - 4 juin. Bataille de Dunkerque. — 14 juin. Les Allemands à Paris. — Août-oct. Bataille aérienne d'Angleterre. **Est.** 15 juin - 2 juill. Occupation par l'URSS des pays Baltes, de la Bessarabie et de la Bucovine. — 7 oct. Entrée de la Wehrmacht en Roumanie. — 28 oct. Rejet par la Grèce de l'ultimatum de Mussolini ; offensive italienne. **Afrique.** 3 juill. Mers el-Kébir. — Août-déc. Attaque italienne contre la Somalie britannique.
1941. Févr. Darlan chef du gouvernement de Vichy. — 11 mars. Loi prêt-bail américaine. — 13 avr. Traité nippo-soviétique. — 28 mai. Accords Darlan-Warlimont sur l'Afrique. — 29 juill. Accord franco-japonais sur l'Indochine. — 14 août. Charte de l'Atlantique. — 24 sept. Création du Comité national français à Londres. — 18 nov. Weygand rappelé d'Afrique. — 7 déc. Les États-Unis, puis la Chine en guerre contre l'Allemagne, l'Italie et le Japon.	**Europe-Est.** Avr. Intervention allemande en Grèce. — 6-18 avr. Campagne de Yougoslavie. — Mai. Bataille de Crète. — 22 juin. Offensive allemande contre l'URSS ; bataille de Moscou (déc.). Fin de la guerre-éclair. **Autres fronts.** 8 juin - 14 juill. Campagne de Syrie. — 28 juin. Les Japonais en Cochinchine. — Août. L'Iran rompt avec l'Axe. — 7 déc. Attaque japonaise sur Pearl Harbor. Offensives allemande (mars) puis britannique (nov.) en Libye.
1942. 1er janv. Déclaration des Nations unies. — 18 avr. Laval chef du gouvernement de Vichy. — 26 mai. Traité d'alliance anglo-soviétique. — Mai-juill. Début des déportations et de la résistance organisée en France. — 8 nov. Pétain ordonne la résistance aux Alliés en Afrique du Nord. — 10 nov. Armistice franco-allié en Afrique. — 11 nov. Les Allemands envahissent la zone française non occupée. — 13 nov. Darlan engage l'Afrique française aux côtés des Alliés. — 26 déc. Giraud remplace Darlan, assassiné le 24 déc. — Guerre sous-marine : 6,5 millions de tonnes de navires alliés coulées.	**Afrique.** Janv.-juill. Rommel attaque en Libye. — Mai-oct. Les Britanniques occupent Madagascar. — 23 oct. El-Alamein. — 8-11 nov. Débarquement allié au Maroc et en Algérie, allemand à Tunis. **Front russe.** Offensives allemandes en Crimée, sur le Don, dans le Caucase et à Stalingrad (mai-sept.). **Extrême-Orient.** Les Japonais prennent les Philippines (janv.), Singapour (15 févr.), Rangoon (7 mars), l'Indonésie, attaquent les Aléoutiennes (juin), la Nouvelle-Guinée et Guadalcanal (juill.), mais sont battus aux Midway (juin). **France.** 27 nov. Sabordage de la flotte de Toulon. Dissolution de l'armée d'armistice.
1943. 14 janv. Conférence de Casablanca. — 12 mai. Giraud à Tunis. — Mai. Constitution du Conseil national de la Résistance française. — 3 juin. Formation à Alger du Comité français de libération nationale (CFLN). — 24 juill. Démission de Mussolini ; gouvernement Badoglio. — 17 sept. Extension du prêt-bail au CFLN. — 8 nov. Le Liban abolit le mandat français ; troubles à Beyrouth. — 13 oct. Badoglio déclare la guerre à l'Allemagne. — 1er déc. Conférence Roosevelt-Churchill-Staline à Téhéran.	**Afrique.** Les Britanniques prennent Tripoli (23 janv.), rejoignent les Franco-Américains en Tunisie (avr.). Libération de Tunis (7 mai) : la Wehrmacht chassée d'Afrique. **Italie.** Les Alliés débarquent en Sicile (10 juill.), puis en Calabre (3 sept.). Capitulation italienne (3 et 8 sept.). **Front russe.** 2 févr. Victoire de Stalingrad. Les Soviétiques attaquent Rostov (févr.), Orel (juill.), Kharkov (août), le Dniepr (sept.-oct.), libèrent Koursk, Kiev (6 nov.). **Extrême-Orient.** Contre-offensive alliée aux îles Salomon et Gilbert, en Nouvelle-Guinée (juin-déc.).
1944. 3 janv. La France reconnaît la souveraineté de la Syrie et du Liban. — 30 janv. Conférence de Brazzaville. — 19 mars. Mainmise de Hitler sur la Hongrie. — 3 juin. Le CFLN se proclame Gouvernement provisoire de la République française. — 10 juin. Massacre d'Oradour. — 20 juill. Échec d'un coup d'État contre Hitler ; extermination massive de déportés en Allemagne. — Indépendance de l'Islande (17 juin) et des Philippines (20 juill.). — Armistices avec la Bulgarie (11 sept.), la Roumanie (12 sept.) et la Finlande (19 sept.), qui rejoignent le camp allié. — 31 août. Transfert du gouvernement français d'Alger à Paris. — Août-déc. Conflit des gouvernements polonais de Londres et de Lublin. — 5 sept. Constitution du Benelux. — 7 oct. Création de la Ligue arabe. — 10 déc. Traité d'alliance franco-soviétique.	**Front Ouest. Italie.** Févr.-mai. Bataille de Cassino. Victoire française du Garigliano (mai). Prise de Rome (4 juin). **France.** Févr.-avr. Batailles des Glières et du Vercors. — 6 juin. Débarquement de Normandie : création d'une tête de pont (9-18 juill.), percée d'Avranches (1er août). — 15 août. Débarquement de Provence. — Libération de Paris (25 août). — 1er oct. Les Alliés atteignent la frontière allemande de Belgique et de Hollande. — Échec de l'attaque Rundstedt dans les Ardennes et en Alsace (16 déc. 1944 - 16 janv. 1945). **Front Est.** Offensives soviétiques sur le Dniepr et le Dniestr (févr.-avr.) ; en Biélorussie et dans les pays Baltes (juill.-oct.) ; en Pologne (juill.) ; en Roumanie, Bulgarie et Hongrie (sept.-déc.). — Débarquement britannique en Grèce (oct.). Libération de Belgrade (20 oct.). **Extrême-Orient.** Batailles de Nouvelle-Guinée (janv.-juill.), des Carolines, des Mariannes, des Philippines (mai-déc.). — Offensive britannique en Birmanie (sept.-déc.).
1945. 4-11 févr. Conférence de Yalta. La Turquie et les pays arabes en guerre avec l'Allemagne et le Japon. — 25 avr. Conférence des Nations unies à San Francisco. — 30 avr. Suicide de Hitler. — Mai-juin. Intervention militaire britannique en Syrie ; évacuation des forces françaises. — 9 juin. Accords entre la Yougoslavie et les Alliés sur Trieste. — 9 juill. Traités d'alliance entre l'URSS, la Bulgarie, la Hongrie, la Roumanie, la Tchécoslovaquie et la Yougoslavie. — 17 juill. - 2 août. Conférence de Potsdam. — 26 juill. Gouvernement Attlee. — 8 août. L'URSS déclare la guerre au Japon et occupe Port-Arthur (23 août). — 14 août. Traité d'alliance sino-soviétique. — 2 sept. Signature solennelle de l'acte de reddition du Japon.	**Front Ouest.** Les Alliés franchissent le Rhin (mars), occupent le Hanovre, la Saxe, la Bavière, pénètrent en Autriche et en Bohême (avr.). **Front Est.** Les Soviétiques prennent Varsovie (17 janv.), Budapest (févr.), Vienne (12 avr.) et Berlin (2 mai). — Jonction des forces alliées et soviétiques à Torgau (25 avr.) et à Wismar (3 mai). — Capitulation de la Wehrmacht, à Reims (7 mai) et à Berlin (9 mai). **Extrême-Orient.** Bataille des Philippines (févr.-mars). — 9 mars. Mainmise japonaise sur l'Indochine. — Les Alliés prennent Rangoon (3 mai), bataille d'Okinawa (avr.-juin). — Bombardements atomiques d'Hiroshima (6 août) et de Nagasaki (9 août). — Capitulation japonaise (14 août).
Traités de paix. — 10 févr. 1947. Traités de Paris, entre les Nations unies, l'Italie, la Roumanie, la Bulgarie, la Hongrie, la Finlande. — 8 sept. 1951. Traité de San Francisco, entre les Nations unies (sauf l'URSS) et le Japon. — 15 mai 1955. Traité d'État rétablissant l'indépendance de l'Autriche.	**Pertes humaines civiles et militaires.** Total général : entre 40 et 52 millions de morts dont env. 7 millions de déportés en Allemagne. France : env. 535 000. — Allemagne : env. 4,5 millions — Belgique : 89 000. — Canada : 41 000. — États-Unis : 300 000. — Grande-Bretagne : 390 000. — Grèce : env. 500 000. — Hongrie : env. 450 000. — Italie : 310 000. — Japon : env. 2 millions. — Pays-Bas : env. 210 000. — Pologne : env. 5 millions. — Roumanie : env. 460 000. — URSS : env. 20 millions. — Yougoslavie : env. 1 500 000. Env. 5 100 000 Juifs ont péri, victimes des déportations et des massacres de la guerre.

LA SECONDE GUERRE MONDIALE

La Seconde Guerre mondiale débute en Europe par une série d'opérations militaires qui permettent à l'Allemagne de conquérir un certain nombre de pays. C'est la guerre-éclair. À partir de 1941, le conflit devient mondial, avec l'entrée en guerre de l'URSS, du Japon puis des États-Unis.
À partir de 1943, les forces alliées reprennent l'offensive, jusqu'à leur victoire finale en 1945.

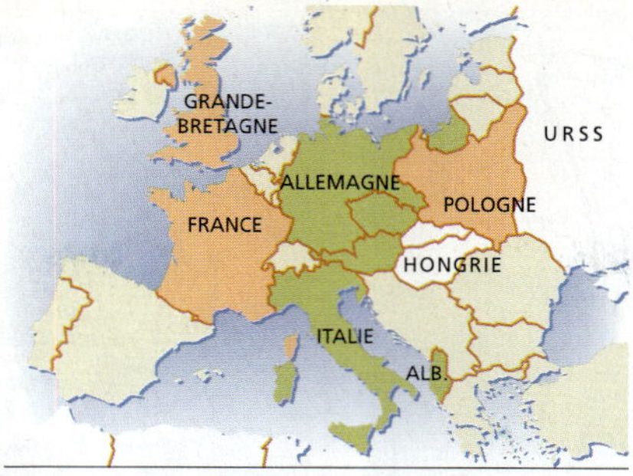

L'EUROPE AU 1er SEPTEMBRE 1939
Les Alliés — L'Axe — Neutres

LA GUERRE EN EUROPE JUSQU'EN 1942

Campagnes des troupes de l'Axe :
- en Pologne, 1939
- en France et en Norvège, 1940
- 1941
- en Russie, 1941-42

Points d'arrêt des offensives allemandes
Offensive des troupes soviétiques, 1939
Pays alliés de l'Allemagne ou occupés par la Wehrmacht
Pays conquis par l'Allemagne
Pays européens non engagés dans le conflit

LA GUERRE EN EUROPE 1942-1945

Pays de l'Axe ou occupés par les troupes de l'Axe
Pays alliés ou entraînés dans la guerre aux côtés des Alliés
Pays neutres non touchés par la guerre
Attaques aériennes des forces alliées
Attaques aériennes allemandes (V1, V2)
Bataille des Ardennes déc. 1944-févr. 1945
Avance des Alliés
Front occidental
Front oriental

Guerre mondiale (Seconde), conflit qui, de 1939 à 1945, opposa les puissances alliées (Pologne, Grande-Bretagne et Commonwealth, France, Danemark, Norvège, Pays-Bas, Belgique, Yougoslavie, Grèce, puis URSS, États-Unis, Chine et la plupart des pays de l'Amérique latine) aux puissances totalitaires de l'Axe (Allemagne, Italie, Japon et leurs satellites, Hongrie, Slovaquie, etc.). **Causes.** L'origine du conflit réside essentiellement dans la volonté de Hitler d'affranchir le IIIe Reich du « diktat » de Versailles (1919) et de dominer l'Europe. Après avoir rétabli le service militaire obligatoire (1935) pour disposer d'une puissante armée (la Wehrmacht), Hitler remilitarise la rive gauche du Rhin (1936), puis annexe l'Autriche et une partie de la Tchécoslovaquie (1938). La reconnaissance du fait accompli à Munich (1938) par la France et la Grande-Bretagne l'encourage à poursuivre cette politique de force. Hitler s'empare alors du reste de la Tchécoslovaquie (mars 1939), s'assure l'appui italien (mai) et obtient la neutralité bienveillante de l'URSS avec son accord pour un partage de la Pologne (accord germano-soviétique du 23 août). L'affaire de Dantzig peut alors servir de prétexte au déclenchement d'un conflit qui, à l'origine européen, embrase finalement le monde avec l'entrée en guerre du Japon et des États-Unis dès 1941. *(V. tableaux et cartes.)*
Conséquences. À l'exception des États-Unis, les adversaires sortent du conflit épuisés et ruinés. Au plan politique, la fin de la Seconde Guerre mondiale voit l'ébranlement des empires coloniaux britannique, français et hollandais. Seule, parmi les grandes nations, l'URSS obtient un accroissement territorial important, par le retour des anciennes dépendances de l'Empire tsariste. Si la Première Guerre mondiale a eu une liquidation rapide - dans les deux années qui suivirent l'effondrement des empires centraux, les traités refirent la carte de l'Europe -, il en va autrement après 1945. Le sort de l'Allemagne et du Japon, les deux principaux vaincus, reste en suspens. En effet, presque aussitôt se révèle un antagonisme entre les démocraties occidentales et l'Union soviétique. Celle-ci prend sous son égide les pays de l'Europe orientale en les dotant (coup de Prague, 1948) d'un régime politique et social calqué sur le sien. La fin de la Seconde Guerre mondiale est aussi le début de la « guerre froide ».

GUESCLIN (Bertrand **Du**) → **DU GUESCLIN.**

GUESDE (Jules **Basile,** dit Jules), *Paris 1845 - Saint-Mandé 1922,* homme politique français. Il introduisit les thèses marxistes au sein du mouvement ouvrier français et fit accepter (1879) la création d'un parti ouvrier. Hostile, au contraire de Jaurès et de Millerand, à la collaboration avec les partis bourgeois, il fit triompher ses idées au congrès d'Amsterdam (1904). Il accepta toutefois, en 1914, d'être ministre d'État.

GUÉTHARY (64210), comm. des Pyrénées-Atlantiques ; 1 296 hab. *(Guethariars).* Station balnéaire.

GUEUGNON (71130), ch.-l. de cant. de Saône-et-Loire, sur l'Arroux ; 8 913 hab. *(Gueugnonnais).* Métallurgie.

GUEVARA (Ernesto, dit Che), *Rosario 1928 - région de Valle Grande, Bolivie, 1967,* révolutionnaire cubain d'origine argentine. Médecin, il participa à la révolution cubaine aux côtés de Fidel Castro (1956-1959) et chercha à développer des foyers révolutionnaires en Amérique latine. Il organisa et dirigea la guérilla bolivienne (1966-1967) et fut tué au cours de celle-ci. Ses restes ont été rapatriés à Cuba (Santa Clara) en 1997.

GUÈVREMONT (Germaine), *Saint-Jérôme 1893 - Montréal 1968,* femme de lettres canadienne de

■ CHE **GUEVARA**

G

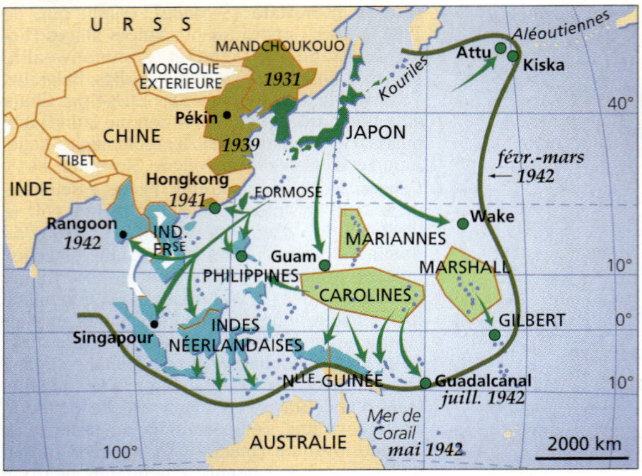

LA GUERRE DANS LE PACIFIQUE 1941-1942
Les conquêtes du Japon

Territoire national
Territoires occupés avant 1940
Opérations et conquêtes
Possessions du Pacifique
Avance extrême

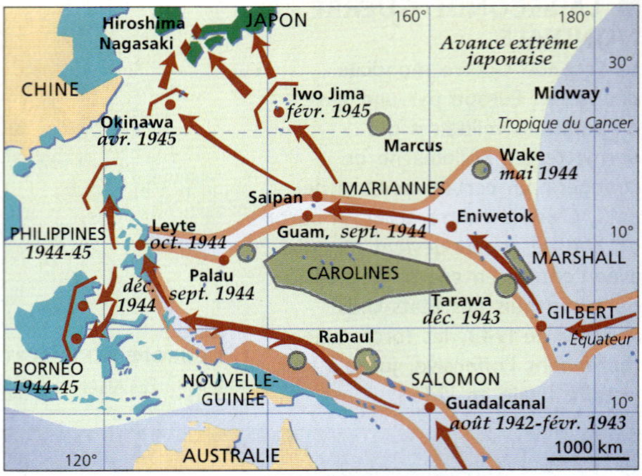

LA GUERRE DANS LE PACIFIQUE 1942-1945
La reconquête américaine

Axes de pénétration des forces américaines
Positions japonaises tournées par les actions américaines
Territoires sous domination japonaise
Débarquements successifs et dates d'occupation définitive
Bombardements nucléaires américains

langue française, auteur de contes *(En pleine terre)* et de romans paysans *(le Survenant).*

GUGGENHEIM (Solomon R.), *Philadelphie 1861 - New York 1949,* industriel et collectionneur américain. Le musée qui abrite ses collections d'art du XXe s., à New York, est installé dans un édifice hélicoïdal dû à F. L. Wright. La fondation qui porte son nom gère également le musée Peggy Guggenheim à Venise (collection d'art contemporain constituée par sa nièce [1898 - 1979]) et les musées Guggenheim de Bilbao (édifice de F. Gehry) et de Berlin.

Gugong, nom chinois de la Cité interdite à Pékin.

GUI ou **GUY** (saint), *IVe s. ?,* martyr. Son culte était très populaire au Moyen Âge ; on l'invoquait contre l'épilepsie et certaines maladies nerveuses (la « danse de Saint-Gui »).

GUI ou **GUIDO d'Arezzo,** *Arezzo v. 990 - apr. 1033,* bénédictin italien. Théoricien de la musique, il donna leur nom aux notes de la gamme.

GUI DE DAMPIERRE, *1225 - Pontoise 1305,* comte de Flandre (1278 - 1305). Vassal de Philippe le Bel, il se révolta en 1297. Mal soutenu par l'Angleterre, il se constitua prisonnier en 1300 et passa le reste de ses jours en captivité.

GUI DE LUSIGNAN, *Lusignan v. 1129 - Nicosie 1194,* roi de Jérusalem (1186 - 1192), seigneur de Chypre (1192 - 1194). Vaincu par Saladin en 1187 à Hattin, il fut dépouillé du royaume de Jérusalem par Conrad Ier, marquis de Montferrat (1192).

GUIBERT (François **Apolline,** comte **de**), *Romans 1744 - Paris 1790,* général et stratège français. Son *Essai général de tactique* (1773), préconisant une guerre de mouvement, complété par sa *Défense du système de la guerre moderne* (1779), eut une influence sur la pensée militaire de Napoléon Ier.

GUIBERT de Nogent, *Clermont, Oise, 1053 - Nogent-sous-Coucy v. 1130,* bénédictin et historien français, auteur d'une histoire des croisades, *Gesta Dei per Francos.*

GUICHARDIN (François), en ital. Francesco **Guicciardini,** *Florence 1483 - Arcetri 1540,* historien italien. Il servit les papes Léon X et Clément VII, et les Médicis. Il écrivit une *Histoire de l'Italie* (1537 - 1540), de 1492 à la mort de Clément VII.

GUICHEN [giʃɛ̃] (35580), ch.-l. de cant. d'Ille-et-Vilaine ; 6 645 hab.

GUIDE (le) → **RENI** (Guido).

Guignol, personnage du théâtre de marionnettes français. Originaire d'Italie, il fut introduit à Lyon à la fin du XVIIIe s. par Laurent Mourguet (1769 - 1844). Guignol et son ami Gnafron symbolisent l'esprit frondeur du peuple.

GUIL n.m., riv. des Hautes-Alpes drainant le Queyras, et affl. de la Durance (r. g.) ; 56 km.

GUILBERT (Yvette), *Paris 1867 - Aix-en-Provence 1944,* chanteuse française. Son nom reste attaché au music-hall et à la chanson *Madame Arthur.*

GUILDFORD, v. de Grande-Bretagne (Angleterre), au S.-O. de Londres ; 57 000 hab. Demeures et monuments anciens.

GUILFORD (Joy Paul), *Marquette, Nebraska, 1897 - Los Angeles 1987,* psychologue américain. Sa théorie de l'intelligence a servi de base à la conception de nombreux tests.

GUILHERAND-GRANGES [gijərɑ̃-] (07500), comm. de l'Ardèche ; 10 880 hab. *(Guilherandais-Grangeois).*

GUILIN, v. de Chine (Guangxi) ; 250 000 hab. Très beau paysage de collines bordant le fleuve ; reliefs rupestres, datant de l'époque Tang pour les plus anciens.

GUILLAIN (Simon), *Paris 1581 - id. 1658,* sculpteur français. Son chef-d'œuvre était, à Paris, le monument du Pont-au-Change (1647), avec les statues en bronze (auj. au Louvre) de Louis XIII, d'Anne d'Autriche et du jeune Louis XIV.

GUILLAUMAT (Louis), *Bourgneuf, Charente-Maritime, 1863 - Nantes 1940,* général français. Il se distingua à la tête de la IIe armée à Verdun (1916) et commanda les troupes alliées d'Orient (1917 - 1918), puis les forces d'occupation en Allemagne (1924 - 1930).

GUILLAUME le Grand (saint), *v. 755 - Gellone, Languedoc, 812,* comte de Toulouse et duc d'Aquitaine. Après avoir arrêté les Arabes, il se retira dans l'abbaye de Gellone, qu'il avait fondée et qui devint Saint-Guilhem-le-Désert. — Il est le héros d'un cycle de chansons médiévales sous le nom de « Guillaume d'Orange » ou de « Guillaume au Court Nez ».

ACHAÏE

GUILLAUME II DE VILLEHARDOUIN → **VILLEHARDOUIN.**

ALLEMAGNE

GUILLAUME Ier, *Berlin 1797 - id. 1888,* roi de Prusse (1861 - 1888), empereur d'Allemagne (1871 - 1888), de la dynastie des Hohenzollern. Fils de Frédéric-Guillaume III, il gouverne comme régent à la place de son frère Frédéric-Guillaume IV, atteint de maladie mentale (1858), puis lui succède (1861). Ne pouvant obtenir les crédits militaires pour la réforme de Moltke, il appelle à la présidence du Conseil Bismarck (1862), qui exerce dès lors le pouvoir réel. À l'issue de la guerre franco-allemande (1870 - 1871), Guillaume est proclamé empereur allemand au château de Versailles, le 18 janv. 1871.

GUILLAUME II, *château de Potsdam 1859 - Doorn, Pays-Bas, 1941,* roi de Prusse et empereur d'Allemagne (1888 - 1918), de la dynastie des Hohenzollern. Petit-fils de Guillaume Ier et fils de Frédéric III, il renvoie Bismarck en 1890 et conduit lui-même les affaires, en s'appuyant sur le camp conservateur. Il lance à partir de 1898 un programme de construction navale afin de rivaliser avec la Grande-Bretagne, tente contre la France une politique d'intimidation (Tanger, 1905 ; Agadir, 1911) et développe l'influence allemande dans l'Empire ottoman. Après la conclusion de la Triple-Entente (1907), il renforce ses liens avec l'Autriche et se lance en août 1914 dans la Première Guerre mondiale. Vaincu (1918), il abdique et s'exile.

■ **GUILLAUME II**

■ **GUILLAUME Ier LE CONQUÉRANT**

ANGLETERRE ET GRANDE-BRETAGNE

GUILLAUME Ier le Conquérant ou **le Bâtard,** *Falaise ? v. 1028 - Rouen 1087,* duc de Normandie (1035 - 1087), roi d'Angleterre (1066 - 1087). En 1066, revendiquant la couronne anglaise que lui avait promise Édouard le Confesseur, il conquit l'Angleterre sur le roi Harold II, défait et tué près de Hastings (1066), et sut organiser son nouveau royaume en constituant une noblesse militaire très fortement hiérarchisée. Il fit rédiger, en 1085, le « *Domesday Book ». — **Guillaume II le Roux,** *v. 1056 - près de Lyndhurst 1100,* roi d'Angleterre (1087 - 1100). Fils de Guillaume Ier le Conquérant, il lutta avec succès contre les Gallois et les Écossais (1093).

GUILLAUME III, dit Guillaume **d'Orange,** *La Haye 1650 - Kensington 1702,* stathouder des Provinces-Unies (1672 - 1702), roi d'Angleterre, d'Écosse et d'Irlande (1689 - 1702), de la dynastie des Stuarts. Fils posthume de Guillaume II de Nassau et de Marie, fille de Charles Ier, il devient stathouder en 1672. Il sauve sa patrie de l'invasion française en ouvrant les écluses afin d'inonder le pays, préserve l'intégrité du territoire néerlandais au traité de Nimègue (1678) et dirige une coalition européenne contre Louis XIV. Défenseur du protestantisme, il détrône le roi d'Angleterre Jacques II, son beau-père, et est proclamé roi en 1689, conjointement à son épouse, Marie II Stuart. Louis XIV reconnaît son autorité au traité de Ryswick (1697).

GUILLAUME IV, *Londres 1765 - Windsor 1837,* roi de Grande-Bretagne, d'Irlande et de Hanovre (1830 - 1837), fils de George III.

ÉCOSSE

GUILLAUME le Lion, *1143 - Stirling 1214,* roi d'Écosse (1165 - 1214). Il dota son pays d'une solide organisation administrative et judiciaire.

HOLLANDE ET PAYS-BAS

GUILLAUME Ier DE NASSAU, dit **le Taciturne,** prince **d'Orange,** *château de Dillenburg 1533 - Delft 1584,* stathouder de Hollande (1559 - 1567, 1572 - 1584). Opposé à la politique absolutiste de Philippe II, il organisa le soulèvement de la Hollande et de la Zélande contre l'Espagne (1572), puis fut reconnu stathouder des dix-sept provinces (1576). Il ne put néanmoins empêcher les provinces méridionales, catholiques, de se replacer sous l'autorité des Espagnols (1579), qui le firent assassiner. — **Guillaume II de Nassau,** prince **d'Orange,** *La Haye 1626 - id. 1650,* stathouder de Hollande (1647 - 1650). Fils et successeur de

Frédéric-Henri, il fit reconnaître l'indépendance des Provinces-Unies à la paix de Westphalie (1648). Sa mort prématurée permit au parti républicain de reprendre le pouvoir. — **Guillaume III de Nassau** → **Guillaume III** [Angleterre et Grande-Bretagne].

GUILLAUME Ier, *La Haye 1772 - Berlin 1843,* roi des Pays-Bas et grand-duc de Luxembourg (1815 - 1840). Désigné comme roi par le congrès de Vienne, il perdit la Belgique en 1830 ; il abdiqua en 1840. — **Guillaume II,** *La Haye 1792 - Tilburg 1849,* roi des Pays-Bas et grand-duc de Luxembourg (1840 - 1849). Fils de Guillaume Ier, il dut accorder une constitution parlementaire (1848). — **Guillaume III,** *Bruxelles 1817 - château de Loo 1890,* roi des Pays-Bas et grand-duc de Luxembourg (1849 - 1890), fils de Guillaume II.

GUILLAUME de Champeaux, *Champeaux, près de Melun, milieu XIe s. - v. 1121,* philosophe et théologien français. Évêque de Châlons (Champagne) [1113 - 1121], il s'opposa à son disciple Abélard dans la querelle des universaux.

GUILLAUME DE CHAMPLITTE → **CHAMPLITTE.**

GUILLAUME de Conches, *Conches fin du XIe s. - v. 1154,* théologien et philosophe français, membre éminent de l'école de Chartres.

GUILLAUME de Lorris, *Lorris-en-Gâtinais v. 1200/1210 - apr. 1240,* poète français, auteur de la première partie du **Roman de la Rose.*

GUILLAUME de Machaut ou **de Machault,** *Machault, près de Reims, v. 1300 - Reims 1377,* poète et compositeur français. Chanoine de Reims, il fut l'un des créateurs de l'école polyphonique française par ses motets, ses ballades et sa *Messe Notre-Dame.* Il a fixé les règles musicales et littéraires de l'art lyrique pour le lai, le virelai, la ballade et le rondeau.

■ **GUILLAUME DE MACHAUT.** Enluminure d'un manuscrit du XIVe s. des *Nouveaux Dits amoureux.* (BNF, Paris.)

GUILLAUME de Nangis, *m. en 1300,* chroniqueur français. Moine de Saint-Denis, il est l'auteur d'une *Chronique universelle.*

GUILLAUME DE RUBROEK → **RUBROEK.**

GUILLAUME DE SAINT-AMOUR, *Saint-Amour, Franche-Comté, 1202 - id. 1272,* théologien français. Professeur à Paris, il fut l'animateur de la polémique contre les ordres mendiants, mais fut condamné par Rome.

GUILLAUME de Tyr, *Syrie v. 1150 - Rome 1185,* historien des croisades. Archevêque de Tyr, il a laissé une chronique de l'Orient latin au XIIe s.

GUILLAUME d'Occam ou **d'Ockham,** *Ockham, Surrey, v. 1285 - Munich v. 1349,* théologien et philosophe anglais. Franciscain, excommunié, il fut l'un des principaux défenseurs du nominalisme, détruisant - grâce à une logique axée sur la critique du langage - la croyance en la réalité de substances universelles et remettant en cause le caractère scientifique de la théologie.

Guillaume Tell, héros légendaire helvétique (XIVe s.). Guillaume Tell ayant refusé de saluer le chapeau de Gessler, bailli des Habsbourg, celui-ci le fit arrêter et, le sachant très habile arbalétrier, le condamna à traverser d'une flèche une pomme placée sur la tête de son jeune fils. Guillaume Tell sortit victorieux de l'épreuve. Il fut cependant emprisonné, s'échappa et tua Gessler. — Son histoire a inspiré un drame à Schiller (1804), dont Rossini a tiré un opéra en 4 actes (1829).

GUILLAUME (Charles Édouard), *Fleurier 1861 - Sèvres 1938,* physicien suisse. Il a étudié les aciers au nickel, découvrant notamm. l'Invar et l'Élinvar. (Prix Nobel 1920.)

GUILLAUME (Gustave), *Paris 1883 - id. 1960,* linguiste français. Sa « psychosystématique » établit des rapports entre la structure de la langue et la structure de la pensée, saisie notamm. à travers la conception du temps (*Temps et verbe,* 1929).

GUILLAUME (Paul), *Chaumont 1878 - Lannes, Haute-Marne, 1962,* psychologue français. Il a développé en France la psychologie de la forme.

GUILLAUMET (Henri), *Bouy, Marne, 1902 - disparu en Méditerranée 1940,* aviateur français. Il s'illustra comme pilote de l'Aéropostale et fut un des pionniers de la traversée de l'Atlantique sud. Il effectua en 1938 la première traversée commerciale de l'Atlantique nord.

GUILLAUMIN (Armand), *Paris 1841 - id. 1927,* peintre français. Impressionniste au coloris intense, il a donné des paysages de la région parisienne, de l'Esterel, de la Creuse.

GUILLEM (Sylvie), *Paris 1965,* danseuse française. Danseuse classique à la technique exceptionnelle *(le Lac des cygnes),* elle interprète aussi des œuvres réglées pour elle (*In the Middle, Somewhat Elevated,* W. Forsythe, 1987 ; *Épisodes,* M. Béjart, 1992). En 1998, elle aborde la chorégraphie avec *Giselle* (tenant le rôle-titre).

■ SYLVIE **GUILLEM** dans *la Luna* de Maurice Béjart, sur une musique de Bach.

GUILLEMIN (Roger), *Dijon 1924,* médecin américain d'origine française. Il a déterminé la structure des hormones de l'hypothalamus et isolé les endorphines. (Prix Nobel 1977.)

GUILLÉN (Jorge), *Valladolid 1893 - Málaga 1984,* poète espagnol. Il combine l'influence de Góngora et celle de Valéry en un lyrisme d'une impeccable pureté *(Cantique).*

GUILLÉN (Nicolás), *Camagüey 1902 - La Havane 1989,* poète cubain. Poète national, chantre de la cause afro-cubaine, il est l'auteur de recueils d'inspiration politique et sociale *(Sóngoro Cosongo, le Grand Zoo).*

GUILLESTRE (05600), ch.-l. de cant. des Hautes-Alpes ; 2 284 hab. Tourisme. — Église du XVIe s.

GUILLEVIC (Eugène), *Carnac 1907 - Paris 1997,* poète français. Son œuvre est marquée par son origine bretonne et son engagement social et politique *(Terraqué, Carnac, Euclidiennes).*

GUILLOTIN (Joseph Ignace), *Saintes 1738 - Paris 1814,* médecin et homme politique français. Député, il fit adopter par l'Assemblée (1789) l'instrument auquel fut donné son nom, la *guillotine.*

GUILLOUX (Louis), *Saint-Brieuc 1899 - id. 1980,* écrivain français. L'humiliation, la dignité et la révolte du peuple donnent un accent fraternel à ses romans *(le Sang noir, le Jeu de patience).*

GUILVINEC (29115), ch.-l. de cant. du Finistère ; 3 106 hab. *(Guilvinistes).* Port de pêche. Conserveries. Station balnéaire.

GUIMARÃES, v. du nord du Portugal ; 48 164 hab. Château fort remontant au Xe s., palais des ducs de Bragance (XVe s.) et autres monuments ; musées.

GUIMARÃES ROSA (João), *Cordisburgo 1908 - Rio de Janeiro 1967,* écrivain brésilien. Ses romans sont une peinture du Nordeste *(Diadorim).*

GUIMARD (Hector), *Lyon 1867 - New York 1942,* architecte français. Rationaliste, mais aussi décorateur maniant l'arabesque végétale avec énergie et liberté, il fut, jusqu'en 1914, un des meilleurs représentants de l'Art nouveau (« castel Béranger », Paris, 1894 ; entrées du métro).

Guimet (musée), département des arts asiatiques des Musées nationaux depuis 1945. Fondé à Lyon en 1879, par Émile Guimet (1836 - 1918), il a été transféré à Paris en 1885.

GUINÉE n.f., État d'Afrique occidentale, sur le *golfe de Guinée ;* 250 000 km² ; 6 500 000 hab. *(Guinéens).* **CAP.** *Conakry.* **LANGUE :** *français.* **MONNAIE :** *franc guinéen.*

GÉOGRAPHIE

Le massif du Fouta-Djalon est le domaine de l'élevage bovin. Il sépare une plaine côtière, humide, densément peuplée, possédant des cultures de riz et des plantations de palmiers à huile et de bananiers, de la partie orientale, pays plat (sauf l'extrémité sud-est), plus sec, fournissant surtout du mil et du manioc. La bauxite, dont le pays est l'un des grands producteurs mondiaux, transformée en partie sur place en alumine, assure l'essentiel des exportations, qui passent par Conakry, la seule ville importante.

HISTOIRE

Avant la colonisation. XIIe s. : la haute Guinée, peuplée de Malinké, appartient en partie à l'empire du Mali. Le commerce est le monopole de

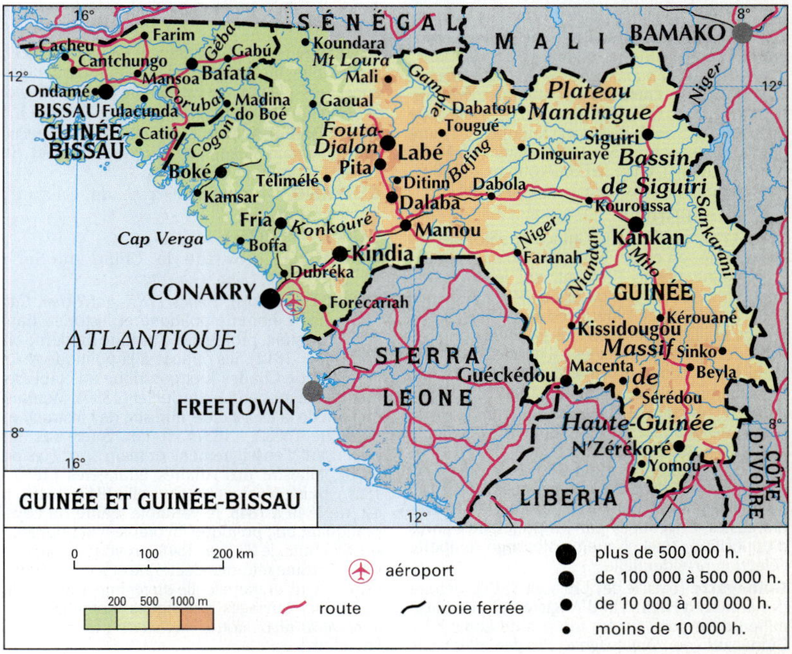

colporteurs musulmans, les dioulas. **1461 - 1462 :** l'arrivée des Portugais inaugure la traite des Noirs, qui persistera au-delà de 1850. **XVIIIe s. :** les Peul, venus au XVIe s. des régions périphériques, instituent dans le centre du pays un État théocratique, le Fouta-Djalon. Les Soussou, rejetés vers la côte, soumettent les populations locales. **Seconde moitié du XIXe s. :** des conquérants musulmans, comme Samory Touré, deviennent maîtres du pays, où l'islam s'impose contre la religion traditionnelle des Malinké.

La colonisation. La France entreprend la conquête de la région. **1889 - 1893 :** la Guinée devient colonie française. **1895 :** elle est englobée dans l'A-OF. **1898 :** elle est rattachée au Soudan français. **1904 :** la Grande-Bretagne cède à la France les îles de Los, face à Conakry.

L'indépendance. 1952 : le syndicaliste Sékou Touré prend la tête du mouvement nationaliste. **1958 :** la Guinée opte pour l'indépendance immédiate, rompant tout lien avec la France. **1961 :** pour vaincre son isolement, la Guinée forme avec le Ghana et le Mali l'Union des États africains. **1958 - 1974 :** Sékou Touré exerce un pouvoir dictatorial ; nombreux complots et procès. **1975 - 1978 :** rapprochement avec la France. **1984 :** mort de Sékou Touré. Le colonel Lansana Conté, nouveau chef de l'État, se trouve confronté à de graves difficultés économiques. **1990 :** une nouvelle Constitution met fin au régime militaire et introduit le multipartisme. **1993 :** L. Conté est confirmé à la tête de l'État lors de la première élection présidentielle pluraliste (réélu en 1998). Mais le pays est déstabilisé par l'impact des conflits régionaux (afflux de réfugiés du Liberia et de la Sierra Leone, troubles aux frontières).

GUINÉE (golfe de), golfe de l'Atlantique, sur la côte occidentale de l'Afrique, au N. de l'équateur.

GUINÉE (Nouvelle-) → **NOUVELLE-GUINÉE.**

GUINÉE-BISSAU n.f., anc. **Guinée portugaise,** État d'Afrique occidentale, sur l'Atlantique ; 36 125 km^2 ; 1 100 000 hab. *(Bissau-Guinéens).* CAP. *Bissau.* LANGUE : *portugais.* MONNAIE : *franc CFA.* (V. carte **Guinée.**) Arachides et riz.

HISTOIRE

1446 : les Portugais découvrent le pays, peuplé de Mandingues musulmans et de populations animistes. **Fin du XVIe s. :** ils y installent des comptoirs. **1879 :** la Guinée portugaise devient une colonie, détachée administrativement du Cap-Vert. **1941 :** Bissau devient le chef-lieu de la colonie. **1956 :** Amilcar Cabral prend la tête du mouvement nationaliste. **1962 :** guérilla antiportugaise. **1973 :** la république de Guinée-Bissau est proclamée par Luís de Almeida Cabral, frère d'Amilcar, lequel vient d'être assassiné. **1974 :** l'indépendance du pays est reconnue par le Portugal. **1980 :** L. Cabral est renversé par un coup d'État. Le commandant J. B. Vieira lui succède. **1991 :** le multipartisme est instauré. **1994 :** la première élection présidentielle pluraliste confirme J. B. Vieira à la tête de l'État. **1999 :** l'armée chasse du pouvoir le président Vieira. **2000 :** le leader de l'opposition, Kumba Ialá, est élu à la présidence de la République.

GUINÉE ÉQUATORIALE n.f., anc. **Guinée espagnole,** État d'Afrique centrale ; 28 100 km^2 ; 410 000 hab. *(Équato-Guinéens).* CAP. *Malabo.* V. PRINC. *Bata.* LANGUES : *espagnol* et *français.* MONNAIE : *franc CFA.* Une partie du pays regroupe diverses îles, dont Bioko et Annobón ; l'autre partie correspond au territoire oriental du Mbini (anc. Río Muni), entre le Cameroun et le Gabon. Exportations de bois, de cacao et de café.

HISTOIRE

1777 - 1778 : noyau de la Guinée équatoriale, les îles d'Annobón et de Fernando Poo sont cédées à l'Espagne par le Portugal, qui les occupait depuis le XVe s. **XIXe s. :** à partir de 1840, la province continentale (le Río Muni) est convoitée par la France et l'Espagne. **1900 :** les frontières du pays sont définitivement fixées ; l'intérieur du Río Muni n'est occupé qu'en 1926. **1959 :** la colonie devient une province espagnole. **1968 :** l'indépendance est proclamée. F. Macías Nguema établit un régime despotique. **1979 :** le colonel T. O. Nguema Mbasogo prend le pouvoir et rétablit des relations avec l'Espagne et l'Occident. **1992 :** le pays s'engage sur la voie du multipartisme. **1993 :** le parti au pouvoir gagne les premières élections législatives pluralistes, boycottées par les principaux partis d'opposition. **1996 :** Nguema Mbasogo remporte l'élection présidentielle.

Guinegatte (bataille de) [16 août 1513], victoire des armées d'Henri VIII d'Angleterre et de Maximilien d'Autriche sur les troupes de Louis XII à Guinegatte (auj. *Enguinegatte,* Pas-de-Calais). Elle fut appelée aussi « journée des Éperons », car les chevaliers français firent plus usage de leurs éperons que de leurs armes.

GUÎNES (62340), ch.-l. de cant. du Pas-de-Calais ; 5 289 hab. *(Guînois).* Au S., *forêt de Guînes.*

GUINGAMP (22200), ch.-l. d'arrond. des Côtes-d'Armor ; 8 830 hab. *(Guingampais).* Agroalimentaire. – Basilique des XIVe-XVIe s.

GUINIZELLI (Guido), *Bologne v. 1235 - Monselice 1276,* poète italien, précurseur de Dante.

GUINNESS (sir Alec), *Londres 1914 - Midhurst, Sussex, 2000,* acteur britannique. Remarquable dans les rôles de composition, plein d'humour, il servit le répertoire shakespearien à l'Old Vic Theatre et joua dans de nombreux films (*Noblesse oblige,* R. Hamer, 1949 ; *le Pont de la rivière Kwaï,* D. Lean, 1957).

GUIPAVAS [gipavas] (29490), ch.-l. de cant. du Finistère ; 12 862 hab. *(Guipavasiens).* Aéroport de *Brest-Guipavas.*

GUIPÚZCOA, prov. basque d'Espagne ; 671 743 hab. ; ch.-l. *Saint-Sébastien.*

GUIRY-EN-VEXIN (95450), comm. du Val-d'Oise ; 176 hab. Église des XVe-XVIe s., château du XVIIe. Musée de Préhistoire et d'Archéologie.

GUISAN (Henri), *Mézières, cant. de Vaud, 1874 - Pully 1960,* général suisse. Il commanda l'armée suisse de 1939 à 1945.

GUISCARD → **ROBERT GUISCARD.**

GUISE [gɥiz] (02120), ch.-l. de cant. de l'Aisne, sur l'Oise ; 6 066 hab. *(Guisards).* Forteresse des XIIe et XVIe s. ; anc. *Familistère* de Jean-Baptiste Godin (2de moitié du XIXe s.).

GUISE [giz ou gɥiz] (famille **de**), branche cadette des ducs de Lorraine, qui acquit en 1504 le comté de Guise, en Thiérache, élevé en duché en 1528. En 1688, le duché passa aux Condés et, en 1832, à la maison d'Orléans. – **Claude Ier de G.,** *Condé-Northen, Moselle, 1496 - Joinville 1550,* premier duc et pair de Guise. Il servit François Ier contre Charles Quint. – **François Ier de G.,** *Bar-le-Duc 1519 - Saint-Mesmin 1563,* prince français. Fils de Claude Ier de Guise, il défendit Metz contre Charles Quint et, lieutenant général du royaume, reprit Calais aux Anglais (1558). Chef des troupes catholiques, au début des guerres de Religion, il fut assassiné par un protestant. – **Henri Ier de G.,** dit **le Balafré,** *1549 - Blois 1588,* prince français. Fils aîné de François Ier de Guise, il fut l'un des instigateurs de la Saint-Barthélemy et devint le chef de la Ligue catholique (1576). Très populaire, maître de Paris après la journée des Barricades (12 mai 1588), il fut assassiné, sur l'ordre d'Henri III, aux états généraux de Blois. – **Louis II de G.,** *Dampierre 1555 - Blois 1588,* cardinal de Lorraine. Frère d'Henri Ier de Guise, il fut assassiné en même temps que lui.

GUITRY (Sacha), *Saint-Pétersbourg 1885 - Paris 1957,* acteur, auteur dramatique et cinéaste français, fils du comédien Lucien **Guitry** (Paris 1860 - id. 1925). Ses comédies (*Mon père avait raison,* 1919) et ses films (*le Roman d'un tricheur,* 1936) incarnent un certain esprit parisien, brillant et caustique.

GUITTON (Jean), *Saint-Étienne 1901 - Paris 1999,* philosophe français. Il est l'auteur d'ouvrages consacrés à la pensée catholique (*la Pensée moderne et le catholicisme,* 1930 - 1955). [Acad. fr.]

GUITTONE d'Arezzo, *Arezzo v. 1235 - Florence 1294,* écrivain italien, auteur de *Lettres* et de poésies morales et religieuses.

GUIYANG, v. de Chine, cap. du Guizhou ; 1 560 000 hab.

GUIZÈH → **GIZEH.**

GUIZHOU, prov. de la Chine du Sud ; 32 730 000 hab. ; cap. *Guiyang.*

GUIZOT (François), *Nîmes 1787 - Val-Richer, Calvados, 1874,* homme politique et historien français. Protestant, professeur d'histoire moderne en Sorbonne (1812), il s'oppose à la politique réactionnaire de Charles X et contribue à l'établissement de la monarchie de Juillet (1830). Membre du parti de la Résistance, ministre de l'Instruction publique (1832 - 1837), il fait voter une loi organisant l'enseignement primaire (*loi Guizot,* 1833). Ministre des Affaires étrangères (1840 - 1847), puis président du Conseil (1847 - 1848), il est, de 1840 à 1848, le véritable maître du pays, pratiquant une politique favorable à la bourgeoisie. Sa chute, le 23 févr. 1848, provoquée par son refus de toute réforme électorale et son conservatisme social, entraîne celle du régime. Il a écrit de nombreux ouvrages historiques, notamm. l'*Histoire de la révolution d'Angleterre* (1826 - 1827). [Acad. fr.]

GUJAN-MESTRAS [gyʒɑ̃mɛstras] (33470), comm. de la Gironde, sur le bassin d'Arcachon ; 15 367 hab. *(Gujanais).* Ostréiculture.

GUJERAT, État du nord-ouest de l'Inde ; 196 000 km^2 ; 41 174 060 hab. ; cap. *Gandhinagar.*

GUJRANWALA, v. du Pakistan ; 658 753 hab.

GU KAIZHI, *Wuxi v. 345 - v. 406,* peintre chinois. Il est le premier dont le nom reste attaché à une œuvre connue par une copie ancienne et fidèle, le rouleau *Conseils de la monitrice aux dames de la Cour* (British Museum).

GULBARGA, v. d'Inde (Karnataka) ; 309 962 hab. Mosquée (XIVe s.).

GULBENKIAN (Calouste Sarkis), *Istanbul 1869 - Lisbonne 1955,* homme d'affaires britannique d'origine arménienne. Il contribua à l'exploitation du pétrole du nord de l'Iraq et constitua une importante collection de tableaux et d'objets d'art, transférée à Lisbonne en 1960 *(musée de la Fondation Gulbenkian).*

GULDBERG (Cato), *Christiania 1836 - id. 1902,* chimiste norvégien. Avec P. Waage, il a donné une forme quantitative à la loi d'action de masse (1864).

GULF STREAM (« Courant du Golfe »), courant marin chaud de l'Atlantique. Il résulte de la réunion du courant des Antilles et du courant de Floride, franchit le détroit de Floride et remonte jusqu'au sud de Terre-Neuve, en s'étalant et en déviant vers l'est. Devenu *courant nord-atlantique,* il se divise en branches multiples et se transforme en dérive diffuse. Il adoucit les climats littoraux de l'Europe du Nord-Ouest.

Gulistan → **Golestan.**

Gulliver, personnage principal du roman satirique et fantastique de J. Swift, *les Voyages de Gulliver* (1726). Gulliver visite des contrées imaginaires : *Lilliput ; Brobdingnag, où vivent des géants ; Laputa, île volante habitée par des savants maniaques ; le pays des Houyhnhnms, chevaux intelligents et bons qui ont domestiqué les Yahoos, humains dégénérés.

GUMRI, de 1837 à 1924 **Aleksandropol** et de 1924 à 1991 **Leninakan,** v. d'Arménie ; 120 000 hab.

GUNDULIĆ (Ivan), en ital. Giovanni **Gondola,** *Raguse v. 1589 - id. 1638,* poète croate. Son œuvre poétique *(Osman)* et théâtrale *(Dubravka)* marque l'apogée de la littérature dalmate.

GÜNTHER (Ignaz), *Altmannstein, Haut-Palatinat, 1725 - Munich 1775,* sculpteur allemand, un des grands maîtres de la plastique rococo dans les églises d'Allemagne du Sud.

GÜNTHÖR (Werner), *Uttwil, Thurgovie, 1961,* athlète suisse. Il a été champion du monde du lancer du poids en 1987, 1991 et 1993.

GUNTUR, v. d'Inde (Andhra Pradesh) ; 471 020 hab.

Guomindang, Kuomintang ou **Kouo-min-tang** (« parti nationaliste »), parti politique chinois fondé en 1912 par Sun Yat-sen et dirigé par Jiang Jieshi (Tchang Kaï-chek) à partir de 1925. Le Parti communiste chinois l'évinça en 1949, réduisant son influence à la seule Taïwan.

GUO MORUO, *au Sichuan 1892 - Pékin 1978,* écrivain et homme politique chinois. Auteur de poèmes, de pièces de théâtre et de travaux historiques, il occupa d'importantes fonctions politiques de 1949 à 1966.

GUO XI, *Wenxian, Henan, actif entre 1020 et 1090,* peintre chinois. L'un des grands paysagistes de la dynastie des Song du Nord (*Printemps précoce,* 1072, musée de Taipei).

■ FRANÇOIS **GUIZOT** par J. G. Vibert. (Château de Versailles.)

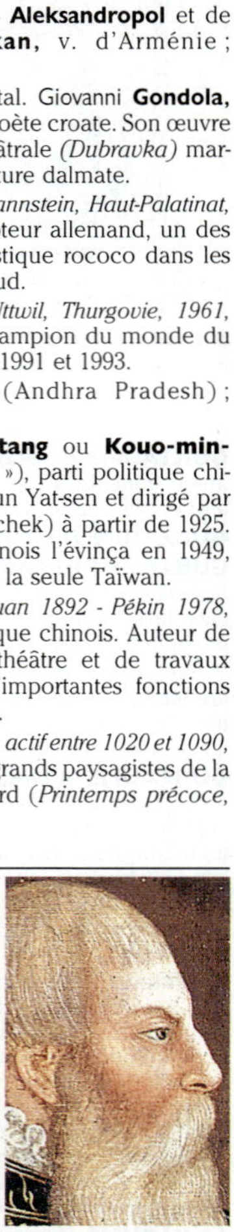

■ **GUSTAVE Ier VASA** par W. Boy. (Château de Gripsholm.)

GUPTA, dynastie indienne (v. 270 ?-550) qui affermit son pouvoir sur l'Inde du Nord sous Candragupta Ier et atteignit son apogée à la charnière des IVe et Ve s.

GURDJIEFF (Georges Ivanovitch), *Aleksandropol, auj. Gumri, 1877 ?-Paris 1949,* philosophe ésotérique français d'origine caucasienne. L'accès au sens réel de l'existence constitue la ligne de son enseignement ; il écrivit quelques ouvrages fertiles en paradoxes (*Récits de Belzébuth à son petit-fils,* éd. fr. 1956 ; *Rencontres avec des hommes remarquables,* éd. fr. 1960).

Guri, aménagement hydroélectrique du Venezuela, sur le Caroní.

GURKHA, population composite de l'Inde. D'origine népalaise, les Gurkha sont connus pour leurs traditions martiales, qui les firent retenir pour la composition de régiments d'élite de l'armée britannique. Improprement considérés comme une caste, ils réunissent des hindous et des tribus (Gurung, Magaba, Rai, Tamang et Limbu).

GURUNG, population tribale du Népal (env. 600 000). Agriculteurs et pasteurs des vallées centrales de l'ouest du pays, les Gurung se répartissent en clans hiérarchisés. Ils parlent une langue tibéto-birmane.

GURVITCH (Georges), *Novorossisk, Russie, 1894 - Paris 1965,* sociologue français. Il a préconisé une sociologie qui a pour objet d'analyser les faits sociaux dans leur totalité (*Morale théorique et science des mœurs,* 1937).

GUSTAVE Ier VASA, *Lindholm 1496 - Stockholm 1560,* roi de Suède (1523 - 1560), fondateur de la dynastie des Vasa. Après avoir rompu l'Union de Kalmar, il fut proclamé roi. Il favorisa le luthéranisme, mit la main sur les domaines du clergé et développa l'économie du pays, qu'il transforma en une puissance de premier plan.

GUSTAVE II ADOLPHE, *Stockholm 1594-Lützen 1632,* roi de Suède (1611 - 1632). Petit-fils de Gustave Ier Vasa, il réforma l'État avec l'aide du chancelier Oxenstierna. Il modernisa l'économie, développa l'enseignement et réorganisa l'armée suédoise, avec laquelle il acheva la guerre contre les Danois (1613), puis enleva l'Estonie, l'Ingrie et la Carélie orientale à la Russie (1617). Devenu maître de la Baltique, il intervint en Allemagne, avec l'aide de Richelieu, pour soutenir les protestants pendant la guerre de Trente Ans ; il triompha des impériaux à Breitenfeld (1631) et au Lech (1632), mais fut tué au cours de son combat victorieux à Lützen.

■ **GUSTAVE II ADOLPHE.** (Galerie palatine, Florence.)

■ **GUTENBERG**

GUSTAVE III, *Stockholm 1746 - id. 1792,* roi de Suède (1771 - 1792). Despote éclairé, il favorisa d'abord des mesures libérales, mais de graves troubles agraires et la guerre contre les Danois et les Russes l'incitèrent à revenir, à partir de 1788, à l'autoritarisme. Il fut assassiné par un fanatique.

GUSTAVE IV ADOLPHE, *Stockholm 1778 - Saint-Gall, Suisse, 1837,* roi de Suède (1792 - 1809). Il lutta contre la France et dut abandonner la Finlande aux Russes (1808) ; les États le déchurent alors au profit de Charles XIII.

GUSTAVE V, *château de Drottningholm 1858 - id. 1950,* roi de Suède (1907 - 1950). Fils d'Oscar II, il observa une stricte neutralité durant les deux guerres mondiales. — **Gustave VI Adolphe,** *Stockholm 1882 - Helsingborg 1973,* roi de Suède (1950 - 1973), fils de Gustave V.

GUSTAVIA, ch.-l. de l'île de Saint-Barthélemy (dépendance de la Guadeloupe). Port franc.

GUTENBERG (Johannes **Gensfleisch,** dit), *Mayence entre 1397 et 1400 - id. 1468,* imprimeur allemand. Vers 1440, il mit au point à Strasbourg le procédé de composition en caractères mobiles fondus en alliage d'imprimerie, ou typographie. Établi à Mayence, il s'associa en 1450 avec J. Fust et fut le maître d'œuvre de la Bible dite « à quarante-deux lignes », publiée en 1455.

GUTERRES (António), *Lisbonne 1949,* homme politique portugais. Secrétaire général du Parti socialiste depuis 1992, il devient Premier ministre après la victoire de son parti aux élections de 1995.

GÜTERSLOH, v. d'Allemagne (Rhénanie-du-Nord-Westphalie), près de Bielefeld ; 91 634 hab. Édition.

GUTLAND, partie méridionale du Luxembourg.

GUTTMAN (Louis), *New York 1916 - Minneapolis 1987,* psychologue américain. Il a contribué à la construction d'échelles d'attitudes.

GUTZKOW (Karl), *Berlin 1811 - Sachsenhausen 1878,* écrivain allemand. Animateur du mouvement intellectuel libéral « Jeune-Allemagne », il est l'auteur de romans et de pièces de théâtre (*Uriel Acosta*).

GUY → **GUI** (saint).

GUYANA n.f., anc. **Guyane britannique,** État d'Amérique du Sud, sur l'Atlantique ; 215 000 km² ; 850 000 hab. (*Guyaniens*). CAP. *Georgetown.* LANGUE : *anglais.* MONNAIE : *dollar de la Guyana.* (V. carte **Amérique du Sud.**)

GÉOGRAPHIE

Peuplé principalement de descendants d'immigrés indiens et de Noirs (amenés pour travailler dans les plantations), le pays, au climat chaud et humide, est en grande partie forestier. Il vit de quelques cultures (riz et canne à sucre notamm.) et de l'extraction de la bauxite.

HISTOIRE

1621 - 1791 : la Compagnie des Indes occidentales, hollandaise, assure le développement du pays (canne à sucre, coton). **1814 :** les Britanniques, qui occupaient la région depuis 1796, reçoivent la partie occidentale des Guyanes, baptisée British Guiana en 1831. Zone de cultures tropicales, la région se peuple de Noirs, d'hindous et de Blancs. **1953 :** un statut d'autonomie lui est accordé. **1961 - 1964 :** Cheddi Jagan, Premier ministre, gouverne en s'appuyant sur la population originaire de l'Inde (50 %). Il doit affronter les Blancs de l'United Force et l'opposition des Noirs (35 %), menée par Forbes Burnham. **1966 :** le pays devient indépendant. **1970 :** il constitue, dans le cadre du Commonwealth, une « république coopérative ». **1980 - 1985 :** F. Burnham est président de la Guyana. **1985 :** à sa mort, le Premier ministre Hugh Desmond Hoyte lui succède. **1992 :** Cheddi Jagan est élu à la présidence de la République. **1997 :** il meurt en cours de mandat. Sa femme, Janet Jagan, est élue à la tête de l'État. **1999 :** à la suite de la démission de J. Jagan, Bharrat Jagdeo devient président de la République.

GUYANCOURT (78280), comm. des Yvelines ; 25 444 hab. Électronique. Industrie automobile.

GUYANE n.f. ou **GUYANES** n.f. pl., région de l'Amérique du Sud, en bordure de l'Atlantique, entre l'Orénoque et l'Amazone. Elle est partagée entre le Venezuela, la Guyana, le Suriname, la Guyane française et le Brésil.

GUYANE FRANÇAISE (973), dép. français d'outre-mer, entre le Suriname et le Brésil ; ch.-l. de dép. *Cayenne ;* ch.-l. d'arrond. *Cayenne, Saint-Laurent-du-Maroni ;* 2 arrond. ; 19 cant. ; 22 comm. ; 91 000 km² ; 157 213 hab. (*Guyanais*). Le dép. appartient à l'académie de la Guyane, à la cour d'appel de Fort-de-France, à la zone de défense Guyane. C'est une région couverte en grande partie par la forêt. La moitié de la population (dont une part est employée à la base spatiale de Kourou) est concentrée dans l'agglomération de Cayenne.

HISTOIRE

1643 : Cayenne est fondée par une compagnie normande. **1663 :** Colbert organise systématiquement la colonisation de la Guyane. **1794 - 1805 :** la région sert de lieu de déportation politique (« guillotine sèche »). **1809 - 1817 :** occupé par la Grande-Bretagne, convoité par le Portugal, le pays est rendu à la France par les traités de 1814 et de 1817. La Guyane française, ruinée par l'abolition de l'esclavage (1848), est déconsidérée par l'établissement d'un bagne à Cayenne (1852 - 1946). **1946 :** la Guyane devient un département d'outre-mer. **1968 :** une base de lancement de fusées est installée à Kourou. **1983 :** un conseil régional est élu dans le cadre de la loi de décentralisation.

GUYE (Charles Eugène), *Saint-Christophe, Vaud, 1866 - Genève 1942,* physicien suisse. Il a vérifié, sur des électrons très rapides, la formule relativiste de variation de la masse avec la vitesse (1913).

GUYENNE, autre nom donné à la province d'Aquitaine, notamm. quand elle fut anglaise, de 1259 à 1453. Devenu, en 1469, apanage de Charles, frère de Louis XI, le duché de Guyenne revint définitivement à la Couronne en 1472.

GUYNEMER (Georges), *Paris 1894 - région de Pœlkapelle, Belgique, 1917,* aviateur français. Commandant de l'escadrille des « Cigognes » pendant la Première Guerre mondiale, titulaire de 53 victoires, il est une figure légendaire de l'aviation française.

GUYON (Félix), *Saint-Denis, la Réunion, 1831 - Paris 1920,* chirurgien français. Il a été le maître de l'école urologique française.

GUYON DU CHESNOY (Jeanne-Marie **Bouvier de La Motte,** Mme), *Montargis 1648 - Blois 1717,* mystique française. Soutenue par Fénelon, elle fut la figure centrale de la querelle du quiétisme.

GUYS [gis] (Constantin), *Flessingue 1802 - Paris 1892,* dessinateur et aquarelliste français. Il travailla pour les journaux illustrés anglais et français. Chroniqueur élégant du second Empire, il fut surnommé par Baudelaire « le Peintre de la vie moderne ».

G

GUYTON DE MORVEAU (Louis Bernard, baron), *Dijon 1737 - Paris 1816,* chimiste français. Il réalisa la liquéfaction du gaz ammoniac par l'action d'un mélange réfrigérant et participa, avec Lavoisier, Berthollet et de Fourcroy, à l'élaboration d'une nomenclature chimique (1782). Il soutint la Révolution.

GUZMÁN (Martín Luis), *Chihuahua 1887 - Mexico 1976,* romancier mexicain. Son œuvre évoque la révolution mexicaine (*l'Aigle et le Serpent*).

GWALIOR, v. d'Inde (Madhya Pradesh) ; 720 068 hab. Temples des IXe et XIe s. ; reliefs rupestres jaïna du XVe s. ; palais et mausolées moghols.

GWERU, v. du Zimbabwe ; 124 735 hab. Raffinerie de chrome.

GYGÈS, *m. v. 644 av. J.-C.,* roi de Lydie. La légende lui attribue la possession d'un anneau qui le rendait invisible.

GYLLENSTEN (Lars), *Stockholm 1921,* écrivain suédois. Ses romans (*Infantilia, Senilia, Juvenilia*) sont une peinture pessimiste et ironique de la nature humaine.

GYÖR, en all. **Raab,** v. de Hongrie, sur le Danube ; 129 338 hab. Métallurgie. — Monuments du XIIe s. à l'époque baroque ; musée d'Archéologie romaine.

Guyane française

plus de 20 000 h.
de 10 000 à 20 000 h.
de 2 000 à 10 000 h.
moins de 2 000 h.
ch.-l. d'arrond.
commune
100 200 m

Caractère Helvetica

HAAKON, nom de plusieurs rois de Norvège. — **Haakon IV,** *près de Skarpsborg 1204 - Kirkwall, Orcades, 1263,* roi de Norvège (1217/1223 - 1263). Il établit sa souveraineté sur l'Islande et le Groenland. — **Haakon VII,** *Charlottenlund 1872 - Oslo 1957,* roi de Norvège (1905 - 1957). Fils cadet du roi de Danemark Frédéric VIII, il fut élu roi après la séparation de la Suède et de la Norvège.

HAALTERT [altɛrt], comm. de Belgique (Flandre-Orientale) ; 16 895 hab.

HAARLEM, v. des Pays-Bas, ch.-l. de la Hollande-Septentrionale ; 149 474 hab. Monuments anciens du Grote Markt, dont la Grande Église des XIVe-XVIe s. ; musée Frans-Hals dans l'hospice des vieillards, du XVIIe s. — Haarlem soutint un long siège contre le duc d'Albe, qui s'empara de la ville en 1573.

HAAVELMO (Trygve), *Skedsmo 1911 - Eiksmarka, près d'Oslo, 1999,* économiste et statisticien norvégien. Il est considéré comme un des pères fondateurs de l'économétrie. Son théorème sur les effets multiplicateurs d'un budget en équilibre tend à favoriser les politiques de relance par la dépense publique. (Prix Nobel 1989.)

HABACUC, *v. 600 av. J.-C.,* prophète biblique. Son livre pose le problème du mal dans l'histoire du peuple d'Israël.

HABENECK (François), *Mézières 1781 - Paris 1849,* violoniste et chef d'orchestre français. Directeur de la Société des concerts du Conservatoire (1828), il révéla aux Français les symphonies de Beethoven.

HABER (Fritz), *Breslau 1868 - Bâle 1934,* physicochimiste allemand. Il a réalisé la synthèse industrielle de l'ammoniac et étudié la thermodynamique des réactions en phase gazeuse. Il dut s'exiler à cause de la politique nazie. (Prix Nobel de chimie 1918.)

HABERMAS (Jürgen), *Düsseldorf 1929,* philosophe allemand. Il se rattache à l'école de Francfort et analyse les rapports de la technique, du pouvoir et de la communication (*la Technique et la Science comme idéologie,* 1968 ; *Théorie de l'agir communicationnel,* 1981).

HABRÉ (Hissène), *Faya-Largeau 1936,* homme politique tchadien. Il participe à partir de 1972 à la rébellion du nord du Tchad, devient Premier ministre (1978), puis président de la République (1982), après l'avoir emporté sur Goukouni Oueddeï. En 1990, il est renversé par Idriss Déby.

HABSBOURG, maison qui régna sur le Saint Empire romain germanique (1273 - 1291 ; 1438 - 1740 ; 1765 - 1806), l'Autriche (1278 - 1918), l'Espagne (1516 - 1700), ainsi que sur la Bohême et la Hongrie (1526 - 1918). Ayant acquis au XIIe s. des territoires considérables en Suisse et en Alsace, les Habsbourg durent leur fortune à l'élection de Rodolphe Ier comme roi des Romains (1273). Ils s'approprièrent la basse Autriche et la Styrie (1278), le Tyrol (1363), et prirent au XVe s. le nom de maison d'Autriche. Par le jeu des mariages et des héritages, celle-ci obtint de 1477 à 1526 les Pays-Bas, la Castille, l'Aragon, la Bohême et la Hongrie. À l'abdication de Charles Quint (1556), l'Empire fut partagé entre son fils Philippe II (1556 - 1598), fondateur de la branche espagnole (qui s'éteignit en 1700), et son frère Ferdinand Ier (1556 - 1564), fondateur de la branche allemande. Avec Charles VI (1711 - 1740) s'éteignit la maison de Habsbourg, dont l'héritière, Marie-Thérèse (1740 - 1780), épousa en 1736 François de Lorraine, fondateur de la maison des Habsbourg-Lorraine ; cette dernière régna sur l'Autriche, la Bohême et la Hongrie jusqu'en 1918.

HABSHEIM [apsɛm] (68440), ch.-l. de cant. du Haut-Rhin ; 4 381 hab.

HACHÉMITES ou **HACHIMITES,** dynastie issue de Hachim, l'arrière-grand-père de Mahomet. Ils se sont illustrés par plusieurs lignées de chérifs, souverains de La Mecque du Xe s. à 1924, et par les émirs ou rois qu'ils donnèrent au XXe s. au Hedjaz (1908 - 1924), à l'Iraq (1921 - 1958) et à la Transjordanie (1921 - 1949), puis à la Jordanie (depuis 1949).

Hachette, société française d'édition (groupe Lagardère). Ses origines remontent à la librairie fondée en 1826, à Paris, par Louis Hachette (Rethel 1800 - Le Plessis-Piquet, près de Sceaux, 1864). Les principales activités, outre l'édition de presse et de livres, sont l'audiovisuel, l'édition et le commerce électroniques et la distribution de livres et de journaux (Nouvelles Messageries de la presse parisienne, ou NMPP).

HACHETTE (Jeanne **Laisné** ou **Fourquet,** dite Jeanne), *Beauvais 1456 - id. ?,* héroïne française. Elle défendit Beauvais, assiégée par Charles le Téméraire en 1472.

HACHINOHE, v. du Japon, dans le nord de Honshu ; 241 057 hab. Port de pêche.

HACHIOJI, v. du Japon (Honshu) ; 466 347 hab.

HADAMARD (Jacques), *Versailles 1865 - Paris 1963,* mathématicien français. Figure de proue de l'école française de la théorie des fonctions, il joua un rôle fondamental dans la création de l'analyse fonctionnelle.

HADÈS MYTH. GR. Dieu des Enfers. Il fut identifié au Pluton romain.

HADJAR (El-), v. d'Algérie, près d'Annaba ; 40 000 hab. Sidérurgie.

HADRAMAOUT, région de l'Arabie (Yémen), sur le golfe d'Aden et la mer d'Oman.

Hadriana (villa), maison de plaisance de l'empereur Hadrien à Tibur (auj. Tivoli), près de Rome. Elle fut élevée entre 117 et 138 ; ses vestiges témoignent de l'éclectisme architectural de l'époque et du syncrétisme de l'empereur.

HADRIEN, en lat. **Publius Aelius Hadrianus,** *Italica, Bétique, 76 - Baïes 138,* empereur romain (117 - 138). Successeur de Trajan, qui l'avait adopté, il fit du Conseil du prince un organe de gouvernement, tendit à unifier la législation (Édit perpétuel, 131), et protégea l'Empire contre les Barbares au moyen de fortifications continues. Lettré, grand voyageur, il aménagea près de Rome la vaste villa qui porte son nom. Son mausolée est devenu le château Saint-Ange, à Rome.

■ HISSÈNE **HABRÉ**

■ **HADRIEN.** (Musée des Thermes, Rome.)

HADRUMÈTE, colonie phénicienne d'Afrique. Ruines près de Sousse (Tunisie).

HAEBERLIN, famille de cuisiniers français. **Paul H.,** *Illhaeusern, Haut-Rhin, 1923,* son frère **Jean-Pierre H.,** *Illhaeusern, Haut-Rhin, 1925,* et leur neveu **Marc H.,** *Colmar 1954.* Ils ont hérité d'une auberge familiale à Illhaeusern, qu'ils ont hissée au rang des meilleures tables françaises, alliant modernité et tradition culinaire alsacienne.

HAECKEL (Ernst), *Potsdam 1834 - Iéna 1919,* zoologiste et embryologiste allemand. Il donna des travaux majeurs en embryologie comparée. Défenseur de Darwin, il proposa une *loi biogénétique fondamentale* (1866) : « L'ontogenèse est une courte récapitulation de la phylogenèse ».

HAEJU, v. de Corée du Nord ; 213 000 hab.

HAENDEL → HÄNDEL.

HAFEZ ou **HAFIZ,** *Chiraz v. 1325 - id. 1390,* poète persan, auteur de poésies lyriques d'inspiration amoureuse et mystique.

HAFIZ (Mulay), *Fès v. 1875 - Enghien-les-Bains 1937,* sultan du Maroc (1908 - 1912), de la dynastie alawite.

HAFSIDES, dynastie musulmane qui régna en Afrique du Nord de 1229 à 1574 et eut pour capitale Tunis.

Haganah (mot hébr. signif. *défense*), organisation paramilitaire juive de Palestine. Engagée aux côtés de la Grande-Bretagne pendant la Seconde Guerre mondiale, elle constitua en 1948 le noyau de l'armée du nouvel État d'Israël.

HAGEDORN (Friedrich **von**), *Hambourg 1708 - id. 1754,* poète allemand, auteur de *Fables et Contes* inspirés de La Fontaine.

HAGEN, v. d'Allemagne (Rhénanie-du-Nord-Westphalie), dans la Ruhr ; 214 877 hab. Centre industriel. – Musée K. E. Osthaus (peinture du XXe s.) et musée en plein air des Techniques.

HAGETMAU [-ʒɛt-] (40700), ch.-l. de cant. des Landes ; 4 500 hab. Mobilier. – Crypte romane de St-Girons.

HAGONDANGE (57300), comm. de la Moselle, dans la vallée de la Moselle ; 8 733 hab. *(Hagondangeois).* Industrie automobile. Métallurgie.

HAGUE (la), péninsule et cap de la Manche, extrémité nord-ouest du Cotentin. Retraitement des combustibles nucléaires irradiés (récupération d'uranium et de plutonium).

HAGUENAU (67500), ch.-l. d'arrond. du Bas-Rhin, sur la Moder, au S. de la *forêt de Haguenau* (13 400 ha) ; 33 943 hab. *(Haguenoviens).* Constructions mécaniques et électriques. Confiserie. – Église St-Georges, des XIIe-XVIIe s. ; Musée alsacien et Musée historique (mobilier des tumulus de l'âge du bronze fouillés dans la région).

HAHN (Otto), *Francfort-sur-le-Main 1879 - Göttingen 1968,* chimiste et physicien allemand. Avec L. Meitner, il a découvert le protactinium (1917) et le phénomène d'isomérie nucléaire. Avec Fritz Strassmann, il a mis en évidence, en 1938, la fission de l'uranium. (Prix Nobel de chimie 1944.)

HAHN (Reynaldo), *Caracas 1875 - Paris 1947,* compositeur vénézuélien naturalisé français. Il est l'auteur de nombreuses mélodies et d'œuvres lyriques (*Ciboulette,* 1923).

HAHNEMANN (Christian Friedrich Samuel), *Meissen 1755 - Paris 1843,* médecin allemand. Fondateur de la doctrine homéopathique, accueillie avec hostilité en Allemagne, il s'installa à Paris en 1835 et y connut le succès.

HAICHENG, v. de Chine, au S.-O. de Shenyang ; 992 000 hab.

HAÏFA ou **HAIFFA,** v. d'Israël, sur la Méditerranée ; 250 000 hab. Port. Raffinage du pétrole.

HAIG (Alexander), *Philadelphie 1924,* général américain. Collaborateur de Nixon et de Kissinger lors du cessez-le-feu au Viêt Nam (1972 - 1973), commandant des forces du Pacte atlantique en Europe (1974 - 1979), il a été secrétaire d'État du président Reagan (1981 - 1982).

HAIG (Douglas **Haig**, comte), *Édimbourg 1861 - Londres 1928,* maréchal britannique. De 1915 à 1918, il commanda les troupes britanniques engagées sur le front français.

HAIGNERÉ (Jean-Pierre), *Paris 1948,* officier et spationaute français. Il a effectué deux vols spatiaux à bord de la station Mir (1993, 1999), le second ayant été le plus long vol spatial accompli par un Européen (188 j 20 h 16 min).

HAI HE n.m., fl. de Chine, qui se jette dans le golfe du Bohai ; 450 km. Il passe près de Pékin et à Tianjin.

HAIKOU, v. du Chine, ch.-l. de la prov. du Hainan ; 280 000 hab.

HAILÉ SÉLASSIÉ Ier, *Harar 1892 - Addis-Abeba 1975,* empereur d'Éthiopie (1930 - 1974). Régent et héritier de l'Empire (1916), le ras Tafari Makonnen fut proclamé roi (négus) en 1928 et devint empereur, en 1930, sous le nom d'Hailé Sélassié Ier. Lors de l'invasion italienne, il s'exila (1936) et gagna la Grande-Bretagne. Il revint en Éthiopie en 1941 avec les troupes alliées. L'armée le renversa en 1974.

■ **HAILÉ SÉLASSIÉ Ier**

■ **EDMOND HALLEY** par R. Phillips. (National Portrait Gallery, Londres.)

HAILLAN (Le) [33160], comm. de la Gironde ; 8 286 hab. Industrie aérospatiale.

HAINAN, île et province de la Chine du Sud ; 34 000 km² ; 6 420 000 hab. ; cap. *Haikou.*

HAINAUT, région historique, située partie en France, partie en Belgique. Comté de l'Empire germanique, fondé au IXe s., le Hainaut passa à la maison de Flandre en 1055, puis à la maison d'Avesnes en 1256. Il fut annexé en 1428 aux États bourguignons, dont il suivit le sort. La partie méridionale du Hainaut (cap. Valenciennes) devint française en 1678 (traité de Nimègue).

HAINAUT, prov. de la Belgique méridionale ; 3 787 km² ; 1 278 791 hab. *(Hainuyers* ou *Hennuyers)* ; ch.-l. *Mons ;* 7 arrond. *(Ath, Charleroi, Mons, Mouscron, Soignies, Thuin, Tournai)* ; 69 comm. Le Hainaut juxtapose une partie fortement urbanisée (dont les pôles sont les agglomérations de Mons et Charleroi) et encore industrialisée (l'ancien pays noir), et une région occidentale, à vocation toujours largement agricole.

HAINING, v. de Chine, entre Shanghai et Hangzhou ; 600 000 hab.

HAIPHONG, v. du nord du Viêt Nam ; 1 279 000 hab. Port et centre industriel.

HAÏTI ou **HISPANIOLA,** l'une des Grandes Antilles, à l'E. de Cuba, divisée en deux États indépendants : la République *dominicaine et la république d'Haïti.

HAÏTI n.m., État des Antilles, occupant l'ouest de l'île du même nom ; 27 750 km² ; 7 300 000 hab. *(Haïtiens).* **CAP.** *Port-au-Prince.* **LANGUES :** *créole* et *français.* **MONNAIE :** *gourde.*

GÉOGRAPHIE

État peuplé en majorité de Noirs, la république d'Haïti est un pays au climat tropical, formé de chaînons montagneux séparés par des terres plus basses, qui produisent du café, des bananes, de la canne à sucre, principales ressources commerciales. Le sous-sol recèle de la bauxite. Le niveau de vie est très bas, et les tensions sociales demeurent vives dans ce pays surpeuplé, sous-industrialisé et endetté.

HISTOIRE

L'époque coloniale. 1492 : peuplée d'Indiens Arawak, l'île est découverte par Christophe Colomb, qui lui donne le nom d'Hispaniola. **1697 :** l'occupation par la France de sa partie occidentale est reconnue par le traité de Ryswick. **XVIIIe s. :** la région devient la plus prospère des colonies françaises grâce à la production de sucre et de café. Elle est peuplée à 90 % d'esclaves noirs, d'affranchis et de mulâtres. **1791 :** Toussaint Louverture prend la tête de la révolte des esclaves. **1795 :** l'Espagne cède la partie orientale de l'île à la France (traité de Bâle).

Le XIXe s. 1804 : après avoir expulsé les Français, le Noir Jean-Jacques Dessalines se proclame empereur d'Haïti. **1806 - 1818 :** tandis que l'Espagne réoccupe l'est de l'île, une sécession oppose le royaume du Nord (Henri Christophe) à la république du Sud (Alexandre Pétion). **1822 :** réunification de l'île. **1844 :** la partie orientale reprend sa liberté pour former la République dominicaine. **1849 - 1859 :** Faustin Ier est au pouvoir avec le titre d'empereur. **1859 - 1910 :** les mulâtres dominent la vie politique.

Le XXe s. 1915 - 1934 : endettement extérieur et crise politique entraînent l'intervention des États-Unis, qui occupent le pays. **1934 - 1957 :** le départ des Américains ouvre une nouvelle période d'instabilité. **1957 - 1971 :** François Duvalier, président à vie (1964), exerce un pouvoir dictatorial. **1971 - 1986 :** lui succède son fils, Jean-Claude Duvalier. Une grave crise politique oblige ce dernier à s'exiler. **1986 - 1990 :** les militaires (Henri Namphy, Prosper Avril) sont au pouvoir de façon presque ininterrompue. **1990 :** le père Jean-Bertrand Aristide, apôtre de la théologie de la libération, est élu à la présidence de la République. **1991 :** entré en fonctions en févr., il est renversé par un nouveau coup d'État militaire (sept.), et doit s'exiler. **1994 :** une intervention militaire américaine permet à J.-B. Aristide de revenir à Haïti et de retrouver ses fonctions de président. **1996 :** René Préval (élu en déc. 1995) devient président de la République. Mais le pays connaît une crise politique permanente, dans un contexte économique catastrophique. **2001 :** J.-B. Aristide (réélu en nov. 2000) revient à la tête de l'État.

HAITINK (Bernard), *Amsterdam 1929,* chef d'orchestre néerlandais. Il a dirigé le Concertgebouw d'Amsterdam, l'Orchestre philharmonique de Londres, Covent Garden, enregistré les intégrales des symphonies de Bruckner et Mahler, et contribué à la redécouverte des œuvres de Liszt et de Chostakovitch.

HAKIM (al-), *985 - 1021,* sixième calife fatimide (996 - 1021). Il consentit à la proclamation de sa propre divinité (1017). Il est vénéré par les Druzes.

HAKIM (Tawfiq **al-**), *Alexandrie ? 1898 - Le Caire 1987,* écrivain égyptien. Auteur de romans *(Journal d'un substitut de campagne),* il est l'un des principaux dramaturges de langue arabe *(Toi qui montes à l'arbre !).*

HAKODATE, v. du Japon (Hokkaido) ; 307 249 hab. Port.

HAL, en néerl. **Halle,** v. de Belgique, ch.-l. d'arrond. (avec Vilvorde) du Brabant flamand ; 32 768 hab. Basilique du XIVe s. (œuvres d'art).

HALBWACHS (Maurice), *Reims 1877 - Buchenwald 1945,* sociologue français. Élève de Durkheim, il fut l'un des premiers à utiliser les statistiques (*Morphologie sociale,* 1938).

HALDANE (John), *Oxford 1892 - Bhubaneswar 1964,* biologiste et mathématicien indien d'origine britannique. Il est l'un des créateurs de la théorie synthétique de l'évolution (néodarwinisme).

HALDAS (Georges), *Genève 1917,* écrivain suisse de langue française. Sa poésie et ses chroniques de la vie quotidienne s'élargissent en réflexion métaphysique *(Boulevard des philosophes, l'État de poésie).*

HALE (George), *Chicago 1868 - Pasadena 1938,* astrophysicien américain. L'un des fondateurs de l'astronomie solaire moderne, il inventa le spectrohéliographe (1891), indépendamment de H. Deslandres. Il fut notamm. à l'origine de la construction du télescope de 5,08 m de l'observatoire du mont Palomar.

HALES (Stephen), *Bekesbourne, Kent, 1677 - Teddington, près de Londres, 1761,* chimiste et naturaliste anglais. Il a étudié de nombreux gaz et mesuré la pression sanguine.

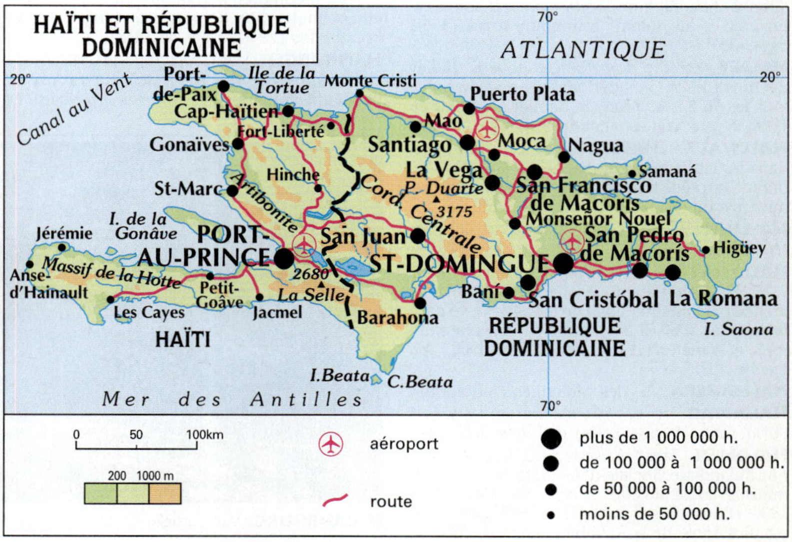

HALÉVY (Ludovic), *Paris 1834 - id. 1908,* écrivain et librettiste français. Il écrivit avec Meilhac les livrets des principales œuvres lyriques d'Offenbach (*la Belle Hélène,* 1864 ; *la Vie parisienne,* 1866), puis se consacra au roman de mœurs. (Acad. fr.)

HALEY (Bill), *Highland Park, Michigan, 1925 - Harlingen, Texas, 1981,* guitariste américain de rock. Pionnier du rock'n'roll, il enregistra avec son groupe, The Comets, le premier grand succès du genre, *Rock around the Clock* (1954).

HALFFTER (Cristóbal), *Madrid 1930,* compositeur espagnol. Il fut l'un des chefs de file de la musique postsérielle (*Requiem por la libertad imaginada,* pour grand orchestre, 1971).

HALICARNASSE, colonie grecque de Carie, en Asie Mineure (auj. *Bodrum*). Elle fut embellie par Mausole et Artémise II (IVe s. av. J.-C.). – Fragments sculptés du « Mausolée » (auquel participèrent Scopas et Léocharès) au British Museum.

HALIFAX, v. du Canada, cap. de la Nouvelle-Écosse, sur l'océan Atlantique ; 114 455 hab. (253 704 hab. dans l'agglomération). Port. Universités. Archevêché.

HALIFAX, v. de Grande-Bretagne (Angleterre) ; 87 000 hab. Anc. halle aux draps du XVIIIe s.

HALIFAX (Edward Frederick Lindley **Wood,** comte **de**), *Powderham Castle 1881 - Garrowby Hall 1959,* homme politique britannique. Il fut vice-roi des Indes (1925 - 1931), secrétaire aux Affaires étrangères (1938 - 1940), ambassadeur aux États-Unis (1941 - 1946).

H

HALL (Edwin Herbert), *Gorham, Maine, 1855 - Cambridge, Massachusetts, 1938,* physicien américain. Auteur de travaux sur les conductivités thermique et électrique de l'acier, il a découvert, en 1880, l'effet qui porte son nom.

HALL (Granville Stanley), *Ashfield, Massachusetts, 1844 - Worcester, Massachusetts, 1924,* psychologue américain. Pionnier de la psychologie expérimentale aux États-Unis, il consacra des travaux au développement de l'enfant et de l'adolescent (*Adolescence,* 1904).

HALLADJ (Abu al-Mughith al-Husayn **al-**), *Tur, Fars, v. 858 - Bagdad 922,* théologien, mystique et martyr musulman. Il fut exécuté sous les Abbassides. Son œuvre est à l'origine d'un grand courant du soufisme.

HALLE, v. d'Allemagne (Saxe-Anhalt), sur la Saale ; 295 372 hab. Université. Métallurgie. – Églises des XIVe-XVIe s. ; musées ; maison natale de Händel.

HALLE, nom néerlandais de *Hal.

HALLES (les), quartier du Ier arrond. de Paris où étaient concentrés, jusqu'en 1969, les commerces alimentaires de gros, transférés ensuite à Rungis. Sur l'espace libéré par la démolition des halles de *Baltard ont été réalisés un centre commercial (*Forum des Halles,* 1979 et suiv.) et divers locaux et équipements souterrains.

HALLEY (Edmond), *Haggerston, près de Londres, 1656 - Greenwich 1742,* astronome britannique. Auteur de nombreuses recherches concernant la géophysique, la météorologie et l'astronomie, il reste surtout connu pour avoir étudié le mouvement des comètes (1705) et pour avoir le premier prédit par le calcul le retour près du Soleil de l'une d'entre elles, qui porte à présent son nom. En 1720, il fut nommé astronome royal. *(V. ill. page 1385.)*

HALLEY (comète de), comète dont E. Halley découvrit les retours périodiques près du Soleil tous les 76 ans environ (le dernier a eu lieu en 1986, le prochain est attendu en 2061).

HALLSTATT ou **HALLSTADT,** bourg d'Autriche, dans le Salzkammergut. Salines déjà exploitées durant la préhistoire. Station éponyme du premier âge du fer (900 - 450 av. J.-C.) ; musée.

HALLUIN (59250), comm. du Nord ; 19 067 hab. *(Halluinois).*

HALLYDAY (Jean Philippe **Smet,** dit Johnny), *Paris 1943,* chanteur français. Propagateur du rock en France par l'intermédiaire de la vague yé-yé dans les années 1960, il a construit sa carrière entre rock et variétés (*l'Idole des jeunes,* 1962 ; *Ma gueule,* 1979).

HALMAHERA, île des Moluques (Indonésie).

HALMSTAD, v. de Suède, sur le Cattégat ; 80 061 hab. Port. – Église gothique St-Nicolas.

HALONEN (Tarja), *Helsinki 1943,* femme politique finlandaise. Sociale-démocrate, plusieurs fois ministre (notamm. des Affaires sociales, 1987 - 1990, et des Affaires étrangères, 1995 - 2000), elle est présidente de la République depuis 2000.

HALS (Frans), *Anvers v. 1580/1585 - Haarlem 1666,* peintre néerlandais. Auteur de portraits et de sujets de genre, il vécut à Haarlem, où sont conservés ses chefs-d'œuvre (musée Frans-Hals), du jovial *Banquet du corps des archers de Saint-Georges* (1616) aux *Régents* et *Régentes [de l'hospice des vieillards],* d'une causticité vengeresse (1664). Sa technique audacieuse, d'une liberté de touche inédite, a influencé des artistes du XIXe s., tel Manet.

■ FRANS **HALS.** *La Bohémienne,* v. 1628 - 1630. (Louvre, Paris.)

HAM [am] (80400), ch.-l. de cant. de la Somme, sur la Somme ; 5 668 hab. *(Hamois).* Agroalimentaire. Chimie. – Anc. abbatiale des XIIe-XVIIe s. – Louis Napoléon, enfermé au fort de Ham en 1840, s'en échappa en 1846.

HAMA, v. du nord de la Syrie, sur l'Oronte ; 253 000 hab.

HAMADAN, v. d'Iran, au S.-O. de Téhéran ; 349 653 hab. Mausolée seldjoukide. – C'est l'anc. *Ecbatane.*

HAMAMATSU, v. du Japon (Honshu) ; 534 620 hab.

HAMANN (Johann Georg), *Königsberg 1730 - Münster 1788,* écrivain et philosophe allemand. Ses tendances mystiques ont influencé le mouvement du *Sturm und Drang.

HAMBOURG, en all. **Hamburg,** Land d'Allemagne ; 753 km² ; 1 702 887 hab.

HAMBOURG, en all. **Hamburg,** v. d'Allemagne, dont elle constitue un Land, sur l'Elbe ; 1 702 887 hab. *(Hambourgeois).* Hambourg est le principal débouché maritime de l'Allemagne et demeure l'un des plus grands ports européens. Liée à l'activité portuaire, la fonction industrielle est très développée : métallurgie, chimie, agroalimentaire. – Musées, dont la Kunsthalle (riche galerie de peinture). – Dotée d'une charte et de privilèges de navigation (1189), Hambourg participa à la Hanse, pour s'imposer grâce à elle sur les marchés étrangers, et supplanta Lübeck au XVIe s. Elle fut occupée (1806), puis annexée (1810) par Napoléon Ier. Entrée, comme ville libre et souveraine, dans la Confédération germanique (1815), incorporée à l'Empire allemand (1871), elle obtint le statut de port franc (1881). Elle fut bombardée par les Alliés en 1943.

HAMBURGER (Jean), *Paris 1909 - id. 1992,* médecin néphrologue français. Auteur de travaux sur l'hémodialyse et le rein artificiel, il a réalisé en 1959 la première greffe de rein entre faux jumeaux. (Acad. fr.)

HAMERLING (Rupert **Hammerling,** dit Robert), *Kirchberg am Walde 1830 - Graz 1889,* écrivain autrichien, auteur de poèmes épiques *(Ahasvérus à Rome)* et de romans *(Aspasie).*

HAMHUNG, v. de Corée du Nord ; 775 000 hab.

HAMILCAR, surnommé **BARCA** (« la Foudre »), *v. 290 - Elche 229 av. J.-C.,* chef carthaginois. Après avoir combattu les Romains en Sicile, il réprima la révolte des mercenaires de Carthage (240 - 238) et conquit l'Espagne méridionale (237 - 229). Il est le père d'Hannibal.

HAMILTON → **CHURCHILL** [fl.].

HAMILTON, v. du Canada (Ontario), à l'extrémité occidentale du lac Ontario ; 318 499 hab. (553 679 hab. dans l'agglomération). Université. Port. Sidérurgie. Constructions mécaniques et électriques.

HAMILTON, v. de Nouvelle-Zélande, dans l'île du Nord ; 150 000 hab.

HAMILTON (Alexander), *Nevis, Antilles, 1757 - New York 1804,* homme politique américain. Aide de camp de Washington (1777), il fut l'un des rédacteurs de la Constitution américaine et le fondateur du Parti fédéraliste. Secrétaire au Trésor (1789 - 1795), il organisa la Banque nationale.

HAMILTON (Anthony, en fr. Antoine), *Roscrea, Irlande, 1646 - Saint-Germain-en-Laye 1720,* écrivain irlandais d'expression française. Il suivit les Stuarts en exil et consacra à son beau-frère les spirituels *Mémoires de la vie du comte de Gramont.*

HAMILTON (sir William Rowan), *Dublin 1805 - id. 1865,* mathématicien et physicien irlandais. Il inventa, en 1843, les *quaternions,* premier exemple d'ensemble dans lequel la multiplication n'est pas commutative. Sa théorie de l'optique, transposée à la dynamique, fit progresser le calcul des variations et la résolution des équations différentielles.

Hamlet, personnage principal du drame de Shakespeare (v. 1601), inspiré d'un prince danois devenu légendaire. Mélancolique, tenté par le néant, Hamlet se sent écrasé par le rôle que lui assigne la fatalité : pour venger son père, dont le spectre lui a appris l'assassinat, il doit tuer son oncle. Il simule la démence et délaisse sa fiancée, Ophélie, qui devient folle et se noie. Il finit par accomplir sa vengeance en y laissant sa propre vie. Le monologue d'Hamlet *(To be or not to be..., « Être ou ne pas être... »)* est célèbre.

HAMM, v. d'Allemagne (Rhénanie-du-Nord-Westphalie), dans la Ruhr ; 182 390 hab. Métallurgie.

HAMMADIDES, dynastie berbère, fondée par Hammad ibn Buluqqin, qui régna sur le Maghreb central de 1015 à 1152.

Hammaguir, site du Sahara algérien, au sud de Béchar. Base spatiale française de 1961 à 1967.

HAMMAMET, v. de Tunisie, sur le *golfe d'Hammamet ;* 12 000 hab. Station balnéaire.

HAMMAM-LIF, v. de Tunisie, près de Tunis ; 47 000 hab. Station balnéaire.

HAMMARSKJÖLD (Dag), *Jönköping 1905 - Ndola, Zambie, 1961,* homme politique suédois. Il fut secrétaire général de l'ONU de 1953 à 1961. (Prix Nobel de la paix 1961.)

HAMME [am], comm. de Belgique (Flandre-Orientale) ; 22 799 hab.

HAMMERFEST, v. de Norvège, la plus septentrionale d'Europe ; 7 000 hab. Port.

■ **HAMBOURG.** Vue partielle de la ville et du port.

HAMMETT (Dashiell), *Saint Mary's County, Maryland, 1894 - New York 1961,* romancier américain, créateur du roman policier noir (*le Faucon maltais,* 1930).

HAMMOURABI ou **HAMMOU-RAPI,** roi de Babylone (1793-1750 av. J.-C.). Il fonda le premier Empire babylonien et fit rédiger un code (le *Code d'Hammourabi*), recueil de cas de jurisprudence, gravé sur une stèle de basalte retrouvée à Suse en 1901 - 1902 (musée du Louvre).

HAMPDEN (John), *Londres 1594 - Thame 1643,* homme politique anglais. Adversaire de l'arbitraire royal, lieutenant de Pym, il fut l'un des chefs des républicains pendant la guerre civile.

HAMPI → **VIJAYANAGAR.**

HAMPSHIRE, comté du sud de l'Angleterre, sur la Manche ; 1 511 900 hab. ; ch.-l. *Winchester ;* v. princ. *Southampton.*

HAMPTON (Lionel), *Louisville, Kentucky, 1909,* musicien américain de jazz. Premier utilisateur du vibraphone pour le jazz, batteur et grand improvisateur, il fut l'une des grandes figures du middle jazz et fonda son propre big band en 1940.

Hampton Court, résidence royale d'Angleterre, dans la banlieue S.-O. de Londres (XVIe-XVIIe s. ; galerie de tableaux).

Hampton Roads, rade des États-Unis (Virginie), à l'entrée de la baie de Chesapeake. Site des ports de Newport News, Norfolk, Portsmouth et *Hampton.*

HAMSUN (Knut **Pedersen,** dit Knut), *Garmostraeet, près de Lom, 1859 - Nörholm 1952,* écrivain norvégien. Ses romans exaltent le sentiment de la nature et la libération de l'homme de toutes les entraves sociales (*la Faim,* 1890 ; *Pan ; Sous l'étoile d'automne*). [Prix Nobel 1920.]

■ KNUT **HAMSUN**

■ **HÄNDEL** par T. Hudson. (National Portrait Gallery, Londres.)

HAM-SUR-HEURE-NALINNES, comm. de Belgique (Hainaut), sur l'Eau d'Heure ; 12 493 hab. Château des XVe-XVIIIe s., chapelle St-Roch, du XVIIIe s.

HAN (grottes de), grottes de Belgique (prov. de Namur), près de l'anc. comm. de Han-sur-Lesse, dues à la perte de la Lesse dans le calcaire.

HAN, dynastie impériale chinoise (206 av. J.-C.-220 apr. J.-C.). Fondée par Han Gaozu (206 - 195 av. J.-C.), elle affermit le pouvoir central et présida à un essor économique sans précédent ainsi qu'à l'expansion chinoise en Mandchourie, en Corée, en Mongolie, au Viêt Nam et en Asie centrale. Elle fut à son apogée sous Han Wudi (140-87 av. J.-C.). L'usurpateur Wang Mang (9 - 23) ne parvint pas à résoudre la crise agraire, et, après 23, les empereurs tentèrent également de limiter la puissance des grands propriétaires.

HAN, population majoritaire de la Chine, représentant environ 95 % des habitants de ce pays.

HANAU, v. d'Allemagne (Hesse), sur le Main ; 89 156 hab.

HANDAN, v. de Chine (Hebei) ; 1 110 000 hab.

HÄNDEL ou **HAENDEL** (Georg Friedrich), *Halle 1685 - Londres 1759,* compositeur allemand naturalisé britannique. Son langage musical, fait de grandeur et de lyrisme, offre une synthèse magistrale des styles italien, français, germanique et anglais. Il a écrit des opéras (*Rinaldo,* 1711), des sonates, des concerts et des suites (*Water Music*), et surtout des oratorios (*Israël en Égypte,* 1739 ; *le Messie,* 1742 ; *Judas Macchabée,* 1747).

HANDKE (Peter), *Griffen 1942,* écrivain autrichien. Son œuvre romanesque (*l'Angoisse du gardien de but au moment du penalty, le Malheur indifférent, la Femme gauchère, Mon année dans la baie de Personne, Par une nuit obscure je sortis de ma maison tranquille*) et dramatique (*la Chevauchée sur le lac de Constance, Par les villages*) traduit l'angoisse de la solitude et de l'incommunicabilité.

HANGZHOU, v. de Chine, cap. du Zhejiang ; 1 340 000 hab. Anc. capitale de la Chine, sous les Song du Sud (1127 - 1276). — Pagode des Six Harmonies, fondée en 970 ; célèbres jardins.

HANKOU, partie de la conurbation de Wuhan (Chine).

HANNIBAL, *247 - Bithynie 183 av. J.-C.,* général et homme d'État carthaginois. Fils d'Hamilcar Barca, il est proclamé chef par l'armée en 221 av. J.-C. et accepté par le sénat de Carthage. En 219 av. J.-C., il attaque Sagonte (Espagne), alliée de Rome, déclenchant ainsi la deuxième guerre punique. À l'aide d'une forte armée comprenant des éléphants, il gagne l'Italie après une difficile traversée des Pyrénées et des Alpes. Il bat les Romains au lac Trasimène (217) et à Cannes (216), mais ne peut prendre Rome. Rappelé à Carthage (203), il est vaincu à Zama (202) par Scipion l'Africain. Il s'exile en Orient, où il s'empoisonne pour échapper aux Romains.

■ PETER **HANDKE**

■ **HANNIBAL.** Buste antique ; marbre. (Musée archéologique, Naples.)

HANNON, navigateur carthaginois. Il aurait, vers 450 av. J.-C., longé les côtes atlantiques du continent africain, jusqu'à la Guinée.

HANNUT, comm. de Belgique (prov. de Liège), à l'O. de Liège ; 11 904 hab.

HANOI, cap. du Viêt Nam, sur le fleuve Rouge, à la tête du delta du Tonkin ; 2 591 000 hab. Centre industriel, commercial et culturel. — Nombreux monuments ; riches musées. — Principale ville du Tonkin sous domination chinoise au VIe s., Hanoi fut la capitale de la République démocratique du Viêt Nam (1954) avant de devenir celle du pays réunifié (1975).

HANOTAUX (Gabriel), *Beaurevoir, Aisne, 1853 - Paris 1944,* historien et homme politique français. Ministre des Affaires étrangères (1894 - 1898), il fut un des principaux artisans de l'alliance franco-russe. (Acad. fr.)

HANOVRE, en all. **Hannover,** anc. État allemand. Duché, puis électorat, à partir de 1692, le Hanovre fut érigé en royaume (1814) et annexé par la Prusse (1866).

HANOVRE, en all. **Hannover,** v. d'Allemagne, cap. de la Basse-Saxe, sur la Leine ; 524 823 hab. (*Hanovriens*). Centre commercial (foire internationale) et industriel. — Musées de Basse-Saxe et autres. — La ville adhéra à la Hanse en 1386 et fut à partir de 1636 la résidence des ducs, puis des rois de Hanovre.

■ **HANOI.** Une rue de la ville, avec, à l'arrière-plan, le théâtre.

HANOVRE (dynastie **de**), dynastie qui a régné sur l'électorat de Hanovre à partir de 1692 et conjointement sur la Grande-Bretagne à partir de 1714. L'Électeur de Hanovre, arrière-petit-fils par sa mère de Jacques Ier Stuart, devint alors roi de Grande-Bretagne sous le nom de George Ier.

HANRIOT (François), *Nanterre 1761 - Paris 1794,* révolutionnaire français. Commandant provisoire de la garde nationale (mai 1793), il assiégea la Convention pour que celle-ci livrât les Girondins. N'ayant pu sauver Robespierre le 9 thermidor, il fut guillotiné comme lui le lendemain.

Hanse ou **Hanse teutonique** (la), association des cités marchandes de la Baltique et de la mer du Nord (XIIe-XVIIe s.). Constituée d'abord par les marchands de Lübeck, Hambourg et Cologne, elle regroupait au XIVe s. 70 à 80 villes, qui en formaient le noyau actif. Elle avait en outre des comptoirs à Novgorod, Bergen, Londres et Bruges. Son déclin s'accéléra après la défaite infligée à Lübeck par le Danemark (1534 - 1535).

HANSEN (Gerhard Armauer), *Bergen 1841 - id. 1912,* médecin norvégien. Il découvrit le bacille de la lèpre en 1874.

HAN SHUI n.m., riv. de Chine, affl. du Yangzi Jiang (r. g.), à Wuhan ; 1 700 km.

HANSI (Jean-Jacques **Waltz,** dit), *Colmar 1873 - id. 1951,* écrivain, dessinateur et caricaturiste français. Il eut un grand succès avec des albums comme *le Professeur Knatschke* (1896), *l'Histoire d'Alsace racontée aux petits enfants* (1912), *l'Alsace heureuse* (1919).

HANTAÏ (Simon), *Bia, près de Budapest, 1922,* peintre français d'origine hongroise. Surréaliste, puis abstrait gestuel, il a, l'un des premiers, envisagé l'œuvre sous l'angle de sa seule matérialité (toiles réalisées, à partir du début des années 1960, par froissage-pliage/mise en couleurs/dépliage).

HAN WUDI, empereur de Chine (140 - 87 av. J.-C.), de la dynastie Han. Il poursuivit l'expansion en Asie centrale et protégea les arts et la poésie.

HAN YU, *Nanyang 768 - Changan 824,* écrivain chinois. Auteur de mémoires contre le bouddhisme, il prôna le retour à une prose épurée.

HAOUSSA, peuple du nord-ouest du Nigeria et du sud du Niger (env. 30 millions). À partir du XIVe s., les Haoussa fondèrent une série d'États indépendants ; ils furent ultérieurement islamisés. En 1804, le Peul Ousmane dan Fodio créa lors d'une *djihad* le califat de *Sokoto ; les pasteurs peul y constituaient - comme encore maintenant - la classe dominante. L'*haoussa,* de la famille tchadienne, est une importante langue de relation.

HAOUZ n.m., région du Maroc méridional ; v. princ. *Marrakech.*

HARALD, nom de plusieurs rois de Danemark, de Suède et de Norvège, du IXe au XIIe s. — **Harald Ier,** *m. v. 863,* roi de Danemark. Il introduisit le christianisme dans son royaume. — **Harald Ier Hårfager** (« À la belle chevelure »), *v. 850 - v. 933,* roi de Norvège (872 - 933). Selon la tradition, il fut le premier souverain à unifier la Norvège. — **Harald Blåtand** (« Dent bleue »), *v. 910 - v. 986,* roi de Danemark (v. 940 - v. 986). Il implanta définitivement le christianisme dans son pays. — **Harald III Hårdråde** (« le Sévère »), *v. 1015 - Stamford Bridge 1066,* roi de Norvège (1047 - 1066). Il tenta vainement de conquérir l'Angleterre, mais fut vaincu et tué par Harold II.

HARALD V, *Asker, banlieue d'Oslo, 1937,* roi de Norvège. Il a succédé à son père Olav V en 1991.

HARAR, v. d'Éthiopie, ch.-l. de prov. ; 68 000 hab.

HARARE, anc. **Salisbury,** cap. du Zimbabwe, à 1 470 m d'alt. ; 656 000 hab. (*Hararais*).

HARAT ou **HERAT,** v. d'Afghanistan, sur le Hari Rud ; 150 000 hab. Monuments élevés sous la renaissance timuride du XVe s.

HARBIN ou **KHARBIN,** v. de la Chine du Nord-Est, cap. du Heilongjiang ; 2 840 000 hab. Centre industriel.

HARDENBERG (Karl August, prince **von**), *Essenrode 1750 - Gênes 1822,* homme d'État prussien. Ministre des Affaires étrangères (1804 - 1806), puis chancelier (1810 - 1822), il fut l'un des principaux artisans du redressement de la Prusse après les défaites que lui infligea Napoléon Ier en 1806.

HARDING (Warren), *près de Blooming Grove, Ohio, 1865 - San Francisco 1923,* homme politique américain. Président républicain des États-Unis (1921 - 1923), il fut isolationniste et protectionniste.

HARDOUIN-MANSART (Jules) → **MANSART** (Jules Hardouin).

HARDT n.f., massif boisé de France et d'Allemagne, au N. des Vosges.

HARDT ou **HARTH** n.f., région, en majeure partie forestière, de la plaine d'Alsace, dans le Haut-Rhin.

HARDY (Alexandre), *Paris v. 1570 - v. 1632,* poète dramatique français. Son théâtre unit la violence baroque aux thèmes humanistes *(la Gigantomachie).*

HARDY (Thomas), *Upper Bockhampton 1840 - Dorchester, Dorset, 1928,* écrivain britannique. Ses poèmes et ses romans évoquent les mœurs provinciales à travers des êtres soumis à un implacable destin *(Tess d'Uberville, Jude l'Obscur).*

HARELBEKE, comm. de Belgique (Flandre-Occidentale), sur la Lys ; 25 836 hab. Église du XVIIIe s.

HARFLEUR (76700), comm. de la Seine-Maritime ; 8 602 hab. *(Harfleurais).* Raffinerie de pétrole. Aéronautique. – Église des XIVe-XVIe s.

HARGEISA, v. du nord de la Somalie ; 400 000 hab.

H

HARIRI (al-), *près de Bassora 1054 - id. 1122,* écrivain arabe, célèbre pour ses tableaux de la vie arabe *(Maqamat).*

HARIRI (Rafic), *Sayda 1944,* homme d'affaires et homme politique libanais. Il est Premier ministre de 1992 à 1998 et à nouveau depuis 2000.

HARI RUD n.m., fl. d'Afghanistan, d'Iran et du Turkménistan, qui disparaît par épuisement dans le sud du Karakoum ; 1 100 km env.

HARLAY (Achille **de**), comte **de Beaumont,** *Paris 1536 - id. 1619,* magistrat français. Président du parlement de Paris, il se signala pendant la Ligue par sa résistance au duc de Guise et par son dévouement à la royauté.

HARLAY DE CHAMPVALLON (François **de**), *Paris 1625 - Conflans 1695,* prélat français. Archevêque de Paris, il eut une grande part dans la révocation de l'édit de Nantes et dans les persécutions contre Port-Royal. (Acad. fr.)

HARLEM → **HAARLEM.**

HARLEM, quartier de New York, habité par une importante communauté noire.

HARLEY (Robert), comte **d'Oxford,** *Londres 1661 - id. 1724,* homme politique anglais. Secrétaire d'État (1704 - 1708), puis chef du gouvernement (1710 - 1714), il joua un rôle capital dans la conclusion du traité d'Utrecht (1713).

HARLOW, v. de Grande-Bretagne (Angleterre), au N. de Londres ; 73 500 hab.

HARLOW (Harry Frederick), *Fairfield, Iowa, 1905 - Tucson 1981,* psychologue américain. Il a mis en évidence l'importance du lien précoce de l'enfant à sa mère (*Learning to Love,* 1971).

HARNACK (Adolf **von**), *Dorpat 1851 - Heidelberg 1930,* théologien luthérien allemand. Adoptant une attitude critique vis-à-vis des dogmes, il a insisté sur la primauté de la foi et de la piété.

HARNES (62440), ch.-l. de cant. du Pas-de-Calais ; 13 797 hab. *(Harnésiens).* Agroalimentaire.

HARNONCOURT (Nikolaus), *Berlin 1929,* chef d'orchestre et violoncelliste autrichien. Il a fondé le Concentus Musicus de Vienne (1953), et dirige des orchestres traditionnels ainsi que des ensembles sur instruments d'époque.

HAROLD II, *v. 1020 - Hastings 1066,* roi des Anglo-Saxons (1066). Vainqueur du roi de Norvège Harald III Hårdråde, il fut vaincu et tué par les troupes de Guillaume le Conquérant (1066).

HAROUN AL-RACHID → **HARUN AL-RACHID.**

Harpagon, personnage principal de *l'*Avare* de Molière (1668).

HARPIES ou **HARPYES** MYTH. GR. Divinités représentées avec une tête de femme et un corps d'oiseau, pourvoyeuses des Enfers.

HARPIGNIES (Henri), *Valenciennes 1819 - Saint-Privé, Yonne, 1916,* peintre français, auteur de peintures et d'aquarelles sur des sites d'Italie, du centre de la France, de la Côte d'Azur.

HARRACH (El-), v. d'Algérie, banlieue d'Alger ; 182 000 hab.

HARRIMAN (William Averell), *New York 1891 - Yorktown Heights, État de New York, 1986,* financier et homme politique américain. Secrétaire au Commerce (1946), chargé de mission en Europe (1948 - 1950), il fut l'ambassadeur itinérant du plan Marshall.

HARRIS (Zellig), *Balta, Ukraine, 1909 - New York 1992,* linguiste américain. Théoricien de la linguistique distributionnelle, il a également proposé une méthode d'analyse du discours.

HARRISBURG, v. des États-Unis, cap. de la Pennsylvanie ; 52 376 hab.

HARRISON (Benjamin), *North Bend, Ohio, 1833 - Indianapolis 1901,* homme politique américain. Républicain, il fut président des États-Unis de 1889 à 1893.

HARRISON (John), *Foulby, Yorkshire, 1693 - Londres 1776,* horloger britannique. Il fut le premier à réaliser un chronomètre de marine permettant la détermination des longitudes (1735).

HARROGATE, v. de Grande-Bretagne, dans le nord de l'Angleterre ; 65 000 hab. Station thermale.

HARSHA, *v. 590 - 647,* roi de l'Inde (v. 606 - 647) qui domina le nord du pays. Bana fit son éloge dans la *Geste de Harsha.*

HARTFORD, v. des États-Unis, cap. du Connecticut, sur le Connecticut ; 139 739 hab. Centre financier. – Musée d'art.

HARTH → **HARDT.**

HARTLEPOOL, v. de Grande-Bretagne (Angleterre), sur la mer du Nord ; 94 000 hab. Port. – Église Ste-Hilda, de la fin du XIIe s.

HÄRTLING (Peter), *Chemnitz 1933,* écrivain allemand. Son œuvre romanesque est animée par un sentiment du temps qui confond passé et présent dans l'incertitude des souvenirs *(Niembsch ou l'Immobilité).*

HARTMANN (Nicolai), *Riga 1882 - Göttingen 1950,* philosophe allemand. Sa métaphysique procède du néokantisme et de la phénoménologie de Husserl.

HARTMANN VON AUE, *en Souabe v. 1160 - v. 1215,* premier poète courtois de la littérature allemande.

HARTMANNSWILLERKOPF n.m., fam. **Vieil-Armand,** sommet des Vosges (France), dominant les vallées de la Thur et de la Lauch ; 956 m. Violents combats lors de la Première Guerre mondiale (1915).

HARTUNG (Hans), *Leipzig 1904 - Antibes 1989,* peintre français d'origine allemande. Installé à Paris en 1935, pionnier de l'abstraction, il a fait une brillante carrière à partir des années 1950. Son œuvre conjugue spontanéité lyrique et strict contrôle intellectuel.

HARTZENBUSCH (Juan Eugenio), *Madrid 1806 - id. 1880,* auteur dramatique espagnol, auteur de drames romantiques *(les Amants de Teruel).*

HARUN AL-RACHID, *Rey, Iran, 766 - Tus, Khorasan, 809,* calife abbasside (786 - 809). Jusqu'en 803, il confia le pouvoir à ses vizirs, de la dynastie des Barmakides. Il se rendit populaire par ses guerres contre les Byzantins et par ses nombreux pèlerinages. Personnage légendaire des *Mille et Une Nuits,* il entretint, à Bagdad, une cour fastueuse.

HARUNOBU SUZUKI, *Edo 1725 - id. 1770,* graveur japonais. Peintre de la femme, il est l'auteur d'estampes aux couleurs raffinées.

Harvard (université), la plus ancienne université privée américaine, fondée en 1636 à Cambridge (Massachusetts) et portant le nom de son premier bienfaiteur, John Harvard.

HARVEY (William), *Folkestone 1578 - Londres 1657,* médecin anglais. Chirurgien des rois Jacques Ier et Charles Ier, il découvrit la circulation du sang. On lui doit le principe *Omne vivum ex ovo* (Tout être vivant provient d'un germe).

HARYANA, État du nord de l'Inde ; 44 200 km^2 ; 16 317 715 hab. ; cap. *Chandigarh.*

HARZ n.m., massif du centre de l'Allemagne ; 1 142 m au Brocken.

HASA, prov. de l'Arabie saoudite, sur le golfe Persique.

HASAN ou **HASSAN,** *v. 624 - Médine 669,* second imam des chiites. Fils de Ali et de Fatima, il renonça au califat au profit de Muawiya (661).

HASAN II ou **HASSAN II,** *Rabat 1929 - id. 1999,* roi du Maroc (1961 - 1999), de la dynastie des Alawites. Fils et successeur de Muhammad V, il parvient, après un début de règne tendu (émeutes, complots), à renforcer le consensus autour du trône en organisant la « Marche verte » (1975) pour récupérer une partie de l'ex-Sahara espagnol. Dans une pratique autoritaire du pouvoir, il tend à concilier la tradition islamique (il est « Commandeur des croyants ») et la transition vers une certaine modernité. Proche allié de l'Occident et comptant parmi les dirigeants arabes modérés, il appuie les efforts de paix au Proche-Orient et prône la coopération entre les pays du Maghreb.

■ WILLIAM **HARVEY** par Robert Hannah. (Royal College of Physicians, Londres.)

■ **HASAN II**

HASDRUBAL, dit **le Beau,** *v. 270 - 221 av. J.-C.,* général carthaginois. Gendre d'Hamilcar, il fonda Carthagène, en Espagne. – **Hasdrubal Barca,** *v. 245 - 207 av. J.-C.,* général carthaginois. Frère d'Hannibal, il fut vaincu et tué en Italie sur le Métaure, et ne put donc rejoindre son frère, à qui il amenait des renforts.

HAŠEK (Jaroslav), *Prague 1883 - Lipnice nad Sázavou 1923,* écrivain tchèque, auteur du roman *le Brave Soldat Švejk.*

HASKIL (Clara), *Bucarest 1895 - Bruxelles 1960,* pianiste roumaine. Elle excella dans l'interprétation des œuvres de Mozart, Schubert et Schumann.

HASKOVO, v. de Bulgarie, dans la vallée de la Marica ; 81 000 hab.

HASPARREN [asparɛn] (64240), ch.-l. de cant. des Pyrénées-Atlantiques ; 5 913 hab. *(Hazpandars).* Chaussures.

HASSAN → **HASAN.**

HASSE (Johann Adolf), *Bergedorf 1699 - Venise 1783,* compositeur allemand, l'un des maîtres de l'*opera seria* (*Arminio,* 1745 ; *Il Re pastore,* 1755).

HASSELT, v. de Belgique, ch.-l. du Limbourg ; 66 611 hab. Monuments anciens ; musées.

Hassi Messaoud, gisement pétrolifère du Sahara algérien, au S.-E. de Ouargla.

Hassi Rmel, gisement de gaz naturel du Sahara algérien, au S. de Laghouat.

HASTINGS, v. de Grande-Bretagne (Angleterre), sur la Manche ; 78 100 hab. Port et station balnéaire.

Hastings (bataille d') [14 oct. 1066], victoire de Guillaume le Conquérant sur Harold II, qui livra l'Angleterre aux Normands.

■ **HARUNOBU.** *Visite au sanctuaire par un soir de pluie,* XVIIIe s. (Musée national, Tokyo.)

HASTINGS (Warren), *Churchill, près de Daylesford, Oxfordshire, 1732 - Daylesford 1818,* administrateur britannique. Gouverneur général de l'Inde (1774 - 1785), il y accomplit une grande œuvre d'organisation en s'appuyant sur les traditions indigènes.

HATHOR, déesse égyptienne de la Joie et de l'Amour, représentée sous l'aspect d'une vache. Elle fut identifiée par les Grecs à Aphrodite.

HATSHEPSOUT, reine d'Égypte, de la XVIIIe dynastie (1520 - 1484 av. J.-C.). Épouse de Thoutmosis II, elle usurpa le pouvoir durant la minorité de son beau-fils Thoutmosis III. Temple funéraire à Deir el-Bahari.

HATTERAS (cap), cap des États-Unis (Caroline du Nord).

HATTI, nom ancien (IIIe-IIe millénaire av. J.-C.) d'une région d'Anatolie centrale et du peuple qui l'habitait.

HATTOUSA → **BOĞAZKÖY.**

HAUBOURDIN (59320), ch.-l. de cant. du Nord, sur la Deûle ; 15 086 hab. *(Haubourdinois).* Industries alimentaires. Chimie.

HAUG (Émile), *Drusenheim 1861 - Niederbronn 1927,* géologue français. Auteur d'un *Traité de géologie,* il fut le premier à opposer les aires continentales à celles où se forment les futures chaînes de montagnes.

HAUPTMAN (Herbert Aaron), *New York 1917,* mathématicien et cristallographe américain. Il a élaboré des modèles mathématiques permettant de définir la structure de composés chimiques à partir des figures de diffraction X de leurs cristaux. (Prix Nobel de chimie 1985.)

HAUPTMANN (Gerhart), *Obersalzbrunn, auj. Bad Salzbrunn, 1862 - Agnetendorf 1946,* écrivain allemand. Il est l'auteur de drames réalistes *(les Tisserands, le Roulier Henschel),* de romans et de poèmes épiques. (Prix Nobel 1912.)

HAURIOU (Maurice), *Ladiville 1856 - Toulouse 1929,* juriste français. Il est l'auteur d'une œuvre importante et originale en droit public, notamm. sur la théorie de l'institution.

HAUSDORFF (Felix), *Breslau 1868 - Bonn 1942,* mathématicien allemand. Auteur de travaux sur les espaces abstraits, il a fondé la théorie des espaces topologiques et métriques sur la notion de voisinage.

HAUSER (Kaspar), *v. 1812 - Ansbach 1833,* personnage énigmatique allemand. Apparu en 1828, vêtu en paysan, il est généralement identifié au fils abandonné du grand-duc Charles de Bade.

HAUSSMANN (Georges, baron), *Paris 1809 - id. 1891,* administrateur français. Préfet de la Seine (1853 - 1870), il dirigea les grands travaux qui transformèrent Paris.

Haut-Brion (château), domaine de la comm. de Pessac (Gironde). Grands vins rouges.

Haut-Commissariat des Nations unies pour les réfugiés → **HCR.**

Hautecombe, ancienne abbaye cistercienne (XIIe s.), puis bénédictine (1922), située sur le lac du Bourget. Tombeaux et cénotaphes des princes de la maison de Savoie.

HAUTEFORT (24390), ch.-l. de cant. de la Dordogne ; 1 200 hab. *(Hautefortais).* Imposant château, principalement du XVIIe s.

hautes études (École pratique des) [EPHE], établissement public d'enseignement supérieur créé à Paris en 1868 par V. Duruy. Elle est divisée en trois sections (sciences de la vie et de la Terre, sciences historiques et philologiques, sciences religieuses) et délivre des diplômes nationaux de troisième cycle et des diplômes spécifiques.

hautes études en sciences sociales (École des) [EHESS], établissement public d'enseignement supérieur issu, en 1975, de la VIe section de l'EPHE, et dont le siège est à Paris, avec des antennes à Marseille, Toulouse et Lyon. Elle délivre des diplômes nationaux de troisième cycle ainsi qu'un diplôme spécifique.

HAUTEVILLE-LOMPNES [-lɔ̃pnɛs ou -lɔn] (01110), ch.-l. de cant. de l'Ain, dans le Bugey ; 3 795 hab. *(Hautevillois).* Station climatique.

Haut-Kœnigsbourg, château fort du Bas-Rhin, sur un piton vosgien à l'O. de Sélestat. Édifice du XVe s. ruiné au XVIIe, il a été reconstruit de 1900 à 1908 par l'architecte Bodo Ebhardt.

HAUTMONT (59330), ch.-l. de cant. du Nord, sur la Sambre ; 16 201 hab. *(Hautmontois).*

HAUTS-DE-SEINE n.m.pl. (92), dép. de la Région Île-de-France ; ch.-l. de dép. *Nanterre ;* ch.-l. d'arrond. *Antony, Boulogne-Billancourt ;* 3 arrond. ; 45 cant. ; 36 comm. ; 176 km² ; 1 428 881 hab. *(Alto-Séquanais* ou *Haut-Seinais).* Le dép. appartient à l'académie et à la cour d'appel de Versailles, à la zone de défense de Paris. Presque totalement urbanisé, il comprend des banlieues qui sont des centres d'industries et de services (la Défense), et d'autres, souvent résidentielles. Les premières sont situées en bordure de Paris, le long de la Seine (Boulogne-Billancourt, Levallois, Clichy, Gennevilliers [port fluvial], Colombes). Les secondes, coupées d'espaces verts et souvent localisées en bordure des Yvelines et de l'Essonne, dominent dans l'ouest (Rueil-Malmaison) et le sud du dép. (Sèvres, Chaville, Meudon, Sceaux).

HAÜY [aɥi] (abbé René Just), *Saint-Just-en-Chaussée, Oise, 1743 - Paris 1822,* cristallographe français. Il a découvert l'anisotropie des cristaux ainsi que l'existence d'éléments de symétrie ; il est considéré comme le créateur de la cristallographie. — **Valentin H.,** *Saint-Just-en-Chaussée, Oise, 1745 - Paris 1822,* pédagogue français, frère de René Just. Il inventa les caractères en relief à l'usage des aveugles, pour qui il fonda un premier établissement (devenu l'Institut national des jeunes aveugles) à Paris, en 1784, puis un second à Saint-Pétersbourg. Il fut un des chefs de la théophilanthropie.

HAVANE (La), en esp. **La Habana,** cap. de Cuba ; 2 119 000 hab. *(Havanais).* Principal port et métropole économique de Cuba et la plus grande ville des Antilles. — Monuments surtout du XVIIIe s. ; musées. — Fondée en 1519 par le conquistador Diego Velázquez, la ville a été pour l'Espagne, du XVIIe au XIXe s., une place forte et un entrepôt, lien avec ses colonies d'Amérique.

■ LA **HAVANE.** Au premier plan, l'Institut des sports.

HAVAS (Charles Louis), *Rouen 1783 - Bougival 1858,* publiciste français. Il créa en 1832 un bureau de traduction de dépêches étrangères, qui devint en 1835 l'Agence Havas. Tandis que la branche information allait donner naissance à l'*AFP, le groupe Havas se diversifiait dans la publicité, le tourisme, l'édition et l'audiovisuel. Auj. recentré sur l'édition et le multimédia, Havas, partie du groupe *Vivendi Universal, a été renommé en 2001 Vivendi Universal Publishing.

HAVEL n.f., riv. d'Allemagne, affl. de l'Elbe (r. dr.) ; 341 km.

HAVEL (Václav), *Prague 1936,* auteur dramatique et homme politique tchèque. Opposant au régime communiste, notamm. à travers son théâtre

H

■ VÁCLAV **HAVEL**

■ JOSEPH **HAYDN**

(Audience, Vernissage, Pétition), il est condamné à plusieurs reprises pour délit d'opinion. En 1989, il prend la tête du mouvement de contestation et est élu à la présidence de la République tchécoslovaque. Il démissionne de ses fonctions en 1992. Après la partition de la Tchécoslovaquie, il est élu à la présidence de la République tchèque (1993). Il est réélu en 1998.

HAVRE (Le), ch.-l. d'arrond. de la Seine-Maritime, à l'embouchure de la Seine ; 193 259 hab. *(Havrais)* [250 000 hab. dans l'agglomération]. Évêché. Université. Port de voyageurs et, surtout, de commerce (importation de pétrole). Industrie automobile. — Musées, dont celui des Beaux-Arts André-Malraux ; théâtre-maison de la culture par Niemeyer. — Fondée en 1517, très endommagée pendant la Seconde Guerre mondiale, la ville a été reconstruite sur les plans de A. Perret.

H

HAWAII ou **HAWAÏ** (îles), archipel volcanique de la Polynésie (Océanie), constituant le 50ᵉ État des États-Unis ; 16 600 km² ; 1 108 229 hab. *(Hawaïens* ou *Hawaiiens)* ; cap. *Honolulu,* dans l'île Oahu. Production de canne à sucre, surtout, et d'ananas. Tourisme. *L'île d'Hawaii* (92 000 hab.) est la plus grande (10 400 km²) ; v. princ. *Hilo.*

HISTOIRE

Originaires de Tahiti, les Hawaïens arrivent dans l'archipel vers l'an 1000. **1778 :** Cook débarque dans les îles, qu'il baptise îles Sandwich. **1820 :** des missionnaires protestants commencent l'évangélisation du pays. **1849 :** les États-Unis obtiennent le libre accès des ports hawaïens, puis (1875) un traité de réciprocité commerciale. **1887 :** la rade de Pearl Harbor leur est concédée. **1893 :** un groupe de planteurs américains renverse la monarchie indigène. **1898 :** l'archipel est annexé par les États-Unis. **1959 :** Hawaii devient le 50ᵉ État de l'Union.

HAWKE (Robert), *Bordertown, Australie-Méridionale, 1929,* homme politique australien. Travailliste, il a été Premier ministre de 1983 à 1991.

HAWKES (John), *Stamford 1925 - Providence 1998,* écrivain américain. Ses romans dénoncent l'absurdité et la cruauté du monde moderne *(le Gluau, les Oranges de sang).*

HAWKINS (Coleman), *Saint Joseph, Missouri, 1904 - New York 1969,* saxophoniste américain de jazz. Par ses improvisations inspirées (deux chorus de *Body and Soul,* 1939), il fut le plus important des saxophonistes ténors du middle jazz et influença de nombreux jazzmen.

HAWKINS ou **HAWKYNS** (sir John), *Plymouth 1532 - au large de Porto Rico 1595,* amiral anglais. Il fut le premier Anglais à pratiquer la traite des Noirs entre l'Afrique et les colonies d'Amérique (1562), et combattit, en 1588, l'Invincible Armada.

HAWKS (Howard), *Goshen, Indiana, 1896 - Palm Springs 1977,* cinéaste américain. Il filme l'intelligence ou les difficultés des hommes aux prises avec la nature : *Scarface* (1932), *l'Impossible Monsieur Bébé* (1938), *le Grand Sommeil* (1946), *Rio Bravo* (1959).

HAWORTH (sir Walter Norman), *Chorley 1883 - Birmingham 1950,* chimiste britannique. Il a établi la constitution de la vitamine C et en a réalisé la synthèse en 1933. (Prix Nobel 1937.)

HAWTHORNE (Nathaniel), *Salem 1804 - Plymouth 1864,* écrivain américain. Ses contes *(Contes racontés deux fois)* et ses romans *(la Lettre écarlate,* 1850 ; *la Maison aux sept pignons,* 1851) évoquent une nature humaine culpabilisée par la société puritaine.

HAWTREY (sir Ralph George), *Slough, Buckinghamshire, 1879 - Londres 1975,* économiste britannique. Il a mis en lumière la notion de vitesse de circulation de la monnaie et expliqué les fluctuations économiques par le fonctionnement du système bancaire.

HAXO (François Benoît), *Lunéville 1774 - Paris 1838,* général et ingénieur français. Il dirigea en 1832 le siège d'Anvers (alors occupée par les Néerlandais).

HAYANGE (57700), ch.-l. de cant. de la Moselle, sur la Fensch ; 15 459 hab. *(Hayangeois).* Métallurgie.

HAYDAR ALI, *Dodballapur 1721 - près de Chittoor 1782,* fondateur (1761) de la dynastie musulmane du Mysore. Soutenu par les Français, il lutta contre les Marathes, le Carnatic et les Britanniques.

HAYDN (Joseph), *Rohrau, Basse-Autriche, 1732 - Vienne 1809,* compositeur autrichien. Sa longue carrière le mena de la fin de l'ère baroque aux débuts du romantisme. Il contribua à fixer la structure classique de la symphonie (six symphonies dites « parisiennes », douze symphonies dites « londoniennes ») et du quatuor. S'il reste surtout célèbre par ses oratorios (*la Création,* 1798 ; *les Saisons,* 1801), il a couvert dans son œuvre l'ensemble des genres classiques, dans la musique de chambre, l'opéra et la musique religieuse.

HAYE (La), en néerl. **Den Haag** ou **'s-Gravenhage,** v. des Pays-Bas, près de la mer du Nord ; 444 242 hab. Résidence de la Cour, du corps diplomatique et des pouvoirs publics. Ville surtout résidentielle. Palais de la Paix et Cour internationale de justice. Tribunal pénal international (TPI) pour l'ex-Yougoslavie. — Monuments du XIIIᵉ au XVIIIᵉ s. ; musées, dont le Musée royal de peinture du Mauritshuis (palais du XVIIᵉ s.).

HAYEK (Friedrich August **von**), *Vienne 1899 - Fribourg-en-Brisgau 1992,* économiste britannique d'origine autrichienne. Anti-keynésien, il a étudié les crises et défendu le monétarisme. Il partagea en 1974 avec K. G. Myrdal le prix Nobel de sciences économiques.

HAYES (Rutherford Birchard), *Delaware, Ohio, 1822 - Fremont, Ohio, 1893,* homme politique américain. Républicain, il fut président des États-Unis de 1877 à 1881.

HAYKAL (Muhammad Husayn), *Tanta 1888 - Le Caire 1956,* écrivain égyptien, auteur du premier roman arabe moderne (*Zaynab,* 1914).

HAŸ-LES-ROSES [laj-] (L') [94240], ch.-l. d'arrond. du Val-de-Marne, au S. de Paris ; 29 816 hab. Roseraie.

HAYWORTH (Margarita Carmen **Cansino,** dite Rita), *New York 1918 - id. 1987,* actrice américaine. Rendue célèbre par le film *Gilda* (Charles Vidor, 1946), elle fut immortalisée par O. Welles dans *la Dame de Shanghai* (1948).

HAZARA, peuple vivant principalement dans le centre de l'Afghanistan et au Baloutchistan (Pakistan, Iran). Les Hazara se considèrent comme les descendants de Gengis Khan. Agriculteurs et éleveurs, ils émigrent nombreux vers les villes. Ils sont musulmans chiites et parlent l'iranien.

HAZARD (Paul), *Noordpeene, Nord, 1878 - Paris 1944,* critique et historien français. Comparatiste, il a écrit *la Crise de la conscience européenne, 1680 - 1715* (1935). [Acad. fr.]

HAZEBROUCK (59190), ch.-l. de cant. du Nord ; 22 114 hab. *(Hazebrouckois).* Église-halle gothique ; musée (ethnologie et arts flamands).

HCR (Haut-Commissariat des Nations unies pour les réfugiés), organisation internationale à caractère humanitaire chargée d'assurer la protection des réfugiés. Créé en 1951, il a son siège à Genève. (Prix Nobel de la paix en 1954 et en 1981.)

HEAD (sir Henry), *Londres 1861 - Reading 1940,* neurophysiologiste britannique. Il a étudié le mécanisme des sensations cutanées et les troubles du langage.

HEANEY (Seamus), *Mossbawn, près de Castle Dawson, comté de Derry, 1939,* poète irlandais. Ses poèmes brefs évoquent le paysage rural de son enfance, dans une langue dense et souvent poignante *(Mort d'un naturaliste).* [Prix Nobel 1995.]

HEARST (William Randolph), *San Francisco 1863 - Beverly Hills 1951,* homme d'affaires américain. Propriétaire d'une chaîne de journaux, il développa les procédés de la presse à sensation.

HEATH (Edward), *Broadstairs 1916,* homme politique britannique. Leader du Parti conservateur (1965 - 1975), Premier ministre (1970 - 1974), il fit entrer la Grande-Bretagne dans le Marché commun (1973).

Heathrow, principal aéroport de Londres, à l'O. de la ville.

HEAVISIDE (Oliver), *Londres 1850 - Torquay 1925,* mathématicien et physicien britannique. Il a traduit en termes vectoriels la théorie de l'électromagnétisme de Maxwell et a découvert la couche atmosphérique ionisée à laquelle son nom a été donné.

HEBBEL (Friedrich), *Wesselburen 1813 - Vienne 1863,* auteur dramatique allemand. On lui doit des drames romantiques *(Judith)* et une trilogie des *Nibelungen.*

HEBEI, prov. de la Chine du Nord, sur le golfe de Bohai ; 61 100 000 hab. ; cap. *Shijiazhuang.*

HÉBERT (Anne), *Sainte-Catherine-de-Fossambault 1916 - Montréal 2000,* femme de lettres canadienne de langue française. Elle est l'auteur de romans *(Kamouraska, les Fous de Bassan, Un habit de lumière)* et de recueils lyriques *(le Tombeau des rois).*

HÉBERT (Georges), *Paris 1875 - Deauville 1957,* éducateur français. Il fut le promoteur d'une méthode d'éducation physique « naturelle » (dite couramment *hébertisme*), opposée à la gymnastique suédoise et à la spécialisation sportive.

HÉBERT (Jacques), *Alençon 1757 - Paris 1794,* journaliste et homme politique français. Fondateur (1790) et directeur du journal *le Père Duchesne,* substitut du procureur de la Commune de Paris (1792), il mena une lutte acharnée contre les Girondins et les modérés (1793), et engagea la Convention dans la voie de la Terreur. Arrêté avec son groupe (les *hébertistes*) par Robespierre, il fut guillotiné. *(V. ill. page 1391.)*

HÉBERT (Louis), *Paris v. 1575 - Québec 1627,* apothicaire français. Établi à Québec en 1617, il est considéré comme le premier colon français au Canada.

HÉBREUX, peuple sémitique de l'Orient ancien, dont la Bible retrace l'histoire. **2000 - 1770 av. J.-C. :** issus des tribus semi-nomades de la bordure orientale du désert syrien, les Hébreux s'établissent dans le pays de Canaan. C'est l'ère des patriarches bibliques, Abraham, Isaac et Jacob. **1770 - 1560 :** ils immigrent dans le delta du Nil à l'époque de la domination des Hyksos. **V. 1250 - règne de Ramsès II :** les Hébreux quittent l'Égypte, devenue hostile, sous la conduite de Moïse ; c'est l'Exode biblique. **1220 - 1200 :** ils s'installent en Palestine, pacifiquement ou par la guerre. **V. 1200 - v. 1030 :** pendant la période « des Juges », ils forment une fédération de tribus. **V. 1030 - 931 :** l'unité nationale s'achève ; c'est la période monarchique, marquée par les règnes de Saül, David et Salomon. **931 :** création de deux royaumes, correspondant aux tribus du Nord (royaume d'Israël, jusqu'en 721) et aux tribus du Sud (royaume de Juda, jusqu'en 587). Ces royaumes disparaissent sous les coups des Assyriens pour l'un, des Babyloniens pour l'autre. **587 - 538 :** suit une déportation massive, l'exil de Babylone. **538 - 332 :** la domination perse permet le retour des déportés et la restauration de Jérusalem. **323 :** la mort d'Alexandre fait passer la Palestine sous la domination des Lagides, puis des Séleucides. **142 :** la révolte des Maccabées assure aux Hébreux une indépendance que maintient la dynastie des Asmonéens (134 - 37). **63 av. J.-C. :** l'État juif devient vassal de Rome. Le dernier grand règne est celui d'Hérode Iᵉʳ (37 - 4 av. J.-C.). **70 apr. J.-C. :** avec la destruction de Jérusalem par Titus s'achève l'histoire ancienne d'Israël.

HÉBRIDES (îles), archipel de Grande-Bretagne, à l'O. de l'Écosse. Ses principales îles sont Lewis et Skye.

HÉBRON, auj. **al-Khalil,** v. de Cisjordanie, au S. de Jérusalem ; 43 000 hab. La tradition, qui y situe le tombeau d'Abraham, en fait un lieu saint pour les juifs, les chrétiens et les musulmans.

HÉCATE MYTH. GR. Déesse lunaire et infernale de la génération des Titans. Elle préside à la Magie.

HÉCATÉE de Milet, *VIᵉ s. av. J.-C.,* historien et géographe d'Ionie (Grèce). Il parcourut l'Empire perse et fut le premier à rédiger en prose des informations historiques et géographiques.

HECTOR MYTH. GR. Personnage de *l'Iliade,* fils de Priam, époux d'Andromaque et père d'Astyanax. Chef de l'armée troyenne, il tua Patrocle et fut tué par Achille.

HÉCUBE MYTH. GR. Personnage de *l'Iliade,* épouse de Priam.

HEDA (Willem Claesz.), *Haarlem 1594 - id. v. 1680,* peintre néerlandais. Il est, à côté de son presque

■ WILLEM CLAESZ. **HEDA.** *La Tourte aux cassis.* (Musée des Beaux-Arts, Strasbourg.)

homonyme Pieter Claesz., un maître de l'école de la nature morte de Haarlem.

HEDAYAT (Sadeq), *Téhéran 1903 - Paris 1951,* écrivain iranien. Il nourrit ses récits *(la Chouette aveugle)* de la tradition persane autant que de son angoisse personnelle.

HEDJAZ n.m., région d'Arabie, le long de la mer Rouge ; cap. *La Mecque ;* v. princ. *Djedda* et *Médine.* Lieu de naissance de Mahomet et terre sainte des musulmans, le Hedjaz fut érigé en royaume indépendant en 1916 et devint une province de l'Arabie saoudite en 1932.

HEDWIG (Johannes), *Kronstadt (auj. Braşov), Roumanie, 1730 - Leipzig 1799,* botaniste allemand. Il est considéré comme le fondateur de la cryptogamie.

HEERLEN, v. des Pays-Bas (Limbourg) ; 94 344 hab. Musée des Thermes romains.

HEFEI, v. de Chine, cap. de la prov. d'Anhui ; 800 000 hab. Riche musée.

HEGANG, v. de Chine, près de la frontière russe ; 592 000 hab.

HEGEL (Friedrich), *Stuttgart 1770 - Berlin 1831,* philosophe allemand. Professeur à Iéna, Heidelberg et Berlin, il s'imposa par l'ampleur et le caractère définitif d'un projet qui rend compte de tous les devenirs et vise, à travers la résolution de l'opposition entre le réel et la pensée, à l'accomplissement humain. Logique, philosophie de la nature et philosophie de l'esprit sont les trois moments du développement dialectique (procédant par contradictions surmontées) d'un seul principe, l'Idée, qui, au terme du parcours, atteint l'Absolu *(la Phénoménologie de l'esprit,* 1807 ; *la Science de la logique,* 1812 - 1816 ; *Principes de la philosophie du droit,* 1821).

■ JACQUES **HÉBERT.** (Musée Lambinet, Versailles.)

■ FRIEDRICH **HEGEL**

HEIBERG (Peter Andreas), *Vordingborg 1758 - Paris 1841,* écrivain danois, auteur de romans et de comédies satiriques. — **Johan Ludvig H.,** *Copenhague 1791 - Bonderup 1860,* écrivain danois, fils de Peter Andreas. Auteur de drames et de comédies romantiques *(la Colline aux elfes),* il fut de son vivant le maître à penser des lettres danoises.

HEIDEGGER (Martin), *Messkirch, Bade, 1889 - id. 1976,* philosophe allemand. Élève de Husserl, il enseigna à Fribourg-en-Brisgau. Il s'est attaché à reprendre la question de l'Être, selon lui abordée par les présocratiques puis délaissée par la métaphysique occidentale, en liaison avec une approche phénoménologique de la condition humaine *(« être-là », ou dasein)* dans son essentielle finitude *(Être et Temps,* 1927 ; *Introduction à la métaphysique,* 1952). Son attitude à l'égard du pouvoir nazi a fait l'objet de vives controverses.

HEIDELBERG, v. d'Allemagne (Bade-Wurtemberg), sur le Neckar ; 134 429 hab. Université. Tourisme. — Château des XIVe-XVIIe s. et autres monuments ; musées.

HEIFETZ (Jascha), *Vilnius 1899 - Los Angeles 1987,* violoniste américain d'origine lituanienne. Il commença sa carrière en 1911 et quitta la Russie pour les États-Unis en 1917. Il mit son exceptionnelle virtuosité et la légendaire vivacité de son jeu au service d'un répertoire surtout romantique.

HEILBRONN, v. d'Allemagne (Bade-Wurtemberg), sur le Neckar ; 122 396 hab. Port fluvial. — Église St-Kilian, des XIIIe-XVIe s.

HEILIGENBLUT, comm. d'Autriche, proche du Grossglockner ; 1 000 hab. Centre touristique. — Église du XVe s. (œuvres d'art).

HEILLECOURT (54180), comm. de Meurthe-et-Moselle, banlieue de Nancy ; 6 257 hab. *(Heillecourtois).* Édition.

HEILONGJIANG, prov. de la Chine du Nord-Est ; 35 200 000 hab. ; cap. *Harbin.*

HEIM (Roger), *Paris 1900 - id. 1979,* botaniste et mycologue français. Auteur d'importants travaux sur les champignons (systématique, phylogénie, espèces hallucinogènes), il a aussi beaucoup œuvré pour la protection de la nature.

HEINE (Heinrich), *Düsseldorf 1797 - Paris 1856,* écrivain allemand. Auteur de poésies, où l'inspiration romantique prend une tonalité politique ou ironique *(Intermezzo lyrique ; le Livre des chants,* 1827 - 1844 ; *Romancero,* 1851), et de récits de voyages *(Tableaux de voyage),* il fut un intermédiaire culturel entre la France et l'Allemagne.

HEINEMANN (Gustav), *Schwelm, Westphalie, 1899 - Essen 1976,* homme politique allemand. Il joua un rôle important au sein de l'aile antinazie de l'Église évangélique allemande. Social-démocrate, il fut président de la République fédérale de 1969 à 1974.

HEINKEL (Ernst Heinrich), *Grunbach, Wurtemberg, 1888 - Stuttgart 1958,* ingénieur et industriel allemand. Il fonda à Warnemünde (1922) une firme de construction aéronautique. Après 1945, il se consacra à la construction d'engrenages de transmission et de moteurs pour automobiles.

■ MARTIN **HEIDEGGER**

■ HEINRICH **HEINE** par M. Oppenheim. (Musée de Hambourg.)

HEINSIUS (Anthonie), *Delft 1641 - La Haye 1720,* homme politique néerlandais. Grand pensionnaire de Hollande (1689 - 1720), ennemi implacable de Louis XIV, il fut l'un des auteurs de la grande alliance de La Haye (1701), qui préluda à la guerre de la Succession d'Espagne.

HEISENBERG (Werner), *Würzburg 1901 - Munich 1976,* physicien allemand. L'un des fondateurs de la théorie quantique, il en a donné un formalisme matriciel. Il a formulé, en 1927, les inégalités qui stipulent qu'il est impossible de mesurer simultanément la position et la vitesse d'un objet quantique. (Prix Nobel 1932.)

■ WERNER **HEISENBERG**

HEIST-OP-DEN-BERG, comm. de Belgique (prov. d'Anvers) ; 35 428 hab.

HEKLA, volcan actif d'Islande ; 1 491 m.

HELDER (Le), v. des Pays-Bas (Hollande-Septentrionale) ; 61 468 hab. Port.

HÉLÈNE MYTH. GR. Héroïne de *l'Iliade,* fille de Léda et sœur des Dioscures. Épouse de Ménélas, elle fut enlevée par Pâris, ce qui provoqua la guerre de Troie.

HÉLÈNE (sainte), *Drepanum, Bithynie, milieu IIIe s. - Nicomédie ? v. 335 ?,* mère de l'empereur Constantin. Elle exerça sur son fils une influence considérable, défendant la cause des chrétiens. Une tradition tardive lui attribue la découverte de la croix du Christ.

HELGOLAND, anc. **Héligoland,** île allemande de la mer du Nord, au large des estuaires de l'Elbe et de la Weser. Danoise en 1714, anglaise en 1814, elle fut cédée, contre Zanzibar, en 1890, aux Allemands, qui en firent une base navale, démantelée en 1947.

HÉLI, *XIe s. av. J.-C.,* Juge et grand prêtre des Hébreux.

HÉLIAS (Pierre Jakez), *Pouldreuzic, Finistère, 1914 - Quimper 1995,* écrivain français. Les souvenirs d'enfance de ce conteur breton *(le Cheval d'orgueil)* eurent un grand succès.

HÉLICON n.m., mont de la Grèce (Béotie) ; 1 748 m. Les Muses étaient censées y résider.

Héliée, tribunal populaire d'Athènes, dont les membres *(héliastes)* étaient tirés au sort chaque année.

HÉLINAND de Froidmont, *v. 1160 - v. 1230,* moine picard, auteur des *Vers de la mort.*

HÉLIODORE, *Émèse IIIe s. apr. J.-C.,* romancier grec. Ses *Éthiopiques* exercèrent une grande influence sur la littérature européenne des XVIe et XVIIe s.

HÉLIOGABALE → ÉLAGABAL.

HÉLION (Jean), *Couterne, Orne, 1904 - Paris 1987,* peintre français. Abstrait dans les années 1930 - 1938, il est revenu au naturalisme selon divers modes originaux *(À rebours,* 1947, MNAM).

HÉLIOPOLIS, ville de l'Égypte ancienne, à l'extrémité sud du delta du Nil. Elle eut un grand rayonnement religieux et politique, grâce à la puissance du clergé desservant le temple du dieu Rê. — Obélisque de Sésostris Ier.

HÉLIOPOLIS → BAALBEK.

HÉLIOS ou **HÊLIOS** MYTH. GR. Dieu du Soleil et de la Lumière.

HELLADE, en gr. **Hellas,** le centre de la Grèce antique, par oppos. au Péloponnèse, et, plus tard, la Grèce entière.

HELLENS (Frédéric **Van Ermenghem,** dit Franz), *Bruxelles 1881 - id. 1972,* écrivain belge de langue française. Il est l'auteur de récits fantastiques et oniriques *(Mélusine),* d'essais et de poèmes.

HELLESPONT, anc. nom des *Dardanelles.

HELMAND ou **HILMAND** n.m., fl. d'Afghanistan, qui se perd dans la cuvette du Sistan ; 1 200 km.

HELMHOLTZ (Hermann **von**), *Potsdam 1821 - Charlottenburg 1894,* physicien et physiologiste allemand. Il a introduit la notion d'énergie potentielle (1847) et énoncé le principe de conservation de l'énergie. Il découvrit aussi le rôle des harmoniques dans le timbre des sons. Ses travaux sur la vue et l'ouïe le conduisirent à mesurer la vitesse de l'influx nerveux (1850).

HELMOND, v. des Pays-Bas (Brabant-Septentrional) ; 69 967 hab.

HELMONT (Jan Baptist **Van**) → **VAN HELMONT.**

HÉLOÏSE, *Paris 1101 - couvent du Paraclet 1164,* épouse d'Abélard. Nièce du chanoine Fulbert, elle devint l'élève d'Abélard, l'épousa secrètement, puis, séparée de lui, entra au couvent. Devenue abbesse du Paraclet, elle échangea avec Abélard une correspondance où se mêlent piété, discussions scolastiques et passion amoureuse.

HÉLOUÂN ou **HILWAN,** v. d'Égypte, banlieue du Caire ; 328 000 hab. Station thermale. Sidérurgie.

HELSINGBORG, v. de Suède ; 109 267 hab. Port.

HELSINGØR → **ELSENEUR.**

HELSINKI, en suéd. **Helsingfors,** cap. de la Finlande, sur le golfe de Finlande ; 498 000 hab. *(Helsinkiens)* [932 000 hab. avec les banlieues]. Principal port et centre industriel du pays. Urbanisme moderne, notamm. aux environs (Tapiola, Otaniemi). — Musées. — Fondée en 1550 par les Suédois, Helsinki devint en 1812 la capitale du grand-duché de Finlande et, en 1918, celle de la République finlandaise. En 1975, la CSCE y adopta l'Acte final de son premier sommet.

HELVÈTES, peuple celtique qui habitait l'Helvétie au Ier s. av. J.-C.

HELVÉTIE, partie orientale de la Gaule, comprenant à peu près le territoire occupé auj. par la Suisse.

HELVÉTIUS (Claude Adrien), *Paris 1715 - id. 1771,* philosophe français. Fermier général, il collabora à l'*Encyclopédie* et développa une pensée matérialiste, à la fois sensualiste et athée (*De l'esprit,* 1758).

HEM [ɛm] (59510), comm. du Nord ; 19 814 hab. *(Hémois).* Chapelle de 1958 (vitraux de Manessier).

HEMEL HEMPSTEAD, v. de Grande-Bretagne (Angleterre), près de Londres ; 80 000 hab.

HEMIKSEM, comm. de Belgique (prov. d'Anvers), sur l'Escaut ; 9 344 hab. Métallurgie.

■ ERNEST **HEMINGWAY**

HEMINGWAY (Ernest), *Oak Park, Illinois, 1899 - Ketchum, Idaho, 1961,* écrivain américain. Romancier, nouvelliste, poète et journaliste, il mêle dans ses récits le désenchantement de la *Génération perdue à une glorification de la force morale de l'homme, qui se mesure au monde et aux êtres (*Le soleil se lève aussi,* 1926 ; *l'Adieu aux armes,* 1929 ; *les Vertes Collines d'Afrique,* 1935 ; *Pour qui sonne le glas,* 1940 ; *le Vieil Homme et la mer,* 1952). Il se suicida. (Prix Nobel 1954.)

HÉMON (Louis), *Brest 1880 - Chapleau, Canada, 1913,* romancier français, auteur de *Maria Chapdelaine.*

HENAN, prov. de Chine ; 86 140 000 hab. ; cap. *Zhengzhou.*

HENCH (Philip Showalter), *Pittsburgh 1896 - Ocho Rios, Jamaïque, 1965,* médecin américain. Prix Nobel de médecine, en 1950, pour ses travaux sur l'utilisation de la cortisone en thérapeutique.

HENDAYE [ɑ̃daj] (64700), ch.-l. de cant. des Pyrénées-Atlantiques, sur la Bidassoa ; 12 966 hab. *(Hendayais).* Gare internationale. Station balnéaire.

HENDERSON (James Fletcher), *Cuthbert, Géorgie, 1898 - New York 1952,* chef d'orchestre américain de jazz. Également arrangeur, compositeur et pianiste, il dirigea l'un des premiers big bands de jazz, au sein duquel il accueillit notamm. Louis Armstrong (1924 - 1925).

HENDRIX (James **Marshall,** dit Jimi), *Seattle 1942 - Londres 1970,* guitariste américain de rock. Guitariste virtuose, chanteur, il expérimenta dans ses compositions des sonorités qui révolutionnèrent le blues et le rock (*Electric Ladyland,* album, 1968).

HENGELO, v. des Pays-Bas (Overijssel) ; 76 371 hab.

HENGYANG, v. de Chine (Hunan) ; 487 000 hab.

HENIE (Sonja), *Oslo 1912 - en avion, entre Paris et Oslo, 1969,* patineuse norvégienne. Elle fut dix fois championne du monde et trois fois championne olympique (1928, 1932 et 1936).

HÉNIN-BEAUMONT (62110), ch.-l. de cant. du Pas-de-Calais ; 25 610 hab. *(Héninois).* Constructions mécaniques.

HENLEIN (Konrad), *Maffersdorf 1898 - Pilsen 1945,* homme politique allemand. Il prépara le rattachement des Sudètes au Reich (1938).

HENLEY-ON-THAMES, v. de Grande-Bretagne (Angleterre), sur la Tamise ; 12 000 hab. Régates.

HENNEBIQUE (François), *Neuville-Saint-Vaast 1841 - Paris 1921,* ingénieur français. Pionnier de la construction industrielle en béton armé, il résolut le problème de la répartition des contraintes entre les armatures métalliques tendues et le béton comprimé par l'emploi d'étriers.

HENNEBONT (56700), ch.-l. de cant. du Morbihan ; 13 842 hab. *(Hennebontais).* Enceinte médiévale ; église gothique du XVIe s.

HENNIG (Willi), *Dürrhennersdorf, près de Löbau, haute Lusace, 1913 - Ludwigsburg 1976,* biologiste et entomologiste allemand. Il a fondé le cladisme, méthode de classification des êtres vivants qui a profondément modifié la systématique moderne.

HÉNOCH ou **ÉNOCH,** patriarche biblique, père de Mathusalem. Le judaïsme des IIe-Ier s. av. J.-C. a groupé sous son nom un ensemble d'écrits apocalyptiques.

SAINT EMPIRE

HENRI Ier l'Oiseleur, *v. 875 - Memleben 936,* roi de Germanie (919 - 936). Il acquit la Lorraine (925) et lutta avec succès contre les Slaves et les Hongrois. — **Henri II le Boiteux** ou **le Saint,** *Abbach, Bavière, 973 - Grone, auj. dans Göttingen, 1024,* empereur germanique (1014 - 1024). Duc de Bavière (995), élu roi de Germanie en 1002, il fut canonisé en 1146. — **Henri III,** *1017 - Bodfeld, Harz, 1056,* empereur germanique (1046 - 1056). Roi de Germanie à partir de 1039, il s'imposa en Italie après avoir déposé les papes Grégoire VI, Sylvestre III et Benoît IX, et favorisé l'élection de Clément II. — **Henri IV,** *Goslar ? 1050 - Liège 1106,* empereur germanique (1084 - 1105/1106). Fils d'Henri III, il devint roi de Germanie en 1056. Engagé contre Grégoire VII dans la querelle des Investitures, il fut excommunié après avoir destitué le pape, puis fut contraint par les princes allemands d'obtenir l'absolution de celui-ci à Canossa (1077). À la suite d'un nouveau conflit, il s'empara de Rome (1084), s'y fit couronner, mais son fils le força à abdiquer. — **Henri V,** *1081 ou 1086 - Utrecht 1125,* empereur germanique (1111 - 1125). Fils d'Henri IV, il fut contraint de signer avec Calixte II le concordat de Worms (1122). — **Henri VI le Sévère** ou **le Cruel,** *Nimègue 1165 - Messine 1197,* empereur germanique (1191 - 1197), de la dynastie des Hohenstaufen. Fils de Frédéric Ier Barberousse, il se fit reconnaître roi de Sicile (1194). — **Henri VII de Luxembourg,** *Valenciennes ? v. 1274 - Buonconvento, près de Sienne, 1313,* empereur germanique (1312 - 1313).

DIVERS

HENRI DE FLANDRE ET HAINAUT, *Valenciennes 1174 - Thessalonique 1216,* empereur latin de Constantinople (1206 - 1216). Il participa à la 4e croisade et succéda à son frère Baudouin Ier.

ANGLETERRE

HENRI Ier Beauclerc, *Selby, Yorkshire, 1069 - Lyons-la-Forêt 1135,* roi d'Angleterre (1100 - 1135) et duc de Normandie (1106 - 1135). Quatrième fils de Guillaume le Conquérant, il réussit à maintenir l'unité des États anglo-normands. — **Henri II Plantagenêt,** *Le Mans 1133 - Chinon 1189,* roi d'Angleterre (1154 - 1189), duc de Normandie (1150 - 1189), comte d'Anjou (1151 - 1189) et duc d'Aquitaine (1152 - 1189) par son mariage avec Aliénor. Il restaura l'autorité monarchique et réorganisa l'administration anglo-normande, se heurtant ainsi à l'opposition des barons et de l'Église (Thomas Becket, assassiné sur ordre du roi en 1170). Il lutta avec succès contre le roi de France Louis VII et consolida son domaine français. La fin de sa vie fut assombrie par les révoltes de ses fils, soutenus à partir de 1183 par Philippe Auguste. — **Henri III,** *Winchester 1207 - Westminster 1272,* roi d'Angleterre (1216 - 1272), de la dynastie des Plantagenêts. Son refus de signer les Provisions d'Oxford provoqua une longue guerre civile (1258 - 1265). Il perdit, au profit de la France, le Poitou, la Saintonge et l'Auvergne (1259). — **Henri IV,** *Bolingbroke 1366 - Westminster 1413,* roi d'Angleterre (1399 - 1413), de la maison de Lancastre. Il obligea Richard II à abdiquer (1399) et lui succéda. Il dut affronter le soulèvement des Gallois (1400 - 1408). — **Henri V,** *Monmouth 1387 - Vincennes 1422,* roi d'Angleterre (1413 - 1422), de la maison de Lancastre. Il vainquit les Français à Azincourt (1415) et obtint par le traité de Troyes (1420) la régence du royaume, avec la promesse de succession pour le fils né de son mariage avec Catherine de France, fille de Charles VI. — **Henri VI,** *Windsor 1421 - Londres 1471,* roi d'Angleterre (1422 - 1461 et 1470 - 1471), de la maison de Lancastre. Fils d'Henri V et de Catherine de France, il fut proclamé roi de France à la mort de Charles VI (1422). Il perdit la totalité des possessions anglaises en France et, déconsidéré, vit ses droits à la couronne d'Angleterre contestés ; ainsi éclata la guerre des Deux-Roses. — **Henri VII,** *château de Pembroke 1457 - Richmond, Londres, 1509,* roi d'Angleterre (1485 - 1509), le premier de la dynastie des Tudors. Il vainquit le dernier York, Richard III, à Bosworth (1485). Descendant des Lancastres, il épousa l'héritière des Yorks, mettant fin à la guerre des Deux-Roses, et il restaura l'autorité royale. — **Henri VIII,** *Greenwich 1491 - Westminster 1547,* roi d'Angleterre (1509 - 1547) et d'Irlande (1541 - 1547), de la dynastie des Tudors. Fils d'Henri VII, il pratiqua une politique d'équilibre entre François Ier et

■ **HENRI IV,** empereur germanique, agenouillé devant Mathilde de Toscane, à Canossa en 1077. Miniature du XIIe s. (Bibliothèque vaticane.)

■ **HENRI V,** roi d'Angleterre. (National Portrait Gallery, Londres.)

■ **HENRI VIII,** roi d'Angleterre, par Holbein le Jeune. (Galerie nationale d'Art ancien, Rome.)

Charles Quint. À l'origine très attaché au catholicisme, il provoqua le schisme avec Rome lorsque le pape lui refusa l'annulation de son mariage avec Catherine d'Aragon (mère de Marie Tudor). Ayant répudié celle-ci (1533), il épousa Anne Boleyn et se proclama chef suprême de l'Église d'Angleterre (Acte de suprématie, 1534), pourchassant aussi bien catholiques que protestants. Après Catherine d'Aragon et Anne Boleyn (mère d'Élisabeth Ire), qui fut décapitée en 1536, il épousa Jeanne Seymour (mère du futur Édouard VI), Anne de Clèves, Catherine Howard (exécutée en 1542) et Catherine Parr. Son règne centralisateur contribua à l'affermissement du pouvoir royal.

BAVIÈRE ET SAXE

HENRI le Lion, *Ravensburg 1129 - Brunswick 1195,* duc de Saxe (1142 - 1180) et de Bavière (1156 - 1180). Mis au ban de l'Empire par Frédéric Ier Barberousse, il fut privé de ses possessions (1180).

CASTILLE ET LEÓN

HENRI II le Magnifique, *Séville 1333 ou 1334 - Santo Domingo de la Calzada 1379,* comte de Trastamare, roi de Castille et de León (1369 - 1379). Il se maintint sur le trône grâce à Charles V et à Du Guesclin, qui l'aidèrent à triompher de son demi-frère Pierre Ier le Cruel. — **Henri III le Maladif,** *Burgos 1379 - Tolède 1406,* roi de Castille et de León (1390 - 1406). Il poursuivit une politique d'expansion. — **Henri IV l'Impuissant,** *Valladolid 1425 - Madrid 1474,* roi de Castille et de León (1454 - 1474). Époux de Jeanne de Portugal, il reconnut comme héritière sa sœur Isabelle (future Isabelle Ire la Catholique).

FRANCE

HENRI Ier, *v. 1008 - Vitry-aux-Loges 1060,* roi de France (1031 - 1060), de la dynastie capétienne. Fils de Robert II le Pieux, il dut céder à son frère Robert le duché de Bourgogne (1032). Il lutta contre le duc de Normandie, le futur Guillaume le Conquérant, qui le vainquit. Il épousa en secondes noces Anne, fille de Iaroslav, grand-duc de Kiev.

HENRI II, *Saint-Germain-en-Laye 1519 - Paris 1559,* roi de France (1547 - 1559), de la dynastie des Valois. Fils de François Ier et de Claude de France. Il épouse Catherine de Médicis en 1533 et est partagé entre l'influence de l'entourage italien de sa femme et les intrigues des Guises, des Coligny et de Diane de Poitiers, sa maîtresse. Il poursuit la lutte contre Charles Quint, et son union avec les protestants allemands lui permet de s'emparer des Trois-Évêchés : Metz, Toul et Verdun (1552). Battu par Philippe II à Saint-Quentin (1557), mais victorieux de l'Angleterre à Calais (1558), il met fin aux guerres d'Italie par le traité du Cateau-Cambrésis (1559). Il est mortellement blessé dans un des derniers grands tournois. — Le tombeau du roi et de sa femme, conçu par Primatice, avec gisants et statues de G. Pilon, est à Saint-Denis (v. 1560 - 1570).

HENRI III, *Fontainebleau 1551 - Saint-Cloud 1589,* roi de France (1574 - 1589), le dernier des Valois. Troisième fils d'Henri II, il vient d'être élu roi de Pologne lorsque la mort de son frère Charles IX le rappelle en France. Critiqué pour ses goûts efféminés et les faveurs qu'il accorde à ses « mignons », il hésite longtemps entre les protestants, soutenus par Henri de Navarre, et la Ligue catholique, dirigée par les Guises. Humilié par ces derniers, obligé de s'enfuir de Paris (journée des Barricades, 12 mai 1588), le roi convoque les états généraux à Blois, où il fait assassiner Henri de Guise et son frère, le cardinal de Lorraine (déc.

■ **HENRI II,** roi de France. (Château de Versailles.)

■ **HENRI IV,** roi de France. (Château de Versailles.)

1588). Il se réconcilie avec Henri de Navarre et entreprend le siège de Paris, au cours duquel il est poignardé par le moine Jacques Clément.

HENRI IV, *Pau 1553 - Paris 1610,* roi de Navarre (Henri III, 1572 - 1610), roi de France (1589 - 1610), de la dynastie des Bourbons. Fils d'Antoine de Bourbon et de Jeanne III d'Albret, il épouse en 1572 Marguerite de Valois, fille d'Henri II. Un des chefs du parti calviniste, il échappe à la Saint-Barthélemy en abjurant une première fois le protestantisme. Reconnu par le roi Henri III comme son héritier légitime, il prend le nom d'Henri IV (1589), mais n'est alors accepté que par une minorité de Français. Ayant vaincu les ligueurs à Arques (1589), puis à Ivry (1590), il abjure définitivement le protestantisme (1593), se fait sacrer à Chartres et entre dans Paris (1594). Par le traité de Vervins, il rétablit la paix extérieure et, par l'édit de Nantes, la paix religieuse à l'intérieur (1598). Très populaire, il entreprend ensuite de restaurer l'autorité royale et de réorganiser la France. Sully, son principal ministre, parvient à assainir les finances ; grâce à Olivier de Serres, la production agricole s'améliore ; l'industrie est rénovée (création de manufactures) par l'action de Laffemas. Champlain jette les bases de la Nouvelle-France en fondant Québec, en 1608. Une courte guerre contre la Savoie permet à Henri IV d'annexer la Bresse, le Bugey, le Valromey et le pays de Gex (1601). Contre les prétentions des Habsbourg, le roi s'allie aux protestants allemands, ce qui réveille le fanatisme de certains ligueurs ; il prépare une guerre contre l'Empire et l'Espagne, lorsqu'il est assassiné par Ravaillac.

HENRI V → CHAMBORD (comte **de**).

LUXEMBOURG

HENRI, *château de Betzdorf 1955,* grand-duc de Luxembourg. Fils aîné du grand-duc Jean, il lui a succédé en 2000.

PORTUGAL

HENRI DE BOURGOGNE, *Dijon v. 1057 - Astorga v. 1112,* comte de Portugal (1097 - v. 1112). Petit-fils de Robert Ier, duc de Bourgogne, il reçut de son beau-père, Alphonse VI, le comté de Portugal, qu'il rendit indépendant à la mort de ce dernier.

HENRI le Navigateur, *Porto 1394 - Sagres 1460,* prince portugais. Fils de Jean Ier le Grand, il fut l'instigateur de voyages d'exploration sur les côtes africaines, favorisant notamm. la découverte de Madère, des Açores et du Sénégal.

HENRIETTE-ANNE STUART, dite **Henriette d'Angleterre,** *Exeter 1644 - Saint-Cloud 1670,* duchesse d'Orléans. Fille du roi d'Angleterre, Charles Ier, et d'Henriette-Marie de France, elle épousa (1661) Philippe d'Orléans, frère de Louis XIV. Elle contribua à la conclusion du traité de Douvres (1670) qui scellait l'alliance franco-anglaise contre les Provinces-Unies. — Son oraison funèbre, prononcée par Bossuet, est célèbre (« Madame se meurt. Madame est morte ! »).

HENRIETTE-MARIE DE FRANCE, *Paris 1609 - Colombes 1669,* reine d'Angleterre. Fille du roi Henri IV et de Marie de Médicis, elle épousa (1625) Charles Ier, roi d'Angleterre. — Son oraison funèbre fut prononcée par Bossuet.

HENRIOT (Philippe), *Reims 1889 - Paris 1944,* homme politique français. Partisan à outrance de la collaboration, ministre de l'Information et de la Propagande dans le gouvernement de Laval (janv.-juin 1944), il fut abattu par des résistants le 28 juin 1944.

HENRY (Joseph), *Albany 1797 - Washington 1878,* physicien américain. Il découvrit l'auto-induction (1832), phénomène fondamental en électromagnétisme.

HENRY (Michel), *Haiphong 1922,* philosophe français. Il est l'auteur d'une œuvre phénoménologique originale, attentive à l'art et à la spiritualité (*Phénoménologie matérielle,* 1990).

HENRY (O.) → **O. HENRY.**

HENRY (Pierre), *Paris 1927,* compositeur français. Représentant de la musique concrète, puis électroacoustique, il travaille avec P. Schaeffer, collabore ensuite avec M. Béjart (*Variations pour une porte et un soupir,* 1963 ; *Messe pour le temps présent,* 1967), puis évolue vers des œuvres de vastes dimensions (*l'Apocalypse de Jean,* oratorio, 1968 ; *Hugo-Symphonie,* 1985).

HENZADA, v. de Birmanie, sur l'Irrawaddy ; 284 000 hab.

HENZE (Hans Werner), *Gütersloh, Westphalie, 1926,* compositeur allemand. Après une période sérielle, il a composé des opéras (*El Cimarrón,* 1970 ; *El Rey de Harlem,* 1980), des ballets, des symphonies d'un lyrisme plus personnel et des musiques de film (*Muriel,* A. Resnais, 1963 ; *l'Honneur perdu de Katharina Blum,* V. Schlöndorff, 1975).

HEPBURN (Audrey), *Bruxelles 1929 - Tolochenaz, Suisse, 1993,* actrice américaine. Danseuse puis comédienne de théâtre, elle conquit Hollywood en incarnant le type de la femme-enfant. Elle a joué notamm. dans *Vacances romaines* (W. Wyler, 1953), *My Fair Lady* (G. Cukor, 1964), *Always* (S. Spielberg, 1990).

HEPBURN (Katharine), *Hartford, Connecticut, 1907,* actrice américaine. Elle allie, au théâtre comme au cinéma, distinction, esprit et modernité du jeu. Elle a été notamm. l'interprète de G. Cukor (*Sylvia Scarlett,* 1935), H. Hawks (*l'Impossible Monsieur Bébé,* 1938), J. Huston (*African Queen,* 1952).

■ KATHARINE **HEPBURN** et Cary Grant dans *Indiscrétions,* de George Cukor (1940).

HÉPHAÏSTOS MYTH. GR. Dieu du Feu et des Forges. C'est le Vulcain des Romains.

HEPPLEWHITE (George), *m. à Londres en 1786,* ébéniste britannique. Sa renommée est due à la parution posthume (1788) d'un recueil de modèles de meubles, dont le style se situe entre le rococo de Chippendale et le néoclassicisme des Adam.

Heptaméron (l'), recueil de nouvelles de Marguerite d'Angoulême (1559), imitées du **Décaméron.*

HEPTARCHIE, ensemble des sept royaumes anglo-saxons de Kent, Sussex, Wessex, Essex, Northumbrie, East-Anglia et Mercie (VIe-IXe s.).

HÉRA MYTH. GR. Déesse du Mariage, épouse de Zeus. Les Romains l'identifièrent avec Junon.

HÉRACLÈS, héros grec, personnification de la Force, identifié à Rome avec Hercule. Il est le fils de Zeus et d'Alcmène. Pour expier le meurtre de son épouse Mégara et de ses enfants, il dut exécuter les douze travaux (travaux d'Hercule) imposés par le roi de Tirynthe, Eurysthée. Ainsi : 1° Héraclès étouffa le lion de Némée ; 2° il tua l'Hydre de Lerne ; 3° il prit vivant le sanglier d'Érymanthe ; 4° il atteignit à la course la biche de Cérynie aux pieds d'airain ; 5° il tua à coups de flèches les oiseaux du lac Stymphale ; 6° il dompta le taureau de l'île de Crète, envoyé par Poséidon contre Minos ; 7° il tua Diomède, roi de Thrace, qui nourrissait ses chevaux de chair humaine ; 8° il vainquit les Amazones ; 9° il nettoya les écuries d'Augias ; 10° il combattit et tua Géryon, auquel il enleva ses troupeaux ; 11° il cueillit les pommes d'or du jardin des Hespérides ; 12° enfin, il enchaîna Cerbère. Dévoré par les souffrances provoquées par la tunique empoisonnée de *Nessos, Héraclès se jeta dans les flammes d'un bûcher sur le mont Œta.

HÉRACLIDES MYTH. GR. Descendants d'Héraclès.

HÉRACLIDES, famille d'origine arménienne qui donna, aux VIIe et VIIIe s., six empereurs à Byzance, dont Héraclius Ier.

HÉRACLITE, *Éphèse v. 550 - v. 480 av. J.-C.,* philosophe grec. Présocratique de l'école ionienne, il fait du Feu, qu'il désigne aussi comme l'Un, ou le Logos, le principe d'un Univers en perpétuel devenir, notion clef à travers laquelle il pense la lutte et l'unité des contraires. De son œuvre lapidaire et énigmatique, seuls quelques fragments nous sont parvenus.

HÉRACLIUS Ier, *en Cappadoce v. 575 - 641,* empereur byzantin (610 - 641). Il réorganisa l'administration et fit du grec la langue officielle de l'Empire. Vainqueur des Perses, il ne put contenir les Arabes, qui conquirent la Syrie et l'Égypte.

HÉRAKLION → IRÁKLION.

HERAT → HARAT.

HÉRAULT n.m., fl. de France (Languedoc), issu de l'Aigoual et qui rejoint la Méditerranée en aval d'Agde ; 160 km.

HÉRAULT n.m. (34), dép. de la Région Languedoc-Roussillon ; ch.-l. de dép. *Montpellier ;* ch.-l. d'arrond. *Béziers, Lodève ;* 3 arrond. ; 49 cant. ; 343 comm. ; 6 101 km² ; 896 441 hab. *(Héraultais).* Le dép. appartient à l'académie et à la cour d'appel de Montpellier, à la zone de défense Sud. Il s'étend à l'O. et au N. sur l'extrémité méridionale du Massif central et sur une partie de l'aride plateau des Garrigues, régions dépeuplées. Au S., en retrait d'un littoral bas et sablonneux, bordé d'étangs, il occupe la majeure partie de la plaine du Languedoc, grande région productrice de vins ordinaires. Grâce à l'irrigation, les cultures fruitières et légumières ont progressé. En dehors des activités liées au traitement des produits du sol, l'industrie est représentée par la chimie et l'électronique. L'importance du tertiaire tient à celle de l'urbanisation (Montpellier regroupe plus du tiers de la population du dép.) et s'est accrue avec le développement de stations balnéaires (dont La Grande-Motte).

HERBART (Johann Friedrich), *Oldenburg 1776 - Göttingen 1841,* philosophe et pédagogue allemand. Sa réflexion sur l'éducation, influencée par Pestalozzi, accorde une place centrale à la transmission des valeurs.

HERBERT (Frank), *Tacoma 1920 - Madison 1986,* écrivain américain, auteur de romans (*Dune,* 1965 - 1985) et de nouvelles de science-fiction.

HERBERT (George), *Montgomery, pays de Galles, 1593 - Bemerton, Wiltshire, 1633,* poète anglais, auteur de poésies religieuses *(le Temple).*

HERBIERS (Les) [85500], ch.-l. de cant. de la Vendée ; 14 608 hab. *(Herbretais).* Bateaux de plaisance. Textile. – Monuments anciens.

HERBIGNAC (44410), ch.-l. de cant. de la Loire-Atlantique ; 4 449 hab.

HERBIN (Auguste), *Quiévy, Nord, 1882 - Paris 1960,* peintre et théoricien français. Membre fondateur d'Abstraction-Création, il a élaboré un répertoire de formes géométriques rigoureuses, aux aplats de couleur contrastés.

HERBLAY (95220), comm. du Val-d'Oise, sur la Seine ; 23 631 hab. *(Herblaysiens).* Église des XIe-XVIe s.

HERCULANO (Alexandre), *Lisbonne 1810 - Vale de Lobos 1877,* écrivain et historien portugais, auteur d'une *Histoire du Portugal* (1846 - 1853).

HERCULANUM, v. de l'Italie ancienne (Campanie). Elle fut ensevelie sous les cendres du Vésuve en 79. Le site, découvert en 1709, a été étudié scientifiquement à partir de 1927. Dans les maisons, de nombreuses œuvres d'art et peintures murales (musée de Naples) ont été recueillies.

■ **HERCULANUM.** Nymphée de la maison de Neptune et d'Amphitrite.

HERCULE, héros romain identifié à l'*Héraclès grec. Divinité tutélaire de l'Agriculture, du Négoce et des Armées.

HERDER (Johann Gottfried **von**), *Mohrungen 1744 - Weimar 1803,* écrivain et philosophe allemand. Un des initiateurs du *Sturm und Drang, auteur des *Idées sur la philosophie de l'histoire de l'humanité* (1784 - 1791) et d'un *Traité sur l'origine du langage,* il a exalté la littérature nationale à travers des recueils de chansons populaires.

HÉRÉ (Emmanuel), *Nancy 1705 - Lunéville 1763,* architecte français. Élève de Boffrand, il métamorphosa la ville de Nancy (places Stanislas et de la Carrière, v. 1750 - 1760).

HEREDIA (José Maria **de**), *La Fortuna Cafeyere, Cuba, 1842 - château de Bourdonné, Seine-et-Oise, 1905,* poète français. Ses *Trophées* (1893) sont une parfaite expression de l'esthétique parnassienne. (Acad. fr.)

HERENT [erənt], comm. de Belgique (Brabant flamand) ; 17 596 hab. Église romane et gothique.

HERENTALS [erəntals], comm. de Belgique (prov. d'Anvers), sur le canal Albert ; 24 500 hab. Église des XIVe-XVe s. et autres monuments.

HERERO, peuple du nord-est de la Namibie, de langue bantoue.

HERGÉ (Georges **Remi,** dit), *Etterbeek 1907 - Bruxelles 1983,* dessinateur et scénariste belge de bandes dessinées. Les aventures de **Tintin et Milou,* qui commencèrent à paraître en 1929, ont fait de lui l'un des maîtres du genre, et il fut l'un des premiers en Europe à utiliser la bulle. Son influence a été considérable.

HÉRICOURT (70400), ch.-l. de cant. de la Haute-Saône ; 10 433 hab. *(Héricourtois).*

HÉRIMONCOURT (25310), ch.-l. de cant. du Doubs ; 3 996 hab. *(Hérimoncourtois).* Constructions mécaniques.

HERISAU, v. de Suisse, ch.-l. du demi-canton des Rhodes-Extérieures (Appenzell) ; 15 624 hab. Église gothique, maisons anciennes, musée.

HÉRITIER (Françoise), *Veauche 1933,* anthropologue française. Spécialiste des sociétés africaines, elle a renouvelé les théories sur les systèmes de parenté, sur les représentations symboliques du corps et sur la différence sociale et sexuelle (*les Deux Sœurs et leur mère. Anthropologie de l'inceste,* 1994 ; *Masculin/Féminin. La pensée de la différence,* 1996).

HERMANN → **ARMINIUS.**

HERMANVILLE-SUR-MER (14880), comm. du Calvados ; 2 690 hab. Station balnéaire.

HERMAPHRODITE MYTH. GR. Enfant d'Hermès et d'Aphrodite, à la fois mâle et femelle.

HERMÈS MYTH. GR. Dieu des Voyageurs, des Marchands et des Voleurs, messager des dieux, conducteur des âmes, identifié au Mercure romain. À l'époque hellénistique, les Grecs l'ont assimilé au dieu égyptien Thot, dont on fit, à partir du IIIe s. apr. J.-C., sous le nom d'*Hermès Trismégiste* (« trois fois grand »), l'auteur de plusieurs livres secrets relatifs à la magie et à l'alchimie.

HERMIONE MYTH. GR. Fille unique de Ménélas et d'Hélène, femme de Néoptolème (fils d'Achille), puis d'Oreste.

HERMITE (Charles), *Dieuze 1822 - Paris 1901,* mathématicien français. Auteur d'une théorie générale des fonctions elliptiques et abéliennes, il a aussi établi la transcendance du nombre e.

HERMLIN (Stephan), *Chemnitz 1915-Berlin 1997,* écrivain allemand. Poète, nouvelliste et essayiste, il a été en RDA un important lien entre le monde des lettres et le pouvoir communiste.

HERMON (mont), massif situé aux confins du Liban et de la Syrie ; 2 814 m.

HERMOPOLIS, nom grec des villes de l'anc. Égypte où le dieu Thot (Hermès) était révéré.

HERMOSILLO, v. du Mexique, cap. de l'État de Sonora ; 449 472 hab.

HERNÁNDEZ ou **FERNÁNDEZ** (Gregorio), *en Galice v. 1576 - Valladolid 1636,* sculpteur espagnol. Il s'imposa à Valladolid comme un des maîtres de la sculpture religieuse polychrome, à la fois réaliste et théâtrale.

HERNÁNDEZ (José), *San Martín 1834 - Buenos Aires 1886,* poète argentin. Son poème *Martín Fierro* (1872 - 1879) est une épopée de la pampa et des gauchos.

HERNÁNDEZ (Miguel), *Orihuela 1910 - Alicante 1942,* écrivain espagnol. Son œuvre poétique *(Vent du peuple)* et théâtrale est animée d'une force vitale, sensuelle et terrienne. Républicain, il mourut dans les prisons franquistes.

Hernani (bataille d'), célèbre querelle entre classiques et romantiques, qui eut lieu au Théâtre-Français à l'occasion de la première du drame éponyme de V. Hugo (1830).

HERNE, v. d'Allemagne (Rhénanie-du-Nord-Westphalie), dans la Ruhr ; 180 539 hab. Métallurgie. — Château des XVIe-XVIIe s.

HÉRODE Ier le Grand, *Ascalon 73 - Jéricho 4 av. J.-C.,* roi des Juifs (37-4 av. J.-C.). Il imposa son pouvoir, qu'il tenait des Romains, avec une brutale énergie. Il fit reconstruire le Temple de Jérusalem. Les Évangiles lui attribuent le massacre des *Innocents. — **Hérode Antipas,** *v. 22 av. J.-C. - 39 apr. J.-C.,* tétrarque de Galilée et de Pérée (4 av. J.-C.-39 apr. J.-C.). Il construisit Tibériade et fit décapiter Jean-Baptiste. C'est devant lui que comparut Jésus lors de son procès. — **Hérode Agrippa Ier,** *10 av. J.-C. - 44 apr. J.-C.,* roi des Juifs (41 - 44), petit-fils d'Hérode le Grand et père de Bérénice. — **Hérode Agrippa II,** *v. 27 - Rome v. 93 ou 100,* roi des Juifs (50 - v. 93 ou 100). Fils d'Hérode Agrippa Ier, il dut affronter la révolte juive (66 - 70).

HÉRODIADE ou **HÉRODIAS,** *7 av. J.-C. - 39 apr. J.-C.,* princesse juive. Petite-fille d'Hérode Ier le Grand, elle épousa successivement deux de ses oncles, Hérode Philippe (dont elle eut Salomé) et Hérode Antipas. Les Évangiles font d'elle l'instigatrice du meurtre de Jean-Baptiste.

HÉRODOTE, *Halicarnasse v. 484 - Thourioi v. 420 av. J.-C.,* historien grec. À Athènes, il fut l'ami de Périclès et de Sophocle. Ses *Histoires,* qui sont la source principale pour l'étude des guerres médiques, mettent en lumière l'opposition du monde barbare (Égyptiens, Mèdes, Perses) et de la civilisation grecque.

HÉROLD (Louis Joseph Ferdinand), *Paris 1791 - id. 1833,* compositeur français. Il fut l'auteur de musiques de ballets (*la Fille mal gardée,* 1828) et d'opéras-comiques (*Zampa,* 1831 ; *le Pré-aux-Clercs,* 1832).

HÉRON l'Ancien ou **d'Alexandrie,** *Alexandrie Ier s. apr. J.-C.,* savant grec. On lui attribue l'invention de nombreuses machines et de plusieurs instruments de mesure. En optique, il a établi la loi de la réflexion de la lumière.

HÉROULT (Paul), *Thury-Harcourt, Calvados, 1863 - baie d'Antibes 1914,* métallurgiste français. On lui doit l'électrométallurgie de l'aluminium (1886) et le four électrique pour l'acier qui porte son nom (1907).

HÉROUVILLE-SAINT-CLAIR (14200), ch.-l. de cant. du Calvados, banlieue de Caen ; 24 374 hab. *(Hérouvillais).*

HERRADE DE LANDSBERG, *v. 1125 - Sainte-Odile 1195,* abbesse et érudite allemande. Elle a écrit un traité, le *Jardin des délices,* destiné à l'instruction des novices.

HERRERA (Fernando **de**), *Séville 1534 - id. 1597,* poète espagnol. Auteur de poésies lyriques et patriotiques, il contribua à fixer et à enrichir le vocabulaire espagnol.

HERRERA (Francisco), dit **le Vieux,** *Séville v. 1585/1590 - Madrid 1656,* peintre espagnol. Il s'affirma entre 1625 et 1640 environ, dans ses peintures religieuses, par une certaine âpreté réaliste et une grande puissance expressive (*Saint Basile dictant sa doctrine,* Louvre). — **Francisco H.,** dit **le Jeune,** *Séville 1622 - Madrid 1685,* peintre et architecte espagnol, fils de Francisco le Vieux. Maître d'un baroque mouvementé appris en Italie. Peintre du roi, il a, d'autre part, fourni les plans primitifs de la basilique du Pilar, à Saragosse.

HERRERA (Juan **de**), *Mobellán, Santander, v. 1530 - Madrid 1597,* architecte espagnol. Il a travaillé notamm., dans le même style dépouillé, à l'*Escurial, à l'alcazar de Tolède, à la cathédrale de Valladolid, à la Bourse de Séville.

HERREWEGHE (Philippe), *Gand 1947,* chef de chœur et chef d'orchestre belge. Explorant la musique chorale baroque de Monteverdi à Bach, il fonde le Collegium Vocale de Gand (1969), puis l'ensemble vocal et orchestral La Chapelle royale (1977), et élargit son répertoire jusqu'à la musique du XXe siècle, notamm. à la tête de l'Orchestre des Champs-Élysées.

HERRICK (Robert), *Londres 1591 - Dean Prior 1674,* poète anglais. Ses *Hespérides* chantent l'amour, la nature et la foi chrétienne.

HERRIOT (Édouard), *Troyes 1872 - Saint-Genis-Laval 1957,* homme politique français. Maire de Lyon (1905 - 1957), sénateur (1912), puis député (1919) du Rhône, il fut président du Parti radical (1919 - 1926 ; 1931 - 1935 ; 1945 - 1957). Après la victoire du Cartel des gauches, il fut président du Conseil, et, chargé du portefeuille des Affaires étrangères (1924 - 1925), il fit évacuer la Ruhr et reconnaître l'URSS. Mais sa politique financière échoua. Il présida la Chambre des députés (1936 - 1940), puis l'Assemblée nationale (1947 - 1955). [Acad. fr.]

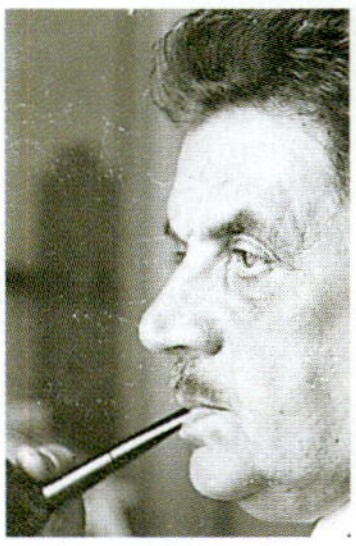

■ ÉDOUARD **HERRIOT**

■ SIR WILLIAM **HERSCHEL.** (National Portrait Gallery, Londres.)

HERRMANN (Bernard), *New York 1911 - Hollywood 1975,* compositeur américain. Il débuta au cinéma en signant la partition de *Citizen Kane* (O. Welles, 1940) et écrivit la musique des films d'Hitchcock (1955 - 1964).

Hersant (groupe), groupe de communication français, issu d'une société de publicité (créée en 1945) et longtemps dirigé par Robert Hersant (Vertou 1920 - Paris 1996). Il contrôle de nombreux quotidiens nationaux *(le Figaro)* et régionaux *(le Dauphiné libéré).*

HERSCHBACH (Dudley Robert), *San Jose, Californie, 1932,* chimiste américain. Il a mis au point une technique permettant d'étudier les molécules d'une réaction chimique en les portant à des vitesses supersoniques. (Prix Nobel 1986.)

HERSCHEL (sir William), *Hanovre 1738 - Slough 1822,* organiste et astronome britannique d'origine allemande. Il réalisa, en amateur, de nombreux télescopes et découvrit la planète Uranus (1781) ainsi que deux de ses satellites (1787), puis deux satellites de Saturne (1789). Fondateur de l'astronomie stellaire, il fut le premier à étudier systématiquement les étoiles doubles. Vers 1800, il découvrit les effets thermiques du rayonnement infrarouge.

HERSTAL [ɛrstal], comm. de Belgique (prov. de Liège), sur la Meuse ; 36 451 hab. Armurerie. — Musée d'Archéologie industrielle. — Domaine de Pépin, bisaïeul de Charlemagne, Herstal fut une des résidences préférées des Carolingiens.

HERTEL (Rodolphe **Dubé,** dit François), *Rivière-Ouelle 1905 - Montréal 1985,* écrivain canadien de langue française. Ses poèmes, romans, essais analysent la crise spirituelle de sa génération.

HERTFORDSHIRE, comté d'Angleterre, au N. de Londres ; 951 500 hab. ; ch.-l. *Hertford.*

HERTOGENWALD, forêt de Belgique (prov. de Liège), dans les Hautes Fagnes.

HERTWIG (Oskar), *Friedberg, Hesse, 1849 - Berlin 1922,* biologiste allemand. Il a précisé la nature de la fécondation chez les animaux (amphimixie). — **Richard H.,** *Friedberg 1850 - Schlederloh, au sud de Munich, 1937,* biologiste allemand, frère d'Oskar. Il est l'auteur de découvertes importantes en biologie cellulaire.

HERTZ (Heinrich), *Hambourg 1857 - Bonn 1894,* physicien allemand. Grâce à un oscillateur de sa conception, il a produit des ondes électromagnétiques (1887) et montré qu'elles étaient de même nature que la lumière, ouvrant la voie à la télégraphie sans fil par ondes dites « hertziennes ». Il observa aussi l'effet photoélectrique et le passage des électrons à travers la matière. — **Gustav H.,** *Hambourg 1887 - Berlin-Est 1975,* physicien allemand. Neveu de Heinrich, il élucida le phénomène de fluorescence et proposa une théorie de l'émission lumineuse. (Prix Nobel 1925.)

■ HEINRICH **HERTZ.** (Coll. Mansell, Londres.)

■ THEODOR **HERZL**

HERTZSPRUNG (Ejnar), *Frederiksberg 1873 - Tølløse 1967,* astrophysicien danois. Il distingua les étoiles géantes des étoiles naines et, indépendamment de H. N. Russell, découvrit qu'il existe une relation entre la luminosité et la température des étoiles.

HÉRULES, anc. peuple germanique. Leur roi Odoacre envahit l'Italie et mit fin à l'empire d'Occident en 476. Ils disparurent au VIe s.

HERVE [ɛrv], v. de Belgique (prov. de Liège), sur le *plateau de Herve ;* 15 628 hab. Monuments et demeures surtout des XVIIe et XVIIIe s.

HERZBERG (Gerhard), *Hambourg 1904 - Ottawa 1999,* physico-chimiste canadien d'origine allemande. Il a déterminé la structure électronique et la géométrie d'atomes, de molécules ou de radicaux libres dont il a mis en évidence l'existence dans l'espace extraterrestre. (Prix Nobel de chimie 1971.)

HERZÉGOVINE, région des Balkans, faisant partie de la Bosnie-Herzégovine.

HERZELE, comm. de Belgique (Flandre-Orientale) ; 15 730 hab.

HERZEN ou **GUERTSEN** (Aleksandr Ivanovitch), *Moscou 1812 - Paris 1870,* écrivain et théoricien politique russe. Opposant au régime tsariste, il publia en exil la revue politique et littéraire *Kolokol (la Cloche).*

HERZL (Theodor), *Budapest 1860 - Edlach, Autriche, 1904,* écrivain hongrois, fondateur du *sionisme politique (*l'État juif,* 1896).

HESBAYE [ɛsbɛ] n.f., plaine de Belgique, au S.-E. de la Campine. (Hab. *Hesbignons.*)

HESDIN [edɛ̃] (62140), ch.-l. de cant. du Pas-de-Calais ; 2 763 hab. *(Hesdinois).* Église du XVIe s., hôtel de ville du XVIIe s.

HÉSIODE, *Ascra, Béotie, milieu du VIIIe s. av. J.-C.,* poète grec. Auteur de poèmes mythologiques *(la *Théogonie),* il est le créateur de la poésie didactique *(les *Travaux et les Jours).*

HESPÉRIDES MYTH. GR. Nymphes gardiennes du jardin des dieux, dont les arbres produisaient des pommes d'or qui assuraient l'immortalité.

HESPÉRIDES, îles mythiques de l'Atlantique, identifiées aux Canaries.

HESS (Harry Hammond), *New York 1906 - Woods Hole, Massachusetts, 1969,* géologue américain. Sa théorie de l'expansion des fonds océaniques préfigure celle de la tectonique des plaques.

HESS (Rudolf), *Alexandrie, Égypte, 1894 - Berlin 1987,* homme politique allemand. L'un des principaux collaborateurs de Hitler, il s'enfuit en Écosse en 1941. Déclaré irresponsable par le tribunal de Nuremberg, il fut incarcéré de 1946 à sa mort. Il se suicida.

HESS (Victor), *Waldstein, Styrie, 1883 - Mount Vernon 1964,* physicien américain d'origine autrichienne. Il découvrit les rayons cosmiques (1912) lors d'ascensions en ballon. (Prix Nobel 1936.)

HESS (Walter Rudolf), *Frauenfeld 1881 - Locarno 1973,* physiologiste suisse. Spécialiste du système nerveux, il réalisa des travaux sur la neurochirurgie. (Prix Nobel 1949.)

HESSE, en all. **Hessen,** Land d'Allemagne ; 21 114 km² ; 5 660 619 hab. ; cap. *Wiesbaden ;* v. princ. *Francfort-sur-le-Main.* La Hesse, voie de passage entre la Rhénanie et l'Allemagne du Nord, est composée de plateaux boisés, de massifs volcaniques (Vogelsberg, Rhön) et de petites plaines fertiles. – La Hesse constitua à partir de 1292 un landgraviat ayant rang de principauté d'Empire. Elle fut divisée après 1567 en deux principautés : la Hesse-Kassel, annexée par la Prusse (1866), qui l'incorpora à la Hesse-Nassau (1868), et la Hesse-Darmstadt, qui devint un grand-duché (1806) et fut annexée par la Prusse (1866). Le Land de Hesse fut formé en 1945.

HESSE (Hermann), *Calw, Wurtemberg, 1877 - Montagnola, Tessin, 1962,* romancier suisse d'origine allemande. Il entreprit de bâtir une nouvelle sagesse à la lumière de sa révolte personnelle (*Peter Camenzind,* 1904) et de sa rencontre avec la pensée orientale (*le Loup des steppes,* 1927 ; *le Jeu des perles de verre,* 1943). [Prix Nobel 1946.]

HESTIA MYTH. GR. Divinité du Foyer. Elle correspond à la Vesta des Romains.

HESTON (Charlton), *Evanston 1923,* acteur américain. Il a surtout joué, au cinéma, dans des films à grand spectacle : *les Dix Commandements* (C. B. de Mille, 1956), *Ben Hur* (B. Wyler, 1959).

Hétairie, société grecque fondée à Odessa en 1814, dirigée par A. Ypsilanti. En 1821, elle déclencha la révolution en Moldavie, en Valachie et en Grèce.

H

HETZEL (Jules), *Chartres 1814 - Monte Carlo 1886,* éditeur et romancier français. Il publia Balzac, Sand, Hugo, J. Verne, et développa les ouvrages pour la jeunesse et les éditions illustrées (G. Grandville, G. Doré).

HEUSDEN-ZOLDER, comm. de Belgique (Limbourg) ; 28 593 hab. Musée (folklore, histoire).

HEUSS (Theodor), *Brackenheim 1884 - Stuttgart 1963,* homme politique allemand. L'un des fondateurs du Parti libéral, il présida la République fédérale (1949 - 1959).

HEUYER (Georges), *Pacy-sur-Eure 1884 - Paris 1977,* psychiatre français. Il fut l'un des promoteurs de la psychiatrie infantile en France et l'auteur de travaux sur la délinquance juvénile et la schizophrénie.

HEVELIUS (Johannes **Havelke** ou **Hevel,** dit), *Dantzig 1611 - id. 1687,* astronome polonais. Il étudia les taches solaires et publia la première carte détaillée de la Lune (1647) ainsi qu'un traité sur les comètes (1668).

HEVESY (George Charles **de**), *Budapest 1885 - Fribourg-en-Brisgau 1966,* chimiste suédois d'origine hongroise. Il est à l'origine de l'utilisation des marqueurs isotopiques et a découvert le hafnium. (Prix Nobel 1943.)

HEWISH (Antony), *Fowey, Cornouailles, 1924,* radioastronome britannique. Avec son élève Jocelyn Bell, il a découvert les pulsars (1967). [Prix Nobel de physique 1974.]

HEYDRICH (Reinhard), *Halle 1904 - Prague 1942,* homme politique allemand. Membre du Parti nazi à partir de 1932, « protecteur du Reich » en Bohême et en Moravie (1941), il fut abattu par des patriotes tchèques.

HEYMANS (Cornelius), *Gand 1892 - Knokke-le-Zoute 1968,* médecin belge. Il reçut le prix Nobel en 1938 pour ses travaux sur la respiration et le système circulatoire.

HEYRIEUX (38540), ch.-l. de cant. de l'Isère ; 4 190 hab.

HEYTING (Arend), *Amsterdam 1898 - Lugano 1980,* logicien néerlandais. Il est l'auteur d'une axiomatisation de la logique intuitionniste.

Hezbollah, en ar. **ḥizb Allāh** (parti de Dieu), organisation islamique libanaise fondée en 1982 avec le soutien de militants chiites iraniens regroupés dans le mouvement iranien également appelé *Hezbollah.* Combattant l'occupation par Israël – jusqu'en 2000 – d'une partie du Liban-Sud, le Hezbollah constitue auj. un parti politique, représenté au Parlement.

HICKS (sir John Richard), *Leamington Spa, Warwickshire, 1904 - Blockley, Gloucestershire, 1989,* économiste britannique. Il a mis au point, avec A. H. Hansen (1887 - 1975), un schéma des relations entre la politique monétaire et la politique budgétaire. (Prix Nobel 1972, avec K. Arrow.)

HIDALGO Y COSTILLA (Miguel), *San Diego, Corralejo, 1753 - Chihuahua 1811,* prêtre mexicain. Il donna en 1810 le signal des luttes pour l'indépendance du Mexique. Il fut fusillé par les Espagnols.

HIDDEN PEAK n.m., sommet de l'Himalaya, dans le Karakorum (Pakistan), point culminant du Gasherbrum ; 8 068 m.

HIDEYOSHI → **TOYOTOMI HIDEYOSHI.**

HIÉRAPOLIS → **PAMUKKALE.**

HIÉRON II, *Syracuse v. 306 - 215 av. J.-C.,* roi de Syracuse (265 - 215 av. J.-C.). Il se rallia aux Romains durant la première guerre punique.

HIGASHIOSAKA, v. du Japon (Honshu) ; 518 319 hab.

HIGGINS CLARK (Mary), *New York 1931,* femme de lettres américaine. Ses thrillers connaissent un succès mondial *(la Nuit du renard, la Clinique du Docteur H., Un cri dans la nuit).*

HIGHLANDS n.m. pl. (« Hautes Terres »), région montagneuse de Grande-Bretagne, dans le nord de l'Écosse.

HIGHSMITH (Patricia), *Fort Worth 1921 - Locarno 1995,* femme de lettres américaine. Les romans policiers de ce maître du suspense et de l'angoisse sont centrés sur la psychologie du coupable *(l'Inconnu du Nord-Express, Monsieur Ripley).*

HIIUMAA, en russe **Dago,** île estonienne de la Baltique.

HIKMET (Nazim), *Salonique 1902 - Moscou 1963,* écrivain turc. Sa vie, sa poésie *(Paysages humains)* et ses romans sont marqués par son engagement communiste.

HILAIRE (saint), *Poitiers v. 315 - id. v. 367,* Père de l'Église latine. Évêque de Poitiers v. 350, il fut le principal adversaire de l'arianisme en Occident.

HILAL (Banu) ou **HILALIENS,** tribu d'Arabie centrale qui émigra en Égypte au VIIIe s. et envahit le Maghreb au XIe s.

HILARION (saint), *Tabatha, près de Gaza, v. 291 - Chypre v. 371,* fondateur de la vie monastique en Palestine.

HILBERT (David), *Königsberg 1862 - Göttingen 1943,* mathématicien allemand. Représentant du courant formaliste, il fut l'un des fondateurs de la méthode axiomatique. Il a relancé les recherches sur les fondements des mathématiques en présentant, en 1900, 23 problèmes à résoudre.

HILDEBRAND → **GRÉGOIRE VII** (saint).

HILDEBRAND (Adolf **von**), *Marburg 1847 - Munich 1921,* sculpteur allemand. Il est l'auteur de la fontaine des Wittelsbach (1894) à Munich, d'un art classique et allégorique.

HILDEBRANDT (Lukas **von**), *Gênes 1668 - Vienne 1745,* architecte autrichien. Auteur, baroque, des deux palais du Belvédère (1714 - 1723) à Vienne.

HILDEGARDE (sainte), *Bermersheim 1098 - Rupertsberg 1179,* mystique allemande. Abbesse et fondatrice de plusieurs monastères bénédictins, dont celui de Rupertsberg, près de Bingen, elle est célèbre pour ses visions et ses écrits mystiques.

HILDESHEIM, v. d'Allemagne (Basse-Saxe) ; 106 303 hab. Églises romanes, dont S. Michael (XIe et XIIe s.) ; musée Pelizaeus (antiquités égyptiennes) et autres musées.

HILFERDING (Rudolf), *Vienne 1877 - Paris 1941,* homme politique allemand d'origine autrichienne. Théoricien du marxisme (*le Capital financier,* 1910), il fut député social-démocrate (1924 - 1933).

HILLA, v. d'Iraq ; 215 300 hab.

HILLARY (sir Edmund), *Auckland 1919,* alpiniste néo-zélandais. Avec le sherpa Tenzing Norgay, il conquit le sommet de l'Everest en 1953.

HILLEL, *en Babylonie v. 70 av. J.-C. - Jérusalem v. 10 apr. J.-C.,* docteur juif, chef d'une école rabbinique qui interprétait la Loi d'une manière libérale.

HILMAND → **HELMAND.**

HILSZ (Marie Antoinette, dite Maryse), *Levallois-Perret 1901 - dans un accident d'avion, Bény, près de Bourg-en-Bresse, 1946,* aviatrice française. Elle s'est rendue célèbre par ses raids à longue distance et ses records d'altitude.

HILTY (Carl), *Werdenberg, canton de Saint-Gall, 1833 - Clarens 1909,* juriste et philosophe suisse. Il siégea au Conseil national de 1890 à 1909 et publia des ouvrages de droit constitutionnel, de politique et de philosophie.

HILVERSUM, v. des Pays-Bas, au S.-E. d'Amsterdam ; 84 606 hab. Station de radiodiffusion. – Hôtel de ville (1928) et autres édifices par l'architecte Willem Marinus Dudok.

HIMACHAL PRADESH, État du nord de l'Inde ; 55 700 km^2 ; 5 111 079 hab. ; cap. *Simla.*

HIMALAYA n.m., la plus haute chaîne de montagnes du monde, en Asie ; 8 848 m à l'Everest. Il s'étend sur 2 800 km, de l'Indus au Brahmapoutre, et est large en moyenne de 300 km entre le Tibet et la plaine indo-gangétique. – On y distingue, du sud au nord : une zone couverte d'une jungle épaisse (le *terai*) ; une zone de collines et de moyennes montagnes (les Siwalik) ; au-dessus de 5 000 m, la zone des glaciers et des neiges éternelles qui forme l'Himalaya proprement dit, limité par les hautes vallées de l'Indus et du Brahmapoutre ; celle-ci est dominée au N. par le Transhimalaya, qui borde les plateaux du Tibet. Chaîne plissée, d'âge alpin, l'Himalaya est une importante barrière climatique et humaine. C'est aussi un haut lieu de l'alpinisme mondial.

HIMEJI, v. du Japon, dans le sud de Honshu ; 454 360 hab. Vieux centre historique ; célèbre forteresse féodale dite château « du Héron blanc » (XIVe-XVe s.). – Sidérurgie. Textile.

HIMÈRE, anc. ville de la Sicile. En 480 av. J.-C., Gélon vainquit les Carthaginois qui l'assiégeaient. En 409 av. J.-C., ceux-ci détruisirent la ville.

HIMES (Chester), *Jefferson City 1909 - Benisa, prov. d'Alicante, 1984,* écrivain américain, auteur

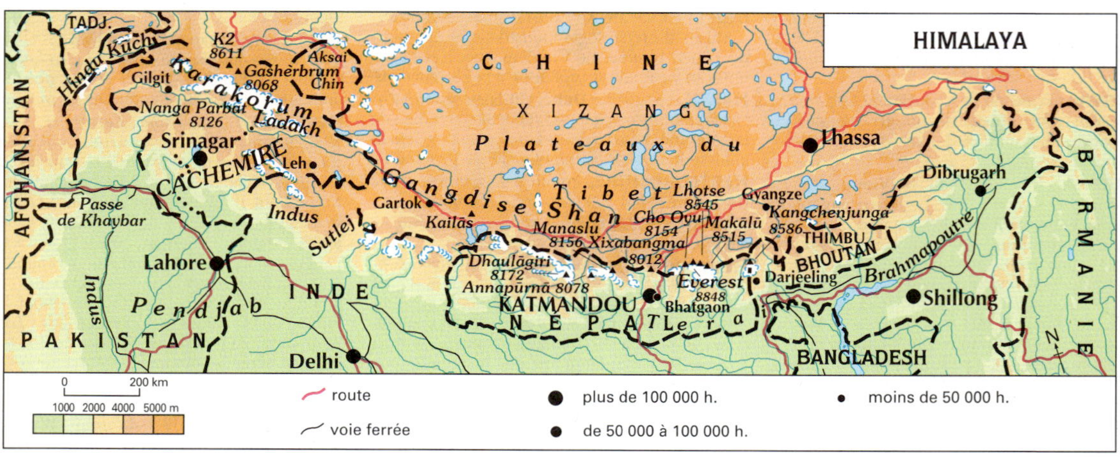

de romans policiers *(la Reine des pommes, l'Aveugle au pistolet).*

HIMILCON, *v. 450 av. J.-C.,* navigateur carthaginois. Il explora les côtes de l'Europe occidentale, atteignit peut-être la Cornouailles (Cornwall) et l'Irlande.

HIMMLER (Heinrich), *Munich 1900 - Lüneburg 1945,* homme politique allemand. Chef de la Gestapo (1934) et de la police du Reich (1938), puis ministre de l'Intérieur (1943), il dirigea la répression contre les adversaires du régime nazi et organisa les camps de concentration. Arrêté, il se suicida.

HINAULT (Bernard), *Yffiniac, Côtes-d'Armor, 1954,* coureur cycliste français. Cinq fois vainqueur du Tour de France (1978 et 1979, 1981 et 1982, 1985), il fut champion du monde en 1980.

HINCMAR, *v. 806 - Épernay 882,* prélat et théologien français. Archevêque de Reims (845) et principal conseiller de Charles le Chauve, il est l'auteur d'ouvrages doctrinaux et historiques *(Vie de saint Remi).*

HINDEMITH (Paul), *Hanau 1895 - Francfort-sur-le-Main 1963,* compositeur allemand. Il fut l'un des chefs de l'école allemande entre les deux guerres, tout en restant attaché à un certain esprit classique. Parmi ses œuvres, un cycle de lieder *(Das Marienleben),* les opéras *Cardillac* (1926) et *Mathis le peintre* (1938), *Kammermusiken* pour diverses formations, des concertos et sonates.

HINDENBURG (Paul **von**), *Posen, auj. Poznań, 1847 - Neudeck, près de Gdańsk, 1934,* maréchal allemand. Vainqueur des Russes à Tannenberg (1914), chef d'état-major général (1916), il dirigea, avec Ludendorff, la stratégie allemande jusqu'à la fin de la guerre. Président de la république de Weimar en 1925, réélu en 1932, il nomma Hitler chancelier (1933).

HINDOUSTAN, région de l'Inde, correspondant à la plaine indo-gangétique.

HINDU KUCH n.m., massif de l'Asie centrale (Pakistan et surtout Afghanistan).

HINTIKKA (Jaakko), *Vantaa, près d'Helsinki, 1929,* philosophe finlandais. Il s'est intéressé à l'étude sémantique des propositions logiques ainsi qu'à la philosophie du langage (*Connaissance et croyance,* 1962).

HIPPARQUE, *m. en 514 av. J.-C.,* tyran d'Athènes (527 - 514 av. J.-C.). Fils de Pisistrate, il gouverna Athènes avec son frère Hippias ; il fut assassiné.

HIPPARQUE, astronome grec du IIe s. av. J.-C. Il peut être considéré comme le fondateur de l'astronomie de position. Il découvrit la précession des équinoxes et réalisa le premier catalogue d'étoiles, classant celles-ci par « grandeurs » d'après leur éclat apparent. Il jeta aussi les bases de la trigonométrie, inventa la projection stéréographique et proposa la première méthode scientifique de détermination des longitudes.

HIPPIAS, *m. en 490 av. J.-C.,* tyran d'Athènes (527 - 510 av. J.-C.). Fils de Pisistrate, il partagea le pouvoir avec son frère Hipparque, puis lui succéda. Son despotisme le fit chasser d'Athènes en 510. Il se réfugia en Perse.

HIPPOCRATE, *île de Cos v. 460 - Larissa, Thessalie, v. 377 av. J.-C.,* médecin grec. Il fut le plus grand médecin de l'Antiquité. Son éthique est à l'origine du serment que prêtent les médecins *(serment d'Hippocrate).*

HIPPOLYTE MYTH. GR. Fils du héros athénien Thésée. Aimé de Phèdre, épouse de son père, il en repoussa les avances. Pour se venger, cette dernière l'accusa d'avoir voulu attenter à son honneur, et Thésée invoqua Poséidon, qui fit périr Hippolyte. — Hippolyte et son amour pour Aricie inspirèrent à Rameau l'opéra *Hippolyte et Aricie* (1733), sur un livret de l'abbé Pellegrin.

HIPPOLYTE (saint), *v. 170 - en Sardaigne 235,* prêtre romain et martyr. Il est l'auteur d'une *Réfutation de toutes les hérésies.*

HIPPONE, anc. v. de Numidie, près d'Annaba. Évêché dont saint Augustin fut titulaire. — Ruines romaines.

HIRAKATA, v. du Japon (Honshu) ; 390 788 hab.

HIRAM Ier, roi de Tyr (v. 969 - v. 935 av. J.-C.). Il fournit à Salomon des matériaux et des artisans pour la construction du Temple de Jérusalem, ainsi que des marins pour des expéditions en mer Rouge.

HIRATSUKA, v. du Japon (Honshu) ; 245 950 hab.

■ LE MARÉCHAL **HINDENBURG.** (Musée de l'Armée, Paris.)

■ ADOLF **HITLER** v. 1938 - 1939.

HIROHITO, nom posthume **Showa Tenno,** *Tokyo 1901 - id. 1989,* empereur du Japon (1926 - 1989). Monarque absolu, il dut renoncer à ses prérogatives « divines » après la capitulation du Japon (1945) et accepter l'établissement d'une monarchie constitutionnelle.

HIROSHIGE, *Edo, auj. Tokyo, 1797 - id. 1858,* dessinateur, graveur et peintre japonais. Les variations d'atmosphère de ses paysages *(Cinquante-Trois Relais du *Tokaido)* émerveillèrent les impressionnistes, influençant ainsi l'art occidental.

HIROSHIMA, v. du Japon (Honshu), sur la mer Intérieure ; 1 085 705 hab. Port. Centre industriel. — Musées. — Les Américains y lancèrent, le 6 août 1945, la première bombe atomique, qui fit environ 140 000 victimes (décédées en 1945).

■ **HIROSHIMA** après l'explosion de la bombe atomique, en 1945.

HIRSCH (Robert), *L'Isle-Adam 1925,* comédien français. À la Comédie-Française de 1948 à 1973, il a surtout joué Shakespeare, Molière, Dostoïevski, Feydeau, donnant à tous ses rôles une extraordinaire intensité névrotique, tantôt tragique, tantôt comique. Au cinéma, il a été notamm. *Martin soldat* (M. Deville, 1966).

HIRSINGUE (68560), ch.-l. de cant. du Haut-Rhin, sur l'Ill ; 2 083 hab.

HIRSON (02500), ch.-l. de cant. de l'Aisne, sur l'Oise ; 10 775 hab. *(Hirsonnais).*

HISPANIE, nom anc. de la péninsule Ibérique.

HISPANIOLA, nom donné par Christophe Colomb à l'île d'Haïti.

hispano-américaine (guerre) [1898], conflit qui opposa les États-Unis à l'Espagne, en lutte contre ses colonies révoltées. L'Espagne perdit Cuba, devenue indépendante, et céda aux États-Unis Porto Rico, les Philippines et l'île de Guam.

Histoire de France, œuvre magistrale de Michelet (1833 - 1867), allant des origines de la France à la Révolution française.

Histoire de France, œuvre publiée sous la direction d'Ernest Lavisse. Elle comprend une *Histoire de France depuis les origines jusqu'à la Révolution* (1900 - 1912) et une *Histoire de la France contemporaine depuis la Révolution jusqu'à la paix de 1919* (1920 - 1922).

Histoire naturelle, ouvrage rédigé par Buffon et ses collaborateurs (1749 - 1789 ; 36 vol.). Recension magistrale du monde vivant, cette œuvre a passionné le grand public et ouvert la voie à l'évolutionnisme.

Histoires, ouvrage d'Hérodote (ve s. av. J.-C.). Ce sont des *enquêtes* (premier sens du mot *historiai*) sur les guerres médiques et les peuples qui s'y sont trouvés mêlés.

Histoires, ouvrage de Tacite (106 - 109 apr. J.-C. ?). Histoire des empereurs romains, allant de la mort de Galba (69) à l'avènement de Nerva (96), la suite chronologique des *Annales.*

HITACHI, v. du Japon (Honshu), sur le Pacifique ; 202 141 hab. Constructions électriques.

HITCHCOCK (Alfred), *Londres 1899 - Hollywood 1980,* cinéaste britannique naturalisé américain. Il réalisa surtout des films de mystère et d'aventures policières, s'imposant comme le maître du suspense et de l'angoisse (*Une femme disparaît,* 1938 ; *l'Inconnu du Nord-Express,* 1951 ; *la Mort aux trousses,* 1959; *Psychose,* 1960).

■ ALFRED **HITCHCOCK** pendant le tournage de son film *les Oiseaux* (1963).

H

HITLER (Adolf), *Braunau, Haute-Autriche, 1889 - Berlin 1945,* homme politique allemand. Issu d'une famille de la petite bourgeoisie autrichienne, combattant pendant la Première Guerre mondiale dans l'armée bavaroise, il devient en 1921 le chef du Parti ouvrier allemand national-socialiste (NSDAP). Il crée les sections d'assaut (SA) en 1921 puis tente à Munich, en 1923, un putsch, qui échoue. Détenu, il rédige *Mein Kampf,* où est exposée la doctrine ultranationaliste et antisémite du nazisme. À partir de 1925, il renforce son parti en créant les SS et de nombreuses organisations d'encadrement. Développant une propagande efficace dans une Allemagne humiliée par la défaite de 1918 et le traité de Versailles, et fortement atteinte par la crise de 1929, il accède en 1933 au poste de chancelier. Les communistes mis hors la loi à la suite de l'incendie du Reichstag (févr.), Hitler se fait attribuer les pleins pouvoirs par la chambre (mars). Inquiet du pouvoir que prennent les SA, il en fait éliminer les chefs lors de la « Nuit des longs couteaux » (30 juin 1934). Président à la mort d'Hindenburg (août), puis « Führer », il se trouve à la tête d'un État dictatorial soutenu par une police redoutable (Gestapo) et fondé sur le parti unique, l'élimination des opposants et le racisme. Sa politique d'expansion en Rhénanie (1936), en Autriche (1938), en Tchécoslovaquie (1938) et en Pologne (1939) provoque la Seconde Guerre mondiale (1939), au cours de laquelle est entreprise l'extermination des juifs. Vaincu, Hitler se suicide le 30 avril 1945.

HITTITES, peuple indo-européen, apparu au xxe s. av. J.-C., qui constitua un puissant empire en Anatolie centrale, entre les XVIIe et XIIe s. av. J.-C., dont la capitale était Hattousa (auj. *Boğazköy*). La puissance hittite, éclipsée au xve s. par le Mitanni, atteignit son apogée aux XIVe-XIIIe s., quand elle équilibra celle de l'Égypte (bataille de Qadesh). L'Empire hittite disparut au XIIe s. av. J.-C. avec l'invasion des Peuples de la Mer.

■ **HITTITES.** La porte des sphinx de la forteresse d'Alacahöyük (Anatolie), XIVe s. av. J.-C.

HITTORF (Wilhelm), *Bonn 1824 - Münster 1914,* physicien allemand. Il a découvert les rayons cathodiques (1869) et observé leur déviation par les champs magnétiques.

HITTORFF (Jacques), *Cologne 1792 - Paris 1867,* architecte français d'origine allemande. Élève de Percier, rationaliste et éclectique, il a construit à Paris la gare du Nord (1861, halle métallique), a travaillé aux Champs-Élysées, aux places de la Concorde et de l'Étoile, au bois de Boulogne.

HJELMSLEV (Louis Trolle), *Copenhague 1899 - id. 1965,* linguiste danois. Dans la lignée de Saussure, sa théorie, la glossématique, tente une formalisation rigoureuse des structures linguistiques (*Prolégomènes à une théorie du langage,* 1943).

HO, population tribale de l'Inde (sud du Bihar) [env. 1,3 million]. Les Ho sont connus pour leurs traditions funéraires et entretiennent une relation étroite avec le polythéisme hindou. Ils sont de langue munda.

HOBART, v. d'Australie, cap. de la Tasmanie ; 183 500 hab. Université. Métallurgie.

HOBBEMA (Meindert), *Amsterdam 1638 - id. 1709,* peintre néerlandais. Il est l'auteur de paysages baignés d'une fine lumière qui met en valeur chaque détail.

HOBBES (Thomas), *Wesport, Wiltshire, 1588 - Hardwick Hall 1679,* philosophe anglais. Partisan d'un matérialisme mécaniste, il décrit l'homme comme naturellement mû par le désir et la crainte (« L'homme est un loup pour l'homme ») ; pour vivre en société, l'homme doit renoncer à ses droits au profit d'un souverain absolu qui fait régner l'ordre, l'État (**Léviathan,* 1651).

■ THOMAS **HOBBES** par J. M. Wright. (National Portrait Gallery, Londres.)

■ **HÔ CHI MINH** en 1969.

HOBSBAWM (Eric), *Alexandrie, Égypte, 1917,* historien britannique. Spécialiste d'histoire économique et sociale, il est l'auteur de nombreux ouvrages de référence, d'inspiration marxiste (*l'Ère des révolutions, 1789 - 1848,* 1962 ; *l'Ère du capital, 1848 - 1875,* 1975 ; *l'Ère des empires, 1875 - 1914,* 1987 ; *l'Âge des extrêmes, 1914 - 1991,* 1994 ; *Nations et nationalisme depuis 1780,* 1990).

HOBSON (John Atkinson), *Derby 1858 - Hampstead 1940,* économiste britannique. Il a vu dans l'impérialisme l'aboutissement du capitalisme et a annoncé Keynes en éclairant le rôle des pouvoirs publics dans l'économie.

HOCART (Arthur Maurice), *Etterbeek, Bruxelles, 1883 - Le Caire 1939,* anthropologue britannique d'origine française. À travers l'étude comparée de différentes sociétés (Océanie, Inde, Ceylan, Égypte), il a montré que l'organisation rituelle est à l'origine de la séparation des fonctions entre gouvernement et administration (*Rois et courtisans,* 1936 ; *le Mythe sorcier,* 1952).

HOCEIMA (Al-), en esp. **Alhucemas,** v. du Maroc, sur la Méditerranée ; 41 700 hab. Tourisme.

HOCHE (Lazare), *Versailles 1768 - Wetzlar, Prusse, 1797,* général français. Engagé à 16 ans, commandant l'armée de Moselle en 1793, il fut emprisonné comme suspect jusqu'au 9 Thermidor. Il écrasa les émigrés débarqués à Quiberon (1795) et pacifia la Vendée. Il fut ministre de la Guerre en 1797.

HOCHFELDEN [okfɛldɛn] (67270), ch.-l. de cant. du Bas-Rhin ; 2 977 hab.

HÔ CHI MINH (**Nguyên Tat Thanh,** dit Nguyên Ai Quôc, ou), *Kim Liên 1890 - Hanoi 1969,* homme politique vietnamien. Fondateur du Parti communiste indochinois (1930), puis du Viêt-minh (1941), président de la République démocratique du Viêt Nam, proclamée en 1945, il mena la lutte contre la France jusqu'à la défaite française de Diên Biên Phu (1954). Devenu chef d'un État

■ **HÔ CHI MINH-VILLE.** Habitations bordant la « rivière de Saigon ».

réduit à la moitié nord du pays, il joua un rôle essentiel dans la guerre contre le Viêt Nam du Sud et les États-Unis, à partir de 1960.

HÔ CHI MINH-VILLE, jusqu'en 1975 **Saigon,** v. du Viêt Nam ; 3 940 000 hab. Saigon fut la résidence de Gia Long (1788 - 1802), puis, après 1859, le siège du gouvernement de la Cochinchine française et la capitale du Viêt Nam du Sud de 1954 à 1975.

Höchstädt (bataille de) [20 sept. 1703], bataille de la guerre de la Succession d'Espagne. Victoire de Villars sur les Autrichiens à Höchstädt (au N.-O. d'Augsbourg). — bataille de **Höchstädt** ou bataille de **Blenheim** (13 août 1704), bataille de la guerre de la Succession d'Espagne. Victoire du Prince Eugène et du duc de Marlborough sur les troupes françaises.

HOCKNEY (David), *Bradford 1937,* peintre britannique. Un des créateurs du pop art au début des années 1960, il a fait preuve, depuis, d'un talent original et multiforme dans la figuration.

HOCQUART (Gilles), *Mortagne 1694 - Paris 1783,* administrateur français, intendant de la Nouvelle-France de 1731 à 1748.

HODEÏDA, v. du Yémen, sur la mer Rouge ; 155 100 hab. Port.

HODGKIN (Dorothy Mary **Crowfoot**), *Le Caire 1910 - Shipston-on-Stour, Warwickshire, 1994,* chimiste britannique. Elle a déterminé la structure de nombreuses substances, dont la pénicilline, la vitamine B12 et l'insuline. (Prix Nobel 1964.)

HODJA (Enver) → **HOXHA.**

HODLER (Ferdinand), *Berne 1853 - Genève 1918,* peintre suisse. Il est l'auteur de compositions historiques ou symboliques et de paysages alpestres fermement construits (*la Retraite de Marignan,* 1900, Musée national suisse, Zurich).

■ FERDINAND **HODLER.** *Le Lac de Silvaplana,* 1907. (Kunsthaus, Zurich.)

HODNA (chott el-), dépression marécageuse des hautes plaines de l'Algérie orientale, dominée au nord par les *monts du Hodna* (1 890 m).

HŒNHEIM (67800), comm. du Bas-Rhin ; 10 767 hab.

HOFFMAN (Dustin), *Los Angeles 1937,* acteur américain. Il incarne avec succès les personnages les plus divers : *le Lauréat* (M. Nichols, 1967), *Macadam Cowboy* (J. Schlesinger, 1969), *Little Big Man* (A. Penn, 1970), *Kramer contre Kramer* (R. Benton, 1979), *Rain Man* (B. Levinson, 1988), *Mad City* (Costa-Gavras, 1997).

HOFFMANN (Ernst Theodor Wilhelm, dit Ernst Theodor Amadeus), *Königsberg 1776 - Berlin 1822,* écrivain et compositeur allemand. Auteur d'opéras, il est surtout connu pour ses récits, qui mêlent le fantastique et l'ironie (*Fantaisies à la manière de Callot, *Contes des frères Sérapion, le Chat Murr, la Princesse Brambilla*).

HOFFMANN (Josef), *Pirnitz, Moravie, 1870 - Vienne 1956,* architecte autrichien. Élève de O. Wagner et fondateur, en 1903, des « Ateliers viennois » d'arts décoratifs, il brille par une sobre élégance (palais Stoclet, Bruxelles, 1905).

HOFFMANN (Roald), *Złoczów, auj. Zolotchev, 1937,* chimiste américain d'origine polonaise. Il a formulé, avec R. B. Woodward, des règles fondées sur la symétrie des orbitales, qui permettent de comprendre d'importants mécanismes réactionnels. (Prix Nobel 1981.)

HOFMANN (August Wilhelm **von**), *Giessen 1818 - Berlin 1892,* chimiste allemand. Il a isolé le benzène, préparé l'aniline et trouvé un mode général de préparation des amines.

HOFMANNSTHAL (Hugo **von**), *Vienne 1874 - Rodaun 1929,* écrivain autrichien. Ses drames baroques et symbolistes analysent les problèmes du monde moderne à la lumière des mythes antiques et médiévaux (*Jedermann*). Il a écrit des livrets d'opéra pour Richard Strauss (*le Chevalier à la rose, Ariane à Naxos*).

HOFSTADTER (Robert), *New York 1915 - Stanford 1990,* physicien américain. Il a étudié la répartition des charges dans les noyaux atomiques. (Prix Nobel 1961.)

HOGARTH (Burne), *Chicago 1911 - Paris 1996,* dessinateur de bandes dessinées américain. Dessinateur de **Tarzan* à partir de 1937, il lui a imprimé son style expressionniste et tourmenté.

HOGARTH (William), *Londres 1697 - id. 1764,* peintre et graveur britannique. Son œuvre inaugure l'âge d'or de la peinture anglaise : portraits spontanés et vigoureux, séries d'études de mœurs où la verve s'allie au souci moralisateur (*Rake's Progress [la Carrière du roué],* 1735).

■ WILLIAM **HOGARTH.** *La Marchande de crevettes,* 1759. (National Gallery, Londres.)

HOGGAR n.m., massif volcanique du Sahara algérien ; 2 918 m. V. princ. : *Tamanrasset.* Moins aride, en raison de son altitude, que le reste du désert, il est habité par les Touareg.

Hohenlinden (bataille de) [3 déc. 1800], victoire de l'armée française, commandée par Moreau, sur l'armée austro-bavaroise, à Hohenlinden, à l'E. de Munich. Cette victoire ouvrait aux Français la route de Vienne.

HOHENLOHE (Chlodwig, prince **de**), *Rotenburg 1819 - Ragaz, Suisse, 1901,* homme politique allemand. Statthalter d'Alsace-Lorraine (1885 - 1894), il fut chancelier de l'Empire allemand (1894 - 1900).

HOHENSTAUFEN, dynastie germanique issue des ducs de Souabe, qui régna sur le Saint Empire de 1138 à 1254. Les Hohenstaufen furent représentés par Conrad III, Frédéric Ier Barberousse, Henri VI, Frédéric II, Conrad IV et son fils Conradin.

HOHENZOLLERN, famille qui régna sur la Prusse (1701 - 1918), sur l'empire d'Allemagne (1871 - 1918) et sur la Roumanie (1866 - 1947). Descendant de Frédéric, comte de Zollern (m. v. 1201), cette famille se divisa en deux branches. La branche de Souabe se subdivisa elle-même en plusieurs rameaux, dont celui de Sigmaringen qui donna à la Roumanie sa maison princière puis royale. La branche franconienne dut sa fortune à Frédéric VI (m. v. 1440), qui acquit l'Électorat de Brandebourg (1417). Ayant hérité de la Prusse (1618), les Hohenzollern en devinrent les rois (1701) et acquirent la dignité impériale en 1871 avec Guillaume Ier. Leur dernier représentant, Guillaume II, abdiqua en 1918.

HOHNECK n.m., sommet de France, aux confins du Haut-Rhin et des Vosges, à l'O. de Munster ; 1 362 m.

HOHOKAM (culture), culture préhistorique d'un groupe d'Indiens du sud-ouest des États-Unis (Arizona). La phase la plus ancienne est située v. 300 av. notre ère et l'apogée, entre 800 et 1000. Les villages sont nombreux, ainsi que les installations hydrauliques. On note des ressemblances avec les civilisations de Méso-Amérique.

HOKKAIDO, île du nord du Japon ; 78 500 km^2 ; 5 643 647 hab. ; v. princ. *Sapporo.*

HOKUSAI, *Edo, auj. Tokyo, 1760 - id. 1849,* dessinateur et graveur japonais. Grand maître de l'estampe japonaise, surnommé « le fou du dessin », il a introduit dans cette discipline le paysage en tant que genre (vues du mont Fuji) et a laissé une œuvre étonnante de diversité (la **Manga*), où s'allient humour et sûreté du trait.

■ **HOKUSAI.** *Pluie d'orage,* estampe des *Trente-Six Vues du mont Fuji,* v. 1831. (Musée Guimet, Paris.)

HOLAN (Vladimir), *Prague 1905 - id. 1980,* poète tchèque. Il mêle l'influence de Rilke et de Mallarmé à l'ouverture au monde contemporain (*l'Éventail chimérique*).

HOLBACH [-bak] (Paul Henri **Thiry,** baron **d'**), *Edesheim, Palatinat, 1723 - Paris 1789,* philosophe français d'origine allemande. Collaborateur de l'**Encyclopédie,* matérialiste, athée, il attaqua l'Église et la monarchie de droit divin.

HOLBEIN l'Ancien ou **le Vieux** (Hans), *Augsbourg v. 1465 - Issenheim, Alsace, v. 1524,* peintre et dessinateur allemand. Influencé par l'art flamand, il est l'auteur de retables et de portraits.

HOLBEIN le Jeune (Hans), *Augsbourg 1497/1498 - Londres 1543,* peintre et dessinateur allemand, un des fils de Holbein l'Ancien. Attiré par l'humanisme, il s'installe à Bâle vers 1515 et manifeste, notamm. dans ses œuvres religieuses, une part de classicisme d'influence italienne (*Retable Gerster,* Soleure). Un réalisme sobre et pénétrant marque ses portraits, exécutés à Bâle (*Érasme,* diverses versions), puis en Angleterre, où il se fixe en 1532 et devient peintre de la cour (*les Ambassadeurs,* National Gallery).

■ HANS **HOLBEIN LE JEUNE.** *Portrait du marchand Georg Gisze,* 1532. (Galerie de peinture de Berlin-Dahlem.)

HOLBERG (Ludvig, baron), *Bergen 1684 - Copenhague 1754,* écrivain danois d'origine norvégienne. Auteur de poèmes héroï-comiques et de récits de voyages imaginaires *(le Voyage souterrain de Nils Klim),* il mêla dans ses comédies l'influence de Molière et la description de la réalité danoise.

HÖLDERLIN (Friedrich), *Lauffen 1770 - Tübingen 1843,* poète allemand. Son roman (*Hypérion,* 1797 - 1799), ses odes et ses hymnes élèvent vers le sacré le lyrisme romantique et la mission du poète.

■ E. T. A. **HOFFMANN**

■ **HÖLDERLIN** par F. K. Hiemer. (Schiller-Nationalmuseum, Marbach am Neckar.)

HOLGUÍN, v. de l'est de Cuba ; 237 000 hab.

HOLIDAY (Billie), surnommée **Lady Day,** *Baltimore 1915 - New York 1959,* chanteuse américaine de jazz. Elle débuta dans les années 1930 et fut l'une des plus grandes interprètes du jazz, enregistrant notamm. avec Lester Young (*Strange Fruit,* 1939 ; *Lover Man,* 1944).

HOLLANDE, région la plus riche et la plus peuplée des actuels Pays-Bas. Le *comté de Hollande,* érigé v. 1015, passa à la maison d'Avesnes (1299), puis à la maison de Bavière (1345), enfin au duché de Bourgogne (1428) et à la maison de Habsbourg (1477). Le stathouder de Hollande Guillaume Ier de Nassau, prince d'Orange, fit aboutir la sécession et l'indépendance de la république des Provinces-Unies (Union d'Utrecht, 1579), au sein de laquelle la Hollande joua un rôle prépondérant.

HOLLANDE (François), *Rouen 1954,* homme politique français. Il est premier secrétaire du Parti socialiste depuis 1997.

Hollande (guerre de) [1672 - 1679], conflit qui opposa la France aux Provinces-Unies et aux alliés de celles-ci, le Saint Empire et l'Espagne. Entreprise par Louis XIV à l'instigation de Colbert, gêné par la puissance économique hollandaise, cette guerre se termina par les traités de Nimègue (août-sept. 1678, févr. 1679).

HOLLANDE (royaume de), royaume créé en 1806 par Napoléon Ier pour son frère Louis. Il fut supprimé dès 1810 et annexé à l'Empire français.

HOLLANDE-MÉRIDIONALE, prov. des Pays-Bas ; 3 271 500 hab. ; ch.-l. *La Haye ;* v. princ. *Rotterdam.*

HOLLANDE-SEPTENTRIONALE, prov. des Pays-Bas ; 2 421 700 hab. ; ch.-l. *Haarlem ;* v. princ. *Amsterdam.*

HOLLERITH (Herman), *Buffalo 1860 - Washington 1929,* ingénieur américain. Il inventa les machines à statistiques à cartes perforées (1880) et fonda la Tabulating Machine Corporation (1896), qui deviendra IBM.

HOLLYWOOD, quartier de Los Angeles, principal centre de l'industrie cinématographique et de la télévision aux États-Unis.

HOLM (Johanna **Eckert,** dite Hanya), *Worms 1898 - New York 1992,* danseuse et chorégraphe d'origine allemande, naturalisée américaine (1939). Disciple de M. Wigman, elle contribua à l'essor de la danse moderne, notamm. grâce à l'école qu'elle dirigea à New York.

Holmes (Sherlock), personnage principal des romans (1887 - 1927) de Conan Doyle, type du détective amateur et perspicace.

Holocauste (l'), génocide des Juifs d'Europe perpétré par les nazis et leurs auxiliaires de 1939 à 1945, dans les territoires occupés par le Reich hitlérien. On dit plus couramment *Shoah.*

HOLON, v. d'Israël, banlieue de Tel-Aviv-Jaffa ; 163 000 hab.

HOLOPHERNE, personnage biblique, général assyrien décapité par Judith.

HOLSTEIN, anc. principauté allemande. Érigé en comté en 1110, annexé, avec le Schleswig, à titre personnel par le roi de Danemark (1460), le Holstein fut attribué en 1864, à la suite de la guerre des Duchés, à l'Autriche et, après Sadowa (1866), à la Prusse. Auj., il forme avec le sud du Schleswig le *Land de *Schleswig-Holstein.*

Homais (Monsieur), personnage de **Madame Bovary.* Ce pharmacien de province personnifie la sottise d'une certaine bourgeoisie du XIXe siècle, anticléricale et scientiste.

HOMBOURG-HAUT (57470), comm. de la Moselle ; 9 595 hab. *(Hombourgeois).* Collégiale gothique St-Étienne.

HOME (sir Alexander **Douglas**) → **DOUGLAS-HOME.**

HOMÉCOURT (54310), ch.-l. de cant. de Meurthe-et-Moselle ; 6 894 hab.

Home Fleet (mots angl. signif. *flotte de la maison*), flotte chargée de la protection immédiate du Royaume-Uni.

Home Guard (mots angl. signif. *garde de la maison*), garde territoriale créée en 1940 et chargée de la protection immédiate du Royaume-Uni.

HOMÈRE, *VIIIe s. av. J.-C. ?,* poète épique grec, considéré comme l'auteur de *l'*Iliade* et de *l'*Odyssée,* et dont l'existence fut entourée de légendes dès le VIe s. av. J.-C. Hérodote pensait qu'il était originaire d'Asie Mineure. La tradition le représentait vieux et aveugle, errant de ville en ville et déclamant ses vers. Les poèmes homériques, récités aux fêtes solennelles et enseignés aux enfants, ont exercé dans l'Antiquité une profonde influence sur les philosophes, les écrivains et l'éducation. Ils occupent une place importante dans la culture classique européenne.

Home Rule (de l'angl. *home,* chez soi, et *rule,* gouvernement), régime d'autonomie revendiqué par les Irlandais à partir de 1870. Voté par les Communes en 1912, il prit force de loi en 1914, mais ne put jamais être appliqué.

Homme (musée de l'), musée créé à Paris en 1937 au palais de Chaillot et consacré à l'anthropologie. Également institution de recherche comparative en préhistoire, archéologie, ethnologie et anthropologie sociale, il dépend statutairement du Muséum national d'histoire naturelle.

HOMS, v. de Syrie, près de l'Oronte ; 644 200 hab. Centre commercial et industriel.

HONDO → **HONSHU.**

HONDSCHOOTE [-skɔt] (59122), ch.-l. de cant. du Nord ; 3 906 hab. Bel hôtel de ville et église du XVIe s. — Victoire de Houchard sur les forces alliées du duc d'York (6 - 8 sept. 1793).

HONDURAS n.m., État d'Amérique centrale ; 112 000 km^2 ; 5 800 000 hab. *(Honduriens).* CAP. *Tegucigalpa.* LANGUE : *espagnol.* MONNAIE : *lempira.* (V. carte **Amérique centrale.**)

GÉOGRAPHIE

C'est un pays souvent montagneux et forestier, au climat tropical, dont le café et la banane constituent les ressources essentielles. Le maïs est la base de l'alimentation. La population, largement métissée, s'accroît rapidement. L'économie a été dévastée par le passage d'un cyclone en 1998.

HISTOIRE

1502 : Christophe Colomb reconnaît la côte du Honduras. **1523 :** peuplé d'Indiens Miskito, le pays est conquis par Pedro de Alvarado. **1544 :** il est rattaché à la capitainerie générale du Guatemala. **1821 :** le Honduras est incorporé au Mexique d'Iturbide. **1824 - 1838 :** le pays fait partie des Provinces-Unies d'Amérique centrale. **1838 :** devenu indépendant, il voit son intégrité menacée par la présence britannique. **Fin du XIXe - début du XXe s. :** le Honduras est divisé entre des oligarchies locales rivales. Il subit l'emprise de l'*United Fruit Company,* propriétaire des grandes plantations de bananiers. **1932 - 1948 :** dictature de Tiburcio Carías Andino. **1957 - 1963 :** Ramón Villeda Morales engage une tentative de réforme agraire. **1969 - 1970 :** la « guerre du football » avec le Salvador favorise l'agitation politique intérieure. **1981 :** le libéral Roberto Suazo Córdova est élu président de la République. **1986 :** le libéral José Simón Azcona lui succède. À partir de 1987, le Honduras signe avec le Costa Rica, le Guatemala, le Nicaragua et le Salvador des accords (1987 et 1989) visant à rétablir la paix dans la région. **1990 :** le conservateur Rafael Callejas accède au pouvoir. **1994 :** le libéral Carlos Roberto Reina lui succède. **1998 :** le libéral Carlos Roberto Flores devient président de la République.

■ **HONGKONG**

HONDURAS (golfe du), échancrure du littoral de l'Amérique centrale sur la mer des Antilles.

HONDURAS BRITANNIQUE n.m., ancien nom du *Belize.

HONECKER (Erich), *Neunkirchen, Sarre, 1912 - Santiago, Chili, 1994,* homme politique allemand. Secrétaire général du Parti socialiste unifié (SED) à partir de 1971 et président du Conseil d'État de la RDA à partir de 1976, il démissionne de ces deux fonctions en 1989 (oct.), peu avant la chute du mur de Berlin (nov.).

HONEGGER (Arthur), *Le Havre 1892 - Paris 1955,* compositeur suisse. Son lyrisme s'exprime notamm. dans des œuvres pour orchestre (*Pacific 231,* 1923 ; 5 symphonies) et dans des oratorios (*le Roi David,* 2e version, 1924 ; *Jeanne d'Arc au bûcher,* 1938). Également auteur de musiques de ballets et de films, il fit partie du groupe des Six.

H

HONFLEUR (14600), ch.-l. de cant. du Calvados ; 8 352 hab. *(Honfleurais).* Tourisme. — Port de commerce important aux XVIe et XVIIe s. — Monuments des XVe-XVIIe s. ; musées (E.-Boudin, maison natale d'Erik Satie, etc.).

HONGKONG ou **HONG KONG,** région administrative spéciale de la Chine, au S.-E. de Canton, englobant notamm. la petite *île de Hongkong ;* 1 077 km² ; 5 920 000 hab. Important port de transit, centre financier et industriel. L'île fut cédée à la Grande-Bretagne en 1842. Conformément à l'accord sino-britannique de 1984, le territoire a été rétrocédé à la Chine en 1997. — Musée d'Art. — Sur l'île de Lantau, aéroport Chek Lap Kok (agence N. Foster, 1992 - 1998).

HONGRIE n.f., en hongr. **Magyarország,** État d'Europe orientale ; 93 000 km² ; 10 070 000 hab. *(Hongrois).* CAP. *Budapest.* LANGUE : *hongrois.* MONNAIE : *forint.*

GÉOGRAPHIE

La Hongrie est un pays de plaines à l'E. du Danube (c'est l'ancienne Puszta), de collines ou de moyennes montagnes dans l'extrémité nord-est et surtout à l'O. du Danube (la Transdanubie). Les hivers sont rigoureux, les étés, souvent chauds et humides. Budapest concentre env. le cinquième d'une population ethniquement homogène.

L'agriculture demeure importante (blé et maïs, betterave à sucre, vigne, élevage bovin et porcin). Le sous-sol recèle un peu de lignite, de gaz naturel et de bauxite. L'agroalimentaire, la chimie, la métallurgie, surtout, sont les branches industrielles dominantes.

HISTOIRE

Les origines. V. 500 av. J.-C. : la région est peuplée par des Illyriens et des Thraces. **35 av. J.-C. - 9 apr. J.-C. :** elle est conquise par Rome, qui en fait la province de Pannonie. **IVe - VIe s. :** elle est envahie par les Huns, les Ostrogoths, les Lombards, puis par les Avars (568). **896 :** les Hongrois (ou Magyars) arrivent dans la plaine danubienne, sous la conduite de leur chef Árpád. **V. 904 - 1301 :** la dynastie des Árpád gouverne la Hongrie, la Slovaquie (ou Haute-Hongrie) et la Ruthénie subcarpatique, annexée au début du XIe s. **955 :** la victoire d'Otton Ier au Lechfeld met fin aux raids des Hongrois en Occident.

Le royaume de Hongrie. 1000 : Étienne Ier (997 - 1038) devient roi. Il impose le christianisme à ses sujets. Se déclarant vassal du Saint-Siège, il maintient son royaume hors du Saint Empire. **1095 - 1116 :** Kálmán (Coloman) obtient le rattachement de la Croatie et de la Slavonie au royaume. **1172 - 1196 :** sous Béla III, la Hongrie médiévale est à son apogée. **1235 - 1270 :** Béla IV reconstruit le pays ruiné par l'invasion mongole (1241 - 1242). **1308 - 1342 :** Charles Ier Robert, de la maison d'Anjou, organise l'exploitation des mines d'argent, de cuivre et d'or de Slovaquie et de Transylvanie. **1342 - 1382 :** Louis Ier d'Anjou lui succède et poursuit son œuvre. **1387 - 1437 :** son gendre, Sigismond de Luxembourg, est élu à la tête du Saint Empire. **1456 :** Jean Hunyadi arrête les Turcs devant Belgrade. **1458 - 1490 :** son fils, Mathias Corvin, conquiert la Moravie et la Silésie, et s'installe à Vienne (1485). Il favorise la diffusion de la Renaissance italienne. **1490 - 1516 :** Vladislav II Jagellon règne sur le pays. **1526 :** les Ottomans remportent la victoire de Mohács, où meurt Louis II Jagellon. Ferdinand Ier de Habsbourg (1526 - 1564) est élu par la Diète roi de Hongrie. Il a pour rival Jean Zápolya, maître du Centre et de l'Est, qui est soutenu par les Ottomans. **1540 :** les Turcs occupent Buda et la plaine danubienne. **1540 - 1699 :** la Hongrie est divisée en trois : la Hongrie royale (capitale : Presbourg), gouvernée par la maison d'Autriche, la Hongrie turque et la Transylvanie, vassale des Ottomans depuis 1568. La Diète de Hongrie doit reconnaître la monarchie héréditaire des Habsbourg (1687) et la Transylvanie est annexée par la maison d'Autriche (1691). La noblesse hongroise obtient le maintien du pluralisme religieux. **1699 :** les Habsbourg reconquièrent sur les Turcs la plaine hongroise (paix de Karlowitz). **1703 - 1711 :** Férenc (François II) Rákóczi dirige l'insurrection contre les Habsbourg. **1711 :** la paix de Szatmár reconnaît l'autonomie de l'État hongrois au sein de la monarchie autrichienne. **1740 - 1780 :** Marie-Thérèse s'appuie sur les magnats et poursuit le repeuplement du pays. **1780 - 1790 :** Joseph II tente d'imposer un régime centralisé. **1848 :** après l'insurrection de mars, l'Assemblée nationale hongroise rompt avec l'Autriche. **1849 :** Kossuth proclame la déchéance des Habsbourg. Les insurgés sont défaits à Világos (août) par les Russes, appelés par François-Joseph Ier. **1849 - 1867 :** le gouvernement autrichien pratique une politique de centralisation et de germanisation. **1867 :** après la défaite de l'Autriche devant la Prusse (Sadowa, 1866), le compromis austro-hongrois instaure le dualisme. Au sein de l'Autriche-Hongrie, la Hongrie est à nouveau un État autonome ; elle récupère la Croatie, la Slavonie et la Transylvanie. **1875 - 1905 :** le Parti libéral assure la direction du pays ; Kálmán Tisza est président du Conseil de 1875 à 1890. **1914 :** la Hongrie déclare la guerre à la Serbie.

La Hongrie depuis 1918. La défaite des empires centraux entraîne la dissolution de l'Autriche-Hongrie. **1918 :** Károlyi proclame l'indépendance de la Hongrie. Les Roumains occupent la Transylvanie ; les Tchèques, la Slovaquie. **1919 :** les communistes, dirigés par Béla Kun, instaurent la « république des Conseils », renversée par l'amiral Horthy. **1920 :** Horthy est élu régent. Il signe le traité de Trianon, qui enlève à la Hongrie la Slovaquie, la Ruthénie, la Transylvanie, le Banat et la Croatie. **1938 :** la Hongrie annexe une partie de la Slovaquie. **1939 :** elle adhère au pacte antikomintern. **1940 :** elle occupe le nord de la Transylvanie et signe le pacte tripartite. **1941 :** elle entre en guerre contre l'URSS. **1943 :** elle cherche à signer une paix séparée avec les Alliés. **1944 :** Hitler fait occuper le pays et le parti fasciste des Croix-Fléchées prend le pouvoir, éliminant Horthy. **1944 - 1945 :** l'armée soviétique occupe le pays. **1946 - 1947 :** le traité de Paris rétablit les frontières du traité de Trianon. **1949 :** le Parti communiste démantèle le Parti agrarien, majoritaire ; M. Rákosi proclame la république populaire hongroise et impose un régime stalinien. **1953 - 1955 :** Imre Nagy, chef du gouvernement, amorce la déstalinisation. **Oct.-nov. 1956 :** insurrection pour la libéralisation du régime et la révision des relations avec l'URSS *(insurrection de Budapest).* I. Nagy proclame la neutralité de la Hongrie. Les troupes soviétiques appuient un nouveau gouvernement dirigé par J. Kádár, et brisent la résistance de la population. **1962 - 1987 :** tout en restant fidèle à l'alignement sur l'URSS, le gouvernement, dirigé par J. Kádár, J. Fock (1968 - 1975) puis par G. Lázár (1975 - 1987), améliore le fonctionnement du système économique et développe le secteur privé. **1989 :** la Hongrie ouvre sa frontière avec l'Autriche (mai). Le Parti abandonne toute référence au marxisme-léninisme et renonce à son rôle dirigeant. La république populaire hongroise devient officiellement la république de Hongrie (oct.). **1990 :** les premières élections parlementaires libres (mars-avr.) sont remportées par le Forum démocratique hongrois, parti de centre droit dont le leader, József Antall, devient Premier ministre. Le Parlement élit Árpád Göncz à la présidence de la République. **1991 :** les troupes soviétiques achèvent leur retrait du pays. **1993 :** après la mort de J. Antall, Péter Boross lui succède. **1994 :** la Hongrie dépose une demande d'adhésion à l'Union européenne. Les socialistes (ex-communistes réformateurs) remportent les élections législatives ; Gyula Horn devient Premier ministre. **1998 :** après la victoire de l'opposition démocrate aux élections législatives, Viktor Orbán est nommé Premier ministre. **1999 :** la Hongrie est intégrée dans l'OTAN. **2000 :** Ferenc Madl est élu à la présidence de la République.

HONGRIE

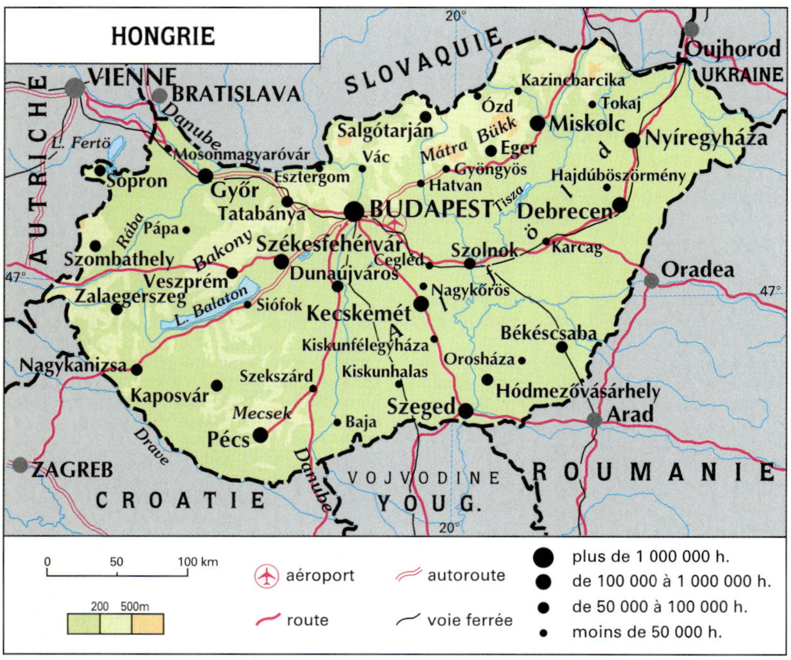

HONGROIS ou **MAGYARS**, peuple ougrien vivant en Hongrie et constituant d'importantes minorités en Roumanie (1,6 million), en Slovaquie (600 000), en Serbie et en Ukraine (env. 16 millions au total). La reconnaissance des droits culturels et linguistiques des communautés de Roumanie et de Slovaquie est un sujet de tension. Les Hongrois sont chrétiens, en grande majorité catholiques ; ils parlent le *hongrois*.

HONGWU, empereur de Chine (1368 - 1398). Fondateur de la dynastie Ming, il repoussa les Mongols dans les steppes du Nord.

HONOLULU, cap. des Hawaii, dans l'île d'Oahu ; 365 272 hab. Musées (ethnologie et art). – Port. Centre touristique.

HONORAT (saint), *Gaule Belgique v. 350 - v. 430,* évêque d'Arles. Il fonda l'abbaye de Lérins (v. 410).

HONORIUS (Flavius), *Constantinople 384 - Ravenne 423,* premier empereur d'Occident (395 - 423). D'abord dominé par Stilicon, qu'il fit assassiner en 408, il ne put défendre l'Italie des invasions barbares.

HONORIUS II (Lamberto **Scannabecchi**), *Fagnano - Rome 1130,* pape de 1124 à 1130. Il négocia le concordat de Worms (1122) avant de succéder à Calixte II. — **Honorius III** (Cencio **Savelli**), *Rome - 1227,* pape de 1216 à 1227. Il soutint la 5e croisade, couronna Frédéric II empereur et encouragea la lutte contre les cathares.

HONSHU, anc. **Hondo**, île du Japon, la plus grande et la plus peuplée ; 230 000 km^2 ; 99 254 194 hab. ; v. princ. *Tokyo, Osaka, Yokohama, Kyoto* et *Kobe.*

HOOCH, HOOGHE ou **HOOGH** (Pieter **de**) → **DE HOOCH.**

HOOFT (Pieter Cornelisz.), *Amsterdam 1581 - La Haye 1647,* écrivain hollandais. Poète élégiaque, auteur de pièces de théâtre et prosateur, il a contribué à former la langue classique néerlandaise.

HOOGHLY ou **HUGLI** n.m., bras occidental du delta du Gange, en Inde ; 250 km.

HOOGSTRATEN, comm. de Belgique (prov. d'Anvers) ; 15 778 hab. Église de style gothique flamboyant construite sur plans de R. Keldermans (mobilier, œuvres d'art).

HOOKE (Robert), *Freshwater, île de Wight, 1635 - Londres 1703,* savant anglais. Astronome, mathématicien et physicien, il énonça la loi de la proportionnalité entre les déformations élastiques d'un corps et les efforts auxquels il est soumis.

HOOKER (John Lee), *Clarksdale, Mississippi, 1917,* chanteur et guitariste américain de blues. Il fut l'un des premiers à utiliser la guitare électrique dans le blues et fut l'un des précurseurs du rock, s'imposant grâce à son jeu de guitare dépouillé et à sa voix grave et expressive (*Boogie Chillen,* 1948 ; *Shake it Baby,* 1968).

HOOKER (sir Joseph), *Halesworth 1817 - Sunningdale 1911,* botaniste et explorateur britannique. Il participa à l'expédition de Ross en Antarctique, explora l'Inde, le Tibet et l'Himalaya, et établit une remarquable classification des plantes.

HOOVER (Herbert Clark), *West Branch, Iowa, 1874 - New York 1964,* homme politique américain. Il fut président républicain des États-Unis de 1929 à 1933.

HOOVER (John Edgar), *Washington 1895 - id. 1972,* administrateur américain. Il fut directeur du FBI de 1924 à sa mort.

Hoover Dam, anc. **Boulder Dam**, important barrage des États-Unis, sur le Colorado. Centrale hydroélectrique.

HOPEWELL, site éponyme d'une culture préhistorique de l'est des États-Unis. Cette culture, plus élaborée que celle d'Adena, se développe entre 500 av. J.-C. et 750 de notre ère et est caractérisée par ses vastes tumulus.

HOPI, peuple amérindien du sud-ouest des États-Unis (réserve en Arizona) [env. 7 000], faisant partie de l'ensemble *Pueblo.

HOPKINS (sir Frederick Gowland), *Eastbourne 1861 - Cambridge 1947,* biochimiste britannique. Il comprit le premier l'importance des « facteurs nutritionnels accessoires », appelés depuis « vitamines ». (Prix Nobel de médecine 1929.)

HOPKINS (Gerard Manley), *Stratford 1844 - Dublin 1889,* poète britannique et jésuite. La violence abrupte de sa prosodie et sa vision intériorisée de l'essence de chaque réalité font de lui l'un des initiateurs du lyrisme moderne.

HOPKINS (Sam, dit « Lightnin' »), *Centerville, Texas, 1912 - Houston 1982,* chanteur et guitariste américain de blues. Grâce à sa voix expressive, à ses récits typiques et à son jeu de guitare incisif, il s'imposa comme l'un des maîtres du blues rural (*Slavery,* 1967).

HOPPER (Edward), *Nyack, État de New York, 1882 - New York 1967,* peintre et graveur américain. Par l'intensité des moyens plastiques, son réalisme épuré confère, notamm., une dimension angoissante à l'univers urbain.

HORACE, en lat. **Quintus Horatius Flaccus**, *Venusia 65 - 8 av. J.-C.,* poète latin. Ami de Virgile et de Mécène, protégé d'Auguste, il a laissé une poésie à la fois familière, nationale et religieuse, marquée par la morale épicurienne (*Satires, Odes*). Il fut tenu par les humanistes puis par les classiques français pour le modèle des vertus poétiques d'équilibre et de mesure, notamm. exposées dans l'*Épître aux Pisons (Épîtres).*

Horace, tragédie de P. Corneille (1640). Au patriotisme du vieil Horace, type du père noble, et de son fils, s'oppose le courage plus humain de Curiace et l'amour exclusif de Camille, sœur d'Horace.

HORACES (les trois), frères et héros romains légendaires (VIIe s. av. J.-C.). Sous le règne de Tullus Hostilius, ils combattirent pour Rome contre les trois Curiaces, champions de la ville d'Albe, afin de décider lequel des deux peuples commanderait à l'autre. Un seul Horace survécut et tua séparément les trois Curiaces blessés, assurant ainsi le triomphe de sa patrie.

HORATIUS Cocles (le Borgne), héros romain légendaire. Il défendit seul l'entrée du pont Sublicius, à Rome, contre l'armée du roi étrusque Porsenna.

HORDE D'OR, État mongol fondé au XIIIe s. par Batu Khan, petit-fils de Gengis Khan. Cet État s'étendait sur la Sibérie méridionale, le sud de la Russie et la Crimée. Il fut détruit en 1502 par les Tatars de Crimée.

HOREB, autre nom du Sinaï dans la Bible.

HORGEN, comm. de Suisse (cant. de Zurich) ; 16 463 hab.

HORKHEIMER (Max), *Stuttgart 1895 - Nuremberg 1973,* philosophe et sociologue allemand. Il est à l'origine de l'école de Francfort, dont il formula le programme (la « théorie critique ») en 1937. Sa réflexion s'infléchit ensuite en une critique de la raison moderne (*Dialectique de la raison,* avec Adorno, 1947 ; *Société en mutation,* 1972).

HORLIVKA, anc. **Gorlovka**, v. d'Ukraine, dans le Donbass ; 337 000 hab. Métallurgie.

HORMUZ → **ORMUZ.**

HORN (cap), cap situé à l'extrémité sud de la Terre de Feu (Chili).

HORNES ou **HOORNE** (Philippe **de Montmorency**, comte **de**), *Nevele 1518 ou 1524 - Bruxelles 1568,* seigneur des Pays-Bas. Gouverneur de la Gueldre sous Charles Quint, il fut décapité avec le comte d'Egmont, par ordre du duc d'Albe, pour s'être opposé à l'autoritarisme espagnol.

HORNEY (Karen), *Hambourg 1885 - New York 1952,* psychanalyste américaine d'origine allemande. Elle s'est attachée à montrer l'importance des facteurs culturels dans la genèse des névroses (*le Complexe de virilité des femmes,* 1927).

HORNU, écart de la commune de Boussu (Belgique, Hainaut). Ensemble d'archéologie industrielle, avec logements ouvriers, du *Grand-Hornu ;* centre culturel, musée.

HOROWITZ (Vladimir), *Kiev 1904 - New York 1989,* pianiste d'origine russe naturalisé américain (1944). Également compositeur, il s'illustra par son jeu précis, notamm. dans Chopin et Liszt.

■ VLADIMIR **HOROWITZ**

HORTA (Victor, baron), *Gand 1861 - Bruxelles 1947,* architecte belge. Pionnier de l'*Art nouveau, épris de la ligne « coup de fouet » et du plan libre, il a utilisé en virtuose la pierre, le fer et le béton (à Bruxelles : hôtels Tassel [1893], Solvay, Aubecq, maison Horta [1898, auj. musée], palais des Beaux-Arts [1922 - 1929]).

HORTENSE DE BEAUHARNAIS, *Paris 1783 - Arenenberg, Suisse, 1837,* reine de Hollande. Fille du vicomte de Beauharnais et de Joséphine Tascher de La Pagerie, elle fut l'épouse de Louis Bonaparte, roi de Hollande, et la mère de Napoléon III.

■ HORTENSE DE **BEAUHARNAIS.**
(Château de Versailles.)

■ AMIRAL **HORTHY DE NAGYBÁNYA**

HORTHY DE NAGYBÁNYA (Miklós), *Kenderes 1868 - Estoril, Portugal, 1957,* amiral et homme politique hongrois. Ministre de la Guerre dans le gouvernement contre-révolutionnaire de Szeged, il lutta, en 1919, contre Béla Kun. Élu régent (1920), il institua un régime autoritaire et conservateur. Allié de l'Italie et de l'Allemagne, il annexa le sud de la Slovaquie, l'Ukraine subcarpatique et une partie de la Transylvanie (1938 - 1940). Il tenta de négocier un armistice séparé avec l'URSS, mais fut renversé par le parti fasciste des Croix-Fléchées (oct. 1944).

HORTON (Lester), *Indianapolis 1906 - Los Angeles 1953,* chorégraphe américain. Il créa une technique et un style. Son enseignement influença des danseurs tels que Alvin Ailey, Bella Lewitsky, Carmen De Lavallade.

HORUS, dieu solaire de l'anc. Égypte. Il est symbolisé par un faucon ou par un soleil ailé. Dans la légende d'Osiris, il est le fils de celui-ci et d'Isis, sous le nom d'*Horus l'enfant.*

HORVÁTH (Ödön **von**), *Fiume 1901 - Paris 1938,* écrivain autrichien. Ses romans et ses drames, comédies et « pièces populaires » (*Légendes de la forêt viennoise*) offrent une vision féroce, à la fois réaliste et grotesque, des préjugés et du langage petits-bourgeois.

Horyu-ji, sanctuaire bouddhique construit près de Nara, au Japon, au début du VIIe s. Certains de ses bâtiments sont les plus anciens exemples de l'architecture de bois d'Extrême-Orient.

■ **HORYU-JI.** Le Yumedono ou Pavillon des rêves (VIIIe s.).

HOSPITALET DE LLOBREGAT (L'), v. d'Espagne (Catalogne), banlieue de Barcelone ; 272 578 hab.

HOSSEGOR (40150), station balnéaire des Landes (comm. de Soorts-Hossegor), sur l'Atlantique, près de l'*étang d'Hossegor.*

HOSSEIN (Robert **Hosseinhoff**, dit Robert), *Paris 1927,* acteur, metteur en scène de théâtre et cinéaste français. Il s'est spécialisé dans les mises en scène théâtrales à grand spectacle (*Notre-Dame de Paris,* 1978).

HOTAN → **KHOTAN.**

HOTMAN, HOTMANUS ou **HOTEMANUS** (François), sieur **de Villiers Saint-Paul,** *Paris 1524-Bâle 1590,* jurisconsulte français. De religion réformée, il s'opposa, dans ses ouvrages, à l'absolutisme royal.

HOTTENTOTS ou **KHOÏ,** peuple de Namibie, du Botswana et d'Afrique du Sud. Moins de 20 000 d'entre eux restent attachés au mode de vie nomade et pastoral qui était le leur autrefois. Ils parlent une langue du groupe khoisan.

HÖTZENDORF (Conrad **von**) → **CONRAD VON HÖTZENDORF.**

HOUAT [wat] (56170), île et comm. du Morbihan ; 343 hab.

HOUCHARD (Jean Nicolas), *Forbach 1738-Paris 1793,* général français. Il vainquit les Anglais à Hondschoote (1793), mais ne les poursuivit pas : accusé de ménagements envers l'ennemi, il fut guillotiné.

HOUCHES (Les) [74310], comm. de la Haute-Savoie, dans la vallée de Chamonix ; 2 738 hab. *(Houchards).* Station de sports d'hiver (alt. 1 010-1 900 m).

HOUDAIN (62150), ch.-l. de cant. du Pas-de-Calais ; 7 832 hab. Église des XIIe-XVIIIe s.

HOUDAN (78550), ch.-l. de cant. des Yvelines ; 3 136 hab. *(Houdanais).* Donjon du XIIe s., église des XVe-XVIe s., maisons à pans de bois.

HOUDON (Jean Antoine), *Versailles 1741 - Paris 1828,* sculpteur français. Auteur de tombeaux et de figures mythologiques, il est plus célèbre encore pour ses portraits d'enfants et pour ses bustes et statues des célébrités de son temps (J.-J. Rousseau, Voltaire, Diderot, B. Franklin, Washington), d'une vérité saisissante.

■ JEAN ANTOINE **HOUDON.** Mausolée du cœur de Victor Charpentier, comte d'Ennery (1781), marbre. (Louvre, Paris.)

Hougue (bataille de la) [29 mai 1692], bataille de la guerre de la ligue d'Augsbourg. Victoire navale de la flotte anglo-hollandaise sur la flotte française de Tourville, au large de *Saint-Vaast-la-Hougue.* Après ce désastre, Louis XIV renonça à son projet de débarquement en Angleterre.

HOUHEHOT ou **HOHHOT,** v. de Chine, cap. de la Mongolie-Intérieure ; 830 000 hab.

HOUILLES (78800), ch.-l. de cant. des Yvelines ; 30 163 hab. *(Ovillois).*

HOULGATE (14510), comm. du Calvados, sur la Manche ; 1 844 hab. Station balnéaire.

HOUNSFIELD (sir Godfrey Newbold), *Newark 1919,* ingénieur britannique. Il a contribué, avec A. M. Cormack, au développement du scanner. (Prix Nobel de médecine 1979.)

HOUPHOUËT-BOIGNY (Félix), *Yamoussoukro 1905-id. 1993,* homme politique ivoirien. Fondateur du Rassemblement démocratique africain (1946), plusieurs fois ministre du gouvernement français, de 1956 à 1959, il devint président de la Côte d'Ivoire lors de l'indépendance (1960). Régulièrement réélu jusqu'à sa mort, il a entretenu avec la France des relations privilégiées.

HOURRITES, anc. peuple attesté en Anatolie, en haute Mésopotamie et en Syrie. Au XVIe s. av. J.-C., ils fondèrent le royaume du *Mitanni.

HOURTIN (33990), comm. de la Gironde, à l'E. du *lac d'Hourtin-Carcans ;* 3 252 hab. *(Hourtinais).* Phare.

HOUSSAY (Bernardo), *Buenos Aires 1887 - id. 1971,* médecin argentin. Il reçut le prix Nobel en 1947 pour ses travaux sur les glandes endocrines, concernant notamm. le rôle de l'hypophyse dans le métabolisme des glucides.

HOUSTON, v. des États-Unis (Texas), sur la baie de Galveston ; 1 630 553 hab. (3 301 937 hab. dans l'agglomération). Port. Centre spatial. Raffinage du pétrole et pétrochimie. Métallurgie. – Musées.

HOUTHALEN-HELCHTEREN, comm. de Belgique (Limbourg) ; 27 501 hab. Musée de l'Automobile.

HOVA, terme malgache qui, après avoir parfois désigné l'ensemble des Merina, fut réservé, chez ceux-ci, à la catégorie des hommes libres.

HOVE, v. de Grande-Bretagne (Angleterre), près de Brighton ; 82 500 hab. Station balnéaire.

HOWARD, puissante famille anglaise sous les Tudors, à laquelle appartenait la cinquième femme d'Henri VIII, *Catherine Howard.

HOWRAH, v. d'Inde, sur le delta du Gange, banlieue de Calcutta ; 1 707 512 hab.

HOXHA ou **HODJA** (Enver), *Gjirokastër 1908 - Tirana 1985,* homme politique albanais. Fondateur du Parti communiste d'Albanie (1941) et président du Conseil (1945 - 1954), il fut, de 1948 à sa mort, secrétaire général du parti (devenu parti du Travail d'Albanie).

HOYLE (sir Fred), *Bingley 1915,* astrophysicien britannique. L'un des pionniers de l'astrophysique nucléaire, il s'est efforcé de développer des théories cosmologiques alternatives à celle du big-bang (qui lui doit son nom). Il est aussi connu comme vulgarisateur scientifique et comme auteur de science-fiction. (Prix Crafoord 1997.)

HOYOS (Cristina), *Séville 1946,* danseuse et chorégraphe espagnole. Interprète favorite de A. Gades, elle incarne, dans ses chorégraphies également (*Caminos andaluces,* 1993), la danse flamenca moderne.

HOZIER (Pierre **d'**), seigneur **de la Garde,** *Marseille 1592 - Paris 1660,* généalogiste français. On lui doit une *Généalogie des principales familles de France* (150 vol. manuscrits).

HRABAL (Bohumil), *Brno 1914 - Prague 1997,* écrivain tchèque. Ses récits évoquent, avec une liberté subversive (qui lui valut la censure sous le régime communiste) et une écriture colorée et baroque, l'univers populaire de Prague *(Trains étroitement surveillés, Moi qui ai servi le roi d'Angleterre, les Noces dans la maison).*

HRADEC KRÁLOVÉ, v. de la République tchèque, en Bohême ; 99 889 hab. Cathédrale du XIVe s., monuments baroques et architecture moderniste du début du XXe s.

HSINCHU, v. de la côte nord-ouest de Taïwan ; 330 576 hab.

HUA GUOFENG, *Jiaocheng, Shanxi, 1921 ou 1922,* homme politique chinois. Premier ministre (1976 - 1980), président du Parti (1976 - 1981), il fut écarté des affaires par le courant novateur animé par Deng Xiaoping.

HUAI n.f., fl. de la Chine centrale, qui se jette dans la mer Jaune ; 1 080 km.

HUAINAN, v. de Chine, sur la Huai ; 704 000 hab.

HUAMBO, anc. **Nova Lisboa,** v. de l'Angola central ; 203 000 hab.

HUANCAYO, v. du Pérou, à 3 350 m d'alt. ; 257 000 hab.

HUANG GONGWANG, *Changshou 1269 - 1354,* peintre chinois. Lettré, doyen des quatre grands maîtres yuan, il eut, par son extrême simplicité de moyens, une influence durable.

HUANG HE n.m., en fr. **fleuve Jaune,** fl. de la Chine du Nord, né au Qinghai et qui se jette dans le golfe de Bohai ; 4 845 km ; bassin 745 000 km². Importants aménagements hydrauliques.

■ FÉLIX **HOUPHOUËT-BOIGNY**

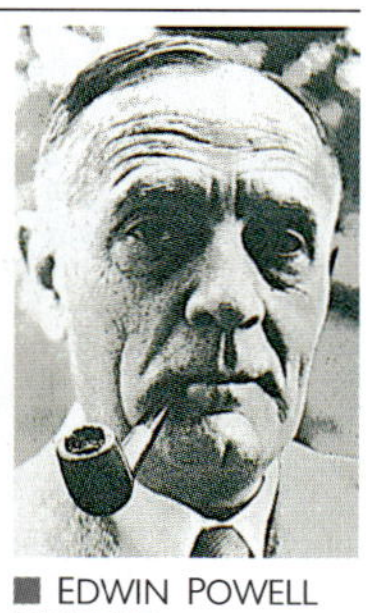

■ EDWIN POWELL **HUBBLE**

HUASCARÁN n.m., point culminant des Andes du Pérou ; 6 768 m.

HUAXTÈQUES, peuple indien du nord de l'anc. Mexique (golfe du Mexique). Leur civilisation atteignit son apogée vers le Xe s. (stèles ornementées, nacre gravée, céramique aux formes originales). Ils eurent probablement des liens avec les civilisations des Indiens du bassin du Mississippi.

HUBBLE (Edwin Powell), *Marshfield, Missouri, 1889 - San Marino, Californie, 1953,* astrophysicien américain. Il établit l'existence de galaxies extérieures à celle qui abrite le système solaire (1923 - 1924). Puis, se fondant sur le rougissement systématique du spectre des galaxies, qu'il interpréta comme un effet Doppler-Fizeau, il formula une loi empirique selon laquelle les galaxies s'éloignent les unes des autres à une vitesse proportionnelle à leur distance (1929) et conforta ainsi la théorie de l'expansion de l'Univers.

Hubble (télescope spatial), télescope américano-européen de 2,40 m de diamètre, mis en orbite autour de la Terre en 1990.

HUBEI, prov. du centre-est de la Chine ; 54 760 000 hab. ; cap. *Wuhan.*

HUBER (Robert), *Munich 1937,* biochimiste allemand. Avec l'analyse moléculaire par diffraction des rayons X, il réalisa la détermination exhaustive de la structure d'une protéine photosynthétique. (Prix Nobel de chimie 1988.)

HUBERT (saint), *m. à Liège en 727,* évêque de Tongres, Maastricht et Liège. Il évangélisa la Belgique orientale. On lui attribue la même vision qu'à saint Eustache, celle d'un cerf portant une croix entre ses bois. Patron des chasseurs.

Hubertsbourg (traité d') [15 févr. 1763], traité qui mit fin à la guerre de Sept Ans pour l'Autriche et la Prusse.

HUBLI, v. d'Inde (Karnataka) ; 647 640 hab.

HUDDERSFIELD, v. de Grande-Bretagne (Angleterre), près de Leeds ; 149 000 hab.

HUDSON n.m., fl. des États-Unis, qui se jette dans l'Atlantique à New York ; 500 km.

HUDSON (baie d'), golfe du Canada, ouvert sur l'Atlantique par le *détroit d'Hudson.* C'est une vaste mer intérieure (env. 1 million de km²) prise par les glaces sept mois par an.

Hudson (Compagnie de la baie d'), compagnie commerciale anglaise créée en 1670 par Charles II, et qui joua un grand rôle dans la colonisation des régions septentrionales du Canada.

HUDSON (Henry), *milieu XVIe s. - près de la baie d'Hudson ? 1611,* navigateur anglais. Il découvrit, en 1610, le fleuve, le détroit et la baie qui portent son nom.

HUE (Robert), *Cormeilles-en-Parisis 1946,* homme politique français. Il est secrétaire national du Parti communiste français depuis 1994.

HUÊ, v. du Viêt Nam ; 211 000 hab. Elle fut la capitale du Viêt Nam unifié par Gia Long en 1802 (tombeaux des empereurs, dont le mausolée de Tu Duc [XIXe s.] avec jardin, palais et temples).

HUELGOAT [-gwat] (29690), ch.-l. de cant. du Finistère ; 1 707 hab. *(Huelgoatains).* Forêt. – Église et chapelle gothiques du XVIe s.

HUELVA, v. d'Espagne (Andalousie), ch.-l. de prov. ; 142 547 hab. Port. Chimie. Pêche.

HUESCA, v. d'Espagne (Aragon), ch.-l. de prov. ; 44 165 hab. Cathédrale des XIVe-XVIe s. et autres monuments ; musée.

HUET, patronyme de plusieurs peintres français. – **Paul H.,** *Paris 1803 - id. 1869,* peintre et graveur français. C'est un paysagiste romantique, ami de Delacroix.

HUFUF (al-), v. d'Arabie saoudite ; 101 000 hab.

HUGHES (David), *Londres 1831 - id. 1900,* ingénieur américain d'origine britannique. Il est l'inventeur d'un appareil télégraphique imprimeur (1854) et du microphone (1878).

HUGLI → **HOOGHLY.**

HUGO (Victor), *Besançon 1802 - Paris 1885,* écrivain français. Fils d'un général de l'Empire, il est d'abord un poète classique et monarchiste (*Odes,* 1822). Mais la publication de la Préface de son drame historique *Cromwell* (1827) et des *Orientales* (1829), puis la représentation d'*Hernani* font de lui la meilleure incarnation du romantisme en poésie (*les Feuilles d'automne,* 1831 ; *les Chants du crépuscule,* 1835 ; *les Voix intérieures,* 1837 ; *les Rayons et les Ombres,* 1840),

■ VICTOR **HUGO** par L. Bonnat. (Château de Versailles.)

au théâtre (*Marion de Lorme,* 1831 ; *Le roi s'amuse,* 1832 ; *Marie Tudor,* 1833 ; *Ruy Blas,* 1838) et dans ses romans historiques (*Notre-Dame de Paris,* 1831), tandis qu'il évolue vers les idées libérales et le culte napoléonien. Après l'échec de sa trilogie dramatique des *Burgraves* (1843) et la mort de sa fille Léopoldine, il se consacre à la politique (il est pair de France en 1845). Député en 1848, il s'exile à Jersey, puis à Guernesey, après le coup d'État du 2 décembre 1851. C'est alors qu'il donne les poèmes satiriques des *Châtiments* (1853), dirigés contre Napoléon III, le recueil lyrique des *Contemplations* (1856), histoire de l'âme du poète dédiée à Léopoldine, l'épopée de *la Légende des siècles* (édition définitive : 1883), ainsi que des romans (*les *Misérables ; les Travailleurs de la mer,* 1866 ; *l'Homme qui rit,* 1869). Rentré en France en 1870, partisan des idées républicaines, il est un personnage honoré et officiel, et, à sa mort, ses cendres sont transférées au Panthéon. – Son œuvre dessiné (sépia, encre de Chine) est d'un visionnaire. (Acad. fr.)

HUGUES de Cluny (saint), *Semur-en-Brionnais 1024 - Cluny 1109,* moine bénédictin français. À la tête de l'abbaye de Cluny de 1049 à 1109, il favorisa le développement de son ordre et travailla à la réforme de l'Église.

HUGUES Ier Capet, *v. 941 - 996,* roi de France (987 - 996), le premier de la dynastie capétienne. Fils d'Hugues le Grand et duc de France (956 - 987), il ne parvint pas, lorsqu'il fut roi, à abaisser les prétentions de ses vassaux, mais accrut le domaine royal. En faisant sacrer son fils, le futur Robert II le Pieux, de son vivant, il assura l'hérédité de sa maison.

HUGUES le Grand ou **le Blanc,** *v. 897 - Dourdan 956,* comte de Paris, duc des Francs. Il est le fils du roi Robert Ier. Sa puissance, sous les derniers rois carolingiens, facilita l'avènement au trône de France de son fils Hugues Capet.

HUGUES de Payns ou **de Pains,** *Pains, près de Troyes, v. 1070 - Palestine 1136,* chevalier français. Il fonda l'ordre des Templiers (1119).

HUGUES de Saint-Victor, *près d'Ypres fin XIe s. - Paris 1141,* théologien français. Auteur de plusieurs traités didactiques, il compte parmi les maîtres de l'abbaye parisienne de Saint-Victor.

HUGUET (Jaume), *Valls, Catalogne, v. 1415 - Barcelone 1492,* peintre catalan. Ses retables à fond d'or valent par la recherche stylistique.

HUI, minorité nationale de Chine (env. 10 millions), dont sont issues des communautés installées au Kirghizistan, au Kazakhstan et en Ouzbékistan (env. 70 000). Originaires du Gansu et du Shanxi, ils se convertirent à l'islam sunnite à la faveur de leur métissage avec des nomades turcs.

HUICHOL, peuple amérindien de l'ouest du Mexique (États de Jalisco et de Nayarit) [env. 60 000]. Ils sont connus pour leur consommation rituelle de peyotl. Ils parlent le *nahua.*

HUISNE [ɥin] n.f., riv. de France, affl. de la Sarthe (r. g.), qu'elle rejoint au Mans ; 130 km.

HUIZINGA (Johan), *Groningue 1872 - De Steeg 1945,* historien néerlandais, auteur d'une étude sur le Moyen Âge tardif (*le Déclin du Moyen Âge,* 1919).

HULAGU, *v. 1217 - Maragha 1265,* premier souverain mongol de l'Iran (1256 - 1265). Petit-fils de Gengis Khan, il prit Bagdad et mit fin au califat abbasside (1258).

HULL → **KINGSTON-UPON-HULL.**

HULL, v. du Canada (Québec), sur l'Outaouais ; 60 707 hab. *(Hullois).* Centre universitaire. Archevêché. – Musée canadien des Civilisations (cultures amérindiennes notamm.).

HULL (Clark Leonard), *Akron, État de New York, 1884 - New Haven, Connecticut, 1952,* psychologue américain. Il a étudié les processus d'apprentissage (*Principes du comportement,* 1943).

HULL (Cordell), *Olympus, Tennessee, 1871 - Bethesda, Maryland, 1955,* homme politique américain. Démocrate, secrétaire d'État aux Affaires étrangères (1933 - 1944), il fut l'un des créateurs de l'ONU. (Prix Nobel de la paix 1945.)

HULSE (Russell), *New York 1950,* astrophysicien américain. Avec J. Taylor, il a découvert le premier pulsar binaire (1974) et a pu, en l'étudiant, établir l'existence des ondes gravitationnelles. (Prix Nobel de physique 1993.)

Humanité (l'), quotidien français fondé en 1904 par Jean Jaurès. D'abord organe du Parti socialiste, il devient en 1920, après le Congrès de Tours, l'organe central du Parti communiste, puis en 1994 le journal du Parti, avant d'adopter une formule rénovée en 1999.

HUMBER n.m., estuaire sur la côte est de la Grande-Bretagne, en Angleterre, formé par l'Ouse et la Trent.

HUMBERT II, *1313 - Clermont 1355,* dernier dauphin de Viennois. Sans héritier direct, il vendit le Dauphiné au roi de France (1349).

HUMBERT Ier, *Turin 1844 - Monza 1900,* roi d'Italie (1878 - 1900). Fils de Victor-Emmanuel II, il favorisa la politique germanophile de Crispi. Il fut assassiné par un anarchiste.

HUMBERT II, *Racconigi 1904 - Genève 1983,* roi d'Italie (9 mai-2 juin 1946). Fils de Victor-Emmanuel III, il abdiqua après un référendum favorable à la république.

HUMBOLDT (Wilhelm, baron **von**), *Potsdam 1767 - Tegel 1835,* linguiste et homme politique allemand. Partant de l'étude de langues très diverses, il chercha à dépasser la grammaire comparée pour constituer une anthropologie générale, qui examinerait les rapports entre le langage et la pensée, les langues et les cultures. – **Alexander,** baron **von H.,** *Berlin 1769 - Potsdam 1859,* naturaliste et voyageur allemand. Frère de Wilhelm, il explora l'Amérique tropicale et l'Asie centrale. Ses travaux contribuèrent au développement de la climatologie, de l'océanographie, de la biogéographie, de la géologie (volcanologie, notamm.) ou du géomagnétisme.

HUMBOLDT (courant de), courant marin froid de l'océan Pacifique. Il longe du S. vers le N. les côtes du Pérou et du Chili. On le désigne parfois avec le nom de ces deux pays.

HUME (David), *Édimbourg 1711 - id. 1776,* philosophe britannique. Un des représentants majeurs de l'empirisme, il a étudié la nature humaine (*Traité de la nature humaine,* 1739 - 1740 ; *Enquête sur l'entendement humain,* 1748). Dégageant les principes de l'association des idées et procédant à une critique radicale de l'idée de causalité, il parvient à un scepticisme modéré qui imprègne également sa conception de la vie sociale (*Essais moraux et politiques,* 1741 - 1742).

HUME (John), *Londonderry 1937,* homme politique nord-irlandais. Catholique modéré, il dirige depuis 1979 le Social Democratic and Labour Party. Ardent défenseur d'un règlement négocié du problème de l'Irlande du Nord, il a largement contribué à l'accord conclu en 1998. (Prix Nobel de la paix 1998.)

HUMMEL (Johann Nepomuk), *Presbourg 1778 - Weimar 1837,* compositeur et pianiste autrichien. Il est l'auteur de sonates et de concertos.

HUMPHREY (Doris), *Oak Park, Illinois, 1895 - New York 1958,* danseuse et chorégraphe américaine. Par sa technique et son enseignement, elle a joué un rôle essentiel dans le développement de la modern dance (trilogie [1935 - 1936] *New Dance, Theatre Piece, With my Red Fires*).

HUNAN, prov. de la Chine du Sud ; 60 600 000 hab. ; cap. *Changsha.*

HUNDERTWASSER (Friedrich **Stowasser,** dit Friedensreich), *Vienne 1928 - en mer, à bord du Queen Elizabeth II, 2000,* peintre autrichien. Ingénuité idéaliste, sens du merveilleux et automatisme sont à l'origine de ses labyrinthes peuplés de figures, brillamment enluminés.

HUNEDOARA, v. de Roumanie, en Transylvanie ; 86 000 hab. Sidérurgie. – Château médiéval.

HUNGNAM, v. de Corée du Nord ; 260 000 hab. Port.

HUNINGUE (68330), ch.-l. de cant. du Haut-Rhin, près de Bâle ; 6 160 hab. *(Huninguois).* Port fluvial. Chimie.

HUNJIANG, v. de Chine, en Mandchourie, près de la frontière nord-coréenne ; 694 000 hab.

HUNS, ancien peuple nomade originaire des steppes du sud de la Sibérie, qui, à partir de la fin du IVe s., pénétra en Europe et en Asie occidentale. Vers 370, la poussée des Huns vers l'Europe joua un rôle décisif dans le déclenchement des grandes invasions. Les Huns formèrent un État hunnique dans la plaine du Danube, qui se disloqua à la mort d'Attila (453), et ils disparurent de l'histoire européenne avant la fin du Ve s. Une autre branche des Huns, les Huns Blancs ou Hephthalites, se dirigea vers l'est et ébranla au Ve-VIe s. les grands empires de l'Iran et de l'Inde.

HUN SEN, *Stung Trang, prov. de Kompong Cham, 1951,* homme politique cambodgien. Ministre des Affaires étrangères de 1979 à 1990, il est Premier ministre depuis 1985 (codirigeant le gouvernement, avec le titre de second Premier ministre, de 1993 à 1998).

HUNSRÜCK n.m., partie du Massif schisteux rhénan (Allemagne), sur la r. g. du Rhin.

HUNT (William Holman), *Londres 1827 - id. 1910,* peintre britannique. Il est l'un des membres fondateurs de la confrérie préraphaélite (*la Lumière du monde,* v. 1853, Oxford).

HUNTINGTON BEACH, v. des États-Unis (Californie) ; 143 000 hab. Pétrole.

HUNTSVILLE, v. des États-Unis (Alabama) ; 159 450 hab. Centre d'études spatiales.

HUNTZIGER (Charles), *Lesneven 1880 - près du Vigan 1941,* général français. Commandant la IIe armée à Sedan en 1940, il signa les armistices avec l'Allemagne et l'Italie, puis fut ministre de la Guerre dans le gouvernement de Vichy.

H

HUNYADI, famille qui donna à la Hongrie des chefs militaires et un roi : *Mathias Ier Corvin. – **János [Jean] H.,** *en Transylvanie v. 1407 - Zimony 1456,* voïevode de Transylvanie, régent de Hongrie (1446 - 1453). Il défit les Ottomans qui assiégeaient Belgrade (1456).

HUNZA, région du Cachemire pakistanais ; ch.-l. *Baltit* (ou *Hunza*).

Huon de Bordeaux, chanson de geste française du début du XIIIe s. Suite à un crime qu'il a commis pour défendre sa vie, Huon est condamné par Charlemagne à des épreuves surhumaines, qu'il traversera avec l'aide du nain *Oberon.

HUPPERT (Isabelle), *Paris 1953,* actrice française. Elle a su composer des personnages denses au cinéma (*la Dentellière,* C. Goretta, 1977 ; *Violette Nozière,* C. Chabrol, 1978 ; *la Porte du paradis,* M. Cimino, 1980 ; *la Cérémonie,* C. Chabrol, 1995 ; *l'École de la chair,* B. Jacquot, 1998 ; *Merci pour le chocolat,* C. Chabrol, 2000) et au théâtre (*Jeanne au bûcher, Orlando, Médée*).

■ ISABELLE **HUPPERT** dans *Une affaire de femmes,* de Claude Chabrol (1988).

HURAULT (Louis), *Attray, Loiret, 1886 - Vincennes 1973,* général français. Directeur du Service de géographie de l'armée (1937), il présida, en 1940, à sa transformation en Institut géographique national, organisme qu'il dirigea jusqu'en 1956.

HUREPOIX n.m., région de l'Île-de-France, entre la Beauce et la Brie, ouverte par les vallées de l'Orge, de l'Essonne et de l'Yvette.

HURIEL (03380), ch.-l. de cant. de l'Allier ; 2 446 hab. Église et donjon du XIIe s.

HURON (lac), lac de l'Amérique du Nord, entre le Canada et les États-Unis ; 59 800 km².

HURONS, peuple amérindien du Canada (Québec) [env. 2 700], de la famille linguistique iroquoienne. Vivant à l'origine entre les lacs Huron et Ontario, partenaires au XVIIe s. des Français, qu'ils fournissaient en fourrures, ils furent chassés de leur territoire (la « Huronie ») par les Iroquois, leurs ennemis, et se réfugièrent pour la plupart près de Québec, où ils forment une collectivité urbanisée. Ils se donnent le nom de *Wendat.*

HURTADO DE MENDOZA (Diego), *Grenade 1503 - Madrid 1575,* écrivain et diplomate espagnol. On lui attribue parfois le *Lazarillo de Tormes* (1554), premier roman picaresque.

HUS (Jan), *Husinec, Bohême, v. 1370 - Constance 1415,* réformateur tchèque. Recteur de l'université de Prague, influencé par les idées de Wycliffe, il lutta contre la simonie et les abus de la hiérarchie, et prit parti contre l'antipape Jean XXIII. Excommunié en 1411, puis en 1412, il fut condamné par le concile de Constance (1414), puis arrêté et brûlé comme hérétique. Il sera vénéré en Bohême comme un martyr.

■ JAN **HUS** condamné au bûcher en 1415. Détail d'un manuscrit du XVe s. (Université de Prague.)

HUSÁK (Gustáv), *Bratislava 1913 - id. 1991,* homme politique tchécoslovaque. Président du gouvernement autonome de Slovaquie (1946 - 1950), il fut arrêté en 1951, libéré en 1960, réhabilité en 1963. Il fut premier secrétaire du Parti communiste (1969 - 1987) et président de la République (1975 - 1989).

HUSAYN ou **HUSSEIN,** *Médine 626 - Karbala 680,* troisième imam des chiites. Fils d'Ali et de Fatima, il fit valoir ses droits au califat et fut tué par les troupes omeyyades. Il est particulièrement vénéré, comme martyr, par les chiites.

HUSAYN ou **HUSSEIN,** *Amman 1935 - id. 1999,* roi de Jordanie (1952 - 1999), de la dynastie hachémite. Il engage la Jordanie dans la troisième guerre israélo-arabe (1967), qui entraîne l'occupation de la Cisjordanie par Israël, et, en 1970 - 1971, il élimine les bases de la résistance palestinienne installées dans son pays. Mais, convaincu de la nécessité de parvenir à un règlement négocié de la question palestinienne et des antagonismes régionaux, il renonce en 1988 à toute revendication sur la Cisjordanie et conclut en 1994 un traité de paix avec Israël.

HUSAYN ou **HUSSEIN** (Saddam), *Tikrit 1937,* homme politique irakien. Président de la République, à la tête du Conseil de commandement de la révolution, du parti Baath et de l'armée depuis 1979, il mène une politique hégémonique (attaque de l'Iran, 1980 ; invasion du Koweït, 1990, à l'origine de la guerre du Golfe).

HUSAYN ou **HUSSEIN** (Taha), *Maghagha 1889 - Le Caire 1973,* écrivain égyptien. Aveugle, il publia des romans *(le Livre des jours)* et des essais critiques, et fut notamm. ministre de l'Éducation (1950 - 1952).

HUSAYN IBN AL-HUSAYN, *Smyrne v. 1765 - Alexandrie 1838,* dernier dey d'Alger (1818 - 1830). Après le débarquement français (1830), il signa la capitulation et s'exila.

HUSAYN IBN ALI, *Istanbul v. 1856 - Amman 1931,* roi du Hedjaz (1916 - 1924). Chérif de La Mecque, il proclama en 1916 la « révolte arabe » contre les Ottomans. Il fut renversé par Abd al-Aziz III ibn Saud en 1924.

HU SHI, *Shanghai 1891 - Taipei 1962,* homme de lettres chinois. Il imposa l'emploi de la langue parlée dans la littérature chinoise.

Hussards (les), groupe d'écrivains français (A. Blondin, M. Déon, J. Laurent et, à leur tête, R. Nimier) qui, contre la littérature engagée prônée par Sartre, ont voulu exprimer, en cultivant l'humour, l'insolence et la désinvolture, le désespoir lucide d'une génération.

HUSSEIN → HUSAYN.

HUSSEIN DEY, localité d'Algérie, banlieue d'Alger ; 211 000 hab.

■ **HUSAYN** de Jordanie.

■ ALDOUS **HUXLEY**

HUSSERL (Edmund), *Prossnitz, auj. Prostějov, Moravie, 1859 - Fribourg-en-Brisgau 1938,* philosophe allemand. Il fut à l'origine de la phénoménologie, qu'il voulut constituer comme science rigoureuse et comme théorie de la connaissance au service des autres sciences (*Recherches logiques,* 1900 - 1901 ; *Idées directrices pour une phénoménologie,* 1913 ; *Méditations cartésiennes,* 1931). Il a proposé une critique féconde de la logique contemporaine (*Logique formelle et logique transcendantale,* 1929).

HUSTON (John), *Nevada, Missouri, 1906 - Middletown, Rhode Island, 1987,* cinéaste américain. Célébration de l'effort et de l'entreprise humaine, ses films révèlent un grand art du récit et un humour tonique (*le Faucon maltais,* 1941 ; *le Trésor de la Sierra Madre,* 1948 ; *Quand la ville dort,* 1950 ; *African Queen,* 1952 ; *les Misfits,* 1961 ; *l'Homme qui voulut être roi,* 1975 ; *Gens de Dublin,* 1987).

HUTTEN (Ulrich **von**), *château de Steckelberg 1488 - île d'Ufenau, lac de Zurich, 1523,* chevalier et humaniste allemand. Il se rendit célèbre par ses virulentes attaques, au début de la Réforme, contre les princes allemands et l'Église romaine.

HUTTON (James), *Édimbourg 1726 - id. 1797,* géologue britannique. Dans sa *Théorie de la Terre,* il soutient la thèse plutoniste selon laquelle les roches résultent de l'activité des volcans. Il est l'un des fondateurs de la géologie moderne.

HUTU, population vivant au *Rwanda, au *Burundi et dans la partie la plus orientale de la Rép. dém. du Congo (ex-Zaïre). Agriculteurs, les Hutu sont depuis la fin des années 1950 en état d'hostilité avec les éleveurs *Tutsi.

HUXLEY (Thomas), *Ealing 1825 - Londres 1895,* naturaliste et zoologiste britannique. Ami de Darwin et défenseur ardent du transformisme, il étudia les invertébrés marins et s'attacha à démontrer les affinités de l'homme avec les grands singes. — sir **Julian H.,** *Londres 1887 - id. 1975,* biologiste britannique. Petit-fils de Thomas, il fut l'un des fondateurs de la théorie synthétique de l'évolution et effectua également des recherches sur la génétique. Il fut le premier directeur de l'Unesco (1946). — **Aldous H.,** *Godalming 1894 - Hollywood 1963,* écrivain britannique, frère de Julian. Ses romans font une peinture satirique du monde moderne, notamm. par le biais de la science-fiction (*le Meilleur des mondes,* 1932).

HUY, v. de Belgique (prov. de Liège), sur la Meuse ; 18 197 hab. *(Hutois).* Collégiale gothique Notre-Dame et autres monuments ; musée. Centre, du XIIe au XVIe s. surtout, du travail de l'étain et de la fonderie mosane.

■ CHRISTIAAN **HUYGENS.** Gravure d'après C. Netscher.

■ JORIS-KARL **HUYSMANS** par J. L. Forain. (Château de Versailles.)

HU YAOBANG, *dans le Hunan v. 1915 - Pékin 1989,* homme politique chinois. Il fut secrétaire général du Parti communiste (1980 - 1987).

HUYGENS (Christiaan), *La Haye 1629 - id. 1695,* savant néerlandais. Un des premiers représentants de l'esprit scientifique moderne, à la fois expérimentateur et théoricien, il a donné un large développement à l'usage des mathématiques. Huygens composa le premier traité complet sur le calcul des probabilités. Grâce à des instruments de sa fabrication, il découvrit l'anneau de Saturne et le satellite Titan. En mécanique, il établit la théorie du pendule, qu'il utilisa comme régulateur du mouvement des horloges, et donna une solution correcte du problème du choc par la conservation de la quantité de mouvement. En optique, il expliqua la réflexion et la réfraction au moyen d'une théorie ondulatoire.

HUYGHE (René), *Arras 1906 - Paris 1997,* historien de l'art et esthéticien français. Conservateur au Louvre, puis professeur au Collège de France (psychologie de l'art), il est l'auteur d'importants essais et a dirigé plusieurs ouvrages de synthèse, dont *l'Art et l'Homme* (1957 - 1961). [Acad. fr.]

HUYSMANS (Camille), *Bilzen 1871 - Anvers 1968,* homme politique belge. Député socialiste (1910), président de l'Internationale socialiste (1940), il fonda un nouveau parti en 1966, rompant avec le Parti socialiste belge.

HUYSMANS (Georges Charles, dit Joris-Karl), *Paris 1848 - id. 1907,* écrivain français. Ses récits ont évolué du naturalisme (*les Sœurs Vatard,* 1879) à l'esthétisme décadent (*À rebours,* 1884), puis à une mystique nourrie par la beauté de l'art médiéval (*Là-bas,* 1891 ; *la Cathédrale,* 1898 ; *l'Oblat,* 1903).

HUZHOU, v. de Chine, au N. de Hangzhou ; 553 000 hab.

HVAR, île croate de l'Adriatique.

HYACINTHE (saint), *Kamień, Silésie, 1183 - Cracovie 1257,* religieux polonais. Dominicain, il introduisit son ordre en Pologne (1221).

Hyde Park, vaste parc du centre-ouest de Londres.

HYDERABAD, v. d'Inde, cap. de l'Andhra Pradesh, dans le Deccan ; 4 280 261 hab. Monuments des XVIe-XVIIe s. Musées. À 8 km au N., vestiges de Golconde.

HYDERABAD, v. du Pakistan, dans le Sind ; 800 000 hab.

HYDRA, île de Grèce, dans la mer Égée, en face de l'Argolide ; ch.-l. *Hydra.*

HYDRE DE LERNE MYTH. GR. Serpent monstrueux dont chacune des sept têtes repoussait aussitôt qu'elle était tranchée, et dont Hercule triompha en les tranchant toutes d'un seul coup.

HYÈRES (83400), ch.-l. de cant. du Var ; 53 258 hab. *(Hyérois).* Salines. — Restes d'enceinte et monuments médiévaux de la vieille ville ; musée ; jardin d'acclimatation.

HYÈRES (îles d'), petit archipel de France (Var), dans la Méditerranée, comprenant Porquerolles, Port-Cros, l'île du Levant et deux îlots. Stations touristiques et centre naturiste (à l'île du Levant).

HYKSOS, envahisseurs sémites qui conquirent l'Égypte et y fondèrent les XVe et XVIe dynasties (1730 - 1580 av. J.-C.). Ils furent chassés par les princes de Thèbes (XVIIe et XVIIIe dynasties).

HYMETTE (mont), montagne de Grèce, dans l'Attique, au S. d'Athènes. Elle était renommée pour son miel et son marbre.

HYPATIE, *Alexandrie v. 370 - id. 415,* mathématicienne et philosophe grecque. Fille de l'astronome Théon d'Alexandrie, chef de file de l'école néoplatonicienne, elle fut assassinée lors d'une émeute chrétienne.

HYPÉRIDE, *Athènes v. 390 - Cleonai ?, Péloponnèse, 322 av. J.-C.,* orateur et homme politique athénien. Contemporain et émule de Démosthène, il fut mis à mort sur ordre d'Antipatros après la défaite de la guerre lamiaque.

HYRCAN Ier ou **JEAN HYRCAN,** *m. en 104 av. J.-C.,* grand prêtre et ethnarque des Juifs (134 - 104 av. J.-C.). Il rendit l'indépendance à son pays, la Judée, qu'il agrandit. — **Hyrcan II,** *110 - 30 av. J.-C.,* grand prêtre (76 - 67, 63 - 40 av. J.-C.) et ethnarque des Juifs (47 - 41 av. J.-C.). Dépossédé de toute autorité réelle, il fut mis à mort par Hérode.

HYRCANIE, contrée de l'ancienne Perse, au sud-est de la mer Caspienne.

CHRONOLOGIE

CHRONOLOGIE UNIVERSELLE

LES GRANDES DATES DE L'HISTOIRE, DES LETTRES, DES ARTS, DES SCIENCES ET DES TECHNIQUES.

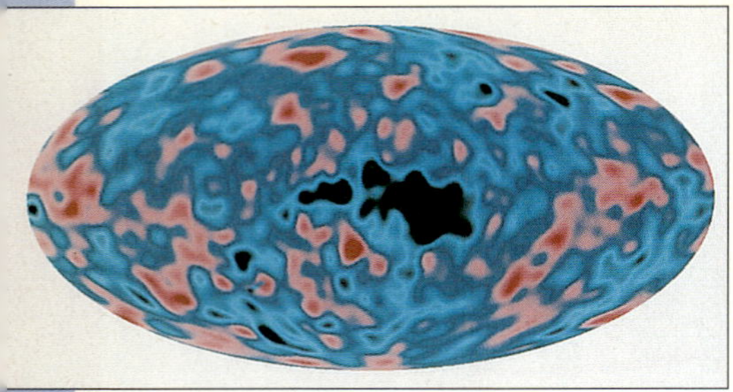

Le big bang : cartographie du rayonnement issu de l'Univers primitif.

- 15 000 000 000
Big bang. L'Univers tel que nous le découvrons aujourd'hui aurait pris naissance à cette époque, par l'expansion soudaine d'une phase extrêmement chaude et dense.

- 4 566 000 000
Le système solaire en formation. La datation de petits agglomérats de minéraux inclus au sein des météorites les plus anciennes conduit à penser que les planètes du système solaire, en particulier la Terre, se sont formées à partir de cette époque, en 100 à 150 millions d'années.

- 3 700 000 000
La vie, premières traces. Des bactéries découvertes en Australie dans des stromatolites fossilisés constituent les plus anciennes traces de vie retrouvées sur la Terre.

- 3 000 000 000
Début du précambrien.

- 540 000 000
Début de l'ère primaire.

- 245 000 000
Début de l'ère secondaire.

- 65 000 000
Début de l'ère tertiaire.

v. - 4 500 000 AFRIQUE
Les hominidés debout. Les australopithèques sont les premiers primates qui acquièrent la bipédie. On les répartit en deux espèces : *Australopithecus afarensis* ou *anamensis* (dont le plus vieux squelette connu, découvert en Éthiopie, est daté de 4,4 millions d'années) et *Australopithecus africanus* (v. - 2,8 millions d'années).

v. - 2 500 000 AFRIQUE DE L'EST
***Homo habilis* s'outille.** C'est à l'est de la vallée du Rift que les premiers primates bipèdes utilisent des galets aménagés (choppers). *Homo habilis* est pourvu d'un grand volume crânien.

Les premiers outils : silex biface datant du paléolithique inférieur (v. - 600 000).

v. - 1 800 000 -> - 1 300 000
AFRIQUE
***Homo erectus* quitte l'Afrique.** L'homme de l'espèce *Homo erectus* se répand en Europe et en Asie (où il est appelé sinanthrope en Chine et pithécanthrope en Indonésie). Il sera le premier à tailler les pierres (*Pebble Culture*, v. - 800 000).

- 1 640 000
Début du quaternaire.

- 1 200 000
Début du paléolithique.

v. - 450 000
EUROPE
***Homo erectus* allume le feu.** L'homme produit du feu à volonté. C'est en Hongrie qu'a été localisé le plus ancien foyer connu. En se répandant, l'usage du feu va permettre l'éclosion de la vie sociale.

La maîtrise du feu : reconstitution d'un foyer d'époque néandertalienne.

- 200 000 **Culture de l'acheuléen.**

v. - 180 000 EUROPE
***Homo sapiens* parle.** *Homo sapiens* est proche de l'homme de Neandertal, qui peuple l'Europe et le Proche-Orient. Premier homme à parler, il répand aussi l'industrie de la pierre taillée et inhume ses morts.

- 70 000 **Culture du moustérien.**

v. - 70 000 EUROPE
***Homo sapiens sapiens* s'impose.** *Homo sapiens sapiens*, espèce à laquelle la plupart des paléontologues rattachent l'homme actuel, colonise peu à peu toutes les terres. Son représentant le plus connu est l'homme de Cro-Magnon, qui vivra jusqu'à - 20 000.

v. - 40 000 AMÉRIQUE
Des hommes en Amérique. Des groupes de chasseurs originaires d'Asie auraient pénétré en Amérique du Nord par le détroit de Béring, alors émergé. L'homme moderne atteint aussi l'Australie v. - 35 000.

- 33 000 -> - 26 000
Cultures de l'aurignacien et du périgordien.

v. - 30 000 -> - 12 000 EUROPE
Des hommes, de l'art. L'art fait son apparition dès l'aurignacien. Les peintures murales de la grotte Chauvet, en Ardèche, sont les plus anciennes. Celles de la grotte de Lascaux, en Dordogne, et de la grotte d'Altamira, en Espagne, sont les plus célèbres.

La découverte de l'art : peintures de la grotte Chauvet (France, Ardèche).

Calendrier égyptien (tombeau de Séti Ier, dans la Vallée des Rois).

- 18 000 **Culture du solutréen.**

- 14 000 **Culture du magdalénien.**

v. - 9000 PROCHE-ORIENT
Agriculture et élevage. En commençant à domestiquer des animaux et à cultiver des végétaux, l'homme se sédentarise et passe d'une économie de subsistance fondée sur la chasse et la cueillette à une économie de production.

VIIIe -> VIIe millénaire
PROCHE-ORIENT
Premières villes. Jéricho, en Palestine, est la première ville de l'histoire (v. - 8000). Puis Çatal Höyük, en Turquie, sera, entre - 6250 et - 5400, une agglomération de maisons en brique groupant environ 5 000 habitants.

v. - 8000
PROCHE-ORIENT, ANATOLIE
Invention de la poterie. Le besoin d'ustensiles et de récipients de toutes sortes pour stocker, préparer ou consommer les produits de l'agriculture et de l'élevage explique l'invention de la poterie, qui utilise une matière première abondante, l'argile.

v. - 7500 -> - 1800
EXTRÊME-ORIENT
La poterie comme art. L'essor de l'art de la poterie est associé aux cultures néolithiques japonaise de Jomon (v. - 7500 à - 3700) et chinoises de Yangshao (v. - 5000 à - 2000) et de Longshan (v. - 2500 à - 1800). Cette dernière période est celle de la céramique noire.

v. - 5500 -> - 2000 AFRIQUE
Art rupestre au Sahara. Les découvertes du tassili des Ajjer, en Algérie, attestent la présence humaine au Sahara à une époque où la région était moins aride. Fresques et gravures composent des décors naturalistes.

Ve millénaire ANATOLIE
Premiers objets en cuivre. La fabrication des premiers objets obtenus en coulant dans un moule du cuivre fondu annonce le développement de l'usage des métaux, qui marque un tournant dans l'histoire des techniques.

PROCHE-ORIENT
Premiers tissus. Très tôt, l'homme a appris à travailler les fibres textiles naturelles. L'essor des techniques de tissage va lui permettre de fabriquer des vêtements et des étoffes destinées à des usages variés.

- 4235 ? ÉGYPTE
365 jours par an. Tributaires de la crue du Nil pour leur agriculture, les Égyptiens cherchaient à en prévoir précisément le retour par des observations astronomiques.
Ils auraient ainsi été les premiers à reconnaître la durée approximative de l'année et à adopter un calendrier de 365 jours, comportant 12 mois répartis sur 3 saisons.

IVe millénaire MÉSOPOTAMIE

L'écriture : tablette sumérienne (compte des ânes à atteler).

Invention de l'écriture. L'invention de l'écriture, à Sumer, marque un tournant capital de l'histoire de la civilisation : l'homme se dote d'un moyen d'expression permanent qui s'avérera rapidement un outil de communication irremplaçable.

IVe -> IIIe millénaire MÉSOPOTAMIE
Des cités-États à Sumer. La basse Mésopotamie entre dans la civilisation urbaine. Ourouk puis Our sont les plus importantes des cités gouvernées par un roi. Ce sont les premiers foyers d'architecture religieuse.

v. - 3500 ÉGYPTE

Barque à voile (Égypte, époque d'Aménophis II, XVIIIe dynastie).

Des voiles sur la mer. À bord de navires non pontés, à proue et à poupe relevées, gréés d'une voile de forme trapézoïdale en papyrus ou en lin, hissée sur un mât double ou simple souvent escamotable, les Égyptiens ouvrent l'ère de la navigation maritime.

Araire (Égypte, tombe de la Vallée des Artisans, XIXe dynastie).

MÉSOPOTAMIE
L'araire remplace la houe. Grâce à l'araire, qui creuse un sillon dans le sol sans retourner la terre, les agriculteurs peuvent désormais enfouir leurs semis et travailler leurs terres plus efficacement et plus rapidement qu'à la houe.

Char à roues (Syrie, IIIe millénaire).

La roue tourne. La roue permet d'abord l'avènement du tour, qui ouvre une page nouvelle de l'histoire de la poterie. Elle révolutionne ensuite les transports, en donnant naissance à de nouveaux véhicules (char, chariot…), aptes à transporter de lourdes charges. La roue primitive, en bois, est pleine ; la roue à rayons, plus légère, apparaîtra vers 2000 av. J.-C.

v. - 3150 ÉGYPTE
Les deux royaumes réunis. La Haute-Égypte, dans le Sud, et la Basse-Égypte, dans le Delta, ne forment plus qu'une seule entité politique sous le règne du pharaon Narmer (appelé Ménès par les Grecs). Ce dernier aurait fondé Memphis.

av. - 3000 MÉSOPOTAMIE, ÉGYPTE
Premiers nombres. Les besoins de l'économie et du commerce entraînent l'apparition des premiers systèmes permettant de nommer les nombres et de les exprimer de façon permanente par des symboles. Les Babyloniens inventent le système sexagésimal, qu'ils combinent avec la numération décimale (issue du dénombrement des doigts de la main).

v. - 3000 -> - 2350 MÉSOPOTAMIE
Essor de Sumer.

v. - 3000 PROCHE-ORIENT
Début de l'âge du bronze. Celui-ci succède à l'âge du cuivre et provoque l'essor de la métallurgie. Après la Mésopotamie, il est attesté en Grèce, puis dans l'ensemble de l'Europe continentale, où il donne lieu à d'intenses échanges commerciaux.

L'âge du bronze ancien : poignard.

Ourouk, berceau de la sculpture sur pierre. La tête de la " Dame blanche " d'Ourouk — sans doute celle d'une déesse — y atteste la maîtrise de la sculpture sur pierre, qui se manifeste aussi dans les stèles et les hauts-reliefs.

Sumer : la " Dame blanche " d'Ourouk, premier visage sculpté dans la pierre.

IIIe millénaire ÉGYPTE
Le Soleil donne l'heure. Premier instrument de mesure du temps, le gnomon, cadran solaire primitif, indique l'heure d'après la position de l'ombre que projette au sol une tige verticale éclairée par le Soleil.

v. - 2700 -> - 2190 ÉGYPTE
L'Ancien Empire. C'est pendant cette période que la monarchie égyptienne acquiert ses fondements divins : le pharaon est le fils du dieu-soleil et commande à toute action humaine. Seul il accède à l'immortalité, que symbolisent les pyramides.

v. - 2600 -> - 1200 CRÈTE
Civilisation minoenne.

v. - 2550 -> - 2450 ÉGYPTE
Des pyramides à Gizeh. La pyramide à degrés aurait été inventée par l'architecte Imhotep v. - 2770 à Saqqarah. Sous la IVe dynastie sont érigées la grande pyramide de Kheops, celle de Khephren (gardée par le sphinx) et celle de Mykerinus.

v. - 2500 -> - 1500 ASIE MÉRIDIONALE

Civilisation de l'Indus : Mohenjo-Daro.

La civilisation de l'Indus. Les sites de Harappa, dans le Pendjab, et de Mohenjo-Daro, dans le Sind, révèlent l'urbanisme avancé de cette civilisation originale. Celle-ci disparut peut-être à l'époque des invasions aryennes.

v. - 2400 -> - 1700 GRANDE-BRETAGNE
Des mégalithes à Stonehenge. Le cromlech, comprenant 150 monolithes, fut construit en trois phases. La signification la plus probable de ce monument mégalithique est d'ordre astronomique.

v. - 2350 -> - 2160 MÉSOPOTAMIE
L'Empire akkadien. La dynastie akkadienne que fonde le conquérant Sargon, d'origine sémitique, met fin au règne des Sumériens et unifie leurs cités en un seul empire. Celui-ci aurait atteint la Méditerranée.

v. - 2205 CHINE
Première dynastie royale. L'archéologie atteste l'existence d'une dynastie, les Xia, qui aurait régné jusque v. - 1750. C'est à cette époque que la civilisation chinoise serait passée au stade de la sédentarisation en développant l'agriculture.

v. - 2160 -> - 2060 ÉGYPTE
Première période intermédiaire.

- 2111 -> - 2003 MÉSOPOTAMIE
Le retour d'Our. À la fin de la dynastie akkadienne, Our reprend la prépondérance à Sumer. Son influence s'étend alors à toute la Mésopotamie et ses souverains acquièrent le titre de " roi des quatre régions du monde ".

v. - 2060 -> - 1785 ÉGYPTE
Le Moyen Empire. Cette période est celle du premier Empire thébain, qui annexe la Syrie et la Nubie. Le culte d'Amon-Rê assure la prééminence de son clergé.

v. - 2000 -> - 1750 PALESTINE

Canaan : le sacrifice d'Abraham, père des religions révélées (sculpture, VIe s.).

Les Hébreux en Canaan.
Les Hébreux, peuple sémite dont l'Ancien Testament retrace l'histoire, migrent de Mésopotamie en Palestine. C'est à cette époque — celle des patriarches — qu'ils auraient adopté le monothéisme.

v. - 2000 -> - 1500 CRÈTE
La civilisation minoenne. Le minoen est la civilisation crétoise de l'âge du bronze, qui commence vers - 3000. Au IIe millénaire, elle est soumise à l'hégémonie de Cnossos, qui s'étend elle-même à l'ensemble du monde égéen.

v. - 1800 -> - 1200 INDE
Composition des premiers *Veda*. Les textes fondateurs de l'hindouisme furent transmis oralement avant d'être rédigés en sanskrit. Le plus ancien et le principal d'entre eux est le *Rigveda*, qui est un recueil d'hymnes brahmaniques.

- 1793 -> - 1750 MÉSOPOTAMIE

Babylone : le roi Hammourabi, auteur du premier code législatif de l'histoire.

Hammourabi, roi de Babylone. Hammourabi est le fondateur du premier Empire babylonien, qui est un État théocratique. Grand roi bâtisseur, il est aussi législateur et fait graver ses arrêts sur une stèle (le Code d'Hammourabi).

v. - 1780 -> - 1550 ÉGYPTE
Seconde période intermédiaire.

v. - 1700 MÉSOPOTAMIE

Gilgamesh : le roi d'Ourouk, héros du premier des poèmes épiques connus.

L'épopée de Gilgamesh. Le long poème dont Gilgamesh est le héros est la plus ancienne épopée connue. Elle offre une des premières versions du mythe du Déluge et contient l'idée que l'immortalité est un privilège divin.

v. - 1600 -> - 1200 ASIE MINEURE
Les Hittites en Anatolie. Peuple indo-européen émigré en Anatolie, les Hittites y fondent un empire dont la capitale est Hattousa. Cet empire se posera en rival de l'Égypte.

v. - 1600 GRÈCE
Mycènes supplante la Crète. Les Achéens, venus des Balkans, s'installent dans le Péloponnèse et y donnent naissance à une civilisation qui supplante l'influence crétoise dans le monde égéen. Leur capitale, Mycènes, est le berceau légendaire des Atrides.

v. - 1580 -> - 1085 ÉGYPTE

Nouvel Empire égyptien : les hautes colonnes d'un temple à Karnak.

Le Nouvel Empire. La période du second Empire thébain est celle de l'impérialisme égyptien en Asie. C'est aussi celle d'une floraison artistique sans précédent (Karnak, Abou-Simbel, Vallée des Rois).

v. -1500 ÉGYPTE, MÉSOPOTAMIE
Du verre partout. L'apparition d'articles en verre transparent et la confection de récipients en verre creux (vases, flacons, coupes, etc.) inaugurent la fabrication du verre à grande échelle.

v. - 1500 -> - 300 MEXIQUE
Civilisation olmèque.

- 1484 -> - 1450 ÉGYPTE
Thoutmosis III, pharaon.

v. -1400 ÉGYPTE

Clepsydre en terre cuite d'une contenance de 6,4 l (Athènes, ve s. av. J.-C.).

De l'eau pour mesurer le temps. L'invention de l'horloge à eau, ou clepsydre, marque un progrès important pour la mesure du temps : contrairement au cadran solaire, elle est utilisable de jour et de nuit et quel que soit l'état du ciel.

- 1372 -> - 1354 ÉGYPTE
Aménophis IV [Akhenaton], pharaon.

v. - 1360 -> - 1330 MÉSOPOTAMIE
Fondation du premier Empire assyrien. Le pays d'Assour, en haute Mésopotamie, va s'affirmer comme l'un des États les plus puissants du Proche-Orient antique. Disposant d'une armée rompue à la guerre totale, l'Assyrie pratiquera, pendant plus de deux siècles, une politique de conquêtes sans relâche.

- 1304 -> - 1236 ÉGYPTE
Ramsès II, pharaon.

v. - 1300 -> - 1200 GRÈCE
Invasions doriennes.

- 1275 -> - 1245 MÉSOPOTAMIE
Salmanasar Ier, roi d'Assyrie.

v. - 1250 ÉGYPTE
Exode des Hébreux. C'est à cette date que la plupart des historiens situent la sortie d'Égypte. Parvenu au mont Sinaï, Moïse aurait livré aux Hébreux les Tables de la Loi (Décalogue).

v. - 1230 -> - 1191 ÉGYPTE
Invasions des Peuples de la Mer. Il s'agit de la deuxième vague de migrations indo-européennes dans le bassin de la Méditerranée. Ces Peuples de la Mer envahiront l'Égypte à deux reprises et détruiront l'Empire hittite.

- 1184 ASIE MINEURE
Les Achéens prennent Troie. À Troie, neuf villes furent construites les unes sur les autres. Il semble que celle qui existait au XIIIe s. ait été détruite lors d'une expédition menée par les Grecs près des Dardanelles. La date est celle que donne Ératosthène.

Troie : vase en terre cuite décorée.

v. - 1050 ASIE MINEURE
Les Grecs en Ionie. Sous la poussée des Doriens, les Grecs colonisent le littoral asiatique de la mer Égée. Ils feront de l'Ionie le premier grand foyer de la civilisation hellénique ; Milet en sera la cité la plus illustre.

v. - 1025 CHINE
Les Zhou succèdent aux Shang. Troisième dynastie chinoise, la dynastie des Zhou régnera jusqu'en - 256. La Chine archaïque est alors en pleine mutation : elle se divise en États féodaux rivaux, qui deviendront les " royaumes combattants ". L'époque sera aussi celle de l'essor du confucianisme.

v. - 1010 PALESTINE

Les débuts d'Israël : le roi David.

David unifie Israël. Le roi David, vainqueur du géant philistin Goliath, est appelé à succéder à Saül. Il fera de Jérusalem la capitale des douze tribus d'Israël et le symbole de leur union.

- 969 -> - 962 PALESTINE
Un Temple à Jérusalem. Le roi Salomon fait appel aux Phéniciens pour donner à son peuple un temple qui soit digne de la maison de Dieu. Il deviendra le symbole du culte monothéiste.

v.- 900 -> - 450 EUROPE
Premier âge du fer. La période dite de Hallstatt sert à désigner la première phase de diffusion de la métallurgie du fer en Europe centrale et occidentale. Elle correspond à une vague d'échanges avec les pays de la Méditerranée.

- 883 -> - 858 MÉSOPOTAMIE
Assournazirpal, roi d'Assyrie.

- 858 -> - 823 MÉSOPOTAMIE
Salmanasar III, roi d'Assyrie.

- 814 AFRIQUE DU NORD
Les Phéniciens fondent Carthage. Capitale d'une puissante république maritime, Carthage assurera la suprématie de la Phénicie en Méditerranée occidentale. De son port partiront aussi des expéditions en direction de l'Atlantique.

v. - 800 ITALIE
Début de la civilisation étrusque.

v. - 800 -> - 700 AMÉRIQUE DU SUD
La culture de Chavín. Originaire du Pérou, cette culture donne naissance à la première grande civilisation andine. Elle se caractérise par une sculpture monumentale en pierre, figurant en particulier des félins.

VIIIe s. av. J.-C. GRÈCE

L'Iliade d'Homère : Achille et Patrocle.

Homère et Hésiode. Chants mythologiques, *l'Iliade* et *l'Odyssée*, les épopées attribuées à Homère, sont à la source de la littérature grecque et de la civilisation occidentale. À la même époque, Hésiode est le fondateur de la poésie didactique.

- 776 GRÈCE
Les premiers jeux Olympiques. Les " Jeux chers aux dieux " vont se dérouler tous les quatre ans dans le sanctuaire de Zeus à Olympie. Les olympiades, désignant les périodes entre deux jeux Olympiques, serviront aux Grecs à compter le temps.

Les jeux Olympiques : coureurs à pied.

Naissance de Rome : la louve du Capitole, emblème d'origine étrusque.

- 753 ROME
Fondation de la Ville. La date marque l'an I du calendrier romain. La naissance de Rome s'enracine dans la mythologie, mais l'archéologie atteste l'existence, au VIIIe s. av. J.-C., d'un village latin sur les pentes du mont Palatin.

v. - 700 -> - 300 INDE
Les *Upanishad* transforment le védisme. Elles rassemblent plus de deux cents textes considérés comme révélés et constituent le *vedanta*, qui fait accomplir au védisme une mutation essentielle : celui-ci devient alors une métaphysique.

v. - 700 -> - 200
EUROPE ORIENTALE
Les Scythes en Crimée. Les Scythes font partie des peuples des steppes touchés par d'incessants courants de migrations. Installés au nord de la mer Noire, ils excellent dans l'art animalier caractéristique de ce type de civilisation nomade.

- 669 -> - 627 MÉSOPOTAMIE
Assourbanipal, roi d'Assyrie. L'Assyrie est au faîte de sa puissance sous le règne d'Assourbanipal, qui soumet l'Égypte et Babylone. Dans sa capitale, Ninive, il constitue une riche bibliothèque. En - 612, l'Empire assyrien disparaîtra sous la poussée des Mèdes.

Second Empire assyrien : le palais du roi Assourbanipal à Ninive.

v. - 650 GRÈCE
Le premier ordre. Le temple dorique est le premier qui réponde à la notion d'" ordre " telle qu'elle s'imposera à partir de la Renaissance. Au VIe s. se répandra l'ordre ionique, puis, au Ve s., l'ordre corinthien.

v. - 630 ASIE MINEURE
La monnaie de Crésus. Les Lydiens sont les premiers à mettre en circulation des pièces faites d'un alliage d'or et d'argent (l'électrum). Leur roi Crésus (VIe s. av. J.-C.) restera légendaire par sa richesse.

GRÈCE
Éclosion de la poésie lyrique. La poétesse Sappho invente une forme de lyrisme dont le sentiment amoureux est le thème. Après elle, Anacréon, au VIe s. av. J.-C., et Pindare, au Ve s., feront la fortune de l'ode.

- 616 ROME
Les Étrusques règnent sur le Latium. L'avènement des rois étrusques consacre la domination de leur peuple sur le Latium, où ils furent les vrais fondateurs de Rome. Leur influence s'étendra aussi à la plaine du Pô et à la Campanie.

- 605 -> - 562 MÉSOPOTAMIE

La Babylone de Nabuchodonosor II : la porte monumentale dédiée à Ishtar.

La Babylone de Nabuchodonosor II. Le souverain chaldéen fait de Babylone la grande métropole du monde antique oriental. La ville est entourée d'une double enceinte percée de portes monumentales et le palais royal est embelli des fameux jardins suspendus.

VIe s. av. J.-C. GRÈCE

L'homme sculpté. La statue de jeune homme nu *(kouros)* et celle de la jeune fille en habit *(korê)* sont la source d'inspiration privilégiée des écoles de la période archaïque. Elles traduisent le goût des artistes pour l'étude des proportions.

Sculpture de la Grèce archaïque : statue de jeune fille en marbre (korê).

- 594 -> - 527 GRÈCE
Montée en puissance d'Athènes. Le réformateur Solon donne son élan à la démocratie tout en créant de nouvelles classes sociales. Le tyran Pisistrate accomplira une œuvre surtout économique et dotera Athènes de sa première bibliothèque publique et de grands édifices religieux.

- 587 MÉSOPOTAMIE
Les Juifs captifs à Babylone. Pour la seconde fois, Nabuchodonosor s'empare de Jérusalem et les Juifs sont déportés à Babylone. Il en résultera une accélération de la Diaspora qui a commencé en - 721.

v. - 560 ASIE MINEURE
Le temple d'Artémis à Éphèse. Des architectes crétois sont chargés du chantier, qui ne sera achevé que cent vingt ans plus tard. Le temple, qui comptera parmi les Sept Merveilles du monde, sera incendié par un fou en - 356.

- 556 IRAN

La Perse achéménide : décor sculpté de palais à Persépolis, capitale royale.

Naissance de l'Empire achéménide. En réalisant l'union des Perses et des Mèdes, Cyrus II le Grand fonde un empire qui sera le plus vaste que le monde oriental et méditerranéen eût alors connu. Il durera jusqu'aux conquêtes d'Alexandre le Grand.

v. - 550 GRÈCE
Splendeur de la céramique. Athènes doit à ses potiers de devenir un foyer renommé de la céramique à figures noires. Exékias et Amasis sont les plus célèbres. De nombreux vases ainsi peints sont exportés.

- 534 GRÈCE

Naissance de la tragédie grecque : personnage en costume de scène.

Naissance de la tragédie. La tragédie a pour origine le dithyrambe. Le poète Thespis innove en faisant dialoguer avec le chœur un acteur masqué. Le premier concours de tragédie a lieu lors des fêtes de Dionysos.

- 534 -> - 509 ROME
Tarquin le Superbe, dernier roi étrusque.

- 523 INDE
L'" Illumination du Bouddha ". L'illumination que le prince Siddharta Gautama obtient vers l'âge de trente ans fait de lui le Bouddha (l'" Éveillé "). Il prêchera lui-même la doctrine qui donnera corps au bouddhisme.

- 522 -> - 486 IRAN
Darios Ier, roi.

- 513 IRAN
Darios Ier conçoit les plans de Persépolis. La ville qui deviendra la résidence royale des Achéménides sera achevée par les successeurs de Darios. L'architecture de ses palais et leur décor ornemental révèlent la fusion des diverses influences venues du monde oriental.

- 509 ROME
Fondation de la République romaine. À la fin du règne des Tarquins, le pouvoir royal est partagé entre une magistrature civile et une magistrature religieuse. C'est sous la République romaine qu'apparaîtront les premiers édifices du Forum.

- 507 GRÈCE

La démocratie athénienne : exemple d'ostraca portant le nom de citoyens que l'on voulait frapper d'ostracisme.

La démocratie athénienne consolidée. Due à Clisthène, la première Constitution démocratique d'Athènes institue la boulê, assemblée représentative de tous les citoyens. La loi sur l'ostracisme doit en outre prévenir tout retour à un gouvernement aristocratique.

v. - 500 GRÈCE

Hippocrate (manuscrit du XIVe s.).

Hippocrate fonde la médecine clinique. En considérant la maladie comme un processus naturel et en intégrant l'approche théorique à l'exercice pratique, Hippocrate de Cos fait de la médecine une science quasi expérimentale.

Une matière faite d'atomes. Les philosophes Leucippe et Démocrite envisagent pour la première fois la matière comme constituée d'éléments indivisibles, les atomes, de formes, de dimensions et d'arrangements variés.

Ve s. av. J.-C. GRÈCE
Naissance de l'histoire. Les *Histoires* d'Hérodote mêlent à l'histoire proprement dite la géographie et la mythologie. L'*Histoire de la guerre du Péloponnèse* de Thucydide est la première œuvre pleinement historique, fondée sur l'analyse des sources.

Naissance de la métaphysique. Disciples des pythagoriciens et adversaires d'Héraclite, Parménide et les philosophes présocratiques de l'école d'Élée affirment l'opposition de l'être au devenir. Ils préparent ainsi l'avènement du platonisme.

- 490 -> - 479 GRÈCE
Les guerres médiques. La bataille de Marathon est le premier événement d'un conflit qui a pour enjeu la liberté des cités grecques menacées par les visées de l'Empire perse. Celui-ci sera tenu en échec.

- 486 -> - 465 IRAN
Xerxès Ier, roi.

- 485 GRÈCE

Naissance de la comédie grecque : couple d'acteurs masqués.

Naissance de la comédie. Conçue comme une pièce de divertissement, la comédie est admise pour la première fois dans les concours théâtraux. Le plus grand poète comique grec sera, à partir de - 425, Aristophane.

- 484 -> - 406 GRÈCE
L'ère des grands tragiques. Lauréat du concours de tragédie en - 484 et auteur des *Perses* en - 472, Eschyle ouvre une ère de gloire pour ce genre théâtral. Elle se clôt par la mort, la même année (- 406), de Sophocle et d'Euripide.

- 483 CHINE
La sagesse confucéenne. À la fin de sa vie, Confucius entreprend la compilation des cinq classiques de la pensée chinoise. Son idéal personnel de sagesse s'étend à l'art de gouverner et, au-delà, à la société chinoise tout entière.

La vie de Confucius : l'enseignement du maître aux grands de la Chine.

- 481 -> - 221 CHINE
Époque des Royaumes combattants.

- 468 -> - 456 GRÈCE

Le site d'Olympie : les ruines du temple de Zeus, construit par Libon d'Élis.

Le temple de Zeus édifié à Olympie. Chef-d'œuvre dorique, le temple, dont Phidias réalisa la grande statue cultuelle, était aussi célèbre pour son décor sculpté. En honorant Zeus à Olympie, il devait flatter le sentiment d'appartenance au monde grec.

- 461 -> - 429 GRÈCE
Périclès, stratège d'Athènes. Le gouvernement démocratique de Périclès a fait la grandeur et le renom d'Athènes au point qu'on parle volontiers du " Siècle de Périclès " pour désigner l'âge classique grec.

- 450 -> - 420 GRÈCE
L'âge d'or de la statuaire. Polyclète, inventeur du canon auquel se réfèrent les sculpteurs de la Grèce classique, de même que Phidias et Myron privilégient la mesure et l'équilibre des formes. Ils font de leur art le reflet d'un idéal de la figure humaine.

v. - 450 -> - 25
EUROPE

Second âge du fer : pièces d'armement de la période finale de La Tène.

Second âge du fer. Cette période, dite de La Tène, est celle de la pleine expansion des Celtes en Europe continentale. L'oppidum est alors le modèle original d'agglomération le plus répandu.

- 447 -> - 406 GRÈCE
L'Acropole d'Athènes couronnée de ses temples. Chargé par Périclès de diriger le chantier du Parthénon, Phidias s'allia à l'architecte Ictinos. Le temple, paré de 46 colonnes en marbre, et l'Erechthéion, comportant le portique des Caryatides, forment un ensemble de sanctuaires unique en son genre.

- 431 -> - 404 GRÈCE
Guerre du Péloponnèse. L'impérialisme d'Athènes dans le monde égéen pousse Sparte et ses alliés dans la voie d'un conflit qui sera dévastateur pour les deux cités. Sparte l'emporte militairement et Athènes perd son empire maritime.

IVe s. av. J.-C. CHINE
Des hauts-fourneaux produisent de la fonte. La maîtrise de la technique des hauts-fourneaux favorise l'emploi généralisé de la fonte, pour la confection de socs de charrue, d'outils et d'ustensiles divers.

INDE
Le *Ramayana*. Cette épopée, attribuée au sage Valmiki, inspire une grande partie de la culture traditionnelle de l'Inde et de l'Asie du Sud-Est. À l'origine, elle fut écrite en sanskrit. Au XVIe s., une version en hindi sera le chef-d'œuvre de la littérature dans cette langue.

Le Ramayana : décor de temple narrant un épisode de l'épopée indienne.

v. - 390 ROME
Les Gaulois à Rome. Maîtres de la plaine du Pô, où ils anéantissent l'armée romaine, les Gaulois s'emparent ensuite de Rome. *Vae victis !* (" Malheur aux vaincus ! ") est la parole prêtée au chef Brennus.

- 387 GRÈCE
Platon fonde l'Académie. Dans son école, Platon prolonge l'enseignement de Socrate. Dans ses œuvres écrites, il choisit la forme du dialogue pour imiter l'accouchement des esprits (maïeutique) cher à son maître. Son influence sera déterminante sur toute la pensée occidentale.

v. - 360 -> - 330 GRÈCE
Praxitèle, " faiseur de dieux " : l'Aphrodite de Cnide (réplique).

Les chefs-d'œuvre de Praxitèle. L'artiste appartient à la lignée des " faiseurs de dieux " tout en renouvelant l'expression de la sculpture attique en marbre, aussi bien dans ses nus masculins que dans ses nus féminins (la série des Aphrodites).

- 356 -> - 336 MACÉDOINE
Philippe II, roi.

- 355 GRÈCE

Aristote : miniature d'un ouvrage du maître à penser du Moyen Âge.

Aristote fonde le Lycée. Disciple original de Platon, Aristote met en œuvre une pensée et une méthode plus empiriques. La scolastique du Moyen Âge sera directement influencée par l'aristotélisme.

- 351 -> - 340
GRÈCE
Les *Philippiques* de Démosthène. Les harangues de Démosthène contre Philippe de Macédoine demeurent les chefs-d'œuvre de l'art oratoire et de la littérature polémique. Elles tendent à faire de leur auteur la conscience de l'État athénien.

- 336 -> - 323 MACÉDOINE
Alexandre le Grand, roi.

- 323 PROCHE-ORIENT

Alexandre le Grand : portrait du roi sur une pièce de monnaie macédonienne.

Alexandre meurt à Babylone. Avec le grand conquérant macédonien s'éteint le rêve de fondre les civilisations grecque et perse. Dès sa mort, ses généraux (les diadoques) se disputent l'immense empire qu'il a fondé. Commence alors l'ère hellénistique.

- 312 GRÈCE
Des stoïques à Athènes. Zénon de Kition fonde l'école du Portique, qui dispense une morale du consentement. Le stoïcisme rayonnera durablement sur le monde antique. Au IIe s. apr. J.-C., le philosophe grec Épictète et l'empereur romain Marc Aurèle en seront les principaux propagateurs.

- 306 GRÈCE
Épicure en son jardin. Dans le jardin d'Athènes où il dispense son enseignement, Épicure fonde un courant de pensée qui s'apparente à une morale rationnelle du plaisir. Aux XVIe et XVIIe s., l'épicurisme sera l'objet d'un regain d'intérêt chez des penseurs français et anglais.

Épicure : buste anonyme du philosophe.

- 305 ÉGYPTE
Avènement des Lagides. Fondée par Ptolémée, l'un des généraux d'Alexandre le Grand, la dynastie des Lagides a pour capitale Alexandrie, qui devient alors la principale ville du monde hellénistique. La dynastie s'éteindra avec la célèbre Cléopâtre.

IIIe s. av. J.-C. CHINE
Invention du papier. Jalousement gardé en Extrême-Orient jusqu'au VIIe s. apr. J.-C., le secret de la fabrication du papier semble avoir été connu des Chinois dès le IIIe s. av. J.-C. Il n'aurait donc pas été découvert, comme on l'affirme habituellement, en 105 apr. J.-C., par un certain Caï Lun qui aurait eu l'idée d'enchevêtrer des fibres de plusieurs végétaux après les avoir martelées en présence d'eau.

GRÈCE
Aristarque précurseur de Copernic. Dix-huit siècles avant Copernic, Aristarque de Samos fait l'hypothèse du mouvement de la Terre et des autres planètes autour du Soleil. Mais sa théorie va à l'encontre des idées de l'époque et tombe dans l'oubli.

Ératosthène mesure la Terre. Par une méthode ingénieuse fondée sur l'observation des ombres, à midi, le jour du solstice d'été, Ératosthène parvient à évaluer les dimensions du globe terrestre.

Ératosthène (gravure du XVIIe s.).

Euclide axiomatise la géométrie. En s'appuyant sur trente-cinq définitions, six postulats et dix axiomes, le mathématicien Euclide dresse, avec ses *Éléments*, une vaste synthèse de la géométrie grecque, qui marque l'apparition de la méthode axiomatique.

Archimède (gravure sur bois, 1547).

Le génie d'Archimède. L'énoncé du théorème de l'hydrostatique portant son nom ne représente qu'une parcelle de l'œuvre d'Archimède, également fondateur de la statique des solides, mathématicien et inventeur de nombreuses machines.

- 300 GRÈCE
Le théâtre d'Épidaure. C'est le plus beau et le mieux conservé du monde antique. Ses gradins de pierre, adossés au flanc d'une colline, pouvaient accueillir 15 000 spectateurs. Les secrets de son acoustique demeurent inconnus.

v. - 290
ÉGYPTE

Alexandrie : le port de la métropole hellénistique d'Égypte (terre cuite).

Alexandrie, capitale intellectuelle. Sous Ptolémée Ier Sôter est fondé le Musée, conçu pour le travail des penseurs et des savants venus de tout le monde grec. La grande bibliothèque qui lui est annexée abritera plus de 700 000 volumes à la fin de la période hellénistique.

v. - 280 GRÈCE
Un Colosse veille sur Rhodes. Haute de plus de 30 m, la statue en bronze qui fut érigée sans doute à l'entrée du port était celle du dieu-soleil. Elle devint l'une des Sept Merveilles du monde, mais fut détruite lors d'un séisme en - 227/226.

Le Colosse de Rhodes : l'une des Sept Merveilles du monde antique.

- 277 CHINE
La poésie en deuil. Art de lettrés par excellence, la poésie est cultivée depuis la plus haute antiquité. Qu Yuan, poète en exil, est considéré comme le père du lyrisme chinois, et son suicide deviendra l'objet d'une commémoration.

- 269 -> - 232 INDE
Ashoka, souverain maurya. L'Empire maurya s'étend à la quasi-totalité de l'Inde. Ashoka y favorise le rayonnement du bouddhisme, qui inspire sa propre politique ; il enverra des missionnaires jusqu'en Occident. C'est sous son règne que le site de Sanci (Madhya Pradesh) se couvre d'imposants édifices.

- 264 -> - 146
ROME, AFRIQUE DU NORD

Les guerres puniques : la campagne d'Hannibal en Italie après le passage des Alpes à dos d'éléphant.

Delenda est Carthago. Trois guerres successives seront nécessaires pour abattre Carthage, devenue la rivale de Rome. La deuxième guerre punique (de - 218 à - 201) est marquée par les exploits d'Hannibal, qui a passé les Alpes.

- 250 IRAN
Les Parthes règnent sur la Perse. Les Parthes Arsacides s'imposent aux dépens de la dynastie hellénistique des Séleucides. Ils soumettent tout l'Iran, où ils seront supplantés, en 224 apr. J.-C., par les Parthes Sassanides. Ceux-ci régneront jusqu'à la conquête arabe.

- 237 ÉGYPTE
Les fondations du temple d'Horus à Edfou. Horus, à la fois dieu-faucon et dieu-soleil, est le patron de la monarchie pharaonique. Il fut vénéré à Edfou dans un grand sanctuaire qui ne fut achevé qu'en l'an 57. L'édifice, dégagé par le Français Mariette, est le mieux conservé d'Égypte.

- 221 CHINE
Naissance de l'Empire chinois. Le prince de Qin, vainqueur des royaumes rivaux, prend le titre impérial et devient Qin Shi Huangdi. En même temps que le territoire, il unifie l'écriture. Il lance aussi les travaux de la Grande Muraille afin de se protéger des peuples de la steppe.

- 208 VIÊT NAM
Émergence du premier royaume national. Ce royaume — le Nam Việt — a pour berceau le Tonkin. Il restera sous obédience chinoise jusqu'à son annexion complète par l'Empire des Han en - 111.

- 206 CHINE
Fondation de la dynastie des Han.

IIe s. av. J.-C. GRÈCE

Hipparque (illustration du XIXe s.).

Hipparque fonde l'astrométrie. Par des observations d'une précision inégalée dans l'Antiquité, effectuées à Rhodes, Hipparque découvre la précession des équinoxes et établit le premier catalogue d'étoiles.

ROME
La route romaine. En superposant des couches de pierres liées avec du mortier, puis en ajoutant un matériau de remplissage, les Romains créent la route pavée, dont ils vont construire ensuite tout un réseau pour desservir leur empire : la *via Appia*, qui relie Rome à Brindisi, en est l'un des premiers exemples.

La Via Ostensie, à Ostie (Italie) : l'une des premières routes pavées.

- 196 GRÈCE
Rome installe son hégémonie. Rome libère la Grèce de la domination macédonienne. Elle la place en fait sous son protectorat, avant de la réduire en province en - 146. C'est alors que " la Grèce conquise conquit son farouche vainqueur " (Horace).

- 133 -> - 123 ROME
L'utopie des Gracques. L'un par une loi agraire, l'autre par une loi frumentaire, les frères Gracques incarnent la conscience de classe de la plèbe romaine face à l'aristocratie sénatoriale. Tous les deux le paieront de leur vie.

- 125 CHINE
Les Han instituent le mandarinat. Un édit de l'empereur Wudi rend obligatoire l'étude des classiques confucéens pour passer les examens d'État. Le règne des lettrés, qui commence, durera jusqu'à la fin de l'Empire chinois, en 1912.

- 107 -> - 88 ROME
Gouvernement de Marius.

Ier s. av. J.-C. CHINE
Invention du moulin à eau. Formé d'une roue à aubes partiellement immergée, dont la rotation sous l'effet du courant entraîne un axe relié à une meule, le moulin à eau va constituer la principale source d'énergie mécanique jusqu'à l'avènement de la machine à vapeur.

PROCHE-ORIENT
Invention du verre soufflé.

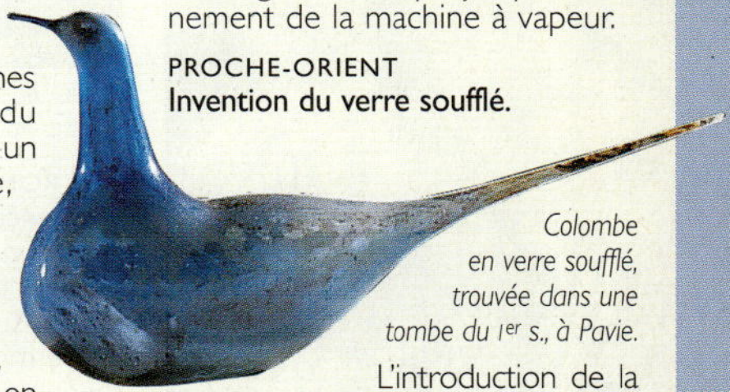

Colombe en verre soufflé, trouvée dans une tombe du Ier s., à Pavie.

L'introduction de la technique de soufflage du verre autorise la production en série de récipients de toutes formes et l'essor d'une véritable industrie verrière, dont l'Empire romain deviendra bientôt un haut lieu.

- 92 CHINE
L'histoire de Sima Qian. L'histoire est un des grands domaines de la littérature classique chinoise. Les *Mémoires historiques* de Sima Qian rassemblent les connaissances de son époque et livrent des renseignements irremplaçables sur la vie littéraire.

- 91 -> - 89 ROME
La" guerre sociale ". Le soulèvement des alliés italiens de Rome est l'aboutissement de leur lutte pour obtenir de la République le droit de cité. De fait, ce dernier leur est accordé plus largement, alors que l'action militaire de Sulla met fin à la crise.

- 82 -> - 79 ROME
Gouvernement de Sulla.

- 80 -> - 52 ROME
Cicéron orateur à succès. Les vingt-sept plaidoyers conservés de Cicéron sont autant de modèles de rhétorique. Celle-ci est à ses yeux l'expression même de la vertu en politique. Il lui consacrera plusieurs traités.

Naissance de l'Empire chinois : l'armée de terre cuite de Qin Shi Huangdi, exhumée dans son mausolée de Xi'an.

- 60 ROME
Formation du premier triumvirat.

- 55 ROME
Forums en chantier. César est le premier à prolonger vers le nord le vieux forum romain. À ce *forum Julii* s'ajouteront les forums d'Auguste, de Vespasien, de Nerva et de Trajan. Tous comporteront une place à portique à laquelle des arcs donneront accès.

- 52 ROME

Les forums impériaux : scène de conquête honorant les légions romaines.

La Gaule devient romaine. Le soulèvement général des peuples gaulois contre Rome conduit à la défaite de Vercingétorix à Alésia. La guerre des Gaules s'achève au bénéfice de César. Commence alors la civilisation gallo-romaine.

- 51 -> - 30 ÉGYPTE
Cléopâtre VII, reine.

- 46 ROME
César institue les années bissextiles. Sur les indications de l'astronome Sosigène, Jules César réforme le calendrier romain. Ancêtre direct du calendrier civil international actuel, le calendrier julien institue une année bissextile tous les 4 ans pour mieux ajuster la durée moyenne de l'année civile sur celle de l'année astronomique.

- 44 ROME
César assassiné ! César, qui est sorti vainqueur de la guerre civile et a été nommé " dictateur à vie ", est accusé de nourrir des ambitions de type monarchique. Il tombe victime de conjurés républicains menés par Brutus.

- 43 ROME
Formation du second triumvirat.

- 35 ROME
La verve satirique d'Horace. Grand poète du siècle d'Auguste, Horace contribue, chez les Latins, à faire de la satire un genre littéraire accompli sous la forme d'une libre causerie. Ce genre sera également cultivé par Perse et Juvénal.

- 31 ÉGYPTE
Rome étend sa tutelle. La bataille d'Actium sonne le glas de l'indépendance égyptienne. Après la mort de la reine Cléopâtre VII, dont Marc Antoine était l'allié, le futur empereur Auguste entre dans Alexandrie. Il refait alors l'unité du monde méditerranéen romain.

- 29 -> - 19 ROME
L'épopée fondatrice. *L'Énéide* de Virgile fait œuvre nationale à l'époque d'Auguste tout en reliant le destin de Rome à celui de la Grèce légendaire. Cette épopée ne cessera de nourrir la pensée de l'Occident humaniste.

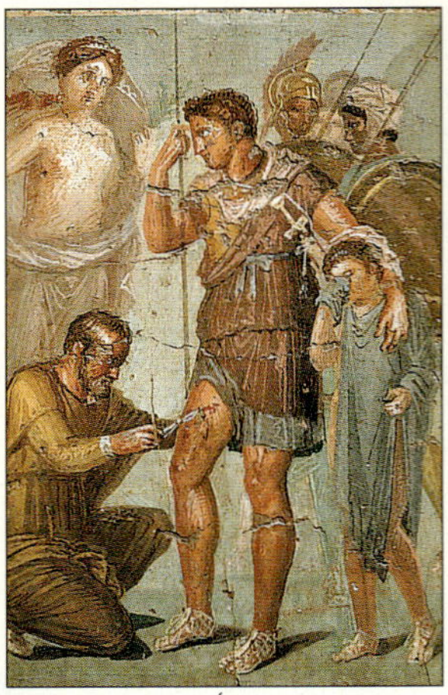

Virgile : épisode de l'Énéide, sur une fresque de villa pompéienne.

- 27 ROME
Naissance de l'Empire. Octave, prenant le nom d'Auguste, devient le premier empereur romain. Comme lui, ses successeurs seront investis d'une mission divine, qui leur sera reconnue par le sénat et le peuple.
Tite-Live entreprend son *Histoire de Rome*. Composé à l'origine en 142 livres, l'ouvrage est celui d'un patriote autant que d'un moraliste. Ce faisant, Tite-Live veille " à la mémoire du premier peuple du monde " et lui fournit matière à réfléchir sur son avenir.

- 27 -> 14 apr. J.-C. ROME
Auguste, empereur.

14 -> 37 ROME
Tibère, empereur.

Ier-IVe s. apr. J.-C. INDE
L'art des monastères. Au Gandhara, berceau du bouddhisme du grand véhicule (mahayana), se développe un art essentiellement sculptural : la figure du Bouddha est au centre des représentations, qui relatent sa vie en de petites scènes familières.

30 (ou 33) PALESTINE

La foi chrétienne : la crucifixion de Jésus, vue par Mantegna (le Calvaire).

Jésus-Christ meurt sur la croix. L'homme que ses disciples appellent le Messie répand la parole de Dieu sur terre. Ses apôtres ont mission de la propager. Le christianisme naissant est aussitôt combattu par les chefs religieux juifs et les autorités romaines.

37 -> 41 ROME
Caligula, empereur.

v. 40 -> 64 ROME

Sénèque : buste du philosophe stoïcien.

Sénèque à l'œuvre. L'œuvre philosophique de Sénèque — traités, dialogues, *Lettres à Lucilius* — exprime l'essence même du stoïcisme latin. Son œuvre dramatique — neuf tragédies — aura une influence directe sur la naissance du théâtre classique français.

41 -> 54 ROME
Claude Ier, empereur.

v. 50 ROME

Labourage à la charrue (illustration du XIIIe s.).

La charrue remplace l'araire. Munie d'un avant-train à roues et d'un coutre, mentionnés pour la première fois par Pline l'Ancien, la charrue offre une réelle supériorité sur l'araire, car elle retourne la terre et permet de labourer en profondeur.

54 -> 68 ROME
Néron, empereur.

68 -> 69 ROME
Galba, Othon, Vitellius, empereurs.

69 -> 79 ROME
Vespasien, empereur.

70 PALESTINE
Destruction du Temple de Jérusalem. Rome décide de mater le soulèvement des Juifs contre son occupation. Au terme de la campagne que mène le futur empereur Titus, la Judée est transformée en province impériale.

v. 70 -> 100 PALESTINE
Composition des quatre Évangiles. Les recueils de " paroles du Seigneur " sont, parmi les textes écrits, la source principale des Évangiles attribués à saint Matthieu, à saint Marc, à saint Luc et à saint Jean. Ce dernier est également l'auteur de l'*Apocalypse*, le dernier livre du Nouveau Testament.

75 -> 80 ROME
Le Colisée, amphithéâtre de Rome. L'amphithéâtre Flavien doit son nom à la colossale statue de Néron qui sera dressée à proximité en 121. Il servit principalement aux combats de gladiateurs, mais la tradition en fait aussi un lieu de supplice des chrétiens.

79 ROME

L'art de la fresque à Pompéi : peinture de la villa des Mystères.

Pompéi sous les cendres. L'éruption du Vésuve détruit Pompéi en même temps qu'Herculanum et Stabies. Les demeures patriciennes dévoileront l'opulence de la vie pompéienne et le raffinement atteint par les peintures murales et les mosaïques.

79 -> 81 ROME
Titus, empereur.

81 -> 96 ROME
Domitien, empereur.

96 -> 98 ROME
Nerva, empereur.

96 -> 192 ROME
Le siècle d'or. Empereurs très politiques, les Antonins — surtout de Trajan à Marc Aurèle — renforcent la grandeur et la prospérité de Rome. La " paix romaine " s'étend alors à l'ensemble du monde antique.

98 -> 117 ROME
Trajan, empereur.

Fin du Ier s. PALESTINE
La Bible juive est parachevée. La Bible juive est l'Ancien Testament des chrétiens. Elle se compose des vingt-quatre livres écrits en hébreu et en araméen : les cinq livres de la Torah (ou Pentateuque), les livres des Prophètes et les Saints Écrits (ou Hagiographes).

v. 100 CHINE
La première brouette. Une frise en relief dans une tombe, mise au jour près de Xuzhou, dans la province de Jiangsu, montre la première représentation connue d'une brouette. Celle-ci est d'abord utilisée comme moyen de transport militaire. Elle n'apparaîtra en Occident qu'au début du XIIIe s.

IIe s. ÉGYPTE

Le Fayoum, foyer de l'art du portrait : visage d'homme, peint sur bois.

Les portraits du Fayoum. Jusqu'au ve s., l'oasis du Fayoum est un foyer artistique : des artistes d'origine grecque exécutent de nombreux portraits sur bois ayant une fonction funéraire ; le plus célèbre est la Dame du Fayoum.

113 ROME
Consécration de la colonne Trajane. Érigé sur le forum de Trajan, le monument est la plus célèbre des colonnes triomphales romaines. Fait de marbre blanc, il commémore les campagnes victorieuses de l'empereur pour soumettre les Daces et constitue une source iconographique exceptionnelle.

117 -> 138 ROME
Hadrien, empereur.

118 -> 125 ROME
Le premier monument à coupole. Reconstruit à l'époque d'Hadrien, le Panthéon est le temple " dédié à tous les dieux ". Sa coupole, qui s'élève à 40 m, est la première qui fut bâtie dans le monde romain.

IIe - IIIe s. LIBAN
Baalbek, cité romanisée. La cité phénicienne devient colonie romaine à l'époque d'Auguste. Sous les Antonins, elle sera le foyer d'un culte à la Triade héliopolitaine : Jupiter, Vénus et Mercure ; il y subsiste d'imposantes ruines.

Le système de Ptolémée (atlas céleste de A. Cellarius, XVIIe s.).

v. 130 -> 150 GRÈCE
La Terre au centre de l'Univers. Conforme aux observations de l'époque et aux principes de la physique d'Aristote, la représentation géocentrique de l'Univers proposée par Ptolémée fera autorité jusqu'à la Renaissance.

138 -> 161 ROME
Antonin le Pieux, empereur.

161 -> 180 ROME
Marc Aurèle, empereur.

180 -> 192 ROME
Commode, empereur.

193 -> 211 ROME
Septime Sévère, empereur.

v. 210 ROME

Le premier art chrétien : fresque des catacombes romaines.

L'art chrétien des catacombes. Jusqu'au IVe s., les nécropoles souterraines des chrétiens sont décorées de fresques. Peu à peu y apparaît l'image du Bon Pasteur, qui trahit des influences hellénistiques.

211 -> 217 ROME
Caracalla, empereur.

218 -> 222 ROME
Élagabal, empereur.

220 -> 265 CHINE
Période des Trois Royaumes. À la fin de la période Han, les révoltes paysannes sont un ferment d'anarchie politique, qui fait le jeu de chefs de guerre. Trois d'entre eux se partagent l'Empire. Le morcellement de la Chine durera près de quatre siècles.

222 -> 235 ROME
Sévère Alexandre, empereur.

250 MEXIQUE
Teotihuacán, métropole précolombienne. Ville du bassin de Mexico, Teotihuacán exerce son rayonnement sur l'Amérique centrale jusqu'en 650. Son architecture comprend les grandes pyramides du Soleil et de la Lune. Ses peintures murales lui vaudront le surnom de " cité des couleurs ".

250 -> 950
Apogée de l'Empire maya.

267 -> 272 PROCHE-ORIENT
Palmyre défie Rome. Le royaume qui se crée à Palmyre, riche cité caravanière, est d'abord l'allié de Rome, dont il contrôle les colonies asiatiques. Mais la reine Zénobie cherche à annexer l'Égypte et doit alors se démettre.

270 -> 275 ROME
Aurélien, empereur.

284 -> 305 ROME
Dioclétien, empereur.

293 ROME
Dioclétien réforme les institutions. Le régime de la tétrarchie institue le gouvernement de l'Empire à quatre et crée autant de capitales : Nicomédie, Milan, Trèves et Sirmium, où réside Galère, que Dioclétien adopte.

300 -> 900 MEXIQUE
Apogée de la civilisation zapotèque.

IVe s. INDE
Le *Mahabharata* s'achève. Épopée constituée d'apports successifs, le *Mahabharata* mêle religion, mythologie et philosophie. La *Bhagavad-Gita*, qui lui est intégrée, est la principale source de la pensée indienne.

Le Mahabharata : illustration d'une scène de la Bhagavad-Gita.

306 -> 337 ROME
Constantin Ier, empereur.

313 ROME
Constantin favorise l'essor du christianisme. Après la " grande persécution " des années 303 à 311, les chrétiens obtiennent le droit de pratiquer leur culte au grand jour. L'empereur Constantin, qui le leur a accordé, se convertira lui-même à la nouvelle religion sur son lit de mort, en 337.

320 INDE
Les Gupta maîtres de l'Inde du Nord. La dynastie façonne la civilisation indienne dans tout le bassin du Gange. Elle est à son apogée au tournant des IVe et Ve s. et favorise la renaissance de l'hindouisme.

324 ROME
Constantinople devient la " Nouvelle Rome ". Fondée sur le site même de la Byzance primitive, choisi par Constantin pour des raisons stratégiques, Constantinople sera inaugurée le 11 mai 330. La capitale impériale sera protégée du continent par une double enceinte et de la mer par une couronne de fortifications.

351 -> 361 ROME
Constance II, empereur.

354 ROME
Premières enluminures. Le premier ouvrage enluminé est un calendrier, dont les miniatures seront copiées sur des manuscrits carolingiens. Durant tout le Moyen Âge, l'enluminure sera l'une des formes privilégiées de l'art chrétien.

L'art de l'enluminure : initiale ornée d'un sacramentaire (femme poisson).

364 -> 375 ROME
Valentinien Ier, empereur.

379 -> 395 ROME
Théodose Ier, empereur.

391 -> 406 PALESTINE
Saint Jérôme traduit la Bible en latin. Le grec avait été la première langue du christianisme. La traduction du texte hébreu en latin donne naissance à la Vulgate. Celle-ci sera considérée comme la version officielle de l'Église romaine.

395 ROME

Théodose Ier : monnaie à son effigie.

L'Empire se divise définitivement. À la mort de Théodose Ier, l'Empire dont Constantinople est la capitale (Empire romain d'Orient) prend le nom d'Empire byzantin. L'Empire romain d'Occident aura Ravenne pour capitale à partir de 402.

395 -> 408
EMPIRE ROMAIN D'ORIENT
Arcadius, empereur.

397 -> 427 AFRIQUE DU NORD
Saint Augustin, père de l'Église latine. Les *Confessions* et la *Cité de Dieu* sont les ouvrages majeurs qui feront de saint Augustin le premier grand maître à penser de l'Occident chrétien. L'augustinisme est avant tout une doctrine de la grâce et de l'intériorité.

Ve s. INDE
L'art rupestre renaît à Ajanta. Le sanctuaire bouddhique d'Ajanta, dans le Deccan, se compose de vingt-neuf grottes creusées dans une falaise. Les premières l'ont été dès le IIe s. av. J.-C. Elles offrent un ensemble exceptionnel de peintures pariétales.

406 -> 409 GAULE
Invasions barbares.

408 -> 450
EMPIRE ROMAIN D'ORIENT
Théodose II, empereur.

410 ITALIE

Les grandes invasions : Barbares faisant voile vers l'Angleterre.

Les Barbares submergent Rome. Le sac de Rome par les Wisigoths d'Alaric est l'événement emblématique des grandes invasions. Celles-ci ont commencé au IIIe s. Elles s'intensifieront en Occident tout au long du Ve s.

418 -> 451 EUROPE
Théodoric Ier, roi des Wisigoths.

425 PALESTINE
Achèvement du Talmud palestinien. Le Talmud, commentaire de la Torah, est l'ouvrage fondamental du judaïsme postbiblique. Le Talmud palestinien (dit " de Jérusalem ") en constitue la première version. Une seconde version, celle du Talmud babylonien, paraîtra vers l'an 500.

428 -> 477 AFRIQUE DU NORD
Les Vandales s'emparent de l'Afrique romaine. Geiséric est le premier roi vandale d'Afrique. Disposant d'une puissante flotte de guerre, il se constitue un empire en Méditerranée et provoque la ruine de nombreuses cités, dont celle de Leptis Magna en 455.

451 FRANCE
Les Huns vaincus. Après avoir franchi le Rhin à la tête des Huns, Attila est arrêté aux champs Catalauniques, en Champagne. Surnommé en Occident le " fléau de Dieu ", il reste pour les Hongrois un héros épique.

457 -> 474 EMPIRE BYZANTIN
Léon Ier, empereur.

476 EUROPE
Fin de l'Empire romain d'Occident. Le dernier empereur régnant sur l'Occident est déposé par les envahisseurs germains. Seuls les empereurs byzantins de Constantinople, empereurs d'Orient, représenteront désormais la puissance " romaine ". Le Moyen Âge commence.

481/482 -> 511 GAULE
Clovis Ier, roi des Francs.

493 -> 526 EUROPE
Théodoric le Grand, roi des Ostrogoths.

498 GAULE

La monarchie franque et l'Église : le baptême de Clovis.

Baptême de Clovis à Reims. Fondateur de la monarchie franque, Clovis est à l'origine de ce qui deviendra une investiture canonique : comme lui, la plupart des rois de France se feront sacrer à Reims. Trois mille guerriers francs reçoivent le baptême en même temps que Clovis.

511 FRANCE
Création des royaumes mérovingiens. En vertu de la loi salique, Clovis laisse son royaume en partage à ses fils. Ceux-ci se concilient des partisans (les leudes) par l'octroi de terres publiques. Le *regnum Francorum* sera la principale puissance de l'Occident chrétien.

v. 520 CHINE
Le bouddhisme religion d'État. L'arrivée en Chine de Bodhidharma (Da Mo en chinois), prince du sud de l'Inde, y introduit le bouddhisme zen, qui obtient aussitôt les faveurs de la dynastie Liang régnante.

527 -> 565 EMPIRE BYZANTIN
Justinien Ier, empereur.

528 -> 529 et 534
EMPIRE BYZANTIN

Justinien Ier : portrait de l'empereur byzantin sur une mosaïque de Ravenne.

Le Code Justinien est publié. Recueil rédigé en latin, le Code met de l'ordre dans toutes les lois promulguées depuis l'empereur Hadrien et les modernise parfois. Il constitue l'un des éléments du dispositif de réforme de l'État impérial dans un sens plus centralisateur.

La Chine des Tang : la vie de cour.

529 OCCIDENT
Saint Benoît, législateur du monachisme. La règle édictée par Benoît de Nursie en son abbaye du Mont-Cassin est celle qui s'applique à l'ordre des Bénédictins. Elle fait de l'humilité la voie principale du salut. À ce titre, elle inspirera les grandes réformes monastiques de l'Occident.

532 -> 537 EMPIRE BYZANTIN
Édification de Sainte-Sophie à Constantinople. Chef-d'œuvre de l'architecture byzantine, Sainte-Sophie est une église à coupole s'élevant à 55 m. Elle fut décorée à grand renfort de marbre et de mosaïques. Transformée par les Turcs en mosquée, elle sera flanquée de quatre minarets.

575 -> 591 FRANCE

L'Histoire des Francs : saint Grégoire de Tours, historiographe des Mérovingiens.

La première *Histoire des Francs*. Le haut Moyen Âge mérovingien est le temps des conflits et des partages. Saint Grégoire de Tours, qui en fait la relation, devient ainsi un précurseur des historiographes.

581 CHINE
Fondation de la dynastie des Sui.

av. 600 INDE
La numération décimale et le zéro. Transmis au monde islamique au IXe s. par le mathématicien arabe al-Kharezmi, ce système de numération ne sera introduit en Occident qu'au Xe s., par Gerbert d'Aurillac, et plus largement diffusé au début du XIIIe s. par l'Italien L. Fibonacci.

618 CHINE
Fondation de la dynastie des Tang.

622 MONDE ARABE
Début de l'hégire. Le prophète Mahomet quitte La Mecque, où sa vie est menacée, pour Médine, dont les habitants sont de plus en plus réceptifs à sa prédication. Cette " fuite " (" hégire ") sert de point de départ au calendrier musulman.

629 -> 638 FRANCE
Dagobert Ier, roi des Francs.

630 -> 645 CHINE
Les Tang contrôlent l'Asie. La dynastie Tang, qui règne jusqu'en 907, incarne la toute-puissance de la Chine. Celle-ci poursuit son expansion en Asie centrale et acquiert la maîtrise de la route de la soie ; l'économie monétaire fait son apparition.

642 -> 661 IRAN
Les Arabes victorieux des Perses. En cinq ans, les Arabes font la conquête de l'Iran, qui est intégré à l'empire des Omeyyades. Sous leur influence, l'islam s'impose et évince la religion zoroastrienne des Sassanides.

644 -> 656 MONDE ARABE
La version unique du Coran est établie. Le Coran contient les révélations faites à Mahomet entre 612 et 632. Il fait de l'islam le fondement de la société et de l'arabe la langue de la prière pour tous les musulmans. La tradition propre au Prophète est contenue dans un second ouvrage, la *Sunna*.

645 JAPON
Les réformes de l'ère Taika. L'ère dite " de la Grande Transformation " traduit l'influence de la Chine des Tang sur le Japon. Le pouvoir impérial y est renforcé et les terres sont redistribuées au profit des hauts fonctionnaires qui le servent.

v. 650 IRAN
Premiers moulins à vent. À l'origine, les ailes du moulin à vent sont horizontales ; ce n'est qu'à la fin du XIIe s., lorsque seront construits les premiers moulins en Europe, que l'on commencera à les monter verticalement, pour obtenir des machines plus puissantes.

661 MONDE ARABE
La dissidence chiite. Au moment où la dynastie des Omeyyades prend la tête de l'Empire musulman, elle s'oppose à Ali, le quatrième calife de l'islam. Les partisans de ce dernier donnent alors naissance à un courant dissident, fondé sur la doctrine de l' " imam caché ".

v. 680 -> 730 EUROPE

Le chant grégorien : le Kyrie eleison.

Avènement du grégorien. La refonte du répertoire de chant d'église remontant au pape Grégoire Ier

donne naissance au chant grégorien. Ce dernier, accompagnant la liturgie, ne cessera de s'enrichir jusqu'à la fin du XIe s. À partir du XIIIe s., il aura un prolongement dans le plain-chant.

691 PALESTINE

Les débuts de l'art islamique : la Coupole du Rocher, à Jérusalem.

La Coupole du Rocher, premier monument de l'islam. L'édifice de plan octogonal est appelé à tort " mosquée d'Umar ". Il s'élève, à Jérusalem, sur le rocher sacré qui rappelle à la fois le sacrifice d'Abraham et le voyage céleste de Mahomet.

699 -> 759 CHINE

Wang Wei, poète et peintre calligraphe. Peintre paysagiste pour lequel " l'idée précède le pinceau ", Wang Wei serait l'inventeur de la peinture au lavis. Celle-ci, comme la calligraphie, est art de lettrés.

710 -> 794 JAPON

La période de Nara, au Japon : statue en pied ornant le temple Kofuku-ji.

Période de Nara. Nara devient la capitale impériale. La période est marquée par les progrès du bouddhisme, qui se limitent toutefois à la cour, et par la profusion de la création artistique, dont témoigne le trésor de l'empereur Shomu tenno.

711 ESPAGNE

Les musulmans déferlent. Après la conquête du Maroc (700-710), les Arabes franchissent le détroit de Gibraltar et éliminent la monarchie wisigothique d'Espagne. Huit siècles de domination musulmane vont transformer le pays économiquement et culturellement.

712 -> 720 JAPON

La révélation du shinto. C'est la chronique dite *Nihongi* qui atteste pour la première fois l'existence du shinto. Ce dernier désigne la religion originelle du Japon, antérieure au bouddhisme. Au XIXe s., l'empereur sera divinisé en vertu des croyances shintoïstes.

v. 715 GRANDE-BRETAGNE

Une épopée anglo-saxonne. Le *Lai de Beowulf*, comportant plus de trois mille vers, est le premier ouvrage composé, en Europe, en langue vernaculaire. L'activité des moines copistes permettra la diffusion d'une littérature nationale.

717 -> 741 EMPIRE BYZANTIN

Léon III, empereur.

721 -> 737 FRANCE

Thierry IV, roi des Francs.

730 EMPIRE BYZANTIN

Icônes interdites. La réforme religieuse de l'empereur Léon III, interdisant le culte des icônes, déclenche un conflit avec Rome et ouvre une crise qui secouera le monde byzantin pendant plus d'un siècle. Elle entraînera de nombreuses persécutions.

732 FRANCE

Les Arabes arrêtés à Poitiers. Maîtres de l'Espagne, les Arabes pénètrent en Gaule et pillent Bordeaux. Charles Martel, maire du palais sous les derniers Mérovingiens, fait échec à leur avancée en direction de la Loire. Ils ne se replieront complètement qu'en 759.

735 CORÉE

Sous tutelle chinoise. Des trois royaumes historiques de Corée, celui de Silla l'emporte avec l'aide militaire de la Chine des Tang. Il unifie alors le territoire coréen, qui sera de plus en plus sous l'influence de la culture chinoise.

750 MONDE ARABE

Les Abbassides, califes de l'islam. Les Abbassides descendent d'un oncle de Mahomet. Ils instaurent la troisième dynastie de califes après la chute des Omeyyades. Sous leur règne, l'Empire arabe s'étendra de l'Espagne à la Chine.

751 -> 768 FRANCE

Pépin le Bref, roi des Francs.

756 ESPAGNE

Création de l'émirat de Cordoue. À Cordoue, l'Omeyyade Abd al-Rahman fonde un émirat indépendant, qui sera déclaré califat en 929. Cette époque sera pour la ville celle de la prospérité économique et de la splendeur architecturale.

ITALIE

Le pape dans ses États. Pépin le Bref, roi des Francs, intervient pour chasser les Lombards des terres pontificales qu'ils ont investies et les rendre au pape. Cette " donation de Pépin " est ainsi à l'origine de la reconnaissance des États de l'Église.

v. 780 -> 850 INDONÉSIE

Barabudur magnifie le bouddhisme. À Java, Barabudur est le site d'un mandala architectural au centre duquel s'élève le plus haut stupa du monde bouddhique. L'ensemble des terrasses comprend plus de 3 000 bas-reliefs contant la vie du maître.

785 -> 987 ESPAGNE

L'art arabo-andalou de Cordoue : le mihrab de la Grande Mosquée.

Construction de la Grande Mosquée de Cordoue. Édifice représentatif de l'implantation en Europe de l'art omeyyade, la mosquée est l'une des plus vastes du monde (23 000 m^2). La salle du mihrab est surmontée d'une magnifique coupole nervurée.

786 -> 809 MONDE ARABE

L'Empire abbasside : le calife Harun al-Rachid, maître de Bagdad.

Harun al-Rachid calife. Le plus célèbre des califes abbassides entretient à Bagdad une cour fastueuse attestant l'essor des échanges commerciaux de l'époque, en particulier avec la Chine. Il deviendra le héros légendaire des *Mille et Une Nuits*.

IXe s. MONDE ARABE

Al-Kharezmi fonde l'algèbre. Al-Kharezmi indique des méthodes de résolution des équations du premier et du second degré ; il peut être considéré comme le fondateur de l'algèbre.

IXe -> Xe s. MONDE ARABE

La philosophie arabe nourrie aux sources grecques. Al-Kindi, le " philosophe des Arabes ", et al-Farabi, le " philosophe des musulmans ", sont les premiers commentateurs de Platon et d'Aristote. Toute leur œuvre vise à rapprocher la religion de la philosophie.

800 EUROPE

Fondation de l'empire d'Occident : le sacre de Charlemagne à Rome.

Charlemagne empereur d'Occident. Le sacre de Charlemagne a lieu à Rome. De son règne date un vaste mouvement culturel et artistique auquel on donne le nom de " renaissance carolingienne ", et qui culminera à l'époque de Charles le Chauve.

v. 800 ALLEMAGNE

Naissance de la poésie épique. Conservé au dos d'un traité théologique, le poème qui a pour titre *la Chanson de Hildebrand* ne comprend que 70 vers. Il relate des faits de guerre du Ve s., au cours desquels un père et son fils vont être conduits à s'affronter.

808 JAPON

La poésie de cour a son anthologie. Le *Manyo-shu*, issu d'une compilation antérieure, rassemble quelque 4 500 poèmes. Ils ont pour la plupart la forme classique du tanka (poème de 31 syllabes), dans lequel excelle Kakinomoto no Hitomaro.

814 -> 840 EUROPE

Louis Ier, empereur.

843 EUROPE

Partage de l'Empire carolingien. Le partage, établi par le traité de Verdun, est équitable entre les petits-fils de Charlemagne : la *Francia occidentalis* revient à Charles le Chauve ; la *Francia orientalis*, à Louis le Germanique ; le reste du territoire, comprenant l'Italie, à Lothaire, qui garde le titre impérial.

843 -> 877 FRANCE

Charles II, roi.

v. 850 AMÉRIQUE CENTRALE

Installation des Toltèques. Venus du nord, les Toltèques occupent le haut plateau central du Mexique ; ils auront pour capitale Tula. La civilisation qu'ils développeront sera si brillante que les souverains ultérieurs du Mexique se réclameront de leur descendance.

v. 860 EUROPE ORIENTALE

Cyrille et Méthode évangélisent les Slaves. Originaires de Macédoine, les deux moines utilisent le slavon pour christianiser la Bohême et la Moravie. Le système alphabétique qu'ils adoptent, dit " cyrillique ", permettra à la langue slave de se fixer.

867 -> 886 EMPIRE BYZANTIN

Basile Ier, empereur.

867 -> 1057 EMPIRE BYZANTIN
L'apogée de Byzance. Les empereurs de la dynastie dite " macédonienne " luttent avec succès contre les Arabes, les Russes et les Bulgares. Ce sont aussi de grands hommes d'État, qui assurent le rayonnement de Constantinople, alors la plus grande ville du monde.

868 CHINE
Première page du Sutra du diamant, imprimé en Chine en 868.

Premier livre imprimé. Un ouvrage sacré bouddhique, *le Sutra du diamant*, dont il ne subsiste qu'un extrait consistant en un rouleau de près de 5 m de long, imprimé par " Wang Jie " au moyen de blocs de bois gravés (xylographie) d'environ 75 cm sur 30 cm, constitue le premier livre imprimé connu.

877 -> 879 FRANCE
Louis II, roi.

878 GRANDE-BRETAGNE
Les Anglo-Saxons sous une seule couronne. Les sept royaumes qui forment l'Heptarchie sont passés sous le joug des Danois. Vainqueur de ces derniers à Edington, le roi de Wessex Alfred le Grand est reconnu roi de tous les Anglo-Saxons.

879 -> 882 FRANCE
Louis III, roi.

882 RUSSIE

L'État de Kiev : l'invasion des Varègues, conquérants d'origine viking.

Fondation de l'État de Kiev. Kiev est la capitale du premier État russe. Celui-ci aurait pour fondateurs les Varègues (Vikings immigrés), dont un prince aurait assujetti à l'État de Kiev les diverses tribus de Slaves orientaux.

885 -> 886 FRANCE
Les Vikings assiègent Paris. Les envahisseurs normands intensifient leurs raids tout au long du IXe s. Les villes qui veulent s'en libérer paieront un tribut ruineux, le danegeld, qui restera en vigueur jusqu'en 926.

Les Vikings en Occident : raids et rapines terrifient les populations.

896 EUROPE ORIENTALE
Les Hongrois conquièrent la plaine danubienne. Sous la conduite de leur chef Árpád, les Hongrois (ou Magyars) chassés de la région de l'Oural franchissent les Carpates. Dès le siècle suivant, ils lanceront des raids en Italie, en Allemagne et dans l'est de la France.

898 -> 923 FRANCE
Charles III, roi.

IXe s.
Apparition de l'attelage moderne. Le collier d'épaule remplace le système antique d'attelage du cheval ; en soumettant à l'effort les épaules du cheval et non plus son cou, ce dispositif accroît considérablement la force de traction de l'animal et inaugure l'attelage moderne.

911 FRANCE
Le roi cède la Normandie. Les Normands qui occupent la basse vallée de la Seine signent avec le Carolingien Charles III le traité de Saint-Clair-sur-Epte, qui leur reconnaît la possession de la future Normandie. Ainsi, celle-ci sera l'un des États vikings créés en territoire franc.

936 -> 954 FRANCE
Louis IV, roi.

950 AMÉRIQUE CENTRALE
La fin des cités mayas. Surnommés " les Grecs du Nouveau Monde ", les Mayas ont été à l'origine de l'essor d'une civilisation dont les grands centres sont Palenque, Copán ou Tikal. Ces cités, caractérisées par le modèle du temple pyramide, sont abandonnées à la fin de la période classique.

v. 950 PROCHE-ORIENT
La genèse des *Mille et Une Nuits*. Le recueil de contes contient tous les personnages dont les aventures ont nourri l'imaginaire arabo-persan : Aladin, Ali-Baba, Sindbad, et l'héroïne de l'ouvrage elle-même, Schéhérazade, qui se sauve par ses récits d'une mort promise.

960 CHINE
Les Song reconstruisent l'unité. L'avènement d'une dynastie nationale met un terme à la période d'anarchie qui avait fait suite à la chute des Tang (période dite des Cinq Dynasties, toutes étrangères). Toutefois, l'empire qu'ils gouvernent reste amputé des États aux mains des " barbares du Nord ".

962 EUROPE
Rome sacre l'empereur. L'institution du Saint Empire romain germanique — ce nom ne sera donné qu'au XVe s. — remonte à Otton Ier le Grand. Ce dernier, roi de Germanie et roi d'Italie, est couronné empereur à Rome. Il fonde la dynastie ottonienne.

963 -> 1025 EMPIRE BYZANTIN
Basile II, empereur byzantin.

966 POLOGNE
Un nouveau royaume chrétien. La dynastie des Piast donne naissance au premier État polonais. Le roi Mieszko Ier, qui recherche l'alliance de l'empereur germanique, se fait baptiser avec sa cour. L'église polonaise placera le pays dans l'obédience du Saint-Siège.

973 -> 983 SAINT EMPIRE
Otton II, empereur.

984 CHINE
Invention de l'écluse. C'est le fait d'un fonctionnaire des transports, Jiao Weiyo. En Occident, ce dispositif ne sera mentionné pour la première fois qu'en 1373.

986 -> 987 FRANCE
Louis V, roi.

987 FRANCE

La monarchie capétienne : miniature à la gloire du roi Hugues Ier Capet.

Hugues Capet est sacré roi. Le dernier Carolingien, Louis V, étant mort sans héritier, les grands vassaux du Nord portent le duc de France Hugues Capet à la tête du royaume. Il fonde la dynastie des Capétiens directs, qui comptera 14 souverains et régnera jusqu'en 1328.

996 -> 1002
SAINT EMPIRE
Otton III, empereur.

Seconde moitié du xe s.
ALLEMAGNE

L'art ottonien : la couronne d'empire.

Rayonnement de l'art ottonien. L'art qui s'épanouit sous le règne d'Otton le Grand et de ses successeurs fait transition entre l'époque carolingienne et l'époque romane. Il touche à l'architecture, à la peinture, à l'orfèvrerie et à l'enluminure.

996 -> 1031 FRANCE
Robert II, roi.

1000 EUROPE
La Grande Peur. Les croyances millénaristes s'alimentent à la lecture du livre de l'Apocalypse. Les terreurs de l'an 1000, décrites à partir du XVIe s., reflètent bien l'inquiétude religieuse qui traverse la société de cette époque.

1000 -> 1038 HONGRIE
Étienne Ier, roi.

Début du XIe s. PROCHE-ORIENT
Avicenne, un grand médecin. Le *Canon de la médecine* d'Avicenne fournit notamment une description précise de maladies telles que la méningite aiguë, la pleurésie, l'apoplexie, etc. Il dominera l'enseignement de la médecine en Europe jusqu'au XVIIe s.

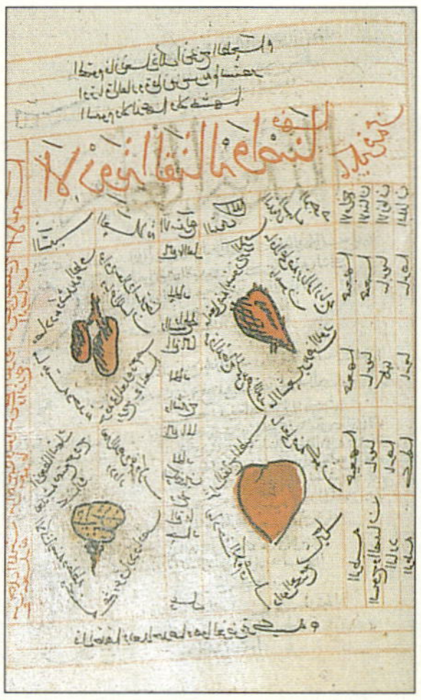

Page du Canon de la médecine d'Avicenne.

1007 JAPON
L'apothéose du roman classique. Une femme, Murasaki Shikibu, est l'auteur du *Genji monogatari (Dit du Genji)*, qui offre une peinture raffinée de la vie de cour à Kyoto. Elle exercera une forte influence sur le genre du roman " vrai ".

v. 1010 IRAN
Le *Chah-namè*, épopée dynastique. Le poète persan Ferdowsi consacra sa vie à composer le " Livre des Rois ", qui est à la fois une généalogie de l'Empire iranien et une méditation sur la destinée humaine. L'ouvrage jouera aussi un grand rôle comme source d'inspiration artistique.

1014 -> 1024 SAINT EMPIRE
Henri II, empereur.

1016 -> 1035 GRANDE-BRETAGNE
Un Danois sur le trône d'Angleterre. Les Danois soumettent les Anglo-Saxons et confient la couronne à Knud le Grand. Celui-ci intègre l'Angleterre à son empire maritime comprenant le Danemark et la Norvège.

1031 -> 1060 FRANCE
Henri Ier, roi.

1042 -> 1066 GRANDE-BRETAGNE
Édouard le Confesseur, roi d'Angleterre.

1044 CHINE
On a inventé la poudre. Pour la première fois est indiquée la composition chimique de la poudre. Toutefois, un traité du VIe s. mentionne déjà les propriétés explosives d'un mélange à base de salpêtre.

1044 -> 1077 BIRMANIE

Le bouddhisme birman : la pagode Shwezigon, sur le site de Pagan.

Pagan, haut lieu bouddhique. À l'époque du premier royaume birman, Pagan commence à se couvrir d'édifices religieux. Il en subsiste aujourd'hui cinq mille, parmi lesquels le grand temple Ananda et la pagode Shwezigon au dôme doré.

1046 -> 1056 SAINT EMPIRE
Henri III, empereur.

1051 IRAN
Ispahan, capitale des Turcs Seldjoukides. L'Iran tombe aux mains de vassaux turcs, les Seldjoukides du sultan Toghroul Beg. À Ispahan, ils enrichissent la Grande Mosquée du Vendredi de ses deux coupoles.

1054 EMPIRE BYZANTIN
Le christianisme se divise. Consacrant l'opposition théologique entre Rome et Byzance, l'Église d'Orient provoque un schisme qui donne naissance à la religion orthodoxe. En son sein se créeront diverses Églises dites " autocéphales " (indépendantes), qui auront pour chef spirituel le patriarche œcuménique de Constantinople.

1060 -> 1108 FRANCE
Philippe Ier, roi.

1063 ITALIE
Saint-Marc de Venise. La basilique, au modèle byzantin, présente un plan en croix grecque et comporte cinq coupoles, qui prennent appui sur un ensemble de plus de cinq cents colonnes. Le décor de mosaïque incrustée est l'œuvre d'artistes byzantins.

Saint-Marc de Venise : la basilique lors de la translation des restes du saint.

1066 GRANDE-BRETAGNE

Guillaume le Conquérant : le serment de fidélité au nouveau roi d'Angleterre.

Un Normand sur le trône d'Angleterre. Vainqueur de la bataille d'Hastings, le duc de Normandie se fait couronner à Westminster sous le nom de Guillaume Ier le Conquérant. Roi administrateur, il donnera l'ordre d'établir le cadastre général de l'Angleterre *(Domesday Book)*.

1071 EMPIRE BYZANTIN
L'Asie Mineure livrée aux Turcs. La défaite des Byzantins à Mantzikert ouvre l'Empire aux invasions turques. Plusieurs États seldjoukides seront créés, comme le puissant sultanat de Rum, ayant Nicée pour première capitale.

1073 -> 1085 **Grégoire VII, pape.**

1077 ITALIE
L'humiliation de Canossa. Crise majeure de la féodalité, la querelle des Investitures amène le pape Grégoire VII à excommunier le futur empereur Henri IV et — fait sans précédent — à délier ses sujets de leur serment de fidélité. Le souverain se résout alors à faire pénitence au château de Canossa.

1084 -> 1106 SAINT EMPIRE
Henri IV, empereur.

1088 FRANCE
Cluny influence l'art roman. Cluny est l'un des plus beaux exemples de l'art monastique. Son église, alors la plus grande de la chrétienté, influencera tout l'art roman bourguignon, tant en architecture qu'en sculpture.

v. 1090 FRANCE
La chanson de geste magnifie l'histoire. En transformant la réalité d'un fait d'armes — la défaite de Charlemagne à Roncevaux —, *la Chanson de Roland* donne naissance au genre épique français. Celui-ci popularise l'héroïsme féodal dans le dessein de susciter un sentiment national.

Les croisades : la prise de Jérusalem lors de la première croisade en Terre sainte.

1095 FRANCE
Le pape Urbain II prêche la croisade. L'Europe chrétienne se met en armes pour le service de Dieu. Entre 1096 et 1270, huit expéditions auront lieu en Terre sainte pour délivrer Jérusalem des Turcs, qui en sont maîtres depuis 636.

1096 -> 1099
Première croisade.

1099 PALESTINE
Premier État latin d'Orient. Les premiers croisés s'emparent de Jérusalem et en font la capitale d'un royaume latin qui sera la réplique d'un État féodal d'Occident. Trois grands ordres militaires y seront créés au XIIe s. : l'ordre des Templiers, celui des chevaliers de Malte et celui des chevaliers Teutoniques.

XIIe s. CHINE
Le céladon donne sa perfection à la porcelaine. Dès la dynastie des Song du Nord, les potiers impériaux se spécialisent dans la production de céramique verte. Elle revêtira tout son éclat à l'époque des Song du Sud.

La porcelaine chinoise : vase en céladon de l'époque des Song du Nord.

1100 -> 1135 GRANDE-BRETAGNE
Henri Ier, roi d'Angleterre.

1108 -> 1137 FRANCE
Louis VI, roi.

1111 -> 1125 SAINT EMPIRE
Henri V, empereur.

1112 FRANCE
Cîteaux rivale de Cluny. La réforme du monachisme occidental est partie de Cluny. Sous l'influence de saint Bernard, l'abbaye de Cîteaux suscite un nouvel élan en faveur de la stricte observance de la règle bénédictine. L'architecture cistercienne sera l'une des plus hautes expressions de l'art roman.

L'art cistercien : le cloître de l'abbaye du Thoronet (France, Var).

v. 1135 -> 1144
FRANCE
L'art gothique naît en région parisienne. La basilique de Saint-Denis est le premier chef-d'œuvre de cette architecture nouvelle, qui fait un usage systématique du voûtement sur croisée d'ogives. Au siècle suivant, le gothique classique sera celui de l'âge d'or des cathédrales.

1136 -> 1155
GRANDE-BRETAGNE, FRANCE
Le roi Arthur légendaire. La légende arthurienne est issue d'une littérature orale transmise par des conteurs bretons. Elle est associée au mythe de la quête du Graal, dont les héros sont les chevaliers de la Table ronde.

1137 -> 1180 FRANCE
Louis VII, roi.

1139 PORTUGAL
Un royaume nouveau. Alphonse Ier Henriques est le fondateur de la monarchie portugaise. Grand soldat de la Reconquista, il est proclamé roi sur le champ de bataille, avant d'obtenir de la Castille l'indépendance du nouvel État.

1147 -> 1149
Deuxième croisade.

1152 GRANDE-BRETAGNE

L'Aquitaine, possession anglaise : au second plan, la reine Aliénor et Henri II Plantagenêt, auquel échut le duché.

L'Aquitaine aux Plantagenêts. L'Aquitaine de la duchesse Aliénor échoit par mariage au futur roi Henri II, déjà duc de Normandie et comte d'Anjou. C'est en raison de ses possessions continentales que le roi d'Angleterre doit prêter hommage au roi de France.

1154 -> 1189 GRANDE-BRETAGNE
Henri II, roi d'Angleterre.

1154 -> 1250 EUROPE
Lutte du Sacerdoce et de l'Empire. Le conflit entre la papauté et l'Empire resurgit : la suprématie temporelle sur le monde chrétien en est l'enjeu. Il culmine sous les pontificats d'Innocent III et Innocent IV, qui prononcera la déposition de l'empereur Frédéric II.

1155 -> 1190 SAINT EMPIRE
Frédéric Ier Barberousse, empereur.

1157 -> 1182 DANEMARK
Valdemar Ier, roi.

1160 -> 1170
MONDE ARABE, EUROPE
Averroès diffuse Aristote. Averroès reprend l'idée qu'il faut concilier la philosophie d'Aristote avec le Dieu du Coran. Traduites en latin, ses œuvres feront autorité à la Sorbonne et, pendant quatre siècles, contribueront à animer la pensée occidentale.

v. 1170 ALLEMAGNE
Le Minnesang chante l'amour. Dans le monde germanique, le Minnesang est la forme que revêt la poésie courtoise. Elle a pour modèle celle que propagent en France trouvères et troubadours.

1170 -> 1205 FRANCE

Le Roman de Renart : *la cour du lion Noble (miniature du XIVe s.).*

Le *Roman de Renart*. Parodie animalière de la chanson de geste et de la société chevaleresque, l'œuvre se présente comme un recueil de poèmes brefs (les " branches "), centrés sur la rivalité du goupil et du loup. Elle révèle les limites d'un système féodal fondé sur l'honneur et la foi.

1171 -> 1193 MONDE ARABE
Saladin, sultan chevalier. Le souverain fait l'unité politique et religieuse d'un territoire qui s'étend de l'Égypte à la Mésopotamie. En 1187, il reprend Jérusalem aux croisés, mais s'oppose à la destruction du Saint-Sépulcre.

Saladin : le sultan à la tête de son armée.

1180 -> 1223 FRANCE
Philippe II Auguste, roi.

1189 -> 1192
Troisième croisade.

1189 -> 1199 GRANDE-BRETAGNE
Richard Ier Cœur de Lion, roi d'Angleterre.

1190 ÉGYPTE
Maimonide, philosophe entre deux mondes. Philosophe juif nourri de pensée arabe, Maimonide rédige *le Guide des égarés,* qui fait de lui un des continuateurs de l'aristotélisme. Il contribuera à la genèse de la scolastique.

1191 -> 1197 SAINT EMPIRE
Henri VI, empereur.

1192 JAPON
Instauration du shogunat. Minamoto no Yoritomo est le premier à porter le titre de shogun, qui lui confère le pouvoir réel aux côtés de l'empereur, qui n'exerce plus qu'une souveraineté nominale. Trois dynasties shogunales se succéderont jusqu'en 1867.

1198 -> 1216
Innocent III, pape.

1199 -> 1216 GRANDE-BRETAGNE
Jean sans Terre, roi d'Angleterre.

Fin du XIIe s. FRANCE
Une passion de légende. La légende de Tristan et Yseut, unis par un philtre magique, commence à se répandre dans des romans en vers composés en langue d'oïl. Le *Tristan* en prose sera plus tardif (v. 1220-1230). L'amour, la fatalité et la mort y composent une trilogie qui nourrira durablement l'imaginaire occidental.

XIIIe s. AFRIQUE NOIRE
L'art du bronze s'épanouit à Ife. La tradition de la statuaire en bronze, faisant appel au procédé de la fonte à cire perdue, est attestée chez les Yorubas de l'actuel Nigeria dès le XIe s.

ALLEMAGNE

La Chanson des Nibelungen : *Siegfried, héros de l'épopée allemande.*

La *Chanson des Nibelungen* forge l'âme allemande. Le long poème conte la geste du jeune guerrier Siegfried. Découvert au XVIIIe s., il irriguera l'art et la pensée germaniques, jusqu'à l'apothéose wagnérienne.

v. 1200 EUROPE
Le gouvernail améliore la navigation. Plus robuste et beaucoup plus efficace que les avirons latéraux utilisés jusque-là, le gouvernail d'étambot, situé dans l'axe du navire, rend la navigation plus sûre.

1202 -> 1204
Quatrième croisade.

1204 -> 1261 EMPIRE BYZANTIN
L'Empire latin d'Orient éclipse Byzance. Prise par les croisés et mise à sac, Constantinople devient la capitale du nouvel État qui s'édifie sur les ruines de l'Empire byzantin. Celui-ci sera rétabli par la dynastie des Paléologues.

La république de Venise : puissance politique et splendeur architecturale.

1204 -> 1453 ITALIE
L'apogée de Venise. Gouvernée par une aristocratie marchande, la " Sérénissime République " gère un empire maritime dans le monde grec et un empire continental en Italie. Rivale victorieuse de Gênes, elle égale Milan et Florence.

1209 -> 1218 SAINT EMPIRE
Otton IV, empereur.

1209 -> 1216 ITALIE, ESPAGNE
Le temps des ordres mendiants. Franciscains et dominicains aspirent à un retour à la pauvreté évangélique. Moines prédicateurs, ils joueront un grand rôle dans la lutte contre les hérésies, comme dans toute la vie intellectuelle de l'Occident.

1212 -> 1260 ESPAGNE
Le tournant de la Reconquista. Maîtres de l'Espagne musulmane, les Almohades suscitent chez les chrétiens l'esprit de croisade et provoquent la coalition de leurs forces. Celles-ci remportent la décisive bataille de Las Navas de Tolosa, qui est suivie d'autres victoires, ne laissant que le petit royaume de Grenade aux mains des occupants.

1214 FRANCE
Philippe Auguste triomphe à Bouvines. Cette victoire est un symbole national : celui de l'union du roi et du peuple de France. Elle crée aussi un nouvel équilibre européen, aux dépens de l'Allemagne et de l'Angleterre.

La bataille de Bouvines : une victoire nationale pour le royaume de France.

1206 ASIE
Gengis Khan fonde l'Empire mongol. Conduits par leur " khan suprême ", les Mongols mènent une guerre de conquêtes qui a pour conséquence d'unifier un territoire allant de la mer Caspienne et du nord de l'Inde à la Mandchourie. Toute l'Asie continentale est alors en ruine.

1215 GRANDE-BRETAGNE
La crise de la féodalité anglaise. Au lendemain de Bouvines, les barons d'Angleterre en révolte contre Jean sans Terre lui imposent la Grande Charte, qui restreint les prérogatives royales et étend leurs propres libertés. C'est le ferment du système représentatif britannique.

Gengis Khan : pour ses sujets mongols, le " roi de l'Univers ".

ITALIE
Guelfes et gibelins s'opposent. Les guelfes prennent le parti du pape et les gibelins, celui de l'empereur. L'agitation touche d'abord Florence, puis gagne la plupart des cités italiennes. Elle durera deux siècles.

1216 -> 1272
GRANDE-BRETAGNE
Henri III, roi d'Angleterre.

1217 -> 1219
Cinquième croisade.

1220 -> 1250
SAINT EMPIRE
Frédéric II, empereur.

1223 -> 1226
FRANCE
Louis VIII, roi.

La guerre contre l'hérésie cathare : la chute de Toulouse en 1218.

1226 -> 1244 FRANCE
La monarchie abat les cathares. La croisade contre les albigeois, commencée en 1208, s'achève dans les flammes de Montségur. Elle scelle l'union de l'Église et de la royauté contre l'hérésie cathare, qui a traduit la résistance de la France du Sud au centralisme monarchique.

1226 -> 1270 FRANCE
Louis IX [Saint Louis], roi.

1228 -> 1229
Sixième croisade.

v. 1230 -> 1275 FRANCE

Le Roman de la Rose : l'amour courtois idéalisé sur une miniature.

Le *Roman de la Rose* transforme l'idéal courtois. Aux 4 000 vers d'origine, qui sont de la pure littérature courtoise, Jean de Meung en ajoute quelque 18 000 autres, où il transcende l'allégorie et développe une idée neuve pour l'époque : l'amour est aussi une loi de la nature.

1232 CHINE
Une arme nouvelle : la fusée. Les propriétés propulsives et explosives de la poudre trouvent rapidement une application militaire. Des " traits de feu volants " sont utilisés lors du siège de Kaï-Fung-Fu, capitale du royaume chinois de Honan, par les Mongols. C'est la première mention de l'emploi de fusées.

1241 -> 1248 FRANCE

La Sainte-Chapelle : les verrières de la chapelle haute, atteignant la voûte.

Saint Louis édifie la Sainte-Chapelle. La chapelle de l'ancien palais de la Cité est l'un des édifices les plus représentatifs du gothique rayonnant. C'est aussi l'un des joyaux de l'art du vitrail, qui donne la mesure de l'activité des ateliers d'Île-de-France.

1248 -> 1254
Septième croisade.

1250 -> 1273 EUROPE
Le Grand Interrègne. À la mort du dernier Hohenstaufen, l'Empire entre en crise. Les princes allemands gagnent en autonomie et certains, comme les Wittelsbach, les Hohenzollern et les Habsbourg, montent en puissance.

1257 FRANCE
Paris se dote de sa future université. La Sorbonne a pour origine un collège où l'on enseigne la théologie. Plus tard, elle sera pourvue de chaires de philosophie et de grec, et disposera d'une très riche bibliothèque.

1266 -> 1273 FRANCE
Saint Thomas d'Aquin maître à penser. La *Somme théologique* est l'ouvrage de référence de l'enseignement de la scolastique, qui traduit l'influence de l'aristotélisme sur la pensée chrétienne. Dans la forme que lui donne le thomisme, la théologie a un caractère scientifique.

1269 FRANCE

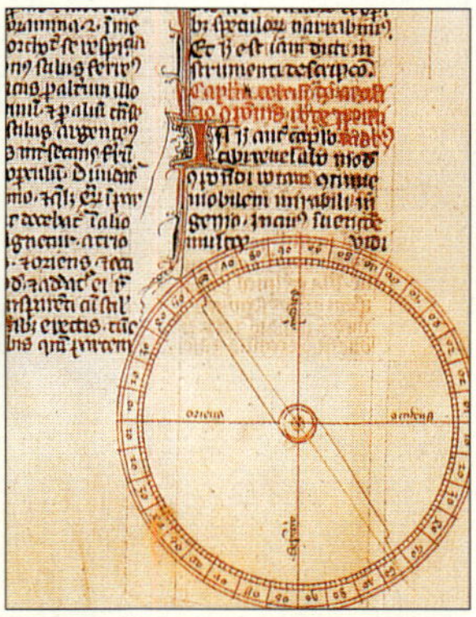

Extrait de l'Epistola de magnete de Pierre Pèlerin de Maricourt.

Le magnétisme expliqué. Œuvre du philosophe français Pierre Pèlerin de Maricourt, *Epistola de magnete* (" Lettre sur l'aimant ") contient la première tentative d'explication du magnétisme, donne la première description, en Occident, de la fabrication d'une boussole et pose les bases de la méthode expérimentale.

1270
Huitième croisade.

1270 -> 1285 FRANCE
Philippe III, roi.

1272 -> 1307 GRANDE-BRETAGNE
Édouard Ier, roi d'Angleterre.

1279 CHINE
Un Mongol règne sur l'Empire. S'emparant de l'empire des Song, le Mongol Kubilay Khan, petit-fils de Gengis Khan, est le premier étranger à régner sur toute la Chine. Il y fonde la dynastie des Yuan, dont Pékin sera la capitale, et se conformera à la culture des lettrés.

v. 1280 ITALIE
Des lentilles corrigent la vue. L'idée de corriger la vue par le port de lentilles, due au savant anglais Roger Bacon (v. 1220-1292), se concrétise avec l'apparition des premières lunettes à lentilles convexes, pour presbytes. Les lentilles concaves, corrigeant la myopie, n'apparaîtront qu'à la fin du XVe s.

1285 -> 1314 FRANCE
Philippe IV le Bel, roi.

1291 SUISSE

L'acte de naissance de la Confédération helvétique : le serment du Rütli.

La Confédération naît au Rütli. Le pacte que concluent les patriotes des cantons de Schwyz, Uri et Nidwald pour secouer le joug autrichien est l'événement fondateur de la Confédération helvétique. La victoire qu'ils remporteront à Morgarten, en 1315, scellera leur alliance.

1296 -> 1305 ITALIE

Giotto, maître de la fresque : quatre scènes de la vie du Christ, peintes pour la chapelle des Scrovegni, à Padoue.

Giotto perfectionne l'art de la fresque. Dans les fresques que Giotto consacre à la vie de saint François (basilique supérieure d'Assise), puis à la vie de la Vierge et à celle du Christ (chapelle des Scrovegni, à Padoue), il reproduit l'espace en trois dimensions et invente un nouveau langage chromatique.

1296 -> 1316 INDE
Le sultanat de Delhi gouverne l'Inde historique. Au début du XIIIe s. s'est créé, dans le nord-ouest de l'Inde, un État musulman, qui finit par annexer la majeure partie du Deccan. Il exercera sa domination jusqu'à l'invasion de Timur Lang, à la fin du XIVe s.

1298 ITALIE
Marco Polo livre les secrets de la Chine. Le Vénitien, resté quinze ans au service de l'empereur Kubilay Khan, publie à son retour le *Livre des merveilles du monde*. Les révélations qu'il contient en font une véritable somme ethnologique sur la Chine de l'époque mongole.

1299 TURQUIE
Les Ottomans accèdent au sultanat. En prenant le titre de sultan, le Turc Osman Ier est le fondateur de la cynastie ottomane, qui mènera la guerre sainte contre l'Empire byzantin. Les Ottomans créeront, en 1334, les janissaires, corps de fantassins formé d'enfants chrétiens ; il jouera un grand rôle dans leurs conquêtes.

Fin du XIIIe s. EUROPE

Le Gros-Horloge, à Rouen (XIVe s.), spécimen d'horloge à une seule aiguille.

Premières horloges mécaniques. Avec l'apparition des premières horloges mécaniques à poids et foliot, il devient possible de lire l'heure indiquée par une aiguille sur un cadran.

v. 1300 -> 1314 FRANCE

La polyphonie occidentale : composition de Guillaume de Machaut.

L'*Ars nova* enrichit la polyphonie occidentale. L'école de Notre-Dame de Paris (seconde moitié du XIIe s.) a fait rayonner la polyphonie dans toute l'Europe. C'est à l'époque de l'école *Ars nova*, sous l'influence décisive de Guillaume de Machaut, que naît la messe polyphonique.

1306 GRANDE-BRETAGNE
L'Écosse se donne un roi. Champion du séparatisme écossais, Robert Bruce réussit à se faire couronner. La guerre avec l'Angleterre lui permettra, en 1314, de faire triompher la cause de l'indépendance ; elle poussera aussi l'Écosse dans l'alliance avec la France.

1307 -> 1321 ITALIE
Dante trace un itinéraire spirituel à l'humanité. Pour son auteur lui-même, *la Divine Comédie* est un " poème sacré ", qui doit contribuer à l'élévation de l'âme. L'œuvre, qui est à la source de la poésie italienne, est d'une richesse métaphorique inépuisable.

1307 -> 1327 GRANDE-BRETAGNE
Édouard II, roi d'Angleterre.

1309 SAINT-SIÈGE
Philippe le Bel assujettit la papauté. Philippe IV le Bel, qui se heurtait à l'intransigeance du pape Boniface VIII, a fait élire le Français Clément V en 1305. Ce dernier quitte Rome et s'installe en Avignon, où la papauté restera jusqu'en 1376.

1312 -> 1337 AFRIQUE
L'empire du Mali de Kongo Moussa. Chef d'un État musulman qui s'étend du moyen Niger à l'Atlantique, Kongo Moussa tire sa richesse de l'or et du commerce avec les pays méditerranéens. Savants et artistes arabes fréquentent sa cour.

1314 FRANCE
L'ordre des Templiers est brisé. Dès 1312, le pape a interdit l'ordre dans toute la chrétienté. La mort sur le bûcher du grand maître Jacques de Molay conclut l'offensive de Philippe le Bel contre les Templiers, dont il convoite les richesses.

1314 -> 1316 FRANCE
Louis X, roi.

1316 -> 1322 FRANCE
Philippe V, roi.

1320 FRANCE

Notre-Dame de Paris : le portail du Jugement, sur la façade ouest.

Notre-Dame de Paris est achevée. Commencée en 1163, à l'époque du gothique dit " primitif ", la cathédrale est remaniée et agrandie au XIIIe s. La sculpture monumentale de sa façade sera en grande partie détruite à la Révolution.

1322 -> 1328 FRANCE
Charles IV, roi.

v. 1325 ESPAGNE
L'Alhambra de Grenade en chantier. L'édifice, qui se compose de deux palais, est l'un des rares témoignages de l'architecture civile de l'Espagne à l'époque arabo-andalouse. L'intérieur est lambrissé de carreaux de céramique qui composent des mosaïques multicolores.

1327 ITALIE
Pétrarque idéalise l'amour. Pétrarque dédie à Laure des poèmes qui seront réunis en 1470 dans le *Canzionere*. Celui-ci donnera naissance à un courant lyrique, le pétrarquisme, qui fait de l'amour la métaphore d'une révélation divine.

1327 -> 1377 GRANDE-BRETAGNE
Édouard III, roi d'Angleterre.

1328 -> 1350 FRANCE
Philippe VI de Valois, roi.

v. 1330 EUROPE

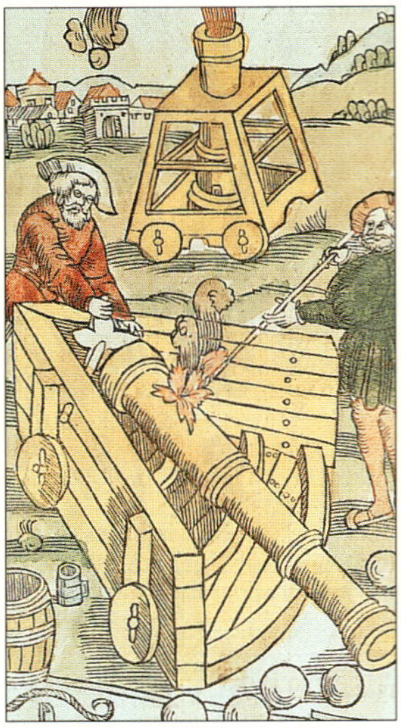

Mise à feu d'un canon (XVe s.).

Des bouches à feu sur les champs de bataille. Avec ces armes nouvelles, la guerre prend d'autres formes, notamment pendant la guerre de Cent Ans. Aux bombardes arrimées à un socle fixe et massif succédera au XVe s. le canon, monté sur un affût à deux roues, tandis que les boulets de pierre céderont la place, à partir de 1450, aux boulets en plomb, puis en fer.

1337 FRANCE, GRANDE-BRETAGNE
En guerre pour cent ans.
La guerre, dont l'Aquitaine est l'enjeu à l'origine, prolonge la rivalité elle-même séculaire entre les Plantagenêts et les Capétiens. Elle évoluera en conflit dynastique, puis en guerre nationale, interrompue par de longues trêves.

La guerre de Cent Ans : la mort de Jean de Luxembourg, roi de Bohême, lors de la bataille de Crécy (1346).

1347 -> 1351 EUROPE
La peste noire se généralise.
Le foyer de l'épidémie se situe en Asie centrale. Par la Crimée, elle atteint l'Europe ; ses ravages seront considérables en Italie, en Espagne et dans le midi de la France. On estime que 25 millions de personnes en mourront.

1348 -> 1353 ITALIE
Boccace précurseur de l'humanisme.
Le *Décaméron* est un recueil de nouvelles dont l'amour est le thème central. Boccace y prend le parti de l'esprit contre le conformisme et s'accorde au goût de la bourgeoisie qui vient de naître.

1350 -> 1364 FRANCE
Jean II, roi.

1350 -> 1450 AFRIQUE NOIRE
Zimbabwe, capitale du Monomotapa.
Le royaume du Monomotapa, qui occupe une partie du plateau rhodésien, fonde sa puissance sur sa richesse minière. Les fortifications de pierre qui s'y élèvent (Great Zimbabwe) sont alors les plus importantes de l'Afrique saharienne.

1358 FRANCE
Étienne Marcel soulève Paris.
Prévôt des marchands, Étienne Marcel prend la tête d'une révolution bourgeoise qui s'inscrit dans le contexte de la montée du mouvement communal en Europe. Le futur Charles V, alors dauphin, sortira vainqueur de l'affrontement, qui risquait de livrer Paris aux Anglais.

1359 -> 1389 EMPIRE OTTOMAN
Murad Ier, sultan.

1364 -> 1380 FRANCE
Charles V, roi.

1368 -> 1398 CHINE
La réaction nationale des Ming.
Fondée par un bonze d'origine paysanne insurgé contre les Yuan, la dynastie Ming refait l'unité politique et morale de la Chine sous l'autorité du confucianisme. Gouverné par des eunuques, l'empire sera de plus en plus autocratique.

1370 ALLEMAGNE
La Hanse renforce sa puissance.
Association de villes marchandes du nord de l'Europe, la Hanse impose au Danemark le traité de Stralsund, qui lui reconnaît un rôle politique dans les affaires du royaume. Son hégémonie, s'appuyant sur un patriciat riche et cultivé, durera un siècle et demi.

1375 -> 1379 MONDE ARABE
Ibn Khaldun élabore sa philosophie de l'histoire. Sa *Chronique universelle* fait la somme des connaissances de l'époque sur le monde arabo-berbère. L'auteur analyse en historien et raisonne en sociologue, en élargissant sa vision au devenir humain en général.

1376 FRANCE
L'*Apocalypse* en tapisserie.
Le peintre Jean de Bruges remet au duc d'Anjou les cartons de l'une des œuvres les plus imposantes de l'histoire de la tapisserie. La tenture de l'*Apocalypse* sera tissée par le lissier parisien Nicolas Bataille.

1377 -> 1399 GRANDE-BRETAGNE
Richard II, roi d'Angleterre.

1378 -> 1417 SAINT-SIÈGE
Grand Schisme d'Occident. Il y a deux papes : l'un à Rome, l'autre en France, en Avignon. Survenant dans le contexte de la guerre de Cent Ans, la crise divise non seulement la chrétienté, mais aussi les États. Le concile de Constance entérine la prééminence du Saint-Siège.

1380 -> 1422 FRANCE
Charles VI, roi.

1386 POLOGNE
Un Jagellon ceint la couronne.
Le prince lituanien Jagellon accède au trône de Pologne sous le nom de Ladislas II et fonde la dynastie qui régnera jusqu'en 1572. Son royaume, qui englobe la majeure partie de l'Ukraine, est alors la première puissance d'Europe orientale.

1389 -> 1403 EMPIRE OTTOMAN
Bayezid Ier, sultan.

v. 1390 GRANDE-BRETAGNE

Geoffrey Chaucer : début du " Conte de la prieure ", dans le manuscrit d'Ellesmere des Contes de Cantorbéry.

La Hanse : Stralsund, port hanséatique d'Allemagne depuis 1278.

1374 JAPON
Les pères du théâtre no. Kanami et son fils Zeami Motokiyo arrivent à la cour shogunale. Ils y écriront la quasi-totalité des 241 pièces du répertoire no. Aujourd'hui encore, celles-ci sont interprétées selon la tradition qu'ils ont fixée.

Chaucer, précurseur des moralistes. Chaucer a cessé d'être un poète bien en cour lorsque, vers la fin de sa vie, commencent à paraître les *Contes de Cantorbéry*. Il fait alors le portrait de toute une société, dans des récits qui empruntent à la tradition du fabliau.

1399 -> 1413 GRANDE-BRETAGNE
Henri IV, roi d'Angleterre.

1402 TURQUIE
Timur Lang défait les Ottomans. La conquête de l'Empire ottoman naissant s'ajoute à celles que Timur Lang a faites au Proche-Orient, en Asie centrale, en Inde et en Égypte. Musulman fanatique, il détruira cependant une grande partie de la civilisation du monde islamique.

Timur Lang : le mausolée du conquérant à Samarkand (le Gur-e Mir).

1406 -> 1452 ITALIE
La première Renaissance à Florence. Les architectes Brunelleschi et Alberti, les sculpteurs Ghiberti et Donatello, les peintres Fra Angelico, Masaccio et Filippo Lippi sont parmi les artistes, enviés de toute l'Italie, qui font la primauté de Florence au quattrocento.

1406 CHINE
La Cité interdite en construction. À Pékin, la Cité interdite est le palais dans lequel, pendant cinq cents ans, les empereurs et leur cour s'isoleront dans leur capitale. Ceinte d'une muraille, elle s'ouvre au sud sur la place Tian'anmen.

1413 -> 1422 GRANDE-BRETAGNE
Henri V, roi d'Angleterre.

1415 FRANCE
La chevalerie meurt à Azincourt. Les archers du roi d'Angleterre Henri V infligent un désastre à l'armée féodale française commandée par les Armagnacs. L'ancienne noblesse du royaume ne s'en relèvera pas, alors que la bataille deviendra un symbole du nationalisme anglais.

1419 EUROPE ORIENTALE
Contestation hussite en Bohême. L'exécution, en 1415, du réformateur Jan Hus, qui s'était inspiré de l'exemple de John Wyclif en Angleterre, provoque une guerre en Bohême. Le pape et l'empereur enverront une armée contre ses partisans.

1421 -> 1451
EMPIRE OTTOMAN
Murad II, sultan.

1422 -> 1461 FRANCE
Charles VII, roi.

1422 -> 1461, 1470 -> 1471
GRANDE-BRETAGNE
Henri VI, roi d'Angleterre.

1426 ITALIE
La peinture en perspective. La création du polyptyque que Masaccio destine à l'église du Carmine de Pise constitue l'un des événe-

L'art de la perspective : détail des fresques de Masaccio pour l'église Santa Maria del Carmine de Florence.

ments primordiaux de l'histoire de la peinture : l'introduction de la perspective géométrique.

1428 MEXIQUE
Les débuts de l'Empire aztèque. Maîtres de la vallée de Mexico, où ils ont fondé Tenochtitlán en 1325, les Aztèques vont poursuivre leur expansion militaire jusqu'à l'arrivée des conquistadors. La guerre leur sert à faire des prisonniers, qui sont ensuite sacrifiés rituellement.

1431 FRANCE
Jeanne au bûcher. L'épopée militaire de Jeanne la Pucelle, secondée par de grands chefs de guerre, a duré quatorze mois et sapé la puissance anglaise sur le continent. L'héroïne restera un symbole de l'indépendance nationale.

Jeanne d'Arc : le supplice de Rouen.

1432 BELGIQUE
Naissance de la peinture flamande. Les peintres de l'école de Bruges apprennent la technique de la peinture à l'huile. Leur maître est Jan Van Eyck : les effets de transparence de son polyptyque, *l'Agneau mystique,* font preuve d'un réalisme visuel sans précédent ; Adam et Ève sont les deux premiers nus de la peinture flamande.

CAMBODGE
Fin de la civilisation d'Angkor. Foyer de civilisation khmère depuis le IXe s., Angkor est abandonnée sous la pression des invasions thaïes. Ses sanctuaires grandioses (avec les " temples-montagnes ") et leur exceptionnel décor sculpté témoignent de la pénétration au Cambodge des cultes hindous.

1434 -> 1492 ITALIE
Florence aux Médicis. La banque fait la puissance des Médicis, qui gouvernent Florence, et leur mécénat

La Florence des Médicis : Laurent le Magnifique apparaissant sur la fresque des Rois mages de Gozzoli.

fait la gloire de la ville. L'humanisme, sous Cosme de Médicis, et la Renaissance, sous Laurent le Magnifique, y sont des idéaux.

v. 1440 ALLEMAGNE

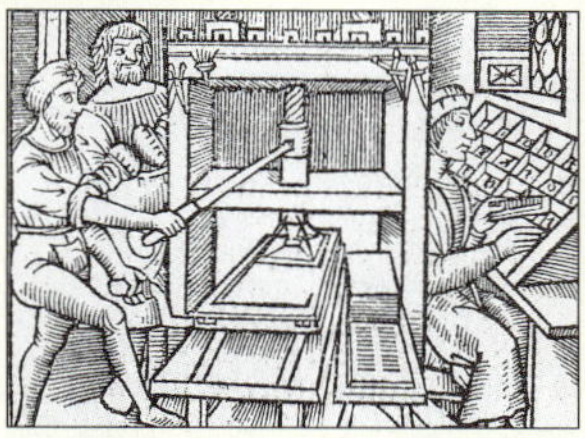

L'imprimerie après Gutenberg (gravure sur bois, XVe ou XVIe s.).

Gutenberg invente la typographie. L'imprimerie est déjà connue en Chine depuis plusieurs siècles. Gutenberg invente le procédé de composition au moyen de caractères mobiles. Son idée de génie est de fondre les caractères dans un alliage de plomb qui permet de les réutiliser plusieurs fois.

1444 -> 1446, 1451 -> 1481
EMPIRE OTTOMAN
Mehmed II, sultan.

1445 ITALIE
Invention de la triangulation. Base des levés topographiques modernes, la triangulation est inventée par l'architecte génois L.B. Alberti. Popularisée en 1533 par le Flamand Gemma Frisius, elle marque l'avènement de la cartographie scientifique.

La triangulation : mesures de hauteur à l'aide de quadrants (XVIe s.).

v. 1450 FRANCE
Un théâtre religieux. Le *Mystère de la Passion* d'Arnoul Gréban témoigne de la forme accomplie que les mystères ont acquise : celle d'un drame liturgique qui se déroule sur plusieurs jours et est joué par des acteurs non professionnels mais spécialistes du genre.

v. 1450 -> 1460
BELGIQUE
Premières Bourses de commerce. Stimulées par la liberté du commerce et la facilité des instruments de crédit, les premières Bourses sont fondées à Bruges puis à Anvers. Le marché des titres n'apparaîtra qu'à la fin du XVIIIe s.

L'essor des Bourses de commerce : la Bourse d'Anvers au XVIe s.

1452 -> 1460 ITALIE
Des fresques prestigieuses. Le cycle de fresques que Piero della Francesca réalise pour l'église San Francesco d'Arezzo est consacré à l'*Histoire de la Croix.* Le traitement sculptural de la forme et la traduction mathématique de l'espace particularisent la manière du peintre.

1452 -> 1493 SAINT EMPIRE
Frédéric III, empereur.

1453 FRANCE, GRANDE-BRETAGNE
Fin de la guerre de Cent Ans. Charles VIII, à la tête de la première armée permanente du royaume, a remporté les dernières batailles. Les Anglais perdent toutes leurs possessions françaises (sauf Calais). Mais aucun traité de paix ne sera signé.

TURQUIE
Constantinople aux Ottomans. Plusieurs fois assiégée sans succès, Constantinople tombe aux mains des Turcs à la faveur d'une ruse de guerre. L'Empire byzantin, abandonné à son sort par l'Occident, disparaît. Les érudits grecs qui s'exileront en Italie y favoriseront l'essor de la Renaissance.

1455 -> 1485 GRANDE-BRETAGNE

La guerre des Deux-Roses : Richard III, souverain de la maison d'York.

Guerre des Deux-Roses. Les prétentions à la couronne d'Angleterre, à l'époque d'Henri VI, déclenchent une guerre dynastique. Les Yorks réussissent à imposer les rois Édouard IV et Richard III, mais les Lancastres récupèrent le trône grâce au futur Henri VII, fondateur de la puissante dynastie des Tudors.

1458 -> 1490 HONGRIE
Mathias Ier Corvin, roi.

1461 FRANCE
" Le droit de tout dire " du poète. François Villon réinvente le lyrisme. Le *Testament* qu'il compose deux ans avant sa mort transpose la détresse de sa condition en cause collective et, sous sa plume, la création poétique prend la défense du monde des réprouvés.

1461 -> 1483 GRANDE-BRETAGNE
Édouard IV, roi d'Angleterre.

1461 -> 1483 FRANCE
Louis XI, roi.

1462 -> 1505 RUSSIE
Ivan III, grand-prince de Moscou.

1469 ESPAGNE
Union des futurs Rois Catholiques. Le mariage entre Ferdinand, héritier de l'Aragon, et Isabelle, héritière de la Castille, réalise l'union de leurs royaumes. La Castille d'Isabelle Ire aura un rôle prépondérant dans l'avènement de la nouvelle puissance espagnole.

1475 -> 1509 RUSSIE
Le Kremlin embelli. Ivan III fait appel à des architectes italiens pour embellir le Kremlin. De son règne datent les principales cathédrales de Moscou et le palais à Facettes, tous inclus dans l'enceinte fortifiée.

1478 ITALIE
L'exceptionnel Botticelli. Le néoplatonisme est une école de pensée de la Renaissance dont Botticelli se fait l'écho en peinture. *Le Printemps* est comme l'évocation idéalisée du monde sensible. Le mouvement et la grâce sont essentiels à ce monde.

1482 -> 1516 ITALIE

Léonard de Vinci : la Cène *(1498).*

Léonard, peintre aussi. Comme peintre, Léonard de Vinci propose une véritable méditation sur la représentation du visible. Il parachève la conquête du clair-obscur et invente le sfumato, qui contribue à la modernité d'œuvres comme les *Vierges, la Joconde* ou *la Cène*.

1483 -> 1485 GRANDE-BRETAGNE
Richard III, roi d'Angleterre.

1483 -> 1498 FRANCE
Charles VIII, roi.

1485 -> 1509 GRANDE-BRETAGNE
Henri VII, roi d'Angleterre.

1492 AMÉRIQUE
Colomb invente le Nouveau Monde. La recherche de la route des Indes par l'Océan ouvre l'ère des grandes découvertes. L'apparition de la caravelle, navire léger et rapide, a rendu possible la découverte de l'Amérique. Le Nouveau Continent est alors offert à la conquête européenne.

La découverte de l'Amérique : arrivée de Christophe Colomb parmi les Indiens.

ESPAGNE
Fin de la Reconquista. Victorieux du royaume de Grenade, les Castillans refont l'unité chrétienne de la péninsule Ibérique. Le pouvoir spirituel et matériel que le clergé aura acquis au cours de sept siècles de lutte lui vaudra de modeler durablement la société espagnole.

1493 -> 1525 AMÉRIQUE LATINE
Apogée de l'Empire inca.

1494 AMÉRIQUE LATINE
Partage du nouveau monde. Le traité de Tordesillas que signent l'Espagne et le Portugal fixe les limites de leurs futurs empires outre-mer. Confirmé par le pape Jules II en 1506, le traité partagera ainsi la souveraineté en Amérique latine.

1494 -> 1559 EUROPE
Guerres d'Italie.

1498 ALLEMAGNE

Albrecht Dürer : détail des planches gravées de l'Apocalypse.

Dürer grave l'*Apocalypse*. Dürer perfectionne l'art de la gravure sur métal. Réalisées au burin sur cuivre, les planches de l'*Apocalypse* (*le Chevalier, la Mort et le Diable* étant la plus connue) révèlent une inspiration complexe qui trahit les inquiétudes de l'époque.

1498 -> 1515 FRANCE
Louis XII, roi.

Fin du XVe s. EUROPE
Le gothique flamboyant se propage. Le style de la dernière phase du gothique est marqué par la multiplication des nervures. Il fait la transition avec l'architecture de la Renaissance et s'épanouit en particulier dans la France du Nord-Ouest (Amiens).

1500 -> 1510 AMÉRIQUE, ASIE
Expansion portugaise. Parti pour l'Inde, le navigateur Pedro Álvares Cabral atteint le Brésil et en prend possession au nom du Portugal. En Inde, Afonso de Albuquerque fait de Goa la capitale de la colonisation portugaise dans le sous-continent.

v. 1500 CHINE
Apogée de l'école de Wu. Fondée à Suzhou, à l'époque Ming, l'école rassemble de hauts fonctionnaires qui manient à la perfection l'art du pinceau hérité de la tradition Yuan. Ils composent des paysages très intellectualisés.

v. 1500 -> 1505 PAYS-BAS
Bosch peint le subconscient. Jérôme Bosch peint un monde où s'entrecroisent le fantastique et le religieux. Œuvre onirique ou ésotérique, son triptyque *le Jardin des délices* peut être interprété, par la profusion même des symboles sexuels, comme une manifestation de l'activité du subconscient.

1503-1513 SAINT-SIÈGE

Le pontificat de Jules II : la tête du Moïse que le pape avait commandé à Michel-Ange pour orner son mausolée.

Jules II pape. Le pape Della Rovere veut restaurer la puissance du Saint-Siège face à Venise et à la France. L'un des principaux mécènes de la Renaissance, il fait appel aux plus grands artistes pour embellir le Vatican.

v. 1505 -> 1588 ITALIE

Titien : l'Amour sacré et l'Amour profane, *œuvre de jeunesse (v. 1515).*

Le XVIe s. des peintres vénitiens. Giorgione et Titien, qui ont l'occasion de travailler ensemble, sont des maîtres du luminisme. Le Tintoret, Jacopo Bassano et Véronèse — dont la mort clôt le grand siècle de l'école vénitienne — adoptent ou adaptent les canons du maniérisme.

1506 -> 1546 VATICAN
La première pierre de Saint-Pierre. À la demande du pape Jules II, Bramante est le premier architecte de l'édifice. Raphaël, Sangallo et Michel-Ange lui succéderont. La coupole ne sera achevée qu'en 1593.

1508 -> 1519 SAINT EMPIRE
Maximilien Ier, empereur.

1509 -> 1547 GRANDE-BRETAGNE
Henri VIII, roi d'Angleterre.

1510 IRAN
Le chiisme religion d'État. Adopté par la dynastie séfévide, le chiisme duodécimain confère à l'Iran sa spécificité dans le monde islamique, où le sunnisme est majoritaire. D'emblée, il apparaît comme une religion très politique.

1511 FRANCE

Érasme et l'humanisme : portrait peint par Hans Holbein le Jeune.

Érasme fait l'*Éloge de la folie*. Composé à Londres, chez Thomas More, et publié à Paris, l'*Éloge de la folie* est une œuvre au titre polémique, qui contribue à fonder la pensée de l'humanisme. Érasme y aborde sous un jour nouveau les problèmes de la foi et de la liberté.

1512 -> 1520 EMPIRE OTTOMAN
Selim Ier, sultan.

1513 AMÉRIQUE
Découverte de l'océan Pacifique. Traversant l'isthme de Panamá, le conquistador espagnol Balboa aperçoit les eaux du Pacifique, dont il prend possession au nom du roi Ferdinand II d'Aragon. Le nom de l'océan lui sera donné par Magellan.

ITALIE
Le prince idéal. Diplomate de la république de Florence, Machiavel est hanté par l'idée de la décadence. Il écrit *le Prince*, dédié à Laurent de Médicis, pour en appeler à un " ordre nouveau ", où la politique se ferait au moyen de la raison d'État.

1515 FRANCE
Sacre de François Ier. " Roi-chevalier ", le souverain sera l'un des fondateurs de l'État moderne en France, qui s'ouvrira au mercantilisme favorisant la montée de la bourgeoisie. La vie de cour connaîtra un éclat propice à la diffusion de la civilisation de la Renaissance.

1515 -> 1516 GRANDE-BRETAGNE
Thomas More en *Utopie*. Inspirée de Platon, l'*Utopie* dépeint une île imaginaire où serait réalisé un modèle parfait de société. Cette fiction philosophique lui sert à pousser les États dans la voie des réformes politiques et sociales.

1516 et 1532 ITALIE
La grandeur épique de l'Arioste. Augmenté lors de la deuxième édition, le *Roland furieux* est la suite du *Roland amoureux* de Boiardo, interrompu en 1494. La chevalerie, qui en est l'inspiratrice, est aussi le prétexte à l'introduction du merveilleux.

1517 ALLEMAGNE

La Réforme protestante : Luther vu par Lucas Cranach l'Ancien (v. 1521).

Luther publie ses 95 thèses. Le conflit, dit " querelle des Indulgences ", qui oppose le pape Léon X au moine Martin Luther pousse ce dernier à rendre publique sa protestation. Celle-ci donnera naissance au mouvement de la Réforme.

ÉGYPTE

Le sultanat mamelouk disparaît. Les mamelouks forment une oligarchie militaire au sein de laquelle les sultans d'Égypte étaient choisis depuis plus de deux siècles. Ne pouvant résister aux Ottomans, ils se rallient à leur régime.

1519 ESPAGNE

La découverte du monde : portrait de Magellan, sur une fresque de 1575.

Magellan prend la mer. Voulant atteindre la route des épices par l'ouest, Magellan s'embarque pour ce qui sera le premier voyage de circumnavigation de l'histoire. Le navigateur laissera son nom au détroit séparant l'Amérique du Sud de la Terre de Feu et découvrira les Philippines.

EUROPE

Charles Quint accède à l'Empire. Héritier des possessions des familles les plus puissantes d'Europe, Charles Quint ceint la couronne du Saint Empire. Il semble alors incarner, pour la dernière fois en Occident, l'idéal d'une monarchie universelle.

1520 EMPIRE OTTOMAN

Soliman le Magnifique sultan. Le sultan ottoman Soliman Ier régnera sur un territoire s'étendant de l'Autriche au golfe Persique. Dit aussi " le Législateur ", il dotera son empire d'un code de lois, le *Kanunnamé*.

1521 MEXIQUE

L'Empire aztèque est conquis. La chute de Tenochtitlán, face aux Espagnols renforcés par 100 000 Amérindiens, sonne le glas de l'Empire aztèque. Hernán Cortés sera gouverneur du Mexique de 1522 à 1527.

1523 SUÈDE

Première dynastie nationale. Après l'insurrection de Gustave Vasa (1520), l'Union de Kalmar, qui liait la Suède au Danemark et à la Norvège depuis 1397, est rompue. La dynastie des Vasa régnera jusqu'en 1644.

1525 ALLEMAGNE

La guerre des Paysans est un échec. Les insurrections paysannes qui agitent le Saint Empire prennent des allures de révolte politique, s'appuyant sur l'esprit de la Réforme. Elles seront cependant condamnées par Luther.

1526 HONGRIE

Soliman le Magnifique : page enluminée célébrant la conquête de la Hongrie.

Les Ottomans s'imposent. Les Ottomans soutiennent la révolte d'un vassal de Louis II, roi de Hongrie et de Bohême. Victorieux à Mohács, Soliman le Magnifique établit la domination turque sur la Grande Plaine hongroise.

INDE

Les Grands Moghols gouvernent. Descendant à la fois de Timur Lang et de Gengis Khan, Baber défait le sultan de Delhi à Panipat. La dynastie des Grands Moghols qu'il fonde en Inde y régnera pendant plus de trois siècles.

1529 FRANCE

Fondation du futur Collège de France. L'établissement est fondé par François Ier sur les instances de l'humaniste Guillaume Budé. Il accueille des " lecteurs royaux ", ne dépendant pas de l'Université. Il sera, durant toute la Renaissance, un foyer du rationalisme.

1530 ALLEMAGNE

Confession d'Augsbourg. Le formulaire rédigé par Melanchthon, compagnon de Luther, est lu devant la diète impériale. Il entend prouver que la foi réformée ne s'écarte pas de la tradition chrétienne. Il reste la charte des Églises luthériennes.

1532 et 1534 FRANCE

François Rabelais : Pantagruel (gravure destinée à une édition du XIXe s.).

Truculent Rabelais. Rabelais est avant tout l'inventeur d'un langage dont la liberté est le reflet de l'idéal qui anime l'auteur. Son *Pantagruel* et son *Gargantua*, farces humanistes, sont un appel au renouveau philosophique et moral.

1533 ALLEMAGNE

Holbein témoin de son temps. Disciple éclairé de l'humanisme, Holbein le Jeune devient peintre de la cour en Angleterre. Son tableau *les Ambassadeurs* (ceux de France auprès d'Henri VIII) est une profession de foi en faveur du rapprochement entre catholiques et anglicans.

AMÉRIQUE DU SUD

Pizarro, maître de l'Empire inca. Après la défaite du souverain Atahualpa face à Francisco Pizarro, à la tête de 150 cavaliers seulement, l'Empire inca s'écroule. Sa capitale, Cuzco, deviendra un haut lieu de la colonisation espagnole en Amérique et Potosí, un important centre d'extraction de l'argent.

Les Espagnols en Amérique : le siège de Cuzco, capitale inca, par Pizarro.

1534 CANADA

Les Français s'installent. Parti de Saint-Malo, dans l'espoir de trouver un passage vers les Indes par le nord-ouest, Jacques Cartier prend possession des terres canadiennes qu'il aborde au nom du roi François Ier.

GRANDE-BRETAGNE

L'anglicanisme religion d'État. Excommunié par le pape Clément VII, le roi Henri VIII fait voter l'Acte de suprématie, qui le reconnaît comme le " chef unique et suprême de l'Église d'Angleterre ". L'anglicanisme se distingue alors du protestantisme, qui sera introduit par le *Book of Common Prayer* de 1552.

1536 SUISSE

Le calvinisme à Genève : portrait de Calvin par un étudiant (1564).

Le calvinisme veut le pouvoir. Rédigée et publiée à Bâle par Jean Calvin, l'*Institution de la religion chrétienne* se présente comme le manifeste de la religion réformée. Le calvinisme sera adopté par la ville de Genève, qui fera l'expérience de la théocratie.

1536 -> 1541 VATICAN

Le Jugement dernier de Michel-Ange : le Christ et la Vierge.

Michel-Ange peint le *Jugement dernier*. De 1508 à 1512, Michel-Ange a déjà décoré la voûte de la chapelle Sixtine. La nouvelle fresque que le pape Paul III lui commande pour le mur du fond lui permet de manifester toute sa puissance visionnaire. Elle fait du grand artiste l'un des précurseurs du baroque.

1537 FRANCE

Chambord, joyau des châteaux royaux. Le Val de Loire, où séjourne la cour, devient un foyer majeur de l'architecture française de la Renaissance. Le château de Chambord porte à son comble le goût du faste dont elle témoigne.

1539 FRANCE

La France écrit en français. Prise par François Ier, l'ordonnance de Villers-Cotterêts rend obligatoire l'usage du français dans les actes politiques et judiciaires. Elle fait ainsi de celui-ci la langue officielle du royaume.

1540 BRÉSIL

Les Espagnols sur l'Amazone. Parti du Pérou, le conquistador Francisco de Orellana est le premier à explorer jusqu'à son embouchure le fleuve, qu'il baptise en souvenir de ses combats avec des femmes guerrières et des Amérindiens aux cheveux longs.

1540 -> 1546

AMÉRIQUE CENTRALE

L'Empire maya est soumis. Les Espagnols mettent fin à l'un des plus anciens empires précolombiens : celui des Mayas, qui se caractérisait, à l'époque classique (250-950), par son organisation en cités-États.

1543 BELGIQUE

Vésale fonde l'anatomie moderne. Sous le titre *De humanis corporis fabrica* (" De la structure du corps humain "), le Flamand A. Vésale publie le premier traité d'anatomie humaine, fondé sur les dissections de cadavres qu'il a pratiquées et grâce auxquelles il peut réfuter de nombreuses erreurs des Anciens.

POLOGNE

Copernic (peinture du XVIIIe s.).

La Terre tourne autour du Soleil. Dans son *De revolutionibus orbium coelestium*, le Polonais N. Copernic réfute la conception géocentrique de l'Univers héritée des Grecs et lui oppose un système héliocentrique, où la Terre n'est qu'une planète comme les autres, tournant autour du Soleil.

1545 EUROPE

Ouverture du concile de Trente. Convoqué par le pape Paul III, le XIXe concile œcuménique va mettre en œuvre la Réforme catholique, dite aussi " Contre-Réforme ", en Europe. Il réalisera ainsi le premier aggiornamento de l'Église.

ITALIE

La commedia dell'arte naît à Bergame. Le duo entre le patron vénitien (Pantalon) et le zanni (son serviteur bergamasque) est à l'origine de la commedia dell'arte. Le genre, qui se joue masqué, s'appuie sur l'improvisation et crée de nouveaux types (tel Arlequin) ; son succès gagnera toute l'Europe.

1547 FRANCE

Le nouveau Louvre en chantier. Le Louvre de Pierre Lescot, au sud-ouest de la cour Carrée, consacre l'avènement du classicisme en France. L'architecte travaillera en collaboration avec le sculpteur Jean Goujon, auteur de la tribune des Caryatides.

RUSSIE

Ivan le Terrible : le tsar et ses boyards.

Ivan le Terrible couronné tsar. Premier " tsar et grand-prince de toute la Russie ", Ivan IV brisera la puissance des boyards. Il se créera un domaine réservé, l'*opritchnina*, où ses fidèles feront régner un régime de terreur.

1547 -> 1553 GRANDE-BRETAGNE

Édouard VI, roi d'Angleterre et d'Irlande.

1547 -> 1559 FRANCE

Henri II, roi.

1549 FRANCE

Un manifeste pour la Pléiade. L'ouvrage de Du Bellay *Défense et illustration de la langue française* apparaît comme le manifeste de l'école de Ronsard, le futur groupe de la Pléiade. Celui-ci sera à l'origine de la première forme de littérature nationale en France.

1553 -> 1558 GRANDE-BRETAGNE

Marie Ire Tudor, reine d'Angleterre et d'Irlande.

1555 ALLEMAGNE

La paix à Augsbourg. Signé par les catholiques et les luthériens, le texte consacre l'un des principes clés du fonctionnement du Saint Empire : *cujus regio, ejus religio*, selon lequel le prince est seul maître de la religion de ses sujets.

1556 EUROPE

Charles Quint : peinture de l'abdication.

Charles Quint abdique. Se retirant dans un couvent, Charles Quint transmet à son fils Philippe la couronne d'Espagne. C'est son frère cadet, Ferdinand de Habsbourg, élu roi des Romains en 1531, qui hérite de l'Empire.

1556 -> 1564 SAINT EMPIRE

Ferdinand Ier, empereur.

1556 -> 1605 INDE

Akbar, empereur moghol.

1558 GRANDE-BRETAGNE

Élisabeth Ire monte sur le trône. Succédant au règne de Marie Tudor, celui d'Élisabeth ouvre pour l'Angleterre une ère de suprématie politique, de croissance économique et d'apogée culturel (musique et théâtre élisabéthains).

1559 FRANCE

Fin des guerres d'Italie. Deux traités de paix sont signés au Cateau-Cambrésis : l'un par la France et l'Angleterre, qui permet à Henri II de conserver Calais ; l'autre par la France et l'Espagne, qui conclut le long conflit ayant opposé en Italie les Valois aux Habsbourg.

1559 -> 1560 FRANCE

François II, roi.

1560 -> 1574 FRANCE

Charles IX, roi.

1562 ESPAGNE

Réforme des Carmélites. Approuvée par Rome, la réforme de sainte Thérèse, qui fonde le couvent d'Ávila, aura pour corollaire celle de saint Jean de la Croix. C'est un tournant décisif dans le renouveau de la spiritualité chrétienne.

FRANCE

Le royaume ensanglanté. Jusqu'à la proclamation de l'édit de Nantes, en 1598, les guerres de Religion déchirent la France, où le calvinisme s'est propagé. Elles auront pour conséquence l'avènement, en 1589, d'un roi protestant, Henri IV, qui devra abjurer sa religion.

1564 -> 1576 SAINT EMPIRE

Maximilien II, empereur.

1565 BELGIQUE

Bruegel l'Ancien : la Fenaison (tableau symbolisant juillet, dans le cycle des " mois " et des " saisons ").

Les paysages de Bruegel l'Ancien. La peinture de Bruegel l'Ancien, d'une grande minutie, s'attache à montrer le lien entre l'existence humaine et la nature. La rigueur du dessin et la science de l'éclairage l'amènent à exercer une influence décisive sur l'art du paysage.

1566 -> 1569 ITALIE

Palladio novateur. L'architecte assume l'héritage classique tout en multipliant les innovations. La Rotonda, près de Vicence, est ainsi l'archétype de la villa à travée dite " palladienne " qui fera son renom dans toute l'Europe et en particulier en Grande-Bretagne.

1569 -> 1574 TURQUIE

Sinan, architecte ottoman : la mosquée Selimiye d'Édirne.

Sinan, architecte ottoman. Ancien janissaire, Sinan est l'auteur de plus de trois cents édifices. Son œuvre la plus accomplie est la mosquée Selimiye qu'il édifie à Édirne. L'influence qu'il exercera s'étendra jusqu'à l'Inde.

1571 EUROPE

La Sainte Ligue vainc les Turcs. La bataille navale de Lépante est remportée par la coalition que commande don Juan d'Autriche. La victoire a un grand retentissement dans toute la chrétienté. Toutefois, elle ne freinera pas l'expansion de l'Empire ottoman.

GRANDE-BRETAGNE

La Bourse de Londres est inaugurée. Le *Royal Exchange* (futur *Stock Exchange*) est dû à Thomas Gresham, financier de la Couronne. Il aura pour première fonction d'accueillir les capitaux détournés des Flandres à la suite de la révolte contre les Espagnols.

1572 -> 1585 Grégoire XIII, pape.

1574 -> 1589 FRANCE

Henri III, roi.

1575 -> 1611 GRANDE-BRETAGNE

La musique de William Byrd. Brillant polyphoniste, Byrd est le plus grand compositeur de musique sacrée de son époque, qu'il destine tant au culte catholique qu'à la liturgie anglicane. Il contribue aussi à l'essor de l'école anglaise de madrigal.

1576 FRANCE

L'absolutisme dans l'intérêt général. Dans son traité *la République* (entendue comme " chose publique "), Jean Bodin rattache la notion de souveraineté à l'exercice des fonctions dites " régaliennes " : celles qui touchent à la sécurité, à la justice et à la monnaie. La monarchie absolue est, à ses yeux, le régime qui la garantit le mieux.

1576 -> 1612 SAINT EMPIRE

Rodolphe II, empereur.

1577 -> 1581 GRANDE-BRETAGNE

Le tour du monde de Francis Drake. Auteur du premier voyage anglais de circumnavigation, qu'il entreprend pour le compte de la reine Élisabeth Ire, Drake découvrira la Californie (la " Nouvelle Albion ").

1579 PAYS-BAS

Les Pays-Bas divisés : massacre de calvinistes par les Espagnols à Haarlem.

L'Union d'Utrecht est proclamée. Consacrant la division des Pays-Bas espagnols entre provinces du Sud catholiques et provinces du Nord calvinistes, l'union que ces dernières scellent peut être considérée comme l'acte de naissance des Provinces-Unies et donc de l'actuel royaume des Pays-Bas.

1580 ARGENTINE
Buenos Aires fortifiée. Après la découverte du Río de la Plata en 1516 et la création d'un premier poste en 1536, la ville qui deviendra la capitale de l'Argentine est définitivement fondée. Elle sera l'un des principaux maillons de la colonisation espagnole dans cette partie de l'Amérique du Sud.

FRANCE
Montaigne présente ses *Essais*. Exploration méthodique de l'âme humaine, les *Essais* de Montaigne font l'analyse d'une vie particulière (celle de l'auteur) en rapport avec son temps. Il s'agit aussi d'une œuvre de réflexion sur les grands domaines de la pensée.

1581 ITALIE
Le Tasse délivre Jérusalem. Poète tourmenté qui sombrera dans la folie, le Tasse élabore une théorie de l'épopée dont il applique les principes dans *la Jérusalem délivrée*. L'œuvre fait une apologie du christianisme dans l'esprit de la Contre-Réforme.

1584 ESPAGNE
Philippe II à l'Escurial. Cette résidence royale a pour origine le monastère que Philippe II a fait vœu de construire. L'Escurial fut aussi conçu comme nécropole royale. Ses collections artistiques sont importantes.

1586 ESPAGNE

Le Greco : l'Enterrement du comte d'Orgaz (1586).

Le Greco exalte la foi. Le retable que le Greco peint pour l'église San Tomé de Tolède, *l'Enterrement du comte d'Orgaz*, lui vaut de multiples commandes. Il devient alors le plus grand représentant de la peinture religieuse en Espagne.

1587 IRAN
Abbas Ier le Grand devient chah. Marquant l'apogée de la dynastie séfévide, rivale de la puissance ottomane, le règne d'Abbas Ier durera jusqu'en 1629. Ispahan, qui sera capitale, deviendra un grand foyer artistique.

1588 ESPAGNE
L'" Invincible Armada " vaincue. La flotte de guerre de 130 vaisseaux que le roi d'Espagne Philippe II a envoyée pour tenter d'envahir l'Angleterre subit devant Plymouth un désastre qui met fin aux espoirs de rétablir le catholicisme dans le royaume anglican.

1589 -> 1610 FRANCE
Henri IV, roi.

1591 AFRIQUE NOIRE
Le Maroc soumet l'Empire songhaï. L'État fondé au XVe s., sur un territoire allant du Sénégal à la boucle du Niger, avait donné naissance à une brillante civilisation. Elle s'éteint, victime de la convoitise du sultan du Maroc.

1594 GRANDE-BRETAGNE

Le Faust de Marlowe : frontispice de l'édition de 1636 à Londres.

Faust entre en scène. La légende allemande inspire un homme de théâtre élisabéthain, Christopher Marlowe, qui y trouve des analogies avec sa propre existence. *La Tragique Histoire du Dr Faust* est la première pièce où apparaît le personnage.

1598 -> 1621 ESPAGNE
Philippe III, roi.

1600 GRANDE-BRETAGNE
Premières compagnies de commerce. Première fondée, la Compagnie anglaise des Indes orientales aura pour homologue, en 1602, la Compagnie hollandaise des Indes orientales. L'une et l'autre stimuleront le développement des empires coloniaux européens en Asie.

1600 -> 1622
ESPAGNE
Triomphe de la comédie espagnole. Auteur d'une œuvre foisonnante qui attire le public populaire, Lope de Vega Carpio passe maître dans l'art de la *comedia*. Il y invente un théâtre construit sur la contradiction entre les sentiments de l'individu et le jeu social.

1601 -> 1606 GRANDE-BRETAGNE

William Shakespeare : le théâtre du Globe, à Londres, où furent créées la plupart des pièces du dramaturge.

L'apogée de l'œuvre shakespearienne. *Hamlet, Othello, Macbeth* et *le Roi Lear* sont les grandes tragédies de la période sombre où Shakespeare donne toute la mesure de son génie dans l'écriture dramatique et l'analyse de l'âme humaine.

1603 JAPON

Le Japon des Tokugawa : dame de la cour shogunale d'Edo.

Les Tokugawa shoguns. C'est du clan aristocratique des Tokugawa qu'est issue la troisième, et la plus importante, dynastie de shoguns. Elle gouvernera le Japon, qu'elle isolera du monde extérieur, jusqu'en 1867 (période d'Edo).

1603 -> 1625 GRANDE-BRETAGNE
Jacques Ier, roi d'Angleterre et d'Irlande.

1604 PARAGUAY
La première " réduction " jésuite. Les " réductions ", villages dans lesquels les populations amérindiennes du Paraguay sont sédentarisées et évangélisées sous le contrôle des jésuites, sont une forme de république chrétienne visant à abolir l'esclavage.

1605 -> 1615 ESPAGNE
Cervantès publie *Don Quichotte*. *Don Quichotte de la Manche* consacre l'apparition du roman moderne. Il met aux prises la folie du héros chevaleresque et le sens des réalités de son écuyer Sancho Pança dans des aventures qui sont autant de facettes de la destinée humaine.

1607 ITALIE
Naissance de l'art lyrique. L'œuvre de Monteverdi, surtout vocale, est à l'origine de toute la musique moderne. Conquis par le genre naissant du drame musical, d'origine florentine, il compose *l'Orfeo (Orphée, une légende musicale)*, qui présente les caractéristiques de l'opéra futur.

1607 -> 1611 SUÈDE
Charles IX, roi.

1608 CANADA
Fondation de Québec. La ville est fondée par Samuel de Champlain, lors de son troisième voyage en Nouvelle-France, sur un site dominant le Saint-Laurent. Elle deviendra le berceau de la civilisation française en Amérique.

1609 ALLEMAGNE
Les lois du mouvement des planètes. Dans son *Astronomia nova*, J. Kepler énonce deux lois fondamentales du mouvement des planètes en s'aidant des travaux du Danois Tycho Brahe. En 1619, dans son *Harmonices mundi*, il donnera une troisième loi, qui établit une relation entre les dimensions des orbites planétaires et les temps mis à les parcourir.

1609 -> 1610 ITALIE

Galilée présentant sa lunette au doge et au Sénat de Venise (fresque de 1841).

La lunette de Galilée. En introduisant l'emploi de la lunette en astronomie, Galilée ouvre une ère nouvelle pour la connaissance de l'Univers (découverte du relief de la Lune, des principaux satellites de Jupiter, des phases de Vénus, de la présence d'étoiles dans la Voie lactée, etc.).

1610 FRANCE
Henri IV assassiné. Le geste de Ravaillac, sans doute manipulé par des ligueurs, permet à Marie de Médicis de devenir régente. L'essor du protestantisme et l'agitation des grands vont être autant de défis à la monarchie absolue.

ITALIE

Le Caravage : la Couronne d'épines.

Mort du Caravage. Le Caravage est considéré comme le fondateur de la peinture moderne. Le caravagisme qu'il a inspiré rejette le maniérisme au profit du naturalisme de la représentation et d'une meilleure étude du clair-obscur.

1610 -> 1643 FRANCE
Louis XIII, roi.

1611 -> 1632 SUÈDE
Gustave II Adolphe, roi.

1612 FRANCE
La future place des Vosges est inaugurée. La place Royale d'alors est exemplaire des transformations du patrimoine monumental de Paris sous le règne d'Henri IV. Elle atteste la vogue de la construction en brique et en pierre.

1612 -> 1613 ESPAGNE
La vogue du gongorisme. Œuvres majeures de Luis de Góngora y Argote, *la Fable de Polyphème et Galatée* et *les Solitudes* induisent une révolution du langage poétique qui inspire tout un courant hermétique et, dans l'Espagne de l'époque, a valeur de fait de civilisation.

1613 RUSSIE

La Russie des Romanov : Pierre Ier le Grand, fondateur de Saint-Pétersbourg.

Les Romanov accèdent au trône. Élu par le zemski sobor (états généraux), le tsar Michel Fedorovitch Romanov est le petit-neveu d'Ivan le Terrible. Il se trouve être le fondateur de la dynastie d'où seront issus tous les souverains de la Russie jusqu'en 1917.

1614 GRANDE-BRETAGNE
Les logarithmes. L'invention des logarithmes par l'Écossais J. Napier simplifie les calculs de trigonométrie sphérique utilisés alors en astronomie ou pour la navigation.

1615 -> v. 1625 FLANDRE

Le baroque de Rubens : l'Adoration des Mages (tableau du musée du Louvre).

Rubens maître de la peinture baroque. À Anvers, Rubens réunit dans son atelier des peintres confirmés — tel Van Dyck — pour répondre aux nombreuses commandes qu'il reçoit ; il se spécialise alors dans de grandes compositions. L'influence qu'il exercera s'étendra à tous les arts de son temps.

1618 -> 1648 EUROPE
Guerre de Trente Ans.

1619 -> 1637 SAINT EMPIRE
Ferdinand II, empereur.

1620 AMÉRIQUE
Les " Pères pèlerins " débarquent. Arrivés sur le trois-mâts le *Mayflower*, les puritains anglais, partisans d'une théocratie imitée du calvinisme, vont fonder la colonie de Plymouth (Massachusetts) et créer la tradition du *Thanksgiving Day*.

1620 et 1623 GRANDE-BRETAGNE
Le philosophe Bacon rompt avec la scolastique. Le *Novum Organum* est un premier exposé de méthode expérimentale et l'*Instauratio magna*, une première tentative pour construire la science et la philosophie à partir de l'observation pure des faits.

1621 -> 1665 ESPAGNE
Philippe IV, roi.

1623 ALLEMAGNE
La machine à calculer. W. Schickard dessine et construit une machine à calculer qui peut effectuer automatiquement les additions et les soustractions et, semi-automatiquement, les multiplications et les divisions.

ITALIE
L'utopique Campanella. Esprit rebelle envers l'institution religieuse, Campanella imagine un monde où l'astrologie ferait l'harmonie de la société. *La Cité du soleil* est une utopie subversive par l'accent qu'elle met sur l'égalité.

1624 FRANCE
Richelieu au Conseil du roi. Principal ministre de Louis XIII, le cardinal de Richelieu se fera l'artisan de la montée en puissance de la France en Europe et d'une conception de l'État-nation reposant sur l'autorité de l'institution monarchique.

1624 -> 1655 ITALIE
Le baroque monumental. Bernin est l'un des artistes qui ont le plus contribué à doter l'architecture et la sculpture occidentales de formes nouvelles. Le Vatican, paré de la double colonnade de la place Saint-Pierre, et la ville de Rome lui doivent une grande part de leur éclat.

v. 1625 ESPAGNE
Tirso de Molina crée Don Juan. Auteur du *Trompeur de Séville et le Convive de pierre*, le dramaturge Tirso de Molina crée le personnage de l'éternel séducteur promis au châtiment. Don Juan connaîtra une grande fortune, surtout grâce à Molière et à Mozart.

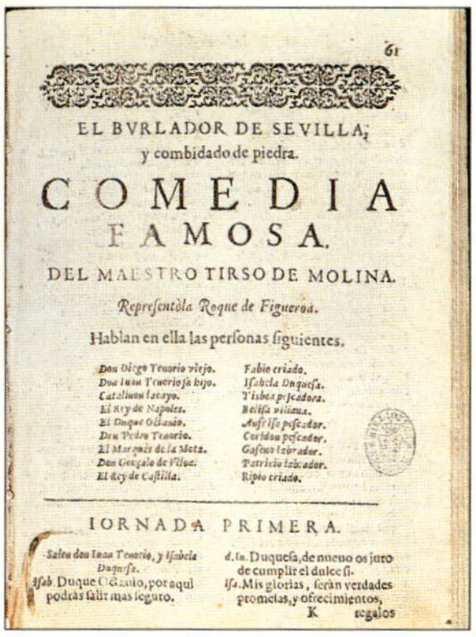

61
EL BVRLADOR DE SEVILLA, y combidado de piedra.
COMEDIA FAMOSA.
DEL MAESTRO TIRSO DE MOLINA.
Reprefentola Roque de Figueroa.
Hablan en ella las perfonas figuientes.
IORNADA PRIMERA.

Le théâtre de Tirso de Molina : frontispice de la pièce où apparaît le personnage de Don Juan.

1625 -> 1649 GRANDE-BRETAGNE
Charles Ier, roi d'Angleterre, d'Écosse et d'Irlande.

1628 GRANDE-BRETAGNE
Comment circule le sang. W. Harvey fournit, le premier, une description exacte de la circulation du sang dans le corps, prouvant notamment le passage du liquide sanguin dans les artères et dans les veines.

1631 -> 1641 INDE
Le Tadj Mahall, splendeur moghole. Ce mausolée, chef-d'œuvre de l'architecture islamique, s'élève près de la ville d'Agra : construit en marbre blanc incrusté de pierres de couleur, il fut dédié par l'empereur Chah Djahan à son épouse favorite.

1632 ITALIE

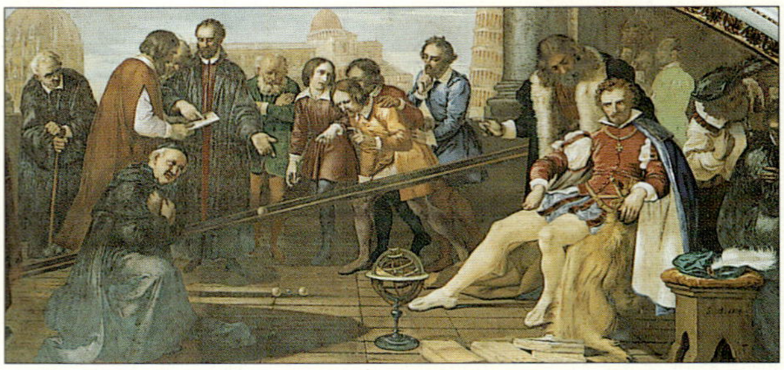

Galilée effectuant des expériences sur la chute des corps (fresque du XIXe s.).

La chute des corps. Galilée établit la loi de la chute des corps dans le vide. Avec ses autres travaux sur les oscillations du pendule, le mouvement des projectiles, etc., il est l'un des fondateurs de la mécanique expérimentale et de la physique mathématique.

SUÈDE
Avènement de la reine Christine. Fille de Gustave II Adolphe, qui a fait de la Suède une puissance européenne, la reine Christine instaurera un gouvernement personnel. Elle attirera savants et lettrés, dont Descartes.

1635 FRANCE
Richelieu fonde l'Académie française. La nouvelle institution a la double mission de garantir la pureté de la langue française et de contribuer au prestige culturel du royaume en y favorisant les disciplines intellectuelles et artistiques. Cette politique sera renforcée par Colbert.

v. 1635 ESPAGNE
Le théâtre de Calderón. Dramaturge à la cour de Philippe IV, Calderón de la Barca est avant tout un auteur de pièces religieuses, les autos sacramentales. *La vie est un songe*, plaidoyer pour les forces vives de la conscience contre le mal, révèle la profondeur de ses inquiétudes philosophiques.

1636 AMÉRIQUE DU NORD
L'Harvard originel. La plus ancienne université des États-Unis a pour origine le Harvard College, qui est l'école de théologie de la colonie du Massachusetts. Son fondateur, pasteur puritain, lui léguera la moitié de sa fortune et sa bibliothèque.

1637 FRANCE
***Le Cid*, héros cornélien.** Le théâtre de Corneille est celui du dilemme et de l'héroïsme, qui donne la véritable mesure de l'individu : dans *le Cid*, où l'amour et l'honneur entrent en conflit, le jeune noble se doit d'abord au second par devoir filial.

1637 -> 1657 SAINT EMPIRE
Ferdinand III, empereur.

1641 FRANCE
Les *Méditations* parachèvent la pensée cartésienne. Paru quatre ans après le *Discours de la méthode*, l'ouvrage explicite le doute méthodique sur lequel s'appuie Descartes pour apporter la preuve de l'existence de Dieu et établit la distinction entre l'âme et le corps.

1642 PAYS-BAS
Rembrandt peint *la Ronde de nuit*. Rembrandt porte à son apogée l'art du portrait de groupe. Son génie atteint à la sublimation picturale par la richesse de la composition et les effets de lumière.

1642 -> 1661 FRANCE
Gouvernement de Mazarin.

1643 FRANCE
Louis XIV succède à Louis XIII. Le règne qui commence — et qui durera 72 ans — vaudra à Louis XIV le Grand d'être appelé le Roi-Soleil. Il portera à son apogée la civilisation française classique, qui rayonnera dans les domaines politique, militaire et artistique. Versailles en sera le symbole puissant.

Louis XIV : le mariage du roi avec Marie-Thérèse d'Autriche en 1660.

ITALIE
Invention du baromètre. Par une célèbre expérience effectuée à Florence, E. Torricelli met en évidence la pression atmosphérique et invente l'instrument qui permet de la mesurer, le baromètre à mercure.

1644 CHINE
Les Mandchous au pouvoir. Successeurs des Ming, les Qing, d'origine mandchoue, installent un pouvoir qui durera jusqu'en 1911. Sous leur domination, la Chine va connaître une poussée démographique et atteindre sa plus grande extension.

1645 -> 1676 RUSSIE
Alexis Mikhaïlovitch, tsar.

La guerre de Trente Ans : l'une des gravures accusatrices de Jacques Callot.

1648 EUROPE
Signature des traités de Westphalie. La guerre de Trente Ans, qui a des antécédents à la fois territoriaux et religieux, a ravagé l'Europe. Les traités qui la concluent vont créer un nouvel équilibre aux dépens du Saint Empire.

1648 -> 1653 FRANCE
Période de la Fronde.

1648 -> 1687 EMPIRE OTTOMAN
Mehmed IV, sultan.

1649 GRANDE-BRETAGNE
Exécution du roi Charles Ier. Traduisant l'opposition du Parlement à l'absolutisme royal, la première révolution d'Angleterre (ou " Grande Rébellion ") aboutira à la mise en place de la dictature d'Oliver Cromwell.

v. 1650 FRANCE
Poussin, peintre classique. C'est à Rome que Poussin puise les sources d'un classicisme érudit qui s'exprime surtout dans la peinture de paysage. La toile *Orphée et Eurydice* est de celles qui rendent sa vision d'une nature parfaitement ordonnée.

1651 GRANDE-BRETAGNE
Hobbes repense le politique. Auteur du *Léviathan*, Thomas Hobbes rompt avec l'idée que la souveraineté a une origine divine. Il introduit la conception d'un contrat social aux termes duquel les individus se dépouillent de leurs libertés en faveur de l'État qui les protège.

1652 JAPON
Le kabuki, art théâtral. Issu des spectacles de bateleurs qui mêlent chant et danse, le kabuki évolue en un genre pourvu d'une action dramatique et joué par des hommes. La diversité du répertoire et la richesse de l'esthétique (maquillage kumadori) le vouent à un immense succès populaire.

1653 FRANCE
La monarchie triomphe de la Fronde. Les parlementaires, dès 1648, puis les princes qui se sont dressés contre le gouvernement de Mazarin, durant la minorité du roi Louis XIV, subissent un échec. L'absolutisme en sortira renforcé.

1654 FRANCE
Les probabilités se calculent. À travers un échange de correspondance concernant les jeux de hasard, P. de Fermat et B. Pascal fondent le calcul des probabilités.

1654 -> 1660 SUÈDE
Charles X Gustave, roi.

1656 ESPAGNE
Velázquez peint les *Ménines*. L'artiste rénove la vision esthétique de ses contemporains en se consacrant à la peinture de cour. Il introduit dans ses compositions une liberté et un chromatisme qui séduiront les impressionnistes.

1657 PAYS-BAS
La pendule et son pendule.

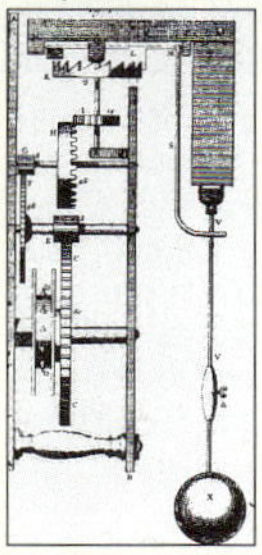

C. Huygens invente un nouveau type d'horloge mécanique, beaucoup plus précise : la pendule, dont l'organe régulateur du mouvement n'est plus un foliot mais un pendule.

Le mécanisme régulateur d'horloge à pendule.

1658 -> 1705 SAINT EMPIRE
Léopold Ier, empereur.

1658 -> 1707 INDE
Aurangzeb, empereur moghol.

1659 FRANCE, ESPAGNE
L'Espagne perd la suprématie en Europe. Le traité des Pyrénées, signé sur la Bidassoa, met un terme à vingt-quatre ans de guerre entre la France et l'Espagne. Il rattache le Roussillon à la France.

1660 -> 1685 GRANDE-BRETAGNE
Charles II, roi d'Angleterre, d'Écosse et d'Irlande.

1660 -> 1697 SUÈDE
Charles XI, roi de Suède.

v. 1660 PAYS-BAS
La peinture intériorisée de Vermeer. En même temps qu'il confère toute son humanité à la peinture de genre, Vermeer se passionne pour l'illusion figurative. Dans sa *Vue de Delft*, on décèlera un art qui procède par " gouttes lumineuses ".

1661 -> 1683 FRANCE
Gouvernement de Colbert.

1662 -> 1722 CHINE
Kangxi, empereur Qing.

1663 CANADA

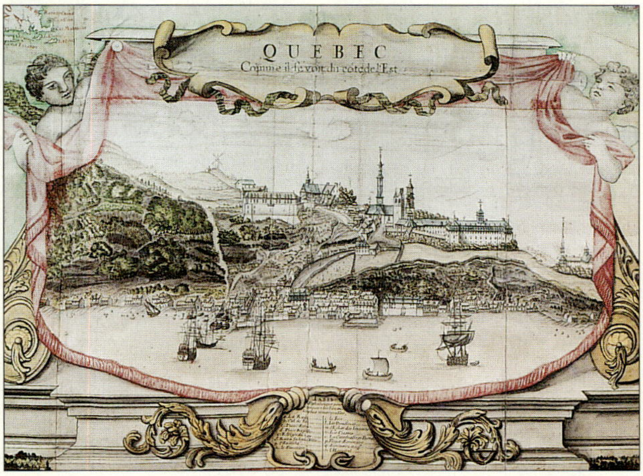

La Nouvelle-France : le site de Québec.

Création de la Nouvelle-France. À l'instigation de Colbert, les terres françaises du Canada sont intégrées au domaine royal et dotées du statut de province. La Compagnie française des Indes occidentales sera fondée en 1664.

1664 ÉTATS-UNIS
New York entre dans l'histoire. La Nouvelle-Amsterdam, possession hollandaise, est annexée par les Anglais, qui la baptisent New York en l'honneur du duc d'York, frère du roi Charles II. Ils feront confirmer son statut de colonie par le traité de Breda de 1667.

PAYS-BAS
Le peintre Frans Hals actualise les conventions. L'art du portrait réaliste culmine dans les *Régents* et *Régentes*, œuvres de vieillesse sur la vieillesse. Leur modernité stylistique sera redécouverte par Manet et ses successeurs.

1665 GRANDE-BRETAGNE
La peste sévit à Londres. Durant sept mois, l'épidémie cause la mort d'un cinquième au moins des 500 000 habitants de Londres. Elle ne sera éradiquée que par le " Grand Incendie " de septembre 1666.

1665 -> 1700 ESPAGNE
Charles II, roi.

1666 MAROC
Avènement de la dynastie alawite. Formant une dynastie chérifienne originaire du Tafilalet, les Alawites occupent le trône du Maroc à partir du sultan Mulay al-Rachid. Ils régneront sans interruption sur le pays.

1666 -> 1671 FRANCE
Molière donne ses grandes comédies. *Le Misanthrope*, *l'Avare*, *le Tartuffe*, *le Bourgeois gentilhomme* et *les Fourberies de Scapin* sont, entre autres, les pièces qui permettent à Molière d'user du ressort de la comédie, parfois teintée de tragique, pour façonner des personnages aux traits éternels.

Molière : Armande Béjart et Du Croisy, les premiers interprètes de Tartuffe.

1666 -> 1709 GRANDE-BRETAGNE
Londres renaît de ses cendres. Après le Grand Incendie de Londres, Christopher Wren est chargé de rebâtir les cinquante églises de la City. Édifice à coupole conçu à l'échelle de Saint-Pierre de Rome, la cathédrale Saint Paul manifeste la hardiesse de ses conceptions.

Le Londres de Christopher Wren : la cathédrale Saint Paul est alors édifiée.

1667 PAYS-BAS
Coup d'arrêt au protectionnisme. L'Angleterre et les Provinces-Unies sont entrées en guerre pour la maîtrise des mers. Le traité de Breda accorde aux Néerlandais la liberté du commerce dans les ports anglais.

1667 et 1671 GRANDE-BRETAGNE
Les poèmes bibliques de Milton. *Le Paradis perdu* fait de l'homme l'enjeu de la lutte entre Dieu et Satan et *le Paradis reconquis* reprend le thème de la tentation du Christ au désert. Les visions grandioses de Milton assureront sa postérité à l'époque romantique.

1667 -> 1677 FRANCE
Racine scrute les passions. De la création d'*Andromaque* à celle de *Phèdre*, Racine se fait le peintre de la passion au service d'une action qui a pour but de montrer les hommes tels qu'ils sont et d'une langue qui demeure la plus poétique du théâtre classique français.

Racine : le personnage de Phèdre à l'époque de la création de la tragédie.

1668 -> 1694 FRANCE
La Fontaine donne ses *Fables*. Dans un langage où l'invention poétique est constante et inégalée, La Fontaine s'adresse à l'humanité par le biais de l'animalité. Il revendique le droit de l'homme à s'améliorer tout en demeurant lui-même. Il lui propose un réel art de vivre.

1669 ALLEMAGNE
Les origines du roman de formation.
Le *Simplicius Simplicissimus* de Grimmelshausen dépeint une sorte de Candide aux aventures picaresques. L'expérience qu'il acquiert pendant les combats de la guerre de Trente Ans est emblématique de la lutte pour la vie.
DANEMARK
La stratigraphie et la tectonique.
Dans un ouvrage intitulé *Prodromus*, N. Sténon pose les bases de la stratigraphie et fonde la tectonique à partir de ses observations des fossiles.

1670 FRANCE
Port-Royal édite Pascal. Les *Pensées* sonnent comme le grand rappel à l'ordre des incroyants et des libertins qu'il s'agit de convaincre de la misère d'un monde sans Dieu. " Parier " pour Dieu devient alors la voie que la philosophie pascalienne offre à l'humanité.
RUSSIE
Les paysans russes se révoltent.
L'insurrection des paysans ralliés au chef cosaque Stenka Razine est la première qui mette en cause le servage, officialisé par le Code de 1649. Elle sera noyée dans le sang.

1672 GRANDE-BRETAGNE

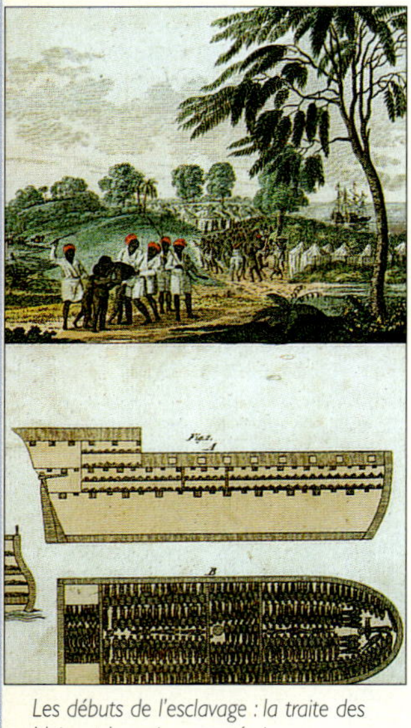

Les débuts de l'esclavage : la traite des Noirs et les vaisseaux négriers.

La Compagnie royale africaine reçoit ses statuts. Élément déterminant du commerce triangulaire auquel se voue la compagnie, la traite des Noirs va donner naissance à la plus importante migration humaine de tous les temps, entretenue par le développement de l'esclavage en Amérique.

1672 -> 1679 EUROPE
Guerre de Hollande.

L'opéra à la française : Armide, *de Lully.*

1673 FRANCE
Le premier opéra à la française.
Cadmus et Hermione, de Lully, revêt encore la forme d'une pastorale, mais contribue à la formation en France de l'art lyrique, fondé sur l'originalité du récit et la perfection de la prosodie ; le genre sera représentatif de tout l'âge baroque.
PAYS-BAS
Débuts de microbiologie.
A. Van Leeuwenhoek découvre au microscope l'existence de micro-organismes (protozoaires, levures, bactéries). Ses nombreuses observations jetteront les bases de la microbiologie.

v. 1675
ALLEMAGNE, GRANDE-BRETAGNE
Le calcul infinitésimal. Indépendamment l'un de l'autre, G.W. Leibniz et I. Newton fondent le calcul infinitésimal, favorisant ainsi le développement de l'analyse.

1676 FRANCE
La vitesse de la lumière. Grâce à ses observations des satellites de Jupiter à Paris, le Danois O. Römer établit que la lumière se propage à une vitesse finie.

1677 PAYS-BAS
L'*Éthique* de Spinoza. L'œuvre de Spinoza est l'instrument d'une révolution intellectuelle qui vise à édifier une théorie logique de la connaissance. Elle transmet en outre un message libérateur de toute forme d'oppression.

1678 -> 1679 EUROPE
Louis XIV, arbitre de l'Europe. La paix de Nimègue conclut la guerre de Hollande déclenchée par Louis XIV. À la faveur du traité qui est signé avec l'Espagne, la Franche-Comté est cédée à la France.

1679 GRANDE-BRETAGNE
Le Parlement vote l'*Habeas Corpus Act*. L'institution de l'habeas corpus vise à garantir l'individu contre l'arbitraire des décisions de justice. Elle peut être considérée comme la première manifestation de la pensée des droits de l'homme.

1681 -> 1713 ITALIE
Corelli, un classique du violon. La contribution de Corelli à l'évolution de la musique instrumentale est cruciale. Dans les pièces pour violon qu'il compose, il parachève la forme de la sonate et invente celle du concerto grosso.

1682 AMÉRIQUE DU NORD
La France colonise la Louisiane.
Après avoir descendu le Mississippi et atteint le golfe du Mexique, l'explorateur Cavelier de La Salle établit la présence française sur les territoires qui bordent le fleuve. Il les nomme " Louisiane " en l'honneur de Louis XIV.
FRANCE
Tension avec le Saint-Siège. Inspirée par Louis XIV et rédigée par Bossuet, la *Déclaration du clergé de France* rappelle l'indépendance absolue du roi à l'égard du pape pour toutes les affaires temporelles. Elle consacre la crise du gallicanisme.

1682 -> 1725 RUSSIE
Pierre Ier, tsar.

1685 FRANCE
Révocation de l'édit de Nantes.
L'édit de Fontainebleau, qui révoque l'édit de Nantes, met fin à l'existence légale du protestantisme en France (sauf en Alsace). Il provoquera l'exode de toute une partie de l'élite de la nation.

1685 -> 1688 GRANDE-BRETAGNE
Jacques II, roi d'Angleterre et d'Irlande.

1687 GRANDE-BRETAGNE

Newton (aquarelle de W. Blake, 1795).

La mécanique de Newton. Dans ses *Principia mathematica philosophiae naturalis* (" Principes mathématiques de philosophie naturelle "), I. Newton formule la loi de la gravitation universelle et expose les fondements théoriques de la mécanique. Tous les développements ultérieurs de la mécanique, jusqu'à l'avènement de la théorie de la relativité d'Einstein, s'appuieront sur cette œuvre majeure.

1687 -> 1694 FRANCE
Querelle des Anciens et des Modernes. Le débat d'idées le plus fameux du Grand Siècle oppose deux conceptions de l'art. Contre Boileau et les partisans des Anciens, Charles Perrault et les Modernes se font les précurseurs de l'idée de progrès.

1688 -> 1697 EUROPE
Guerre de la ligue d'Augsbourg.

Le parlementarisme anglais : le roi Guillaume III est reçu au Parlement.

1689 GRANDE-BRETAGNE
La monarchie devient constitutionnelle. Épisode pacifique, la seconde révolution d'Angleterre (dite aussi la " Glorieuse Révolution ") détrône le roi Jacques II, converti au catholicisme. C'est son gendre, Guillaume d'Orange, qui est reconnu par le Parlement.
JAPON
Basho, maître du haïku. Court poème de circonstance, le haïku accompagne le plus souvent des textes en prose. *La Sente étroite du bout du monde* porte à son absolue perfection un art qui exprime la quintessence de la pensée japonaise.

1689 -> 1695 GRANDE-BRETAGNE
Purcell compose sa musique de scène. Loué comme le plus grand musicien de son temps en Angleterre, Purcell est l'auteur de nombreuses pièces pour la cour et l'Église. Il passe à l'opéra avec *Dido and Aeneas* et lui donne une forme inspirée d'autres traditions nationales.

1689 -> 1702 GRANDE-BRETAGNE
Guillaume III, roi d'Angleterre, d'Écosse et d'Irlande.

1690 -> 1692 SUR MER
La " guerre de course " fait rage.
Le droit de course permet aux " corsaires ", tels Jean Bart et René Duguay-Trouin, agissant au nom du roi, de faire la chasse aux navires de commerce ennemis et de vendre leur cargaison pour leur compte personnel.

1690 et 1740 GRANDE-BRETAGNE
Les fondements de l'empirisme.
Les philosophes John Locke *(Essai sur l'entendement humain)* et David Hume *(Traité de la nature humaine)* réfutent la théorie des idées innées issue du cartésianisme. Ils affirment que seule l'expérience — avec les sensations qui en dérivent — est la source de toute connaissance.

1695 AFRIQUE NOIRE
Un royaume pour les Ashanti.
Peuple akan, originaire de l'actuel Ghana, les Ashanti sont les fondateurs d'un État monarchique dont la capitale est Kumasi. Fortement centralisé, celui-ci durera jusqu'au XXe s.

1697 EUROPE
Revanche sur la France. Les traités de Ryswick, qui terminent la guerre de la ligue d'Augsbourg, amputent la France de nombreux territoires. Louis XIV doit reconnaître le protestant Guillaume III d'Orange comme roi d'Angleterre.

1697 -> 1718 SUÈDE
Charles XII, roi.

1699 EUROPE
L'Empire ottoman en déclin.
Le conflit qui oppose les Habsbourg aux Ottomans, marqué par l'échec de ces derniers lors du siège de Vienne de 1683, aboutit à la paix de Karlowitz. La Hongrie cesse d'être possession ottomane.

1699 -> 1730
DANEMARK ET NORVÈGE
Frédéric IV, roi.

Fin du XVIIe s. BELGIQUE
La munificence des corporations bruxelloises. Les maisons des corporations, de part et d'autre de l'hôtel de ville gothique, confèrent

La transformation de Bruxelles : maisons de corporations sur la Grand-Place.

à la Grand-Place de Bruxelles son aspect monumental. Elles sont richement ornées dans le goût baroque.

1700 EUROPE
La " grande " guerre du Nord éclate.
Le contrôle de la mer Baltique oppose la Suède au Danemark, à la Russie et à la Pologne. La guerre qui s'ensuit durera jusqu'en 1721. Elle se conclura au bénéfice du tsar Pierre le Grand.

1700 -> 1746 ESPAGNE
Philippe V, roi.

1701 EUROPE
Guerre de la Succession d'Espagne.
Provoquée par la mort sans descendance du dernier des Habsbourg d'Espagne, la guerre opposera, jusqu'en 1714, la France et l'Espagne à une coalition anglo-autrichienne. Le roi d'Espagne Philippe V, petit-fils de Louis XIV, gardera son trône au prix d'importantes concessions territoriales.

1701 -> 1713 ALLEMAGNE
Frédéric Ier, roi en Prusse.

1702 -> 1714 GRANDE-BRETAGNE
Anne Stuart, reine de Grande-Bretagne et d'Irlande.

1705 GRANDE-BRETAGNE

Le retour de la comète de Halley en 1759, depuis l'Observatoire de Paris.

La comète reviendra. E. Halley établit pour la première fois qu'une comète, observée en 1682, décrit une ellipse autour du Soleil et annonce son retour pour 1758 ou 1759. En se vérifiant, cette prévision consacrera le succès de la théorie de la gravitation universelle.

1705 -> 1711 SAINT EMPIRE
Joseph Ier, empereur.

1707 GRANDE-BRETAGNE
Angleterre et Écosse s'unissent.
L'Acte d'union proclamé par la reine Anne Stuart, fervente protestante, donne naissance à la Grande-Bretagne. Celle-ci va devenir la première puissance maritime d'Europe.

1711 -> 1740 SAINT EMPIRE
Charles VI, empereur.

1712 GRANDE-BRETAGNE
Mise au point de la machine à vapeur.
Le mécanicien T. Newcomen construit la première machine à vapeur réellement utilisable, comportant chaudière, cylindre et piston.

1714 ALLEMAGNE
Leibniz publie *la Monadologie*.
Leibniz est le philosophe de l'harmonie préétablie : le monde est composé de substances — les monades — qui ont leur force en elles-mêmes et que Dieu accorde entre elles. Sa métaphysique rompt avec le cartésianisme.

1714 -> 1727 GRANDE-BRETAGNE
George Ier, roi de Grande-Bretagne et d'Irlande.

1715 FRANCE
La Régence après Louis XIV. La Régence durera jusqu'à la majorité de Louis XV (1723), arrière-petit-fils du roi défunt. Elle permettra à Philippe II, duc d'Orléans, premier prince du sang, d'exercer le pouvoir au bénéfice de la noblesse.

1715 -> 1774 FRANCE
Louis XV, roi.

1719 et 1726 GRANDE-BRETAGNE

Jonathan Swift : Gulliver, représenté par l'illustrateur Grandville (XIXe s.).

Robinson et Gulliver. En plein Siècle des lumières, Daniel Defoe et Jonathan Swift proposent des visions idéales de l'avenir de l'homme : l'une est optimiste et s'incarne dans Robinson Crusoé ; l'autre, ironique et amère, est celle qui inspire *les Voyages de Gulliver*.

1720 FRANCE

John Law : billet au porteur de 1719.

Banqueroute de John Law. L'échec du financier Law est aussi celui de la première tentative de modernisation des structures financières du royaume de France en une époque précapitaliste tournée vers le commerce maritime et la création de colonies (fondation de La Nouvelle-Orléans, 1718).

1721 RUSSIE
Naissance de l'Empire russe.
Pierre Ier, dit le Grand, qui règne depuis 1682, se proclame " tsar de toutes les Russies ". Afin de favoriser l'industrialisation et le commerce, il prend un oukase qui accorde aux entrepreneurs le privilège de l'achat des serfs.

1723 -> 1750 ALLEMAGNE
Apothéose de la musique religieuse.
L'œuvre de Jean-Sébastien Bach traduit le souci d'équilibrer l'effectif instrumental et prépare l'avènement de l'orchestre. La *Messe en si mineur* révèle un audacieux langage harmonique et sa *Passion selon saint Matthieu*, toute la richesse de son inspiration.

1725 AFRIQUE NOIRE
Un empire peul. L'État théocratique que les Peuls édifient au Fouta-Djalon est l'un des premiers à témoigner de la force de l'islam comme facteur de civilisation sur le continent noir.

1725 -> 1727 RUSSIE
Catherine Ire, impératrice.

1727 -> 1760 GRANDE-BRETAGNE
George II, roi de Grande-Bretagne et d'Irlande.

1730 -> 1740 RUSSIE
Anna Ivanovna, impératrice.

1733 EUROPE
Guerre de la Succession de Pologne.
Le conflit qui oppose les puissances européennes (France et Espagne, d'une part ; Russie et Autriche, d'autre part) durera jusqu'en 1738. Il entraînera de nouvelles redistributions territoriales sur le continent et, en Pologne même, l'éviction du roi Stanislas Ier Leszczyński, beau-père de Louis XV.

GRANDE-BRETAGNE
Invention de la navette volante.
En concevant et faisant breveter la navette volante, dispositif mécanique facilitant le tissage des étoffes de grande largeur, J. Kay introduit la première des grandes innovations qui vont révolutionner l'industrie textile au XVIIIe s.

1735 GRANDE-BRETAGNE
Le chronomètre de marine.
De 1735 à 1761, John Harrison réalise des chronomètres de marine de plus en plus performants, grâce auxquels les navigateurs peuvent enfin calculer la longitude et faire le point en mer avec une précision satisfaisante.

1736 -> 1796 CHINE
Qianlong, empereur Qing.

1738 SUISSE
La théorie cinétique des gaz. Le traité d'hydrodynamique que publie Daniel Bernoulli fait de lui l'un des fondateurs de cette discipline et donne les premiers principes de la théorie cinétique des gaz.

1740 ALLEMAGNE
Frédéric le Grand sur le trône de Prusse. État fortement militarisé, la Prusse prend rang de puissance européenne à part entière sous le règne de Frédéric II. Ce dernier, se voulant aussi " roi-philosophe ", ami de Voltaire, incarnera l'époque du despotisme éclairé.

EUROPE
Guerre de la Succession d'Autriche.
La guerre oppose l'Autriche à une coalition formée principalement par la Prusse, la France et l'Espagne. Elle se dénouera, en 1748, au profit de la future impératrice Marie-Thérèse, héritière des Habsbourg en vertu de la pragmatique sanction de 1713.

1741 -> 1762 RUSSIE
Élisabeth, impératrice.

1742 SUÈDE
Les degrés de Celsius. En prenant pour références les températures de fusion et d'ébullition de l'eau sous la pression atmosphérique normale et en graduant cet intervalle de 0 à 100, A. Celsius crée une échelle thermométrique pratique.

1745 PAYS-BAS, ALLEMAGNE

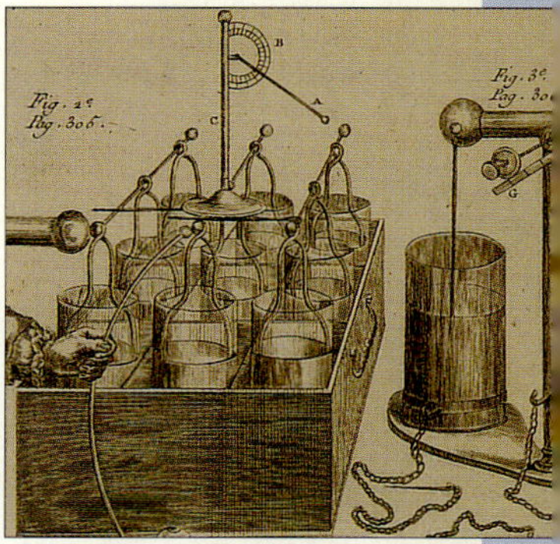

Charge de plusieurs bouteilles de Leyde montées en série.

Découverte du condensateur.
En tentant d'électriser de l'eau enfermée dans un récipient en verre, le Hollandais P. Van Musschenbroek et l'Allemand E.G. von Kleist, indépendamment l'un de l'autre, réalisent fortuitement le premier condensateur : la bouteille de Leyde.

Chronomètre de marine de John Harrison.

1745 -> 1765 SAINT EMPIRE
François Ier, empereur.

1745 -> 1780 AUTRICHE
Marie-Thérèse, impératrice.

1748 FRANCE
Prémices de la science politique. Auteur des *Lettres persanes*, où il décortique les mœurs de ses contemporains, Montesquieu est aussi le penseur qui met en avant la théorie de la séparation des pouvoirs : *De l'esprit des lois* inspirera la Constitution de 1791.
SUISSE
Euler et la fonction. Dans son *Introduction aux infiniment petits*, L. Euler développe l'analyse mathématique, qu'il réorganise autour du concept fondamental de fonction.

1748 -> 1759 FRANCE

Voltaire et les Lumières : le philosophe en Prusse, à la cour du roi Frédéric II.

Voltaire incarne les Lumières. Frondeur en politique mais conformiste en art, Voltaire s'est imposé avant tout à la postérité par ses contes philosophiques, *Zadig* et *Candide*, qui traitent des libertés individuelles sur le mode satirique.

1749 -> 1804 FRANCE
Buffon publie son *Histoire naturelle*. Rédigée avec le concours de nombreux collaborateurs, cette œuvre de vulgarisation sans précédent traitant de l'histoire de la Terre, de la géologie, de la minéralogie et de la zoologie comprendra 44 volumes et connaîtra un immense succès.

Le braque : une des nombreuses illustrations de l'Histoire naturelle de Buffon.

1750 -> 1754 AFRIQUE AUSTRALE
Une carte du ciel austral. Au cap de Bonne-Espérance, le Français N. de La Caille cartographie le ciel de l'hémisphère Sud. En 1751, conjointement avec le Français J. Lalande, installé à Berlin, il détermine avec précision la parallaxe de la Lune, d'où se déduit la distance Terre-Lune.

1751 EXTRÊME-ORIENT
La Chine annexe le Tibet. La Chine des Qing met fin au régime théocratique du dalaï-lama. Elle impose sa suzeraineté au Tibet, dans le cadre d'une politique d'expansion territoriale qui s'exercera aussi aux dépens de l'Asie centrale.

1751 -> 1772 FRANCE

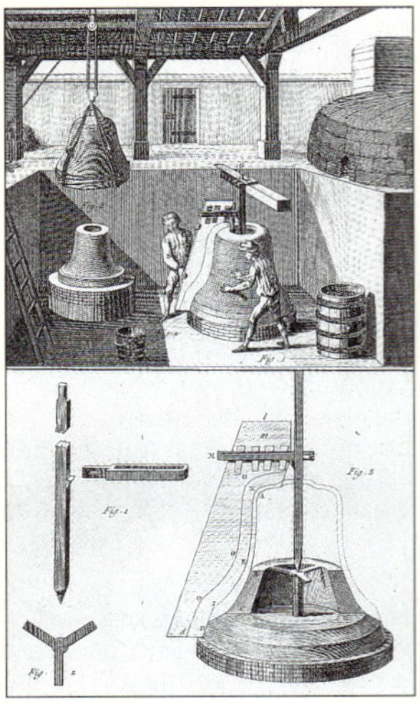

Une planche de l'Encyclopédie : la fonte des cloches.

Publication de l'*Encyclopédie*. Quelque 150 savants, philosophes ou spécialistes divers collaborent sous la direction de Diderot à l'œuvre phare du Siècle des lumières, vaste synthèse des connaissances accordant une large place aux techniques et exaltant le progrès humain.

1752 ÉTATS-UNIS

Le premier paratonnerre, installé par B. Franklin à Philadelphie.

La foudre domestiquée. Après avoir découvert qu'une pointe métallique attire les charges électriques et vérifié que les éclairs d'orage ne sont que de gigantesques décharges électriques, Benjamin Franklin équipe sa résidence de Philadelphie du premier paratonnerre : une pointe métallique reliée à des conducteurs acheminant les charges atmosphériques jusqu'à la terre.

1756 -> 1763 EUROPE
Guerre de Sept Ans.

1758 FRANCE
Les physiocrates créent la science économique. Le *Tableau économique* que François Quesnay consacre à la France de la seconde moitié du XVIIIe s. est le premier ouvrage à faire une analyse macroéconomique. Il introduit aussi la notion de circuit économique.

GRANDE-BRETAGNE
La lunette perfectionnée. En fabriquant et commercialisant des lentilles achromatiques (inventées, dès 1733, par l'astronome amateur C.M. Hall), l'opticien J. Dollond apporte un perfectionnement majeur à la lunette astronomique, qui pourra désormais atteindre de gros diamètres.
SUÈDE

Frontispice de la Flora laponica de C. von Linné.

Linné crée la nomenclature des espèces. Ayant entrepris de décrire des milliers d'espèces animales et végétales, C. von Linné attribue à chacune d'elles un double nom latin, générique et spécifique ; cette nomenclature " binominale " reste à la base de celle utilisée aujourd'hui.

La machine à vapeur de J. Watt.

1765 -> 1784 GRANDE-BRETAGNE
Watt industrialise la vapeur. Grâce aux divers perfectionnements que lui apporte J. Watt (invention du condenseur, du régulateur à boules, du tiroir, etc.), la machine à vapeur devient une machine industrielle.

1765 -> 1790 SAINT EMPIRE
Joseph II, empereur.

1766 -> 1768 SUR MER
Premier tour du monde français. Parti de Brest à bord de la frégate la *Boudeuse*, Bougainville atteindra Tahiti, puis rentrera à Saint-Malo. Le récit de voyage qu'il publiera suscitera chez ses contemporains la passion de l'exotisme.

1769 GRANDE-BRETAGNE
La révolution industrielle s'accélère. Après James Hargreaves, qui a mis au point le premier métier à filer mécanique *(spinning jenny)*, Richard Arkwright donne une nouvelle impulsion à l'industrie cotonnière britannique en inventant une machine qui utilise l'énergie de l'eau *(water frame)*.

La révolution industrielle : filature de coton en Angleterre.

1759 -> 1788 ESPAGNE
Charles III, roi.

1760 -> 1820 GRANDE-BRETAGNE
George III, roi de Grande-Bretagne et d'Irlande.

1762 RUSSIE
Catherine II, impératrice. Le règne de Catherine II la Grande durera jusqu'en 1796. Il fera entrer l'Empire russe dans une ère de réformes politiques et d'annexions territoriales tout en l'ouvrant à la vie intellectuelle de l'époque.

1762 -> 1778 FRANCE
Rousseau précurseur du romantisme. Penseur politique défendant l'idée de démocratie élective *(Du contrat social)*, Rousseau est aussi l'auteur de romans et de *Confessions*. Il y fonde l'analyse du moi et pose le problème de l'incommunicabilité.

1763 EUROPE
Fin de la guerre de Sept Ans. Avec d'autres pays alliés, la France a combattu l'expansionnisme prussien. Elle s'est aussi opposée à l'impérialisme britannique. Aux termes du traité de Paris, elle devra renoncer à la plus grande partie de son empire colonial, et notamment au Canada.

1771 -> 1792 SUÈDE
Gustave III, roi.

1772 -> 1789 FRANCE
Lavoisier fonde la chimie moderne. Il introduit une expérimentation rigoureuse par l'usage systématique de la balance, énonce les lois de conservation de la masse et des éléments, et participe à la création d'une nomenclature chimique rationnelle.

1773 AMÉRIQUE DU NORD
La " Boston Tea Party ". Le coup de main des habitants de Boston, qui jettent à la mer des caisses de thé en représailles contre la fiscalité de Londres, est significatif du rôle joué par la ville dans les événements annonçant la guerre de l'Indépendance américaine.

1774 PÔLE SUD
James Cook explore l'Antarctique. Grand découvreur de l'Océanie et des îles du Pacifique, le navigateur anglais est le premier à atteindre la banquise, à plus de 70° de latitude sud. Il met fin au mythe d'une terre australe.

TURQUIE
Défaite face à la Russie. Le traité de Kutchuk-Kaïnardji conclut la guerre que la Turquie a déclarée, en 1768, à la Russie. Il permet à celle-ci d'atteindre la mer Noire et contribue à soulever la " question d'Orient ".

1774 -> 1792 FRANCE
Louis XVI, roi.

1774 -> 1832 ALLEMAGNE

Goethe et le Sturm und Drang : réunion de poètes dans la maison de Weimar.

L'idéalisme culmine avec Goethe. Chef de file du mouvement *Sturm und Drang*, qui refuse le rationalisme classique, Goethe est le précurseur du romantisme allemand. Il crée une nouvelle forme de roman où l'homme, à l'instar de Werther et de Faust, fait le bon usage de l'épreuve.

1775 ÉTATS-UNIS

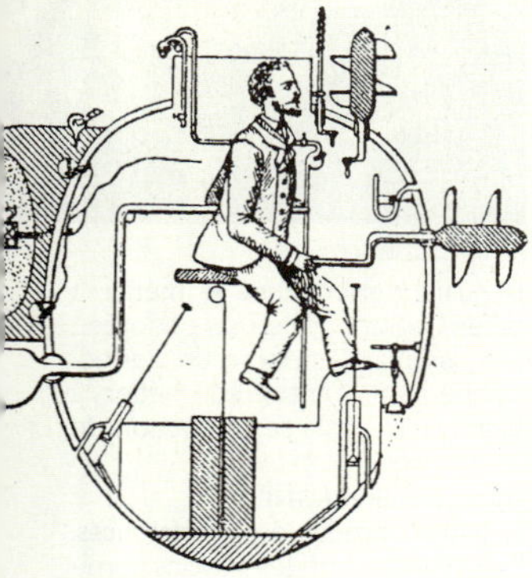

La Tortue de D. Bushnell.

Le premier sous-marin. Avec sa *Tortue*, un engin ovoïde propulsé sous l'eau à l'aide d'une hélice actionnée manuellement par son unique passager, D. Bushnell réalise le premier submersible digne de ce nom.

1775 -> 1782 ÉTATS-UNIS
Guerre de l'Indépendance américaine.

1775 -> 1784 FRANCE
Beaumarchais, écrivain prérévolutionnaire. Auteur de comédies qui mettent en scène des nobles ridiculisés par leurs valets (*le Barbier de Séville* ; *le Mariage de Figaro*), Beaumarchais annonce l'évolution des valeurs sociales qui prépare la Révolution française.

Beaumarchais : Figaro dans une scène du Ve acte du Mariage de Figaro.

1776 ÉTATS-UNIS

L'indépendance américaine : portrait de Thomas Jefferson, l'un des pères de la Déclaration du 4 juillet 1776.

Adoption de la Déclaration d'indépendance. La Déclaration du 4 juillet est surtout l'œuvre de Thomas Jefferson. Texte fondateur de la démocratie américaine, elle magnifie la théorie des " droits naturels ".

GRANDE-BRETAGNE
Le libéralisme économique a sa doctrine. Dans *Recherches sur la nature et les causes de la richesse des nations*, ouvrage clé de la pensée économique, Adam Smith formule les lois du marché et définit la division internationale du travail.

JAPON
Contes de pluie et de lune. La littérature japonaise du siècle d'Edo est marquée par le genre du conte fantastique *(yomi-kon)*, tel que l'illustre le poète Ueda Akinari. Il utilise les maximes du confucianisme dans un style empreint d'un humour vigoureux.

1777 ITALIE
Première fécondation artificielle. Observateur et expérimentateur de premier ordre dans le domaine de la biologie, l'Italien L. Spallanzani réalise la première fécondation artificielle, en étudiant le mécanisme de la reproduction chez les batraciens.

1781 ALLEMAGNE
La philosophie à l'épreuve du criticisme. Dans *la Critique de la raison pure*, Kant démontre que toute connaissance suppose l'accord d'une intuition sensible et de catégories a priori. Il établit ainsi les limites de la connaissance et refuse à la métaphysique le titre de science.

GRANDE-BRETAGNE
Herschel découvre Uranus. Le 13 mars, W. Herschel découvre dans la constellation des Gémeaux un objet qu'il prend d'abord pour une comète, mais qui se révélera être une grosse planète du système solaire, située au-delà de Saturne et à laquelle on donnera le nom d'Uranus.

1782 EXTRÊME-ORIENT
Les Chakri règnent au Siam. Le prince royal qui se fait couronner à Bangkok, la nouvelle capitale du Siam, sous le nom de Rama Ier donne naissance à la dynastie régnante de la future Thaïlande. Celle-ci exercera sa souveraineté sur toute une partie de l'Asie du Sud-Est.

1782 -> 1791 AUTRICHE

Mozart : affiche de la première de l'opéra la Flûte enchantée, en 1791.

Mozart fait triompher le *Singspiel*. Enfant prodige et âme tourmentée, Mozart s'illustre non seulement dans les genres de la symphonie, du concerto et de la musique vocale sacrée, mais aussi dans celui de l'opéra lyrique *(Singspiel)* ; ce dernier culmine avec *la Flûte enchantée*, composée l'année de sa mort.

1783 ÉTATS-UNIS
L'indépendance est acquise. Le traité qui reconnaît l'existence des États-Unis d'Amérique vaut aussi à la France et à l'Espagne, pays alliés des insurgés, de recouvrer la possession de certains territoires (dont le Sénégal pour la première ; la Floride pour la seconde).

FRANCE
Débuts de l'aérostation. La compétition est âpre entre les frères J. et E. de Montgolfier, promoteurs du ballon à air chaud, d'une part, J. Charles et les frères Robert, promoteurs du ballon à hydrogène, d'autre part. Le 21 novembre, Pilâtre de Rozier et le marquis d'Arlandes réussissent à bord d'une montgolfière le premier vol humain dans l'atmosphère.

Premier vol humain dans l'atmosphère, à bord d'une montgolfière (21 nov. 1783).

Un bateau à vapeur. Le Français Claude François de Jouffroy d'Abbans expérimente avec succès la navigation d'un bateau à vapeur, le *Pyroscaphe*, sur le Doubs, puis sur la Saône, à Lyon.

1783 -> 1801 GRANDE-BRETAGNE
Le Second Pitt, Premier ministre britannique.

1784 FRANCE
David, chef de l'école néoclassique. Peintre de Napoléon Ier, Louis David domine la peinture française jusqu'à sa mort. *Le Serment des Horaces*, qui prend l'Antiquité comme source d'inspiration, apparaîtra au Salon de 1785 comme le manifeste du néoclassicisme.

1785 FRANCE
La loi de Coulomb. Grâce à des mesures précises des forces d'attraction et de répulsion s'exerçant entre les pôles de deux aimants ou entre deux corps électrisés, le Français C. A. de Coulomb établit que ces forces obéissent à une loi analogue à celle de la gravitation.

1788 OCÉANIE

Les Britanniques en Australie : la découverte des indigènes du bush.

Les Britanniques en Australie. La fondation d'une colonie pénitentiaire à l'emplacement de l'actuelle ville de Sydney va donner l'élan au mouvement de colonisation qui placera l'Australie dans l'orbite de la Grande-Bretagne.

1788 -> 1808 ESPAGNE
Charles IV, roi.

1789 BELGIQUE
La révolution brabançonne. Après la victoire des Belges du Brabant contre l'occupation autrichienne, les états généraux seront réunis pour la première fois depuis 1632 et les éphémères " États belgiques unis ", créés en 1790.

ÉTATS-UNIS
George Washington président. Premier président des États-Unis d'Amérique, George Washington va mettre en œuvre la Constitution dont il a été l'un des principaux artisans. Pour cela, il devra arbitrer le conflit entre fédéralistes et républicains.

Les débuts de la Révolution française : la démolition de la Bastille, en 1790.

FRANCE
La Révolution commence. La prise de la Bastille, le 14 juillet, est le premier acte de la révolte populaire contre l'État d'Ancien Régime, auquel l'Assemblée nationale constituante, qui siégera jusqu'en 1791, songeait à substituer une forme de monarchie parlementaire.

1789 -> 1797 ÉTATS-UNIS
Washington, président.

1790 -> 1792 SAINT EMPIRE
Léopold II, empereur.

1792 FRANCE
Vive la république ! Le 22 septembre 1792 marque l'an I de la république, instituée par la Convention nationale. Celle-ci condamnera à mort le roi Louis XVI (exécuté le 21 janvier 1793) et devra alors faire face à la coalition des nations hostiles en même temps qu'au soulèvement de la Vendée.

1792 -> 1806 SAINT EMPIRE
François II, empereur.

1792 -> 1809 SUÈDE
Gustave IV Adolphe, roi.

1793 FRANCE
Premier musée public. Ancienne résidence royale, le Louvre devient musée national sous la Révolution. Il abrite aujourd'hui l'une des collections les plus riches du monde.
Premier télégraphe. Pour transmettre rapidement des messages alphabétiques entre deux points distants, Claude Chappe a l'idée d'utiliser des sémaphores munis de bras mobiles dont on observe les mouvements à la lunette à chaque station relais. Il crée ainsi la télégraphie aérienne, inaugurée l'année suivante entre Paris et Lille.

Une station du télégraphe de Chappe.

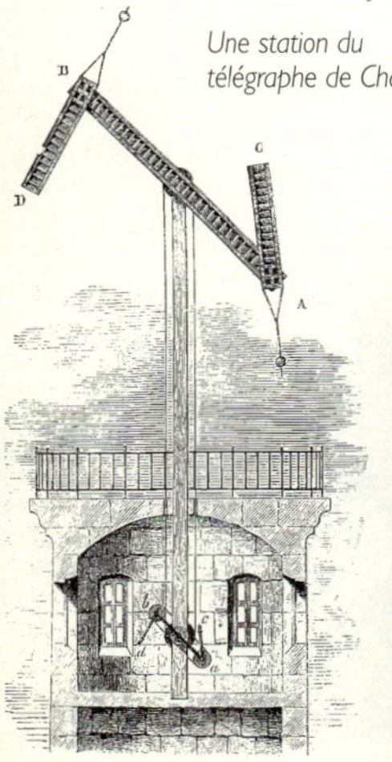

1795 FRANCE
Instauration du système métrique. Soucieuse d'unifier les mesures à travers tout le pays, la Convention nationale institue le système métrique, par la loi du 17 germinal an III (7 avril 1795).

L'un des 16 mètres étalons installés dans Paris en 1796-1797 pour que le public se familiarise avec le système métrique.

POLOGNE
Liquidation de l'État polonais. Après les partages de 1772 et de 1793, celui de 1795 achève le démembrement de la Pologne au profit de la Prusse, de la Russie et de l'Autriche. De nombreux patriotes choisiront d'émigrer en France et en Italie.

1795 -> 1799 FRANCE
Régime du Directoire.

1796 FRANCE
La nébuleuse de Laplace. Dans son *Exposition du système du monde*, Laplace développe l'hypothèse selon laquelle le système solaire serait issu d'une nébuleuse en rotation. Les théories cosmogoniques actuelles s'inspirent encore de cette hypothèse.

GRANDE-BRETAGNE
Première vaccination. E. Jenner découvre le principe de la vaccination. En injectant à un garçon un extrait des pustules causées par une maladie bovine, il parvient à immuniser l'enfant.

1796 -> 1801 RUSSIE
Paul Ier, empereur.

1797 -> 1801 ÉTATS-UNIS
J.A. Adams, président.

1798 GRANDE-BRETAGNE
Les poètes du lac du Cumberland. L'acte de naissance du romantisme anglais date de la parution des *Ballades lyriques* des poètes dits " lakistes ", Wordsworth et Coleridge. Ceux-ci revendiquent l'amour ardent de la nature et considèrent la poésie comme un état d'âme.

Le romantisme anglais : le Lake District, inspirateur des poètes dits " lakistes ".

1798 -> 1801 AUTRICHE
Haydn, maître de l'oratorio. Menant de la fin de l'ère baroque au début du romantisme, l'œuvre de Haydn a d'abord contribué à fixer la structure classique de la symphonie et du quatuor. Ses oratorios *(la Création ; les Saisons)* marquent le passage du genre au domaine profane.

1799 FRANCE
Bonaparte renverse le Directoire. Ayant conquis la gloire lors des campagnes d'Italie (1796-1797) et d'Égypte (1798-1799), Bonaparte procède au coup d'État du 18 Brumaire (9 novembre), qui instaure le régime du Consulat. La Constitution dite " de l'an VIII " sera plébiscitée en février 1800.

ITALIE

Volta présentant sa pile électrique à Bonaparte (fresque de 1841).

Volta invente la pile électrique. En empilant alternativement des disques de zinc et des disques d'argent, chaque paire étant séparée de la suivante par une rondelle de feutre humide, A. Volta réalise le premier dispositif permettant de produire un courant électrique continu. Cette invention ne sera révélée qu'au début de 1800.

1799 -> 1804 FRANCE
Régime du Consulat.

1800 GRANDE-BRETAGNE
Création du Royaume-Uni. L'Acte d'union voté par le Parlement de Londres intègre l'Irlande au royaume formé, depuis 1707, par l'Angleterre, l'Écosse et le pays de Galles. La croix de saint Patrick s'ajoute alors à l'*Union Jack*, le drapeau national.
Découverte de l'infrarouge.
En déplaçant un thermomètre le long du spectre obtenu en décomposant la lumière du Soleil par un prisme, W. Herschel constate qu'un échauffement continue à se produire au-delà du rouge et découvre ainsi l'existence du rayonnement infrarouge.

1800 et 1802 FRANCE
Les tourments romantiques. La parution des œuvres complémentaires de Mme de Staël, *De la littérature*, et de Chateaubriand, *le Génie du christianisme*, consacre l'apogée du romantisme français. Celui-ci traduit les tourments d'une génération mélancolique, figée dans l'espoir de transformer le monde.

1800 -> 1824 ALLEMAGNE
Beethoven écrit ses neuf symphonies. Héritier du classicisme viennois, Beethoven est le premier à éveiller le romantisme allemand en musique. Il adopte de préférence les genres de la sonate, du concerto et de la symphonie, dont il modifie sensiblement la forme traditionnelle.

Beethoven : le compositeur représenté à la direction d'orchestre.

1801 FRANCE
Bichat fonde l'anatomie générale. La publication de son *Anatomie générale* et celle de son *Anatomie descriptive* couronnent l'œuvre de Xavier Bichat, fondateur d'une nouvelle branche de l'anatomie, s'intéressant non aux organes eux-mêmes mais aux tissus qui les constituent.

Métier à tisser Jacquard.

Jacquard perfectionne le métier à tisser. Utilisant des cartes perforées, J. M. Jacquard apporte un perfectionnement majeur au métier à tisser, facilitant la reproduction de motifs très complexes.

GRANDE-BRETAGNE
La lumière produit des interférences. En superposant les rayons lumineux issus d'une même source mais partagés par deux petites ouvertures percées dans un écran, T. Young découvre le phénomène des interférences, qu'il attribue à une nature ondulatoire de la lumière.

ITALIE
Découverte du premier astéroïde. À la recherche d'une planète inconnue circulant entre les orbites de Mars et de Jupiter, G. Piazzi, à Palerme, découvre Cérès, qui se révélera n'être, en fait, que le premier représentant d'une très nombreuse famille d'astéroïdes.

1801 -> 1809 ÉTATS-UNIS
Jefferson, président.

1801 -> 1825 RUSSIE
Alexandre Ier, empereur.

1802 VIÊT NAM
Fondation de l'empire du Viêt Nam. Le prince Nguyên Anh, prenant le nom de Gia Long, est le premier à régner sur le Viêt Nam réunifié. Il est à l'origine de la dynastie impériale qui restera sur le trône jusqu'en 1945.

1803 GRANDE-BRETAGNE
Premiers pas de la théorie atomique. Supposant que chaque corps pur est formé d'atomes identiques, J. Dalton observe que cette théorie permet à la fois d'interpréter les propriétés physiques des gaz et d'expliquer les lois pondérales des combinaisons chimiques.
Première locomotive à vapeur. Quoique très rudimentaire, la première locomotive à vapeur, réalisée par R. Trevithick, montrera dès sa première démonstration publique, l'année suivante, son incontestable supériorité sur les engins de locomotion hippomobiles.

La locomotive à vapeur Catch me who can *de R. Trevithick (1808).*

1803 et 1815 FRANCE
L'économie devient politique. Le *Traité* puis le *Catéchisme* de Jean-Baptiste Say sont à l'origine de l'école française d'économie politique. Ils contiennent des analyses pionnières sur la fonction de l'entrepreneur et le rôle de la monnaie.

1804 -> 1814/1815 FRANCE
Napoléon Ier, empereur des Français.

1804 AFRIQUE NOIRE
Les Peuls maîtres du Sokoto. Fondé par le prédicateur musulman Ousmane dan Fodio, qui déclare la guerre sainte aux États païens voisins, l'empire du Sokoto réunit, sur 300 000 km^2, des territoires faisant partie des actuels Niger et Nigeria. Il contribuera à la sédentarisation et au métissage d'une partie des Peuls.
FRANCE
Avènement du premier Empire. Le 18 mai, le titre d'empereur des Français est accordé à Napoléon Ier, qui se fera sacrer le 2 décembre, et la dignité impériale reconnue héréditaire dans sa descendance directe, naturelle et légitime.
SUISSE
Naissance de la physiologie végétale. Dans un ouvrage intitulé *Recherches chimiques sur la végétation*, N.T. de Saussure publie les résultats de ses expériences sur les plantes, qui fondent la physiologie végétale.

1805 ÉGYPTE
Méhémet-Ali vice-roi. Créateur du premier État moderne en Égypte, qu'il gouvernera jusqu'en 1848, Méhémet-Ali s'emparera aussi du Soudan. Aidé de la France, il tentera de substituer la domination de son pays à celle de l'Empire ottoman, mais il se heurtera au jeu des autres puissances européennes.

L'Égypte de Méhémet-Ali : l'obélisque offert à la France de Louis-Philippe.

1806 EUROPE
Dissolution du Saint Empire. L'empire constitué des États des Habsbourg et de leurs possessions outre-mer (empire " sur lequel le soleil ne se couchait jamais ") disparaît au lendemain de la création, sous le contrôle de Napoléon, de la Confédération du Rhin. Le titre impérial ne sera conservé que par l'Autriche.

1807 ALLEMAGNE
Hegel, penseur de l'Absolu. Dans *la Phénoménologie de l'esprit*, Hegel décrit les développements du concept au moyen de la dialectique. Il est le premier à exprimer l'idée d'une histoire de la philosophie comme somme de la vérité humaine.

1809 FRANCE
La première théorie de l'évolution. Dans sa *Philosophie zoologique*, Lamarck propose la première théorie explicative de l'évolution des espèces animales, supposant la transformation graduelle des espèces au cours du temps et en fonction d'une adaptation des animaux à leur milieu.

1809 -> 1817 ÉTATS-UNIS
Madison, président.

1809 -> 1818 SUÈDE
Charles XIII, roi.

1810 FRANCE
Le secret des conserves alimentaires. En révélant le procédé de conservation des aliments qu'il a inventé en 1790 (chauffage à l'abri de l'air, dans des récipients hermétiquement clos), N. Appert permet l'essor de l'industrie des conserves alimentaires.

1811 FRANCE
Les séries de Fourier. En cherchant à établir la théorie mathématique des lois de propagation de la chaleur, J. Fourier découvre les séries trigonométriques qui portent à présent son nom, et qui vont s'avérer un outil mathématique très utile en physique.

1812 FRANCE
Les équations du hasard. Dans sa *Théorie analytique des probabilités*, Laplace applique l'analyse mathématique aux lois du hasard et apporte une contribution théorique fondamentale au calcul statistique.

Goya : le tableau Tres de mayo.

GRANDE-BRETAGNE
Byron, poète révolté. Avec Shelley et Keats, lord Byron représente le triomphe du moi dans la poésie romantique anglaise. Le *Pèlerinage de Childe Harold*, qui raconte la révolte du héros contre l'oppression sociale, lui vaudra une renommée immédiate.
RUSSIE
La Grande Armée bat en retraite. La campagne de Russie, qui dure du 24 juin au 30 décembre, cause la perte de 500 000 hommes (400 000 morts, 100 000 prisonniers), sur les 600 000 qu'elle a mobilisés. Elle marque un tournant de la politique européenne de Napoléon, qui est forcé de se replier en Allemagne.

1814 ALLEMAGNE

Fraunhofer présentant son spectroscope.

Fraunhofer fonde la spectroscopie. En visant au théodolite un prisme de verre éclairé par un faisceau de lumière solaire issu d'une fente, J. von Fraunhofer réalise la première observation spectroscopique et met en évidence plusieurs centaines de raies sombres dans le spectre solaire.
ESPAGNE
La conscience visionnaire de Goya. La peinture de Goya, au style incisif et sensuel, influencera l'art français du romantisme à l'impressionnisme. Les toiles intitulées *Dos de mayo* et *Tres de mayo* sont une dénonciation bouleversante des atrocités commises par l'armée napoléonienne dans l'Espagne de 1808.

1814 -> 1824 FRANCE
Louis XVIII, roi.

1814 -> 1828 AUTRICHE
Schubert, orfèvre du lied. Auteur de dix symphonies, Schubert compose aussi plus de six cents lieder, dont la facture enjouée renouvelle la musique de chambre. Le quintette *la Truite* (1819) deviendra célèbre pour sa combinaison instrumentale insolite.

1814 -> 1846 FRANCE
Un nouvel outil mathématique. Une série de mémoires publiés par A. Cauchy fondent la théorie des fonctions d'une variable complexe, qui deviendra un outil essentiel de l'analyse mathématique.

1815 EUROPE
L'acte final du congrès de Vienne. Le congrès règle le sort de l'Europe. Il crée le royaume des Pays-Bas (Hollande, Belgique, Luxembourg) et place l'empereur d'Autriche à la tête de la toute nouvelle Confédération germanique, comprenant 38 États souverains.

Le congrès de Vienne : la table de négociations des plénipotentiaires.

FRANCE
La monarchie constitutionnelle. Après l'épisode des Cent-Jours et l'abdication définitive de Napoléon Ier, Louis XVIII monte à nouveau sur le trône (seconde Restauration). Les ultras déclenchent alors la réaction contre les libéraux et les bonapartistes.

1816 -> 1822 AMÉRIQUE LATINE

L'indépendance de l'Amérique latine : Simón Bolívar, le " Libérateur ".

Luttes pour l'indépendance. Successivement, l'Argentine (1816), le Chili (1818), les pays formant la république de Grande-Colombie (1819), le Mexique et le Pérou (1821), puis le Brésil (1822) rompent avec la tutelle coloniale.

1816 -> 1826 FRANCE
Niépce invente la photographie. Au terme de dix années d'expérimentation, au cours desquelles il teste la photosensibilité de diverses substances, N. Niépce obtient les premières images photographiques.

1817 -> 1825 ÉTATS-UNIS
Monroe, président.

1818 et 1830 FRANCE
Une peinture de conviction. Le romantisme, en peinture, affirme le primat du geste et de la matière ; les Salons parisiens de 1824 et 1827 l'exalteront. Si les Anglais Constable et Turner sont paysagistes, les Français Géricault *(le Radeau de la Méduse)* et Delacroix *(la Liberté guidant le peuple)* optent pour des sujets à portée politique.

1818 -> 1844 SUÈDE ET NORVÈGE
Charles XIV Bernadotte, roi.

1819 FRANCE
La lumière est une onde. Dans un mémoire présenté à l'Académie des sciences, A. Fresnel montre qu'en attribuant à la lumière une nature ondulatoire, il devient possible d'expliquer un ensemble de phénomènes expérimentaux dont la théorie newtonienne de l'émission est impuissante à rendre compte.

1820 DANEMARK, FRANCE

Œrsted découvrant l'électromagnétisme.

Naissance de l'électromagnétisme. Après la découverte, par le Danois Œrsted, qu'une aiguille aimantée placée au voisinage d'un fil traversé par un courant électrique est déviée de sa position d'équilibre, le Français Ampère développe la théorie de l'électromagnétisme.

1820 -> 1830 GRANDE-BRETAGNE
George IV, roi de Grande-Bretagne et d'Irlande.

1824 FRANCE
Le principe de Carnot. Dans un mémoire intitulé *Réflexions sur la puissance motrice du feu...*, Sadi Carnot énonce l'un des principes fondamentaux de la thermodynamique, d'après lequel la transformation de chaleur en énergie mécanique exige l'emploi d'au moins deux sources de chaleur ayant des températures différentes.

1824 -> 1830 FRANCE
Charles X, roi.

1825 GRANDE-BRETAGNE
Première ligne commerciale de chemin de fer. La locomotive à vapeur *Locomotion* de G. Stephenson inaugure la première ligne commerciale de chemin de fer, entre Stockton et Darlington, pour le transport du fret et, occasionnellement, de voyageurs.

1825 -> 1842 ITALIE
Manzoni, chantre de la " Nouvelle Italie ". L'Italie du Risorgimento s'incarne en littérature dans la fresque historique *les Fiancés* de Manzoni. L'auteur y examine les problèmes nés de la fusion de l'italien classique avec le toscan parlé.

1825 -> 1855 RUSSIE
Nicolas Ier, empereur.

1826 RUSSIE
Première géométrie non euclidienne. En postulant, à la différence d'Euclide, que l'on peut mener à partir d'un point plusieurs parallèles à une droite, N. Lobatchevski crée la première géométrie non euclidienne, dite hyperbolique.

1827 ALLEMAGNE
La loi d'Ohm. G.S. Ohm établit la relation de proportionnalité existant entre la tension et l'intensité du courant dans un circuit électrique.

FRANCE
Invention de la turbine hydraulique. La mise au point, par B. Fourneyron, de la première turbine hydraulique moderne, dont l'utilisation industrielle se fera à partir de 1832, représente une étape essentielle de l'histoire des convertisseurs d'énergie.

1828 ALLEMAGNE
Première synthèse organique. En parvenant pour la première fois à fabriquer une substance présente dans les êtres vivants, l'urée, F. Wöhler prouve qu'il n'existe pas de différence fondamentale de nature entre la matière vivante et la matière inerte.

1830 -> 1848 FRANCE
Louis-Philippe Ier, roi des Français.

1830 ALGÉRIE
La colonisation française est lancée. La prise d'Alger marque le début de la conquête française, entreprise sur l'ordre du roi Charles X. Elle est conduite par un corps expéditionnaire de 37 000 hommes.

BELGIQUE
Les Belges se séparent des Pays-Bas. L'insurrection bruxelloise contre la tutelle néerlandaise conduit à la création d'un royaume belge indépendant. Sa neutralité sera garantie par les grandes puissances européennes.

FRANCE
Charles X détrôné. Les " Trois Glorieuses " (27, 28 et 29 juillet) sont les trois journées de révolution parisienne qui amènent l'instauration d'une monarchie constitutionnelle, dite " monarchie de Juillet ". Louis-Philippe Ier prend alors le titre de " roi des Français ".

C. McCormick présentant sa moissonneuse en fonctionnement.

Le romantisme français au théâtre : la " bataille d'Hernani ", en 1830.

***Hernani*, une bataille identitaire.** La Préface de *Cromwell*, en 1827, puis la représentation d'*Hernani*, qui pousse à l'émeute les partisans du classicisme, établissent les principes du drame romantique. Plus que toute autre, l'œuvre de Victor Hugo, dans son ensemble, s'inscrit dans la " légende " du siècle.

GRÈCE
Les Grecs se libèrent des Turcs. Après la bataille de Navarin (1827), l'indépendance d'un État grec placé sous la protection des puissances victorieuses (Grande-Bretagne, France, Russie) est reconnue.

1830 et 1857 FRANCE
Le roman, miroir du siècle. Stendhal et Flaubert reflètent les tourments de leur époque. *Le Rouge et le Noir* et *Madame Bovary* (" c'est moi ", disait Flaubert) dépeignent les frustrations de l'amour sur fond de critique sociale ; celle-ci fait partie intégrante de l'esthétique réaliste.

1831 ALLEMAGNE
Heine en France. Dernier des romantiques allemands, dont l'inspiration est volontiers politique, Heine est l'auteur de *Tableaux de voyage*, qui lui apportent la célébrité. La France est le pays qui sert le mieux ses idéaux.

GRANDE-BRETAGNE
L'induction électromagnétique. M. Faraday découvre qu'un courant électrique peut être induit par les variations d'un champ magnétique ou les déplacements du circuit dans le champ.

ÉTATS-UNIS
L'agriculture se mécanise. Un fermier de Virginie, C.H. McCormick, invente une moissonneuse qui va connaître un extraordinaire succès commercial.

1831 -> 1832 FRANCE
L'algèbre enrichie. Dans un mémoire publié en 1831, puis dans une *Lettre à Auguste Chevalier* rédigée en 1832 à la veille d'un duel fatal, É. Galois expose les fondements de la théorie des groupes, apportant ainsi une contribution majeure à l'algèbre.

1831 -> 1833 JAPON

Hokusai : modèle d'estampe.

Hokusai " fou de dessin ". Artiste prolifique, Hokusai associe avec génie l'estampe et le paysage. En témoignent ses *Trente-Six Vues du mont Fuji*, qui sont, entre autres, à l'origine du courant japoniste français.

1831 -> 1836 RUSSIE

Pouchkine : l'écrivain également homme des salons littéraires.

Pouchkine domine les lettres russes. Avec *Boris Godounov* et *la Dame de pique*, Pouchkine est l'initiateur d'un réalisme poétique d'inspiration populaire. Son œuvre, qui manifeste aussi la tentation du fantastique, marque la naissance de la littérature russe moderne.

1832 FRANCE
Éclosion du ballet romantique. Le ballet *la Sylphide* qui est créé à l'Opéra de Paris innove par le recours au fantastique. Dans le rôle principal, Marie Taglioni façonne l'image de la ballerine.

1833 ESPAGNE
La première guerre carliste éclate. Les partisans de Don Carlos (Charles de Bourbon), frère du roi Ferdinand VII, s'opposent – au nom de la loi salique – à l'avènement de la fille de ce dernier, la future Isabelle II. La première phase de la guerre civile durera jusqu'en 1839.

1834 -> 1839 AFRIQUE AUSTRALE
Le Grand Trek des Boers. S'opposant à la domination britannique, les colons d'origine néerlandaise (les Boers) établis dans la région du Cap entreprennent une migration – le Grand Trek – qui les amènera à fonder les États du Natal, d'Orange et du Transvaal.

Le Grand Trek : affrontement entre les Boers et les Bantous d'Afrique du Sud.

ALLEMAGNE
Unification économique. Union douanière des États allemands fondée sur le libre-échange, le Deutscher Zollverein réalise leur unification économique, qui prépare elle-même l'unification politique sous l'hégémonie de la Prusse.

1835 -> 1840 FRANCE
Tocqueville et les libertés publiques. *De la démocratie en Amérique* est le texte fondateur du libéralisme politique. Il attire l'attention sur le danger qu'une certaine forme d'égalité fait courir à la liberté.

1835 -> 1848 AUTRICHE
Ferdinand Ier, empereur.

1836 ÉTATS-UNIS
Les transcendantalistes. Le philosophe Emerson est le fondateur d'un système de pensée idéaliste, mystique et panthéiste, qui exprime la volonté d'unir l'individuel à l'universel. À l'immanence il oppose le caractère transcendantal de sa pensée.

1837 GRANDE-BRETAGNE
Victoria couronnée. L'" ère victorienne " qui s'ouvre, et qui durera jusqu'en 1901, connaîtra de puissantes évolutions économiques et sociales. Victoria sera le dernier souverain britannique à exercer une influence aussi forte sur la vie politique.

Télégraphe électrique de C. Wheatstone.

GRANDE-BRETAGNE, ÉTATS-UNIS
L'électricité accélère la télégraphie. L'invention, par les Britanniques W.F. Cooke et C. Wheatstone, du premier télégraphe électrique à usage commercial, et celle, par l'Américain S. Morse, d'un mode de transmission des messages sous forme d'impulsions électriques fondées sur un alphabet codé, autorisent la diffusion rapide d'informations sur de longues distances.

1838 ALLEMAGNE
Mesure de la distance d'une étoile. Grâce à une triangulation prenant pour base le diamètre de l'orbite terrestre, F.W. Bessel parvient à mesurer pour la première fois la distance d'une étoile, devançant de peu le Russe F.G.W. Struve et le Britannique T. Henderson.

L'Angleterre de Charles Dickens : illustration d'Oliver Twist.

GRANDE-BRETAGNE
Dickens censeur de l'ère victorienne. Le romancier Charles Dickens scrute la société anglaise de la révolution industrielle. *Oliver Twist* poursuit un but pédagogique en retraçant la vie d'un jeune héros contraint de faire l'apprentissage du mal.

1838 -> 1839 ALLEMAGNE
La cellule, brique de la vie. En s'appuyant sur leurs observations au microscope, M. J. Schleiden et T. Schwann fondent la théorie cellulaire, selon laquelle la cellule est l'unité élémentaire universelle des êtres vivants (animaux et végétaux).

1839 ÉTATS-UNIS
Le caoutchouc, matière industrielle. L'invention, par C. Goodyear, du procédé de vulcanisation ouvre l'ère de la production et de l'utilisation industrielles du caoutchouc.

1840 -> 1845 ÉTATS-UNIS
Poe crée le fantastique moderne. Edgar Allan Poe est découvert et traduit par Baudelaire. Ses *Histoires extraordinaires* véhiculent une esthétique du morbide. Elles préfigurent à la fois le récit de science-fiction et le roman policier.

1841 GRANDE-BRETAGNE
La loi de Joule. J.P. Joule énonce la loi sur le dégagement de chaleur produit par le passage d'un courant électrique dans un conducteur (phénomène appelé aujourd'hui *effet Joule*).

1841 -> 1863 FRANCE
Berlioz, innovateur de la mélodie. Berlioz développe une somptueuse écriture orchestrale, qui s'appuie sur un puissant sentiment dramatique. Sa *Symphonie fantastique* est l'œuvre fondatrice du romantisme musical français.

1842 AUTRICHE
L'effet Doppler. C. Doppler découvre que, lorsqu'un observateur et une source sonore se déplacent l'un par rapport à l'autre, les sons parviennent à l'observateur à une fréquence différente de celle à laquelle ils ont été émis. En 1848, le Français H. Fizeau indiquera que les ondes lumineuses subissent un phénomène analogue, ouvrant ainsi la voie à l'utilisation de l'effet Doppler en astrophysique, pour la mesure de la distance d'étoiles ou de galaxies.

CHINE
Les Occidentaux en Chine. Mettant fin à la guerre de l'opium, le traité de Nankin cède Hongkong à la Grande-Bretagne. Il inaugure l'ère des " traités inégaux " qui permettront aux puissances occidentales de se tailler en Chine des zones d'influence économiques.

L'ouverture de la Chine au commerce international : la douane du port de Shanghai dans les années 1850.

FRANCE
Le réalisme mythologique de Balzac. Dans les romans réédités sous le titre *la Comédie humaine,* Balzac décrit les lois qui régissent la société et met à nu les comportements humains. Aussi donne-t-il vie à nombre de personnages devenus mythiques.

Balzac : l'écrivain en robe de chambre.

Le positivisme. La publication du *Cours de philosophie positive* d'Auguste Comte s'achève. Pour l'auteur, la connaissance n'est possible qu'à partir de l'observation des faits issus de l'expérience, les faits positifs. Il pose ainsi les fondements d'une " physique sociale ", qui donnera naissance à la sociologie.

GRANDE-BRETAGNE
Des engrais chimiques industriels. Au terme de recherches sur la solubilité du phosphate des os, J. B. Lawes lance la production industrielle du superphosphate, qui va devenir très rapidement le premier grand engrais chimique.

1842 -> 1846 ÉTATS-UNIS

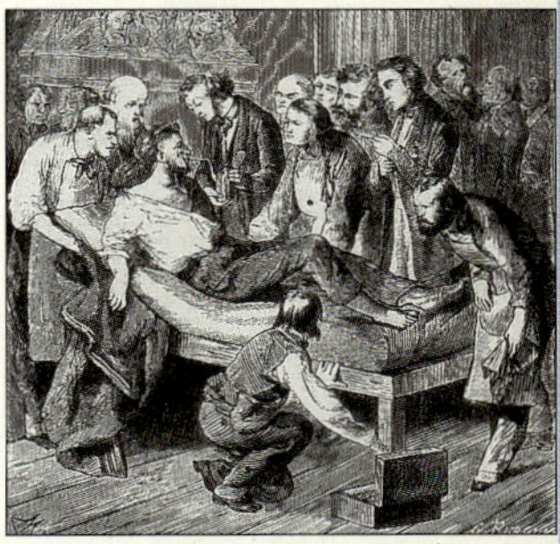

Première opération publique de chirurgie dentaire sous anesthésie, à Boston, en 1846, par le Dr W. Morton.

Premières anesthésies. En faisant inhaler à un patient des vapeurs d'éther, C.W. Long réalise en 1842, sans témoins, la première opération chirurgicale sous anesthésie. C'est en 1846 que se déroule la première opération publique sous anesthésie, une extraction dentaire.

1845 ÉTATS-UNIS
Les rotatives tournent. En accélérant considérablement la vitesse d'impression, la rotative, un nouveau type de presse à imprimer inventée par R.M. Hoe, où la forme d'impression est un cylindre en mouvement rotatif continu, autorise les grands tirages et favorise la diffusion des journaux.

1846 AMÉRIQUE
Les États-Unis et le Mexique en guerre. Les conflits territoriaux avec le jeune État mexicain conduisent les États-Unis à une guerre qui leur permettra, en 1848, d'annexer le Texas, le Nouveau-Mexique et la Californie.

FRANCE

Caricature de Cham inspirée par la revendication britannique de considérer J. C. Adams comme codécouvreur de Neptune.

Neptune découverte par le calcul. La mécanique céleste newtonienne triomphe avec la découverte d'une nouvelle planète, Neptune, à l'emplacement calculé par le Français U. Le Verrier (un travail analogue a été effectué, indépendamment, par l'Anglais J. C. Adams).

1846 -> 1878 Pie IX, pape.

1847 GRANDE-BRETAGNE
La logique de Boole. G. Boole publie un ouvrage intitulé *The Mathematical Analysis of Logic,* qui fonde la logique mathématique moderne.

SUISSE
Guerre du Sonderbund. L'alliance formée en 1845 par les sept cantons catholiques, qui veulent jouir de droits séparés, bat en brèche le fédéralisme suisse, dont le principe est alors rétabli par les armes. Il sera entériné par la Constitution de 1848.

1848 EUROPE
Le " printemps des peuples ". La révolution de février, en France, met à bas la monarchie de Juillet et lui substitue la IIe République. Elle est suivie de soulèvements en Italie, en Autriche, en Allemagne, en Europe centrale et orientale. S'appuyant sur le principe des nationalités, les peuples en révolte rejettent aussi l'absolutisme.

1848 -> 1849 FRANCE
Le béton est armé. J. L. Lambot en 1848 et J. Monier en 1849, indépendamment, mettent au point un béton enrobé dans des armatures métalliques qui lui permettent de résister à des contraintes structurales bien plus élevées que le béton ordinaire.

1848 -> 1855
FRANCE
Claude Bernard définit l'homéostasie. Il montre que le foie peut stocker ou libérer dans le sang des matières sucrées afin de maintenir la teneur de celui-ci en glucose à une valeur constante. Cela l'amène à définir l'homéostasie, une notion fondamentale de la physiologie.

1848 -> 1916 AUTRICHE
François-Joseph Ier, empereur.

1849 FRANCE
Courbet peintre de la réalité.
Courbet, chef de file du réalisme en peinture : Un enterrement à Ornans.

L'ambition de Courbet est de " ne peindre que ce que les yeux peuvent voir ". *Un enterrement à Ornans*, décrié lors du Salon de 1850, manifeste son refus du symbolisme et son choix du sujet réaliste.

1851 CHINE
Révolte des Taiping. Insurrection populaire à caractère militaire, religieux et social, le mouvement des Taiping, fondé par Hong Xiuquan (1814-1864), en vient à menacer les intérêts des puissances européennes. Celles-ci contribueront à l'éliminer en 1864.

La révolution française de 1848 : Lamartine et Ledru-Rollin, pères du gouvernement républicain provisoire.

GRANDE-BRETAGNE
L'idéal préraphaélite. Les peintres de la " confrérie préraphaélite ", tels Rossetti ou Hunt, adhèrent au même but, qui est de renouer avec la simplicité et la spiritualité de la peinture médiévale antérieure à Raphaël. Plusieurs d'entre eux sont aussi poètes.

GRANDE-BRETAGNE
Première Exposition universelle. En pleine époque libre-échangiste, l'Exposition internationale et universelle de Londres, dont le symbole est le Crystal Palace, édifice de fer et de verre, fera école afin de manifester le génie industriel et technique des nations.

Zéro absolu. W. Thomson (futur lord Kelvin) propose le concept du zéro absolu. Cette température inaccessible (proche de - 273 °C), à laquelle toutes les molécules seraient au repos, deviendra la base de l'échelle des températures thermodynamiques.

1851 -> 1866 FRANCE, GRANDE-BRETAGNE, ÉTATS-UNIS

Pose du premier câble télégraphique transatlantique par le navire à vapeur The Great Eastern.

Communiquer au-delà des mers. Avec la pose, en 1851, entre Douvres et Calais, du premier câble télégraphique sous-marin reliant deux pays, puis celle, de 1858 à 1866, du premier câble transatlantique, entre les États-Unis et la Grande-Bretagne, s'ouvre l'ère des télécommunications internationales.

1852 FRANCE
Le second Empire plébiscité. Issu du coup d'État du 2 décembre 1851, le régime qui reconnaît Louis Napoléon Bonaparte comme empereur des Français, sous le nom de Napoléon III, fera de l'État à la fois le gardien de l'ordre et le moteur d'une importante modernisation économique.

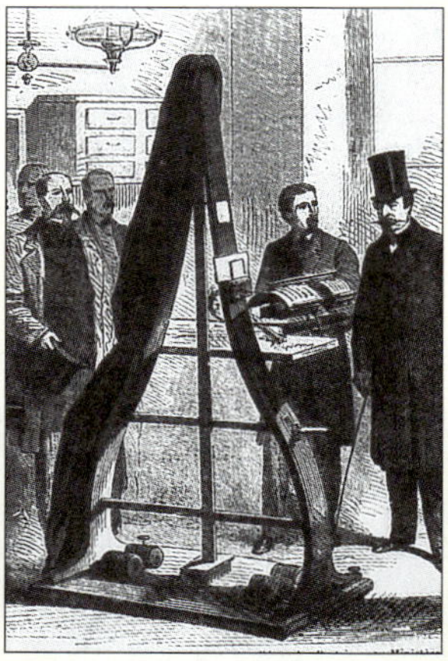

Le second Empire : présentation à Napoléon III du télégraphe électrique.

1852 -> 1870 FRANCE
Napoléon III, empereur des Français.

1855 -> 1856
GRANDE-BRETAGNE, ALLEMAGNE
Une sidérurgie nouvelle. L'invention, par l'Anglais H. Bessemer, d'un procédé économique de conversion de la fonte en acier, puis celle, par les Allemands W. et F. Siemens, d'un four à récupération de chaleur favorisent l'essor de l'industrie sidérurgique moderne.

1855 -> 1881 RUSSIE
Alexandre II, empereur.

1856 EUROPE
L'Empire russe est vaincu. La guerre de Crimée, commencée en 1854, avait pour enjeu l'intégrité de l'Empire ottoman, " l'homme malade de l'Europe ", face à l'expansionnisme russe. Allié de la Grande-Bretagne contre le tsar, Napoléon III réunit en triomphateur le congrès de Paris.

GRANDE-BRETAGNE
Naissance de l'industrie des colorants. Fabriquée accidentellement, puis produite industriellement par W. H. Perkin, la mauvéine, qui permet de teindre les tissus en mauve, est le premier colorant artificiel commercialisé à grande échelle.

1857 FRANCE
Les *Fleurs* du scandale. Dans le recueil *les Fleurs du mal,* Baudelaire fait œuvre de novateur en affichant une ambition formelle proche du Parnasse ainsi que son refus du lyrisme. Ses images fortes heurteront certains de ses contemporains.

1859 ALLEMAGNE
Les spectres analysés. En montrant que chaque élément chimique émet ou absorbe des radiations lumineuses à des fréquences caractéristiques, G.R. Kirchhoff et R.W. Bunsen créent l'analyse spectrale, l'une des techniques fondamentales de l'astrophysique.

ÉTATS-UNIS

Première installation de forage pétrolier, près de Titusville (Pennsylvanie).

Début de l'industrie pétrolière. Le premier forage pétrolier, réalisé par E.L. Drake, près de Titusville, en Pennsylvanie, qui permet l'exploitation d'un gisement situé à 21 m de profondeur, inaugure l'industrie de l'or noir.

GRANDE-BRETAGNE

Charles Darwin.

Une théorie de l'évolution. Dans *De l'origine des espèces au moyen de la sélection naturelle,* C. Darwin expose sa théorie de l'évolution des espèces, selon laquelle chaque espèce vivante évolue, notamment pour survivre dans un environnement particulier.

1860 FRANCE
Premier moteur à combustion interne. É. Lenoir fait breveter un " moteur à air dilaté par la combustion de gaz enflammés par l'électricité " : c'est le premier moteur à combustion interne véritablement opérationnel.

ITALIE
Succès de l'" expédition des Mille ". Épisode glorieux du Risorgimento, auquel s'identifie l'action de Cavour, le débarquement de Garibaldi et de ses compagnons en Italie méridionale provoque la soumission du royaume des Deux-Siciles.

L'essor de la Croix-Rouge : train ambulance au départ pour le front au cours de la Première Guerre mondiale.

1861 RUSSIE
Le tsar émancipe les serfs. L'abolition du servage touche 22 millions de paysans. Les prérogatives fiscales et judiciaires qui étaient du ressort des seigneurs sont alors transférées au *mir* (communauté rurale).

1861 -> 1865 ÉTATS-UNIS
Lincoln, président.

1861 -> 1869 FRANCE
Du vélocipède à la bicyclette. En fixant des pédales au moyeu de la roue avant d'une draisienne, P. et E. Michaux créent le vélocipède. Puis, en 1869, Guilmet a l'idée de placer les pédales entre les deux roues et de transmettre par une chaîne le mouvement de la roue arrière : c'est la bicyclette, mais celle-ci ne verra le jour qu'en 1885, en Grande-Bretagne.

1861 -> 1878 ITALIE
Victor-Emmanuel II, roi.

1862 FRANCE
La génération n'est pas spontanée. L. Pasteur réfute définitivement l'hypothèse de la génération spontanée, selon laquelle des micro-organismes pourraient se former spontanément à partir de matières minérales ou de substances organiques en décomposition.
Quatre temps pour le moteur. Le cycle à quatre temps applicable à un moteur consommant un mélange carburé air-essence enflammé en vase clos, que décrit A. Beau de Rochas et pour lequel il prend un brevet, définit les bases du fonctionnement des moteurs à explosion.

ITALIE
Les macchiaioli contre l'académisme. L'" Exposition Promotrice " de Florence est le point de départ d'un mouvement pictural antiacadémique, dont la technique procède par larges taches et tons contrastés. Il a pour théoricien Signorini et pour chefs de file Fattori et Lega.

1862 -> 1890 ALLEMAGNE
Gouvernement de Bismarck.

1863 GRANDE-BRETAGNE
Un métro à Londres. Sous le nom de *Metropolitan Railway* est inauguré à Londres le premier chemin de fer urbain souterrain, sur une ligne de 6,4 km de long exploitée en traction à vapeur. La première ligne de métro à traction électrique sera mise en service, à Londres également, en 1891.

SUISSE
La Croix-Rouge décidée. C'est à l'initiative du Genevois Henri Dunant, témoin de la sanglante bataille de Solferino (1859), que le principe de la protection des victimes de guerre est adopté par la conférence de 14 pays qui donne naissance à l'organisation internationale de la Croix-Rouge.

1863 -> 1906 DANEMARK
Christian IX, roi.

1864 GRANDE-BRETAGNE
Maxwell unifie l'électricité et le magnétisme. J.C. Maxwell énonce les équations fondamentales qui régissent le champ électromagnétique, unifiant ainsi les théories de l'électricité et du magnétisme. En 1865, il établira que la lumière est elle-même un phénomène électromagnétique.
Réunion de la Ire Internationale. Rassemblant ouvriers et intellectuels, l'Association internationale des travailleurs, qui prendra le nom de Ire Internationale, se donne pour tâche l'avènement d'une société sans classes.

1865 ÉTATS-UNIS

La guerre de Sécession : la reddition des confédérés à Appomattox (Virginie).

Fin de la guerre de Sécession. La guerre de Sécession (*Civil War*) a duré cinq ans et fait plus de 600 000 morts. Elle aboutit à la défaite du vieux Sud esclavagiste et crée une fracture durable dans les mentalités aux États-Unis.

GRANDE-BRETAGNE
Lewis au pays des merveilles. Lewis Carroll renoue avec la tradition anglaise du *nonsense* et surtout des *limericks* (poèmes brefs sans signification). Dans *Alice au pays des merveilles*, il démonte les rouages de la logique, du langage et des conventions sociales.

1865 et 1877 RUSSIE
Tolstoï sonde la société russe. L'œuvre romanesque de Tolstoï relate l'épopée de l'homme aux prises avec la société tsariste. *Guerre et Paix*, fresque historique, et *Anna Karenine*, roman psychologique, font le tableau de la grande Russie pendant les guerres napoléoniennes.

Tolstoï : l'écrivain photographié à l'époque du roman Guerre et Paix.

1866 ALLEMAGNE
La Prusse triomphe de l'Autriche. La défaite autrichienne de Sadowa, le 3 juillet, laisse le champ libre à Bismarck, qui s'est assuré de l'alliance de l'Italie et de la neutralité de la Russie et de la France, pour établir la suprématie de la Prusse en Allemagne.

AUTRICHE
Les lois de l'hérédité. G. Mendel publie les lois de l'hybridation, l'un des fondements de la génétique, qu'il a établies en observant le résultat de croisements entre diverses variétés de pois. Passées inaperçues, elles seront redécouvertes à la fin du XIXe s., notamment par le Hollandais H. De Vries.

1866 -> 1868 RUSSIE
Dostoïevski sonde l'âme humaine. Le romancier crée des personnages affrontant des problèmes psychologiques *(l'Idiot)* ou métaphysiques *(Crime et Châtiment)*. Maître dans l'art de révéler l'âme humaine, il glorifie l'humilité, la solidarité et l'amour.

1866 -> 1876 FRANCE
La réaction parnassienne. *Le Parnasse contemporain* réunit les poètes adeptes de la théorie de l'" art pour l'art " de Théophile Gautier. Groupés autour de Leconte de Lisle, ils expriment le refus du lyrisme et revendiquent le culte du beau, allié à la perfection formelle.

1866 et 1886 FRANCE
La poésie réinventée. Sa rencontre foudroyante avec Rimbaud entraîne Verlaine vers le symbolisme *(Poèmes saturniens)*. Auteur des *Illuminations*,

Verlaine et Rimbaud à Londres.

Rimbaud incarne le poète maudit et la jeunesse révoltée ; son écriture est conçue comme une hallucination volontaire.

1867 AUTRICHE ET HONGRIE
Naissance de l'Empire. Le compromis instaurant une double monarchie, dont le souverain unique est l'empereur d'Autriche François-Joseph, revient à reconnaître l'autonomie de la Hongrie, qui est dotée d'une diète et d'un gouvernement. L'Empire subsistera jusqu'en 1918.

CANADA
Institution du dominion. La Confédération du Canada, que crée l'Acte de l'Amérique du Nord britannique, regroupe les quatre provinces d'Ontario, de Québec, de Nouveau-Brunswick et de Nouvelle-Écosse. Chacune est dotée d'un gouvernement autonome.

GRANDE-BRETAGNE
Westminster reconstruit. L'édifice dans lequel siège le Parlement de Londres est reconstruit après un incendie. Avec sa célèbre tour de l'horloge, il offre un des plus beaux exemples d'architecture néogothique.
L'antisepsie à l'hôpital. Après avoir montré que les plaies s'infectent sous l'action de germes microbiens présents dans l'air, J. Lister introduit l'antisepsie en chirurgie. L'asepsie ne se généralisera qu'après l'introduction, par l'Américain W. Halsted en 1890, des gants de caoutchouc stérilisés.

JAPON
Début de l'ère Meiji. Régnant 45 ans, l'empereur qui sera nommé Meiji tenno après sa mort fera entrer le Japon dans l'ère des réformes. Il instaurera une monarchie de type constitutionnel et fera de Tokyo (alors Edo) sa capitale. L'ère Meiji durera jusqu'en 1912.

1868 ALLEMAGNE
Le premier livre du *Capital* est édité. Philosophe de filiation hégélienne et prophète révolutionnaire, Karl Marx consacre sa réflexion d'économiste à la critique du système capitaliste. La pensée marxiste servira d'idéologie aux futures politiques communistes.

1869 ÉGYPTE
Inauguration du canal de Suez. La construction d'un canal maritime facilitant les relations avec l'Asie est un projet des saint-simoniens dont la réalisation est menée à bien par Ferdinand de Lesseps.

Le canal de Suez : la fin des travaux de percement en août 1869.

ÉTATS-UNIS
Invention du Celluloïd. En recherchant un substitut à l'ivoire pour la fabrication de boules de billard, les frères J.W. et I. Hyatt inventent le Celluloïd. Malgré son inflammabilité, ce matériau semi-synthétique va connaître un vif succès commercial et entraîner l'essor de l'industrie des matières plastiques.

RUSSIE
Les éléments chimiques classés. Mendeleïev range les éléments chimiques par masse atomique croissante. Cette classification périodique le conduit à envisager l'existence d'éléments encore inconnus, dont il prévoit les principales propriétés.

VATICAN
Ouverture de Vatican I. Le XXe concile œcuménique aura pour principal objet d'entériner le dogme de l'infaillibilité pontificale, qui singularise l'Église catholique romaine en matière doctrinale.

1869 -> 1877 ÉTATS-UNIS
Grant, président.

1870 ITALIE
La péninsule unifiée. La prise de Rome par les nationalistes et l'annexion des États de l'Église par le jeune royaume d'Italie achèvent l'unification de ce dernier. Jusqu'aux accords du Latran de 1929, le pape se considérera comme " prisonnier " dans Rome.

1870 -> 1871
Guerre franco-allemande.

1871 ALLEMAGNE

Le IIe Reich : la proclamation faite au château de Versailles le 18 janvier 1871.

L'Empire allemand naît à Versailles. Proclamé au lendemain de la défaite de la France, qui la prive de l'Alsace-Lorraine, le IIe Reich a pour souverain le roi de Prusse Guillaume Ier.

BELGIQUE
Première dynamo industrielle. La construction, par Z. Gramme, de la première machine génératrice de courant continu utilisable à l'échelle industrielle ouvre à l'électrotechnique de nouvelles perspectives de développement.

ITALIE
Verdi ou l'apogée de l'opéra italien. S'opposant au courant wagnérien, le romantisme musical de Verdi rompt aussi avec la tradition italienne du bel canto. *Aïda,* tout comme ses autres opéras, doit son intensité dramatique à l'emploi d'une mélodie continue évoluant entre le récitatif et l'oratorio.

Giuseppe Verdi : le décor d'Aïda, paru sur le frontispice de la partition.

1871 -> 1873 FRANCE
Thiers, premier président de la IIIe République.

1871 -> 1888 ALLEMAGNE
Guillaume Ier, empereur.

1871 -> 1893 FRANCE
Zola, fédérateur des naturalistes. Influencé par la vision positiviste du siècle, Émile Zola applique les principes du naturalisme dont il est le théoricien dans le cycle romanesque des Rougon-Macquart. Celui-ci retrace l'évolution d'une famille sous le second Empire.

1872 -> 1883 ALLEMAGNE
Nietzsche par-delà le bien et le mal. Réfutant le kantisme et le rationalisme scientiste, Nietzsche diffuse sa philosophie de la volonté de puissance à travers dissertations *(Naissance de la tragédie),* aphorismes *(le Gai Savoir)* et poèmes *(Ainsi parlait Zarathoustra).*

1873 -> 1879 FRANCE
Mac-Mahon, président de la République.

1874 ALLEMAGNE
La théorie des ensembles. Autour du concept très général d'ensemble, c'est-à-dire de collection d'éléments ayant une propriété commune, G. Cantor bâtit une théorie qui va notamment permettre d'unifier le langage des diverses branches des mathématiques.

FRANCE, PAYS-BAS
La chimie en relief. En introduisant simultanément la théorie du carbone tétraédrique pour expliquer l'activité optique des composés organiques, le Français A. Le Bel et le Hollandais J. H. Van't Hoff jettent les bases de la stéréochimie.

1874 -> 1886 FRANCE
La révolution impressionniste. Rejetant l'aspect conceptuel des choses, des peintres tels que Monet, Pissarro et Sisley s'attachent à restituer les impressions visuelles fugitives. Huit expositions tenues à Paris font de l'impressionnisme le courant qui donne vie à l'art moderne.

1875 FRANCE
La République établie en droit. L'amendement Wallon, voté à une voix de majorité, coupe court à toute restauration monarchiste. Puis les lois constitutionnelles de février et de juillet dotent la IIIe République d'un Parlement bicaméral.

L'impérialisme britannique : la reine Victoria et le Premier ministre Disraeli.

1876 ALLEMAGNE
La *Tétralogie* à Bayreuth. Le théâtre de Bayreuth a été offert à Wagner par Louis II de Bavière. C'est là qu'est créé, dans son intégralité, son cycle de quatre opéras. Ceux-ci appliquent les principes alors nouveaux de mélodie infinie et de leitmotiv.

Wagner : le compositeur, protégé du roi Louis II de Bavière, dans la maison que ce dernier lui a offerte à Bayreuth.

Premier moteur à quatre temps. N. Otto réalise et fait breveter un moteur à gaz qui est le premier moteur à explosion fonctionnant selon le cycle à quatre temps exposé par A. Beau de Rochas.

ÉTATS-UNIS
Bell invente le téléphone. A.G. Bell réalise et fait breveter le premier appareil permettant de transmettre la parole à distance, en utilisant un fil électrique comme support de transmission.

Les sons d'Edison. Le phonographe, fabriqué par T. Edison, est le premier appareil capable de reproduire les sons. Ceux-ci sont préalablement captés par un pavillon et enregistrés sur un cylindre tournant recouvert d'une feuille de métal.

Thomas Edison.

GRANDE-BRETAGNE
L'impérialisme britannique à son apogée. Le Premier ministre Disraeli fait donner à la reine Victoria le titre d'impératrice des Indes. C'est lui aussi qui mènera la guerre en Afrique australe (1878-1879) et qui déclenchera la deuxième guerre anglo-afghane (1878-1880).

1878 -> 1903 **Léon XIII, pape.**

1879 ALLEMAGNE
La locomotive électrique. La présentation, à l'Exposition de Berlin, de la première locomotive électrique, fabriquée par W. von Siemens et J.G. Halske, inaugure l'ère de la traction ferroviaire électrique.

1879 -> 1880 ÉTATS-UNIS
La lampe d'Edison. Mise au point grâce aux travaux de J.W. Swan et de T. Edison, qui en revendiquent chacun la paternité avant de s'associer pour sa commercialisation, la lampe à incandescence ouvre l'ère de l'éclairage électrique.

1881 FRANCE
L'analyse mathématique perfectionnée. H. Poincaré apporte une contribution majeure à l'analyse mathématique, en fournissant une méthode générale de résolution des équations différentielles linéaires.

1881 -> 1894 RUSSIE
Alexandre III, empereur.

1882 EUROPE
Formation de la Triplice (Triple-Alliance). L'alliance défensive conclue à Vienne entre l'Allemagne, l'Autriche-Hongrie et l'Italie isole la France en Europe. Elle durera jusqu'à l'entrée en guerre de l'Italie aux côtés des Alliés, en mai 1915.

1883 ÉTATS-UNIS
Un gratte-ciel à Chicago. Immeuble de bureaux de dix étages, l'édifice est le premier à utiliser une ossature métallique. L'école architecturale de Chicago se spécialisera désormais dans ce type de gratte-ciel.

1884 ÉTATS-UNIS
Adoption des fuseaux horaires. Pour mettre fin à la disparité des heures locales, en plein développement du transport ferroviaire, une conférence internationale, à Washington, adopte le système des fuseaux horaires, avec le méridien de Greenwich comme méridien origine. Le temps civil de Greenwich sera adopté comme temps universel en 1919.
L'imprimerie s'industrialise. L'invention par O. Mergenthaler de la Linotype, machine de composition mécanique produisant des lignes justifiées en un seul bloc, autorise des mises en pages rapides pour la confection des journaux et les travaux d'édition.

1885 AFRIQUE CENTRALE

Le Congo belge : l'explorateur Stanley, qui fut amené à servir les desseins du roi des Belges Léopold II.

Les Belges au Congo. Aidé de l'explorateur Stanley, le roi des Belges Léopold II crée l'État indépendant du Congo. Ce dernier restera sous sa souveraineté personnelle jusqu'à l'annexion du territoire par la Belgique en 1908.
FRANCE
La rage vaincue. L. Pasteur applique pour la première fois à l'homme le vaccin antirabique qu'il a mis au point avec É. Roux : il sauve un jeune berger mordu par un chien enragé. Ce succès, et d'autres, conduit à la fondation de l'Institut Pasteur en 1888.

1885 -> 1888 ÉTATS-UNIS
Premier moteur à courant alternatif. Le moteur à induction mis au point par l'ingénieur d'origine serbe N. Tesla est le premier moteur électrique utilisant le courant alternatif. Commercialisé en 1892, il ouvre à l'électrotechnique un vaste champ d'applications.

1886 ALLEMAGNE

G. Daimler (à l'arrière) et son fils Adolf, à bord de la calèche à moteur Daimler.

Premières voitures à essence. Le tricycle à pétrole de C. Benz et la calèche équipée par G. Daimler d'un moteur à essence léger marquent la naissance de l'automobile moderne.

1887 ALLEMAGNE
Découverte des ondes électromagnétiques. En produisant des oscillations électromagnétiques et en montrant qu'elles possèdent toutes les propriétés de la lumière, H. Hertz apporte une éclatante confirmation à la théorie électromagnétique de Maxwell.

1887 -> 1889 FRANCE

La tour Eiffel en construction, en 1888.

Construction de la tour Eiffel. Illustration spectaculaire de l'architecture métallique, le pylône en fer de 300 m de haut érigé à Paris, sous la direction de G. Eiffel, pour l'Exposition universelle, devient le monument le plus élevé du monde.

1888 GRANDE-BRETAGNE
Invention du pneumatique. Cherchant à amortir les vibrations des roues du tricycle de son fils, J.B. Dunlop met au point le pneumatique. Les Français A. et É. Michelin en développeront l'emploi avec l'introduction du pneu démontable, d'abord sur les bicyclettes, en 1891, puis sur les automobiles, en 1895.

1888 -> 1898 FRANCE
Les nabis après l'impressionnisme. Une toile du peintre Sérusier, *le Talisman*, est à l'origine du groupe des nabis, qui veut rester fidèle à l'enseignement de Gustave Moreau. Il se compose d'artistes-" prophètes ", peintres et sculpteurs, tels que Denis, Bonnard, Vuillard, Maillol.

1888 -> 1918 ALLEMAGNE
Guillaume II, empereur.

1889 FRANCE
Les inventions chromatiques de Van Gogh. Arrivé en Provence, Van Gogh peint, entre autres, *la Nuit étoilée* ; la facture irréaliste de la toile témoigne de la puissance créatrice et mystique qu'il confère à la couleur pure.

1890 ÉTATS-UNIS
Épilogue des guerres indiennes. Le massacre de Wounded Knee, survenu dans une réserve du Dakota du Sud, scelle définitivement le sort des Indiens d'Amérique du Nord face à l'avancée des Blancs.
RUSSIE
Les sommets du ballet classique. À Saint-Pétersbourg, le Français Marius Petipa fait appel à Tchaïkovski pour donner à ses ballets une pleine dimension orchestrale. *La Belle au bois dormant* restera l'un des sommets du répertoire.

1891 VATICAN
L'encyclique *Rerum novarum*. Donnant son élan au catholicisme social afin de rapprocher l'Église du monde ouvrier, l'encyclique du pape Léon XIII traite de l'État providence, de la politique salariale et du syndicalisme.

1891 -> 1898 FRANCE
Le génie de Rodin. Rodin est déjà célèbre lorsqu'il sculpte son *Balzac*, achevé la même année que le *Baiser*. Par le sens de l'expression plastique qu'elles exaltent, la plupart de ses œuvres sont autant d'actes fondateurs de la sculpture moderne.

Auguste Rodin : monument dédié par le sculpteur à son frère et à sa sœur.

1893 -> 1897 ALLEMAGNE
Naissance du moteur Diesel. Breveté dès 1893, mais réalisé à partir de 1897, le moteur à combustion interne conçu par R. Diesel se distingue du moteur à essence par l'absence de carburateur et de système d'allumage.

1894 FRANCE
La sociologie comme science. *Les Règles de la méthode sociologique* que publie Émile Durkheim tendent à faire de la sociologie une science. Celle-ci repose sur une conception qui établit le primat du fait social sur la conscience individuelle.

1894 -> 1895
Guerre sino-japonaise.

1894 -> 1906 FRANCE
Affaire Dreyfus.

1894 -> 1917 RUSSIE
Nicolas II, empereur.

1895 ALLEMAGNE
Des rayons pénétrants.
W. Röntgen met en évidence un rayonnement invisible de nature inconnue, les " rayons X ". La capacité de ce rayonnement à pénétrer la matière opaque à la lumière ouvre la voie à la radiologie.

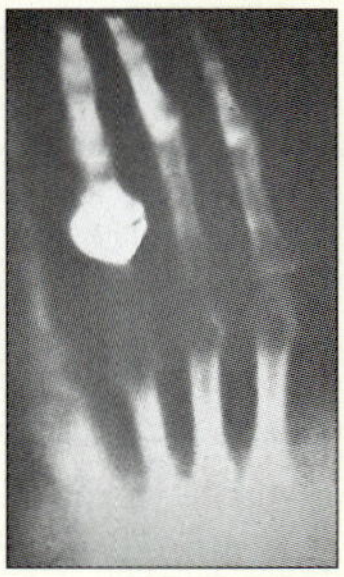

La première radiographie (22 déc. 1895), montrant le squelette d'une des mains de la femme de W. Röntgen.

FRANCE
Poincaré développe la topologie. Dans *Analysis situs*, H. Poincaré fonde la topologie algébrique, branche des mathématiques qui applique les outils de l'algèbre aux notions de la topologie.
Les frères Lumière créent le cinéma. Premier appareil permettant à la fois la prise de vues et la projection de films, le " cinématographe " inventé par les frères A. et L. Lumière marque l'avènement du cinéma.
TURQUIE
Les Arméniens victimes d'un génocide. La volonté d'émancipation des Arméniens de Turquie est à l'origine de la " question arménienne ", qui débouche sur une volonté de génocide lors des massacres de 1895.

1895 -> 1897
FRANCE, GRANDE-BRETAGNE
Découverte de l'électron. Par leurs travaux, le Français J. Perrin et le Britannique J.J. Thomson établissent définitivement l'existence de l'électron, particule atomique légère porteuse d'une charge électrique négative.

1896 FRANCE
Découverte de la radioactivité. En étudiant, sur des sels d'uranium, la relation entre la fluorescence et les rayons X, H. Becquerel découvre la radioactivité, ouvrant à la physique un nouveau champ d'investigation.
GRÈCE
Rénovation des jeux Olympiques. Le baron Pierre de Coubertin, défendant l'idée que le sport est un moyen d'échange culturel entre les nations, est à l'origine des jeux Olympiques de l'ère moderne. Les premiers se tiennent à Athènes.
ITALIE
Marconi invente la T.S.F. En tirant parti des travaux de l'Allemand H. Hertz et du Français É. Branly, G. Marconi réussit les premières liaisons radiotélégraphiques, à courte portée, suivies, en 1901, de la première liaison transatlantique.

1897 AUTRICHE
Sécession artistique à Vienne. Le peintre Gustav Klimt est l'un des protagonistes de la Sécession viennoise. Celle-ci reflète l'esprit de l'Art nouveau qui touche à la même époque les arts décoratifs.

1898 AFRIQUE NOIRE
Les Britanniques maîtres de Fachoda. Épisode majeur de la rivalité franco-britannique dans la région du Nil, l'affaire de Fachoda, au Soudan, se dénoue au bénéfice de la Grande-Bretagne. Elle seule obtient le droit d'occuper la ville.
AMÉRIQUE
Guerre hispano-américaine. La guerre permettra à Cuba d'accéder à l'indépendance. Elle précipitera ainsi la fin de l'Empire colonial espagnol, tandis que les États-Unis, maîtres des Philippines, installeront leur leadership.

La fin de l'Empire colonial espagnol en Amérique : le port de La Havane à l'époque de l'indépendance de Cuba.

1899 AFRIQUE AUSTRALE
Une guerre entre colons. La guerre des Boers oppose les colons d'origine néerlandaise aux Britanniques de la colonie du Cap. Elle permettra à la Grande-Bretagne, en 1902, d'asseoir sa domination sur l'ensemble de l'Afrique du Sud.

1900 ALLEMAGNE
Les quanta de Planck. En émettant l'hypothèse que les échanges d'énergie entre matière et rayonnement s'effectuent de façon discontinue, par " grains " (ou quanta) d'énergie, M. Planck pose la première base de la théorie quantique.

AUTRICHE

Sigmund Freud : le fondateur de la psychanalyse, à Londres, où il mourut.

Freud débusque l'inconscient. Médecin de formation, Freud découvre l'inconscient psychique : il y a dans le sujet des pensées qu'il ignore. *L'Interprétation des rêves* est le premier ouvrage à instaurer les fondements de la psychanalyse et à formuler le concept d'acte manqué.

CHINE
Les intérêts occidentaux menacés. La défaite chinoise face au Japon, lors de la guerre de 1894-1895, provoque une réaction nationale conduite par la société secrète des Boxers. La dynastie Qing en profite pour faire assiéger les légations internationales.

1901 -> 1909 ÉTATS-UNIS
T. Roosevelt, président.

1901 -> 1910 GRANDE-BRETAGNE
Édouard VII, roi de Grande-Bretagne et d'Irlande.

1902 FRANCE
La musique de Debussy. Claude Debussy crée à l'Opéra-Comique le drame musical *Pelléas et Mélisande*, libre adaptation d'une pièce de Maeterlinck. Il y révèle une inspiration puisée à des sources artistiques anciennes et un art de la composition privilégiant le récitatif.

Le cinéma, un " septième art ". Illusionniste et inventeur, Georges Méliès réalise son *Voyage dans la Lune* et, le premier, a recours aux effets spéciaux. À peine né, le cinéma ne se contente déjà plus de reproduire le réel.

La naissance du cinéma : affiche du film de Méliès, le Voyage dans la Lune*.*

1902 -> 1905 GRANDE-BRETAGNE
Les débuts de l'endocrinologie. Après leur découverte de la sécrétine et de son action régulatrice sur la digestion, en 1902, W.M. Bayliss et E.H. Starling établissent le rôle des hormones, contribuant ainsi à fonder l'endocrinologie.

1903 AMÉRIQUE CENTRALE
Un canal traverse les Amériques. Le Panamá proclame son indépendance avec l'aide des États-Unis. Il leur concède alors une zone large de 10 miles pour percer le canal transocéanique laissé inachevé en 1889. Ce dernier sera ouvert à la navigation en 1914.

ÉTATS-UNIS

Le premier vol du Flyer I des frères Wright (17 déc. 1903).

L'avion vole. À bord d'un appareil à deux hélices, O. Wright réussit à Kitty Hawk le premier vol propulsé et soutenu d'un avion.

PAYS-BAS
Le cœur enregistré. Grâce au galvanomètre à corde qu'il met au point, W. Einthoven parvient à enregistrer l'activité électrique du muscle cardiaque. L'électrocardiographie est née.

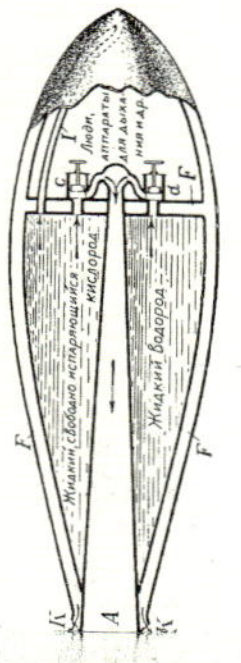

RUSSIE
Tsiolkovski, précurseur de l'astronautique. Les lois du mouvement d'une fusée sont énoncées pour la première fois dans un ouvrage de K.E. Tsiolkovski intitulé *Exploration des espaces cosmiques par des engins à réaction.*

Une fusée imaginée par K. Tsiolkovski.

1903 -> 1906 GRANDE-BRETAGNE
L'atome exploré. E. Rutherford élabore le premier modèle de structure de l'atome, comprenant un noyau très dense porteur d'une charge électrique positive autour duquel tournent des électrons bien plus légers, chargés négativement.

1904 -> 1905
Guerre russo-japonaise.

1904 -> 1905 RUSSIE
La guerre éclate, la révolution gronde. La Russie, qui est entrée en guerre contre le Japon, subit un désastre. Celui-ci exaspère la crise intérieure, marquée par l'affaire du cuirassé *Potemkine*. Mais la première révolution menée par l'opposition au tsarisme échoue.

1904 -> 1906
GRANDE-BRETAGNE
L'électronique à tubes. L'invention, en 1904, par le Britannique J.A. Fleming, de la diode, un tube électronique à deux électrodes utilisable comme redresseur de courant, puis celle, en 1906, par l'Américain L. De Forest, de la triode, à trois électrodes, permettant, outre le redressement, l'amplification du courant, marquent la naissance de l'électronique.

1905 ALLEMAGNE
La relativité restreinte. Après avoir expliqué l'effet photoélectrique en attribuant à la lumière une structure corpusculaire (flux de photons), A. Einstein publie sa théorie de la relativité restreinte. Celle-ci introduit une conception nouvelle de la relation entre l'espace et le temps et établit une relation entre la masse et l'énergie.

FRANCE
Les " fauves " sont lâchés. À l'instar du groupe allemand *Die Brücke*, plusieurs peintres du Salon d'automne de Paris (tels Matisse, Vlaminck, Derain) provoquent l'étonnement. Les " fauves " feront du dérèglement des formes la défense de la subjectivité de l'artiste.

1906 ÉTATS-UNIS
Première émission publique de radio. R.A. Fessenden, à partir d'une station qu'il a installée au Massachusetts, transmet pour la première fois par radio la parole et la musique. Son émission est captée par les opérateurs radio de navires se trouvant au large de la côte du Massachusetts.

SUISSE
Le Simplon en service. Creusé à partir de 1898, à 700 m d'altitude moyenne, au prix de très grosses difficultés, le tunnel du Simplon relie la Suisse à l'Italie. C'est le plus long tunnel ferroviaire du monde (19,8 km).

1907 FRANCE
La géométrisation de la peinture. *Les Demoiselles d'Avignon* peintes par Picasso sont regardées comme le manifeste du cubisme, dont la rupture stylistique est le résultat des influences combinées des arts primitifs, de la rigueur de Seurat et de la géométrie de Cézanne.

Picasso et les débuts du cubisme : Femme nue des années 1909-1910.

1907 -> 1950 SUÈDE
Gustave V, roi.

1909 ÉTATS-UNIS

Combiné téléphonique en Bakélite.

Succès de la Bakélite. Immense succès commercial, la Bakélite, que fait breveter le chimiste d'origine belge L. Baekeland, est la première résine de synthèse et aussi la première matière plastique thermodurcissable.

FRANCE

Les Ballets russes : programme de la saison de juin 1910 à Paris, avec Nijinski en vedette du corps de ballet.

Révélation des Ballets russes. À l'initiative de Serge de Diaghilev, les Ballets russes se produisent au théâtre du Châtelet. Ils devront leur succès tant au danseur Nijinski et aux chorégraphes (Fokine, Massine, Lifar…) qu'à la contribution, entre autres, de Stravinski et de Picasso.

ITALIE
Le " coup de poing " futuriste. Dans son *Manifeste du futurisme*, Marinetti entend révolutionner les valeurs de son temps et préconise le " terrorisme " artistique. Parti de la littérature, le mouvement futuriste touchera tous les arts et gagnera l'Europe entière.

1910 ÉTATS-UNIS
Hollywood invente le star-system. Pendant trente ans, l'acteur sera choisi et utilisé comme un " produit industriel " visant à exalter l'inconscient collectif. Les stars (Greta Garbo, James Dean ou Marilyn Monroe) seront la vitrine mythifiée de l'industrie cinématographique.

1910 -> 1915 ÉTATS-UNIS

Thomas Hunt Morgan.

Chromosomes, gènes et hérédité. À partir d'expériences sur la drosophile, T.H. Morgan apporte une contribution majeure à la génétique en montrant que les chromosomes sont le support matériel des gènes, responsables de la production des caractères héréditaires.

1910 -> 1936 GRANDE-BRETAGNE
George V, roi de Grande-Bretagne et d'Irlande.

1911 ALLEMAGNE
L'abstraction née du *Blaue Reiter*. Fondé à Munich par Kandinsky et par des peintres comme Marc, Macke ou Jawlensky, le mouvement *Der Blaue Reiter* constitue l'avant-garde de la peinture allemande. Kandinsky est le théoricien de l'abstraction *(Du spirituel dans l'art)*.

Der Blaue Reiter : Jeune Fille à l'aquarium, tableau d'August Macke.

ÉTATS-UNIS
Millikan mesure la charge de l'électron. Grâce à une expérience fondée sur l'observation du mouvement de gouttelettes d'huile dans un gaz ionisé, R.A. Millikan parvient à déterminer la valeur de la charge électrique de l'électron.

PAYS-BAS
Découverte de la supraconductivité. H. Kamerlingh Onnes découvre que la résistivité électrique de certains corps disparaît au-dessous d'une certaine température.

1911 -> 1917 MEXIQUE
La révolution zapatiste. La dictature du général Díaz est écrasée. La révolution dégénère en guerre civile, dont les protagonistes, tels Emiliano Zapata et Pancho Villa, entrent dans la légende tiers-mondiste.

La révolution mexicaine : les leaders Pancho Villa et Emiliano Zapata.

1912
ALLEMAGNE, GRANDE-BRETAGNE
Les cristaux passés aux rayons X. La découverte, par l'Allemand M. von Laue, de la diffraction des rayons X par les cristaux démontre le caractère ondulatoire de ce rayonnement et permet de l'utiliser, comme vont le faire d'abord les Britanniques W.H. et W.L. Bragg, pour déterminer la structure de ces mêmes cristaux.

DANEMARK

N. Bohr (à gauche) et M. Planck.

L'atome de Bohr. Rompant radicalement avec les conceptions antérieures, N. Bohr propose un modèle quantique de la structure de l'atome, qui parvient à rendre compte de la stabilité de celui-ci et de ses propriétés d'émission et d'absorption de rayonnement.

DANEMARK, ÉTATS-UNIS
Les étoiles classées. Le Danois E. Hertzsprung et l'Américain H.N. Russell établissent indépendamment une classification des étoiles d'après leur type spectral et leur luminosité. Cet outil va se révéler un fondamental pour l'étude de l'évolution stellaire.

ÉTATS-UNIS
Les balises du cosmos. La relation que découvre H. Leavitt entre la luminosité et la période de variation d'éclat de certaines étoiles variables, les céphéides, permettra d'utiliser ces étoiles comme balises pour mesurer les distances d'amas stellaires ou de galaxies.

Le rayonnement du cosmos. Par des mesures de l'ionisation de l'air en altitude, le physicien d'origine autrichienne V. Hess met en évidence un flux de particules de haute énergie d'origine extraterrestre qui recevra en 1926 le nom de rayonnement cosmique.

La première vitamine. La première d'une série de substances organiques indispensables en infime quantité au bon fonctionnement de l'organisme est identifiée par E. V. McCollum et T.B. Osborne. Elle sera désignée sous le nom de vitamine A, après la découverte d'autres substances analogues.

Chaîne d'assemblage de la Ford T.

L'automobile à la chaîne. En réduisant le temps d'assemblage d'une voiture de 12 h à 93 min, la première chaîne de montage d'automobiles, mise en service aux usines Ford, à Detroit, permet la construction en grande série de la Ford T.

FRANCE
De l'ozone autour de la Terre. C. Fabry met en évidence dans la haute atmosphère terrestre la couche d'ozone, qui joue un rôle essentiel pour protéger les êtres vivants des rayonnements nocifs du Soleil.

GRANDE-BRETAGNE
Des particules dans la chambre. Avec la " chambre à brouillard " de C.T.R. Wilson, il devient possible de détecter des particules atomiques en visualisant leur trajectoire dans un gaz grâce aux gouttelettes qu'elles engendrent sur leur passage.

1912 -> 1913
Guerres balkaniques.

1913 FRANCE
Proust commence la *Recherche*. Dans les sept tomes d'*À la recherche du temps perdu*, Proust s'attache à capter les réminiscences du passé, et renouvelle le genre romanesque par le recours à de longues périodes et par la rupture avec la chronologie.

1913 -> 1921
ÉTATS-UNIS
Wilson, président.

1914 EUROPE
Un Serbe assassine l'héritier d'Autriche. La mort de François-Ferdinand à Sarajevo provoque l'entrée en guerre de l'Autriche contre la Serbie, puis, par le jeu des alliances, celles de la France, de la Grande-Bretagne et de la Russie contre les Empires centraux. La Première Guerre mondiale est déclarée. En 1917, elle finira par toucher les États-Unis.

1914 -> 1918
Première Guerre mondiale.

1915 ALLEMAGNE

Alfred Wegener.

Les continents à la dérive. A. Wegener expose sa théorie selon laquelle les masses continentales se déplacent au cours des temps géologiques. Longtemps décriée, cette théorie apparaîtra finalement dans les années 1960 comme une préfiguration de la tectonique des plaques.

FRANCE
Invention du sonar. Conçue par P. Langevin, la technique de repérage des obstacles par un faisceau d'ultrasons est mise au point et utilisée pour la détection des sous-marins, pendant la Première Guerre mondiale.

1916 ALLEMAGNE
La relativité générale. A. Einstein publie la version définitive de sa théorie de la relativité générale, qui relie la gravitation à la forme géométrique de l'espace. Cette théorie deviendra une pierre angulaire de la cosmologie moderne et de l'étude des astres très compacts (trous noirs, en particulier).

Albert Einstein.

ÉTATS-UNIS
Les réactions chimiques expliquées. En établissant que la liaison chimique entre des atomes, ou covalence, peut s'expliquer par la mise en commun de paires d'électrons, G. Lewis perce l'un des secrets des réactions chimiques.

FRANCE

La bataille de Verdun : un " poilu " en sentinelle dans une tranchée.

Verdun. L'offensive initiale de l'Allemagne a été bloquée sur la Marne. De février à décembre 1916 s'engage la bataille de Verdun, marquée par le système défensif des tranchées. Cette bataille est la plus meurtrière de la guerre et la plus grande de l'histoire de France.

GRANDE-BRETAGNE
Premier char d'assaut. Produit en série et engagé aussitôt dans la bataille de la Somme, le tank Mark I inaugure l'emploi de l'arme blindée.

Le tank britannique Mark I (sans canon).

1916 -> 1918 AUTRICHE
Charles Ier, empereur.

1917 PAYS-BAS
Le néoplasticisme de Mondrian. Le peintre Piet Mondrian lance, avec Theo Van Doesburg, la revue d'avant-garde *De Stijl*, qui radicalise les abstractions du *Blaue Reiter*. Dans *Réalité naturelle et réalité abstraite*, Mondrian élaborera définitivement les " nouvelles plastiques " de l'art, reposant sur divers rapports d'opposition.

RUSSIE

La révolution russe de 1917 : harangue de Lénine à Moscou, en novembre.

L'année des révolutions. La révolution de Février renverse le tsar Nicolas II. Puis le gouvernement républicain provisoire, qui contrôle mal la situation intérieure, est balayé par la révolution bolchevique d'Octobre. Avec Lénine, c'est le communisme qui, pour la première fois, est au pouvoir.

1917 -> 1924 RUSSIE
Gouvernement de Lénine.

1919 ALLEMAGNE
Gropius fonde le Bauhaus. Walter Gropius ouvre à Weimar une école qui intègre les arts appliqués dans les projets architecturaux. Répondant à la volonté de transformer l'esthétique en même temps que la société, elle applique à tout objet quotidien l'élégance de la forme soumise à la fonction.

L'expressionnisme au cinéma. Plongeant le public dans une histoire de meurtre et de folie, *le Cabinet du docteur Caligari* de Robert Wiene est le film manifeste du cinéma expressionniste.

FRANCE
La paix est signée à Versailles. Le traité, qui rend l'Alsace-Lorraine à la France, est considéré par l'Allemagne comme un diktat humiliant. À la demande des États-Unis, la Société des Nations est créée afin de garantir la paix et la sécurité internationales, mais elle exclut la Russie bolchevique et les pays vaincus.

Le raz de marée dadaïste. Parti de Zurich, le mouvement dada se développe sous l'impulsion de l'écrivain Tristan Tzara. Iconoclaste à plaisir, le dadaïsme proclame la nécessité de combattre toute contrainte, qu'elle soit morale, esthétique ou idéologique.

GRANDE-BRETAGNE
Première transmutation. Rutherford réussit pour la première fois à provoquer une transmutation nucléaire : en bombardant de l'azote par des noyaux rapides d'hélium, il obtient de l'oxygène et des protons.

1920 -> 1935 FRANCE
Man Ray poétise la photographie. Peintre proche du groupe dadaïste, Man Ray s'installe à Paris et y découvre le photogramme (" rayogramme "). Inventeur du procédé de solarisation, il entre dans le domaine de l'imaginaire par ses recherches sur la surimpression et le flou *(la Marquise Cassati)*.

1922 ALLEMAGNE
La chimie des polymères. Par ses travaux sur les macromolécules, H. Staudinger jette les bases de la chimie des polymères, dont l'industrie des plastiques constituera ultérieurement une application importante.

IRLANDE
Un Ulysse contemporain. James Joyce publie le roman *Ulysse*, qui retrace une journée du courtier Léopold Bloom. Tentant d'unifier toutes les formes de narration en un langage recomposé, l'auteur fait du juif errant l'image même de l'artiste.

ITALIE
La marche sur Rome des Chemises noires. Fort de ses 35 députés au Parlement, le parti fasciste de Mussolini s'empare du pouvoir par la menace d'un coup de force. Quatre années vont lui suffire pour instaurer le totalitarisme en Italie.

RUSSIE
L'Univers modélisé. En s'appuyant sur la théorie de la relativité, A. Friedmann développe des modèles d'univers ayant une densité moyenne et un rayon variables au cours du temps, qui vont être à la base de la cosmologie théorique moderne.

1922 -> 1924 TURQUIE
Mustafa Kemal Atatürk instaure la république. Général victorieux des Grecs, le leader nationaliste abolit le sultanat puis le califat. Détenteur de tous les pouvoirs, il s'efforcera d'occidentaliser le pays et lui fera adopter l'alphabet latin.

La Turquie occidentalisée : au centre, le président Mustafa Kemal Atatürk.

1923 AUTRICHE
Percée des dodécaphonistes. Le compositeur Arnold Schoenberg et ses disciples de l'école de Vienne inventent une méthode permettant l'exploitation des douze sons de la gamme chromatique. La musique dodécaphonique évoluera vers la notion de sérialisme grâce à l'enseignement d'Olivier Messiaen et de René Leibowitz.

FRANCE
Mise au point du B.C.G. A. Calmette et C. Guérin achèvent la mise au point du vaccin antituberculeux, dont l'emploi va se généraliser sous le nom de B.C.G. ([vaccin] bilié de Calmette et Guérin).

1924 ÉTATS-UNIS

E. Hubble et son assistant, M. Humason, observant au télescope de 2,54 m de l'observatoire du mont Wilson (États-Unis).

Il y a d'autres galaxies. En mettant en évidence des étoiles dans la "nébuleuse d'Andromède", E. Hubble établit l'existence de galaxies extérieures à la nôtre, ouvrant ainsi un nouveau champ de recherches pour l'astronomie.

FRANCE
Une nouvelle théorie de la lumière. La mécanique ondulatoire, développée par L. de Broglie, exprime le caractère à la fois ondulatoire et corpusculaire de la lumière ; elle conduit à une nouvelle conception de la structure des atomes.

GRANDE-BRETAGNE
À l'intérieur des étoiles. Après avoir expliqué comment le rayonnement des étoiles assure leur équilibre, A.S. Eddington élabore, pour la première fois, un modèle de leur structure interne.

1924 -> 1930 FRANCE
Le surréalisme se manifeste. Dans les *Manifestes du surréalisme*, A. Breton proclame les pouvoirs de l'imaginaire, de l'onirisme et de l'irrationnel dans la démarche artistique. " Changer la vie ", selon la formule de Rimbaud, deviendra le mot d'ordre des surréalistes, au premier rang desquels Aragon, Eluard ou Desnos.

1925 ALLEMAGNE
Heisenberg développe la mécanique quantique. En donnant le formalisme mathématique apte à fournir une description complète des propriétés des particules atomiques, W. Heisenberg franchit une nouvelle étape dans la compréhension de la structure de la matière.

AUTRICHE
Alban Berg compose le premier opéra atonal. Inspiré par la pièce de Georg Büchner, *Wozzeck* est créé à Berlin. Alban Berg reste fidèle aux principes du dodécaphonisme, mais innove dans l'écriture orchestrale et vocale afin d'intensifier le propos dramatique. L'œuvre est perçue comme l'aboutissement de toute la tradition lyrique.

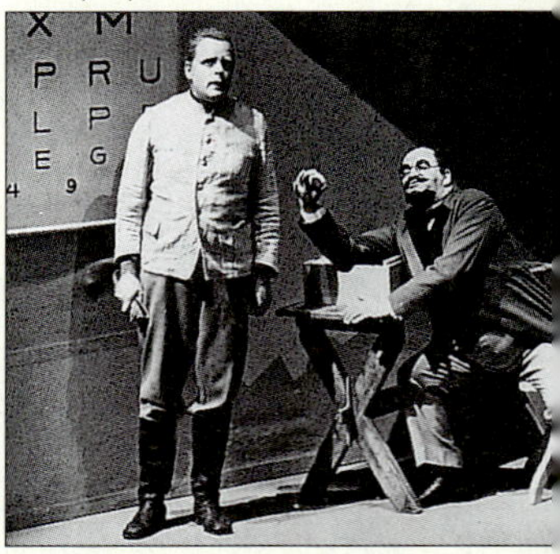

Les mutations de l'art lyrique : le Wozzeck d'Alban Berg (version de 1956, à l'Opéra de Berlin).

1925 -> 1934 ALLEMAGNE
Hindenburg, président de la république de Weimar.

1925 -> 1945 ITALIE
Gouvernement de Mussolini.

1925 et 1926 TCHÉCOSLOVAQUIE
L'univers kafkaïen. Franz Kafka est le grand écrivain de la culpabilité et de la dépersonnalisation face à la machine bureaucratique. La parution posthume

Le surréalisme : Au rendez-vous des amis, toile de Max Ernst (1922).

des romans *le Procès* et *le Château* prophétise les univers totalitaire et concentrationnaire.

1926 ÉTATS-UNIS

R. H. Goddard présentant sa première fusée.

La fusée à ergols liquides.
Convaincu de l'avenir de la propulsion par fusées pour l'exploration de l'espace, R. H. Goddard procède au premier lancement d'une fusée à ergols liquides.

FRANCE
Un nouveau béton.
Après la mise au point du béton armé, en 1848, la panoplie des matériaux de construction s'enrichit avec l'invention, par E. Freyssinet, du béton précontraint, doté d'armatures en acier qui accroissent ses capacités de résistance et d'élasticité.

GRANDE-BRETAGNE

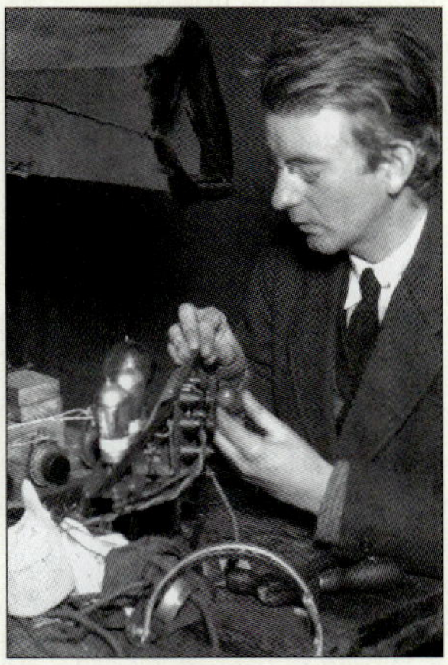

John Logie Baird.

Baird allume la télévision. Avec la diffusion publique d'images télévisées, à Londres, J.L. Baird ouvre l'ère de la télévision. Il présentera, en 1928, les premières images télévisées en couleurs, puis, en 1929, il ouvrira, à Londres, un studio, grâce auquel il réalisera les premières transmissions d'images à longue distance.

1926 -> 1989 JAPON
Hirohito, empereur.

1927 ALLEMAGNE
***Être et Temps* de Heidegger.**
La philosophie de Heidegger entend sauver de l'oubli la question de l'Être, sans pour autant réhabiliter la métaphysique. L'homme est l'étant pour qui l'être est une question.

Les incertitudes de Heisenberg.
En formulant des inégalités qui stipulent qu'il est impossible de mesurer simultanément la position et la vitesse d'une particule atomique, W. Heisenberg complète la théorie quantique et relance le débat sur le déterminisme.

Charles Lindbergh posant devant le Spirit of Saint Louis.

ÉTATS-UNIS
Lindbergh à Paris. En réussissant la traversée sans escale de l'Atlantique nord, entre New York et Paris, à bord du *Spirit of Saint Louis* (20-21 mai), C. Lindbergh entre dans la légende et ouvre à l'aviation de nouvelles perspectives pour les liaisons intercontinentales.

1928 GRANDE-BRETAGNE
Le premier antibiotique.
Une révolution s'annonce dans le domaine thérapeutique, avec la découverte, par A. Fleming, du premier antibiotique, la pénicilline. Celle-ci sera isolée en 1939 par E.B. Chain et préparée industriellement à partir de 1941, grâce à H. Florey.

1928 et 1957 DANEMARK, SUÈDE

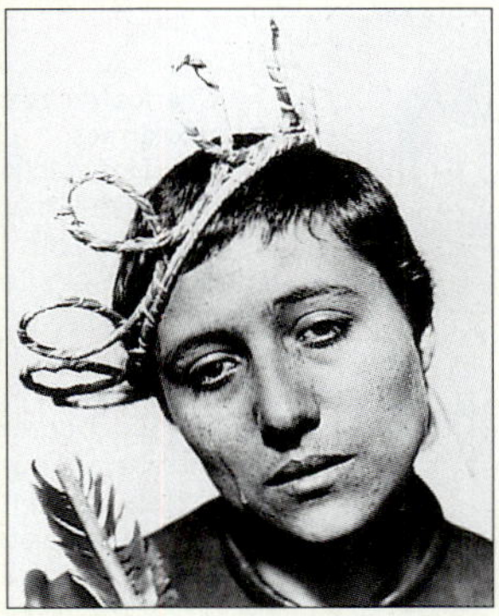

Le cinéma de Dreyer : la Passion de Jeanne d'Arc, *avec Renée Falconetti.*

Un cinéma d'exception. Si le cinéma danois met en images une vision plutôt pessimiste du monde (*la Passion de Jeanne d'Arc* de Carl Dreyer), le cinéma suédois explore de préférence l'intimité des passions (*les Fraises sauvages* d'Ingmar Bergman).

1929 ÉTATS-UNIS
Le Jeudi noir de Wall Street.
Dans les années d'après-guerre, les pays occidentaux subissent les effets de l'inflation galopante jusqu'au krach boursier du jeudi 22 octobre à New York. La crise économique sera mondiale et l'effondrement des échanges cassera le monde en deux blocs.

La crise de 1929 : les chômeurs new-yorkais attendant la soupe populaire.

Un pas de (modern) dance.
Issue de l'école du Denishawn, la chorégraphe Martha Graham se veut en rupture avec le ballet classique et crée sa propre compagnie. Elle devient alors la figure de proue de la modern dance américaine, qui sera le courant dominant des années 1930 à 1960.

L'Univers est en expansion.
E.P. Hubble constate que les raies du spectre de la lumière de la plupart des galaxies apparaissent décalées vers le rouge. Interprété comme un effet Doppler, ce phénomène indique que les galaxies s'éloignent de la nôtre, d'autant plus vite qu'elles sont plus lointaines. Cette découverte accrédite l'hypothèse de l'expansion de l'Univers, envisagée dès 1927 par le Belge G. Lemaître.

1929 -> 1953 URSS
Gouvernement de Staline.

1929 et 1939 ÉTATS-UNIS
Faulkner et Steinbeck. Les régions, aux États-Unis, sont le creuset des espoirs et des désillusions d'une nation hantée par son proche passé. Les romans de William Faulkner s'attachent au Sud mythique (*le Bruit et la Fureur*), alors que ceux de John Steinbeck s'enracinent en Californie (*les Raisins de la colère*).

1929 et 1957 BELGIQUE
La bande dessinée est aussi francophone. Parallèlement au succès des *comic books* américains, la bande dessinée européenne se distingue : de Bruxelles (où Hergé crée *Tintin et Milou*) à Marcinelle (où Franquin invente *Gaston Lagaffe*), l'" école belge " donne vie à la véritable BD francophone.

1930 ÉTATS-UNIS
Une nouvelle planète : Pluton.
La découverte de Pluton, par C. Tombaugh, marque l'aboutissement des recherches entreprises pour identifier une planète située au-delà de Neptune et susceptible d'expliquer les irrégularités de son mouvement, comme P. Lowell en avait fait l'hypothèse dès 1915. Mais la nouvelle planète se révèle finalement beaucoup trop petite pour être l'astre perturbateur attendu.

FRANCE
Le surréalisme au cinéma.
Le réalisateur d'origine espagnole Luis Buñuel renoue sa collaboration avec Salvador Dalí après *Un chien andalou. L'Âge d'or,* placé sous le patronage de Sade et de Lautréamont, apparaît comme le film-culte du cinéma d'expression surréaliste.

1931 ALLEMAGNE

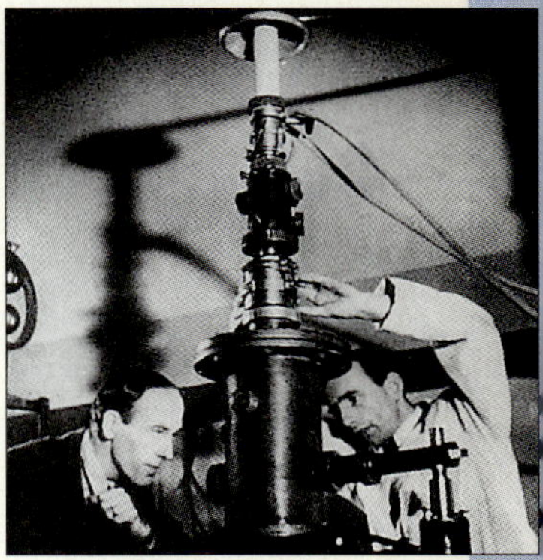

Le microscope électronique et ses inventeurs, E. Ruska et M. Kroll (à gauche).

Invention du microscope électronique. Doté d'un pouvoir de grossissement très supérieur à celui du microscope optique, le microscope électronique, inventé par E. Ruska et M. Kroll, va repousser les limites de la connaissance des structures cellulaires et moléculaires.

1931 -> 1932 ÉTATS-UNIS

K. G. Jansky devant l'antenne lui ayant permis de découvrir les premières émissions radioélectriques d'origine cosmique.

Naissance de la radioastronomie.
La découverte fortuite de l'émission radioélectrique du centre de la Galaxie par K.G. Jansky marque la naissance de la radioastronomie.

Premiers accélérateurs de particules.
Le cyclotron, construit à Berkeley sur le principe décrit en 1930 par E.O. Lawrence, et l'accélérateur électrostatique, construit à Princeton par R.J. Van de Graaf, fournissent aux physiciens de nouveaux outils pour explorer la structure intime de la matière.

1932 BELGIQUE
Maigret enquête. Fondés sur le jeu de l'esprit, les romans que commence à publier Georges Simenon font évoluer le genre policier créé par le Britannique Conan Doyle. Héros devenu mythique, le commissaire Maigret mène des enquêtes qui dissèquent les milieux sociaux.

ÉTATS-UNIS, GRANDE-BRETAGNE
Découverte du neutron et du positon. La famille des particules " élémentaires " s'agrandit avec la découverte, par le Britannique J. Chadwick, du neutron et avec celle, par l'Américain C. Anderson, du positon (électron positif), dont l'existence a été prévue dès 1930 par P. Dirac.

1932 et 1949
La société vue par anticipation. Si l'on excepte l'œuvre de Jules Verne, la science-fiction est un genre encore assez neuf lorsque Aldous Huxley publie *le Meilleur des mondes*, qui prévient sur le mode satirique des méfaits de la société industrielle. Le *1984* de George Orwell anticipe sur l'avènement des totalitarismes.

1933 ALLEMAGNE
Le Reichstag brûle. Alors que la république de Weimar, née de la défaite, est affaiblie par la crise économique, l'incendie criminel du Reichstag fournit au parti nazi d'Adolf Hitler le prétexte attendu pour éliminer les opposants et accéder au pouvoir dans l'illusion de la légalité.

1933 -> 1945 ALLEMAGNE
Hitler, chancelier du IIIe Reich.

1933 -> 1945 ÉTATS-UNIS
F.D. Roosevelt, président.

1934 ÉTATS-UNIS

V. Zworykin présentant l'iconoscope, premier tube électronique de prise de vues utilisé pour la télévision.

Zworykin perfectionne la télévision. La réalisation par l'ingénieur d'origine russe V. Zworykin du premier tube électronique de prise de vues, l'iconoscope, ouvre la voie à la télévision moderne.

FRANCE
Découverte de la radioactivité artificielle.
En bombardant des atomes stables par des particules alpha, I. et F. Joliot-Curie obtiennent des isotopes radioactifs n'existant pas dans la nature. Cette découverte favorise l'essor de la chimie nucléaire.

1934 -> 1935 CHINE
La Longue Marche de Mao. Depuis 1911, la Chine est une république. Les nationalistes de Tchang Kaï-chek rompent avec le parti communiste de Mao Zedong. Il en résulte une guerre ouverte, au cours de laquelle Mao lance ses hommes dans un immense mouvement de retraite, symbole de l'héroïsme de l'armée communiste.

1935 ALLEMAGNE
Le son en conserve. En reprenant le principe d'un dispositif inventé dès 1898 par le Danois V. Poulsen, la firme AEG réalise un appareil d'enregistrement magnétique du son, le magnétophone, dont l'emploi va largement se répandre après 1950.

GRANDE-BRETAGNE

Radar utilisé par la Royal Air Force pendant la Seconde Guerre mondiale.

Invention du radar. Mis au point par R.A. Watson-Watt, le radar, procédé de détection et de localisation d'un obstacle au moyen d'ondes radioélectriques, va trouver de nombreuses applications civiles (aéronautique, météorologie...) et militaires (défense aérienne).

1936 FRANCE
Le Front populaire.
Sur fond de crise économique, les forces de gauche se mobilisent contre la menace fasciste. Victorieux aux élections, le Front populaire confie le gouvernement au socialiste Léon Blum. Mesure phare : l'institution des congés payés.

Le Front populaire : les premiers congés payés saisis par Henri Cartier-Bresson.

GRANDE-BRETAGNE
Keynes transforme la vision de l'économie. *La Théorie générale de l'emploi, de l'intérêt et de la monnaie* de John Maynard Keynes ébranle la suprématie de l'économie classique. L'analyse qu'il fait du chômage s'oppose aux principes clés du libéralisme et justifie le recours à l'État pour suppléer, dans certains cas, les forces du marché.

1936 -> 1952 GRANDE-BRETAGNE
George VI, roi de Grande-Bretagne et d'Irlande du Nord.

1936 -> 1939 ESPAGNE
La guerre civile. Depuis 1931, l'Espagne est un pays divisé où les républicains s'opposent aux nationalistes. Ces derniers prennent les armes contre le gouvernement de gauche issu des élections de 1936. La guerre civile, marquée en 1937 par le drame de Guernica, permet au général Franco d'imposer sa dictature.

1936 et 1940 ÉTATS-UNIS

Charlie Chaplin : les Temps modernes.

Charlot du rire aux larmes.
Charlie Chaplin dirige ses propres films, où il interprète le personnage de Charlot, vagabond aux mimiques bouleversantes d'humanité. Mêlant le burlesque au mélodrame, il procède souvent à une analyse sensible du monde de l'entre-deux-guerres (*les Temps modernes ; le Dictateur*).

1937 ÉTATS-UNIS
Disney donne vie au dessin. Génial inventeur de la souris Mickey, Walt Disney devient le spécialiste du cinéma d'animation. Son premier long-métrage, *Blanche-Neige et les sept nains*, enchante par la poésie du sujet et la qualité des dessins.

1937 et 1941 URSS
La musique au pays des soviets. Si Igor Stravinsky a choisi, dès 1921, de s'expatrier en Occident, les compositeurs Sergueï Prokofiev *(Cantate pour le 20e anniversaire de la Révolution)* et Dmitri Chostakovitch *(Symphonie Leningrad)* régénèrent la tradition classique russe, au risque de s'assujettir à l'idéologie.

1938 ALLEMAGNE
La fission nucléaire. La découverte de la fission de l'uranium par O. Hahn et F. Strassmann marque une étape importante dans le développement de la physique nucléaire.
Les étoiles expliquées.
Un progrès décisif dans la théorie de la structure interne des étoiles est accompli avec la découverte, indépendamment, par H.A. Bethe et C. von Weizsäcker, du cycle de réactions thermonucléaires d'où elles tirent leur énergie.

ÉTATS-UNIS

Naissance du jazz : Count Basie.

La musique afro-américaine reconnue. Produit par John Hammond, le premier concert de blues et de jazz est organisé au Carnegie Hall de New York. Baptisé *From Spirituals To Swing*, il réunit notamment Count Basie et Big Bill Broonzy.
Le Nylon dans le commerce.
La commercialisation par la firme Du Pont de Nemours d'un polyamide synthétisé dès 1935 par W. Carothers et breveté en 1937, le Nylon, ouvre l'ère des textiles synthétiques et va révolutionner la lingerie et la bonneterie.

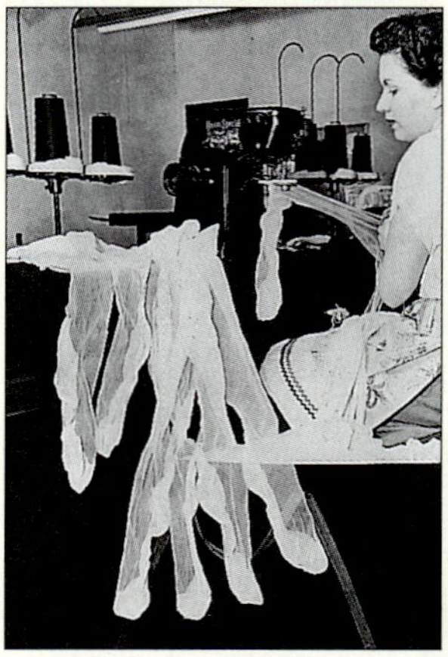

Fabrication de bas en Nylon.

EUROPE
Les démocraties impuissantes.
En Allemagne, Hitler a les pleins pouvoirs. Après avoir fait réarmer le pays, il annexe l'Autriche (*Anschluss*) et impose à la Grande-Bretagne et à la France les accords de Munich, qui lui sacrifient la Tchécoslovaquie.

1938 -> 1939 FRANCE
Le réalisme poétique de Carné.
La trilogie *Hôtel du Nord, Quai des brumes* et *Le jour se lève* se caractérise par son inspiration puisée dans la réalité sociale, ses décors stylisés aux lumières contrastées, ses dialogues ciselés et le jeu d'acteurs emblématiques tels que Jean Gabin.

S.M. Eisenstein : Alexandre Nevski.

1938 et 1946 RUSSIE
Le réalisme métaphorique d'Eisenstein.
Avec Eisenstein, le fait divers devient une épopée emportée par le souffle de l'inspiration. La collaboration du cinéaste avec Prokofiev donne naissance à deux de ses plus grands films : *Alexandre Nevski* et *Ivan le Terrible*.

1938 -> 1948 FRANCE
L'existentialisme de Sartre. Jean-Paul Sartre définit une philosophie humaniste, qui prône la nécessité de l'engagement. L'existentialisme sartrien prend forme dans *l'Être et le Néant* (1943), mais il est aussi présent dans son œuvre romanesque *(la Nausée)* et théâtrale *(les Mains sales)*.

1939 -> 1945
Seconde Guerre mondiale.

1939 -> 1958
Pie XII, pape.

1939 ALLEMAGNE
Premier vol d'un avion à réaction.
Le 27 août, le premier vol d'essai de l'avion " Heinkel He-178 ", muni d'un turboréacteur conçu par H. P. von Ohain, marque l'avènement de l'aéronautique moderne. Le premier chasseur à réaction, le Messerschmitt Me-262, volera en 1942.

Le premier avion à réaction.

ÉTATS-UNIS
L'odyssée du western.
Odyssée nationale ou, plus tardivement, plaidoyer pour la culture indienne, le western a pour film de référence *la Chevauchée fantastique* de John Ford. Le genre transfigure l'espace américain et possède ses personnages spécifiques, incarnés par de grands acteurs comme John Wayne ou James Stewart.

FRANCE
Les mathématiques de Bourbaki. Sous le pseudonyme collectif de N. Bourbaki, un groupe de jeunes mathématiciens commence à publier, sous le titre *Éléments de mathématiques*, un ouvrage de référence s'appuyant sur la logique formelle et la théorie des ensembles pour axiomatiser toutes les branches des mathématiques.

Réaction en chaîne. F. Joliot-Curie, H. Halban et L. Kowarski découvrent que la fission de l'uranium s'accompagne de l'émission de neutrons susceptibles d'être utilisés pour entretenir la réaction. Cette découverte de la réaction en chaîne ouvre la voie à la mise au point de réacteurs et de bombes nucléaires.

POLOGNE
Hitler en Pologne. Le 1er septembre, la Pologne est envahie sans déclaration de guerre et le gauleiter de Dantzig proclame le rattachement du pays au Reich. La déclaration de guerre de la Grande-Bretagne et de la France à l'Allemagne déclenche la Seconde Guerre mondiale.

1940 -> 1945, 1951 -> 1955
GRANDE-BRETAGNE
Churchill, Premier ministre du Royaume-Uni.

1940 ALLEMAGNE
Un puissant insecticide : le DDT.
Après la découverte de ses propriétés insecticides par P. Müller, le DDT (dichloro-diphényl-trichloréthane) va contribuer au développement de l'agriculture et à l'éradication de foyers de maladies infectieuses, avant que sa toxicité soit mise en évidence.

EUROPE
La guerre s'étend. L'Allemagne poursuit son invasion de l'Europe ; l'Italie entre en guerre à ses côtés, puis les deux pays signent un pacte avec le Japon. La France occupée demande l'armistice ; le 18 juin, le général de Gaulle lance son appel à la résistance.

De Gaulle et la Résistance : l'appel du 18 juin 1940 lancé à la BBC de Londres.

1941 ÉTATS-UNIS
Découverte du plutonium.
G.T. Seaborg et E.M. McMillan découvrent le plutonium, un élément radioactif qui va trouver des applications importantes comme combustible nucléaire et dans l'armement nucléaire.

Les Japonais attaquent Pearl Harbor. Face à la situation en Europe, le président Roosevelt a la conviction que les États-Unis, dans leur propre intérêt, doivent rompre avec leur isolationnisme. L'attaque surprise de la base de Pearl Harbor par l'aéronavale nipponne provoque leur entrée en guerre.

YOUGOSLAVIE
Le secret des fluctuations climatiques. M. Milanković formule la théorie selon laquelle les fluctuations à long terme du climat sont liées à des variations cycliques de certains paramètres orbitaux de la Terre.

1941 -> 1945 ALLEMAGNE
L'extermination des Juifs d'Europe.
Le drame de la Shoah a pour origine une politique d'État : celle de la " solution finale de la question juive " que les nazis adoptent le 20 janvier 1942.
Ordre est donné d'accélérer le rythme des déportations des Juifs en camps de concentration où cinq millions d'entre eux seront voués à la mort.

Les horreurs du nazisme : déportation de femmes en camp de concentration.

1942 ÉTATS-UNIS
Premier réacteur nucléaire.
La divergence du réacteur nucléaire expérimental construit par l'Italien E. Fermi, utilisant de l'oxyde d'uranium comme combustible et du graphite comme modérateur, confirme qu'une réaction en chaîne contrôlée peut se produire dans de l'uranium naturel et marque une nouvelle étape vers l'utilisation de l'énergie nucléaire.

Enrico Fermi.

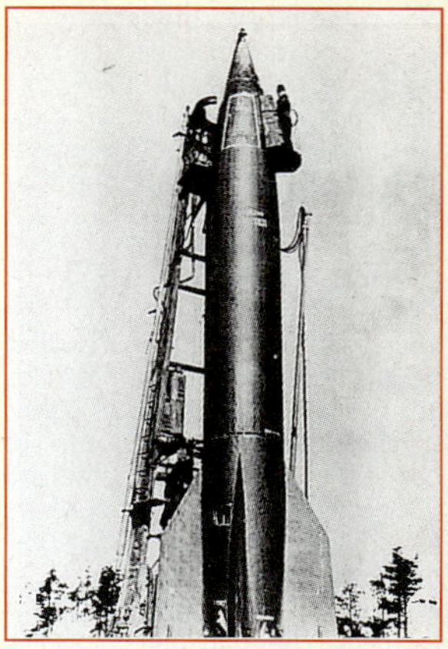

Un V2 sur sa rampe de lancement.

1944 ALLEMAGNE
Des V2 sur l'Angleterre. Projectile autopropulsé à long rayon d'action développé à Peenemünde sous la direction de W. von Braun, le V2 (V pour *Vergeltungswaffen*, arme de représailles), inauguré pour bombarder l'Angleterre, préfigure les systèmes balistiques modernes et sera à l'origine des premiers lanceurs spatiaux.

ÉTATS-UNIS
L'ADN, support de l'hérédité. O.T. Avery, C. MacLeod et M. McCarty démontrent que la substance chimique constituant le patrimoine génétique est l'acide désoxyribonucléique (ADN).

FRANCE
Le débarquement allié en Normandie. Le 6 juin, les forces anglo-américaines commandées par le général Eisenhower lancent l'opération Overlord. La plus puissante armada de tous les temps les conduit en Normandie : au prix de combats acharnés, ils ouvrent un front supplémentaire qui se révélera décisif.

1945 -> 1953
ÉTATS-UNIS
Truman, président.

1945 ÉTATS-UNIS
L'ONU commence à siéger. Lors de la conférence de San Francisco, les émissaires de cinquante nations ont élaboré la charte de l'ONU, qui reprend les buts de la SDN. L'Organisation commence à siéger à New York le 26 octobre. Des forces armées, les Casques bleus, sont mises par les États membres à la disposition de son secrétaire général.

Naissance du jazz moderne. Le be-bop, qui marque une rupture profonde avec le swing, sort des clubs de la 52e Rue à New York pour conquérir le monde sous l'égide du saxophoniste visionnaire Charlie Parker.

EUROPE

Le partage du monde libre. Avant même la capitulation de l'Allemagne, Staline, Churchill et Roosevelt se rencontrent à Yalta, en Crimée. Les accords qu'ils signent se traduisent par de larges concessions territoriales faites à l'URSS. Ils organisent le monde de l'après-guerre, qui sera en fait celui de la guerre froide.

FRANCE

La démarche phénoménologique. M. Merleau-Ponty prolonge les travaux du philosophe allemand Husserl et pose la question de l'altérité (l'autre homme, le passé). Dans *Phénoménologie de la perception*, il développe une pensée des rapports du sujet au monde.

ITALIE

Le néoréalisme italien : Rome, ville ouverte, film de Roberto Rossellini.

Le néoréalisme de Rossellini. Si Luchino Visconti ouvre la voie au courant néoréaliste (*Ossessione*, 1943), l'esthétique des films de Roberto Rossellini, alliée à la puissance tragique du jeu d'Anna Magnani dans *Rome, ville ouverte*, en est le couronnement.

JAPON

L'apocalypse nucléaire : Hiroshima.

Hiroshima sous le feu nucléaire. Le président américain Truman décide de recourir à l'arme atomique contre le Japon. En août, une première bombe, lancée sur Hiroshima, fait 80 000 morts, puis une seconde détruit Nagasaki. Le Japon capitule. En Asie comme en Occident, la Seconde Guerre mondiale est terminée.

1946 ÉTATS-UNIS

L'ordinateur moderne. L'ère des ordinateurs modernes s'ouvre avec la mise en service, à l'université de Pennsylvanie, de l'ENIAC *(Electronic Numerical Integrator And Calculator)*, construit par J. Eckert et J.W. Mauchly, premier ordinateur entièrement électronique.

L'ENIAC, premier ordinateur entièrement électronique (il comportait 18 000 tubes électroniques et pesait plus de 30 t).

1946 -> 1958 FRANCE

IVe République.

1946 -> 1975

Guerres d'Indochine.

1946 -> 1955 ARGENTINE

La décennie péroniste. Chef de l'État, largement élu, Juan Perón met en application la doctrine du " justicialisme", qui associe dirigisme économique et justice sociale. L'expérience novatrice, à laquelle contribue son épouse Eva, se brisera sur les oppositions qu'elle soulèvera.

1947 ÉTATS-UNIS

Le plan Marshall secourt l'Europe. Le secrétaire d'État George Marshall propose un plan d'aide économique à la reconstruction des pays d'Europe. Mais il s'agit aussi pour les États-Unis d'une mesure visant à empêcher le Vieux Continent de tomber sous la coupe de l'URSS.

Premier vol supersonique. Le 14 octobre, le pilote d'essai C. Yeager réussit le premier vol supersonique, à bord d'un avion Bell X-1.

FRANCE

Dior invente le " new look ".

La haute couture française reflète l'euphorie de la Libération et consacre le retour au faste. Christian Dior présente sa première collection, qui habitue la mode féminine à la jupe ample et longue, se portant sur une guêpière.

Le " new look " de la haute couture française : tailleur griffé Christian Dior.

INDE

Proclamation de l'indépendance. Pendant trois décennies, le Mahatma Gandhi aura été l'âme de la lutte anticoloniale en Inde. Mais, lorsque le pays accède à l'indépendance, la partition est inévitable : un État musulman est créé au Pakistan.

L'Inde sur la voie de l'indépendance : les pourparlers de mai 1947 en présence de lord Mountbatten et de Nehru.

1947 -> 1964 INDE

Nehru, Premier ministre.

1948 ÉTATS-UNIS

Invention du disque microsillon. Le physicien d'origine hongroise P. Goldmark invente, pour le compte de la firme CBS, le disque microsillon en résine vinylique, tournant à la vitesse de 33 tours 1/3 par minute, qui va connaître un immense succès jusqu'à l'avènement du disque compact.

Wiener fonde la cybernétique. L'ouvrage de N. Wiener *Cybernetics, or Control and Communication in the Man and the Machine* fonde une nouvelle discipline, la cybernétique, qui étudie les processus de commande et de communication chez les êtres vivants ainsi que dans les machines et les systèmes sociologiques et économiques.

Le plus grand télescope du monde. La mise en service, à l'observatoire du mont Palomar, en Californie, d'un télescope de 5 m de diamètre, ouvre à l'astronomie de nouvelles perspectives, notamment pour l'étude des galaxies.

GRANDE-BRETAGNE

Gabor invente l'holographie. Une méthode révolutionnaire de photographie procurant une sensation de relief grâce à l'utilisation des interférences produites par la superposition de deux faisceaux de lumière cohérente est mise au point par D. Gabor. Elle connaîtra un grand développement dans les années 1960, après l'invention du laser.

Hologramme.

Le télescope de 5 m de diamètre de l'observatoire du mont Palomar (États-Unis).

Un big bang à l'origine. En reprenant l'hypothèse, formulée dès 1931 par le Belge G. Lemaître, selon laquelle la matière actuelle de l'Univers serait issue d'une phase initiale très dense et très chaude, R. Alpher, H. Bethe et G. Gamow proposent une nouvelle théorie cosmologique : celle du big bang.

La mécanique quantique prise en défaut. W. Lamb met en évidence un écart infime entre deux niveaux d'énergie de l'atome d'hydrogène, que la mécanique quantique ne permet pas de calculer et qui va conduire au développement de l'électrodynamique quantique.

Le transistor miniaturise l'électronique. La mise au point du transistor par J. Bardeen, W. Brattain et W. Shockley ouvre l'ère de la microélectronique.

PROCHE-ORIENT

L'État promis au peuple juif. Conformément au plan de partage de la Palestine, l'État d'Israël est créé afin d'attribuer une terre aux Juifs de la Diaspora. Aussitôt est déclenchée la première guerre israélo-arabe, dont les lignes de cessez-le-feu serviront de frontières au nouvel État.

Proclamation de l'État d'Israël : David Ben Gourion le 14 mai 1948.

SÉNÉGAL
Les revendications de la négritude. Le concept de négritude est apparu sous la plume du Sénégalais Léopold Sédar Senghor et sous celle de l'Antillais Aimé Césaire dès 1935. En publiant l'*Anthologie de la nouvelle poésie nègre et malgache de langue française*, Senghor lui donne un contenu culturel.

Le courant de la négritude : l'écrivain sénégalais Léopold Sédar Senghor, élu à l'Académie française en 1983.

TCHÉCOSLOVAQUIE
Le " coup de Prague " des communistes. La pression de la rue sur fond de crise politique permet aux communistes de réussir leur coup d'État. Pour l'Occident, l'entrée des chars soviétiques aux côtés des factieux devient le symbole de la mainmise de Moscou sur l'Europe de l'Est.

1948 -> 1949 ALLEMAGNE
Blocus de Berlin.

1949 ALLEMAGNE
Brecht constitue le Berliner Ensemble. En Allemagne communiste, Bertolt Brecht défend la conception d'un théâtre " épique " et l'idée de la " distanciation " que l'acteur doit avoir avec le personnage. Avec son épouse Helene Weigel, il fonde le Berliner Ensemble, qu'il inaugure par la création de Maître Puntila et son valet Matti.

FRANCE
Piaf emporte la foule. Dans sa robe noire héritée des chanteuses réalistes (Fréhel, Damia), Édith Piaf crée *l'Hymne à l'amour.* Une vie tumultueuse et une présence fascinante feront de la frêle chanteuse, servie par des paroliers de talent, une vedette ambassadrice de la chanson française.

La littérature féminine ouvre un nouveau chapitre. Avec *le Deuxième Sexe*, Simone de Beauvoir inaugure l'écriture féminine engagée. Marguerite Duras prolongera le mouvement en imposant une œuvre mystérieuse et marginale, tandis que Kate Millett, aux États-Unis, sera à la pointe du combat pour le féminisme.

1949 -> 1963 ALLEMAGNE
Adenauer, chancelier de la RFA.

1949 -> 1976 CHINE
Gouvernement de Mao Zedong.

1950 -> 1953 CORÉE
Guerre chaude dans la guerre froide. Les deux Corées existent depuis 1948. Le conflit armé qui les oppose traduit en réalité l'affrontement entre l'Est et l'Ouest et devient ainsi le point culminant de la guerre froide. Les négociations de paix entérinent la partition.

1950 -> 1954 ÉTATS-UNIS
La chasse aux sorcières du maccartisme. Le programme de " lutte contre les activités antiaméricaines " du sénateur McCarthy tend à démasquer les sympathisants communistes. Il crée un climat d'intolérance qui nuit en particulier aux milieux artistiques. Le Sénat y mettra fin.

1950 -> 1973 SUÈDE
Gustave VI Adolphe, roi.

1951 ÉTATS-UNIS
Une émission interstellaire. Des ondes radioélectriques sont émises à 21 cm de longueur d'onde par les atomes d'hydrogène du milieu interstellaire. Cette émission caractéristique de l'hydrogène va jouer désormais un rôle fondamental pour l'étude de la structure des galaxies.

1951 et 1952 ÉTATS-UNIS
La comédie musicale au cinéma. Inspirée du music-hall, la comédie musicale est érigée en véritable genre cinématographique, qui contribue à la reconstruction des optimismes. *Un Américain à Paris* et *Chantons sous la pluie* établissent la légende du danseur et chorégraphe Gene Kelly.

1951 -> 1993 BELGIQUE
Baudouin Ier, roi des Belges.

1952 ÉTATS-UNIS
La bombe thermonucléaire. Mise au point sous la direction du physicien d'origine hongroise E. Teller, la première bombe thermonucléaire est expérimentée le 6 novembre, sur l'atoll d'Eniwetok, dans le Pacifique sud. Son explosion marque une nouvelle étape dans l'utilisation de l'énergie nucléaire à des fins militaires.

Explosion expérimentale d'un modèle de bombe thermonucléaire, aux États-Unis.

1952 GRANDE-BRETAGNE
Avènement d'Élisabeth II.

1953
ÉTATS-UNIS, GRANDE-BRETAGNE
La structure de l'ADN. L'Américain J. Watson et le Britannique F. Crick établissent la structure en double hélice de l'acide désoxyribonucléique (ADN), support de l'information génétique chez les êtres vivants.

J. Watson (à gauche) et F. Crick, découvreurs de la structure de l'ADN.

Le théâtre de l'absurde : répétition d'En attendant Godot au théâtre Hébertot, en présence de l'auteur, Samuel Beckett.

IRLANDE, FRANCE
Le théâtre de la dépossession. Samuel Beckett invente un théâtre qui met en scène la parole au profit du corps des comédiens. Les personnages d'*En attendant Godot* sont immobilisés dans une attente qui mêle l'absurde au tragique.

1953 et 1954 JAPON
Mizoguchi et Kurosawa. Loin du dogmatisme, le cinéma japonais entend donner une leçon de sagesse. De Mizoguchi *(les Contes de la lune vague après la pluie)* à Kurosawa *(les Sept Samouraïs)*, l'esthétique des films nippons envoûte par la double impression de violence et de sérénité qu'ils communiquent.

L'émergence du cinéma japonais : les Sept Samouraïs de Kurosawa.

1953 -> 1960 FRANCE
Le béton et la lumière. Conçu et bâti par Le Corbusier, le couvent de la Tourette se répartit en espaces collectifs et individuels desservis par un savant réseau de circulations baignées de lumière. L'édifice, qui se conforme aux lois religieuses, apparaît comme le chef-d'œuvre de la nouvelle architecture.

1953 -> 1961
ÉTATS-UNIS
Eisenhower, président.

1953 -> 1964 URSS
Gouvernement de Khrouchtchev.

1954 -> 1962
FRANCE, ALGÉRIE
Guerre d'Algérie.

1954 -> 1970 ÉGYPTE
Gouvernement de Nasser.

1954 ÉTATS-UNIS
La pilule de Pincus. Premier contraceptif oral, la pilule anticonceptionnelle est mise au point par G. Pincus. Après sa commercialisation, en 1960, elle provoquera une révolution dans les mœurs.

Le Nautilus, premier sous-marin nucléaire.

Premier sous-marin nucléaire. La mise en service du premier sous-marin à propulsion nucléaire, le *Nautilus*, inaugure une nouvelle génération de sous-marins, aux possibilités tactiques et stratégiques considérablement améliorées.

INDOCHINE
Diên Biên Phu est tombé. Les forces du Viêt-minh qui ont raison de la garnison française sont soutenues par la Chine et l'URSS. Les accords de Genève qui suivront partageront le Viêt Nam en deux ; Hô Chi Minh dirigera dans le Nord une république communiste.

1955 GRANDE-BRETAGNE
Première centrale nucléaire. La centrale nucléaire de Calder Hall (Angleterre) est la première installation nucléaire civile importante à entrer en fonctionnement.

INDONÉSIE

La nouvelle identité du tiers-monde : la conférence afro-asiatique de Bandung.

Le tiers-monde émerge. Lors de la conférence afro-asiatique de Bandung, vingt-neuf pays qui sont d'anciennes colonies se regroupent pour trouver une troisième voie entre les blocs occidental et soviétique : celle du non-alignement. L'apôtre en sera l'Indien Nehru.

1955 -> 1966 AFRIQUE
La décolonisation à grands pas. La Grande-Bretagne, la France et la Belgique se résolvent à accorder l'indépendance à leurs possessions d'Afrique noire. La décolonisation se déroule pacifiquement, sauf dans l'ex-Congo belge où elle est marquée par des désordres sanglants.

1956 ÉGYPTE
Nasser nationalise le canal de Suez. En riposte, Israël de même que la Grande-Bretagne, majoritaire dans la Compagnie du canal, et la France décident une action militaire contre l'Égypte. En accord avec les États-Unis et l'URSS, l'ONU imposera le cessez-le-feu.

ÉTATS-UNIS

Elvis Presley : le " King " en concert.

Le rock and roll devient planétaire. Deux ans après l'" électrochoc " de *Rock Around The Clock* (Bill Haley), le rock prend la dimension d'une culture mondiale avec *Heartbreak Hotel,* enregistré par Elvis Presley, qui est aussi l'idole de toute une jeunesse avec *Love Me Tender*.

URSS
Une déstalinisation limitée. En ouvrant le XXe Congrès du PCUS (le premier depuis la mort de Staline), Nikita Khrouchtchev présente un rapport secret explosif : il dénonce le culte de la personnalité et prône la coexistence pacifique. La même année, il brise l'insurrection de Budapest.

1957 ÉTATS-UNIS
La révolte de la Beat generation. Le romancier Jack Kerouac publie *Sur la route* et devient le principal apôtre des beatniks, génération de marginaux épris d'absolu. À ses côtés se rangeront le poète Allen Ginsberg *(Howl)*, le romancier William Burroughs *(le Festin nu)* et plusieurs peintres de l'Action Painting.

EUROPE DE L'OUEST
Naissance d'une Communauté. À Rome, deux traités sont signés par l'Allemagne fédérale, la Belgique, la France, l'Italie, le Luxembourg et les Pays-Bas. L'un crée l'Euratom ; l'autre donne naissance à la CEE, dont le premier élargissement n'interviendra pas avant 1973.

La construction de l'Europe : signature du traité de Rome, le 25 mars 1957.

FRANCE
Le nouveau roman en librairie. Les œuvres du nouveau roman revendiquent la déconstruction du récit, l'abolition du temps, le bannissement de la psychologie. Michel Butor *(la Modification)* ou Alain Robbe-Grillet *(la Jalousie)* suivent les traces des précurseurs Beckett et Sarraute.

URSS

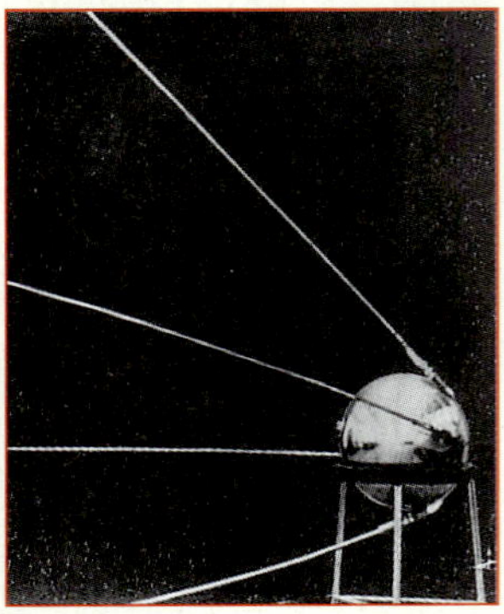

Spoutnik 1, le premier satellite artificiel.

Bip-bip inaugural. Le lancement et la mise en orbite, le 4 octobre, du premier satellite artificiel de la Terre, *Spoutnik 1*, ouvrent l'ère spatiale.

1957 -> 1987 TUNISIE
Bourguiba, président de la République.

1958 -> 1961 CHINE
Le " Grand Bond en avant ". Mao Zedong impose à son pays un programme de collectivisation des terres et de modernisation de la petite industrie. Celui-ci aurait causé la mort de 20 millions de Chinois.

1958 -> 1963
Jean XXIII, pape.

1958 -> 1968 ÉTATS-UNIS
L'âge d'or de la soul. Musique de danse propice à la ferveur et à la communion, la soul doit ses lettres de noblesse aux enregistrements de Ray Charles et James Brown, mais aussi à Marvin Gaye, Otis Redding et Aretha Franklin.

1959 CUBA
Le ***líder maximo*** **au pouvoir.** Fidel Castro et ses partisans, les Barbudos, viennent à bout de la dictature Batista. Allié de l'URSS, le régime castriste repoussera une tentative de renversement en 1961, mais se retrouvera, en 1962, au cœur de la crise des fusées soviétiques.

1959 et 1960 FRANCE
Les "quatre cents coups" du cinéma. Née d'une réaction critique, la " nouvelle vague " désire une prise

François Truffaut et la " nouvelle vague " : les Quatre Cents Coups.

plus fidèle et plus rapide de la vie. Claude Chabrol *(le Beau Serge)*, François Truffaut *(les Quatre Cents Coups)* et Jean-Luc Godard *(À bout de souffle)* incarnent la nouvelle jeunesse du cinéma français.

1959 -> 1969 FRANCE
De Gaulle, président de la République.

1960 ÉTATS-UNIS
Le premier laser. Sur les bases théoriques publiées en 1958 par C. Townes, T.H. Maiman construit le premier laser (à rubis), dispositif qui permet d'obtenir une lumière intense et cohérente, en stimulant les radiations émises par certaines substances. Le laser connaîtra de nombreuses applications.

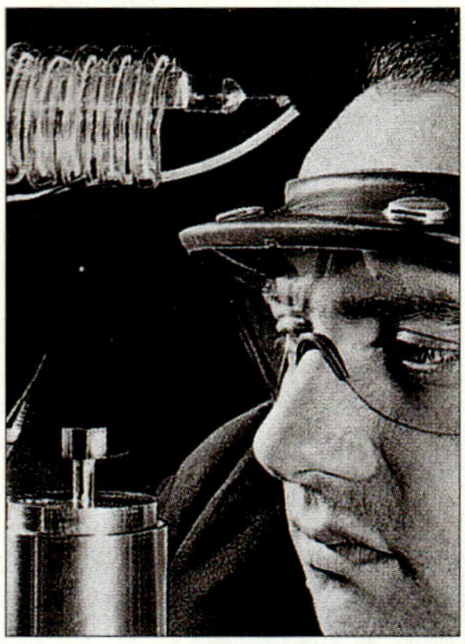

T. H. Maiman et le premier laser.

Une plongée record. Le bathyscaphe *Trieste*, ayant à son bord l'océanographe suisse J. Piccard et le lieutenant de la marine américaine D. Walsh, effectue une plongée à la profondeur record de 10 916 m dans la fosse des Mariannes, dans l'océan Pacifique.

1961 ÉTATS-UNIS
La contre-culture en art. Défini par le peintre britannique Richard Hamilton, le pop art utilise la culture de masse en se fondant sur le réel et le quotidien. L'Américain Andy Warhol commence à créer des séries de la même image en se servant de la photographie ; il deviendra l'artiste le plus médiatisé de ce courant.

URSS
Un homme dans l'espace. Pour la première fois, un être humain est envoyé dans l'espace : I. Gagarine accomplit, le 12 avril, un vol orbital autour de la Terre, à bord du vaisseau spatial *Vostok I*.

Iouri Gagarine.

1961 -> 1963 ÉTATS-UNIS
Kennedy, président.

1961 -> 1999 MAROC
Hasan II, roi.

1962 ÉTATS-UNIS, FRANCE

La grande antenne qui reçut, à Pleumeur-Bodou, les premières images de télévision transmises des États-Unis par satellite.

Début de la Mondovision. Premier satellite relais actif de télécommunications, le satellite américain *Telstar 1* autorise, le 11 juillet, la première liaison transatlantique de télévision par satellite, entre Andover (États-Unis) et Pleumeur-Bodou (France), et inaugure, le 23 juillet, la Mondovision.

Le pop art : la série des " Marilyn " du peintre américain Andy Warhol.

FRANCE
Fin de la guerre d'Algérie.
Les accords d'Évian que la France signe avec le FLN (mouvement nationaliste algérien) instaurent le cessez-le-feu, au terme de sept ans et demi de guerre coloniale, et reconnaissent l'indépendance de l'Algérie.

L'indépendance au lendemain de la guerre : scène de liesse en Algérie.

GRANDE-BRETAGNE
Renouveau figuratif en peinture. L'abstraction cède le pas à la " nouvelle figuration ". Francis Bacon réalise ses *Trois Études pour une crucifixion*, où il révèle une peinture instinctive, faite pour être saisie dans l'immédiateté de la vision.

1962 -> 1965 VATICAN
Des réformes dans l'Église. Le pape Paul VI clôt le concile Vatican II convoqué par Jean XXIII. L'Église entend montrer sa volonté d'ouverture au monde contemporain ; entre autres, elle reconnaît le rôle des laïques et introduit l'usage des langues nationales dans la liturgie.

1963 ÉTATS-UNIS
Des phares dans le cosmos.
M. Schmidt, J. Greenstein et T. Matthews annoncent la découverte d'un nouveau type d'astres, les quasars, objets très compacts dont le spectre apparaît très fortement décalé vers le rouge. C'est la première indication de l'existence de galaxies lointaines à noyau très actif.

1963 -> 1969 ÉTATS-UNIS
Johnson, président.

1963 -> 1978
Paul VI, pape.

1964 ALLEMAGNE
L'évolution vers l'électroacoustique. L'époque est à une autre conception de la perception des sons. Karlheinz Stockhausen situe sa recherche dans le prolongement logique du sérialisme. Dès *Mikrophonie I*, il opère la transformation instantanée des sons électroniques et promeut la musique dite " électronique / instrumentale ".

ÉTATS-UNIS
L'essor de la danse postmoderne.
Le chorégraphe Merce Cunningham est l'initiateur du postmodernisme. Avec le compositeur John Cage, il renouvelle le rapport danse-musique. Leur démarche créatrice trouvera son aboutissement dans l'*event*, spectacle expérimental et unique, donné dans des lieux divers.

La danse postmoderne : pièce créée par Merce Cunningham.

Gell-Mann imagine les quarks.
M. Gell-Mann introduit le concept de quarks, particules élémentaires de charge électrique fractionnaire dont seraient notamment constitués les protons et les neutrons.

1964 -> 1971
FRANCE
Le structuralisme appliqué aux mythes.
Le philosophe et ethnologue Claude Lévi-Strauss montre, dans "*Mythologiques*", que les mythes expriment les principes fondamentaux de la pensée humaine. Fondateur de l'anthropologie structurale, il avait publié, dès 1955, son autobiographie intellectuelle, *Tristes Tropiques*.

1965 ÉTATS-UNIS
On entend encore le big bang.
A. Penzias et R. Wilson découvrent fortuitement un rayonnement radioélectrique provenant de toutes les directions du ciel et ayant les propriétés du rayonnement thermique d'un corps noir à une température de 3 K. Il s'agit du plus ancien vestige de la fournaise initiale.

A. Penzias et R. Wilson posant devant l'antenne qui leur a permis de découvrir le rayonnement fossile du big bang.

FRANCE
Les formes et l'ordinateur.
À la Régie Renault, P. Bézier définit un mode de représentation des formes par les nombres qui constituera l'outil mathématique fondamental de la conception assistée par ordinateur.

1966 CHINE
Mao engage la Révolution culturelle.
Mao fait publier une liste de propositions qui donne l'élan au mouvement. Les étudiants s'organisent en gardes rouges et font la purge parmi les cadres du parti communiste, tandis que des milliers d'intellectuels sont bannis en province afin d'être " rééduqués ".

ÉTATS-UNIS
L'art se dérobe à la plastique.
La première exposition d'art conceptuel, qui a lieu à New York, entreprend l'analyse du fonctionnement de l'art comme idée. Situées en amont de toute forme, les nouvelles œuvres se définissent comme un langage non stabilisé dans la matière.

1967 AFRIQUE DU SUD

Christian Barnard.

Un cœur de remplacement.
C. Barnard réalise la première transplantation cardiaque. Le receveur, L. Washkansky, survivra 18 jours à l'opération.

ÉTATS-UNIS
Galbraith examine le " nouvel état industriel ". Analyste de la "technostructure ", qui substitue son pouvoir de décision à celui des propriétaires de capitaux, J. K. Galbraith démontre aussi que la politique économique des grandes firmes est génératrice d'inflation.

ÉTATS-UNIS, PAKISTAN
La théorie électrofaible.
Indépendamment, les Américains S. Weinberg et S.L. Glashow et le Pakistanais A. Salam développent la théorie électrofaible, qui permet d'unifier deux des quatre interactions fondamentales de la physique : la force électromagnétique, responsable de la cohésion des atomes, et la force nucléaire faible, qui explique les désintégrations spontanées.

La révolution culturelle chinoise : le Petit Livre rouge érigé en bréviaire du maoïsme totalitaire.

GRANDE-BRETAGNE
Des cadavres d'étoiles. A. Hewish et J. Bell mettent en évidence par leurs émissions périodiques très régulières de rayonnement un nouveau type de radiosources célestes, les pulsars, cadavres d'étoiles très massives dont l'existence avait été prévue par la théorie dès les années 1930.

Le rock devient pop music. L'album Sergeant Pepper's Lonely Hearts Club Band porte à son zénith la carrière des Beatles et, au-delà, la contre-culture psychédélique.

La révolution rock : les Beatles.

PROCHE-ORIENT
Troisième guerre israélo-arabe.
Israël lance une offensive surprise sur trois fronts à la fois et remporte la guerre des Six-Jours, qui lui permet d'occuper le Sinaï, la Cisjordanie, la bande de Gaza et le plateau du Golan. L'ONU exigera aussitôt l'évacuation de ces territoires.

1967 -> 1968 ÉTATS-UNIS, FRANCE
La terre bouge. Les Américains W. Morgan et D. McKenzie et le Français X. Le Pichon développent la théorie de la tectonique des plaques, selon laquelle la croûte terrestre est fragmentée en plusieurs plaques mobiles, dont les mouvements expliquent les différents phénomènes géologiques.

1967 et 1975
AMÉRIQUE LATINE
Le fantastique au quotidien.
L'indigénisme et la dénonciation des dictatures sont les thèmes principaux de la littérature latino-américaine de l'après-guerre. Or, les œuvres du Colombien García Márquez *(Cent Ans de solitude)* et du Mexicain Fuentes *(Terra nostra)* ajoutent le ressort fantastique à la description sociale.

Les événements de mai 1968 : les manifestants face à la Sorbonne.

1968 FRANCE
Les contestations de mai. L'ère de prospérité des Trente Glorieuses touche à sa fin et le régime gaulliste trahit une certaine usure. Le temps est au romantisme révolutionnaire. Une crise universitaire se mue en crise politique et sociale. Le pays est paralysé par dix millions de grévistes.

TCHÉCOSLOVAQUIE
Le " printemps de Prague ". Arrivé au pouvoir en janvier, Alexander Dubček tente de promouvoir un " socialisme à visage humain " afin de libéraliser la société et l'économie. En août, l'intervention armée des Soviétiques et de plusieurs de leurs alliés imposent un retour brutal à la normalisation.

1969 ÉTATS-UNIS
La poésie conteste le capitalisme. Le poète Ezra Pound veut unifier les cultures afin de lutter contre l'individualisme propre au monde capitaliste. Conçus sur le thème de la descente aux Enfers (Pound fut influencé par Homère et par Dante), les *Cantos* sont l'œuvre d'une vie à la recherche du " langage correct ".

E. Aldrin photographié sur la Lune par N. Armstrong.

L'homme marche sur la Lune. Le 21 juillet, dans le cadre de la mission Apollo 11, deux astronautes, N. Armstrong et E. Aldrin, concrétisent pour la première fois un très vieux rêve de l'humanité : marcher sur la Lune.

FRANCE
Premier vol du Concorde. Fruit d'une coopération franco-britannique, l'avion de transport long-courrier supersonique Concorde effectue son premier vol d'essai. Ce sera le seul avion de ce type à être exploité commercialement (à partir de 1976).

Premier vol du prototype du Concorde, à Toulouse-Blagnac, le 2 mars 1969.

IRLANDE
L'Ulster en guerre. Le conflit relève à la fois de la guerre civile, de la guerre de religion et de la guerre de libération nationale : les attentats des activistes catholiques visent la présence britannique en Irlande du Nord.

1969 -> 1974 ÉTATS-UNIS
Nixon, président.

1969 -> 1974 FRANCE
Pompidou, président de la République.

1969 -> 1974 ALLEMAGNE
Brandt, chancelier de la RFA.

1970 et 1972 ESPAGNE
L'affirmation du cinéma militant. Luis Buñuel et Carlos Saura se livrent à la critique de la société franquiste. Les interprétations de Catherine Deneuve dans *Tristana* et de Geraldine Chaplin dans *Ana et les loups* servent à poser le problème de l'identité féminine dans une société puritaine et masculine.

1971 ÉTATS-UNIS

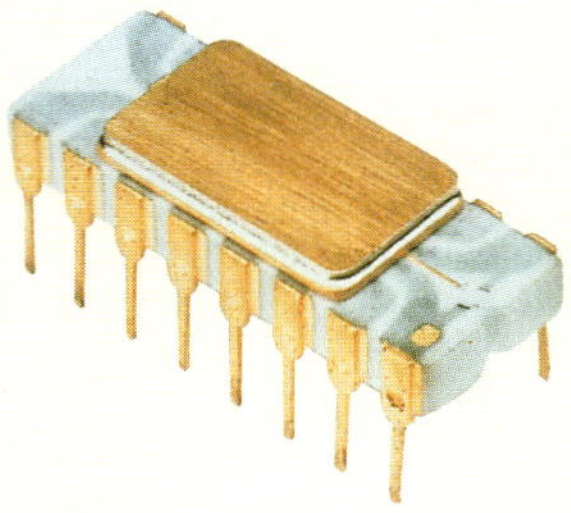

Le premier microprocesseur, l'Intel 4004.

Voilà le microprocesseur. Le premier microprocesseur, l'*Intel 4004*, un circuit hautement intégré regroupant 2 300 transistors sur une plaquette carrée de silicium de 7 mm de côté et disposant de l'ensemble des fonctionnalités de l'unité centrale d'un ordinateur, marque une étape nouvelle dans la miniaturisation des circuits électroniques.
Les trous noirs débusqués. Les observations par satellites d'une source céleste intense de rayonnement X située dans la constellation du Cygne, *Cygnus X-1*, fournissent la première présomption expérimentale de l'existence des trous noirs, des astres colossalement denses envisagés dès 1917 par l'Allemand K. Schwarzschild.

URSS
On vit dans l'espace. Satellisée autour de la Terre le 23 avril, la station orbitale Saliout 1 inaugure un nouveau type de vaisseau spatial, conçu pour des vols humains de longue durée autour de la Terre et des missions pluridisciplinaires.

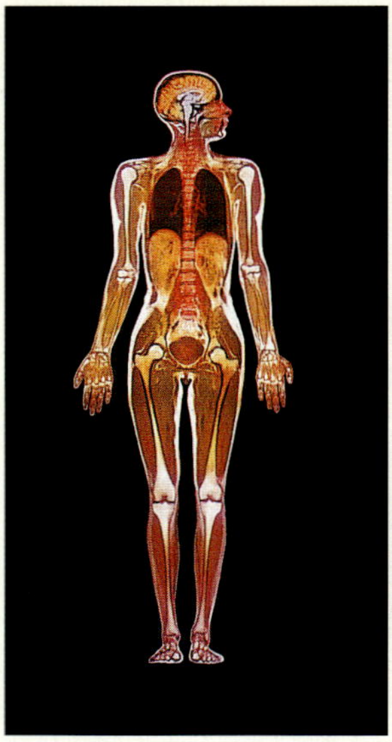

Image du corps humain entier obtenue par résonance magnétique nucléaire (RMN).

1972 -> 1973 GRANDE-BRETAGNE
Les belles images des médecins. Des images beaucoup plus fines des organes ou du corps entier sont obtenues grâce au scanner, inventé par G.N. Hounsfield, qui conjugue l'emploi des rayons X et de l'ordinateur, et à la résonance magnétique nucléaire (RMN), qui exploite la propriété de certains noyaux atomiques de se comporter à la fois comme de petits aimants et comme de petits gyroscopes.

1973 CHILI
Pinochet renverse Allende. Le palais présidentiel est bombardé sur l'ordre du général Pinochet, chef de la junte militaire qui a fomenté le coup d'État. Salvador Allende, le président élu, est retrouvé mort. Le régime autoritaire et policier qui se met en place est soutenu par l'armée.

Le coup d'État au Chili : le président Allende quelques instants avant sa mort.

ÉTATS-UNIS
Première manipulation génétique. S. Cohen et H. Boyer réalisent la première transgenèse en greffant des gènes étrangers dans une bactérie, ouvrant ainsi l'ère du génie génétique.

1973 -> 1974 ÉTATS-UNIS
Scandale à la présidence. Les deux journalistes du *Washington Post* qui rendent publique l'affaire du Watergate ébranlent la démocratie américaine. Le président en exercice, Richard Nixon, est menacé de la procédure d'*impeachment* et contraint à démissionner.

1973 -> 1976 URSS
La littérature fait acte de résistance. Chronique de la déportation durant la période stalinienne, *l'Archipel du Goulag* s'appuie sur les témoignages de 227 anciens détenus. Son auteur, Aleksandr Soljenitsyne, fournira à l'Occident une preuve supplémentaire de la nature du stalinisme.

1973 et 1979 PROCHE-ORIENT
Le prix du pétrole flambe. Les deux chocs pétroliers successifs accroissent les ressources des pays producteurs et pénalisent les économies des pays industrialisés ; ils y provoquent une prise de conscience qui va se révéler favorable au développement de sources d'énergie concurrentes.

1974 ÉTATS-UNIS
Des automates dans l'industrie. L'automate programmable industriel, conçu par O. Struger, est commercialisé par la firme Allen Bradley. Il va devenir l'équipement de référence de nombreuses applications d'automatisme.

PORTUGAL
La révolution des Œillets. La dictature que Salazar avait instaurée en 1933 tombe à la suite d'une insurrection militaire. Les élections libres de 1975, consacrant le retour à la démocratie, seront toutefois favorables aux forces de gauche.

1974 -> 1981 FRANCE
Giscard d'Estaing, président de la République.

1975 ESPAGNE
Avènement de Juan Carlos Ier.

1975 VIÊT NAM
Défaite des États-Unis. Les Nord-Vietnamiens et leurs alliés du Viêt-cong entrent dans Saigon. L'armée américaine se retire, mettant fin à une guerre qui aura duré deux décennies. Le Viêt Nam sera réunifié sous contrôle communiste.

1975 -> 1979 CAMBODGE
Les horreurs des Khmers rouges. Lorsqu'en 1978 les Vietnamiens envahissent le Cambodge tenu par les Khmers rouges, ils découvrent l'ampleur de leurs atrocités : 300 000 exécutions et de 2 à 3 millions de morts victimes des sévices ou privations.

1975 -> 1991 FRANCE
L'inconscient comme un langage. Le médecin et psychanalyste Jacques Lacan publie les vingt volumes de son *Séminaire*. Se référant à la linguistique ainsi qu'à l'anthropologie structurale, il montre l'importance de l'apparence dans l'élaboration de la relation à autrui.

1976 AFRIQUE DU SUD
L'" apartheid " sépare les races. Les émeutes de Soweto attirent l'attention du monde sur la politique dite " de développement séparé " qui est menée par les Blancs d'Afrique du Sud au détriment de la majorité noire. La lutte pour abolir la ségrégation n'aboutira qu'en 1991.

FRANCE
Brassaï divulgue son Paris d'avant-guerre. Proche des surréalistes, Brassaï est arrivé à la photographie sous l'influence de Kertész. Fasciné par les milieux interlopes de la capitale *(Paris secret des années 30)*, il est aussi le portraitiste de Picasso et d'Henry Miller.

Le Paris de Brassaï : une colonne Morris photographiée en 1937.

1976 -> 1990 LIBAN
Beyrouth dévastée. Dans les grandes villes du Liban, la guerre que se livrent les milices chrétiennes et les Palestiniens va provoquer les interventions de la Syrie et d'Israël. Au lendemain des accords de paix, le Liban-Sud sera sous contrôle de l'armée nationale.

1977 ÉTATS-UNIS
Spielberg et Lucas. Chantre du merveilleux, Steven Spielberg aime aussi à délivrer un message humaniste dès *Rencontres du troisième type*. Procédés optiques, mécaniques ou numériques, les effets spéciaux deviennent un art à part entière dans *la Guerre des étoiles* de George Lucas.

Le cinéma des effets spéciaux : les robots de la Guerre des étoiles*.*

1978
Jean-Paul II, pape.

1978 GRANDE-BRETAGNE
Premier bébé-éprouvette.
Le 26 juillet naît Louise Brown, premier bébé issu d'une fécondation in vitro et d'une transplantation embryonnaire sur une femme stérile, réalisées par R.G. Edwards et P.C. Steptoe.

1979 EUROPE
Ariane décolle. Avec la fusée Ariane, dont le vol inaugural a lieu le 24 décembre, l'Europe devient une grande puissance spatiale, disposant d'un lanceur évolutif, apte à satelliser des charges lourdes.

Vol inaugural de la fusée européenne Ariane 1, le 24 décembre 1979.

IRAN
Révolution islamique. Le 16 janvier, le chah d'Iran, Mohammad Reza Pahlavi, doit se démettre sous la pression des manifestants islamistes et partir en exil. Le 1er février, l'ayatollah Khomeyni proclame la république islamique, qui affiche aussitôt son antiaméricanisme.

L'avènement de la république islamique d'Iran : l'ayatollah Khomeyni acclamé.

1979 -> 1980 JAPON, SUÈDE
Le téléphone devient mobile. Les premiers réseaux commerciaux de téléphonie mobile sont inaugurés. Ils exploitent le concept de radiotéléphonie cellulaire présenté dès 1967, aux États-Unis, par les Bell Laboratories.

1979 -> 1990 GRANDE-BRETAGNE
Margaret Thatcher, Premier ministre.

1980 -> 1988 PROCHE-ORIENT
Guerre Iran-Iraq.

1981 ÉTATS-UNIS

Vol inaugural de la navette spatiale américaine, le 12 avril 1981.

Des navettes dans l'espace. La mise en service de la navette spatiale inaugure un nouveau système de transport spatial, à la fois lanceur et vaisseau habité, conçu pour des missions variées en orbite basse autour de la Terre et qui offre l'avantage d'être en grande partie réutilisable.

Le micro-ordinateur IBM. Premier ordinateur personnel commercialisé par la firme IBM, le PC (Personal Computer) va devenir la principale référence dans ce domaine. Mais la micro-informatique conviviale devra beaucoup au Macintosh, que lancera en 1984 la firme Apple, créée en 1977 par S. Jobs.

FRANCE
Le TGV entre en service. Avec la mise en service du TGV (train à grande vitesse), roulant à 270 km/h, puis à 300 km/h, le transport ferroviaire devient un concurrent sérieux de l'avion pour les liaisons rapides entre des métropoles distantes de quelques centaines de kilomètres.

1981 -> 1989 ÉTATS-UNIS
Reagan, président.

1981 -> 1995 FRANCE
Mitterrand, président de la République.

1982 JAPON, PAYS-BAS
La révolution du CD. Développé conjointement par les firmes Philips (Pays-Bas) et Sony (Japon), le disque compact audionumérique, exploitant les technologies de l'enregistrement numérique et de la lecture optique par laser, va révolutionner l'industrie phonographique.

1982 -> 1983 ARGENTINE
Le retour au gouvernement civil. Au lendemain de la défaite des Argentins dans la guerre des Malouines, le régime d'exception imposé par la junte militaire est déchu. Le président Alfonsín, nouvellement élu, décide de traduire ses responsables en justice.

1982 -> 1998 ALLEMAGNE
Kohl, chancelier de la RFA.

1983 FRANCE

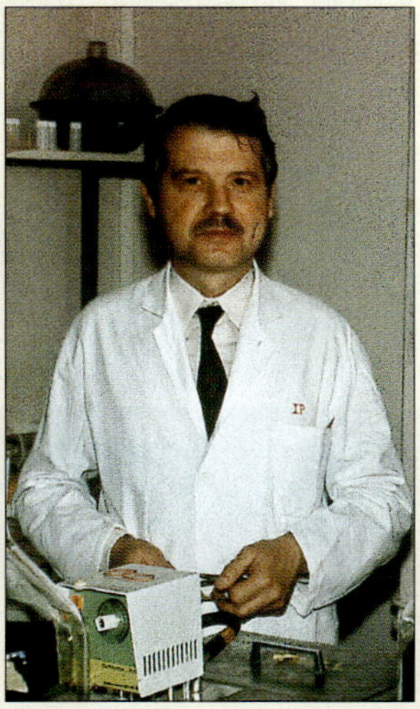

Luc Montagnier (en 1984).

Le virus du sida découvert. La découverte, par L. Montagnier et son équipe de l'Institut Pasteur, du virus HIV *(human immunodeficiency virus)* associé au sida marque une avancée essentielle pour le dépistage de cette maladie infectieuse extrêmement meurtrière.

1983 -> 1984 FRANCE, ÉTATS-UNIS
Le déconstructivisme en architecture. Le philosophe français Jacques Derrida influence la nouvelle école d'architecture qui " déconstruit " la géométrie apparente des espaces ou des structures. À Paris, le parc de la Villette dû à Bernard Tschumi et, à Los Angeles, le *California Aerospace Museum* de Frank Gehry en sont les œuvres majeures.

1984 -> 1985 ÉTHIOPIE
La famine s'ajoute à la guerre. Depuis la chute du négus Hailé Sélassié, en 1974, l'Éthiopie a un gouvernement marxiste, qui doit faire face à la rébellion érythréenne. Il aggrave l'état de famine par des transferts de populations.

Le TGV Sud-Est, mis en service le 27 septembre 1981.

1986 GRANDE-BRETAGNE, JAPON
Un " trou d'ozone " au pôle Sud. Des équipes britanniques et japonaises détectent une importante diminution de la teneur en ozone de la stratosphère au-dessus du pôle Sud au printemps austral. Cette découverte va susciter de nombreuses recherches visant à mieux apprécier les effets des activités humaines sur l'environnement terrestre et l'évolution du climat.

SUISSE
Des céramiques supraconductrices. La synthèse, par l'Allemand J. Bednorz et le Suisse K. A. Müller, au laboratoire IBM de Zurich, d'une céramique supraconductrice à - 243 °C ouvre la voie à la fabrication d'autres matériaux du même type, supraconducteurs à des températures bien plus élevées, aux applications industrielles potentiellement très importantes.

1987 PROCHE-ORIENT
Les enfants font la guerre.
Le 9 décembre, de jeunes Palestiniens de Gaza et de Cisjordanie se soulèvent contre l'occupation israélienne. C'est le début de l'Intifada, une guerre où les enfants sont armés de pierres.

L'Intifada de 1987 : le soulèvement des jeunes Palestiniens de Cisjordanie.

Bombardier furtif américain Northrop B-2.

1988 -> 1989 ÉTATS-UNIS
L'avion furtif voit le jour. Le chasseur Lockheed F-117A et le bombardier Northrop B-2A constituent les premiers spécimens d'avions furtifs, dont la forme et les matériaux de structure ont été spécialement étudiés pour rendre ces appareils quasiment indétectables par les radars.

1988 -> 1991 URSS
Gouvernement de Gorbatchev.

1989 EUROPE DE L'EST

La liberté à l'Est : la chute du mur de Berlin, qui clôt l'ère du rideau de fer.

Le retour à la liberté. Le 9 novembre, le mur de Berlin tombe, épisode hautement symbolique de l'effondrement du système communiste en Europe de l'Est. La réunification de l'Allemagne, objectif proclamé des Allemands de l'Ouest, est désormais acquise.

1989 -> 1993 ÉTATS-UNIS
George Bush, président.

1990 ÉTATS-UNIS/EUROPE
Un grand télescope en orbite. Doté d'un miroir de 2,40 m de diamètre, le télescope spatial Hubble est le plus gros télescope optique jamais lancé dans l'espace. Après correction, en 1993, d'un défaut optique, il fournira une impressionnante moisson de données et d'images.

ÉTATS-UNIS/AUTRES PAYS
À la recherche des gènes humains. Avec le projet Génome Humain débute un vaste effort international de recherche visant à identifier avant 2005 tous les gènes constituant le patrimoine génétique humain. Après une phase de cartographie du génome, il s'engagera, à partir de 1996, dans le séquençage.

SUISSE
Les premiers fils de la toile. Pour faciliter les échanges de documents entre les physiciens des hautes énergies du monde entier, un informaticien britannique du Cern, T. Berners-Lee, met au point le World Wide Web (" toile mondiale ", www ou Web). Dans les années 1990, ce système hypertexte et hypermédia deviendra un moyen privilégié d'accès à l'information sur le réseau Internet.

1990 -> 1991 PROCHE-ORIENT
La guerre éclair du Golfe. Le 2 août 1990, le Koweït est envahi par l'Iraq de Saddam Husayn. Contre ce dernier est déclenchée l'opération " Tempête du désert ", conduite par une force multinationale. À la fin de février 1991, celle-ci le contraint à évacuer l'émirat.

1991 FRANCE
Le rap français a trouvé son identité. Venu des États-Unis, le rap conquiert la France grâce à MC Solaar et à son premier album, *Qui sème le vent récolte le tempo*. Il est, à la fin du XXe s., l'expression de la civilisation urbaine qui s'est généralisée.

URSS
L'Union implose. La politique de " transparence " menée depuis 1985 par Mikhaïl Gorbatchev a favorisé la poussée des revendications indépendantistes. Le putsch manqué du 19 août accélère la décomposition de l'Union soviétique, dont la dissolution est prononcée en décembre.

La dissolution de l'URSS : Mikhaïl Gorbatchev, prix Nobel de la paix.

1991 -> 1995 YOUGOSLAVIE
La dislocation et la guerre. L'indépendance que proclament quatre des six républiques ex-yougoslaves est suivie de guerres en Croatie et en Bosnie-Herzégovine. Dans ce dernier État, les Serbes vont pratiquer une politique de purification ethnique.

1991 -> 1999 RUSSIE
Ieltsine, président de la Fédération de Russie.

1992 EUROPE DE L'OUEST
L'Union européenne naît à Maastricht. Le 7 février, les quinze États membres de la CEE signent le traité de Maastricht créant l'Union européenne afin de parachever leur union économique et monétaire ; l'euro sera choisi comme monnaie unique en 1999.

se sont livrée reportent à 2001 le règlement du statut de la République caucasienne. Pour autant, ils ne désamorcent pas le conflit.

1995 FRANCE
Chirac, élu président de la République.

1995 FRANCE, SUISSE
Première planète extrasolaire. À l'observatoire de Haute-Provence, les Suisses M. Mayor et D. Queloz mettent en évidence la première planète tournant autour d'une étoile comparable au Soleil.

1998 -> 1999 YOUGOSLAVIE
Guerre du Kosovo.

Le processus de paix au Proche-Orient : les accords de Washington de 1993.

1993 ÉTATS-UNIS
Washington cautionne la paix au Proche-Orient. Le 13 septembre, l'Israélien Rabin et le Palestinien Arafat signent, sous l'égide des États-Unis, les accords de Washington, qui prévoient un régime d'autonomie pour les "territoires occupés". Le processus de paix restera fragile.

1993 -> 2001 ÉTATS-UNIS
Clinton, président.

1994 RWANDA
Terreur et génocide. Le conflit entre Hutu et Tutsi dégénère en guerre ethnique après la mort du président en exercice. L'extermination des Tutsi par les milices hutu extrémistes provoque l'exode des survivants, dramatisé par une épidémie de choléra.

1994 -> 1996 RUSSIE
Le tenace conflit tchétchène. Les accords de paix que les Tchétchènes signent avec les Russes au terme de la terrible guerre qu'ils

2000 YOUGOSLAVIE
Retour à la démocratie. Si les tensions nationalistes demeurent, l'espoir est permis en Yougoslavie à l'issue de l'élection du président Koštunica, qui met un terme au régime tyrannique de Slobodan Milošević. Ce dernier reste accusé de crimes contre l'humanité, commis lors de la sanglante guerre du Kosovo.

La nouvelle Yougoslavie : le symbole du retour à la liberté d'expression.

Le télescope spatial Hubble.

Caractère Italia

IABLONOVYÏ (monts), massif de Russie, dans le sud de la Sibérie ; 1 680 m.

IAKOUTES ou **YAKOUTES,** peuple de Russie (principalement dans la république de Sakha) [env. 380 000]. Issus du mélange de migrants turco-mongols avec les éléments autochtones (à partir du XIIIe s.), sédentarisés au XIXe s., les Iakoutes se sont constamment affirmés face à la colonisation russe. Ils parlent le *iakoute,* langue turque. Ils se reconnaissent sous le nom de *Sakha.*

IAKOUTIE → SAKHA.

IAPYGES, peuplades illyriennes qui se fixèrent au Ve s. av. J.-C. en Apulie.

IAROSLAV le Sage, *v. 978 - Kiev 1054,* grand-prince de Kiev (1019 - 1054). Grand bâtisseur et législateur, il obtint des Byzantins que Kiev devienne le siège d'un métropolite de Russie.

IAROSLAVL, v. de Russie, sur la Volga supérieure ; 638 100 hab. Industries textiles, mécaniques et chimiques. — Églises à cinq bulbes du XVIIe s. ; musées.

IAȘI, v. de Roumanie, en Moldavie ; 342 994 hab. Université. Centre industriel. — Deux églises d'un style byzantin original (XVIIe s.) ; musées.

IATMUL, société de Papouasie-Nouvelle-Guinée. Habitant la moyenne vallée du Sepik, elle est célèbre pour son organisation sociale analysée dès 1936 par G. Bateson.

IAXARTE n.m., anc. nom du *Syr-Daria.

IBADAN, v. du sud-ouest du Nigeria ; 1 295 000 hab. Université. Centre commercial.

IBAGUÉ, v. de Colombie ; 334 000 hab.

IBAN, peuple de Bornéo (env. 550 000). Groupe le plus nombreux parmi les Dayak, les Iban étaient autrefois désignés comme « Sea Dayak ». Très attachés à leur habitat traditionnel en « longues maisons », agriculteurs sur essarts, réputés pour leur tissage, ils furent des chasseurs de têtes redoutés. Aujourd'hui, ils sont partiellement christianisés. Leur langue est proche du malais.

IBÁRRURI (Dolorès), dite **la Pasionaria,** *Gallarta, Biscaye, 1895 - Madrid 1989,* femme politique espagnole. Communiste, elle devint, grâce à sa fougue oratoire, l'un des leaders des républicains pendant la guerre civile (1936 - 1939). Elle revint en Espagne en 1977 et fut élue aux Cortes.

IBÈRES, peuple, peut-être originaire du Sahara, qui occupa à la fin du néolithique la plus grande partie de la péninsule Ibérique. Au contact des Grecs et des Carthaginois, leur brillante civilisation s'épanouit du VIe s. av. J.-C. à la conquête romaine.

IBÉRIE, mot qui, dans l'Antiquité, a désigné l'Espagne, mais aussi ce qui est l'actuelle Géorgie.

IBÉRIQUE (péninsule), partie sud-ouest de l'Europe, partagée entre l'Espagne et le Portugal.

IBÉRIQUES (chaînes) ou **MONTS IBÉRIQUES,** massif d'Espagne, séparant la Castille et le bassin de l'Èbre ; 2 393 m.

IBERT (Jacques), *Paris 1890 - id. 1962,* compositeur français. Il dirigea la Villa Médicis à Rome (1937 - 1940 ; 1946 - 1960).

IBERVILLE (Pierre **Le Moyne d'**) **→ LE MOYNE D'IBERVILLE.**

IBIBIO, peuple du sud-est du Nigeria.

IBIZA, une des îles Baléares (Espagne), au S.-O. de Majorque ; 57 000 hab. ; ch.-l. *Ibiza* (29 935 hab.). Tourisme.

IBM (International Business Machines), société américaine d'informatique. Fondée en 1911 pour exploiter les brevets de H. *Hollerith, IBM adopta en 1924 sa raison sociale actuelle. Le groupe qui constitue un des leaders mondiaux de l'informatique (matériels, technologies et services), est aussi présent dans le domaine de la Bureautique.

IBN AL-HAYTHAM ou **ALHAZEN,** *Bassora 965 - Le Caire 1039,* savant arabe. Auteur de nombreux ouvrages de mathématiques, d'optique et d'astronomie, grand connaisseur des auteurs grecs, de Ptolémée en particulier, il inspira les savants de la Renaissance.

IBN AL-MUQAFFA (Abd Allah), *Djur, auj. Firuzabad, v. 720 - v. 757,* écrivain arabe d'origine iranienne. Son *Livre de Kalila et Dimna,* qui serait une traduction revue et augmentée d'un ouvrage persan d'origine indienne, est l'un des chefs-d'œuvre de la littérature arabe classique.

IBN ARABI (Muhyi al-Din), *Murcie 1165 - Damas 1240,* philosophe et mystique musulman. Influencé par le néoplatonisme et la pensée gnostique, il est l'auteur d'une œuvre immense centrée sur le Coran, où il développe le thème de l'unicité de Dieu et assimile la vie humaine à un voyage vers Dieu et en Dieu *(les Illuminations mecquoises, la Sagesse des prophètes).* Le soufisme le reconnaît comme « le plus grand des maîtres ».

IBN BADJDJA → AVEMPACE.

IBN BATTUTA, *Tanger 1304 - au Maroc entre 1368 et 1377,* voyageur et géographe arabe. Il visita le Moyen- et l'Extrême-Orient ainsi que le Sahara, le Soudan et le Niger, et écrivit un *Journal de route.*

IBN KHALDUN (Abd al-Rahman), *Tunis 1332 - Le Caire 1406,* historien et philosophe arabe. Il a laissé une immense *Chronique universelle,* précédée de *Prolégomènes* où il expose sa philosophie de l'histoire.

IBN SAUD ou **IBN SÉOUD → ABD AL-AZIZ III IBN SAUD.**

IBN SINA → AVICENNE.

IBN TUFAYL, *Wadi Ach, auj. Guadix, Andalousie, début du XIIe s. - Marrakech 1185,* philosophe et savant arabe. Ami d'Averroès, il fut vizir, médecin, s'intéressa à l'astronomie et écrivit un roman empreint de philosophie mystique, *le Vivant, fils du Vigilant.* Il est connu au Moyen Âge chrétien sous le nom d'Abubacer.

IBO ou **IGBO,** peuple du sud-est du Nigeria (env. 16 millions). Leur tentative de sécession en 1967 provoqua la guerre du *Biafra. Agriculteurs, patrilinéaires, les Ibo parlent une langue kwa.

IBRAHIM Ier, *m. à Kairouan en 812,* fondateur de la dynastie des Aghlabides.

IBRAHIM PACHA, *Kavála 1789 - Le Caire 1848,* vice-roi d'Égypte (1848). Fils de Méhémet-Ali, il reconquit le Péloponnèse pour le compte des Ottomans (1824 - 1827). Puis, ayant vaincu le sultan Mahmud II, il devint le maître de la Syrie (1832 - 1840).

IBSEN (Henrik), *Skien 1828 - Christiania 1906,* auteur dramatique norvégien. Ses drames d'inspiration philosophique et sociale dénoncent la médiocrité et le conformisme (*Brand,* 1866 ; **Peer Gynt ; Maison de poupée,* 1879 ; *les Revenants,* 1881 ; *le Canard sauvage,* 1884 ; *Hedda Gabler,* 1890).

■ HENRIK **IBSEN** par E. Werenskiold.
(Nasjonalgalleriet, Oslo.)

ICA, v. du Pérou ; 163 000 hab.

ICARE MYTH. GR. Fils de Dédale. Il s'enfuit du Labyrinthe avec son père au moyen d'ailes faites de plumes et fixées avec de la cire. La chaleur du soleil fit fondre la cire, et Icare tomba dans la mer.

ICARIE ou **IKARÍA,** île de Grèce, dans la mer Égée, à l'O. de Samos.

ICAZA (Jorge), *Quito 1906 - id. 1978,* écrivain équatorien. Ses romans réalistes dénoncent l'exploitation des Indiens *(la Fosse aux Indiens).*

ICHIHARA, v. du Japon (Honshu), près de Tokyo ; 257 716 hab. Sidérurgie. Chimie.

ICHIKAWA, v. du Japon (Honshu) ; 436 596 hab. Métallurgie.

ICHIM n.m., riv. de Russie, en Sibérie, affl. de l'Irtych (r. g.) ; 2 450 km.

ICHINOMIYA, v. du Japon (Honshu) ; 262 434 hab.

ICKX (Jacky), *Bruxelles 1945,* coureur automobile belge. Très complet, il s'est illustré en formule 1, en rallye (Paris-Dakar 1983) et en endurance (6 victoires aux Vingt-Quatre Heures du Mans).

ICTINOS, *milieu du Ve s. av. J.-C.,* architecte grec. Il seconda Phidias au Parthénon et travailla à Éleusis (grande salle des mystères).

IDA (mont), nom grec de deux montagnes, l'une en Asie Mineure (Turquie), au S.-E. de Troie, l'autre en Crète (Grèce).

IDAHO, État des États-Unis, dans les Rocheuses ; 1 006 749 hab. ; cap. *Boise.*

Idéologie allemande (l'), œuvre de K. Marx et F. Engels (1845 - 1846), posant les bases du matérialisme historique.

IDHEC (Institut des hautes études cinématographiques) → **FEMIS.**

Idiot (l'), roman de Dostoïevski (1868), dont la figure centrale est le jeune prince Mychkine, être pur et bon, à l'image du Christ, mais que son épilepsie et sa candeur font passer pour idiot.

IDJIL (Kedia d'), massif de Mauritanie. Minerai de fer.

IDLEWILD, quartier de New York, dans Queens. Aéroport international J. F. Kennedy.

IDOMÉNÉE MYTH. GR. Roi de Crète, petit-fils de Minos et héros de la guerre de Troie. Un vœu l'obligea à sacrifier son propre fils à Poséidon.

IDRIS Ier, *Djaraboub 1890 - Le Caire 1983,* roi de Libye (1951 - 1969). Chef de la confrérie des Senousis en 1917, roi de la Fédération libyenne (1951), il fut renversé par Kadhafi (1969).

IDRISI ou **EDRISI** (Abu Abd Allah Muhammad **al-**), *Ceuta v. 1100 - Sicile entre 1165 et 1186,* géographe arabe. Ses cartes servirent de base aux travaux ultérieurs.

IDRISIDES, dynastie alide du Maroc (789 - 985). Fondée par Idris Ier (m. en 791), elle déclina après la mort d'Idris II (828).

IDUMÉE → **ÉDOM.**

IDUMÉENS → **ÉDOMITES.**

IEKATERINBOURG ou **EKATERINBOURG,** de 1924 à 1991 **Sverdlovsk,** v. de Russie, dans l'Oural ; 1 367 000 hab. Centre industriel. – Nicolas II et sa famille y furent exécutés en juill. 1918.

IELTSINE ou **ELTSINE** (Boris Nikolaïevitch), *Sverdlovsk 1931,* homme politique russe. Dirigeant de l'opposition démocratique, président du Soviet suprême de Russie (1990), il est élu président de la république fédérative de Russie au suffrage universel en juin 1991. Après s'être opposé à la tentative de putsch contre Gorbatchev (août), il participe à la dissolution de l'URSS en déc. 1991. Président de la Russie, il est confronté à une forte opposition ; en 1993, il brise la résistance du Parlement et fait adopter une Constitution renforçant les pouvoirs présidentiels. Il est réélu en 1996 mais son action politique est affectée par des problèmes de santé. Il démissionne le 31 déc. 1999.

■ BORIS **IELTSINE** en 1990.

■ SAINT **IGNACE DE LOYOLA.** (Coll. priv.)

IÉNA, en all. **Jena,** v. d'Allemagne (Thuringe), sur la Saale ; 103 456 hab. Instruments de précision et d'optique. Université fondée en 1557.

Iéna (bataille d') [14 oct. 1806], bataille de l'Empire. Victoire de Napoléon sur les Prussiens, qui eut lieu le même jour que celle d'Auerstedt et qui ouvrit à l'Empereur les portes de Berlin.

IENISSEÏ n.m., fl. d'Asie, qui rejoint l'océan Arctique (mer de Kara) ; 3 354 km ; bassin de 2 600 000 km². Né en Mongolie, il coule principalement en Russie, séparant la Sibérie occidentale et la Sibérie centrale. Centrales hydroélectriques.

IEPER → **YPRES.**

IESSENINE ou **ESSENINE** (Sergueï Aleksandrovitch), *Konstantinovo 1895 - Leningrad 1925,* poète soviétique. L'un des chefs de file de l'école « imaginiste », poète d'inspiration tantôt paysanne et nostalgique *(Radounitsa),* tantôt urbaine et désespérée *(la Confession d'un voyou),* il célébra la révolution d'Octobre au nom d'un messianisme ambigu *(le Pays d'ailleurs).* Il sombra dans l'alcoolisme et se suicida.

IEVTOUCHENKO ou **EVTOUCHENKO** (Ievgueni Aleksandrovitch), *Zima, Sibérie, 1933,* écrivain russe. Sa poésie se fait l'écho du désir de liberté de la jeunesse après la période stalinienne *(la Troisième Neige, Babi Iar).*

IEYASU → **TOKUGAWA IEYASU.**

IF, îlot de la Méditerranée, à 2 km de Marseille. Château fort bâti sous François Ier et qui servit de prison d'État.

IFE, v. du sud-ouest du Nigeria ; 269 000 hab. Anc. capitale spirituelle des Yoruba et foyer d'une civilisation florissante au XIIIe s. Musée.

■ **IFE.** Tête d'Oni (roi), bronze du milieu du XIIIe s. (Nigerian Museum, Lagos.)

IFNI, anc. territoire espagnol du sud du Maroc, sur l'Atlantique. Attribué aux Espagnols en 1860, occupé effectivement en 1934, l'Ifni devint province espagnole en 1958 ; il fut rétrocédé au Maroc en 1969.

IFOP (Institut français d'opinion publique), institut français de sondages, créé en 1938 par Jean *Stoetzel.

IFRIQIYA, anc. nom arabe de la Tunisie et de l'Algérie orientale.

IGARKA, v. de Russie, sur le bas Ienisseï, dans l'Arctique ; 40 000 hab. Port.

IGLS, village d'Autriche (Tyrol), près d'Innsbruck ; 1 400 hab. Station de sports d'hiver (alt. 870 - 1 951 m). – Église gothique et baroque.

IGN (Institut géographique national), établissement public, fondé en 1940, chargé de réaliser toutes les cartes officielles de la France, ainsi que les travaux de géodésie, de nivellement, de topographie et de photographie qui s'y rapportent.

IGNACE (saint), *Ier s. apr. J.-C. - Rome v. 107,* martyr. Évêque d'Antioche, il a écrit sept *Épîtres,* témoignages importants sur l'Église ancienne.

IGNACE de Loyola (saint), *près d'Azpeitia 1491 - Rome 1556,* religieux espagnol, fondateur de la Compagnie de Jésus. Gentilhomme blessé à la guerre, il se livra à une retraite mystique et fonda, à Paris avec sept compagnons, un groupe qui se mit au service du pape (1534) et que Paul III transforma en ordre, les Jésuites, en 1540. Il a laissé un guide de méditations systématiques, les *Exercices spirituels.*

IGNY (91430), comm. de l'Essonne, sur la Bièvre ; 9 892 hab. *(Ignissois).* École d'horticulture.

IGS (Inspection générale des services), service de l'Inspection générale de la Police nationale (IGPN), contrôlant l'ensemble des services de la police française (fam. « la police des polices »).

IGUAÇU n.m., en esp. **Iguazú,** riv. d'Amérique du Sud, affl. du Paraná (r. g.) ; 1 045 km. Il naît au Brésil et son cours aval sépare ce pays de l'Argentine. Chutes spectaculaires.

IJEVSK, v. de Russie, cap. de l'Oudmourtie ; 647 000 hab. Métallurgie.

IJMUIDEN, v. des Pays-Bas, sur la mer du Nord ; 61 500 hab. Port. Métallurgie.

IJSSEL n.f., bras nord du delta du Rhin, aux Pays-Bas, qui se jette dans l'IJsselmeer ; 116 km.

IJSSELMEER ou **LAC D'IJSSEL,** lac des Pays-Bas, formé par la partie du Zuiderzee non asséchée.

IKE NO TAIGA, *Kyoto 1723 - id. 1776,* peintre japonais. Interprète original de la peinture lettrée chinoise, il transmet dans ses paysages un lyrisme proprement japonais. Il a collaboré avec son ami Yosa Buson à l'illustration d'albums de haïkaï.

IKERE, v. du sud-ouest du Nigeria ; 221 400 hab.

ILA, v. du sud-ouest du Nigeria ; 239 000 hab.

ILAHABAD → **ALLAHABAD.**

ILDEFONSE (saint), *Tolède v. 607 - id. 667,* théologien et prélat espagnol. Archevêque de Tolède et auteur de plusieurs traités de théologie, il est un des saints les plus populaires d'Espagne.

ÎLE-AUX-MOINES (L') [56780], comm. du Morbihan, formée par la principale île du golfe du Morbihan ; 619 hab. Cromlech.

ÎLE-DE-FRANCE n.f., anc. région de France (cap. *Paris*). Centre du domaine royal capétien, elle fut constituée en gouvernement au XVIe s.

ÎLE-DE-FRANCE n.f., Région administrative de France ; 12 012 km² ; 10 952 011 hab. *(Franciliens) ;* ch.-l. *Paris ;* 8 dép. (Essonne, Hauts-de-Seine, Paris, Seine-et-Marne, Seine-Saint-Denis, Val-de-Marne, Val-d'Oise et Yvelines). Correspondant approximativement à la province historique et regroupant 18 % de la population française sur 2,1 % du territoire national, l'Île-de-France est la Région de loin la plus peuplée du pays. L'agriculture associe la grande exploitation céréalière (blé, maïs, betterave) et la petite exploitation maraîchère et fruitière. L'industrie est diversifiée. C'est cependant le secteur tertiaire qui domine l'économie (services aux entreprises, organismes financiers, administrations publiques, etc.). L'importance de la Région tient naturellement au poids de l'agglomération parisienne, qui concentre environ 90 % de la population régionale.

Île-de-France

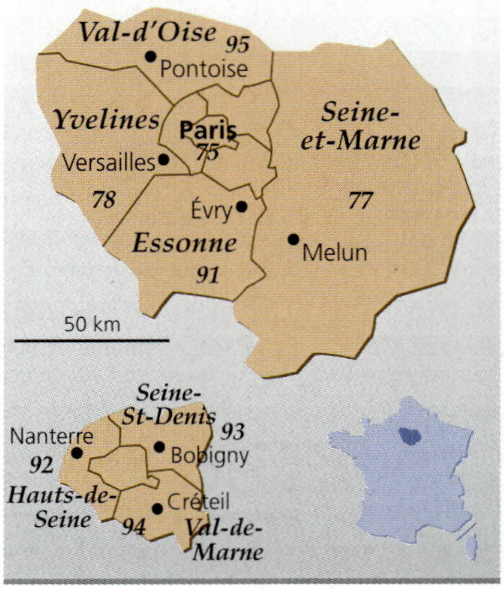

ÎLE-DU-PRINCE-ÉDOUARD → **PRINCE-ÉDOUARD** (île du).

ÎLE-D'YEU (L') [85350] → **YEU** (île d').

ÎLE-ROUSSE (L') [20220], ch.-l. de cant. de la Haute-Corse ; 2 851 hab. *(Isolani).* Port. Tourisme.

ILESHA, v. du sud-ouest du Nigeria ; 342 000 hab.

ILI n.m., en chin. **Yili,** riv. d'Asie (Chine et Kazakhstan), qui se jette dans le lac Balkhach ; 1 439 km.

Iliade (l'), poème épique en vingt-quatre chants (VIIIe s. av. J.-C.), attribué à Homère. C'est le récit d'un épisode de la guerre de Troie : Achille, qui s'était retiré sous sa tente après une querelle avec Agamemnon, revient au combat pour venger son ami Patrocle, tué par Hector. Après avoir vaincu Hector, Achille traîne son cadavre autour du tombeau de Patrocle, puis le rend à Priam, venu réclamer le corps de son fils. Poème guerrier, *l'Iliade* contient aussi des scènes grandioses (funérailles de Patrocle) et émouvantes (adieux d'Hector et d'Andromaque).

ILIESCU (Ion), *Oltenița 1930,* homme politique roumain. Exclu du Comité central du Parti communiste en 1984, il dirige, après le renversement de N. Ceaușescu (déc. 1989), le Front de salut national et est président de la République de 1990 à 1996. Il est réélu à la tête de l'État en 2000.

ILIGAN, v. des Philippines, dans l'île de Mindanao, sur la *baie d'Iligan ;* 228 586 hab.

ILION, un des noms de *Troie.

ILIOUCHINE (Sergueï Vladimirovitch), *Dilialevo, près de Vologda, 1894 - Moscou 1977,* ingénieur et constructeur d'avions soviétique. Fondateur de la firme qui porte son nom, il a créé plus de 50 modèles d'appareils militaires et commerciaux.

ILL n.m., riv. de France, en Alsace, née dans le Jura septentrional, affl. du Rhin (r. g.) ; 208 km. Il passe à Mulhouse et à Strasbourg.

ILLAMPU n.m., sommet des Andes de Bolivie ; 6 421 m.

ILLE n.f., riv. de France, en Bretagne, confluant avec la Vilaine (r. dr.), à Rennes ; 45 km.

ILLE-ET-VILAINE n.f. (35), dép. de la Région Bretagne ; ch.-l. de dép. *Rennes ;* ch.-l. d'arrond. *Fougères, Redon, Saint-Malo ;* 4 arrond. ; 53 cant. ; 352 comm. ; 6 775 km² ; 867 533 hab. Le dép. appartient à l'académie et à la cour d'appel de Rennes, à la zone de défense Ouest. Partie orientale de la Bretagne, ouverte sur la Manche, l'Ille-et-Vilaine est toutefois le moins maritime des dép. bretons. L'agriculture est fondée sur l'élevage (porcins et surtout bovins), loin devant les céréales et les cultures légumières. L'industrie est implantée en priorité à Rennes, dont l'agglomération regroupe environ le tiers de la population totale. Plus que la pêche et l'ostréiculture (Cancale), le tourisme estival anime les villes de la Côte d'Émeraude : Dinard et Saint-Malo.

ILLIERS-COMBRAY (28120), ch.-l. de cant. d'Eure-et-Loir ; 3 278 hab. Église gothique. – C'est le Combray de Marcel Proust.

ILLIMANI n.m., sommet des Andes de Bolivie, dominant La Paz ; 6 458 m.

ILLINOIS, État des États-Unis, entre le Mississippi et le lac Michigan ; 11 430 602 hab. ; cap. *Springfield ;* v. princ. *Chicago.*

ILLKIRCH-GRAFFENSTADEN (67400), ch.-l. de cant. du Bas-Rhin ; 25 183 hab. Télécommunications.

ILLYÉS (Gyula), *Rácegres 1902 - Budapest 1983,* écrivain hongrois. Poète, essayiste *(Ceux des pusztas),* auteur dramatique, il unit l'influence surréaliste aux traditions du terroir.

ILLYRIE, région montagneuse de la côte orientale de l'Adriatique, de l'Istrie aux bouches de Kotor. Colonisée par les Grecs (VIIe s. av. J.-C.), elle fut soumise à Rome à partir de la fin du IIIe s. av. J.-C. Sous le premier Empire, les *Provinces Illyriennes* constituèrent, de 1809 à 1813, un gouvernement de l'Empire français.

ILLZACH [ilzak] (68110), ch.-l. de cant. du Haut-Rhin ; 15 449 hab.

ILMEN (lac), lac de Russie, près de Veliki Novgorod ; 982 km².

ILOILO, v. des Philippines (Panay) ; 309 505 hab. Port.

ILORIN, v. du sud-ouest du Nigeria ; 431 000 hab.

IMA → Institut du monde arabe.

IMABARI, v. du Japon (Shikoku) ; 123 114 hab. Port.

IMAMURA SHOHEI, *Tokyo 1926,* cinéaste japonais. Esthète et provocant, il cherche la beauté jusque dans l'horreur et la répulsion *(la Femme insecte,* 1963 ; *la Ballade de Narayama,* 1983 ; *Pluie noire,* 1989 ; *l'Anguille,* 1996 ; *Kanzo Sensei [Dr Akagi],* 1998).

ÍMBROS → IMROZ.

IMERINA, partie du plateau central de Madagascar. Elle est habitée par les Merina.

IMHOTEP, lettré, savant et architecte égyptien, actif v. 2778 av. J.-C. Il fut conseiller du pharaon Djoser, pour qui il édifia le complexe funéraire de Saqqarah. Il est à l'origine en Égypte de l'architecture en pierre appareillée et des premières pyramides.

Imitation de Jésus-Christ, ouvrage anonyme du XVe s., attribué à Thomas a Kempis. Ce guide spirituel, inspiré de la *Devotio moderna,* eut une très grande influence dans l'Église latine.

IMOLA, v. d'Italie (Émilie-Romagne) ; 61 700 hab. Circuit automobile. – Monuments anciens, musées.

IMPERATRIZ, v. du nord-est du Brésil ; 276 450 hab.

IMPERIA, v. d'Italie (Ligurie), sur le golfe de Gênes ; 40 171 hab. Centre touristique.

IMPHAL, v. d'Inde, cap. de l'État de Manipur ; 200 615 hab.

IMPHY (58160), ch.-l. de cant. de la Nièvre, sur la Loire ; 4 095 hab. Aciers spéciaux.

Imprimerie nationale, société nationale chargée en France des travaux d'impression demandés par l'État ou par les collectivités territoriales (actes administratifs, documents divers, ouvrages), ainsi que par toute personne physique ou morale. Son origine remonte à la désignation d'un « imprimeur du Roy » par François Ier, en 1538, et à la création d'un petit atelier typographique au Louvre, par Louis XIII, en 1620.

IMROZ, en gr. **Ímbros,** île de Turquie, dans la mer Égée, près des Dardanelles.

INA (Institut national de l'audiovisuel), établissement public industriel et commercial français. Créé en 1974, il est chargé de la conservation des archives de la radiodiffusion et de la télévision, des recherches de création audiovisuelle et de la formation professionnelle.

INARI (lac), lac de Finlande, en Laponie ; 1 085 km².

INC (Institut national de la consommation), établissement public industriel et commercial français, créé en 1966, qui a pour objet l'information et la protection des consommateurs. Il publie le mensuel *60 Millions de consommateurs.*

INCA (Empire), empire de l'Amérique précolombienne constitué dans la région andine et dont le centre était Cuzco. L'autorité de l'Inca Fils du Soleil était absolue et s'appuyait sur la caste dirigeante des nobles et des prêtres. Héritier de traditions artistiques antérieures (céramique, orfèvrerie, tissage), l'Empire inca connut son apogée au XVe s. Affaibli par les maladies apportées par les Européens, il s'écroula en 1532 sous les coups de Francisco Pizarro. Il a laissé les vestiges d'une architecture remarquable (Cuzco, forteresse de Sacsahuamán, Machu Picchu).

■ EMPIRE **INCA.** Le quartier sacré de la cité inca de Pisac, au Pérou (1400 - 1532).

INCE (Thomas Harper), *Newport 1882 - en mer, près d'Hollywood, 1924,* cinéaste et producteur américain. Il réalisa de nombreux films *(Civilization,* 1916) et est considéré, avec Griffith, comme l'un des fondateurs de la dramaturgie du film.

INCHON, anc. **Chemulpo,** v. de Corée du Sud, sur la mer Jaune ; 1 818 000 hab. Port. Centre industriel.

INDE n.f. (république de l'), en hindi **Bharat,** État fédéral d'Asie méridionale ; 3 268 000 km² ; 987 000 000 hab. *(Indiens).* CAP. *New Delhi.* LANGUES : *hindi* et *anglais.* MONNAIE : *roupie indienne.* *(V. carte page 1409.)*

INSTITUTIONS

République fédérale, membre du Commonwealth, constituée de 28 États (Andhra Pradesh, Arunachal Pradesh, Assam, Bengale-Occidental, Bihar, Chhattisgarh, Goa, Gujerat, Haryana, Himachal Pradesh, Jammu-et-Cachemire, Jharkhand, Karnataka, Kerala, Madhya Pradesh, Maharashtra, Manipur, Meghalaya, Mizoram, Nagaland, Orissa, Pendjab, Rajasthan, Sikkim, Tamil Nadu, Tripura, Uttaranchal, Uttar Pradesh) et de 7 territoires fédéraux. La Constitution date de 1950. Le président de la République est élu pour 5 ans par le Parlement. Le Premier ministre est responsable devant le Parlement. Ce dernier, bicaméral, comprend une *Chambre du peuple,* élue pour 5 ans, et un *Conseil des États,* élu pour 6 ans par les assemblées législatives des États.

GÉOGRAPHIE

Au deuxième rang mondial pour la population (celle-ci s'accroît d'environ 1,5 million par mois),

I

l'Inde occupe une place beaucoup plus modeste dans le domaine économique. L'agriculture emploie encore plus de la moitié des actifs et demeure à base céréalière (blé et surtout riz), malgré l'importance, régionale, des cultures de plantation (thé, arachides, canne à sucre, coton, tabac, jute), souvent héritées de la colonisation. Elle est en partie rythmée par la mousson, qui apporte des pluies de mai à septembre, notamm. sur la façade occidentale du Deccan et dans le Nord-Est. Les contrastes de températures sont moins importants que l'opposition saison sèche - saison humide, trait climatique fondamental. L'énorme troupeau bovin est peu productif. L'industrie bénéficie de notables ressources énergétiques (hydroélectricité, pétrole et surtout charbon) et minérales (fer et bauxite, en particulier). Elle est dominée par la métallurgie et le textile. Mais la productivité est souvent médiocre.
L'exode rural et la forte natalité ont gonflé les villes, qui regroupent déjà près du tiers de la population totale, souvent dans des agglomérations surpeuplées : Calcutta, Bombay, Delhi et Madras sont les plus importantes parmi la quinzaine qui dépasse le million d'habitants. Les principales villes sont des ports sur la côte de la péninsule du Deccan (région de plateaux relativement aride) ou se sont développées au pied de l'Himalaya, dans la vaste plaine drainée par le Gange et où se concentrent, de Delhi à Calcutta, plusieurs centaines de millions d'Indiens.
La pression démographique sur la terre est énorme (peu ou pas de champs pour des paysans souvent endettés) et les inégalités régionales et sociales, les tensions religieuses (surtout entre hindouistes, plus nombreux, et musulmans), les problèmes ethniques demeurent. Le sous-emploi est important. Le déficit commercial persiste et n'est pas comblé par les revenus du tourisme. Les difficultés sont à la mesure de la taille de ce pays, dont l'unification, un demi-siècle après l'indépendance, n'est pas encore véritablement achevée.

HISTOIRE

Les origines. 2500 - 1800 av. J.-C. : la civilisation de l'Indus (Mohenjo-Daro) est à son apogée. **IIe millénaire av. J.-C. :** les Aryens arrivent d'Asie centrale et colonisent l'Inde du Nord, qui adopte leur langue, le sanskrit, leur religion védique (à la base de l'hindouisme) et leur conception de la hiérarchie sociale (système des castes). **Entre 1000 et 900 av. J.-C. :** apparition du fer.
L'Inde ancienne. V. 560 - 480 av. J.-C. : l'Inde entre dans l'histoire à l'époque de la vie du Bouddha, contemporain de Mahavira, fondateur du jaïnisme. **V. 327 - 325 av. J.-C. :** Alexandre le Grand atteint l'Indus et y établit des colonies grecques. **V. 320 - 176 av. J.-C. :** l'Empire maurya est porté à son apogée par Ashoka (v. 269 - 232 av. J.-C.), qui étend sa domination de l'Afghanistan au Deccan et envoie des missions bouddhiques en Inde du Sud et à Ceylan. **Ier s. apr. J.-C. :** l'Inde, morcelée, subit les invasions des Kushana. **320 - 550 :** les Gupta favorisent la renaissance de l'hindouisme. **606 - 647 :** le roi Harsha parvient à réunifier le pays. **VIIe - XIIe s. :** l'Inde est à nouveau morcelée. Établis en Inde du Sud, les Pallava (VIIIe - IXe s.) puis les Cola (Xe - XIIe s.) exportent la civilisation indienne en Asie du Sud-Est. Le Sind est dominé par les Arabes (VIIIe s.), et la vallée de l'Indus tombe aux mains des Ghaznévides (XIe s.).
L'Inde musulmane. 1206 - 1414 : le sultanat de Delhi est créé ; il s'étend de la vallée du Gange au Deccan ; l'Inde est placée pour cinq siècles et demi sous l'hégémonie musulmane. **XIVe - XVIe s. :** des sultanats autonomes sont créés au Bengale, au Deccan et au Gujerat ; l'empire de Vijayanagar, au Sud, se mobilise pour la défense politique de l'hindouisme. **1497 - 1498 :** le Portugais Vasco de Gama découvre la route des Indes. **1526 :** Baber fonde la dynastie des Grands Moghols. **1526 - 1857 :** ces derniers dominent l'Inde grâce à leur armée, à leur administration efficace et à leur attitude conciliante à l'égard de la majorité hindoue. Après les brillants règnes d'Akbar (1556 - 1605) et de Chah Djahan (1628 - 1658), celui d'Aurangzeb (1658 - 1707) prélude au déclin. **1600 :** la Compagnie anglaise des Indes orientales est créée. **1664 :** la Compagnie française des Indes orientales est fondée. **1674 :** les Marathes, profitant du déclin moghol, constituent un royaume hindou, puis se rendent maîtres de l'Inde dans la première moitié du XVIIIe s. **1742 - 1754 :** Dupleix soumet à l'influence française le Carnatic et six provinces du Deccan. **1757 :** Clive remporte la victoire de Plassey sur le nabab du Bengale. **1763 :** le traité de Paris réduit l'Inde française à cinq comptoirs ; les Britanniques conservent Bombay, Madras et le Bengale.
La domination britannique. 1772 - 1785 : W. Hastings organise la colonisation du Bengale. **1799 - 1819 :** la Grande-Bretagne conquiert l'Inde du Sud, la vallée du Gange, Delhi, et bat les Marathes. **1849 :** elle annexe le royaume sikh du Pendjab. **1857 - 1858 :** révolte des cipayes. **1858 :** la Compagnie anglaise des Indes orientales est supprimée et l'Inde rattachée à la Couronne britannique. **1876 :** Victoria est couronnée impératrice des Indes. **1885 :** fondation du parti du Congrès. **1906 :** la Ligue musulmane est créée. **1920 - 1922 :** Gandhi lance une campagne de désobéissance civile. **1929 :** J. Nehru devient président du Congrès. **1935 :** le *Government of India Act* accorde l'autonomie aux provinces.
L'Inde indépendante. 1947 : l'indépendance est proclamée et l'Inde est divisée en deux États : l'Union indienne, à majorité hindoue, et le Pakistan, à majorité musulmane. Cette partition s'accompagne de massacres (de 300 000 à 500 000 victimes) et du déplacement de dix à quinze millions de personnes. **1947 - 1964 :** J. Nehru, Premier ministre et président du Congrès, met en œuvre un programme de développement et prône le non-alignement. **1947 - 1948 :** une guerre oppose l'Inde et le Pakistan pour le contrôle du Cachemire. **1948 :** Gandhi est assassiné. **1950 :** la Constitution fait de l'Inde un État fédéral, laïque et parlementaire, composé d'États organisés sur des bases ethniques et linguistiques. **1962 :** un conflit oppose la Chine et l'Inde au Ladakh. **1965 :** une deuxième guerre indo-pakistanaise éclate à propos du Cachemire. L'Inde se rapproche de l'URSS. **1966 :** Indira Gandhi arrive au pouvoir. **1971 :** une troisième guerre indo-pakistanaise est provoquée par la sécession du Bangladesh. **1977 - 1980 :** le Congrès doit céder le pouvoir au Janata, coalition de divers partis. **1980 :** I. Gandhi revient au pouvoir. **1984 :** elle est assassinée par des extrémistes sikhs. Son fils R. Gandhi lui succède. **1989 :** après l'échec du parti du Congrès aux élections, R. Gandhi démissionne, et une coalition de partis de l'opposition accède au pouvoir. Après l'assassinat de R. Gandhi, P. V. Narasimha Rao, élu à la tête du parti du Congrès, forme le nouveau gouvernement. **1992 :** la destruction de la mosquée d'Ayodhya (Uttar Pradesh) par des militants nationalistes hindous entraîne de graves affrontements intercommunautaires. **1996 :** le parti du Peuple indien (BJP, droite hindouiste nationaliste) remporte les élections mais ne parvient pas à former un gouvernement. De fragiles coalitions de centre gauche se succèdent, qui ne survivent pas au retrait du soutien du parti du Congrès. **1998 :** le BJP gagne à nouveau les élections. Son leader, Atal Bihari Vajpayee, devient Premier ministre. L'Inde procède à une série de tirs nucléaires, qui génère des tensions dans la région (notamm. avec le Pakistan) et avec la communauté internationale. **1999 :** le gouvernement est renversé mais, après une nouvelle victoire du BJP et de ses alliés aux élections, A. B. Vajpayee est reconduit au poste de Premier ministre.

INDE FRANÇAISE → ÉTABLISSEMENTS FRANÇAIS DANS L'INDE.

indépendance américaine (Déclaration d') [4 juill. 1776], déclaration adoptée par le Congrès continental réuni à Philadelphie. Rédigée par Thomas Jefferson, la déclaration proclame l'indépendance des 13 colonies vis-à-vis de la Grande-Bretagne, au nom des « droits naturels ».

Indépendance américaine (guerre de l') [1775 - 1782], conflit qui opposa les colonies anglaises de l'Amérique du Nord et la Grande-Bretagne. Cette guerre aboutit à la fondation des États-Unis.

Indépendant (l'), quotidien régional français créé en 1846 à Perpignan.

Indes (Compagnie française des), compagnie fondée par la fusion, en 1719, de la Compagnie d'Occident de Law avec l'ancienne Compagnie des Indes orientales, organisée par Colbert. Elle lutta, sous Dupleix et La Bourdonnais, contre l'influence anglaise en Inde, mais disparut sous la Révolution (1794).

Indes (Conseil des), organisme espagnol (1511 - 1834) chargé d'administrer le Nouveau Monde.

INDES (empire des), ensemble des possessions britanniques de l'Inde rattachées à la Couronne (1858 - 1947).

INDES OCCIDENTALES, nom donné à l'Amérique par Christophe Colomb, qui croyait avoir atteint l'Asie.

INDES-OCCIDENTALES (Fédération des), en angl. **West Indies,** fédération constituée, de 1958 à 1962, par les Antilles britanniques.

INDES ORIENTALES, anc. colonies néerlandaises constituant auj. l'Indonésie.

Indes orientales (Compagnie anglaise des), compagnie fondée par Élisabeth Ire en 1600 pour le commerce avec les pays de l'océan Indien, puis avec l'Inde seule. Ses pouvoirs furent transférés à la Couronne en 1858.

Indes orientales (Compagnie hollandaise des), compagnie fondée aux Provinces-Unies en 1602 pour arracher au Portugal le monopole des mers des Indes. Prospère au XVIIe s., elle disparut en 1799.

Index, catalogue des livres prohibés par l'autorité religieuse catholique. Cette censure, créée au XVIe s., a été abolie par Paul VI en 1965.

INDIANA, État des États-Unis, entre la rivière Ohio et le lac Michigan ; 5 544 159 hab. ; cap. *Indianapolis.*

INDIANAPOLIS, v. des États-Unis, cap. de l'Indiana ; 731 327 hab. Université. – Musée d'art. – Circuit pour courses automobiles.

INDIEN (océan), océan situé entre l'Afrique, l'Asie et l'Australie ; env. 75 000 000 km².

INDIENS, nom donné, d'une part, aux habitants de l'Inde et, d'autre part, aux premiers habitants du Nouveau Continent (peuples de l'Arctique exceptés), auj. plutôt appelés *Amérindiens.

INDIGUIRKA n.f., fl. de Russie, en Sibérie, qui se jette dans l'océan Arctique ; 1 726 km.

INDOCHINE, péninsule de l'Asie, entre l'Inde et la Chine, limitée au sud par le golfe du Bengale, le détroit de Malacca et la mer de Chine méridionale. Elle comprend la Birmanie, la Thaïlande, la Malaisie occidentale, Singapour, le Cambodge, le Laos et le Viêt Nam.

Indochine (guerres d') [1946 - 1975], conflits qui eurent lieu au Viêt Nam, au Laos, en Thaïlande et au Cambodge, opposant la France au Viêt-minh (1946 - 1954), puis les États-Unis, engagés aux côtés du Viêt Nam du Sud, au Viêt Nam du Nord (1954 - 1975). En 1945, le départ des troupes japonaises provoqua l'insurrection des nationalistes vietnamiens (Viêt-minh), hostiles au retour de la colonisation française. Le conflit s'étendit bientôt à l'ensemble du Tonkin. À l'issue de la défaite française de Diên Biên Phu (1954), le Viêt Nam est divisé en deux zones, de part et d'autre du 17e parallèle (accords de Genève) avec, au nord, un pouvoir communiste et, au sud, une république soutenue par les États-Unis. Ainsi, dès 1956, débute un nouveau conflit. Après une période de guérilla marquée par l'infiltration progressive des forces nord-vietnamiennes au sud, combattant aux côtés du Viêt-cong, le conflit se radicalise entre le Viêt Nam du Nord, soutenu par l'URSS et la Chine populaire, et le Viêt Nam du Sud, appuyé à partir de 1962 de façon massive par les États-Unis. Un accord de cessez-le-feu au Viêt Nam et au Laos est suivi par le retrait des forces américaines (1973). En 1975, tandis que les Khmers rouges l'emportent au Cambodge, les troupes du Viêt Nam du Nord entrent à Saigon (avr. 1975), préludant à l'unification, en 1976, des deux États vietnamiens.

INDOCHINE FRANÇAISE, anc. ensemble des colonies et protectorats français de la péninsule indochinoise. L'Indochine française comprenait en 1887 le Cambodge et l'actuel Viêt Nam (Cochinchine, Tonkin, Annam). Elle absorba le Laos en 1893. Elle disparut après les accords d'indépendance (1949 - 1950).

INDO-GANGÉTIQUE (plaine), région d'Asie (Inde et Pakistan) formée par les plaines de l'Indus et du Gange.

INDONÉSIE n.f., en indon. **Indonesia,** État d'Asie du Sud-Est ; 1 900 000 km² ; 200 600 000 hab. *(Indonésiens).* CAP. *Jakarta.* LANGUE : *indonésien.* MONNAIE : *rupiah (roupie indonésienne).* *[V. carte page 1411.]*

GÉOGRAPHIE

Au quatrième rang mondial pour la population et correspondant à la majeure partie de l'Insulinde, l'Indonésie est un État insulaire (plus de 13 000 îles, dont moins de la moitié est habitée), s'étendant sur 5 000 km d'O. en E. et sur 2 000 km du N. au S. C'est un pays souvent montagneux et volcanique, proche de l'équateur, au climat surtout chaud et humide, en grande partie recouvert d'une forêt dense.

INDE

Takla-Makan
Yarkand
TADJ.
AFGHANISTAN
K u n l u n
Karakorum
K2 8611
Nanga Parbat 8126
KABOUL
ISLAMABAD
Peshawar
Rawalpindi
Indus
Srinagar
Cachemire
Jammu
C H I N E
Plateaux du Tibet
Yangzi Jiang
Mékong
Nu Jiang
Qamdo
Lahore
Amritsar
Faisalabad
PAKISTAN
Multan
Sutlej
Jullundur
Simla
Ludhiana
Chandigarh
Pendjab
Himalaya
Dehra Dun
Panipat
Saharanpur
Rohtak
Meerut
Delhi
NEW DELHI
Moradabad
NÉPAL
Lhassa
Brahmapoutre (Tsangpo)
Everest 8846
THIMBU
BHOUTAN
Itanagar
Dibrugarh
Brahmapoutre
Bareilly
Aligarh
Shahjahanpur
Mathura
Agra
KATMANDOU
Gangtok
Darjeeling
Bikaner
Désert de Thar
Jaisalmer
Jodhpur
Fathpur Sikri
Jaipur
Ajmer
Lucknow
Gorakhpur
Faizabad
Kanpur
Varanasi (Bénares)
Darbhanga
Patna
Bhagalpur
Dispur
Shillong
Kohima
Mts Naga
Chindwin
Myitkyina
Mts Aravalli
Chambal
Gwalior
Jhansi
Allahabad
Mirzapur
Gange
Kota
Betwa
Khajuraho
Gaya
Bodh-Gaya
BANGLADESH
Baharampur
Imphal
Hyderabad
Mont Abu
Rann de Kutch
Udaipur
Son
Sagar
Dhanbad
Bokaro
Asansol
Durgapur
DACCA
Agartala
Aijal
Ratlam
Bhopal
Sanci
Plateau du Chota Nagpur
Ranchi
Damodar
Barddhaman
Howrah
Calcutta
Chittagong
Mandalay
Ahmadabad
Vadodara
Indore
Mts Vindhya
Narbada
Jabalpur
Jamshedpur
Kharagpur
Jamnagar
Rajkot
Bhavnagar
Péninsule de Kathiawar
Mts Satpura
Tapti
Bilaspur
Raipur
Bouches du Gange
BIRMANIE
Diu
G. de Cambay
Surat
Jalgaon
Nagpur
Durg-Bhilainagar
Mahanadi
Ch. de l'Arakan
Irrawaddy
Dhulia
Ajanta
Silvassa
Nasik
Plateau
Aurangabad
Cuttack
Bhubaneswar
Ellora
Jalna
Parbhani
Chandrapur
Indravati
Ulhasnagar
Bombay
Elephanta
Godavari
Pune
du
Nizamabad
Prome
MER D'OMAN
Ghats occidentaux
Sholapur
Warangal
Ghats orientaux
Vizianagaram
Visakhapatnam
Deccan
Hyderabad
Rajahmundry
Kakinada
RANGOON
Bassein
Bijapur
Amaravati
Vijayavada
GOLFE DU BENGALE
Kolhapur
Krishna
Guntur
Belgaum
Kurnool
Côte de Konkan
Panaji
Coromandel
Bouches de l'Irrawaddy
Hubli-Dharwar
Bellary
Anantapur
Haggari
Shimoga
Vellore
Madras
Kanchipuram
Îles Andaman
Mangalore
Mysore
Bangalore
Îles Amindives
Kaviri
Salem
Pondichéry
Kozhikode (Calicut)
Côte de Malabar
Erode
Cuddalore
Cidambaram
Port Blair
Coimbatore
Côte de
MER DES ANDAMAN
Îles Laquedives
Kavaratti
Tiruchirapalli
Cochin
Mts des Cardamomes
Madurai
Dt. de Palk
Jaffna
Îles Minicoy
Quilon
Tuticorin
Trincomalee
Trivandrum
Tirunelveli
C. Comorin
G. de Mannar
Kandy
COLOMBO
O C É A N I N D I E N
SRI LANKA (CEYLAN)
Îles Nicobar
Sumatra
MALDIVES
INDONÉSIE
75°
90°
30°
15°
0 100 200 300 km
200 500 2000 4000 m
aéroport
route
voie ferrée
plus de 5 000 000 h.
de 1 000 000 à 5 000 000 h.
de 100 000 à 1 000 000 h.
moins de 100 000 h.
autre localité ou site
Bhopal : capitale d'État
Pondichéry : ch.-l. de territoire

I

■ L'ART DE L'INDE ANCIENNE

Au fil des millénaires, et du nord au sud, la pensée religieuse a été le support et la source d'inspiration essentielle de l'expression artistique. Dans ce pays à la dimension d'un continent - jamais unifié dans les temps anciens -, la création, tout en restant profondément originale, n'a cessé de s'enrichir des apports culturels soit des innombrables dynasties locales, soit des envahisseurs.

Sanci. Le stupa principal (ou nº 1), fondé au IIe s. av. J.-C. C'est entre la base du dôme et la balustrade qu'est pratiquée la circumambulation rituelle bouddhique. Ici, l'agencement de la balustrade *(vedika)* est encore influencée par l'architecture du bois, de même que les portiques *(torana)* ouverts aux quatre points cardinaux.

Amaravati. *Vénération de Bouddha*, haut-relief du IIe s. apr. J.-C. Dans l'art bouddhique des origines, Bouddha est suggéré par des symboles, comme ici par l'empreinte de ses pas. (Musée de Madras.)

I

Gandhara. Bodhisattva provenant du monastère de Shahbaz-Garhi, au Pakistan. Schiste gris du IIe s. (Musée Guimet, Paris.)

Mahabalipuram. Encore inspirés pour certains (ici au second plan) par la hutte de chaume, les « ratha » de forme pyramidale évoquent la montagne cosmique, demeure de Shiva, et vont donner sa forme au *vimana* de proportions grandioses au XIIe s., comme à Thanjavur.

Bhubaneswar. Le temple Mukteshvara (Xe s.). Cette cité du shivaïsme présente les plus beaux exemples d'architecture de l'Inde du Nord, où c'est la tour-sanctuaire à arêtes curvilignes *(shikhara)* qui possède la toiture la plus haute.

Le mariage de Shiva et Parvati. Bronze Cola du début du XIe s. C'est pendant l'apogée (XIe - XIIIe s.) de la dynastie des Cola que l'art du bronze - fondu à la cire perdue - atteint la perfection.

Madurai. Le temple Minaksi (XVIIe s.). Trois enceintes successives, jalonnées de tours-porches *(gopura)*, dont les plus hautes sont à l'extérieur, ainsi que des salles hypostyles et des bassins sacrés enchâssent le sanctuaire central et constituent une véritable cité religieuse typique de l'Inde du Sud.

Sikandra. Le mausolée d'Akbar. Commencé sous le règne du souverain et achevé en 1613 sous celui de Djahangir, ce monument, régi par des conceptions à la fois hindouistes et bouddhiques (élévation pyramidale, ordonnancement intérieur, choix du grès rouge), illustre le syncrétisme religieux de l'époque.

La population, islamisée (l'Indonésie est le premier pays musulman), se regroupe pour près des deux tiers à Java. Moins vaste que Sumatra, Célèbes ou les parties indonésiennes de Bornéo (Kalimantan) et de la Nouvelle-Guinée (Irian Jaya), Java possède cependant les trois plus grandes villes (Jakarta, Surabaya, Bandung).
Le riz constitue la base de l'alimentation. De la période coloniale résulte l'importance des plantations : caoutchouc, café, oléagineux, tabac. Sont également développées la pêche et l'exploitation du bois. L'extraction du pétrole et du gaz naturel est la ressource industrielle essentielle et leurs cours influencent l'état de la balance commerciale et, globalement, l'économie. Celle-ci est conditionnée aussi par l'endettement, par la faiblesse de l'infrastructure (transports) et par l'accroissement de la population, qui pose localement (à Java notamm.) le problème du surpeuplement. Ravagé en 1997 par de gigantesques incendies, qui provoquent une catastrophe écologique, le pays a été en outre touché par la grave crise financière ayant affecté l'ensemble de la région.

HISTOIRE

Des origines aux Indes néerlandaises. D'abord morcelée en petits royaumes de culture indianisée, l'Indonésie est dominée du VIIe au XIVe s. par le royaume bouddhiste de Srivijaya. **XIIIe - XVIe s. :** l'islamisation gagne tout l'archipel, à l'exception de Bali, qui reste fidèle à l'hindouisme ; l'empire de Majapahit règne sur l'archipel aux XIVe-XVe s. **1511 :** les Portugais prennent Malacca. **1521 :** ils arrivent aux Moluques. **1602 :** la Compagnie hollandaise des Indes orientales est fondée. Elle intervient dans les affaires intérieures des sultanats javanais (Banten, Mataram). **1641 :** les Hollandais prennent Malacca. **1799 :** la Compagnie perd son privilège et les Néerlandais pratiquent la colonisation directe. **1830 - 1860 :** le « système des cultures », introduit par J. Van den Bosch, et reposant sur le travail forcé des autochtones, enrichit la métropole. **Début du XXe s. :** la pacification des Indes néerlandaises est réalisée. **1911 - 1917 :** des partis politiques s'organisent : Sarekat Islam (1911), Parti communiste (1920), Parti national (1927), animé par Sukarno. **1942 - 1945 :** le Japon occupe l'archipel.

L'Indonésie indépendante. 1945 : Sukarno proclame l'indépendance de l'Indonésie. **1949 :** les Pays-Bas reconnaissent le nouveau statut. **1950 - 1967 :** Sukarno tente d'instituer un socialisme « à l'indonésienne » et est confronté à divers mouvements séparatistes. **1955 :** la conférence de Bandung consacre le rôle de l'Indonésie dans le tiers-monde. **1963 - 1966 :** l'Indonésie s'oppose à la formation de la Malaisie. **1963 - 1969 :** la Nouvelle-Guinée occidentale est rétrocédée par les Pays-Bas et rattachée à l'Indonésie. **1966 - 1967 :** Sukarno est éliminé au profit de Suharto. Régulièrement réélu à partir de 1968, Suharto applique une politique anticommuniste et se rapproche de l'Occident. **1975 - 1976 :** l'annexion du Timor-Oriental déclenche une guérilla. **Depuis les années 1980 :** l'islam fondamentaliste se propage. **1998 :** sous la pression d'une opposition renforcée par la crise économique, Suharto démissionne. Le vice-président, B. J. Habibie, lui succède à la tête de l'État. **1999 :** l'opposition démocratique, dirigée par Megawati, fille de Sukarno, remporte les élections législatives. Après le déchaînement de violences ayant suivi, au Timor-Oriental, le référendum en faveur de l'indépendance, le leader musulman modéré Abdurrahman Wahid est élu à la présidence de la République indonésienne (la vice-présidence revenant à Megawati). Mais il est confronté à une situation économique délicate et à la multiplication des troubles séparatistes et interconfessionnels (Aceh, Irian Jaya, Moluques).

INDORE, v. d'Inde (Madhya Pradesh) ; 1 104 065 hab. Chimie.

INDRA, le plus grand des dieux de l'Inde à l'époque védique. Il détient la puissance, symbolisée par le foudre avec lequel il détruit les démons. Monté sur l'éléphant Airavata, il est adoré par les guerriers.

INDRE n.f., riv. de France, affl. de la Loire (r. g.) ; 265 km. Elle passe à Châteauroux.

INDRE n.f. (36), dép. de la Région Centre ; ch.-l. de dép. *Châteauroux ;* ch.-l. d'arrond. *Le Blanc, La Châtre, Issoudun ;* 4 arrond. ; 26 cant. ; 247 comm. ; 6 791 km² ; 231 139 hab. Le dép. appartient à l'académie d'Orléans-Tours, à la cour d'appel de Bourges, à la zone de défense Ouest. Le dép. occupe la partie occidentale du Berry, découpée par les vallées de la Creuse et de l'Indre. L'agriculture est fondée sur les cultures céréalières et l'élevage (bovins, surtout). L'indus-

Indre-et-Loire

100 m

○ plus de 50 000 h.
○ de 10 000 à 50 000 h.
○ de 2 000 à 10 000 h.
○ moins de 2 000 h.

● ch.-l. d'arrondissement
● ch.-l. de canton
● commune

autoroute
route
voie ferrée

trie joue un rôle peu important ; elle est représentée principalement à Châteauroux, qui est la seule ville notable, et à Issoudun.

INDRE (44610), comm. de la Loire-Atlantique, sur la Loire ; 3 670 hab. À *Basse-Indre,* métallurgie.

INDRE-ET-LOIRE n.f. (37), dép. de la Région Centre ; ch.-l. de dép. *Tours ;* ch.-l. d'arrond. *Chinon, Loches ;* 3 arrond. ; 37 cant. ; 277 comm. ; 6 127 km² ; 554 003 hab. Le dép. appartient à l'académie d'Orléans-Tours, à la cour d'appel d'Orléans, à la zone de défense Ouest. La vallée de la Loire et les basses vallées du Cher, de l'Indre et de la Vienne constituent les secteurs vitaux du dép. Elles portent de riches cultures fruitières et légumières, des vignobles (Vouvray, Bourgueil), et sont jalonnées de châteaux (à Amboise, Azay-le-Rideau, Chenonceaux, Chinon), hauts lieux touristiques. Les plateaux, crayeux ou siliceux, dominant ces vallées sont le domaine d'une agriculture moins intensive (céréales ou élevage bovin). L'industrie est surtout représentée dans l'agglomération de Tours, qui regroupe plus de la moitié de la population.

Indulgences (querelle des), conflit religieux qui préluda à la Réforme luthérienne. En 1515, le pape Léon X promulgua une indulgence pour tous ceux qui versaient des aumônes destinées à l'achèvement de Saint-Pierre de Rome. Il s'ensuivit une campagne de prédication, menée en Allemagne par le dominicain Tetzel, pour le compte de l'archevêque Albert de Brandebourg appuyé par les banquiers Fugger. Cette campagne provoqua l'indignation de Luther, qui résuma dans un écrit ses attaques contre les indulgences ; ce sont les 95 thèses, affichées en 1517 sur les portes de l'église de Wittenberg et condamnées par Rome en 1519.

INDURÁIN (Miguel), *Villava, Navarre, 1964,* coureur cycliste espagnol. Il a remporté cinq Tours de France consécutifs (1991 à 1995) et deux Tours d'Italie (1992 et 1993).

INDUS n.m., en sanskr. **Sindhu,** fl. d'Asie, né au Tibet, qui se jette dans la mer d'Oman en formant un vaste delta ; 3 040 km. Il traverse le Cachemire et le Pakistan. Ses eaux sont utilisées pour l'irrigation. – Les bords de l'Indus connurent une civilisation non indo-européenne probablement née à Mehrgarh, florissante au IIIe millénaire av. J.-C., qui s'éteignit au milieu du IIe millénaire av. J.-C. Cette civilisation est notamm. caractérisée par une architecture urbaine (Mohenjo-Daro [Sind], Harappa [Pendjab], etc.) et par une écriture pictographique indéchiffrée.

INDY (Vincent **d'**), *Paris 1851 - id. 1931,* compositeur français. Auteur d'opéras (*Fervaal,* 1897 ; *l'Étranger,* 1903) et de la *Symphonie sur un chant montagnard français,* dite « cévenole » (1886), il fut aussi théoricien, et le cofondateur de la Schola cantorum.

■ CIVILISATION DE L'**INDUS :** tête sculptée de Mohenjo-Daro, Sind (Pakistan), IIIe millénaire. (Musée de New Delhi.)

INED (Institut national d'études démographiques), organisme public français, fondé en 1945, chargé de l'étude des problèmes de population.

INÉS DE CASTRO, *en Castille v. 1320 - Coimbra 1355,* héroïne espagnole. Ayant épousé secrètement l'infant Pierre de Portugal, elle fut assassinée sur l'ordre du roi Alphonse IV. – Son histoire inspira notamm. un drame à Montherlant (*la Reine morte,* 1942).

informatique et des libertés (Commission nationale de l') [CNIL], autorité administrative française indépendante, instituée en 1978 pour protéger la vie privée et les libertés individuelles et publiques face aux dangers que peut présenter l'informatique.

Inga, aménagement hydroélectrique de la Rép. dém. du Congo (ex-Zaïre), dans les gorges du fleuve Congo.

INGEN-HOUSZ (Johannes), *Breda 1730 - Bowood, Wiltshire, 1799,* physicien néerlandais. Il étudia la conductibilité calorifique des métaux ainsi que la nutrition des végétaux, et découvrit la photosynthèse.

INGOLSTADT, v. d'Allemagne (Bavière), sur le Danube ; 109 666 hab. Raffinage du pétrole. Chimie. – Château (XVe-XVIe s.) et églises (du gothique au rococo).

INGOUCHES, peuple caucasien de Russie (Tchétchénie, Ingouchie et Ossétie du Nord principalement) [env. 240 000]. Apparentés aux Tchétchènes, ils se convertirent à l'islam sunnite à partir du XVIIIe s. Ils entrèrent en conflit avec les colonisateurs russes (Cosaques) à la fin du XIXe s. ; comme les Tchétchènes, ils furent déportés en Asie centrale sous un fallacieux prétexte de collaboration (1943 - 1944) ; les survivants furent autorisés à revenir chez eux après 1957. Ils parlent l'*ingouche* (ou *galgay*).

INGOUCHIE, république de Russie, au N. du Caucase ; 310 000 hab. ; cap. *Nazran.*

INGRÉ (45140), ch.-l. de cant. du Loiret ; 7 531 hab.

INGRES (Jean Auguste Dominique), *Montauban 1780 - Paris 1867,* peintre français. Élève de David, Grand Prix de Rome en 1801, il se distingua par la pureté et le raffinement de son dessin. Professeur, devenu le chef de l'école classique face au romantisme, il a transcendé les règles académiques par un génie souvent étrange (*la Grande Odalisque,* 1814 ; *Roger délivrant Angélique,* 1819, Louvre ; *le Vœu de Louis XIII,* 1824, cathédrale de Montauban ; *l'Apothéose d'Homère,* 1827, Louvre ; *Stratonice,* 1840, Chantilly ; *le Bain turc,* 1859-1863, Louvre). Ses portraits, peints ou dessinés, sont d'une exceptionnelle qualité.

INHELDER (Bärbel), *Saint-Gall 1913 - Ausserberg, Valais, 1997,* psychologue suisse. Elle a contribué avec J. Piaget à construire une théorie du développement de l'intelligence.

Inkatha (« Liberté de la nation »), mouvement puis parti politique zoulou, fondé en 1975 par Mangosuthu Gatsha Buthelezi. Il est fortement implanté au Kwazulu-Natal.

INN n.m., riv. d'Europe centrale (Suisse, Autriche et Allemagne), affl. du Danube (r. dr.), rejoint à Passau ; 510 km. Né dans les Grisons, où sa haute vallée constitue l'Engadine, il traverse le Tyrol, passant à Innsbruck.

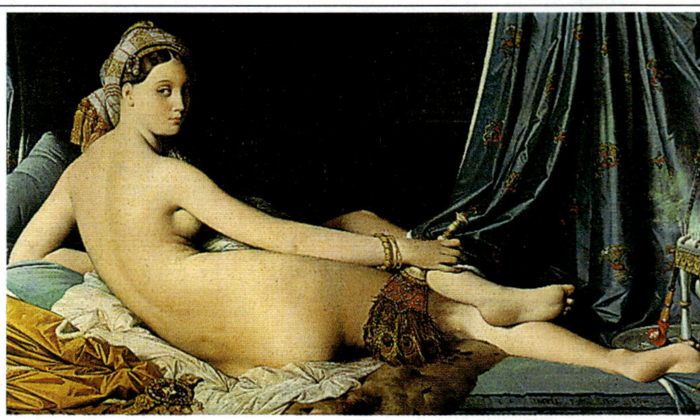

■ **INGRES.** *La Grande Odalisque,* 1814. (Louvre, Paris.)

INNOCENT III (Giovanni **Lotario di Segni**), *Anagni 1160 - Rome 1216,* pape de 1198 à 1216. Il lutta contre Philippe Auguste et contre Jean sans Terre, prit l'initiative de la 4e croisade et celle de l'expédition contre les albigeois après l'échec de la prédication de saint Dominique. Il imposa sa tutelle à Frédéric II. Le IVe concile du Latran marqua le sommet de son pontificat et de la théocratie papale. — **Innocent IV** (Sinibaldo **Fieschi**), *Gênes v. 1195 - Naples 1254,* pape de 1243 à 1254. Il lutta contre Frédéric II, qu'il fit déposer au Ier concile de Lyon (1245). — **Innocent X** (Giovanni Battista **Pamphili**), *Rome 1574 - id. 1655,* pape de 1644 à 1655. Élu contre la volonté de Mazarin, il entra en conflit avec celui-ci pendant son pontificat. Il condamna cinq propositions tirées de l'*Augustinus* de Jansénius et perfectionna l'organisation administrative pontificale. — bienheureux **Innocent XI** (Benedetto **Odescalchi**), *Côme 1611 - Rome 1689,* pape de 1676 à 1689. Il lutta contre la simonie et eut de vifs démêlés avec Louis XIV, en partie au sujet de la régale. — **Innocent XII** (Antonio **Pignatelli**), *Spinazzola 1615 - Rome 1700,* pape de 1691 à 1700. Il mit fin à la querelle de la régale et obtint la restitution d'Avignon, confisquée sous le pontificat d'Innocent XI.

■ **INNOCENT III.** Fresque du XIIIe s. (Monastère de Subiaco.)

Innocents (massacre des), meurtre des enfants de moins de deux ans, qui fut ordonné par Hérode le Grand par crainte de la rivalité d'un futur Messie (évangile de Matthieu).

Innocents (cimetière, marché et fontaine des), ancien ensemble urbain de Paris (Ier arrond.). Le vieux cimetière des Innocents (1186 - 1786) fut remplacé par un marché (1788 - 1858), au centre duquel fut reconstruite en forme d'édicule indépendant la fontaine des Innocents, pariétale à l'origine, de Lescot et Goujon (sculptures complémentaires de Pajou). Puis un square prit la place du marché ; square et fontaine sont auj. compris dans l'aménagement du quartier des Halles.

INNSBRUCK, v. d'Autriche, ch.-l. du Tyrol, sur l'Inn ; 114 996 hab. Station touristique et de sports d'hiver. Université. — Hofburg, château de Maximilien Ier, puis de l'impératrice Marie-Thérèse ; Hofkirche, ou église des Franciscains, renfermant le cénotaphe de Maximilien ; autres monuments (XVIe-XVIIIe s.). Musées du Tyrol.

INO MYTH. GR. Déesse marine, fille de Cadmos et d'Harmonia et épouse d'Athamas. Elle servit de nourrice à Dionysos.

INÖNÜ (Mustafa Ismet, dit Ismet), *Izmir 1884 - Ankara 1973,* général et homme politique turc. Collaborateur de Mustafa Kemal, il fut victorieux des Grecs à Inönü (1921) et devint Premier ministre (1923 - 1937), puis président de la République (1938 - 1950) et du Parti républicain du peuple (1938 - 1972).

Inquisition, tribunal spécial institué par la papauté pour lutter contre les hérésies au moyen d'une procédure particulière, l'enquête *(inquisitio).* Introduite devant les tribunaux ecclésiastiques par Innocent III (1199), la procédure inquisitoriale (interrogatoire, torture, châtiments) fut confiée aux dominicains (XIIIe s.) pour lutter contre les albigeois dans le midi de la France. Très active jusque dans l'Espagne du XVIe s. (contre les musulmans et les juifs), l'Inquisition a été officiellement supprimée au début du XVIIIe s.

INRA (Institut national de la recherche agronomique), établissement public français créé en 1946 pour effectuer des travaux de recherche scientifique intéressant l'agriculture, les industries agroalimentaires et le monde rural.

INRI, initiales des mots latins : *Iesus Nazarenus Rex Iudaeorum* (Jésus, le Nazaréen, roi des Juifs). C'est le motif de la condamnation, qui, selon la coutume romaine, était inscrit sur une tablette fixée à la croix ; l'iconographie a réduit cette mention à des initiales.

IN SALAH, oasis du Sahara algérien ; 19 000 hab.

INSEE (Institut national de la statistique et des études économiques), organisme public français chargé de la publication des statistiques et de diverses enquêtes et études, notamm. de conjoncture économique. Il a pris en 1946 la suite du Service national des statistiques, créé en 1941.

INSERM (Institut national de la santé et de la recherche médicale), organisme français créé en 1964, chargé de l'étude des problèmes sanitaires et de l'orientation de la recherche médicale.

Institut (palais de l'), édifice parisien, situé sur la rive gauche de la Seine, en face du Louvre. C'est l'ancien Collège des Quatre-Nations, élevé sous la direction de Le Vau à partir de 1663. Affecté à l'Institut de France depuis 1806, il accueille dans sa chapelle à coupole les séances publiques des Académies ; bibliothèque Mazarine.

Institut catholique de Paris, établissement libre d'enseignement supérieur, créé en 1875.

Institut de France, ensemble des cinq Académies : française, des inscriptions et belles-lettres, des sciences, des beaux-arts, des sciences morales et politiques. *(V. liste en fin de volume.)*

Institut de mécanique céleste et de calcul des éphémérides, laboratoire de recherche en astronomie fondamentale et service public de calcul et de diffusion d'éphémérides astronomiques. Créé en 1998, il est rattaché à l'Observatoire de Paris.

Institut de recherche pour le développement → IRD.

Institut du monde arabe (IMA), fondation visant au développement de la connaissance du monde arabo-islamique en France. Il est installé à Paris (Ve arrond.), dans un édifice de J. Nouvel et Architecture Studio ; bibliothèque, musée.

Institutes, exposé systématique du droit romain rédigé sur l'ordre de Justinien, en 533, inspiré des *Institutes* de Gaïus (IIe s. apr. J.-C. ?).

Institut géographique national → IGN.

Institution de la religion chrétienne, livre rédigé par Calvin entre 1533 et 1535. Imprimé en latin à Bâle en 1536, puis en français en 1541, cet ouvrage constitue le premier et le plus important exposé de la doctrine réformée.

Institut national de la recherche agronomique → INRA.

Institut national de la santé et de la recherche médicale → INSERM.

Institut national de la statistique et des études économiques → INSEE.

Institut national d'études démographiques → INED.

Institut Pasteur → Pasteur (Institut).

INSULINDE, partie insulaire de l'Asie du Sud-Est (Indonésie et Philippines essentiellement).

Intelligence Service (IS), ensemble d'organismes chargés, en Grande-Bretagne, du recueil des renseignements intéressant le gouvernement et du contre-espionnage.

Intelsat, organisation internationale de télécommunications par satellites, créée en 1964 par 11 nations, sous l'impulsion des États-Unis, avec pour objectif la mise en place d'un réseau mondial de télécommunications assurées par des satellites géostationnaires. Le premier de ces satellites, Intelsat 1 ou Early Bird, a été lancé en 1965. Intelsat compte plus de 140 États membres et achemine les deux tiers environ des télécommunications intercontinentales (téléphone, télévision, transmission des données).

INTÉRIEURE (mer), en jap. **Seto Naikai,** partie du Pacifique située entre les îles japonaises de Honshu, Shikoku et Kyushu.

INTERLAKEN, comm. de Suisse (cant. de Berne), entre les lacs de Thoune et de Brienz ; 5 176 hab. Centre touristique.

Internationale, association internationale rassemblant les travailleurs en vue d'une action visant à transformer la société. La *Ire Internationale,* ou *Association internationale des travailleurs (AIT),* fondée à Londres en 1864, disparut après 1876 du fait de l'opposition entre marxistes et anarchistes ; la *IIe Internationale,* fondée à Paris en 1889, adopta le 1er mai comme date de la fête socialiste internationale, resta fidèle à la social-démocratie et disparut en 1923. En sont issues : *l'Internationale ouvrière socialiste* (1923 - 1940), regroupant les partis qui avaient refusé d'adhérer à la IIIe Internationale, puis *l'Internationale socialiste,* organisée en 1951. La *IIIe Internationale,* ou *Internationale communiste (IC),* ou *Komintern,* fondée à Moscou en 1919, rassembla autour de la Russie soviétique puis de l'URSS la plupart des partis communistes. Elle fut supprimée par Staline en 1943. La « IVe Internationale », d'obédience trotskiste, naquit en 1938.

Internationale (l'), chant révolutionnaire sur un poème de E. Pottier (1871) et une musique de P. Degeyter.

International Herald Tribune, quotidien international de langue anglaise, publié à Paris. Issu en 1887 du *New York Herald,* il est coédité depuis 1967 par le *New York Times* et le *Washington Post.*

Internet ou **l'Internet,** réseau télématique international. (V. partie n. comm.)

Interpol, dénomination de l'Organisation internationale de police criminelle, créée en 1923. Son siège est à Lyon depuis 1989.

Interprétation des rêves (l'), ouvrage de S. Freud (1900). Dans cet ouvrage fondateur, Freud fait du rêve, production psychique assurant la réalisation déguisée d'un désir refoulé, la voie royale d'accès à l'inconscient.

Interrègne (le Grand) [1250 - 1273], période durant laquelle le trône du Saint Empire fut vacant.

Intifada n.f. (de l'arabe *intifāḍa,* soulèvement), soulèvement populaire palestinien, déclenché en 1987 dans les territoires occupés par Israël. Ayant connu une longue accalmie à la suite de la conclusion de l'accord israélo-palestinien de 1993, elle reprend, avec une violence accrue, en 2000.

Intranet, réseau télématique interne à une entreprise. (V. partie n. comm.)

Introduction à l'étude de la médecine expérimentale, ouvrage de Claude Bernard (1865). L'auteur y définit les règles de la recherche expérimentale en biologie et manifeste sa foi dans le déterminisme.

INUITS, nom sous lequel se reconnaissent les Esquimaux du Groenland et ceux du nord et de l'est du Canada (env. 150 000 au total). Le terme *Inuits,* officiel au Canada, tend même à remplacer celui d'« Esquimaux », estimé péjoratif. Les Inuits du Canada habitent essentiellement le Nunavut, les Territoires du Nord-Ouest, le Nunavik (dans le nord du Québec) et le Labrador. Leur langue est l'*inuktitut.* La sculpture inuite est réputée, faite surtout de stéatite, mais aussi de pierre de l'Arctique, d'os de baleine, d'ivoire ou de bois de cervidés.

INUKJUAK, village inuit du Canada (Québec), sur la baie d'Hudson ; 1 045 hab. *(Inukjuamiuts).* Musée nordique.

INUVIK, v. du Canada (Territoires du Nord-Ouest), près de la mer de Beaufort ; 3 206 hab.

Invalides (hôtel des), édifice parisien (VIIe arrond.). Ce vaste ensemble fut construit à partir de 1670 par L. Bruant pour abriter l'institution destinée par Louis XIV à recueillir des militaires invalides. Dans la chapelle Saint-Louis (par J.H.-Mansart, 1680), surmontée d'un célèbre dôme, ont été déposées en 1840 les cendres de Napoléon Ier ; on y trouve aussi les tombeaux de son fils (depuis 1940) et de plusieurs maréchaux (dont Foch et Lyautey). L'édifice comporte une autre église et abrite notamm. le musée de l'Armée et le musée des Plans-Reliefs.

INVERNESS, v. de Grande-Bretagne (Écosse), sur la mer du Nord ; 35 000 hab. Port.

Investitures (querelle des) [1075 - 1122], conflit qui opposa la papauté et le Saint Empire au sujet de la collation des titres ecclésiastiques. Aigu, surtout sous le pontificat de Grégoire VII et sous le règne de l'empereur Henri IV, ce conflit aboutit, après l'humiliation de celui-ci à Canossa (1077), au concordat de Worms (1122), qui établit le principe de la séparation des pouvoirs spirituel et temporel.

IO MYTH. GR. Prêtresse d'Héra. Elle fut aimée par Zeus, qui la changea en génisse afin de la soustraire à la jalousie d'Héra.

IOÁNNINA ou **JANNINA,** v. de Grèce, en Épire, sur le *lac de Ioánnina ;* 56 496 hab. Anc. mosquée du XVIIe s. dans la citadelle ; musées.

IOCHKAR-OLA, v. de Russie, cap. de la république des Maris, au N.-O. de Kazan ; 242 000 hab.

IOLE MYTH. GR. Héroïne légendaire, enlevée par Héraclès, qui l'épousa. Elle éveilla la jalousie de Déjanire et causa la mort d'Héraclès.

IONESCO (Eugène), *Slatina 1909 - Paris 1994,* écrivain français d'origine roumaine. Son théâtre dénonce l'absurdité de l'existence et des rapports sociaux à travers un univers parodique et symbolique (*la Cantatrice chauve,* 1950 ; *la Leçon,* 1951 ; *les Chaises,* 1952 ; *Rhinocéros,* 1960 ; *Le roi se meurt,* 1962). [Acad. fr.]

■ EUGÈNE **IONESCO**

IONIE, ancien nom de la région côtière de l'Asie Mineure. V. princ. *Éphèse, Milet, Phocée.* Les *Ioniens* ont été parmi les premiers peuples indo-européens qui occupèrent la Grèce au début du IIe millénaire. Chassés par les Doriens, ils s'installèrent en Asie Mineure. Leur civilisation a connu sa plus brillante période aux VIIe-VIe s. av. J.-C.

IONIENNE (mer), partie de la Méditerranée entre l'Italie du Sud et la Grèce.

IONIENNES (îles), archipel de Grèce, dans la mer Ionienne ; 191 003 hab. Les principales îles sont Corfou, Leucade, Ithaque, Céphalonie, Zante et Cythère. Conquises successivement à partir du XIe s. par les Normands de Sicile, par les rois de Naples et par Venise, elles furent occupées par la France (1797 - 1799), puis par la Grande-Bretagne (1809). Passées sous protectorat britannique (1815), elles revinrent à la Grèce en 1864.

IORGA (Nicolae), *Botoşani 1871 - Strejnicu 1940,* homme politique et historien roumain. Président du Conseil (1931 - 1932), il fut assassiné par des membres de la Garde de fer. Il a publié une *Histoire des Roumains* (1936 - 1939).

ÍOS ou **NIÓS,** île de Grèce, dans la mer Égée (Cyclades) ; 105 km² ; 1 200 hab. Tourisme. La tradition y fait mourir Homère.

IOUJNO-SAKHALINSK, v. de Russie, dans l'île de Sakhaline ; 164 000 hab.

IOWA, État des États-Unis, entre le Mississippi et le Missouri ; 2 776 755 hab. ; cap. *Des Moines.*

IPATINGA, v. du Brésil (Minas Gerais) ; 179 696 hab. Sidérurgie.

IPHIGÉNIE MYTH. GR. Fille d'Agamemnon et de Clytemnestre. Son père la sacrifia à Artémis afin de fléchir les dieux, qui retenaient par des vents contraires la flotte grecque à Aulis. Suivant une autre tradition, Artémis substitua une biche à Iphigénie, qui devint ensuite sa prêtresse en Tauride. — Sa légende a notamm. inspiré des tragédies à Euripide (*Iphigénie en Tauride,* v. 413 av. J.-C. ; *Iphigénie à Aulis,* apr. 406 av. J.-C.), à Racine (*Iphigénie en Aulide,* 1674), et un drame à Goethe (*Iphigénie en Tauride,* 1779 - 1787). Au XVIIIe s., Gluck a écrit la musique d'*Iphigénie en Aulide* (1774) et d'*Iphigénie en Tauride* (1779).

IPOH, v. du nord de la Malaisie ; 301 000 hab. À proximité, gisements d'étain.

IPOUSTEGUY (Jean Robert), *Dun-sur-Meuse 1920,* sculpteur et dessinateur français. Il est le maître d'un expressionnisme angoissé, figuratif par des voies personnelles (*Ecbatane,* 1965 ; *la Mort du père,* 1968 ; *Val de Grâce,* 1977 ; etc.).

Ipsos, société française d'études et de conseil fondée en 1975, spécialisée dans les sondages d'opinion.

Ipsos (bataille d') ou **bataille des rois** (301 av. J.-C.), bataille où le général macédonien Antigonos Monophtalmos fut vaincu par les successeurs d'Alexandre le Grand (diadoques), à Ipsos (Phrygie).

IPSWICH, v. de Grande-Bretagne (Angleterre), ch.-l. du Suffolk ; 115 500 hab. Port. — Monuments anciens, musées.

IQALUIT, anc. **Frobisher Bay,** v. du Canada, ch.-l. du Nunavut, dans une échancrure de l'île de Baffin (baie de Frobisher) ; 3 600 hab.

IQBAL (sir Mohammad), *Sialkot v. 1876 - Lahore 1938,* écrivain indien d'expressions ourdou et persane. Poète et rénovateur de la pensée islamique, il a exercé une profonde influence sur les créateurs de l'État pakistanais.

IQUIQUE, v. du Chili septentrional ; 152 529 hab. Port.

IQUITOS, v. du Pérou, sur le Marañón ; 266 000 hab.

IRA (Irish Republican Army, en fr. Armée républicaine irlandaise), force paramilitaire irlandaise. Formée en 1919 pour mener la guerre d'indépendance contre les Anglais, l'IRA se réduit, après le traité anglo-irlandais de 1921, à une poignée d'irréductibles. Réactivée en 1969, elle mène une lutte armée pour défendre la minorité catholique de l'Irlande du Nord et obtenir la réunification de l'île. À partir de 1994 (proclamation d'un cessez-le-feu), elle s'engage, à travers le *Sinn Féin, dans une logique de négociations. Mais, après la conclusion de l'accord de 1998, la question de la mise en œuvre de son désarmement volontaire pèse politiquement sur le fonctionnement des institutions semi-autonomes, nouvellement créées, d'Irlande du Nord.

IRAK → **IRAQ.**

IRÁKLION ou **HÉRAKLION,** anc. **Candie,** v. de Grèce ; 117 167 hab. Port. Principale ville de la Crète. — Très riche musée.

IRAN n.m., État d'Asie, entre la Caspienne et l'océan Indien ; 1 650 000 km² ; 68 700 000 hab. *(Iraniens).* CAP. *Téhéran.* LANGUE : *persan.* MONNAIE : *rial iranien.*

GÉOGRAPHIE

L'Iran est un pays de hautes plaines steppiques et désertiques, au climat contrasté (chaud en été, froid en hiver). Ces plaines sont cernées par des montagnes (Elbourz, Zagros), dont le piémont est jalonné de villes (Téhéran, Ispahan, Chiraz), souvent centres d'oasis où sont cultivés le blé, l'orge, le coton, les arbres fruitiers. L'élevage (ovins et caprins) est, avec une culture céréalière extensive, la seule forme d'exploitation du Centre-Est. L'Iran demeure l'un des grands fournisseurs de pétrole (et aussi de gaz naturel, avec d'importantes réserves), dont l'évolution de la production et des cours conditionne celle de l'économie. La population, entièrement islamisée (chiites), est formée pour moitié de Persans, mais compte d'importantes minorités, surtout dans le nord-ouest (Azéris et Kurdes).

HISTOIRE

L'Iran ancien. IIe millénaire : les Aryens progressent du N.-E. à l'O. de l'Iran. **IXe s. av. J.-C. :** leurs descendants, les Perses et les Mèdes, atteignent le Zagros. **v. 612 - 550 :** après l'effondrement de l'Assyrie, les Mèdes posent les bases de la puissance iranienne. **550 :** l'Achéménide Cyrus II détruit l'Empire mède et fonde l'Empire perse, qui domine l'ensemble de l'Iran et une partie de l'Asie centrale. **490 - 479 :** les guerres médiques entreprises par Darios Ier (522 - 486), puis par Xerxès Ier (486 - 465), se soldent par la défaite des Achéménides. **330 :** après la mort de Darios III, Alexandre le Grand est le maître de l'Empire perse. **312 av. J.-C. :** Séleucos, lieutenant d'Alexandre, fonde la dynastie séleucide. **IIIe s. av. J.-C. :** les Séleucides perdent le contrôle de l'Iran. **250 av. J.-C. - 224 apr. J.-C. :** la dynastie parthe des Arsacides règne sur les régions iraniennes. **224 :** les Sassanides renversent les Arsacides. **224 - 651 :** l'Empire sassanide, fortement centralisé, s'étend des confins de l'Inde à ceux de l'Arabie. **v. 226 - 272 :** Ardacher (v. 226 - 241) et Châhpuhr Ier (241 - 272) font du mazdéisme la religion d'État. **310 - 628 :** les Sassanides opposent une résistance efficace à Rome, sous Châhpuhr II (310 - 379), puis à Byzance, sous Khosrô Ier (531 - 579) et Khosrô II (590 - 628).

L'Iran musulman. 642 : conquête arabe. **661 :** l'Iran est intégré à l'empire musulman des Omeyyades, puis (750) à celui des Abbassides. Il est islamisé. **874 - 999 :** les Samanides développent une brillante civilisation au Khorasan et en Asie centrale. **999 - 1055 :** les Turcs deviennent les maîtres du Khorasan (Ghaznévides), puis déferlent à travers l'Iran jusqu'à Bagdad (Seldjoukides). Assimilant la culture iranienne, ils en deviennent les véhicules en Asie Mineure et en Inde (XIIe-XIIIe s.). **1073 - 1092 :** l'Iran seldjoukide est à son apogée sous Malik Chah. **1220 - 1221 :** Gengis

L'ART DE L'IRAN ANCIEN

Raffinement de l'offrande funéraire de la Suse chalcolithique du IVe millénaire, vigueur des montagnards bronziers du Lorestan, somptuosité des arts auliques des Achéménides et des Sassanides, ou encore génie architectural et décoratif déployé sous les dynasties islamiques : l'art en Iran n'a cessé de s'épanouir dans son extrême diversité.

Persépolis : le palais de Darios Ier. Au premier plan, l'escalier d'accès à la terrasse, à l'arrière-plan les colonnes de l'apadana (VIe s. av. J.-C.).

Lorestan : plaque ▷ gauche d'un mors de cheval. Ce bronze du VIIIe s. av. J.-C. montre la virtuosité du travail métallurgique. (Louvre, Paris.)

Naqsh-i Roustem. Le triomphe du roi sassanide Châhpuhr Ier sur l'empereur Valérien lors de la bataille d'Édesse ; relief rupestre du IIIe s. apr. J.-C. Les plus anciennes traditions orientales et achéménides sont le ferment de la renaissance sassanide.

Suse : boisseau en terre cuite peinte. Vers 4000 av. J.-C. Extrême stylisation et souplesse des lignes s'allient dans ce décor d'échassiers, de sloughis et de bouquetins. (Louvre, Paris.)

Suse : dieu élamite. ▷ Bronze et or, v. 1800 - 1700 av. J.-C. À l'origine, cette statuette était recouverte d'or. C'est l'un des exemples de la statuaire de Suse au IIe millénaire av. J.-C.

Ispahan : la Grande Mosquée du vendredi. La cour centrale et l'iwan ouest (XIe s., restauré au XVe s.). C'est la salle voûtée ouverte des Sassanides qui est à l'origine de l'iwan et du plan canonique de la mosquée iranienne à quatre iwans.

Behzad : le roi Dara et le gardien du troupeau royal. Miniature (v. 1488) extraite du *Bostan,* le poème de Saadi. (BNF, Paris.)

Ispahan : le pont Khadju. Édifié par Chah Abbas II au XVIIe s., ce pont-barrage illustre les derniers flamboiements du génie architectural iranien, qui s'épanouit sous la dynastie séfévide.

Khan dévaste le pays. **1256 - 1335 :** conquis par Hulagu, l'Iran est sous la domination mongole (Ilkhans). **1381 - 1404 :** Timur Lang (Tamerlan) lance des campagnes dévastatrices. **1501 :** le Séfévide Ismaïl Ier (1501 - 1524) se fait proclamer chah. Il fait du chiisme duodécimain la religion d'État. **1587-1629 :** les Séfévides sont à leur apogée sous Abbas Ier. **1722 :** les Afghans s'emparent d'Ispahan et les dignitaires chiites s'établissent dans les villes saintes d'Iraq (Nadjaf, Karbala). **1736 - 1747 :** Nader Chah chasse les Afghans et entreprend de nombreuses conquêtes.

L'Iran contemporain. 1796 : la dynastie qadjar (1796-1925) accède au pouvoir. **1813-1828 :** l'Iran perd les provinces de la Caspienne, annexées par l'Empire russe. **1856 :** la Grande-Bretagne contraint l'Iran à reconnaître l'indépendance de l'Afghanistan. **1906 :** l'opposition nationaliste, libérale et religieuse obtient l'octroi d'une constitution. **1907 :** un accord anglo-russe divise l'Iran en deux zones d'influence. **1921 :** Reza Khan prend le pouvoir. **1925 :** il se proclame chah et fonde la dynastie Pahlavi. Il impose la modernisation, l'occidentalisation et la sécularisation du pays. **1941 :** Soviétiques et Britanniques occupent une partie de l'Iran. Reza Chah abdique en faveur de son fils Mohammad Reza. **1951 :** Mossadegh, Premier ministre, nationalise le pétrole. **1953 :** il est destitué par le chah. **1955 :** l'Iran adhère au pacte de Bagdad. **1963 :** le chah lance un programme de modernisation, la « révolution blanche ». **1979 :** l'opposition l'oblige à quitter le pays. Une république islamique est instaurée, dirigée par l'ayatollah Khomeyni, défendue par la milice des gardiens de la révolution *(pasdaran)* ; crise avec les États-Unis (prise d'otages à l'ambassade américaine de Téhéran). **1980 :** Bani Sadr est élu président laïque de la République ; début de la guerre avec l'Iraq. **1981 :** Bani Sadr est destitué. Le pays connaît des vagues de terrorisme. L'Iran s'érige en guide de la « révolution islamique » à travers le monde, notamm. au Liban. **1988 :** un cessez-le-feu intervient entre l'Iran et l'Iraq. **1989 :** après la mort de Khomeyni, Ali Khamenei lui succède avec le titre de « guide de la révolution islamique ». Hachemi Rafsandjani est élu à la présidence de la République. Il tente de relancer l'économie, ruinée par la guerre avec l'Iraq, mais se heurte à l'hostilité des pays qui dénoncent son soutien au terrorisme international. **1997 :** Mohammad Khatami, représentant du courant réformateur, est élu à la présidence de la République. **2000 :** les réformateurs remportent largement les élections législatives.

Iran-Iraq (guerre), guerre qui opposa l'Iran et l'Iraq de 1980 à 1988. L'Iraq attaqua pour récupérer le contrôle du Chatt al-Arab et annexer le Khuzestan, mais, devant la résistance iranienne, proposa un cessez-le-feu, refusé par l'Iran (1982). Les combats s'intensifièrent et le conflit s'internationalisa. Un cessez-le-feu entra en vigueur en août 1988. En 1990, l'Iraq accepta l'accord d'Alger de 1975 fixant la frontière avec l'Iran.

IRAPUATO, v. du Mexique ; 362 471 hab.

IRAQ ou **IRAK** n.m., État d'Asie, ouvert sur le golfe Persique ; 434 000 km² ; 21 000 000 hab. (*Irakiens* ou *Iraquiens*). CAP. *Bagdad.* LANGUE : *arabe.* MONNAIE : *dinar irakien.*

GÉOGRAPHIE

Occupant la majeure partie de la Mésopotamie, entre le Tigre et l'Euphrate, l'Iraq est un pays au relief monotone, semi-désertique, avec des étés torrides. Il n'est que très partiellement mis en valeur par l'irrigation (blé, riz, dattes, coton). L'élevage (ovins) est la seule ressource des steppes périphériques. Mais l'économie repose sur le pétrole, dont l'exploitation et l'exportation ont été perturbées par un embargo -sanction de la guerre du Golfe - mettant le pays au ban de la communauté internationale.

HISTOIRE

L'Iraq actuel est constitué par l'ancienne Mésopotamie, berceau des civilisations de Sumer, d'Akkad, de Babylone et de l'Assyrie. **224 - 633 :** les Sassanides dominent le pays où est située leur capitale, Ctésiphon. **633 - 642 :** les Arabes le conquièrent. **661-750 :** sous les Omeyyades, l'Iraq, islamisé, est le théâtre des luttes de ces derniers contre les Alides (mort de Husayn à Karbala, en 680). **750 - 1258 :** les Abbassides règnent sur l'Empire musulman. **762 :** ils fondent Bagdad. **1055 :** les Turcs Seldjoukides s'emparent de Bagdad. **1258 :** les Mongols de Hulagu détruisent Bagdad. **1258-1515 :** le pays, ruiné, est dominé par des dynasties mongoles ou turkmènes. **1401 :** Bagdad est mise à sac par Timur Lang (Tamerlan). **1515-1546 :** les Ottomans conquièrent l'Iraq. **1914-1918 :** la Grande-Bretagne occupe le pays. **1920 :** elle obtient un mandat de la SDN. **1921 :** l'émir hachémite Faysal devient roi d'Iraq (1921-1933). **1925 :** la province de Mossoul est attribuée à l'Iraq. **1927 :** l'exploitation du pétrole est confiée à l'Iraq Petroleum Company (IPC). **1930 :** le traité anglo-irakien accorde une indépendance nominale à l'Iraq. **1941 :** la Grande-Bretagne occupe le pays, qui entre en guerre aux côtés des Alliés. **1958 :** le général Kassem dirige un coup d'État et proclame la république. **1961 :** la rébellion kurde éclate. **1963 :** Kassem est renversé. **1968 :** putsch militaire ; le Baath prend le pouvoir et Ahmad Hasan al-Bakr devient président de la République. **1972 :** l'Iraq Petroleum Company est nationalisée. **1975 :** un accord avec l'Iran entraîne l'arrêt de la rébellion kurde. **1979 :** Saddam Husayn devient président de la République. **1980 :** l'Iraq attaque l'Iran (guerre *Iran-Iraq). **1988 :** un cessez-le-feu intervient. **1990 :** l'Iraq envahit puis annexe le Koweït (août) et refuse de s'en retirer malgré la condamnation de l'ONU. **1991 :** à l'expiration de l'ultimatum fixé par l'ONU, une force multinationale, à prépondérance américaine, attaque l'Iraq (guerre du *Golfe). Les révoltes des chiites et des Kurdes sont violemment réprimées. Une zone d'exclusion aérienne est mise en place, au nord du pays, pour protéger les Kurdes. **1992 :** une autre zone est instaurée, au sud, pour protéger les chiites de la région des marais. Le pouvoir central se trouve ainsi privé, de facto, de son autorité sur la moitié du territoire. **1994 :** l'Iraq reconnaît officiellement l'indépendance du Koweït, mais n'obtient pas l'allégement de l'embargo imposé par l'ONU en 1990. **1995 :** après une grave crise politique intérieure, S. Husayn fait approuver par référendum son maintien à la tête de l'État. **1996 :** l'ONU autorise une levée partielle de l'embargo sur le pétrole pour atténuer les pénuries frappant la population. Mais les relations de la communauté internationale avec le pouvoir irakien restent soumises à des crises récurrentes. **1998 :** invoquant le non-respect par l'Iraq des engagements pris vis-à-vis de la mission chargée de contrôler son désarmement, les États-Unis, assistés de la Grande-Bretagne, soumettent le pays à de nouveaux bombardements (déc.), prolongés depuis par des interventions ponctuelles.

IRBID, v. de Jordanie ; 385 000 hab.

IRCAM (Institut de recherche et de coordination acoustique-musique), organisme de recherche, de création et de diffusion musicales, créé en 1976 et appartenant au *Centre national d'art et de culture Georges-Pompidou.

IRD (Institut de recherche pour le développement), établissement public français à caractère scientifique et technologique. Il a pour mission d'étudier les relations entre l'homme et son environnement dans les régions tropicales, en vue de favoriser le développement de ces régions. Issu de l'ORSTOM (Office de la recherche scientifique et technique outre-mer), créé en 1944 et devenu en 1984 l'Institut français de recherche scientifique pour le développement en coopération, il a pris son nom actuel en 1998.

IRÈNE, *Athènes v. 752 - Lesbos 803,* impératrice byzantine (797-802). Régente de son fils Constantin VI (780 - 790), elle se débarrassa de celui-ci (797). Elle réunit le concile de Nicée (787) qui rétablit le culte des images.

IRÉNÉE (saint), *Smyrne ? v. 130 - Lyon v. 202,* Père de l'Église grecque. Grec d'origine, il devint évêque de Lyon en 178. Il a laissé notamm. *Contre les hérésies,* ouvrage fondamental pour la connaissance des gnostiques.

Irgoun, organisation militaire clandestine juive, fondée en Palestine en 1937. Elle lutta contre les Arabes palestiniens et les Britanniques, jusqu'à la proclamation de l'État d'Israël (1948).

IRIAN, nom donné à la Nouvelle-Guinée par l'Indonésie, qui en possède la moitié occidentale *(Irian Jaya).* Manifestant de fortes tendances séparatistes, l'Irian Jaya revendique son indépendance sous le nom de *Papouasie-Occidentale* (ou *Papouasie*).

IRIGNY (69540), ch.-l. de cant. du Rhône ; 8 465 hab. Décolletage.

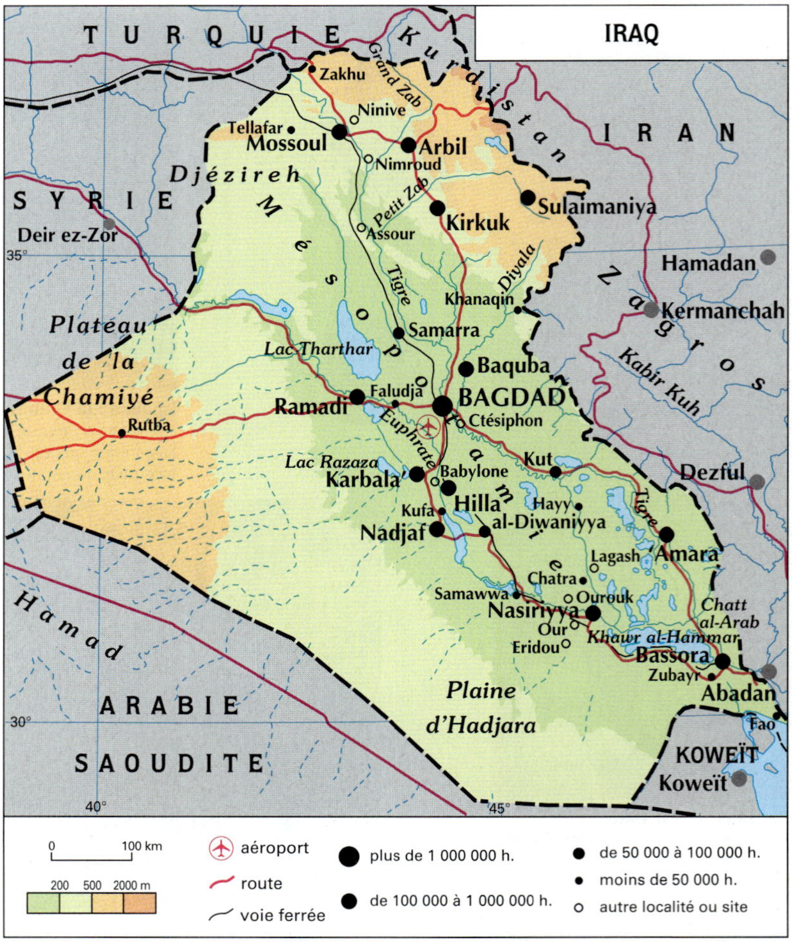

IRIS MYTH. GR. Messagère ailée des dieux, personnification de l'arc-en-ciel.

IRKOUTSK, v. de Russie, en Sibérie, sur l'Angara, près du lac Baïkal ; 626 000 hab. Centrale hydroélectrique. Aluminium. Chimie. – Musées.

IRLANDE, la plus occidentale des îles Britanniques (84 000 km²), divisée en *Irlande du Nord,* partie du Royaume-Uni, et en *république d'Irlande,* ou Éire.

HISTOIRE

Les origines. **IVe s. av. J.-C. :** une population celtique, les Gaëls, s'implante sur le sol irlandais. Les nombreux petits royaumes qui se fondent s'agrègent en cinq grandes unités politiques : Ulster, Connacht, Leinster du Nord (ou Meath), Leinster du Sud, Munster. **IIe s. apr. J.-C. :** les rois de Connacht affirment leur prééminence. **432 - 461 :** saint Patrick évangélise l'Irlande. **VIe - VIIe s. :** le pays connaît un vaste épanouissement culturel et religieux. Les moines irlandais, comme saint Colomban (m. en 615), créent d'importantes abbayes sur le continent. **Fin du VIIIe s. - début du XIe s. :** l'Irlande est envahie par les Scandinaves. **1014 :** l'expansion de ces derniers est stoppée par Brian Boru (victoire de Clontarf).

La domination anglaise. **1171 :** la division politique de l'île favorise l'incursion des Anglo-Normands. **1175 :** Henri II d'Angleterre impose sa souveraineté à l'Irlande. **XIIIe s. :** la féodalité anglaise implantée dans l'île est peu à peu assimilée. **1541 :** Henri VIII prend le titre de roi d'Irlande. Sa réforme religieuse provoque la révolte des Irlandais, attachés à la foi catholique. Il réplique en redistribuant les terres irlandaises à des Anglais. Les confiscations se poursuivent sous Édouard VI et Élisabeth Ire. **XVIIe s. - XVIIIe s. :** les Irlandais multiplient les révoltes en s'appuyant sur les adversaires de l'Angleterre : Espagnols et Français. **1649 :** Oliver Cromwell mène une sanglante répression contre les Irlandais, qui ont pris le parti des Stuarts (massacre de Drogheda). Cette répression est suivie d'une spoliation générale des terres. **1690 :** Jacques II est défait à la Boyne par Guillaume III. Le pays est désormais complètement dominé par l'aristocratie anglaise. **1702 - 1782 :** Londres applique de terribles lois pénales et limite les importations irlandaises. **1782 - 1783 :** l'Irlande acquiert son autonomie législative. **1796 - 1798 :** les Irlandais se révoltent sous l'influence des révolutions américaine et française.

L'union entre l'Irlande et l'Angleterre. **1800 :** le gouvernement britannique choisit la voie de l'intégration. Pitt fait proclamer l'union de l'Irlande et de l'Angleterre. **1829 :** Daniel O'Connell obtient l'émancipation des catholiques. **1846 - 1848 :** une effroyable crise alimentaire (Grande Famine) plonge l'île dans la misère ; une énorme émigration (notamm. vers les États-Unis) dépeuple le pays. **1858 :** naissance de la Fraternité républicaine irlandaise, dont les membres prennent le nom de *fenians.* **1870 :** Isaac Butt fonde l'association pour le Home Rule (l'autonomie), dont Charles Parnell devient le chef populaire. **1902 :** Arthur Griffith fonde le Sinn Féin, partisan de l'indépendance. **1916 :** une insurrection nationaliste est durement réprimée. **1921 :** le traité de Londres donne naissance à l'État libre d'Irlande et maintient le nord-est du pays au sein du Royaume-Uni (Irlande du Nord).

IRLANDE n.f., en gaél. **Éire,** État d'Europe occidentale ; 70 000 km² ; 3 600 000 hab. *(Irlandais).* CAP. *Dublin.* LANGUES : *anglais* et *gaélique.* MONNAIES : *euro* et *livre irlandaise.*

INSTITUTIONS

Régime parlementaire. La Constitution de 1937 a été amendée en 1939 et en 1941. Le président de la République est élu pour 7 ans. Le Premier ministre, chef du gouvernement, est responsable devant la Chambre. Le Parlement est composé d'une Chambre des représentants (166 membres, élus pour 5 ans) et d'un Sénat (60).

GÉOGRAPHIE

L'Irlande, au climat doux et humide, est formée à la périphérie de hautes collines et de moyennes montagnes, et, au centre, d'une vaste plaine tourbeuse, parsemée de lacs, difficilement drainée par le Shannon. L'élevage (bovins, ovins, porcins) est une ressource essentielle du pays, qui produit aussi du blé, de l'avoine, de l'orge (pour la bière), et des pommes de terre. Bénéficiant d'aides européennes et d'investissements étrangers importants, l'industrie (constructions mécaniques et électriques, imprimerie, pharmacie, électronique, informatique) s'est développée, ainsi que le secteur des services (assurances, tourisme). Le pays connaît depuis le milieu des années 1990 une forte croissance et, après avoir été une terre traditionnelle d'émigration, est devenu un bassin de main-d'œuvre.

HISTOIRE

1921 : le traité de Londres donne naissance à l'État libre d'Irlande, membre du Commonwealth. **1922 :** une véritable guerre civile oppose le gouvernement provisoire à ceux qui refusent la partition de l'Irlande. **1922 - 1932 :** le gouvernement de W. T. Cosgrave rétablit le calme et favorise une certaine amélioration agricole. **1932 :** le Fianna Fáil gagne les élections et porte E. De Valera au pouvoir. Celui-ci rompt avec la Grande-Bretagne et mène contre elle une guerre économique. **1937 :** une nouvelle Constitution est adoptée et l'Irlande prend le nom d'Éire. **1948 :** l'Éire devient la république d'Irlande et rompt avec le Commonwealth. **Depuis 1948 :** la vie politique est dominée par l'alternance au pouvoir du Fine Gael (avec, notamment, pour Premiers ministres : John Costello, 1948 - 1951 et 1954 - 1957 ; Garret Fitzgerald, 1981 - 1982 et 1982 - 1987 ; John Bruton, 1994 - 1997) et du Fianna Fáil (E. De Valera, 1951 - 1954 et 1957 - 1959 ; J. Lynch, 1966 - 1973 et 1977 - 1979 ; Charles Haughey, 1979 - 1981, 1982 et 1987 - 1992 ; Albert Reynolds, 1992 - 1994 ; Bertie Ahern, depuis 1997), qui dirigent auj. des gouvernements de coalition avec d'autres partis. **1973 :** l'Irlande entre dans la CEE. **1985 :** un accord est signé entre Dublin et Londres sur la gestion des affaires de l'Irlande du Nord. **1990 :** Mary Robinson est élue à la présidence de la République. **1993 - 1994 :** le processus de paix en Irlande du Nord est relancé. **1995 :** les Irlandais se prononcent par référendum en faveur de la légalisation du divorce. **1997 :** Mary McAleese est élue à la tête de l'État. **1999 :** conformément à l'accord conclu en 1998, des institutions semi-autonomes sont mises en place en Irlande du Nord.

IRLANDE (mer d'), partie de l'Atlantique, entre la Grande-Bretagne et l'Irlande.

IRLANDE DU NORD, partie du Royaume-Uni, dans le nord-est de l'île d'Irlande ; 14 000 km² ; 1 570 000 hab. ; cap. *Belfast.* La population est en majorité protestante, mais compte près de 40 % de catholiques.

HISTOIRE

1921 : les six comtés du nord de l'Ulster sont maintenus au sein du Royaume-Uni et bénéficient d'un régime d'autonomie interne. La minorité catholique, sous-représentée, est en position d'infériorité face aux protestants. **1969 :** le mécontentement des catholiques entretient une agitation endémique, réprimée par l'armée britannique. **1972 :** le gouvernement de Londres prend en main l'administration de la province. L'IRA multiplie les attentats. **1985 :** le Sinn Féin fait son entrée dans les institutions locales. **1994 :** le processus de paix, amorcé en 1993, se poursuit : proclamation du cessez-le-feu par l'IRA (août) et par les loyalistes protestants (oct.). La situation reste cependant précaire (reprise des attentats en 1996 - 1997). **1998 :** un accord sur l'avenir institutionnel de l'Irlande du Nord, dit « accord de Stormont », est conclu à Belfast entre toutes les parties concernées par le conflit irlandais (avr.) et largement approuvé par référendum en Irlande du Nord et en république d'Irlande. Les partis protestants et catholiques modérés l'emportent lors de l'élection de la première Assemblée, semi-autonome, d'Irlande du Nord. **1999 :** un gouvernement semi-autonome, multiconfessionnel, est mis en place (déc.), dirigé par le protestant David Trimble.

IROISE (mer d'), nom donné à la partie de l'Atlantique s'étendant au large de la Bretagne occidentale (Finistère).

IROQUOIS, nom historiquement donné à un ensemble de peuples amérindiens des États-Unis (État de New York) et du Canada (Québec) [env. 50 000]. Occupant les rives des lacs Érié, Huron, Ontario et du fleuve Saint-Laurent, ils étaient organisés en une Ligue dite des Cinq, puis des Six Nations (*Mohawk, Oneida, Onondaga, Cayuga, Seneca, puis Tuscarora). Ils jouèrent un rôle stratégique dans la conquête européenne de l'Amérique, en étant le plus souvent les alliés de l'Angleterre contre la France et ses divers soutiens amérindiens (Hurons, Abénaquis, etc.). Leurs langues appartiennent à la famille iroquoienne.

I

IRRAWADDY n.m., principal fl. de Birmanie, qui rejoint l'océan Indien ; 2 100 km.

IRTYCH n.m., riv. de Russie, en Sibérie, affl. de l'Ob (r. g.) ; 4 248 km ; bassin 1 643 000 km².

IRÚN, v. d'Espagne (Pays basque), sur la Bidassoa, en face d'Hendaye ; 53 276 hab.

IRVING (John), *Exeter, New Hampshire, 1942,* romancier américain. Conjuguant burlesque et tragique, ses romans pourfendent les conformismes et proposent la vision d'un monde chaotique et tendre *(le Monde selon Garp ; l'Œuvre de Dieu, la part du diable ; Une prière pour Owen ; Une veuve de papier).*

IRVING (Washington), *New York 1783 - Sunnyside 1859,* écrivain américain. Son *Histoire de New York par Diedrich Knickerbocker* (1809) et ses contes fantastiques (*Esquisses,* 1819) font de lui l'un des premiers écrivains nord-américains.

ISAAC, patriarche biblique. Fils d'Abraham et de Sara, père de Jacob et d'Ésaü, il fut sur le point d'être sacrifié par Abraham, dont Dieu voulait ainsi éprouver la foi.

ISAAC JOGUES (saint), un des *Martyrs canadiens.

ISAAC Ier COMNÈNE, *v. 1005 - Stoudios 1061,* empereur byzantin (1057 - 1059). Il abdiqua en faveur de Constantin X Doukas.

ISAAC II ANGE, *v. 1155 - 1204,* empereur byzantin (1185 - 1195 et 1203 - 1204). Détrôné par son frère Alexis III en 1195, rétabli en 1203 par les Vénitiens, renversé de nouveau, il fut assassiné avec son fils Alexis IV (1204).

ISAAC (Jules), *Rennes 1877 - Aix-en-Provence 1963,* historien français. Il étudia les origines chrétiennes de l'antisémitisme et dirigea le manuel d'histoire dit « Malet-Isaac » (7 vol., 1923 - 1930).

ISAAK (Heinrich), *v. 1450 - Florence 1517,* compositeur flamand. Également organiste, il est l'auteur d'œuvres polyphoniques.

ISABEAU ou **ISABELLE DE BAVIÈRE,** *Munich 1371 - Paris 1435,* reine de France. Mariée en 1385 à Charles VI, elle dirigea le Conseil de régence après la folie du roi. Elle passa des Armagnacs aux Bourguignons, favorables au parti anglais, et reconnut le roi d'Angleterre Henri V comme héritier du trône de France, au détriment de son fils Charles (traité de Troyes, 1420).

ISABELLE DE FRANCE (bienheureuse), *Paris 1225 - Longchamp 1270,* sœur de Saint Louis, fondatrice du monastère des clarisses de Longchamp.

■ **ISABELLE Ire LA CATHOLIQUE** par Juan de Flandres. (Académie d'Histoire, Madrid.)

ANGLETERRE

ISABELLE D'ANGOULÊME, *1186 - Fontevraud 1246,* reine d'Angleterre. Elle épousa (1200) Jean sans Terre, roi d'Angleterre, puis (1217) Hugues X de Lusignan, comte de la Marche.

ISABELLE DE FRANCE, *Paris 1292 - Hertford 1358,* reine d'Angleterre. Fille de Philippe IV le Bel, elle épousa en 1308 Édouard II et fut régente (1327 - 1330) au nom de son fils Édouard III, qui la fit arrêter et emprisonner.

ESPAGNE

ISABELLE Ire la Catholique, *Madrigal de las Altas Torres 1451 - Medina del Campo 1504,* reine de Castille (1474 - 1504). Son mariage (1469) avec Ferdinand II, héritier d'Aragon, permit la réunion sous le même sceptre des Couronnes d'Aragon et de Castille (1479), et facilita l'unité de l'Espagne, qui fut complétée, à la fin de la Reconquista, par la chute du royaume de Grenade (1492). La reine favorisa l'établissement de l'Inquisition (1478) et soutint son ministre Jiménez de Cisneros ainsi que Christophe Colomb.

ISABELLE II, *Madrid 1830 - Paris 1904,* reine d'Espagne (1833 - 1868), de la dynastie des Bourbons. Elle était la fille de Ferdinand VII. Son accession au trône en 1833 fut à l'origine des guerres carlistes. Après la régence de sa mère, Marie-Christine (1833 - 1840), puis d'Espartero (1840 - 1843), elle gouverna seule. Contrainte de s'exiler (1868), elle abdiqua en faveur de son fils, Alphonse XII (1870).

FRANCE

ISABELLE DE HAINAUT, *Lille 1170 - 1190,* reine de France. Mariée en 1180 à Philippe II Auguste, elle fut la mère de Louis VIII.

Isabelle-la-Catholique (ordre royal d'), ordre espagnol créé en 1815 par le roi Ferdinand VII.

ISABEY (Jean-Baptiste), *Nancy 1767 - Paris 1855,* peintre et lithographe français. Ses miniatures sur ivoire eurent une grande vogue (portraits de Napoléon Ier, etc.). — **Eugène I.,** *Paris 1804 - Montévrain 1886,* peintre et lithographe français, fils de Jean-Baptiste. Il est l'auteur de marines romantiques, de paysages et de scènes de genre ; Jongkind fut son élève.

ISAÏE ou **ÉSAÏE,** *VIIIe s. - VIIe s. av. J.-C.,* prophète biblique. Il exerça son ministère dans le royaume de Juda entre 740 et 687 av. J.-C. Il est le prophète de l'espérance messianique.

ISAR n.m., riv. d'Autriche et d'Allemagne, affl. du Danube (r. dr.) ; 263 km. Il passe à Munich.

ISBERGUES (62330), comm. du Pas-de-Calais ; 9 968 hab. *(Isberguois).* Métallurgie. — Église du XVe s. — Pèlerinage.

■ **ISE.** Le sanctuaire shintoïste, reconstruit pour la première fois en 693.

ISCARIOTE, surnom de l'apôtre Judas.

ISCHIA, île volcanique d'Italie, dans la mer Tyrrhénienne, à l'entrée du golfe de Naples ; 16 433 hab. Tourisme.

ISE (baie d'), baie des côtes de Honshu (Japon), sur laquelle se trouve Nagoya et près de laquelle est située la ville d'*Ise* (106 000 hab.). Sanctuaires shintoïstes, parmi les plus anciens, dont la reconstruction rituelle tous les vingt ans perpétue l'architecture prébouddhique.

ISÉE, *Chalcis ?, Eubée, v. 420 - v. 340 av. J.-C.,* orateur grec. Il fut le maître de Démosthène.

ISEO (lac d'), lac d'Italie (Lombardie), traversé par l'Oglio.

ISERAN n.m., col routier des Alpes françaises (Savoie), entre les hautes vallées de l'Arc (Maurienne) et de l'Isère (Tarentaise) ; 2 762 m.

ISÈRE n.f., riv. de France, dans les Alpes du Nord, née au pied de l'Iseran, affl. du Rhône (r. g.) ; 290 km. Elle draine la Tarentaise et la majeure partie du Sillon alpin, passe à Grenoble et à Romans. Aménagements hydroélectriques.

ISÈRE n.f. (38), dép. de la Région Rhône-Alpes ; ch.-l. de dép. *Grenoble ;* ch.-l. d'arrond. *La Tour-du-Pin, Vienne ;* 3 arrond. ; 58 cant. ; 533 comm. ; 7 431 km² ; 1 094 006 hab. *(Isérois).* Le dép. appartient à l'académie et à la cour d'appel de Grenoble, à la zone de défense Sud-Est. Le sud-est du dép., formé par une partie des Alpes du Nord, s'oppose au nord-ouest, constitué par les collines et les plateaux du bas Dauphiné. L'élevage bovin et l'exploitation forestière dominent dans la Chartreuse et le Vercors, les cultures de la vigne et des arbres fruitiers dans la vallée du Rhône, en aval de Lyon et dans le Grésivaudan, où elles sont associées aux céréales, au tabac et à l'élevage bovin. L'industrie, développée et partiellement liée à l'hydroélectricité dans les Alpes, est surtout représentée par l'électrochimie et l'électrométallurgie. Elle est principalement implantée dans l'agglomération de Grenoble, qui concentre près de la moitié de la population départementale. Le tourisme anime localement la montagne (l'Alpe-d'Huez, Chamrousse, Autrans, les Deux-Alpes, Villard-de-Lans, etc.).

Iseut aux blanches mains, personnage de la légende de *Tristan et Iseut.* Tristan l'épouse sans l'aimer, pour tenter d'oublier sa passion pour Iseut la blonde.

ISHTAR ou **ASHTART** ou **ASTARTÉ,** divinité féminine la plus importante de la Mésopotamie. Déesse de l'Amour et du Désir, mais aussi des combats guerriers, elle fut honorée ensuite en Assyrie et en Syrie sous le nom d'Ashtart. Les Grecs, l'assimilant à Aphrodite, en firent Astarté.

ISIDORE DE SÉVILLE (saint), *Carthagène v. 560 - Séville 636,* archevêque de Séville et dernier Père de l'Église latine. Son traité, les *Étymologies,* ou *Origines,* est une encyclopédie du savoir profane et religieux de son temps.

ISIGNY-LE-BUAT (50540), ch.-l. de cant. de la Manche ; 3 113 hab.

ISIGNY-SUR-MER (14230), ch.-l. de cant. du Calvados ; 3 030 hab. Beurre. Confiserie.

■ **ISIS** allaitant ; bronze de la Basse-Époque. (Musée Vivenel, Compiègne.)

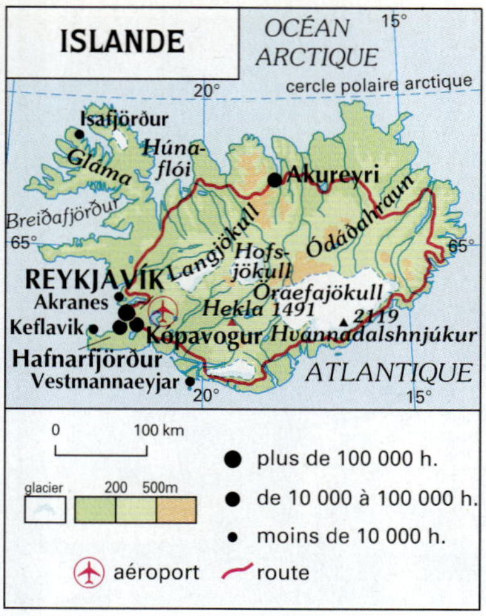

ISIS, déesse égyptienne. Sœur et femme d'Osiris, mère d'Horus, elle est le modèle de l'amour conjugal et du dévouement maternel. Son culte connut dans le monde gréco-romain une grande fortune (mystères *isiaques*).

ISKAR n.m., riv. de Bulgarie, affl. du Danube (r. dr.) ; 370 km. Il passe à Sofia.

ISKENDERUN, anc. **Alexandrette,** v. du sud-est de la Turquie ; 154 807 hab. Port.

ISLAMABAD, cap. du Pakistan, dans le nord du pays ; 204 400 hab.

ISLANDE n.f., en island. **Island,** État insulaire d'Europe, dans l'Atlantique Nord ; 103 000 km² ; 270 000 hab. *(Islandais).* CAP. *Reykjavík.* LANGUE : *islandais.* MONNAIE : *krona (couronne islandaise).*

GÉOGRAPHIE

Pays de glaciers et de volcans, bordé par le cercle polaire, mais avec un climat plus humide que réellement froid, l'Islande vit de l'élevage des moutons et surtout de la pêche. Les ressources géothermiques et hydroélectriques alimentent des cultures sous serre et quelques industries (aluminium). Reykjavík regroupe près de la moitié de la population totale.

HISTOIRE

IXe s. : les Scandinaves commencent la colonisation de l'Islande. **930 :** l'Althing, assemblée des hommes libres, est constituée. **1056 :** le premier évêché autonome est créé. **1262 :** Haakon IV de Norvège soumet l'île à son pouvoir. **1380 :** l'Islande et la Norvège tombent sous l'autorité du Danemark. **1550 :** Christian III impose la réforme luthérienne. **1602 :** le monopole commercial est conféré aux Danois. **XVIIIe s. :** la variole, des éruptions volcaniques et une terrible famine déciment la population. **1903 :** l'île devient autonome. **1918 :** elle est indépendante tout en conservant le même roi que le Danemark. **1944 :** la République islandaise est proclamée et Sveinn Bjørnsson en devient le premier président. Sous les présidences d'Ásgeir Ásgeirsson (1952 - 1968) et de Kristjan Eldjárn (1968 - 1980), l'économie islandaise profite des accords signés avec les États scandinaves. **1958 - 1961 :** un conflit au sujet de la pêche (« guerre de la morue ») oppose l'Islande à la Grande-Bretagne. **1980 :** Mme Vigdís Finnbogadóttir devient présidente de la République. **1996 :** Ólafur Ragnar Grímsson lui succède.

ISLE n.f., riv. de France, affl. de la Dordogne (r. dr.) ; 235 km. Elle passe à Périgueux.

ISLE-ADAM (L') [95290], ch.-l. de cant. du Val-d'Oise, sur l'Oise ; 11 307 hab. *(Adamois).* Forêt. – Église des XVe et XVIe s.

ISLE-D'ABEAU (L') [38080], comm. de l'Isère ; 12 193 hab. *(Lilots).* Elle a donné son nom à une ville nouvelle entre Lyon, Grenoble et Chambéry.

ISLE-D'ESPAGNAC (L') [16340], comm. de la Charente ; 5 109 hab. *(Spaniaciens).* Électronique.

ISLE-EN-DODON (L') [31230], ch.-l. de cant. de la Haute-Garonne ; 1 938 hab. Bastide avec église fortifiée du XIVe s. (vitraux du XVIe).

ISLE-JOURDAIN (L') [32600], ch.-l. de cant. du Gers ; 5 665 hab. *(Lislois).* Église du XVIIIe s.

ISPAHAN. La Mosquée royale (1612 - 1637).

ISLE-SUR-LA-SORGUE (L') [84800], ch.-l. de cant. de Vaucluse ; 17 443 hab. *(L'Islois).* Église du XVIIe s. aux riches décors baroques ; musée-bibliothèque René-Char.

ISLE-SUR-LE-DOUBS (L') [25250], ch.-l. de cant. du Doubs ; 3 372 hab. *(L'Islois).*

Isly (bataille de l') [14 août 1844], bataille de la conquête de l'Algérie. Victoire de Bugeaud sur les Marocains commandés par Abd el-Kader, près de l'oued Isly, à l'ouest d'Oujda (Maroc).

ISMAËL, personnage biblique. Fils d'Abraham et de sa servante Agar, il est considéré par les traditions biblique et coranique comme l'ancêtre des Arabes.

ISMAÏL, *m. à Médine v. 760,* septième et dernier imam pour les ismaéliens.

ISMAÏL Ier, *Ardabil 1487 - id. 1524,* chah d'Iran (1501 - 1524). Fondateur des Séfévides, il imposa le chiisme duodécimain comme religion d'État.

ISMAÏLIA, v. d'Égypte, sur le lac Timsah et le canal de Suez ; 236 000 hab.

ISMAÏL PACHA, *Le Caire 1830 - Istanbul 1895,* vice-roi (1863 - 1867), puis khédive d'Égypte (1867 - 1879). Il inaugura le canal de Suez (1869), mais les difficultés financières l'obligèrent à accepter la mainmise franco-anglaise sur l'Égypte (1878).

ISMÈNE MYTH. GR. Fille d'Œdipe, sœur d'Antigone.

ISO (International Organization for Standardization, en fr. Organisation internationale de normalisation), organisation internationale chargée d'élaborer les normes à l'échelle mondiale. Son siège est à Genève.

ISOCRATE, *Athènes 436 - id. 338 av. J.-C.,* orateur grec. Il prôna l'union des Grecs et des Macédoniens contre la Perse.

ISOLA 2000 (06420 Isola), station de sports d'hiver (alt. 1 800 - 2 610 m) des Alpes-Maritimes (comm. d'Isola).

ISONZO n.m., fl. de Slovénie et d'Italie, qui rejoint le golfe de Trieste ; 138 km. Nombreux combats entre Italiens et Austro-Allemands de 1915 à 1917.

ISOU (Isidore), *Botoşani 1925,* poète français d'origine roumaine, fondateur du *lettrisme.

ISPAHAN, v. d'Iran, au S. de Téhéran ; 1 127 030 hab. Monuments du XIe au XVIIIe s., dont la Grande Mosquée (XIe-XVIIIe s.) ; remarquables exemples d'architecture séfévide (pavillon d'Ali Qapu, mosquées royales et Lotfollah, etc.).

ISRAËL, autre nom de Jacob dans la Bible. Par ext., nom donné au peuple juif, descendant d'Israël.

ISRAËL n.m., État d'Asie, sur la Méditerranée ; 21 000 km² ; 6 300 000 hab. *(Israéliens).* CAP. *Jérusalem* (selon la Knesset). V. PRINC. *Tel-Aviv-Jaffa.* LANGUES : *hébreu* et *arabe.* MONNAIE : *shekel.*

INSTITUTIONS

République. Les lois fondamentales datent de 1949. Le président de l'État d'Israël est élu pour 5 ans par l'Assemblée nationale *(Knesset).* Le Premier ministre est élu au suffrage universel (pour la première fois en 1996) ; il est responsable devant la Knesset, élue pour 4 ans.

GÉOGRAPHIE

Résultant du partage de l'ancienne Palestine, Israël s'étend sur des régions de climat méditerranéen au nord, désertique au sud (Néguev). Grâce à l'irrigation, l'agriculture fournit du blé, du coton, de l'huile d'olive et surtout divers fruits (agrumes, avocats). La pauvreté du sous-sol (recelant cependant des phosphates) explique l'absence d'industries lourdes. Mais des branches spécialisées se sont implantées à Tel-Aviv-Jaffa et à Haïfa, favorisées par la présence de capitaux et la qualité de la main-d'œuvre (produits pharmaceutiques, taille de diamants, etc.). La balance commerciale est toutefois lourdement déficitaire, de même que la balance des paiements. L'économie souffre d'un notable endettement, lié notamment au budget de l'armée et au coût de l'intégration des immigrés, venus nombreux de l'ex-URSS depuis 1990. Les Juifs représentent un peu plus de 75 % de la population, comptant une notable minorité arabe, islamisée (environ 20 %).

HISTOIRE

29 nov. 1947 : l'Assemblée générale de l'ONU adopte une résolution sur un « plan de partage » de la Palestine, qui est rejeté par les nations arabes limitrophes. **14 mai 1948 :** l'État d'Israël est créé. Ben Gourion dirige le gouvernement provisoire. **1948 - 1949 :** Israël agrandit son territoire à l'issue de la première guerre israélo-arabe. **1949 - 1969 :** le Parti socialiste (Mapai) est au pouvoir avec Ben Gourion (1948 - 1953, 1955 - 1961, 1961 - 1963) puis Levi Eshkol (1963 - 1969). **1950 - 1960 :**

l'essor économique repose sur l'exploitation collective des terres (kibboutz), le développement d'un fort secteur étatisé, les capitaux étrangers et l'aide américaine. **1956** : la deuxième guerre israélo-arabe est provoquée par la nationalisation par l'Égypte du canal de Suez et le blocage du golfe d'Eilat. **1967** : au cours de la troisième guerre israélo-arabe (guerre des Six-Jours), Israël occupe le Sinaï, Gaza, la Cisjordanie et le Golan. **1969 - 1974** : Golda Meir est Premier ministre. **À partir de 1970** : Israël favorise l'implantation de colonies de peuplement juif dans les territoires occupés. **1973** : quatrième guerre israélo-arabe (guerre du Kippour). **1974 - 1977** : Y. Rabin succède à G. Meir. **1977** : M. Begin, Premier ministre, engage des pourparlers de paix avec l'Égypte. **1979** : aux termes du traité de Washington, l'Égypte reconnaît une frontière définitive avec Israël, qui lui restitue (en 1982) le Sinaï. **1980** : Jérusalem réunifiée est proclamée capitale par la Knesset. **1981** : annexion du Golan. **1982 - 1983** : Israël occupe le Liban jusqu'à Beyrouth puis se retire dans le sud du pays. **1984** : un gouvernement d'union nationale est formé. S. Peres détient pour deux ans le poste de Premier ministre. **1986** : conformément à l'alternance prévue, Y. Shamir lui succède. **À partir de 1987** : les territoires occupés (Cisjordanie et Gaza) sont le théâtre d'un soulèvement populaire palestinien (Intifada). **1988** : un nouveau gouvernement d'union nationale est formé. Y. Shamir reste Premier ministre. **1990** : après l'éclatement de ce gouvernement, Y. Shamir forme un cabinet de coalition avec les partis religieux et l'extrême droite. **1991** : lors de la guerre du Golfe, le pays, non-belligérant, est la cible des missiles irakiens. Israël participe, avec les pays arabes et les Palestiniens, à la conférence de paix sur le Proche-Orient, ouverte à Madrid en octobre. **1992** : les travaillistes reviennent au pouvoir et Y. Rabin redevient Premier ministre. **1993** : la reconnaissance mutuelle d'Israël et de l'OLP est suivie par la signature de l'accord israélo-palestinien de Washington. **1994** : conformément à cet accord, un régime d'autonomie est mis en place à Gaza et à Jéricho. Parallèlement, Israël signe un traité de paix avec la Jordanie (oct.) et engage des pourparlers avec la Syrie. La poursuite du processus de paix est obérée par le problème des colonies de peuplement israéliennes et par les attentats des extrémistes palestiniens. **1995** : l'autonomie est étendue aux grandes villes arabes de Cisjordanie. Y. Rabin est assassiné par un extrémiste israélien. S. Peres lui succède au poste de Premier ministre. **1996** : Benyamin Netanyahou, leader du Likoud, est élu Premier ministre. Le raidissement de la politique israélienne entraîne un blocage du processus de paix avec les Palestiniens, que l'accord conclu entre les deux parties à Wye River (É.-U.) en oct. 1998 ne permet pas de surmonter. **1999** : Ehoud Barak, leader du Parti travailliste, est élu Premier ministre. Les négociations avec les Palestiniens et avec la Syrie sont relancées. **2000** : l'armée israélienne se retire du Liban-Sud. Les relations israélo-palestiniennes connaissent un brusque et grave regain de tension (reprise de l'Intifada, sept.). **2001** : Ariel Sharon, leader du Likoud, est élu Premier ministre ; il forme un gouvernement d'union nationale.

ISRAËL (royaume d') [931-721 av. J.-C.], royaume regroupant les tribus du nord de la Palestine, après la scission du royaume hébreu, à la mort de Salomon (cap. *Samarie*). Miné par son instabilité politique et ses rivalités fratricides avec le royaume de Juda, il succomba sous les coups des Assyriens, qui déportèrent sa population.

israélo-arabes (guerres) [1948 - 1975], les cinq conflits ouverts qui, depuis 1948, ont opposé l'État d'Israël à divers États arabes. La création en 1948 de l'État d'Israël, conformément au plan de partage de la Palestine adopté par l'ONU en 1947, n'est pas acceptée par les États arabes. Il en résulte une tension permanente qui aboutit à plusieurs conflits armés. La première guerre (mai 1948 - janv. 1949) s'achève par la défaite des États arabes. Des conventions d'armistice sont signées qui font des lignes de cessez-le-feu les nouvelles frontières d'Israël. La deuxième (oct.-nov. 1956) oppose Israël à l'Égypte dans le Sinaï, parallèlement à l'expédition franco-britannique sur le canal de Suez. L'ONU rétablit la ligne d'armistice de 1949. La troisième (*guerre des Six-Jours*, juin 1967) se solde par une sévère défaite arabe et l'occupation par Israël de la Cisjordanie, de Gaza, du Golan et du Sinaï. La quatrième guerre (*guerre du Kippour*, oct. 1973) tourne, après des succès initiaux de l'Égypte et de la Syrie, à la faveur d'Israël. À l'issue de cette guerre, le statu quo est maintenu. Un cinquième conflit se déroule en 1982 - 1983 au Liban, que l'armée israélienne envahit et dont elle chasse les combattants palestiniens. La résistance des chiites l'oblige à évacuer le pays à l'exception d'une zone dans le sud du pays. Mais une dynamique de paix s'est engagée, qui a abouti au traité de Washington (1979) entre Israël et l'Égypte, à laquelle est restitué le Sinaï en 1982, et à l'accord de Washington (1993) entre Israël et l'OLP.

■ **ISTANBUL.** La mosquée Süleymaniye (œuvre de Sinan), au-dessus de la Corne d'Or.

ISSA, peuple somali de Djibouti et des régions limitrophes de l'Éthiopie et de la Somalie.

ISSAMBRES (les), station balnéaire du Var (comm. de Roquebrune-sur-Argens), sur la côte des Maures. Port de plaisance.

Issenheim (polyptyque d') ou **Retable d'Issenheim,** chef-d'œuvre de *Grünewald, peint pour l'anc. couvent des antonins d'Issenheim, près de Guebwiller.

ISSOIRE (63500), ch.-l. d'arrond. du Puy-de-Dôme, dans la *Limagne d'Issoire* ; 14 778 hab. *(Issoiriens)*. Métallurgie. Industrie automobile. – Église de style roman auvergnat (XIIe s.).

Issos ou **Issus** (bataille d') [333 av. J.-C.], victoire d'Alexandre le Grand sur le roi perse Darios III à Issos (Cilicie, Asie Mineure).

ISSOUDUN (36100), ch.-l. d'arrond. de l'Indre ; 14 166 hab. *(Issoldunois)*. Industrie aéronautique. – Donjon de la fin du XIIe s. ; musée dans l'anc. hospice (XIIIe-XVIe s.).

IS-SUR-TILLE (21120), ch.-l. de cant. de la Côte-d'Or ; 3 993 hab.

ISSYK-KOUL, lac du Kirghizistan ; 6 236 km².

ISSY-LES-MOULINEAUX (92130), ch.-l. de cant. des Hauts-de-Seine, au S.-O. de Paris ; 53 152 hab. *(Isséens)*. L'héliport dit « d'Issy-les-Moulineaux » est sur le territoire de la Ville de Paris. – Église St-Étienne, du XVIIe s. ; musée.

ISTANBUL, anc. **Byzance,** puis **Constantinople,** v. de Turquie, sur le Bosphore et la mer de Marmara ; 6 620 241 hab. (*Istanbuliotes* ou *Stambouliotes*). Principale ville et port du pays. Université. – Musées. La ville est située de part et d'autre de la Corne d'Or, petite baie profonde de la rive européenne. Au sud sont situés les principaux monuments (Ste-Sophie, mosquée du Sultan Ahmet, et plusieurs chefs-d'œuvre de Sinan, dont la mosquée Süleymaniye). Au nord s'étend la ville commerçante et cosmopolite (Beyoğlu). Des faubourgs asiatiques (Üsküdar) longent le Bosphore, franchi par deux ponts. – Succédant à *Constantinople, Istanbul fut la capitale de l'Empire ottoman de 1453 à 1923 et conserva un peuplement cosmopolite (Grecs, Arméniens, Juifs).

Istiqlal, parti nationaliste marocain fondé en 1944. Il milita pour l'indépendance du Maroc, entra dans l'opposition en 1963 et se rallia au régime dans les années 1980.

ISTRATI (Panait), *Brăila 1884 - Bucarest 1935*, écrivain roumain d'expression française. Ses romans, à la fois lyriques et réalistes, évoquent son existence errante *(la Vie d'Adrien Zograffi)*.

ISTRES (13800), ch.-l. d'arrond. des Bouches-du-Rhône, sur l'étang de Berre ; 40 290 hab. *(Istréens)*. Base aérienne militaire. Établissement du Centre d'essais en vol, où s'effectuent les essais des aéronefs militaires en développement. Industrie aéronautique. – Musée du Vieil Istres.

ISTRIE, région de Slovénie et surtout de Croatie, en face de Venise, sur l'Adriatique. Vénitienne du XIe s. à 1797 (traité de Campoformio), autrichienne de 1797 à 1805 puis à nouveau à partir de 1815, elle fut revendiquée comme « province irrédente » par l'Italie, qui l'annexa en 1920. En 1947, l'Istrie devint yougoslave, Trieste gardant un statut particulier.

Itaipú, barrage construit sur le Paraná par le Brésil et le Paraguay.

ITALIE n.f., en ital. **Italia,** État d'Europe, sur la Méditerranée ; 301 000 km² ; 57 200 000 hab. *(Italiens)*. CAP. *Rome.* LANGUE : *italien.* MONNAIES : *euro* et *lire italienne.*

INSTITUTIONS

République. La Constitution date de 1947. Le président de la République est élu pour 7 ans par le Parlement. Le président du Conseil est responsable devant le Parlement, formé de la Chambre des députés et du Sénat, élus pour 5 ans. L'Italie est constituée de 20 régions : Abruzzes, Aoste (Val d'), Basilicate, Calabre, Campanie, Émilie-Romagne, Frioul-Vénétie julienne, Latium, Ligurie, Lombardie, Marches, Molise, Ombrie, Piémont, Pouille, Sardaigne, Sicile, Toscane, Trentin-Haut-Adige, Vénétie.

GÉOGRAPHIE

Membre du G7, l'Italie est le plus développé des États méditerranéens, grâce à une renaissance rapide (le « miracle italien ») après la Seconde Guerre mondiale. Aujourd'hui, plus des deux tiers des Italiens vivent dans des villes, dont trois (Rome, Milan et Naples) dépassent le million d'habitants. Mais cette population ne s'accroît plus, en raison de la chute de la natalité.

L'agriculture n'occupe plus guère que 7 % des actifs. Cependant, la production reste importante, notamment pour les céréales (blé et maïs), les fruits (olives pour l'huile et surtout agrumes) et la vigne. La nature des productions est à relier à un climat partout chaud l'été, mais froid l'hiver dans le Nord (plaine du Pô et arc alpin de la Méditerranée au Frioul) et particulièrement sec l'été dans la partie péninsulaire (dont l'Apennin constitue l'ossature) et insulaire (Sicile et Sardaigne). Ce climat mais aussi un riche patrimoine culturel expliquent l'importance du tourisme.

L'industrie emploie moins du tiers des actifs. Elle a longtemps comporté un important secteur d'État (auj. en phase de réduction drastique, du fait des privatisations), quelques très grandes firmes et de très nombreuses petites entreprises. Elle est implantée surtout dans le Nord, la moitié méridionale (le Mezzogiorno) n'ayant pas rattrapé son retard. La production est diversifiée, dominée toutefois par les constructions mécani-

ALLEMAGNE
Munich
Salzbourg
VIENNE
SLOVAQUIE
BRATISLAVA
BUDAPEST
HONGRIE
Lac Balaton
Zurich
LIECHTENSTEIN
AUTRICHE
Brenner
BERNE
SUISSE
L. Léman
TRENTIN-
Bolzano
Cortina d'Ampezzo
Dolomites
FRIOUL-
VÉNÉTIE-
JULIENNE
SLOVÉNIE
Pécs
Ortles
3899
Bernina
4052
Rhône
Mt Blanc
4808
Simplon
Cervin
4478
Mt Rose
4634
Domodossola
L. Majeur
Sondrio
HT-ADIGE
Trente
Belluno
Udine
Gorizia
LJUBLJANA
ZAGREB
Aoste
Breuil-
Cervinia
Varese
Côme
L. de Côme
LOMBARDIE
L. de Garde
Piave
Pordenone
Gr. Paradis
4061
V. D'AOSTE
Stresa
Tessin
Côme
Bergame
VÉNÉTIE
Trévise
Trieste
CROATIE
Novare
Monza
Brescia
Vicence
Venise
tunnels du Fréjus
Verceil
Milan
Vérone
Padoue
G. de Venise
Istrie
Rijeka
Save
PIÉMONT
Pavie
Crémone
Mantoue
Adige
Chioggia
Suse
Sestrières
Turin
Plaisance
Po
Rovigo
BOSNIE-
HERZÉGOVINE
Asti
Alexandrie
Parme
Ferrare
Mt Viso
3841
ÉMILIE-
Reggio
n. Emilia
Modène
ROMAGNE
Cuneo
Gênes
Bologne
Ravenne
C. de Tende
LIGURIE
Savone
Mte Cimone
2163
Faenza
Forli
FRANCE
Nice
Imperia
La Spezia
Carrare
Cesena
Rimini
SAINT MARIN
Pesaro
SARAJEVO
Dalmatie
San Remo
Vintimille
MONACO
Massa
Viareggio
Pistoia
Prato
Lucques
Pise
Arno
Florence
Urbino
Fano
Ancône
Split
Golfe de Gênes
Livourne
Volterra
Arezzo
Tibre
Sienne
L. Trasimène
OMBRIE
Macerata
ADRIATIQUE
Piombino
TOSCANE
Assise
MARCHES
Mt Amiata
1734
Pérouse
Foligno
Ascoli Piceno
Bastia
I. d'Elbe
Grosseto
Orvieto
Spolète
Teramo
L. de Bolsena
Terni
Gr. Sasso d'Italia
2914
Pescara
Montecristo
Viterbe
Rieti
Chieti
CORSE
Ajaccio
Tarquinia
Civitavecchia
LATIUM
L'Aquila
ABRUZZES
ROME
Mt Greco
2283
San Severo
Gargano
Manfredonia
Ostie
Frosinone
Isernia
MOLISE
Campobasso
Foggia
Bouches de Bonifacio
Anzio
Latina
Mt Cassin
Barletta
Molfetta
Gaète
Caserte
Bénévent
Ofanto
Andria
Bari
Olbia
Vésuve
1270
Avellino
POUILLE
Brindisi
Sassari
Naples
Ischia
Herculanum
Pompéi
Salerne
Potenza
Matera
Torre del Greco
Capri
Paestum
BASILICATE
Tarente
Lecce
Nuoro
CAMPANIE
Golfe de Tarente
40°
Massif du Gennargentu
1834
Oristano
MER TYRRHÉNIENNE
Pollino
2271
SARDAIGNE
CALABRE
La Sila
1929
Campidano
Cagliari
G. de Cagliari
Cosenza
Crotone
Catanzaro
Stromboli
924
Vibo Valentia
Iles Lipari
Vulcano
Messine
MER IONIENNE
MER MÉDITERRANÉE
Palerme
Reggio di Calabria
Erice
Cefalu
Taormina
Îles Égates
Ségeste
Trapani
SICILE
Etna
3345
Marsala
Détr. de Messine
Sélinonte
Caltanissetta
Enna
Catane
Bizerte
Agrigente
Piazza Armerina
Syracuse
Gela
Raguse
TUNIS
Pantelleria
(It.)
Cap Passero
ALGÉRIE
TUNISIE
MALTE
10°
15°
45°
0
150 km
200
500
1000
m
autoroute
route
aéroport
voie ferrée
plus de 1 000 000 h.
de 500 000 à 1 000 000 h.
de 100 000 à 500 000 h.
moins de 100 000 h.
autre localité ou site
Bari : capitale de région
Forli : chef-lieu de province

I

ques (automobile) et la chimie. Dans quelques branches (textile, travail du cuir), un apport notable provient de l'économie dite souterraine (production et main-d'œuvre non déclarées). Cette situation, originale, mais déjà ancienne, atténue en fait la signification de l'officiel taux de chômage et contribue à expliquer la grande souplesse de l'économie.

HISTOIRE

L'Antiquité. IIIe millénaire : l'Italie est peuplée par des populations méditerranéennes qui se maintiennent ensuite sous les noms de Ligures (dans la péninsule) ou de Sicules (en Sicile). **IIe millénaire :** les migrations indo-européennes aboutissent à l'installation d'une civilisation spécifique, dite « des terramares », dans la plaine du Pô ; les derniers venus, les Villanoviens, pratiquent l'incinération et font usage du fer. **v. 1000 :** deux groupes italiques (ou italiotes) forment l'essentiel de la population de l'Italie. **VIIIe s. av. J.-C. :** les Étrusques s'installent entre Pô et Campanie ; les Grecs établissent des comptoirs sur les côtes méridionales. **IVe s. :** les Celtes occupent la plaine du Pô. **IVe s. - IIe s. :** Rome (fondée en 753, selon la légende) profite des dissensions entre ces différents peuples pour conquérir progressivement l'ensemble de la péninsule, en même temps que, après sa victoire sur Carthage, elle domine l'ensemble de la Méditerranée occidentale. Le latin, langue du vainqueur, s'impose dans toute l'Italie. **91 - 89 av. J.-C. :** la « guerre sociale » contraint Rome à donner aux villes italiennes le droit de cité. **58 - 51 av. J.-C. :** avec César, l'Italie devient maîtresse de la Gaule. **42 av. J.-C. :** Octave incorpore la Gaule Cisalpine à l'Italie, dont la frontière est ainsi repoussée vers le nord. **27 av. J.-C. - Ve s. apr. J.-C. :** à partir d'Auguste, l'Italie est le centre d'un vaste empire, qu'elle dirige et qui la nourrit. Le christianisme, introduit au Ier s., longtemps persécuté, triomphe au IVe s. à Rome, qui devient le siège de la papauté.

Le Moyen Âge. Ve s. : les invasions barbares réduisent l'empire d'Occident à l'Italie, qui n'est pas elle-même épargnée (sacs de Rome, 410 et 476). **VIe s. :** après les tentatives de rétablissement de Théodoric et de Justinien, l'Italie se développe autour de trois pôles : Milan, centre du royaume lombard ; Ravenne, sous domination byzantine ; le territoire pontifical, autour de Rome. **VIIIe s. :** contre les progrès lombards, le pape fait appel aux Francs ; Charlemagne devient roi des Lombards (774), avant d'être couronné empereur (800). **IXe s. :** les raids sarrasins et normands dans le Sud, le morcellement féodal créent une situation d'anarchie. **Xe s. :** le roi de Germanie Otton Ier est couronné empereur à Rome (962) et l'Italie est intégrée dans le Saint Empire romain germanique. **1075 - 1122 :** la querelle des Investitures s'achève par la victoire de la papauté sur l'Empire. Appuyés par Rome, les Normands de Robert Guiscard créent un royaume en Italie du Sud. **1122 - 1250 :** une nouvelle force se constitue, celle des cités, érigées en communes et que la croissance économique enrichit (Pise, Gênes, Florence, Milan, Venise). Lorsque le conflit entre Rome et l'Empire rebondit, avec la lutte du Sacerdoce et de l'Empire (1154 - 1250) qui permet à l'empereur Frédéric Barberousse de conquérir le royaume normand, les cités sont forcées de s'y engager, et se déchirent entre guelfes (partisans du pape) et gibelins (qui soutiennent l'empereur). **1266 - 1417 :** l'Italie du Sud échoit à Charles d'Anjou, la Sicile passe aux mains de l'Aragon, ce qui met un terme aux prétentions impériales sur l'Italie. La papauté doit quitter Rome pour Avignon (1309 - 1376) ; elle est affaiblie par le Grand Schisme d'Occident (1378 - 1417). **XVe s. :** une nouvelle puissance naît dans le Nord, le duché de Savoie ; les cités, où des familles princières s'imposent contre le régime républicain, voient l'apogée de la Renaissance (Florence).

Du déclin du XVIe s. au Risorgimento. 1494 - 1559 : les guerres d'Italie s'achèvent, au détriment des ambitions françaises, par l'établissement de la prépondérance espagnole sur une large partie de la péninsule. **1559 - 1718 :** l'Italie, centre de la Contre-Réforme, décline sur le plan culturel et économique. **XVIIIe s. :** le traité d'Utrecht (1713) fait passer le pays sous la domination des Habsbourg d'Autriche. En Toscane, dans le royaume de Naples qui, avec Parme, revient aux mains des Bourbons d'Espagne après 1734, une politique réformiste et éclairée est mise en place. **1792 - 1799 :** l'Italie passe sous l'influence de la France qui annexe la Savoie et Nice, occupe la république de Gênes. D'éphémères « républiques sœurs » sont instituées. **1802 - 1804 :** Bonaparte conquiert l'ensemble de la péninsule, et constitue le Nord en une « République italienne ». **1805 - 1814 :** celle-ci, devenue royaume d'Italie, a pour souverain Napoléon ; le royaume de Naples, occupé en 1806, est confié à Joseph puis (1808) à Murat. **1814 :** l'Italie revient à sa division antérieure (douze États). La domination autrichienne est restaurée dans le Nord et le Centre. **1820 - 1821 :** des sociétés secrètes *(carbonari)* complotent contre le retour de l'absolutisme ; ils sont durement réprimés. **1831 - 1833 :** de nouvelles révoltes éclatent, inspirées par le républicain Mazzini, fondateur du mouvement « Jeune-Italie ». **1846 - 1849 :** l'entreprise de libération nationale, le *Risorgimento* (Renaissance), échoue devant la résistance autrichienne ; mais le Piémont, avec Charles-Albert puis Victor-Emmanuel II et son ministre Cavour, s'impose à sa tête, et obtient en sa faveur l'appui de la France. **1859 :** les troupes franco-piémontaises sont victorieuses de l'Autriche (campagne d'Italie), qui doit quitter la Lombardie. **1860 :** la Savoie et Nice reviennent à la France. Des mouvements révolutionnaires, en Italie centrale et dans le royaume de Naples conquis par Garibaldi, aboutissent à l'union de ces régions avec le Piémont. **1861 :** le royaume d'Italie est proclamé, avec pour souverain Victor-Emmanuel et pour capitale Turin (à partir de 1865, Florence). **1866 :** il s'agrandit de la Vénétie grâce à l'aide prussienne. **1870 :** Rome devient capitale.

Le royaume d'Italie et l'époque mussolinienne. 1870 - 1876 : des gouvernements de droite se succèdent, tandis que le Mezzogiorno s'enfonce dans la pauvreté et que l'émigration se développe. **1876 - 1900 :** des gouvernements de gauche les remplacent avec Crispi, anticlérical et hostile à la France, qui tente vainement de coloniser l'Éthiopie. À Victor-Emmanuel II succèdent en 1878 Humbert Ier, assassiné en 1900, puis Victor-Emmanuel III. **1903 - 1914 :** G. Giolitti, président du Conseil, rétablit l'ordre et l'équilibre économique. La politique extérieure, dominée par les revendications irrédentistes, aboutit au conflit italo-turc (1911 - 1912) et à l'annexion de la Tripolitaine et du Dodécanèse. **1915 - 1918 :** l'Italie participe à la Première Guerre mondiale aux côtés des Alliés. **1919 :** une partie seulement de ses ambitions est satisfaite (annexion du Trentin, du Haut-Adige et de Fiume). **1922 :** Mussolini est appelé au pouvoir par le roi après la « marche sur Rome » de ses Chemises noires. **1922 - 1943 :** Mussolini, le *duce*, instaure un régime fasciste. **1929 :** accords du Latran. **1935 - 1936 :** conquête de l'Éthiopie. **1940 :** l'Italie, qui a signé le pacte d'Acier avec le IIIe Reich l'année précédente, entre en guerre aux côtés de l'Allemagne. **1943 :** le débarquement anglo-américain en Sicile provoque la chute de Mussolini, qui se réfugie dans le Nord où il constitue la république de Salo ; le maréchal Badoglio signe un armistice avec les Alliés. **1944 :** Victor-Emmanuel III abdique et son fils Humbert II devient lieutenant général du royaume. **1945 :** Mussolini est arrêté et fusillé.

L'Italie contemporaine. 1946 : la république est proclamée après référendum ; le démocrate-chrétien A. De Gasperi, président du Conseil (1945 - 1953), entreprend la reconstruction du pays, en s'appuyant sur l'alliance avec les États-Unis. **1958 :** l'Italie entre dans la CEE. **1958 - 1968 :** les démocrates-chrétiens, aux affaires avec A. Fanfani, puis A. Moro, sont les auteurs d'un « miracle » économique qui n'empêche pas l'avancée électorale de la gauche. **1968 - 1972 :** l'instabilité politique fait se succéder à un rythme rapide les gouvernements. La classe politique, jugée corrompue, est de plus en plus coupée du reste de la société. **1972 - 1981 :** pour rétablir l'ordre, les partis politiques cherchent à réaliser la plus grande alliance possible ; ils y parviennent avec le « compromis historique », entre 1976 et 1979, lorsque sont unis au pouvoir communistes et démocrates-chrétiens. Cependant, la société italienne est troublée par le développement du terrorisme de droite ou de gauche, notamment des Brigades rouges (assassinat de A. Moro, 1978). **1983 :** le socialiste B. Craxi devient président du Conseil. **1987 - 1992 :** après sa démission, les démocrates-chrétiens (Giovanni Goria [juill. 1987] ; Ciriaco De Mita [avr. 1988] ; G. Andreotti [juill. 1989]) retrouvent la présidence du Conseil. **1992 :** démission du président F. Cossiga, remplacé par Oscar Luigi Scalfaro. Les élections législatives (avr.) sont marquées par l'échec des grands partis traditionnels et par l'émergence des Ligues (mouvements régionalistes et populistes) en Italie du Nord. Le socialiste Giuliano Amato forme un gouvernement de coalition (juin) qui engage une politique d'austérité, de révision des institutions et de lutte contre la Mafia et la corruption. **1993 :** cette politique est poursuivie par Carlo Azeglio Ciampi, gouverneur de la Banque centrale, qui dirige le nouveau gouvernement. Une réforme du système politique est mise en œuvre, touchant en particulier le fonctionnement des partis et les lois électorales. **1994 :** après la victoire, lors des élections législatives, d'une coalition de droite et d'extrême droite, Silvio Berlusconi est nommé président du Conseil (avr.). Il doit cependant démissionner quelques mois plus tard (déc.). **1995 - 1996 :** Lamberto Dini dirige un gouvernement de techniciens. **1996 :** après la victoire d'une coalition de centre gauche aux élections législatives, Romano Prodi devient président du Conseil. **1998 :** Massimo D'Alema, leader des Démocrates de gauche (DS, parti héritier de l'anc. Parti *communiste italien), lui succède à la tête du gouvernement. **1999 :** l'Italie participe à l'intervention militaire de l'OTAN puis à la force multinationale de maintien de la paix au Kosovo. C.A. Ciampi est élu à la présidence de la République. **2000 :** au lendemain de l'échec du centre gauche aux élections régionales, M. D'Alema démissionne. G. Amato redevient président du Conseil.

Italie (campagne d') [1796 - 1797], ensemble des opérations menées en Italie par Bonaparte contre l'Autriche, le Piémont et leurs alliés. Elle s'acheva par le traité de Campoformio (oct. 1797). — campagne d'**Italie** (mai-juin 1800), ensemble des opérations menées au Piémont et en Lombardie par Bonaparte, pour reprendre aux Autrichiens le terrain perdu depuis 1799. Elle s'acheva par le traité de Lunéville (9 févr. 1800).

Italie (campagne d') [1859], campagne menée par Napoléon III pour libérer l'Italie du Nord de la domination autrichienne.

Italie (campagne d') [juill. 1943 - mai 1945], campagne de la Seconde Guerre mondiale. Ensemble des opérations menées par les Alliés contre les forces germano-italiennes, de la Sicile à la plaine du Pô.

Italie (guerres d') [1494 - 1559], conflits déclenchés par les expéditions militaires des rois de France en Italie. Dans une première période (1494 - 1516), les rois de France guerroient en Italie pour la succession du royaume de Naples (Charles VIII), et du Milanais (Louis XII et François Ier). Ils ont pour adversaires le roi d'Aragon puis le pape ; les villes italiennes changent de camp au gré de leurs intérêts. Signé après la victoire française de Marignan (1515), le traité de Noyon donne le royaume de Naples à l'Espagne et le Milanais à la France. Dans une seconde période, l'Italie n'est plus qu'un enjeu d'une lutte plus générale (opposition entre Valois et Habsbourg), à laquelle participe l'Angleterre. Les traités du Cateau-Cambrésis (1559) puis de Vervins (1598) mettent fin aux prétentions françaises en Italie, où l'Espagne dominera désormais.

ITALIE (royaume d'), royaume créé par Napoléon Ier en 1805, pour remplacer la République italienne, et dont il fut le souverain, la vice-royauté étant exercée par Eugène de Beauharnais. Il disparut en 1814.

Italien (Théâtre-) → **Comédie-Italienne.**

ITAMI, v. du Japon (Honshu) ; 186 134 hab. Aéroport.

ITARD (Jean Marc Gaspard), *Oraison 1774 - Paris 1838*, médecin et pédagogue français. Médecin à l'Institut des sourds-muets à Paris, il fut l'un des premiers à s'intéresser à l'éducation des enfants présentant des psychopathologies lourdes.

ITELMÈNES, peuple paléosibérien de Russie (Kamtchatka et région de Magadan) [env. 2 500]. Ils se sont métissés à partir de la fin du XVIIe s. avec les Cosaques envoyés pour les soumettre. Leur nom russe de « Kamtchadales » est vieilli.

ITHAQUE, île de Grèce, une des îles Ioniennes ; 5 000 hab. On l'identifie à l'Ithaque d'Homère, patrie d'Ulysse.

ITON n.m., riv. de France, affl. de l'Eure (r. g.) ; 118 km. Il passe à Évreux.

ITT (International Telephone and Telegraph Corporation), société américaine fondée en 1910.

■ **IVAN IV LE TERRIBLE.** (Musée historique d'État, Moscou.)

Spécialisée à l'origine dans les télécommunications, ITT s'est par la suite largement diversifiée, devenant une des multinationales les plus puissantes des années 1960 et 1970. Elle s'est auj. scindée en plusieurs sociétés.

ITURBIDE (Agustín **de**), *Valladolid, auj. Morelia, Mexique, 1783 - Padilla 1824,* général mexicain. Général de l'armée espagnole, il combattit d'abord les insurgés Hidalgo et Morelos (1810 - 1815), puis imposa à l'Espagne le traité de Córdoba, qui reconnut l'indépendance du Mexique (1821). Proclamé empereur en 1822, il dut abdiquer (1823) devant le soulèvement républicain de Santa Anna et fut fusillé.

IULE ou **ASCAGNE** MYTH. GR. Fils d'Énée. Il lui succéda comme roi de Lavinium et fonda Albe la Longue. César prétendait descendre de lui.

IVAJLO, *m. en 1280,* tsar usurpateur de Bulgarie (1278 - 1280). Porcher, il organisa la défense du pays contre les Mongols et se fit proclamer tsar.

IVAN Ier Kalita, *m. en 1340,* prince de Moscou (1325 - 1340) et grand-prince de Vladimir (1328 - 1340). Il obtint des Mongols le privilège de réunir le tribut dû à la Horde d'Or. — **Ivan III le Grand,** *1440 - Moscou 1505,* grand-prince de Vladimir et de Moscou (1462 - 1505). Il se libéra de la suzeraineté mongole (1480), adopta le titre d'autocrate et se voulut l'héritier de Byzance. — **Ivan IV le Terrible,** *Kolomenskoïe 1530 - Moscou 1584,* grand-prince (1533 - 1547) puis tsar (1547 - 1584) de Russie, de la dynastie des Riourikides. Il prit le premier le titre de tsar, annexa les khanats de Kazan (1552) et d'Astrakhan (1556) et se lança dans la guerre de Livonie (1558 - 1583). Il instaura à la fin de son règne un régime de terreur en créant un territoire réservé pour ses fidèles (l'*opritchnina,* 1565 - 1572).

Ivanhoé, roman historique de W. Scott (1819). Ivanhoé, guerrier valeureux et bon, seconde Richard Ier Cœur de Lion pendant la 3e croisade, puis dans sa lutte contre Jean sans Terre.

IVANO-FRANKIVSK, anc. **Ivano-Frankovsk,** v. d'Ukraine, au S.-E. de Lviv ; 226 000 hab.

IVANOV (Lev Ivanovitch), *Moscou 1834 - Saint-Pétersbourg 1901,* danseur et chorégraphe russe. Assistant de M. Petipa, il signa la chorégraphie de *Casse-Noisette* (1892) et celle des actes II et III du *Lac des cygnes* (1895).

IVANOVO, v. de Russie, au N.-E. de Moscou ; 481 000 hab. Centre textile.

IVES (Charles), *Danbury, Connecticut, 1874 - New York 1954,* compositeur américain. Également organiste, il fut un pionnier du nouveau langage musical (*The Unanswered Question,* 1906 ; *Concord Sonata,* pour piano, 1915).

IVORY (James), *Berkeley 1928,* cinéaste américain. Captivé par les civilisations qui meurent, ce disciple de Henry James est un des maîtres du cinéma romanesque (*Shakespeare Wallah,* 1965 ; *les Européens,* 1979 ; *Chaleur et poussière,* 1983 ; *Chambre avec vue,* 1985 ; *les Vestiges du jour,* 1993 ; *la Coupe d'or,* 2000).

IVRÉE, en ital. **Ivrea,** v. d'Italie (Piémont), sur la Doire Baltée ; 24 546 hab. Bureautique. — Monuments anciens et modernes.

IVRY-LA-BATAILLE (27540), comm. de l'Eure, sur l'Eure ; 2 674 hab. *(Ivryens).* Église des XVe-XVIe s. — Henri IV y vainquit Mayenne et les ligueurs, le 14 mars 1590.

IVRY-SUR-SEINE (94200), ch.-l. de cant. du Val-de-Marne, sur la Seine ; 51 425 hab. *(Ivryens).* Centre industriel.

IVUJIVIK, village inuit du Canada, le plus septentrional du Québec ; 260 hab. *(Ivujivimmiuqs).*

IWAKI, v. du Japon (Honshu) ; 355 800 hab.

IWASZKIEWICZ (Jarosław), *Kalnik, Ukraine, 1894 - Varsovie 1980,* écrivain polonais. Poète et essayiste, il unit dans son œuvre narrative *(les Demoiselles de Wilko, les Boucliers rouges, Mère Jeanne des Anges)* le fantastique au réalisme psychologique.

IWO, v. du sud-ouest du Nigeria ; 296 200 hab.

IWO JIMA, île japonaise du Pacifique, au N. des Mariannes. Elle fut conquise par les Américains sur les Japonais en février 1945.

IXELLES [iksɛl], en néerl. **Elsene,** comm. de Belgique (Bruxelles-Capitale), banlieue sud de Bruxelles ; 72 610 hab. Anc. abbaye de la Cambre. Musées.

IXION MYTH. GR. Roi des Lapithes, ancêtre des Centaures. Zeus, pour le punir de son attitude sacrilège envers Héra, le précipita aux Enfers, lié à une roue enflammée tournant éternellement.

IZANAGI ET IZANAMI, couple créateur des montagnes, des champs et des éléments dans la religion shintoïste.

IZEGEM, comm. de Belgique (Flandre-Occidentale) ; 26 462 hab.

IZETBEGOVIĆ (Alija), *Bosanski Šamac 1925,* homme politique bosniaque. Élu président de la Bosnie-Herzégovine en 1990, il s'oppose à la partition ethnique du pays et œuvre pour le respect des droits des Musulmans. Cosignataire de l'accord de paix de 1995, il est de 1996 à 2000 membre de la présidence collégiale de la nouvelle fédération de Bosnie-Herzégovine (qu'il préside de 1996 à 1998 et en 2000).

IZIEU (01300), comm. de l'Ain, dans le Bugey ; 181 hab. Le 6 avril 1944, au cours d'une rafle de la Gestapo de Lyon, 44 enfants juifs, réfugiés dans une maison d'accueil, ainsi que leurs 7 éducateurs, furent arrêtés. Excepté une adulte, qui put s'échapper, ils furent déportés et exterminés à Auschwitz et à Reval. Musée-mémorial.

IZMIR, anc. **Smyrne,** v. de Turquie, sur la mer Égée ; 1 757 414 hab. Port. Foire internationale. — Musée archéologique. — Annexée à l'Empire ottoman en 1424, elle fut occupée par les Grecs en 1919 et reprise par les Turcs en 1922.

IZMIT, anc. **Nicomédie,** v. de Turquie, sur la mer de Marmara ; 256 882 hab. Port militaire. Pétrochimie. Séisme en 1999.

IZNIK, nom actuel de *Nicée [Turquie].

IZOARD (col de l'), col routier des Alpes françaises (Hautes-Alpes), entre le Queyras et le Briançonnais ; 2 361 m.

IZUMO, sanctuaire shintoïste fondé v. le VIe s. au bord de la mer du Japon (préf. de Shimane). Il a été fidèlement reconstruit (1874) ; c'est l'un des exemples de l'architecture prébouddhique au Japon. Célèbre lieu de pèlerinage.

Izvestia (« les Nouvelles »), quotidien russe fondé en 1917 à Petrograd. Il a été l'organe des soviets des députés du peuple de l'URSS.

I

Caractère Janson

JABALPUR ou **JUBBULPORE,** v. de l'Inde centrale (Madhya Pradesh) ; 887 188 hab.

JACCOTTET (Philippe), *Moudon 1925,* écrivain suisse de langue française. Traducteur, poète lyrique discret *(Airs, À la lumière d'hiver),* il oppose dans ses carnets *(la Semaison)* la beauté des paysages à la hantise de la mort.

JACKSON, v. des États-Unis, cap. du Mississippi ; 196 637 hab.

JACKSON (Andrew), *Waxhaw, Caroline du Sud, 1767 - Hermitage, Tennessee, 1845,* homme politique américain. Démocrate, président des États-Unis de 1829 à 1837, il marqua son époque (« ère de Jackson ») en accroissant l'autorité présidentielle et en renforçant la démocratie américaine.

JACKSON (John Hughlings), *Green Hammerton, Yorkshire, 1835 - Londres 1911,* neurologue britannique. L'un des fondateurs de la neurologie, il étudia notamm. l'épilepsie.

JACKSON (Mahalia), *La Nouvelle-Orléans 1911 - Chicago 1972,* chanteuse américaine. L'une des plus grandes interprètes de negro spirituals et de gospels, elle connut le succès à partir de 1946.

JACKSON (Michael), *Gary, Indiana, 1958,* chanteur de pop américain. Dernier-né des cinq frères qui composèrent le groupe de rhythm and blues Jackson Five, il poursuit en solo depuis les années 1970 une des plus grandes carrières de la scène pop internationale. Il est aussi un danseur spectaculaire (breakdance).

JACKSONVILLE, v. des États-Unis (Floride) ; 635 230 hab. Tourisme.

■ MICHAEL **JACKSON** lors d'un concert à Saragosse (oct. 1996).

■ ANDREW **JACKSON** par T. Sully. (National Gallery of Arts, Washington.)

■ MAX **JACOB** par J.-É. Blanche. (Musée des Beaux-Arts, Rouen.)

JACOB, le dernier des patriarches bibliques. Fils d'Isaac, il apprit par un songe que ses douze fils seraient les ancêtres des douze tribus d'Israël.

JACOB (François), *Nancy 1920,* médecin, biologiste et biochimiste français. Sa découverte de l'ARN messager et des mécanismes de régulation de l'expression des gènes lui a valu, avec Lwoff et Monod, le prix Nobel de physiologie ou de médecine (1965). [Acad. fr.]

JACOB (Georges), *Cheny, Yonne, 1739 - Paris 1814,* menuisier et ébéniste français. Maître à Paris en 1765, créateur de sièges originaux, il est le grand représentant du style « à la grecque » ; il a utilisé l'acajou à l'imitation de l'Angleterre. — **François Honoré J.,** *Paris 1770 - id. 1841,* menuisier et ébéniste français, fils de Georges. Il fonda une fabrique *(Jacob-Desmalter)* dont l'œuvre au service de l'Empire fut immense (pour remeubler les anciens palais royaux).

JACOB (Max), *Quimper 1876 - camp de Drancy 1944,* écrivain et peintre français. Ses poèmes *(le Cornet à dés, le Laboratoire central)* et ses récits oscillent du burlesque au mystique, de la parodie aux méditations religieuses.

JACOBI (Carl), *Potsdam 1804 - Berlin 1851,* mathématicien allemand. Auteur de travaux fondamentaux sur les fonctions elliptiques, il ouvrit la voie à la théorie des fonctions doublement périodiques.

Jacobins (club des), société politique sous la Révolution française (1789 - 1799). Créé à Versailles par des députés bretons, il accueillit très vite des représentants d'autres provinces, puis s'installa à Paris, dans l'ancien couvent des Jacobins. D'abord modéré, le club prit une allure plus révolutionnaire avec Pétion et surtout Robespierre, qui l'anima à partir de 1792. Fermé après Thermidor (1794), il fut reconstitué sous le Directoire, aux Tuileries puis à Saint-Thomas-d'Aquin.

JACOBS (Edgar Pierre), *Bruxelles 1904 - Lasne 1987,* dessinateur et scénariste belge de bandes dessinées, créateur de la série d'aventures *Blake et Mortimer* (1946).

JACOBSEN (Arne), *Copenhague 1902 - id. 1971,* architecte et designer danois. Il est notamm. l'auteur d'usines d'une grande qualité plastique.

JACOBSEN (Jens Peter), *Thisted 1847 - id. 1885,* écrivain danois. Ses romans intimistes et tragiques mettent en scène l'inconscient et la rêverie aux prises avec le réel *(Madame Marie Grubbe, Niels Lyhne).*

JACOPO DELLA QUERCIA, *Sienne v. 1374 - ? 1438,* sculpteur italien. Il a travaillé, dans un style monumental, à Lucques, Sienne (fontaine Gaia), Bologne (reliefs du portail de S. Petronio).

JACOPONE DA TODI (Jacopo **dei Benedetti,** dit), *Todi v. 1230 - Collazzone 1306,* poète italien. Les *Laudes* de ce franciscain ébauchent, par leurs dialogues, une forme de théâtre religieux.

JACQUARD (Joseph Marie), *Lyon 1752 - Oullins, Rhône, 1834,* inventeur français. Peu après 1800, s'inspirant notamm. des travaux de Vaucanson, il donna sa forme définitive au métier à tisser qui porte son nom, équipé d'un mécanisme qui permet la sélection des fils de chaîne par un programme inscrit sur des cartons perforés.

JACQUELINE DE BAVIÈRE, *Le Quesnoy 1401 - Teilingen 1436,* duchesse de Bavière, comtesse de Hainaut, de Hollande, de Frise et de Zélande. En 1428, elle dut reconnaître le duc de Bourgogne, Philippe le Bon, comme héritier de ses États.

JACQUEMART de Hesdin, miniaturiste français au service du duc de Berry de 1384 à 1409. Il est l'auteur d'une partie des images, très élégantes, des *Petites Heures* de ce prince (BNF, Paris).

Jacquerie, insurrection paysanne contre les nobles pendant la captivité de Jean II le Bon (1358). Partie du Beauvaisis, elle se répandit en Picardie, dans le nord de l'Île-de-France et en Champagne. Elle fut réduite par les troupes de Charles II le Mauvais.

SAINTS

JACQUES (saint), dit **le Majeur,** *Bethsaïde, Galilée - Jérusalem 44,* apôtre de Jésus, fils de Zébédée, frère de Jean l'Évangéliste. Une légende en fait l'apôtre de l'Espagne. Ses reliques, vénérées à Compostelle, devinrent le but, à partir du xe s., d'un célèbre pèlerinage.

JACQUES (saint), dit **le Mineur,** disciple de Jésus. Apparenté à celui-ci, il devint le chef de la communauté judéo-chrétienne de Jérusalem. Selon Flavius Josèphe, il fut lapidé vers 62. La tradition le confond avec le second apôtre Jacques, fils d'Alphée, mentionné dans les Évangiles.

ANGLETERRE ET IRLANDE

JACQUES Ier, *Édimbourg 1566 - Theobalds Park, Hertfordshire, 1625,* roi d'Angleterre et d'Irlande (1603 - 1625) et, sous le nom de Jacques VI, roi d'Écosse (1567 - 1625), de la dynastie des Stuarts.

Fils de Marie Stuart, il succéda, en 1603, à Élisabeth Ire sur le trône d'Angleterre. Adversaire des catholiques, il échappa à la Conspiration des poudres (1605) ; persécuteur des puritains, il accéléra leur émigration vers l'Amérique. Négligeant le Parlement, il donna sa confiance à Buckingham, et s'attira l'hostilité des Anglais. — **Jacques II,** *Londres 1633 - Saint-Germain-en-Laye 1701,* roi d'Angleterre, d'Irlande et, sous le nom de Jacques VII, roi d'Écosse (1685 - 1688), de la dynastie des Stuarts. Frère de Charles II, il se convertit au catholicisme, et, malgré le *Test Act,* il succéda à son frère en 1685. Mais son mépris du Parlement et la naissance d'un fils, héritier catholique, Jacques Édouard (1688), provoquèrent l'opposition whig, qui fit appel au gendre de Jacques II, Guillaume d'Orange. En débarquant en Angleterre, celui-ci obligea Jacques II à s'enfuir en France. Une tentative de restauration échoua après la défaite de Jacques II à la Boyne, en Irlande (1690).

ARAGON

JACQUES Ier le Conquérant, *Montpellier v. 1207 - Valence 1276,* roi d'Aragon (1213 - 1276). Il conquit les Baléares, les royaumes de Valence et de Murcie. — **Jacques II le Juste,** *Valence v. 1267 - Barcelone 1327,* roi d'Aragon (1291 - 1327) et de Sicile (1285 - 1295). Il obtint du pape la Corse et la Sardaigne (1324).

ÉCOSSE

JACQUES Ier STUART, *Dunfermline 1394 - Perth 1437,* roi d'Écosse (1406/1424 - 1437). Après 19 ans de captivité en Angleterre, il écrasa l'opposition féodale et, face aux Anglais, se rapprocha de la France. — **Jacques II,** *Édimbourg 1430 - Roxburgh Castle 1460,* roi d'Écosse (1437 - 1460), de la dynastie des Stuarts. Il profita de la guerre des Deux-Roses pour tenter de reprendre les dernières possessions anglaises en Écosse. — **Jacques III,** *1452 - près de Stirling 1488,* roi d'Écosse (1460 - 1488), de la dynastie des Stuarts. Son mariage avec Marguerite (1469), fille de Christian Ier de Danemark, lui apporta les îles Orcades et Shetland. — **Jacques IV,** *1473 - Flodden 1513,* roi d'Écosse (1488 - 1513), de la dynastie des Stuarts. La guerre ayant repris contre l'Angleterre (1513), il trouva la mort dans le désastre de Flodden. — **Jacques V,** *Linlithgow 1512 - Falkland 1542,* roi d'Écosse (1513 - 1542), de la dynastie des Stuarts. Père de Marie Ire Stuart, il se signala par la fidélité de son alliance avec la France. — **Jacques VI** → **Jacques Ier** [Angleterre]. — **Jacques VII** → **Jacques II** [Angleterre].

JACQUES BARADAÏ ou **JACQUES BARADÉE** → **BARADÉE.**

JACQUES de Voragine (bienheureux), *Varazze, Ligurie, v. 1228 - Gênes 1298,* hagiographe italien, auteur d'une vie des saints, la **Légende dorée.*

JACQUES ÉDOUARD STUART, connu sous le nom du **Prétendant** ou du **Chevalier de Saint-Georges,** *Londres 1688 - Rome 1766,* fils de Jacques II, roi d'Angleterre. Reconnu roi par Louis XIV à la mort de son père (1701), il échoua, malgré le soutien de ses partisans, les jacobites, dans ses tentatives pour recouvrer son trône.

Jacques le Fataliste et son maître, roman de Diderot, publié dans sa version intégrale en 1796. Ce dialogue entre un valet raisonneur, éloquent et déterministe et son maître est ponctué de multiples récits, aventures et digressions.

JADE (golfe du), golfe de la côte d'Allemagne, sur la mer du Nord.

JADIDA (El-), anc. **Mazagan,** v. du Maroc, sur l'Atlantique ; 81 455 hab. Port. — Monuments anciens.

JAÉN, v. d'Espagne (Andalousie), ch.-l. de prov. ; 103 260 hab. Cathédrale reconstruite à partir de 1548, dans un style classique majestueux, par Andrés de Vandelvira (disciple de D. de Siloé) ; autres monuments, certains de style mudéjar.

JAFFA ou **YAFO,** partie de Tel-Aviv-Jaffa (Israël).

JAFFNA, v. du nord de Sri Lanka ; 129 000 hab. Port.

JAGELLONS, dynastie d'origine lituanienne qui régna en Pologne (1386 - 1572), sur le grand-duché de Lituanie (1377 - 1401 et 1440 - 1572), en Hongrie (1440 - 1444, 1490 - 1526), en Bohême (1471 - 1526).

JAHVÉ → **YAHVÉ.**

JAIPUR, v. d'Inde, cap. du Rajasthan ; 1 514 425 hab. Université. — Anc. capitale des Rajput au XVIIIe s. : nombreux palais et observatoire.

JAKARTA ou **DJAKARTA,** anc. **Batavia,** cap. de l'Indonésie, dans l'ouest de Java ; 7 636 000 hab. *(Jakartanais).* Riche musée national. — Plus grande ville de l'Asie du Sud-Est.

■ **JAKARTA.** La ville moderne.

JAKOBSON (Roman), *Moscou 1896 - Boston 1982,* linguiste américain d'origine russe. Après avoir participé aux travaux du cercle linguistique de Prague, il s'établit en 1941 aux États-Unis. Ses recherches ont porté sur la phonologie, la psycholinguistique, la théorie de la communication, l'étude du langage poétique (*Essais de linguistique générale,* 1963 - 1973).

JALAPA ou **JALAPA ENRÍQUEZ,** v. du Mexique, cap. de l'État de Veracruz ; 288 331 hab. Moderne musée archéologique (culture olmèque) avec serres et jardins.

JALGAON, v. d'Inde (Maharashtra) ; 241 603 hab.

JALISCO, État du Mexique ; 5 302 700 hab. ; cap. *Guadalajara.*

JAMAÏQUE n.f., en angl. **Jamaica,** État des Antilles, au S. de Cuba ; 11 425 km² ; 2 500 000 hab. *(Jamaïquains).* CAP. *Kingston.* LANGUE : *anglais.* MONNAIE : *dollar de la Jamaïque.*

GÉOGRAPHIE

Peuplée en majorité de Noirs, c'est une île au climat tropical, en partie montagneuse, qui possède d'importantes plantations (canne à sucre, bananiers). La Jamaïque est aussi un grand producteur de bauxite (et d'aluminium) et accueille de nombreux touristes.

HISTOIRE

1494 : l'île est découverte par Christophe Colomb. **1655 :** faiblement colonisée par les Espagnols, elle est conquise par les Anglais, qui développent la culture de la canne à sucre. **XVIIIe s. :** la Jamaïque devient le centre du trafic des esclaves noirs pour l'Amérique du Sud. **1833 :** l'abolition de l'esclavage et des privilèges douaniers (1846) ruine les grandes plantations. **1866 - 1884 :** l'île est placée sous l'administration directe de la Couronne. **1870 :** la culture de la banane est introduite tandis qu'apparaissent de grandes compagnies étrangères *(United Fruit Company).* **1938 - 1940 :** le mouvement autonomiste se développe. **1962 :** la Jamaïque devient indépendante dans le cadre du Commonwealth. **1972 :** après dix ans de gouvernement travailliste, Michael Norman Manley (Parti national populaire) devient Premier ministre. **1980 :** les travaillistes reviennent au pouvoir. **1989 :** M. N. Manley est à nouveau Premier ministre. **1992 :** après sa démission, Percival Patterson (PNP) lui succède.

■ **JACQUES II** par G. Kneller. (National Portrait Gallery, Londres.)

■ PIERRE **JANET**

JAMBI, v. d'Indonésie, ch.-l. de prov., dans l'est de Sumatra ; 339 786 hab.

JAMBLIQUE, *Chalcis, Cœlésyrie, v. 250 - 330,* philosophe grec néoplatonicien. Il tenta de faire du néoplatonisme, enrichi par un appel au fonds ésotérique, pythagoricien notamment, une religion rationnelle propre à contrer le christianisme.

JAMBOL, v. de Bulgarie ; 99 400 hab.

JAMBYL → **TARAZ.**

JAMES (baie), vaste baie dans le prolongement de la baie d'Hudson (Canada). Aménagement hydroélectrique de ses tributaires québécois.

JAMES (William), *New York 1842 - Chocorua, New Hampshire, 1910,* philosophe américain. Il s'intéressa à la psychologie (*Principes de psychologie,* 1890), fondant à Harvard le premier laboratoire américain de psychologie expérimentale (1876), avant de promouvoir le pragmatisme (*l'Idée de vérité,* 1909). — **Henry J.,** *New York 1843 - Londres 1916,* écrivain américain naturalisé britannique, frère de William. Ses romans psychologiques évoquent souvent l'opposition entre les cultures américaine et européenne (*le Tour d'écrou,* 1898 ; *les Ailes de la colombe,* 1902 ; *les Ambassadeurs,* 1903 ; *la Coupe d'or,* 1904).

JAMESTOWN, ch.-l. de l'île de Sainte-Hélène ; 1 500 hab.

JAMISON (Judith), *Philadelphie 1944,* danseuse américaine. Principale interprète des œuvres de A. Ailey (*Cry,* 1971), elle s'oriente vers la chorégraphie (*Divining,* 1988) et dirige depuis 1989 la compagnie qu'il a fondée.

JAMMES (Francis), *Tournay, Hautes-Pyrénées, 1868 - Hasparren 1938,* écrivain français. Ses romans *(Clara d'Ellébeuse)* et ses poésies *(les Géorgiques chrétiennes)* chantent la nature et la foi catholique.

JAMMU, v. d'Inde, cap. (avec Srinagar) de l'État de Jammu-et-Cachemire ; 206 135 hab.

JAMMU-ET-CACHEMIRE, État le plus septentrional de l'Inde ; 101 000 km² ; 7 718 700 hab. ; cap. *Jammu* et *Srinagar.*

JAMNA → **YAMUNA.**

JAMNAGAR, v. d'Inde (Gujerat) ; 365 464 hab.

JAMOT (Eugène), *Saint-Sulpice-les-Champs, Creuse, 1879 - Sardent, Creuse, 1937,* médecin militaire français. Son nom est attaché à la lutte contre la maladie du sommeil en Afrique.

JAMSHEDPUR, v. d'Inde (Jharkhand), à l'O. de Calcutta ; 834 535 hab. Sidérurgie.

JANÁČEK (Leoš), *Hukvaldy, près de Sklenov, 1854 - Moravská Ostrava 1928,* compositeur tchèque. Inspiré par le folklore, il a laissé des opéras (*Jenůfa,* 1916 ; *la Petite Renarde rusée,* 1924), une *Messe glagolithique,* des œuvres pour orchestre et de la musique de chambre.

JANCSÓ (Miklós), *Vác 1921,* cinéaste hongrois. Ses films, dépouillés et allégoriques, s'enracinent dans l'histoire hongroise (*les Sans-Espoir,* 1966 ; *Rouges et Blancs,* 1967 ; *Silence et cri,* 1968 ; *Psaume rouge,* 1972 ; *la Saison des monstres,* 1987).

JANEQUIN (Clément), *Châtellerault ? v. 1485 - Paris 1558,* compositeur français, l'un des maîtres de la chanson polyphonique parisienne (*la Guerre, le Chant des oiseaux, les Cris de Paris,* etc.).

JANET (Pierre), *Paris 1859 - id. 1947,* psychologue et psychiatre français, fondateur de la psychologie clinique. Il tenta, avant Freud, d'expliquer les troubles psychiques par des mécanismes psychologiques (*Névroses et idées fixes,* 1898 ; *les Obsessions et la Psychasthénie,* 1903 ; *la Médecine psychologique,* 1923 ; *De l'angoisse à l'extase,* 1927 - 1928).

JANICULE n.m., colline de Rome, sur la rive droite du Tibre. Elle était consacrée à Janus.

JANIN (Jules), *Saint-Étienne 1804 - Paris 1874,* écrivain français. Auteur de romans et de contes, il fut, au **Journal des débats,* un critique dramatique influent.

JANKÉLÉVITCH (Vladimir) *Bourges 1903 - Paris 1985,* philosophe français. Sa réflexion, à portée existentielle, est marquée par de nombreuses publications (*Traité des vertus,* 1949 ; *le Je-ne-sais-quoi et le Presque-rien,* 1957 et 1980). Il s'est aussi intéressé à la musique (*Ravel,* 1939).

JAN MAYEN (île), île norvégienne de l'Arctique, au N.-E. de l'Islande.

JANNINA → **IOÁNNINA.**

■ **JANSÉNIUS**
par L. Dutielt.
(Château de Versailles.)

JANSÉNIUS (Cornelius **Jansen,** dit), *Acquoy, près de Leerdam, 1585-Ypres 1638,* théologien néerlandais. À l'université de Louvain, il se lia avec Du Vergier de Hauranne (Saint-Cyran). Encouragé par celui-ci, Jansénius, devenu évêque d'Ypres (1635), travailla à l'**Augustinus,* ouvrage à l'origine de la querelle janséniste.

JANSKY (Karl Guthe), *Norman, Oklahoma, 1905-Red Bank, New Jersey, 1950,* ingénieur américain. Il découvrit l'émission radioélectrique du centre de la Galaxie (1931), ouvrant ainsi l'ère de la radioastronomie.

JANSSEN (Jules), *Paris 1824-Meudon 1907,* astronome français. Il fut un pionnier de l'astrophysique solaire et découvrit l'hélium en même temps que Lockyer (1868). En 1876, il fonda l'observatoire de Meudon.

JANUS MYTH. ROM. L'un des plus anciens dieux, gardien des portes dont il surveille les entrées et les sorties. Il est représenté avec deux visages opposés *(Janus bifrons),* qui évoquent les deux faces d'une porte.

JANVIER (saint), *Naples ou Bénévent v. 250 - Pouzzoles 305,* évêque de Bénévent. Le « miracle de saint Janvier » (liquéfaction, à jours fixes, de son sang coagulé) est célèbre à Naples.

JANZÉ (35150), ch.-l. de cant. d'Ille-et-Vilaine ; 5 515 hab. *(Janzéens).*

JAPHET, personnage biblique, troisième fils de Noé, un des ancêtres de l'humanité d'après le Déluge.

JAPON n.m., en jap. **Nippon** (pays du Soleil-Levant), État d'Asie orientale ; 373 000 km^2 ; 125 400 000 hab. *(Japonais).* CAP. *Tokyo.* LANGUE : *japonais.* MONNAIE : *yen.*

INSTITUTIONS

Monarchie constitutionnelle héréditaire. La Constitution date de 1946. L'empereur n'a qu'une autorité symbolique. Le Premier ministre est élu par le Parlement (ou *Diète*) formé de la *Chambre des représentants,* élue pour 4 ans, et de la *Chambre des conseillers,* élue pour 6 ans.

GÉOGRAPHIE

Le pays est formé essentiellement de quatre îles (Honshu, Hokkaido, Shikoku et Kyushu). De dimension moyenne (environ les deux tiers de la superficie de la France), mais densément peuplé (plus du double de la population française), le Japon est surtout la deuxième puissance économique mondiale. Le milieu naturel n'est pourtant guère favorable. La montagne domine et la forêt couvre plus de la moitié du territoire ; le volcanisme est parfois actif, alors que les séismes sont souvent accompagnés de raz de marée. L'hiver est rigoureux dans le Nord ; la majeure partie de l'archipel, dans le domaine de la mousson, connaît un été doux et humide.
Le développement économique s'explique essentiellement par des conditions historiques, l'ouverture du Japon à l'Occident avec l'ère Meiji (1868). Il a abouti d'abord à une urbanisation croissante (auj. 80 % env. de citadins) avec la formation de quelques grandes mégalopoles dont les centres sont Tokyo, Osaka et Nagoya notamment. Aujourd'hui, la population ne s'accroît plus que lentement en raison de la chute du taux de natalité. L'industrie est devenue l'une des plus puissantes du monde grâce notamment à la concentration structurelle et financière, à l'agressivité commerciale aussi. Le Japon se situe aux premiers rangs mondiaux pour de nombreuses productions (acier, navires, automobiles et motos, plastiques, téléviseurs, magnétoscopes, appareils photographiques, etc.), dont une part notable est exportée. Aussi la balance commerciale est-elle régulièrement excédentaire en dépit de lourdes importations d'énergie (le Japon extrait un peu de houille et le tiers seulement de la production d'électricité est d'origine locale, hydraulique ou nucléaire) et des achats dans le domaine alimentaire (malgré l'importance de la flotte de pêche et le difficile maintien de la production de riz).
Ruiné à l'issue de la Seconde Guerre mondiale, le Japon a connu une croissance exceptionnellement rapide ensuite. Il y a eu cependant quelques contreparties : une dépendance vis-à-vis des marchés extérieurs (avec une concurrence accrue de pays récemment industrialisés et la périodique menace de protectionnisme des autres pays développés), une certaine négligence de l'environnement (pollution urbaine et industrielle), un malaise social (le traditionnel sacrifice de l'individu à l'entreprise ou à la nation étant moins bien supporté). Affectée en outre par la crise financière ayant touché les pays asiatiques émergents en 1997-1998, l'économie japonaise traverse auj. une période de stagnation, voire de récession.

HISTOIRE

Les origines. IXe millénaire : peuplement par des populations paléolithiques venues du continent nord-asiatique. **VIIe millénaire** (période pré-Jomon) : culture précéramique en voie de néolithisation. **VIe millénaire - IIIe s. av. J.-C.** (période Jomon) : poteries décorées, outillage lithique poli, mortiers en pierre. **IIIe s. av. J.-C. - IIIe s. apr. J.-C.** (période Yayoi) : culture du riz, métallurgie du bronze et du fer, tissage et tour de potier. Dans le même temps arrivent, dans l'extrême nord des îles, des populations venues de Sibérie, les Aïnous. **IIIe - VIe s.** (période des kofuns) : grands tumulus à chambre funéraire et décor mural évoquant la vie quotidienne ; autour, haniwa en terre cuite en forme d'animaux, de guerriers. Architecture religieuse shintoïste : Ise et Izumo.
L'État antique. V^e - VIe s. : l'État de Yamato bénéficie de l'influence chinoise, qui lui parvient à travers les relais coréens. **V. 538 :** introduction du bouddhisme, venu de Corée. **600 - 622 :** le régent Shotoku Taishi crée le sanctuaire d'Horyu-ji. **645 :** le clan des Nakatomi élimine celui des Soga et établit un gouvernement imité de celui de la Chine des Tang. **710 - 794** (période de Nara) : six sectes bouddhistes imposent leurs conceptions à la Cour, établie à Nara. **794 :** la nouvelle capitale, Heiankyo (Kyoto), est fondée. **794 - 1185** (période de Heian) : des colons-guerriers s'établissent dans le nord de Honshu. **858 - milieu du XIIe s. :** les Fujiwara détiennent le pouvoir. **1185 :** les Taira sont vaincus par les Minamoto.
Le shogunat. 1192 : le chef du clan Minamoto, Yoritomo, est nommé général *(shogun).* Désormais, il y a un double pouvoir central : celui de l'empereur *(tenno)* et de la Cour, et celui du shogun et de son gouvernement *(bakufu).* **1185/1192 - 1333** (période de Kamakura) : le bakufu, établi à Kamakura, est dominé par Yoritomo et ses fils, puis par les Hojo. **1274 - 1281 :** les tentatives d'invasion mongoles sont repoussées. **1338 - 1573** (période de Muromachi) : les shoguns Ashikaga sont établis à Kyoto. Des guerres civiles ensanglantent le pays : guerre des Deux Cours (1336 - 1392), puis d'incessants conflits entre seigneurs *(daimyo).* Cependant, des marchands portugais pénètrent au Japon (1542), que François Xavier, arrivé en 1549, commence à évangéliser. **1582 :** après neuf ans de luttes, Oda Nobunaga écarte les Ashikaga. **1585 - 1598 :** Toyotomi Hideyoshi, Premier ministre de l'empereur, unifie le Japon en soumettant les daimyo indépendants. **1603 - 1616 :** Tokugawa Ieyasu s'installe à Edo (Tokyo), se déclare shogun héréditaire et établit des institutions stables. **1616 - 1867** (période d'Edo ou des Tokugawa) : le pays est fermé aux étrangers (sauf aux Chinois et aux Néerlandais) après la rébellion de 1637. La classe des marchands et les villes se développent. **1854 - 1864 :** les Occidentaux interviennent militairement pour obliger le Japon à s'ouvrir au commerce international.
Le Japon contemporain. 1867 : le dernier shogun, Yoshinobu, démissionne et l'empereur Mutsuhito (1867 - 1912) s'installe à Tokyo. **1868 - 1912** (ère Meiji) : les techniques et les institutions occidentales sont adoptées (Constitution de 1889) afin de faire du Japon une grande puissance économique et politique. C'est une période d'expansion extérieure : au terme de la guerre sino-japonaise (1894 - 1895), le Japon acquiert Formose ; sorti vainqueur de la guerre russo-japonaise (1905), il s'impose en Mandchourie et en Corée, qu'il annexe en 1910. **1912 - 1926 :** pendant le règne de Yoshihito (ère Taisho), le Japon entre dans la Première Guerre mondiale aux côtés des Alliés et obtient les possessions allemandes du Pacifique. **1926 :** Hirohito succède à son père, ouvrant l'ère Showa. **1931 :** l'extrême droite nationaliste au pouvoir fait occuper la Mandchourie. **1937 - 1938 :** le Japon occupe le nord-est de la Chine. **1940 :** il signe un traité tripartite avec l'Allemagne et l'Italie. **Déc. 1941 :** l'aviation japonaise attaque la flotte américaine à Pearl Harbor. **1942 :** le Japon occupe la majeure partie de l'Asie du Sud-Est et le Pacifique. **Août 1945 :** il capitule après les bombardements atomiques d'Hiroshima et de Nagasaki. **1946 :** une nouvelle Constitution instaure une monarchie constitutionnelle. **1951 :** le traité de paix de San Francisco restaure la souveraineté du Japon. Dès lors, la vie politique est dominée par le Parti libéral-démocrate (PLD). **1960 :** un traité d'alliance militaire avec les États-Unis est signé. **1960 - 1970 :** le Japon devient une des premières puissances économiques du monde. **1978 :** il signe avec la Chine un traité de paix et d'amitié. **1982 :** Nakasone Yasuhiro est nommé Premier ministre. **1987 :** Takeshita Noboru lui succède. **1989 :** à la mort d'Hirohito, son fils Akihito lui succède (ère Heisei). Des scandales politico-financiers entraînent la démission de Takeshita Noboru. **1993 :** lors des élections législatives, le PLD perd la majorité absolue. Un gouvernement de coalition, regroupant plusieurs partis de l'opposition, est formé sous la direction d'Hosokawa Morihiro. **1994 :** un socialiste, Murayama Tomiichi, dirige un nouveau gouvernement de coalition, dominé par le PLD. **1996 :** la coalition est reconduite avec pour Premier ministre le président du PLD Hashimoto Ryutaro (janv.). À la suite des élections (oct.), le PLD retrouve sa position dominante. **1998 :** Hashimoto Ryutaro démissionne. Obuchi Keizo lui succède à la tête du PLD et du gouvernement. **2000 :** victime d'un accident cérébral, Obuchi Keizo est remplacé par Mori Yoshiro. **2001 :** Koizumi Junichiro devient président du PLD et Premier ministre.

JAPON (mer du), dépendance de l'océan Pacifique, entre la Russie, la Corée et le Japon.

JAPURÁ ou **YAPURÁ** n.m., riv. de Colombie et du Brésil, affl. de l'Amazone (r. g.) ; 1 945 km.

JAQUES-DALCROZE (Émile), *Vienne 1865 - Genève 1950,* compositeur et pédagogue suisse. Auteur de mélodies populaires, il fut l'inventeur de la gymnastique rythmique.

Jardin des délices (triptyque dit du), grand retable de J. Bosch (v. 1500 - 1505 ?, Prado). L'œuvre, qui appartint au roi d'Espagne Philippe II, est l'une des plus énigmatiques du peintre.

■ LE **JARDIN DES DÉLICES,** de J. Bosch, détail latéral gauche du panneau central. (Prado, Madrid.)

JAPON

RUSSIE
CHINE
CORÉE DU NORD
CORÉE DU SUD
Khabarovsk
Hegang
Jixi
Mudanjiang
Lac Khanka
Oussouri
Sikhote-Aline
Mt Oblatchnaia 1855
Vladivostok
Nakhodka
Golfe Petra Velikogo
Chongjin
Kimchaek
Taegu
Pusan
Sakhaline
Ioujno-Sakhalinsk
Détroit de La Pérouse
Mer d'Okhotsk
Île Rebun
Île Rishiri
Wakkanai
HOKKAIDO
Teshio
Péninsule Shiretoko
Abashiri
Kitami
Asahikawa
Mts Daisetsu
Ishikari
Tokachi
Mts Hidaka
Plaine de Konsen
Kushiro
Otaru
Sapporo
Obihiro
Tomakomai
Muroran
G. d'Uchiura
C. Erimo
Île Okushiri
Péninsule d'Oshima
Hakodate
Détroit de Tsugaru
Péninsule de Shimokita
B. de Mutsu
Aomori
Hirosaki
Hachinohe
Noshiro
Odate
Presqu'île d'Oga
Akita
Mts de Kitakami
Monts de Ou
Omono
Kitakami
Morioka
Kamaishi
Mer du Japon
Sakata
Tsuruoka
Mogami
Ishinomaki
Yamagata
Sendai
Î. Sado
Niigata
Agano
Sanjo
Yonezawa
Fukushima
HONSHU
Koriyama
Nagaoka
Péninsule de Noto
B. de Toyama
Nanao
Takada
Mts Echigo
Iwaki
Toyama
Takaoka
Kanazawa
Utsunomiya
Hitachi
Nagano
Maebashi
Mito
Nakaminato
Kanto
Oyama
Tsuchiura
Îles Oki
Fukui
Mts Hida
Matsumoto
TOKYO
Narita
Tenryu
Kawagoe
Funabashi
Kofu
Chiba
Tottori
Tsuruga
L. Biwa
Gifu
Iida
Kawasaki
Ichihara
Matsue
Yonago
Maizuru
Ichinomiya
Kasugai
Fuji-Yama 3776
Yokohama
Côte du Sanin
Tsuyama
Kyoto
Nagoya
Toyota
Yokosuka
Okayama
Kobe
Okazaki
Hiratsuka
Péninsule de Boso
Kurashiki
Sanyo
Himeji
Nara
Numazu
Fukuyama
Osaka
Fuji
Tsushima
Hiroshima
Awaji
Sakai
Ise
Shimizu
Shizuoka
Péninsule d'Izu
Yamaguchi
Kure
Côte du Mer Intérieure
Wakayama
B. d'Ise
Toyohashi
Hamamatsu
Shimonoseki
Tokuyama
Takamatsu
Kita-kyushu
Hofu
Niihama
Tokushima
Matsuyama
Détroit de Kii
Péninsule de Kii
Fukuoka
1981
Kochi
Sasebo
Saga
Kurume
Beppu
Oita
Uwajima
Baie de Tosa
Î. Goto
SHIKOKU
Omuta
Aso 1592
Nagasaki
Kumamoto
Détr. de Bungo
Îles Amakusa
Yatsushiro
Nobeoka
Kuma
KYUSHU
Sendai
Miyazaki
Kagoshima
Miyakonojo
OCÉAN PACIFIQUE
Péninsule de Satsuma
Péninsule d'Osumi
Îles Osumi
Nishinoomote
Î. Tanega
Î. Yaku
130°
135°
140°
145°
45°
40°
35°
30°
0
100
200 km
200
1000
2000 m
aéroport
route
voie ferrée
plus de 5 000 000 h.
de 1 000 000 à 5 000 000 h.
de 100 000 à 1 000 000 h.
moins de 100 000 h.

J

■ L'ART DU JAPON ANCIEN

Selon la force des courants d'influence, le pays et son expression artistique ont été, à des époques diverses, plus ou moins marqués par la Corée et par la Chine. Mais la puissance d'assimilation des apports culturels extérieurs et le syncrétisme entre confucianisme, bouddhisme et shintoïsme – la religion nationale, préservée – ont contribué à l'épanouissement d'un art original typiquement japonais.

◁ **Figure funéraire (haniwa).** Terre cuite, ve s. Entourant le tumulus des chefs locaux, les haniwa (ici un guerrier) évoquent le cortège qui suit le défunt lors de l'inhumation, pratiquée selon le rituel chamanique.

Le bouddha Amida. Bois laqué et doré, 1053. Commandée au sculpteur Jocho par le régent Fujiwara no Yorimichi pour le Byodo-in à Uji – où elle est encore conservée –, l'œuvre a été le modèle absolu de la représentation d'Amida pour des générations d'artistes japonais.

Le pavillon du Phénix à Uji. Édifié en 1053 au sein du temple du Byodo-in. Alors que la forme évoque le phénix immortel aux ailes déployées, le décor intérieur et le paysage recréé se veulent à l'image du paradis bouddhique, séjour de la béatitude éternelle. L'influence chinoise reste perceptible, mais le souci d'intégration à la nature environnante reste propre au Japon.

La pagode du Yakushi-ji à Nara. ▷ Élevée en 698, elle fut peu après – lors du changement de capitale – reconstruite à Nara. Légèreté des supports, toits espacés et prolongés par des auvents, en font une œuvre typique de l'architecture du pays.

Le prince Genji au temple de Sumiyoshi. Paravent peint par Sotatsu, 1630. C'est pendant la période Heian (794 - 1185) que l'illustration de romans écrits en japonais confirme un art de peindre profane et national, le *yamato-e*. Sotatsu s'inspire de ces longs rouleaux antiques, tant par les thèmes que par le refus de la perspective et les couleurs traitées en larges aplats. Privilégiant la diagonale, il obtient le mouvement ; sa puissance de stylisation et son audace en font l'initiateur de l'art de Korin et de son école. (Fondation Seikado, Tokyo.)

Plateau en forme d'éventail. Céramique polychrome de Kenzan, début du XVIIIe s. Son association à la cérémonie du thé fait de la céramique un art majeur, ici marqué par la spontanéité du trait voulue par l'esprit zen. (Seattle Art Museum.)

Un acteur de kabuki. ▷ Estampe polychrome à fond micacé, fin du XVIIIe s. Sharaku a su immortaliser par un trait vif et acéré l'extraordinaire mobilité expressive des acteurs de kabuki. (Musée Guimet, Paris.)

Jardin des Plantes, ensemble de jardins publics entourant les laboratoires et les installations éducatives du Muséum national d'histoire naturelle, à Paris.

JARGEAU (45150), ch.-l. de cant. du Loiret, sur la Loire ; 4 065 hab. *(Gergoliens).* Église des Xe, XIIe et XVIe s. – Victoire de Jeanne d'Arc sur les Anglais (1429).

JARNAC (16200), ch.-l. de cant. de la Charente, sur la Charente ; 4 817 hab. *(Jarnacais).* Eau-de-vie. – Église romane et gothique ; musée.

JARNAC (Guy **Chabot,** baron **de**), *1509 - apr. 1584,* gentilhomme français. En 1547, il vainquit en duel François de Vivonne, seigneur de La Châtaigneraie, par un coup imprévu au jarret, d'où l'expression *coup de Jarnac,* coup décisif et surtout inattendu.

JARRE (Maurice), *Lyon 1924,* compositeur français. Directeur de la musique au TNP, il a composé des musiques de film (*Docteur Jivago,* D. Lean, 1965). – **Jean-Michel J.,** *Lyon 1948,* compositeur français, fils de Maurice. Sa musique électronique et ses spectacles audiovisuels sont destinés à un large public (*Oxygène,* 1976).

Jarretière (très noble ordre de la), ordre de chevalerie anglais, institué par Édouard III en 1348. (Devise : « Honni soit qui mal y pense ».)

JARRIE (38560), comm. de l'Isère ; 4 040 hab. Chimie.

JARRIE (La) [17220], ch.-l. de cant. de la Charente-Maritime ; 2 711 hab.

JARRY (Alfred), *Laval 1873 - Paris 1907,* écrivain français. Auteur dramatique, romancier *(le Surmâle)* et poète, créateur du personnage d'Ubu *(*Ubu roi, Ubu enchaîné, Ubu cocu)* et de la pataphysique *(Gestes et opinions du docteur Faustroll, pataphysicien),* il est l'un des ancêtres du surréalisme.

JARUZELSKI (Wojciech), *Kurów 1923,* général et homme politique polonais. Premier ministre (1981 - 1985) et premier secrétaire du Parti ouvrier unifié polonais (1981 - 1989), il instaure l'« état de guerre » (déc. 1981 - déc. 1982) et met hors la loi le syndicat Solidarność (1982). Président du Conseil d'État à partir de 1985, il est élu à la présidence de la République par le nouveau Parlement en 1989. Son mandat s'achève avec l'élection présidentielle de 1990.

JARVILLE-LA-MALGRANGE (54140), ch.-l. de cant. de Meurthe-et-Moselle ; 10 087 hab. *(Jarvillois).* Triage ferroviaire. Industrie automobile. – Musée nancéien du Fer.

JASMIN (Jacques **Boé,** dit), *Agen 1798 - id. 1864,* poète français d'expression occitane, l'un des précurseurs de la renaissance de l'occitan.

JASON MYTH. GR. Héros thessalien. Il organisa l'expédition des Argonautes pour conquérir la Toison d'or, en Colchide, et réussit grâce aux sortilèges de Médée.

JASPAR (Henri), *Schaerbeek 1870 - Uccle 1939,* homme politique belge. Premier ministre de 1926 à 1931, il stabilisa le franc et fit voter l'enseignement en flamand à l'université de Gand (1930).

Jasper (parc national de), site touristique des Rocheuses canadiennes (Alberta).

JASPERS (Karl), *Oldenburg 1883 - Bâle 1969,* philosophe et psychiatre allemand. Il est l'un des principaux représentants de l'existentialisme chrétien.

JASTRZĘBIE-ZDRÓJ, v. de Pologne, en Silésie ; 104 200 hab.

JAT, peuple du Pakistan et du nord de l'Inde (env. 13 millions). Ils seraient apparentés aux Tsiganes. Ils sont nomades, et considérés comme « impurs ».

JAUBERT (Maurice), *Nice 1900 - Azerailles 1940,* compositeur français. Il composa des mélodies, de la musique de chambre et la musique de certains chefs-d'œuvre du cinéma français (*l'Atalante,* J. Vigo, 1934 ; *Drôle de drame* et *Hôtel du Nord,* M. Carné, 1937 et 1938).

JAUCOURT (Louis, chevalier **de**), *Paris 1704 - Compiègne 1780,* érudit français, l'un des principaux collaborateurs de l'**Encyclopédie.*

JAUFRÉ RUDEL, prince **de Blaye,** troubadour occitan du XIIe s. Sa chanson d'un « amor de lonh » (amour lointain) est restée célèbre.

JAUNE (fleuve) → **HUANG HE.**

JAUNE (mer), dépendance de l'océan Pacifique, entre la Chine et la Corée.

■ ALFRED **JARRY** par F. A. Cazals. (BNF, Paris.)

■ JEAN **JAURÈS** par F. Batut. (Musée Jean-Jaurès, Castres.)

JAURÉGUIBERRY (Jean Bernard), *Bayonne 1815 - Paris 1887,* amiral français. Membre du gouvernement de Tours en 1870, il fut ministre de la Marine en 1879 et 1882.

JAURÈS (Jean), *Castres 1859 - Paris 1914,* homme politique français. Brillant universitaire, journaliste et député républicain (1885 - 1889), il fut député socialiste de 1893 à 1898 puis de 1902 à sa mort. Fondateur (1904) de *l'Humanité,* historien (*Histoire socialiste [1789 - 1900],* 1901 - 1908), Jaurès fut le véritable leader du socialisme français, surtout après la création de la SFIO en 1905. Pacifiste militant, il s'attira l'hostilité des milieux nationalistes. Il fut assassiné, le 31 juill. 1914, à la veille de la Première Guerre mondiale.

JAVA, île d'Indonésie ; 130 000 km^{2} ; 120 000 000 hab. *(Javanais).* Cette île allongée, au climat équatorial, formée de plaines et de plateaux dominés par une longue chaîne montagneuse volcanique, concentre plus de la moitié de la population indonésienne (et les principales villes : Jakarta, Bandung, Surabaya). L'agriculture y est intensive (riz, canne à sucre, tabac). – Temples hindouistes, dont le Prambanan (Xe s.).

JAVA (mer de), dépendance du Pacifique, entre Java, Sumatra et Bornéo.

JAVANAIS, peuple le plus nombreux d'Indonésie (centre et est de Java) [env. 68 millions]. Indianisés (V^{e}-XIVe s.) puis islamisés à partir du XVe s., ils se partagent entre *santri,* musulmans orthodoxes, et *abangan,* musulmans « nominaux » restés attachés aux cultes locaux et tendant pour certains à se convertir au christianisme ou à revenir à l'hindouisme ou au bouddhisme. Leur langue appartient à la famille malayo-polynésienne.

JAVARI ou **YAVARI** n.m., riv. d'Amérique du Sud, affl. de l'Amazone (r. dr.) ; 1 000 km env. Il sépare le Pérou et le Brésil.

JAY (John), *New York 1745 - Bedford, État de New York, 1829,* homme politique américain. Il joua un rôle capital dans l'indépendance des États-Unis, et présida la Cour suprême (1789 - 1795), négociant, en 1794, un traité *(traité Jay)* destiné à régler le contentieux avec la Grande-Bretagne.

JAYADEVA, poète indien du XIIe s., auteur du poème religieux et érotique *Gita Govinda.*

JAYAPURA, anc. **Hollandia,** v. d'Indonésie, ch.-l. de l'Irian Jaya (Nouvelle-Guinée occidentale) ; 246 400 hab.

JAYAWARDENE (Junius Richard), *Colombo 1906 - id. 1996,* homme politique sri lankais. Il fut président de la République de 1978 à 1989.

JAZY (Michel), *Oignies 1936,* athlète français. Deuxième du 1 500 m olympique de Rome (1960), il a détenu les records du monde du mile, du 2 000 m, du 3 000 m, du 2 miles et du 4 × 1 500 mètres.

JDANOV → **MARIOUPOL.**

JDANOV (Andreï Aleksandrovitch), *Marioupol 1896 - Moscou 1948,* homme politique soviétique. Membre du Politburo (1939), il dirigea la politique culturelle de l'ère stalinienne et fixa les normes du réalisme socialiste.

SAINTS

JEAN ou **JEAN l'Évangéliste** (saint), *m. à Éphèse v. 100,* apôtre de Jésus. Frère de Jacques le Majeur, il fut l'un des premiers disciples du Christ et évangélisa l'Asie Mineure. La tradition fait de lui l'auteur de l'Apocalypse, de trois Épîtres et du quatrième Évangile. Il est souvent représenté accompagné d'un aigle.

JEAN BERCHMANS (saint), *Diest, Brabant, 1599 - Rome 1621,* novice jésuite. Il est l'un des patrons de la jeunesse.

JEAN BOSCO (saint), *Becchi, prov. d'Asti, 1815 - Turin 1888,* prêtre italien. Il fonda les congrégations des salésiens (1859) et des salésiennes (1872).

JEAN Chrysostome (saint), *Antioche v. 344 - près de Comana de Cappadoce 407,* Père de l'Église grecque. Évêque de Constantinople, il fut appelé Chrysostome (« Bouche d'or ») pour son éloquence. Sa rigueur et son zèle réformateur le firent envoyer en exil, où il mourut.

JEAN DE BRÉBEUF (saint), un des *Martyrs canadiens.

JEAN de Capistran (saint), *Capestrano 1386 - Villacum, Croatie, 1456,* franciscain italien. Il réorganisa son ordre et évangélisa l'Europe centrale.

JEAN de Damas ou **Damascène** (saint), *Damas v. 650 - Saint-Sabas, près de Jérusalem, v. 749,* Père de l'Église grecque. Il défendit le culte des images. Son œuvre a marqué la théologie et l'hymnologie byzantines.

JEAN de Dieu (saint), *Montemor-o-Novo 1495 - Grenade 1550,* religieux portugais. Il fonda l'ordre des Frères hospitaliers, dit « de Saint-Jean-de-Dieu ».

JEAN de la Croix (saint), *Fontiveros, prov. d'Ávila, 1542 - Ubeda 1591,* religieux et mystique espagnol, docteur de l'Église. Il réforma l'ordre des Carmes. Ses poèmes et ses traités *(le Cantique spirituel, la Nuit obscure)* en font l'un des grands mystiques chrétiens.

JEAN DE LA LANDE (saint), un des *Martyrs canadiens.

JEAN DE MATHA (saint), *Faucon, Provence, 1160 - Rome 1213,* fondateur de l'ordre des Trinitaires.

JEAN EUDES (saint), *Ri, Orne, 1601 - Caen 1680,* prêtre français. Il fonda la Congrégation de Jésus-et-Marie *(eudistes).*

JEAN FISHER (saint), *Beverley 1469 - Londres 1535,* prélat anglais. Brillant humaniste, ami d'Érasme, il fut décapité sous le règne d'Henri VIII pour s'être opposé au divorce du roi.

JEAN GUALBERT (saint), *Petroio, près de Florence, v. 995 - Passignano 1073,* moine italien. Il fonda à Vallombreuse (Toscane) une congrégation inspirée des bénédictins, mais avec une règle plus sévère.

PAPES

JEAN Ier (saint), *en Toscane 470 ? - Ravenne 526,* pape de 523 à 526. Envoyé en mission par Théodoric auprès de l'empereur byzantin Justin Ier, il couronna celui-ci, et fut jeté en prison à son retour. – **Jean XII (Ottaviano),** *Rome 937 - id. 964,* pape de 955 à 964. Élu pape à 18 ans, il fut surtout un pape politique, et couronna empereur Otton Ier (962), qui chercha néanmoins à le faire remplacer. – **Jean XXII** (Jacques **Duèse** ou **d'Euze**), *Cahors 1245 - Avignon 1334,* pape d'Avignon (1316 - 1334). Il travailla à la centralisation de l'administration pontificale, s'attirant l'hostilité des franciscains spirituels et celle de l'empereur, qui lui opposa un antipape. – **Jean XXIII** (Baldassare **Cossa**), *Naples v. 1370 - Florence 1419,* antipape à Pise à l'époque du Grand Schisme. – bienheureux **Jean XXIII** (Angelo Giuseppe **Roncalli**), *Sotto il Monte, près de Bergame, 1881 - Rome 1963,* pape de 1958 à 1963. Nonce à Paris puis patriarche de Venise et cardinal, il marqua son court pontificat par l'*aggiornamento* (mise à jour) de

■ SAINT **JEAN CHRYSOSTOME.** (BNF, Paris.)

■ **JEAN XXIII**

l'Église romaine et par la convocation du deuxième concile du Vatican (1962). Il a promulgué plusieurs encycliques majeures (*Pacem in terris,* 1963). Il a été béatifié en 2000.

ANGLETERRE

JEAN sans Terre, *Oxford 1167 - Newark, Nottinghamshire, 1216,* roi d'Angleterre (1199 - 1216), de la dynastie des Plantagenêts. Cinquième fils d'Henri II, frère et successeur de Richard Cœur de Lion, il est cité par Philippe Auguste devant la Cour des pairs pour avoir enlevé Isabelle d'Angoulême. Déchu de ses fiefs français (1202), il perd la Normandie et la Touraine. En 1214, ses alliés, dont l'empereur germanique Otton IV, sont battus à Bouvines, et il est lui-même défait à La Roche-aux-Moines par Philippe Auguste. L'année précédente, il avait dû inféoder son royaume au pape. Ces échecs provoquent une vive opposition en Angleterre, et la révolte des barons le contraint à accepter la Grande Charte (1215).

ARAGON ET NAVARRE

JEAN II, *Medina del Campo 1397 - Barcelone 1479,* roi de Navarre (1425 - 1479) et d'Aragon (1458 - 1479). Fils cadet de Ferdinand Ier, il s'empara du pouvoir en Navarre après la mort de sa femme (1441) et prépara le règne de son fils Ferdinand II, à qui il fit épouser Isabelle de Castille.

BOHÊME

JEAN Ier DE LUXEMBOURG, l'Aveugle, *1296 - Crécy 1346,* roi de Bohême. Fils de l'empereur Henri VII, il fut tué dans les rangs français à la bataille de Crécy, où, malgré sa cécité, il avait vaillamment combattu.

BOURGOGNE

JEAN sans Peur, *Dijon 1371 - Montereau 1419,* duc de Bourgogne (1404 - 1419). Fils et successeur de Philippe II le Hardi, il entra en lutte contre Louis Ier, duc d'Orléans, chef des Armagnacs, qu'il fit assassiner en 1407. Chef du parti bourguignon, il s'empara de Paris après Azincourt (1418). Inquiet des succès anglais, il cherchait à se rapprocher de Charles VI quand il fut assassiné par Tanneguy Duchâtel.

BRETAGNE

JEAN DE MONTFORT, *1295 - Hennebont 1345,* duc de Bretagne. Il conquit le duché contre sa nièce Jeanne de Penthièvre, mais se heurta à l'opposition du roi de France, Philippe VI.

BYZANCE

JEAN Ier TZIMISKÈS, *Hiérapolis, Arménie, 925 - Constantinople 976,* empereur byzantin (969 - 976). Il annexa la Bulgarie orientale. — **Jean II Comnène,** *1087 - Taurus 1143,* empereur byzantin (1118 - 1143). Il pacifia les Balkans et rétablit la suzeraineté byzantine sur les Francs de Syrie. — **Jean III Doukas Vatatzès,** *Didymotique, Thrace, 1193 - Nymphaion, auj. Kemalpaşa, 1254,* empereur byzantin de Nicée (1222 - 1254). Il ne parvint pas à reprendre Constantinople. — **Jean V Paléologue,** *1332 - 1391,* empereur byzantin (1341 - 1354 ; 1355 - 1376 ; 1379 - 1391). Sa minorité fut troublée par l'action de Jean VI Cantacuzène. — **Jean VI Cantacuzène,** *Constantinople v. 1293 - Mistra 1383,* empereur byzantin (1341 - 1355). Tuteur de Jean V Paléologue, il fut associé au jeune empereur ; contraint d'abdiquer, il se retira dans un monastère, où il rédigea son *Histoire,* qui couvre les années 1320 - 1356. — **Jean VIII Paléologue,** *1390 - Constantinople 1448,* empereur byzantin (1425 - 1448). Il chercha secours en Occident et conclut avec le pape l'union des Églises (concile de Florence, 1439), mais le désastre de Varna (1444) livra l'Empire aux Turcs (1446).

EMPIRE LATIN DE CONSTANTINOPLE

JEAN DE BRIENNE, *v. 1148 - Constantinople 1237,* roi de Jérusalem (1210 - 1225), empereur latin de Constantinople (1231 - 1237).

FRANCE

JEAN Ier le Posthume, roi de France et de Navarre (1316), de la dynastie capétienne. Fils posthume de Louis X le Hutin, il ne vécut que quelques jours. Son oncle Philippe V lui succéda.

JEAN II le Bon, *château du Gué de Maulny, près du Mans, 1319 - Londres 1364,* roi de France (1350 - 1364), de la dynastie des Valois. Fils et successeur de Philippe VI, son règne est marqué au début par ses démêlés avec Charles le Mauvais, roi de Navarre, et par des embarras financiers nécessitant plusieurs convocations d'états généraux. Vaincu à Poitiers par le Prince Noir (1356), il est emmené à Londres. Après avoir signé les préliminaires de Brétigny et le traité de Calais (1360), il revient en France, laissant deux de ses fils en otage. Il donne en apanage à son fils Philippe II le Hardi le duché de Bourgogne, fondant ainsi la seconde maison de Bourgogne. Il meurt prisonnier des Anglais, ayant repris la place de son fils Louis d'Anjou, qui s'était évadé.

LUXEMBOURG

JEAN, *château de Berg 1921,* grand-duc de Luxembourg (1964 - 2000). Successeur de sa mère, la grande-duchesse Charlotte, il a abdiqué en faveur de son fils aîné, Henri, en 2000.

POLOGNE

JEAN II CASIMIR ou **CASIMIR V,** *Cracovie 1609 - Nevers 1672,* roi de Pologne (1648 - 1668). Il ne put éviter la perte de l'Ukraine orientale et l'invasion suédoise (1655) et abdiqua.

JEAN III SOBIESKI, *Olesko 1629 - Wilanów 1696,* roi de Pologne (1674 - 1696). Il vainquit les Ottomans à Chocim (auj. Khotine) en 1673, puis les contraignit à lever le siège de Vienne (1683).

■ **JEAN III SOBIESKI** par J. Tretko-Tricius. (Musée de l'Université, Cracovie.)

PORTUGAL

JEAN Ier le Grand, *Lisbonne 1357 - id. 1433,* roi de Portugal (1385 - 1433), de la dynastie d'Aviz. Fils naturel de Pierre Ier le Justicier, il vainquit le roi de Castille à Aljubarrota (1385), consacrant ainsi l'indépendance du Portugal. — **Jean II le Parfait,** *Lisbonne 1455 - Alvor 1495,* roi de Portugal (1481 - 1495), de la dynastie d'Aviz. Il conclut le traité de Tordesillas (1494). — **Jean III le Pieux,** *Lisbonne 1502 - id. 1557,* roi de Portugal (1521 - 1557), de la dynastie d'Aviz. Il introduisit l'Inquisition au Portugal (1536). — **Jean IV le Fortuné,** *Vila Viçosa 1604 - Lisbonne 1656,* roi de Portugal (1640 - 1656), de la maison de Bragance. Il fut proclamé roi à la suite du soulèvement qui mit fin à la domination espagnole sur le pays. — **Jean VI le Clément,** *Lisbonne 1767 - id. 1826,* roi de Portugal (1816 - 1826), de la maison de Bragance. Régent (1792 - 1816) il s'enfuit au Brésil lors de l'invasion française (1807). Revenu au Portugal (1821), il inaugura le régime constitutionnel (1822).

JEAN (le Prêtre), personnage fabuleux du Moyen Âge, chef d'un État chrétien. Il fut identifié soit au khan des Mongols, soit au négus.

JEAN de Leyde (Jan **Beukelsz.,** dit), *Leyde 1509 - Münster 1536,* chef anabaptiste. Il fonda à Münster un royaume théocratique ; après la prise de la ville par les troupes épiscopales, il mourut dans les supplices.

JEAN de Meung [mœ̃] ou **JEAN de Meun,** *Meung-sur-Loire v. 1240 - Paris v. 1305,* écrivain français, auteur de la seconde partie du **Roman de la Rose.*

JEAN d'Outremeuse, *Liège 1338 - id. 1400,* chroniqueur wallon. Il est l'auteur d'une chronique en vers de l'histoire de sa ville natale *(la Geste de Liège)* et d'une sorte d'histoire universelle en prose *(Miroir historial).*

JEAN-BAPTISTE ou **JEAN** (saint), chef d'une secte juive (Ier s.), considéré par la tradition chrétienne comme le précurseur du Messie. Contemporain de Jésus, fils d'Élisabeth, il gagna le désert dès son enfance, prêcha sur les bords du Jourdain un message de pénitence et pratiqua un baptême de purification pour la venue du Royaume de Dieu. Il fut décapité v. 28 sur l'ordre d'Hérode Antipas.

JEAN-BAPTISTE DE LA SALLE (saint), *Reims 1651 - Rouen 1719,* prêtre français. Il fonda, en 1682, l'institut des frères des Écoles chrétiennes, voué à l'éducation des enfants pauvres. Ses ouvrages en font l'un des précurseurs de la pédagogie moderne.

JEAN BODEL, *m. v. 1210,* trouvère de la région d'Arras. Il est l'auteur du **Jeu de saint Nicolas* et d'un poème épique, *la Chanson des Saisnes.*

JEANBON SAINT-ANDRÉ (André **Jeanbon,** dit), *Montauban 1749 - Mayence 1813,* homme politique français. Député à la Convention (1792), il fut membre du Comité de salut public (1793).

JEAN FRANÇOIS RÉGIS (saint), surnommé **l'Apôtre du Vivarais,** *Fontcouverte, Aude, 1597 - Lalouvesc, Ardèche, 1640,* jésuite français. Il évangélisa le Vivarais et le Velay.

JEAN HYRCAN → HYRCAN Ier.

JEAN-MARIE VIANNEY (saint), *Dardilly, près de Lyon, 1786 - Ars-sur-Formans 1859,* prêtre français. Curé d'Ars durant quarante et un ans, il attira les foules par sa sainteté.

SAINTES

JEANNE D'ARC (sainte), dite **la Pucelle d'Orléans,** *Domrémy 1412 - Rouen 1431,* héroïne française. Fille d'un laboureur aisé de Domrémy, très pieuse, elle entend à treize ans des voix l'engageant à délivrer Orléans, assiégée par les Anglais. En 1429, elle parvient à convaincre le capitaine Robert de Baudricourt de la faire conduire auprès de Charles VII, à Chinon, afin de le faire sacrer légitime roi de France. Après avoir été reçue par le roi, elle est mise à la tête d'une petite armée puis joue un rôle décisif dans la délivrance d'Orléans (mai). Plusieurs victoires sur les armées anglo-bourguignonnes (dont celle de Patay) lui permettent de conduire Charles VII à Reims, où elle le fait sacrer (17 juill.), mais elle échoue devant Paris. Tentant de sauver Compiègne en 1430, elle y est capturée et remise aux Anglais. Déférée au tribunal d'Inquisition de Rouen, présidé par l'évêque de Beauvais, Pierre Cauchon, elle subit, sans défenseur, un procès pour hérésie. Déclarée hérétique et relapse, elle est brûlée vive en 1431. À la suite d'une enquête voulue par Charles VII, elle est réhabilitée en 1456. Jeanne a été béatifiée en 1909 et canonisée en 1920. — Jeanne d'Arc a inspiré de nombreuses œuvres, parmi lesquelles : le poème de Christine de Pisan (*Ditié de Jeanne d'Arc,* 1429), la tragédie de Schiller (*la Pucelle d'Orléans,* 1801), la trilogie dramatique *Jeanne d'Arc* de C. Péguy (1897), le drame de G. B. Shaw (1923), la pièce de J. Anouilh (*l'Alouette,* 1953), l'oratorio de P. Claudel, sur une musique d'A. Honegger (*Jeanne d'Arc au bûcher,* 1938), les films de C. T. Dreyer (*la Passion de Jeanne d'Arc,* 1928), de R. Bresson (*le Procès de Jeanne d'Arc,* 1962), de J. Rivette (*Jeanne la Pucelle,* 1994) et de Luc Besson (*Jeanne d'Arc,* 1999).

■ **JEANNE D'ARC** par Ingres. (Louvre, Paris.)

JEANNE DE FRANCE ou **DE VALOIS** (sainte), *1464 - 1505,* fille de Louis XI. Elle épousa le futur Louis XII, qui la répudia (1498). Conseillée par François de Paule, elle fonda l'ordre de l'Annonciade de Bourges.

ANGLETERRE

JEANNE GREY, lady **Dudley,** *Bradgate, Leicestershire, v. 1537 - Londres 1554,* reine d'Angleterre (1553). Petite-nièce d'Henri VIII, elle succéda à Édouard VI grâce aux intrigues de John Dudley, mais fut rapidement détrônée par Marie Ire Tudor, qui la fit décapiter.

JEANNE SEYMOUR, *1509-Hampton Court 1537,* reine d'Angleterre. Troisième femme d'Henri VIII, roi d'Angleterre, et mère du futur Édouard VI.

BRETAGNE

JEANNE DE PENTHIÈVRE, dite **la Boiteuse,** *1319 - 1384,* duchesse de Bretagne (1341 - 1365). Elle lutta contre Jean de Montfort puis contre le fils de celui-ci, Jean IV (v. 1340 - 1399), à qui elle céda ses droits par le traité de Guérande (1365).

CASTILLE

JEANNE la Folle, *Tolède 1479 - Tordesillas 1555,* reine de Castille (1504 - 1555). Épouse de l'archiduc d'Autriche Philippe le Beau et mère de Charles Quint, elle perdit la raison à la mort de son mari (1506).

FRANCE

JEANNE Ire DE NAVARRE, *Bar-sur-Seine v. 1272 - Vincennes 1305,* reine de Navarre et de France, épouse du roi Philippe IV le Bel.

NAPLES

JEANNE Ire D'ANJOU, *Naples 1326 - Aversa, Campanie, 1382,* reine de Naples (1343 - 1382). Elle se maria quatre fois et fut assassinée sur l'ordre de son cousin et héritier Charles de Durazzo. — **Jeanne II,** *Naples v. 1371 - id. 1435,* reine de Naples (1414 - 1435). Elle désigna pour lui succéder René d'Anjou (le futur René Ier le Bon), qu'elle avait adopté.

NAVARRE

JEANNE III D'ALBRET, *Saint-Germain-en-Laye 1528 - Paris 1572,* reine de Navarre (1555 - 1572). Femme d'Antoine de Bourbon et mère d'Henri IV, roi de France, elle fit du calvinisme la religion officielle de son royaume.

JEANNE (la Papesse), femme qui, selon une légende répandue au XIIIe s., aurait exercé le pontificat sous le nom de Jean l'Anglais, pendant les deux années qui suivirent la mort de Léon IV (855).

JEANNE-FRANÇOISE FRÉMYOT DE CHANTAL (sainte), *Dijon 1572 - Moulins 1641,* religieuse française. Elle fonda avec saint François de Sales l'ordre de la Visitation. — Elle était la grand-mère de Mme de Sévigné.

JEANNIN (Pierre), dit **le Président Jeannin,** *Autun 1540 - Paris v. 1622,* magistrat et diplomate français. Conseiller d'État, il signa l'alliance entre la France et la Hollande (1608), et la trêve de Douze Ans entre les Pays-Bas et l'Espagne (1609).

JEAN PAUL → RICHTER (Johann Paul Friedrich).

JEAN-PAUL Ier (Albino **Luciani**), *Canale d'Agordo 1912 - Rome 1978,* pape en 1978. Patriarche de Venise (1969), il fut pape pendant seulement 33 jours.

JEAN-PAUL II (Karol **Wojtyła**), *Wadowice, Pologne, 1920,* pape depuis 1978. Archevêque de Cracovie (1964), il est le premier pape non italien depuis Adrien VI (1522 - 1523). Par ses liens avec le peuple polonais, il a contribué à la chute du communisme en Europe de l'Est. Son action pastorale et doctrinale s'est imposée par la publication de plusieurs encycliques et d'un nouveau catéchisme et par de très nombreux voyages à travers le monde. Son pontificat est d'ores et déjà l'un des plus longs de l'histoire de la papauté.

JEANS (sir James Hopwood), *Londres 1877 - Dorking, Surrey, 1946,* astronome, mathématicien et physicien britannique. Il est l'auteur de travaux de dynamique stellaire et d'une théorie, à présent abandonnée, de la formation des planètes. Il fut aussi un vulgarisateur scientifique.

JÉBUSÉENS, peuple préisraélite de la région de Jérusalem, soumis par David.

■ **JEAN-PAUL II**

■ THOMAS **JEFFERSON.** (Château de Blérancourt.)

JEFFERSON (Thomas), *Shadwell, Virginie, 1743 - Monticello, Virginie, 1826,* homme politique américain. Principal auteur de la Déclaration d'indépendance des États-Unis (1776), fondateur du Parti antifédéraliste (1797), il prôna une politique inspirée par la physiocratie, qui ferait des États-Unis une république très décentralisée. Vice-président (1797), puis président des États-Unis (1801 - 1809), il acheta la Louisiane à la France. — Architecte amateur (édifices à Charlottesville), il propagea le néoclassicisme.

JEHOL ou **REHE,** anc. province de la Chine septentrionale, partagée entre le Hebei et le Liaoning.

JÉHOVAH, prononciation déformée du nom de Yahvé, par l'introduction des voyelles du mot « Adonaï ».

Jéhovah (Témoins de), groupe religieux fondé aux États-Unis, vers 1874, par C. Taze Russell. Attachés à une interprétation très littérale de la Bible et connus pour leur prosélytisme, ils professent des croyances millénaristes.

JÉHU, roi d'Israël (841 - 814 av. J.-C.).

JELAČIĆ ou **JELATCHITCH** (Josip), *Peterwardein, auj. Petrovaradin, 1801 - Zagreb 1859,* ban de Croatie. Il participa à la répression de la révolution en Hongrie en 1848.

JELENIA GÓRA, v. de Pologne ; 93 000 hab. Monuments anciens.

JELEV (Jeliou) → **ŽELEV** (Želju).

JELGAVA, anc. **Mitau,** v. de Lettonie ; 75 000 hab. Elle fut la cap. du duché de Courlande (1561 - 1725).

JELLICOE (John, comte), *Southampton 1859 - Londres 1935,* amiral britannique. Commandant la flotte de haute mer britannique *(Grand Fleet)* [1914 - 1916], il livra la bataille du Jütland. Chef de l'Amirauté (1916 - 1917), il dirigea la lutte contre les sous-marins allemands.

JEMEPPE-SUR-SAMBRE, comm. de Belgique (prov. de Namur) ; 17 255 hab.

Jemmapes (bataille de) [6 nov. 1792], victoire remportée près de Mons (Belgique) par Dumouriez sur les Autrichiens. Cette bataille fit naître en France l'idée de levée en masse.

JENA → IÉNA.

JENNER (Edward), *Berkeley 1749 - id. 1823,* médecin britannique. Il réalisa la première vaccination en découvrant que l'inoculation de l'exsudat des lésions de la vaccine (maladie bénigne) conférait l'immunité contre la variole.

■ EDWARD **JENNER** réalisant la première vaccination, par G. Mélingue. (Académie de médecine, Paris.)

JENSEN (Hans Daniel), *Hambourg 1907 - Heidelberg 1973,* physicien allemand. Il a proposé, indépendamment de M. Goeppert-Mayer, une théorie relative à la structure du noyau atomique, qui permet d'expliquer, notamm., l'existence des *nombres magiques.* (Prix Nobel 1963.)

JENSEN (Johannes Vilhelm), *Farsø 1873 - Copenhague 1950,* écrivain danois. Romancier, poète et essayiste, il élabora une sorte de mystique païenne de l'évolution humaine *(le Long Voyage),* marquée par une glorification trouble des races « gothiques ». (Prix Nobel 1944.)

JEPHTÉ, *XIIe s. av. J.-C.,* Juge d'Israël. Vainqueur des Ammonites, il fut contraint, à la suite d'un vœu imprudent, de sacrifier sa fille.

JÉRÉMIE, *Anatot v. 650/645 - en Égypte v. 580 av. J.-C.,* prophète biblique. Il fut le témoin de la fin du royaume de Juda et de la chute de Jérusalem (587). Sa prédication a préparé le peuple juif à traverser l'épreuve de l'Exil en conservant sa cohésion et son âme. Les *Lamentations de Jérémie* sont une suite de complaintes sur Jérusalem dévastée ; leur traditionnelle attribution à Jérémie est sans fondement historique.

JEREZ DE LA FRONTERA, anc. **Xeres,** v. d'Espagne (Andalousie) ; 183 316 hab. Vins. — Monuments de l'époque arabe au baroque.

JÉRICHO, en ar. **Arīḥā,** v. de Palestine. Habitée dès le VIIIe millénaire, elle fut un des premiers sites dont s'emparèrent les Hébreux au XIIIe s. av. J.-C. : leurs trompettes auraient fait s'écrouler les murs de la ville. — À proximité : vestiges de la ville biblique. — Occupée par Israël à partir de 1967, comme le reste de la Cisjordanie, Jéricho est dotée en 1994 d'un régime d'autonomie, conformément au plan fixé par l'accord israélo-palestinien de 1993.

JÉROBOAM Ier, *m. en 910 av. J.-C.,* fondateur et premier souverain du royaume d'Israël (931 - 910 av. J.-C.). — **Jéroboam II,** *m. en 743 av. J.-C.,* roi d'Israël (783 - 743 av. J.-C.). Son long règne fut une période de prospérité.

JÉRÔME (saint), *Stridon, Dalmatie, v. 347 - Bethléem 419 ou 420,* Père de l'Église latine. Il se consacra principalement à l'étude de la Bible, dont il donna une traduction en latin (Vulgate) et dont il fit de nombreux commentaires. Il fut aussi un propagateur de l'idéal monastique. On le représente comme pénitent au désert ou retirant une épine de la patte d'un lion.

JERSEY, la plus grande et la plus peuplée des îles Anglo-Normandes ; 116 km^{2} ; 84 000 hab. ; ch.-l. *Saint-Hélier.* Tourisme. Place financière. Cultures maraîchères et florales.

JERSEY CITY, v. des États-Unis (New Jersey), sur l'Hudson, en face de New York ; 228 537 hab.

JÉRUSALEM, v. de Palestine ; 544 200 hab. *(Hiérosolymitains* ou *Hiérosolymites).* Ville sainte de Palestine et lieu de pèlerinage pour les chrétiens, les juifs et les musulmans, Jérusalem a été proclamée capitale d'Israël par la Knesset en 1980. — La ville est apparue dans l'histoire v. 2000 av. J.-C. Conquise par David (Xe s. av. J.-C.), qui en fait sa capitale et le centre religieux des Hébreux, célèbre par la somptuosité du Temple édifié par Salomon (v. 969 - v. 962 av. J.-C.), elle est détruite par Nabuchodonosor (587 av. J.-C.) puis par les Romains (70, 135 apr. J.-C.). Passée aux mains des Arabes (638), elle est reconquise par les croisés et devient la capitale d'un royaume chrétien (1099 - 1187 puis 1229 - 1244), avant de repasser sous la domination musulmane (Mamelouks, de 1260 à 1517, puis Ottomans de 1517 à 1917). Siège de l'administration de la Palestine placée en 1922 sous mandat britannique, la ville est partagée en 1948 entre le nouvel État d'Israël et la Transjordanie. Lors de la guerre des Six-Jours, en 1967, l'armée israélienne s'empare des quartiers arabes qui constituaient la « Vieille Ville ». — Monuments célèbres : « mur des Lamentations » ; Coupole du Rocher, le plus ancien monument de l'islam (VIIe s.) ; mosquée al-Aqsa (XIe s.) ; édifices de l'époque des croisades. Musée national d'Israël.

■ **JÉRUSALEM.** Le « mur des Lamentations » et la Coupole du Rocher (VIIe s.).

J

JÉRUSALEM (royaume latin de), État latin du Levant, fondé en 1099 par les croisés et détruit en 1291 par les Mamelouks.

Jérusalem délivrée (la), poème épique du Tasse (1581). Il greffe des épisodes romanesques et amoureux sur le récit de la prise de Jérusalem par Godefroi de Bouillon.

JESPERSEN (Otto), *Randers 1860 - Copenhague 1943,* linguiste danois. Ses travaux ont porté sur la grammaire anglaise, la phonétique, la pédagogie des langues, la théorie linguistique (*Langage,* 1922 ; *Philosophie de la grammaire,* 1924).

JESSORE, v. du sud-ouest du Bangladesh, près de la frontière indienne ; 160 198 hab.

JÉSUS ou **JÉSUS-CHRIST,** Juif de Palestine, fondateur du christianisme, dont la naissance correspond théoriquement avec le début de l'ère chrétienne. Pour les chrétiens, il est le Messie, fils de Dieu né de la Vierge Marie, et rédempteur de l'humanité. En mettant en regard les données des Évangiles et les rares documents non chrétiens qui le mentionnent au Ier s., on peut établir le schéma chronologique suivant : naissance de Jésus sous Hérode, avant l'an 8 ou 7 précédant notre ère ; début de l'activité apostolique v. 28 ; passion et mort, en avr. 30. La prédication de Jésus eut d'abord pour cadre la Galilée, d'où il était originaire. Au terme de cette période, Jésus se heurta définitivement à l'incompréhension de ses contemporains ; les deux principaux partis juifs, pharisiens et sadducéens, voyaient dans son message d'instauration du Royaume de Dieu un ferment sacrilège de dangereuse agitation. Après la venue de Jésus à Jérusalem pour la Pâque, l'atmosphère se tendit ; à l'instigation des éléments dirigeants juifs, Jésus fut arrêté, condamné à mort et crucifié sur l'ordre du procurateur romain Ponce Pilate. Le témoignage des apôtres proclame qu'il est ressuscité trois jours après. La résurrection de Jésus, tenue par les chrétiens pour un fait historique et un dogme, transcende en réalité le domaine de l'histoire pour atteindre à celui de la foi.

■ **JÉSUS.** *Le Lavement des pieds,* fresque de Giotto. (Chapelle des Scrovegni, Padoue.)

Jésus (Compagnie de) ou **Société de Jésus,** ordre religieux fondé par Ignace de Loyola en 1540. D'abord société missionnaire, la Compagnie de Jésus opta très tôt pour le ministère de l'enseignement, rendu indispensable par les nécessités de la Réforme catholique. Lors de la querelle avec les jansénistes, on lui reprocha son lien direct avec la papauté (vœu spécial d'obéissance) et le laxisme de certains de ses casuistes. Supprimée dans la plupart des pays catholiques dans l'Europe des Lumières entre 1762 et 1767, puis par le pape Clément XIV en 1773, la Compagnie fut rétablie par Pie VII en 1814.

JETTE [jɛt], comm. de Belgique (Bruxelles-Capitale), banlieue nord-ouest de Bruxelles ; 38 423 hab.

Jeu d'Adam, drame semi-liturgique en vers (seconde moitié du XIIe s.). Il représente la faute d'Adam et Ève, le meurtre d'Abel par Caïn, puis le défilé des prophètes annonçant la venue du Messie.

Jeu de la feuillée, œuvre dramatique d'Adam de la Halle (1276). D'inspiration autobiographique, satirique et féerique, il annonce le genre de la sottie.

Jeu de paume (serment du) [20 juin 1789], serment que prêtèrent les députés du tiers état « de ne pas se séparer avant d'avoir donné une constitution à la France ». Le roi leur ayant interdit l'accès de la salle des Menus-Plaisirs à Versailles, où ils délibéraient habituellement, ils s'étaient transportés dans celle du Jeu de paume.

Jeu de Robin et Marion, pastorale dramatique d'Adam de la Halle (v. 1283), mêlée de danses et de chansons. Il évoque avec poésie et humour les mœurs des paysans et des bergers.

Jeu de saint Nicolas, œuvre dramatique de Jean Bodel (v. 1200). La pièce mêle l'évocation des interventions miraculeuses de saint Nicolas lors d'une guerre contre les Sarrasins à des scènes comiques, marquant le passage d'un théâtre sacré à un théâtre profane.

JEUMONT (59460), comm. du Nord, sur la Sambre ; 10 953 hab. *(Jeumontois).* Gare de triage. Constructions mécaniques.

Jeunes Gens en colère *(Angry Young Men),* mouvement littéraire animé par J. Osborne et fondé sur une critique des valeurs traditionnelles de la société britannique, qui se développa en Grande-Bretagne dans les années 1955 - 1965.

JEUNESSE (île de la), anc. **île des Pins,** île de Cuba ; 2 199 km^2 ; 70 900 hab.

Jeunesse ouvrière chrétienne → JOC.

Jeunesses musicales de France → JMF.

Jeunes-Turcs, groupe d'intellectuels et d'officiers ottomans, libéraux et réformateurs, d'abord rassemblés en diverses sociétés secrètes. Ils contraignirent Abdülhamid II à restaurer la Constitution (1908), puis à abdiquer (1909), et dominèrent la vie politique ottomane jusqu'en 1918.

jeux Floraux, concours poétique annuel institué à Toulouse en 1323 par un groupe de poètes (Consistoire du Gai Savoir) désireux de maintenir les traditions du lyrisme courtois et de la culture occitane. Ce concours récompense aujourd'hui encore des œuvres en français et en occitan.

JEVONS (William Stanley), *Liverpool 1835-Bexhill, près de Hastings, 1882,* économiste britannique, cofondateur du marginalisme. On lui doit également des travaux de logique.

JÉZABEL, *IXe s. av. J.-C.,* épouse d'Achab, roi d'Israël, et mère d'Athalie. Son action religieuse fut stigmatisée par le prophète Élie.

JHANSI, v. d'Inde (Uttar Pradesh) ; 368 580 hab. Métallurgie.

JHARKHAND, État du nord-est de l'Inde ; 79 700 km^2 ; 21 844 000 hab. ; cap. *Ranchi.*

JHELAM ou **JHELUM** n.f., riv. de l'Inde et du Pakistan, affl. de la Chenab (r. dr.) ; 725 km. Elle traverse le Cachemire et le Pendjab.

JIAMUSI, v. de Chine (Heilongjiang) ; 557 700 hab.

JIANG JIESHI ou **TCHANG KAÏ-CHEK,** *dans le Zhejiang 1887 - Taipei 1975,* généralissime et homme politique chinois. Il prend part à la révolution de 1911, dirige après 1926 l'armée du Guomindang et, rompant avec les communistes (1927), établit un gouvernement nationaliste à Nankin. Il lutte contre le PCC, qu'il contraint à la Longue Marche (1934) avant de former avec lui un front commun contre le Japon (1936). Il combat pendant la guerre civile (1946 - 1949), puis s'enfuit à Taïwan, où il préside le gouvernement jusqu'à sa mort. – **Chiang Chin-kuo** ou **Jiang Jingguo,** *dans le Zhejiang 1910 - Taipei 1988,* homme politique taïwanais. Fils de Jiang Jieshi, il lui succéda à la tête du Guomindang (1975) et fut président de la République de Taïwan de 1978 à sa mort.

JIANG QING, *Zhucheng, prov. du Shandong, 1914 - Pékin 1991,* femme politique chinoise. Femme de Mao Zedong, elle joua un rôle actif pendant la Révolution culturelle et devint membre du comité central du Parti communiste chinois (1969). Membre de la Bande des Quatre, arrêtée (1976) et condamnée à mort (1980), elle vit sa peine commuée en détention à perpétuité.

JIANGSU, prov. de la Chine centrale ; 100 000 km^2 ; 68 170 000 hab. ; cap. *Nankin.*

JIANGXI, prov. de la Chine méridionale ; 164 800 km^2 ; 38 280 000 hab. ; cap. *Nanchang.*

JIANG ZEMIN, *Yangzhou 1926,* homme politique chinois. Secrétaire général du Parti communiste chinois (depuis 1989), président de la Commission militaire centrale (depuis 1990) et président de la République (depuis 1993), il domine la vie politique de son pays, en particulier depuis la mort de Deng Xiaoping (1997).

JIAXING, v. de Chine, entre Shanghai et Hangzhou ; 655 000 hab.

JIJÉ (Joseph **Gillain,** dit), *Gedinne 1914 - Versailles 1980,* dessinateur et scénariste belge de bandes dessinées, auteur de séries humoristiques *(Blondin et Cirage)* et réalistes *(Jerry Spring).*

JIJEL, anc. **Djidjelli,** v. d'Algérie, ch.-l. de wilaya ; 69 300 hab.

JILIN, prov. de la Chine du Nord-Est ; 25 150 000 hab. ; cap. *Changchun.*

JIMÉNEZ (Juan Ramón), *Moguer 1881 - San Juan, Porto Rico, 1958,* poète espagnol. D'inspiration symboliste *(Âmes de violette, Éternités),* il est l'auteur du recueil de proses poétiques *Platero et moi* (1914). [Prix Nobel 1956.]

JINA → MAHAVIRA.

JINAN, v. de Chine, cap. du Shandong, sur le Huang He ; 2 350 000 hab. Riche musée ; jardins. – Centre industriel.

JINGDEZHEN, v. de Chine, à l'E. du lac Poyang ; 611 000 hab. Musée (porcelaines).

JINGMEN, v. de Chine, au N.-O. de Wuhan ; 957 000 hab.

JINHUA, v. de Chine, au S. de Hangzhou ; 865 000 hab.

JINJA, v. d'Ouganda ; 61 000 hab. Centre industriel.

JINNAH (Muhammad Ali), *Karachi 1876 - id. 1948,* homme politique pakistanais. Il milita au sein de la Ligue musulmane pour la création du Pakistan, dont il devint le premier chef d'État (1947 - 1948).

JINZHOU, v. de la Chine du Nord-Est (Liaoning) ; 810 000 hab.

JITOMIR → JYTOMYR.

JIVARO ou **SHUAR,** groupe amérindien des forêts tropicales de la haute Amazone, en Équateur et au Pérou (env. 5 000). Les Jivaro employaient des sarbacanes qui lançaient des dards empoisonnés et tranchaient puis réduisaient les têtes de leurs adversaires tués au cours de raids. Leur langue et celles de groupes apparentés constituent la famille *jivaro.*

JIVKOV (Todor) **→ ŽIVKOV.**

JIXI, v. de la Chine du Nord-Est (Heilongjiang) ; 820 000 hab.

JMF (Jeunesses musicales de France), association française, fondée en 1940 par R. Nicoly pour favoriser la propagation de la culture musicale.

JOACHIM, selon la tradition chrétienne, époux de sainte Anne et père de la Vierge Marie.

JOACHIM DE FLORE, en ital. Gioacchino **da Fiore,** *Celico, Calabre, v. 1130 - San Martino di Giove, Canale, Piémont, 1202,* mystique italien. Abbé cistercien, il rompit avec son ordre pour fonder une congrégation nouvelle. Révolté par les abus ecclésiastiques, il élabora une doctrine qui annonçait le règne de l'Esprit et qui, accordant un rôle privilégié aux humbles, influença bientôt la doctrine des spirituels.

JOAD ou **JOIADA,** *fin du IXe s. - VIIIe s. av. J.-C.,* chef des prêtres de Jérusalem. Il organisa un coup d'État contre Athalie et plaça sur le trône le jeune Joas.

JOANNE (Adolphe), *Dijon 1813 - Paris 1881,* géographe français, auteur de *Guides* et d'un *Dictionnaire géographique et administratif de la France.*

JOÃO PESSOA, v. du Brésil, cap. du Paraíba, sur le Paraíba ; 497 214 hab. Monuments du XVIe s.

JOB, personnage du livre biblique rédigé au Ve s. av. J.-C. et qui porte son nom. Riche et puissant,

■ **JIANG JIESHI**

■ LE MARÉCHAL **JOFFRE** par H. Jacquier. (Château de Versailles.)

il tombe dans une affreuse misère. Son histoire pose le problème du mal qui, s'attaquant au juste, l'invite à s'incliner devant la volonté de Dieu.

Jobim (António Carlos), aéroport international de Rio de Janeiro (du nom du compositeur brésilien [1927 - 1994] inventeur de la bossa nova).

JOC (Jeunesse ouvrière chrétienne), mouvement d'action catholique, tourné vers le monde ouvrier, fondé en 1925 par le prêtre belge J. Cardijn. Introduite en France en 1926 par l'abbé Guérin et par Georges Quiclet, la JOC est, depuis, représentée dans le monde entier.

JOCASTE MYTH. GR. Femme de Laïos, roi de Thèbes, et mère d'Œdipe. Elle épousa ce dernier sans savoir qu'il était son fils ; apprenant la vérité, elle se tua.

JOCHO, *m. en 1057,* sculpteur japonais. Il est le créateur d'un style national dégagé de l'influence chinoise (bouddha Amida, bois laqué et doré, dans le pavillon du Phénix au Byodo-in d'Uji).

Joconde (la), surnom d'un tableau de Léonard de Vinci, acheté à l'artiste par François Ier (Louvre). Ce serait le portrait, peint sur bois vers 1503 - 1507, de la Florentine Monna Lisa, épouse d'un certain Francesco del Giocondo.

JODELLE (Étienne), *Paris 1532 - id. 1573,* poète français, membre de la *Pléiade. Sa tragédie *Cléopâtre captive* (1553) marque le point de départ d'une forme dramatique nouvelle, d'où sortira la tragédie classique.

JODHPUR, v. d'Inde (Rajasthan) ; 648 621 hab. Forteresse et enceinte du XVIe s.

JODL (Alfred), *Würzburg 1890 - Nuremberg 1946,* général allemand. Chef du bureau des opérations de la Wehrmacht de 1938 à 1945, il signa à Reims, le 7 mai 1945, l'acte de reddition des armées allemandes. Condamné à mort comme criminel de guerre à Nuremberg, il fut exécuté.

JOËL, *IVe s. av. J.-C.,* le dernier des prophètes bibliques.

JOERGENSEN ou **JØRGENSEN** (Anker), *Copenhague 1922,* homme politique danois. Social-démocrate, il fut chef du gouvernement (1972 - 1973 et 1975 - 1982).

JOFFRE (Joseph), *Rivesaltes 1852 - Paris 1931,* maréchal de France. Après s'être distingué au Tonkin (1885), au Soudan (1892), puis à Madagascar (1900), il devint en 1911 chef d'état-major général. Commandant en chef des armées du Nord et du Nord-Est en 1914, il remporta la victoire décisive de la Marne ; commandant en chef des armées françaises (déc. 1915), il livra la bataille de la Somme ; il fut remplacé par Nivelle (déc. 1916) et promu maréchal. (Acad. fr.)

JOGJAKARTA, v. d'Indonésie (Java) ; 428 000 hab. Université. — Musée.

JOHANNESBURG, v. d'Afrique du Sud, dans le Witwatersrand ; 1 916 000 hab. C'est la plus grande ville et le principal centre industriel et commercial du pays. Zoo.

JOHANNOT (Tony), *Offenbach, Hesse, 1803 - Paris 1852,* peintre et graveur français, un des maîtres de l'illustration romantique.

JOHN (sir Elton), *Pinner, Middlesex, 1947,* compositeur et chanteur britannique. Pianiste de talent, associé au parolier Bernie Taupin, il est une des figures majeures de la pop britannique *(Candle in the Wind, Nikita).*

John Bull, sobriquet donné au peuple anglais. Personnage franc, bourru et querelleur, il est inspiré d'une série de pamphlets (1712) de John Arbuthnot (1667 - 1735).

JOHNS (Jasper), *Augusta, Géorgie, 1930,* peintre américain. Vers 1955, à côté de Rauschenberg, il devint un représentant majeur du courant « néodadaïste ».

JOHNSON (Andrew), *Raleigh 1808 - Carter's Station, Tennessee, 1875,* homme politique américain. Républicain, il fut président des États-Unis (1865 - 1869), après l'assassinat de Lincoln. Pour s'être opposé de fait à l'égalité raciale, il fut traduit devant le Sénat pour trahison, et acquitté.

JOHNSON (Daniel), *Danville, prov. de Québec, 1915 - Manic 5, prov. de Québec, 1968,* homme politique canadien. Chef de l'Union nationale (1961), il fut Premier ministre du Québec de 1966 à sa mort. — **Daniel J.,** *Montréal 1944,* homme politique canadien. Fils de Daniel, chef du Parti libéral, il succéda à R. Bourassa à la tête du gouvernement québécois (janv.-sept. 1994). — **Pierre Marc J.,** *Montréal 1946,* homme politique canadien. Également fils de Daniel, il succéda à René Lévesque à la tête du Parti québécois (1985 - 1987) et au poste de Premier ministre du Québec (oct.-déc. 1985).

JOHNSON (Earvin, dit « Magic »), *Lansing, Michigan, 1959,* joueur de basket-ball américain. Champion olympique à Barcelone (1992), il a été 5 fois champion des États-Unis avec son club, les Los Angeles Lakers.

JOHNSON (Lyndon Baines), *Stonewall, Texas, 1908 - Johnson City, près d'Austin, Texas, 1973,* homme politique américain. Démocrate, vice-président des États-Unis (1961), il devint président à la suite de l'assassinat de J. F. Kennedy (1963), puis fut président élu (1964 - 1969). Il dut faire face à l'extension de la guerre du Viêt Nam.

JOHNSON (Michael), *Oak Cliff, Dallas, 1967,* athlète américain. Détenteur de neuf titres de champion du monde : deux sur 200 m (1991, 1995), quatre sur 400 m (1993, 1995, 1997, 1999) et trois dans le relais 4 × 400 m (1993, 1995, 1999), il a également été champion olympique du relais 4 × 400 m en 1992, du 200 m et du 400 m en 1996 (distances sur lesquelles il détient en outre le record du monde), du 400 m et du relais 4 × 400 m en 2000.

JOHNSON (Philip), *Cleveland 1906,* architecte américain. Il est passé du style international, dans la manière de Mies van der Rohe, à une sorte de néoclassicisme (théâtre du Lincoln Center, New York, 1962), voire au postmodernisme.

JOHNSON (Samuel), *Lichfield 1709 - Londres 1784,* écrivain britannique. Auteur d'un *Dictionnaire de la langue anglaise,* il a défendu et illustré l'esthétique classique dans ses œuvres.

JOHNSON (Uwe), *Cammin, Poméranie, 1934 - Sheerness, Kent, 1984,* écrivain allemand. Son œuvre narrative est dominée par la division de l'Allemagne en deux États et deux modes de pensée *(la Frontière).*

JOHORE BAHARU, v. de Malaisie, proche de Singapour ; 250 000 hab.

■ **JODHPUR.** La forteresse dominant le mur d'enceinte (XVIe s.).

JOIGNY (89300), ch.-l. de cant. de l'Yonne, sur l'Yonne ; 10 737 hab. *(Joviniens).* Trois églises des XIVe-XVIe s.

JOINVILLE, v. du Brésil, au S.-E. de Curitiba ; 346 095 hab.

JOINVILLE (52300), ch.-l. de cant. de la Haute-Marne ; 4 603 hab. *(Joinvillois).* Château Renaissance du Grand Jardin (centre culturel).

JOINVILLE (François **d'Orléans,** prince **de**), *Neuilly-sur-Seine 1818 - Paris 1900,* prince français. Troisième fils de Louis-Philippe, vice-amiral, il ramena en France les restes de Napoléon (1840).

JOINVILLE (Jean, sire **de**), *v. 1224 - 1317,* chroniqueur français. Sénéchal de Champagne, il participa avec Saint Louis, dont il était devenu l'ami, à la septième croisade. Son *Livre des saintes paroles et des bons faits de notre roi Louis* (v. 1309) est une source précieuse pour l'histoire de ce roi.

JOINVILLE-LE-PONT (94340), ch.-l. de cant. du Val-de-Marne, sur la Marne ; 17 348 hab. *(Joinvillais).*

JÓKAI (Mór), *Komárom 1825 - Budapest 1904,* romancier et publiciste hongrois, auteur de romans d'inspiration romantique *(le Nabab hongrois).*

JOLIETTE, v. du Canada (Québec), sur l'Assomption ; 18 908 hab. *(Jolietains).* Papeterie. Confection. — Musée d'art.

JOLIOT-CURIE (Irène), *Paris 1897 - id. 1956,* physicienne française, fille de Pierre et de Marie Curie. Seule ou en collaboration avec son mari, Jean Frédéric Joliot, elle effectua des travaux de physique nucléaire et des recherches sur la structure de l'atome qui conduisirent à la découverte du neutron (Chadwick, 1932) et de la radioactivité artificielle (1934). Elle fut sous-secrétaire d'État à la Recherche scientifique en 1936. (Prix Nobel de chimie 1935.)

JOLIOT-CURIE (Jean Frédéric **Joliot,** dit), *Paris 1900 - id. 1958,* physicien français. En collaboration avec sa femme, Irène Curie, il découvrit la radioactivité artificielle (1934). Il apporta une preuve physique du phénomène de fission, puis étudia les réactions en chaîne et les conditions de réalisation d'une pile atomique, Zoé, qui fut construite en 1948. Il fut le premier haut-commissaire à l'Énergie atomique (1946 - 1950). [Prix Nobel de chimie 1935.]

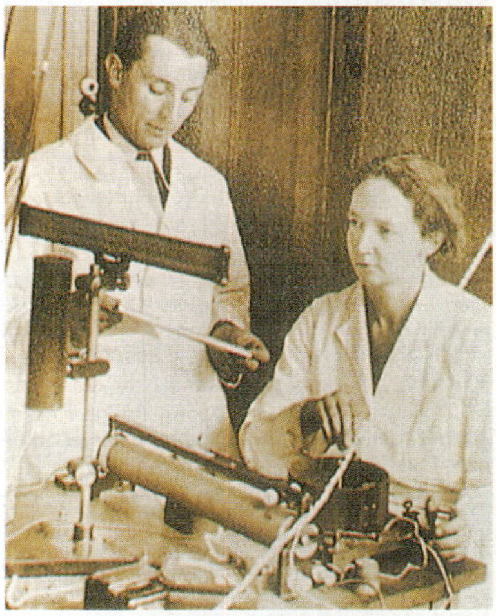

■ FRÉDÉRIC ET IRÈNE **JOLIOT-CURIE**

JOLIVET (André), *Paris 1905 - id. 1974,* compositeur français. On lui doit des œuvres pour piano (*Mana,* 1935 ; *Cinq Danses rituelles,* avec orchestre, 1939), des concertos et des symphonies.

JOLLIET ou **JOLIET** (Louis), *région de Québec 1645 - Canada 1700,* explorateur français. Avec le père Marquette, il reconnut le cours du Mississippi (1672).

JOMINI (Henri, baron **de**), *Payerne 1779 - Paris 1869,* général et théoricien militaire suisse. Au service de la France (1804 - 1813), puis de la Russie (1813 - 1843), où il créa une académie militaire, il est l'auteur d'un ouvrage majeur, le *Précis de l'art de la guerre* (1837). Son influence fut considérable dans la seconde moitié du XIXe s., notamm. dans les écoles de guerre américaines.

JONA, v. de Suisse (cant. de Saint-Gall), au S.-E. de Zurich ; 15 264 hab.

JONAS, personnage du livre biblique qui porte son nom. Cet écrit, admis traditionnellement parmi les livres prophétiques, est une fiction littéraire du IVe s. av. J.-C. Le prophète Jonas de l'histoire a vécu au VIIIe s. av. J.-C. Celui du livre passe trois jours dans le ventre d'une baleine.

JONAS (Hans), *Mönchengladbach 1903 - New Rochelle, État de New York, 1993,* philosophe allemand installé aux États-Unis. Il analysa les conséquences du progrès scientifique et proposa une éthique de la responsabilité envers les générations futures et envers la nature.

JONES (Ernest), *Gowerton, Glamorgan, 1879 - Londres 1958,* médecin et psychanalyste britannique. Il fut le principal artisan de la diffusion de la psychanalyse dans le monde anglo-saxon et le biographe de S. Freud.

JONES (Everett **LeRoi**), *Newark 1934,* écrivain américain. Auteur dramatique, romancier et poète, il revendique pour les Noirs l'autonomie culturelle et politique *(le Métro fantôme).*

JONES (Inigo), *Londres 1573 - id. 1652,* architecte anglais. Intendant des bâtiments royaux après avoir été un décorateur des fêtes de la Cour, il voyagea en Italie (1613) et introduisit le palladianisme en Angleterre (Banqueting House, Londres, v. 1620).

JONGEN (Joseph), *Liège 1873 - Sart-lès-Spa 1953,* compositeur et organiste belge. Son œuvre s'apparente à l'école française de Debussy et aborde tous les genres.

JONGKIND (Johan Barthold), *Lattrop 1819 - Grenoble 1891,* peintre et graveur néerlandais. Paysagiste, installé en France, il est un des précurseurs de l'impressionnisme.

JÖNKÖPING, v. de Suède, sur le lac Vättern ; 111 486 hab. Allumettes. – Monuments du XVIIe s. ; musée provincial.

JONQUIÈRE, v. du Canada (Québec), dans la région du Saguenay ; 59 734 hab. *(Jonquiérois).* Aluminium. Pâte et papier.

JONSON (Ben), *Westminster 1572 ? - Londres 1637,* auteur dramatique anglais. Ami et rival de Shakespeare, il a écrit des comédies *(*Volpone ou le Renard)* et des tragédies.

JONZAC (17500), ch.-l. d'arrond. de la Charente-Maritime, sur la Seugne ; 4 296 hab. *(Jonzacais).* Eau-de-vie. – Château des XIVe-XVIIe s. ; centre culturel dans un anc. couvent.

JOOSS (Kurt), *Wasseralfingen, Wurtemberg, 1901 - Heilbronn 1979,* danseur et chorégraphe allemand. Disciple de R. von Laban, il joua, notamm. par son enseignement à la Folkwangschule d'Essen, un rôle essentiel dans l'essor de la danse expressionniste (*la Table verte,* 1932 ; *la Grande Ville,* 1re version 1932 ; 2e version 1935).

JOPLIN (Janis), *Port Arthur 1943 - Hollywood 1970,* chanteuse américaine. Elle chantait d'une voix bouleversante la violence du rock et le désespoir du blues *(Try ; Summertime).*

JOPLIN (Scott), *Texarkana, Texas, 1868 - New York 1917,* compositeur et pianiste américain de ragtime. Il connut le succès avec *Maple Leaf Rag* (1899) et fit du ragtime un style accompli.

JORASSES (Grandes), sommets du massif du Mont-Blanc (France) ; 4 208 m à la pointe Walker.

JORAT, partie sud-ouest du plateau suisse, dominant le lac Léman.

JORDAENS (Jacob), *Anvers 1593 - id. 1678,* peintre flamand. Influencé par Rubens et par le caravagisme, il devint dans sa maturité le représentant le plus populaire du naturalisme flamand (*le Satyre et le Paysan, Le roi boit,* diverses versions).

JORDAN (Camille), *Lyon 1838 - Paris 1922,* mathématicien français. Il fut l'un des fondateurs de la théorie des groupes, dans laquelle il reprit et développa les idées de E. Galois.

JORDAN (Michael), *New York 1963,* joueur de basket-ball américain. Deux fois champion olympique (1984 et 1992), il a remporté six fois (1991, 1992, 1993, 1996, 1997 et 1998), avec l'équipe des Chicago Bulls, le championnat des États-Unis.

JORDANIE n.f., État d'Asie, dans le Moyen-Orient ; 92 000 km² ; 4 200 000 hab. *(Jordaniens).* **CAP.** *Amman.* **LANGUE** : *arabe.* **MONNAIE** : *dinar jordanien.*

INSTITUTIONS

Monarchie constitutionnelle. La Constitution date de 1952. Le roi est assisté par un Premier ministre, chef du gouvernement. Le Parlement (Assemblée nationale) est composé d'un Sénat, ou *Madjlis al-Ayan* (40 sénateurs, nommés par le roi pour 4 ans), et d'une Chambre des représentants (80 députés, élus pour 4 ans).

GÉOGRAPHIE

La dépression du Ghor (drainée par le Jourdain) et les hauteurs périphériques constituent les parties vitales du pays, fournissant du blé, de l'orge, des vins, de l'huile d'olive. L'élevage nomade (ovins et caprins) est la seule forme d'exploitation de la Jordanie orientale, plateau calcaire, aride. Le sous-sol recèle surtout des phosphates. Le tourisme est actif, mais l'industrialisation est inexistante et la balance commerciale, déficitaire. De plus, le pays (où vivent de nombreux Palestiniens) est lourdement endetté.

HISTOIRE

1949 : le royaume de Jordanie est créé par la réunion de l'émirat hachémite de Transjordanie (créé en 1921) et de la Cisjordanie (qui faisait partie de l'État arabe prévu par le plan de partage de la Palestine de 1947). **1951 :** le roi Abdullah est assassiné par un Palestinien. **1952 :** Husayn accède au pouvoir. **1967 :** la Jordanie est engagée dans la 3e guerre israélo-arabe, au terme de laquelle Israël occupe Jérusalem-Est et la Cisjordanie ; un pouvoir palestinien armé concurrence l'autorité royale. **1970 :** les troupes royales interviennent contre les Palestiniens, qui sont expulsés vers le Liban et la Syrie. **1978 :** à la suite des accords de Camp David entre Israël et l'Égypte, la Jordanie se rapproche des Palestiniens. **1984 :** la Jordanie renoue des relations avec l'Égypte. **1988 :** le roi Husayn rompt les liens légaux et administratifs entre son pays et la Cisjordanie. **1994 :** la Jordanie conclut un traité de paix avec Israël. **1999 :** le roi Husayn meurt ; son fils aîné lui succède sous le nom d'Abd Allah II.

JØRGENSEN (Anker) → **JOERGENSEN.**

JORN (Asger **Jørgensen,** dit Asger), *Vejrum 1914 - Århus 1973,* peintre et théoricien danois. Il fut le cofondateur de Cobra, puis d'une des branches de l'« Internationale situationniste ». Esprit aigu, expérimentateur aux initiatives multiples, il a laissé une œuvre plastique d'une grande liberté. Musée à Silkeborg (Jylland).

■ ASGER **JORN.** *Kyotosmorama,* 1969 - 1970. (MNAM, Paris.)

JOS, v. du Nigeria, sur le *plateau de Jos ;* 186 000 hab. Musée.

JOSAPHAT, 4e roi de Juda (870 - 848 av. J.-C.). Son règne fut prospère.

Josaphat (vallée de), nom symbolique de l'endroit où Dieu, selon le livre de Joël, jugera les peuples au dernier jour. On l'identifia plus tard avec la vallée du Cédron, à l'est de Jérusalem.

JOSEPH, patriarche biblique. Fils de Jacob et de Rachel, il fut vendu par ses frères et conduit en Égypte, où il devint ministre du pharaon. Grâce à sa protection, les Hébreux purent s'établir en Égypte.

SAINTS

JOSEPH (saint), époux de la Vierge Marie, charpentier et père nourricier de Jésus-Christ. Il est honoré le 1er mai comme patron des travailleurs.

JOSEPH d'Arimathie (saint), *Ier s.,* Juif de Jérusalem, membre du Sanhédrin. Il prêta son propre tombeau pour ensevelir Jésus.

EMPIRE ET AUTRICHE

JOSEPH Ier, *Vienne 1678 - id. 1711,* roi de Hongrie (1687), roi des Romains (1690), archiduc d'Autriche et empereur germanique (1705 - 1711), de la dynastie des Habsbourg. Fils de Léopold Ier, il reconnut en Hongrie le calvinisme et le droit des États (1711). – **Joseph II,** *Vienne 1741 - id. 1790,* empereur germanique et corégent des États des Habsbourg (1765 - 1790). Fils aîné de François Ier et de Marie-Thérèse, devenu seul maître, à la mort de sa mère (1780), il voulut, en despote éclairé, rationaliser et moderniser le gouvernement de ses États et abolit le servage (1781). Il pratiqua à l'égard de l'Église une politique de surveillance et de contrôle (« joséphisme »).

ESPAGNE

JOSEPH → **BONAPARTE.**

PORTUGAL

JOSEPH Ier le Réformateur, *Lisbonne 1714 - id. 1777,* roi de Portugal (1750 - 1777), de la maison de Bragance. Despote éclairé, il s'efforça de régénérer le pays avec l'aide de son ministre, le marquis de Pombal.

JOSEPH (François Joseph **Le Clerc du Tremblay,** dit le Père), *Paris 1577 - Rueil 1638,* capucin français. Surnommé « l'Éminence grise », il fut le confident et le conseiller de Richelieu, sur lequel il exerça une influence prédominante de 1630 à 1635. Il fonda l'ordre des filles du Calvaire.

JOSÈPHE (Flavius) → **FLAVIUS JOSÈPHE.**

JOSÉPHINE (Marie-Josèphe **Tascher de La Pagerie**), *Trois-Îlets, Martinique, 1763 - Malmaison 1814,* impératrice des Français. Elle épousa en 1779 le vicomte de Beauharnais, dont elle eut deux enfants (Eugène et Hortense). Veuve en 1794, elle devint la femme de Napoléon Bonaparte (1796). L'Empereur, ne pouvant avoir d'héritier avec elle, la répudia en 1809.

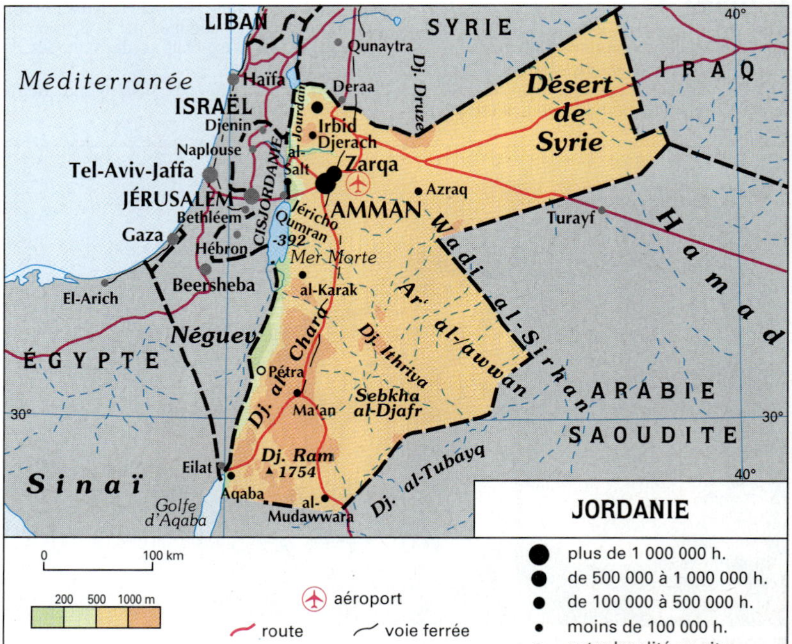

■ **JOSEPH II** par P. Batoni. (Kunsthistorisches Museum, Vienne.)

■ **JOSÉPHINE** par F. Gérard. (Château de Versailles.)

JOSEPHSON (Brian David), *Cardiff 1940,* physicien britannique. Il a découvert, en 1962, les effets selon lesquels le courant électrique peut franchir une mince barrière isolante ou normalement conductrice placée entre deux supraconducteurs ; ces effets ont des applications en métrologie de précision. (Prix Nobel 1973.)

JOSIAS, *m. en 609 av. J.-C.,* 16e roi de Juda (640-609 av. J.-C.). Sous son règne eut lieu une importante rénovation religieuse.

JOSPIN (Lionel), *Meudon 1937,* homme politique français. Premier secrétaire du Parti socialiste (1981 - 1988 et 1995 - 1997), ministre de l'Éducation nationale (1988 - 1992), il est Premier ministre, dans un contexte de cohabitation, depuis 1997.

JOSQUIN DES PRÉS, *Beaurevoir, Picardie, v. 1440 - Condé-sur-l'Escaut v. 1521/1524,* compositeur français. Attaché à la chapelle pontificale, il resta plus de vingt ans en Italie, avant de devenir musicien de Louis XII. Auteur de messes et de motets, il est l'un des créateurs de la chanson polyphonique.

JOSSELIN (56120), ch.-l. de cant. du Morbihan ; 2 636 hab. *(Josselinais).* Agroalimentaire. — Important château fort et église reconstruits ou remaniés à la fin de l'époque gothique.

JOSUÉ, successeur de Moïse (fin du XIIIe s. av. J.-C.). Il conduisit les Hébreux dans la conquête de la Terre promise. Le livre biblique dit « de Josué » retrace, sur un mode épique, l'installation des Hébreux en Canaan.

JOTUNHEIM n.m., massif de la Norvège méridionale, englobant le point culminant de la Scandinavie ; 2 470 m.

JOUARRE (77640), comm. de Seine-et-Marne ; 3 442 hab. *(Jotranciens).* D'une abbatiale mérovingienne disparue subsistent deux chapelles annexes (sarcophages sculptés des VIIe et VIIIe s.) ; petit musée briard.

JOUBERT (Barthélemy), *Pont-de-Vaux 1769 - Novi 1799,* général français. Officier dans l'armée d'Italie en 1792, il s'illustra notamment à Rivoli (1797), avant d'occuper le Piémont et Turin (1798).

JOUBERT (Joseph), *Montignac, Périgord, 1754 - Villeneuve-sur-Yonne 1824,* moraliste français. Les *Carnets,* les *Pensées* et la *Correspondance* de cet ami de Chateaubriand composent une évocation subtile de l'espace intime de l'auteur.

JOUBERT (Petrus Jacobus), *colonie du Cap 1831 ? - Pretoria 1900,* général boer. Il commanda en chef contre les Anglais en 1881 et en 1899.

JOUÉ-LÈS-TOURS (37300), ch.-l. de cant. d'Indre-et-Loire, banlieue de Tours ; 37 126 hab. *(Jocondiens).* Plastiques. Pneumatiques.

JOUFFROY D'ABBANS (Claude François, marquis **de**), *Roches-sur-Rognon, Champagne, 1751 - Paris 1832,* ingénieur français. Il est le premier à avoir fait fonctionner un bateau à vapeur (Lyon, 15 juill. 1783).

JOUGNE (25370), comm. du Doubs ; 1 217 hab. Sports d'hiver près de la frontière suisse.

JOUHANDEAU (Marcel), *Guéret 1888 - Rueil-Malmaison 1979,* écrivain français. Ses romans *(Monsieur Godeau intime),* ses essais et ses récits autobiographiques *(Journaliers)* offrent une vision critique des mœurs provinciales et de la vie conjugale.

JOUHAUX (Léon), *Paris 1879 - id. 1954,* syndicaliste français. Secrétaire général de la CGT (1909 - 1947), il dirigea, à partir de 1948, la CGT-FO, issue de la scission de la CGT. (Prix Nobel de la paix 1951.)

JOUKOV (Gueorgui Konstantinovitch), *Strelkovka 1896 - Moscou 1974,* maréchal soviétique. Chargé de défendre Moscou (1941), il résista victorieusement, puis il dirigea la défense de Leningrad (1943). Il conduisit un groupe d'armées de Varsovie à Berlin, où il reçut la capitulation de la Wehrmacht (1945). Disgracié par Staline, il fut, après la mort de ce dernier, ministre de la Défense de 1955 à 1957.

JOUKOVSKI (Vassili Andreïevitch), *près de Michenskoïe 1783 - Baden-Baden 1852,* poète et traducteur russe. Il fit connaître au public russe le romantisme anglais et allemand, et fut le précepteur du futur tsar Alexandre II.

JOULE (James Prescott), *Salford, près de Manchester, 1818 - Sale, Cheshire, 1889,* physicien britannique. Il étudia la chaleur dégagée par les courants électriques dans les conducteurs et en formula la loi (1841). Il détermina l'équivalent mécanique de la calorie (1842). Il énonça le principe de conservation de l'énergie mécanique et, utilisant la théorie cinétique des gaz, calcula la vitesse moyenne des molécules gazeuses.

JOUMBLATT (Kamal), *Moukhtara 1917 - près de Baaklin 1977,* homme politique libanais. Chef de la communauté druze et fondateur en 1949 du Parti progressiste socialiste, il fut assassiné. — **Walid J.,** *Beyrouth 1947,* homme politique libanais. Fils de Kamal, il lui a succédé à la tête de la communauté druze et du Parti progressiste socialiste.

JOURDAIN n.m., fl. du Proche-Orient, né au Liban et qui se jette dans la mer Morte ; 360 km. Il sépare Israël de la Syrie, puis de la Jordanie (en aval du lac de Tibériade), enfin la Cisjordanie et la Jordanie.

JOURDAIN (Frantz), *Anvers 1847 - Paris 1935,* architecte français d'origine belge. Il pratiqua l'architecture du fer et fut un des fondateurs du Salon d'automne, où il réserva une large place aux arts appliqués. — **Francis J.,** *Paris 1876 - id. 1958,* artiste décorateur et peintre français, fils de Frantz. Il s'attacha à la production de meubles et d'objets rationnels, de grande diffusion.

Jourdain (Monsieur), personnage principal du **Bourgeois gentilhomme.*

JOURDAN (Jean-Baptiste, comte), *Limoges 1762 - Paris 1833,* maréchal de France. Vainqueur à Fleurus (1794), il commanda l'armée d'Espagne (1808 - 1814). Député aux Cinq-Cents, il fit voter la loi sur la conscription (1798).

Journal de Genève et Gazette de Lausanne → **Temps** (le).

Journal des débats (le), quotidien français. Fondé en 1789 pour rendre compte des débats et des décrets de la Constituante, il est racheté en 1799 par les frères Bertin, qui donnèrent à ce journal, de tendance libérale, un grand rayonnement. Il cessa de paraître en 1944.

Journal des savants (le), le plus ancien recueil littéraire français (1665). À l'origine, il rendait compte des ouvrages nouveaux, des découvertes scientifiques. Depuis 1908, l'Académie des inscriptions et belles-lettres y publie des comptes rendus d'ouvrages sur l'archéologie, l'histoire ancienne et médiévale, etc.

Journal officiel de la République française (JO), publication officielle de la République française. Succédant, en 1848, au *Moniteur universel,* il est pris en régie par l'État en 1880. Le Journal officiel publie chaque jour les lois, décrets, arrêtés, ce qui les rend opposables au public, des circulaires et divers textes administratifs. Il publie également le compte rendu des débats parlementaires.

■ LE MARÉCHAL **JOUKOV** en 1945.

■ JAMES PRESCOTT **JOULE**

Journal officiel des Communautés européennes (JOCE), publication officielle qui diffuse les textes et documents de l'Union européenne à l'intérieur des États membres.

JOUVE (Pierre Jean), *Arras 1887 - Paris 1976,* écrivain français. Proche du groupe de l'*Abbaye et de l'*unanimisme, il se consacra ensuite, dans son œuvre poétique *(Sueur de sang, Moires)* et romanesque *(le Monde désert, Aventure de Catherine Crachat),* à une exploration de l'inconscient teintée de mysticisme.

JOUVENEL DES URSINS → **JUVÉNAL.**

JOUVENET (Jean), *Rouen 1644 - Paris 1717,* peintre français. Il exécuta des travaux décoratifs divers (notamment à Versailles) et fut le meilleur peintre religieux de son temps.

JOUVET (Louis), *Crozon 1887 - Paris 1951,* acteur et metteur en scène de théâtre français. L'un des animateurs du *Cartel, directeur de l'Athénée (1934), il a interprété et mis en scène J. Romains *(*Knock),* Molière, Giraudoux. Il joua de nombreux rôles importants au cinéma.

JOUVET (Michel), *Lons-le-Saunier 1925,* médecin français. Il est l'auteur de recherches de neurobiologie sur le sommeil paradoxal et les états de vigilance.

■ LOUIS **JOUVET** interprétant *Dom Juan* de Molière au théâtre de l'Athénée, à Paris, en 1947.

JOUX (vallée de), partie suisse de la haute vallée de l'Orbe, qui y forme le *lac de Joux* (8,9 km²).

JOUY-EN-JOSAS (78350), comm. des Yvelines, sur la Bièvre ; 8 042 hab. *(Jovaciens).* Centre national de recherches zootechniques. École des hautes études commerciales. — Musée de la Toile de Jouy (→ **Oberkampf**).

JOUY-LE-MOUTIER (95000), ch.-l. de cant. du Val-d'Oise, sur l'Oise ; 17 979 hab. *(Jocassiens).*

JOVIEN, en lat. **Flavius Claudius Iovianus,** *Singidunum, Mésie, v. 331 - Dadastana, Bithynie, 364,* empereur romain (363 - 364). Succédant à Julien, il restaura les privilèges de l'Église.

JOYCE (James), *Rathgar, Dublin, 1882 - Zurich 1941,* écrivain irlandais. Poète *(Musique de chambre),* nouvelliste (*Gens de Dublin,* 1914), il est l'auteur de deux récits au symbolisme multiple et dont le personnage principal est en définitive le langage : *Ulysse* (1922), *Finnegans Wake* (1939). Il est à l'origine de nombreuses recherches de la littérature moderne.

■ JAMES **JOYCE**

JOYEUSE (Anne, duc **de**), *Joyeuse 1561 - Coutras 1587,* homme de guerre français et favori d'Henri III. Commandant de l'armée royale, il mourut au combat, vaincu par le futur Henri IV. — **François de J.,** *1562 - 1615,* prélat français. Frère d'Anne de Joyeuse, cardinal, il négocia la réconciliation d'Henri IV avec le pape (1594 - 1595). – **Henri,** comte **du Bouchage,** puis duc **de J.,** *1567 - Rivoli 1608,* gentilhomme français. Frère d'Anne de Joyeuse, il rejoignit la Ligue après avoir quitté l'habit de capucin, puis se rallia à Henri IV, moyennant le bâton de maréchal (1596).

JÓZSEF (Attila), *Budapest 1905 - Balatonszárszó 1937,* poète hongrois. D'inspiration sociale, il est un des grands lyriques de la Hongrie moderne (*le Mendiant de la beauté,* 1922).

JUAN (golfe), golfe des Alpes-Maritimes.

JUAN D'AUTRICHE (don), *Ratisbonne 1545 - Bouges, près de Namur, 1578,* prince espagnol. Fils naturel de Charles Quint, il vainquit les Turcs à Lépante (1571) et fut gouverneur des Pays-Bas (1576 - 1578), où il se révéla impuissant à imposer son autorité aux provinces révoltées.

JUAN CARLOS Ier de Bourbon, *Rome 1938,* roi d'Espagne. Petit-fils d'Alphonse XIII, il est désigné en 1969 par Franco pour lui succéder, avec le titre de roi. Après la mort de ce dernier (1975), il préside à la démocratisation du pays.

■ **JUAN CARLOS Ier DE BOURBON**

■ LE MARÉCHAL **JUIN**

JUAN DE FUCA, détroit qui sépare l'île de Vancouver (Canada) et les États-Unis.

JUAN DE JUNI, *Joigny ? 1507 ? - Valladolid 1577,* sculpteur espagnol d'origine française. Il fit sans doute un voyage en Italie et s'établit en 1541 à Valladolid, où ses bois polychromes, d'un style animé, influencèrent la sculpture castillane.

■ **JUAN DE JUNI.** Détail d'une mise au tombeau de 1545 ; bois polychrome. (Musée national de Sculpture, Valladolid.)

JUAN DE NOVA, petite île française de l'océan Indien, dans le canal de Mozambique.

JUAN FERNÁNDEZ (îles), archipel chilien du Pacifique, découvert en 1574 par le navigateur espagnol Juan Fernández. A. *Selkirk, le modèle de **Robinson Crusoé,* y séjourna de 1704 à 1709.

JUAN JOSÉ D'AUTRICHE (don), *Madrid 1629 - id. 1679,* prince espagnol. Fils naturel de Philippe IV, légitimé en 1641, il fut ministre de Charles II (1677) et négocia la paix de Nimègue (1678).

JUAN-LES-PINS (06160), station balnéaire des Alpes-Maritimes (comm. d'Antibes). Festival de jazz.

JUÁREZ GARCÍA (Benito), *San Pablo Guelatao 1806 - Mexico 1872,* homme politique mexicain d'origine indienne. Président de la République (1861), il défendit une politique libérale anticléricale (la *Reforma*). À partir de 1863, il lutta contre l'expédition française au Mexique et fit fusiller l'empereur Maximilien (1867).

JUBA Ier, *m. à Zama en 46 av. J.-C.,* roi de Numidie. Il fut battu par César à Thapsus (46 av. J.-C.). – **Juba II,** *v. 52 av. J.-C. - v. 23/24 apr. J.-C.,* roi de Mauritanie (25 av. J.-C.-23/24 apr. J.-C.). Il dota sa capitale, *Caesarea* (auj. *Cherchell*), de nombreux monuments.

JUBBULPORE → JABALPUR.

JUBY (cap), promontoire du sud-ouest du Maroc.

JÚCAR n.m., fl. d'Espagne, qui se jette dans la Méditerranée ; 535 km.

JUDA, personnage biblique. Fils de Jacob, il est l'ancêtre éponyme de la *tribu de Juda,* qui eut un rôle prépondérant dans l'histoire des Hébreux.

JUDA (royaume de) [931 - 587 av. J.-C.], royaume constitué par les tribus du sud de la Palestine après la mort de Salomon. (Cap. *Jérusalem*). Rival du royaume d'Israël, contre lequel il s'épuisa en luttes fratricides, le royaume de Juda s'appuya sur l'Égypte pour parer au danger assyrien et plus tard babylonien. Mais il ne put résister à la puissance de Babylone, et, après la prise de Jérusalem par Nabuchodonosor (587), sa population fut déportée à Babylone.

JUDAS Iscariote, apôtre de Jésus (Ier s.). Il le livra à ses ennemis pour trente deniers et, pris de remords, se pendit.

JUDAS MACCABÉE → MACCABÉES.

JUDD (Donald, dit Don), *Excelsior Springs, Missouri, 1928 - New York 1994,* sculpteur et théoricien américain. Un des maîtres de l'art *minimal.

JUDE ou **THADDÉE** (saint), apôtre de Jésus. L'Épître de Jude, qui lui est attribuée, met en garde contre les innovations qui menacent la foi.

JUDÉE, province du sud de la Palestine à l'époque gréco-romaine.

JUDICAËL (saint), *m. v. 638,* roi de Bretagne.

JUDITH, héroïne du livre biblique de Judith (milieu IIe s. av. J.-C.). Ce dernier reflète l'affrontement entre le judaïsme et l'hellénisme au temps de la révolte des Maccabées.

JUDITH DE BAVIÈRE, *v. 800 - Tours 843,* seconde femme de Louis Ier le Pieux, empereur d'Occident. Elle exerça une grande influence sur son époux, au profit de son fils, Charles II le Chauve.

Juges, chez les Hébreux, chefs temporaires qui exercèrent leur autorité sur un groupe de tribus réunies sous la pression d'un danger extérieur. La période dite « des Juges » (de 1200 à 1030 av. J.-C. env.) va de la mort de Josué à l'institution de la monarchie. Le livre biblique des Juges rend compte de ces événements dans un ensemble où se mêlent histoire, légende et folklore.

JUGLAR (Clément), *Paris 1819 - id. 1905,* économiste français. Il a établi la périodicité des crises économiques, éclairé le rôle de la monnaie dans la genèse de celles-ci, et découvert le cycle de 7 à 8 ans qui porte son nom.

JUGURTHA, *v. 160 - Rome v. 104 av. J.-C.,* roi de Numidie (118 - 105 av. J.-C.). Il lutta contre Rome, fut vaincu par Marius (107 av. J.-C.) puis livré à Sulla (105). Il mourut en prison.

JUIF ERRANT (**Ahasvérus,** dit **le**), personnage légendaire. Il fut condamné à l'errance éternelle pour avoir maltraité le Christ marchant au supplice. Incarnation du destin du peuple juif, il a notamment inspiré à Eugène Sue un roman-feuilleton (1844 - 1845).

JUIFS, peuple se partageant entre Israël et la Diaspora (env. 12 millions). Dans leur conscience traditionnelle, les Juifs sont le fruit d'une filiation (la descendance d'Abraham) et d'une alliance (avec la divinité). Cette dimension se retrouve tout au long d'une histoire où la religion juive s'est identifiée à une collectivité historique et ethnique. Dans l'« exil », alors qu'ils étaient dispersés de toutes parts, les Juifs ont d'abord eu un statut de peuple ou de minorité (la « nation juive ») au sein des sociétés prémodernes. Avec l'entrée dans l'ère moderne (fin du XVIIIe s., XIXe s.), deux voies se sont ouvertes, l'une privilégiant le pôle religieux (le judaïsme, confessionnalisé et individualisé par l'émancipation démocratique), l'autre, le pôle collectif (au travers du sionisme). Aujourd'hui, après la *Shoah et la création de l'État d'Israël, il existe une nation israélienne parlant l'hébreu et des identités juives collectives (différentes selon les pays et ne rassemblant pas nécessairement tous les Juifs) qui partagent des souvenirs et des symboles communs et développent entre elles des rapports de solidarité.

Juillet (fête du 14), fête nationale française. Elle fut instituée en 1880 pour commémorer à la fois la prise de la Bastille (14 juill. 1789) et la fête de la Fédération (14 juill. 1790).

Juillet (monarchie de) [1830 - 1848], régime monarchique constitutionnel instauré en France après les journées de juillet 1830 et dont le souverain était Louis-Philippe Ier, qui fut renversé par la révolution de févr. 1848.

juillet 1789 (journée du 14), première insurrection des Parisiens pendant la Révolution, qui entraîna la prise de la Bastille.

juillet 1830 (révolution de) ou **journées de juillet 1830** ou **les Trois Glorieuses → révolution française de 1830.**

JUILLY (77230), comm. de Seine-et-Marne ; 2 019 hab. Collège fondé par les oratoriens (1638).

JUIN (Alphonse), *Bône 1888 - Paris 1967,* maréchal de France. Commandant le corps expéditionnaire français en Italie (1943), vainqueur au Garigliano (1944), il devint résident général au Maroc (1947 - 1951) et fut fait maréchal en 1952. De 1953 à 1956, il commanda les forces atlantiques du secteur Centre-Europe. (Acad. fr.)

juin 1792 (journée du 20), émeute parisienne causée par le renvoi des ministres girondins et au cours de laquelle fut envahi le palais des Tuileries, où résidait alors Louis XVI.

juin 1848 (journées de) [23-26 juin], insurrection parisienne provoquée par le licenciement des ouvriers des Ateliers nationaux. Réprimée par le général Cavaignac, elle fut suivie d'une réaction conservatrice.

juin 1940 (appel du 18), discours prononcé par le général de Gaulle à la radio de Londres (BBC), appelant les Français à refuser l'armistice et à combattre aux côtés de la Grande-Bretagne.

JUIZ DE FORA, v. du Brésil (Minas Gerais) ; 385 756 hab.

JUKUN, peuple de l'est du Nigeria.

JULES II (Giuliano **Della Rovere**), *Albisola 1443 - Rome 1513,* pape de 1503 à 1513. Prince temporel plutôt que guide des âmes, il restaura la puissance politique des papes en Italie et fut l'âme de la ligue de Cambrai contre Venise (1508), puis de la Sainte Ligue contre la France (1511 - 1512). Il fit travailler Bramante, Michel-Ange, Raphaël. Le Ve concile du Latran, qu'il réunit (1512), ne réussit guère à réformer l'Église.

■ **JULES II** par Raphaël. (Offices, Florence.)

JULIA ou **IULIA** (gens), illustre famille de Rome, à laquelle appartenait Jules César et qui prétendait descendre d'Iule, fils d'Énée.

JULIANA (Louise Emma Marie Wilhelmine), *La Haye 1909,* reine des Pays-Bas (1948 - 1980). Elle épousa en 1937 le prince Bernard de Lippe-Biesterfeld. En 1980, elle a abdiqué en faveur de sa fille Béatrice.

JULIE, en lat. **Julia,** *Ottaviano 39 av. J.-C. - Reggio di Calabria 14 apr. J.-C.,* fille d'Auguste. Elle épousa successivement son cousin Marcellus, Agrippa et Tibère. Elle fut reléguée dans l'île de Pandateria pour son inconduite (2 av. J.-C.).

JULIE, en lat. **Julia Domna,** *Émèse v. 158 - Antioche 217,* princesse romaine d'origine syrienne. Elle fut l'épouse de Septime Sévère. – **Julie,** en lat. **Julia Moesa,** *Émèse - m. v. 226,* princesse romaine d'origine syrienne. Sœur de Julia Domna et grand-mère d'Élagabal.

Julie ou la Nouvelle Héloïse, roman épistolaire de J.-J. Rousseau (1761). La passion amoureuse qui unit deux êtres vertueux, Julie d'Étanges et son précepteur plébéien Saint-Preux, est rendue impossible par les interdits sociaux.

JULIEN L'HOSPITALIER (saint), personnage légendaire, assassin involontaire de ses parents.

Son histoire est connue surtout par la *Légende dorée* et un conte de Flaubert. Patron des bateliers, des voyageurs et des aubergistes.

JULIEN, dit **l'Apostat,** en lat. **Flavius Claudius Julianus,** *Constantinople 331 - en Mésopotamie 363,* empereur romain (361 - 363). Neveu de Constantin Ier, successeur de Constance II, il abandonna la religion chrétienne et favorisa un paganisme marqué par le néoplatonisme. Il fut tué lors d'une campagne contre les Perses.

JULIÉNAS [-na] (69840), comm. du Rhône, dans le Beaujolais ; 805 hab. Vins rouges.

JULIERS, en all. **Jülich,** v. d'Allemagne (Rhénanie-du-Nord-Westphalie) ; 31 780 hab. Anc. cap. d'un comté puis d'un duché (1356), réuni au duché de Clèves de 1511 à 1614, puis à la Prusse en 1815.

JULIO-CLAUDIENS, la première dynastie impériale romaine issue de Jules César (Auguste, Tibère, Caligula, Claude Ier et Néron).

JULLIAN (Camille), *Marseille 1859 - Paris 1933,* historien français. Il est auteur d'une *Histoire de la Gaule* (1907 - 1928). [Acad. fr.]

JULLUNDUR, v. d'Inde (Pendjab) ; 519 530 hab.

JUMIÈGES (76480), comm. de la Seine-Maritime, sur la Seine ; 1 729 hab. *(Jumiégeois).* Ruines imposantes d'une abbatiale du milieu du XIe s.

JUNCKER (Jean-Claude), *Redange-sur-Attert 1954,* homme politique luxembourgeois. Président du Parti chrétien-social (1990 - 1995), il est Premier ministre depuis 1995.

JUNEAU, v. des États-Unis, cap. de l'Alaska ; 26 751 hab. Musée historique.

JUNG (Carl Gustav), *Kesswil, Turgovie, 1875 - Küsnacht, près de Zurich, 1961,* psychiatre suisse. D'abord proche disciple de Freud, il fut le premier à s'écarter des thèses de ce dernier en créant la « psychologie analytique » : il désexualisa la libido, la considérant comme une forme d'énergie vitale, puis introduisit les concepts d'inconscient collectif et d'*archétype* (*Métamorphoses et symboles de la libido,* 1912 ; *les Types psychologiques,* 1920 ; *Psychologie et religion,* 1939 ; *Psychologie et alchimie,* 1944).

■ CARL GUSTAV **JUNG**

■ ERNST **JÜNGER**

JÜNGER (Ernst), *Heidelberg 1895 - Wilflingen, Bade-Wurtemberg, 1998,* écrivain allemand. Romancier et essayiste, il est passé d'une conception nietzschéenne de la vie (*Orages d'acier,* 1920) à un esthétisme éclectique (*Sur les falaises de marbre,* 1939 ; *Approches, drogues et ivresse,* 1970 ; *Eumeswil,* 1977).

JUNGFRAU n.f., sommet des Alpes bernoises (Suisse) ; 4 158 m. Station d'altitude et de sports d'hiver sur le plateau du *Jungfraujoch* (3 457 m). Laboratoires de recherches scientifiques en haute montagne. — Première escalade en 1811 par les frères R. et H. Meyer.

JUNKERS (Hugo), *Rheydt 1859 - Gauting 1935,* ingénieur et industriel allemand. Il fut l'un des promoteurs du monoplan et réalisa le premier avion entièrement métallique (1915).

JUNON, divinité italique puis romaine, épouse de Jupiter, déesse de la Féminité et du Mariage. Elle était assimilée à l'Héra grecque.

JUNOT (Jean Andoche), duc **d'Abrantès,** *Bussy-le-Grand, Côte-d'Or, 1771 - Montbard 1813,* général français. Aide de camp de Bonaparte en Italie (1796), général en Égypte (1799), il commanda au Portugal (1807), mais dut capituler à Sintra (1808). Il se tua dans un accès de folie. — **Laure Permon,** Mme **J.,** duchesse **d'Abrantès,** *Montpellier 1784 - Paris 1838,* femme de lettres française, épouse du général Junot. Elle est l'auteur de *Mémoires.*

JUPITER MYTH. ROM. Père et maître des dieux, assimilé au Zeus des Grecs. Il était le dieu du Ciel, de la Lumière, de la Foudre et du Tonnerre, dispensateur des biens terrestres, protecteur de la cité et de l'État romains. À Rome, le Capitole lui était consacré.

JUPITER, la plus grosse planète du système solaire, située au-delà de Mars. Demi-grand axe de son orbite : 778 300 000 km (5,2 fois celui de l'orbite terrestre). Diamètre équatorial : 142 796 km (11,2 fois celui de la Terre). 28 satellites connus, dont 4 de dimensions planétaires. Elle est constituée surtout d'hydrogène et d'hélium.

■ **JUPITER.** Photographie prise par Voyager I, le 24 janvier 1979, d'une distance de 40 millions de kilomètres.

JUPPÉ (Alain), *Mont-de-Marsan 1945,* homme politique français. Secrétaire général (1988 - 1994) puis président (1994 - 1997) du RPR, ministre du Budget (1986 - 1988) puis des Affaires étrangères (1993 - 1995), il est Premier ministre de 1995 à 1997. Il est maire de Bordeaux depuis 1995.

JURA n.m., chaîne de montagnes de France et de Suisse, qui se prolonge en Allemagne par des plateaux calcaires ; 1 718 m au crêt de la Neige. Le *Jura franco-suisse* comprend un secteur oriental plissé, plus élevé au sud qu'au nord, et un secteur occidental moins accidenté, au-dessus des plaines de la Saône. L'orientation et l'altitude expliquent l'abondance des précipitations, favorables à l'extension des forêts et des prairies. Aussi l'exploitation forestière et les produits laitiers (fromages) constituent les principales ressources, complétées par le tourisme et surtout par de nombreuses petites industries (horlogerie, lunetterie, travail du bois, matières plastiques, etc.). Le *Jura allemand* est formé d'un plateau calcaire, au climat rude, souvent recouvert par la lande et dont l'altitude s'abaisse du sud (Jura souabe) vers le nord (Jura franconien).

JURA n.m. (39), dép. de la Région Franche-Comté ; ch.-l. de dép. *Lons-le-Saunier ;* ch.-l. d'arrond. *Dole, Saint-Claude ;* 3 arrond. ; 34 cant. ; 545 comm. ; 4 999 km² ; 250 857 hab. *(Jurassiens).* Le dép. appartient à l'académie et à la cour d'appel de Besançon, à la zone de défense Est. En dehors du nord (traversé par l'autoroute), occupant une partie des plateaux de la haute Saône, couverts de forêts ou de cultures de céréales, le dép. s'étend sur la *montagne juras-*

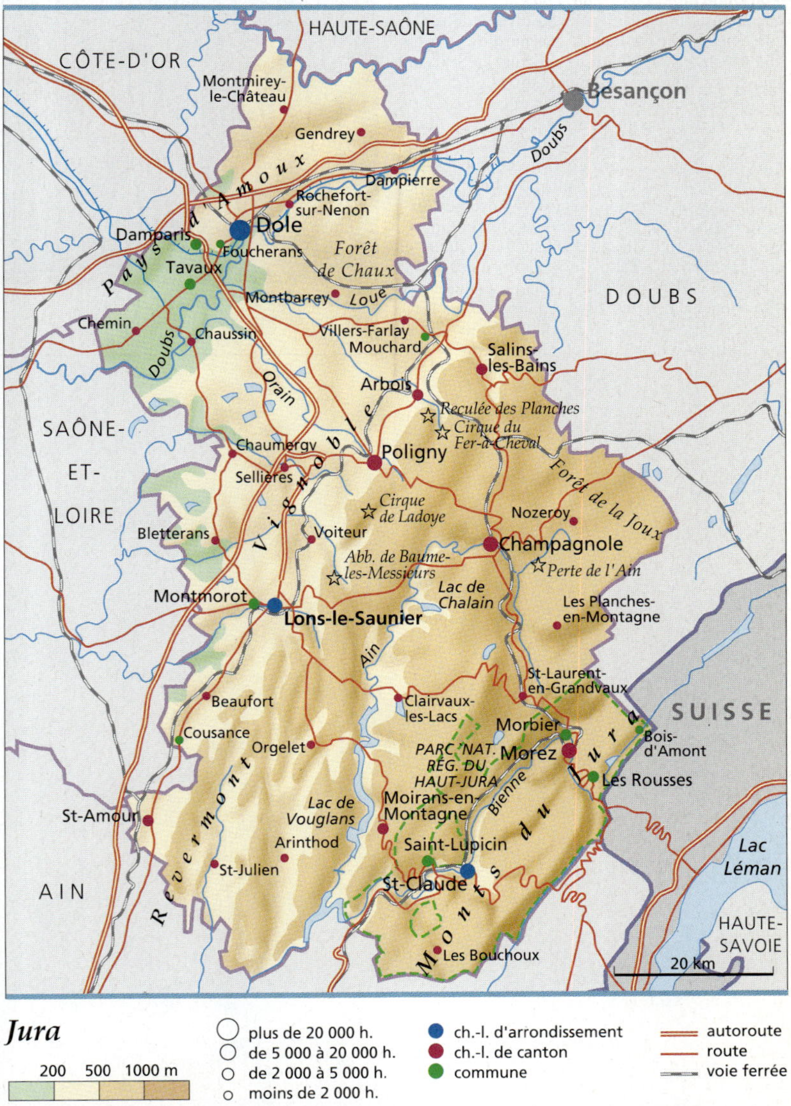

sienne. L'exploitation de la forêt, l'élevage bovin (fromages) et, localement, le vignoble (Arbois, Poligny) y constituent les ressources essentielles. L'industrie, autour de Saint-Claude et de Morez (travail du bois, horlogerie, lunetterie), et le tourisme (Les Rousses) sont surtout développés dans la montagne.

JURA (canton du), canton de Suisse ; 837 km² ; 68 600 hab. *(Jurassiens)* ; ch.-l. *Delémont.* Créé en 1979, il englobe trois districts francophones jurassiens appartenant auparavant au canton de Berne.

JURA (parc naturel régional du Haut-), parc naturel, couvrant env. 145 000 ha sur les dép. de l'Ain, du Doubs et du Jura, à la frontière suisse.

JURANÇON (64110), comm. des Pyrénées-Atlantiques, sur le gave de Pau ; 7 730 hab. *(Jurançonnais).* Vins.

JURIEN DE LA GRAVIÈRE (Jean Edmond), *Brest 1812 - Paris 1892,* amiral français. Il commanda les forces françaises au Mexique (1861), fut aide de camp de Napoléon III (1864) puis directeur des Cartes et Plans de la marine (1871). [Acad. fr.]

JURIEU (Pierre), *Mer, Orléanais, 1637 - Rotterdam 1713,* théologien protestant français. Réfugié en Hollande, il s'opposa à Bossuet en une longue polémique.

J

JURIN (James), *Londres 1684 - id. 1750,* savant anglais. Médecin, auteur d'ouvrages de mathématiques et de physique, il énonça la loi sur l'ascension des liquides dans les tubes capillaires.

JURUÁ n.m., riv. d'Amérique du Sud, en Amazonie (Pérou et surtout Brésil), affl. de l'Amazone (r. dr.) ; 2 782 km.

JUSSIEU, grande famille de botanistes français. — **Antoine de J.,** *Lyon 1686 - Paris 1758,* médecin et botaniste français. Il a laissé divers traités de zoologie et de botanique. — **Bernard de J.,** *Lyon 1699 - Paris 1777,* botaniste français. Frère d'Antoine, il est à l'origine d'une méthode de classification des plantes, qui sera largement développée et exploitée par son neveu Antoine Laurent. — **Joseph de J.,** *Lyon 1704 - Paris 1779,* botaniste français. Frère de Bernard, il accompagna La Condamine au Pérou et introduisit en Europe diverses espèces ornementales. — **Antoine Laurent de J.,** *Lyon 1748 - Paris 1836,* botaniste français. Neveu de Bernard, il fut le promoteur de la classification « naturelle » des plantes, qui a servi de base à toutes les classifications actuelles. — **Adrien de J.,** *Paris 1797 - id. 1853,* botaniste français. Fils d'Antoine Laurent, il succéda à son père dans la chaire de botanique du Muséum.

JUSTE (Giovanni **di Giusto Betti,** dit en fr. Jean), *près de Florence 1485 - Tours 1549,* sculpteur italien établi en France vers 1505 (en même temps que son frère aîné Antoine) : tombeau de Louis XII et d'Anne de Bretagne à Saint-Denis.

JUSTIN (saint), *Flavia Neapolis, Samarie, v. 100 - Rome v. 165,* philosophe, martyr et apologiste chrétien, auteur de deux *Apologies* et d'une controverse avec le judaïsme, le *Dialogue avec Tryphon.*

JUSTIN, historien romain du IIe s. Ses *Histoires philippiques* sont le résumé d'une œuvre perdue.

JUSTIN Ier, *Bederiana, Illyrie, v. 450 - Constantinople 527,* empereur byzantin (518 - 527). Oncle du futur Justinien Ier, dont il fit son conseiller, il persécuta les monophysites. — **Justin II,** *m. en 578,* empereur byzantin (565 - 578). Neveu et successeur de Justinien Ier, il ne put empêcher l'invasion de l'Italie par les Lombards.

JUSTINIEN Ier, en lat. **Flavius Petrus Sabbatius Justinianus,** *Tauresium ? 482 - Constantinople 565,* empereur byzantin (527 - 565). Il renforce l'autorité impériale et accomplit une importante œuvre législative : le *Code *Justinien,* le *Digeste* ou *Pandectes* (recueil de jurisprudence), les *Institutes* et les *Novelles* (lois postérieures à 533). À l'extérieur, il projette de rétablir le territoire de l'ancien Empire romain. Tandis que les campagnes de ses généraux, Bélisaire et Narsès, permettent de chasser les Vandales d'Afrique (533 - 534), puis de reprendre l'Italie aux Ostrogoths et une partie de l'Espagne aux Wisigoths (v. 550 - 554), Justinien s'efforce, en Orient, de contenir les Perses. Sous son règne, Byzance connaît un grand dynamisme intellectuel et artistique, comme en témoigne l'élévation de San Vitale de Ravenne et de Sainte-Sophie de Constantinople. — **Justinien II,** *669 - Sinope 711,* empereur byzantin (685 - 695 et 705 - 711).

■ **JUSTINIEN Ier** et sa cour ; mosaïque byzantine du VIe s. dans l'église San Vitale, à Ravenne.

Justinien (Code) [528 - 529 et 534], ouvrage juridique rédigé sur l'ordre de l'empereur Justinien, et regroupant les lois promulguées depuis Hadrien.

JUTES, peuple germanique qui s'établit dans le sud-est de l'Angleterre au Ve s. apr. J.-C.

JÜTLAND → **JYLLAND.**

Jütland (bataille du) [31 mai - 1er juin 1916], bataille navale de la Première Guerre mondiale. Seul grand choc naval de cette guerre, où la flotte britannique, commandée par l'amiral Jellicoe, resta maîtresse du champ de bataille face à la flotte allemande de l'amiral Scheer.

JUVARRA ou **JUVARA** (Filippo), *Messine 1678 - Madrid 1736,* architecte et décorateur italien. Formé à Rome, il est appelé à Turin en 1714 et accomplit en vingt ans, surtout en Piémont, une œuvre considérable, d'un baroque retenu (basilique de Superga et château royal de Stupinigi).

JUVÉNAL, en lat. **Decimus Junius Juvenalis,** *Aquinum v. 60 - v. 130,* poète latin. Ses *Satires* forment une critique violente des mœurs corrompues de Rome.

JUVÉNAL ou **JOUVENEL DES URSINS,** famille champenoise qui joua un rôle éminent au XVe s. — **Jean J.,** *Troyes 1360 - Poitiers 1431,* magistrat français. Prévôt des marchands (1389 - 1400), puis avocat du roi Charles VI au parlement, il s'opposa énergiquement aux Cabochiens. — **Jean II J.,** *Paris 1388 - Reims 1473,* magistrat, prélat et historien français. Fils de Jean, il fut archevêque de Reims (1449) et conseiller de Charles VII. Il est l'auteur d'une *Chronique de Charles VI.* — **Guillaume J.,** *Paris 1401 - id. 1472,* magistrat français. Frère de Jean II, il fut chancelier de Charles VII (1445) et de Louis XI (1466). — Son portrait a été peint par Fouquet v. 1460 (Louvre).

JUVISY-SUR-ORGE (91260), ch.-l. de cant. de l'Essonne ; 12 003 hab. *(Juvisiens).* Centre ferroviaire.

JYLLAND, en all. **Jütland,** région continentale du Danemark. Plat et bas, couvert de cultures et de prairies dans le sud et l'est, le Jylland porte des landes et des forêts dans le nord et l'ouest.

JYTOMYR, anc. **Jitomir,** v. d'Ukraine, à l'O. de Kiev ; 298 000 hab.

JYVÄSKYLÄ, v. de la Finlande centrale ; 67 000 hab. Édifices publics par A. Aalto ; musées.

Caractère Korinna

K2 n.m., deuxième sommet du monde, dans le Karakorum, à la frontière de la Chine et du Pakistan ; 8 611 m.

Kaba ou **Kaaba,** édifice cubique au centre de la Grande Mosquée de La Mecque, vers lequel les musulmans se tournent pour prier. Dans sa paroi est scellée la Pierre noire, apportée, selon le Coran, à Abraham par l'ange Gabriel.

KABALEVSKI (Dmitri Borissovitch), *Saint-Pétersbourg 1904 - Moscou 1987,* compositeur soviétique. Il est imprégné de musique populaire russe (*Colas Breugnon,* opéra, 1938).

KABARDES, peuple caucasien vivant en Russie (surtout en Kabardino-Balkarie) [env. 400 000]. Une des composantes des Adygués, ils sont majoritairement musulmans sunnites.

KABARDINO-BALKARIE, république de Russie, limitrophe de la Géorgie ; 786 000 hab. ; cap. *Naltchik.* Sa population se compose de près de 60 % de Kabardes et de Balkars de souche et d'un tiers de Russes.

KABIR, *Bénarès 1440 - v. 1518,* mystique indien. Il prêcha l'union de l'islam et de l'hindouisme et l'abolition des castes.

KABOUL ou **KABUL,** cap. de l'Afghanistan, sur la *riv. de Kaboul ;* 1 424 000 hab. *(Kaboulіens).* La ville a été fortement endommagée par les divers conflits qui affectent le pays depuis 1979.

Kabuto-Cho, la Bourse de Tokyo (du nom du quartier des Guerriers, où elle est installée).

KABWE, anc. **Broken Hill,** v. de Zambie ; 167 000 hab. Centre métallurgique.

KABYLES, communautés de *Berbères villageoises d'Algérie (Kabylie) ou émigrées (France, Québec). Ils représentent environ 20 % de la population algérienne (3,6 millions). Ils sont les promoteurs actifs de la revendication culturelle et linguistique berbère.

KABYLIE n.f., région montagneuse du nord de l'Algérie. (Hab. *Kabyles.*) On distingue, d'O. en E. : la *Grande Kabylie* ou *Kabylie du Djurdjura* (2 308 m), la *Kabylie des Babors,* la *Kabylie de Collo.*

KACHAN, v. d'Iran, au S. de Téhéran ; 115 188 hab.

KACHGAR ou **KASHI,** v. de Chine (Xinjiang) ; 146 300 hab. Oasis sur le Kaxgar He.

KACHIN, peuple vivant principalement en Birmanie (États « périphériques » kachin et chan), et dans les zones adjacentes de Chine et d'Inde [env. 1,5 million]. Paysans de régions montagneuses, ils revendiquent l'autonomie. La culture du pavot et la production d'héroïne menacent leur société. Ils sont animistes ou bouddhistes et il existe une minorité de chrétiens. Ils parlent le *kachin,* langue tibéto-birmane.

KÁDÁR (János), *Fiume, auj. Rijeka, 1912 - Budapest 1989,* homme politique hongrois. Ministre de l'Intérieur (1948 - 1951), chef du gouvernement après l'écrasement de l'insurrection hongroise (1956 - 1958, 1961 - 1965), il a dirigé le Parti communiste de 1956 à 1988.

KADARÉ (Ismail), *Gjirokastër 1936,* écrivain albanais. Poète et essayiste, il part dans son œuvre romanesque *(le Général de l'armée morte, le Palais des rêves, le Concert)* de la réalité historique de son pays pour déboucher sur une réflexion sur la mission de l'écrivain.

KADESH → **QADESH.**

KADHAFI ou **QADHDHAFI** (Muammar **al-**), *Syrte 1942,* homme politique libyen. Principal instigateur du coup d'État qui renversa le roi Idris Ier (1969), président du Conseil de la révolution (1969 - 1977) puis du Secrétariat général du Congrès général du peuple (1977), il abandonne en 1979 ses fonctions officielles, mais demeure le véritable chef de l'État. Promoteur de la « révolution culturelle islamique », il poursuit en vain une politique d'union (successivement avec l'Égypte, la Syrie, la Tunisie) et d'expansion (au Tchad).

■ MUAMMAR AL-**KADHAFI**

■ FRANZ **KAFKA**

KADIEVKA → **STAKHANOV.**

KADUNA, v. du Nigeria ; 310 000 hab.

KAESONG, v. de la Corée du Nord ; 346 000 hab.

KAFKA (Franz), *Prague 1883 - sanatorium de Kierling, près de Vienne, 1924,* écrivain tchèque d'expression allemande. Ses récits allégoriques (*la Métamorphose,* 1915 ; *le Procès,* 1925 ; *le Château,* 1926) et son *Journal intime* expriment l'angoisse humaine devant l'absurdité de l'existence, accrue par les institutions sociales.

KAFR EL-DAWAR, v. d'Égypte, près d'Alexandrie ; 223 000 hab.

KAGEL (Mauricio), *Buenos Aires 1931,* compositeur argentin. Il s'est consacré au « théâtre instrumental » en diversifiant les sources sonores (*Staatstheater,* 1971 ; *Mare nostrum,* 1975 ; *la Trahison orale,* 1983).

KAGERA n.f., riv. d'Afrique orientale, qui rejoint le lac Victoria ; 400 km. Elle est considérée comme une branche mère du Nil.

KAGOSHIMA, v. du Japon (Kyushu) ; 536 752 hab. Port. — À proximité, centre spatial Kagoshima de l'université de Tokyo.

KAHN (Gustave), *Metz 1859 - Paris 1936,* écrivain français. Membre du groupe symboliste, il a été un des théoriciens du vers libre.

KAHN (Herman), *Bayonne, New Jersey, 1922 - Chappaqua, État de New York, 1983,* physicien et théoricien américain. L'un des premiers à envisager la guerre thermonucléaire, il a influencé la stratégie américaine durant toute la guerre froide.

KAHN (Louis Isadore), *île de Sarema 1901 - New York 1974,* architecte américain d'origine estonienne. L'audace et la rigueur des formes, la qualité des rapports spatiaux, jointes à des références historiques (antiques ou médiévales), caractérisent son œuvre.

KAHNAWAKE, anc. **Caughnawaga,** réserve mohawk du Canada (Québec), sur le Saint-Laurent, au S.-O. de Montréal ; 6 315 hab.

KAHNWEILER (Daniel Henry), *Mannheim 1884 - Paris 1979,* marchand de tableaux et écrivain d'art d'origine allemande. C'est en 1907 qu'il ouvrit à Paris sa galerie, où il allait promouvoir Derain, Picasso, Braque, Gris, Léger, Masson, etc.

KAHRAMANMARAŞ, anc. **Maraş,** v. de Turquie, dans l'est du Taurus ; 228 129 hab.

KAIFENG, v. de Chine (Henan) ; 508 000 hab. Capitale impériale sous les Cinq Dynasties et les Song avant leur repli dans le Sud. Monuments anciens (pagode de fer, XIe s.). Musée.

Kainji, aménagement hydroélectrique du Nigeria, sur le Niger.

KAIROUAN, v. de la Tunisie centrale ; 72 300 hab. Fondée en 670, cap. de l'Ifriqiya, elle fut ruinée au XIe s. et reconstruite aux XVIIe-XVIIIe s. — Grande Mosquée de Sidi Uqba fondée en 670 et dont les bâtiments actuels (VIIIe-IXe s.) comptent parmi les chefs-d'œuvre de l'art de l'islam. Monuments anciens. Centre artisanal (tapis).

■ **KAIROUAN.** Cour et façade de la salle de prière de la Grande Mosquée de Sidi Uqba.

KAISER (Georg), *Magdebourg 1878 - Ascona, Suisse, 1945,* auteur dramatique allemand. Ses drames historiques et sociaux sont une des meilleures illustrations de l'expressionnisme *(les Bourgeois de Calais, Gaz).*

KAISER (Henry John), *Sprout Brook 1882 - Honolulu 1967,* industriel américain. Important producteur de ciment avant la Seconde Guerre mondiale, il appliqua durant le conflit les techniques de la préfabrication à la construction navale. Il est aussi le créateur de la Jeep.

KAISERSLAUTERN, v. d'Allemagne (Rhénanie-Palatinat) ; 102 370 hab. Musées.

KAKIEMON ou **SAKAIDA KAKIEMON,** *1596 - 1660 ou 1666,* potier japonais. Établi à Arita, il est célèbre pour ses porcelaines aux légers décors naturalistes et à la belle couverte laiteuse.

KAKINADA ou **COCANADA,** v. d'Inde (Andhra Pradesh), sur le golfe du Bengale ; 327 407 hab. Port.

KAKOGAWA, v. du Japon, dans le sud de Honshu ; 239 803 hab.

KALAHARI, désert de l'Afrique australe, entre les bassins du Zambèze et de l'Orange, occupant notamment le sud-ouest du Botswana.

KALAMÁTA, v. de Grèce (Péloponnèse) ; 43 838 hab. Port.

KALDOR (Nicholas), *Budapest 1908 - Papworth Everard, Cambridgeshire, 1986,* économiste britannique. S'inspirant de la théorie keynésienne, il propose un modèle de croissance mettant en valeur le rôle de la répartition, et dans lequel il intègre une explication du cycle économique.

Kalevala (le), épopée finnoise (1849), composée de chants et de poèmes recueillis par Elias Lönnrot de la bouche des bardes populaires.

KALGAN, en chin. **Zhangjiakou,** v. de Chine (Hebei) ; 750 000 hab.

KALI, divinité redoutable du panthéon hindouiste, épouse de Shiva, déesse de la Mort.

KALIDASA, *IVe - Ve s.,* poète indien, auteur du drame **Shakuntala.*

KALIMANTAN, nom indonésien de Bornéo. Il désigne parfois aussi seulement la partie administrativement indonésienne de l'île.

KALIÑA ou **GALIBI,** peuple amérindien de Guyane française et du Suriname (env. 2 000).

KALININE → **TVER.**

KALININE (Mikhaïl Ivanovitch), *Verkhniaïa Troïtsa, près de Tver, 1875 - Moscou 1946,* homme politique soviétique. Il fut président du Tsik (Comité exécutif central des soviets) de 1919 à 1936, puis du praesidium du Soviet suprême (1938 - 1946).

KALININGRAD, anc. **Königsberg,** v. de Russie, sur la Baltique ; 408 000 hab. Cathédrale du XIVe s.

KALININGRAD, v. de Russie, banlieue de Moscou ; 169 000 hab.

KALISZ, v. de Pologne ; 106 500 hab. Églises anciennes.

KALMAR, v. de Suède, en face de l'île d'Öland ; 56 206 hab. Port. — Château des XIIIe-XVIe s. ; cathédrale baroque du XVIIe, par Tessin l'Ancien.

Kalmar (Union de) [1397 - 1523], union, sous un même sceptre, du Danemark, de la Suède et de la Norvège. Réalisée sous l'impulsion de Marguerite Ire Valdemarsdotter, elle fut rompue en 1521 - 1523 lors de l'insurrection suédoise du futur Gustave Ier Vasa.

KALMOUKIE, république de Russie, sur la Caspienne ; 321 000 hab. ; cap. *Elista.* Sa population se compose de moins de 50 % de Kalmouks et de plus d'un tiers de Russes.

KALMOUKS, peuple mongol vivant principalement en Russie (Kalmoukie) [env. 190 000]. Oïrats installés dans la région de la basse Volga au XVIIe s. (avec un retour partiel vers le Xinjiang au XVIIIe s.), ils furent déportés pour « collaboration » avec l'occupant nazi (1943), puis réhabilités et autorisés à regagner leurs terres (1957). Ils sont bouddhistes lamaïstes, et parlent le *kalmouk,* langue de la famille mongole occidentale.

KALMTHOUT [kalmtɔwt], comm. de Belgique (prov. d'Anvers) ; 15 864 hab.

KALOUGA, v. de Russie, sur l'Oka ; 312 000 hab. Monuments du XVIIe s.

KAMA n.f., riv. de Russie, affl. de la Volga (r. g.) ; 2 032 km.

KAMA, dieu hindou de l'Amour. Il est l'époux de Rati, déesse de la Volupté.

■ VASSILY **KANDINSKY.** *Jaune-Rouge-Bleu,* 1925. (MNAM, Paris.)

KAMAKURA, v. du Japon (Honshu) ; 174 307 hab. Statue colossale en bronze du bouddha Amida (XIIIe s.). Temples (XIIe-XIVe s.). Musée. — La cité a donné son nom à une période (1185/1192 - 1333) marquée par le shogunat de Minamoto no Yoritomo et de ses fils, dont elle fut la capitale, puis par la régence des Hojo.

KAMARHATI, v. d'Inde (Bengale-Occidental) ; 266 889 hab.

Kama-sutra, traité indien de l'art d'aimer, écrit en sanskrit v. l'an 500 et attribué à Vatsyayana. Il fait partie de la littérature religieuse indienne.

KAMAYURÁ, tribu amazonienne du Brésil (Mato Grosso), installée dans la haute vallée du Xingu, appartenant à l'ensemble Tupi.

KAMBA, peuple du sud du Kenya, de langue bantoue.

KAMECHLIYÉ, v. du nord-est de la Syrie ; 126 000 hab.

KAMENEV (Lev Borissovitch **Rozenfeld,** dit), *Moscou 1883 - id. 1936,* homme politique soviétique. Proche collaborateur de Lénine à partir de 1902 - 1903, membre du bureau politique du parti (1919 - 1925), il rejoignit Trotski dans l'opposition à Staline (1925 - 1927). Jugé lors des procès de Moscou (1936), il fut exécuté. Il a été réhabilité en 1988.

KAMENSK-OURALSKI, v. de Russie, au pied de l'Oural ; 211 000 hab. Métallurgie.

KAMERLINGH ONNES (Heike), *Groningue 1853 - Leyde 1926,* physicien néerlandais. Il a liquéfié l'hélium, étudié les phénomènes physiques au voisinage du zéro absolu et découvert la supraconductivité (1911). [Prix Nobel 1913.]

KAMLOOPS, v. du Canada (Colombie-Britannique) ; 57 466 hab. Nœud ferroviaire.

KAMPALA, cap. de l'Ouganda ; 773 000 hab.

KAMPUCHÉA, nom porté de 1979 à 1989 par le *Cambodge.

KAMTCHATKA, péninsule volcanique de l'extrémité orientale de la Russie, entre les mers de Béring et d'Okhotsk. Pêcheries.

KANAK, population de *Nouvelle-Calédonie (env. 85 000). Ils sont issus d'une migration mélanésienne remontant à 4 000 ans ; leurs sociétés ont conservé, après un siècle et demi de colonisation et de christianisation (catholicisme principalement, protestantisme), une identité forte marquée par les liens avec la terre et les échanges cérémoniels coutumiers. Leur résistance à la colonisation se manifesta dès le XIXe s. par des révoltes et s'est prolongée à travers des revendications indépendantistes. Ils parlent 28 langues austronésiennes différentes.

KANAMI, père de *Zeami Motokiyo.

KANANGA, anc. **Luluabourg,** v. de la Rép. dém. du Congo (ex-Zaïre), sur la Lulua, affl. du Kasaï ; 298 693 hab.

KANÁRIS ou **CANARIS** (Konstandínos), *Psará v. 1790 - Athènes 1877,* amiral et homme politique grec. Il joua un grand rôle dans la guerre de l'Indépendance (1822 - 1825), fut plusieurs fois ministre de la Marine (1848 - 1855) et chef du gouvernement (1848 - 1849 ; 1864 - 1865 et 1877).

KANAZAWA, v. du Japon (Honshu) ; 442 868 hab. Port.

KANCHIPURAM, v. d'Inde (Tamil Nadu) ; 169 813 hab. Cap. des Pallava jusqu'au IXe s. Temples brahmaniques (VIIIe-XVIe s.).

KANDAHAR ou **QANDAHAR,** v. du sud de l'Afghanistan ; 209 000 hab.

KANDERSTEG, comm. de Suisse (cant. de Berne) ; 1 129 hab. Station de sports d'hiver (alt. 1 200 - 2 000 m).

KANDINSKY (Vassily), *Moscou 1866 - Neuilly-sur-Seine 1944,* peintre russe naturalisé allemand, puis français. L'un des fondateurs du Blaue Reiter à Munich et l'un des grands initiateurs de l'art *abstrait (à partir de 1910), professeur au Bauhaus en 1922, il s'installa à Paris en 1933, fuyant le nazisme. Il a notamment écrit *Du spirituel dans l'art* (1911), qui fonde la liberté inventive et le lyrisme sur la « nécessité intérieure ».

KANDY, v. de Sri Lanka ; 103 000 hab. Jardin botanique. Centre religieux (pèlerinage bouddhique). Monuments anciens.

KANEM (royaume du), anc. royaume africain situé à l'est du lac Tchad. Peuplé de Kanouri, il s'épanouit entre le XIe et le XIVe s., avant de se fondre, au XVIe s., dans le royaume du Bornou.

KANESATAKE, anc. **Oka,** établissement amérindien du Canada (Québec), à l'O. de Montréal ; 624 hab.

KANGCHENJUNGA n.m., troisième sommet du monde, dans l'Himalaya, entre le Népal et l'Inde (Sikkim) ; 8 586 m.

KANGGYE, v. de Corée du Nord ; 130 000 hab.

KANGXI, *Pékin 1654 - id. 1722,* empereur de Chine (1662 - 1722), de la dynastie Qing. Homme de lettres tolérant, il accepta des jésuites à sa cour.

KANKAN, v. de Guinée ; 89 000 hab.

KANKAN MOUSSA, roi (1307 ou 1312 - v. 1335 ?), de la dynastie des Keita, qui porta l'empire du Mali à son apogée. Son pèlerinage à La Mecque (1324) révéla sa fabuleuse richesse.

KANO, v. du nord du Nigeria ; 699 900 hab. Aéroport. Université. — Anc. cap. d'un royaume haoussa (Xe s. env. - début du XIXe s.).

KANO, lignée de peintres japonais ayant travaillé entre le XVe et le XIXe s. — **Kano Masanobu,** *1434 - 1530,* fondateur de l'école. — **Kano Motonobu,** *Kyoto 1476 - id. 1559,* peintre japonais. Il créa de vastes compositions murales aux lignes vigoureuses et au coloris brillant (Kyoto, temple du Daitoku-ji et du Myoshin-ji). — **Kano Eitoku,** *Yamashiro 1543 - Kyoto 1590,* peintre japonais. Petit-fils de Kano Motonobu, il eut, par son style grandiose et décoratif, une influence considérable, notamment sur son fils adoptif Sanraku. — **Kano Sanraku,** *Omi 1559 - Kyoto 1635,* peintre japonais. Dernier représentant, avec de grandes décorations intérieures, du style brillant et coloré de l'époque Momoyama.

KANPUR, anc. **Cawnpore,** v. d'Inde (Uttar Pradesh), sur le Gange ; 2 111 284 hab.

KANSAI ou **KINKI,** région du Japon (Honshu), dont Osaka, Kobe et Kyoto sont les principales villes.

KANSAS n.m., riv. des États-Unis, affl. du Missouri (r. dr.) ; 274 km.

KANSAS n.m., État des États-Unis ; 2 477 574 hab. ; cap. *Topeka.*

KANSAS CITY, v. des États-Unis (Kansas) ; 149 767 hab.

KANSAS CITY, v. des États-Unis (Missouri), sur le Missouri, en face de Kansas City (Kansas) ; 435 146 hab. L'aire métropolitaine englobant les deux Kansas City compte 1 566 280 hab. Aéroport. Grand marché agricole. — Musée d'art.

KANT (Immanuel **Kant**, en fr. Emmanuel), *Königsberg 1724 - id. 1804,* philosophe allemand. Après avoir été précepteur, il enseigna à l'université de sa ville natale et mena une vie d'une particulière austérité. Sa philosophie (le « criticisme ») remet en cause les prétentions à la vérité de la métaphysique traditionnelle mais préserve les chances du savoir rationnel et de la connaissance scientifique, évitant tout abandon au scepticisme et posant la valeur absolue de la loi morale. La *Critique de la raison pure* (1781) dégage les conditions a priori de toute connaissance et circonscrit les limites à l'intérieur desquelles la raison peut connaître : ce sont celles de l'expérience possible, qui englobe les phénomènes naturels étudiés par les sciences. Les *Fondements de la métaphysique des mœurs* (1785) puis la *Critique de la raison pratique* (1788) présentent une morale du devoir (l'« impératif catégorique ») fondée sur l'autonomie de la volonté humaine et le respect de la loi universelle. La *Critique du jugement* (1790) aborde, à travers le problème du beau, la question de l'intersubjectivité. Kant a écrit aussi : *Prolégomènes à toute métaphysique future* (1783), *Projet de paix perpétuelle* (1795), *Métaphysique des mœurs* (1797).

■ EMMANUEL **KANT**

■ HERBERT VON **KARAJAN**

KANTARA (El-), gorges d'Algérie, à l'O. de l'Aurès. Elles s'ouvrent sur l'oasis de Biskra.

KANTO, région du Japon (Honshu), qui englobe notamment Tokyo.

KANTOR (Tadeusz), *Wielopole, près de Cracovie, 1915 - Cracovie 1990,* artiste et homme de théâtre polonais. À l'avant-garde du théâtre, les happenings et spectacles du « théâtre de la mort » de son groupe Cricot 2 sont devenus des références (*la Classe morte,* d'après Witkiewicz ; *Wielopole-Wielopole ; Qu'ils crèvent les artistes !*).

KANTOROVITCH (Leonid Vitalievitch), *Saint-Pétersbourg 1912 - Moscou 1986,* mathématicien et économiste soviétique. Il a introduit dans l'économie soviétique des méthodes de recherche opérationnelle, restaurant ainsi une certaine idée de profit. (Prix Nobel de sciences économiques, 1975.)

KAOHSIUNG, v. du sud-ouest de Taïwan ; 1 406 000 hab. Port et centre industriel.

KAOLACK, v. du Sénégal, sur le Saloum ; 152 000 hab. Exportation d'arachides. Huileries.

KAPELLEN, comm. de Belgique (prov. d'Anvers) ; 24 246 hab.

KAPILAVASTU, auj. **Lumbini,** site du Népal, à 250 km à l'O. de Katmandou. Musée. — Ville natale du bouddha Shakyamuni.

KAPITSA (Piotr Leonidovitch), *Kronchtadt 1894 - Moscou 1984,* physicien soviétique. Pionnier, en URSS, de la fusion thermonucléaire contrôlée, il étudia également les très basses températures, découvrant la superfluidité de l'hélium liquide. (Prix Nobel 1978.)

KAPLAN (Jacob), *Paris 1895 - id. 1994,* grand rabbin de France de 1955 à 1981.

KAPLAN (Viktor), *Mürzzuschlag 1876 - Unterach 1934,* ingénieur autrichien. On lui doit les turbines hydrauliques, adaptées aux grands débits sous de faibles hauteurs de chute.

KAPOSVÁR, v. de Hongrie ; 71 788 hab.

Kapoustine Iar, base de lancement de missiles et d'engins spatiaux, en Russie, au N.-O. de la mer Caspienne, en bordure de la Volga.

KAPTEYN (Jacobus Cornelius), *Barneveld 1851 - Amsterdam 1922,* astronome néerlandais. Il développa les études de statistique stellaire.

KAPUAS n.m., fl. d'Indonésie (Bornéo), qui se jette dans la mer de Java ; 1 150 km.

KARA (mer de), mer de l'océan Arctique, entre la Nouvelle-Zemble et le continent et reliée à la mer de Barents par le *détroit de Kara.*

KARABAKH (HAUT-), région autonome de l'Azerbaïdjan ; 4 400 km^2 ; 193 000 hab. ; ch.-l. *Stepanakert.* Il est peuplé majoritairement d'Arméniens qui revendiquent son rattachement à l'Arménie. De graves troubles s'y produisent depuis 1988. Après l'accession de l'Arménie et de l'Azerbaïdjan à l'indépendance, les combats s'intensifient et les Arméniens du Haut-Karabakh y proclament unilatéralement une république (1991). En 1993, leurs forces armées prennent le contrôle du sud-ouest de l'Azerbaïdjan.

KARA-BOGAZ, golfe en voie d'assèchement, bordant la côte est de la Caspienne, dans le Turkménistan. Salines.

KARABÜK, v. du nord de la Turquie ; 105 373 hab. Sidérurgie.

KARACHI, v. du Pakistan, sur la mer d'Oman ; 5 103 000 hab. Port et plus grande ville du pays. Centre industriel. — Cap. du pays jusqu'en 1959.

KARADJORDJEVIĆ ou **KARAGEORGÉVITCH,** dynastie serbe fondée par Karageorges. Elle a donné à la Serbie le prince Alexandre Karadjordjević (1842 - 1858) et le roi *Pierre Ier, puis à la Yougoslavie les rois *Alexandre Ier et *Pierre II, dont Paul Karadjordjević assuma la régence (1934 - 1941).

KARADŽIĆ (Vuk), *Tršić 1787 - Vienne 1864,* écrivain serbe. Il recueillit et publia la littérature orale de son pays et réforma la langue serbe.

KARAGANDY, anc. **Karaganda,** v. du Kazakhstan, dans le *bassin houiller de Karagandy ;* 614 000 hab. Sidérurgie.

KARAGEORGES ou **KARADJORDJE** (Djordje Petrović), *Viševac v. 1768 - Radovanje 1817,* fondateur de la dynastie des Karadjordjević. D'origine paysanne, il fut le chef de l'insurrection contre les Ottomans (1804). Proclamé prince héréditaire des Serbes (1808), il dut s'exiler (1813) et fut assassiné.

KARAÏTES, population juive minoritaire, représentée surtout en Israël, en Russie et en Ukraine [env. 25 000 au total]. Ils semblent issus d'une secte juive de Bagdad (VIIIe s.), qui mettait l'accent sur la supériorité de la loi écrite (Torah) sur la loi orale, notamm. le Talmud. Ils s'installèrent nombreux en Crimée à partir du XIIIe s.

KARAJAN (Herbert **von**), *Salzbourg 1908 - id. 1989,* chef d'orchestre autrichien. Fondateur du Festival de Pâques de Salzbourg (1967), il fut chef à vie de l'Orchestre philharmonique de Berlin (1954 - 1989). Rigueur et attachement à la tradition marquent ses enregistrements.

KARAKALPAKIE ou **KARAKALPAKISTAN,** territoire de l'ouest de l'Ouzbékistan, sur la mer d'Aral ; 1 245 000 hab. ; cap. *Noukous.* La population se compose d'à peine un tiers de Karakalpaks, d'un nombre équivalent d'Ouzbeks et d'environ 25 % de Kazakhs.

KARAKALPAKS, peuple vivant principalement en Ouzbékistan (Karakalpakie) [env. 550 000]. Installés dans leur habitat actuel au cours du XVIIIe s., répartis en deux confédérations de tribus, ils pratiquent l'élevage semi-nomade, l'agriculture irriguée et la pêche dans la mer d'Aral, en voie d'assèchement. Ils sont musulmans sunnites. Ils parlent le *karakalpak,* de la famille turque.

KARAKORUM ou **KARAKORAM** n.m., massif d'Asie (Inde, Pakistan et Chine). Il porte des sommets très élevés (K2, Gasherbrum) et de grands glaciers.

KARAKOUM, partie la plus aride de la dépression aralo-caspienne (Turkménistan).

KARAMANLÍS (Konstandínos) ou **CARAMANLIS** (Constantin), *Proti, Serrai, 1907 - Athènes 1998,* homme politique grec. Trois fois Premier ministre de 1955 à 1963, puis à nouveau au pouvoir après la restauration de la démocratie (1974), il fut ensuite président de la République (1980 - 1985 et 1990 - 1995).

KARAMZINE (Nikolaï Mikhaïlovitch), *Mikhaïlovka, gouvernement de Simbirsk, 1766 - Saint-Pétersbourg 1826,* écrivain et historien russe. Il est l'auteur du premier grand ouvrage historique publié en Russie, *Histoire de l'État russe* (1816 - 1829).

KARATCHAÏS, peuple de Russie (république des Karatchaïs-Tcherkesses) [env. 155 000]. Ils vivent dans les régions montagneuses du centre du Caucase ; ils furent déportés en Asie centrale et au Kazakhstan en 1943, sous prétexte de collaboration avec l'occupant nazi, et autorisés à regagner leurs terres en 1957. Ils sont musulmans sunnites. Ils parlent le *karatchaï,* de la famille turque.

KARATCHAÏS-TCHERKESSES (république des), république de Russie, limitrophe de la Géorgie ; 434 000 hab. ; cap. *Tcherkessk.*

KARAVELOV (Ljuben), *Koprivštica 1834 - Ruse 1879,* écrivain bulgare. Journaliste, auteur de nouvelles, il fut l'un des principaux artisans de la libération de son pays.

KARAWANKEN n.f. pl., massif de l'est des Alpes (Autriche et Slovénie).

KARBALA, v. d'Iraq, au S.-O. de Bagdad ; 185 000 hab. Cité sainte chiite (tombeau de Husayn).

KARCHI, v. du sud de l'Ouzbékistan ; 168 000 hab.

KARDEC (Denisard Léon Hippolyte **Rivail,** dit Allan), *Lyon 1804 - Paris 1869,* occultiste français. Il érigea le spiritisme en doctrine, centrée autour de la réincarnation (*le Livre des esprits,* 1857).

KARDINER (Abram), *New York 1891 - Easton, Connecticut, 1981,* anthropologue et psychanalyste américain. Représentant de l'école culturaliste en psychanalyse, il a introduit le concept de « *personnalité de base ».

K

KARELLIS (les) [73870 Montricher Albanne], station de sports d'hiver (alt. 1 600 - 2 500 m) de la Savoie (comm. de Montricher-Albanne), en Maurienne.

KAREN, peuple vivant principalement en Birmanie et en Thaïlande (env. 3 millions). Agriculteurs en zone montagneuse, ils sont, en Birmanie, en rébellion armée contre le pouvoir central depuis l'indépendance. Ils se partagent entre chrétiens et bouddhistes. Le *karen* est une langue tibéto-birmane.

Kariba, site de la vallée du Zambèze, entre la Zambie et le Zimbabwe. Barrage (grand lac de retenue) et centrale hydroélectrique.

KARIKAL, v. d'Inde, dans le territoire de Pondichéry, sur le golfe du Bengale ; 61 875 hab. Port. — Anc. établissement français dans l'Inde (1739 - 1954).

KARKEMISH, v. de la Syrie ancienne, sur l'Euphrate. Le pharaon d'Égypte Néchao II y fut battu par Nabuchodonosor II, roi de Babylone, en 605 av. J.-C. — Ruines de la citadelle néohittite.

KARKONOSZE n.m. pl., en tch. **Krkonoše,** en all. **Riesengebirge,** nom polonais des monts des Géants (Pologne et République tchèque), formant la bordure nord-est de la Bohême ; 1 602 m.

KARLE (Jerome), *New York 1918,* physico-chimiste et cristallographe américain. Il a élaboré des modèles mathématiques permettant de définir rapidement, à l'aide de traitements informatiques, la structure de composés chimiques. (Prix Nobel de chimie 1985).

KARLFELDT (Erik Axel), *Folkärna 1864 - Stockholm 1931,* poète suédois, peintre de la vie paysanne *(Chansons de Fridolin).* [Prix Nobel 1931.]

KARL-MARX-STADT, anc. nom de *Chemnitz.

KARLOVY VARY, en all. **Karlsbad,** v. de la République tchèque, en Bohême ; 56 291 hab. Station thermale. — Belle église baroque.

Karlowitz (traité de) [26 janv. 1699], traité signé entre l'Empire ottoman et l'Autriche, la Pologne, la Russie et Venise. Les Ottomans abandonnaient la Hongrie, la Transylvanie, la Podolie, la Dalmatie et la Morée.

KARLSKRONA, v. de Suède, sur la Baltique ; 59 054 hab. Port. — Église de la Trinité, par Tessin le Jeune ; musée de la Marine.

KARLSRUHE, v. d'Allemagne (Bade-Wurtemberg) ; 277 998 hab. Siège de la Cour suprême. — Anc. cap. du pays de Bade, fondée en 1715. — Musées, dont la riche Kunsthalle (peinture).

KARLSTAD, v. de Suède, sur le lac Vänern ; 76 467 hab. Cathédrale reconstruite au XVIIIe s.

KARMAN (Theodor **von**), *Budapest 1881 - Aix-la-Chapelle 1963,* ingénieur américain d'origine hongroise. Il a résolu de nombreux problèmes d'hydrodynamique et d'aérodynamique et fut à l'origine de la première soufflerie supersonique américaine (1938). Il joua aussi un rôle important dans l'essor de l'astronautique aux États-Unis.

KARNAK ou **CARNAC,** village élevé sur les ruines de Thèbes, en Égypte. Temple d'Amon au cœur du plus vaste ensemble d'édifices religieux (XXe s.-IVe s. av. J.-C.) du pays.

■ **KARNAK.** Une partie du grand temple d'Amon et du lac sacré ; Nouvel Empire, XVIIIe dynastie.

KARNATAKA, anc. **Mysore,** État du sud de l'Inde ; 192 000 km^2 ; 44 817 398 hab. ; cap. *Bangalore.*

KÁROLYI (Mihály), *Budapest 1875 - Vence 1955,* homme politique hongrois. Président de la République (janv. 1919), il ne voulut pas entériner les frontières fixées par les Alliés et démissionna (mars 1919).

KARPOV (Anatoli Ievguenievitch), *Zlatooust, Oural, 1951,* joueur d'échecs russe. Champion du monde d'échecs en 1975, 1978 et 1981, il voit sa suprématie contestée par Kasparov à partir de 1985.

KARR (Alphonse), *Paris 1808 - Saint-Raphaël 1890,* écrivain français. Il exerça ses talents de journaliste satirique au sein de la revue *les Guêpes.*

KARRER (Paul), *Moscou 1889 - Zurich 1971,* biochimiste suisse. Il détermina la structure de plusieurs vitamines (A et E, notamm.) et synthétisa la vitamine B2. (Prix Nobel de chimie 1937.)

KARROO, ensemble de plateaux étagés de l'Afrique du Sud.

KARSAVINA (Tamara), *Saint-Pétersbourg 1885 - Beaconsfield, près de Londres, 1978,* danseuse britannique d'origine russe. Étoile des Ballets russes, créatrice des œuvres de Fokine, elle fut une grande interprète du répertoire classique.

KARST n.m., en slovène **Kras,** nom allemand d'une région de plateaux calcaires de Slovénie.

KARVINÁ, v. de la République tchèque, en Moravie, près d'Ostrava ; 68 368 hab.

KASAÏ ou **KASSAÏ** n. m., riv. d'Afrique (Angola et surtout Rép. dém. du Congo [ex-Zaïre]), affl. du Congo (r. g.) ; 2 200 km.

KASHI → **KACHGAR.**

KASHIWA, v. du Japon, banlieue nord-est de Tokyo ; 305 058 hab.

KASPAROV (Garry **Weinstein,** dit), *Bakou 1963,* joueur d'échecs russe. Devenu champion du monde d'échecs, en battant Karpov, en 1985, il défend victorieusement son titre face au même adversaire en 1986, 1987 et 1990. Après une longue période de suprématie incontestée, il est battu en 2000 par le Russe Vladimir Kramnik.

KASSEL, v. d'Allemagne (Hesse), sur la Fulda ; 202 158 hab. Musées ; depuis 1955, exposition quadriennale d'art contemporain « Documenta ».

KASSEM (Abd al-Karim), *Bagdad 1914 - id. 1963,* homme politique irakien. Leader de la révolution de 1958, qui renversa les Hachémites d'Iraq, il se heurta à de multiples oppositions et fut assassiné.

Kasserine (bataille de) [14 - 21 févr. 1943], bataille de la campagne de Tunisie. La possession du col de Kasserine (ouest de la Tunisie), permettant l'accès à la plaine d'Algérie, fut l'objet d'âpres combats entre Rommel et les Alliés.

KASSITES, anc. peuple du Zagros central, à l'ouest de l'Iran. Une dynastie kassite régna sur Babylone de 1595 env. à 1156 av. J.-C.

KASTERLEE [kastərle], comm. de Belgique (prov. d'Anvers) ; 16 246 hab.

KASTLER (Alfred), *Guebwiller 1902 - Bandol 1984,* physicien français. Spécialiste de l'électronique quantique et de l'optique physique, il a mis au point le procédé de « pompage optique » (1950), qui a trouvé d'importantes applications dans les lasers et les masers. (Prix Nobel 1966.)

KÄSTNER (Erich), *Dresde 1899 - Munich 1974,* écrivain allemand. Évocateur de la naïveté de l'enfance dans *Émile et les détectives* (1929), il a fait une critique féroce de la société allemande dans son œuvre poétique et romanesque.

Kastrup, aéroport de Copenhague (Danemark).

KASUGAI, v. du Japon (Honshu) ; 266 599 hab.

KATAÏEV (Valentine Petrovitch), *Odessa 1897 - Moscou 1986,* écrivain soviétique. Ses romans unissent réalisme satirique et onirisme (*Au loin une voile,* 1936).

KATANGA, de 1972 à 1997 **Shaba,** région du sud de la Rép. dém. du Congo (ex-Zaïre) ; 3 874 000 hab. ; ch.-l. *Lubumbashi.* Gisements de cuivre, de manganèse, de plomb et d'uranium.

KATAR → **QATAR.**

KATEB (Yacine), *Constantine 1929 - La Tronche 1989,* écrivain algérien d'expression française et arabe. Son œuvre poétique, romanesque *(Nedjma)* et dramatique *(le Cadavre encerclé, l'Homme aux sandales de caoutchouc)* analyse le destin politique et humain de son pays.

■ **KATEB YACINE**

■ **KAWABATA YASUNARI**

KATHIAWAR, presqu'île de l'Inde, sur la mer d'Oman.

KATIVIK, territoire du Canada (Québec) ; 500 164 km^2. La compétence de l'administration régionale inuit s'exerce sur ces terres, situées au N. du 55e parallèle.

KATMANDOU, cap. du Népal, à env. 1 300 m d'alt. ; 419 000 hab. Monuments (XVIe-XVIIIe s.) dont le palais royal. Musée. Aux environs, important pèlerinage bouddhique au stupa de Bodnath.

KATONA (József), *Kecskemét 1791 - id. 1830,* auteur dramatique hongrois, créateur de la tragédie nationale hongroise (*Bánk Bán,* 1821).

KATOWICE, v. de Pologne, ch.-l. de voïévodie, en Silésie ; 366 900 hab. Centre industriel.

KATSINA, v. du nord du Nigeria ; 186 900 hab.

Katsura, villa impériale japonaise, près de Kyoto. Construite à la fin du XVIe s., elle est l'exemple type de l'intégration de l'architecture japonaise au paysage ; célèbre jardin.

KATTEGAT → **CATTÉGAT.**

KATYN, village de Russie, à l'O. de Smolensk. Les cadavres d'environ 4 500 officiers polonais, abattus en 1940 - 1941 par les Soviétiques, y furent découverts par les Allemands (1943). Ce massacre a été perpétré sur un ordre de Staline (mars 1940) en vertu duquel près de 26 000 Polonais, civils et militaires, furent exécutés.

KAUNAS, v. de Lituanie, sur le Niémen ; 423 000 hab. Centre industriel. – Musées.

KAUNDA (Kenneth David), *Lubwa 1924,* homme politique zambien, premier président de la république de Zambie, au pouvoir de 1964 à 1991.

KAUNITZ-RIETBERG (Wenzel Anton, prince **von**), *Vienne 1711 - id. 1794,* homme d'État autrichien. Chancelier d'État (1753 - 1792), il prôna l'alliance française contre la Prusse et inspira la politique centralisatrice de Marie-Thérèse et de Joseph II.

KAUTSKY (Karl), *Prague 1854 - Amsterdam 1938,* homme politique autrichien. Secrétaire d'Engels (1881), marxiste rigoureux (il publia le 3e tome du *Capital*), il s'opposa au révisionnisme de Bernstein. Il dirigea jusqu'en 1917 *Die Neue Zeit,* organe théorique de la social-démocratie allemande, puis s'opposa aux bolcheviques (*Terrorisme et communisme,* 1919).

KAVÁLA, v. de Grèce (Macédoine) ; 58 576 hab.

KAVIRI ou **KAVERI** ou **CAUVERY** n.f., fl. de l'Inde, qui rejoint le golfe du Bengale ; 764 km.

KAWABATA YASUNARI, *Osaka 1899 - Zushi 1972,* écrivain japonais. Son œuvre romanesque, qui mêle réalisme et fantastique, est une méditation sur la souffrance et la mort *(Pays de neige, Nuée d'oiseaux blancs).* [Prix Nobel 1968.]

KAWAGOE, v. du Japon (Honshu) ; 304 854 hab.

KAWAGUCHI, v. du Japon (Honshu) ; 438 680 hab. Sidérurgie. Textile.

KAWASAKI, v. du Japon (Honshu) ; 1 173 603 hab. Port. Centre industriel.

KAYES, v. du Mali, sur le fl. Sénégal ; 51 000 hab.

KAYL, v. du Luxembourg, près d'Esch-sur-Alzette ; 6 288 hab. Métallurgie.

KAYSERI, v. de Turquie, au S.-E. d'Ankara ; 421 362 hab. C'est l'ancienne *Césarée de Cappadoce.* – Citadelle et monuments (XIIIe s.). Musée.

KAYSERSBERG (68240), ch.-l. de cant. du Haut-Rhin ; 2 720 hab. Pont fortifié, église des XIIe-XVe s., hôtel de ville Renaissance, maisons anciennes.

KAZAKHS, peuple vivant principalement au Kazakhstan (7,6 millions), en Russie, en Ouzbékistan et en Chine (Xinjiang) [env. 10 millions au total]. Issus de nomades turquisés (à partir du VIIe s.) puis intégrés dans l'Empire mongol (à partir du XIIIe s.), ils se répartissent depuis le XVIe s. en trois grandes hordes (« juz »), qui furent dirigées par des khans jusqu'à la colonisation russe (XIXe s.). Largement ruraux, porteurs des traditions de la steppe et de l'héritage du chamanisme, ils sont musulmans sunnites. Ils parlent le *kazakh,* de la famille turque, et utilisent un alphabet cyrillique.

KAZAKHSTAN ou **KAZAKSTAN** n.m., État d'Asie centrale, entre la Caspienne et la Chine ; 2 717 000 km^2 ; 17 200 000 hab. *(Kazakhs).* **CAP.** *Astana.* **LANGUE :** *kazakh.* **MONNAIE :** *tenge.*

GÉOGRAPHIE

Vaste comme cinq fois la France, c'est la plus étendue des anciennes républiques soviétiques d'Asie centrale. Le Kazakhstan est un pays de plaines et de plateaux, en dehors de la bordure orientale, montagneuse. L'ensemble a un climat aride, rude en hiver.

La production agricole (parfois grâce à l'irrigation) est notable : blé et orge, coton, important élevage ovin. Le sous-sol recèle du charbon, de l'uranium, mais aussi du pétrole et du gaz naturel, dont le développement de l'exploitation, par des capitaux étrangers, est pénalisé par l'enclavement du pays. La métallurgie reste l'industrie principale. Le Kazakhstan est peuplé par moins de 50 % de Kazakhs de souche et compte, surtout dans les villes, une importante minorité russe.

HISTOIRE

La région est progressivement intégrée à l'Empire russe à partir du XVIIIe s. **1920 :** elle est érigée en république autonome de Kirghizie, au sein de la RSFS de Russie. **1925 :** cette république prend le nom de Kazakhstan. **1936 :** elle devient une république fédérée. **1990 :** les communistes remportent les premières élections républicaines libres. **1991 :** le Soviet suprême proclame l'indépendance du pays (déc.), qui adhère à la CEI. Noursoultan Nazarbaev est élu à la présidence de la République (prorogé en 1995, réélu en 1999).

KAZAN, v. de Russie, cap. du Tatarstan, sur la Volga ; 1 107 300 hab. Centre industriel. – Kremlin de 1555 ; musée central du Tatarstan.

KAZAN (Elia **Kazanjoglous,** dit Elia), *Istanbul 1909,* cinéaste américain. Venu du théâtre, il a construit une œuvre cinématographique lyrique et tourmentée, menant de front l'exploration des conflits intérieurs et la peinture de la société américaine : *Un tramway nommé désir* (pièce filmée, 1951), *Sur les quais* (1954), *À l'est d'Eden* (1955), *America, America* (1963), *l'Arrangement* (1969).

KAZANLĂK, v. de Bulgarie ; 65 000 hab. Centre de la « vallée des roses ». – Tombeau thrace d'époque hellénistique (peintures) ; musée.

KAZANTZÁKIS (Nikos), *Iráklion 1883 - près de Fribourg-en-Brisgau 1957,* écrivain grec. À travers des thèmes populaires et la présence de la Crète, ses romans expriment sa quête d'une sagesse *(Alexis Zorba, le Christ recrucifié).*

KAZBEK n.m., un des points culminants du Caucase, à la frontière de la Russie et de la Géorgie ; 5 033 m.

KAZVIN → **QAZVIN.**

KD → **constitutionnel-démocrate** (Parti).

KEAN (Edmund), *Londres 1789 - Richmond, Surrey, 1833,* acteur britannique, interprète des grands rôles tragiques du théâtre anglais. Ses amours ont inspiré un drame à Alexandre Dumas (1836), adapté en 1954 par J.-P. Sartre.

KEATING (Paul John), *Sydney 1944,* homme politique australien. Leader du Parti travailliste, il est Premier ministre de 1991 à 1996.

KEATON (Joseph Francis, dit Buster), *Piqua, Kansas, 1896 - près de Los Angeles 1966,* acteur et cinéaste américain. Il interpréta un personnage faussement impassible devant l'adversité, poétique et subtilement comique *(la Croisière du*

■ BUSTER **KEATON** dans *la Croisière du « Navigator »*, 1924.

« Navigator », 1924 ; *le Mécano de la « General »*, 1926 ; *l'Opérateur* [ou *le Cameraman*], 1928).

KEATS (John), *Londres 1795 - Rome 1821*, poète britannique. L'un des grands romantiques anglais, il se distingue par son sensualisme esthétique *(Endymion, la Belle Dame sans merci)*.

Keban, barrage et aménagement hydroélectrique de Turquie, sur l'Euphrate.

KEBNEKAISE n.m., point culminant du massif de Kjølen, en Suède ; 2 117 m.

Keck (télescopes), nom de deux télescopes optiques et infrarouges américains installés sur le Mauna Kea à Hawaii, les plus grands du monde (10 m de diamètre), mis en service en 1993 et 1996.

KECSKEMÉT, v. de Hongrie, au S.-E. de Budapest ; 102 516 hab. Monuments des XVIIIe-XIXe s.

KEDIRI, v. d'Indonésie (Java) ; 250 000 hab.

KEELING (îles) → **COCOS.**

KEELUNG, v. du nord de Taïwan ; 360 000 hab. Port.

KEESOM (Willem Hendrik), *île de Texel 1876 - Leyde 1956*, physicien néerlandais. Il a signalé deux variétés d'hélium liquide et a réussi à solidifier ce corps en le maintenant sous pression.

KEEWATIN, en inuktitut **Kivalliq,** district du Canada (Nunavut), au N. du Manitoba.

KEF (Le), v. de Tunisie ; 35 000 hab.

KEFLAVÍK, v. d'Islande ; 8 000 hab.

KÉGRESSE (Adolphe), *Héricourt 1879 - Croissy-sur-Seine 1943*, ingénieur français. Il est l'inventeur de la propulsion des automobiles par chenilles.

KEHL, v. d'Allemagne (Bade-Wurtemberg), sur le Rhin, en face de Strasbourg ; 31 864 hab.

KEI, peuple d'Indonésie (Moluques) [env. 100 000]. Connus pour leurs pirogues de guerre, ils se partagent entre musulmans et chrétiens et sont de langue austronésienne.

KEIHIN n.m., conurbation du Japon (Honshu), qui regroupe Tokyo, Yokohama et leurs banlieues.

KEITA (Modibo), *Bamako 1915 - id. 1977*, homme politique malien. Il fut président de la République du Mali et chef du gouvernement (1960 - 1968).

KEITEL (Wilhelm), *Helmscherode 1882 - Nuremberg 1946*, maréchal allemand. Chef du commandement suprême allemand de 1938 à 1945, il signa la capitulation de son pays à Berlin (8 mai 1945). Condamné à mort comme criminel de guerre à Nuremberg, il fut exécuté.

KEKKONEN (Urho Kaleva), *Pielavesi 1900 - Helsinki 1986*, homme politique finlandais. Premier ministre de 1950 à 1956, puis président de la République (1956 - 1981), il mena une action diplomatique importante.

KEKULÉ VON STRADONITZ (August), *Darmstadt 1829 - Bonn 1896*, chimiste allemand. Il utilisa le premier les formules développées en chimie organique, discipline dont il fut l'un des principaux fondateurs. Il créa la théorie de la quadrivalence du carbone (1857) et établit la formule hexagonale du benzène.

KELDERMANS (Rombout), *Malines v. 1460 - Anvers 1531*, architecte flamand, le plus connu d'une famille d'architectes. Il a construit à Malines, Bruxelles, Anvers, Gand, Hoogstraten.

KELLER (Gottfried), *Zurich 1819 - id. 1890*, écrivain suisse de langue allemande. Ses poèmes, ses nouvelles *(les Gens de Seldwyla)* et ses romans *(Henri le Vert)* mêlent réalisme satirique et vision tragique de l'existence.

KELLERMANN (François Christophe), duc **de Valmy,** *Strasbourg 1735 - Paris 1820*, maréchal de France. Vainqueur à Valmy (1792), il commanda ensuite l'armée des Alpes et fut fait maréchal en 1804.

KELLOGG (Frank Billings), *Potsdam, État de New York, 1856 - Saint Paul, Minnesota, 1937*, homme politique américain. Secrétaire d'État du président Coolidge (1927 - 1929), il négocia avec Aristide Briand un pacte de renonciation à la guerre, signé par une soixantaine de nations *(pacte Briand-Kellogg*, 1928). [Prix Nobel de la paix 1929.]

KELLY (Eugene Curran, dit Gene), *Pittsburgh 1912 - Los Angeles 1996*, chorégraphe, acteur et cinéaste américain. Danseur complet, il a renouvelé, avec la collaboration de S. Donen (*Chantons sous la pluie*, 1952) ou V. Minnelli (*Un Américain à Paris*, 1951), la comédie musicale au cinéma.

KELOWNA, v. du Canada (Colombie-Britannique) ; 57 945 hab. Conserveries.

KELSEN (Hans), *Prague 1881 - Orinda, Californie, 1973*, juriste américain d'origine autrichienne. Fondateur de l'école « normativiste » (le droit repose sur un ensemble de normes juridiques hiérarchisées), il a également collaboré à la rédaction de la Constitution autrichienne de 1920.

KELVIN (William **Thomson,** lord), *Belfast 1824 - Netherhall, Strathclyde, 1907*, physicien britannique. Il a découvert (1852) le refroidissement provoqué par la détente des gaz *(effet Joule-Thomson)* et introduit la notion de température thermodynamique. Il a imaginé le galvanomètre à aimant mobile (1851) et donné la théorie des circuits oscillants. Il étudia les marées (notamm. celles de l'écorce terrestre) et leur influence sur la rotation du globe.

K

KEMAL (Mustafa) → **ATATÜRK.**

KEMAL (Yachar) → **YAŞAR KEMAL.**

KEMEROVO, v. de Russie, en Sibérie occidentale ; 520 000 hab. Houille.

KEMMEL (mont), hauteur de Belgique, près d'Ypres ; 156 m. Ludendorff y déclencha, en avr. 1918, l'une des dernières grandes offensives pour briser le front britannique des Flandres.

KEMPFF (Wilhelm), *Jüterbog 1895 - Positano, Italie, 1991*, pianiste allemand. Il servit les œuvres de Bach et Beethoven et fit redécouvrir les sonates de Schubert.

KEMPIS (Thomas **a**) → **THOMAS A KEMPIS.**

KENDALL (Edward Calvin), *South Norwalk, Connecticut, 1886 - Princeton 1972*, biochimiste américain, auteur de travaux sur les hormones corticosurrénales. (Prix Nobel de médecine 1950.)

KENDALL (Henry Way), *Boston 1926 - Wakulla Springs, Floride, 1999*, physicien américain. Il a participé aux recherches qui ont abouti à la mise en évidence expérimentale des quarks. (Prix Nobel 1990.)

KENITRA, anc. **Port-Lyautey,** v. du Maroc, au N. de Rabat ; 139 000 hab. Port.

KENKO HOSHI (Urabe Kaneyoshi, dit), *v. 1283 - v. 1352*, écrivain japonais. Son *Tsurezuregusa (les Heures oisives)*, recueil de réflexions et d'anecdotes sur la société de son temps, exprime sa nostalgie du Japon antique.

KENNEDY (John Fitzgerald), *Brookline, près de Boston, 1917 - Dallas 1963*, homme politique américain. Député puis sénateur démocrate, il fut président des États-Unis de 1961 à 1963. Il pratiqua une politique de relance économique, fut à l'origine d'une législation contre la discrimina-

■ **KEKULÉ** par H. von Angeli. (Galerie de peinture de Berlin-Dahlem.)

■ JOHN FITZGERALD **KENNEDY**

tion raciale et proposa aux Américains le projet d'une « Nouvelle Frontière » pour atteindre une plus grande justice sociale et gagner la course à la Lune. À l'extérieur, il oscilla entre un rapprochement avec l'URSS et une politique de fermeté à l'égard des régimes communistes (à Berlin en 1961 ; lors de la crise de Cuba en 1962 ; au Viêt Nam où il prépara l'intervention militaire américaine). Il fut assassiné le 22 nov. 1963. — **Robert Francis K.,** *Brookline, près de Boston, 1925 - Los Angeles 1968,* homme politique américain. Frère de John F., attorney général (1961 - 1964) puis sénateur démocrate à partir de 1965, il fut assassiné après avoir remporté les primaires de Californie comme candidat à la présidence.

Kennedy (centre spatial J.F.), base de lancement d'engins spatiaux américaine. Elle est située au cap Canaveral (États-Unis), lequel porta de 1964 à 1973 le nom de cap Kennedy.

Kennedy (J.F.), aéroport international de New York, à Idlewild.

KENT, comté d'Angleterre, sur le pas de Calais ; 1 485 600 hab. ; ch.-l. *Maidstone.* Fondé par les Jutes au Vᵉ s., le royaume de Kent fut le premier grand foyer de la civilisation anglo-saxonne jusqu'au VIIᵉ s. (cap. Canterbury).

KENT (William), *Bridlington, Yorkshire, 1685 - Londres 1748,* architecte, paysagiste et peintre britannique. Collaborateur d'un riche amateur, Richard Boyle, comte de Burlington, il fut l'un des champions du palladianisme et l'un des créateurs du jardin paysager à l'anglaise.

K

KENTUCKY, État des États-Unis ; 3 685 296 hab. ; cap. *Frankfort.*

KENYA n.m., État d'Afrique orientale, sur l'océan Indien ; 583 000 km² ; 29 150 000 hab. *(Kényans).* CAP. *Nairobi.* LANGUE : *swahili.* MONNAIE : *shilling du Kenya.*

GÉOGRAPHIE

L'Ouest, montagneux et volcanique, est le domaine des cultures du café et du thé et de l'horticulture (principaux produits des exportations, qui s'effectuent par Mombasa). Dans l'Est, formé de plaines, se localisent des plantations de canne à sucre, de bananiers et de sisal. L'élevage (bovins, ovins, caprins) est développé, mais revêt souvent une plus grande valeur sociale qu'économique. Le tourisme comble une partie du déficit de la balance commerciale.
La population, rapidement croissante, juxtapose une quarantaine de groupes ethniques (les Kikuyu étant les plus nombreux).

HISTOIRE

Pays où l'on a découvert les plus anciens restes de préhominiens, le Kenya est occupé à l'origine par des populations proches des Bochimans. **500 av. J.-C.-XVIᵉ s. apr. J.-C. :** des populations bantoues venues du nord se substituent à ce peuplement primitif ; les Arabes puis les Portugais (après 1497) installent des comptoirs sur le littoral. **1888 :** la Grande-Bretagne obtient du sultan de Zanzibar une concession sur l'essentiel du pays. **1895 :** le Kenya devient protectorat britannique. **1920 :** il forme une colonie de la Couronne. **1925 :** Jomo Kenyatta se place à la tête du mouvement nationaliste, qui exige la restitution des terres aux Kikuyu. **1952 - 1956 :** la « révolte des Mau-Mau » (rébellion des Kikuyu) est sévèrement réprimée ; Kenyatta est arrêté. **1961 :** libération de Kenyatta. **1963 :** le Kenya devient indépendant dans le cadre du Commonwealth. **1964 - 1978 :** Kenyatta est président de la République. **1978 :** à la mort de Kenyatta, Daniel Arap Moi lui succède. Il instaure à partir de 1982 un système de parti unique. **1991 :** le multipartisme est rétabli. **1992** et **1997 :** lors des élections pluralistes, face à une opposition divisée, D. Arap Moi est élu (et réélu) à la présidence et son parti obtient la majorité au Parlement.

KENYA (mont), sommet du centre du Kenya ; 5 199 m.

KENYATTA (Jomo), *Ichaweri v. 1893 - Mombasa 1978,* homme politique kényan. Dès 1925, il lutta pour la restitution des terres aux Kikuyu. Il devint chef du premier gouvernement du Kenya (1963). Président de la République en 1964, il fut constamment réélu jusqu'à sa mort.

KENZAN, de son vrai nom **Ogata Shinsei,** *région de Kyoto 1663 - 1743,* céramiste, peintre et calligraphe japonais. Il est l'initiateur d'un nouvel art céramique, auquel participe son frère Korin.

KEPLER (Johannes), *Weil der Stadt, Wurtemberg, 1571 - Ratisbonne 1630,* astronome allemand. Partisan du système de Copernic, il découvrit, grâce aux observations précises de Tycho Brahe, dont il fut l'assistant puis le successeur, les lois du mouvement des planètes *(lois de Kepler) :* 1° les orbites des planètes sont des ellipses dont le Soleil occupe l'un des foyers (1609) ; 2° les aires balayées par le rayon vecteur joignant le centre du Soleil au centre d'une planète sont proportionnelles aux temps mis à les décrire (1609) ; 3° les carrés des périodes de révolution sidérale des planètes sont proportionnels aux cubes des grands axes de leurs orbites (1619).

KERALA, État de l'Inde, sur la côte sud-ouest du Deccan ; 38 800 km² ; 29 011 237 hab. ; cap. *Trivandrum.* Regroupant les États de Travancore et de Cochin, l'État de Kerala a été constitué en 1956.

KERENSKI (Aleksandr Fiodorovitch), *Simbirsk 1881 - New York 1970,* homme politique russe. Membre du Parti social-révolutionnaire, il devint en 1917 ministre de la Justice, de la Guerre puis chef du gouvernement provisoire qui fut renversé par les bolcheviks (oct.-nov. 1917).

KERGUELEN (îles), archipel français du sud de l'océan Indien ; env. 7 000 km². Station de recherches scientifiques.

KERGUELEN DE TRÉMAREC (Yves **de**), *Quimper 1734 - Paris 1797,* marin français. Il découvrit en 1772 les îles Kerguelen.

KERKENNAH (îles), petit archipel de Tunisie, en face de Sfax.

KERMADEC (îles), archipel néo-zélandais du Pacifique, au N. de la Nouvelle-Zélande.

KERMAN, v. du sud-est de l'Iran ; 311 643 hab. Mausolées et mosquées (XIIᵉ-XIVᵉ s.).

KERMANCHAH, v. d'Iran, dans le Kurdistan ; 624 084 hab.

KEROUAC (Jack), *Lowell, Massachusetts, 1922 - Saint Petersburg, Floride, 1969,* écrivain américain. Poète et romancier (*Sur la route,* 1957), il fut l'un des chefs de file de la *Beat generation.

KEROULARIOS (Mikhail), en fr. Michel **Cérulaire,** *Constantinople v. 1000 - id. 1059,* patriarche de Constantinople (1043 - 1059). En 1054, il consacra le schisme qui sépare encore les Églises d'Orient et d'Occident.

KERR (John), *Ardrossan, Strathclyde, Écosse, 1824 - Glasgow 1907,* physicien britannique. Il découvrit, en 1875, la biréfringence des isolants soumis à un champ électrique, phénomène utilisé en télévision *(cellule de Kerr).*

KERSCHENSTEINER (Georg), *Munich 1854 - id. 1932,* pédagogue allemand. Il préconisa le travail en groupe, facteur d'autodiscipline, et l'approfondissement de l'éducation par le travail manuel.

KERTCH, v. d'Ukraine, en Crimée, sur le *détroit de Kertch* (qui relie la mer Noire et la mer d'Azov) ; 178 000 hab. Port.

KERTÉSZ (André), *Budapest 1894 - New York 1985,* photographe américain d'origine hongroise. Sensibilité poétique et sens de l'humour

■ ANDRÉ **KERTÉSZ.** *Iᵉʳ janvier 1972 - Martinique.* (© Ministère de la Culture, France.)

alliés à l'invention formelle dominent son œuvre *(Soixante Ans de photographie, 1912 - 1972)*.

KESSEL (Joseph), *Clara, Argentine, 1898 - Avernes, Val-d'Oise, 1979,* écrivain et journaliste français. L'un des premiers grands reporters, il exalte, dans ses romans, la fraternité virile dans la guerre *(l'Équipage, l'Armée des ombres)* et dans l'aventure *(Fortune carrée, le Lion)*. Il est également l'auteur, avec son neveu Maurice Druon, des paroles du *Chant des partisans* (1943). [Acad. fr.]

KESSELRING (Albert), *Marktsteft 1885 - Bad Nauheim 1960,* maréchal allemand. Chef d'état-major de l'armée de l'air (1936), il commanda de 1941 à 1944 les forces allemandes de Méditerranée et d'Italie, puis le front de l'Ouest en 1945.

KETTELER (Wilhelm Emmanuel, baron **von**), *Münster 1811 - Burghausen, Bavière, 1877,* prélat et homme politique allemand. Il lutta contre le Kulturkampf et donna au catholicisme social allemand un grand dynamisme.

KEYNES (John Maynard, lord), *Cambridge 1883 - Firle, Sussex, 1946,* économiste britannique. Auteur de *la Théorie générale de l'emploi, de l'intérêt et de la monnaie* (1936), il prôna une relance de la consommation, une baisse du taux d'intérêt et un accroissement des investissements publics pour assurer le plein-emploi. Sa doctrine a eu une influence considérable sur la pensée et les politiques économiques du XXe s.

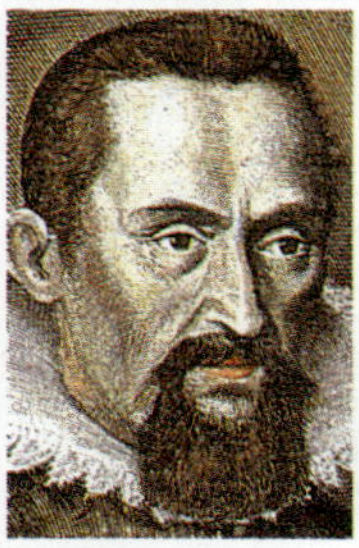

■ JOHANNES **KEPLER**

■ LORD **KEYNES**

KEY WEST, v. des États-Unis (Floride) ; 24 000 hab. Station balnéaire.

KGB *(Komitet Gossoudarstvennoï Bezopasnosti,* en fr. Comité de sécurité de l'État), nom donné de 1954 à 1991 aux services chargés du renseignement et du contre-espionnage à l'intérieur et à l'extérieur de l'URSS. (Une partie de ses pouvoirs ont été repris, en Russie, par le Service fédéral de sécurité, ou FSB.)

KHABAROVSK, v. de Russie, en Sibérie, sur l'Amour ; 601 000 hab. Centre administratif et industriel.

KHADIDJA, *m. à La Mecque en 619,* première femme de Mahomet.

KHAJURAHO, site de l'Inde centrale (Madhya Pradesh). Anc. cap. de la dynastie Candella (IXe-XIIIe s.). Important ensemble de temples brahmaniques et jaïna, au foisonnant décor sculpté.

KHAKASSES, peuple de Russie (Khakassie) [env. 80 000]. Leur culture traditionnelle (chamanisme) reste vivace. Ils parlent le *khakasse,* de la famille turque.

KHAKASSIE, république de Russie, dans le sud de la Sibérie ; 584 000 hab. ; cap. *Abakan.*

KHALKÍS, v. de Grèce, sur la côte ouest de l'Eubée ; 51 482 hab.

KHAMENEI (Ali), *Mechhed 1939,* chef religieux *(ayatollah)* et homme politique iranien. Président de la République (1981 - 1989), il reçoit, après la mort de Khomeyni, le titre de « guide de la révolution islamique ».

KHAN (Ali Akbar), *Shivpur, Bengale, 1922,* musicien indien. Sarodiste à la sensibilité exceptionnelle, il a créé de nombreux raga.

KHAN (Nusrat Fateh Ali), *Faisalabad 1948 - Londres 1997,* chanteur pakistanais de musique soufie.

KHANIÁ ou **LA CANÉE,** v. de Grèce, sur la côte nord de la Crète ; 50 077 hab. Port. – Musée.

KHANTYS, peuple finno-ougrien de Russie (Sibérie occidentale) [env. 23 000]. Souvent réunis avec les Mansis sous le nom d'*Ougriens de l'Ob,* ils étaient appelés autrefois *Ostyaks.*

KHARAGPUR, v. d'Inde (Bengale-Occidental) ; 279 736 hab.

KHARBIN → HARBIN.

KHAREZM, ancien État d'Asie centrale, situé sur le cours inférieur de l'Amou-Daria (Oxus). Héritier de la Chorasmie antique, il fut conquis par les Arabes en 712. Il est souvent appelé khanat de Khiva (1512 - 1920).

KHAREZMI (Muhammad ibn Musa **al-**), *fin du VIIIe s., début du IXe s.,* savant de langue arabe. Géographe, mathématicien, il est l'auteur du *Précis sur le calcul d'al-djabr et d'al-muqabala,* où sont résolues des équations du 1er et du 2e degré (« al-djabr » donnera « algèbre »).

KHARG (île de), île iranienne du golfe Persique. Terminal pétrolier.

KHARKIV, anc. **Kharkov,** v. de l'est de l'Ukraine ; 1 623 000 hab. Centre métallurgique. – Cathédrale de la fin du XVIIe s. ; musées.

KHARTOUM, cap. du Soudan, au confluent du Nil Blanc et du Nil Bleu ; 600 000 hab. Riche musée archéologique. – La ville, prise par les mahdistes en 1884 - 1885, fut reconquise par les Britanniques en 1898.

KHATAMI (Mohammad), *Ardakan 1943,* homme politique iranien. Hodjatoleslam, ministre de la Culture et de l'Orientation islamique (1982 - 1992), il est président de la République depuis 1997.

KHATCHATOURIAN (Aram), *Tiflis 1903 - Moscou 1978,* compositeur soviétique. Il écrivit la musique des ballets *Gayaneh* (1942) et *Spartacus* (1956), d'inspiration patriotique et folklorique.

KHATIBI (Abdelkébir), *El-Jadida 1938,* écrivain marocain d'expression française. Ses romans *(le Livre du sang, Amour bilingue)* et ses essais expriment une réflexion attentive à la modernité.

KHAYBAR ou **KHYBER** (passe de), défilé entre le Pakistan et l'Afghanistan.

KHAYYAM (Omar ou Umar), *Nichapur v. 1047 - id. v. 1122,* poète et mathématicien persan. Son angoisse face à la mort lui fait célébrer dans ses *Quatrains* la jouissance immédiate de la vie. – Il a écrit un traité sur les équations du 3e degré.

KHAZARS, peuple turc qui, du VIIe au Xe s., domina la région de la mer Caspienne puis de la Crimée et les steppes entre le Don et le Dniepr. Le prince de Kiev Sviatoslav anéantit sa puissance en 969.

KHEOPS ou **CHÉOPS,** *vers 2600 av. J.-C.,* roi d'Égypte, de la IVe dynastie. Il fit élever la plus grande des pyramides de Gizeh.

KHEPHREN ou **CHÉPHREN,** *vers 2500 av. J.-C.,* roi d'Égypte, de la IVe dynastie. Fils de Kheops, il fit construire la deuxième pyramide de Gizeh.

KHERSON, v. d'Ukraine, sur le Dniepr inférieur ; 355 000 hab. Port. – Monuments des XVIIe-XIXe s.

KHIEU SAMPHAN, *Svay Rieng 1931,* homme politique cambodgien. Dirigeant khmer rouge, il est chef de l'État du Kampuchéa démocratique de 1976 à 1979. Après avoir représenté les Khmers rouges au sein du Conseil national suprême (1991 - 1993), il entre en 1994 en rébellion contre le gouvernement, avant de s'y rallier en 1998.

KHINGAN (Grand), massif de Chine, entre le désert de Gobi et la plaine de la Chine du Nord-Est ; 2 091 m.

KHINGAN (Petit), massif de Chine, entre la plaine de la Chine du Nord-Est et le bassin inférieur de l'Amour.

KHLEBNIKOV (Viktor Vladimirovitch, dit Velimir), *près d'Astrakhan 1885 - Santalovo 1922,* écrivain russe. Théoricien du futurisme, poète, il a cherché à inventer une langue universelle, fondée sur les jeux phonétiques et numériques.

KHMELNITSKI (Bogdan), *v. 1595 - Tchiguirine 1657,* hetman des Cosaques d'Ukraine (1648 - 1657). Il souleva son peuple contre la Pologne, puis fit appel au tsar de Russie, dont il reconnut la suzeraineté sur l'Ukraine orientale (1654).

KHMERS, peuple majoritaire du Cambodge, représenté également en Thaïlande et au Viêt Nam (env. 9 millions). Riziculteurs, ils forment une société très hiérarchisée, marquée par le bouddhisme et par le souvenir d'un passé prestigieux (empire d'Angkor). Ils parlent le *khmer,* ou *cambodgien,* de la famille môn-khmer.

Khmers rouges, nom donné aux résistants communistes khmers dans les années 1960, puis aux partisans de Pol Pot et de Khieu Samphan qui, de 1975 à 1979, soumirent le Cambodge à un régime de terreur.

KHNOPFF (Fernand), *près de Termonde 1858 - Bruxelles 1921,* peintre belge, un des maîtres du *symbolisme.

KHODJENT, de 1936 à 1991 **Leninabad,** v. du Tadjikistan ; 165 000 hab.

KHOÏ → HOTTENTOTS.

KHOMEYNI (Ruhollah), *Khomeyn 1902 - Téhéran 1989,* chef religieux *(ayatollah)* et homme politique iranien. Exilé à Nadjaf après 1964 puis en France (1978 - 1979), il canalisa l'opposition aux réformes du chah, qui triompha avec la révolution de févr. 1979. Il instaura une république islamique dont il fut jusqu'à sa mort le guide suprême.

■ L'IMAM **KHOMEYNI**

■ NIKITA **KHROUCHTCHEV**

KHORASAN ou **KHURASAN,** région du nord-est de l'Iran ; v. princ. *Mechhed.*

KHORRAMABAD, v. de l'ouest de l'Iran ; 249 258 hab.

KHORRAMCHAHR, v. d'Iran, près du Chatt al-Arab ; 34 750 hab. Port.

KHORSABAD → KHURSABAD.

KHOSRÔ Ier ou **CHOSROÈS Ier,** *VIe s.,* roi sassanide de Perse (531 - 579). Ses guerres contre Justinien se terminèrent en 562 par une paix sans vainqueur ni vaincu. Il réorganisa l'administration de l'Empire. – **Khosrô II,** *VIe - VIIe s.,* roi sassanide de Perse (590 - 628). Il lutta contre les byzantins (pillage de Jérusalem en 614, siège de Constantinople en 626), mais fut battu par Héraclius Ier en 628.

KHOTAN, en chin. **Hotan,** v. de Chine (Xinjiang) ; 134 000 hab. Oasis.

Khotine (bataille de) [11 nov. 1673], victoire du futur Jean III Sobieski sur les Turcs en Ukraine, à Khotine (en polon. Chocim), sur le Dniestr. Elle facilita l'accession au trône de Pologne de Jean III Sobieski (1674).

KHOURIBGA, v. du Maroc, sur les plateaux du Tadla ; 127 000 hab. Phosphates.

KHROUCHTCHEV (Nikita Sergueïevitch), *Kalinovka, prov. de Koursk, 1894 - Moscou 1971,* homme politique soviétique. Premier secrétaire du Comité central du Parti communiste (1953 - 1964) après la mort de Staline, président du Conseil des ministres de l'URSS (1958 - 1964), il se fit, à partir du XXe Congrès du PCUS (1956), le champion de la « déstalinisation » et de la coexistence pacifique, et entreprit des réformes économiques.

KHULNA, v. du Bangladesh, au S.-O. de Dacca ; 877 000 hab.

KHURASAN → KHORASAN.

KHURSABAD ou **KHORSABAD,** village d'Iraq. On y a dégagé la ville de Dour-Sharroukên, bâtie par Sargon II vers 713 av. J.-C. et abandonnée après sa mort.

KHUZESTAN ou **KHUZISTAN,** région d'Iran, sur le golfe Persique. Pétrole.

KHYBER → KHAYBAR.

KIAROSTAMI (Abbas), *Téhéran 1940,* cinéaste iranien. Ses films manifestent son intérêt pour l'enfance et la jeunesse et son souci de reconstituer le réel dans la fiction : *Où est la maison de mon ami ?* (1987), *Close Up* (1990), *Au travers des oliviers* (1994), *le Goût de la cerise* (1997), *Le vent nous emportera* (1999).

KICHINEV → CHIȘINĂU.

KIEFER (Anselm), *Donaueschingen 1945,* peintre allemand. Ses toiles sombres imposantes, chargées de matière, de collages divers, d'inscriptions, interrogent selon une dramaturgie angoissée l'histoire, la culture et les mythes de l'Allemagne.

KIEL, v. d'Allemagne, cap. du Schleswig-Holstein, sur la Baltique ; 248 931 hab. Port. Métallurgie. – canal de **Kiel,** canal qui, de Kiel à l'embouchure de l'Elbe, unit la Baltique à la mer du Nord.

KIELCE, v. de Pologne, ch.-l. de voïévodie ; 215 000 hab. Cathédrale et palais du XVIIe s.

KIENHOLZ (Edward), *Fairfield, État de Washington, 1927 - Hope, Idaho, 1994,* artiste américain. Il a créé à partir de 1960 des environnements aux figures faites de matériaux hétéroclites, avec meubles et accessoires, composant une satire à la fois réaliste et mythique de la vie américaine.

KIERKEGAARD (Søren), *Copenhague 1813 - id. 1855,* penseur et théologien danois. Combattant à la fois la dénaturation du christianisme par l'institution ecclésiastique et les prétentions de la philosophie (l'idéalisme hégélien), il fait de l'angoisse l'expérience fondamentale de l'homme. Sa pensée a irrigué le courant existentialiste (*Ou bien... ou bien,* 1843 ; *le Concept d'angoisse,* 1844 ; *Traité du désespoir,* 1849).

KIESINGER (Kurt Georg), *Ebingen 1904 - Tübingen 1988,* homme politique allemand. Chrétien-démocrate, il a été chancelier de la République fédérale (1966 - 1969).

KIEŚLOWSKI (Krzysztof), *Varsovie 1941 - id. 1996,* cinéaste polonais. Force du récit, vérité des personnages et lyrisme de la mise en scène caractérisent son œuvre (*le Décalogue*, 1988 ; *la Double Vie de Véronique*, 1991 ; la trilogie *Trois Couleurs*, 1993 - 1994).

■ KRZYSZTOF **KIEŚLOWSKI**

■ MARTIN LUTHER **KING**

KIEV, en ukr. **Kyïv,** cap. de l'Ukraine, sur le Dniepr ; 2 635 000 hab. *(Kiéviens).* Université. Centre industriel. — Cathédrale Ste-Sophie (XIe-XVIIIe s.), conservant des mosaïques et peintures byzantines ; monastère des Grottes, remontant lui aussi au XIe s., auj. musée national. — Capitale de l'État de Kiev (IXe-XIIe s.), centre commercial prospère et métropole religieuse, Kiev fut conquise par les Mongols en 1240. Rattachée à la Lituanie (1362) puis à la Pologne (1569), elle revint à la Russie en 1654. Foyer du nationalisme ukrainien, elle devint en 1918 la capitale de la République indépendante d'Ukraine. Intégrée à la République soviétique d'Ukraine en 1920, elle devint sa capitale en 1934.

KIEV (État de) ou **RUSSIE KIÉVIENNE,** premier État des Slaves de l'Est (IXe-XIIe s.), qui se développa sur le cours moyen du Dniepr, autour de Kiev. Il connut son apogée sous les règnes de Vladimir Ier (v. 980 - 1015) et de son fils Iaroslav (1019 - 1054), avant de se désintégrer, à partir de 1150, en principautés indépendantes.

■ **KIEV,** avec une des églises du monastère des Grottes.

■ LE **KILIMANDJARO**

KIGALI, cap. du Rwanda ; 234 000 hab.

KIKUYU, peuple du sud du Kenya (env. 4 millions). Ils furent les principaux instigateurs de la révolte Mau-Mau déclenchée par l'attribution de certaines de leurs terres aux Européens. Ils parlent une langue bantoue.

KIKWIT, v. de la Rép. dém. du Congo (ex-Zaïre) ; 346 000 hab.

KILIMANDJARO ou **PIC UHURU,** massif volcanique de l'Afrique (Tanzanie), portant le point culminant du continent ; 5 895 m.

KILLY (Jean-Claude), *Saint-Cloud 1943,* skieur français. Il a remporté trois titres olympiques en 1968.

KIMBERLEY, v. d'Afrique du Sud, ch.-l. de la prov. du Cap-Nord ; 167 000 hab. Diamants.

KIMCHAEK, v. de Corée du Nord, sur la mer du Japon ; 281 000 hab. Port.

KIM DAE-JUNG, *Hugwang-ri, prov. de Cholla du Sud, 1925,* homme politique sud-coréen. Leader historique de l'opposition, il est président de la République depuis 1998. Son combat pour la démocratie et son action en faveur de la réconciliation avec la Corée du Nord lui valent l'attribution, en 2000, du prix Nobel de la paix.

KIM IL-SUNG ou **KIM IL-SONG,** *près de Pyongyang 1912 - Pyongyang 1994,* maréchal et homme politique nord-coréen. Organisateur de l'armée de libération contre l'occupant japonais (1931 - 1945), fondateur du parti du Travail (1946), il devint Premier ministre de la Corée du Nord en 1948 puis fut chef de l'État de 1972 à sa mort. En 1998, il est déclaré dans la Constitution « président éternel » de la Corée du Nord.

KIM JONG-IL, *camp secret du mont Paektu 1942,* homme politique nord-coréen. Fils et successeur désigné de Kim Il-sung, président de la Commission de Défense nationale depuis 1993, secrétaire général du parti du Travail depuis 1997, il accède officiellement à la tête de l'État en 1998.

KIMURA MOTOO, *Okazaki 1924 - Mishima, préf. de Shizuoka, 1994,* généticien japonais. Spécialiste de génétique des populations, il est l'auteur du modèle neutraliste de l'évolution.

KINABALU n.m., point culminant de l'Insulinde, en Malaisie, dans le nord de Bornéo ; 4 175 m.

KINDI (al-), *v. 800 - Bagdad v. 870,* philosophe arabe. À l'origine de la traduction en arabe de nombreux textes de la philosophie grecque, il prolongea la réflexion cosmologique d'Aristote et s'efforça de concilier philosophie et religion.

KINDIA, v. de Guinée ; 85 000 hab.

KINECHMA, v. de Russie, sur la Volga ; 101 000 hab. Automobiles.

KING (Riley Ben **King,** dit Blues Boy ou B.B.), *Itta Bena, Mississippi, 1925,* chanteur et guitariste américain de blues. Figure majeure du blues urbain, il a été un précurseur du rock et du pop.

KING (Ernest), *Lorain, Ohio, 1878 - Portsmouth, New Hampshire, 1956,* amiral américain. Il fut chef de l'état-major naval américain pendant la Seconde Guerre mondiale (1942 - 1945).

KING (Martin Luther), *Atlanta 1929 - Memphis 1968,* pasteur noir américain. Il lutta à partir de 1955 pour l'intégration des Noirs, organisant notamment de grandes manifestations pacifiques. Il fut assassiné. (Prix Nobel de la paix 1964.)

KING (Stephen), *Portland 1947,* écrivain américain, publiant également sous le pseudonyme de Richard Bachman. Auteur mondialement célèbre de best-sellers souvent portés à l'écran, il est le spécialiste incontesté du fantastique et de l'horreur immergés dans le réel le plus quotidien (*Carrie*, 1974 ; *Shining*, 1977 ; *Misery*, 1987 ; *la Ligne verte*, 1996 ; *Sac d'os*, 1998).

KING (William Lyon **Mackenzie**), *Berlin, auj. Kitchener, Ontario, 1874 - Kingsmere, près d'Ottawa, 1950,* homme politique canadien. Chef du Parti libéral, Premier ministre (1921 - 1930 et 1935 - 1948), il renforça l'autonomie du Canada vis-à-vis du Royaume-Uni.

KINGERSHEIM (68260), comm. du Haut-Rhin ; 12 098 hab.

KINGSLEY (Charles), *Holne, Devon, 1819 - Eversley 1875,* écrivain britannique. Pasteur et romancier, il fut l'un des promoteurs du mouvement socialiste chrétien.

KINGSTON, v. du Canada (Ontario), sur le Saint-Laurent ; 56 597 hab. École militaire. Archevêché. Université. — Petits musées.

KINGSTON, cap. de la Jamaïque, sur la côte sud de l'île ; 662 000 hab.

KINGSTON-UPON-HULL ou **HULL,** v. de Grande-Bretagne, dans le nord de l'Angleterre, sur l'estuaire du Humber ; 252 200 hab. Port de pêche et de commerce. — Église gothique ; musée.

KINKI → **KANSAI.**

KINOSHITA JUNJI, *Tokyo 1914,* auteur dramatique japonais. Il a renouvelé le théâtre japonais contemporain *(Une grue au crépuscule).*

KINSHASA, anc. **Léopoldville,** cap. de la Rép. dém. du Congo (ex-Zaïre), sur la rive sud du fl. Congo ; 3 740 000 hab. *(Kinois).* Centre administratif et commercial.

■ **KINSHASA.** L'immeuble du Centre de commerce international avec, au fond, le fleuve Congo.

KIPLING (Rudyard), *Bombay 1865 - Londres 1936,* écrivain britannique. Ses poésies et ses récits *(le *Livre de la jungle, Kim)* mêlent la peinture de l'enfance à la célébration de l'empire colonial. (Prix Nobel 1907.)

Kippour (guerre du) → **israélo-arabes** (guerres).

KIRBY (Jacob **Kurtzberg,** dit Jack), *New York 1917 - Thousand Oaks, Californie, 1994,* dessinateur et scénariste américain de bandes dessinées, spécialiste de la bande dessinée de « super-héros » (*The Fantastic Four,* 1961 ; *Thor,* 1962).

KIRCHER (Athanasius), *Geisa, près de Fulda, 1602 - Rome 1680,* savant et religieux allemand. Jésuite, il créa au Collège romain le « Museum Kircherianum », premier exemple d'un musée public. Son *Mundus subterraneus* est le premier grand traité de géologie.

KIRCHHOFF (Gustav Robert), *Königsberg 1824 - Berlin 1887,* physicien allemand. Il inventa le spectroscope, qu'il utilisa, avec Bunsen, pour montrer que chaque élément chimique possède un spectre caractéristique, fondant ainsi l'analyse spectrale. En électricité, il énonça les lois générales des courants dérivés. Il imagina, également, le concept de « corps *noir ».

KIRCHNER (Ernst Ludwig), *Aschaffenburg 1880 - Frauenkirch, près de Davos, 1938,* peintre et graveur allemand. Un des maîtres de l'expressionnisme, inspirateur de Die Brücke, il s'exprime par la couleur pure et par un trait aigu, nerveux.

KIRGHIZ, peuple vivant principalement au Kirghizistan, en Chine, en Ouzbékistan et au Tadjikistan (env. 3 millions). Structurés en clans, ils pratiquent le nomadisme pastoral. Ils sont musulmans sunnites. Ils parlent le *kirghiz,* de la famille turque, et utilisent l'alphabet cyrillique.

KIRGHIZISTAN ou **KIRGHIZSTAN** n.m., État d'Asie centrale ; 199 000 km^2 ; 4 820 000 hab. *(Kirghiz).* CAP. *Bichkek.* LANGUE : *kirghiz.* MONNAIE : *som.* (V. carte **Kazakhstan.**)

GÉOGRAPHIE

Le pays est enclavé et en grande partie montagneux (occupant une partie du Tian Shan). Il vit surtout de l'élevage ovin et de quelques cultures (céréales, coton, tabac), développées dans les vallées et bassins, parfois irrigués. Le sous-sol fournit un peu de charbon. La population, en très large majorité islamisée, juxtapose Kirghiz (un peu plus de la moitié du total) et des minorités variées (Russes et Ouzbeks principalement).

HISTOIRE

Conquise par les Russes, la région est intégrée au Turkestan organisé en 1865 - 1867. **1924 :** elle est érigée en région autonome des Kara-Kirghiz, au sein de la RSFS de Russie. **1926 :** elle devient la République autonome du Kirghizistan. **1936 :** elle reçoit le statut de république fédérée. **1990 :** les communistes remportent les premières élections républicaines libres. **1991 :** le Soviet suprême proclame l'indépendance du pays (août), qui adhère à la CEI.

KIRIBATI n.f., anc. **îles Gilbert,** État d'Océanie ; 900 km^2 ; 80 000 hab. *(Kiribatiens).* CAP. *Tarawa* (28 802 hab.). LANGUE : *anglais.* MONNAIE : *dollar australien.* (V. carte **Océanie.**) Le pays englobe notamment l'archipel des Gilbert et les Line Islands. Traversé par l'équateur et la ligne de changement de date, l'État est « dispersé » sur près de 5 millions de km^2, s'étirant sur près de 4 000 km d'O. en E. — Ancienne colonie britannique, l'État de Kiribati est devenu indépendant, dans le cadre du Commonwealth, en 1979. Il a été admis au sein de l'ONU en 1999.

KIRIKKALE, v. de Turquie, à l'E. d'Ankara ; 185 431 hab.

KIRITIMATI, anc. **Christmas,** atoll du Pacifique, dépendance de Kiribati.

KIRKLAND, v. du Canada (Québec), à l'O. de Montréal ; 17 725 hab.

KIRKUK, v. du nord de l'Iraq ; 207 000 hab. Centre pétrolier.

KIROV → **VIATKA.**

KIROVABAD → **GANDJA.**

KIROVAKAN → **VANADZOR.**

KIROVOHRAD, anc. **Kirovograd,** v. d'Ukraine, au S.-E. de Kiev ; 278 000 hab.

KIRUNA, v. de Suède, en Laponie ; 26 149 hab. Fer. — Base de lancement de ballons et de fusées-sondes.

KIŠ (Danilo), *Subotica 1935 - Paris 1989,* écrivain yougoslave de langue serbe. Ses romans lucides et désabusés prennent la forme de paraboles *(le Cirque de famille).*

KISANGANI, anc. **Stanleyville,** v. de la Rép. dém. du Congo (ex-Zaïre), sur le fleuve Congo ; 577 000 hab.

KISARAZU, v. du Japon (Honshu), près de Tokyo ; 123 433 hab. Aciérie.

KISFALUDY (Sándor), *Sümeg 1772 - id. 1844,* poète hongrois, auteur de poèmes d'amour. — **Károly K.,** *Tét 1788 - Pest 1830,* auteur dramatique hongrois, frère de Sándor. Il fut l'un des initiateurs du théâtre et du romantisme en Hongrie.

KISH, anc. cité sumérienne (près de Babylone, auj. en Iraq), florissante au IIIe millénaire.

KISHIWADA, v. du Japon (Honshu) ; 188 563 hab. Port.

KISMAAYO, v. de Somalie, près de l'embouchure du Djouba ; 70 000 hab. Port.

KISSI, peuple mandé du sud-est de la Guinée et des régions limitrophes du Liberia et de la Sierra Leone.

KISSINGER (Henry), *Fürth, Allemagne, 1923,* homme politique américain. Conseiller, dès 1968, de R. Nixon et secrétaire d'État de 1973 à 1977, il fut l'un des principaux animateurs de la politique extérieure des États-Unis. Il négocia la paix avec le Viêt Nam. (Prix Nobel de la paix 1973.)

■ RUDYARD **KIPLING** par P. Burne-Jones. (National Portrait Gallery, Londres.)

■ HENRY **KISSINGER**

KISTNA → **KRISHNA.**

KISUMU, v. du Kenya, sur le lac Victoria ; 185 100 hab.

KITA-KYUSHU, v. du Japon, dans le nord de Kyushu ; 1 026 455 hab. Port. Centre industriel.

KITCHENER, v. du Canada (Ontario) ; 168 282 hab. (332 235 hab. dans l'agglomération). Universités.

KITCHENER (Herbert, lord), *Bally Longford 1850 - en mer 1916,* maréchal britannique. Il reconquit le Soudan, occupant Khartoum et Fachoda (1898), et mit fin à la guerre des Boers (1902). Ministre de la Guerre en 1914, il mit sur pied les divisions britanniques engagées sur le front français.

KITWE-NKANA, v. de Zambie ; 495 000 hab. Centre minier (cuivre).

KITZBÜHEL, v. d'Autriche (Tyrol) ; 8 000 hab. Station de sports d'hiver (alt. 762 - 2 000 m). — Églises et maisons anciennes.

KIVI (Aleksis **Stenvall,** dit Aleksis), *Nurmijärvi 1834 - Tuusula 1872,* écrivain finlandais. Créateur du théâtre finnois (*Kullervo,* 1859), auteur d'un roman paysan *(les Sept Frères),* il est le grand classique de la littérature finlandaise.

KIVU (lac), lac d'Afrique, aux confins de la Rép. dém. du Congo (ex-Zaïre) et du Rwanda ; 2 700 km^2.

KIZIL IRMAK n.m., fl. de Turquie, qui se jette dans la mer Noire ; 1 355 km.

KJØLEN, massif du nord de la Scandinavie (Norvège et Suède) ; 2 117 m au Kebnekaise.

KLADNO, v. de la République tchèque, en Bohême ; 71 735 hab. Métallurgie.

KLAGENFURT, v. d'Autriche, ch.-l. de la Carinthie ; 89 502 hab. Monuments anciens ; musée.

KLAIPĖDA, en all. **Memel,** v. de Lituanie, sur la Baltique ; 208 000 hab. Port.

KLAPROTH (Martin Heinrich), *Wernigerode 1743 - Berlin 1817,* chimiste allemand. Il découvrit notamm. l'uranium (1789), le titane (1795) et le cérium (1803).

KLARSFELD (Serge), *Bucarest 1935,* avocat français, et **Beate K.,** *Berlin 1939,* sa femme. Ils ont consacré une grande partie de leur vie à la poursuite des criminels de guerre nazis.

KLAUS (Václav), *Prague 1941,* économiste et homme politique tchèque. Ministre des Finances (1989) et vice-Premier ministre (1991) de Tchécoslovaquie, nommé en 1992 à la tête du gouvernement tchèque, il négocie la partition de la Fédération. Premier ministre de la République tchèque indépendante de 1993 à 1997, il est depuis 1998 président de la Chambre des députés.

KLÉBER (Jean-Baptiste), *Strasbourg 1753 - Le Caire 1800,* général français. Volontaire en 1792, général en 1793, il commanda en Vendée, se battit à Fleurus (1794), puis dirigea l'armée du Rhin. Successeur de Bonaparte en Égypte (1799), il défit les Turcs à Héliopolis, mais fut assassiné au Caire.

■ LE GÉNÉRAL **KLÉBER** par Paulin-Guérin. (Château de Versailles.)

KLEE (Paul), *Münchenbuchsee, près de Berne, 1879 - Muralto-Locarno 1940,* peintre suisse. Il exposa en 1912 avec le groupe du Blaue Reiter et professa de 1921 à 1930 au Bauhaus. Avec une invention formelle constante, il a créé un monde onirique et gracieux, qui participe de l'abstraction et du surréalisme. Il a laissé un *Journal* et des écrits théoriques. Fonds au musée de Berne.

■ PAUL **KLEE.** *Pleine Lune,* 1939. (Coll. priv.)

KLEENE (Stephen Cole), *Hartford 1909 - Madison 1994,* logicien américain. Il a contribué à la théorie des fonctions récursives et à la théorie des automates.

KLEIBER (Erich), *Vienne 1890 - Zurich 1956,* chef d'orchestre autrichien naturalisé argentin. Il créa à l'Opéra de Berlin nombre d'œuvres contemporaines (*Wozzeck,* A. Berg, 1925). Il s'opposa au régime nazi et quitta l'Allemagne pour l'Argentine en 1934. — **Carlos K.,** *Berlin 1930,* chef d'orchestre argentin d'origine allemande. Fils d'Erich, il se distingue dans le répertoire lyrique romantique.

KLEIN (Felix), *Düsseldorf 1849 - Göttingen 1925,* mathématicien allemand. Il mit fin à la scission entre géométrie pure et géométrie analytique en présentant, en 1872, le « programme d'Erlangen », remarquable classification des géométries fondée sur la notion de groupe de transformations.

KLEIN (Lawrence Robert), *Omaha, Nebraska, 1920,* économiste américain. Il a contribué à la construction de modèles de prévision économique. (Prix Nobel de sciences économiques 1980.)

KLEIN (Melanie), *Vienne 1882 - Londres 1960,* psychanalyste britannique d'origine autrichienne. Pionnière de la psychanalyse des enfants, elle suppose dès la naissance un Moi beaucoup plus élaboré que ne le fait Freud, le complexe d'Œdipe se nouant selon elle plus tôt que ce dernier ne l'avait pensé (*la Psychanalyse des enfants,* 1932).

■ WILLIAM **KLEIN.** *Le Gang de la balançoire du Bronx.* (Coll. priv.)

■ HEINRICH VON **KLEIST** par W. Zenge.

KLEIN (William), *New York 1928,* photographe et cinéaste américain. Rapidité d'écriture, lecture multiple de l'image, flou font de lui l'un des rénovateurs du langage photographique.

KLEIN (Yves), *Nice 1928 - Paris 1962,* peintre français. Il a été le pionnier d'un art expérimental avec ses « monochromes » bleus (ou roses, ou or), ses « peintures de feu », ses « anthropométries » (empreintes de corps nus enduits de peinture), ses « reliefs planétaires ».

K

KLEIST (Heinrich **von**), *Francfort-sur-l'Oder 1777 - Wannsee 1811,* écrivain allemand. Auteur de comédies (*la Cruche cassée,* 1808), de tragédies (*Penthésilée,* 1808), de drames historiques (*le Prince de Hombourg,* 1810) et de nouvelles (*la Marquise d'O,* 1810), il ne connut pas le succès et se suicida avec son amie, Henriette Vogel.

KLEMPERER (Otto), *Breslau 1885 - Zurich 1973,* chef d'orchestre d'origine allemande naturalisé israélien, spécialiste du répertoire austro-allemand de J. Haydn à G. Mahler.

KLENZE (Leo **von**), *près de Hildesheim 1784 - Munich 1864,* architecte allemand. Il a notamment construit à Munich, en style néogrec, la Glyptothèque (v. 1816 - 1830) et les Propylées.

KLESTIL (Thomas), *Vienne 1932,* diplomate et homme politique autrichien. Candidat du Parti populaire, il est élu président de la République en 1992 (réélu en 1998).

KLIMA (Viktor), *Vienne 1947,* homme politique autrichien. Il a été président du SPÖ (Parti social-démocrate) et chancelier de 1997 à 2000.

KLIMT (Gustav), *Vienne 1862 - id. 1918,* peintre autrichien. Il est une figure clé de l'Art nouveau et du symbolisme viennois.

■ GUSTAV **KLIMT.** *Le Baiser,* 1907 - 1908. (Österreichische Galerie, Vienne.)

KLINGER (Friedrich Maximilian **von**), *Francfort-sur-le-Main 1752 - Dorpat 1831,* écrivain allemand. Le mouvement littéraire *Sturm und Drang tire son nom de l'un de ses drames.

KLITZING (Klaus **von**), *Schroda, auj. Środa Wielkopolska, 1943,* physicien allemand. Il a découvert que l'effet Hall quantique fournit un étalon de référence de résistance électrique, ce qui a permis de définir une nouvelle constante, utilisée en métrologie de précision. (Prix Nobel 1985.)

KLONDIKE n.m., riv. du Canada, affl. du Yukon (r. dr.) ; 150 km. Gisements d'or découverts en 1896, mais aujourd'hui épuisés.

KLOPSTOCK (Friedrich Gottlieb), *Quedlinburg 1724 - Hambourg 1803,* écrivain allemand. Auteur de poèmes épiques (*la Messiade*) et de pièces de théâtre (*la Bataille d'Arminius*), il fut un artisan du retour aux sources nationales.

KLOSSOWSKI (Pierre), *Paris 1905,* écrivain et dessinateur français. Son œuvre de romancier (*les Lois de l'hospitalité,* 1965) et d'essayiste invente, par le jeu et le simulacre, une syntaxe et une mise en scène érotiques.

KLOSTERNEUBURG, v. d'Autriche, banlieue de Vienne ; 24 591 hab. Célèbre monastère aux bâtiments gothiques et Renaissance (décors baroques ; œuvres d'art, dont un « retable » émaillé de Nicolas de Verdun [1181]). Collection Essl (art contemporain, en partic. autrichien). – Vignobles.

KLOTEN, v. de Suisse, canton de Zurich ; 16 148 hab. Aéroport de Zurich.

KLUCK (Alexander **von**), *Münster 1846 - Berlin 1934,* général allemand. Commandant la Iʳᵉ armée allemande, il fut battu devant Paris puis sur la Marne en 1914.

KLUGE (Hans **von**), *Posen, auj. Poznań, 1882 - près de Metz 1944,* maréchal allemand. Il commanda une armée en France (1940), un groupe d'armées en Russie, puis succéda à Rundstedt en Normandie (1944). Après son échec à Mortain, il se suicida.

Knesset n.f., Parlement de l'État d'Israël.

KNIASEFF (Boris), *Saint-Pétersbourg 1900 - Paris 1975,* danseur et chorégraphe d'origine russe. Sa « barre à terre » et ses cours furent à la base du perfectionnement de nombreuses étoiles.

KNIE, dynastie d'artistes de cirque d'origine autrichienne naturalisés suisses en 1900, dont le cirque familial exerce ses activités sous l'enseigne « Cirque national suisse ».

Knock ou le Triomphe de la médecine, comédie satirique de J. Romains (1923). Le docteur Knock parvient à amener tous les habitants d'une bourgade de province à se faire soigner par lui.

KNOKKE-HEIST, comm. de Belgique (Flandre-Occidentale) ; 31 787 hab. Station balnéaire sur la mer du Nord.

KNOROZOV (Iouri), *Kharkov 1922,* épigraphiste russe. Il a été à l'origine du déchiffrement de l'écriture maya, en s'appuyant sur l'hypothèse d'une écriture syllabique.

Knox (Fort), camp militaire des États-Unis (Kentucky), au S.-O. de Louisville. Abri contenant les réserves d'or des États-Unis.

KNOX (John), *près de Haddington ?, Écosse, v. 1514 - Édimbourg 1572,* réformateur écossais. Il participa à l'établissement de la Réforme en Angleterre avant Marie Tudor et fut l'un des fondateurs de l'Église presbytérienne en Écosse.

KNOXVILLE, v. des États-Unis (Tennessee) ; 165 121 hab.

KNUD ou **KNUT,** nom de plusieurs souverains scandinaves. — **Knud le Grand,** *995 - Shaftesbury 1035,* roi d'Angleterre (1016 - 1035), de Danemark (1018 - 1035) et de Norvège (1028 - 1035). Respectueux des lois anglo-saxonnes, il favorisa la fusion entre Danois et Anglo-Saxons. — **Knud II le Saint,** *v. 1040 - Odense 1086,* roi de Danemark (1080 - 1086). Martyr canonisé en 1101, il est le patron du Danemark.

KOBE, v. du Japon (Honshu) ; 1 477 410 hab. Port. Centre industriel. Séisme en 1995.

KOCH (Robert), *Clausthal, Hanovre, 1843 - Baden-Baden 1910,* médecin et microbiologiste allemand. Il a découvert le bacille de la tuberculose (1882), qui porte son nom, celui du choléra, et a réalisé la préparation de la tuberculine. (Prix Nobel 1905.)

KOCHANOWSKI (Jan), *Sycyna 1530 - Lublin 1584,* poète polonais. Ses élégies (*Thrènes*) sur la mort de sa fille inaugurèrent la poésie lyrique en Pologne.

KOCHER (Emil Theodor), *Berne 1841 - id. 1917,* chirurgien suisse. Il étudia la physiologie de la glande thyroïde et créa la chirurgie des goitres. (Prix Nobel 1909.)

KOCHI, v. du Japon (Shikoku) ; 317 069 hab.

KODÁLY (Zoltán), *Kecskemét 1882 - Budapest 1967,* compositeur et folkloriste hongrois. Il est l'auteur d'œuvres symphoniques et chorales (*Psalmus hungaricus,* 1923), de musique de chambre et d'une méthode d'enseignement, fondée sur la pratique du chant populaire.

KŒCHLIN (Charles), *Paris 1867 - Rayol-Canadel-sur-Mer 1950,* compositeur et théoricien français. Il est l'auteur d'un *Traité de l'orchestration,* d'œuvres symphoniques et de musique de chambre.

KOEKELBERG [kukɛlbɛrg], comm. de Belgique (Bruxelles-Capitale), banlieue ouest de Bruxelles ; 16 136 hab.

KŒNIG (Marie Pierre), *Caen 1898 - Neuilly-sur-Seine 1970,* maréchal de France. Vainqueur à Bir Hakeim (1942), il commanda les Forces françaises libres puis les Forces françaises de l'intérieur (1944). Il fut ministre de la Défense en 1954 - 1955.

KOESTLER (Arthur), *Budapest 1905 - Londres 1983,* écrivain hongrois d'expression anglaise, naturalisé britannique. Ses romans peignent l'individu aux prises avec les systèmes politiques ou scientifiques modernes (*le Zéro et l'Infini,* 1940).

KOETSU (**Honami Koetsu,** dit), *région de Kyoto 1558 - 1637,* peintre, calligraphe et décorateur japonais. Superbe calligraphe, il a puisé son inspiration dans la période Heian et a réalisé avec Sotatsu des œuvres d'une parfaite harmonie.

KOFFKA (Kurt), *Berlin 1886 - Northampton 1941,* psychologue américain d'origine allemande. Il fut l'un des fondateurs de la théorie de la forme (*Gestalttheorie*), avec Köhler et Wertheimer.

KOFU, v. du Japon (Honshu) ; 200 626 hab.

KOHL (Helmut), *Ludwigshafen 1930,* homme politique allemand. Président de la CDU (1973 - 1998), il a été chancelier de la République fédérale de 1982 à 1998. Il a joué un rôle majeur dans la réunification (1990) des deux États allemands.

■ ROBERT **KOCH**

■ HELMUT **KOHL**

KÖHLER (Wolfgang), *Reval, auj. Tallinn, 1887 - Enfield, New Hampshire, 1967,* psychologue américain d'origine allemande. Il fut l'un des fondateurs de la théorie de la forme (*Gestalttheorie*), avec Koffka et Wertheimer.

KOHLRAUSCH (Rudolf), *Göttingen 1809 - Erlangen 1858,* physicien allemand. Il a défini la résistivité des conducteurs électriques (1848).

KOHOUT (Pavel), *Prague 1928,* écrivain tchèque. Ses poèmes et son théâtre (*les Nuits de septembre,* 1955) évoquent les épreuves de son pays.

KOIVISTO (Mauno), *Turku 1923,* homme politique finlandais. Social-démocrate, Premier ministre (1968 - 1970 ; 1979 - 1981), il est président de la République de 1982 à 1994.

KOK (Wim), *Bergambacht, Hollande-Méridionale, 1938,* homme politique néerlandais. Leader du parti du Travail (depuis 1986), il est Premier ministre depuis 1994.

KOKAND, v. d'Ouzbékistan ; 175 000 hab.

KOKOSCHKA (Oskar), *Pöchlarn, Basse-Autriche, 1886 - Montreux 1980,* peintre et écrivain autrichien. D'un expressionnisme tourmenté dans ses figures (*la Fiancée du vent,* 1914, musée de Bâle), il a exalté le lyrisme de la couleur dans ses vues urbaines et ses paysages.

KOKSIJDE, comm. de Belgique (Flandre-Occidentale) ; 17 804 hab.

KOLA (presqu'île de), péninsule de Russie, au N. de la Carélie ; v. princ. *Mourmansk.* Fer. Nickel. Phosphates. — Bases aérienne et sous-marine.

KOLAMBA → COLOMBO.

KOLAR GOLD FIELDS, v. d'Inde (Karnataka) ; 156 398 hab. Mines d'or.

KOLHAPUR, v. d'Inde (Maharashtra) ; 417 286 hab.

KOLLÁR (Ján), *Mošovce 1793 - Vienne 1852,* poète slovaque de langue tchèque, défenseur du panslavisme (*la Fille de Slava,* 1824).

KOLMOGOROV (Andreï Nikolaïevitch), *Tambov 1903 - Moscou 1987,* mathématicien soviétique. Il a établi les bases axiomatiques du calcul des probabilités (1933).

KOLOKOTRÓNIS (Theódhoros) ou **COLOCOTRONIS** (Théodore), *Ramavoúni 1770 - Athènes 1843,* homme politique grec, l'un des chefs militaires de la guerre de l'Indépendance (1821 - 1831).

KOLOMNA, v. de Russie, au confluent de l'Oka et de la Moskova ; 163 500 hab.

KOLTCHAK (Aleksandr Vassilievitch), *Saint-Pétersbourg 1874 - Irkoutsk 1920,* amiral russe. Ayant pris parti contre les bolcheviques et organisé un gouvernement russe à Omsk (fin de 1918), il fut battu par l'Armée rouge et fusillé.

KOLTÈS (Bernard-Marie), *Metz 1948 - Paris 1989,* auteur dramatique français. Souvent mis en scène par P. Chéreau, son théâtre repose sur la rencontre, les échanges et l'affrontement d'individus en proie à l'exclusion, au désir et à la haine (*Combat de nègres et de chiens, Quai Ouest, Dans la solitude des champs de coton, Roberto Zucco).*

KOLWEZI, v. de la Rép. dém. du Congo (ex-Zaïre), dans le Katanga ; 201 000 hab. Anc. centre minier (cuivre, cobalt). — En 1978, les troupes aéroportées françaises ont libéré la ville investie par des rebelles appuyés par l'Angola.

KOLYMA n.f., fl. de Russie, en Sibérie, qui se jette dans l'océan Arctique ; 2 129 km.

Kominform (abrév. russe de *Bureau d'information des partis communistes et ouvriers*), organisation qui regroupa de 1947 à 1956 les partis communistes des pays de l'Europe de l'Est, de France et d'Italie.

Komintern (abrév. russe d'*Internationale communiste*), nom russe de la IIIe *Internationale (1919 - 1943).

KOMIS, peuple de Russie (principalement république des Komis) [env. 340 000]. Pêcheurs et éleveurs de rennes, christianisés au XIVe s., ils parlent une langue finno-ougrienne, le *komi.* Leur appellation russe de « Zyriènes » est vieillie.

KOMIS (république des), république de Russie, sur la bordure occidentale de l'Oural ; 1 228 000 hab. ; cap. *Syktyvkar.* La population comprend moins de 25 % de Komis de souche et près de 60 % de Russes.

KOMMOUNARSK → PEREVALSK.

KOMPONG SOM → SIHANOUKVILLE.

KOMSOMOLSK-SUR-L'AMOUR, v. de Russie, en Sibérie, sur l'Amour ; 319 000 hab.

KONDRATIEV (Nikolaï Dmitrievitch), *1892 - 1931 ?,* économiste russe. Il a mis en valeur l'existence des cycles de longue durée, dits *cycles Kondratiev.*

KONG (royaume de), anc. royaume dioula du nord de l'actuelle Côte d'Ivoire, fondé par les Ouattara musulmans au début du XVIIIe s. Il contrôla la route de l'or et du kola en direction de Djenné et de Tombouctou, et fut détruit en 1894 par Samory Touré.

KONGO ou **BAKONGO,** peuple du sud du Congo, de l'ouest de la Rép. dém. du Congo (ex-Zaïre) et du nord de l'Angola (env. 6 millions). Les Kongo fondèrent le royaume du *Kongo. Agriculteurs matrilinéaires, convertis en partie au catholicisme, ils parlent une langue bantoue, le *kongo,* ou *kikongo.*

KONGO ou **CONGO** (royaume du), anc. royaume africain aux confins du bas Congo et de l'Angola. Fondé au XIVe s., il était déjà puissant à l'arrivée des Portugais (1484). Ses rois se convertirent au christianisme puis s'allièrent aux Portugais. Après une éclipse vers 1568 (invasion des Jaga), le royaume se redressa au milieu du XVIIe s. puis déclina définitivement.

KONIEV ou **KONEV** (Ivan Stepanovitch), *Lodeïno 1897 - Moscou 1973,* maréchal soviétique. Il se distingua devant Moscou (1941) et libéra Prague (1945). Il fut commandant des forces du pacte de Varsovie (1955 - 1960).

KÖNIGSBERG, nom allemand de *Kaliningrad.

KÖNIGSMARCK ou **KÖNIGSMARK** (Aurora, comtesse **von**), *Stade, Basse-Saxe, 1662 - Quedlinburg 1728,* favorite du roi de Pologne Auguste II. Elle eut avec lui un fils, Maurice de Saxe.

KONITZ (Lee), *Chicago 1927,* saxophoniste américain de jazz. Il a développé au saxophone alto un style fondé sur une sonorité lisse et des improvisations, et a créé ses propres groupes.

KÖNIZ, v. de Suisse (cant. de Berne) ; 37 309 hab. Monuments anciens.

KONSTANTINOVKA → KOSTIANTYNIVKA.

KONTICH, comm. de Belgique (prov. d'Anvers) ; 18 794 hab.

KONYA, v. de Turquie, au N. du Taurus ; 513 346 hab. Anc. cap. du sultanat seldjoukide de Rum ; monuments du XIIIe s., avec le tombeau du fondateur des derviches tourneurs. Musées.

KOOPMANS (Tjalling), *'s-Graveland, Hollande-Septentrionale, 1910 - New Haven 1985,* économiste américain d'origine néerlandaise. Avec L. Kantorovitch, il a contribué à la théorie de l'allocation optimale des ressources et est à l'origine de la programmation linéaire appliquée à l'économie. (Prix Nobel 1975.)

KOPA (Raymond), *Nœux-les-Mines 1931,* footballeur français. Meneur de jeu, il a notamm. été trois fois champion d'Europe des clubs avec le Real Madrid, de 1957 à 1959.

KÖPPEN (Wladimir), *Saint-Pétersbourg 1846 - Graz 1940,* climatologue allemand d'origine russe. Il a élaboré plusieurs classifications des climats et publié, avec son gendre A. Wegener, un traité de paléoclimatologie.

KÖPRÜLÜ, famille d'origine albanaise, dont cinq membres furent, de 1656 à 1710, grands vizirs de l'Empire ottoman.

KORAÏCHITES → QURAYCHITES.

KORÇË, v. d'Albanie ; 63 600 hab.

KORČULA, en ital. **Curzola,** île croate de l'Adriatique. Monuments médiévaux et renaissants.

KORCZAK (Henryk **Goldszmit,** dit Janusz), *Varsovie 1878 ou 1879 - Treblinka 1942,* pédagogue polonais. Médecin, fondateur d'un orphelinat dans le quartier juif de Varsovie, il développa une pédagogie de la responsabilisation. Il mourut avec « ses » enfants à Treblinka (*Comment aimer un enfant,* 1918).

KORDA (Sándor, devenu sir Alexander), *Pusztaturpaszto, près de Túrkeve, 1893 - Londres 1956,* cinéaste et producteur britannique d'origine hongroise. Il contribua à la renaissance de la production britannique et réalisa plusieurs films historiques (*la Vie privée de Henry VIII,* 1933).

KORDOFAN, région du Soudan, à l'O. du Nil Blanc ; v. princ. *El-Obeid.*

KORHOGO, v. de la Côte d'Ivoire ; 109 000 hab.

KORIAKS, peuple paléosibérien de Russie (Kamtchatka, région de Magadan) [env. 9 500].

KORIN, *Kyoto 1658 - id. 1716,* peintre, calligraphe et laqueur japonais. Il peignit surtout de grandes compositions, et des décors pour son frère Kenzan. Ses laques représentent l'apogée du style décoratif de l'époque des Tokugawa.

KORIYAMA, v. du Japon (Honshu) ; 314 642 hab.

KORNAI (János), *Budapest 1928,* économiste hongrois. Auteur de travaux sur les systèmes socialistes et les méthodes de planification mathématique, il approfondit également la notion de déséquilibre économique.

KORNILOV (Lavr Gueorguievitch), *Oust-Kamenogorsk 1870 - Iekaterinodar 1918,* général russe. Nommé généralissime par Kerenski (1917), il rompit avec lui et fut tué en luttant contre les bolcheviques.

KOROLENKO (Vladimir Galaktionovitch), *Jitomir 1853 - Poltava 1921,* écrivain russe. Il est l'auteur de récits populistes et d'une autobiographie (*Histoire de mon contemporain,* 1906 - 1922).

KOROLEV (Sergueï Pavlovitch), *Jitomir 1906 - Moscou 1966,* ingénieur soviétique. Principal constructeur des lanceurs spatiaux soviétiques jusqu'à sa mort, il fut l'un des grands acteurs des premiers succès de l'astronautique en URSS.

KORTENBERG [kɔrtənbɛrg], comm. de Belgique (Brabant flamand) ; 16 045 hab.

KORTRIJK → COURTRAI.

KOŚCIUSZKO (mont), point culminant de l'Australie ; 2 228 m.

KOŚCIUSZKO (Tadeusz), *Mereczowszczyźna 1746 - Soleure, Suisse, 1817,* patriote polonais. Il participa à la guerre de l'Indépendance américaine, puis dirigea en 1794 l'insurrection polonaise contre les Russes, qui le gardèrent prisonnier (1794 - 1796).

■ TADEUSZ **KOŚCIUSZKO** par C. Josi. (BNF, Paris.)

■ LAJOS **KOSSUTH** par J. Tyroler. (Musée hongrois de la Guerre, Budapest.)

KOŠICE, v. de l'est de la Slovaquie ; 234 840 hab. Sidérurgie. — Cathédrale des XIVe-XVe s. ; musées.

KOSMA (Joseph), *Budapest 1905 - La Roche-Guyon 1969,* compositeur français d'origine hongroise. Dans une veine populaire et poétique, il a composé la musique de chansons (*les Feuilles mortes),* de spectacles et de films célèbres.

KOSOVO n.m., en albanais **Kosovë,** région du sud de la Yougoslavie ; 1 954 745 hab. (*Kosovars*) ; ch.-l. *Priština.* Il est peuplé majoritairement d'Albanais de souche, islamisés. — Après avoir fait partie de la Serbie à partir de la fin du XIIe s., la région fut dominée par les Ottomans de 1389 à 1912. Elle était alors peuplée en majorité de Turcs et d'Albanais convertis à l'islam. Reconquis en 1912 - 1913 par la Serbie, à laquelle il est intégré, le Kosovo est doté en 1945 - 1946 du statut de province autonome. Confronté à la montée du nationalisme serbe et à la réduction, en 1989, de son autonomie, il se proclame en 1990 république du Kosovo et milite pour son indépendance. Ce séparatisme (défendu, notamm., par l'Armée de libération du Kosovo, l'UCK) est combattu par le pouvoir central serbe qui, à partir de 1998, accentue sa pression, mettant en œuvre une politique de purification ethnique à l'encontre de la population albanaise de la province. Après l'échec de négociations menées en vue d'aboutir à un règlement politique du conflit, l'OTAN intervient militairement (frappes aériennes) en Yougoslavie de mars à juin 1999. Les Kosovars, sous la menace serbe, fuient massivement vers l'Albanie, la Macédoine et le Monténégro. Aux termes d'un accord entériné par l'ONU, l'armée serbe doit se retirer du Kosovo et une force multinationale de maintien de la paix (KFOR) est déployée dans la province, placée provisoirement sous administration civile internationale.

Kosovo (bataille de) [15 juin 1389], victoire des Ottomans de Murad Ier sur les Serbes dans la plaine du Kosovo. Elle mit fin à l'indépendance de la Serbie.

KOSSEL (Albrecht), *Rostock 1853 - Heidelberg 1927,* biochimiste allemand. Il réalisa des travaux sur les dérivés des acides nucléiques et sur la formation de l'urée. (Prix Nobel de médecine 1910.) — **Walther K.,** *Berlin 1888 - Kassel 1956,* chimiste allemand. Fils de Albrecht, il créa la théorie de l'électrovalence et étudia la structure des cristaux grâce aux rayons X et γ.

Kossou, aménagement hydraulique de la Côte d'Ivoire, sur le Bandama.

KOSSUTH (Lajos), *Monok 1802 - Turin 1894,* homme politique hongrois. Pendant la révolution de 1848, il devint président du Comité de défense nationale et proclama la déchéance des Habsbourg (1849) et l'indépendance de la Hongrie ; vaincu par les Russes, il dut s'exiler (1849).

KOSSYGUINE (Alekseï Nikolaïevitch), *Saint-Pétersbourg 1904 - Moscou 1980,* homme politique soviétique. Président du Conseil des ministres (1964 - 1980), il tenta de réformer l'économie en accordant plus d'autonomie aux entreprises.

KOSTANAÏ, v. du nord du Kazakhstan ; 234 000 hab.

KOSTENKI, site archéologique de Russie, près de Voronej, qui abrite un groupe de gisements du paléolithique supérieur (foyers, outillage osseux, statuettes) datés d'env. 24000 à 21000 av. J.-C.

KOSTIANTYNIVKA, anc. **Konstantinovka,** v. d'Ukraine, dans le Donbass ; 108 000 hab. Métallurgie.

KOSTROMA, v. de Russie, sur la Volga ; 282 000 hab. Monastère St-Hypatius, avec sa cathédrale de la Trinité (XVIIe s.) ; musées.

KOŠTUNICA (Vojislav), *Belgrade 1944,* homme politique yougoslave. Leader de l'Opposition démocratique de Serbie, il est élu en 2000 président de la république fédérale de Yougoslavie, face à S. Milošević.

KOSZALIN, v. de Pologne ; 109 800 hab.

KOTA, peuple du Gabon et du Congo.

KOTA, v. d'Inde (Rajasthan) ; 536 444 hab.

KOTA BAHARU, v. du nord de la Malaisie ; 171 000 hab.

KOTA KINABALU, anc. **Jesselton,** v. de Malaisie, cap. du Sabah ; 56 000 hab.

KOTKA, v. de Finlande, sur le golfe de Finlande ; 56 515 hab. Port.

KOTOR, en ital. **Cattaro,** v. de Yougoslavie (Monténégro), sur l'Adriatique, dans le golfe appelé *bouches de Kotor ;* 6 000 hab. Port. – Fortifications des époques byzantine et vénitienne ; cathédrale en partie romane (trésor).

KOTZEBUE (August **von**), *Weimar 1761 - Mannheim 1819,* écrivain allemand, auteur de drames et de comédies d'intrigues. – **Otto von K.,** *Tallin 1788 - id. 1846,* navigateur russe d'origine allemande. Fils d'August, il explora la mer de Béring et l'ouest de l'Alaska (1815 - 1818).

KOUBAN n.m., fl. de Russie, qui se jette dans la mer d'Azov ; 906 km.

KOUCHNER (Bernard), *Avignon 1939,* médecin et homme politique français. Cofondateur de *Médecins sans frontières et de *Médecins du monde, il est un ardent défenseur du devoir d'ingérence humanitaire. Plusieurs fois secrétaire d'État ou ministre chargé de l'Action humanitaire et de la Santé (1988 - 1993, 1997 - 1999 et depuis 2001), il a été de 1999 à 2001 haut représentant de l'ONU au Kosovo.

KOUFRA, oasis de Libye. Occupée par les Italiens, elle fut conquise par les Français de Leclerc en 1941.

KOUÏBYCHEV → SAMARA.

KOULDJA, en chin. **Yining,** v. de Chine (Xinjiang) ; 108 000 hab.

KOULECHOV (Lev Vladimirovitch), *Tambov 1899 - Moscou 1970,* cinéaste soviétique. Il anima un collectif pédagogique (*Laboratoire expérimental,* 1920). Ses théories sur le rôle créateur du montage influencèrent profondément les cinéastes soviétiques. Il réalisa lui-même plusieurs films (*le Rayon de la mort,* 1925 ; *Dura Lex,* 1926).

KOULIKOV (Viktor), *prov. d'Orel 1921,* maréchal soviétique. Il fut commandant en chef des forces du pacte de Varsovie de 1977 à 1989.

KOUMASSI → KUMASI.

KOUMYKS, peuple de Russie (principalement Daguestan) [env. 290 000]. Issus de tribus autochtones turquisées au XIe-XIIIe s., musulmans sunnites, ils parlent une langue turque, le *koumyk.*

Kouo-min-tang → Guomindang.

KOURA n.f., fl. du Caucase (Géorgie et Azerbaïdjan), qui se jette dans la Caspienne ; 1 510 km.

KOURGAN, v. de Russie, en Sibérie occidentale ; 356 000 hab.

KOURILES (îles), chaîne d'îles russes, du Kamtchatka à l'île d'Hokkaido. Pêcheries et conserveries. Depuis son annexion par l'URSS en 1945, le Japon en revendique les îles méridionales.

KOUROU (97310), comm. de la Guyane française ; 19 191 hab. Centre spatial du CNES ; base de lancement des fusées Ariane.

KOUROUMA (Ahmadou), *Togobala, Guinée, 1927,* écrivain ivoirien. Ses romans (*les Soleils des indépendances,* 1968 ; *En attendant le vote des bêtes sauvages,* 1998 ; *Allah n'est pas obligé,* 2000) évoquent dans une langue neuve les lendemains de la décolonisation et les difficultés de l'Afrique contemporaine.

KOURSK, v. de Russie, au N. de Kharkiv ; 424 000 hab. Important gisement de fer. Centrale nucléaire. – Cathédrale St-Serge, du XVIIe s. – Défaite décisive de la Wehrmacht face aux troupes soviétiques en juill. 1943.

KOUTAÏSSI, v. de Géorgie, sur le Rioni ; 238 000 hab.

KOUTCHMA (Leonid), *Tchaïkino, auj. Tchaïkine, région de Tchernihiv, 1938,* homme politique ukrainien. Ancien membre du Parti communiste de l'URSS (1960 - 1991), il est Premier ministre de l'Ukraine en 1992 - 1993 et président de la République depuis 1994.

KOUTOUZOV ou **KOUTOUSOV** (Mikhaïl Illarionovitch), prince **de Smolensk,** *Saint-Pétersbourg 1745 - Bunzlau, Silésie, 1813,* maréchal russe. Il se battit contre les Turcs (1788 - 1791 et 1809 - 1811), à Austerlitz (1805) et commanda victorieusement les forces opposées à Napoléon en Russie (1812).

■ **KOUTOUZOV** par Bollinger. (BNF, Paris.)

KOUZBASS, anc. **Kouznetsk,** importante région houillère et métallurgique de Russie, en Sibérie occidentale.

KOVALEVSKAÏA (Sofia ou Sonia Vassilievna), *Moscou 1850 - Stockholm 1891,* mathématicienne russe. Analyste, élève de Weierstrass, elle fut la première à étudier la rotation d'un corps asymétrique autour d'un point fixe.

KOVROV, v. de Russie, au N.-E. de Moscou ; 162 000 hab.

KOWALSKI (Piotr), *Lvov 1927,* artiste plasticien français d'origine polonaise. Il utilise la technologie pour visualiser des concepts relatifs à l'espace, aux énergies, aux rayonnements.

KOWEÏT n.m., en ar. **al-Kuwayt,** État d'Asie, sur le golfe Persique ; 17 800 km^2 ; 1 530 000 hab. *(Koweïtiens).* CAP. *Koweït* (1 375 000 hab. dans l'agglomération). LANGUE : *arabe.* MONNAIE : *dinar koweïtien.* (V. carte **Arabie.**) Importante production de pétrole (en partie raffiné sur place), dont le pays possède d'importantes réserves. – Protectorat britannique en 1914, le Koweït accède à l'indépendance en 1961. Il est dirigé depuis 1977 par l'émir Djabir al-Ahmad al-Djabir al-Sabah. Envahi par l'Iraq en août 1990, il est libéré en février 1991 à l'issue de la guerre du *Golfe.

KOWLOON, v. de Chine, sur la *péninsule de Kowloon,* en face de l'île de Hongkong.

KOYRÉ (Alexandre), *Taganrog, Russie, 1882 - Paris 1964,* philosophe français d'origine russe. Il a donné une impulsion nouvelle à la philosophie des sciences en France, en analysant notamm. la formation du concept d'univers infini (*Du monde clos à l'univers infini,* 1957).

KOZHIKODE → CALICUT.

KRA, isthme de Thaïlande qui unit la péninsule de Malacca au continent.

KRAEPELIN (Emil), *Neustrelitz 1856 - Munich 1926,* psychiatre allemand. Il étudia la schizophrénie et la psychose maniaco-dépressive.

KRAFFT (les époux), volcanologues français. **Maurice K.,** *Mulhouse 1946 - lors d'une éruption du mont Unzen, Japon, 1991,* et **Katia K.,** *Soultz-Haut-Rhin 1942 - lors d'une éruption du mont Unzen, Japon, 1991.* Ils ont suivi et photographié quelque 150 éruptions volcaniques à travers le monde, et ont largement contribué à vulgariser la volcanologie.

KRAFFT-EBING (Richard **von**), *Mannheim 1840 - Graz 1902,* psychiatre allemand. Il est l'auteur de travaux sur les perversions sexuelles et la criminologie.

KRAGUJEVAC, v. de Yougoslavie (Serbie) ; 147 305 hab. Automobiles.

KRAJINA n.f., nom de deux régions, l'une en Croatie et l'autre en Bosnie-Herzégovine. Fortement peuplées de Serbes, ces régions correspondent aux anciens confins militaires organisés par l'Autriche pour protéger sa frontière contre les Turcs. En Croatie, les Serbes ont proclamé unilatéralement, en 1991, une *République serbe de Krajina,* mais la région a été reconquise par l'armée croate en 1995.

KRAKATOA ou **KRAKATAU,** île d'Indonésie, partiellement détruite en 1883 par l'explosion de son volcan, le Perbuatan.

KRAKÓW → CRACOVIE.

KRAMATORSK, v. d'Ukraine, dans le Donbass ; 201 000 hab.

KRASICKI (Ignacy), *Dubiecko 1735 - Berlin 1801,* prélat et écrivain polonais. Auteur de poèmes héroï-comiques, de romans *(les Aventures de Nicolas l'Expérience)* et de *Satires,* il est l'un des principaux représentants du Siècle des lumières en Pologne.

KRASIŃSKI (Zygmunt, comte), *Paris 1812 - id. 1859,* écrivain polonais, auteur de drames d'inspiration patriotique.

KRASNODAR, anc. **Iekaterinodar,** v. de Russie, au N. du Caucase ; 620 000 hab. Ch.-l. du *territoire de Krasnodar* (pétrole et surtout gaz naturel).

KRASNOÏARSK, v. de Russie, sur l'Ienisseï ; 924 000 hab. Centrale hydroélectrique. Métallurgie. Aluminium. Raffinage du pétrole.

KRAUS (Karl), *Jičín 1874 - Vienne 1936,* écrivain autrichien. Ses aphorismes et sa tragédie *les Derniers Jours de l'humanité* (1919) forment une satire implacable de la société autrichienne.

KREBS (Arthur-Constantin), *1847 - 1935,* officier et ingénieur français. Il aida C. Renard à concevoir le premier dirigeable ayant pu réaliser un vol en circuit fermé (1884), collabora avec G. Zédé à la mise au point du premier sous-marin français (1887) et introduisit de nombreux perfectionnements mécaniques dans l'automobile.

KREBS (sir Hans Adolf), *Hildesheim 1900 - Oxford 1981,* biochimiste britannique d'origine allemande. Auteur de travaux fondamentaux sur le métabolisme des glucides dans l'organisme, il a décrit un ensemble de phénomènes d'oxydation et de réduction *(cycle de Krebs).* [Prix Nobel de médecine 1953.]

KREFELD, v. d'Allemagne (Rhénanie-du-Nord-Westphalie), près du Rhin ; 249 565 hab. Textiles. Métallurgie.

KREISKY (Bruno), *Vienne 1911 - id. 1990,* homme politique autrichien. Chef du Parti socialiste (1967 - 1983), il fut chancelier de la République autrichienne de 1970 à 1983.

KREISLER (Fritz), *Vienne 1875 - New York 1962,* violoniste autrichien naturalisé américain. Remarquable interprète, notamm. du répertoire romantique, il composa de célèbres pastiches de compositeurs des XVIIe et XVIIIe s.

KREMENTCHOUK, anc. **Krementchoug,** v. d'Ukraine, sur le Dniepr ; 241 000 hab. Port fluvial. Centrale hydroélectrique.

KREMER (Gidon), *Riga 1947,* violoniste russe. Il interprète la musique contemporaine avec autant de talent que le répertoire classique ou baroque.

Kremlin n.m., anc. forteresse et quartier central de Moscou, dominant la rive gauche de la Mos-

■ LE **KREMLIN** de Moscou avec, entre le Grand Palais (XIXe s., à g.) et le clocher d'Ivan le Grand (XVIe s.), les cathédrales de la Dormition (XVe s.), de l'Archange-Michel (XVIe s.) et de l'Annonciation (XVe s.).

kova. Anc. résidence des tsars, le Kremlin a été le siège du gouvernement soviétique (1918 - 1991), puis du gouvernement russe (depuis 1991). – Nombreux monuments, notamm. ceux de la fin du XVe s. et du début du XVIe, dus à des architectes italiens.

KREMLIN-BICÊTRE (Le) [94270], ch.-l. de cant. du Val-de-Marne ; 23 900 hab. *(Kremlinois).* Hôpital de Bicêtre (en partie des XVIIe et XVIIIe s.).

KRETSCHMER (Ernst), *Wüstenrot, Bade-Wurtemberg, 1888 - Tübingen 1964,* psychiatre allemand. Se basant sur d'hypothétiques rapports entre certains types morphologiques et des troubles psychiques bien précis, il a élaboré un système complet de caractérologie.

KREUTZBERG (Harald), *Reichenberg, auj. Liberec, Rép. tchèque, 1902 - Gümlingen, près de Berne, 1968,* danseur, chorégraphe et mime allemand, éminent représentant de l'école expressionniste et de la danse moderne allemandes.

KREUTZER (Rodolphe), *Versailles 1766 - Genève 1831,* compositeur et violoniste français à qui Beethoven dédia une sonate célèbre.

KREUZLINGEN, comm. de Suisse (Thurgovie), sur le lac de Constance ; 17 239 hab.

KRIENS, comm. de Suisse (cant. de Lucerne) ; 23 079 hab. Château en partie du XVIe s.

KRISHNA ou **KISTNA** n.f., fl. d'Inde, dans le Deccan, qui rejoint le golfe du Bengale ; 1 280 km.

KRISHNA, divinité très populaire du panthéon hindouiste, un des avatars de Vishnou.

KRISTIANSAND, v. du sud de la Norvège ; 66 398 hab. Port. – Urbanisme du XVIIe s. ; musée.

KRISTIANSTAD, v. de Suède ; 71 750 hab. Église du XVIIe s. ; musées.

KRIVOÏ-ROG → KRYVYÏ RIH.

KRK, île croate de l'Adriatique. Cathédrale romane et gothique.

KRLEŽA (Miroslav), *Zagreb 1893 - id. 1981,* écrivain yougoslave, de langue croate. Poète, romancier *(le Retour de Filip Latinovicz)* et dramaturge *(Ces messieurs Glembaïev),* il est l'une des principales figures de la littérature croate du XXe s.

KROEBER (Alfred Louis), *Hoboken, New Jersey, 1876 - Paris 1960,* anthropologue américain. Spécialiste des Amérindiens du Nord, de Californie notamment, il a cherché à comprendre les sociétés par l'étude des relations entre les individus.

KROETZ (Franz Xaver), *Munich 1946,* auteur dramatique allemand. Il met en scène dans son théâtre du quotidien le drame des gens simples *(Travail à domicile, Concert à la carte).*

KROGH (August), *Grenå 1874 - Copenhague 1949,* physiologiste danois. Il étudia les échanges respiratoires et le rôle des capillaires dans la circulation. (Prix Nobel 1920.)

Kronchtadt ou **Kronstadt,** base navale de Russie, sur l'île de Kotline, dans le golfe de Finlande, à l'O. de Saint-Pétersbourg. Mutineries de marins en 1905, 1917 et insurrection contre le gouvernement soviétique (févr.-mars 1921).

KRONECKER (Leopold), *Liegnitz, auj. Legnica, 1823 - Berlin 1891,* mathématicien allemand. Il fut l'un des principaux algébristes du XIXe s. Son apport est fondamental pour la théorie des corps.

KRONOS → CRONOS.

KRONPRINZ (Frédéric-Guillaume, dit **le**), *Potsdam 1882 - Hechingen 1951,* prince de Prusse. Fils aîné de l'empereur Guillaume II, il abdiqua avec son père à la fin de 1918.

KROPOTKINE (Piotr Alekseïevitch, prince), *Moscou 1842 - Dimitrov 1921,* révolutionnaire russe. Il fut un théoricien de l'anarchisme *(Paroles d'un révolté,* 1885 ; *la Conquête du pain,* 1888 ; *l'Anarchie, sa philosophie, son idéal,* 1896).

KROTO (sir Harold Walter), *Wisbech, Cambridgeshire, 1939,* chimiste britannique. Il a découvert les fullerènes en collaboration avec R. Smalley et Robert F. Curl Jr. (né en 1933). [Prix Nobel 1996.]

KROUMIRIE, région montagneuse des confins algéro-tunisiens.

KRU, peuple du sud du Liberia. Les Kru ont donné leur nom à un sous-groupe de langues nigéro-congolaises, parlées par des peuples du sud-est du Liberia et du sud-ouest de la Côte d'Ivoire (Bété, Wé, etc.).

KRÜDENER (Barbara Juliane **von Vietinghoff,** baronne **von**), *Riga 1764 - Karassoubazar 1824,* mystique et femme de lettres russe de langue française. Influente sur le tsar Alexandre Ier, elle lui aurait inspiré la Sainte-Alliance (1815).

KRUGER (Paul), *prov. du Cap 1825 - Clarens, Suisse, 1904,* homme politique sud-africain. Fondateur du Transvaal (1852), il organisa la résistance aux Britanniques après l'annexion du pays par ces derniers (1877). Il fut quatre fois président (1883, 1888, 1893, 1898) de la république du Transvaal (proclamée en 1881). Il dirigea la guerre des Boers contre la Grande-Bretagne (1899 - 1902), puis se retira en Suisse.

KRUGERSDORP, v. d'Afrique du Sud, banlieue de Johannesburg ; 103 000 hab. Centre minier.

KRUPP (Alfred), *Essen 1812 - id. 1887,* industriel allemand. Il mit au point un procédé de production de l'acier (1847), fabriqua les premiers canons lourds en acier dont le tube était coulé d'une seule pièce et importa de Grande-Bretagne le procédé Bessemer (1862). – **Bertha K.,** *Essen 1886 - id. 1957,* petite-fille d'Alfred. – **Gustav von Bohlen und Halbach,** puis **Krupp von Bohlen und Halbach,** *La Haye 1870 - Blühnbach, près de Salzbourg, 1950,* industriel allemand. Il épousa Bertha Krupp et dirigea l'entreprise familiale, qui fournit l'armée allemande durant les guerres mondiales.

KRUŠNÉ HORY → ERZGEBIRGE.

KRYLOV (Ivan Andreïevitch), *Moscou 1769 - Saint-Pétersbourg 1844,* écrivain russe, auteur de fables imitées de La Fontaine.

KRYVYÏ RIH, anc. **Krivoï-Rog,** v. d'Ukraine, sur l'Ingoulets ; 724 000 hab. Minerai de fer. Sidérurgie et métallurgie.

KSAR EL-KÉBIR, v. du Maroc ; 74 000 hab.

KSOUR (monts des), massif de l'Atlas saharien (Algérie).

KUALA LUMPUR, cap. de la Malaisie ; 1 103 000 hab.

KUALA TERENGGANU, v. de la côte est de la Malaisie ; 186 600 hab. Port.

KUBA ou **BAKUBA,** peuple du centre de la Rép. dém. du Congo (ex-Zaïre) [env. 130 000]. Organisés en royaume, les Kuba sont connus pour leur statuaire, et parlent une langue bantoue.

KUBELÍK (Rafael), *Býchory, près de Kolín, 1914 - Lucerne 1996,* compositeur et chef d'orchestre tchèque naturalisé suisse. Il commence en 1934 une carrière internationale de chef, s'illustrant dans les œuvres de Dvořák, Mahler et Janáček.

KUBILAY KHAN, *1214 - 1294,* empereur mongol (1260 - 1294), fondateur de la dynastie des Yuan de Chine. Petit-fils de Gengis Khan, il établit sa capitale à Pékin (1264) et acheva la conquête de la Chine (1279). Il se montra tolérant à l'égard du bouddhisme et du christianisme, et favorisa la présence d'étrangers, tel Marco Polo.

KUBRICK (Stanley), *New York 1928 - Childwickbury, Hertfordshire, 1999,* cinéaste américain. Mêlant la satire, le fantastique, l'horreur, son œuvre apparaît comme une création visionnaire et pessimiste, d'une grande maîtrise formelle : *Lolita* (1962), *Docteur Folamour* (1963), *2001 : l'Odyssée de l'espace* (1968), *Orange mécanique* (1971), *Barry Lyndon* (1975), *Shining* (1979), *Full Metal Jacket* (1987), *Eyes Wide Shut* (1999).

KUCHING, v. de Malaisie, cap. du Sarawak, dans l'île de Bornéo ; 157 000 hab.

KUFSTEIN, v. d'Autriche (Tyrol) ; 13 000 hab. Tourisme. – Monuments anciens.

KUHLMANN (Frédéric), *Colmar 1803 - Lille 1881,* chimiste et industriel français. On lui doit la préparation industrielle de l'acide sulfurique (1833) puis celle de l'acide nitrique (1838).

KUHN (Thomas), *Cincinnati 1922 - Cambridge, Massachusetts, 1996,* philosophe américain. Il oppose à la « science normale » la « science extraordinaire », instrument de révolution scientifique *(la Structure des révolutions scientifiques,* 1962).

KUIPER (Gerard Pieter), *Harenkarspel 1905 - Mexico 1973,* astronome américain d'origine néerlandaise. Il est l'auteur de nombreuses découvertes en planétologie.

Ku Klux Klan, société secrète nord-américaine, créée après la guerre de Sécession (1867). D'une xénophobie violente, le Ku Klux Klan combat surtout l'intégration des Noirs.

Kulturkampf (mot allemand signifiant *combat pour la civilisation*), lutte menée par Bismarck contre les catholiques allemands, de 1871 à 1878. Destiné à affaiblir le parti du Centre, accusé de favoriser le particularisme des États, le Kulturkampf s'exprima notamm. par des lois (1873 - 1875) d'inspiration anticléricale et joséphiste. Après l'avènement du pape Léon XIII (1878), Bismarck fit abroger la plupart des mesures prises contre l'Église catholique (1880 - 1887).

KUMAMOTO, v. du Japon (Kyushu) ; 579 306 hab.

KUMANOVO, v. de Macédoine, au N.-E. de Skopje ; 69 000 hab.

KUMAON, région de l'Himalaya indien.

KUMARATUNGA (Chandrika) **→ BANDARANAIKE.**

KUMASI ou **KOUMASSI,** v. du Ghana ; 489 000 hab. Anc. cap. des Ashanti.

KUMMER (Ernst Eduard), *Sorau, auj. Zary, 1810 - Berlin 1893,* mathématicien allemand. Il a étendu les concepts de l'arithmétique à l'étude des nombres algébriques. Il a validé le théorème de Fermat dans de nombreux cas.

KUN (Béla), *Szilágycseh 1886 - en URSS 1938,* révolutionnaire hongrois. Social-démocrate, il instaura en Hongrie la république des Conseils (1919), qui ne put résister à l'invasion roumaine. Réfugié en URSS, membre actif du Komintern, il fut exécuté lors des purges staliniennes. Il fut réhabilité en 1956.

■ BÉLA **KUN**

■ MILAN **KUNDERA**

KUNA ou **CUNA,** peuple amérindien du Panamá (env. 55 000). Les Kuna habitent l'archipel de Las Mulatas, la côte caraïbe adjacente et la cordillère de San Blas. Ils jouissent d'une semi-autonomie et parlent une langue chibcha.

KUNDERA (Milan), *Brno 1929,* écrivain tchèque naturalisé français. Son œuvre narrative *(la Plaisanterie, La vie est ailleurs, l'Insoutenable Légèreté de l'être, l'Immortalité, l'Identité)* et théâtrale démonte le mécanisme des aliénations et des exils du monde contemporain. Il a écrit d'importants essais critiques *(l'Art du roman).*

KUNDT (August), *Schwerin 1839 - Israelsdorf, auj. dans Lübeck, 1894,* physicien allemand. Il inventa un dispositif pour l'étude des ondes stationnaires dues aux vibrations d'un fluide et détermina ainsi la vitesse du son.

KUNG, peuple de la Namibie et du Botswana, faisant partie des Bochimans.

KÜNG (Hans), *Sursee, cant. de Lucerne, 1928,* théologien catholique suisse. Professeur à l'université de Tübingen, il a publié de nombreux ouvrages, dont certains l'ont exposé à la censure de l'épiscopat allemand et de la Congrégation romaine pour la doctrine de la foi.

KUNLUN n.m. pl., massif de Chine, entre le Tibet et le Qinghai ; 7 724 m.

KUNMING, v. de Chine, cap. du Yunnan ; 1 580 000 hab. Plusieurs fois cap., notamm. au XIIIe s. Nombreux monuments anciens. Musée.

KUNSAN, v. de Corée du Sud ; 218 216 hab. Port.

Kunsthistorisches Museum, l'un des plus importants musées d'Europe, à Vienne, constitué à partir des collections des Habsbourg (archéologie ; objets d'art ; peintures : les Bruegel, Dürer, Giorgione, Titien, Velázquez, Rubens, etc.).

Kuomintang → Guomindang.

KUOPIO, v. de Finlande ; 81 593 hab. Musées, dont celui de l'Église orthodoxe.

KUPANG, v. d'Indonésie, dans l'île de Timor ; 111 300 hab.

KUPKA (František, dit Frank), *Opočno, Bohême orientale, 1871 - Puteaux 1957,* peintre et dessinateur tchèque. Installé à Paris en 1896, il y est, vers 1911, l'initiateur d'un art abstrait à la fois symbolique, lyrique et géométrique. Nombreuses œuvres au MNAM (Paris), ainsi qu'à Prague. *(V. ill. page 1452.)*

KURASHIKI, v. du Japon (Honshu) ; 414 693 hab.

■ FRANK **KUPKA.** *Lignes animées,* 1921. (MNAM, Paris.)

K

KURDES, peuple vivant en Turquie, en Iraq et en Iran, ainsi qu'en Syrie et en Transcaucasie (env. 25 millions). Faisant remonter leur origine au VIIe siècle, les Kurdes ont résisté, repliés dans leurs montagnes du Kurdistan, à de multiples invasions, sans jamais s'unir véritablement. Frustrés en 1923 de l'État que leur avait promis le traité de Sèvres (1920), ils s'efforcent depuis lors d'obtenir des États dont ils dépendent une autonomie effective, menant, divisés, des guérillas sévèrement réprimées. Éleveurs et cultivateurs, ils sont en majorité musulmans sunnites. Ils parlent le *kurde,* de la famille iranienne.

KURDISTAN n.m., région d'Asie partagée entre la Turquie, l'Iran, l'Iraq et la Syrie, et peuplée en majorité de Kurdes.

KURE, v. du Japon (Honshu) ; 216 723 hab. Port.

KURNOOL, v. d'Inde (Andhra Pradesh) ; 274 795 hab. Aux environs, à Alampur, temples des VIIe-VIIIe s.

KUROSAWA AKIRA, *Tokyo 1910 - id. 1998,* cinéaste japonais. Ses films, d'une grande beauté plastique, expriment une vision humaniste du monde, qu'ils traitent de sujets historiques ou contemporains (*Rashomon,* 1950 ; *les Sept Samouraïs,* 1954 ; *Dersou Ouzala,* 1975 ; *Ran,* 1985 ; *Rêves,* 1990 ; *Rhapsodie en août,* 1991 ; *Madadayo,* 1993).

KUROSHIO, courant marin chaud de l'océan Pacifique. Il longe la côte orientale du Japon.

KURTÁG (György), *Lugoj, Roumanie, 1926,* compositeur hongrois. S'inscrivant notamment dans la lignée de Bartók et Webern, il élabore un langage personnel, en particulier dans ses œuvres vocales (*Messages de feu demoiselle R. V. Troussova,* suite de lieder, 1980).

KURTZMAN (Harvey), *New York 1924 - Mount Vernon 1993,* dessinateur et scénariste américain de bandes dessinées. Rédacteur en chef des débuts de *Mad Magazine,* il fut l'un des chefs de file de la bande dessinée satirique américaine.

KURUME, v. du Japon (Kyushu) ; 228 347 hab.

KURYŁOWICZ (Jerzy), *Stanisławów, auj. Ivano-Frankivsk, Ukraine, 1895 - Cracovie 1978,* linguiste polonais. Il est l'auteur de nombreux travaux sur l'indo-européen.

KUSCH (Polykarp), *Blankenburg, Allemagne, 1911 - Dallas 1993,* physicien américain d'origine allemande. Il a effectué la détermination précise du moment magnétique de l'électron, résultat qui a ouvert des voies en électrodynamique quantique. (Prix Nobel 1955.)

KUSHANA (empire), empire créé par les Kushana, nomades originaires de l'Asie centrale, dans la région de Kaboul et en Inde (Ier-IIe s. apr. J.-C.).

KUSHIRO, v. du Japon (Hokkaido) ; 205 639 hab. Port.

KUSTURICA (Emir), *Sarajevo 1955,* cinéaste yougoslave. Il étonne par l'ironie grinçante et les fantasmes flamboyants de ses fresques : *Papa est en voyage d'affaires* (1985), *Underground* (1995), *Chat noir, chat blanc* (1998).

Kutchuk-Kaïnardji (traité de) [21 juill. 1774], traité signé à Kutchuk-Kaïnardji (auj. en Bulgarie) entre les Empires russe et ottoman, à l'issue de la guerre russo-turque (1768 - 1774). Il donnait à la Russie la plaine entre le Boug et le Dniepr, le droit de naviguer dans la mer Noire et les Détroits, et la charge de protéger les chrétiens orthodoxes de l'Empire ottoman.

KUTNÁ HORA, v. de la République tchèque, à l'E. de Prague ; 18 000 hab. Beaux quartiers anciens et monuments, dont la cathédrale gothique.

Kutubiyya (ar. *Kutubiyyun,* libraire), principale mosquée de Marrakech. Élevée au XIIe s., au minaret sobrement décoré de briques, elle est exemplaire de l'art de l'islam en Afrique du Nord.

KUUJJUAQ, anc. **Fort Chimo,** village inuit du Canada (Québec), sur la baie d'Ungava ; 1 405 hab. *(Kuujjuamiuts).* Centre administratif du Nunavik.

KUUJJUARAPIK, village inuit du Canada, dans le nord du Québec, sur la baie d'Hudson ; 605 hab. *(Kuujjuaraapimmiuts).*

■ La **KUTUBIYYA** (XIIe s.), à Marrakech.

KUZNETS (Simon), *Kharkov 1901 - Cambridge, Massachusetts, 1985,* économiste américain. Ses travaux statistiques ont permis d'approfondir la théorie des cycles longs et d'élaborer un appareil statistique sur les données économiques au niveau de la nation. (Prix Nobel 1971.)

KVARNER, en ital. **Quarnaro,** golfe de l'Adriatique (Croatie), site de Rijeka.

KWAKIUTL, peuple amérindien du Canada (Colombie-Britannique) [env. 3 000]. Les Kwakiutl sont célèbres pour leur pratique du potlatch et pour leur art (totems, masques) ; ils appartiennent à la famille linguistique *Wakash.*

KWANGJU, v. de Corée du Sud ; 1 145 000 hab.

KWANZA → **CUANZA.**

KWAŚNIEWSKI (Aleksander), *Białogard, région de Koszalin, 1954,* homme politique polonais. Président du Parti social-démocrate, il est président de la République depuis 1995.

KWAZULU-NATAL, prov. d'Afrique du Sud ; 8 549 000 hab. ; ch.-l. *Ulundi ;* v. princ. *Durban.*

KYLIAN (Jiří), *Prague 1947,* danseur et chorégraphe tchèque. Directeur artistique du Nederlands Dans Theater (1978 - 1999), il s'impose par son néoclassicisme lyrique et son extrême sensibilité musicale (*Sinfonietta,* 1978).

KYOKUTEI BAKIN → **BAKIN.**

KYONGJU, v. de Corée du Sud, à l'E. de Taegu. Anc. cap. du royaume de Silla (668 - 935). Nombreux monuments, dont l'observatoire (632) et le sanctuaire bouddhique de Syokkulam (751).

KYOTO, v. du Japon (Honshu) ; 1 461 103 hab. Anc. capitale. – Ville-musée, aux très nombreux monuments et jardins du VIIIe au XIXe s. ; riche Musée national.

■ **KYOTO.** Le Ginkagu-ji, ou Temple du Pavillon d'argent (1482).

KYPRIANOÚ (Spýros), *Limassol 1932,* homme politique chypriote. Il a été président de la République de 1977 à 1988.

KYUSHU, la plus méridionale des grandes îles du Japon ; 42 000 km² ; 13 295 859 hab. ; v. princ. *Kita-kyushu* et *Fukuoka.*

KYZYLJAR, anc. **Petropavlovsk,** v. du nord du Kazakhstan ; 248 300 hab.

KYZYLKOUM, désert d'Ouzbékistan et du Kazakhstan.

KYZYLORDA, v. du Kazakhstan, sur le Syr-Daria ; 158 000 hab.

Caractère Lubalin

Laatste Nieuws (Het), quotidien libéral belge de langue flamande, créé en 1888 à Bruxelles.

LA BAIE, v. du Canada (Québec), sur la *baie des Ha ! Ha ! ;* 21 847 hab. *(Baieriverains).*

LABAN (Rudolf **von**), *Pozsony, auj. Bratislava, 1879 - Weybridge, Surrey, 1958,* chorégraphe autrichien d'origine hongroise. Principal initiateur de la danse expressionniste, il est l'inventeur d'un système d'écriture du mouvement, la *cinétographie,* ou *labanotation.*

La Barre (affaire) [1765 - 1766], affaire judiciaire dont la victime fut François Jean Le Febvre, chevalier de **La Barre,** gentilhomme français (Férolles, près de Brie-Comte-Robert, 1745 - Abbeville 1766). Accusé d'impiété (il aurait mutilé un crucifix et ne se serait pas découvert au passage d'une procession du Saint-Sacrement), il fut décapité. Voltaire réclama sa réhabilitation, décrétée par la Convention en 1793.

LABAT (Jean-Baptiste), *Paris 1663 - id. 1738,* dominicain et voyageur français. Missionnaire aux Antilles, il a décrit ces îles.

LABÉ, v. de Guinée, dans le Fouta-Djalon ; 65 000 hab.

LABÉ (Louise), surnommée **la Belle Cordière,** *Lyon 1524 - Parcieux-en-Dombes 1566,* poétesse française. De ses sonnets ardents s'élève une des plus pures voix de la poésie féminine.

LA BÉDOYÈRE (Charles **Huchet,** comte **de**), *Paris 1786 - id. 1815,* général français. Rallié à Napoléon au retour de l'île d'Elbe, il fut fusillé.

LABICHE (Eugène), *Paris 1815 - id. 1888,* auteur dramatique français. Ses comédies de mœurs et ses vaudevilles (*Un chapeau de paille d'Italie,* 1851 ; *l'Affaire de la rue de Lourcine,* 1857 ; *le Voyage de M. Perrichon,* 1860) allient l'observation narquoise et la bonhomie attendrie. [Acad. fr.]

LABIENUS (Titus), *100 - Munda 45 av. J.-C.,* chevalier romain. Principal lieutenant de César en Gaule, il prit ensuite le parti de Pompée.

LA BOÉTIE [-bɔesi] (Étienne **de**), *Sarlat 1530 - Germignan 1563,* écrivain français. Ami de Montaigne, il écrivit des sonnets et analysa la tyrannie dans son *Discours de la servitude volontaire,* ou *Contr'un* (1576).

LABORI (Fernand), *Reims 1860 - Paris 1917,* avocat français. Il s'imposa dans de grands procès d'assises où il défendit notamm. l'anarchiste Vaillant, Mme Caillaux, et Émile Zola dans l'affaire Dreyfus.

LABORIT (Henri), *Hanoï 1914 - Paris 1995,* biologiste et pharmacologue français. Il est surtout connu pour avoir introduit en thérapeutique l'usage des neuroleptiques et pour ses travaux sur le stress.

LA BOURDONNAIS (Bertrand François **Mahé,** comte **de**), *Saint-Malo 1699 - Paris 1753,* marin et administrateur français. Gouverneur de l'île de France (île Maurice) et de l'île Bourbon (la Réunion), il contribua aussi à l'implantation de comptoirs français en Inde.

LABOUREUR (Jean Émile), *Nantes 1877 - Pénestin, Morbihan, 1943,* graveur et peintre français. Il a donné les illustrations de nombreux livres (Giraudoux, Larbaud, Colette, Maurois...).

Labour Party, nom anglais du Parti *travailliste.

LABRADOR n.m., péninsule du Canada (prov. de Québec et de Terre-Neuve), entre l'Atlantique, la baie d'Hudson et le Saint-Laurent. Minerai de fer. Aménagements hydroélectriques.

LABRADOR n.m., partie continentale de la province de Terre-Neuve (Canada), sur la *mer du Labrador.* Elle correspond à la partie orientale de la péninsule du même nom.

LABRADOR (courant du), courant marin froid de l'Atlantique. Il longe vers le S. la côte du Labrador.

LABRÈDE → BRÈDE (La).

LA BROSSE (Gui **de**), *Rouen ? - ? 1641,* médecin et botaniste français. Médecin de Louis XIII, il fut à l'origine de la création et de l'aménagement du « Jardin des Plantes officinales du Roi », devenu plus tard le Jardin des Plantes.

LABROUSSE (Ernest), *Barbezieux 1895 - Paris 1988,* historien français. Militant socialiste, il a renouvelé profondément l'historiographie économique en France (*la Crise de l'économie française à la fin de l'Ancien Régime et au début de la Révolution,* 1944).

LABROUSTE (Henri), *Paris 1801 - Fontainebleau 1875,* architecte français. Rationaliste, il a utilisé la fonte et le fer à la bibliothèque Ste-Geneviève (1843) et à la Bibliothèque nationale, à Paris.

LABRUGUIÈRE (81290), ch.-l. de cant. du Tarn, sur le Thoré ; 5 660 hab. Monuments médiévaux.

LA BRUYÈRE (Jean **de**), *Paris 1645 - Versailles 1696,* écrivain français. Précepteur, puis secrétaire du petit-fils du Grand Condé, il est l'auteur des **Caractères,* dont le style elliptique et nerveux reste un modèle d'efficacité et de finesse. Reçu à l'Académie française en 1693, il prit parti dans la querelle des *Anciens et des Modernes en défendant les premiers.

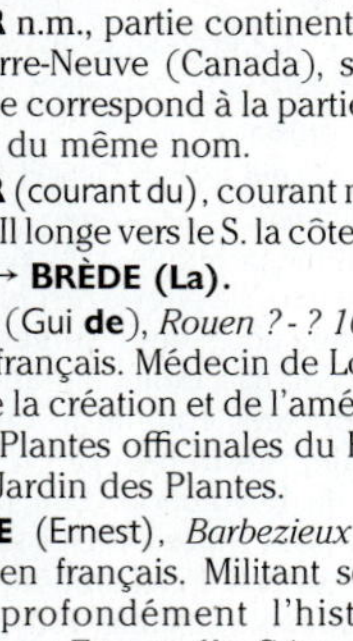

■ JEAN DE **LA BRUYÈRE.** (Château de Versailles.)

Labyrinthe, demeure légendaire du Minotaure, en Crète ; en réalité, palais de Minos à Cnossos. Ruines du temple et de la pyramide funéraires d'Amenemhat III, dans le Fayoum.

LA CAILLE (abbé Nicolas Louis **de**), *Rumigny 1713 - Paris 1762,* astronome et géodésien français. Il participa à la vérification de la méridienne de France (1739) et se livra à une étude du ciel austral, au cap de Bonne-Espérance (1750 - 1754), relevant les positions de plus de 10 000 étoiles et créant 14 constellations nouvelles.

LA CALPRENÈDE (Gautier **de Costes de**), *Toulgou-en-Périgord 1610 - Le Grand-Andely 1663,* écrivain français. Il est l'auteur de tragédies et de romans précieux *(Cassandre, Cléopâtre).*

LACAN (Jacques), *Paris 1901 - id. 1981,* médecin et psychanalyste français. Il a contribué, tout en prônant le retour à Freud, à ouvrir le champ de la psychanalyse en se référant à la linguistique et à l'anthropologie structurale : pour lui, l'inconscient s'interprète comme un langage (*Écrits,* 1966 ; *Séminaire,* 1975 - 1991).

LACANAU (33680), comm. de la Gironde, sur l'*étang de Lacanau ;* 3 182 hab. Station balnéaire et climatique à *Lacanau-Océan.*

LACANDON, peuple amérindien du Mexique (Chiapas) et du Guatemala [quelques centaines]. Les Lacandon ont vécu isolés, depuis la conquête espagnole, au sein de la jungle tropicale (la « forêt lacandone »). Ils parlent le *maya.*

LACAUNE (81230), ch.-l. de cant. du Tarn, dans les *monts de Lacaune ;* 3 040 hab. *(Lacaunais).* Église du XVIIe s. ; fontaine des Pisseurs.

LACAZE-DUTHIERS (Henri **de**), *Montpezat 1821 - Las-Fons, Dordogne, 1901,* zoologiste français. Fondateur du laboratoire de biologie marine de Roscoff, il est surtout connu pour ses travaux sur l'anatomie des mollusques.

LACÉDÉMONE → SPARTE.

LACEPÈDE (Étienne **de La Ville,** comte **de**), *Agen 1756 - Épinay-sur-Seine 1825,* naturaliste français. Il continua l'*Histoire naturelle* de Buffon, se spécialisant dans les reptiles et les poissons.

LA CHAISE ou **LA CHAIZE** (François **d'Aix de**), dit **le P. La Chaise,** *château d'Aix, près de Saint-Martin-la-Sauveté, Forez, 1624 - Paris 1709,* jésuite français. Confesseur de Louis XIV de 1674 à 1709, il exerça une grande influence sur le roi de 1680 à 1695. Le principal cimetière de Paris, créé sur l'emplacement de ses jardins, porte son nom.

LA CHALOTAIS (Louis René **de Caradeuc de**), *Rennes 1701 - id. 1785,* magistrat français. Procureur général au parlement de Bretagne, adversaire des jésuites et chef de l'opposition parlementaire, il lutta contre le duc d'Aiguillon, gouverneur de Bretagne.

LA CHAUSSÉE (Pierre Claude **Nivelle de**), *Paris 1692 - id. 1754,* auteur dramatique français. Il a créé le genre de la « comédie larmoyante » *(le Préjugé à la mode, Mélanide),* qui annonce le théâtre de Diderot. (Acad. fr.)

LACHENAIE, v. du Canada (Québec), au N. de Montréal ; 16 878 hab. *(Lachenois).*

LACHINE, v. du Canada (Québec), banlieue sud de Montréal ; 35 729 hab. *(Lachinois).* Musée.

LACHUTE, v. du Canada (Québec), à l'O. de Montréal ; 12 258 hab. *(Lachutois).*

LA CIERVA Y CODORNÍU (Juan **de**), *Murcie 1895 - Croydon 1936,* ingénieur espagnol. Il inventa l'autogire (1923), qu'il ne cessa de perfectionner et grâce auquel il réussit, en 1934, le décollage à la verticale.

LACLOS → CHODERLOS DE LACLOS.

LA CONDAMINE (Charles Marie **de**), *Paris 1701 - id. 1774,* savant français. Avec P. Bouguer, il dirigea l'expédition du Pérou (1735), qui détermina la longueur d'un arc de méridien. Il ramena d'Amérique du Sud diverses observations naturalistes et fit, en 1751, la description d'une résine qu'il appela « cahuchu ». (Acad. fr.)

LACONIE, anc. contrée du sud-est du Péloponnèse, dont Sparte était le centre.

LACORDAIRE (Henri), *Recey-sur-Ource, Côte-d'Or, 1802 - Sorèze, Tarn, 1861,* religieux et prédicateur français. Prêtre (1827), disciple de La Mennais et collaborateur de *l'Avenir,* il ne suivit pas son maître dans sa rupture avec Rome. Après avoir prêché à Notre-Dame de Paris les carêmes de 1835 et de 1836, il prit l'habit des dominicains (1839) et rétablit leur ordre en France. En 1848, élu député de Marseille, il fonda *l'Ère nouvelle,* organe démocrate-chrétien, mais les troubles de mai-juin l'amenèrent à abandonner politique et journalisme. Il se consacra alors au rétablissement des frères prêcheurs en France et à l'enseignement, au collège de Sorèze. (Acad. fr.)

LACOSTE (René), *Paris 1904 - Saint-Jean-de-Luz 1996,* joueur de tennis français. Vainqueur à Wimbledon (1925, 1928), à Paris (1925, 1927, 1929) et à Forest Hill (1926, 1927), il a remporté la coupe Davis en 1927 et 1928.

LACQ (64170), comm. des Pyrénées-Atlantiques, sur le gave de Pau ; 668 hab. *(Lacquois).* Gisement de gaz naturel. Production de soufre, sous-produit du gaz.

LACRETELLE (Jacques **de**), *Cormatin, Saône-et-Loire, 1888 - Paris 1985,* écrivain français. Il est l'auteur du roman psychologique *Silbermann* (1922). [Acad. fr.]

LACRETELLE (Pierre Louis **de**), dit **l'Aîné,** *Metz 1751 - Paris 1824,* jurisconsulte français. Membre du corps législatif (1801 - 1802), il prit part, avec B. Constant, à la rédaction de l'hebdomadaire *la Minerve française* (1818 - 1820). [Acad. fr.]

LACROIX (Alfred), *Mâcon 1863 - Paris 1948,* géologue français. Il a étudié les éruptions de la montagne Pelée (1902) et du Vésuve (1906), analysé les effets du métamorphisme et découvert de nombreux minéraux.

LACROIX (Christian), *Arles 1951,* couturier français. Références au passé teintées d'humour, d'extravagance et couleurs éclatantes le situent aux antipodes de la haute couture classique.

LACTANCE, *près de Cirta v. 260 - Trèves v. 325,* apologiste chrétien d'expression latine. Il a donné dans ses *Institutions divines* le premier exposé d'ensemble de la religion chrétienne.

LADAKH n.m., région du Cachemire ; ch.-l. *Leh.*

LADAKHI, population d'Inde (Ladakh) [env. 135 000]. Agriculteurs, éleveurs, parfois pasteurs nomades, ils habitent de hautes vallées semi-désertiques. Ils se partagent entre bouddhistes et musulmans. Le *ladakhi* est une langue tibétaine.

LADISLAS, nom de plusieurs rois de Hongrie, de Bohême et de Pologne. — saint **Ladislas Ier Árpád,** *v. 1040 - Nyitra, auj. Nitra, 1095,* roi de Hongrie (1077 - 1095). Il acheva la christianisation de son royaume, auquel il adjoignit la Croatie (1091). — **Ladislas Ier** (ou **IV**) **Łokietek,** *1260 - Cracovie 1333,* roi de Pologne (1320 - 1333). Il reprit la couronne de Pologne confisquée en 1300 par Venceslas II, roi de Bohême. — **Ladislas II** (ou **V**) **Jagellon Ier,** *v. 1351 - Gródek 1434,* grand-duc de Lituanie (1377 - 1401), roi de Pologne (1386 - 1434). Il écrasa définitivement les chevaliers Teutoniques à Grunwald (1410).

LADISLAS le Magnanime, *Naples 1377 - id. 1414,* roi de Naples (1386 - 1414) et roi titulaire de Hongrie (1403 - 1414). Fils de Charles III, il eut constamment à défendre ses États contre Louis II, duc d'Anjou.

LADOGA (lac), lac du nord-ouest de la Russie ; 17 700 km². La Neva le fait communiquer avec Saint-Pétersbourg et le golfe de Finlande.

LADOUMÈGUE (Jules), *Bordeaux 1906 - Paris 1973,* athlète français. Spécialiste de demi-fond, deuxième du 1 500 m olympique en 1928, il fut disqualifié en 1932 pour professionnalisme.

LADRIÈRE (Jean), *Nivelles 1921,* philosophe belge. Il a étudié en épistémologue le langage de la foi, le comparant aux langages de la philosophie et de la science *(l'Articulation du sens,* I et II, 1970 - 1984).

LAEKEN [lakɛn], anc. comm. de Belgique, réunie à Bruxelles en 1921. Domaine royal (parc et château) ; « Atomium » de l'Exposition universelle de 1958.

LAENNEC (René), *Quimper 1781 - Kerlouanec, Finistère, 1826,* médecin français. Il a inventé le stéthoscope et vulgarisé la méthode d'auscultation. Il fonda la médecine anatomoclinique.

LAETHEM-SAINT-MARTIN [latɛm-], en néerl. **Sint-Martens-Latem,** comm. de Belgique (Flandre-Orientale) ; 8 203 hab. À la fin du XIXe s. s'y constitua un groupe de tendance symboliste avec, notamm., l'écrivain Karel Van de Woestijne, son frère Gustaaf, peintre, et le sculpteur G. Minne. Après la Première Guerre mondiale, un second groupe marque l'essor de l'expressionnisme pictural belge, avec notamm. Permeke, Van den Berghe et Gustave De Smet (1877 - 1943), aux sujets populaires et mélancoliques.

LAETOLI ou **LAETOLIL,** site paléontologique du nord de la Tanzanie, au sud d'Olduvai. Il a livré en 1978 les plus anciennes empreintes de pas connues, laissées par une famille d'australopithèques dans le tuf volcanique, il y a 3,8 millions d'années.

LAFARGUE (Paul), *Santiago de Cuba 1842 - Draveil 1911,* homme politique français. Disciple et gendre de Karl Marx, il fonda, avec Guesde, le Parti ouvrier français (1882). Il est l'auteur du *Droit à la paresse.*

LAFAYETTE, v. des États-Unis, dans le sud de la Louisiane ; 94 440 hab. Principal foyer francophone de la Louisiane.

LA FAYETTE (Marie Joseph Gilbert **Motier,** marquis **de**), *Chavaniac, Haute-Loire, 1757 - id. 1834,* général et homme politique français. Dès 1777, il prit une part active à la guerre de l'Indépendance en Amérique aux côtés des insurgés. Député aux États généraux (1789), commandant de la Garde nationale, il apparut comme le chef de la noblesse libérale, désireuse de réconcilier la royauté avec la Révolution. Émigré de 1792 à 1800, il refusa tout poste officiel sous l'Empire. Député libéral sous la Restauration, mis à la tête de la Garde nationale en juillet 1830, il fut l'un des fondateurs de la monarchie de Juillet, dont il se détacha bientôt.

■ **LA FAYETTE** par J. D. Court. (Château de Versailles.)

■ JEAN DE **LA FONTAINE** par H. Rigaud. (Château de Versailles.)

LA FAYETTE ou **LAFAYETTE** (Marie-Madeleine **Pioche de La Vergne,** comtesse **de**), *Paris 1634 - id. 1693,* femme de lettres française. Elle a inauguré l'ère du roman psychologique moderne *(la *Princesse de Clèves).*

LA FEUILLADE (François **d'Aubusson,** duc **de**), *1625 - Paris 1691,* maréchal de France. Il joua un grand rôle pendant les guerres de Louis XIV.

LAFFEMAS (Barthélemy **de**), sieur **de Beausemblant,** *Beausemblant, Drôme, 1545 - Paris v. 1612,* économiste français. Contrôleur général du commerce (1602), il favorisa, sous le règne d'Henri IV, l'établissement de nombreuses manufactures (Gobelins) et inspira le colbertisme.

LAFFITTE (Jacques), *Bayonne 1767 - Paris 1844,* banquier et homme politique français. Gouverneur de la Banque de France (1814 - 1819), député libéral sous la Restauration, il joua un rôle actif dans la révolution de 1830 et forma le premier ministère de la monarchie de Juillet (nov. 1830 - mars 1831). Chef du parti du Mouvement, il fut vite écarté par Louis-Philippe et retourna dans l'opposition.

LA FONTAINE (Jean **de**), *Château-Thierry 1621 - Paris 1695,* poète français, auteur des **Fables.* On lui doit également de nombreux *Contes et Nouvelles en vers* (1664 - 1685), récits galants imités de l'Arioste et de Boccace. Courtisan mais ami sincère, il fut notamment le protégé de Fouquet et de Mme de La Sablière. (Acad. fr.)

LAFONTAINE (sir Louis Hippolyte), *Boucherville 1807 - Montréal 1864,* homme politique canadien. Il forma avec Baldwin le premier ministère parlementaire du Canada (1848 - 1851).

LA FORCE (Jacques Nompar **de Caumont,** duc **de**), *1558 - Bergerac 1652,* maréchal de France. Protestant, compagnon d'Henri IV, il défendit Montauban contre Louis XIII (1621), puis se soumit au roi.

LAFORGUE (Jules), *Montevideo 1860 - Paris 1887,* poète français. Auteur de poèmes *(les Complaintes)* et de contes en prose *(les Moralités légendaires),* l'un des créateurs du vers libre, il mêle en une vision pessimiste du monde mélancolie, humour et familiarité du style parlé.

LA FOSSE (Charles **de**), *Paris 1636 - id. 1716,* peintre français. Élève de Le Brun, au style souple et brillant, il a contribué à infléchir la doctrine de l'Académie en matière de peinture d'histoire (influence de Rubens : victoire de la couleur sur le dessin à la fin du siècle).

LAFRANÇAISE (82130), ch.-l. de cant. de Tarn-et-Garonne ; 2 755 hab. Bastide de 1274.

LA FRESNAYE [-frɛnɛ] (Roger **de**), *Le Mans 1885 - Grasse 1925,* peintre français. Après avoir côtoyé le cubisme *(l'Homme assis,* 1913 - 1914, MNAM, Paris), il est revenu à une sorte de réalisme stylisé.

LAGACHE (Daniel), *Paris 1903 - id. 1972,* médecin et psychanalyste français. Il est l'auteur d'importants travaux de psychanalyse et de psychologie clinique *(la Jalousie amoureuse,* 1947 ; *l'Unité de la psychologie,* 1949).

LA GALISSONIÈRE ou **LA GALISSONNIÈRE** (Roland Michel **Barrin,** marquis **de**), *Rochefort 1693 - Montereau 1756,* marin français. Gouverneur de la Nouvelle-France de 1747 à 1749, il dirigea ensuite l'attaque de Minorque (mai 1756) au début de la guerre de Sept Ans.

LAGASH, anc. cité-État de Mésopotamie, près du confluent du Tigre et de l'Euphrate (auj. Tell al-Hiba, Iraq). Les fouilles, pratiquées à partir de 1877, y ont fait découvrir la civilisation sumérienne du IIIe millénaire av. J.-C.

LAGERKVIST (Pär), *Växjö 1891 - Stockholm 1974,* écrivain suédois. Son œuvre poétique, dramatique et romanesque *(le Nain, Barabbas)* est marquée par un profond pessimisme. [Prix Nobel 1951.]

LAGERLÖF (Selma), *Mårbacka 1858 - id. 1940,* romancière suédoise. Elle est l'auteur de romans d'inspiration romantique *(la Saga de Gösta Berling, le Charretier de la mort)* et de récits pour les enfants *(le Merveilleux Voyage de Nils Holgersson à travers la Suède).* [Prix Nobel 1909.]

LAGHOUAT, oasis du Sahara algérien, ch.-l. de wilaya ; 72 000 hab.

LAGIDES, dynastie qui a régné sur l'Égypte hellénistique de 305 à 30 av. J.-C. Ses souverains masculins ont porté le nom de *Ptolémée.*

LAGNIEU (01150), ch.-l. de cant. de l'Ain ; 5 980 hab. Verrerie.

LAGNY-SUR-MARNE (77400), ch.-l. de cant. de Seine-et-Marne ; 19 579 hab. (*Latignaciens* ou *Laniaques*). Agroalimentaire. — Église du XIIIe s., anc. abbatiale, inachevée. Musée.

LAGOS, v. du Nigeria, sur le golfe du Bénin ; 4 500 000 hab. Anc. cap. du pays, et principal port.

LAGOS ESCOBAR (Ricardo), *Santiago 1938,* homme politique chilien. Socialiste, il est président de la République depuis 2000.

LAGOYA (Alexandre), *Alexandrie 1929 - Paris 1999,* guitariste égyptien naturalisé français. Il renouvela la technique de la guitare et se produisit dans le monde entier, en duo avec sa femme, la guitariste Ida Presti (1924 - 1967), puis en soliste.

LAGRANGE (Albert), en relig. frère **Marie-Joseph**, *Bourg-en-Bresse 1855 - Saint-Maximin-la-Sainte-Baume 1938,* dominicain français. Fondateur de l'École pratique d'études bibliques de Jérusalem (1890) et de la *Revue biblique* (1892).

LA GRANGE (Charles **Varlet,** sieur **de**), *Amiens v. 1639 - Paris 1692,* comédien français. Le registre qu'il tint de 1659 à 1685 sur le fonctionnement financier et matériel de la troupe de Molière est un document précieux pour l'histoire théâtrale.

LAGRANGE (Léo), *Bourg-sur-Gironde 1900 - Évergnicourt, Aisne, 1940,* homme politique français. Sous-secrétaire d'État aux Sports et aux Loisirs (1936 - 1937 et 1938), il favorisa la démocratisation du sport.

LAGRANGE (Louis, comte **de**), *Turin 1736 - Paris 1813,* mathématicien français. Il démontra plusieurs théorèmes relatifs à la théorie des groupes, qui préparent les travaux de Galois. Sa *Mécanique analytique* (1788), sans référence à la géométrie, unifia les fondements de cette discipline. Il chercha à définir toute fonction par son développement en série de Taylor. S'inspirant d'Euler et de Newton, son œuvre donne à l'analyse une importance considérable. Il présida la commission qui établit le système des poids et mesures (1790).

LAGUIOLE [lajɔl] (12210), ch.-l. de cant. de l'Aveyron ; 1 296 hab. Coutellerie. Ski.

LA HARPE (Frédéric César **de**), *Rolle, Vaud, 1754 - Lausanne 1838,* homme politique suisse. Membre du Directoire de la République helvétique (1798 - 1800), il obtint en 1815 l'émancipation du canton de Vaud.

LA HARPE (Jean François **Delharpe** ou **Delaharpe,** dit **de**), *Paris 1739 - id. 1803,* critique français. Son *Lycée ou Cours de littérature ancienne et moderne* (1799) est marqué par le goût classique. (Acad. fr.)

LA HIRE (Étienne **de Vignolles,** dit), *Préchacq-les-Bains, Landes, v. 1390 - Montauban 1443,* homme de guerre français. Il fut le fidèle compagnon de Jeanne d'Arc. Le valet de cœur, dans les jeux de cartes, porte son nom.

LA HIRE (Philippe **de**), *Paris 1640 - id. 1718,* astronome et mathématicien français. Fils de Laurent de La Hyre, il participa aux grands travaux géodésiques de J. Picard et de J. D. Cassini.

LA HONTAN (Louis Armand **de Lom d'Arce,** baron **de**), *Lahontan ? 1666 - Hanovre v. 1715,* voyageur et écrivain français. Ses voyages au Canada lui ont inspiré des récits.

LAHORE, v. du Pakistan, cap. du Pendjab ; 2 922 000 hab. Monuments des Grands Moghols (fort, 1565 ; Grande Mosquée, 1627 ; tombeau de Djahangir, 1627 ; célèbre jardin).

■ **LAHORE.** Le jardin de l'Amour (Chalimar Bagh) entourant le fort moghol ; art islamique, XVIIe s.

LAHTI, v. de Finlande ; 93 414 hab. Industries du bois. Centre touristique.

LA HYRE ou **LA HIRE** (Laurent **de**), *Paris 1606 - id. 1656,* peintre français. Il fut l'un des fondateurs de l'Académie royale de peinture et de sculpture. De formation maniériste, puis influencé par Vouet, il en vint vers 1640 à un classicisme délicat, d'inspiration élégiaque.

LAING (Ronald), *Glasgow 1927 - Saint-Tropez 1989,* psychiatre britannique. Il est, avec D. Cooper, le fondateur de l'antipsychiatrie (*l'Équilibre mental, la folie et la famille,* 1964).

LAÏS, nom de plusieurs courtisanes grecques, dont la plus connue fut l'amie d'Alcibiade.

LAKANAL (Joseph), *Serres, comté de Foix, 1762 - Paris 1845,* homme politique français. Membre de la Convention, il attacha son nom à de nombreuses mesures relatives à l'instruction publique (1793 - 1795).

LAKE DISTRICT, région touristique du nord-ouest de l'Angleterre, parsemée de lacs.

LAKE PLACID, station de sports d'hiver des États-Unis (État de New York).

LAKSHADWEEP, territoire de l'Inde ; 51 681 hab. ; ch.-l. *Kavaratti.* Il regroupe les archipels des Laquedives, Minicoy et Amindives.

LALANDE (Joseph Jérôme **Lefrançois de**), *Bourg-en-Bresse 1732 - Paris 1807,* astronome français. On lui doit l'une des premières mesures précises de la parallaxe de la Lune (1751), des travaux de mécanique céleste et un catalogue d'étoiles (1801). Il s'illustra aussi comme vulgarisateur.

LA LANDE (Michel Richard **de**) → **DELALANDE.**

LA LAURENCIE (Lionel, comte **de**), *Nantes 1861 - Paris 1933,* musicologue français, auteur d'études sur la musique française du XVIe au XVIIIe s.

LALIBELA ou **LALIBALA,** cité monastique du N. de l'Éthiopie (prov. de Wollo). Elle doit son nom au roi d'Éthiopie **Lalibela** (1172 - 1212), qui ordonna la construction de célèbres églises rupestres, dont celle de St-Georges.

LALINDE (24150), ch.-l. de cant. de la Dordogne ; 3 042 hab. Bois. — Bastide du XIIIe s.

LALIQUE (René), *Ay 1860 - Paris 1945,* joaillier et verrier français. Après s'être illustré dans le bijou (de style Art nouveau), il se consacra entièrement, à l'époque des Arts déco, à la production d'objets en verre ou en cristal (en général moulé). Son entreprise est toujours active.

LALLY (Thomas, baron **de Tollendal,** comte **de**), *Romans 1702 - Paris 1766,* officier et administrateur français. Gouverneur général des Établissements français dans l'Inde (1755), il fut vaincu par les Anglais et capitula à Pondichéry (1761). Accusé de trahison, il fut condamné à mort et exécuté. Voltaire participa à sa réhabilitation.

LALO (Édouard), *Lille 1823 - Paris 1892,* compositeur français. Il écrivit la musique du ballet *Namouna* (1882) et l'opéra *le Roi d'Ys* (1888). Son œuvre, d'inspiration surtout romantique (*Concerto pour violoncelle,* 1877 ; *Symphonie espagnole,* 1875), vaut par sa vigueur et par la richesse de l'orchestration.

LALOUVESC (07520), comm. de l'Ardèche ; 499 hab. *(Louvetous).* Station d'altitude (1 050 m). — Pèlerinage au tombeau de Jean François Régis.

LAM (Wifredo), *Sagua la Grande 1902 - Paris 1982,* peintre cubain. Métis sino-africain, influencé par le surréalisme, il a élaboré une œuvre faite de créatures hybrides, qui transpose, en les universalisant, l'exubérance, le mystère et la violence d'un monde primitif.

■ LAURENT DE **LA HYRE.** *Panthée devant Cyrus,* v. 1637 - 1638. (Musée de Montluçon.)

■ WIFREDO **LAM.** *Ogoun dieu de la ferraille,* v. 1945. (Coll. priv.)

LA MALBAIE, v. du Canada (Québec), sur l'estuaire du Saint-Laurent ; 3 970 hab. Tourisme.

LAMALOU-LES-BAINS (34240), comm. de l'Hérault ; 2 206 hab. *(Lamalousiens).* Station thermale (maladies neurologiques, rhumatismes).

LA MARCHE (Olivier **de**), *v. 1425 - 1502,* poète français, chroniqueur de la cour de Bourgogne.

LA MARCK (Guillaume **de**), en néerl. Willem **Van der Mark,** surnommé **le Sanglier des Ardennes,** *v. 1446 - Utrecht ou Maastricht 1485,* baron flamand. Il souleva les Liégeois en faveur du roi de France Louis XI, puis, l'ayant trahi, fut livré à l'empereur Maximilien Ier, qui le fit exécuter.

LAMARCK (Jean-Baptiste **de Monet,** chevalier **de**), *Bazentin, Somme, 1744 - Paris 1829,* naturaliste français. Botaniste de formation, il publie une *Flore française* (1778), dans laquelle il emploie, le premier, les clés dichotomiques, puis l'*Encyclopédie botanique* et l'*Illustration des genres* (1783 - 1817). De 1793 à sa mort, il occupe la chaire des « animaux sans vertèbres », au Muséum. Ses deux ouvrages la *Philosophie zoologique* (1809) et l'*Histoire naturelle des animaux sans vertèbres* (1815 - 1822) en font le fondateur du transformisme, première théorie explicative de l'évolution.

LA MARMORA (Alfonso **Ferrero**), *Turin 1804 - Florence 1878,* général et homme politique italien. Commandant des forces sardes pendant les campagnes de Crimée (1855) et d'Italie (1859), président du Conseil (1864), il s'allia à la Prusse contre l'Autriche en 1866.

LAMARQUE (Jean Maximilien ou Maximien, comte), *Saint-Sever 1770 - Paris 1832,* général et homme politique français. Après avoir combattu lors des campagnes de la Révolution et de l'Empire, il fut élu député en 1828 et milita dans l'opposition libérale. Ses obsèques donnèrent lieu à une insurrection républicaine.

LAMARTINE (Alphonse **de**), *Mâcon 1790 - Paris 1869,* poète et homme politique français. Son premier recueil lyrique, les *Méditations poétiques* (1820), qui contient notamment son célèbre poème *le Lac,* lui assura une immense célébrité et, entre 1820 et 1830, la jeune génération des poètes romantiques le salua comme son maître. Il publia ensuite les *Harmonies poétiques et religieuses* (1830), *Jocelyn* (1836), *la Chute d'un ange* (1838), puis mit son talent au service des idées libérales (*Histoire des Girondins,* 1847). Membre du Gouvernement provisoire et ministre des Affaires étrangères en février 1848, il fut en fait, durant quelques semaines, le véritable maître de

■ **LAMARCK**

■ **LAMARTINE** par F. Gérard. (Château de Versailles.)

la France, mais il perdit une part de son prestige lors des journées de juin 1848. Candidat malheureux aux élections présidentielles du 10 décembre, il n'écrivit plus alors que des récits autobiographiques (*les Confidences,* 1849 ; *Graziella,* 1852) et, pour payer ses dettes, un *Cours familier de littérature* (1856 - 1869). [Acad. fr.]

LAMASTRE (07270), ch.-l. de cant. de l'Ardèche ; 2 569 hab. Église romane.

LAMB (Charles), *Londres 1775 - Edmonton 1834,* écrivain britannique. Le romantisme angoissé de ses essais (*Essais d'Elia,* 1823 - 1833) est tempéré par un humour fantasque.

LAMB (Willis Eugene), *Los Angeles 1913,* physicien américain. Il est l'auteur de remarquables découvertes sur la structure fine du spectre de l'hydrogène et d'une méthode de mesure de la fréquence des transitions atomiques ou moléculaires. (Prix Nobel 1955.)

LAMBALLE (22400), ch.-l. de cant. des Côtes-d'Armor ; 11 187 hab. *(Lamballais).* Haras. – Anc. cap. du Penthièvre. – Églises médiévales ; musée.

LAMBALLE (Marie-Thérèse Louise **de Savoie-Carignan,** princesse **de**), *Turin 1749 - Paris 1792,* amie de Marie-Antoinette. Elle fut victime des massacres de Septembre.

LAMBARÉNÉ, v. du Gabon, sur l'Ogooué ; 26 000 hab. Centre hospitalier créé par le docteur A. Schweitzer.

LAMBERSART (59130), comm. du Nord, banlieue de Lille ; 28 369 hab. *(Lambersartois).*

LAMBERT (Anne Thérèse **de Marguenat de Courcelles,** marquise **de**), *Paris 1647 - id. 1733,* femme de lettres française. Elle tint un salon célèbre.

LAMBERT (Johann Heinrich), *Mulhouse 1728 - Berlin 1777,* mathématicien d'origine française. Il démontra que π est irrationnel (1768), développa la géométrie de la règle, calcula les trajectoires des comètes et s'intéressa à la cartographie *(projection Lambert).* Il fut l'un des créateurs de la photométrie et l'auteur de travaux innovateurs sur les géométries non euclidiennes. Il a joué un rôle précurseur dans la logique symbolique.

LAMBERT (John), *Calton, West Riding, Yorkshire, 1619 - île Saint Nicholas, Devon, 1684,* général anglais. Lieutenant de Cromwell, il fut emprisonné lors de la restauration de Charles II (1660).

LAMBESC (13410), ch.-l. de cant. des Bouches-du-Rhône ; 7 802 hab. Monuments des XIVe-XVIIIe s.

LAMBÈSE → TAZOULT.

Lambeth (conférences de), assemblées des évêques anglicans qui se tiennent tous les dix ans depuis 1867 dans le palais archiépiscopal de Lambeth, à Londres.

LAMECH [-mɛk], patriarche biblique, père de Noé.

LA MEILLERAYE (Charles **de la Porte,** duc **de**), *Paris 1602 - id. 1664,* maréchal de France. Il se distingua lors de la guerre de Trente Ans.

LA MENNAIS ou **LAMENNAIS** (Félicité **de**), *Saint-Malo 1782 - Paris 1854,* écrivain français. Prêtre en 1816, il se fit l'apologiste de l'ultramontanisme et de la liberté religieuse, face à l'Église gallicane ; en 1830, il regroupa la jeunesse libérale catholique autour du journal *l'Avenir.* Désavoué par Grégoire XVI (1832), il rompit avec Rome (1834) et inclina vers un humanitarisme socialisant et mystique (*Paroles d'un croyant,* 1834). Il fut député en 1848 et 1849. – **Jean-Marie de La M.,** *Saint-Malo 1780 - Ploërmel 1860,* prêtre français. Frère aîné de Félicité, il fonda la congrégation des Frères de l'Instruction chrétienne, dits « de Ploërmel » (1817).

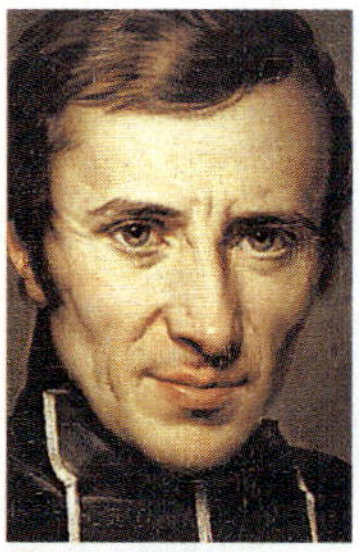

■ FÉLICITÉ DE **LA MENNAIS** par Paulin-Guérin. (Château de Versailles.)

■ KARL **LANDSTEINER**

LAMENTIN (97129), comm. de la Guadeloupe ; 13 528 hab.

LAMENTIN (Le) [97232], comm. de la Martinique ; 35 951 hab. Aéroport.

LAMETH (Alexandre, comte **de**), *Paris 1760 - id. 1829,* général et homme politique français. Il forma avec Barnave et Du Port un « triumvirat » qui prit parti contre Mirabeau, puis émigra avec La Fayette (1792). Fonctionnaire sous l'Empire, il fut député libéral sous la Restauration.

LA METTRIE (Julien **Offray de**), *Saint-Malo 1709 - Berlin 1751,* médecin et philosophe français. Son matérialisme et la remise en cause des valeurs morales qui en découle firent scandale ; il trouva refuge en Prusse auprès de Frédéric II (*l'Homme-machine,* 1748).

LAMÍA, v. de Grèce, près du *golfe de Lamía ;* 43 898 hab. – guerre **lamiaque** (323 - 322 av. J.-C.), insurrection des cités grecques pour se libérer du joug macédonien, après la mort d'Alexandre le Grand (323 av. J.-C.). Elle se termina par la défaite des Grecs, à Crannon.

LAMOIGNON (Guillaume **de**), *Paris 1617 - id. 1677,* magistrat français. Premier président au parlement de Paris (1658 - 1664), il présida au procès de Fouquet et joua un rôle capital dans l'unification de la législation pénale. – **Guillaume de L.,** *Paris 1683 - id. 1772,* homme d'État français. Petit-fils de Guillaume de Lamoignon, il fut chancelier de France sous Louis XV. Il est le père de Malesherbes.

LAMOIGNON DE BÂVILLE → BÂVILLE.

LAMOIGNON DE MALESHERBES → MALESHERBES.

LAMORICIÈRE (Louis **Juchault de**), *Nantes 1806 - près d'Amiens 1865,* général français. Il reçut en Algérie la soumission d'Abd el-Kader (1847), puis fut exilé pour son opposition à l'Empire (1852) et commanda les troupes pontificales (1860).

LA MOTHE LE VAYER (François **de**), *Paris 1588 - id. 1672,* écrivain et philosophe français. Il tenta d'élaborer un scepticisme chrétien. (Acad. fr.)

LA MOTTE (Jeanne **de Saint-Rémy,** comtesse **de**), *Fontette, Aube, 1756 - Londres 1791,* aventurière française. Ses intrigues furent à l'origine de l'affaire du *Collier.

LAMOTTE-BEUVRON (41600), ch.-l. de cant. de Loir-et-Cher, en Sologne ; 4 334 hab.

LA MOTTE-FOUQUÉ (Friedrich, baron **de**), *Brandebourg 1777 - Berlin 1843,* écrivain allemand, auteur de drames et de récits romantiques *(Ondine).*

LA MOTTE-PICQUET (Toussaint, comte **Picquet de La Motte,** connu sous le nom de), *Rennes 1720 - Brest 1791,* marin français. Il se distingua contre les Britanniques lors de la guerre de l'Indépendance américaine et fut nommé en 1781 lieutenant général des armées navales.

LAMOURETTE (Adrien), *Frévent, Pas-de-Calais, 1742 - Paris 1794,* prélat et homme politique français. Membre de la Législative, il demanda, face au péril extérieur, l'union de tous les députés, qu'il amena à se donner l'accolade (7 juill. 1792) ; cette fraternité sans lendemain est restée célèbre sous le nom de *baiser Lamourette.* Il fut guillotiné.

LAMOUREUX (Charles), *Bordeaux 1834 - Paris 1899,* violoniste et chef d'orchestre français. Il fonda les concerts qui portent son nom.

LAMPEDUSA, île italienne de la Méditerranée, entre Malte et la Tunisie.

LAMPRECHT (Karl), *Jessen, Saxe, 1856 - Leipzig 1915,* historien allemand, l'un des maîtres de l'histoire économique européenne.

LAMY (François Joseph), *Mougins 1858 - Kousseri 1900,* officier et explorateur français. Il explora la région du lac Tchad et fut tué en la pacifiant. Il donna son nom à la ville de *Fort-Lamy* (auj. N'Djamena).

LANAKEN, comm. de Belgique (Limbourg) ; 22 110 hab.

LANAUDIÈRE, région administrative du Québec (Canada), sur le Saint-Laurent ; 13 510 km^2 ; 334 848 hab. *(Lanaudois) ;* v. princ. *Joliette.*

LANCASHIRE, comté d'Angleterre, sur la mer d'Irlande ; 1 365 100 hab. ; ch.-l. *Preston.*

LANCASTER (Burton Stephen, dit Burt), *New York 1913 - Los Angeles 1994,* acteur américain. Sa stature et son goût pour l'acrobatie firent merveille dans des films d'aventures (*le Vent de la plaine,* J. Huston, 1960) puis dans des rôles de composition (*le Guépard,* L. Visconti, 1963 ; *Violence et Passion,* id., 1974).

LANCASTRE, maison anglaise, branche cadette des Plantagenêts, titulaire du comté, puis du duché de Lancastre et qui régna sur l'Angleterre avec les rois Henri IV, Henri V et Henri VI. Jouant un rôle prééminent à partir de Jean de Gand (1340 - 1399), fils d'Édouard III et père d'Henri IV, elle fut la rivale de la maison d'York dans la guerre des Deux-Roses (elle portait dans ses armes la rose rouge). Le dernier Lancastre, Édouard, fils unique d'Henri VI, fut exécuté en 1471, après la victoire des Yorks à Tewkesbury.

LANCASTRE (Jean **de**), duc **de Bedford → BEDFORD** (duc **de**).

LANCELOT (dom Claude), *Paris v. 1615 - Quimperlé 1695,* janséniste et grammairien français. Il contribua à la fondation des Petites Écoles de Port-Royal et écrivit une *Grammaire générale et raisonnée,* dite *Grammaire de Port-Royal.*

Lancelot du lac, personnage du *cycle du roi *Arthur.* Élevé par la fée Viviane au fond d'un lac, ce chevalier s'éprend de la reine Guenièvre, femme du roi Arthur, et subit par amour pour elle toutes sortes d'épreuves, contées, notamment, par Chrétien de Troyes dans *Lancelot ou le Chevalier à la charrette* (v. 1170).

L'ANCIENNE-LORETTE, v. du Canada (Québec), à l'O. de Québec ; 15 929 hab. *(Lorettains).* Aéroport.

LANCRET (Nicolas), *Paris 1690 - id. 1743,* peintre français, émule de Watteau (*la Camargo dansant,* v. 1730, diverses versions).

LANCY, comm. de Suisse (cant. de Genève) ; 22 960 hab. *(Lancéens).*

LANDAU, v. d'Allemagne (Rhénanie-Palatinat) ; 39 258 hab. Fondée en 1224, la ville fut acquise par la France (1648) et revint au Palatinat bavarois en 1815. – Églises gothiques.

LANDAU (Lev Davidovitch), *Bakou 1908 - Moscou 1968,* physicien soviétique. Spécialiste de la théorie quantique des champs, il est l'auteur d'une théorie de la superfluidité. (Prix Nobel 1962.)

LANDERNEAU (29800), ch.-l. de cant. du Finistère, sur l'estuaire de l'Élorn ; 15 141 hab. *(Landernéens).* Anc. cap. du Léon. Coopérative agricole. – Pont de Rohan (1510) ; vieilles demeures.

LANDES n.f.pl., région du sud-ouest de la France, sur l'Atlantique, entre le Bordelais et l'Adour. (Hab. *Landais.*) Le tourisme estival, la pêche, l'ostréiculture (Arcachon, Capbreton, Hossegor, Mimizan, Seignosse) animent localement le littoral, rectiligne, bordé de cordons de dunes qui enserrent des étangs. L'intérieur est une vaste plaine triangulaire, dont les sables s'agglutinent parfois en un grès dur, l'alios, qui retient l'eau en marécages insalubres. Cette plaine, autrefois déshéritée, a été transformée à la fin du XVIIIe s. (par N. Brémontier) et sous le second Empire (par J. Chambrelent [1817 - 1893]) par des plantations de pins (fixant des dunes littorales avant de coloniser l'intérieur) et par des drainages systématiques. Une partie de la forêt (exploitée surtout pour la papeterie) est englobée dans le *parc naturel régional des Landes de Gascogne* (260 000 ha env.), qui correspond à peu près au bassin de l'Eyre (dép. de la Gironde et des Landes).

LANDES n.f.pl. (40), dép. de la Région Aquitaine ; ch.-l. de dép. *Mont-de-Marsan ;* ch.-l. d'arrond. *Dax ;* 2 arrond. ; 30 cant. ; 331 comm. ; 9 243 km^2 ; 327 334 hab. *(Landais).* Le dép. appartient à l'académie de Bordeaux, à la cour d'appel de Pau, à la zone de défense Sud-Ouest. Il s'étend, au N., sur la région des Landes (la forêt couvre près des deux tiers de la superficie du département), et, au S., sur la Chalosse, région de collines où l'on pratique la polyculture (blé, maïs, vigne ; volailles).

Landes (Centre d'essais des), centre militaire d'expérimentation des missiles, créé en 1962, entre Biscarrosse et Mimizan.

LANDIVISIAU (29400), ch.-l. de cant. du Finistère, dans le Léon ; 9 031 hab. *(Landivisiens).* Base aéronavale.

LANDOWSKA (Wanda), *Varsovie 1879 - Lakeville, Connecticut, 1959,* claveciniste polonaise. Elle se consacra au renouveau du clavecin et de la musique ancienne.

LANDOWSKI (Marcel), *Pont-l'Abbé 1915 - Paris 1999,* compositeur français. Il est l'auteur d'œuvres classiques et personnelles : opéras (*le Fou,* 1956 ; *Montségur,* 1985), symphonies et concertos (*Concerto pour violon et orchestre,* 1994 - 1996).

LANDRECIES (59550), ch.-l. de cant. du Nord ; 3 969 hab. Anc. place forte ; hôtel de ville et église du début du XIXe s.

Landru (affaire), grand procès criminel français (1921). Après la découverte de restes humains calcinés dans sa villa, Henri Désiré **Landru** (1869-1922) fut accusé du meurtre de dix femmes et d'un jeune garçon. Il nia toujours ces meurtres, mais reconnut avoir escroqué les victimes présumées. Il fut condamné à mort et exécuté.

LANDRY (Adolphe), *Ajaccio 1874 - Paris 1956,* économiste et homme politique français. Dès 1913, il soutint la politique familiale et la lutte contre la dénatalité (*Manuel d'économique,* 1908 ; *Traité de démographie,* 1945).

LANDRY (Bernard), *Saint-Jacques, Joliette, 1937,* homme politique canadien. Il est chef du Parti québécois et Premier ministre du Québec depuis 2001.

LAND'S END, cap de l'extrémité sud-ouest de la Grande-Bretagne (Angleterre), en Cornouailles.

LANDSHUT, v. d'Allemagne (Bavière), sur l'Isar ; 59 637 hab. Monuments anciens.

LANDSTEINER (Karl), *Vienne 1868 - New York 1943,* médecin américain d'origine autrichienne. Il a découvert en 1900 les groupes sanguins du système ABO et en 1940 le facteur Rhésus. (Prix Nobel 1930.)

LANESTER (56600), ch.-l. de cant. du Morbihan, banlieue de Lorient ; 23 144 hab. (*Lanestériens).*

LANEUVEVILLE-DEVANT-NANCY (54410), comm. de Meurthe-et-Moselle ; 5 111 hab. (*Laneuvevillois).* Chimie. — Aux environs, anc. chartreuse de Bosserville (XVIIe s.).

LANFRANC, *Pavie v. 1005 - Canterbury 1089,* prélat anglais d'origine italienne. Bénédictin et écolâtre de l'abbaye normande du Bec (auj. Bec-Hellouin), dont il fit un grand centre intellectuel, ami de Guillaume le Conquérant, il devint archevêque de Canterbury (1070) et primat d'Angleterre.

LANFRANCO (Giovanni), *Terenzo, près de Parme, 1582 - Rome 1647,* peintre italien. Élève des Carrache, il fut l'un des premiers créateurs de décors à effets baroques de perspective et de trompe-l'œil, à Rome (coupole de S. Andrea della Valle, 1625) et à Naples.

LANG (Fritz), *Vienne 1890 - Hollywood 1976,* cinéaste autrichien naturalisé américain. En Allemagne, puis aux États-Unis, il proposa sa vision morale dans une œuvre d'abord expressionniste puis de plus en plus dépouillée : *le Docteur Mabuse,* 1922 ; *les Nibelungen,* 1924 ; *Metropolis,* 1927 ; *M le Maudit,* 1931 ; *Furie,* 1936.

■ FRITZ **LANG.** Une scène de *M le Maudit* (1931), avec Peter Lorre.

LANG (Jack), *Mirecourt 1939,* homme politique français. Socialiste, ministre de la Culture (1981 - 1986 ; 1988 - 1993), il élargit les cadres traditionnels de la culture par des manifestations populaires (fêtes de la musique, du cinéma, etc.). Il est depuis 2000 ministre de l'Éducation nationale (portefeuille qu'il avait déjà détenu, parallèlement à celui de la Culture, en 1992-1993).

LANGDON (Harry), *Council Bluffs, Iowa, 1884 - Hollywood 1944,* acteur américain. Incarnation du rêveur, lunaire et insolite, il fut l'un des grands comiques du cinéma muet (*Sa dernière culotte,* de F. Capra, 1927).

LANGEAC (43300), ch.-l. de cant. de la Haute-Loire, sur l'Allier ; 4 200 hab. (*Langeadois).* Mobilier. — Église du XVe s.

LANGEAIS (37130), ch.-l. de cant. d'Indre-et-Loire, sur la Loire ; 3 911 hab. (*Langeaisiens).* Château du XVe s. (tapisseries et mobilier).

LANGEVIN (Paul), *Paris 1872 - id. 1946,* physicien français. Auteur de travaux sur les ions, le magnétisme, la thermodynamique, la relativité, il s'est également efforcé d'améliorer l'enseignement des sciences et de populariser les théories de la relativité et de la physique quantique.

LANGLADE → SAINT-PIERRE-ET-MIQUELON.

LANGLAND (William), *dans le Herefordshire v. 1332 - v. 1400,* poète anglais, auteur du poème satirique *la Vision de Pierre le Laboureur* (1362).

LANGLOIS (Henri), *Smyrne 1914 - Paris 1977,* cofondateur et secrétaire général de la cinémathèque française. Il joua un rôle essentiel pour la connaissance du cinéma et la sauvegarde de son patrimoine.

LANGMUIR (Irving), *Brooklyn 1881 - Falmouth 1957,* chimiste et physicien américain. Il inventa les ampoules électriques à atmosphère gazeuse, perfectionna la technique des tubes électroniques, créa les théories de l'électrovalence et de la catalyse hétérogène et découvrit l'hydrogène atomique. (Prix Nobel de chimie 1932.)

LANGOGNE (48300), ch.-l. de cant. de la Lozère, sur l'Allier ; 3 364 hab. (*Langonais).* Église romane à portail gothique ; halle du XVIIIe s.

LANGON (33210), ch.-l. d'arrond. de la Gironde, sur la Garonne ; 6 627 hab. (*Langonais).* Vins.

LANGREO, v. d'Espagne (Asturies) ; 51 710 hab.

LANGRES (52200), ch.-l. d'arrond. de la Haute-Marne, sur le *plateau de Langres ;* 10 392 hab. (*Langrois).* Évêché. Équipements automobiles. Matières plastiques. — Remparts d'origine romaine, cathédrale romano-gothique, demeures anciennes ; deux musées.

LANGRES (plateau de), plateau de l'est de la France (Côte-d'Or et Haute-Marne). Limite de partage des eaux entre les tributaires de la Manche et de la Méditerranée.

LANG SON, v. du nord du Viêt Nam, près de la frontière chinoise ; 7 400 hab. La ville fut occupée en 1885 par les Français, qui l'évacuèrent bientôt sous la pression des Chinois (l'incident provoqua la chute du cabinet Jules Ferry). Les Français s'y battirent encore en 1940 et en 1945 contre les Japonais, et en 1953 contre le Viêt-minh.

LANGTON (Étienne ou Stephen), *v. 1150-Slindon 1228,* prélat anglais. Archevêque de Canterbury (1207), opposé à Jean sans Terre, il participa à l'établissement de la *Grande Charte* (1215).

LANGUEDOC n.m., anc. région du sud-ouest de la France qui tire son nom de la langue *(langue d'oc)* qui y était parlée par ses habitants et qui en faisait l'unité ; cap. *Toulouse.* Le Languedoc correspondait aux actuels départements de la Haute-Garonne, de l'Aude, du Tarn, de l'Hérault, du Gard, de l'Ardèche, de la Lozère et de la Haute-Loire. Occupée par les Romains (v. 120 av. J.-C.), la région fut envahie par les Wisigoths (413), puis par les Francs (507). Au Xe s., elle se morcela en principautés féodales, dont la plus vaste fut le comté de Toulouse. Terre d'élection de l'hérésie cathare au XIIIe s., le Languedoc fut réuni à la Couronne à la suite de la croisade des albigeois (1208 - 1244), mais garda ses institutions propres jusqu'à la Révolution. Il fut également un des foyers du protestantisme à partir du XVIe s.

LANGUEDOC, région géographique du sud de la France, entre les Corbières, le Massif central, la Camargue et la Méditerranée, qui forme la majeure partie du *Languedoc-Roussillon.* Les Garrigues, plateaux calcaires déserts, au pied des Cévennes, dominent la plaine, site des grandes villes (Montpellier, Béziers, Nîmes), un peu en retrait d'un littoral souvent rectiligne et lagunaire.

Languedoc (canal du) **→ Midi** (canal du).

Languedoc (parc naturel régional du Haut-), parc naturel, couvrant env. 260 000 ha sur les dép. du Tarn et de l'Hérault.

Languedocienne (la), autoroute partant d'Orange et dirigée vers l'Espagne (par Nîmes et Montpellier).

LANGUEDOC-ROUSSILLON n.m., Région administrative de France ; 27 376 km² ; 2 295 648 hab. ; ch.-l. *Montpellier ;* 5 dép. (Aude, Gard, Hérault, Lozère et Pyrénées-Orientales). Longtemps inhospitaliers, les littoraux ont été aménagés pour le tourisme estival. L'agriculture (vigne, cultures fruitières et maraîchères) occupe

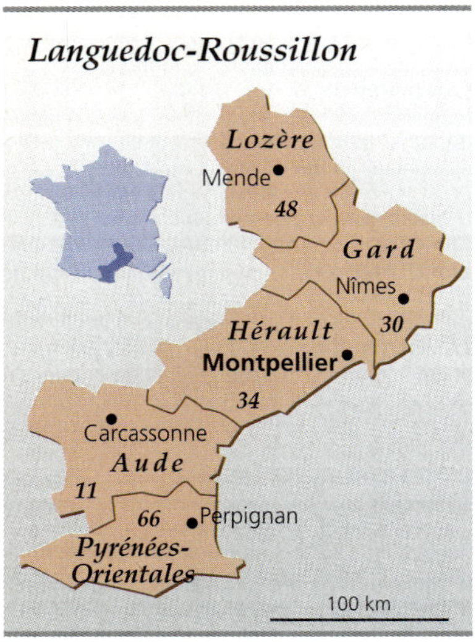

près de 10 % de la population active et demeure une ressource essentielle de l'arrière-pays, qui a subi un exode rural massif. L'industrie reste peu active, malgré le développement de Montpellier.

LANGUEUX (22360), ch.-l. de cant. des Côtes-d'Armor, près de Saint-Brieuc ; 6 676 hab.

LANJUINAIS (Jean Denis, comte), *Rennes 1735 - Paris 1827,* homme politique français. Avocat, député aux États généraux (1789), fondateur du Club breton (Jacobins), il prit une grande part à l'établissement de la Constitution civile du clergé (1790).

LANMEUR (29620), ch.-l. de cant. du Finistère ; 2 164 hab. Chapelle des XIe-XVIe s.

Lann-Bihoué, aéroport de Lorient. Base aéronavale.

LANNEMEZAN (65300), ch.-l. de cant. des Hautes-Pyrénées ; 6 446 hab. Usine d'aluminium.

LANNEMEZAN (plateau de), plateau au pied des Pyrénées françaises (Hautes-Pyrénées et Haute-Garonne). C'est un cône de déjection fluvio-glaciaire, d'où divergent notamment la Baïse, le Gers, la Gimone et la Save.

LANNES (Jean), duc **de Montebello,** *Lectoure 1769 - Vienne 1809,* maréchal de France. Volontaire en 1792, général dans l'armée d'Italie (1796) et en Égypte, il contribua à la victoire de Marengo (1800) et fut vainqueur à Montebello. Il se distingua à Austerlitz (1805) et à Iéna (1806), mais fut mortellement blessé à Essling.

LANNILIS (29870), ch.-l. de cant. du Finistère, dans le Léon ; 4 547 hab.

LANNION (22300), ch.-l. d'arrond. des Côtes-d'Armor, sur le Léguer ; 19 351 hab. *(Lannionnais).* Centre national d'études des télécommunications (CNET). Électronique. — Église de Brélévenez, surtout romane ; maisons à colombages.

LA NOUE (François **de**), dit **Bras de Fer,** *Nantes 1531 - Moncontour 1591,* gentilhomme français. Calviniste, il fut lieutenant de Gaspard de Coligny, se rallia à Henri IV et rédigea les *Discours politiques et militaires* (1587), histoire des trois premières guerres de Religion.

LANS-EN-VERCORS (38250), comm. de l'Isère ; 2 100 hab. Station climatique et de sports d'hiver à 1 020 m d'altitude.

LANSING, v. des États-Unis, cap. du Michigan ; 432 674 hab. Université.

LANSON (Gustave), *Orléans 1857 - Paris 1934,* critique littéraire et universitaire français. Il appliqua la méthode historique et comparative à l'étude des œuvres littéraires.

LANÚS, v. d'Argentine, banlieue de Buenos Aires ; 466 755 hab.

LANVAUX (landes de), ligne de hauteurs du sud de la Bretagne (Morbihan).

LANVÉOC (29160), comm. du Finistère, sur la rade de Brest ; 2 361 hab. École navale.

LANZAROTE, l'une des îles Canaries (Espagne) ; 88 475 hab.

LANZHOU, v. de Chine, cap. du Gansu, sur le Huang He ; 1 420 000 hab. Chimie. Métallurgie.

LAOCOON MYTH. GR. Héros troyen étouffé avec ses fils par deux serpents monstrueux. Cet épisode est le sujet d'un célèbre groupe sculpté au IIe s. av. J.-C. (musée du Vatican), découvert en 1506, et qui a marqué nombre de sculpteurs.

■ **LAOCOON.** Groupe hellénistique en marbre de la seconde moitié du IIe s. av. J.-C. (Musée Pio Clementino, le Vatican.)

LAODICE, nom de plusieurs princesses de l'époque hellénistique.

LAODICÉE, nom de plusieurs villes hellénistiques de Syrie et d'Asie Mineure. La plus importante est l'actuelle *Lattaquié.

LAON [lɑ̃] (02000), ch.-l. du dép. de l'Aisne, à 134 km au N.-E. de Paris ; 27 878 hab. *(Laonnois).* Câbles. Métallurgie. — Dans la ville haute, ceinte de remparts, monuments, dont la cathédrale, chef-d'œuvre gothique des années 1160 - 1230 ; musée. — Anc. cap. du Laonnois.

■ **LAON.** La cathédrale (v. 1160 - 1230).

LAOS n.m., État d'Asie du Sud-Est ; 236 800 km² ; 5 020 000 hab. *(Laotiens).* CAP. *Vientiane.* LANGUE : *lao.* MONNAIE : *kip.* (V. carte **Asie du Sud-Est continentale.**)

GÉOGRAPHIE

Couvert par la forêt (surtout) et la savane, le Laos est un pays enclavé, étiré entre le Viêt Nam et la Thaïlande. Il est formé de plateaux et de montagnes recevant des pluies en été (mousson). Ces régions sont traversées par le Mékong, qui a édifié quelques plaines alluviales, où se cultive le riz (base de l'alimentation).

HISTOIRE

Du royaume du Lan Xang à la fin du protectorat français. Le pays lao, situé de part et d'autre du Mékong, a une histoire mal connue jusqu'au XIIIe s. **1353 :** le prince Fa Ngum fonde un royaume lao indépendant (le Lan Xang) et fixe sa capitale à Luang Prabang. **1373 - 1548 :** ses successeurs repoussent les Thaïs et annexent le royaume du Lan Na. **1563 :** Vientiane devient la capitale. **1574 - 1591 :** suzeraineté birmane. **XVIIe s. :** période d'anarchie suivie du règne réparateur de Souligna Vongsa (1637 - 1694). **XVIIIe s. :** le pays est divisé entre les royaumes de Champassak, de Luang Prabang et de Vientiane. **1778 :** le Siam impose sa domination au pays entier. **1887 :** le roi de Luang Prabang, Oun Kham (1869 - 1895), demande la protection de la France. **1893 - 1904 :** le Siam signe plusieurs traités reconnaissant le protectorat français sur le Laos. **1904 :** début du règne de Sisavang Vong, qui durera jusqu'en 1959. **1940 :** hostilités franco-thaïlandaises ; le Japon impose à la France l'abandon de la rive droite du Mékong. **1945 :** coup de force japonais ; l'indépendance est proclamée. **1946 :** la France chasse les nationalistes, rétablit le roi et accorde l'autonomie.

Le Laos indépendant. 1949 - 1954 : le Laos devient indépendant au sein de l'Union française (1949). Le Pathet Lao, mouvement d'indépendance créé par Souphanouvong et soutenu par les communistes du Viêt-minh, occupe le nord du pays. **1954 - 1957 :** lors des accords de Genève, le Pathet Lao obtient le contrôle de plusieurs provinces, alors que Souvanna Phouma, qui dirige un gouvernement neutraliste depuis 1951, demeure Premier ministre. **1957 - 1964 :** plusieurs gouvernements d'union nationale réunissent neutralistes (Souvanna Phouma), communistes (Souphanouvong) et partisans de l'autorité royale (Boun Oum). **1964 - 1973 :** le Laos, impliqué dans la guerre du Viêt Nam, subit les bombardements américains et les interventions des Vietnamiens du Nord et des Thaïlandais. **1975 :** la République populaire démocratique du Laos est proclamée. Elle est présidée par Souphanouvong. **1977 :** elle signe un traité d'amitié avec le Viêt Nam. **1980 :** un Front national de libération lao, soutenu par la Chine, est constitué. **1986 :** Souphanouvong démissionne. Kaysone Phomvihane, secrétaire général du parti unique et Premier ministre depuis 1975, engage son pays sur la voie de l'ouverture politique et économique. **1991 :** il devient chef de l'État. **1992 :** après sa mort, Nouhak Phoumsavane lui succède ; Khamtay Siphandone, Premier ministre depuis 1991, est nommé à la tête du parti unique. **1997 :** le Laos est admis au sein de l'ASEAN. **1998 :** K. Siphandone devient chef de l'État.

LAO SHE (**Shu Qingchun,** dit), *Pékin 1899 - id. 1966,* écrivain chinois. Dramaturge *(la Maison de thé),* il est l'un des principaux romanciers chinois du XXe s. *(le Pousse-Pousse).* Il mourut dans des circonstances mystérieuses lors de la Révolution culturelle.

LAOZI ou **LAO-TSEU,** *VIe - Ve s. av. J.-C.,* philosophe chinois. Il n'est connu qu'à travers la légende ; auteur présumé du *Tao-tö-king,* texte fondateur du taoïsme, il fut divinisé au II e s. de notre ère.

LA PALICE (Jacques II **de Chabannes,** seigneur **de**), *v. 1470 - Pavie 1525,* maréchal de France. Il participa aux guerres d'Italie de Louis XII et de François Ier. Ses soldats composèrent en son honneur une chanson *(Un quart d'heure avant sa mort, Il était encore en vie...),* ce qui voulait dire que jusqu'à sa dernière heure La Palice s'était bien battu ; mais la postérité n'a retenu que la naïveté des vers.

LAPALISSE (03120), ch.-l. de cant. de l'Allier ; 3 510 hab. *(Lapalissois).* Château des XVe-XVIe s.

LA PASTURE (Rogier **de**) → **VAN DER WEYDEN.**

LA PÉROUSE (Jean François **de Galaup,** comte **de**), *château du Guo, près d'Albi, 1741 - île de Vanikoro 1788,* navigateur français. Chargé par Louis XVI de reconnaître les parties septentrionales des rivages américains et asiatiques (1785), il aborda à l'île de Pâques et aux îles Hawaii (1786), d'où il gagna Macao, les Philippines, la Corée et le Kamtchatka (1787). Son bateau, *l'Astrolabe,* fit naufrage alors qu'il redescendait vers le sud. On a retrouvé, en 1962, les restes de *la Boussole,* autre frégate de l'expédition.

LAPERRINE (Henry), *Castelnaudary 1860 - au Sahara 1920,* général français. Ami du Père de Foucauld, il pacifia les territoires sahariens (1902 - 1919).

LAPICQUE (Charles), *Theizé, Rhône, 1898 - Orsay 1988,* peintre français, fils de Louis Lapicque. Il est parvenu à une expression lyrique et dynamique par l'étude du pouvoir de la couleur.

LAPICQUE (Louis), *Épinal 1866 - Paris 1952,* physiologiste français. Il a étudié le fonctionnement du système nerveux et des neurones.

LAPITHES MYTH. GR. Peuple de Thessalie. Il est célèbre pour avoir vaincu les Centaures lors du mariage de leur roi Pirithoos.

■ **LA PÉROUSE**
par N. Monsiau.
(Château de Versailles.)

■ **LAPLACE**
par A. Carrière.
(Observatoire de Paris.)

LAPLACE (Pierre Simon, marquis **de**), *Beaumont-en-Auge 1749 - Paris 1827,* savant français. Auteur de travaux concernant la mécanique céleste et d'un traité remarquable sur le calcul des probabilités, il fit, avec Lavoisier, des mesures calorimétriques et formula les lois de l'électromagnétisme qui portent son nom. Les théories actuelles de la formation du système solaire s'inspirent encore de sa célèbre hypothèse cosmogonique (1796), selon laquelle le système solaire serait issu d'une nébuleuse en rotation. (Acad. fr.)

LA PLAINE, v. du Canada (Québec), au N. de Montréal ; 11 840 hab. *(Plainois).*

LAPLANCHE (Jean), *Paris 1924,* psychanalyste français. Il a établi avec J.-B. Pontalis un *Vocabulaire de la psychanalyse* (1967) ; depuis 1988, il dirige une nouvelle traduction de S. Freud.

LA POCATIÈRE, v. du Canada (Québec) ; 6 751 hab. *(Pocatois).* Évêché.

LAPOINTE (Robert, dit Boby), *Pézenas, Hérault, 1922 - id. 1972,* chanteur français. Également parolier et compositeur, il a développé un genre fondé sur l'absurde et les jeux de mots *(Aragon et Castille ; Avanie et Framboise).*

LAPONIE, région la plus septentrionale de l'Europe, au N. du cercle polaire, partagée entre la Norvège, la Suède, la Finlande et la Russie.

LAPONS, peuple autochtone de la Laponie (env. 55 000). Confrontés dès le IXe s. à la pression scandinave et finnoise, peu à peu christianisés, ils se partagent entre fermiers, pêcheurs et éleveurs semi-nomades de rennes. Leur langue, le *lapon,* appartient à la famille finno-ougrienne. Ils se donnent le nom de *Samet* ou *Saame.*

LAPPARENT (Albert **Cochon de**), *Bourges 1839 - Paris 1908,* géologue français. Auteur d'un *Traité de géologie* (1882), il participa à l'élaboration de la carte géologique de la France.

LAPPEENRANTA, v. de Finlande ; 55 000 hab. Deux églises de la fin du XVIIIe s. ; musées.

LA PRAIRIE, v. du Canada (Québec), au S.-E. de Montréal ; 15 839 hab. *(Laprairiens).*

LAPTEV (mer des), partie de l'océan Arctique, bordant la Sibérie.

LAQUEDIVES (îles), archipel indien de la mer d'Oman.

LA QUINTINIE (Jean **de**), *Chabanais, Charente, 1626 - Versailles 1688,* agronome français. Ses travaux permirent d'améliorer la culture des arbres fruitiers et les techniques horticoles.

LARAGNE-MONTÉGLIN (05300), ch.-l. de cant. des Hautes-Alpes ; 3 372 hab.

LARBAUD (Valery), *Vichy 1881 - id. 1957,* écrivain français. Poète, romancier (*Fermina Marquez,* 1911 ; *A.O. Barnabooth,* 1913) et essayiste cosmopolite et raffiné, il révéla au public français les grands écrivains étrangers contemporains (Butler, Joyce).

LARCHE (col de), col, à la frontière franco-italienne, entre Barcelonnette et Cuneo ; 1 991 m.

LARDERELLO, village d'Italie (Toscane) ; 1 000 hab. Vapeurs naturelles *(soffioni)* utilisées pour la production d'électricité.

LARDIN-SAINT-LAZARE (Le) [24570], comm. de la Dordogne, sur la Vézère ; 1 886 hab. Papeterie.

LARDY (91510), comm. de l'Essonne, au S. d'Arpajon ; 4 419 hab. Centre d'essais de l'industrie automobile. – Église des XIIe et XVe s.

LAREDO, v. d'Espagne (Cantabrique), sur le golfe de Gascogne ; 12 950 hab. Station balnéaire.

LAREDO, v. des États-Unis (Texas), sur le Rio Grande, en face de *Nuevo Laredo* (Mexique) ; 122 899 hab.

LA RÉVELLIÈRE-LÉPEAUX (Louis Marie **de**), *Montaigu, Vendée, 1753 - Paris 1824,* homme politique français. Membre de la Convention, puis du Directoire (1795 - 1799), il contribua au coup d'État du 18 Fructidor et protégea la théophilanthropie.

LA REYNIE (Gabriel Nicolas **de**), *Limoges 1625 - Paris 1709,* administrateur français. Premier lieutenant général de police de Paris (1667 - 1697), il contribua à l'organisation de la police et à l'assainissement de la ville.

LARGENTIÈRE (07110), ch.-l. d'arrond. de l'Ardèche ; 2 046 hab. *(Largentiérois).* Monuments, témoignages du passé de cet anc. centre minier.

LARGILLIÈRE ou **LARGILLIERRE** (Nicolas **de**), *Paris 1656 - id. 1746,* peintre français. Formé à Anvers, il collabora avec P. Lely à Londres et, de retour à Paris (1682), devint le portraitiste favori de la bourgeoisie, au style souple et brillant.

LARGO CABALLERO (Francisco), *Madrid 1869 - Paris 1946,* homme politique espagnol. Socialiste, il fut l'un des artisans du *Frente popular* (1936) et le chef du gouvernement républicain de sept. 1936 à mai 1937.

LARIBOISIÈRE (Jean Ambroise **Baston,** comte **de**), *Fougères 1759 - Königsberg 1812,* général français. Commandant l'artillerie de la Garde impériale et celle de la Grande Armée (1812), il mourut durant la retraite de Russie. – **Charles Honoré Baston,** comte **de L.,** *Fougères 1788 - Paris 1868,* homme politique français. Fils de Jean Ambroise, il épousa Élisa Roy, qui devait fonder à Paris l'*hôpital Lariboisière* (1846).

LARIONOV (Mikhaïl, dit Michel), *Tiraspol 1881 - Fontenay-aux-Roses 1964,* peintre russe naturalisé français. Avec sa femme, N. Gontcharova, il créa en 1912 l'abstraction « rayonniste ». Il collabora aux Ballets russes de 1915 à 1922.

LÁRISSA, v. de Grèce, en Thessalie ; 113 426 hab. Musée archéologique.

LARIVEY (Pierre **de**), *Troyes v. 1540 - v. 1612,* écrivain français, auteur de comédies inspirées du théâtre italien (*les Esprits,* 1579).

LARMOR (sir Joseph), *Magheragall, comté d'Antrim, 1857 - Holywood, Irlande, 1942,* physicien irlandais. Il a démontré que les électrons devaient posséder une masse et a écrit l'un des ouvrages fondateurs de la physique électronique.

LARMOR-PLAGE (56260), comm. du Morbihan ; 8 752 hab. *(Larmoriens).* Station balnéaire. – Église des XVe-XVIe s. (œuvres d'art).

LÁRNAKA, v. de Chypre, sur le *golfe de Lárnaka ;* 61 000 hab. Aéroport.

LA ROCHEFOUCAULD (François, duc **de**), *Paris 1613 - id. 1680,* écrivain français. Il fut, aux côtés du prince de Condé, un des frondeurs les plus ardents et fréquenta les salons de Mme de Sablé et de Mme de La Fayette. Ses *Réflexions ou Sentences et Maximes morales* (1664), laconiques et éclatantes, expriment son dégoût d'un monde où les meilleurs sentiments sont, malgré les apparences, dictés par l'intérêt.

LA ROCHEFOUCAULD-LIANCOURT (François, duc **de**), *La Roche-Guyon 1747 - Paris 1827,* philanthrope et homme politique français. Éducateur pionnier et fondateur d'une ferme modèle, il développa une activité philanthropique multiforme en faveur des enfants au travail, des pauvres, des esclaves et des prisonniers.

LA ROCHEJAQUELEIN (Henri **du Vergier,** comte **de**), *La Durbellière, Poitou, 1772 - Nuaillé, Maine-et-Loire, 1794,* chef vendéen. Ayant soulevé les Mauges, il fut battu à Cholet (1793). Général en chef des vendéens, il échoua à Savenay, se livra ensuite à la guérilla et fut tué au combat.

LAROCHE-SAINT-CYDROINE → **MIGENNES.**

LA ROCQUE (François, comte **de**), *Lorient 1885 - Paris 1946,* homme politique français. Président des Croix-de-Feu (1931), il créa, en 1936, le Parti social français (PSF). Il fut déporté par les Allemands.

LAROQUE (Pierre), *Paris 1907 - id. 1997,* juriste français. Il a joué un rôle essentiel dans l'élaboration du système français de sécurité sociale issu de l'ordonnance de 1945.

LAROSIÈRE (Jacques **de**), *Paris 1929,* financier français. Directeur général du Fonds monétaire international (1978 - 1987), gouverneur de la Banque de France (1987 - 1993), il est président de la BERD de 1993 à 1998.

■ PIERRE **LAROUSSE**

LAROUSSE (Pierre), *Toucy 1817 - Paris 1875,* lexicographe et éditeur français, fondateur, avec Augustin Boyer (1821 - 1896), de la *Librairie Larousse et Boyer.* Il édita des livres scolaires qui renouvelaient les méthodes de l'enseignement primaire. Puis il entreprit la publication du *Grand Dictionnaire universel du* XIXe *siècle,* en 15 vol. (1866 - 1876), qui dès 1863 parut en fascicules.

LARRA (Mariano José **de**), *Madrid 1809 - id. 1837,* écrivain espagnol. Il est surtout connu pour son œuvre journalistique, polémique et satirique.

LARREY (Dominique, baron), *Beaudéan, près de Bagnères-de-Bigorre, 1766 - Lyon 1842,* chirurgien militaire français. Chirurgien en chef de la Grande Armée, il suivit Napoléon dans toutes ses campagnes.

LARTET (Édouard), *Saint-Guiraud, Gers, 1801 - Seissan, Gers, 1871,* géologue et préhistorien français, fondateur de la paléontologie humaine.

LARTIGUE (Jacques-Henri), *Courbevoie 1894 - Nice 1986,* photographe français. Toute son œuvre demeure le reflet de la joie de vivre et de la spontanéité de l'enfant qu'il était lorsqu'il réalisa ses premières images (*Instants de ma vie,* 1973).

Larzac (camp du), camp militaire (3 000 ha).

LARZAC (causse du), haut plateau calcaire du sud du Massif central (France), dans la région des Grands Causses. Élevage de moutons.

LA SABLIÈRE (Marguerite **Hessein,** Mme **de**), *Paris 1636 - id. 1693,* femme de lettres française, protectrice de La Fontaine.

LA SALE (Antoine **de**), *v. 1385 - 1460,* écrivain français. Son *Histoire du Petit Jehan de Saintré* (1456) combine un thème de nouvelle érotique et un thème de chronique chevaleresque.

LASALLE, v. du Canada (Québec), banlieue sud de Montréal ; 74 777 hab. *(LaSallois).*

LASALLE (Antoine, comte **de**), *Metz 1775 - Wagram 1809,* général français. Hussard célèbre par ses faits d'armes, il participa à la plupart des campagnes de la Révolution et de l'Empire.

LA SALLE (Robert **Cavelier de**) → **CAVELIER DE LA SALLE.**

LASCARIS, famille byzantine qui régna sur l'empire de Nicée (1204 - 1261).

LASCARIS ou **LASKARIS** (Jean), surnommé **Rhyndacenus,** *Constantinople v. 1445 - Rome 1534,* érudit grec. D'abord bibliothécaire de Laurent de Médicis, il enseigna la littérature grecque à Paris, où il eut pour élève G. Budé.

LAS CASAS (Bartolomé **de**), *Séville 1474 - Madrid 1566,* prélat espagnol. Dominicain (1522), puis évêque de Chiapa, au Mexique (1544), il défendit les Indiens contre l'oppression brutale des conquérants espagnols, qu'il dénonça dans des ouvrages virulents comme sa *Très Brève Relation de la destruction des Indes* (écrite en 1542 et publiée en 1552).

LAS CASES (Emmanuel, comte **de**), *château de Las Cases, près de Revel, 1766 - Passy-sur-Seine 1842,* historien français. Il accompagna Napoléon Ier dans l'exil et rédigea le *Mémorial de Sainte-Hélène* (1823).

LASCAUX (grotte de), grotte ornée de la comm. de Montignac (Dordogne). On y a découvert en 1940 un important ensemble de gravures et de peintures pariétales datées entre la fin du solutréen et le début du magdalénien (v. 15000 av. J.-C.). Depuis 1963, la grotte est fermée au public pour éviter sa dégradation ; à proximité, une reconstitution en fac-similé de la salle des Taureaux est accessible aux visiteurs.

LASHLEY (Karl Spencer), *Davis, Virginie, 1890 - Poitiers 1958,* neuropsychologue américain. Il a étudié chez l'animal les liaisons entre les organes des sens et leur projection corticale.

LASKINE (Lily), *Paris 1893 - id. 1988,* harpiste française. Elle fit de la harpe un instrument soliste à part entière.

LASNE, comm. de Belgique (Brabant wallon), au S.-E. de Bruxelles ; 12 729 hab.

LASSALLE (Ferdinand), *Breslau 1825 - Genève 1864,* philosophe et économiste allemand. Il milita pour les réformes socialistes, prônant l'association productive et dénonçant « la loi d'airain des salaires », qui réduit le salaire d'un ouvrier à ce qui lui est strictement nécessaire pour vivre.

LASSAY-LES-CHÂTEAUX (53110), ch.-l. de cant. de la Mayenne ; 2 571 hab. Château fort du XVᵉ s.

LASSIGNY (60310), ch.-l. de cant. de l'Oise ; 1 277 hab. *(Lachenois).* Cosmétiques.

L'ASSOMPTION, v. du Canada (Québec), au N. de Montréal ; 12 341 hab. *(Assomptionnistes).*

LASSUS (Roland **de**), *Mons 1532 - Munich 1594,* compositeur de l'école franco-flamande. Maître de chapelle du duc de Bavière, il synthétise les tendances de son époque dans ses motets, ses madrigaux et ses chansons françaises. Ses 53 messes comptent parmi les chefs-d'œuvre de la polyphonie.

LASSWELL (Harold Dwight), *Donnellson, Illinois, 1902 - New York 1978,* sociologue américain. Pionnier des études sur les rapports de la communication et du pouvoir, il a assigné aux sciences sociales la mission de contribuer à la solution des crises de notre temps (*Pouvoir et société,* 1950).

LA SUZE (Henriette **de Coligny,** comtesse **de**), *Paris 1618 - id. 1673,* poétesse française. Ses élégies tranchent, par leur sincérité, sur la littérature précieuse.

LAS VEGAS, v. des États-Unis (Nevada) ; 258 295 hab. Centre touristique (jeux de hasard).

LATÉCOÈRE (Pierre), *Bagnères-de-Bigorre 1883 - Paris 1943,* constructeur d'avions français. Pionnier du transport aérien, il créa la ligne reliant Toulouse à Barcelone (1918), puis à Dakar (1925), exploitée à partir de 1927 par la Compagnie générale Aéropostale et prolongée ensuite en Amérique du Sud (1930).

LATIMER (Hugh), *Thurcaston v. 1490 - Oxford 1555,* théologien anglais. Passé à la Réforme, il devint chapelain d'Henri VIII, puis évêque de Worcester (1535). Il fut brûlé sous Marie Tudor.

LATINA, v. d'Italie (Latium), ch.-l. de prov., dans les anc. marais Pontins ; 105 543 hab.

LATIN DE CONSTANTINOPLE (Empire), État fondé en 1204 par les chefs de la 4ᵉ croisade, à la suite de la prise de Constantinople. Cet Empire, dont le territoire fut rapidement réduit par les rivalités et les partages, fut détruit dès 1261 par Michel VIII Paléologue, qui restaura l'Empire byzantin.

LATINI (Brunetto), *Florence v. 1220 - id. 1294,* érudit et homme politique italien. Maître de Dante, il est l'auteur d'un *Livre du Trésor* en langue d'oïl, encyclopédie des connaissances scientifiques de son temps, mêlées de légendes.

LATINS, nom des habitants du Latium. Les anciens Latins font partie des peuples indo-européens qui, dans la seconde moitié du IIᵉ millénaire, envahirent l'Italie. Constitués en cités-États réunies en confédérations, dont la principale fut la *Ligue latine* (Vᵉ-IVᵉ s. av. J.-C.), ils subirent d'abord la domination étrusque (VIᵉ s. av. J.-C.), puis celle de Rome, qui abolit la Ligue latine en 338 - 335 av. J.-C.

LATINS DU LEVANT (États), ensemble des États chrétiens fondés par les croisés en Syrie et en Palestine, entre 1098 et 1109 : le *comté d'Édesse,* la *principauté d'Antioche,* le *royaume de Jérusalem* et le *comté de Tripoli.* Ils furent reconquis par les musulmans de 1144 à 1291.

LATINUS, roi légendaire du Latium et héros éponyme des Latins.

LATIUM, région de l'Italie centrale, sur la mer Tyrrhénienne ; 17 203 km² ; 5 031 230 hab. ; cap. *Rome ;* 5 prov. (*Frosinone, Latina, Rieti, Rome* et *Viterbe*).

LATONE, nom latin de la déesse grecque Léto.

LATOUCHE (Hyacinthe **Thabaud de Latouche,** dit Henri **de**), *La Châtre 1785 - Aulnay, comm. de Châtenay-Malabry, 1851,* écrivain français. Précurseur du journalisme moderne, premier éditeur d'André de Chénier, il contribua à la reconnaissance de l'esthétique romantique.

LA TOUR (Georges **de**), *Vic-sur-Seille 1593 - Lunéville 1652,* peintre français. Maître d'un caravagisme dépouillé, intériorisé, il a laissé des œuvres tantôt diurnes, tantôt nocturnes, religieuses (*Saint Joseph charpentier,* versions du Louvre et de Besançon ; *la Madeleine à la veilleuse,* Louvre) ou de genre (*la Diseuse de bonne aventure,* New York ; *la Femme à la puce,* Nancy).

■ GEORGES DE **LA TOUR.** *Le Tricheur à l'as de carreau.* (Louvre, Paris.)

LA TOUR (Maurice **Quentin de**), *Saint-Quentin 1704 - id. 1788,* pastelliste français, célèbre pour ses portraits pleins de vie.

LA TOUR D'AUVERGNE (Henri **de**), **vicomte de Turenne → TURENNE.**

LA TOUR D'AUVERGNE (Henri **de**), **vicomte de Turenne → BOUILLON** (duc **de**).

LA TOUR D'AUVERGNE (Théophile Malo Corret **de**), *Carhaix 1743 - Oberhausen 1800,* officier français. Illustre combattant des guerres de la Révolution, il fut nommé par Bonaparte « premier grenadier de France » avant d'être tué au combat.

LATOUR-DE-CAROL (66760), comm. des Pyrénées-Orientales ; 420 hab. Gare internationale.

LA TOUR DU PIN CHAMBLY (René, marquis **de**), *Arrancy, Aisne, 1834 - Lausanne 1924,* sociologue français. Officier, il se consacra, avec Albert de Mun, aux cercles catholiques d'ouvriers et à l'élaboration d'une doctrine sociale chrétienne, d'inspiration corporative.

LA TOUR MAUBOURG (Marie Victor Nicolas **de Fay,** marquis **de**), *La Motte-Galaure, Drôme, 1768 - Farcy-lès-Lys, près de Melun, 1850,* général français. Aide de camp de Kléber en Égypte, il fit toutes les campagnes de l'Empire, puis fut ministre de la Guerre de Louis XVIII (1819 - 1821).

Latran (accords du) [11 févr. 1929], accords passés entre le Saint-Siège et le chef du gouvernement italien, Mussolini. Ils établirent la pleine souveraineté du pape sur l'État du Vatican et reconnurent le catholicisme comme religion d'État en Italie (ce dernier principe a été annulé par le concordat de 1984).

Latran (conciles du), nom donné à cinq conciles œcuméniques qui se tinrent dans le palais contigu à la basilique du Latran en 1123, 1139, 1179, 1215 et 1512 - 1517.

Latran (palais du), palais de Rome. Résidence des papes au Moyen Âge, il a été reconstruit au XVIᵉ s. par D. Fontana et appartient toujours à l'État pontifical ; la basilique *St-Jean-de-Latran* (cathédrale de Rome), près du palais, fut fondée par Constantin et a été plusieurs fois rebâtie.

LATREILLE (Pierre André), *Brive-la-Gaillarde 1762 - Paris 1833,* prêtre et naturaliste français. Successeur de Lamarck au Muséum, il est l'un des fondateurs de l'entomologie.

LA TRÉMOILLE [tremuj] (Georges **de**), *1382 - Sully-sur-Loire 1446,* gentilhomme français. Il fut le favori de Charles VII, qui le nomma grand chambellan. Il prit part à la Praguerie (1440). — **Louis II de La T.,** *Thouars 1460 - Pavie 1525,* homme de guerre français. Petit-fils de Georges, il fut tué à la bataille de Pavie.

LATTAQUIÉ, v. de Syrie, sur la Méditerranée ; 293 000 hab. Principal port du pays. — C'est l'ancienne *Laodicée.*

LATTES [lat] (34970), ch.-l. de cant. de l'Hérault, près de Montpellier ; 13 852 hab. *(Lattois).* Port actif dès 700 av. J.-C. — Musée, laboratoire et centre de documentation archéologiques.

LATTRE DE TASSIGNY (Jean-Marie **de**), *Mouilleron-en-Pareds 1889 - Neuilly-sur-Seine 1952,* maréchal de France. Il commanda la Iʳᵉ armée française, qu'il mena de la Provence au Rhin et au Danube (1944 - 1945), et signa, pour la France, l'acte de reddition allemande à Berlin (9 mai 1945). Il fut ensuite haut-commissaire et commandant en chef en Indochine (1950 - 1952).

LA TUQUE, v. du Canada (Québec), sur le Saint-Maurice ; 19 211 hab. *(Latuquois).*

LAUBE (Heinrich), *Sprottau 1806 - Vienne 1884,* écrivain allemand. Il fut l'un des chefs de file de la « Jeune-Allemagne », mouvement intellectuel libéral et francophile.

LAUBEUF (Maxime), *Poissy 1864 - Cannes 1939,* ingénieur français. Il réalisa le *Narval,* prototype des submersibles, mis en service en 1904.

LAUD (William), *Reading 1573 - Londres 1645,* prélat anglais. Évêque de Londres (1628), archevêque de Canterbury (1633), favori de Charles Iᵉʳ avec Strafford, il persécuta les puritains ; en Écosse, il se heurta à une telle opposition que Charles Iᵉʳ l'abandonna. Il mourut sur l'échafaud.

LAUDA (Andreas-Nikolaus, dit Niki), *Vienne 1949,* coureur automobile autrichien. Il a remporté le championnat du monde des conducteurs en 1975, 1977 et 1984.

LAUE (Max **von**), *Pfaffendorf 1879 - Berlin 1960,* physicien allemand. Il découvrit, en 1912, la diffraction des rayons X par les cristaux, qui démontra le caractère ondulatoire de ces rayons et qui permit de déterminer la structure des milieux cristallisés. (Prix Nobel 1914.)

LAUENBURG, anc. duché d'Allemagne, auj. intégré au Schleswig-Holstein. Il appartint au Danemark (1816 - 1864), puis fut rattaché à la Prusse (1865) après la guerre des Duchés.

LAUER (Jean-Philippe), *Paris 1902,* archéologue français. Il a consacré sa vie au site de Saqqarah, en Égypte, et a contribué à identifier Imhotep, architecte du complexe funéraire du roi Djoser.

LAUGERIE-HAUTE, gisement paléolithique situé près des Eyzies-de-Tayac-Sireuil (Dordogne). Il a servi de référence pour la chronologie préhistorique en Europe occidentale.

LAUGHTON (Charles), *Scarborough 1899 - Hollywood 1962,* acteur britannique naturalisé américain. Grand acteur de théâtre, monstre sacré de l'écran (*la Vie privée de Henry VIII,* A. Korda, 1933), il réalisa un unique film, ténébreux et onirique, *la Nuit du chasseur* (1955).

LAUNAY ou **LAUNEY** (Bernard-René **Jourdan de**), *Paris 1740 - id. 1789,* gentilhomme français. Gouverneur de la Bastille, il fut massacré lors de la prise de la forteresse.

LAURAGAIS, petite région du Languedoc, entre le bas Languedoc et le bassin d'Aquitaine (reliés par le *seuil du Lauragais*).

■ **LATRAN.** La basilique Saint-Jean (façade de 1735) et le palais du Latran (à dr.).

LAURANA (Francesco), *Zadar v. 1420/1430 - Avignon ? v. 1502,* sculpteur croate de l'école italienne. Il fut actif à Naples, en Sicile et en Provence ; célèbres bustes féminins, très épurés.

LAURANA (Luciano), *Zadar v. 1420/1425 - Pesaro 1479,* architecte croate de l'école italienne. Peut-être frère de Francesco, il a reconstruit avec élégance le palais d'Urbino (autour de 1470).

LAURASIE ou **LAURASIA** n.f., partie septentrionale de la Pangée. Elle s'est formée vers la fin du paléozoïque et s'est ensuite divisée en Amérique du Nord et en Eurasie.

LAUREL ET HARDY, acteurs de cinéma américains. Ils formèrent de 1926 à 1951, dans une centaine de films, le tandem comique le plus célèbre de l'histoire du cinéma. – **Arthur Stanley Jefferson,** dit **Stan Laurel,** *Ulverston, Lancashire, 1890 - Santa Monica 1965,* tient le rôle du maigre maladroit qui déclenche les catastrophes. – **Oliver Hardy,** *Atlanta 1892 - Hollywood 1957,* tient le rôle du gros irascible, mais plein de bonne volonté, qui ne fait qu'accentuer les dégâts.

LAURENCIN (Marie), *Paris 1883 - id. 1956,* peintre français. Amie d'*Apollinaire et des cubistes, elle est l'auteur de compositions d'une stylisation élégante, d'un coloris délicat.

LAURENS (Henri), *Paris 1885 - id. 1954,* sculpteur français. Parti du cubisme, il a soumis les formes du réel à sa conception de l'harmonie plastique (série des *Sirènes,* 1937 - 1945).

LAURENT (saint), *en Espagne v. 210 - Rome 258,* martyr. Diacre à Rome, il distribua aux pauvres les richesses de l'Église au lieu de les livrer au préfet, et fut supplicié sur un gril ardent.

LAURENT (Auguste), *La Folie, près de Langres, 1807 - Paris 1853,* chimiste français. Il fut l'un des pionniers de la théorie atomique et un précurseur de la chimie structurale.

LAURENT (Jacques), *Paris 1919 - id. 2000,* écrivain français. Essayiste et romancier *(les Bêtises),* membre des *Hussards, il est l'auteur de la série des *Caroline chérie* sous le nom de **Cécil Saint-Laurent.** (Acad. fr.)

LAURENTIDES n.f. pl., région du Canada oriental, limitant au S.-E. le bouclier canadien, du lac Témiscamingue au Labrador. Réserves naturelles. Tourisme.

LAURENTIDES, région administrative du Québec (Canada), au N. de Montréal ; 21 521 km^2 ; 381 697 hab. ; v. princ. *Saint-Jérôme.* C'est une partie de la région géographique des *Laurentides.*

LAURIER (sir Wilfrid), *Saint-Lin, Québec, 1841 - Ottawa 1919,* homme politique canadien. Chef du Parti libéral à partir de 1887, Premier ministre du Canada (1896 - 1911), il renforça l'autonomie du pays par rapport à la Grande-Bretagne.

LAURION n.m., région montagneuse de l'Attique, en Grèce, où étaient exploitées dans l'Antiquité des mines de plomb argentifère, qui contribuèrent à la puissance économique d'Athènes.

LAURISTON (Jacques **Law,** marquis **de**), *Pondichéry 1768 - Paris 1828,* maréchal de France. Aide de camp de Bonaparte en 1800, ambassadeur en Russie (1811), prisonnier à Leipzig (1813), il fut nommé maréchal par Louis XVIII et participa à l'expédition d'Espagne (1823).

LAUSANNE, v. de Suisse, ch.-l. du cant. de Vaud, sur le lac Léman ; 128 112 hab. *(Lausannois)* [250 000 hab. dans l'agglomération]. Université. Tribunal fédéral. Siège du CIO. – Cathédrale du XIIIe s. (porche sculpté des Apôtres) et autres monuments. Nombreux musées, notamm. des Beaux-Arts, de l'Élysée (estampe ; photographie), de l'Olympisme et collection de l'Art brut.

Lausanne (traité de) [24 juill. 1923], traité conclu entre les Alliés et le gouvernement d'Ankara, qui avait refusé le traité de Sèvres (1920). Il garantit l'intégrité territoriale de la Turquie, à qui fut attribuée la Thrace orientale.

LAUTARET (col du), col routier des Hautes-Alpes qui relie l'Oisans au Briançonnais ; 2 058 m.

LAUTER n.f., riv. séparant la France et l'Allemagne, affl. du Rhin (r. g.) ; 82 km.

LAUTERBOURG (67630), ch.-l. de cant. du Bas-Rhin, sur la *Lauter ;* 2 307 hab. *(Lauterbourgeois).* Chimie. – Anc. place forte.

LAUTERBRUNNEN, comm. de Suisse (cant. de Berne) ; 3 207 hab. Station touristique.

LAUTRÉAMONT (Isidore **Ducasse,** dit **le comte de**), *Montevideo 1846 - Paris 1870,* écrivain français. Considéré par les surréalistes comme un précurseur pour sa violence révoltée et son humour noir, il a été l'un des premiers à inscrire dans son œuvre même une mise en scène de la création littéraire (*les Chants de Maldoror,* 1869 ; *Poésies,* 1870).

LAUTREC (Odet **de Foix,** vicomte **de**), *1485 - Naples 1528,* maréchal de France. Gouverneur du Milanais, battu en 1522 à La Bicoque (près de Milan), il reçut cependant le commandement de l'armée d'Italie en 1527 et mourut lors du siège de Naples.

LAUZUN (Antonin Nompar **de Caumont La Force,** duc **de**), *Lauzun 1633 - Paris 1723,* gentilhomme français. Courtisan de Louis XIV, disgracié puis emprisonné de 1671 à 1680, il épousa la duchesse de Montpensier (la Grande Mademoiselle), cousine germaine du roi, en dépit de l'interdiction royale.

Lauzun (hôtel), demeure parisienne. Construite dans l'île Saint-Louis par Le Vau (1656), dotée de luxueux décors intérieurs, elle appartient à la Ville de Paris depuis 1928.

LAVAL (53000), ch.-l. du dép. de la Mayenne, sur la Mayenne, à 274 km à l'O. de Paris ; 54 379 hab. *(Lavallois).* Évêché. Constructions mécaniques et électriques. Matières plastiques. – Vieux-Château des XIIe-XVIe s. (musée : archéologie ; histoire ; collection d'art naïf) ; églises médiévales.

LAVAL, v. et région administrative du Québec (Canada), banlieue nord-ouest de Montréal ; 245 km^2 ; 335 009 hab. *(Lavallois).*

LAVAL (François **de Montmorency**), *Montigny-sur-Avre 1623 - Québec 1708,* prélat français. Vicaire apostolique en Nouvelle-France (1658), il fut à Québec le premier évêque du Canada (1674-1688).

■ LE MARÉCHAL DE **LATTRE DE TASSIGNY**

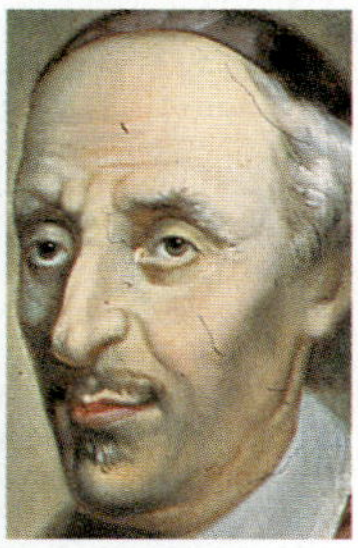

■ FRANÇOIS DE MONTMORENCY **LAVAL** par C. François. (Séminaire de Québec.)

Laval (université), établissement canadien d'enseignement supérieur, créé à Québec en 1852, du nom du premier évêque du Canada, Mgr de Montmorency Laval.

LAVAL (Pierre), *Châteldon 1883 - Fresnes 1945,* homme politique français. Député socialiste (1914 - 1919), puis socialiste indépendant, il évolua vers la droite. Deux fois président du Conseil (1931 - 1932, 1935 - 1936), il mena une politique de rapprochement avec l'Italie et chercha dans la déflation une solution à la crise financière. Pacifiste pendant la « drôle de guerre », il joua un rôle capital dans l'établissement du régime de Vichy (juin-juill. 1940). Ministre d'État et vice-président du Conseil, il fut toutefois écarté du pouvoir en décembre. Nommé président du Conseil sous la pression des Allemands en avr. 1942, il accentua la politique de collaboration avec l'Allemagne. Condamné à mort en 1945, il fut exécuté.

LA VALETTE (Jean **Parisot de**), *1494 - Malte 1568,* grand maître de l'ordre de Malte. Il défendit victorieusement l'île de Malte contre les Turcs (1565).

LA VALLÉE-POUSSIN (Charles **de**), *Louvain 1866 - Bruxelles 1962,* mathématicien belge. Il a démontré des théorèmes sur l'intégrale de Lebesgue et a produit des résultats décisifs pour la théorie de l'approximation des fonctions.

LA VALLIÈRE (Louise **de La Baume Le Blanc,** duchesse **de**), *Tours 1644 - Paris 1710,* favorite de Louis XIV. Elle se retira chez les carmélites en 1674, après avoir eu du roi deux enfants légitimés.

LAVAN, île d'Iran, dans le golfe Persique. Port pétrolier.

LAVANDOU (Le) [83980], comm. du Var ; 5 508 hab. *(Lavandourains).* Station balnéaire sur la côte des Maures.

LAVARDAC (47230), ch.-l. de cant. de Lot-et-Garonne ; 2 311 hab.

LAVATER (Johann Kaspar), *Zurich 1741 - id. 1801,* écrivain, théoricien et théologien suisse. Il conquit la célébrité grâce à son système de physiognomonie, vite dénoncé comme fausse science.

LAVAUR (81500), ch.-l. de cant. du Tarn, sur l'Agout ; 9 023 hab. *(Vauréens).* Cathédrale des XIIIe-XVe s. ; musée du Pays vaurais.

LAVELANET (09300), ch.-l. de cant. de l'Ariège ; 7 130 hab. *(Lavelanétiens).* Église du XVIe s.

LAVELLI (Jorge), *Buenos Aires 1932,* metteur en scène de théâtre et d'opéra argentin naturalisé français. Il met son esthétique baroque au service du répertoire contemporain (Gombrowicz, Arrabal, Copi). Il a dirigé, de 1988 à 1996, le Théâtre national de la Colline.

LAVENTIE (62840), ch.-l. de cant. du Pas-de-Calais ; 4 450 hab.

LAVER (Rodney, dit Rod), *Rockhampton 1938,* joueur de tennis australien. En 1962 et 1969, il a remporté les quatre grands tournois mondiaux (Internationaux de France, de Grande-Bretagne, des États-Unis et d'Australie).

LAVÉRA (13117), port pétrolier des Bouches-du-Rhône (comm. de Martigues), sur le golfe de Fos. Raffinage du pétrole et chimie.

LAVERAN (Alphonse), *Paris 1845 - id. 1922,* savant et médecin militaire français. Il a découvert l'hématozoaire responsable du paludisme. (Prix Nobel 1907.)

LA VÉRENDRYE (Pierre **Gaultier de Varennes de**), *Trois-Rivières 1685 - Montréal 1749,* explorateur canadien. Il reconnut l'intérieur du continent, et deux de ses fils atteignirent les Rocheuses.

LAVIGERIE (Charles), *Bayonne 1825 - Alger 1892,* prélat français. Évêque de Nancy (1863), archevêque d'Alger (1867) et de Carthage (1884), cardinal (1882), il fonda, en 1868, les Missionnaires d'Afrique, dits « pères blancs ». Il fut, par le toast qu'il prononça à Alger en 1890, l'instrument du ralliement, souhaité par Léon XIII, des catholiques français à la République.

LAVINIUM, anc. ville du Latium, fondée, selon la légende, par Énée.

LAVISSE (Ernest), *Le Nouvion-en-Thiérache 1842 - Paris 1922,* historien français. Professeur à la Sorbonne (1888), directeur de l'École normale supérieure (1904 - 1919), il dirigea une vaste *Histoire de France* (1900 - 1912). [Acad. fr.]

LAVOISIER (Antoine Laurent **de**), *Paris 1743 - id. 1794,* savant et administrateur français. S'intéressant à de nombreuses disciplines (géologie, météorologie, physiologie, agronomie, économie), Lavoisier a produit une œuvre fondamentale. En énonçant les lois de conservation de la masse et des éléments, il fut l'un des fondateurs de la

■ **LAVOISIER** et sa femme, par David. (Metropolitan Museum, New York.)

L

chimie moderne. Il créa, avec Guyton de Morveau, Fourcroy et Berthollet, une nomenclature chimique rationnelle. Il découvrit la composition de l'air et de l'eau, le rôle de l'oxygène dans les combustions et dans la respiration, et effectua les premières mesures calorimétriques. Député suppléant, il fit partie de la commission chargée d'établir le système métrique. Fermier général à partir de 1778, il fit construire autour de Paris la barrière d'octroi, ce qui le rendit impopulaire. Il fut condamné et guillotiné avec les autres fermiers généraux.

LA VRILLIÈRE (Louis **Phélypeaux,** comte **de Saint-Florentin,** puis duc **de**), *Paris 1705 - id. 1777,* homme d'État français. Il fut secrétaire d'État à la maison du roi (1725 - 1775).

LAVROVSKI (Leonid Mikhaïlovitch Ivanov, dit Leonid), *Saint-Pétersbourg 1905 - Paris 1967,* danseur et chorégraphe soviétique. Il a signé plusieurs pièces majeures : *Roméo et Juliette* (1940), *le Pavot rouge* (1949), *la Fleur de pierre* (1954).

LAW (John), *Édimbourg 1671 - Venise 1729,* financier écossais. Pour lui, la richesse d'un pays dépend de l'abondance et de la rapidité de circulation de la monnaie, et il préconise la création d'une banque d'État. Le Régent l'ayant autorisé à appliquer son système en France, il fonde en 1716 la Banque générale puis, en 1717, la Compagnie d'Occident (devenue la Compagnie française des Indes). Mais, en 1720, les manœuvres des financiers provoquent l'effondrement de son système.

Lawfeld (bataille de) [2 juill. 1747], bataille de la guerre de la Succession d'Autriche. Victoire remportée à Lawfeld (à l'O. de Maastricht) par le maréchal de Saxe sur le duc de Cumberland.

LAWRENCE (David Herbert), *Eastwood 1885 - Vence, France, 1930,* écrivain britannique. Il exalte, dans ses romans, les élans de la nature et l'épanouissement de toutes les facultés humaines, à commencer par la sexualité (*Amants et fils ; l'Amant de lady Chatterley,* 1928).

LAWRENCE (Ernest Orlando), *Canton, Dakota du Sud, 1901 - Palo Alto, Californie, 1958,* physicien américain. Il mit au point un procédé de séparation de l'uranium 235. On lui doit, surtout, l'invention, en 1930, du cyclotron. (Prix Nobel 1939.)

LAWRENCE (sir Thomas), *Bristol 1769 - Londres 1830,* peintre britannique. Élève de Reynolds, il fut nommé premier peintre du roi en 1792. Son brio de portraitiste, d'une intensité parfois romantique, lui valut un immense succès.

LAWRENCE (Thomas Edward), dit **Lawrence d'Arabie,** *Tremadoc, pays de Galles, 1888 - Clouds Hill, Dorset, 1935,* orientaliste et agent politique britannique. Archéologue passionné par les pays du Proche-Orient, il conçut le projet d'un empire arabe sous influence britannique et anima la révolte des Arabes contre les Turcs (1917 - 1918). Déçu dans ses ambitions, il s'engagea dans la RAF comme simple soldat. Il est l'auteur des *Sept Piliers de la sagesse* (1926).

■ **LAWRENCE D'ARABIE**

LAXNESS (Halldór Kiljan **Gudjónsson,** dit), *Reykjavík 1902 - Mosfellbœr, près de Reykjavík, 1998,* écrivain islandais. Il est l'auteur d'essais et de romans sociaux et historiques *(Salka Valka, la Cloche d'Islande).* [Prix Nobel 1955.]

LAXOU [laksu ou lasu] (54520), ch.-l. de cant. de Meurthe-et-Moselle, banlieue de Nancy ; 15 898 hab. *(Laxoviens).*

LAYE (Camara), *Kouroussa 1928 - Dakar 1980,* romancier guinéen, auteur de *l'Enfant noir* (1953).

LAYON n.m., riv. de France, affl. de la Loire (r. g.) ; 90 km. Vignobles sur les coteaux de sa vallée.

LAZARE (saint), frère de Marthe et de Marie de Béthanie, ressuscité par Jésus (Évangile de Jean). Une légende en a fait le premier évêque de Marseille.

LAZAREFF (Pierre), *Paris 1907 - Neuilly 1972,* journaliste français. Il dirigea *France-Soir* de la Libération à sa mort. De 1959 à 1968, il produisit un magazine d'actualités télévisées : *Cinq Colonnes à la une.*

LAZARSFELD (Paul Felix), *Vienne 1901 - New York 1976,* sociologue et statisticien américain d'origine autrichienne. Il s'est intéressé à la méthodologie des sciences sociales, aux communications de masse et au comportement électoral (*Philosophie des sciences sociales,* 1970).

LAZES, peuple caucasien vivant principalement en Turquie (env. 250 000). Ils forment un sous-groupe géorgien et sont islamisés.

LÉA ou **LIA,** personnage biblique. Sœur de Rachel et première épouse de Jacob.

LEACH (Edmund Ronald), *Sidmouth, Devon, 1910 - Cambridge 1989,* anthropologue britannique. Il est l'auteur d'une théorie fonctionnaliste et dynamique de la structure sociale (*Critique de l'anthropologie,* 1961).

LEAHY (William Daniel), *Hampton, Iowa, 1875 - Bethesda, Maryland, 1959,* amiral américain. Ambassadeur à Vichy (1940 - 1942), il fut chef d'état-major particulier de Roosevelt (1942 - 1945).

LEAKEY (Louis Seymour Bazett), *Kabete, Kenya, 1903 - Londres 1972,* paléontologue britannique. Ses campagnes de fouilles au Kenya et en Tanzanie ont considérablement fait progresser les connaissances sur l'origine de l'homme.

LEAMINGTON, v. de Grande-Bretagne (Angleterre), sur la *Leam ;* 43 000 hab. Station thermale.

LEAN (sir David), *Croydon 1908 - Londres 1991,* cinéaste britannique, auteur notamm. de *Brève Rencontre* (1945) et de productions prestigieuses et spectaculaires de renommée internationale : *le Pont de la rivière Kwaï* (1957), *Lawrence d'Arabie* (1962), *le Docteur Jivago* (1965).

LÉANDRE (saint), *Carthagène début du VIe s. - Séville v. 600,* prélat espagnol. Frère de saint Isidore, archevêque de Séville, il convertit les Wisigoths ariens au catholicisme.

LÉAU, en néerl. **Zoutleeuw,** v. de Belgique (Brabant flamand) ; 7 721 hab. Collégiale des XIIIe-XVIe s., aux nombreuses œuvres d'art.

LÉAUTAUD (Paul), *Paris 1872 - Robinson 1956,* écrivain français. Sensible et lucide, bohème et misanthrope, il est l'auteur d'un *Journal littéraire* (19 vol., 1954 - 1966) et d'un récit autobiographique touchant et troublant *(le Petit Ami).*

LEAVITT (Henrietta), *Lancaster, Massachusetts, 1868 - Cambridge, Massachusetts, 1921,* astronome américaine. La relation qu'elle découvrit, en 1912, entre la luminosité des céphéides et leur période de variation d'éclat est à la base d'une méthode d'évaluation des distances des amas stellaires et des galaxies.

LE BAS (Philippe), *Frévent, Pas-de-Calais, 1764 - Paris 1794,* homme politique français. Député à la Convention, membre du Comité de sûreté générale, ami de Robespierre, il fut envoyé avec Saint-Just aux armées du Rhin. Arrêté le 9 Thermidor, il se suicida.

LEBBEKE [lɛbɛk], comm. de Belgique (Flandre-Orientale) ; 16 708 hab.

LEBEAU (Joseph), *Huy 1794 - id. 1865,* homme politique belge. Un des promoteurs de la révolution de 1830, il fut président du Conseil en 1840 - 1841.

LE BEL (Achille), *Pechelbronn 1847 - Paris 1930,* chimiste français. Créateur, avec Van't Hoff, de la stéréochimie, il est l'auteur de la théorie du carbone tétraédrique qui permet d'expliquer l'activité optique des composés organiques (1874).

LEBESGUE (Henri), *Beauvais 1875 - Paris 1941,* mathématicien français. Il est l'auteur d'une théorie de l'intégration généralisant celle de Riemann et faisant de l'intégrale qui porte son nom un outil puissant de l'analyse moderne.

LEBLANC (Maurice), *Rouen 1864 - Perpignan 1941,* romancier français. Ses romans policiers mettent en scène le personnage d'Arsène *Lupin.

LE BON (Gustave), *Nogent-le-Rotrou 1841 - Paris 1931,* médecin et sociologue français. Pour expliquer la suggestibilité de la foule, il lui attribue une âme collective qui l'emporte sur les consciences individuelles (*la Psychologie des foules,* 1895).

LEBON (Philippe), *Brachay, Champagne, 1767 - Paris 1804,* ingénieur français. Le premier, il utilisa le gaz provenant de la distillation du bois pour l'éclairage et le chauffage (brevet en 1799 ; première démonstration publique en 1801).

LEBRET (Louis Joseph), *Le Minihic-sur-Rance 1897 - Paris 1966,* religieux et économiste français. Il fonda à Lyon, en 1942, la revue *Économie et humanisme* et se spécialisa dans les problèmes du développement.

LE BRIX (Joseph), *Baden, Morbihan, 1899 - Oufa, Bachkortostan, 1931,* officier aviateur français. Il réussit, avec D. Costes, le tour du monde aérien par Rio de Janeiro, San Francisco et Tokyo (1927 - 1928), et conquit huit records mondiaux en 1931, avant de périr en tentant de relier Paris à Tokyo.

LEBRUN (Albert), *Mercy-le-Haut, Meurthe-et-Moselle, 1871 - Paris 1950,* homme politique français. Plusieurs fois ministre (1911 - 1920), président du Sénat (1931), puis de la République (1932 - 1940), il se retira en juill. 1940.

LE BRUN ou **LEBRUN** (Charles), *Paris 1619 - id. 1690,* peintre et décorateur français. Il étudia à Rome en compagnie de Poussin. Protégé par Colbert et Louis XIV, premier peintre du roi, directeur des Gobelins et chancelier de l'Académie (1663), il présida à la décoration de Versailles (la voûte de la galerie des Glaces est son œuvre) et exerça, jusqu'à la mort de Colbert, une quasi-dictature sur les arts. Parmi ses tableaux, citons, au Louvre, *le Sommeil de l'Enfant Jésus, le Chancelier Séguier avec sa suite,* les immenses toiles de *l'Histoire d'Alexandre.*

■ CHARLES **LE BRUN.** *La Comédie* (1659), détail du plafond du salon des Muses au château de Vaux-le-Vicomte.

LEBRUN (Charles François), duc **de Plaisance,** *Saint-Sauveur-Lendelin 1739 - Sainte-Mesme, Yvelines, 1824,* homme politique français. Troisième consul après le 18 Brumaire, grand dignitaire de l'Empire, il créa la Cour des comptes (1807).

LEBRUN (Ponce Denis **Écouchard**), *Paris 1729 - id. 1807,* poète français. Ses *Odes* lui valurent le surnom de *Pindare.* (Acad. fr.)

LECANUET (Jean), *Rouen 1920 - Neuilly-sur-Seine 1993,* homme politique français. Il présida le MRP (1963 - 1965). Sa candidature à l'élection présidentielle de 1965 contribua à mettre le général de Gaulle en ballottage. Président (1978 - 1988) de l'UDF, il fut plusieurs fois ministre.

LE CARRÉ (David John Moore **Cornwell,** dit John), *Poole, Dorset, 1931,* écrivain britannique. Ses romans d'espionnage expriment la difficulté de concilier les exigences de la morale et celles de la guerre secrète *(l'Espion qui venait du froid).*

LECCE, v. d'Italie (Pouille), ch.-l. de prov. ; 100 233 hab. Édifices construits ou repris à l'époque baroque (années 1640 - 1730), au décor exubérant ; musée provincial.

LECCO, v. d'Italie (Lombardie), sur le *lac de Lecco* (branche du lac de Côme) ; 45 859 hab.

LECH n.m., riv. d'Allemagne et d'Autriche, affl. du Danube (r. dr.) ; 263 km.

LE CHAPELIER (Isaac René Guy), *Rennes 1754 - Paris 1794,* homme politique français. Avocat, député du tiers état, il rapporta la loi portant son nom (14 juin 1791), qui interdisait toute association entre gens de même métier et toute coalition. Il fut guillotiné.

LE CHATELIER (Henry), *Paris 1850 - Miribel-les-Échelles, Isère, 1936,* chimiste français. Il fit les premières études de la structure des métaux et alliages, créa l'analyse thermique et la métallurgie microscopique. Il énonça la loi générale de déplacement des équilibres physico-chimiques. Enfin, il diffusa en France le taylorisme.

LÉCHÈRE (La) [73260], comm. de la Savoie ; 1 799 hab. Station thermale. Sports d'hiver.

LECH-OBERLECH, station de sports d'hiver (alt. 1 447 - 2 492 m) d'Autriche (Vorarlberg).

LECLAIR (Jean-Marie), *Lyon 1697 - Paris 1764,* compositeur et violoniste français. Auteur d'un opéra, de sonates et de concertos, il fut le plus éminent violoniste français de son temps.

LECLANCHÉ (Georges), *Paris 1839 - id. 1882,* ingénieur français. Il inventa la pile électrique qui porte son nom et dont dérivent les piles usuelles.

LECLERC (Charles), *Pontoise 1772 - Cap-Français, auj. Cap-Haïtien, 1802,* général français. Compagnon de Bonaparte, dont il épousa la sœur Pauline (1797), il commanda l'expédition de Saint-Domingue, et obtint la soumission de Toussaint Louverture (1802).

LECLERC (Félix), *La Tuque 1914 - Saint-Pierre, île d'Orléans, Québec, 1988,* chanteur canadien. Également écrivain, parolier et compositeur, il a été un pionnier de la chanson canadienne d'expression française *(le P'tit Bonheur, Moi mes souliers).*

LECLERC (Philippe **de Hauteclocque,** dit), *Belloy-Saint-Léonard 1902 - près de Colomb-Béchar 1947,* maréchal de France. Rallié à la France libre, il se distingua au Fezzan et en Tunisie (1940 - 1943). Débarqué en Normandie (1944), il entra à Paris puis à Strasbourg à la tête de la 2e division blindée, qu'il conduisit jusqu'à Berchtesgaden. Commandant les troupes d'Indochine (1945), inspecteur des troupes d'Afrique du Nord, il périt dans un accident d'avion.

■ LE MARÉCHAL **LECLERC**

■ JEAN-MARIE **LE CLÉZIO**

LE CLÉZIO (Jean-Marie Gustave), *Nice 1940,* écrivain français. Il cherche à traduire dans ses romans la diversité du vivant dans ses manifestations les plus quotidiennes ou les plus insolites, multipliant les recherches d'écriture *(le Procès-Verbal, Mondo et autres histoires, Désert, le Chercheur d'or, Onitsha, la Quarantaine).*

LÉCLUSE (Charles **de**), *Arras 1526 - Leyde 1609,* botaniste français. Il introduisit en Europe la pomme de terre, avec peu de succès en France.

LECOCQ (Charles), *Paris 1832 - id. 1918,* compositeur français. Il fut un habile auteur d'opérettes *(la Fille de Mme Angot,* 1872 ; *le Petit Duc,* 1878).

LECOMTE DU NOÜY (Pierre), *Paris 1883 - New York 1947,* biologiste, biophysicien et philosophe français. Il a proposé la conception d'un temps biologique propre à la substance vivante.

LECONTE DE LISLE (Charles Marie **Leconte,** dit), *Saint-Paul, la Réunion, 1818 - Louveciennes 1894,* poète français. Adepte d'une poésie impersonnelle et intemporelle *(Poèmes antiques,* 1852 ; *Poèmes barbares,* 1862), il groupa autour de lui les écrivains qui constituèrent l'école parnassienne. (Acad. fr.)

LE CORBUSIER (Charles Édouard **Jeanneret,** dit), *La Chaux-de-Fonds 1887 - Roquebrune-Cap-Martin 1965,* architecte, urbaniste, théoricien et peintre français d'origine suisse. Formé, notamm., dans les ateliers de A. Perret et de Behrens, il voulut renouveler l'architecture en fonction de la vie sociale et utiliser des volumes simples, articulés selon des plans d'une grande liberté, qui tendent à l'interpénétration des espaces. Il a exprimé ses conceptions, très discutées, dans des revues comme *l'Esprit nouveau* (1920 - 1925) et dans une vingtaine d'ouvrages qui firent référence *(Vers une architecture,* 1923 ; *la Ville radieuse,* 1935 ; *la Charte d'Athènes,* 1942 ; *le Modulor,* 1950). Il est passé de l'angle droit (villa Savoye, 1929 ; « unité d'habitation » de Marseille, 1947) à une expression lyrique (chapelle de Ronchamp ou Capitole de Chandigarh, à partir de 1950).

■ **LE CORBUSIER.** Détail intérieur de la villa Savoye (1929 - 1931), à Poissy.

LECOURBE (Claude, comte), *Besançon 1758 - Belfort 1815,* général français. Il se distingua en Allemagne avec Moreau (1796), puis en Suisse contre Souvorov (1799).

LECOUVREUR (Adrienne), *Damery, près d'Épernay, 1692 - Paris 1730,* actrice française. Elle fut l'une des premières tragédiennes à s'exprimer de façon naturelle et nuancée.

LECQUES (les), station balnéaire du Var (comm. de Saint-Cyr-sur-Mer).

LECTOURE (32700), ch.-l. de cant. du Gers ; 4 440 hab. Anc. cap. de l'Armagnac. — Cathédrale reconstruite en style gothique de la fin du XVe au XVIIe s. ; musée (archéologie).

LÉDA MYTH. GR. Femme de Tyndare. Aimée de Zeus, qui prit la forme d'un cygne pour la séduire, elle eut avec lui les jumeaux Castor et Pollux et, selon certaines versions de la légende, ses autres enfants, Hélène et Clytemnestre.

LE DAIN ou **LE DAIM** (Olivier **Necker,** dit Olivier), *m. à Paris en 1484,* barbier et confident de Louis XI. Ses exactions lui valurent le gibet à l'époque de Charles VIII.

LE DANTEC (Félix), *Plougastel-Daoulas 1869 - Paris 1917,* biologiste français. Partisan convaincu des doctrines de Lamarck, il a créé la notion d'assimilation fonctionnelle.

LEDE [led], comm. de Belgique (Flandre-Orientale) ; 17 080 hab.

LEDERMAN (Leon Max), *New York 1922,* physicien américain. Sa découverte, en 1977, du méson « upsilon » est venue confirmer l'existence du quark beauté. (Prix Nobel 1988.)

LEDOUX (Claude Nicolas), *Dormans 1736 - Paris 1806,* architecte français. Son œuvre, dont il reste peu (château de Bénouville, près de Caen, 1768 ; quelques pavillons des barrières de Paris, 1783 et suiv.), est dominée par la saline d'Arc-et-Senans (1775 - 1779), à partir de laquelle il conçut les plans d'une ville idéale publiés dans *l'Architecture, considérée sous le rapport de l'art, des mœurs et de la législation* (1804). Son langage associe le répertoire antique, le symbolisme des formes géométriques simples et la sensibilité préromantique.

LEDRU-ROLLIN (Alexandre Auguste **Ledru,** dit), *Paris 1807 - Fontenay-aux-Roses 1874,* homme politique français. Avocat démocrate, député à partir de 1841, il lança le journal *la Réforme* (1843), organe du radicalisme. Ministre de l'Intérieur en févr. 1848, il dut après les journées de juin céder ses pouvoirs au général Cavaignac. Député à l'Assemblée législative (mai 1849), il tenta de soulever la population contre l'envoi d'un corps expéditionnaire français à Rome (l'expédition d'Oudinot) et dut s'exiler jusqu'en 1870.

LÊ DUAN, *Hâu Kiên 1907 - Hanoi 1986,* homme politique vietnamien. Il succéda Hô Chi Minh comme secrétaire général du Lao Dông (Parti communiste nord-vietnamien) de 1960 à 1986.

LEDUC (René), *Saint-Germain-lès-Corbeil 1898 - Istres 1968,* ingénieur et constructeur d'avions français. Il retrouva, entre 1930 et 1937, le principe du statoréacteur, qu'il appliqua à partir de 1947 à plusieurs prototypes.

LEDUC (Violette), *Arras 1907 - Faucon, Vaucluse, 1971,* romancière française. Ses fictions autobiographiques sont marquées par sa difficulté de vivre condition et amours féminines *(la Bâtarde,* 1964).

LÊ DUC THO, *prov. de Nam Ha 1911 - Hanoi 1990,* homme politique vietnamien. L'un des fondateurs du Parti communiste indochinois (1930) et du Viêt-minh (1941), il négocia avec les États-Unis le retrait de leurs troupes (1973). Il refusa le prix Nobel de la paix qui lui avait été attribué en 1973.

LED ZEPPELIN, groupe britannique de rock. Actif de 1968 à 1981, il rénove la tradition du blues urbain et crée un style précurseur du hard rock.

LEE (Robert Edward), *Stratford, Virginie, 1807 - Lexington, Virginie, 1870,* général américain. Chef des armées sudistes pendant la guerre de Sécession, vainqueur à Richmond (1862), il dut capituler à Appomattox en 1865.

LEE (Yuan Tseh), *Hsinchu 1936,* chimiste américain d'origine taïwanaise. Il est l'auteur de travaux sur la dynamique des réactions chimiques qui prolongent ceux de D.R. Herschbach. (Prix Nobel 1986.)

LEEDS, v. de Grande-Bretagne (Angleterre) ; 450 000 hab. Centre lainier. Confection. — Église St John, du XVIIe s. ; musées.

LEEUWARDEN, v. des Pays-Bas, ch.-l. de la Frise ; 85 693 hab. Monuments des XVIe-XVIIIe s. ; importants musées.

LEEUWENHOEK (Antonie **Van**) → **VAN LEEUWENHOEK.**

LEEWARD ISLANDS → **SOUS-LE-VENT** (îles).

LEFEBVRE (François Joseph), duc **de Dantzig,** *Rouffach 1755 - Paris 1820,* maréchal de France. Il se distingua à Fleurus (1794), fit capituler Dantzig (1807) et commanda une partie de la garde impériale (1812 - 1814). — **Catherine Hubscher,** Mme **L.,** épouse du maréchal Lefebvre. Elle fut popularisée par V. Sardou sous le nom de **Madame Sans-Gêne.*

LEFEBVRE (Georges), *Lille 1874 - Boulogne-Billancourt 1959,* historien français. Il étudia la Révolution française en analysant les structures sociales et les faits économiques qui marquèrent la France rurale *(les Paysans du Nord pendant la Révolution,* 1924).

LEFEBVRE (Henri), *Hagetmau, Landes, 1901 - Pau 1991,* philosophe et sociologue français. Il fut le promoteur d'un marxisme humaniste, centré sur la lutte contre l'aliénation *(Critique de la vie quotidienne,* 1947 - 1962 ; *De l'État,* 1976 - 1978).

LEFEBVRE (Marcel), *Tourcoing 1905 - Martigny 1991,* prélat français. Archevêque de Dakar en 1948, fondateur du séminaire d'Écône, en Suisse (1971), il prit la tête du courant intégriste opposé aux réformes de l'Église catholique depuis le IIe concile du Vatican. En 1988, il fut excommunié pour avoir consacré quatre évêques.

LEFÈVRE (Théo), *Gand 1914 - Woluwe-Saint-Lambert 1973,* homme politique belge. Président du Parti social-chrétien (1950 - 1961), il fut Premier ministre de 1961 à 1965.

L

LEFÈVRE D'ÉTAPLES (Jacques), *Étaples v. 1450 - Nérac 1536,* humaniste et théologien français. Il fut la cheville ouvrière, avec Briçonnet, du « cénacle de Meaux ». Sa traduction et ses commentaires de la Bible le firent soupçonner de favoriser les idées de la Réforme.

LEFOREST [-rɛ] (62790), ch.-l. de cant. du Pas-de-Calais ; 6 776 hab.

LEFUEL (Hector), *Versailles 1810 - Paris 1880,* architecte français. Reprenant les plans de L.T.J. Visconti, il fut, à partir de 1853, l'architecte du nouveau Louvre, d'un style éclectique très orné.

LE GAC (Jean), *Tamaris, près d'Alès, 1936,* peintre français. Sa démarche offre une réflexion sur les processus de la création, sujet, depuis 1971, de séries (photos, textes « distanciés » et grands dessins en couleurs) consacrées au « Peintre ».

LE GARDEUR, v. du Canada (Québec), sur le Saint-Laurent, en aval de Montréal ; 15 743 hab. *(Le Gardeurois).*

LEGÉ (44650), ch.-l. de cant. de la Loire-Atlantique ; 3 688 hab.

LÈGE-CAP-FERRET (33950), comm. de la Gironde ; 6 391 hab. (→ **Cap-Ferret**).

Légende dorée (la), nom donné au XVe s. au recueil de vies de saints composé par Jacques de Voragine au XIIIe s.

LEGENDRE (Adrien Marie), *Paris 1752 - id. 1833,* mathématicien français. Précurseur de la théorie analytique des nombres, il énonça la loi de distribution des nombres premiers. Sa classification des intégrales elliptiques prépare les travaux d'Abel et de Jacobi.

LEGENDRE (Louis), *Versailles 1752 - Paris 1797,* homme politique français. Boucher à Paris, député montagnard à la Convention (1792), il fut l'un des chefs de la réaction thermidorienne.

LÉGER (saint), *Neustrie v. 616 - Sarcinium, auj. Saint-Léger, Pas-de-Calais, v. 677,* évêque d'Autun. Il fut assassiné par le maire du palais Ébroïn.

LÉGER (Fernand), *Argentan 1881 - Gif-sur-Yvette 1955,* peintre français. Après avoir pratiqué une forme de cubisme (*la Noce,* 1910, MNAM), il a élaboré un langage essentiellement plastique fondé sur le dynamisme de la vie moderne (*la Ville,* 1919, Philadelphie), sur les contrastes de formes et de signification (*la Joconde aux clés,* 1930, musée F.-Léger, Biot), pour réintégrer finalement les valeurs morales et sociales (*les Loisirs, hommage à David,* 1949, MNAM ; *les Constructeurs,* 1950, Biot). Il a pratiqué la décoration monumentale (mosaïque, vitrail, céramique).

■ FERNAND **LÉGER.** *Les Disques,* 1918. (Musée d'Art moderne de la Ville de Paris.)

LÉGER (Paul-Émile), *Valleyfield 1904 - Montréal 1991,* prélat canadien. Archevêque de Montréal de 1950 à 1967, il fut nommé cardinal en 1953.

Légion d'honneur (ordre de la), premier ordre national français, institué en 1802 par Bonaparte en récompense de services militaires et civils. Cinq classes : grand-croix, grand officier, commandeur, officier, chevalier. Ruban rouge. La discipline de l'ordre est régie par une grande chancellerie.

Légion des volontaires français contre le bolchevisme → **LVF.**

législative (Assemblée), assemblée qui succéda à la Constituante le 1er oct. 1791 et qui fut remplacée par la Convention le 21 sept. 1792.

LEGNICA, v. de Pologne, en basse Silésie ; 106 100 hab.

LE GOFF (Jacques), *Toulon 1924,* historien français, spécialiste de l'histoire du Moyen Âge (*la Civilisation de l'Occident médiéval,* 1964 ; *Pour un autre Moyen Âge,* 1977 ; *Saint Louis,* 1996).

LEGRAND (Michel), *Paris 1932,* compositeur français. Son sens de la mélodie et de l'orchestration caractérise la musique qu'il a créée pour le cinéma français (en partic. pour J. Demy : *les Parapluies de Cherbourg, les Demoiselles de Rochefort, Peau d'âne,* mais aussi pour J.-L. Godard : *Vivre sa vie,* ou A. Varda : *Cléo de 5 à 7*) et américain (*le Messager,* J. Losey).

LEGROS (Pierre), *Chartres 1629 - Paris 1714,* sculpteur français. Académicien en 1666, il a notamm. travaillé pour le parc et pour le château de Versailles. — **Pierre II L.,** *Paris 1666 - Rome 1718,* sculpteur français, fils de Pierre. Pensionnaire en 1690 de l'Académie de France à Rome, il se fixa dans cette ville, où il travailla pour les églises dans un style résolument baroque.

LÉGUEVIN (31490), ch.-l. de cant. de la Haute-Garonne ; 6 273 hab.

LEHÁR (Franz), *Komárom 1870 - Bad Ischl 1948,* compositeur hongrois. Il rénova l'opérette (*la Veuve joyeuse,* 1905 ; *le Pays du sourire,* 1929).

LEHN (Jean-Marie), *Rosheim 1939,* chimiste français. Il a réalisé la synthèse des *cryptands,* molécules creuses dont la cavité peut fixer très fortement un ion ou une molécule, employées notamm. en pharmacologie. (Prix Nobel 1987.)

LEIBL (Wilhelm), *Cologne 1844 - Würzburg 1900,* peintre allemand, l'un des chefs de l'école réaliste.

LEIBNIZ (Gottfried Wilhelm), *Leipzig 1646 - Hanovre 1716,* philosophe et savant allemand. Employé comme juriste, diplomate, historiographe (à la cour de Hanovre notamm.), il fut en relation avec toute l'Europe savante. Sommet de l'intellectualisme rationaliste, son système répond à l'ambition de surmonter les clivages religieux et philosophiques de la chrétienté. L'armature de la pensée de Leibniz est logique et mathématique (il inventa, en 1676, le calcul infinitésimal et créa une symbolique universelle et efficace [notations de la différentielle et de l'intégrale], qui s'est imposée). Sa physique dynamique rompt avec le mécanisme cartésien. Sa métaphysique rend raison de toutes choses avec un optimisme raisonné : Dieu calcule et admet à l'existence la meilleure combinaison possible des monades, ou atomes spirituels dont se compose la réalité (*De arte combinatoria,* 1666 ; *Nouveaux Essais sur l'entendement humain,* 1704 ; *Essais de théodicée,* 1710 ; *Monadologie,* 1714).

LEICESTER, v. de Grande-Bretagne (Angleterre), ch.-l. du *Leicestershire ;* 270 600 hab. Industries mécaniques et chimiques. — Vestiges romains et monuments médiévaux ; musées.

LEICESTER (comte **de**) → **MONTFORT** (Simon **de**).

LEICESTER (Robert **Dudley,** comte **de**) → **DUDLEY.**

LEIGH (Vivian Mary **Hartley,** dite Vivien), *Darjeeling, Inde, 1913 - Londres 1967,* actrice britannique. Grande interprète de Shakespeare au théâtre, elle reste célèbre pour ses rôles au cinéma dans *Autant en emporte le vent* (V. Fleming, 1939) et *Un tramway nommé désir* (E. Kazan, 1951).

LEINE n.f., riv. d'Allemagne, affl. de l'Aller (r. g.) ; 281 km. Elle passe à Hanovre.

■ VIVIEN **LEIGH** jouant Scarlett O'Hara dans *Autant en emporte le vent,* de Victor Fleming (1939).

LEINSTER, prov. orientale de la république d'Irlande ; 1 860 037 hab. ; v. princ. *Dublin.*

LEIPZIG, v. d'Allemagne (Saxe), sur l'Elster blanche ; 491 250 hab. Université. Foire internationale. Centre industriel. — Église St-Thomas, gothique pour l'essentiel ; anc. hôtel de ville Renaissance. Musées.

Leipzig (bataille de), dite **bataille des Nations** [16 - 19 oct. 1813], bataille de l'Empire. Défaite de Napoléon Ier devant les Russes, les Autrichiens, les Prussiens, auxquels s'était joint Bernadotte. Elle ouvrait aux Alliés le territoire français.

LEIRIS (Michel), *Paris 1901 - Saint-Hilaire, Essonne, 1990,* écrivain et ethnologue français. Ses amitiés, de Max Jacob aux surréalistes, de Bataille à Sartre, en font un témoin privilégié du XXe siècle. Il a orienté l'analyse des rêves et l'ethnographie vers l'autobiographie et l'interrogation sur le langage (*l'Afrique fantôme,* 1934 ; *l'Âge d'homme,* 1939 ; *la Règle du jeu,* 1948 - 1976).

LEITHA n.f., riv. d'Autriche et de Hongrie, affl. du Danube (r. dr.) ; 180 km. Elle divisait l'Autriche-Hongrie en *Cisleithanie* et en *Transleithanie.*

LEITZ (Ernst), *1843 - 1920,* opticien allemand. Il créa à Wetzlar une fabrique d'instruments d'optique, où devait être conçu, entre 1913 et 1924, l'appareil photographique Leica.

LE JEUNE (Claude), *Valenciennes v. 1530 - Paris 1600,* compositeur français, auteur de motets, de psaumes et de chansons polyphoniques, dont certaines écrites suivant les lois de la « musique mesurée » à l'antique (*le Printemps,* 1603).

LEJEUNE (Jérôme), *Montrouge 1926 - Paris 1994,* médecin français. Il a découvert que le « mongolisme » est dû à une trisomie 21 (présence d'un chromosome 21 surnuméraire).

LEK n.m., branche septentrionale du Rhin inférieur aux Pays-Bas.

LEKAIN (Henri Louis **Cain,** dit), *Paris 1729 - id. 1778,* acteur français. Interprète favori de Voltaire, il introduisit plus de naturel dans la déclamation et s'intéressa à la mise en scène.

LEKEU (Guillaume), *Heusy 1870 - Angers 1894,* compositeur belge. Influencé par C. Franck, il écrivit de la musique de chambre et de la musique symphonique.

LELOUCH (Claude), *Paris 1937,* cinéaste français. Prolifique et populaire, il a réalisé notamm. *Un homme et une femme* (1966), *le Voyou* (1970), *les Uns et les Autres* (1981), *Itinéraire d'un enfant gâté* (1988), *Il y a des jours... et des lunes* (1990).

LELY (Pieter **Van der Faes,** dit sir Peter), *Soest, Westphalie, 1618 - Londres 1680,* peintre anglais d'origine néerlandaise. Fixé à Londres, il succéda à Van Dyck comme portraitiste de la Cour.

LELYSTAD, v. des Pays-Bas, ch.-l. du Flevoland ; 61 000 hab.

LEMAIRE de Belges (Jean), *Belges, auj. Bavay, 1473 - v. 1515,* écrivain de langue française. Chroniqueur, il marque par sa poésie (*la Couronne margaritique, Épîtres de l'amant vert*) la transition entre les grands rhétoriqueurs et la *Pléiade.

LEMAISTRE (Isaac), dit **Lemaistre de Sacy,** *Paris 1613 - Pomponne 1684,* écrivain français. Il fut le directeur spirituel des religieuses de Port-Royal. Sa traduction française de la Vulgate eut un grand succès jusqu'au XIXe s.

LEMAÎTRE (Antoine Louis Prosper, dit Frédéric), *Le Havre 1800 - Paris 1876,* acteur français. Révélé par son rôle de Robert Macaire dans *l'Auberge des Adrets,* il triompha dans le mélodrame et le drame romantique.

LEMAITRE (Mgr Georges), *Charleroi 1894 - Louvain 1966,* astrophysicien et mathématicien belge. Auteur d'un modèle relativiste d'Univers en expansion (1927), il formula ensuite la première théorie cosmologique selon laquelle l'Univers, primitivement très dense, serait entré en expansion à la suite d'une explosion (1931).

LEMAN (Gérard, comte), *Liège 1851 - id. 1920,* général belge. Il défendit Liège en 1914.

LÉMAN (lac), lac d'Europe (Suisse et France), au N. des Alpes de Savoie, traversé par le Rhône. Situé à 375 m d'altitude, long de 72 km, il a une superficie de 582 km^2 (348 km^2 en Suisse). La rive sud est française ; la rive nord, suisse. On donne parfois le nom de *lac de Genève* à la partie du lac proche de cette ville.

LEMBERG, nom all. de *Lviv.

LEMELIN (Roger), *Québec 1919 - id. 1992,* écrivain canadien d'expression française, peintre satirique du Canada *(les Plouffe).*

LEMERCIER (Jacques), *Pontoise v. 1585 - Paris 1654,* architecte français. Strictement classique, il a notamment construit le pavillon de l'Horloge au Louvre, la chapelle de la Sorbonne (à partir de 1635), la ville et l'ancien château de Richelieu.

LEMERCIER (Népomucène), *Paris 1771 - id. 1840,* écrivain français. Il orienta la tragédie vers les sujets historiques nationaux. (Acad. fr.)

LEMIEUX (Jean-Paul), *Québec 1904 - id. 1990,* peintre canadien. À partir de 1955, il s'est attaché à la figuration de personnages figés dans leur solitude au milieu de vastes paysages dépouillés.

LEMIRE (Jules), *Vieux-Berquin 1853 - Hazebrouck 1928,* ecclésiastique et homme politique français. Prêtre (1878), il encouragea le ralliement des catholiques à la République. Porte-parole de la démocratie chrétienne, il fut député d'Hazebrouck à partir de 1893.

LEMMON (John Uhler **Lemmon III,** dit Jack), *Boston 1925,* acteur américain. Il débute comme acteur comique puis aborde tous les registres : *Certains l'aiment chaud, la Garçonnière* (B. Wilder, 1959 et 1960), *Missing* (Costa Gavras, 1982).

LEMNOS ou **LÍMNOS,** île grecque de la mer Égée ; 476 km^2 ; 23 000 hab. ; ch.-l. *Kástro.*

LEMOND (Greg), *Lakewood 1960,* coureur cycliste américain. Double champion du monde sur route (1983, 1989), il a remporté trois fois le Tour de France (1986, 1989 et 1990).

LEMONNIER (Camille), *Ixelles 1844 - Bruxelles 1913,* écrivain belge de langue française, auteur de romans naturalistes *(Un mâle).*

LÉMOVICES, anc. peuple gaulois qui s'était établi dans le Limousin actuel.

LEMOYNE (François), *Paris 1688 - id. 1737,* peintre français. Il donna à la grande décoration française un style plus lumineux, plus frémissant (plafond du salon d'Hercule, à Versailles, 1733 - 1736) et fut le maître de Boucher et de Natoire.

LEMOYNE (Jean-Baptiste II), *Paris 1704 - id. 1778,* le plus connu d'une famille de sculpteurs français. Artiste officiel, de style rocaille, il est l'auteur de bustes d'une remarquable vivacité.

LE MOYNE DE BIENVILLE (Jean-Baptiste), *Ville-Marie, auj. Montréal, 1680 - Paris 1767,* administrateur français. Il joua un rôle important dans le développement de la Louisiane, dont il fut plusieurs fois gouverneur.

LE MOYNE D'IBERVILLE (Pierre), *Ville-Marie, auj. Montréal, 1661 - La Havane 1706,* marin et explorateur français. Frère de Le Moyne de Bienville, il combattit les Anglais au Canada et à Terre-Neuve (1686 - 1697), puis fonda la colonie de la Louisiane (1698).

LENA n.f., fl. de Russie, en Sibérie, qui se jette dans l'océan Arctique (mer des Laptev) ; 4 270 km ; bassin 2 490 000 km^2.

LE NAIN, nom de trois frères, peintres français nés à Laon, installés à Paris vers 1629 : **Antoine Le N.,** *m. en 1648,* **Louis Le N.,** *m. en 1648,* et **Mathieu Le N.,** *m. en 1677.* Malgré des différences évidentes de « mains », les historiens d'art ne sont pas parvenus à répartir de façon incontestable entre chacun des trois frères les quelque soixante tableaux qui leur sont attribués : œuvres mythologiques ou religieuses (*Nativité de la Vierge,* Notre-Dame de Paris), scènes de genre (*la Tabagie,* 1643, Louvre), portraits, et surtout scènes de la vie paysanne qui représentent un sommet du réalisme français (*Intérieur au jeune joueur de flageolet,* Saint-Pétersbourg ; *Paysans devant leur maison,* San Francisco).

LENARD (Philipp), *Presbourg 1862 - Messelhausen 1947,* physicien allemand. Ses travaux ont porté sur les rayons cathodiques et l'effet photoélectrique. Dans les années 1930, il fut l'un des rares savants à se rallier au nazisme. (Prix Nobel 1905.)

LENAU (Nikolaus), *Csátad, près de Timişoara, 1802 - Oberdöbling 1850,* écrivain autrichien. Ses poèmes dramatiques *(Faust),* épiques et lyriques *(Chants des joncs)* expriment la mélancolie et le désespoir.

LENCA, peuple amérindien des hautes terres du Honduras (env. 100 000), groupe indigène le plus important du pays.

LENCLOÎTRE (86140), ch.-l. de cant. de la Vienne ; 2 285 hab. Anc. abbatiale romane.

LENCLOS (Anne, dite Ninon **de**), *Paris 1616 - id. 1705,* femme de lettres française. Son salon fut fréquenté par les libres penseurs.

LENGLEN (Suzanne), *Paris 1899 - id. 1938,* joueuse de tennis française. Elle a gagné six fois à Wimbledon (1919 à 1923, 1925) et à Paris (1920 à 1923, 1925 et 1926).

LENGUA, population amérindienne du Chaco (Argentine, Paraguay et Bolivie).

LENINABAD → **KHODJENT.**

LENINAKAN → **GUMRI.**

LÉNINE (Vladimir Ilitch **Oulianov,** dit), *Simbirsk 1870 - Gorki 1924,* homme politique russe. Il adhère dès 1888 à un cercle marxiste, passe trois ans en déportation en Sibérie (1897 - 1900), puis gagne la Suisse, où il fonde le journal *Iskra.* Sa conception d'un parti révolutionnaire centralisé, exposée dans *Que faire ?* (1902), l'emporte en 1903 au IIe Congrès du Parti ouvrier social-démocrate de Russie (POSDR). Les partisans de Lénine forment désormais la fraction bolchevique du parti, opposée à sa fraction menchevique. Fixé un temps à Paris (1908 - 1911), puis à Cracovie, Lénine retourne en Suisse en 1914 et indique aux révolutionnaires russes leur objectif : combattre la guerre et la transformer en révolution. En avril 1917, il traverse l'Allemagne et rentre à Petrograd, où il impose ses vues au POSDR et aux soviets, et dirige l'insurrection d'octobre. Président du Conseil des commissaires du peuple (oct.-nov. 1917 - 1924), il crée la Tcheka (1917) et l'Armée rouge, fait signer la paix de Brest-Litovsk (1918) avec l'Allemagne, puis fonde l'Internationale communiste (1919) afin d'organiser l'expansion de la révolution dans le monde. Mais la guerre civile en Russie et l'échec des mouvements révolutionnaires en Europe l'amènent à se consacrer à la construction du socialisme en URSS, qu'il fonde en 1922. Après le « communisme de guerre » (1918 - 1921), il adopte, devant les difficultés économiques et les résistances intérieures, la Nouvelle Politique économique, ou « NEP ». En 1922, Lénine est atteint d'hémiplégie. Homme d'action, il a été aussi un théoricien (*Matérialisme et empiriocriticisme,* 1909 ; *l'Impérialisme, stade suprême du capitalisme,* 1916 ; *l'État et la Révolution,* 1917 ; *la Maladie infantile du communisme, le « gauchisme »,* 1920).

LEIBNIZ

LÉNINE en 1920.

LES **LE NAIN.** *La Famille de paysans.* (Louvre, Paris.)

Lénine (ordre de), le plus élevé des ordres civils et militaires soviétiques, créé en 1930.

Lénine (prix), prix fondés par le gouvernement soviétique (1925) pour récompenser savants, artistes et écrivains de l'URSS. Ils prirent le nom de prix Staline de 1935 à 1957.

LENINGRAD → **SAINT-PÉTERSBOURG.**

LENINSK-KOUZNETSKI, v. de Russie, dans le Kouzbass ; 133 400 hab. Centre minier et métallurgique.

LENOIR (Alexandre), *Paris 1761 - id. 1839,* archéologue français. Il collecta et préserva nombre de sculptures et de monuments funéraires pendant la Révolution, créant à Paris un premier « musée des Monuments français » dans l'anc. couvent des Petits-Augustins (auj. ENSBA).

LENOIR (Étienne), *Mussy-la-Ville, Luxembourg, 1822 - La Varenne-Saint-Hilaire 1900,* ingénieur français d'origine wallonne. Il réalisa, à partir de 1860, les premiers moteurs à combustion interne.

LE NÔTRE (André), *Paris 1613 - id. 1700,* dessinateur de jardins et architecte français. Caractéristiques de ses travaux, le schéma géométrique, les vastes perspectives, l'usage des plans et jeux d'eau ainsi que des statues ont créé le cadre imposant du Grand Siècle et ont fait la célébrité du *jardin « à la française » (Vaux-le-Vicomte, Versailles, Sceaux, etc.).

LENS [lɑ̃s] (62300), ch.-l. d'arrond. du Pas-de-Calais ; 36 823 hab. *(Lensois)* [plus de 320 000 hab. dans l'agglomération]. Matériel électrique. – Victoire du Grand Condé sur les impériaux (20 août 1648), suivie des traités de Westphalie.

LENZ (Heinrich), *Dorpat 1804 - Rome 1865,* physicien russe. Il énonça, en 1833, la loi qui donne le sens des courants induits.

LENZ (Jakob Michael Reinhold), *Sesswegen 1751 - Moscou 1792,* écrivain allemand. Membre du *Sturm und Drang, il est par ses drames *(le Précepteur, les Soldats)* l'un des précurseurs du théâtre allemand moderne.

LEOBEN, v. d'Autriche (Styrie), dans la haute vallée de la Mur ; 28 504 hab. Monuments anciens. – Les préliminaires du traité de Campoformio y furent signés en 1797.

LÉOCHARÈS, *IVe s. av. J.-C.,* sculpteur athénien. Son travail, avec Scopas, au mausolée d'Halicarnasse est significatif du dynamisme de la sculpture du IVe s.

LÉOGNAN (33850), comm. de la Gironde ; 8 434 hab. *(Léognanais).* Vins.

LEÓN, région du nord-ouest de l'Espagne, appartenant à la *communauté autonome de Castille-León.* Fondé en 914, le *royaume de León,* issu de celui des Asturies, fut définitivement réuni à la Castille en 1230.

LEÓN, v. d'Espagne (Castille-León), ch.-l. de prov. ; 144 021 hab. Monuments du Moyen Âge (basilique S. Isidoro, romane, des XIe-XIIe s. ; cathédrale gothique) et de la Renaissance (monastère S. Marcos : musée archéologique provincial).

LEÓN, v. du Mexique central ; 875 453 hab. Métallurgie. – Imposant palais municipal.

LEÓN, v. du Nicaragua ; 100 982 hab. Églises des XVIe-XVIIIe s. ; musée Rubén-Darío.

LÉON n.m., région de l'extrémité nord-ouest de la Bretagne (Finistère). [Hab. *Léonards.*] Cultures maraîchères.

LÉON Ier (saint), dit **le Grand,** *Volterra ? - Rome 461,* pape de 440 à 461. En 452, il persuada Attila d'évacuer l'Italie, mais ne put, en 455, empêcher le sac de Rome par les Vandales de Geiséric. Il joua un rôle décisif au concile de Chalcédoine (451), qui condamna l'hérésie monophysite. Ses lettres et ses sermons constituent d'importants documents sur la vie de l'Église. — saint **Léon III**, *Rome v. 750 - id. 816,* pape de 795 à 816. Il couronna Charlemagne empereur d'Occident le 25 déc. 800. — saint **Léon IX** (Bruno **d'Eguisheim-Dagsbourg**), *Eguisheim, Alsace, 1002 - Rome 1054,* pape de 1049 à 1054. Il lutta pour la réforme des mœurs ecclésiastiques et défendit la suprématie pontificale. En excommuniant le patriarche Keroularios, il donna un caractère décisif au schisme avec l'Église d'Orient. — **Léon X** (Jean **de Médicis**), *Florence 1475 - Rome 1521,* pape de 1513 à 1521. Mécène fastueux, pratiquant le népotisme, il est à l'origine de la querelle des *Indulgences (1517), prélude à la Réforme de Luther ; il condamna ce dernier par la bulle *Exsurge Domine* (1520). Il signa avec François Ier le concordat de Bologne (1516). — **Léon XIII** (Vincenzo Gioacchino **Pecci**), *Carpineto Romano 1810 - Rome 1903,* pape de 1878 à 1903. Il préconisa en France le ralliement à la République (1892) et, dans une série d'encycliques sur la société moderne, encouragea le catholicisme social et l'évangélisation du monde ouvrier (*Rerum novarum,* 15 mai 1891). On lui doit aussi le renouveau des études exégétiques, historiques et théologiques (néothomisme).

L

BYZANCE

LÉON Ier, *m. en 474,* empereur byzantin (457 - 474). Il fut le premier empereur couronné par le patriarche de Constantinople. — **Léon III l'Isaurien,** *Germaniceia, Commagène, v. 675 - Constantinople 741,* empereur byzantin (717 - 741). Il rétablit la situation de l'Empire en battant les Arabes (717 - 718). Il se montra résolument iconoclaste. — **Léon IV le Khazar,** *v. 750 - 780,* empereur byzantin (775 - 780). Il combattit les Arabes en Syrie et en Anatolie. — **Léon V l'Arménien,** *m. en 820,* empereur byzantin (813 - 820). Il sauva Constantinople de l'assaut bulgare. — **Léon VI le Philosophe,** *866 - 912,* empereur byzantin (886 - 912). Il publia les *Basiliques,* œuvre législative commencée par Basile Ier.

LÉON l'Africain, *Grenade v. 1483 - Tunis v. 1552,* géographe arabe. Auteur d'une *Description de l'Afrique* (1550).

LÉONARD de Noblat (saint), *m. v. 559,* ermite franc. Il fonda le monastère de Noblat, en Limousin, qui devint plus tard Saint-Léonard, lieu de pèlerinage très fréquenté au Moyen Âge.

LÉONARD de Vinci, *Vinci, près de Florence, 1452 - manoir du Clos-Lucé, près d'Amboise, 1519,* artiste et savant italien. Il vécut surtout à Florence et à Milan, avant de partir pour la France, en 1516, invité par François Ier. Il est célèbre comme peintre de *la *Joconde*, de *la *Vierge aux rochers*, de *la Cène* (Milan), de *la Vierge, l'Enfant Jésus et sainte Anne* (Louvre), etc., œuvres d'une moderne et subtile poésie à laquelle contribue la technique du *sfumato.* Mais ce grand initiateur de la seconde Renaissance s'intéressa à toutes les branches de l'art (architecture, sculpture), de la science et des techniques, ainsi qu'en témoignent ses écrits et ses étonnants carnets de dessins.

■ **LÉONARD DE VINCI.** *Jeune Homme et Vieillard,* étude à la sanguine. (Cabinet des dessins, Florence.)

LEONCAVALLO (Ruggero), *Naples 1857 - Montecatini 1919,* compositeur et librettiste italien. Il est l'auteur de l'opéra *Paillasse* (1892), véritable manifeste du vérisme.

LEONE (Sergio), *Rome 1929 - id. 1989,* cinéaste italien. Il fut le maître du « western-spaghetti » (*Il était une fois dans l'Ouest,* 1968).

LEONHARDT (Gustav), *'s-Graveland 1928,* claveciniste, organiste et chef d'orchestre néerlandais. Fondateur du Leonhardt Consort (1955), spécialiste de Bach, il a renouvelé l'approche musicologique et l'interprétation de la musique baroque et préclassique.

LEONI (Leone), *Menaggio, près de Côme, 1509 - Milan 1590,* sculpteur italien. D'abord médailleur et orfèvre, il travailla pour Charles Quint à partir de 1549 et exécuta le mausolée de Jean-Jacques de Médicis à la cathédrale de Milan. — **Pompeo L.,** *Pavie v. 1533 - Madrid 1608,* sculpteur italien, fils de Leone. Il est l'auteur des statues en bronze doré des tombeaux de l'Escurial.

LÉONIDAS, *m. aux Thermopyles en 480 av. J.-C.,* roi de Sparte (490 - 480 av. J.-C.). Il fut le héros des Thermopyles, qu'il défendit contre les Perses de Xerxès Ier et où il périt avec 300 hoplites.

LEONOV (Alekseï Arkhipovitch), *Listvianka, région de Novossibirsk, 1934,* cosmonaute russe. Il est le premier homme à avoir effectué une sortie en scaphandre dans l'espace (le 18 mars 1965).

LEONOV (Leonid Maksimovitch), *Moscou 1899 - id. 1994,* écrivain russe. Ses romans peignent la société issue de la révolution soviétique (*les Blaireaux, la Forêt russe*).

LEONTIEF (Wassily), *Saint-Pétersbourg 1906 - New York 1999,* économiste américain d'origine russe. Ses travaux sur l'analyse interindustrielle sont utilisés aujourd'hui tant pour la planification que pour la comptabilité nationale. (Prix Nobel 1973.)

LEOPARDI (Giacomo, comte), *Recanati, Marches, 1798 - Naples 1837,* écrivain italien. Il passa des rêves de patriotisme héroïque (*À l'Italie,* 1818) au lyrisme douloureux des *Chants* (1re éd. : 1831), qui mêle au sentiment de l'infini devant la nature celui de la désillusion à l'égard de la société des hommes.

EMPEREURS

LÉOPOLD Ier, *Vienne 1640 - id. 1705,* roi de Hongrie (1655 - 1705), archiduc d'Autriche et empereur germanique (1658 - 1705), roi de Bohême (1656 - 1705), de la dynastie des Habsbourg. Il participa à la guerre de Hollande (1672 - 1679) et à celle de la ligue d'Augsbourg (1688 - 1697) afin de combattre les ambitions de Louis XIV. Il arrêta les Ottomans et obtint leur retrait de Hongrie (traité de Karlowitz, 1699), puis engagea l'Empire dans la guerre de la Succession d'Espagne en 1701. — **Léopold II,** *Vienne 1747 - id. 1792,* empereur, archiduc d'Autriche, roi de Bohême et de Hongrie (1790 - 1792), de la maison des Habsbourg-Lorraine. Fils de François Ier et de Marie-Thérèse, frère de Marie-Antoinette, il publia avec le roi de Prusse Frédéric-Guillaume II la déclaration de Pillnitz (1791), mais mourut avant le début des hostilités contre la France révolutionnaire.

BELGIQUE

LÉOPOLD Ier, *Cobourg 1790 - Laeken 1865,* roi des Belges (1831 - 1865). Fils de François de Saxe-Cobourg, il fut appelé au trône de Belgique aussitôt après l'indépendance reconnue de ce pays (1831). Tout en renforçant l'amitié des Belges avec la France – il épousa en 1832 Louise d'Orléans, fille de Louis-Philippe –, il s'employa à maintenir le royaume dans la neutralité. À l'intérieur, il laissa la monarchie constitutionnelle évoluer vers la monarchie parlementaire. — **Léopold II,** *Bruxelles 1835 - Laeken 1909,* roi des Belges (1865 - 1909). Fils de Léopold Ier, il fit reconnaître en 1885 comme étant sa propriété personnelle l'État indépendant du Congo, qu'il céda en 1908 à la Belgique. — **Léopold III,** *Bruxelles 1901 - id. 1983,* roi des Belges (1934 - 1951). Fils d'Albert Ier, il donna, en mai 1940, l'ordre à l'armée de déposer les armes devant les Allemands, ce qui ouvrit une longue controverse. Déporté en Allemagne (1944 - 1945), il se retira en Suisse. Malgré un plébiscite favorable à son retour, il dut déléguer en 1950 ses pouvoirs royaux à son fils Baudouin et abdiquer en 1951.

■ **LÉOPOLD Ier** de Belgique, par P. Beaufaux. (Musée royal de l'Armée, Bruxelles.)

■ **LÉOPOLD II** de Belgique, par P. Tossyn. (Musée de la Dynastie, Bruxelles.)

Léopold (ordre de), ordre belge fondé en 1832 par Léopold Ier. Il peut être attribué au titre civil ou au titre militaire.

Léopold II (ordre de), ordre belge fondé en 1900 par le roi Léopold II. Il peut être attribué au titre civil ou au titre militaire.

LEOPOLDSBURG → BOURG-LÉOPOLD.

LÉOPOLDVILLE → KINSHASA.

LÉOTARD (François), *Cannes 1942,* homme politique français. Ministre de la Culture et de la Communication (1986 - 1988) puis de la Défense (1993 - 1995), il a été président du Parti républicain (1988 - 1990 et 1995 - 1997) et président de l'UDF (1996 - 1998).

LÉOVIGILD ou **LIUVIGILD,** *m. à Tolède en 586,* roi wisigoth (567 ou 568 - 586). Il a été l'unificateur du territoire espagnol.

LEPAGE (Robert), *Québec 1957,* acteur et auteur dramatique canadien. Il alterne mises en scène de Shakespeare et créations personnelles (*la Trilogie des dragons, les Aiguilles et l'Opium*). Au cinéma, il a réalisé *le Confessionnal* (1995).

Lépante (bataille de) [7 oct. 1571], victoire des forces chrétiennes de la Sainte Ligue (Espagne, Venise, Saint-Siège), dirigées par don Juan d'Autriche, sur la flotte ottomane, près de Lépante (auj. Naupacte, Grèce).

LEPAUTE (Jean André), *Mogues, Ardennes, 1720 - Saint-Cloud 1787 ou 1789,* horloger français. Il construisit des pendules de précision pour la plupart des observatoires d'Europe et inventa l'échappement à chevilles.

LEPAUTRE, artistes parisiens des XVIIe et XVIIIe s. — **Antoine L.,** *1621 - 1691,* architecte et graveur. Il a construit à Paris la chapelle du couvent (auj. hôpital) de Port-Royal et l'hôtel de Beauvais (1655). — **Jean L.,** *1618 - 1682,* graveur, frère d'Antoine. Il publia des recueils de modèles d'ornements qui font de lui un des créateurs du style Louis XIV. — **Pierre L.,** *1660 - 1744,* sculpteur, sans doute fils de Jean. Il est l'auteur de l'*Énée et Anchise* du jardin des Tuileries.

L'ÉPÉE (Charles Michel, abbé **de**), *Versailles 1712 - Paris 1789,* pédagogue et bienfaiteur français. Il conçut un langage par signes à l'usage des sourds-muets et fonda pour eux une école à Paris.

LE PELETIER DE SAINT-FARGEAU (Louis Michel), *Paris 1760 - id. 1793,* homme politique français. Député de la noblesse aux États généraux, acquis aux idées révolutionnaires, élu à la Convention (1792), il fut assassiné par un royaliste pour avoir voté la mort de Louis XVI.

LE PEN (Jean-Marie), *La Trinité-sur-Mer 1928,* homme politique français. Député en 1956, de 1958 à 1962 et de 1986 à 1988, il est président du Front national depuis 1972.

LEPÈRE (Auguste), *Paris 1849 - Domme 1918,* graveur français. Il a redonné son caractère d'art original à la gravure sur bois.

LÉPIDE, en lat. **Marcus Aemilius Lepidus,** *m. en 13 ou 12 av. J.-C.,* homme politique romain. Collègue de César au consulat (46 av. J.-C.), il fut membre du second triumvirat (43) avec Antoine et Octavien, et en fut progressivement éliminé.

LÉPINE (Louis), *Lyon 1846 - Paris 1933,* administrateur français. Préfet de police de 1893 à 1913, il créa les brigades cyclistes et la brigade fluviale et fonda le *concours Lépine* (1902), destiné à récompenser les créations d'artisans ou d'inventeurs.

LÉPINE (Pierre), *Lyon 1901 - Paris 1989,* médecin français. Il a mis au point le vaccin français contre la poliomyélite.

LE PLAY (Frédéric), *La Rivière-Saint-Sauveur, près d'Honfleur, 1806 - Paris 1882,* économiste et ingénieur français. Soutenant la nécessité de l'autorité tant sur le plan de l'entreprise, de l'Église et de l'État que de la famille *(la Réforme sociale,* 1864), il exerça une influence considérable sur le mouvement social patronal appelé « paternalisme ».

LE PRIEUR (Yves), *Lorient 1885 - Nice 1963,* officier de marine français. On lui doit de multiples inventions, notamment le premier scaphandre entièrement autonome (1926).

LEPRINCE, peintres verriers français du XVIe s., installés à Beauvais. Ils ont surtout travaillé pour cette ville *(Arbre de Jessé* de l'église St-Étienne, v. 1522 - 1524, par Engrand L.) et pour Rouen.

LEPRINCE DE BEAUMONT (Jeanne Marie), *Rouen 1711 - Chavanod 1780,* femme de lettres française, auteur de contes pour la jeunesse *(la Belle et la Bête).*

LEPRINCE-RINGUET (Louis), *Alès 1901 - Paris 2000,* physicien français. Spécialiste des rayons cosmiques, il a déterminé les masses et les propriétés de plusieurs types de mésons. (Acad. fr.)

LEPTIS MAGNA, colonie phénicienne puis romaine de l'Afrique du Nord. Ville natale de Septime Sévère. – Importantes ruines romaines. (Auj. *Lebda,* à l'est de Tripoli.)

LERICHE (René), *Roanne 1879 - Cassis 1955,* chirurgien français, pionnier de la chirurgie vasculaire et auteur de travaux sur la chirurgie du sympathique.

LE RICOLAIS (Robert), *La Roche-sur-Yon 1894 - Paris 1977,* ingénieur français. À partir d'études sur les cristaux et les radiolaires, il créa dans les années 1940 les premières structures spatiales en architecture.

LÉRIDA, v. d'Espagne (Catalogne), ch.-l. de prov. ; 112 093 hab. Majestueuse cathédrale Ancienne, romano-gothique, et autres monuments.

LÉRINS (îles de), îles de la Méditerranée (Alpes-Maritimes). Les deux principales sont Sainte-Marguerite et Saint-Honorat. – Centre monastique et théologique important aux Ve et VIe s. Un monastère cistercien est toujours en activité sur Saint-Honorat.

LERMA (Francisco **de Sandoval y Rojas,** duc **de**), *1553 - Tordesillas 1625,* homme d'État espagnol. Premier ministre du roi d'Espagne Philippe III (1598 - 1618), il expulsa les Morisques (1609 - 1610).

LERMONTOV (Mikhaïl Iourievitch), *Moscou 1814 - Piatigorsk 1841,* écrivain russe. Ses poèmes mêlent la tradition des *bylines et l'inspiration romantique *(le Boyard Orcha, le Démon).* Son roman psychologique *Un héros de notre temps* (1840) influença la prose narrative russe.

LERNE MYTH. GR. Marais du Péloponnèse auquel se rattache la légende de l'**Hydre de Lerne.*

LEROI-GOURHAN (André), *Paris 1911 - id. 1986,* ethnologue et préhistorien français. Ses travaux sur l'art préhistorique et l'art des peuples sans écriture, ainsi que l'observation, lors de fouilles archéologiques, de matériaux laissés en place (Arcy-sur-Cure, Pincevent) lui ont permis une approche nouvelle des mentalités préhistoriques *(les Religions de la préhistoire,* 1964 ; *le Geste et la Parole,* 1964 - 1965).

LEROUX (Gaston), *Paris 1868 - Nice 1927,* écrivain et journaliste français. Ses romans policiers mettent en scène le reporter-détective Rouletabille *(le Mystère de la chambre jaune, le Parfum de la dame en noir).*

LEROUX (Pierre), *Paris 1797 - id. 1871,* théoricien politique français. Socialiste, fondateur du *Globe* (1824), organe du saint-simonisme, il rompit avec Enfantin avant de lancer *l'Encyclopédie nouvelle* (1836 - 1843) et *la Revue indépendante* (1841 - 1848), imprégnées de déisme et d'évangélisme. Député en 1848 et 1849, il s'exila après le coup d'État du 2 décembre 1851.

LEROY (André Max), *Le Raincy 1892 - Eaubonne, Val-d'Oise, 1978,* zootechnicien français. Ses travaux sur l'alimentation et la sélection animales ont reçu de nombreuses applications dans l'élevage.

LE ROY (Julien), *Tours 1686 - Paris 1759,* horloger français. Il perfectionna les engrenages et l'échappement à cylindres, et améliora la marche des montres en compensant les variations de température. – **Pierre Le R.,** *Paris 1717 - Vitry 1785,* horloger français. Fils aîné de Julien, il contribua à l'essor de la chronométrie de marine.

LE ROY LADURIE (Emmanuel), *Les Moutiers-en-Cinglais, Calvados, 1929,* historien français. Utilisant des méthodes quantitatives (séries statistiques), il a enrichi « le territoire de l'historien » : *Histoire du climat depuis l'an mil* (1967), *Montaillou, village occitan de 1294 à 1324* (1975), *le Siècle des Platter* (2 vol., 1995 et 2000).

LESAGE (Alain René), *Sarzeau 1668 - Boulogne-sur-Mer 1747,* écrivain français. Ses romans *(le Diable boiteux, *Gil Blas de Santillane)* et ses comédies *(Crispin rival de son maître, Turcaret),* souvent inspirés d'auteurs espagnols, font une peinture satirique des mœurs de son temps.

LESAGE (Jean), *Montréal 1912 - Sillery 1980,* homme politique canadien. Premier ministre libéral du Québec (1960 - 1966), il entreprit de moderniser les structures de la province.

■ JEAN **LESAGE**

■ FERDINAND DE **LESSEPS** par H. Fourau. (Compagnie de Suez.)

LESBOS ou **MYTILÈNE,** île grecque de la mer Égée, près du littoral turc ; 1 631 km² ; 103 700 hab. *(Lesbiens)* ; ch.-l. *Mytilène* (25 440 hab.). Oliveraies. – Aux VIIe-VIe s. av. J.-C., l'île connut, avec notamm. les poètes Arion et Sappho, une vie intellectuelle intense.

LESCAR (64230), ch.-l. de cant. des Pyrénées-Atlantiques ; 8 830 hab. Cathédrale romane, remaniée au XVIIe s.

LESCOT (Pierre), *Paris 1515 - id. 1578,* architecte français. Il est l'auteur du premier état de l'hôtel Carnavalet, à Paris, et de l'aile sud-ouest de la cour Carrée du Louvre (1547 - 1559), chef-d'œuvre de la Renaissance classique. Il eut J. Goujon pour collaborateur.

LESDIGUIÈRES (François **de Bonne,** duc **de**), *près de Saint-Bonnet-en-Champsaur 1543 - Valence 1626,* connétable de France. Chef des huguenots du Dauphiné, il combattit les catholiques, puis le duc de Savoie Charles-Emmanuel Ier. Créé maréchal de France (1609), puis duc (1611) il devint connétable (1622) après avoir abjuré le protestantisme.

LES ESCOUMINS, municipalité du Canada (Québec), sur l'estuaire du Saint-Laurent ; 2 215 hab. *(Escouminois).* Réserve indienne (Montagnais).

LESHAN, v. de Chine (Sichuan), au S. de Chengdu ; 958 000 hab.

LESKOV (Nikolaï Semenovitch), *Gorokhovo 1831 - Saint-Pétersbourg 1895,* écrivain russe. Ses nouvelles et ses récits *(À couteaux tirés, l'Ange scellé),* sont des chroniques pittoresques de la société russe de son temps.

LESNEVEN [lɛsnəvɛ̃] (29260), ch.-l. de cant. du Finistère, dans le Léon ; 6 931 hab. *(Lesneviens).* Musée du Léon dans un anc. couvent.

LESOTHO n.m., anc. **Basutoland,** État d'Afrique australe ; 30 355 km² ; 2 100 000 hab. *(Lesothans).* CAP. *Maseru.* LANGUES : *sotho* et *anglais.* MONNAIE : *loti.* (V. carte **Afrique du Sud.**)

GÉOGRAPHIE

Le Lesotho est un petit pays enclavé et montagneux, habité par les Sotho. Les envois des émigrés, travaillant dans les mines sud-africaines, en constituent la principale ressource.

HISTOIRE

Créé au XIXe s. par le roi Moshoeshoe Ier, à partir d'un agrégat de peuples qui tentaient d'échapper aux guerres zouloues, le royaume du Lesotho devient protectorat britannique en 1868 sous le nom de Basutoland. Il acquiert son indépendance en 1966 et reprend le nom de Lesotho. Mais, dès 1970, le roi Moshoeshoe II perd la réalité du pouvoir au profit du Premier ministre, Joseph Leabua Jonathan. En 1986, Jonathan est renversé. Dès lors, les militaires, qui en 1990 déposent Moshoeshoe II au profit de son fils Letsie III, se succèdent à la tête du pays. En 1993, à l'issue des élections législatives, ils remettent le pouvoir aux civils. En 1995, Moshoeshoe II est rétabli sur le trône, mais il meurt accidentellement en 1996. Son fils Letsie III est couronné en 1997.

LESPARRE-MÉDOC (33340), ch.-l. d'arrond. de la Gironde ; 5 044 hab. *(Lesparrains).* Vins. – Donjon carré du XIVe s.

LESPINASSE (Julie **de**), *Lyon 1732 - Paris 1776,* femme de lettres française. Dame de compagnie de Mme Du Deffand, elle ouvrit à son tour un salon, où se réunirent les Encyclopédistes. Elle a laissé une correspondance amoureuse d'une grande qualité littéraire.

LESPUGUE (31350), comm. de la Haute-Garonne ; 84 hab. Station préhistorique où l'on découvrit une statuette féminine (musée de l'Homme, Paris) en ivoire de mammouth, connue sous le nom de « Vénus de Lespugue » et datée de la fin du gravettien (27000 - 20000 av. J.-C.).

LESQUIN (59810), comm. du Nord, au S.-E. de Lille ; 6 046 hab. Aéroport. Appareils ménagers.

LESSEPS [lesɛps] (Ferdinand, vicomte **de**), *Versailles 1805 - La Chênaie, Indre, 1894,* diplomate français. Il fit percer le canal de Suez (1869) et commença celui de Panamá, entreprise qu'il ne put mener à bien. Cet échec provoqua un grand scandale politique et financier (1891 - 1893). [Acad. fr.]

LESSINES, v. de Belgique (Hainaut) ; 16 076 hab. Vieil hôpital N.-D.-à-la-Rose ; musée.

LESSING (Doris), *Kermanchah, Iran, 1919,* femme de lettres britannique. Ses récits analysent les conflits humains et sociaux *(les Enfants de la violence, la Terroriste)* à travers l'expérience des minorités ethniques (l'apartheid) ou de la condition féminine *(le Carnet d'or).*

■ DORIS **LESSING**

LESSING (Gotthold Ephraim), *Kamenz, Saxe, 1729 - Brunswick 1781,* écrivain allemand. Dans ses essais critiques *(la Dramaturgie de Hambourg,* 1769), il condamna l'imitation du classicisme français, auquel il opposait Shakespeare, et proposa une nouvelle esthétique dramatique, qu'il illustra par ses drames bourgeois et philosophiques *(Nathan le Sage,* 1779).

L'ESTOILE [letwal] (Pierre **de**), *Paris 1546 - id. 1611,* chroniqueur français, auteur de *Mémoires journaux,* notes prises au jour le jour, de 1574 à 1610.

LESTREM (62136), comm. du Pas-de-Calais ; 3 886 hab. Agroalimentaire.

LE SUEUR (Eustache), *Paris 1616 - id. 1655,* peintre français. Élève de Vouet, admirateur de Raphaël, il exécuta notamment une suite de la *Vie de saint Bruno* pour la chartreuse de Paris (Louvre) et les décors mythologiques de deux pièces de l'hôtel Lambert, à Paris également.

LESZCZYŃSKI, famille polonaise illustrée notamment par le roi *Stanislas Ier et par sa fille, la reine de France *Marie Leszczyńska.

LE TELLIER (François Michel), **marquis de Louvois → LOUVOIS.**

LE TELLIER (Louis), **marquis de Barbezieux → BARBEZIEUX** (marquis **de**).

LE TELLIER (Michel), seigneur **de Chaville,** *Paris 1603 - id. 1685,* homme d'État français. Secrétaire d'État à la Guerre à partir de 1643, il fut nommé chancelier en 1677 ; il signa la révocation de l'édit de Nantes (1685). Avec son fils Louvois, il réorganisa l'armée monarchique.

LE TELLIER (Michel), *Le Vast, Manche, 1643 - La Flèche 1719,* jésuite français. Dernier confesseur de Louis XIV (1709), il obtint du roi la destruction de Port-Royal-des-Champs.

LETHBRIDGE, v. du Canada (Alberta) ; 60 974 hab. Université.

LÉTHÉ MYTH. GR. Un des fleuves des Enfers, dont les eaux apportaient l'oubli aux âmes des morts.

LÉTO MYTH. GR. Mère d'Artémis et d'Apollon, appelée Latone par les Romains.

LETTONIE n.f., en lett. **Latvija**, État d'Europe orientale, sur la Baltique ; 64 000 km^2 ; 2 540 000 hab. *(Lettons)*. CAP. *Riga*. LANGUE : *letton*. MONNAIE : *lats letton*.

GÉOGRAPHIE

C'est un pays plat, au climat frais, en partie forestier, associant quelques cultures (orge, pomme de terre) à l'élevage (bovins, porcins). L'industrie, développée pendant la période soviétique, souffre aujourd'hui du manque de matières premières. La Lettonie, fortement urbanisée (Riga concentre plus du tiers de la population totale), est peuplée d'une faible majorité de Lettons de souche, comptant environ un tiers de Russes (nombreux dans les villes).

HISTOIRE

Au début de l'ère chrétienne, des peuples du groupe finno-ougrien et du groupe balte s'établissent dans la région. **Début du XIIIe s. - 1561 :** les chevaliers Teutoniques et Porte-Glaive fusionnent (1237) pour former l'ordre livonien. Celui-ci gouverne et christianise le pays. **1561 :** la Livonie est annexée par la Pologne, et la Courlande érigée en duché sous suzeraineté polonaise. **1721 - 1795 :** la totalité du pays est intégrée à l'Empire russe. **1918 :** la Lettonie proclame son indépendance. **1920 :** celle-ci est reconnue par la Russie soviétique au traité de Riga. **1940 :** conformément au pacte germano-soviétique, la Lettonie est annexée par l'URSS. **1941 - 1944 :** elle est occupée par l'Allemagne. **1944 :** la Lettonie redevient république soviétique. **1991 :** l'indépendance, restaurée, est reconnue par l'URSS et par la communauté internationale (sept.). **1994 :** les troupes russes achèvent leur retrait du pays. **1995 :** la Lettonie dépose une demande d'adhésion à l'Union européenne.

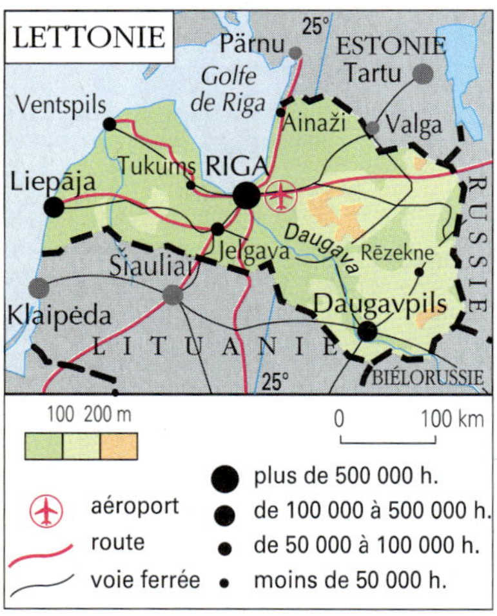

Lettres à Lucilius, recueil de 124 lettres écrites par Sénèque après sa disgrâce en 62, dans lesquelles il guide son ami Lucilius sur la voie de la sagesse stoïcienne.

Lettres de mon moulin (les), recueil de contes de A. Daudet (1869), qui ont presque tous pour décor la Provence : *l'Arlésienne, la Chèvre de M. Seguin, l'Élixir du R. P. Gaucher, les Trois Messes basses...*

Lettres persanes, roman philosophique de Montesquieu (1721). La correspondance imaginaire de deux Persans venus en Europe sert de prétexte à une satire de la société française.

Lettres portugaises, recueil de cinq lettres publié en 1669. Longtemps attribuées à une religieuse portugaise, Mariana Alcoforado, et présentées comme une traduction, ces lettres d'amour passionné et douloureux sont en réalité l'œuvre du « traducteur » lui-même, le comte de Guilleragues (1628 - 1685).

Lettre sur les aveugles à l'usage de ceux qui voient, opuscule de Diderot (1749). Une opération qui a redonné la vue à un aveugle-né devient matière à argumentation pour Diderot, qui subordonne les idées aux sensations et propose une explication matérialiste du monde.

LEU (saint) → **LOUP** (saint).

LEUCADE, une des îles Ioniennes (Grèce), auj. rattachée à la terre ; 20 900 hab.

LEUCATE ou **SALSES** (étang de), étang de la côte méditerranéenne (Aude et Pyrénées-Orientales) ; env. 11 000 ha. Stations balnéaires et ports de plaisance (Leucate-Plage, Port-Leucate, Port-Barcarès) sur le cordon littoral. – Puissant fort espagnol de Salses, d'env. 1500.

LEUCIPPE, *v. 460 - 370 av. J.-C.*, philosophe grec présocratique. Fondateur présumé de la théorie atomiste, il eut Démocrite pour disciple.

Leucopetra (bataille de) [146 av. J.-C.], victoire des Romains sur la ligue Achéenne, à Leucopetra, près de Corinthe. Suivie du sac de Corinthe, elle marqua la fin de l'indépendance grecque.

Leuctres (bataille de) [371 av. J.-C.], victoire des Thébains conduits par Épaminondas sur les Spartiates à Leuctres, en Béotie. Elle assura aux Thébains l'hégémonie sur la Grèce.

LEUVEN, nom néerlandais de *Louvain.

LEUZE-EN-HAINAUT, comm. de Belgique (Hainaut), à l'E. de Tournai ; 12 869 hab. Collégiale du XVIIIe s. (mobilier).

LEVALLOIS-PERRET (92300), ch.-l. de cant. des Hauts-de-Seine ; 54 994 hab. *(Levalloisiens)*. Centre industriel et résidentiel.

LEVANT n.m., nom parfois donné à l'ensemble des pays de la côte orientale de la Méditerranée.

LEVANT n.m., en esp. **Levante**, partie de l'Espagne orientale (régions de Valence et Murcie). Il est célèbre pour ses abris-sous-roche ornés de peintures pariétales (scènes de chasse, de cueillette, de danse), réalisées à partir du VIIe millénaire durant l'épipaléolithique.

LEVANT (île du) [83400 Hyères], une des îles d'Hyères. Centre naturiste. – Centre d'expérimentation des missiles de la marine.

LEVASSEUR (Noël), *Québec 1680 - id. 1740*, le plus connu d'une famille de sculpteurs québécois du XVIIIe s. Il est notamm. l'auteur du décor intérieur de la chapelle des Ursulines de Québec.

LEVASSOR (Émile), *Marolles-en-Hurepoix 1843 - Paris 1897*, ingénieur et industriel français. Associé à René Panhard, il créa en France, grâce aux brevets Daimler, l'industrie des moteurs d'automobiles.

LE VAU (Louis), *Paris 1612 - id. 1670*, architecte français. Après avoir élevé divers hôtels à Paris, le château de Vaux-le-Vicomte, l'actuel Institut, etc., il établit pour le roi les grandes lignes du palais de Versailles. Moins raffiné que F. Mansart, il a le sens de la mise en scène somptueuse.

■ LOUIS **LE VAU.** Façade sur jardin du château de Vaux-le-Vicomte (1656 - 1661).

LEVENS [ləvɛ̃s] (06670), ch.-l. de cant. des Alpes-Maritimes ; 3 712 hab. Restes de fortifications.

LEVERKUSEN, v. d'Allemagne (Rhénanie-du-Nord-Westphalie), sur le Rhin ; 161 761 hab. Centre chimique.

LE VERRIER (Urbain), *Saint-Lô 1811 - Paris 1877*, astronome français. Spécialiste de mécanique céleste, il fut, par ses calculs, à l'origine de la découverte (par l'Allemand Galle) de la planète

■ URBAIN **LE VERRIER**

■ RENÉ **LÉVESQUE**

Neptune (1846). Directeur de l'Observatoire de Paris (1854 - 1870 et 1873 - 1877), il élabora une théorie du mouvement de la Lune et organisa la centralisation et la diffusion des informations météorologiques en France et en Europe.

LEVERTIN (Oscar), *Gryt 1862 - Stockholm 1906*, écrivain suédois. Poète (*Légendes et Chansons*, 1891) et romancier, il s'opposa au naturalisme.

LÉVESQUE (René), *New Carlisle, Québec, 1922 - Montréal 1987*, homme politique canadien. Fondateur (1968) et chef du Parti québécois, organisation préconisant l'indépendance politique du Québec et son association économique avec le reste du Canada, il devient Premier ministre du Québec en 1976. Malgré l'échec du référendum sur le projet de « souveraineté-association » (1980), il est reconduit au pouvoir en 1981. Il en vient cependant à mettre en veilleuse l'option indépendantiste (1984), provoquant une crise qui le conduit à démissionner du parti et du gouvernement (1985).

LEVI (Carlo), *Turin 1902 - Rome 1975*, romancier italien. Antifasciste, il a tiré de son exil dans le sud de l'Italie le récit autobiographique *Le Christ s'est arrêté à Eboli* (1945), où s'unissent analyse sociale et lyrisme sobre.

LEVI (Primo), *Turin 1919 - id. 1987*, écrivain italien. Poète et romancier, il est l'auteur de récits autobiographiques *(Si c'est un homme)* et d'essais *(les Naufragés et les Rescapés)* marqués par son expérience du camp d'Auschwitz.

LÉVI, personnage biblique. Troisième fils de Jacob, ancêtre éponyme d'une tribu d'Israël dont les membres (lévites) étaient traditionnellement chargés du culte.

LÉVI (Alphonse Louis **Constant,** dit Éliphas), *Paris 1810 - id. 1875*. Il s'attacha à réactualiser les traditions occultes. Il est l'auteur notamment de *la Bible de la liberté* (1841) et de *la Clef des grands mystères* (1860).

LÉVIATHAN, monstre aquatique de la mythologie phénicienne mentionné dans la Bible, où il devient le symbole du paganisme.

Léviathan (le), ouvrage de Hobbes (1651). L'abandon mutuel et consenti de tout droit au profit d'un État au pouvoir absolu apparaît comme la seule solution à la guerre perpétuelle que les hommes se livrent à l'état de nature (« L'homme est un loup pour l'homme »).

LEVI BEN GERSON → **GERSONIDES.**

LEVIER (25270), ch.-l. de cant. du Doubs ; 2 032 hab.

LEVINAS (Emmanuel), *Kaunas 1905 - Paris 1995*, philosophe français d'origine lituanienne. Il a construit une philosophie de l'existence centrée autour de la réflexion sur autrui, et contribué au renouveau de la pensée juive contemporaine (*le Temps et l'Autre*, 1948 ; *Totalité et Infini*, 1961).

LÉVIS, v. du Canada (Québec), sur le Saint-Laurent, en face de Québec ; 42 676 hab. *(Lévisiens)*.

LÉVIS (François Gaston, duc **de**), *Ajac, Languedoc, 1720 - Arras 1787*, maréchal de France. Il défendit le Canada après la mort de Montcalm (1759).

LÉVIS-MIREPOIX (Antoine Pierre Marie, duc **de**), *Léran, Ariège, 1884 - Lavelanet 1981*, historien français, auteur d'ouvrages sur le Moyen Âge. (Acad. fr.)

LÉVI-STRAUSS (Claude), *Bruxelles 1908*, anthropologue français. Marqué par Durkheim et Mauss, il découvre sa vocation ethnographique lors d'un séjour au Brésil (*Tristes Tropiques*, 1955). En 1941, il rencontre R. Jakobson à New York ; il a alors

■ CLAUDE **LÉVI-STRAUSS**

■ MICHEL DE **L'HOSPITAL.** (Musée Condé, Chantilly.)

l'idée d'appliquer le concept de structure aux phénomènes humains : parenté (*les Structures élémentaires de la parenté*, 1949), mode de pensée (*la Pensée sauvage*, 1962), enfin et surtout mythe (*« Mythologiques »*, 1964 - 1971 ; *Histoire de lynx*, 1991). Il a donné au structuralisme la dimension d'un humanisme. (Acad. fr.)

Lévitique (le), livre de la Bible, le troisième du Pentateuque. Il traite du culte israélite, dont le soin était confié aux membres de la tribu de Lévi.

LEVROUX (36110), ch.-l. de cant. de l'Indre ; 2 960 hab. Mégisserie. — Église du XIIIe s.

LÉVY-BRUHL (Lucien), *Paris 1857 - id. 1939,* philosophe et sociologue français. Il définit les mœurs en fonction de la morale (*la Morale et la Science des mœurs,* 1903) et émit l'hypothèse d'une évolution de l'esprit humain (*la Mentalité primitive,* 1922).

LEWIN (Kurt), *Mogilno, région de Bydgoszcz, 1890 - Newtonville, Massachusetts, 1947,* psychosociologue américain d'origine allemande. Promoteur d'une psychologie sociale fondée sur la topologie mathématique, il s'est intéressé à la dynamique des groupes.

LEWIS, la plus grande des îles Hébrides, reliée par un isthme à Harris ; 2 134 km^2.

LEWIS (Frederick Carlton, dit Carl), *Birmingham, Alabama, 1961,* athlète américain. Il a remporté 9 titres olympiques : 4 en 1984 (100 m, 200 m, longueur et 4 × 100 m), 2 en 1988 (100 m et longueur), 2 en 1992 (longueur et 4 × 100 m) et un en 1996 (longueur). Il a obtenu 8 titres de champion du monde.

LEWIS (Clarence Irving), *Stoneham, Massachusetts, 1883 - Cambridge, Massachusetts, 1964,* logicien américain. Sa réflexion sur la notion d'implication est à l'origine de la logique modale.

LEWIS (Gilbert Newton), *Weymouth, Massachusetts, 1875 - Berkeley 1946,* physicien et chimiste américain. Auteur, en 1916, de la théorie de la covalence, il a donné une définition générale des acides et des bases. Il a inventé, en 1926, le terme de « photon ».

LEWIS (Joseph **Levitch**, dit Jerry), *Newark, New Jersey, 1926,* acteur et cinéaste américain. Il s'est fait l'héritier de la tradition burlesque américaine (*le Tombeur de ces dames,* 1961 ; *Dr. Jerry et Mr. Love,* 1963).

LEWIS (Matthew Gregory), *Londres 1775 - en mer 1818,* écrivain britannique, auteur du roman gothique *le Moine* (1796).

LEWIS (Sinclair), *Sauk Centre, Minnesota, 1885 - Rome 1951,* écrivain américain. Ses romans sont une satire de la bourgeoisie et de ses préoccupations mercantiles et religieuses *(Babbitt, Elmer Gantry).* [Prix Nobel 1930.]

LEWIS (sir William Arthur), *Castries, Sainte-Lucie, 1915 - Bridgetown, la Barbade, 1991,* économiste britannique, spécialiste des théories de la croissance et du développement. (Prix Nobel 1979.)

LEXINGTON-FAYETTE, v. des États-Unis (Kentucky) ; 225 366 hab. Élevage de chevaux.

LEYDE, en néerl. **Leiden,** v. des Pays-Bas (Hollande-Méridionale) ; 111 949 hab. Université. — Église gothique St-Pierre et autres monuments. Musées nationaux des Antiquités (Égypte, Grèce, etc.) ; musée municipal De Lakenhal.

LEYRE → **EYRE.**

LEYSIN, comm. de Suisse (Vaud) ; 2 842 hab. *(Leysenonds).* Station climatique et de sports d'hiver (alt. 1 250 - 2 185 m).

LEYTE, île des Philippines ; 8 003 km^2 ; 1 362 000 hab. Occupée par les Japonais de 1942 à 1944, l'île vit la défaite de la flotte japonaise (oct. 1944), qui y engagea pour la première fois les avions-suicides kamikazes.

LEZAMA LIMA (José), *La Havane 1910 - id. 1976,* écrivain cubain. Poète, essayiste et romancier *(Paradiso),* il a contribué, par sa culture baroque et son imagination puissante, à renouveler la tradition narrative de langue espagnole.

LEZAY (79120), ch.-l. de cant. des Deux-Sèvres ; 2 146 hab.

LEZGUIENS, peuple caucasien de Russie (sud-est du Daguestan) et d'Azerbaïdjan (env. 480 000 au total). Ils sont musulmans, en grande majorité sunnites. Leur langue, le *lezguien,* comprend plusieurs dialectes, dont le *kuri.*

LÉZIGNAN-CORBIÈRES (11200), ch.-l. de cant. de l'Aude ; 8 485 hab. *(Lézignanais).* Vins.

LEZOUX (63190), ch.-l. de cant. du Puy-de-Dôme ; 5 020 hab. Centre de fabrication de céramique sigillée à l'époque gallo-romaine (musée).

LHASSA, v. de Chine, cap. du Tibet, à 3 600 m d'alt. ; 107 000 hab. Lamaseries. — Ancienne résidence du dalaï-lama, le *Potala (XVIIe s.).

L'HERBIER (Marcel), *Paris 1888 - id. 1979,* cinéaste français. Principale figure de l'avant-garde impressionniste, fondateur (1943) de l'Institut des hautes études cinématographiques (IDHEC, devenu *FEMIS), il réalisa notamm. *Eldorado* (1921), *l'Argent* (1929), *la Nuit fantastique* (1942).

L'HERMITE (Tristan), homme d'État français du XVe s. Il servit Louis XI, qui le fit grand chambellan et l'employa comme agent diplomatique.

LHOMOND (abbé Charles François), *Chaulnes 1727 - Paris 1794,* érudit français, auteur d'ouvrages destinés à l'enseignement du latin *(De viris illustribus urbis Romae).*

L'HOSPITAL (Guillaume **de**), marquis **de Sainte-Mesme,** *Paris 1661 - id. 1704,* mathématicien français. Il fut initié au calcul infinitésimal par J. Bernoulli et en publia le premier manuel.

L'HOSPITAL [lopital] (Michel **de**), *Aigueperse v. 1505 - Belesbat 1573,* homme d'État français. Nommé chancelier de France (1560) à l'instigation de Catherine de Médicis, il s'efforça en vain de réconcilier catholiques et protestants, qu'il convoqua au colloque de Poissy (1561). Son édit de tolérance (1562) ne put empêcher le déclenchement des guerres de Religion ; désavoué, il quitta la cour en 1568. Il simplifia par ailleurs le fonctionnement de la justice.

LHOTE (André), *Bordeaux 1885 - Paris 1962,* peintre et théoricien de l'art français. Il se rattache au cubisme, mais aussi à la tradition. Son enseignement et ses écrits firent référence.

LHOTSE n.m., quatrième sommet du monde, dans l'Himalaya, aux confins de la Chine et du Népal, proche de l'Everest ; 8 545 m.

LI, peuple de Chine (sud de l'île de Hainan), de langue thaïe.

LIAKHOV (îles), archipel russe de l'océan Arctique.

LIANCOURT (60140), ch.-l. de cant. de l'Oise ; 6 553 hab. Église des XVe-XVIIe s.

LIANG KAI, peintre chinois (originaire de Dongping, Shandong), actif à Hangzhou au milieu du XIIIe s. Il devint comme son ami Muqi l'un des plus brillants représentants de la peinture de la secte bouddhique Chan (V. partie n. comm. **zen**).

LIAOCHENG, v. de Chine, à l'O. de Jinan ; 737 000 hab.

LIAODONG, partie de la province du Liaoning (Chine).

LIAONING, prov. de la Chine du Nord-Est ; 39 500 000 hab. ; cap. *Shenyang.*

LIAOYANG, v. de la Chine du Nord-Est (Liaoning) ; 493 000 hab.

LIAOYUAN, v. de Chine, au N.-E. de Shenyang ; 772 000 hab.

LIBAN (mont), montagne de la république du Liban ; 3 083 m. Autrefois, grande forêt de cèdres.

LIBAN n.m., État d'Asie, sur la Méditerranée, dans le Moyen-Orient ; 10 400 km^2 ; 3 100 000 hab. *(Libanais).* **CAP.** *Beyrouth.* **LANGUE :** *arabe.* **MONNAIE :** *livre libanaise.*

GÉOGRAPHIE

Le mont Liban (dont les versants portent du blé, de la vigne, des arbres fruitiers et des oliviers) domine une étroite plaine littorale, qui, intensément mise en valeur, concentre la majeure partie de la population, aujourd'hui à nette dominante musulmane. À l'est, la Beqaa est une dépression aride, limitée vers l'est par l'Anti-Liban. L'avenir est lié à l'évolution géopolitique régionale.

HISTOIRE

Des origines à l'indépendance. À partir du IIIe millénaire : la côte est occupée par les Cananéens, puis par les Phéniciens, qui fondent les cités-États de Byblos, Berytos (auj. Beyrouth), Sidon et Tyr. **Début du Ier millénaire :** les Phéniciens dominent le commerce méditerranéen. **VIIe - Ier s. av. J.-C. :** le pays connaît les dominations assyrienne, égyptienne, perse, babylonienne puis grecque. **64 - 63 av. J.-C. - 636 :** le Liban fait partie de la province romaine puis byzantine de Syrie. **636 :** il est conquis par les Arabes. **VIIe - XIe s. :** la côte et la montagne servent de refuge à diverses communautés chrétiennes, chiites, puis druzes. **1099 - 1289/1291 :** les Latins du royaume de Jérusalem et du comté de Tripoli dominent le littoral, conquis ensuite par les Mamelouks d'Égypte. **1516 :** le Liban est annexé à l'Empire ottoman. **1593 - 1840 :** les émirs druzes, notamm. Fakhr al-Din (1593 - 1633) et Chihab Bachir II (1788 - 1840), unifient la montagne libanaise et cherchent à obtenir son autonomie. **1858 - 1860 :** des affrontements opposent les druzes et les maronites (qui sont en plein essor démographique et économique). **1861 :** la France obtient la création de la province du Mont-Liban, dotée d'une certaine autonomie. **1918 :** le Liban est libéré des Turcs. Il forme avec la plaine de la Beqaa le « Grand Liban ». **1920 - 1943 :** il est placé par la SDN sous mandat français.

La République libanaise. 1943 : l'indépendance est proclamée. Le « pacte national » institue un système politique confessionnel répartissant les pouvoirs entre les maronites, les sunnites, les chiites, les grecs orthodoxes, les druzes et les grecs catholiques. **1952 - 1958 :** C. Chamoun pratique une politique pro-occidentale. **1958 :** les nationalistes arabes favorables à Nasser déclenchent la guerre civile, que fait cesser l'intervention américaine. **1958 - 1970 :** la République est présidée par F. Chehab (1958 - 1964) puis par C. Hélou. **1967 :** les Palestiniens, réfugiés au Liban depuis 1948, s'organisent de façon autonome. **1970 - 1976 :** sous la présidence de S. Frangié, des affrontements avec les Palestiniens se produisent. **1976 :** ils dégénèrent en guerre civile ; la Syrie intervient. S'affrontent alors une coalition de « gauche » (favorable aux Palestiniens, en majorité sunnite, druze puis chiite et dont les principales forces armées sont les fedayins, les milices druzes et celles du mouvement Amal) et une coalition de « droite » (favorable à Israël, en majorité maronite et dont les principales forces sont les Phalanges et l'Armée du Liban-Sud, alliée à Israël). **1978 :** création d'une Force intérimaire des Nations unies au Liban (FINUL). **1982 :** l'ar-

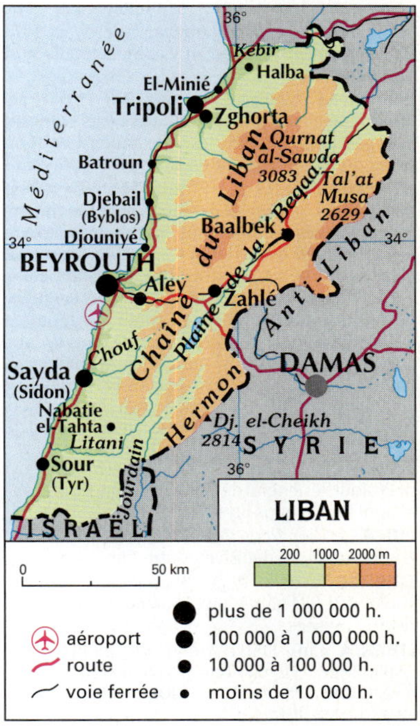

mée israélienne fait le blocus de Beyrouth, dont elle chasse les forces armées palestiniennes. A. Gemayel succède comme président de la République à son frère Bachir, assassiné. **1984 :** un gouvernement d'union nationale est constitué, appuyé par la Syrie. **1985 :** l'armée israélienne se retire du Liban à l'exception de la partie sud du territoire, dite « zone de sécurité » (en dépit de la résolution 425 du Conseil de sécurité demandant son retrait inconditionnel). La guerre civile se poursuit, compliquée par des affrontements à l'intérieur de chaque camp, surtout entre diverses tendances musulmanes : sunnites, chiites modérés du mouvement Amal, chiites partisans de l'Iran (Hezbollah). Ces derniers, à partir de 1985, prennent en otages des Occidentaux (notamm. Français et Américains). Cette situation provoque le retour, en 1987, des troupes syriennes à Beyrouth-Ouest. **1988 :** le mandat de A. Gemayel s'achève sans que l'élection de son successeur ait eu lieu. Deux gouvernements sont mis en place : l'un, civil et musulman, à Beyrouth-Ouest, dirigé par Selim Hoss ; l'autre, militaire et chrétien, à Beyrouth-Est, présidé par le général Michel Aoun, hostile à la présence syrienne. **1989 :** Elias Hraoui devient président de la République. **1990 :** une nouvelle Constitution entérine les accords, signés à Taif en 1989, qui prévoient un rééquilibrage du pouvoir en faveur des musulmans. L'armée libanaise, aidée par la Syrie, met fin à la résistance du général Aoun. **1991 :** le désarmement des milices et le déploiement de l'armée libanaise dans le Grand Beyrouth et le sud du pays (à l'exception de la « zone de sécurité », et malgré l'implantation du Hezbollah) marquent l'amorce d'une restauration de l'autorité de l'État, sous tutelle syrienne. **1992 :** à l'issue des élections législatives, fortement contestées et marquées par l'abstention massive des chrétiens, un nouveau Parlement se réunit. Rafic Hariri devient Premier ministre. **1995 :** sous la pression de la Syrie, le mandat présidentiel de E. Hraoui est prorogé de trois ans par le Parlement, sans élection. **1996 :** les attaques opposant le Hezbollah et l'armée israélienne dans le sud du pays connaissent un nouveau paroxysme (avr.). Les élections législatives reconduisent une majorité prosyrienne au Parlement. **1998 :** Émile Lahoud devient président de la République. Selim Hoss est à nouveau Premier ministre. **2000 :** l'armée israélienne se retire du Liban-Sud (mai). Les élections législatives sont marquées par un vote de protestation (échec de nombreux candidats prosyriens). R. Hariri retrouve le poste de Premier ministre.

LIBBY (Willard Frank), *Grand Valley, Colorado, 1908 - Los Angeles 1980,* chimiste américain. Spécialiste de la radioactivité, il a créé la méthode de datation des objets par dosage du carbone 14. (Prix Nobel 1960.)

libéral-démocrate (Parti) ou **PLD,** parti politique japonais. Né en 1955 de la fusion de deux partis conservateurs, le Parti libéral et le Parti démocrate, il domine la vie politique du pays.

Libération, quotidien français. Créé en 1973 sous l'égide de J.-P. Sartre, il est dirigé depuis 1974 par Serge July.

Libération (campagnes de la) [1943 - 1945], actions menées par les forces alliées et les patriotes insurgés pour chasser les Allemands des territoires qu'ils occupaient en Europe.

Libération (ordre de la), ordre français créé en nov. 1940 par le général de Gaulle pour récompenser les services exceptionnels rendus dans l'œuvre de délivrance de la France. L'ordre, qui cessa d'être décerné le 24 janv. 1946, comptait 1 057 compagnons, 5 villes et 18 unités combattantes.

Libération de Paris (19 - 25 août 1944), combat qui mit fin à l'occupation allemande dans la capitale. À l'appel du Comité parisien de la Libération, une insurrection conduite par les FFI et les FTP éclate le 19 août. Le 24 août au soir, les premiers chars de la 2ᵉ division blindée arrivent à l'Hôtel de Ville et, le 25 août, la garnison allemande capitule devant le général Leclerc et le colonel Rol-Tanguy. Le 26 août, le général de Gaulle descend triomphalement les Champs-Élysées.

LIBÈRE (saint), *Rome ?-id. 366,* pape de 352 à 366. Il lutta de façon décisive contre l'arianisme.

LIBEREC, v. de la République tchèque, en Bohême ; 101 934 hab. Vieux château, demeures du XVIIIᵉ s., musées.

LIBERIA n.m., État d'Afrique occidentale, sur l'Atlantique ; 110 000 km² ; 3 140 000 hab. *(Libériens).* CAP. *Monrovia.* LANGUE : *anglais.* MONNAIE : *dollar libérien.*

GÉOGRAPHIE

En grande partie recouvert par la forêt dense, le pays possède des plantations de palmiers à huile, de caféiers et surtout d'hévéas. Le sous-sol recèle des diamants et surtout du fer, devenu le principal produit d'exportation d'un pays dont l'économie a été ruinée par la guerre civile (liée à la diversité ethnique). Le Liberia tire encore d'importants revenus du prêt de son pavillon (la flotte libérienne est la deuxième du monde).

HISTOIRE

XVᵉ - XVIIIᵉ s. : la région est occupée par des populations de langues mandé et kru, pour l'essentiel. Le littoral (Côte de Malaguette ou Côte des Graines), découvert par les Portugais, est fréquenté par des marchands européens. **1822 :** la Société américaine de colonisation, fondée en 1816, commence à y établir des esclaves noirs libérés, malgré l'hostilité des autochtones. **1847 :** la république du Liberia, indépendante, est proclamée ; la capitale est nommée Monrovia en l'honneur du président américain J. Monroe. **1857 :** fusion avec l'établissement voisin du Maryland. **1885 - 1910 :** les frontières du pays sont définitivement fixées par des accords avec la Grande-Bretagne et la France. **1926 :** début des grandes concessions aux entreprises américaines. **1944 - 1971 :** William Tubman est président de la République. **1980 :** un coup d'État militaire renverse le président Tolbert (à la tête de l'État depuis 1971) et amène au pouvoir le sergent-chef Samuel K. Doe. **1984 :** une Constitution, prévoyant le retour à un régime civil, est approuvée par référendum. Mais Doe maintient une politique autoritaire. **1990 :** le développement de la guérilla, conduite notamment par Charles Taylor, aboutit à la guerre civile (Doe est tué au cours de violents combats). **1991 :** une force ouest-africaine d'interposition est déployée dans le pays. **1996 :** le conflit prend fin. **1997 :** Charles Taylor est élu président de la République.

Liberté éclairant le monde (la), statue gigantesque (93 m avec son piédestal) érigée en 1886 dans la rade de New York. Offerte par la France aux États-Unis, œuvre de Bartholdi, elle est en cuivre martelé sur charpente de fer (due à Eiffel).

Liberté guidant le peuple (la), grande toile de Delacroix (1830, Louvre), inspirée au peintre par les journées parisiennes de juillet 1830.

LI BO, dit aussi **Li Taibo,** *701 - 762,* poète chinois, l'un des grands poètes de la dynastie des Tang.

LIBOURNE (33500), ch.-l. d'arrond. de la Gironde, au confluent de la Dordogne et de l'Isle ; 22 457 hab. *(Libournais).* Centre de recherches du courrier. – Anc. bastide du XIIIᵉ s.

Libre Belgique (la), quotidien belge de tendance catholique, fondé en 1884 sous le titre *le Patriote.* Interdit lors de l'invasion allemande en Belgique (1914), il reparut clandestinement, en 1915, sous son titre actuel.

LIBREVILLE, cap. du Gabon, sur l'estuaire du Gabon ; 352 000 hab. *(Librevillois).* Port. – Elle fut fondée en 1849.

LIBYE n.f., État d'Afrique, sur la Méditerranée ; 1 760 000 km² ; 5 590 000 hab. *(Libyens).* CAP. *Tripoli.* LANGUE : *arabe.* MONNAIE : *dinar libyen.*

GÉOGRAPHIE

L'économie était autrefois fondée sur un élevage nomade (ovins, chameaux), imposé par l'étendue du désert, et sur une agriculture sédentaire (blé, orge, palmier-dattier, fruits), réfugiée dans les oasis et sur la bordure littorale, moins aride. Elle a été, au moins localement, transformée par l'exploitation du pétrole, ressource essentielle d'un pays vaste (plus du triple de la superficie française) mais encore peu peuplé. La population, islamisée, en majeure partie urbaine, se concentre ponctuellement sur le littoral.

HISTOIRE

Des origines à la domination ottomane. XIIIᵉ s. av. J.-C. : les habitants de la région, appelés « Libyens » par les Grecs, participent aux invasions des Peuples de la Mer en Égypte. **VIIᵉ s. :** les Grecs fondent en Cyrénaïque les cinq colonies de la Pentapole. **Vᵉ s. :** Carthage domine la Tripolitaine. **106 - 19 av. J.-C. :** l'ensemble du pays est conquis par Rome. **642 - 643 :** conquête arabe. **VIIᵉ - XVIᵉ s. :** le pays est soumis aux Omeyyades, aux Abbassides puis à diverses dynasties maghrébines ou égyptiennes. **1517 :** les Ottomans conquièrent la Cyrénaïque. **1551 :** ils se rendent maîtres de la Tripolitaine.

■ LA **LIBERTÉ GUIDANT LE PEUPLE** (1830), par Delacroix. (Louvre, Paris.)

L

La Libye contemporaine. **1911 - 1912 :** l'Italie conquiert le pays, auquel les Ottomans doivent renoncer (paix d'Ouchy). **1912-1931 :** la confrérie des Senousis dirige en Cyrénaïque la résistance armée à la conquête italienne. **1934 :** création de la colonie italienne de Libye. **1940 - 1943 :** à l'issue de la campagne de *Libye, la France administre le Fezzan ; la Grande-Bretagne, la Tripolitaine et la Cyrénaïque. **1951 :** ces trois territoires sont réunis en un État fédéral indépendant dont Idris Ier devient le roi (1951 - 1969). **1961 :** l'exploitation du pétrole commence. **1963 :** l'organisation fédérale est abolie. **1969 :** le coup d'État des « officiers libres » fait de Kadhafi le maître du pays. **1971 :** nationalisation des compagnies pétrolières. **1973 :** Kadhafi lance la révolution culturelle islamique. **1977 :** il institue l'État des masses (la *Djamahiriyya*). **1980 :** la Libye intensifie son engagement au Tchad. **1986 :** son soutien aux organisations terroristes lui vaut de subir des bombardements de représailles américains. **1987 :** défaites militaires au Tchad. **1988 :** elle rétablit ses relations diplomatiques avec le Tchad. **1989 :** elle se rapproche des pays du Maghreb. **1992 :** le Conseil de sécurité de l'ONU, devant le refus du gouvernement libyen de collaborer aux enquêtes sur des attentats terroristes, décide un embargo aérien et militaire (renforcé en 1993). **1994 :** les Libyens se retirent de la bande d'Aozou, qu'ils occupaient depuis 1973. **1999 :** l'embargo contre la Libye est suspendu. **2000 :** Kadhafi décrète l'abolition de l'État centralisé et le transfert du pouvoir aux instances locales.

Libye (campagne de) [sept. 1940 - janv. 1943], campagne de la Seconde Guerre mondiale. Les forces britanniques et leurs alliés (Français, Polonais) s'opposèrent aux troupes germano-italiennes (notamm. l'Afrikakorps de Rommel), en partic. à Tobrouk (1941 - 1942) et à El-Alamein (1942).

LIBYE (désert de), partie orientale du Sahara. En Égypte, il est appelé *désert Occidental* (limité à l'E. par le Nil).

LICHTENSTEIN (Roy), *New York 1923 - id. 1997*, peintre américain. Représentant du pop art, il s'approprie, pour les transposer, des images de bandes dessinées ou des œuvres d'art appartenant surtout à un passé récent.

LICHUAN, v. de Chine, à l'E.-N.-E. de Chongqing ; 718 000 hab.

LICINIUS CRASSUS DIVES (Marcus) → **CRASSUS.**

LICINIUS LICINIANUS (Flavius Valerius), *Illyrie v. 250 - Thessalonique 324*, empereur romain (308 - 324). Auguste en 308, il devint maître de tout l'Orient en 313, après sa victoire sur Maximin II Daia. Persécuteur des chrétiens, il fut tué par Constantin Ier le Grand.

LICINIUS STOLON (Caius), *IVe s. av. J.-C.*, homme politique romain. Tribun du peuple (376 et 367 av. J.-C.), il fut l'auteur des lois dites « liciniennes » qui atténuèrent le conflit entre patriciens et plébéiens.

LICRA (Ligue internationale contre le racisme et l'antisémitisme), association fondée en 1927 pour combattre le racisme et l'antisémitisme.

LIDDELL HART (sir Basil), *Paris 1895 - Marlow 1970*, théoricien militaire britannique. Partisan convaincu de la guerre mécanisée par l'utilisation de grandes unités blindées, il est l'auteur de nombreux ouvrages de stratégie et d'histoire.

LIDO, île d'Italie, près de Venise. Elle abrite la *rade du Lido.* Station balnéaire.

LIE (Jonas), *Eker 1833 - Stavern 1908*, écrivain norvégien. Son style impressionniste exerça une grande influence sur le roman scandinave *(les Filles du commandant).*

LIE (Sophus), *Nordfjordeid 1842 - Christiania, auj. Oslo, 1899*, mathématicien norvégien. Il fit de la théorie des groupes un outil puissant de la géométrie et de l'analyse.

LIEBIG (Justus, baron **von**), *Darmstadt 1803 - Munich 1873*, chimiste allemand. Il est à l'origine du remarquable développement de la chimie organique en Allemagne. Il imagina, en 1830, la méthode de dosage du carbone et de l'hydrogène dans les corps organiques et découvrit, notamm., le chloroforme (1831).

LIEBKNECHT (Wilhelm), *Giessen 1826 - Charlottenburg 1900*, homme politique allemand. Fondateur (1869) du Parti ouvrier social-démocrate allemand, il fut député au Reichstag (1874 - 1887 ; 1890 - 1900). — **Karl L.,** *Leipzig 1871 - Berlin 1919*, homme politique allemand. Fils de Wilhelm, il fut l'un des leaders du groupe social-démocrate opposé à la guerre, puis du spartakisme. Il participa à la fondation du Parti communiste allemand (déc. 1918 - janv. 1919) et fut assassiné au cours de l'insurrection spartakiste.

LIECHTENSTEIN n.m., État d'Europe centrale, entre la Suisse et l'Autriche ; 160 km² ; 31 000 hab. *(Liechtensteinois).* CAP. *Vaduz.* LANGUE : *allemand.* MONNAIE : *franc suisse.* (V. carte **Suisse.**) Tourisme. Place financière et commerciale. — Le Liechtenstein, constitué par la réunion des seigneuries de Vaduz et de Schellenberg, est érigé en principauté en 1719. Il est rattaché à la Confédération du Rhin (1806 - 1813), puis à la Confédération germanique (1815 - 1866). Doté d'une Constitution démocratique en 1921, il est lié économiquement à la Suisse (Union douanière et financière de 1923). Il devient membre de l'ONU en 1990 et de l'AELE en 1991.

LIÈGE, v. de Belgique, ch.-l. de la *prov. de Liège*, au confluent de la Meuse et de l'Ourthe ; 194 596 hab. *(Liégeois)* [environ 500 000 hab. dans l'agglomération]. Évêché. Université. Observatoire. Port fluvial (relié à Anvers par le canal Albert). Centre administratif, commercial, industrialisé surtout en banlieue. — Nombreuses églises, dont certaines remontent à l'époque de l'évêque Notger (fin du Xe s.) ; à St-Barthélemy, célèbres fonts baptismaux de *Renier de Huy. Anc. palais des princes-évêques, des XVIe et XVIIIe s. Nombreux musées, dont celui de la maison Curtius (archéologie et arts décoratifs). — Port fluvial mérovingien, évêché dès le VIIIe s., Liège devint, à la fin du Xe s., la capitale d'une importante principauté ecclésiastique, entrée en 1477 dans l'orbite des Habsbourg. Au patriciat de la ville et au prince-évêque s'opposèrent longtemps les gens de métiers, soutenus par la France. Liège devint, à partir du XVIIe s., l'une des capitales industrielles de l'Europe et elle se révolta en 1789 *(*révolution liégeoise).* La principauté disparaît lors de son annexion par la France.

■ **LIÈGE**

LIÈGE (province de), prov. de l'est de la Belgique ; 3 876 km² ; 999 646 hab. *(Liégeois)* ; ch.-l. *Liège* ; 4 arrond. *(Huy, Liège, Verviers, Waremme)* ; 84 comm. La vallée encaissée de la Meuse, artère industrielle où s'étire l'agglomération liégeoise, sépare la Hesbaye, surtout céréalière et betteravière, du pays de Herve, à prédominance herbagère, et de l'extrémité nord de l'Ardenne (ici, en dehors de la région de Verviers, l'exploitation forestière, le tourisme et l'élevage constituent les principales ressources).

LIÉNART (Achille), *Lille 1884 - id. 1973,* prélat français. Évêque de Lille de 1928 à 1968, cardinal en 1930, il mena une politique sociale hardie et milita pour un véritable aggiornamento de l'Église lors des débats du deuxième concile du Vatican.

LIEPĀJA, v. de Lettonie, sur la Baltique ; 114 900 hab. Port.

LIERRE, en néerl. **Lier,** v. de Belgique (prov. d'Anvers) ; 31 203 hab. Église St-Gommaire, de style gothique flamboyant (jubé, vitraux), et autres monuments ; musées.

LIESTAL, comm. de Suisse, ch.-l. du demi-canton de Bâle-Campagne ; 12 853 hab. Hôtel de ville en partie du XVIIe s. ; musée cantonal.

LIEUVIN n. m., région herbagère et céréalière de Normandie, à l'O. de la Risle.

LIÉVIN (62800), ch.-l. de cant. du Pas-de-Calais ; 33 943 hab. *(Liévinois).* Agroalimentaire.

LIFAR (Serge), *Kiev 1905 - Lausanne 1986,* danseur et chorégraphe français d'origine russe. Maître de ballet à l'Opéra de Paris (1929 - 1945 puis 1947 - 1958), il contribua à l'épanouissement du ballet néoclassique français (*Icare,* 1935 ; *Suite en blanc,* 1943 ; *les Mirages,* 1947) et publia de nombreux ouvrages sur la danse.

LIFFRÉ (35340), ch.-l. de cant. d'Ille-et-Vilaine ; 6 545 hab. *(Liffréens).* Forêt. Bureautique.

LIGETI (György), *Dicsöszentmárton, auj. Târnăveni, Transylvanie, 1923,* compositeur hongrois naturalisé autrichien. Son écriture, très statique (*Atmosphères,* 1961) ou très pointilliste et « hachée » (*Nouvelles Aventures,* 1966), fait aussi la synthèse de ces deux tendances (*Requiem ; Lontano,* 1967 ; *le Grand Macabre,* opéra, 1978).

LIGNE (îles de la) → **LINE ISLANDS.**

LIGNE (Charles Joseph, prince **de**), *Bruxelles 1735 - Vienne 1814,* maréchal autrichien. Ami de Joseph II, diplomate et auteur d'écrits en langue française, il a incarné le cosmopolitisme brillant et cultivé du XVIIIe s.

LIGNÉ (44850), ch.-l. de cant. de la Loire-Atlantique ; 3 034 hab.

LIGNON n.m., riv., du Forez, affl. de la Loire (r. g.) ; 59 km. Il fut illustré par *l'*Astrée.*

LIGNY-EN-BARROIS (55500), ch.-l. de cant. de la Meuse, sur l'Ornain ; 5 265 hab. *(Linéens).* Lunetterie et optique. — Église des XIIIe-XVIIe s.

Ligue (Sainte), nom donné à plusieurs coalitions formées en Europe aux XVe, XVIe et XVIIe s. Les deux premières (1495 - 1496 et 1508 - 1512) regroupèrent la papauté, les principautés italiennes et l'Espagne afin de lutter contre les expéditions de Charles VIII et de Louis XII en Italie. Les dernières (1570 - 1571 et 1684 - 1699) unirent les puissances européennes contre les Turcs et aboutirent à la victoire de Lépante (1571) et à la reconquête de la Hongrie (1699).

Ligue (Sainte) ou **Sainte Union** ou **Ligue,** mouvement religieux et politique qui regroupa les catholiques français de 1576 à 1594, lors des guerres de Religion. Elle eut pour centre Paris et pour principal animateur Henri Ier, duc de Guise. Son assassinat à Blois (1588) déclencha la rébellion ouverte contre Henri III, tandis que Paris se donnait un gouvernement révolutionnaire (le conseil des Seize). Le meurtre d'Henri III (1589) divisa la Ligue, mais Paris n'ouvrit ses portes à Henri IV qu'en 1594, après qu'il eut abjuré le protestantisme. En province, les derniers chefs de la Ligue se soumirent en 1598.

Ligue arabe ou **Ligue des États arabes,** organisation d'États indépendants constituée en 1945 par l'Égypte, la Transjordanie, la Syrie, l'Iraq, le Liban, l'Arabie saoudite, le Yémen, afin de promouvoir leur coopération. De 1953 à 1993, 14 nouveaux États et l'OLP y ont adhéré. L'Égypte, suspendue en 1979, y a été réintégrée en 1989.

LIGUEIL (37240), ch.-l. de cant. d'Indre-et-Loire ; 2 221 hab. Église des XIIe-XVe s.

Ligue internationale contre le racisme et l'antisémitisme → **LICRA.**

Ligue musulmane, parti politique créé en 1906 qui défendit les intérêts de la communauté musulmane dans l'Inde britannique et milita à partir de 1940 pour la création du Pakistan.

LIGUGÉ (86240), comm. de la Vienne ; 2 874 hab. *(Ligugéens).* Le premier monastère français y fut fondé v. 361 par saint Martin ; auj. abbaye bénédictine.

LIGURES, peuple ancien établi sur la côte méditerranéenne entre Marseille et La Spezia, soumis ou exterminé par les Romains au IIe s. av. J.-C.

LIGURIE, région du nord de l'Italie, en bordure du golfe de Gênes ; 1 668 078 hab. *(Liguriens) ;* cap. *Gênes ;* 4 prov. (*Gênes, Imperia, Savone* et *La Spezia*).

LIGURIENNE (république), État substitué à la république de Gênes en 1797 et incorporé à l'Empire français en 1805.

LIKASI, v. de la Rép. dém. du Congo (ex-Zaïre), dans le Katanga ; 194 000 hab.

Likoud, coalition politique israélienne regroupant depuis 1973 plusieurs formations du centre et de la droite.

LILAS (Les) [93260], ch.-l. de cant. de la Seine-Saint-Denis ; 20 484 hab. *(Lilasiens).*

LILIENTHAL (Otto), *Anklam 1848 - Berlin 1896,* ingénieur allemand. Précurseur du vol à voile, il effectua 2 000 vols en se jetant du haut d'une colline suspendu à de larges voilures. Les frères Wright tirèrent profit de ses essais.

LILITH, démon femelle dans la tradition rabbinique. Considérée soit comme la première épouse d'Adam, née comme lui du limon, soit comme sa séductrice après la chute, elle est accusée par une légende populaire de chercher à faire périr les nouveau-nés.

LILLE, ch.-l. de la Région Nord-Pas-de-Calais et du dép. du Nord, en Flandre, sur la Deûle, à 218 km au N. de Paris ; 191 164 hab. *(Lillois)* [Environ 1 million d'hab. dans l'agglomération]. Académie et université. Évêché. Siège de la zone de défense Nord. Centre commercial. Industrie automobile. Agroalimentaire. — Église gothique St-Maurice, anc. Bourse de 1652, citadelle de Vauban et autres monuments. Riche musée des Beaux-Arts et musée de l'hospice Comtesse. — Grande cité drapière dès le XIIe s., ville forte, l'une des capitales des ducs de Bourgogne, Lille fut incorporée à la France en 1667. En 1792, elle soutint victorieusement un siège contre les Autrichiens. Devenue le chef-lieu du département du Nord (1804), elle devint une grande métropole industrielle au XIXe s.

■ **LILLE.** La « Grand'Place », ou place Charles-de-Gaulle et, derrière, le beffroi de la Chambre de commerce.

LILLEBONNE (76170), ch.-l. de cant. de la Seine-Maritime ; 9 936 hab. *(Lillebonnais).* Matières plastiques. Chimie. — Vestiges d'un vaste théâtre romain ; donjon du XIIIe s. ; musée.

LILLEHAMMER, v. de Norvège, au N. d'Oslo ; 23 055 hab. Sports d'hiver. — Musée ethnographique de plein air ; musée de peinture.

LILLERS [-lɛr] (62190), ch.-l. de cant. du Pas-de-Calais ; 9 892 hab. Collégiale romane St-Omer.

Lilliput [-pyt], pays imaginaire dans *les Voyages de *Gulliver.* Ses habitants ne mesurent pas plus de six pouces.

LILONGWE, cap. du Malawi ; 234 000 hab.

LILYBÉE, colonie carthaginoise de l'anc. Sicile. (Auj. *Marsala.*)

LIMA, cap. du Pérou, sur le Rimac ; 5 759 676 hab. *(Liméniens).* Elle fut fondée par Pizarro en 1535. — Principal centre administratif, commercial et culturel du pays. — Cathédrale entreprise à la fin du XVIe s. (sur le modèle de celle de Jaén) et beaux monuments des XVIIe-XVIIIe s. Musées, dont celui de l'Or du Pérou.

LIMAGNES n.f. pl., parfois **LIMAGNE** n.f., plaines du Massif central, drainées par l'Allier et constituant le cœur de l'Auvergne.

LIMASSOL, v. de Chypre ; 129 700 hab. Port.

LIMAY (78520), ch.-l. de cant. des Yvelines, sur la Seine ; 15 799 hab. Église des XIIe-XVIe s.

LIMBOUR (Georges), *Courbevoie 1900 - Cadix 1970,* écrivain français. Les récits de ce poète et romancier surréaliste mêlent le merveilleux et l'humour *(les Vanilliers).*

LIMBOURG n.m., région historique de l'Europe du Nord-Ouest. Duché acquis en 1288 par le Brabant, le Limbourg fut partagé à la paix de Westphalie (1648) entre les Provinces-Unies et les Pays-Bas espagnols.

LIMBOURG n.m., en néerl. **Limburg,** prov. du nord-est de la Belgique ; 2 421 km² ; 750 435 hab. ; ch.-l. *Hasselt ;* 3 arrond. *(Hasselt, Maaseik, Tongres) ;* 44 comm. Le Nord, industriel, s'oppose au Sud, prolongeant la Hesbaye, agricole.

LIMBOURG n.m., prov. méridionale des Pays-Bas ; 1 115 500 hab. ; ch.-l. *Maastricht.*

LIMBOURG (les frères [Pol, Herman et Jean] **de**), enlumineurs néerlandais du début du XVe s., neveux de J. Malouel. Ils sont les auteurs, notamment, des **Très Riches Heures* du duc de Berry, exemple précieux de l'art gothique international.

LIMEIL-BRÉVANNES (94450), comm. du Val-de-Marne ; 17 650 hab. Centre hospitalier.

LIMERICK, en gaél. **Luimneach,** v. d'Irlande, à la tête de l'estuaire du Shannon ; 52 040 hab. Port. — Château et cathédrale en partie du XIIIe s.

LIMOGES, ch.-l. de la Région Limousin et du dép. de la Haute-Vienne, sur la Vienne, à 374 km au S. de Paris ; 137 502 hab. *(Limougeauds).* Évêché. Académie et université. Cour d'appel. Centre de production de la porcelaine. Industries automobiles et électriques. — Cathédrale surtout des XIIIe-XVIe s. Musée municipal de l'Évêché (archéologie ; émaillerie limousine) et musée national de la Porcelaine Adrien-Dubouché. — Festival international des théâtres francophones.

LIMOGNE (causse de), le plus méridional des Causses du Quercy, dans le sud du dép. du Lot.

LIMÓN, v. du Costa Rica ; 69 728 hab. Port.

LIMÓN (José), *Culiacán, Sinaloa, 1908 - Flemington, New Jersey, 1972,* danseur et chorégraphe américain d'origine mexicaine. Disciple de D. Humphrey, dont il poursuivit l'enseignement, il est l'un des grands noms de la modern dance (*The Moor's Pavane,* 1949 ; *la Malinche,* 1949).

LIMONEST [-nɛ] (69760), ch.-l. de cant. du Rhône ; 2 848 hab.

LIMOSIN (Léonard Ier), *Limoges v. 1505 - ? v. 1577,* le plus connu d'une famille d'émailleurs français. Il a été l'interprète, pour la Cour, des modèles de l'école de Fontainebleau (*Apôtres* de la chapelle d'Anet, v. 1547, musée de Chartres ; portraits ; etc.).

LIMOURS (91470), ch.-l. de cant. de l'Essonne ; 6 558 hab. *(Limouriens).* Église du XVIe s. (vitraux).

LIMOUSIN n.m., Région administrative de France ; 16 942 km² ; 710 939 hab. *(Limousins) ;* ch.-l. *Limoges ;* 3 dép. (Corrèze, Creuse et Haute-Vienne). Elle occupe le nord-ouest du Massif central, formée de plateaux granitiques étagés, entourant les hauteurs centrales, la Montagne. Ces plateaux bocagers, dont l'élevage bovin constitue la ressource essentielle, sont entaillés par de profondes vallées (Vienne, Creuse, Vézère, Corrèze), où se sont établies les villes (Limoges, Tulle, Uzerche, Guéret). L'industrie traditionnelle (porcelaine, textile, agroalimentaire) est souvent en difficulté. — Longtemps fief anglo-angevin, le

■ **LIMA.** La place d'Armes et la cathédrale (fin du XVIe-XVIIIe s.).

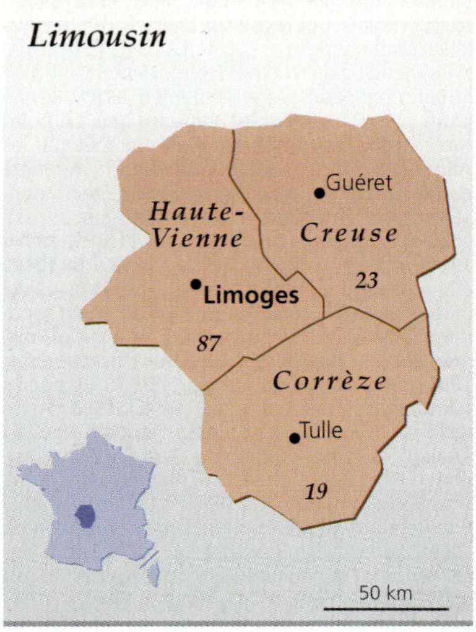

Limousin fut définitivement réuni à la Couronne par Henri IV (1607). Il bénéficia au XVIIIe s. de l'administration de grands intendants (Tourny, Turgot).

LIMOUX (11300), ch.-l. d'arrond. de l'Aude, sur l'Aude ; 10 169 hab. *(Limouxins).* Vin blanc mousseux, la *blanquette de Limoux.* Carnaval. – Restes de fortifications, église des XIIe-XVIe s.

LIMPOPO n.m., fl. d'Afrique australe, qui se jette dans l'océan Indien ; 1 600 km.

LINARES, v. d'Espagne (Andalousie) ; 59 249 hab. Musée archéologique.

LINAS [linas] (91310), comm. de l'Essonne, près de Montlhéry ; 5 020 hab. Autodrome dit « de Montlhéry » ; laboratoire d'essais routiers. – Église des XIIIe-XVIIe s.

LIN BIAO, *Huanggang, Hubei, 1908 - 1971,* maréchal et homme politique chinois. Membre du PCC, il fut l'un des chefs militaires de la Longue Marche (1934 - 1935) et de la guerre civile (1946 - 1949). Ministre de la Défense (1959), il joua un rôle important pendant la Révolution culturelle. Il disparut en 1971. Son avion aurait été abattu alors qu'il tentait de s'enfuir en URSS après une tentative de coup d'État.

LINCHUAN, v. de Chine, au S.-E. de Nanchang ; 619 000 hab.

LINCOLN, v. des États-Unis, cap. du Nebraska ; 191 972 hab. Université.

LINCOLN, v. de Grande-Bretagne (Angleterre), ch.-l. du *Lincolnshire ;* 81 900 hab. Remarquable cathédrale du XIIIe s. ; musées.

LINCOLN (Abraham), *près de Hodgenville, Kentucky, 1809 - Washington 1865,* homme politique américain. L'élection à la présidence des États-Unis, en 1860, de ce député républicain, anti-esclavagiste militant, fut le signal de la guerre de Sécession. Réélu en 1864, Lincoln fut assassiné par un fanatique peu après la victoire nordiste, en avr. 1865.

■ ABRAHAM **LINCOLN**

■ CHARLES **LINDBERGH** en 1927.

LINDAU, v. d'Allemagne (Bavière), dans une île du lac de Constance ; 24 555 hab. Vieille ville pittoresque ; grand centre touristique.

LINDBERGH (Charles), *Detroit 1902 - Hana, Hawaii, 1974,* aviateur américain. Il réussit le premier la traversée sans escale de l'Atlantique nord, à bord du *Spirit of Saint Louis,* entre Roosevelt Field (New York) et Le Bourget (20 - 21 mai 1927).

LINDBLAD (Bertil), *Örebro 1895 - Stockholm 1965,* astronome suédois. Il a, le premier, envisagé la rotation différentielle de la Galaxie (1921) et expliqué les bras spiraux des galaxies par des phénomènes ondulatoires liés à des perturbations gravitationnelles.

LINDE (Carl **von**), *Berndorf, Bavière, 1842 - Munich 1934,* industriel allemand. Il construisit la première machine de réfrigération à compression (1873) et réussit la liquéfaction de l'air (1895).

LINDEMANN (Ferdinand **von**), *Hanovre 1852 - Munich 1939,* mathématicien allemand. Il démontra la transcendance du nombre π (1882), établissant ainsi l'impossibilité de la quadrature du cercle.

LINDER (Gabriel **Leuvielle,** dit Max), *Saint-Loubès 1883 - Paris 1925,* acteur et cinéaste français. Première grande vedette comique du cinéma, il imposa son personnage de dandy spirituel et débrouillard dans ses nombreux films (série des Max ; *l'Étroit Mousquetaire,* 1922).

LÍNEA (La), v. d'Espagne (Andalousie) ; 58 315 hab. Centre commercial à la frontière du territoire de Gibraltar.

LINE ISLANDS (« îles de la Ligne [l'équateur] ») ou **SPORADES ÉQUATORIALES,** archipel du Pacifique, de part et d'autre de l'équateur, partagé entre les États-Unis et Kiribati.

LING (Per Henrik), *Ljunga 1776 - Stockholm 1839,* fondateur de la gymnastique suédoise.

LINGOLSHEIM (67380), comm. du Bas-Rhin ; 16 944 hab.

LINGONS, anc. peuple de la Gaule, dans le pays de Langres.

LINKÖPING, v. de la Suède méridionale ; 122 268 hab. Constructions aéronautiques. – Cathédrale et château des XIIIe-XVe s. ; musées.

LINNÉ (Carl **von**), *Råshult 1707 - Uppsala 1778,* naturaliste suédois. Plus que sa classification des plantes, auj. abandonnée, c'est sa description de plusieurs dizaines de milliers d'espèces et sa nomenclature dite « binominale », appliquée aux deux règnes, qui lui ont valu la célébrité.

■ CARL VON **LINNÉ** par A. Roslin. (Nationalmuseum, Stockholm.)

LINSELLES (59126), comm. du Nord ; 7 958 hab. Parapharmacie.

LINTH n.f., riv. de Suisse, qui draine le *Linthal* et qui rejoint le lac de Zurich ; 53 km.

LINZ, v. d'Autriche, ch.-l. de la Haute-Autriche, sur le Danube ; 202 855 hab. Sidérurgie. – Églises médiévales et baroques ; musée du Château.

LION, constellation zodiacale. Son étoile la plus brillante est Régulus. – **Lion,** cinquième signe du zodiaque, que le Soleil traverse du 22 juillet au 23 août.

LION (golfe du), golfe de la Méditerranée, à l'O. du delta du Rhône.

LION-D'ANGERS (Le) [49220], ch.-l. de cant. de Maine-et-Loire ; 3 512 hab. Église en partie du XIe s., avec peintures du XVe.

LIONNE (Hugues **de**), marquis **de Berny,** *Grenoble 1611 - Paris 1671,* diplomate français. Ministre d'État (1659), puis secrétaire aux Affaires étrangères (1663), il prépara la guerre de Dévolution et la guerre de Hollande.

Lion néerlandais (ordre du), ordre néerlandais fondé en 1815.

LIONS (Jacques Louis), *Grasse 1928,* mathématicien français. Il a été le promoteur en France des mathématiques appliquées et industrielles. – **Pierre-Louis L.,** *Grasse 1956,* mathématicien français. Fils de Jacques Louis, il a renouvelé l'approche de modèles mathématiques issus de domaines variés des sciences, des techniques ou de l'économie. (Médaille Fields 1994.)

LION-SUR-MER (14780), comm. du Calvados ; 2 409 hab. Station balnéaire.

LIORAN (15300 **Laveissière**), écart de la comm. de Laveissière (Cantal). Sports d'hiver à *Superlioran* (alt. 1 160 - 1 855 m). Tunnel routier et ferroviaire, entre Clermont-Ferrand et Aurillac, sous le *col du Lioran* (1 294 m).

LIOTARD (Jean Étienne), *Genève 1702 - id. 1789,* peintre suisse. Artiste itinérant (Rome, Constantinople, Vienne, Paris, Londres...), il est l'auteur de portraits au pastel d'un rendu scrupuleux.

LIOUBERTSY, v. de Russie, banlieue de Moscou ; 165 000 hab.

LIOUVILLE (Joseph), *Saint-Omer 1809 - Paris 1882,* mathématicien français. Il démontra l'existence des nombres transcendants (1851) et étudia les fonctions doublement périodiques.

LIPARI (île), la principale des îles Éoliennes (Italie), qui donne parfois son nom à l'archipel.

LIPATTI (Constantin, dit Dinu), *Bucarest 1917 - Genève 1950,* compositeur et pianiste roumain. Il se distingua par le raffinement, la sensibilité et la précision de ses interprétations du répertoire romantique et classique.

L

LIPCHITZ (Jacob, dit Jacques), *Druskieniki 1891 - Capri 1973,* sculpteur d'origine lituanienne. Établi en France (1909) puis aux États-Unis (1941), il est passé de la synthèse cubiste à un lyrisme d'une expressivité puissante.

LI PENG, *Chengdu 1928,* homme politique chinois. Il est Premier ministre de 1987 à 1998, puis président de l'Assemblée populaire nationale.

LIPETSK, v. de Russie, au S. de Moscou ; 460 100 hab. Métallurgie.

LIPOVEN, population d'origine slave de Roumanie (env. 39 000), vivant principalement dans le delta du Danube, où elle a conservé son mode de vie traditionnel.

LIPPE, anc. principauté puis république (1918) de l'Allemagne septentrionale, réunie en 1947 au Land de Rhénanie-du-Nord-Westphalie.

LIPPI (Fra Filippo), *Florence v. 1406 - Spolète 1469,* peintre italien. Moine jusqu'en 1457, il est un héritier de Fra Angelico et de Masaccio (tableaux d'autel ; fresques de la cathédrale de Prato, 1452 - 1464). – **Filippino L.,** *Prato 1457 - Florence 1504,* peintre italien, fils de Filippo. Il associe un chromatisme délicat à des rythmes décoratifs issus de Botticelli (fresques de la chapelle Strozzi à S. Maria Novella, Florence, terminées en 1503).

LIPPMANN (Gabriel), *Hollerich, Luxembourg, 1845 - en mer, à bord du France, 1921,* physicien français. Il étudia les phénomènes électrocapillaires, la réversibilité de la piézoélectricité du quartz, et inventa un procédé interférentiel de photographie en couleurs. (Prix Nobel 1908.)

LIPPONEN (Paavo Tapio), *Turtola 1941,* homme politique finlandais. Président du Parti social-démocrate depuis 1993, il est Premier ministre depuis 1995.

LIPSCOMB (William Nunn), *Cleveland, Ohio, 1919,* chimiste américain. Il a élaboré une théorie des liaisons chimiques déficientes en électrons. (Prix Nobel 1976.)

LIPSE (Juste), en néerl. Joost **Lips,** *Overijse, Brabant, 1547 - Louvain 1606,* humaniste flamand. Il se fit luthérien puis revint au catholicisme ; son *De constantia* (1583) exprime une philosophie d'inspiration stoïcienne.

LIPSET (Seymour Martin), *New York 1922,* sociologue américain. Il s'est principalement intéressé à la sociologie politique et à l'étude des structures sociales *(l'Homme et la politique,* 1960).

LIRÉ (49530), comm. de Maine-et-Loire, près de la Loire ; 2 278 hab. Vignobles. – Petit musée Joachim-du-Bellay.

LISBONNE, en port. **Lisboa,** cap. du Portugal, à l'embouchure du Tage ; 677 790 hab. *(Lisbonnins, Lisbonnais* ou *Lisboètes)* [1 200 000 hab. dans l'agglomération]. Archevêché. Bibliothèques. Port et centre industriel. – Cathédrale en partie romane ; tour de Belém, sur le Tage, et monastère des Hiéronymites, typiques du style manuélin (début du XVIe s.) ; place du Commerce, de la fin du XVIIIe s. Nombreux et importants musées. – Fondée par les Phéniciens, Lisbonne est aux mains des Maures de 716 à 1147. Capitale

■ **LISBONNE.** Un vieux quartier, avec, à dr., la cathédrale, en partie du XIIe s.

L

du Portugal depuis le XIIIe s., elle connaît au XVe s. une fabuleuse prospérité liée à l'activité maritime et coloniale du Portugal. Elle fut ravagée par un séisme en 1755 et reconstruite par Pombal. Son centre historique a été gravement endommagé par un incendie en 1988.

LI SHIMIN → TANG TAIZONG.

LISIEUX (14100), ch.-l. d'arrond. du Calvados, sur la Touques ; 24 080 hab. *(Lexoviens).* Équipements automobiles. – Cathédrale des XIIe-XIIIe s. – Pèlerinage à sainte Thérèse de l'Enfant-Jésus (basilique construite de 1929 à 1952).

LISLE-SUR-TARN [lil-] (81310), ch.-l. de cant. du Tarn ; 3 748 hab. *(Lislois).* Vins. – Bastide du XIIIe s. ; vieilles maisons, musée.

LISPECTOR (Clarice), *Tchetchelnik, Ukraine, 1925 - Rio de Janeiro 1977,* femme de lettres brésilienne. À l'écoute des sentiments souterrains, ses récits défont syntaxe, chronologie et personnages *(la Passion selon G. H.).*

LISSAJOUS (Jules), *Versailles 1822 - Plombières-lès-Dijon 1880,* physicien français. Il étudia la composition des mouvements vibratoires par un procédé optique permettant d'obtenir les courbes qui portent son nom.

LISSITCHANSK → LYSSYTCHANSK.

LISSITZKY (Lazar, dit El), *Potchinok, région de Smolensk, 1890 - Moscou 1941,* peintre, designer et théoricien soviétique. Adepte du suprématisme de Malevitch, il s'assura une grande audience par des activités multiples (illustration et typographie, architecture, décoration, etc.).

LIST (Friedrich), *Reutlingen 1789 - Kufstein 1846,* économiste allemand. Il eut, l'un des premiers, l'idée de l'union douanière *(Zollverein)* et défendit le protectionnisme, garant du démarrage économique.

LISTER (Joseph, baron), *Upton, Essex, 1827 - Walmer, Kent, 1912,* chirurgien britannique. Il introduisit l'asepsie en chirurgie.

LISZT (Franz), *Doborján, auj. Raiding, Autriche, 1811 - Bayreuth 1886,* compositeur et pianiste hongrois. Virtuose incomparable, il a renouvelé la technique pianistique et innové dans le domaine de l'harmonie. Il a composé des poèmes symphoniques (les *Préludes,* 1854), *Faust-Symphonie* (1857), une grande sonate, 12 *Études d'exécution transcendante* et 19 *Rhapsodies hongroises* pour le piano, des oratorios *(Christus),* messes et pages pour orgue.

LI TAIBO → LI BO.

LI TANG, *Heyang, Henan, v. 1050 - région de Hangzhou apr. 1130,* peintre chinois. Son œuvre, véritable lien entre la vision austère du Nord et celle, plus intime et lyrique, du Sud, a profondément influencé les artistes qui lui ont succédé.

■ FRANZ **LISZT.** (Musée civique, Bologne.)

■ ÉMILE **LITTRÉ**

LITTAU, comm. de Suisse (cant. de Lucerne) ; 15 432 hab.

Little Nemo, personnage de bande dessinée (1905) et de dessin animé (1911) créé par Winsor McCay. Ce petit garçon connaît en rêve toutes sortes d'aventures.

■ **LITTLE NEMO,** dessin de 1909. (© Pierre Horay.)

LITTLE RICHARD (Richard **Penniman,** dit), *Macon, Géorgie, 1935,* chanteur et pianiste américain de rock. Influencé par le rhythm and blues noir, il est l'un des pionniers du rock *(Tutti Frutti).*

LITTLE ROCK, v. des États-Unis, cap. de l'Arkansas ; 175 795 hab. Bauxite.

LITTRÉ (Émile), *Paris 1801 - id. 1881,* lexicographe français. Positiviste, disciple indépendant de A. Comte, il est l'auteur d'un monumental *Dictionnaire de la langue française* (4 vol. et 1 suppl., 1863 - 1873). [Acad. fr.]

LITUANIE n.f., en lituan. **Lietuva,** État d'Europe orientale, sur la Baltique ; 65 000 km² ; 3 700 000 hab. *(Lituaniens).* **CAP.** *Vilnius.* **LANGUE** : *lituanien.* **MONNAIE** : *litas lituanien.*

GÉOGRAPHIE

C'est le plus méridional, le plus vaste et le plus peuplé des États baltes (comptant 80 % de Lituaniens de souche et seulement une petite minorité russe). En bordure de la Baltique, la Lituanie est un pays plat, au climat frais et humide, associant cultures (céréales surtout) et élevage (bovins et porcins). Elle possède quelques industries (constructions mécaniques et électriques) souffrant toutefois du manque de matières premières et, notamment, du déficit énergétique.

HISTOIRE

Ve s. env. : des tribus balto-slaves de la région s'organisent pour lutter contre les invasions scandinaves. **V. 1240 :** Mindaugas fonde le grand-duché de Lituanie. **Seconde moitié du XIIIe s. - XIVe s. :** cet État combat les chevaliers Teutoniques et étend sa domination sur les principautés russes du Sud-Ouest, notamm. sous Gédymin (1316 - 1341). **1385 - 1386 :** la Lituanie s'allie à la Pologne ; le grand-duc de Jagellon devient roi de Pologne sous le nom de Ladislas II (1386 - 1434) et la Lituanie embrasse le catholicisme. **1392 - 1430 :** sous Vytautas, qui règne sur le grand-duché sous la suzeraineté de son cousin Ladislas II, la Lituanie s'étend jusqu'à la mer Noire. **1569 :** l'Union de Lublin crée l'État polono-lituanien. **1795 :** la majeure partie du pays est annexée par l'Empire russe. **1915 - 1918 :** la Lituanie est occupée par les Allemands. **1918 :** elle proclame son indépendance. **1920 :** la Russie soviétique la reconnaît. **1940 :** conformément au pacte germano-soviétique, la Lituanie est annexée par l'URSS. **1941 - 1944 :** elle est occupée par les Allemands. **1944 :** elle redevient république soviétique. **1948 - 1949 :** la résistance à la soviétisation est durement réprimée. **1990 :** l'indépendance du pays est proclamée sous la conduite de Vytautas Landsbergis. **1991 :** elle est reconnue par l'URSS et par la communauté internationale (sept.). **1993 :** Algirdas Brazauskas, leader du parti démocratique du Travail (ex-Parti communiste), est élu à la présidence de la République. Les troupes russes achèvent leur retrait du pays. **1995 :** la Lituanie dépose une demande d'adhésion à l'Union européenne. **1998 :** Valdas Adamkus, soutenu par V. Landsbergis, est élu à la présidence de la République (au suffrage universel).

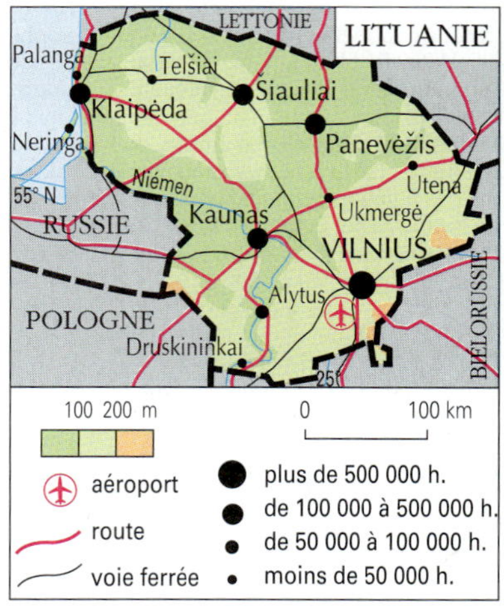

LITVINOV (Maksim Maksimovitch), *Białystok 1876 - Moscou 1951,* homme politique soviétique. Commissaire du peuple aux Affaires étrangères (1930 - 1939), il se rapprocha des États-Unis et de la France (1935) pour lutter contre les États fascistes. Staline le remplaça par Molotov en 1939.

LIU SHAOQI, *Hunan 1898 - 1969 ?,* homme politique chinois. Membre du PCC à partir de 1921, président de la République (1959), il est emprisonné lors de la Révolution culturelle (1969). Il a été réhabilité en 1979.

LIUTPRAND, *m. en 744,* roi des Lombards (712 - 744). Il occupa Ravenne (732 - 733) et assiégea Rome.

LIVAROT (14140), ch.-l. de cant. du Calvados, dans le pays d'Auge ; 2 566 hab. Fromages.

LIVERDUN (54460), comm. de Meurthe-et-Moselle ; 6 428 hab. Église des XIIe-XIIIe s.

LIVERPOOL, v. de Grande-Bretagne (Angleterre), sur l'estuaire de la Mersey ; 448 300 hab. Port. Centre industriel (mais en déclin). – Musées.

LIVIE, en lat. **Livia Drusilla,** *58 av. J.-C. - 29 apr. J.-C.,* épouse d'Auguste. Elle avait eu d'un mariage précédent Tibère et Drusus. Elle fit adopter Tibère par Auguste.

LIVINGSTONE (David), *Blantyre, Écosse, 1813 - Chitambo, Zambie, 1873,* explorateur britannique. Missionnaire protestant, il inaugura, en 1849, une série de voyages en Afrique centrale et australe. Puis, avec Stanley, il rechercha en vain les sources du Nil. Il dénonça l'esclavagisme.

Living Theatre, troupe théâtrale américaine, créée en 1951 par Julian Beck et Judith Malina, et qui pratiqua une forme d'expression corporelle proche du happening et fondée sur un travail collectif (*Paradise Now,* 1968).

LIVIUS ANDRONICUS, *v. 280 - 207 av. J.-C.,* poète latin, créateur de la tragédie latine.

LIVONIE, région historique comprise entre la Baltique, le cours de la Dvina occidentale et le lac Peïpous (républiques actuelles de Lettonie et d'Estonie). Elle fut gouvernée de 1237 à 1561 par les chevaliers Porte-Glaive (ordre livonien).

LIVOURNE, en ital. **Livorno,** v. d'Italie (Toscane), ch.-l. de prov., sur la Méditerranée ; 167 445 hab. Port. Métallurgie. Raffinage du pétrole et chimie. – Musée (les macchiaioli, etc.).

LIVRADOIS n.m., région montagneuse du centre de la France, en Auvergne, entre les vallées de l'Allier et de la Dore. Partie du *parc naturel régional du Livradois-Forez* (au total env. 310 000 ha sur les dép. du Puy-de-Dôme et de la Haute-Loire).

Livre de la jungle (le), récit de R. Kipling (1894), suivi d'un *Second Livre de la jungle* (1895). Mowgli, « petit d'homme » adopté par les animaux, devient roi de la forêt, puis doit rejoindre les humains.

Livre des morts, ensemble de recueils d'incantations constituant le rituel funéraire de l'Égypte pharaonique. C'est à partir du Nouvel Empire qu'ils prennent la forme d'un livre illustré sur rouleau de papyrus, déposé dans la tombe.

LIVRY-GARGAN (93190), ch.-l. de cant. de la Seine-Saint-Denis, au N.-E. de Paris ; 37 415 hab.

LI XIANNIAN, *Huang'an, Hubei, entre 1905 et 1909 - Pékin 1992,* général et homme politique chinois. Il fut président de la République de 1983 à 1988.

LIZARD (cap), cap constituant l'extrémité sud de la Grande-Bretagne.

LIZY-SUR-OURCQ (77440), ch.-l. de cant. de Seine-et-Marne ; 3 494 hab. Église des XVe-XVIe s.

LJUBLJANA, en all. **Laibach,** cap. de la Slovénie ; 268 000 hab. Université. Métallurgie. – Château reconstruit au XVIe s. et autres monuments ; musées.

LLANO ESTACADO n.m., haute plaine aride des États-Unis, dans l'ouest du Texas.

LLÍVIA, village d'Espagne ; 12 km^2 ; 854 hab. Enclave de territoire espagnol dans le dép. français des Pyrénées-Orientales.

LLOBREGAT n.m., fl. d'Espagne (Catalogne), qui se jette dans la Méditerranée ; 170 km.

LLOYD (Harold), *Burchard, Nebraska, 1893 - Hollywood 1971,* acteur américain. Son personnage de jeune homme timide et emprunté derrière ses grosses lunettes d'écaille fut l'une des figures les plus populaires de l'école burlesque américaine (*Monte là-dessus,* 1923).

LLOYD GEORGE (David), Ier comte **Lloyd-George of Dwyfor,** *Manchester 1863 - Llanystumdwy 1945,* homme politique britannique. Chef de l'aile gauche du Parti libéral, il préconisa des réformes sociales que sa nomination au poste de chancelier de l'Échiquier lui permit de réaliser (1908 - 1915) ; il fut l'auteur de la loi restreignant le pouvoir des lords (1911). Pendant la Première Guerre mondiale, il fut ministre des Munitions, puis de la Guerre et enfin chef d'un cabinet de coalition (1916 - 1922). Il joua un rôle prépondérant dans les négociations du traité de Versailles (1919). En 1921, il reconnut l'État libre d'Irlande.

Lloyd's, la plus ancienne institution mondiale dans le domaine de l'assurance. Créée à Londres v. 1688, elle fut officialisée en 1871.

■ DAVID LIVINGSTONE

■ **LLOYD GEORGE**

Lloyd's Register of Shipping, la plus importante société de classification des navires, créée à Londres en 1760.

LOACH (Kenneth, dit Ken), *Nuneaton, près de Warwick, Warwickshire, 1936,* cinéaste britannique. Il excelle dans les films à sujets sociaux (*Kes,* 1969 ; *Family Life,* 1971 ; *Riff Raff,* 1991 ; *Raining Stones,* 1993 ; *Ladybird,* 1994 ; *My Name is Joe,* 1998), abordant également l'histoire (*Land and Freedom,* 1995 ; *Carla's Song,* 1996).

LOANGO, anc. royaume bantou d'Afrique centrale fondé au XVIe s. par les Vili. Il prospéra aux XVIIe et XVIIIe s. avec la traite des esclaves et le commerce de l'ivoire.

LOBATCHEVSKI (Nikolaï Ivanovitch), *Nijni Novgorod 1792 - Kazan 1856,* mathématicien russe. Comme J. Bolyai, il élabora une nouvelle géométrie, non euclidienne, dite « hyperbolique ».

LOBI, peuple du sud-est du Burkina et du nord de la Côte d'Ivoire (env. 700 000). On trouve sur leur territoire d'imposants alignements de murailles en ruine dont l'origine est controversée. Ils sont de langue voltaïque.

LOBITO, v. d'Angola, sur l'Atlantique ; 150 000 hab. Port.

LOB NOR, lac peu profond de Chine, dans le Xinjiang, où aboutit le Tarim ; 3 000 km^2. Dans la région, base d'expériences nucléaires.

LOBO ANTUNES (António) → **ANTUNES** (António **Lobo**).

LOCARNO, v. de Suisse (Tessin), sur le lac Majeur, au pied des Alpes ; 13 796 hab. Station touristique. – Festival international du film. – Château surtout des XVe-XVIe s. (musée), églises médiévales et baroques. – accords de **Locarno** (1925), accords signés par la France, la Belgique, la Grande-Bretagne, l'Allemagne et l'Italie. Ils reconnaissaient les frontières des pays signataires et visaient à établir une paix durable en Europe. L'Allemagne put alors être admise à la SDN (1926).

LOCATELLI (Pietro Antonio), *Bergame 1695 - Amsterdam 1764,* compositeur et violoniste italien. Auteur de sonates et de concertos (*L'arte del violino),* il fut un virtuose audacieux dans sa technique instrumentale.

LOCHES (37600), ch.-l. d'arrond. d'Indre-et-Loire, sur l'Indre ; 6 914 hab. *(Lochois).* Puissante forteresse englobant donjon rectangulaire (XIe s.), Logis du roi (XIVe-XVe s.), collégiale St-Ours (XIIe s.) ; hôtel de ville Renaissance.

Loches (paix de) → **Monsieur** (paix de).

LOCHNER (Stephan), *Meersburg, Haute-Souabe, v. 1410 - Cologne 1451,* peintre allemand, le plus connu des maîtres de l'école de Cologne, au style gothique suave et majestueux.

LOCHRISTI, comm. de Belgique (Flandre-Orientale) ; 17 305 hab.

LOCKE (John), *Wrington, Somerset, 1632 - Oates, Essex, 1704,* philosophe anglais. Premier grand représentant de l'empirisme anglo-saxon, il s'est attaché à montrer comment, à partir de l'expérience sensible, se forment les idées et se constituent les connaissances (*Essai sur l'entendement humain,* 1690). Promoteur du libéralisme politique, il considère que la société repose sur un contrat et que le souverain doit obéir aux lois (*Lettres sur la tolérance,* 1689).

LOCKYER (sir Joseph Norman), *Rugby, Warwickshire, 1836 - Salcombe Regis, Devon, 1920,* astronome britannique. Il découvrit la chromosphère du Soleil et, en 1868, dans le spectre des protubérances, en même temps que Janssen, la présence d'un nouvel élément, alors inconnu sur la Terre, l'hélium. Il a fondé la revue *Nature* (1869).

LOCLE (Le), v. de Suisse (cant. de Neuchâtel), dans le Jura ; 11 313 hab. *(Loclois).* Centre horloger.

LOCMARIAQUER [-kɛr] (56740), comm. du Morbihan, sur le golfe du Morbihan ; 1 404 hab. Ensemble mégalithique, dont un menhir (auj. brisé) qui mesurait plus de 20 m.

LOCMINÉ (56500), ch.-l. de cant. du Morbihan ; 3 803 hab. Agroalimentaire. – Église, chapelle et ossuaire de la Renaissance.

LOCRIDE, contrée de la Grèce continentale ancienne. (Hab. *Locriens.*) On distinguait la *Locride orientale,* sur la mer Égée en bordure du golfe de Lamia, et la *Locride occidentale,* sur le golfe de Corinthe.

LOCRONAN (29180), comm. du Finistère ; 822 hab. Place avec église, chapelle et maisons en granite des XVe-XVIIe s. – Célèbre pardon.

LOCTUDY (29750), comm. du Finistère ; 3 752 hab. *(Loctudistes).* Station balnéaire. Pêche. – Église en partie romane.

LOCUSTE, *m. en 68 apr. J.-C.,* femme romaine. Elle empoisonna Claude pour le compte d'Agrippine, et Britannicus pour le compte de Néron. Galba la fit mettre à mort.

LOD ou **LYDDA,** v. d'Israël ; 45 500 hab. Aéroport de Tel-Aviv-Jaffa.

LODÈVE (34700), ch.-l. d'arrond. de l'Hérault ; 7 101 hab. *(Lodévois).* Cathédrale avec ses dépendances (XIIIe-XVIIIe s.) ; musée. – À proximité, gisements d'uranium.

LODI, v. d'Italie (Lombardie), sur l'Adda ; 42 170 hab. Église octogonale de l'Incoronata (fin du XVe s.) et autres monuments. – bataille de **Lodi** (10 mai 1796), bataille de la campagne d'Italie. Victoire de Bonaparte sur les Autrichiens.

LODS (Marcel), *Paris 1891 - id. 1978,* architecte et urbaniste français. De son association avec Eugène Beaudouin (1898 - 1983) sont issues des réalisations exemplaires en matière de préfabrication (marché couvert - maison du peuple de Clichy, 1937, avec J. Prouvé).

ŁÓDŹ, v. de Pologne, ch.-l. de voïévodie ; 844 900 hab. Centre textile. – Musée d'Art moderne.

LOÈCHE-LES-BAINS, en all. **Leukerbad,** comm. de Suisse (Valais) ; 1 442 hab. Centre touristique et thermal.

LOEWI (Otto), *Francfort-sur-le-Main 1873 - New York 1961,* pharmacologue allemand. Il a identifié les substances actives (acétylcholine, adrénaline) sur le système nerveux autonome. (Prix Nobel de physiologie ou de médecine 1936.)

LOEWY (Raymond), *Paris 1893 - Monaco 1986,* esthéticien industriel américain d'origine française. Installé aux États-Unis en 1919, il s'est attaché à doter d'une beauté fonctionnelle les produits les plus divers (du paquet de cigarettes à l'automobile et à la navette spatiale).

LOFOTEN (îles), archipel des côtes de Norvège ; 1 425 km^2 ; 25 000 hab. Pêcheries.

LOGAN (mont), point culminant du Canada (Yukon), à la frontière de l'Alaska ; 5 959 m.

Loges (les), section de la forêt de Saint-Germain-en-Laye. Camp abritant le quartier général du commandement militaire de l'Île-de-France.

logique (Science de la), ouvrage de Hegel (1812 - 1816), où se succèdent une théorie de l'Être, une théorie de l'Essence *(logique objective)* puis une théorie du Concept et de l'Idée *(logique subjective).*

Logique de la découverte scientifique (la), ouvrage de K. Popper (1935), où il fait de la *réfutabilité* le critère distinctif des théories scientifiques et théories non scientifiques.

Logique de Port-Royal, titre habituellement donné à *la Logique ou l'Art de penser,* d'Antoine Arnauld et P. Nicole (1652). La logique y est reliée à des considérations grammaticales qui aident à son application.

Logique formelle, œuvre de A. De Morgan (1847), dans laquelle il élabore l'algèbre des relations.

LOGNES (77185), comm. de Seine-et-Marne ; 14 281 hab.

LOGONE n.m., riv. d'Afrique, affl. du Chari (r. g.) ; 900 km.

LOGROÑO, v. d'Espagne, ch.-l. de La Rioja, sur l'Èbre ; 122 254 hab. Églises du XIIe au XVIIIe s.

Lohengrin, héros d'une légende germanique rattachée au cycle des romans courtois sur la quête du Graal. Le chevalier Lohengrin épouse la princesse de Brabant à la condition qu'elle ne lui demande jamais le secret de ses origines. Cette promesse n'ayant pas été tenue, il repart sur le cygne qui l'avait amené. – Cette légende a inspiré à R. Wagner l'opéra *Lohengrin* (1850), dont il écrivit le livret et la musique.

LOING [lwɛ̃] n.m., riv. de France, affl. de la Seine (r. g.) ; 166 km. Il passe à Montargis, Nemours et Moret. Sa vallée, en aval de Montargis, est empruntée par le *canal du Loing.*

LOIR n.m., riv. de France, affl. de la Sarthe (r. g.) ; 311 km. Il passe à Châteaudun, Vendôme et La Flèche.

LOIRE n.f., le plus long fl. de France, né au mont Gerbier-de-Jonc, à 1 408 m d'alt. et qui rejoint l'Atlantique par un estuaire ; 1 020 km ; bassin de 115 120 km^2. Ce dernier s'étend sur l'est du Massif central (Loire supérieure), le sud du Bassin parisien (Loire moyenne) et le sud-est du Massif armoricain (Loire inférieure). La Loire se dirige d'abord vers le nord, raccordant par des gorges étroites de petites dépressions (bassins du Puy et du Forez, plaine de Roanne), avant de recevoir l'Allier (r. g.) en aval de Nevers. Le fleuve, sorti

L

Loire

500 1000 m

plus de 50 000 h.	ch.-l. d'arrondissement	autoroute
de 10 000 à 50 000 h.	ch.-l. de canton	route
de 2 000 à 10 000 h.	commune	voie ferrée
moins de 2 000 h.		

Haute-Loire

500 1000 m

plus de 10 000 h.	ch.-l. d'arrondissement	autoroute
de 5 000 à 10 000 h.	ch.-l. de canton	route
de 2 000 à 5 000 h.	commune	voie ferrée
moins de 2 000 h.		

du Massif central, décrit alors une vaste boucle, dont Orléans constitue le sommet. Il coule dans sa vallée élargie, le *Val de Loire,* ou *Val,* encombrée de bancs de sable, et reçoit successivement, après Tours, le Cher, l'Indre, la Vienne (grossie par la Creuse), à gauche, issus du Massif central, et la Maine à droite (en pénétrant dans le Massif armoricain).

La Loire a un régime irrégulier (sauf en aval), aux crues surtout hivernales et aux basses eaux estivales. La navigation n'est active qu'en aval de Nantes, mais, en amont, les eaux du fleuve servent au refroidissement de centrales nucléaires (Belleville-sur-Loire, Dampierre-en-Burly, Saint-Laurent-des-Eaux et Avoine).

LOIRE n.f. (42), dép. de la Région Rhône-Alpes ; ch.-l. de dép. *Saint-Étienne ;* ch.-l. d'arrond. *Montbrison, Roanne ;* 3 arrond. ; 40 cant. ; 327 comm. ; 4 781 km² ; 728 524 hab. *(Ligériens).* Le dép. appartient à l'académie et à la cour d'appel de Lyon, à la zone de défense Sud-Est. Entre les hautes terres de la Madeleine et du Forez à l'O. (en voie de dépeuplement), du Beaujolais et du Lyonnais à l'E. (où se développe l'élevage bovin), s'allongent les plaines du Forez et de Roanne. Ici se concentre l'essentiel des cultures (blé, plantes fourragères) et des prairies d'élevage. L'industrie, qui a bénéficié de la décentralisation, est implantée surtout dans les agglomérations de Saint-Étienne (plus de 40 % de la population du dép.) et de Roanne. Elle est représentée principalement par la métallurgie de transformation.

Loire (armées de la), forces organisées à la fin de 1870 par le gouvernement de la Défense nationale. Constituées dans la région de la Loire, elles devaient tenter de débloquer Paris, assiégé par les Allemands (→ **franco-allemande** [guerre]).

Loire (châteaux de la), ensemble de demeures royales, seigneuriales ou bourgeoises édifiées dans l'Anjou, la Touraine, le Blésois et l'Orléanais à la fin du Moyen Âge et à la Renaissance. Les principaux sont ceux de Saumur, de Langeais, d'Azay-le-Rideau, de Villandry, d'Amboise, de Chenonceaux, de Chaumont, de Blois, de Chambord et de Valençay.

LOIRE (HAUTE-) [43], dép. de la Région Auvergne ; ch.-l. de dép. *Le Puy-en-Velay ;* ch.-l. d'arrond. *Brioude, Yssingeaux ;* 3 arrond. ; 35 cant. ; 260 comm. ; 4 977 km² ; 209 113 hab. Le dép. appartient à l'académie de Clermont-Ferrand, à la cour d'appel de Riom, à la zone de défense Sud-Est. En dehors de son extrémité occidentale (à l'O. de l'Allier), constituée par le rebord granitique de la Margeride, le dép., peu peuplé, s'étend sur les hautes terres volcaniques du Velay (élevage bovin), entaillées par la vallée de la Loire. Celle-ci ouvre le bassin du Puy, qui, avec la Limagne de Brioude, drainée par l'Allier, est le plus riche secteur agricole (céréales, arbres fruitiers, pomme de terre, lentille verte). L'industrie, dispersée, est représentée surtout par la chimie et les équipements automobiles. Le secteur tertiaire demeure faible.

LOIRE (Pays de la), Région administrative de France ; 32 082 km² ; 3 222 061 hab. ; ch.-l. *Nantes ;* 5 dép. (Loire-Atlantique, Maine-et-Loire, Mayenne, Sarthe et Vendée). L'agriculture est

Pays de la Loire

variée : élevage (bovins, porcins), cultures fruitières, florales et maraîchères, vignoble localement. À côté des branches traditionnelles (chantiers navals, agroalimentaire), l'aéronautique, les constructions mécaniques, électriques et automobiles, l'informatique se sont développées. L'industrie est présente à Nantes, Angers, Le Mans et Saint-Nazaire. Le commerce, le tourisme estival et la pêche animent le littoral.

Loire-Anjou-Touraine (parc naturel régional de), parc naturel couvrant env. 235 000 ha sur les dép. de l'Indre-et-Loire et du Maine-et-Loire.

LOIRE-ATLANTIQUE n.f. (44), dép. de la Région Pays de la Loire ; ch.-l. de dép. *Nantes ;* ch.-l. d'arrond. *Ancenis, Châteaubriant, Saint-Nazaire ;* 4 arrond. ; 59 cant. ; 221 comm. ; 6 815 km² ; 1 134 266 hab. Le dép. appartient à l'académie de Nantes, à la cour d'appel de Rennes, à la zone de défense Ouest. Il a porté jusqu'en 1957 le nom de *Loire-Inférieure.* Partie méridionale de la Bretagne historique, le dép. est essentiellement formé de collines et de bas plateaux, en dehors du littoral, parfois marécageux (Grande-Brière). La polyculture (blé, plantes fourragères associées à l'élevage bovin) domine, cédant localement la place au vignoble (muscadet) et aux cultures maraîchères (près de Nantes). L'industrie tient une place importante grâce à l'activité de la basse Loire, entre Nantes (près de la moitié de la population du dép. dans l'agglomération) et Saint-Nazaire, où sont implantés la métallurgie (constructions navales), des usines aéronautiques et d'équipements électriques, le raffinage du pétrole. Le tourisme estival anime surtout le littoral (La Baule).

LOIRET n.m., riv. de France, dans le Bassin parisien, affl. de la Loire (r. g.) ; 12 km. Il est une résurgence de la Loire.

LOIRET n.m. (45), dép. de la Région Centre ; ch.-l. de dép. *Orléans ;* ch.-l. d'arrond. *Montargis, Pithiviers ;* 3 arrond. ; 41 cant. ; 334 comm. ; 6 775 km² ; 618 126 hab. Le dép. appartient à l'académie d'Orléans-Tours, à la cour d'appel d'Orléans, à la zone de défense Ouest. Il est formé de régions naturelles variées, aux aptitudes agricoles inégales. À la Sologne, pays de landes et de marécages, partiellement mise en valeur, et à la vaste forêt d'Orléans s'opposent le Gâtinais, où domine l'élevage, l'extrémité de la Beauce, céréalière, et surtout le riche Val de Loire (pépinières, cultures fruitières et légumières). L'industrie tient aujourd'hui une place importante. Elle est surtout représentée dans l'agglomération d'Orléans, qui concentre près de la moitié de la population du dép., en accroissement constant.

LOIR-ET-CHER n.m. (41), dép. de la Région Centre ; ch.-l. de dép. *Blois ;* ch.-l. d'arrond. *Romorantin-Lanthenay, Vendôme ;* 3 arrond. ; 30 cant. ; 291 comm. ; 6 343 km² ; 314 968 hab. *(Loir-et-Chériens).* Le dép. appartient à l'académie d'Orléans-Tours, à la cour d'appel d'Orléans, à la zone de défense Ouest. Le riche Val de Loire (pépinières, cultures fruitières et légumières) sépare la Sologne, marécageuse, pays de chasses et d'étangs, prolongée à l'ouest par des terres plus sèches (arbres fruitiers, vigne), du Blésois, céréalier, et de l'extrémité méridionale des collines du Perche (polyculture associée à l'élevage). L'industrie est représentée par la construction automobile, l'alimentation, l'aéronautique et les produits pharmaceutiques. La présence de magnifiques châteaux (Blois, Chambord, Cheverny) favorise le tourisme. *(V. carte p. 1478.)*

Lois (école des), école de pensée chinoise, remontant au VIIe s. av. J.-C., florissante aux IVe et IIIe s. av. J.-C. Sa doctrine (le *légisme*), s'éloignant du confucianisme, préconisait l'égalité de tous devant la loi et la soumission à un gouvernement tyrannique et interventionniste en économie.

LOISEAU (Bernard), *Chamalières 1951,* cuisinier français. Dans son restaurant de Saulieu, il développe un style de cuisine très épuré, visant à sublimer le goût original des produits du terroir.

LOISY (Alfred), *Ambrières, Marne, 1857 - Ceffonds, Haute-Marne, 1940,* exégète français. Prêtre (1879), professeur à l'Institut catholique de Paris, il fut excommunié pour ses idées modernistes (1908) et devint professeur d'histoire des religions au Collège de France (1909 - 1931). Sa philosophie religieuse s'efforçait de rassembler les croyants au-delà des divisions confessionnelles.

LOKEREN, v. de Belgique (Flandre-Orientale) ; 34 942 hab. Monuments surtout du XVIIIe s.

LOKMAN → LUQMAN.

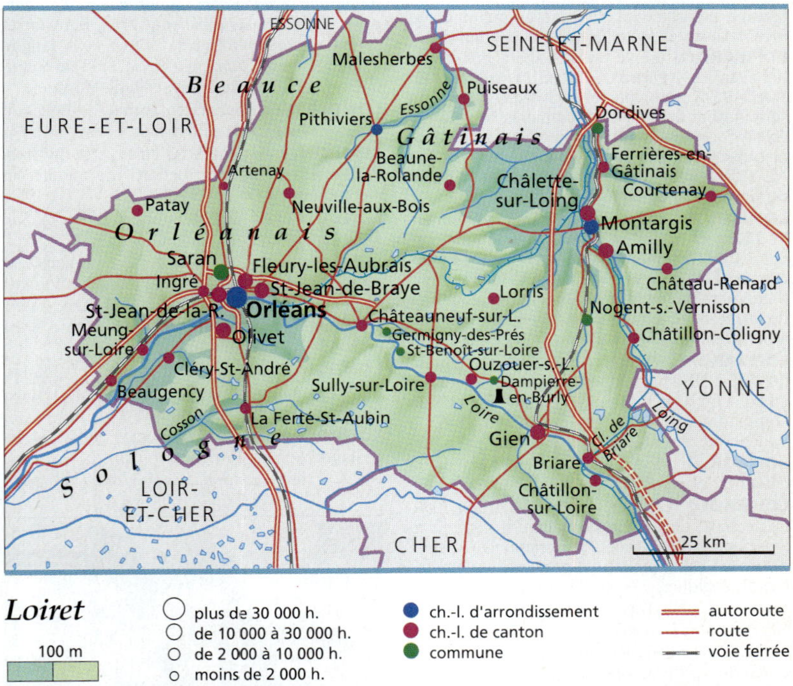

Lolita, roman de V. Nabokov (1955). C'est le récit de la passion d'un quadragénaire pour une nymphette perverse, Lolita. Le roman a inspiré le film de S. Kubrick (1962).

LOLLAND, île du Danemark, dans la Baltique, reliée à l'île de Falster par deux ponts ; 1 243 km² ; 82 000 hab. ; ch.-l. *Maribo* (cathédrale, anc. chapelle conventuelle du XVe s.).

LOLLOBRIGIDA (Luigina, dite Gina), *Subiaco 1927,* actrice italienne. Sa beauté pulpeuse, sa vivacité et son charme lui valurent une popularité internationale (*Fanfan la Tulipe,* Christian-Jaque, 1952 ; *les Belles de nuit,* R. Clair, id. ; *Pain, Amour et Fantaisie,* L. Comencini, 1953 ; *Ce merveilleux automne,* M. Bolognini, 1969).

LOMAGNE n.f., petite région de la France du Sud-Ouest (en partic. sud-ouest du Tarn-et-Garonne) ; v. princ. *Beaumont-de-Lomagne.*

LOMAS DE ZAMORA, v. d'Argentine, banlieue de Buenos Aires ; 572 769 hab.

lombarde (Ligue), ligue formée en 1167 par les principales villes lombardes, sous le patronage du pape Alexandre III, pour combattre l'empereur Frédéric Ier Barberousse, qu'elle vainquit à Legnano en 1176.

LOMBARDIE, région du nord de l'Italie, au pied des Alpes ; 23 850 km² ; 8 882 000 hab. *(Lombards) ;* cap. *Milan ;* 9 prov. (*Bergame, Brescia, Côme, Crémone, Mantoue, Milan, Pavie, Sondrio*

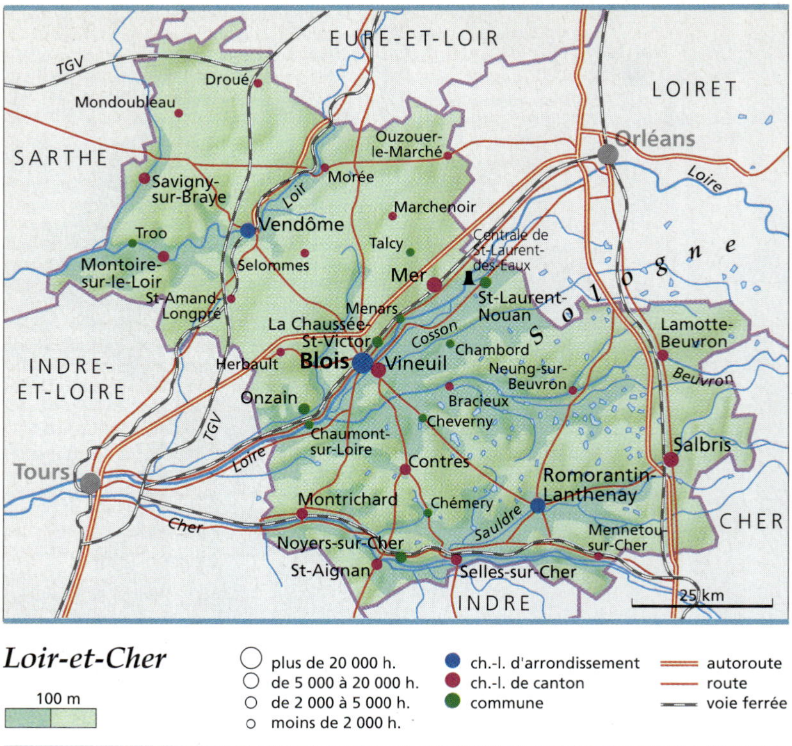

et *Varèse*). On y distingue : les Alpes lombardes, bordées, au S., par un chapelet de grands lacs (lacs Majeur, de Côme, de Garde, etc.) ; la plaine lombarde, qui associe de riches cultures à un élevage intensif et qui constitue surtout un grand foyer industriel (métallurgie, textile, chimie).

LOMBARDO, famille d'artistes italiens de la Renaissance. – **Pietro L.,** *Carona, Lugano, v. 1435 - Venise 1515,* sculpteur et architecte italien, fut surtout actif à Venise (monuments funéraires ; église S. Maria dei Miracoli, avec son décor plaqué de marbres). – **Tullio L.,** *v. 1455 - Venise 1532,* fils et aide de Pietro, est l'auteur du gisant de *Guidarello Guidarelli* à Ravenne.

LOMBARDS, anc. peuple germanique établi entre l'Elbe et l'Oder, puis au S. du Danube. Les Lombards envahirent l'Italie au VIe s. et y fondèrent un État dont la capitale était Pavie (572). Battus par Charlemagne (773-774), qui prit le titre de *roi des Lombards,* ils maintinrent une dynastie à Bénévent jusqu'en 1047.

LOMBARD-VÉNITIEN (Royaume), nom porté de 1815 à 1859 par les possessions autrichiennes en Italie du Nord (Milanais, Vénétie). En 1859, la Lombardie revint au Piémont et, en 1866, la Vénétie fut réunie au royaume d'Italie.

LOMBOK, île d'Indonésie, séparée de Bali par le *détroit de Lombok ;* 5 435 km² ; 1 300 000 hab.

LOMBROSO (Cesare), *Vérone 1835 - Turin 1909,* médecin et criminologiste italien. Il a décrit le type, aujourd'hui désuet, du « criminel-né », sujet déterminé par l'hérédité et porteur de stigmates morphologiques.

LOMÉ, cap. du Togo, sur le golfe de Guinée ; 500 000 hab. *(Loméens).* Port.

Lomé (conventions de), accords de coopération et d'aide au développement signés à Lomé en 1975 et renouvelés en 1979, 1984 et 1989 (appelés *Lomé I, II, III* et *IV*) entre les Communautés européennes et un certain nombre de pays d'Afrique, des Caraïbes et du Pacifique (dits pays *ACP). Un accord de partenariat leur a succédé en 2000.

LOMÉNIE DE BRIENNE (Étienne **de**), *Paris 1727 - Sens 1794,* prélat et homme d'État français. Archevêque de Toulouse (1763), ministre des Finances en 1787, il entra en conflit avec les notables, dont il menaçait les privilèges, et avec le parlement de Paris, qu'il exila à Troyes (août-sept.). Il dut se retirer dès 1788. Archevêque de Sens (depuis 1787) puis cardinal, il prêta serment à la Constitution civile du clergé. (Acad. fr.)

LOMME (59160), ch.-l. de cant. du Nord, banlieue de Lille ; 28 433 hab. *(Lommois).*

LOMMEL, comm. de Belgique (Limbourg) ; 27 925 hab. Métallurgie.

LOMONOSSOV (Mikhaïl Vassilievitch), *Denissovka, auj. Lomonossovo, gouvernement d'Arkhangelsk, 1711 - Saint-Pétersbourg 1765,* écrivain et savant russe. Il réforma la poésie et la langue littéraire russes (*Grammaire russe,* 1755) et contribua à la création de l'université de Moscou.

LONDERZEEL [lɔndərzel], comm. de Belgique (Brabant flamand) ; 17 011 hab.

LONDON, v. du Canada (Ontario) ; 303 165 hab. Centre financier. Constructions mécaniques et électriques.

LONDON (John Griffith **London,** dit Jack), *San Francisco 1876 - Glen Ellen, Californie, 1916,* écrivain américain. Ce rebelle lyrique, socialiste et individualiste est l'auteur de nombreux romans d'aventures (*le Loup des mers,* 1904 ; *Croc-Blanc,* 1905). Aventurier devenu riche et célèbre, il est mort dans des circonstances obscures.

LONDONDERRY, v. du Royaume-Uni (Irlande du Nord), sur le Foyle ; 88 000 hab. Port. Textile. Chimie. – Fortifications du XVIIe s.

LONDRES, en angl. **London,** cap. de la Grande-Bretagne et de l'Angleterre, sur la Tamise ; 2 349 900 hab. *(Londoniens)* [6 378 600 hab. pour le Grand Londres]. Comme Paris, Londres doit sa naissance à un passage du fleuve, lieu d'échanges entre le Nord et le Sud. La Cité (City), au cœur de la ville, demeure le centre des affaires. L'Ouest, parsemé de parcs, demeure surtout résidentiel. L'Est, encore industrialisé, a été partiellement rénové en bordure de la Tamise. Principal port britannique, où le rôle d'entrepôt a reculé devant la fonction régionale, Londres est surtout une importante métropole politique, financière, culturelle et aussi industrielle. La croissance de l'agglomération a été freinée après 1945 par la création de « villes nouvelles » dans un large rayon autour de Londres. – Les plus illustres monuments sont la Tour de Londres (XIe s.), l'abbatiale de *Westminster (XIIIe-XIVe s.), la salle des Banquets de *Whitehall (XVIIe s.), la cathédrale St-Paul (de Wren, fin du XVIIe s.), le palais de Westminster (Parlement, XIXe s.). Riches musées (*British Museum, *National Gallery, Tate Britain et Tate Modern [The *Tate], *Victoria and Albert Museum, etc.) et salles de spectacles : Covent Garden (opéra, danse). – Centre stratégique et commercial de la Bretagne romaine *(Londinium),* ruinée par les invasions anglo-saxonnes (Ve s.), Londres renaît au VIIe s. comme capitale du royaume d'Essex et siège d'un évêché (604). Enjeu de luttes entre les rois anglo-saxons et danois (Xe-XIe s.), elle est, à partir du XIIe s., la capitale de fait du royaume anglo-normand. Dotée d'une charte communale (1191), siège du Parlement (1258), elle connaît une remarquable extension, due à l'activité de son port et à l'essor de l'industrie drapière (XVe s.). Elle est ravagée par la peste en 1665 et par l'incendie en 1666, mais, au XVIIIe et au XIXe s., le rythme de son développement s'accélère et Londres devient la capitale de la finance et du commerce internationaux. Pendant la Seconde Guerre mondiale, elle est durement atteinte par les bombardements allemands.

■ **LONDRES.** Piccadilly Circus, place du centre de Londres.

LONDRES (Albert), *Vichy 1884 - dans l'océan Indien, lors de l'incendie du « Georges-Philippar », 1932,* journaliste français. Grand reporter, il a donné son nom à un prix de journalisme fondé en 1933 et décerné annuellement.

LONDRINA, v. du Brésil (État de Paraná) ; 388 331 hab.

LONG (Marguerite), *Nîmes 1874 - Paris 1966,* pianiste française. Interprète de Debussy, Fauré, Ravel, elle a fondé une école et un concours international d'interprétation avec le violoniste Jacques Thibaud.

LONG BEACH, v. des États-Unis (Californie), banlieue de Los Angeles ; 429 433 hab. Port. Aéronautique.

Longchamp (hippodrome de), hippodrome situé dans le bois de Boulogne (à Paris).

LONGFELLOW (Henry Wadsworth), *Portland 1807 - Cambridge, Massachusetts, 1882,* poète américain. Son œuvre, d'inspiration populaire, est aussi marquée par l'influence de la culture et du romantisme européens (*Evangeline,* 1847).

LONGHENA (Baldassare), *Venise 1598 - id. 1682,* architecte italien. Il a su combiner, à Venise, la dynamique du baroque et la noblesse palladienne (église de la Salute, à plan central, entreprise en 1631 ; palais Pesaro, v. 1650 ; palais Rezzonico, commencé en 1667).

LONGHI (Pietro **Falca,** dit Pietro), *Venise 1702 - id. 1785,* peintre italien, auteur de scènes familières de la vie vénitienne.

LONGIN (saint), *m. à Césarée de Cappadoce,* martyr du Ier s., dont la légende veut que, centurion romain, il se soit converti après avoir percé de sa lance le flanc du Christ en croix.

LONG ISLAND, île des États-Unis, sur laquelle sont bâtis deux quartiers de New York : Brooklyn et Queens.

LONGJUMEAU (91160), ch.-l. de cant. de l'Essonne, dans la vallée de l'Yvette ; 20 158 hab. *(Longjumellois).* Église St-Martin, du XIIIe s. – Paix signée en 1568 entre catholiques et protestants.

LONGMEN, fondations bouddhiques rupestres de Chine (Henan), creusées à partir de 494 sous les Wei du Nord et en activité jusqu'au Xe s. Haut lieu de l'art bouddhique par l'intensité spirituelle et la noble élégance des statues et des reliefs.

LONGO (Jeannie), *Annecy 1958,* cycliste française. Vainqueur notamment de trois Tours de France (1987, 1988 et 1989) et de douze titres de championne du monde (dont cinq sur route :

1985, 1986, 1987, 1989 et 1995), elle a remporté le titre olympique sur route en 1996, et battu le record du monde de l'heure à plusieurs reprises (48,159 km en 1996 et, sur vélo classique, 45,094 km en 2000).

LONGO (Luigi), *Fubine Monferrato 1900 - Rome 1980,* homme politique italien. Il fut secrétaire général (1964 - 1972) puis président (1972 - 1980) du Parti communiste italien.

LONGUE (île), bande de terre de la partie nord de la presqu'île de Crozon (Finistère), sur la rade de Brest. Base, depuis 1970, des sous-marins nucléaires lanceurs d'engins (SNLE).

LONGUEAU (80330), comm. de la Somme, près d'Amiens ; 5 251 hab. Gare de triage. Aérodrome.

LONGUÉ-JUMELLES (49160), ch.-l. de cant. de Maine-et-Loire ; 7 059 hab. *(Longuéens et Jumellois).* Fonderie et travail des métaux.

Longue Marche (la) [1934 - 1935], mouvement de retraite des communistes chinois sous l'égide de Mao Zedong. Pour échapper aux nationalistes, ils traversèrent la Chine du sud au nord (Shanxi) en faisant un long crochet par le Sud-Ouest, perdant plus des trois quarts de leurs effectifs.

LONGUENESSE (62219), comm. du Pas-de-Calais ; 13 292 hab. *(Longuenessois).* Matériel téléphonique.

LONGUEUIL, v. du Canada (Québec), banlieue de Montréal, sur le Saint-Laurent ; 137 134 hab. *(Longueuillois).* Centre industriel.

LONGUEVILLE (Anne **de Bourbon,** duchesse **de**), *Vincennes 1619 - Paris 1679,* sœur du Grand Condé. Ennemie de Mazarin, elle joua un rôle important pendant la Fronde.

LONGUS, *Lesbos ? IIe ou IIIe s. apr. J.-C.,* écrivain grec, auteur du roman **Daphnis et Chloé.*

LONGUYON [lɔ̃gɥijɔ̃] (54260), ch.-l. de cant. de Meurthe-et-Moselle ; 5 985 hab. *(Longuyonnais).* Église du XIIIe s.

LONGVIC [lɔ̃vi] (21600), comm. de la Côte-d'Or ; 9 319 hab. Aéroport de Dijon.

Longwood, résidence de Napoléon Ier à Sainte-Hélène, de 1815 à sa mort (1821).

LONGWY [lɔ̃wi] (54400), ch.-l. de cant. de Meurthe-et-Moselle ; 14 890 hab. *(Longoviciens).* Métallurgie. – Faïences (depuis 1798).

LON NOL, *Kompong-Leau 1913 - Fullerton, Californie, 1985,* maréchal et homme politique cambodgien. Commandant en chef des forces armées (1959), puis Premier ministre (1966 et 1969), il destitua le prince Norodom Sihanouk (1970) puis, président de la République (1972 - 1975), établit une dictature militaire.

LÖNNROT (Elias), *Sammatti 1802 - id. 1884,* écrivain finlandais. Il recueillit les chants populaires de Carélie et les publia *(*Kalevala).*

LONS-LE-SAUNIER [lɔ̃-] (39000), ch.-l. du dép. du Jura, à 400 km au S.-E. de Paris ; 19 966 hab. *(Lédoniens).* Centre administratif et commercial. Station thermale (voies respiratoires, troubles du développement). – Église St-Désiré, en partie du XIe s. ; musée ; maison natale de Rouget de Lisle.

LOON-PLAGE (59279), comm. du Nord ; 6 565 hab. Station balnéaire. Métallurgie.

LOOS [los] (59120), comm. du Nord, sur la Deûle ; 21 447 hab. *(Loossois).* Prison. Textile.

LOOS (Adolf), *Brünn, auj. Brno, 1870 - Kalksburg, auj. dans Vienne, 1933,* architecte autrichien. Sa conférence *Ornement et Crime,* prononcée en 1908 à Vienne, fut le manifeste du dépouillement intégral dans l'architecture moderne. On lui doit notamm. la maison Steiner, à Vienne (1910), et la maison Tristan Tzara, à Paris (1926).

LOPBURI, v. de Thaïlande, ch.-l. de prov. ; 37 000 hab. Temples (prang ou hautes tours-reliquaires) des XIIIe-XIVe s. Importantes fouilles archéologiques (mésolithique, âge du bronze, art du Dvaravati [VIIe-VIIIe s.]).

LOPE DE VEGA → VEGA CARPIO.

LÓPEZ ARELLANO (Osvaldo), *Danli 1921,* homme politique hondurien. Il fut président de la République (1965 - 1971, 1972 - 1975) au terme de deux coups d'État.

LORCA, v. d'Espagne (Murcie) ; 65 919 hab. Monuments surtout de style baroque.

lords (Chambre des), chambre haute du Parlement britannique, composée de pairs nommés à vie par la reine pour services rendus à la Couronne (la pairie héréditaire ayant été supprimée en 1999), ainsi que de lords spirituels (archevêques et évêques anglicans) et de lords de justice (hauts magistrats nommés à vie). Elle joue le rôle de tribunal supérieur d'appel.

■ CLAUDE **LORRAIN.** *Paysage avec Pâris et Œnone,* dit *le Gué,* 1648. (Louvre, Paris.)

Lorelei (la), personnage féminin fabuleux qui attirait par son charme et son chant les bateliers du Rhin et provoquait des naufrages.

LOREN (Sofia **Scicolone,** dite Sophia), *Rome 1934,* actrice italienne. Elle a marqué tous ses rôles d'un style qui mêle élégance et passion : *la Ciociara* (V. De Sica, 1960), *Une journée particulière* (E. Scola, 1977).

■ SOPHIA **LOREN** dans *Judith,* de Daniel Mann (1966).

LORENTZ (Hendrik Antoon), *Arnhem 1853 - Haarlem 1928,* physicien néerlandais. Sa théorie électronique de la matière décrit le comportement individuel des électrons et complète la théorie macroscopique de Maxwell. Pour interpréter le résultat négatif de l'expérience de Michelson, il énonça les formules de transformation liant deux systèmes en mouvement rectiligne uniforme l'un par rapport à l'autre. (Prix Nobel 1902.)

LORENZ (Konrad), *Vienne 1903 - Altenberg, Basse-Autriche, 1989,* éthologiste et zoologiste autrichien. Un des fondateurs de l'éthologie moderne, il a approfondi la notion d'empreinte et développé une théorie sur les aspects innés et acquis du comportement. Il s'est aussi interrogé sur les fondements biologiques de l'ordre social (*Il parlait avec les mammifères, les oiseaux et les poissons,* 1949 ; *Essais sur le comportement animal et humain,* 1965). [Prix Nobel 1973.]

Lorenzaccio, drame de A. de Musset (1834 ; représenté en 1896). Lorenzo devient le compagnon de débauche du duc Alexandre de Médicis pour endormir sa méfiance et l'assassiner.

■ KONRAD **LORENZ**

LORENZETTI (les frères), peintres italiens. **Pietro L.,** *Sienne v. 1280 - id. 1348 ?* et **Ambrogio L.,** *documenté à Sienne de 1319 à 1347.* S'écartant de la pure élégance gothique, ils innovent en empruntant à l'exemple de Giotto et de la sculpture toscane (retables ; fresques de Pietro dans la basilique inférieure d'Assise, d'Ambrogio au palais public de Sienne).

LORENZO VENEZIANO, peintre italien, documenté à Venise de 1357 à 1372. Continuateur de Paolo Veneziano, il achemina la peinture vénitienne vers le style gothique international.

LORESTAN ou **LURISTAN,** région de l'Iran. Elle fut le centre d'une civilisation apparue dès le IIIe millénaire et qui s'épanouit entre le XIVe et le VIIe s. av. J.-C., avec de remarquables pièces de bronze où triomphe la stylisation animalière.

LORETTE, en ital. **Loreto,** v. d'Italie (Marches) ; 10 797 hab. Basilique de pèlerinage de la Santa Casa, des XVe-XVIe s.

LORETTEVILLE, v. du Canada (Québec), banlieue ouest de Québec ; 14 858 hab. *(Lorettevillois).*

LORGUES (83510), ch.-l. de cant. du Var ; 7 687 hab. Collégiale du XVIIIe s. (mobilier).

LORIENT (56100), ch.-l. d'arrond. du Morbihan, sur la ria formée par les embouchures du Scorff et du Blavet ; 61 844 hab. *(Lorientais).* Port de pêche. Constructions navales. – Festival interceltique. – Musée de la Mer. – Port militaire et, à l'ouest, base aéronavale de Lann-Bihoué.

LORIOL-SUR-DRÔME (26270), ch.-l. de cant. de la Drôme ; 5 754 hab. Barrage alimentant une dérivation du Rhône.

LORME (Marion **de**), *Baye, Champagne, 1611 - Paris 1650,* courtisane française. Célèbre par sa beauté et ses aventures galantes, elle est l'héroïne d'un drame de V. Hugo, *Marion de Lorme* (1831).

LORMONT (33310), ch.-l. de cant. de la Gironde, banlieue de Bordeaux ; 21 765 hab.

LOROUX-BOTTEREAU (Le) [44430], ch.-l. de cant. de la Loire-Atlantique ; 5 016 hab. *(Lorousains).* Dans l'église, fresques du XIIIe s.

LORRAIN ou **LE LORRAIN** (Claude **Gellée,** dit Claude), *Chamagne, près de Mirecourt, 1600 - Rome 1682,* peintre et dessinateur français. L'essentiel de sa carrière se déroule à Rome. Empruntant aux écoles du Nord comme aux Italiens, maniant la lumière de façon féerique, il est un des grands maîtres du paysage « historique » (*Ulysse remet Chryséis à son père,* Louvre ; *Jacob, Laban et ses filles,* château de Petworth, Grande-Bretagne).

LORRAINE n.f., Région administrative de France ; 23 547 km^2 ; 2 310 376 hab. *(Lorrains) ;* ch.-l. *Metz ;* 4 dép. (Meurthe-et-Moselle, Meuse, Moselle et Vosges). Région de plateaux s'élevant vers l'Est vosgien et dominant, avec les Côtes de Moselle et les Côtes de Meuse, des vallées orientées S.-N., la Lorraine est partagée d'une part entre les départements de la Moselle et de la Meurthe-et-Moselle, urbanisés, et d'autre part entre les départements des Vosges et de la Meuse, plus ruraux et où l'élevage bovin domine. La Lorraine

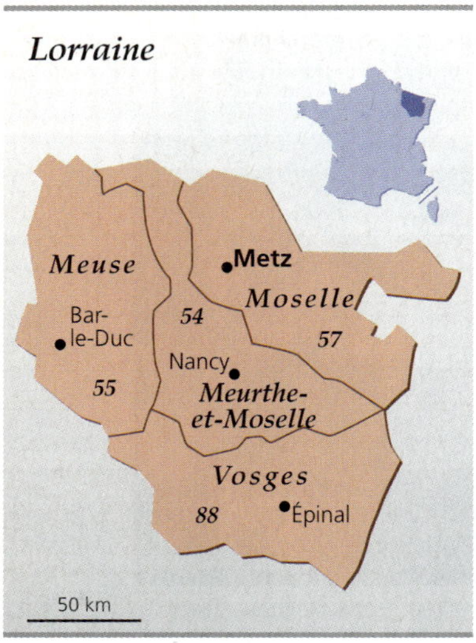

reste marquée par le déclin des anciennes industries (charbon et surtout sidérurgie, fer, textile), mais a accueilli de nouvelles branches comme l'automobile, le plastique ou l'électronique.

HISTOIRE

Ier millénaire av. J.-C. : installation de tribus celtes. **Ier s. av. J.-C. - IVe s. apr. J.-C. :** la Lorraine romaine connaît la prospérité. **511 - 751 :** la Lorraine est le cœur de l'Austrasie (cap. Metz), berceau de la dynastie carolingienne. **843 :** le traité de Verdun donne la région à Lothaire Ier. **855 :** la Lotharingie est constituée en royaume pour Lothaire II. **870 :** le traité de Meerssen la partage entre Charles le Chauve et Louis le Germanique. **925 :** disputée entre la France et la Germanie, la Lotharingie est finalement rattachée à la Germanie. **V. 960 :** elle est partagée en Basse-Lotharingie (futur duché de Brabant) et Haute-Lotharingie (futur duché de Lorraine). De ce dernier duché se détachent des principautés, parmi lesquelles les Trois-Évêchés (Metz, Toul et Verdun). **1301 - 1532 :** au temps des ducs, la Lorraine est déchirée entre les influences rivales de la France, de la Bourgogne et du Saint Empire. René II, duc de 1473 à 1508, s'oppose à l'annexion de la Lorraine par la Bourgogne (mort de Charles le Téméraire devant Nancy, 1477). **1532 :** Charles Quint reconnaît l'indépendance du duché de Lorraine. **1552 :** la France s'empare des Trois-Évêchés. **1545 - 1608 :** le duc Charles III assure la prospérité du duché. **1624 - 1738 :** l'Empire et la France se disputent le duché. **1738 :** Stanislas Leszczyński, beau-père de Louis XV, reçoit le duché. **1766 :** Louis XV hérite de la Lorraine à la mort de Stanislas. **1815 :** la Sarre, incluse dans la Lorraine depuis Louis XIV, entre dans la Confédération germanique. **1871 :** le département de la Moselle, partie de la Lorraine, est annexé par l'Allemagne (→ **Alsace-Lorraine**). **1919 :** il fait retour à la France. **1940 - 1944 :** il est de nouveau annexé par l'Allemagne alors que le reste de la Lorraine est occupé jusqu'à la Libération.

Lorraine (parc naturel régional de), parc naturel de l'est de la France (dép. de la Meuse, de la Meurthe-et-Moselle et de la Moselle), couvrant env. 208 000 ha.

LORRAINE BELGE → GAUME.

LORRAINE (Catherine Marie **de**) → **MONTPENSIER** (Catherine Marie **de Lorraine,** duchesse **de**).

LORRAINE (Charles **de**), duc **de Mayenne** → **MAYENNE** (duc **de**).

LORRAINE (Philippe Emmanuel **de**), duc **de Mercœur** → **MERCŒUR** (duc **de**).

LORRIS [lɔris] (45260), ch.-l. de cant. du Loiret ; 2 766 hab. *(Lorriçois).* Église des XIIe-XVe s.

LORRIS (Guillaume **de**) → **GUILLAUME de Lorris.**

LOS ALAMOS, localité des États-Unis (Nouveau-Mexique). Centre de recherches nucléaires. – La première bombe atomique y fut conçue (projet Manhattan) et expérimentée (16 juill. 1945).

LOS ANGELES, v. des États-Unis (Californie) ; 3 485 398 hab. (8 863 164 hab. dans l'agglomération). Port. Centre culturel et artistique (universités, musées dont le musée d'Art contemporain [MOCA] et le Centre J. Paul Getty), financier et industriel, abritant d'importantes minorités (noire et hispanique, notamm.). Hollywood est l'un de ses quartiers.

■ **LOS ANGELES.** Immeubles anciens et immeubles modernes, plan en damier et autoroutes urbaines.

Los Angeles Times, quotidien américain, fondé en 1881, d'audience internationale.

LOSCHMIDT (Joseph), *Putschirn, auj. dans Karlovy Vary, 1821 - Vienne 1895,* physicien autrichien. Il a donné en 1865 une première évaluation du nombre d'Avogadro, mais ses principaux travaux ont porté sur la théorie cinétique des gaz et la thermodynamique.

LOSEY (Joseph), *La Crosse, Wisconsin, 1909 - Londres 1984,* cinéaste américain. Moraliste lucide et intransigeant, il fuit le maccarthysme et se réfugia en Angleterre, où il acquit une réputation internationale : *The Servant* (1963), *Accident* (1967), *le Messager* (1971), *Monsieur Klein* (1976), *Don Giovanni* (1979).

LOT [lɔt] n.m., riv. de France, née près du mont Lozère, affl. de la Garonne (r. dr.) ; 480 km. Il passe à Mende, Cahors et Villeneuve-sur-Lot.

LOT [lɔt] n.m. (46), dép. de la Région Midi-Pyrénées ; ch.-l. de dép. *Cahors ;* ch.-l. d'arrond. *Figeac, Gourdon ;* 3 arrond. ; 31 cant. ; 340 comm. ; 5 217 km² ; 160 197 hab. *(Lotois).* Le dép. appartient à l'académie de Toulouse, à la cour d'appel d'Agen, à la zone de défense Sud-Ouest. En dehors des bassins de Saint-Céré et de Figeac à l'est (portant des cultures céréalières et fruitières) et des collines du sud-ouest (où domine la traditionnelle polyculture aquitaine), le dép. s'étend sur les causses du Quercy (parc naturel régional). Ce sont des plateaux arides, entaillés par des vallées plus verdoyantes (Dordogne, Lot), où se concentrent les activités agricoles (céréales, fruits, élevage, parfois vignobles et tabac) et la population (Cahors). La faiblesse de l'urbanisation, de l'industrie et du secteur tertiaire, en dehors du tourisme (Rocamadour, Padirac, Cahors), explique la faible densité moyenne.

LOT ou **LOTH,** personnage biblique, neveu d'Abraham. Établi à Sodome, il échappa à la destruction de la ville. L'histoire de la femme de Lot, changée en statue de sel pour avoir regardé en arrière, évoque les blocs salins aux formes étranges des bords de la mer Morte.

LOT-ET-GARONNE n.m. (47), dép. de la Région Aquitaine ; ch.-l. de dép. *Agen ;* ch.-l. d'arrond. *Marmande, Nérac, Villeneuve-sur-Lot ;* 4 arrond. ; 40 cant. ; 317 comm. ; 5 361 km² ; 305 380 hab. *(Lot-et-Garonnais).* Le dép. appartient à l'académie de Bordeaux, à la cour d'appel d'Agen, à la zone de défense Sud-Ouest. Il est formé de collines – domaines d'une polyculture à base fruitière (prune, chasselas) – entaillées par les larges vallées du Lot et de la Garonne, riches secteurs agricoles (céréales, primeurs, fruits, tabac, élevage bovin) et axes de circulation jalonnés de marchés régionaux (Agen, Marmande, Villeneuve-sur-Lot). L'industrie, peu importante, est notamment représentée à Agen et à Fumel.

LOTHAIRE Ier, *795 - Prüm 855,* empereur d'Occident (840 - 855) de la dynastie carolingienne. Fils de Louis Ier le Pieux, il voulut garder l'intégralité de l'Empire pour lui-même, mais se vit imposer par ses frères le partage de Verdun (843). – **Lothaire II,** *v. 835 - Plaisance 869,* roi de Lotharingie (855 - 869), fils de Lothaire Ier.

LOTHAIRE II (ou **III**) **DE SUPPLINBURG,** *v. 1075 - Breitenwang, Tyrol, 1137,* empereur germanique (1125 - 1137). Il s'appuya sur les guelfes pour lutter contre Conrad III de Hohenstaufen.

LOTHAIRE, *Laon 941 - Compiègne 986,* roi de France (954 - 986) de la dynastie carolingienne. Fils de Louis IV d'Outremer, il subit la tutelle germanique, puis mena des guerres ambitieuses contre les Otton puis contre Hugues Capet.

LOTHARINGIE, royaume créé pour Lothaire II (855 - 869), qui s'étendait des Vosges à la Frise. Elle fut divisée après 960 en Haute-Lotharingie, future Lorraine, et en Basse-Lotharingie, qui se réduisit au duché de Brabant.

LOTI (Julien **Viaud,** dit Pierre), *Rochefort 1850 - Hendaye 1923,* écrivain français. Les romans impressionnistes de cet officier de marine reflètent son attirance pour les paysages et les civilisations exotiques *(le Mariage de Loti, Pêcheur d'Islande, Madame Chrysanthème, Ramuntcho).* [Acad. fr.]

■ PIERRE **LOTI**

■ **LOUIS II DE WITTELSBACH** par G. Schachinger, Munich.

Lötschberg (chemin de fer du), voie ferrée de Suisse, reliant les vallées du Rhin (par l'Aar) et du Rhône par un tunnel de 14 611 m sous les Alpes bernoises.

LOTTO (Lorenzo), *Venise 1480 - Lorette 1556,* peintre italien. Artiste tourmenté, à la vie vagabonde (Trévise, les Marches, Bergame, Venise), il est l'auteur de retables et de portraits qui, avec des moyens très différents de ceux de Titien, unissent force expressive et poésie subtile.

Loubavitch, mouvement hassidique qui se rattache à l'enseignement d'anciens rabbins de Lioubavitchi, ville biélorusse, et qui se caractérise par la piété mystique, l'observance rituelle minutieuse et démonstrative, et un fort prosélytisme.

LOUBET (Émile), *Marsanne, Drôme, 1838 - Montélimar 1929,* homme politique français. Président du Conseil (1892), du Sénat (1896 - 1899), il fut président de la République (1899 - 1906).

LOUCHEUR (Louis), *Roubaix 1872 - Paris 1931,* homme politique français. Ministre du Travail et de la Prévoyance sociale (1926 - 1930), il fit voter, en 1928, une loi relative à l'aide de l'État en matière d'habitations populaires.

LOUDÉAC (22600), ch.-l. de cant. des Côtes-d'Armor ; 10 134 hab. *(Loudéaciens).* Agroalimentaire.

LOUDUN (86200), ch.-l. de cant. de la Vienne ; 8 111 hab. *(Loudunais).* Donjon des XIe-XIIe s., églises médiévales et Renaissance ; musée.

LOUÉ (72540), ch.-l. de cant. de la Sarthe ; 2 087 hab. *(Louésiens).* Aviculture.

LOUHANS [luɑ̃] (71500), ch.-l. d'arrond. de Saône-et-Loire, dans la Bresse, sur la Seille ; 6 851 hab. *(Louhannais).* Marché. — Maisons à arcades de la Grande Rue ; hôtel-Dieu du XVIIIe s.

LOUHANSK, anc. **Lougansk,** de 1935 à 1990 **Vorochilovgrad,** v. d'Ukraine, dans le Donbass ; 504 000 hab. Centre houiller et industriel.

SAINTS

LOUIS (Saint) → **LOUIS IX.**

LOUIS DE GONZAGUE (saint), *Castiglione delle Stiviere 1568 - Rome 1591,* novice jésuite italien. Patron de la jeunesse.

EMPEREURS

LOUIS Ier le Pieux ou **le Débonnaire,** *Chasseneuil 778 - près d'Ingelheim 840,* empereur d'Occident (814 - 840) de la dynastie carolingienne. Fils et successeur de Charlemagne, il régla dès 817 sa succession entre ses fils Lothaire, qu'il associa à l'Empire, Pépin et Louis *(Ordinatio Imperii).* Mais la naissance de Charles le Chauve (823), de son second mariage avec Judith de Bavière (819), en compromettant le règlement de 817, provoqua la révolte de ses fils. — **Louis IV de Bavière,** *Munich 1287 - Fürstenfeld 1347,* roi des Romains (1314 - 1346), empereur germanique (1328 - 1346). Il fut excommunié par Jean XXII, à qui il opposa un antipape, Nicolas V.

BAVIÈRE

LOUIS Ier DE WITTELSBACH, *Strasbourg 1786 - Nice 1868,* roi de Bavière (1825 - 1848). Il fit construire de nombreux monuments néoclassiques à Munich. Sa liaison avec Lola Montez l'obligea à abdiquer en faveur de son fils Maximilien II Joseph. — **Louis II de Wittelsbach,** *Nymphenburg 1845 - lac de Starnberg 1886,* roi de Bavière (1864 - 1886). Fils aîné de Maximilien II Joseph, il fit construire des châteaux fantastiques (dont Neuschwanstein) et se consacra au mécénat en faveur de Wagner. Considéré comme fou, il fut interné et se noya.

FRANCE

LOUIS Ier → **LOUIS Ier le Pieux** [empereurs].

LOUIS II le Bègue, *846 - Compiègne 879,* roi de France (877 - 879), de la dynastie carolingienne, fils de Charles le Chauve.

LOUIS III, *v. 863 - Saint-Denis 882,* roi de France (879 - 882), de la dynastie carolingienne. Fils de Louis II, il abandonna la Lotharingie occidentale à Louis le Jeune, roi de Germanie.

LOUIS IV d'Outremer, *v. 921 - Reims 954,* roi de France (936 - 954), de la dynastie carolingienne. Fils de Charles le Simple, arrivé au trône grâce à l'appui d'Hugues le Grand, il ne put ensuite contrecarrer l'emprise croissante de celui-ci.

LOUIS V le Fainéant, *v. 967 - Compiègne 987,* roi de France (986 - 987), fils de Lothaire. Avec lui finit la branche française de la dynastie carolingienne.

LOUIS VI le Gros, *v. 1080 - Paris 1137,* roi de France (1108 - 1137), de la dynastie capétienne. Fils de Philippe Ier et de Berthe de Hollande, aidé par Suger, il rétablit l'ordre dans le domaine royal, combattit Henri Ier, roi d'Angleterre et duc de Normandie, et repoussa l'empereur germanique Henri V, qui menaçait d'envahir la France.

LOUIS VII le Jeune, *1120 - Paris 1180,* roi de France (1137 - 1180), de la dynastie capétienne. Fils de Louis VI, il participa à la deuxième croisade (1147 - 1149) et soutint le pape Alexandre III contre Frédéric Ier Barberousse. En 1152, il répudia Aliénor d'Aquitaine, qui épousa Henri II Plantagenêt, lui apportant en dot l'Aquitaine. Louis VII fut dès lors en conflit permanent avec Henri II, devenu roi d'Angleterre en 1154.

■ **LOUIS VII LE JEUNE** lors de la deuxième croisade avec, à gauche, saint Bernard ; détail d'une miniature du XVe s. (BNF, Paris.)

LOUIS VIII le Lion, *Paris 1187 - Montpensier, Auvergne, 1226,* roi de France (1223 - 1226), de la dynastie capétienne. Fils de Philippe Auguste et d'Isabelle de Hainaut, époux de Blanche de Castille, il vainquit Jean sans Terre (1214) et le poursuivit en Angleterre. Devenu roi, il enleva aux Anglais le Poitou, la Saintonge, l'Angoumois, le Limousin, le Périgord et une partie du Bordelais, participa à la croisade contre les albigeois et soumit tout le Languedoc, sauf Toulouse.

LOUIS IX ou **SAINT LOUIS,** *Poissy 1214 ou 1215 - Tunis 1270,* roi de France (1226 - 1270), de la dynastie capétienne. Fils de Louis VIII et de Blanche de Castille, il règne d'abord sous la régence de sa mère, qui réprime une révolte des grands vassaux, termine la guerre contre les albigeois par le traité de Paris (1229) et lui fait épouser Marguerite de Provence (1234). Après avoir battu en 1242 à Taillebourg et à Saintes le roi d'Angleterre Henri III, venu soutenir une révolte de barons poitevins, Louis IX conclut le traité de Paris (1259), qui lui donne la Normandie, l'Anjou, le Maine et le Poitou, et qui fait d'Henri III son vassal comme duc d'Aquitaine. En 1248, il conduit la septième croisade vers l'Égypte. Battu à Mansourah, il est fait prisonnier (1250), n'est libéré qu'en échange d'une lourde rançon et passe quatre ans en Syrie. De retour en France, il réorganise ses États, fortifie l'autorité royale et

■ **SAINT LOUIS.** (Musée de Cluny, Paris.)

■ **LOUIS XI.** (Brooklyn Museum, New York.)

réforme profondément la justice en jetant les fondements de l'institution parlementaire. Il fait construire la Sainte-Chapelle, la Sorbonne et les Quinze-Vingts. Sa réputation d'intégrité et de vertu lui vaut l'estime universelle et fait de lui l'arbitre désigné de nombreux conflits. En 1270, malgré l'opposition de son entourage, il entreprend la huitième croisade et fait voile vers Tunis, mais il meurt à peine débarqué devant la ville. Il fut canonisé en 1297.

LOUIS X le Hutin, *Paris 1289 - Vincennes 1316,* roi de France (1314 - 1316) et de Navarre (Louis Ier) [1305 - 1316], de la dynastie capétienne. Fils de Philippe IV le Bel et de Jeanne Ire de Navarre, il fut contraint par les nobles de confirmer les chartes qui précisaient leurs droits et coutumes. Veuf de Marguerite de Bourgogne, il épousa Clémence de Hongrie, mère de Jean Ier le Posthume.

LOUIS XI, *Bourges 1423 - Plessis-lez-Tours 1483,* roi de France (1461 - 1483), de la dynastie des Valois. Fils de Charles VII et de Marie d'Anjou, il prend part au mouvement féodal de la Praguerie contre son père (1440). Devenu roi, Louis XI renvoie les conseillers de son père mais soulève contre lui la haute noblesse, rassemblée autour de Charles le Téméraire (ligue du Bien public, 1465). Il cède, mais reprend l'offensive dès 1468. Son principal adversaire est alors Charles le Téméraire, devenu duc de Bourgogne. Celui-ci l'attire et le retient prisonnier à Péronne (1468). Libéré à de très dures conditions, qu'il ne respecte pas, Louis XI dénoue l'alliance de l'Angleterre et de la Bourgogne (traité de Picquigny, 1475), et réalise l'union des cantons suisses et de la Lorraine contre Charles, qui est vaincu et tué (1477). Le roi hérite du comté d'Anjou, du Maine et de la Provence (1481 - 1482) et obtient le duché et le comté de Bourgogne par le traité d'Arras (1482). Il affermit le pouvoir royal aux dépens des grands corps politiques et du clergé, poursuit l'œuvre de réorganisation militaire entreprise par Charles VII et favorise le renouveau économique du royaume, notamm. dans le Sud-Est (Lyon).

LOUIS XII, *Blois 1462 - Paris 1515,* roi de France (1498 - 1515), de la dynastie des Valois. Fils de Charles d'Orléans et de Marie de Clèves, il participe à la Guerre folle contre la régence d'Anne de Beaujeu et est fait prisonnier en 1488. Libéré, il se rallie à Charles VIII, son cousin, et combat en Italie (1494 - 1495). Devenu roi de France au décès (1498) de ce dernier, mort sans héritier, il fait casser son mariage avec Jeanne, fille de Louis XI, et épouse Anne de Bretagne, veuve de Charles VIII, afin d'empêcher que le duché de Bretagne n'échappe à la France. Petit-fils de Valentine Visconti, il revendique le duché de Milan et le conquiert (1499 - 1500) ; mais les Français sont expulsés du royaume de Naples et doivent capituler devant Gaète (1504). Louis XII, entré dans la ligue de Cambrai contre Venise (1508), remporte la victoire d'Agnadel (1509) ; abandonné par ses alliés, il doit affronter la Sainte-Ligue. Après la mort de Gaston de Foix à Ravenne (1512) et après la défaite de Novare (1513), les Français sont chassés d'Italie. À son tour, la France doit soutenir l'invasion des Espagnols, des Suisses, d'Henri VIII et de Maximilien (les troupes anglo-germaniques sont victorieuses à Guinegatte). L'avènement du pape Léon X permet à Louis XII de faire la paix (1514). Veuf, le roi épouse Marie d'Angleterre la même année. Il meurt en laissant la couronne à son cousin François (Ier), à qui il a marié sa fille Claude. – Son tombeau, par Jean Juste, est à *Saint-Denis.

LOUIS XIII le Juste, *Fontainebleau 1601 - Saint-Germain-en-Laye 1643,* roi de France (1610 - 1643), de la dynastie des Bourbons. Fils d'Henri IV et de Marie de Médicis, il règne d'abord sous la régence de sa mère, qui laisse le pouvoir à Concini. Celui-ci est assassiné en 1617, à l'instigation du roi, et remplacé par Luynes. Alors se produisent de nouvelles révoltes des grands, appuyés par la reine mère, et une nouvelle guerre de Religion, marquée par le siège de Montauban (1621). Après la mort de Luynes (1621), et plusieurs années de troubles (1621 - 1624), le roi donne le pouvoir à Richelieu, dont il suit les conseils malgré les intrigues de sa mère et de Gaston d'Orléans (*journées des Dupes,* 1630). À l'intérieur, Louis XIII et son ministre travaillent à rétablir l'autorité royale en créant le corps des intendants, développent le commerce et la marine et luttent contre les protestants et les féodaux. Toutefois, en engageant la France dans la guerre de Trente Ans (1635), ils déséquilibrent le budget : la multiplication des impôts et la misère provoquent des jacqueries sanglantes. De son mariage avec l'infante Anne d'Autriche (1615), Louis XIII eut deux fils, Louis (XIV) et Philippe d'Orléans.

LOUIS XIV le Grand, dit **le Roi-Soleil,** *Saint-Germain-en-Laye 1638 - Versailles 1715,* roi de France (1643 - 1715), de la dynastie des Bourbons. Fils de Louis XIII et d'Anne d'Autriche, âgé de cinq ans à la mort de son père, il subit l'influence de sa mère, la régente Anne d'Autriche, et de Mazarin, et est profondément marqué par la Fronde (1648 - 1653). Majeur en 1651, Louis XIV reste sous l'influence de Mazarin, qui, en 1660, lui fait épouser Marie-Thérèse d'Autriche. Mazarin mort (1661), le jeune souverain se donne passionnément à son « métier de roi » et se révèle monarque absolu. Aidé de Colbert, il réforme le gouvernement et entreprend la centralisation et l'unification de l'administration. Il s'entoure d'un petit nombre de collaborateurs, choisis parmi la noblesse de robe et la bourgeoisie, et, après avoir fait arrêter et condamner Fouquet (1664), il s'appuie sur quelques dynasties ministérielles sûres comme les Colbert et les Le Tellier. Sur le plan religieux, il est en conflit avec la papauté (affaire de la régale sous Innocent XI), mais adopte une politique répressive vis-à-vis des protestants (dragonnades), allant jusqu'à révoquer l'édit de Nantes (1685), et lutte sans merci contre le jansénisme (bulle *Unigenitus,* 1713). Soucieux de la gloire et de l'étiquette, protecteur des arts et des lettres, Louis XIV fait de Versailles et de Paris les hauts lieux de la culture et de l'art classique en Europe. À l'extérieur, motivé par un appétit de gloire et de prestige, Louis XIV vise à imposer la prédominance française. Il dispose, grâce à Louvois, d'une armée sans rivale et trouve en Vauban un constructeur de places fortes hors du commun. Une longue suite de guerres jalonne son règne : guerre de Dévolution (1667 - 1668) contre l'Espagne, à l'issue de laquelle la France acquiert une partie notable de la Flandre ; guerre de Hollande (1672 - 1679), qui permet à Louis XIV d'acquérir la Franche-Comté ; guerre de la ligue d'Augsbourg (1688 - 1697), provoquée, entre autres, par la politique des « réunions » (1679 - 1684) et qui se termine par les traités de Ryswick ; guerre de la Succession d'Espagne (1701 - 1714). Les traités d'Utrecht et de Rastatt (1713 - 1714), par lesquels la France reconnaît la séparation des Couronnes d'Espagne et de France et cède une partie de ses colonies canadiennes à l'Angleterre, marquent la fin de l'hégémonie française. Cette longue suite de guerres finit par épuiser la France, et Louis XIV laisse à son successeur un pays exsangue. Après la mort de Marie-Thérèse (1683), Louis XIV, qui, de ses différentes maîtresses, a eu plusieurs enfants bâtards ou légitimés, épouse secrètement Mme de Maintenon.

LOUIS DE FRANCE, dit **le Grand Dauphin,** *Fontainebleau 1661 - Meudon 1711,* fils de Louis XIV et de Marie-Thérèse d'Autriche. Marié à Marie-Anne de Bavière, il eut d'elle trois fils, dont Louis, duc de Bourgogne, héritier du trône, mort en 1712, et Philippe, duc d'Anjou, devenu Philippe V d'Espagne.

LOUIS XV le Bien-Aimé, *Versailles 1710 - id. 1774,* roi de France (1715 - 1774), de la dynastie des Bourbons. Fils de Louis, duc de Bourgogne et de Marie-Adélaïde de Savoie, et arrière-petit-fils de Louis XIV, il règne d'abord sous la régence de Philippe d'Orléans, neveu de Louis XIV, puis, après sa majorité, sous l'influence du duc de Bourbon (1723 - 1726), qui lui fait épouser Marie Leszczyńska (1725). Après le renvoi du duc devenu impopulaire, Louis XV choisit, pour gouverner, le cardinal de Fleury (1726 - 1743). Celui-ci engage la France dans la guerre de la Succession de Pologne (1733 - 1738), que termine le traité de Vienne, puis dans la guerre de la Succession d'Autriche (1740 - 1748), à laquelle met fin la paix d'Aix-la-Chapelle. L'excellente gestion du contrôleur général Orry (1730 - 1745) favorise l'expansion économique. À la mort de Fleury (1743), le roi gouverne personnellement tout en subissant l'influence politique de Mme de Pompadour (1745 - 1764). Entreprise à la suite du « renversement des alliances » pour faire échec aux desseins ambitieux de la Prusse et de l'Angleterre, la guerre de Sept Ans (1756 - 1763) aboutit, malgré le pacte de famille conclu par Choiseul en 1761 entre les quatre branches de la maison de Bourbon, à la perte des possessions de l'Inde et du Canada (traité de Paris, 1763). Les parlements imposent au roi la dissolution de la Compagnie de Jésus (1764). Choiseul réorganise la marine et l'armée, annexe la Lorraine et la Corse, mais, trop favorable aux parlementaires, doit céder sa place au triumvirat Maupeou, Terray et d'Aiguillon (1770 - 1774). Alors que Maupeou supprime le parlement de Paris et fait des magistrats des fonctionnaires payés par l'État, Terray réforme les finances. Les dernières années du règne sont ainsi marquées par un redressement intérieur et par le renforcement de l'alliance autrichienne, en même temps que par une réaction absolutiste.

LOUIS, *Versailles 1729 - Fontainebleau 1765,* Dauphin de France. Fils de Louis XV et de Marie Leszczyńska, tenu à l'écart des affaires par le roi, il est, par son mariage avec Marie-Josèphe de Saxe, le père des futurs Louis XVI, Louis XVIII et Charles X.

■ **LOUIS XII** et sa cour ; à droite, allégorie de la Raison, en bas, Anne de Bretagne ; miniature du XVIe s. (BNF, Paris.)

■ **LOUIS XIII** par P. de Champaigne. (Prado, Madrid.)

■ **LOUIS XIV** par A. Benoist. (Château de Versailles.)

■ **LOUIS XV** par Quentin de La Tour. (Louvre, Paris.)

■ **LOUIS XVI.** (Musée Carnavalet, Paris.)

LOUIS XVI, *Versailles 1754 - Paris 1793,* roi de France (1774 - 1791) puis roi des Français (1791 - 1792), de la dynastie des Bourbons. Fils du Dauphin Louis et de Marie-Josèphe de Saxe, petit-fils de Louis XV, il épouse (1770) Marie-Antoinette et a d'elle quatre enfants, dont Madame Royale (1778) et le second Dauphin (1785), dit Louis XVII. Conseillé par Maurepas, il choisit comme ministres des hommes de talent : Turgot, Saint-Germain, Malesherbes ; mais, dominé par son épouse et influencé par les privilégiés, le roi, dès 1776, abandonne Turgot, qu'il remplace par Necker, renvoyé à son tour après sa publication du *Compte rendu au roi* sur l'état des finances et le gaspillage de la Cour (1781). La politique extérieure pratiquée par Vergennes, notamm. en apportant l'appui de la France aux colonies américaines devenues les États-Unis (1783), restaure le prestige de la France. Mais, à l'intérieur, l'opposition des privilégiés s'accroît ; Calonne (1783) puis Loménie de Brienne (1787) tentent en vain de résoudre la crise financière. Louis XVI doit rappeler Necker (1788) et promettre la convocation des états généraux, qui sont réunis à Versailles en 1789. Mais les députés du tiers, en provoquant la formation de l'Assemblée nationale, puis constituante, ôtent toute influence à Louis XVI, qui, déconsidéré par sa tentative de fuite (Varennes, 20 juin 1791) et par ses négociations avec l'étranger, perd toute popularité. Réduit, par la Constitution de 1791, au rang de roi des Français, le souverain constitutionnel s'efforce, sous la Législative, en appliquant son veto suspensif, de freiner la Révolution, mais ne fait qu'aggraver le mécontentement, alors que, en déclarant la guerre à son neveu François II (20 avr. 1792), il espère une victoire de ce dernier. En fait, les premiers revers français se retournent contre lui. Prisonnier de la Commune insurrectionnelle (10 août), enfermé au Temple et accusé de trahison, il est jugé par la Convention, condamné à mort et guillotiné (21 janv. 1793).

Louis XVI (procès de) [11 déc. 1792 - 21 janv. 1793], procès du roi de France Louis XVI, au terme duquel il fut guillotiné. Accusé par la Convention nationale de conspiration contre la liberté publique et la sûreté générale de l'État, Louis XVI, défendu par Malesherbes, F. Tronchet et le jeune avocat Romain Desèze, fut déclaré coupable à la quasi-unanimité. Ayant refusé de faire appel au peuple pour ratifier le verdict, la Convention vota (17 janv.) à une très courte majorité la mort du roi. Louis XVI fut guillotiné le 21 janv. 1793 sur la place de la Révolution (auj. place de la Concorde).

LOUIS XVII, *Versailles 1785 - Paris 1795,* fils de Louis XVI et de Marie-Antoinette. Dauphin en 1789 à la mort de son frère aîné, enfermé avec sa famille au Temple, il y est confié à la garde du cordonnier Simon jusqu'en janv. 1794. L'année suivante, il fut enterré secrètement. Les doutes émis sur sa mort suscitèrent des imposteurs, dont le célèbre Naundorff.

LOUIS XVIII, *Versailles 1755 - Paris 1824,* roi de France (1814 - 1815, 1815 - 1824), de la dynastie des Bourbons. Petit-fils de Louis XV, fils du Dauphin Louis et de Marie-Josèphe de Saxe, époux de Louise de Savoie et comte de Provence, il émigre dès juin 1791 et réside successivement à Coblence, Vérone puis en Grande-Bretagne. La chute de l'Empire lui permet de rentrer à Paris, où Talleyrand lui a préparé les voies. Impotent, sans prestige personnel, il a suffisamment d'intelligence pour sentir qu'en rejetant tout l'héritage de la Révolution et de l'Empire il perdrait à jamais sa dynastie. Il se résigne donc à octroyer la Charte de 1814, instaurant une monarchie constitutionnelle. Par ailleurs, il négocie avec les Alliés le traité de Paris, qui conserve à la France ses frontières de 1792. Après les Cent-Jours, durant lesquels il se réfugie à Gand, il restaure de nouveau la monarchie et signe avec les Alliés le second traité de Paris (nov. 1815). À l'intérieur, les mesures réactionnaires de la Chambre introuvable (1815) et la Terreur blanche qui sévit dans le Midi le décident à dissoudre la Chambre (sept. 1816). Les ministères Richelieu puis surtout Decazes impriment aux affaires un sens plus libéral, tandis que le baron Louis donne à la France des finances prospères. Mais l'assassinat du duc de Berry (1820) est exploité par les ultras, qui imposent au roi de nouvelles mesures réactionnaires (ministère Villèle, 1821), auxquelles répondent plusieurs conspirations, fomentées par le carbonarisme. La guerre d'Espagne, où la France intervient pour sauver le régime des Bourbons (1823), est le dernier événement important du règne.

■ **LOUIS XVIII**
par F. Gérard.
(Château de Versailles.)

■ **LOUIS-PHILIPPE Ier**
par Winterhalter.
(Château de Versailles.)

GERMANIE

LOUIS Ier (ou II) le Germanique, *v. 805 - Francfort-sur-le-Main 876,* roi des Francs orientaux (817 - 843), roi de Germanie (843 - 876), de la dynastie carolingienne. Fils de Louis le Pieux, il obligea Lothaire Ier à accepter le partage de Verdun (843), qui lui attribuait la *Francia orientalis,* ou Germanie. — **Louis III (ou IV) l'Enfant,** *Oettingen 893 - Ratisbonne 911,* roi de Germanie et de Lotharingie (900 - 911). Il fut le dernier Carolingien à régner sur la Germanie.

HONGRIE

LOUIS Ier le Grand, *Visegrád 1326 - Nagyszombat, auj. Trnava, 1382,* roi de Hongrie (1342 - 1382) et de Pologne (1370 - 1382). Fils de Charles Ier Robert, de la maison d'Anjou, il favorisa l'essor économique et culturel de la Hongrie. — **Louis II,** *Buda 1506 - Mohács 1526,* roi de Hongrie et de Bohême (1516 - 1526). Il fut vaincu par les Ottomans et tué à Mohács.

PORTUGAL

LOUIS Ier, *Lisbonne 1838 - Cascais 1889,* roi de Portugal (1861 - 1889), de la maison de Bragance. Il refusa en 1868 la couronne espagnole.

SICILE

LOUIS Ier, *Vincennes 1339 - Bisceglie 1384,* duc d'Anjou (1360 - 1384), roi de Sicile, comte de Provence et de Forcalquier (1383 - 1384). Fils de Jean II le Bon, roi de France, il fut désigné par Jeanne Ire d'Anjou pour lui succéder. — **Louis II,** *Toulouse 1377 - Angers 1417,* roi titulaire de Naples, de Sicile et de Jérusalem, duc d'Anjou, comte du Maine et de Provence (1384 - 1417). Héritier de Louis Ier, il réussit difficilement à se rendre maître de la Provence, mais ne parvint pas à s'imposer à Naples. — **Louis III,** *1403 - Cosenza 1434,* roi titulaire d'Aragon, de Naples, de Sicile, de Jérusalem, duc d'Anjou, comte de Provence (1417 - 1434). Il parvint difficilement à conquérir le royaume de Naples, hérité de son père Louis II, et le laissa à sa mort à son frère, René Ier le Bon.

LOUIS (Joseph Dominique, baron), *Toul 1755 - Bry-sur-Marne 1837,* financier français. Ministre des Finances sous la Restauration et au début de la monarchie de Juillet, il rétablit le crédit public en reconnaissant les dettes de l'Empire et simplifia la comptabilité officielle.

LOUIS (Nicolas, dit Victor), *Paris 1731 - ? v. 1811,* architecte français. Il se perfectionna à Rome et donna, avec le Grand-Théâtre de Bordeaux (1773), un des prototypes de l'art néoclassique.

LOUISBOURG, v. du Canada (Nouvelle-Écosse), sur l'île du Cap-Breton ; 1 261 hab. Parc historique national sur l'emplacement de la citadelle française (partiellement reconstituée), assiégée et détruite à deux reprises par les Anglais (1745, 1758).

LOUISE DE MARILLAC (sainte), *Paris 1591 - id. 1660,* religieuse française. Elle fonda, avec saint Vincent de Paul, la congrégation des Filles de la Charité, dont elle fut la première supérieure.

LOUISE DE MECKLEMBOURG-STRELITZ, *Hanovre 1776 - Hohenzieritz 1810,* reine de Prusse. Elle épousa (1793) Frédéric-Guillaume III, futur roi de Prusse, et soutint, après l'effondrement de la Prusse devant Napoléon (1806), les ministres réformateurs.

LOUISE DE SAVOIE, *Pont-d'Ain 1476 - Grez-sur-Loing 1531,* régente de France. Fille de Philippe, duc de Savoie, et de Marguerite de Bourbon, elle épousa Charles d'Orléans, comte d'Angoulême, et fut la mère de François Ier. Elle exerça la régence pendant que son fils guerroyait en Italie. En 1529, elle négocia avec Marguerite d'Autriche la paix de Cambrai, ou paix des Dames.

LOUISE-MARIE d'Orléans, *Palerme 1812 - Ostende 1850,* reine des Belges. Fille du roi Louis-Philippe, elle épousa en 1832 Léopold Ier.

Louis Harris and Associates, institut américain de sondages d'opinion, créé à New York en 1956 par le journaliste Louis Harris, conseiller de J. Kennedy.

LOUISIADE n.f., archipel de la Papouasie-Nouvelle-Guinée.

LOUISIANE, État des États-Unis, sur le golfe du Mexique ; 125 674 km^2 ; 4 219 973 hab. ; cap. *Baton Rouge* ; v. princ. *La Nouvelle-Orléans.* Pétrole et gaz naturel. — Occupée au nom de la France par Cavelier de La Salle en 1682, la Louisiane fut baptisée de ce nom en l'honneur de Louis XIV. Elle constitua une colonie, au territoire beaucoup plus étendu que celui de l'État actuel. Elle fut cédée (1762 - 1763) à l'Espagne et à la Grande-Bretagne. La partie espagnole rendue à la France (1800) fut vendue par Bonaparte aux États-Unis en 1803 et devint État de l'Union en 1812.

L

LOUIS-MARIE GRIGNION DE MONTFORT (saint), *Montfort, Ille-et-Vilaine, 1673 - Saint-Laurent-sur-Sèvre, Vendée, 1716,* missionnaire catholique français. Prédicateur populaire dans l'ouest de la France, il fonda la congrégation féminine des Filles de la Sagesse et la Compagnie de Marie, dite des *Pères montfortains.*

LOUIS-PHILIPPE Ier, *Paris 1773 - Claremont, Grande-Bretagne, 1850,* roi des Français (1830 - 1848), de la maison d'Orléans. Fils de Louis-Philippe Joseph d'Orléans, dit Philippe Égalité, et de Louise-Marie de Bourbon-Penthièvre, le duc de Chartres grandit dans un milieu cosmopolite gagné aux idées libérales. Après avoir pris part aux combats de Valmy et de Jemmapes (1792), il se réfugie à l'étranger et épouse (1809) Marie-Amélie de Bourbon. Rentré en France sous Louis XVIII, il est proclamé lieutenant du royaume lors de la révolution de 1830, puis roi des Français (7/9 août) après révision de la Charte de 1814. Écartant très rapidement les ministres libéraux (parti du Mouvement), il s'appuie sur le parti de la Résistance et sur Casimir Perier, son chef. La mort de ce dernier, en mai 1832, ouvre une période de troubles : insurrection républicaine des 5 et 6 juin 1832, tentative légitimiste de la duchesse de Berry en Vendée (1832), soulèvements populaires de Lyon et de Paris (1834), insurrections de Barbès et de Blanqui (1839) et tentatives de Louis Napoléon Bonaparte (1836 et 1840). Le roi lui-même échappe à plusieurs attentats (Fieschi, 1835). Après une succession de dix ministères, dont celui de Molé (1836 - 1839) et de Thiers (1840), Louis-Philippe, reprochant à ce dernier sa politique belliciste à l'égard de la Grande-Bretagne, appelle Guizot, qui devient pour huit ans le vrai maître du pays. Cependant, l'entente avec la Grande-Bretagne, ébranlée par l'affaire Pritchard, est rompue en 1846, Guizot se rapprochant de l'Autriche contre l'agitation libérale en Europe. À l'intérieur, sa politique ultra-conservatrice favorise la haute bourgeoisie, alors que la grande crise financière et économique de 1846 - 1847 entame le prestige du roi et favorise le développement de l'opposition libérale (*campagne des banquets*). Louis-Philippe ne voit pas les signes annonciateurs d'une volonté de réformes et est renversé par la révolution de février 1848. Il abdique en faveur de son petit-fils, le comte de Paris, et se réfugie en Grande-Bretagne.

LOUISVILLE, v. des États-Unis (Kentucky), sur l'Ohio ; 269 063 hab.

LOUP ou **LEU** (saint), *Toul v. 383 - Troyes 479,* évêque de Troyes. Il défendit sa ville contre Attila (451).

LOUPE (La) [28240], ch.-l. de cant. d'Eure-et-Loir, dans le Perche ; 3 838 hab.

LOUPOT (Charles), *Nice 1892 - Les Arcs 1962,* affichiste français. Son design pour *St-Raphaël* (de 1937 à 1960) est particulièrement célèbre.

LOUQSOR ou **LOUXOR,** v. d'Égypte, sur le Nil ; 147 900 hab. Riche musée. La ville moderne

■ **LOUQSOR.** Le temple d'Amon.

recouvre un faubourg de l'antique Thèbes. Temple d'Amon, édifié par Aménophis III, l'une des réussites de la XVIIIe dynastie, qui fut agrandi et flanqué de deux obélisques par Ramsès II ; l'un de ceux-ci orne, depuis 1836, la place de la Concorde à Paris.

LOURDES (65100), ch.-l. de cant. des Hautes-Pyrénées, sur le gave de Pau ; 15 679 hab. *(Lourdais).* Évêché (avec Tarbes). Électroménager. – Centre de pèlerinage consacré à la Vierge depuis les visions, en 1858, de Bernadette Soubirous. Basilique (1876) et basilique souterraine (1958). – Château médiéval (Musée pyrénéen).

■ **LOURDES.** La basilique supérieure (1876).

LOURENÇO MARQUES → MAPUTO.

LOURIA ou **LURIA** (Aleksandr Romanovitch), *Kazan 1902 - Moscou 1977,* neurologue soviétique. Il a mis en évidence les possibilités de récupération des fonctions psychologiques supérieures chez les malades atteints de lésions cérébrales.

LOUROUX-BÉCONNAIS (Le) [49370], ch.-l. de cant. de Maine-et-Loire ; 2 143 hab.

LOUVAIN, en néerl. **Leuven,** v. de Belgique, ch.-l. du Brabant flamand, sur la Dyle ; 85 018 hab. Importants monuments du Moyen Âge (hôtel de ville, XVe s.) et de l'époque baroque. Musée. – La célébrité de Louvain est liée en grande partie à son université, créée en 1425. Supprimée par l'État en 1830, elle est reconstituée en 1835 comme université catholique. En 1968, la querelle linguistique provoqua la partition de l'université et l'installation de la section francophone près de Wavre (Ottignies-Louvain-la-Neuve).

LOUVECIENNES (78430), comm. des Yvelines ; 7 217 hab. (*Louveciennois* ou *Luciennois*). Église du XIIIe s., petits châteaux des XVIIe ou XVIIIe s.

LOUVERTURE (Toussaint) → **TOUSSAINT LOUVERTURE.**

LOUVIÈRE (La), v. de Belgique (Hainaut) ; 76 432 hab. Métallurgie.

LOUVIERS (27400), ch.-l. de cant. de l'Eure, sur l'Eure ; 18 937 hab. *(Lovériens).* Pâte à papier. Matériel audiovisuel. – Église des XIIe-XVIe s. Musée municipal et musée des Décors de théâtre et de cinéma.

■ **LOUVOIS**
par C.-A. Hérault.
(Château de Versailles.)

LOUVIGNÉ-DU-DÉSERT (35420), ch.-l. de cant. d'Ille-et-Vilaine ; 4 156 hab. *(Louvignéens).* Granite. – Église en partie du XVIe s.

LOUVOIS (François Michel **Le Tellier,** seigneur **de Chaville,** marquis **de**), *Paris 1639 - Versailles 1691,* homme d'État français. Fils du chancelier Michel Le Tellier, associé à son père dès 1661 au Conseil des dépêches et dès 1662 au secrétariat d'État à la Guerre, il est, avec lui, le réorganisateur de l'armée française ; il améliore le recrutement et l'intendance, établit l'ordre du tableau, qui réglait le commandement, dote l'infanterie de la baïonnette, organise un corps d'ingénieurs et des écoles de cadets, crée l'hôtel des Invalides. Véritable ministre des Affaires étrangères de 1672 à 1689, il dirige une diplomatie brutale qui conduit à l'attaque des Provinces-Unies (1672), à la politique des « réunions » à partir de 1679 et à la dévastation du Palatinat (1689). Il est aussi l'instigateur des dragonnades à l'encontre des huguenots. Surintendant des bâtiments, arts et manufactures (1683), il est un mécène fastueux.

Louvre (palais du) puis **musée du Louvre,** anc. résidence royale, à Paris, longeant la Seine (rive droite). Le palais fut commencé sous Philippe Auguste, continué sous Charles V, François Ier, Catherine de Médicis, Henri IV, Louis XIII, Louis XIV, Napoléon Ier, achevé sous Napoléon III. Ses principaux architectes ont été Lescot, Jacques II Androuet Du Cerceau, Lemercier, Le Vau, C. Perrault, Percier et Fontaine, Visconti, Lefuel. Devenu musée en 1791 - 1793, le palais abrite une des plus riches collections publiques du monde (sept départements : antiquités orientales ; antiquités égyptiennes ; antiquités grecques et romaines ; peintures ; sculptures ; objets d'art ; arts graphiques, et, depuis 2000, une sélection de chefs-d'œuvre des premières cultures d'Afrique, d'Asie, d'Océanie et des Amériques). La pyramide de verre de Pei (1989) éclaire de nouveaux locaux souterrains du musée, à nouveau agrandi (1993) d'une aile auparavant occupée par le ministère des Finances. Une autre aile abrite le musée des *Arts décoratifs, le musée de la Publicité et le musée de la Mode et du Textile.

LOUVRES (95380), comm. du Val-d'Oise ; 8 852 hab. *(Lupariens).* Église des XIe et XVIe s.

LOUXOR → LOUQSOR.

LOUŸS [lwis] (Pierre **Louis,** dit Pierre), *Gand 1870 - Paris 1925,* écrivain français. Son œuvre poétique *(les Chansons de Bilitis)* et narrative *(Aphrodite, les Aventures du roi Pausole)* reflète son culte de la beauté et de la civilisation antiques.

LOVECRAFT (Howard Phillips), *Providence 1890 - id. 1937,* écrivain américain. Ses récits fantastiques font de lui l'un des précurseurs de la science-fiction *(la Couleur tombée du ciel, le Cauchemar d'Innsmouth, Démons et merveilles).*

Lovelace, personnage du roman *Clarisse Harlowe* (1747 - 1748), de S. Richardson. C'est le type du séducteur cynique.

LOWE (sir Hudson), *Galway 1769 - Chelsea 1844,* général britannique. Il fut le geôlier de Napoléon à Sainte-Hélène.

LOWELL (Percival), *Boston 1855 - Flagstaff, Arizona, 1916,* astronome américain. Il se consacra surtout à l'étude de la planète Mars et prédit par le calcul l'existence d'une planète au-delà de Neptune (1915).

LOWENDAL ou **LOEWENDAHL** (Ulrich, comte **de**), *Hambourg 1700 - Paris 1755,* maréchal de France d'origine danoise. Il se distingua pendant la guerre de la Succession d'Autriche et prit Bergen op Zoom (1747).

LOWIE (Robert), *Vienne 1883 - Berkeley, Californie, 1957,* anthropologue américain. Il a donné une perspective fonctionnaliste à l'anthropologie culturelle (*Société primitive,* 1920).

LOWLANDS (« Basses Terres »), région déprimée de Grande-Bretagne, dans le centre de l'Écosse (par oppos. à Highlands, « Hautes Terres »), de Glasgow à Édimbourg.

LOWRY (Malcolm), *Birkenhead, Cheshire, 1909 - Ripe, Sussex, 1957,* écrivain britannique. Ses romans offrent une vision désespérée de la solitude (*Au-dessous du volcan,* 1947).

LOYAUTÉ (îles), archipel français de l'Océanie, dépendance de la Nouvelle-Calédonie ; 2 095 km² ; 20 877 hab. Il est formé des îles d'Ouvéa, Lifou et Maré.

LOYSON (Charles), dit **le P. Hyacinthe,** *Orléans 1827 - Paris 1912,* prédicateur français. Successivement sulpicien, novice dominicain, carme, il rompit avec l'Église et s'efforça d'organiser une Église catholique non romaine.

LOZÈRE (mont), point culminant des Cévennes (France), dans le *dép. de la Lozère ;* 1 699 m.

LOZÈRE n.f. (48), dép. de la Région Languedoc-Roussillon ; ch.-l. de dép. *Mende ;* ch.-l. d'arrond. *Florac ;* 2 arrond. ; 25 cant. ; 185 comm. ; 5 167 km² ; 73 509 hab. *(Lozériens).* Le dép. appartient à l'académie de Montpellier, à la cour d'appel de Nîmes, à la zone de défense Sud. S'étendant sur les hautes terres de la Margeride, des Cévennes, du Gévaudan et de l'Aubrac et sur une partie des Grands Causses (Sauveterre, Méjean), le dép. est presque exclusivement rural, voué à l'élevage. L'industrie est inexistante. L'activité touristique (gorges du Tarn et Cévennes surtout) contribue à ralentir l'émigration, traditionnelle, dans ce département, le moins peuplé de France (qui a toutefois enregistré un solde démographique légèrement positif entre 1990 et 1999).

LOZI ou **ROTSÉ,** peuple de Zambie (env. 500 000). Agriculteurs et pasteurs de la haute vallée du Zambèze, ils sont organisés en royaume ; celui-ci, créé au XVIIe s., fut occupé de 1840 à 1865 par des envahisseurs sotho, puis, de 1885 à 1900, prit une grande ampleur. Ils sont de langue bantoue.

LUALABA n.m., cours supérieur du Congo.

LUANDA, cap. de l'Angola, sur l'Atlantique ; 1 460 000 hab. *(Luandais).*

■ LE PALAIS DU **LOUVRE,** avec la pyramide de verre de Pei.

Lozère

500 1000 m

○ plus de 10 000 h.
○ de 5 000 à 10 000 h.
○ de 1 000 à 5 000 h.
○ moins de 1 000 h.

● ch.-l. d'arrondissement
● ch.-l. de canton
● commune

autoroute
route
voie ferrée

LUANG PRABANG, v. du Laos, sur le haut Mékong ; 44 000 hab. Nombreux temples bouddhiques (XVIe-XIXe s.).

LUANSHYA, v. de Zambie ; 147 800 hab. Centre minier (cuivre).

LUBA ou **BALUBA,** nom de deux peuples d'agriculteurs du sud-est de la Rép. dém. du Congo (ex-Zaïre), apparentés, tous deux christianisés et de langue bantoue, les *Luba du Katanga* et les *Luba du Kasaï.* Les Luba du Katanga (1 million) ont constitué au XVIe s. un royaume prestigieux, qui connut son apogée au milieu du XIXe s. et déclina jusqu'à sa partition par le colonisateur. Ils parlent le *kiluba.* Les Luba du Kasaï (2 millions) ne furent pas organisés en État. Ils parlent le *ciluba,* ou *tshiluba.*

LUBAC (Henri **Sonier de**), *Cambrai 1896 - Paris 1991,* théologien jésuite français. Cardinal en 1983, il est l'un des artisans du renouveau théologique (*Catholicisme, les aspects sociaux du dogme,* 1938 ; *Surnaturel, études historiques,* 1946 ; *Méditation sur l'Église,* 1953).

LUBANGÓ, anc. **Sá da Bandeira,** v. du sud-ouest de l'Angola ; 105 000 hab.

LUBBERS (Rudolf), *Rotterdam 1939,* homme politique néerlandais. Chrétien-démocrate, il a été Premier ministre de 1982 à 1994. Il est depuis 2001 à la tête du HCR (Haut-Commissariat des Nations unies pour les réfugiés).

LUBBOCK, v. des États-Unis (Texas) ; 186 206 hab.

LÜBECK, v. d'Allemagne (Schleswig-Holstein), près de la Baltique ; 217 269 hab. Port. Métallurgie. Agroalimentaire. — Imposants monuments médiévaux en brique ; musées. — Fondée en 1143, ville impériale dès 1226, Lübeck fut à la tête de la Hanse jusqu'en 1535.

LUBERON ou **LUBÉRON** n.m., chaîne calcaire du sud de la France (Vaucluse), au N. de la Durance ; 1 125 m. Parc naturel régional, couvrant env. 165 000 ha sur les dép. des Alpes-de-Haute-Provence et du Vaucluse.

LUBERSAC (19210), ch.-l. de cant. de la Corrèze ; 2 225 hab. Église romane.

LUBITSCH (Ernst), *Berlin 1892 - Hollywood 1947,* cinéaste américain d'origine allemande. Dans les fresques muettes d'inspiration historique (*Madame du Barry,* 1919), comme dans les comédies, son raffinement élégant reste inégalé (*Haute Pègre,* 1932 ; *Ange,* 1937 ; *Ninotchka,* 1939 ; *Jeux dangereux,* 1942 ; *la Folle Ingénue,* 1946).

LÜBKE (Heinrich), *Enkhausen 1894 - Bonn 1972,* homme politique allemand, président de la République fédérale d'Allemagne de 1959 à 1969.

LUBLIN, v. de Pologne, ch.-l. de voïévodie, au S.-E. de Varsovie ; 352 500 hab. Textile. Métallurgie. — Nombreux monuments des XIVe-XVIIIe s. — Siège du gouvernement provisoire de la Pologne en 1918 et en 1944.

Lublin (Union de) [1er juill. 1569], union de la Pologne et du grand-duché de Lituanie en une « république » gouvernée par un souverain élu en commun.

LUBUMBASHI, anc. **Élisabethville,** v. de la Rép. dém. du Congo (ex-Zaïre), ch.-l. du Katanga ; 564 830 hab. Centre de l'industrie du cuivre.

LUC (Le) [83340], ch.-l. de cant. du Var ; 7 422 hab.

LUC (saint), *Ier s.,* l'un des quatre évangélistes. Compagnon de saint Paul, auteur du troisième Évangile et des Actes des Apôtres, il met l'accent sur l'universalisme du message évangélique. Patron des peintres et des médecins. Dans la sculpture et la peinture, il apparaît accompagné du bœuf (emprunté à la vision d'Ézéchiel).

LUCAIN, en lat. **Marcus Annaeus Lucanus,** *Cordoue 39 - Rome 65,* poète latin, neveu de Sénèque le Philosophe. Il est l'auteur d'une épopée sur la lutte entre César et Pompée (*la Pharsale*). Compromis dans la conspiration de Pison, il s'ouvrit les veines.

LUCANIE n.f., région de l'Italie ancienne, qui s'étendait du golfe de Tarente à la Campanie.

LUCAS (George), *Modesto, Californie, 1944,* cinéaste et producteur américain. Réalisateur de *American Graffiti* (1973) et de *Star Wars* (*la Guerre des étoiles,* 1977 ; *Star Wars. Épisode 1, la Menace fantôme,* 1999), célèbre pour ses effets spéciaux, il a bâti un empire fondé sur la production de films et sur le développement des technologies de pointe en matière de création d'images et de sons.

LUCAS (Robert E.), *Yakima, État de Washington, 1937,* économiste américain. Ses travaux sur les anticipations rationnelles ont transformé profondément l'analyse macroéconomique et la vision de la politique économique. (Prix Nobel 1995.)

LUCAS de Leyde, *Leyde 1489 ou 1494 - id. 1533,* peintre et graveur néerlandais. Élève à Leyde du maniériste gothique Cornelis Engebrechtsz., il a peint des panneaux de genre, bibliques et religieux, et a gravé, surtout sur cuivre, des planches qui, à la fois capricieuses et très abouties, firent de lui un rival de Dürer.

LUCAYES (îles) → **BAHAMAS.**

LUCE (sainte) → **LUCIE** (sainte).

LUCÉ (28110), ch.-l. de cant. d'Eure-et-Loir ; 18 134 hab. *(Lucéens).* Équipements industriels.

LUCERNE, en all. **Luzern,** v. de Suisse, ch.-l. du cant. de Lucerne ; 61 034 hab. (plus de 150 000 hab. dans l'agglomération). Station touristique. — Ville pittoresque ; monuments du Moyen Âge à l'époque baroque ; musées.

LUCERNE (canton de), canton de Suisse ; 1 493 km² ; 335 400 hab. ; ch.-l. *Lucerne.* Il entra dans la Confédération en 1332.

LUCHINI (Fabrice), *Paris 1951,* acteur français. Son jeu original tire parti de sa voix, dont il varie régulièrement le rythme et la puissance. Il a ainsi marqué plusieurs films (*Perceval le Gallois,* É. Rohmer, 1979 ; *la Discrète,* C. Vincent, 1990 ; *Beaumarchais l'insolent,* É. Molinaro, 1996). Au théâtre, il fait partager son intelligence des grands textes, notamm. ceux de Nietzsche et de Céline.

LUCHON → **BAGNÈRES-DE-LUCHON.**

LUCIE ou **LUCE** (sainte), *Syracuse IIIe s. ?,* vierge et martyre. On lui aurait arraché les yeux.

LUCIEN d'Antioche (saint), *Samosate v. 235 - Antioche 312,* prêtre et martyr. Il fonda à Antioche une école chrétienne qui privilégiait l'interprétation littérale de la Bible. Arius fut son élève.

LUCIEN de Samosate, *Samosate, Syrie, v. 125 - v. 192,* écrivain grec. Ses dialogues (*Dialogues des morts*) et ses romans satiriques (*Histoire vraie*) raillent les superstitions.

LUCIFER, autre nom de Satan. C'est l'ange de Lumière, déchu après sa révolte contre Dieu.

LUCILIUS (Caius), *Suessa Aurunca v. 180 - Naples v. 102 av. J.-C.,* poète latin. Il a donné sa forme définitive à la satire romaine.

LUCKNER (Nicolas, comte), *Cham, Bavière, 1722 - Paris 1794,* maréchal de France. Il commanda les armées du Rhin (1791), du Nord et du Centre (1792). Nommé général en chef et soupçonné de trahison, il fut arrêté et condamné à mort par le tribunal révolutionnaire.

LUCKNOW, v. d'Inde, cap. de l'Uttar Pradesh ; 1 642 134 hab. Monuments anciens (XVIIIe-XIXe s.) ; musée. — Métallurgie. Textile.

Lucky Luke, personnage de bande dessinée créé en 1946 par Morris dans *l'Almanach Spirou.* Ce cow-boy solitaire au cœur pur parcourt un Ouest américain légendaire et parodique.

LUÇON ou **LUZON,** la plus grande et la plus peuplée des îles des Philippines ; 108 172 km² ; 23 901 000 hab. ; v. princ. *Manille.* Elle fut occupée par les Japonais de 1942 à 1944.

LUÇON (85400), ch.-l. de cant. de la Vendée ; 9 642 hab. *(Luçonnais).* Évêché. Imprimerie. — Cathédrale surtout des XIIe-XIVe s.

LUCQUES, en ital. **Lucca,** v. d'Italie (Toscane), ch.-l. de prov. ; 86 188 hab. *(Lucquois).* Remparts reconstruits aux XVe-XVIe s. ; églises romanes et gothiques à arcatures pisanes, riches en œuvres d'art. Musées.

LUCRÈCE, *m. v. 509 av. J.-C.,* femme romaine. Violée par un fils de Tarquin le Superbe, elle se tua. Cet événement aurait provoqué la révolte qui mit fin à la royauté à Rome.

LUCRÈCE, en lat. **Titus Lucretius Carus,** *Rome ? v. 98 - 55 av. J.-C.,* poète et philosophe latin. Son *De natura rerum,* poème philosophique puissant et sensuel, oppose la physique et la morale épicuriennes à la crainte des dieux et de la mort, entrave au bonheur.

LUCRÈCE BORGIA → **BORGIA.**

LUC-SUR-MER (14530), comm. du Calvados ; 3 063 hab. Station balnéaire.

LUCULLUS (Lucius Licinius), *entre 117 et 106 - v. 57 av. J.-C.,* général romain. Il dirigea la guerre contre Mithridate VI Eupator (74 - 66) et organisa la province d'Asie ; il est resté célèbre pour son raffinement gastronomique.

Lucy ou **Lucie,** nom familier donné à un squelette d'australopithèque *Australopithecus afarensis,* vieux de 3,3 millions d'années, trouvé dans la Rift Valley éthiopienne en 1974.

LÜDA, conurbation de Chine (Liaoning). Elle regroupe Dalian et Port-Arthur.

LUDE (Le) [72800], ch.-l. de cant. de la Sarthe ; 4 318 hab. *(Ludois).* Marché. Tourisme. – Château des XVe-XVIIIe s.

LUDENDORFF (Erich), *Kruszewnia, Posnanie, 1865-Tutzing 1937,* général allemand. Chef d'état-major de Hindenburg sur le front russe (1914), puis son adjoint au commandement suprême (1916-1918), il dirigea la stratégie allemande en 1917-1918.

LÜDERITZ, v. de Namibie, sur l'Atlantique ; 6 000 hab. Port. Pêcheries.

LUDHIANA, v. d'Inde (Pendjab) ; 1 012 062 hab. Textile.

LUDOVIC SFORZA le More, *Vigevano 1452-Loches 1508,* duc de Milan (1494-1500). Il obtint le Milanais avec l'aide de la France, mais l'avènement de Louis XII ruina son pouvoir. Capturé à Novare (1500), il mourut interné en France.

LUDWIGSHAFEN AM RHEIN, v. d'Allemagne (Rhénanie-Palatinat), en face de Mannheim ; 168 130 hab. Centre chimique. – Musées.

Luftwaffe (mot all. signif. *arme aérienne*), nom, depuis 1935, de l'aviation militaire allemande.

LUGANO, v. de Suisse (Tessin), sur le *lac de Lugano ;* 25 334 hab. Tourisme. – Cathédrale médiévale à façade Renaissance ; église S. Maria degli Angioli (fresque de Luini). Musée.

LUGDUNUM, nom latin de *Lyon.

LUGNÉ-POE (Aurélien Marie **Lugné,** dit), *Paris 1869-Villeneuve-lès-Avignon 1940,* acteur et metteur en scène de théâtre français. Écrivain, fondateur du théâtre de l'Œuvre (1893), il fit connaître en France les grands dramaturges étrangers (Ibsen, Strindberg) et imposa le symbolisme au théâtre.

LUGO, v. d'Espagne (Galice), ch.-l. de prov. ; 83 242 hab. Enceinte en partie romaine (IIIe s.), cathédrale des XIIe-XVIIIe s. ; musée.

LUGONES (Leopoldo), *Santa María del Río Seco 1874-Buenos Aires 1938,* écrivain argentin, l'un des principaux représentants du modernisme dans son pays *(la Guerra gaucha).*

LUINI (Bernardino), *Luino ?, lac Majeur, v. 1485-Milan ? 1532,* peintre italien. Influencé par le milieu lombard (Foppa, A. Solario, etc.) et par Léonard de Vinci, il excelle dans l'art de la fresque (Milan, Lugano, Saronno).

LUIS DE LEÓN (Fray), *Belmonte, Cuenca, 1527-Madrigal de las Altas Torres, Ávila, 1591,* écrivain et théologien espagnol. Sa poésie et sa prose *(les Noms du Christ),* marquées par la Bible, l'Antiquité et la Renaissance italienne, s'élèvent de la contemplation cosmique à l'élan mystique.

LUKÁCS (György), *Budapest 1885-id. 1971,* philosophe et homme politique hongrois. Il interpréta Marx dans une perspective humaniste centrée sur la notion d'aliénation *(Histoire et conscience de classe,* 1923) et jeta les bases d'une esthétique marxiste *(la Théorie du roman,* 1920).

ŁUKASIEWICZ (Jan), *Lemberg, auj. Lviv, 1878-Dublin 1956,* logicien polonais. Il est le premier à avoir énoncé une logique trivalente, admettant le vrai, le faux et le possible.

LULEÅ, v. de Suède, sur le golfe de Botnie, à l'embouchure du *Lule älv ;* 68 412 hab. Exportation du fer. Aciérie. – Musée d'ethnographie.

■ JEAN-BAPTISTE **LULLY.** (Musée Condé, Chantilly.)

■ MARTIN **LUTHER** par Cranach l'Ancien. (Offices, Florence.)

LULLE (bienheureux Raymond), *Palma de Majorque v. 1235-Bougie ou Palma 1315,* théologien et poète catalan. D'un savoir encyclopédique, il a écrit, en latin, en catalan et en arabe, de nombreux ouvrages de philosophie, de théologie, de mystique et d'alchimie *(Ars magna,* 1273-1275). Il a élevé le catalan au rang de langue littéraire.

LULLY ou **LULLI** (Jean-Baptiste), *Florence 1632-Paris 1687,* compositeur et violoniste italien naturalisé français. Il passa la plus grande partie de sa vie en France. Devenu surintendant de la Musique, il obtint une sorte de monopole de la production musicale. Il fut le créateur de l'opéra français et composa une douzaine de tragédies lyriques *(Alceste,* 1674 ; *Atys,* 1676 ; *Armide,* 1686), des ballets, des divertissements pour les comédies de Molière *(le Bourgeois gentilhomme,* 1670) et de grands motets *(Miserere).* Son style influença Bach et Händel.

LULUABOURG → KANANGA.

LULUWA, peuple du centre de la Rép. dém. du Congo (ex-Zaïre), de langue bantoue.

LUMBRES (62380), ch.-l. de cant. du Pas-de-Calais ; 4 057 hab. Cimenterie.

LUMIÈRE (les frères), inventeurs et industriels français. **Louis L.,** *Besançon 1864-Bandol 1948,* et **Auguste L.,** *Besançon 1862-Lyon 1954.* Louis, aidé de son frère, inventa le Cinématographe, pour lequel il tourna ou fit tourner de nombreux films. On leur doit également la mise au point du premier procédé commercial de photographie en couleurs, l'Autochrome (1903).

■ AUGUSTE ET LOUIS **LUMIÈRE**

LUMUMBA (Patrice), *Katako Kombé 1925-Élisabethville, auj. Lubumbashi, 1961,* homme politique congolais. Fondateur du Mouvement national congolais, il milita pour l'indépendance du Congo belge (auj. Rép. dém. du Congo). Premier ministre en 1960, il lutta contre la sécession du Katanga. Destitué en 1961, il fut assassiné.

LUNA (Álvaro **de**), *Cañete 1388-Valladolid 1453,* homme d'État espagnol. Connétable de Castille, favori du roi Jean II, il combattit la noblesse, qui obtint sa disgrâce, et il fut décapité.

LUNCEFORD (James Melvin, dit Jimmie), *Fulton, Missouri, 1902-Seaside, Oregon, 1947,* chef d'orchestre américain de jazz. Également saxophoniste et arrangeur, il cultiva la sonorité moelleuse et colorée de son grand orchestre, qui rivalisa avec ceux de C. Basie et de D. Ellington *(Rhythm is our Business,* 1934 ; *For Dancers Only,* 1937).

LUND, v. de la Suède méridionale ; 87 681 hab. Université. – Cathédrale romane. Musées.

LUNDA, peuple du sud de la Rép. dém. du Congo (ex-Zaïre), du nord-est de l'Angola et du nord de la Zambie (env. 400 000). Ils créèrent au XVIIe s. un royaume d'où partirent plusieurs conquérants de la savane qui fondèrent des dynasties autonomes. Ils ont profondément influencé la culture politique de l'Afrique centrale. Le *lunda,* ou *kilunda,* est une langue bantoue.

LUNDEGÅRDH (Henrik), *Stockholm 1888-Penningby 1969,* botaniste suédois. Il est l'auteur de travaux sur la photosynthèse, le cycle du gaz carbonique, la respiration des plantes, etc.

LUNE, satellite naturel de la Terre. (V. partie n. comm.)

LÜNEBURG, v. d'Allemagne (Basse-Saxe), dans les *landes de Lüneburg ;* 63 299 hab. Hôtel de ville des XIIIe-XVIIIe s. ; maisons en brique à pignons décorés. Musées.

LUNEL (34400), ch.-l. de cant. de l'Hérault ; 22 582 hab. *(Lunellois).* Vins. – Aux environs, château Renaissance de Marsillargues (musée).

LÜNEN, v. d'Allemagne (Rhénanie-du-Nord-Westphalie), dans la Ruhr ; 89 741 hab. Métallurgie.

LUNENBURG, v. du Canada (Nouvelle-Écosse) ; 2 781 hab. Églises du XVIIIe s. Musée des pêcheries de l'Atlantique.

LUNÉVILLE (54300), ch.-l. d'arrond. de Meurthe-et-Moselle, sur la Meurthe ; 21 112 hab. *(Lunévillois).* Industrie automobile. Faïence. – Château par Boffrand (1702, musée), église St-Jacques par Boffrand et Héré (1730). – En 1801 y fut conclu, entre la France et l'Autriche, un traité confirmant celui de Campoformio et consacrant l'accroissement de la puissance française en Italie.

LUOYANG, v. de Chine (Henan) ; 952 000 hab. Riche musée archéologique. Cap. sous les Shang, les Zhou, les Han, les Wei et enfin les Tang, elle a été un important foyer culturel et possède des quartiers anciens et pittoresques. Nécropole han ; temple du Cheval blanc fondé en 68, avec une pagode du XIIe s. Aux env. grottes de *Longmen.

LUPERCUS ANTIQ. ROM. Dieu que l'on célébrait sous le nom de *Faunus lupercus,* au cours des *lupercales.*

Lupin (Arsène), héros, créé en 1905, des récits policiers de M. Leblanc, type du gentleman cambrioleur. Il a inspiré de nombreux films.

LUQMAN ou **LOKMAN,** sage de la tradition arabe préislamique.

LURÇAT (Jean), *Bruyères, Vosges, 1892-Saint-Paul-de-Vence 1966,* peintre et cartonnier de tapisserie français. Il a contribué dès les années 1930 à rénover l'art de la tapisserie *(le Chant du monde,* dix pièces, 1956-1965, Angers).

LURCY-LÉVIS (03320), ch.-l. de cant. de l'Allier ; 2 125 hab. Église romane.

LURE (70200), ch.-l. d'arrond. de la Haute-Saône ; 9 143 hab. *(Lurons).* Industrie automobile.

LURE (montagne de), massif des Alpes françaises, au S.-O. de Sisteron ; 1 826 m.

LURISTAN → LORESTAN.

LUSACE, en all. **Lausitz,** région aux confins de l'Allemagne et de la République tchèque, culminant dans les *monts de Lusace* (alt. 1 010 m).

LUSAKA, cap. de la Zambie, à env. 1 300 m d'alt. ; 982 000 hab. *(Lusakois).*

LÜSHUN → PORT-ARTHUR.

LUSIGNAN (86600), ch.-l. de cant. de la Vienne ; 2 736 hab. Église romane et gothique.

LUSIGNAN, famille originaire du Poitou (Xe s.). Elle fit souche dans l'Orient latin, notamm. avec *Gui de Lusignan, qui racheta Chypre en 1192.

Lusitania, paquebot britannique. Il fut torpillé près des côtes d'Irlande, le 7 mai 1915, par un sous-marin allemand ; 1 200 civils (dont env. 120 Américains) périrent.

LUSITANIE, anc. région de la péninsule Ibérique, couvrant, pour une part, l'actuel territoire du Portugal et constituant une province romaine à partir d'Auguste. (Hab. *Lusitains* ou *Lusitaniens.*)

LUSSAC (33570), ch.-l. de cant. de la Gironde ; 1 409 hab. Vins.

LUSSAC-LES-CHÂTEAUX (86320), ch.-l. de cant. de la Vienne ; 2 584 hab.

LUSTIGER (Jean-Marie), *Paris 1926,* prélat français. Né de parents d'origine polonaise et juive, prêtre en 1954, il est nommé archevêque de Paris en 1981, cardinal en 1983. (Acad. fr.)

LUTÈCE, ville de Gaule, capitale des *Parisii,* qui est devenue Paris.

LUTHER (Martin), *Eisleben 1483-id. 1546,* théologien et réformateur allemand. Moine augustin très préoccupé par l'idée du salut, il s'astreint à de sévères mortifications et joue aussi un rôle diplomatique dans son ordre, qui le délègue à Rome en 1510. Docteur en théologie, il obtient, en 1513, la chaire d'Écriture sainte à l'université de Wittenberg, où, à partir de 1515, il commente les épîtres de Paul, notamm. l'épître aux Romains. En référence à la doctrine paulinienne de la justification par la foi, il s'élève contre le trafic des indulgences *(querelle des Indulgences),* puis contre le principe même de celles-ci dans ses 95 thèses (1517), considérées comme le point de départ de la Réforme. Condamné par Rome en 1520, il poursuit son œuvre ; à cette date paraissent les « trois grands écrits réformateurs » : le manifeste *À la noblesse chrétienne de la nation allemande* (sur la suprématie romaine), *la Captivité de Ba-*

bylone (sur les sacrements), *De la liberté du chrétien* (sur l'Église). Mis au ban de l'Empire après la diète de Worms, où il refuse de se rétracter (1521), caché au château de la Wartburg par son protecteur l'Électeur de Saxe, il peut revenir à Wittenberg en 1522. Marié en 1525 à Katharina von Bora, il consacre le reste de sa vie à structurer son œuvre et à la défendre ; il lutte à la fois contre le catholicisme, que soutient la puissance politique, contre les révoltes sociales (guerre des Paysans), les déviations des illuminés et des anabaptistes et contre ceux qui, tel Zwingli en Suisse, donnent à sa réforme une orientation nouvelle. Luther est aussi un écrivain : ses œuvres, et principalement sa traduction de la Bible (1521 - 1534), font de lui un des premiers grands prosateurs de l'allemand moderne.

LUTHULI ou **LUTULI** (Albert John), *en Rhodésie 1898 - Stanger, Natal, 1967,* homme politique sud-africain. Zoulou, président de l'ANC (1952 - 1960), adversaire pacifique de l'apartheid, il reçut le Prix Nobel de la paix en 1960.

LUTON, v. de Grande-Bretagne (Angleterre), près de Londres ; 167 300 hab. Aéroport. Industrie automobile.

LUTOSŁAWSKI (Witold), *Varsovie 1913 - id. 1994,* compositeur polonais. Il est l'auteur d'un *Concerto pour orchestre,* d'un *Concerto pour violoncelle,* de quatre symphonies et de musique vocale *(Trois Poèmes d'Henri Michaux).*

Lützen (bataille de) [16 nov. 1632], bataille de la guerre de Trente Ans, à Lützen (au S.-O. de Leipzig). Victoire des Suédois sur les Impériaux de Wallenstein. Gustave II Adolphe y fut tué. — bataille de **Lützen** (2 mai 1813), bataille de l'Empire. Victoire de Napoléon Ier sur les Russes et les Prussiens.

LUXEMBOURG n.m., État d'Europe occidentale ; 2 586 km² ; 410 000 hab. *(Luxembourgeois).* CAP. *Luxembourg.* LANGUES : *luxembourgeois, allemand* et *français.* MONNAIES : *euro* et *franc luxembourgeois.*

INSTITUTIONS

Monarchie constitutionnelle héréditaire (grand-duché de Luxembourg). Constitution de 1868. Le grand-duc, chef de l'État, nomme le *président du gouvernement* pour 5 ans. La Chambre des députés est élue pour 5 ans au scrutin direct.

GÉOGRAPHIE

La région septentrionale (Ösling) appartient au plateau ardennais, souvent forestier, entaillé par des vallées encaissées (Sûre) et dont la mise en valeur est limitée par des conditions naturelles défavorables. Elle s'oppose au Sud (Gutland, « Bon Pays »), prolongement de la Lorraine, où la fertilité des sols et un climat moins rude ont favorisé l'essor d'une agriculture variée (céréales, cultures fruitières et florales, vigne, tabac, un peu de vin) et de l'élevage bovin. La présence de fer dans le Sud-Ouest (dont l'extraction a cessé) a favorisé le développement de la sidérurgie et de la métallurgie. L'économie est encore tributaire de cette industrie lourde malgré l'extension des services (financiers notamment). La balance commerciale est déficitaire. Les échanges se font principalement avec les États limitrophes (Allemagne, Belgique et France) et avec d'autres membres de l'Union européenne.

HISTOIRE

963 : issu du morcellement de la Lotharingie, le comté de Luxembourg est créé au sein du Saint Empire romain germanique. **1354 :** Charles IV de Luxembourg érige le comté en duché de Luxembourg. **1441 :** le Luxembourg passe à Philippe le Bon, duc de Bourgogne. **1506 :** il devient possession des Habsbourg d'Espagne. **1714 :** au traité de Rastatt, le Luxembourg est cédé à l'Autriche. **1795 :** il est annexé par la France. **1815 :** le congrès de Vienne en fait un grand-duché, lié à titre personnel au roi des Pays-Bas et membre de la Confédération germanique. **1831 :** la moitié occidentale du grand-duché devient belge (province de Luxembourg). **1867 :** le traité de Londres fait du Luxembourg un État neutre, sous la garantie des grandes puissances. **1890 :** la couronne passe à la famille de Nassau. **1912 :** la loi salique est abrogée et Marie-Adélaïde devient grande-duchesse. **1914-1918 :** le Luxembourg est occupé par les Allemands. **1919 :** Charlotte de Nassau devient grande-duchesse et donne une Constitution démocratique au pays. **1940 - 1944 :** nouvelle occupation allemande. **1947 :** le Luxembourg devient membre du Benelux. **1948 :** il abandonne sa neutralité. **1949 :** il adhère à l'OTAN. **1958 :** il entre dans la CEE. **1964 :** la grande-duchesse Charlotte abdique en faveur de son fils Jean. **2000 :** le grand-duc Jean abdique en faveur de son fils Henri. La vie politique reste dominée par le Parti chrétien-social (avec, notamm., pour Premiers ministres : Jacques Santer, 1984 - 1995 ; Jean-Claude Juncker, depuis 1995).

■ **LUXEMBOURG.** La vieille ville et les fortifications.

LUXEMBOURG, prov. du sud-est de la Belgique ; 4 418 km² ; 232 813 hab. ; ch.-l. *Arlon ;* 5 arrond. *(Arlon, Bastogne, Marche-en-Famenne, Neufchâteau, Virton) ;* 44 comm. La prov. s'étend presque entièrement sur l'Ardenne, ce qui explique la faiblesse relative de l'occupation humaine (densité voisine de 50 hab./km²), de l'urbanisation et de l'activité économique (élevage, exploitation de la forêt, tourisme).

LUXEMBOURG, cap. du grand-duché de Luxembourg, sur l'Alzette ; 75 377 hab. *(Luxembourgeois).* Centre intellectuel, financier (Banque européenne d'investissement), administratif (Cour des comptes et Cour de justice des Communautés européennes) et industriel (métallurgie de transformation). — Cathédrale des XVIIe-XXe s. ; important musée d'État.

LUXEMBOURG (François Henri **de Montmorency-Bouteville,** duc **de**), *Paris 1628 - Versailles 1695,* maréchal de France. Il dirigea la campagne de Hollande en 1672 puis, commandant en chef de l'armée de Flandre en 1680, il remporta tant de victoires et prit tant de drapeaux qu'on l'appela « le Tapissier de Notre-Dame ».

LUXEMBOURG (maisons **de**), maisons qui régnèrent sur le Luxembourg de 963 à 1443. La troisième maison accéda à l'Empire (1308), aux trônes de Bohême (1310), puis de Hongrie (1387). À la mort de Sigismond (1437), la majeure partie de ses possessions passa aux Habsbourg.

Luxembourg (palais du), édifice parisien (VIe arrond.). Ce palais fut construit de 1615 à 1620, par S. de Brosse, pour Marie de Médicis ; Rubens en décora la galerie (grandes toiles auj. au Louvre). Agrandi au XIXe s., il est affecté au Sénat. Grand jardin public.

LUXEMBURG (Rosa), *Zamość, près de Lublin, 1870-Berlin 1919,* révolutionnaire allemande. Elle s'opposa au sein du mouvement social-démocrate au révisionnisme de Bernstein et de Kautsky, tout en marquant ses distances par rapport au bolchevisme (*Grève de masse, parti et syndicats,* 1906 ; *l'Accumulation du capital,* 1913). Elle fut assassinée au cours de la répression de l'insurrection spartakiste.

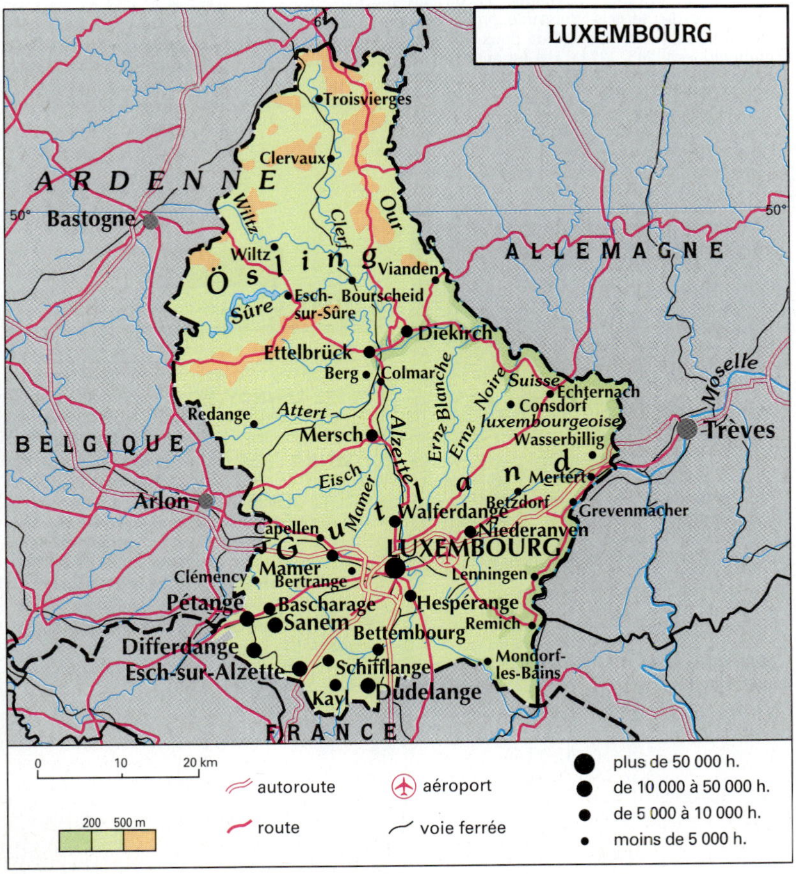

■ ROSA **LUXEMBURG**

LUXEUIL-LES-BAINS (70300), ch.-l. de cant. de la Haute-Saône ; 8 994 hab. *(Luxoviens).* Station thermale (affections veineuses et gynécologiques). — Un monastère y fut fondé par saint Colomban au VIe s. — Monuments des XIVe-XVIe s. — Base aérienne.

LU XUN, *Shaoxing 1881 - Shanghai 1936,* écrivain chinois. Nouvelliste *(la Véridique Histoire de Ah Q)* et essayiste, il est considéré comme le fondateur de la littérature chinoise moderne.

LUYNES (37230), ch.-l. de cant. d'Indre-et-Loire ; 4 620 hab. Château des XIIe-XVIIe s.

LUYNES (Charles, marquis **d'Albert,** duc **de**), *Pont-Saint-Esprit 1578 - Longueville 1621,* homme d'État français. Favori de Louis XIII, il poussa au meurtre de Concini (1617), à qui il succéda comme chef du gouvernement. Connétable (1621), il lutta contre les huguenots.

LUZARCHES (95270), ch.-l. de cant. du Val-d'Oise ; 3 940 hab. Église des XIIe-XVIe s.

LUZENAC (09250), comm. de l'Ariège ; 646 hab. Carrière de talc. – Église des XIIe-XVe s.

LUZHOU, v. de Chine (Sichuan) ; 360 300 hab. Chimie.

LUZI (Mario), *Florence 1914,* écrivain italien, auteur de poèmes *(la Barque)* et d'essais critiques.

LUZON → **LUÇON.**

LUZ-SAINT-SAUVEUR [lyz-] (65120), ch.-l. de cant. des Hautes-Pyrénées ; 1 119 hab. Église romane. – Établissement thermal à *Saint-Sauveur.* Sports d'hiver à *Luz-Ardiden.*

LUZY (58170), ch.-l. de cant. de la Nièvre ; 2 298 hab.

LVF (Légion des volontaires français contre le bolchevisme), unité militaire fondée en 1941 et rassemblant des Français volontaires pour combattre sur le front russe, dans les rangs et sous l'uniforme de la Wehrmacht.

LVIV, anc. **Lvov,** en all. **Lemberg,** v. d'Ukraine, près de la Pologne ; 802 000 hab. Monuments religieux du XIIIe au XVIIIe s. – La ville, fondée au XIIIe s., appartint à la Pologne de 1349 à 1772 et de 1920 à 1939, à l'Autriche de 1772 à 1920. – Textile. Métallurgie.

LWOFF (André), *Ainay-le-Château, Allier, 1902 - Paris 1994,* médecin et biologiste français. Il reçut le prix Nobel de médecine en 1965 (avec F. Jacob et J. Monod) pour ses travaux de physiologie microbienne et de génétique moléculaire.

LYALLPUR → **FAISALABAD.**

LYAUTEY (Louis Hubert), *Nancy 1854 - Thorey, Meurthe-et-Moselle, 1934,* maréchal de France. Collaborateur de Gallieni au Tonkin et à Madagascar (1894 - 1897), il pacifia le N. de l'île. Il créa de 1912 à 1925 le protectorat français du Maroc, qu'il maintint aux côtés de la France pendant la Première Guerre mondiale. Il fut ministre de la Guerre en 1916 - 1917 et organisa l'Exposition coloniale de Paris (1927 - 1931). [Acad. fr.]

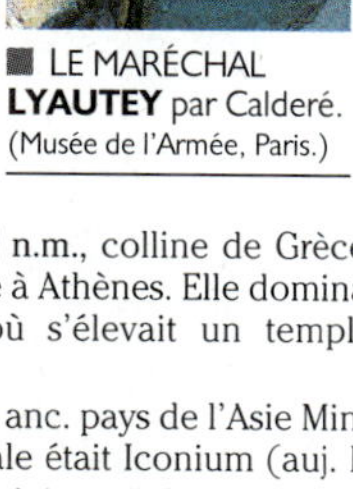

■ LE MARÉCHAL **LYAUTEY** par Calderé. (Musée de l'Armée, Paris.)

LYCABETTE n.m., colline de Grèce, dans l'Attique, intégrée à Athènes. Elle dominait le quartier du *Lycée,* où s'élevait un temple d'Apollon Lycéen.

LYCAONIE, anc. pays de l'Asie Mineure, dont la ville principale était Iconium (auj. Konya).

LYCIE, anc. région côtière du sud-ouest de l'Asie Mineure (v. princ. *Xanthos*).

LYCOPHRON, *Chalcis fin du IVe s. - début du IIIe s. av. J.-C.,* poète grec. Son poème *Alexandra* rapporte les prédictions de Cassandre en un style hermétique.

LYCURGUE, législateur mythique (IXe s. av. J.-C. ?) à qui furent attribuées les sévères institutions spartiates.

LYCURGUE, *v. 390 - v. 324 av. J.-C.,* orateur et homme politique athénien. Allié de Démosthène, il s'opposa à Philippe II de Macédoine.

LYDIE, royaume de l'Asie Mineure, dont la capitale était Sardes. Ses rois les plus célèbres furent Gygès et Crésus. La Lydie tomba aux mains des Perses en 547 av. J.-C.

LYELL (sir Charles), *Kinnordy, Écosse, 1797 - Londres 1875,* géologue britannique. Dans ses *Principes de géologie* (1833), il montre les inconvénients d'une interprétation littérale de la Bible, s'attaque à la théorie « catastrophiste » et prône l'usage de la théorie des causes actuelles, ou « actualisme ».

LYLY (John), *Canterbury v. 1554 - Londres 1606,* écrivain anglais. Le style précieux de son roman *Euphues ou l'Anatomie de l'esprit* (1578) devint le modèle de l'*euphuisme.

LYNCH (John, dit Jack), *Cork 1917 - Dublin 1999,* homme politique irlandais. Leader du Fianna Fáil, il fut Premier ministre de 1966 à 1973 et de 1977 à 1979.

LYON, ch.-l. de la Région Rhône-Alpes et du dép. du Rhône, au confluent du Rhône et de la Saône, à 460 km au S.-E. de Paris ; 453 187 hab. *(Lyonnais)* [env. 1 275 000 hab. dans l'agglomération]. Archevêché, cour d'appel, académie et université, Écoles normales supérieures. Siège de la zone de défense Sud-Est. Centre commercial (foire internationale) et industriel (pharmacie, biotechnologies, constructions électriques) bénéficiant d'une remarquable desserte autoroutière, ferroviaire (TGV) et aérienne (aéroport Lyon-Saint-Exupéry, anc. Lyon-Satolas). – Cathédrale gothique (XIIe-XVe s.) et autres églises médiévales, demeures de la Renaissance, monuments des XVIIe et XVIIIe s. Musée de la Civilisation gallo-romaine, intégré à la colline de Fourvière ; riche musée des Beaux-Arts ; musées des Tissus, de la Marionnette, de l'Imprimerie et de la Banque, d'Art contemporain, etc. Institut Lumière. Centre d'histoire de la Résistance et de la Déportation. – Fondée en 43 av. J.-C., capitale de la Gaule Lyonnaise (27 av. J.-C.), *Lugdunum* (Lyon) fut christianisée dès le IIe s. Puissante principauté ecclésiastique au XIIe s., siège de deux conciles œcuméniques (1245, 1274), elle fut annexée au royaume de France en 1307. Important marché international (XIVe-XVIe s.), la ville abrita une industrie de la soie prospère (XVIIe s.). Elle fut châtiée par la Convention pour son royalisme (1793). En 1831 et 1834, elle fut le théâtre d'une révolte des canuts.

■ **LYON.** Les bords de la Saône et, au fond, une tour du quartier de la Part-Dieu.

LYONNAIS (monts du), massif de l'est du Massif central (France).

LYONNAISE, une des parties de la Gaule romaine (v. princ. *Lugdunum* [Lyon]).

LYONS-LA-FORÊT [-ɔ̃s-] (27480), ch.-l. de cant. de l'Eure ; 806 hab. Forêt. – Monuments anciens.

LYOT (Bernard), *Paris 1897 - Le Caire 1952,* astrophysicien français. Inventeur du coronographe (1930), qui permet l'étude de la couronne solaire en dehors des éclipses, il est l'un de ceux qui ont le plus fait progresser, avant l'ère spatiale, la connaissance des surfaces planétaires et de l'atmosphère solaire.

LYOTARD (Jean-François), *Versailles 1924 - Paris 1998,* philosophe français. Après avoir appartenu au groupe *Socialisme ou Barbarie,* il a tenté, dans son analyse de l'économie, d'aller au-delà de Freud et de Marx *(l'Économie libidinale,* 1974). Ses recherches ont porté aussi sur la théorie de l'art.

LYS n.f., en néerl. **Leie,** riv. de France et de Belgique, affl. de l'Escaut (r. g.), à Gand ; 214 km. Elle passe à Armentières et à Courtrai.

LYSANDRE, *m. en 395 av. J.-C.,* général spartiate. Il défit les Athéniens à l'embouchure de l'Aigos-Potamos (405 av. J.-C.) et prit Athènes (404).

LYSIAS, *v. 440 - v. 380 av. J.-C.,* orateur athénien. Il fut l'adversaire des Trente. Son art oratoire est un modèle de l'atticisme.

LYSIMAQUE, *Pella v. 360 - Couroupédion, Lydie, 281 av. J.-C.,* roi de Thrace. Général d'Alexandre, il se proclama roi en 306. Il fut tué par Séleucos Ier Nikatôr.

LYSIPPE, *Sicyone v. 390 av. J.-C.,* sculpteur grec. Attaché au rendu du mouvement et de la musculature athlétique, il a allongé le canon de Polyclète et a été, avec son *Apoxyomène* (copie romaine au Vatican), à l'origine de la conception hellénistique du corps viril.

■ **LYSIPPE.** L'*Apoxyomène,* v. 330 av. J.-C. (Copie romaine, musée Pio Clementino, Vatican.)

LYS-LEZ-LANNOY (59390), comm. du Nord, sur la frontière belge ; 13 146 hab. *(Lyssois).* Produits pharmaceutiques. Machines industrielles.

LYSSENKO (Trofim Denissovitch), *Karlovka, Poltava, 1898 - Moscou 1976,* biologiste et agronome soviétique. Il étudia la vernalisation et imposa ses idées, erronées, sur la transmission des caractères acquis, qui furent pourtant promues théorie officielle par le pouvoir soviétique entre 1940 à 1955.

LYSSYTCHANSK, anc. **Lissitchansk,** v. d'Ukraine ; 127 000 hab. Houille. Sidérurgie.

LYTTON (Edward George **Bulwer-Lytton,** baron), *Londres 1803 - Torquay 1873,* écrivain et homme politique britannique, auteur du roman *les Derniers Jours de Pompéi* (1834).

Caractère Machine

M6 (Métropole 6), chaîne de télévision française. Issue de la chaîne thématique musicale TV6 créée en 1986, elle a été attribuée en 1987 à un groupe piloté par la Compagnie luxembourgeoise de télédiffusion (CLT, auj. RTL Group).

MAALOUF (Amin), *Beyrouth 1949,* écrivain libanais d'expression française. D'abord journaliste, il s'emploie dans ses romans à réconcilier, en une quête humaniste, l'Orient musulman et l'Occident chrétien (*le Rocher de Tanios,* 1993 ; *les Échelles du Levant,* 1996 ; *le Périple de Baldassare,* 2000).

MAASEIK [mazɛjk], v. de Belgique, ch.-l. d'arrond. du Limbourg, sur la Meuse ; 21 326 hab. Monuments et ensemble urbain anciens.

MAASMECHELEN [masmɛkələn], comm. de Belgique (Limbourg) ; 34 143 hab.

MAASTRICHT, v. des Pays-Bas, ch.-l. du Limbourg, sur la Meuse ; 117 417 hab. Églises St-Servais et Notre-Dame, remontant aux Xe-XIe s. ; Musée provincial. Foire européenne des beaux-arts et des antiquités, annuelle.

Maastricht (traité de) [7 fév. 1992], traité signé par les États membres de la CEE (qui devient la CE, Communauté européenne) et instituant l'Union européenne. Il concerne principalement la poursuite de l'Union économique et monétaire (UEM) [avec, pour étape ultime, l'adoption d'une monnaie unique] et la mise en œuvre d'une politique étrangère et de sécurité commune ainsi que d'une coopération dans le domaine de la justice et des affaires intérieures. Il instaure une citoyenneté européenne. Approuvé en 1991 - 1993 par tous les États, avec des clauses d'exception pour le Danemark et la Grande-Bretagne, il est entré en vigueur le 1er nov. 1993. Il a été révisé et complété par le traité d'*Amsterdam.

MAÂT, déesse égyptienne de la Vérité et de Justice, qui garantit l'ordre de l'univers.

MAAZEL (Lorin), *Neuilly 1930,* chef d'orchestre américain. Directeur de l'Opéra de Vienne de 1982 à 1984, directeur musical de l'Orchestre national de France (1988 - 1990) et de l'Orchestre de Pittsburgh (1988 - 1996), il dirige l'Orchestre de la Radiodiffusion bavaroise depuis 1993.

MABILLON (Jean), *Saint-Pierremont 1632 - Paris 1707,* bénédictin français. Moine de la congrégation de Saint-Maur, à Paris, il est l'auteur des *Acta sanctorum ordinis sancti Benedicti* et surtout du *De re diplomatica* (1681), qui fonda la diplomatique.

MABLY (Gabriel **Bonnot de**), *Grenoble 1709 - Paris 1785,* philosophe français. Hostile aux physiocrates, opposé à la propriété, il proposa la communauté des biens (*De la législation ou Principes des lois,* 1776).

MABUSE → GOSSART (Jean).

MCADAM (John Loudon), *Ayr, Écosse, 1756 - Moffat 1836,* ingénieur britannique. Il inventa le système de revêtement des routes à l'aide de pierres cassées, dit « macadam ».

MACAIRE, *v. 1482 - 1563,* prélat russe. Métropolite de Moscou (1542), conseiller du tsar Ivan IV le Terrible, il scella l'union de l'Église et de l'État moscovites.

MACAIRE d'Égypte (saint), *v. 301 - v. 394,* ermite chrétien. Les écrits mystiques qu'on lui a attribués influencèrent la spiritualité orientale.

MCALEESE (Mary), *Belfast 1951,* femme politique irlandaise. Juriste, elle est présidente de la République depuis 1997.

MACAO, région administrative spéciale de la Chine, sur la côte sud ; 16 km^2 ; 452 300 hab. *(Macanais).* Port. Centre industriel et touristique. – Territoire portugais depuis 1557, Macao a été rétrocédé à la Chine en 1999.

MACAPÁ, v. du Brésil, cap. de l'État de l'Amapá ; 179 609 hab. Port.

MACARTHUR (Douglas), *Fort Little Rock 1880 - Washington 1964,* général américain. Commandant en chef aux Philippines lors de l'invasion japonaise (1941), il est ensuite mis à la tête des troupes alliées dans le Pacifique. Il fut vainqueur du Japon (1944 - 1945), puis commanda les forces de l'ONU en Corée (1950 - 1951).

■ LE GÉNÉRAL **MACARTHUR**

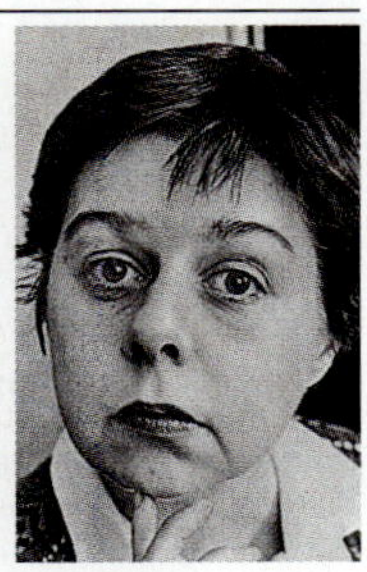

■ CARSON **MCCULLERS**

MACASSAR → UJUNG PANDANG.

MACAULAY (Thomas Babington), *Rothley Temple 1800 - Campden Hill, Londres, 1859,* historien et homme politique britannique. Son *Histoire d'Angleterre* (1848 - 1861) connut un énorme succès.

MACBETH, *m. près de Lumphanan, Aberdeen, en 1057,* roi d'Écosse (1040 - 1057). Il parvint au trône en assassinant Duncan Ier, mais fut tué par le fils de ce dernier, le futur Malcolm III. Son histoire a inspiré une tragédie à Shakespeare (v. 1605).

MACCABÉES ou **MACABÉES** (les), surnom (en hébreu « le marteau ») donné, lors du soulèvement juif de 167 av. J.-C., à Judas, membre d'une famille de patriotes juifs, et étendu ensuite à tous les siens. C'est le prêtre Mattathias qui donna le signal de la révolte contre la politique d'hellénisation du roi séleucide Antiochos IV Épiphane. À sa mort (v. 166 av. J.-C.), ses fils prirent la relève : d'abord **Judas** (m. en 160 av. J.-C.), qui obtint pour son peuple la liberté religieuse, puis **Jonathan** et **Simon,** tous deux assassinés (en 142 et en 134 av. J.-C.), qui firent reconnaître l'indépendance nationale. Jean Hyrcan, le fils de Simon, fonda la dynastie sacerdotale des Asmonéens. Les deux livres bibliques dits des *Maccabées* (écrits au cours du IIe s., admis uniquement dans le canon catholique) retracent l'avènement d'Antiochos IV et la révolte de ses opposants.

MCCAREY (Leo), *Los Angeles 1898 - Santa Monica 1969,* cinéaste et producteur américain. Du burlesque au mélodrame, il maîtrise tous les registres de l'émotion (*Soupe au canard,* 1933 ; *l'Extravagant M. Ruggles,* 1935 ; *Elle et Lui,* 1939).

MCCARTHY (Joseph), *près d'Appleton, Wisconsin, 1908 - Bethesda, Maryland, 1957,* homme politique américain. Sénateur républicain, il mena une virulente campagne anticommuniste dans les années 1950 *(maccarthysme).* Il fut désavoué par le Sénat en 1954.

MCCAY (Winsor), *Spring Lake, Michigan, 1867 - Sheepshead Bay, New York, 1934,* dessinateur et scénariste américain. Pionnier de la bande dessinée et du cinéma d'animation, il est l'auteur de **Little Nemo in Slumberland* (1905).

MCCLINTOCK (Barbara), *Hartford 1902 - Huntington 1992,* généticienne américaine. Ses travaux sur les transposons, dont elle avait suggéré l'existence dès les années 1940, lui ont valu le prix Nobel de physiologie ou de médecine en 1983.

MCCLURE (sir Robert John **Le Mesurier**), *Wexford, Irlande, 1807 - Londres 1873,* explorateur britannique. Il découvrit le passage du Nord-Ouest, entre le détroit de Béring et l'Atlantique (1851 - 1853).

MCCORMICK (Cyrus Hall), *comté de Rockebridge, Virginie, 1809 - Chicago 1884,* industriel américain. Il mit au point la première faucheuse fabriquée en série et fonda en 1847 la firme de machines agricoles qui porte son nom, devenue en 1902 l'International Harvester Company.

MCCULLERS (Carson Smith), *Columbus, Géorgie, 1917 - Nyack, État de New York, 1967,* romancière américaine. Ses récits, marqués par le freudisme, traitent de la solitude de l'être humain (*Le cœur est un chasseur solitaire, Reflets dans un œil d'or, Frankie Addams, la Ballade du café triste).*

MACDONALD (Alexandre), duc **de Tarente,** *Sedan 1765 - Courcelles, Loiret, 1840,* maréchal de France. Il se distingua à Wagram (1809) et à Leipzig (1813) puis, en 1814, contribua à l'abdication de Napoléon Ier et se rallia à Louis XVIII.

MACDONALD (James Ramsay), *Lossiemouth, Écosse, 1866 - en mer 1937,* homme politique britannique. Leader du Parti travailliste (1911 - 1914, 1922 - 1937), partisan d'un socialisme réformiste, il dirigea le premier cabinet travailliste (1924) du Royaume-Uni et préconisa le désarmement et la coopération internationale. De nouveau au pouvoir à partir de 1929, il dut, face à la crise économique, former un gouvernement de coalition (1931). Il démissionna en 1935.

MACDONALD (sir John Alexander), *Glasgow 1815 - Ottawa 1891,* homme politique canadien. Chef du premier cabinet de la Confédération canadienne (1867 - 1873), de nouveau au pouvoir de 1878 à 1891, il assura la colonisation des Territoires du Nord-Ouest.

MACÉ (Jean), *Paris 1815 - Monthiers, Aisne, 1894,* publiciste français, fondateur de la Ligue française de l'enseignement.

MACÉDOINE n.f., région historique de la péninsule des Balkans, auj. partagée entre la rép. de Macédoine, la Bulgarie et la Grèce (34 117 km^2 ; 223 099 hab. ; v. princ. *Thessalonique*).

HISTOIRE

VIIe - VIe s. av. J.-C. : les tribus de Macédoine sont unifiées. **356 - 336 :** Philippe II porte le royaume à son apogée et impose son hégémonie à la Grèce. **336 - 323 :** Alexandre le Grand conquiert l'Égypte et l'Orient. **323 - 276 :** après sa mort, ses généraux (les diadoques) se disputent la Macédoine. **276 - 168 :** les Antigonides règnent sur le pays. **168 :** la victoire romaine de Pydna met un terme à l'indépendance macédonienne. **148 av. J.-C. :** la Macédoine devient province romaine. **IVe s. apr. J.-C. :** elle est rattachée à l'Empire romain d'Orient. **VIIe s. :** les Slaves occupent la région. **IXe-XIVe s. :** Byzantins, Bulgares et Serbes se disputent le pays. **1371 - 1912 :** la Macédoine fait partie de l'Empire ottoman. **1912 - 1913 :** la première guerre balkanique la libère des Turcs. **1913 :** la question du partage de la Macédoine oppose la Serbie, la Grèce et la Bulgarie au cours de la seconde guerre balkanique. **1915 - 1918 :** les Alliés combattent dans la région les forces austro-germano-bulgares. **1945 :** la république fédérée de Macédoine est créée au sein de la Yougoslavie. **1991 :** elle se déclare indépendante.

MACÉDOINE n.f., en macéd. **Makedonija,** État de l'Europe balkanique, au N. de la Grèce ; 25 700 km^2 ; 2 180 000 hab. *(Macédoniens).* **CAP.** *Skopje.* **LANGUE :** *macédonien.* **MONNAIE :** *denar.* (V. carte **Yougoslavie et Macédoine.**)

GÉOGRAPHIE

En grande partie montagneux, ouvert cependant par quelques bassins et vallées (dont celle du Vardar), le pays associe élevage et cultures (bénéficiant parfois de l'irrigation et d'un climat localement méditerranéen) et quelques activités extractives (plomb, zinc). Skopje concentre environ le cinquième d'une population comptant une notable minorité d'Albanais de souche (près de 25% de la population totale), localisés dans la partie occidentale. Le pays souffre de son enclavement.

HISTOIRE

La partie de la Macédoine historique attribuée en 1913 à la Serbie est occupée pendant la Première et la Seconde Guerre mondiale par la Bulgarie. Érigée en république fédérée de Yougoslavie en 1945, elle proclame son indépendance en 1991. La reconnaissance de la nouvelle République par la communauté internationale s'avère difficile en raison de l'opposition de la Grèce à la constitution d'un État indépendant portant ce nom. En 1993, elle est admise à l'ONU sous le nom d'ex-république yougoslave de Macédoine. La Grèce lui impose un blocus économique (1994 - 1995) avant de parvenir à un compromis (notamm. sur la question du drapeau national). En 1999, la Macédoine doit faire face à l'afflux de réfugiés du Kosovo et, en 2001, elle connaît une grave montée des tensions intérieures, liée à une radicalisation de la communauté albanaise et à l'action violente de certains de ses éléments extrémistes.

MACÉDONIENNE (dynastie), famille qui, de 867 à 1057, donna à Byzance huit empereurs et deux impératrices.

MACEIÓ, v. du Brésil, cap. de l'État d'Alagoas, sur l'Atlantique ; 628 209 hab. Port. — Musées.

MACERATA, v. d'Italie (Marches), ch.-l. de prov. ; 43 437 hab. Monuments des XVIe-XIXe s.

MACH (Ernst), *Chirlitz-Turas, Moravie, 1838 - Haar, près de Munich, 1916,* physicien autrichien. Il mit en évidence le rôle de la vitesse du son en aérodynamique et son étude critique des principes de la mécanique newtonienne eut une grande influence sur les travaux d'Einstein.

MÁCHA (Karel Hynek), *Prague 1810 - Litoměřice 1836,* écrivain tchèque. Son poème romantique *Mai* (1836) annonce la poésie tchèque moderne.

MACHADO (Antonio), *Séville 1875 - Collioure 1939,* poète espagnol. Il mêle la rêverie mélancolique et raffinée à l'inspiration terrienne *(Solitudes, les Paysages de Castille).*

MACHADO DE ASSIS (Joaquim Maria), *Rio de Janeiro 1839 - id. 1908,* écrivain brésilien. Poète parnassien, il est surtout connu pour ses romans réalistes et ironiques *(Dom Casmurro).*

MACHALA, v. de l'Équateur, ch.-l. de prov., près du golfe de Guayaquil ; 144 197 hab.

MACHAULT D'ARNOUVILLE (Jean-Baptiste **de**), *Paris 1701 - id. 1794,* homme d'État et financier français. Il fut contrôleur général des Finances (1745 - 1754), garde des Sceaux (1750) et ministre secrétaire d'État de la Marine (1754 - 1757). Il essaya d'établir l'égalité devant l'impôt en créant un impôt du vingtième sur tous les revenus, nobles et roturiers.

MACHAUT (Guillaume **de**) → **GUILLAUME de Machaut.**

MACHECOUL (44270), ch.-l. de cant. de la Loire-Atlantique ; 5 701 hab. En mars 1793, les troupes de Charette y massacrèrent des républicains.

MACHEL (Samora Moises), *Madragoa 1933 - dans un accident d'avion 1986,* homme politique mozambicain. Il fut président de la République de 1975 à 1986.

MACHIAVEL, en ital. Niccolo **Machiavelli,** *Florence 1469 - id. 1527,* homme politique, écrivain et philosophe italien. Secrétaire de la république de Florence, il remplit de nombreuses missions diplomatiques (en Italie, en France et en Allemagne) et réorganisa l'armée. Le renversement de la république par les Médicis (1513) l'éloigna du pouvoir. Il mit à profit cette retraite forcée pour écrire la majeure partie de son œuvre d'historien et d'écrivain : *le Prince* (1513, publié en 1532), *Discours sur la première décade de Tite-Live* (1513 - 1519), *Discours sur l'art de la guerre* (1519 - 1521), *l'Histoire de Florence* (1525), les comédies *la Mandragore* (1520) et *la Clizia* (1525). L'œuvre théorique de Machiavel constitue un retournement de la philosophie politique héritée des Grecs. Machiavel ne se préoccupe pas de concevoir le meilleur régime possible : démasquant les prétentions de la religion en matière politique, il part des réalités contemporaines pour définir un « ordre nouveau » (moral, libre et laïque) où la raison d'État a pour objectif ultime l'amélioration de l'homme et de la société.

■ **MACHIAVEL** par le Rosso. (Coll. priv., Florence.)

■ WILLIAM LYON **MACKENZIE**

MACHIDA, v. du Japon (Honshu), banlieue sud-ouest de Tokyo ; 349 050 hab.

MACHINE (La) [58260], ch.-l. de cant. de la Nièvre ; 3 812 hab. Musée de la Mine.

MACHU PICCHU, anc. cité inca du Pérou, dans les Andes (alt. 2 045 m), à 130 km au N. de Cuzco. Ignorée des conquérants espagnols, elle a été découverte en 1911. Vestiges importants.

MACÍAS NGUEMA (Francisco), *Nsegayong 1922 - Malabo 1979,* homme politique de Guinée équatoriale. Président de la République (1968 - 1979), il exerça le pouvoir en tyran avant d'être renversé et exécuté (1979).

MACINA, région du Mali, traversée par le Niger et mise en valeur (cultures du riz et du coton) par l'Office du Niger. Au début du XIXe s., Cheikhou Amadou y établit un royaume peul théocratique, conquis par El-Hadj Omar en 1862.

MACKENSEN (August **von**), *Haus Leipnitz, près de Wittenberg, 1849 - Burghorn, Celle, 1945,* maréchal allemand. Il conquit la Pologne (1915) puis la Roumanie (1916), mais fut battu par Franchet d'Esperey en Macédoine (1918).

MACKENZIE n.m., fl. du Canada, né dans les Rocheuses et qui se jette dans l'océan Arctique ; 4 600 km. Il porte le nom d'*Athabasca* dans sa partie supérieure et de *Rivière des Esclaves* (Slave River) dans sa section moyenne, entre le lac Athabasca et le Grand Lac des Esclaves.

MACKENZIE (William Lyon), *près de Dundee, Écosse, 1795 - Toronto 1861,* homme politique canadien. Il dirigea la rébellion de 1837 dans le Haut-Canada (auj. Ontario).

MACKENZIE KING (William Lyon) → **KING.**

MACKINDER (Halford John), *Gainsborough, Lincolnshire, 1861 - Parkstone, Dorset, 1947,* géographe et géopoliticien britannique. Il oppose puissances contrôlant les mers et leur périphérie *(rimland)* et celles contrôlant le cœur des continents *(heartland).*

MCKINLEY (mont), point culminant de l'Amérique du Nord (Alaska) ; 6 194 m.

MCKINLEY (William), *Niles, Ohio, 1843 - Buffalo, État de New York, 1901,* homme politique américain. Président républicain des États-Unis (1897 - 1901), il développa une politique impérialiste (Cuba, Hawaii). Réélu en 1900, il fut assassiné par un anarchiste.

MACKINTOSH (Charles Rennie), *Glasgow 1868 - Londres 1928,* architecte et décorateur britannique. Il fut le leader, à l'époque de l'Art nouveau, d'une originale « école de Glasgow ».

■ CHARLES RENNIE **MACKINTOSH.** Projet de maison particulière (1901), dessin à la plume (école de Glasgow).

MCLAREN (Norman), *Stirling 1914 - Montréal 1987,* cinéaste d'animation canadien d'origine britannique. Il a mis au point une technique de dessin animé qui consiste à dessiner directement sur la pellicule et a utilisé les procédés les plus divers dans ses films : *la Poulette grise,* 1947 ; *les Voisins,* 1952 ; *Blinkity Blank,* 1955.

MACLAURIN (Colin), *Kilmodan 1698 - Édimbourg 1746,* mathématicien écossais. Son *Traité des fluxions* (1742) est le premier exposé systématique des méthodes de Newton. On y trouve la série qui porte son nom.

MACLEOD (John), *près de Dunkeld, Écosse, 1876 - Aberdeen 1935,* médecin britannique. Il reçut le prix Nobel en 1923 pour la découverte de l'insuline.

MACLOU (saint) → **MALO.**

MCLUHAN (Herbert Marshall), *Edmonton 1911 - Toronto 1980,* sociologue canadien. Selon lui, les moyens de communication audiovisuelle modernes (télévision, radio, etc.) mettent en cause la suprématie de l'écrit (*la Galaxie Gutenberg,* 1962 ; *Pour comprendre les médias,* 1964).

MAC-MAHON (Edme Patrice, comte **de**), duc **de Magenta,** *Sully, Saône-et-Loire, 1808 - château de La Forêt, Loiret, 1893,* maréchal de France et homme politique français. Sous le second Empire, il se signale pendant les guerres de Crimée (prise de Malakoff) et d'Italie (victoire de Magenta), et est gouverneur général de l'Algérie de 1864 à 1870. Fait prisonnier lors de la guerre de 1870, il est

■ LE MARÉCHAL DE **MAC-MAHON** par H. Vernet. (Château de Versailles.)

libéré pour constituer l'armée de Versailles, qui écrase la Commune de Paris (mai 1871). Après la chute de Thiers (24 mai 1873), il est élu président de la République, devenant pour les monarchistes l'instrument pour rétablir, à terme, la royauté. Avec le duc de Broglie comme Premier ministre, il établit un régime d'ordre moral. En nov., ses pouvoirs sont prorogés pour sept ans. Après 1876, les républicains étant en majorité à la Chambre, il entre en conflit avec Jules Simon, chef du gouvernement, et l'oblige à démissionner (16 mai 1877). Mais, à la suite de la victoire des républicains aux élections législatives d'octobre puis aux élections sénatoriales de janv. 1879, Mac-Mahon démissionne (30 janv. 1879).

MCMILLAN (Edwin Mattison), *Redondo Beach, Californie, 1907 - El Cerrito, Californie, 1991,* physicien américain. Après avoir obtenu le neptunium et isolé le plutonium (1941), il a découvert le principe du synchrocyclotron. (Prix Nobel de chimie 1951.)

MACMILLAN (Harold), *Londres 1894 - Birch Grove 1986,* homme politique britannique. Député conservateur (1924), chancelier de l'Échiquier (1955 - 1957), il fut Premier ministre et leader du Parti conservateur de 1957 à 1963.

MACMILLAN (sir Kenneth), *Dunfermline, Écosse, 1929 - Londres 1992,* danseur et chorégraphe britannique. Longtemps à la tête du Royal Ballet, il s'imposa avec des œuvres de facture néoclassique : *Roméo et Juliette,* 1965 ; *Manon,* 1974.

MACON, v. des États-Unis (Géorgie) ; 106 612 hab.

MÂCON (71000), ch.-l. du dép. de Saône-et-Loire, sur la Saône, à 393 km au S.-E. de Paris ; 36 068 hab. *(Mâconnais).* Port fluvial. Centre commercial. Constructions électriques. — Hôtel-Dieu et demeures du XVIIIe s. ; musées.

MÂCONNAIS, partie de la bordure orientale du Massif central (alt. 758 m). Viticulture.

MAC ORLAN (Pierre **Dumarchey,** dit Pierre), *Péronne 1882 - Saint-Cyr-sur-Morin 1970,* écrivain français. Bohème et cosmopolite, il a donné dans ses récits *(le Quai des brumes, la Bandera)* une vision insolite et quasi épique de l'aventure quotidienne ou exotique.

MACPHERSON (James) → **OSSIAN.**

MACRIN, en lat. **Marcus Opellius Macrinus,** *Césarée, auj. Cherchell, 164 - Chalcédoine 218,* empereur romain (217-218). Meurtrier et successeur de Caracalla, il fut lui-même tué sur l'ordre d'Élagabal.

MACROBE, en lat. **Ambrosius Theodosius Macrobius,** *v. 400 apr. J.-C.,* écrivain latin. Il est l'auteur d'un commentaire sur *le Songe de Scipion,* de Cicéron, et des *Saturnales,* compilation des connaissances de l'époque.

MADÁCH (Imre), *Alsósztregova 1823 - Balassagyarmat 1864,* écrivain hongrois, auteur du poème dramatique *la Tragédie de l'homme* (1861).

MADAGASCAR n.f., État insulaire d'Afrique, dans l'océan Indien ; 587 000 km^2 ; 15 240 000 hab. *(Malgaches).* **CAP.** *Antananarivo.* **LANGUES** : *malgache* et *français.* **MONNAIE** : *franc malgache.*

GÉOGRAPHIE

L'île est formée, au centre, de hauts plateaux granitiques, parfois surmontés de massifs volcaniques, au climat tempéré par l'altitude et qui retombent brutalement à l'est sur une étroite plaine littorale, chaude, humide et forestière. L'ouest est occupé par des plateaux et des collines sédimentaires, calcaires et gréseux, au climat plus sec, domaines de la forêt claire, de la savane et de la brousse.

Le manioc et le riz, avec l'élevage bovin, constituent les bases de l'alimentation. Les plantations de caféiers surtout, de girofliers, de vanilliers, de canne à sucre assurent, avec la pêche, l'essentiel des exportations, complétées par les produits du sous-sol (graphite, mica, chrome, pierres précieuses). Mais la balance commerciale demeure déficitaire et le sous-emploi, important.

HISTOIRE

Les origines. XIVe s. - XVIIe s. : à partir du XIVe s., des commerçants arabes s'installent sur les côtes de l'île, peuplée d'un mélange de Négro-Africains et d'Indonésiens. Les Européens (en premier lieu les Portugais, dès 1500, avec Diogo Dias) ne parviennent pas à créer des établissements durables. Fort-Dauphin, fondé par les Français en 1643, est abandonné en 1674. Les côtes sont alors fréquentées par des pirates. Parallèlement, des royaumes émergent dès 1400 (Betsileo, Sakalave...). **XVIIIe s. :** le royaume merina (cap. Antananarivo) s'étend sur la quasi-totalité de l'île, grâce surtout aux conquêtes d'Andrianampoinimerina (1787 - 1810). **1817 :** son souverain, Radama Ier (1810 - 1828), reçoit de la Grande-Bretagne le titre de roi de Madagascar. **1828 - 1861 :** Ranavalona Ire ferme les écoles et chasse les Européens. **1865 - 1895 :** le pouvoir réel est aux mains de Rainilaiarivony, époux de trois reines successives, qui modernise le pays, se convertit au protestantisme, mais doit accepter le protectorat français (1885). **1895 - 1896 :** l'expédition Duchesne aboutit à la déchéance de la dernière reine, Ranavalona III, et à l'annexion de l'île par la France, qui abolit l'esclavage. **1896 - 1905 :** Gallieni, gouverneur de l'île, travaille à sa pacification et exile la reine.

L'indépendance. 1946 : Madagascar devient territoire d'outre-mer. **1947 - 1948 :** une violente rébellion est durement réprimée. **1960 :** la République malgache, proclamée en 1958, obtient son indépendance. **1972 :** à la suite de troubles importants, le président Tsiranana (au pouvoir depuis 1958) doit se retirer. **1975 :** D. Ratsiraka devient président de la République démocratique de Madagascar. Vers la fin des années 1980, reconnaissant l'échec d'une expérience socialiste de plus de dix ans, il engage son pays sur la voie d'un libéralisme prudent. **1991 :** l'opposition se développe et les troubles se multiplient. L'état d'urgence est proclamé. Un gouvernement de transition, chargé d'organiser la démocratisation des institutions, est mis en place. **1993 :** l'approbation, par référendum, de la nouvelle Constitution (1992) est suivie par l'élection à la présidence de la République du principal candidat de l'opposition, Albert Zafy. **1997 :** D. Ratsiraka, vainqueur de l'élection présidentielle (déc. 1996), revient à la tête de l'État.

Madame Bovary, roman de G. Flaubert (1857). Le romantisme stéréotypé d'Emma Bovary vient se briser contre la médiocrité de la vie et des hommes ; elle se suicide. J. Renoir (1934) et C. Chabrol (1991) ont porté le roman à l'écran.

Madame Sans-Gêne, comédie en trois actes et un prologue de V. Sardou et É. Moreau (1893). Le personnage de Madame Sans-Gêne est inspiré de la maréchale Lefebvre, ancienne blanchisseuse au franc-parler et aux manières populaires.

MADEIRA n.m., riv. d'Amérique du Sud (Bolivie et surtout Brésil), affl. de l'Amazone (r. dr.) ; 3 350 km.

MADELEINE (îles de la), archipel du Canada (Québec), dans le golfe du Saint-Laurent ; 202 km^2 ; 13 991 hab. *(Madelinots).*

M

MADELEINE (La) [59110], comm. du Nord, banlieue de Lille ; 22 696 hab. *(Madeleinois)*. Chimie.

MADELEINE (monts de la), hauteurs du Massif central dominant la plaine de Roanne ; 1 165 m.

MADELEINE (sainte) → **MARIE MADELEINE.**

MADELEINE-SOPHIE BARAT (sainte), *Joigny 1779 - Paris 1865,* religieuse française. Elle fonda la congrégation enseignante du Sacré-Cœur de Jésus, dite « des dames du Sacré-Cœur » (1800).

MADELIN (Alain), *Paris 1946,* homme politique français. Ministre de l'Industrie (1986 - 1988), des Entreprises et du Développement économique (1993 - 1995) puis de l'Économie et des Finances (1995), il est président de Démocratie libérale depuis 1997.

MADEMOISELLE (La Grande) → **MONTPENSIER** (Anne Marie Louise **d'Orléans,** duchesse **de**).

MADÈRE, en port. **Madeira,** archipel portugais de l'Atlantique, à l'O. du Maroc ; 794 km² ; 263 606 hab. ; cap. *Funchal.* C'est aussi le nom de l'île principale (740 km²), dont la vigne et le tourisme sont les grandes ressources.

MADERNA (Bruno), *Venise 1920 - Darmstadt 1973,* compositeur et chef d'orchestre italien. Il est l'un des principaux représentants du mouvement sériel et postsériel (*Hypérion,* 1964 ; *Grande Aulodia ; Satyricon,* 1973).

M

MADERNO (Carlo), *Capolago 1556 - Rome 1629,* architecte italien originaire du Tessin. Neveu de D. Fontana et précurseur du baroque romain, il a notamment achevé la basilique St-Pierre (allongement de la nef et façade, autour de 1610).

MADHYA PRADESH, État du centre de l'Inde ; 308 300 km² ; 48 566 000 hab. ; cap. *Bhopal.*

MADINE (lac de), lac de l'est de la Meuse, env. 1 100 ha.

MADISON, v. des États-Unis, cap. du Wisconsin ; 191 262 hab. Université.

MADISON (James), *Port Conway, Virginie, 1751 - id. 1836,* homme politique américain. Un des créateurs du Parti républicain, il fut président des États-Unis (1809 - 1817).

MADONNA DI CAMPIGLIO, station de sports d'hiver (alt. 1 520 - 2 520 m) d'Italie (Trentin-Haut-Adige).

MADRAS ou **CHENNAI,** v. d'Inde, cap. du Tamil Nadu, sur la côte de Coromandel ; 5 361 468 hab. Port. Industries textiles *(madras)* et chimiques. – Monuments anciens. Important musée.

MADRE (sierra), nom de trois rebords montagneux du Mexique, qui limitent le plateau mexicain au-dessus du Pacifique (sierra Madre occidentale et sierra Madre méridionale) et du golfe du Mexique (sierra Madre orientale).

MADRID, cap. de l'Espagne et de la communauté autonome de Madrid (8 028 km² ; 4 935 642 hab.), en Castille, sur le Manzanares ; 2 909 792 hab. *(Madrilènes).* Capitale de l'Espagne depuis 1561, Madrid est un centre administratif où l'industrie s'est développée. – Plaza Mayor (1617), églises et couvents classiques ou baroques, palais royal du XVIIIe s. Riches musées, dont celui du *Prado, le Musée archéologique national, le Centre d'art moderne Reina Sofia, la collection Thyssen-Bornemisza. – Violents combats pendant la guerre civile (1936 - 1939).

MADURA, île d'Indonésie, au N. de Java ; 5 290 km².

MADURAI, anc. **Madura,** v. d'Inde (Tamil Nadu) ; 1 093 702 hab. Université. – Vaste ensemble brahmanique (Xe-XVIIe s.), dont le temple Minaksi (XVIIe s.), aux nombreuses enceintes rythmées de gopura monumentaux.

MADURAIS, peuple d'Indonésie (Madura et îles avoisinant Java) [env. 7,7 millions]. Ils ont adopté l'islam au XVIe s. Ils nourrissent un fort courant d'émigration (vers Java, Bornéo, Singapour, etc.). Leur langue est parente du javanais.

MAEBASHI, v. du Japon (Honshu) ; 286 261 hab. Textile.

MAELSTRÖM ou **MALSTROM,** chenal de la mer de Norvège, près des îles Lofoten. Site de rapides courants tourbillonnaires.

MAETERLINCK [mɛtɛrlɛ̃k] (Maurice), *Gand 1862 - Nice 1949,* écrivain belge de langue française. Il unit le symbolisme au mysticisme dans ses drames (*la Princesse Maleine,* 1889 ; *Pelléas et Mélisande,* 1892 ; *l'Oiseau bleu,* 1909) et ses essais (*la Vie des abeilles,* 1901). [Prix Nobel 1911.]

■ MAURICE **MAETERLINCK** par J.-É. Blanche. (Musée des Beaux-Arts, Rouen.)

■ **MAGELLAN.** (Musée maritime, Séville.)

MAGADAN, v. de Russie, sur la mer d'Okhotsk ; 152 000 hab.

MAGDALENA n.m., fl. de Colombie, qui se jette dans la mer des Antilles ; 1 550 km.

MAGDEBOURG, en all. **Magdeburg,** v. d'Allemagne, cap. du Land de Saxe-Anhalt, sur l'Elbe ; 271 416 hab. Port fluvial, Métallurgie. – Anc. abbaye Notre-Dame, romane ; cathédrale gothique des XIIIe-XIVe s. Musée de l'Histoire de la civilisation. – Siège d'un archevêché dès 968, Magdebourg fut une des principales villes hanséatiques et fut attribuée au Brandebourg en 1648.

MAGELLAN (détroit de), bras de mer entre l'extrémité sud de l'Amérique et la Terre de Feu.

MAGELLAN (Fernand **de**), en port. Fernão **de Magalhães,** *Sabrosa, Trás-os-Montes, 1480 - îlot de Mactan, Philippines, 1521,* navigateur portugais. Projetant d'atteindre les Moluques (auj. Indonésie) par l'ouest, en contournant l'Amérique, Magellan, financé par Charles Quint, traversa en 1520 le détroit qui portera son nom. Tué aux Philippines, il fut relayé par Juan Sebastián Elcano qui parvint aux Moluques en nov. 1521. Un seul des cinq navires de son expédition rentra en Espagne (1522), réalisant ainsi le premier tour du monde.

MAGELLAN (Nuages de), petites galaxies visibles à l'œil nu dans le ciel austral, remarquées pour la première fois par Magellan en 1519. Le *Grand Nuage de Magellan,* qui chevauche les constellations de la Dorade et de la Table, est situé à 170 000 al environ ; le *Petit Nuage de Magellan,* dans la constellation du Toucan, à 200 000 al.

MAGENDIE (François), *Bordeaux 1783 - Sannois 1855,* physiologiste et neurologue français. On lui doit la distinction entre racines sensitives et racines motrices des nerfs rachidiens.

Magenta (bataille de) [4 juin 1859], bataille de la campagne d'Italie. Victoire des Français de Mac-Mahon sur les Autrichiens à Magenta (Lombardie).

MAGHNIA, anc. **Marnia,** v. d'Algérie, à la frontière marocaine ; 51 000 hab.

MAGHREB (le *Couchant*), ensemble des pays du nord-ouest de l'Afrique : Maroc, Algérie, Tunisie. Le *Grand Maghreb* recouvre, outre ces trois pays, la Libye et la Mauritanie. En 1989, les pays du Grand Maghreb ont créé une union économique, l'Union du Maghreb arabe (UMA).

Maginot (ligne), système fortifié construit de 1927 à 1936 sur la frontière française du Nord-Est, édifié à l'initiative d'André **Maginot** (Paris 1877 - id. 1932), ministre de la Guerre de 1922 à 1924 et de 1929 à 1932. Laissant la frontière belge sans protection, la ligne Maginot ne put jouer en 1940 le rôle escompté.

magistrature (École nationale de la) [ENM], établissement public français créé en 1970 et chargé d'assurer la formation des futurs magistrats professionnels de l'ordre judiciaire.

MAGNAC-LAVAL (87190), ch.-l. de cant. de la Haute-Vienne ; 2 194 hab. Église du XIIe s.

MAGNAN (Valentin), *Perpignan 1835 - Paris 1916,* psychiatre français. Ses travaux portent surtout sur la paralysie générale et sur l'alcoolisme. Il est l'auteur d'une conception d'ensemble de la psychiatrie fondée sur l'idée de dégénérescence.

MAGNANI (Anna), *Alexandrie, Égypte, 1908 - Rome 1973,* actrice italienne. Pathétique ou truculente, elle fut une des grandes comédiennes du cinéma : *Rome, ville ouverte* (R. Rossellini, 1945), *Bellissima* (L. Visconti, 1951), *le Carosse d'or* (J. Renoir, 1953), *la Rose tatouée* (D. Mann, 1955).

MAGNARD (Albéric), *Paris 1865 - manoir des Fontaines, Baron, Oise, 1914,* compositeur français. Contribuant au renouveau de la musique française, il composa notamm. des symphonies, une sonate pour violon et piano, un quatuor et des œuvres lyriques (*Bérénice,* 1911).

MAGNASCO (Alessandro), *Gênes 1667 - id. 1749,* peintre italien. Influencé notamm. par S. Rosa et Callot, il a campé dans des ambiances sombres, d'une touche scintillante, des groupes de moines, de bohémiens, etc., qui composent autant de visions fantastiques ou macabres.

MAGNE ou **MAÏNA** n.m., région de Grèce, dans le sud du Péloponnèse. (Hab. *Maïnotes.*)

MAGNELLI (Alberto), *Florence 1888 - Meudon 1971,* peintre italien. Maître d'un art très épuré, voire abstrait, il s'installa en France en 1931.

MAGNÉSIE DU MÉANDRE, anc. cité grecque d'Ionie. Elle fut puissante à l'époque hellénistique et romaine. – Vestiges à Berlin et au Louvre.

MAGNÉSIE DU SIPYLE, v. de Lydie où Antiochos III Mégas fut battu par les Romains en 189 av. J.-C. (Auj. *Manisa,* en Turquie.)

MAGNITOGORSK, v. de Russie, au pied de l'Oural méridional ; 444 500 hab. Gisement de fer. Sidérurgie.

MAGNUS, nom de plusieurs rois de Suède, de Danemark et de Norvège du XIe s. au XIVe s. – **Magnus VII Eriksson,** *1316 - 1374,* roi de Norvège (1319 - 1355) et de Suède (1319 - 1363). Il réalisa l'union de la péninsule.

MAGNY (Olivier **de**), *Cahors v. 1529 - v. 1561,* poète français, proche de la *Pléiade.

MAGNY-COURS (58470), comm. de la Nièvre ; 1 527 hab. Circuit automobile.

■ **MADRID.** La Plaza Mayor (1617).

■ LE GRAND NUAGE DE **MAGELLAN**

MAGNY-EN-VEXIN (95420), ch.-l. de cant. du Val-d'Oise ; 5 690 hab. *(Magnitois).* Matières plastiques. — Église des XVe-XVIe s.

MAGNY-LES-HAMEAUX (78470), comm. des Yvelines ; 8 828 hab. *(Magnycois).* Église en partie du XIIe s. Aux environs, musée national des Granges-de-Port-Royal.

MAGOG, v. du Canada (Québec), dans l'Estrie ; 14 869 hab. *(Magogois).*

MAGOG → GOG ET MAGOG.

MAGRITTE (René), *Lessines 1898-Bruxelles 1967,* peintre belge. Exécutées avec une précision impersonnelle, les œuvres de ce surréaliste sont d'étranges collages visuels, des énigmes poétiques qui scrutent les rapports existant entre les images, la réalité, les concepts, le langage. Nombreuses œuvres au musée d'Art moderne de Bruxelles et à la Fondation Menil, Houston.

■ RENÉ **MAGRITTE.** *Les Amants,* 1928.
(Coll. Richard S. Zeisler, New York.)

MAGUELONE ou **MAGUELONNE,** hameau de la côte du Languedoc (comm. de Villeneuve-lès-Maguelone, Hérault), au S. de Montpellier. Ville importante au Moyen Âge, détruite par Louis XIII en 1633. — Cathédrale romane des XIe-XIIe s.

MAGYARS → HONGROIS.

MAHABALIPURAM, site archéologique de l'Inde, sur le golfe du Bengale. C'est l'un des hauts lieux de l'architecture des Pallava avec ses temples brahmaniques, pour la plupart rupestres, associés à des sculptures monolithes et à des reliefs pariétaux. Temple du Rivage (VIIIe s.), premier temple indien maçonné.

Mahabharata, épopée sanskrite de plus de 200 000 vers, regroupés en 18 chants, qui remonte à l'ère védique. Il retrace les guerres entre les Kaurava et les Pandava, et contient la *Bhagavad-Gita,* principal ouvrage religieux indien.

MAHAJANGA, anc. **Majunga,** v. du nord-ouest de Madagascar ; 127 967 hab. Port.

MAHAN (Alfred Thoyer), *West Point 1840 - Quogue, État de New York, 1914,* amiral et stratège américain. Ses théories ont marqué l'évolution de la doctrine de la marine américaine, et contribué à l'élaboration de sa puissance.

MAHARASHTRA, État de l'Inde, dans l'ouest du Deccan ; 308 000 km^2 ; 78 706 719 hab. *(Marathes)* ; cap. *Bombay.*

MAHAUT → MATHILDE.

MAHAVIRA ou **JINA** ou **VARDHAMANA,** *VIe s. av. J.-C.,* prophète, fondateur présumé du jaïnisme.

MAHDI (Muhammad Ahmad **ibn Abd Allah,** dit **al-**), *près de Khartoum 1844 - Omdurman 1885,* mahdi soudanais. S'étant proclamé mahdi (1881), il déclara la guerre sainte contre les Britanniques et s'empara de Khartoum (1885).

MAHÉ, v. du sud de l'Inde, sur la côte de Malabar ; 33 425 hab. Établissement français de l'Inde de 1721 à 1954.

MAHÉ, principale île des Seychelles.

MAHFUZ (Nadjib), *Le Caire 1911,* romancier égyptien. Son œuvre évoque sa ville natale *(le Palais du désir, le Voleur et les Chiens, les Fils de la médina).* [Prix Nobel 1988.]

MAHINA, comm. de la Polynésie française (Tahiti) ; 11 640 hab.

MAHLER (Gustav), *Kalischt, Bohême, 1860 - Vienne 1911,* compositeur et chef d'orchestre autrichien. Il mena une longue carrière de chef d'orchestre et composa dans un style d'une expressivité exacerbée, poussé jusqu'aux limites du système tonal, des lieder *(Kindertotenlieder, Chant de la terre)* et dix symphonies au lyrisme postromantique.

MAHMUD de Ghazni, *971 - 1030,* souverain de la dynastie ghaznévide (999 - 1030). Investi par le calife de Bagdad, il entreprit dix-sept expéditions en Inde et régna sur la majeure partie de l'Iran, de l'Afghanistan et du Pendjab.

MAHMUD Ier, *Edirne 1696 - Istanbul 1754,* sultan ottoman (1730 - 1754). — **Mahmud II,** *Istanbul 1784 - id. 1839,* sultan ottoman (1808 - 1839). Il massacra les janissaires (1826), dut faire face à la révolution grecque (1821 - 1830) et, attaqué par Méhémet-Ali, fut secouru par Nicolas Ier (1833).

MAHOMET, en ar. **Muḥammad,** *La Mecque v. 570 - 571 ou 580 - Médine 632,* fondateur de la religion musulmane. Fils de parents caravaniers, marié à la riche veuve Khadidja et, après la mort de celle-ci, à plusieurs autres épouses, Mahomet, au terme d'une évolution religieuse, se sent appelé à être le prophète d'un renouveau spirituel et social. La tradition musulmane rapporte que, v. 610, il a une vision de l'ange Gabriel l'investissant d'une mission divine. Sous la dictée de ce dernier, qui lui transmet la parole divine à l'occasion d'extases, il se met à prêcher la foi en un Dieu unique (Allah), le renoncement à une vie égoïste et facile, l'imminence du jour terrible du Jugement. Son message (recueilli dans le Coran) fait des adeptes mais déchaîne l'hostilité des dirigeants de La Mecque, ce qui force Mahomet et ses fidèles à émigrer à Médine (622). C'est l'hégire, qui marque le début de l'ère musulmane. En dix ans, Mahomet organise un État et une société dans lesquels la loi de l'islam se substitue aux anciennes coutumes de l'Arabie. L'institution de la guerre sainte *(djihad),* devoir de combattre ceux qui n'adhéraient pas à la foi nouvelle, donne à l'islam le fondement de son expansion future. La Mecque, après de durs affrontements (624, 625, 627), se rallie en 630. Quand Mahomet meurt, l'Arabie est acquise à l'islam.

MAHÓN, v. d'Espagne (Baléares), dans l'île de Minorque ; 21 541 hab. Port.

mai 1877 (crise du 16), crise politique qui menaça en France les débuts de la IIIe République et naquit de la volonté du président Mac-Mahon de donner à sa charge une place prépondérante dans le pouvoir exécutif, afin de préserver la possibilité d'une restauration monarchique. Amorcée par la démission forcée du chef du gouvernement, Jules Simon (16 mai), et par la dissolution de la Chambre (25 juin), cette crise se termina par un nouveau succès des républicains aux élections d'octobre.

mai 1945 (8), jour de la capitulation allemande, qui marqua (et auj. commémore) la fin de la Seconde Guerre mondiale en Europe. Signée une première fois à Reims le 7 mai, la capitulation allemande est de nouveau signée à Berlin le 9 mai à l'initiative de Staline. La date du 8 mai est devenue le symbole de la victoire sur le nazisme.

mai 1958 (crise du 13), insurrection déclenchée à Alger par les partisans de l'Algérie française. Elle provoqua le retour au pouvoir du général de Gaulle.

mai 1968 (événements de), vaste mouvement de contestation politique, sociale et culturelle qui se développa en France en mai-juin 1968. Parti de la faculté de Nanterre (mars), le mouvement gagna les entreprises et aboutit à une grève générale qui paralysa la vie économique du pays.

MAÏAKOVSKI (Vladimir Vladimirovitch), *Bagdadi, auj. Maïakovski, Géorgie, 1893 - Moscou 1930,* poète soviétique. Après avoir participé au mouvement futuriste *(le Nuage en pantalon),* il célébra la révolution d'Octobre *(150 000 000, Octobre),* mais fit dans son théâtre *(la Punaise, les Bains)* un tableau satirique du nouveau régime. Il se suicida.

■ GUSTAV **MAHLER**

■ **MAÏAKOVSKI**

MAIANO (Giuliano et Benedetto **da**) → **GIULIANO DA MAIANO.**

MAÎCHE (25120), ch.-l. de cant. du Doubs ; 4 155 hab.

Maïdanek → Majdanek.

MAIDSTONE, v. de Grande-Bretagne (Angleterre), ch.-l. du Kent ; 72 000 hab. Église de style gothique perpendiculaire.

MAIDUGURI, v. du nord-est du Nigeria ; 289 100 hab.

MAIGNELAY-MONTIGNY (60420), ch.-l. de cant. de l'Oise ; 2 528 hab. Église d'env. 1500.

Maigret, personnage de commissaire bonhomme, mais perspicace, des romans policiers de G. Simenon, créé en 1929.

MAÏKOP, v. de Russie, cap. de la république des Adygués, dans le Caucase ; 152 500 hab. Foyer, dès le IIIe millénaire, d'une brillante civilisation.

MAILER (Norman Kingsley), *Long Branch, New Jersey, 1923,* écrivain américain. Ses romans *(les Nus et les Morts, Un rêve américain)* et ses essais analysent avec un humour féroce la « névrose sociale » de l'Amérique.

■ NORMAN **MAILER**

■ ANTONINE **MAILLET**

MAILLANE [majan] (13910), comm. des Bouches-du-Rhône, au N. des Alpilles ; 1 891 hab. *(Maillanais).* Musée Mistral.

MAILLART (Ella), *Genève 1903 - Chandolin, Valais, 1997,* voyageuse suisse. Ses récits *(la Voie cruelle, Oasis interdites, Croisières et caravanes)* et ses photographies témoignent de ses nombreux périples en Asie centrale et méridionale et en Extrême-Orient.

MAILLART (Robert), *Berne 1872 - Genève 1940,* ingénieur suisse. Novateur dans le domaine des ouvrages de génie civil en béton armé (en partic. les ponts), il a également mis au point le système dit de « dalle champignon » (1908).

MAILLET (Antonine), *Bouctouche, Nouveau-Brunswick, 1929,* femme de lettres canadienne de langue française. Ses romans évoquent l'Acadie *(Pélagie la Charrette).*

MAILLOL (Aristide), *Banyuls-sur-Mer 1861 - id. 1944,* peintre puis sculpteur français. Son œuvre sculpté, presque entièrement fondé sur l'étude du corps féminin, allie la fermeté synthétique à la grâce. Statues ou monuments à Perpignan,

■ **MAILLOL** photographié par Brassaï dans son atelier, à côté du plâtre de *la Montagne* (v. 1937).

Banyuls, Port-Vendres, Céret, Puget-Théniers, Paris (Tuileries et Fondation Dina Vierny-Musée Maillol).

maillotins, nom donné à des insurgés parisiens, armés de maillets, qui protestèrent contre un nouvel impôt indirect (1382).

MAILLY-LE-CAMP (10230), comm., de l'Aube, dans la Champagne crayeuse ; 2 088 hab. Camp militaire.

MAIMONIDE (Moïse), *Cordoue 1138 - Fustat 1204,* philosophe, théologien et médecin juif. Il a cherché à montrer l'accord entre la foi et la raison et à rapprocher le judaïsme de la pensée d'Aristote. Ses trois plus grands ouvrages sont le *Luminaire* (1168), le *Mishne Tora* (1180) et le *Guide des égarés* (1190).

MAIN n.m., riv. d'Allemagne, affl. du Rhin (r. dr.), à Mayence ; 524 km. Il passe à Bayreuth et à Francfort. Relié au Danube par un canal, il connaît un important trafic fluvial.

MAÏNA → **MAGNE.**

MAINARD → **MAYNARD.**

MAINE n.m., État des États-Unis (Nouvelle-Angleterre) ; 1 227 928 hab. ; cap. *Augusta.*

MAINE n.f., riv. de France, formée par la Sarthe et la Mayenne, affl. de la Loire (r. dr.) ; 10 km. Elle passe à Angers.

MAINE n.m., région de l'ouest de la France, partagée entre la Sarthe *(haut Maine)* et la Mayenne *(bas Maine)* ; v. princ. *Le Mans.* Érigé en comté héréditaire en 955, le Maine fut réuni à la Couronne en 1481.

M

MAINE (Louis Auguste **de Bourbon,** duc **du**), *Saint-Germain-en-Laye 1670 - Sceaux 1736,* prince français. Fils légitimé de Louis XIV et de Mme de Montespan, il fut reconnu en 1714 apte à succéder au roi, à défaut de princes légitimes. Mais la cassation du testament royal (1715) l'incita à participer au complot dit de « Cellamare » contre le Régent, au terme duquel il fut interné (1718 - 1720). — **Louise de Bourbon-Condé,** duchesse **du M.,** *Paris 1676 - id. 1753,* princesse française. Petite-fille du Grand Condé et femme du duc du Maine, elle tint à Sceaux une cour brillante.

MAINE (sir Henry James Sumnier), *Kelso, Borders, 1822 - Cannes 1888,* juriste et sociologue britannique. On lui doit la distinction des trois types de souveraineté, tribale, universelle et territoriale, ainsi que la distinction entre liens du sol et liens du sang (*Ancient Law,* 1871).

MAINE DE BIRAN (Marie François Pierre **Gontier de Biran,** dit), *Bergerac 1766 - Paris 1824,* philosophe français. Il développa une métaphysique de la volonté et de l'expérience religieuse teintée de stoïcisme chrétien (*Influence de l'habitude,* 1802), dont le *Journal* qu'il rédigea de 1811 à sa mort constitue le pendant intime.

MAINE-ET-LOIRE n.m. (49), dép. de la Région Pays de la Loire ; ch.-l. de dép. *Angers ;* ch.-l. d'arrond. *Cholet, Saumur, Segré ;* 4 arrond. ; 41 cant. ; 364 comm. ; 7 166 km^2 ; 732 942 hab. Le dép. appartient à l'académie de Nantes, à la cour d'appel d'Angers, à la zone de défense Ouest. Dans le sud-ouest, les collines bocagères des Mauges (ou Choletais) sont une région de polyculture associée à l'élevage bovin. Elles se prolongent, entre Layon et Loire, dans le Saumurois, par des coteaux portant des vignobles. Les régions du Beaugeois et du Segréen, où domine l'élevage bovin, sont séparées des premières par la riche vallée de la Loire, qui porte cultures fruitières et légumières, vignes et prairies d'élevage. L'industrie, représentée principalement par les constructions mécaniques et électriques, l'agroalimentaire, le textile, est implantée notamm. à Cholet et, surtout, à Angers.

Mainichi Shimbun, le plus ancien quotidien japonais, créé en 1871.

MAINLAND, nom des principales îles des Shetland et des Orcades (Grande-Bretagne).

MAINTENON (28130), ch.-l. de cant. d'Eure-et-Loir, sur l'Eure ; 4 550 hab. *(Maintenonnais).* Château des XIIe-XVIIe s.

MAINTENON (Françoise **d'Aubigné,** marquise **de**), *Niort 1635 - Saint-Cyr 1719,* seconde épouse de Louis XIV. Petite-fille d'Agrippa d'Aubigné, élevée dans la religion calviniste, elle se convertit au catholicisme et épousa le poète Scarron (1652). Veuve, elle fut chargée de l'éducation des enfants de Louis XIV et de Mme de Montespan, et, après la mort de Marie-Thérèse, épousa le roi (1683). Elle exerça sur lui une influence notable, notamm. dans le domaine religieux. Après la mort du roi (1715), elle se retira dans la maison de Saint-Cyr, qu'elle avait fondée pour l'éducation des jeunes filles nobles et pauvres.

■ LA MARQUISE DE **MAINTENON** par P. Mignard. (Château de Versailles.)

■ **MAKÁRIOS III**

Maine-et-Loire

100 m

plus de 100 000 h.
de 20 000 à 100 000 h.
de 2 000 à 20 000 h.
moins de 2 000 h.

ch.-l. d'arrondissement
ch.-l. de canton
commune
autre localité

autoroute
route
voie ferrée

MAINVILLIERS (28300), ch.-l. de cant. d'Eure-et-Loir, banlieue de Chartres ; 10 268 hab.

MAINZ, nom all. de *Mayence.

MAIQUETÍA, v. du Venezuela ; 62 834 hab. Aéroport de Caracas.

MAIRENA (Antonio **Cruz García,** dit Antonio), *Mairena del Alcor, près de Séville, 1909 - Séville 1983,* chanteur espagnol de flamenco. Il fut l'un des plus grands dépositaires de la tradition gitane andalouse et tira de l'oubli de nombreux chants.

MAIRET (Jean), *Besançon 1604 - id. 1686,* poète dramatique français. Sa *Sophonisbe* (1634) est une des premières tragédies conformes, quoique approximativement, à la règle des trois unités.

Maison-Blanche (la), nom donné depuis 1902 à la résidence des présidents des États-Unis à Washington.

Maison carrée, temple construit à Nîmes par les Romains. De style corinthien, il a été élevé au début du Ier s. apr. J.-C. et dédié aux petits-fils d'Auguste. Auj. musée.

MAISONNEUVE (Paul **de Chomedey de**) → **CHOMEDEY DE MAISONNEUVE.**

MAISONS-ALFORT (94700), ch.-l. de cant. du Val-de-Marne, sur la Marne ; 51 749 hab. *(Maisonnais).* École vétérinaire. Produits pharmaceutiques.

MAISONS-LAFFITTE (78600), ch.-l. de cant. des Yvelines, sur la Seine ; 22 258 hab. *(Mansonniens).* Hippodrome. — Château de Maisons, chef-d'œuvre de F. Mansart (1642) ; musée du Cheval de course.

MAISTRE (Joseph, comte **de**), *Chambéry 1753 - Turin 1821,* homme politique et philosophe savoisien. Il fut le héraut et le théoricien de la contre-révolution chrétienne et ultramontaine et dénonça le progressisme rationaliste (*Considérations sur la France,* 1796 ; *Du pape,* 1819 ; *les Soirées de Saint-Pétersbourg,* 1821). — **Xavier de M.,** *Chambéry 1763 - Saint-Pétersbourg 1852,* écrivain savoisien, frère de Joseph. Il est l'auteur d'un malicieux *Voyage autour de ma chambre* (1795).

Maître Jacques, personnage de *l'*Avare,* cocher et cuisinier d'*Harpagon. Son nom désigne communément un homme à tout faire.

MAIZIÈRES-LÈS-METZ (57210), ch.-l. de cant. de la Moselle ; 9 409 hab. Parc d'attractions. Matériel électrique.

Majdanek ou **Maïdanek,** camp de concentration et d'extermination allemand (1941 - 1944), proche de Lublin (Pologne), où périrent 50 000 Juifs.

MAJEUR (lac), lac de la bordure sud des Alpes, entre l'Italie et la Suisse ; 216 km^2. Il renferme les îles Borromées. Tourisme.

MAJOR (John), *Merton, banlieue de Londres, 1943,* homme politique britannique. Chancelier de l'Échiquier (1989 - 1990), il est leader du Parti conservateur et Premier ministre de 1990 à 1997.

MAJORELLE (Louis), *Toul 1859 - Nancy 1926,* décorateur et ébéniste français. En bois précieux, les meubles de ce représentant de l'école de Nancy s'inspirent des formes de la nature.

MAJORQUE, en esp. **Mallorca,** île d'Espagne, la plus grande des Baléares ; 3 640 km^2 ; 602 074 hab. ; ch.-l. *Palma de Majorque.* Tourisme. — Le *royaume de Majorque,* détaché de la couronne d'Aragon, ne dura que de 1276 à 1343 : il comprenait les Baléares, les comtés de Roussillon et de Cerdagne, la seigneurie de Montpellier ; sa capitale était Perpignan.

MAKAL (Mahmut), *Demirci 1930,* écrivain turc. Ses récits évoquent les paysans anatoliens *(Notre village).*

MAKALU n.m., sommet de l'Himalaya central, aux confins de la Chine et du Népal ; 8 515 m. Gravi par l'expédition française de J. Franco (1955).

MAKARENKO (Anton Semenovitch), *Bielopolie, Ukraine, 1888 - Moscou 1939,* pédagogue soviétique. Sa pédagogie, fondée sur le travail et l'organisation collective, visait à la formation de l'homme nouveau selon l'idéal communiste.

MAKÁRIOS III, *Anó Panaghiá 1913 - Nicosie 1977,* prélat et homme politique chypriote. Archevêque et ethnarque de la communauté grecque de Chypre (1950), il se fit le défenseur de l'*Enôsis* (union avec la Grèce) puis le champion de l'indépendance de l'île. Il fut président de la république de Chypre (1960 - 1977).

MAKAROVA (Natalia), *Leningrad 1940,* danseuse et chorégraphe américaine d'origine russe. Passée à l'Ouest en 1970, elle continua à danser le répertoire classique tout en travaillant avec des chorégraphes contemporains (*Other Dances,* J. Robbins, 1976 ; *Mephisto Valse,* M. Béjart, 1979).

MAKASSAR, peuple d'Indonésie (sud de Célèbes et îles voisines) [env. 2 millions]. Les Makassar ont développé à partir du XVIIe s. une intense activité maritime. De religion musulmane, ils parlent une langue malayo-polynésienne, parente de celle des Toraja et des Bugis.

MAKHATCHKALA, v. de Russie, cap. du Daguestan, sur la Caspienne ; 339 000 hab.

MAKIIVKA, anc. **Makeievka,** v. d'Ukraine, dans le Donbass ; 430 000 hab. Métallurgie.

MAKONDE, peuple du sud de la Tanzanie et du nord du Mozambique, de langue bantoue.

MALABAR (côte de), partie de la côte sud-ouest du Deccan (Inde).

MALABO, anc. **Santa Isabel,** cap. de la Guinée équatoriale, sur l'île de Bioko ; 37 000 hab.

MALACCA → MELAKA.

MALACCA (presqu'île de) ou **PRESQU'ÎLE MALAISE,** presqu'île du sud de l'Indochine, entre la mer de Chine méridionale et l'océan Indien. Elle est unie au continent par l'isthme de Kra, et séparée de Sumatra par le *détroit de Malacca.*

MALACHIE [-ʃi ou -ki] (saint), *Armagh v. 1094 - Clairvaux 1148,* primat d'Irlande. Il réforma le clergé. La *Prophétie sur les papes* qu'on lui attribue est un apocryphe du XVIe s.

Malachie (livre de), livre prophétique de l'Ancien Testament (460 av. J.-C.), en fait anonyme. Il dénonce les négligences apportées au culte de Yahvé.

Malade imaginaire (le), comédie en trois actes et en prose de Molière (1673), peinture, à travers le personnage d'Argan, de l'hypocondrie.

MALADETA (massif de la), massif des Pyrénées espagnoles, portant le point culminant des Pyrénées ; 3 404 m au pic d'Aneto. Le *pic de la Maladeta* atteint 3 312 m.

MÁLAGA, v. d'Espagne (Andalousie), ch.-l. de prov., sur la Méditerranée ; 522 108 hab. Vins. Raisins secs. — Double forteresse arabe (musée archéologique) ; cathédrale des XVIe-XVIIIe s. Musée des Beaux-Arts.

MALAIS, peuple d'Asie du Sud-Est, majoritaire en Malaisie et à Brunei, formant d'importantes minorités en Indonésie, à Singapour et en Thaïlande, et représenté au Cambodge, en Birmanie et à Sri Lanka [env. 16 millions]. Ils furent riziculteurs, marins et marchands avant de se tourner au XIXe s. vers l'exploitation de plantations familiales (hévéa, cocotier, etc.). Ils sont de religion musulmane et parlent le **malais.*

MALAISIE n.f., en angl. **Malaysia,** État fédéral d'Asie du Sud-Est ; 330 000 km^2 ; 20 580 000 hab. *(Malaisiens).* CAP. *Kuala Lumpur.* LANGUE : *malais.* MONNAIE : *ringgit (dollar de la Malaisie).* [V. carte **Asie du Sud-Est continentale.**]

GÉOGRAPHIE

Le pays est formé d'une partie continentale (*Malaisie occidentale* ou *péninsulaire*) et insulaire (*Malaisie orientale,* correspondant à deux régions de Bornéo, le Sabah et le Sarawak). L'État, au climat tropical, est un important producteur de caoutchouc naturel. Le sous-sol fournit de la bauxite, de l'étain et surtout du pétrole. L'industrie (sidérurgie, chimie, constructions électriques, électronique) a connu un développement spectaculaire. Le riz demeure la base de l'alimentation d'une population, en majeure partie islamisée et concentrée en Malaisie occidentale, où vivent de fortes minorités indiennes et surtout chinoises. L'économie a subi les effets de la crise financière ayant touché le Sud-Est asiatique en 1997 - 1998, puis s'est redressée.

HISTOIRE

La péninsule malaise subit très tôt l'influence de l'Inde. L'islam y pénètre dès le début du XIVe s. **1511 :** les Portugais s'emparent de Malacca. **1641 :** les Néerlandais évincent les Portugais. **1795 :** occupation britannique. **1819 :** fondation de Singapour. **1830 :** Malacca, Penang et Singapour constituent les établissements des Détroits, érigés en colonie de la Couronne britannique en 1867. **1867 - 1914 :** l'administration britannique s'étend à tous les sultanats malais. Développement de l'exportation de l'étain et du caoutchouc. **1942 - 1945 :** le Japon occupe la péninsule. **1948 :** une première fédération de Malaisie est créée. **1957 :** elle obtient son indépendance. Abdul Rahman devient Premier ministre. **1963 :** la fédération de Malaisie regroupe la Malaisie continentale, Singapour et les anciennes colonies britanniques de Sarawak et de Sabah (nord de Bornéo). Le nouvel État est membre du Commonwealth. **1965 :** Singapour se retire de la fédération. **1970 :** Abdul Razak succède à Abdul Rahman. La Malaisie est troublée par les conflits opposant les Malais et la communauté chinoise, l'insurrection communiste, l'afflux des réfugiés du Cambodge et du Viêt Nam (partic. à partir de 1979). **1981 :** Mahathir bin Mohamad devient Premier ministre.

MALAKOFF (92240), ch.-l. de cant. des Hauts-de-Seine, au S. de Paris ; 29 644 hab. *(Malakoffiots).*

Malakoff (fort de), point central de la défense de Sébastopol pendant la guerre de Crimée. Sa prise par Mac-Mahon (8 sept. 1855) entraîna la chute de la ville.

MALAMUD (Bernard), *New York 1914 - id. 1986,* écrivain américain. Ses nouvelles *(le Tonneau magique)* et ses romans *(l'Homme de Kiev)* en font l'un des principaux auteurs juifs nord-américains.

MALANG, v. d'Indonésie (Java) ; 650 300 hab.

MALAPARTE (Kurt **Suckert,** dit Curzio), *Prato 1898 - Rome 1957,* écrivain italien. Ses romans forment un tableau vigoureux et cynique de la guerre et de la vie moderne (*Kaputt ; la Peau,* 1949).

MÄLAREN (lac), lac de Suède, au débouché duquel est bâtie Stockholm ; 1 140 km^2.

Malassis (Coopérative des), association formée en 1970 par les peintres français Henri Cuéco, Lucien Fleury, Jean-Claude Latil, Michel Parré, Gérard Tisserand. Dans l'esprit du Salon parisien de la jeune peinture, ils ont peint, sur divers thèmes sociopolitiques, de grands panneaux satiriques d'une technique froide, caractéristique de la « nouvelle figuration » (*Onze Variations sur « le Radeau de la Méduse »,* 1974 - 1975, centre commercial de Grenoble-Échirolles). Leurs derniers travaux collectifs sont de 1977.

MALATESTA, famille de condottieres italiens, originaire de Rimini, qui contrôla du XIIe au XIVe s., outre cette ville, une grande partie de la marche d'Ancône et de la Romagne.

MALATYA, v. de Turquie, près de l'Euphrate ; 281 776 hab. À *Eski Malatya,* Grande Mosquée du XIIIe s. Non loin, à Arslan Tepe, vestiges hittites (reliefs à Istanbul et au Louvre).

MALAUCÈNE (84340), ch.-l. de cant. de Vaucluse ; 2 581 hab. Église romano-gothique.

MALAUNAY (76770), comm. de la Seine-Maritime, banlieue de Rouen ; 6 060 hab. Matériel électrique.

MALAURIE (Jean), *Mayence 1922,* anthropologue français. Spécialiste des Inuits (*les Derniers Rois de Thulé,* 1955), il a raconté dans *Hummocks* (1999) ses expéditions dans le Grand Nord, du Groenland à l'Arctique canadien et sibérien.

MALAWI n.m., anc. **Nyassaland,** État d'Afrique orientale ; 118 000 km^2 ; 11 370 000 hab. *(Malawites).* CAP. *Lilongwe.* V. PRINC. *Blantyre.* LANGUE : *anglais.* MONNAIE : *kwacha.* (V. carte **Zambie.**)

GÉOGRAPHIE

C'est un pays de hauts plateaux, presque exclusivement agricole, où le maïs constitue la base de l'alimentation. Le sucre, le thé et surtout le tabac assurent l'essentiel des exportations, toujours inférieures aux importations.

HISTOIRE

Le pays est occupé par des populations bantoues qui subissent à partir de 1840 les razzias des négriers du Zanzibar. **1859 :** Livingstone découvre le lac Malawi. **1889 :** un protectorat britannique d'Afrique-Centrale est constitué. **1907 :** il prend le nom de Nyassaland. **1953 :** la Grande-Bretagne fédère le Nyassaland et la Rhodésie. Le Nyassaland African Congress, parti dirigé par Hastings Kamuzu Banda, réclame l'indépendance. **1962 :** le Nyassaland quitte la fédération. **1964 :** il accède à l'indépendance sous le nom de Malawi. **1966 :** la république est proclamée. Dirigé par Hastings Kamuzu Banda (qui, président à vie à partir de 1971, instaure un système de parti unique), le Malawi entretient des relations étroites avec l'Afrique du Sud. **1993 :** confronté à une contestation intérieure grandissante, le président Banda doit organiser un référendum sur l'introduction du multipartisme, qui est approuvée. La présidence à vie est abrogée. **1994 :** Elson Bakili Muluzi, principal chef de l'opposition, devient président de la République à l'issue des premières élections pluralistes (réélu en 1999).

MALAWI (lac), anc. **lac Nyassa,** grand lac de l'Afrique orientale, à l'O. du Mozambique ; 30 800 km^2.

MALAYSIA, nom angl. de la *Malaisie.

MALCOLM II, *m. en 1034,* roi d'Écosse (1005 - 1034). Il réalisa l'unité de l'Écosse. — **Malcolm III,** *m. près d'Alnwick en 1093,* roi d'Écosse (1058 - 1093). Sa victoire sur Macbeth lui restitua la couronne. Il échoua dans ses campagnes contre l'Angleterre.

MALCOLM X (Malcolm **Little,** dit), *Omaha 1925 - New York 1965,* homme politique américain. Membre des Black Muslims (« musulmans noirs »), il s'en sépara en 1964 pour créer l'Organisation de l'unité afro-américaine. Il fut assassiné.

MALDEGEM, comm. de Belgique (Flandre-Orientale) ; 21 418 hab.

MALDIVES (îles), État insulaire d'Asie, dans l'océan Indien ; 300 km^2 ; 263 000 hab. *(Maldiviens).* CAP. *Malé.* LANGUE : *divehi.* MONNAIE : *rufiyaa (roupie des Maldives).* [V. carte **Inde.**] La pêche et le tourisme sont les ressources principales de cet archipel corallien, dont la population, islamisée, est extrêmement dense. — Protectorat britannique à partir de 1887, indépendantes depuis 1965, les Maldives constituent une république depuis 1968.

MALÉ, cap. des Maldives, sur l'*île de Malé ;* 55 000 hab. Aéroport.

MÂLE (Émile), *Commentry 1862 - Chaalis 1954,* historien de l'art français. Il a publié à partir de 1908 des ouvrages fondamentaux sur l'iconographie du Moyen Âge. (Acad. fr.)

MALEBO POOL, anc. **Stanley Pool,** lac formé par un élargissement du fleuve Congo. Sur ses rives sont établies Brazzaville et Kinshasa.

MALEBRANCHE (Nicolas), *Paris 1638 - id. 1715,* philosophe français. Oratorien, il remodela la pensée cartésienne dans un sens profondément religieux. Sa métaphysique résout le problème de la communication de l'âme et du corps par la théorie de la vision en Dieu et des causes occasionnelles, et montre comment se conformer à l'ordre établi par Dieu, sous ses deux aspects d'ordre naturel et d'ordre de la grâce (*De la recherche de la vérité,* 1674 - 1675 ; *Traité de morale,* 1684 ; *Entretiens sur la métaphysique et la religion,* 1688). Il se livra à des études de géométrie et de physique (optique notamm.).

■ **MALEBRANCHE,** gravure de J.-C. François d'après Bachelier.

MALEGAON, v. d'Inde (Maharashtra) ; 342 431 hab.

MALEMORT-SUR-CORRÈZE (19360), ch.-l. de cant. de la Corrèze ; 6 740 hab. Agroalimentaire.

MALENKOV (Gueorgui Maksimilianovitch), *Orenbourg 1902 - Moscou 1988,* homme politique soviétique. Il succéda à Staline comme président du Conseil (1953 - 1955).

MALESHERBES [malzɛrb] (45330), ch.-l. de cant. du Loiret ; 6 077 hab. Imprimerie. — Château des XIVe-XVIIIe s.

MALESHERBES [malzɛrb] (Chrétien Guillaume **de Lamoignon de**), *Paris 1721 - id. 1794,* magistrat et homme d'État français. Premier président de la Cour des aides et directeur de la Librairie (1750), il favorisa l'*Encyclopédie.* Secrétaire de la Maison du roi (1775), il tenta quelques réformes, mais dut démissionner dès 1776. Il défendit Louis XVI devant la Convention et fut guillotiné sous la Terreur. (Acad. fr.)

MALESTROIT [maletrwa] (56140), ch.-l. de cant. du Morbihan ; 2 558 hab. Église romane et gothique, vieilles maisons.

MALET (Claude François **de**), *Dole 1754 - Paris 1812,* général français. En octobre 1812, il tenta à Paris un coup d'État en annonçant la mort de Napoléon Ier, alors en Russie. Il fut fusillé.

MALET (Léo), *Montpellier 1909 - Châtillon-sous-Bagneux 1996,* écrivain français. Ses romans policiers, anarchisants et parisiens, ont pour héros le détective privé Nestor Burma *(les Nouveaux Mystères de Paris).*

MALEVILLE (Jacques, marquis **de**), *Domme, Dordogne, 1741 - id. 1824,* homme politique et juriste français. Membre du Conseil des Anciens (1795 - 1799), il fut l'un des rédacteurs du Code civil.

MALEVITCH (Kazimir), *près de Kiev 1878 - Leningrad 1935,* peintre russe. D'inspiration spiritualiste, il a créé une catégorie de l'art *abstrait dénommée « suprématisme », qui culmine en 1918 avec son tableau *Carré blanc sur fond blanc* (MOMA, New York).

M

MALHERBE (François **de**), *Caen 1555 - Paris 1628,* poète français. D'abord poète baroque *(les Larmes de saint Pierre),* il rompit avec la poésie savante de la *Pléiade et imposa, comme poète de cour et chef d'école, un idéal de clarté et de rigueur qui est à l'origine du goût classique *(Consolation à Du Périer).*

MALI n.m., État d'Afrique, au S. de l'Algérie ; 1 240 000 km² ; 11 130 000 hab. *(Maliens).* CAP. *Bamako.* LANGUE : *français.* MONNAIE : *franc CFA.*

GÉOGRAPHIE

Le Nord et le Centre appartiennent au Sahara et à sa bordure ; c'est le domaine de l'élevage nomade (bovins et surtout ovins et caprins), fondement de l'économie d'un pays très pauvre, qui souffre notamm. de l'absence de débouché maritime et de ressources minérales notables. Le Sud, plus humide et mis partiellement en valeur par les travaux réalisés dans les vallées du Sénégal et du Niger (Macina), fournit du mil et du sorgho, du riz, du coton, de l'arachide. La population, en quasi-totalité islamisée, est formée, au N., de Sahéliens, blancs, nomades (Maures, Touareg), et, au S., de Noirs (Bambara surtout).

HISTOIRE

VIIe - XVIe s. : le pays est le berceau des grands empires du Ghana, du Mali, puis de l'empire Songhaï (capitale Gao). **XVIIe - XIXe s. :** divers pouvoirs se succèdent, celui du Maroc, des Touareg, des Bambara et des Peul (capitale Ségou). À partir de 1857, les Français entreprennent l'occupation du pays, empêchant ainsi la constitution dans le Sud d'un nouvel État à l'initiative de Samory Touré (fait prisonnier en 1898). **1904 :** la colonie du Haut-Sénégal-Niger est créée dans le cadre de l'A.-O.F. **1920 :** amputé de la Haute-Volta, le Haut-Sénégal-Niger devient le Soudan français. **1958 :** la République soudanaise est proclamée. **1959 :** avec le Sénégal, elle forme la fédération du Mali. **1960 :** la fédération se dissout. L'ex-Soudan français devient la république du Mali, présidée par Modibo Keita. **1968 :** un coup d'État porte au pouvoir Moussa Traoré. **1974 :** une nouvelle Constitution établit un régime présidentiel et un parti unique. **À partir de 1990 :** le gouvernement doit faire face à la rébellion touareg. **1991 :** l'armée renverse Moussa Traoré. Un gouvernement de transition, comprenant des militaires et des civils, est mis en place. **1992 :** le multipartisme est restauré. Alpha Oumar Konaré est élu à la présidence de la République (réélu en 1997).

MALI (empire du), empire de l'Afrique de l'Ouest (XIe-XVIIe s.) dont le noyau initial était la haute vallée du Niger. À son apogée (XIIIe-XIVe s.), il s'étendit sur les États actuels du Mali, du Sénégal, de la Gambie, de la Guinée et de la Mauritanie. Ses souverains les plus fameux furent Soundiata Keita (première moitié du XIIIe s.) et Kankan Moussa (début du XIVe s.).

MALIA, site archéologique sur la côte nord de la Crète, à l'est de Cnossos. Vestiges d'un complexe palatial (v. 1700 - 1600 av. J.-C.) et d'une nécropole royale au riche mobilier funéraire (musée d'Iráklion).

MALIBRAN (María **de la Felicidad García,** dite **la**), *Paris 1808 - Manchester 1836,* mezzo-soprano espagnole. Sœur de Pauline Viardot, elle débuta en 1825. La variété de son répertoire et son talent dramatique lui valurent la célébrité en Europe et aux États-Unis. Sa mort prématurée inspira Musset dans ses *Stances.*

MALINCHE ou **MARINA,** *première moitié du XVIe s.,* Indienne du Mexique. Concubine de Cortés (dont elle eut un fils), elle l'aida dans la conquête du Mexique par sa connaissance de la société et des langues locales.

MALINES, en néerl. **Mechelen,** v. de Belgique, ch.-l. d'arrond. de la prov. d'Anvers, sur la Dyle ; 75 313 hab. *(Malinois).* Archevêché créé en 1559, Malines partage ce titre avec Bruxelles depuis 1962. Dentelles renommées. Industries mécaniques et chimiques. — Belle cathédrale des XIIIe-XVe s. (mobilier baroque) et autres monuments ; maisons anciennes ; musées.

MALINKÉ → MANDINGUES.

MALINOVSKI (Rodion Iakovlevitch), *Odessa 1898 - Moscou 1967,* maréchal soviétique. Commandant le second front d'Ukraine (1943 - 1944), il signa l'armistice avec la Roumanie en 1944, puis entra à Budapest et à Vienne (1945). Il fut ministre de la Défense de 1957 à sa mort.

MALINOWSKI (Bronisław), *Cracovie 1884 - New Haven, Connecticut, 1942,* anthropologue britannique d'origine polonaise. Il est le principal représentant du *fonctionnalisme *(les Argonautes du Pacifique occidental,* 1922).

MALINVAUD (Edmond), *Limoges 1923,* économiste français. Directeur de l'INSEE (1974 - 1987), il a surtout étudié les questions de la croissance.

MALLARMÉ (Stéphane), *Paris 1842 - Valvins, Seine-et-Marne, 1898,* poète français. Professeur d'anglais, il a publié quelques poèmes dans *le *Parnasse contemporain* de 1866, une scène d'*Hérodiade* (1871) et *l'Après-midi d'un faune* (1876), lorsque son éloge par Huysmans, dans *À rebours,* lui apporte la célébrité. Son poème *Un coup de dés jamais n'abolira le hasard* (1897) forme le premier mouvement de son projet de « Livre » absolu. Son œuvre difficile, malgré sa brièveté et son inachèvement, a été déterminante pour l'évolution de la littérature au cours du XXe s.

MALLE (Louis), *Thumeries 1932 - Beverly Hills 1995,* cinéaste français. Éclectique, il a abordé tous les genres avec succès (*les Amants,* 1958 ; *Zazie dans le métro,* 1960 ; *le Feu follet,* 1963 ; *Calcutta,* 1969 ; *Au revoir les enfants,* 1987).

MALLET DU PAN (Jacques), *Céligny 1749 - Richmond, Angleterre, 1800,* journaliste suisse d'expression française. Il fut, sous la Révolution française, le porte-parole des émigrés dans les capitales européennes.

MALLET-JORIS (Françoise), *Anvers 1930,* romancière française d'origine belge. Son œuvre fait de la famille un observatoire des bouleversements sociaux et culturels modernes *(le Rempart des Béguines, l'Empire céleste, le Rire de Laura, Sept Démons dans la ville).*

MALLET-STEVENS (Robert), *Paris 1886 - id. 1945,* architecte français. Fonctionnaliste, mais attentif à l'agencement élégant des volumes, il a bâti notamment, à Paris, les immeubles de la rue qui porte son nom (1926).

MALMAISON → RUEIL-MALMAISON.

MALMEDY, comm. de Belgique (prov. de Liège) ; 10 291 hab. La ville fut partagée entre la Prusse et les Pays-Bas en 1815, et devint belge en 1919. — Église, anc. abbatiale, reconstruite à la fin du XVIIIe s.

MALMÖ, v. de la Suède méridionale, sur le Sund ; 233 887 hab. Port. Chantiers navals. — Musée dans la vieille forteresse.

MALO ou **MACLOU** (saint), *Llancarvan, pays de Galles, fin du VIe s. - Saintes v. 640,* moine gallois. Il aurait fondé l'évêché d'Alet, après avoir été moine en Armorique.

MALO-LES-BAINS (59240 Dunkerque), station balnéaire du Nord (comm. de Dunkerque).

MALORY (sir Thomas), *Newbold Revell 1408 - Newgate 1471,* écrivain anglais. Sa *Mort d'Arthur* (publiée en 1485) est la première épopée en prose anglaise.

MALOT (Hector), *La Bouille, Seine-Maritime, 1830 - Fontenay-sous-Bois 1907,* écrivain français, auteur du roman populiste *Sans famille* (1878).

MALOUEL ou **MAELWAEL** (Jean), *Nimègue av. 1370 - Dijon 1415,* peintre néerlandais. Il travailla notamm. pour les ducs de Bourgogne (chartreuse de Champmol).

MALOUINES (îles) → **FALKLAND.**

MALPIGHI (Marcello), *Crevalcore 1628 - Rome 1694,* anatomiste italien. Il utilisa le premier le microscope pour ses recherches sur les tissus humains. Les glomérules du rein portent son nom.

Malplaquet (bataille de) [11 sept. 1709], bataille de la guerre de la Succession d'Espagne. Difficile victoire des troupes anglo-hollandaises et autrichiennes du duc de Marlborough et du Prince Eugène sur les Français du maréchal de Villars, à Malplaquet, près de Bavay.

MALRAUX (André), *Paris 1901 - Créteil 1976,* écrivain et homme politique français. Son œuvre romanesque (*la Voie royale,* 1930 ; *la Condition humaine,* 1933 ; *l'Espoir,* 1937), critique (*les Voix du silence,* 1951 ; *l'Homme précaire et la littérature,* 1977) et autobiographique (*le Miroir des limbes,* 1967 - 1975) cherche dans l'engagement politique et dans l'art les moyens de lutter contre la corruption du temps et l'instinct de mort. — Il combattit aux côtés des républicains lors de la guerre d'Espagne et fut ministre des Affaires culturelles du général de Gaulle de 1959 à 1969. Ses cendres ont été transférées au Panthéon en 1996.

■ STÉPHANE **MALLARMÉ** par É. Manet. (Musée d'Orsay, Paris.)

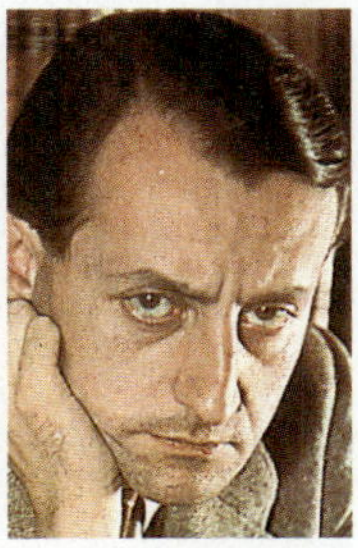

■ ANDRÉ **MALRAUX** par Gisèle Freund.

MALSTROM → **MAELSTRÖM.**

MALTA, site préhistorique de Sibérie. Plusieurs vestiges d'habitats y ont été découverts ainsi qu'une sépulture d'enfant et des statuettes féminines datées de 23000 av. J.-C. (périgordien supérieur).

MALTE n.f., État insulaire d'Europe, dans la Méditerranée ; 316 km² ; 368 000 hab. *(Maltais).* CAP. *La Valette.* LANGUES : *maltais* et *anglais.* MONNAIE : *livre maltaise.* (V. carte **Italie.**) C'est un petit archipel, très densément peuplé, formé des îles de *Malte* (246 km²), *Gozo* et *Comino.* Le climat (étés chauds et secs) et l'histoire expliquent l'importance du tourisme.

HISTOIRE

IVe - IIe millénaire (du néolithique à l'âge du bronze) : Malte est le centre d'une civilisation mégalithique (Mnajdra, Ggantija, Tarxien et l'île de Gozo) aux temples de plan complexe et aux décors sculptés évoquant la déesse mère. **IXe s. av. J.-C. :** elle devient un poste phénicien. Elle est occupée ensuite par les Grecs (VIIIe s.) puis par les Carthaginois (VIe s.). **218 av. J.-C. :** Malte est annexée par les Romains. **870 :** l'île est occupée par les Arabes et islamisée. **1090 :** Roger Ier s'empare de Malte, dont le sort est lié au royaume de Sicile jusqu'au XVIe s. **1530 :** Charles Quint cède l'île aux chevaliers de Saint-Jean de Jérusalem, à condition que ceux-ci s'opposent à l'avance ottomane. **1798 :** Bonaparte occupe l'île. **1800 :** la Grande-Bretagne s'y installe et en fait une base stratégique. **1940 - 1943 :** Malte joue un rôle déterminant dans la guerre en Méditerranée. **1964 :** l'île accède à l'indépendance, dans le cadre du Commonwealth. **1974 :** l'État de Malte devient une république. **1990 :** il demande à adhérer à la Communauté européenne.

Malte (ordre souverain de) → **Saint-Jean de Jérusalem** (ordre souverain militaire et hospitalier de).

MALTE-BRUN (Konrad), *Thisted 1775 - Paris 1826,* géographe danois. Il vécut en France. Auteur d'une *Géographie universelle,* il fut l'un des fondateurs de la Société de géographie en 1821.

MALTHUS (Thomas Robert), *près de Dorking, Surrey, 1766 - Claverton, près de Bath, 1834,* économiste britannique. Auteur d'un *Essai sur le principe de population* (1798), il y présente l'accroissement de la population comme un danger pour la subsistance du monde et recommande la restriction volontaire des naissances *(malthusianisme).*

MALUS (Étienne Louis), *Paris 1775 - id. 1812,* physicien français. Il découvrit la polarisation de la lumière et établit les lois de la propagation des faisceaux lumineux.

MALZÉVILLE (54220), ch.-l. de cant. de Meurthe-et-Moselle ; 8 005 hab. *(Malzévillois).*

MAM, peuple amérindien du Guatemala (hauts plateaux) et du Mexique (sud du Chiapas) [env. 500 000]. Surtout ouvriers agricoles, les Mam parlent une langue maya.

MAMAIA, station balnéaire de Roumanie, sur la mer Noire, au N. de Constanța.

MAMELOUKS, dynastie qui régna sur l'Égypte et la Syrie (1250 - 1517), dont les sultans étaient choisis parmi les milices de soldats esclaves (mamelouks).

MAMER, comm. du Luxembourg ; 6 268 hab. Une section (Capellen) a donné son nom à un canton du grand-duché.

MAMERS [mamɛrs] (72600), ch.-l. d'arrond. de la Sarthe ; 6 359 hab. *(Mamertins).* Deux églises médiévales.

MAMERT (saint), *m. v. 475,* évêque de Vienne, en Gaule. Il institua la procession des rogations.

MAMMON, mot araméen qui, dans la littérature juive et chrétienne, personnifie les biens matériels dont l'homme se fait l'esclave.

MAMMOTH CAVE, système de grottes des États-Unis (Kentucky), l'un des plus étendus du globe (env. 240 km de galeries). Parc national.

MAMORÉ n.m., riv. d'Amérique du Sud ; 1 800 km. Branche mère du río Madeira.

MAN (île de), île de la mer d'Irlande, dépendance de la Couronne britannique ; 572 km² ; 69 788 hab. ; v. princ. *Douglas.*

MAN, v. de Côte d'Ivoire ; 89 600 hab.

MANADO ou **MENADO,** v. d'Indonésie (Célèbes) ; 275 400 hab. Port.

MANAGE, comm. de Belgique (Hainaut) ; 21 490 hab.

MANAGUA, cap. du Nicaragua, sur le *lac de Managua* (1 234 km²) ; 682 100 hab. *(Managuayens).* La ville fut en partie détruite par un séisme en 1972.

MANAMA, cap. de Bahreïn, dans l'île de Bahreïn ; 151 500 hab. *(Manaméens).*

MANASLU n.m., sommet de l'Himalaya, au Népal ; 8 156 m.

MANASSÉ, personnage biblique. Fils aîné de Joseph, il donna son nom à l'une des tribus d'Israël établie en Transjordanie.

MANAUS, anc. **Manáos,** v. du Brésil, cap. de l'État d'Amazonas, sur le río Negro, près du confluent avec l'Amazone ; 1 010 558 hab. Port.

MANCHE (la), large bras de mer formé par l'Atlantique entre la France et l'Angleterre. À son extrémité nord, un tunnel ferroviaire franchit le pas de Calais.

MANCHE (la), région d'Espagne dénudée et aride, partie de la communauté autonome de *Castille-La-Manche.* Cervantès l'a immortalisée dans son **Don Quichotte.*

MANCHE n.f. (50), dép. de la Région Basse-Normandie ; ch.-l. de dép. *Saint-Lô ;* ch.-l. d'arrond. *Avranches, Cherbourg, Coutances ;* 4 arrond. ; 52 cant. ; 603 comm. ; 5 938 km² ; 481 471 hab. *(Manchois).* Le dép. appartient à l'académie et à la cour d'appel de Caen, à la zone de défense Ouest. Il occupe la péninsule du Cotentin et l'extrémité occidentale du Bocage normand. Encore largement rurale, l'économie est orientée vers l'élevage bovin (les pommiers sont cependant souvent associés aux herbages). Certains secteurs littoraux (autour de Granville, de Barfleur et de Cherbourg) sont consacrés aux cultures maraîchères. La pêche et le tourisme estival (Le Mont-Saint-Michel) fournissent des ressources d'appoint. L'industrie est représentée surtout par la construction navale et par quelques usines textiles et de la petite métallurgie, en dehors de l'usine atomique de la Hague (à proximité de Cherbourg) et de la centrale nucléaire construite à Flamanville. *(V. carte page 1498.)*

MANCHESTER, v. de Grande-Bretagne (Angleterre) ; 397 400 hab. (2 445 200 hab. dans l'agglomération). Université. Centre financier, commercial et industriel. — Musées.

MANCHETTE (Jean-Patrick), *Marseille 1942 - Paris 1995,* écrivain français. Il a introduit une dimension de critique politique et sociale radicale dans le roman policier français (*Nada,* 1972).

MANCINI, famille italienne représentée en particulier par quatre sœurs, nièces de Mazarin, qui avaient suivi celui-ci en France. — **Laure M.,** *Rome 1636 - Paris 1657,* épouse de Louis de Vendôme, duc de Mercœur. — **Olympe M.,** comtesse **de Soissons,** *Rome 1639 - Bruxelles 1708,* mère du Prince Eugène. — **Marie M.,** princesse **Colonna,** *Rome v. 1640 - Pise 1715.* Elle inspira une vive passion à Louis XIV. — **Hortense M.,** duchesse **de Mazarin,** *Rome 1646 - Chelsea 1699.* Elle fut célèbre pour sa beauté à la cour du roi d'Angleterre Charles II.

MANCO CÁPAC Ier, fondateur légendaire de l'empire des Incas (XIIe s.).

MANDALAY, v. de la Birmanie centrale, sur l'Irrawaddy ; 533 000 hab. Aéroport. Centre commercial. — Nombreux temples bouddhiques.

MANDCHOUKOUO n.m., nom de la Mandchourie sous domination japonaise (1932 - 1945).

MANDCHOURIE n.f., anc. nom d'une région de la Chine, formant auj. la majeure partie de la « Chine du Nord-Est » (hab. *Mandchous*) ; v. princ. *Shenyang (Moukden)* et *Harbin.*

HISTOIRE

XVIIe s. : les Mandchous, peuple d'origine toungouse, envahissent la Chine. **1644 - 1911 :** une dynastie mandchoue, les Qing, règne sur la Chine où les Mandchous constituent l'aristocratie militaire alors que, parallèlement, de nombreux immigrés chinois s'établissent en Mandchourie. **1896 :** la Russie obtient le droit de relier Vladivostok au Transsibérien à travers la Mandchourie. **1898 :** elle obtient la concession du territoire de Port-Arthur et de Dairen. **1904 - 1905 :** la victoire du Japon dans le conflit avec la Russie lui assure une influence prépondérante. **1931 - 1932 :** le Japon occupe la Mandchourie et y organise un État vassal, le Mandchoukouo. **1945 :** la Chine récupère la région (à l'exception de Port-Arthur et de Dairen, que l'URSS lui rétrocèdera en 1954).

MANDÉ → **MANDINGUES.**

MANDEL (Georges), *Chatou 1885 - Fontainebleau 1944,* homme politique français. Chef de cabinet de Clemenceau (1917), ministre des PTT (1934 - 1936), puis des Colonies (1938 - 1940), il s'opposa au régime de Vichy et fut assassiné par la Milice.

MANDELA (Nelson), *Mvezo, district d'Umtata, 1918,* homme politique sud-africain. Chef historique de l'ANC, organisateur de la lutte armée après l'interdiction de son mouvement en 1960, il est arrêté en 1962 et condamné à la détention à

■ THOMAS R. **MALTHUS.** (Hulton Deutsch Collection.)

■ NELSON **MANDELA** en 1991.

M

perpétuité en 1964. Libéré en 1990, vice-président (1990 - 1991) puis président (1991 - 1997) de l'ANC, il est l'un des principaux artisans, avec F. De Klerk, du processus de démocratisation en Afrique du Sud. En 1994, à l'issue des premières élections multiraciales, il est élu président de la République. Il se retire à la fin de son mandat, en 1999. (Prix Nobel de la paix 1993.)

MANDELBROT (Benoît), *Varsovie 1924,* mathématicien français d'origine polonaise. Il a développé, en 1975, la théorie des objets fractals. Sur ordinateur, il a construit les ensembles qui portent son nom et qui trouvent des applications dans l'étude du « chaos déterministe ».

MANDELIEU-LA-NAPOULE (06210), ch.-l. de cant. des Alpes-Maritimes, près de Cannes ; 18 038 hab. Station balnéaire. – Château de la Napoule (jardins).

MANDELSTAM (Ossip Emilievitch), *Varsovie 1891 - en Sibérie 1938,* écrivain russe. Symboliste, puis « acméiste », chrétien opposé à la révolution, il est l'auteur de poésies *(Tristia)* et de proses *(le Bruit du temps, le Sceau égyptien)* vibrantes.

MANDEURE (25350), comm. du Doubs ; 5 279 hab. Vestiges gallo-romains.

MANDEVILLE (Bernard **de**), *Rotterdam, Hollande, 1670 - Hackney, près de Londres, 1733,* satiriste et philosophe anglais d'origine néerlandaise. Sa *Fable des abeilles* (1714), où il soutient, contre Shaftesbury, que l'égoïsme, inné en l'homme, peut concourir au bien de la collectivité, fit scandale et marqua le Siècle des lumières.

MANDINGUES ou **MANDÉ,** populations apparentées, vivant principalement au Mali, en Guinée, au Sénégal, en Gambie, en Côte d'Ivoire, dans la Sierra Leone et au Liberia (env. 15 millions). On distingue les *Mandingues du Sud* (Dan, Gouro, etc.) et les *Mandingues du Nord* (Bamanan, Dioula, etc.). Ces derniers fondèrent l'empire du Mali (XIIIe-XIVe s.), propagèrent l'islam et résistèrent à la colonisation (avec Samory Touré). Les Mandingues sont connus comme *Malinké* en Côte d'Ivoire et en Guinée, *Maninka* ou *Mandenka* au Mali, *Mandingo* au Sénégal et en Gambie, *Mendé* dans la Sierra Leone et au Liberia. Ils parlent des langues nigéro-congolaises.

MANDRIN (Louis), *Saint-Étienne-de-Saint-Geoirs 1724 - Valence 1755,* bandit français. Marchand ruiné, il organisa un réseau de contrebande qui nuisit aux fermiers de l'impôt. Arrêté et roué vif à Valence en 1755, il devint un héros populaire.

MANÉ-KATZ (Emanuel **Katz,** dit), *Krementchoug 1894 - Tel-Aviv 1962,* peintre ukrainien naturalisé français. Installé à Paris en 1921, il a peint des scènes de la vie juive ainsi que des paysages et des tableaux de fleurs.

MANÈS → MANI.

MANESSIER (Alfred), *Saint-Ouen, Somme, 1911 - Orléans 1993,* peintre français. Coloriste vibrant, il a notamm. traduit en peintures abstraites les grands thèmes de l'art sacré.

MANET (Édouard), *Paris 1832 - id. 1883,* peintre français. Souvent inspiré par les maîtres classiques, en particulier les Espagnols du Siècle d'or, il fut, par la probité de son naturalisme et par ses audaces picturales, un des pères de l'impressionnisme et de l'art moderne (*le *Déjeuner sur l'herbe* [1862], **Olympia* [1863], *le Fifre* [1866], *le Balcon* [1868], portrait de *Mallarmé* [1876], etc., au musée d'Orsay ; *l'Exécution de Maximilien* [1867], Mannheim ; *Un bar aux Folies-Bergère* [1882], National Gallery de Londres).

■ **MANET.** *La Blonde aux seins nus,* v. 1878. (Musée d'Orsay, Paris.)

MANÉTHON, *Sébennytos* IIIe *s. av. J.-C.,* prêtre et historien égyptien. Il a écrit en grec une histoire d'Égypte, dont il reste des fragments. Les historiens ont adopté sa division en dynasties.

MANFRED, *1232 - Bénévent 1266,* roi de Sicile (1258 - 1266). Fils naturel légitimé de l'empereur Frédéric II de Hohenstaufen, il fut tué en défendant son royaume contre Charles Ier d'Anjou.

Manga (la) *[les Dessins foisonnants],* ensemble de dessins d'Hokusai (13 vol. [1814 - 1848 et 2 vol. posthumes]). Ils constituent une sorte d'encyclopédie en images qui donne toute la mesure et la variété du talent de son auteur.

MANGALIA, station balnéaire de Roumanie, sur la mer Noire, au S. de Constanța.

MANGALORE ou **MANGALUR,** v. d'Inde (Karnataka) ; 425 785 hab.

■ **MANGA.** *Scènes de bain,* par Hokusai.

■ **MANILLE.** Habitat précaire, sur la baie.

■ LE MARÉCHAL **MANNERHEIM** en 1942.

MANGBETU, peuple du nord-est de la Rép. dém. du Congo (ex-Zaïre), de langue nilo-saharienne.

MANGIN (Charles), *Sarrebourg 1866 - Paris 1925,* général français. Il commanda l'escorte de la mission Marchand sur Fachoda (1895 - 1898). Il prit une part décisive à la victoire de Verdun (1916) et aux offensives de 1918.

MANGIN (Louis), *Paris 1852 - Orly 1937,* botaniste français. Il étudia la physiologie, l'anatomie et la pathologie chez les végétaux, et fit partie de l'expédition Charcot en Antarctique (1915).

MANGUYCHLAK (presqu'île de), plateau désertique du Kazakhstan, à l'E. de la Caspienne. Pétrole.

MANHATTAN, île des États-Unis, entre l'Hudson, l'East River et la rivière de Harlem ; 1 487 536 hab. Elle constitue un borough au centre de la ville de New York.

MANI ou **MANÈS,** *216 - 274 ou 277,* fondateur du manichéisme. Il se voulut le missionnaire d'une religion universelle de salut, le manichéisme, et fut mis à mort par le roi de Perse Bahrām Ier.

MANICOUAGAN n.f., riv. du Canada (Québec), qui rejoint l'estuaire du Saint-Laurent (r. g.) ; env. 200 km à partir du *réservoir Manicouagan.* Importants aménagements hydroélectriques.

Manifeste du parti communiste, texte de Karl Marx et Friedrich Engels (1848), exposant les thèmes centraux du marxisme et fondant le programme révolutionnaire des communistes.

MANILLE, cap. des Philippines (Luçon), sur la *baie de Manille ;* 1 598 918 hab. *(Manillais)* [plus de 4 millions d'hab. dans l'agglomération]. Principal centre intellectuel, commercial et industriel du pays.

MANIN (Daniele), *Venise 1804 - Paris 1857,* avocat et patriote italien. Président de la république de Venise en 1848, il dut capituler devant les Autrichiens l'année suivante.

MANIPUR, État du nord-est de l'Inde ; 22 300 km^2 ; 1 826 714 hab. ; cap. *Imphal.*

MANISA, v. de Turquie, ch.-l. de prov., au N.-E. d'Izmir ; 158 928 hab.

MANITOBA n.m., prov. du Canada, dans les Prairies ; 650 000 km^2 ; 1 091 942 hab. ; cap. *Winnipeg.* Région encore largement agricole (blé), plus vaste que la France. Winnipeg regroupe plus de la moitié de la population totale.

MANITOBA (lac), lac du Canada, dans la province du même nom ; 4 700 km^2.

MANITOULIN, île canadienne (Ontario) du lac Huron ; 2 766 km^2. Réserves amérindiennes.

MANIZALES, v. de Colombie, sur le Cauca ; 327 200 hab.

MANKIEWICZ (Joseph Leo), *Wilkes-Barre, Pennsylvanie, 1909 - près de Bedford, État de New York, 1993,* cinéaste américain. Cultivé et subtil, il a donné ses lettres de noblesse au cinéma hollywoodien (*Ève,* 1950 ; *la Comtesse aux pieds nus,* 1954 ; *le Limier,* 1972).

MANLIUS CAPITOLINUS (Marcus), *m. à Rome en 384 av. J.-C.,* héros romain. Éveillé par les cris des oies, il aurait sauvé le Capitole, attaqué de nuit par les Gaulois (390 av. J.-C.).

MANN (Emil Anton **Bundmann,** dit Anthony), *San Diego 1906 - Berlin 1967,* cinéaste américain. Il fut l'un des grands réalisateurs de westerns : *l'Appât,* 1953 ; *Du sang dans le désert,* 1957 ; *l'Homme de l'Ouest,* 1958.

MANN (Heinrich), *Lübeck 1871 - Santa Monica 1950,* écrivain allemand. Romancier influencé par l'esthétisme décadent, puis préoccupé par les questions sociales et politiques, il est l'auteur du *Professeur Unrat* (1905), adapté à l'écran par J. von Sternberg (*l'Ange bleu,* 1930). – **Thomas M.,** *Lübeck 1875 - Zurich 1955,* écrivain allemand, frère de Heinrich. Ses romans opposent le culte de l'action et la vie de l'esprit (*les Buddenbrook,* 1901 ; *la Mort à Venise,* 1912 ; *la Montagne magique,* 1924 ; *le Docteur Faustus,* 1947). [Prix Nobel 1929.]

MANNAR (golfe de), golfe de l'océan Indien, entre l'Inde et Sri Lanka.

MANNERHEIM (Carl Gustaf, baron), *Villnäs 1867 - Lausanne 1951,* maréchal et homme politique finlandais. Après sa victoire sur les bolcheviques, il fut élu régent en 1918. Pendant la Seconde Guerre mondiale, il lutta contre l'URSS (1939 - 1940 et 1941 - 1944). Il fut président de la République de 1944 à 1946.

MANNHEIM, v. d'Allemagne (Bade-Wurtemberg), sur le Rhin ; 318 025 hab. Port fluvial. Centre industriel. – Château du XVIIIe s. ; musées.

MANNING (Henry), *Totteridge 1808 - Londres 1892,* prélat britannique. Prêtre anglican converti au catholicisme, il devint archevêque de Westminster en 1865 et cardinal en 1875. Il intervint en faveur des ouvriers.

MANNONI (Maud), *Courtrai 1923 - Paris 1998,* psychanalyste française d'origine néerlandaise. Elle a étendu le champ de la psychanalyse aux enfants psychotiques ; elle a ouvert en 1969 une école expérimentale à Bonneuil-sur-Marne (*l'Enfant, sa maladie et les autres,* 1967).

MANOLETE (Manuel **Rodríguez Sánchez,** dit), *Cordoue 1917 - Linares 1947,* matador espagnol. Adepte d'une stylisation des attitudes, il fut blessé mortellement au cours de sa 508e corrida.

Manon Lescaut, personnage principal du roman homonyme (1731) de l'abbé Prévost. Manon entraîne son amant, Des Grieux, dans la déchéance. – L'héroïne a inspiré l'opéra-comique *Manon,* de Massenet (1884), et l'opéra *Manon Lescaut,* de Puccini (1893).

MANOSQUE (04100), ch.-l. de cant. des Alpes-de-Haute-Provence ; 20 309 hab. *(Manosquins).* Monuments médiévaux. – Centrale hydroélectrique sur une dérivation de la Durance.

MAN RAY (Emmanuel **Rudnitsky,** dit), *Philadelphie 1890 - Paris 1976,* peintre et photographe américain. Il participe à l'activité dada à New York, puis s'installe à Paris (1921). Ses *rayographes* (silhouettes d'objets, à partir de 1922) comptent parmi les premières photographies « abstraites ». Le surréalisme marque ses courts-métrages (*l'Étoile de mer,* sur un poème de Desnos, 1928), de même que ses peintures, ses collages et ses assemblages, d'une libre invention poétique.

MANRESA, v. d'Espagne (Catalogne) ; 66 320 hab. Cathédrale gothique des XIVe-XVIe s. ; musée.

MANRIQUE (Jorge), *Paredes de Nava 1440 - près du château de Garci-Muñoz 1479,* poète espagnol. Ses *Stances sur la mort de son père* sont une œuvre majeure de la poésie espagnole.

MANS [mɑ̃] **(Le),** ch.-l. du dép. de la Sarthe, sur la Sarthe, à son confluent avec l'Huisne, à 211 km à l'O. de Paris ; 150 605 hab. *(Manceaux).* Université. Évêché. Centre industriel (industrie automobile, télécommunications, produits laitiers), commercial et financier. – Enceinte gallo-romaine ; cathédrale romane et gothique (chœur du XIIIe s., vitraux) ; maisons anciennes. Musées. – À proximité, circuit de la course automobile des *Vingt-Quatre Heures du Mans.*

MANSART (François), *Paris 1598 - id. 1666,* architecte français. Chez lui s'ordonnent toutes les qualités d'un classicisme affranchi de la tutelle des modèles antiques et italiens. Il travaille à Paris pour les congrégations (église devenue le temple Ste-Marie, 1632) et les particuliers (nombreuses demeures, dont peu subsistent, tel l'hôtel de Guénégaud, dans le Marais), construit l'aile Gaston-d'Orléans de Blois (1635) et le château de Maisons (1642). Il entreprend en 1645 la chapelle du Val-de-Grâce, mais, trop lent par perfectionnisme, est remplacé par Lemercier, qui suivra ses plans. – **Jules Hardouin,** dit **Hardouin-M.,** *Paris 1646 - Marly 1708,* architecte français, petit-neveu de François. Premier architecte de Louis XIV, il agrandit le château de Versailles à partir de 1678 (galerie des Glaces, chapelle, etc.). On lui doit encore la chapelle des Invalides, avec son dôme à deux coupoles emboîtées (d'après une idée de F. Mansart, 1676 - 1706), les places Vendôme et des Victoires à Paris, le Grand Trianon, divers châteaux, des travaux pour Arles et pour Dijon. D'une grande diversité, incluant des dessins de fortifications aussi bien qu'un modèle nouveau de maison urbaine, son œuvre connut un rayonnement dépassant les frontières de la France. Un de ses petits-fils, Jacques **Mansart de Sagonne** (1709 - 1776), fut l'architecte de la cathédrale St-Louis de Versailles.

■ JULES HARDOUIN-**MANSART.** La chapelle St-Louis de l'hôtel des Invalides à Paris, dite « le dôme des Invalides », entreprise en 1676.

MANSFELD (Ernst, comte **von**), *Luxembourg 1580 - Rakovica, près de Sarajevo, 1626,* homme de guerre allemand. Il prit le parti des protestants pendant la guerre de Trente Ans et combattit Tilly, puis Wallenstein.

MANSFIELD (Kathleen **Mansfield Beauchamp,** dite Katherine), *Wellington, Nouvelle-Zélande, 1888 - Fontainebleau 1923,* femme de lettres néo-zélandaise. Nouvelliste *(la Garden Party),* elle a également laissé des *Lettres* et un *Journal.*

MANSHOLT (Sicco Leendert), *Ulrum 1908 - Wapserveen, prov. de Drenthe, 1995,* homme politique néerlandais. Vice-président (1967 - 1972) puis président (1972 - 1973) de la Commission exécutive de la CEE, il a préconisé la modernisation des agricultures européennes.

MANSIS, peuple finno-ougrien de Russie (Sibérie occidentale) [env. 8 500]. Appelés autrefois *Vogoules,* ils sont souvent regroupés avec les Khantys sous le nom d'*Ougriens de l'Ob.*

MANSOURAH, v. d'Égypte, près de la Méditerranée ; 375 000 hab. Saint-Louis y fut fait prisonnier en 1250.

MANSTEIN (Erich **von Lewinski,** dit Erich **von**), *Berlin 1887 - Irschenhausen, Bavière, 1973,* maréchal allemand. Chef d'état-major du groupe d'armées de Rundstedt (1939), il est l'auteur du plan d'opérations contre la France en 1940. Il conquit la Crimée en 1942, puis commanda un groupe d'armées sur le front russe jusqu'en 1944.

MANSUR (Abu Djafar **al-**), *m. en 775,* deuxième calife abbasside (754 - 775). Il fonda Bagdad en 762.

MANSUR (Muhammad ibn Abi Amir, surnommé **al-**), en esp. **Almanzor,** *Torrox, prov. de Málaga, v. 938 - Medinaceli 1002,* homme d'État et chef militaire du califat de Cordoue. Il combattit avec succès les royaumes chrétiens du nord de l'Espagne.

MANTA, v. de l'Équateur, sur l'océan Pacifique ; 125 505 hab.

MANTEGNA (Andrea), *Isola di Carturo, Padoue, 1431 - Mantoue 1506,* peintre et graveur italien. Formé à Padoue (au moment où Donatello y travaille), il fait l'essentiel de sa carrière à Mantoue (fresques de la *Camera degli Sposi* au palais ducal, achevées en 1474). Par son puissant langage plastique (relief sculptural, effets de perspective, netteté d'articulation) et son répertoire décoratif antiquisant il eut une grande influence dans toute l'Italie du Nord.

■ **MANTEGNA.** *Le Christ mort* (v. 1506) ; exemple célèbre de raccourci anatomique. (Pinacothèque de Brera, Milan.)

MANTES-LA-JOLIE (78200), ch.-l. d'arrond. des Yvelines, sur la Seine ; 44 031 hab. *(Mantais).* Pneumatiques. — Importante collégiale gothique (1170 - XIVe s.).

MANTES-LA-VILLE (78200), ch.-l. de cant. des Yvelines ; 19 363 hab. *(Mantevillois).*

MANTEUFFEL (Edwin, baron **von**), *Dresde 1809 - Karlsbad 1885,* maréchal prussien. Il fut gouverneur de l'Alsace-Lorraine de 1879 à 1885.

Mantinée (bataille de) [362 av. J.-C.], victoire des Thébains d'Épaminondas sur les Spartiates à Mantinée (Arcadie). Épaminondas y périt.

MANTOUE, en ital. **Mantova,** v. d'Italie (Lombardie), ch.-l. de prov. ; 52 948 hab. *(Mantouans).* La ville est entourée de trois lacs formés par le Mincio. — Palais ducal des XIIIe-XVIIe s. (musée) ; deux églises de L. B. Alberti ; palais du Te, chef-d'œuvre maniériste de J. Romain. — La ville fut gouvernée de 1328 à 1708 par les Gonzague.

MANU, premier homme, père de la race humaine de chaque âge de l'univers, dans la mythologie hindoue. Il est considéré comme l'auteur du code juridique hindou *(lois de Manu).*

MANUCE, en ital. **Manuzio,** famille d'imprimeurs italiens, connus aussi sous le nom de Aldes. — **Alde M.** (abrév. de *Tebaldo Manuzio*), dit **l'Ancien,** *Bassiano v. 1449 - Venise 1515.* Il fonda à Venise une imprimerie que rendirent célèbre ses éditions princeps des chefs-d'œuvre grecs et latins. Il créa le caractère italique (1500) et le format in-octavo. — **Alde M.,** dit **le Jeune,** *Venise 1547 - Rome 1597.* Petit-fils de Alde l'Ancien, il dirigea l'imprimerie vaticane.

MANUEL Ier COMNÈNE, *v. 1118 - 1180,* empereur byzantin (1143 - 1180). Il combattit les Normands de Sicile, soumit la Serbie (1172), mais se heurta aux Vénitiens et fut battu par les Turcs (1176).

MANUEL II PALÉOLOGUE, *1348 - 1425,* empereur byzantin (1391 - 1425). Il lutta vainement contre le sultan ottoman, dont il dut reconnaître la suzeraineté (1424).

MANUEL Ier le Grand et **le Fortuné,** *Alcochete 1469 - Lisbonne 1521,* roi de Portugal (1495 - 1521), de la dynastie d'Aviz. À son règne correspondent le début de l'essor colonial et l'essor de l'architecture manuéline.

MANUEL DEUTSCH (Niklaus), *Berne 1484 - id. 1530,* peintre, poète et homme d'État suisse. Il est un artiste de transition entre héritage gothique et italianisme (*le Jugement de Pâris,* v. 1520, Bâle).

Manyo-shu, la plus ancienne anthologie de poésie japonaise (v. 760 ?). Elle rassemble principalement des poèmes des VIIe et VIIIe s.

MANYTCH n.m., riv. de Russie, au nord du Caucase. Il a un écoulement intermittent vers la mer d'Azov (par le Don) et vers la Caspienne (par la Koura).

MANZANARES n.m., riv. d'Espagne, sous-affl. du Tage ; 85 km. Il passe à Madrid.

MANZONI (Alessandro), *Milan 1785 - id. 1873,* écrivain italien. Son roman historique *les Fiancés* (1825 - 1827), peinture réaliste et moralisante d'humbles existences villageoises, exerça une profonde influence sur le roman italien. Son théâtre fut un modèle pour le romantisme italien (*Adelchi,* 1822).

MAO DUN, *Wu, Zhejiang, 1896 - Pékin 1981,* écrivain et homme politique chinois. Romancier, l'un des fondateurs de la Ligue des écrivains de gauche (1930), il fut ministre de la Culture de 1949 à 1965.

MAORI, peuple polynésien de Nouvelle-Zélande (env. 430 000). Arrivés au VIIIe s., ils résistèrent à la colonisation britannique, mais furent, en dépit d'arrangements (traité de Waitangi, 1840), spoliés de leurs meilleures terres et marginalisés. En forte expansion démographique (avec un fort degré de métissage), ils sont désormais indissociables de l'identité néo-zélandaise.

MAO ZEDONG, MAO TSÖ-TONG ou **MAO TSÉ-TOUNG,** *Shaoshan, Hunan, 1893 - Pékin 1976,* homme politique chinois. Né dans une famille de paysans aisés, Mao découvre le marxisme à l'université de Pékin (où il est bibliothécaire) et participe à la fondation du Parti communiste chinois (1921). Percevant le potentiel révolutionnaire des masses paysannes, il organise une insurrection au Hunan (1927), mais l'échec de celle-ci lui vaut d'être exclu du Bureau politique du PCC. Gagnant le Jiangxi pour échapper à la répression engagée par Jiang Jieshi (Tchang Kaï-chek) contre le parti, il fonde la République socialiste chinoise (1931), mais doit battre en retraite devant les nationalistes du Guomindang (la Longue Marche, 1934 - 1935). Réintégré au Bureau politique (1935), il s'impose comme le chef du mouvement communiste chinois, tout en s'alliant avec Jiang Jieshi contre les Japonais. Il rédige alors, à Yan'an, ses textes fondamentaux (*Problèmes stratégiques de la guerre révolutionnaire en Chine,* 1936 ; *De la contradiction, De la pratique,* 1937 ; *De la démocratie nouvelle,* 1940), dans lesquels il adapte le marxisme aux réalités chinoises. Après trois ans de guerre civile (1946 - 1949), il contraint Jiang Jieshi à abandonner le continent et proclame à Pékin la République populaire de Chine (1er oct. 1949). Président du Conseil puis président de la République (1954 - 1959) et président du Parti, il veut accélérer l'évolution du pays lors du Grand Bond en avant (1958) et de la Révolution culturelle (1966 - 1976), dont le programme est donné par son « Petit Livre rouge ». Malgré deux échecs très coûteux pour le pays, le prestige de Mao et l'influence politique de sa femme, Jiang Qing, sont tels que ce n'est qu'une fois mort qu'il sera publiquement critiqué.

■ **MAO ZEDONG**

■ **MARAT** par J. Boze. (Musée Carnavalet, Paris.)

MAPUCHE, peuple amérindien du Chili (env. 400 000). Après avoir résisté aux Incas, les Mapuche s'opposèrent au XVIe s. aux Espagnols et ne furent définitivement soumis qu'au XIXe s. Agriculteurs et éleveurs des hautes terres, ils ont émigré en nombre dans les grandes villes. Ils parlent le *mapuche,* ou *mapudungu.* Leur appellation espagnole d'*Araucans* est vieillie.

MAPUTO, anc. **Lourenço Marques,** cap. du Mozambique, sur l'océan Indien ; 1 100 000 hab. *(Maputais).* Port.

MAR (serra do), extrémité méridionale du Plateau brésilien.

MARACAIBO, v. du Venezuela, à l'extrémité nord-ouest du *lac de Maracaibo* (formé par la mer des Antilles) ; 1 249 670 hab. Centre pétrolier.

Maracanã, plus vaste stade (de football) du monde, situé à Rio de Janeiro.

MARACAY, v. du Venezuela, à l'O. de Caracas ; 354 196 hab.

MARADI, v. du sud du Niger ; 113 000 hab.

MARADONA (Diego Armando), *Buenos Aires 1960,* footballeur argentin. Il fut le principal artisan de la victoire de son pays dans la Coupe du monde des nations en 1986.

MARAGHEH, v. d'Iran, près du lac d'Ourmia ; 117 388 hab. Vergers irrigués.

Marais (le), anc. quartier de Paris (IIIe et IVe arrond.). Hôtels particuliers des XVIe-XVIIIe s. (Lamoignon, *Carnavalet, *Sully, Guénégaud, Salé [musée Picasso], *Soubise, etc.).

Marais (le), terme péjoratif désignant, pendant la Révolution française, le Tiers Parti (ou la Plaine), groupe qui siégeait à la Convention entre les Girondins et les Montagnards.

MARAIS (Jean **Villain-Marais,** dit Jean), *Cherbourg 1913 - Cannes 1998,* acteur français. Lancé au théâtre par Jean Cocteau, il devint après *l'Éternel Retour* (J. Delannoy, 1943) une des vedettes les plus populaires du cinéma français : *la Belle et la Bête* (J. Cocteau, 1946), *le Bossu* (A. Hunebelle, 1959), *Peau d'Âne* (J. Demy, 1970).

MARAIS (Marin), *Paris 1656 - id. 1728,* compositeur et violiste français. Il est l'auteur de cinq livres de pièces pour viole et d'œuvres lyriques (*Alcyone,* 1706).

MARAIS BRETON ou **MARAIS VENDÉEN,** région de France, sur le littoral de la Loire-Atlantique et de la Vendée.

Marais du Cotentin et du Bessin (parc naturel régional des), parc naturel, en Basse-Normandie (Manche et Calvados), couvrant env. 150 000 ha.

MARAIS POITEVIN, région de France, partagée principalement entre la Vendée et la Charente-Maritime (débordant sur le sud-ouest du dép. des Deux-Sèvres), en bordure de la baie de l'Aiguillon.

MARAJÓ, île du Brésil, à l'embouchure de l'Amazone ; 40 000 km². Site de l'une des plus anciennes cultures du Brésil (tertres, céramiques).

MARAMUREȘ n.m., massif des Carpates, en Roumanie ; 2 305 m.

MARANGE-SILVANGE (57159), ch.-l. de cant. de la Moselle ; 5 444 hab.

MARANHÃO, État du nord-est du Brésil ; 5 131 389 hab. ; cap. *São Luís do Maranhão.*

MARAÑÓN n.m., riv. du Pérou ; 1 800 km. L'une des branches mères de l'Amazone.

MARAÑÓN Y POSADILLO (Gregorio), *Madrid 1887 - id. 1960,* médecin et écrivain espagnol. Il est l'un des créateurs de l'endocrinologie.

MARANS [marɑ̃] (17230), ch.-l. de cant. de la Charente-Maritime ; 4 428 hab. Aviculture (race de Marans). Anc. centre de faïencerie.

MARAT (Jean-Paul), *Boudry, canton de Neuchâtel, 1743 - Paris 1793,* homme politique français. Médecin, fondateur de *l'Ami du peuple,* journal préféré des sans-culottes, membre actif du club des Cordeliers, il se fait l'avocat virulent des intérêts populaires. Deux fois exilé, son journal supprimé, il rentre en France en août 1792. Député de Paris à la Convention, il vote la mort de Louis XVI, puis entre en conflit avec les Girondins, contribuant de façon décisive à leur chute (2 juin 1793). Il est assassiné le mois suivant dans sa baignoire par Charlotte Corday (sujet d'un tableau de David).

MARATHES, population de l'ouest de l'Inde (Maharashtra). Tirant leur nom d'une confédération de royaumes hindous unis contre le pouvoir moghol, les Marathes établirent au XVIIIe siècle un vaste empire, avant d'être vaincus par les Britanniques au terme de trois guerres (1779 - 1818). Ils parlent le *marathi,* langue indo-européenne.

Marathon (bataille de) [490 av. J.-C.], bataille de la première guerre médique. Victoire du général athénien Miltiade sur les Perses, près du village de Marathon, à 40 km d'Athènes. Un coureur, dépêché à Athènes pour annoncer la victoire, serait mort d'épuisement à son arrivée.

MARBELLA, v. d'Espagne (Andalousie), sur la Costa del Sol ; 80 599 hab. Station balnéaire.

MARBURG, v. d'Allemagne (Hesse), sur la Lahn ; 76 582 hab. Université. — Église Ste-Élisabeth, du XIIIe s., prototype de la halle à trois vaisseaux ; château des XIIIe-XVIe s. Musées.

Marburg (école de), mouvement philosophique néokantien (v. 1875 - 1933), dont les principaux représentants sont H. Cohen, P. Natorp et E. Cassirer.

MARC (saint), *Ier s.,* un des quatre évangélistes. Compagnon de Paul, de Barnabé, puis de Pierre, il est, selon la tradition, l'auteur du second Évangile et le fondateur de l'Église d'Alexandrie. Ses reliques auraient été transportées à Venise, dont il devint ainsi le patron, au IXe s. Il est représenté accompagné d'un lion ailé.

MARC (Franz), *Munich 1880 - Verdun 1916,* peintre allemand, l'un des maîtres du *Blaue Reiter.

MARC AURÈLE, en lat. **Marcus Aurelius Antoninus,** *Rome 121 - Vindobona 180,* empereur romain (161 - 180). Adopté par Antonin, il lui succéda. Son règne, durant lequel il renforça la centralisation administrative, fut dominé par les guerres : campagnes contre les Parthes (161 - 166) et contre les Germains, qui avaient franchi le Danube et atteint l'Italie (168 - 175 et 178 - 180). Il associa son fils Commode au pouvoir en 177. Il a laissé des *Pensées,* en grec, où s'exprime son adhésion au stoïcisme. — Sa statue équestre (auj. dans un musée du Capitole), en bronze autrefois doré, érigée au Latran de son vivant, fut restaurée par Michel-Ange et transportée sur la place du Capitole. Elle a été le prototype de toutes les statues équestres de la Renaissance.

MARCEAU (François Séverin **Marceau-Desgraviers,** dit), *Chartres 1769 - Altenkirchen 1796,* général français. Il commanda l'armée de l'Ouest contre les vendéens (1793), se distingua à Fleurus (1794) et s'empara de Coblence.

MARCEAU (Louis **Carette,** dit Félicien), *Cortenberg, près de Bruxelles, 1913,* écrivain français d'origine belge. Il se fixe en France en 1944 et y entreprend une carrière féconde de romancier (*les Élans du cœur,* 1955 ; *Creezy,* 1969), d'auteur dramatique (*l'Œuf,* 1956 ; *la Bonne Soupe,* 1959) et d'essayiste. (Acad. fr.)

MARCEAU (Marcel **Mangel,** dit Marcel), *Strasbourg 1923,* mime français. Créateur du personnage de Bip, bouffon lunaire, il a renouvelé l'art de la pantomime en exprimant la poésie des situations quotidiennes. En 1958, il a fondé à Paris une école de mimes.

MARCEL (Étienne), *v. 1316 - Paris 1358,* marchand drapier français. Prévôt des marchands de Paris à partir de 1355, il fut, aux états généraux de 1356 et 1357, le porte-parole de la riche bourgeoisie contre l'autorité royale. S'opposant au Dauphin Charles (Charles V), il fit tuer ses principaux conseillers et, avec l'aide des Anglo-Navarrais, fut pendant quelque temps maître de Paris (1358). Il fut assassiné par un partisan du Dauphin.

MARCEL (Gabriel), *Paris 1889 - id. 1973,* philosophe et écrivain français. Converti au catholicisme (1929), il devint un des principaux représentants de l'existentialisme chrétien (*Être et avoir,* 1935 ; *le Mystère de l'Être,* 1951).

MARCELLIN (saint), *m. à Rome en 304,* pape de 296 à 304. Martyr sous Dioclétien.

MARCELLO (Benedetto), *Venise 1686 - Brescia 1739,* compositeur italien. Auteur d'un recueil de 50 paraphrases des psaumes de David (sur des textes de G.A Giustiniani), il composa aussi sonates et concertos. On lui doit en outre un écrit satirique, *le Théâtre à la mode.*

MARCELLUS (Marcus Claudius), *v. 268 - 208 av. J.-C.,* général romain. Pendant la deuxième guerre punique, il prit Syracuse (212 av. J.-C.), défendue par Archimède.

MARCHAIS (Georges), *La Hoguette, Calvados, 1920 - Paris 1997,* homme politique français. Il fut secrétaire général du Parti communiste français de 1972 à 1994.

MARCHAL (Henri), *Paris 1875 - Siem Réap, Cambodge, 1970,* archéologue français. On lui doit le dégagement et le rétablissement de la plupart des monuments d'Angkor, dont il fut conservateur à partir de 1916.

MARCHAND (Jean-Baptiste), *Thoissey 1863 - Paris 1934,* général et explorateur français. Parti du Congo en 1896, il atteignit Fachoda, sur le Nil, mais dut l'évacuer peu après, sur ordre (7 nov. 1898), à l'arrivée des Britanniques de Kitchener.

MARCHE (la), anc. province de France, réunie à la Couronne sous François Ier. (Cap. *Guéret.*) Elle correspond à la majeure partie du département de la Creuse.

MARCHE-EN-FAMENNE, v. de Belgique, ch.-l. d'arrond. de la prov. de Luxembourg ; 15 425 hab. Noyau urbain ancien ; église romane de Waha.

MARCHES (les), en ital. **Marche,** région d'Italie ; 1 427 666 hab. ; cap. *Ancône ;* 4 prov. (*Pesaro et Urbino, Ancône, Macerata* et *Ascoli Piceno*).

Marche sur Rome (la) [28 oct. 1922], marche spectaculaire des « Chemises noires » de Mussolini vers la capitale italienne. Elle contraignit le roi Victor-Emmanuel III à confier le gouvernement à Mussolini.

MARCHIENNES (59870), ch.-l. de cant. du Nord ; 4 684 hab. Anc. abbaye bénédictine.

MARCIAC (32230), ch.-l. de cant. du Gers ; 1 229 hab. Église des XIVe-XVIe s. — Festival de jazz.

MARCIANO (Rocco Francis **Marchegiano,** dit Rocky), *Brockton, Massachusetts, 1923 - près de Des Moines 1969,* boxeur américain. Champion du monde des poids lourds (1952 à 1956), il demeura invaincu dans les rangs professionnels.

MARCIGNY (71110), ch.-l. de cant. de Saône-et-Loire ; 2 061 hab. Musée (faïences) dans la « tour du Moulin », du XVe s.

MARCILLAC-VALLON (12330), ch.-l. de cant. de l'Aveyron ; 1 609 hab. Vins. — Église du XIVe s.

MARCINELLE, partie de la comm. de Charleroi (Belgique). Catastrophe minière en 1956.

MARCION, *Sinope v. 85 - v. 160,* hérétique chrétien. Il vint à Rome vers 140, mais son enseignement provoqua son excommunication en 144. Sa doctrine d'inspiration gnostique, le *marcionisme,* combattue par Tertullien, laissa des traces en Syrie jusqu'au Ve s.

MARCKOLSHEIM (67390), ch.-l. de cant. du Bas-Rhin ; 3 670 hab. Centrale hydroélectrique sur une dérivation du Rhin.

MARCOMANS, anc. peuple germain apparenté aux Suèves. Installés d'abord en Bohême, ils envahirent l'Empire romain sous Marc Aurèle.

MARCONI (Guglielmo), *Bologne 1874 - Rome 1937,* physicien et inventeur italien. Il réalisa les premières liaisons, d'abord de courte portée (1896), puis transatlantiques (1901), par ondes hertziennes. (Prix Nobel 1909.)

MARCO POLO → **POLO.**

MARCOS (Ferdinand), *Sarrat 1917 - Honolulu 1989,* homme politique philippin. Président de la République (1965 - 1986), il combattit la guérilla communiste et musulmane.

MARCOULE, lieu-dit du Gard (comm. de Codolet et de Chusclan), sur le Rhône. Industrie et recherche nucléaires (surgénérateur Phénix).

MARCQ-EN-BARŒUL (59700), ch.-l. de cant. du Nord ; 37 679 hab. Armement.

MARCUS (Rudolf Arthur), *Montréal 1923,* chimiste américain d'origine canadienne. Ses travaux, menés entre 1956 et 1965, ont permis d'élucider les mécanismes de transfert d'électrons entre les molécules. (Prix Nobel 1992.)

MARCUSE (Herbert), *Berlin 1898 - Starnberg, près de Munich, 1979,* philosophe américain d'origine allemande, membre de l'école de Francfort. Croisant marxisme et psychanalyse, il a développé une critique radicale de la civilisation industrielle (*Éros et civilisation,* 1955 ; *l'Homme unidimensionnel,* 1964).

MARCY-L'ÉTOILE (69280), comm. du Rhône ; 3 167 hab. Chimie.

MARDAN, v. du Pakistan ; 148 000 hab.

MAR DEL PLATA, v. d'Argentine, sur l'Atlantique ; 519 800 hab. Port.

MARDOCHÉE, personnage du livre biblique d'Esther.

MARDONIOS, *m. en 479 av. J.-C.,* général perse. Il fut vaincu et tué à Platées par les Grecs.

MARDOUK, le plus important des dieux du panthéon babylonien.

MARÉ (Rolf **de**), *Stockholm 1888 - Kiambu, Kenya, 1964,* mécène suédois, cofondateur des Ballets suédois (1920) et des Archives internationales de la danse (1931).

MARÉCHAL (Marcel), *Lyon 1937,* comédien, metteur en scène et directeur de théâtre français. À Lyon, à Marseille, puis à Paris, il met sa passion du texte et son jeu à la fois exubérant et maîtrisé au service d'auteurs contemporains aussi bien que classiques.

MAREMME n.f., en ital. **Maremma,** région de l'Italie centrale, le long de la mer Tyrrhénienne.

Marengo (bataille de) [14 juin 1800], bataille de la campagne d'Italie. Victoire de Bonaparte et de Desaix sur les Autrichiens, près d'Alexandrie (Piémont), qui entraîna le retrait de l'armée autrichienne du Piémont et de la Lombardie.

MARENNES (17320), ch.-l. de cant. de la Charente-Maritime, près de la Seudre ; 4 773 hab. Parcs à huîtres. — Église à haut clocher gothique.

MARÉOTIS (lac) → **MARIOUT.**

MAREUIL-SUR-LAY-DISSAIS (85320), ch.-l. de cant. de la Vendée ; 2 450 hab. Église romane.

MAREY (Étienne Jules), *Beaune 1830 - Paris 1904,* physiologiste et inventeur français. Il a perfectionné l'enregistrement graphique des phénomènes physiologiques et créé, en 1882, la *chronophotographie,* dont dérive le cinéma.

MARGARITA, île des côtes du Venezuela ; 1 072 km².

MARGATE, v. de Grande-Bretagne (Angleterre, Kent) ; 49 000 hab. Station balnéaire.

MARGAUX (33460), comm. de la Gironde, dans le Médoc ; 1 358 hab. Vins rouges.

MARGERIDE (monts de la), massif du sud de la France, dans le sud-est de l'Auvergne ; 1 551 m au signal de Randon.

MARGOT (la reine) → **MARGUERITE DE VALOIS.**

SAINTES

MARGUERITE ou **MARINE** (sainte), *Antioche de Pisidie IIIe s.,* vierge et martyre. Elle fut décapitée pour avoir avoué sa foi plutôt que d'épouser le préfet Olybrius. Patronne des femmes enceintes.

MARGUERITE BOURGEOYS (sainte), *Troyes 1620 - Montréal 1700,* religieuse française. Elle créa la première école à Montréal et fonda au Canada la congrégation de Notre-Dame, destinée à l'enseignement. Canonisée en 1982.

ANGLETERRE

MARGUERITE d'Anjou, *Pont-à-Mousson 1430 - château de Dampierre, Anjou, 1482,* reine d'Angleterre. Fille de René Ier le Bon, roi de Sicile, elle épousa (1445) Henri VI. Elle défendit avec énergie le parti des Lancastres pendant la guerre des Deux-Roses.

■ **MAREY.** Étude du pas de course (extrait) : chronophotographie réalisée à l'école de Joinville.

M

DANEMARK, NORVÈGE, SUÈDE

MARGUERITE Ire Valdemarsdotter, *Søborg 1353 - Flensburg 1412,* reine de Danemark, de Norvège et de Suède. Fille de Valdemar IV, roi de Danemark, elle épousa (1363) le roi de Norvège Haakon VI et devint reine à la mort de son fils Olav (1387). Elle imposa l'union de Kalmar aux États de Danemark, de Norvège et de Suède (1397), au profit de son neveu Erik de Poméranie. – **Marguerite II,** *Copenhague 1940,* reine de Danemark. Fille de Frédéric IX, elle lui succéda en 1972. Elle a épousé (1967) un Français, le comte Henri de Montpezat.

FRANCE

MARGUERITE DE PROVENCE, *1221 - Saint-Marcel, près de Paris, 1295,* reine de France. Elle épousa (1234) Louis IX, avec lequel elle eut onze enfants. Elle chercha à jouer un rôle politique sous le règne de son fils Philippe III.

NAVARRE

MARGUERITE D'ANGOULÊME, *Angoulême 1492 - Odos, Bigorre, 1549,* reine de Navarre. Fille de Charles d'Orléans, duc d'Angoulême, et de Louise de Savoie, sœur aînée de François Ier. Veuve en 1525 de Charles IV, duc d'Alençon, elle épousa en 1527 Henri d'Albret, roi de Navarre. Elle protégea les réformés et fit de sa cour un brillant foyer d'humanisme. – On lui doit *l'*Heptaméron* et des recueils de poésies *(les Marguerites de la Marguerite des princesses).*

M

MARGUERITE DE VALOIS, dite **la reine Margot,** *Saint-Germain-en-Laye 1553 - Paris 1615,* reine de Navarre, puis de France. Fille d'Henri II, elle fut mariée en 1572 à Henri de Navarre (Henri IV), dont elle se sépara très vite. Son mariage fut annulé en 1599. – Elle a laissé des *Mémoires* et des *Poésies.*

PARME

MARGUERITE DE PARME, *Audenarde 1522 - Ortona, Abruzzes, 1586,* duchesse de Parme. Fille naturelle de Charles Quint, elle épousa le duc de Parme Octave Farnèse et fut gouvernante des Pays-Bas de 1559 à 1567.

SAVOIE

MARGUERITE D'AUTRICHE, *Bruxelles 1480 - Malines 1530,* duchesse de Savoie. Fille de l'empereur Maximilien et de Marie de Bourgogne, elle épousa Philibert II le Beau, en l'honneur duquel, devenue veuve, elle fit élever l'église de Brou. Gouvernante des Pays-Bas (1507 - 1515, 1519 - 1530), elle joua un grand rôle diplomatique.

MARGUERITE-MARIE ALACOQUE (sainte), *Verosvres, Saône-et-Loire, 1647 - Paray-le-Monial 1690,* religieuse française. Visitandine à Paray-le-Monial, elle reçut pour mission, lors d'apparitions du Christ (1673 - 1675), de répandre le culte du Sacré-Cœur de Jésus.

MARGUERITTES (30320), ch.-l. de cant. du Gard ; 8 366 hab.

MARI, cité antique de la Mésopotamie, sur le moyen Euphrate (auj. Tell Hariri, Syrie). Ce fut une des grandes villes de l'Orient ancien dès le milieu du IIIe millénaire, puis la capitale d'un État amorrite au début du IIe millénaire ; elle fut détruite par Hammourabi. – Les fouilles, commencées en 1933 par André Parrot, jusqu'à celles reprises en 1979, confirment l'importance de la cité (palais, urbanisme et zone portuaire).

Maria Chapdelaine, roman de L. Hémon (1916). Après la mort de son fiancé, Maria Chapdelaine continue à mener la rude existence des défricheurs canadiens. Le roman a inspiré plusieurs films, dont celui de J. Duvivier (1934).

Mariage de Figaro (le) → **Figaro.**

MARIAMNE ou **MIRIAM,** *Jérusalem v. 60 - 29 av. J.-C.,* deuxième femme d'Hérode le Grand. Ce dernier la fit mourir ainsi que leurs deux fils.

Marianne, surnom de la République française, représentée par un buste de femme coiffée d'un bonnet phrygien. Ce surnom apparut pour la première fois en 1792.

MARIANNES (fosse des), fosse très profonde (11 034 m) du Pacifique, en bordure de l'*archipel des Mariannes.*

MARIANNES (îles), archipel volcanique du Pacifique, à l'E. des Philippines, formé des *Mariannes du Nord* et de Guam. Découvertes par Magellan en 1521, ces îles devinrent espagnoles à partir de 1668. À l'exception de Guam (cédée aux États-Unis), elles furent vendues à l'Allemagne (1899), puis passèrent sous mandat japonais en 1919. Administrées par les États-Unis au nom de l'ONU (1947 - 1990), elles forment depuis 1978 un État associé aux États-Unis, le *Commonwealth des Mariannes du Nord.* Elles furent le théâtre d'une violente bataille aéronavale en juin 1944.

MARIANNES DU NORD (Commonwealth des), dépendance américaine du Pacifique occidental ; 464 km² ; 43 345 hab. ; cap. *Garapan* (sur l'île de Saipan).

MARIÁNSKÉ LÁZNĚ, en all. **Marienbad,** v. de la République tchèque, en Bohême ; 15 378 hab. Station thermale.

MARIAZELL, v. d'Autriche (Styrie) ; 2 300 hab. Centre de pèlerinage. Station de sports d'hiver (alt. 868 - 1 624 m).

MARIBOR, v. de Slovénie, sur la Drave ; 105 000 hab. Construction automobile. – Château du XVe s. (musée) et autres monuments.

MARICA ou **MARITZA** n.f., en gr. **Évros,** fl. de l'Europe balkanique, né en Bulgarie, qui se jette dans la mer Égée ; 490 km. Son cours inférieur sépare la Grèce et la Turquie.

SAINTES

MARIE, mère de Jésus, épouse de Joseph, appelée aussi la Sainte Vierge. Dès les premiers temps de l'Église apparut la croyance en la conception virginale de Jésus en Marie. Le développement de la foi chrétienne mit en valeur le rôle de la Vierge, et le concile d'Éphèse, en 431, proclama Marie « Mère de Dieu ». Le Moyen Âge donna un grand essor à la piété mariale. Malgré la contestation de la Réforme (XVIe s.), une théologie de la Vierge, la *mariologie,* se constitua. Pie IX définit le dogme de l'Immaculée Conception en 1854, et Pie XII, le dogme de l'Assomption en 1950.

MARIE L'ÉGYPTIENNE (sainte), *Égypte v. 345 - Palestine v. 422,* pénitente chrétienne. Courtisane repentie après une vision, elle passa le reste de sa vie retirée dans le désert.

BOURGOGNE

MARIE DE BOURGOGNE, *Bruxelles 1457 - Bruges 1482,* duchesse titulaire de Bourgogne (1477 - 1482). Fille unique de Charles le Téméraire, elle fit, par son mariage avec Maximilien d'Autriche (1477), des Pays-Bas et de la Franche-Comté des possessions des Habsbourg.

FRANCE

MARIE DE MÉDICIS, *Florence 1573 - Cologne 1642,* reine de France. Fille du grand-duc de Toscane, François de Médicis, elle épouse en 1600 le roi de France Henri IV. Au décès de celui-ci (1610), elle est reconnue régente par le Parlement. Elle renvoie les ministres d'Henri IV et mène une politique catholique et pro-espagnole : elle marie son fils Louis XIII à l'infante Anne d'Autriche et reste toute-puissante jusqu'à l'assassinat de Concini (1617). En guerre avec son fils de 1619 à 1620, elle revient à la Cour grâce à son aumônier Richelieu, dont elle persuade le roi de faire son principal ministre (1624). Elle cherche ensuite vainement à faire disgracier Richelieu *(journée des Dupes)* et doit finalement s'exiler.

MARIE LESZCZYŃSKA, *Breslau 1703 - Versailles 1768,* reine de France. Fille du roi de Pologne Stanislas Leszczyński, elle épousa en 1725 le roi de France Louis XV, avec qui elle eut dix enfants.

ANGLETERRE, ÉCOSSE

MARIE Ire STUART, *Linlithgow 1542 - Fotheringay 1587,* reine d'Écosse (1542 - 1567). Fille de Jacques V, reine à sept jours, elle épousa (1558) le futur roi de France François II. Veuve en 1560, elle revint en Écosse, où elle eut à lutter à la fois contre la Réforme et contre les agissements secrets de la reine d'Angleterre Élisabeth Ire. Son mariage avec Bothwell, assassin de son second mari, lord Darnley, son autoritarisme et son catholicisme provoquèrent une insurrection et son abdication (1567). Réfugiée en Angleterre, elle fut impliquée dans plusieurs complots contre Élisabeth, qui la fit emprisonner et exécuter. – **Marie II Stuart,** *Londres 1662 - id. 1694,* reine d'Angleterre, d'Irlande et d'Écosse (1689 - 1694). Fille de Jacques II, elle régna conjointement avec son mari Guillaume III de Nassau.

■ **MARIE DE MÉDICIS** par Rubens. (Prado, Madrid.)

■ **MARIE Ire STUART.** (Museum of Art, Glasgow.)

MARIE Ire TUDOR, *Greenwich 1516 - Londres 1558,* reine d'Angleterre et d'Irlande (1553 - 1558). Fille d'Henri VIII et de Catherine d'Aragon, attachée au catholicisme, elle persécuta les protestants et fut surnommée Marie la Sanglante. Son mariage (1554) avec Philippe II, roi d'Espagne, provoqua une guerre désastreuse avec la France.

■ **MARIE Ire TUDOR** par A. Moro. (Prado, Madrid.)

■ **MARIE-ANTOINETTE** par A. U. Wertmüller. (Château de Versailles.)

PORTUGAL

MARIE Ire DE BRAGANCE, *Lisbonne 1734 - Rio de Janeiro 1816,* reine de Portugal (1777 - 1816). Fille du roi Joseph Ier et femme de son oncle Pierre III, elle devint folle et dut abandonner le pouvoir à son fils, le futur Jean VI, régent à partir de 1792. – **Marie II de Bragance,** *Rio de Janeiro 1819 - Lisbonne 1853,* reine de Portugal (1826 - 1853), fille de Pierre Ier, empereur du Brésil.

DIVERS

MARIE DE FRANCE, *1154 - 1189,* poétesse française, auteur de *Fables* et de *Lais.*

MARIE DE L'INCARNATION (Barbe **Avrillot,** Mme **Acarie,** bienheureuse), *Paris 1566 - Pontoise 1618,* religieuse française. Veuve de Pierre Acarie, elle entra dans l'ordre des Carmélites, qu'elle avait introduit en France en 1604.

MARIE DE L'INCARNATION (Marie **Guyard,** en relig. Mère), *Tours 1599 - Québec 1672,* religieuse française. Elle implanta l'ordre des Ursulines au Canada (1639). Ses *Relations* et ses *Lettres* constituent un document important sur l'histoire de la Nouvelle-France.

MARIE (Pierre), *Paris 1853 - Cannes 1940,* neurologue français. Il réalisa des travaux sur l'aphasie et l'ataxie cérébelleuse.

MARIE-AMÉLIE DE BOURBON, *Caserte 1782 - Claremont 1866,* reine des Français. Fille de Ferdinand Ier de Bourbon, elle épousa en 1809 le duc d'Orléans, futur Louis-Philippe.

MARIE-ANTOINETTE, *Vienne 1755 - Paris 1793,* reine de France. Fille de François Ier, empereur germanique, et de Marie-Thérèse, elle épousa en 1770 le Dauphin Louis, qui devint Louis XVI en 1774. Imprudente, prodigue au point qu'on put lui attribuer tous les scandales *(affaire du Collier)* et ennemie des réformes, elle se rendit impopulaire. Elle poussa Louis XVI à résister à la Révolution. On lui reprocha ses liens avec l'étranger. Incarcérée au Temple après le 10 août 1792, puis à la Conciergerie après la mort du roi, elle fut guillotinée (16 oct. 1793).

MARIE-CAROLINE, *Vienne 1752 - Hötzendorf, près de Vienne, 1814,* reine de Naples. Fille de l'empereur François Ier et de Marie-Thérèse d'Autriche, elle épousa (1768) Ferdinand IV de Naples (Ferdinand Ier de Bourbon), qui lui laissa gouverner le pays.

MARIE-CHRISTINE DE BOURBON, *Naples 1806 - Sainte-Adresse 1878,* reine d'Espagne. Fille de François Ier, roi des Deux-Siciles, elle épousa en 1829 Ferdinand VII. Régente pour sa fille Isabelle II en 1833, elle dut faire face à la première guerre carliste (1833 - 1839).

MARIE-CHRISTINE DE HABSBOURG-LORRAINE, *Gross-Seelowitz 1858 - Madrid 1929,* reine d'Espagne. Elle épousa Alphonse XII, puis fut régente de 1885 à 1902.

Mariée mise à nu par ses célibataires, même (la), grande peinture sur verre de M. Duchamp (1915 - 1923, musée de Philadelphie). L'artiste y résume sa démarche : refus des valeurs purement plastiques et du plaisir de l'œil, jeu intellectuel à base d'érotisme, de scientisme, voire d'ésotérisme, humour délirant et minutieux.

MARIE-GALANTE, île des Antilles françaises, au S.-E. de la Guadeloupe, dont elle dépend ; 157 km^2 ; 12 607 hab. Canne à sucre. – Écomusée, autour de l'Habitation Murat.

Marie-Louise (les), nom donné aux conscrits des classes 1814 et 1815, appelés par anticipation (1813) par décret de l'impératrice Marie-Louise.

MARIE-LOUISE DE HABSBOURG-LORRAINE, *Vienne 1791 - Parme 1847,* impératrice des Français. Fille de François II, empereur germanique, elle épousa en 1810 Napoléon Ier et donna naissance au roi de Rome (1811). Régente en 1813, elle quitta Paris en avril 1814 avec son fils. Duchesse de Parme (1815), elle épousa successivement les Autrichiens Neipperg et Bombelles.

■ L'IMPÉRATRICE **MARIE-LOUISE** par F. Gérard. (Château de Versailles.)

■ L'IMPÉRATRICE **MARIE-THÉRÈSE** par M. Meytens. (Kunsthistorisches Museum, Vienne.)

MARIE MADELEINE (sainte) ou **MARIE DE MAGDALA** ou **LA MAGDALÉENNE,** nom d'une des trois Marie que mentionnent, outre Marie mère de Jésus, les Évangiles. Une tradition, auj. reconnue fautive, assimila cette Marie de Magdala à la pécheresse anonyme qui, selon Luc, lava les pieds de Jésus et les essuya avec sa chevelure au cours d'un dîner chez le pharisien Simon. Ainsi se développa la légende d'une Marie Madeleine repentante (identifiée aussi à Marie de Béthanie) qui serait venue en Provence aux Saintes-Maries-de-la-Mer, puis à la Sainte-Baume, et dont la dépouille aurait été recueillie à Vézelay.

Mariemont (musée royal de) → **MORLANWELZ.**

MARIENBAD → **MARIÁNSKÉ LÁZNĚ.**

MARIE-THÉRÈSE, *Vienne 1717 - id. 1780,* archiduchesse d'Autriche (1740 - 1780), reine de Hongrie (1741 - 1780) et de Bohême (1743 - 1780), de la maison des Habsbourg-Lorraine. Fille de Charles VI, elle devait, selon la pragmatique sanction (1713), recevoir la totalité des États des Habsbourg. Elle dut cependant mener, contre la Prusse, la Bavière et la Saxe aidées par la France et l'Espagne, la guerre de la Succession d'Autriche (1740 - 1748), qui lui coûta la Silésie. En 1745, elle fit élire son époux empereur germanique (François Ier) et porta dès lors le titre d'impératrice. Elle s'engagea contre Frédéric II dans la guerre de Sept Ans (1756 - 1763), mais ne put récupérer la Silésie. À l'intérieur, elle entreprit d'importantes réformes centralisatrices et fut une adepte du mercantilisme. À partir de 1765, elle associa au pouvoir son fils Joseph II. Elle eut dix filles, dont Marie-Antoinette.

MARIE-THÉRÈSE D'AUTRICHE, *Madrid 1638 - Versailles 1683,* reine de France. Fille du roi d'Espagne Philippe IV, elle épousa Louis XIV en 1660 et eut avec lui six enfants, dont seul survécut Louis de France, dit le Grand Dauphin.

MARIETTE (Auguste), *Boulogne-sur-Mer 1821 - Le Caire 1881,* égyptologue français. Il a dégagé et sauvegardé la plupart des grands sites d'Égypte et de Nubie, et a fondé un musée, noyau de celui du Caire.

MARIETTE (Pierre Jean), *Paris 1694 - id. 1774,* éditeur d'estampes, collectionneur et écrivain d'art français. Une partie de sa collection de dessins est auj. au Louvre.

MARIE-VICTORIN (Conrad **Kirouac,** en relig. frère), *Kingsey Falls, Québec, 1885 - près de Saint-Hyacinthe 1944,* religieux et naturaliste canadien. Il fonda le jardin botanique de Montréal.

Marignan (bataille de) [13 - 14 sept. 1515], bataille des guerres d'Italie. Victoire du roi de France François Ier sur les Suisses alliés au pape Léon X, à Marignan (Lombardie). Elle préludait à la reconquête du Milanais par les Français.

MARIGNANE (13700), ch.-l. de cant. des Bouches-du-Rhône, près de l'étang de Berre ; 34 238 hab. *(Marignanais).* Aéroport de Marseille (Marseille-Provence). Aéronautique.

MARIGNY (50570), ch.-l. de cant. de la Manche ; 1 911 hab. Cimetière militaire allemand.

MARIGNY (Enguerrand **de**), *Lyons-la-Forêt v. 1260 - Paris 1315,* homme d'État français. Conseiller de Philippe IV le Bel, il tenta une réforme des finances. Après la mort du roi, il fut pendu à Montfaucon pour prévarication.

MARIGOT (97150 St Martin), ch.-l. d'arrond. de la Guadeloupe, dans l'île de Saint-Martin.

MARILLAC (Michel **de**), *Paris 1563 - Châteaudun 1632,* homme d'État français. Garde des Sceaux à partir de 1626, il rédigea (1629) le *code Michau,* visant à abolir les vestiges de la féodalité, que le parlement ne voulut pas enregistrer. L'un des chefs du parti dévot, il conspira contre Richelieu et fut exilé après la journée des Dupes (1630).

MARIN (Le) [97290], ch.-l. d'arrond. de la Martinique ; 7 344 hab.

MARIN (Marguerite, dite Maguy), *Toulouse 1951,* danseuse et chorégraphe française. Elle fonde sa compagnie en 1978, installée successivement à Créteil (1981), puis à Rillieux-la-Pape (1998). Ses créations sont parmi les plus importantes de la danse contemporaine française (*May B.,* 1981 ; *Cendrillon,* 1985 ; *Quoi qu'il en soit,* 1999).

MARIN DE TYR, géographe grec de la fin du Ier s. apr. J.-C.

Marine (musée de la), musée d'histoire maritime créé à Paris en 1827. D'abord installé au Louvre, il a été transféré au palais de Chaillot en 1943. Il renferme de nombreuses maquettes de bateaux.

MARINES (95640), ch.-l. de cant. du Val-d'Oise ; 2 972 hab. Église des XVIe-XVIIe s.

MARINETTI (Filippo Tommaso), *Alexandrie, Égypte, 1876 - Bellagio 1944,* écrivain italien. Il fut l'initiateur du futurisme, avant de se tourner vers le fascisme.

MARINGÁ, v. du Brésil (Paraná) ; 239 930 hab.

MARINGUES (63350), ch.-l. de cant. du Puy-de-Dôme ; 2 551 hab. Anciennes tanneries.

MARINI (Marino), *Pistoia 1901 - Viareggio 1980,* sculpteur et peintre italien. Moderne, mais admirateur de la sculpture antique archaïque, il allie simplification formelle, tension et monumentalité (thème du *Cavalier,* notamm.).

MARINIDES ou **MÉRINIDES,** dynastie berbère qui régna au Maroc de 1269 à 1465.

MARIN LA MESLÉE (Edmond), *Valenciennes 1912 - près de Dessenheim, Haut-Rhin, 1945,* officier aviateur français. Classé premier chasseur français avec 20 victoires en 1940, il fut abattu en combat aérien lors de sa 105e mission.

MARINO ou **MARINI** (Giambattista), *Naples 1569 - id. 1625,* poète italien. Connu en France sous le nom de *Cavalier Marin,* il influença profondément la littérature précieuse.

MARIOTTE (abbé Edme), *Dijon ? v. 1620 - Paris 1684,* physicien français. L'un des fondateurs de la physique expérimentale en France, il étudia l'hydrodynamique, les déformations élastiques des solides et l'optique, et découvrit le point aveugle de l'œil humain. En 1676, peu après Boyle, il énonça la loi de compressibilité des gaz à température constante qui porte leurs noms.

MARIOUPOL, de 1948 à 1989 **Jdanov,** v. d'Ukraine, sur la mer d'Azov ; 522 000 hab. Port. Sidérurgie.

MARIOUT (lac), anc. **Maréotis,** lagune du littoral méditerranéen de l'Égypte. Il est séparé de la mer par une langue de terre sur laquelle s'élève Alexandrie.

MARIS, peuple finno-ougrien de Russie (république des Maris, Bachkortostan, Tatarstan) [env. 670 000]. Excepté les Maris orientaux (musulmans), ils sont convertis à l'orthodoxie, à laquelle ils mêlent leurs croyances traditionnelles. Essentiellement ruraux, ils parlent le *mari.* Leur appellation russe de *Tchérémisses* est vieillie.

MARIS ou **MARIS EL** (république des), république de Russie, au N. de Kazan ; 765 000 hab. ; cap. *Iochkar-Ola.* Elle regroupe à peine 45 % de Maris de souche.

MARITAIN (Jacques), *Paris 1882 - Toulouse 1973,* philosophe français. L'un des principaux représentants du néothomisme, il contribua au renouveau catholique (*Humanisme intégral,* 1936).

MARITZA → **MARICA.**

MARIUS (Caius), *Cereatae, près d'Arpinum, 157 - Rome 86 av. J.-C.,* général et homme politique romain. Plébéien, il rompt avec Metellus, l'un des chefs aristocrates, et se pose en champion du peuple. En 107 av. J.-C., il obtient le consulat et le commandement de l'armée d'Afrique ; il constitue une véritable armée de métier, grâce à laquelle il vient à bout de Jugurtha (105), des Teutons à Aix (102) et des Cimbres à Verceil (101). Mais le parti aristocratique reprend l'avantage avec Sulla, qui, vainqueur en Orient, marche sur Rome (88). Marius doit alors s'exiler en Afrique. Sulla étant reparti pour l'Orient, Marius rentre à Rome (86) avec l'aide de Cinna. Consul pour la septième fois, il meurt peu après.

MARIVAUX (Pierre **Carlet de Chamblain de**), *Paris 1688 - id. 1763,* écrivain français. Auteur de parodies, rédacteur de journaux, il est ruiné par la banqueroute de Law et se consacre au théâtre. Il renouvelle la comédie en la fondant sur l'amour naissant, traduit en un langage délicat, qu'on a appelé le « marivaudage » : *la Surprise de l'amour* (1722), *la Double Inconstance* (1723), *le Jeu de l'amour et du hasard* (1730), *la Mère confidente* (1735), *le Legs* (1736), *les Fausses Confidences* (1737), *l'Épreuve* (1740). On lui doit également deux romans : *la Vie de Marianne* (1731 - 1741), *le Paysan parvenu* (1735). [Acad. fr.]

MARKA → **SONINKÉ.**

MARKHAM, v. du Canada (Ontario), banlieue de Toronto ; 137 591 hab.

MARKHAM (mont), un des points culminants de l'Antarctique ; 4 350 m.

MARKOV (Andreï Andreïevitch), *Riazan 1856 - Petrograd 1922,* mathématicien russe. En théorie des probabilités, il introduisit les chaînes d'événements, dites « chaînes de Markov », dont le futur, à partir d'un présent connu, est indépendant du passé.

MARKOWITZ (Harry), *Chicago 1927,* économiste américain. Ses travaux portent sur la théorie de l'économie financière et le financement des entreprises. Il a développé la théorie dite « du choix des portefeuilles », qui prend en compte le risque. (Prix Nobel 1990.)

MARKSTEIN n.m., sommet du sud du massif des Vosges (France) ; 1 266 m. Sports d'hiver.

MARL, v. d'Allemagne (Rhénanie-du-Nord-Westphalie), dans la Ruhr ; 92 590 hab. Chimie.

MARLBOROUGH (John **Churchill,** duc **de**), *Musbury 1650 - Granbourn Lodge 1722,* général anglais. En 1688, il passa du camp de Jacques II au parti de Guillaume d'Orange. À l'avènement de la reine Anne (1702), il devint commandant en chef des troupes britanniques. Généralissime des armées alliées, il remporta les victoires de Blenheim (1704) et de Malplaquet (1709), au cours de la guerre de la Succession d'Espagne. Il fut disgracié en 1710. Sous le nom de Malbrough, il est le héros d'une chanson populaire.

MARLE (02250), ch.-l. de cant. de l'Aisne ; 2 575 hab. Église gothique du XIIIe s.

MARLEY (Robert **Nesta,** dit Bob), *Rhoden Hall, Saint Ann, 1945 - Miami, États-Unis, 1981,* chanteur

■ **MARIVAUX.** (Château de Versailles.)

■ LE DUC DE **MARLBOROUGH** par A. Van der Werff. (Galerie Palatine, Florence.)

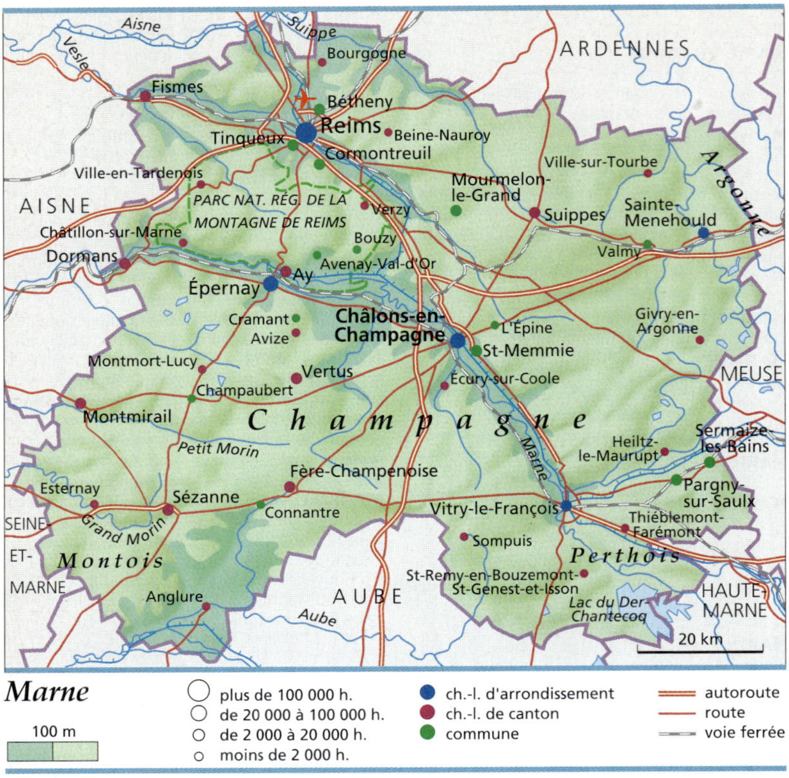

jamaïquain de reggae. Guitariste, compositeur, adepte du mouvement rasta, il a popularisé le reggae dans le monde *(Soul Rebel, Jammin')*.

MARLOWE (Christopher), *Canterbury 1564 - Deptford, Londres, 1593*, dramaturge anglais, auteur de *la Tragique Histoire du Dr Faust* (v. 1590).

Marlowe (Philip), personnage de détective privé des romans policiers de R. Chandler (1939).

MARLY (59770), comm. du Nord ; 11 788 hab.

MARLY-LE-ROI (78160), ch.-l. de cant. des Yvelines, près de la Seine ; 16 931 hab. *(Marlychois)*. Louis XIV s'y fit construire v. 1680, par J. H.-Mansart, un petit château et douze pavillons, détruits sous la Révolution ; parc avec plans d'eau, copies des *Chevaux* de Coustou et « musée-promenade » de Marly-Louveciennes.

MARMANDE (47200), ch.-l. d'arrond. de Lot-et-Garonne, sur la Garonne ; 18 103 hab. *(Marmandais)*. Centre de production maraîchère. Industrie aéronautique. — Église des XIIIe-XVIIe s.

MARMARA (mer de), mer intérieure du bassin de la Méditerranée, entre les parties européenne et asiatique de la Turquie ; env. 11 500 km². C'est l'ancienne *Propontide*.

MARMOLADA n.f., point culminant des Dolomites (Italie) ; 3 342 m.

MARMONT (Auguste **Viesse de**), duc **de Raguse**, *Châtillon-sur-Seine 1774 - Venise 1852*, maréchal de France. Il commanda en Dalmatie (1806), au Portugal et en Espagne (1811 - 1812), puis pendant la campagne de France (1814). Il négocia la capitulation de Paris avec les Alliés.

MARMONTEL (Jean-François), *Bort-les-Orgues 1723 - Habloville, Saint-Aubin-sur-Gaillon, Eure, 1799*, écrivain français. Collaborateur de l'**Encyclopédie*, il est l'auteur de romans *(Bélisaire, les Incas)* et de *Contes moraux*. (Acad. fr.)

MARMOUTIER (67440), ch.-l. de cant. du Bas-Rhin ; 2 466 hab. Remarquable église, anc. abbatiale, à façade romane (milieu du XIIe s.).

MARNE n.f., riv. de France, qui naît sur le plateau de Langres et qui se jette dans la Seine entre Charenton et Alfortville ; 525 km. Elle passe à Chaumont, Saint-Dizier, Vitry-le-François, Châlons-en-Champagne, Épernay, Château-Thierry et Meaux. Près de Saint-Dizier, une retenue (*réservoir Marne*, ou lac du Der-Chantecoq) forme un lac de près de 5 000 ha. Le *canal de la Marne au Rhin* relie Vitry-le-François à Strasbourg.

MARNE n.f. (51), dép. de la Région Champagne-Ardenne ; ch.-l. de dép. *Châlons-en-Champagne ;* ch.-l. d'arrond. *Épernay, Reims, Sainte-Menehould, Vitry-le-François ;* 5 arrond. ; 44 cant. ; 619 comm. ; 8 162 km² ; 565 229 hab. *(Marnais)*. Le dép. appartient à l'académie et à la cour d'appel de Reims, à la zone de défense Est. Les plaines de la Champagne crayeuse, mises en valeur (céréales), font place, à l'est, aux terres argileuses de la Champagne humide, pays de bois et de prairies (élevage laitier). À l'ouest s'élève la côte de l'Île-de-France, qui, autour de Reims et d'Épernay, porte le célèbre vignoble champenois. L'industrie, représentée par l'agroalimentaire, la métallurgie et les produits pharmaceutiques, est localisée surtout à Reims, dont l'agglomération concentre près de 40 % de la population totale du département.

Marne (bataille de la) [6 - 13 sept. 1914], campagne de la Première Guerre mondiale. La victoire des armées franco-britanniques, dirigées par Joffre, arrêta sur la Marne l'invasion des armées allemandes et contraignit Moltke à la retraite.

MARNE (HAUTE-) [52], dép. de la Région Champagne-Ardenne ; ch.-l. de dép. *Chaumont ;* ch.-l. d'arrond. *Langres, Saint-Dizier ;* 3 arrond. ; 32 cant. ; 432 comm. ; 6 211 km² ; 194 873 hab. *(Haut-Marnais)*. Le dép. appartient à l'académie de Reims, à la cour d'appel de Dijon, à la zone de défense Est. Il est formé de régions variées (Vallage, Bassigny, Châtillonnais, plateau de Langres), où l'élevage bovin et, localement, l'exploitation forestière constituent les fondements de l'économie rurale. La vallée de la Marne est jalonnée par les principales villes (Saint-Dizier, Chaumont). L'industrie est représentée par la métallurgie de transformation (du matériel agricole à la coutellerie), de tradition ancienne à Saint-Dizier et dans le Bassigny. Peu peuplé (densité voisine du tiers de la moyenne nationale), le dép. subit une constante émigration.

MARNE-LA-VALLÉE, v. nouvelle, à l'E. de Paris, sur la rive gauche de la Marne. Parc de loisirs (Disneyland Paris) et cité scientifique Descartes (établissements d'enseignement supérieur, dont l'École nationale des ponts et chaussées).

MARNIX (Philippe **de**), baron **de Sainte-Aldegonde,** *Bruxelles 1540 - Leyde 1598,* écrivain et diplomate néerlandais d'expression néerlandaise et française. Ses pamphlets anticatholiques *(la Ruche de la Sainte Église romaine, Tableau des différends de la Religion)* sont marqués par une verve truculente proche de celle de Rabelais.

MAROC n.m., État d'Afrique, sur l'Atlantique et la Méditerranée ; 710 000 km² (avec l'ancien Sahara espagnol) ; 27 560 000 hab. *(Marocains).* CAP. *Rabat.* V. PRINC. *Casablanca, Fès* et *Marrakech.* LANGUE : *arabe.* MONNAIE : *dirham marocain.*

INSTITUTIONS

Monarchie constitutionnelle héréditaire. Constitution de 1972, révisée en 1980, 1992 et 1996. Le roi, chef spirituel et temporel, nomme le Premier ministre. Le Parlement comprend la Chambre des représentants, élue pour 5 ans au suffrage direct et la Chambre des conseillers, élue pour 9 ans au suffrage indirect.

GÉOGRAPHIE

Le Maroc offre des paysages variés. Les chaînes de l'Atlas séparent le Maroc oriental, plateau dominant la dépression de la Moulouya, du Maroc atlantique, formé de plateaux et de plaines (en bordure du littoral). Le Nord est occupé par la chaîne du Rif, qui retombe brutalement sur la Méditerranée. Le Sud appartient déjà au Sahara. La latitude et la disposition des reliefs expliquent la relative humidité du Maroc atlantique et l'aridité de la partie orientale et méridionale.

La population, islamisée, à dominante arabe (malgré la présence de Berbères), est auj. en majeure partie urbanisée (Casablanca est, avec Alger, la plus grande ville du Maghreb). L'agriculture juxtapose céréales (blé), élevage (ovins surtout) et cultures commerciales (agrumes essentiellement). Les phosphates assurent l'essentiel des exportations. L'industrie de transformation est peu développée et le sous-emploi reste notable. Le tourisme et les envois des émigrés ne peuvent combler le déficit commercial, alors que le pays demeure endetté.

HISTOIRE

Le Maroc antique. IXᵉ - VIIIᵉ s. av. J.-C. : les Phéniciens créent des comptoirs sur le littoral. **VIᵉ s. av. J.-C. :** ceux-ci passent sous le contrôle de Carthage. **Vᵉ s. av. J.-C. :** création du royaume de Mauritanie. **40 apr. J.-C. :** la Mauritanie est annexée par Rome. **435 - 442 :** invasion des Vandales.

Le Maroc islamique. 700 - 710 : les Arabes conquièrent le pays et imposent l'islam aux tribus berbères, chrétiennes, juives ou animistes. **739 - 740 :** révolte des Berbères kharidjites. **789 - 985 :** la dynastie idriside gouverne le pays. **1061 - 1147 :** les Almoravides unifient le Maghreb et l'Andalousie en un vaste empire. **1147 - 1269 :** sous le gouvernement des Almohades, une brillante civilisation arabo-andalouse s'épanouit. **1269 - 1465 :** le Maroc est aux mains des Marinides, qui doivent renoncer à l'Espagne (1340). **1415 :** les Portugais conquièrent Ceuta. **1472 - 1554 :** sous les Wattassides, la vie urbaine recule. Le nomadisme, les particularismes tribaux et la dévotion pour les marabouts se développent. **1554 - 1659 :** sous les Sadiens, les Portugais sont défaits à Alcaçar Quivir (1578) par al-Mansur. **1591 :** Tombouctou est conquise. **1666 :** Mulay al-Rachid fonde la dynastie alawite, qui règne dès lors sur le Maroc. **XVIIᵉ - XVIIIᵉ s. :** le pays connaît des querelles successorales et une sévère décadence économique. **XIXᵉ s. :** les puissances européennes (Grande-Bretagne, Espagne, France) obligent les sultans à ouvrir le pays à leurs produits. **1873 - 1912 :** sous les règnes de Hasan Iᵉʳ (1873 - 1894), Abd al-Aziz (1900 - 1908) et Mulay Hafiz (1908 - 1912), le Maroc sauvegarde son indépendance grâce à la rivalité entre les grandes puissances.

Les protectorats français et espagnols. 1906 - 1912 : après les accords d'Algésiras, la France occupe la majeure partie du pays. **1912 :** le traité de Fès établit le protectorat français. L'Espagne obtient une zone nord (le Rif) et une zone sud (Ifni). **1912 - 1925 :** Lyautey, résident général, entreprend la pacification du pays. **1921 - 1926 :** Abd el-Krim anime la guerre du Rif. **1933 - 1934 :** fin de la résistance des Berbères du Haut Atlas ; la France contrôle l'ensemble du pays. Le sultan Muhammad V a un pouvoir purement religieux. **1944 :** le parti de l'Istiqlal, soutenu par Muhammad V, réclame l'indépendance. **1953 - 1955 :** ce dernier est déposé et exilé par les autorités françaises. **1956 :** l'indépendance est proclamée. **1957 :** le Maroc est érigé en royaume. **1961 :** Hasan II accède au trône. **1975 - 1979 :** le Maroc, à la suite de la « Marche verte », recouvre le nord de l'ex-Sahara espagnol (la totalité après le retrait de la Mauritanie de la partie sud en 1979), revendiqué par le Front Polisario. **1988 :** le Maroc rétablit ses relations diplomatiques avec l'Algérie. **1992 - 1996 :** des révisions constitutionnelles tendent à assurer un meilleur équilibre entre l'exécutif et le législatif. **1997 :** la Chambre des représentants est pour la première fois entièrement élue au suffrage universel direct. **1998 :** le leader de l'opposition socialiste, Abd al-Rahman Yusufi, est nommé Premier ministre. **1999 :** Hasan II meurt ; son fils aîné devient roi sous le nom de Muhammad VI.

MAROILLES (59550), comm. du Nord ; 1 403 hab. Fromages dits *maroilles.*

MAROLLES-LES-BRAULTS (72260), ch.-l. de cant. de la Sarthe ; 2 183 hab. Église St-Rémy.

MAROMME (76150), ch.-l. de cant. de la Seine-Maritime ; 12 510 hab. Constructions mécaniques.

MARONI n.m., fl. d'Amérique du Sud ; 680 km. Il sépare la Guyane française et le Suriname.

MAROS → **MUREȘ.**

MAROT (Clément), *Cahors 1496 - Turin 1544,* poète français. Valet de chambre de François Iᵉʳ, il fut soupçonné de sympathie pour la Réforme et dut s'exiler à plusieurs reprises. Fidèle aux formes du Moyen Âge (rondeau, ballade), il est aussi un poète de cour élégant dans ses *Épîtres,* ses *Épigrammes* et ses *Élégies.*

MAROUA, v. du nord du Cameroun, ch.-l. de dép. ; 143 000 hab.

MARQUENTERRE n.m., région de Picardie (Somme surtout), entre les estuaires de la Somme et de l'Authie.

MARQUET (Albert), *Bordeaux 1875 - Paris 1947,* peintre et dessinateur français. Passée une riche période fauve, sa peinture, dédiée principalement au paysage, se distingue par son caractère synthétique et la délicatesse du coloris.

MARQUETTE (Jacques), *Laon 1637 - sur les bords du lac Michigan 1675,* missionnaire jésuite et voyageur français. Il découvrit le Mississippi (1673).

MARQUETTE-LEZ-LILLE (59520), comm. du Nord ; 10 859 hab.

Marquèze (écomusée de) → **SABRES.**

MARQUISE (62250), ch.-l. de cant. du Pas-de-Calais ; 4 624 hab. *(Marquisiens).* Marbre. – Église des XIIe-XVIe s.

MARQUISES (îles), archipel de la Polynésie française ; 1 274 km^2 ; 8 064 hab. (*Marquésans* ou *Marquisiens*). Des fouilles archéologiques ont mis au jour des plates-formes religieuses, associées à de la sculpture monumentale.

MARRAKECH, v. du Maroc, au pied du Haut Atlas ; 549 000 hab. Centre commercial et touristique. – Fondée en 1062, la ville fut, jusqu'en 1269, la capitale des Almoravides puis des Almohades. – Monuments, dont la Kutubiyya, mosquée du XIIe s., et les tombeaux des Sadiens (XVIe s.).

MARRAST (Armand), *Saint-Gaudens 1801 - Paris 1852,* journaliste et homme politique français. Il fut membre du gouvernement provisoire de 1848, maire de Paris et, comme député de la gauche à la Constituante, un des principaux auteurs de la Constitution de 1848.

MARROU (Henri Irénée), *Marseille 1904 - Bourg-la-Reine 1977,* historien français. Spécialiste du christianisme antique, il fut l'un des fondateurs de la revue *Esprit* et des *Études augustiniennes.*

MARS MYTH. ROM. Dieu de la Guerre. Il correspond à l'Arès des Grecs.

MARS, planète du système solaire, située au-delà de la Terre par rapport au Soleil. Demi-grand axe de son orbite : 227 940 000 km (1,52 fois celui de l'orbite terrestre). Diamètre équatorial : 6 794 km (0,53 fois celui de la Terre). Sa surface, rocailleuse et désertique, offre une teinte rougeâtre caractéristique, due à la présence d'un oxyde de fer. Elle abrite les plus grands volcans (éteints) du système solaire. Elle est entourée d'une atmosphère ténue de gaz carbonique et possède deux petits satellites, Phobos et Deimos. L'étude in situ de sa surface, commencée en 1976 (sondes Viking, É.-U.), a repris en 1997 (mission Mars Pathfinder, É.-U.).

MARS (Anne **Boutet,** dite Mlle), *Paris 1779 - id. 1847,* actrice française, interprète des rôles de coquette et des grands drames romantiques.

MARSA EL-BREGA, v. de Libye, en Cyrénaïque. Port pétrolier et gazier. Raffinage.

MARSAIS (Du) → **DUMARSAIS.**

MARSALA, v. d'Italie (Sicile), sur la Méditerranée ; 77 218 hab. Port. Vins. – Musées.

MARSANNAY-LA-CÔTE (21160), comm. de la Côte-d'Or ; 5 266 hab. Vins rouges.

Marseillaise (la), chant patriotique devenu en 1795, puis en 1879, l'hymne national français. Composé en 1792 pour l'armée du Rhin, ce chant - dû à un officier du génie en garnison à Strasbourg, Claude Joseph Rouget de Lisle - reçut le titre de *Chant de guerre pour l'armée du Rhin ;* mais, les fédérés marseillais l'ayant fait connaître les premiers à Paris, il prit le nom de *Marseillaise.*

■ LA **MARSEILLAISE,** haut-relief de l'arc de triomphe de l'Étoile, à Paris, par F. Rude.

Marseillaise (la), surnom du *Départ des volontaires de 1792,* haut-relief colossal de Rude (1832-1835) à l'arc de triomphe de l'Étoile, à Paris, caractérisé par son souffle épique et romantique.

MARSEILLE, ch.-l. de la Région Provence-Alpes-Côte d'Azur et du dép. des Bouches-du-Rhône, à 774 km au S. de Paris ; 807 071 hab. *(Marseillais)* [plus de 1,2 million d'hab. dans l'agglomération]. Principal port français de commerce (importation de pétrole de l'Afrique du Nord et du Moyen-Orient) et port de voyageurs. Centre administratif, commercial (foire internationale), universitaire et religieux, archevêché, siège de la zone de défense Sud, Marseille est la plus peuplée des communes de province. Elle est au cœur d'une agglomération industrialisée. Équipée d'un métro, elle est aussi bien desservie par le rail, l'autoroute et l'avion (aéroport à Marignane). – Vestiges hellénistiques et romains ; églises, notamm. romanes ; hôtel de ville du XVIIe s. ; anc. hospice de la Charité (chapelle sur plans de P. Puget). Importants musées. – Colonie fondée au VIe s. av. J.-C. par les Phocéens, Massalia connut une longue prospérité au temps des Romains. Siège d'une vicomté vassale du comte de Provence au Xe s., la ville retrouva son activité au temps des croisades (XIIe-XIIIe s.). Française en 1481, elle devint un grand centre d'affaires après l'ouverture du canal de Suez (1869).

MARSHALL (îles), État d'Océanie ; 181 km^2 ; 46 000 hab. *(Marshallais).* CAP. *Majuro* (9 000 hab.). LANGUE : *anglais.* MONNAIE : *dollar des États-Unis.* (V. carte **Océanie.**) Allemandes de 1885 à 1914, sous mandat japonais de 1920 à 1944, placées par l'ONU sous tutelle américaine en 1947, les îles Marshall sont devenues en 1986 un État librement associé aux États-Unis. En 1991, elles ont été admises au sein de l'ONU.

MARSHALL (Alfred), *Londres 1842 - Cambridge 1924,* économiste britannique. Considéré comme le principal théoricien de l'école néoclassique et le premier représentant de l'école de Cambridge, il a tenté de concilier les différentes théories de la valeur.

MARSHALL (George Catlett), *Uniontown, Pennsylvanie, 1880 - Washington 1959,* général et homme politique américain. Chef d'état-major de l'armée (1939 - 1945), secrétaire d'État du président Truman (1947 - 1949), il a donné son nom au plan américain d'aide économique à l'Europe. (Prix Nobel de la paix 1953.)

Marshall (plan), plan d'aide économique à l'Europe, lancé à l'initiative du général Marshall en 1948. Conçu comme un plan de reconstruction de l'Europe après la Seconde Guerre mondiale, il était prévu pour quatre ans et fut administré par l'Organisation européenne de coopération économique (OECE).

MARSILE DE PADOUE, *Padoue v. 1275/1280 - Munich v. 1343,* théologien et théoricien politique italien. Son *Defensor pacis* (1324) combat les prétentions de la papauté (Jean XXII) dans le domaine temporel.

MARSTON (John), *Coventry v. 1575 - Londres 1634,* écrivain anglais, auteur de satires et de tragi-comédies *(le Mécontent).*

MARSYAS MYTH. GR. Silène phrygien, inventeur de la flûte. Il fut écorché vif par Apollon, qu'il avait osé défier dans un tournoi musical.

MARTABAN (golfe de), golfe de la Birmanie.

MARTEL (46600), ch.-l. de cant. du Lot, sur le *causse de Martel ;* 1 529 hab. Ensemble de monuments et de maisons du Moyen Âge.

MARTEL (Édouard), *Pontoise 1859 - près de Montbrison 1938,* spéléologue français. Fondateur de la spéléologie, il est l'auteur de *la France ignorée* (2 vol., 1928 - 1930).

MARTEL (Thierry **de**), *Maxéville 1875 - Paris 1940,* chirurgien français. Il fut l'un des créateurs de la neurochirurgie en France.

MARTELLANGE (Étienne Ange **Martel,** dit), *Lyon 1569 - Paris 1641,* architecte et jésuite français. Il fut le principal constructeur des chapelles et collèges de son ordre (Avignon, Vienne, Lyon, La Flèche, Paris, etc.).

MARTENOT (Maurice), *Paris 1898 - Neuilly-sur-Seine 1980,* ingénieur et musicien français. Il imagina un instrument de musique électronique à clavier, appelé *ondes Martenot* (1928), et une méthode d'enseignement de la musique.

MARTENS (Wilfried), *Sleidinge 1936,* homme politique belge. Président du Parti social-chrétien flamand de 1972 à 1979, il a été Premier ministre de 1979 à 1992.

MARTHE (sainte), dans les Évangiles, sœur de Lazare et de Marie de Béthanie (dite Marie-Madeleine). La légende en a fait la patronne de Tarascon (qu'elle débarrassa d'une bête malfaisante, la Tarasque) et celle des hôteliers.

MARTÍ (José), *La Havane 1853 - Dos Ríos 1895,* écrivain et patriote cubain. Par son action, ses écrits politiques et poétiques *(Ismaelillo, Versos Sencillos),* il est un héros de l'indépendance hispano-américaine.

MARTIAL (saint), évangélisateur du Limousin et premier évêque de Limoges (IIIe s. ?).

MARTIAL, en lat. **Marcus Valerius Martialis,** *Bilbilis, Espagne, v. 40 - id. v. 104,* poète latin. Le mordant de ses *Épigrammes* a fait de ces poésies courtes le type de la raillerie satirique.

MARTIGNAC (Jean-Baptiste **Gay, comte de**), *Bordeaux 1778 - Paris 1832,* homme politique français. Successeur de Villèle au ministère de l'Intérieur, il fut le véritable chef du gouvernement de janv. 1828 à août 1829.

MARTIGNAS-SUR-JALLE (33127), comm. de la Gironde ; 6 348 hab. Industrie aéronautique.

MARTIGNY, v. de Suisse (Valais) ; 13 481 hab. (*Martignerains* ou *Octoduriens*). Aluminium. – Église du XVIIe s. ; fondation Pierre-Gianadda et Musée gallo-romain.

MARTIGUES (13500), ch.-l. de cant. des Bouches-du-Rhône ; 44 256 hab. *(Martégaux).* Port pétrolier (Lavéra), près de l'étang de Berre. Raffinage du pétrole. Chimie. – Églises du XVIIe s. ; musée.

MARTIN (saint), *Sabaria, Pannonie, v. 315 - Candes, Indre-et-Loire, 397,* évêque de Tours. Soldat, il se fit baptiser à Amiens, où il aurait partagé son manteau avec un pauvre. Fondateur de nombreux monastères (entre autres, Ligugé et Marmoutier), évêque de Tours en 370 ou 371, il fut l'artisan de l'apostolat rural en Gaule au IVe s.

■ **MARS.** La surface rocailleuse, près du point d'atterrissage de la sonde Mars Pathfinder, avec, à droite, le véhicule-robot Sojourner.

■ **MARSEILLE.** Le Vieux-Port et Notre-Dame-de-la-Garde.

MARTIN V (Oddone **Colonna**), *Genazzano 1368 - Rome 1431,* pape de 1417 à 1431. Son élection mit fin au grand schisme d'Occident.

MARTIN (Frank), *Genève 1890 - Naarden, Pays-Bas, 1974,* compositeur suisse. Il est l'auteur de musiques symphoniques, d'oratorios (*Golgotha,* 1949 ; *le Mystère de la Nativité*) et de concertos.

MARTIN (Nicolas Jean-Blaise), *Paris 1768 - Ronzières, Lyon, 1837,* baryton français. Il a donné son nom à une voix de baryton léger *(baryton Martin).*

MARTIN (Patrice), *Nantes 1964,* skieur nautique français. Avec 12 titres de champion du monde – dont le premier obtenu à l'âge de quinze ans – et 32 titres de champion d'Europe, il possède le plus beau palmarès du sport français.

MARTIN (Pierre), *Bourges 1824 - Fourchambault 1915,* industriel français. Il mit au point le procédé d'élaboration de l'acier sur sole par fusion de ferrailles avec addition de fonte (1865).

MARTIN DU GARD (Roger), *Neuilly-sur-Seine 1881 - Sérigny 1958,* écrivain français. Humaniste rationaliste, il a, dans ses romans (*Jean Barois,* 1913 ; *les *Thibault*) et ses pièces de théâtre, relié à l'histoire de son temps les crises individuelles, sexuelles et intellectuelles. (Prix Nobel 1937.)

MARTINET (André), *Saint-Albans-des-Villards 1908 - Châtenay-Malabry 1999,* linguiste français, auteur de travaux en phonologie et en linguistique générale.

MARTÍNEZ CAMPOS (Arsenio), *Ségovie 1831 - Zarauz 1900,* maréchal et homme politique espagnol. Il contribua à l'écrasement de l'insurrection carliste (1876). Il échoua dans sa tentative de pacification de Cuba (1895).

MARTÍNEZ DE LA ROSA (Francisco), *Grenade 1787 - Madrid 1862,* homme politique et écrivain espagnol, auteur de drames romantiques (*la Conjuration de Venise*).

MARTÍNEZ MONTAÑÉS (Juan), *Alcalá la Real, Jaén, 1568 - Séville 1649,* sculpteur espagnol. Il fut, à Séville, le grand maître de la sculpture religieuse (bois polychromes).

MARTINI (Arturo), *Trévise 1889 - Milan 1947,* sculpteur italien. Il unit de façon subtile symbolisme, classicisme et primitivisme.

MARTINI (Francesco **di Giorgio**) → **FRANCESCO DI GIORGIO MARTINI.**

MARTINI (Padre Giovanni Battista), *Bologne 1706 - id. 1784,* musicologue et compositeur italien. Moine franciscain, il fut maître de chapelle de l'église des Franciscains de Bologne (1725 - 1784) et eut Mozart pour élève.

MARTINI (Simone), *Sienne v. 1284 - Avignon 1344,* peintre italien. Maître d'un style gothique d'une grande élégance, actif à Sienne, Naples, Assise (fresques de la *Vie de saint Martin*), Avignon, il exerça une influence considérable.

MARTINIQUE (île de la) [972], dép. français d'outre-mer, constituant l'une des Petites Antilles ; ch.-l. de dép. *Fort-de-France ;* ch.-l. d'arrond. *Le Marin, Saint-Pierre, La Trinité ;* 4 arrond. ; 45 cant. ; 34 comm. ; 1 100 km² ; 381 427 hab. *(Martiniquais).* Le dép. appartient à l'académie de la Martinique, à la cour d'appel de Fort-de-France, à la zone de défense Antilles. L'île, au climat tropical et parfois ravagée par des cyclones, est constituée par un massif volcanique dominé par la montagne Pelée. L'agriculture est tournée vers la production de canne à sucre

(rhum) et de bananes. Le tourisme s'est développé. L'émigration vers la France n'a pas enrayé la montée du chômage et l'île demeure économiquement très dépendante de l'aide de la métropole. Parc naturel régional (env. 62 000 ha). – Découverte par Christophe Colomb en 1502, l'île fut colonisée par la France à partir de 1635 et devint colonie de la Couronne en 1763. En 1982, dans le cadre de la loi sur la décentralisation, un conseil régional a été créé.

MARTINON (Jean), *Lyon 1910 - Paris 1976,* compositeur et chef d'orchestre français. Il dirigea de grandes formations françaises ainsi que l'orchestre de Chicago.

MARTINSON (Harry), *Jämshög 1904 - Stockholm 1978,* écrivain suédois. Il est l'auteur de poèmes et de romans *(le Chemin de Klockrike)* d'inspiration humaniste. (Prix Nobel 1974.)

MARTINŮ (Bohuslav), *Polička, Bohême, 1890 - Liestal, Suisse, 1959,* compositeur tchèque. Élève de Roussel, nourri de folklore morave, il composa opéras, ballets, symphonies et concertos.

MARTONNE (Emmanuel **de**), *Chabris 1873 - Sceaux 1955,* géographe français, auteur d'un *Traité de géographie physique* (1909).

MARTY (André), *Perpignan 1886 - Toulouse 1956,* homme politique français. Il participa à une mutinerie en mer Noire au cours des opérations menées par l'armée française contre les bolcheviques (1919). Il adhéra au Parti communiste en 1923 et en fut exclu en 1953.

Martyrs canadiens (les), missionnaires français massacrés par des Indiens entre 1642 et 1649 et qui furent canonisés en 1930. Il s'agit de Jean de Brébeuf, Noël Chabanel, Antoine Daniel, Gabriel Garnier, René Goupil, Isaac Jogues, Jean de Lalande et Gabriel Lalemant.

MARVEJOLS [-vəʒɔl] (48100), ch.-l. de cant. de la Lozère ; 5 866 hab. *(Marvejolais).* Anc. cap. du Gévaudan. – Portes fortifiées ; musée.

MARVELL (Andrew), *Winestead, Yorkshire, 1621 - Londres 1678,* écrivain anglais. Ami de Milton, il est l'auteur de poésies pastorales.

MARX (Karl), *Trèves 1818 - Londres 1883,* philosophe, économiste et homme politique allemand. Matérialiste, athée et progressiste, il élabore son approche des faits historiques et sociaux (le « matérialisme historique ») sous une triple inspiration, philosophique (Hegel), politique (les théoriciens socialistes français) et économique (l'économie politique britannique). Faisant de la lutte des classes un principe général d'explication, et accordant au prolétariat un rôle émancipateur de l'humanité, il prend contact avec les milieux ouvriers et rédige avec F. Engels le *Manifeste du parti communiste* (1848). Expulsé d'Allemagne, puis de France, il se réfugie en Grande-Bretagne, où il jette les bases de son grand ouvrage, *le *Capital,* dégageant avec précision les ressorts de l'exploitation capitaliste (théorie de la plus-value). En 1864, il est l'un des principaux dirigeants de la Ire Internationale, à laquelle il impose pour objectif l'abolition du capitalisme. Marx n'est en rien l'auteur d'un système figé ou dogmatique ; le *marxisme* renvoie en fait à la multiplicité des interprétations de son œuvre. Il a écrit également, entre autres : *l'Idéologie allemande* (1846) ; *Misère de la philosophie* (1847) ; *les Luttes de classes en France* (1850).

■ KARL **MARX**

MARX BROTHERS, groupe d'acteurs américains, composé de **Leonard Marx,** dit **Chico,** *New York 1886 - Los Angeles 1961,* **Adolph Arthur Marx,** dit **Harpo,** *New York 1888 - Los Angeles 1964,* **Julius Marx,** dit **Groucho,** *New York 1890 - Los Angeles 1977,* **Milton Marx,** dit **Gummo,** *New York 1893 - Los Angeles 1977,* qui quitta rapidement le groupe pour entreprendre une carrière d'imprésario, et **Herbert Marx,** dit **Zeppo,** *New York 1901 - Los Angeles 1979,* qui quitta le groupe en 1935. Célèbres au music-hall, les frères Marx triomphèrent au cinéma, renouvelant le genre burlesque par leur humour délirant fondé sur le « nonsense » : *Monnaie de singe,* N. Z. McLeod, 1931 ; *Soupe au canard,* L. McCarey, 1933 ; *Une nuit à l'Opéra,* S. Wood, 1935 ; *Chercheurs d'or,* E. Buzzell, 1940.

MARY, anc. **Merv,** v. du Turkménistan ; 87 000 hab. Coton. – Mausolées seldjoukides (XIIe s.).

MARY (puy), sommet du massif du Cantal (France) ; 1 787 m.

MARYLAND, État des États-Unis, sur l'Atlantique ; 4 781 468 hab. ; cap. *Annapolis ;* v. princ. *Baltimore.*

MASACCIO (Tommaso **di Ser Giovanni,** dit), *San Giovanni Valdarno, prov. d'Arezzo, 1401 - Rome 1428,* peintre italien. Égal de Brunelleschi et de Donatello, il a pratiqué un art caractérisé par les qualités spatiales, la plénitude des formes, le

■ SIMONE **MARTINI.** *Saint Martin renonce aux armes* (v. 1330), fresque dans l'église inférieure de San Francesco à Assise.

■ **MASACCIO.** *Saint Pierre et saint Jean distribuant les aumônes,* détail de l'une des fresques (1426 - 1427) de la chapelle Brancacci à Santa Maria del Carmine de Florence.

M

réalisme expressif, et dont l'influence fut considérable (fresques de l'église S. Maria del Carmine, à Florence, exécutées aux côtés de Masolino en 1426 - 1427).

MASAI ou **MASSAÏ,** peuple du sud du Kenya et du nord de la Tanzanie (env. 300 000). Organisés selon un système complexe de classes d'âge, les Masai sont pour la plupart pasteurs, avec quelques communautés d'agriculteurs. Ils parlent une langue nilo-saharienne.

MASAN, v. de Corée du Sud, sur le détroit de Corée ; 387 000 hab. Port.

MASANIELLO (Tommaso **Aniello,** dit), *Naples 1620 - id. 1647,* révolutionnaire napolitain. Chef d'une insurrection contre le vice-roi d'Espagne (1647), il devint maître de Naples, mais fut assassiné par ses amis.

MASARYK (Tomáš), *Hodonín 1850 - château de Lány 1937,* homme politique tchécoslovaque. Il fonda, en 1918, la République tchécoslovaque, dont il fut le premier président. Jusqu'à sa démission (1935), il exerça une influence décisive sur la vie politique. — **Jan M.,** *Prague 1886 - id. 1948,* homme politique tchécoslovaque. Fils de Tomáš, ministre des Affaires étrangères (1945 - 1948), il se suicida après le coup d'État communiste de févr. 1948.

MASBATE, île des Philippines.

MASCAGNI (Pietro), *Livourne 1863 - Rome 1945,* compositeur italien. Chef de file du mouvement vériste, il est l'auteur du drame lyrique *Cavalleria rusticana* (1890).

MASCARA, v. de l'ouest de l'Algérie, ch.-l. de wilaya ; 70 800 hab.

MASCAREIGNES (îles), anc. nom de l'archipel de l'océan Indien formé principalement par la Réunion (anc. île Bourbon) et l'île Maurice (anc. île de France).

MASCARON (Jules), *Marseille 1634 - Agen 1703,* prédicateur français. Il prononça notamment les oraisons funèbres de P. Séguier et de Turenne.

MASCATE, cap. de l'Oman, sur le golfe d'Oman ; 50 000 hab. *(Mascatais).*

MASCOUCHE, v. du Canada (Québec), au N. de Montréal ; 28 913 hab. *(Mascouchois).*

MASDJED-E SOLEYMAN ou **MASDJID-I SULAYMAN,** v. d'Iran (Khuzestan) ; 107 539 hab. Centre pétrolier. — Ruines de l'époque achéménide à l'époque sassanide.

MASERU, cap. du Lesotho ; 367 000 hab. *(Masérois).*

MASEVAUX (68290), ch.-l. de cant. du Haut-Rhin ; 3 358 hab. Vestiges d'une abbaye.

MASHTEUIATSH, réserve amérindienne (Montagnais) du Canada (Québec), sur le lac Saint-Jean ; 1 490 hab.

MASINA (Giulia Anna, dite Giulietta), *San Giorgio di Piano 1921 - Rome 1994,* actrice italienne, épouse de F. Fellini. Elle fut l'interprète émouvante de *la Strada* (Fellini, 1954), *Juliette des esprits* (*id.*, 1965), *Ginger et Fred* (*id.*, 1986).

MASINISSA ou **MASSINISSA,** *v. 238 - Cirta 148 av. J.-C.,* roi de Numidie. Il s'allia aux Romains lors de la deuxième guerre punique, fit prisonnier Syphax (203 av. J.-C.) et put ainsi constituer un royaume puissant. Ses empiétements amenèrent Carthage à lui déclarer la guerre (150). Ce fut pour Rome le prétexte de la troisième guerre punique.

MASKELYNE (Nevil), *Londres 1732 - Greenwich 1811,* astronome britannique. Par des mesures de la déviation du fil à plomb sur une montagne d'Écosse (1774), il s'efforça de déterminer la valeur de la constante de gravitation et put évaluer la densité moyenne de la Terre.

MASMOUDA, l'un des principaux groupes de tribus berbères, dans une classification historique héritée d'*Ibn Khaldun ; la dynastie marocaine des Almohades s'y rattache.

MASOLINO da Panicale, *Panicale in Valdarno v. 1383 - ? v. 1440,* peintre italien. Il combine à l'influence du style gothique international celle de son cadet Masaccio (fresques du baptistère de Castiglione Olona, près de Varèse, 1435).

MASPERO (Gaston), *Paris 1846 - id. 1916,* égyptologue français. Il a poursuivi l'œuvre de sauvegarde de Mariette, dégageant notamment le grand sphinx de Gizeh et le temple de Louqsor. — **Henri M.,** *Paris 1883 - Buchenwald 1945,* sinologue français. Fils de Gaston, il est l'auteur d'ouvrages sur l'Asie du Sud-Est et sur les religions extrême-orientales (*la Chine antique,* 1927).

■ TOMÁŠ **MASARYK**

■ Le MARÉCHAL **MASSÉNA** par L. Hersent. (Musée Masséna, Nice.)

MASQUE DE FER (l'homme au), *m. à Paris en 1703,* personnage mystérieux enfermé dans la forteresse de Pignerol en 1679, puis à la Bastille. Il dut, sa vie durant, porter un masque.

MASSA, v. d'Italie (Toscane), ch.-l. de la prov. de *Massa e Carrara ;* 65 287 hab. Monuments anciens.

MASSACHUSETTS, État des États-Unis, en Nouvelle-Angleterre ; 6 016 425 hab. ; cap. *Boston.*

Massachusetts Institute of Technology (MIT), établissement américain d'enseignement supérieur et de recherche, créé en 1861 à Boston et transféré en 1916 à Cambridge.

Massada ou **Masada,** forteresse de Palestine sur la rive occidentale de la mer Morte. Dernier bastion de la résistance juive aux Romains (66 - 73 apr. J.-C.), qui se termina par le suicide collectif des défenseurs de la forteresse. Vestiges, dont le palais d'Hérode. Musée.

MASSAGÈTES, anc. peuple iranien nomade de l'est du Caucase. C'est au cours d'une expédition contre les Massagètes que Cyrus II trouva la mort (530 av. J.-C.).

MASSAÏ → MASAI.

MASSALIA → MARSEILLE.

MASSAOUA, v. d'Érythrée, sur la mer Rouge ; 29 000 hab. Port. Salines.

MASSÉNA (André), duc **de Rivoli,** prince **d'Essling,** *Nice 1758 - Paris 1817,* maréchal de France. Il se distingua à Rivoli (1797), à Zurich (1799), à Essling et à Wagram (1809). Napoléon le surnomma « l'Enfant chéri de la Victoire ».

MASSENET (Jules), *Montaud, près de Saint-Étienne, 1842 - Paris 1912,* compositeur français. Son art, séduisant et sensible, dénote un sens réel du théâtre (*Hérodiade,* 1881 ; *Manon,* 1884 ; *Werther,* 1892 ; *Thaïs,* 1894 ; *le Jongleur de Notre-Dame,* 1902).

MASSEUBE (32140), ch.-l. de cant. du Gers ; 1 821 hab. Bastide du XIIIe s.

MASSEY (Vincent), *Toronto 1887 - Londres 1967,* homme politique canadien. Il fut le premier gouverneur général du Canada d'origine canadienne (1952 - 1959).

MASSIAC (15500), ch.-l. de cant. du Cantal ; 2 031 hab. *(Massiacois).* Église du XVe s.

MASSIF CENTRAL, ensemble de hautes terres du centre et du sud de la France ; 1 885 m au puy de Sancy. C'est un ensemble primaire « rajeuni » par le contrecoup du plissement alpin, qui l'a basculé vers le nord-ouest. Les bordures orientale et méridionale (Morvan, Charolais, Mâconnais, Beaujolais, monts du Lyonnais, Vivarais, Cévennes, Montagne Noire) ont été fortement soulevées. Le centre (Auvergne et Velay) a été affecté par le volcanisme (chaîne des Puys, monts Dore, Cantal) et disloqué par des fractures qui ont délimité des dépressions (Limagnes). L'ouest (Limousin) a été moins bouleversé.
L'ensemble a un climat assez rude, avec une tendance océanique à l'ouest, continentale au centre et à l'est, méditerranéenne au sud-est. La région offre des conditions de vie difficiles et subit depuis plus d'un siècle une émigration intense. La vie agricole est dominée par l'élevage. L'industrie est présente surtout dans les grandes villes (Clermont-Ferrand, Limoges). Le tourisme et le thermalisme animent certains centres (dont Vichy). Couvrant plus du septième de la superficie de la France (80 000 km²), le Massif central compte moins du quinzième de sa population.

MASSIGNON (Louis), *Nogent-sur-Marne 1883 - Paris 1962,* orientaliste français. Il est l'auteur d'importants travaux sur la mystique de l'islam, notamm. sur le soufisme.

MASSILLON (Jean-Baptiste), *Hyères 1663 - Beauregard-l'Évêque, Puy-de-Dôme, 1742,* prédicateur français. Oratorien, il prononça plusieurs oraisons funèbres, dont celle de Louis XIV (1715). Évêque de Clermont, il y donna son chef-d'œuvre, le *Petit Carême* de 1718. (Acad. fr.)

MASSINE (Léonide), *Moscou 1896 - Borken, Rhénanie-du-Nord-Westphalie, 1979,* danseur et chorégraphe russe naturalisé américain. Collaborateur de Diaghilev, il fit ensuite carrière aux États-Unis et en Europe, s'imposant comme un grand chorégraphe néoclassique (*le Tricorne,* 1919 ; *la Symphonie fantastique,* 1936).

MASSINGER (Philip), *Salisbury 1583 - Londres v. 1640,* dramaturge anglais, auteur de tragi-comédies *(la Fille d'honneur)* et de comédies de mœurs.

MASSON (André), *Balagny-sur-Thérain, Oise, 1896 - Paris 1987,* peintre et dessinateur français. Un des pionniers et un des maîtres du surréalisme, il séjourna aux États-Unis (1941 - 1945), et influença l'école américaine (Pollock, l'expressionnisme abstrait).

MAS-SOUBEYRAN (le), écart de la comm. de Mialet (Gard), dans les Cévennes. La maison du chef camisard Pierre Laporte, dit « Roland », qui reprit le combat contre les troupes royales en 1704, a été transformée en « musée du Désert ». Une grande assemblée protestante s'y tient annuellement.

MASSU (Jacques), *Châlons-sur-Marne 1908,* général français. Rallié à de Gaulle dès 1940, parachutiste, il sert ensuite en Indochine et en Algérie, où il devient président du Comité de salut public en mai 1958, puis chef du corps d'armée. Il a été commandant en chef des armées françaises en Allemagne de 1966 à 1969.

MASSY (91300), ch.-l. de cant. de l'Essonne ; 38 209 hab. *(Massicois).* Ensemble résidentiel. Électronique. Nœud ferroviaire.

MASSYS → METSYS.

MASTROIANNI (Marcello), *Fontana Liri 1924 - Paris 1996,* acteur italien. Il débuta au théâtre dans la troupe de Visconti, avant de s'imposer au cinéma, jouant notamment pour Fellini (*La Dolce Vita,* 1960 ; *Huit et demi,* 1963), Antonioni (*la Nuit,* 1961), E. Scola (*Une journée particulière,* 1977), T. Angelopoulos (*le Pas suspendu de la cigogne,* 1991).

MASUDI (Abu al-Hasan Ali **al-**), *Bagdad v. 890 - Fustat v. 956,* voyageur et encyclopédiste arabe, auteur des *Prairies d'or.*

MASUKU → FRANCEVILLE.

MATADI, v. de la Rép. dém. du Congo (ex-Zaïre), sur le fleuve Congo ; 138 798 hab. Port.

MATA HARI (Margaretha Geertruida **Zelle,** dite), *Leeuwarden 1876 - Vincennes 1917,* danseuse et aventurière néerlandaise. Convaincue d'espionnage en faveur de l'Allemagne, elle fut fusillée.

Matamore, personnage de la comédie espagnole du XVIe s., type du soldat fanfaron et couard. Il a notamm. été introduit en France par P. Corneille dans *l'Illusion comique* (1636).

MATAMOROS, v. du Mexique, sur le río Grande ; 303 392 hab.

MATANE, v. du Canada (Québec), sur l'estuaire du Saint-Laurent ; 12 725 hab. *(Matanais).*

MATANZA, v. d'Argentine, banlieue de Buenos Aires ; 1 121 164 hab.

MATANZAS, v. de la côte nord de Cuba ; 119 510 hab. Port.

MATANZAS, centre métallurgique du Venezuela, près de l'Orénoque.

MATAPAN (cap), anc. **cap Ténare,** cap du sud du Péloponnèse. — bataille du **cap Matapan** (28 mars 1941), victoire navale britannique sur les Italiens.

MATARAM, v. d'Indonésie, sur l'île de Lombok ; 276 300 hab.

MATARÓ, v. d'Espagne (Catalogne), sur la Méditerranée ; 101 510 hab. Port.

MATERA, v. d'Italie (Basilicate), ch.-l. de prov. ; 53 775 hab. Habitations troglodytiques *(sassi),* sanctuaires rupestres ; cathédrale romane du XIIIe s., autres monuments et musées.

MATHA (17160), ch.-l. de cant. de la Charente-Maritime ; 2 157 hab. Église à façade romane sculptée.

MATHÉ (Georges), *Sermages, Nièvre, 1922,* cancérologue français. Il fut le directeur de l'Institut de cancérologie et d'immunogénétique de Villejuif, et l'auteur de travaux sur la greffe de moelle osseuse et sur la chimiothérapie du cancer.

MATHIAS (saint) → **MATTHIAS.**

MATHIAS, *Vienne 1557 - id. 1619,* empereur germanique (1612 - 1619), roi de Hongrie (1608) et de Bohême (1611), de la dynastie des Habsbourg. Fils de Maximilien II.

MATHIAS Ier Corvin, *Kolozsvár, auj. Cluj-Napoca, 1440 ou 1443 - Vienne 1490,* roi de Hongrie (1458 - 1490). Il obtint en 1479 la Moravie et la Silésie, et s'établit en 1485 à Vienne. Il favorisa la diffusion de la Renaissance italienne dans son royaume.

MATHIEU (Georges), *Boulogne-sur-Mer 1921,* peintre français. Théoricien de l'abstraction lyrique, il a fondé sa peinture sur le signe calligraphique, jeté sur la toile à grande vitesse. Il s'est intéressé aux arts appliqués.

MATHIEZ (Albert), *La Bruyère, Haute-Saône, 1874 - Paris 1932,* historien français. Spécialiste de la Révolution française, il a cherché à réhabiliter Robespierre.

MATHILDE (sainte), *en Westphalie v. 890 - Quedlinburg, Saxe, 968,* reine de Germanie. Elle consacra sa vie aux œuvres de charité.

ANGLETERRE

MATHILDE ou **MAHAUT de Flandre,** *m. en 1083,* reine d'Angleterre. Elle épousa en 1053 le futur Guillaume Ier le Conquérant.

MATHILDE ou **MAHAUT,** *Londres 1102 - Rouen 1167,* impératrice du Saint Empire, puis reine d'Angleterre. Elle épousa (1114) l'empereur germanique Henri V, puis (1128) Geoffroi V Plantagenêt, comte d'Anjou. Désignée comme héritière par Henri Ier, elle ne put faire valoir ses droits contre Étienne de Blois.

ARTOIS

MATHILDE ou **MAHAUT,** *m. en 1329,* comtesse d'Artois (1302 - 1329). Fille du comte Robert II le Noble, elle lui succéda malgré les prétentions de son neveu Robert III.

TOSCANE

MATHILDE ou **MAHAUT,** *1046 - Bondeno di Roncore 1115,* comtesse de Toscane (1055 - 1115). Elle reçut à Canossa le pape Grégoire VII et l'empereur Henri IV, venu faire amende honorable (1077), et légua ses États à la papauté.

MATHILDE (princesse) → **BONAPARTE.**

MATHURA, v. d'Inde (Uttar Pradesh) ; 233 235 hab. Centre politique, religieux et culturel sous la dynastie Kushana, la ville a donné son nom à une célèbre école de sculpture (IIe-IIIe s.). Mathura est considérée comme le lieu de naissance du dieu Krishna.

MATHUSALEM, patriarche biblique antédiluvien. Selon la Genèse, il aurait vécu 969 ans.

Matignon (accords) [7 juin 1936], accords conclus entre le patronat français et la CGT. (→ **Front populaire**).

Matignon (hôtel), hôtel parisien, rue de Varenne (VIIe arrond.). Construit sous la Régence, il abrite depuis 1935 les services du Premier ministre.

MATISSE (Henri), *Le Cateau-Cambrésis 1869 - Nice 1954,* peintre français. Maître du *fauvisme, qu'il dépasse amplement, utilisant de larges aplats de couleur sur un dessin savamment elliptique (*le *Bonheur de vivre,* 1905 - 1906 ; *la *Danse,* 1910), il est l'un des plus brillants plasticiens du xxe s. Son œuvre comporte dessins, gravures, sculptures (*la Serpentine,* 1909), collages de papiers gouachés découpés (album *Jazz,* 1943-1946), vitraux (chapelle des Dominicaines de Vence, 1950, dont il a réalisé l'ensemble du décor). Deux petits musées lui sont consacrés en France, au Cateau et à Nice.

MATO GROSSO, État du Brésil occidental ; 901 000 km^2 ; 2 020 581 hab. ; cap. *Cuiabá.* Il englobe les *plateaux du Mato Grosso.*

MATO GROSSO DO SUL, État du Brésil occidental ; 357 500 km^2 ; 1 778 494 hab. ; cap. *Campo Grande.*

MATOURY (97351), comm. de la Guyane française ; 18 049 hab.

MÁTRA (monts), massif du nord de la Hongrie ; 1 015 m.

MATSUDO, v. du Japon (Honshu) ; 456 210 hab.

MATSUE, v. du Japon (Honshu) ; 142 956 hab.

MATSUMOTO, v. du Japon (Honshu) ; 200 715 hab. Donjon du XVIe s.

MATSUSHIMA, baie et archipel du Japon, sur la côte orientale de Honshu. Tourisme. – Temple de 1610 (statues d'époque Heian) ; musée.

MATSUYAMA, v. du Japon (Shikoku) ; 443 322 hab.

MATTA (Roberto), *Santiago 1911,* peintre chilien. Lié aux surréalistes, à Paris, dès 1934, il transcrit l'inconscient et les pulsions primitives dans un expressionnisme monumental.

MATTATHIAS, père des Maccabées.

MATTEI (Enrico), *Acqualagna 1906 - Bascape, près de Pavie, 1962,* homme d'affaires et homme politique italien. Son influence fut déterminante dans l'élaboration de la politique énergétique et industrielle de l'Italie après 1945. Il périt dans un accident d'avion (probablement un sabotage).

MATTEOTTI (Giacomo), *Fratta Polesine 1885 - Rome 1924,* homme politique italien. Secrétaire général du Parti socialiste (1922), il fut assassiné par les fascistes.

MATTERHORN → **CERVIN.**

MATTHEWS (Drummond Hoyle), *Londres 1931,* géologue britannique. Il a cherché à confirmer l'expansion des fonds marins, argument majeur de la théorie de la tectonique des plaques.

MATTHIAS ou **MATHIAS** (saint), *m. en 61 ou 64,* disciple de Jésus. Il fut désigné pour remplacer Judas dans le collège des apôtres. Il aurait évangélisé la Cappadoce.

MATTHIEU (saint), *Ier s.,* apôtre de Jésus et évangéliste. Il serait l'auteur du premier Évangile, dans l'ordre canonique (v. 80 - 90). Appelé Lévi dans les Évangiles de Marc et Luc, il était publicain à Capharnaüm lorsque Jésus lui demanda de le rejoindre. Il aurait exercé son apostolat en Palestine, en Éthiopie, puis en Perse, où il serait mort martyr. Patron de Salerne, il est souvent représenté sous la forme – ou accompagné – d'un homme ailé, symbole de la généalogie du Christ qui sert d'introduction à son Évangile.

MATTOX (Matt), *Tulsa, Oklahoma, 1921,* danseur et chorégraphe américain. Il fait carrière aux États-Unis et en Grande-Bretagne, puis se fixe en France, où, depuis 1975, il joue un rôle essentiel dans l'enseignement de la danse jazz.

MATURÍN, v. du Venezuela ; 206 654 hab.

MATURIN (Charles Robert), *Dublin 1782 - id. 1824,* écrivain irlandais, auteur de romans gothiques *(Melmoth, l'Homme errant).*

MATUTE (Ana María), *Barcelone 1926,* femme de lettres espagnole. Ses romans évoquent les fantasmes d'enfants ou d'adolescents aux prises avec les bouleversements de la guerre civile ou du monde moderne *(Fête au Nord-Ouest, Marionnettes).*

MAUBEUGE (59600), ch.-l. de cant. du Nord, sur la Sambre ; 34 051 hab. *(Maubeugeois)* [plus de 100 000 hab. dans l'agglomération]. Industrie automobile. – Restes de fortifications de Vauban ; petits musées.

MAUBOURGUET (65700), ch.-l. de cant. des Hautes-Pyrénées ; 2 483 hab. Église en partie romane.

MAUCHLY (John William), collaborateur de J. *Eckert.

MAUDUIT (Jacques), *Paris 1557 - id. 1627,* compositeur français. Il est l'auteur d'œuvres polyphoniques religieuses et de chansons « mesurées à l'antique » sur des vers de Baïf.

MAUGES n.m. pl. ou **CHOLETAIS** n.m., partie sud-ouest de l'Anjou (Maine-et-Loire).

MAUGHAM (William Somerset), *Paris 1874 - Saint-Jean-Cap-Ferrat 1965,* écrivain britannique. Son œuvre narrative *(le Fil du rasoir)* et théâtrale compose une peinture réaliste de la haute société anglaise et des pays exotiques.

MAUGUIO (34130), ch.-l. de cant. de l'Hérault, près de *l'étang de Mauguio* (ou étang de l'Or) ; 14 974 hab. *(Melgoriens).*

MAULBERTSCH (Franz Anton), *Langenargen, lac de Constance, 1724 - Vienne 1796,* peintre autrichien. Un des meilleurs représentants du baroque germanique, il a décoré des abbayes d'Autriche, de Moravie et de Hongrie.

MAULE (78580), comm. des Yvelines ; 6 017 hab. Église avec crypte du XIe s.

MAULÉON (79700), ch.-l. de cant. des Deux-Sèvres ; 7 679 hab. Industrie automobile. – Anc. abbaye (musée).

MAULÉON-LICHARRE (64130 Mauléon Soule), ch.-l. de cant. des Pyrénées-Atlantiques ; 3 633 hab. Articles chaussants. – Restes d'un château fort des XIIe-XVIIe s. – Anc. cap. du pays de Soule.

MAUMUSSON (pertuis de), passage entre l'île d'Oléron et la côte.

MAUNA KEA, volcan éteint de l'île d'Hawaii, point culminant de l'archipel ; 4 208 m. Il se situe au N.-E. du *Mauna Loa,* volcan actif (4 170 m). – Observatoire astronomique (télescopes *Keck, les plus grands du monde).

MAUNICK (Édouard J.), *Flacq 1931,* poète mauricien d'expression française. Son œuvre est centrée sur le sentiment de l'exil et sur l'affirmation du métissage culturel *(les Manèges de la mer).*

MAUNOURY (Joseph), *Maintenon 1847 - près d'Artenay 1923,* maréchal de France. Il prit, en 1914, une part déterminante à la victoire de la Marne.

MAUPAS (Philippe), *Toulon 1939 - Tours 1981,* vétérinaire et médecin français. Il dirigea une équipe de chercheurs qui mit au point le vaccin contre le virus de l'hépatite B.

MAUPASSANT (Guy **de**), *château de Miromesnil, Tourville-sur-Arques, 1850 - Paris 1893,* écrivain français. Admirateur et ami de Flaubert, il publia sa première nouvelle *(Boule-de-Suif)* dans le manifeste du naturalisme des *Soirées de Médan* (1880). Il est l'auteur de contes et de nouvelles réalistes, évoquant la vie des paysans normands, des petits-bourgeois, narrant des aventures amoureuses ou les hallucinations de la folie : *la Maison Tellier* (1881), *les Contes de la bécasse* (1883), *le Horla* (1887). Il publia également des romans (*Une vie,* 1883 ; **Bel-Ami,* 1885). Atteint de troubles nerveux, il mourut dans un état voisin de la démence.

MAUPEOU [mopu] (René Nicolas **de**), *Montpellier 1714 - Le Thuit, Eure, 1792,* homme d'État français. Nommé chancelier en 1768, il constitua

■ HENRI **MATISSE.** *La Tristesse du roi,* 1952 ; papiers gouachés découpés et marouflés sur toile. (MNAM, Paris.)

■ GUY DE **MAUPASSANT** par F. Feyen-Perrin. (Château de Versailles.)

un triumvirat avec Terray et le duc d'Aiguillon. Il exila le parlement de Paris en 1771 et amorça une réforme judiciaire et politique. En 1774, Louis XVI le disgracia et rétablit le régime antérieur.

MAUPERTUIS (Pierre Louis **Moreau de**), *Saint-Malo 1698 - Bâle 1759,* mathématicien français. Il dirigea l'expédition qui mesura un arc de méridien en Laponie (1736) et donna la preuve de l'aplatissement de la Terre aux pôles. Il énonça le *principe de moindre *action* (1744), qu'il érigea en loi universelle de la nature, et développa, avant Lamarck, des idées transformistes. (Acad. fr.)

MAUR (saint), *VIe s.,* abbé, disciple de saint Benoît. Au XVIIe s., une congrégation bénédictine a pris son nom.

MAURE-DE-BRETAGNE (35330), ch.-l. de cant. d'Ille-et-Vilaine ; 2 522 hab.

MAUREPAS (78310), ch.-l. de cant. des Yvelines ; 19 829 hab.

MAUREPAS (Jean Frédéric **Phélypeaux,** comte **de**), *Versailles 1701 - id. 1781,* homme d'État français. Secrétaire d'État à la Marine sous Louis XV (1723 - 1749), il devint ministre d'État sous Louis XVI (1774), dont il fut le principal conseiller.

MAURES n.m. pl., massif côtier du sud de la France (Var) ; 780 m. Ils sont en partie boisés et dominent de nombreuses stations balnéaires.

MAURES, terme désignant autrefois les populations nord-africaines occidentales, appliqué auj. à un ensemble de populations sahariennes de Mauritanie, du Sahara occidental et du Mali (env. 1,7 million). D'origine berbère, anciennement arabisés, les Maures ont constitué à partir du XVIIe s. des émirats et, à l'est, de puissantes confédérations tribales. Traditionnellement pasteurs nomades, vecteurs de l'islam, ils sont au cœur de la question du Sahara occidental. Ils parlent un dialecte arabe *(hassaniyya).*

MAURÉTANIE → MAURITANIE.

MAURIAC (15200), ch.-l. d'arrond. du Cantal, près de la Dordogne ; 4 414 hab. *(Mauriacois).* Basilique romane ; restes d'un monastère.

MAURIAC (François), *Bordeaux 1885 - Paris 1970,* écrivain français. Ses romans, peintures cruelles de la vie provinciale, évoquent les conflits de la chair et de la foi (*Genitrix,* 1923 ; *Thérèse Desqueyroux,* 1927 ; *le Nœud de vipères,* 1932). On lui doit également des pièces de théâtre *(Asmodée, les Mal-Aimés),* des articles critiques et politiques, des souvenirs. (Acad. fr. ; prix Nobel 1952.)

MAURICE n.f., en angl. **Mauritius,** État insulaire d'Afrique, dans l'océan Indien ; 2 040 km² ; 1 130 000 hab. *(Mauriciens).* CAP. *Port Louis.* LANGUE : *anglais.* MONNAIE : *roupie mauricienne.* La population, très dense, parlant souvent le français, est formée en majeure partie de descendants d'Indiens venus travailler dans les plantations de canne à sucre, qui est une ressource essentielle, avec l'industrie textile et le tourisme.

HISTOIRE

Début du XVIe s. : l'île est reconnue par les Portugais (Afonso de Albuquerque). **1598 :** les Néerlandais en prennent possession et lui donnent son nom, en l'honneur de Maurice de Nassau. **1638 - 1710 :** un établissement néerlandais est fondé dans l'île, qui devient un centre de déportation. **1715 :** l'île tombe sous la domination française et prend le nom d'*île de France.* **1810 :** la Grande-Bretagne s'empare de l'île. **1814 :** le traité de Paris confirme la domination britannique sur l'île, qui redevient l'*île Maurice.* **1833 :** l'affranchissement des esclaves a pour conséquence l'immigration massive de travailleurs indiens. **1961 :** Seewoosagur Ramgoolam devient Premier ministre. **1968 :** l'île constitue un État indépendant, membre du Commonwealth. **1982 :** Anerood Jugnauth est nommé Premier ministre. **1992 :** l'île Maurice devient une république. **1995 :** Navin Ramgoolam se voit confier la direction du gouvernement. **2000 :** A. Jugnauth redevient Premier ministre.

MAURICE (saint), *m. à Agaunum, auj. Saint-Maurice, Valais, fin du IIIe s.,* légionnaire romain martyr. Il aurait été massacré avec certains de ses soldats pour avoir refusé de persécuter les chrétiens.

MAURICE, en lat. **Flavius Mauricius Tiberius,** *Arabissos v. 539 - en Chalcédoine 602,* empereur byzantin (582 - 602). Il réorganisa l'administration de l'Empire, qu'il défendit sur toutes ses frontières.

MAURICE, comte **de Saxe,** dit **le Maréchal de Saxe,** *Goslar 1696 - Chambord 1750,* général français. Fils naturel d'Auguste II et d'Aurora von Königsmarck. Maréchal de France (1744), vainqueur à Fontenoy (1745), Rocourt (1746) et Lawfeld (1747), il fut un manœuvrier habile, l'un des plus grands capitaines de son temps.

MAURICE DE NASSAU, *Dillenburg 1567 - La Haye 1625,* stathouder de Hollande et de Zélande (1585 - 1625), de Groningue et de Drenthe (1620 - 1625). Fils de Guillaume Ier de Nassau, il combattit victorieusement la domination espagnole et fit exécuter le grand pensionnaire Oldenbarnevelt (1619). Il devint prince d'Orange en 1618.

MAURICIE, région administrative du Québec (Canada) ; 39 748 km² ; 259 818 hab. *(Mauriciens) ;* v. princ. *Trois-Rivières.* Elle correspond approximativement au bassin du Saint-Maurice, sur la rive nord du Saint-Laurent. Elle englobe le *parc national de la Mauricie* (549 km²).

MAURIENNE n.f., région des Alpes, en Savoie, correspondant à la vallée de l'Arc. Aménagements hydroélectriques. Électrométallurgie et électrochimie. Tourisme.

MAURITANIE ou **MAURÉTANIE** n.f., anc. pays de l'ouest de l'Afrique du Nord. Elle était habitée par les Maures, tribus berbères qui formèrent vers le Ve s. av. J.-C. un royaume passé au IIe s. av. J.-C. sous la dépendance de Rome. Province romaine en 40 apr. J.-C., puis divisée, en 42, en *Mauritanie Césarienne* et *Mauritanie Tingitane,* la région fut occupée par les Vandales au Ve s., puis par les Byzantins (534), et conquise par les Arabes au VIIIe s.

MAURITANIE n.f., en ar. **Mūritāniyya,** État d'Afrique, sur l'Atlantique ; 1 080 000 km² ; 2 330 000 hab. *(Mauritaniens).* CAP. *Nouakchott.* LANGUE : *arabe.* MONNAIE : *ouguiya.*

GÉOGRAPHIE

Située dans l'ouest du Sahara, la Mauritanie est un pays désertique, domaine de l'élevage nomade des ovins, des caprins et des chameaux. Les gisements de fer (autour de F'Derick) assurent l'essentiel des exportations (loin devant la pêche), expédiées par Nouadhibou. La population, islamisée, juxtapose Maures dans le Nord, majoritaires, et Noirs dans le Sud.

HISTOIRE

Les origines et la colonisation. Fin du néolithique : le dessèchement de la région entraîne la migration des premiers habitants, négroïdes, vers le sud. **Début de l'ère chrétienne :** pénétration de pasteurs berbères (notamm. Sanhadja). **VIIIe - IXe s. :** terre de contact entre Afrique noire et Maghreb, la Mauritanie est convertie à l'islam. **XIe s. :** création de l'Empire almoravide, qui propage un islam austère. **XVe - XVIIIe s. :** les Arabes Hassan organisent le pays en émirats ; les Européens, et tout d'abord les Portugais, s'installent sur les côtes. **1900 - 1912 :** conquête française. **1920 :** la Mauritanie devient colonie au sein de l'A.-O.F. **1934 :** tout le territoire mauritanien est sous domination française. **1946 :** la Mauritanie devient territoire d'outre-mer.

La république. 1958 : la République islamique de Mauritanie est proclamée avec Moktar Ould Daddah comme Premier ministre (1958 - 1961), puis comme président (1961 - 1978). **1960 :** elle devient indépendante. **1976 :** elle occupe la partie sud du Sahara occidental, inaugurant ainsi le conflit avec les Sahraouis du Front Polisario. **1979 :** elle renonce à toute prétention sur le Sahara occidental. **1984 :** le colonel Ould Taya, qui s'est imposé par un coup d'État, gouverne le pays. **1989 :** des affrontements interethniques entre Sénégalais et Mauritaniens provoquent une vive tension avec le Sénégal. **1991 :** une nouvelle Constitution est adoptée et le multipartisme est instauré. **1992 :** le colonel Ould Taya est élu à la présidence de la République ; son parti obtient une large victoire aux législatives, boycottées par l'opposition. La Mauritanie rétablit ses relations diplomatiques avec le Sénégal. **1997 :** le colonel Ould Taya est réélu à la tête de l'État.

MAUROIS (André), *Elbeuf 1885 - Neuilly 1967,* écrivain français. Il est l'auteur de romans *(les Silences du colonel Bramble, Climats)* et de biographies romancées *(Ariel ou la Vie de Shelley).* [Acad. fr.]

MAURON (56430), ch.-l. de cant. du Morbihan ; 3 277 hab. Église en partie du XVIe s.

■ CHARLES **MAURRAS**

■ L'empereur **MAXIMILIEN Ier** par Dürer. (Kunsthistorisches Museum, Vienne.)

MAUROY (Pierre), *Cartignies, Nord, 1928,* homme politique français. Socialiste, député, puis sénateur du Nord (depuis 1992) et maire de Lille (1973 - 2001), il est Premier ministre de 1981 à 1984 et premier secrétaire du PS de 1988 à 1992.

MAURRAS (Charles), *Martigues 1868 - Saint-Symphorien 1952,* théoricien et homme politique français. Il fit de l'*Action française l'instrument de son combat contre le régime républicain, jugé mortellement dangereux pour la France. Prompt à pourfendre les fauteurs supposés de la désagrégation nationale (protestants, francs-maçons, Juifs, etc.), il s'efforça de démontrer la nécessité de la restauration monarchique, croisant les thèmes de l'« empirisme organisateur » et du « nationalisme intégral » (*Enquête sur la monarchie,* 1900 - 1909 ; *l'Avenir de l'intelligence,* 1905). Sa valorisation froidement politique du rôle de l'Église mena à la condamnation de l'Action française par Rome (1926). Il soutint le maréchal Pétain et fut condamné, en 1945, à la détention perpétuelle. Il fut aussi un écrivain à l'esthétique néoclassique (*les Amants de Venise,* 1902). [Acad. fr., radié en 1945.]

MAURS [mɔrs] (15600), ch.-l. de cant. du Cantal ; 2 366 hab. Église gothique, anc. abbatiale.

MAURY (Matthew Fontaine), *Spotsylvania County, Virginie, 1806 - Lexington, Virginie, 1873,* océanographe américain, l'un des fondateurs de l'océanologie moderne et de la météorologie maritime.

MAURYA, dynastie indienne fondée par Candragupta v. 320 av. J.-C. et renversée v. 185 av. J.-C.

MAUSOLE, *m. en 353 av. J.-C.,* satrape de Carie (v. 377 - 353 av. J.-C.). Il est célèbre par son tombeau, à Halicarnasse (le *Mausolée*).

MAUSS (Marcel), *Épinal 1872 - Paris 1950,* sociologue et anthropologue français. Il a étudié les phénomènes de prestations et de contre-prestations (*Essai sur le don,* 1925).

Mauthausen, camp de concentration allemand près de Linz (Autriche), où périrent env. 150 000 personnes entre 1938 et 1945.

MAUZÉ-SUR-LE-MIGNON (79210), ch.-l. de cant. des Deux-Sèvres ; 2 442 hab. Église romane.

MAVROCORDATO ou **MAVROKORDHÁTOS** (Aléxandhros, prince), *Constantinople 1791 - Égine 1865,* homme politique grec. Défenseur de Missolonghi (1822 - 1823), principal leader du parti probritannique, il fut Premier ministre en 1833, 1841, 1844, 1854 - 1855.

MAXENCE, en lat. **Marcus Aurelius Valerius Maxentius,** *v. 280 - pont Milvius 312,* empereur romain (306 - 312). Fils de Maximien, il fut vaincu par Constantin au pont Milvius (312), où il trouva la mort.

MAXIME, en lat. **Magnus Clemens Maximus,** *m. en 388,* usurpateur romain (383 - 388). Il régna en Gaule, en Espagne et en Bretagne, conquit l'Italie, mais fut vaincu et tué par Théodose Ier.

MAXIMIEN, en lat. **Marcus Aurelius Valerius Maximianus,** *Pannonie v. 250 - Marseille 310,* empereur romain (286 - 305 et 306 - 310) de la Tétrarchie. Associé à l'Empire par Dioclétien, il abdiqua avec lui en 305. Dans l'anarchie qui suivit, il reprit le pouvoir, puis entra en conflit avec son gendre Constantin, qui le fit disparaître.

SAINT EMPIRE

MAXIMILIEN Ier, *Wiener Neustadt 1459 - Wels 1519,* archiduc d'Autriche, empereur germanique (1508 - 1519), de la dynastie des Habsbourg. Ayant épousé Marie de Bourgogne (1477), il hérita des Pays-Bas et de la Bourgogne, dont il ne conserva que l'Artois et la Franche-Comté (1493) à l'issue d'une longue lutte contre Louis XI, puis Charles VIII. Il dut reconnaître l'indépendance des cantons suisses (1499), mais unifia ses États héréditaires et les dota d'institutions centralisées. — **Maximilien II,** *Vienne 1527 - Ratisbonne 1576,* empereur germanique (1564 - 1576), fils de Ferdinand Ier de Habsbourg.

BAVIÈRE

MAXIMILIEN Ier, *Munich 1573 - Ingolstadt 1651,* duc (1597), puis Électeur (1623 - 1651) de Bavière. Allié de Ferdinand II de Habsbourg dans la guerre de Trente Ans, il battit l'Électeur palatin, Frédéric V, à la Montagne Blanche (1620).

MAXIMILIEN Ier JOSEPH, *Mannheim 1756 - Nymphenburg, Munich, 1825,* Électeur (1799), puis roi de Bavière (1806 - 1825). Outre le titre de roi (1806), il obtint de Napoléon Bayreuth et Salzbourg (1809). — **Maximilien II Joseph,** *Munich 1811 - id. 1864,* roi de Bavière (1848 - 1864).

MEXIQUE

MAXIMILIEN, *Vienne 1832 - Querétaro 1867,* archiduc d'Autriche (Ferdinand Joseph de Habsbourg), puis empereur du Mexique (1864 - 1867). Frère cadet de l'empereur François-Joseph, choisi comme empereur du Mexique par Napoléon III en 1864, il ne put triompher du sentiment nationaliste, incarné par Juárez García. Abandonné en 1867 par la France, il fut pris et fusillé.

MAXIMILIEN ou **MAX DE BADE** (prince), *Baden-Baden 1867 - près de Constance 1929,* homme politique allemand. Il fut nommé chancelier par Guillaume II (3 oct. 1918), mais dut s'effacer devant Ebert (10 nov.).

MAXIMIN, en lat. **Caius Julius Verus Maximinus,** *173 - Aquilée 238,* empereur romain (235 - 238). La fin de son règne ouvrit une période d'anarchie militaire. — **Maximin Daia,** en lat. **Galerius Valerius Maximinus,** *m. à Tarse en 313,* empereur romain (309 - 313). Il persécuta les chrétiens, et fut vaincu par Licinius en Thrace.

MAXWELL (James Clerk), *Édimbourg 1831 - Cambridge 1879,* physicien britannique. Il a unifié les théories de l'électricité et du magnétisme en donnant les équations générales du champ électromagnétique. Sa théorie de la lumière fut confirmée peu après par la constatation expérimentale de l'égalité entre la vitesse de la lumière et la propagation d'une onde électromagnétique. Il contribua à la thermodynamique par ses travaux sur la répartition des vitesses des molécules gazeuses. Il découvrit aussi la magnétostriction.

MAYAS, peuple amérindien du Mexique (presqu'île du Yucatán) [env. 800 000], auquel sont apparentés de nombreux autres peuples du Mexique (Huaxtèques, Tzotzil, Totonaques, etc.) et du Guatemala principalement (Cakchiquel, Mam, Quiché, etc.). Les Mayas sont agriculteurs, catholiques, avec persistance de croyances anciennes. Leur langue appartient au groupe maya-totonaque. — Parmi les civilisations précolombiennes, celle des Mayas témoigne du raffinement d'une société très hiérarchisée, dominée par une aristocratie dirigeante de cités-États et régie par un système théocratique. Trois périodes principales définissent la chronologie maya. On distingue : le préclassique (2000 av. J.-C.-250 apr. J.-C.), ou les origines ; le classique (250 - 950), ou l'apogée, marqué par la création d'une écriture pictographique (glyphes) et d'un calendrier solaire de 365 jours, le développement de l'architecture et des pyramides, les décorations peintes et sculptées des temples funéraires (Copán, Tikal, Palenque, Uxmal, etc.) ; le postclassique (950 - 1500), ou le déclin, malgré une certaine renaissance due aux Toltèques dans le Yucatán (Chichén-Itzá). Principaux dieux : Chac, le dieu de la Pluie ; Kinich Ahau, le Soleil, qui, dans sa révolution nocturne, devient jaguar ; Kukulcán, le héros civilisateur, assimilé à Quetzalcóatl.

MAYENCE, en all. **Mainz,** v. d'Allemagne, cap. du Land de Rhénanie-Palatinat, sur la rive gauche du Rhin ; 185 487 hab. Cathédrale romane (XIIe-XIIIe s. ; tombeaux, œuvres d'art) et autres monuments. Musées romain-germanique, régional et Gutenberg (histoire mondiale de l'imprimerie).

MAYENNE n.f., riv. de France, dans le Maine, qui se joint à la Sarthe pour former la Maine ; 185 km. Elle passe à Mayenne, Laval, Château-Gontier.

MAYENNE n.f. (53), dép. de la Région Pays de la Loire ; ch.-l. de dép. *Laval ;* ch.-l. d'arrond. *Mayenne, Château-Gontier ;* 3 arrond. ; 32 cant. ; 261 comm. ; 5 175 km² ; 285 338 hab. *(Mayennais).* Le dép. appartient à l'académie de Nantes, à la cour d'appel d'Angers, à la zone de défense Ouest. Il s'étend sur le bas Maine, pays bocager dont l'altitude décroît vers le sud. L'économie agricole est orientée vers l'élevage : bovins et porcins. Aux activités industrielles traditionnelles (textiles, chaussures, imprimerie) se sont ajoutées les constructions mécaniques et électriques, à Laval notamment, atteinte par l'autoroute. *(V. carte page 1512.)*

M

MAYENNE (53100), ch.-l. d'arrond. de la Mayenne, sur la *Mayenne ;* 14 627 hab. *(Mayennais).* Imprimerie. Électroménager. — Monuments du XIIe au XVIIe s.

MAYENNE (Charles **de Lorraine,** duc **de**), *Alençon 1554 - Soissons 1611,* prince français. Chef de la Ligue à la mort de son frère Henri Ier de Guise, il fut vaincu à Arques (1589) et à Ivry (1590) par Henri IV et fit sa soumission en 1595.

MAYER (Robert **von**), *Heilbronn 1814 - id. 1878,* médecin et physicien allemand. Il calcula l'équivalent mécanique de la calorie (1842) et énonça le principe de la conservation de l'énergie.

MAYERLING, localité d'Autriche, à 40 km au S. de Vienne. L'archiduc Rodolphe de Habsbourg et la baronne Marie Vetsera y furent trouvés morts dans un pavillon de chasse, le 30 janvier 1889.

MAYET (72360), ch.-l. de cant. de la Sarthe ; 2 948 hab.

Mayflower *(Fleur de mai),* vaisseau parti de Southampton (1620) vers l'Amérique avec une centaine d'émigrants, notamment des puritains anglais (*Pilgrim Fathers* ou « Pères pèlerins »), qui fondèrent Plymouth en Nouvelle-Angleterre.

MAYNARD ou **MAINARD** (François), *Toulouse 1582 - Aurillac 1646,* poète français. Il fut le disciple de Malherbe (*À la belle vieille).* [Acad. fr.]

MAYOL (Félix), *Toulon 1872 - id. 1941,* chanteur français. Il acquit le Concert parisien (1909), auquel il donna son nom. Fantaisiste à l'excellente diction, il créa quelque 500 chansons *(la Cabane Bambou, Viens Poupoule, Cousine).*

MAYOTTE n.f. (976), île de l'océan Indien, formant une collectivité territoriale, dans l'archipel des Comores ; ch.-l. *Mamoudzou ;* 374 km² ; 131 320 hab. *(Mahorais).* En 1976, la population s'est prononcée pour le maintien de l'île dans le cadre français.

MAYR (Ernst), *Kempten, Allemagne, 1904,* biologiste américain d'origine allemande. Un des initiateurs du néodarwinisme, il a étudié les mécanismes de la spéciation et proposé une définition de l'espèce fondée sur l'interfécondité de ses représentants.

■ **MAYAS.** La cité de Tikal au Guatemala, période classique.

MA YUAN, peintre chinois actif de 1190 à 1235. Ses paysages, classés parmi les chefs-d'œuvre de la peinture des Song du Sud, allient sobriété et sensibilité poétique.

MAZAGAN → JADIDA (El-).

MAZAMET (81200), ch.-l. de cant. du Tarn, au pied de la Montagne Noire ; 11 259 hab. *(Mazamétains).* Délainage. Constructions mécaniques.

MAZAR-E CHARIF, v. du nord de l'Afghanistan ; 103 000 hab. Pèlerinage islamique au sanctuaire (XVe s.) du calife Ali.

MAZARIN (Jules), *Pescina, Abruzzes, 1602 - Vincennes 1661,* prélat et homme d'État français d'origine italienne. Capitaine dans l'armée pontificale, puis diplomate au service du pape, il passe au service de la France et est naturalisé français en 1639. Richelieu le fait nommer cardinal, bien qu'il ne soit pas prêtre, en déc. 1641 et, avant de mourir, le recommande à Louis XIII. Après la mort du roi (1643), Mazarin devient le principal ministre d'Anne d'Autriche – régente du jeune Louis XIV –, qui le soutiendra constamment. Il met fin à la guerre de Trente Ans par les traités de Westphalie (1648), mais il doit affronter la Fronde et s'exiler pour que soit rétablie la paix intérieure. De retour à Paris en 1653, il s'emploie à restaurer l'autorité royale et à faire de la France l'arbitre de l'Europe. Il rétablit les intendants, surveille la noblesse, limite les droits du parlement, persécute les jansénistes. À l'extérieur, il impose à l'Espagne le traité des Pyrénées (1659) et arbitre la paix du Nord entre les puissances de la Baltique (1660 - 1661). Il meurt en laissant une fortune colossale et de riches collections d'art dans son palais (auj. bibliothèque Mazarine).

Mazarine (bibliothèque), bibliothèque publique située dans l'aile gauche du palais de l'Institut, à Paris. Constituée sur l'ordre de Mazarin, elle fut ouverte au public en 1643 et rattachée à la Bibliothèque nationale en 1930.

MAZATLÁN, v. du Mexique, sur le Pacifique ; 312 429 hab. Port.

MAZENOD (Charles Eugène **de**), *Aix-en-Provence 1782 - Marseille 1861,* prélat français. Il fonda les missionnaires oblats de Marie-Immaculée et fut évêque de Marseille (1837). Canonisé en 1995.

■ **MAZARIN** par P. Mignard. (Musée Condé, Chantilly.)

■ GIUSEPPE **MAZZINI.** (Galerie d'Art moderne, Florence.)

MAZEPPA ou **MAZEPA** (Ivan Stepanovitch), *1639 ou 1644 - Bendery 1709,* hetman des Cosaques d'Ukraine orientale. Il servit d'abord le tsar Pierre le Grand, puis se tourna contre lui, s'alliant à Charles XII, roi de Suède, qui s'engageait à reconnaître l'indépendance de l'Ukraine. Défait à Poltava (1709), il se réfugia en pays tatar.

MAZOVIE, région de Pologne, sur la moyenne Vistule. Érigée en duché héréditaire en 1138, elle fut rattachée au royaume de Pologne en 1526.

MAZOWIECKI (Tadeusz), *Plock 1927,* homme politique polonais. Membre influent de Solidarność, il est nommé Premier ministre en août 1989, devenant le premier chef de gouvernement non communiste de l'Europe de l'Est depuis quarante ans. En novembre 1990, après son échec à l'élection présidentielle, il démissionne.

MAZURIE, région du nord-est de la Pologne, parsemée de lacs.

MAZZINI (Giuseppe), *Gênes 1805 - Pise 1872,* patriote italien. Il fonda, en exil, une société secrète, *la Jeune-Italie* (1831), élément moteur du Risorgimento, qui visait à l'établissement d'une république italienne unitaire. Organisant des complots et insurrections qui, tous, échouèrent, il mena une vie errante jusqu'à son retour en Italie, lors de la révolution de 1848. En mars 1849, il fit proclamer la république à Rome et fit partie du triumvirat qui la dirigeait, mais l'expédition française (juill.) l'obligea à s'exiler.

MBABANE, cap. du Swaziland ; 38 000 hab.

MBANDAKA, anc. **Coquilhatville,** v. de la Rép. dém. du Congo (ex-Zaïre), sur le fleuve Congo ; 137 000 hab.

MBEKI (Thabo), *Idutywa, Transkei, 1942,* homme politique sud-africain. Vice-président (1994-1997) puis président (depuis 1997) de l'ANC, il est nommé vice-président de la République en 1994 et succède à N. Mandela à la tête de l'État en 1999.

MBINI, anc. **Río Muni,** partie continentale de la Guinée équatoriale.

MBUJI-MAYI, v. de la Rép. dém. du Congo (ex-Zaïre), ch.-l. de la région du Kasaï-Oriental ; 486 000 hab.

MBUNDU ou **OVIMBUNDU,** peuple de l'ouest de l'Angola (env. 4 millions), de langue bantoue.

MBUTI, peuple pygmée du nord-est de la Rép. dém. du Congo (ex-Zaïre).

MEAD (Margaret), *Philadelphie 1901 - New York 1978,* anthropologue américaine. Elle a étudié les problèmes de l'adolescence et les changements culturels, et s'est livrée à de nombreuses enquêtes sur le terrain (Bali, Nouvelle-Guinée).

MEADE (James Edward), *Swanage, Dorset, 1907 - Cambridge 1995,* économiste britannique. Il a donné des contributions d'inspiration keynésienne dans les domaines de la théorie du commerce international et des mouvements de capitaux. (Prix Nobel 1977.)

MÉANDRE → MENDERES.

MÉAULTE (80810), comm. de la Somme ; 1 280 hab. Industrie aéronautique.

MEAUX [mo] (77100), ch.-l. d'arrond. de Seine-et-Marne, sur la Marne ; 50 913 hab. *(Meldois).* Restes de remparts gallo-romains et médiévaux ; cathédrale surtout du XIIIe s. Musée municipal « Bossuet » dans l'anc. évêché, des XIIe et XVIIe s. – Siège d'un évêché dès le IVe s., Meaux fut, au XVIe s., grâce à son évêque Briçonnet, ami de Lefèvre d'Étaples, un foyer d'humanisme chrétien influencé par la Réforme (« cénacle de Meaux », 1523 - 1525). Bossuet en fut l'évêque de 1682 à 1704.

MÉCÈNE, en lat. **Caius Cilnius Maecenas,** *Arezzo ? v. 69 - 8 av. J.-C.,* chevalier romain. Ami personnel d'Auguste, il encouragea les lettres et les arts. Virgile, Horace, Properce bénéficièrent de sa protection.

MÉCHAIN (Pierre), *Laon 1744 - Castellón de la Plana 1804,* astronome et géodésien français. Il mesura avec Delambre l'arc de méridien compris entre Dunkerque et Barcelone (1792 - 1799) pour déterminer l'étalon du mètre, découvrit une douzaine de comètes et compléta le catalogue de nébuleuses et d'amas stellaires de Messier.

MECHELEN, nom néerl. de *Malines.

MECHHED, v. du nord-est de l'Iran ; 1 759 155 hab. Pèlerinage chiite. – Mausolée de l'imam Reza, fondé au IXe s., et monuments des XVe-XVIIe s. Riche musée.

MÉCHITHAR → MÉKHITHAR.

MEČIAR (Vladimir), *Zvolen 1942,* homme politique slovaque. Nommé à la tête du gouvernement slovaque en 1990, il doit démissionner en 1991. Ayant retrouvé son poste en 1992, il négocie la partition de la Tchécoslovaquie. Il est de 1993 à 1998 Premier ministre de la Slovaquie devenue indépendante.

MECKLEMBOURG n.m., en all. **Mecklenburg,** région historique d'Allemagne qui constitue une partie du Land de *Mecklembourg-Poméranie-Occidentale.* Il fut divisé en 1520 en deux duchés : celui de *Mecklembourg-Schwerin* et celui de *Mecklembourg-Güstrow,* puis de *Mecklembourg-Strelitz* (constitué en 1701).

MECKLEMBOURG-POMÉRANIE-OCCIDENTALE, en all. **Mecklenburg-Vorpommern,** Land d'Allemagne, sur la Baltique ; 1 963 909 hab. ; cap. *Schwerin.*

MECQUE (La), v. d'Arabie saoudite, cap. du Hedjaz ; 618 000 hab. Patrie de Mahomet et première ville sainte de l'islam. Le pèlerinage à La Mecque *(hadj)* est obligatoire pour tout musulman, s'il en a les moyens, une fois dans sa vie.

Médaille d'honneur, la plus haute décoration militaire des États-Unis, décernée par le Congrès depuis 1862.

Médaille militaire, décoration française créée en 1852. Elle est accordée pour actions d'éclat ou longs services aux sous-officiers et hommes du rang ainsi qu'à certains généraux ayant commandé en chef.

MEDAN, v. d'Indonésie, dans l'île de Sumatra, sur le détroit de Malacca ; 1 380 000 hab. Port.

MÉDAN (78670), comm. des Yvelines ; 1 403 hab. Maison de Zola.

MÉDARD (saint), *Salency, Oise, v. 456 - Tournai v. 560,* évêque de Noyon et de Tournai.

MEDAWAR (Peter Brian), *Rio de Janeiro 1915 - Londres 1987,* biologiste britannique. Il est l'auteur d'importants travaux sur les greffes. (Prix Nobel de physiologie ou de médecine 1960.)

MÈDE (la), écart de la comm. de Châteauneuf-les-Martigues (Bouches-du-Rhône). Raffinage du pétrole et pétrochimie.

MÉDÉA, v. d'Algérie, ch.-l. de wilaya ; 84 000 hab.

Médecins du monde, association de solidarité internationale s'appuyant sur l'engagement bénévole de professionnels de la santé. Créée en 1980 par des médecins issus de Médecins sans frontières, l'association a pour mission de porter secours aux populations vulnérables dans le monde et en France.

Médecins sans frontières (MSF), association privée à vocation internationale regroupant des médecins et des professionnels de la santé. Fondée en 1971, l'association, engagée dans une action humanitaire indépendante, a pour objectif d'apporter une aide médicale aux populations en danger (guerres, catastrophes, etc.) et de témoigner sur ces situations de crise. (Prix Nobel de la paix 1999.)

MÉDÉE MYTH. GR. Magicienne du cycle des Argonautes. Elle s'enfuit avec Jason ; ce dernier l'ayant abandonnée, elle se vengea en égorgeant leurs enfants. — Sa légende a notamm. inspiré une tragédie à Euripide (431 av. J.-C.), à Sénèque (Ier s. apr. J.-C.) et à Corneille (1635).

Medef (Mouvement des entreprises de France), association réunissant la plupart des organisations professionnelles et territoriales d'entreprises. Cette confédération, appelée de 1946 à 1998 Conseil national du patronat français (CNPF), a eu pour présidents : Georges Villiers (1946 - 1966) ; Paul Huvelin (1966 - 1972) ; François Ceyrac (1972 - 1981) ; Yvon Gattaz (1981 - 1986) ; François Périgot (1986 - 1994) ; Jean Gandois (1994 - 1997) et, depuis 1997, Ernest-Antoine Seillière.

MEDELLÍN, v. de Colombie, au N.-O. de Bogotá ; 1 468 089 hab. Centre textile.

MÈDES, peuple de l'Iran ancien. Au VIIe s. av. J.-C., ils constituèrent un empire ayant pour capitale Ecbatane. Leur roi Cyaxare détruisit Assour en 614 av. J.-C., puis Ninive (612). Le Perse Cyrus II mit fin (v. 550 av. J.-C.) à la puissance mède.

MEDICINE HAT, v. du Canada (Alberta) ; 43 625 hab. Chimie.

MÉDICIS, en ital. **Medici,** famille de banquiers italiens qui domina Florence du XVe au XVIIIe s. — **Cosme de M.,** dit **Cosme l'Ancien,** *Florence 1389 - Careggi 1464,* banquier et mécène florentin. Chef de Florence à partir de 1434, il fit de cette ville la capitale de l'humanisme. — **Laurent Ier de M.,** dit **Laurent le Magnifique,** *Florence 1449 - Careggi 1492,* prince florentin. Petit-fils de Cosme l'Ancien, protecteur des arts et des lettres, poète lui-même, il dirigea Florence (1469 - 1492) et réalisa l'idéal de la Renaissance. — **Julien de M.,** *Florence 1478 - Rome 1516,* prince florentin. Il fut fait duc de Nemours par le roi de France François Ier. Avec l'aide des troupes pontificales et espagnoles (1512), ce dernier restaura à Florence le pouvoir des Médicis, chassés depuis la révolution de Savonarole. — **Laurent II de M.,** duc **d'Urbino,** *Florence 1492 - id. 1519,* père de Catherine de Médicis. — **Alexandre de M.,** *Florence v. 1512 - id. 1537,* premier duc de Florence (1532 - 1537). Il fut assassiné par son cousin Lorenzino *(Lorenzaccio).* — **Cosme Ier de M.,** *Florence 1519 - Villa di Castello, près de Florence, 1574,* duc de Florence (1537 - 1569), premier grand-duc de Toscane (1569 - 1574). — **Ferdinand Ier de M.,** *Florence 1549 - id. 1609,* grand-duc de Toscane (1587 - 1609). — **Ferdinand II de M.,** *Florence 1610 - id. 1670,* grand-duc de Toscane (1621 - 1670). — **Jean-Gaston de M.,** *Florence 1671 - id. 1737,* grand-duc de Toscane (1723 - 1737). Après lui, le grand-duché de Toscane passa à la maison de Lorraine.

Médicis ou **Medici-Riccardi** (palais), palais de Florence. Élevé de 1444 à env. 1460 par Michelozzo pour les Médicis (fresques de Gozzoli dans la chapelle), il a été agrandi au XVIIe s. pour un marquis Riccardi.

Médicis (prix), prix littéraire français fondé en 1958 et décerné à un roman ou à un recueil de nouvelles d'un auteur de langue française encore peu connu. Le même jury couronne également une œuvre étrangère et un essai.

Médicis (villa), riche demeure entourée de jardins sur la colline du Pincio, à Rome. Datant du milieu du XVIe s., elle est occupée depuis 1803 par l'Académie de France. Après avoir hébergé les lauréats des prix de Rome, elle accueille auj. de jeunes artistes et chercheurs sélectionnés sur dossier.

MÉDIE, région du nord-ouest de l'Iran ancien, qui était habitée par les Mèdes.

MÉDINE, v. d'Arabie saoudite (Hedjaz) ; 500 000 hab. Ville sainte de l'islam ; Mahomet s'y réfugia en 622 (début de l'hégire). Mosquée du Prophète (tombeau de Mahomet).

MÉDINET EL-FAYOUM, v. d'Égypte, dans le *Fayoum ;* 212 523 hab.

médiques (guerres) [490 - 479 av. J.-C.], conflits qui ont opposé les Grecs à l'Empire perse. L'origine en est le soutien apporté par Athènes à la révolte des Ioniens (499), dont Darios Ier vient à bout en 495. Pour assurer sa domination sur l'Égée, celui-ci s'attaque ensuite aux cités de la Grèce d'Europe. En 490 *(première guerre médique),* Darios traverse l'Égée et, malgré des forces importantes, est vaincu à Marathon. En 481 *(seconde guerre médique),* Xerxès Ier, fils de Darios, envahit la Grèce avec une formidable armée. Les Grecs tentent en vain de l'arrêter aux Thermopyles (août 480) ; Athènes est prise et incendiée, mais, grâce à Thémistocle, la flotte perse est détruite devant l'île de Salamine (sept. 480). Xerxès abandonne son armée, qui est vaincue à Platées (479). Les Grecs portent alors la guerre en Asie, sous la direction d'Athènes, et remportent les victoires du cap Mycale (479) et de l'Eurymédon (468). En 449 - 448, la paix de Callias entérine la liberté des cités grecques d'Asie.

Méditations métaphysiques, ouvrage de Descartes, rédigé en latin (1641), puis traduit en français (1647). L'auteur parcourt, à la première personne, le chemin qui mène du doute généralisé à la connaissance du monde extérieur, présentant selon leur enchaînement rigoureux l'ensemble des thèmes de sa philosophie.

MÉDITERRANÉE, mer bordière de l'Atlantique, entre l'Europe méridionale, l'Afrique du Nord et l'Asie occidentale, couvrant environ 2 500 000 km². Elle communique avec l'Atlantique par le détroit de Gibraltar et avec la mer Rouge par le canal de Suez. C'est une mer chaude, à forte salinité et à faibles marées. L'étranglement compris entre la Sicile et la Tunisie la divise en deux bassins : la *Méditerranée occidentale,* avec son annexe la mer Tyrrhénienne, et la *Méditerranée orientale,* plus ramifiée, avec ses dépendances (mer Ionienne, mer Adriatique et mer Égée). — Cette mer a été le centre vital de l'Antiquité. Elle perdit de son importance à la suite des grandes découvertes des XVe et XVIe s. ; mais elle redevint l'une des principales routes mondiales de navigation grâce au percement du canal de Suez (1869).

MEDJERDA n.f., fl. d'Afrique du Nord, né en Algérie et débouchant dans le golfe de Tunis ; 365 km.

MÉDOC n.m., région de la Gironde, entre Bordeaux et la pointe de Grave, sur la rive gauche de la Gironde. (Hab. *Médocains* ou *Médoquins.*) Vins rouges.

MÉDUSE MYTH. GR. Une des trois Gorgones, la seule dont le regard était mortel. Persée trancha sa redoutable tête couverte de serpents, et de son sang naquit Pégase.

MEERUT, v. d'Inde (Uttar Pradesh) ; 846 954 hab.

MÉES (Les) [04190], ch.-l. de cant. des Alpes-de-Haute-Provence ; 2 973 hab.

MÉE-SUR-SEINE (Le) [77350], ch.-l. de cant. de Seine-et-Marne, dans la banlieue ouest de Melun ; 21 325 hab.

MEGALOPOLIS, anc. ville de Grèce, en Arcadie. Fondée en 368 av. J.-C. avec l'aide d'Épaminondas, elle fut le centre de la Confédération arcadienne. — Ruines.

MÉGARE, v. de Grèce, sur l'isthme de Corinthe ; 26 562 hab. Prospère aux VIIe et VIe s. av. J.-C., elle fonda de nombreuses colonies, dont Byzance. Ses démêlés avec Athènes furent l'une des causes de la guerre du Péloponnèse. — Une école philosophique (Ve et IVe s. av. J.-C.) y renoua avec l'inspiration des Éléates et développa logique et art de la controverse.

MÉGÈRE MYTH. GR. Une des trois Érinyes, personnification de la colère.

MEGÈVE [mәʒεv] (74120), comm. de la Haute-Savoie ; 4 705 hab. Station de sports d'hiver (alt. 1 113 - 2 350 m).

MEGHALAYA, État du nord-est de l'Inde ; 22 400 km² ; 1 760 626 hab. ; cap. *Shillong.*

MEGIDDO, cité cananéenne du nord de la Palestine (auj. en Israël). Située sur la route reliant l'Égypte à l'Assyrie, elle fut conquise par plusieurs pharaons (Thoutmosis III, Néchao II). Les vestiges archéologiques de près de 6 000 ans s'y superposent.

MÉHALLET EL-KOBRA, v. d'Égypte, dans le delta du Nil ; 359 000 hab. Textile.

MÉHÉMET-ALI, en ar. **Muḥammad 'Alī,** *Kavála 1769 - Alexandrie 1849,* vice-roi d'Égypte (1805 - 1848). Il massacre les Mamelouks (1811) et réorganise, avec le concours de techniciens européens, l'administration, l'économie et l'armée égyptiennes. Il apporte son soutien aux Ottomans en Arabie (1811 - 1819), puis en Grèce (1824 - 1827), mais conquiert le Soudan pour son compte (1820 - 1823) et, fort de l'alliance française, cherche à supplanter le sultan, que son fils Ibrahim Pacha vainc en Syrie (1831 - 1839). Les puissances européennes lui imposent le traité de Londres (1840), qui ne lui laisse que l'Égypte et le Soudan à titre héréditaire.

MEHMED II, dit **Fatih** (« le Conquérant »), *Edirne 1432 - Tekfur Çayırı 1481,* sultan ottoman (1444 - 1446 et 1451 - 1481). Il s'empara de Constantinople (1453), dont il fit sa capitale, avant de conquérir la Serbie (1459), l'empire de Trébizonde (1461), la Bosnie (1463) et de vassaliser la Crimée (1475). *[V. ill. page 1514.]* — **Mehmed IV,** *Istanbul 1642 -*

■ LA **MECQUE.** La Grande Mosquée avec la Kaba.

■ **MÉHÉMET-ALI** par A. Couder. (Château de Versailles.)

■ **MEHMED II** par Gentile Bellini. (National Gallery, Londres.)

■ GOLDA **MEIR**

Edirne 1693, sultan ottoman (1648 - 1687). Il présida au redressement de l'Empire grâce à l'œuvre des Köprülü. — **Mehmed V Resad,** *Istanbul 1844 - id. 1918,* sultan ottoman (1909 - 1918). Il laissa gouverner les Jeunes-Turcs. — **Mehmed VI Vahideddin,** *Istanbul 1861 - San Remo 1926,* dernier sultan ottoman (1918 - 1922). Il fut renversé par Mustafa Kemal.

MEHRGARH, site archéologique du Baloutchistan pakistanais, reliant la vallée de l'Indus à l'Iran et à l'Asie centrale. Occupée d'env. 7000 à 2000 av. J.-C., cette agglomération à économie agricole est sans doute à l'origine de la civilisation de l'Indus.

M

MÉHUL (Étienne), *Givet 1763 - Paris 1817,* compositeur français. Auteur de nombreux opéras ou opéras-comiques, il écrivit, pendant la Révolution française, *le Chant du départ.*

MEHUN-SUR-YÈVRE (18500), ch.-l. de cant. du Cher ; 7 343 hab. *(Mehunois).* Porcelaine. — Église des XIe-XIIe s. ; vestiges d'un fastueux château de Jean de Berry et de Charles VII.

MEIER (Richard), *Newark 1934,* architecte américain. Il puise aux sources du style international et de Le Corbusier, et y adapte une sensibilité contemporaine pour produire un impeccable classicisme (siège de Canal Plus à Paris, 1992 ; centre J. Paul Getty à Los Angeles, 1997).

MEIJE [mɛʒ] n.f., montagne des Alpes françaises (Isère), dans l'Oisans ; 3 983 m.

Meiji (« Époque éclairée »), nom de l'ère couvrant les années de règne de l'empereur japonais Meiji tenno.

MEIJI TENNO, nom posthume de **Mutsuhito,** *Kyoto 1852 - Tokyo 1912,* empereur du Japon (1867 - 1912). Après l'écroulement du régime shogunal, il inaugura l'ère Meiji (1868), proclama sa volonté de réforme et d'occidentalisation dans la charte de Cinq Articles et s'installa à Tokyo (1869). En 1889, il donna une constitution au Japon, puis mena victorieusement les guerres sino-japonaise (1895) et russo-japonaise (1905) avant d'annexer la Corée (1910).

MEILEN, v. de Suisse (cant. de Zurich), sur le lac de Zurich ; 10 749 hab. Église du XVe s.

MEILHAC [mɛjak] (Henri), *Paris 1831 - id. 1897,* auteur dramatique français. Il composa, le plus souvent avec L. Halévy, des livrets d'opérettes de J. Offenbach *(la Belle Hélène, la Vie parisienne)* et des comédies *(Froufrou).* [Acad. fr.]

MEILLET (Antoine), *Moulins 1866 - Châteaumeillant 1936,* linguiste français. Il est l'auteur de travaux de grammaire comparée et de linguistique générale (*Introduction à l'étude comparative des langues indo-européennes,* 1903).

Mein Kampf *(Mon combat),* ouvrage écrit en prison (1923 - 1924) par Adolf Hitler et publié en 1925. Les principes du national-socialisme y sont exposés : antisémitisme, supériorité de la race germanique, qui a besoin pour s'épanouir d'un « espace vital », culte de la force.

MEIR (Golda), *Kiev 1898 - Jérusalem 1978,* femme politique israélienne. Membre du parti travailliste Mapaï, ministre des Affaires étrangères (1956 - 1966), elle fut Premier ministre de 1969 à 1974.

MEIRINGEN, comm. de Suisse (cant. de Berne), sur l'Aar ; 4 346 hab. Centre d'excursions. — Église reconstruite au XVIIe s.

MEISE, comm. de Belgique (Brabant flamand) ; 17 062 hab.

MEISSEN, v. d'Allemagne (Saxe), sur l'Elbe ; 33 501 hab. Cathédrale gothique ; château de style gothique flamboyant (XVe s.), auj. musée, où fonctionna de 1710 à 1863 la première manufacture européenne de porcelaine dure. Nouvelle manufacture (musée de la Porcelaine).

MEISSONIER (Ernest), *Lyon 1815 - Paris 1891,* peintre français. Il eut un immense succès comme auteur de petits tableaux de genre à l'ancienne et de scènes militaires.

MEISSONNIER (Juste Aurèle), *Turin v. 1693 - Paris 1750,* décorateur et orfèvre français. Il est l'un des représentants les plus imaginatifs du style rocaille.

MEITNER (Lise), *Vienne 1878 - Cambridge 1968,* physicienne autrichienne. Elle a découvert le protactinium avec O. Hahn (1917) et a donné la théorie de la fission de l'uranium (1939).

MÉJEAN (causse), l'un des Grands Causses, dans le sud de la France (Lozère).

MÉKHITHAR ou **MÉCHITHAR** (Pierre **Manouk,** dit), *Sivas, Anatolie, 1676 - Venise 1749,* théologien catholique arménien. Il fonda en 1701 la congrégation des Mékhitharistes (moines catholiques arméniens).

MEKNÈS, v. du Maroc ; 320 000 hab. Anc. cap. (1672 - 1727) des Alawites. Monuments anciens (XIVe-XVIIIe s.) et murailles aux portes magnifiques (Bab al-Mansur).

MÉKONG n.m., fl. d'Asie, né au Tibet et qui se jette dans la mer de Chine méridionale ; 4 200 km. Il traverse le Yunnan par des gorges profondes, puis le Laos (qu'il sépare de la Thaïlande), le Cambodge et le sud du Viêt Nam, passe à Vientiane et à Phnom Penh.

MELAKA ou **MALACCA,** v. de Malaisie, cap. de l'*État de Melaka,* sur le *détroit de Malacca ;* 88 000 hab. Port.

MELANCHTHON (Philipp **Schwarzerd,** dit), *Bretten, Bade, 1497 - Wittenberg 1560,* réformateur allemand. Collaborateur de Luther, il rédigea la *Confession d'Augsbourg* (1530) et devint le principal chef du luthéranisme après la mort du réformateur.

MÉLANÉSIE (« îles des Noirs »), partie de l'Océanie, comprenant la Nouvelle-Guinée, l'archipel Bismarck, les îles Salomon, la Nouvelle-Calédonie, Vanuatu, les îles Fidji. (Hab. *Mélanésiens.*)

MÉLANÉSIENS, ensemble de sociétés différentes (un millier) peuplant les îles de la Mélanésie. Pratiquant notamm. une horticulture sur brûlis raffinée, ces sociétés sont caractérisées par des systèmes d'échanges cérémoniels et rituels (le plus célèbre étant celui du « cercle de Kula ») qui peuvent régir les relations entre plusieurs sociétés ; chacun des groupes est représenté par des « grands » *(big men)* au sein de fédérations régionales. Les Mélanésiens parlent pour la plupart des langues de la famille austronésienne.

MELBOURNE, v. d'Australie, cap. de l'État de Victoria ; 3 002 300 hab. Port fondé en 1835. Centre commercial, industriel et culturel. — Musée d'art.

MELBOURNE (William **Lamb,** vicomte), *Londres 1779 - près de Hatfield 1848,* homme politique britannique. Premier ministre (1834, 1835 - 1841), il assura l'éducation politique de la jeune reine Victoria.

MELCHIOR, nom donné par une tradition tardive à l'un des trois Rois mages.

MELCHISÉDECH, personnage biblique contemporain d'Abraham. Prêtre-roi de Salem, ville que la tradition juive identifie à Jérusalem, il préfigure, dans le christianisme primitif, le sacerdoce du Christ.

MÉLIÈS (Georges), *Paris 1861 - id. 1938,* cinéaste français. Pionnier du spectacle cinématographique, illusionniste, inventeur des premiers trucages, constructeur des premiers studios, il réalisa entre 1896 et 1913 plus de 500 petits films, remarquables par leur fantaisie poétique et ingénieuse *(le Voyage dans la Lune,* 1902 ; *20 000 Lieues sous les mers,* 1907).

MELILLA, v. d'Espagne, sur la côte méditerranéenne du Maroc ; 63 670 hab. Remparts du XVIe s., église du XVIIe.

MÉLINE (Jules), *Remiremont 1838 - Paris 1925,* homme politique français. Ministre de l'Agriculture (1883 - 1885 et 1915 - 1916), il fut le défenseur du monde rural et pratiqua une politique protectionniste. Il fut président du Conseil de 1896 à 1898.

MELITOPOL, v. d'Ukraine ; 174 000 hab.

MELK, v. d'Autriche (Basse-Autriche), sur le Danube ; 6 000 hab. Abbaye bénédictine reconstruite par l'architecte Jakob Prandtauer (1660 - 1726), œuvre baroque grandiose.

MELKART → **MELQART.**

MELLE (79500), ch.-l. de cant. des Deux-Sèvres ; 4 281 hab. Chimie. — Trois églises romanes.

MELLONI (Macedonio), *Parme 1798 - Portici 1854,* physicien italien. Il inventa la pile thermoélectrique, qu'il employa pour étudier la chaleur rayonnante (rayonnement infrarouge).

Meloria (bataille de la) [6 août 1284], victoire de la flotte génoise sur les Pisans au large de l'île de la Meloria, dans le golfe de Gênes. Elle marqua la fin de l'importance navale de Pise.

MELOZZO da Forli, *Forli 1438 - id. 1494,* peintre italien. Il introduisit à Rome l'art des architectures feintes en perspective et des figures plafonnantes.

MELPOMÈNE MYTH. GR. Muse de la Tragédie.

MELQART ou **MELKART,** principal dieu de Tyr, honoré aussi à Carthage.

MELSENS (Louis), *Louvain 1814 - Bruxelles 1886,* physicien belge. Il a réalisé le premier paratonnerre (1865), construit sur le principe de la cage de Faraday.

MELUN (77000), ch.-l. du dép. de Seine-et-Marne, sur la Seine, à 46 km au S.-E. de Paris ; 36 998 hab. *(Melunais)* [env. 110 000 hab. dans l'agglomération]. École des officiers de la gendarmerie. Aéronautique. Au N., aérodrome d'essais de *Melun-Villaroche.* — Églises Notre-Dame (en partie du XIe s.) et St-Aspais (gothique du XVIe s.) ; Musée municipal.

MELUN-SÉNART, v. nouvelle, au S.-E. de Paris, entre Melun et la forêt de Sénart.

Mélusine, personnage légendaire du Moyen Âge. Aïeule imaginaire de la maison de Lusignan, cette fée était condamnée chaque semaine à se transformer partiellement en serpent.

MELVILLE (baie de), baie de la mer de Baffin, sur la côte du Groenland.

MELVILLE (île), île australienne, sur la côte nord de l'Australie.

MELVILLE (île), île de l'archipel Arctique canadien, au N. du *détroit du Vicomte-Melville.*

MELVILLE (péninsule de), presqu'île de la partie septentrionale du Canada (océan Arctique).

MELVILLE (Herman), *New York 1819 - id. 1891,* écrivain américain. Ancien marin, il est l'auteur de romans où l'aventure prend une signification symbolique *(*Moby Dick, Billy Budd).*

MELVILLE (Jean-Pierre **Grumbach,** dit Jean-Pierre), *Paris 1917 - id. 1973,* cinéaste français. Après *le Silence de la mer* (d'après Vercors, 1949), il s'imposa comme l'auteur de films noirs, rigoureux et dépouillés : *le Doulos* (1963), *le Deuxième Souffle* (1966), *le Samouraï* (1967).

MEMEL → **KLAIPĖDA.**

MEMLING ou **MEMLINC** (Hans), *Seligenstadt, près d'Aschaffenburg, v. 1433 - Bruges 1494,* peintre flamand. Sa carrière s'est déroulée à Bruges, où sont conservées ses œuvres principales : compositions religieuses d'un style doux et calme, portraits saisis dans un cadre familier.

MEMNON MYTH. GR. Héros de *l'Iliade,* tué par Achille. Les Grecs l'identifièrent à l'un des deux colosses du temple d'Aménophis III, à Thèbes. Cette statue, fissurée en 27 av. J.-C. par une secousse tellurique, faisait entendre au lever du soleil une vibration, « le chant de Memnon ».

Mémorial de Sainte-Hélène, ouvrage de Las Cases (1823), qui y relate ses entretiens avec Napoléon Ier.

MEMPHIS, v. de l'anc. Égypte, sur le Nil, en amont du Delta. Elle fut la capitale du pays durant l'Ancien Empire et le centre du culte du dieu Ptah. La fondation d'Alexandrie (332 av. J.-C.) puis l'invasion des Arabes entraînèrent sa décadence.

MEMPHIS, v. des États-Unis (Tennessee), sur le Mississippi ; 610 337 hab. Musées.

MEMPHRÉMAGOG (lac), lac d'Amérique du Nord, à la frontière du Canada (Québec) et des États-Unis (Vermont) ; 95 km².

MENADO → **MANADO.**

MÉNAGE (Gilles), *Angers 1613 - Paris 1692,* écrivain français. Cet érudit, auteur de poèmes écrits en latin et d'ouvrages de philosophie, fut raillé par Boileau et Molière.

MÉNAM → **CHAO PHRAYA.**

MÉNANDRE, *Athènes v. 342 - id. v. 292 av. J.-C.,* poète comique grec. Ses comédies de caractère furent imitées par Plaute et Térence.

MÉNAPIENS, anc. peuple de la Gaule Belgique qui avait pour ville principale l'actuelle Cassel (dép. du Nord).

MENCHIKOV (Aleksandr Danilovitch, prince), *Moscou 1673 - Berezovo 1729,* homme d'État et feld-maréchal russe. Il dirigea la construction de Saint-Pétersbourg. Il détint sous Catherine Ire la réalité du pouvoir, puis fut exilé en Sibérie (1728).

MENCHIKOV (Aleksandr Sergueïevitch, prince), *Saint-Pétersbourg 1787 - id. 1869,* amiral russe. Commandant en chef pendant la guerre de Crimée, il fut battu par les Franco-Britanniques (1854).

MENCIUS, en chin. **Mengzi,** *v. 371-289 av. J.-C.,* philosophe chinois. Pour ce continuateur de Confucius, l'homme tend naturellement vers la bonté.

MENDE (48000), ch.-l. du dép. de la Lozère, sur le Lot, à 576 km au S. de Paris ; 13 103 hab. *(Mendois).* Évêché. – Cathédrale des XIVe-XVIe s. et autres souvenirs du passé ; deux musées.

MENDÉ, nom donné, en Sierra Leone et au Liberia, aux populations Mandingues ou Mandé.

MENDEL (Johann, en relig. Gregor), *Heinzendorf, Silésie, 1822 - Brünn 1884,* religieux et botaniste autrichien. Il a réalisé des expériences sur l'hybridation des plantes et énoncé, en 1866, les lois de la transmission des caractères héréditaires *(lois de Mendel).*

MENDELEÏEV (Dmitri Ivanovitch), *Tobolsk 1834 - Saint-Pétersbourg 1907,* chimiste russe. Il est l'auteur de la classification périodique des éléments chimiques (1869).

MENDELE MOCHER SEFARIM (Chalom Jacob **Abramovitz,** dit), *Kopyl, gouv. de Minsk, 1835 - Odessa 1917,* écrivain russe d'expression yiddish et hébraïque. Ses récits sont une peinture de la vie des ghettos d'Europe orientale *(l'Anneau magique, les Voyages de Benjamin III).*

MENDELSOHN (Erich), *Allenstein, Prusse-Orientale, auj. Olsztyn, Pologne, 1887 - San Francisco 1953,* architecte allemand. D'abord influencé par l'expressionnisme, il adhéra ensuite au modernisme international, tout en en tempérant la rigidité (usage des courbes).

MENDELSSOHN (Moses), *Dessau 1729 - Berlin 1786,* philosophe allemand. Il a développé une philosophie fondée sur la Loi mosaïque, en relation avec la philosophie des Lumières (*Jerusalem...,* 1783), et donné une forte impulsion à l'émancipation juive dans le contexte européen.

MENDELSSOHN-BARTHOLDY (Felix), *Hambourg 1809 - Leipzig 1847,* compositeur allemand, petit-fils de Moses Mendelssohn. Compositeur et pianiste précoce, il dirigea en 1829 l'intégrale de *la Passion selon saint Matthieu* de Bach. À la tête de l'orchestre du Gewandhaus de Leipzig, il fonda le Conservatoire de cette ville. Il a laissé une œuvre considérable, au romantisme discret (*Concerto pour violon,* 1845 ; *Lieder ohne Worte,* pour piano), à l'écriture moderne (*Variations sérieuses,* 1842) et à l'orchestration raffinée (*le Songe d'une nuit d'été,* 1843), ainsi que cinq symphonies, dont *Réformation* (1832), les symphonies *italienne* (1833) et *écossaise* (1842).

MENDERES n.m., anc. **Méandre,** fl. de la Turquie d'Asie, qui rejoint la mer Égée ; 500 km.

MENDERES (Adnan), *Aydın 1899 - île d'Imralı 1961,* homme politique turc. Premier ministre (1950 - 1960), il fut renversé par l'armée, condamné à mort et exécuté. Il a été réhabilité en 1990.

MENDÈS FRANCE (Pierre), *Paris 1907 - id. 1982,* homme politique français. Avocat, député radical-socialiste à partir de 1932, président du Conseil en 1954 - 1955, il marqua la vie politique française tant par son style nouveau que par l'importance de ses décisions : fin de la guerre d'Indochine (accords de Genève), autonomie interne en Tunisie et rejet de la Communauté européenne de défense (CED).

MENDES PINTO (Fernão) → **PINTO.**

MENDOZA, v. d'Argentine, au pied des Andes ; 121 696 hab. Archevêché. Centre viticole.

MENDOZA (Diego **Hurtado de**) → **HURTADO DE MENDOZA.**

MENDOZA (Iñigo **López de**), marquis **de Santillana** → **SANTILLANA.**

MENÉ ou **MÉNÉ** (monts du ou landes du), hauteurs de l'ouest de la France, en Bretagne (Côtes-d'Armor) ; 339 m.

MÉNÉLAS MYTH. GR. Héros de *l'Iliade.* Roi de Sparte, il poussa les Grecs à la guerre contre Troie pour reprendre sa femme, Hélène, enlevée par Pâris.

MÉNÉLIK II, *Ankober 1844 - Addis-Abeba 1913,* négus d'Éthiopie. Roi du Choa (1865), il fonda Addis-Abeba (1887). Négus en 1889, il signa la même année avec l'Italie un accord que celle-ci considéra comme un traité de protectorat (1889). Dénonçant cet accord (1893), Ménélik écrasa les troupes italiennes à Adoua (1896). Il se retira en 1907.

MENEM (Carlos Saúl), *Anillaco, prov. de La Rioja, 1935,* homme politique argentin. Il a été président de la République de 1989 à 1999.

MENEN, nom néerl. de *Menin.

MENÉNDEZ PIDAL (Ramón), *La Corogne 1869 - Madrid 1968,* critique littéraire et linguiste espagnol. Il est l'auteur de travaux sur la langue et la littérature espagnoles.

MENENIUS AGRIPPA, consul romain en 502 av. J.-C. Il aurait réconcilié la plèbe avec les patriciens (494 av. J.-C.) par son apologue *les Membres et l'Estomac* (ceux-là ne pouvant se passer de celui-ci, et réciproquement).

MÉNEPTAH → **MINEPTAH.**

MÉNÈS, nom donné par les Grecs au pharaon Narmer.

MENGER (Carl), *Neusandez, auj. Nowy Sącz, Galicie, 1840 - Vienne 1921,* économiste autrichien. Fondateur, avec L. Walras et S. Jevons, de l'école marginaliste (1871), il est considéré comme le premier représentant de l'école psychologique autrichienne qui lie la valeur d'un bien à son utilité et à sa rareté relative.

MENGISTU HAILÉ MARIAM, *région de Harar 1937,* homme politique éthiopien. Il participe à la révolution de 1974 et devient vice-président (1974), puis président (1977) du Derg (Comité de coordination militaire), dissous en 1987. Élu à la présidence de la République en 1987, il doit abandonner le pouvoir en 1991.

MENGS (Anton Raphael), *Aussig, auj. Ústí nad Labem, Bohême, 1728 - Rome 1779,* peintre allemand. Il vécut surtout à Rome et fut un précurseur du néoclassicisme.

MENGZI → **MENCIUS.**

MENIAA (**El-**), anc. **El-Goléa,** oasis du Sahara algérien ; 24 000 hab.

MÉNILMONTANT, quartier de l'est de Paris (XXe arrond.).

MENIN, en néerl. **Menen,** v. de Belgique (Flandre-Occidentale), sur la Lys ; 32 645 hab.

Ménines (les), en esp. **las Meninas,** grande toile de Velázquez (v. 1656, Prado). L'œuvre est célèbre pour son rendu spatial, son caractère d'instantané captant une réalité familière et fugitive.

MÉNIPPE, *Gadara IVe s. - IIIe s. av. J.-C. ?,* poète et philosophe grec de l'école des cyniques, auteur de satires.

MENNECY (91540), ch.-l. de cant. de l'Essonne ; 12 962 hab.

MENOTTI (Gian Carlo), *Cadegliano 1911,* compositeur italien naturalisé américain. Il se rattache à la tradition de l'opéra vériste (*le Médium,* 1946 ; *le Consul,* 1950). Il a fondé le Festival de Spolète (1958).

MENTANA, v. d'Italie (Latium), au N.-E. de Rome ; 30 419 hab. Garibaldi y fut défait par les troupes pontificales et françaises (1867).

MENTHON-SAINT-BERNARD (74290), comm. de la Haute-Savoie, sur le lac d'Annecy ; 1 710 hab. Station estivale. – Château médiéval.

MENTON (06500), ch.-l. de cant. des Alpes-Maritimes, sur la Méditerranée ; 29 266 hab. *(Mentonnais).* Centre touristique. – Église et chapelle baroques du parvis Saint-Michel ; musées.

MENTOR MYTH. GR. Personnage de *l'Odyssée,* ami d'Ulysse et précepteur de Télémaque. Il est le symbole du sage conseiller.

MENUHIN (Yehudi, baron), *New York 1916 - Berlin 1999,* violoniste et chef d'orchestre d'origine russe naturalisé américain et britannique. Élève de G. Enesco et de A. Busch, il s'affirma, après une carrière d'enfant prodige, comme l'un des plus grands violonistes du XXe s., également réputé pour ses qualités de pédagogue (The Yehudi Menuhin School, dans le Surrey, 1963) et pour son humanisme.

MENUIRES ou **MÉNUIRES** (les), station de sports d'hiver (alt. 1 800 - 2 850 m) de Savoie (comm. de Saint-Martin-de-Belleville), dans le massif de la Vanoise.

MENZEL (Adolf **von**), *Breslau 1815 - Berlin 1905,* peintre et lithographe allemand. Il use du même réalisme précis dans des domaines très variés.

MENZEL-BOURGUIBA, anc. **Ferryville,** v. de Tunisie, sur le lac de Bizerte ; 51 000 hab. Arsenal. Sidérurgie. Pneumatiques.

Méphistophélès, personnage de la légende de *Faust, incarnation du diable.

MER (41500), ch.-l. de cant. de Loir-et-Cher ; 5 990 hab. Literie. – Église en partie du XIe s.

MERANO, v. d'Italie (Trentin-Haut-Adige) ; 32 600 hab. Station thermale. – Monuments des XIVe-XVe s.

MERCANTOUR n.m., massif du sud-est de la France (Alpes-Maritimes), à la frontière italienne ; 3 143 m. Parc national (env. 68 500 ha).

MERCATOR (Gerhard **Kremer,** dit Gerard), *Rupelmonde 1512 - Duisburg 1594,* mathématicien et géographe flamand. Il a donné son nom à un système de projection cartographique dans lequel les méridiens sont représentés par des droites parallèles équidistantes, et les parallèles, par des droites perpendiculaires aux méridiens.

Mercenaires (guerre des), dite **guerre inexpiable** [241 - 238 av. J.-C.], conflit qui, après la première guerre punique, opposa Carthage à ses mercenaires révoltés. Elle a inspiré à Flaubert son roman *Salammbô* (1862).

Merci (ordre de la), ordre religieux fondé en 1218 à Barcelone par saint Pierre Nolasque et saint Raymond de Peñafort. Il se consacrait au rachat

■ LES **MÉNINES,** de Velázquez, v. 1656. (Prado, Madrid.)

■ GREGOR **MENDEL.** (BNF, Paris.)

■ PIERRE **MENDÈS FRANCE**

■ YEHUDI **MENUHIN**

des chrétiens captifs des musulmans. Ses membres, les *mercédaires,* s'adonnent auj. à l'apostolat missionnaire, paroissial ou dans les prisons.

MERCIE, royaume fondé par les Angles entre 632 et 654, et qui s'effondra au IXe s. sous les coups des Danois.

MERCIER (Désiré Joseph), *Braine-l'Alleud 1851 - Bruxelles 1926,* prélat belge. À l'université de Louvain, il fut un des pionniers du néothomisme. Archevêque de Malines (1906), cardinal (1907), il fit preuve d'un grand courage pendant l'occupation allemande (1914 - 1918). Il ouvrit la voie à l'œcuménisme par les « conversations de Malines » (1921 - 1926) avec l'anglican lord Halifax.

MERCIER (Louis Sébastien), *Paris 1740 - id. 1814,* écrivain français. Auteur d'un récit utopique *(l'An 2440, rêve s'il en fut jamais),* de drames *(la Brouette du vinaigrier)* et d'essais critiques, il a surtout décrit avec réalisme la société parisienne à la fin de l'Ancien Régime (*Tableau de Paris,* 1781 - 1788).

■ EDDY **MERCKX**

MERCKX (Eddy), *Meensel-Kiezegem, Brabant flamand, 1945,* coureur cycliste belge. Cinq fois vainqueur du Tour de France (1969 à 1972 et 1974) et du Tour d'Italie (1968, 1970, 1972 à 1974), il fut trois fois champion du monde (1967, 1971 et 1974) et recordman du monde de l'heure (de 1972 à 1984).

MERCŒUR (Philippe Emmanuel **de Lorraine,** duc **de**), duc **de Penthièvre,** *Nomeny, Meurthe-et-Moselle, 1558 - Nuremberg 1602,* gentilhomme français. Beau-frère d'Henri III, il fut gouverneur de Bretagne (1582) et l'un des grands chefs ligueurs.

Mercosur (MERcado COmún del SUR), marché commun de l'Amérique du Sud. Il regroupe l'Argentine, le Brésil, le Paraguay et l'Uruguay, qui forment depuis 1995 une zone de libre-échange. Depuis 1996, le Chili et la Bolivie lui sont associés.

MERCURE, planète du système solaire, la plus proche du Soleil. Demi-grand axe de son orbite : 58 000 000 km (0,39 fois celui de l'orbite terrestre). Diamètre équatorial : 4 878 km. Sa surface, grêlée de cratères météoritiques, rappelle beaucoup celle de la Lune.

MERCURE MYTH. ROM. Dieu du Commerce et des Voyageurs. Il est identifié à l'Hermès des Grecs.

Mercure de France, revue littéraire française. Fondé en 1889 par A. Vallette et des écrivains favorables au symbolisme, il cessa de paraître en 1965. En 1894, A. Vallette fonda une maison d'édition du même nom.

MERCUREY (71640), comm. de Saône-et-Loire ; 1 562 hab. Vins.

MERDRIGNAC (22230), ch.-l. de cant. des Côtes-d'Armor ; 3 092 hab. *(Merdrignaciens).*

MÉRÉ (Antoine **Gombaud,** chevalier **de**), *en Poitou v. 1607 - Baussay, Poitou, 1684,* écrivain français. Il a défini dans ses essais les règles de conduite que doit respecter l'« honnête homme ».

Mère Courage et ses enfants, pièce de B. Brecht (1939 ; créée en 1941), « chronique de la guerre de Trente Ans », inspirée de Grimmelshausen. Une cantinière s'obstine à vivre de la guerre alors que celle-ci tue ses enfants et la ruine.

MEREDITH (George), *Portsmouth 1828 - Box Hill 1909,* écrivain britannique. Il est l'auteur de romans psychologiques *(l'Égoïste)* et de poèmes.

MEREJKOVSKI (Dmitri Sergueïevitch), *Saint-Pétersbourg 1866 - Paris 1941,* écrivain russe. Poète et romancier *(Julien l'Apostat),* il publia le manifeste du symbolisme russe et tenta de concilier christianisme et paganisme.

MERELBEKE [merəlbek], comm. de Belgique (Flandre-Orientale) ; 20 345 hab.

MÉRÉVILLE (91660), ch.-l. de cant. de l'Essonne ; 3 103 hab. Restes d'un parc paysager du XVIIIe s.

MERGENTHALER (Ottmar), *Hachtel, Wurtemberg, 1854 - Baltimore 1899,* inventeur américain d'origine allemande. Il conçut en 1884 le principe de la Linotype.

MÉRIBEL-LES-ALLUES (73550), station de sports d'hiver (alt. 1 450 - 2 910 m) de Savoie (comm. des Allues), en Tarentaise.

MÉRICOURT (62680), comm. du Pas-de-Calais ; 11 819 hab.

MÉRIDA, v. d'Espagne, cap. de l'Estrémadure et ch.-l. de prov., sur le Guadiana ; 49 284 hab. Monuments romains ; musée d'Art romain.

MÉRIDA, v. du Mexique, cap. du Yucatán ; 557 340 hab. Université. Textile. – Cathédrale du XVIe s. et monuments ; Musée archéologique.

MÉRIGNAC (33700), ch.-l. de cant. de la Gironde, banlieue de Bordeaux ; 63 300 hab. Aéroport. Aéronautique.

MÉRIMÉE (Prosper), *Paris 1803 - Cannes 1870,* écrivain français. Auteur de supercheries littéraires (*Théâtre de Clara Gazul,* 1825 ; *la Guzla,* 1827), de romans historiques (*Chronique du règne de Charles IX,* 1829), il doit sa célébrité à ses nouvelles (*Mateo Falcone,* 1829 ; *Tamango ; la Vénus d'Ille ; Colomba,* 1840 ; **Carmen ; la Chambre bleue*). Inspecteur des Monuments historiques, il fut, sous l'Empire, un des familiers des souverains. Il traduisit alors les écrivains russes. Romantique par le choix des sujets et le goût de la couleur locale, Mérimée appartient à l'art classique par la concision de son style. (Acad. fr.)

MERINA, population de Madagascar (env. 2,5 millions), vivant dans l'Imerina. Du XVIe s. jusqu'à la colonisation française, ils contrôlèrent la majeure partie de l'île. Ils restent très hiérarchisés, avec un ordre princier et nobiliaire *(andriana),* un ordre de roturiers blancs *(hova)* et de roturiers noirs *(mainty),* anciens esclaves. Christianisés, ils conservent des pratiques traditionnelles (« doubles funérailles »).

MÉRINIDES → MARINIDES.

Mérite (ordre national du), ordre français créé en 1963 pour récompenser les mérites distingués acquis dans une fonction publique ou privée. Il a remplacé les anciens ordres particuliers du Mérite ainsi que ceux de la France d'outre-mer. Seuls le *Mérite agricole* (créé en 1883) et le *Mérite maritime* (créé en 1930) ont été maintenus.

MERLE (Robert), *Tébessa, Algérie, 1908,* écrivain français. Marqué par la guerre (*Week-end à Zuydcoote,* 1949), il défend à travers la science-fiction (*Malevil,* 1972) et la fresque historique (*Fortune de France,* 12 vol. depuis 1978) des valeurs humanistes.

MERLEAU-PONTY (Maurice), *Rochefort 1908 - Paris 1961,* philosophe français. S'inscrivant dans le courant de la phénoménologie, il a cherché à définir la démarche psychologique qui fonde la pratique scientifique (*Phénoménologie de la perception,* 1945).

MERLEBACH, section de *Freyming-Merlebach.*

Merlin, dit **l'Enchanteur,** personnage de magicien des légendes celtiques et du cycle d'Arthur.

MERLIN (Philippe Antoine, comte), dit **Merlin de Douai,** *Arleux 1754 - Paris 1838,* homme politique français. Député aux États généraux (1789) et à la Convention (1792), directeur (1797 - 1799), il fut exilé de 1815 à 1830 en tant que régicide. (Acad. fr.)

MERMOZ (Jean), *Aubenton 1901 - dans l'Atlantique sud 1936,* aviateur français. Pilote de l'Aéropostale, il s'illustra en établissant la ligne Buenos Aires-Rio de Janeiro (1928) et en franchissant la cordillère des Andes (1929), puis il réussit la première traversée de l'Atlantique sud sans escale, de Saint-Louis du Sénégal à Natal (12 - 13 mai 1930). Il disparut en mer, au large de Dakar, à bord de l'hydravion *Croix-du-Sud.*

MÉROÉ, v. du Soudan, sur le Nil. Capitale du royaume de Koush, au N. de la Nubie, elle disparut sous la poussée du royaume éthiopien d'Aksoum au IVe s. apr. J.-C. – Importants vestiges.

MÉROVÉE, chef franc du Ve s., plus ou moins légendaire. Il a donné son nom à la première dynastie des rois de France *(Mérovingiens).*

MÉROVINGIENS, dynastie de rois francs qui régna sur la Gaule de 481 à 751. Cette dynastie fut fondée par Clovis, fils de Childéric Ier et, selon la tradition, petit-fils de Mérovée. Le dernier Mérovingien, Childéric III, roi en 743, fut enfermé en 751 dans un monastère par Pépin le Bref, fondateur des Carolingiens.

MERRIFIELD (Bruce), *Fort Worth, Texas, 1921,* biochimiste américain. Il a mis au point, en 1963, une technique simple de synthèse de chaînes d'acides aminés (peptides). [Prix Nobel de chimie 1984.]

MERSCH, v. du Luxembourg, ch.-l. de cant., sur l'Alzette ; 5 965 hab.

MERSEBURG, v. d'Allemagne (Saxe-Anhalt), sur la Saale ; 42 165 hab. Cathédrale reconstruite aux XIIIe et XVIe s. (crypte du XIe s.).

MERS EL-KÉBIR, auj. **El-Marsa El-Kebir,** v. d'Algérie, près d'Oran ; 23 600 hab. Base navale sur le golfe d'Oran, créée par la France en 1935. Le 3 juillet 1940, une escadre française y fut sommée par les Britanniques de se joindre à eux pour continuer la lutte contre l'Axe ou d'aller désarmer en Grande-Bretagne (ou aux Antilles). Elle refusa et fut bombardée par la Royal Navy (1 300 morts). Les accords d'Évian (1962) concédèrent la jouissance de la base pendant quinze ans à la France, qui l'évacua en 1967.

MERSENNE (père Marin), *près d'Oizé, Maine, 1588 - Paris 1648,* savant français. Correspondant de Descartes, Torricelli, Pascal, Fermat, etc., il fut au centre de l'activité scientifique de son temps. Il détermina les rapports des fréquences des notes de la gamme et mesura la vitesse du son (1636).

MERSEY n.f., fl. de Grande-Bretagne, en Angleterre, qui rejoint la mer d'Irlande par un estuaire sur lequel se trouve Liverpool ; 112 km.

MERSIN, v. de Turquie, sur la Méditerranée ; 422 357 hab. Port. Raffinage du pétrole.

MERS-LES-BAINS [mɛrs-] (80350), comm. de la Somme ; 3 469 hab. *(Mersois).* Station balnéaire.

MERTENS (Pierre), *Bruxelles 1939,* écrivain belge d'expression française. Dans ses romans, il s'interroge sur la possibilité de l'engagement authentique (*Terre d'asile,* 1978) ou encore cerne l'échec de la communication, souvent par le biais de l'autofiction (*la Fête des anciens,* 1971 ; *les Éblouissements,* 1987 ; *Une paix royale,* 1995).

MERTERT, comm. du Luxembourg, sur la Moselle canalisée ; 2 923 hab. Port fluvial.

MERTHYR TYDFIL, v. de Grande-Bretagne, dans le pays de Galles ; 55 000 hab. Métallurgie.

MERTON (Robert King), *Philadelphie 1910,* sociologue américain. Sa théorie, le fonctionnalisme structuraliste, voit dans les comportements la résultante des informations et des motivations induites par la structure sociale (*Éléments de théorie et de méthode sociologiques,* 1949).

MÉRU (60110), ch.-l. de cant. de l'Oise ; 12 901 hab. Église des XIIe et XVIe s. Musée de la Nacre et de la Tabletterie.

MERV → MARY.

Merveilles du monde (les Sept), les sept ouvrages les plus remarquables de l'Antiquité. (V. partie n. comm. **merveille.**)

MERVILLE (59660), ch.-l. de cant. du Nord ; 9 038 hab.

MERYON (Charles), *Paris 1821 - Charenton 1868,* aquafortiste français. Il est célèbre pour ses vues de Paris, teintées de fantastique.

MÉRY-SUR-OISE (95540), comm. du Val-d'Oise ; 9 011 hab. *(Mérysiens).* Château des XVIe-XVIIIe s.

MERZ (Mario), *Milan 1925,* artiste italien. Un des initiateurs de l'art pauvre, il a développé, à partir de matériaux bruts, d'inscriptions au néon, etc., divers thèmes symboliques, tel celui de l'« Igloo ».

MESA VERDE n.m., plateau des États-Unis (Colorado). Imposants vestiges de l'apogée (1000 - 1300) de la culture pueblo, préservés dans le parc national et le Musée archéologique.

MESETA n.f., plateau occupant la moyenne partie du centre de l'Espagne.

MÉSIE, anc. région des Balkans, correspondant partiellement à la Bulgarie.

MESKHETS, peuple résidant principalement en Ouzbékistan et au Kazakhstan, ainsi qu'en Azerbaïdjan (env. 400 000). Ils parlent une langue turque.

MESLAY-DU-MAINE [mɛlɛ-] (53170), ch.-l. de cant. de la Mayenne ; 2 693 hab.

MESLIER (Jean), dit **le curé Meslier,** *Mazerny, près de Rethel, 1664 - Étrépigny, près de Mézières, 1729,* philosophe français. Curé de campagne, il a laissé un mémoire *(le Testament),* partiellement publié par Voltaire, dans lequel il condamne le soutien apporté par l'Église (et par la notion même de Dieu) à un ordre social injuste.

MESMER (Franz), *Iznang 1734 - Meersburg 1815,* médecin allemand. Il fut le fondateur de la théorie du magnétisme animal, dite *mesmérisme,* et ses expériences sur le baquet, autour duquel se groupaient ses malades, le rendirent célèbre.

MÉSO-AMÉRIQUE, aire culturelle occupée par les civilisations précolombiennes au nord de l'isthme de Panamá, comprenant le Mexique et le nord de l'Amérique centrale.

MÉSOPOTAMIE, anc. région de l'Asie occidentale, entre le Tigre et l'Euphrate, correspondant à la majeure partie de l'actuel Iraq. La Mésopotamie fut, entre le VIe et le Ier millénaire av. J.-C., un des plus brillants foyers de civilisation. **IXe - VIIe millénaire :** néolithisation, avec premiers villages d'agriculteurs (Mureybat). **VIe millénaire :** néolithique ; villages, systèmes d'irrigation, céramique. **V^e millénaire :** floraison de cultures (Samarra, Halaf, El-Obeïd) avec, parfois, villages fortifiés, céramique peinte et outils en cuivre. **Entre 2950 et 2350 :** la région entre dans l'histoire : au sud, en pays de Sumer, naissance des cités-États, grandes agglomérations de type urbain qui créent un système d'écriture, le cunéiforme, et utilisent le cylindre-sceau (Éridou, Nippour, Kish, Our, Ourouk, Girsou et, au nord, Mari et Ebla). **V. 2340 :** hégémonie de Sargon d'Akkad puis de Naram-Sin (stèle de victoire au Louvre). **Fin du IIIe millénaire :** IIIe dynastie d'Our et construction de la ziggourat ; Goudéa, souverain de Lagash. **IIe millénaire :** suprématie de Babylone (Code d'Hammourabi). **Ier millénaire :** domination de l'Assyrie. Architecture palatiale (Nimroud, Khursabad, Ninive) décorée d'orthostates. **612 :** chute de Ninive. **539 :** chute de Babylone. *(V. ill. page 1518.)*

MESSAGER (André), *Montluçon 1853 - Paris 1929,* compositeur et chef d'orchestre français. Il écrivit des musiques de ballets *(les Deux Pigeons,* 1886), des opérettes et des opéras-comiques *(la Basoche,* 1890 ; *Véronique,* 1898). Défenseur de Debussy, il créa *Pelléas et Mélisande* (1902).

MESSAGIER (Jean), *Paris 1920 - Montbéliard 1999,* peintre et graveur français. Il a fourni une contribution originale au « paysagisme abstrait ».

MESSALI HADJ (Ahmed), *Tlemcen 1898 - Paris 1974,* nationaliste algérien. Il fonda le Parti populaire algérien (1937), puis le Mouvement national algérien (1954).

MESSALINE, en lat. **Valeria Messalina,** *v. 25 - 48,* impératrice romaine, femme de l'empereur Claude et mère de Britannicus et d'Octavie. Ambitieuse et dissolue, elle fut tuée à l'instigation de Narcisse.

MESSÉNIE, anc. contrée du sud-ouest du Péloponnèse. Conquise par Sparte (guerres de Messénie, VIIIe-VIIe s. av. J.-C.), elle retrouva son indépendance après la bataille de Leuctres (371 av. J.-C.).

MESSERSCHMITT (Willy), *Francfort-sur-le-Main 1898 - Munich 1978,* ingénieur allemand. Il conçut en 1938 le premier chasseur à réaction, engagé au combat en 1944.

MESSIAEN [mesjɑ̃] (Olivier), *Avignon 1908 - Paris 1992,* compositeur français. Son langage musical, d'inspiration souvent mystique, s'est affirmé au contact de rythmiques exotiques et des chants d'oiseaux *(l'Ascension,* 1935, pour orgue ; *Vingt Regards sur l'Enfant-Jésus,* 1945, pour piano ; *Turangalîla-Symphonie,* 1949 ; *Catalogue d'oiseaux,* 1959 ; *Et exspecto resurrectionem mortuorum,* 1965 ; *Des canyons aux étoiles,* 1974). Il renoua également avec la tradition de l'opéra *(Saint François d'Assise,* 1983).

MESSIER (Charles), *Badonviller 1730 - Paris 1817,* astronome français. Il découvrit 16 comètes et en observa 41, mais il reste surtout célèbre pour son catalogue de 103 nébulosités galactiques ou extragalactiques (1781).

■ OLIVIER **MESSIAEN**

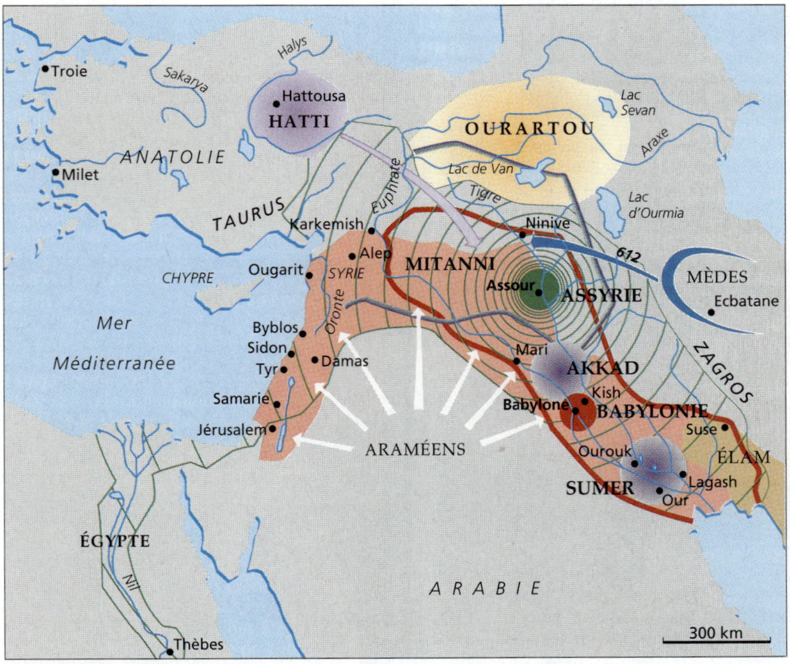

LA MÉSOPOTAMIE ANCIENNE

Babylone

Empire babylonien ancien à la fin du règne d'Hammourabi (XVIIe s. av. J.-C.)

Raid hittite sur Babylone vers 1595 av. J.-C.

Empire néobabylonien de Nabuchodonosor II (605-562 av. J.-C.)

Mitanni

Empire hourrite du Mitanni vers 1450 av. J.-C.

Assyrie

Renaissance de l'Assyrie au XIVe s. av. J.-C.

Extension maximale de l'Empire assyrien dans la 1re moitié du VIIe s. av. J.-C.

MESSINE, en ital. **Messina,** v. d'Italie (Sicile), ch.-l. de prov., sur le *détroit de Messine ;* 272 461 hab. Cathédrale remontant à l'époque normande (XIIe s.) ; riche musée. – La ville tire son nom des Messéniens qui, chassés de leur patrie en 486 av. J.-C., s'y installèrent. Son alliance avec Rome (264 av. J.-C.) fut à l'origine de la première guerre punique. Elle fut détruite en 1908 par un séisme.

MESSINE (détroit de), bras de mer séparant l'Italie péninsulaire et la Sicile. Il relie les mers Tyrrhénienne et Ionienne.

MESSMER (Pierre), *Vincennes 1916,* homme politique français. Il fut ministre des Armées (1960 - 1969) et Premier ministre (1972 - 1974). [Acad. fr.]

MESSNER (Reinhold), *Bolzano 1944,* alpiniste italien. Il a gravi les 14 sommets de plus de 8 000 m entre 1970 et 1986.

MÉTABIEF [-bje] (25370), comm. du Doubs, dans le Jura ; 703 hab. Sports d'hiver (alt. 880 - 1 430 m).

MÉTALLIFÈRES (monts), nom de plusieurs massifs riches en minerais (Italie, Slovaquie, confins de l'Allemagne et de la République tchèque).

Métamorphoses (les), poème mythologique en quinze livres d'Ovide (v. 1 apr. J.-C.) consacré aux transformations de héros mythologiques en plantes, animaux ou minéraux.

M

Métamorphoses (les) ou **l'Âne d'or,** roman d'Apulée (IIe s. apr. J.-C.). C'est le récit du voyage extraordinaire, initiatique et réaliste, d'un jeune homme transformé en âne par une sorcière puis rendu à sa forme humaine par la déesse Isis.

Métaphysique, ouvrage d'Aristote (IVe s. av. J.-C.), écrit après la *Physique.* Dieu y est conçu comme la cause première du mouvement des êtres de la nature.

MÉTASTASE (Pietro **Trapassi,** dit **Metastasio,** en fr. Pierre), *Rome 1698 - Vienne 1782,* poète, librettiste et compositeur italien. Auteur d'oratorios et de cantates, il se rendit célèbre en composant des mélodrames *(Didon abandonnée,* 1724). Mozart utilisa ses drames.

MÉTAURE n.m., en ital. **Metauro,** fl. d'Italie centrale, qui se jette dans l'Adriatique ; 110 km. Sur ses bords, les Romains vainquirent Hasdrubal, frère d'Hannibal (207 av. J.-C.).

METAXÁS (Ioánnis), *Ithaque 1871 - Athènes 1941,* général et homme politique grec. Président du Conseil en 1936, il assuma jusqu'à sa mort des pouvoirs dictatoriaux.

METCHNIKOV (Ilia) ou **METCHNIKOFF** (Élie), *Ivanovka, près de Kharkov, 1845 - Paris 1916,* zoologiste et microbiologiste russe. Il a découvert le phénomène de la phagocytose et écrit *l'Immunité dans les maladies infectieuses* (1901). [Prix Nobel 1908.]

MÉTELLUS (Jean), *Jacmel 1937,* écrivain haïtien d'expression française. Son œuvre romanesque *(Jacmel au crépuscule),* poétique *(Au pipirite chantant)* et théâtrale unit réalisme critique et mythologie lyrique.

MÉTÉORES, en gr. **Metéora,** cité monastique de Grèce (Thessalie), fondée au XIIe s. Les bâtiments actuels (XIVe-XVe s.) perpétuent les traditions architecturales et picturales byzantines (coll. d'icônes et de manuscrits).

MÉTEZEAU (Clément II), *Dreux 1581 - Paris 1652,* le plus connu d'une famille d'architectes français. Il dessina la place ducale de Charleville (1611) et travailla à Paris, où il semble avoir notamm. construit la façade de l'église St-Gervais (1616), avec ses trois ordres classiques superposés.

MÉTHODE (saint) → **CYRILLE ET MÉTHODE.**

Métis (jardins de), parc botanique canadien, au Québec (municipalité de Grand-Métis).

MÉTRAUX (Alfred), *Lausanne 1902 - Paris 1963,* anthropologue français d'origine suisse, spécialiste des mythologies des Indiens d'Amérique du Sud.

Metropolitan Museum of Art, musée de New York, à l'est de Central Park. Un des plus riches musées du monde, il est consacré aux beaux-arts, à l'archéologie, aux arts décoratifs, de l'Égypte pharaonique à la peinture européenne ou américaine du XXe s. Il a pour complément le « musée des Cloîtres » (architecture et arts du Moyen Âge), à l'extrême nord de Manhattan.

■ L'ART DE LA MÉSOPOTAMIE

C'est dans le Levant qu'ont été repérées les plus anciennes pratiques agricoles ; mais c'est en Mésopotamie – grâce à plus d'un siècle de fouilles – que s'observent le plus clairement les étapes qui ont conduit l'homme nomade à se sédentariser et à devenir villageois, puis citadin. Dans le pays de Sumer, on suit le développement de cette vie urbaine avec ses complexités et ses échanges commerciaux – à l'origine de l'invention de l'écriture –, ainsi que l'organisation architecturale de la cité ou celle, politique, de l'État.

La ziggourat d'Our. Fin du IIIe millénaire. Cerné d'une vaste enceinte, le temple comprenait plusieurs éléments, dont la ziggourat (tour à étages). Témoignage de la renaissance néosumérienne après la domination d'Akkad, cette tour a été le prototype de celle de Babylone, immortalisée par la célèbre tour de Babel de la Bible.

Nécropole de Tell es-Sawwan. Statuette féminine du VIe millénaire, en terre cuite, provenant de la Mésopotamie centrale. (Musée de Bagdad.)

Le Code d'Hammourabi. Couronnée d'un relief présentant le roi debout devant un dieu, cette stèle babylonienne en basalte (v. 1750 av. J.-C.) aux inscriptions cunéiformes fournit quantité d'informations sur la vie économique, sociale et religieuse. (Louvre, Paris.)

Vase à bec verseur. El-Obeid, terre cuite, IVe millénaire. Cette civilisation villageoise à l'architecture élaborée annonce l'épanouissement du pays de Sumer. (Musée de Bagdad.)

Figurine de fondation. ▷ Girsou, basse Mésopotamie, v. 2150 av. J.-C. Elle provient d'un dépôt de fondation d'un temple du prince Goudéa. Le dieu enfonçant le clou symbolise l'ancrage du bâtiment. (Louvre, Paris.)

Le repos sous la treille. Relief en albâtre (VIIe s. av. J.-C.) provenant du palais d'Assourbanipal à Ninive, en Assyrie. Désormais à son apogée, le relief évoque le jardin paradisiaque du délassement royal, sans oublier la victoire militaire et la tête de l'ennemi accrochée dans les arbres. (British Museum, Londres.)

La victoire de Naram-Sin. Stèle en grès rose (empire d'Akkad, v. 2250 av. J.-C.) recueillie dans les fouilles du palais royal de Suse. (Louvre, Paris.)

L'« étendard d'Our ». Panneau décoratif en mosaïque de coquille marine, lapis-lazuli sur fond de bitume, v. 2 600 av. J.-C., détail (le départ pour la guerre). Il a été recueilli dans l'une des tombes royales. Véritable bande dessinée, il illustre la guerre et un combat de chars en registres sur une face, et les libations de la paix sur l'autre. Ici, seule la narration importe, mais à l'époque d'Akkad (ci-contre), le sculpteur s'approprie l'espace. (British Museum, Londres.)

METSU (Gabriel), *Leyde 1629 - Amsterdam 1667,* peintre néerlandais. Ses hautes qualités picturales se manifestent dans des scènes de genre d'une vérité familière.

METSYS, METSIJS ou **MASSYS** (Quinten ou Quentin), *Louvain v. 1466 - Anvers 1530,* peintre flamand. Installé à Anvers, auteur de grands retables, puis portraitiste et promoteur du sujet de genre (*le Prêteur et sa femme,* Louvre), il réalise un compromis entre l'art flamand du XVe s. et les influences italiennes. — **Jan M.**, *Anvers 1509 - id. v. 1573,* peintre flamand, fils de Quinten. Il s'imprégna d'esprit maniériste en Italie (*Loth et ses filles,* musée des Bx-Arts de Bruxelles). — **Cornelis M.**, *Anvers 1510 - ? apr. 1562,* peintre flamand, frère de Jan. Il est un observateur de la vie populaire et des paysages ruraux.

■ QUINTEN **METSYS.** *Le Prêteur et sa femme,* 1514. (Louvre, Paris.)

METTERNICH-WINNEBURG (Klemens, prince **von**), *Coblence 1773 - Vienne 1859,* homme d'État autrichien. Ambassadeur à Paris (1806 - 1809), puis ministre des Affaires extérieures, il négocie le mariage de Marie-Louise avec Napoléon Ier (1810). En 1813, il fait entrer l'Autriche dans la coalition contre la France. Âme du congrès de Vienne (1814 - 1815), il restaure l'équilibre européen et la puissance autrichienne en Allemagne et en Italie. Grâce à la Quadruple-Alliance (1815) et au système des congrès européens, il peut intervenir partout où l'ordre établi est menacé par le libéralisme. Chancelier à partir de 1821, il est renversé par la révolution de mars 1848.

METZ [mɛs], ch.-l. de la Région Lorraine et du dép. de la Moselle, sur la Moselle, à 329 km à l'E.-N.-E. de Paris ; 127 498 hab. *(Messins)* [plus de 200 000 hab. dans l'agglomération]. Évêché. Cour d'appel. Académie (Nancy-Metz) et université. Siège de la zone de défense Est. Industrie automobile. — Vestiges romains ; magnifique cathédrale des XIIIe-XVIe s. (vitraux) et autres églises ; place d'Armes (XVIIIe s.). Musée d'Art et d'Histoire. — Sous les Mérovingiens, Metz fut la capitale de l'Austrasie. L'un des Trois-Évêchés, la ville fut annexée par Henri II en 1552. Bazaine y capitula en 1870. Metz fut occupée par l'Allemagne de 1871 à 1918 et de 1940 à 1944.

MEUDON (92190), ch.-l. de cant. des Hauts-de-Seine, au S.-O. de Paris ; 44 372 hab. *(Meudonnais).* Agglomération résidentielle à *Meudon-la-Forêt* (92360). Constructions mécaniques dans le bas Meudon. — Restes du château du XVIIIe s., abritant un observatoire d'astrophysique. Musée d'Art et d'Histoire ; musée Rodin.

MEULAN (78250), ch.-l. de cant. des Yvelines, sur la Seine ; 8 470 hab. *(Meulanais).*

MEUNG (Jean **de**) → **JEAN DE MEUNG.**

MEUNG-SUR-LOIRE [mœ̃-] (45130), ch.-l. de cant. du Loiret ; 6 388 hab. *(Magdunois).* Église des XIe-XIIIe s. ; château des XIIe-XVIIIe s.

MEUNIER (Constantin), *Etterbeek, Bruxelles, 1831 - Ixelles 1905,* peintre et sculpteur belge. Ses toiles et surtout ses sculptures (à partir de 1885) constituent une sorte d'épopée naturaliste de l'homme au travail (*Monument au Travail,* élevé, en 1930 seulement, à Bruxelles). Musée dans la maison de l'artiste, à Ixelles.

MEURSAULT (21190), comm. de la Côte-d'Or ; 1 619 hab. Vins blancs (côte de Beaune).

MEURTHE n.f., riv. de France, en Lorraine, née dans les Vosges, affl. de la Moselle (r. dr.) ; 170 km. Elle passe à Saint-Dié-des-Vosges, Lunéville et Nancy.

MEURTHE (dép. de la), anc. dép. français, auj. partagé entre la Meurthe-et-Moselle et la Moselle. Les arrond. de Sarrebourg et de Château-Salins, cédés à l'Allemagne en 1871, ont été rattachés à la Moselle en 1919.

MEURTHE-ET-MOSELLE n.f. (54), dép. de la Région Lorraine ; ch.-l. de dép. *Nancy ;* ch.-l.

■ **METTERNICH-WINNEBURG** par T. Lawrence. (Chancellerie, Vienne.)

■ **METZ.** La porte des Allemands (XIIIe-XVe s.).

■ CONSTANTIN **MEUNIER.** *Puddleurs au four,* bas-relief en bronze. (RMN, Paris.)

d'arrond. *Briey, Lunéville, Toul ;* 4 arrond. ; 44 cant. ; 594 comm. ; 5 241 km² ; 713 779 hab. Le dép. appartient à l'académie de Nancy-Metz, à la cour d'appel de Nancy, à la zone de défense Est. Il a été formé en 1871 avec les deux fractions des dép. de la Meurthe et de la Moselle laissées à la France par le traité de Francfort. Au S. de l'Orne, il s'étend sur le Plateau lorrain, orienté vers l'élevage, la forêt de Haye et la Woëvre, boisée ou céréalière (sur les limons). Au N., il occupe le revers des Côtes de Moselle, dont l'importance économique a été liée à la richesse du sous-sol. C'est aux mines de fer des bassins de Briey et de Longwy (celui de Nancy, au sud, est moins important) que le dép. a dû l'ampleur de son industrie, surtout métallurgique (en déclin auj., comme l'extraction du fer). Les mines de sel du sud-est fournissent la matière première aux usines chimiques, alors que se maintiennent des activités traditionnelles, telle la cristallerie.

MEUSE n.f., en néerl. **Maas,** fl. de France, de Belgique et des Pays-Bas, né dans le Bassigny ; 950 km. Elle passe à Verdun, à Sedan et à Charleville-Mézières, traverse l'Ardenne au fond d'une vallée encaissée. En Belgique, elle passe à Namur et à Liège. Son cours inférieur, à travers les Pays-Bas, s'achève par un delta dont les branches se mêlent à celui du Rhin. C'est une importante voie navigable, accessible jusqu'à Givet (en amont) aux chalands de 1 350 t.

MEUSE n.f. (55), dép. de la Région Lorraine ; ch.-l. de dép. *Bar-le-Duc ;* ch.-l. d'arrond. *Commercy, Verdun ;* 3 arrond. ; 31 cant. ; 498 comm. ; 6 216 km² ; 192 198 hab. *(Meusiens).* Le dép. appartient à l'académie de Nancy-Metz, à la cour d'appel de Nancy, à la zone de défense Est. La vallée de la Meuse, région d'élevage bovin, est jalonnée de petites villes (Vaucouleurs, Commercy, Saint-Mihiel, Verdun). Elle entaille le plateau des Côtes (ou Hauts) de Meuse, dévasté par la Première Guerre mondiale et partiellement en friche, qui domine la dépression marneuse de la Woëvre, boisée (céréales sur les revêtements limoneux). L'élevage constitue la principale ressource des hauteurs de l'Argonne (souvent forestière) et du plateau du Barrois (où les céréales ont reculé). La petite métallurgie et l'agroalimentaire (fromageries) demeurent les secteurs dominants d'une industrie dont la faiblesse explique la persistance du dépeuplement.

MEXICALI, v. du Mexique, à la frontière des États-Unis ; 602 391 hab.

MEXICO, cap. du Mexique, dans le district fédéral, sur le plateau de l'Anáhuac, à 2 250 m d'alt. ; 8 236 960 hab. (13 636 127 hab. dans l'agglomération). Archevêché. Université. Grand centre commercial et touristique. – Fondée sous le nom de Tenochtitlán en 1325 (ou 1345) par les Aztèques, détruite par Cortés en 1521, puis reconstruite selon un plan en damier, la ville est la capitale du Mexique depuis 1824. – Vestiges de l'anc. cité aztèque. Cathédrale des XVIe-XVIIIe s. et autres monuments de la période coloniale (riches décors baroques). Musées, dont le récent musée national d'Anthropologie (collections précolombiennes et indiennes).

MEXIMIEUX (01800), ch.-l. de cant. de l'Ain ; 6 918 hab.

MEXIQUE n.m., en esp. **México,** État fédéral d'Amérique ; 1 970 000 km² ; 95 470 000 hab. *(Mexicains).* CAP. *Mexico.* LANGUE : *espagnol.* MONNAIE : *peso mexicain.*

INSTITUTIONS

République fédérale (31 États et un district fédéral). La Constitution date de 1917. Le président de la République est élu pour 6 ans au suffrage universel direct. Le Congrès, Parlement bicaméral, comprend la Chambre des députés, élue pour 3 ans, et le Sénat, élu pour 6 ans.

GÉOGRAPHIE

Le Mexique se situe au 2e rang en Amérique latine pour la population (qui s'accroît encore rapidement), au 3e pour la superficie (plus du triple de celle de la France). Coupé par le tropique, c'est un pays de hautes terres, où l'altitude modère les températures sur les plateaux du centre, qui concentrent la majeure partie d'une population fortement métissée. Le Nord est aride, semi-désertique, alors que le Sud a un climat tropical humide, domaine parfois de la forêt. Le volcanisme est localement présent et les séismes sont fréquents.

Le pétrole, dont le pays est l'un des grands producteurs mondiaux, est devenu la principale richesse, loin devant les autres ressources du sous-sol (argent, cuivre, fer, etc.) et les plantations (agrumes, canne à sucre, caféiers, cotonniers). Le maïs et l'élevage bovin sont destinés au marché intérieur. L'exode rural et la forte natalité expliquent la rapidité de l'urbanisation (les trois quarts des Mexicains sont des citadins, une cinquantaine de villes dépassent 100 000 hab. et Mexico est l'une des plus grandes agglomérations du monde) et la persistance de l'émigration (souvent clandestine) vers les États-Unis. Celle-ci n'empêche pas le sous-emploi, alors que la baisse des revenus pétroliers a entraîné la dégradation de la

■ **MEXICO.** La place des Trois-Cultures avec, au premier plan, les vestiges de la cité aztèque de Tlatelolco et, au fond, l'église de Santiago Tlatelolco (1609).

balance des paiements (malgré le tourisme), la dépréciation de la monnaie et un endettement extérieur préoccupant. L'intégration dans un marché commun nord-américain (avec les États-Unis et le Canada) n'a guère amélioré la situation.

HISTOIRE

Le Mexique précolombien. V. 10000 av. J.-C. : chasseurs-cueilleurs. **5200 et 3400 av. J.-C. :** Tehuacán, première utilisation du maïs. **2000 - 1000 av. J.-C. :** période préclassique. Villages d'agriculteurs ; origines de la civilisation maya. **1500 - 300 av. J.-C. :** civilisation des Olmèques. **250 apr. J.-C. - 950 :** période classique. Civilisations de Teotihuacán, d'El Tajín, des Zapotèques avec pour capitale Monte Albán, puis Mitla. Épanouissement des Mayas. **950 - 1500 :** période postclassique. Incursions des Chichimèques. Hégémonie des Toltèques avec Tula. **1168 :** Tula est détruite par des Chichimèques. **XIIIe s. :** suprématie des Mixtèques. Épanouissement des Totonaques et de Cempoala, ainsi que des Huaxtèques. Renaissance maya. Dernière vague d'envahisseurs chichimèques, dont sont issus les Aztèques qui ont fondé (1325 ou 1345) Tenochtitlán, auj. Mexico.

La conquête et la période coloniale. 1519 - 1521 : Cortés détruit l'Empire aztèque et devient gouverneur de la Nouvelle-Espagne. La colonie devient une vice-royauté en 1535. Les épidémies et le travail forcé détruisent très largement la population indienne. La domination espagnole s'accompagne d'une conversion massive au catholicisme. **XVIIe - XVIIIe s. :** le Mexique s'enrichit par l'exploitation des mines d'argent, tandis que l'agriculture et l'élevage se développent. Au début du XIXe s., la Nouvelle-Espagne est la zone la plus peuplée et la plus riche de tout le continent.

L'indépendance et le XIXe s. 1810 - 1815 : conduites par les prêtres Hidalgo et Morelos, les classes pauvres se soulèvent contre les Espagnols et les créoles. **1821 :** l'indépendance du Mexique est proclamée. Agustín de Iturbide devient empereur (1822). **1823 :** après l'abdication de ce dernier, le général Santa Anna instaure la république (Constitution fédérale de 1824). **1824 - 1855 :** véritable maître du pays, Santa Anna arbitre la lutte entre conservateurs centralistes et libéraux fédéralistes. **1836 :** le Texas fait sécession et devient une république indépendante. **1846 - 1848 :** après la guerre avec les États-Unis, le Mexique perd la Californie, le Nouveau-Mexique et l'Arizona. **1858 - 1861 :** la Constitution de 1857 et les lois de Réforme, qui modifient radicalement les structures foncières du pays, entraînent une guerre entre conservateurs et libéraux. **1861 :** le libéral Benito Juárez García devient président de la République. **1862 - 1867 :** la France intervient au Mexique et crée un empire catholique au profit de Maximilien d'Autriche (1864). Abandonné par les troupes françaises, celui-ci est fusillé sur l'ordre de Juárez García. **1867 :** la république est restaurée. Le pays entre dans une période d'instabilité politique. **1876 :** le général Porfirio Díaz s'empare du pouvoir et gouverne autoritairement jusqu'en 1911 *(porfiriat)*. Il pacifie le pays et modernise l'économie en faisant appel aux capitaux étrangers.

La révolution mexicaine et le XXe s. 1911 : Díaz est renversé par Francisco Madero, lui-même assassiné en 1913. **1914 - 1917 :** la révolution ouvre une longue période de troubles. Des revendications agraires, ouvrières et nationalistes se mêlent à la lutte pour le pouvoir que se livrent les différents chefs des factions, appuyés ou non par les États-Unis : Pancho Villa, Emiliano Zapata, Venustiano Carranza et Álvaro Obregón. **1917 :** Carranza impose une constitution socialisante et centralisatrice. **1920 :** il est assassiné par Obregón, qui lui succède à la présidence. **1924 - 1928 :** le général Plutarco Elías Calles développe une politique antireligieuse, qui provoque le soulèvement des « cristeros » (1926 - 1929). **1934 - 1940 :** le président Lázaro Cárdenas étend la réforme agraire et nationalise la production pétrolière (1938). Sous sa présidence sont établies les bases d'un système politique au centre duquel se trouve le parti dénommé, depuis 1946, Parti révolutionnaire institutionnel (PRI). **1940 - 1946 :** le successeur de Cárdenas, Ávila Camacho, engage le Mexique dans l'industrialisation. **1946 - 1952 :** son œuvre est poursuivie par Miguel Alemán. **1952 - 1958 :** le président Ruiz Cortines doit faire face à une intense agitation ouvrière. **1958 - 1964 :** López Mateos multiplie les nationalisations. **1964 - 1970 :** sous la présidence de Díaz Ordaz, le pays entre dans une crise politique et économique. **1970 - 1976 :** Luis Echeverría choisit une ligne politique démocratique. **1976 - 1982 :** José López Portillo lui succède. La découverte d'immenses réserves pétrolières permet une relance économique. Au même moment, les migrations des Mexicains *(chicanos)* vers les États-Unis deviennent massives. **1982 - 1988 :** Miguel De la Madrid est président de la République. **1988 - 1994 :** Carlos Salinas de Gortari poursuit la politique de modernisation entreprise par son prédécesseur, sans parvenir à réformer le PRI. **1994 :** tandis que la zone de libre-échange (ALENA), créée avec les États-Unis et le Canada en 1992, est instaurée, le gouvernement est confronté à la révolte des paysans indiens dans l'État de Chiapas (Armée zapatiste de libération nationale). Ernesto Zedillo est élu à la tête de l'État ; il doit faire face à une grave crise économique et financière. **2000 :** candidat d'une alliance d'opposition, Vicente Fox (Parti d'action nationale, PAN) est élu à la présidence de la République, mettant fin à 71 ans d'hégémonie du PRI.

MEXIQUE (golfe du), golfe de l'extrémité occidentale de l'océan Atlantique, entre les États-Unis, le Mexique et Cuba. Hydrocarbures.

Mexique (guerre du) [1862 - 1867], intervention militaire française au Mexique, décidée par Napoléon III. Initialement appuyée par la Grande-Bretagne et l'Espagne, elle devait obliger le Mexique à reprendre le paiement de sa dette et créer un empire contrebalançant la puissance croissante des États-Unis, déchirés alors par la guerre de Sécession. Après le désengagement de ses alliés, la France mena seule une coûteuse campagne (combats de *Camerone, Puebla) et fit proclamer, en 1864, l'archiduc Maximilien d'Autriche empereur du Mexique. Mais la guérilla mexicaine, soutenue par les États-Unis, et la lassitude de l'opinion française contraignirent Napoléon III à abandonner Maximilien, qui fut fusillé à Querétaro, le 19 juin 1867.

MEYER (Conrad Ferdinand), *Zurich 1825 - Kilchberg 1898*, écrivain suisse de langue allemande. Il est l'auteur de poèmes, de nouvelles et de romans historiques *(Révolte dans la montagne)*.

MEYERBEER (Jakob **Beer**, dit Giacomo), *Berlin 1791 - Paris 1864*, compositeur allemand. Il vécut à Paris et laissa de grands opéras historiques :

M

Robert le Diable (1831), *les Huguenots* (1836), *le Prophète* (1849), *l'Africaine* (1865), etc.

MEYERHOF (Otto), *Hanovre 1884 - Philadelphie 1951,* physiologiste allemand, auteur de recherches sur les muscles. (Prix Nobel 1922.)

MEYERHOLD (Vsevolod Emilievitch), *Penza 1874 - Moscou 1940,* metteur en scène de théâtre russe. Il débuta avec Stanislavski, puis travailla pour les théâtres impériaux, avant de devenir le premier animateur du théâtre révolutionnaire, affirmant son constructivisme et sa conception « biomécanique » de la vie scénique.

MEYERSON (Émile), *Lublin 1859 - Paris 1933,* philosophe français d'origine polonaise. Antipositiviste, il met la causalité, conçue sur la base de l'identité, au centre de l'analyse scientifique (*Identité et Réalité,* 1908).

MEYLAN (38240), ch.-l. de cant. de l'Isère ; 19 044 hab. *(Meylanais).*

MEYMAC (19250), ch.-l. de cant. de la Corrèze ; 3 050 hab. *(Meymacois).* École forestière. – Église du XIIe s., anc. abbatiale ; centre d'art contemporain.

MEYRIN, comm. de Suisse (cant. de Genève) ; 19 519 hab. *(Meyrinois).* Siège du Cern.

MEYZIEU (69330), ch.-l. de cant. du Rhône ; 28 238 hab. Matériel médical.

MÈZE (34140), ch.-l. de cant. de l'Hérault, sur l'étang de Thau ; 7 697 hab. *(Mézois).* Église des XIVe-XVIIe s.

MÉZENC [mezɛ̃k] (mont), massif volcanique aux confins du Velay et du Vivarais ; 1 753 m.

MÉZIDON-CANON (14270), ch.-l. de cant. du Calvados ; 4 758 hab. *(Mézidonnais).*

MÉZIÈRES, partie de la comm. de Charleville-Mézières. Anc. ch.-l. du dép. des Ardennes.

MEZINE, site préhistorique d'Ukraine, au N.-E. de Kiev, sur la Desna. On y a dégagé cinq complexes d'habitats, construits avec des ossements et des défenses de mammouth, et des outils et objets en os, bois de renne et ivoire. Les décors géométriques et figuratifs se rattachent au magdalénien ancien (v. 15000 av. J.-C.).

MEZZOGIORNO n.m., ensemble des régions méridionales de l'Italie péninsulaire et insulaire (sud du Latium, Abruzzes, Molise, Campanie, Pouille, Basilicate, Calabre, Sicile, Sardaigne). Il est caractérisé par un relatif sous-développement.

MIAJA MENANT (José), *Oviedo 1878 - Mexico 1958,* général espagnol. Commandant en chef des forces républicaines pendant la guerre civile (1936 - 1939), il dirigea la défense de Madrid.

MIAMI, v. des États-Unis (Floride) ; 358 548 hab. (1 937 094 hab. dans l'agglomération). Grande station touristique. Aéroport. – Musées.

MIANYANG, v. de Chine, au N.-E. de Chengdu ; 769 000 hab.

MIAO ou **MEO,** ensemble de populations, comprenant notamm. les Hmong et les Hmou, qui vivent dans le sud de la Chine, en Thaïlande, au Laos et au Viêt Nam. Originaires du centre de la Chine, les Miao ont migré progressivement vers le sud sous la pression des Han. Ils cultivent le riz sur brûlis et le pavot. Ils parlent des langues de la famille *miao-yao.*

MIASS, v. de Russie, dans le sud de l'Oural, sur le *Miass ;* 160 000 hab. Métallurgie.

MICHALS (Duane), *McKeesport, Pennsylvanie, 1932,* photographe américain. Reflets, transparences, superpositions, textes, dessins, rehauts peints, « séquences » façonnent son univers onirique (*Vrais Rêves,* 1977).

MICHAUX (Henri), *Namur 1899 - Paris 1984,* poète et peintre français d'origine belge. Son œuvre, animée par le désir de connaissance, explore l'espace intérieur de l'homme par l'humour *(Plume),* les voyages *(Un barbare en Asie),* l'invention d'un bestiaire et de pays imaginaires, le dessin, la peinture et l'expérimentation des drogues *(Connaissance par les gouffres).*

MICHAUX (les), mécaniciens français. **Pierre M.,** *Bar-le-Duc 1813 - Bicêtre 1883,* et son fils **Ernest M.,** *Saint-Brieuc 1842 - Bar-le-Duc 1882.* Ils ont développé la fabrication du vélocipède, après l'avoir doté de pédales.

MICHÉE, prophète biblique, contemporain d'Isaïe. Il exerça son ministère entre 740 et 687 av. J.-C.

MICHEL (saint), le plus grand des anges dans les traditions juive et chrétienne. Protecteur d'Israël dans la Bible, il devint le protecteur de l'Église et on le représente soit en guerrier combattant le dragon, soit en peseur des âmes.

EMPIRE BYZANTIN

MICHEL Ier Rangabé, *m. apr. 840,* empereur byzantin (811 - 813). Favorable au culte des images, il provoqua l'opposition du parti iconoclaste. Vaincu par les Bulgares, il fut déposé. – **Michel II le Bègue,** *Amorion ? - 829,* empereur byzantin (820 - 829). Il fonda la dynastie d'Amorion. – **Michel III l'Ivrogne,** *838 - 867,* empereur byzantin (842 - 867). Il obtint la conversion des Bulgares. Son règne fut marqué par le schisme avec Rome (concile de Constantinople, 869 - 870). – **Michel VII Doukas,** empereur byzantin (1071 - 1078). Il dut faire face aux attaques des Normands. – **Michel VIII Paléologue,** *1224 - 1282,* empereur byzantin à Nicée (1258 - 1261), puis à Constantinople (1261 - 1282). Il détruisit l'Empire latin de Constantinople (1261) et provoqua les Vêpres siciliennes (1282). – **Michel IX Paléologue,** *1277 - 1320,* empereur byzantin (1295 - 1320). Fils aîné et associé d'Andronic II.

PORTUGAL

MICHEL ou **DOM MIGUEL,** *Queluz 1802 - Brombach, Allemagne, 1866,* roi de Portugal (1828 - 1834), de la maison de Bragance. Il fut contraint de s'exiler après deux ans de guerre civile.

ROUMANIE

MICHEL Ier, *Sinaia 1921,* roi de Roumanie (1927 - 1930 et 1940 - 1947).

RUSSIE

MICHEL Fiodorovitch, *Moscou 1596 - id. 1645,* tsar de Russie (1613 - 1645), fondateur de la dynastie des Romanov. Élu en 1613 par le *zemski sobor* (assemblée représentative), il tenta de restaurer l'ordre social et conclut une paix avec la Suède (1617).

SERBIE

MICHEL OBRENOVIĆ → OBRENOVIĆ.

VALACHIE

MICHEL le Brave, *1557 - 1601,* prince de Valachie (1593 - 1601). Il défit les Turcs (1595) et réunit sous son autorité la Moldavie et la Transylvanie (1599 - 1600).

MICHEL (Louise), *Vroncourt-la-Côte, Haute-Marne, 1830 - Marseille 1905,* anarchiste française. Institutrice, membre de l'Internationale, elle prit part à la Commune (1871) et fut déportée en Nouvelle-Calédonie (1873 - 1880).

MICHEL-ANGE (Michelangelo **Buonarroti,** dit en fr.), *Caprese, près d'Arezzo, 1475 - Rome 1564,* sculpteur, peintre, architecte et poète italien. Nul n'a égalé l'originalité, la puissance de ses conceptions, et ses œuvres frappent par leur diversité autant que par leur caractère grandiose. L'humanisme néoplatonicien, superposé à la foi chrétienne, anime sa création. On lui doit notamm., en marbre, plusieurs *Pietà,* le *David* (auj. à l'Académie de Florence), les tombeaux de Julien et Laurent II de Médicis dans la nouvelle sacristie qu'il édifia pour San Lorenzo (à Florence également, v. 1520 - 1533), les diverses statues destinées au tombeau de Jules II (pathétiques *Esclaves* du Louvre [v. 1513 - 1516], le **Moïse* [v. 1515, église S. Pietro in Vincoli à Rome], la *Victoire* à l'étonnante torsion [Palazzo Vecchio de Florence]), les fresques de la chapelle *Sixtine, la partie sous coupole de la basilique St-Pierre de Rome (à partir de 1547) et d'autres travaux d'architecture dans la ville papale, dont l'ordonnance de la place du Capitole. Ses lettres et ses poèmes témoignent de sa spiritualité tourmentée.

■ **HENRI MICHAUX**

■ **JULES MICHELET** par T. Couture. (Musée Renan, Paris.)

■ **MICHEL-ANGE.** *Vierge à l'Enfant* (v. 1530 ?), chapelle Médicis de l'église S. Lorenzo à Florence.

MICHELET (Jules), *Paris 1798 - Hyères 1874,* historien français. Chef de la section historique aux Archives nationales (1831), professeur au Collège de France (1838), il fait de son enseignement une tribune pour ses idées libérales et anticléricales. Parallèlement, il amorce sa monumentale *Histoire de France* (1833 - 1846), dont il reprendra la publication de 1855 à 1867, et son *Histoire de la Révolution française* (1847 - 1853). Privé de sa chaire et de son poste aux Archives après le coup d'État du 2 décembre 1851, il complète son œuvre historique tout en multipliant les ouvrages consacrés aux mystères de la nature et à l'âme humaine (*l'Insecte,* 1857 ; *la Sorcière,* 1862).

MICHELIN (les frères), industriels français. **André M.,** *Paris 1853 - id. 1931,* et **Édouard M.,** *Clermont-Ferrand 1859 - Orcines, Puy-de-Dôme, 1940.* Ils ont lié leur nom à l'application du pneumatique aux cycles et à l'automobile. Édouard inventa en 1891 le pneumatique démontable pour les bicyclettes, adapté en 1894 aux automobiles. André créa en 1900 le *Guide Michelin,* puis les cartes routières Michelin.

MICHELOZZO, *Florence 1396 - id. 1472,* architecte et sculpteur italien. Son œuvre la plus connue est le palais *Médicis à Florence, prototype des palais de la Renaissance. Grand bâtisseur, il s'est inspiré de Brunelleschi et a élaboré une syntaxe décorative d'une grande élégance.

MICHELSON (Albert), *Strelno, auj. Strzelno, Pologne, 1852 - Pasadena 1931,* physicien américain. Il est l'auteur, avec E. W. Morley (1838 - 1923), d'expériences sur la vitesse de la lumière, qui, en montrant la constance de celle-ci dans toutes les directions de l'espace, jouèrent un rôle important dans l'élaboration de la théorie de la relativité. (Prix Nobel 1907.)

MICHIGAN (lac), un des cinq Grands Lacs de l'Amérique du Nord ; 58 300 km². C'est le seul entièrement situé sur le territoire américain.

MICHIGAN, État des États-Unis, sur les deux rives du *lac Michigan ;* 9 295 297 hab. ; cap. *Lansing ;* v. princ. *Detroit.*

Michna → Mishna.

MICIPSA, *m. en 118 av. J.-C.,* roi de Numidie (148 - 118 av. J.-C.). Fils de Masinissa et oncle de Jugurtha, qu'il adopta.

Mickey Mouse, personnage de dessin animé créé aux États-Unis par le scénariste Walt Disney et le dessinateur Ub Iwerks (*Fou d'aviation,* 1928), repris en bande dessinée à partir de 1930. Cette petite souris taquine devint dans les années 1940 le symbole de la puissance américaine.

MICKIEWICZ (Adam), *Zaosie, auj. Novogroudok, 1798 - Constantinople 1855,* poète polonais. Principal représentant du romantisme dans son pays *(Ode à la jeunesse, Pan Tadeusz),* il lutta pour l'indépendance nationale *(Konrad Wallenrod).*

■ **MIES VAN DER ROHE.** Crown Hall (édifié de 1952 à 1956) de l'Institut de technologie de l'Illinois, à Chicago.

MICMAC, peuple amérindien de l'est du Canada et des États-Unis (Maine) [env. 16 000], de la famille algonquienne.

MICRONÉSIE n.f., ensemble d'îles du Pacifique, de superficie très réduite, entre l'Indonésie et les Philippines à l'O., la Mélanésie au S. et la Polynésie à l'E. La Micronésie comprend notamm. les Mariannes, les Carolines, les Marshall, Kiribati.

MICRONÉSIE (États fédérés de), État fédéral d'Océanie ; 707 km² ; 110 000 hab. *(Micronésiens).* **CAP.** *Palikir* (6 000 hab., dans l'île de Pohnpei). **LANGUE** : *anglais.* **MONNAIE** : *dollar des États-Unis.* (V. carte **Océanie.**) La Micronésie correspond à la majeure partie de l'archipel des Carolines. Elle est constituée de 4 îles-États : Chuuk, Kosrae, Pohnpei et Yap. — Placé par l'ONU sous tutelle américaine en 1947, l'archipel devient en 1986 un État librement associé aux États-Unis. En 1991, il est admis au sein de l'ONU.

MICRONÉSIENS, ensemble de sociétés (quelques dizaines) peuplant les archipels de la Micronésie. Ils ont développé des systèmes de culture sur atoll (fosses à taros), de pêche en lagon et en mer, et sont organisés de manière très hiérarchisée au nord et plus égalitaire dans le sud (Marquises, Kiribati). Les Micronésiens parlent des langues de la famille austronésienne.

Microsoft, société américaine d'informatique, fondée en 1975 par Bill Gates. Elle est leader mondial des logiciels pour micro-ordinateurs (systèmes d'exploitation MS/DOS et Windows).

MIDAS, *738 - 696 ou 675 av. J.-C.,* roi de Phrygie. Son royaume fut détruit par les Cimmériens. La légende veut qu'il ait reçu de Dionysos le pouvoir de changer en or tout ce qu'il touchait. Choisi comme juge dans un concours musical entre Marsyas et Apollon, il aurait préféré la flûte du silène à la lyre du dieu. Apollon, irrité, lui fit pousser des oreilles d'âne.

MIDDELBURG, v. des Pays-Bas, ch.-l. de la Zélande ; 39 617 hab. Hôtel de ville gothique des XVe-XVIe s. ; vaste abbaye médiévale, abritant le musée de la Zélande.

MIDDELKERKE [midəlkɛrk], comm. de Belgique (Flandre-Occidentale) ; 15 346 hab.

MIDDLESBROUGH, v. de Grande-Bretagne (Angleterre), sur l'estuaire de la Tees ; 141 100 hab. Port. Métallurgie.

MIDDLE WEST → **MIDWEST.**

MIDI (aiguille du), sommet du massif du Mont-Blanc (France) ; 3 842 m. Téléphérique.

Midi (canal du), canal reliant l'Atlantique à la Méditerranée, par la Garonne (et le canal latéral à la Garonne). Il commence à Toulouse et aboutit, après Agde, à l'étang de Thau ; 241 km. Il a été creusé par Pierre Paul de Riquet de 1666 à 1681.

MIDI (dents du), massif des Alpes suisses, dans le Valais ; 3 257 m.

MIDI (pic du), sommets des Pyrénées. — pic du **Midi de Bigorre,** sommet des Pyrénées françaises (Hautes-Pyrénées) ; 2 872 m. Observatoire. — pic du **Midi d'Ossau,** sommet des Pyrénées françaises (Pyrénées-Atlantiques) ; 2 884 m.

Midi libre (le), quotidien régional français. Il a été créé à Montpellier, en 1944, par un groupe issu de la Résistance.

MIDI-PYRÉNÉES, Région administrative de France ; 45 348 km² ; 2 551 687 hab. ; ch.-l. *Toulouse ;* 8 dép. (Ariège, Aveyron, Haute-Garonne, Gers, Lot, Hautes-Pyrénées, Tarn et Tarn-et-Garonne). La Région est l'une des plus vastes de France, mais compte moins de 5 % de la population totale. Toulouse, pôle universitaire et tertiaire, regroupe aussi une part importante de l'industrie (aéronautique, principalement). L'agriculture demeure cependant très présente (élevage, céréaliculture, localement vignoble).

MIDLANDS, région du centre de l'Angleterre ; v. princ. *Birmingham.*

Midway (bataille de) [3 - 5 juin 1942], bataille de la guerre du Pacifique. Victoire aéronavale américaine des forces de l'amiral Nimitz sur les Japonais au large de l'archipel des Midway, au N.-O. des îles Hawaii. Elle confirmait la supériorité du porte-avions sur le cuirassé.

MIDWEST ou **MIDDLE WEST,** vaste région des États-Unis, entre les Appalaches et les Rocheuses.

MIERES, v. d'Espagne (Asturies) ; 53 482 hab. Métallurgie.

MIEROSŁAWSKI (Ludwik), *Nemours 1814 - Paris 1878,* général polonais. Il commanda les insurgés polonais en 1848 et en 1863. Battu, il se retira en France.

MIESCHER (Johannes Friedrich), *Bâle 1844 - Davos 1895,* biochimiste et nutritionniste suisse. Il a isolé l'acide nucléique des noyaux des cellules et rationalisé l'alimentation des collectivités humaines. Il a réuni à Bâle le premier Congrès international de physiologie (1889).

MIES VAN DER ROHE (Ludwig), *Aix-la-Chapelle 1886 - Chicago 1969,* architecte allemand naturalisé américain. Élève notamm. de Behrens, rationaliste, il est l'un des pères du *mouvement moderne. Directeur du Bauhaus de Dessau (1930-1933), il émigra aux États-Unis, où il a édifié, en particulier à Chicago, des immeubles caractérisés par de grands pans de verre sur ossature d'acier. Son influence sur l'architecture du XXe s. n'a eu d'égale que celles de Wright et de Le Corbusier.

MIESZKO Ier, *m. en 992,* duc de Pologne (v. 960 - 992). Par son baptême (966), il fit entrer la Pologne dans la chrétienté romaine. Il donna à son pays les frontières que la Pologne a approximativement retrouvées en 1945.

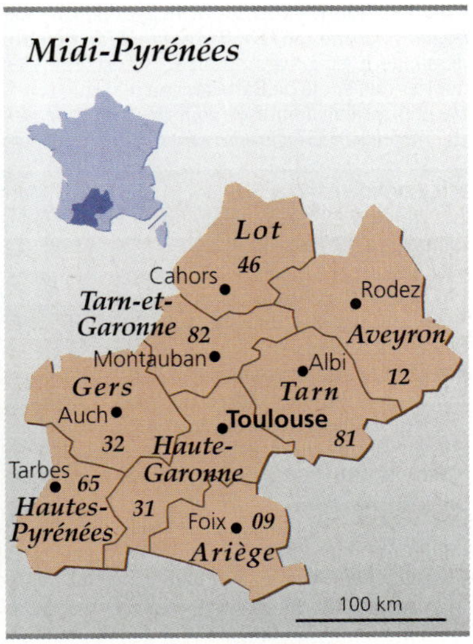

■ **MICKEY MOUSE**

MI FU, *1051 - 1107,* calligraphe, peintre et collectionneur chinois. Sa calligraphie héritée des Tang et son art subjectif et dépouillé du paysage ont été le ferment de la peinture dite « de lettrés ».

MIGENNES (89400), ch.-l. de cant. de l'Yonne ; 8 424 hab. *(Migennois).* Nœud ferroviaire, dit « de Laroche-Migennes ».

MIGNARD (Nicolas), dit **Mignard d'Avignon,** *Troyes 1606 - Paris 1668,* peintre français. Il travailla surtout à Avignon, mais fut appelé, après 1660, à décorer un appartement du roi aux Tuileries. — **Pierre M.,** dit **Mignard le Romain,** *Troyes 1612 - Paris 1695,* peintre français, frère de Nicolas. Il travailla plus de vingt ans à Rome, puis s'installa à Paris. Il fut chargé de peindre la coupole du Val-de-Grâce (1663), devint le portraitiste attitré de la noblesse et succéda à Le Brun dans toutes ses charges (1690).

MIGNE (Jacques Paul), *Saint-Flour 1800 - Paris 1875,* ecclésiastique français. Il fut l'éditeur et l'imprimeur de la *Bibliothèque universelle du clergé,* encyclopédie théologique qui comporte notamm. *la Patrologie latine* (218 vol., 1844 - 1855) et *la Patrologie grecque* (166 vol., 1857 - 1866).

MIGNET (Auguste), *Aix-en-Provence 1796 - Paris 1884,* historien français. Auteur d'une *Histoire de la Révolution française* (1824). [Acad. fr.]

MIHAILOVIĆ (Draža), *Ivanjica 1893 - Belgrade 1946,* officier serbe. Il lutta contre les Allemands après la défaite de 1941 en organisant la résistance serbe *(tchetniks)* et s'opposa aux partisans de Tito. Accusé de trahison, il fut fusillé.

MIJOUX, comm. de l'Ain, dans le Jura ; 316 hab. Station de sports d'hiver à *Mijoux-la-Faucille* (alt. 900 - 1 680 m).

MIKHALKOV (Nikita), *Moscou 1945,* cinéaste et acteur russe. Il célèbre l'âme russe au travers de films intimistes, d'adaptations d'œuvres littéraires ou de fresques historiques : *l'Esclave de l'amour* (1975), *Partition inachevée pour piano mécanique* (d'apr. Tchekhov, 1976), *Cinq Soirées* (d'apr. A. Volodine, 1978), *les Yeux noirs* (d'apr. Tchekhov, 1987), *Urga* (1991), *Soleil trompeur* (1994), *le Barbier de Sibérie* (1999).

MILAN, en ital. **Milano,** v. d'Italie, cap. de la Lombardie ; 1 371 008 hab. *(Milanais)* [près de 4 000 000 hab. dans l'agglomération]. Métropole économique de l'Italie, grand centre industriel, commercial, intellectuel (université, édition) et religieux (archevêché). — Cathédrale gothique (le *Duomo*) entreprise à la fin du XIVe s. ; églises d'origine paléochrétienne (S. Ambrogio) ou médiévale ; ensemble de S. Maria delle Grazie, en partie de Bramante (*Cène* de Léonard de Vinci) ; Castello Sforzesco (1450 ; musées) ; théâtre de la Scala (XVIIIe s.). Bibliothèque Ambrosienne, riche pinacothèque de Brera et autres musées. Exposition triennale de design et d'architecture. — Fondée v. 400 av. J.-C. par les Gaulois, romaine dès 222 av. J.-C., Milan fut, au Bas-Empire, capitale du diocèse d'Italie et métropole religieuse. Ravagée par les Barbares (Ve-VIe s.), elle devint indépendante au XIIe s. et connut les luttes du Sacerdoce et de l'Empire. Très prospère aux XIVe-XVe s., sous les Visconti et les Sforza, elle déclina ensuite du fait de l'occupation espagnole. Capitale du royaume d'Italie (1805 - 1814), puis du royaume lombard-vénitien (1815), elle entra en 1861 dans le royaume d'Italie. *(V. ill. page 1524.)*

M

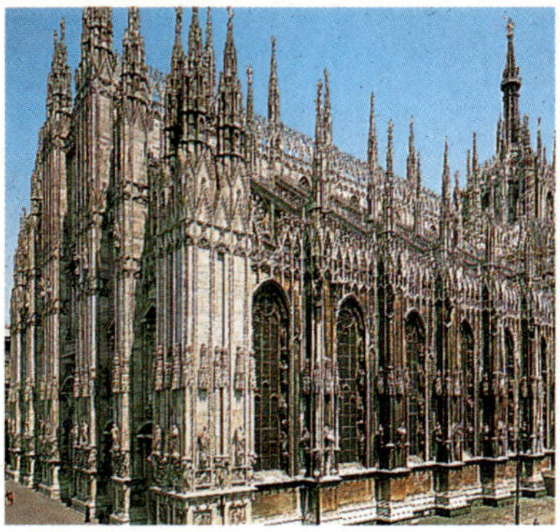

■ **MILAN.** La cathédrale, commencée en 1386 et achevée au début du XIXe s.

MILANAIS n.m., région du nord de l'Italie, autour de Milan, qui fut sa capitale.

MILANKOVIĆ (Milutin), *Dalj, Croatie, 1879 - Belgrade 1958,* astronome yougoslave. Il a formulé, en 1941, la théorie qui porte son nom et selon laquelle les fluctuations à long terme du climat sont liées à des variations cycliques de trois paramètres orbitaux de la Terre.

MILAN OBRENOVIĆ, *Mărăşeşti 1854 - Vienne 1901,* prince (1868 - 1882), puis roi (1882 - 1889) de Serbie. Il succéda à son cousin Michel Obrenović. La Serbie ayant obtenu son indépendance au congrès de Berlin (1878), il se proclama roi (1882), avec l'appui de l'Autriche. Il dut abdiquer en 1889.

MILET, anc. cité ionienne de l'Asie Mineure. Elle fut, à partir du VIIIe s. av. J.-C., une grande métropole colonisatrice, un important centre de commerce et un foyer de culture grecque (école philosophique). — La ville était l'une des réussites de l'urbanisme hellénistique. Imposants vestiges, dont certains (porte de l'agora sud) sont conservés au musée de Berlin.

MILFORD HAVEN, v. de Grande-Bretagne, dans le sud du pays de Galles ; 14 000 hab. Port. Importation et raffinage du pétrole. Pétrochimie.

MILHAUD (Darius), *Marseille 1892 - Genève 1974,* compositeur français. Membre du groupe des Six, influencé par le folklore sud-américain puis par le jazz, il a abordé tous les genres : musique de ballets (*le Bœuf sur le toit,* 1920 ; *la Création du monde,* 1923), opéras (*Christophe Colomb,* 1930), cantates, symphonies, musique de chambre (18 quatuors à cordes) et a composé le célèbre *Scaramouche* (1937), pour deux pianos.

Milice française (la), formation paramilitaire créée par le gouvernement de Vichy en janv. 1943. Elle collabora avec les Allemands dans la répression et la lutte contre la Résistance.

MILIEU (empire du), nom donné jadis à la Chine (considérée comme le centre du monde).

MILIOUKOV (Pavel Nikolaïevitch), *Moscou 1859 - Aix-les-Bains 1943,* historien et homme politique russe. L'un des principaux leaders du Parti constitutionnel-démocrate, il fut ministre des Affaires étrangères (mars-mai 1917) du gouvernement provisoire.

Military Cross, Military Medal, décorations militaires britanniques. Elles furent créées successivement en 1914 et en 1916 pour récompenser les actes de bravoure et de courage accomplis au cours des hostilités.

MILL (James), *Northwater Bridge, Écosse, 1773 - Londres 1836,* philosophe et économiste britannique, continuateur de Hume et de Bentham (*Principes d'économie politique,* 1821).

MILL (John Stuart), *Londres 1806 - Avignon 1873,* philosophe et économiste britannique, fils de James Mill. Partisan de l'associationnisme, il fonde l'induction sur la loi de la causalité universelle. Il préconise une morale utilitariste et se rattache à l'économie libérale (*Principes d'économie politique,* 1848 ; *l'Utilitarisme,* 1863).

MILLA (Roger), *Yaoundé 1952,* footballeur camerounais. Vainqueur de la Coupe d'Afrique des nations (1984 et 1988), ce joueur très populaire a annoncé l'émergence du football africain couronné depuis par deux titres olympiques (Nigeria, en 1996, et Cameroun, en 2000).

MILLAIS (sir John Everett), *Southampton 1829 - Londres 1896,* peintre britannique. Membre fondateur de la confrérie préraphaélite (*Ophélie,* 1851 - 1852, Tate Britain), il devint une des figures les plus populaires de l'art victorien.

MILLARDET (Alexis), *Montmirey-la-Ville 1838 - Bordeaux 1902,* botaniste français. On lui doit la première idée de l'hybridation des cépages français et américains, et le traitement cuprique du mildiou.

MILLAS [mijas] (66170), ch.-l. de cant. des Pyrénées-Orientales ; 3 500 hab.

MILLAU (12100), ch.-l. d'arrond. de l'Aveyron, sur le Tarn ; 22 280 hab. *(Millavois).* Mégisserie et ganterie. — Beffroi et église des XIIe-XVIIe s. ; musée.

mille ou **mil** (an), année que les historiens du XVIIe au XIXe s. pensaient avoir été attendue par les chrétiens d'Occident dans la terreur de la fin du monde et du jugement dernier. Les historiens contemporains ont dénoncé cette légende.

MILLE (De) → DE MILLE.

Mille (expédition des), expédition menée, en 1860, par Garibaldi contre le royaume des Deux-Siciles, dont elle provoqua l'effondrement.

Mille et Une Nuits (les), recueil de contes arabes, dont la première traduction française est due à A. Galland (1704 - 1717). *Schéhérazade fait renoncer le roi de Perse à ses cruels desseins en le charmant par des contes qui ont pour héros *Aladin, *Ali Baba, Sindbad le marin.

MILLE-ÎLES, archipel du Canada (Ontario), dans le Saint-Laurent, à sa sortie du lac Ontario.

MILLER (Arthur), *New York 1915,* auteur dramatique américain. Ses pièces à thèse mettent en scène des personnages qui luttent pour être reconnus et acceptés par la société américaine (*Mort d'un commis voyageur, les Sorcières de Salem, Vu du pont).*

MILLER (Glenn), *Clarinda, Iowa, 1904 - dans un accident d'avion, au-dessus de la Manche, 1944,* musicien de jazz américain. Tromboniste et chef d'orchestre, il fut un des grands maîtres des années swing (*In the Mood,* 1939). Engagé dans l'US Air Force en 1942, il se rendit célèbre en Europe à la tête de l'orchestre des forces alliées.

MILLER (Henry), *New York 1891 - Los Angeles 1980,* écrivain américain. Ses récits dénoncent les contraintes sociales et morales et exaltent la recherche de l'épanouissement humain et sensuel (*Tropique du Cancer, Tropique du Capricorne, la Crucifixion en rose).*

MILLER (Merton), *Boston 1923 - Chicago 2000,* économiste américain. Il est l'auteur, avec F. Modigliani, d'un théorème sur l'évaluation des entreprises et le coût du capital. (Prix Nobel 1990.)

MILLERAND [milrɑ̃] (Alexandre), *Paris 1859 - Versailles 1943,* homme politique français. Député socialiste, il accomplit, comme ministre du Commerce et de l'Industrie (1899 - 1902), d'importantes réformes sociales. S'éloignant progressivement des socialistes, il fut ministre de la Guerre (1912 - 1913, 1914 - 1915), président du Conseil (1920), puis président de la République (1920 - 1924). Il démissionna devant l'opposition du Cartel des gauches.

MILLET (Jean-François), *Gruchy, près de Gréville-Hague, Manche, 1814 - Barbizon 1875,* peintre, dessinateur et graveur français. C'est l'un des maîtres de l'école de Barbizon, au réalisme sensible et puissant (au musée d'Orsay : *les Glaneuses* et *l'Angélus,* 1857 ; *la Grande Bergère,* 1863 ; *le Printemps,* 1868 - 1873).

MILLEVACHES (plateau de), haut plateau du centre de la France (Limousin) ; 977 m. La Vienne, la Creuse, la Vézère et la Corrèze y naissent.

MILLEVOYE (Charles Hubert), *Abbeville 1782 - Paris 1816,* poète français, auteur d'élégies *(la Chute des feuilles).*

MILLIKAN (Robert Andrews), *Morrison, Illinois, 1868 - San Marino, Californie, 1953,* physicien américain. Il mesura la charge de l'électron (1911), détermina la valeur de la constante de Planck (1916) et étudia les rayons cosmiques. (Prix Nobel 1923.)

MILLOSS (Aurél **Milloss de Miholý,** dit Aurel), *Ozora, Hongrie, 1906 - Rome 1988,* danseur et chorégraphe hongrois, naturalisé italien. Maître de ballet dans les plus grands théâtres du monde, il a signé de très nombreuses chorégraphies, cherchant à faire la synthèse entre classicisme et expressionnisme (*le Mandarin merveilleux,* 1942).

MILLY-LA-FORÊT (91490), ch.-l. de cant. de l'Essonne, sur la bordure ouest de la forêt de Fontainebleau ; 4 640 hab. Halle du XVe s. ; petite chapelle décorée par J. Cocteau. En forêt, le *Cyclop,* édifice composite dû à J. Tinguely, N. de Saint Phalle et autres artistes (1969 - 1993).

MILLY-LAMARTINE (71960), comm. de Saône-et-Loire ; 319 hab. Maison de Lamartine.

MILNE-EDWARDS (Henri), *Bruges 1800 - Paris 1885,* naturaliste et physiologiste français. Par ses travaux sur les mollusques, les crustacés et les anthozoaires, il est l'un des fondateurs de la physiologie française. — **Alphonse M.-E.,** *Paris 1835 - id. 1900,* naturaliste français, fils d'Henri. Il a étudié les mammifères et la faune abyssale.

MILO, en gr. **Mílos,** île grecque de la mer Égée, une des Cyclades ; 161 km^2.

Milo (Aphrodite de), dite **Vénus de Milo,** statue grecque en marbre (Louvre). Découverte en 1820 dans l'île de Milo, la déesse est à demi dévêtue selon la tradition classique du IVe s. av. J.-C., mais la torsion du corps dénote une œuvre hellénistique du IIe s.

■ **VÉNUS DE MILO.** *Aphrodite,* dite *Vénus de Milo ;* marbre grec, IIe s. av. J.-C. (Louvre, Paris.)

MILON, en lat. **Titus Annius Papianus Milo,** *Lanuvium v. 95 - Compsa 48 av. J.-C.,* homme politique romain. Gendre de Sulla, il contribua comme tribun (57) au retour d'exil de Cicéron. Accusé du meurtre de Clodius en 52, il fut défendu par Cicéron *(Pro Milone).*

MILON de Crotone, *Crotone fin du VIe s. av. J.-C.,* athlète grec. Disciple et gendre de Pythagore, il est célèbre pour ses nombreuses victoires aux jeux Olympiques. N'ayant pu dégager son bras d'un arbre qu'il tentait d'arracher, il serait mort dévoré par les bêtes sauvages (marbre célèbre de Puget, 1672 - 1682, qui figura dans les jardins de Versailles, auj. au Louvre).

MILOŠEVIĆ (Slobodan), *Požarevac, Serbie, 1941,* homme politique yougoslave. Membre de la Ligue communiste yougoslave à partir de 1959, appuyant son pouvoir sur l'exaltation du nationalisme serbe, il est président de la république de Serbie de 1990 à 1997 et président de la république fédérale de Yougoslavie de 1997 à 2000 (→ **Yougoslavie** [république fédérale de]). En 1999, il est inculpé par le Tribunal pénal international de crimes contre l'humanité et crimes de guerre pour la politique de terreur et de violences menée à l'encontre des civils albanais au Kosovo. En 2001, accusé dans son pays de corruption et d'abus de pouvoir, il est arrêté.

MILOŠ OBRENOVIĆ → OBRENOVIĆ.

MIŁOSZ (Czesław), *Szetejnie, Lituanie, 1911,* écrivain polonais naturalisé américain. Il est l'auteur de poèmes, de romans et d'essais *(la Pensée captive).* [Prix Nobel 1980.]

MILOSZ [milɔʃ] (Oscar Vladislas **de Lubicz-Milosz,** dit O. V. **de L.**), *Tchereïa, Lituanie, 1877 - Fontainebleau 1939,* écrivain français d'origine lituanienne. Il est l'auteur de poèmes d'inspiration élégiaque et mystique, de pièces de théâtre et de recueils de contes lituaniens.

MILTIADE, *540 - Athènes v. 489 av. J.-C.,* général athénien. Il fut vainqueur des Perses à Marathon (490 av. J.-C.).

MILTON (John), *Londres 1608 - Chalfont Saint Giles, Buckinghamshire, 1674,* poète anglais. Auteur de poèmes religieux, philosophiques et pastoraux, il prit parti pour Cromwell, dont il devint le pamphlétaire. Après la restauration des Stuarts, il abandonna la vie publique. Ruiné et devenu aveugle, il dicta son grand poème biblique *le *Paradis perdu,* que prolonge *le *Paradis reconquis.*

Milvius (pont), pont sur le Tibre, à 3 km au N. de Rome, où Constantin battit Maxence (312 apr. J.-C.).

MILWAUKEE, v. des États-Unis (Wisconsin), sur le lac Michigan ; 628 088 hab. (1 432 149 hab. dans l'agglomération). Port. – Musées.

MIMIZAN (40200), ch.-l. de cant. des Landes ; 7 052 hab. *(Mimizannais).* Papeterie. – Clocher-porche d'une anc. abbaye (portail roman sculpté). – Station balnéaire à *Mimizan-Plage.*

MIMOUN (Alain), *Telagh, Algérie, 1921,* athlète français, champion olympique du marathon en 1956.

MIMOUNI (Rachid), *Boudouaou, près d'Alger, 1945 - Paris 1995,* écrivain algérien d'expression française. Dans ses romans (*le Fleuve détourné,* 1982 ; *Une peine à vivre,* 1991), ses pamphlets (*De la barbarie en général et de l'intégrisme en particulier,* 1992) et ses *Chroniques de Tanger* (1995), il lie intimement son écriture à l'histoire de l'Algérie contemporaine.

MINA AL-AHMADI, port pétrolier du Koweït, sur le golfe Persique.

MINAMOTO, famille japonaise qui fonda en 1192 le shogunat de Kamakura avec **Minamoto no Yoritomo** (1147 - 1199), premier shogun du Japon.

MINANGKABAU, peuple d'Indonésie (Sumatra) [env. 4 millions]. Connus pour leur organisation matrilinéaire, islamisés, les Minangkabau connaissent une forte émigration. Leur langue est très proche du *malais.

MINAS DE RÍOTINTO, v. d'Espagne (Andalousie), au pied de la sierra Morena ; 5 480 hab. Mines de cuivre.

MINAS GERAIS, État de l'intérieur du Brésil méridional ; 587 172 km^2 ; 15 746 200 hab. ; cap. *Belo Horizonte.* Importantes ressources minières (fer, manganèse, etc.).

MINATITLÁN, v. du Mexique, sur la baie de Campeche ; 199 840 hab. Port. Raffinage du pétrole. Pétrochimie.

MINCIO n.m., riv. d'Italie, affl. du Pô (r. g.) ; 194 km. Il traverse le lac de Garde.

MINDANAO, île des Philippines ; 99 000 km^2 ; 14 000 000 hab.

MINDEN, v. d'Allemagne (Rhénanie-du-Nord-Westphalie), sur la Weser ; 80 423 hab. Cathédrale romane et gothique, autres monuments et quartiers anciens.

MINDORO, île montagneuse des Philippines ; env. 10 000 km^2 ; 472 000 hab.

MINDSZENTY (József), *Csehimindszent 1892 - Vienne 1975,* prélat hongrois. Archevêque d'Esztergom et primat de Hongrie (1945), cardinal (1946), il fut emprisonné de 1948 à 1955, puis se réfugia à l'ambassade des États-Unis à Budapest, d'oct. 1956 jusqu'en 1971.

MINEHASSA, groupe de peuples d'Indonésie (péninsule nord de Célèbes) [plus de 1,5 million]. Jadis organisés en confédération, païens (pratique de la chasse aux têtes), les Minehassa se sont convertis massivement au protestantisme au XIXe s. Leurs langues appartiennent à la famille malayo-polynésienne.

MINEPTAH ou **MÉNEPTAH,** pharaon (v. 1236 - 1222 av. J.-C.) de la XIXe dynastie. Successeur de Ramsès II, il vainquit les Peuples de la Mer. Il fut sans doute contemporain de l'Exode.

MINERVE, déesse italique, protectrice de Rome et patronne des artisans. Elle fut assimilée à l'Athéna grecque.

MINERVOIS n.m., région du Languedoc (Aude et Hérault). Vignobles.

mines de Paris (École nationale supérieure des), établissement public d'enseignement supérieur scientifique et technique. Créée en 1783, elle forme les ingénieurs du corps des Mines, ainsi que des ingénieurs civils.

MING, dynastie impériale chinoise (1368 - 1644). Fondée par Hongwu, elle installa sa capitale à Pékin (1409). Ses principaux représentants furent Yongle (1403 - 1424) et Wanli (1573 - 1620). La dynastie mandchoue des Qing lui succéda.

MINGAN (archipel de), îles du Canada (Québec), au N. de l'île d'Anticosti. Parc national.

MINGUS (Charles, dit Charlie), *Nogales, Arizona, 1922 - Cuernavaca, Mexique, 1979,* compositeur, contrebassiste et chef d'orchestre américain de jazz. Inspiré par le chant religieux noir, il s'imposa au cours des années 1950 comme accompagnateur et soliste. Il participa au mouvement be-bop *(Goodbye Pork Pie Hat, Fables of Faubus).*

MINHO n.m., en esp. **Miño,** fl. du nord-ouest de la péninsule Ibérique, qui se jette dans l'Atlantique ; 340 km. Il constitue une frontière entre l'Espagne et le Portugal.

MINHO n.m., région du Portugal septentrional ; v. princ. *Braga.* Berceau de la nation portugaise.

MINÎEH, v. d'Égypte, sur le Nil ; 179 060 hab.

MINKOWSKI (Hermann), *Kovno 1864 - Göttingen 1909,* mathématicien allemand. Sa conception de l'*espace-temps* à 4 dimensions fournit une interprétation géométrique de la relativité restreinte de son ancien élève A. Einstein.

MINNE (George, baron), *Gand 1866 - Laethem-Saint-Martin 1941,* sculpteur et dessinateur belge. Il est l'auteur d'ouvrages à la fois symbolistes et d'accent monumental (*Fontaine aux agenouillés* [1898], devant le Sénat, à Bruxelles).

MINNEAPOLIS, v. des États-Unis (Minnesota), sur le Mississippi ; 368 383 hab. Université. Musées. Centre tertiaire et industriel. Avec Saint Paul, sur l'autre rive du fleuve, elle constitue (banlieues incluses) une agglomération de 2 464 124 hab.

MINNELLI (Vincente), *Chicago 1910 - Los Angeles 1986,* cinéaste américain. Il fut l'un des meilleurs spécialistes de la comédie musicale filmée : *Ziegfeld Follies* (1946), *Un Américain à Paris* (1951), *Tous en scène* (1953).

MINNESOTA, État des États-Unis, à la frontière canadienne ; 4 375 099 hab. ; cap. *Saint Paul ;* v. princ. *Minneapolis.* Minerai de fer.

MIÑO → MINHO.

MINO da Fiesole, *Fiesole 1429 - Florence 1484,* sculpteur italien. Il pratique un style épuré et délicat (*tombeau du comte Ugo* à la Badia de Florence ; bustes).

MINORQUE, en esp. **Menorca,** l'une des îles Baléares ; 702 km^2 ; 65 109 hab. ; ch.-l. *Mahón.* Tourisme. – L'île fut britannique de 1713 à 1756, de 1763 à 1782 et de 1798 à 1802.

MINOS MYTH. GR. Roi légendaire de Crète. Sa justice et sa sagesse lui valurent, après sa mort, d'être juge des Enfers avec Éaque et Rhadamanthe. Les historiens voient en Minos un titre royal ou dynastique des souverains crétois, d'où l'expression de « civilisation minoenne ».

MINOTAURE MYTH. GR. Monstre mi-homme et mi-taureau, né des amours de Pasiphaé, épouse de Minos, et d'un taureau blanc envoyé par Poséidon. Minos l'enferma dans le Labyrinthe, où on lui faisait des offrandes de chair humaine. Thésée le tua.

MINSK, cap. de la Biélorussie ; 1 589 000 hab. Centre industriel et commercial. – Musées. – Siège de violents combats en 1941 et 1944.

MINSKY (Marvin Lee), *New York 1927,* mathématicien et ingénieur américain. Il a apporté, au sein du MIT, une contribution majeure au développement de l'intelligence artificielle.

MINUCIUS FELIX, apologiste chrétien du IIIe s., auteur d'un dialogue entre un païen et un chrétien, l'*Octavius.*

MIQUE (Richard), *Nancy 1728 - Paris 1794,* architecte français. Il succéda à Gabriel comme premier architecte de Louis XVI et créa le Hameau de la reine (1783 - 1786) dans le parc du Petit Trianon, à Versailles.

MIQUELON → SAINT-PIERRE-ET-MIQUELON.

Mir, station orbitale russe, constituée de plusieurs modules satellisés successivement de 1986 à 1996. Exploitée jusqu'en 2000, elle a accueilli 104 cosmonautes, d'une douzaine de nationalités différentes. Sa retombée dans l'atmosphère et sa désintégration, commandées du sol, ont eu lieu le 23 mars 2001.

MIRABEAU (Honoré Gabriel **Riqueti,** comte **de**), *Le Bignon, auj. Le Bignon-Mirabeau, Loiret, 1749 - Paris 1791,* homme politique français. Après une jeunesse tourmentée, il fut élu, quoique noble, représentant du tiers état d'Aix-en-Provence en

■ **MIRABEAU** par J. Boze. (Château de Versailles.)

1789. Orateur prestigieux, il est l'auteur de la célèbre apostrophe au marquis de Dreux-Brézé : « Allez dire au roi que nous sommes ici par la volonté du peuple et que nous n'en sortirons que par la force des baïonnettes » (23 juin 1789). Favorable à une monarchie constitutionnelle, il entra secrètement au service du roi (mai 1790), qui le pensionna mais ne tint pas compte de ses conseils.

MIRABEAU (Victor **Riqueti,** marquis **de**), *Pertuis, Vaucluse, 1715 - Argenteuil 1789,* économiste français. Père du comte de Mirabeau, disciple de Quesnay et des physiocrates, il a écrit *l'Ami des hommes ou Traité sur la population* (1756).

MIRABEL, v. du Canada (Québec) ; 19 980 hab. *(Mirabellois).* Municipalité régionale de comté. Site de l'un des aéroports de Montréal.

Miracle de Théophile (le), miracle de Rutebeuf (v. 1262). Il met en scène la légende de saint Théophile d'Adana, qui, ayant vendu son âme au diable, fut sauvé par la Vierge.

MIRADOR, site archéologique du Guatemala, au N.-O. de Tikal (Petén). Vestiges d'une énorme cité maya préclassique (300 av. J.-C.), abandonnée au début de notre ère, et dont les pyramides dépassent celles de Tikal.

MIRAMAS (13140), comm. des Bouches-du-Rhône ; 22 997 hab. *(Miramasséens).* Vestiges féodaux de *Miramas-le-Vieux.*

MIRANDA (Francisco **de**), *Caracas 1750 - Cadix 1816,* général vénézuélien. Il combattit au service de l'indépendance nord-américaine et de la Révolution française. Il fit voter la déclaration d'indépendance du Venezuela (1811), puis, vaincu par les Espagnols, fut emprisonné à Cadix.

MIRANDE (32300), ch.-l. d'arrond. du Gers, sur la Baïse ; 4 040 hab. *(Mirandais).* Marché agricole (volailles, eaux-de-vie). – Bastide du XIIIe s., avec église du XVe s. ; musée.

MIRANDOLE (Pic de La) → PIC DE LA MIRANDOLE.

MIRBEAU (Octave), *Trévières 1848 - Paris 1917,* écrivain français. Ses romans *(Journal d'une femme de chambre)* et ses comédies *(Les affaires sont les affaires)* réalistes composent une satire virulente de l'hypocrisie sociale. Il défendit les impressionnistes.

MIRCEA le Grand, *m. en 1418,* prince de Valachie (1386 - 1418). Grand chef militaire, il participa à la bataille de Nicopolis (1396) contre les Ottomans.

MIREBEAU (86110), ch.-l. de cant. de la Vienne ; 2 295 hab. *(Mirebalais).* Vestiges féodaux.

MIRECOURT (88500), ch.-l. de cant. des Vosges, sur le Madon ; 6 992 hab. *(Mirecurtiens).* Mobilier. Centre de lutherie.

MIREILLE (Mireille **Hartuch,** dite), *Paris 1906 - id. 1996,* chanteuse française. Elle a composé et popularisé des chansons dans un style charmant et aisé *(Couchés dans le foin ; Quand un vicomte).* En 1954, elle a créé le Petit Conservatoire de la chanson, pour la formation des jeunes artistes de variétés.

Mireille, poème en provençal de F. Mistral (1859). C'est le récit des amours malheureuses de Mireille et de Vincent, dans le cadre de la Camargue. – Sur un livret tiré de ce poème, Gounod a composé la musique d'un opéra-comique (1864).

MIREPOIX (09500), ch.-l. de cant. de l'Ariège ; 3 302 hab. Bastide de la fin du XIIIe s. Place à couverts et maisons à colombages ; cathédrale gothique des XVe-XVIe s.

MIRIBEL (01700), ch.-l. de cant. de l'Ain ; 8 600 hab.

MIRÓ (Joan), *Barcelone 1893 - Palma de Majorque 1983,* peintre, graveur et sculpteur espagnol. Surréaliste, il a fait naître, par la pratique de l'automatisme, un monde d'une liberté, d'un dynamisme et d'un humour exemplaires. Sculptures à la fondation Maeght, Saint-Paul-de-Vence ; fondation-musée à Barcelone.

MIROMESNIL (Armand Thomas **Hue de**), *Mardié, Loiret, 1723 - Miromesnil, Seine-Maritime, 1796,* homme d'État français. Magistrat, il prit la défense des parlements contre la politique royale. Il fut garde des Sceaux de 1774 à 1787.

MIRON (Gaston), *Sainte-Agathe-des-Monts 1928 - Montréal 1996,* poète canadien de langue française. Il a fortement contribué au renouveau poétique et national québécois *(l'Homme rapaillé).*

MIRZAPUR, v. d'Inde (Uttar Pradesh), sur le Gange ; 169 368 hab. Pèlerinage. – Tapis.

Misanthrope (le), comédie en cinq actes et en vers de Molière (1666). L'atrabilaire Alceste, ne pouvant mettre en accord sa franchise avec le scepticisme souriant de Philinte, le bel esprit d'Oronte, la pruderie d'Arsinoé, la coquetterie de *Célimène, décide d'aller vivre loin du monde.

MISÈNE (cap), promontoire d'Italie, fermant à l'O. le golfe de Naples. Base navale sous l'Empire romain.

M

Misérables (les), roman de V. Hugo (1862). À travers les personnages (le forçat Jean Valjean, qui connaît la rédemption morale à force de générosité ; Cosette, petite fille malheureuse qui rencontre le bonheur après avoir été recueillie par Jean Valjean ; *Gavroche) et les événements qui servent de toile de fond (Waterloo, l'émeute de 1832), Hugo a écrit une épopée populaire.

MISHIMA YUKIO (**Hiraoka Kimitake,** dit), *Tokyo 1925 - id. 1970,* écrivain japonais. Son œuvre narrative *(Confessions d'un masque, le Pavillon d'or, le Marin rejeté par la mer, la Mer de la fertilité)* et théâtrale *(Cinq Nō modernes, Madame de Sade)* mêle, dans une langue classique, érotisme, fascination de la mort et vision tragique de l'existence. Il se suicida publiquement.

Mishna ou **Michna** (mot hébr. signif. *enseignement oral*), ensemble de soixante-trois traités du judaïsme rabbinique qui commentent la Torah. Compilation des lois non écrites transmises par la tradition, la Mishna, avec ses deux commentaires (Gemara), est la « loi orale » et constitue la base du *Talmud.

MISKITO ou **MOSQUITO,** groupe indigène du Honduras et du Nicaragua (env. 100 000). Agriculteurs et pêcheurs, les Miskito vivent en communautés dispersées le long de la côte atlantique. Ils dominèrent la région, avec le soutien britannique (XVIIe-XVIIIe s.), puis furent marginalisés. Leur langue est à dominante chibcha.

MISKOLC, v. du nord de la Hongrie ; 196 442 hab. Métallurgie. – Monuments gothiques, baroques et néoclassiques.

MISNIE, en all. **Meissen,** anc. margraviat allemand, intégré à la Saxe en 1423.

MI SON, village du Viêt Nam central. Vestiges (les plus remarquables remontent au Xe s.) d'une cité religieuse shivaïte, qui en font l'un des hauts lieux de l'anc. royaume du Champa.

MISOURATA ou **MISURATA,** v. de Libye ; 285 000 hab. Port.

Mission de France, communauté de prêtres séculiers, fondée à Lisieux en 1941 dans le but d'évangéliser les régions les plus déchristianisées. Elle eut un grand rayonnement jusque dans les années 1960.

Missions étrangères (société et séminaire des), œuvre missionnaire constituée en 1664 à Paris par Mgr François Pallu et par Mgr Lambert de La Motte pour préparer les prêtres au service des missions et qui dessert les missions catholiques de l'Extrême-Orient.

Missions évangéliques de Paris (société des), œuvre missionnaire du protestantisme français fondée en 1822.

MISSISSAUGA, v. du Canada (Ontario), banlieue de Toronto ; 430 770 hab.

MISSISSIPPI n.m., fl. des États-Unis, né dans le Minnesota et qui se jette dans le golfe du Mexique par un vaste delta ; 3 780 km. Il passe à Saint Paul et Minneapolis, Saint Louis, Memphis, La Nouvelle-Orléans. Important trafic fluvial. Avec le Missouri, il compte 6 210 km (bassin de 3 222 000 km^2 pour l'ensemble).

■ JOAN **MIRÓ.** *Intérieur hollandais I,* 1928. (MOMA, New York.)

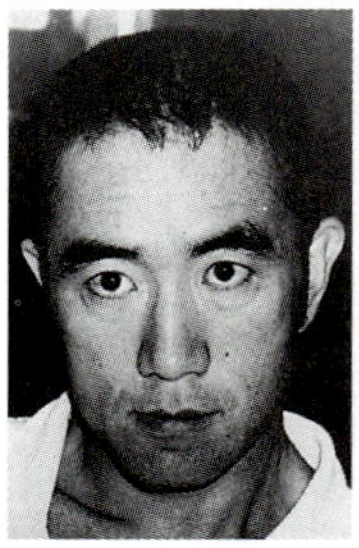

■ **MISHIMA YUKIO**

■ FRÉDÉRIC **MISTRAL.** (Musée de Maillane.)

MISSISSIPPI, État des États-Unis, sur la rive est du *Mississippi ;* 2 573 216 hab. ; cap. *Jackson.*

MISSISSIPPI (tradition du), séquence culturelle des régions de l'est des États-Unis. Elle s'est développée de 700 à 1700 de notre ère, influencée par Teotihuacán, avec Cahokia pour métropole religieuse.

MISSOLONGHI, v. de Grèce, sur la mer Ionienne ; 12 674 hab. Elle est célèbre par la défense héroïque qu'elle opposa aux Turcs en 1822 - 1823 et en 1826.

MISSOURI n.m., riv. des États-Unis, née dans les Rocheuses, affl. du Mississippi (r. dr.), en amont de Saint Louis ; 4 370 km.

MISSOURI, État des États-Unis, sur la rive ouest du Mississippi ; 180 500 km^2 ; 5 117 073 hab. ; cap. *Jefferson City ;* v. princ. *Saint Louis, Kansas City.*

MISTASSINI (lac), lac du Canada (Québec) ; 2 336 km^2. Il se déverse par le Rupert dans la baie James.

MISTI, volcan du Pérou, près d'Arequipa ; 5 822 m.

MISTINGUETT (Jeanne **Bourgeois,** dite), *Enghien-les-Bains 1875 - Bougival 1956,* artiste française de music-hall. Elle créa ou mena de multiples revues et triompha au Moulin-Rouge, aux Folies-Bergère et au Casino de Paris. Elle interpréta de nombreuses chansons à succès *(Mon homme,* 1920 ; *la Java,* 1922 ; *C'est vrai,* 1935).

MISTRA, village de Grèce (Péloponnèse), anc. cap. du *despotat de Mistra.* Il conserve de nombreux monuments byzantins (églises ornées de fresques des XIVe-XVe s., forteresse du XIIIe s.).

MISTRA ou **MORÉE** (despotat de), principauté fondée en 1348 par l'empereur Jean VI Cantacuzène au profit de son fils cadet, Manuel. Il comprenait tout le Péloponnèse byzantin. En 1383, il tomba entre les mains des Paléologues, qui le gardèrent jusqu'en 1460, date de la prise de Mistra par Mehmed II.

MISTRAL (Frédéric), *Maillane, Bouches-du-Rhône, 1830 - id. 1914,* écrivain français d'expression provençale. Poète *(*Mireille, Calendal, les Îles d'or),* l'un des fondateurs du félibrige, il en reste le plus illustre représentant. (Prix Nobel 1904.)

MISTRAL (Lucila **Godoy Alcayaga,** dite Gabriela), *Vicuña 1889 - Hempstead, près de New York, 1957,* poétesse chilienne. Elle est l'auteur de recueils d'inspiration amoureuse, chrétienne et populaire *(Sonnets de la mort, Desolación).* [Prix Nobel 1945.]

MIT → Massachusetts Institute of Technology.

MITANNI, Empire hourrite qui, du XVIe au XIVe s. av. J.-C., domina la haute Mésopotamie et la Syrie du Nord, et qui disparut sous les coups des Hittites et des Assyriens (XIIIe s. av. J.-C.).

MITAU, nom all. de *Jelgava.

MITCHELL (mont), point culminant des Appalaches (États-Unis) ; 2 037 m.

MITCHELL (Arthur), *New York 1934,* danseur et chorégraphe américain. Premier artiste noir à être engagé dans une compagnie américaine (New York City Ballet, 1955), il est le fondateur (1969) de la première troupe de ballet classique noire (Dance Theatre of Harlem).

MITCHELL (Claude **Moine,** dit Eddy), *Paris 1942,* chanteur français. Pionnier du rock and roll en France, avec son groupe les Chaussettes noires, il s'est aussi imposé dans un registre plus rhythm and blues *(la Dernière Séance* [où transparaît sa passion pour le cinéma], *Couleur menthe à l'eau).*

MITCHELL (Margaret), *Atlanta 1900 - id. 1949,* romancière américaine. Son roman *Autant en emporte le vent* (1936) a été adapté au cinéma par V. Fleming (1939).

MITCHOURINE (Ivan Vladimirovitch), *Verchina, gouvernement de Riazan, 1855 - Kozlov, auj. Mitchourinsk, 1935,* agronome russe. Ses idées sur l'hérédité générale des caractères acquis furent érigées en dogme par Lyssenko.

MITCHUM (Robert), *Bridgeport, Connecticut, 1917 - Santa Barbara, Californie, 1997,* acteur américain. Il a imposé de film en film son personnage d'aventurier désabusé, fataliste ou cynique : *Feux croisés* (E. Dmytryk, 1947), *la Nuit du chasseur* (C. Laughton, 1955).

MITHRA, grand dieu de l'Iran ancien qui s'apparente au Mitra indien de l'époque védique et qui fut particulièrement honoré dans l'Empire romain. Son culte se répandit à l'époque hellénistique en Asie Mineure, puis, au Ier s. av. J.-C., à Rome, où il prit une grande importance. Mithra était représenté coiffé d'un bonnet phrygien et sacrifiant un taureau (taurobole). Avec une initiation comprenant sept degrés, des banquets sacrés et des sacrifices d'animaux, ce culte rivalisa un temps avec le christianisme.

MITHRIDATE ou **MITHRADATE,** nom de divers princes et souverains de l'époque hellénistique et romaine.

MITHRIDATE VI Eupator, dit **le Grand,** *v. 132 - Panticapée 63 av. J.-C.,* dernier roi du Pont (111 - 63 av. J.-C.). Il lutta contre la domination romaine en Asie : ses trois guerres (88 - 85, 83 - 81, 74 - 66) furent des échecs. Il tenta de s'empoisonner, mais, immunisé, il dut se faire tuer par un de ses soldats. Son histoire a inspiré une tragédie à Racine (1673).

MITIDJA n.f., plaine de l'Algérie centrale, aux riches cultures (agrumes, tabac, fourrages).

MITLA, centre cérémoniel des Zapotèques (Mexique, État d'Oaxaca), qui l'ont occupé de 900 à 1200. Il a été investi au XIIIe s. par les Mixtèques. Imposants vestiges.

MITO, v. du Japon (Honshu) ; 234 968 hab.

MITRE (Bartolomé), *Buenos Aires 1821 - id. 1906,* homme politique et historien argentin. Président de la République (1862 - 1868), il favorisa le développement économique.

MITRY-MORY (77290), comm. de Seine-et-Marne ; 16 947 hab.

MITSCHERLICH (Eilhard), *Neuende, Oldenburg, 1794 - Schöneberg, auj. dans Berlin, 1863,* chimiste allemand. Il a énoncé la loi de l'isomorphisme, suivant laquelle deux corps possédant des formes cristallines semblables ont des structures chimiques analogues.

MITSOTÁKIS (Konstandínos), *Khaniá 1918,* homme politique grec. Président de la Nouvelle Démocratie (1984 - 1993), il est Premier ministre de 1990 à 1993.

Mitsubishi, trust japonais. Créé en 1870, reconstitué après la Seconde Guerre mondiale, il occupe dans l'industrie japonaise une place de premier plan (constructions mécaniques, navales et aéronautiques, chimie, automobile, etc.).

MITTELLAND → PLATEAU.

Mittellandkanal, canal d'Allemagne, unissant l'Elbe au canal Dortmund-Ems.

MITTERRAND (François), *Jarnac 1916 - Paris 1996,* homme politique français. Député de la Nièvre, il est plusieurs fois ministre sous la IVe République. En 1965, candidat de la gauche à la présidence de la République, il met en ballottage le général de Gaulle. Premier secrétaire du Parti socialiste (1971), et l'un des instigateurs de l'union de la gauche, il est élu président de la République en mai 1981. Son premier septennat, commencé avec des gouvernements socialistes, s'achève par une période de cohabitation avec la droite (1986 - 1988). Réélu en 1988, il nomme à nouveau des Premiers ministres socialistes. Mais, à partir de 1993, il s'engage dans une seconde période de cohabitation qui se termine avec la fin de son mandat en 1995.

MIXTÈQUES, peuple amérindien du Mexique (principalement État d'Oaxaca) [env. 300 000]. Les Mixtèques sont agriculteurs, catholiques, et parlent le *mixtèque,* de la famille otomangue. Ils peuplèrent le pays des Zapotèques, mais durent se défendre eux-mêmes contre les Aztèques (XIe-XVIe s.). Les mosaïques de pierres en relief de leur capitale, Mitla, leur céramique polychrome, leur orfèvrerie et leurs codex attestent le raffinement de leur civilisation, qui a marqué celle des Aztèques.

MIYAKE (**Miyake Issei,** dit Issey), *Hiroshima 1938,* créateur de mode japonais. Nouveaux textiles et clarté de la coupe, inspirée du vêtement traditionnel japonais, confèrent à son œuvre son originalité et son caractère sculptural.

MIYAZAKI, v. du Japon (Kyushu) ; 287 352 hab.

MIZOGUCHI KENJI, *Tokyo 1898 - Kyoto 1956,* cinéaste japonais. Auteur de près de 100 films (*la Vie d'Oharu femme galante,* 1952 ; *les Contes de la lune vague après la pluie,* 1953), il peignit avec une sérénité déchirante la cruauté, l'humiliation et la déchéance.

MIZORAM, État du nord-est de l'Inde ; 21 000 km^2 ; 686 217 hab. ; cap. *Aijal.*

MJØSA, le plus grand lac de Norvège, au N. d'Oslo ; 360 km^2.

MLF (Mouvement de libération des femmes), mouvement féministe français créé en 1968. Il milite pour l'égalité et la liberté économique, sexuelle et culturelle des femmes.

MNAM, sigle de musée national d'*Art moderne.

MNÉMOSYNE MYTH. GR. Déesse de la Mémoire et mère des Muses.

MNÉSICLÈS, architecte grec du Ve s. av. J.-C. Il a construit les propylées de l'Acropole d'Athènes.

MNOUCHKINE (Ariane), *Boulogne-sur-Seine 1939,* metteur en scène de théâtre français. Actrice, animatrice du Théâtre du *Soleil, elle a renouvelé le rapport entre comédien et texte, public et scène (*1789,* 1971 ; *l'Âge d'or,* 1975). Depuis les années 1980, elle s'inspire des codes théâtraux extrême-orientaux ou indiens (pièces de Shakespeare, drames épiques et historiques d'Hélène Cixous). On lui doit aussi un film sur Molière (1978).

MOAB, personnage biblique. Ancêtre éponyme du peuple des Moabites, fils de Lot.

MOABITES, peuple nomade établi à l'est de la mer Morte (XIIIe s. av. J.-C.). Apparentés aux Hébreux, ils entrèrent souvent en conflit avec eux. Ils furent absorbés aux IIIe-IIe s. av. J.-C. par les Nabatéens.

MOBILE, v. des États-Unis (Alabama), sur la *baie de Mobile ;* 196 278 hab. Musées.

MÖBIUS (August Ferdinand), *Schulpforta 1790 - Leipzig 1868,* mathématicien allemand. Pionnier de la topologie, il découvrit une surface à un seul côté *(ruban de Möbius).*

MOBUTU (Sese Seko), *Lisala 1930 - Rabat 1997,* maréchal et homme politique zaïrois. Colonel et chef d'état-major (1960), il se proclama président de la République à la suite d'un coup d'État en 1965. Régulièrement réélu mais de plus en plus fortement contesté, il fut chassé du pouvoir en 1997.

Moby Dick, roman de H. Melville (1851). C'est le récit du combat symbolique entre une baleine blanche (Moby Dick) et le capitaine Achab. – Il a inspiré plusieurs films, notamm. celui de J. Huston (*Moby Dick,* 1956).

MOCENIGO, famille noble vénitienne, qui a fourni cinq doges à la République de 1474 à 1778.

MOCHE ou **MOCHICA,** culture précolombienne qui s'est développée du IIe au VIIIe s. sur la côte nord du Pérou, dans la vallée de Moche. Elle a laissé nombre de vestiges : pyramides à degrés, installations hydrauliques, riches nécropoles abritant une céramique ornée, véritable illustration de la vie quotidienne.

■ FRANÇOIS **MITTERRAND**

■ ARIANE **MNOUCHKINE**

■ SESE SEKO **MOBUTU** en 1993.

MOCKEL (Albert), *Ougrée 1866 - Ixelles 1945,* écrivain belge de langue française. Théoricien du symbolisme, il est l'auteur d'une poésie minutieuse et parfois précieuse, sensible aux décors lumineux *(Clartés, la Flamme immortelle).*

MOCTEZUMA II ou **MONTEZUMA II,** *Mexico 1466 - id. 1520,* 9e empereur aztèque (1502 - 1520).

MODANE (73500), ch.-l. de cant. de la Savoie, sur l'Arc ; 3 834 hab. *(Modanais).* Gare internationale à l'entrée du tunnel du Fréjus.

MODEL (Walter), *Genthin 1891 - près de Duisburg 1945,* maréchal allemand. Commandant en chef du front ouest d'août à septembre 1944, puis d'un groupe d'armées de ce même front, il se suicida après avoir capitulé.

MODÈNE, en ital. **Modena,** v. d'Italie (Émilie-Romagne), ch.-l. de prov. ; 176 148 hab. Université. Constructions mécaniques. – Cathédrale entreprise en 1099 (sculptures romanes), à la haute tour du XIIIe s. ; autres monuments et musées, dont la Galerie d'Este. – Le *duché de Modène,* érigé en 1452, fut supprimé par Bonaparte en 1796. Reconstitué en 1814 au profit d'un Habsbourg, il vota sa réunion au Piémont en 1860.

MODESTO, v. des États-Unis (Californie), à l'E. de San Francisco ; 164 730 hab.

MODIANO (Patrick), *Boulogne-Billancourt 1945,* écrivain français. Ses romans expriment une quête de l'identité à travers l'exploration d'un passé douloureux ou énigmatique *(la Place de l'Étoile, Rue des boutiques obscures, Fleurs de ruine, Dora Bruder, Des inconnues).*

MODIGLIANI (Amedeo), *Livourne 1884 - Paris 1920,* peintre italien de l'école de Paris. Son œuvre, vouée à la figure humaine, se distingue par une stylisation hardie de la ligne.

MODIGLIANI (Franco), *Rome 1918,* économiste américain d'origine italienne. Il est notamm. à l'origine de la notion de cycle de vie, selon laquelle la consommation et l'épargne des individus varient en fonction de l'âge et du statut. (Prix Nobel 1985.)

■ **MODIGLIANI.** *Femme aux yeux bleus,* 1918. (Musée d'Art moderne de la Ville de Paris.)

MOEBIUS → **GIRAUD** (Jean).

MŒRIS, lac de l'anc. Égypte, dans le Fayoum. C'est l'actuel lac Karoun.

MOERO ou **MWERU,** lac d'Afrique, entre la Rép. dém. du Congo (ex-Zaïre, région du Katanga) et la Zambie ; 4 340 km^2.

MOGADISCIO ou **MOGADISHU** → **MUQDISHO.**

MOGADOR → **ESSAOUIRA.**

MOGHOLS (Grands), dynastie musulmane d'origine turque, qui régna sur l'Inde de 1526 à 1857. Fondée par Baber, elle compta deux empereurs exceptionnels, *Akbar et *Aurangzeb. – On leur doit un style d'architecture islamique qui atteignit son apogée sous le règne de Chah Djahan (de 1628 à 1657), caractérisé par des édifices en marbre blanc (Tadj Mahall), grès rouge (fort de Delhi), où arcs polylobés et ajours sculptés sont associés aux incrustations de pierres fines des coupoles bulbeuses.

MOGODS (monts des), région montagneuse et boisée de la Tunisie septentrionale.

MOGOLLON, site archéologique des États-Unis, à 270 km au S.-O. d'Albuquerque (Nouveau-Mexique). Il est éponyme d'une tradition culturelle amérindienne (300 av. J.-C. à 1500 apr. J.-C.) célèbre pour son architecture appareillée et sa céramique dite « Mimbres ».

MOGUILEV, v. de Biélorussie, sur le Dniepr ; 363 000 hab. Métallurgie.

Mohács (bataille de) [29 août 1526], bataille au cours de laquelle Soliman le Magnifique vainquit Louis II, roi de Hongrie, à Mohács (Hongrie), sur le Danube.

MOHAMMADIA (El-), anc. **Perrégaux,** v. d'Algérie, à l'E. d'Oran ; 54 000 hab.

MOHAMMAD REZA ou **MUHAMMAD RIZA,** *Téhéran 1919 - Le Caire 1980,* chah d'Iran (1941 - 1979), de la dynastie Pahlavi. Il fut renversé par la révolution islamique (1979).

MOHAMMED → **MUHAMMAD.**

MOHAMMEDIA, anc. **Fédala,** v. du Maroc ; 105 000 hab. Port. Raffinerie de pétrole.

MOHAVE ou **MOJAVE** (désert), région désertique des États-Unis, dans le sud-est de la Californie.

MOHAVE, peuple amérindien des États-Unis (réserves en Arizona et en Californie), de langue uto-aztèque.

MOHAWK n.f., riv. des États-Unis (New York), affl. de l'Hudson (r. dr.) ; 238 km. Sa vallée est suivie par le canal Érié.

MOHAWK, peuple amérindien du Canada (Québec, Ontario) et des États-Unis (État de New York), une des nations dont se composent les *Iroquois (env. 25 000).

MOHÉLI → **MOILI.**

MOHENJO-DARO, site archéologique du Pakistan (Sind). Il abrite les vestiges de l'une des villes protohistoriques les plus importantes de la civilisation de l'*Indus. Musée.

MOHICAN, peuple algonquien du Connecticut, auj. disparu mais préservé de l'oubli par le titre d'un roman de J. F. *Cooper.

MOHOLY-NAGY (László), *Bácsborsód 1895 - Chicago 1946,* plasticien hongrois. Professeur au Bauhaus de 1923 à 1928, il fonda en 1939 l'Institute of Design de Chicago. Constructiviste, précurseur du cinétisme, il a utilisé toutes les techniques (dessin, peinture, photo, assemblage, cinéma).

MOHOROVIČIĆ (Andrija), *Volosko 1857 - Zagreb 1936,* géophysicien yougoslave. Il a découvert en 1909 l'existence d'une zone de transition entre la croûte et le manteau terrestres (*moho,* ou *discontinuité de Mohorovičić*).

M

MOÏ, terme péjoratif (« sauvages ») qui désignait des populations anciennes et minoritaires (Mnong, Gia-Rai, Ba-Na, Ê-Dê, etc.) vivant sur les hauts plateaux du centre du Viêt Nam et du sud du Laos, et parlant une langue austronésienne ou des langues môn-khmer.

MOI (Daniel Arap), *Sacho 1924,* homme politique kényan, président de la République depuis 1978.

MOILI, anc. **Mohéli,** l'une des Comores.

MOIRANS-EN-MONTAGNE (39260), ch.-l. de cant. du Jura ; 2 314 hab. Église du XVIe s.

MOIRE, en gr. **Moira** MYTH. GR. Divinité personnifiant le Destin. Les trois sœurs, Clotho, Lachésis et Atropos, qui président à la naissance, à la vie et à la mort des humains sont aussi appelées les *Moires ;* ce sont les *Parques latines.

MOÏSE, en hébr. **Moshé,** *XIIIe s. av. J.-C.,* libérateur et législateur d'Israël. La Bible le présente comme le chef charismatique qui a donné aux Hébreux leur patrie, leur religion et leur loi. Né en Égypte, il fut l'âme de la résistance à l'oppression que subissaient les Hébreux : il les fit sortir d'Égypte (l'Exode, v. 1250) et unit leurs divers groupes en un même peuple autour du culte de Yahvé. Il posa les éléments de base de la Loi (Torah).

■ **MOÏSE,** de Michel-Ange, v. 1515 - 1516. (Église San Pietro in Vincoli, Rome.)

MOISSAC (82200), ch.-l. de cant. de Tarn-et-Garonne, sur le Tarn ; 12 744 hab. *(Moissagais).* Chasselas. – Abbatiale des XIIe et XVe s., avec célèbre portail roman (tympan de l'Apocalypse) et cloître aux chapiteaux historiés ; musée.

MOISSAN (Henri), *Paris 1852 - id. 1907,* chimiste français. Il a développé l'usage du four électrique pour la préparation des oxydes métalliques et des ferroalliages, et isolé le fluor. (Prix Nobel 1906.)

MOÏSSEÏEV (Igor), *Kiev 1906,* danseur et chorégraphe russe. Fondateur (1937) de la troupe de danse de caractère la plus importante de l'ex-URSS, il a réglé de nombreux ballets (*Jok,* 1971).

MOISSY-CRAMAYEL (77550), comm. de Seine-et-Marne ; 14 376 hab. Aéronautique.

MOIVRE (Abraham **de**), *Vitry-le-François 1667 - Londres 1754,* mathématicien britannique d'origine française. Il précisa les principes du calcul des probabilités et introduisit la trigonométrie des quantités imaginaires, énonçant implicitement la formule qui porte son nom.

MOJAVE (désert) → **MOHAVE** (désert).

MOKA, en ar. **al-Mukhā,** v. du Yémen, sur la mer Rouge ; 6 000 hab. Port. – On y exportait un café renommé aux XVIIe et XVIIIe s.

MOKPO, v. de Corée du Sud, sur la mer Jaune ; 243 000 hab. Port.

MOL, comm. de Belgique (prov. d'Anvers) ; 30 763 hab. Centre d'études nucléaires.

MOLAY (Jacques **de**), *Molay, Franche-Comté, v. 1243 - Paris 1314,* dernier grand maître des Templiers. Il défendit son ordre contre Philippe le Bel, qui le fit torturer, l'emprisonna pendant six ans et l'envoya au bûcher.

MOLDAU n.f., nom all. de la *Vltava.

MOLDAVIE, en roum. **Moldova,** région d'Europe orientale, auj. partagée entre la Roumanie et la *république de Moldavie.*

HISTOIRE

1352 - 1354 : Louis Ier d'Anjou, roi de Hongrie, crée la marche de Moldavie. **1359 :** celle-ci s'émancipe de la tutelle de la Hongrie sous l'égide de Bogdan Ier. **1538 :** la Moldavie devient un État autonome vassal de l'Empire ottoman. **1774 :** elle est placée sous la protection de la Russie. **1775 :** l'Autriche annexe la Bucovine. **1812 :** la Russie se fait céder la Bessarabie. **1859 :** Alexandre Cuza est élu prince de Moldavie et de Valachie. **1862 :** l'union de ces deux principautés est proclamée définitive. Le nouvel État prendra le nom de Roumanie. **1918 - 1940 :** la Bessarabie est rattachée à la Roumanie.

MOLDAVIE n.f., État d'Europe orientale, entre la Roumanie et l'Ukraine ; 34 000 km² ; 4 450 000 hab. *(Moldaves).* CAP. *Chişinău.* LANGUE : *roumain.* MONNAIE : *leu moldave.*

GÉOGRAPHIE

Le pays, enclavé, est peuplé pour les deux tiers de Moldaves de souche (mais avec de notables minorités, ukrainienne, russe et gagaouze). Le climat, assez doux et humide, est propice à l'élevage (bovins et porcins) et surtout aux cultures (céréales, betteraves, fruits et légumes, vins). L'industrie (agroalimentaire, constructions mécaniques) souffre du manque de matières premières, énergétiques notamment.

HISTOIRE

1918 : la Bessarabie est rattachée à la Roumanie. **1924 :** les Soviétiques créent, sur la rive gauche du Dniestr, une république autonome de Moldavie, rattachée à l'Ukraine. **1940 :** conformément au pacte germano-soviétique, les Soviétiques annexent la Bessarabie, dont le sud est rattaché à l'Ukraine. Le reste de la Bessarabie et une partie de la république autonome de Moldavie forment, au sein de l'URSS, la république socialiste soviétique de Moldavie. **1941 - 1944 :** celle-ci est occupée par la Roumanie alliée à l'Allemagne. **1991 :** le Soviet suprême de Moldavie proclame l'indépendance du pays (août), qui adhère à la CEI. **1992 :** de violents combats se produisent en Transnistrie, peuplée de russophones séparatistes. **1994 :** les Moldaves se prononcent par référendum pour le maintien d'un État indépendant, rejetant ainsi l'éventualité d'un rattachement de la Moldavie à la Roumanie. Une nouvelle Constitution, qui prévoit un statut d'autonomie pour la Transnistrie et la minorité gagaouze, est adoptée.

MOLÉ (Louis Mathieu, comte), *Paris 1781 - Champlâtreux 1855,* homme politique français. Un des chefs du parti de la Résistance, il fut président du Conseil (1836 - 1839). [Acad. fr.]

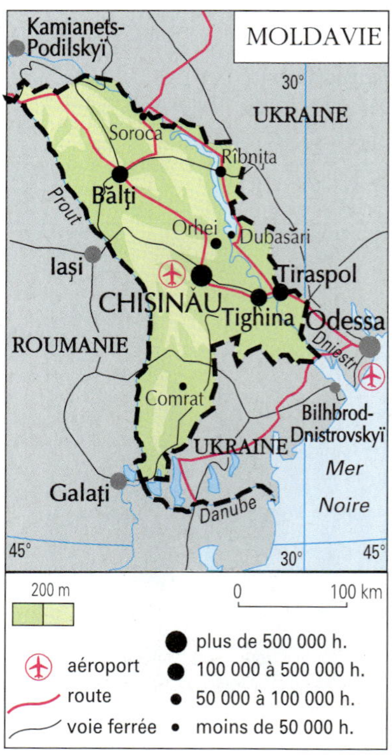

MOLÉ (Mathieu), *Paris 1584 - id. 1656,* magistrat français. Président au parlement de Paris, garde des Sceaux, il joua le rôle de conciliateur entre la Régente et le parlement pendant la Fronde.

MOLENBEEK-SAINT-JEAN, en néerl. **Sint-Jans-Molenbeek,** comm. de Belgique (Bruxelles-Capitale), banlieue ouest de Bruxelles ; 68 759 hab.

MOLÈNE (île) [29259], île et comm. du Finistère, entre Ouessant et la pointe Saint-Mathieu ; 271 hab.

MOLFETTA, v. d'Italie (Pouille), sur l'Adriatique ; 66 658 hab. Port. – Cathédrale Ancienne des XIIe-XIIIe s.

MOLIÈRE (Jean-Baptiste **Poquelin,** dit), *Paris 1622 - id. 1673,* auteur dramatique français. Fils d'un tapissier, il va chez les jésuites au collège de Clermont, puis fait des études de droit, avant de se tourner vers le théâtre. Il crée avec une famille de comédiens, les Béjart, l'Illustre-Théâtre (1643), qui n'a pas de succès. Il dirige alors pendant quinze ans (1643 - 1658) une troupe ambulante qui interprète ses premières comédies, inspirées de la farce italienne (*l'Étourdi,* 1655 ; *le Dépit amoureux,* 1656). À partir de 1659, installé à Paris, protégé de Louis XIV, il donne pour les divertissements de la Cour ou pour le public parisien de nombreuses pièces en vers ou en prose : comédies-ballets, comédies pastorales, comédies héroïques, comédies de caractère. Acteur et directeur de troupe, il crée véritablement la mise en scène et dirige avec précision le jeu des acteurs. Il joue, en tant qu'auteur, sur toute la gamme des effets comiques, de la farce la plus bouffonne jusqu'à la psychologie la plus élaborée. Les pièces où, s'attaquant à un vice de l'esprit ou de la société, il campe des personnages qui forment des types, sont de véritables chefs-d'œuvre. Ses principales comédies sont *les *Précieuses ridicules* (1659) ; *l'École des maris, les Fâcheux* (1661) ; *l'École des femmes* (1662) ; Dom Juan (→ Don Juan), *l'Amour médecin* (1665) ; *le *Misanthrope, le Médecin malgré lui* (1666) ; *Amphitryon, George Dandin, l'*Avare* (1668) ; *le *Tartuffe, Monsieur de Pourceaugnac* (1669) ; *le *Bourgeois gentilhomme* (1670) ; *les Fourberies de *Scapin, la Comtesse d'Escarbagnas* (1671) ; *les Femmes savantes* (1672) ; *le *Malade imaginaire* (1673). Molière meurt quelques heures après la quatrième représentation de cette pièce.

■ **MOLIÈRE** par P. Mignard. (Musée Condé, Chantilly.)

MOLINA (La), station de sports d'hiver (alt. 1 700 - 2 537 m) d'Espagne (Catalogne), dans les Pyrénées.

MOLINA (Luis), *Cuenca 1535 - Madrid 1601,* jésuite espagnol. Son ouvrage sur le libre arbitre (1588) est à l'origine d'une doctrine sur la grâce, le *molinisme,* que les jansénistes combattirent en l'accusant de laxisme.

MOLINOS (Miguel **de**), *Muniesa, Teruel, 1628 - Rome 1696,* théologien et mystique espagnol. Chef d'une école de spiritualité soupçonnée d'être à l'origine du quiétisme, il fut condamné notamment pour son œuvre principale, le *Guide spirituel,* et mourut dans les prisons de l'Inquisition.

MOLISE, région de l'Italie péninsulaire ; 327 893 hab. ; cap. *Campobasso ;* 2 prov. (*Campobasso* et *Isernia*).

MOLITG-LES-BAINS [mɔlitʃ-] (66500), comm. des Pyrénées-Orientales ; 208 hab. Station thermale (affections cutanées).

MOLITOR (Gabriel Jean Joseph, comte), *Hayange 1770 - Paris 1849,* maréchal de France. Il défendit

■ **MONACO.** La principauté, avec le port de plaisance.

■ PIET **MONDRIAN.** *Composition,* 1913. Musée Kröller-Müller, Otterlo.

la Hollande en 1813, commanda en Espagne et fut fait maréchal par Louis XVIII (1823).

MOLLET (Guy), *Flers 1905 - Paris 1975,* homme politique français. Secrétaire général de la SFIO de 1946 à 1969, il a été président du Conseil en 1956 - 1957. Son gouvernement réalisa des réformes sociales et dut faire face à l'aggravation de la guerre d'Algérie et à la crise de Suez.

MOLLIEN (François Nicolas, comte), *Rouen 1758 - Paris 1850,* homme politique français. Il fut ministre du Trésor sous l'Empire (1806 - 1814 et mars-juin 1815).

MOLNÁR (Ferenc), *Budapest 1878 - New York 1952,* écrivain hongrois, auteur de romans *(les Garçons de la rue Pál)* et de comédies *(Liliom).*

MOLOCH, divinité cananéenne mentionnée dans la Bible et liée à la pratique de sacrifices d'enfants. On pense auj. que ce terme désigne ces sacrifices plutôt que le dieu lui-même.

MOLOSSES, anc. peuple de l'Épire, au nord du golfe d'Ambracie (auj. Árta).

MOLOTOV (Viatcheslav Mikhaïlovitch **Skriabine,** dit), *Koukarki 1890 - Moscou 1986,* homme politique soviétique. Membre du Politburo (1926), commissaire du peuple aux Affaires étrangères (1939 - 1949 et 1953 - 1957), il signa le pacte germano-soviétique (1939). Premier vice-président du Conseil des commissaires du peuple (puis des ministres) de 1941 à 1957, il fut écarté du pouvoir en 1957 après avoir participé à la tentative d'élimination de Khrouchtchev.

MOLSHEIM (67120), ch.-l. d'arrond. du Bas-Rhin, sur la Bruche ; 9 497 hab. Industries aéronautique et électrique. – Monuments des XVe-XVIIe s. ; musée dans l'anc. chartreuse.

MOLTKE (Helmuth, comte **von**), *Parchim 1800 - Berlin 1891,* maréchal prussien. Disciple de Clausewitz, chef du grand état-major de 1857 à 1888, il fut le créateur de la stratégie prussienne. Il commanda en 1864 lors de la guerre des Duchés, en 1866 durant la guerre austro-prussienne, en 1870 - 1871 pendant la guerre franco-allemande. – **Helmuth Johannes,** comte **von M.,** *Gersdorff 1848 - Berlin 1916,* général allemand. Neveu du maréchal von Moltke, chef de l'état-major allemand de 1906 à 1914, il fut battu sur la Marne.

MOLUQUES (îles), archipel d'Indonésie, séparé de Célèbes par la mer de Banda et la *mer des Moluques ;* 75 000 km^2 ; 1 858 000 hab. Les principales îles sont Halmahera, Ceram et Amboine.

MOMA, sigle de *Museum of Modern Art.

MOMBASA ou **MOMBASSA,** v. du Kenya, dans l'*île de Mombasa ;* 426 000 hab. Principal port du pays.

MOMMSEN (Theodor), *Garding 1817 - Charlottenburg 1903,* historien allemand. Par ses études d'épigraphie et de philologie et par son *Histoire romaine* (1854 - 1885), il a renouvelé l'étude de l'Antiquité latine. (Prix Nobel 1902.)

MOMPÓS, v. de Colombie, sur le río Magdalena ; 41 700 hab. Ville fondée au XVIe s., admirablement préservée.

MØN, île danoise, au S.-E. de Sjaelland.

MONACO n.m., État d'Europe, sur la Méditerranée ; 2 km^2 ; 32 000 hab. *(Monégasques).* CAP. *Monaco.* LANGUE : *français.* MONNAIES : *euro* et *franc français.* (V. carte **Alpes-Maritimes.**) Il est enclavé dans le dép. français des Alpes-Maritimes. Grand centre touristique. Casino. Musée océanographique.

INSTITUTIONS

Monarchie constitutionnelle héréditaire. Constitution de 1962. Le prince exerce le pouvoir exécutif et partage le pouvoir législatif avec le Conseil national, élu au scrutin direct pour 5 ans.

HISTOIRE

Colonie phénicienne dans l'Antiquité, la ville échoit en 1297 à la famille Grimaldi, mais, enjeu des querelles génoises entre guelfes et gibelins, elle ne lui revient définitivement qu'en 1419. En 1512, la France reconnaît son indépendance. En fait, la principauté s'est toujours trouvée dans l'orbite de la France, avec laquelle elle a constitué une union douanière (1865). En 1911, un régime libéral y remplace l'absolutisme. Rainier III, prince de Monaco depuis 1949, introduit en 1962 de profondes réformes dans la Constitution. En 1993, la principauté est admise à l'ONU.

Monadologie (la), ouvrage de Leibniz, écrit en français en 1714, dans lequel l'auteur expose l'ensemble de sa métaphysique (théorie des monades, de l'harmonie préétablie, etc.).

MONASTIR, v. de Tunisie, sur le golfe de Hammamet ; 36 000 hab. Port. – Ribat (couvent fortifié) de 796 ; Grande Mosquée, casbah des IXe-Xe s.

MONASTIR, nom anc. de *Bitola (Macédoine). Victoire franco-serbe contre les Bulgares (1916).

MONATTE (Pierre), *Monlet 1881 - Paris 1960,* syndicaliste français. L'un des leaders du syndicalisme révolutionnaire, fondateur de *la Vie ouvrière* (1909).

MONBAZILLAC (24240), comm. de la Dordogne ; 1 044 hab. Vins blancs. – Château du XVIe s. (musée).

MONCEY (Bon Adrien **Jeannot de**), duc **de Conegliano,** *Moncey, Doubs, 1754 - Paris 1842,* maréchal de France. Il se distingua en Espagne (1794 et 1808) et défendit Paris en 1814. Il devint gouverneur des Invalides en 1833.

MÖNCH (« le Moine »), sommet de Suisse, dans les Alpes bernoises ; 4 099 m. Il fut gravi pour la première fois par S. Porges, U. Kauffmann et C. Almer en 1857.

MÖNCHENGLADBACH, v. d'Allemagne (Rhénanie-du-Nord-Westphalie), à l'O. de Düsseldorf ; 265 312 hab. Métallurgie. – Musée d'Art moderne.

MONCK ou **MONK** (George), duc **d'Albemarle,** *Potheridge 1608 - White Hall 1670,* général anglais. Lieutenant de Cromwell, il combattit les royalistes. Maître du pays après la mort de ce dernier (1658), il prépara le retour de Charles II (1660).

MONCOUTANT (79320), ch.-l. de cant. des Deux-Sèvres ; 3 137 hab.

MONCTON, v. du Canada (Nouveau-Brunswick) ; 54 841 hab. Université (Musée acadien). Archevêché.

MONDE, ensemble des terres émergées (près de 150 millions de km^2), réparties essentiellement (Antarctique exclu) en 192 États indépendants, dont la superficie varie de moins de 1 km^2 (Vatican) à plus de 17 millions de km^2 (Russie). [V. partie n. comm. carte **fuseaux horaires.**]

Monde (le), quotidien français du soir, fondé en 1944 par Hubert Beuve-Méry. Il figure par son audience dans les premiers rangs de la presse française.

MONDEGO n.m., fl. du Portugal central, qui se jette dans l'Atlantique ; 225 km.

MONDEVILLE (14120), comm. du Calvados ; 10 678 hab. *(Mondevillais).* Industrie automobile.

MONDOR (Henri), *Saint-Cernin, Cantal, 1885 - Neuilly-sur-Seine 1962,* chirurgien et écrivain français. Il est l'auteur de traités de chirurgie et d'ouvrages de critique littéraire, surtout consacrés à Mallarmé. (Acad. fr.)

MONDORF-LES-BAINS, comm. du Luxembourg ; 2 878 hab. Station thermale sur l'Albach.

MONDRIAN (Pieter Cornelis **Mondriaan,** dit Piet), *Amersfoort 1872 - New York 1944,* peintre néerlandais. L'exemple du cubisme analytique le fait passer d'une figuration à la Van Gogh à une abstraction géométrique qui, à travers l'ascèse spirituelle du *néoplasticisme* et la fondation de De *Stijl, parvient à une extrême rigueur (jeu des trois couleurs primaires, du blanc et du gris sur une trame orthogonale de lignes noires). Il vit à Paris de 1919 à 1938, puis à New York, où son style évolue (*New York City I,* 1942, MNAM, Paris).

MONEIN (64360), ch.-l. de cant. des Pyrénées-Atlantiques ; 4 267 hab. Gaz naturel.

MONET (Claude), *Paris 1840 - Giverny, Eure, 1926,* peintre français. C'est du titre de son tableau *Impression, soleil levant* (1872, musée Marmottan, Paris) qu'est venu le nom d'*impressionnisme, école dont il est le représentant le plus typique : *Femmes au jardin* (1867), *le Déjeuner* (v. 1873), musée d'Orsay ; *la Grenouillère* (1869), New York ; paysages d'Argenteuil et de Vétheuil ; série des « Gare Saint-Lazare » (1877), des « Meules »

■ CLAUDE **MONET.** *Essai de figure en plein air,* 1886. (Musée d'Orsay, Paris.)

M

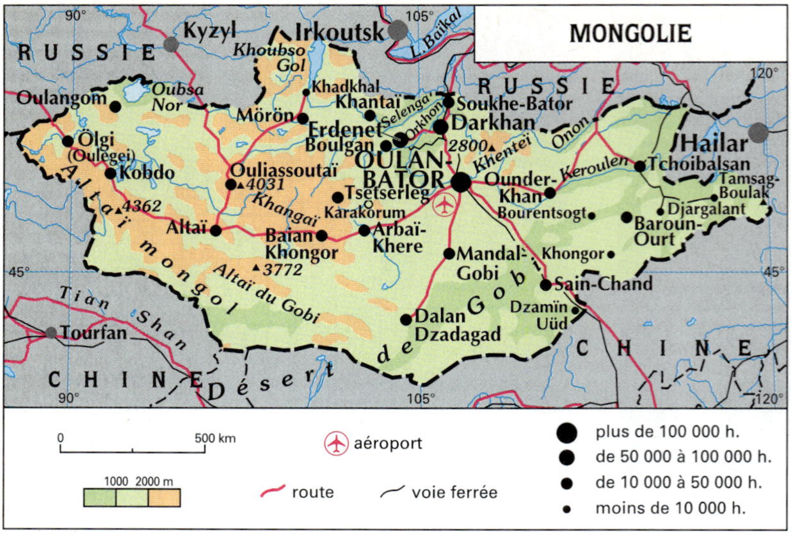

(1890), « Peupliers » (1891) et « Cathédrale de Rouen » (1892 - 1894) observés aux différentes heures du jour ; « *Nymphéas » de Giverny.

MONFLANQUIN (47150), ch.-l. de cant. de Lot-et-Garonne ; 2 341 hab. Bastide française du XIIIe s. (place à cornières).

MONFREID (Henri **de**), *Leucate 1879 - Ingrandes, Indre, 1974,* écrivain français. Ses récits de voyages et ses romans sont nourris de sa vie aventureuse en Éthiopie et dans le golfe Persique (*les Secrets de la mer Rouge,* 1932 ; *Pilleurs d'épaves,* 1955 ; *Testament de pirate,* 1963).

MONGE (Gaspard), comte **de Péluse,** *Beaune 1746 - Paris 1818,* mathématicien français. Il accompagna Bonaparte en Égypte. Créateur de la géométrie descriptive, il prit une part active à la fondation de l'École normale supérieure et de l'École polytechnique. Ses cendres ont été transférées au Panthéon en 1989.

MONGIE (la) [65200 Bagnères de Bigorre], station de sports d'hiver (alt. 1 800 - 2 500 m) des Hautes-Pyrénées (comm. de Bagnères-de-Bigorre), sur la route du Tourmalet.

MONGKUT ou **RAMA IV,** *Bangkok 1804 - id. 1868,* roi de Siam (1851 - 1868). Il ouvrit son pays à l'influence étrangère et le sauva de la colonisation en renonçant au Cambodge, au Laos et à la Malaisie.

MONGO, ensemble de peuples de la forêt équatoriale de la Rép. dém. du Congo (ex-Zaïre), de langue bantoue.

MONGOLIE n.f., région de l'Asie centrale, souvent aride, aux étés chauds, mais aux hivers très rigoureux, correspondant au désert de Gobi et à sa bordure montagneuse (Grand Khingan, Altaï, Tian Shan). Une partie forme l'État indépendant de *Mongolie,* tandis que l'autre constitue la région autonome chinoise de *Mongolie-Intérieure.*

MONGOLIE n.f., anc. **Mongolie-Extérieure,** État d'Asie centrale, entre la Russie et la Chine ; 1 565 000 km² ; 2 460 000 hab. *(Mongols).* CAP. *Oulan-Bator.* LANGUE : *khalkha.* MONNAIE : *tugrik.*

GÉOGRAPHIE

S'étendant sur la partie septentrionale de la Mongolie, c'est un vaste pays, au climat aride, avec des hivers très rudes. L'élevage (ovins surtout) demeure la ressource essentielle. La population, peu nombreuse, est aujourd'hui en majeure partie sédentarisée et même urbanisée.

HISTOIRE

Autonome en 1911, la Mongolie-Extérieure, aidée à partir de 1921 par la Russie soviétique, devient une république populaire en 1924 et accède à l'indépendance en 1945. Elle est dirigée successivement par Khorlogyn Tchoibalsan (1939 - 1952), puis par Yumjaagyn Tsedenbal (1952 - 1984) et Jambyn Batmönkh (1984 - 1990). **1990 :** la conduite du pays est confiée à Punsalmaagyn Otshirbat. Le parti unique renonce au monopole du pouvoir. **1992 :** une nouvelle Constitution consacre l'abandon de la référence au marxisme-léninisme. **1993 :** la première élection présidentielle au suffrage universel confirme P. Otshirbat, passé à l'opposition démocratique, à la tête de l'État. **1997 :** Natsagyn Bagabandi est élu à la présidence de la République.

MONGOLIE-INTÉRIEURE, région autonome de la Chine septentrionale ; 1 200 000 km² ; 21 500 000 hab. ; cap. *Houhehot.*

MONGOLS, ensemble de peuples apparentés vivant en Mongolie, en Chine et en Russie (env. 8 millions). En grande majorité bouddhistes lamaïstes, très sédentarisés (avec une notable survivance du pastoralisme traditionnel en Mongolie), ils parlent les langues de la branche mongole de la famille altaïque : tchakhar, khalkha, oïrat, kalmouk, bouriate, etc.
Les Mongols sont les héritiers des grandes confédérations nomades (Xiongnu, Xianbei, Ruanruan) mêlant « Proto-Turcs » et « Proto-Mongols » qui dominèrent la haute Asie durant le Ier millénaire de notre ère. Ils s'installent au XIIe s. sur le haut plateau mongol, succédant aux Kitans (eux-mêmes des Proto-Mongols). En 1206, Gengis Khan fédère les diverses tribus nomades mongoles et turques de haute Asie, puis étend ses conquêtes jusqu'à constituer le plus vaste empire qui ait jamais existé : conquête de la Chine du Nord (1211 - 1216), du Kharezm et de la Transoxiane (1219 - 1221), du Khorasan et de l'Afghanistan (1221 - 1222) par Gengis Khan ; campagnes de Batu Khan en Russie et en Hongrie (1236 - 1242) ; soumission de l'Iran, de l'Iraq et de la Syrie par Hulagu (1256 - 1260) ; conquête de la Chine du Sud (1236 - 1279) achevée par Kubilay Khan. L'empire ainsi constitué est gouverné par le grand khan. Il se transforme à la fin du XIIIe s. en une fédération d'États dont les dirigeants (mongols) assimilent la civilisation de leurs sujets : Horde d'Or (1236, 1240 - 1502), qui domine la Russie, la Crimée et la Sibérie ; Ilkhans d'Iran (1256 - 1335) ; Yuan de Chine (1279 - 1368). Au cours des XIVe-XVe s., l'empire se disloque ; les Mongols demeurés en Mongolie tentent vainement de rétablir leur unité (XIVe-XVIe s.) et passent, par ralliement ou par conquête (Khalkhas, Oïrats), sous la sujétion des Mandchous (fondateurs de la dynastie des Qing), jusqu'à l'instauration de la république en Chine (1911). Tandis que les Mongols du Nord (surtout Khalkhas) imposent alors leur autonomie (Mongolie-Extérieure, auj. Mongolie), ceux du Sud (Tchakhars, Toumètes, Ordos, etc.) restent sous domination chinoise.

MONIQUE (sainte), *Thagaste v. 331 - Ostie 387,* mère de saint Augustin. Elle se consacra à l'éducation et à la conversion de son fils.

MONISTROL-SUR-LOIRE (43120), ch.-l. de cant. de la Haute-Loire ; 7 803 hab. Anc. château des évêques du Puy, des XIIIe-XVIIIe s.

Moniteur universel (le) ou **Gazette nationale,** journal lancé par Panckoucke, en 1789, pour publier les débats de l'Assemblée constituante. Journal officiel du gouvernement jusqu'en 1869, il poursuivit sa carrière comme organe conservateur jusqu'en 1901.

MONIZ (António Caetano **Egas**), *Avanca 1874 - Lisbonne 1955,* médecin portugais. Il a reçu le prix Nobel en 1949 pour ses travaux sur la lobotomie.

MONK (Thelonious Sphere), *Rocky Mount, Caroline du Nord, 1917 - Englewood, New Jersey, 1982,* compositeur, pianiste et chef d'orchestre américain de jazz. Pionnier du style be-bop dans les années 1940, il se distingua par ses improvisations au piano et exerça une influence prépondérante sur le jazz moderne *(Round Midnight ; Straight, No Chaser).*

MONLUC ou **MONTLUC** (Blaise **de Lasseran de Massencome,** seigneur **de**), *Saint-Puy, Gers, v. 1502 - Estillac, Lot-et-Garonne, 1577,* maréchal de France. Il combattit dans l'armée de François Ier (Pavie, 1525) et de Henri II, capitula à Sienne après une défense héroïque (1555) et lutta en France contre les huguenots. Il est l'auteur de *Commentaires* (1592).

MONMOUTH (James **Scott,** duc **de**), *Rotterdam 1649 - Londres 1685,* fils naturel de Charles II Stuart. Chef de l'opposition protestante après l'accession au trône de Jacques II (1685), il tenta vainement de renverser ce dernier et fut exécuté.

Monnaie (hôtel de la), siège de l'administration française des Monnaies et Médailles ainsi que d'un Musée monétaire, à Paris, sur la rive gauche de la Seine, à côté de l'Institut de France. C'est le chef-d'œuvre (1768 - 1777), typique du style Louis XVI, de l'architecte J. D. Antoine.

MONNERVILLE (Gaston), *Cayenne 1897 - Paris 1991,* homme politique français. Il fut président du Conseil de la République de 1947 à 1958, puis du Sénat jusqu'en 1968.

MONNET (Jean), *Cognac 1888 - Bazoches-sur-Guyonne, Yvelines, 1979,* administrateur et homme politique français. De 1915 à 1944, il alterne la gestion d'entreprises privées et le service public français et international (britannique pendant la Seconde Guerre mondiale). Auteur du premier plan de modernisation et d'équipement français, il en assure la mise en œuvre (1945 - 1952). Initiateur de la CECA, il la préside de 1952 à 1955, et demeure jusqu'en 1975 l'un des principaux artisans de la construction européenne (on le surnomme le « père de l'Europe »). Ses cendres ont été transférées au Panthéon en 1988.

MONNIER (Henri), *Paris 1799 - id. 1877,* écrivain et caricaturiste français. Il a créé le personnage de Joseph Prudhomme, type de bourgeois inepte et sentencieux.

MONNOYER (Jean-Baptiste), *Lille v. 1636 - Londres 1699,* peintre français. Il est l'un des décorateurs du château de Versailles, spécialiste des compositions florales.

MONOD (Jacques), *Paris 1910 - Cannes 1976,* biochimiste français. Auteur de travaux de biologie moléculaire, il a reçu le prix Nobel en 1965 pour avoir élucidé le mécanisme de la régulation génétique au niveau cellulaire (*le Hasard et la Nécessité,* 1970).

MONOD (Théodore), *Rouen 1902 - Versailles 2000,* naturaliste français. Directeur de l'Institut français d'Afrique noire (1938 - 1965), professeur au Muséum national d'histoire naturelle (1942 - 1973), il fut un explorateur infatigable du Sahara, où il effectua de nombreuses observations intéressant la géologie, la botanique, la zoologie, la préhistoire et l'ethnologie. Il a exprimé sa passion du désert et ses convictions humanistes dans plusieurs ouvrages.

MONOMOTAPA (empire du), ancien État d'Afrique méridionale qui s'est constitué au XVe s., avec Zimbabwe pour capitale. Il fut divisé en quatre territoires au XVIe s.

MONORY (Jacques), *Paris 1934,* peintre français. Un des représentants de la « nouvelle figuration », il utilise, à partir de 1965, des images photographiques qu'il interprète à l'aide d'une touche froide, neutre, souvent en monochromie bleue (*Meurtre n° 10,* 1968, MNAM).

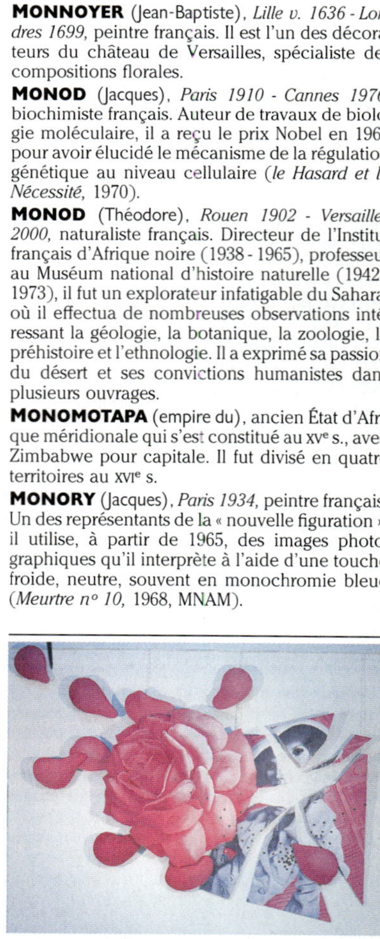

■ JACQUES **MONORY.**
La Fin de Madame Gardénia, 1964-1966.
(Musée des Beaux-Arts, Pau.)

■ JEAN **MONNET** en 1975.

■ MARILYN **MONROE**

■ **MONTAIGNE** par É. Martellange. (Coll. priv.)

■ **MONTCALM DE SAINT-VÉRAN.** (Archives publiques du Canada.)

MONORY (René), *Loudun 1923,* homme politique français. Centriste, ministre de l'Économie (1978-1981) puis de l'Éducation nationale (1986-1988), il a été président du Sénat de 1992 à 1998.

MONPAZIER (24540), ch.-l. de cant. de la Dordogne ; 523 hab. Bastide fondée par les Anglais à la fin du XIIIe s. (place à cornières).

MONREALE, v. d'Italie (Sicile) ; 25 537 hab. Cathédrale d'env. 1180, aux riches mosaïques byzantines ; cloître.

MONROE (James), *Monroe's Creek, Virginie, 1758 - New York 1831,* homme politique américain. Président républicain des États-Unis de 1817 à 1825, il énonça, en 1823, la doctrine qui porte son nom et qui condamne toute intervention européenne dans les affaires de l'Amérique et vice versa.

MONROE (Norma Jean **Baker** ou **Mortenson,** dite Marilyn), *Los Angeles 1926 - id. 1962,* actrice américaine. Elle incarna le mythe de la star hollywoodienne dans toute sa beauté et sa vulnérabilité : *Les hommes préfèrent les blondes* (H. Hawks, 1953), *Sept Ans de réflexion* (B. Wilder, 1955), *le Milliardaire* (G. Cukor, 1960), *les Misfits* (J. Huston, 1961).

MONROVIA, cap. du Liberia ; 425 000 hab. *(Monroviens).* Principal port du pays.

MONS [mɔ̃s], en néerl. **Bergen,** v. de Belgique, ch.-l. du Hainaut ; 91 726 hab. *(Montois).* Centre administratif et commercial. Université. – Collégiale Ste-Waudru, des XVe-XVIIe s. (mobilier et œuvres d'art), et autres monuments. Musées. – Siège du SHAPE.

MONS-EN-BARŒUL (59370), comm. du Nord ; 23 135 hab. *(Monsois).*

Monsieur (paix de), dite aussi **paix de Beaulieu** ou **paix de Loches** (1576), paix signée par l'intermédiaire de Monsieur, duc d'Alençon, frère d'Henri III, qui accordait certains avantages aux protestants.

MONSIGNY (Pierre Alexandre), *Fauquembergues 1729 - Paris 1817,* compositeur français. Il fut l'un des fondateurs de l'opéra-comique en France (*le Cadi dupé,* 1761 ; *Rose et Colas,* 1764 ; *le Déserteur,* 1769).

MONSU DESIDERIO → NOMÉ.

MONTAGNAC (34530), ch.-l. de cant. de l'Hérault ; 3 024 hab. Église gothique.

MONTAGNAIS, peuple amérindien du Canada (Québec, Labrador) [env. 14 000], de langue algonquienne. Les Montagnais se reconnaissent sous le nom d'*Innu,* et on leur associe généralement les Naskapi.

Montagnards, députés membres du groupe de la Montagne, qui, pendant la Révolution française, siégeaient sur les gradins les plus élevés de la Convention. Les Montagnards connurent leur apogée au printemps 1793 avec 300 députés et eurent pour principaux chefs Danton, Marat et Robespierre. Membres des clubs des Cordeliers ou des Jacobins, adversaires de la monarchie, favorables à un régime centralisateur, ils préconisèrent des mesures sociales et s'appuyèrent sur les sans-culottes pour triompher des Girondins, qu'ils éliminèrent les 31 mai et 2 juin 1793. Maîtres du pouvoir sous la Convention, ils imposèrent une politique de salut public (seconde Terreur), qui dura jusqu'à leur chute, le 9 thermidor. Sous la IIe République, on donna aussi le nom de « Montagnards » aux députés de gauche.

Montagne, groupe politique des Montagnards.

MONTAGNE (La) [44620], comm. de la Loire-Atlantique, sur la Loire ; 5 951 hab. *(Montagnards).* Armement.

Montagne (la), quotidien régional français créé à Clermont-Ferrand en 1919.

Montagne Blanche (bataille de la) [8 nov. 1620], bataille de la guerre de Trente Ans. Victoire des troupes de Ferdinand II de Habsbourg commandées par Tilly sur l'armée des États de Bohême de Frédéric V, près de Prague.

MONTAGNE NOIRE, massif du sud du Massif central (France) ; 1 210 m au pic de Nore.

MONTAGNE NOIRE, ligne de hauteurs de l'ouest de la France (Finistère et Morbihan).

MONTAGNIER (Luc), *Chabris, Indre, 1932,* médecin français. Il a découvert en 1983, avec son équipe de l'Institut Pasteur, le virus HIV associé au sida.

MONTAIGNE (Michel **Eyquem de**), *château de Montaigne, auj. comm. de Saint-Michel-de-Montaigne, Dordogne, 1533 - id. 1592,* écrivain français. Conseiller à la cour des aides de Périgueux, puis au parlement de Bordeaux, où il rencontre Étienne de La Boétie, il se démet de sa charge (1570) pour se consacrer au loisir de sa bibliothèque (sa « librairie »). Au fil de ses lectures, il note ses réflexions, ses réactions : ainsi s'élaborent les *Essais* (première édition en 1580). Jusqu'à sa mort, il enrichira cet ouvrage, qui, dès 1588, comportera trois livres et dont l'édition définitive paraîtra en 1595 grâce à sa « fille d'alliance », Mlle de Gournay, et à Pierre de Brach. Il s'y peint lui-même, mais, à travers les contradictions de sa propre nature, il découvre l'impuissance de l'homme à trouver la vérité et la justice. Le voyage que Montaigne accomplit à travers l'Europe en 1580 et en 1581, et dont il laisse un *Journal,* lui confirme la relativité des choses humaines : l'« art de vivre » doit se fonder sur une sagesse prudente, inspirée par le bon sens et la tolérance.

MONTAIGU (85600), ch.-l. de cant. de la Vendée ; 4 821 hab. Mobilier. Agroalimentaire. – Musée du Nord de la Vendée.

MONTAIGUS → Roméo et Juliette.

MONTAIGU-ZICHEM, en néerl. **Scherpenheuvel-Zichem,** comm. de Belgique (Brabant flamand) ; 20 700 hab.

MONTALE (Eugenio), *Gênes 1896 - Milan 1981,* poète italien. Son œuvre poétique (*Os de seiche, les Occasions, Satura*) et critique est une longue résistance à l'égard des conventions de la rhétorique et de la vie. (Prix Nobel 1975.)

MONTALEMBERT (Charles **Forbes,** comte **de**), *Londres 1810 - Paris 1870,* journaliste et homme politique français. Disciple de La Mennais, qu'il ne suivit pas dans sa rupture avec Rome (1834), il devint le chef des catholiques libéraux et défendit la liberté de l'enseignement. Député après la révolution de 1848, il soutint la loi Falloux (1850). D'abord rallié à Louis Napoléon, membre du corps législatif (1852 - 1857), il s'opposa au despotisme impérial et combattit l'ultramontanisme intransigeant de Louis Veuillot à travers son journal, *le Correspondant.* (Acad. fr.)

MONTALIVET (33930 Vendays Montalivet), station balnéaire de la Gironde (comm. de Vendays-Montalivet), sur la côte landaise. Centre naturiste.

MONTAN → MONTANUS.

MONTANA, État des États-Unis, dans les Rocheuses ; 799 065 hab. ; cap. *Helena.*

MONTANA, station de sports d'hiver de Suisse (Valais), située sur un plateau, au-dessus du Rhône.

MONTAND (Ivo **Livi,** dit Yves), *Monsummano, Toscane, 1921 - Senlis 1991,* chanteur et acteur français d'origine italienne. Il se rendit populaire grâce à ses chansons chaleureuses (*les Feuilles mortes, les Grands Boulevards*) et à ses rôles au théâtre et au cinéma (*le Salaire de la peur,* H. G. Clouzot, 1953 ; *Z,* Costa-Gavras, 1969 ; *le Milliardaire,* G. Cukor, 1960 ; *l'Aveu,* Costa-Gavras, 1970 ; *César et Rosalie,* C. Sautet, 1972 ; *Jean de Florette* et *Manon des Sources,* C. Berri, 1986).

MONTANUS ou **MONTAN,** *Phrygie, IIe - IIIe s.,* prêtre de Cybèle converti au christianisme. Prétendant être la voix de l'Esprit-Saint venu compléter la Révélation de Jésus-Christ, il développa une doctrine ascétique, le *montanisme,* dite « hérésie phrygienne », qui prophétisait l'imminence de la fin du monde. Tertullien y adhéra (v. 207).

MONTARGIS (45200), ch.-l. d'arrond. du Loiret, sur le Loing ; 16 427 hab. *(Montargois)* [plus de 50 000 hab. dans l'agglomération]. Équipements automobiles. – Église des XIIe-XVIe s. ; musées Girodet, du Gâtinais et des Tanneurs.

MONTASTRUC-LA-CONSEILLÈRE (31380), ch.-l. de cant. de la Haute-Garonne ; 2 516 hab.

M

MONTATAIRE (60160), ch.-l. de cant. de l'Oise, près de Creil ; 12 173 hab. *(Montatairiens).* Métallurgie. Chimie. – Église des XIIe-XVe s.

MONTAUBAN (82000), ch.-l. du dép. de Tarn-et-Garonne, sur le Tarn, à 629 km au S. de Paris ; 54 421 hab. *(Montalbanais).* Évêché. Centre administratif et commercial. Agroalimentaire. – Cathédrale des XVIIe-XVIIIe s. Musée Ingres (Ingres, Bourdelle, etc.). – Place de sûreté protestante en 1570, Montauban résista héroïquement aux troupes royales du duc de Luynes en 1621.

MONTAUBAN-DE-BRETAGNE (35360), ch.-l. de cant. d'Ille-et-Vilaine ; 4 235 hab. *(Montalbanais).* Agroalimentaire.

MONTAUSIER (Charles **de Sainte-Maure,** marquis **de Salles,** puis duc **de**), *1610 - Paris 1690,* général français. Il épousa Julie d'Angennes, pour laquelle il avait fait composer *la Guirlande de Julie,* recueil de madrigaux (1634). Il fut gouverneur du Grand Dauphin.

MONTBARD (21500), ch.-l. d'arrond. de la Côte-d'Or ; 6 643 hab. *(Montbardois).* Métallurgie. – Musée archéologique et musée Buffon dans les restes du château.

MONTBAZON (37250), ch.-l. de cant. d'Indre-et-Loire ; 3 472 hab. Donjon des XIe-XIIe s.

MONTBÉLIARD (25200), ch.-l. d'arrond. du nord du Doubs ; 28 766 hab. *(Montbéliardais)* [près de 120 000 hab. dans l'agglomération]. Château des XVe-XIXe s. ; musées.

MONT-BLANC (massif du), massif des Alpes françaises et italiennes, culminant à 4 808 m au mont Blanc.

MONTBRISON (42600), ch.-l. d'arrond. de la Loire ; 15 143 hab. *(Montbrisonnais).* Collégiale des XIIIe-XVe s. et autres monuments ; musées.

MONTBRON (16220), ch.-l. de cant. de la Charente ; 2 289 hab. Textile. – Église romane.

MONTCALM DE SAINT-VÉRAN (Louis Joseph, marquis **de**), *Candiac, près de Nîmes, 1712 - Québec 1759,* général français. Commandant des troupes de Nouvelle-France, il fut tué lors de la bataille des plaines d'Abraham.

MONTCEAU-LES-MINES (71300), ch.-l. de cant. de Saône-et-Loire, sur la Bourbince ; 21 200 hab. *(Montcelliens).* Constructions mécaniques.

MONTCENIS (71710), ch.-l. de cant. de Saône-et-Loire ; 2 405 hab. Église gothique.

MONTCHANIN (71210), ch.-l. de cant. de Saône-et-Loire ; 5 678 hab. *(Montchaninois).*

MONTCHRESTIEN (Antoine **de**), *Falaise v. 1575 - les Tourailles, près de Domfront, 1621,* économiste et auteur dramatique français. Représentant de l'école mercantiliste, il a publié un *Traité de l'économie politique* (1615) et aurait créé l'expression d'« économie politique ». Il a écrit des tragédies (*l'Écossaise*).

MONT-DAUPHIN (05600), comm. des Hautes-Alpes ; 87 hab. *(Mont-Dauphinois).* Remarquable forteresse de Vauban.

MONT-DE-MARSAN (40000), ch.-l. du dép. des Landes, au confluent du Midou et de la Douze, à 687 km au S.-O. de Paris ; 32 234 hab. *(Montois).* Centre administratif et commercial. – Musée Despiau-Wlérick dans le donjon Lacataye, du XIVᵉ s. – Base aérienne militaire.

MONTDIDIER (80500), ch.-l. d'arrond. de la Somme, sur une colline ; 6 521 hab. *(Montdidériens).* Articles de voyage.

Montdidier (bataille de) [1918], bataille de la Première Guerre mondiale. Première des grandes offensives allemandes en Picardie, sous le commandement de Luddendorf, elle fut suivie d'une victorieuse contre-offensive française menée par Foch (août).

MONT-DORE (massif du) → **DORE** (monts).

MONT-DORE ou **LE MONT-DORE** (63240), comm. du Puy-de-Dôme ; 1 735 hab. Station thermale (rhumatismes et affections respiratoires). Sports d'hiver (alt. 1 050 - 1850 m).

MONTE ALBÁN, centre religieux, puis urbain, des Zapotèques, près d'Oaxaca (Mexique), florissant entre 500 av. J.-C. et 800 apr. J.-C. Les vestiges architecturaux et les nécropoles ont livré des peintures murales et d'innombrables urnes funéraires décorées d'effigies modelées de dieux. Le site a été réutilisé comme nécropole par les Mixtèques.

M

MONTEBOURG (50310), ch.-l. de cant. de la Manche ; 2 201 hab. Église du XIVᵉ s.

MONTE-CARLO, quartier de la principauté de Monaco, où se trouve le casino. Il a donné son nom à un important rallye automobile annuel.

Monte-Carlo (Radio- et Télé-), société et stations de radiodiffusion et de télévision créées en 1942, dont les studios sont à Monaco et à Paris.

MONTECATINI-TERME, v. d'Italie (Toscane) ; 20 209 hab. Station thermale.

MONTECH (82700), ch.-l. de cant. de Tarn-et-Garonne ; 3 562 hab. Église des XIVᵉ-XVᵉ s.

MONTECRISTO, îlot italien, situé au sud de l'île d'Elbe, rendu célèbre par le roman de A. Dumas *le Comte de Monte-Cristo.*

MONTECUCCOLI ou **MONTECUCCULI** (Raimondo, prince), *près de Modène 1609 - Linz 1680,* maréchal italien au service de l'Empire. Il commanda les impériaux contre les Turcs (Saint-Gotthard, 1664), puis pendant la guerre de Hollande.

MONTEGO BAY, v. de la Jamaïque ; 83 446 hab. Station balnéaire. Aéroport.

MONTÉLIMAR (26200), ch.-l. de cant. de la Drôme, près du Rhône ; 32 896 hab. *(Montiliens).* Nougats. – Citadelle des XIIᵉ-XVIIᵉ s.

MONTEMAYOR (Jorge **de**), en port. Jorge **de Montemor,** *Montemor-o-Velho, Portugal, v. 1520 - au Piémont 1561,* écrivain espagnol d'origine portugaise, auteur du roman pastoral *la Diane* (1559).

MONTENDRE (17130), ch.-l. de cant. de la Charente-Maritime ; 3 241 hab.

MONTÉNÉGRO n.m., république fédérée de Yougoslavie ; 13 812 km² ; 616 000 hab. *(Monténégrins)* ; cap. *Podgorica.*

HISTOIRE

XIᵉ s. : la région, appelée Dioclée puis Zeta, devient le centre d'un État. **XIIIᵉ - XIVᵉ s. :** elle est incluse dans le royaume serbe. **1360 - 1479 :** elle est à nouveau indépendante. **1479 - 1878 :** le Monténégro est sous la domination ottomane. **1782-1918 :** sous les princes Pierre Iᵉʳ (1782 - 1830), Pierre II (1830 - 1851), Danilo Iᵉʳ (1851 - 1860) et Nicolas Iᵉʳ (1860 - 1918), un État moderne est organisé. **1918 :** il vote la déchéance de son roi et son rattachement à la Serbie. **1945 :** le Monténégro devient une des six républiques fédérées de la Yougoslavie. **1992 :** il s'unit à la Serbie pour former la nouvelle république fédérale de Yougoslavie. **Depuis 1998 :** sous la présidence de Milo Djukanović, le Monténégro manifeste ses aspirations démocratiques, prend ses distances avec la Serbie (notamm. en 1999, lors du conflit du *Kosovo, alors que la république monténégrine est elle-même ponctuellement touchée par les frappes aériennes de l'OTAN) et remet en cause ouvertement son intégration dans la fédération de Yougoslavie.

Montenotte (bataille de) [12 avr. 1796], bataille de la campagne d'Italie. Victoire de Bonaparte sur les Autrichiens à Montenotte (comm. de Cairo Montenotte, Ligurie), sur la Bormida.

MONTÉPIN (Xavier **de**), *Apremont, Haute-Saône, 1823 - Paris 1902,* écrivain français, auteur de romans-feuilletons et de drames populaires *(la Porteuse de pain).*

MONTEREAU-FAULT-YONNE (77130), ch.-l. de cant. de Seine-et-Marne, au confluent de la Seine et de l'Yonne ; 17 903 hab. *(Monterelais).* Centrale thermique. Métallurgie. Constructions électriques. – Collégiale des XIIIᵉ-XVIᵉ s. ; anc. prieuré St-Martin.

MONTÉRÉGIE, région administrative du Québec (Canada), entre l'Outaouais et le Saint-Laurent au N., les États-Unis au S. ; 11 788 km² ; 1 198 187 hab. *(Montérégiens)* ; v. princ. *Longueuil.* Elle englobe une partie de l'agglomération de Montréal.

MONTERÍA, v. du nord-ouest de la Colombie ; 157 466 hab.

MONTERREY, v. du nord du Mexique ; 2 521 697 hab. Sidérurgie. Chimie.

MONTES → **MONTEZ.**

MONTES CLAROS, v. du Brésil (Minas Gerais) ; 247 286 hab.

MONTESPAN (Françoise Athénaïs **de Rochechouart,** marquise **de**), *Lussac-les-Châteaux, Vienne, 1640 - Bourbon-l'Archambault 1707,* favorite (1667 - 1679) de Louis XIV, avec qui elle eut huit enfants. Elle protégea les écrivains et les artistes ; compromise dans l'affaire des Poisons, elle fut remplacée par Mᵐᵉ de Maintenon.

MONTESQUIEU (Charles **de Secondat,** baron **de La Brède et de**), *château de La Brède, près de Bordeaux, 1689 - Paris 1755,* écrivain français. Grand libéral, esprit rigoureux, il est l'auteur des **Lettres persanes,* des *Considérations sur les causes de la grandeur des Romains et de leur décadence* (1734) et de *De l'*esprit des lois.* (Acad. fr.)

MONTESQUIEU-VOLVESTRE (31310), ch.-l. de cant. de la Haute-Garonne ; 2 369 hab. Église fortifiée des XIVᵉ-XVIᵉ s., en brique (mobilier).

MONTESSON (78360), comm. des Yvelines, sur la Seine ; 13 886 hab. *(Montessonnais).*

MONTESSORI (Maria), *Chiaravalle, près d'Ancône, 1870 - Noordwijk, Pays-Bas, 1952,* médecin et pédagogue italienne. Elle est l'auteur d'une méthode destinée à favoriser le développement des enfants par la manipulation d'objets, de matériels et par le jeu et la maîtrise de soi (*Pédagogie scientifique,* 1909).

MONTEUX (84170), comm. de Vaucluse ; 9 698 hab. Pyrotechnie. – Vestiges médiévaux.

MONTEUX (Pierre), *Paris 1875 - Hancock, Maine, 1964,* violoniste et chef d'orchestre français naturalisé américain. Il dirigea l'Orchestre symphonique de Paris et créa *le Sacre du printemps,* de Stravinsky, *Jeux* de Debussy et *Daphnis et Chloé* de Ravel.

MONTEVERDI (Claudio), *Crémone 1567 - Venise 1643,* compositeur italien. L'un des créateurs de l'opéra en Italie (*Orfeo,* 1607 ; *Arianna,* 1608 ; *le Retour d'Ulysse dans sa patrie,* 1640 ; *le Couronnement de Poppée,* 1642), il révolutionna le langage musical avec ses neuf livres de madrigaux et cantates. Il fut maître de chapelle de St-Marc de Venise (messes, psaumes).

MONTEVIDEO, cap. de l'Uruguay, sur le río de la Plata ; 1 383 660 hab. *(Montévidéens).* Exportation de viandes, laines, peaux. Industries alimentaires et textiles. – Nombreux musées.

MONTEZ ou **MONTES** (Maria Dolores Eliza **Gilbert,** dite Lola), *Limerick 1818 - New York 1861,* aventurière irlandaise. Elle séduisit le roi Louis Iᵉʳ de Bavière, dont elle provoqua l'abdication (1848). Sa vie a inspiré à Max Ophuls le film *Lola Montes* (1955).

MONTEZUMA II → **MOCTEZUMA II.**

MONTFAUCON, localité située jadis hors de Paris, entre La Villette et les Buttes-Chaumont, où s'élevait un gibet construit au XIIIᵉ s.

MONTFAUCON (Bernard **de**), *Soulage, Languedoc, 1655 - Paris 1741,* religieux et érudit français. Membre de la congrégation bénédictine de Saint-Maur, il fonda la paléographie.

MONTFAUCON-D'ARGONNE (55270), anc. **Montfaucon,** ch.-l. de cant. de la Meuse ; 315 hab. Victoire franco-américaine (sept. 1918). Mémorial militaire.

MONTFERMEIL (93370), ch.-l. de cant. de la Seine-Saint-Denis ; 24 199 hab. *(Montfermeillois).*

MONTFERRAND, partie de Clermont-Ferrand. Maisons gothiques et Renaissance ; musée des Beaux-Arts.

MONTFERRAT, famille lombarde, issue d'**Alérame,** premier marquis de Montferrat (m. v. 991) et qui joua un rôle important dans les croisades. – **Conrad Iᵉʳ,** marquis **de M.** → **Conrad Iᵉʳ.** – **Boniface Iᵉʳ de M.,** *1150 - Anatolie 1207,* roi de Thessalonique (1204 - 1207). Il fut l'un des chefs de la 4ᵉ croisade.

MONTFORT (Jean **de Bretagne,** comte **de**) → **JEAN DE MONTFORT.**

MONTFORT (**Simon IV le Fort,** sire **de**), *v. 1150 - Toulouse 1218,* seigneur français. Chef de la croisade contre les albigeois, il fut tué au combat. – **Simon de M.,** comte **de Leicester,** *v. 1208 - Evesham 1265,* seigneur français. Troisième fils de Simon IV de Montfort, héritier du comté de Leicester, il épousa la fille du roi d'Angleterre, Henri III. Il dirigea la révolte des barons contre ce dernier.

MONTFORT-L'AMAURY (78490), ch.-l. de cant. des Yvelines ; 3 256 hab. Église gothique et Renaissance (vitraux). Musée Maurice-Ravel, dans la maison du compositeur.

MONTFORT-LE-GESNOIS (72450), ch.-l. de cant. de la Sarthe ; 2 934 hab.

MONTFORT-SUR-MEU (35160), ch.-l. de cant. d'Ille-et-Vilaine ; 5 589 hab. *(Montfortais).* Écomusée.

MONTGENÈVRE (05100), comm. des Hautes-Alpes, près du *col de Montgenèvre* (alt. 1 850 m) ; 512 hab. Sports d'hiver (alt. 1 850 - 2 680 m).

MONTGERON (91230), ch.-l. de cant. de l'Essonne ; 22 102 hab. *(Montgeronnais).*

MONTGOLFIER (les frères **de**), industriels et inventeurs français. **Joseph de M.,** *Vidalon-lès-Annonay, Ardèche, 1740 - Balaruc-les-Bains, Hérault, 1810,* et **Étienne de M.,** *Vidalon-lès-Annonay 1745 - Serrières, Ardèche, 1799.* Ils inventèrent le ballon à air chaud, ou *montgolfière* (1783), et une machine servant à élever l'eau, dite « bélier hydraulique » (1792). Étienne rénova la technique de la papeterie, introduisant en France les procédés hollandais ainsi que la fabrication du papier vélin.

MONTGOMERY, v. des États-Unis, cap. de l'Alabama ; 187 106 hab.

MONTGOMERY (Gabriel, comte **de**), seigneur **de Lorges,** *v. 1530 - Paris 1574,* homme de guerre français. Chef de la garde d'Henri II, il blessa mortellement ce roi dans un tournoi (1559), devint un des chefs protestants et fut décapité.

MONTGOMERY OF ALAMEIN (Bernard **Law Montgomery,** vicomte), *Londres 1887 - Isington Mill, Hampshire, 1976,* maréchal britannique. Il vainquit Rommel à El-Alamein (1942), puis commanda un groupe d'armées en Normandie,

■ La MARQUISE DE **MONTESPAN** par P. Mignard. (Musée du Berry, Bourges.)

■ **MONTESQUIEU.** (Château de Versailles.)

■ CLAUDIO **MONTEVERDI.** (Musée régional du Tyrol, Innsbruck.)

■ **MONTGOMERY OF ALAMEIN**

■ **MONTHERLANT** par J.-É. Blanche. (Musée des Beaux-Arts, Rouen.)

■ **MONTPELLIER.** Le quartier Antigone (1983 et suiv.), conçu par l'atelier Bofill.

■ **MONTRÉAL** avec, au fond, à droite, le Saint-Laurent.

en Belgique et en Allemagne (1944 - 1945). Il fut adjoint au commandant suprême des forces atlantiques en Europe de 1951 à 1958.

MONTHERLANT (Henry **Millon de**), *Paris 1895 - id. 1972,* écrivain français. Ses romans exaltent la vigueur physique et morale *(les Bestiaires)* ou expriment une vision de moraliste désabusé *(les Célibataires, les Jeunes Filles).* Dans son théâtre, il tente de retrouver l'austérité de la tragédie classique *(la Reine morte,* 1942 ; *le Maître de Santiago,* 1948 ; *Port-Royal,* 1954). Il se suicida. (Acad. fr.)

MONTHERMÉ (08800), ch.-l. de cant. des Ardennes ; 2 863 hab. Église des XIIe-XVe s.

MONTHEY, v. de Suisse (Valais) ; 13 790 hab. *(Montheysans).* Mécanique. Chimie. – Château des XIVe et XVIIe s.

MONTHOLON (Charles Tristan, comte **de**), *Paris 1783 - id. 1853,* général français. Chambellan du palais, il accompagna Napoléon Ier à Sainte-Hélène (1815 - 1821). Il a publié des *Mémoires* (1822 - 1825) et des *Récits de la captivité de Napoléon* (1847).

MONTI (Vincenzo), *Alfonsine 1754 - Milan 1828,* poète italien, auteur de poèmes et de tragédies néoclassiques.

MONTICELLI (Adolphe), *Marseille 1824 - id. 1886,* peintre français. Il est l'auteur de compositions d'une imagination souvent féerique, à la matière triturée et au riche coloris.

MONTIER-EN-DER [-dɛr] (52220), ch.-l. de cant. de la Haute-Marne ; 2 115 hab. *(Dervois).* Église remontant à la fin du Xe s., anc. abbatiale.

MONTIGNAC (24290), ch.-l. de cant. de la Dordogne, sur la Vézère ; 3 101 hab. Grotte de *Lascaux.

MONTIGNY-EN-GOHELLE (62640), ch.-l. de cant. du Pas-de-Calais ; 10 638 hab.

MONTIGNY-LE-BRETONNEUX (78180), ch.-l. de cant. des Yvelines, partie de Saint-Quentin-en-Yvelines ; 35 568 hab.

MONTIGNY-LÈS-CORMEILLES (95370), comm. du Val-d'Oise ; 17 333 hab.

MONTIGNY-LÈS-METZ [-mɛs] (57158), ch.-l. de cant. de la Moselle ; 24 420 hab.

MONTIVILLIERS (76290), ch.-l. de cant. de la Seine-Maritime ; 16 805 hab. Anc. abbatiale des XIe-XIIe et XVe s.

Montjoie !, cri de ralliement des troupes du roi de France, apparu au XIIe s.

MONT-LAURIER, v. du Canada (Québec), au N.-O. de Montréal ; 8 177 hab. *(Lauriermontois).* Centre de services et de villégiature.

MONTLHÉRY (91310), ch.-l. de cant. de l'Essonne ; 6 063 hab. Bataille indécise entre Louis XI et la ligue du Bien public (1465). – L'autodrome dit « de Montlhéry » est sur la comm. de Linas.

MONT-LOUIS (66210), ch.-l. de cant. des Pyrénées-Orientales ; 351 hab. *(Montlouisiens).* Station touristique. Four solaire. – Citadelle de Vauban.

MONTLOUIS-SUR-LOIRE (37270), ch.-l. de cant. d'Indre-et-Loire ; 9 827 hab. *(Montlouisiens).* Vins blancs.

MONTLUC → **MONLUC.**

MONTLUÇON (03100), ch.-l. d'arrond. de l'Allier, sur le Cher ; 44 074 hab. *(Montluçonnais).* Pneumatiques. Constructions mécaniques et électriques. – Deux églises et château du Moyen Âge (musée).

MONTLUEL (01120), ch.-l. de cant. de l'Ain ; 6 671 hab. Équipements industriels. – Anc. ville forte ; monuments, vieilles maisons.

MONTMAGNY (95360), comm. du Val-d'Oise ; 13 200 hab. *(Magnymontois).*

MONTMAJOUR, écart de la commune d'Arles. Anc. abbaye fondée au Xe s. : église romane du XIIe s., à deux étages ; cloître, donjon du XIVe s., bâtiments du XVIIIe s. (propriété de l'État).

MONTMARTRE, anc. comm. de la Seine, annexée à Paris en 1860 (hab. *Montmartrois*). Sur la *colline de Montmartre,* ou *butte Montmartre,* se trouvent l'église St-Pierre (fondée en 1134) et la basilique du *Sacré-Cœur (fin XIXe s.).

MONTMAURIN (31350), comm. de la Haute-Garonne ; 201 hab. Vestiges d'une immense villa gallo-romaine florissante au IVe s. – La grotte de la Terrasse a livré en 1949 une mandibule datée de la glaciation de Mindel. Attribuée à *Homo erectus,* elle serait, avec l'homme de Tautavel, l'un des plus anciens vestiges humains de France.

MONTMÉDY (55600), ch.-l. de cant. de la Meuse ; 2 344 hab. *(Montmédiens).* Anc. place forte (citadelle transformée par Vauban).

MONTMÉLIAN (73800), ch.-l. de cant. de la Savoie ; 4 026 hab. Matériel électrique. Anc. place forte.

MONTMIRAIL (51210), ch.-l. de cant. de la Marne ; 3 855 hab. Château reconstruit aux XVIe et XVIIe s. – Victoire de Napoléon (11 févr. 1814) sur les Prussiens pendant la campagne de France.

MONTMORENCY (95160), ch.-l. d'arrond. du Val-d'Oise, en bordure de la *forêt de Montmorency* (3 500 ha), au N. de Paris ; 20 797 hab. *(Montmorencéens).* Église du XVIe s. (vitraux) ; maison qu'habita J.-J. Rousseau (musée).

MONTMORENCY (maison **de**), illustre famille française. – **Mathieu II de M.,** *v. 1174 - 1230,* connétable de France. Il prit part à la bataille de Bouvines (1214). – **Anne,** duc **de M.,** *Chantilly 1493 - Paris 1567,* gentilhomme français. Maréchal de France (1522), connétable (1537), conseiller de François Ier et d'Henri II, il fut mortellement blessé à Saint-Denis dans un combat contre les calvinistes. – **Henri Ier de M.,** *Chantilly 1534 - Agde 1614,* connétable de France. Fils d'Anne, il fut gouverneur du Languedoc. – **Henri II de M.,** *1595 - Toulouse 1632,* maréchal de France. Fils d'Henri Ier, il se révolta avec Gaston d'Orléans contre Richelieu et fut décapité.

MONTMORILLON (86500), ch.-l. d'arrond. de la Vienne, sur la Gartempe ; 7 587 hab. *(Montmorillonnais).* Église Notre-Dame, des XIIe-XIVe s. (peintures murales) ; anc. couvent des Augustins, avec parties romanes (musée).

MONTOIR-DE-BRETAGNE (44550), comm. de la Loire-Atlantique ; 6 368 hab. Terminal méthanier.

Montoire (entrevue de) [24 oct. 1940], entrevue entre Pétain et Hitler, qui eut lieu à Montoire-sur-le-Loir. Les deux hommes tentèrent de définir la politique de collaboration franco-allemande.

MONTOIRE-SUR-LE-LOIR (41800), ch.-l. de cant. de Loir-et-Cher ; 4 509 hab. Chapelle St-Gilles, aux importantes peintures romanes.

MONTPARNASSE, quartier du sud de Paris (VIe, XVe, et surtout XIVe arrond.). Gare. Centre commercial et de services *(Tour Montparnasse).*

MONTPELLIER [-pəlie ou -pe-], ch.-l. de la Région Languedoc-Roussillon et du dép. de l'Hérault, à 753 km au S. de Paris ; 229 055 hab. *(Montpelliérains).* Académie et université. Cour d'appel. Évêché. Informatique. – Bel ensemble urbain des XVIIe-XVIIIe s. (hôtels particuliers, promenade du Peyrou) ; faculté de médecine dans l'anc. abbaye St-Benoît, fondée au XIVe s., dont l'église est devenue cathédrale ; quartier Antigone par R. Bofill. Riche musée portant le nom du peintre montpelliérain F.-X. Fabre. – École militaire d'administration (1948) et École d'application de l'infanterie (1967). – La ville fut dotée, en 1221, d'une école de médecine qui acquit une grande renommée. Possession du roi d'Aragon puis du roi de Majorque, elle devint française en 1349 et fut un grand centre calviniste au XVIe s.

MONTPELLIER-LE-VIEUX, site du causse Noir (Aveyron). Rochers dolomitiques aux formes étranges.

MONTPENSIER (Catherine Marie **de Lorraine,** duchesse **de**), *Joinville 1551 - Paris 1596,* fille de François Ier de Guise. Elle prit une part active aux guerres de la Ligue. – **Anne Marie Louise d'Orléans,** duchesse **de M.,** connue sous le nom de **la Grande Mademoiselle,** *Paris 1627 - id. 1693,* princesse française. Petite-fille d'Henri IV, elle prit part aux troubles de la Fronde et, lors de la bataille du faubourg Saint-Antoine, fit tirer le canon de la Bastille sur les troupes royales pour protéger la retraite de Condé (1652). Elle épousa secrètement Lauzun (v. 1682).

MONTPON-MÉNESTÉROL (24700), ch.-l. de cant. de la Dordogne ; 5 460 hab. Centre et musée de l'Orgue.

Montrachet [mɔ̃raʃɛ], vignoble de la Côte-d'Or. Vins blancs.

MONTRÉAL [mɔ̃real], région administrative du Québec (Canada) ; 494 km² ; 1 775 871 hab. *(Montréalais).* Elle correspond à la communauté urbaine de Montréal (qui englobe l'*île de Montréal* et l'île Bizard).

MONTRÉAL, v. du Canada (Québec), sur le Saint-Laurent ; 1 030 678 hab. *(Montréalais)* [env. 3 000 000 hab. dans la conurbation]. Principal centre industriel du Québec. Aéroports. Port fluvial. Métropole culturelle (deuxième ville francophone du monde). Universités. Archevêché. – Festival des films du monde. – Musées des Beaux-Arts, du château Ramezay (histoire), McCord (ethnographie), d'Art contemporain ; Centre canadien d'architecture. – Fondée en 1642, sous le nom de Ville-Marie, près des rapides de Lachine, la ville a été un grand centre de commerce de fourrures. Au XIXe s., elle devint le pôle commercial, puis industriel, du Canada oriental.

MONTRÉAL-NORD, v. du Canada (Québec), dans le nord-ouest de l'*île de Montréal ;* 96 641 hab. *(Nord-Montréalais).*

MONTREDON-LABESSONNIÉ [mɔ̃rədɔ̃-] (81360), ch.-l. de cant. du Tarn ; 2 069 hab. Restes d'un château fort.

MONTRÉJEAU [mɔ̃reʒo] (31210), ch.-l. de cant. de la Haute-Garonne ; 2 635 hab. Marché agricole.

MONTREUIL ou **MONTREUIL-SOUS-BOIS** (93100), ch.-l. de cant. de la Seine-Saint-Denis, à l'E. de Paris ; 91 146 hab. *(Montreuillois).* Centre industriel. – Église gothique. Musée historique (mouvement socialiste). – Salon du livre de jeunesse.

MONTREUIL ou **MONTREUIL-SUR-MER** (62170), ch.-l. d'arrond. du Pas-de-Calais ;

M

2 688 hab. Citadelle et enceinte des XIIIe-XVIIe s. ; anc. abbatiale St-Saulve, romane et gothique.

MONTREUIL-BELLAY (49260), ch.-l. de cant. de Maine-et-Loire, au-dessus du Thouet ; 4 461 hab. Enceinte des XIIIe-XVe s., château et église du XVe s.

MONTREUX, v. de Suisse (Vaud), sur le lac Léman ; 22 917 hab. *(Montreusiens).* Centre touristique et culturel (festivals : jazz, « Rose d'Or », etc.). – Une convention sur le régime juridique international du Bosphore et des Dardanelles y fut signée le 20 juill. 1936.

MONTRICHARD [mɔ̃triʃar] (41400), ch.-l. de cant. de Loir-et-Cher, sur le Cher ; 3 668 hab. Deux églises en partie du XIIe s. Restes d'un château fort des XIIe-XVe s. (musée dans les caves).

MONTROSE (James **Graham,** marquis **de**), *Montrose 1612 - Édimbourg 1650,* général écossais. Partisan de Charles Ier, puis de Charles II, il fut exécuté.

MONTROUGE [mɔ̃ruʒ] (92120), ch.-l. de cant. des Hauts-de-Seine, au S. de Paris ; 38 005 hab. *(Montrougiens).* Constructions mécaniques.

MONT-ROYAL, v. du Canada (Québec), banlieue ouest de Montréal ; 18 450 hab. *(Montérégiens).*

MONTS (Pierre **du Gua,** sieur **de**), *en Saintonge v. 1568 - v. 1630,* colonisateur français. Il créa le premier établissement français en Acadie (Port-Royal, 1604).

M

MONT-SAINT-AIGNAN (76130), ch.-l. de cant. de la Seine-Maritime ; 21 761 hab. *(Montsaintaignanais).* Centre universitaire.

MONT-SAINT-HILAIRE, v. du Canada (Québec), à l'E. de Montréal ; 12 995 hab. *(Hilairemontais).* Centre agricole.

MONT-SAINT-MARTIN (54350), ch.-l. de cant. de Meurthe-et-Moselle ; 8 414 hab. Église romane sur une hauteur.

MONT-SAINT-MICHEL (Le) [50116], comm. de la Manche ; 50 hab. C'est un îlot rocheux au fond de la *baie du Mont-Saint-Michel,* à l'embouchure du Couesnon, et relié à la côte par une digue depuis 1879. – Prestigieuse abbaye bénédictine fondée en 966, avec église abbatiale, salles « des Chevaliers » et « des Hôtes », réfectoire, cloître, pour l'essentiel des XIe-XVIe s.

MONTSÉGUR [mɔ̃segyr] (09300), comm. de l'Ariège ; 124 hab. Sur un piton, ruines du château qui fut la dernière place forte des albigeois (tombée en 1244).

MONTSERRAT, une des Antilles britanniques ; 102 km² ; 12 000 hab. ; ch.-l. *Plymouth.* En 1997, l'éruption du volcan (la Soufrière) contraint la population à évacuer l'île.

MONTSERRAT n.m., petit massif d'Espagne, en Catalogne. Monastère bénédictin. – Pèlerinage à Marie, qu'on vénère sous la forme d'une statue noire dite « de la Vierge noire ».

MONTSÛRS [mɔ̃syr] (53150), ch.-l. de cant. de la Mayenne ; 2 056 hab.

MONTT (Manuel), *Petorca 1809 - Santiago 1880,* homme politique chilien. Président de la République (1851 - 1861), il modernisa le pays.

Mont-Verdun (centre du), centre d'opérations des forces aériennes. Établi à Mont-Verdun (Rhône), il est destiné à relayer, en cas de défaillance, le centre de Taverny.

Monuments français (musée des), musée national installé au palais de Chaillot, à Paris, et dont la forme actuelle remonte à 1937. Il comprend surtout des moulages de sculptures monumentales et des copies de peintures murales.

MONZA, v. d'Italie (Lombardie) ; 121 151 hab. Cathédrale des XIIe-XVIIIe s. (trésor). – Circuit automobile.

MOORE (Henry), *Castleford, Yorkshire, 1898 - Much Hadham, Hertfordshire, 1986,* sculpteur et graveur britannique. À partir de 1935 env., son style, biomorphique et monumental, s'est distingué par le jeu des creux et des vides (*Figure étendue,* siège de l'Unesco, Paris).

MOORE (Thomas), *Dublin 1779 - Sloperton, Wiltshire, 1852,* poète irlandais. Chantre de son pays natal *(Mélodies irlandaises),* il composa un grand poème oriental, *Lalla Rookh.*

MOOREA, île de la Polynésie française, à l'O. de Tahiti ; 11 965 hab. (avec l'îlot de Maiao).

MOOSE JAW, v. du Canada (Saskatchewan), à l'O. de Regina ; 33 593 hab.

MOPTI, v. du Mali, sur le Niger ; 54 000 hab.

MORADABAD, v. d'Inde (Uttar Pradesh) ; 432 434 hab. Métallurgie. – Mosquée du XVIIe s.

MORAIS (Francisco **de**), *Lisbonne v. 1500 - Évora 1572,* écrivain portugais, auteur du roman de chevalerie *Palmerin d'Angleterre* (1567).

MORALES (Cristóbal **de**), *Séville v. 1500 - Málaga ou Marchena 1553,* compositeur espagnol. Maître de chapelle à Salamanque, puis à Tolède, il fut le polyphoniste religieux le plus représentatif de l'école andalouse avec 25 messes (*Missarum Liber* I et II, 1544), 18 magnificat et 91 motets.

MORALES (Luis **de**), *Badajoz 1510 - id. 1586,* peintre espagnol. Il a exécuté de nombreux retables et tableaux de dévotion.

MORAND (Paul), *Paris 1888 - id. 1976,* écrivain français. Voyageur et mondain, il a fait dans ses récits une peinture sceptique et fulgurante de la vie moderne *(Ouvert la nuit, Venises).*

MORANDI (Giorgio), *Bologne 1890 - id. 1964,* peintre et aquafortiste italien. Subtiles et économes, ses œuvres, surtout des natures mortes, sont empreintes de poésie contemplative.

MORANE (les frères), aviateurs et constructeurs français d'avions. – **Léon M.,** *Paris 1885 - id. 1918.* Détenteur, en 1910, d'un record mondial de vitesse (106,6 km/h) et d'altitude (2 582 m), il s'associa en 1911 avec l'ingénieur Raymond Saulnier (1881 - 1964) pour créer la firme *Morane-Saulnier,* qui s'illustra notamment par la fabrication d'avions-écoles et d'avions de tourisme. – **Robert M.,** *Paris 1886 - id. 1968.* Il essaya un grand nombre des prototypes Morane-Saulnier.

MORANGIS (91420), comm. de l'Essonne ; 10 698 hab. *(Morangissois).*

MORANTE (Elsa), *Rome 1912 - id. 1985,* femme de lettres italienne. Ses romans d'inspiration réaliste *(l'Île d'Arturo, la Storia, Aracoeli)* s'enrichissent d'une dimension symbolique.

MORAT, en all. **Murten,** v. de Suisse (cant. de Fribourg), sur le *lac de Morat ;* 4 601 hab. *(Moratois).* Remparts, maisons et monuments anciens. – Victoire des Suisses au service de Louis XI sur Charles le Téméraire (22 juin 1476).

MORATÍN (Nicolás **Fernández de**), *Madrid 1737 - id. 1780,* poète et auteur dramatique espagnol. – **Leandro Fernández de M.,** dit **Moratín le Jeune,** *Madrid 1760 - Paris 1828,* auteur dramatique espagnol, fils de Nicolás. Ses comédies sont inspirées de Molière *(le Oui des jeunes filles).*

MORAVA n.f., riv. d'Europe, affl. du Danube (r. g.) ; 365 km. Son cours inférieur sépare la République tchèque *(Moravie)* et la Slovaquie.

MORAVA n.f., riv. de Yougoslavie, affl. du Danube (r. dr.) ; 220 km. Elle est formée par la confluence de la *Morava méridionale* (318 km) et de la *Morava occidentale* (298 km).

MORAVIA (Alberto **Pincherle,** dit Alberto), *Rome 1907 - id. 1990,* écrivain italien. Ses récits réalistes intègrent l'existentialisme et la psychanalyse à l'évocation des problèmes intellectuels et sociaux contemporains *(les Indifférents, le Mépris, l'Ennui).*

MORAVIE, partie orientale de la République tchèque, traversée par la Morava ; hab. *Moraves* ; v. princ. *Brno* et *Ostrava.*

HISTOIRE

Ier s. av. J.-C. : les Celtes de la région sont refoulés par le peuple germain des Quades. **Ve s. apr. J.-C. :** les Slaves occupent la région. **IXe s. :** celle-ci est le centre de l'empire de Grande-Moravie, fondé par Mojmir Ier (m. en 846) et qui, à son apogée, englobe la Moravie, la Slovaquie occidentale, la Pannonie, la Bohême, la Silésie et une partie de la Lusace. **902 - 908 :** cet empire est détruit par les Hongrois. **1029 :** la Moravie est rattachée à la Bohême. **1182 :** elle est érigée en margraviat d'Empire. À partir du milieu du XIIe s., des colons allemands s'établissent dans le nord du pays et dans les villes. **1411 :** la Moravie passe sous le gouvernement direct des rois de Bohême.

MORAY (Firth), golfe de Grande-Bretagne, dans le nord-est de l'Écosse.

MORAY ou **MURRAY** (Jacques **Stuart,** comte **de**), *v. 1531 - Linlithgow 1570,* prince écossais. Fils naturel du roi Jacques V, il fut le conseiller de sa demi-sœur Marie Ire Stuart, puis régent d'Écosse (1567 - 1570).

MORBIHAN n.m. (56), dép. de la Région Bretagne ; ch.-l. de dép. *Vannes ;* ch.-l. d'arrond. *Lorient, Pontivy ;* 3 arrond. ; 42 cant. ; 261 comm. ; 6 823 km² ; 643 873 hab. *(Morbihannais).* Le dép. appartient à l'académie et à la cour d'appel de Rennes, à la zone de défense Ouest. Le littoral, précédé d'îles (Groix, Belle-Île), est découpé par des rias (rivières d'Étel, d'Hennebont) et ouvert par le *golfe du Morbihan.* L'intérieur est formé de collines et de plateaux, accidentés seulement par les landes de Lanvaux. À l'agriculture, encore notable, fondée sur une polyculture à base céréalière et associée à l'élevage (bovins, porcins, volailles), s'ajoutent quelques secteurs maraîchers. À côté du tourisme estival (Quiberon, Carnac, etc.), la pêche (Lorient) anime le littoral et fournit la matière première à des conserveries. En dehors de Lorient et Vannes (les principales villes), l'agroalimentaire est la branche industrielle dominante.

MORBIHAN (golfe du), golfe du dép. du Morbihan. Il renferme de nombreuses îles. Ostréiculture.

MORCELI (Noureddine), *Tenes 1970,* athlète algérien. Champion du monde (1991, 1993 et 1995) et champion olympique (1996) du 1 500 m, il a détenu tous les records du monde de demi-fond du 1 500 m au 3 000 m.

MORCENX [-sɛ̃s] (40110), ch.-l. de cant. des Landes ; 4 683 hab. Triage ferroviaire.

MORDELLES (35310), ch.-l. de cant. d'Ille-et-Vilaine ; 6 033 hab.

MORDOVIE, république de Russie, à l'E.-S.-E. de Moscou ; 963 000 hab. ; cap. *Saransk.* La popula-

■ Le **MONT-SAINT-MICHEL,** avec son abbaye (fondée en 966).

■ HENRY **MOORE.** *Hill Arches,* 1973 ; bronze. (Exposition à l'Orangerie des Tuileries, à Paris, en 1977.)

tion est constituée d'env. un tiers de Mordves de souche et de 60 % de Russes.

MORDVES, peuple finno-ougrien de Russie (Mordovie, mais aussi Bachkortostan, Tatarstan, Tchouvachie, etc.), représenté aussi en Ukraine et en Asie centrale (env. 1,3 million). Les Mordves se divisent en deux groupes (*Erzia* et *Mokcha*). Alliés des Russes contre les Tatars, ils intégrèrent l'État russe à la chute du khanat de Kazan (1552).

MORE → THOMAS MORE (saint).

MORÉAS (Ioánnis **Papadhiamandopoúlos,** dit Jean), *Athènes 1856 - Paris 1910,* poète français. D'abord symboliste (*Cantilènes,* 1886), il défendit le retour à un art classique (*Stances,* 1899 - 1920).

MOREAU (Gustave), *Paris 1826 - id. 1898,* peintre français. Créateur d'une mythologie symbolique minutieuse (*Jupiter et Sémélé* [1895], musée Gustave-Moreau, Paris), mais parfois beaucoup plus libre (toiles tachistes, aquarelles), il fut le maître de Matisse, de Marquet et de Rouault.

MOREAU (Jeanne), *Paris 1928,* actrice française. Comédienne de théâtre, elle s'est imposée au cinéma par sa présence et le modernisme de son jeu : *la Nuit* (M. Antonioni, 1961), *le Journal d'une femme de chambre* (L. Buñuel, 1964), *Jules et Jim* (F. Truffaut, 1962), *la Truite* (J. Losey, 1982), *le Pas suspendu de la cigogne* (T. Angelopoulos, 1991).

MOREAU (Jean Victor), *Morlaix 1763 - Laun, auj. Louny, Bohême, 1813,* général français. Il commanda, en 1800, l'armée du Rhin, avec laquelle il vainquit les Autrichiens à Hohenlinden. Ses intrigues avec les royalistes, sa rivalité avec Bonaparte entraînèrent son arrestation en 1804, puis son exil aux États-Unis. Conseiller militaire du tsar en 1813, il fut mortellement blessé à Dresde dans les rangs de l'armée russe.

■ JEANNE **MOREAU** dans *Jules et Jim* (1962).

■ MICHÈLE **MORGAN**

■ GUSTAVE **MOREAU.** *Les Licornes.* (Musée Gustave-Moreau, Paris.)

MOREAU le Jeune (Jean-Michel), *Paris 1741 - id. 1814,* dessinateur et graveur français. Il a décrit la société élégante de son temps et illustré les œuvres de J.-J. Rousseau, Molière, Voltaire. — **Louis Gabriel M. l'Aîné,** *Paris 1740 - id. 1806,* peintre français, frère de Jean-Michel. Ses vues des environs de Paris font de lui un précurseur des paysagistes du XIXe s.

MORÉE n.f., nom donné au Péloponnèse après la 4e croisade (1202 - 1204). Siège de la principauté de Morée ou d'*Achaïe.

MORELIA, v. du Mexique ; 489 758 hab. Cathédrale des XVIIe-XVIIIe s. ; musée.

MORELLET (André), *Lyon 1727 - Paris 1819,* écrivain français. Il collabora à l'*Encyclopédie.* (Acad. fr.)

MORELLET (François), *Cholet 1926,* plasticien français, représentant d'une abstraction cinétique et minimale (peintures, reliefs muraux, sculptures).

MORELOS Y PAVÓN (José María), *Valladolid, auj. Morelia, 1765 - San Cristóbal Ecatepec, auj. Ecatepec Morelos, 1815,* patriote mexicain. Curé métis, il fit proclamer l'indépendance du pays (1813). Iturbide le fit fusiller.

MORENA (sierra), chaîne de l'Espagne méridionale ; 1 323 m.

MORENO (Jacob Levy), *Bucarest 1892 - Beacon, État de New York, 1974,* psychologue américain d'origine roumaine. Il a inventé le psychodrame et mis au point les techniques de la sociométrie (*Fondements de la sociométrie,* 1934).

MORENO (Roland), *Le Caire 1945,* industriel français. Il est l'inventeur de la carte à microcircuit (carte à puce) [1975].

MORESTEL (38510), ch.-l. de cant. de l'Isère ; 3 097 hab. Donjon médiéval.

MORETO Y CABAÑA (Agustín), *Madrid 1618 - Tolède 1669,* auteur dramatique espagnol, auteur de comédies (*Dédain pour dédain*).

MORET-SUR-LOING (77250), ch.-l. de cant. de Seine-et-Marne ; 4 476 hab. Deux portes fortifiées du XIVe s., église des XIIe-XVe s.

MORETTI (Nanni), *Brunico 1953,* cinéaste, acteur et producteur italien. Héros extravagant de ses propres films, il donne un nouveau souffle à la comédie italienne (*Bianca,* 1984 ; *Palombella rossa,* 1989 ; *Journal intime,* 1993 ; *Aprile,* 1998).

MOREUIL (80110), ch.-l. de cant. de la Somme ; 4 140 hab.

MOREZ [-re] (39400), ch.-l. de cant. du Jura, sur la Bienne ; 6 409 hab. Lunetterie.

MORGAGNI (Giambattista), *Forlì 1682 - Padoue 1771,* anatomiste italien. Ses principales observations ouvrirent à la médecine une voie nouvelle (*Opera omnia,* 1762).

MORGAN, famille de financiers américains. — **John Pierpont M.,** *Hartford, Connecticut, 1837 - Rome 1913,* industriel américain. Il créa un gigantesque trust de la métallurgie et fonda de nombreuses œuvres philanthropiques. — **John Pierpont Morgan Jr.,** *Irvington, État de New York, 1867 - Boca Grande, Floride, 1943,* financier américain. Fils de John Pierpont, il soutint pendant la Première Guerre mondiale l'effort financier des Alliés. En 1924, il légua à la ville de New York la bibliothèque-musée de son père (Pierpont Morgan Library). — **Anne Tracy M.,** *New York 1873 - id. 1952,* femme d'affaires américaine. Sœur de John Pierpont Jr., elle consacra sa fortune à des œuvres, notamment au profit des combattants français des deux guerres mondiales.

MORGAN (Lewis Henry), *près d'Aurora, État de New York, 1818 - Rochester 1881,* anthropologue américain. Auteur d'une conception évolutionniste de l'anthropologie sociale, il s'intéressa particulièrement aux systèmes de parenté (*la Société archaïque,* 1877).

MORGAN (Simone **Roussel,** dite Michèle), *Neuilly-sur-Seine 1920,* actrice française. Sa beauté limpide et son jeu émouvant lui ont valu une grande popularité au cinéma : *le Quai des brumes* (M. Carné, 1938), *Remorques* (J. Grémillon, 1941), *la Symphonie pastorale* (J. Delannoy, 1946), *les Orgueilleux* (Y. Allégret, 1953), *Robert et Robert* (C. Lelouch, 1978).

MORGAN (Thomas Hunt), *Lexington, Kentucky, 1866 - Pasadena 1945,* biologiste américain. Par ses expériences sur la drosophile, il fut le créateur de la théorie chromosomique de l'hérédité et montra que l'évolution des espèces a un fondement génétique. (Prix Nobel 1933.)

Morgarten (bataille du) [15 nov. 1315], bataille qui se déroula au N. de Schwyz (Suisse), au cours de laquelle les Suisses des Trois-Cantons (Uri, Schwyz et Unterwald) vainquirent les troupes de Léopold Ier de Habsbourg, assurant ainsi leur indépendance.

MORGAT [mɔrgat], station balnéaire du Finistère (comm. de Crozon).

MORGENSTERN (Christian), *Munich 1871 - Merano 1914,* poète allemand. Son œuvre angoissée et humoristique (*les Chansons du gibet,* 1905) annonce par ses transgressions du langage les avant-gardes du XXe s.

MORGENSTERN (Oskar), *Görlitz 1902 - Princeton 1977,* économiste américain d'origine autrichienne. Il se spécialisa dans l'étude mathématique des comportements économiques grâce à la théorie des jeux de J. von Neumann.

MORGES, v. de Suisse (Vaud) ; 13 891 hab. (*Morgiens*). Station touristique, sur le lac Léman. — Château des XIIIe et XVIe s. (musée militaire) ; musée du Vieux-Morges.

MORIANI-PLAGE (20230 San Nicolao), station balnéaire de la Haute-Corse (comm. de San Nicolao).

M

MÓRICZ (Zsigmond), *Tiszacsécse 1879 - Budapest 1942,* écrivain hongrois. Ses romans *(Un homme heureux)* et ses drames composent une peinture réaliste de la vie paysanne.

MORIENVAL (60127), comm. de l'Oise ; 1 061 hab. Église du début du XIIe s. (voûtes d'ogives précoces dans le déambulatoire).

MÖRIKE (Eduard), *Ludwigsburg 1804 - Stuttgart 1875,* écrivain allemand. Ses poèmes et ses romans *(le Peintre Nolten)* mêlent l'inspiration romantique et populaire à une forme classique.

MORIN (Grand), riv. du Bassin parisien, affl. de la Marne (r. g.) ; 112 km. – Petit **Morin,** riv. du Bassin parisien, affl. de la Marne (r. g.) ; 90 km.

MORIN (Edgar), *Paris 1921,* sociologue français. Il s'est intéressé aux problèmes de la culture et de ses moyens de diffusion, ainsi qu'à l'imaginaire social (*l'Esprit du temps,* 1962 ; *la Rumeur d'Orléans,* 1970 ; *la Méthode,* 4 vol., 1977 - 1991 ; *Terre-Patrie,* 1993).

MORINS, peuple celtique établi dans le Boulonnais et soumis par César (56 - 55 av. J.-C.).

MORI OGAI (**Mori Rintaro,** dit), *Tsuwano 1862 - Tokyo 1922,* écrivain japonais. Son œuvre romanesque (*l'Oie sauvage,* 1911 - 1913), influencée par la littérature occidentale, est une réaction contre l'école naturaliste.

MORIOKA, v. du Japon (Honshu) ; 235 434 hab.

MORISOT (Berthe), *Bourges 1841 - Paris 1895,* peintre français. Belle-sœur de Manet, elle prit une part importante au mouvement impressionniste (*le Berceau,* 1873, musée d'Orsay).

MORITZ (Karl Philipp), *Hameln 1756 - Berlin 1793,* écrivain allemand, auteur du roman autobiographique *Anton Reiser* (1785 - 1790).

MORLAÀS [-lɑs] (64160), ch.-l. de cant. des Pyrénées-Atlantiques ; 3 938 hab. *(Morlanais).* Église en partie romane.

MORLAIX [-lɛ] (29600), ch.-l. d'arrond. du Finistère, sur la *rivière de Morlaix* ; 16 978 hab. *(Morlaisiens).* Édition. – Églises médiévales, dont celle des Jacobins, auj. musée.

MORLANWELZ [mɔrlɑ̃we], comm. de Belgique (Hainaut) ; 18 019 hab. Musée royal dans le parc de Mariemont (archéologie, arts décoratifs et histoire régionale).

MORLEY (Thomas), *Norwich 1557 ou 1558 - Londres 1602,* compositeur anglais. Maître de la musique vocale, il introduisit le style italien en Angleterre et composa madrigaux et ballets.

MORMANT (77720), ch.-l. de cant. de Seine-et-Marne ; 4 383 hab. Église des XIIIe-XVe s.

MORNANT (69440), ch.-l. de cant. du Rhône ; 4 825 hab. Église gothique.

MORNAY (Philippe **de**), dit **Duplessis-Mornay,** *Buhy, Val-d'Oise, 1549 - La Forêt-sur-Sèvre 1623,* chef calviniste. Conseiller de Coligny, puis d'Henri IV (avant la conversion de ce dernier), il fonda à Saumur la première académie protestante (1599). Son influence le fit surnommer le « pape des huguenots ».

MORNE-À-L'EAU (97111), comm. de la Guadeloupe ; 17 239 hab.

MORNY (Charles, duc **de**), *Paris 1811 - id. 1865,* homme politique français. Fils naturel de la reine Hortense et du comte de Flahaut, et donc frère utérin de Napoléon III, il fut l'un des auteurs du coup d'État du 2 déc. 1851 et devint aussitôt ministre de l'Intérieur. Président du Corps législatif (1854 - 1865), il participa à toutes les grandes opérations industrielles et financières du second Empire et lança la station balnéaire de Deauville.

MORO (Aldo), *Maglie 1916 - Rome 1978,* homme politique italien. Chef de la Démocratie chrétienne, il présida deux fois le gouvernement (1963 - 1968 ; 1974 - 1976) et fut deux fois ministre des Affaires étrangères (1969 - 1970 ; 1973 - 1974). Il fut enlevé et assassiné par un commando terroriste des « Brigades rouges ».

MORO (Antoon **Mor Van Dashorst,** dit Antonio), *Utrecht v. 1519 - Anvers 1576,* peintre néerlandais. Actif en Espagne, à Bruxelles, au Portugal, à Londres et à Utrecht, il a créé un style sobre de portrait de cour.

MORO-GIAFFERI (Vincent **de**), *Paris 1878 - Le Mans 1956,* avocat et homme politique français. Il plaida des affaires célèbres (Caillaux, Landru).

MORÓN, v. d'Argentine, banlieue de Buenos Aires ; 641 541 hab.

MORONI, cap. des Comores, sur l'île de Ngazidja ; 20 000 hab. *(Moronais).*

MORONI (Giovanni Battista), *Albino, près de Bergame, v. 1528 - Bergame 1578,* peintre italien. Ses portraits sont typiques du réalisme lombard.

MORONOBU (**Hishikawa Moronobu,** dit), *Hota, préf. de Chiba, v. 1618 - Edo v. 1694,* peintre et graveur japonais. Libéré de l'influence chinoise, il est le premier des grands maîtres de l'estampe japonaise.

MOROSINI (Francesco), *Venise 1619 - Nauplie 1694,* noble vénitien. Il est célèbre par sa défense de Candie contre les Turcs (1667 - 1669).

MORPHÉE MYTH. GR. Dieu des Songes, fils de la Nuit et du Sommeil.

MORRICE (James Wilson), *Montréal 1864 - Tunis 1924,* peintre canadien. Il fut proche de Whistler, des nabis, puis de Marquet et de Matisse.

MORRICONE (Ennio), *Rome 1928,* compositeur italien. Instruments solistes, rumeurs amplifiées ou rythme martelé caractérisent ses musiques de films : *Pour une poignée de dollars* (S. Leone, 1964), *Mission* (R. Joffé, 1986).

MORRIS (Maurice **De Bevere,** dit), *Courtrai 1923,* dessinateur et scénariste belge de bandes dessinées, créateur de *Lucky Luke.

MORRIS (Robert), *Kansas City 1931,* artiste américain. Pionnier d'un art minimal et « anti-form », il a mis l'accent sur les processus constitutifs de l'œuvre et sur une poétique de l'espace.

MORRIS (William), *Walthamstow, Essex, 1834 - Hammersmith, près de Londres, 1896,* artiste et écrivain britannique. Ami des préraphaélites, il a œuvré pour la renaissance des arts décoratifs (papiers de tenture, notamm.) et du livre illustré. Ses *Nouvelles de nulle part* (1890) témoignent de son militantisme socialiste.

MORRISON (Toni), *Lorain, Ohio, 1931,* romancière américaine. Ses romans (*Sula,* 1973 ; *Beloved,* 1987 ; *Jazz,* 1992 ; *Paradis,* 1997), à la fois réalistes et oniriques, opèrent une reconstruction mythique de la mémoire culturelle afro-américaine. (Prix Nobel 1993.)

■ TONI **MORRISON** en 1993.

■ HOSNI **MOUBARAK**

MORSANG-SUR-ORGE (91390), ch.-l. de cant. de l'Essonne ; 19 468 hab.

MORSE (Samuel), *Charlestown, Massachusetts, 1791 - New York 1872,* peintre et inventeur américain. Il a inventé le télégraphe électrique qui porte son nom, conçu en 1832 et breveté en 1840.

MORT (Vallée de la), en angl. **Death Valley,** profonde dépression aride des États-Unis, en Californie.

MORTAGNE-AU-PERCHE (61400), ch.-l. d'arrond. de l'Orne ; 4 877 hab. *(Mortagnais).* Église de style gothique flamboyant ; Musée percheron et musée Alain.

MORTAGNE-SUR-SÈVRE (85290), ch.-l. de cant. de la Vendée ; 6 112 hab. Église romane.

MORTAIN (50140), ch.-l. de cant. de la Manche ; 2 452 hab. Matériel électrique. – Monuments religieux du Moyen Âge.

MORTE (mer), lac de Palestine, entre Israël et la Jordanie, où débouche le Jourdain ; 1 015 km² ; 390 m environ au-dessous du niveau de la mer. Salinité exceptionnellement forte (env. 30 %).

Morte (manuscrits de la mer), manuscrits écrits en hébreu et en araméen, découverts entre 1946 et 1956 dans des grottes sur les rives de la mer Morte, près du site de Qumran, et qui sont d'une grande importance pour l'histoire du judaïsme et des origines chrétiennes. Ces documents, dont la rédaction s'échelonne entre le IIe s. av. J.-C. et le Ier s. apr. J.-C., comprennent des textes bibliques et apocryphes juifs et des écrits propres à une secte religieuse juive (probablement essénienne) vivant à Qumran.

MORTEAU (25500), ch.-l. de cant. du Doubs, sur le Doubs ; 6 799 hab. *(Mortuaciens).* Horlogerie. Saucisses.

MORT-HOMME n.m., hauteurs de l'est de la France, dominant la rive gauche de la Meuse, au N. de Verdun. Violents combats en 1916 et 1917 pendant la bataille de Verdun.

MORTIER (Adolphe), duc **de Trévise,** *Le Cateau-Cambrésis 1768 - Paris 1835,* maréchal de France. Il servit en Espagne (1808 - 1811), commanda la Jeune Garde en Russie (1812) et défendit Paris (1814). Ministre de la Guerre (1834), il périt dans l'attentat de Fieschi contre Louis-Philippe.

MORTILLET (Gabriel **de**), *Meylan, Isère, 1821 - Saint-Germain-en-Laye 1898,* préhistorien français. Il établit le premier système de référence chronologique de la préhistoire française.

MORTIMER (Roger), baron **de Wigmore,** comte **de La Marche,** *1286 ou 1287 - Tyburn, près de Londres, 1330,* gentilhomme gallois. Amant de la reine Isabelle de France, il prit la tête de l'insurrection qui aboutit à l'abdication et au meurtre du roi Édouard II (1327). Devenu maître de l'Angleterre, il fut exécuté sous Édouard III.

MORTON (James **Douglas,** comte **de**), *v. 1516 - Édimbourg 1581,* homme d'État écossais. Ayant obligé Marie Ire Stuart à abdiquer, il fut régent du jeune Jacques VI d'Écosse (1572 - 1578). Accusé de complicité dans le meurtre de Darnley, il fut décapité.

MORTON (Ferdinand Joseph **Lemott,** dit Jelly Roll), *La Nouvelle-Orléans 1885 ou 1890 - Los Angeles 1941,* musicien américain de jazz. Il a su, par son style au piano, jeter un pont entre le ragtime et ce que l'on devait appeler le jazz. Il s'établit en 1922 à Chicago, où il enregistra et fonda son orchestre, les Red Hot Peppers.

MORTSEL [mɔrtsɛl], comm. de Belgique (prov. d'Anvers) ; 25 958 hab. Produits photographiques.

MORUS → **THOMAS MORE** (saint).

MORVAN n.m., massif formant l'extrémité nord-est du Massif central (France) ; 901 m. (Hab. *Morvandiaux.*) Grandes forêts. Parc naturel régional, couvrant env. 230 000 ha.

MORZINE (74110), comm. de la Haute-Savoie ; 3 010 hab. Station de sports d'hiver (alt. 960 - 2 460 m) [→ **Avoriaz**].

MOSCOU, en russe **Moskva,** cap. de la Russie, sur la Moskova ; 8 967 000 hab. *(Moscovites).* Centre administratif, culturel, commercial et industriel. – Au centre, le *Kremlin forme un ensemble de bâtiments administratifs et de monuments historiques (cathédrales, églises, palais). Citons aussi les églises Basile-le-Bienheureux (XVIe s.) et St-Nicolas-des-Tisserands (XVIIe s.), le vaste monastère Novodevitchi (icônes, trésor). Un nouvel essor architectural se situe dans la seconde moitié du XVIIIe s. et, surtout, après 1812. Musée historique, galerie Tretiakov (art russe), musée Pouchkine (archéologie et arts du monde), etc. – Mentionnée en 1147, centre de la principauté de Moscovie à partir du XIIIe s., la ville fut abandonnée comme capitale au profit de Saint-Pétersbourg en 1712. Elle fut incendiée lors de l'entrée des Français en 1812. Elle devint, en 1918, le siège du gouvernement soviétique et fut la capitale de l'URSS de 1922 à 1991. En 1941, les Allemands tentèrent, en vain, de s'en emparer.

■ **MOSCOU.** L'église Basile-le-Bienheureux (XVIe s.), sur la place Rouge.

MOSCOVIE, région historique de la Russie, où se développa la grande-principauté de Moscou, dont les souverains devinrent les tsars de Russie (1547). On parle de Moscovie ou d'État moscovite jusqu'à la fondation de l'Empire russe (1721).

MOSELEY (Henry Gwyn Jeffreys), *Weymouth 1887 - Gallipoli, Turquie, 1915,* physicien britannique. En 1913, il établit une relation entre le spectre de rayons X d'un élément et son numéro atomique, qui permit d'assimiler celui-ci à la charge du noyau.

MOSELLE n.f., riv. d'Europe occidentale, née dans les Vosges, affl. du Rhin (r. g.), qu'elle rejoint à Coblence ; 550 km. Elle coule vers le nord, passant à Épinal et à Metz, avant de former la frontière entre l'Allemagne et le Luxembourg. En aval de Trèves, elle s'encaisse dans le Massif schisteux rhénan. Aménagée jusqu'à Neuves-Maisons en amont, la Moselle facilite la liaison entre la Lorraine et les pays rhénans.

MOSELLE n.f. (57), dép. de la Région Lorraine ; ch.-l. de dép. *Metz ;* ch.-l. d'arrond. *Boulay-Moselle, Château-Salins, Forbach, Sarrebourg, Sarreguemines, Thionville ;* 9 arrond. (Metz et Thionville sont chacun ch.-l. de deux arrond.) ; 51 cant. ; 730 comm. ; 6 216 km^2 ; 1 023 447 hab. *(Mosellans).* Le dép. appartient à l'académie de Nancy-Metz, à la cour d'appel de Nancy, à la zone de défense Est. La majeure partie du dép. s'étend sur le Plateau lorrain, souvent gréseux, où l'élevage se substitue aux céréales. Mais les secteurs vitaux sont les extrémités – méridionale (Saulnois), septentrionale (région de Petite-Rosselle et de Saint-Avold), occidentale (au-delà de la Moselle) –, qui recèlent des gisements de sel gemme, de houille et de fer. La sidérurgie a connu un profond déclin, pallié partiellement seulement par la métallurgie de transformation. La population, encore dense, stagne aujourd'hui et le sous-emploi est important.

MOSKOVA n.f., riv. de Russie, affl. de l'Oka (r. dr.) ; 502 km. Elle passe à Moscou (qui lui doit son nom).

Moskova (bataille de la) [7 sept. 1812], bataille de l'Empire. Livrée devant Moscou par l'armée de Napoléon et les Russes de Koutouzov, indécise, elle est appelée par les Russes *bataille de Borodino.*

MOSQUITO → MISKITO.

Mossad, service de renseignements israélien, fondé en 1951. Il dépend directement du Premier ministre. Il est l'auteur de l'enlèvement du nazi Adolf Eichmann en Argentine (1960).

MOSSADEGH (Mohammad **Hedayat**, dit), *Téhéran 1881 - id. 1967,* homme politique iranien. Fondateur du Front national (1949), il milita pour la nationalisation du pétrole. Premier ministre (1951), il s'opposa au chah Mohammad Reza, qui le fit arrêter (1953).

MÖSSBAUER (Rudolf), *Munich 1929,* physicien allemand. Il a découvert un effet de résonance nucléaire qui a permis de préciser la structure des transitions nucléaires. (Prix Nobel 1961.)

MOSSI, peuple du Burkina (env. 5 millions). Les Mossi constituèrent, aux XVe-XVIe s., de grands royaumes dont les deux principaux (Yatenga, Ouagadougou) restèrent indépendants jusqu'à la pénétration européenne. Ils fournissent une main-d'œuvre importante à la Côte d'Ivoire et au Ghana. Ils parlent le *moré,* langue voltaïque.

MOSSOUL, v. d'Iraq, sur le Tigre ; 600 000 hab.

MOST, v. de la République tchèque, en Bohême ; 70 675 hab. Lignite.

MOSTAGANEM, v. d'Algérie, ch.-l. de wilaya ; 115 300 hab. Port.

MOSTAR, v. de Bosnie-Herzégovine, sur la Neretva ; 63 000 hab. Vieilles mosquées turques.

MOTALA, v. de Suède, sur le lac Vättern ; 41 994 hab. Station de radiodiffusion.

MOTHE-ACHARD (La) [85150], ch.-l. de cant. de la Vendée ; 2 146 hab.

MOTHERWELL (Robert), *Aberdeen, Washington, 1915 - Provincetown, Massachusetts, 1991,* peintre américain. Il est l'un des principaux expressionnistes abstraits (« Élégies » à la République espagnole, 1948 et suiv.).

MOTT (Lucretia), née **Coffin,** *Nantucket 1793 - près d'Abington, Pennsylvanie, 1880,* féministe et abolitionniste américaine. Elle participa à la création de la Société américaine contre l'esclavage (1833) et organisa, avec E. Stanton, la première convention pour les droits des femmes (1848).

MOTTA (Giuseppe), *Airolo 1871 - Berne 1940,* homme politique suisse. Plusieurs fois président de la Confédération entre 1915 et 1937, responsable des Affaires étrangères au sein du Conseil fédéral (1920 - 1940), il maintint la neutralité de la Suisse.

MOTTE-SERVOLEX [-lɛks] **(La)** [73290], ch.-l. de cant. de la Savoie ; 11 551 hab. *(Motterains).*

MOTTEVILLE (Françoise **Bertaut de**), *Paris ? v. 1621 - Paris 1689,* femme de lettres française, auteur de *Mémoires* sur Anne d'Autriche.

MOUBARAK (Hosni), *Kafr al-Musilha 1928,* homme politique égyptien. Vice-président de la République (1975), il a été élu à la tête de l'État égyptien après l'assassinat de Sadate (1981) et est constamment réélu depuis.

MOUCHET (mont), sommet de la Margeride, dans le centre de la France (Haute-Loire) ; 1 465 m. Combats entre les Forces françaises de l'intérieur et les Allemands (juin 1944).

MOUCHEZ (Ernest), *Madrid 1821 - Wissous, Essonne, 1892,* officier de marine et astronome français. Hydrographe, il établit plus de cent cartes côtières ou marines en Asie, en Afrique et en Amérique. Nommé directeur de l'Observatoire de Paris en 1878, il fut à l'origine de la réalisation de la Carte photographique du ciel (1887).

MOUCHOTTE (René), *Saint-Mandé 1914 - en combat aérien 1943,* officier aviateur français. Il commanda un groupe de chasse français dans la Royal Air Force pendant la Seconde Guerre mondiale. Ses *Carnets* ont été publiés en 1949 - 1950.

MOUGINS (06250), ch.-l. de cant. des Alpes-Maritimes, au N. de Cannes ; 16 287 hab. Chapelle Notre-Dame-de-Vie, des XIIe et XVIIe s. ; musée de l'Automobiliste.

MOUILLERON-EN-PAREDS [-parɛ] (85390), comm. de la Vendée ; 1 259 hab. Patrie de Clemenceau et du maréchal de Lattre de Tassigny. (Musée national des Deux-Victoires.)

Moukden (bataille de) [20 févr.-11 mars 1905], bataille de la guerre russo-japonaise. Victoire de l'armée japonaise sur les troupes russes à Moukden (auj. *Shenyang,* Chine).

MOULE (Le) [97160], comm. de la Guadeloupe, sur la côte est de la Grande-Terre ; 20 917 hab.

MOULIN (Jean), *Béziers 1899 - Metz ? 1943,* résistant français. Préfet d'Eure-et-Loir (1940), il refusa de se plier aux exigences des Allemands lorsque ceux-ci occupèrent Chartres. Ayant gagné Londres, il devint, en 1943, le premier président du Conseil national de la Résistance. Après son retour en France, trahi, il fut arrêté par la Gestapo (juin 1943), torturé, et mourut au cours de son transfert en Allemagne. Ses cendres ont été déposées au Panthéon en 1964.

■ JEAN **MOULIN**

Moulin de la Galette (le), grande toile de Renoir (1876, musée d'Orsay). Ce chef-d'œuvre de l'impressionnisme évoque la danse en plein air dans une guinguette de Montmartre.

Moulin-Rouge (bal du), anc. bal devenu théâtre de variétés doublé d'un cabaret. Mistinguett, Joséphine Baker et Maurice Chevalier y animèrent des revues. – Les œuvres de Toulouse-

■ BAL DU **MOULIN-ROUGE.**
Au Moulin-Rouge, de Toulouse-Lautrec, 1892.
(Museum of Art, Chicago.)

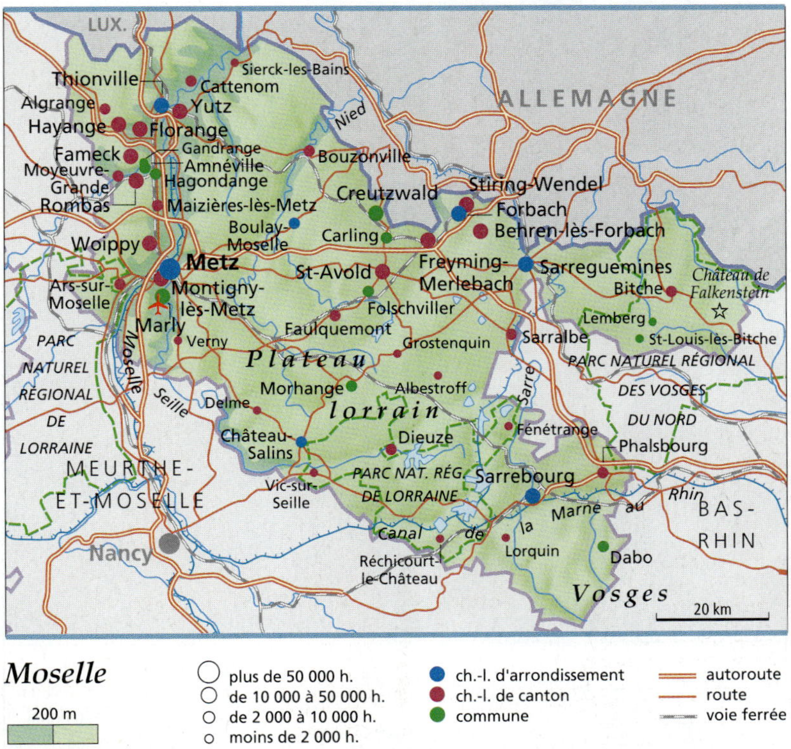

Lautrec perpétuent le souvenir du cabaret (*Moulin-Rouge/La Goulue*, affiche de 1891 ; *Au Moulin-Rouge*, toile de 1892, musée de Chicago).

MOULINS (03000), ch.-l. du dép. de l'Allier, dans le Bourbonnais, sur l'Allier, à 292 km au S. de Paris ; 22 667 hab. *(Moulinois)*. Évêché. Constructions mécaniques. — Cathédrale des XVe et XIXe s. (triptyque du Maître de Moulins ; vitraux) ; maisons anciennes ; deux musées.

MOULINS (le Maître de), nom donné à un peintre non identifié avec certitude (le Néerlandais Jean Hey ?), actif en Bourbonnais à la fin du XVe s. Il est au moins l'auteur du célèbre triptyque de *la Vierge en gloire* de la cathédrale de Moulins et de divers portraits des Bourbons (Louvre).

MOULMEIN, v. de Birmanie, sur la Salouen ; 322 000 hab. Port.

MOULOUYA n.f., fl. du Maroc oriental, qui se jette dans la Méditerranée ; 450 km.

MOUNDOU, v. du sud du Tchad ; 102 000 hab.

MOUNET-SULLY (Jean Sully **Mounet,** dit), *Bergerac 1841 - Paris 1916,* acteur français. Il interpréta à la Comédie-Française les grands rôles du répertoire tragique. — **Jean-Paul,** dit **Paul Mounet,** *Bergerac 1847 - Paris 1922,* acteur français, frère de Mounet-Sully.

MOUNIER (Emmanuel), *Grenoble 1905 - Châtenay-Malabry 1950,* philosophe français. Son aspiration à la justice et sa foi chrétienne sont à l'origine du *personnalisme,* mouvement qu'il anima notamm. grâce à la revue *Esprit,* fondée par lui-même en 1932.

MOUNIER (Jean-Joseph), *Grenoble 1758 - Paris 1806,* homme politique français. Il provoqua la réunion à Vizille des états du Dauphiné (1788), prélude à la Révolution. Député du tiers aux États généraux, il proposa le serment du Jeu de paume (20 juin 1789) et fut un des créateurs du groupe des monarchiens. Déçu de l'évolution prise par la Révolution, il démissionna dès nov. 1789 et s'exila jusqu'en 1801.

MOUNTBATTEN OF BURMA (Louis, comte), *Windsor 1900 - en mer 1979,* amiral britannique. Commandant à Ceylan les forces alliées du Sud-Est asiatique (1943), il conquit la Birmanie et reçut la capitulation des Japonais à Saigon en 1945. Dernier vice-roi des Indes en 1947, il fut le premier chef d'état-major de la défense (1959 - 1965). Il fut tué sur son yacht, victime d'un attentat de l'IRA.

MOUNT VERNON, lieu-dit des États-Unis (Virginie), sur le Potomac. Anc. domaine et tombeau de Washington.

MOURAD → **MURAD.**

MOURENX [murɛ̃s] (64150), comm. des Pyrénées-Atlantiques ; 7 672 hab. Ville créée près du gisement de gaz naturel de Lacq. Chimie.

MOURMANSK, v. de Russie, sur la mer de Barents ; 468 000 hab. Port.

MOURMELON-LE-GRAND (51400), comm. de la Marne ; 5 822 hab. Camp militaire.

MOUSCRON, v. de Belgique, ch.-l. d'arrond. du Hainaut ; 53 513 hab. Textile.

MOUSSEY (57770), comm. de la Moselle ; 654 hab. Chaussures.

MOUSSORGSKI (Modest Petrovitch), *Karevo 1839 - Saint-Pétersbourg 1881,* compositeur russe. Membre du groupe des Cinq, il composa des opéras (*Boris Godounov,* 1874 ; *la Khovantchtchina,* 1886), des mélodies d'un puissant réalisme et des pièces pour piano *(Tableaux d'une exposition).*

MOUSTIERS-SAINTE-MARIE (04360), ch.-l. de cant. des Alpes-de-Haute-Provence ; 635 hab. Station touristique. — Église romane et gothique. Faïences (importante production au XVIIIe s. surtout ; musée).

MOUTHE (25240), ch.-l. de cant. du Doubs ; 913 hab. Sports d'hiver.

MOÛTIERS (73600), ch.-l. de cant. de la Savoie, en Tarentaise, sur l'Isère ; 4 631 hab. Cathédrale surtout du XVe s.

MOUTON (Georges), comte **de Lobau,** *Phalsbourg 1770 - Paris 1838,* maréchal de France. Aide de camp de Napoléon (1805), il s'illustra à Friedland (1807) et dans l'île Lobau (1809). Commandant la Garde nationale de Paris (1830), il fut fait maréchal par Louis-Philippe.

MOUTON-DUVERNET (Régis Barthélemy, baron), *Le Puy 1769 - Lyon 1816,* général français. Rallié à Napoléon durant les Cent-Jours, il proposa après Waterloo la reconnaissance du roi de Rome. Il se constitua prisonnier et fut fusillé.

MOUVAUX (59420), comm. du Nord ; 13 341 hab.

Mouvement (parti du), tendance politique libérale qui, au début de la monarchie de Juillet, s'opposa au parti de la *Résistance. Ses principaux chefs étaient La Fayette, Laffitte et O. Barrot.

Mouvement de libération des femmes → **MLF.**

Mouvement des entreprises de France → **Medef.**

Mouvement républicain populaire → **MRP.**

MOUY (60250), ch.-l. de cant. de l'Oise ; 5 419 hab. Constructions électriques. — Vestiges d'un château fort ; église gothique.

MOUZON (08210), ch.-l. de cant. des Ardennes, sur la Meuse ; 2 681 hab. *(Mouzonnais).* Revêtements de sol. — Église du XIIIe s., anc. abbatiale.

Moyen Âge, période de l'histoire du monde située entre l'Antiquité et l'époque moderne. (V. partie n. comm.)

MOYEN-CONGO, anc. territoire de l'A.-É.F. (→ Congo).

MOYEN-ORIENT, ensemble formé par l'Égypte et par les États d'Asie occidentale. L'expression englobe parfois aussi l'Afghanistan, le Pakistan et la Libye. Elle recouvre partiellement l'ensemble désigné sous le nom de *Proche-Orient.*

MOYEN-PAYS, autre nom du *Plateau [Suisse].

MOYEUVRE-GRANDE (57250), ch.-l. de cant. de la Moselle ; 9 083 hab. Métallurgie.

MOYNIER (Gustave), *Genève 1826 - id. 1910,* juriste et philanthrope suisse. Il fut l'un des fondateurs de la Croix-Rouge (1863).

MOZAMBIQUE n.m., État d'Afrique, sur l'océan Indien ; 785 000 km^2 ; 16 540 000 hab. *(Mozambicains).* CAP. *Maputo.* LANGUE : *portugais.* MONNAIE : *metical.*

GÉOGRAPHIE

Le pays, bien arrosé, est formé essentiellement d'une vaste plaine côtière, s'élevant vers l'intérieur. L'économie est à dominante agricole (manioc, canne à sucre, coton, thé, noix de cajou). La guerre civile (années 1980 surtout), un endettement élevé, un lourd déficit commercial, ainsi que des périodes de sécheresse expliquent ou traduisent la situation économique catastrophique du pays, l'un des plus pauvres du monde.

HISTOIRE

X^e^ - XVe s. : le pays, peuplé de Bantous, est organisé en petites chefferies dirigées par des dynasties héréditaires, les royaumes Maravi. Il exporte vers le sud l'ivoire local. **1490 :** les Portugais s'installent le long des côtes ; les commerçants arabes détournent le commerce vers le Zambèze. **1544 :** Lourenço Marques fonde une ville, à laquelle il donne son nom (auj. Maputo). **XVIIe - XVIIIe s. :** l'influence portugaise s'affirme dans les basses vallées orientales. **1886 - 1893 :** les frontières de la nouvelle colonie portugaise sont fixées par des accords avec l'Allemagne et la Grande-Bretagne. **1951 :** le Mozambique devient « province portugaise » d'outre-mer. **1964 :** le Front de libération du Mozambique (Frelimo), fondé deux ans auparavant, entame la guérilla contre la domination portugaise. **1975 :** l'indépendance est proclamée. Le président du Frelimo, Samora Machel, devient président de la République populaire. La situation économique s'aggrave dans les années qui suivent et, à partir de 1979, une rébellion armée anticommuniste se développe avec le soutien de l'Afrique du Sud. **1986 :** Joaquim Chissano succède à S. Machel. **1990 :** une nouvelle Constitution

met fin à quinze ans de régime de parti unique et instaure le pluralisme. **1992 :** J. Chissano et le chef de la rébellion signent un accord de paix. **1994 :** la première élection présidentielle pluraliste confirme J. Chissano à la tête de l'État (réélu en 1999). **1995 :** le Mozambique devient membre du Commonwealth.

MOZAMBIQUE (canal de) ou **CANAL DU MOZAMBIQUE,** bras de mer de l'océan Indien, entre l'Afrique (Mozambique) et Madagascar.

MOZAMBIQUE (courant du), courant marin chaud. Il se dirige du N. au S. le long de la côte orientale de l'Afrique et le long de la côte occidentale de Madagascar.

MOZART (Wolfgang Amadeus), *Salzbourg 1756 - Vienne 1791,* compositeur allemand. Un des plus grands maîtres de l'opéra, il est l'auteur de *l'Enlèvement au sérail* (1782), des *Noces de Figaro* (1786), de *Don Giovanni* (1787), de *Così fan tutte* (1790), de *la Flûte enchantée* (1791). Il a traité avec bonheur tous les genres, écrivant des symphonies (parmi lesquelles les symphonies nº 40, en *sol* mineur, et nº 41, *Jupiter*), des sonates, 27 concertos pour piano, des œuvres de musique de chambre (23 quatuors à cordes, trios, quintettes) et de la musique religieuse (*Requiem,* 1791). Maître de la mélodie, il recherche la pureté, l'élégance, et sait atteindre la grandeur par la simplicité et la grâce. Mais, derrière la clarté et la fantaisie, transparaissent l'ironie et le tremblement d'une âme inquiète.

■ **MOZART.** (Maison Mozart, Salzbourg.)

MOZI, *v. 479 - v. 381 av. J.-C.,* philosophe chinois. S'opposant au confucianisme, il soutint une doctrine de l'amour universel appuyée sur une forte argumentation logique et dialectique, et fit école.

MROZEK (Sławomir), *Borzęcin 1930,* écrivain polonais. Nouvelliste satirique *(l'Éléphant),* il use du grotesque dans son théâtre *(Tango, les Émigrés)* pour montrer l'aliénation de l'individu par les stéréotypes sociaux.

MRP (Mouvement républicain populaire), parti politique français créé en 1944 et qui regroupa les démocrates-chrétiens. Fondé par d'anciens résistants (dont G. Bidault et M. Schumann), il devint, en 1945, le premier parti politique français et participa, au cours de la IVe République, à la plupart des gouvernements. Il s'effaça à partir de 1967 devant le Centre démocrate (→ **UDF**).

MSILA, v. d'Algérie, ch.-l. de wilaya ; 83 000 hab.

MUAWIYA Ier, *La Mecque v. 603 - Damas 680,* calife (661 - 680), fondateur de la dynastie omeyyade.

MUCHA (Alfons), *Ivančice, Moravie, 1860 - Prague 1939,* peintre et dessinateur tchèque. Établi à Paris de 1888 à 1904, il fut un des promoteurs de l'Art nouveau (affiches, notamm. pour Sarah Bernhardt).

MUCIUS SCAEVOLA (Caius), *fin du VIe s. av. J.-C.,* héros légendaire romain. Il pénétra de nuit dans le camp des Étrusques pour tuer le roi Porsenna. Démasqué, il mit sa main sur un brasier pour se punir de son échec (d'où son nom de Scaevola, « le gaucher »).

MUDANJIANG, v. de Chine (Heilongjiang) ; 581 000 hab. Centre industriel.

MUDDY WATERS (McKinley **Morganfield**, dit), *Rolling Fork, Mississippi, 1915 - Downers Grove, Illinois, 1983,* chanteur et guitariste américain de blues. Sa voix grave et chaude, son jeu de guitare insolite et son orchestre aux brillants solistes en firent un précurseur du rock *(I'm a Man ; Hoochie-Coochie Man).*

MUFULIRA, v. de Zambie ; 150 000 hab. Cuivre.

MUGABE (Robert Gabriel), *Kutama 1924,* homme politique du Zimbabwe. Premier ministre depuis l'indépendance (1980), il est président de la République depuis 1987.

MUGELLO n.m., région de la Toscane.

MUHAMMAD → MAHOMET.

MUHAMMAD V ou **MOHAMMED V,** *Fès 1909 - Rabat 1961,* sultan (1927), puis roi (1957 - 1961) du Maroc, de la dynastie des Alawites. Il soutint dès 1944 l'Istiqlal, fut déposé par la France en 1953 et exilé. Rappelé en 1955, il obtint l'indépendance du Maroc (1956) et devint roi.

MUHAMMAD VI ou **MOHAMMED VI,** *Rabat 1963,* roi du Maroc, de la dynastie des Alawites. Fils aîné de Hasan II, il lui a succédé en 1999.

■ **MUHAMMAD VI**

MUHAMMAD ABDUH, *en Égypte 1849 - Alexandrie 1905,* réformateur musulman. Disciple de Djamal al-Din al-Afghani et mufti d'Égypte à partir de 1889, il prôna le retour aux sources de l'islam et la nécessité de l'instruction.

MUHAMMAD AHMAD IBN ABD ALLAH → MAHDI (al-).

MUHAMMAD AL-SADUQ, *Tunis 1812 - id. 1882,* bey de Tunis (1859 - 1882). Il signa le traité du Bardo instituant le protectorat français (1881).

MUHAMMAD IBN ABD AL-WAHHAB, *dans le Nadjd 1703 - 1792,* fondateur du courant réformiste puritain wahhabite. Il fonda avec les Saoudiens un État indépendant en Arabie (1744).

Mühlberg (bataille de) [24 avr. 1547], victoire de Charles Quint sur les protestants de la ligue de Smalkalde à Mühlberg an der Elbe (Brandebourg).

MUISCA ou **CHIBCHA,** peuple précolombien des hautes terres de la Colombie, dont la civilisation s'épanouit entre 1000 et 1500 apr. J.-C.

MUKALLA (al-), v. du Yémen, sur le golfe d'Aden ; 154 000 hab. Port.

MULHACÉN n.m., point culminant de la péninsule Ibérique (Andalousie), dans la sierra Nevada ; 3 478 m.

MÜLHEIM AN DER RUHR, v. d'Allemagne (Rhénanie-du-Nord-Westphalie), dans la Ruhr ; 177 175 hab. Métallurgie.

MULHOUSE, ch.-l. d'arrond. du Haut-Rhin, sur l'Ill ; 112 002 hab. *(Mulhousiens)* [plus de 230 000 hab. dans l'agglomération]. Université. Industries mécaniques, électriques, chimiques et textiles. – Musées artistiques et techniques. – À proximité, potasse.

MULLER (Hermann Joseph), *New York 1890 - Indianapolis 1967,* biologiste américain. Ses recherches sur la génétique, en particulier sur les mutations obtenues par l'action des rayons X, lui valurent le prix Nobel en 1946.

MÜLLER (Heiner), *Eppendorf 1929 - Berlin 1995,* auteur dramatique allemand. Il est passé d'un théâtre didactique inspiré de Brecht (*le Chantier,* 1964) à des pièces fondées sur une critique pessimiste de l'histoire contemporaine et sur la réécriture d'œuvres anciennes (*Hamlet-machine,* 1978 ; *Quartett,* 1980).

MÜLLER (Johannes **von**), *Schaffhouse 1752 - Kassel 1809,* historien suisse, auteur de la première *Histoire de la Confédération suisse* (1786 - 1808).

MÜLLER (Karl Alexander), *Bâle 1927,* physicien suisse. Il a synthétisé, en 1986, avec J. Bednorz, une céramique supraconductrice à une température de 35 K. (Prix Nobel 1987.)

MÜLLER (Paul Hermann), *Olten 1899 - Bâle 1965,* biochimiste suisse. Il inventa le DDT. (Prix Nobel de physiologie ou de médecine 1948.)

MULLIKEN (Robert Sanderson), *Newburyport 1896 - Arlington, Virginie, 1986,* chimiste américain. Pour rendre compte de la structure électronique et des liaisons dans les molécules, il a introduit les notions d'orbitales atomiques et d'orbitales moléculaires. (Prix Nobel 1966.)

MULLIS (Kary Banks), *Lenoir, Caroline du Nord, 1944,* biochimiste américain. Il a découvert et mis au point une technique de multiplication de l'ADN. (Prix Nobel de chimie 1993.)

MULRONEY (Brian), *Baie-Comeau 1939,* homme politique canadien. Chef du Parti conservateur, il est Premier ministre de 1984 à 1993.

MULTAN, v. du Pakistan ; 730 000 hab. Centre industriel. – Nombreux mausolées (XIIIe-XVIe s.), mosquées (XVIIIe s.).

MULTATULI (Eduard **Douwes Dekker,** dit), *Amsterdam 1820 - Nieder-Ingelheim 1887,* écrivain néerlandais. Son roman *Max Havelaar* (1860) dénonce la corruption colonialiste.

MUMBAI → BOMBAY.

MUN (Albert, comte **de**), *Lumigny, Seine-et-Marne, 1841 - Bordeaux 1914,* homme politique français. Officier, initié au catholicisme social, il fonda les Cercles catholiques d'ouvriers (1871). Député à partir de 1876, il se fit le défenseur d'une législation sociale avancée. (Acad. fr.)

MUNCH (Charles), *Strasbourg 1891 - Richmond, Virginie, 1968,* violoniste et chef d'orchestre français. Il dirigea les orchestres de la Société des concerts du Conservatoire, de Boston et de Paris.

M

MUNCH (Edvard), *Løten 1863 - près d'Oslo 1944,* peintre et graveur norvégien. Ses thèmes dominants sont l'angoisse, la difficulté de vivre (*le Cri,* 1893, Galerie nationale, Oslo ; *Vigne vierge rouge,* 1900, musée Munch, Oslo). Précurseur de l'expressionnisme, notamm. allemand.

MÜNCHHAUSEN (Karl Hieronymus, baron **von**), *Gut Bodenwerder, Hanovre, 1720 - id. 1797,* officier allemand. Ses fanfaronnades en ont fait un personnage de légende, dont les aventures ont inspiré de nombreux écrivains et cinéastes.

MUNDA, anc. v. d'Espagne, en Bétique, où César battit les lieutenants de Pompée (45 av. J.-C.).

MUNDA, famille ethnolinguistique regroupant les populations tribales de l'Inde orientale (env. 14 millions de locuteurs).

MUNDELL (Robert Alexander), *Kingston 1932,* économiste canadien. Keynésien, il a posé les fondements théoriques qui dominent les choix concrets de politique monétaire et fiscale en économie ouverte. Il a aussi montré, dès les années 1960, les avantages de l'adoption d'une monnaie unique par des « zones monétaires optimales ». (Prix Nobel 1999.)

MUNDOLSHEIM (67450), ch.-l. de cant. du Bas-Rhin ; 5 317 hab.

MUNDURUKU, groupe amérindien du Brésil (env. 1 500), vivant dans la région des rivières Tapajós et Madeira, et parlant une langue tupi.

MUNICH [mynik], en all. **München,** v. d'Allemagne, cap. de la Bavière, sur l'Isar ; 1 255 623 hab. *(Munichois).* Métropole culturelle, commerciale et industrielle (constructions électriques et mécaniques, agroalimentaire, chimie) du sud de l'Allemagne. – Cathédrale (XVe s.) et église St-Michel (fin du XVIe s.) ; Résidence (palais royal) des XVe-XIXe s. ; monuments baroques du

■ **MUNICH.** La cathédrale (XVe s.) et, à droite, le nouvel hôtel de ville (XIXe s.).

XVIIIe s. par les Asam ou par Cuvilliés, néoclassiques par Klenze. Importants musées, dont les très riches Ancienne et Nouvelle Pinacothèques (chefs-d'œuvre des écoles européennes), la Glyptothèque (sculpture grecque et romaine), le musée allemand des Sciences et Techniques. – Fondée en 1158, Munich devint en 1255 la résidence des Wittelsbach. Capitale du royaume de Bavière à partir de 1806, elle fut dans les années 1920 l'un des principaux foyers du national-socialisme.

Munich (accords de) [29 - 30 sept. 1938], accords signés entre la France (Daladier), la Grande-Bretagne (Chamberlain), l'Allemagne (Hitler) et l'Italie (Mussolini). Ils prévoyaient l'évacuation du territoire des Sudètes par les Tchèques et son occupation par les troupes allemandes. L'acceptation par les démocraties des exigences allemandes amena un soulagement dans l'opinion publique européenne, qui crut avoir échappé à la guerre, mais elle encouragea Hitler dans sa politique d'expansion.

MUNSTER [mœstɛr] (68140), ch.-l. de cant. du Haut-Rhin, sur la Fecht ; 4 954 hab. Fromages. – Hôtel de ville de 1550.

MUNSTER, prov. de la république d'Irlande ; 1 009 533 hab. ; cap. *Cork.*

MÜNSTER, v. d'Allemagne (Rhénanie-du-Nord-Westphalie), dans le *bassin de Münster ;* 267 367 hab. Université. – Monuments anciens et musées. – Münster fut l'un des lieux de négociation des traités de Westphalie (1648).

MUNTANER (Ramon), *Perelada 1265 - Ibiza 1336,* chroniqueur catalan, auteur d'une *Chronique* des règnes de Jacques Ier, Pierre III, Alphonse III et Jacques II.

MUNTÉNIE n.f., région de Roumanie, à l'E. de l'Olt, partie orientale de la Valachie ; cap. *Bucarest.*

MÜNTZER ou **MÜNZER** (Thomas), *Stolberg, Harz, v. 1489 - Mühlhausen, Thuringe, 1525,* réformateur allemand. L'un des fondateurs de l'anabaptisme, il prit les armes à la tête d'une armée de paysans, fut battu par les princes à Frankenhausen (1525) et exécuté.

MUQDISHO, anc. **Mogadishu,** et, en ital. **Mogadiscio,** cap. de la Somalie, sur l'océan Indien ; 1 000 000 hab.

MU QI, *prov. du Sichuan début XIIIe s. - apr. 1269,* peintre chinois. Moine de la secte bouddhique chan (zen), il vivait comme son ami Liang Kai près de Hangzhou. Son audace plastique, sa spontanéité et la sobriété de son trait en font le plus grand représentant de la peinture à l'encre.

MUR n.f., riv. d'Europe (Autriche, Slovénie et Croatie), affl. de la Drave (r. g.) ; 445 km. Elle passe à Graz. Aménagements hydroélectriques.

MURAD Ier, *v. 1326 - Kosovo 1389,* sultan ottoman (1359 - 1389). Fils d'Orhan Gazi, il installa sa capitale à Andrinople, soumit la Thrace, la Macédoine, la Bulgarie et écrasa les Serbes et leurs alliés à Kosovo (1389). – **Murad II,** *Amasya 1404 - Andrinople 1451,* sultan ottoman (1421 - 1451). Il rétablit l'autorité ottomane dans les Balkans et en Asie Mineure. – **Murad III,** *Manisa 1546 - Istanbul 1595,* sultan ottoman (1574 - 1595). – **Murad IV,** *Istanbul 1612 - id. 1640,* sultan ottoman (1623 - 1640).

MURAD BEY, *en Circassie v. 1750 - près de Talsta 1801,* chef des Mamelouks d'Égypte. Il fut battu par Bonaparte aux Pyramides en 1798.

Muraille (la Grande), muraille défensive qui sépare la Chine et la Mongolie sur plus de 5 000 km. Sa construction a commencé au IIIe s. av. J.-C. Son tracé actuel date de l'époque Ming (XVe-XVIIe s.).

MURANO, agglomération de la comm. de Venise, sur une île de la lagune. Église du XIIe s. Verrerie d'art (musée).

MURASAKI SHIKIBU, *v. 978 - v. 1014,* femme de lettres japonaise, auteur du **Genji monogatari.*

MURAT (15300), ch.-l. de cant. du Cantal ; 2 338 hab. Église du XVe s. Maison de la Faune.

MURAT (Joachim), *Labastide-Fortunière, auj. Labastide-Murat, 1767 - Pizzo, Calabre, 1815,* maréchal de France. Aide de camp de Bonaparte en Italie (1796), il épousa Caroline Bonaparte (1800). Fait maréchal en 1804, cavalier prestigieux, il commanda en chef en Espagne (1808), puis devint roi de Naples la même année. En 1815, cherchant à revenir dans son royaume, il fut arrêté et fusillé.

MURATORI (Lodovico Antonio), *Vignola, près de Modène, 1672 - Modène 1750,* historien italien, fondateur de l'historiographie médiévale italienne, notamm. par la publication des *Rerum Italicarum scriptores* (25 vol., 1723 - 1751).

MURCIE, v. d'Espagne, cap. de la *communauté autonome de Murcie* et ch.-l. de prov. ; 328 100 hab. La communauté autonome, correspondant à la prov., compte 1 046 561 hab. – Cathédrale des XVe, XVIe et XVIIIe s. ; musée consacré au sculpteur Francisco Salzillo (XVIIIe s.).

MUR-DE-BRETAGNE (22530), ch.-l. de cant. des Côtes-d'Armor ; 2 136 hab.

Mur des lamentations, vestiges de l'enceinte occidentale du Temple bâti par Hérode à Jérusalem. Les juifs viennent y prier et déplorer la destruction du Temple et la dispersion d'Israël.

MURDOCH (Dame Iris), *Dublin 1919 - Oxford 1999,* femme de lettres britannique d'origine irlandaise. Ses récits décrivent les déchirements d'êtres qui n'aspirent cependant qu'à s'unir (*Sous le filet,* 1954 ; *la Mer, la Mer,* 1978 ; *l'Élève du philosophe,* 1983).

MURDOCH (Rupert), *Melbourne 1931,* homme d'affaires australien naturalisé américain. Magnat de la presse britannique *(The Sun, The Times),* il dirige le groupe News Corporation et a développé ses activités dans l'audiovisuel.

MURE (La) [38350], ch.-l. de cant. de l'Isère ; 5 394 hab. Anc. mine d'anthracite.

MUREAUX (Les) [78130], comm. des Yvelines, sur la Seine ; 32 100 hab. *(Muriautins).* Industrie aérospatiale.

MURER (Fredi Melchior), *Beckenried, Nidwald, 1940,* cinéaste suisse. Dans ses documentaires ou ses films de fiction, il peint l'univers de la montagne avec une rare justesse : *l'Âme sœur* (1985), *la Montagne verte* (1990).

MUREȘ n.m., en hongr. **Maros,** riv. de Roumanie et de Hongrie, affl. de la Tisza (r. g.) ; 803 km.

MURET (31600), ch.-l. d'arrond. de la Haute-Garonne, sur la Garonne ; 21 446 hab. *(Murétains).* Église reconstruite au XIVe s. – En 1213, pendant la croisade des albigeois, le comte Raimond VI de Toulouse et le roi Pierre II d'Aragon y furent vaincus par Simon IV de Montfort.

MURET (Marc-Antoine), *Muret 1526 - Rome 1585,* humaniste français, auteur de poésies latines *(Juvenilia).*

MUREYBAT, site archéologique de Syrie, où fut découverte la plus ancienne (v. 8000 av. J.-C.) activité agricole volontaire. Il a été recouvert par les eaux d'un barrage sur le moyen Euphrate.

MURGER (Henri), *Paris 1822 - id. 1861,* écrivain français, auteur du roman *Scènes de la vie de bohème* (1848).

MURILLO (Bartolomé Esteban), *Séville 1618 - id. 1682,* peintre espagnol. Son œuvre comprend à la fois des compositions religieuses d'une dévotion tendre (grands cycles destinés aux couvents de Séville ; *Immaculées ; Saintes Familles*), des scènes de genre et des portraits.

MURNAU (Friedrich Wilhelm **Plumpe,** dit Friedrich Wilhelm), *Bielefeld 1888 - Santa Barbara, Californie, 1931,* cinéaste allemand. Hanté par les thèmes de la fatalité et de la mort, il a porté le cinéma muet à la plénitude de sa puissance expressive : *Nosferatu le vampire* (1922), *le Dernier des hommes* (1924), *l'Aurore* (1927), *Tabou* (1931, avec Flaherty).

Muromachi (période de) [1338 - 1573], période de l'histoire du Japon dominée par le gouvernement des shoguns Ashikaga, dont la cour était établie à Muromachi, faubourg de Kyoto.

MURORAN, v. du Japon (Hokkaido) ; 117 855 hab. Port. Métallurgie.

MURPHY (Robert), *New York 1887 - id. 1973,* ornithologue américain. Explorateur de tous les rivages du Pacifique, il a rassemblé à l'American Museum (à New York) plus d'un million de spécimens.

MURRAY n.m., principal fl. d'Australie, né dans la Cordillère australienne, qui se jette dans l'océan Indien ; 2 589 km ; bassin de 1 073 000 km².

MURRAY (Jacques **Stuart,** comte **de**) → **MORAY.**

MURRAY (James), *Ballencrief, Écosse, 1721 - Battle, Sussex, 1794,* général britannique. Premier gouverneur britannique du Canada (1763 - 1766), il respecta les traditions des Canadiens français.

MÜRREN, station touristique de Suisse (cant. de Berne), dans l'Oberland bernois, à 1 645 m d'alt.

MURRUMBIDGEE n.m., riv. d'Australie, affl. du Murray (r. dr.) ; 1 680 km. Irrigation.

MURUROA, atoll de la Polynésie française, dans l'archipel des Tuamotu. De 1966 à 1996, base française d'expérimentations de charges nucléaires.

MURVIEL-LÈS-BÉZIERS (34490), ch.-l. de cant. de l'Hérault ; 2 416 hab.

MUSALA (pic), de 1949 à 1962 **pic Staline,** point culminant de la Bulgarie, dans le Rhodope ; 2 925 m.

MUSES MYTH. GR. Les 9 déesses qui président aux arts libéraux : Clio, Euterpe, Thalie, Melpomène, Terpsichore, Érato, Polymnie, Uranie, Calliope.

Muséum national d'histoire naturelle, établissement scientifique français, fondé à Paris en 1793 à partir du *Jardin du roi* (1635). Il comprend, au *Jardin des Plantes,* des laboratoires de recherche en sciences de la Terre, de la vie et de l'homme, des collections de sciences naturelles, une ménagerie et un vivarium, ainsi que plusieurs galeries présentant des expositions. La grande galerie de l'Évolution est consacrée à la diversité du monde vivant et à l'action de l'homme sur la nature. Dépendent aussi du Muséum le Parc zoologique de Paris (zoo de Vincennes) et le musée de l'Homme.

■ **MUSÉUM NATIONAL D'HISTOIRE NATURELLE.** La grande galerie de l'Évolution.

Museum of Modern Art ou **MOMA,** musée d'art moderne et contemporain installé à New York, au centre de Manhattan. Ses très riches collections internationales vont du postimpressionnisme à l'époque contemporaine.

MUSHIN, v. du Nigeria, banlieue nord de Lagos ; 301 500 hab.

MUSIL (Robert), *Klagenfurt 1880 - Genève 1942,* écrivain autrichien. Ses romans analysent la crise sociale et spirituelle de la civilisation européenne (*les Désarrois de l'élève Törless,* 1906) et sont pour lui comme un moyen de retrouver une unité personnelle et une communion humaine (*l'Homme sans qualités,* 1930 - 1933, inachevé).

MUSSET (Alfred **de**), *Paris 1810 - id. 1857,* écrivain français. Introduit dans le cénacle de Nodier, il se fait connaître par ses *Contes d'Espagne et d'Italie* (1830). Des essais malheureux au théâtre, puis une liaison orageuse avec G. Sand bouleversent sa vie. Musset publie des pièces destinées à la lecture (*Un caprice,* publié en 1837, ne sera, ainsi, représenté qu'en 1847), dont *les Caprices de Marianne* (1833), *Fantasio, On ne badine pas avec l'amour* et **Lorenzaccio* (1834), *le Chandelier* (1835), *Il ne faut jurer de rien* (1836), des poèmes (*les Nuits,* 1835 - 1837), un roman autobiographique (*la Confession d'un enfant du siècle,* 1836). À partir de 1838, malade et usé par les excès, il écrira encore des contes (*Mimi Pinson,* 1845), des proverbes (*Il faut qu'une porte soit ouverte ou fermée,* 1845), des fantaisies poétiques, exprimant les contradictions de sa personnalité : poète de la douleur et des sentiments exacerbés, il est aussi le poète de la fantaisie légère. Son théâtre a été rassemblé sous le titre général de *Comédies et proverbes*. (Acad. fr.)

MUSSIDAN (24400), ch.-l. de cant. de la Dordogne, sur l'Isle ; 2 888 hab. Musée des Arts et Traditions populaires du Périgord.

MUSSOLINI (Benito), *Dovia di Predappio, Romagne, 1883 - Giulino di Mezzegra, Côme, 1945,* homme politique italien. Instituteur, maçon, puis journaliste et militant socialiste, il préconise en 1914 une politique nationaliste et militariste. Après la Première Guerre mondiale, il fonde les Faisceaux italiens de combat, noyau du Parti fasciste (1919). Il convainc le roi Victor-Emmanuel III, après la marche sur Rome, de lui confier le gouvernement (1922). Après le succès des fascistes aux élections de 1924, il élimine les opposants et se fait octroyer des pouvoirs dictatoriaux (1925), devenant véritablement le *Duce.* Il entreprend une politique de grands travaux (assèchement des marais Pontins) et signe les accords du Latran (1929), qui lui attirent la reconnaissance des catholiques. Rêvant d'un empire colonial, il conquiert l'Éthiopie (1935 - 1936) et rompt avec les démocraties occidentales. Il se rapproche alors de Hitler, avec lequel il forme l'axe Rome-Berlin (1936), renforcé par le pacte d'Acier (1939). En 1940, il lance l'Italie dans la guerre aux côtés de l'Allemagne hitlérienne. Devant les échecs militaires, il est désavoué par les chefs fascistes et arrêté sur l'ordre du roi (1943). Après avoir été délivré par les parachutistes allemands, il constitue, dans le nord de l'Italie, à Salo, une « République sociale italienne », qui ne survit pas à la défaite allemande. Reconnu par des partisans alors qu'il cherche à fuir vers la Suisse, il est fusillé le 28 avr. 1945.

■ **MUSSET**
par C. Landelle.
(Château de Versailles.)

■ **MUSSOLINI**
en 1940.

MUSSY-SUR-SEINE (10250), ch.-l. de cant. de l'Aube ; 1 308 hab. Église de la fin du XIIIe s.

MUSTAFA KEMAL PAŞA → ATATÜRK.

MÜSTAIR, comm. de Suisse (Grisons), dans l'E. du canton ; 843 hab. Couvent fondé à la fin du VIIIe s. : église avec remarquables peintures carolingiennes, bâtiments des XIe-XIIe s. ; petit musée.

MUTANABBI (al-), *Kufa 915 - près de Bagdad 965,* poète arabe, auteur d'un *Divan.*

MUTARE, anc. **Umtali,** v. de l'est du Zimbabwe ; 132 000 hab.

MUTI (Riccardo), *Naples 1941,* chef d'orchestre italien. À la tête notamment de l'Orchestre de Philadelphie (1980 - 1992) et de la Scala de Milan (depuis 1986), il a élargi son répertoire des opéras italiens à la musique symphonique (de Mozart à Chostakovitch).

MUTSUHITO → MEIJI TENNO.

MUTTENZ, v. de Suisse (Bâle-Campagne), banlieue de Bâle ; 17 181 hab. Église médiévale.

MUTZIG (67190), comm. du Bas-Rhin ; 6 039 hab. Brasserie. – Anc. château (musée).

MUY (Le) [83490], ch.-l. de cant. du Var ; 7 908 hab. Église gothique d'env. 1500.

MUYBRIDGE (Edward James **Muggeridge,** dit Eadweard), *Kingston-on-Thames 1830 - id. 1904,* photographe américain d'origine britannique. Pionnier de la photographie du mouvement, il enregistra les phases du galop d'un cheval (1878). Ses travaux influencèrent E. J. Marey.

MUZAFFARPUR, v. d'Inde (Bihar) ; 240 450 hab. Université.

MUZILLAC (56190), ch.-l. de cant. du Morbihan ; 3 895 hab.

MWANZA, v. de Tanzanie, sur le lac Victoria ; 223 000 hab.

MWERU → MOERO.

MYANMAR → BIRMANIE.

Mycale (bataille du cap) [479 av. J.-C.], bataille de la seconde guerre médique. Victoire des Grecs qui incendièrent la flotte perse au cap Mycale, en face de Samos.

MYCÈNES, village de Grèce, dans le Péloponnèse (nome de l'Argolide). [Hab. *Mycéniens.*] Capitale légendaire des Atrides, Mycènes fut, à partir du XVIe s. av. J.-C., le centre d'une civilisation historique, dite *mycénienne,* dont les nombreux vestiges (enceinte, quartiers d'habitation, cercles de tombes, tholos d'Atrée), ainsi que l'orfèvrerie et les céramiques témoignent d'une esthétique originale, dégagée de l'influence minoenne. La ville fut ruinée par l'invasion des Doriens (fin du IIe millénaire).

MYINGYAN, v. de Birmanie, sur l'Irrawaddy ; 220 000 hab.

MYKERINUS ou **MYKÉRINOS,** pharaon de la IVe dynastie (v. 2600 av. J.-C.). Il fit élever la troisième pyramide de Gizeh.

MYKOLAÏV, anc. **Nikolaïev,** v. d'Ukraine, sur la mer Noire ; 512 000 hab. Port. Centre industriel.

MÝKONOS, île grecque de la partie nord-est des Cyclades ; 3 000 hab. Tourisme.

MYMENSINGH, v. du Bangladesh, au N. de Dacca ; 186 000 hab.

MYRDAL (Karl Gunnar), *Gustafs, Dalécarlie, 1898 - Stockholm 1987,* économiste et homme politique suédois. Considéré comme l'un des pères fondateurs du « modèle suédois », il s'est aussi intéressé à la question noire aux États-Unis et au problème du sous-développement. (Prix Nobel 1974.)

MYRMIDONS, anc. peuplade de Thessalie, qui prit part à la guerre de Troie.

MYRON, sculpteur grec né en Attique dans le 2e quart du Ve s. av. J.-C., auteur du **Discobole* (copie au musée des Thermes, Rome).

MYSIE, anc. contrée du nord-ouest de l'Asie Mineure, où les Grecs fondèrent des colonies. V. princ. *Pergame.*

MYSORE, anc. État de l'Inde qui a pris, en 1973, le nom de Karnataka.

MYSORE, v. d'Inde (Karnataka) ; 652 246 hab. Textiles. – Anc. capitale de l'État du même nom. – Palais de style indo-musulman (XIXe s.), devenu musée. Centre de pèlerinage shivaïte.

MY THO, v. du Viêt Nam méridional ; 120 000 hab.

MYTILÈNE → LESBOS.

MZAB n.m., groupe d'oasis du nord du Sahara algérien ; hab. *Mzabites* ou *Mozabites* ; v. princ. *Ghardaïa.*

M

N

Caractère Novarese

NABATÉENS, peuple de l'Arabie septentrionale, dont la capitale était Pétra. Leur royaume fut annexé à l'Empire romain en 106, par Trajan.

NABEREJNYIE TCHELNY, v. de Russie (Tatarstan), sur la Kama ; 501 000 hab. Industrie automobile.

NABEUL, v. de Tunisie ; 40 000 hab. Poterie.

NABIS, *m. en 192 av. J.-C.,* tyran de Sparte (207 - 192 av. J.-C.). Il tenta d'imposer une réforme sociale et combattit la ligue Achéenne, dirigée par Philopœmen.

NABOKOV (Vladimir), *Saint-Pétersbourg 1899 - Montreux, Suisse, 1977,* écrivain américain d'origine russe. Virtuose subtil dans la composition des intrigues et des personnages, il a fait dans ses romans une peinture ironique des obsessions, des ridicules ou des vices de son époque (*la Vraie Vie de Sébastien Knight,* 1941 ; **Lolita ; Ada ou l'Ardeur,* 1969).

NABONIDE, dernier roi de Babylone (556 - 539 av. J.-C.). Il fut vaincu par Cyrus II.

NABOPOLASSAR, roi de Babylone (626 - 605 av. J.-C.), fondateur de la dynastie chaldéenne. Allié aux Mèdes, il détruisit l'Empire assyrien (chute de Ninive, 612 av. J.-C.).

NABUCHODONOSOR II, roi de Babylone (605 - 562 av. J.-C.), fils de Nabopolassar. Sa victoire à Karkemish sur les Égyptiens (605 av. J.-C.) et la prise de Jérusalem, dont il déporta les habitants (587), lui assurèrent la domination sur la Syrie et la Palestine. Il embellit Babylone. – Son histoire a inspiré à Verdi l'opéra en quatre actes *Nabucco* (1842, sur un livret de T. Solera).

NACHTIGAL (Gustav), *Eichstedt 1834 - dans le golfe de Guinée 1885,* explorateur allemand. Il reconnut le Bornou et les abords du lac Tchad (1869 - 1875).

NADAR (Félix **Tournachon,** dit), *Paris 1820 - id. 1910,* photographe et caricaturiste français. Il photographia les célébrités de son époque *(le Panthéon de Nadar),* réalisa les premières photographies aériennes prises en ballon (1858) et fut l'un des premiers utilisateurs de la lumière artificielle (en 1861, dans les catacombes).

NADAUD (Gustave), *Roubaix 1820 - Paris 1893,* chansonnier français, auteur de près de trois cents chansons *(les Deux Gendarmes).*

NADER (Ralph), *Winsted, Connecticut, 1934,* économiste et avocat américain. Connu pour son action en faveur de la défense des consommateurs, il a notamm. fait imposer de nouvelles normes de sécurité à l'industrie automobile de son pays.

NADER CHAH ou **NADIR CHAH,** *près de Kalat 1688 - Fathabad 1747,* roi d'Iran (1736 - 1747). Après avoir chassé les Afghans et rétabli les Séfévides en Iran, il s'empara du pouvoir (1736). Il conquit l'Afghanistan et envahit l'Inde des Moghols (1739). Il fut assassiné.

NADJAF, v. d'Iraq, au S. de Bagdad ; 128 000 hab. Pèlerinage chiite.

NADJAFABAD, v. d'Iran, à l'O. d'Ispahan ; 160 004 hab.

NADJD ou **NEDJD** (« le plateau ») n.m., anc. émirat, faisant partie de l'Arabie saoudite ; v. princ. *Riyad.* Le Nadjd a été au XVIIIe s. le centre du mouvement wahhabite.

NADOR, v. du nord du Maroc, ch.-l. de prov. ; 36 000 hab.

NAEVIUS (Cneius), *en Campanie v. 270 - Utique v. 201 av. J.-C.,* poète latin. Il est le premier à avoir traité de sujets nationaux dans une épopée *(Guerre punique)* et des tragédies.

NAFTA (North American Free Trade Agreement) → **ALENA.**

NAGA, populations tribales du nord-est de l'Inde (env. 1,5 million). De langues et de cultures très diversifiées, les Naga sont connus pour leur pratique de la chasse aux têtes et pour leur résistance à l'influence hindoue.

NAGALAND, État du nord-est de l'Inde ; 15 500 km² ; 1 215 573 hab. ; cap. *Kohima.*

NAGANO, v. du Japon (Honshu) ; 347 026 hab. Station de sports d'hiver. Temple bouddhique (Zenko-ji), restauré au XVIIe s.

NAGANO OSAMI, *Kochi 1880 - Tokyo 1947,* amiral japonais. Ministre de la Marine (1936), il fut le chef d'état-major de la marine (1941 - 1944) pendant la Seconde Guerre mondiale.

NADAR. Portrait de Gustave Doré.
(Centre des monuments nationaux.)

NAGAOKA, v. du Japon (Honshu) ; 185 938 hab.

NAGARJUNA, philosophe bouddhiste de l'Inde du Sud, en grande partie légendaire. Il aurait vécu à la fin du Ier s. ou au début du IIe s. apr. J.-C., et serait l'un des fondateurs du bouddhisme mahayana.

NAGASAKI, v. du Japon (Kyushu) ; 444 599 hab. Port. Chantiers navals. – Temples fondés au XVIIe s. – La ville fut détruite par la deuxième bombe atomique lancée par les Américains le 9 août 1945, qui fit env. 70 000 victimes (décédées en 1945).

NAGELMACKERS (Georges), *Liège 1845 - Villepreux, Yvelines, 1905,* homme d'affaires belge. Il fonda à Bruxelles, en 1876, la Compagnie internationale des wagons-lits et des grands express européens.

NAGERCOIL, v. d'Inde (Tamil Nadu) ; 189 482 hab.

NAGOYA, v. du Japon (Honshu), sur le Pacifique ; 2 154 793 hab. Port. Métallurgie. Chimie. – Sanctuaire shintoïste d'Atsuta. Château reconstruit ; musée d'art Tokugawa.

NAGPUR, v. d'Inde (Maharashtra) ; 1 661 409 hab. Centre industriel.

NAGUMO CHUICHI, *Yamagata 1887 - Saipan 1944,* amiral japonais. À la tête des forces aéronavales, il mena victorieusement l'attaque de Pearl Harbor (7 déc. 1941) et se distingua à la bataille de Midway (1942).

NAGY (Imre), *Kaposvár 1896 - Budapest 1958,* homme politique hongrois. Communiste, Premier ministre (1953 - 1955), partisan d'une politique libérale, il se heurta aux staliniens Rákosi et Gerő, qui l'expulsèrent du parti (1956). Rappelé au pouvoir lors de l'insurrection d'oct. 1956, il fut arrêté (nov.) et exécuté (1958). Il a été réhabilité en 1989.

NAHA, v. du Japon, cap. de l'archipel des Ryukyu, sur l'île d'Okinawa ; 304 836 hab.

NAHHAS PACHA (Mustafa **al-**), *Samannud 1876 - Le Caire 1965,* homme politique égyptien. Chef du Wafd, il fut cinq fois Premier ministre entre 1928 et 1944.

NAHMANIDES (Moses **Ben Nahman,** dit), *Gérone v. 1194 - Acre, Palestine, 1270,* rabbin, kabbaliste et philosophe catalan. Invité par Jacques Ier d'Aragon à soutenir une controverse publique contre les docteurs chrétiens (la « dispute de Barcelone »), il en sortit vainqueur. Poursuivi par la vindicte de l'Église, il dut s'exiler en Palestine.

NAHUA, peuple amérindien vivant dans plusieurs États du Mexique (env. 1,5 million). Les Nahua, qui constituent le groupe autochtone le plus nombreux du pays, ont été profondément évangélisés (catholicisme). Ils sont agriculteurs et parlent les dialectes du *nahua,* dont le *nahuatl* (ou *mexicano*) qui fut la langue littéraire de l'Empire aztèque.

NAHUEL HUAPÍ, lac andin de l'Argentine ; 544 km². Site touristique.

NAHUM, *VIIe s. av. J.-C.,* prophète biblique. Il chante la chute de Ninive (612 av. J.-C.), qui marque le triomphe de la justice divine.

NAIPAUL (Vidiadhar Surajprasad), *Chaguanas 1932,* écrivain britannique d'origine trinidadienne. Ses romans évoquent la double impossibilité, pour les Indiens et les Noirs, de l'intégration à la civilisation britannique et du retour aux origines *(Une maison pour Monsieur Biswas).*

NAIROBI, cap. du Kenya, à 1 660 m d'alt. ; 1 104 000 hab. *(Nairobiens).* Aéroport. Université.

NAKASONE YASUHIRO, *Takasaki 1918,* homme politique japonais. Président du Parti libéral-démocrate (PLD), il fut Premier ministre de 1982 à 1987.

NAKHITCHEVAN, république autonome d'Azerbaïdjan, à la frontière iranienne ; 315 000 hab. ; cap. *Nakhitchevan* (62 000 hab.).

NAKHODKA, v. de Russie, sur le Pacifique ; 165 000 hab. Port.

NAKHON PATHOM, v. de Thaïlande, à l'O. de Bangkok ; 45 000 hab. Musée archéologique. Célèbre stupa (XIXe s.) en briques émaillées, objet de nombreux pèlerinages.

NAKHON RATCHASIMA, anc. **Korat,** v. de Thaïlande, au N.-E. de Bangkok ; 206 605 hab.

NAKURU, v. du Kenya ; 102 000 hab.

NALTCHIK, v. de Russie, cap. de la république de Kabardino-Balkarie, au N. du Caucase ; 235 000 hab.

NAMANGAN, v. d'Ouzbékistan ; 308 000 hab.

NAMAQUALAND, région côtière aride, aux confins de l'Afrique du Sud et de la Namibie.

NAMBIKWARA, groupe amérindien du Brésil (Mato Grosso) [env. 1 000]. Avant l'arrivée des Européens, les Nambikwara furent une nation puissante, à la culture développée.

NAM DINH, v. du Viêt Nam, sur le fleuve Rouge ; 166 000 hab.

NAMIAS (Jerome), *Bridgeport, Connecticut, 1910 - San Diego, Californie, 1997,* météorologue américain. Il a étudié les interactions océan-atmosphère et leurs relations avec les variations climatiques ; il a aussi développé les méthodes de prévision météorologique à 5 jours.

NAMIB (désert du), région côtière aride de la Namibie.

NAMIBIE n.f., État d'Afrique australe, sur l'Atlantique ; 825 000 km² ; 1 580 000 hab. *(Namibiens).* CAP. *Windhoek.* LANGUE : *anglais.* MONNAIE : *dollar namibien.* (V. carte **Afrique.**)

GÉOGRAPHIE

Formée principalement de hauts plateaux arides dominant un littoral désertique (localement animé par la pêche), la Namibie a un sous-sol riche (diamants et uranium, bases des exportations). Elle est peuplée surtout de Bantous (Ovambo) vivant essentiellement de l'élevage.

HISTOIRE

Fin du XVe - XVIIIe s. : quelques Européens, Portugais puis Hollandais, s'aventurent sur les côtes. Cependant, l'intérieur est occupé par les Bantous (Herero et Hottentots), qui refoulent Bochiman et Namaqua. **1892 :** l'Allemagne s'assure la domination de la région (sauf une enclave devenue colonie britannique en 1878), qu'elle baptise Sud-Ouest africain. **1904 - 1906 :** elle doit lutter contre le soulèvement des Herero. **1914 - 1915 :** l'Union sud-africaine (auj. Afrique du Sud) conquiert la région. **1920 :** elle la reçoit en mandat de la SDN. **1922 :** l'enclave britannique est rattachée au Sud-Ouest africain. **1949 :** l'ONU refuse l'annexion de la région à l'Union sud-africaine, qui conserve son mandat sur elle et y étend le système de l'apartheid. **1966 :** l'ONU révoque le mandat de l'Afrique du Sud. **1968 :** l'ONU change le nom du Sud-Ouest africain en Namibie. L'Afrique du Sud ignore cette décision, mais ne peut empêcher la formation d'un parti indépendantiste, la SWAPO (South West Africa People's Organization). **1974 :** celle-ci engage des opérations de guérilla contre l'Afrique du Sud. **1988 :** des accords entre l'Afrique du Sud, l'Angola et Cuba entraînent un cessez-le-feu dans le nord de la Namibie et ouvrent la voie à l'indépendance du territoire. **1990 :** la Namibie accède à l'indépendance. Le leader de la SWAPO, Sam Nujoma, devient président de la République.

NAMPO, v. de Corée du Nord ; 241 000 hab. Port et centre industriel.

NAMPULA, v. du Mozambique ; 126 000 hab.

NAMUR, v. de Belgique, cap. de la Région wallonne et ch.-l. de la *prov. de Namur,* au confluent de la Meuse et de la Sambre ; 103 443 hab. *(Namurois).* Centre administratif et commercial. Université. — Citadelle reconstruite au XVIIe s. ; église baroque St-Loup (XVIIe s.), cathédrale (v. 1760) et autres monuments. Importants musées (archéologie, trésors religieux).

NAMUR (province de), prov. du sud de la Belgique ; 3 660 km² ; 423 317 hab. ; ch.-l. *Namur ;* 3 arrond. *(Dinant, Namur, Philippeville) ;* 38 comm. Le sillon de la Sambre et de la Meuse (métallurgie) sépare l'avant-pays ardennais (exploitation forestière et élevage) de l'extrémité nord de la province, plateau limoneux où dominent les cultures céréalières.

NANAIMO, v. du Canada (Colombie-Britannique), dans l'île de Vancouver ; 60 129 hab. Port.

NANAK ou **GURU NANAK,** *Talvandi, Lahore, 1469 - Kartarpur 1538,* maître spirituel indien, fondateur du sikhisme.

NANA SAHIB, *v. 1825 - v. 1860,* prince indien. Il prit part à l'insurrection des cipayes (1857 - 1858).

NANÇAY (18330), comm. du Cher, en Sologne ; 814 hab. Station de radioastronomie.

NANCHANG, v. de Chine, cap. du Jiangxi ; 1 290 000 hab. Centre industriel. — Musées.

NANCHONG, v. de Chine (Sichuan) ; 228 000 hab.

NANCY, ch.-l. du dép. de Meurthe-et-Moselle, sur la Meurthe et le canal de la Marne au Rhin, à 306 km à l'E. de Paris ; 105 830 hab. *(Nancéiens)* [plus de 330 000 hab. dans l'agglomération]. Évêché. Cour d'appel. Académie (Nancy-Metz) et université. Centre administratif, commercial et industriel. — Église des Cordeliers (XVe s.), porte de la Craffe (XIVe-XVe s.), palais ducal (début du XVIe s., Musée lorrain), cathédrale (XVIIIe s.) ; la place de la Carrière, le palais du Gouvernement et la gracieuse place Stanislas, limitée par des grilles dues à Jean Lamour, sont l'œuvre de E. Héré (XVIIIe s.). Musée des Beaux-Arts (œuvres du XIVe au XXe s. ; verrerie des Cristalleries Daum), musée consacré aux maîtres de l'« école de Nancy » (Art nouveau). — Capitale des ducs de Lorraine, Nancy fut convoitée par Charles le Téméraire, qui y périt en 1477. Agrandie par Charles III (1588), elle connut une nouvelle période faste sous Stanislas Ier Leszczyński (1738 - 1766).

NANDA DEVI n.f., sommet de l'Himalaya (Inde) ; 7 816 m.

NANDED, v. d'Inde, au S.-O. de Nagpur ; 308 853 hab.

NANGA PARBAT n.m., sommet de l'ouest de l'Himalaya (Pakistan) ; 8 126 m.

NANGIS [nɑ̃ʒi] (77370), ch.-l. de cant. de Seine-et-Marne ; 7 609 hab. Église gothique. Aux environs, église gothique (XIIIe s.) de Rampillon, au remarquable portail sculpté.

NANGIS (Guillaume **de**) → **GUILLAUME DE NANGIS.**

NANKIN, en chin. **Nanjing,** v. de la Chine centrale, cap. du Jiangsu, sur le Yangzi Jiang ; 2 430 000 hab. Port. Métallurgie. Textile. Chimie. — Riches musées. Aux environs, tombeau de l'empereur Ming Hongwu (1381) et falaise des Mille Bouddhas, ensemble monastique rupestre fondé au Ve s. — Plusieurs fois capitale, la ville connut son apogée sous les Ming. Le *traité de Nankin* (29 août 1842) céda Hongkong aux Britanniques et ouvrit certains ports chinois au commerce européen.

NANNING, v. de Chine, cap. du Guangxi ; 890 000 hab.

NANSEN (Fridtjof), *Store-Fröen, près d'Oslo, 1861 - Lysaker 1930,* explorateur norvégien. Il traversa le Groenland (1888), explora l'Arctique en se laissant dériver à bord du *Fram* et tenta d'atteindre le pôle en traîneau (1893 - 1896). Il joua un grand rôle dans les entreprises humanitaires de la SDN, notamment au profit des réfugiés. En 1922, il fit établir le *passeport Nansen,* qui permettait à ces derniers de s'installer dans le pays qui avait délivré ce document. (Prix Nobel de la paix 1922.)

NANTERRE (92000), ch.-l. du dép. des Hauts-de-Seine, dans la banlieue ouest de Paris ; 86 219 hab. *(Nanterriens).* Évêché. Université. École de danse de l'Opéra de Paris (depuis 1987). Hospice. Constructions mécaniques.

NANTES, ch.-l. de la Région Pays de la Loire et du dép. de la Loire-Atlantique, sur la Loire et l'Erdre, à 383 km au S.-O. de Paris ; 277 728 hab. *(Nantais)* [plus de 550 000 hab. dans l'agglomération]. Évêché. Académie et université. Port. Aéronautique. Industries électroniques et électriques. Services. — Château des ducs de Bretagne, surtout des XVe-XVIe s. (musées) ; cathédrale en partie du XVe s. ; urbanisme du XVIIIe s. Musées des Beaux-Arts et Dobrée, Muséum d'histoire naturelle. — Résidence des ducs de Bretagne, française en 1524, Nantes atteignit son apogée au XVIIIe s. avec le trafic triangulaire (France-Afrique-Antilles). Elle déclina au cours de la Révolution, pendant laquelle, de l'automne 1793 à l'hiver 1794, elle fut livrée au régime de terreur imposé par Carrier (« noyades de Nantes »).

Nantes (édit de) [13 avr. 1598], édit signé par Henri IV à Nantes, qui définit les droits des protestants en France et mit fin aux guerres de Religion. Les protestants étaient libres de pratiquer leur culte partout où il avait déjà été autorisé et dans deux villes ou villages par bailliage. Sur le plan politique, l'État considérait les protestants comme un corps organisé et leur donnait des garanties juridiques (tribunaux à répartition égale de catholiques et de protestants, appelés « chambres mi-parties »), politiques (accès à toutes les charges) et militaires (une centaine de places de sûreté pour huit ans).

Nantes (révocation de l'édit de) [18 oct. 1685], édit signé par Louis XIV à Fontainebleau, qui supprima tous les droits accordés par Henri IV aux protestants. Cette révocation, précédée par une persécution (dragonnades), entraîna notamment la démolition des temples et priva la France

■ **NANCY.** La place Stanislas, avec, au premier plan, un élément des grilles de Jean Lamour.

■ **NANTES.** Le château des ducs de Bretagne et, au fond, la cathédrale.

N

de 200 000 à 300 000 sujets, qui émigrèrent en Suisse, en Allemagne, en Afrique du Sud, etc.

Nantes à Brest (canal de), voie navigable de la Bretagne méridionale, désaffectée à l'O. du barrage de Guerlédan.

NANTEUIL (Célestin), *Rome 1813 - Bourron-Marlotte 1873,* peintre, dessinateur et lithographe français. Il a illustré les œuvres des écrivains romantiques (Hugo, Gautier, Dumas père).

NANTEUIL (Robert), *Reims v. 1623 - Paris 1678,* graveur au burin et pastelliste français, auteur de portraits des grands personnages de son temps.

NANTEUIL-LE-HAUDOUIN (60440), ch.-l. de cant. de l'Oise ; 3 257 hab.

NANTONG, v. de Chine (Jiangsu), sur le Yangzi Jiang ; 403 000 hab.

NANTUA, ch.-l. d'arrond. de l'Ain, sur le *lac de Nantua* (1,4 km²) ; 3 955 hab. *(Nantuatiens).* Centre touristique. – Église en partie romane (xe-xie s.), anc. abbatiale.

NANTUCKET, île des États-Unis (Massachusetts). Base de baleiniers jusqu'au xixe s.

NAO (cap de la), cap d'Espagne, sur la Méditerranée, entre Valence et Alicante.

NAPATA, anc. v. de Nubie, d'où est issue la XXVe dynastie, dite *koushite,* qui domina l'Égypte (v. 750 - 656 av. J.-C.). Nécropole royale. Vestiges de temples pharaoniques.

NAPA VALLEY, région viticole des États-Unis (Californie), au N.-E. de San Francisco.

NAPIER ou **NEPER** (John), *Merchiston, près d'Édimbourg, 1550 - id. 1617,* mathématicien écossais. On lui doit l'invention des logarithmes (1614) destinés à simplifier les calculs de trigonométrie en astronomie ou pour la navigation.

NAPLES, en ital. **Napoli,** v. d'Italie, cap. de la Campanie et ch.-l. de prov., sur le *golfe de Naples* (formé par la mer Tyrrhénienne) et près du Vésuve ; 1 054 601 hab. *(Napolitains).* Université. Port de commerce. Industries métallurgiques, textiles, chimiques et alimentaires. – Castel Nuovo (xiiie et xve s.) ; nombreuses églises d'origine médiévale ; palais royal (xviie-xviiie s.) ; théâtre San Carlo (1737) ; anc. chartreuse de S. Martino (décors baroques ; musée). Galerie de Capodimonte (peinture ; porcelaines...) ; Musée national (prestigieuses collections d'art romain provenant de Pompéi et d'Herculanum). – Naples *(Neapolis)* est fondée, au ve s. av. J.-C., par des Athéniens et des Chalcidiens. En 326 av. J.-C., elle devient romaine, puis forme, en 661, la capitale d'un duché byzantin. En 1139, elle tombe aux mains des Normands de Sicile et devient, en 1282, la capitale du royaume de Naples. De 1734 à 1860, les Bourbons d'Espagne, supplantés par les Français de 1806 à 1815, en font un centre culturel brillant.

NAPLES (royaume de), anc. royaume italien. Constitué par la partie péninsulaire du royaume de Sicile, que la dynastie angevine conserva après son expulsion de la Sicile insulaire (1282), il fut occupé par les Aragonais (xve s.), qui, après l'invasion française (1495), l'annexèrent (1504). Possession espagnole pendant deux siècles, il fut gouverné par les Bourbons à partir de 1734. Après l'éphémère République parthénopéenne instaurée par les Français (1799), il redevint royaume de Naples et fut confié par Napoléon Ier à Joseph Bonaparte (1806), puis à Murat (1808). Ferdinand IV, restauré en 1815, rétablit en 1816 l'union avec la Sicile (royaume des Deux-Siciles).

■ **NAPOLÉON Ier** par David. (Musée Bonnat, Bayonne.)

■ **NAPOLÉON III.** (Château de Compiègne.)

NAPLOUSE, en ar. **Nābulus,** v. de Cisjordanie ; 50 000 hab.

NAPOLÉON Ier, *Ajaccio 1769 - Sainte-Hélène 1821,* empereur des Français (1804 - 1814 et 1815). Deuxième fils de Charles Marie Bonaparte et de Maria Letizia Ramolino, il reçoit une bourse royale qui lui permet de faire son éducation militaire à Brienne (Aube). Partisan des Jacobins, il se distingue comme capitaine d'artillerie à Toulon, contre les Anglais (1793). Il tombe en disgrâce après le 9 Thermidor, mais, après avoir réprimé l'émeute du 13 Vendémiaire (1795), il obtient, grâce à Barras, le commandement de l'armée d'Italie et se marie avec Joséphine de Beauharnais. À la suite d'une campagne fulgurante contre les Piémontais et les Autrichiens, il leur impose la paix (Campoformio, 1797), détruit la république de Venise et crée la République Cisalpine. Le Directoire l'éloigne en lui confiant le commandement de l'expédition d'Égypte (1798 - 1799) : la flotte est détruite à Aboukir par Nelson. Cependant, Bonaparte organise l'Égypte et bat les Turcs en Syrie. En oct. 1799, il rentre en France, où les modérés (Sieyès) lui confient le soin de se débarrasser du Directoire. Premier consul après le coup d'État du 18 Brumaire (9 - 10 nov. 1799), il impose au pays une constitution autoritaire. L'hiver 1800 lui suffit pour réorganiser dans un sens centralisateur la justice, l'administration (préfets) et l'économie. À l'issue d'une seconde campagne d'Italie, il impose à l'Autriche la paix de Lunéville (1801), qui rend à la France la maîtrise de l'Italie et de la rive gauche du Rhin ; la même année, il signe avec l'Église un concordat. En 1802, la paix générale est conclue avec l'Angleterre à Amiens. Consul à vie par la Constitution de l'an X (1802), président de la République italienne, médiateur de la Confédération suisse, réorganisateur de l'Allemagne (1803), Bonaparte doit très vite affronter de nouveau la guerre contre l'Angleterre. Cette nouvelle menace et la découverte du complot royaliste de Cadoudal (qui lui fournit le prétexte de l'exécution du duc d'Enghien) incitent Bonaparte à se faire proclamer empereur des Français, à recevoir le sacre (2 déc. 1804) et à prendre le titre de roi d'Italie (1805). Devenu Napoléon Ier, il établit une monarchie héréditaire dotée d'une noblesse d'Empire et poursuit la réorganisation et la centralisation de la France révolutionnaire (Code civil, Université impériale, Légion d'honneur, Banque de France, Institut de France, etc.). Cependant, la guerre accapare une bonne partie de son règne. Ayant échoué contre l'Angleterre (camp de Boulogne, Trafalgar, 1805), il démantèle les 3e et 4e coalitions continentales (Austerlitz, 1805 ; Iéna, 1806 ; Friedland, 1807), réduit la Prusse à la moitié de son territoire, ampute l'Autriche, s'allie avec la Russie. Après le traité de Tilsit (1807), Napoléon se consacre à l'édification du Grand Empire, qui compte jusqu'à 132 départements et une série d'États vassaux. En ordonnant le Blocus continental contre l'Angleterre (1806), il s'oblige à intervenir contre Pie VII – ce qui lui aliène les catholiques – et dans la péninsule Ibérique ; mais la guerre d'Espagne (1808 - 1814) s'avère une terrible épreuve. Encore vainqueur de l'Autriche (Wagram, 1809), qui a déclenché la 5e coalition, l'Empereur veut assurer l'avenir : il répudie Joséphine de Beauharnais (1809) et épouse en 1810 Marie-Louise de Habsbourg-Lorraine, avec qui, l'année suivante, il a un fils, le roi de Rome, le futur Napoléon II. Le tsar Alexandre Ier, son allié, ayant pris une attitude belliqueuse, Napoléon le précède (1812) et dirige sur la Russie la Grande Armée, mais, après la victoire de la Moskova et l'entrée dans Moscou, celle-ci doit opérer une retraite désastreuse (la Berezina). La Prusse devient l'âme d'une 6e coalition, à laquelle adhère l'Autriche : à l'issue de la campagne d'Allemagne et de la défaite de Leipzig (1813), la France est envahie et vaincue. Napoléon abdique (4 - 6 avr. 1814), reçoit la dérisoire souveraineté de l'île d'Elbe, tandis que le congrès de Vienne s'apprête à détruire l'Empire. Échappant à la surveillance anglaise, Napoléon rentre en France (mars 1815), inaugurant les Cent-Jours, mais il doit de nouveau faire face à la coalition : battu à Waterloo (18 juin), il abdique une seconde fois (22 juin). Il est interné à Sainte-Hélène, où il meurt le 5 mai 1821. Ses cendres ont été ramenées en France en 1840 et déposées aux Invalides.

NAPOLÉON II (François Charles Joseph **Bonaparte**), *Paris 1811 - Schönbrunn 1832,* fils de Napoléon Ier et de Marie-Louise de Habsbourg-Lorraine. Proclamé roi de Rome à sa naissance et reconnu empereur par les chambres lors de la seconde abdication de Napoléon Ier (1815), il fut emmené à Vienne par sa mère, et fut fait duc de Reichstadt (1818). Il mourut de tuberculose. Ses cendres ont été transférées aux Invalides, à Paris, en 1940. – Sa vie a inspiré un drame à E. Rostand (*l'Aiglon,* 1900).

NAPOLÉON III (Charles Louis Napoléon **Bonaparte**), *Paris 1808 - Chislehurst, Kent, 1873,* empereur des Français (1852 - 1870). Fils d'Hortense de Beauharnais et de Louis Bonaparte, il mène une jeunesse aventureuse en Suisse et en Italie, puis tente, à Strasbourg (1836) et à Boulogne (1840), de se faire proclamer empereur et de renverser Louis-Philippe Ier. Condamné à la détention perpétuelle, il est enfermé au fort de Ham, où il élabore une doctrine sociale (*l'Extinction du paupérisme,* 1844) et d'où il s'enfuit pour Londres (1846). Il revient en France après la révolution de 1848, est élu à la présidence de la République le 10 déc. 1848. Le 2 déc. 1851, il déclare l'Assemblée dissoute et fait réprimer le soulèvement qui se dessine à Paris ; un plébiscite ratifie le coup d'État et lui permet d'instaurer, en s'appuyant sur la Constitution du 14 janv. 1852, un régime autoritaire et centralisé qui se transforme en monarchie héréditaire, ratifiée, elle aussi, par plébiscite. Proclamé empereur des Français, le 2 déc. 1852, sous le nom de Napoléon III, il épouse en 1853 Eugénie de Montijo. De 1852 à 1860, Napoléon III exerce un pouvoir absolu : c'est « l'Empire autoritaire », qui limite l'opposition parlementaire et muselle la presse. À l'extérieur, Napoléon III, voulant exercer l'hégémonie en Europe, engage la guerre de Crimée (1854 - 1856), envoie, avec l'Angleterre, des troupes en Chine (1857 - 1860), s'empare de la Cochinchine (1859 - 1867), aide l'Italie à se libérer de la domination autrichienne (1859) et gagne à la France la Savoie et Nice (1860). Pour se ménager l'appui des classes laborieuses, par goût personnel et sous l'influence du saint-simonisme, Napoléon III fait entreprendre de nombreux travaux publics, à Paris notamm. (Haussmann), encourage l'agriculture, l'industrie et le commerce, crée des institutions de bienfaisance, favorise les institutions de crédit et renonce au protectionnisme. À partir de 1860, devant le développement des mécontentements (catholiques et bourgeoisie

■ **NAPLES.** La ville et le port ; à l'arrière-plan, le Vésuve.

d'affaires), le régime se libéralise (élargissement du rôle du Corps législatif, octroi du droit de grève, liberté accrue de la presse, etc.) ; en janv. 1870, la désignation d'Émile Ollivier comme Premier ministre débouche sur un Empire parlementaire. Mais la politique extérieure subit des revers avec l'expédition malheureuse au Mexique (1862 - 1867) ; la guerre franco-allemande, engagée sans discernement (juill. 1870), aboutit au désastre de Sedan (2 sept. 1870). Fait prisonnier, l'empereur est déclaré déchu le 4 sept. à Paris et emmené en captivité en Allemagne. Le 19 mars 1871, il part pour l'Angleterre.

NAPOLÉON (Eugène Louis) → **BONAPARTE.**

Napoléon (route), route allant de Golfe-Juan à Grenoble par Gap et le col Bayard ; 325 km. Elle reconstitue le trajet suivi par Napoléon à son retour de l'île d'Elbe (1815).

NAPOULE (la) → **MANDELIEU-LA-NAPOULE.**

NAQSH-I ROUSTEM, lieu de sépulture de la dynastie achéménide, dominant la plaine de Persépolis en Iran. À partir de Darios Ier, des hypogées rupestres aux façades ornées de reliefs y ont été aménagés.

NARA, v. du Japon (Honshu) ; 349 349 hab. Première cap. fixe du Japon de 710 à 784, construite sur le modèle chinois de Changan, la cap. des Tang. Temples, dont le *Horyu-ji, abritant des trésors d'art remontant à la *période de Nara,* âge d'or de la civilisation japonaise.

NARAM-SIN, roi d'Akkad (v. 2225 - 2185 av. J.-C.). Petit-fils de Sargon, il étendit son empire du Zagros à la Syrie du Nord. – Une stèle (musée du Louvre) immortalise l'une de ses victoires.

NARASIMHA RAO (P. V.), *Karimnagar, Andhra Pradesh, 1921,* homme politique indien. Il est président du parti du Congrès et Premier ministre de 1991 à 1996.

NARAYANGANJ, v. du Bangladesh ; 269 000 hab. Port fluvial. Coton et jute.

NARBADA ou **NARMADA** n.f., fl. d'Inde, qui rejoint le golfe de Cambay ; 1 290 km. Elle sépare la plaine indo-gangétique et le Deccan.

NARBONNAISE, anc. prov. de la Gaule romaine, fondée à la fin du IIe s. av. J.-C. Province impériale (27 av. J.-C.), puis sénatoriale (22 av. J.-C.), elle s'étendait de la région de Toulouse au lac Léman, englobant la Savoie, le Dauphiné, la Provence et le Languedoc.

NARBONNE (11100), ch.-l. d'arrond. de l'Aude ; 48 020 hab. *(Narbonnais).* Nœud autoroutier. Marché des vins. Raffinage de l'uranium (Malvési). Station balnéaire à *Narbonne-Plage.* – Cathédrale gothique de style septentrional, dont seul le chœur a été construit (autour de 1300) ; musées (archéologie, beaux-arts). – Important port de mer à l'époque romaine et au Moyen Âge ; la modification du cours de l'Aude au XIVe s. mit fin à cette activité portuaire.

NARCISSE MYTH. GR. Fils d'un fleuve divinisé et d'une nymphe célèbre par sa beauté. Méprisant l'amour, il fut séduit par sa propre image reflétée par l'eau d'une fontaine et se laissa mourir de ne pouvoir la saisir. À l'endroit même de sa mort poussa la fleur qui porte son nom.

NARCISSE, *m. en 54 apr. J.-C.,* affranchi de l'empereur Claude. Il prit une grande part au gouvernement de l'Empire romain. Agrippine le poussa au suicide à l'avènement de Néron.

NAREW n.m., en russe **Narev,** riv. d'Europe orientale, affl. de la Vistule (r. dr.) ; 484 km.

Narita, aéroport de Tokyo.

NARMADA → **NARBADA.**

NARSÈS, *v. 478 - Rome 568,* général byzantin. Arménien d'origine et eunuque au service de Justinien Ier, il fit avorter la sédition Nika (532). Il défit les Ostrogoths de Totila (552), puis chassa les Francs et les Alamans de l'Italie, dont il réorganisa l'administration.

Narva (bataille de) [30 nov. 1700], bataille de la guerre du Nord. Victoire des troupes de Charles XII de Suède sur l'armée russe de Pierre le Grand à Narva (Estonie).

NARVÁEZ (Ramón María), duc **de Valence,** *Loja 1800 - Madrid 1868,* général et homme politique espagnol. Partisan de la reine Marie-Christine de Bourbon, il renversa Espartero en 1843.

NARVIK, v. de la Norvège septentrionale ; 18 733 hab. Port. Exportation du minerai de fer suédois. – Combats navals et terrestres entre Allemands et Franco-Britanniques (avr.-mai 1940).

NASA (National Aeronautics and Space Administration), organisme américain fondé en 1958, chargé de diriger et de coordonner les recherches aéronautiques et spatiales civiles aux États-Unis.

NASH (John), *Londres ? 1752 - Cowes, île de Wight, 1835,* architecte et urbaniste britannique. Son œuvre participe soit du néoclassicisme, soit d'un éclectisme « pittoresque ».

NASHE ou **NASH** (Thomas), *Lowestoft 1567 - Yarmouth v. 1601,* écrivain anglais. Il est l'auteur de pamphlets et d'un roman picaresque *(le Voyageur malchanceux).*

NASHVILLE, v. des États-Unis, cap. du Tennessee ; 488 374 hab. Édition musicale et religieuse.

NASIK, v. d'Inde (Maharashtra) ; 722 139 hab. Sanctuaires bouddhiques rupestres (Ier-IIe s. apr. J.-C.).

NASRIDES, dynastie arabe du royaume de Grenade (1238 - 1492).

NASSAU, cap. des Bahamas ; 135 000 hab.

NASSAU (maison **de**), famille qui s'établit en Rhénanie au XIIe s. Elle se subdivisa en plusieurs branches après 1255 : la *branche de Walram,* dont l'un des rameaux régna sur la Hesse-Nassau ; la *branche ottonienne ;* la *branche d'Orange-Nassau,* issue de la précédente au XVIe s., qui s'illustra à la tête des Provinces-Unies.

NASSAU (Frédéric-Henri **de**) → **FRÉDÉRIC-HENRI.**

NASSAU (Guillaume Ier **de**) → **GUILLAUME Ier DE NASSAU.**

NASSAU (Maurice **de**) → **MAURICE DE NASSAU.**

NASSER (lac), retenue formée sur le Nil, en Égypte (et au Soudan), par le haut barrage d'Assouan.

NASSER (Gamal Abdel), *Beni Mor 1918 - Le Caire 1970,* homme politique égyptien. Il organise dès 1943 le mouvement des officiers libres qui réussit le putsch contre le roi Farouk (1952) et porte le général Néguib au pouvoir. Après la proclamation de la république (1953), Nasser élimine Néguib et les communistes (1954). Président de la République (1956), il détient alors tous les pouvoirs. Il nationalise en 1956 le canal de Suez, ce qui provoque l'intervention israélienne et franco-britannique. Il accélère le processus d'étatisation de l'économie et met en chantier le haut barrage d'Assouan avec l'aide soviétique (1957). Dans le même temps, il se fait le champion de l'unité arabe (création de la République arabe unie, 1958). Après la défaite de l'Égypte devant Israël (*guerre des Six-Jours,* 1967), il démissionne, mais, plébiscité, il revient au pouvoir, et y reste jusqu'à sa mort.

NAT (Yves), *Béziers 1890 - Paris 1956,* compositeur et pianiste français. Concertiste, il fut un grand interprète de Beethoven et de Schumann.

NATAL, anc. prov. d'Afrique du Sud, ayant pris, en 1994, le nom de *Kwazulu-Natal.* Conquis par les Britanniques en 1843, le Natal devint une colonie séparée du Cap en 1856. Il adhéra à l'Union sud-africaine en 1910.

NATAL, v. du Brésil, cap. du Rio Grande do Norte, sur l'Atlantique ; 606 541 hab. Port.

NATHAN, *Xe s. av. J.-C.,* prophète biblique. Il fut chargé par Yahvé de réprimander David après l'adultère de celui-ci avec Bethsabée.

National Gallery, à Londres, l'un des plus riches musées du monde (peintures des écoles européennes).

National Gallery of Art, riche musée américain, à Washington (peintures des écoles européennes ; art contemporain).

Nations unies (Organisation des) → **ONU.**

NATITINGOU, v. du Bénin ; 51 000 hab.

NATO → **OTAN.**

NATOIRE (Charles), *Nîmes 1700 - Castel Gandolfo 1777,* peintre français. Il a notamm. exécuté des compositions décoratives à Paris (*Histoire de Psyché* à l'hôtel de Soubise, 1737), au château de Versailles et à Rome, où il fut nommé en 1751 directeur de l'Académie de France.

NATORP (Paul), *Düsseldorf 1854 - Marburg 1924,* philosophe allemand. Représentant de l'école de Marburg, il se préoccupa notamm. d'assurer à la connaissance un fondement logique.

NATSUME SOSEKI, *Tokyo 1867 - id. 1916,* écrivain japonais. Ses romans analysent la difficulté des individus à s'adapter à l'évolution de la société *(Clair-obscur).*

NATTA (Giulio), *Imperia 1903 - Bergame 1979,* chimiste italien. Il a travaillé sur la mise au point de catalyseurs pour la polymérisation stéréospécifique et étudié les structures de nouveaux polymères. (Prix Nobel 1963.)

NATTIER (Jean-Marc), *Paris 1685 - id. 1766,* peintre français. Spécialisé dans le portrait à prétexte mythologique, il devint à partir de 1740 le peintre attitré de la famille royale.

NAUCALPAN DE JUÁREZ, v. du Mexique, banlieue nord-ouest de Mexico ; 845 960 hab.

NAUCELLE (12800), ch.-l. de cant. de l'Aveyron ; 2 104 hab.

NAUCRATIS, anc. ville égyptienne du delta du Nil. Seul port ouvert aux étrangers, principalement aux Grecs (VIe s. av. J.-C.), Naucratis fut la métropole commerciale de l'Égypte jusqu'à la fondation d'Alexandrie, en 332 av. J.-C.

NAUDIN (Charles), *Autun 1815 - Antibes 1899,* biologiste français. Ses travaux sur les hybrides du règne végétal annoncent ceux de Mendel.

NAUMAN (Bruce), *Fort Wayne 1941,* artiste américain. À travers une multiplicité de moyens d'expression (sculpture, performance, jeux de langage, néons, vidéo, installation), il se livre à une exploration aiguë, voire dénonciatrice, des comportements humains.

■ BRUCE **NAUMAN.** *None sing / neon sign,* 1970 ; tubes au néon. (MNAM, Paris.)

■ **NASSER**

■ CHARLES **NATOIRE.** *La Beauté rallume le flambeau de l'Amour,* 1739. (Château de Versailles.)

NAUMBURG, v. d'Allemagne (Saxe-Anhalt), sur la Saale ; 31 411 hab. Cathédrale romane et gothique (célèbres sculptures du XIIIe s.).

NAUNDORFF ou **NAUNDORF** (Karl), *m. à Delft en 1845,* aventurier d'origine allemande. Horloger, condamné en Allemagne pour fabrication de fausse monnaie, il se fit passer pour Louis XVII, vint en France en 1833 et en fut expulsé trois ans plus tard pour imposture.

NAUPACTE, en gr. **Náfpaktos,** v. de Grèce, à l'entrée du golfe de Corinthe ; 11 000 hab. Base navale des Athéniens au Ve s. av. J.-C. Connue depuis le Moyen Âge sous le nom de *Lépante.*

NAUPLIE, en gr. **Náfplion,** v. de Grèce, dans le Péloponnèse, en Argolide ; 11 453 hab. Citadelle. Tourisme.

NAUROUZE (seuil de) ou **COL DE NAUROUZE,** passage du sud de la France, reliant le Bassin aquitain au Midi méditerranéen, entre Villefranche-de-Lauragais et Castelnaudary ; 194 m. Obélisque à la mémoire de P. Riquet.

NAURU n.f., État d'Océanie ; 21 km^2 ; 11 000 hab. *(Nauruans).* CAP. *Yaren.* LANGUES : *nauruan* et *anglais.* MONNAIE : *dollar australien.* (V. carte **Océanie.**) C'est un atoll de Micronésie, proche de l'équateur. Son économie a longtemps reposé sur l'exploitation des phosphates (réserves auj. épuisées). — L'État de Nauru est devenu indépendant, dans le cadre du Commonwealth, en 1968. Il a été admis au sein de l'ONU en 1999.

N

NAUSICAA MYTH. GR. Personnage de *l'Odyssée,* fille d'Alcinoos, roi des Phéaciens. Elle accueillit Ulysse naufragé.

Naussac (barrage de), retenue du nord-est de la Lozère.

NAVAJO, peuple amérindien du sud-ouest des États-Unis (principalement dans une réserve de l'Arizona) [env. 110 000]. Formant une branche du peuple apache, sédentarisés sous l'influence de leurs voisins Pueblo, les Navajo sont connus pour leurs peintures de sable de différentes couleurs. Ils parlent une langue athabascan.

NAVARIN → PÝLOS.

Navarin (bataille de) [20 oct. 1827], bataille de l'Indépendance grecque. Défaite d'une flotte turco-égyptienne devant une escadre anglo-franco-russe dans la rade de Navarin (auj. *Pýlos).

NAVARRE, communauté autonome d'Espagne ; 521 940 hab. ; cap. *Pampelune ;* 1 prov. *(Pampelune).*

NAVARRE (royaume de), anc. royaume du sud-ouest de la France et du nord de l'Espagne. **IXe s. :** centre de résistance contre les envahisseurs wisigoths, francs et arabes, la région de Pampelune devient un royaume. **1000-1035 :** le roi de Navarre, Sanche III Garcés el Grande, se rend maître de presque toute l'Espagne chrétienne. À sa mort, son héritage est divisé entre ses fils. **1234 :** un changement de dynastie intervient avec le comte de Champagne Thibaud Ier. **1284 :** la Navarre est unie à la France. Elle passe ensuite à la maison d'Évreux (1328), à celle de Foix (1479), puis à celle d'Albret (1484). **1512 :** Ferdinand II le Catholique s'empare de la Haute-Navarre espagnole. **1589 :** l'accession d'Henri III de Navarre au trône de France (Henri IV) unit définitivement la Basse-Navarre à la France.

NAVARRE (Henri), *Villefranche-de-Rouergue 1898 - Paris 1983,* général français. Il commanda en chef en Indochine de 1953 à la chute de Diên Biên Phu. Son ouvrage *Agonie de l'Indochine 1953 - 1954* (1956) souleva de vives polémiques.

NAVARRE FRANÇAISE ou **BASSE-NAVARRE,** pays de l'ancienne France, au N. des Pyrénées et à l'O. de la vallée de la Soule, auj. compris dans le dép. des Pyrénées-Atlantiques. Elle fut rattachée à la France par Henri IV.

Navas de Tolosa (bataille de Las) [16 juill. 1212], bataille de la Reconquista. Victoire des rois d'Aragon, de Castille et de Navarre sur les Almohades, au pied de la sierra Morena (prov. de Jaén). Elle écarta la menace musulmane et prépara la reconquête de l'Andalousie.

NAVES (19460), ch.-l. de cant. de la Corrèze ; 2 442 hab.

NAVEZ (François Joseph), *Charleroi 1787 - Bruxelles 1869,* peintre belge. Disciple de David, il fut directeur de l'Académie des beaux-arts de Bruxelles de 1835 à 1862.

NAVRATILOVA (Martina), *Řevnice, près de Prague, 1956,* joueuse de tennis américaine d'origine tchèque. Elle a notamment remporté neuf fois le tournoi de Wimbledon (1978, 1979, 1982 à 1987, et 1990) et gagné trois titres en Australie (1981, 1983 et 1985), deux à Roland-Garros (1982 et 1984) et quatre à Flushing Meadow (1983, 1984, 1986 et 1987).

NAXOS, anc. cité grecque de Sicile (735 - 403 av. J.-C.).

NÁXOS, île de Grèce, la plus grande des Cyclades ; 428 km^2 ; 14 000 hab. ; v. princ. *Náxos* (3 000 hab.).

NAY (64800), ch.-l. de cant. des Pyrénées-Atlantiques ; 3 340 hab. *(Nayais).* Bérets. — Église gothique du XVIe s.

NAYAR, caste guerrière de l'Inde du Sud (env. 7,5 millions). Formant près d'un quart de la population du Kerala, les Nayar se subdivisent en de nombreuses sous-castes hiérarchisées. Ils sont pour partie convertis au christianisme.

NAZARÉ, v. du Portugal ; 10 180 hab. Port de pêche et centre touristique.

NAZARETH, v. d'Israël, en Galilée ; 50 600 hab. *(Nazaréens).* Selon les Évangiles, Jésus y vécut avec sa famille jusqu'au début de son ministère. – Basilique de l'Annonciation (1962 - 1969).

NAZCA, culture précolombienne classique (200 av. J.-C.-600 apr. J.-C.) de la côte sud du Pérou. Elle est célèbre pour ses nécropoles, au matériel funéraire abondant (tissus polychromes notamm.), et pour ses énigmatiques dessins *(géoglyphes)* tracés (500 m à 8 km) sur le sol.

NAZOR (Vladimir), *Postire 1876 - Zagreb 1949,* écrivain yougoslave d'expression croate, auteur de romans et de poésies lyriques et épiques.

NBC (National Broadcasting Company), l'un des trois grands réseaux de télévision américains (avec ABC et CBS), créé en 1926.

N'DJAMENA, anc. **Fort-Lamy,** cap. du Tchad, sur le Chari ; 530 000 hab. Université.

NDOLA, v. de Zambie ; 282 000 hab. Cuivre.

NDZOUANI, anc. **Anjouan,** l'une des îles des Comores ; 148 000 hab.

NEAGH (lough), lac d'Irlande du Nord ; 388 km^2.

NEANDERTAL (mot allemand signifiant « vallée de la Neander »), site préhistorique d'Allemagne occidentale, près de Düsseldorf. En 1856 y fut découvert le premier squelette fossile humain reconnu comme différent de l'homme actuel. Appelé *homme de Neandertal,* il constitue le type des *néandertaliens (Homo [sapiens] neandertalensis),* qui ont peuplé l'Europe et le Proche-Orient, entre 120 000 et 35 000 ans av. J.-C.

NÉARQUE, *IVe s. av. J.-C.,* navigateur crétois. Amiral de la flotte d'Alexandre le Grand, il a laissé un récit de sa navigation *(Périple),* des bouches de l'Indus à la mer Rouge.

NEBBIO n.m., région du nord de la Corse.

NÉBO n.m., montagne de Jordanie, au N.-E. de la mer Morte. Lieu de la mort de Moïse, selon la tradition.

NEBRASKA, État des États-Unis ; 1 578 385 hab. ; cap. *Lincoln.*

NECHAKO n.f., riv. du Canada occidental, affl. du Fraser (r. dr.) ; 400 km.

NÉCHAO Ier ou **NÉKAO Ier,** l'un des princes de Saïs (fin VIIIe -début VIIe s. av. J.-C.). Il régna sur le delta du Nil. — **Néchao** ou **Nékao II,** pharaon d'Égypte (609 - 594 av. J.-C.), de la XXVIe dynastie. Il défit Josias, roi de Juda, à Megiddo, mais, vaincu à Karkemish (605 av. J.-C.) par Nabuchodonosor II, il dut renoncer à la Palestine et à la Syrie.

NECKAR n.m., riv. d'Allemagne, affl. du Rhin (r. dr.), qu'il rejoint à Mannheim ; 367 km. Il passe à Tübingen et à Heidelberg.

NECKARSULM, v. d'Allemagne (Bade-Wurtemberg), sur le *Neckar ;* 24 357 hab. Automobiles.

NECKER (Jacques), *Genève 1732 - Coppet 1804,* financier et homme politique suisse. Banquier à Paris (1762), il devient, sous Louis XVI, directeur général des Finances (1777). Il soulève l'opposition des parlements et de la cour en créant des assemblées provinciales chargées d'établir l'impôt et en recourant à l'emprunt. Ayant dénoncé les fortes sommes versées aux courtisans, il doit démissionner (1781), se rendant populaire auprès du tiers état. Rappelé en 1788, il ne peut rétablir la situation financière et hâte la réunion des États généraux. Son renvoi déclenche les troubles du 14 juill. 1789. Rappelé le lendemain, il ne peut maîtriser les événements. Il quitte le pouvoir en 1790 et s'enfuit en Suisse avec sa fille, Mme de Staël.

NECTANEBO Ier, premier pharaon de la XXXe dynastie (378 - 360 av. J.-C.). Il défendit avec succès l'Égypte contre Artaxerxès II et fut un grand bâtisseur. — **Nectanebo II,** pharaon de la XXXe dynastie (359 - 341 av. J.-C.). Vaincu par Artaxerxès III, il fut le dernier roi indigène de l'Égypte.

NEDERLAND, nom néerl. des *Pays-Bas.

NÉEL (Louis), *Lyon 1904 - Brive-la-Gaillarde 2000,* physicien français. Il a découvert de nouveaux types de magnétisme, le *ferrimagnétisme* et l'*antiferromagnétisme,* complétant les théories de P. Curie, P. Weiss et P. Langevin. (Prix Nobel 1970.)

Neerwinden (bataille de) [29 juill. 1693], bataille de la guerre de la Ligue d'Augsbourg, à Neerwinden (Brabant). Victoire des Français du maréchal de Luxembourg sur les troupes de Guillaume d'Orange, le futur roi d'Angleterre Guillaume III.

Neerwinden (bataille de) [18 mars 1793], bataille qui opposa les Français de Dumouriez aux Autrichiens de Frédéric de Saxe-Cobourg. Vaincu, Dumouriez dut évacuer la Belgique.

NÉFERTARI, *XIIIe s. av. J.-C.,* reine d'Égypte, épouse du pharaon Ramsès II.

NÉFERTITI, *XIVe s. av. J.-C.,* reine d'Égypte, épouse d'Aménophis IV Akhenaton. Les musées de Berlin, du Caire et du Louvre conservent d'elle de très belles représentations sculptées.

■ **NECKER** par J. S. Duplessis. (Coll. priv.)

■ **NÉFERTITI.** (Musée égyptien, Le Caire.)

NEFOUD → NUFUD.

NÈGREPELISSE (82800), ch.-l. de cant. de Tarn-et-Garonne ; 3 534 hab.

NÈGREPONT → EUBÉE.

NEGRI (Cesare), *Milan v. 1536 - apr. 1604,* maître à danser italien. Il a écrit *Nuove Inventioni di Balli* (1604), où il mentionne les cinq positions fondamentales de la danse académique.

NÉGRITOS, nom donné à plusieurs groupes autochtones des Philippines, caractérisés par une petite taille et une peau noire, ainsi qu'à d'autres populations comparables de l'Insulinde.

NEGRO (río), riv. d'Amérique du Sud, affl. de l'Amazone (r. g.), rejointe à Manaus ; 1 784 km.

NEGROS, île des Philippines, au N.-O. de Mindanao ; 13 000 km^2 ; 2 750 000 hab.

NEGRUZZI (Costache), *Trifeşti 1808 - Iaşi 1868,* écrivain roumain, auteur de nouvelles historiques.

NÉGUEV n.m., région désertique du sud d'Israël, débouchant sur le golfe d'Aqaba. Cultures irriguées.

NÉHÉMIE, juif de Perse qui organisa (445 av. J.-C.) avec le prêtre Esdras la restauration de Jérusalem et de la communauté juive après l'Exil. Le livre biblique qui porte son nom (IIIe s. av. J.-C.) relate cet événement.

NEHRU (Jawaharlal), *Allahabad 1889 - New Delhi 1964,* homme politique indien. Disciple de Gandhi, président du Congrès national indien à partir de 1929, il fut l'un des artisans de l'indépendance de l'Inde. Premier ministre (1947 - 1964), il développa et modernisa l'industrie et fut, à l'extérieur, l'un des promoteurs du neutralisme, jouant un rôle de premier plan dans les conférences internationales telles que Bandung (1955).

NEIGE (crêt de la), point culminant du massif du Jura (France), dans l'Ain ; 1 718 m.

NEIGES (piton des), point culminant de l'île de la Réunion ; 3 069 m.

NEILL (Alexander Sutherland), *Forfar, district d'Angus, Écosse, 1883 - Aldeburgh, Suffolk, 1973,* pédagogue britannique. Il fonda une école, qu'il décrit dans *Libres Enfants de Summerhill* (1960), où les enfants pouvaient s'éduquer avec le minimum d'intervention des adultes.

NEIPPERG (Adam Adalbert, comte **von**), *Vienne 1775 - Parme 1829,* général autrichien. Il épousa Marie-Louise à la mort de Napoléon (1821).

NEISSE DE LUSACE n.f., en polon. **Nysa Łużycka,** riv. d'Europe centrale, née dans la République tchèque, affl. de l'Oder (r. g.) ; 256 km. Elle sert de frontière entre l'Allemagne et la Pologne.

NEIVA, v. de Colombie, sur le Magdalena ; 233 000 hab.

NÉKAO → **NÉCHAO.**

NEKRASSOV (Nikolaï Alekseïevitch), *Iouzvino 1821 - Saint-Pétersbourg 1877,* écrivain et publiciste russe. Poète d'inspiration populaire, il dirigea des revues libérales *(le Contemporain, les Annales de la patrie)* qui marquèrent l'évolution politique et littéraire de la Russie.

NÉLATON (Auguste), *Paris 1807 - id. 1873,* chirurgien français. Chirurgien de Garibaldi et de Napoléon III, il inventa des instruments médicaux.

NELLIGAN (Émile), *Montréal 1879 - id. 1941,* poète canadien de langue française. Ses poèmes révèlent l'influence de Rimbaud et des symbolistes *(le Vaisseau d'or).*

NELLORE, v. d'Inde, près de la côte de Coromandel ; 316 445 hab.

NELSON n.m., fl. du Canada central, émissaire du lac Winnipeg, qui rejoint la baie d'Hudson à *Port Nelson ;* 650 km. Hydroélectricité.

NELSON (Horatio, vicomte), duc **de Bronte,** *Burnham Thorpe 1758 - en mer 1805,* amiral britannique. Il remporta sur les Français les victoires navales décisives d'Aboukir (1798) et de Trafalgar, où il fut tué. Rompant avec les tactiques navales du XVIIIe s., son attaque en deux colonnes à Trafalgar reste un modèle.

■ **NEHRU**

■ L'AMIRAL **NELSON** par F. Abbott. (National Portrait Gallery, Londres.)

NÉMÉE MYTH. GR. Vallée de l'Argolide, où étaient célébrés les *jeux Néméens.* Héraclès y tua un lion qui désolait le pays et se revêtit de sa peau.

NÉMÉSIS MYTH. GR. Déesse de la Vengeance.

NEMEYRI → **NIMAYRI.**

NEMOURS (77140), ch.-l. de cant. de Seine-et-Marne, sur le Loing ; 13 001 hab. Château remontant au XIIIe s. (Musée municipal) ; musée de Préhistoire d'Île-de-France.

NEMOURS (Louis Charles Philippe **d'Orléans,** duc **de**), *Paris 1814 - Versailles 1896,* prince français. Second fils de Louis-Philippe Ier, il fut élu roi par le Congrès belge (1831), mais son père rejeta cette offre pour ménager l'Angleterre. Il fut ensuite lieutenant général en Algérie (1834 - 1842).

NEMROD, personnage biblique (Genèse) présenté comme « vaillant chasseur devant l'Éternel ». Il serait la transposition dans les traditions hébraïques d'un dieu babylonien.

NEMRUT DAĞ, mont de Turquie, dans la prov. d'Adıyaman, au S.-E. de Malatya, culminant à 2 300 m. Vestiges du sanctuaire (Ier s. av. J.-C.) funéraire d'Antiochos Ier de Commagène.

NENETS, peuple de Russie (nord-ouest de la Sibérie) [env. 35 000]. Souvent encore nomades, les Nenets élèvent des rennes dans la toundra. Ils sont les plus nombreux des Samoyèdes.

NENNI (Pietro), *Faenza 1891 - Rome 1980,* homme politique italien. Secrétaire général du Parti socialiste italien en exil (1931), il participe à la guerre d'Espagne (1936 - 1938). Vice-président du Conseil (1945), ministre des Affaires étrangères (1946 - 1947), il dirige la majorité socialiste désireuse de maintenir l'union avec les communistes. De nouveau vice-président du Conseil (1963), il est élu, en 1966, président du Parti socialiste réunifié. Ministre des Affaires étrangères (1968 - 1969), il ne peut éviter en 1969 une nouvelle scission du Parti socialiste.

NÉOPTOLÈME → **PYRRHOS.**

NÉOUVIELLE (massif du) ou **MASSIF DE NÉOUVIELLE,** massif des Pyrénées françaises, entre l'Adour et la Garonne ; 3 091 m au *pic de Néouvielle.* Réserve naturelle.

NEP (sigle des mots russes signifiant « Nouvelle Politique Économique »), politique économique, plus libérale, établie par Lénine en Russie soviétique en 1921 et poursuivie jusqu'en 1929.

NÉPAL n.m., État d'Asie, dans l'Himalaya ; 140 000 km² ; 22 600 000 hab. *(Népalais).* CAP. *Katmandou.* LANGUE : *népalais.* MONNAIE : *roupie népalaise.* (V. carte **Himalaya.**)

GÉOGRAPHIE

C'est un État de l'Himalaya, entre la Chine et l'Inde. La population, dense, composée surtout de Gurkha et, en majorité, hindouiste, se concentre dans les vallées et bassins du centre. Elle se consacre principalement à la culture du riz, la base alimentaire. Le tourisme est devenu une ressource notable.

HISTOIRE

IVe - VIIIe s. : les Newar de la vallée de Katmandou adoptent la civilisation indienne. **À partir du XIIe s. :** le reste du pays, sauf les vallées du Nord occupées par des Tibétains, est peu à peu colonisé par des Indo-Népalais. **1744 - 1780 :** la dynastie de Gurkha unifie le pays. **1816 :** par le traité de Segowlie, elle doit accepter une sorte de protectorat de la Grande-Bretagne. **1846 - 1951 :** une dynastie de Premiers ministres, les Rana, détient le pouvoir effectif. **1923 :** la Grande-Bretagne reconnaît formellement l'indépendance du Népal. **1951 :** Tribhuvana Bir Bikram (1911 - 1955) rétablit l'autorité royale. **1955 - 1972 :** Mahendra Bir Bikram est roi. **1972 :** Birendra Bir Bikram lui succède. **1990 :** il autorise la formation de partis politiques. **1991 :** les premières élections multipartites ont lieu. Deux partis, le Congrès népalais et le Parti communiste, dominent la vie politique.

NEPEAN, v. du Canada (Ontario), banlieue d'Ottawa ; 105 684 hab.

NEPER (John) → **NAPIER.**

NEPHTALI, personnage biblique, fils de Jacob, et ancêtre éponyme d'une tribu du nord de la Palestine.

NEPOS (Cornelius) → **CORNELIUS NEPOS.**

NEPTUNE MYTH. ROM. Dieu de l'Eau. Il devint le dieu de la Mer lorsqu'il fut assimilé au dieu grec Poséidon.

NEPTUNE, planète du système solaire située au-delà d'Uranus, découverte en 1846 par l'Allemand J. Galle, grâce aux calculs de Le Verrier. Demi-grand axe de son orbite : 4 504 000 000 km (30,11 fois celui de l'orbite terrestre). Diamètre équatorial : 49 600 km. Neptune s'apparente à Uranus, mais son atmosphère est beaucoup plus turbulente. Elle est entourée d'anneaux de matière. On lui connaît huit satellites.

NÉRAC (47600), ch.-l. d'arrond. de Lot-et-Garonne, sur la Baïse ; 7 451 hab. *(Néracais).* Eaux-de-vie d'Armagnac. – Musée dans l'anc. château. – Jeanne III d'Albret puis Henri III de Navarre (le futur Henri IV) y tinrent leur cour.

NÉRÉE MYTH. GR. Dieu de la Mer, père des Néréides.

NÉRÉIDES MYTH. GR. Divinités marines, filles de Nérée, au nombre de cinquante. Elles venaient en aide aux marins.

NERGAL, dieu babylonien, fils d'Enlil, maître des morts et des enfers.

NERI (saint Philippe) → **PHILIPPE NERI.**

NÉRIS-LES-BAINS (03310), comm. de l'Allier ; 2 819 hab. Station thermale. – Vestiges gallo-romains et mérovingiens ; église romane.

NERNST (Walther), *Briesen, auj. Wąbrzeźno, Pologne, 1864 - près de Muskau 1941,* physicien et chimiste allemand. Il a apporté une contribution fondamentale à la théorie des solutions. Il montra, en 1906, qu'au voisinage de 0 K les chaleurs spécifiques et les coefficients de dilatation tendent vers zéro, ce qui le conduisit à énoncer le « troisième principe de la thermodynamique », ou *principe de Nernst-Planck.*

NÉRON, en lat. **Lucius Domitius Claudius Nero,** *Antium 37 - Rome 68,* empereur romain (54 - 68). Fils de Domitius Ahenobarbus et d'Agrippine la Jeune, il succède à l'empereur Claude, son père adoptif. Les débuts de son règne sont prometteurs. Mais Néron, qui a déjà fait empoisonner le fils de Claude, Britannicus (55), fait périr Agrippine en 59. Après la disparition de ses conseillers (mort de Burrus, disgrâce de Sénèque en 62), Néron s'abandonne à un despotisme peut-être causé par la folie : suicide d'Octavie (62), remplacée par Poppée ; condamnation à mort des riches citoyens, dont les fortunes viennent alimenter le Trésor vidé par les extravagances impériales ; première persécution des chrétiens, accusés de l'incendie de Rome (64). Ce régime de terreur suscite de nombreux complots (conjuration de Pison, en 65) et, en 68, l'armée, avec Galba en Espagne et Vindex en Gaule, se soulève. Proclamé ennemi public par le sénat, Néron se donne la mort.

■ **NÉRON.** (Musée du Capitole, Rome.)

■ GÉRARD DE **NERVAL** par Nadar.

NERUDA (Neftalí Ricardo **Reyes,** dit Pablo), *Parral 1904 - Santiago 1973,* poète chilien. Il est l'auteur de poèmes d'amour ou d'inspiration sociale et révolutionnaire *(le Chant général,* 1950 ; *la Centaine d'amour,* 1959). [Prix Nobel 1971.]

NERVA (Marcus Cocceius), *Narni v. 30 - Rome 98,* empereur romain (96 - 98), fondateur de la dynastie des Antonins. Succédant à Domitien, il pratiqua une politique de collaboration avec le sénat, et il adopta Trajan (97) pour lui succéder.

NERVAL (Gérard **Labrunie,** dit Gérard **de**), *Paris 1808 - id. 1855,* écrivain français. Participant aux premiers combats romantiques, il donne en 1829 une traduction du *Faust* de Goethe appréciée de son auteur même. Menant une vie bohème, atteint de graves troubles psychiques, il endosse les habits du mythe et trouve refuge dans l'écriture. Du *Voyage en Orient* (1851) jusqu'à *Aurélia* (1855), en passant par *les Filles du feu* (1854) – qui contiennent *Sylvie* et les sonnets des *Chimères* –, il tente de fuir le réel dans l'ailleurs et le rêve, avant de se pendre dans une ruelle parisienne.

NERVI (Pier Luigi), *Sondrio, Lombardie, 1891 - Rome 1979,* ingénieur et architecte italien. Utilisateur du béton et du métal, il a notamm. construit, avec Breuer et Zehrfuss, la maison de l'Unesco à Paris (1954 - 1958).

NERVIENS, anc. peuple de la Gaule Belgique, qui occupait le Hainaut, le Cambrésis et le Brabant belge. Cap. : *Bagacum* (Bavay).

NESEBĂR, v. de Bulgarie, sur la mer Noire ; 3 000 hab. Ensemble d'églises ou ruines d'églises byzantines du Ve au XIVe s.

NESLE [nɛl] (80190), ch.-l. de cant. de la Somme ; 2 538 hab.

Nesle [nɛl] (hôtels et tour de), anc. monuments de Paris. Il y eut deux hôtels de Nesle. L'emplacement de l'un est auj. occupé par l'hôtel de la Monnaie et l'Institut de France ; sur le site de l'autre s'élève la Bourse de commerce. Proche du premier, la *tour de Nesle* faisait partie de l'enceinte de Philippe Auguste, sur la rive gauche de la Seine, face à une tour du Louvre.

NESS (loch), lac d'Écosse, au S.-O. d'Inverness. Il doit sa célébrité à la présence hypothétique d'un monstre dans ses eaux.

NESSELRODE (Karl Robert, comte **von**), *Lisbonne 1780 - Saint-Pétersbourg 1862,* homme d'État russe. Ministre des Affaires étrangères (1816 - 1856), il servit brillamment Alexandre Ier et Nicolas Ier.

NESSOS ou **NESSUS** MYTH. GR. Centaure qui fut tué par Héraclès pour avoir tenté de faire violence à la femme de ce dernier, Déjanire. Pour se venger, en mourant, Nessos donna sa tunique, trempée de sang, à Déjanire. Ce talisman devait

N

assurer à celle-ci la fidélité de son époux. Mais Héraclès, lorsqu'il l'eut revêtue, éprouva de telles douleurs qu'il mit fin à ses jours.

Nestlé, société suisse créée en 1867, spécialisée dans diverses productions alimentaires (laits concentrés, chocolat, cafés solubles, etc.). Le groupe est présent dans les cinq continents.

NESTOR MYTH. GR. Roi de Pylos, héros de la guerre de Troie, type du sage conseiller.

NESTORIUS, *Germanica Cesarea, auj. Kahramanmaraş, v. 380 - Kharguèh apr. 451,* patriarche de Constantinople de 428 à 431. Sa doctrine, dite *nestorianisme,* sur le rapport de la divinité et de l'humanité en Jésus-Christ, lui valut d'être déposé par le concile d'Éphèse et, par la suite, exilé.

NETANYA, v. d'Israël, sur la Méditerranée ; 140 000 hab. Port.

NETANYAHOU (Benyamin), *Tel-Aviv 1949,* homme politique israélien. Chef du Likoud (1993 - 1999), il a été Premier ministre de 1996 à 1999.

NETCHAÏEV (Sergueï Guennadievitch), *Ivanovo 1847 - Saint-Pétersbourg 1882,* révolutionnaire russe. Il rédigea avec Bakounine le *Catéchisme révolutionnaire* (1869). Ayant fait assassiner un membre d'une société secrète qu'il venait de fonder, il fut désavoué par la Ire Internationale (1871) et condamné à la détention perpétuelle (1873).

NETO (Agostinho), *Cachicane 1922-Moscou 1979,* homme politique angolais, président de la République populaire d'Angola de 1975 à sa mort.

NETZAHUALCÓYOTL, v. du Mexique, banlieue de Mexico ; 1 340 000 hab.

NEUBOURG (Le) [27110], ch.-l. de cant. de l'Eure, dans la *plaine du Neubourg ;* 4 116 hab. Emballages. — Aux environs, château du Champ-de-Bataille (fin du XVIIe s.).

NEUBRANDENBURG, v. d'Allemagne (Mecklembourg-Poméranie-Occidentale) ; 85 540 hab.

NEUCHÂTEL, v. de Suisse, ch.-l. du *cant. de Neuchâtel,* sur le *lac de Neuchâtel ;* 33 579 hab. *(Neuchâtelois).* Université. Horlogerie. Agroalimentaire. Tourisme. — Collégiale en partie romane, château des XIIe-XVIe s., demeures anciennes. Musées (archéologie, art et histoire, ethnographie). — La ville fut le siège d'une principauté qui, souveraine en 1648, appartint au roi de Prusse de 1707 à 1798 et de 1814 à 1857, tout en devenant un canton au sein de la Confédération suisse (1815).

NEUCHÂTEL (canton de), canton de Suisse ; 803 km² ; 163 900 hab. *(Neuchâtelois) ;* ch.-l. *Neuchâtel.*

NEUCHÂTEL (lac de), lac de Suisse, au pied du Jura. Long de 38 km sur 3 à 8 km de large ; 218 km². Vestiges de villages néolithiques sur ses rives.

Neuengamme, camp de concentration allemand, au sud-est de Hambourg (1938 - 1945).

Neue Zürcher Zeitung, quotidien suisse de langue allemande, créé en 1780.

NEUF-BRISACH [nøbrizak] (68600), ch.-l. de cant. du Haut-Rhin ; 2 220 hab. Port sur le grand canal d'Alsace. Aluminium. Agroalimentaire. — Anc. place forte de Vauban.

NEUFCHÂTEAU [nø-], v. de Belgique, ch.-l. d'arrond. de la prov. de Luxembourg ; 5 937 hab. *(Chestrolais).*

NEUFCHÂTEAU [nø-] (88300), ch.-l. d'arrond. des Vosges, sur la Meuse ; 8 040 hab. *(Néocastriens).* Églises médiévales, hôtel de ville du XVIe s.

NEUFCHÂTEL-EN-BRAY [nø-] (76270), ch.-l. de cant. de la Seine-Maritime ; 5 356 hab. Église des XIIe-XVIe s. ; musée.

NEUHOF ou **NEUHOFF** (Théodore, baron **de**), *Cologne 1694-Londres 1756,* aventurier allemand. En 1736, il se fit proclamer roi de Corse sous le nom de Théodore Ier, mais fut chassé par les Génois en 1738.

Neuilly (traité de) [27 nov. 1919], traité de paix conclu entre les Alliés et la Bulgarie, à Neuilly-sur-Seine. La Bulgarie devait céder de nombreux territoires, limiter ses forces armées et verser des réparations.

NEUILLY-EN-THELLE (60530), ch.-l. de cant. de l'Oise ; 3 097 hab. Église des XIVe et XVIe s.

NEUILLY-PLAISANCE (93360), ch.-l. de cant. de la Seine-Saint-Denis, à l'E. de Paris ; 18 300 hab. *(Nocéens).*

NEUILLY-SAINT-FRONT (02470), ch.-l. de cant. de l'Aisne ; 2 114 hab.

NEUILLY-SUR-MARNE (93330), ch.-l. de cant. de la Seine-Saint-Denis ; 32 875 hab. *(Nocéens).* Hôpitaux psychiatriques de Ville-Évrard et de Maison-Blanche. — Église gothique d'env. 1200.

NEUILLY-SUR-SEINE (92200), ch.-l. de cant. des Hauts-de-Seine, en bordure du bois de Boulogne ; 60 364 hab. *(Neuilléens).* Agglomération résidentielle.

NEUMANN (Johann ou John **von**), *Budapest 1903 - Washington 1957,* mathématicien américain d'origine hongroise. Il est l'auteur d'une théorie des jeux (avec O. Morgenstern). Dès la fin des années 1930, il a défini la structure possible d'une machine automatique de traitement de l'information à programme enregistré, qui correspond à la structure de la plupart des ordinateurs actuels. Avec J. G. Charney, il a mis au point les premiers calculateurs.

NEUMANN (Johann Balthasar), *Cheb, Bohême, 1687 - Würzburg 1753,* architecte et ingénieur allemand, maître de l'illusionnisme baroque (Résidence de Würzburg, église de Vierzehnheiligen en Bavière).

NEUMEIER (John), *Milwaukee 1942,* danseur et chorégraphe américain. Directeur artistique du Ballet de Francfort (1969 - 1973) et, depuis 1973, du Ballet de Hambourg, il s'impose avec des œuvres néoclassiques, témoignant d'un sens profond de la mise en scène (*Casse-Noisette,* 1971 ; *le Songe d'une nuit d'été,* 1977 ; *Peer Gynt,* 1989).

NEUMÜNSTER, v. d'Allemagne (Schleswig-Holstein) ; 82 014 hab.

NEUNKIRCHEN, v. d'Allemagne (Sarre) ; 51 997 hab. Centre industriel.

NEURATH (Konstantin, baron **von**), *Kleinglattbach 1873 - Leinfelder Hof 1956,* homme politique allemand. Ministre des Affaires étrangères (1932 - 1938), puis protecteur de Bohême-Moravie (1939 - 1941), il fut condamné à 15 ans de prison au procès de Nuremberg.

NEUSIEDL (lac), en hongr. **Fertö,** lac de l'Europe centrale, aux confins de l'Autriche et de la Hongrie ; 350 km².

NEUSS, v. d'Allemagne (Rhénanie-du-Nord-Westphalie), sur le Rhin ; 148 560 hab. Église romane du XIIIe s. (crypte du XIe s.) ; musée.

NEUSTRIE, l'un des royaumes de la France mérovingienne, constitué au profit de Chilpéric Ier, lors du partage successoral de Clotaire Ier en 561. La Neustrie comprenait les pays situés entre Loire, Bretagne, Manche et Meuse, et fut en rivalité avec l'Austrasie. Pépin de Herstal fit l'unité des deux royaumes.

NEUTRA (Richard Joseph), *Vienne 1892 - Wuppertal 1970,* architecte américain d'origine autrichienne. Pionnier de la préfabrication métallique, attaché à la rigueur du style international, il a recherché, dans ses maisons individuelles, la continuité de l'espace et l'intégration au site.

NEUVES-MAISONS (54230), ch.-l. de cant. de Meurthe-et-Moselle, sur la Moselle ; 6 894 hab. *(Néodomiens).* Métallurgie.

NEUVIC (19160), ch.-l. de cant. de la Corrèze ; 2 326 hab. Église des XIIe-XVe s. Musée de la Résistance Henri-Queuille.

NEUVIC (24190), ch.-l. de cant. de la Dordogne ; 3 411 hab. Château du XVIe s.

NEUVILLE-AUX-BOIS (45170), ch.-l. de cant. du Loiret, près de la forêt d'Orléans ; 3 972 hab.

NEUVILLE-DE-POITOU (86170), ch.-l. de cant. de la Vienne ; 4 135 hab. *(Neuvillois).*

NEUVILLE-EN-FERRAIN (59960), comm. du Nord ; 9 593 hab. Bureautique.

NEUVILLE-SUR-SAÔNE (69250), ch.-l. de cant. du Rhône ; 7 114 hab. Industrie chimique.

NEUVY-SAINT-SÉPULCHRE (36230), ch.-l. de cant. de l'Indre ; 1 691 hab. Église des XIe-XIIe s., avec rotonde inspirée du Saint-Sépulcre de Jérusalem. — Pèlerinage.

NEVA n.f., fl. de Russie, issu du lac Ladoga et qui se jette dans le golfe de Finlande ; 74 km. Elle passe à Saint-Pétersbourg.

NEVADA, État des États-Unis, dans les montagnes Rocheuses ; 1 201 833 hab. ; cap. *Carson City ;* v. princ. *Las Vegas, Reno.* Tourisme.

NEVADA (sierra), massif du sud de l'Espagne ; 3 478 m au Mulhacén.

NEVADA (sierra), chaîne de montagnes de l'ouest des États-Unis (Californie) ; 4 418 m au mont Whitney.

NEVADO DEL RUIZ → **RUIZ** (Nevado del).

NEVERS (58000), ch.-l. du dép. de la Nièvre, sur la Loire, à 238 km au S.-S.-E. de Paris ; 43 082 hab. (*Nivernais* ou *Neversois*). Anc. cap. du Nivernais. Évêché. Industrie automobile. Constructions électriques. — Cathédrale des XIe-XVIe s. ; église St-Étienne, anc. abbatiale consacrée en 1097 ; église St-Pierre, du XVIIe s. ; anc. palais ducal des XVe-XVIe s. Musée archéologique et Musée municipal (beaux-arts, faïences...).

Neveu de Rameau (le), roman satirique de Diderot, composé en 1762, révisé v. 1774 et publié après sa mort (en allemand en 1805 ; en français en 1821). C'est un dialogue entre « Moi », philosophe rationaliste et raisonnable, et « Lui », parasite bohème et cynique, neveu de J.-P. Rameau.

NEVILLE (Richard), comte **de Warwick** → **WARWICK.**

NEVIS, partie de l'État de *Saint-Kitts-et-Nevis ;* 93 km² ; 8 800 hab.

New Age, courant de religiosité né aux États-Unis vers 1970, et qui prédisait l'entrée prochaine dans un nouvel âge de l'humanité, l'« ère du Verseau ». Les associations et tendances qui s'en réclament proposent surtout d'accéder au mieux-être individuel, par le recours à des thérapies parallèles et sur fond d'inspiration mystique et ésotérique.

NEWAR, peuple du Népal (vallée de Katmandou) [env. 1 million]. De tradition bouddhiste, mais fortement influencés par l'hindouisme, les Newar sont organisés en castes. Ils parlent le *newari,* de la famille tibéto-birmane.

NEWARK, v. des États-Unis (New Jersey), sur la *baie de Newark,* près de New York ; 275 221 hab. Port. Aéroport.

NEWCASTLE, v. d'Australie (Nouvelle-Galles du Sud) ; 422 100 hab. Port. Université. Sidérurgie.

NEWCASTLE, v. du Canada (Ontario), sur le lac Ontario ; 49 079 hab.

NEWCASTLE UPON TYNE ou **NEWCASTLE,** v. de Grande-Bretagne (Angleterre), sur la Tyne ; 204 000 hab. Port. Université. Métallurgie. — Monuments anciens ; musées.

NEWCOMB (Simon), *Wallace, Nouvelle-Écosse, 1835 - Washington 1909,* mathématicien et astronome américain. Il a perfectionné la théorie des mouvements de la Lune et des planètes.

NEWCOMEN (Thomas), *Dartmouth 1663 - Londres 1729,* mécanicien britannique. Il construisit en 1712 la première machine à vapeur vraiment utilisable, avec chaudière, cylindre et piston.

New Deal (« Nouvelle Donne »), nom donné aux réformes mises en œuvre par F. D. Roosevelt aux États-Unis, à partir de 1933, qui consacrèrent une certaine intervention de l'État dans les domaines économique et social.

NEW DELHI, cap. de l'Inde, englobée dans l'espace urbain de Delhi.

NEWFOUNDLAND, nom angl. de Terre-Neuve.

NEW HAMPSHIRE, État des États-Unis, en Nouvelle-Angleterre ; 1 109 252 hab. ; cap. *Concord.*

NEW HAVEN, v. des États-Unis (Connecticut) ; 130 474 hab. Port. Université *Yale.

NEWHAVEN, v. de Grande-Bretagne (Angleterre), sur la Manche ; 10 000 hab. Port. Liaisons maritimes avec Dieppe. Station balnéaire.

NE WIN (Maung Shu Maung, dit U), *Paungdale 1911,* général et homme politique birman. Premier ministre après le coup d'État de 1962, puis chef de l'État (1974 - 1981), il conserva jusqu'en 1988, avec la direction du parti unique, la réalité du pouvoir.

NEW JERSEY, État des États-Unis, sur l'Atlantique ; 7 730 188 hab. ; cap. *Trenton ;* v. princ. *Newark.*

NEWMAN (Barnett), *New York 1905 - id. 1970,* peintre américain d'ascendance polonaise. Il fut, à partir d'env. 1946, le maître d'une abstraction chromatique rigoureuse.

NEWMAN (John Henry), *Londres 1801 - Birmingham 1890,* théologien catholique britannique. Curé anglican, il fut l'un des chefs du « mouvement d'*Oxford » (1845) et devint prêtre catholique (1847). Fondateur de l'Oratoire anglais, recteur de l'université catholique de Dublin (1851 - 1858), cardinal (1879), il développa dans ses ouvrages (*la Grammaire de l'assentiment,* 1870) une spiritualité d'une grande profondeur.

NEWMAN (Paul), *Cleveland 1925,* acteur américain. Il a joué dans de nombreux films (*le Gaucher,* A. Penn, 1958 ; *l'Arnaqueur,* R. Rossen, 1961 ; *le Rideau déchiré,* A. Hitchcock, 1966 ; *la*

Couleur de l'argent, M. Scorsese, 1986), en réalisant lui-même quelques-uns (*la Ménagerie de verre,* 1987).

NEW MEXICO, nom angl. du *Nouveau-Mexique.

NEW ORLEANS → NOUVELLE-ORLÉANS (La).

NEWPORT, v. de Grande-Bretagne, dans le pays de Galles, sur l'estuaire de la Severn ; 117 000 hab. Port. – Cathédrale en partie romane.

NEWPORT NEWS, v. des États-Unis (Virginie), sur la baie de Chesapeake ; 170 045 hab. Chantiers navals.

NEW PROVIDENCE, île la plus peuplée (171 542 hab.) des Bahamas ; v. princ. *Nassau.*

NEWTON (sir Isaac), *Woolsthorpe, Lincolnshire, 1642 - Londres 1727,* savant anglais. Il construisit à Cambridge le premier télescope utilisable. En optique, il mena des expériences de décomposition de la lumière par le prisme et présenta sa théorie corpusculaire de la lumière (1675), objet d'une vive controverse avec R. Hooke et C. Huygens. Ce n'est qu'en 1687, sur l'insistance de E. Halley, que paraît *Principes mathématiques de philosophie naturelle.* Newton y applique les mathématiques à l'étude des phénomènes naturels, en premier lieu le mouvement. Sa mécanique, base des développements ultérieurs de cette science, est fondée sur le principe de l'inertie, la proportionnalité de la force à l'accélération et l'égalité de l'action et de la réaction. De la théorie de l'attraction universelle et de la loi qui en découle se déduisent les trois lois de Kepler. En mathématiques, Newton posa, parallèlement à Leibniz, les bases de l'analyse moderne (méthodes infinitésimales, par ex.). Enfin, il écrivit des ouvrages théologiques et effectua des travaux d'alchimie, qui influencèrent sa réflexion, notamm. concernant l'attraction universelle.

NEW WESTMINSTER, v. du Canada (Colombie-Britannique) ; 43 585 hab. Chantiers navals.

NEW WINDSOR → WINDSOR.

NEW YORK, État des États-Unis, des Grands Lacs (Érié et Ontario) à l'Atlantique ; 17 990 455 hab. ; cap. *Albany ;* v. princ. *New York, Buffalo, Rochester.*

NEW YORK, v. des États-Unis (État de New York), sur l'Atlantique, à l'embouchure de l'Hudson ; 8 684 834 hab. *(New-Yorkais)* [18 087 251 hab. dans l'agglomération]. La ville a été fondée à la pointe sud de l'île de Manhattan, où s'étend le quartier des affaires (Wall Street). Elle s'est développée au XIXe s. au N. (Bronx, au-delà du quartier noir de Harlem), débordant sur le New Jersey au-delà de l'Hudson et sur les îles voisines : Long Island (quartiers de Brooklyn et de Queens, au-delà de l'East River) et Staten Island (Richmond). Cité cosmopolite, New York reste le premier centre financier du monde ; c'est un très grand port, un nœud aérien et ferroviaire, un centre industriel et surtout tertiaire (commerces, administrations, tourisme). – Musées : *Metropolitan, *Guggenheim, *Museum of Modern Art, collection Frick, musée de Brooklyn, Muséum d'histoire naturelle, etc. – Metropolitan Opera House. – Hollandaise en 1626, la colonie de La Nouvelle-Amsterdam devint New York (en l'honneur du duc

■ **NEW YORK.** La statue de la Liberté et, au fond, le sud de Manhattan, avec les deux tours du World Trade Center.

■ **NEWTON** par Godfrey Kneller.

■ Les CHUTES DU **NIAGARA** vues des États-Unis.

d'York, le futur Jacques II) quand elle passa aux Anglais en 1664. L'indépendance des États-Unis et l'ouverture du canal Érié (1825) firent sa fortune. La ville est le siège de l'ONU depuis 1946.

New York Times, quotidien américain, fondé en 1851, l'un des plus importants du pays.

NEXØ (Martin **Andersen**) **→ ANDERSEN NEXØ.**

NEXON (87800), ch.-l. de cant. de la Haute-Vienne ; 2 347 hab. Église des XIIe et XVe s.

NEY [nɛ] (Michel), duc **d'Elchingen,** prince **de la Moskova,** *Sarrelouis 1769 - Paris 1815,* maréchal de France. Surnommé le « Brave des braves », il s'illustra dans les guerres de la Révolution et de l'Empire, notamm. pendant les campagnes de Prusse (1806), de Pologne (1807) et de Russie, à la Moskova (1812). Nommé pair de France par Louis XVIII, rallié à Napoléon durant les Cent-Jours, il combattit à Waterloo. Condamné à mort par la Cour des pairs, il fut fusillé.

NEZAMI ou **NIZAMI,** *Gandja v. 1140 - id. v. 1209,* poète persan, auteur d'épopées romanesques et de poèmes didactiques *(Trésor des mystères).*

NEZVAL (Vítězslav), *Biskupovice 1900 - Prague 1958,* poète tchèque. Symboliste, puis fondateur du groupe surréaliste tchèque, il s'orienta vers une poésie concrète et sociale.

NGAZIDJA, anc. **Grande Comore,** la plus grande (1 148 km^2) et la plus peuplée (192 177 hab.) des Comores.

NGÔ DINH DIÊM, *Quang Binh 1901 - Saigon 1963,* homme politique vietnamien. Premier ministre du Viêt Nam du Sud (1954), il y proclama la république (1955). Chef de l'État (1956 - 1963), appuyé par les États-Unis, il établit un régime autoritaire. Il fut tué au cours d'un putsch.

NGONI, ensemble de peuples bantous de Zambie, de Tanzanie et du Malawi. Originaires d'Afrique australe, les Ngoni migrèrent vers le nord à partir de 1820, razziant et assimilant de nombreuses populations, avant de se soumettre à l'autorité britannique dans les années 1890.

NGUYÊN VAN THIÊU, *Phan Rang 1923,* général et homme politique vietnamien, président de la république du Viêt Nam du Sud (1967 - 1975).

NHA TRANG, v. du Viêt Nam ; 216 000 hab. Port.

NHK (Nippon Hoso Kyokai), service public japonais de radiotélévision, qui gère 4 chaînes nationales.

NIAGARA n.m., riv. d'Amérique du Nord ; 56 km. Il sépare le Canada des États-Unis, unissant les lacs Érié et Ontario, et est coupé par les *chutes du Niagara* (env. 50 m), haut lieu touristique et site d'un grand aménagement hydroélectrique.

NIAGARA FALLS, v. des États-Unis (État de New York), sur le *Niagara,* en face de la ville canadienne du même nom ; 73 077 hab.

NIAGARA FALLS, v. du Canada (Ontario), sur le *Niagara ;* 61 840 hab. Tourisme.

NIAMEY, cap. du Niger, sur le moyen Niger ; 392 000 hab. *(Niaméyens).* Musée.

NIASSAIS, peuple d'Indonésie (île de Nias, au large de Sumatra) [env. 600 000]. Connus pour leur système de rangs, obtenus par la célébration de « fêtes de mérite », et pour leur architecture en bois, les Niassais sont christianisés et parlent une langue malayo-polynésienne.

NIAUX (09400), comm. de l'Ariège ; 204 hab. Grotte ornée de peintures magdaléniennes.

Nibelung (l'Anneau du) **→ Tétralogie.**

NIBELUNGEN, nains de la mythologie germanique, possesseurs de grandes richesses souterraines et qui ont pour roi *Nibelung.* Les guerriers du héros Siegfried, puis les Burgondes dans les poèmes héroïques médiévaux, prirent le nom de *Nibelungen* après s'être emparés de leurs trésors.

Nibelungen (Chanson des), épopée germanique écrite v. 1200 en moyen haut allemand. Elle raconte les exploits de Siegfried, maître du trésor des Nibelungen, pour aider Gunther à conquérir la main de Brunhild, son mariage avec Kriemhild, sœur de Gunther, sa mort sous les coups du traître Hagen et la vengeance de Kriemhild.

NICARAGUA n.m., État d'Amérique centrale ; 148 000 km^2 ; 4 580 000 hab. *(Nicaraguayens).* CAP. *Managua.* LANGUE : *espagnol.* MONNAIE : *córdoba oro.* (V. carte **Amérique centrale.**)

GÉOGRAPHIE

L'intérieur, montagneux, est ouvert par les dépressions occupées par les lacs Nicaragua (8 262 km^2) et Managua. Cette région sépare deux plaines littorales, l'une, étroite mais fertile, sur le Pacifique, l'autre, plus large, surtout forestière, sur la mer des Antilles (côte des Mosquitos).

HISTOIRE

De la colonisation au XIXe s. XVIe s. : reconnu par les Espagnols dès 1521, le Nicaragua est rattaché à la capitainerie générale du Guatemala. **1821 :** l'indépendance du pays est proclamée. Jusqu'en 1838, le Nicaragua fait partie des Provinces-Unies d'Amérique centrale. **1850 :** les États-Unis et la Grande-Bretagne renoncent à toute conquête territoriale dans la région. **1855 - 1857 :** un aventurier américain, William Walker, conquiert le pays. **1858 - 1893 :** les conservateurs se succèdent au pouvoir. **1893 - 1909 :** le dictateur José Santos Zelaya mène une politique anticléricale et nationaliste.

Le XXe s. 1909 : un coup d'État conservateur, appuyé par les États-Unis, donne le pouvoir à Adolfo Díaz. **1912 - 1926 :** celui-ci demande l'aide militaire des Américains, qui occupent le pays. **1934 :** Augusto César Sandino, qui a dirigé la guérilla contre l'occupation américaine, est assassiné. **1936 - 1956 :** Anastasio Somoza s'empare du pouvoir et impose sa dictature jusqu'à son assassinat. **1956 - 1979 :** le Nicaragua vit sous la domination du clan Somoza. **1979 :** l'opposition, rassemblée dans le Front sandiniste de libération nationale, renverse la dictature de Somoza ; un nouveau régime est mis en place. **1980 :** les modérés quittent le gouvernement. Le Nicaragua se rapproche de Cuba et de l'URSS. **1983 :** les États-Unis soutiennent financièrement et militairement les contre-révolutionnaires (« contras »). **1984 :** le sandiniste Daniel Ortega est élu à la présidence de la République. **À partir de 1987 :** le Nicaragua signe avec quatre pays d'Amérique centrale (Costa Rica, Guatemala, Honduras, Salvador) des accords (1987 et 1989) visant à rétablir la paix dans la région. **1990 :** la candidate de l'opposition, Violeta Chamorro, est élue à la présidence de la République. Elle met en œuvre une politique de réconciliation nationale vis-à-vis des sandinistes. **1997 :** Arnoldo Alemán, vainqueur de l'élection présidentielle face à D. Ortega (oct. 1996), accède à la tête de l'État.

NICE, ch.-l. du dép. des Alpes-Maritimes, sur la Côte d'Azur, dominé par les *Préalpes de Nice,* à 933 km au S.-E. de Paris ; 345 892 hab. *(Niçois).* Évêché. Université. Grande station touristique. Aéroport. Port de voyageurs. Constructions électriques. Édition. – Vieille ville des XVIIe-XVIIIe s. ; musées des Beaux-Arts, Masséna, d'Art moderne et contemporain, des Arts asiatiques. Sur la colline de Cimiez, vestiges romains, église avec panneaux des Brea, musées d'Archéologie, Matisse et Chagall. – Fondée au Ve s. av. J.-C. par les

N

■ **NICE.** La Promenade des Anglais.

Massaliotes, annexée au comté de Provence (xe s.), ville libre (xie s.), Nice passa sous la domination des Angevins de Provence (1246), puis sous celle de la maison de Savoie (1388). Française de 1793 à 1814, elle fut définitivement cédée à la France par le Piémont en 1860.

NICÉE, auj. **Iznik,** v. de Turquie, au S.-E. d'Istanbul ; 17 232 hab. Monuments byzantins et ottomans ; faïence. — Deux conciles œcuméniques s'y tinrent : le premier, convoqué par Constantin en 325, condamna l'arianisme et élabora un symbole de foi, ou *symbole de Nicée ;* le second, en 787, réuni à l'instigation de l'impératrice Irène, définit contre les iconoclastes la doctrine orthodoxe sur le culte des images. — De 1204 à 1261, Nicée fut la capitale des empereurs byzantins dépossédés de Constantinople par les croisés. L'*empire de Nicée,* fondé par Théodore Ier Lascaris, eut comme dernier titulaire Michel VIII Paléologue, qui reprit Constantinople.

Nice-Matin, quotidien régional français créé en 1945.

NICÉPHORE (saint), *Constantinople v. 758 - ? 829,* patriarche de Constantinople (806 - 815). Il fut déposé à cause de sa résistance à l'iconoclasme et mourut en exil. Il a laissé plusieurs traités sur le culte des images et une histoire de l'Empire byzantin de 602 à 769.

NICÉPHORE Ier le Logothète, *Séleucie, Pisidie ? - en Bulgarie 811,* empereur byzantin (802 - 811). Il restaura l'autorité byzantine dans les Balkans. Il fut battu par Harun al-Rachid, puis par les Bulgares, qui le massacrèrent ainsi que son armée. — **Nicéphore II Phokas,** *en Cappadoce 912 - Constantinople 969,* empereur byzantin (963 - 969). Il conquit la Cilicie, Chypre (964-965) et une partie de la Syrie (966 et 968). Il fut assassiné par Jean Ier Tzimiskès. — **Nicéphore III Botanéiatès,** *m. apr. 1081,* empereur byzantin (1078 - 1081). Alexis Ier Comnène l'enferma dans un couvent.

NICHIREN, *Kominato 1222 - district d'Ikegami, auj. Tokyo, 1282,* moine bouddhiste japonais, fondateur de la secte qui porte son nom. Il voulait faire du bouddhisme une religion universelle. Sa pensée a exercé une assez forte influence nationaliste sur le Japon du xxe s.

NICHOLSON (Jack), *Neptune, New Jersey, 1937,* acteur américain. Son art de rester juste dans l'excès s'exprime dans : *Easy Rider* (D. Hopper, 1969), *Profession reporter* (M. Antonioni, 1975), *Vol au-dessus d'un nid de coucou* (M. Forman, 1975), *Le facteur sonne toujours deux fois* (B. Rafelson, 1981), *Mars Attacks* (Tim Burton, 1996), *Pour le pire et pour le meilleur* (J. L. Brooks, 1997).

NICIAS, *v. 470 - Syracuse 413 av. J.-C.,* général athénien. Pendant la guerre du Péloponnèse, il négocia la trêve dite *paix de Nicias* (421 av. J.-C.) et périt lors de l'expédition de Sicile, qu'il avait désapprouvée.

NICKLAUS (Jack), *Colombus, Ohio, 1940,* joueur de golf américain. Avec 71 victoires (dont 20 obtenues dans des tournois majeurs), il est le champion de golf le plus titré.

NICOBAR (îles), archipel du golfe du Bengale, partie du territoire indien des *îles Andaman et Nicobar.*

NICODÈME (saint), *Ier s.,* notable juif, membre du sanhédrin (Évangile de Jean). Pharisien, il fut un disciple secret de Jésus, dont il alla, avec Joseph d'Arimathie, réclamer le corps à Pilate.

NICOL (William), *en Écosse v. 1768 - Édimbourg 1851,* physicien britannique. En 1828, il inventa le prisme polariseur qui porte son nom.

NICOLA Pisano, *m. entre 1278 et 1284,* sculpteur italien, instigateur d'une « première Renaissance » pisane (chaire du baptistère de Pise, d'esprit antiquisant, 1260). — **Giovanni Pisano,** *v. 1248 - Sienne apr. 1314,* sculpteur italien, fils de Nicola. Actif surtout à Pise et à Sienne, d'un tempérament aussi puissant que celui de son père, il adhère largement à la culture gothique : statues de la cathédrale de Sienne, chaires de Pistoia (terminée en 1301) et de la cathédrale de Pise.

SAINTS

NICOLAS (saint), *ive s.,* évêque de Myra en Lycie. Patron de la Russie et des petits enfants (selon certaines légendes, il en aurait sauvé plusieurs), il jouit d'un culte très populaire en Orient et en Europe, notamm. en Italie, à Bari, où l'on vénère ses reliques. Sous le nom allemand de Santa Claus, il est à l'origine du Père Noël.

NICOLAS DE FLUE (saint), *Flüeli ob Sachseln 1417 - Ranft 1487,* ermite suisse. Il vécut en solitaire à partir de 1467, intervenant néanmoins pour rétablir la paix entre les cantons helvétiques (1481). Patron de la Suisse.

NICOLAS Ier (saint), dit **le Grand,** *Rome v. 800 - id. 867,* pape de 858 à 867. Il contribua à affirmer la primauté de la papauté, face aux grands dignitaires ecclésiastiques et aux rois, et il accueillit les Bulgares dans l'Église romaine. — **Nicolas II** (Gérard **de Bourgogne**), *Chevron, Savoie, v. 980 - Florence 1061,* pape de 1059 à 1061. Il combattit la simonie et le nicolaïsme, et lutta contre l'influence impériale en Italie en se faisant le défenseur des Normands. — **Nicolas V** (Tommaso **Parentucelli**), *Sarzana 1397 - Rome 1455,* pape de 1447 à 1455. Il mit fin au schisme de Félix V (Amédée de Savoie) et fonda la bibliothèque Vaticane.

RUSSIE

NICOLAS Ier, *Tsarskoïe Selo 1796 - Saint-Pétersbourg 1855,* empereur de Russie (1825 - 1855), de la dynastie des Romanov. Troisième fils de Paul Ier, il succéda à son frère Alexandre Ier et se consacra à la défense de l'orthodoxie et de l'autocratie dans un esprit étroitement nationaliste. Il favorisa la création d'une bureaucratie qualifiée et spécialisée. À l'extérieur, il réprima la révolte polonaise de 1830 - 1831 et écrasa la révolution hongroise en 1849, ce qui lui valut le surnom de « gendarme de l'Europe ». Voulant en finir avec l'Empire ottoman (1853), il se heurta à la France et à la Grande-Bretagne, qui s'engagèrent contre la Russie dans la guerre de Crimée (1854). — **Nicolas II,** *Tsarskoïe Selo 1868 - Iekaterinbourg 1918,* dernier empereur de Russie (1894 - 1917), de la dynastie des Romanov. Fils et successeur d'Alexandre III, il renforça, avec son ministre Witte, l'alliance franco-russe et engagea son pays dans la guerre contre le Japon (1904 - 1905), qui se termina par la défaite russe. Contraint d'accorder, lors de la révolution de 1905, le manifeste d'octobre promettant la réunion d'une douma d'État, il refusa de transformer la Russie en une véritable monarchie constitutionnelle. Il prit en 1915 le commandement suprême des armées et laissa son épouse, Alexandra Fiodorovna, qui subissait alors l'influence de Raspoutine, jouer un rôle croissant dans le gouvernement. La révolution de février l'obligea à abdiquer (mars 1917). Emmené à Iekaterinbourg, il y fut massacré avec sa famille (17 juill. 1918). Ses restes et ceux des siens ont été transférés à Saint-Pétersbourg en 1998 et, en 2000, il a été canonisé, avec sa famille et plusieurs centaines de « martyrs » de la période soviétique, par l'Église orthodoxe russe.

■ **NICOLAS II** de Russie, par V.V. Verechtchaguine. (Musée de Petrodvorets.)

■ **NIETZSCHE**

NICOLAS NIKOLAÏEVITCH ROMANOV (grand-duc), *Saint-Pétersbourg 1856 - Antibes 1929,* général russe. Oncle du tsar Nicolas II, généralissime des armées russes en 1914 - 1915, puis commandant le front du Caucase (1915 - 1917), il se retira en France après la révolution de 1917.

NICOLAS Ier ou **NIKITA Ier PETROVIĆ NJEGOŠ,** *Njegoš 1841 - Antibes 1921,* prince (1860 - 1910), puis roi (1910 - 1918) de Monténégro. Sous son règne, le Monténégro obtint son indépendance (1878).

NICOLAS de Cues (Nikolaus **Krebs,** dit), *Kues, diocèse de Trèves, 1401 - Todi 1464,* théologien catholique allemand. Il soutint l'action des papes, défendit le principe de l'infaillibilité pontificale contre les conciles et laissa une importante œuvre théologique et philosophique (*De la docte ignorance,* 1440), qui, par la perspective qu'elle ouvrait au savoir humain, préfigurait la Renaissance.

NICOLAS de Verdun, orfèvre mosan de la fin du xiie s. Il a signé et daté l'ambon ou retable émaillé de Klosterneuburg (1181) ainsi que la châsse de Notre-Dame de Tournai (1205), et est sans doute l'auteur de la châsse des Rois mages de Cologne, œuvres d'un style antiquisant souple et puissant, concurrent du courant gothique.

NICOLE (Pierre), *Chartres 1625 - Paris 1695,* écrivain français. Janséniste et professeur à Port-Royal, il est l'auteur d'*Essais de morale* et, avec A. Arnauld, de la **Logique de Port-Royal.*

NICOLLE (Charles), *Rouen 1866 - Tunis 1936,* bactériologiste français. Directeur de l'institut Pasteur de Tunis, il effectua des travaux notamm. sur le typhus, la brucellose, les fièvres récurrentes. (Prix Nobel 1928.)

NICOLLIER (Claude), *Vevey 1944,* astronome et astronaute suisse. Il a effectué quatre vols à bord de la navette américaine (1992, 1993, 1996 et 1999), jouant lors de ses deuxième et quatrième missions un rôle majeur dans la réparation du télescope spatial Hubble.

NICOLO DELL'ABATE, *Modène v. 1509 - Fontainebleau ? 1571 ?,* peintre italien. Appelé à Fontainebleau en 1552, il y fut un brillant collaborateur du Primatice (fresques ; toiles comme *l'Enlèvement de Proserpine,* Louvre).

NICOMÈDE, nom de quatre rois de Bithynie (iiie-ier s. av. J.-C.).

NICOMÉDIE, anc. v. d'Asie Mineure (auj. *Izmit*), fondée v. 264 av. J.-C. Capitale du royaume de Bithynie, résidence impériale au temps de Dioclétien, elle fut au ive s. un bastion de l'arianisme.

Nicopolis (bataille de) [25 sept. 1396], victoire des Ottomans de Bayezid Ier sur les croisés commandés par Sigismond de Luxembourg et Jean sans Peur, à Nicopolis (auj. *Nikopol,* en Bulgarie). Elle permit aux Ottomans d'occuper la Thessalie et le Péloponnèse.

NICOSIE, cap. de Chypre, dans l'intérieur de l'île ; 177 000 hab. *(Nicosiens).* Monuments gothiques des xiiie et xive s., enceinte vénitienne du xvie s. Musée archéologique.

NICOT (Jean), *Nîmes v. 1530 - Paris 1600,* diplomate français. Ambassadeur à Lisbonne, il introduisit le tabac en France.

NIDWALD, demi-canton de Suisse ; 276 km^2 ; 35 400 hab. *(Nidwaldiens) ;* ch.-l. *Stans.* Partie du canton d'Unterwald.

NIEDERBRONN-LES-BAINS (67110), ch.-l. de cant. du Bas-Rhin ; 4 398 hab. *(Niederbronnais).* Station thermale (rhumatismes). Matériel de chauffage.

NIEL (Adolphe), *Muret 1802 - Paris 1869,* maréchal de France. Ministre de la Guerre en 1867, il tenta de réorganiser l'armée et institua la garde nationale mobile.

NIELSEN (Carl), *Sortelung, près de Nørre Lyndelse, 1865 - Copenhague 1931,* compositeur danois. Il est l'auteur de six symphonies, dont la symphonie no 4, ou *l'Inextinguible,* de concertos, d'opéras et de musiques de scène.

NIEMCEWICZ (Julian Ursyn), *Skoki, Lituanie, 1757 - Paris 1841,* patriote et écrivain polonais, auteur des *Chants historiques* (1816).

NIÉMEN n.m., fl. d'Europe orientale, né en Biélorussie et qui se jette dans la Baltique ; 937 km. Son cours inférieur sépare la Lituanie et l'enclave de Kaliningrad (Russie).

NIEMEYER (Oscar), *Rio de Janeiro 1907,* architecte brésilien. Utilisant avec virtuosité le béton armé, il a édifié le centre de loisirs de Pampulha, près de Belo Horizonte (v. 1943), les principaux monuments de Brasília et, à l'étranger, l'université de Constantine (1969), le siège du PCF à Paris (1971), la maison de la culture du Havre (1982).

NIEMÖLLER (Martin), *Lippstadt 1892 - Wiesbaden 1984,* pasteur et théologien luthérien allemand. Adversaire du nazisme, il fut interné en camp de concentration. Président de l'Église évangélique de Hesse-Nassau (1948 - 1961), il milita ensuite en faveur de la paix.

NIÉPCE (Nicéphore), *Chalon-sur-Saône 1765 - Saint-Loup-de-Varennes 1833,* inventeur français. À partir de 1816, il testa la photosensibilité de diverses matières, notamm. le bitume de Judée, et obtint ainsi, vers 1826 - 1827, la première photographie connue.

■ NICÉPHORE **NIÉPCE.** *Point de vue pris d'une fenêtre du Gras à Saint-Loup-de-Varennes,* v. 1826 - 1827. (Coll. Gernstein, université du Texas, Austin.)

NIETZSCHE (Friedrich), *Röcken, près de Lützen, 1844 - Weimar 1900,* philosophe allemand. Fils de pasteur, il étudia la philosophie classique avant de l'enseigner à l'université de Bâle (1869 - 1879). Il en démissionna et mena une existence errante, solitaire et créatrice avant de sombrer dans la maladie mentale en 1889. Un temps proche de Wagner, influencé par Schopenhauer, il recourt fréquemment à l'aphorisme et à des formes poétiques d'expression, dans ce qui devait constituer un vaste ouvrage centré autour du thème de la volonté de puissance : l'inachèvement de l'œuvre a permis des interprétations réductrices, ainsi qu'une récupération par les idéologues nazis. Nietzsche a contribué à jeter le soupçon sur la pensée occidentale, dont tout le cours, depuis Socrate, Platon et le christianisme jusqu'au scientisme et au socialisme, équivaut selon lui à une négation de l'expression vitale au profit du culte factice de la vérité et de la soumission aux impératifs moraux. Cette dénonciation donne corps à un « gai savoir » qui ouvre une voie nouvelle, où le « surhomme », représentant d'une humanité parvenue à se dépasser, serait à même d'affronter « l'éternel retour du même ». Nietzsche a notamm. écrit : *la Naissance de la tragédie* (1872), *le Gai Savoir* (1882), **Ainsi parlait Zarathoustra* (1883), *Par-delà bien et mal* (1886).

NIEUPORT, en néerl. **Nieuwpoort,** v. de Belgique (Flandre-Occidentale), près de la mer du Nord ; 9 572 hab. Centre touristique.

NIEUPORT (Édouard **de Niéport,** dit Édouard), *Blida 1875 - sur l'aérodrome de Charny, près de Verdun, 1911,* aviateur et l'un des premiers (1909) constructeurs français d'avions. Ses recherches sur l'aérodynamique favorisèrent les progrès de l'aviation.

NIEVO (Ippolito), *Padoue 1831 - par noyade en mer Tyrrhénienne 1861,* écrivain italien. Patriote et compagnon de Garibaldi, moraliste sensible et libéral, il est surtout connu pour son roman *Mémoires d'un Italien* (1867).

NIÈVRE n.f., riv. de France, affl. de la Loire (r. dr.), rejointe à Nevers ; 53 km.

NIÈVRE n.f. (58), dép. de la Région Bourgogne ; ch.-l. de dép. *Nevers ;* ch.-l. d'arrond. *Château-Chinon, Clamecy, Cosne-Cours-sur-Loire ;* 4 arrond. ; 32 cant. ; 312 comm. ; 6 816 km² ; 225 198 hab. *(Nivernais).* Le dép. appartient à l'académie de Dijon, à la cour d'appel de Bourges, à la zone de défense Est. Il est formé de régions variées (extrémité amont du Val de Loire ; dépression du Bazois, entre les collines du Nivernais et la partie occidentale du Morvan). L'élevage bovin (pour la viande) et l'exploitation forestière y constituent les principales ressources de l'économie rurale ; les cultures ne jouent un grand rôle que très localement (vignobles de Pouilly-sur-Loire). L'industrie est représentée par le travail du bois, et surtout par la métallurgie de transformation. Le thermalisme anime la petite localité de Saint-Honoré-les-Bains.

NIGER n.m., principal fl. d'Afrique occidentale, né en Guinée, au pied du mont Loma, et qui rejoint le golfe de Guinée par un vaste delta ; 4 200 km ; bassin d'env. 1 500 000 km². Le Niger traverse le Mali, le Niger et le Nigeria. Navigable par biefs, il est aussi utilisé pour l'irrigation.

NIGER n.m., État d'Afrique, au S. de l'Algérie ; 1 267 000 km² ; 9 465 000 hab. *(Nigériens).* CAP. *Niamey.* LANGUE : *français.* MONNAIE : *franc CFA.*

GÉOGRAPHIE

Très étendu, mais steppique ou désertique en dehors de la vallée du Niger, le pays, enclavé, vit très pauvrement de l'élevage, de quelques cultures (millet et arachide). Le sous-sol recèle de l'uranium. Entièrement islamisée, la population juxtapose sédentaires (Haoussa et Songhaï principalement), majoritaires dans le Sud, et nomades (Touareg et Peul) dans le Nord.

HISTOIRE

L'occupation humaine de la région est fort ancienne. **Ier millénaire av. J.-C. :** les Berbères s'introduisent par une des routes transsahariennes, refoulant vers le sud les populations sédentaires ou se métissant avec elles. **VIIe s. apr. J.-C. :** l'empire des Songhaï, bientôt islamisé, se constitue. **Xe s. :** il a pour capitale Gao. **1591 :** il est détruit par les Marocains. **XVIIe - XIXe s. :** Touareg et Peul contrôlent le pays. **1897 :** la pénétration française, amorcée à partir de 1830, s'affirme avec l'installation des premiers postes sur le Niger. **1922 :** la résistance des Touareg apaisée, le Niger devient colonie de l'A.-O.F. **1960 :** autonome depuis 1956, république depuis 1958, il accède à l'indépendance. Hamani Diori est président, s'appuyant sur un parti unique. **1974 :** un coup d'État militaire lui substitue le lieutenant-colonel Seyni Kountché. **1987 :** mort de S. Kountché. Le colonel Ali Seibou lui succède. **1990 :** le pouvoir engage la transition vers le multipartisme. Parallèlement, il doit faire face à la rébellion touareg et à une situation économique catastrophique. **1993 :** Mahamane Ousmane, un des chefs de file de l'opposition démocratique, est élu à la présidence de la République. **1996 :** il est renversé par un coup d'État dirigé par le colonel Ibrahim Baré Maïnassara (janv.), qui est élu président de la République (juill.). **1999 :** ce dernier est tué par sa garde personnelle. Quelques mois plus tard, le pouvoir est rendu aux civils après l'élection de Mamadou Tandja, leader de l'ancien parti unique, à la tête de l'État.

NIGERIA n.m., État fédéral d'Afrique occidentale, sur le golfe de Guinée ; 924 000 km² ; 95 100 000 hab. *(Nigérians).* CAP. *Abuja.* V. PRINC. *Lagos* et *Ibadan.* LANGUE : *anglais.* MONNAIE : *naira.*

GÉOGRAPHIE

Pays le plus peuplé d'Afrique, le Nigeria est un État fédéral formé d'ethnies variées (Haoussa, Ibo, Yoruba, etc.) et souvent opposées, mais en majorité islamisées. Le Sud, plus humide, a des cultures de plantation (cacao, caoutchouc, arachide). C'est ici que la population est la plus dense (le delta du Niger et surtout le Sud-Ouest sont même fortement urbanisés). Le Nord, plus sec, est le domaine de la savane, où domine l'élevage. Le pétrole demeure la richesse essentielle du pays et la base des exportations.

HISTOIRE

Les origines. 900 av. J.-C. - 200 apr. J.-C. : la civilisation de Nok s'épanouit et se diffuse sans doute vers Ife et le Bénin. **VIIe - XIe s. :** les Haoussa s'installent dans le Nord, les Yoruba dans le Sud-Ouest. **XIe-XVIe s. :** dans le Nord, des royaumes, bientôt islamisés, s'organisent. Les plus brillants sont ceux du Kanem (apogée au XIVe s.), puis du Kanem-Bornou (XVIe s.). Dans le Sud, Ife constitue le centre religieux et culturel commun du royaume d'Oyo et de celui du Bénin, qui entre en relation avec les Portugais au XVe s.

La colonisation. 1553 : l'Angleterre élimine le Portugal, s'assurant ainsi le monopole de la traite des Noirs dans la région. **Début du XIXe s. :** les Peul musulmans, dirigés par Ousmane dan Fodio, forment un empire dans le nord du pays (Sokoto). **1851 :** les Britanniques occupent Lagos. **1879 :** la création de l'United African Company, qui devient bientôt la Royal Niger Company, permet à la Grande-Bretagne d'évincer les sociétés étrangères et d'assurer la pénétration et l'administration de territoires de plus en plus étendus. **1900 :** le Nigeria passe sous la juridiction du Colonial Office. **1914 :** la colonie et le protectorat du Nigeria sont créés, englobant le nord et le sud du pays, plus une partie du Cameroun. **1951 :** la colonie est dotée d'un gouvernement représentatif. **1954 :** une Constitution fédérale est élaborée.

Le Nigeria indépendant. 1960 : le Nigeria accède à l'indépendance. **1963 :** il adopte une Constitution républicaine et choisit de rester dans le Commonwealth. **1966 :** un coup d'État impose au pouvoir un Ibo, le général Ironsi, qui est assassiné quelques mois plus tard. Des émeutes raciales sanglantes contre les Ibo s'ensuivent. **1967 - 1970 :** les Ibo du Sud-Est, en majorité chrétiens, font sécession, formant la république du Biafra, qui capitule en janv. 1970 à l'issue d'une guerre meurtrière. Dès lors, sauf une brève période de retour à la démocratie (1979 - 1983), les coups d'État militaires se succèdent. **1985 :** le général Babangida prend la direction du pays. **1993 :** le processus de transition, engagé en 1989, qui devait aboutir au transfert du pouvoir aux civils, est suspendu. Après la démission de Babangida, le général Sani Abacha prend le pouvoir ; il doit faire face à une très forte opposition. **1995 :** le Nigeria, condamné par la communauté internationale pour l'exécution de plusieurs opposants, est suspendu du Commonwealth. **1998 :** après la mort de S. Abacha, le général Abdulsalam Abubakar rétablit un fonctionnement plus démocratique des institutions. **1999 :** Olusegun Obasanjo, qui avait déjà dirigé le pays de 1976 à 1979, est élu à la présidence de la République. Avec le retour à un pouvoir civil, le Nigeria retrouve sa place au sein de la communauté internationale.

NIGHTINGALE (Florence), *Florence 1820 - Londres 1910,* infirmière britannique. D'un dévouement exemplaire pendant la guerre de Crimée (1854 - 1856), elle créa à Londres la première école d'infirmières professionnelles (1860).

NIIGATA, v. du Japon (Honshu) ; 486 097 hab. Port. Centre industriel.

NIIHAMA, v. du Japon (Shikoku) ; 129 149 hab. Port. Métallurgie. Chimie.

NIJINSKI (Vaslav Fomitch), *Kiev 1889 - Londres 1950,* danseur et chorégraphe russe d'origine polonaise. Danseur classique virtuose, vedette des Ballets russes de Diaghilev de 1909 à 1914, il créa l'ensemble des œuvres de M. Fokine (*le Spectre de la rose* et *Petrouchka* notamm., en 1911). Chorégraphe novateur et incompris (*l'Après-midi d'un faune,* 1912 ; *le Sacre du printemps,* 1913), il sombra dans la folie, expérience dont témoigne son *Journal* (1953). — **Bronislava Nijinska,** *Minsk 1891 - Pacific Palisades, Los Angeles, 1972,* danseuse et chorégraphe russe et américaine. Sœur de Nijinski, danseuse aux Ballets russes, elle y fut aussi chorégraphe (*Noces,* 1923). Elle collabora avec des compagnies internationales, dont le Royal Ballet de Londres.

■ VASLAV **NIJINSKI** dans *le Spectre de la rose.*

NIJLEN, comm. de Belgique (prov. d'Anvers) ; 19 589 hab.

NIJNEKAMSK, v. de Russie, sur la Kama ; 191 000 hab. Centrale hydraulique. Chimie.

NIJNEVARTOVSK, v. de Russie, en Sibérie occidentale, sur l'Ob ; 243 000 hab. Centre pétrolier.

NIJNI NOVGOROD, de 1932 à 1990 **Gorki,** v. de Russie, au confluent de la Volga et de l'Oka ; 1 441 000 hab. Port fluvial et centre industriel. — Vieux kremlin ; églises du XIIIe au XIXe s.

NIJNI TAGUIL, v. de Russie, dans l'Oural ; 427 000 hab. Centre minier et métallurgique.

Nika (sédition) [532], soulèvement populaire de Constantinople sous Justinien Ier. Elle fut réprimée par Narsès et Bélisaire, grâce à l'énergie de l'impératrice Théodora. Son nom vient du cri de ralliement des séditieux : *Nika !* (Victoire !).

NIKKO, v. du Japon (Honshu) ; 20 128 hab. Parc national. — Temples (XVIe-XVIIe s.) et mausolées des Tokugawa (Ieyasu et Iemitsu).

NIKOLAÏEV, nom russe de *Mykolaïv.

NIKOLAIS (Alwin), *Southington, Connecticut, 1912 - New York 1993,* chorégraphe et compositeur américain. Figure essentielle de la modern dance, il transformait ses interprètes en signes plastiques par le jeu des accessoires, de la lumière et des projections photographiques (*Kaleïdoscope,* 1956 ; *Imago,* 1963 ; *Schema,* 1980).

NIKON (Nikita **Minov,** dit), *Veldemanovo, près de Nijni Novgorod, 1605 - Iaroslavl 1681,* prélat russe. Patriarche de Moscou (1652), partisan du retour de l'orthodoxie russe à ses sources grecques, il fit adopter des réformes qui provoquèrent le mouvement schismatique des vieux-croyants *(raskol).* Il fut déposé en 1667.

NIKOPOL, v. d'Ukraine ; 158 000 hab.

■ Le **NIL** aux environs de Louqsor, en Haute-Égypte.

■ RICHARD **NIXON**

NIL n.m., principal fl. d'Afrique, issu du lac Victoria (sous le nom de *Nil Victoria*) et qui rejoint la Méditerranée par un vaste delta ; 6 700 km ; bassin d'env. 3 000 000 km². Traversant les lacs Kioga et Albert, il prend le nom de *Nil Blanc* (Bahr el-Abiad) au sortir de la cuvette marécageuse du Soudan méridional. À Khartoum, le Nil reçoit le *Nil Bleu* (Bahr el-Azrak), puis, en aval, l'Atbara. Il traverse ensuite la Nubie et l'Égypte, passe au Caire, à la tête du delta. Le haut barrage d'Assouan régularise son cours inférieur et crée un vaste lac artificiel, long de 500 km (en partie au Soudan). La retenue alimente une grande centrale en Égypte, où elle a aussi permis d'étendre une irrigation qui utilise, depuis l'Antiquité, les crues estivales.

NILGIRI (monts), massif du sud de l'Inde ; 2 636 m.

NIMAYRI (Djafar **al-**) ou **NEMEYRI** (Gaafar **el-**), *Omdurman 1930,* officier et homme politique soudanais. Chef de l'État à partir de 1969, il est renversé en 1985.

NIMBA (monts), massif d'Afrique, aux confins de la Côte d'Ivoire, de la Guinée et du Liberia ; 1 752 m. Gisements de fer.

NIMÈGUE, en néerl. **Nijmegen,** v. des Pays-Bas (Gueldre), sur le Waal ; 145 782 hab. Chapelle-baptistère du VIIIe s., hôtel de ville et *Waag* des XVIe et XVIIe s. ; musée d'Archéologie.

Nimègue (traités de), traités conclus en 1678 entre la France, les Provinces-Unies et l'Espagne, et en 1679 entre la France et le Saint Empire, à la fin de la guerre de Hollande. Donnant à la France la Franche-Comté, le Cambrésis et plusieurs villes du Hainaut, de l'Artois et de Flandre, ces traités firent de Louis XIV l'arbitre de l'Europe.

NÎMES, ch.-l. du dép. du Gard, à 704 km au S. de Paris ; 137 740 hab. *(Nîmois).* Évêché. Cour d'appel. Confection. — Beaux monuments romains des Ier-IIe s. : Maison carrée, arènes, temple de Diane ; près de ce dernier, jardin de la Fontaine, du XVIIIe s. Musées divers et Carré d'art, construit par N. Foster. — Nîmes fut l'une des cités les plus brillantes de la Gaule romaine. Elle fut rattachée au comté de Toulouse en 1185, puis à la France en 1229. Fief protestant, elle souffrit de la révocation de l'édit de Nantes (1685).

■ **NÎMES.** La Maison carrée (début du Ier s. apr. J.-C.) et le Carré d'art (1993).

NIMIER (Roger), *Paris 1925 - Garches 1962,* écrivain français. Chef de file des *Hussards, il est l'auteur de romans *(les Épées, le Hussard bleu, les Enfants tristes).*

NIMITZ (William), *Fredericksburg, Texas, 1885 - San Francisco 1966,* amiral américain. Commandant la flotte du Pacifique après Pearl Harbor (1941), il vainquit la flotte japonaise et signa avec MacArthur l'acte de capitulation du Japon.

NIMROUD, site d'Assyrie sur le Tigre, à l'emplacement de l'anc. Kalhou (ou Calach), fondé au XIIIe s. av. J.-C. et cap., au IXe s., d'Assournazirpal. Importants vestiges.

NIN (Anaïs), *Neuilly-sur-Seine 1903 - Los Angeles 1977,* femme de lettres américaine. Son *Journal* et ses romans reflètent une personnalité écartelée entre des cultures et des passions différentes.

NINGBO, v. de Chine (Zhejiang) ; 479 000 hab. Port. — Monuments anciens.

NINGXIA, région autonome de la Chine du Nord-Ouest ; 4 660 000 hab. ; cap. *Yinchuan.*

NINIVE, v. de l'anc. Mésopotamie, sur le Tigre (auj. Tell Kouyoundjik et Tell Nebi Younous, Iraq). [Hab. *Ninivites.*] Fondée au VIe millénaire, elle devint sous Sennachérib (705 - 680 av. J.-C.) la capitale de l'Assyrie. Sa destruction par les Mèdes (612 av. J.-C.) marque la fin de l'Empire assyrien. — Vestiges (nombreux objets, dont les orthostates ornés de scènes de chasse au British Museum et au musée de Bagdad).

NIÑO [ninjo] (El) [mots esp., *l'Enfant-Jésus*], phénomène climatique déclenché par un réchauffement anormal de l'océan, dans l'est du Pacifique, à la latitude des côtes péruviennes, entraînant des dérèglements climatiques d'extension mondiale. La Niña, phénomène climatique froid succédant à El Niño, s'accompagne d'un anticyclone responsable de sécheresses.

NINOVE, v. de Belgique (Flandre-Orientale) ; 33 489 hab. Église, anc. abbatiale de prémontrés, des XVIIe-XVIIIe s. (boiseries, mobilier).

NIOBÉ MYTH. GR. Fille de Tantale et épouse d'Amphion. Fière de ses quatorze enfants, elle se moqua de Léto, qui n'avait enfanté qu'Apollon et Artémis. Ceux-ci vengèrent leur mère en tuant tous les enfants de Niobé.

NIOLO n.m., région de la Haute-Corse, dans le bassin supérieur du Golo.

NIORT (79000), ch.-l. du dép. des Deux-Sèvres, sur la *Sèvre Niortaise,* à 403 km au S.-O. de Paris ; 59 346 hab. *(Niortais).* Assurances. Vente par correspondance. Industrie aéronautique. — Donjon double des XIIe-XVe s. (Musée poitevin) ; musée des Beaux-Arts.

NIÓS → ÍOS.

NIPIGON (lac), lac du Canada (Ontario), se déversant dans le lac Supérieur par le *Nipigon ;* 4 480 km².

NIPPON, nom japonais du *Japon.

NIPPOUR, anc. v. de basse Mésopotamie (auj. Niffer, Iraq). Ce centre religieux sumérien, occupé dès le VIe millénaire, florissant entre le IIIe et le Ier millénaire, a livré de nombreuses tablettes cunéiformes. — Ruines.

NIŠ, anc. **Nissa,** v. de Yougoslavie (Serbie) ; 175 000 hab. Vestiges antiques ; anc. forteresse turque.

NISHINOMIYA, v. du Japon (Honshu), sur la baie d'Osaka ; 426 909 hab.

NISIBIS, v. de la Perse ancienne (auj. *Nusaybin,* en Turquie). Place commerciale et stratégique, elle fut aussi un centre du nestorianisme.

NITERÓI, v. du Brésil, sur la baie de Guanabara ; 416 123 hab. Port. Centre résidentiel et industriel.

NITHARD, *fin VIIIe s. - 844 ou 845,* historiographe franc. Bâtard d'Angilbert et de Berthe, fille de Charlemagne, il est l'auteur d'une *Histoire des fils de Louis le Pieux.*

NITRA, v. de Slovaquie ; 89 888 hab.

NIUE, île du Pacifique (259 km² ; 2 239 hab.). Territoire associé à la Nouvelle-Zélande.

NIVELLE (Robert), *Tulle 1856 - Paris 1924,* général français. Commandant de la IIe armée à Verdun (1916), puis commandant en chef des armées du Nord et du Nord-Est en 1917, il dirigea la vaine offensive du Chemin des Dames, dont l'échec entraîna son remplacement par Pétain.

NIVELLES, v. de Belgique (Brabant wallon) ; 23 127 hab. *(Nivellois).* Collégiale des XIe-XIIe s., exemplaire de l'art roman mosan ; crypte archéologique. Musée communal.

NIVERNAIS n.m., anc. prov. de France qui a formé la majeure partie du dép. de la Nièvre.

NIVKHES, peuple paléoasiatique de Russie.

NIXON (Richard), *Yorba Linda, Californie, 1913 - New York 1994,* homme politique américain. Républicain, vice-président des États-Unis (1953 - 1961), il fut élu président en 1968. Réélu en 1972, il noua des relations avec la Chine populaire et mit fin à la guerre du Viêt Nam (1973). Il démissionna en 1974 à la suite du scandale du *Watergate.

NIZAMI → NEZAMI.

NI ZAN, *Wuxi, Jiangsu, 1301 - 1374,* peintre, calligraphe et poète chinois. Par son style dépouillé, il est l'un des plus brillants représentants de l'esthétique lettrée de l'époque Yuan.

NIZAN (Paul), *Tours 1905 - Audruicq 1940,* écrivain français. Ami de Sartre, auteur d'essais et de romans (*Aden Arabie,* 1931 ; *la Conspiration,* 1938), il rompit avec le communisme lors du pacte germano-soviétique.

NJUKA, société noire marronne du Suriname.

NKOLE ou **NKORE,** peuple de l'Ouganda.

N'KONGSAMBA, v. du Cameroun ; 87 000 hab.

NKRUMAH (Kwame), *Nkroful 1909 - Bucarest 1972,* homme politique ghanéen. Il obtint l'indépendance de la Gold Coast (1957) et présida la république du Ghana de 1960 à 1966. Partisan du panafricanisme, il joua un rôle important dans la création de l'OUA.

NKVD (sigle des mots russes signifiant « Commissariat du peuple aux affaires intérieures »), organisme auquel fut intégré le Guépéou chargé des services spéciaux soviétiques (1934 - 1943/1946).

NO (lac), dépression marécageuse du Soudan méridional.

NOAILLES [nɔaj] (60430), ch.-l. de cant. de l'Oise ; 2 705 hab.

NOAILLES (Anna, princesse **Brancovan,** comtesse Mathieu **de**), *Paris 1876 - id. 1933,* femme de lettres française, auteur de recueils lyriques *(le Cœur innombrable, l'Honneur de souffrir).*

NOAILLES (maison **de**), famille française originaire du Limousin. — **Anne Jules,** comte **d'Ayen,** puis duc **de N.,** *Paris 1650 - Versailles 1708,* pair et maréchal de France. Gouverneur du Languedoc, il appliqua sévèrement le système des dragonnades. — **Louis Antoine de N.,** *Teissières, près d'Aurillac, 1651 - Paris 1729,* prélat français. Frère d'Anne Jules, archevêque de Paris en 1695, il s'opposa, de 1714 à 1728, par attachement au gallicanisme, à l'application de la bulle *Unigenitus,* qui visait les jansénistes. — **Adrien Maurice,** comte **d'Ayen,** puis duc **de N.,** *Paris 1678 - id. 1766,* maréchal de France. Fils d'Anne Jules, il se distingua en Catalogne et en Allemagne durant les guerres de Succession d'Espagne, de Pologne et d'Autriche. — **Louis Marie,** vicomte **de N.,** *Paris 1756 - La Havane 1804,* général français. Petit-fils d'Adrien Maurice, il accompagna son beau-frère La Fayette en Amérique. Député de la noblesse aux États généraux, il prit l'initiative de l'abolition des privilèges (nuit du 4 août 1789).

NOBEL (Alfred), *Stockholm 1833 - San Remo 1896,* chimiste et industriel suédois. Il consacra sa vie à l'étude des poudres et des explosifs, et inventa la dynamite (1886). Il fonda, par testament, les prix qui portent son nom. *(V. ill. page 1554.)*

Nobel (prix), prix décerné par diverses institutions ou académies suédoises ou norvégienne. Il est attribué tous les ans aux auteurs de contributions remarquables dans différents domaines : physique, chimie, physiologie ou médecine, littérature, paix, sciences économiques (depuis 1969). *[V. liste des lauréats en fin de volume.]*

■ ALFRED **NOBEL** par Emil Ostermann, 1915. (Fondation Nobel, Stockholm.)

■ **NOK.** Tête nok en terre cuite. (Musée de N'Djamena.)

NOBILE (Umberto), *Lauro, Avellino, 1885 - Rome 1978,* général, aviateur et explorateur italien. En 1928, il explora le pôle Nord à bord d'un dirigeable ; perdu au large du Spitzberg, il fut recueilli par un aviateur suédois.

NOBUNAGA → ODA NOBUNAGA.

NOCARD (Edmond), *Provins 1850 - Saint-Maurice, Val-de-Marne, 1903,* vétérinaire et biologiste français. Il étudia les maladies microbiennes des animaux domestiques (péripneumonie bovine, mammite, tuberculose aviaire), et démontra que la tuberculose se transmettait à l'homme par le lait ou la chair des bovins atteints.

Noces de Cana (les), toile monumentale de Véronèse (1563, Louvre). Elle fut exécutée pour le réfectoire des bénédictins de S. Giorgio Maggiore, à Venise ; l'opulence de l'aristocratie vénitienne d'alors y habille le thème biblique.

NODIER (Charles), *Besançon 1780 - Paris 1844,* écrivain français. Ses récits fantastiques *(Jean Sbogar, Trilby ou le Lutin d'Argail, la Fée aux miettes)* ont ouvert la voie à Nerval et au surréalisme. Ses soirées de l'Arsenal, à Paris, réunissaient les écrivains romantiques. (Acad. fr.)

NOÉ, en hébr. **Noah,** patriarche biblique. Choisi par Dieu pour survivre au Déluge qui devait anéantir l'humanité pécheresse, Noé construisit une arche dans laquelle il emmena sa famille et des couples de chaque espèce animale. Ayant scellé avec Dieu une alliance, Noé est, par ses fils, Sem, Cham et Japhet, le père d'une humanité nouvelle.

NOËL (Marie **Rouget,** dite Marie), *Auxerre 1883 - id. 1967,* femme de lettres française auteur de poèmes d'inspiration populaire et chrétienne *(les Chansons et les Heures, Chants d'arrière-saison).*

NOËL CHABANEL (saint), un des *Martyrs canadiens.

NOETHER (Emmy), *Erlangen 1882 - Bryn Mawr, Pennsylvanie, 1935,* mathématicienne allemande. Elle a joué, avec E. Artin, un rôle de premier plan dans la création de l'algèbre moderne.

NŒUX-LES-MINES (62290), ch.-l. de cant. du Pas-de-Calais ; 12 069 hab. Équipements automobiles.

NOGARET (Guillaume **de**), *m. en 1313,* légiste français. Juge à la cour de Philippe le Bel (1296), il dirigea la politique du roi contre le pape Boniface VIII, qu'il insulta à Anagni (1303). Il joua un rôle capital dans la disparition de l'ordre des Templiers.

NOGARO (32110), ch.-l. de cant. du Gers ; 2 071 hab. *(Nogaroliens).* Eau-de-vie (armagnac). – Église en partie romane.

NOGENT (52800), anc. **Nogent-en-Bassigny,** ch.-l. de cant. de la Haute-Marne ; 4 436 hab. Coutellerie.

NOGENT-LE-ROI (28210), ch.-l. de cant. d'Eure-et-Loir ; 4 207 hab. Flaconnage. – Église des XVe-XVIe s.

NOGENT-LE-ROTROU (28400), ch.-l. d'arrond. d'Eure-et-Loir, sur l'Huisne ; 12 484 hab. *(Nogentais).* Industries automobile et pharmaceutique. – Château des XIe-XVe s. (musée du Perche).

NOGENT-SUR-MARNE (94130), ch.-l. d'arrond. du Val-de-Marne, sur la Marne ; 28 416 hab. *(Nogentais).* Musée du Vieux-Nogent.

NOGENT-SUR-OISE (60180), ch.-l. de cant. de l'Oise ; 19 659 hab. *(Nogentais).* Église des XIIe-XIIIe s.

NOGENT-SUR-SEINE (10400), ch.-l. d'arrond. de l'Aube ; 6 073 hab. *(Nogentais).* Minoterie. Centrale nucléaire. – Église des XVe-XVIe s.

NOGENT-SUR-VERNISSON (45290), comm. du Loiret ; 2 617 hab. *(Nogentais).* Équipement automobile. Arboretum. École des eaux et forêts.

NOGUÈRES (64150), comm. des Pyrénées-Atlantiques ; 145 hab. Usine d'aluminium.

NOGUÈS (Charles), *Monléon-Magnoac 1876 - Paris 1971,* général français. Disciple de Lyautey, résident général au Maroc (1936), il s'opposa au débarquement allié de nov. 1942, puis se rallia à Darlan et à Giraud et démissionna (1943).

NOHANT-VIC (36400), comm. de l'Indre ; 507 hab. Maison de George Sand ; à Vic, église romane aux remarquables peintures murales.

NOIR (causse), l'un des Grands Causses entre la Jonte et la Dourbie, à l'E. de Millau.

NOIR (Yvan **Salmon,** dit Victor), *Attigny, Vosges, 1848 - Paris 1870,* journaliste français. Il fut tué d'un coup de pistolet par Pierre Bonaparte (1815 - 1881). Ses funérailles donnèrent lieu à une manifestation populaire.

NOIRE (mer), anc. **Pont-Euxin,** mer intérieure entre l'Europe et l'Asie, limitée par le Bosphore ; 461 000 km^2 avec sa dépendance, la mer d'Azov.

NOIRET (Philippe), *Lille 1930,* acteur français. Sa personnalité faussement bonhomme s'est imposée dans de nombreux rôles comiques ou dramatiques : *Alexandre le Bienheureux* (Y. Robert, 1967), *l'Horloger de Saint-Paul* (B. Tavernier, 1974), *le Vieux Fusil* (R. Enrico, 1975), *Coup de torchon* (B. Tavernier, 1981), *la Vie et rien d'autre* (id., 1989), *Cinema Paradiso* (G. Tornatore, 1989), *le Facteur* (M. Radford, 1994).

NOIRMOUTIER, île de l'Atlantique, qui forme un canton de la Vendée ; 9 592 hab. ; v. princ. *Noirmoutier-en-l'Île.* Depuis 1971, un pont relie l'île au continent. Tourisme. Cultures légumières et florales. Marais salants. Pêche. – **Noirmoutier-en-l'Île** (85330), ch.-l. de cant. de la Vendée ; 5 443 hab. *(Noirmoutrins).* Château avec donjon roman (musée) ; église avec crypte en partie du VIIe s.

NOISIEL (77186), ch.-l. de cant. de Seine-et-Marne ; 15 593 hab. Anc. chocolaterie (v. 1860 - 1910) rénovée dans les années 1990.

NOISY-LE-GRAND (93160), ch.-l. de cant. de la Seine-Saint-Denis, dans la banlieue est de Paris ; 58 460 hab. *(Noiséens).* Église des XIe-XIIIe s.

NOISY-LE-SEC (93130), ch.-l. de cant. de la Seine-Saint-Denis ; 37 460 hab. Gare de triage. Équipements électriques.

NOK, localité du N. du Nigeria. Elle est éponyme d'une culture ouest-africaine datant du Ier millénaire av. J.-C., caractérisée par des statuettes en terre cuite anthropomorphes et zoomorphes très stylisées. Celles-ci sont l'œuvre d'une population d'agriculteurs qui fut la première à réaliser la fonte du fer au S. du Sahara.

NOLDE (Emil **Hansen,** dit Emil), *Nolde, Schleswig, 1867 - Seebüll, Frise du Nord, 1956,* peintre et graveur allemand, l'un des principaux représentants de l'expressionnisme.

NOLLET (abbé Jean Antoine), *Pimprez, Oise, 1700 - Paris 1770,* physicien français. Il a découvert la diffusion des liquides, étudié la transmission du son dans l'eau et inventé l'électroscope (1747).

Nombres (livre des), quatrième livre du Pentateuque, qui raconte l'errance des Hébreux depuis le Sinaï jusqu'au début de la conquête de la Terre promise.

NOMÉ (François **de**), *Metz v. 1593 - Naples ? apr. 1644,* peintre lorrain installé en Italie. On l'a longtemps associé, sous le surnom de « Monsu Desiderio », avec un autre Lorrain, Didier **Barra** (1590 - apr. 1647), spécialisé dans les vues de Naples. Nomé, quant à lui, s'est consacré à des représentations imaginaires d'intérieurs de cathédrales, de cavernes ou de ruines grandioses, parsemées de petits personnages de fantaisie.

NOMINOË, *fin du VIIIe s. - Vendôme 851,* roi de Bretagne. Il imposa à Charles II le Chauve la reconnaissance d'un royaume breton (846).

noms (école des), école philosophique chinoise (IVe-IIIe s. av. J.-C.) illustrée par Hui Shi et Gongsun Long. Elle chercha à faire coïncider les dénominations avec des réalités, notamm. à des fins pratiques et politiques.

NONANCOURT (27320), ch.-l. de cant. de l'Eure ; 2 417 hab. Église gothique du XVIe s.

NONIUS (Pedro **Nunes,** dit), *Alcácer do Sal 1492 - Coimbra 1578,* astronome et mathématicien portugais. Son étude sur le chemin le plus court entre deux points de la surface terrestre est à l'origine de la loxodromie.

NONO (Luigi), *Venise 1924 - id. 1990,* compositeur italien. Communiste, représentant du mouvement postsériel *(Il Canto sospeso, Canti di vita e d'amore),* il s'est consacré à l'électroacoustique *(Journal polonais* [1, 1958 ; 2, 1982] ; *Prometeo).*

non-prolifération des armes nucléaires (traité sur la) [TNP], traité élaboré en 1968, entré en vigueur en 1970 et signé auj. par 187 États s'engageant à refuser de fournir ou d'accepter des armements nucléaires. Il a été prorogé pour une durée illimitée en 1995. Dans la même logique a été signé en 1996 le traité d'interdiction complète des essais nucléaires (TICE, en angl. CTBT [Comprehensive Nuclear Test Ban Treaty]).

NONTRON (24300), ch.-l. d'arrond. du nord de la Dordogne ; 3 646 hab. *(Nontronnais).* Château du XVIIIe s. (musée des Poupées et Jeux).

NORBERT (saint), *Gennep ou Xanten, Rhénanie, v. 1080 - Magdebourg 1134,* fondateur (1120) de l'ordre des chanoines réguliers de Prémontré. Il fut nommé archevêque de Magdebourg en 1126.

NORD n.m. (59), dép. de la Région Nord-Pas-de-Calais ; ch.-l. de dép. *Lille ;* ch.-l. d'arrond. *Avesnes-sur-Helpe, Cambrai, Douai, Dunkerque, Valenciennes ;* 6 arrond. ; 79 cant. ; 653 comm. ; 5 742 km^2 ; 2 555 020 hab. *(Nordistes).* Le dép. appartient à l'académie de Lille, à la cour d'appel de Douai, à la zone de défense Nord. S'élevant progressivement vers le sud-est (aux confins de l'Ardenne), accidenté seulement par les monts des Flandres, le dép. associe les cultures céréalières et betteravières (dominantes dans la Flandre intérieure et le Cambrésis), les cultures maraîchères (répandues surtout dans la Flandre maritime), celles du houblon, du tabac et du lin à un élevage bovin disséminé (développé surtout dans le Hainaut et l'Avesnois). Le recul des industries textiles (dans la conurbation Lille-Roubaix-Tourcoing) et l'abandon de l'extraction de la houille (Pays noir, de Douai à Valenciennes) n'ont été que partiellement compensés par le développement de l'industrie automobile (Maubeuge, Douai, Valenciennes, Onnaing). Le département, fortement urbanisé, est le plus peuplé de France, mais son expansion paraît bien freinée, malgré une situation géographique remarquable dans l'Union européenne, valorisée par une bonne desserte routière, ferroviaire et fluviale.

Nord (autoroute du), autoroute reliant Paris à Lille, sur laquelle se greffe une antenne dirigée vers Valenciennes (et Bruxelles).

Nord (canal du), détroit entre l'Écosse et l'Irlande.

Nord (canal du), voie navigable reliant l'Oise (Noyon) à la Sensée (Arleux).

NORD (cap), promontoire d'une île des côtes de la Norvège, point le plus au nord de l'Europe.

Nord (guerre du) [1700 - 1721], guerre qui opposa la Suède à une coalition comprenant le Danemark, la Russie, la Saxe et la Pologne. La Suède, qui cherchait à contrôler la totalité des rives méridionales de la Baltique, en sortit très affaiblie, malgré les premières victoires de Charles XII.

NORD (île du), île la plus peuplée de la Nouvelle-Zélande ; 114 600 km^2 ; 2 553 413 hab. ; v. princ. *Auckland* et *Wellington.*

NORD (mer du), mer du nord-ouest de l'Europe, formée par l'Atlantique. Elle borde la France, la Grande-Bretagne, la Norvège, le Danemark, l'Allemagne, les Pays-Bas et la Belgique. Sur les estuaires qui y débouchent sont établis la plupart des grands ports européens (Rotterdam, Londres, Anvers, Hambourg). Son sous-sol recèle des gisements, exploités, d'hydrocarbures.

NORD (Territoire du), en angl. **Northern Territory,** territoire désertique d'Australie ; 1 346 000 km^2 ; 175 253 hab. ; cap. *Darwin.*

NORD-DU-QUÉBEC, région administrative du Québec (Canada) ; 782 027 km^2 ; 36 310 hab. ; v. princ. *Chibougamau.* Elle représente un peu plus de la moitié de la superficie du Québec, mais guère plus de 0,5 % de sa population.

NORDENSKJÖLD (Adolf Erik, baron), *Helsinki 1832 - Dalbyö 1901,* explorateur suédois. Il découvrit le passage du Nord-Est (1878 - 1879). – **Otto N.,** *Sjögelö 1869 - Göteborg 1928,* explorateur suédois. Neveu d'Adolf Erik, il explora la Patagonie et la Terre de Feu (1895 - 1897), puis dirigea une expédition dans l'Antarctique (1902 - 1903).

NORD-EST (passage du), route maritime de l'océan Arctique au N. de la Russie (Sibérie), conduisant de l'Atlantique au Pacifique par le détroit de Béring, ouverte par A. E. Nordenskjöld (1878 - 1879).

NORDESTE, région du Brésil, entre les États de Bahia et de Pará, couvrant plus de 1,5 million de km² et comptant près de 40 millions d'hab. Les aléas climatiques (alternance de sécheresses et d'inondations) contribuent à un fort exode rural.

Nördlingen (bataille de) [5 - 6 sept. 1634], bataille de la guerre de Trente Ans. Victoire des impériaux sur les troupes suédoises à Nördlingen, en Bavière. – bataille de **Nördlingen** (3 août 1645), bataille de la guerre de Trente Ans. Victoire des Français commandés par le Grand Condé et Turenne sur les impériaux.

NORD-OUEST (passage du), route maritime reliant l'Atlantique au Pacifique à travers l'archipel Arctique canadien. Amundsen l'utilisa pour la première fois (1903 - 1906).

NORD-OUEST (Territoires du), en angl. **Northwest Territories,** territoire fédéré du nord du Canada, entre le Nunavut et le Yukon, au N. du 60e parallèle ; 1 480 000 km² ; 35 000 hab. ; ch.-l. *Yellowknife.*

NORD-PAS-DE-CALAIS n.m., Région administrative de France ; 12 414 km² ; 3 996 588 hab. ; ch.-l. *Lille ;* 2 dép. (Nord et Pas-de-Calais). Couvrant à peine plus de 2 % du territoire national, la Région est cependant l'une des plus peuplées (près de 7 % de la population française). L'industrie a nettement reculé, mais demeure une activité notable, avec les services. Les activités portuaires, pêche et transports (marchandises et voyageurs), animent ponctuellement le littoral (Dunkerque, Calais, Boulogne-sur-Mer).

NORÉN (Lars), *Stockholm 1944,* écrivain suédois. Sa poésie et ses drames *(la Force de tuer, la Veillée)* reposent sur un malaise existentiel profond et une vision noire des relations familiales.

NORFOLK, v. des États-Unis (Virginie) ; 261 229 hab. Port. – Musée d'Art.

NORFOLK, comté de Grande-Bretagne, sur la mer du Nord ; 736 700 hab. ; ch.-l. *Norwich.*

NORFOLK (Thomas **Howard,** duc **de**), *Kenninghall, Norfolk, 1538-Londres 1572,* seigneur anglais. Il conspira contre Élisabeth Ire et fut décapité.

NORGE (Georges **Mogin,** dit Géo), *Bruxelles 1898 - Mougins 1990,* écrivain belge de langue française. Sa poésie charnelle (*la Langue verte,* 1954) mêle l'humour et la fantaisie à la célébration des sensations.

Nord-Pas-de-Calais

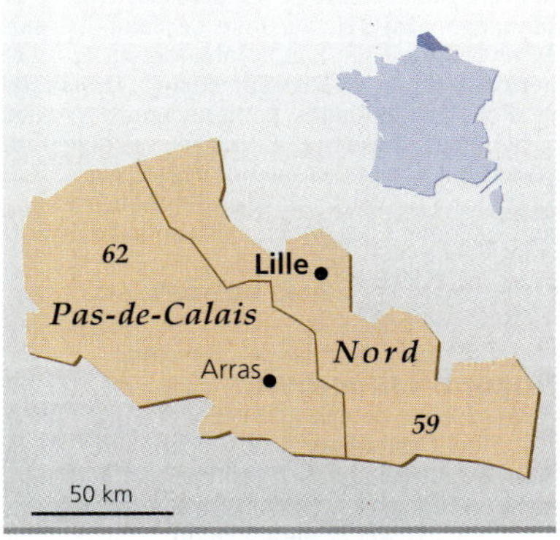

NORIEGA (Antonio), *Panamá 1940,* général et homme politique panaméen. Commandant en chef des forces armées à partir de 1983, homme fort du régime, il fut renversé en 1989 par une intervention militaire des États-Unis.

NORILSK, v. de Russie, en Sibérie ; 180 000 hab. Centre minier et métallurgique.

NORIQUE, anc. prov. de l'Empire romain, entre le Danube et les Alpes orientales.

normale supérieure (École), établissement public d'enseignement supérieur fondé en 1794 à Paris pour assurer la formation des professeurs ; son siège est rue d'Ulm. Recrutant sur concours, elle mène surtout à la recherche et à l'enseignement supérieur. Son modèle a inspiré la création des autres ENS : celle de Sèvres (jeunes filles), créée en 1881, qui a fusionné avec Ulm en 1985, ainsi que celles de Fontenay-aux-Roses (filles, 1880) et de Saint-Cloud (garçons, 1882), réunies en 1985 pour se repartager aussitôt entre disciplines scientifiques (auj. ENS Lyon) et disciplines littéraires (auj. ENS Lettres et Sciences humaines), transférées à Lyon respectivement en 1985 et 2000, et enfin celle de Cachan (1912).

NORMAN (Jessye), *Augusta, Géorgie, 1945,* soprano américaine. Dans l'opéra, de Mozart à Schoenberg, dans la mélodie française ou le lied, elle impose son timbre ample et généreux.

NORMANDIE n.f., anc. province du nord-ouest de la France. Elle a formé cinq dép. (Calvados, Manche, Orne, Eure et Seine-Maritime) et deux Régions administratives : *Basse-Normandie* et *Haute-Normandie.*

GÉOGRAPHIE

Le climat humide et l'extension de l'élevage bovin (pour les produits laitiers surtout) donnent une certaine unité à la Normandie, dont l'ouest appartient au Massif armoricain et l'est au Bassin parisien. La basse Normandie groupe autour de Caen : le Cotentin et le Bocage normand, le

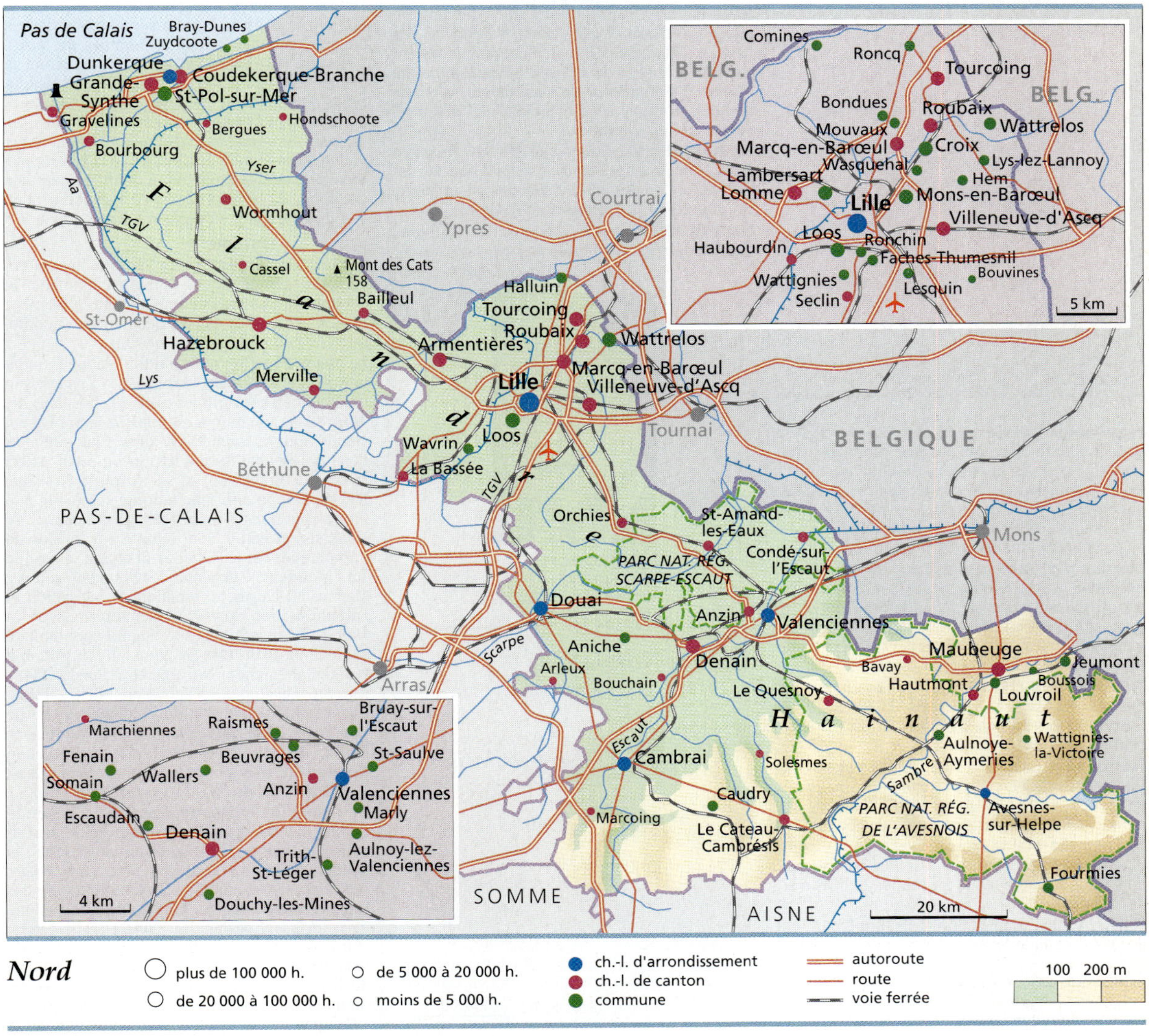

Bessin, le pays d'Auge et la campagne de Caen. La haute Normandie, dont Rouen est la capitale, est formée du pays de Caux, du pays de Bray et du Vexin normand au N. de la Seine, du Roumois, du Lievin, du pays d'Ouche, des campagnes du Neubourg et de Saint-André au S. L'industrie s'est implantée surtout dans la vallée de la basse Seine (raffinage du pétrole, industries mécaniques, textiles et chimiques), autour de Rouen et du Havre, avant-ports de Paris. Quelques autres ports (Cherbourg, Fécamp, Dieppe) et des stations balnéaires, ainsi que trois centrales nucléaires (Paluel, Penly et Flamanville) et le centre de retraitement des combustibles nucléaires de la Hague jalonnent le littoral.

HISTOIRE

Ve s. : la région est conquise par les Francs. **VIIe s. :** le monachisme bénédictin s'étend (Saint-Wandrille, Jumièges, Fécamp, Mont-Saint-Michel). **IXe s. :** les invasions normandes (Vikings) dévastent le pays. **911 :** par le traité de Saint-Clair-sur-Epte, Charles III le Simple cède la Normandie à Rollon. **1066 :** le duc de Normandie, Guillaume le Conquérant, conquiert l'Angleterre. **1135 - 1144 :** après la mort d'Henri Ier Beauclerc et neuf années de lutte, la Normandie passe aux Plantagenêts. **1204 :** Philippe Ier Auguste confisque la Normandie, que l'Angleterre continue à revendiquer. **1420 :** l'Angleterre annexe la région. **1436 - 1450 :** la France reconquiert la Normandie. **1468 :** la province est rattachée au domaine royal.

N

Normandie (autoroute de), autoroute reliant Paris à Caen et passant au S. de Rouen.

NORMANDIE (BASSE-), Région administrative de France ; 17 589 km^2 ; 1 422 193 hab. *(Bas-Normands)* ; ch.-l. *Caen* ; 3 dép. (Calvados, Manche et Orne).

Normandie (bataille de) [6 juin - 21 août 1944], bataille de la Seconde Guerre mondiale qui opposa, après les opérations de débarquement, les forces alliées aux forces allemandes. Les Alliés parvinrent, en deux mois, à rompre le front allemand de l'Ouest (batailles de Caen, Avranches, Mortain, Falaise).

Normandie (débarquement de) [6 juin 1944], ensemble des opérations qui, pendant la Seconde Guerre mondiale, sous le nom de code « Overlord », permirent aux forces alliées du général Eisenhower d'aborder le continent européen entre Ouistreham et le Cotentin.

NORMANDIE (HAUTE-), Région administrative de France ; 12 317 km^2 ; 1 780 192 hab. *(Hauts-Normands)* ; ch.-l. *Rouen* ; 2 dép. (Eure et Seine-Maritime).

Normandie (pont de), pont routier enjambant l'estuaire de la Seine, près de Honfleur ; inauguré en 1995, il est le plus grand pont à haubans du monde, avec une portée centrale de 856 m.

Normandie-Maine (parc naturel régional), parc naturel couvrant env. 234 000 ha, aux confins des dép. de la Manche, de la Mayenne, de l'Orne et de la Sarthe.

NORMANDS, nom donné, à l'époque carolingienne, aux pillards venus par mer de la Scandinavie (Norvégiens, Danois, Suédois), qui se nommaient eux-mêmes Vikings. Poussés par la surpopulation et la recherche de débouchés commerciaux et de butins, ils déferlèrent sur l'Europe à partir du VIIIe s. Sous le nom de « Varègues », les Suédois occupèrent, vers le milieu du IXe s., la vallée supérieure du Dniepr et atteignirent même Constantinople. Ils furent les intermédiaires entre Byzance et l'Occident, entre chrétiens et musulmans. Ils découvrirent l'Islande (v. 860) et le Groenland (Xe s.). Les Norvégiens colonisèrent le nord de l'Écosse et l'Irlande. Les Danois s'installèrent dans le nord-est de l'Angleterre (IXe s.). Dans l'Empire carolingien, les Normands se livrèrent à des actes de piraterie fréquents après la mort de Charlemagne. Organisés en petites bandes, embarqués sur des flottilles de *snekkja* (ou *drakkar*), ils menèrent des raids dévastateurs dans l'arrière-pays, en remontant les fleuves. Charles II le Chauve dut acheter plus d'une fois leur retraite. En 885 - 886, les Normands assiégèrent Paris, vaillamment défendue par le comte Eudes et l'évêque Gozlin, mais Charles III le Gros leur versa une énorme rançon et les autorisa à piller la Bourgogne. En 911, au traité de Saint-Clair-sur-Epte, Charles III le Simple abandonna au chef normand Rollon le pays appelé auj. *Normandie*, et d'où les Normands partirent au XIe s. pour conquérir l'Angleterre. Rollon et ses sujets reçurent le baptême, et reconnurent Charles III le Simple comme suzerain. Les Normands fondèrent également des principautés en Italie du Sud et en Sicile aux XIe et XIIe s.

NORODOM Ier ou **ANG VODDEY,** *1835 - 1904*, roi du Cambodge (1859 - 1904). En 1863, il signa avec la France un traité de protectorat.

NORODOM SIHANOUK, *Phnom Penh 1922*, roi (1941 - 1955 et depuis 1993) et chef d'État (1960 - 1970) du Cambodge. Il fait reconnaître par la France l'indépendance de son pays (1953). Renversé en 1970, en exil à Pékin, il s'allie aux Khmers rouges, mais est écarté après leur prise du pouvoir (1975). Hostile au régime provietnamien mis en place en 1979, il préside un gouvernement de coalition en exil (1982 - 1988). Participant dès 1987 au règlement politique du conflit, il devient en 1991 président du Conseil national suprême chargé d'administrer provisoirement le Cambodge et regagne Phnom Penh. En 1993, il redevient roi du Cambodge.

NORRIS (Frank), *Chicago 1870 - San Francisco 1902*, écrivain américain. Ses romans naturalistes font de lui l'un des précurseurs du roman américain moderne *(les Rapaces, la Pieuvre)*.

NORRKÖPING, v. de Suède, sur la Baltique ; 120 522 hab. Port. — Musée.

■ **NORODOM SIHANOUK**

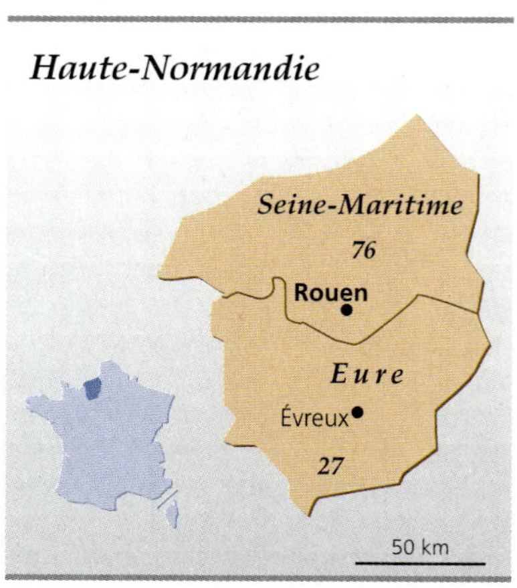

NORRLAND, partie septentrionale de la Suède.

NORTHAMPTON, v. de Grande-Bretagne (Angleterre), ch.-l. du *Northamptonshire* ; 156 000 hab. Église circulaire du XIIe s. ; musées.

NORTH BAY, v. du Canada (Ontario), sur le lac Nipissing ; 53 068 hab.

NORTHUMBERLAND, détroit de l'Atlantique, séparant l'île du Prince-Édouard du Nouveau-Brunswick et de la Nouvelle-Écosse (Canada).

NORTHUMBERLAND, comté de Grande-Bretagne, sur la mer du Nord ; 300 600 hab. ; ch.-l. *Newcastle upon Tyne.*

NORTHUMBRIE, royaume fondé par les Angles (VIe-Xe s.) ; cap. *York.* Il sombra sous les coups des envahisseurs scandinaves.

NORTH YORK, v. du Canada (Ontario), banlieue de Toronto ; 562 564 hab.

NORT-SUR-ERDRE (44390), ch.-l. de cant. de la Loire-Atlantique ; 6 085 hab.

NORVÈGE n.f., en norv. **Norge,** État d'Europe du Nord, sur l'Atlantique ; 325 000 km^2 ; 4 360 000 hab. *(Norvégiens).* **CAP.** *Oslo.* **LANGUE :** *norvégien.* **MONNAIE :** *krone (couronne norvégienne).*

INSTITUTIONS

Monarchie constitutionnelle. Constitution de 1814. Le souverain n'a qu'une autorité symbolique. Premier ministre responsable devant le Parlement *(Storting)*, élu au scrutin direct pour 4 ans.

GÉOGRAPHIE

Occupant la partie occidentale de la péninsule scandinave, la Norvège, étirée sur plus de 1 500 km, est une région montagneuse (en dehors du Nord, où dominent les plateaux) et forestière. Le littoral est découpé de fjords, sur lesquels se sont établies les principales villes, Oslo, Bergen, Trondheim, Stavanger.

Malgré la latitude, le climat, adouci par les influences atlantiques, autorise, au moins dans le Sud, les cultures (céréales, pommes de terre). L'élevage (bovins et ovins) et, plus encore, la pêche et l'exploitation de la forêt conservent un poids notable. La métallurgie et la chimie (liées à l'abondante production hydroélectrique) demeurent les branches industrielles dominantes et la flotte marchande procure des revenus supplémentaires. Mais l'exploitation des hydrocarbures de la mer du Nord est devenue l'atout essentiel. Le pétrole explique l'excédent commercial.

HISTOIRE

Les origines. VIIIe - XIe s. : les Vikings s'aventurent vers les îles Britanniques, l'Empire carolingien, le Groenland. Ces expéditions mettent la Norvège en contact avec la culture occidentale et contribuent à sa constitution en un État.

Le Moyen Âge. IXe s. : Harald Ier Hårfager unifie la Norvège. **995 - 1000 :** le roi Olav Ier Tryggvesson commence à convertir ses sujets au christianisme. **1016 - 1030 :** son œuvre est poursuivie par Olav II Haraldsson, ou saint Olav. **XIIe s. :** les querelles dynastiques affaiblissent le pouvoir royal. **1163 :** Magnus V Erlingsson est sacré roi de Norvège. L'Église donne ainsi une autorité spirituelle à la monarchie norvégienne. **1223 - 1263 :** Haakon IV Haakonsson établit son autorité sur les îles de l'Atlantique (Féroé, Orcades, Shetland) ainsi que sur l'Islande et le Groenland. **1263 - 1280 :** son fils, Magnus VI Lagaböte, améliore la législation et l'administration. **XIIIe s. :** les marchands de la Hanse établissent leur suprématie économique sur le pays. **1319 - 1343 :** Magnus VII Eriksson unit momentanément la Norvège et la Suède. **1363 :** son fils, Haakon VI Magnusson (1343 - 1380), épouse Marguerite, fille de Valdemar IV, roi de Danemark. **1380 - 1387 :** Marguerite Ire Valdemarsdotter, régente, gouverne le Danemark et la Norvège au nom de son fils mineur, Olav. **1389 :** elle rétablit les droits de son mari en Suède.

De l'union à l'indépendance. 1397 : l'union de Kalmar unit Danemark, Norvège et Suède sous un même monarque, Erik de Poméranie. **1523 :** la Suède retrouve son indépendance. La Norvège, pour trois siècles, tombe sous la domination des rois de Danemark, qui lui imposent le luthéranisme et la langue danoise. **XVIIe s. :** la Norvège est entraînée dans les conflits européens ; elle perd le Jämtland (1645) et Trondheim (1658), au profit de la Suède. **XVIIIe s. :** l'économie norvégienne prend un réel essor (bois, métaux, poissons). **1814 :** par le traité de Kiel, le Danemark cède la

Norvège à la Suède. Les Norvégiens dénoncent aussitôt cet accord, mais l'invasion suédoise les oblige à accepter l'union. La Norvège obtient une Constitution propre, avec une Assemblée, ou *Storting,* chaque État formant un royaume autonome sous l'autorité d'un même roi. **1884 :** le chef de la résistance nationale, Johan Sverdrup (1816 - 1892), obtient un régime parlementaire. **1898 :** le suffrage universel est institué.

La Norvège indépendante. 1905 : après un plébiscite décidé par le Storting, c'est la rupture avec la Suède. La Norvège choisit un prince danois, qui devient roi sous le nom de Haakon VII. Rapidement, le pays devient une démocratie ; une importante législation sociale est mise en place. **1935 :** les travaillistes arrivent au pouvoir. **1940 - 1945 :** les Allemands occupent la Norvège. Le roi et son gouvernement s'embarquent pour l'Angleterre, tandis qu'un partisan du nazisme, Quisling, prend le pouvoir à Oslo. **1945 - 1965 :** les travaillistes pratiquent une politique interventionniste. **1957 :** Olav V succède à son père, Haakon VII. **Depuis 1965 :** les conservateurs, alliés aux libéraux et aux agrariens, et les travaillistes (avec pour Premier ministre, dans les années 1980 et 1990, Gro Harlem Brundtland) alternent au pouvoir. **1972 :** un référendum repousse l'entrée de la Norvège dans le Marché commun. **1991 :** Harald V succède à son père, Olav V. **1994 :** les Norvégiens se prononcent par référendum contre l'adhésion de leur pays à l'Union européenne.

NORVÈGE (courant de), courant marin chaud de l'Atlantique nord. Il se dirige du S. vers le N. le long des côtes de Norvège.

NORWICH, v. de Grande-Bretagne (Angleterre), ch.-l. du Norfolk ; 121 000 hab. Donjon du XIIe s., cathédrale fondée en 1096, églises gothiques ; maisons anciennes ; musées.

NORWID (Cyprian), *Laskowo-Gluchy 1821 - Paris 1883,* poète polonais. Son lyrisme exprime son désespoir de prophète incompris *(Rhapsodie funèbre à la mémoire de Bem, Promethidion).*

NOSSI-BÉ → NOSY BE.

NOSTRADAMUS (Michel **de Nostre-Dame,** ou), *Saint-Rémy-de-Provence 1503 - Salon 1566,* astrologue et médecin français. Célèbre par ses travaux d'astrologie, il fut appelé à la cour par Catherine de Médicis et fut médecin de Charles IX. Les prophéties de ses *Centuries astrologiques* (1555) ont été abondamment interprétées.

NOSY BE, anc. **Nossi-Bé,** île de l'océan Indien, au N.-O. de Madagascar, dont elle dépend.

NOTO, v. d'Italie, en Sicile ; 21 344 hab. Monuments baroques insérés dans le plan de reconstruction de la ville après le séisme de 1693.

NOTRE-DAME (monts), extrémité nord des Appalaches (Canada), s'étendant de l'Estrie à la Gaspésie, sur la rive sud du Saint-Laurent.

NOTRE-DAME-DE-BELLECOMBE (73590), comm. de Savoie ; 519 hab. Sports d'hiver (alt. 1 150 - 2 030 m).

NOTRE-DAME-DE-BONDEVILLE (76960), ch.-l. de cant. de la Seine-Maritime ; 7 731 hab. Matériel médical.

NOTRE-DAME-DE-GRAVENCHON (76330), comm. de la Seine-Maritime ; 8 842 hab. Raffinage du pétrole.

Notre-Dame de Paris, église métropolitaine de la capitale, dans l'île de la Cité. L'actuel édifice, gothique, fut entrepris en 1163 (à l'initiative de l'évêque de Paris Maurice de Sully) et achevé pour l'essentiel vers le milieu du XIIIe s. Déprédations aux XVIIe et XVIIIe s., restauration radicale par Viollet-le-Duc au milieu du XIXe s.

NOTTINGHAM, v. de Grande-Bretagne (Angleterre), ch.-l. du *Nottinghamshire,* sur la Trent ; 261 500 hab. Centre industriel. — Château reconstruit au XVIIe s. ; musées.

NOUADHIBOU, anc. **Port-Étienne,** v. de Mauritanie ; 22 000 hab. Port. Exportation de minerai de fer. Base de pêche.

NOUAKCHOTT, cap. de la Mauritanie, près de l'Atlantique ; 600 000 hab. *(Nouakchottois).*

NOUGARO (Claude), *Toulouse 1929,* chanteur français. Il conjugue textes poétiques et ludiques, influence du jazz et musiques contemporaines en une interprétation très personnelle *(Une petite fille ; Toulouse).*

NOUGÉ (Paul), *Bruxelles 1895 - id. 1967,* écrivain belge de langue française. L'un des fondateurs du Parti communiste belge (1919), tête pensante du surréalisme dans son pays, il fut un théoricien rigoureux *(Histoire de ne pas rire)* et un poète flamboyant *(l'Expérience continue).*

NOUKOUS, v. d'Ouzbékistan, cap. de la rép. de Karakalpakie, sur l'Amou-Daria ; 179 600 hab.

NOUMÉA, ch.-l. de la Nouvelle-Calédonie ; 76 293 hab. Cour d'appel. Port. Centre administratif et commercial. — Centre culturel Tjibaou.

■ **NOUMÉA.** Le Centre culturel Tjibaou (culture kanak). Architecte : Renzo Piano (1998).

NOUREÏEV (Rudolf), *Razdolnaïa 1938 - Paris 1993,* danseur d'origine russe, naturalisé autrichien. Doté d'une technique exemplaire, il a été l'un des meilleurs interprètes du répertoire classique *(Giselle, le Lac des cygnes),* mais il a aussi affirmé son talent dans la modern dance. Également chorégraphe, il a été, de 1983 à 1989, directeur de la danse à l'Opéra de Paris.

■ RUDOLF **NOUREÏEV** dans *Tristan* (à Paris, en 1974) de Glen Tetley.

NOUVEAU (Germain), *Pourrières 1851 - id. 1920,* poète français. Parnassien et bohème, il est l'auteur d'une œuvre sensuelle et mystique *(la Doctrine de l'amour).*

NOUVEAU-BRUNSWICK, en angl. **New Brunswick,** prov. maritime du Canada, sur l'Atlantique ; 73 437 km^2 ; 723 900 hab. ; cap. *Fredericton.*

NOUVEAU-MEXIQUE, en angl. **New Mexico,** État des États-Unis ; 1 515 069 hab. ; cap. *Santa Fe.* Il a fait partie du Mexique jusqu'en 1848.

nouveau roman, tendance littéraire française, apparue dans les années 1950. Les écrivains rassemblés sous ce vocable (M. Butor, A. Robbe-Grillet, N. Sarraute, C. Simon, R. Pinget) refusaient les conventions du roman traditionnel (auteur omniscient, rôle et psychologie des personnages, déroulement chronologique et relation prétendument réaliste des évènements, etc.) et de mettre l'accent sur les techniques du récit.

NOUVEL (Jean), *Fumel 1945,* architecte français. Utilisateur du métal et du verre dans un esprit high-tech, il est le coauteur, notamm., de l'*Institut du monde arabe (1983 - 1987), du palais des Congrès de Tours (1991 - 1993), de la Fondation Cartier à Paris (1994), du Centre de culture et de congrès de Lucerne (2000).

NOUVELLE-AMSTERDAM → AMSTERDAM (île).

NOUVELLE-AMSTERDAM (La), nom que les Hollandais, en 1626, donnèrent à la future New York.

NOUVELLE-ANGLETERRE, région du nord-est des États-Unis ; 13 206 943 hab. Elle est constituée des six États américains qui correspondent aux colonies anglaises fondées au XVIIe s. sur la côte atlantique : Maine, New Hampshire, Vermont, Massachusetts, Rhode Island, Connecticut.

NOUVELLE-BRETAGNE, en angl. **New Britain,** île de Papouasie-Nouvelle-Guinée, dans l'archipel Bismarck ; 35 000 km^2 ; 312 000 hab. ; v. princ. *Rabaul.* Découverte en 1606, protectorat allemand de 1884 à 1914, sous le nom de *Neupommern* (Nouvelle-Poméranie), confiée en mandat à l'Australie en 1921, elle fit partie du Commonwealth australien de 1946 à 1975. Depuis, elle appartient à la Papouasie-Nouvelle-Guinée.

NOUVELLE-CALÉDONIE, collectivité française d'outre-mer, en Océanie ; 19 103 km^2 au total (dont 16 750 km^2 pour l'île de Nouvelle-Calédonie, ou Grande Terre) ; 196 836 hab. *(Néo-Calédoniens).* C'est une île allongée, montagneuse, entourée d'un récif-barrière. La population est composée de Mélanésiens (Kanak : entre 40 et 45 % de la population), d'Européens (un peu moins nombreux), d'autres Océaniens et d'Asiatiques (nettement minoritaires). Le nickel constitue la principale richesse commerciale.

HISTOIRE

1774 : peuplée par les Kanak, l'île est découverte par Cook. **1853 :** elle est annexée à la France. **1864-**

N

1896 : un pénitencier est installé dans l'île ; les prisonniers fournissent la main-d'œuvre pour les plantations et les mines de nickel, découvertes v. 1865. **1860 - 1879** : insurrections kanak. **1946** : la Nouvelle-Calédonie obtient un statut de territoire d'outre-mer. **1984** : un nouveau statut ouvre la voie à l'autodétermination. **1985** : des incidents meurtriers opposent les indépendantistes du FLNKS (Front de libération nationale kanak socialiste) aux anti-indépendantistes (notamm. le RPCR, Rassemblement pour la Calédonie dans la République), en majorité d'origine européenne. **1987** : un référendum, massivement boycotté par les Kanak, confirme le maintien de l'île au sein de la République française. **1988** : des accords, dits « accords de Matignon », sont conclus entre le FLNKS, le RPCR et le gouvernement français (approuvés par référendum national) sur un statut intérimaire pour dix ans. **1989** : malgré l'assassinat des deux dirigeants indépendantistes Jean-Marie Tjibaou et Yeiwéné Yeiwéné, la recherche d'une solution négociée est poursuivie. **1999** : à la suite de l'accord sur l'évolution institutionnelle du territoire, dit « accord de Nouméa », conclu en 1998 et largement approuvé par un référendum local, une loi organique confère à la Nouvelle-Calédonie un statut original. Une citoyenneté néo-calédonienne est instaurée et le transfert progressif des compétences de l'État français vers la Nouvelle-Calédonie est organisé (émancipation pouvant conduire, au terme de 15 à 20 ans, à une pleine souveraineté).

NOUVELLE-ÉCOSSE, en angl. **Nova Scotia,** prov. maritime du Canada, sur l'Atlantique ; 55 490 km² ; 899 942 hab. ; cap. *Halifax.*

NOUVELLE-ESPAGNE, en esp. **Nueva España,** nom donné au Mexique pendant l'époque coloniale, et vice-royauté espagnole. Créée en 1535, et conservant pour noyau les possessions de l'ancien Empire aztèque, la vice-royauté de la Nouvelle-Espagne s'est constituée en développant son domaine vers le nord (conquêtes des Huaxtèques) et vers le sud (domaine maya). Elle contrôlait le commerce espagnol en direction de l'Asie (Philippines). L'autorité du vice-roi s'étendait à l'Amérique centrale, jusqu'à ce que celle-ci soit intégrée à la capitainerie générale du Guatemala (1544) et au Venezuela (jusqu'en 1739). La vice-royauté disparut en 1821 avec la proclamation de l'indépendance du Mexique.

NOUVELLE-FRANCE, nom porté par les possessions françaises du Canada, jusqu'à leur cession à l'Angleterre (1763).

NOUVELLE-GALLES DU SUD, en angl. **New South Wales,** État d'Australie, sur le littoral oriental ; 801 428 km² ; 5 731 926 hab. ; cap. *Sydney.*

NOUVELLE-GRENADE, anc. nom de la Colombie, et vice-royauté espagnole. Née en 1739 par séparation de la vice-royauté du Pérou, la vice-royauté de la Nouvelle-Grenade (cap. Santa Fe de Bogotá) comprenait les audiences de Quito et de Bogotá ainsi que le Venezuela.

NOUVELLE-GUINÉE, grande île (env. 800 000 km²), au N. de l'Australie. Sa partie occidentale est indonésienne et sa partie orientale constitue, avec quelques îles voisines, la *Papouasie-Nouvelle-Guinée.* Montagneuse, très humide, l'île est surtout forestière.

HISTOIRE

XVIe s. : l'île est découverte par les Portugais. **1828** : les Hollandais occupent la partie occidentale de la Nouvelle-Guinée. **1884** : l'Allemagne établit un protectorat sur le Nord-Est, tandis que la Grande-Bretagne annexe le Sud-Est, qu'elle cède (1906) à l'Australie. **1921** : la zone allemande est confiée par mandat de la SDN à l'Australie. **1946** : celle-ci est confirmée dans cette tutelle par l'ONU. **1969** : la Nouvelle-Guinée occidentale néerlandaise est définitivement rattachée à l'Indonésie. **1975** : la partie orientale accède à l'indépendance, sous le nom de Papouasie-Nouvelle-Guinée, État membre du Commonwealth.

Nouvelle Héloïse (la) → **Julie.**

NOUVELLE-IRLANDE, en angl. **New Ireland,** île de Papouasie-Nouvelle-Guinée, partie de l'archipel Bismarck ; 9 600 km² ; 87 194 hab. ; ch.-l. *Kavieng.* C'est l'anc. *Neumecklenburg* (Nouveau-Mecklembourg) des Allemands, qui l'occupèrent en 1884. De 1921 à 1975, l'île fut sous tutelle australienne. Depuis, elle appartient à la Papouasie-Nouvelle-Guinée.

NOUVELLE-ORLÉANS (La), en angl. **New Orleans,** v. du sud des États-Unis (Louisiane), sur le Mississippi ; 496 938 hab. (1 238 816 hab. dans l'agglomération). Grand centre commercial et touristique. – Maisons de l'ancien noyau français, dit « le Vieux Carré » ; musées. – Fondée en 1718 par les Français, capitale de la Louisiane, La Nouvelle-Orléans fut espagnole de 1762 à 1800 ; en 1803, elle fut vendue (avec la Louisiane) par la France aux États-Unis. – La ville fut le berceau d'un style de jazz auquel elle a donné son nom. Il mêle les influences des fanfares et du blues.

Nouvelle République du Centre-Ouest (la), quotidien régional créé en 1944 à Tours.

Nouvelle Revue française (la) [NRF], revue littéraire fondée en 1909, notamm. par A. Gide et J. Copeau. Interrompue de 1943 à 1953, elle reparut, jusqu'en 1959, sous le titre : la *Nouvelle Nouvelle Revue française,* puis reprit son ancien nom. Mensuelle depuis sa création, elle est devenue trimestrielle en 1999.

NOUVELLES-HÉBRIDES, anc. nom du Vanuatu.

NOUVELLE-SIBÉRIE, archipel des côtes arctiques de la Russie, entre la mer des Laptev et la mer de Sibérie orientale.

nouvelle vague, dénomination appliquée dès 1958 par la critique à de jeunes cinéastes qui affirmaient la primauté du réalisateur sur le scénariste et défendaient un cinéma d'auteur, expression d'un regard personnel. Ces réalisateurs (J.-L. Godard, F. Truffaut, C. Chabrol, É. Rohmer, J. Rivette, J. Demy, A. Varda, issus pour la plupart de la revue *les Cahiers du cinéma*) imposèrent des pratiques, un ton et un style nouveaux : petit budget, technique légère, tournage en décors réels, jeu plus naturel des comédiens. La nouvelle vague a ouvert la voie à toute une génération de cinéastes, en France et à l'étranger.

NOUVELLE-ZÉLANDE, en angl. **New Zealand,** État d'Océanie ; 270 000 km² ; 3 620 000 hab. *(Néo-Zélandais).* **CAP.** *Wellington.* **V. PRINC.** *Auckland.* **LANGUE** : *anglais.* **MONNAIE** : *dollar néo-zélandais.*

GÉOGRAPHIE

Le pays est formé de deux grandes îles (île du Nord et île du Sud). À 2 000 km au S.-E. de l'Australie, la Nouvelle-Zélande est presque tout entière située dans la zone tempérée de l'hémisphère austral. La population (dont les Maoris représentent environ 12 %) se concentre pour les trois quarts dans l'île du Nord. L'élevage (ovins surtout) demeure le fondement de l'économie ; ses dérivés (laine, viande, produits laitiers) sont la base des exportations et des industries (agroalimentaire et textile). Celles-ci bénéficient d'une notable production hydroélectrique (palliant, partiellement, la pauvreté du sous-sol).

HISTOIRE

1642 : le Hollandais Tasman découvre l'archipel, peuplé de Maoris. **1769 - 1770** : James Cook en explore le littoral. **1814** : des missionnaires catholiques et protestants entreprennent l'évangélisation du pays. **1841** : un gouverneur britannique est nommé. La brutale politique d'expansion menée par la Grande-Bretagne provoque les guerres maories (1843 - 1847, 1860 - 1870). **1852** : une Constitution donne à la colonie une large autonomie. **1870** : le retour au calme et la découverte de l'or (1861) favorisent la prospérité du pays. **1889** : le suffrage universel est instauré. **1891 - 1912** : les libéraux mènent une politique sociale avancée. **1907** : la Nouvelle-Zélande devient un dominion britannique. **1914 - 1918** : elle participe aux combats de la Première Guerre mondiale. **1929** : le pays est durement touché par la crise mondiale. **1945** : après avoir pris une part active à la défaite japonaise, la Nouvelle-Zélande entend être un partenaire à part entière dans l'Asie du Sud-Est et dans le Pacifique. **1951** : elle signe le traité établissant l'ANZUS. **1965 - 1971** : soutenant les États-Unis, elle envoie des troupes en

Corée et au Viêt Nam. **1974 :** après l'entrée de la Grande-Bretagne dans le Marché commun européen, la Nouvelle-Zélande doit diversifier ses activités et chercher des débouchés vers l'Asie, notamm. vers le Japon. À partir des années 1980, elle prend la tête du mouvement antinucléaire dans le Pacifique sud. **1985 :** sa participation à l'ANZUS est suspendue. Travaillistes et conservateurs alternent au pouvoir.

NOUVELLE-ZEMBLE, en russe **Novaïa Zemlia** (« Terre nouvelle »), archipel des côtes arctiques de la Russie, entre les mers de Barents et de Kara.

Nouvel Observateur (le), hebdomadaire français de gauche, créé en avril 1950 avec le titre *l'Observateur.* Il a pris son nom actuel en 1964.

NOUVION-EN-THIÉRACHE (Le) [02170], ch.-l. de cant. de l'Aisne ; 2 967 hab.

NOUZONVILLE (08700), ch.-l. de cant. des Ardennes, sur la Meuse ; 6 957 hab.

NOVA IGUAÇU, v. du Brésil, près de Rio de Janeiro ; 1 286 337 hab.

NOVALIS (Friedrich, baron **von Hardenberg,** dit), *Wiederstedt 1772 - Weissenfels 1801,* poète allemand. Membre du groupe romantique d'Iéna, il unit dans ses poèmes (*Hymnes à la nuit,* 1800 ; *les Disciples à Saïs*) et dans son roman inachevé (*Henri d'Ofterdingen,* 1802) le mysticisme à une explication allégorique de la nature.

NOVA LISBOA → **HUAMBO.**

NOVARE, en ital. **Novara,** v. d'Italie (Piémont) ; 102 473 hab. Édition. – Monuments du Moyen Âge à l'époque néoclassique ; musées.

Novartis, groupe pharmaceutique suisse. Il est né de la fusion, en 1996, de Ciba-Geigy AG et de Sandoz AG (sociétés spécialisées à l'origine dans la chimie) C'est l'un des plus grands groupes mondiaux dans son secteur.

NOVATIEN, *IIIe s.,* prêtre et théologien romain. Trouvant le pape Corneille trop indulgent à l'égard des chrétiens qui avaient apostasié durant la persécution, il prit la tête d'un parti rigoriste et se fit élire pape. Ce schisme des *novatiens* dura jusqu'au VIIe s.

novembre 1918 (armistice du II), armistice qui mit fin à la Première Guerre mondiale. Il fut signé à Rethondes entre l'Allemagne (Erzberger) et les Alliés (Foch et Wester Wemyss). L'Allemagne acceptait notamm. d'évacuer les territoires envahis et l'Alsace-Lorraine, de procéder à d'importantes livraisons de matériel et de libérer sans réciprocité les prisonniers de guerre.

NOVERRE (Jean Georges), *Paris 1727 - Saint-Germain-en-Laye 1810,* danseur et chorégraphe français. Il a joué un rôle important dans l'essor du ballet-pantomime, dont il élabora la théorie dans *Lettres sur la danse et sur les ballets* (1760).

NOVES (13550), comm. des Bouches-du-Rhône ; 4 488 hab. Patrie de Laure de Noves, chantée par Pétrarque. – Souvenirs médiévaux.

NOVGOROD → **VELIKI NOVGOROD.**

NOVI SAD, v. de Yougoslavie, ch.-l. de la Vojvodine, sur le Danube ; 180 000 hab.

NOVOKOUZNETSK, de 1932 à 1961 **Stalinsk,** v. de Russie, en Sibérie, dans le Kouzbass ; 601 900 hab. Houille. Sidérurgie. Métallurgie (aluminium).

NOVOMOSKOVSK, de 1934 à 1961 **Stalinogorsk,** v. de Russie, au S. de Moscou ; 145 800 hab. Chimie.

NOVOROSSISK, v. de Russie, sur la mer Noire ; 188 600 hab. Port. Terminal pétrolier.

NOVOSSIBIRSK, v. de Russie, en Sibérie occidentale, sur l'Ob ; 1 446 300 hab. Centre industriel, culturel et scientifique.

NOVOTCHERKASSK, v. de Russie, au N.-E. de Rostov-sur-le-Don ; 188 500 hab. Matériel ferroviaire.

NOVOTNÝ (Antonín), *Letňany 1904 - Prague 1975,* homme politique tchécoslovaque. Premier secrétaire du Parti communiste (1953), président de la République (1957), il fut écarté du pouvoir lors du « printemps de Prague » (1968).

NOWA HUTA, centre sidérurgique de Pologne, dans la banlieue de Cracovie.

NOYELLES-GODAULT (62950), comm. du Pas-de-Calais ; 5 569 hab. Métallurgie du plomb et du zinc.

NOYELLES-SOUS-LENS (62221), ch.-l. de cant. du Pas-de-Calais ; 7 393 hab.

NOYERS [nwajɛr] (89310), ch.-l. de cant. de l'Yonne ; 809 hab. *(Nucériens).* Restes d'enceinte médiévale, église gothique de la fin du XVe s., maisons anciennes.

NOYON [nwajɔ̃] (60400), ch.-l. de cant. de l'Oise ; 14 879 hab. *(Noyonnais).* Équipements automobiles. Mobilier. – Cathédrale gothique des XIIe-XIIIe s. ; musée du Noyonnais et musée Calvin. Aux env., restes de l'abbaye cistercienne d'Ourscamps. – François Ier et Charles Quint signèrent à Noyon un traité d'alliance en 1516.

NOZAY (44170), ch.-l. de cant. de la Loire-Atlantique ; 3 220 hab.

NRJ, première radio locale privée créée en France (1981). La société NRJ, constituée en 1983, exploite un réseau d'env. 150 stations (en France et dans huit pays d'Europe).

NUAGES DE MAGELLAN → **MAGELLAN.**

NUBA, peuple du Soudan (Kordofan) [plus de 1 million]. Agriculteurs, les Nuba ont massivement émigré à Khartoum, où ils occupent les emplois non qualifiés. En conflit depuis 1985 avec les Baggara et avec le gouvernement central, ils sont nombreux à s'être ralliés aux rebelles du Sud.

NUBIE, région d'Afrique, correspondant à la partie septentrionale de l'État du Soudan et à l'extrémité sud de l'Égypte. (Hab. *Nubiens.*) La Nubie, appelée par les Égyptiens « pays de Koush », commençait au sud de la 1re cataracte du Nil ; elle fut progressivement conquise par les pharaons. Au VIIIe s. av. J.-C., une dynastie koushite domina l'Égypte. Au VIe s. av. J.-C., les Nubiens fondèrent le royaume de Méroé, qui disparut v. 350 apr. J.-C. sous la poussée du royaume d'Aksoum. – Les importants vestiges des civilisations pharaonique (notamm. ceux d'Abou-Simbel et de Philae), koushite et chrétienne, menacés de submersion par la mise en eau (1970) du haut barrage d'Assouan, ont fait l'objet d'une campagne de sauvegarde.

NUBIENS, peuple du Soudan (env. 600 000) et d'Égypte. Installés dans la vallée du Nil, non arabes et tardivement islamisés (les royaumes chrétiens de Nubie survécurent jusqu'au XIVe s.), ils ont très tôt émigré à Khartoum, où ils occupent de nombreux postes dans la fonction publique. Ils parlent le *nubien,* langue nilo-saharienne.

NUER, peuple du sud du Soudan (env. 1 million). Éleveurs à l'organisation politique égalitaire, transhumant dans les régions marécageuses du bassin du Nil, les Nuer s'opposent depuis 1983, aux côtés des Dinka, à la domination nordiste. Ils parlent une langue nilotique.

NUEVO LAREDO, v. du Mexique, sur le Rio Grande ; 217 914 hab.

NUFUD ou **NEFOUD** n.m., désert de sable du nord-ouest de l'Arabie centrale.

Nuit et Brouillard, en all. **Nacht und Nebel,** expression désignant le système créé en 1941 par les nazis pour faire disparaître leurs opposants sans laisser de traces ; la plupart furent déportés dans les camps de concentration.

NUITS-SAINT-GEORGES (21700), ch.-l. de cant. de la Côte-d'Or ; 5 661 hab. *(Nuitons).* Vignoble de la *côte de Nuits.* – Église du XIIIe s. ; musée.

NUJOMA (Sam), *Ongandjera, Ovamboland, 1929,* homme politique namibien. Président de la SWAPO à partir de 1960, il devient, en 1990, le premier président de la République de la Namibie indépendante.

NUKU-HIVA, la plus grande des îles Marquises ; 482 km² ; 2 375 hab.

NUMANCE, v. de l'anc. Espagne, près de l'actuelle Soria. Capitale des Ibères, elle fut prise et détruite par Scipion Émilien, après un long siège (134 - 133 av. J.-C.). Ruines.

NUMA POMPILIUS, roi légendaire de Rome (v. 715 - v. 672 av. J.-C.). La tradition lui attribue l'organisation des institutions religieuses de Rome. Il se disait inspiré par la nymphe Égérie.

NUMAZU, v. du Japon (Honshu) ; 211 732 hab. Centre industriel.

NUMIDES, anc. peuple berbère nomade qui a donné son nom à la *Numidie. Les Numides constituèrent au IIIe s. av. J.-C. deux royaumes qui furent réunis en 203 av. J.-C. sous l'autorité de Masinissa, allié des Romains. Affaiblis par des querelles dynastiques, ils furent progressivement soumis par Rome (victoire de Marius sur Jugurtha en 105, de César sur Juba en 46) et leur royaume devint une province romaine.

NUMIDIE, contrée de l'ancienne Afrique du Nord, qui allait du territoire de Carthage jusqu'à la Moulouya (est du Maroc). Partagée entre divers royaumes, elle devint ensuite une province romaine (→ **Numides**), puis fut ruinée par l'invasion vandale (429) et par la conquête arabe (VIIe-VIIIe s.).

NUMITOR, roi légendaire d'Albe, père de Rhéa Silvia, qui devint mère de Romulus et de Remus.

NUNAVIK, territoire du nord du Québec (Canada), peuplé majoritairement d'Inuits (env. 8 000) ; env. 500 000 km². V. princ. *Kuujjuaq.*

NUNAVUT, territoire du nord du Canada, comprenant, notamm., la majorité des îles de l'Arctique canadien ; 1 900 000 km² ; env. 22 000 hab., dont 17 500 Inuits ; ch.-l. *Iqaluit.* Créé en 1999, le Nunavut possède ses propres institutions.

NÚÑEZ (Álvar) → **CABEZA DE VACA.**

NUNGESSER (Charles), *Paris 1892 - Atlantique nord ? 1927,* officier et aviateur français. As de la chasse aérienne en 1914 - 1918 (45 victoires homologuées), il disparut avec F. Coli à bord de l'*Oiseau-blanc,* le 8 mai 1927, lors d'une tentative de liaison Paris-New York sans escale.

NUR AL-DIN MAHMUD, *1118 - Damas 1174,* haut dignitaire *(atabek)* d'Alep (1146 - 1174). Il réunifia la Syrie, lutta contre les Francs et envoya Chirkuh et Saladin conquérir l'Égypte (1163 - 1169).

NUREMBERG, en all. **Nürnberg,** v. d'Allemagne (Bavière), sur la Pegnitz ; 498 945 hab. Centre industriel (constructions mécaniques et électriques, chimie), universitaire et culturel. – Quartiers médiévaux très restaurés après la Seconde Guerre mondiale (églises conservant de remarquables sculptures) ; maison de Dürer ; Musée national germanique. – Ville libre impériale en 1219, foyer actif de la Renaissance aux XVe-XVIe s., elle souffrit beaucoup de la guerre de Trente Ans. Elle fut l'une des citadelles du national-socialisme (congrès et parades) et le siège du procès de *Nuremberg.

Nuremberg (procès de) [20 nov. 1945 - 1er oct. 1946], procès intenté, devant un tribunal militaire international, à vingt-quatre membres du parti nazi et à huit organisations de l'Allemagne hitlérienne. Inculpés principalement de crimes de guerre et de conspiration contre l'humanité, douze accusés furent condamnés à la pendaison (dont Göring, Ribbentrop et Rosenberg), sept à la prison (dont Dönitz, Hess et Speer). Quatre organisations furent aussi condamnées.

NURMI (Paavo), *Turku 1897 - Helsinki 1973,* athlète finlandais. Il domina la course à pied de fond entre 1920 et 1930.

NUUK, anc. **Godthåb,** cap. du Groenland ; 13 000 hab.

NYAMWEZI, peuple du centre de la Tanzanie, de langue bantoue.

NYASSA (lac) → **MALAWI** (lac).

NYASSALAND, anc. nom du *Malawi.

NYERERE (Julius), *Butiama 1922 - Londres 1999,* homme politique tanzanien. Président de la république du Tanganyika (1962), il négocia la formation de l'État fédéral de Tanzanie (1964), qu'il présida jusqu'en 1985 et orienta dans la voie d'un socialisme original.

NYIRAGONGO n.m., volcan actif de l'est de la Rép. dém. du Congo (ex-Zaïre) ; 3 470 m.

NYÍREGYHÁZA, v. de Hongrie ; 114 152 hab.

NYKÖPING, v. de Suède ; 65 908 hab. Port.

Nymphéas, titre et sujet de nombreuses peintures de Monet. Les motifs lui en ont été fournis, à partir d'env. 1895, par les nénuphars de l'étang de son jardin à Giverny ; ces compositions chromatiques culminent avec l'ensemble monumental peint pour deux salles de l'Orangerie des Tuileries, à Paris (1915 - 1926).

NYON, v. de Suisse (Vaud), sur le lac Léman ; 14 747 hab. *(Nyonnais).* Vestiges romains (musée) ; château des XIIe-XVIIe s. (musée : histoire, porcelaines de Nyon).

NYONS [njɔ̃s] (26110), ch.-l. d'arrond. de la Drôme ; 6 948 hab. *(Nyonsais).* Ville ancienne et pittoresque ; petit musée de l'Olivier.

NYSA ŁUZYCKA → **NEISSE.**

Nystad (paix de) [10 sept. 1721], traité, signé à Nystad (auj. Uusikaupunki, Finlande), qui mit fin à la guerre du Nord, et qui obligeait la Suède à céder ses provinces baltiques à la Russie.

N

O

Caractère Optima

OACI → **Organisation de l'aviation civile internationale.**

OAHU, île de l'archipel des Hawaii ; 1 564 km^2 ; 836 231 hab. C'est l'île la plus peuplée de l'archipel, où sont implantés la capitale de l'État des Hawaii, Honolulu, et le port militaire de Pearl Harbor.

OAKLAND, v. des États-Unis (Californie), sur la baie de San Francisco ; 372 242 hab. Port. Centre industriel.

OAK RIDGE, v. des États-Unis (Tennessee) ; 24 743 hab. Premier centre de recherches nucléaires.

OAKVILLE, v. du Canada (Ontario) ; 112 948 hab. Industries.

OAS (Organisation armée secrète), organisation clandestine française qui tenta par la violence de s'opposer à l'indépendance de l'Algérie après l'échec du putsch d'Alger (1961). Elle fut dirigée par les généraux Salan et Jouhaud (Bou-Sfer, Algérie, 1905 - Royan 1995) jusqu'à leur arrestation.

OATES (Joyce Carol), *Lockport 1938,* femme de lettres américaine. Son œuvre narrative compose une peinture des violences et des injustices de l'Amérique contemporaine *(Corps, Eux, Confessions d'un gang de filles, Man Crazy, Blonde).*

OAXACA, v. du Mexique méridional ; 212 943 hab. Monuments des XVIIe-XVIIIe s. ; musées (collections provenant de Monte Albán).

OB n.m., fl. de Russie, né dans l'Altaï et qui se jette dans l'océan Arctique en formant le long *golfe de l'Ob ;* 4 345 km ; bassin d'env. 3 000 000 km^2. Il draine la Sibérie occidentale, et y reçoit l'Irtych.

OBALDIA (René **de**), *Hongkong 1918,* écrivain français. Ses romans *(Tamerlan des cœurs, Fugue à Waterloo)* et son théâtre *(Génousie, Du vent dans les branches de sassafras)* offrent, dans une langue d'une grande liberté poétique, une vision à la fois cocasse et grinçante de la condition humaine. (Acad. fr.)

OBASANJO (Olusegun), *Abeokuta 1937,* homme politique nigérian. Général, il dirige le pays, à la tête d'un régime militaire, de 1976 à 1979. Il revient démocratiquement au pouvoir, à la faveur d'une élection présidentielle, en 1999.

OBEÏD (El-), site archéologique de basse Mésopotamie, à 6 km à l'ouest d'Our (auj. en Iraq). Par la richesse de sa nécropole, El-Obeïd est devenu éponyme de la « culture d'Obeïd », florissante entre 4500 et 3500 av. J.-C., fondée sur l'agriculture et l'élevage, et caractérisée par des figurines en terre cuite et une céramique à décor polychrome.

OBEÏD (El-), v. du Soudan (Kordofan) ; 140 000 hab.

OBERAMMERGAU, v. d'Allemagne (Bavière) ; 5 343 hab. Célèbres représentations théâtrales populaires de la Passion (tous les dix ans).

OBERHAUSEN, v. d'Allemagne (Rhénanie-du-Nord-Westphalie), dans la Ruhr ; 226 254 hab. Sidérurgie.

OBERKAMPF (Christophe Philippe), *Wiesenbach, Bavière, 1738 - Jouy-en-Josas 1815,* industriel français d'origine allemande. Il fonda à Jouy la première manufacture de toiles imprimées (1759) et à Essonnes (auj. Corbeil-Essonnes) l'une des premières filatures françaises de coton.

OBERLAND BERNOIS, massif des Alpes suisses, entre le Rhône et le bassin supérieur de l'Aar. Principaux sommets : Finsteraarhorn, Jungfrau, Mönch. Tourisme.

OBERNAI (67210), ch.-l. de cant. du Bas-Rhin ; 11 070 hab. Brasserie. Bonneterie. Matériel électrique. — Halle aux blés du XVIe s., maisons anciennes.

Oberon ou **Auberon,** personnage des chansons de geste françaises *(*Huon de Bordeaux).* D'origine allemande, roi des elfes, Oberon apparaît ensuite dans les œuvres de E. Spenser (*la Reine des fées,* 1590 - 1596), de Shakespeare (*le Songe d'une nuit d'été,* v. 1595), de C. M. Wieland (*Oberon,* 1780). Le poème de ce dernier a inspiré le livret (dû à J. R. Planché) d'un opéra de C. M. von Weber (*Oberon ou le Roi des elfes,* 1826).

OBERTH (Hermann), *Hermannstadt, auj. Sibiu, Roumanie, 1894 - Nuremberg 1989,* ingénieur allemand. Théoricien des fusées (*la Fusée dans les espaces interplanétaires*, 1923), il fut un précurseur de l'astronautique.

OBIHIRO, v. du Japon (Hokkaido) ; 167 384 hab.

OBODRITES, tribu slave établie dès les Ve-VIe s. entre l'Elbe inférieur et la côte balte. Ils créèrent un État, conquis par Henri le Lion v. 1160.

OBRADOVIĆ (Dositej), *Čakovo v. 1740 - Belgrade 1811,* écrivain serbe. Rénovateur de la littérature nationale, il fut aussi l'un des organisateurs de l'enseignement en Serbie.

OBRENOVIĆ ou **OBRÉNOVITCH,** dynastie qui régna en Serbie de 1815 à 1842 et de 1858 à 1903, et fut la rivale des Karadjordjević. — **Miloš O.,** *Dobrinja 1780 - Topčider 1860,* prince de Serbie (1815 - 1839 ; 1858 - 1860). Il est le fondateur de la dynastie des Obrenović. — **Michel O.,** *Kragujevac 1829 - Topčider 1868,* prince de Serbie (1839 - 1842 et 1860 - 1868), fils de Miloš. — **Milan O.** → **Milan.** — **Alexandre O.** → **Alexandre.**

O'BRIEN (William Smith), *Dromoland 1803 - Bangor 1864,* homme politique irlandais. Il s'associa à partir de 1843 à la campagne de O'Connell pour l'abrogation de l'Union et tenta d'organiser un soulèvement en 1848.

Observatoire de Paris, établissement de recherche astronomique français fondé en 1667, à Paris, par Louis XIV. Le bâtiment primitif, construit sur les plans de Claude Perrault, abrite aujourd'hui des bureaux, un musée scientifique, une bibliothèque et l'horloge parlante qui diffuse l'heure légale en France. L'établissement comprend aussi l'observatoire d'astrophysique de Meudon (depuis 1926) et la station de radioastronomie de Nançay (depuis 1954).

OBWALD, demi-canton de Suisse ; 491 km^2 ; 30 800 hab. *(Obwaldiens) ;* ch.-l. *Sarnen.* Partie du canton d'Unterwald.

OCAM (Organisation commune africaine et mauricienne), organisme créé en 1965 sous le nom d'« Organisation commune africaine et malgache ». Elle réunissait les États francophones de l'Afrique noire (moins la Mauritanie), Madagascar et l'île Maurice (à partir de 1970). L'organisation changea de nom après le retrait de Madagascar (1973). Elle fut dissoute en 1985.

O'CASEY (Sean), *Dublin 1880 - Torquay, Devon, 1964,* auteur dramatique irlandais. Son théâtre traite d'abord des problèmes politiques et sociaux de son pays (*la Charrue et les Étoiles,* 1926 ; *la Coupe d'argent,* 1929), puis s'oriente vers une représentation symbolique de la vie (*Roses rouges pour moi,* 1946).

OCCAM (Guillaume **d'**) → **GUILLAUME D'OCCAM.**

OCCIDENT (empire d'), partie occidentale de l'Empire romain issue du partage de l'Empire, à la mort de Théodose (395 apr. J.-C.), entre Honorius (Occident) et Arcadius (Orient). Il disparut en 476 avec la déposition de Romulus Augustule par Odoacre.

OCCITANIE, ensemble des régions correspondant à la zone d'extension de l'*occitan.

Occupation (l'), période de la Seconde Guerre mondiale, pendant laquelle la France a été occupée par les troupes allemandes (1940 - 1944).

OCDE (Organisation de coopération et de développement économiques), organisation internationale créée en 1961 à Paris. Succédant à l'OECE (Organisation européenne de coopération économique), fondée en 1948 par les États bénéficiaires du plan Marshall, elle a été instituée par 20 pays d'Europe occidentale et d'Amérique du Nord et, s'étant progressivement élargie, rassemble auj. 30 États. Elle offre à ses membres un cadre pour analyser, élaborer et améliorer, dans la concertation, leurs politiques économiques et sociales.

Océane (l'), autoroute reliant Paris à Nantes (par Le Mans, d'où part une antenne vers Rennes).

OCÉANIDES MYTH. GR. Nymphes de la mer et des eaux.

OCÉANIE, une des cinq parties du monde ; env. 9 000 000 km^2 ; 30 000 000 hab. *(Océaniens).* Elle comprend le continent australien et divers groupements insulaires situés dans le Pacifique, entre l'Asie à l'O. et l'Amérique à l'E. L'Océanie a été parfois divisée en trois ensembles : la Mélanésie, la Micronésie et la Polynésie. Ces

divisions sont plus ethnographiques que géographiques. En dehors de l'Australie, de la Nouvelle-Guinée, de la Nouvelle-Zélande et des atolls (d'origine corallienne), la plupart des îles de l'Océanie ont une origine volcanique. Les archipels possèdent un climat tropical, influencé par l'insularité, qui explique aussi le caractère endémique marqué de la flore et de la faune.
Économiquement, l'Australie et la Nouvelle-Zélande, au niveau de vie élevé, s'opposent au reste de l'Océanie, où les indigènes (Mélanésiens et Polynésiens) vivent surtout des cultures vivrières et de la pêche. Le tourisme s'est développé localement. *(V. carte page 1562.)*

OCÉANIE (Établissements français de l'), nom porté jusqu'en 1957 par l'actuelle *Polynésie française.

OC-ÈO, site archéologique du sud du Viêt Nam, près de Rach Gia. Comptoir commercial dont les relations étaient florissantes (Ier-VIIIe s.) avec l'Extrême- et le Proche-Orient, ainsi qu'avec le monde romain.

OCH, v. du Kirghizistan ; 238 000 hab.

OCHOZIAS, *m. en 852 av. J.-C.,* roi d'Israël de 853 à 852 av. J.-C., fils d'Achab.

OCHOZIAS, *m. en 841 av. J.-C.,* roi de Juda (843), fils d'Athalie.

OCHS (Pierre), *Nantes 1752 - Bâle 1821,* homme politique suisse. Il fut chargé par Bonaparte de préparer la constitution de la République helvétique (1797) et il négocia l'alliance avec la France.

OCI (Organisation de la conférence islamique), organisation fondée en 1971 à Djedda, dans le but de promouvoir la solidarité islamique. Elle regroupe une cinquantaine d'États musulmans d'Afrique noire, d'Asie et du Moyen-Orient.

OCKEGHEM ou **OKEGHEM** (Johannes), *Termonde ? v. 1410 - Tours 1497,* compositeur flamand. Musicien de la cour de France, auteur de messes et de chansons polyphoniques, il fut l'un des maîtres du contrepoint.

O'CONNELL (Daniel), *près de Cahirciveen, Kerry, 1775 - Gênes 1847,* homme politique irlandais. À la tête de la Catholic Association, fondée en 1823, il pratiqua à l'égard de l'Angleterre la résistance passive. Élu député (bien qu'inéligible) en 1828, il obtint le Bill d'émancipation des catholiques (1829) ; lord-maire de Dublin (1841), il refusa cependant l'épreuve de force avec le gouvernement de Londres.

O'CONNOR, clan irlandais qui régna sur le Connacht aux XIe et XIIe s. — **Rory** ou **Roderic O.,** *1116 - 1198,* roi de Connacht. Il dut reconnaître la suzeraineté du roi d'Angleterre, Henri II (1175).

O'CONNOR (Feargus), *Connorville 1796-Londres 1855,* chef chartiste irlandais. Ses talents d'orateur et ses qualités de journaliste lui conférèrent une grande popularité.

O'CONNOR (Flannery), *Savannah 1925 - Milledgeville, Géorgie, 1964,* femme de lettres américaine. Ses romans *(la Sagesse dans le sang)* et ses nouvelles *(Les braves gens ne courent pas les rues)* allient l'inspiration catholique à l'imaginaire sudiste.

OCTAVE → AUGUSTE.

OCTAVIE, *v. 70 - 11 av. J.-C.,* sœur d'Auguste. Elle épousa en secondes noces Marc Antoine (40), qui la répudia en 32.

OCTAVIE, *m. en 62 apr. J.-C.,* femme de Néron. Elle était la fille de Claude et de Messaline. Néron la répudia en 62 pour épouser Poppée et l'exila, l'acculant au suicide.

OCTAVIEN → AUGUSTE.

OCTEVILLE (50130), ch.-l. de cant. de la Manche, banlieue de Cherbourg ; 17 358 hab.

Octobre (révolution d') → **Révolution russe de 1917.**

octobre 1789 (journées des 5 et 6), journées révolutionnaires parisiennes. À la suite du soulèvement du peuple, qui marcha sur Versailles, Louis XVI dut venir habiter le palais des Tuileries. L'Assemblée nationale le suivit peu après.

ODA NOBUNAGA, *Owari 1534 - Kyoto 1582,* homme d'État japonais. Remplaçant le dernier Ashikaga au shogunat (1573), il unifia le Japon sous son inflexible autorité.

ODANAK, réserve amérindienne (Abénaquis) du Canada (Québec) ; env. 330 hab. Musée.

ODAWARA, v. du Japon (Honshu) ; 193 417 hab.

■ LES ARTS DE L'OCÉANIE

Dans les trois aires culturelles de l'Océanie (Mélanésie, Micronésie et Polynésie), le culte des ancêtres, la magie et les événements de la vie sociale traditionnelle sont le support de la création artistique.

△ **Nouvelle-Bretagne (Mélanésie).** Les Baining ne sont pas sculpteurs : leurs masques – ici, celui qui est porté pour honorer les esprits « kavat » lors de la danse de nuit – sont réalisés en étoffe d'écorce battue (tapa) fixée sur un support de lianes. (Museum für Völkerkunde, Berlin.)

△ **Nouvelle-Calédonie (Mélanésie).** L'un des deux chambranles de la porte d'entrée de la grande case, figurant l'ancêtre gardien. (Musée de l'Homme, Paris.)

△ **Palaos (Micronésie).** « Bai », la case des hommes. Chaque groupe d'hommes (réunis par âge) avec ses dignitaires, possédait une case de réunion. Ces « bai » attestaient, par leur nombre, de la prospérité du village. (Museum für Völkerkunde, Berlin.)

△ **Nouvelle-Guinée (Mélanésie).** Les Abelam – qui vivent dans la vallée du fleuve Sépik –, réservent la « case des Esprits » aux rites d'initiation. La case devient alors l'ancêtre originel dont elle illustre les métamorphoses. (Museum für Völkerkunde, Berlin.)

Hawaii (Polynésie du Nord). Masque de Ku, le dieu de la Guerre, plumes multicolores sur support de vannerie. (British Museum, Londres.)

Irian Jaya (Mélanésie). La sculpture est privilégiée par les Asmat qui, selon leur mythe fondateur, ont été créés par un sculpteur les ayant animés grâce à son chant. (Institut royal des Tropiques, Amsterdam.)

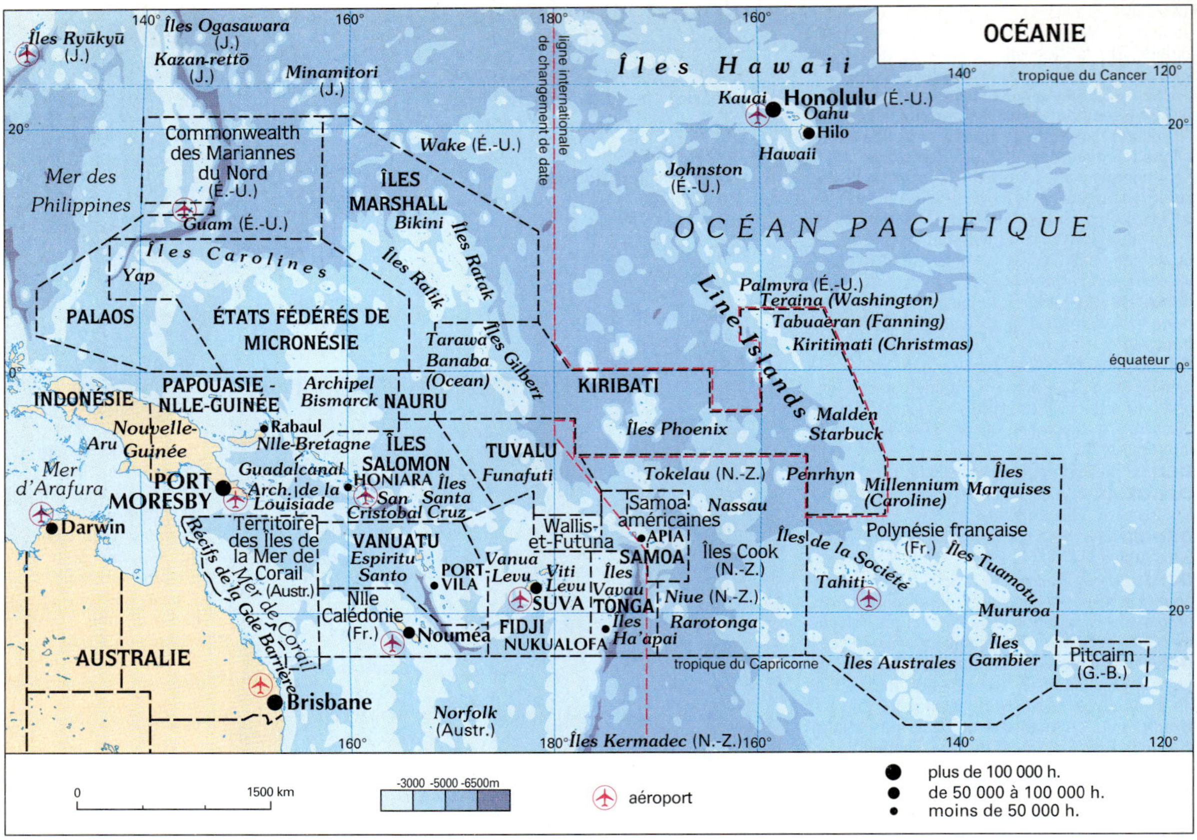

ODENSE, v. du Danemark, dans l'île de Fionie ; 182 000 hab. Port. – Cathédrale du XIIIe s. (œuvres d'art) ; musées, dont celui de H. C. Andersen.

ODENWALD n.m., massif d'Allemagne (Hesse), dominant le fossé du Rhin ; 626 m.

Odéon, théâtre fondé à Paris en 1797. Il occupe l'édifice du VIe arrond. construit pour la Comédie-Française par les architectes Charles De Wailly (1730 - 1798) et Marie Joseph Peyre (1730 - 1785), inauguré en 1782 et qui fut incendié et réédifié deux fois. – Il devint, en 1841, le second théâtre national. Rattaché en 1946 à la Comédie-Française *(Salle Luxembourg),* il reprit son autonomie en 1959 sous le nom de *Théâtre de France.* Devenu le *Théâtre national de l'Odéon* en 1971, il est à nouveau placé sous l'autorité de l'administrateur de la Comédie-Française de 1978 à 1983 et de 1986 à 1990. Lieu d'accueil de spectacles étrangers, l'Odéon est, depuis 1990, occupé uniquement par le Théâtre de l'Europe.

ODER n.m., en polon. **Odra,** fl. d'Europe, né près d'Ostrava et qui rejoint la Baltique dans le golfe de Szczecin ; 854 km. Il traverse la Silésie polonaise (passant à Wrocław), puis sépare la Pologne et l'Allemagne.

Oder-Neisse (ligne), limite occidentale de la Pologne. Située le long de l'Oder et de son affluent la Neisse occidentale, elle fut approuvée par les accords de Potsdam (1945). Reconnue par la RDA en 1950, puis par la RFA en 1970, elle fut entérinée par un traité germano-polonais conclu en 1990 et ratifié en 1991.

ODESSA, v. d'Ukraine, sur la mer Noire ; 1 101 000 hab. Port. Centre culturel et industriel. – Base navale et port fondés par les Russes en 1794, Odessa devint le centre de l'exportation des céréales et le second port de l'Empire russe (fin du XIXe s.). Ce fut un foyer révolutionnaire en 1905.

ODILE (sainte), *v. 660 - Hohenburg v. 720,* religieuse alsacienne. Fondatrice d'un monastère sur le Hohenburg, dans les Vosges (mont Sainte-Odile), elle est la patronne de l'Alsace.

ODILON (saint), *Mercœur 962 - Souvigny 1049,* religieux français. Cinquième abbé de Cluny (994), il fut l'un des personnages les plus influents de l'Europe chrétienne. Il établit la « trêve de Dieu » et institua la fête de la commémoration des défunts, le 2 novembre.

ODIN, nom scandinave du dieu germanique Wotan.

ODOACRE, *v. 434 - Ravenne 493,* roi des Hérules. Il détrôna Romulus Augustule (476), mettant fin ainsi à l'Empire romain d'Occident. L'empereur d'Orient, Zénon, inquiet de sa puissance, envoya contre lui Théodoric. Assiégé dans Ravenne (490 - 493), Odoacre capitula et fut assassiné.

ODON (saint), *dans le Maine v. 879 - Tours 942,* religieux français. Deuxième abbé de Cluny (926), il fut à l'origine du rayonnement de son abbaye, appelée à devenir le centre de la puissante congrégation bénédictine.

ODORIC DA PORDENONE (bienheureux), *Pordenone, Frioul, v. 1265 - Udine 1331,* théologien franciscain italien. Après un voyage en Mongolie, en Chine et en Inde, il rédigea une *Descriptio terrarum* ou *Itinerarium.*

ODRA n.m., nom polonais de l'*Oder.

Odyssée (l'), poème épique en 24 chants, attribué à Homère (VIIIe s. av. J.-C.). Tandis que Télémaque part à la recherche de son père Ulysse (chants I-IV), celui-ci, recueilli après un naufrage par Alcinoos, roi des Phéaciens, raconte ses aventures depuis son départ de Troie (chants V-XIII) : il est passé du pays des Lotophages à celui des Cyclopes, a séjourné dans l'île de Circé, navigué dans la mer des Sirènes et a été retenu par Calypso. La troisième partie du poème (chants XIV-XXIV) décrit l'arrivée d'Ulysse à Ithaque et l'éviction des prétendants qui courtisent sa femme, Pénélope.

OEA (Organisation des États américains, en angl. OAS, Organization of American States), organisation intergouvernementale fondée en 1948. L'OEA regroupe l'ensemble des États américains acceptant les principes de coopération pacifique posés par l'acte constitutif de la charte de Bogotá.

ŒBEN (Jean-François), *Heinsberg, près d'Aix-la-Chapelle, v. 1720 - Paris 1763,* devenu ébéniste français d'origine allemande. Venu jeune à Paris, devenu ébéniste du roi, il est notamment l'auteur de nombreux meubles « mécaniques » (bureau de Louis XV, château de Versailles).

ŒCOLAMPADE (Johannes **Husschin,** dit en fr.), *Weinsberg 1482 - Bâle 1531,* réformateur suisse allemand. Professeur à Bâle, il y organisa l'Église selon les principes de la Réforme.

ŒDIPE MYTH. GR. Fils de Laïos, roi de Thèbes, et de Jocaste. Laïos, averti par un oracle qu'il serait tué par son fils et que celui-ci épouserait sa mère, abandonna son enfant sur une montagne. Recueilli par des bergers, Œdipe fut élevé par le roi de Corinthe. Devenu adulte, il se rendit à Delphes pour consulter l'oracle sur le mystère de sa naissance. En chemin, il se disputa avec un voyageur, qu'il tua : c'était Laïos. Aux portes de Thèbes, il sut résoudre l'énigme du sphinx, dont il débarrassa ainsi le pays ; en récompense, les Thébains le prirent pour roi, et il épousa la reine Jocaste, veuve de Laïos, sa propre mère, dont il eut deux fils, Étéocle et Polynice, et deux filles, Antigone et Ismène. Mais Œdipe découvrit le secret de sa naissance, son parricide et son inceste. Jocaste se pendit, et Œdipe se creva les yeux. Banni de Thèbes, il mena une vie errante, guidé par sa fille Antigone, et mourut près d'Athènes, à Colone. – Le mythe d'Œdipe a notamment inspiré des tragédies à Sophocle (*Œdipe roi,* v. 425 av. J.-C. ; *Œdipe à Colone,* 401 av. J.-C.), à Sénèque (Ier s. apr. J.-C.), à P. Corneille (1659).

OEHLENSCHLÄGER (Adam Gottlob), *Copenhague 1779 - id. 1850,* écrivain danois. Ses poèmes (*les Cornes d'or,* 1802) et ses drames en font le premier représentant du romantisme danois.

OEHMICHEN (Étienne), *Châlons-sur-Marne 1884 - Paris 1955,* ingénieur français. Constructeur de giravions, dont il établit lui-même les lois du pilotage, il imagina l'hélice anticouple et fut le premier à boucler un circuit de 1 km aux commandes d'un hélicoptère (1924).

OE KENZABURO, *Ose 1935,* écrivain japonais. Ses récits *(Dites-nous comment survivre à nos folies)* et ses essais traduisent les angoisses du monde contemporain. (Prix Nobel 1994.)

ŒRSTED ou **ØRSTED** (Hans Christian), *Rudkøbing 1777 - Copenhague 1851,* physicien danois. Il découvrit, en 1820, l'existence du champ magnétique créé par les courants électriques, découverte à l'origine de l'électromagnétisme.

ŒTA n.m., montagne de Grèce (Thessalie) ; 2 152 m.

OFFEMONT (90300), ch.-l. de cant. du Territoire de Belfort ; 4 066 hab.

OFFENBACH, v. d'Allemagne (Hesse), près de Francfort-sur-le-Main ; 116 870 hab.

OFFENBACH (Jacques), *Cologne 1819 - Paris 1880,* compositeur allemand naturalisé français. Il est l'auteur d'opérettes, qui reflètent avec humour la joie de vivre du second Empire (*Orphée* *aux enfers,* 1858 et 1874 ; *la Belle Hélène,* 1864 ; *la Vie parisienne,* 1866), et d'un opéra fantastique, *les Contes d'Hoffmann.*

Offices (palais des), édifice construit à Florence par G. Vasari à partir de 1560 pour abriter les services de l'Administration *(Uffizi).* Il est occupé par une galerie de peintures et de sculptures fondée par les Médicis, et particulièrement riche en tableaux des écoles italiennes.

OFFRANVILLE (76550), ch.-l. de cant. de la Seine-Maritime ; 3 798 hab. Plastiques. Équipements automobiles.

OGADEN n.m., plateau steppique constituant l'extrémité orientale de l'Éthiopie. Situé aux confins de la Somalie, il est parcouru par des pasteurs somalis.

OGAKI, v. du Japon (Honshu) ; 148 281 hab.

OGBOMOSHO, v. du Nigeria ; 661 000 hab.

OGINO KYUSAKU, *Toyohashi 1882 - Niigata 1975,* médecin japonais. Il inventa une méthode de contrôle naturel des naissances, tombée en désuétude (méthode d'Ogino-Knaus).

OGLIO n.m., riv. d'Italie (Lombardie), affl. du Pô (r. g.) ; 280 km.

OGODAY, *v. 1185 - 1241,* souverain mongol (1229 - 1241). Troisième fils de Gengis Khan, il annexa la Corée, le nord de la Chine, l'Azerbaïdjan, la Géorgie et envoya Batu conquérir l'Occident.

OGONI, peuple du sud du Nigeria (delta du Niger), du groupe des Ibibio.

OGOOUÉ n.m., fl. d'Afrique centrale, né au Congo et qui se jette dans l'Atlantique au Gabon ; 1 170 km.

OHANA (Maurice), *Casablanca 1914 - Paris 1992,* compositeur français. Héritier de Manuel de Falla (*Études chorégraphiques,* pour percussion), il affirme un tempérament poétique et dramatique, dans un langage postsériel au lyrisme méditerranéen (*Syllabaire pour Phèdre,* 1968 ; *Trois Contes de l'Honorable Fleur,* 1978 ; *la Célestine,* 1988).

O'Hare, aéroport de Chicago.

O. HENRY (William Sydney **Porter,** dit), *Greensboro, Caroline du Nord, 1862 - New York 1910,* écrivain américain, auteur de nouvelles humoristiques *(les Quatre Millions).*

O'HIGGINS (Bernardo), *Chillán 1776 - Lima 1842,* homme politique chilien. Lieutenant de San Martín, il proclama l'indépendance du Chili (1818) et exerça une dictature de 1817 à 1823.

OHIO n.m., riv. des États-Unis, formée à Pittsburgh par la réunion de l'Allegheny et de la Monongahela, affl. du Mississippi (r. g.) ; 1 570 km. Il passe à Cincinnati.

OHIO, État des États-Unis, sur le lac Érié ; 10 847 115 hab. ; cap. *Columbus ;* v. princ. *Cleveland, Cincinnati, Toledo.*

OHLIN (Bertil), *Klippan, prov. de Kristianstad, 1899 - Vålådalen 1979,* économiste suédois. Il a étudié le commerce, la spécialisation et les mouvements de capitaux au niveau international. (Prix Nobel 1977.)

OHM (Georg Simon), *Erlangen 1789 - Munich 1854,* physicien allemand. Il a énoncé, en 1827, les lois fondamentales des courants électriques et introduit les notions de quantité d'électricité et de force électromotrice.

OHŘE n.f., en all. **Eger,** riv. d'Europe centrale (Allemagne et Rép. tchèque), affl. de l'Elbe (r. g.) ; 316 km.

OHRID, v. de Macédoine, sur le *lac d'Ohrid,* situé à la frontière de l'Albanie et de la Macédoine ;

■ JACQUES **OFFENBACH** par Nadar.

■ **OHRID.** *Dormition de la Vierge ;* fresque dans l'église Saint-Clément, XIIIe s.

42 100 hab. Églises byzantines ornées de fresques, dont l'anc. cathédrale Ste-Sophie (XIe s.) et l'église St-Clément (XIIIe s.).

OIGNIES (62590), comm. du Pas-de-Calais ; 10 587 hab. *(Oigninois).*

OÏRATS ou **OÏRATES,** groupe mongol de Chine (Xinjiang) et de Mongolie. Mongols occidentaux, les Oïrats rassemblent les descendants d'un groupe resté en Mongolie et ayant survécu à l'anéantissement de l'empire Dzoungar (XVIIe-XVIIIe s.) par les Mandchous, et ceux d'un groupe installé au XVIIe s. sur la Volga (les Kalmouks) et revenu pour partie au Xinjiang à la fin du XVIIIe s.

OIRON (79100), comm. des Deux-Sèvres ; 959 hab. Château des XVIe-XVIIe s. (peintures murales ; art contemporain) ; église du XVIe s.

OISANS n.m., massif des Alpes françaises (Isère). Il est entaillé par la vallée de la Romanche (hydroélectricité). Élevage et tourisme surtout hivernal (Alpe-d'Huez, Deux-Alpes).

OISE n.f., riv. du nord de la France, née en Belgique, affl. de la Seine (r. dr.), à Conflans-Sainte-Honorine ; 302 km. Elle passe à Compiègne, Creil et Pontoise. C'est une importante voie navigable.

OISE n.f. (60), dép. de la Région Picardie ; ch.-l. de dép. *Beauvais ;* ch.-l. d'arrond. *Clermont, Compiègne, Senlis ;* 4 arrond. ; 41 cant. ; 693 comm. ; 5 860 km² ; 766 441 hab. *(Isariens).* Le dép. appartient à l'académie et à la cour d'appel d'Amiens, à la zone de défense Nord. Il est formé essentiellement de plateaux, souvent limoneux, domaines de la grande culture céréalière et betteravière (Valois, sud de la Picardie), qui sont entaillés par la vallée de l'Oise, où dominent les cultures fruitières et maraîchères et l'élevage bovin. Celui-ci constitue la principale activité du pays de Thelle et de l'extrémité orientale du pays de Bray. L'industrie, présente notamment dans la vallée de l'Oise, est représentée surtout par la métallurgie, la verrerie, la chimie. La proximité de Paris a favorisé un rapide accroissement démographique.

OISSEL (76350), comm. de la Seine-Maritime ; 11 330 hab.

OÏSTRAKH (David Fiodorovitch), *Odessa 1908 - Amsterdam 1974,* violoniste soviétique. Partenaire de Menuhin ou de Richter, il créa notamment le premier concerto (1955) et la *Sonate* pour piano et violon de Chostakovitch.

OIT → **Organisation internationale du travail.**

OITA, v. du Japon (Kyushu) ; 408 501 hab. Port.

OJD (Office de justification de la diffusion des supports de publicité), association ayant pour but de calculer la diffusion réelle des organes de presse. Créé en 1922, l'OJD est dénommé *Diffusion Contrôle OJD* depuis 1992.

OJIBWA ou **CHIPPEWA,** peuple amérindien des États-Unis et du Canada (région des Grands Lacs) [env. 80 000], de langue algonquienne.

OJOS DEL SALADO n.m., sommet des Andes, à la frontière de l'Argentine et du Chili ; 6 880 m.

OKA n.f., riv. de Russie, affl. de la Volga (r. dr.), qu'elle rejoint à Nijni Novgorod ; 1 480 km.

OKAYAMA, v. du Japon (Honshu) ; 593 730 hab. Centre industriel. – Parc paysager fondé au XVIIIe s.

OKAZAKI, v. du Japon (Honshu) ; 306 822 hab.

O'KEEFFE (Georgia), *Sun Prairie, Wisconsin, 1887 - Santa Fe, Nouveau-Mexique, 1986,* peintre américain. Elle a transfiguré le réel jusqu'à une vision symbolique quasi abstraite ; elle avait épousé A. Stieglitz en 1924.

OKEGHEM (Johannes) → **OCKEGHEM.**

OKHOTSK (mer d'), mer formée par l'océan Pacifique, au N.-E. de l'Asie.

OKINAWA, principale île (1 183 km²) de l'archipel japonais des Ryukyu ; v. princ. *Naha.* En 1945, elle fut l'enjeu d'une lutte acharnée entre Japonais et Américains.

OKLAHOMA, État des États-Unis, au N. du Texas ; 3 145 585 hab. ; cap. *Oklahoma City* (444 719 hab.). Pétrole.

OKW (Oberkommando der Wehrmacht, en fr. commandement en chef des forces armées),

commandement suprême des armées allemandes de 1938 à 1945.

OLAF → **OLAV, OLOF et OLUF.**

OLAH (György András, puis George A.), *Budapest 1927,* chimiste américain d'origine hongroise. Il a mis en évidence les *carbocations,* qui trouvent des applications industrielles notamm. dans la fabrication des carburants. (Prix Nobel 1994.)

ÖLAND, île de Suède, dans la Baltique, reliée au continent par un pont routier ; 1 344 km² ; 24 931 hab. ; v. princ. *Borgholm.*

OLAUS PETRI → **PETRI** (Olaus).

OLAV Ier Tryggvesson, *v. 969 - Svolder 1000,* roi de Norvège (995 - 1000). Il contribua à implanter le christianisme dans son royaume. — **Olav II Haraldsson le Saint,** *v. 995 - Stiklestad 1030,* roi de Norvège (1016 - 1028). Il restaura la royauté et imposa le christianisme. Attaqué par Knud le Grand, il dut s'exiler en 1028 et fut tué en tentant de reconquérir son royaume. Dès 1031, il fut considéré comme un saint et un héros national. — **Olav V,** *Appleton House, près de Sandringham, Angleterre, 1903 - Oslo 1991,* régent (1955), puis roi de Norvège (1957 - 1991).

OLBRACHT (Kamil **Zeman,** dit Ivan), *Semily 1882 - Prague 1952,* écrivain tchèque. Il évolua dans ses romans de l'analyse psychologique à l'engagement politique *(Nikola Šuhaj, bandit).*

OLCOTT (Henry Steel), *Orange, New Jersey, 1832 - Adyar, Inde, 1907,* théosophe américain. Il épaula E. Blavatsky dans la fondation de la Société théosophique.

OLDENBARNEVELT (Johan **Van**), *Amersfoort 1547 - La Haye 1619,* homme d'État hollandais. Grand pensionnaire de Hollande (1586), il obtint de la France, de l'Angleterre (1596), puis de l'Espagne (1609) la reconnaissance des Provinces-Unies. Maurice de Nassau le fit exécuter.

OLDENBURG, en fr. **Oldenbourg,** ancien État de l'Allemagne du Nord, situé entre la Weser et l'Ems. Comté à la fin du XIe s., l'Oldenburg fut rattaché au Danemark (1667), puis passa aux Holstein-Gottorp (1773). Érigé en duché (1777), puis en grand-duché (1815), il devint, en 1871, État de l'Empire allemand.

OLDENBURG, v. d'Allemagne (Basse-Saxe) ; 147 701 hab. Château des XVIIe-XIXe s. (musée).

OLDENBURG (Claes), *Stockholm 1929,* artiste américain d'origine suédoise. Il est l'un des représentants du *pop art (objets mous, monuments incongrus telle la *Bicyclette enterrée* du parc de la Villette à Paris, etc.).

OLDUVAI ou **OLDOWAY,** site paléontologique et préhistorique du nord de la Tanzanie, près du lac Eyasi. Leakey y a découvert, en 1959 et 1961, deux types d'hominidés fossiles, le zinjanthrope *(Australopithecus boisei)* et l'*Homo habilis,* respectivement datés de 1 750 000 et 1 850 000 ans.

OLEN, comm. de Belgique (prov. d'Anvers) ; 10 362 hab. Métallurgie.

OLENEK ou **OLENIOK** n.m., fl. de Russie, en Sibérie, qui se jette dans la mer des Laptev ; 2 292 km ; bassin de 222 000 km².

OLÉRON (île d'), île de l'Atlantique, qui forme deux cantons de la Charente-Maritime (*Le Château-d'Oléron* et *Saint-Pierre-d'Oléron*) ; 175 km² ; 20 009 hab. Située à l'embouchure de la Charente, l'île est séparée du continent par le pertuis de Maumusson, et de l'île de Ré par celui d'Antioche. Un pont la relie au continent. Ostréiculture. Vigne. Pêche. Tourisme.

OLIBRIUS → **OLYBRIUS.**

OLIER (Jean-Jacques), *Paris 1608 - id. 1657,* ecclésiastique français. Curé de la paroisse de Saint-Sulpice à Paris (1642 - 1652), il fonda la Compagnie des prêtres de Saint-Sulpice et le séminaire du même nom.

OLINDA, v. du Brésil, banlieue de Recife ; 340 673 hab. Monuments religieux baroques (XVIIe-XVIIIe s.).

Oliva (traité d') [3 mai 1660], l'un des traités qui mirent fin aux hostilités de la guerre de Trente Ans dans la mer Baltique, signé à Oliva (auj. Oliwa, Pologne). Le roi de Pologne renonçait à ses prétentions sur la Suède, et la Prusse devenait État souverain.

OLIVARES (Gaspar **de Guzmán,** comte-duc **d'**), *Rome 1587 - Toro 1645,* homme d'État espagnol. Favori de Philippe IV, qui lui abandonna la réalité du pouvoir à partir de 1621, il s'efforça de défendre la place de l'Espagne en Europe. Il fut disgracié en 1643.

■ **OLMÈQUES.** Tête colossale en basalte.

OLIVEIRA (Manoel **de**), *Porto 1908,* cinéaste portugais. Dans des films toujours surprenants se manifeste son esprit éclectique, cultivé et doucement ironique (*Aniki-Bobó,* 1942 ; *le Soulier de satin,* 1985 ; *le Val Abraham,* 1993 ; *la Lettre,* 1999 ; *Parole et Utopie,* 2000).

OLIVER (Joe, dit King), *La Nouvelle-Orléans 1885 - Savannah 1938,* musicien américain de jazz. Pionnier du jazz, compositeur, cornettiste, il dirigea plusieurs orchestres, dont le Creole Jazz Band. Il popularisa le style « Nouvelle-Orléans » (*Chimes Blues,* 1923 ; *New Orleans Shout*).

OLIVER (Raymond), *Langon 1909 - Paris 1990,* cuisinier français. Il exerça ses talents au Grand Véfour, à Paris, et fut l'un des premiers cuisiniers à dispenser son savoir à la télévision.

Oliver Twist, roman de C. Dickens (1838). Le récit des mésaventures d'un enfant trouvé sert de prétexte à une peinture des bas-fonds londoniens.

OLIVET (45160), ch.-l. de cant. du Loiret, sur le Loiret ; 20 450 hab. *(Olivetains).* Aux environs, parc floral de la Source.

Olivetti, société italienne fondée en 1908. Spécialisée à l'origine dans la production de machines à écrire et de machines à calculer, elle s'est tournée ensuite vers l'informatique et la Bureautique, puis vers les télécommunications.

Olivier, personnage de *la *Chanson de Roland.* Face à Roland, il est le symbole de la sagesse et de la modération.

OLIVIER (sir Laurence), *Dorking, Surrey, 1907 - Ashurst, Sussex, 1989,* acteur, metteur en scène de théâtre et cinéaste britannique. Brillant interprète de Shakespeare, directeur (1963 - 1973) du National Theatre, il a réalisé plusieurs films (*Henri V,* 1944 ; *Richard III,* 1955).

OLIVIERS (mont des), colline de Palestine, à l'E. de Jérusalem. C'est au pied de ce mont, dans le jardin de Gethsémani, que, selon les Évangiles, Jésus alla prier la veille de sa mort.

OLLIOULES (83190), ch.-l. de cant. du Var ; 12 336 hab. Édition. — Église en partie romane. — Centre national de création et de diffusion culturelles de Châteauvallon.

OLLIVIER (Émile), *Marseille 1825 - Saint-Gervais-les-Bains 1913,* homme politique français. Avocat républicain, député de l'opposition élu en 1857, il prit en 1869 la direction du « tiers parti », qui acceptait l'Empire à condition qu'il fût libéral. Placé à la tête du ministère du 2 janv. 1870, il poursuivit la transformation du régime, mais endossa la responsabilité de la guerre franco-allemande. (Acad. fr.)

OLMEDO (José Joaquín), *Guayaquil 1780 - id. 1847,* homme politique et poète équatorien. Ami de Bolívar, il rédigea la Constitution de l'Équateur (1830), mais ne fut pas élu à la présidence (1845).

OLMÈQUES, peuple ancien du Mexique. Leur culture, née aux alentours du IIe millénaire dans la région côtière du golfe, connut une période d'épanouissement entre 1200 et 600 av. J.-C. *Tres Zapotes et La *Venta témoignent de l'architecture de leurs centres cérémoniels, auxquels sont associées des têtes colossales (sans doute des portraits dynastiques) ainsi que des statuettes en jade représentant l'enfant-jaguar, la principale divinité des Olmèques.

OLMI (Ermanno), *Bergame 1931,* cinéaste italien. Il est le témoin attentif de la crise des valeurs morales : *Il Posto* (1961), *les Fiancés* (1963), *Un certain jour* (1969), *l'Arbre aux sabots* (1978), *la Légende du saint buveur* (1988).

Olmütz (reculade d') [29 nov. 1850], conférence qui se tint à Olmütz (auj. Olomouc) et au cours de laquelle le roi de Prusse Frédéric-Guillaume IV s'inclina devant les exigences autrichiennes, renonçant à ses visées hégémoniques en Allemagne.

OLOF Skötkonung, *m. en 1022,* roi de Suède (994 - 1022). Il favorisa l'implantation du christianisme dans son pays.

OLOMOUC, en all. **Olmütz,** v. de la République tchèque, en Moravie ; 105 690 hab. Monuments anciens (XIIe-XVIIIe s.).

OLONNE-SUR-MER (85340), comm. de la Vendée ; 10 609 hab. Église romane et gothique.

OLORON (gave d'), riv. de France, dans les Pyrénées-Atlantiques, formée par les gaves d'Aspe et d'Ossau (qui se rejoignent à *Oloron-Sainte-Marie*), affl. du gave de Pau (r. g.) ; 120 km.

OLORON-SAINTE-MARIE (64400), ch.-l. d'arrond. des Pyrénées-Atlantiques, au confluent des gaves d'Aspe et d'Ossau ; 11 740 hab. *(Oloronais).* Construction aéronautique. Chocolaterie. — Cathédrale Ste-Marie (gothique avec portail roman), église Ste-Croix (romane).

OLP (Organisation de libération de la Palestine), organisation palestinienne fondée en 1964 par le Conseil national palestinien réuni à Jérusalem. Présidée depuis 1969 par Yasser Arafat, elle revendique depuis 1974 la création, à côté d'Israël, d'un État palestinien en Cisjordanie et à Gaza. Prônant à l'origine la lutte armée, elle s'est engagée depuis 1993 dans des négociations de paix avec Israël.

OLSZTYN, v. du nord-est de la Pologne, ch.-l. de voïévodie ; 164 800 hab.

OLT n.m., riv. de Roumanie, affl. du Danube (r. g.) ; 690 km.

OLTEN, v. de Suisse (cant. de Soleure), sur l'Aar ; 17 805 hab. Constructions mécaniques.

OLTÉNIE, région de Roumanie, en Valachie, à l'O. de l'*Olt.*

OLUF II Haakonsson, *Akershus 1370 - Falsterbo 1387,* roi de Danemark (1376 - 1387) et de Norvège (Olav) [1380 - 1387], fils du roi de Norvège

■ KING **OLIVER**

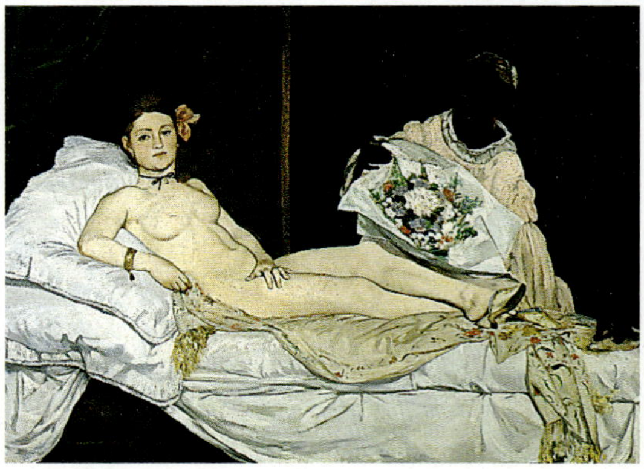

■ **OLYMPIA,** par Manet, 1863. (Musée d'Orsay, Paris.)

Haakon VI et de Marguerite Valdemarsdotter, qui gouverna en son nom.

OLYBRIUS (Anicius), *m. en 472,* empereur romain. Il fut porté au pouvoir par son parent Geiséric et par Ricimer. – Il figurait dans certains mystères comme le type du fanfaron.

OLYMPE n.m., en gr. **Ólimbos,** massif de Grèce, aux confins de la Thessalie et de la Macédoine grecque ; 2 917 m. Point culminant du pays. – Les Grecs en avaient fait la résidence des dieux.

Olympia, grande toile de Manet (1863, musée d'Orsay). L'œuvre fit scandale au Salon de 1865 par sa crudité, son détournement des conventions académiques, tandis que sa valeur essentiellement picturale était peu sensible aux contemporains.

OLYMPIAS, *v. 375 - Pydna 316 av. J.-C.,* reine de Macédoine, épouse de Philippe II de Macédoine. À la mort de son fils Alexandre le Grand (323), elle tenta de disputer le pouvoir aux diadoques et fut assassinée par Cassandre.

OLYMPIE, v. de l'anc. Grèce, dans le Péloponnèse. Centre religieux, panhellénique, où se célébraient tous les quatre ans les jeux Olympiques. – Conservant de nombreux vestiges, dont ceux du temple de Zeus (ve s. av. J.-C.) [métopes au musée local et au Louvre], Olympie est auj. un centre touristique.

Olympio, nom poétique sous lequel V. Hugo se désigne lui-même dans certains poèmes (« Tristesse d'Olympio », *les Rayons et les Ombres,* 1840).

olympique (Comité international) ou **CIO,** organisme fondé en 1894 à l'instigation de Pierre de Coubertin, et qui assure l'organisation des jeux Olympiques. Son siège est à Lausanne.

OLYNTHE, anc. v. de Chalcidique. Elle fut détruite par Philippe de Macédoine en 348 av. J.-C.

OMAHA, v. des États-Unis (Nebraska), sur le Missouri ; 335 795 hab.

OMALIUS D'HALLOY (Jean-Baptiste **d'**), *Liège 1783 - Bruxelles 1875,* géologue belge. À la demande de Napoléon Ier, il dressa une carte géologique de l'empire français (1813 - 1823).

OMAN n.m., État d'Asie, sur l'océan Indien ; 212 000 km² ; 2 250 000 hab. *(Omanais).* CAP. *Mascate.* LANGUE : *arabe.* MONNAIE : *rial omanais.* (V. carte **Arabie**.) En grande partie désertique, montagneux au N., Oman possède de rares cultures (irriguées) et quelques troupeaux (ovins et chameaux), alors que la pêche est, ponctuellement, active sur le littoral. Mais le pétrole est la richesse essentielle du pays, à nette majorité arabe et en quasi-totalité islamisé. – Du XVIIe s. au XIXe s., les sultans d'Oman gouvernèrent un empire maritime, acquis aux dépens du Portugal et dont le centre était Zanzibar. Depuis 1970, le sultan Qabus ibn Said a entrepris de moderniser le pays.

OMAN (mer d'), partie nord-ouest de l'océan Indien, parfois appelée aussi « mer Arabique » ou « mer d'Arabie ». Le *golfe d'Oman,* en bordure du *sultanat d'Oman,* en forme la partie la plus resserrée et communique par le détroit d'Ormuz avec le golfe Persique.

OMAR Ier → UMAR Ier.

OMBRIE, région de l'Italie centrale ; 804 054 hab. *(Ombriens)* ; cap. *Pérouse* ; 2 prov. (*Pérouse* et *Terni*).

OMC (Organisation mondiale du commerce), organisation internationale mise en place en 1995 pour veiller à l'application des accords commerciaux internationaux (dont ceux conclus dans le cadre du GATT). Son siège est à Genève.

OMDURMAN ou **OMDOURMAN,** v. du Soudan, sur le Nil, banlieue de Khartoum ; 526 000 hab. Capitale du Mahdi, elle fut reconquise par les Anglo-Égyptiens de lord Kitchener en 1898.

OMEYYADES ou **UMAYYADES,** dynastie de califes arabes, qui régna à Damas de 661 à 750. Les Omeyyades agrandirent l'empire musulman de la plaine de l'Indus (710 - 713), de la Transoxiane (709 - 711) et de l'Espagne (711 - 714). Grands bâtisseurs, ils embellirent Damas, Jérusalem, Kairouan. Miné par des querelles intestines et par l'opposition chiite, l'empire omeyyade tomba sous les coups des Abbassides. Mais un rescapé de la famille, Abd al-Rahman Ier, fonda l'émirat de Cordoue (756 - 1031), érigé en califat rival de Bagdad (929).

OMI → Organisation maritime internationale.

OMIYA, v. du Japon (Honshu) ; 403 776 hab.

OMO, riv. du sud de l'Éthiopie, affl. du lac Turkana. Sa vallée a livré des gisements riches en fossiles d'hominidés (australopithèques de l'espèce *Australopithecus africanus*).

OMPHALE MYTH. GR. Reine de Lydie célèbre pour ses amours avec Héraclès, qui lui avait été vendu comme esclave. La légende représente le héros filant la laine aux pieds d'Omphale.

OMPI → Organisation mondiale de la propriété intellectuelle.

OMRI, *m. en 874 av. J.-C.,* roi d'Israël (885 - 874 av. J.-C.). Il fonda Samarie.

OMS (Organisation mondiale de la santé), organisation internationale créée en 1946. Institution spécialisée de l'ONU depuis 1948, elle a pour but de faire accéder tous les peuples au niveau de santé le plus élevé possible. Son siège est à Genève.

OMSK, v. de Russie, en Sibérie occidentale, sur l'Irtych ; 1 148 000 hab. Centre industriel.

OMUTA, v. du Japon (Kyushu) ; 150 453 hab. Aluminium.

ONAN, personnage biblique, deuxième fils de Juda. Obligé par la loi du lévirat de donner un fils à la veuve de son frère, il s'y refusa en évitant de consommer pleinement l'union sexuelle.

ONDAATJE (Michael), *Colombo, Sri Lanka, 1943,* écrivain canadien de langue anglaise. Poète et cinéaste, il évoque dans ses romans les paradoxes et les énigmes de la nature humaine (*le Blues de Buddy Bolden, l'Homme flambé* [ou *le Patient anglais*], *le Fantôme d'Anil*).

ONEGA (lac), lac du nord-ouest de la Russie, qui se déverse dans le lac Ladoga par la Svir ; 9 900 km².

O'NEILL, dynastie royale irlandaise qui, à partir de la seconde moitié du ve s., conquit la majeure partie de l'Ulster. – **Hugo O.,** comte **de Tyrone,** *v. 1540 - Rome 1616.* Devenu le plus puissant chef de l'Ulster, il vainquit les Anglais au Yellow Ford (1598).

O'NEILL (Eugene), *New York 1888 - Boston 1953,* auteur dramatique américain. Son théâtre mêle le réalisme à une vision poétique de la grandeur tragique de l'homme (*l'Empereur Jones,* 1920 ; *Le deuil sied à Électre,* 1931 ; *Long Voyage vers la nuit,* 1956). [Prix Nobel 1936.]

ONET-LE-CHÂTEAU (12850), comm. de l'Aveyron ; 10 607 hab.

ONETTI (Juan Carlos), *Montevideo 1909 - Madrid 1994,* écrivain uruguayen. Son œuvre romanesque traduit l'inquiétude existentielle d'êtres marginaux et désenchantés (*le Puits,* 1939 ; *la Vie brève,* 1950).

ONEX [ɔnɛ], comm. de Suisse (cant. de Genève), banlieue de Genève ; 15 736 hab. *(Onésiens).*

ONITSHA, v. du Nigeria, sur le Niger ; 337 000 hab.

ONSAGER (Lars), *Christiania 1903 - Miami 1976,* chimiste américain d'origine norvégienne. Il a jeté les bases de la thermodynamique des transformations irréversibles, qui a, en particulier, des applications en biologie. (Prix Nobel 1968.)

ONTARIO (lac), lac de l'Amérique du Nord, entre le Canada et les États-Unis. Il reçoit par le Niagara les eaux du lac Érié, qu'il déverse par le Saint-Laurent ; 18 800 km².

ONTARIO, prov. du Canada ; 1 068 582 km² ; 10 084 885 hab. *(Ontariens)* ; cap. *Toronto* ; v. princ. *Hamilton, Ottawa, Windsor, London.* D'une superficie double de celle de la France, la province regroupe plus du tiers de la population canadienne, notamment sur le littoral occidental du lac Ontario.

ONU (Organisation des Nations unies, en angl. UN [United Nations]), organisation internationale. Elle a été constituée en 1945 - pour succéder à la Société des Nations (SDN) - par les États qui ont accepté de remplir les obligations prévues par la Charte des Nations unies (signée à San Francisco le 26 juin 1945), en vue de sauvegarder la paix et la sécurité internationales, et d'instituer entre les nations une coopération économique, sociale et culturelle. L'ONU, dont le siège est à New York, commença à exister officiellement le 24 oct. 1945. La Chine, les États-Unis, la France, la Grande-Bretagne et la Russie ont un siège permanent et un droit de veto au Conseil de sécurité. L'ONU est dotée de 6 organes principaux : l'*Assemblée générale* (tous les États membres [auj. 189]), principal organe de délibération qui émet les recommandations ; le **Conseil de sécurité* (5 membres permanents et 10 élus tous les 2 ans par l'Assemblée générale), organe exécutif qui a pour mission le maintien de la paix internationale ; le *Conseil économique et social,* qui coordonne les activités économiques et sociales de l'ONU ; le *Conseil de tutelle,* organe en déclin à la suite de la décolonisation ; la **Cour internationale de justice* ; le *Secrétariat,* qui assure les fonctions administratives de l'ONU et qui est dirigé par le secrétaire général, nommé par l'Assemblée générale tous les 5 ans sur recommandation du Conseil de sécurité.

OÔ (lac d'), lac des Pyrénées (alt. 1 504 m), au S.-O. de Bagnères-de-Luchon.

OORT (Jan Hendrik), *Franeker 1900 - Wassenaar 1992,* astronome néerlandais. Il a mis en évidence la rotation (1927) et la structure spirale (1952) de notre galaxie. Il a développé, en 1950, la théorie selon laquelle il existerait, aux confins du système solaire, une vaste concentration de noyaux cométaires *(nuage de Oort).*

OOSTKAMP [ostkamp], comm. de Belgique (Flandre-Occidentale) ; 20 423 hab.

OPARINE (Aleksandr Ivanovitch), *Ouglitch, Russie, 1894 - Moscou 1980,* chimiste et biologiste soviétique, auteur d'une théorie expliquant l'origine de la vie à partir des composés chimiques de l'atmosphère terrestre primitive (1924).

O

OPAVA, en all. **Troppau,** v. de la République tchèque, en Moravie ; 63 601 hab. Cathédrale gothique (XIIIe s.) ; Musée silésien.

OPEP (Organisation des pays exportateurs de pétrole), organisation créée en 1960. Après le retrait de l'Équateur (1992) et du Gabon (1996), elle regroupe auj. onze États (Algérie, Arabie saoudite, Émirats arabes unis, Indonésie, Iran, Iraq, Koweït, Libye, Nigeria, Qatar et Venezuela).

Opéra (théâtre de l'), théâtre lyrique national construit à Paris (IXe arrond.), par C. Garnier, de 1862 à 1874, dit aussi *palais Garnier* ou *Opéra de Paris.* Il est considéré comme l'une des œuvres les plus brillantes de l'architecture éclectique. – Le théâtre de l'Opéra est consacré à l'art lyrique et à la danse.

Opéra-Comique (théâtre de l'), dit **salle Favart,** théâtre lyrique construit à Paris en 1898.

Opéra de la Bastille, théâtre lyrique national, place de la Bastille à Paris, construit par le Canadien Carlos Ott et inauguré en 1989.

Opéra de quat' sous (l'), pièce de B. Brecht (1928) ; musique de K. Weill. Inspirée de *l'Opéra du gueux* (1728) de J. Gay, cette peinture critique des bas-fonds mêle dialogues et chansons. – G. W. Pabst en tira un film en 1931.

■ THÉÂTRE DE L'**OPÉRA** (GARNIER)

■ **OPÉRA DE LA BASTILLE**

Opéra national de Paris, établissement public à caractère industriel et commercial, créé en 1994. Chargé de développer l'art lyrique et chorégraphique en France, il gère le théâtre de l'Opéra (Garnier) et l'Opéra de la Bastille.

OPHULS (Max **Oppenheimer,** dit Max), *Sarrebruck 1902 - Hambourg 1957,* cinéaste et metteur en scène de théâtre français d'origine allemande. Créateur baroque et raffiné, il a consacré son œuvre à une quête passionnée et désespérée du bonheur : *Lettre d'une inconnue* (1948), *la Ronde* (1950), *le Plaisir* (1952), *Madame de...* (1953), *Lola Montes* (1955). — **Marcel O.,** *Francfort-sur-le-Main 1927,* cinéaste français d'origine allemande, fils de Max. Il cherche dans ses documentaires à porter un regard lucide sur l'Histoire (*le Chagrin et la Pitié,* 1969).

OPITZ (Martin), *Bunzlau 1597 - Dantzig 1639,* poète allemand, réformateur de la métrique.

Opium (guerre de l') [1839 - 1842], conflit qui opposa la Grande-Bretagne et la Chine. L'empereur de Chine ayant interdit l'importation de l'opium, les Britanniques occupèrent Shangai et imposèrent à la Chine le traité de Nankin (29 août 1842).

OPOLE, v. de Pologne, ch.-l. de voïévodie, sur l'Odra ; 128 900 hab. Monuments médiévaux.

OPPENHEIM (Dennis), *Mason City, Washington, 1938,* artiste américain. Pionnier du land art, puis de l'art corporel, il a conçu à partir de 1972 des installations mettant en jeu divers matériaux, éléments techniques et énergies.

OPPENHEIMER (Julius Robert), *New York 1904 - Princeton 1967,* physicien américain. Auteur de travaux sur la théorie quantique de l'atome, il fut nommé, en 1943, directeur du centre de recherches de Los Alamos, où furent mises au point les premières bombes A. Par la suite, il refusa de travailler à la bombe H, fut accusé de collusion avec les communistes, puis réhabilité.

OPPENORDT (Gilles Marie), *Paris 1672 - id. 1742,* architecte et ornemaniste français. Fils d'Alexandre Jean Oppenordt (ébéniste d'origine néerlandaise collaborateur de Boulle), il fut l'un des initiateurs du style rocaille.

Opus Dei, institution catholique fondée en Espagne en 1928 par J. M. Escrivá de Balaguer. L'Opus Dei a pour but de donner à ses membres, laïques et ecclésiastiques, les moyens d'agir selon l'Évangile dans leur vie familiale, sociale, professionnelle ou politique.

ORADEA, v. du nord-ouest de la Roumanie ; 220 848 hab. Centre industriel. — Monuments baroques du XVIIIe s.

ORADOUR-SUR-GLANE (87520), comm. de la Haute-Vienne ; 2 060 hab. Massacre de tous ses habitants (642 personnes) par les SS, le 10 juin 1944. Mémorial.

ORAL, anc. **Ouralsk,** v. du Kazakhstan, sur l'Oural ; 214 000 hab.

ORAN, en ar. **Wahrān,** v. d'Algérie, ch.-l. de wilaya ; 663 000 hab. *(Oranais).* Université. Port sur la Méditerranée. Centre administratif, commercial et industriel.

ORANAIS n.m., région occidentale de l'Algérie.

ORANGE n.m., fl. d'Afrique australe, qui se jette dans l'Atlantique ; 2 250 km. Son cours inférieur sépare l'Afrique du Sud et la Namibie. Aménagements pour l'hydroélectricité et l'irrigation.

ORANGE (84100), ch.-l. de cant. de Vaucluse ; 28 889 hab. *(Orangeois).* La ville est située à la jonction de l'autoroute du Soleil et de la Languedocienne. — Théâtre et arc de triomphe romains (Ier s.) ; cathédrale des XIIe et XVIe s. ; musée. — Base aérienne militaire.

ORANGE (État libre d') → **ÉTAT LIBRE.**

ORANGE-NASSAU, famille noble d'Allemagne, dont sont issus les souverains des Pays-Bas (→ Nassau).

Orange-Nassau (ordre d'), ordre néerlandais civil et militaire créé en 1892.

Oranienburg-Sachsenhausen, l'un des premiers camps de concentration allemand (1933 - 1945), créé à Oranienburg (Brandebourg), à 30 km environ au N. de Berlin.

Oratoire (l'), anc. chapelle des oratoriens, à Paris, transformée en 1811 en un temple protestant et devenue le siège du Consistoire réformé.

Oratoire de France, société cléricale fondée en 1611 par le cardinal de Bérulle et vouée à la prédication, aux recherches érudites et à l'enseignement. Supprimée en 1792, 1880 et 1903, la société a été à chaque fois reconstituée.

Oratoire d'Italie, société cléricale sans vœux, fondée en 1564 par saint Philippe Neri, et dont les membres s'adonnent essentiellement à l'enseignement et à la prédication.

ORB n.m., fl. de France, dans le Languedoc, qui rejoint la Méditerranée ; 145 km. Il passe à Béziers.

ORBAY (D') → **D'ORBAY.**

ORBE n.f., riv. de Suisse, née en France, près de Morez ; 57 km. Elle traverse le lac de Joux et, sous le nom de *Thièle,* rejoint le lac de Neuchâtel à Yverdon.

ORBEC (14290), ch.-l. de cant. du Calvados ; 2 611 hab. Église des XVe-XVIe s. et autres monuments ; demeures anciennes.

ORBIGNY (Alcide **Dessalines d'**), *Couëron 1802 - Pierrefitte-sur-Seine 1857,* naturaliste français. Auteur d'une *Paléontologie française* (1840 - 1860), disciple de Cuvier, il est l'un des fondateurs de la paléontologie stratigraphique. — **Charles Dessalines d'O.,** *Couëron 1806 - Paris 1876,* naturaliste et géologue français, frère d'Alcide. Il est notamm. l'auteur d'un *Dictionnaire universel d'histoire naturelle* (1839 - 1849).

ORCADES, en angl. **Orkney,** archipel de Grande-Bretagne, au N. de l'Écosse ; 19 300 hab. ; ch.-l. *Kirkwall.* Mainland est la plus grande des 90 îles. Élevage. Pêche. Terminal pétrolier.

ORCADES DU SUD, archipel britannique de l'Atlantique sud.

ORCAGNA (Andrea **di Cione,** dit **l'**), peintre, sculpteur et architecte italien, documenté à Florence de 1343 à 1368. En retrait par rapport aux innovations de Giotto, il apparaît dans son œuvre peint et sculpté comme le dernier grand représentant du gothique florentin. Il eut deux frères peintres, **Nardo** et **Iacopo di Cione.**

ORCHIES (59310), ch.-l. de cant. du Nord ; 7 605 hab. *(Orchésiens).*

ORCHOMÈNE [ɔrkɔ-], ville de Béotie, dont elle fut le centre le plus important à l'époque mycénienne. Imposants remparts (VIIe-IVe s. av. J.-C.).

ORCIÈRES (05170), ch.-l. de cant. des Hautes-Alpes ; 821 hab. Sports d'hiver (alt. 1 450 - 2 650 m).

ORCIVAL (63210), comm. du Puy-de-Dôme ; 249 hab. Église romane du XIIe s. (chapiteaux ; Vierge à revêtement d'orfèvrerie). Château de Cordès (XIIe-XVIIe s.).

ORDJONIKIDZE → **VLADIKAVKAZ.**

ORDOS n.m., plateau de Chine, dans la grande boucle du Huang He.

Ordre moral, nom donné à la politique conservatrice et cléricale définie par le duc de Broglie après la chute de Thiers (26 mai 1873). Incarné par Mac-Mahon, il avait pour but de préparer une restauration monarchique, qui ne put aboutir.

Or du Rhin (l'), opéra de Wagner, prologue en quatre tableaux de la **Tétralogie.*

ÖREBRO, v. de Suède, à l'O. de Stockholm ; 120 944 hab. Château reconstruit au XVIe s. ; musées.

OREGON, État des États-Unis, sur le Pacifique ; 2 842 321 hab. ; cap. *Salem* ; v. princ. *Portland.* Il est bordé au N. par le fl. Columbia (anc. *Oregon*).

OREL, v. de Russie, sur l'Oka ; 337 000 hab. Aciérie.

ORENBOURG, v. de Russie, sur l'Oural ; 557 000 hab. Gaz naturel.

ORÉNOQUE n.m., en esp. **Orinoco,** fl. du Venezuela, qui se jette dans l'Atlantique par un vaste delta ; 2 160 km ; bassin de 900 000 km^2.

ORENSE, v. d'Espagne (Galice), ch.-l. de prov. ; 102 758 hab. Cathédrale romano-gothique (portails sculptés) et autres monuments.

ORESME (Nicole), *en Normandie v. 1325 - Lisieux 1382,* prélat et érudit français. Évêque de Lisieux, il est l'un des premiers à avoir rédigé ses traités scientifiques et philosophiques en français.

ORESTE MYTH. GR. Fils d'Agamemnon et de Clytemnestre, frère d'Électre. Pour venger la mort de son père, il tua sa mère et l'amant de celle-ci, Égisthe, meurtrier d'Agamemnon.

Orestie (l'), trilogie tragique d'Eschyle (458 av. J.-C.), qui a pour sujet la légende d'Oreste. Elle est composée d'*Agamemnon,* des *Choéphores* et des *Euménides.*

ØRESUND ou **SUND,** détroit reliant le Cattégat à la Baltique, entre l'île danoise de Sjaelland et le littoral suédois. Il est franchi par un pont-tunnel (routier et ferroviaire).

OREZZA, station thermale de la Haute-Corse (comm. de Rapaggio). Eaux de table.

Orfeo → **ORPHÉE.**

ORFF (Carl), *Munich 1895 - id. 1982,* compositeur allemand. Auteur de la cantate *Carmina burana* (1937), il mit au point une méthode d'éducation musicale fondée sur le rythme.

ORFILA (Mathieu), *Mahón, Minorque, 1787 - Paris 1853,* médecin et chimiste français. Auteur de travaux sur la toxicologie, il écrivit notamm. un célèbre *Traité des poisons* (1813 - 1815).

Organisation commune africaine et mauricienne → **OCAM.**

Organisation de coopération et de développement économiques → **OCDE.**

Organisation de l'aviation civile internationale (OACI), organisation internationale créée en 1944 par la convention de Chicago pour développer et réglementer les transports aériens internationaux et en augmenter la sécurité. Elle devint, en 1947, une institution spécialisée de l'ONU. Elle est dirigée par un conseil permanent qui siège à Montréal.

Organisation de libération de la Palestine → **OLP.**

Organisation de l'unité africaine → **OUA.**

Organisation des États américains → **OEA.**

Organisation des Nations unies → **ONU.**

Organisation des Nations unies pour l'alimentation et l'agriculture → **FAO.**

Organisation des Nations unies pour l'éducation, la science et la culture → **UNESCO.**

Organisation des pays exportateurs de pétrole → **OPEP.**

Organisation du traité de l'Asie du Sud-Est → **OTASE.**

Organisation du traité de l'Atlantique Nord → **OTAN.**

Organisation internationale de police criminelle (OIPC) → **Interpol.**

Organisation internationale du travail (OIT), organisation internationale créée en 1919 par le traité de Versailles pour promouvoir la justice sociale par l'amélioration des conditions de vie et de travail dans le monde. Devenue institution spécialisée de l'ONU en 1946, elle élabore les

■ JULIUS ROBERT **OPPENHEIMER**

■ **ORANGE.** Le théâtre antique (fin du Ier s. av. J.-C.-début du Ier s. apr. J.-C.).

conventions internationales. Son assemblée plénière, la *Conférence internationale du travail,* est composée paritairement de délégués du gouvernement, des employeurs et des travailleurs désignés par chaque État. Le secrétariat de l'OIT est assuré par le *Bureau international du travail* (BIT : siège à Genève). [Prix Nobel de la paix 1969.]

Organisation maritime internationale (OMI), organisation internationale créée en 1948 pour assister les gouvernements dans la réglementation des techniques de navigation et perfectionner les règles de sécurité maritime. Elle est devenue une institution spécialisée de l'ONU en 1959. (Siège : Londres.)

Organisation mondiale de la propriété intellectuelle (OMPI), organisation internationale créée en 1967 pour promouvoir la protection de la propriété intellectuelle dans le monde. Elle est devenue une institution spécialisée de l'ONU en 1974 ; elle assure une coopération administrative entre les États. (Siège : Genève.)

Organisation mondiale de la santé → **OMS.**

Organisation mondiale du commerce → **OMC.**

Organon, nom donné à l'ensemble des traités de logique d'Aristote.

ORGNAC-L'AVEN (07150), comm. de l'Ardèche ; 347 hab. Gisement préhistorique du paléolithique ancien et moyen. D'une hauteur de 7 m, il comprend 3 cycles sédimentaires. Le plus ancien contient des industries acheuléennes et de la faune de bovidés, chevaux, cervidés. Musée régional de préhistoire Rhône-Alpes.

ORGON (13660), ch.-l. de cant. des Bouches-du-Rhône, sur la Durance ; 2 665 hab. Église du XIVe s.

ORHAN GAZI, *1281 - 1359 ou 1362,* souverain ottoman (1326 - 1359 ou 1362). Il fit de Bursa sa capitale et prit pied en Europe (près de Gallipoli, 1354).

ORIBASE, *Pergame v. 325 - Constantinople 403,* médecin grec. Attaché à l'empereur Julien, il rassembla les écrits des anciens médecins.

Orient (Églises chrétiennes d'), ensemble des grandes communautés chrétiennes orientales qui se sont développées, avec leurs rites, leurs langues liturgiques et leurs disciplines propres, en dehors du catholicisme latin et qui, pour la plupart, se sont séparées de ce dernier. Elles comprennent notamment les Églises préchalcédoniennes (dites nestoriennes ou monophysites), qui n'ont pas reconnu les conciles d'Éphèse (431) et de Chalcédoine (451), et les Églises orthodoxes, placées sous la juridiction du patriarche de Constantinople et dont la séparation d'avec Rome remonte à 1054. Parmi les communautés orientales rattachées à Rome (dites parfois « uniates »), la plus importante est l'Église maronite.

ORIENT (Empire romain d'), partie orientale de l'Empire romain, qui s'organisa, à partir de 395, en État indépendant (→ **byzantin** [Empire]).

Orient (question d'), ensemble des problèmes posés, à partir du XVIIIe s., par le démembrement de l'Empire ottoman. Les soulèvements chrétiens en Arménie, en Crète et en Macédoine amenèrent les grandes puissances à intervenir pour dominer l'Europe balkanique ainsi que la Méditerranée orientale.

ORIGÈNE, *Alexandrie v. 185 - Césarée ou Tyr v. 252/254,* théologien, Père de l'Église grecque. Il fit de l'école d'Alexandrie une école de théologie célèbre, mais ses idées, systématisées aux siècles suivants dans un courant de pensée appelé l'*origénisme,* suscitèrent de vives controverses. Initiateur en matière d'exégèse *(Hexaples),* Origène eut une large influence sur la théologie postérieure.

origine des espèces par voie de sélection naturelle (De l'), livre de C. Darwin, publié en 1859. L'auteur y expose ses conceptions sur le transformisme, en particulier le rôle de la lutte pour la vie et de la sélection naturelle dans l'évolution des faunes et des flores. Cet ouvrage eut une profonde influence sur la pensée scientifique.

ORIOLA (Christian **d'**), *Perpignan 1928,* escrimeur français. Il a été quatre fois champion du monde (1947, 1949, 1953 et 1954) et deux fois champion olympique (1952 et 1956) au fleuret, en individuel.

■ **ORLÉANS.** La cathédrale Sainte-Croix (XIIIe-XVIIIe s.).

ORION MYTH. GR. Chasseur géant tué par Artémis, qu'il avait offensée. Il fut changé en constellation.

ORION, constellation équatoriale. Ses quatre étoiles les plus brillantes dessinent un grand quadrilatère, au milieu duquel s'inscrit un alignement oblique de trois étoiles moins lumineuses. Orion abrite l'une des rares nébuleuses perceptibles à l'œil nu.

ORISSA, État du nord-est de l'Inde ; 156 000 km^2 ; 31 512 070 hab. ; cap. *Bhubaneswar.*

ORIZABA, v. du Mexique, dominée par le *volcan d'Orizaba,* ou Citlaltépetl (5 700 m), point culminant du Mexique ; 115 000 hab.

ORKNEY, nom angl. des *Orcades.

ORLANDO, v. des États-Unis (Floride) ; 164 693 hab. À proximité, parc d'attractions Walt Disney World Resort.

ORLANDO (Vittorio Emanuele), *Palerme 1860 - Rome 1952,* homme politique italien. Président du Conseil de 1917 à 1919, il représenta son pays à la conférence de Versailles (1919).

ORLÉANAIS n.m., anc. province de France (cap. *Orléans*), qui a formé les départements du Loiret, de Loir-et-Cher et d'Eure-et-Loir. À plusieurs reprises et une dernière fois en 1661, il constitua un duché qui était l'apanage de la famille d'Orléans.

ORLÉANS, ch.-l. de la Région Centre et du dép. du Loiret, à 115 km au S. de Paris ; 116 559 hab. *(Orléanais)* [plus de 270 000 hab. dans l'agglomération]. Évêché. Académie et université. Cour d'appel. Industries pharmaceutiques, électroniques, automobiles. — Métropole religieuse dès le IVe s., ville capétienne, Orléans fut le principal foyer loyaliste durant la guerre de Cent Ans. Jeanne d'Arc la délivra des Anglais en 1429. — Très endommagée en 1940, la ville conserve cependant sa cathédrale gothique (XIIIe-XVIIIe s.) et plusieurs églises médiévales ; musées. — Forêt d'**Orléans,** forêt qui s'étend sur la rive droite de la Loire, en amont d'Orléans (35 000 ha env.).

ORLÉANS (île d'), île du Canada (Québec), au milieu du Saint-Laurent, en aval de la ville de Québec. Tourisme.

ORLÉANS, nom de quatre familles princières de France. La *première maison* (Orléans-Valois) eut pour fondateur et unique membre Philippe Ier, fils du roi Philippe VI, mort sans héritier en 1375. La *deuxième maison* (Orléans-Valois) est représentée par Louis Ier, frère du roi Charles VI, mort en 1407, par son fils Charles d'Orléans, le poète, mort en 1465, et son petit-fils Louis II, devenu en 1498 le roi Louis XII. La *troisième maison* (Orléans-Bourbon) eut pour chef et unique membre Gaston d'Orléans, frère du roi Louis XIII, mort en 1660. La *quatrième maison* (Orléans-Bourbon) commence avec Philippe Ier, frère de Louis XIV, mort en 1701. Ses principaux membres furent Philippe II, le Régent, mort en 1723 ; Louis Philippe Joseph, dit Philippe Égalité, guillotiné en 1793 ; Louis-Philippe II, devenu en 1830 le roi Louis-Philippe Ier. Le représentant actuel en est Henri d'Orléans, comte de Paris (né en 1933), fils aîné d'Henri d'Orléans, comte de Paris (1908 - 1999) [→ **Bourbon** (maisons de)].

ORLÉANS (Charles **d'**), *Paris 1394 - Amboise 1465,* poète français. Fils de Louis d'Orléans, frère de Charles VI, il fut prisonnier des Anglais (1415 - 1440) après la défaite d'Azincourt. À son retour en France, il épousa, en troisièmes noces, Marie de Clèves, avec qui il eut un fils, le futur Louis XII. Il tint à Blois une cour raffinée. Son œuvre poétique, qui unit l'esprit chevaleresque, l'amour courtois et la nostalgie du temps enfui, comprend surtout des rondeaux et des ballades.

ORLÉANS (Gaston, comte **d'Eu,** duc **d'**), *Fontainebleau 1608 - Blois 1660,* prince français. Fils d'Henri IV et de Marie de Médicis, frère cadet de Louis XIII, il resta l'unique héritier du trône jusqu'à la naissance du futur Louis XIV. Il prit part aux complots contre Richelieu, puis contre Mazarin. Il fut exilé à Blois en 1652.

ORLÉANS (Henri **d'**), duc **d'Aumale** → **AUMALE** (Henri **d'Orléans,** duc **d'**).

ORLÉANS (Louis Charles Philippe **d'**) → **NEMOURS** (duc **de**).

ORLÉANS (Louis Philippe Joseph, duc **d'**), dit **Philippe Égalité,** *Saint-Cloud 1747 - Paris 1793,* prince français. Arrière-petit-fils du Régent, ouvert aux idées nouvelles, il fut député aux États généraux (1789) et à la Convention (1792), où, sous le nom de Philippe Égalité, il vota la mort de Louis XVI (1793). Lui-même périt sur l'échafaud. Il est le père de Louis-Philippe.

ORLÉANS (Philippe, duc **d'**), *Saint-Germain-en-Laye 1640 - Saint-Cloud 1701,* prince français. Fils de Louis XIII et d'Anne d'Autriche, frère de Louis XIV, il épousa Henriette d'Angleterre (1661), puis Charlotte-Élisabeth, princesse Palatine (1671).

ORLÉANS (Philippe, duc **d'**), dit **le Régent,** *Saint-Cloud 1674 - Versailles 1723,* régent de France (1715 - 1723). Fils de Philippe d'Orléans et de la princesse Palatine, Charlotte-Élisabeth de Bavière, il fit casser le testament de Louis XIV et se fit désigner comme régent de France (1715). Il présida à l'épanouissement de l'esprit Régence, qui s'opposait à l'austérité de la fin du règne de Louis XIV. S'appuyant sur le cardinal Dubois, il conduisit une politique étrangère opposée à celle de Louis XIV, qui amena à de graves démêlés avec Philippe V d'Espagne. À l'intérieur, il échoua dans l'application de la polysynodie et dans la réforme financière préconisée par Law.

■ GASTON D'**ORLÉANS.** (Château de Versailles.)

■ LOUIS PHILIPPE JOSEPH D'**ORLÉANS,** dit Philippe Égalité, par sir Josuah Reynolds. (Musée Condé, Chantilly.)

■ PHILIPPE D'**ORLÉANS,** dit le Régent, par J.-B. Santerre. (Château de Versailles.)

ORLÉANSVILLE → CHLEF.

ORLOV (Grigori Grigorievitch, comte), *1734 - Moscou 1783,* feld-maréchal russe. Favori de la future Catherine II, il participa au complot contre Pierre III (1762).

ORLY (94310), ch.-l. de cant. du Val-de-Marne, au S. de Paris ; 20 706 hab. Aéroport.

ORMESSON (Lefèvre d'), famille française issue de la magistrature. — **Olivier Lefèvre III d'O.,** *1617 - Paris 1686,* magistrat français, fut le rapporteur intègre du procès de Fouquet.

ORMESSON (Jean **Lefèvre,** comte **d'**), *Paris 1925,* écrivain et journaliste français. Ses romans à l'élégance ironique oscillent entre évocation historique et parcours philosophique *(Au plaisir de Dieu, Histoire du Juif errant, Presque rien sur presque tout, le Rapport Gabriel).* [Acad. fr.]

ORMESSON-SUR-MARNE (94490), ch.-l. de cant. du Val-de-Marne ; 9 848 hab. *(Ormessonnais).* Golf. — Château des XVIe et XVIIIe s., entouré d'un parc dessiné par Le Nôtre.

ORMONDE (James **Butler,** duc **d'**), *Londres 1610 - 1688,* homme d'État irlandais. Protestant, mais royaliste fervent, il s'efforça, comme lord-lieutenant d'Irlande (1641 - 1647, 1662 - 1669, 1677 - 1684), de défendre les intérêts irlandais.

ORMUZ ou **HORMUZ** (détroit d'), détroit reliant le golfe Persique au golfe d'Oman. Il doit son nom à l'*île d'Ormuz* (au S.-E. de Bandar Abbas).

O

ORMUZD → AHURA-MAZDÂ.

ORNANO (famille **d'**), famille d'origine corse qui s'illustra au service de la France dans l'art de la guerre. — **Sampiero d'O.,** dit aussi **Sampiero Corso,** *Bastelica 1498 - La Rocca 1567,* patriote corse. Il favorisa l'intervention française contre la domination génoise et mourut assassiné. — **Alphonse d'O.,** *Ajaccio 1548 - Bordeaux 1610,* maréchal de France, fils de Sampiero. Il fut l'un des meilleurs lieutenants d'Henri IV. — **Jean-Baptiste d'O.,** *Sisteron 1581 - Vincennes 1626,* maréchal de France, fils d'Alphonse. Maréchal de France en 1626, il fut compromis la même année dans le complot de Chalais et mourut en prison.

ORNANS [-nɑ̃] (25290), ch.-l. de cant. du Doubs ; 4 128 hab. Constructions mécaniques. — Église du XVIe s. ; petit musée Courbet.

ORNE n.f., fl. côtier de France, en Normandie ; 152 km. Elle passe à Caen.

ORNE n.f. (61), dép. de la Région Basse-Normandie ; ch.-l. de dép. *Alençon ;* ch.-l. d'arrond. *Argentan, Mortagne-au-Perche ;* 3 arrond. ; 40 cant. ; 506 comm. ; 6 103 km² ; 292 337 hab. *(Ornais).* Le dép. appartient à l'académie et à la cour d'appel de Caen, à la zone de défense Ouest. Les campagnes d'Alençon et d'Argentan, surtout céréalières, séparent le Bocage normand, vallonné (417 m à la forêt d'Écouves), des collines du Perche et des extrémités méridionales des pays d'Auge et d'Ouche, régions d'élevage bovin pour

■ **OROZCO.** *Las Soldaderas* (« les Femmes soldats »), 1929. (Musée d'Art moderne, Mexico.)

la viande et les produits laitiers (fromage, beurre). L'industrie est représentée surtout par les constructions mécaniques et électriques, qui ont largement relayé les activités traditionnelles comme la quincaillerie ou la dentelle. L'exode rural persiste, malgré la croissance (relative) des villes, qui sont d'importance moyenne.

OROMO ou **GALLA,** peuple d'Éthiopie (env. 7 millions). Autrefois localisés dans le sud du pays, les Oromo mirent à profit l'hostilité entre l'Empire éthiopien et ses voisins musulmans pour coloniser les régions du Centre-Nord, avant d'être eux-mêmes intégrés dans cet empire à la fin du XIXe siècle. Christianisés ou islamisés, ils parlent une langue couchitique. L'appellation de *Galla* est à connotation péjorative.

ORONTE n.m., fl. du Moyen-Orient (Liban, Syrie, Turquie), qui se jette dans la Méditerranée ; 570 km. Il traverse Homs et Antioche.

OROSE (Paul), *Tarragone ou Braga v. 390 - Hippone ? v. 418,* prêtre et apologiste espagnol. Disciple de saint Augustin, il est l'auteur d'*Histoires contre les païens* (417 - 418).

OROZCO (José Clemente), *Ciudad Guzmán, Jalisco, 1883 - Mexico 1949,* peintre mexicain, muraliste d'un expressionnisme puissant *(l'Homme,* hôpital Cabañas à Guadalajara, 1939).

ORPHÉE MYTH. GR. Poète et musicien, fils de la muse Calliope. Son génie était tel qu'il charmait même les bêtes sauvages. Descendu aux Enfers pour chercher Eurydice, mordue mortellement par un serpent, Orphée charma les gardiens du séjour infernal et obtint le retour d'Eurydice dans le monde des vivants ; mais il ne devait pas la regarder avant d'avoir franchi le seuil des Enfers. Orphée oublia la condition imposée et perdit Eurydice pour toujours. Inconsolable, il fut tué par les Bacchantes, furieuses de son amour exclusif. Le mythe d'Orphée a donné naissance à un courant religieux, l'*orphisme.* — Il a inspiré de nombreuses œuvres musicales, parmi lesquelles : *Orfeo* (1607), drame lyrique en 5 actes de Monteverdi, l'un des premiers opéras ; *Orphée,* drame lyrique en 3 actes de Gluck (1762, version française 1774) ; *Orphée aux enfers* (1858), opéra parodique en 2 actes et 4 tableaux de J. Offenbach.

ORRY (Philibert), *Troyes 1689 - La Chapelle, près de Nogent-sur-Seine, 1747,* homme d'État français. Contrôleur général des Finances (1730 - 1745), colbertiste convaincu, il mit à contribution les privilégiés et encouragea l'industrie nationale et le commerce extérieur.

ORS Y ROVIRA (Eugenio **d'**), *Barcelone 1882 - Villanueva y Geltrú 1954,* philosophe et critique d'art espagnol d'expression catalane et castillane, auteur d'essais d'esthétique *(Du baroque,* 1935).

ORSAY (91400), ch.-l. de cant. de l'Essonne, sur l'Yvette ; 16 397 hab. *(Orcéens).* Établissements d'enseignement et de recherche scientifique.

Orsay (musée d'), musée national, à Paris. Ouvert en 1986, il est installé dans l'anc. gare d'Orsay, sur la rive gauche de la Seine, face aux Tuileries. Chaînon entre le Louvre et le MNAM, il réunit les œuvres des années 1848 à 1905 env. (fin du romantisme, académisme, réalisme, impressionnisme, symbolisme, nabis). Les collections, outre la peinture, la sculpture et les arts graphiques, concernent aussi les arts appliqués, la photographie, l'architecture.

■ LE MUSÉE D'**ORSAY.** La grande nef.

ORSINI, famille romaine guelfe, longtemps rivale des Colonna. Trois papes en sont issus : Célestin III, Nicolas III et *Benoît XIII.

Orsini (attentat d') [14 janv. 1858], attentat commis à Paris contre la personne de Napoléon III par le patriote italien Felice Orsini (Meldola 1819 - Paris 1858). Membre du mouvement Jeune-Italie, qui considérait l'empereur comme traître à la cause italienne, Orsini fut défendu par Jules Favre. Il fut condamné à mort et exécuté.

ORSK, v. de Russie, sur l'Oural ; 273 000 hab. Sidérurgie.

ØRSTED (Christian) **→ ŒRSTED.**

ORSTOM (Office de la recherche scientifique et technique outre-mer) **→ IRD.**

ORTEGA (Daniel), *La Libertad 1945,* homme politique nicaraguayen. Membre du Front sandiniste, coordinateur de la junte de gouvernement à partir de 1981, il a été président de la République de 1985 à 1990.

ORTEGA Y GASSET (José), *Madrid 1883 - id. 1955,* philosophe et écrivain espagnol. Essayiste, sociologue *(la Révolte des masses),* il a fondé la *Revue de l'Occident* et rénové la philosophie espagnole.

ORTHEZ [-tɛs] (64300), ch.-l. de cant. des Pyrénées-Atlantiques, sur le gave de Pau ; 10 936 hab. *(Orthéziens).* Plastiques. — Donjon, église, pont des XIIIe-XVe s.

ORTLER ou **ORTLES** n.m., massif des Alpes italiennes, dans le Trentin ; 3 899 m.

ORURO, v. de Bolivie ; 183 194 hab. Centre minier et métallurgique (étain).

Orval (abbaye d'), abbaye de Belgique (prov. du Luxembourg), fondée v. 1070 par des bénédictins. Elle fut occupée par des cisterciens (XIIe s.), puis par des trappistes (XVIIe s.). Rebâtie au XVIIIe s., dévastée en 1793, elle a été relevée en 1926.

ORVAULT (44700), ch.-l. de cant. de la Loire-Atlantique ; 24 218 hab. Matériel téléphonique.

ORVIETO, v. d'Italie (Ombrie) ; 21 362 hab. Cathédrale romano-gothique (fresques de Signorelli). Musée municipal (collections étrusques).

Orne

200 m

○ plus de 20 000 h.	● ch.-l. d'arrondissement
○ de 5 000 à 20 000 h.	● ch.-l. de canton
○ de 2 000 à 5 000 h.	● commune
○ moins de 2 000 h.	

autoroute
route
voie ferrée

ORWELL (Eric **Blair**, dit George), *Motihari, Inde, 1903 - Londres 1950,* écrivain britannique. Ses récits allégoriques (*la Ferme des animaux,* 1945) et d'anticipation (*1984,* 1949) dénoncent les dangers du totalitarisme.

ORZESZKOWA (Eliza), *Milkowszczyźna 1841 - Grodno 1910,* femme de lettres polonaise, auteur de récits d'inspiration sociale (*Meir Ezofowicz).*

OSAKA, v. du Japon, dans le sud de Honshu, sur le Pacifique ; 2 623 801 hab. Port. Deuxième pôle économique du Japon et centre industriel diversifié. – Temples et musées. – Aéroport dans la *baie d'Osaka* (agence R. Piano, 1987 - 1994).

OSASCO, v. du Brésil, banlieue de São Paulo ; 563 419 hab.

OSBORNE (John), *Londres 1929 - Shrewsbury 1994,* auteur dramatique britannique, chef de file des « *Jeunes Gens en colère » *(la Paix du dimanche, Témoignage irrecevable).*

OSBORNE (Thomas) → **DANBY** (Thomas **Osborne,** lord).

OSCAR II, *Stockholm 1829 - id. 1907,* roi de Suède (1872 - 1907) et de Norvège (1872 - 1905). Frère et successeur de Charles XV, il dut accepter la rupture de l'union de la Suède et de la Norvège (1905).

OSCE (Organisation pour la sécurité et la coopération en Europe), organisation issue en 1995 de l'ensemble des négociations tenues à partir de 1973 (sous l'appellation de CSCE [Conférence sur la sécurité et la coopération en Europe]) entre les États européens, le Canada et les États-Unis, afin d'établir un système de sécurité et de coopération en Europe. Lors du sommet de 1975, la CSCE adopte l'Acte final d'Helsinki, qui précise les principes régissant les relations entre les États signataires (partic. l'inviolabilité des frontières et le respect des droits de l'homme). Lors du deuxième sommet (Paris, 1990) est signée la Charte pour une nouvelle Europe. Après l'adhésion de nouveaux pays (notamm., à partir de 1991 - 1992, ceux issus de l'éclatement de l'URSS et de la Yougoslavie), l'organisation compte auj. 55 États membres.

OSÉE, prophète biblique. Il exerça son ministère durant les années qui précédèrent la chute de Samarie (722 - 721 av. J.-C.).

OSÉE, dernier roi d'Israël (732 - 724 av. J.-C.). Il conspira avec l'Égypte contre l'Assyrie, fut fait prisonnier et mourut en exil.

OSHAWA, v. du Canada (Ontario), sur le lac Ontario ; 127 082 hab. Port. Industrie automobile.

OSHIMA NAGISA, *Kyoto 1932,* cinéaste japonais. Son cinéma d'auteur, représentatif de la « nouvelle vague » japonaise, traite avec audace du sexe, de la mort et de la transgression (*la Pendaison,* 1968 ; *la Cérémonie,* 1971 ; *l'Empire des sens,* 1976 ; *Furyo,* 1983 ; *Tabou,* 2000).

OSHOGBO, v. du sud-ouest du Nigeria ; 442 000 hab.

OSIANDER (Andreas **Hosemann,** dit Andreas), *Gunzenhausen, Brandebourg, 1498 - Königsberg 1552,* théologien protestant et savant allemand. Il signa les articles de Smalkalde et publia l'astronomie de Copernic.

OSIJEK, v. de Croatie, sur la Drave ; 105 000 hab.

OSIRIS, dieu égyptien, époux d'Isis et père d'Horus. Sa mort et sa résurrection ont fait de lui un dieu sauveur qui garantit la survie dans l'au-delà. Son culte, associé à celui d'Isis, se répandit dans le monde gréco-romain.

ÖSLING ou **OESLING,** région nord du Luxembourg.

OSLO, cap. de la Norvège, au fond d'un golfe formé par le Skagerrak ; 467 441 hab. Centre administratif et industriel. Port actif. – Château d'Akershus (v. 1300 et XVIIe s.). Musées, dont la Galerie nationale et, dans l'île de Bygdøy, ceux du Folklore et des Bateaux vikings. – Incendiée au XVIIe s., la ville fut rebâtie par Christian IV de Danemark sous le nom de *Christiania.* Capitale de la Norvège indépendante en 1905, elle reprit son nom d'Oslo en 1925.

Oslo (accord d') → **Washington** (accord de).

OSMAN Ier GAZI, *Söğüt* v. 1258 - ? 1326, fondateur de la dynastie ottomane.

OSNABRÜCK, v. d'Allemagne (Basse-Saxe) ; 168 078 hab. Monuments d'époque gothique. – La ville fut le siège (avec Münster) des négociations des traités de Westphalie (1644 - 1648), qui mirent fin à la guerre de Trente Ans.

OSNY (95520), ch.-l. de cant. du Val-d'Oise ; 14 510 hab.

OSORNO, v. du sud du Chili ; 128 709 hab.

OSQUES, anc. peuple de l'Italie, dans l'Apennin central. Établis en Campanie vers la fin du VIIIe s. av. J.-C., les Osques furent marqués par la culture grecque (à partir du Ve s. av. J.-C.).

OSSA n.m., montagne de Grèce, en Thessalie ; 1 978 m.

OSSAU (vallée d'), vallée des Pyrénées, parcourue par le *gave d'Ossau* (branche mère du gave d'Oloron) [80 km].

Osservatore Romano (L'), quotidien du Vatican, fondé à Rome en 1861. Imprimé dans la cité du Vatican depuis 1929, il est l'organe officieux du Saint-Siège.

OSSÈTES, peuple de Russie (Ossétie du Nord) et de Géorgie (Ossétie du Sud) [env. 570 000]. Descendants des **Alains,* les Ossètes sont agriculteurs sur les pentes du Caucase et dans la plaine du Terek. Se partageant entre chrétiens orthodoxes et musulmans, ils parlent l'*ossète,* de la famille iranienne. Ils se reconnaissent sous les noms d'*Iron* et de *Digoron.*

OSSÉTIE DU NORD, république de Russie, limitrophe de l'*Ossétie du Sud ;* 650 000 hab. ; cap. *Vladikavkaz.* La population est constituée d'un peu plus de 50 % d'Ossètes de souche et d'environ 30 % de Russes.

OSSÉTIE DU SUD, prov. autonome du nord de la Géorgie ; 100 000 hab. ; cap. *Tskhinvali.* La population est constituée de deux tiers d'Ossètes de souche et d'environ 30 % de Géorgiens. – Des combats opposent, depuis 1991, les Géorgiens aux Ossètes du Sud, qui aspirent à leur réunification avec les Ossètes du Nord.

OSSIAN, barde écossais légendaire du IIIe s. Sous son nom, le poète James **Macpherson** (Ruthven, Inverness, 1736 - Belville, Inverness, 1796) publia en 1760 des *Fragments de poésie ancienne,* traduits du gaélique et de l'erse, et dont l'influence fut considérable sur la littérature romantique.

OSSUN [ɔsœ̃] (65380), ch.-l. de cant. des Hautes-Pyrénées ; 2 212 hab. Aéroport.

OSTENDE, en néerl. **Oostende,** v. de Belgique, ch.-l. d'arrond. de la Flandre-Occidentale, sur la mer du Nord ; 68 500 hab. Station balnéaire. Port. – Musée des Beaux-Arts et musée provincial d'Art moderne ; maison de J. Ensor.

OSTERMUNDIGEN, comm. de Suisse (cant. de Berne), banlieue de Berne ; 16 704 hab.

OSTIE, en ital. **Ostia,** station balnéaire d'Italie, sur le site du port (auj. comblé) de la Rome antique, près de l'embouchure du Tibre. D'abord port militaire (IIIe s. av. J.-C.), Ostie fut sous l'Empire un grand port de commerce par où passait tout le ravitaillement de Rome. – Importants vestiges (IVe s. av. J.-C.-IVe s. apr. J.-C.) qui témoignent de l'urbanisme romain.

OSTRAVA, v. de la République tchèque, en Moravie, sur l'Odra ; 327 553 hab. Centre houiller et métallurgique. – Église St-Venceslas (XIIIe s.).

OSTROGOTHS, anc. peuple germanique, l'une des grandes fractions des Goths. Le royaume qu'ils avaient bâti de part et d'autre du Dniepr fut détruit par les Huns vers 375. La mort d'Attila (453) fit renaître leur puissance. Fédérés à Rome, dominant une partie des Balkans, les Ostrogoths pénétrèrent en Italie avec Théodoric en 489. Celui-ci, devenu seul maître de l'Italie et roi en 493, s'installa à Ravenne. Après sa mort (526), son royaume ne put résister à la reconquête byzantine et disparut en 555.

OSTROVSKI (Aleksandr Nikolaïevitch), *Moscou 1823 - Chtchelykovo 1886,* auteur dramatique russe. Ses comédies (*Entre soi on s'arrange toujours,* 1850 ; *la Forêt*) et ses drames (*l'Orage)* font de lui le fondateur du répertoire national.

OSTROVSKI (Nikolaï Alekseïevitch), *Vilia, Volhynie, 1904 - Moscou 1936,* écrivain soviétique. Son roman autobiographique *Et l'acier fut trempé* (1932 - 1935) constitua un modèle pour le réalisme socialiste.

OSTWALD (67540), comm. du Bas-Rhin ; 10 820 hab.

OSTWALD (Wilhelm), *Riga 1853 - Grossbothen, près de Leipzig, 1932,* chimiste allemand. Auteur de travaux sur les électrolytes et la catalyse, il mit au point, en 1907, la préparation industrielle de l'acide nitrique par oxydation catalytique de l'ammoniac. (Prix Nobel 1909.)

OSTYAKS, anc. nom des *Khantys.

OSWIĘCIM → **AUSCHWITZ.**

OTAKAR II ou **OTTOKAR PŘEMYSL,** *1230 - près de Dürnkrut 1278,* roi de Bohême (1253 - 1278). Il s'empara de l'Autriche (1251) et brigua la couronne impériale. Il fut évincé par Rodolphe de Habsbourg (1273), qui le vainquit et le tua.

OTAN (Organisation du traité de l'Atlantique Nord, en angl. NATO [North Atlantic Treaty Organization]), traité d'alliance entre divers États (auj. au nombre de 19) résolus à assurer leur défense mutuelle et collective. Signé le 4 avril 1949 à Washington par la Belgique, le Canada, le Danemark, les États-Unis, la France (qui se retirera du commandement militaire de l'OTAN en 1966), la Grande-Bretagne, l'Islande, l'Italie, le Luxembourg, la Norvège, les Pays-Bas et le Portugal, le traité, garantissant notamm. aux Européens l'appui des États-Unis en cas d'agression, est ratifié en 1952 par la Turquie et la Grèce, en 1955 par l'Allemagne fédérale et, en 1982, par l'Espagne. Après la dissolution du pacte de Varsovie (1991), le Conseil de coopération nord-atlantique (COCONA) est créé – le Conseil de partenariat euro-atlantique, ou CPEA, lui succédera en 1997 –, dans le but d'établir des liens de confiance avec les États de l'Europe de l'Est et ceux issus de l'ex-URSS. À partir de 1994, l'OTAN signe avec ces pays des accords de partenariat pour la paix et, en 1999, trois d'entre eux (Hongrie, Pologne, Rép. tchèque) sont intégrés dans l'organisation. Le Conseil permanent de l'OTAN siège à Bruxelles.

OTARU, v. du Japon (Hokkaido) ; 163 211 hab. Port.

OTASE (Organisation du traité de l'Asie du Sud-Est), alliance défensive conclue à Manille le 8 sept. 1954 entre l'Australie, les États-Unis, la France, la Grande-Bretagne, la Nouvelle-Zélande, le Pakistan, les Philippines et la Thaïlande. Elle fut dissoute en 1977.

Otello → **Othello.**

OTHE (pays d') ou **FORÊT D'OTHE,** massif boisé, au S. de la Champagne (Aube et Yonne).

Othello, personnage principal de la tragédie homonyme de Shakespeare (v. 1604). Général maure au service de Venise, il est aimé de son épouse Desdémone, qu'il étouffe dans un accès de jalousie, provoqué par la ruse du traître Iago. – L'œuvre a notamment inspiré à Rossini un opéra en trois actes (*Otello,* 1816) et à Verdi un drame lyrique en 4 actes (*Otello,* 1887).

OTHON, en latin Marcus Salvius **Otho,** *Ferentinum 32 - Brixellum 69,* empereur romain (69) après la mort de Galba. Il fut vaincu par les légions de Vitellius et se tua.

OTHON → **OTTON.**

OTOMI, peuple amérindien du Mexique (env. 350 000). Ils sont réputés pour leurs figurines rituelles en papier découpé.

Otopeni, aéroport de Bucarest.

OTRANTE, v. de l'Italie méridionale (Pouille), sur le *canal d'Otrante* (qui joint l'Adriatique et la mer Ionienne) ; 5 152 hab. Cathédrale (XIe-XVe s.).

OTSU, v. du Japon (Honshu) ; 260 018 hab.

OTTAWA, cap. du Canada (Ontario), sur la rivière des Outaouais *(Ottawa River) ;* 313 987 hab. *(Outaouais)* [750 710 hab. dans l'agglomération]. Universités. Archevêché. Centre administratif et culturel avec quelques industries (imprimerie, édition, télécommunications). *[V. ill. page 1570.]* – Musées, dont celui des Beaux-Arts.

Ottawa (accords d') [1932], série de traités commerciaux signés par le Royaume-Uni, les dominions et l'Inde, et qui favorisaient, par le jeu des tarifs douaniers, les échanges à travers les divers pays du Commonwealth.

OTTAWA RIVER → **OUTAOUAIS** (rivière des).

OTTERLO, section de la comm. d'Ede (Pays-Bas). Dans le parc de la haute Veluwe, musée Kröller-Müller (peintures, notamment de Van Gogh ; parc de sculptures modernes).

OTTIGNIES-LOUVAIN-LA-NEUVE, comm. de Belgique (Brabant wallon) ; 22 816 hab. Université.

OTTO (Frei), *Siegmar, près de Chemnitz, 1925,* ingénieur et architecte allemand. Il s'est attaché à l'étude d'une architecture dynamique et minimale et a produit des structures gonflables et tendues telles que celle de la couverture du parc olympique de Munich (1968 - 1972).

OTTO (Nikolaus), *Holzhausen 1832 - Cologne 1891,* ingénieur allemand. Il commercialisa les premiers moteurs à combustion interne à quatre temps à compression préalable (1876).

OTTO (Rudolf), *Peine 1869 - Marburg 1937,* philosophe et historien des religions allemand. Il a appliqué l'analyse phénoménologique au sentiment religieux (*le Sacré,* 1917).

OTTOBEUREN, v. d'Allemagne (Bavière), dans les Préalpes de l'Allgäu ; 7 828 hab. Abbaye bénédictine fondée au VIIIe s., reconstruite en style baroque au XVIIIe s. (abbatiale de J. M. Fischer).

OTTOKAR → OTAKAR II.

OTTOMAN (Empire), ensemble des territoires sur lesquels le sultan ottoman exerçait son autorité.

La formation et l'apogée. V. 1299 : Osman se rend indépendant des Seldjoukides. **1326 :** son fils Orhan s'empare de Bursa, dont il fait sa capitale. **1354 :** il prend pied en Europe, à Gallipoli, et crée le corps des janissaires. **1359 - 1389 :** Murad Ier conquiert Andrinople, la Thrace, la Macédoine et la Bulgarie. **1402 :** Bayezid Ier (1389 - 1403) est défait par Timur Lang (Tamerlan). **1413 - 1421 :** Mehmed Ier reconstitue l'Empire anatolien. **1421 - 1451 :** Murad II reprend l'expansion en Europe. **1453 :** Mehmed II (1451 - 1481) se rend maître de Constantinople, qui devient, sous le nom d'Istanbul, une des métropoles de l'islam. **1454 - 1463 :** il soumet la Serbie et la Bosnie. **1475 :** il vassalise la Crimée. **1512 - 1520 :** Selim Ier conquiert l'Anatolie orientale, la Syrie, l'Égypte. Le dernier calife abbasside se rend à Istanbul. Les sultans portent à partir du XVIIIe s. le titre de calife. **1520 - 1566 :** Soliman le Magnifique établit sa domination sur la Hongrie après la victoire de Mohács (1526), sur l'Algérie, la Tunisie et la Tripolitaine, et assiège Vienne (1529). L'Empire est à son apogée.

La stagnation et le déclin. 1570 - 1571 : la conquête de Chypre est suivie du désastre de Lépante. **1669 :** la Crète est conquise. **1683 :** l'échec devant Vienne entraîne la formation d'une ligue contre les Turcs (Autriche, Venise, Pologne, Russie). **1699 :** le traité de Karlowitz marque le premier recul des Ottomans (perte de la Hongrie). **1774 :** le traité de Kutchuk-Kaïnardji entérine l'ascension de l'Empire russe. **1808 - 1839 :** Mahmud II supprime les janissaires (1826), mais il doit reconnaître l'indépendance de la Grèce (1830) et accepter la conquête de l'Algérie par la France. **1839 :** Abdülmecid (1839 - 1861) promulgue le rescrit qui ouvre l'ère des réformes, le *Tanzimat* (1839 - 1876). **1840 :** l'Égypte devient autonome. **1856 :** le congrès de Paris place l'Empire sous la garantie des puissances européennes. **1861 - 1909 :** sous Abdülaziz (1861 - 1876) et Abdülhamid II (1876 - 1909), l'endettement de l'Empire entraîne une plus grande ingérence des Occidentaux. Le sultan perd la Serbie, la Roumanie, la Tunisie et la Bulgarie. **1908 :** les Jeunes-Turcs prennent le pouvoir. **1912 - 1913 :** à la suite des guerres balkaniques, les Ottomans ne conservent plus en Europe que la Thrace orientale. **1914 :** l'Empire s'engage dans la Première Guerre mondiale aux côtés de l'Allemagne. **1918 - 1920 :** il est morcelé et occupé par les Alliés, qui imposent le traité de Sèvres. **1922 :** Mustafa Kemal abolit le sultanat. **1924 :** il supprime le califat (→ **Turquie**).

■ **OTTOBEUREN.** L'abbatiale, construite principalement par J. M. Fischer au milieu du XVIIIe s. ; coupoles peintes par l'Autrichien Johann Jakob Zeiller.

■ **OTTON Ier LE GRAND** et son épouse Édith ; effigies présumées. (Cathédrale de Magdebourg.)

OTTOMANS, dynastie de souverains turcs, issus d'Osman, qui régnèrent sur l'Empire ottoman.

SAINT EMPIRE

OTTON Ier le Grand, *912 - Memleben 973,* roi de Germanie (936 - 973), roi d'Italie (951/961 - 973), premier empereur du Saint Empire romain germanique (962 - 973). Fils d'Henri Ier l'Oiseleur, maître en Allemagne, il se tourna vers l'Italie pour réaliser son idéal de reconstitution de l'Empire carolingien. Il arrêta les Hongrois au Lechfeld (Bavière) en 955 et reçut la couronne impériale des mains du pape Jean XII (962), fondant ainsi le Saint Empire romain germanique. — **Otton II,** *955 - Rome 983,* roi de Germanie (961 - 973), empereur germanique (973 - 983). Fils d'Otton Ier, il fut battu en 982 par les musulmans au cap Colonne (auj. cap Sounion). — **Otton III,** *980 - Paterno 1002,* roi de Germanie (983), empereur germanique (996 - 1002). Fils d'Otton II, il transféra le siège de son gouvernement à Rome et, influencé par le savant français Gerbert d'Aurillac, dont il fit le pape Sylvestre II, il rêva d'établir un empire romain universel et chrétien. — **Otton IV de Brunswick,** *en Normandie 1175 ou 1182 - Harzburg, Saxe, 1218,* empereur germanique (1209 - 1218). Excommunié par Innocent III (1210), qui soutenait la candidature de Frédéric II de Hohenstaufen, il fut défait à Bouvines (juill. 1214) par Philippe Auguste et ne conserva en fait que le Brunswick.

■ **OTTAWA**

OTTON Ier, *Salzbourg 1815 - Bamberg 1867,* roi de Grèce (1832 - 1862). Fils de Louis Ier de Bavière, impopulaire, il dut abdiquer en 1862.

OTWAY (Thomas), *Trotton 1652 - Londres 1685,* auteur dramatique anglais. On retrouve, dans ses tragédies *(Venise sauvée)* et ses comédies, marquées par l'influence des classiques français, la puissance du théâtre élisabéthain.

ÖTZTAL n.m., massif des Alpes autrichiennes, dans le Tyrol ; 3 774 m.

OUA (Organisation de l'unité africaine), organisation intergouvernementale, créée en 1963. Destinée à renforcer l'unité, la solidarité et la stabilité des États africains, elle compte auj. 53 membres (52 États indépendants et la République arabe sahraouie démocratique).

OUADDAÏ ou **OUADAÏ** n.m., région du Tchad, à l'E. du lac Tchad. Anc. État islamisé (XVIe-XIXe s.).

OUAD-MÉDANI, v. du Soudan, sur le Nil Bleu ; 145 015 hab.

OUAGADOUGOU, cap. du Burkina ; 442 000 hab. *(Ouagalais).*

OUARGLA, v. d'Algérie, ch.-l. de wilaya, dans le Sahara ; 77 000 hab.

OUARSENIS n.m., massif d'Algérie, au S. du Chlef ; 1 985 m.

OUARZAZATE, v. du Maroc, ch.-l. de prov. ; 17 000 hab. Tourisme.

OUBANGUI n. m., riv. d'Afrique centrale, affl. du Congo (r. dr.) ; 1 160 km. Il sépare la Rép. dém. du Congo (ex-Zaïre) de la République centrafricaine, puis du Congo.

OUBANGUI-CHARI, anc. territoire de l'Afrique-Équatoriale française, constituant auj. la République centrafricaine.

OUCHE (pays d'), région de Normandie, traversée par la Risle.

OUDENAARDE → AUDENARDE.

OUDH → AOUDH.

OUDINOT (Nicolas Charles), duc **de Reggio,** *Bar-le-Duc 1767 - Paris 1847,* maréchal de France. Il se distingua à Austerlitz, Friedland, Wagram et Bautzen.

OUDMOURTES, peuple finno-ougrien de Russie (env. 750 000, dont plus de la moitié en Oudmourtie). Ils sont en majorité christianisés, avec persistance de cultes agraires anciens. Leur appellation russe de *Votyaks* est vieillie.

OUDMOURTIE, république de Russie, à l'O. de l'Oural ; 1 641 000 hab. ; cap. *Ijevsk.* La population se compose d'à peine un tiers d'Oudmourtes de souche et de près de 60 % de Russes.

OUDONG, localité du Cambodge, près du Mékong. Anc. cap. du royaume du Cambodge. — Nécropole royale.

OUDRY (Jean-Baptiste), *Paris 1686 - Beauvais 1755,* peintre et décorateur français. Principalement animalier, il devint peintre des chiens et des chasses du roi (1726). Directeur artistique des manufactures de Beauvais (1734) et des Gobelins, il influença l'évolution de la tapisserie.

OUED (El-), oasis du Sahara algérien ; 72 000 hab.

OUED-ZEM, v. du Maroc ; 59 000 hab.

OUENZA n.m., montagne de l'est de l'Algérie ; 1 289 m. Minerai de fer.

OUESSANT, île de Bretagne, constituant un canton du Finistère correspondant à la seule comm. d'Ouessant (29242) ; 15 km² ; 951 hab. *(Ouessantins).* Élevage ovin.

Ouest-France, quotidien régional français. Créé à Rennes en 1944, il est le plus grand quotidien régional par son tirage.

OUFA, v. de Russie, cap. du Bachkortostan, au confluent de la Bielaïa et de l'*Oufa* (918 km) ; 1 097 000 hab. Raffinage du pétrole.

OUGANDA n.m., État d'Afrique orientale, sur l'équateur ; 237 000 km² ; 21 300 000 hab. *(Ougandais).* CAP. *Kampala.* LANGUE : *anglais.* MONNAIE : *shilling ougandais.* Au N. du lac Victoria, l'Ouganda est un pays de plateaux couverts de savanes, dont l'élevage, le coton, le thé et surtout le café constituent les principales ressources. La population, qui s'accroît rapidement, est formée de groupes variés (dont celui des Baganda).

HISTOIRE

La population de l'actuel Ouganda résulte du métissage ancien de Bantous et de peuples nilotiques. **XVIe - XIXe s. :** ces populations constituent de petits États faiblement structurés, mais, au XVIIe s., le royaume du Buganda s'émancipe de la tutelle du Bunyoro et s'impose aux autres États. **1856 - 1884 :** Mutesa, roi, ou kabaka, du Buganda, accueille favorablement les Européens. **1894 :** la Grande-Bretagne établit son protectorat sur l'Ouganda malgré l'attitude plus réticente du fils de Mutesa, Mwanga, qui lutte contre les influences religieuses étrangères, musulmanes et chrétiennes. **1953 - 1955 :** le kabaka Mutesa II, qui réclame l'indépendance pour le Buganda, est déporté en Grande-Bretagne. **1962 :** l'Ouganda, qui regroupe le Buganda, le Bunyoro, l'Ankole, le Toro et le Busoga, devient un État fédéral indépendant, avec à sa tête (1963) Mutesa. **1966 :** Milton Obote succède à Mutesa par un coup d'État et met fin à la fédération des royaumes. **1967 :** la république est proclamée. **1971 :** un nouveau coup d'État amène au pouvoir le général Idi Amin Dada, qui instaure un régime tyrannique. **1979 :** aidée par l'armée tanzanienne, l'opposition prend le pouvoir avec Yusuf Lule, bientôt éliminé par Godfrey Binaisa. **1980 :** Obote retrouve le pouvoir à la faveur d'élections contestées. **1985 - 1986 :** après plusieurs années d'anarchie, de rébellions tribales et de répression, deux coups d'État se succèdent. Le dernier porte au pouvoir Yoweri Museveni. **1996 :** après l'adoption d'une nouvelle Constitution (1995), Y. Museveni est reconduit à la tête de l'État, au terme d'une élection présidentielle (réélu en 2001).

OUGANDA (martyrs de l'), groupe de 22 jeunes Noirs convertis au catholicisme et mis à mort entre 1885 et 1887. Canonisés en 1964.

OUGARIT ou **UGARIT,** cité antique de la côte syrienne, à 16 km au nord de Lattaquié, sur le tell de Ras Shamra. Important centre commercial et culturel au IIe millénaire, royaume vassal des Hittites aux XIVe-XIIIe s. av. J.-C., Ougarit fut détruite au début du XIIe s. av. J.-C. par les Peuples de la Mer. — Une fois dégagés, quartiers d'habitations, palais et temples ont livré des textes littéraires et des archives comportant des spécimens d'écriture alphabétique phénicienne.

OUGRÉE, banlieue de Liège. Métallurgie.

OUÏGOURS, peuple turc vivant en Chine (Xinjiang), représenté aussi en Asie centrale (env. 7,5 millions). Ils dominèrent l'empire de Mongolie de 745 env. à 840, se replièrent vers la Chine sous la pression des Kirghiz, passèrent au XIIIe s. sous domination mongole et furent finalement annexés à l'Empire mandchou (révolte en 1864 - 1877). Passés du chamanisme au manichéisme, ils sont depuis le XVe siècle musulmans sunnites. Ils parlent le *ouïgour,* du groupe sud-est des langues turques.

■ **OUM KALSOUM**

OUISTREHAM (14150), ch.-l. de cant. du Calvados ; 8 759 hab. Station balnéaire. — Église des XIIe-XIIIe s. Petit musée du Débarquement.

OUJDA, v. du Maroc, ch.-l. de prov., près de la frontière algérienne ; 260 000 hab.

OULAN-BATOR, anc. **Ourga,** cap. de la Mongolie, sur la Tola ; 548 000 hab.

OULAN-OUDE, v. de Russie, cap. de la Bouriatie ; 366 000 hab.

OULED NAÏL (monts des), massif de l'Algérie méridionale, dans l'Atlas saharien. Ils sont habités par des tribus du même nom.

OULIANOVSK → SIMBIRSK.

Oulipo (OUvroir de LIttérature POtentielle), groupe d'écrivains créé par le mathématicien François Le Lionnais et R. Queneau en 1960. Cet atelier de littérature expérimentale (fondée sur l'utilisation de contraintes formelles) a notamm. accueilli en son sein I. Calvino, G. Perec, J. Roubaud.

OULLINS (69600), ch.-l. de cant. du Rhône, banlieue de Lyon ; 25 478 hab.

OULU, v. de Finlande, sur le golfe de Botnie ; 104 000 hab. Port. — Cathédrale (1776) ; musées.

OUM ER-REBIA n.m., fl. du Maroc occidental, qui se jette dans l'Atlantique ; 556 km. Barrages.

OUM KALSOUM (Fatima **Ibrahim,** dite), *Tamay al-Zahira, prov. de Dakahlieh, 1898 ?-Le Caire 1975,* chanteuse égyptienne. Elle fut, de 1922 à sa mort, la voix la plus adulée du monde arabe, l'interprète de longues chansons qui disent l'amour, l'attente, la souffrance et la séparation.

OUOLOF → WOLOF.

OUPEYE, comm. de Belgique (prov. de Liège) ; 23 257 hab.

OUR ou **UR,** cité antique de la basse Mésopotamie (auj. Tell Muqayyar, Iraq), et, selon la Bible, patrie d'Abraham. Occupée dès l'époque d'Obeïd, la cité entra dans l'histoire au IIIe millénaire avec les deux premières dynasties d'Our, à la puissance desquelles mit fin l'empire d'Akkad (v. 2325 - v. 2160 av. J.-C.). La IIIe dynastie d'Our (2111 - v. 2003 av. J.-C.) étend son empire sur toute la Mésopotamie. Mais, ruinée par les Amorrites et les Élamites, elle ne retrouva plus son prestige. — Au cours de fouilles menées depuis 1919, d'innombrables trésors (British Museum et musée de Bagdad) ont été recueillis dans les ruines (ziggourat, palais, etc.) et dans la nécropole de 60 hectares.

OURAL n.m., fl. de Russie et du Kazakhstan, né dans l'Oural et qui rejoint la Caspienne ; 2 428 km ; bassin de 231 000 km².

OURAL n.m., chaîne de montagnes de Russie ; 1 894 m. L'Oural constitue une limite conventionnelle entre l'Europe et l'Asie, et s'étend, du N. au S., sur 2 000 km. La richesse du sous-sol de la montagne et de sa bordure (fer, charbon, pétrole, etc.) a fait de cette région l'un des plus grands foyers industriels de la Russie (sidérurgie et métallurgie, industries chimiques), parsemé de grandes villes (Iekaterinbourg, Tcheliabinsk, Magnitogorsk, Oufa, Perm, etc.).

OURALSK → ORAL.

OURANOS MYTH. GR. Dieu personnifiant le Ciel. Il joue un grand rôle dans la *Théogonie* d'Hésiode, où il est le fils de Gaia. On fait aussi de lui l'époux de celle-ci, avec qui il aurait eu de nombreux enfants, notamment les Titans (dont Cronos) et les Cyclopes.

OURARTOU, royaume de l'Orient ancien (IXe-VIIe s. av. J.-C.) dont le centre était le bassin du lac de Van, en Arménie. Rival des Assyriens au VIIIe s. av. J.-C., il fut affaibli par les invasions cimmériennes ; devenu protectorat assyrien, il fut finalement occupé par les Arméniens (VIIe s. av. J.-C.). — Citadelles en ruine, bronzes, peintures murales et poteries témoignent de l'originalité de sa civilisation, malgré des influences assyriennes et scythes.

OURCQ n.m., riv. de France, affl. de la Marne (r. dr.) ; 80 km. Il naît dans le dép. de l'Aisne et est relié à la Seine par le *canal de l'Ourcq* (108 km).

OURGA → OULAN-BATOR.

OURMIA, anc. **Rezaye,** v. du nord-ouest de l'Iran, sur le *lac d'Ourmia ;* 357 399 hab.

OURO PRETO, v. du Brésil (Minas Gerais) ; 62 483 hab. Ville d'art (nombreuses églises baroques et maisons du XVIIIe s.).

OUROUK, cité antique de la basse Mésopotamie (auj. Warka, Iraq). Le légendaire Gilgamesh aurait été son premier roi (v. 2700). Occupé dès l'époque d'Obeïd, le site devint une véritable ville dès la fin du IVe millénaire. Ourouk a donné son nom à la période qui, dès cette haute époque, marque l'entrée de la Mésopotamie dans la civilisation urbaine. — Les vestiges des temples, les premières rondes-bosses, une glyptique remarquable, etc., ont été découverts dans les tells de la cité, où apparut, dès la fin du IVe millénaire, le premier exemple d'écriture pictographique.

OUROUMTSI, en chin. **Wulumuqi,** v. de Chine, cap. du Xinjiang ; 961 000 hab.

OURS (Grand Lac de l'), lac du Canada septentrional (Territoires du Nord-Ouest) ; 31 100 km².

OURSE (Grande), constellation boréale. Ses sept étoiles les plus brillantes dessinent une figure souvent désignée sous le nom de *Grand Chariot.* — Petite **Ourse,** constellation boréale, souvent désignée sous le nom de *Petit Chariot.* Elle renferme l'*étoile Polaire,* très voisine du pôle Nord.

OURTHE n.f., riv. de Belgique, affl. de la Meuse (r. dr.), à Liège ; 165 km.

OUSMANE DAN FODIO, *Marata 1754 - ? 1817,* lettré musulman. Fondateur de l'Empire peul du Sokoto, il déclara en 1804 la guerre sainte *(djihad)* et se rendit maître des cités haoussa.

OUSSOURI n.m., riv. d'Asie, affl. de l'Amour (r. dr.), qu'il rejoint à Khabarovsk ; 897 km. Il sert de frontière entre la Chine et la Russie.

OUSSOURISK, v. de Russie, au N. de Vladivostok ; 162 000 hab. Carrefour ferroviaire.

Oustacha, société secrète croate, fondée en 1929. Elle organisa l'attentat contre le roi des Serbes, Alexandre Ier (1934). Ses membres, les *Oustachi,* dirigèrent l'État croate indépendant (1941 - 1945), allié aux puissances de l'Axe.

OUSTIOURT, plateau désertique de l'Asie centrale (Kazakhstan et Ouzbékistan), situé entre les mers Caspienne et d'Aral.

OUST-KAMENOGORSK → EUSKEMEN.

OUTAOUAIS (rivière des) ou **OTTAWA RIVER,** riv. du Canada, affl. du Saint-Laurent (r. g.) ; 1 120 km. Frontière partielle entre le Québec et l'Ontario, elle passe à Ottawa.

OUTAOUAIS, région administrative du Québec (Canada), sur la rive nord de la *rivière des Outaouais ;* 34 924 km² ; 283 773 hab. ; v. princ. *Hull.*

OUTCAULT (Richard Felton), *Lancaster, Ohio, 1863 - Queens, New York, 1928,* dessinateur et scénariste américain, créateur de la bande dessinée moderne (*The Yellow Kid,* 1895 ; *Buster Brown,* 1902).

OUTREAU (62230), ch.-l. de cant. du Pas-de-Calais, banlieue de Boulogne-sur-Mer ; 15 442 hab. Métallurgie.

OUTRE-MER (France d'), ensemble des régions françaises dispersées dans le monde et comprenant quatre *départements d'outre-mer* (DOM) [Guadeloupe, Guyane, Martinique, Réunion], trois *territoires d'outre-mer* (TOM) [Polynésie française, Wallis-et-Futuna, terres Australes et Antarctiques françaises], deux collectivités territoriales à statut particulier (Mayotte, Saint-Pierre-et-Miquelon), la Nouvelle-Calédonie et quelques îlots de l'océan Indien et du Pacifique.

OUTREMONT, v. du Canada (Québec), banlieue nord de Montréal ; 23 237 hab. *(Outremontais).*

OUVRARD (Gabriel Julien), *près de Clisson 1770 - Londres 1846,* homme d'affaires français. Fournisseur des armées du Directoire à la Restauration, banquier de Napoléon, il fut plusieurs fois disgracié et emprisonné pour bénéfices frauduleux.

OUYANG XIU, *Luling 1007 - Yingzhou 1072,* écrivain et haut fonctionnaire chinois. Poète et essayiste, il est considéré comme l'un des plus grands écrivains de la dynastie Song.

OUZBÉKISTAN n.m., État d'Asie centrale ; 447 000 km² ; 23 340 000 hab. *(Ouzbeks).* CAP. *Tachkent.* LANGUE : *ouzbek.* MONNAIE : *soum ouzbek.*

GÉOGRAPHIE

Le pays s'étend du pourtour de la mer d'Aral aux montagnes du Tian Shan et du Pamir. Il est, pour près des trois quarts, peuplé d'Ouzbeks de souche, islamisés. Le climat est souvent aride, mais l'irrigation permet la production de coton, de fruits et de vins, à côté de l'élevage (bovins et surtout ovins). Le sous-sol recèle du pétrole et surtout du gaz naturel. Toutefois l'enclavement du pays est un obstacle au développement.

HISTOIRE

1918 : une république autonome du Turkestan, rattachée à la république de Russie, est créée dans la partie occidentale de l'Asie centrale conquise par les Russes à partir des années 1860. **1924 :** la république socialiste soviétique d'Ouzbékistan est instaurée sur le territoire de la république du Turkestan et de la majeure partie des anciens khanats de Boukhara et de Khiva (Kharezm). **1929 :** le Tadjikistan s'en sépare. **1990 :** les communistes remportent les premières élections républicaines libres. **1991 :** le Soviet suprême proclame l'indépendance de l'Ouzbékistan, qui adhère à la CEI.

OUZBEKS, peuple vivant en Ouzbékistan, au Kazakhstan, au Tadjikistan, en Afghanistan et en Chine (env. 20 millions). Les Ouzbeks sont issus de tribus qui habitaient dans l'actuel Kazakhstan et qui s'installèrent en Transoxiane au XVe s. (dans les régions centrales des anciennes routes de la soie). Timur Lang (Tamerlan) est leur héros national. Les Ouzbeks sont musulmans sunnites et parlent l'*ouzbek,* de la famille des langues turques.

OUZOUER-SUR-LOIRE (45570), ch.-l. de cant. du Loiret ; 2 567 hab.

OVERIJSE [ovərɛjs], comm. de Belgique (Brabant flamand) ; 23 028 hab. Monuments anciens.

OVERIJSSEL, prov. de l'est des Pays-Bas ; 1 032 400 hab. ; ch.-l. *Zwolle.*

Overlord, nom de code du débarquement allié en Normandie (juin 1944).

OVIDE, en lat. **Publius Ovidius Naso,** *Sulmona 43 av. J.-C. - Tomes, auj. Constanța, Roumanie, 17 ou 18 apr. J.-C.,* poète latin. Auteur favori de la société mondaine des débuts de l'Empire, par ses poèmes légers *(l'Art d'aimer, les Héroïdes)* ou mythologiques *(les *Métamorphoses, les Fastes),* il fut banni pour une raison restée mystérieuse, et mourut en exil malgré les supplications de ses dernières élégies *(les Tristes, les Pontiques).*

OVIEDO, v. d'Espagne, cap. des Asturies ; 196 051 hab. Université. Centre administratif et industriel. — Monuments du IXe s. du mont Naranco ; cathédrale gothique ; musée.

OVIMBUNDU → MBUNDU.

OWEN (sir Richard), *Lancaster 1804 - Londres 1892,* naturaliste britannique. On lui doit de nombreux ouvrages sur l'anatomie comparée et la paléontologie des vertébrés.

OWEN (Robert), *Newtown 1771 - id. 1858,* théoricien socialiste britannique. Riche manufacturier, il créa les premières coopératives de consommation et s'intéressa au trade-unionisme naissant. Ses idées ont imprégné le mouvement chartiste.

OWENS (James **Cleveland,** dit Jesse), *Danville, Alabama, 1913 - Tucson 1980,* athlète américain. Il a remporté quatre titres olympiques (100 m, 200 m, relais 4 × 100 m, saut en longueur) à Berlin, en 1936.

OXENSTIERNA (Axel), comte **de Södermöre,** *Fånö 1583 - Stockholm 1654,* homme d'État suédois. Chancelier (1612), il fut le conseiller du roi Gustave-Adolphe et le chef du Conseil de régence de la reine Christine (1632). Il imposa au Danemark le traité de Brömsebro (1645).

OXFORD, v. de Grande-Bretagne (Angleterre), ch.-l. de l'*Oxfordshire,* au confluent de la Tamise et du Cherwell ; 109 000 hab. (*Oxoniens* ou *Oxfordiens*). Ville pittoresque grâce à ses nombreux collèges ; cathédrale romane et gothique ; musées. Aux environs, palais de Blenheim, par Vanbrugh. — L'université d'Oxford a été fondée au XIIe s. Ensemble de fondations privées indépendantes (les « collèges »), elle est, avec Cambridge, la plus cotée des universités britanniques.

Oxford (mouvement d'), mouvement ritualiste, né à l'université d'Oxford au XIXe s. et qui porta des clergymans à rénover l'Église anglicane établie. Certains, comme Edward Pusey et John Keble, lui restèrent fidèles ; d'autres, comme Newman, passèrent à l'Église romaine.

Oxford (provisions d') ou **statuts d'Oxford** (10 juin 1258), conditions imposées à Henri III, à Oxford, par les barons anglais menés par Simon de Montfort. Elles exigeaient notamment la réunion du Parlement trois fois par an. Le roi les annula dès 1266.

OXUS n.m., anc. nom de l'*Amou-Daria.

OYAMA IWAO, *Kagoshima 1842 - Tokyo 1916,* maréchal japonais. Victorieux de la Chine à Port-Arthur (1894), il commanda en chef pendant la guerre russo-japonaise (1904 - 1905).

OYAPOCK n.m., fl. d'Amérique du Sud, qui se jette dans l'Atlantique ; 370 km. Il sépare la Guyane française et le Brésil.

OYASHIO, courant froid du Pacifique. Il longe la côte nord-est de l'Asie.

OYO, v. du sud-ouest du Nigeria ; 152 000 hab.

OYONNAX [ɔjɔna] (01100), ch.-l. de cant. de l'Ain ; 24 636 hab. *(Oyonnaxiens).* Industrie des matières plastiques et de la lunetterie.

ÖZAL (Turgut), *Malatya 1927 - Ankara 1993,* homme politique turc. Premier ministre de 1983 à 1989, il a été ensuite président de la République de 1989 à sa mort.

OZANAM (Frédéric), *Milan 1813 - Marseille 1853,* historien et écrivain catholique français. Auteur de travaux sur Dante et sur la littérature germanique, il fut, en 1833, le principal fondateur de la Société Saint-Vincent-de-Paul. Rallié à la République en 1848, il créa avec Lacordaire le journal démocrate-chrétien *l'Ère nouvelle* (1848 - 1849). Il a été béatifié en 1997.

OZARK (monts), massif des États-Unis, à l'O. du Mississippi. Bauxite.

OZAWA SEIJI, *Hoten, Mandchoukouo, auj. Shenyang, Liaoning, 1935,* chef d'orchestre japonais. Directeur musical du Boston Symphony Orchestra depuis 1973, il défend un vaste répertoire allant des maîtres classiques à Xenakis et Messiaen.

OZOIR-LA-FERRIÈRE (77330), comm. de Seine-et-Marne ; 20 817 hab. *(Ozoiriens).* Golf.

OZU YASUJIRO, *Tokyo 1903 - id. 1963,* cinéaste japonais. Il débuta par des films comiques avant de s'orienter vers des peintures subtiles et dépouillées de la vie familiale : *Gosses de Tokyo/Je suis né, mais...* (1932), *Printemps tardif* (1949), *Voyage à Tokyo* (1953), *le Goût du saké* (1962).

Caractère Peignot

PABLO (Luis **de**), *Bilbao 1930,* compositeur espagnol. Fondateur d'un studio de musique électronique à Madrid, il reste cependant fidèle aux formes et aux instruments traditionnels *(Éléphants ivres I à IV, Concerto da camera, Retratos de la Conquista, Figura en el mar).*

PABST (Georg Wilhelm), *Raudnitz, auj. Roudnice, Rép. tchèque, 1885 - Vienne 1967,* cinéaste autrichien. Il s'imposa avec *la Rue sans joie* (1925), inaugurant un réalisme social fortement marqué par l'expressionnisme : *Loulou* (1929), *Quatre de l'infanterie* (1930), *l'Opéra de quat'sous* (1931).

PAC (politique agricole commune), ensemble des dispositions prises par les institutions de la Communauté européenne en matière agricole (production et fonctionnement des marchés).

PACA, abréviation désignant la Région *Provence-Alpes-Côte d'Azur.

PACHELBEL (Johann), *Nuremberg 1653 - id. 1706,* compositeur et organiste allemand. Considéré comme le précurseur de J.-S. Bach, il est l'auteur de pièces pour clavier, de motets, de cantates, et du célèbre *Canon a 3 con suo Basso und Gigue.*

PACHER (Michael), *Bruneck ?, Haut-Adige, v. 1435 - Salzbourg 1498,* peintre et sculpteur autrichien. Son chef-d'œuvre est le grand retable du chœur de l'église de Sankt Wolfgang (Salzkammergut), avec un *Couronnement de la Vierge* sculpté et des volets, peints, où l'influence de la Renaissance italienne se manifeste.

PACHTO, PACHTOUN ou **PATHAN,** peuple vivant dans l'est et le sud de l'Afghanistan et dans le nord-ouest du Pakistan (env. 16 millions). Divisés en grandes tribus, les Pachto sont musulmans, en grande majorité sunnites. Leur langue, le *pachto,* ou *pachtou* (dit aussi *afghan*), appartient à la famille iranienne.

PACHUCA DE SOTO, v. du Mexique, cap. de l'État d'Hidalgo ; 179 440 hab.

PACIFIQUE (océan), la plus grande masse maritime du globe, entre l'Amérique, l'Asie et l'Australie ; 180 000 000 km² (la moitié de la superficie occupée par l'ensemble des océans). Il fut découvert par Balboa en 1513 et traversé pour la première fois par Magellan en 1520. De forme grossièrement circulaire, largement ouvert au sud vers l'Antarctique, communiquant avec l'Arctique par l'étroit passage de Béring, parcouru de dorsales dont les sommets sont des îles (Hawaii, Tuamotu, île de Pâques), le Pacifique est bordé au nord et à l'ouest par une guirlande insulaire et volcanique, longeant de profondes fosses marines, et parsemé, entre les tropiques, de constructions coralliennes (atolls, récifs-barrières).

Pacifique (campagnes du) [déc. 1941 - août 1945], ensemble des opérations aéronavales et amphibies qui, durant la Seconde Guerre mondiale, ont opposé, après Pearl Harbor, le Japon et les États-Unis assistés de leurs alliés. Les épisodes les plus marquants ont été les batailles de la mer de Corail (mai 1942), des Midway (juin 1942), de Guadalcanal (août 1942), de Leyte (octobre 1944), d'Iwo Jima (février 1945), ainsi que les bombardements atomiques d'Hiroshima et de Nagasaki (6 et 9 août 1945).

Pacifique (Conseil du), organisme réunissant l'Australie, la Nouvelle-Zélande et les États-Unis, dit aussi ANZUS. Il étudie depuis 1951 l'évolution politique et les conditions de défense dans le Pacifique. La Nouvelle-Zélande a suspendu sa participation en 1985.

PACINO (Al), *New York 1940,* acteur américain. Son jeu retenu et intériorisé lui permet d'investir les rôles les plus contrastés (*le Parrain,* F. F. Coppola, 1972, 1974, 1990 ; *l'Épouvantail,* J. Schatzberg, 1973 ; *Scarface,* B. De Palma, 1983). En 1996, il réalise — et interprète — un premier film remarqué, *Looking for Richard.*

PACIOLI (Luca), *Borgo San Sepolcro 1445 - Rome v. 1510,* mathématicien italien. Algébriste, il a rédigé une véritable somme des connaissances mathématiques de l'époque, reprenant l'ensemble des acquis arabes (1494).

PACÔME (saint), *en Haute-Égypte 287 - id. 347,* fondateur, avec saint Antoine, du cénobitisme. Soldat converti au christianisme, il fonda le premier monastère de l'histoire chrétienne à Tabennisi, sur le Nil. Sa *Règle,* traduite en latin par saint Jérôme, a influencé le monachisme occidental.

PACTOLE n.m., riv. de Lydie, sur laquelle était bâtie Sardes. Il charriait des paillettes d'or, origine de la richesse du roi Crésus.

PACY-SUR-EURE (27120), ch.-l. de cant. de l'Eure ; 5 014 hab. Matériel électrique. — Église du XIIIe s. (œuvres d'art).

PADANG, v. d'Indonésie, sur la côte ouest de Sumatra ; 481 000 hab. Port.

PADERBORN, v. d'Allemagne (Rhénanie-du-Nord-Westphalie) ; 130 130 hab. Cathédrale surtout du XIIIe s. (église-halle) et autres monuments.

PADEREWSKI (Ignacy), *Kuryłówka 1860 - New York 1941,* compositeur, pianiste et homme politique polonais. Il fut le premier président du Conseil de la République polonaise en 1919.

PADIRAC (46500), comm. du Lot, sur le causse de Gramat ; 170 hab. Gouffre profond de 75 m et rivière souterraine.

PADMA n.f., riv. d'Inde et du Bangladesh ; 300 km env. Principale branche du delta du Gange.

PADOUE, en ital. **Padova,** v. d'Italie (Vénétie), ch.-l. de prov. ; 215 025 hab. *(Padouans).* Évêché. Université. — Basilique S. Antonio, dite *il Santo,* du XIIIe s. (œuvres d'art), et autres monuments ; fresques de Giotto à la chapelle de l'*Arena* (dite aussi des *Scrovegni*). Musées.

PAEA, comm. de la Polynésie française (Tahiti) ; 10 281 hab.

PAESIELLO → PAISIELLO.

PAESTUM, v. de l'Italie ancienne, sur le golfe de Salerne. Colonie grecque (VIIe s. av. J.-C.), elle devint romaine en 273 av. J.-C. — Monuments antiques, dont plusieurs temples grecs qui comptent parmi les principaux exemples de l'ordre dorique. Musée (peintures murales du Ve s. av. J.-C., provenant de la nécropole grecque).

PÁEZ, peuple amérindien de Colombie, installé sur les cordillères encadrant le Cauca.

PÁEZ (José Antonio), *Acarigua 1790 - New York 1873,* général et homme politique vénézuélien. Il participa à la guerre d'indépendance à la tête de troupes irrégulières, les *llaneros.* En 1826, il devint dictateur du Venezuela, qu'il sépara de la Grande-Colombie en 1830. Il fut trois fois président de la République de 1831 à 1863.

PAGALU → ANNOBÓN.

PAGAN, anc. cap. des Birmans (XIe-XIIIe s.), en Birmanie centrale, sur l'Irrawaddy, célèbre par ses milliers de stupas, dits « pagodes ».

PAGANINI (Niccolo), *Gênes 1782 - Nice 1840,* violoniste et compositeur italien. D'une légendaire virtuosité, il a composé des concertos pour violon et élargi les possibilités expressives de cet instrument dans ses *24 Caprices.*

PAGNOL (Marcel), *Aubagne 1895 - Paris 1974,* écrivain et cinéaste français. Ses comédies *(Topaze, Marius, Fanny),* ses recueils de souvenirs *(la Gloire de mon père, le Château de ma mère, le Temps des secrets)* et ses films (*Angèle,* 1934 ; *César,* 1936 ; *la Femme du boulanger,* 1938) évoquent avec tendresse sa Provence natale. (Acad. fr.)

■ MARCEL **PAGNOL**

PAHARI, population du Népal.

PAHLAVI, dynastie qui régna sur l'Iran de 1925 à 1979, fondée par Reza Chah (1925 - 1941), à qui succéda son fils Mohammad Reza (1941 - 1979).

PAHOUINS, ensemble de peuples de langue bantoue du Cameroun, de Guinée équatoriale et du Gabon, comprenant notamment les *Fang.

PAIK (Nam Jun-paek, dit Nam June), *Séoul 1932,* artiste coréen. Il est l'auteur d'actions et d'environnements faisant intervenir l'électronique (dès les années 1960) et la vidéo (*Moon is the oldest TV,* 1976), dont il a été ainsi un pionnier.

Paillasse, personnage de bouffon du théâtre forain, d'origine italienne. Le compositeur Leoncavallo l'a popularisé dans un opéra (1892).

PAIMBŒUF (44560), ch.-l. de cant. de la Loire-Atlantique ; 2 839 hab. *(Paimblotins).* Métallurgie.

PAIMPOL (22500), ch.-l. de cant. des Côtes-d'Armor, sur la Manche ; 8 419 hab. *(Paimpolais).* Tourisme.

PAIMPONT (forêt de), forêt de Bretagne (Ille-et-Vilaine), au N.-E. de Ploërmel. On l'identifie parfois à la forêt légendaire de *Brocéliande.

PAIN DE SUCRE, en port. **Pão de Açúcar,** relief granitique du Brésil, à l'entrée de la baie de Guanabara, à Rio de Janeiro ; 395 m.

PAINE ou **PAYNE** (Thomas), *Thetford 1737 - New York 1809,* publiciste américain d'origine britannique. Il lutta pour l'indépendance des États-Unis, se réfugia en France et, naturalisé français, fut nommé membre de la Convention (1792). Mais, emprisonné sous la Terreur, il retourna aux États-Unis (1802).

PAINLEVÉ (Paul), *Paris 1863 - id. 1933,* mathématicien et homme politique français. Spécialiste de l'analyse et de la mécanique, il fut aussi un théoricien de l'aviation et œuvra à son développement. Il fut président du Conseil en 1917 et en 1925. — **Jean P.,** *Paris 1902 - id. 1989,* médecin et cinéaste français. Fils de Paul, il se consacra à partir de 1927 au documentaire scientifique, d'éducation et de culture, dont il fut un pionnier. Il réalisa notamm. *le Vampire* (1945) et *Assassins d'eau douce* (1947).

P

PAIR-NON-PAIR, grotte ornée située sur la comm. de Prignac-et-Marcamps (Gironde). Gravures pariétales (gravettien et aurignacien).

País (El), quotidien espagnol créé à Madrid en 1976.

PAISIELLO ou **PAESIELLO** (Giovanni), *Roccaforzata, près de Tarente, 1740 - Naples 1816,* compositeur italien. Rival de Cimarosa, il écrivit des opéras *(Il Barbiere di Siviglia,* 1782).

PAISLEY, v. de Grande-Bretagne (Écosse) ; 85 000 hab. Aéroport de Glasgow. — Église du XVe s., anc. abbatiale.

PAIX (rivière de la), riv. du Canada, affl. de la riv. de l'Esclave (r. dr.) ; 1 600 km env. Aménagement hydroélectrique.

PAJOU (Augustin), *Paris 1730 - id. 1809,* sculpteur français. Artiste officiel, bon portraitiste, il perpétue la grâce classique du milieu du XVIIIe s. *(Psyché abandonnée,* marbre de 1790, Louvre).

PAKANBARU, v. d'Indonésie, dans l'intérieur de Sumatra ; 341 000 hab.

PA KIN → **BA JIN.**

PAKISTAN n.m., État fédéral d'Asie, sur l'océan Indien ; 803 000 km² ; 131 500 000 hab. *(Pakistanais).* CAP. *Islamabad.* V. PRINC. *Karachi* et *Lahore.* LANGUES : *ourdou* et *anglais.* MONNAIE : *roupie pakistanaise.*

GÉOGRAPHIE

Les secteurs irrigués du Sud et surtout du Nord-Est (Pendjab), correspondant à la plaine alluviale de l'Indus et de ses affluents, constituent les parties vitales du Pakistan. Ils fournissent du blé, du riz et du coton (principal produit d'exportation et base de la seule industrie notable, le textile). Le pourtour est formé en grande partie de montagnes peu peuplées (Baloutchistan à l'ouest, partie de l'Hindu Kuch au nord). Le sous-sol fournit surtout du gaz naturel. Les problèmes économiques (sous-emploi, endettement) s'ajoutent aux conflits ethniques, voire religieux (entre musulmans chiites et sunnites), et à la tension persistante avec l'Inde.

HISTOIRE

1940 : Ali Jinnah réclame la formation d'un État regroupant les musulmans du sous-continent indien. **1947 :** lors de l'indépendance et de la partition de l'Inde, le Pakistan est créé. Il est constitué de deux provinces : le Pakistan occidental et le Pakistan oriental, formés respectivement par les anciens territoires du Sind, du Baloutchistan, du Pendjab oriental et de la Province du Nord-Ouest d'une part, du Bengale oriental d'autre part. **1947 - 1949 :** un conflit oppose l'Inde au Pakistan à propos du Cachemire. **1956 :** la Constitution établit la république islamique du Pakistan, fédération des deux provinces qui la composent. Iskander Mirza est son premier président. **1958 :** la loi martiale est instaurée. Ayyub Khan s'empare du pouvoir et devient président de la République. **1962 :** il fait adopter une constitution de type présidentiel. **1965 :** une deuxième guerre indo-pakistanaise éclate. **1966 :** Mujibur Rahman réclame l'autonomie du Pakistan oriental. **1969 :** le général Yahya Khan succède au maréchal Ayyub Khan. **1971 :** le Pakistan oriental fait sécession et devient le Bangladesh. L'Inde intervient militairement pour le soutenir. **1971 - 1977 :** Ali Bhutto, fondateur (1967) du Parti populaire du Pakistan (PPP), met en œuvre le « socialisme islamique ». L'agitation conservatrice et religieuse se développe. **1977 :** un coup d'État renverse Ali Bhutto. **1978 :** le général Zia ul-Haq devient président de la République. **1979 :** A. Bhutto est exécuté. La loi islamique est instaurée. **1986 :** la loi martiale est levée, mais l'opposition au régime, émanant surtout des milieux chiites, demeure forte. **1988 :** Ghulam Ishaq Khan succède à Zia ul-Haq à la tête de l'État et Benazir Bhutto, fille d'Ali Bhutto, devient Premier ministre. **1989 :** le Pakistan réintègre le Commonwealth, qu'il avait quitté en 1972. **1990 :** B. Bhutto est destituée. Une coalition réunie autour de la Ligue musulmane remporte les élections ; son leader, Nawaz Sharif, est nommé Premier ministre. **1993 :** une grave crise politique entraîne la démission du Premier ministre et du chef de l'État. B. Bhutto revient à la tête du gouvernement. Farooq Leghari est élu à la présidence de la République. **1996 :** B. Bhutto est de nouveau destituée. **1997 :** N. Sharif retrouve le poste de Premier ministre. Une nouvelle crise politique se solde par la démission de F. Leghari, auquel succède Mohamed Rafiq Tarar. **1998 :** à la suite de l'Inde, le Pakistan procède à une série d'essais nucléaires. **1999 :** N. Sharif est renversé par l'armée, dirigée par le général Pervez Moucharraf. Le Pakistan est suspendu du Commonwealth.

PALACKÝ (František), *Hodslavice 1798 - Prague 1876,* historien et homme politique tchèque. Son *Histoire de la Bohême* (1836 - 1837) contribua au réveil national tchèque. Il présida le congrès panslave en 1848.

PALADRU (38137), comm. de l'Isère, sur le *lac de Paladru* (390 ha) ; 875 hab. Centre touristique. — Vestiges néolithiques à *Charavines.

PALAFOX (José **Rebolledo de**), duc **de Saragosse,** *Saragosse 1776 - Madrid 1847,* général espagnol. Il s'illustra contre les Français par son héroïque défense de Saragosse (1808 - 1809). Il rallia ensuite le parti de la reine Marie-Christine.

PALAIS (Le) [56360], comm. du Morbihan, sur la côte est de Belle-Île ; 2 530 hab. *(Palantins).* Port. — Anc. citadelle des XVIe-XVIIe s.

Palais(-)Bourbon → **Bourbon** (palais).

PALAISEAU (91120), ch.-l. d'arrond. de l'Essonne, sur l'Yvette ; 30 158 hab. *(Palaisiens).* École polytechnique. — Église médiévale.

palais Garnier → **Opéra** (théâtre de l').

Palais idéal (le), édifice d'inspiration fantastique sis à Hauterives (Drôme). Il a été construit et décoré, de 1879 à 1912, par le facteur des postes Ferdinand **Cheval** (1836 - 1924), à l'aide de cailloux ramassés durant ses tournées.

Palais-Royal, ensemble monumental de Paris, près du Louvre. Le palais fut construit en 1633 par Lemercier pour Richelieu et nommé *Palais-Cardi-*

■ Le **PALAIS IDÉAL** construit par le « Facteur Cheval » à Hauterives, 1879 - 1912.

nal jusqu'en 1643, quand il fut légué au roi. Celui-ci l'attribua en 1661 aux princes de la maison d'Orléans. Les bâtiments (dont une des annexes est le théâtre de la Comédie-Française) et les jardins ont fait l'objet de profondes modifications successives (P. Contant d'Ivry, V. Louis, Fontaine). Les maisons de rapport à arcades qui entourent ces jardins datent de Philippe d'Orléans, futur Philippe Égalité. La *galerie de Bois* du Palais-Royal fut longtemps un lieu de rendez-vous mondain et intellectuel. Sous la Révolution, l'Empire et la Restauration, le Palais-Royal fut le quartier général de la prostitution et du jeu. Le Conseil d'État, le Conseil constitutionnel et le ministère de la Culture y sont auj. installés.

PALAMAS (Grégoire), *Constantinople v. 1296 - Thessalonique 1359,* théologien de l'Église grecque. Moine au Mont-Athos et archevêque de Thessalonique (1347 - 1359), il consacra sa vie à un approfondissement de l'*hésychasme.

PALAMÁS (Kostís), *Patras 1859 - Athènes 1943,* écrivain grec. Il est l'auteur de poèmes lyriques *(la Vie immuable)* et épiques *(la Flûte du roi).*

PALAOS n.f. pl., **PALAU** n.m. ou **BELAU** n.m., État d'Océanie ; 487 km^2 ; 15 000 hab. *(Palauans).* CAP. *Koror* (9 000 hab.). LANGUES : *palauan* et *anglais.* MONNAIE : *dollar des États-Unis.* Placé par l'ONU sous tutelle américaine en 1947, l'archipel devient indépendant en 1994 et est admis au sein de l'ONU.

PALATIN (mont), une des sept collines de Rome, la plus anciennement habitée (VIIIe s. av. J.-C.). Importants vestiges, avec peintures murales.

PALATINAT n.m., en all. **Pfalz,** région de l'Allemagne, située sur le Rhin, au N. de l'Alsace. Il constitue depuis 1946 une partie de l'État de *Rhénanie-Palatinat.* Dans le cadre du Saint Empire, le terme *palatinat* désignait le domaine des comtes palatins. À partir du XIIe s., il fut réservé au domaine du comte palatin du Rhin (cap. Heidelberg). Passé aux Wittelsbach de Bavière (1214), le Palatinat reçut la dignité électorale en 1356. Limité en 1648 au Palatinat rhénan, le Haut-Palatinat étant attribué à la Bavière, il fut, après 1795, partagé entre la France et les duchés de Bade et de Hesse-Darmstadt.

PALATINE (princesse) → **CHARLOTTE-ÉLISABETH de Bavière.**

PALAVAS-LES-FLOTS (34250), comm. de l'Hérault ; 5 446 hab. Station balnéaire. Casino. – Aux environs, cathédrale de *Maguelone.

PALAWAN, île du sud-ouest des Philippines ; 372 000 hab.

PALE, v. de Bosnie-Herzégovine, à l'E.-S.-E. de Sarajevo ; 25 000 hab.

PALEMBANG, v. d'Indonésie, dans le sud de Sumatra ; 1 084 000 hab. Port. Exportation du pétrole.

PALENCIA, v. d'Espagne (Castille-León), ch.-l. de prov. ; 77 863 hab. Cathédrale des XIVe-XVIe s. (œuvres d'art) et autres monuments.

PALENQUE, important centre cérémoniel maya du Mexique (État du Chiapas). Dans le temple dit « des Inscriptions », dressé au sommet d'une pyramide, a été découverte la sépulture souterraine d'un dignitaire (période classique), accompagnée de riches offrandes.

■ **PALENQUE.** Le palais (290 - 950).

PALÉOLOGUE, famille de l'aristocratie byzantine qui régna sur l'Empire byzantin de 1258 à 1453, et qui donna aussi des souverains au despotat de Mistra (1383 - 1460).

PALERME, en ital. **Palermo,** v. d'Italie, cap. de la Sicile et ch.-l. de prov., sur la côte nord de l'île ; 697 162 hab. *(Palermitains).* Archevêché. Université. Port. Centre administratif et touristique. – Remarquables monuments, notamm. de styles byzantino-arabe (chapelle palatine de Roger II,

■ **PALERME.** Le cloître de l'église Saint-Jean-des-Ermites (1132).

1132) et baroque (églises et palais des XVIIe-XVIIIe s.). Musée archéologique (sculptures grecques de Sélinonte) ; Galerie nationale de Sicile.

PALESTINE n.f., région historique du Proche-Orient, entre la Méditerranée et le Jourdain (et la mer Morte), englobant l'actuel État d'Israël, la Cisjordanie et la bande de Gaza. **1220 - 1200 av. J.-C. :** les Hébreux conquièrent le pays de Canaan. **64 - 63 av. J.-C. :** Rome soumet la région. **132 - 135 apr. J.-C. :** à la suite de la révolte de Bar-Kokhba, de nombreux Juifs sont déportés. **IVe s. :** après la conversion de Constantin, la Palestine devient pour les chrétiens la Terre sainte. **634 - 640 :** la conquête arabe arrache la Palestine aux Byzantins et l'intègre à l'empire musulman. **1099 :** les croisés fondent le royaume latin de Jérusalem. **1291 :** les Mamelouks d'Égypte s'emparent des dernières possessions latines et dominent le pays jusqu'à la conquête ottomane. **1516 :** l'Empire ottoman établit pour quatre siècles sa domination sur la région. **À partir de 1882 :** les pogroms russes provoquent l'immigration juive, qui est encouragée par le mouvement sioniste. **1916 :** la révolte arabe contre les Ottomans est soutenue par la Grande-Bretagne. **1917 - 1918 :** la Grande-Bretagne occupe la région. **1922 :** elle se fait confier par la SDN un mandat sur la Palestine, lequel stipule l'établissement dans la région d'un foyer national juif, conformément à la déclaration Balfour de nov. 1917. **1928 - 1939 :** des troubles sanglants opposent les Palestiniens arabes aux immigrants juifs. **1939 :** le Livre blanc britannique impose des restrictions à l'immigration juive et provoque l'opposition du mouvement sioniste (action terroriste de l'Irgoun). **1947 :** l'ONU décide le partage de la Palestine entre un État juif et un État arabe, partage rejeté par les Arabes. **1948 - 1949 :** l'État d'Israël est proclamé et, après la défaite arabe (première guerre israélo-arabe), les Palestiniens se réfugient massivement dans les États limitrophes. **1949 - 1950 :** la Cisjordanie est intégrée dans le royaume de Jordanie. **1964 :** l'Organisation de libération de la Palestine (OLP) est fondée. **1967 :** la Cisjordanie et la bande de Gaza sont occupées par Israël. **1979 :** le traité de paix israélo-égyptien prévoit une certaine autonomie pour ces deux régions. **À partir de 1987 :** les territoires occupés sont le théâtre d'un soulèvement populaire palestinien (Intifada). **1988 :** le roi Husayn rompt les liens légaux et administratifs entre son pays et la Cisjordanie, reconnaissant l'OLP comme unique et légitime représentant du peuple palestinien (juill.). L'OLP proclame la création d'un État indépendant « en Palestine » (nov.). **1991 :** les Palestiniens et les pays arabes participent avec Israël à la conférence de paix sur le Proche-Orient, ouverte à Madrid en octobre. **1993 :** la reconnaissance mutuelle d'Israël et de l'OLP est suivie par la signature de l'accord israélo-palestinien de Washington. **1994 :** conformément à cet accord, un régime d'autonomie (retrait de l'armée et de l'administration israéliennes, à l'exception des colonies de peuplement juif) est mis en place à Gaza et à Jéricho. L'Autorité nationale palestinienne, présidée par Y. Arafat, s'installe à Gaza. **1995 :** l'autonomie est étendue aux principales villes de Cisjordanie. **1996 :** les premières élections palestiniennes (janv.) désignent le Conseil de l'autonomie palestinienne et son président (Y. Arafat). Le raidissement de la politique israélienne entraîne un blocage du processus de paix, qui dure en dépit du nouvel accord conclu à Wye River (É.-U.) en 1998. **1999 :** les négociations israélo-palestiniennes sont relancées (accord de Charm el-Cheikh [Égypte]). Mais ces efforts de paix s'inscrivent dans un contexte très difficile, avec la reprise de violents affrontements et de l'Intifada à l'automne 2000.

PALESTRINA (Giovanni Pierluigi **da**), *Palestrina 1525 - Rome 1594,* compositeur italien. Il fut l'un des plus grands maîtres de la musique polyphonique ; on lui doit une centaine de messes *(Messe du pape Marcel),* des motets, des hymnes, des madrigaux.

PALGHAT (trouée de), dépression du Deccan, entre la côte de Malabar et le golfe du Bengale.

Palikao (bataille de) [21 sept. 1860], victoire franco-britannique sur les Chinois, à Palikao (en chin. *Baliqiao*), à l'est de Pékin, où se distingua le général Cousin-Montauban. Elle ouvrait aux Européens les portes de Pékin.

PALISSY (Bernard), *Agen v. 1510 - Paris 1589 ou 1590,* potier émailleur français. Il est célèbre pour ses terres cuites émaillées, ornées d'animaux moulés au naturel, de plantes et de fruits, dites « rustiques figulines », dont il revêt des grottes (château d'Écouen, jardin des Tuileries). On lui doit d'insignes progrès dans la variété des glaçures, notamment avec ses poteries jaspées, décorées dans l'esprit de l'école de Fontainebleau.

■ BERNARD **PALISSY.** Grand plat ovale en céramique, du type « rustique figuline ». (Musée national de Céramique, Sèvres.)

PALK (détroit de), bras de mer séparant l'Inde et Sri Lanka.

PALLADIO (Andrea **di Pietro,** dit), *Padoue 1508 - Vicence 1580,* architecte italien. Il a construit à Vicence (« Basilique », à partir de 1545 ; divers palais ; théâtre « Olympique »), à Venise (églises S. Giorgio Maggiore [1566 - 1580], du *Redentore,* etc.) et dans les régions environnantes (villas *la *Rotonda, la Malcontenta, Barbaro,* etc.). Il manie les formes classiques, qu'il teinte de maniérisme, avec une admirable variété. Auteur d'un traité, les *Quatre Livres d'architecture* (1570), il exerça une très forte influence sur l'architecture européenne, et notamment anglaise.

PALLANZA, station touristique d'Italie (Piémont), sur le lac Majeur.

PALLAS, *m. en 63 apr. J.-C.,* affranchi et favori de l'empereur Claude. Sur son conseil, Claude épousa Agrippine et adopta Néron. De concert avec Agrippine, Pallas fit empoisonner son maître, mais fut lui-même empoisonné par Néron.

PALLAVA, dynastie de l'Inde qui régna (IIIe-IXe s.) dans le Deccan oriental.

PALLICE (La), port de commerce de La Rochelle, en face de l'île de Ré.

PALMA (La), l'une des Canaries ; 75 577 hab. Observatoire astronomique.

PALMA DE MAJORQUE ou **PALMA,** v. d'Espagne, cap. des îles Baléares et ch.-l. de prov., dans l'île de Majorque ; 296 754 hab. Port, aéroport et centre touristique. – Anc. palais royaux, gothiques, de l'*Almudaina* et de *Bellver ;* imposante cathédrale gothique des XIIIe-XVIe s., Lonja (anc. Bourse) du XVe s. et autres monuments. Musée de Majorque.

PALMA le Vieux (Iacopo **Nigretti,** dit), *Serina, Bergame, v. 1480 - Venise 1528,* peintre italien. Installé à Venise, il a peint des scènes religieuses, des portraits et des nus d'une plénitude sereine. – **Iacopo Nigretti,** dit **P. le Jeune,** *Venise 1544 - id. 1628,* peintre italien, petit-neveu de Palma le Vieux. Il fut le plus actif des peintres décorateurs vénitiens de la fin du XVIe s.

PALMAS (Las), ch.-l. des Canaries et ch.-l. de prov., sur la Grande Canarie ; 354 877 hab. Musée dans la *Casa de Colón* (fin XVe s.).

PALM BEACH, v. des États-Unis (Floride) ; 67 625 hab. Station balnéaire.

PALME (Olof), *Stockholm 1927 - id. 1986,* homme politique suédois. Président du Parti social-démocrate, il fut Premier ministre de 1969 à 1976 et de 1982 à 1986. Il fut assassiné.

PALMER (péninsule de) → **GRAHAM** (terre de).

PALMERSTON (Henry **Temple,** vicomte), *Broadlands 1784 - Brocket Hall 1865,* homme politique britannique. Ministre des Affaires étrangères (1830 - 1841 ; 1846 - 1851), il chercha à préserver les intérêts stratégiques et commerciaux de la Grande-Bretagne, et combattit l'influence de la France et de la Russie, notamm. au cours du conflit turco-égyptien (1839 - 1840). Premier ministre de 1855 à 1858 et de 1859 à 1865, il ne put empêcher Napoléon III d'intervenir en faveur de l'indépendance italienne (1860).

Palmes académiques (ordre des), décoration française, instituée en 1808, qui fut transformée en ordre en 1955 pour récompenser les services rendus à l'enseignement, aux lettres et aux arts.

PALMIRA, v. de Colombie ; 214 000 hab.

PALMYRE (« Cité des palmiers »), site historique de Syrie, entre Damas et l'Euphrate. Oasis du désert syrien et carrefour des caravanes, Palmyre monopolisa la plus grande partie du commerce avec l'Inde après la chute de Pétra (106 apr. J.-C.). Avec Odenath (m. en 267) et la reine Zénobie (v. 267 - 272), elle devint la capitale d'un État qui contrôlait une partie de l'Asie Mineure. L'empereur Aurélien mit fin à la domination de Palmyre, qui, dévastée en 273, fut détruite par les Arabes en 634. — Impressionnants vestiges hellénistiques et romains. Riche nécropole.

P

Palo Alto (école de), mouvement d'idées né dans les années 1950 à l'hôpital psychiatrique de Palo Alto (Californie), sous les auspices de G. Bateson. Elle a contribué à promouvoir l'étude des rites d'interaction et de la communication au sein des groupes (la famille notamm.).

PALOMAR (mont), montagne des États-Unis (Californie) ; 1 871 m. Observatoire astronomique (télescope de 5,08 m d'ouverture).

PALOS, cap du sud-est de l'Espagne, sur la Méditerranée.

PALOS, village d'Espagne (Andalousie), près de l'estuaire du río Tinto. Port (auj. ensablé), d'où Colomb s'embarqua à la découverte de l'Amérique (3 août 1492).

PALUEL (76450), comm. de la Seine-Maritime ; 426 hab. Centrale nucléaire sur la Manche.

PAMIERS (09100), ch.-l. d'arrond. de l'Ariège, sur l'Ariège ; 15 013 hab. *(Appaméens).* Évêché. Métallurgie. — Église N.-D.-du-Camp, à puissante façade en brique du XIVe s. ; cathédrale reconstruite au XVIIe s.

PAMIR n.m., massif d'Asie centrale. Il est partagé entre le Tadjikistan (7 495 m au pic du Communisme) et la Chine (7 719 m au Kongur Shan).

PAMPA (la), région de l'Argentine centrale. Elle constitue une grande zone de culture (blé) et surtout d'élevage (bovins).

PAMPELUNE, en esp. **Pamplona,** v. d'Espagne, cap. de la Navarre et ch.-l. de prov. ; 180 372 hab. Cathédrale gothique du XVe s. ; musée diocésain et musée de Navarre.

PAMPHYLIE, contrée méridionale de l'Asie Mineure, entre la Lycie et la Cilicie ; v. princ. *Aspendos.*

■ **PALMERSTON** par J. Partridge. (National Portrait Gallery, Londres.)

■ LOUIS JOSEPH **PAPINEAU.** (Archives publiques du Canada.)

PAMUKKALE, site archéologique de Turquie, à l'emplacement de l'anc. Hiérapolis, ville de Phrygie. Importants vestiges antiques à proximité de pittoresques sources d'eau chaude.

PAN MYTH. GR. Dieu des Bergers et des Troupeaux. Il devint, chez les poètes et les philosophes, une des grandes divinités de la Nature.

PANAJI ou **PANJIM,** v. d'Inde, cap. de l'État de Goa ; 43 349 hab. Églises baroques et autres vestiges portugais aux environs (Velha Goa...).

PANAMÁ n.m., État d'Amérique centrale ; 77 000 km^2 ; 2 680 000 hab. *(Panaméens).* **CAP.** *Panamá.* **LANGUE :** *espagnol.* **MONNAIE :** *balboa.* (V. carte **Amérique centrale.**) Les zones montagneuses sont forestières et peu peuplées. Les bassins et les plaines côtières produisent du maïs, du riz et des bananes (exportées). La zone du canal est la région vitale du pays.

HISTOIRE

XVIe s. : colonisé par l'Espagne dès 1510, le Panamá devient la base de départ pour la colonisation du Pérou. **1519 :** Pedrarias Dávila fonde la ville de Panamá. **1739 :** la ville et sa région sont rattachées à la vice-royauté de Nouvelle-Grenade. **1819 :** le pays reste lié à Bogotá après l'indépendance de la Grande-Colombie. **1855 :** le rush de l'or en Californie amène la construction du chemin de fer Colón-Panamá. **1881 - 1889 :** Ferdinand de Lesseps entreprend le percement d'un canal interocéanique ; faute de capitaux suffisants, les travaux sont suspendus. **1903 :** le Panamá proclame son indépendance et la république est établie, à la suite d'une révolte encouragée par les États-Unis. Souhaitant reprendre le projet du canal, ceux-ci se font concéder une zone large de 10 miles allant d'un océan à l'autre. **1914 :** le canal est achevé. **1959, 1964, 1966 :** la tutelle américaine provoque la montée du nationalisme, et des émeutes secouent Panamá. **1968 - 1981 :** le général Omar Torrijos domine la vie politique du pays. Il conclut en 1978 avec les États-Unis un traité prévoyant le retour de la zone du canal sous pleine souveraineté panaméenne à la fin de 1999. Mais sa mort accidentelle (1981) est suivie d'une période d'instabilité. **1983 :** le général Noriega devient l'homme fort du régime. **1989 :** une intervention militaire américaine renverse Noriega (déc.) ; Guillermo Endara, qui avait été élu en mai, prend alors ses fonctions de président de la République. **1994 :** Ernesto Pérez Balladares est élu à la tête de l'État. **1999 :** Mme Mireya Moscoso lui succède. Les États-Unis restituent définitivement à Panamá la zone du canal (déc.).

PANAMÁ, cap. de la république de Panamá, sur le Pacifique *(golfe de Panamá)* ; 413 505 hab. Port.

Panamá (canal de), canal interocéanique traversant l'isthme de Panamá. Long de 79,6 km, il est coupé par six écluses. Son trafic est de l'ordre de 170 Mt par an. — Les travaux commencèrent en 1881 sur l'initiative de Ferdinand de Lesseps. Mais ils furent arrêtés en 1888, et la mise en liquidation de la Compagnie universelle du canal interocéanique (1889) fut suivie, en France, par un grave scandale financier et politique (1891 - 1893). Les travaux, repris en 1904, aboutirent à l'ouverture du canal en 1914. Après l'indépendance du Panamá, les États-Unis obtinrent par traité la concession de la zone du canal de Panamá, revenue sous pleine souveraineté panaméenne en 1999.

PANAMÁ (isthme de), isthme qui unit les deux Amériques, long de 250 km, large au minimum d'une cinquantaine de kilomètres.

PANAME, nom populaire donné à Paris.

Panaméricaine (route), itinéraire routier reliant les principales villes d'Amérique latine.

PANAY, île des Philippines ; 1 900 000 hab.

PANCKOUCKE, famille d'éditeurs et de libraires français des XVIIIe et XIXe s., qui publia notamment, en association, l'*Encyclopédie* de Diderot et créa *le Moniteur universel.*

PANDATERIA, îlot de la côte de Campanie. Julie, Agrippine l'Aînée et Octavie y furent exilées.

PANDORE MYTH. GR. La première femme de l'humanité. Offerte aux hommes pour les punir de leur orgueil, elle devint la femme d'Épiméthée, le frère de Prométhée. Elle est responsable de la venue du mal sur la Terre, car elle ouvrit le vase où Zeus avait enfermé les misères humaines (d'où l'expression *ouvrir la boîte de Pandore,* s'exposer, par une initiative imprudente, à de graves dangers). Dans la boîte de Pandore, seule resta l'Espérance.

PANE (Gina), *Biarritz 1939 - Paris 1990,* artiste française d'origine italienne. Elle a été, par ses *performances (à partir de 1968), un des principaux créateurs de l'art corporel.

PANGÉE n.f., en gr. **Pangaion,** massif de Grèce, à l'E. de Thessalonique. Il fut célèbre dans l'Antiquité pour ses mines d'or et d'argent.

PANGÉE n.f., continent unique de la fin du paléozoïque. Elle regroupait toutes les terres émergées et s'est ensuite divisé entre le Gondwana au S. et la Laurasie au N.

PANHARD (René), *Paris 1841 - La Bourboule 1908,* constructeur automobile français. Il s'associa en 1886 avec É. Levassor pour fonder la société Panhard et Levassor, qui fabriqua en 1891 la première voiture automobile française à essence et en 1899 la première automitrailleuse.

PANINE (Nikita Ivanovitch, comte), *Dantzig 1718 - Saint-Pétersbourg 1783,* homme d'État russe. Il dirigea, sous Catherine II, les Affaires étrangères de 1763 à 1781.

PANINI, *nord-ouest de l'Inde V^e ou IVe s. av. J.-C.,* grammairien indien. Il est l'auteur d'un remarquable traité de grammaire sanskrite.

PANKHURST (Emmeline **Goulden,** Mrs.), *Manchester 1858 - Londres 1928,* suffragette britannique. Fondatrice de l'Union féminine sociale et politique (1903), elle milita pour le vote des femmes.

PANKOW, quartier de Berlin, sur la *Panke.* Anc. siège du gouvernement de la RDA.

PANMUNJOM, localité de Corée du Nord, près de Kaesong, dans la zone démilitarisée créée à l'issue de la guerre de Corée. Les pourparlers (1951 - 1953) mettant fin à ce conflit s'y tinrent.

PANNE (La), en néerl. **De Panne,** comm. de Belgique (Flandre-Occidentale) ; 9 717 hab. Station balnéaire.

PANNINI ou **PANINI** (Giovanni Paolo), *Plaisance v. 1691 - Rome 1765,* peintre italien. Élève des Bibiena, il fut, avant Canaletto, le premier des grands « védutistes » avec ses vues de Rome, ses arrangements de ruines, ses représentations de cortèges et de fêtes.

PANNONIE, anc. région de l'Europe centrale, sur le Danube moyen. Elle fut conquise par les Romains entre 35 av. J.-C. et 10 apr. J.-C.

PANNONIEN (Bassin), ensemble de plaines, entre les Alpes orientales et les Carpates.

PANOFSKY (Erwin), *Hanovre 1892 - Princeton 1968,* historien de l'art américain d'origine allemande. Il est le maître de la méthode iconologique de « lecture » de l'œuvre d'art (*Essais d'iconologie, thèmes humanistes dans l'art de la Renaissance,* 1939 ; *Albrecht Dürer,* 1943).

Pantagruel (les Horribles et Épouvantables Faits et Prouesses du très renommé), roman de Rabelais (1532). Le récit des aventures de Pantagruel, écrit avant celui des prouesses de son père, *Gargantua, campe la figure majeure de *Panurge.

Pantalon, personnage de la comédie italienne, type de vieillard libidineux et cupide. Il porte souvent la culotte longue qui a pris son nom.

PANTELLERIA, île italienne entre la Sicile et la Tunisie ; 83 km^2 ; 7 316 hab.

PANTHALASSA n.f., océan unique de la fin du paléozoïque. Elle entourait la Pangée.

Panthéon, temple de Rome, dédié aux sept divinités planétaires, construit en 27 av. J.-C. par Agrippa. Détruit en 80, et restauré par Hadrien, consacré au culte chrétien au VIIe s., il demeure l'un des chefs-d'œuvre de l'architecture romaine : son plan circulaire et sa vaste coupole surbaissée ont profondément influencé l'architecture occidentale, de la Renaissance à l'époque classique.

Panthéon, monument de Paris, sur la montagne Sainte-Geneviève (V^e arrond.). Construit à partir de 1764 par Soufflot, achevé v. 1790 par Jean-Baptiste Rondelet, il devait être une église dédiée à la patronne de Paris. La Révolution en fit un temple destiné à abriter les tombeaux des grands hommes et lui donna son nom. Église sous la Restauration et le second Empire, il fut rendu au culte des hommes illustres par la IIIe République, à l'occasion des funérailles de Victor Hugo. Peintures murales de Puvis de Chavannes.

PANTIN (93500), ch.-l. de cant. de la Seine-Saint-Denis, au N.-E. de Paris ; 50 070 hab. *(Pantinois).* Centre industriel. Cimetière parisien. — Centre national de la danse.

Panurge, personnage des romans de Rabelais, qui apparaît dans *Pantagruel.* Paillard, cynique, poltron, mais d'esprit fertile et amusant, il est le compagnon fidèle de Pantagruel.

PAOLI (Pascal), *Morosaglia 1725 - Londres 1807,* patriote corse. Proclamé chef de l'île en 1755, il ne laissa que le littoral au pouvoir des Génois. Après que Gênes eut cédé à la France ses droits sur la Corse au traité de Versailles (1768), il lutta contre les Français. Défait à Ponte-Novo en 1769, il se retira en Angleterre. Il rentra en Corse en 1790, fit une nouvelle tentative de sécession avec l'aide des Britanniques, et repartit pour Londres en 1795.

PAOLO VENEZIANO, peintre italien, actif à Venise de 1310 à 1360 env. Amorçant une réaction contre la tradition byzantine, il est considéré comme le fondateur de l'école vénitienne. Son art, précieux, se retrouve avec plus de souplesse chez ses disciples, tel Lorenzo Veneziano.

PAOUSTOVSKI (Konstantine Gueorguievitch), *Moscou 1892 - id. 1968,* écrivain soviétique. Il est l'auteur de récits d'aventures *(Kara-Bougaz)* et d'une autobiographie *(Histoire d'une vie).*

PAPADHÓPOULOS (Georghios), *Eleokhorion 1919 - Athènes 1999,* officier et homme politique grec. Il organisa le coup d'État militaire d'avril 1967. Véritable chef du « gouvernement des colonels », il fit proclamer la république (1973), dont il fut président avant d'être renversé et emprisonné.

PAPÁGHOS ou **PAPAGOS** (Aléxandhros), *Athènes 1883 - id. 1955,* maréchal et homme politique grec. Ministre de la Guerre en 1935, il dirigea avec succès la défense contre les Italiens (1940), puis les opérations contre les communistes au cours de la guerre civile (1949 - 1951). Il fut Premier ministre (1952 - 1955).

PAPANDHRÉOU (Georghios), *Patras 1888 - Athènes 1968,* homme politique grec. Républicain, chef du gouvernement grec en exil (1944), il fut président du Conseil de 1963 à 1965. — **Andhréas P.,** *Chio 1919 - Ekáli, près d'Athènes, 1996,* homme politique grec. Fils de Georghios, socialiste (fondateur du PASOK en 1974), il fut Premier ministre de 1981 à 1989, puis à nouveau de 1993 à 1996.

PAPANINE (Ivan), *Sébastopol 1894 - Moscou 1986,* amiral et explorateur soviétique. Il se laissa dériver, sur une banquise, du pôle Nord aux côtes du Groenland (1937 - 1938).

PAPE-CARPANTIER (Marie), *La Flèche 1815 - Villiers-le-Bel 1878,* pédagogue française. Elle organisa en France les premières écoles maternelles.

PAPEETE, ch.-l. de la Polynésie française, sur la côte nord-ouest de Tahiti ; 25 553 hab. (plus de 80 000 hab. dans l'agglomération). Cour d'appel. Port. Aéroport. Centre touristique.

PAPEN (Franz **von**), *Werl 1879 - Obersasbach 1969,* homme politique allemand. Député du Centre catholique, chancelier du Reich en 1932, vice-chancelier (1933-1934), il soutint le nazisme, croyant pouvoir partager le pouvoir avec Hitler. Ambassadeur à Vienne (1934 - 1938), puis à Ankara (1939 - 1944), il fut jugé et acquitté à Nuremberg (1946).

PAPHLAGONIE n.f., anc. région côtière du nord de l'Asie Mineure ; v. princ. *Sinope,* auj. *Sinop.*

PAPHOS, v. anc. du sud de l'île de Chypre, célèbre pour son temple d'Aphrodite.

PAPIN (Denis), *Chitenay, près de Blois, 1647 - Londres ? v. 1712,* savant et inventeur français. En 1679, il imagina son *digesteur,* ancêtre de l'autoclave. Après la révocation de l'édit de Nantes, il quitta la France pour l'Angleterre et l'Allemagne. En 1687, il donna le principe de la première machine à vapeur à piston.

PAPINEAU (Louis Joseph), *Montréal 1786 - Montebello 1871,* homme politique canadien. Chef du Parti patriote, il défendit les droits des Canadiens français et fut l'un des instigateurs de la rébellion de 1837.

PAPINI (Giovanni), *Florence 1881 - id. 1956,* écrivain italien. Polémiste, philosophe et poète, il est l'auteur d'essais marqués par un catholicisme tourmenté et parfois hétérodoxe *(Histoire du Christ, le Diable).*

PAPINIEN, en lat. **Aemilius Papinianus,** *m. à Rome en 212 apr. J.-C.,* l'un des plus grands jurisconsultes romains. Préfet du prétoire, il fut mis à mort par Caracalla.

PAPOUASIE n.f., nom français de l'anc. territoire de Papua, partie sud-est de la *Nouvelle-Guinée, anc. dépendance de l'Australie.

PAPOUASIE-NOUVELLE-GUINÉE n.f., État d'Océanie ; 463 000 km² ; 4 400 000 hab. *(Papouans-Néo-Guinéens).* CAP. *Port Moresby.* LANGUE : *anglais.* MONNAIE : *kina.* (V. carte **Océanie.**) Le pays est formé essentiellement par la moitié est de l'île de la Nouvelle-Guinée, à laquelle s'ajoutent plusieurs îles. C'est un territoire montagneux au nord, marécageux au sud, humide, en grande partie couvert par la forêt et habité par des tribus éparses. Quelques plantations (café, cacao) jalonnent le littoral. Le sous-sol fournit surtout du cuivre et de l'or. — Cet État est indépendant depuis 1975 dans le cadre du Commonwealth.

PAPOUASIE-OCCIDENTALE ou **PAPOUASIE → IRIAN.**

PAPOUS ou **PAPOUA,** groupe de peuples mélanésiens et malais-polynésiens de la Nouvelle-Guinée et des îles voisines, dont les langues très diverses ne se rattachent pas au groupe mélanésien.

PAPPUS, *Alexandrie IVe s.,* mathématicien grec. Sa *Collection mathématique* est une des sources les plus riches pour la connaissance des mathématiques grecques.

PAPUS (Gérard Anaclet Vincent **Encausse,** dit), *La Corogne 1865 - Paris 1916,* occultiste français. Docteur en médecine, fondateur de l'ordre martiniste, il tenta d'opérer une synthèse entre le savoir hermétique et la science de son temps *(le Tarot des bohémiens,* 1889 ; *Traité méthodique de science occulte,* 1891).

PÂQUES (île de), île du Pacifique, à l'O. du Chili, dont elle dépend ; 162,5 km² ; 1 870 hab. Vers le Ve s. de notre ère, elle fut colonisée par des populations d'origine polynésienne qui restèrent isolées jusqu'à l'arrivée des Européens, en 1722. Cette civilisation avait pour support le culte des ancêtres avec des sanctuaires *(ahu)* et surtout des statues géantes, monolithiques (les *moai*).

PARÁ, État du nord du Brésil ; 1 250 000 km² ; 5 084 726 hab. ; cap. *Belém.*

PARACAS, culture précolombienne de la côte sud du Pérou, qui s'est développée à partir du XIIIe s. av. J.-C. Elle est connue par le mobilier funéraire (beaux textiles) de ses nécropoles, Paracas Cavernas et Paracas Necropolis, probablement à l'origine des agglomérations de la culture de *Nazca.

■ **PANTHÉON.** L'intérieur du Panthéon de Rome par G. P. Pannini.

■ ÎLE DE **PÂQUES.** Moai.

■ **PARACELSE** d'après un original perdu de Q. Metsys. (Louvre, Paris.)

PARACEL (îles), groupe d'îlots de la mer de Chine méridionale, au large du Viêt Nam. Elles sont revendiquées par la Chine et le Viêt Nam.

PARACELSE (Theophrastus **Bombastus von Hohenheim,** dit), *Einsiedeln v. 1493 - Salzbourg 1541,* alchimiste et médecin suisse. Père de la médecine hermétique, il élabora une doctrine qui faisait correspondre le monde extérieur (macrocosme) avec les différentes parties de l'organisme humain (microcosme).

Paradis perdu (le), poème biblique de J. Milton, publié en dix chants en 1667 et en douze en 1674. La chute d'Adam et Ève y est décrite comme bénéfique, car elle débouche sur la liberté humaine. Le poème a inspiré un opéra *(le Paradis perdu,* 1978) à Penderecki. — le **Paradis reconquis,** poème biblique de J. Milton (1671), dans lequel Satan tente, en vain, le Christ.

PARADJANOV (Sergueï), *Tbilissi 1924 - Erevan 1990,* cinéaste soviétique. Géorgien d'origine arménienne, il connut un triomphe international avec *les Chevaux de feu* (1965), puis réalisa *Sayat Nova,* du nom d'un grand poète arménien. Le film, mal perçu par les autorités, fut diffusé dans une version raccourcie *(la Couleur de la grenade,* 1971).

PARAGUAY n.m., riv. d'Amérique du Sud, qui naît dans le Mato Grosso brésilien, affl. du Paraná (r. dr.) ; 2 500 km ; bassin de 1 100 000 km². Il traverse le Paraguay, qu'il sépare aussi du Brésil, puis de l'Argentine.

PARAGUAY n.m., État d'Amérique du Sud ; 407 000 km² ; 5 100 000 hab. *(Paraguayens).* CAP. *Asunción.* LANGUES : *espagnol* et *guarani.* MONNAIE : *guarani.*

GÉOGRAPHIE

Le Paraguay est un pays au relief peu accidenté, où l'élevage bovin, l'exploitation de la forêt (acajou, quebracho), le maté, les plantations de tabac, de coton, de soja et de canne à sucre constituent les principales ressources commercialisables. La population est aujourd'hui largement métissée. L'hydroélectricité (sur le Paraná) a suscité un modeste développement industriel, mais est, en majeure partie, exportée vers le Brésil et l'Argentine. La capitale est la seule ville notable.

HISTOIRE

Début du XVIe s. : peuplé par les Indiens Guarani, le bassin du Paraguay est exploré par les Espagnols. **1585 :** les jésuites colonisent une partie de la région placée sous leur seule autorité (1604). Les Indiens sont rassemblés dans des « réductions » (villages indigènes interdits aux colons), où leurs activités sont dirigées par les missionnaires qui les évangélisent. **1767 :** les jésuites sont expulsés ; les réductions sont ravagées et les Indiens dispersés. **1813 :** l'indépendance (vis-à-vis de Buenos Aires et de Madrid) est proclamée. Le pays connaît dès lors une succession de dictatures dont la plus longue et la plus dure est celle de Gaspar de Francia (1814 - 1840). **1865 - 1870 :** une guerre contre l'Argentine, l'Uruguay et le Brésil ruine le pays. Ce désastre favorise

l'implantation du système oligarchique, marqué par la rivalité entre les *azules* (libéraux et anticléricaux) et les *colorados* (conservateurs et catholiques). **1932 - 1935 :** la guerre du Chaco contre la Bolivie est remportée par le Paraguay. Des officiers nationalistes prennent en main les rênes du pays. **1954 - 1989 :** le général Stroessner s'empare du pouvoir. Constamment réélu, il gouverne en maître absolu. **1989 :** Stroessner est renversé par un soulèvement militaire dirigé par le général Andrès Rodríguez. Confirmé à la tête de l'État par une élection présidentielle, ce dernier engage son pays sur la voie de la démocratisation. **1992 :** une nouvelle Constitution est adoptée. **1993 :** les civils retrouvent le pouvoir avec l'élection de Juan Carlos Wasmosy (parti Colorado) à la présidence de la République. **1998 :** Raúl Cubas (Colorado) lui succède à la tête de l'État. Mais, menacé de destitution au terme d'une longue crise politique, il démissionne en 1999. Le président du Sénat, Luis González Macchi, assure la transition à la tête de l'État.

PARAÍBA, État du Brésil ; 3 200 620 hab. ; cap. *João Pessoa.*

PARAMARIBO, cap. du Suriname, près de l'embouchure du fleuve Suriname ; 201 000 hab. Port.

PARAMÉ, anc. comm. d'Ille-et-Vilaine, rattachée à Saint-Malo. Station balnéaire. Thalassothérapie.

PARANÁ n.m., fl. d'Amérique du Sud, qui rejoint le fleuve Uruguay pour former le Río de la Plata ; 3 000 km env. (4 200 km avec le Río de la Plata). Il traverse ou limite le Brésil, le Paraguay et l'Argentine. Hydroélectricité.

PARANÁ, État du Brésil méridional ; 8 415 659 hab. ; cap. *Curitiba.* Café.

PARANÁ, v. d'Argentine, sur le *Paraná ;* 277 338 hab. Port.

PARANAL (Cerro), sommet des Andes, dans le nord du Chili ; 2 640 m. Observatoire astronomique (*VLT).

PARAT (Pierre), associé de Michel *Andrault.

PARAY (Paul), *Le Tréport 1886 - Monte-Carlo 1979,* chef d'orchestre français. Il a révélé et divulgué la musique française écrite de 1920 à 1960.

PARAY-LE-MONIAL (71600), ch.-l. de cant. de Saône-et-Loire ; 9 820 hab. *(Parodiens).* Belle basilique romane d'influence clunisienne ; pèlerinage du Sacré-Cœur.

Parc des Princes, stade de Paris, au S. du bois de Boulogne. Sa reconstruction a été achevée en 1972 (architecte : Roger Taillibert).

PARDUBICE, v. de la République tchèque, en Bohême, sur l'Elbe ; 94 857 hab. Château Renaissance.

PARÉ (Ambroise), *Bourg-Hersent, près de Laval, v. 1509 - Paris 1590,* chirurgien français. Chirurgien d'Henri II, de François II, de Charles IX et d'Henri III, il est considéré traditionnellement comme le père de la chirurgie moderne.

PARELOUP (lac de), vaste plan d'eau (1 260 ha) du centre du dép. de l'Aveyron.

PARENTIS-EN-BORN (40160), ch.-l. de cant. des Landes ; 4 685 hab. Étang. Pétrole.

PARETO (Vilfredo), *Paris 1848 - Céligny, Suisse, 1923,* économiste et sociologue italien. Successeur de Walras (1893) à l'université de Lausanne, il reprit la théorie marginaliste et approfondit la notion d'optimum économique.

PARICUTÍN, volcan du Mexique, à l'O. de Mexico ; 2 808 m. Il a surgi en février 1943.

PARINI (Giuseppe), *Bosisio 1729 - Milan 1799,* poète italien. Son poème *la Journée* est une satire de la noblesse de son temps.

PARIS, cap. de la France, et ch.-l. de la Région Île-de-France, sur la Seine, constituant un dép. de 20 arrond. (75) ; 2 147 857 hab. *(Parisiens)* [plus de 9,5 millions d'hab. avec la banlieue].

GÉOGRAPHIE

La ville (105 km^2) est indissociable de l'agglomération (env. 2 000 km^2), dont elle est le centre. Elle s'est développée au cœur du Bassin parisien, à un point de convergence des fleuves et des routes. Paris s'est établie originellement dans une plaine édifiée par la Seine, et où s'élèvent des restes de plateaux (Ménilmontant, Montmartre, butte Sainte-Geneviève, etc.). Le site était favorable : le fleuve permettait la navigation, les îles (Cité, Saint-Louis) facilitaient le passage, les hauteurs aidaient à la défense, la plaine, fertile, assurait aisément le ravitaillement des habitants.

Les fonctions actuelles sont multiples. Capitale politique et intellectuelle de la France, Paris est le siège du gouvernement et des grandes administrations, d'une zone de défense, d'un archevêché, d'une cour d'appel, de nombreux établissements universitaires et culturels. Principal port fluvial, Paris est encore le premier centre financier, commercial et industriel de la France, grâce à l'abondance de la main-d'œuvre, à l'importance du marché de consommation, à la convergence des voies de communication et à la concentration des capitaux. Les industries se localisent surtout en banlieue ; la ville elle-même, qui s'est dépeuplée, est de plus en plus un centre de services. La croissance de l'agglomération, qui groupe près du sixième de la population du pays, a repris. Les problèmes (transports et logement notamment) liés à cette concentration démographique et économique demeurent aigus.

■ **PARIS.** La Bibliothèque François-Mitterrand (architecte D. Perrault, 1989 - 1995), avec le jardin et deux des quatre tours en forme de livre ouvert.

■ **PARIS.** La cathédrale Notre-Dame (XIIe-XIIIe s.), dans l'île de la Cité, vue du côté du chevet.

HISTOIRE

52 av. J.-C. : Lutèce, principale agglomération des *Parisii,* conquise par les Romains, entre dans l'histoire. **Ier s. apr. J.-C. :** les Romains en transfèrent le centre sur les pentes de la montagne Sainte-Geneviève. **IIIe s. :** au moment des invasions germaniques, la ville se replie dans l'île de la Cité et prend le nom de Paris. **360 :** Julien s'y fait proclamer Auguste. **451 :** grâce à sainte Geneviève, Paris résiste aux Huns. **VIe s. :** les rois francs en font leur résidence à partir du règne de Clovis. **857 :** Paris est incendiée par les Normands. **886 :** le comte Eudes, ancêtre des Capétiens, leur résiste. **987 :** l'avènement des Capétiens favorise l'essor de la ville. **XIe s. :** Paris est fortifiée et fonde sa prospérité sur le commerce fluvial. **XIIe s. :** le grand commerce connaît une considérable extension. C'est l'époque de la construction des premières Halles et de Notre-Dame. Philippe Auguste ordonne l'érection d'une seconde enceinte ; le prévôt des marchands devient le véritable maire de Paris. **1215 :** l'Université de Paris est créée. **1257 :** la Sorbonne est fondée. **1356 - 1358 :** Étienne Marcel prend la tête d'une révolte communale contre le dauphin Charles. **XIVe - XVe s. :** Charles V construit une nouvelle enceinte. **XVe s. :** Paris, dont les rois se méfient, pactise un moment avec les Bourguignons. **1572 (24 août) :** les protestants sont massacrés lors de la Saint-Barthélemy. **1588 :** Paris, favorable aux ligueurs, contraint Henri III à s'enfuir. **1594 :** Henri IV entre à Paris. **1648 (26 août) :** la journée des Barricades inaugure la Fronde. **1682 :** Louis XIV s'installe à Versailles. **XVIIIe s. :** Paris, avec 600 000 hab., constitue le principal foyer culturel de l'Europe. Théâtre principal de la Révolution française (prise de la Bastille [1789], création de la Commune de Paris), la ville est également à l'origine des révolutions de 1830 et de 1848. Une nouvelle enceinte (dite de Thiers) est construite (1841 - 1845). **1859 :** les onze communes périphériques sont annexées au territoire parisien. **1860 (1er janv.) :** les arrondissements passent de 12 à 20. **1853 - 1870 :** Haussmann, préfet de la Seine, donne à la ville ses grandes perspectives. **1870 (19 sept.) - 1871 (28 janv.) :** les Allemands assiègent Paris. **1871 (18 mars-28 mai) :** l'échec de la Commune de Paris transforme le statut municipal de la capitale, la privant de son maire. **1940 - 1944 :** les Allemands occupent Paris. **1975 (31 déc.) :** Paris devient une collectivité territoriale, à la fois commune et département. **1977 :** un maire de Paris est élu (J. Chirac [1977-1995], Jean Tiberi [1995-2001] puis Bertrand Delanoë). **1982 :** la ville est dotée de conseils d'arrondissement présidé chacun par un maire.

BEAUX-ARTS

De l'époque gallo-romaine subsistent principalement les thermes « de Cluny » ; de l'époque romane il ne reste que la structure essentielle de l'abbatiale de *St-Germain-des-Prés. C'est avec l'art gothique que les réalisations parisiennes deviennent exemplaires de l'art français : cathédrale *Notre-Dame (entreprise en 1163), chœur de St-Germain-des-Prés, *Sainte-Chapelle, parties du XIVe s. de la Conciergerie (restes du palais de l'île de la Cité). La fin du gothique (XVe-XVIe s.) se signale par les églises St-Germain-l'Auxerrois, St-Gervais, St-Séverin, St-Étienne-du-Mont, etc., et par l'hôtel des abbés de *Cluny ; la Renaissance, par l'entreprise de l'église *St-Eustache (1532) et du nouveau palais du *Louvre. Du XVIIe s. demeurent des hôpitaux ou hospices (*Val-de-Grâce, *Invalides, etc.), le collège des *Quatre-Nations (auj. Institut), les développements du Louvre (et l'idée d'axe est-ouest qui s'y relie), le *Luxembourg, quatre « places royales », des églises et chapelles (façade de St-Gervais, St-Paul-St-Louis, St-Roch, *Sorbonne, dôme des *Invalides, etc.), de nombreux hôtels particuliers de l'île Saint-Louis et du *Marais. Le XVIIIe s. voit l'achèvement de la vaste église *St-Sulpice, la création de la place Louis-XV (auj. de la *Concorde), l'édification de l'*École militaire, du futur *Panthéon, de l'hôtel de la *Monnaie, du théâtre de l'*Odéon, etc., tous édifices d'esprit classique ou néoclassi-

PANTIN
LES LILAS
BAGNOLET
MONTREUIL
ST-MANDÉ
BOIS DE VINCENNES
CHARENTON-LE-PONT
IVRY-SUR-SEINE
GENTILLY
MONTROUGE
MALAKOFF
VANVES
ISSY-LES-MOULINEAUX
BOULOGNE-BILLANCOURT
BOIS DE BOULOGNE
PUTEAUX
COURBEVOIE
La Défense
NEUILLY-SUR-SEINE
LEVALLOIS-PERRET
CLICHY
LE PRÉ-ST-GERVAIS
Seine
Cité des sciences et de l'industrie
Grande Halle
Cité de la musique
Sacré-Cœur
Opéra Garnier
Palais-Royal
Louvre
Centre G.-Pompidou
Hôtel de Ville
Notre-Dame
Opéra de la Bastille
Palais omnisports de Paris-Bercy
Bibliothèque nationale de France
Panthéon
Palais du Luxembourg
Musée d'Orsay
Assemblée nationale
Invalides
École militaire
Tour Eiffel
Palais de Chaillot
Arc de Triomphe
Palais des Congrès
Maison de Radio France
Parc des Princes
Stade Roland-Garros
Hippodrome d'Auteuil
Tour Montparnasse
1000 m

P

que. La construction aristocratique est active, notamment au faubourg Saint-Germain, et c'est là (ainsi que dans les hôtels de *Rohan et de *Soubise) que l'on peut constater la vogue du décor rocaille dans la première moitié du siècle. À partir de la fin du XVIIIe s. s'urbanise le secteur de la Chaussée-d'Antin, au nord des Grands Boulevards. Après l'œuvre esquissée par Napoléon (rue de Rivoli, arcs de triomphe du Carrousel et de l'Étoile, église de la Madeleine), l'histoire de l'architecture parisienne se confond avec celle de l'éclectisme (*Opéra) ainsi qu'avec celle de l'emploi du fer (gares, bibliothèques, tour Eiffel ; *Centre national d'art et de culture G.-Pompidou) et du béton (Théâtre des *Champs-Élysées, maison de l'Unesco, la Grande *Arche).
Principaux musées. Musées d'art nationaux : du *Louvre, d'*Orsay, de *Cluny, *Guimet, de l'Orangerie, des *Arts d'Afrique et d'Océanie, Rodin, Picasso, d'*Art moderne, des *Arts et Traditions populaires. Musées municipaux : *Carnavalet, du Petit Palais, *Cernuschi, Cognacq-Jay, d'Art moderne, d'Art et d'Histoire du judaïsme. Musées à gestion semi-publique : Jacquemart-André et Marmottan (qui dépendent de l'Institut), des *Arts décoratifs. Musées scientifiques nationaux : *Muséum d'histoire naturelle et musée de l'*Homme, palais de la *Découverte, *Cité des sciences et de l'industrie. La *Bibliothèque nationale de France possède un fonds considérable de manuscrits, d'estampes, de monnaies et médailles et de photographies.

Paris (école de), appellation créée vers 1925 et désignant les artistes de différents pays venus à Paris, souvent avant 1914, pour s'associer à l'école française : Brancusi, Chagall, Foujita, Moïse Kisling, Modigliani, Pascin, Poliakoff, Soutine, B. et G. Van Velde, etc.

PARIS (Henri **d'Orléans,** comte **de**) → **ORLÉANS.**

PARIS [-ris] (Paulin), *Avenay 1800 - Paris 1881,* érudit français, auteur d'études sur la littérature du Moyen Âge. — **Gaston P.,** *Avenay 1839 - Cannes 1903,* érudit français, fils de Paulin. Auteur de travaux sur la littérature médiévale, il a contribué à la création d'un enseignement scientifique de la philologie. (Acad. fr.)

Paris (traités de), traités signés à Paris. Les plus importants sont ceux de 1229 (conclusion de la guerre des albigeois), 1259 (paix entre Louis IX et Henri III d'Angleterre), 1763 (fin de la guerre de Sept Ans ; ruine de l'empire colonial français), 1814 et 1815 (fin des guerres napoléoniennes), 1856 (fin de la guerre de Crimée), 1898 (fin de la guerre hispano-américaine) et 1947 (entre les puissances victorieuses et celles de l'Axe : Italie, Roumanie, Hongrie, Bulgarie, Finlande).

PÂRIS [-ris] MYTH. GR. Fils de Priam et d'Hécube. Pris comme arbitre entre Héra, Athéna et Aphrodite, qui se disputaient la pomme d'or destinée par les dieux à la plus belle, Pâris trancha en faveur d'Aphrodite, qui lui avait promis l'amour d'Hélène. Fort de cette promesse, Pâris enleva Hélène, provoquant la guerre de Troie.

PÂRIS [-ris] (François **de**), dit le **diacre Pâris,** *Paris 1690 - id. 1727,* ecclésiastique français. Janséniste ardent, il se rendit populaire par son austérité et sa charité. Les guérisons « miraculeuses » qui se seraient produites sur sa tombe, au cimetière de Saint-Médard, donnèrent lieu au mouvement des *convulsionnaires.*

PÂRIS [-ri] (les frères), financiers français dont le plus connu est **Joseph P.,** dit **Pâris-Duverney,** *Moirans 1684 - Paris 1770,* contrôleur général des Finances (1723 - 1726). Ils firent fortune comme fournisseurs aux armées et jouèrent un grand rôle dans la chute de Law.

PARISIEN (Bassin), unité géologique, couvrant environ 140 000 km², formée de sédiments, qui s'étend entre le Massif central, les Vosges, l'Ardenne, l'Artois et le Massif armoricain. L'est (Lorraine et Champagne), partie la plus élevée, aux reliefs de côtes marqués, s'oppose à l'ouest (haut Maine, Perche), à la topographie plus confuse. Le sud est une région basse (Berry), parfois marécageuse (Sologne). Le nord est formé de plateaux crayeux (Picardie, pays de Caux). Le centre est constitué de terrains tertiaires. Le Bassin parisien est drainé par quatre systèmes fluviaux : la Seine, la Loire, la Meuse et la Moselle.

Parisien (le), quotidien régional français. Créé en 1944 *(le Parisien libéré),* il fut le premier quotidien en France à utiliser la couleur. Une édition nationale, créée en 1994, est publiée sous le titre *Aujourd'hui en France.*

PARISIS, anc. pays de l'Île-de-France, correspondant au comté féodal de Paris.

PARIZEAU (Jacques), *Montréal 1930,* homme politique canadien. Chef du Parti québécois (1988 - 1996), il devient Premier ministre du Québec en sept. 1994. N'ayant pu assurer la victoire des indépendantistes lors du référendum sur la souveraineté de la province (1995), il annonce immédiatement sa démission (effective en janv. 1996).

PARK (Mungo), *Foulshiels, près de Selkirk, Écosse, 1771 - Bussa, Nigeria, 1806,* voyageur britannique. Il fit deux grands voyages d'exploration en Afrique et se noya dans le Niger.

PARK CHUNG-HEE, *Sonsan-gun 1917 - Séoul 1979,* général et homme politique sud-coréen, président de la république de Corée de 1963 jusqu'à son assassinat.

PARKER (Charles Christopher, dit Charlie), *Kansas City 1920 - New York 1955,* saxophoniste et compositeur américain de jazz. Surnommé *Bird* ou *Yardbird,* il fut à la fois le pionnier et le plus grand soliste du be-bop (*Now's the Time,* 1945 ; *Parker's Mood,* 1948).

Parlement européen, institution communautaire composée de députés (626 depuis 1995) élus au suffrage universel direct, depuis 1979, dans chacun des États membres de l'Union européenne. Associé au processus de décision communautaire à des degrés divers, selon les domaines, par les procédures de consultation, de coopération, d'avis conforme et de codécision, il vote le budget annuel et contrôle son exécution.

PARLER (Peter), *Schwäbisch Gmünd 1330 - Prague 1399,* architecte et sculpteur allemand, le plus connu d'une importante famille d'architectes. Succédant à Mathieu d'Arras, il fit œuvre originale à la cathédrale de Prague.

PARME, en ital. **Parma,** v. d'Italie (Émilie-Romagne), ch.-l. de prov. ; 168 905 hab. *(Parmesans).* Ensemble romano-gothique de la cathédrale (coupole peinte par le Corrège) et du baptistère ; églises, dont la *Steccata* (coupole du Parmesan) ; palais de la *Pilotta,* des XVIe-XVIIe s. (musées). — De fondation étrusque, la ville se développa à l'époque romaine. Cédée au Saint-Siège en 1512, Parme en fut détachée en 1545 par Paul III, qui l'érigea en duché, qui appartint aux Farnèse jusqu'en 1731. En 1748, la ville et le duché passèrent à Philippe de Bourbon ; français en 1802, ils furent donnés en 1815, à titre viager, à l'ex-impératrice Marie-Louise. Ils furent réunis en 1860 au Piémont.

PARMÉNIDE, *Élée, Grande-Grèce, v. 515 - v. 440 av. J.-C.,* philosophe grec de l'école éléate. Dans son poème *De la nature,* il formule la proposition fondamentale de l'ontologie : l'être est un, continu et éternel.

PARMÉNION, *v. 400 - Ecbatane v. 330 av. J.-C.,* général macédonien. Lieutenant de Philippe II, puis d'Alexandre, il fut exécuté parce qu'il s'opposait à l'extension des conquêtes vers l'Orient.

PARMENTIER (Antoine Augustin), *Montdidier 1737 - Paris 1813,* pharmacien militaire français. Il vulgarisa en France la culture de la pomme de terre.

PARMESAN (Francesco **Mazzola,** dit en fr. **le**), *Parme 1503 - Casalmaggiore, prov. de Crémone, 1540,* peintre italien. Dessinateur d'une exquise élégance, coloriste raffiné, poursuivant une recherche angoissée de la perfection, il fut l'un des maîtres du maniérisme européen.

PARNASSE n.m., en gr. **Parnassós,** montagne de Grèce, au N.-E. de Delphes ; 2 457 m. Dans l'Antiquité, le Parnasse, montagne des Muses, était consacré à Apollon.

Parnasse contemporain (le), recueil collectif de poésies, paru en trois livraisons (1866, 1871, 1876). Il constitue le manifeste et l'illustration de l'école poétique, dite *parnassienne* (Leconte de Lisle, Banville, Heredia, Sully Prudhomme, Coppée), qui défendait le lyrisme impersonnel et la théorie de l'art pour l'art (T. Gautier).

PARNELL (Charles Stewart), *Avondale 1846 - Brighton 1891,* homme politique irlandais. Élu aux Communes (1875), il prit la direction du parti nationaliste (1877) et pratiqua avec efficacité l'obstruction parlementaire. Chef de la Ligue agraire irlandaise (1879), il fit avancer, avec Gladstone, l'idée de *Home Rule.* Un drame privé (sa liaison avec l'épouse d'un de ses lieutenants, qui aboutit à un divorce) lui fit perdre son influence.

PARNY (Évariste Désiré **de Forges,** vicomte **de**), *île Bourbon, auj. la Réunion, 1753 - Paris 1814,* poète français. Il est l'auteur de poésies amoureuses. (Acad. fr.)

PAROPAMISUS n.m., en pachto **Firuz koh,** chaîne de montagnes de l'Afghanistan ; 3 135 m.

PÁROS, île de Grèce, dans les Cyclades ; 7 000 hab. Ses carrières ont fourni aux artistes de la Grèce antique le plus beau marbre statuaire. — Tourisme.

PARQUES, divinités latines du Destin, identifiées aux *Moires grecques Clotho, Lachésis et Atropos (en lat. *Nona, Decima* et *Morta*).

PARRHASIOS, *Éphèse fin du Ve s. av. J.-C.,* peintre grec. Rival de Zeuxis, il est connu seulement par des textes qui célèbrent la puissance expressive de ses œuvres.

PARROCEL (les), famille de peintres français. — **Joseph P.,** dit **Parrocel des Batailles,** *Brignoles 1646 - Paris 1704.* Artiste à la technique libre et vigoureuse, il peignit des tableaux à sujets militaires pour la salle à manger du roi à Versailles. — **Charles P.,** *Paris 1688 - id. 1752,* fils de Joseph. Il fut lui aussi peintre de batailles et de scènes militaires (campagnes de Louis XV).

PARROT (André), *Désandans, Doubs, 1901 - Paris 1980,* archéologue français. Découvreur de Mari, dont il dirigea la fouille de 1933 à 1974, il a mis en évidence l'apport de l'archéologie aux récits bibliques (*Mission archéologique de Mari,* 1956 - 1968 ; *Sumer,* 1960).

PARRY (îles), partie de l'archipel Arctique canadien.

PARRY (sir William Edward), *Bath 1790 - Bad Ems 1855,* marin et explorateur britannique. Il conduisit plusieurs expéditions dans l'Arctique.

Parsifal → **Perceval.**

PARSONS (sir Charles), *Londres 1854 - Kingston, Jamaïque, 1931,* ingénieur britannique. Il réalisa la première turbine à vapeur fonctionnant par réaction (1884).

PARSONS (Talcott), *Colorado Springs 1902 - Munich 1979,* sociologue américain. Il définit sa sociologie comme science de l'action, y intégrant certaines thèses du fonctionnalisme (*Structure sociale et personnalité,* 1964).

PARTHENAY (79200), ch.-l. d'arrond. des Deux-Sèvres, sur le Thouet ; 11 168 hab. *(Parthenaisiens).* Foires (bovins). — Restes de fortifications du XIIIe s. ; églises romanes ou en partie romanes.

Parthénon, temple d'Athéna Parthénos, sur l'Acropole d'Athènes. Il a été bâti à l'initiative de Périclès, au Ve s. av. J.-C., par Phidias, qui, assisté de nombreux artistes (dont les architectes Ictinos et Callicratès), en assuma la riche décoration

■ Le **PARTHÉNON** (447 - 432 av. J.-C.) sur l'Acropole d'Athènes.

sculptée. Ce temple périptère, en marbre du Pentélique, représente la perfection et l'équilibre de l'ordre dorique.

PARTHÉNOPÉENNE (république), république fondée par la France à Naples, en janv. 1799, pour être substituée au royaume de Naples. Elle disparut dès le mois de juin, Nelson en ayant chassé les troupes françaises.

PARTHES, anc. peuple apparenté aux Scythes, installé au IIIe s. av. J.-C. dans la région nord-est de l'Iran (auj. Khorasan). Leur chef Arsace (v. 250), profitant de la faiblesse de l'Empire séleucide, constitua un royaume qui, à la fin du IIe s. av. J.-C., s'étendait sur l'Iran et sur une partie de la Mésopotamie et mit en échec les armées romaines. La dynastie parthe des Arsacides fut renversée par les Sassanides (224 apr. J.-C.).

PARTICELLI (Michel), seigneur **d'Émery,** *Lyon 1596 - Paris 1650,* financier français d'origine italienne. Attaché à Richelieu puis à Mazarin, il fut contrôleur général, puis surintendant des Finances (1643 - 1650).

PASADENA, v. des États-Unis (Californie), près de Los Angeles ; 131 591 hab. Centre de recherches spatiales *(Jet Propulsion Laboratory).* À proximité, observatoire du mont Wilson (alt. 1 740 m). — Musée d'art.

PASARGADES, une des capitales de l'Empire achéménide. Elle fut fondée v. 550 av. J.-C. par Cyrus le Grand.

PASAY, v. des Philippines, banlieue de Manille ; 354 000 hab. Aéroport international.

PASCAL II (Raniero), *Bieda, Ravenne, v. 1050 - Rome 1118,* pape de 1099 à 1118. Son pontificat fut marqué par une recrudescence de la lutte du Sacerdoce et de l'Empire, à l'occasion de laquelle il s'opposa aux empereurs Henri IV et Henri V.

PASCAL (Blaise), *Clermont, auj. Clermont-Ferrand, 1623 - Paris 1662,* savant, philosophe et écrivain français. À 16 ans, il écrit un traité sur les coniques et, vers la fin de 1642, invente une machine arithmétique. À partir de 1646, reprenant les travaux de Torricelli, il se prononce en faveur de l'existence du vide, notamm. après son expérience au puy de Dôme (1648), et il rédige deux mémoires sur l'équilibre des liquides et la pesanteur de l'air. Pendant sa période « mondaine », après 1651, Pascal étudie deux problèmes de jeu qui sont, avec sa correspondance avec P. de Fermat, à l'origine du calcul des probabilités. Vers 1657, il aborde la géométrie, proposant une axiomatique qui s'écarte de la tradition euclidienne. À partir de 1658, étudiant la cycloïde, il approfondit ses recherches sur les méthodes infinitésimales ; il introduit aussi le « triangle caractéristique », dont s'inspirera Leibniz. — Le 23 nov. 1654, après une nuit d'extase mystique, il décida de consacrer sa vie à la foi et à la piété. Il prit alors le parti des jansénistes, avec lesquels il était en relation depuis 1646. Dans les *Provinciales* (1656 - 1657), publiées sous un nom d'emprunt, il attaqua leurs adversaires, les jésuites. Il mourut avant d'avoir achevé une *Apologie de la religion chrétienne,* dont les fragments ont été publiés sous le titre de **Pensées.* — Pascal a souligné la misère de la condition humaine, livrée à la vacuité, à l'ennui qu'on cherche vainement à fuir par le divertissement ; les grandeurs sociales doivent être respectées, mais on ne saurait s'abuser sur leur valeur ; la science ne repose sur aucun fondement démontrable. Seules la foi en Dieu et l'espérance du salut peuvent donner un ancrage à l'existence, au point que parier sur l'existence de Dieu et agir en conséquence reste le plus sûr.

■ **PASCAL.** (Château de Versailles.)

PASCAL (Jacqueline), sœur **Sainte-Euphémie,** *Clermont, auj. Clermont-Ferrand, 1625 - Paris 1661,* religieuse française, sœur de Blaise Pascal. Elle se retira à Port-Royal en 1652.

PASCH (Moritz), *Wrocław 1843 - Bad Homburg 1930,* logicien et mathématicien allemand, auteur d'une des premières axiomatisations de la géométrie (1882).

PASCIN (Julius **Pinkas,** dit Jules), *Vidin 1885 - Paris 1930,* peintre et dessinateur bulgare naturalisé américain. Il fut, avant et après la Première Guerre mondiale, l'une des figures de la bohème parisienne. Il met acuité graphique et délicatesse du coloris au service d'un érotisme subtil.

PASCOLI (Giovanni), *San Mauro, Romagne, 1855 - Bologne 1912,* poète italien, auteur de poèmes d'inspiration bucolique *(Myricae).*

PAS DE CALAIS → CALAIS (pas de).

PAS-DE-CALAIS n.m. (62), dép. de la Région Nord-Pas-de-Calais ; ch.-l. de dép. *Arras ;* ch.-l. d'arrond. *Béthune, Boulogne-sur-Mer, Calais, Lens, Montreuil, Saint-Omer ;* 7 arrond. ; 77 cant. ; 894 comm. ; 6 671 km² ; 1 441 568 hab. Le dép. appartient à l'académie de Lille, à la cour d'appel de Douai, à la zone de défense Nord. Les secteurs littoraux (Marquenterre et Boulonnais), où do-

P

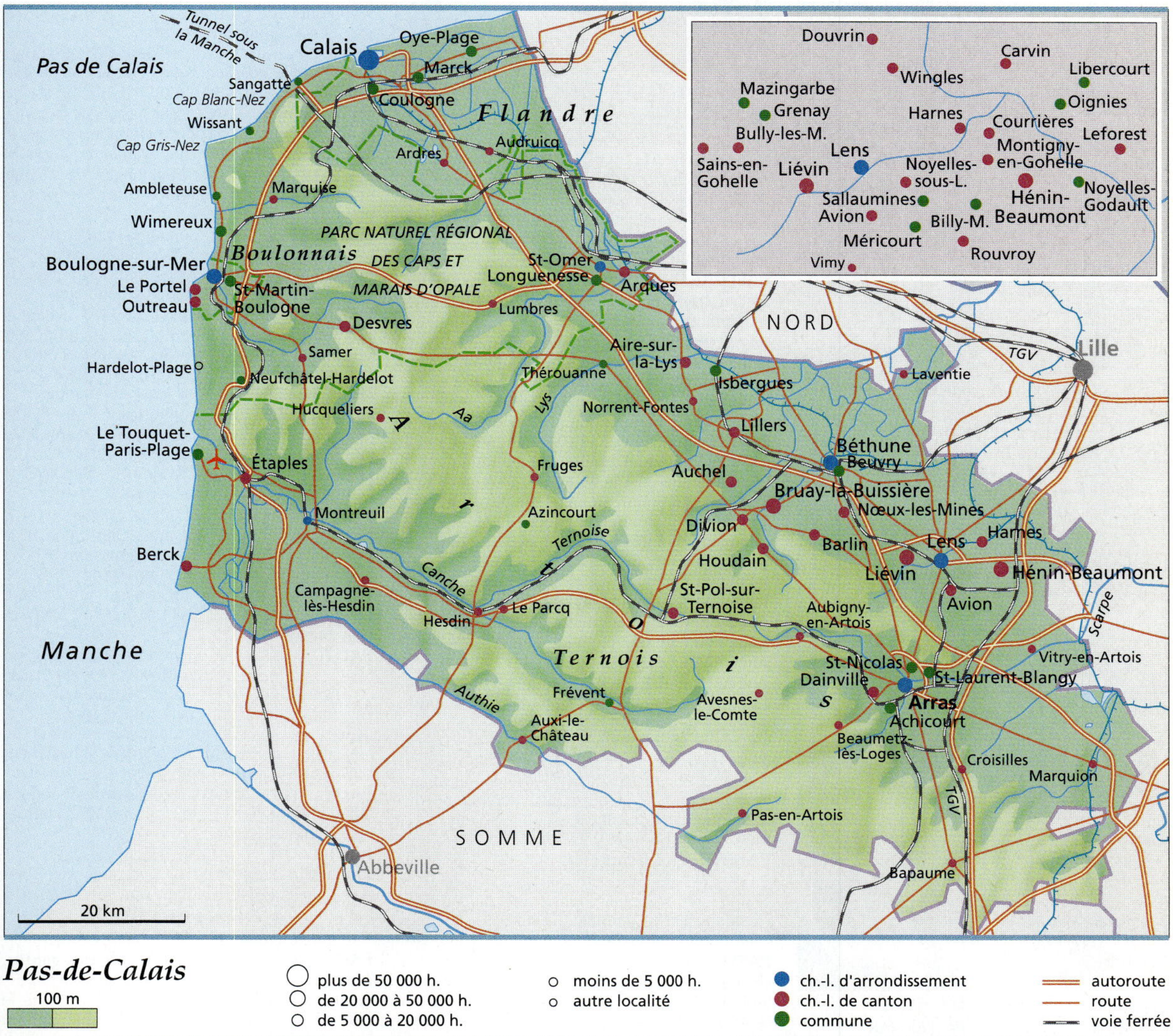

mine l'élevage, sont animés par la pêche (Boulogne-sur-Mer), le tourisme estival (Berck, Le Touquet-Paris-Plage) et le transport maritime et ferroviaire (Calais, tunnel sous la Manche). Les autres régions sont tournées vers les cultures des céréales et des betteraves (Artois, Flandre méridionale, Cambrésis occidental). L'industrie a été fondée sur l'extraction du charbon (auj. disparu), qui a donné naissance à la métallurgie et à l'industrie chimique. Ces deux branches se sont ajoutées aux traditionnelles activités alimentaires et textiles. Les difficultés de l'industrie expliquent l'actuelle stagnation démographique.

PAS DE LA CASE, site touristique (et commercial) à la frontière des Pyrénées-Orientales et de l'Andorre (alt. 2 091 m).

PASDELOUP (Jules Étienne), *Paris 1819 - Fontainebleau 1887,* chef d'orchestre français. Il créa les Concerts populaires de musique classique (1861), devenus en 1916 « concerts Pasdeloup ».

PASIPHAÉ MYTH. GR. Épouse de Minos, mère d'Ariane, de Phèdre et du Minotaure.

PASOLINI (Pier Paolo), *Bologne 1922 - Ostie 1975,* écrivain et cinéaste italien. Ses poèmes (*les Cendres de Gramsci,* 1957), ses romans (*Une vie violente,* 1959), ses films (*Accattone,* 1961 ; *l'Évangile selon Matthieu,* 1964 ; *Œdipe roi,* 1967 ; *Théorème,* 1968 ; *le Décaméron,* 1971 ; *Salo ou les Cent Vingt Journées de Sodome,* 1976) portent la marque d'une personnalité déchirée et contradictoire, qui puise son inspiration aussi bien dans la réalité prolétarienne des faubourgs de Rome (où il mourra assassiné) que dans les mythes universels ou dans les textes saints.

P

PASQUIER (Étienne), *Paris 1529 - id. 1615,* juriste français. Avocat au parlement de Paris (1549), il défendit la royauté contre la Ligue et écrivit une gigantesque encyclopédie méthodique, *les Recherches de la France* (1560 - 1621).

PASQUIER (Étienne, duc), *Paris 1767 - id. 1862,* homme politique français. Rallié à la Restauration, il fut ministre des Affaires étrangères (1819 - 1821), président de la Chambre des pairs sous Louis-Philippe et chancelier en 1837. (Acad. fr.)

PASSAGE (Le) [47520], comm. de Lot-et-Garonne, près d'Agen ; 9 029 hab.

PASSAMAQUODDY (baie de), golfe de la côte orientale des États-Unis (Maine) et du Canada (Nouveau-Brunswick).

Passarowitz (paix de) [21 juill. 1718], traité signé entre l'Autriche, Venise et les Ottomans à Passarowitz (auj. Požarevac, en Yougoslavie [Serbie]). Elle consacrait la victoire de l'Autriche et de Venise sur les Ottomans et l'expansion territoriale autrichienne en Valachie et en Serbie.

PASSAU, v. d'Allemagne (Bavière), sur le Danube ; 51 041 hab. Université. — Cathédrale gothique et baroque, et autres monuments ; musée régional, musée du Verre.

PASSERO (cap), cap du sud-est de la Sicile (Italie).

PASSY, quartier de Paris (XVIe arrond.).

PASSY, comm. de la Haute-Savoie ; 10 478 hab. Centrale hydroélectrique sur l'Arve. Station climatique au *plateau d'*Assy* (74480).

PASSY (Hippolyte Philibert), *Garches 1793 - Paris 1880,* homme politique et économiste français. Il milita en faveur du libre-échange. — **Frédéric P.,** *Paris 1822 - Neuilly-sur-Seine 1912,* économiste français. Neveu d'Hippolyte Philibert, il fut un ardent pacifiste. (Prix Nobel de la paix 1901.)

PASTERNAK (Boris Leonidovitch), *Moscou 1890 - Peredelkino 1960,* écrivain soviétique. Poète d'inspiration futuriste *(Ma sœur la vie),* il fit paraître à l'étranger, en 1957, *le *Docteur Jivago.* Ce roman fut à l'origine d'une violente campagne de critiques et de tracasseries policières : Pasternak dut même décliner le prix Nobel en 1958. Exclu de l'Union des écrivains d'URSS la même année, il fut réhabilité en 1987.

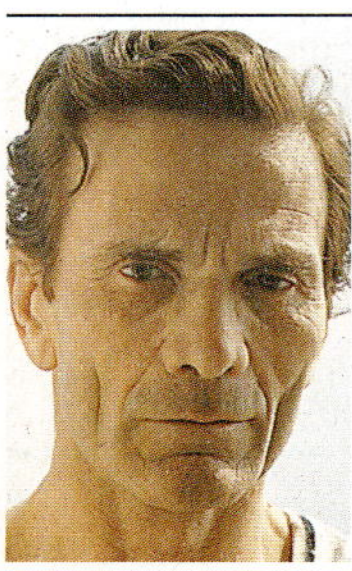

■ PIER PAOLO **PASOLINI**

■ BORIS **PASTERNAK**

Pasteur (Institut), établissement scientifique fondé en 1888 par souscription internationale, qui poursuit l'œuvre de Pasteur dans le domaine médical et biologique (bactériologie, virologie, immunologie, allergologie, biochimie, biologie moléculaire). Centre de recherche et d'enseignement, il est aussi l'un des grands centres de production de vaccins et de sérums.

PASTEUR (Louis), *Dole 1822 - Villeneuve-l'Étang, Marnes-la-Coquette, 1895,* chimiste et biologiste français. Il effectua des travaux sur la stéréochimie, puis se tourna vers l'étude des fermentations. Il montra que celles-ci étaient dues à l'action de micro-organismes, et que la « génération spontanée » des microbes n'existait pas. Il étudia la maladie des vers à soie (1865), puis, après une recherche sur les vins, réalisa une méthode de conservation des bières, la *pasteurisation.* De 1870 à 1886 s'élabora la partie la plus importante de son œuvre consacrée aux maladies infectieuses. Il montra la nature microbienne du charbon, découvrit le staphylocoque, le streptocoque, réalisa le vaccin contre le charbon et celui contre la rage, qui lui valut la célébrité (1885). [Acad. fr.]

■ LOUIS **PASTEUR** par L.-E.-P. Fournier.

■ GEORGE **PATTON**

PASTEUR VALLERY-RADOT (Louis), *Paris 1886 - id. 1970,* médecin et écrivain français. Petit-fils de Louis Pasteur, il a étudié les maladies des reins et les affections allergiques. (Acad. fr.)

PASTO ou **SAN JUAN DE PASTO,** v. de la Colombie méridionale ; 303 000 hab.

PASTURE (Rogier **de La**) → **VAN DER WEYDEN.**

PATAGONIE n.f., région du sud du Chili et de l'Argentine.

PATALIPUTRA, anc. cap. bouddhique (près de Patna) des dynasties indiennes Maurya et Gupta. Elle fut florissante sous Ashoka, qui y éleva l'enceinte et le palais, dont on a dégagé les vestiges.

PATAN, v. du Népal ; 117 000 hab. Anc. cap. du pays. — Temples et monastères bouddhiques et brahmaniques. Palais du XVIIe s., devenu musée.

PATAÑJALI, grammairien indien du IIe s. av. J.-C. Son commentaire de l'œuvre de Panini est une source importante pour la connaissance de l'Inde ancienne.

PATAUD, abri-sous-roche situé aux Eyzies-de-Tayac-Sireuil (Dordogne). Ses quatorze niveaux archéologiques constituent, avec Laugerie-Haute et La Ferrassie, la référence chronologique du paléolithique supérieur.

PATAY (45310), ch.-l. de cant. du Loiret ; 2 050 hab. *(Patichons).* Jeanne d'Arc y vainquit les Anglais (18 juin 1429) pendant la guerre de Cent Ans.

PATCH (Alexander), *Fort Huachuca, Arizona, 1889 - San Antonio, Texas, 1945,* général américain. Il commanda la VIIe armée américaine, qui débarqua en Provence en août 1944 avec les forces françaises.

PATENIER (Joachim) → **PATINIR.**

PATER (Jean-Baptiste), *Valenciennes 1695 - Paris 1736,* peintre français. Élève de Watteau, il a exécuté, en s'inspirant de celui-ci, des scènes galantes et champêtres.

PATER (Walter Horatio), *Londres 1839 - Oxford 1894,* écrivain et critique britannique. Représentant de l'*esthétisme, il est l'auteur d'études sur la Renaissance italienne et de *Portraits imaginaires.*

PATERSON, v. des États-Unis (New Jersey) ; 137 970 hab. Centre industriel.

PATHÉ (Émile), *Paris 1860 - id. 1937,* industriel français. Il fut, avec son frère Charles, l'un des créateurs de l'industrie phonographique. — **Charles P.,** *Chevry-Cossigny, Seine-et-Marne, 1863 - Monte-Carlo 1957,* industriel français. Frère d'Émile, il fut le premier fabricant de pellicule pour le cinéma ; il construisit des studios (à Montreuil) et des laboratoires (à Joinville). Il créa les actualités cinématographiques (1909).

Pathet Lao, mouvement nationaliste et progressiste laotien, fondé en 1950 pour lutter contre la France, avec l'appui du Viêt-minh.

PATIALA, v. d'Inde (Pendjab) ; 268 521 hab. Riches palais du XVIIIe s.

PATIN (Gui), *Hodenc-en-Bray 1602 - Paris 1672,* médecin et écrivain français. Ses *Lettres* constituent une chronique de son époque.

PATINIR ou **PATENIER** (Joachim), *Dinant ou Bouvignes v. 1480 - Anvers 1524,* peintre des anciens Pays-Bas du Sud. Inscrit à la gilde d'Anvers en 1515, il fut le premier à donner une importance majeure au paysage dans ses tableaux, aux sujets bibliques (*Paysage avec la fuite en Égypte,* musée des Beaux-Arts d'Anvers).

PATINKIN (Don), *Chicago 1922 - Jérusalem 1995,* économiste israélien. Il a présenté un modèle d'équilibre prenant en considération les marchés du travail, des biens et des services, de la monnaie, des titres.

PÁTMOS ou **PATHMOS,** l'une des îles Sporades, où, selon la tradition chrétienne, Jean écrivit l'Apocalypse (v. 96).

PATNA, v. d'Inde, cap. du Bihar, sur le Gange ; 1 098 572 hab. Université. — Riche musée. Vestiges de *Pataliputra.

PATOU (Jean), *Paris 1887 - id. 1936,* couturier français. En 1919, il ouvrit une maison de couture à son nom. Il reste célèbre pour sa ligne fluide, sa prédilection pour le beige et la création des premiers vêtements de sport.

PATRAS, en gr. **Pátrai,** v. de Grèce (Péloponnèse), sur le *golfe de Patras* (formé par la mer Ionienne) ; 155 180 hab. Port.

PATRICK ou **PATRICE** (saint), *fin du IVe s. - v. 461,* évangélisateur et patron de l'Irlande. Sa fête, le 17 mars, est en Irlande une solennité nationale.

PATROCLE MYTH. GR. Personnage de *l'Iliade,* compagnon d'Achille. Il fut tué par Hector sous les remparts de Troie.

Patrouille de France, unité de l'armée de l'air, formée en 1953. Basée à Salon-de-Provence, elle est chargée d'effectuer des démonstrations de voltige aérienne en France et à l'étranger.

PATRU (Olivier), *Paris 1604 - id. 1681,* avocat et écrivain français. Ami de Boileau, élu à l'Académie française en 1640, il prononça un discours de remerciement si apprécié que cette tradition fut désormais suivie par tous les académiciens.

PATTADAKAL, site archéologique de l'Inde, près d'Aihole (Deccan). Ensemble exceptionnel de temples et de sculptures, renfermant l'un des chefs-d'œuvre de l'architecture des Calukya : le Virupaksha (VIIIe s.) dédié à Shiva.

PATTON (George), *San Gabriel, Californie, 1885 - Heidelberg 1945,* général américain. Spécialiste des chars, il commanda une division blindée avec laquelle il débarqua au Maroc (1942). Il conduisit ensuite la IIIe armée américaine d'Avranches à Metz (1944) et du Rhin jusqu'en Bohême (1945).

PAU (64000), ch.-l. des Pyrénées-Atlantiques, sur le *gave de Pau,* à 751 km au S.-O. de Paris ; 80 610 hab. *(Palois)* [plus de 150 000 hab. dans l'agglomération]. Université. Cour d'appel. — Château des XIIIe-XVIe s., très remanié, abritant un Musée national et le Musée béarnais ; musées des Beaux-Arts et Bernadotte.

PAU (gave de), riv. de France, issue des Pyrénées, affl. de l'Adour (r. g.) ; 120 km. Il passe à Lourdes et à Pau.

PAUILLAC (33250), ch.-l. de cant. de la Gironde, sur la Gironde ; 5 404 hab. Grands vignobles (Château-Lafite, Château-Latour, Château-Mouton-Rothschild) du Médoc.

SAINTS

PAUL (saint), surnommé **l'Apôtre des gentils,** *Tarse, Cilicie, entre 5 et 15 - Rome entre 62 et 67,* apôtre de Jésus. Une vision du Christ sur le chemin de Damas (v. 36) fit de ce pharisien fervent, dont le nom hébraïque était Saül, l'« Apôtre des gentils », c'est-à-dire des non-juifs. Son activité missionnaire s'articula autour de trois grands voyages (46-48, 49-52 et 53-58), au cours desquels il visita Chypre, l'Asie Mineure, la Macédoine et la Grèce, établissant des Églises dans les villes importantes. En 58, Paul, arrêté à l'instigation des autorités juives, fut déféré, en sa qualité de citoyen romain, au tribunal de l'empereur et envoyé à Rome, où il passa deux années en liberté surveillée. Certains auteurs pensent que Paul serait mort à Rome vers 64 ; d'autres, se fondant sur une très ancienne tradition romaine, affirment qu'il mourut en 67, après de nouveaux voyages missionnaires en Espagne. Les lettres écrites par saint Paul aux communautés qu'il avait fondées donnent un aperçu de sa personnalité et de sa pensée. La tradition a retenu quatorze épîtres de Paul : aux Romains, aux Corinthiens (2), aux Galates, aux Éphésiens, aux Philippiens, aux Colossiens, aux Thessaloniciens (2), à Timothée (2), à Tite, à Philémon et aux Hébreux. L'authenticité de certaines épîtres (à Timothée, à Tite, aux Hébreux) est contestée.

PAUL de la Croix (saint), *Ovada, Ligurie, 1694 - Rome 1775,* religieux italien, fondateur de la congrégation des passionistes (1720).

PAUL III (Alessandro **Farnèse**), *Canino 1468 - Rome 1549,* pape de 1534 à 1549. Il commanda à Michel-Ange la fresque du *Jugement dernier* de la chapelle Sixtine et inaugura la Réforme catholique en convoquant le concile de Trente (1545). — **Paul IV** (Gian Pietro **Carafa**), *Sant'Angelo della Scala 1476 - Rome 1559,* pape de 1555 à 1559. Il fonda avec Gaëtan de Thiene l'ordre des Théatins (1524). — **Paul VI** (Giovanni Battista **Montini**), *Concesio, près de Brescia, 1897 - Castel Gandolfo 1978,* pape de 1963 à 1978. Prosecrétaire d'État (1952) et proche collaborateur de Pie XII, archevêque de Milan (1954) et cardinal (1958), il succéda en 1963 à Jean XXIII, dont il approfondit l'œuvre réformatrice, d'abord au sein du concile Vatican II, qu'il clôtura en 1965. Sa rencontre à Jérusalem, en 1964, avec le patriarche Athênagoras illustra son souci d'œcuménisme.

GRÈCE

PAUL Ier, *Athènes 1901 - id. 1964,* roi de Grèce (1947 - 1964). Il fut le successeur de son frère Georges II.

RUSSIE

PAUL Ier, *Saint-Pétersbourg 1754 - id. 1801,* empereur de Russie (1796 - 1801), de la dynastie des Romanov. Fils de Pierre III et de la future Catherine II, il se rapprocha de la France après avoir envoyé Souvorov combattre en Italie du Nord aux côtés des Autrichiens (1799). Il mourut assassiné.

PAUL (Wolfgang), *Lorenzkirch 1913 - Bonn 1993,* physicien allemand. Il a imaginé, dans les années 1950, un système permettant d'isoler des atomes ionisés (« trappe de Paul ») et de trier des particules atomiques. (Prix Nobel 1989.)

PAUL-BONCOUR (Joseph), *Saint-Aignan 1873 - Paris 1972,* homme politique français. Membre de la SFIO de 1916 à 1931, il fut ministre de la Guerre (1932), président du Conseil (déc. 1932 - janv. 1933) et ministre des Affaires étrangères (1933 et 1938). Il signa, pour la France, la Charte des Nations unies (1945).

PAUL DIACRE (Paul **Warnefried,** connu sous le nom de), *dans le Frioul v. 720 - Mont-Cassin v. 799,* historien et poète de langue latine. Il est l'auteur d'une *Histoire des Lombards* et de l'hymne *Ut queant laxis.*

PAUL ÉMILE, *m. en 216 av. J.-C.,* général romain. Consul en 219 av. J.-C., puis en 216, il fut tué à la bataille de Cannes par les troupes d'Hannibal. — **Paul Émile le Macédonique,** *v. 228 - 160 av. J.-C.,* général romain. Fils de Paul Émile, consul en 182 et en 168, il remporta sur Persée, dernier roi de Macédoine, la victoire de Pydna (168).

Paul et Virginie, roman pastoral de Bernardin de Saint-Pierre (1788). L'innocente idylle de deux enfants de l'île de France (île Maurice) se conclut tragiquement par leur mort.

PAULHAN (Jean), *Nîmes 1884 - Neuilly-sur-Seine 1968,* écrivain et critique français. Il dirigea la *Nouvelle Revue française* de 1925 à 1940, puis, avec M. Arland, de 1953 à 1968. (Acad. fr.)

PAULI (Wolfgang), *Vienne 1900 - Zurich 1958,* physicien américain et suisse d'origine autrichienne. L'un des créateurs de la théorie quantique des champs, il a énoncé, en 1925, le « principe d'exclusion », selon lequel deux électrons d'un atome ne peuvent avoir les mêmes nombres quantiques. Avec Fermi, il émit l'hypothèse, en 1931, de l'existence du neutrino. (Prix Nobel 1945.)

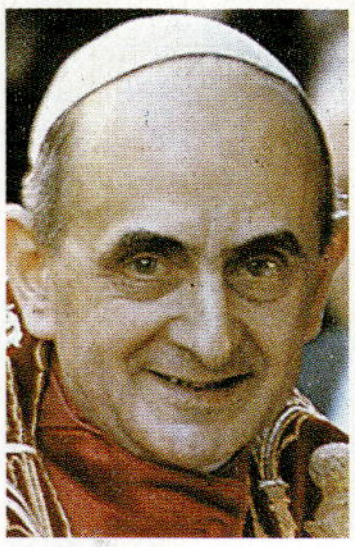

■ **PAUL VI**

■ WOLFGANG **PAULI**

PAULIN de Nola (saint), *Bordeaux 353 - Nola 431,* écrivain de langue latine. Évêque de Nola, en Campanie, il est l'auteur de poèmes qui témoignent d'un goût délicat, et de *Lettres,* qui sont un précieux document pour l'histoire de son temps.

PAULING (Linus Carl), *Portland, Oregon, 1901 - près de Big Sur, Californie, 1994,* chimiste américain. Il a introduit la physique quantique en chimie, étudié les macromolécules organiques, la structure des molécules et les liaisons chimiques. Il a milité dans les milieux scientifiques pour le désarmement nucléaire. (Prix Nobel de chimie 1954 ; prix Nobel de la paix 1962.)

PAULUS (Friedrich), *Breitenau 1890 - Dresde 1957,* maréchal allemand. Commandant la VIe armée en Russie, il prépara l'invasion de l'URSS, mais dut capituler à Stalingrad (31 janv. 1943). Prisonnier, il fut libéré en 1953. En 1944, il avait adressé au peuple allemand un appel contre Hitler.

PAUSANIAS, *m. v. 467 av. J.-C.,* prince spartiate. Vainqueur des Perses à Platées (479), il occupa Chypre et Byzance (478). Revenu à Sparte, convaincu de collusion avec les Perses, il fut emmuré dans le temple d'Athéna, où il s'était réfugié.

PAUSANIAS, *IIe s. apr. J.-C.,* écrivain grec. Sa *Description de la Grèce* est une source précieuse pour la connaissance de la Grèce antique.

PAVAROTTI (Luciano), *Modène 1935,* ténor italien. Depuis ses débuts à la Scala de Milan en 1965, il triomphe dans le répertoire romantique italien sur les plus grandes scènes du monde.

PAVELIĆ (Ante), *Bradina 1889 - Madrid 1959,* homme politique croate. Il fut chef de l'État croate indépendant créé en 1941 sous contrôle allemand et italien.

PAVESE (Cesare), *Santo Stefano Belbo, Piémont, 1908 - Turin 1950,* écrivain italien. Il est l'auteur de poèmes, de romans *(la Plage, le Bel Été)* et d'un journal intime *(le Métier de vivre)* où l'observation réaliste et angoissée s'enrichit d'une dimension mythique.

PAVIE, en ital. **Pavia,** v. d'Italie (Lombardie), ch.-l. de prov., sur le Tessin ; 76 418 hab. Université. — Églises, notamm. de style roman lombard ; château des Visconti (XIVe-XVe s., musées). Aux environs, chartreuse des XVe-XVIe s. — bataille de **Pavie** (24 févr. 1525), bataille des guerres d'Italie. François Ier y fut battu et fait prisonnier par les troupes de Charles Quint.

PAVIE (Auguste), *Dinan 1847 - Thourie, Ille-et-Vilaine, 1925,* explorateur français. Consul à Luang Prabang (1886), puis à Bangkok, il fit reconnaître par le Siam le protectorat français sur le Laos (1893) et fixa les frontières de ce territoire.

■ LINUS CARL **PAULING**

PAVILLON (Nicolas), *Paris 1597 - Alet 1677,* prélat français. Évêque d'Alet (1639), ami des jansénistes, il refusa de signer le formulaire antijanséniste et s'opposa à Louis XIV à propos de la régale.

Pavillons-Noirs, soldats irréguliers chinois. Ils furent combattus par la France au Tonkin, notamm. en 1883 - 1885.

PAVILLONS-SOUS-BOIS (Les) [93320], ch.-l. de cant. de la Seine-Saint-Denis ; 18 559 hab.

PAVILLY (76570), ch.-l. de cant. de la Seine-Maritime ; 6 182 hab. Textile.

PAVLODAR, v. du Kazakhstan ; 331 000 hab. Aluminium.

PAVLOV (Ivan Petrovitch), *Riazan 1849 - Leningrad 1936,* physiologiste russe. Auteur de travaux sur la digestion et la « sécrétion psychique », il a découvert ainsi les réflexes conditionnés et formulé sa conception générale de l'activité nerveuse supérieure. (Prix Nobel 1904.)

PAVLOVA (Anna), *Saint-Pétersbourg 1881 - La Haye 1931,* danseuse russe. Elle créa le rôle-titre du ballet de M. Fokine (*le Cygne,* 1907) sur une musique de Saint-Saëns, et fonda en 1911 sa propre compagnie.

PAXTON (sir Joseph), *Milton Bryant, Bedfordshire, 1801 - Sydenham, près de Londres, 1865,* jardinier et architecte britannique. La construction, pour l'Exposition de 1851 à Londres, du *Crystal Palace* (auj. détruit) fait de lui un pionnier de l'architecture du fer et de la préfabrication.

PAYEN (Anselme), *Paris 1795 - id. 1871,* biochimiste français. Il identifia la cellulose comme le constituant essentiel des cellules végétales.

PAYERNE, en all. **Peterlingen,** comm. de Suisse (Vaud) ; 7 393 hab. *(Payernois).* Église (XIe-XIIe s.) et bâtiments d'un anc. monastère clunisien.

PAYNE (Thomas) → **PAINE.**

PAYSANDÚ, v. d'Uruguay, sur le fleuve Uruguay ; 76 191 hab.

Paysans (guerre des) [1524 - 1526], insurrections paysannes et urbaines qui agitèrent le Saint Empire. Dirigée par certains réformateurs radicaux (dont Müntzer, en Thuringe), elle fut réprimée par les princes catholiques et luthériens coalisés.

PAYS-BAS n.m. pl., nom donné au cours de l'histoire à des territoires du nord-ouest de l'Europe, d'étendue variable, situés entre l'Ems, la mer du Nord, les collines de l'Artois et les Ardennes. Ils ont donné naissance, au début du XIXe s., aux États actuels de Belgique et des Pays-Bas.

HISTOIRE

Des origines à l'Empire carolingien. La présence ancienne de l'homme dans cette région est attestée par des monuments mégalithiques (dolmens) et des tumulus de l'âge du bronze. **57 av. J.-C. :** César conquiert le pays, peuplé par des tribus celtes et germaniques (Bataves, Frisons). **15 av. J.-C. :** les futurs Pays-Bas forment la province de Gaule Belgique. **IVe s. :** les invasions germaniques submergent la contrée. Les Saxons s'établissent à l'est, tandis que les Francs occupent les territoires méridionaux. **VIIe - VIIIe s. :** la christianisation de ces peuples ne s'achève qu'avec Charlemagne.

De Charlemagne à l'époque bourguignonne. **IXe s. :** les invasions normandes et les divisions territoriales (traité de Verdun, 843) affaiblissent le pays. **Xe - XIIe s. :** ce dernier se décompose en de multiples principautés féodales (duchés de Gueldre et de Brabant, comtés de Hollande, de Flandre et de Hainaut, évêchés d'Utrecht et de Liège). **XIIe - XIIIe s. :** tandis que de nouvelles terres sont gagnées sur la mer, les villes connaissent un essor remarquable, notamm. grâce au commerce du drap (Gand, Ypres, Bruges). **XIVe s. :** en Flandre, les travailleurs du textile s'opposent au patriciat urbain, qui s'allie avec le roi de France. **1369 :** le duc de Bourgogne Philippe le Hardi épouse la fille du comte de Flandre Louis de Mâle. **1382 :** les milices communales sont vaincues à Rozebeke par le roi de France Charles VI.

Période bourguignonne et période espagnole. **XVe s. :** par achats, mariages, héritages, les ducs de Bourgogne incorporent peu à peu tous les Pays-Bas. **1477 :** Marie de Bourgogne, fille et héritière de Charles le Téméraire, épouse Maximilien d'Autriche. Le pays fait désormais partie des possessions des Habsbourg. **1515 :** Charles Quint hérite des Pays-Bas. Pendant son règne, il porte à dix-sept le nombre des provinces qui les constituent et érige l'ensemble en cercle d'Empire (1548). Le pays connaît une forte expansion économique, les idées de la Réforme s'y diffusent largement.

La révolte des Pays-Bas et la naissance des Provinces-Unies. 1555 : Philippe II succède à son père comme prince des Pays-Bas. **1559 - 1567 :** par l'intermédiaire de Marguerite de Parme, gouvernante du pays, il conduit une politique absolutiste et hostile aux protestants, qui dresse contre lui le peuple et la noblesse. **1566 :** la Flandre, le Hainaut, puis les provinces du Nord se soulèvent. **1567 - 1573 :** succédant à Marguerite de Parme, le duc d'Albe mène une répression impitoyable, qui débouche sur la révolte générale de la Hollande et de la Zélande (1568), dirigée par Guillaume d'Orange. Les révoltés gagnent à leur cause le Brabant, le Hainaut, la Flandre et l'Artois. **1576 :** la pacification de Gand marque l'expulsion des troupes espagnoles et le retour à la tolérance religieuse. **1579 :** les provinces du Sud, en majorité catholiques, se soumettent à l'Espagne (Union d'Arras) ; celles du Nord, calvinistes, proclament l'Union d'Utrecht, qui pose les bases des Provinces-Unies.

Les Pays-Bas aux XVIIe et XVIIIe s. 1581 : après avoir répudié solennellement l'autorité de Philippe II, les Provinces-Unies poursuivent la lutte contre l'Espagne, sauf pendant la trêve de Douze-Ans (1609 - 1621). **1648 :** le traité de Münster reconnaît officiellement l'indépendance des Provinces-Unies. Les Pays-Bas méridionaux restent espagnols. **1714 :** à l'issue de la guerre de la Succession d'Espagne, ils passent sous domination autrichienne. **1795 :** les Pays-Bas méridionaux sont annexés par la France ; les Provinces-Unies deviennent la République batave. **1815 :** le congrès de Vienne décide de réunir l'ensemble des provinces en un royaume des Pays-Bas.

PAYS-BAS (royaume des), en néerl. **Nederland,** État d'Europe, sur la mer du Nord ; 34 000 km^2 ; 15 600 000 hab. *(Néerlandais).* CAP. *Amsterdam* (La Haye étant le siège des pouvoirs publics et de la Cour). V. PRINC. *Rotterdam.* LANGUE : *néerlandais.* MONNAIES : *euro* et *florin néerlandais.*

INSTITUTIONS

Monarchie parlementaire. Constitution de 1983. Le souverain exerce certains pouvoirs notamm. lors de la formation des gouvernements. Le Premier ministre est responsable devant le Parlement bicaméral, élu pour 4 ans.

GÉOGRAPHIE

L'histoire, la faible superficie et l'exceptionnelle densité (plus de 400 hab. au km^2) expliquent l'ouverture économique de ce pays, nation commerçante, qui exporte environ 40 % de sa production. Les services surtout (finances et transports) et l'industrie (constructions électriques, agroalimentaire, chimie, auxquels s'ajoute un très important gisement de gaz naturel) occupent plus de 90 % d'une population, fortement urbanisée, concentrée dans un quadrilatère délimité par les quatre principales villes (Amsterdam, La Haye, Rotterdam [premier port mondial] et Utrecht). L'agriculture, très intensive, exploite l'abondance des terrains plats (parfois gagnés, par poldérisation, sur la mer) et bénéficie d'un climat doux et humide. Elle associe élevage (bovins et porcins) et cultures traditionnelles florales et légumières.

Le commerce extérieur s'effectue principalement avec les partenaires de l'Union européenne (Allemagne et Belgique voisines en tête). Il est équilibré, voire excédentaire, mais son importance rend le pays tributaire du marché mondial, vulnérabilité qui constitue, avec le chômage, le souci économique majeur du pays.

HISTOIRE

Le royaume des Pays-Bas jusqu'en 1830. 1815 : le royaume est constitué des anciennes Provinces-Unies, des anciens Pays-Bas autrichiens et du grand-duché de Luxembourg. Guillaume Ier, roi des Pays-Bas, accorde une constitution à ses sujets. Mais l'union belgo-hollandaise se heurte à de multiples antagonismes. **1830 :** la Belgique se révolte et proclame son indépendance.

De 1830 à 1945. 1839 : Guillaume Ier reconnaît l'indépendance de la Belgique. **1840 :** il abdique en faveur de son fils Guillaume II. **1848 :** une nouvelle constitution établit un mode de scrutin censitaire pour les deux chambres. **1849 :** Guillaume III accède au pouvoir. Sous son règne, libéraux (Thorbecke) et conservateurs alternent au pouvoir. **1851 :** la reconstitution de la hiérarchie de leur clergé permet aux catholiques de s'intégrer à la vie politique du pays. **1862 :** l'instauration du libre-échange favorise l'essor économique. **1872 :** après la mort de Thorbecke, l'éventail politique se diversifie et se complique, du fait notamm. de la question scolaire. **1890 :** Wilhelmine succède à Guillaume III. **1894 :** Troelstra fonde un parti socialiste. **1897 - 1901 :** sous l'influence des libéraux, une importante législation sociale est mise en place tandis qu'un puissant syndicalisme se développe. **1913 - 1918 :** l'excessif morcellement des partis amène la reine à former un gouvernement extraparlementaire, qui maintient la neutralité néerlandaise pendant la Première Guerre mondiale. **1917 :** le suffrage universel est instauré, ainsi que le vote des femmes (1919). **1925 :** rupture des relations diplomatiques avec le Vatican. **1933 - 1939 :** le Premier ministre, H. Colijn, leader du Parti antirévolutionnaire, doit faire face à la crise mondiale et aux progrès du nationalisme en Indonésie. **1939 :** la montée des périls permet la reconstitution de la coalition chrétienne. **1940 - 1945 :** les Pays-Bas envahis par les Allemands subissent une occupation pesante ; la reine et le gouvernement se réfugient en Grande-Bretagne, d'où ils poursuivent la guerre.

Depuis 1945. 1944 - 1948 : le pays participe à la formation du Benelux. **1948 :** Wilhelmine abdique en faveur de sa fille Juliana. **1949 :** l'Indonésie accède à l'indépendance. **1951 - 1953 :** les Pays-Bas adhèrent à la CECA. **1958 :** ils entrent dans la CEE. **1973 - 1977 :** un gouvernement de coalition dirigé par le travailliste Joop Den Uyl doit faire face aux effets du premier choc pétrolier. **1980 :** Juliana abdique en faveur de sa fille Béatrice. **1982 - 1994 :** le chrétien-démocrate Rudolf Lubbers dirige des gouvernements de coalition de centre droit puis, à partir de 1989, de centre gauche. **1994 :** le travailliste Wim Kok devient Premier ministre.

PAYS DE LA LOIRE → **LOIRE** (Pays de la).

PAZ (La), cap. (siège du gouvernement) de la Bolivie, à 3 658 m d'alt., à l'E. du lac Titicaca ; 1 115 403 hab. *(Pacéniens).* Église S. Francisco (XVIe s.) ; musée national.

PAZ (Octavio), *Mexico 1914 - id 1998,* écrivain mexicain. Sa poésie *(Liberté sur parole)* et ses essais *(le Labyrinthe de la solitude, l'Arc et la Lyre, le Singe grammairien)* unissent à l'évocation des mythes et du monde mexicains une vaste culture internationale, qui fait s'entrecroiser poésie nord-américaine, surréalisme français et univers hindou. (Prix Nobel 1990.)

PAZ ESTENSSORO (Victor), *Tarija 1907,* homme politique bolivien. L'un des fondateurs du MNR (Mouvement national révolutionnaire), il fut l'homme fort de la révolution de 1952 et, président de la République (1952 - 1956), entreprit une réforme agraire radicale et nationalisa les mines. De nouveau à la tête de l'État de 1960 à 1964 puis de 1985 à 1989, il mit fin à l'inflation par sa politique néolibérale.

PAZZI, famille guelfe de Florence, rivale des Médicis. En 1478, deux de ses membres ourdirent contre Laurent et Julien de Médicis la *conspiration* dite *des Pazzi.* Le meurtre de Julien de Médicis entraîna une répression immédiate : les Pazzi furent exécutés ou bannis.

PCC → **communiste chinois** (Parti).

PCF → **communiste français** (Parti).

PCI → **communiste italien** (Parti).

PCUS → **communiste de l'Union soviétique** (Parti).

PEACOCK (Thomas Love), *Weymouth 1785 - Lower Halliford 1866,* écrivain britannique. Ses romans satiriques raillent les excès du romantisme *(l'Abbaye de Cauchemar).*

PÉAN (Jules), *Marboué, Eure-et-Loir, 1830 - Paris 1898,* chirurgien gynécologue français. Il a donné son nom à des techniques opératoires et inventé plusieurs instruments de chirurgie.

PEANO (Giuseppe), *Cuneo 1858 - Turin 1932,* logicien et mathématicien italien. Son *Formulaire de mathématique* (1895 - 1908), qui utilise un langage formalisé, constitue un exposé axiomatique et déductif de l'arithmétique, de la géométrie projective, de la théorie générale des ensembles, du calcul infinitésimal et du calcul vectoriel.

PEARL HARBOR, rade des îles Hawaii (île d'Oahu). Une base aéronavale américaine y existe depuis 1906. Une partie de la flotte américaine du Pacifique y fut détruite par surprise, sans déclaration de guerre, par les Japonais le 7 déc. 1941, ce qui provoqua l'intervention des États-Unis dans la Seconde Guerre mondiale.

PEARSON (Karl), *Londres 1857 - id. 1936,* mathématicien britannique. Il est l'un des fondateurs de la statistique. Promoteur du darwinisme social, il développa, dans le cadre de recherches sur l'hérédité, les idées de F. Galton sur la régression et la corrélation.

PEARSON (Lester Bowles), *près de Toronto 1897 - Ottawa 1972,* homme politique canadien. Leader du Parti libéral (1958), il fut Premier ministre de 1963 à 1968. (Prix Nobel de la paix 1957.)

PEARY (Robert), *Cresson Springs, Pennsylvanie, 1856 - Washington 1920,* explorateur américain. Il reconnut l'insularité du Groenland et atteignit, le premier, le pôle Nord, le 6 avril 1909.

Peau d'âne, conte en vers de C. Perrault (1694). Une princesse, pour échapper à l'amour incestueux que lui propose son père, s'enfuit du palais revêtue d'une peau d'âne. Un prince charmant reconnaît sa beauté et parvient à l'épouser.

PEAUX-ROUGES, désignation vieillie des Amérindiens du Nord.

Pechiney, société française dont les origines remontent à 1855. Le groupe exerce deux métiers de base : l'aluminium (production et transformation), à l'origine de son essor industriel, et l'emballage. Il occupe dans ces secteurs des positions de tout premier plan au niveau mondial.

PECH-MERLE, site préhistorique du Quercy (Lot, comm. de Cabrerets). Grotte ornée, remarquable sanctuaire du paléolithique (solutréen, périgordien et magdalénien).

PECK (Eldred Gregory, dit Gregory), *La Jolla, Californie, 1916,* acteur américain. Il incarne des personnages qui savent maîtriser leur inquiétude ou des aventuriers impénétrables : *la Maison du Dr Edwardes* (A. Hitchcock, 1945), *Moby Dick* (J. Huston, 1956), *la Femme modèle* (V. Minnelli, 1957).

PECO (les), abréviation désignant les pays d'Europe centrale et orientale.

PECQ (Le) [78230], ch.-l. de cant. des Yvelines, sur la Seine ; 16 509 hab.

PECQUET (Jean), *Dieppe 1622 - Paris 1674,* médecin et anatomiste français. Il expliqua l'ensemble de la circulation lymphatique.

PECQUEUR (Constantin), *Arleux, Nord, 1801 - Taverny, Val-d'Oise, 1887,* économiste français. Il dénonça les conséquences de la propriété privée et de la concentration industrielle.

PÉCS, v. du sud de la Hongrie ; 170 039 hab. Université. Centre industriel. — Monuments de l'époque paléochrétienne au baroque ; musées.

PEEL (sir Robert), *Chamber Hall, près de Bury, 1788 - Londres 1850,* homme politique britannique. Député tory (1809), secrétaire pour l'Irlande (1812 - 1818), ministre de l'Intérieur (1822 - 1827, 1828 - 1830), il humanisa la législation criminelle et fit voter la loi d'émancipation des catholiques (1829). Premier ministre (1834 - 1835, 1841 - 1846), favorable au libre-échange, il accomplit de nombreuses réformes et fit voter en 1846 la loi abolissant les droits de douane sur les blés (« Corn Laws »).

PEENEMÜNDE, v. d'Allemagne (Mecklembourg-Poméranie-Occidentale). Situé sur l'estuaire de la Peene (tributaire de la Baltique ; 180 km), ce site fut une base allemande d'expérimentation d'engins balistiques (V1 et V2) pendant la Seconde Guerre mondiale.

Peer Gynt, drame d'Ibsen, musique de scène de Grieg (1867). C'est une satire, à travers le personnage de Peer Gynt, de la veulerie et de l'égoïsme.

PÉGASE MYTH. GR. Cheval ailé, né du sang de Méduse. Il servit de monture à Bellérophon.

PÉGOUD (Adolphe), *Montferrat, Isère, 1889 - Petit-Croix, près de Belfort, 1915,* aviateur français. Il réussit, en 1913, le premier saut en parachute à partir d'un avion et le premier looping.

PEGU, v. de Birmanie ; 255 000 hab. Monuments bouddhiques.

PÉGUY (Charles), *Orléans 1873 - Villeroy, Seine-et-Marne, 1914,* écrivain français. Socialiste « indépendant » (*Jeanne d'Arc,* 1897) puis dreyfusard, il fonda les *Cahiers de la quinzaine* (1900 - 1914). Profondément mystique, il revint ensuite à la foi catholique de son enfance et fit, de 1912 à 1914,

■ **PÉKIN.** Le temple du Ciel. Qiniandian, salle de la prière pour de bonnes moissons, architecture Ming, 1420.

plusieurs pèlerinages à Notre-Dame de Chartres. Ses *Mystères* (*le Mystère de la charité de Jeanne d'Arc,* 1910), sa poésie invocatoire et épique (*Ève,* 1913) et sa prose méditative ou polémique (*Notre jeunesse,* 1910 ; *l'Argent,* 1913) sont remarquables de puissance. Il fut tué sur le front au début de la Première Guerre mondiale.

PEI ou **PEI IEOH MING,** *Canton 1917,* architecte et urbaniste américain d'origine chinoise. Adepte d'un modernisme assoupli, il est notamm. l'auteur des aménagements souterrains du musée du Louvre, à Paris (cour Napoléon, 1986 - 1988), surmontés d'une pyramide de verre.

PEÏPOUS (lac) ou **LAC DES TCHOUDES,** lac d'Estonie et de Russie, qui se déverse par la Narva dans le golfe de Finlande ; 2 670 km^2.

PEIRCE (Charles Sanders), *Cambridge, Massachusetts, 1839 - Milford, Pennsylvanie, 1914,* philosophe et logicien américain. Il a contribué au développement du calcul des relations et est le principal créateur de la sémiotique. Il est le fondateur du pragmatisme logique (*Collected Papers,* 1931).

PEISEY-NANCROIX (73210), comm. de la Savoie, en Tarentaise ; 622 hab. Sports d'hiver (alt. 1 300 - 2 400 m).

PEKALONGAN, v. d'Indonésie (Java) ; 243 000 hab. Port.

PÉKIN, en chin. **Beijing,** cap. de la Chine ; 9 830 000 hab. *(Pékinois).* Elle constitue une municipalité autonome d'environ 17 000 km^2. Centre administratif, universitaire et industriel. — Les quartiers centraux sont formés de la juxtaposition de la ville chinoise, ou extérieure, et de la ville tartare, ou intérieure ; au centre de cette dernière se trouve l'ancienne Cité interdite, qui était réservée à la famille impériale. Riches musées. — Située près de la capitale de l'État Yan (IVe s. av. J.-C.), Pékin fut à partir de la domination mongole (XIIIe s.) la capitale de la Chine hormis quelques périodes où Nankin lui fut préférée. Elle fut le théâtre du sac du Palais d'Été (1860) par une expédition franco-britannique, de la révolte des Boxers (1900), de la proclamation de la République populaire de Chine par Mao Zedong (1949).

PÉLADAN (Joseph, dit Joséphin), surnommé **le Sâr,** *Lyon 1858 - Neuilly-sur-Seine 1918,* écrivain français. Mêlant la mystique chrétienne à l'occultisme, il est l'auteur d'une « éthopée », épopée romanesque en 19 vol., *la Décadence latine.*

PÉLAGE, *m. à Cangas en 737,* roi des Asturies. Il fonda son royaume avec des réfugiés wisigoths et remporta contre les musulmans la première victoire de la Reconquista (718).

PÉLAGE, *en Grande-Bretagne v. 360 - en Palestine v. 422,* moine d'origine brittonique. Il séjourna à Rome, en Égypte et en Palestine. Sa doctrine *(pélagianisme),* qui minimisait le rôle de la grâce divine par rapport à celui de la volonté humaine, trouva en saint Augustin un adversaire redoutable.

PÉLASGES, premiers habitants de la Grèce avant l'arrivée des Indo-Européens, selon la tradition grecque.

PELÉ (Edson Arantes **do Nascimento,** dit), *Três Corações, Minas Gerais, 1940,* footballeur brésilien. Stratège et buteur, il a remporté trois fois la Coupe du monde (1958, 1962 et 1970). Il est ministre des Sports, dans son pays, depuis 1995.

■ **PELÉ,** alors qu'il jouait au Cosmos de New York en 1977.

PELÉE (montagne), sommet volcanique de la Martinique, dans le nord de l'île (alt. 1 397 m). L'éruption de 1902 s'accompagna d'une « nuée ardente » qui détruisit Saint-Pierre.

PÉLÉE MYTH. GR. Père d'Achille.

Pèlerinage à l'île de Cythère, ou **l'Embarquement pour Cythère,** grande toile de Watteau (1717, Louvre). C'est le chef-d'œuvre de l'artiste en même temps que son morceau de réception à l'Académie comme « peintre de fêtes galantes ». Il en existe une autre version, de 1718, à Berlin.

PÈLERIN de Maricourt (Pierre), *Maricourt, Somme, XIIIe s.,* philosophe français. Dans une lettre sur l'aimant (publiée en 1558), il donna les lois fondamentales du magnétisme et posa les bases de la méthode expérimentale.

PELETIER (Jacques), *Le Mans 1517 - Paris 1582,* écrivain français. Poète et humaniste, membre de la *Pléiade, il est l'auteur d'un *Art poétique français.*

PÉLION n.m., massif de Thessalie ; 1 548 m. Séjour du centaure Chiron. Les Géants l'escaladèrent pour monter à l'assaut de l'Olympe.

■ CHARLES **PÉGUY** par J.-P. Laurens. (Musée Péguy, Orléans.)

■ **PÈLERINAGE À L'ÎLE DE CYTHÈRE** (1717) par Watteau. (Louvre, Paris.)

PELISSANNE (13330), ch.-l. de cant. des Bouches-du-Rhône ; 8 748 hab.

PÉLISSIER (Aimable), duc **de Malakoff,** *Maromme 1794 - Alger 1864,* maréchal de France. Il prit Sébastopol (1855) et fut ambassadeur à Londres (1858), puis gouverneur de l'Algérie (1860).

PELLA, cap. de la Macédoine du Ve s. à 168 av. J.-C. Ruines et belles mosaïques (fin IVe-IIIe s. av. J.-C.).

PELLAN (Alfred), *Québec 1906 - Laval, Québec, 1988,* peintre canadien. Il a travaillé à Paris de 1926 à 1940, puis a contribué, à Montréal, à l'essor de l'art canadien moderne.

Pelléas et Mélisande, drame de M. Maeterlinck (1892). L'amour de Pelléas et de Mélisande les conduit vers une mort inéluctable. Le titre, repris pour les musiques de scène de la pièce par Fauré pour la création anglaise (1898) et par Sibelius pour la création suédoise (1905), et pour les suites d'orchestre que les deux compositeurs en tirèrent, fut également utilisé par Debussy, qui composa le livret et la partition d'un drame lyrique en 5 actes (1902), et par Schoenberg pour son poème symphonique (1905).

PELLERIN (Jean Charles), *Épinal 1756 - id. 1836,* imprimeur français. Il a édité à partir de 1800 et sous l'Empire un grand nombre d'images populaires, diffusées dans toute la France par colporteurs.

P

PELLERIN (Le) [44640], ch.-l. de cant. de la Loire-Atlantique ; 3 905 hab.

PELLETAN (Camille), *Paris 1846 - id. 1915,* homme politique français. Député radical (1881 - 1912), ministre de la Marine de Combes (1902 - 1905), il prit une part active à la politique anticléricale.

PELLETIER (Joseph), *Paris 1788 - Clichy 1842,* chimiste et pharmacien français. Avec Caventou, il découvrit la strychnine (1818) et la quinine (1820) et mit au point un procédé de fabrication du sulfate de quinine.

PELLETIER (Wilfrid), *Montréal 1896 - New York 1982,* chef d'orchestre canadien. Il créa et dirigea (1942 - 1961) le Conservatoire de Montréal, fut le directeur artistique de l'Orchestre symphonique de Québec (1951 - 1966) et le cofondateur en 1966 de la Société de musique contemporaine du Québec.

PELLETIER-DOISY (Georges), *Auch 1892 - Marrakech 1953,* aviateur et général français. Surnommé familièrement « Pivolo », il fut un pionnier des grandes liaisons aériennes (notamm. Paris-Tokyo, 1924).

PELLICO (Silvio), *Saluces 1789 - Turin 1854,* écrivain italien. Le récit de son emprisonnement au Spielberg (*Mes prisons,* 1832) contribua à gagner l'opinion internationale à la cause des patriotes italiens.

PELLIOT (Paul), *Paris 1878 - id. 1945,* sinologue français. Il découvrit d'importants manuscrits (VIe-XIe s.) dans les grottes de Dunhuang.

PELLOUTIER (Fernand), *Paris 1867 - Sèvres 1901,* syndicaliste français. Secrétaire de la Fédération des Bourses du travail (1895), défenseur de l'anarchisme, il prôna aussi un syndicalisme libre de toute attache politique.

PÉLOPIDAS, *v. 410 - Cynoscéphales 364 av. J.-C.,* général thébain. Il contribua avec Épaminondas à libérer Thèbes du joug spartiate (379) et rétablit la démocratie. Il participa à la victoire de Leuctres (371).

PÉLOPONNÈSE n.m., presqu'île du sud de la Grèce, découpée en plusieurs péninsules, rattachée au continent par l'isthme de Corinthe, et comprenant l'Argolide, la Laconie, la Messénie, l'Élide, l'Achaïe, l'Arcadie ; 21 500 km² ; 1 077 002 hab. Au IIe millénaire, le Péloponnèse fut le siège de la civilisation mycénienne. Son histoire, à l'époque classique, se confondit avec celle de Sparte et de la Grèce. Le démembrement de l'Empire byzantin fit du Péloponnèse le despotat de Mistra (ou de Morée).

Péloponnèse (guerre du) [431 - 404 av. J.-C.], conflit qui opposa Sparte à Athènes pour l'hégémonie du monde grec. Dans un premier temps (431 - 421), les belligérants équilibrèrent succès et défaites et cette période confuse se termina par la paix de Nicias, qui ne fut qu'une trêve. Après quelques années de guerre larvée, les hostilités reprirent en 415 avec la désastreuse expédition de Sicile, qui se termina en 413 par l'écrasement de l'armée et de la flotte athéniennes devant Syracuse. La troisième période (413 - 404) marqua la fin du conflit et la chute d'Athènes, dont la flotte, malgré les succès d'Alcibiade (410 et 408) et la victoire des Arginuses (406), fut anéantie par Lysandre en 405 à l'embouchure de l'Aigos-Potamos. En 404, Athènes, assiégée, dut signer une paix qui la dépouilla de son empire.

PÉLOPS MYTH. GR. Héros éponyme du Péloponnèse, ancêtre des Atrides.

PELOTAS, v. du Brésil (Rio Grande do Sul) ; 289 494 hab.

PELTIER (Jean), *Ham 1785 - Paris 1845,* physicien français. Il découvrit l'effet thermoélectrique (qui porte son nom), dû au passage d'un courant électrique d'un métal dans un autre.

PELTON (Lester Allen), *Vermilion, Ohio, 1829 - Oakland, Californie, 1908,* ingénieur américain. Il a réalisé la turbine hydraulique à action (qui porte son nom), utilisée pour des chutes d'eau de grande hauteur et de faible débit.

PÉLUSE, anc. v. d'Égypte, sur la branche E. du delta du Nil.

PÉLUSSIN (42410), ch.-l. de cant. de la Loire ; 3 471 hab.

PELVOUX (massif du), autre nom du massif des *Écrins.

PEMATANGSIANTAR, v. d'Indonésie (Sumatra) ; 219 000 hab.

PEMBA, île de l'océan Indien (Tanzanie), au N. de Zanzibar ; 984 km² ; 265 039 hab. Principal centre mondial de la culture du giroflier.

PENANG, État de la Malaisie ; 1 141 500 hab. ; cap. *George Town.* Il comprend l'*île de Penang* (anc. *Prince of Wales*).

PEÑARROYA-PUEBLONUEVO, v. d'Espagne (Andalousie) ; 14 035 hab. Centre minier.

PENCK (Albrecht), *Leipzig 1858 - Prague 1945,* géographe allemand. Avec Eduard Brückner, il a défini les quatre glaciations quaternaires des Alpes.

PENDE, peuple du sud-ouest de la Rép. dém. du Congo (ex-Zaïre), de langue bantoue.

PENDERECKI (Krzysztof), *Dębica 1933,* compositeur polonais. Il est l'un des initiateurs du mouvement « tachiste » en musique (*Threnos à la mémoire des victimes d'Hiroshima,* 1960 ; *Passion selon saint Luc,* 1966 ; les opéras *les Diables de Loudun,* 1969, et *le Paradis perdu,* 1978).

PENDJAB n.m., région de l'Asie méridionale, drainée par les affluents de l'Indus (les « cinq rivières » : Jhelum, Chenab, Ravi, Sutlej, Bias) et divisée depuis 1947 entre l'Inde (États du Pendjab [50 362 km² ; 20 190 975 hab.] et de l'Haryana) et le Pakistan (v. princ. *Lahore*). Cultures irriguées du riz, du coton et de la canne à sucre.

PÉNÉLOPE MYTH. GR. Héroïne de *l'Odyssée,* femme d'Ulysse et mère de Télémaque. Pendant les vingt ans d'absence d'Ulysse, elle résista, en usant de ruse, aux demandes en mariage des prétendants, remettant sa réponse au jour où elle aurait terminé la toile qu'elle tissait : chaque nuit, elle défaisait le travail de la veille. Elle est le symbole de la fidélité conjugale.

PÉNICAUD (Léonard, dit Nardon), *m. v. 1542,* émailleur français. Mentionné dès 1493, consul à Limoges en 1513, il est le premier peintre sur émail limougeaud identifié (*Couronnement de la Vierge,* panneau de triptyque, Louvre). Son atelier fut maintenu durant le XVIe s. par ses parents Jean Ier, Jean II, Jean III et Pierre.

PÉNINSULE ACADIENNE, péninsule de l'est du Canada, sur l'Atlantique. Elle correspond pratiquement aux provinces du Nouveau-Brunswick et de la Nouvelle-Écosse.

PENLY (76630), comm. de la Seine-Maritime ; 359 hab. Centrale nucléaire sur la Manche.

PENMARCH [pɛ̃mar] (29760), comm. du Finistère, près de la *pointe de Penmarch* (site du phare d'Eckmühl) ; 6 032 hab. Pêche. Conserves. — Église gothique du XVIe s.

PENN (Arthur), *Philadelphie 1922,* cinéaste américain. Rompant avec les schémas hollywoodiens, il fut l'un des premiers à introduire dans le western ou le film policier le déchirement, l'incertitude et le chaos (*le Gaucher,* 1958 ; *Miracle en Alabama,* 1962 ; *la Poursuite impitoyable,* 1966 ; *Bonnie and Clyde,* id. ; *Little Big Man,* 1970 ; *Georgia,* 1981 ; *Inside,* 1996).

PENN (William), *Londres 1644 - Jordans 1718,* quaker anglais. Fondateur (1681) de la Pennsylvanie, il la dota d'une législation qui fut le modèle des institutions américaines. Il créa Philadelphie.

PENNE-D'AGENAIS (47140), ch.-l. de cant. de Lot-et-Garonne ; 2 402 hab. Ruines féodales.

PENNES-MIRABEAU (Les) [13170], ch.-l. de cant. des Bouches-du-Rhône ; 19 247 hab.

PENNINES n.f. pl., hauteurs de Grande-Bretagne, s'allongeant du N. au S. entre l'Écosse et les Midlands ; 893 m au Cross Fell.

PENNSYLVANIE, État des États-Unis, du lac Érié à la Delaware ; 11 881 643 hab. *(Pennsylvaniens)* ; cap. *Harrisburg* ; v. princ. *Philadelphie, Pittsburgh.*

PENROSE (Roger), *Colchester 1931,* mathématicien et physicien britannique. Ses travaux ont porté notamm. sur la théorie des trous noirs, en cosmologie, et sur les pavages du plan non périodiques, en géométrie et en cristallographie.

Pensées, titre sous lequel ont été publiées (1670), après sa mort, les notes que *Pascal avait rédigées pour écrire une *Apologie de la religion chrétienne.* La première partie devait démontrer *la misère de l'homme sans Dieu.* La seconde partie s'attachait à faire connaître *la félicité de l'homme avec Dieu.*

Pentagone (le), édifice, ainsi nommé en raison de sa forme, qui abrite à Washington, depuis 1942, le secrétariat à la Défense et l'état-major des forces armées des États-Unis.

Pentateuque [pɛ̃-] (le) [du grec *pente,* cinq, et *teukhos,* livre], nom donné par les traducteurs grecs aux cinq premiers livres de la Bible : Genèse, Exode, Lévitique, Nombres et Deutéronome. Les juifs le désignent sous le nom de *Torah* (la Loi), parce qu'il contient l'essentiel de la législation israélite.

PENTÉLIQUE n.m., montagne de Grèce, dans l'Attique, célèbre par ses carrières de marbre blanc.

PENTHÉSILÉE MYTH. GR. Reine des Amazones, tuée par Achille devant Troie.

PENTHIÈVRE, ancien comté puis duché breton. Il s'étendait de Guingamp à Lamballe, qui furent alternativement ses capitales.

PENTHIÈVRE (Louis **de Bourbon,** duc **de**), *Rambouillet 1725 - Bizy, près de Vernon, 1793,* prince français. Fils du comte de Toulouse, beau-père de Mme de Lamballe et de Philippe Égalité, il se signala à Fontenoy (1745) et fut l'un des plus riches mécènes de son temps.

PENZA, v. de Russie, au S.-E. de Moscou ; 552 000 hab.

PENZIAS (Arno), *Munich 1933,* radioastronome américain d'origine allemande. En 1965, il découvrit fortuitement, avec R. Wilson, le rayonnement thermique du fond du ciel à 3 kelvins, confortant ainsi la théorie cosmologique du big-bang. (Prix Nobel de physique 1978.)

PEORIA, v. des États-Unis (Illinois) ; 113 504 hab. Centre industriel.

PÉPIN de Landen ou **l'Ancien** (saint), *v. 580 - 640,* maire du palais d'Austrasie. Il exerça son pouvoir sous les règnes de Clotaire II, Dagobert Ier et Sigebert III. — **Pépin le Jeune,** dit **P. de Herstal,** *v. 635/640 - Jupille 714,* maire du palais d'Austrasie en 680. Petit-fils de Pépin de Landen, il battit à Tertry Thierry III, roi de Neustrie (687), et s'empara de ce pays. Il est le père de Charles Martel.

PÉPIN II, *v. 823 - id. v. 865,* roi d'Aquitaine (838 - 848/856). Il lutta contre son oncle Charles le Chauve, qui avait obtenu l'Aquitaine au traité de Verdun (843).

PÉPIN, dit **le Bref,** *Jupille v. 715 - Saint-Denis 768,* maire du palais (741 - 751) puis roi des Francs (751 - 768), de la dynastie carolingienne. Fils de Charles Martel, duc de Neustrie, de Bourgogne et de Provence en 741, il reçoit l'Austrasie après l'abdication de son frère Carloman (747). Il mène la guerre contre les Aquitains, les Alamans, les Bavarois et les Saxons. Proclamé roi des Francs en 751 avec l'accord du pape Zacharie, il reçoit l'onction de saint Boniface à Soissons, dépose Childéric III et oblige les Lombards à donner au pape Étienne II l'exarchat de Ravenne (756). À sa mort, son royaume, agrandi de la Septimanie, est partagé entre ses deux fils : Charlemagne et Carloman.

PÉPIN, *773 ou 777 - Milan 810,* roi d'Italie (781 - 810), second fils de Charlemagne.

PEPYS (Samuel), *Londres 1633 - Clapham 1703,* écrivain anglais. Son *Journal,* remarquable de sincérité, a pour toile de fond la vie à Londres.

PERCÉ (rocher), falaise, creusée d'arches naturelles, du littoral atlantique du Canada (Québec), dans l'est de la Gaspésie.

Perceval ou le Conte du Graal, roman inachevé de Chrétien de Troyes (v. 1180 ?). Ce récit, qui raconte l'initiation et les aventures chevaleresques du jeune Perceval, est à l'origine du mythe européen du *Graal. Une suite de ce roman a été écrite au XIIIe s. par Gerbert de Montreuil, et Wolfram von Eschenbach a repris le sujet dans son *Parzival* (début du XIIIe s.), qui inspira à Wagner le poème et la musique de *Parsifal* (1882), drame musical en 3 actes.

PERCHE n.m., région de l'ouest du Bassin parisien, formée de collines humides et boisées. (Hab. *Percherons.*) Autrefois réputé pour ses chevaux *(percherons)*, il se consacre surtout auj. à l'élevage des bovins. Parc naturel régional (Orne et Eure-et-Loir), couvrant env. 182 000 ha.

PERCIER (Charles), *Paris 1764 - id. 1838,* architecte et décorateur français. En collaboration avec Fontaine, il construisit l'arc de triomphe du Carrousel (1806-1808) et fut chargé d'importants travaux au Louvre et aux Tuileries.

PERCY (50410), ch.-l. de cant. de la Manche ; 2 219 hab.

PERDICCAS, nom de trois rois de l'ancien royaume de Macédoine.

PERDICCAS, *m. en 321 av. J.-C.,* général macédonien. Il s'efforça de conserver son unité à l'empire d'Alexandre. Il fut assassiné par les diadoques.

PERDIGUIER (Agricol), dit **Avignonnais la Vertu,** *Morières-lès-Avignon, Vaucluse, 1805 - Paris 1875,* homme politique français. Menuisier de profession, il s'attacha à développer la solidarité du compagnonnage français. Député de 1848 à 1851, proscrit au 2 Décembre, il est l'auteur d'un *Livre du compagnonnage* (1839) et des *Mémoires d'un compagnon* (1855).

PERDU (mont), sommet des Pyrénées espagnoles ; 3 355 m.

PEREC (Georges), *Paris 1936 - Ivry-sur-Seine 1982,* écrivain français. Les contraintes formelles auxquelles ce membre de l'*Oulipo s'est astreint dans son œuvre romanesque traduisent la difficulté d'être (*les Choses,* 1965 ; *la Disparition,* 1969 ; *la Vie, mode d'emploi,* 1978).

PÉREC (Marie-José), *Basse-Terre, Guadeloupe, 1968,* athlète française. Championne du monde du 400 m en 1991 et 1995, elle a été championne olympique sur la même distance en 1992 et 1996, et du 200 m en 1996 également.

Père Duchesne (le), journal français. Principal organe de la presse révolutionnaire, publié par Hébert de 1790 à 1794, il se caractérisait par la violence du ton et des idées.

PÉRÉE n.f., anc. province juive, à l'est du Jourdain. C'est l'ancien pays des Ammonites.

PÉRÉFIXE (Hardouin **de Beaumont de**), *Beaumont, près de Châtellerault, 1605 - Paris 1670,* prélat français. Précepteur de Louis XIV (1644), archevêque de Paris (1662), il se heurta violemment aux jansénistes et aux religieuses de Port-Royal (1665). [Acad. fr.]

Père Goriot (le), roman de H. de Balzac (1834 - 1835). Un père se voit dépouillé de tous ses biens par ses filles, qu'il aime d'une tendresse aveugle.

Pérégrination vers l'Ouest (la), roman chinois attribué à Wu Cheng'en (v. 1506 - 1582 ?). Sous la dynastie des Tang, un bonze part aux Indes, en compagnie d'un singe doté de pouvoirs surnaturels, à la recherche des livres sacrés de Bouddha.

PEREIRA, v. de Colombie ; 336 000 hab.

PEREIRE (Jacob Émile), *Bordeaux 1800 - Paris 1875,* banquier et homme politique français. Son nom est inséparable de celui de son frère et associé, Isaac (Bordeaux 1806 - Armainvilliers, Seine-et-Marne, 1880). Saint-simonien, il participa à la création des chemins de fer. Il créa le Crédit mobilier (1852 - 1867), grande banque pour l'industrie, et fut à la tête de nombreuses entreprises. Soutenus par Napoléon III, les deux frères furent députés de 1863 à 1869.

Père-Lachaise (cimetière du), cimetière de Paris, aménagé en 1804, à Ménilmontant, sur l'emplacement d'un ancien domaine du P. de La Chaise, confesseur de Louis XIV.

PERELMAN (Chaïm), *Varsovie 1912 - Bruxelles 1984,* philosophe belge d'origine polonaise. Il s'est efforcé de rendre son rôle et sa dignité à la rhétorique (*Traité de l'argumentation,* 1958).

■ GEORGES **PEREC**

■ SHIMON **PERES**

PERES (Shimon), *Vichneva, Pologne, auj. Biélorussie, 1923,* homme politique israélien. Président du Parti travailliste (1977 - 1992), il est Premier ministre de 1984 à 1986. Il occupe ensuite plusieurs postes ministériels (Affaires étrangères, 1986 - 1988 et 1992 - 1995 ; Finances, 1988 - 1990). Il est l'un des principaux artisans de l'accord israélo-palestinien, signé à Washington en 1993. Après l'assassinat de Y. Rabin (1995), il est de nouveau président du Parti travailliste (1995 - 1997) et Premier ministre (1995 - 1996). Ministre de la Coopération régionale de 1999 à 2001, il retrouve la présidence du Parti travailliste puis, au sein du gouvernement d'union nationale, le portefeuille des Affaires étrangères, en 2001. (Prix Nobel de la paix 1994.)

PÉRET (Benjamin), *Rezé 1899 - Paris 1959,* poète français. Fidèle de Breton, il est l'auteur d'une œuvre où le surréalisme se teinte de merveilleux et d'humour (*le Grand Jeu,* 1928).

PEREVALSK, anc. **Kommounarsk,** v. d'Ukraine, dans le Donbass ; 126 000 hab. Métallurgie.

PEREY (Marguerite), *Villemomble 1909 - Louveciennes 1975,* physicienne française. Ancienne préparatrice de M. Curie (1929), elle découvrit le francium (1939) et fut la première femme élue à l'Académie des sciences (1962).

PÉREZ DE AYALA (Ramón), *Oviedo 1880 - Madrid 1962,* écrivain espagnol. Ses romans satiriques offrent une vision critique de la société espagnole (*Belarmino et Apolonio,* 1921).

PÉREZ DE CUÉLLAR (Javier), *Lima 1920,* diplomate et homme politique péruvien. Secrétaire général de l'ONU de 1982 à 1991, il est nommé Premier ministre du Pérou en 2000.

PÉREZ GALDÓS (Benito), *Las Palmas 1843 - Madrid 1920,* écrivain espagnol. Il est l'auteur des *Épisodes nationaux,* épopée de l'Espagne du XIXe s., et de romans de mœurs *(Doña Perfecta)*.

PERGAME, anc. v. de Mysie. Elle fut la capitale du royaume des Attalides, dit aussi *royaume de Pergame* (v. 282 - 133 av. J.-C.), qui fut légué à Rome par son dernier roi, Attalos III. — La ville était célèbre pour sa bibliothèque de 200 000 volumes ; ses monuments, dont le grand autel de Zeus et sa frise sculptée (Pergamonmuseum, Berlin), comptent parmi les grandes réalisations de l'urbanisme et de la sculpture hellénistiques.

PERGAUD (Louis), *Belmont, Doubs, 1882 - Marchéville-en-Woëvre 1915,* écrivain français. Ses récits composent un tableau savoureux de la vie des bêtes *(De Goupil à Margot)* et des mœurs enfantines (*la Guerre des boutons,* 1912).

PERGOLÈSE (Jean-Baptiste), en ital. Giovanni Battista **Pergolesi,** *Iesi 1710 - Pouzzoles, près de Naples, 1736,* compositeur italien, l'un des maîtres de l'école napolitaine du XVIIIe s. Il écrivit de la musique instrumentale, religieuse *(Stabat Mater)*, et des œuvres lyriques, parmi lesquelles l'opera seria *Il Prigionier superbo* (1733) contenant l'intermezzo *la Servante maîtresse,* qui, repris isolément, fut à l'origine de la querelle des *Bouffons lors de son exécution à Paris.

PÉRI (Gabriel), *Toulon 1902 - Paris 1941,* homme politique français. Membre du Comité central du parti communiste (1929), député (1932), et journaliste à *l'Humanité,* il prit part à la Résistance. Il fut arrêté et fusillé par les Allemands.

PÉRIANDRE, tyran de Corinthe de 627 à 585 av. J.-C. Il porta la puissance de sa ville à son apogée. Il fut l'un des Sept Sages de la Grèce.

PÉRIBONKA n.f., riv. du Canada (Québec), qui rejoint le lac Saint-Jean ; 547 km.

PÉRICLÈS, *v. 495 - Athènes 429 av. J.-C.,* homme d'État athénien. Chef du Parti démocratique en 461 av. J.-C., réélu stratège pendant trente ans, il s'attacha à la démocratisation de la vie politique, ouvrant à tous l'accès aux hautes magistratures. Il fit de la Confédération de Délos un empire athénien, dont les ressources servirent notamment à un programme de grands travaux. Autour de lui se groupa une équipe d'artistes, dont Phidias, son ami ; les œuvres dont ceux-ci dotèrent l'art grec, la brillante vie intellectuelle qui s'épanouit à Athènes valurent à cette période le nom de « Siècle de Périclès ». En politique extérieure, Périclès voulut développer la puissance d'Athènes, en luttant à la fois contre les Perses et contre Sparte. Rendu responsable des premiers déboires de la guerre du Péloponnèse, il fut écarté du pouvoir. Réélu stratège en 429, il mourut peu après de la peste.

PERIER (Casimir), *Grenoble 1777 - Paris 1832,* banquier et homme politique français. Député et membre de l'opposition libérale sous la Restauration, rallié à Louis-Philippe, il devint président du Conseil en 1831. Il réprima durement les insurrections de Paris et de Lyon et soutint la Belgique contre les Pays-Bas. Il mourut du choléra.

PÉRIERS (50190), ch.-l. de cant. de la Manche ; 2 627 hab.

PÉRIGNON (dom Pierre), *Sainte-Menehould 1639 - abbaye de Hautvillers, près d'Épernay, 1715,* bénédictin français. Il améliora les techniques de fabrication du champagne.

PÉRIGORD n.m., région du sud-ouest de la France, formant la majeure partie du dép. de la Dordogne. (Hab. *Périgourdins* ou *Périgordins.*) Constituant l'extrémité nord-est du bassin d'Aquitaine, le Périgord est formé de plateaux arides et peu peuplés, entaillés par des vallées fertiles (Isle, Dordogne, Vézère), où, depuis la préhistoire, se sont concentrées populations et activités agricoles. — Le *comté du Périgord* passa au XVe s. entre les mains de diverses maisons, puis fut réuni au domaine royal par Henri IV.

P

Périgord-Limousin (parc naturel régional), parc naturel couvrant env. 180 000 ha sur les dép. de la Dordogne et de la Haute-Vienne.

PÉRIGUEUX (24000), ch.-l. du dép. de la Dordogne, sur l'Isle, à 473 km au S.-O. de Paris ; 32 294 hab. *(Périgourdins)* [L'agglomération compte plus de 65 000 hab.]. Évêché. Impression de timbres-poste. — Vestiges romains (« tour de Vésone ») ; église St-Étienne et cathédrale St-Front (restaurée), romanes, à files de coupoles ; vieilles demeures. Musée du Périgord.

PERIM, île fortifiée du détroit de Bab al-Mandab (dépendance du Yémen).

PERM, de 1940 à 1957 **Molotov,** v. de Russie, dans l'Oural, sur la Kama ; 1 099 000 hab. Centre industriel (mécanique, pétrochimie).

PERMEKE (Constant), *Anvers 1886 - Ostende 1952,* peintre et sculpteur belge. Plasticien puissant, chef de file de l'expressionnisme flamand, il est l'auteur de paysages, de marines, de scènes de la vie des paysans et des pêcheurs. (Musée dans sa maison, à Jabbeke, Flandre-Occidentale.)

PERMOSER (Balthasar), *près de Traunstein, Bavière, 1651 - Dresde 1732,* sculpteur allemand. Sculpteur de la cour de Dresde, il pratique un art d'un baroque tourmenté (*Apothéose du prince Eugène,* musée du Baroque, Vienne).

PERNAMBOUC, État du nord-est du Brésil ; 7 109 626 hab. ; cap. *Recife* (anc. *Pernambouc*).

PERNES-LES-FONTAINES (84210), ch.-l. de cant. de Vaucluse ; 10 309 hab. Tour Ferrande (XIIIe s., peintures murales), église du XIe s.

PERNIK, de 1949 à 1962 **Dimitrovo,** v. de Bulgarie, au S.-O. de Sofia ; 100 000 hab. Métallurgie.

PERNIS, localité des Pays-Bas, banlieue de Rotterdam. Raffinage du pétrole et pétrochimie.

PERÓN (Juan Domingo), *Lobos 1895 - Buenos Aires 1974,* homme politique argentin. Officier,

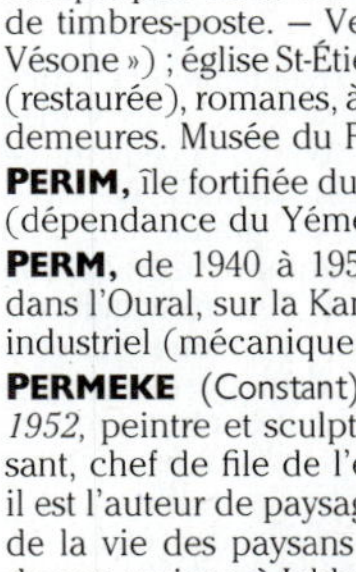

■ **PÉRICLÈS.** (British Museum, Londres.)

■ JUAN **PERÓN** en 1973.

vice-président (1944), puis président de la République (1946), il mit en application la doctrine du « justicialisme », populisme qui alliait au dirigisme économique des projets de justice sociale fondée sur la redistribution. Les premières mesures du régime (vote des femmes, nationalisation de certaines grandes industries) valurent au président une grande popularité. Mais l'opposition de l'Église et de l'armée et les difficultés économiques l'obligèrent à démissionner (1955). Il partit en exil. La victoire de ses partisans aux élections de 1973 le ramena à la présidence de la République, mais il mourut peu après. — **Eva Duarte,** dite **Eva P.,** *Los Toldos 1919 - Buenos Aires 1952,* deuxième femme de Juan Domingo Perón. Très populaire, elle se consacra à la défense des déshérités, les *descamisados.* — **María Estela,** dite **Isabel Martínez de P.,** *prov. de la Rioja 1931,* troisième femme de Juan Domingo Perón. Elle lui succéda à la présidence (1974), mais fut déposée par l'armée en 1976.

PÉRONNAS (01960), ch.-l. de cant. de l'Ain ; 5 940 hab.

PÉRONNE (80200), ch.-l. d'arrond. de la Somme, sur la Somme ; 8 963 hab. *(Péronnais).* Agroalimentaire. — Château médiéval et fortifications des XVIe-XVIIe s. ; Historial de la Grande Guerre (1992). — Charles le Téméraire et Louis XI y eurent une entrevue, et ce dernier dut y signer un traité humiliant (1468). La ville fut détruite durant la Première Guerre mondiale.

PÉROTIN, compositeur français du début du XIIIe s. Il fut le maître de l'école polyphonique de Notre-Dame de Paris.

PÉROU n.m., en esp. **Perú,** État d'Amérique du Sud, sur le Pacifique ; 1 285 000 km² ; 24 200 000 hab. *(Péruviens).* CAP. *Lima.* LANGUES : *espagnol* et *quechua.* MONNAIE : *sol.*

INSTITUTIONS

République présidentielle. La Constitution date de 1993. Le président de la République est élu pour 5 ans au suffrage universel direct. Le Parlement (Congrès), à chambre unique, est également élu pour 5 ans au scrutin direct.

GÉOGRAPHIE

La pêche est la ressource essentielle de l'étroite plaine littorale, au climat désertique, mais bordée par les principales villes, dont Lima (environ le quart de la population péruvienne). La croissance de la population (en grande majorité indienne ou métissée) contribue à expliquer la rapide urbanisation (plus de 70 % de citadins). L'est du Pérou, région amazonienne humide, couverte par la forêt dense, demeure encore peu peuplé. Au centre, sur les hautes terres andines, entaillées par de profondes vallées, les cultures s'étagent avec l'altitude (céréales, café, canne à sucre) et se juxtaposent à l'élevage (ovins surtout). Le sous-sol fournit de l'argent, du plomb, du zinc, du cuivre, du fer et du pétrole. Ces produits miniers, avec ceux de la pêche, assurent l'essentiel des exportations.

HISTOIRE

Les premières civilisations. Le Pérou fut le centre de nombreuses civilisations amérindiennes (Chavín, Moche, Chimú, Nazca, Paracas). **XIIe - XVIe s. :** les Incas étendent leur domination sur les plateaux andins, faisant épanouir une remarquable civilisation.

La conquête espagnole et l'époque coloniale. 1532 : Francisco Pizarro s'empare de Cuzco et fait exécuter l'Inca Atahualpa (1533). **1537 :** la puissance inca est définitivement brisée. **1544 :** la découverte des gisements d'argent de Potosí permet un enrichissement rapide de la société coloniale. **1569 - 1581 :** le vice-roi Francisco Toledo organise le système colonial et entreprend l'intégration de la population indienne. **Après 1630 :** le déclin de la production d'argent et la chute démographique provoquent une longue dépression économique. **1780 - 1782 :** une grave révolte indienne dirigée par Gabriel Condorcanqui (Túpac Amaru) secoue le pays.

L'indépendance et le XIXe s. 1821 : San Martín proclame l'indépendance du Pérou, consacrée par la victoire de Sucre à Ayacucho (1824). Le pays connaît alors une succession de coups d'État militaires. **1836 - 1839 :** éphémère confédération du Pérou et de la Bolivie. **1845 :** sous la dictature du président Ramón Castilla (1845 - 1851 ; 1855 - 1862), l'économie se développe, avec l'exploitation du nitrate et du guano. **1879 - 1883 :** la guerre du Pacifique contre le Chili se termine par la défaite du Pérou, qui doit céder la province littorale de Tarapacá, riche en nitrates. **1895 :** soutenu par l'oligarchie commerçante, le président Nicolás de Piérola met en place (1879 - 1881, 1895 - 1899) une administration civile et rétablit les finances.

Le XXe s. 1908 : Augusto Bernardino Leguía impose sa dictature (1908 - 1912, 1919 - 1930) et poursuit la modernisation du pays. **1924 :** fondation de l'Alliance populaire révolutionnaire américaine (APRA) par Raúl Haya de la Torre. **1939 - 1945 :** le président Manuel Prado y Ugarteche rétablit la légalité constitutionnelle. **1945 - 1948 :** José Luis Bustamante tente une politique réformiste. **1956 - 1962 :** soutenu par l'APRA, Prado y Ugarteche revient au pouvoir. **1963 - 1968 :** Belaúnde Terry, élu président, est débordé par la montée de l'opposition révolutionnaire et renversé par l'armée. **1968 - 1975 :** le général Velasco Alvarado nationalise les mines et les banques et entreprend une réforme agraire. **1975 - 1980 :** il est remplacé par le général Francisco Morales Bermúdez. **1980 - 1985 :** Belaúnde Terry remporte les élections. Il doit faire face à la guérilla du « Sentier lumineux ». **1985 :** l'APRA remporte les élections générales ; son chef, Alan García, élu président de la République, est confronté à une crise économique et politique qui ne cesse de s'aggraver. **1990 :** Alberto Fujimori est élu président de la République. **1992 :** il dissout le Parlement et suspend les garanties constitutionnelles. Son parti obtient la majorité lors de l'élection de l'Assemblée constituante. **1993 :** une nouvelle Constitution est approuvée par référendum. **1995 :** A. Fujimori est réélu à la tête de l'État. **1998 :** un accord règle le litige frontalier opposant depuis plusieurs décennies le Pérou à l'Équateur. **2000 :** réélu à la présidence pour un troisième mandat (au terme d'un scrutin aux résultats très contestés), A. Fujimori est, peu après, accusé de corruption et destitué.

PÉROU (vice-royauté du), vice-royauté espagnole créée en 1553 et qui prit fin avec l'indépendance du Pérou (1824). Son autorité s'exerça sur toutes les possessions espagnoles de l'Amérique du Sud (Venezuela excepté). Aux XVIe et XVIIe s., elle comprenait les audiences de Lima (1542), Santa Fe (1549), Charcas (1559), Quito (1563) et Santiago du Chili (1565). Au XVIIIe s., les réformes des Bourbons morcelèrent la vice-royauté du Pérou, avec la création des vice-royautés de Nouvelle-Grenade (1739), du Río de la Plata (1776) et la formation des capitaineries générales du Venezuela (1777) et du Chili (1778).

PÉROU ET DU CHILI (courant du) → **HUMBOLDT** (courant de).

PÉROUGES (01800), comm. de l'Ain ; 1 119 hab. Bourg médiéval fortifié, bien restauré.

PÉROUSE, en ital. **Perugia,** v. d'Italie, cap. de l'Ombrie et ch.-l. de prov. ; 143 698 hab. Vestiges étrusques et romains, importants monuments du Moyen Âge et de la Renaissance. Musée national archéologique et galerie nationale de l'Ombrie.

PERPENNA (Marcus Ventus), *m. à Osca, auj. Huesca, en 72 av. J.-C.,* général romain. Fidèle au parti de Marius, il se rallia à Sertorius, qu'il fit assassiner. Pompée le fit exécuter.

PERPIGNAN, ch.-l. du dép. des Pyrénées-Orientales, sur la Têt, à 915 km au S. de Paris ; 107 241 hab. *(Perpignanais).* Université. Évêché.

Marché de fruits et de légumes. – Palais des rois de Majorque, des XIIIe-XIVe s., Castillet (musée catalan), Loge de mer de 1397 et hôtel de ville (bronze de Maillol), cathédrale des XIVe-XVe s. (retables catalans) ; musée Hyacinthe-Rigaud. – Perpignan fut la capitale du royaume de Majorque de 1276 à 1344. Occupée à plusieurs reprises par la France au XVe s., elle lui fut cédée par l'Espagne en 1659.

PERRAULT (Charles), *Paris 1628 - id. 1703,* écrivain français, auteur de célèbres *Contes.* Contrôleur général de la surintendance des Bâtiments, il entra en 1671 à l'Académie française, où il se signala dans la querelle des *Anciens et des Modernes en prenant parti pour les Modernes *(le Siècle de Louis le Grand ; Parallèle des Anciens et des Modernes).*

PERRAULT (Claude), *Paris 1613 - id. 1688,* médecin, physicien et architecte français, frère de Charles Perrault. On lui attribue le projet de la Colonnade du Louvre (1667). Il a construit l'Observatoire de Paris et a publié, en 1673, une traduction illustrée de Vitruve.

PERRAULT (Dominique), *Clermont-Ferrand 1953,* architecte français. Il est l'auteur de l'École supérieure des ingénieurs en électrotechnique [...] de Marne-la-Vallée (1987), de la Bibliothèque nationale de France à Paris (1989 - 1995).

PERRAULT (Pierre), *Montréal 1927 - Mont-Royal 1999,* cinéaste et poète canadien. Il fut l'un des pionniers du cinéma *direct québécois : *le Règne du jour* (1966), *l'Acadie, l'Acadie* (avec M. Brault, 1971), *le Pays de la terre sans arbre ou le Mouchouânipi* (1980), *Cornouailles* (1994).

PERRÉAL (Jean), *m. en 1530,* peintre, décorateur et poète français. Connu à partir de 1483, employé par la ville de Lyon, il fut peintre en titre de trois rois de France et conseiller de Marguerite d'Autriche pour l'église de Brou.

PERREAUX (Louis Guillaume), *Almenêches, Orne, 1816 - Paris 1889,* inventeur français. Il conçut (1871) et réalisa un vélocipède à vapeur, premier ancêtre de la moto.

PERRET (Auguste), *Ixelles 1874 - Paris 1954,* architecte et entrepreneur français. Secondé par ses frères **Gustave** (1876 - 1952) et **Claude** (1880 - 1960), il a édifié le Théâtre des *Champs-Élysées (1911, adaptation d'un projet de H. Van de Velde), l'église du Raincy (1922), le Garde-Meuble national à Paris (1934), et a dirigé la reconstruction du Havre. Il a mis le béton armé au service de formes néoclassiques.

PERRET (Pierre), *Castelsarrasin 1934,* chanteur et auteur-compositeur français. Orfèvre de la langue verte, il fait sourire *(les Jolies Colonies de vacances, Tonton Cristobal),* tout en enrichissant sa verve gauloise d'une touche parfois poétique *(Ouvrez la cage aux oiseaux),* parfois engagée *(Lily, la Petite Kurde).*

PERREUX (42120), ch.-l. de cant. de la Loire ; 2 437 hab.

PERREUX-SUR-MARNE (Le) [94170], ch.-l. de cant. du Val-de-Marne ; 30 227 hab.

PERRIER (Edmond), *Tulle 1844 - Paris 1921,* zoologiste français. Il est l'auteur d'un traité de zoologie et de travaux sur les invertébrés.

PERRIN (Jean), *Lille 1870 - New York 1942,* physicien français. Il montra que les rayons cathodiques sont constitués de corpuscules d'électricité négative (1895) et détermina le nombre d'Avogadro de plusieurs façons, apportant ainsi une preuve décisive de l'existence des atomes. Il a expliqué le rayonnement solaire par les réactions thermonucléaires de l'hydrogène. Il fonda le palais de la Découverte en 1937. (Prix Nobel 1926.) – **Francis P.,** *Paris 1901 - id. 1992,* physicien français. Fils de Jean, il établit, avec F. Joliot et son équipe, la possibilité de produire des réactions nucléaires en chaîne et d'en obtenir de l'énergie (1939). Il fut haut-commissaire à l'énergie atomique de 1951 à 1970.

■ JEAN **PERRIN**

■ FRANCIS **PERRIN**

PERRONET (Jean Rodolphe), *Suresnes 1708 - Paris 1794,* ingénieur français. Il conçut et fit exécuter de nombreux ponts, remarquables par la nouveauté de leur technique, et créa, avec Trudaine, l'École des ponts et chaussées (1747).

PERRONNEAU (Jean-Baptiste), *Paris 1715 - Amsterdam 1783,* peintre français, auteur de portraits à l'huile et surtout au pastel.

PERROS-GUIREC (22700), ch.-l. de cant. des Côtes-d'Armor ; 7 890 hab. *(Perrosiens).* Station balnéaire. Thalassothérapie.

PERROT (Jules), *Lyon 1810 - Paramé 1892,* danseur et chorégraphe français. Danseur d'une grande virtuosité, il fut l'un des plus grands chorégraphes romantiques (*Giselle,* en collab. avec J. Coralli, 1841 ; *le Pas de quatre,* 1845).

PERROUX (François), *Lyon 1903 - Stains 1987,* économiste français. Il a introduit les notions d'inégalité des agents économiques, de pouvoir et de domination, remettant en cause la formulation des mécanismes de l'équilibre économique.

PERSAN (95340), comm. du Val-d'Oise, sur l'Oise ; 9 691 hab.

PERSE, anc. nom de l'Iran. Les *Perses,* peuple de langue aryenne du sud-ouest de l'Iran, constituèrent la base de deux empires, celui des Achéménides (VIe-IVe s. av. J.-C.) et celui des Sassanides (IIIe-VIIe s. apr. J.-C.), qui imposèrent leur culture à tout l'ensemble iranien.

PERSE, en lat. **Aulus Persius Flaccus,** *Volterra 34 - Rome 62,* poète latin. Ses *Satires* s'inspirent de la morale stoïcienne.

PERSÉE MYTH. GR. Héros, fils de Zeus et de Danaé. Il coupa la tête de Méduse, délivra Andromède, qu'il épousa, et régna sur Tirynthe et Mycènes.

PERSÉE, *v. 212 - Alba Fucens v. 165 av. J.-C.,* dernier roi de Macédoine (179 - 168 av. J.-C.). Il fut vaincu par Paul Émile à Pydna en 168, et mourut captif en Italie.

PERSÉPHONE ou **CORÉ** MYTH. GR. Divinité du monde souterrain, fille de Déméter. Hadès l'avait enlevée pour en faire la reine des Enfers. Les Romains l'adoraient sous le nom de Proserpine.

PERSÉPOLIS, nom grec de Parsa, résidence royale des Achéménides. Fondée par Darios Ier, elle fut incendiée lors de la conquête d'Alexandre en 330 av. J.-C. – Ruines du vaste complexe palatial. Importante décoration sculptée.

PERSHING (John Joseph), *près de Laclede, Missouri, 1860 - Washington 1948,* général américain. Il commanda en chef les troupes américaines engagées sur le front français en 1918.

PERSIGNY (Jean Gilbert Victor **Fialin,** duc **de**), *Saint-Germain-l'Espinasse, Loire, 1808 - Nice 1872,* homme politique français. Il s'attacha dès 1834 au jeune Louis Napoléon et organisa les tentatives de prise de pouvoir de Strasbourg (1836) et de Boulogne (1840). Il participa au coup d'État du 2 décembre 1851, fut ministre de l'Intérieur (1852 - 1854, 1860 - 1863) et ambassadeur à Londres (1855 - 1858, 1859 - 1860).

PERSIQUE ou **ARABO-PERSIQUE** (golfe), ou simplement **GOLFE,** dépendance de l'océan Indien, entre l'Arabie et l'Iran. Importants gisements de pétrole.

PERSSON (Göran), *Vingåker 1949,* homme politique suédois. Il est secrétaire général du Parti social-démocrate et Premier ministre depuis 1996.

PERTH, v. d'Australie, cap. de l'État de l'Australie-Occidentale ; 1 118 800 hab.

PERTH, v. de Grande-Bretagne (Écosse) ; 43 000 hab. Église St John (XIIe et XVe s.).

PERTHARITE, *m. en 688,* roi des Lombards (661 et 671 - 688). Sous son règne, les Lombards se convertirent au catholicisme.

PERTHUS [-tys] (col du), passage routier des Pyrénées entre l'Espagne et la France (Pyrénées-Orientales) ; 290 m. Il est dominé par la forteresse de Bellegarde.

PERTINAX (Publius Helvius), *Alba Pompeia 126 - Rome 193,* empereur romain (193). Successeur de Commode, il fut tué par les prétoriens après trois mois de règne.

PERTINI (Alessandro), *Stella, près de Gênes, 1896 - Rome 1990,* homme politique italien. Socialiste, il a été président de la République de 1978 à 1985.

PERTUIS (84120), ch.-l. de cant. de Vaucluse ; 18 078 hab. Église gothique et Renaissance.

PÉRUGIN (Pietro **Vannucci,** dit en fr. **le**), *Città della Pieve, Pérouse, v. 1448 - Fontignano, Pérouse, 1523,* peintre italien. Élève de Verrocchio, actif à Florence, Rome, Pérouse, il fut l'un des maîtres de Raphaël. Ses compositions valent par la douceur du sentiment, l'équilibre, la suavité du coloris.

PERUTZ (Max Ferdinand), *Vienne 1914,* chimiste britannique d'origine autrichienne. Grâce à la méthode de diffraction des rayons X, il a établi la structure tridimensionnelle de l'hémoglobine et celle de la myoglobine. (Prix Nobel 1962.)

PERUWELZ [perywe], v. de Belgique (Hainaut) ; 16 538 hab.

PERUZZI (Baldassare), *Sienne 1481 - Rome 1536,* architecte, ingénieur et peintre décorateur italien. Il a travaillé principalement à Rome (la *Farnésine ; palais Massimo alle Colonne).

PERVOOURALSK, v. de Russie, dans l'Oural ; 142 000 hab.

PESARO, v. d'Italie (Marches), ch.-l. de prov., sur l'Adriatique ; 88 500 hab. Station balnéaire. – Palais et forteresse des Sforza (XVe-XVIe s.). Musées, dont celui des Céramiques ; maison natale de Rossini.

PESC (politique étrangère et de sécurité commune) → **Union européenne.**

PESCADORES (« Pêcheurs »), en chin. **Penghu,** archipel du détroit de Taïwan (dépendance de Taïwan).

P

PESCARA, v. d'Italie (Abruzzes), ch.-l. de prov., sur l'Adriatique ; 121 367 hab. Station balnéaire.

PESHAWAR, v. du Pakistan, à l'entrée de la passe de Khaybar qui mène en Afghanistan ; 555 000 hab. Musée riche en art du Gandhara.

PESSAC (33600), ch.-l. de cant. de la Gironde ; 56 851 hab. Grands vins rouges (haut-brion). Atelier de frappe de la Monnaie. Armement. Informatique. Centre universitaire. – Cité-jardin par Le Corbusier (1925).

PESSOA (Fernando), *Lisbonne 1888 - id. 1935,* poète portugais. Il publia, à travers des « hétéronymes » ou personnes fictives représentant ses divers moi, une œuvre lucide et somptueuse qui exerça, après sa mort, une grande influence sur le lyrisme portugais *(Poésies d'Álvaro de Campos, Poèmes d'Alberto Caeiro, Odes de Ricardo Reis, le Livre de l'intranquillité de Bernardo Soarès).*

■ FERNANDO **PESSOA**

■ PHILIPPE **PÉTAIN**

PESSÕA CÂMARA (Hélder), *Fortaleza 1909 - Recife 1999,* prélat brésilien. Archevêque de Recife (1964 - 1985), il se fit le défenseur des pauvres et des opprimés du tiers-monde.

PEST, partie basse de Budapest (Hongrie), sur le Danube (r. g.).

PESTALOZZI (Johann Heinrich), *Zurich 1746 - Brugg 1827,* pédagogue suisse. Influencé par J.-J. Rousseau, il établit une pédagogie fondée sur le travail manuel et sur l'enseignement mutuel. Il s'intéressa à l'éducation des enfants pauvres (*Léonard et Gertrud,* 1781 - 1787).

Peste noire ou **Grande Peste,** épidémie de peste qui ravagea l'Europe entre 1346 et 1351 - 1352. Propagée par des navires génois en provenance de Crimée, la peste frappa d'abord la Sicile (1347) et se répandit en 1348 - 1349 en France, en Angleterre, en Italie, en Espagne et en Europe centrale. Elle gagna ensuite la Scandinavie et les confins polono-russes. Elle tua environ 25 millions de personnes en Europe occidentale, soit le tiers de la population.

PETAH-TIKVA, v. d'Israël, près de Tel-Aviv-Jaffa ; 124 000 hab.

PÉTAIN (Philippe), *Cauchy-à-la-Tour, Pas-de-Calais, 1856 - Port-Joinville, île d'Yeu, 1951,* maréchal de France et homme politique français. Officier d'infanterie, enseignant à l'École de guerre (1901 - 1910), où il insiste sur le rôle des feux d'artillerie et d'infanterie combinés, il a pratiquement achevé sa carrière lorsque éclate la Première Guerre mondiale. Promu général en 1914, vainqueur de la bataille de Verdun en 1916, commandant en chef des armées françaises en 1917, il est nommé maréchal au lendemain de la victoire (nov. 1918). Après avoir rétabli la situation dans la guerre du Rif (1925), il devient ministre de la Guerre (1934). Ambassadeur à Madrid (1939), il est appelé au gouvernement après la rupture du front français (18 mai) puis, nommé président du Conseil (16 juin), il décide de conclure un armistice avec l'Allemagne. Investi des pleins pouvoirs par l'Assemblée nationale (à l'exception de 80 députés) le 10 juillet 1940, il devient, à 84 ans, chef de l'État français, à Vichy. À l'intérieur, il lance la politique de la « Révolution nationale » ; à l'extérieur, il s'engage dans la politique de la collaboration (→ **Vichy** [gouvernement de]). Resté à son poste après l'occupation de la zone libre, en nov. 1942, il est de plus en plus dépendant des Allemands, qui l'emmènent dans leur retraite en août 1944. Transféré à Sigmaringen, il rentre en France en avr. 1945. Jugé par la Haute Cour de justice, condamné à mort, il voit sa peine commuée en détention perpétuelle à l'île d'Yeu. (Acad. fr., 1929 ; radié, 1945.)

P

PÉTANGE, v. du Luxembourg ; 12 345 hab. Métallurgie.

PETARE, v. du Venezuela, banlieue est de Caracas ; 338 417 hab.

PETCHENÈGUES, peuple turc qui s'établit à la fin du IXe s. dans les steppes entre le Dniepr et le Danube. Ils furent écrasés en 1091 par les Byzantins, aidés des Coumans.

PETCHORA n.f., fl. de Russie, né dans l'Oural et qui se jette dans la mer de Barents ; 1 790 km ; bassin de 322 000 km^2.

PETERBOROUGH, v. du Canada (Ontario), près du lac Ontario ; 68 371 hab.

PETERBOROUGH, v. de Grande-Bretagne (Angleterre), au N. de Londres ; 115 000 hab. Cathédrale romane et gothique, anc. abbatiale à la monumentale façade (vers 1200).

PETERHOF, ancien nom de *Petrodvorets.

PETERMANN (August), *Bleicherode 1822 - Gotha 1878,* géographe allemand, promoteur d'expéditions en Afrique et fondateur d'une revue, les *Petermanns Mitteilungen.*

Peter Pan, personnage créé par l'écrivain britannique James Matthew Barrie, dans des romans (*le Petit Oiseau blanc,* 1902) et une comédie (*Peter Pan, ou le petit garçon qui ne voulait pas grandir,* 1904). Cet enfant échappe à son avenir d'adulte en se réfugiant dans un monde imaginaire et merveilleux. – Le personnage a inspiré le dessin animé *Peter Pan* (1953) produit par W. Disney.

PETERS (Carl), *Neuhaus an der Elbe 1856 - Woltorf 1918,* voyageur et colonisateur allemand, l'un des artisans de l'Afrique-Orientale allemande.

PETERSON (Oscar), *Montréal 1925,* pianiste et compositeur canadien de jazz. Il fonde son premier trio en 1952 et s'impose comme un grand soliste (*With Respect to Nat,* album, 1965 ; *Canadiana Suite,* 1965).

PÉTION (Anne Alexandre **Sabès,** dit), *Port-au-Prince 1770 - id. 1818,* homme politique haïtien. Il participa à la révolte contre les Blancs (1791) et fonda la république d'Haïti (1807), dont il fut le président jusqu'à sa mort.

PÉTION [petjɔ̃] **DE VILLENEUVE** (Jérôme), *Chartres 1756 - Saint-Émilion 1794,* homme politique français. Maire de Paris (1791) et président de la Convention (1792), il soutint les Girondins. Proscrit en juin 1793, il tenta vainement de soulever la Normandie. Il se suicida.

PETIPA (Marius), *Marseille 1818 - Gourzouf, Crimée, 1910,* danseur et chorégraphe français. Maître de ballet au Théâtre Marie de Saint-Pétersbourg (1862 - 1904), il signa la plupart des pièces maîtresses du répertoire classique (*Don Quichotte,* 1869 ; *la Bayadère,* 1877 ; une nouvelle version de *Giselle,* 1884 ; *la Belle au bois dormant,* 1890 ; *le Lac des cygnes,* actes I et III, 1895).

PETIT (Alexis Thérèse), *Vesoul 1791 - Paris 1820,* physicien français. Il mena, avec P. L. Dulong, des travaux sur les dilatations et les chaleurs spécifiques.

PETIT (Roland), *Villemomble 1924,* danseur et chorégraphe français. Animateur des Ballets des Champs-Élysées (1945 - 1947), fondateur des Ballets de Paris (1948 - 1966) et directeur du Ballet national de Marseille (1972 - 1998), il signe des pièces néoclassiques, le plus souvent à caractère narratif (*le Jeune Homme et la mort,* 1946 ; *Notre-Dame de Paris,* 1965 ; *Camera obscura,* 1994). Il a aussi dirigé, avec sa femme Zizi Jeanmaire, le Casino de Paris (1969 - 1975).

PETIT-BOURG (97170), comm. de la Guadeloupe, sur la côte est de Basse-Terre ; 20 628 hab.

Petit Chaperon rouge (le), conte de C. Perrault (1697), repris par les frères Grimm (1812). Une petite fille, se rendant chez sa grand-mère, est mangée par un loup qui a dévoré cette dernière et a pris son apparence.

PETIT-COURONNE (76650), comm. de la Seine-Maritime ; 8 665 hab. Raffinage du pétrole. Pétrochimie. – Maison de P. Corneille (musée).

PETITE-ROSSELLE (57540), comm. de la Moselle ; 6 854 hab. Houille.

Petites Sœurs des pauvres, congrégation religieuse française fondée en 1839 par Jeanne Jugan (1792 - 1879) pour l'assistance matérielle et spirituelle des vieillards sans ressources.

PETITPIERRE (Max), *Neuchâtel 1899 - id. 1994,* homme politique suisse. Chargé des Affaires étrangères de 1945 à 1961, il réhabilita la neutralité suisse en pratiquant une diplomatie de solidarité et d'universalité. Il fut président de la Confédération en 1950, 1955 et 1960.

Petit Poucet (le), conte de C. Perrault (1697), repris par les frères Grimm (1812). Un petit garçon, accompagné de ses six frères, retrouve son chemin grâce aux cailloux qu'il a semés sur sa route, échappe à un ogre et revient chez lui chaussé des « bottes de sept lieues ».

Petit Prince (le), conte de Saint-Exupéry (1943). C'est le récit des aventures poétiques et symboliques d'un petit garçon venu d'une autre planète.

PETIT-QUEVILLY (Le) [76140], ch.-l. de cant. de la Seine-Maritime, sur la Seine ; 22 601 hab. *(Quevillais).* Matériel électrique. – Chapelle St-Julien, avec peintures (v. 1200).

PETLIOURA (Simon Vassilievitch), *Poltava 1879 - Paris 1926,* homme politique ukrainien. Militant nationaliste et président du directoire ukrainien (1919), il s'allia à la Pologne et fut battu par les bolcheviques (1920). Il fut assassiné.

PETŐFI (Sándor), *Kiskörös 1823 - Segesvár 1849,* poète hongrois. Il fut, par ses écrits (*le Marteau du village,* 1844) et son action, un héros de la révolution hongroise de 1848 et devint un symbole de la lutte pour l'indépendance nationale.

PÉTRA, v. de l'Arabie ancienne (auj. en Jordanie), à 70 km au sud de la mer Morte. Capitale du royaume des Nabatéens, elle fut un important centre caravanier et une riche cité commerçante. Les Romains l'annexèrent en 106 apr. J.-C. – Remarquable architecture rupestre hellénistico-romaine (temples, tombes, etc.).

■ **PÉTRARQUE.**
(Galerie Borghèse, Rome.)

PÉTRARQUE, en ital. Francesco **Petrarca,** *Arezzo 1304 - Arqua, Padoue, 1374,* poète et humaniste italien. Historien, archéologue, chercheur de manuscrits anciens, il fut le premier des grands humanistes de la Renaissance. Sa gloire repose surtout sur ses poèmes en toscan, les sonnets des *Rimes* et des *Triomphes,* composés en l'honneur de Laure de Noves et réunis dans le *Canzoniere* (1470), dont le raffinement dans le lyrisme amoureux donna naissance au *pétrarquisme.

PETRASSI (Goffredo), *Zagarolo 1904,* compositeur italien. Professeur à l'Académie de Sainte-Cécile et au conservatoire de Rome, il a écrit 8 célèbres concertos pour orchestre (1934 - 1972).

PETRI (Olof **Petersson,** dit Olaus), *Örebro 1493 - Stockholm 1552,* réformateur suédois. Propagateur de la Réforme en Suède, il est l'auteur d'une traduction du Nouveau Testament et d'une *Chronique suédoise.*

PETRODVORETS, anc. **Peterhof,** v. de Russie, sur le golfe de Finlande, près de Saint-Pétersbourg ; 43 000 hab. Fondée par Pierre le Grand, ce fut une résidence des tsars. Palais, parc, pavillons divers et jeux d'eaux inspirés de Versailles (XVIIIe-XIXe s.), reconstitués après la Seconde Guerre mondiale.

PETROGRAD → SAINT-PÉTERSBOURG.

PÉTRONE, en lat. **Caius Petronius Arbiter,** *m. à Cumes en 66 apr. J.-C.,* écrivain latin, auteur présumé du *Satiricon.* Compromis dans la conspiration de Pison, il s'ouvrit les veines.

PETROPAVLOVSK → KYZYLJAR.

PETROPAVLOVSK-KAMTCHATSKI, v. de Russie, sur la côte du Kamtchatka ; 269 000 hab. Port.

PETRÓPOLIS, v. du Brésil (État de Rio de Janeiro) ; 255 211 hab. Palais impérial (XIXe s.), auj. musée.

Petrouchka, personnage du ballet *Petrouchka,* créé à Paris en 1911 par les *Ballets russes sur une chorégraphie de Fokine, une musique de Stravinsky et des décors et costumes de A. Benois. Marionnette animée par un magicien, Petrouchka vit les tourments de l'amour et succombe sous les coups de son rival.

PETROZAVODSK, v. de Russie, cap. de la Carélie ; 280 000 hab. Musées.

PETRUCCI (Ottaviano), *Fossombrone 1466 - Venise 1539,* imprimeur italien. Il publia en 1501 le premier livre de musique imprimé.

PETSAMO, en russe **Petchenga,** localité de Russie, en Laponie. Elle fut cédée par la Finlande à l'URSS en 1944.

Peugeot, société française de construction automobile. Ses origines remontent aux implantations industrielles qu'exploita, dès 1810, la famille Peugeot dans la région de Montbéliard. Outre des automobiles (groupe PSA Peugeot Citroën), Peugeot produit des cycles et des motocycles.

PEUGEOT (Armand), *Valentigney 1849 - Neuilly-sur-Seine 1915,* industriel français. Sous son impulsion, les activités industrielles de sa famille s'étendirent à la construction de cycles (à partir de 1888), puis d'automobiles (à partir de 1891).

PEULS ou **FOULBÉ** ou **FOULANI,** ensemble de peuples nomades dispersés du Sénégal au Tchad et de la Mauritanie au Cameroun (env. 12 millions). Souvent considérés comme les descendants métissés de nomades blancs et de nomades noirs, ils furent tôt islamisés, migrèrent progressivement et connurent leur apogée au XIXe s. (empire du Macina, royaume du *Sokoto). Éleveurs, encore souvent nomades, ils parlent le *peul,* ou *foulfouldé. Peul* est leur appellation française et *Foulani* leur appellation arabe.

PEUPLES DE LA MER ou **« BARBARES DU NORD »,** nom donné par les Égyptiens à des envahisseurs indo-européens qui, venus de la zone de la mer Égée, déferlèrent sur le Proche-Orient aux XIIIe-XIIe s. av. J.-C. Tous les États furent bouleversés, certains détruits (Empire hittite, Ougarit). Par deux fois, les Égyptiens repoussèrent cette invasion.

Peur (la Grande) [20 juill. - 6 - 7 août 1789], panique qui, après la révolution parisienne de juillet 1789, se répandit dans les campagnes françaises. À la nouvelle d'un prétendu « complot aristocratique », de nombreux paysans s'armèrent, mirent à sac des châteaux et détruisirent des registres fonciers.

PEUTINGER (Konrad), *Augsbourg 1465 - id. 1547,* humaniste allemand. Il publia une copie médiévale de la carte des voies de l'Empire romain (IIIe et IVe s.), dite *Table de Peutinger* (auj. à Vienne).

PEVSNER (Anton ou Antoine), *Orel 1886 - Paris 1962,* peintre puis sculpteur français d'origine russe. Installé à Paris en 1923, il s'est notamment signalé par ses monumentales « surfaces développées » en cuivre ou en bronze. Il est bien représenté au MNAM. – **Naoum P.,** dit Naum **Gabo,** *Briansk 1890 - Waterbury, Connecticut, 1977,* sculpteur américain d'origine russe, frère d'Anton. Installé en Grande-Bretagne puis aux États-Unis, il avait publié à Moscou avec Anton, en 1920, un manifeste rejetant cubisme et futurisme au profit d'une appréhension de la réalité essentielle du monde par les « rythmes cinétiques » et le constructivisme. Il est célèbre en particulier pour ses sculptures à base de fils de Nylon.

PEYNET (Raymond), *Paris 1908 - Mougins 1999,* dessinateur français. Il est célèbre pour le couple d'amoureux, au romantisme un peu désuet, qu'il créa à Valence en 1942.

PEYO (Pierre **Culliford**, dit), *Bruxelles 1928 - id. 1992,* dessinateur et scénariste belge de bandes dessinées, créateur des *Schtroumpfs.

PEYREFITTE (Alain), *Najac, Aveyron, 1925 - Paris 1999,* homme politique et écrivain français. Gaulliste, plusieurs fois ministre (Information, 1962 - 1966 ; Éducation nationale, 1967 - 1968 ; Justice, 1977 - 1981), il a surtout écrit sur la Chine (*Quand la Chine s'éveillera,* 1973) et sur la politique française (*le Mal français,* 1976 ; *C'était de Gaulle,* 3 vol., 1994, 1997 et, posthume, 2000). [Acad. fr.]

PEYREHORADE (40300), ch.-l. de cant. des Landes ; 3 206 hab. Château de Montréal, du XVIe s. Aux environs, anc. abbayes d'Arthous (église romane ; musée) et de Sorde-l'Abbaye.

PEYROLLES-EN-PROVENCE (13860), ch.-l. de cant. des Bouches-du-Rhône ; 3 942 hab. Mairie dans un château du XVIIe s.

PEYRONNET ou **PEYRONET** (Charles Ignace, comte **de**), *Bordeaux 1778 - Montferrand, Gironde, 1854,* homme politique français. Député ultraroyaliste, garde des Sceaux (1821 - 1828), il inspira la loi sur la presse (1822) et celle sur le sacrilège (1825). Ministre de l'Intérieur le 16 mai 1830, il participa à la rédaction des ordonnances de juillet, qui furent à l'origine de la révolution de Juillet. Il fut emprisonné de 1830 à 1836.

PEYRONY (Denis), *Cussac, Dordogne, 1869 - Sarlat 1954,* préhistorien français. Instituteur aux Eyzies-de-Tayac, il découvrit les gravures pariétales des Combarelles, de Font-de-Gaume, de Teyjat. Il a contribué à l'établissement de la chronologie des paléolithiques moyen et supérieur.

PEYRUIS [pɛrɥi] (04310), ch.-l. de cant. des Alpes-de-Haute-Provence ; 2 259 hab. Aux environs, église romane du prieuré de Ganagobie.

PÉZENAS [-nas] (34120), ch.-l. de cant. de l'Hérault ; 7 778 hab. *(Piscénois).* Belles demeures des XVe-XVIIIe s. ; musée.

PFLIMLIN (Pierre), *Roubaix 1907 - Strasbourg 2000,* homme politique français. Président du MRP (1956 - 1959), il préconisa une politique libérale en Algérie ; sa nomination à la tête du gouvernement (mai) contribua à l'insurrection d'Alger (13 mai 1958), qui l'amena à démissionner (28 mai). Il fut maire de Strasbourg (1959 - 1983) et président de l'Assemblée européenne (1984 - 1987).

PFORZHEIM, v. d'Allemagne (Bade-Wurtemberg), au N. de la Forêt-Noire ; 117 450 hab. Bijouterie. — Musée du Bijou.

PHAÉTON MYTH. GR. Fils du Soleil. Il voulut conduire le char de son père et faillit, par son inexpérience, embraser l'Univers. Zeus, irrité, le foudroya.

PHAISTOS, site archéologique du sud-ouest de la Crète. Vestiges d'un complexe palatial (détruit au XVe s. av. J.-C.) au plan plus clairement organisé qu'à Cnossos.

Phalange espagnole, en esp. **Falange Española,** groupement politique paramilitaire espagnol fondé à Madrid (1933) par José Antonio Primo de Rivera, avec un programme d'inspiration fasciste. Il fusionna en 1937 avec des mouvements de droite et devint le parti unique dont Franco fut le caudillo. Son influence diminua à partir de 1942.

Phalanges libanaises, en ar. **Katā'ib,** mouvement politique et militaire maronite fondé en 1936 par Pierre Gemayel.

PHALARIS, tyran d'Agrigente (v. 570 - 554 av. J.-C.). On raconte qu'il faisait brûler ses victimes dans un taureau d'airain.

PHALSBOURG (57370), ch.-l. de cant. de la Moselle ; 4 778 hab. Restes de fortifications de Vauban ; musée.

PHAM VAN DÔNG, *Mô Duc 1906 - Hanoi 2000,* homme politique vietnamien. Il fut Premier ministre du Viêt Nam du Nord à partir de 1955 puis du Viêt Nam réunifié de 1976 à 1987.

Phanariotes, groupe social grec qui tire son nom du quartier grec du Phanar, à Istanbul. Il fut particulièrement actif dans l'Empire ottoman du XVIIe s. à la première moitié du XIXe s.

PHARAMOND, chef franc légendaire, descendant du Troyen Priam.

PHARNACE II, *v. 97 - 47 av. J.-C.,* roi du Bosphore Cimmérien (63 - 47 av. J.-C.). Avec l'appui des Romains, il reconquit le royaume du Pont, mais fut vaincu par César en 47.

PHAROS, île de l'Égypte ancienne, près d'Alexandrie. Ptolémée II Philadelphe y fit ériger une tour de 135 m, au sommet de laquelle brûlait un feu qui, réfléchi par des miroirs, était visible en mer de très loin ; la tour s'écroula en 1302. C'était l'une des sept merveilles du monde. En 1994, ses vestiges ont été découverts lors de fouilles subaquatiques.

PHARSALE, v. de Grèce (Thessalie) ; 6 000 hab. César y vainquit Pompée (48 av. J.-C.).

PHÉACIENS MYTH. GR. Peuple mentionné dans l'Odyssée. L'île des Phéaciens, où Nausicaa accueillit Ulysse naufragé, est identifiée à Corcyre (auj. Corfou).

PHÉBUS, autre nom d'Apollon.

Phédon, dialogue de Platon, qui met en scène les derniers moments de Socrate et traite de l'immortalité de l'âme.

PHÈDRE MYTH. GR. Épouse de Thésée et fille de Minos et de Pasiphaé. Amoureuse de son beau-fils Hippolyte, qui repoussa ses avances, elle l'accusa d'avoir voulu lui faire violence. Hippolyte fut exécuté, et Phèdre se pendit. La passion dévorante de Phèdre, déchirée entre la conscience de ses fautes et l'incapacité d'en assumer la responsabilité, a notamm. inspiré une tragédie à Euripide (*Hippolyte couronné,* 428 av. J.-C.), à Sénèque (Ier s. apr. J.-C.) et à Racine (1677).

PHÈDRE, en lat. **Caius Julius Phaedrus,** *en Macédoine v. 10 av. J.-C. - v. 54 apr. J.-C.,* fabuliste latin, auteur de fables imitées d'Ésope.

PHÉLYPEAUX (Jean Frédéric) → **MAUREPAS.**

PHÉLYPEAUX (Louis) → **LA VRILLIÈRE.**

PHÉLYPEAUX (Louis) → **PONTCHARTRAIN.**

PHÉNICIE, région du littoral syro-palestinien, limitée au sud par le mont Carmel et au nord par la région d'Ougarit (auj. Ras Shamra, au nord de Lattaquié). Du IIIe millénaire au XIIIe s. av. J.-C., l'aire côtière du couloir syrien fut occupée par des populations sémitiques, désignées du nom de Cananéens. Au XIIe s., l'arrivée de nouveaux peuples (Araméens, Hébreux, Philistins) réduisit à une bande côtière le domaine cananéen, auquel les Grecs donnèrent le nom de Phénicie. Celui-ci formait alors un ensemble de cités-États, où prédominaient Byblos, Tyr et Sidon ; acculés à la mer, les Phéniciens devinrent, par nécessité vitale, navigateurs et fondèrent sur le pourtour méditerranéen, jusqu'à l'Espagne, de nombreux comptoirs et colonies, dont Carthage (IXe s.), qui s'imposa à l'Occident méditerranéen. Les cités phéniciennes tombèrent sous la tutelle des Empires assyrien (743 av. J.-C.) et babylonien (à partir de 605 av. J.-C.), puis sous celle des Perses et des Grecs, mais elles continuèrent à jouer un rôle capital dans les échanges économiques de la Méditerranée orientale. Héritières de la culture cananéenne, elles conservèrent les cultes de Baal et d'Ashtart ; elles ont légué au monde antique l'usage de l'écriture alphabétique.

PHÉNIX, oiseau fabuleux de la mythologie égyptienne. Comme la légende lui attribuait le pouvoir de renaître de ses propres cendres, il devint le symbole de l'immortalité.

Phénoménologie de l'esprit (la), ouvrage de Hegel (1807). L'auteur trace l'itinéraire dialectique de la conscience de la « certitude sensible » au « savoir absolu ».

PHIDIAS, sculpteur grec du Ve s. av. J.-C. Chargé par Périclès de diriger les travaux du Parthénon, il en assuma la décoration sculptée (frise des Panathénées), apogée du style classique grec (en partie in situ, au Louvre et surtout au British Museum à Londres).

PHILADELPHIE, v. des États-Unis (Pennsylvanie), sur la Delaware ; 1 685 577 hab. *(Philadelphiens)* [4 856 881 hab. dans l'agglomération]. Université. Port. Centre industriel. — Très important musée d'Art, fondation Barnes (à Merion) et autres musées. — La ville, fondée par William Penn en 1682, fut le siège du congrès où les colons américains proclamèrent (1776) l'indépendance de leur fédération. Le gouvernement fédéral y siégea entre 1790 et 1800.

■ **PHIDIAS.** Détail de la frise des Panathénées, exécutée pour le Parthénon d'Athènes entre 442 et 438 av. J.-C. (Louvre, Paris.)

PHILAE, île du Nil, en amont d'Assouan, important centre du culte d'Isis du IVe s. av. J.-C. au Ve s. de notre ère. À la suite de la construction du haut barrage d'Assouan, ses monuments ptolémaïques (temples d'Isis, d'Hathor, mammisi [temple de la naissance] de Nectanebo Ier, kiosque de Trajan) ont été transférés sur l'îlot voisin d'Agilkia.

PHILÉMON ET BAUCIS MYTH. GR. Couple de pauvres paysans phrygiens. Pour les récompenser de leur hospitalité, Zeus et Hermès les transformèrent, dans leur vieillesse, en deux arbres qui mêlaient leurs branches.

PHILIBERT II le Beau, *Pont d'Ain 1480 - id. 1504,* duc de Savoie (1497 - 1504). Il épousa Marguerite d'Autriche (1501), qui fit élever à sa mémoire l'église de Brou avec son tombeau.

PHILIDOR (François André **Danican-**), *Dreux 1726 - Londres 1795,* compositeur et joueur d'échecs français. Il fut l'un des créateurs de l'opéra-comique en France (*Blaise le savetier,* 1759 ; *Tom Jones,* 1765) et un maître des échecs, auteur de l'*Analyse du jeu des échecs.*

P

PHILIPE (Gérard **Philip,** dit Gérard), *Cannes 1922 - Paris 1959,* acteur français. Révélé par sa création de *Caligula,* de A. Camus (1945), il triompha au Théâtre national populaire, notamment dans *le Cid* et *le Prince de Hombourg* (1951). Meilleur jeune premier de sa génération, il fut aussi une vedette de l'écran (*le Diable au corps,* de C. Autant-Lara, 1947 ; *Fanfan la Tulipe,* de Christian-Jaque, 1952 ; *le Rouge et le Noir,* de C. Autant-Lara, 1954).

■ GÉRARD **PHILIPE** dans le rôle du Cid au Festival d'Avignon (1951).

SAINTS

PHILIPPE (saint), *Ier s.,* un des douze apôtres de Jésus. Une légende veut qu'il ait évangélisé la Phrygie, où il serait mort crucifié.

PHILIPPE (saint), *m. au Ier s.,* un des sept premiers diacres de la communauté chrétienne de Jérusalem. Il évangélisa la Samarie et baptisa l'eunuque de la reine d'Éthiopie, Candace.

PHILIPPE NERI (saint), *Florence 1515 - Rome 1595,* prêtre italien, fondateur de l'Oratoire d'Italie.

ANTIQUITÉ

PHILIPPE II, *v. 382 - Aigai 336 av. J.-C.,* régent (359) puis roi de Macédoine (356 - 336 av. J.-C.). Il rétablit l'autorité royale, réorganisa les finances et l'armée, basée sur un corps d'infanterie, la phalange. Ayant affermi ses positions du côté de l'Illyrie et de la Thrace, il se tourna vers la Grèce. Les Athéniens, malgré les avertissements de Démosthène, réagirent tardivement à la conquête des cités de Thrace et de Chalcidique. Devenu maître de Delphes, Philippe dut lutter contre la coalition d'Athènes et de Thèbes. Vainqueur à Chéronée (338), il établit pour deux siècles la tutelle macédonienne sur la Grèce. Il s'apprêtait à marcher contre les Perses, lorsqu'il fut assassiné à l'instigation de sa femme Olympias ; son fils Alexandre lui succéda.

PHILIPPE V, *v. 237 - 179 av. J.-C.,* roi de Macédoine (221 - 179 av. J.-C.). Il fut battu par le consul romain Flamininus à la bataille de Cynoscéphales (197), prélude au déclin de la Macédoine.

■ **PHILIPPE III LE BON** par R. Van der Weyden. (Palais des États de Bourgogne, Dijon.)

■ **PHILIPPE II** d'Espagne par Titien. (Palais Barberini, Rome.)

■ **PHILIPPE V** d'Espagne. (Coll. priv., Madrid.)

■ **PHILIPPE IV LE BEL.** (Basilique de Saint-Denis.)

PHILIPPE l'Arabe, en lat. **Marcus Julius Philippus,** *en Trachonitide, Arabie, v. 204 - Vérone 249,* empereur romain (244 - 249). Il célébra le millénaire de Rome (248), un an avant d'être vaincu et tué par Decius.

EMPEREUR GERMANIQUE

PHILIPPE DE SOUABE, *v. 1177 - Bamberg 1208,* antiroi de Germanie (1198 - 1208). Dernier fils de Frédéric Barberousse, il mourut assassiné.

BOURGOGNE

PHILIPPE Ier DE ROUVRES, *Rouvres 1346 - id. 1361,* duc de Bourgogne (1349 - 1361). À sa mort, ses possessions furent démembrées.

PHILIPPE II le Hardi, *Pontoise 1342 - Hal 1404,* duc de Bourgogne (1363 - 1404). Fils du roi Jean II le Bon, il reçut en apanage le duché de Bourgogne (1363) et devint ainsi le chef de la deuxième maison de Bourgogne. Ayant épousé (1369) Marguerite de Flandre, il hérita de son beau-père, en 1384, des comtés de Flandre, d'Artois, de Rethel, de Nevers, de Bourgogne (Franche-Comté). Durant la minorité de Charles VI, puis lorsque celui-ci fut atteint de folie, il prit part au gouvernement du royaume de France, œuvrant pour l'intérêt de son duché.

PHILIPPE III le Bon, *Dijon 1396 - Bruges 1467,* duc de Bourgogne (1419 - 1467). Fils de Jean sans Peur, il épousa, en 1409, la fille de Charles VI, Michelle de France, qui lui apporta les villes de la Somme, le Boulonnais et la Picardie. Après le meurtre de son père (1419), il s'allia à Henri V d'Angleterre, qu'il contribua à faire reconnaître comme héritier du trône de France en participant au traité de Troyes (1420). Il se réconcilia au traité d'Arras avec Charles VII (1435). « Grand-duc du Ponant », il se constitua un immense et riche État, couvrant notamm. les Bourgognes, les Pays-Bas et la Picardie : ayant unifié ces provinces, il les dota d'institutions puissantes. Il institua l'ordre de la Toison d'or (1429).

ESPAGNE

PHILIPPE Ier le Beau, *Bruges 1478 - Burgos 1506,* souverain des Pays-Bas (1482 - 1506), roi de Castille (1504 - 1506). Fils de Maximilien Ier et de Marie de Bourgogne, il épousa Jeanne la Folle, avec qui il eut Charles Quint et Ferdinand Ier.

PHILIPPE II, *Valladolid 1527 - Escurial 1598,* roi d'Espagne et de ses dépendances (1556 - 1598), roi de Naples, de Sicile, de Portugal (1580 - 1598), de la dynastie des Habsbourg. Fils et successeur de Charles Quint, il hérite d'un immense empire. En 1559, il signe avec Henri II le traité du Cateau-Cambrésis, qui lui assure le contrôle de l'Italie. À l'intérieur, le roi poursuit la politique de son père, mais avec un tempérament méticuleux qui le pousse à développer une bureaucratie minutieuse. Il fait de Madrid la capitale de l'Espagne (1561) et exploite abondamment les métaux précieux de ses territoires américains. Défenseur zélé de la foi catholique, Philippe II favorise la Contre-Réforme en Espagne, réprime les Morisques de Grenade (1568 - 1571) et bat les Turcs à Lépante (1571). Aux Pays-Bas, il mène une politique absolutiste et hostile au protestantisme, qui aboutit à la révolte du pays (1572) et à la sécession des Provinces-Unies (1579). En France, il soutient la Ligue contre Henri IV et les protestants jusqu'au traité de Vervins (1598). Époux de Marie Tudor (1554 - 1558), il tente d'envahir l'Angleterre, mais l'Invincible Armada subit une défaite désastreuse (1588).

PHILIPPE III, *Madrid 1578 - id. 1621,* roi d'Espagne, de Portugal, de Naples, de Sicile, de Sardaigne (1598 - 1621), de la dynastie des Habsbourg, fils de Philippe II. Sous son règne, les difficultés économiques s'aggravèrent ; mais, sur le plan culturel, l'Espagne connut son second âge d'or (Cervantès, Lope de Vega).

PHILIPPE IV, *Valladolid 1605 - Madrid 1665,* roi d'Espagne, de Naples, de Sicile, de Sardaigne (1621 - 1665) et de Portugal (1621 - 1640), de la dynastie des Habsbourg. Dominé par son Premier ministre Olivares, il prit part à la guerre de Trente Ans, qui s'acheva avec la reconnaissance des Provinces-Unies par l'Espagne. En 1640, il dut reconnaître l'indépendance du Portugal et, en 1659, il signa le traité des Pyrénées, très défavorable à son pays.

PHILIPPE V, *Versailles 1683 - Madrid 1746,* roi d'Espagne (1700 - 1746), de la dynastie des Bourbons. Petit-fils de Louis XIV, il est tout de suite confronté à la guerre de la Succession d'Espagne (1701 - 1714), à l'issue de laquelle il doit céder les Pays-Bas, la Sicile, la Sardaigne, Minorque et Gibraltar. Sous l'influence de sa seconde femme, Élisabeth Farnèse, et de son ministre Alberoni, il tente vainement de reconquérir les anciens territoires espagnols en Italie (1717 - 1720). À l'intérieur, il favorise la centralisation à la française. Le 10 janv. 1724, il abdique en faveur de son fils aîné, Louis, mais la mort de ce dernier, le 31 août suivant, l'oblige à reprendre le pouvoir. Son alliance avec la France l'entraîne dans les guerres de la Succession de Pologne (1733 - 1738) et de la Succession d'Autriche (1740 - 1748).

FRANCE

PHILIPPE Ier, *v. 1053 - Melun 1108,* roi de France (1060 - 1108), de la dynastie des Capétiens. Fils d'Henri Ier et d'Anne de Kiev, il règne d'abord sous la tutelle de Baudouin V, comte de Flandre. En 1068, il s'empare – au détriment de Guillaume le Conquérant, dont la puissance devient menaçante – du Vermandois, du Gâtinais, puis du Vexin français (1077). En 1071, son intervention dans les affaires de Flandre s'achève par sa défaite près de Cassel. En 1095, il est excommunié pour avoir répudié sa femme, Berthe de Hollande, et enlevé Bertrade de Montfort, épouse du comte d'Anjou.

■ **PHILIPPE II AUGUSTE.** (Archives nationales, Paris.)

PHILIPPE II Auguste, *Paris 1165 - Mantes 1223,* roi de France (1180 - 1223), de la dynastie des Capétiens. Fils de Louis VII et d'Adèle de Champagne, il s'emploie à triompher des rois anglais Henri II, puis Richard Cœur de Lion, avec lequel il mène cependant la troisième croisade. Cette rivalité, marquée par l'échec de Philippe à Fréteval (1194), se termine à la mort de Richard (1199) par le triomphe des Capétiens sur les Plantagenêts, Philippe Auguste ne reconnaissant Jean sans Terre comme roi qu'en échange d'une partie du Vexin normand et du pays d'Évreux. Confisquant ses fiefs, il s'empare de la Normandie (1204), du Maine, de l'Anjou, de la Touraine, d'une grande partie du Poitou puis, plus tard, de l'Auvergne. Il vainc Jean à La Roche-aux-Moines et démantèle la coalition suscitée par le roi d'Angleterre en battant l'empereur et le comte de Flandre à Bouvines (1214). À l'intérieur, Philippe Auguste renforce le pouvoir monarchique en instituant des baillis et sénéchaux et en organisant la *curia regis.* Il fait bâtir un mur d'enceinte à Paris et favorise le commerce et le développement urbain (chartes).

PHILIPPE III le Hardi, *Poissy 1245 - Perpignan 1285,* roi de France (1270 - 1285), de la dynastie des Capétiens. Fils de Louis IX et de Marguerite de Provence, il fut sacré seulement le 15 août 1271. Il réunit le comté de Toulouse à la Couronne (1271) et céda le Comtat Venaissin à la papauté (1274). Soutenant son oncle Charles d'Anjou contre le roi d'Aragon Pierre III, il intervint après le massacre des Vêpres siciliennes (1282) et mena une expédition malheureuse contre l'Aragon (1285).

PHILIPPE IV le Bel, *Fontainebleau 1268 - id. 1314,* roi de France (1285 - 1314), de la dynastie des Capétiens. Fils de Philippe III le Hardi et d'Isabelle d'Aragon, il intervient en Flandre, provoquant un soulèvement général. Battu par les milices urbaines à Courtrai (1302), il parvient néanmoins à soumettre les cités en 1304. Par ailleurs, il étend son royaume à l'est. Mais son règne est avant tout marqué par le grave conflit l'opposant à la papauté. Entouré de légistes (Pierre Flote, Enguerrand de Marigny, Guillaume de Nogaret) imbus de l'idée de la toute-puissance royale, il cherche à renforcer ses prérogatives et s'oppose à Boniface VIII. Débutant à propos de la levée des décimes (1296), le conflit rebondit avec l'arrestation par le roi de l'évêque de Pamiers (1301). Sur le point d'excommunier Philippe le Bel, le pape est victime à Anagni d'une conjuration ourdie par Nogaret (1303). L'élection de Clément V (1305), qui s'installe à Avignon, marque la victoire complète du roi de France. À l'intérieur, Philippe le Bel, animé par une volonté centralisatrice, accroît l'importance de la chancellerie et de l'hôtel du roi, et précise le rôle des parlements. Aux prises avec de graves difficultés financières, il intente un procès à l'ordre des Templiers, riches banquiers et créanciers de la Couronne, dont les principaux chefs sont arrêtés (1307) et nombre d'entre eux brûlés entre 1310 et 1314.

PHILIPPE V le Long, *v. 1293 - Longchamp 1322,* roi de France (1316 - 1322), de la dynastie des Capétiens. Deuxième fils de Philippe IV le Bel, il devient régent du royaume à la mort de son frère Louis X le Hutin (1316) ; mais Jean Ier, son neveu, n'ayant vécu que quelques jours, il monte sur le trône (1316), au détriment de sa nièce Jeanne, fille de Louis X le Hutin. Obtenant peu après que celle-ci renonce à ses droits, il crée le précédent écartant les femmes du trône de France. Philippe V perfectionna l'administration financière et consulta fréquemment les trois ordres.

PHILIPPE VI DE VALOIS, *1293 - Nogent-le-Roi 1350,* roi de France (1328 - 1350). Fils de Charles de Valois (frère de Philippe le Bel) et de Marguerite de Sicile, il succède au dernier Capétien direct, Charles IV le Bel, mort sans héritier mâle, et devient roi au détriment d'Édouard III d'Angleterre, petit-fils de Philippe le Bel par sa mère. Il intervient en Flandre, où il vainc à Cassel (1328) les cités révoltées contre leur comte. Mais bientôt éclate la guerre de Cent Ans, Édouard III revendiquant la couronne de France après la confiscation de la Guyenne par Philippe VI. Ce dernier est vaincu sur mer à L'Écluse (1340) et sur terre à Crécy (1346), alors que Calais est prise en 1347. La France est en outre ravagée par la Peste noire (1348 - 1349). En 1349, Philippe achète le Dauphiné et la seigneurie de Montpellier.

PHILIPPE ÉGALITÉ → **ORLÉANS** (Louis Philippe Joseph, duc **d'**).

GRANDE-BRETAGNE

PHILIPPE DE GRÈCE ET DE DANEMARK (prince), *Corfou 1921,* duc d'Édimbourg. Fils du prince André de Grèce, il a renoncé à tous ses droits à la succession hellénique et a épousé (1947) la future reine Élisabeth II d'Angleterre.

HESSE

PHILIPPE le Magnanime, *Marburg 1504 - Kassel 1567,* landgrave de Hesse. Chef de la ligue de Smalkalde (1530 - 1531), il fut vaincu par Charles Quint à Mühlberg (1547).

PHILIPPE (Charles-Louis), *Cérilly, Allier, 1874 - Paris 1909,* romancier français. Ses récits réalistes, nourris de souvenirs autobiographiques, décrivent la vie des petites gens (*Bubu de Montparnasse,* 1901 ; *le Père Perdrix,* 1902).

PHILIPPE DE LYON (Nizier Anthelme Philippe **Vachot,** dit Maître), *Loisieux, Savoie, 1849 - L'Arbresle 1905,* thaumaturge français. Célèbre guérisseur, il dispensa un enseignement tourné vers la recherche du progrès spirituel. Il fut appelé à la cour du tsar Nicolas II pour soigner le tsarévitch.

PHILIPPE de Vitry, *Vitry, Champagne, 1291 - Meaux ou Paris 1361,* théoricien et compositeur français. Évêque de Meaux, auteur de motets, il fut le théoricien du mouvement polyphonique dit de l'*Ars nova.* Son traité (*Ars nova,* v. 1320) propose une nouvelle notation musicale.

PHILIPPES, v. macédonienne de Thrace. Antoine et Octave y vainquirent Brutus et Cassius en 42 av. J.-C. Saint Paul y séjourna en 50.

PHILIPPEVILLE → **SKIKDA.**

PHILIPPEVILLE, v. de Belgique, ch.-l. d'arrond. de la prov. de Namur ; 7 223 hab. Anc. place forte du XVIe s.

PHILIPPINES n.f.pl., État d'Asie du Sud-Est ; 300 000 km² ; 68 980 000 hab. *(Philippins).* CAP. *Manille.* LANGUE : *tagal.* MONNAIE : *peso philippin.*

GÉOGRAPHIE

L'archipel, au climat tropical, est formé de plus de 7 000 îles et îlots, souvent montagneux et volcaniques. Les deux plus grandes îles, Luçon et Mindanao, regroupent les deux tiers de la superficie et de la population totales. La population, en accroissement rapide et auj. en majeure partie urbanisée, est à forte majorité catholique, mais avec une minorité musulmane. Le pays demeure encore largement agricole. Le riz et le maïs sont destinés à l'alimentation. La canne à sucre, le coprah, le tabac, le caoutchouc sont, en partie, exportés. Quelques ressources minières (or, chrome, cuivre) sont exploitées. Mais l'endettement est lourd, le sous-emploi important.

HISTOIRE

Des origines à l'indépendance. VIIIe millénaire - XIIIe s. apr. J.-C. : l'archipel est peuplé par vagues successives de Négritos, de Proto-Indonésiens et de Malais. **Fin du XIVe s. :** l'islam s'implante, surtout dans le sud. **1521 :** Magellan découvre l'archipel. **1565 :** les Philippines passent sous la suzeraineté espagnole. **1571 :** Manille devient la capitale. Le pays est christianisé et de vastes domaines sont concédés au clergé. **1896 :** une insurrection nationaliste éclate. L'écrivain José Rizal est fusillé. **1898 :** E. Aguinaldo appelle à l'aide les États-Unis, qui entrent en guerre contre l'Espagne et se font céder les Philippines, provoquant une guérilla antiaméricaine dans l'archipel. **1901 :** Aguinaldo, qui dirige les insurgés, se soumet. **1916 :** le *Philippine Autonomy Act* institue un système bicaméral à l'américaine. **1935 :** Manuel Quezón devient président du « Commonwealth des Philippines ». **1941 - 1942 :** le Japon occupe l'archipel. **1944 - 1945 :** les États-Unis reconquièrent le pays.

L'indépendance. 1946 : l'indépendance et la république sont proclamées ; la guérilla des Huks (résistance paysanne à direction communiste) s'étend sur plusieurs provinces. Les États-Unis obtiennent 23 bases militaires (1947). **1948 - 1957 :** le ministre de l'Intérieur Ramón Magsaysay écrase la rébellion des Huks, puis devient président (1953). Il préside la conférence de Manille qui donne naissance à l'OTASE. **1965 :** le nationaliste Ferdinand Marcos est élu à la présidence de la République. D'abord très populaire, Marcos, réélu en 1969, doit faire face au mécontentement de la paysannerie et au développement d'un parti communiste d'obédience chinoise. **1972 :** la loi martiale est instaurée. **1986 :** Cory Aquino, chef de l'opposition après l'assassinat de son mari, remporte les élections. Marcos doit s'exiler. **1987 :** une nouvelle Constitution est approuvée par référendum. C. Aquino doit faire face à plusieurs tentatives de coups d'État militaires. **1992 :** le général Fidel Ramos est élu à la présidence de la République. Les États-Unis évacuent leur dernière base. **1998 :** Joseph E. Estrada est élu à la présidence de la République. **2001 :** accusé de corruption, il démissionne. La vice-présidente, Gloria Macapagal Arroyo, lui succède à la tête de l'État. Le pouvoir central est confronté à la recrudescence de l'indépendantisme musulman dans le sud du pays (île de Mindanao, etc.).

PHILIPPINES (mer des), partie de l'océan Pacifique, entre l'*archipel des Philippines* et les îles Mariannes.

Philippiques (les), nom donné à des harangues politiques (351 - 340 ? av. J.-C.) de Démosthène contre Philippe II de Macédoine. Elles demeurent un modèle de littérature polémique.

Philips, société néerlandaise fondée en 1891 à Eindhoven. Elle est l'un des leaders mondiaux dans les domaines de l'éclairage et de l'électronique (grand public et professionnelle).

PHILISTINS, Indo-Européens participant au mouvement des Peuples de la Mer. Ils s'installèrent au XIIe s. av. J.-C. sur la côte de la Palestine, qui leur doit son nom (« le pays des Philistins »). Ennemis légendaires des Israélites, ils furent soumis par David.

PHILLIPS (William D.), *Wilkes Barre, Pennsylvanie, 1948,* physicien américain. Au début des années 1980, il parvient à ralentir et à confiner des atomes de sodium à l'aide de faisceaux lumineux et de champs magnétiques. Il réalise, en 1988, la première mesure précise dans une mélasse optique. (Prix Nobel 1997.)

PHILOCTÈTE MYTH. GR. Célèbre archer de la guerre de Troie à qui Héraclès avait légué son arc et ses flèches. Abandonné par les Grecs à cause d'une blessure purulente, il fut soigné et aida à la prise de Troie en tuant Pâris.

PHILOMÈLE MYTH. GR. Fille de Pandion, roi d'Athènes, et sœur de Procné. Son beau-frère Térée la viola, puis lui coupa la langue pour l'empêcher de parler, mais elle révéla son secret en le brodant sur une tapisserie. Poursuivies par Térée, les deux sœurs furent sauvées par les dieux, qui métamorphosèrent Procné en hirondelle et Philomèle en rossignol (ou vice versa, selon les variantes).

PHILON d'Alexandrie, *Alexandrie entre 13 et 20 av. J.-C. - id. v. 50 apr. J.-C.,* philosophe juif d'expression grecque. Il s'est efforcé de montrer la complémentarité de la loi mosaïque et de la pensée philosophique grecque, platonicienne principalement.

PHILOPŒMEN, *Megalopolis 253 - Messène 183 av. J.-C.,* stratège de la ligue Achéenne. Champion de la liberté de la Grèce, contre l'hégémonie de Sparte puis de Rome, il fut surnommé le « Dernier des Grecs ».

PHNOM PENH, cap. du Cambodge, au confluent du Mékong et du Tonlé Sap ; 920 000 hab. *(Phnompenhois).*

PHOCÉE, anc. v. d'Asie Mineure (Ionie). Elle eut dès le VIIe s. av. J.-C. une grande importance commerciale et fonda des comptoirs en Occident.

PHOCIDE n.f., région de la Grèce centrale, au nord du golfe de Corinthe, où s'élevait le sanctuaire d'Apollon de Delphes.

PHOCION, *v. 402 - Athènes 318 av. J.-C.,* général et homme politique athénien. Partisan d'une politique prudente à l'égard de la Macédoine, il fut l'adversaire de Démosthène. Après la mort d'Alexandre (323 av. J.-C.), son attitude pacifiste lui valut d'être condamné à mort.

PHOENIX, v. des États-Unis, cap. de l'Arizona, dans une oasis irriguée par la Salt River ; 983 403 hab. (2 122 101 hab. dans l'agglomération). Centre industriel, universitaire et touristique. — Musées d'art et d'anthropologie.

PHOENIX (îles), petit archipel de Polynésie, qui fait partie de Kiribati.

PHOTIOS ou **PHOTIUS,** *Constantinople v. 820 - v. 895,* théologien et érudit byzantin, patriarche de Constantinople (858 - 867, 877 - 886). Ayant été déposé par le pape Nicolas Ier, il le fit déposer à son tour. Ce conflit entre Rome et Constantinople est à l'origine du schisme de 1054.

PHRAATÈS, nom de plusieurs rois des Parthes.
PHRYGIE n.f., anc. région occidentale de l'Asie Mineure, séparée de la mer Égée par la Lydie. Au XIIe s. av. J.-C., des envahisseurs venus des Balkans y constituèrent un royaume, dont les souverains, résidant à Gordion, portaient alternativement les noms de Gordias et de Midas ; l'invasion des Cimmériens (VIIe s. av. J.-C.) détruisit ce royaume, qui fut annexé à la Lydie au VIe s. par Crésus.
PHRYNÉ, *Thespies IVe s. av. J.-C.,* courtisane grecque. Elle fut la maîtresse et le modèle de Praxitèle. Accusée d'impiété, elle fut défendue par Hypéride, qui obtint l'acquittement de sa cliente en dévoilant sa beauté.
PHTAH → PTAH.
PHUKET, île de Thaïlande. Étain. Tourisme.
Physiologie du goût, traité de diététique et de gastronomie de Brillat-Savarin (1826). Il fourmille d'anecdotes savoureuses.
PIAF (Édith Giovanna **Gassion,** dite Édith), *Paris 1915 - id. 1963,* chanteuse française. Sa présence sur scène, sa voix, ses chansons poignantes, ainsi que sa vie tumultueuse, la rendirent populaire en France et dans le monde. Elle écrivit certaines de ses chansons *(la Vie en rose, l'Hymne à l'amour),* mais la plupart d'entre elles sont dues à R. Asso *(Mon légionnaire),* G. Moustaki *(Milord),* C. Dumont *(Non, je ne regrette rien).*
PIAGET (Jean), *Neuchâtel 1896 - Genève 1980,* psychologue et épistémologue suisse. Fondateur de l'épistémologie génétique, il s'est attaché à rendre compte des mécanismes de formation des connaissances. Il a particulièrement étudié le développement de l'intelligence chez l'enfant (*la Naissance de l'intelligence,* 1936 ; *Introduction à l'épistémologie génétique,* 1950).
PIALAT (Maurice), *Cunlhat 1925,* cinéaste français. Filmant la souffrance et l'affrontement passionnel, il a réalisé *l'Enfance nue* (1969), *Nous ne vieillirons pas ensemble* (1972), *Loulou* (1980), *À nos amours* (1983), *Sous le soleil de Satan* (d'après Bernanos, 1987), *Van Gogh* (1991), *le Garçu* (1995).
PIANA (20115), ch.-l. de cant. de la Corse-du-Sud, près du golfe de Porto ; 433 hab. Tourisme.
PIANO (Renzo), *Gênes 1937,* architecte italien. De son association temporaire avec le Britannique Richard **Rogers** (né à Florence en 1933) est né le *Centre national d'art et de culture Georges-Pompidou à Paris (1971 - 1976), structure en acier exemplaire du courant high-tech.
PIAST, dynastie fondatrice du premier État polonais (Xe-XIVe s.).
PIATRA NEAMȚ, v. de Roumanie, en Moldavie ; 123 175 hab. Église de style byzantin moldave (1498) ; musées.
PIAUÍ n.m., État du nord-est du Brésil ; 2 581 054 hab. ; cap. *Teresina.*
PIAVE n.f. ou n.m., fl. d'Italie (Vénétie), né dans les Alpes et qui se jette dans l'Adriatique ; 220 km. Violents combats entre Italiens et Autrichiens pendant la Première Guerre mondiale (1917).
PIAZZA ARMERINA, v. d'Italie (Sicile) ; 22 384 hab. À 6 km, villa romaine de Casale (3 000 m² de décor en mosaïque du IVe s.).
PIAZZETTA (Giovanni Battista), *Venise 1682 - id. 1754,* peintre italien. Formé en partie à Bologne, il a pratiqué au sein de l'école vénitienne un art d'une grande fermeté, au vigoureux clair-obscur (*la Devineresse,* musée de l'Accademia).
PIAZZI (Giuseppe), *Ponte in Valtellina 1746 - Naples 1826,* astronome italien. Il a découvert le premier astéroïde, Cérès, le 1er janvier 1801.
PIAZZOLLA (Astor), *Mar del Plata, Argentine, 1921 - Buenos Aires 1992,* compositeur et joueur de bandonéon argentin. Il a donné au tango une forme symphonique et l'a enrichi des influences de la musique classique et du jazz.
PIBRAC (31820), comm. de la Haute-Garonne ; 7 565 hab. Pèlerinage au tombeau de sainte Germaine Cousin.
PICABIA (Francis), *Paris 1879 - id. 1953,* peintre français de père cubain. D'abord impressionniste, il fut attiré par le cubisme, puis devint un pionnier de l'art abstrait et l'un des principaux animateurs, à New York et à Paris, du mouvement dada (*Udnie* ou *la Danse,* 1913, MNAM).
PICARD (Charles), *Arnay-le-Duc 1883 - Paris 1965,* archéologue français, auteur d'importants travaux d'archéologie grecque.
PICARD (abbé Jean), *La Flèche 1620 - Paris 1682,* astronome et géodésien français. Il mesura un arc du méridien de Paris (1669 - 1670) et, avec P. de La Hire, détermina, par des opérations géodésiques, les coordonnées géographiques de plusieurs villes de France (1679 - 1682).
PICARDIE n.f., anc. province française, dont les limites correspondaient approximativement à la partie nord de la Picardie actuelle. Enjeu des rivalités franco-anglaises puis franco-bourguignonnes durant la guerre de Cent Ans, elle fut réunie à la Couronne en 1482, après la mort de Charles le Téméraire (1477).
PICARDIE n.f., région géographique du nord de la France, entre la Manche et la haute vallée de l'Oise (dép. de la Somme, nord de l'Oise et de l'Aisne).
PICARDIE n.f., Région administrative de France ; 19 399 km² ; 1 857 834 hab. *(Picards) ;* ch.-l. *Amiens ;* 3 dép. (Aisne, Oise et Somme). Constituant le nord du Bassin parisien, plus étendue que l'ancienne province, la Région est formée surtout de plateaux, parfois recouverts de limon, portant de riches cultures (blé, betterave à sucre). Les vallées (Somme, Oise) sont des sites urbains (Amiens, Saint-Quentin), parfois industriels (surtout aujourd'hui à proximité de Paris).

PICASSO (Pablo **Ruiz**), *Málaga 1881 - Mougins 1973,* peintre, graveur et sculpteur espagnol. Il s'installa à Paris en 1904. Son œuvre, qui a bouleversé l'art moderne, témoigne, à travers d'étonnantes métamorphoses graphiques et plastiques, de la richesse de ses dons : époques bleue et rose (1901 - 1905), *cubisme (*les Demoiselles d'Avignon,* 1906 - 1907, MAM de New York), néoclassicisme (v. 1920), tentations surréaliste et abstraite (1925 - 1936), expressionnisme (**Guernica,* 1937). Musées à Paris (hôtel Salé, dans le Marais) et à Barcelone.
PICCADILLY, grande artère de Londres, entre Hyde Park et Regent Street.

■ **PICASSO.** *Portrait de Dora Maar,* 1937. (Musée Picasso, Paris.)

■ ÉDITH **PIAF**

■ AUGUSTE **PICCARD**

PICCARD (Auguste), *Bâle 1884 - Lausanne 1962,* physicien suisse. Il fut le premier à explorer la stratosphère (1931), atteignant l'altitude de 16 000 m dans un ballon de sa conception. Il mit aussi au point un bathyscaphe pour l'exploration des grandes profondeurs sous-marines. — **Jacques P.,** *Bruxelles 1922,* océanographe suisse, fils d'Auguste. Il a battu le record de plongée sous-marine en 1960, en atteignant la profondeur de 10 916 m dans la fosse des Mariannes, à bord du bathyscaphe *Trieste.* — **Bertrand P.,** *Lausanne 1958,* psychiatre et aérostier suisse, fils de Jacques. Il a réussi en 1999, avec le Britannique Brian Jones, le premier tour du monde en ballon sans escale en 19 j 21 h 55 min.

■ BERTRAND **PICCARD.** Départ de son tour du monde en ballon avec B. Jones (1er mars 1999).

PICCINNI (Niccolo), *Bari 1728 - Paris 1800,* compositeur italien. Il est l'auteur de très nombreux opéras (*Roland,* 1778 ; *Iphigénie en Tauride,* 1781 ; *Didon,* 1783). Sa rivalité avec Gluck donna lieu à la fameuse querelle des *gluckistes* (partisans de l'opéra en français et d'une musique sobre) et des *piccinnistes* (tenants de la virtuosité et de la langue italiennes).
PICCOLI (Michel), *Paris 1925,* acteur français. Au cinéma, il s'est imposé dans des rôles tour à tour cyniques, tendres ou loufoques : *le Mépris* (J.-L. Godard, 1963), *Belle de jour* (L. Buñuel, 1967), *les Choses de la vie* (C. Sautet, 1969), *la Grande Bouffe* (M. Ferreri, 1973), *le Fantôme de la liberté* (Buñuel, 1974), *la Belle Noiseuse* (J. Rivette, 1991). Il poursuit parallèlement une brillante carrière au théâtre.
PICCOLOMINI (Enea Silvio) → **PIE II.**
PICCOLOMINI (Ottavio), *Pise 1600 - Vienne 1656,* prince du Saint Empire. Général italien au service des Habsbourg, il dévoila à l'empereur les projets de Wallenstein et contribua ainsi à l'assassinat de ce dernier (1634).
PIC DE LA MIRANDOLE (Giovanni **Pico della Mirandola,** dit en fr. Jean), *Mirandola, prov. de Modène, 1463 - Florence 1494,* humaniste italien. Issu d'une famille princière, il se forma à l'université de Bologne, fréquenta les cercles aristotéliciens de Padoue et les milieux néoplatoniciens de Florence, où il bénéficia de la protection de Laurent le Magnifique. Son immense érudition et sa tolérance font de lui l'un des plus grands esprits de la Renaissance.
PICENUM, région de l'Italie ancienne, sur l'Adriatique. (Auj. dans les Marches.)
PICHEGRU (Charles), *Arbois 1761 - Paris 1804,* général français. Commandant l'armée du Nord, il conquit les Pays-Bas (1794 - 1795), prit contact avec les émigrés et démissionna (1796). Président du Conseil des Cinq-Cents (1797), arrêté et déporté, il s'évada, puis participa au complot royaliste de Cadoudal (1804). De nouveau arrêté, il fut trouvé étranglé dans la prison du Temple.
PICKERING (Edward), *Boston 1846 - Cambridge, Massachusetts, 1919,* astronome américain. Pion-

■ **PIE V.** (Coll. priv.)

■ **PIE VII** par David. (Louvre, Paris.)

■ **PIE IX.** (Musée du Risorgimento, Milan).

■ **PIE X**

■ **PIE XI**

■ **PIE XII**

nier de l'astrophysique, il s'est illustré par de nombreux travaux de photométrie, de photographie et de spectroscopie stellaires.

Pickwick (les Aventures de M.), roman de Dickens (1837). C'est le récit satirique des aventures de M. Pickwick, de son domestique Sam Weller et du club d'excentriques qui les entoure.

Picquigny (traité de) [29 août 1475], ensemble des conventions résultant de l'entrevue de Louis XI et d'Édouard IV, roi d'Angleterre, à Picquigny (Somme) et qui mirent fin à la guerre de Cent Ans.

PICTAVES → **PICTONS.**

PICTES, peuple de l'Écosse ancienne.

PICTET (Raoul), *Genève 1846 - Paris 1929,* physicien suisse. Il a réussi la liquéfaction de l'azote et de l'oxygène (1877) par l'action simultanée d'une haute pression et d'une basse température.

PICTONS ou **PICTAVES,** anc. peuple de la Gaule, établi au S. de la basse Loire (Poitou).

PIE II (Enea Silvio **Piccolomini**), *Corsignano, aujourd'hui Pienza, 1405 - Ancône 1464,* pape de 1458 à 1464. Auteur d'une importante œuvre poétique et historique, il a cherché à susciter une nouvelle croisade contre les Turcs. — **Pie IV** (Jean Ange **de Médicis**), *Milan 1499 - Rome 1565,* pape de 1559 à 1565. Il a attaché son nom à la profession de foi du concile de Trente, dont il présida la dernière session (1562 - 1563). — saint **Pie V** (Antonio Michele **Ghislieri**), *Bosco Marengo 1504 - Rome 1572,* pape de 1566 à 1572. Dominicain, inquisiteur général (1558) et successeur de Pie IV, il exigea l'application des décrets du concile de Trente, dont il publia le *Catéchisme* (1566), travaillant ainsi à la réforme de l'Église. Il suscita contre l'Empire ottoman la Sainte Ligue, dont les forces remportèrent la victoire de Lépante (1571). — **Pie VI** (Giannangelo **Braschi**), *Cesena 1717 - Valence, France, 1799,* pape de 1775 à 1799. Il combattit le joséphisme viennois et condamna le jansénisme italien en la personne de Scipione de' Ricci, évêque de Pistoia. Confronté à la Révolution française, il condamna la Constitution civile du clergé (1791). Sous le Directoire, la France ayant envahi les États de l'Église, il dut signer avec elle le traité de Tolentino (1797). En 1798, il fut arrêté par le général Berthier alors qu'était proclamée la République romaine. Amené en France, il y mourut peu après. — **Pie VII** (Gregorio Luigi Barnaba **Chiaramonti**), *Cesena 1742 - Rome 1823,* pape de 1800 à 1823. Il signa avec la France un concordat (15 juill. 1801), que Bonaparte accompagna, de sa propre initiative, d'« articles organiques », et vint à Paris sacrer l'empereur Napoléon (2 déc. 1804). Ayant refusé d'entrer dans le système du Blocus continental, il vit la France occuper (1808) puis annexer ses États. Il excommunia l'Empereur, qui le fit interner à Savone (1809), puis (1812) à Fontainebleau, où le pape refusa de se dédire. Rentré à Rome le 25 mai 1814, il rétablit la Compagnie de Jésus. — bienheureux **Pie IX** (Giovanni Maria **Mastai Ferretti**), *Senigallia 1792 - Rome 1878,* pape de 1846 à 1878. Rendu populaire par des mesures démocratiques, il refusa néanmoins de prendre, en 1848, la tête du mouvement unitaire italien, ce qui provoqua de graves troubles à Rome. Il se réfugia à Gaète avant d'être rétabli dans son pouvoir temporel par les troupes françaises (1849 - 1850). Dès lors, Pie IX apparut comme le défenseur de l'ordre et de la religion. Il proclama le dogme de l'Immaculée Conception en 1854 et manifesta son intransigeante hostilité à l'égard des idées modernes par le *Syllabus* (1864). En déc. 1869, il réunit le premier concile du Vatican, qui, en 1870, définit le dogme de l'infaillibilité pontificale. Durant vingt ans se développa, entre le pape et le Piémont, une lutte qui aboutit à la prise de Rome (20 sept. 1870) et à l'annexion des États pontificaux par le royaume d'Italie. Le pape se considéra alors comme prisonnier au Vatican. Il a été béatifié en 2000. — saint **Pie X** (Giuseppe **Sarto**), *Riese 1835 - Rome 1914,* pape de 1903 à 1914. Il rénova la musique sacrée (1903), favorisa la communion quotidienne et celle des enfants, réforma le bréviaire et fit opérer une refonte du droit canon. En 1906, il condamna la rupture du Concordat par le gouvernement français. Peu favorable à la démocratie, il condamna le Sillon en 1910. Mais son principal adversaire fut le modernisme, qu'il condamna en 1907 par le décret *Lamentabili* et l'encyclique *Pascendi.* Canonisé en 1954. — **Pie XI** (Achille **Ratti**), *Desio 1857 - Rome 1939,* pape de 1922 à 1939. Il signa de nombreux concordats, dont un avec l'Allemagne (1933), et conclut avec Mussolini les accords du Latran (1929), qui rendaient au Saint-Siège son indépendance territoriale en créant l'État du Vatican. Il donna un vigoureux essor au clergé indigène et aux missions, et définit le rôle de l'Action catholique. Il condamna l'Action française (1926), le fascisme italien (1931), le communisme athée et le nazisme (1937). — **Pie XII** (Eugenio **Pacelli**), *Rome 1876 - Castel Gandolfo 1958,* pape de 1939 à 1958. Diplomate, mêlé très tôt aux affaires de la Curie, secrétaire d'État de Pie XI (1930 - 1939), il s'intéressa de près à tous les aspects du monde moderne, qu'il s'efforça de christianiser. Durant la Seconde Guerre mondiale, il donna asile à de nombreux Juifs, mais on lui a reproché son « silence » officiel face aux atrocités nazies. D'esprit conservateur, il eut une importante activité dogmatique et proclama notamment (1950) le dogme de l'Assomption de la Vierge.

PIECK (Wilhelm), *Guben 1876 - Berlin 1960,* homme politique allemand. Il fut président de la République démocratique allemande de 1949 à sa mort.

PIEDS-NOIRS, peuple amérindien du Canada (Saskatchewan, Alberta) et des États-Unis (Montana) [env. 20 000], de la famille algonquienne. Leur nom anglais est *Blackfoot.*

PIÉMONT n.m., région du nord-ouest de l'Italie ; 25 399 km² ; 4 290 412 hab. *(Piémontais)* ; cap. *Turin* ; 6 prov. *(Alexandrie, Asti, Cuneo, Novare, Turin* et *Verceil).* Occupant la majeure partie du bassin supérieur du Pô, le Piémont, au climat continental, comprend une partie montagneuse *(Alpes piémontaises),* domaine de l'élevage, de la forêt (localement du tourisme hivernal), et une partie plus basse, formée de collines et de plaines, où se sont développées les cultures (blé, maïs, vigne [Asti]). Turin, la seule grande ville, capitale régionale, rassemble plus du quart de la population. — Centre des États de la maison de Savoie, le Piémont fut annexé par la France en 1799 et rendu à Victor-Emmanuel Ier en 1814 - 1815.

PIERNÉ (Gabriel), *Metz 1863 - Ploujean 1937,* compositeur et chef d'orchestre français. Il succéda à É. Colonne comme chef d'orchestre des Concerts Colonne (1910 - 1934) et composa des pages de musique de piano et de chambre, des oratorios *(l'An mil,* 1897 ; *la Croisade des enfants,* 1902) et l'opérette *Fragonard* (1934).

PIERO DELLA FRANCESCA, *Borgo San Sepolcro, province d'Arezzo, v. 1416 - id. 1492,* peintre et mathématicien italien. Son œuvre est la plus haute synthèse de l'art pictural du quattrocento (fresques de la *Légende de la Vraie Croix,* 1452 - 1464, S. Francesco d'Arezzo ; *Madone de Senigallia,* galerie nationale d'Urbino). — Son traité de perspective a fixé les règles de la perspective rationnelle, prélude à la géométrie projective.

PIERO DI COSIMO (Piero **di Lorenzo,** dit), *Florence 1461/1462 - id. 1521,* peintre italien. Il est l'auteur de portraits et de scènes mythologiques d'une sensibilité tourmentée.

PIÉRON (Henri), *Paris 1881 - id. 1964,* psychologue français. Il est l'un des fondateurs en France de la psychologie scientifique *(la Sensation, guide de vie,* 1945).

SAINTS

PIERRE (saint), *m. à Rome entre 64 et 67,* apôtre de Jésus. Chef du collège apostolique, il est considéré par la tradition romaine comme le premier pape. Pêcheur galiléen, il s'appelait en réalité Simon, et son nom de « Pierre », qui lui fut donné par Jésus, fait de lui le « rocher » et le fondement de l'Église chrétienne (Évangile de Matthieu). Son activité missionnaire s'exerça en Palestine, à Antioche et à Rome, où il serait mort martyrisé lors de la persécution de Néron. Son influence s'étendit aussi à la communauté de Corinthe. Les fouilles entreprises entre 1939 et 1949 sous la basilique Saint-Pierre, au Vatican, ont montré que vers 120 le souvenir de l'apôtre Pierre était déjà vénéré à cet endroit.

PIERRE CANISIUS (saint), *Nimègue 1521 - Fribourg, Suisse, 1597,* jésuite hollandais, docteur de l'Église. Provincial d'Allemagne pour son ordre, il fut l'animateur de la Réforme catholique dans les pays germaniques. Canonisé en 1925.

PIERRE CÉLESTIN (saint) → **CÉLESTIN V** (saint).

PIERRE CHRYSOLOGUE (saint), *Forum Cornelii, Imola, 406 - id. 450,* théologien italien et docteur de l'Église. Évêque de Ravenne (v. 429), il devint célèbre pour son éloquence et laissa de nombreuses *Homélies.*

PIERRE d'Alcántara (saint) [Pedro **Garavito**], *Alcántara 1499 - Las Arenas, Ávila, 1562,* franciscain espagnol. Réformateur de son ordre, il fut

■ **PIERO DI COSIMO.** Scène mythologique. (National Gallery, Londres.)

l'un des grands mystiques espagnols (*Traité sur l'oraison,* 1556) et influença Thérèse d'Ávila.

PIERRE DAMIEN (saint), *Ravenne 1007 - Faenza 1072,* prélat italien et docteur de l'Église. Moine camaldule, cardinal-évêque d'Ostie, légat à Milan, il fut, en Italie du Nord, le promoteur de la réforme du clergé, aux côtés d'Hildebrand, le futur Grégoire VII.

PIERRE FOURIER (saint), *Mirecourt 1565 - Gray 1640,* prêtre français, fondateur de la congrégation enseignante de Notre-Dame.

PIERRE NOLASQUE (saint), *en Languedoc v. 1182 ou 1189 - Barcelone 1249 ou 1256,* religieux d'origine française. Il suivit Simon de Montfort dans sa croisade contre les albigeois, puis fonda, avec Jacques Ier d'Aragon, l'ordre de la Merci, consacré au rachat des captifs (1218).

EMPIRE LATIN D'ORIENT

PIERRE II de Courtenay, *v. 1167 - 1217,* empereur latin d'Orient (1217), époux de Yolande de Flandre.

ARAGON

PIERRE Ier, *v. 1070 - 1104,* roi d'Aragon et de Navarre (1094 - 1104). — **Pierre II,** *v. 1176 - Muret 1213,* roi d'Aragon (1196 - 1213). Il fut tué en combattant Simon de Montfort à Muret. — **Pierre III le Grand,** *v. 1239 - Villafranca del Panadés, Barcelone, 1285,* roi d'Aragon (1276 - 1285) et de Sicile (Pierre Ier) [1282 - 1285]. Instigateur des Vêpres siciliennes (1282), il fut excommunié. — **Pierre IV le Cérémonieux,** *Balaguer 1319 - Barcelone 1387,* roi d'Aragon (1336 - 1387). Il reconquit Majorque et le Roussillon (1344).

BRÉSIL

PIERRE Ier, *Queluz, Portugal, 1798 - id. 1834,* empereur du Brésil (1822 - 1831), roi de Portugal (1826) [Pierre IV], de la maison de Bragance. Fils de Jean VI, roi de Portugal, il suivit au Brésil sa famille, chassée par l'invasion française (1807). Quand son père rentra à Lisbonne (1821), il devint prince-régent du Brésil, dont il proclama l'indépendance et dont il devint empereur (1822). Roi de Portugal à la mort de son père (1826), il laissa ce royaume à sa fille Marie II. Mais il renonça à la couronne brésilienne en 1831, reconquit (1834) au Portugal le pouvoir qu'avait confisqué son frère en 1828, et rétablit sa fille Marie. — **Pierre II,** *Rio de Janeiro 1825 - Paris 1891,* empereur du Brésil (1831 - 1889), de la maison de Bragance. Il abolit l'esclavage (1888) ; son libéralisme l'accula à l'abdication (1889).

BRETAGNE

PIERRE Ier Mauclerc, *m. en 1250,* comte de Dreux, duc de Bretagne (1213 - 1237), auxiliaire dévoué de Philippe Auguste et de Louis VIII.

CASTILLE

PIERRE Ier le Cruel ou **le Justicier,** *Burgos 1334 - Montiel 1369,* roi de Castille et de León (1350 - 1369). Il fut tué par son frère naturel Henri, comte de Trastamare.

MONTÉNÉGRO

PIERRE II PETROVIĆ NJEGOŠ, *Njegoš 1813 - Cetinje 1851,* prince-évêque de Monténégro, poète de langue serbe. Son poème dramatique *les Lauriers de la montagne* (1847) est un chef-d'œuvre de la littérature monténégrine.

PORTUGAL

PIERRE Ier le Justicier, *Coimbra 1320 - Estremoz 1367,* roi de Portugal (1357 - 1367), de la dynastie de Bourgogne. Il affermit le pouvoir royal. — **Pierre II,** *Lisbonne 1648 - id. 1706,* roi de Portugal (1683 - 1706), de la maison de Bragance. Régent (1668 - 1683), il obtint de l'Espagne la reconnaissance de l'indépendance portugaise (1668). — **Pierre III,** *Lisbonne 1717 - id. 1786,* roi de Portugal (1777 - 1786), de la maison de Bragance. Il épousa la fille de son frère (1760) et régna avec elle (Marie Ire). — **Pierre IV** → **Pierre Ier** [Brésil]. — **Pierre V,** *Lisbonne 1837 - id. 1861,* roi de Portugal (1853 - 1861), de la maison de Bragance. Il modernisa son pays.

RUSSIE

PIERRE Ier LE GRAND, *Moscou 1672 - Saint-Pétersbourg 1725,* tsar (1682 - 1725) et empereur (1721 - 1725) de Russie, de la dynastie des Romanov. Relégué à la campagne par la régente Sophie, il élimine cette dernière en 1689. Au cours d'un premier voyage en Europe occidentale (1697 - 1698), il recrute pour son pays des spécialistes dans tous les domaines. Engagé dans la guerre du Nord (1700 - 1721), il vainc Charles XII de Suède à Poltava (1709), et se fait confirmer ses conquêtes sur la Baltique par le traité de Nystadt (1721). À l'intérieur, il se consacre avec une énergie exceptionnelle à la modernisation et à l'occidentalisation de la Russie. Il dote son pays d'une nouvelle capitale, Saint-Pétersbourg (1712), qui devient le siège de nouvelles institutions : le Sénat, les collèges spécialisés, dont le Saint-Synode. Il recourt à des méthodes mercantilistes pour développer le commerce et l'activité manufacturière. Il transforme la Russie en un empire (1721), dont le gouvernement est confié, à sa mort, à Catherine Ire, son épouse.

PIERRE III FIODOROVITCH, *Kiel 1728 - château de Ropcha, près de Saint-Pétersbourg, 1762,* empereur de Russie (1762), de la dynastie des Romanov. Il fut assassiné à l'instigation de sa femme, Catherine II.

SERBIE

PIERRE Ier KARADJORDJEVIĆ, *Belgrade 1844 - id. 1921,* roi de Serbie (1903 - 1918), puis des Serbes, Croates et Slovènes (1918 - 1921).

PIERRE II KARADJORDJEVIĆ, *Belgrade 1923 - Los Angeles 1970,* roi de Yougoslavie (1934 - 1945). Fils d'Alexandre Ier, il se réfugia à Londres (1941) et ne put rentrer en Yougoslavie.

DIVERS

PIERRE (Henri **Grouès,** dit **l'abbé**), *Lyon 1912,* prêtre français. Capucin, il fonde, en 1949, l'association Emmaüs destinée à aider les sans-logis et se consacre à la défense des déshérités.

PIERRE de Cortone (Pietro **Berrettini,** dit Pietro **da Cortona,** en fr.), *Cortona, prov. d'Arezzo, 1596 - Rome 1669,* peintre et architecte italien. Héritier du maniérisme, fixé à Rome en 1612, il devint le grand maître, baroque, des décors commandés par l'Église et la haute société (plafond du palais Barberini [1636], coupole et voûte de S. Maria in Valicella, etc.). La façade mouvementée de S. Maria della Pace (1656) illustre son œuvre bâti.

PIERRE de Montreuil, *m. à Paris en 1267,* architecte français. Un des maîtres du gothique rayonnant, il apparaît sur les chantiers de l'abbaye de Saint-Germain-des-Prés, de Saint-Denis, et dirige en 1265 l'œuvre de Notre-Dame de Paris (façade du croisillon sud, commencée par Jean de Chelles).

PIERRE l'Ermite, dit aussi Pierre **d'Achères** ou **d'Amiens,** *Amiens v. 1050 - Neufmoustier, près de Huy, 1115,* prédicateur français. Lors de la première croisade, il dirigea une croisade populaire qui, totalement inorganisée, fut anéantie par les Turcs (1096).

PIERRE le Vénérable, *Montboissier, Auvergne, v. 1092 - Cluny 1156,* religieux français. Huitième abbé de Cluny (1122), il rétablit la discipline et porta à 2 000 le nombre des maisons clunisiennes, mais il s'opposa à saint Bernard, dont il jugeait le zèle excessif. Il accueillit Abélard après sa condamnation par le concile de Sens. Grand érudit et esprit universel, il fit traduire le Coran pour le réfuter.

PIERRE Lombard, *Novare v. 1100 - Paris 1160,* théologien d'origine lombarde. Il est l'auteur des *Quatre Livres des sentences,* qui servirent de texte de base pour l'enseignement de la théologie entre le XIIe et le XVIe s.

PIERRE-BÉNITE (69310), comm. du Rhône ; 10 015 hab. Centrale hydroélectrique sur le Rhône. Chimie.

PIERRE-DE-BRESSE (71270), ch.-l. de cant. de Saône-et-Loire ; 2 039 hab. Château du XVIIe s. (écomusée).

PIERREFITTE-SUR-SEINE (93380), ch.-l. de cant. de la Seine-Saint-Denis ; 25 939 hab.

■ **PIERRE Ier** (Brésil).

■ **PIERRE LE GRAND.** (Rijksmuseum, Amsterdam.)

PIERREFONDS, v. du Canada (Québec), près de Montréal ; 49 377 hab. *(Pétrifontains).*

PIERREFONDS (60350), comm. de l'Oise ; 2 150 hab. Château fort du XIVe s. reconstruit et décoré par Viollet-le-Duc pour Napoléon III.

PIERRELATTE (26700), ch.-l. de cant. de la Drôme ; 12 166 hab.

PIERRE-SAINT-MARTIN (la), gouffre très profond (1 358 m) des Pyrénées occidentales, à la frontière espagnole.

Pierrot, personnage de la comédie italienne *(Pedrolino),* du théâtre de la Foire, puis des pantomimes. Rêveur lunaire et pathétique, il est habillé de blanc et a la figure enfarinée.

PIETERMARITZBURG, v. d'Afrique du Sud (Kwazulu-Natal) ; 229 000 hab. Centre industriel.

PIETRAGALLA (Marie-Claude), *Paris 1963,* danseuse française. Nommée étoile à l'Opéra de Paris en 1990, elle excelle dans le répertoire classique aussi bien que moderne. Elle a pris en 1998 la direction du Ballet national de Marseille.

PIETRO DA CORTONA → **PIERRE de Cortone.**

PIEUX (Les) [50340], ch.-l. de cant. de la Manche ; 3 524 hab.

PIEYRE DE MANDIARGUES (André), *Paris 1909 - id. 1991,* écrivain français. Influencé par le surréalisme, il mêle le fantastique au quotidien dans ses contes (*Soleil des loups,* 1951), sa poésie (*l'Âge de craie,* 1961) et ses romans (*la Marge,* 1967).

PIGALLE (Jean-Baptiste), *Paris 1714 - id. 1785,* sculpteur français. Il a pratiqué un art équilibré entre baroquisme et tradition classique (*Mercure attachant sa talonnière,* marbre, Louvre ; mausolée de Maurice de Saxe à Strasbourg ; bustes).

■ GERMAIN **PILON.** *Christ ressuscité* (v. 1585 ?), marbre. (Louvre, Paris.)

■ J.-B. **PIGALLE.** *Mercure attachant sa talonnière* (v. 1739 - 1744), marbre. (Louvre, Paris.)

PIGNAN (34570), ch.-l. de cant. de l'Hérault ; 5 710 hab. Mairie dans le château, du XVIIe s.

PIGNEROL, en ital. **Pinerolo,** v. d'Italie (Piémont) ; 35 112 hab. Clef du Piémont, la ville a été française à diverses reprises. Forteresse où furent enfermés, notamm., Fouquet, Lauzun et l'homme au Masque de fer. — Cathédrale et église S. Maurizio, des XIVe-XVe s.

PIGNON (Édouard), *Bully-les-Mines 1905 - La Couture-Boussey, Eure, 1993,* peintre et graveur français. D'abord tournée vers le social, son œuvre a évolué vers une célébration expressionniste du monde visible.

PIGOU (Arthur Cecil), *Ryde, île de Wight, 1877 - Cambridge 1959,* économiste britannique. L'un des maîtres de l'école de Cambridge, dans la lignée des néoclassiques, il a étudié l'économie du bien-être et prôné une certaine intervention de l'État dans la répartition des revenus.

PILAT (mont), massif de la bordure orientale du Massif central (France) ; 1 432 m. Parc naturel régional (env. 70 000 ha).

PILATE (mont), montagne de Suisse, près de Lucerne ; 2 129 m. Funiculaire. Panorama.

PILATE (Ponce), *Ier s. apr. J.-C.,* procurateur romain de Judée de 26 à 36. Il est mentionné dans les Évangiles pour avoir prononcé la sentence de mort contre Jésus, sur proposition du sanhédrin. On le représente en train de se laver les mains, en signe d'irresponsabilité.

PILAT-PLAGE, station balnéaire de la Gironde (comm. de La Teste-de-Buch), au pied de la *dune du Pilat* (103 m).

PILÂTRE DE ROZIER (François), *Metz 1754 - Wimille, Pas-de-Calais, 1785,* chimiste et aéronaute français. Il effectua le 21 nov. 1783 au-dessus de Paris, avec le marquis d'Arlandes, le premier vol humain, en montgolfière.

PILCOMAYO n.m., riv. d'Amérique du Sud, affl. du Paraguay (r. dr.) ; 2 500 km. Il sépare l'Argentine et le Paraguay.

Pillnitz (déclaration de) [août 1791], déclaration commune signée à Pillnitz (Saxe) par l'empereur d'Autriche Léopold II et le roi de Prusse Frédéric-Guillaume, afin de lutter contre la Révolution, qui menaçait le trône de Louis XVI.

PILNIAK (Boris Andreïevitch **Wogau,** dit Boris), *Mojaïsk 1894 - ? 1937 ou 1938,* écrivain soviétique. Il célébra la révolution d'Octobre (*l'Année nue,* 1921) et tenta de couler ses récits dans le moule du réalisme socialiste, avant de disparaître lors d'une purge stalinienne.

PILON (Germain), *connu à partir de 1540 - Paris 1590,* sculpteur français. Tempérament puissant, à la fois réaliste et maniériste, il est l'auteur du tombeau d'Henri II et de Catherine de Médicis à Saint-Denis, du priant de René de Birague (bronze, Louvre), d'une *Vierge de douleur,* etc., ainsi que de remarquables médailles.

PILSEN, nom allemand de *Plzeň.

PIŁSUDSKI (Józef), *Zułowo 1867 - Varsovie 1935,* maréchal et homme politique polonais. Il joua un rôle déterminant dans la restauration de la Pologne en tant que chef de l'État et commandant en chef (1919 - 1922). Il reprit le pouvoir en 1926 après un coup d'État et, ministre de la Guerre, il fut jusqu'en 1935 le véritable maître du pays.

PINARD (Adolphe), *Méry-sur-Seine 1844 - id. 1934,* médecin français. Professeur de clinique obstétricale, député de la Seine, il fut l'un des initiateurs de la législation familiale.

PINAR DEL RÍO, v. de l'ouest de Cuba ; 122 000 hab.

PINATUBO n.m., volcan des Philippines, dans l'île de Luçon. Éruption en 1991.

PINAY (Antoine), *Saint-Symphorien-sur-Coise, Rhône, 1891 - Saint-Chamond 1994,* homme politique français. Maire de Saint-Chamond (1929 - 1977), président du Conseil et ministre des Finances (1952), il prit d'importantes mesures pour stabiliser les prix, dont le populaire « emprunt Pinay », indexé sur l'or. De nouveau ministre des Finances (1958 - 1960), il institua le franc lourd.

PINCEVENT, site préhistorique de Seine-et-Marne, en amont du confluent de la Seine et du Loing. Vestiges de l'un des principaux campements magdaléniens d'Europe, étudié par A. Leroi-Gourhan. Centre de recherches ; musée.

PINCOURT, v. du Canada (Québec) ; 10 477 hab. *(Pincourtois).*

PINCUS (Gregory Goodwin), *Woodbine, New Jersey, 1903 - Boston 1967,* médecin américain. Il mit au point le premier contraceptif oral (la « pilule ») en 1956.

PINDARE, *Cynoscéphales 518 - Argos ? 438 av. J.-C.,* poète grec. De famille aristocratique, il fut l'hôte de plusieurs tyrans de Sicile et mourut comblé d'honneurs. Ses poésies appartiennent à tous les genres du lyrisme choral et développent, à travers des récits mythiques, une vérité religieuse et morale. De son œuvre, seul le recueil des *Épinicies* nous est parvenu.

PINDE n.m., massif de la Grèce occidentale ; 2 636 m.

PINEL (Philippe), *près de Gibrondes, auj. Jonquières, Tarn, 1745 - Paris 1826,* médecin français. Il s'engagea sur la voie du « traitement moral » des troubles mentaux, considérant que ceux-ci sont des maladies au même titre que les maladies organiques. Il préconisa d'isoler l'aliéné de son milieu de vie et de le traiter dans des institutions spécialisées. Il est considéré comme le fondateur de la psychiatrie moderne.

PINGET (Robert), *Genève 1919 - Tours 1997,* écrivain français. Représentatif du « *nouveau roman » (*Graal Flibuste,* 1956 ; *l'Inquisitoire,* 1962 ; *Monsieur Songe,* 1982), il est aussi l'auteur de pièces de théâtre (*Abel et Bela,* 1971).

PINGTUNG, v. de Taïwan ; 250 000 hab.

PINGXIANG, v. de Chine, au S.-E. de Changsha ; 1 189 000 hab.

PINK FLOYD, groupe britannique de pop, fondé en 1966 et se composant alors du bassiste Roger Waters, du guitariste et chanteur Syd Barrett, du claviériste Rick Wright et du batteur Nick Mason

■ **PINK FLOYD** en 1967 : Roger Waters, Syd Barrett, Nick Mason et Rick Wright.

(rejoints en 1968 par David Gilmour). Il connaît un succès international avec une musique psychédélique et planante, marquée par l'emploi des premiers synthétiseurs et par l'esprit du blues (*Dark Side of the Moon,* album contenant *Money,* 1973 ; *the Wall,* 1979).

Pinocchio, personnage d'un roman écrit en 1883 pour la jeunesse par l'écrivain italien Carlo Collodi. Une marionnette se métamorphose en un jeune garçon espiègle qui voit son nez s'allonger à chaque fois qu'il ment.

PINOCHET UGARTE (Augusto), *Valparaíso 1915,* général et homme politique chilien. Commandant en chef des forces armées (1973), il prend la tête de la junte militaire qui renverse Allende en sept. 1973 et instaure un régime dictatorial. Nommé président de la République en 1974, il achève son mandat en 1990, mais il reste commandant en chef de l'armée de terre jusqu'en mars 1998, puis siège au Sénat. Arrêté en oct. 1998 lors d'un séjour à Londres, sur la requête de juges espagnols, il est libéré pour raisons de santé en mars 2000 et retourne au Chili. Il est inculpé par la justice de son pays en 2001.

PINS (île des), île française d'Océanie, au S.-E. de la Nouvelle-Calédonie ; 135 km² ; 1 671 hab.

PINTER (Harold), *Londres 1930,* acteur et auteur dramatique britannique. Ses pièces (*le Gardien,* 1960 ; *la Collection,* 1962 ; *le Retour,* 1965 ; *Un pour la route,* 1984 ; *Ashes to Ashes,* 1996), qui traitent de la difficulté de communiquer avec autrui, s'apparentent au théâtre de l'*absurde.

PINTO (Fernão Mendes), *Montemor-o-Velho v. 1510 - Almada 1583,* voyageur portugais. Il explora les Indes orientales et rédigea une relation de ses voyages, *Peregrinação* (1614).

PINTURICCHIO (Bernardino **di Betto,** dit **il**), *Pérouse 1454 - Sienne 1513,* peintre italien. Il est l'auteur d'ensembles décoratifs, fresques narratives d'un style animé, d'un coloris brillant (Vatican ; cathédrale de Sienne).

PINZÓN (Martín), *Palos de Moguer, Huelva, 1440 - La Rábida, Huelva, 1493,* navigateur espagnol. Il commanda, en 1492, l'une des caravelles de Christophe Colomb, la *Pinta.* — **Vicente P.,** *m. en 1523 ?,* navigateur espagnol. Frère de Martín, il découvrit l'embouchure de l'Amazone (1500).

PIOMBINO, v. d'Italie (Toscane), en face de l'île d'Elbe ; 36 527 hab. Port. Sidérurgie.

PIOMBO (Sebastiano **del**) → **SEBASTIANO DEL PIOMBO.**

PIPRIAC (35550), ch.-l. de cant. d'Ille-et-Vilaine ; 2 985 hab.

PIQUET (Nelson), *Rio de Janeiro 1952,* coureur automobile brésilien. Il a remporté trois titres de champion du monde des conducteurs (1981, 1983 et 1987).

PIRAE, comm. de la Polynésie française, près de Papeete ; 13 974 hab.

■ ANTOINE **PINAY** en 1953.

■ LUIGI **PIRANDELLO**

PIRANDELLO (Luigi), *Agrigente 1867 - Rome 1936,* écrivain italien. Auteur de romans (*l'Exclue,* 1901) et de nouvelles dans la tradition du vérisme, il montre, dans des pièces souvent fondées sur le « théâtre dans le théâtre », la personnalité humaine disloquée en facettes et en opinions contradictoires, incapable de se recomposer logiquement (*Chacun sa vérité, la Volupté de l'honneur,* 1917 ; *Six Personnages en quête d'auteur,* 1921 ; *Ce soir on improvise,* 1930). [Prix Nobel 1934.]

PIRANÈSE (Giovanni Battista **Piranesi,** dit en fr.), *Mogliano di Mestre, près de Venise, 1720 - Rome 1778,* graveur et architecte italien. Il est l'auteur de plus de deux mille eaux-fortes (*Prisons,* 1745 - 1760, *Antiquités de Rome,* etc.) d'un caractère souvent visionnaire, dont s'inspirèrent les artistes néoclassiques, mais qui font également de lui un précurseur du romantisme.

■ **PIRANÈSE.** Planche XII de la suite des *Prisons,* eau-forte. (BNF, Paris.)

P

PIRATES (Côte des), nom français des *Trucial States,* auj. *Émirats arabes unis.

PIRE (Dominique), *Dinant 1910 - Louvain 1969,* dominicain belge. Il se consacra au problème des réfugiés. (Prix Nobel de la paix 1958.)

PIRÉE (Le), v. de Grèce ; 169 622 hab. Port et banlieue industrielle d'Athènes. — Le Pirée devint à l'époque des guerres médiques (Ve s. av. J.-C.) le principal port d'Athènes, à laquelle il était relié par un système défensif, les Longs Murs.

PIRENNE (Henri), *Verviers 1862 - Uccle 1935,* historien belge. Il traça des voies nouvelles pour l'histoire économique et sociale du Moyen Âge. Il a laissé une monumentale *Histoire de la Belgique* (1899 - 1932).

PIRIAC-SUR-MER (44420), comm. de la Loire-Atlantique ; 1 927 hab. Station balnéaire.

PIRITHOOS MYTH. GR. Roi des Lapithes, ami de Thésée. Ses noces avec Hippodamie furent ensanglantées par le combat des Centaures et des Lapithes.

PIRMASENS, v. d'Allemagne (Rhénanie-Palatinat) ; 48 619 hab. Chaussures.

PIRON (Alexis), *Dijon 1689 - Paris 1773,* écrivain français, auteur de la comédie *la Métromanie* (1738) et de monologues pour le théâtre de la Foire.

PIRQUET (Clemens **von**), *Hirschstetten, près de Vienne, 1874 - Vienne 1929,* médecin autrichien. Il a étudié les réactions à la tuberculine et a créé en 1906 le terme d'« allergie ».

PISANELLO (Antonio **Pisano,** dit), *Pise ? av. 1395 - ? v. 1455,* peintre et médailleur italien. Appelé dans toutes les cours d'Italie (Vérone, Venise, Rome, Ferrare, Mantoue), il illustre l'alliance, propre au style gothique international, de la recherche réaliste (dessins d'animaux, portraits) et d'une féerie imaginative (fresque de l'église S. Anastasia, Vérone). Ses médailles ont fait date par leur style large et franc.

PISANO (Andrea et Nino) → **ANDREA PISANO.**

PISANO (Nicola et Giovanni) → **NICOLA PISANO.**

PISCATOR (Erwin), *Ulm 1893 - Starnberg 1966,* metteur en scène et directeur de théâtre allemand. Directeur de la Volksbühne à Berlin (1924 - 1927), il usa d'innovations techniques (scène tournante, projections cinématographiques) pour montrer l'imbrication des problèmes esthétiques, sociaux et politiques. Émigré en URSS (1931), en France (1936), puis aux États-Unis (1939), il revint en Allemagne fédérale en 1951.

PISE, en ital. **Pisa,** v. d'Italie (Toscane), ch.-l. de prov., sur l'Arno ; 98 006 hab. *(Pisans).* Archevêché. Université. — Prestigieuse « place des Miracles », aux monuments décorés d'arcatures carac-

■ **PISE.** La cathédrale (XIe-XIIe s.) et la Tour penchée (XIIe-XIIIe s.).

■ LE SECOND **PITT** par G. Healy. (Château de Versailles.)

téristiques du style pisan : cathédrale romane (XIe-XIIe s.), baptistère roman et gothique (XIIe-XIVe s.), campanile dit « Tour penchée » et Camposanto, cimetière à galeries gothiques décorées de fresques. Autres monuments ; Musée national. – Grande puissance méditerranéenne à partir du XIe s., Pise déclina après la destruction de sa flotte par Gênes en 1284. Elle fut annexée par Florence en 1406. En 1409 s'y tint un concile destiné à mettre fin au grand schisme d'Occident.

P

PISISTRATE, *v. 600 - 527 av. J.-C.*, tyran d'Athènes (560 - 527 av. J.-C.). Continuateur de l'œuvre de Solon, il encouragea le commerce et favorisa le développement de la petite paysannerie. Il donna à Athènes ses premiers grands monuments et développa les grandes fêtes religieuses (Panathénées et Dionysies).

PISON → CALPURNIUS PISON.

PISSARRO (Camille), *Saint-Thomas, Antilles, 1830 - Paris 1903,* peintre de l'école française, l'un des maîtres de l'*impressionnisme. Installé en Île-de-France, il se consacra à des paysages et à des thèmes surtout ruraux. Plusieurs de ses enfants furent également peintres.

PISTOIA, v. d'Italie (Toscane), ch.-l. de prov. ; 87 275 hab. Monuments médiévaux, dont la cathédrale (XIIe-XIIIe s.) et d'autres églises, riches en œuvres d'art ; musée communal.

PITCAIRN, île britannique d'Océanie, au S.-E. de Tahiti.

PITE ÄLV n.m., fl. de Suède, se jetant dans le golfe de Botnie au port de *Piteå* (39 000 hab.) ; 370 km.

PITEȘTI, v. de Roumanie, en bordure des Carpates ; 179 479 hab. Centre industriel.

PITHIVIERS (45300), ch.-l. d'arrond. du Loiret, sur l'Œuf, branche de l'Essonne ; 9 506 hab. *(Pithivériens).* Agroalimentaire. – Église surtout du XVIe s. ; Musée municipal et musée des Transports ferroviaires.

PITOËFF (Georges), *Tiflis 1884 - Genève 1939,* acteur et metteur en scène de théâtre français d'origine russe. Un des fondateurs du *Cartel, il mit en scène et interpréta avec sa femme, Ludmilla (Tiflis 1895 - Rueil 1951), Tchekhov (qu'il fit connaître en France), Ibsen, Anouilh, Pirandello, en fondant son esthétique sur la primauté de l'acteur et sur des décors inventifs.

PITOT (Henri), *Aramon, Languedoc, 1695 - id. 1771,* ingénieur et physicien français. On lui doit de nombreux ouvrages d'art et, en hydraulique, le tube qui permet de mesurer la pression dans un fluide en écoulement.

PITT (William), comte **de Chatham,** dit **le Premier Pitt,** *Londres 1708 - Hayes, Kent, 1778,* homme politique britannique. Député whig à partir de 1735, il devint le leader du nationalisme anglais face aux Bourbons français et espagnols. Premier ministre et ministre de la Guerre (1756) dès le début de la guerre de Sept Ans, il conduisit son pays à la victoire. Démissionnaire en 1761, il fut rappelé au pouvoir de 1766 à 1768.

PITT (William), dit **le Second Pitt,** *Hayes, Kent, 1759 - Putney 1806,* homme politique britannique. Fils du Premier Pitt et Premier ministre (1783 - 1801), il restaura les finances de l'État, fragilisé par la guerre de l'Indépendance américaine. À l'extérieur, il engagea dès 1793 la Grande-Bretagne dans une longue lutte contre la France révolutionnaire. Face au nationalisme irlandais, qui gênait l'effort de guerre, il obtint, par l'Acte d'Union (1800), l'intégration politique de l'Irlande au royaume britannique. Revenu au pouvoir (1804 - 1806), il réorganisa la flotte britannique, qui défit Napoléon Ier à Trafalgar (1805).

PITTI, famille florentine, rivale des Médicis, qui perdit son influence au XVIe s.

Pitti (palais), palais de Florence. Commencé en 1458, c'est auj. un musée riche en tableaux et en objets d'art provenant en partie de la collection des Médicis (qui acquirent le palais et l'agrandirent au XVIe s.) ; jardins de Boboli.

PITTSBURGH, v. des États-Unis (Pennsylvanie), sur l'Ohio ; 369 879 hab. (2 056 705 hab. dans l'agglomération). Centre sidérurgique et métallurgique. – Musées Carnegie et musée Warhol.

PIURA, v. du nord du Pérou ; 186 000 hab.

PIXERÉCOURT (René Charles **Guilbert de**), *Nancy 1773 - id. 1844,* auteur dramatique français, l'un des maîtres du mélodrame (*Victor ou l'Enfant de la forêt,* 1798).

PIZARRO (Francisco), en fr. François **Pizarre,** *Trujillo v. 1475 - Lima 1541,* conquistador espagnol. Avec l'aide de ses frères Gonzalo (Trujillo v. 1502 - près de Cuzco 1548) et Hernando (Trujillo v. 1478 ? - id. 1578), il conquit l'empire des Incas. Il s'empara de Cuzco et fit mettre à mort Atahualpa (1533). Mais le désaccord éclata entre les conquérants et Pizarro fut tué par les partisans de son rival Almagro.

PLA (Josep), *Palafrugell 1897 - Llofrin, Gérone, 1981,* journaliste et écrivain espagnol d'expression catalane, auteur de récits autobiographiques *(le Cahier gris).*

PLABENNEC (29860), ch.-l. de cant. du Finistère ; 7 359 hab. Chapelles et manoirs anciens.

Placards (affaire des), affaire provoquée en France par l'affichage dans plusieurs grandes villes de tracts, ou *placards,* violemment anticatholiques (17 - 18 oct. 1534) et qui entraîna une sévère répression de François Ier contre les protestants.

PLAGNE (La) [73210 Macôt la Plagne], station de sports d'hiver (alt. 1 250 - 3 250 m) de Savoie (comm. de Macôt-la-Plagne), dans la Tarentaise.

PLAISANCE, en ital. **Piacenza,** v. d'Italie (Émilie-Romagne), ch.-l. de prov., près du Pô ; 102 252 hab. Anc. palais communal gothique ; cathédrale romane et gothique, et autres monuments. Musées, dont celui installé dans le palais Farnèse, du XVIe s. – En 1545, Plaisance constitua, avec Parme, un duché qui disparut au XIXe s.

PLAISANCE-DU-TOUCH (31830), comm. de la Haute-Garonne ; 14 319 hab. Bastide du XIIIe s.

PLAISIR (78370), ch.-l. de cant. des Yvelines ; 31 342 hab. Château de la fin du XVIe s.

PLAMONDON (Luc), *Saint-Raymond-de-Portneuf, Québec, 1942,* parolier canadien. Auteur de comédies musicales à succès *(Starmania, la Légende de Jimmy, Notre-Dame de Paris),* il a écrit au total plus de 400 chansons pour de nombreux artistes canadiens et français.

PLAN CARPIN (Jean **Du**), en ital. Giovanni **da Pian del Carpine,** *Pian del Carpine, Ombrie, v. 1182 - Antivari, Monténégro, 1252,* franciscain italien. Légat d'Innocent IV auprès du khan des Mongols (1245 - 1246), il est l'auteur de la plus ancienne description historico-géographique de l'Asie centrale.

PLANCHE (Gustave), *Paris 1808 - id. 1857,* critique littéraire français. Il combattit le romantisme dans *la Revue des Deux Mondes.*

PLANCHON (Roger), *Saint-Chamond 1931,* metteur en scène et auteur dramatique français. Directeur, de 1972 à 2001, du Théâtre national populaire, il a réinterprété, dans une perspective politique et sociale, le répertoire classique (*George Dandin* et *Tartuffe,* de Molière).

PLANCK (Max), *Kiel 1858 - Göttingen 1947,* physicien allemand. Il étudia les conditions d'équilibre thermique du rayonnement électromagnétique (rayonnement du « corps noir »), problème insoluble dans le cadre de la mécanique statistique classique, et émit l'hypothèse selon laquelle les échanges d'énergie s'effectuent de façon discontinue, par « grains » d'énergie. Cette hypothèse, présentée en 1900, est la première base de la théorie quantique. La constante h, dite *constante de Planck,* a pour valeur $6{,}626 \times 10^{-34}$ joule-seconde. (Prix Nobel 1918.)

PLANCOËT (22130), ch.-l. de cant. des Côtes-d'Armor ; 2 645 hab. Eaux minérales.

PLANIOL (Marcel), *Nantes 1853 - Paris 1931,* juriste français. Il est l'auteur d'un *Traité élémentaire de droit civil* (1899 - 1901).

PLANS DE PROVENCE, plateaux calcaires du sud-est de la France, au S. du moyen Verdon.

PLANTAGENÊT, branche de la maison d'Anjou qui a régné sur l'Angleterre de 1154 à 1485, et qui doit son nom au comte d'Anjou Geoffroi V, surnommé « Plantagenêt », dont le fils Henri II devint roi d'Angleterre (1154). L'histoire des Plantagenêts, maîtres d'une partie importante de l'Ouest français, fut d'abord dominée par le conflit entre France et Angleterre, puis, au XVe s., par la rivalité entre les branches collatérales des Lancastres et des Yorks (guerre des Deux-Roses). Ce conflit aboutit, en 1485, à l'élimination des Plantagenêts par les Tudors.

PLANTAUREL n.m., chaînon en avant des Pyrénées françaises (Ariège) ; 830 m.

PLANTIN (Christophe), *Saint-Avertin, près de Tours, v. 1520 - Anvers 1589,* imprimeur anversois d'origine française. Il édita de 1569 à 1572 la célèbre *Biblia Regia* (ou *Biblia Poliglotta*).

PLANTU (Jean **Plantureux,** dit), *Paris 1951,* dessinateur satirique français. Entré au journal *le Monde* en 1972, il y est publié à la une depuis 1985.

PLANUDE (Maximos), *Nicomédie v. 1260 - Constantinople 1310,* érudit byzantin, compilateur d'une *Anthologie grecque.*

PLASKETT (John Stanley), *Woodstock, Ontario, 1865 - Esquimalt, Colombie-Britannique, 1941,* astronome canadien. Par ses travaux de spectroscopie, il a mis en évidence la rotation de la Galaxie, localisé le centre galactique et étudié la distribution de la matière interstellaire.

PLATA (La), v. d'Argentine, ch.-l. de la prov. de Buenos Aires, près du *Río de la Plata ;* 542 567 hab. Centre industriel et culturel.

PLATA (Río de la), estuaire d'Amérique du Sud, sur l'Atlantique, formé par les fleuves Paraná et Uruguay. Le Río de la Plata sépare l'Uruguay et l'Argentine. Buenos Aires et Montevideo sont établies sur ses rives.

PLATEAU ou **MITTELLAND** ou **MOYEN-PAYS,** région de Suisse, entre le Jura et les Alpes, partie vitale du pays, du lac Léman au lac de Constance.

PLATEAU (Joseph), *Bruxelles 1801 - Gand 1883,* physicien belge. Il inventa le phénakistiscope (1832), étudia les phénomènes capillaires présentés par les lames minces liquides (1861) ainsi que les surfaces d'aire minimale.

Platées (bataille de) [479 av. J.-C.], bataille de la seconde guerre médique. Victoire des armées confédérées grecques commandées par le Spartiate Pausanias sur les Perses de Mardonios, à Platées (Béotie).

PLATINI (Michel), *Joeuf, Meurthe-et-Moselle, 1955,* footballeur français. Stratège et buteur, il a été notamment champion d'Europe en 1984.

PLATON, *Athènes v. 427 - id. 348/347 av. J.-C.,* philosophe grec. D'origine aristocratique, disciple de Socrate, il voulut jouer un rôle politique. Il voyagea en Égypte, en Sicile, revint à Athènes, où il fonda v. 387 une école, l'*Académie,* puis tenta vainement de conseiller le tyran Denys de Syracuse. Il a écrit une trentaine de dialogues *(Banquet, Phédon, République, Phèdre, Parménide, Sophiste, Timée, Lois,* etc.) où, le plus souvent, c'est Socrate qui, à force de questionnement, pousse disciples et adversaires à admettre les contradictions du faux savoir, du sensible et des apparences. Place est ainsi faite à la démarche dialectique de remontée vers les Idées (du Bien, du Vrai, du Beau, etc.), archétypes intelligibles auxquels l'accès, durant cette vie, est limité, si bien que la connaissance doit sur de nombreux points s'effacer devant le mythe et l'hypothèse. Platon tranche donc pour l'immortalité de l'âme ; sur le plan de l'action, il conçoit une organisation de la cité selon un ordre accessible aux seuls philosophes. L'œuvre de Platon a exercé une influence durable, alimentant, dans les pensées chrétienne, islamique et au-delà, les courants les plus épris d'idéal et de transcendance.

■ MAX **PLANCK**

■ EDGAR **POE** par Lefort. (BNF, Paris.)

PLATONOV (Andreï Platonovitch **Klimentov,** dit), *Voronej 1899 - Moscou 1951,* écrivain soviétique. Ses récits philosophiques furent écrits en marge du réalisme socialiste *(les Écluses d'Épiphane).*

PLAUEN, v. d'Allemagne (Saxe) ; 69 509 hab. Centre industriel. — Monuments anciens, restaurés.

PLAUTE, en lat. Maccius ou Maccus **Plautus,** *Sarsina, Ombrie, 254 - Rome 184 av. J.-C.,* poète comique latin. Des cent trente pièces que les Anciens lui attribuaient, Varron n'en reconnaissait que vingt et une comme authentiques. Les plus connues d'entre elles sont : *Amphitryon, Aulularia* (qui inspira Molière pour *l'Avare*), *les Ménechmes, le Soldat fanfaron.* Plaute en emprunte les sujets aux auteurs grecs de la comédie nouvelle (Ménandre). Ses personnages annoncent déjà les types de la commedia dell'arte.

PLD ⟶ **libéral-démocrate** (Parti).

PLEAUX [plo] (15700), ch.-l. de cant. du Cantal ; 1 855 hab. Maisons anciennes.

Pléiade (la), nom donné, dans l'histoire littéraire, à plusieurs groupes de sept poètes, en référence aux sept filles d'Atlas. La Pléiade la plus célèbre est celle qui aurait réuni en France sous Henri II, autour de Ronsard et de Du Bellay, Rémi Belleau, Jodelle, Baïf, Pontus de Tyard, J. Peletier du Mans, remplacé à sa mort par Dorat. Prenant pour modèle le lyrisme antique, ouverte à toutes les recherches de l'humanisme, elle a profondément renouvelé la poésie française *(*Défense et illustration de la langue française).*

PLÉIADES MYTH. GR. Nom des sept filles d'Atlas, que Zeus métamorphosa en étoiles pour les soustraire aux poursuites d'Orion.

PLEKHANOV (Gueorgui Valentinovitch), *Goudalovka 1856 - Terijoki 1918,* théoricien politique russe. Il fut le principal divulgateur des idées marxistes en Russie, et rallia en 1903 les mencheviques.

PLÉLAN-LE-GRAND (35380), ch.-l. de cant. d'Ille-et-Vilaine ; 2 996 hab.

PLÉNEUF-VAL-ANDRÉ (22370), ch.-l. de cant. des Côtes-d'Armor ; 3 771 hab. Station balnéaire au *Val-André.* — Château de Bien-Assis (XVIIe s.).

PLÉRIN (22190), ch.-l. de cant. des Côtes-d'Armor ; 12 988 hab.

Plesetsk ou **Plessetsk,** base russe de lancement d'engins spatiaux, surtout militaires, au sud d'Arkhangelsk, appelée aussi le « cosmodrome du Nord ».

PLESSIS (Joseph Octave), *Montréal 1763 - Québec 1825,* prélat canadien. Il fut le premier archevêque de Québec.

PLESSIS-ROBINSON (Le) [92350], ch.-l. de cant. des Hauts-de-Seine ; 21 759 hab.

PLESSIS-TRÉVISE (Le) [94420], comm. du Val-de-Marne ; 16 731 hab.

PLESTIN-LES-GRÈVES (22310), ch.-l. de cant. des Côtes-d'Armor, sur la Manche ; 3 621 hab. Église du XVIe s.

PLEUMEUR-BODOU (22560), comm. des Côtes-d'Armor ; 3 941 hab. Centre de télécommunications spatiales.

PLEURTUIT (35730), comm. d'Ille-et-Vilaine ; 4 642 hab. Aéroport de Dinard.

PLEVEN, v. du nord de la Bulgarie ; 136 000 hab.

PLEVEN (René), *Rennes 1901 - Paris 1993,* homme politique français. L'un des fondateurs de l'UDSR (Union démocratique et socialiste de la Résistance), il fut plusieurs fois ministre et deux fois président du Conseil (1950 - 1951 et 1951 - 1952) sous la IVe République.

PLEYBEN (29190), ch.-l. de cant. du Finistère ; 3 821 hab. Agroalimentaire. — Bel enclos paroissial avec église du XVIe s., calvaire des XVIe-XVIIe s.

PLEYEL (Ignaz), *Ruppersthal, Basse-Autriche, 1757 - Paris 1831,* compositeur, éditeur et facteur de pianos autrichien. Élève de Haydn, il publia la première collection complète de ses quatuors et fonda en 1807 une fabrique de pianos à Paris. Il composa des symphonies, des concertos et de la musique de chambre.

PLINE l'Ancien, en lat. **Caius Plinius Secundus,** *Côme 23 - Stabies 79,* naturaliste et écrivain latin. Il était amiral de la flotte de Misène quand survint, en 79, l'éruption du Vésuve, au cours de laquelle il périt. Il est l'auteur d'une *Histoire naturelle,* vaste compilation scientifique en 37 livres. — **Pline le Jeune,** en lat. **Caius Plinius Caecilius Secundus,** *Côme 61 ou 62 - v. 114,* écrivain latin, neveu de Pline l'Ancien. Brillant orateur, consul (100), il est l'auteur d'un *Panégyrique de Trajan* et de *Lettres* qui sont un précieux document sur la société de son temps.

PLISNIER (Charles), *Ghlin 1896 - Bruxelles 1952,* écrivain belge de langue française. Ses récits *(Faux Passeports, Meurtres)* et ses poèmes exaltent la révolte humaine.

PLISSETSKAÏA (Maïa Mikhaïlovna), *Moscou 1925,* danseuse russe. Elle débute au Ballet du Bolchoï une carrière internationale, interprétant les plus grands rôles du répertoire *(la Mort du cygne, le Lac des cygnes, Carmen-Suite),* et signe sa première chorégraphie *(Anna Karénine)* en 1972.

PŁOCK, v. de Pologne, sur la Vistule ; 125 300 hab. Raffinerie de pétrole. Pétrochimie. — Cathédrale remontant au XIIe s.

PLOEMEUR [plɔemœr] (56270), ch.-l. de cant. du Morbihan ; 19 169 hab.

PLOËRMEL [plɔɛrmɛl] (56800), ch.-l. de cant. du Morbihan ; 8 055 hab. Église gothique et Renaissance.

PLŒUC-SUR-LIÉ [plœk-] (22150), ch.-l. de cant. des Côtes-d'Armor ; 2 996 hab.

PLOIEŞTI ou **PLOEŞTI,** v. de Roumanie, au N. de Bucarest ; 252 073 hab. Centre pétrolier et industriel. — Musées.

PLOMB DU CANTAL n.m., point culminant du massif du Cantal ; 1 855 m.

PLOMBIÈRES-LES-BAINS (88370), ch.-l. de cant. des Vosges ; 1 941 hab. Station thermale (maladies de l'appareil digestif). — Napoléon III y rencontra Cavour (1858) pour fixer les conditions du soutien de la France au royaume de Sardaigne contre l'Autriche, dans sa lutte pour réaliser l'unité italienne.

Plombs (les), prisons de Venise, sous les combles du palais ducal (recouverts de lames de plomb).

PLOTIN, *Lycopolis, auj. Assiout, Égypte, v. 205 - en Campanie 270,* philosophe grec. Disciple d'Ammonios Saccas, fondateur d'une école à Rome, il est la figure majeure du *néoplatonisme. Ses œuvres furent publiées par son disciple Porphyre sous le titre d'*Ennéades.*

PLOUAGAT (22170), ch.-l. de cant. des Côtes-d'Armor ; 2 262 hab.

PLOUARET (22420), ch.-l. de cant. des Côtes-d'Armor ; 2 160 hab. Église gothique du XVIe s.

PLOUAY (56240), ch.-l. de cant. du Morbihan ; 4 941 hab.

PLOUBALAY (22650), ch.-l. de cant. des Côtes-d'Armor ; 2 452 hab.

PLOUDALMÉZEAU (29830), ch.-l. de cant. du Finistère ; 5 087 hab.

PLOUESCAT (29430), ch.-l. de cant. du Finistère ; 3 775 hab.

PLOUFRAGAN (22440), ch.-l. de cant. des Côtes-d'Armor ; 11 041 hab. Technopôle agroalimentaire. Institut supérieur des technologies automobiles (ISTA).

PLOUGASTEL-DAOULAS (29470), comm. du Finistère, sur une presqu'île de la rade de Brest ; 12 471 hab. *(Plougastels).* Fraises. — Calvaire du début du XVIIe s.

PLOUHA (22580), ch.-l. de cant. des Côtes-d'Armor ; 4 477 hab. Aux environs, chapelle de Kermaria (peintures murales du XVe s., dont une *Danse macabre*).

PLOUIGNEAU (29610), ch.-l. de cant. du Finistère ; 4 352 hab.

PLOUMANAC'H [-nak] (22700 Perros Guirec), station balnéaire des Côtes-d'Armor (comm. de Perros-Guirec).

PLOUTOS ou **PLUTUS** MYTH. GR. Dieu des Richesses.

PLOUZANÉ (29280), comm. du Finistère ; 12 265 hab. Centre océanologique de Bretagne.

PLOVDIV, anc. **Philippopolis,** v. de Bulgarie, sur la Marica ; 379 083 hab. Centre agricole et industriel. Foire internationale. — Pittoresque vieille ville ; musées archéologique et ethnographique.

PLÜCKER (Julius), *Elberfeld, auj. dans Wuppertal, 1801 - Bonn 1868,* mathématicien et physicien allemand. Il proposa une approche algébrique de la géométrie projective. À partir de 1847, il se consacra à la physique.

PLUTARQUE, *Chéronée v. 50 - id. v. 125,* écrivain grec. Il voyagea en Égypte, séjourna plusieurs fois à Rome et fut prêtre d'Apollon à Delphes. Il écrivit un grand nombre de traités, que l'on divise, depuis l'Antiquité, en deux groupes : les *Œuvres morales* et les **Vies parallèles,* rendues populaires par la traduction d'Amyot. Son œuvre eut une grande influence, de Montaigne à Rousseau et à la Révolution française.

PLUTON (« le Riche »), épithète rituelle du dieu grec des Enfers, Hadès.

PLUTON, planète du système solaire, située au-delà de Neptune, découverte en 1930 par l'Américain C. Tombaugh. Demi-grand axe de son orbite : 5 900 000 000 km (39,44 fois celui de l'orbite terrestre). Diamètre : 2 200 km environ. C'est la plus petite des neuf planètes principales du système solaire. On lui connaît un satellite.

PLUVIGNER (56330), ch.-l. de cant. du Morbihan ; 5 523 hab. Église et chapelles anciennes.

PLYMOUTH, v. de Grande-Bretagne (Angleterre), dans le Devon ; 238 800 hab. Port. Base militaire. Centre industriel.

PLZEŇ, en all. **Pilsen,** v. de la République tchèque, en Bohême ; 173 129 hab. Brasserie. Métallurgie. — Églises de l'époque gothique au baroque, hôtel de ville Renaissance ; musées.

PNUD (Programme des Nations unies pour le développement), organisme créé en 1966 au sein de l'ONU et chargé de l'aide aux pays en voie de développement.

PNYX n.f., colline à l'ouest d'Athènes, où se tenait l'assemblée des citoyens (l'ecclésia).

PÔ n.m., principal fl. d'Italie, né dans les Alpes au mont Viso et qui se jette dans l'Adriatique par un vaste delta ; 652 km. Il draine la *plaine du Pô.*

PÔ (plaine du), vaste région déprimée de l'Italie du Nord, entre les Alpes et l'Apennin. Elle correspond à la majeure partie du bassin hydrographique du Pô.

POBEDONOSTSEV (Konstantine Petrovitch), *Moscou 1827 - Saint-Pétersbourg 1907,* homme d'État russe. Précepteur du futur Alexandre III à partir de 1865, il exerça une forte influence sur l'empereur, en l'incitant à renforcer le régime autocratique. Il fut haut procureur du Saint-Synode (1880 - 1905).

POBEDY ou **POBIEDY** (pic), sommet du Tian Shan, à la frontière de la Chine et du Kirghizistan ; 7 439 m.

Poblet (monastère Santa María de), monastère cistercien d'Espagne (prov. de Tarragone), bel ensemble roman et gothique des XIIe-XVe s.

PODENSAC (33720), ch.-l. de cant. de la Gironde ; 2 298 hab. Vins.

PODGORICA, anc. **Titograd,** v. de Yougoslavie, cap. du Monténégro ; 135 000 hab. Centre industriel.

PODGORNYÏ (Nikolaï Viktorovitch), *Karlovka, Ukraine, 1903 - Moscou 1983,* homme politique soviétique. Il fut président du Praesidium du Soviet suprême de 1965 à 1977.

PODOLIE n.f., région de l'ouest de l'Ukraine, bordée au S. par le Dniestr.

PODOLSK, v. de Russie, au S. de Moscou ; 210 000 hab.

POE (Edgar Allan), *Boston 1809 - Baltimore 1849,* écrivain américain. Poète (*le Corbeau,* 1845), il donna dans ses nouvelles et ses récits, qui déploient un monde fantastique et morbide (*les Aventures d'Arthur Gordon Pym,* 1838), le modèle de construction que reprendra le roman policier à énigme (*Histoires extraordinaires,* 1840 - 1845). Longtemps méconnue par ses compatriotes, son œuvre, révélée en France par les traductions de Baudelaire, influença Mallarmé et Valéry.

POGGE (Gian Francesco Poggio **Bracciolini,** dit en fr. **le**), *Terranuova, Florence, 1380 - Florence 1459,* humaniste italien. Il découvrit de nombreux manuscrits d'œuvres de l'Antiquité romaine et composa un recueil d'anecdotes, les *Facéties.*

POHANG, v. de Corée du Sud ; 319 000 hab. Port.

POHER (Alain), *Ablon-sur-Seine 1909 - Paris 1996,* homme politique français. Centriste, président du Sénat (1968 - 1992), il fut président de la République par intérim après la démission du général de Gaulle (avr.-juin 1969) et après la mort de G. Pompidou (avr.-mai 1974). Il fut aussi président du Parlement européen (1966 - 1969).

POINCARÉ (Henri), *Nancy 1854 - Paris 1912,* mathématicien français. Auteur de très nombreuses publications, il fut l'un des savants les plus célèbres de son temps. Il étudia notamm. les fonctions des variables complexes, la topologie et, plus partic., la topologie algébrique, les équations différentielles et celles aux dérivées partielles, la physique mathématique et la mécanique céleste. Certains de ses travaux apparaissent comme précurseurs des recherches sur le chaos. Il s'est aussi intéressé aux fondements des mathématiques, défendant un point de vue intuitionniste, et a consacré ses derniers livres à la philosophie des sciences. (Acad. fr.)

POINCARÉ (Raymond), *Bar-le-Duc 1860 - Paris 1934,* avocat et homme politique français. Cousin d'Henri Poincaré, il est député de la Meuse dès 1887 et assume, de 1893 à 1906, différents postes ministériels. À la tête d'un cabinet d'union nationale (1912 - 1913), il se réserve les Affaires étrangères et adopte une politique de fermeté à l'égard de l'Allemagne. Président de la République de 1913 à 1920, il est président du Conseil et ministre des Affaires étrangères de 1922 à 1924, fait occuper la Ruhr, mais s'incline devant le plan Dawes. De nouveau au pouvoir (1926 - 1929) après l'échec financier du Cartel des gauches, il doit dévaluer le franc (25 juin 1928). [Acad. fr.]

■ HENRI **POINCARÉ**

■ RAYMOND **POINCARÉ**

Point (le), hebdomadaire français créé en 1972.

POINT (Fernand), *Louhans 1897 - Vienne, Isère, 1955,* cuisinier français. Son restaurant « La Pyramide », à Vienne, a été le creuset de la nouvelle école culinaire française de l'après-guerre.

POINTE-À-PITRE (97110), ch.-l. d'arrond. de la Guadeloupe, dans l'île de Grande-Terre ; 21 080 hab. *(Pointois).* Principal débouché maritime de la Guadeloupe. Aéroport. — Musées Schœlcher et Saint-John-Perse.

POINTE-CLAIRE, v. du Canada (Québec), dans l'île de Montréal ; 28 014 hab. *(Pointe-Clairais).*

POINTE-NOIRE, v. du Congo ; 388 000 hab. Port et centre économique du Congo. Tête de ligne du chemin de fer Congo-Océan.

POIRÉ-SUR-VIE (Le) [85170], ch.-l. de cant. de la Vendée ; 5 965 hab. *(Genots).*

POIRET (Paul), *Paris 1879 - id. 1944,* couturier et décorateur français. Formé chez Doucet et Worth, inspiré par un Orient fabuleux, il fut le premier à libérer la silhouette féminine de l'étranglement du corset.

Poirot (Hercule), personnage de certains romans policiers de A. Christie (*la Mystérieuse Affaire de Styles,* 1920). Sous des dehors souvent ridicules, ce détective cache une intelligence redoutable.

POISEUILLE (Jean-Louis), *Paris 1799 - id. 1869,* physicien français. Il a donné les lois de l'écoulement laminaire des fluides visqueux (1844).

Poisons (affaire des) [1679 - 1682], série de crimes d'empoisonnement, à Paris, dans lesquels furent impliqués des membres de la cour de Louis XIV. Révélée à la suite du procès de la marquise de Brinvilliers (1676), cette affaire nécessita la création d'une Chambre ardente qui jugea notamment la Voisin.

POISSON (Siméon Denis), *Pithiviers 1781 - Paris 1840,* mathématicien français. L'un des créateurs de la physique mathématique, il appliqua l'analyse à la mécanique céleste, à la théorie de la chaleur, à l'électricité, à la lumière, au magnétisme, à l'élasticité et au calcul des probabilités.

POISSONS, constellation zodiacale. — **Poissons,** douzième signe du zodiaque, que le Soleil quitte à l'équinoxe de printemps.

POISSY (78300), ch.-l. de cant. des Yvelines, sur la Seine ; 36 101 hab. *(Pisciacais).* Construction automobile. — Collégiale des XIIe-XVIe s. ; villa Savoye de Le Corbusier (1929) ; musée d'Histoire et d'Art et musée du Jouet.

Poissy (colloque de) [sept.-oct. 1561], assemblée de théologiens qui se tint à Poissy, sous la présidence de Catherine de Médicis et de Michel de L'Hospital, en vue d'un rapprochement entre catholiques et calvinistes. Ce colloque échoua.

POITIERS (86000), ch.-l. de la Région Poitou-Charentes et du dép. de la Vienne, sur un promontoire dominant le Clain, à 329 km au S.-O. de Paris ; 87 012 hab. *(Poitevins)* [plus de 120 000 hab. dans l'agglomération]. Évêché. Cour d'appel. Académie et université. Constructions électroniques et électriques. Pneumatiques. À 8 km au N. de Poitiers, Futuroscope. — Baptistère St-Jean, des IVe et VIIe s. ; remarquables églises romanes, dont St-Hilaire et N.-D.-la-Grande ; cathédrale gothique (XIIe-XIIIe s.) à trois vaisseaux presque d'égale hauteur ; grande salle du palais des Comtes (XIIIe s., embellie pour Jean de Berry). Musée Sainte-Croix. — Anc. capitale des Pictaves, Poitiers devint très vite l'un des grands foyers religieux de la Gaule. La victoire que Charles Martel y remporta sur les Arabes en 732 brisa l'offensive musulmane en Occident. Près de Poitiers, à Maupertuis, le Prince Noir vainquit Jean le Bon et le fit prisonnier (1356).

POITOU n.m., anc. province française qui correspond aux départements actuels de Vendée, Deux-Sèvres et Vienne (cap. *Poitiers*). Duché à partir du IXe s., le Poitou passa à l'Angleterre lors du mariage d'Aliénor d'Aquitaine avec Henri II Plantagenêt (1152). Repris une première fois par Philippe Auguste (1204), il fut annexé à la France par Charles V (1369 - 1373).

POITOU n.m., région géographique de l'ouest de la France, aux confins de la Vienne et des Deux-Sèvres. Beaucoup moins étendu que la province historique, c'est un seuil entre les Bassins parisien et aquitain, le Massif armoricain et le Massif central.

POITOU-CHARENTES n.m., Région administrative de France ; 25 810 km² ; 1 640 068 hab. ; ch.-l. *Poitiers ;* 4 dép. (Charente, Charente-Maritime, Deux-Sèvres et Vienne). De taille moyenne, la Région est peu peuplée et encore souvent rurale. L'agriculture occupe un peu plus de 10 % des actifs, juxtaposant céréales, vigne (cognac) et élevage. Le littoral (avec La Rochelle) est animé par la pêche, l'ostréiculture et le tourisme estival. L'industrie est dominée par les constructions mécaniques et électriques, l'agroalimentaire.

POIX-DE-PICARDIE (80290), ch.-l. de cant. de la Somme ; 2 325 hab. Église gothique de 1540.

POKROVSK, de 1931 à 1991 **Engels,** v. de Russie, sur la Volga ; 182 000 hab.

Poitou-Charentes

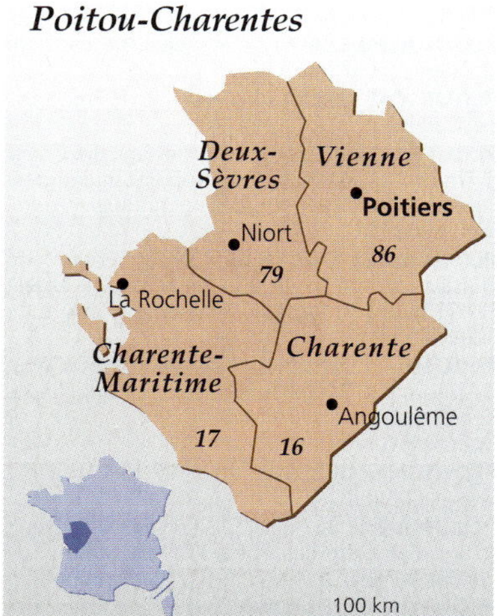

POLA → PULA.

POLABÍ, plaine de la République tchèque, en Bohême, de part et d'autre du Labe (Elbe). C'est une région agricole et industrielle.

POLAIRE (étoile) ou **LA POLAIRE,** nom usuel donné à l'étoile la plus brillante de la constellation de la Petite Ourse, en raison de sa proximité du pôle céleste Nord.

POLAIRES (régions), régions proches des pôles. On les limite traditionnellement par les cercles polaires ou l'isotherme de 10 °C pour le mois le plus chaud. La plus grande partie est occupée par la mer dans l'Arctique et par la terre dans l'Antarctique. Les régions polaires ont été l'objet de nombreuses expéditions, entreprises surtout à des fins de découverte et de recherche scientifique, mais aussi, plus tard, avec des préoccupations d'ordre stratégique. — Parmi les principales expéditions vers le pôle Nord, il faut citer celles de Parry (1827), de Nordenskjöld (1879), de Nansen (1893 - 1896), de Peary (qui atteignit le pôle en 1909), et, vers le pôle Sud, celles de Dumont d'Urville (1840), de R. F. Scott (1902), de Shackleton (1909), d'Amundsen (qui atteignit le pôle en 1911, précédant Scott d'un mois).

POLANSKI (Roman), *Paris 1933,* cinéaste polonais naturalisé français. Il débuta en Pologne avant d'entreprendre une carrière internationale, développant un univers à la fois ironique et inquiétant : *Répulsion* (1965), *le Bal des vampires* (1967), *Rosemary's Baby* (1968), *Chinatown* (1974), *Tess* (1979), *Frantic* (1988), *la Jeune Fille et la mort* (1995), *la Neuvième Porte* (1999).

POLANYI (John Charles), *Berlin 1929,* chimiste canadien d'origine hongroise. Ses travaux portent sur la chimioluminescence, dont l'analyse spectroscopique permet notamm. de comprendre les échanges d'énergie lors des réactions chimiques. (Prix Nobel 1986.)

POLANYI (Karl), *Vienne 1886 - Pickering, Ontario, 1964,* économiste britannique d'origine hongroise. Ses recherches ont porté, notamm., sur les systèmes économiques précapitalistes. Il a prôné une économie planifiée, inspirée par un humanisme socialiste.

POLE (Reginald), *Stourton Castle 1500 - Lambeth 1558,* prélat catholique anglais. Cardinal (1536), il présida, en 1545, le concile de Trente ; archevêque de Canterbury (1556), il joua un rôle important dans la Réforme catholique.

POLÉSIE n.f., région de Biélorussie et d'Ukraine, traversée par le Pripiat.

POLIAKOFF (Serge), *Moscou 1900 - Paris 1969,* peintre français d'origine russe. Installé à Paris en 1923, musicien converti à la peinture, il parvient vers 1950 à la maturité avec une abstraction chromatique à mi-chemin entre géométrie et informel.

POLIAKOV (Valeri Vladimirovitch), *Toula 1942,* médecin et cosmonaute russe. Il est, depuis mars 1995, le cosmonaute ayant effectué le plus long vol spatial (437 j 17 h 58 min).

Police nationale, nom donné, en France, à l'ensemble des services de police de l'État placés sous l'autorité du ministre de l'Intérieur (Police judiciaire, Renseignements généraux, Direction de la surveillance du territoire, etc.).

Polichinelle, personnage comique des théâtres de marionnettes. Le Polichinelle français est doté de deux bosses, l'une devant, l'autre derrière, ainsi que d'un nez crochu.

POLIDORO da Caravaggio (Polidoro **Caldara,** dit), *Caravaggio, prov. de Bergame, v. 1490/1500 - Messine 1546 ?,* peintre italien. De tendance expressionniste, il est l'auteur de décors (notamm. en grisaille, pour des façades de palais romains) et de tableaux d'église.

POLIERI (Jacques), *Toulouse 1928,* metteur en scène, scénographe et théoricien français. On lui doit des mises en scène d'avant-garde et l'édification de lieux scéniques ou de lieux de communication de conception révolutionnaire.

POLIGNAC (Jules Auguste Armand, prince **de**), *Versailles 1780 - Paris 1847,* homme politique français. Élevé parmi les émigrés, il participa au complot de Cadoudal (1804). Pair de France (1814), membre du groupe des ultras, il fut ambassadeur à Londres (1823 - 1829). Président du Conseil en 1829, il fit entreprendre l'expédition d'Algérie et rédigea, le 25 juill. 1830, les ordonnances qui amenèrent la révolution de

Juillet. Condamné à la prison perpétuelle et à la déchéance civique par la Chambre des pairs, il fut amnistié en 1836.

POLIGNY (39800), ch.-l. de cant. du Jura ; 5 088 hab. Collégiale du xve s. (statues de l'école bourguignonne) et autres monuments.

Polisario (Front pour la libération de la Saguía El-Hamra et du Río de Oro), mouvement armé, constitué en mai 1973, pour la création d'un État sahraoui indépendant dans l'ancien Sahara espagnol (Sahara occidental), auj. administré par le Maroc.

Politburo, bureau politique du Comité central du Parti communiste de la Russie (créé en 1917), puis de l'URSS.

POLITIEN (Angelo **Ambrogini**, dit **il Poliziano**, appelé en fr. Ange), *Montepulciano 1454 - Florence 1494,* humaniste et poète italien. Philologue, auteur de poèmes, en grec, en latin et en italien, il écrivit des *Stances pour le tournoi* (1478) et une *Fable d'Orphée* (1480), qui inspira Monteverdi (*Orfeo,* 1607).

POLÍTIS (Nikólaos), *Corfou 1872 - Cannes 1942,* juriste et diplomate grec. Ministre des Affaires étrangères de Grèce (1917 - 1920), il fut président de la SDN en 1932 et président de l'Institut de droit international de 1937 à sa mort.

POLK (James Knox), *comté de Mecklenburg, Caroline du Nord, 1795 - Nashville, Tennessee, 1849,* homme politique américain. Président démocrate des États-Unis (1845 - 1849), il réalisa le rattachement du Texas à l'Union (1845), provoquant la guerre contre le Mexique (1846 - 1848).

POLLACK (Sydney), *Lafayette, Indiana, 1934,* cinéaste américain. Ses films perpétuent un cinéma humaniste et nostalgique : *Propriété interdite* (1966), *On achève bien les chevaux* (1969), *Jeremiah Johnson* (1972), *les Trois Jours du Condor* (1975), *Tootsie* (1982), *Out of Africa* (1985), *la Firme* (1993).

POLLAIOLO (Antonio **Benci**, dit Antonio **del**), *Florence v. 1432 - Rome 1498,* peintre, sculpteur et orfèvre italien. Il se montre attaché aux recherches de mouvement et de précision anatomique, en peinture *(Travaux d'Hercule),* en sculpture (petits bronzes ; tombeaux de Sixte IV et d'Innocent VIII à St-Pierre de Rome) et en gravure. Son frère **Piero** (v. 1443 - 1496) collabora avec lui.

POLLENSA, v. d'Espagne (Baléares), dans l'île de Majorque ; 11 334 hab. Port. Station balnéaire.

POLLINI (Maurizio), *Milan 1942,* pianiste italien. Il s'est illustré par un jeu dépouillé, d'une rare exigence, mis au service d'un répertoire exceptionnellement large, de Bach puis Beethoven à la musique du xxe s. (Schoenberg, Bartók, Prokofiev) et contemporaine (Boulez, Nono).

POLLOCK (Jackson), *Cody, Wyoming, 1912 - Springs, Long Island, 1956,* peintre américain. Influencé par les muralistes mexicains, par Picasso, par la culture amérindienne, puis (v. 1942, à New York) par l'automatisme surréaliste, il aboutit vers 1947 à une peinture gestuelle *(action painting)* représentative de l'expressionnisme abstrait et marquée par la pratique du *dripping* (projection de couleur sur la toile posée au sol).

POLLUX, frère de *Castor.

POLNAREFF (Michel), *Paris 1944,* chanteur français. Il mène une carrière appuyée sur sa voix aiguë et son talent de compositeur *(Je suis un homme ; Tous les bateaux, tous les oiseaux).*

■ JACKSON **POLLOCK** réalisant une de ses œuvres en dripping (1952).

POLO (Marco), *Venise 1254 - id. 1324,* voyageur vénitien. Accompagnant son père et son oncle, négociants à Venise, il prit dès 1271 la route de Pékin à travers l'Asie centrale et arriva en 1275 à Shangdu, résidence de l'empereur Kubilay Khan. Celui-ci lui ayant confié diverses missions, il parcourut le pays pendant seize ans. Rentré à Venise (1295), il fit le récit de son voyage dans le *Livre des merveilles du monde,* ou *Il Milione,* extraordinaire description de la Chine mongole.

POLOGNE n.f., en polon. **Polska,** État d'Europe orientale, sur la Baltique ; 313 000 km^{2} ; 38 600 000 hab. *(Polonais).* CAP. *Varsovie.* V. PRINC. *Łódź, Cracovie, Wrocław, Poznań* et *Szczecin.* LANGUE : *polonais.* MONNAIE : *złoty.*

INSTITUTIONS

République. Constitution de 1997. Le président de la République est élu pour 5 ans au suffrage universel. Il nomme le Premier ministre, qui choisit les membres du gouvernement (choix soumis à la Diète). Parlement bicaméral, composé de la Diète *(Sejm)* et du Sénat, élus pour 4 ans au scrutin direct.

GÉOGRAPHIE

En bordure de la Baltique, la Pologne est d'abord un pays de plaines (parfois lacustres) et de plateaux, avec une frange montagneuse au S. Le climat est continental (hivers rudes, souvent enneigés, étés relativement chauds et humides). La population, ethniquement homogène et en majorité catholique, ne s'accroît plus que très lentement en raison du recul de la natalité. Elle est urbanisée pour les deux tiers. Mais la production agricole demeure notable, associant cultures (blé, betterave à sucre, pomme de terre) et élevage (bovins et surtout porcins). Le sous-sol fournit du cuivre, du lignite et surtout de la houille, base d'une importante industrie sidérurgique et métallurgique, notamm. en haute Silésie. En dépit du retard pris dans la restructuration de certains secteurs, le passage à l'économie de marché a permis l'obtention de résultats macroéconomiques positifs, avec un taux de croissance élevé. En contrepartie, il a créé du chômage (en voie de stabilisation) et donc accru les inégalités et les tensions sociales.

HISTOIRE

Les origines et la dynastie des Piast. V^{e} - VIe s. : les Slaves s'établissent entre l'Odra et l'Elbe. **VIIe - Xe s. :** l'ethnie polonaise se particularise au sein de la communauté des Slaves occidentaux, entre les bassins de l'Odra et de la Vistule. **966 :** par son baptême, le duc Mieszko Ier (v. 960 - 992), fondateur de la dynastie des Piast, fait entrer la Pologne dans la chrétienté romaine. **1025 :** Boleslas Ier le Vaillant (992 - 1025) est couronné roi. **1034 - 1058 :** Casimir Ier installe sa capitale à Cracovie. **XIIe s. :** les partages successoraux morcellent et affaiblissent le pays, en proie à l'anarchie politique. Les Germains en profitent pour reprendre leur poussée vers le nord et l'est. **1226 :** pour repousser les Prussiens païens, Conrad de Mazovie fait appel aux chevaliers Teutoniques, qui conquièrent la Prusse (1230 - 1283), puis la Poméranie orientale (1308 - 1309). **1320 - 1333 :** Ladislas Ier Łokietek restaure l'unité du pays, dont le territoire demeure amputé de la Silésie et de la Poméranie. **1333 - 1370 :** Casimir III le Grand, fils de Łokietek, lance l'expansion vers l'est (Ruthénie, Volhynie) et fonde l'université de Cracovie (1364). **1370 :** la couronne passe à Louis Ier le Grand, roi de Hongrie.

Les Jagellons et la république nobiliaire. 1385 - 1386 : l'acte de Krewo établit une union personnelle entre la Lituanie et la Pologne ; Jogaila, grand-duc de Lituanie, roi de Pologne sous le nom de Ladislas II (1386 - 1434), fonde la dynastie des Jagellons. **1410 :** il remporte sur les chevaliers Teutoniques la victoire de Grunwald. **1506 - 1572 :** les règnes de Sigismond Ier le Vieux (1506 - 1548) et de Sigismond II Auguste (1548 - 1572) voient l'apogée de la Pologne, marqué par la diffusion de l'humanisme, la tolérance religieuse et l'essor économique. **1526 :** le duché de Mazovie (cap. Varsovie) est incorporé au royaume. **1569 :** l'Union de Lublin assure la fusion de la Pologne et de la Lituanie en une « république » gouvernée par une Diète unique et un souverain élu en commun. **1572 - 1573 :** après la mort de Sigismond II, dernier des Jagellons, la noblesse impose un contrôle rigoureux de l'autorité royale. **1587 - 1632 :** Sigismond III Vasa mène des guerres ruineuses contre la Russie, les Ottomans et la Suède. **1632 - 1648 :** sous le règne de Ladislas IV Vasa, les Cosaques se soulèvent (1648). **1648 - 1660 :** la Russie conquiert la Biélorussie et la Lituanie, tandis que la Suède occupe presque tout le pays. Ce sont les années du déluge *(potop),*

P

dont la Pologne libérée sort ruinée. **1674 - 1696 :** règne de Jean III Sobieski. Il repousse les Turcs qui assiègent Vienne. Après son règne, la Pologne connaît une grande anarchie ; les puissances étrangères interviennent dans les affaires intérieures du pays et se battent pour imposer leur candidat au trône. **1697 - 1733 :** l'Électeur de Saxe, Auguste II, soutenu par la Russie, est chassé par Charles XII de Suède, qui porte sur le trône Stanislas Ier Leszczyński (1704 - 1709). En 1709, Auguste II est rétabli grâce à la victoire de Pierre le Grand à Poltava. **1733 - 1738 :** la guerre de la Succession de Pologne se termine par la défaite de Stanislas Ier (soutenu par la France) face à Auguste III (candidat de la Russie).

Les trois partages de la Pologne et la domination étrangère. 1764 - 1795 : sous le règne de Stanislas II Auguste Poniatowski se forme la confédération de Bar, dirigée contre la Russie (1768 - 1772). **1772 :** la Russie, l'Autriche et la Prusse procèdent au premier partage de la Pologne. **1788 - 1791 :** les patriotes réunissent la Grande Diète et adoptent la Constitution du 3 mai 1791. **1793 :** la Russie et la Prusse réalisent le deuxième partage de la Pologne. **1794 :** l'insurrection de Kościuszko est écrasée. **1795 :** le troisième partage de la Pologne entre la Prusse, l'Autriche et la Russie supprime même le nom du pays. **1807 - 1813 :** Napoléon crée le grand-duché de Varsovie. **1815 :** le congrès de Vienne cède la Posnanie à la Prusse, érige Cracovie en république libre et forme un royaume de Pologne réuni à l'Empire russe. **1830 :** l'insurrection de Varsovie est sévèrement réprimée, ce qui entraîne la « grande émigration » de l'élite polonaise vers l'Occident. **1863 - 1864 :** nouvelle insurrection, durement réprimée. **1864 - 1918 :** la partie prussienne et la partie russe de la Pologne sont soumises à une politique d'assimilation ; la Galicie-Ruthénie autrichienne sert de refuge à la culture polonaise.

P

La Pologne indépendante. 1918 : Piłsudski proclame à Varsovie la république indépendante de Pologne. **1918 - 1920 :** Dantzig est érigée en ville libre, la Silésie partagée entre la Tchécoslovaquie et la Pologne. **1920 - 1921 :** à l'issue de la guerre polono-soviétique, la frontière est reportée à 200 km à l'est de la ligne Curzon. **1926 - 1935 :** Piłsudski, démissionnaire en 1922, reprend le pouvoir par un coup d'État et le conserve jusqu'en 1935. La Pologne signe des pactes de non-agression avec l'URSS (1932) et avec l'Allemagne (1934). **1938 :** elle obtient de la Tchécoslovaquie une partie de la Silésie. **1939 :** refusant de céder Dantzig (Gdańsk) et son corridor à Hitler, la Pologne est envahie par les troupes allemandes (1er sept.), puis soviétiques. L'Allemagne et l'URSS se partagent la Pologne conformément au pacte germano-soviétique. **1940 :** le gouvernement en exil, dirigé par Sikorski, s'établit à Londres. Staline fait exécuter des milliers de militaires et de civils polonais (massacre de Katyn). **1943 :** insurrection et anéantissement du ghetto de Varsovie. **1944 :** l'insurrection de Varsovie échoue, faute de soutien soviétique. La ville est détruite et la population déportée. **1945 :** les troupes soviétiques pénètrent à Varsovie et y installent le comité de Lublin, qui se transforme en gouvernement provisoire. Les frontières du pays sont fixées à Yalta et à Potsdam.

La Pologne depuis 1945. L'organisation du pays s'accompagne de transferts massifs de population : les Polonais des régions annexées par l'URSS sont dirigés sur les territoires enlevés à l'Allemagne. **1948 :** Gomułka, partisan d'une voie polonaise vers le socialisme, est écarté au profit de Bierut, qui s'aligne sur le modèle soviétique. **1953 - 1956 :** la lutte de l'État contre l'Église catholique culmine avec l'internement du cardinal Wyszyński. **1956 :** après le XXe congrès du PCUS et les émeutes ouvrières de Poznań, le parti fait appel à Gomułka pour éviter un soulèvement anticommuniste et antisoviétique. C'est l'« Octobre polonais ». **1970 :** Gomułka est remplacé par Gierek. Celui-ci veut remédier aux problèmes de la société polonaise en modernisant l'économie avec l'aide de l'Occident. **1978 :** l'élection de Karol Wojtyła, archevêque de Cracovie, à la papauté (sous le nom de Jean-Paul II) encourage les aspirations des Polonais à la liberté intellectuelle et politique. **1980 :** à la suite des grèves et de l'accord de Gdańsk, le syndicat Solidarność est créé avec à sa tête Lech Wałęsa. **Déc. 1981 - déc. 1982 :** le général Jaruzelski (premier secrétaire du POUP, Parti ouvrier unifié polonais) instaure l'« état de guerre ». **1988 :** nouvelles grèves contre la hausse des prix et pour la légalisation de Solidarność. **1989 :** des négociations entre le pouvoir et l'opposition aboutissent au rétablissement du pluralisme syndical (relégalisation de Solidarność) et à la démocratisation des institutions (avr.). Le nouveau Parlement issu des élections (juin), où l'opposition remporte un très large succès, élit le général Jaruzelski à la présidence de la République (juill.). Tadeusz Mazowiecki, un des dirigeants de Solidarność, devient chef d'un gouvernement de coalition (août). Le rôle dirigeant du parti est aboli ; le pays reprend officiellement le nom de république de Pologne (déc.). **1990 :** L. Wałęsa est élu à la présidence de la République au suffrage universel (déc.). **1991 :** à l'issue des premières élections législatives entièrement libres, une trentaine de partis sont représentés à la Diète. **1992 :** les unités russes de combat achèvent leur retrait du pays. **1993 :** la Diète est dissoute. Les élections sont remportées par les ex-communistes et le Parti paysan. **1994 :** la Pologne dépose une demande d'adhésion à l'Union européenne. **1995 :** le social-démocrate (ex-communiste) Aleksander Kwaśniewski est élu à la présidence de la République. **1997 :** une nouvelle Constitution est adoptée. Les élections législatives consacrent le retour au pouvoir des partis issus de Solidarność. **1999 :** la Pologne est intégrée dans l'OTAN. **2000 :** A. Kwaśniewski est réélu à la tête de l'État.

POLONNARUWA, anc. cap. de Ceylan (Sri Lanka) au VIIIe s. et du XIe au XIIIe s. Nombreux temples bouddhiques des XIIe-XIIIe s., dont le Vatadage et les statues rupestres du Gal Vihara.

■ **POLONNARUWA.** Le temple Lankatilaka (XIIe s.).

polono-soviétique (guerre), conflit qui, en 1920, opposa la Russie soviétique à la Pologne. Marquée par l'avance polonaise en Ukraine puis par la menace soviétique sur Varsovie, elle se termina par le traité de Riga (1921), qui fixa jusqu'en 1939 la frontière orientale de la Pologne.

POL POT (**Saloth Sar**, dit), *prov. de Kompong Thom 1925 ou 1928 - Chong K'sam, près d'Anlong Veng, 1998,* homme politique cambodgien. Secrétaire général du Parti communiste khmer (1962), Premier ministre (1976 - 1979), il est le principal responsable des atrocités commises par les Khmers rouges.

POLTAVA, v. d'Ukraine, au S.-O. de Kharkiv ; 315 000 hab. Cathédrale d'env. 1700 ; musées. – Charles XII, roi de Suède, y fut vaincu le 8 juill. 1709 par Pierre le Grand.

POLTROT (Jean **de**), seigneur **de Méré,** *en Angoumois v. 1537 - Paris 1563,* gentilhomme français. Huguenot, il blessa mortellement François Ier de Guise devant Orléans en 1563. Mis à la question, il affirma avoir agi sur l'ordre de Coligny.

POLYBE, *Megalopolis v. 200 - v. 120 av. J.-C.,* historien grec. Il fit partie, après Pydna (168 av. J.-C.), des mille otages livrés aux Romains et vécut seize ans à Rome. Ses *Histoires,* par leur souci d'analyse méthodique des faits et de recherche des causes, le classent parmi les grands historiens grecs.

POLYCARPE (saint), *v. 69 - Smyrne v. 167,* évêque de Smyrne. Le récit de son martyre est le plus ancien témoignage de la mort d'un martyr.

POLYCLÈTE, sculpteur et architecte grec du Ve s. av. J.-C., né à Sicyone ou à Argos. Sa théorie du *canon, qu'il appliqua à ses statues viriles (Diadumène, Doryphore), est l'une des bases du classicisme grec.

POLYCRATE, *m. à Magnésie du Méandre en 522 av. J.-C.,* tyran de Samos (533/532 - 522 av. J.-C.). Monarque fastueux, il attira à sa cour des artistes et des écrivains, dont Anacréon. Sous son règne, Samos connut une grande prospérité.

POLYEUCTE (saint), *m. à Mélitène, Arménie, v. 250,* officier romain, martyr. Converti par Néarque, son ami, il fut supplicié pour avoir renversé les idoles, un jour de fête. – Son histoire a inspiré une tragédie à Corneille (1643).

POLYGNOTE, *île de Thasos Ve s. av. J.-C. - Athènes,* peintre grec. Auteur de vastes compositions mythologiques connues par les descriptions de Pausanias et de Pline, il est considéré comme le fondateur de la peinture murale grecque.

POLYMNIE MYTH. GR. Muse des hymnes sacrés.

POLYNÉSIE n.f., partie de l'Océanie, comprenant les îles et archipels situés entre la Nouvelle-Zélande, les îles Hawaii et l'île de Pâques ; 26 000 km^2 (dont les deux tiers pour les Hawaii). Les plantations de cocotiers, la pêche et le tourisme sont les principales ressources de ces îles, souvent volcaniques et coralliennes.

POLYNÉSIE FRANÇAISE n.f., archipels du Pacifique Sud, formant un territoire français d'outre-mer ; ch.-l. *Papeete* (île de Tahiti) ; 48 comm. ; 4 000 km^2 ; 219 521 hab. La Polynésie française comprend les îles de la Société (avec Tahiti), les Marquises, les Tuamotu et les Gambier, les îles Australes. Tahiti concentre plus des deux tiers de la population totale du territoire, dont le coprah, le sucre et la pêche sont les principales ressources, après le tourisme. – Les îles de la Polynésie française ont été occupées par la France dans le courant du XIXe s. Le statut de 1977 accorde au territoire (jusqu'en 1957 *Établissement français de l'Océanie*) l'autonomie interne, qui est renforcée par de nouveaux statuts en 1984, 1990 et 1996.

POLYNÉSIENS, ensemble de sociétés peuplant la Polynésie. Ils se sont répandus dans les îles du Pacifique oriental à partir de Tahiti. Pratiquant l'horticulture, l'élevage, la pêche, ils ont développé des techniques originales de construction navale et de navigation au long cours. Ils sont organisés en chefferies constituant parfois des dynasties. Célèbres pour leurs tissus d'écorce *(tapa),* leur sculpture du bois et de l'obsidienne, les Polynésiens sont christianisés et parlent des langues de la famille austronésienne.

POLYNICE MYTH. GR. Frère d'Étéocle, dans la légende thébaine.

POLYPHÈME MYTH. GR. Cyclope qui, dans *l'Odyssée,* retint prisonnier Ulysse et ses compagnons. Pour se libérer, Ulysse l'enivra et lui creva son œil unique.

polytechnique (École), école d'enseignement supérieur fondée à Paris en 1794 et relevant du ministère de la Défense. Appelée l'*X,* auj. installée à Palaiseau, elle forme notamm. à des emplois de responsabilité à caractère scientifique, technique ou économique dans les corps civils et militaires de l'État et dans les services publics.

polytechnique fédérale de Lausanne et **polytechnique fédérale de Zurich** (Écoles), établissements suisses d'enseignement supérieur scientifique. De renommée internationale, elles sont administrées par le *Conseil suisse des écoles polytechniques.*

POMAKS, appellation (souvent considérée comme péjorative) désignant les Bulgares islamisés des Rhodopes (officiellement : *Bulgares-musulmans*), qui a été aussi appliquée aux Slaves islamisés des Balkans, ceux de Bosnie principalement.

POMARÉ, nom d'une dynastie qui régna à Tahiti à partir de la fin du XVIIIe s. – **Pomaré IV,** de son vrai nom **Aïmata,** *1813 - 1877,* reine de Tahiti (1827 - 1877). Après une résistance farouche, elle dut accepter en 1847 le protectorat de la France. – **Pomaré V,** de son vrai nom **Ariiaue,** *1842 - 1891,* dernier roi de Tahiti (1877 - 1880). Fils de Pomaré IV, il abdiqua en 1880 pour laisser la place à l'administration directe de la France.

POMBAL (Sebastião José **de Carvalho e Melo,** marquis **de**), *Lisbonne 1699 - Pombal, près de Coimbra, 1782,* homme d'État portugais. Secrétaire aux Affaires étrangères et à la Guerre (1750), puis secrétaire aux Affaires du royaume (1756),

Polynésie française

200 500 1000 m

○ plus de 20 000 h.
○ de 10 000 à 20 000 h.
○ moins de 10 000 h.

● ch.-l. du Territoire
● commune

au-dessous du niveau de la mer
200 3000 5000 m

c'est-à-dire Premier ministre, il appliqua, durant le règne de Joseph Ier (1750 - 1777), une politique de despotisme éclairé. Il développa l'économie nationale, réforma l'administration et fit expulser les jésuites (1759). À la mort du roi, il fut disgracié.

POMÉRANIE, région historique en bordure de la Baltique, partagée par l'Oder entre la *Poméranie occidentale* et la *Poméranie orientale.* Longtemps soumise aux influences rivales de la Pologne, du Brandebourg et de l'ordre Teutonique, la Poméranie revint en partie à la Suède en 1648, puis fut annexée par le Brandebourg aux dépens de la Suède (1720) et de la Pologne (1772). En 1815, elle fut entièrement attribuée à la Prusse. En 1945, la partie orientale revint à la Pologne, tandis que la partie occidentale, intégrée à la RDA, constitue depuis 1990 une partie du Land de *Mecklembourg-Poméranie-Occidentale.*

POMEROL (33500), comm. de la Gironde ; 866 hab. Vins rouges.

POMIANE (Edward Pomian **Pozerski**, dit Édouard **de**), *Paris 1875 - id. 1964,* médecin et gastronome français. Dans ses livres de cuisine, il allie, dans un style alerte, diététique, raffinement et sens de l'humour.

POMMARD (21630), comm. de la Côte-d'Or ; 599 hab. Vins rouges de la côte de Beaune.

POMONE MYTH. GR. Déesse des Fruits et des Jardins.

POMPADOUR (Jeanne Antoinette **Poisson**, marquise **de**), *Paris 1721 - Versailles 1764,* favorite de Louis XV. Épouse du fermier général Charles Le Normant d'Étioles, elle fut la maîtresse déclarée du roi (1745 - 1750) et joua un rôle politique important, contribuant au renversement des alliances (1756) et soutenant Bernis, Choiseul et Soubise. Elle eut aussi un rôle culturel, protégeant philosophes, artistes et écrivains.

POMPÉE, en lat. **Cnaeus Pompeius Magnus,** *106 - Péluse 48 av. J.-C.,* général et homme d'État romain. Il fait campagne en Sicile et en Afrique contre les fidèles de Marius (82 av. J.-C.) et rétablit l'ordre en Espagne, où il termine la guerre de Sertorius (77 - 72). Vainqueur de Spartacus, consul en 70 avec M. Licinius Crassus, il débarrasse la Méditerranée des pirates (67). Il achève la guerre contre Mithridate VI, roi du Pont (66), et conquiert l'Asie Mineure, la Syrie et la Palestine, où il prend Jérusalem (63). Rentré en Italie, mais bientôt en butte à la défiance du sénat, que son prestige inquiète, Pompée forme avec Crassus et César un triumvirat (60), renouvelé en 56 ; la mort de Crassus, en 53, le laisse face à face avec César. Alors que César est en Gaule, Pompée reçoit en 52 les pleins pouvoirs pour lutter contre l'anarchie qui s'installe à Rome (meurtre de Clodius). L'ambition des deux hommes rend inévitable la guerre civile. César franchit le Rubicon (janv. 49) et marche sur Rome. Vaincu à Pharsale (48), Pompée se réfugie en Égypte, où il est assassiné sur l'ordre de Ptolémée XIII.

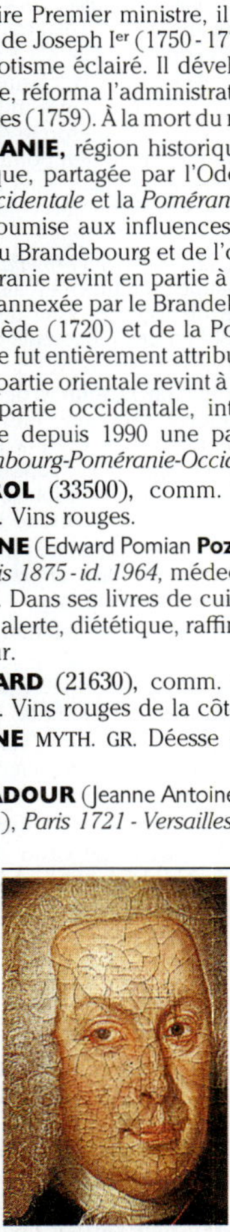

■ LE MARQUIS DE **POMBAL.** (Archives de la Torre del Tombo, Lisbonne.)

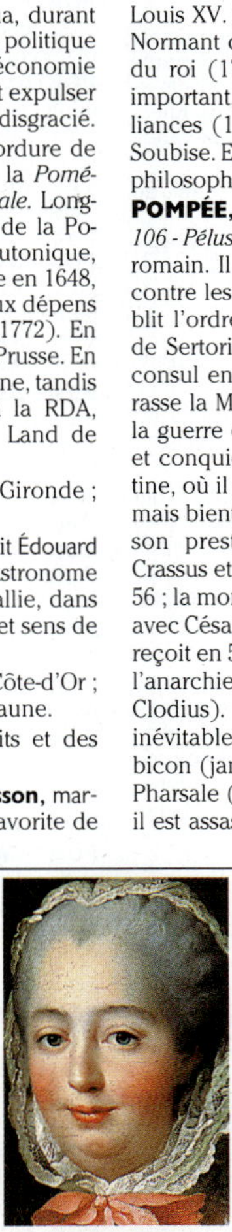

■ LA MARQUISE DE **POMPADOUR** par F. H. Drouais. (Musée Condé, Chantilly.)

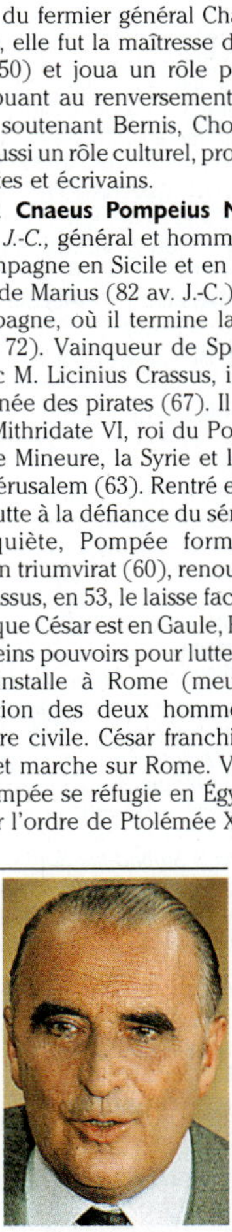

■ GEORGES **POMPIDOU** en 1972.

POMPÉI, v. anc. de Campanie, au pied du Vésuve, près de Naples. Fondée au VIe s. av. J.-C., colonie romaine en 89 av. J.-C., elle devint lieu de plaisance de riches Romains. Ensevelie sous une épaisse couche de cendres en 79 apr. J.-C., lors d'une éruption du Vésuve, elle a été fouillée à partir du XVIIIe s. – Temples, édifices civils, quartiers d'habitation, demeures patriciennes, ainsi que de nombreuses peintures murales font de Pompéi l'une des plus saisissantes évocations de l'Antiquité.

Pompidou (Centre) → **Centre national d'art et de culture Georges-Pompidou.**

POMPIDOU (Georges), *Montboudif, Cantal, 1911 - Paris 1974,* homme politique français. Directeur du cabinet du général de Gaulle (1958 - 1959), Premier ministre (1962 - 1968), il devint président de la République en 1969, après le général de Gaulle, mais mourut au cours de son mandat. Passionné d'art moderne, il est à l'origine de la création, à Paris, du Centre national d'art et de culture, qui porte son nom.

POMPIGNAN (Jean-Jacques **Lefranc,** marquis **de**), *Montauban 1709 - Pompignan 1784,* écrivain français. Auteur d'*Odes chrétiennes et philosophiques,* il fut un adversaire des philosophes. (Acad. fr.)

POMPONNE (Simon **Arnauld,** marquis **de**), *Paris 1618 - Fontainebleau 1699,* homme d'État français. Fils de Robert Arnauld d'Andilly, il fut secrétaire d'État aux Affaires étrangères (1671), puis ministre d'État (1672), dirigeant ainsi la diplomatie française. Rappelé au Conseil en 1691, il seconda son gendre Torcy à partir de 1696.

PONCE, v. de Porto Rico ; 190 000 hab. Port.

PONCELET (Christian), *Blaise, Ardennes, 1928,* homme politique français. Membre du RPR, plusieurs fois secrétaire d'État entre 1972 et 1977, il est président du Sénat depuis 1998.

PONCELET (Jean Victor), *Metz 1788 - Paris 1867,* mathématicien français. Il jeta les bases de la géométrie projective (1822) et enseigna la mécanique physique et expérimentale (1848).

PONDICHÉRY, v. d'Inde, sur la côte de Coromandel ; 401 337 hab. Le *territoire de Pondichéry* a 480 km² et 789 416 hab. – Acquise par les Français en 1674, chef-lieu des Établissements français dans l'Inde, Pondichéry devint le siège de la Compagnie des Indes orientales. Conquise par les Britanniques à plusieurs reprises dans la seconde moitié du XVIIIe s., elle fut restituée à la France en 1815. Elle fut cédée à l'Inde en 1956.

PONGE (Francis), *Montpellier 1899 - Le Bar-sur-Loup 1988,* poète français. Son œuvre prend le parti, contre l'idéalisme poétique, de décrire les choses et de leur trouver un équivalent textuel par l'exploration inlassable des mots, ouvrant ainsi une réflexion sur la nature même de la poésie (*le Parti pris des choses,* 1942 ; *le Savon,* 1967 ; *la Fabrique du pré,* 1971).

PONIATOWSKI (Józef ou Joseph, prince), *Vienne 1763 - Leipzig 1813,* général polonais et maréchal de France. Ministre de la Guerre du grand-duché de Varsovie (1806), il commanda en 1809 les Polonais contre les Autrichiens, en 1812 le 5e corps de la Grande Armée en Russie. Il fut fait maréchal par Napoléon (1813).

PONS [pɔ̃] (17800), ch.-l. de cant. de la Charente-Maritime ; 4 853 hab. Monuments médiévaux ; château Renaissance d'Usson.

PONSARD (François), *Vienne, Isère, 1814 - Paris 1867,* auteur dramatique français. Il réagit contre le romantisme et tenta, dans ses tragédies, un retour aux règles classiques (*Lucrèce,* 1843). [Acad. fr.]

PONSON DU TERRAIL (Pierre Alexis, vicomte), *Montmaur, Hautes-Alpes, 1829 - Bordeaux 1871,* romancier français, l'un des maîtres du roman-feuilleton (*les Exploits de *Rocambole,* 1859).

PONT, anc. pays du nord-est de l'Asie Mineure, en bordure du Pont-Euxin. Devenu royaume (301 av. J.-C.), le Pont devint, sous Mithridate VI (111 - 63), l'État le plus puissant de l'Asie Mineure.

PONT-À-CELLES, comm. de Belgique (Hainaut) ; 15 381 hab.

PONTACQ (64530), ch.-l. de cant. des Pyrénées-Atlantiques ; 2 663 hab.

PONTA DELGADA, cap. des Açores, dans l'île de São Miguel ; 22 000 hab.

PONTA GROSSA, v. du Brésil (Paraná) ; 233 517 hab.

PONT-À-MARCQ (59710), ch.-l. de cant. du Nord, sur la Marcq ; 2 239 hab. Produits photographiques.

PONT-À-MOUSSON (54700), ch.-l. de cant. de Meurthe-et-Moselle ; 15 018 hab. *(Mussipontains).* Tuyaux en fonte. – Anc. abbaye de prémontrés (XVIIIe s., centre culturel), autres monuments et maisons anciennes.

PONTANO (Giovanni ou Gioviano), en lat. **Pontanus,** *Cerreto, Ombrie, v. 1426 - Naples 1503,* homme d'État et humaniste italien. Il servit la dynastie d'Aragon et publia plusieurs ouvrages en latin.

PONTARLIER (25300), ch.-l. d'arrond. du Doubs, sur le Doubs ; 19 321 hab. *(Pontissaliens).* Agroalimentaire. Équipements automobiles.

PONT-AUDEMER (27500), ch.-l. de cant. de l'Eure, sur la Risle ; 9 360 hab. *(Pontaudemériens).* Église des XIe-XVIe s. (vitraux) ; maisons à colombages.

PONTAULT-COMBAULT (77340), ch.-l. de cant. de Seine-et-Marne ; 33 019 hab. *(Pontellois-Combalusiens).*

PONT-AVEN (29930), ch.-l. de cant. du Finistère ; 3 036 hab. Industries alimentaires. – Petit musée. – école de **Pont-Aven,** mouvement pictural français. Vers 1886 - 1891, elle groupa autour de Gauguin des peintres comme É. Bernard et P. Sérusier (esthétique synthétiste).

PONTCHARTRAIN (Louis **Phélypeaux,** comte **de**), *Paris 1643 - Pontchartrain 1727,* homme d'État français. Intendant (1687), contrôleur général des Finances (1689 - 1699), secrétaire d'État à la Marine et à la Maison du roi (1690 - 1699), chancelier (1699 - 1714), il créa la capitation (1695).

P

PONTCHÂTEAU (44160), ch.-l. de cant. de la Loire-Atlantique ; 7 980 hab. Pèlerinage.

PONT-D'AIN (01160), ch.-l. de cant. de l'Ain, sur l'Ain ; 2 360 hab.

PONT-DE-BEAUVOISIN (Le) [38480], ch.-l. de cant. de l'Isère, sur le Guiers (r. g.) ; 2 649 hab.

PONT-DE-CHÉRUY (38230), ch.-l. de cant. de l'Isère ; 4 588 hab. Câbles. Plastiques.

PONT-DE-CLAIX (Le) [38800], comm. de l'Isère, sur le Drac ; 11 771 hab. Chimie. Constructions mécaniques.

PONT-DE-L'ARCHE (27340), ch.-l. de cant. de l'Eure, sur la Seine ; 3 534 hab. Église du XVIe s.

PONT-DE-ROIDE (25150), ch.-l. de cant. du Doubs, sur le Doubs ; 4 863 hab. Métallurgie.

PONT-DU-CHÂTEAU (63430), ch.-l. de cant. du Puy-de-Dôme ; 9 199 hab. Musée de la Batellerie.

PONTE-LECCIA (20218), hameau de la Haute-Corse, sur le Golo. Nœud routier.

PONTET (Le) [84130], comm. de Vaucluse, banlieue d'Avignon ; 15 877 hab. Produits réfractaires.

PONT-EUXIN, anc. nom grec de la mer Noire.

PONTEVEDRA, v. d'Espagne (Galice), ch.-l. de prov. ; 71 491 hab. Églises et maisons anciennes ; Musée provincial.

PONTHIEU n.m., région de Picardie, entre les basses vallées de la Somme et de l'Authie.

PONTI (Giovanni, dit Gio), *Milan 1891 - id. 1979,* architecte et designer italien. Pionnier du mouvement moderne, il a fondé la revue *Domus* (1928).

PONTIAC, *dans l'Ohio v. 1720 - près de Saint Louis 1769,* chef indien. Allié des Français, il tenta de soulever l'ensemble des Indiens contre les Anglais (1763 - 1766).

PONTIANAK, v. d'Indonésie (Bornéo) ; 387 000 hab. Port.

PONTIGNY (89230), comm. de l'Yonne ; 803 hab. Église romane et gothique du XIIe s., anc. abbatiale. – Siège de réunions culturelles *(les décades de Pontigny)* animées par l'écrivain P. Desjardins de 1910 à 1914 et de 1922 à 1939, l'abbaye est occupée de nouveau par des religieux. La paroisse de Pontigny est, depuis 1954, la base territoriale de la prélature de la Mission de France.

PONTINE (plaine), anc. **marais Pontins,** plaine d'Italie, dans le Latium. Agriculture et élevage. Elle a été assainie à partir de 1928.

PONTIVY (56300), ch.-l. d'arrond. du Morbihan, sur le Blavet ; 15 044 hab. *(Pontivyens).* Au sud de la cité médiévale, Napoléon fit édifier une ville nouvelle, appelée Napoléonville de 1805 à 1814 et de 1848 à 1871. – Château des Rohan (XVe s.).

PONT-L'ABBÉ (29120), ch.-l. de cant. du Finistère ; 8 426 hab. *(Pont-l'Abbistes).* Tourisme et artisanat. – Église des XIVe-XVIIe s. ; musée bigouden dans le donjon de l'anc. château.

PONT-L'ÉVÊQUE (14130), ch.-l. de cant. du Calvados ; 4 198 hab. *(Pontépiscopiens).* Fromages. – Monuments anciens.

PONTMAIN (53220), comm. de la Mayenne ; 913 hab. Pèlerinage à la Vierge.

PONTOISE (95300), ch.-l. du Val-d'Oise, sur l'Oise, à 27 km au N.-O. de Paris ; 28 661 hab. *(Pontoisiens).* Évêché. Cet anc. ch.-l. du Vexin est devenu un élément de la ville nouvelle de *Cergy-Pontoise.* – Église St-Maclou (XIIe-XVIe s.), auj. cathédrale, et autres monuments ; musée dans une demeure gothique.

PONTOPPIDAN (Henrik), *Fredericia 1857 - Copenhague 1943,* écrivain danois. Il est l'auteur de romans naturalistes *(Pierre le Chanceux).* [Prix Nobel 1917.]

PONTORMO (Iacopo **Carucci,** dit [**le**]), *Pontormo, prov. de Florence, 1494 - Florence 1556,* peintre italien. S'inspirant de Michel-Ange, voire de Dürer, il a élaboré un art tendu, contrasté, aux effets étranges, qui fait de lui la personnalité dominante du *maniérisme florentin.

PONTORSON (50170), ch.-l. de cant. de la Manche, près du Mont-Saint-Michel ; 4 188 hab. Église romane et gothique.

PONTRESINA, comm. de Suisse (Grisons) ; 1 604 hab. Station de sports d'hiver à 1 800 m d'alt.

PONT-SAINTE-MAXENCE (60700), ch.-l. de cant. de l'Oise, sur l'Oise ; 12 587 hab. *(Pontois* ou *Maxipontins).* Église des XVe-XVIe s. ; anc. abbaye du Moncel, surtout du XIVe s.

PONT-SAINT-ESPRIT (30130), ch.-l. de cant. du Gard ; 9 523 hab. *(Spiripontains).* Pont de 25 arches sur le Rhône, remontant au XIIIe s. ; citadelle des XVIe-XVIIe s. ; musée d'Art sacré dans une demeure médiévale ; Musée municipal.

PONT-SCORFF (56620), ch.-l. de cant. du Morbihan ; 2 703 hab. Maisons et manoirs anciens.

PONTS-DE-CÉ (Les) [49130], ch.-l. de cant. de Maine-et-Loire, sur la Loire ; 12 038 hab. Victoire de Louis XIII sur les partisans de sa mère (1620).

ponts et chaussées (École nationale des), établissement français d'enseignement supérieur technique. Créée en 1747, elle forme aux techniques du génie civil et de ses applications les ingénieurs du corps national interministériel des Ponts et Chaussées, ainsi que des ingénieurs civils. Elle a été transférée en 1997 de Paris à Marne-la-Vallée (cité scientifique Descartes).

PONT-SUR-YONNE (89140), ch.-l. de cant. de l'Yonne ; 3 191 hab. Église des XIIe-XVe s.

POOLE, v. de Grande-Bretagne (Angleterre), dans le Dorset ; 130 900 hab. Port. Tourisme.

POOL MALEBO → MALEBO POOL.

POONA → PUNE.

POOPÓ (lac), lac de Bolivie, à 3 686 m d'alt. ; env. 2 600 km^2.

POPAYÁN, v. de Colombie, dans la vallée du Cauca ; 204 000 hab. Vestiges de l'époque coloniale.

POPE (Alexander), *Londres 1688 - Twickenham 1744,* poète britannique. Ses poèmes didactiques *(Essai sur la critique, Essai sur l'homme),* héroï-comiques *(la Boucle volée)* et satiriques *(la Dunciade)* font de lui le théoricien et l'un des meilleurs représentants du classicisme.

POPERINGE, v. de Belgique (Flandre-Occidentale) ; 19 290 hab. Trois églises des XIIIe-XVe s.

Popeye, personnage de bande dessinée créé en 1929 aux États-Unis par E. C. Segar dans la série *Thimble Theatre.* Ce marin bagarreur consomme beaucoup d'épinards, qui lui donnent une force herculéenne. – Le personnage a inspiré à Max et Dave Fleischer un film d'animation (*Popeye the Sailor Meets Sinbad the Sailor,* 1936).

POPOCATÉPETL, volcan du Mexique ; 5 452 m. Monastères du XVIe s. aux alentours.

POPOV (Aleksandr Stepanovitch), *Tourinskie Roudniki, auj. Krasnotourinsk, près d'Iekaterinbourg, 1859 - Saint-Pétersbourg 1906,* ingénieur russe. Il inventa l'antenne radioélectrique (1895) en perfectionnant le cohéreur de Branly.

POPPÉE, *m. en 65 apr. J.-C.,* impératrice romaine. Femme d'Othon, elle devint la maîtresse puis la femme de Néron (62). Celui-ci la tua d'un coup de pied puis la fit diviniser.

PÖPPELMANN (Matthäus Daniel), architecte du Zwinger de *Dresde.

POPPER (sir Karl Raimund), *Vienne 1902 - Londres 1994,* philosophe et épistémologue britannique d'origine autrichienne. Faisant de la « falsifiabilité » le critère de distinction entre la science véritable et des constructions intellectuelles, telles que le marxisme ou la psychanalyse, qui ne font qu'affecter la scientificité, il a élaboré en épistémologie une critique globale du déterminisme et a défendu en politique la « société ouverte », libérale (*la Logique de la découverte scientifique,* 1934 ; *Misère de l'historicisme,* 1956 ; *la Quête inachevée,* 1974).

POQUELIN → MOLIÈRE.

PORDENONE, v. d'Italie (Vénétie), ch.-l. de prov. ; 49 746 hab. Monuments anciens ; musée.

PORDENONE (Giovanni Antonio **de' Sacchis,** dit **il,** en fr. **le**), *Pordenone v. 1484 - Ferrare 1539,* peintre italien. Actif à Trévise, Crémone, Plaisance, Venise, etc., il fut un peintre d'église au style robuste et impétueux, qui influença le Tintoret.

PORI, v. de Finlande, sur le golfe de Botnie ; 79 000 hab. Port. – Musée régional.

PORNIC (44210), ch.-l. de cant. de la Loire-Atlantique ; 12 146 hab. *(Pornicais).* Station balnéaire.

PORNICHET (44380), comm. de la Loire-Atlantique ; 9 967 hab. Station balnéaire. Thalassothérapie.

PÔROS, nom grec (en lat. *Porus*) donné au roi indien Paurava (mort v. 317 av. J.-C.), vaincu par Alexandre (326).

PORPHYRE, *Tyr 234 - Rome v. 305,* philosophe grec d'origine syrienne. Il fut le disciple et le continuateur de Plotin, dont il édita les œuvres, et polémiqua contre les chrétiens.

PORQUEROLLES (83400 Hyères), une des îles d'Hyères ; 12,5 km^2. Tourisme.

PORRENTRUY, en all. **Pruntrut,** v. de Suisse (cant. du Jura) ; 6 857 hab. *(Bruntrutains).* Anc. château des princes-évêques de Bâle (XVe-XVIIIe s.) et autres monuments.

PORSENNA, *VIe s. av. J.-C.,* roi étrusque. Il tenta de rétablir les Tarquins à Rome.

PORT (Le) [97420], comm. de la Réunion, sur la côte nord-ouest ; 38 675 hab.

PORTA (La) [20237], ch.-l. de cant. de la Haute-Corse ; 199 hab. Église baroque (campanile).

PORTAL (Antoine, baron), *Gaillac 1742 - Paris 1832,* médecin français. Médecin de Louis XVIII, il fit créer en 1820 l'Académie royale de médecine.

PORTAL (Michel), *Bayonne 1935,* clarinettiste et compositeur français. Tenant d'une musique libre et ouverte, remarquable interprète dans tout le répertoire classique et contemporain, il est aussi une grande figure du jazz (spécialement free-jazz). Il a également composé de nombreuses musiques de film.

PORTALIS (Jean), *Le Beausset 1746 - Paris 1807,* jurisconsulte et homme politique français. Instigateur du Concordat de 1801, ministre des Cultes sous l'Empire, il fut l'un des rédacteurs du Code civil. (Acad. fr.)

PORT-ARTHUR, en chin. **Lüshun,** v. de la Chine du Nord-Est (Liaoning). C'est une partie de la conurbation de Lüda. Port. – Cédé à bail à la Russie (1898), puis conquis par le Japon (1905), ce territoire passa sous administration sino-soviétique (1945), puis fut cédé à la Chine en 1954.

PORT-AU-PRINCE, cap. d'Haïti, sur la *baie de Port-au-Prince ;* 1 144 000 hab. *(Port-aux-Princiens).* Port. – Musée d'Art haïtien.

PORT-AUX-FRANÇAIS, base scientifique des îles Kerguelen.

PORT BLAIR, v. d'Inde, ch.-l. du Territoire des îles Andaman et Nicobar ; 74 810 hab.

PORT-BOU, village d'Espagne (Catalogne) ; 1 913 hab. Port. Station frontière, en face du village français de Cerbère.

Port-Bouët, site de l'aéroport d'Abidjan.

PORT-CAMARGUE (30240 Le Grau du Roi), station balnéaire du Gard (comm. du Grau-du-Roi). Station balnéaire. Port de plaisance.

PORT-CARTIER, v. du Canada (Québec), sur l'estuaire du Saint-Laurent ; 7 385 hab. *(Porcartois).* Port exportateur de fer.

PORT-CROS (83400 Hyères), une des îles d'Hyères ; 6,4 km^2. Parc national.

PORT-DE-BOUC (13110), comm. des Bouches-du-Rhône, sur le golfe de Fos ; 16 883 hab. *(Port-de-Boucains).* Métallurgie. Chimie.

PORT-DES-BARQUES (17730), comm. de la Charente-Maritime, à l'embouchure de la Charente ; 1 559 hab. Ostréiculture. Station balnéaire.

PORTE ou **SUBLIME-PORTE** (la), nom donné autref. au gouvernement ottoman.

Porte-Glaive (chevaliers), ordre de chevalerie fondé en 1202. Créé par Albert von Buxhœveden, évêque de Riga, pour mener la croisade contre les païens de Livonie, l'ordre fusionna, en 1237, avec l'ordre Teutonique, mais conserva son grand maître. En 1561, il fut sécularisé.

PORTEL (Le) [62480], ch.-l. de cant. du Pas-de-Calais ; 10 866 hab.

PORT ELIZABETH, v. d'Afrique du Sud, sur l'océan Indien ; 585 000 hab. Port. Centre industriel.

PORT-EN-BESSIN-HUPPAIN (14520), comm. du Calvados ; 2 166 hab. Station balnéaire. Pêche.

PORTER (Cole), *Peru, Indiana, 1891 ? - Santa Monica, Californie, 1964,* compositeur américain. Jazz et comédie musicale lui doivent des pièces remarquables de simplicité et d'élégance *(What is This Thing Called Love ?, Night and Day).* Il composa aussi des musiques de film *(la Haute Société,* C. Walters, 1956).

PORTER (George, baron), *Stainforth 1920,* chimiste britannique. Il a étudié les réactions chimiques très rapides. (Prix Nobel 1967.)

PORTER (Katherine Anne), *Indian Creek, Texas, 1890 - Silver Spring, Maryland, 1980,* femme de lettres américaine. Ses nouvelles *(l'Arbre de Judée)* et ses romans *(la Nef des fous)* peignent le conflit entre valeurs sociales et valeurs spirituelles.

PORTES DE FER n.f. pl., nom de plusieurs défilés, notamment celui du Danube (entre Yougoslavie et Roumanie), à l'extrémité des Carpates. Site d'un important aménagement hydroélectrique.

PORTES-LÈS-VALENCE (26800), ch.-l. de cant. de la Drôme ; 8 223 hab. Gare de triage.

PORT-ÉTIENNE → NOUADHIBOU.

PORTET-SUR-GARONNE (31120), ch.-l. de cant. de la Haute-Garonne ; 8 807 hab. *(Portésiens).*

PORT-GENTIL, v. du Gabon, à l'embouchure de l'Ogooué ; 123 300 hab. Port. Centre de la zone d'exploitation pétrolière.

PORT-GRIMAUD (83310), station balnéaire du Var (comm. de Grimaud), sur le golfe de Saint-Tropez.

PORT HARCOURT, v. du Nigeria, sur le delta du Niger ; 335 000 hab. Port. Raffinage et pétrochimie.

PORTICCIO (20166), station balnéaire de la Corse-du-Sud (comm. de Grosseto-Prugna), sur le golfe d'Ajaccio.

PORTICI, v. d'Italie (Campanie) ; 67 824 hab. Port. — Palais royal et villas du XVIIIe s.

PORTIER (Paul), *Bar-sur-Seine 1866 - Bourg-la-Reine 1962,* physiologiste français. Spécialiste des animaux marins, il découvrit en 1902 l'anaphylaxie avec Charles Richet.

PORTINARI (Cândido), *Brodósqui, État de São Paulo, 1903 - Rio de Janeiro 1962,* peintre brésilien. Il est l'auteur de vastes compositions murales d'inspiration sociale ou historique.

PORT-JÉRÔME, localité de la Seine-Maritime (comm. de Notre-Dame-de-Gravenchon). Raffinerie de pétrole. Pétrochimie.

PORT-JOINVILLE (85350 L Île d Yeu), port de Vendée, sur l'île d'Yeu. C'est le principal centre de l'île. Pêche et station balnéaire.

PORTLAND, péninsule de Grande-Bretagne (Angleterre), sur la Manche. Calcaire argileux ayant donné son nom à des variétés de ciment.

PORTLAND, v. des États-Unis (Oregon) ; 437 319 hab. (1 239 842 hab. dans l'agglomération). Centre culturel et industriel. — Musée d'Art.

PORT-LA-NOUVELLE (11210), comm. de l'Aude ; 4 919 hab. Port. Station balnéaire. Éoliennes.

PORT-LOUIS (56290), ch.-l. de cant. du Morbihan ; 2 888 hab. Musées de l'Atlantique et de la Compagnie des Indes dans l'anc. citadelle.

PORT LOUIS, cap. de l'île Maurice ; 144 000 hab. *(Port-Louisiens).*

PORT-LYAUTEY → KENITRA.

PORT MORESBY, cap. de la Papouasie-Nouvelle-Guinée, sur la mer de Corail ; 193 000 hab.

PORT-NAVALO (56440 Arzon), station balnéaire du Morbihan (comm. d'Arzon), à l'extrémité de la presqu'île de Rhuys. Port.

PORTO (golfe de), golfe de la côte occidentale de la Corse.

PORTO, v. du Portugal, près de l'embouchure du Douro ; 310 637 hab. (près de 1 000 000 d'hab. dans l'agglomération). Port. Centre industriel. Commercialisation des vins de Porto. — Cathédrale, romane, et église S. Francisco, gothique, toutes deux à riches décors baroques ; musées.

PORTO ALEGRE, v. du Brésil, cap. du Rio Grande do Sul ; 1 262 631 hab. (3 015 960 hab. dans l'agglomération). Métropole économique du sud du Brésil.

PORT OF SPAIN, cap. de Trinité-et-Tobago, sur l'île de la Trinité ; 58 000 hab.

PORTO-NOVO, cap. du Bénin, sur le golfe de Guinée ; 208 000 hab. *(Porto-Noviens).*

PORTO RICO ou **PUERTO RICO,** une des Antilles, à l'E. d'Haïti, dépendance des États-Unis ; 8 897 km² ; 3 522 000 hab. *(Portoricains) ;* cap *San Juan.* De climat chaud et humide, cette île au relief modéré fournit des produits tropicaux (sucre principalement) et possède des industries de montage. Mais la pression démographique et le sous-emploi entraînent une forte émigration vers les États-Unis.

HISTOIRE

1493 : l'île est découverte par Christophe Colomb. **1508 :** le nom de « Porto Rico » est donné à une baie, où est fondée (1511) San Juan. **1873 :** l'esclavage est aboli. **1898 :** après la défaite des Espagnols, les États-Unis occupent l'île. **1917 :** les Portoricains reçoivent la nationalité américaine. **1947 :** ils sont autorisés à élire leur gouverneur. **1952 :** une nouvelle constitution, approuvée par référendum, fait de Porto Rico un « État libre associé » aux États-Unis.

PORTO-VECCHIO [-vɛkjo] (20137), ch.-l. de cant. de la Corse-du-Sud, sur le *golfe de Porto-Vecchio ;* 10 586 hab. Port. Centre touristique.

PORTO VELHO, v. du Brésil, cap. du Rondônia ; 286 400 hab.

PORTOVIEJO, v. de l'Équateur, près du Pacifique ; 132 937 hab.

Port-Royal, abbaye de femmes fondée en 1204 (cistercienne en 1225) dans la vallée de Chevreuse. L'abbaye fut réformée à partir de 1608 par l'abbesse Angélique Arnauld, et dédoublée en Port-Royal des Champs et Port-Royal de Paris en 1625. Passée en 1635 sous la direction religieuse de Saint-Cyran, elle devint le foyer du jansénisme. Autour de la maison de Chevreuse, où une grande partie de la communauté parisienne revint s'établir en 1648, se groupèrent des solitaires, dits « les messieurs de Port-Royal » (Lemaistre de Sacy, Nicole, Arnauld, Lancelot, Hamon), qui fondèrent les Petites Écoles. À partir de 1656, la persécution s'abattit sur Port-Royal des Champs ; les religieuses furent expulsées en 1709, l'abbaye fut démolie en 1710. — Petit musée de l'abbaye et, à proximité, Musée national.

PORT-SAÏD, v. d'Égypte, sur la Méditerranée, à l'entrée du canal de Suez ; 461 000 hab. Port.

PORT-SAINT-LOUIS-DU-RHÔNE (13230), ch.-l. de cant. des Bouches-du-Rhône ; 8 207 hab. *(Port-Saint-Louisiens).* Port. Chimie.

PORTSALL, hameau du Finistère (comm. de Ploudalmézeau), sur la Manche. Marée noire en 1978.

PORTSMOUTH, v. des États-Unis (Virginie) ; 103 907 hab. Port. Chantiers navals.

PORTSMOUTH, v. de Grande-Bretagne (Angleterre, Hampshire) ; 174 700 hab. Port. Constructions navales. Musées, dont celui du *Victory,* navire amiral de Nelson.

Portsmouth (traité de) [5 sept. 1905], traité signé à Portsmouth (États-Unis, New Hampshire) entre le Japon et la Russie. Il mit fin à la guerre russo-japonaise et permit au Japon d'établir son protectorat sur la Corée.

PORT-SOUDAN, v. du Soudan, sur la mer Rouge ; 207 000 hab. Principal port du pays.

PORT-SUR-SAÔNE (70170), ch.-l. de cant. de la Haute-Saône ; 2 816 hab. Tréfilerie.

PORT TALBOT, v. de Grande-Bretagne, dans le pays de Galles, sur le canal de Bristol ; 55 000 hab. Sidérurgie.

PORTUGAL n.m., État d'Europe, sur l'Atlantique ; 92 000 km² ; 9 800 000 hab. *(Portugais).* CAP. *Lisbonne.* LANGUE : *portugais.* MONNAIES : *euro* et *escudo portugais.*

INSTITUTIONS

République. Constitution de 1976 amendée en 1982 et en 1989. Président de la République élu pour 5 ans au suffrage universel direct, qui nomme le Premier ministre. *Assemblée de la République,* élue au scrutin direct pour 4 ans.

GÉOGRAPHIE

Extrémité sud-ouest de l'Europe, le Portugal est formé de plateaux descendant en gradins vers l'Atlantique. Le climat est souvent chaud et sec, en été et surtout dans le Sud. L'agriculture associe cultures méditerranéennes, comme la vigne et l'olivier, céréales (blé) et élevage ovin. L'industrie valorise surtout ces productions. Le littoral est animé par la pêche et plus encore par le tourisme. Cette dernière ressource contribue, avec les envois des émigrés, à combler le traditionnel déficit commercial.

Lisbonne et Porto sont, de loin, les principales villes. Le pays est encore peu industrialisé (textile, agroalimentaire), sans grandes ressources minérales et énergétiques. L'émigration et, plus récemment, le recul de la natalité ont atténué l'acuité du problème de l'emploi. Mais le Portugal demeure, avec la Grèce, le pays le moins développé de l'Union européenne.

HISTOIRE

La formation de la nation. Le pays est occupé par des tribus en relation avec les Phéniciens, les Carthaginois et les Grecs. **IIe s. av. J.-C. :** l'ouest de la Péninsule est conquis par les Romains. La province de Lusitanie est créée par Auguste. **Ve s. apr. J.-C. :** elle est envahie par les Suèves et les Alains, puis par les Wisigoths qui s'y installent durablement. **711 :** les musulmans conquièrent le pays. **866 - 910 :** Alphonse III, roi des Asturies, reprend le contrôle de la région de Porto. **1064 :** Ferdinand Ier, roi de Castille, libère la région située entre Douro et Mondego. **1097 :** Alphonse VI, roi de Castille et de León, confie le comté de Portugal à son gendre, Henri de Bourgogne, fondateur de la dynastie de Bourgogne. **1139 - 1185 :** son fils, Alphonse Henriques, prend le titre de roi de Portugal après sa victoire d'Ourique sur les Maures (1139) et fait reconnaître l'indépendance du Portugal. **1249 :** Alphonse III (1248 - 1279) parachève la Reconquête en occupant l'Algarve. **1290 :** Denis Ier (1279 - 1325) fonde l'université de Lisbonne, qui sera transférée, en 1308, à Coimbra. **1383 :** la mort de Ferdinand Ier ouvre une crise dynastique. **1385 :** Jean Ier (1385 - 1433) fonde la dynastie d'Aviz et remporte sur les Castillans la victoire d'Aljubarrota.

P

L'âge d'or. Au XVe s. et au début du XVIe s., le Portugal poursuit son expansion maritime et joue un grand rôle dans les voyages de découvertes, animés par Henri le Navigateur (1394 - 1460). **1488 :** Bartolomeu Dias double le cap de Bonne-Espérance. **1494 :** le traité de Tordesillas établit une ligne de partage entre les possessions extra-européennes de l'Espagne et celles du Portugal. **1497 :** Vasco de Gama découvre la route des Indes. **1500 :** Cabral prend possession du Brésil. **1505 - 1515 :** l'Empire portugais des Indes est constitué. **1521 - 1557 :** sous Jean III, la culture intellectuelle et artistique connaît le même essor que l'économie.

Les crises et le déclin. 1578 : le roi Sébastien (1557 - 1578) est tué à la bataille d'Alcaçar-Quivir, au Maroc. **1580 :** à l'extinction de la dynastie d'Aviz, Philippe II d'Espagne devient roi de Portugal, unissant ainsi les deux royaumes. **1640 :** les Portugais se soulèvent contre l'Espagne et proclament roi le duc de Bragance, Jean IV (1640 - 1656). **1668 :** au traité de Lisbonne, l'Espagne reconnaît l'indépendance du Portugal, moyennant la cession de Ceuta. **Fin du XVIIe s. :** se résignant à l'effondrement de ses positions en Asie et à son recul en Afrique, le Portugal se consacre à l'exploitation du Brésil. **1703 :** le traité de Methuen lie économiquement le Portugal et la Grande-Bretagne. **1707 - 1750 :** sous Jean V, l'or du Brésil ne parvient pas à stimuler l'économie métropolitaine. **1750 - 1777 :** Joseph Ier fait appel à Pombal, qui impose un régime de despotisme éclairé et reconstruit Lisbonne après le séisme de 1755. **1792 :** Marie Ire (1777 - 1816) laisse le pouvoir à son fils, le futur Jean VI. **1801 :** « guerre des Oranges » entre le Portugal et l'Espagne. **1807 :** le pays est envahi par les troupes françaises de Junot ; la famille royale gagne le Brésil. **1808 :** Wellesley débarque au Portugal. **1811 :** le pays est libéré des Français ; la Cour reste au Brésil et le Portugal est soumis à un régime militaire sous contrôle de l'Angleterre. **1822 :** Jean VI (1816 - 1826) revient à Lisbonne à la demande des Cortes et accepte une constitution libérale. Son fils aîné, Pierre Ier, se proclame empereur du Brésil, dont l'indépendance est reconnue en 1825. **1826 :** à la mort de Jean VI, Pierre Ier devient roi de Portugal sous le nom de Pierre IV ; il abdique en faveur de sa fille Marie II et confie la régence à son frère Miguel. **1828 :** Miguel se proclame roi sous le nom de Michel Ier et tente de rétablir l'absolutisme. **1832 - 1834 :** Pierre Ier débarque au Portugal et rétablit Marie II (1826 - 1853). **1834 - 1853 :** la tension politique et les luttes civiles persistent. **1852-1908 :** après l'établissement du suffrage censitaire, le Portugal connaît sous les rois Pierre V (1853 - 1861), Louis Ier (1861 - 1889) et Charles Ier (1889 - 1908) un véritable régime parlementaire ; le pays tente d'entreprendre sa « régénération » et de se reconstituer un empire colonial autour de l'Angola et du Mozambique. **1907 - 1908 :** João Franco instaure une dictature. Charles Ier est assassiné avec son fils aîné. **1908 - 1910 :** Manuel II renonce au régime autoritaire, mais il est chassé par la révolution.

La république. 1910 - 1911 : la république est proclamée. Le gouvernement provisoire décrète la séparation de l'Église et de l'État et accorde le droit de grève. **1911 - 1926 :** une grande instabilité politique sévit pendant la Ire République ; le Portugal ne retire pas d'avantages substantiels de sa participation, aux côtés des Alliés, à la Première Guerre mondiale. **1926 :** le coup d'État du général Gomes da Costa renverse le régime. **1928 :** Carmona, président de la République, appelle aux Finances Salazar, qui opère un redressement spectaculaire. **1933-1968 :** Salazar, maître du pays, gouverne selon la Constitution de 1933, qui instaure l'« État nouveau » *(Estado Novo)*, corporatiste et nationaliste. **1968 - 1974 :** le président Caetano combat les rébellions de la Guinée, du Mozambique et de l'Angola. **1974 :** une junte, dirigée par le général de Spínola, prend le pouvoir et inaugure la « révolution des œillets » ; elle est éliminée par les forces de gauche. **1975 :** le Conseil national de la révolution applique un programme socialiste. Les anciennes colonies portugaises accèdent à l'indépendance. **1976 - 1986 :** A. Eanes préside la République, tandis que se succèdent les gouvernements de M. Soares (socialiste, 1976 - 1978), puis de Sá Carneiro (centre droit, 1979 - 1980), de F. Pinto Balsemão (social-démocrate, 1981 - 1983), de M. Soares (1983 - 1985), et de A. Cavaco Silva. **1986 :** M. Soares devient président de la République. Le Portugal entre dans la CEE. Lors des élections de 1987 et de 1991, le Parti social-démocrate, toujours conduit par Cavaco Silva, obtient la majorité absolue. **1995 :** le Parti socialiste remporte les élections ; son leader, António Guterres, devient Premier ministre. **1996 :** le socialiste Jorge Sampaio est élu président de la République (réélu en 2001). **1999 :** le territoire de Macao est rétrocédé à la Chine.

PORT-VENDRES (66660), ch.-l. de cant. des Pyrénées-Orientales ; 6 000 hab. Port de pêche. Station balnéaire.

PORT-VILA ou **VILA,** cap. de Vanuatu, sur l'île d'Efate ; 15 000 hab. *(Port-Vilais).*

PORTZAMPARC (Christian **Urvoy de**), *Casablanca 1944,* architecte français. Il s'est particulièrement illustré avec l'ensemble double de la Cité de la musique au parc de la Villette (1984 - 1995).

PORTZMOGUER (Hervé **de**), dit **Primauguet,** *Plouarzel v. 1470-en mer, près de Brest, 1512,* marin breton. Il mourut en protégeant la retraite de sa flotte contre les Anglais.

POSADAS, v. d'Argentine, sur le Paraná ; 219 824 hab. Ruines de missions jésuites.

POSDR → **social-démocrate de Russie** (Parti ouvrier).

POSÉIDON MYTH. GR. Dieu de la Mer, le Neptune des Romains. On le représente armé d'un trident.

POSIDONIUS, *Apamée, Syrie, v. 135 - Rome 51 av. J.-C.,* philosophe grec. Il enseigna à Rhodes et contribua à la latinisation du stoïcisme. Il compta Cicéron et Pompée parmi ses auditeurs.

POSNANIE, anc. province de Prusse ayant pour capitale Poznań. Elle fut attribuée au royaume de Prusse lors du deuxième partage de la Pologne (1793) et fut rendue à la Pologne en 1919.

POSSESSION (La) [97419], comm. de la Réunion ; 22 014 hab.

Poste (La), établissement autonome de droit public français chargé de l'acheminement et de la distribution du courrier, ainsi que de certaines activités bancaires spécifiques. Elle a le monopole de l'émission des timbres.

POSTEL (Guillaume), *Barenton, Normandie, 1510 - Paris 1581,* humaniste français. Il voyagea en Orient, la première fois comme membre de l'ambassade de François Ier à Constantinople, et prêcha la réconciliation avec les musulmans *(concordia mundi).* L'Inquisition l'emprisonna.

POSTUMUS (Marcus Cassianius Latinius), *m. en 268,* officier gaulois. Il se fit proclamer empereur des Gaules par ses troupes (258). Gallien dut tolérer l'usurpateur, qui fut assassiné par ses propres soldats.

POT (Philippe), *1428 - Dijon 1494,* homme d'État bourguignon. Conseiller de Charles le Téméraire, puis de Louis XI, il fut grand sénéchal de Bourgogne. — Son tombeau est au Louvre.

Potala n.m., anc. palais des dalaï-lamas (auj. musée) à Lhassa, au Tibet. Fondé au VIIe s., il évoque par son architecture étagée (13 étages, 178 m de haut, 400 m de long) le séjour divin d'Avalokiteshvara, le protecteur du Tibet. Commencée v. 1645, la construction actuelle - véritable ville forte - abrite sanctuaires, pagodes funéraires, appartements, bibliothèques.

Potemkine, cuirassé de la flotte russe de la mer Noire, dont les marins se mutinèrent en juin 1905. Ces derniers gagnèrent Constanța, où ils capitulèrent. — Cette révolte a été célébrée par Eisenstein dans le film *le Cuirassé Potemkine* (1925).

POTEMKINE (Grigori Aleksandrovitch, prince), *près de Smolensk 1739 - près de Iași 1791,* homme d'État et feld-maréchal russe. Favori de Catherine II, il s'efforça d'étendre l'influence de la Russie autour de la mer Noire aux dépens des Turcs. Il réalisa l'annexion de la Crimée (1783) et commanda en chef les troupes de la guerre russo-turque (1787 - 1791).

POTENZA, v. d'Italie (Basilicate), ch.-l. de prov. ; 65 603 hab. Églises médiévales ; Musée archéologique.

POTEZ [-tɛz] (Henry), *Méaulte, Somme, 1891 - Paris 1981,* ingénieur et constructeur aéronautique français. Après s'être associé à Marcel Bloch (Dassault) [1916] et avoir construit avec lui une hélice adoptée par tous les avions de chasse français pendant la Première Guerre mondiale, il créa un ensemble industriel d'où sortirent plus de 7 000 avions.

POTHIER (dom Joseph), *Bouzemont 1835 - Conques, Belgique, 1923,* musicologue et religieux français. Abbé de Saint-Wandrille, il contribua à la restauration du chant grégorien.

POTHIER (Robert Joseph), *Orléans 1699 - id. 1772,* jurisconsulte français. Ses travaux (notamm. la *Théorie des contrats*) ont inspiré les auteurs du Code civil.

POTHIN (saint), *m. à Lyon en 177,* martyr. Premier évêque de Lyon, il fut mis à mort sous Marc Aurèle, en même temps que d'autres chrétiens lyonnais, parmi lesquels sainte Blandine.

POTIDÉE, anc. v. de Macédoine. Sa révolte contre Athènes, en 432 av. J.-C., fut une des causes de la guerre du Péloponnèse (431 - 404 av. J.-C.).

POTOCKI, famille de magnats polonais, qui compta plusieurs hommes d'État et un écrivain. — **Jan P.,** *Pików 1761 - Uładówka 1815,* écrivain polonais. Il étudia l'origine des civilisations slaves et écrivit en français un important roman fantastique, *le Manuscrit trouvé à Saragosse* (première édition partielle en 1804 - 1805), qui mêle l'érotisme et l'inspiration macabre en une construction narrative d'une subtile complexité.

POTOMAC n.m., fl. des États-Unis, qui se jette dans la baie de Chesapeake ; 460 km. Il passe à Washington.

POTOSÍ, v. de la Bolivie andine, à 4 000 m d'altitude env. ; 112 291 hab. Anc. centre minier. — Monuments de style baroque « métis ».

POTSDAM, v. d'Allemagne, cap. du Brandebourg, au S.-O. de Berlin ; 139 262 hab. Centre industriel. — Autref. surnommée *le Versailles prussien,* elle conserve divers monuments (notamm. par Schinkel), des musées et surtout, dans le parc de Sans-Souci, le petit château du même nom (joyau de l'art rococo construit en 1745 par Georg Wenzeslaus von Knobelsdorff pour Frédéric II) ainsi que l'immense Nouveau Palais (1763).

Potsdam (conférence de) [juill.-août 1945], conférence internationale de la fin de la Seconde Guerre mondiale. Réunissant Truman, Churchill (puis Attlee), Staline, elle fixa les modalités de l'occupation de l'Allemagne et de l'Autriche, et confia l'administration des territoires allemands situés à l'E. de la ligne Oder-Neisse à la Pologne et à l'URSS (pour une partie de la Prusse-Orientale).

POTT (Percival), *Londres 1713 - id. 1788,* chirurgien britannique. Il est surtout connu pour ses recherches sur la tuberculose des vertèbres (« mal de Pott »).

■ Le **POTALA,** fondé au VIIe s., reconstruit au XVIIe s., à Lhassa (Tibet).

■ **POUCHKINE** par O. A. Kiprenski. (Galerie Tretiakov, Moscou.)

P

POTTER (Paulus), *Enkhuizen 1625 - Amsterdam 1654,* peintre néerlandais, le plus célèbre animalier de l'école hollandaise.

POTTIER (Eugène), *Paris 1816 - id. 1887,* révolutionnaire et chansonnier français. Ouvrier, membre de la Commune de Paris (1871), il est l'auteur, notamm., des paroles de *l'Internationale.*

POUANCÉ (49420), ch.-l. de cant. de Maine-et-Loire ; 3 428 hab. Industrie automobile. — Ruines du château (XIIIe-XVe s.).

POUCHKINE → TSARSKOÏE SELO.

POUCHKINE (Aleksandr Sergueïevitch), *Moscou 1799 - Saint-Pétersbourg 1837,* écrivain russe. Fonctionnaire impérial, il s'attira de nombreuses sanctions par ses idées libérales, mais connut rapidement la gloire avec ses poèmes, une épopée fantastique *(Rouslan et Lioudmila),* un drame historique (*Boris Godounov,* 1831), un roman en vers (*Eugène Onéguine,* 1833), des récits (*la Dame de pique,* 1834 ; *la Fille du capitaine,* 1836). Il renouvela la littérature russe. Il fut tué en duel.

POUDOVKINE (Vsevolod), *Penza 1893 - Moscou 1953,* cinéaste soviétique. Théoricien du montage érigé en loi absolue, il illustra avec lyrisme le thème révolutionnaire de la prise de conscience : *la Mère* (1926), *la Fin de Saint-Pétersbourg* (1927), *Tempête sur l'Asie* (1929).

POUGATCHEV ou **POUGATCHIOV** (Iemelian Ivanovitch), *Zimoveïskaïa v. 1742 - Moscou 1775,* chef de l'insurrection populaire russe de 1773 - 1774. Se faisant passer pour le tsar Pierre III, il rassembla des troupes nombreuses d'insurgés cosaques, paysans et allogènes, contre lesquelles Catherine II envoya l'armée. Il fut exécuté.

POUGNY (Ivan **Pouni,** dit Jean), *Kuokkala, auj. Repino, Carélie, 1894 - Paris 1956,* peintre français d'origine russe. À sa période constructiviste ont succédé des petits tableaux intimistes.

POUGUES-LES-EAUX (58320), ch.-l. de cant. de la Nièvre ; 2 543 hab.

POUILLE n.f. ou **POUILLES** n.f. pl., anc. **Apulie,** région de l'Italie méridionale ; 3 986 430 hab. ; cap. *Bari* ; 5 prov. (*Bari, Brindisi, Foggia, Lecce* et *Tarente*).

POUILLET (Claude), *Cusance, Doubs, 1790 - Paris 1868,* physicien français. Il a retrouvé les lois des courants (lois d'Ohm) par la méthode expérimentale et introduit les notions de force électromotrice et de résistance interne des générateurs.

POUILLON (40350), ch.-l. de cant. des Landes ; 2 761 hab.

POUILLY-SUR-LOIRE (58150), ch.-l. de cant. de la Nièvre ; 1 770 hab. Vins blancs.

POULBOT (Francisque), *Saint-Denis 1879 - Paris 1946,* dessinateur français. Il créa le type du gosse de Montmartre auquel son nom reste attaché.

POULDU (Le), station balnéaire du Finistère (comm. de Clohars-Carnoët), au S. de Quimperlé.

POULENC [-lɛ̃k] (Francis), *Paris 1899 - id. 1963,* compositeur français. Pianiste, membre du groupe des Six, il composa quelque 80 mélodies sur des poèmes d'Apollinaire (*le Bestiaire,* 1919), Cocteau, Eluard, Aragon, etc. Son œuvre est variée : musique de ballet (*les Biches,* 1924), compositions pour orchestre (*Concert champêtre,* 1928), pour piano, pages religieuses (*Litanies à la Vierge noire,* 1936), musique dramatique burlesque (*les Mamelles de Tirésias,* 1947, d'après Apollinaire) ou à sujet religieux (*Dialogues des carmélites,* 1957, d'après Bernanos).

POULET (Georges), *Chênée 1902 - Bruxelles 1991,* critique belge de langue française. Son analyse des œuvres littéraires est centrée sur la conscience du temps et de l'espace propre à chaque écrivain *(Études sur le temps humain).*

POULIGUEN [-gɛ̃] **(Le)** [44510], comm. de la Loire-Atlantique ; 5 386 hab. Station balnéaire.

POULIN (Jacques), *Saint-Gédéon-de-Beauce 1937,* romancier canadien de langue française. Ses récits elliptiques et fragmentés composent une vision pleine de tendresse de l'univers enfantin (*Volkswagen Blues,* 1984).

POULO CONDOR, auj. **Côn Dao,** archipel du sud du Viêt Nam.

POUND (Ezra Loomis), *Hailey, Idaho, 1885 - Venise 1972,* poète américain. Il chercha dans la réunion des cultures (*l'Esprit des littératures romanes,* 1910) et des langages l'antidote à l'usure et à la désagrégation que le monde moderne impose à l'homme (*Cantos,* 1919 - 1969).

■ NICOLAS **POUSSIN.** *Le Frappement du rocher,* ou *Moïse faisant jaillir l'eau du rocher,* av. 1649. (Ermitage, Saint-Pétersbourg.)

■ VLADIMIR **POUTINE**

POUNT, mot qui, dans l'Égypte ancienne, désignait la côte des Somalis.

POURBUS (Pieter), *Gouda 1523 - Bruges 1584,* peintre flamand, auteur de tableaux religieux italianisants et de portraits. — **Frans P.,** dit **l'Ancien,** *Bruges 1545 - Anvers 1581,* peintre flamand, fils de Pieter. Il fut surtout un bon portraitiste de tendance maniériste. — **Frans II P.,** dit **le Jeune,** *Anvers 1569 - Paris 1622,* peintre flamand, fils de Frans l'Ancien. Il fit une carrière de portraitiste dans plusieurs cours d'Europe, dont celle de Paris, où Marie de Médicis l'appela en 1609.

POURRAT (Henri), *Ambert 1887 - id. 1959,* écrivain français. Ses récits (*Gaspard des montagnes,* 1922 - 1931) et les contes populaires qu'il a recueillis forment une peinture des paysages et de la vie ancestrale de l'Auvergne.

POUSSEUR (Henri), *Malmedy 1929,* compositeur belge. Il fut directeur du Conservatoire royal de Liège (1975 - 1985 ; 1987 - 1988). Parti du sérialisme, il s'est tourné vers l'électroacoustique (*Votre Faust,* 1969 ; *Procès du jeune chien,* 1978 ; *la Seconde Apothéose de Rameau,* 1981).

POUSSIN (Nicolas), *Villers, près des Andelys, 1594 - Rome 1665,* peintre français. Il passa la majeure partie de sa vie à Rome. Ses premières œuvres italiennes (*l'Inspiration du poète* [Louvre], des *Bacchanales,* etc.) reflètent l'influence de Titien. Il évolua vers un *classicisme érudit de plus en plus dépouillé (deux séries de *Sacrements ; Éliézer et Rébecca,* 1648, Louvre ; *Sainte Famille* « à la baignoire », 1650, université Harvard). Ses derniers paysages (les quatre *Saisons,* Louvre) témoignent d'un lyrisme large et puissant. Son influence fut considérable sur la peinture classique des XVIIe et XVIIIe s.

POUTINE (Vladimir Vladimirovitch), *Leningrad 1952,* homme politique russe. Chef du FSB (Service fédéral de sécurité, ex-KGB), il est nommé Premier ministre en août 1999. Devenu président de la Russie par intérim à la suite de la démission de B. Ieltsine (déc. 1999), il est confirmé à la tête de la Fédération par l'élection présidentielle de mars 2000.

POUZAUGES (85700), ch.-l. de cant. de la Vendée ; 5 621 hab. Conserverie. — Donjon du XIIIe s. ; église romane Notre-Dame (peintures murales).

POUZZOLES, en ital. **Pozzuoli,** v. d'Italie (Campanie), sur le golfe de Naples ; 75 706 hab. Port. Station thermale et balnéaire. — Vestiges antiques, dont l'amphithéâtre du Ier s., l'un des mieux conservés du monde romain.

POWELL (Earl, dit Bud), *New York 1924 - id. 1966,* pianiste américain de jazz. Également compositeur, il s'imposa au cours des années 1940 comme le chef de file du piano bop (*Bouncing with Bud,* 1949 ; *Un poco loco,* 1951).

POWELL (Cecil Frank), *Tonbridge 1903 - Casargo, Italie, 1969,* physicien britannique. Il a découvert, en 1947, le méson π, ou *pion,* grâce à l'emploi de la plaque photographique appliquée à l'étude des rayons cosmiques. (Prix Nobel 1950.)

POWELL (Colin Luther), *New York 1937,* général et homme politique américain. Premier Noir, aux États-Unis, à occuper le commandement suprême des armées (1989 - 1993), il est secrétaire d'État depuis 2001.

POWELL (John Wesley), *Mount Morris, État de New York, 1834 - Haven, Maine, 1902,* géologue, ethnologue et linguiste américain. Explorateur de l'Ouest américain, il organisa le service géologique et le bureau d'ethnologie des États-Unis. Il est l'auteur de la première classification des langues indiennes d'Amérique du Nord.

POWYS (John Cowper), *Shirley, Derbyshire, 1872 - Blaenau Ffestiniog, pays de Galles, 1963,* écrivain britannique. Son œuvre, mystique et sensuelle, cherche à dégager le fonctionnement de la pensée au contact du monde (*les Enchantements de Glastonbury,* 1932 ; *Autobiographie,* 1934).

POYANG (lac), lac de Chine, dans la vallée moyenne du Yangzi Jiang (2 700 km² à son extension maximale).

POYET (Guillaume), *Les Granges, Maine-et-Loire, 1473 - Paris 1548,* homme d'État français. Chancelier sous François Ier, il rédigea l'ordonnance de Villers-Cotterêts (1539).

POZA RICA, v. du Mexique, près du golfe du Mexique ; 150 201 hab. Raffinage du pétrole et pétrochimie.

POZNAŃ, v. de Pologne, ch.-l. de voïévodie, sur la Warta ; 589 700 hab. Centre commercial (foire internationale) et industriel. — Monuments de l'époque gothique au baroque ; musées.

POZZO DI BORGO (Charles André), *Alata, près d'Ajaccio, 1764 - Paris 1842,* diplomate corse. Député de la Corse à la Législative, il suivit Paoli dans sa rupture avec la France et s'allia aux Britanniques (1794). Passé au service du tsar Alexandre Ier, il le poussa à exiger la déchéance de Napoléon (1814). Il fut ambassadeur de Russie à Paris (1815 - 1834), puis à Londres (1834 - 1839).

PPI (Parti populaire italien), parti politique italien. Fondé en 1919, il joua, sous le nom de « Démocratie chrétienne » (1944 - 1994), un rôle de premier plan dans la vie politique du pays.

PRADES (66500), ch.-l. d'arrond. des Pyrénées-Orientales, sur la Têt ; 6 315 hab. *(Pradéens).* Église du XVIIe s. (clocher du XIIe s.). À 3 km, abbaye de Saint-Michel-de-Cuxa, remontant au Xe s. Festival de musique.

PRADET (Le) [83220], comm. du Var ; 11 160 hab.

PRADIER (Jean-Jacques, dit James), *Genève 1790 - Rueil 1852,* sculpteur genevois de l'école française. Il fit preuve de noblesse dans de nombreuses commandes monumentales (*Victoires* du tombeau de Napoléon aux Invalides), de charme dans ses statues et statuettes féminines.

PRADINES (Maurice), *Glovelier, Suisse, 1874 - Paris 1958,* philosophe et psychologue français. Il a valorisé l'action et accordé une valeur particulière à la religion.

Prado (musée national du), grand musée de Madrid. Il est particulièrement riche en peintures de Bosch, le Greco, Ribera, Velázquez, Murillo, Goya, Titien, le Tintoret, Rubens, Van Dyck.

PRAETORIUS (Michael), *Creuzburg v. 1571 - Wolfenbüttel 1621,* compositeur, organiste et théoricien allemand. Il est l'auteur de motets, d'hymnes, de psaumes, de danses et de chansons polyphoniques fortement teintés d'italianisme et dont l'accompagnement instrumental évolua vers la basse continue.

pragmatique sanction de Bourges (7 juill. 1438), acte promulgué par Charles VII, et qui régla unilatéralement la discipline générale de l'Église de France et ses rapports avec Rome. Elle consacra, sous réserve de la confirmation pontificale, le principe électif pour les dignités ecclésiastiques ; elle interdit les annates. Le concordat de Bologne (1516) maintint les principales dispositions de cet acte, qui resta jusqu'en 1790 la charte de l'Église gallicane.

pragmatique sanction de 1713, acte rédigé le 19 avril 1713 par l'empereur germanique Charles VI, établissant l'indivisibilité de tous les royaumes et pays dont il avait hérité et réglant la succession au trône par ordre de primogéniture pour les descendants directs, masculins ou féminins. Cet acte, qui assurait la couronne à sa fille Marie-Thérèse, fut à l'origine de la guerre de la *Succession d'Autriche.

PRAGUE, en tch. **Praha,** cap. de la République tchèque, en Bohême, sur la Vltava ; 1 212 010 hab. *(Praguois).* Métropole historique et intellectuelle de la Bohême, centre commercial et industriel. – Ensemble du Hradčany (château et ville royale), cathédrale gothique, pont Charles, beaux monuments civils et religieux de style baroque ; nombreux musées, dont la Galerie nationale. – Résidence des ducs de Bohême (1061 - 1140), puis capitale d'Empire sous le règne de Charles IV (1346 - 1378), Prague déclina à partir de la guerre de Trente Ans (1618 - 1648). Elle fut de 1918 à 1992 la capitale de la Tchécoslovaquie.

Prague (cercle de), groupe de linguistes (dont R. Jakobson et N. Troubetskoï). Se rattachant au courant structuraliste, actif de 1926 à 1939 il produisit d'importants travaux, surtout dans le domaine de la phonologie.

Praguerie (févr. 1440), nom donné, par association avec la révolte des hussites de Prague, au soulèvement de seigneurs français contre les réformes de Charles VII. Le roi étouffa cette sédition dirigée par le Dauphin, le futur Louis XI.

PRAIA, cap. du Cap-Vert, dans l'île de São Tiago ; 62 000 hab. *(Praïens).*

prairial an III (journée du Ier) [20 mai 1795], journée révolutionnaire parisienne. Les sans-culottes envahirent la Convention, réclamant « du pain et la Constitution de l'an I ». Ils tuèrent le député Féraud et présentèrent au bout d'une pique sa tête au président Boissy d'Anglas. Le mouvement fut réprimé par la Convention.

PRAIRIE n.f., nom donné aux régions (autrefois couvertes d'herbe) des États-Unis, comprises entre le Mississippi et les Rocheuses. Elle correspond au Midwest.

PRAIRIE n.f. ou **PRAIRIES** n.f. pl., région du Canada, entre les Rocheuses et l'Ontario. (→ **Provinces des Prairies.**) La Prairie canadienne prolonge (vers le N.) la Prairie américaine.

Prajapati, mot sanskrit désignant la puissance créatrice dans le védisme, puis chacun des sept ou dix grands sages issus de Brahma.

PRALOGNAN-LA-VANOISE (73710), comm. de Savoie ; 765 hab. Station de sports d'hiver (alt. 1 410 - 2 360 m).

PRA-LOUP (04400 Uvernet Fours), station de sports d'hiver (alt. 1 500 - 2 500 m) des Alpes-de-Haute-Provence (comm. d'Uvernet-Fours), au S.-O. de Barcelonnette, au-dessus de l'Ubaye.

PRANDTAUER (Jakob), architecte de l'abbaye de *Melk.

PRANDTL (Ludwig), *Freising, Bavière, 1875 - Göttingen 1953,* physicien allemand. Spécialiste de la mécanique des fluides, il introduisit la notion de couche limite (1904). Il établit une méthode de détermination des écoulements supersoniques et la théorie hydrodynamique de l'aile portante.

PRASLIN [pralɛ̃] (César Gabriel **de Choiseul,** comte **de Chevigny,** duc **de**), *Paris 1712 - id. 1785,* officier et diplomate français. Secrétaire d'État aux Affaires étrangères (1761 - 1770) et à la Marine (1766 - 1770), il partagea la disgrâce de son cousin, le duc de Choiseul.

PRAT (Jean), *Lourdes 1923,* joueur de rugby français. Troisième ligne, il fut capitaine, puis sélectionneur de l'équipe nationale.

PRATO, v. d'Italie (Toscane), près de Florence ; 165 364 hab. Centre textile. – Cathédrale romano-gothique (fresques de Lippi) ; musées.

PRATOLINI (Vasco), *Florence 1913 - Rome 1991,* romancier italien, auteur de romans sociaux *(Chronique des pauvres amants).*

PRATS-DE-MOLLO-LA-PRESTE [prats-] (66230), ch.-l. de cant. des Pyrénées-Orientales, sur le Tech ; 1 100 hab. Station thermale à *la Preste.* – Anc. place forte.

PRATT (Hugo), *Rimini 1927 - Pully 1995,* dessinateur et scénariste italien de bandes dessinées. Ses séries d'aventures (*Corto Maltese,* 1967) témoignent d'une rare maîtrise du noir et blanc.

PRATTELN, comm. de Suisse (Bâle-Campagne) ; 15 486 hab. Chimie.

PRAVAZ (Charles Gabriel), *Le Pont-de-Beauvoisin 1791 - Lyon 1853,* médecin, orthopédiste français. On lui doit l'invention de la seringue.

Pravda *(la Vérité),* quotidien russe dont l'origine remonte à 1912. Ce fut l'organe du Comité central du Parti communiste d'URSS de 1922 à 1991.

PRAXITÈLE, sculpteur grec, actif surtout à Athènes au IVe s. av. J.-C. Ses œuvres *(Apollon Sauroctone, Aphrodite de Cnide, Hermès portant Dionysos enfant),* au rythme sinueux, à la grâce nonchalante, qui ne sont connues que par des répliques, ont exercé une influence considérable sur les artistes de l'époque hellénistique.

PRÉALPES n.f. pl., massifs, surtout calcaires, qui bordent au N. et à l'O. les Alpes centrales (France, Suisse, Allemagne et Autriche).

PRÉAULT (Auguste), *Paris 1809 - id. 1879,* sculpteur français, représentant du courant romantique (*la Tuerie,* musée de Chartres).

Pré-aux-Clercs (le), anc. prairie située devant Saint-Germain-des-Prés. Lieu de promenade des étudiants de l'ancienne Université de Paris, il fut le théâtre de maints duels.

Précieuses ridicules (les), comédie en un acte, en prose, de Molière (1659). C'est une satire des outrances des « fausses *précieuses ».

PRÉ-EN-PAIL (53140), ch.-l. de cant. de la Mayenne ; 2 234 hab.

PRÉFAILLES (44770), comm. de la Loire-Atlantique ; 1 060 hab. Station balnéaire.

PRELJOCAJ (Angelin), *Sucy-en-Brie 1957,* danseur et chorégraphe français d'origine albanaise. Il fonde sa compagnie en 1984 (installée à Aix-en-Provence depuis 1996). Son style allie le langage classique aux recherches contemporaines (*Liqueurs de chair,* 1988 ; *Roméo et Juliette,* 1990 ; *le Parc,* 1994 ; *l'Annonciation,* 1995 ; *Casanova,* 1998).

PRELOG (Vladimir), *Sarajevo 1906 - Zurich 1998,* chimiste suisse d'origine yougoslave. Il est, avec C. K. Ingold notamm., l'auteur d'un système de nomenclature stéréochimique. (Prix Nobel 1975.)

PREM CAND (**Dhanpat Ray,** dit **Nawab Ray,** ou), *Lamahi 1880 - Bénarès 1936,* écrivain indien d'expression ourdou et hindi. Ses récits réalistes sont marqués par l'influence des idées de Gandhi *(l'Ashram de l'amour).*

PRÉMERY (58700), ch.-l. de cant. de la Nièvre ; 2 244 hab. Église (XIIIe s.) et château (XIVe-XVIIe s.).

PREMINGER (Otto), *Vienne 1906 - New York 1986,* cinéaste américain d'origine autrichienne. Venu du théâtre, il affirma, dans une œuvre abondante et diverse, un constant souci d'objectivité allié à un style fluide et subtil : *Laura* (1944), *Carmen Jones* (1954), *l'Homme au bras d'or* (1955), *Exodus* (1960), *Rosebud* (1975).

PRÉMONTRÉ (02560), comm. de l'Aisne ; 802 hab. Bel ensemble, reconstruit au XVIIIe s., de l'abbaye mère de l'ordre des Prémontrés (auj. hôpital psychiatrique).

PŘEMYSLIDES, dynastie tchèque qui régna sur la Bohême de 900 à 1306.

PRÉNESTE, anc. v. du Latium (auj. *Palestrina*). Ruines du temple de la Fortune (IIe-Ier s. av. J.-C.). Musée archéologique.

PRÉ-SAINT-GERVAIS (Le) [93310], comm. de la Seine-Saint-Denis, banlieue nord-est de Paris ; 16 609 hab.

PRESBOURG, forme française de **Pressburg,** nom all. de *Bratislava.

Presbourg (traité de) [26 déc. 1805], traité imposé par Napoléon à l'Autriche, après la victoire d'Austerlitz. L'Autriche cédait la Vénétie, une partie de l'Istrie et la Dalmatie à la France, et le Tyrol, le Vorarlberg et le Trentin à la Bavière.

PRESLEY (Elvis), *Tupelo 1935 - Memphis 1977,* chanteur et acteur américain. Surnommé « The King », influencé par le blues et la musique country, il fut un pionnier du rock and roll. À partir de 1956, il devint l'idole d'une jeunesse rebelle, séduite par sa musique, son allure et ses jeux de scène provocateurs (*Blue Suede Shoes* de C. Perkins ; *Jailhouse Rock* de J. Leiber et M. Stoller). Au cinéma, il a joué notamm. dans *Jailhouse Rock* (R. Thorpe, 1957).

PREŠOV, v. de l'est de la Slovaquie ; 87 788 hab.

Presse (la), quotidien français. Fondé en 1836 par É. de Girardin, ce journal inaugura l'ère de la presse quotidienne à bon marché.

Presse (la), quotidien canadien. Fondé en 1884, ce journal est l'un des plus forts tirages des quotidiens canadiens de langue française.

PRESTON, v. de Grande-Bretagne (Angleterre), ch.-l. du Lancashire ; 144 000 hab.

prêt-bail (loi du) ou **Lend-Lease Act,** loi adoptée par le Congrès des États-Unis en mars 1941 et appliquée jusqu'en août 1945, qui autorisait le président à vendre, céder, échanger, prêter le matériel de guerre et toutes marchandises aux pays en guerre contre l'Axe.

PRÉTEXTAT (saint), *m. à Rouen en 586,* évêque de Rouen. Il fut assassiné dans sa cathédrale sur l'ordre de Frédégonde.

PRETI (Mattia), *Taverna, Calabre, 1613 - La Valette 1699,* peintre italien. Actif à Rome, à Naples, à Malte, il a élaboré un langage dramatique et passionné, aux vigoureux effets de clair-obscur.

PRETORIA, cap. (siège du gouvernement) d'Afrique du Sud ; 525 583 hab. Centre administratif et universitaire.

PRETORIUS (Andries), *près de Graaff Reinet 1798 - Magaliesberg 1853,* homme politique sud-africain, l'un des fondateurs de la république du Transvaal. – **Marthinus P.,** *Graaff Reinet 1819 - Potchefstroom 1901,* homme politique sud-africain, fils d'Andries. Président du Transvaal (1857 - 1871) et de l'Orange (1859 - 1863), il forma en 1880, avec Kruger et Joubert, le triumvirat qui fit reconnaître au Transvaal une large autonomie (1881).

PRÉVERT (Jacques), *Neuilly-sur-Seine 1900 - Omonville-la-Petite, Manche, 1977,* poète français. Il allie l'image insolite à la gouaille populaire (*Paroles,* 1946 ; *Spectacle,* 1951 ; *la Pluie et le Beau Temps,* 1955 ; *Fatras,* 1966). Il fut le scénariste de plusieurs films célèbres (*Drôle de drame, les Visiteurs du soir, les Enfants du paradis* de Carné ; *Remorques, Lumière d'été* de Grémillon).

PRÉVOST (Antoine François **Prévost d'Exiles,** dit **l'abbé**), *Hesdin 1697 - Courteuil, Oise, 1763,* écrivain français. Auteur de romans de mœurs et d'aventures, traducteur, il est célèbre pour sa vie aventureuse et pour *Manon Lescaut,* un des chefs-d'œuvre du roman psychologique.

PRIAM MYTH. GR. Dernier roi de Troie. De sa femme Hécube, il eut notamm. Hector, Pâris et Cassandre. Pendant le siège de Troie, il assista à la mort d'Hector, dont il réclama le corps à Achille.

PRIAPE MYTH. GR. ET ROM. Dieu de la Fécondité et de la Fertilité. Les fêtes de cette divinité au phallus démesuré, les *priapées,* prirent à Rome un caractère licencieux.

PRIBILOF (îles), archipel de la mer de Béring (dépendance de l'Alaska).

PRIÈNE, anc. v. d'Ionie (auj. *Samsun Kalesi*). Vestiges (fin IVe s. av. J.-C.) parmi les plus intéres-

■ **PRAGUE.** Le pont Charles et ses deux tours (XVe s.) sur la rive gauche de la Vltava.

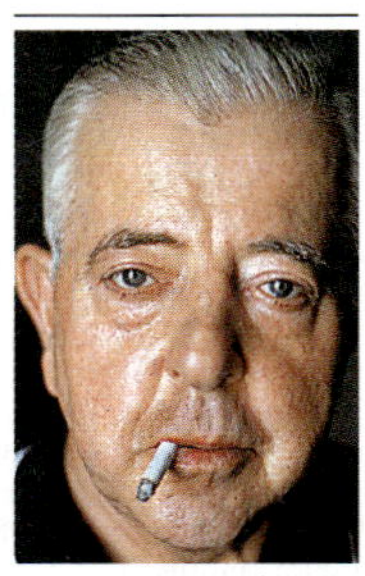

■ JACQUES **PRÉVERT** vers 1963.

sants de l'urbanisme hellénistique sur plan orthogonal.

PRIESTLEY (Joseph), *Birstall Fieldhead, près de Leeds, 1733 - Northumberland, Pennsylvanie, 1804,* philosophe, théologien et chimiste britannique. Il isola un grand nombre de gaz, dont l'oxygène (1774) et le gaz carbonique. En étudiant ce dernier, il découvrit la respiration des végétaux. Avec Cavendish, il réalisa la synthèse de l'eau, démontrant ainsi qu'il s'agit d'un corps composé. Il fut favorable aux Révolutions américaine et française.

PRIEUR-DUVERNOIS (Claude Antoine, comte), dit **Prieur de la Côte-d'Or,** *Auxonne 1763 - Dijon 1832,* homme politique français. Membre de la Convention, il fit adopter le système métrique (1795).

PRIGOGINE (Ilya), *Moscou 1917,* chimiste et philosophe belge d'origine russe. Il a introduit en thermodynamique les notions d'instabilité et de chaos, et a apporté une contribution fondamentale aux sciences physiques et biologiques par ses recherches sur la réversibilité des processus ; de là, il a proposé une nouvelle méthodologie pour la démarche scientifique (*la Nouvelle Alliance,* 1979). [Prix Nobel de chimie 1977.]

PRILEP, v. de Macédoine, au S. de Skopje ; 70 000 hab.

PRILLY, comm. de Suisse (cant. de Vaud), banlieue nord de Lausanne ; 11 284 hab. *(Prilliérans).*

PRIMATICE (Francesco **Primaticcio,** dit en fr. [**le**]), *Bologne 1504 - Paris 1570,* peintre, stucateur et architecte italien installé en France. Élève de J. Romain, il arriva en 1532 sur le chantier de Fontainebleau, qu'il dirigea après la mort du Rosso. Son rôle fut celui d'un véritable directeur des beaux-arts des Valois. Le Louvre conserve un ensemble de ses dessins, d'une grande élégance.

PRIMAUGUET ou **PRIMOGUET** (Hervé **de Portzmoguer,** dit) → **PORTZMOGUER.**

PRIMEL-TRÉGASTEL, station balnéaire du Finistère (comm. de Plougasnou), sur la Manche.

PRIMO DE RIVERA Y ORBANEJA (Miguel), *Jerez de la Frontera 1870 - Paris 1930,* général et homme politique espagnol. Capitaine général de Catalogne, il s'empara du pouvoir en 1923. Chef du gouvernement, il forma un directoire militaire qui supprima les libertés démocratiques. Au Maroc, avec l'aide de la France, il mit fin à la rébellion d'Abd el-Krim (1925). Face à l'opposition de l'armée et de l'université, il dut démissionner en 1930. — **José Antonio P. de Rivera,** *Madrid 1903 - Alicante 1936,* homme politique espagnol. Fils de Miguel, il fonda la Phalange espagnole (1933). Il fut fusillé par les républicains.

PRIM Y PRATS (Juan), *Reus 1814 - Madrid 1870,* homme politique et général espagnol. Après avoir commandé le corps expéditionnaire au Mexique (1862), il contribua à chasser la reine Isabelle II (1868). Il périt victime d'un attentat.

PRINCE (île du) ou **ILHA DO PRÍNCIPE,** île du golfe de Guinée ; 128 km². (→ **São Tomé-et-Príncipe.**)

Prince (le), œuvre de Machiavel écrite en 1513 et publiée en 1532. Avec un réalisme fondé sur une approche pessimiste de la psychologie humaine, Machiavel explique comment user de la ruse et de la force pour conquérir et garder le pouvoir, selon une démarche qui vise à la fois à satisfaire les intérêts de celui qui gouverne et à assurer la prospérité de l'État pour le bénéfice de ceux qui sont gouvernés.

■ LE **PRINTEMPS** (v. 1478 ?) par Botticelli. (Offices, Florence.)

PRINCE ALBERT, v. du Canada (Saskatchewan), sur la Saskatchewan du Nord ; 34 181 hab. Parc national à proximité.

PRINCE-DE-GALLES (île du), en angl. **Prince of Wales Island,** île de l'archipel Arctique canadien, près de laquelle se trouve le pôle magnétique.

PRINCE-ÉDOUARD (île du), en angl. **Prince Edward Island,** île de l'est du Canada ; 5 657 km² ; 129 765 hab. ; cap. *Charlottetown.* Elle constitue la prov. maritime de l'*Île-du-Prince-Édouard.* La pêche, l'agriculture et l'élevage y sont complétés par le tourisme. L'île est reliée au continent par un pont.

PRINCE-ÉDOUARD (îles du), archipel du sud de l'océan Indien, dépendance de l'Afrique du Sud.

PRINCE GEORGE, v. du Canada (Colombie-Britannique) ; 62 713 hab.

PRINCE NOIR (le) → **ÉDOUARD.**

PRINCE RUPERT, v. du Canada (Colombie-Britannique) ; 16 495 hab. Port. Pêche. Terminus du Canadian National.

Princesse de Clèves (la), roman de Mme de La Fayette (1678). La princesse de Clèves résiste à l'amour qu'elle éprouve pour le duc de Nemours par fidélité à son mari, qu'elle estime. Après la mort de celui-ci, elle entre au couvent.

PRINCETON, v. des États-Unis (New Jersey) ; 25 718 hab. Université fondée en 1746.

Principes de la philosophie, œuvre de Descartes (1644), dans laquelle celui-ci propose une présentation synthétique et pédagogique de l'ensemble de sa philosophie.

Principes mathématiques de philosophie naturelle, œuvre principale d'Isaac Newton, publiée en 1687. L'auteur y élabore les concepts de base de la mécanique, expose la loi fondamentale de la dynamique, sa théorie du mouvement et son système du monde.

Printemps (le), grand panneau de Botticelli (v. 1478, Offices, Florence), qui traite avec grâce un thème mythologique et symbolique.

PRIPIAT ou **PRIPET** n.m., riv. de Biélorussie et d'Ukraine, affl. du Dniepr (r. dr.) ; 775 km ; bassin de 114 300 km².

PRISCILLIEN, *en Espagne v. 335 - Trèves 385,* évêque espagnol. Sa doctrine, mal connue, le *priscillianisme,* fut déclarée hérétique. Lui-même, premier hérétique à être confié au bras séculier, fut exécuté.

PRIŠTINA, v. de Yougoslavie, cap. du Kosovo ; 70 000 hab. Mosquées turques. Musées.

PRITCHARD (George), *Birmingham 1796 - îles Samoa 1883,* missionnaire britannique. Missionnaire protestant et consul à Tahiti (1824), il fit expulser par Pomaré IV les missionnaires catholiques (1836). Après l'établissement du protectorat français, il poussa Pomaré à la révolte. Son arrestation en 1844, suivie d'une prompte libération, amena Londres à exiger de Louis-Philippe des excuses et une indemnité.

PRIVAS [-va] (07000), ch.-l. de l'Ardèche, sur l'Ouvèze, à 595 km au S.-E. de Paris ; 9 628 hab. *(Privadois).* Confiserie. — Musées.

PRJEVALSKI (Nikolaï Mikhaïlovitch), *Kimborovo 1839 - Karakol, auj. Prjevalsk, 1888,* officier et voyageur russe. Il dirigea de nombreuses expéditions dans l'Asie centrale et les confins tibétains. En 1879, il découvrit la dernière espèce de cheval sauvage *(cheval de Prjevalski).*

PROBUS (Marcus Aurelius), *Sirmium 232 - id. 282,* empereur romain (276-282). Bon administrateur, il contint la poussée des Barbares. Il fut tué par ses soldats, lassés de la discipline qu'il imposait.

PROCHE-ORIENT, ensemble des pays riverains de la Méditerranée orientale (Turquie, Syrie, Liban, Israël, Égypte). On y inclut aussi la Cisjordanie et parfois la Jordanie.

PROCLUS, *Constantinople 412 - Athènes 485,* philosophe grec néoplatonicien, auteur notamm. d'une *Théologie platonicienne.*

PROCOPE, *Césarée, Palestine, fin du* ve *s. - Constantinople v. 562,* historien byzantin. Il fut le principal historien de l'époque de Justinien, dont il relata les conquêtes dans le *Livre des guerres.* Ses *Anecdota* ou *Histoire secrète* sont un libelle où il ne ménage ni l'empereur ni surtout l'impératrice Théodora.

PROCUSTE ou **PROCRUSTE,** brigand légendaire de l'Attique qui torturait les voyageurs. Il les étendait sur un lit (il en avait deux, un court et un long) et raccourcissait ou étirait leurs membres à la mesure exacte du lit *(lit de Procuste).* Thésée lui fit subir le même supplice.

PRODI (Romano), *Scandiano, prov. de Reggio nell'Emilia, 1939,* homme politique italien. Économiste, leader de la coalition de centre gauche L'Olivier, il a été président du Conseil de 1996 à 1998. Il est depuis 1999 président de la Commission européenne.

Progrès (le), quotidien régional français, créé en 1859 à Lyon.

PROKHOROV (Aleksandr Mikhaïlovitch), *Atherton, Australie, 1916,* physicien russe. Avec N. Bassov, il a décrit le premier maser. Il eut l'idée des résonateurs ouverts (pour laser) et du laser à gaz, et étudia les phénomènes de l'optique non linéaire. (Prix Nobel 1964.)

PROKOFIEV (Sergueï Sergueïevitch), *Sontsovka 1891 - Moscou 1953,* compositeur et pianiste russe. Ses œuvres pour piano et pour orchestre (sept symphonies), sa musique de chambre, ses ballets (*Roméo et Juliette,* 1938) et ses opéras (*l'Ange de*

■ LE **PRIMATICE.** *La Mascarade de Persépolis,* plume et lavis, dessin pour un décor disparu du château de Fontainebleau. (Louvre, Paris.)

■ **PROKOFIEV.**
(Opéra de Paris.)

feu, 1927, créé en 1954) se caractérisent par une grande puissance rythmique et un langage tantôt ouvert aux conceptions occidentales modernes, tantôt fidèle à la tradition russe. Il a écrit notamm. la musique des films *Alexandre Nevski* et *Ivan le Terrible,* d'Eisenstein.

PROKOP le Grand ou **le Chauve,** *v. 1380 - Lipany 1434,* chef hussite des taborites. Il défendit la Bohême contre les croisades catholiques de 1426, 1427 et 1431 et fut finalement vaincu.

PROKOPIEVSK, v. de Russie, dans le Kouzbass ; 274 000 hab. Centre houiller et industriel.

PROME, en birm. **Pyi,** v. de Birmanie, sur l'Irrawaddy ; 148 000 hab.

PROMÉTHÉE MYTH. GR. Personnage de la race des Titans, initiateur de la première civilisation humaine. Il déroba aux dieux le feu sacré et le transmit aux hommes. Zeus, pour le punir, l'enchaîna sur le Caucase, où un aigle lui rongeait le foie, lequel repoussait sans cesse ; Promothée fut délivré par Héraclès. - Le mythe de Prométhée a inspiré notamm. une tragédie à Eschyle *(Prométhée enchaîné)* et un drame lyrique à Shelley (*Prométhée délivré,* 1820).

PRONY (Marie **Riche,** baron **de**), *Chamelet, Rhône, 1755 - Asnières 1839,* ingénieur français. Il fut chargé d'établir le cadastre général de la France (1791), imagina le frein dynamométrique (1821) et mesura avec Arago la vitesse du son dans l'air (1822).

P

propagation de la foi (Congrégation de la), depuis 1967 **Congrégation pour l'évangélisation des peuples,** congrégation romaine fondée dans sa forme définitive par Grégoire XV (1622). Présidée par un cardinal-préfet, elle a en charge les missions.

PROPERCE, en lat. Sextus **Propertius,** *Ombrie v. 47 - v. 16 av. J.-C.,* poète latin, auteur d'*Élégies* imitées des poètes alexandrins.

PROPONTIDE, anc. nom grec de la mer de Marmara.

PROPRIANO (20110), comm. de la Corse-du-Sud, sur le golfe de Valinco ; 3 222 hab. Station balnéaire.

propriété industrielle (Institut national de la) [INPI], établissement public français, créé en 1951, qui enregistre les demandes de brevets d'invention et assure la publicité des brevets, marques, dessins et modèles.

PROSERPINE MYTH. ROM. Déesse assimilée très tôt à la Perséphone des Grecs.

PROSKOURIAKOFF (Tatiana), *Omsk 1909 - Cambridge, Massachusetts, 1985,* historienne d'art et archéologue américaine. En découvrant leur caractère historique, elle a grandement contribué au déchiffrement des inscriptions mayas.

PROSPER d'Aquitaine (saint), *près de Bordeaux v. 390 - entre 455 et 463,* théologien et moine gaulois. Il défendit la doctrine de saint Augustin sur la grâce et la prédestination. Sa *Chronique universelle* s'étend de 412 à 455.

PROST (Alain), *Lorette 1955,* coureur automobile français. Champion du monde des conducteurs en 1985, 1986, 1989 et 1993, il est recordman du nombre des victoires en Grands Prix (51). Il dirige depuis 1997 une écurie de formule 1.

PROTAGORAS, *Abdère v. 486 - v. 410 av. J.-C.,* sophiste grec. Il est resté célèbre pour sa proposition selon laquelle « l'homme est la mesure de toute chose », vivement critiquée par Platon.

PROTAIS (saint), frère de *Gervais.

PROTÉE MYTH. GR. Dieu marin. Il avait reçu de Poséidon, son père, le don de changer de forme à volonté, ainsi que celui de prédire l'avenir à ceux qui pouvaient l'y contraindre.

PROUDHON (Pierre Joseph), *Besançon 1809 - Paris 1865,* théoricien politique français, considéré comme le fondateur de l'anarchisme. Dès 1840, dans son retentissant *Qu'est-ce que la propriété ?,* il montre que seuls la disparition du profit capitaliste et le crédit gratuit mettront fin aux injustices sociales. Ses thèses ouvriéristes et son refus des solutions autoritaires du communisme (*la Philosophie de la misère,* 1846) lui valent l'hostilité de K. Marx. Publiciste remarqué *(le Peuple, la Voix du peuple),* il précise la thématique de l'anarchisme (*l'Idée générale de la révolution au XIXe siècle,* 1851) et se fait le promoteur du fédéralisme politique et économique.

PROUSIAS Ier ou **PRUSIAS Ier,** *m. v. 182 av. J.-C.,* roi de Bithynie (v. 230/227 - 182 av. J.-C.). Il accueillit Hannibal dans son royaume ; quand il

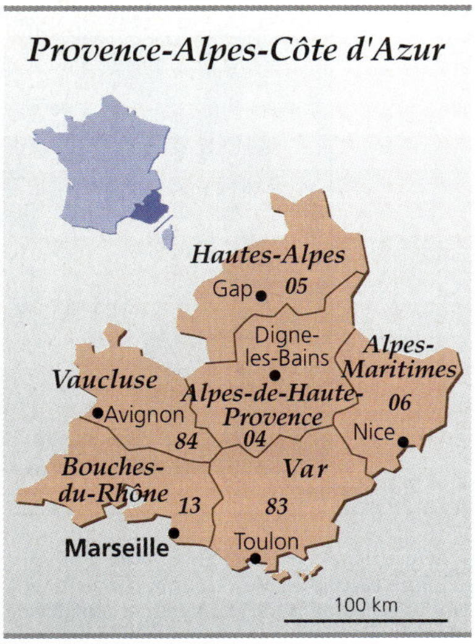

fut sommé par Rome de livrer le général carthaginois, ce dernier s'empoisonna. — **Prousias II,** *m. à Nicomédie en 149 av. J.-C.,* roi de Bithynie (v. 182 - 149 av. J.-C.). Fils de Prousias Ier, il se mit sous la protection de Rome, mais fut assassiné par son fils Nicomède II.

PROUST (Joseph Louis), *Angers 1754 - id. 1826,* chimiste français. Un des fondateurs de l'analyse chimique, il énonça, en 1808, la loi des proportions définies et le principe de la fixité absolue de la composition des espèces chimiques.

PROUST (Marcel), *Paris 1871 - id. 1922,* écrivain français. Traducteur de J. Ruskin, auteur d'essais (*Contre Sainte-Beuve,* publié en 1954), de récits (*Jean Santeuil,* publié en 1952), il domine l'histoire du roman français au XXe s. avec **À la recherche du temps perdu :* le bonheur que son héros - le Narrateur - a recherché vainement dans la vie mondaine, l'amour, la contemplation des œuvres d'art, il le découvre dans le pouvoir d'évocation de la mémoire instinctive qui réunit le passé et le présent en une même sensation retrouvée (la petite madeleine trempée dans le thé fait revivre, par le rappel d'une saveur oubliée, toute son enfance) ; il vit ainsi un événement sous l'aspect de l'éternité, qui est aussi celui de l'art et de la création littéraire.

PROUT ou **PRUT** n.m., riv. d'Europe orientale, née en Ukraine, affl. du Danube (r. g.) ; 989 km. Il sert de frontière entre la Moldavie et la Roumanie.

PROUVÉ (Victor), *Nancy 1858 - Sétif 1943,* peintre et décorateur français. Il succéda à Gallé comme président de l'école de Nancy. — **Jean P.,** *Nancy 1901 - id. 1984,* ingénieur et designer français, fils de Victor. Il a été un pionnier de la construction métallique industrialisée (murs-rideaux).

Provençale (la), autoroute reliant Aix-en-Provence à Nice (et à la frontière italienne).

PROVENCE n.f., région historique du sud-est de la France (cap. *Aix-en-Provence*), correspondant pratiquement aux dép. des Alpes-de-Haute-Provence, des Bouches-du-Rhône et du Var. Géographiquement, on rattache à la Provence historique le Comtat Venaissin (région d'Avignon) et le comté de Nice. — Le long des côtes, occupées très tôt par les Ligures, se développe l'empire maritime de Massalia (Marseille), fondé au VIe s.

■ **PROUDHON**
par Courbet.
(Petit Palais, Paris.)

■ MARCEL **PROUST**
par J.-É. Blanche.
(Musée d'Orsay, Paris.)

av. J.-C. par les Grecs de Phocée. Au IIe s. av. J.-C., la région est conquise par les Romains et forme la *Provincia Romana.* Appelée par la suite Narbonnaise, elle est profondément romanisée et devient l'un des premiers foyers du christianisme. Envahie au Ve s. par les Barbares, elle est incorporée en 537 au royaume des Francs et passe, au XIIe s., sous la domination des comtes de Barcelone. En 1246, le comté de Provence échoit à la deuxième maison d'Anjou. Après la mort de René Ier le Bon (1480), la Provence est léguée à la France (1481).

PROVENCE (comte **de**) → **LOUIS XVIII.**

Provence (débarquement de) [15 août 1944], opération de la Seconde Guerre mondiale (opération Anvil). Déclenché par les Alliés sur les côtes de Provence, combiné aux opérations en Normandie, il aboutit à la libération d'une grande partie du territoire français.

Provence (la), quotidien régional français, né en 1997 de la fusion des quotidiens *le Provençal* et *le Méridional,* tous deux créés à Marseille en 1944.

PROVENCE-ALPES-CÔTE D'AZUR n.f., Région administrative de France ; 31 400 km^2 ; 4 506 151 hab. ; ch.-l. *Marseille ;* 6 dép. (Alpes-de-Haute-Provence, Hautes-Alpes, Alpes-Maritimes, Bouches-du-Rhône, Var et Vaucluse). La région englobe la Provence historique, le Comtat Venaissin (Vaucluse), le sud du Dauphiné (Hautes-Alpes) et le comté de Nice (majeure partie des Alpes-Maritimes). C'est la troisième de France par la population. On y distingue : la *Provence rhodanienne,* pays de plaines ; la *Provence intérieure,* au relief varié, formé de chaînons calcaires, de massifs anciens, des Plans de Provence, du plateau de Valensole et de l'ensemble des Préalpes du Sud ; la *Provence maritime* et la Côte d'Azur, entre l'embouchure du Rhône et la frontière italienne. Le littoral, à vocation presque exclusivement touristique à l'E. (Côte d'Azur) et davantage commerciale et industrielle plus à l'O., est densément peuplé (80 % de la population régionale y sont concentrés) et s'oppose à l'intérieur, surtout agricole (élevage ovin dans la montagne ; cultures céréalières et fruitières, vigne dans les bassins intérieurs).

PROVIDENCE, v. des États-Unis, cap. du Rhode Island ; 160 728 hab. Demeures et monuments des XVIIIe-XIXe s.

PROVINCES ATLANTIQUES, partie du Canada, regroupant les Provinces maritimes et Terre-Neuve.

PROVINCES DES PRAIRIES, ensemble de trois provinces du Canada, abrégé par le sigle *Alsama* (*Alberta, Saskatchewan* et *Manitoba*).

PROVINCES MARITIMES, ensemble de trois provinces orientales du Canada (*Nouveau-Brunswick, Nouvelle-Écosse* et *Île-du-Prince-Édouard*).

PROVINCES-UNIES, nom porté par la partie septentrionale des Pays-Bas de 1579 à 1795. **1579 :** l'Union d'Utrecht consacre la sécession des sept provinces calvinistes du Nord (Zélande, Overijssel, Hollande, Gueldre, Frise, Groningue, Utrecht), qui répudient solennellement (1581) l'autorité de Philippe II d'Espagne. **1585 - 1625 :** le stathouder Maurice de Nassau poursuit la lutte contre les Espagnols. **1621 - 1648 :** après la trêve de Douze Ans (1609 - 1621), les Provinces-Unies reprennent les hostilités, désormais liées à la guerre de Trente Ans. **1648 :** par les traités de Westphalie, l'Espagne reconnaît l'indépendance des Provinces-Unies. **1650 - 1672 :** à la mort de Guillaume II de Nassau, les sept provinces décident de ne plus nommer de stathouder. L'oligarchie commerçante arrive au pouvoir en 1653 avec le grand pensionnaire Jean de Witt. Durant cette période, l'essor de l'Empire colonial néerlandais et les interventions des Provinces-Unies contre le Danemark, la Suède et l'Angleterre assurent au pays la maîtrise des mers. **1672 :** l'invasion française provoque la chute de Jean de Witt. Guillaume III est nommé stathouder. **1678 - 1679 :** les traités de Nimègue mettent fin à la guerre de Hollande. **1689 :** devenu roi d'Angleterre, Guillaume III sacrifie les intérêts du pays à sa politique anglaise. **1702 :** lorsqu'il meurt, aucun stathouder n'est nommé. Le pouvoir est alors exercé par les grands pensionnaires (Heinsius). **1740 - 1748 :** la guerre de la Succession d'Autriche et l'occupation française provoquent la restauration, en 1747, de la maison d'Orange-Nassau. **1780 - 1784 :** la guerre contre la Grande-Bretagne est catastrophique pour le commerce néerlandais. **1786 :** cet échec aboutit à des troubles révolutionnaires. **1795** : l'invasion française provoque la chute du régime. Les Provinces-Unies deviennent la République batave, transformée (1806) en royaume de Hollande au profit de Louis Bonaparte, puis placée (1810) sous l'administration directe de la France (→ **Pays-Bas**).

PROVINCES-UNIES D'AMÉRIQUE CENTRALE (Fédération des), organisation politique inspirée des idées de Bolívar et de son projet de création de la Grande-Colombie. Elle a regroupé de 1823 à 1838 - 1839 le Costa Rica, le Honduras, le Nicaragua, le Guatemala et le Salvador.

Provinciales (les), ensemble de dix-huit lettres de Blaise Pascal, publiées anonymement (1656 - 1657), puis réunies en 1657. Défendant les jansénistes, Pascal attaque les jésuites, remettant en cause leur conception de la grâce divine et le laxisme de leur casuistique.

PROVINS [-vɛ̃] (77160), ch.-l. d'arrond. de Seine-et-Marne, dans la Brie ; 12 091 hab. *(Provinois).* Centre touristique et commercial. – Donjon médiéval (« tour de César ») et remparts des XIIe-XIVe s. ; églises (XIe-XVIe s.) ; maisons et hôtels anciens ; petit musée.

PROXIMA, étoile de la constellation du Centaure, la plus proche du système solaire. Sa distance est de 4,2 années de lumière.

PRUDENCE, en lat. **Aurelius Prudentius Clemens,** *Calahorra 348 - v. 410,* poète latin chrétien. Il créa avec la *Psychomachie,* combat entre les vices et les vertus, le poème allégorique.

PRUDHOE BAY, baie de la côte nord de l'Alaska. Gisement de pétrole.

PRUD'HON (Pierre Paul), *Cluny 1758-Paris 1823,* peintre français. Son art jette un pont entre un classicisme plein de grâce et le romantisme. Pour le Palais de Justice de Paris, il peignit en 1808 *la Justice et la Vengeance divine poursuivant le Crime* (Louvre). Dessins au Louvre, à Chantilly, au musée de Gray.

■ PIERRE PAUL **PRUD'HON.** Tête d'étude, dite *la Vierge,* dessin au fusain et à la craie. (Musée des Beaux-Arts, Dijon.)

PRUNELLI-DI-FIUMORBO (20240), ch.-l. de cant. de la Haute-Corse ; 2 814 hab.

PRUS (Aleksander **Głowacki,** dit Bolesław), *Hrubieszów 1847 - Varsovie 1912,* écrivain polonais, auteur de romans sociaux *(la Poupée)* et historiques *(le Pharaon).*

PRUSINER (Stanley B.), *Des Moines 1942,* biologiste et neurologue américain. Sa découverte, en 1982, de la protéine responsable des encéphalopathies spongiformes telles que la maladie de la vache folle a confirmé sa théorie du prion. (Prix Nobel 1997.)

PRUSSE, ancien État de l'Allemagne du Nord. Cap. *Berlin.*

Des origines au royaume de Prusse. Le territoire originel de la Prusse, situé entre la Vistule et le Niémen, est occupé depuis les IVe-Ve s. par un peuple balte, les Borusses, ou Prussiens. **1230 - 1280** : il est conquis par l'ordre des chevaliers Teutoniques, qui y installe des colons allemands. **1410** : les Polono-Lituaniens remportent sur l'ordre la victoire de Grunwald (Tannenberg). **1466** : par la paix de Toruń, l'ordre Teutonique reconnaît la suzeraineté de la Pologne. **1525** : son grand maître, Albert de Brandebourg, dissout l'ordre et fait de son territoire un duché héréditaire de la couronne de Pologne. **1618** : le duché passe aux mains des Hohenzollern, princes-électeurs de Brandebourg qui, au cours de la guerre de Trente Ans, louvoient entre la Suède et la Pologne. **1660** : Frédéric-Guillaume, le Grand Électeur, obtient de la Pologne qu'elle renonce à sa suzeraineté sur la Prusse. **1701** : son fils devient « roi en Prusse » sous le nom de Frédéric Ier. **1713 - 1740** : Frédéric-Guillaume Ier, le « Roi-Sergent », dote le pays de l'armée la plus moderne d'Europe. **1740 - 1786** : Frédéric II le Grand, le « Roi Philosophe », fait de la Prusse, qu'il agrandit de la Silésie et des territoires reçus lors du premier partage de la Pologne, une grande puissance européenne. **1806** : la Prusse est défaite par Napoléon à Auerstedt et à Iéna. **1806 - 1813** : remarquable « redressement moral » sous l'égide des ministres Stein et Hardenberg : abolition du servage ; création de l'université de Berlin, foyer du nationalisme allemand ; réorganisation de l'armée. **1813 - 1814** : la Prusse joue un rôle déterminant dans la lutte contre Napoléon.

L'hégémonie prussienne en Allemagne. 1814 - 1815 : la Prusse obtient au congrès de Vienne le nord de la Saxe, la Westphalie et les territoires rhénans au-delà de la Moselle. Elle devient l'État le plus puissant de la Confédération germanique. **1834** : par l'Union douanière *(Zollverein),* elle prépare l'unité des États de l'Allemagne du Nord sous son égide. **1862** : Guillaume Ier (1861 - 1888) appelle Bismarck à la présidence du Conseil. **1866** : l'Autriche est battue à Sadowa. **1867** : la Confédération de l'Allemagne du Nord est créée. **1871** : à l'issue de sa victoire dans la guerre franco-allemande, Guillaume Ier est proclamé empereur d'Allemagne à Versailles. La Prusse constitue dès lors un État de l'Empire allemand, puis de la république de Weimar. **1933 - 1935** : le national-socialisme met fin à son existence.

PRUSSE-OCCIDENTALE, anc. prov. allemande. Cap. *Dantzig.* Organisée en 1815, elle regroupait les territoires échus à la Prusse lors des deux premiers partages de la Pologne (1772, 1793). Elle fut attribuée à la Pologne en 1919, à l'exception de Dantzig.

PRUSSE-ORIENTALE, anc. prov. allemande. Cap. *Königsberg.* Elle fut partagée en 1945 entre l'URSS et la Pologne.

PRUSSE-RHÉNANE, anc. prov. allemande. V. princ. *Coblence.* Constituée au sein du royaume de Prusse en 1824, elle est auj. partagée entre les États de Rhénanie-du-Nord-Westphalie et de Rhénanie-Palatinat.

PRUT → **PROUT.**

PRZEMYŚL, v. de Pologne, en Galicie ; 69 200 hab. Cathédrale des XVe-XVIIIe s. et autres monuments ; musée.

PS (Parti socialiste), parti politique français né de la fusion entre 1969 et 1971 de la SFIO et de divers clubs. Il a accédé aux responsabilités gouvernementales en 1981, à la suite de l'élection à la présidence de la République de son premier secrétaire, F. Mitterrand.

PSAMMÉTIQUE Ier, pharaon d'Égypte (v. 663 - 609 av. J.-C.). Fils de Néchao et fondateur de la XXVIe dynastie, il chassa d'Égypte les Assyriens et les Éthiopiens. – **Psammétique III,** *m. en 525 av. J.-C.,* pharaon d'Égypte (526 - 525 av. J.-C.), de la XXVIe dynastie. Il fut vaincu et tué par le Perse Cambyse II, conquérant de l'Égypte.

Psaumes (livre des), livre biblique rassemblant les 150 chants liturgiques (psaumes) de la religion d'Israël. Sa composition s'échelonne de la période monarchique à celle qui suit la restauration du Temple après l'Exil (Xe-IVe s. av. J.-C.).

PSELLOS (Mikhail ou Michel), *Constantinople 1018 - id. 1078,* homme d'État et écrivain byzantin. Conseiller d'Isaac Ier Comnène et de ses successeurs, il contribua à diffuser la philosophie platonicienne dans l'Empire byzantin. Sa *Chronographie,* chronique des événements survenus entre 976 et 1077, est une source précieuse.

PSKOV, v. de Russie, au S.-O. de Saint-Pétersbourg ; 209 000 hab. Enceinte fortifiée, restes du kremlin, nombreuses églises médiévales ; riche musée d'Art et d'Histoire.

PSU (Parti socialiste unifié), parti politique français constitué en 1960 par des dissidents de la SFIO et du Parti communiste. Il a prononcé sa dissolution en 1989.

PSYCHÉ MYTH. GR. Jeune fille d'une grande beauté, aimée par Éros. Une nuit, elle alluma une lampe, désobéissant au dieu qui lui avait interdit de voir le visage d'Éros ; celui-ci la quitta et elle ne le retrouva qu'après nombre d'aventures. Le mythe de Psyché, rapporté par Apulée, a symbolisé par la suite le destin de l'âme déchue, qui, après des épreuves purificatrices, s'unit pour toujours à l'amour divin.

PTAH, dieu de l'Égypte ancienne, adoré à Memphis, considéré comme le Verbe créateur. Il est représenté sous forme humaine, le corps serré dans un linceul.

PTOLÉMAÏS, nom de plusieurs villes fondées à l'époque hellénistique par des Ptolémées ou en leur honneur.

PTOLÉMÉE, nom de seize souverains grecs de la dynastie des Lagides, qui régnèrent sur l'Égypte après la mort d'Alexandre le Grand (323 av. J.-C.). – **Ptolémée Ier Sôtêr,** *en Macédoine v. 367 - 283 av. J.-C.,* roi d'Égypte (305 - 283 av. J.-C.), fondateur de la dynastie des Lagides. Maître de l'Égypte après la mort d'Alexandre le Grand (323 av. J.-C.), il conquit la Palestine, la Syrie, Chypre et la Cyrénaïque. Il fit d'Alexandrie une grande capitale. – **Ptolémée II Philadelphe,** *Cos v. 309 - 246 av. J.-C.,* roi d'Égypte (283 - 246 av. J.-C.). Fils de Ptolémée Ier Sôtêr, il dut abandonner à Antiochos II l'Asie Mineure (253 av. J.-C.). Il fit construire le phare d'Alexandrie. – **Ptolémée III Évergète,** *v. 280 - 221 av. J.-C.,* roi d'Égypte (246 - 221 av. J.-C.). Il porta l'Égypte lagide à l'apogée de sa puissance. – **Ptolémée V Épiphane,** *v. 210 - 181 av. J.-C.,* roi d'Égypte (204 - 181 av. J.-C.). Il perdit définitivement la Syrie et la Palestine. – **Ptolémée VIII** (ou **VII**) **Évergète II,** *m. en 116 av. J.-C.,* roi d'Égypte (143 - 116 av. J.-C.). Son règne achève la grande période de l'Égypte lagide. À la fin du IIe s. et au Ier s. av. J.-C., les Ptolémées sont soumis à la politique romaine. – **Ptolémée XIV** (ou **XV**), *59 - 44 av. J.-C.,* roi d'Égypte (47 - 44 av. J.-C.). Il fut l'époux de sa sœur, Cléopâtre VII. – **Ptolémée XV** (ou **XVI**) **Césarion,** *47 - 30 av. J.-C.,* roi nominal d'Égypte (44 - 30 av. J.-C.). Fils de César et de Cléopâtre VII, il fut tué par Octavien après Actium.

PTOLÉMÉE (Claude), *Ptolemaïs de Thébaïde v. 100 - Canope v. 170,* savant grec. Sa *Grande Syntaxe mathématique* (ou *Almageste*), vaste compilation des connaissances astronomiques des Anciens, et sa *Géographie* ont fait autorité jusqu'à la fin du Moyen Âge et à la Renaissance. Il imaginait la Terre fixe au centre de l'Univers et développa un système cosmologique ingénieux, apte à rendre compte des mouvements astronomiques observés à son époque.

PTT, sigle de l'anc. Administration des Postes, Télégraphes et Téléphones, devenue en 1980 celle des Postes et Télécommunications et de la Télédiffusion. Ce sigle désigne auj. le ministère et les services chargés des opérations postales (La Poste) et des télécommunications (France Télécom).

Publicis, société française fondée par le publicitaire Marcel Bleustein-Blanchet (Enghien-les-Bains 1906 - Paris 1996), et dont l'origine remonte à 1927. Exerçant ses activités dans la publicité, les médias et la distribution (drugstores), elle figure parmi les leaders mondiaux dans son secteur (rôle renforcé par l'acquisition, en 2000, du groupe britannique Saatchi & Saatchi).

PUBLICOLA → **VALERIUS PUBLICOLA.**

PUCCINI (Giacomo), *Lucques 1858 - Bruxelles 1924,* compositeur italien. Au-delà de l'esthétique vériste, ses opéras (*la Bohème,* 1896 ; *Tosca,* 1900 ; *Madame Butterfly,* 1904 ; *le Triptyque,* 1918 ; *Turandot,* 1926) se distinguent par leur lyrisme et leur richesse harmonique et orchestrale.

PUCELLE (Jean), *m. à Paris en 1334,* miniaturiste français. Chef d'un important atelier à Paris, v. 1320 - 1330, il introduisit la mode des figurations naturalistes et anecdotiques dans les marges des manuscrits, ainsi que l'illusion de la troisième dimension (*Heures de Jeanne d'Évreux,* musée des Cloîtres, New York).

PUEBLA, v. du Mexique, cap. de l'*État de Puebla ;* 1 054 921 hab. Centre commercial et industriel. – Cathédrale des XVIe-XVIIe s. ; églises baroques ; musées.

PUEBLO, v. des États-Unis (Colorado) ; 98 640 hab.

PUEBLO, ensemble de peuples amérindiens du sud-ouest des États-Unis (Arizona, Nouveau-Mexique) [env. 55 000]. Les Pueblo comprennent notamm. les Hopi, les Tewa, les Tiwa et les Zuñi. Agriculteurs sédentaires, ils vivent dans des villages de maisons en pisé et souvent disposées en terrasses. Ils pratiquent un riche artisanat (vannerie, tissage, poterie, orfèvrerie) et ont conservé leurs danses, leurs chants, ainsi que de nombreux

P

rites secrets liés aux relations avec les esprits des ancêtres *(kachina)* et les dieux. Ils relèvent de familles linguistiques diverses.

PUEBLO BONITO, site archéologique des États-Unis, dans la région du Chaco Canyon (Nouveau-Mexique). Imposants vestiges d'une cité précolombienne appartenant à la fin de la séquence Anasazi, et qui fut abandonnée v. 1300.

PUERTO CABELLO, v. du Venezuela ; 128 825 hab. Port.

PUERTO LA CRUZ, v. du Venezuela ; 155 731 hab. Port.

PUERTOLLANO, v. d'Espagne (Castille-la Manche), au S. de Ciudad Real ; 50 910 hab. Centre industriel.

PUERTO MONTT, v. du Chili méridional ; 130 730 hab. Port.

PUERTO RICO → PORTO RICO.

PUFENDORF (Samuel, baron **von**), *Chemnitz 1632 - Berlin 1694,* juriste et historien allemand. Reprenant et développant les idées de Grotius, il écrivit *Du droit de la nature et des gens* (1672), où il fonde le droit sur un contrat social.

PUGET (Pierre), *Marseille 1620 - id. 1694,* sculpteur, peintre et architecte français. Baroque et réaliste, en contradiction avec l'art officiel de son temps, il est l'auteur des *Atlantes* de l'ancien hôtel de ville de Toulon, d'œuvres religieuses à Gênes, de deux groupes, **Milon de Crotone* et *Persée délivrant Andromède,* pour Versailles (Louvre). Il a également donné les plans de la chapelle de l'hospice de la Charité à Marseille. Son fils François (1651 - 1707) fut peintre.

PUGET SOUND n.m., fjord de la côte ouest des États-Unis (État de Washington).

PUIFORCAT (Jean), *Paris 1897 - id. 1945,* orfèvre français. Sa production, et celle de la maison qu'il a créée, vaut d'abord par l'harmonie des formes et des proportions.

PUIGCERDÁ, v. d'Espagne (Catalogne), près de la frontière française ; 6 329 hab. Cap. de la Cerdagne espagnole. Tourisme.

PUISAYE [-zɛ] n.f., région bocagère et humide, aux confins du Loiret, de la Nièvre et de l'Yonne. (Hab. *Poyaudins.*)

PUISEAUX (45390), ch.-l. de cant. du Loiret ; 3 110 hab. Église des XIIIe et XVe s.

PUJOL I SOLEY (Jordi), *Barcelone 1930,* homme politique espagnol. Chef de la coalition *Convergència i Unió,* il est président de la Généralité de Catalogne depuis 1980.

PULA, en ital. **Pola,** v. de Croatie, en Istrie ; 62 000 hab. Monuments romains ; cathédrale reconstruite au XVIIe s. ; musée archéologique.

PULCHÉRIE [-ke-] (sainte), *Constantinople 399 - 453,* impératrice d'Orient. Fille d'Arcadius, elle s'empara du pouvoir à la mort de son frère Théodose II (450). Elle défendit l'orthodoxie contre les nestoriens et les monophysites.

PULCI (Luigi), *Florence 1432 - Padoue 1484,* poète italien. Il est l'auteur d'un poème chevaleresque qui parodie les chansons de geste *(Morgant).*

PULIGNY-MONTRACHET [-mɔ̃raʃɛ] (21190), comm. de la Côte-d'Or ; 473 hab. Vins.

Pulitzer (prix), prix institués par le journaliste américain Joseph Pulitzer (1847 - 1911). Décernés depuis 1917 par le conseil d'administration de l'université Columbia, ils récompensent chaque année des journalistes, des écrivains et des compositeurs de musique.

PULLMAN (George Mortimer), *Brocton, État de New York, 1831 - Chicago 1897,* industriel américain. Avec son ami Ben Field, il créa les voitures-lits (1863 - 1865).

PULLY, v. de Suisse (Vaud), près de Lausanne ; 15 612 hab. *(Pulliérans).* Musées.

PUNAAUIA, comm. de la Polynésie française (Tahiti) ; 19 524 hab.

PUNAKHA, v. de l'ouest du Bhoutan. Anc. capitale.

Punch ou **London Charivari** (The), journal satirique illustré anglais, fondé en 1841.

PUNE ou **POONA,** v. d'Inde (Maharashtra) ; 2 485 014 hab. Centre universitaire et industriel. – Cap. de l'Empire marathe au XVIIIe s.

puniques (guerres), conflits qui opposèrent entre 264 et 146 av. J.-C. Rome et Carthage, qui se disputaient l'hégémonie de la Méditerranée occidentale.

La première guerre punique (264 - 241 av. J.-C.). Elle a pour théâtre la Sicile, d'où les Romains tentent d'évincer les Carthaginois. Forts des succès de leur flotte (victoire de Duilius à Mylae, au large de la Sicile, 260), les Romains débarquent en Afrique. Ils connaissent ensuite une série de revers : défaite et mort de Regulus (255) en Afrique, échecs de la flotte (Drepanum, 249) et de l'armée en Sicile, contre Hamilcar Barca. Mais la victoire décisive de la flotte romaine aux îles Égates (241 av. J.-C.) amène Carthage à demander la paix ; la Sicile passe sous le contrôle de Rome.

La deuxième guerre punique (218 - 201 av. J.-C.). Elle est marquée par l'offensive du carthaginois Hannibal. Partant d'Espagne (prise de Sagonte, 219), celui-ci traverse les Pyrénées et les Alpes et entre en Italie, où il bat les Romains au Tessin et à la Trébie (218), au lac Trasimène (217), à Cannes (216) ; mais, ne recevant pas de renforts, il s'attarde à Capoue et doit renoncer à prendre Rome (211). Cependant, les Romains conquièrent la Sicile et l'Espagne. Hasdrubal Barca, qui essaie de rejoindre son frère Hannibal, est vaincu et tué sur les bords du Métaure (207). En 204, Scipion l'Africain porte la guerre en Afrique, après avoir obtenu le soutien du roi numide Masinissa. Hannibal, rappelé d'Italie, est vaincu à Zama (202 av. J.-C.). La paix de 201 enlève à Carthage ses possessions d'Espagne, la prive de sa flotte et lui impose un lourd tribut.

La troisième guerre punique (149 - 146 av. J.-C.). Elle porte le coup de grâce à Carthage. Le sénat romain, alerté par Caton qui craint la renaissance de la cité (*delenda est Carthago,* Carthage doit être détruite), prend prétexte du conflit opposant les Carthaginois à Masinissa, allié de Rome, et envoie Scipion Émilien en Afrique. Après trois ans de siège, Carthage est prise et rasée ; la puissance punique est anéantie.

PUNTA ARENAS, v. du Chili, sur le détroit de Magellan ; 113 661 hab. Port. Une des villes les plus méridionales du monde (avec Ushuaia).

PUNTA DEL ESTE, v. d'Uruguay, sur l'Atlantique ; 10 000 hab. Station balnéaire.

Purana, série d'épopées anonymes indiennes (IVe-XVe s.) qui constituent une somme de la culture et de la religion indiennes.

PURCELL (Edward Mills), *Taylorville, Illinois, 1912 - Cambridge, Massachusetts, 1997,* physicien américain. Il a imaginé une méthode nouvelle de propagation des ondes radioélectriques, utilisant les propriétés de l'ionosphère, et a déterminé les moments magnétiques des noyaux d'atome. (Prix Nobel 1952.)

PURCELL (Henry), *Londres ? 1659 - Westminster, auj. dans Londres, 1695,* compositeur anglais. Il est l'auteur d'œuvres d'un lyrisme intense : musique de scène (*Dido and Aeneas,* opéra, 1689 ; *King Arthur,* 1691 ; *The Fairy Queen,* 1692), chants sacrés et profanes (odes, anthems), sonates, fantaisies pour violes, suites pour clavecin.

PURUS n.m., riv. du Pérou et du Brésil, affl. de l'Amazone (r. dr.) ; 2 948 km.

Purusha ou **Purusa,** nom sanskrit de l'homme primordial dans le védisme. Premier sacrificateur, il est aussi le premier sacrifié, les diverses parties de son corps devenant alors les éléments de la création.

PUSAN, v. de Corée du Sud, sur le détroit de Corée ; 3 798 000 hab. Principal port du pays. Centre industriel.

PUSEY (Edward Bouverie), *Pusey, près d'Oxford, 1800 - Ascot Priory, Berkshire, 1882,* théologien britannique. Il prit une part capitale au « mouvement d'Oxford », ou *puseyisme,* qui porta une fraction de l'Église anglicane vers le catholicisme. Lui-même resta fidèle à l'anglicanisme.

PUSKAS (Ferenc), *Budapest 1927,* footballeur espagnol, d'origine hongroise. Gaucher, stratège et buteur, il a remporté notamment une coupe d'Europe des clubs.

PUSZTA n.f., nom donné à la grande plaine de Hongrie, lorsqu'elle n'était pas encore cultivée.

PUTEAUX (92800), ch.-l. de cant. des Hauts-de-Seine, sur la Seine ; 40 950 hab. *(Putéoliens).*

PUTIPHAR, personnage biblique, officier du pharaon, au temps de Joseph. Sa femme s'éprit de ce dernier et, irritée de son indifférence, l'accusa d'avoir voulu la séduire. Putiphar fit jeter Joseph en prison.

PUTNAM (Hilary), *Chicago 1926,* philosophe et logicien américain. Il défend un réalisme scientifique qui admet l'indépendance de la réalité tout en considérant que celle-ci ne peut être appréhendée qu'au travers de la variété des schèmes conceptuels et des pratiques.

PUTNIK (Radomir), *Kragujevac 1847 - Nice 1917,* maréchal serbe. Il commanda les forces serbes de 1912 à la fin de 1915.

PUVIRNITUQ, village inuit du Canada (Québec), sur la baie d'Hudson ; 1 090 hab.

PUVIS [-vi-] **DE CHAVANNES** (Pierre), *Lyon 1824 - Paris 1898,* peintre français. Il est connu pour ses peintures murales d'esprit symboliste et

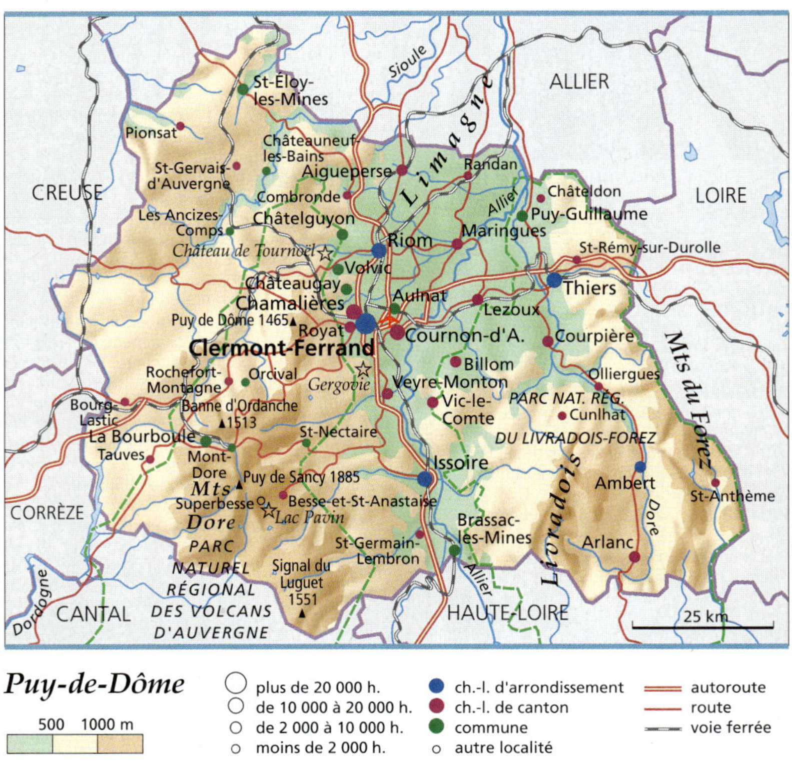

Puy-de-Dôme

de style sobrement classique (musées d'Amiens et de Lyon ; palais de Longchamp à Marseille ; Panthéon *[Vie de sainte Geneviève]*, Sorbonne *[le Bois sacré]* et Hôtel de Ville à Paris).

PUY DE DÔME n.m., sommet volcanique d'Auvergne, proche de Clermont-Ferrand ; 1 465 m. Observatoire météorologique.

PUY-DE-DÔME n.m. (63), dép. de la Région Auvergne ; ch.-l. de dép. *Clermont-Ferrand ;* ch.-l. d'arrond. *Ambert, Issoire, Riom, Thiers ;* 5 arrond. ; 61 cant. ; 470 comm. ; 7 970 km² ; 604 266 hab. Le dép. appartient à l'académie de Clermont-Ferrand, à la cour d'appel de Riom, à la zone de défense Sud-Est. Les plaines fertiles des Limagnes, drainées par l'Allier, portent des cultures céréalières et fruitières. Elles sont dominées à l'E. par les hauteurs du Livradois et du Forez, souvent boisées, et à l'O. par les massifs volcaniques des monts Dôme et des monts Dore, régions d'élevage bovin (pour l'embouche et surtout la production de fromages). L'élevage constitue encore la ressource essentielle des plateaux granitiques de l'extrémité occidentale du dép. L'industrie, représentée notamment par les pneumatiques, est implantée surtout dans l'agglomération de Clermont-Ferrand, qui regroupe plus de 40 % de la population. Le thermalisme et le tourisme animent Châtelguyon, Royat, La Bourboule, Le Mont-Dore, Saint-Nectaire.

Puy-du-Fou (château du), situé près des Herbiers, siège de l'écomusée de la Vendée et d'un important spectacle historique estival.

PUY-EN-VELAY (Le) [43000], anc. **Le Puy**, ch.-l. de la Haute-Loire, à 519 km au S.-E. de Paris ; 22 010 hab. *(Aniciens* ou *Ponots*). Évêché. Située dans une dépression fertile, le *bassin du Puy*, la ville est dominée par des pitons volcaniques (rocher Corneille, mont Aiguilhe). Cathédrale romane à coupoles (peintures murales ; cloître) ; églises ou chapelles et maisons anciennes ; musée Crozatier. Centre de fabrication de dentelle depuis le XVe s. Atelier conservatoire national de la dentelle. – Anc. cap. du Velay.

PUYI, *Pékin 1906 - id. 1967,* dernier empereur de Chine (1908 - 1912). Il fut nommé par les Japonais régent (1932) puis empereur (1934 - 1945) du Mandchoukouo. Capturé par les Soviétiques, interné de 1949 à 1959 à Fushun, il devint employé au Jardin botanique de Pékin, puis dans un service des Affaires culturelles.

PUYLAURENS [-rɛ̃s] (81700), ch.-l. de cant. du Tarn ; 2 863 hab. Église en partie romane.

PUY-L'ÉVÊQUE (46700), ch.-l. de cant. du Lot ; 2 209 hab. Église des XIVe-XVIe s. ; maisons fortifiées.

PUYMORENS [-rɛ̃s] (col de), col routier des Pyrénées françaises, entre Ax-les-Thermes (Ariège) et l'Andorre ou la Cerdagne ; 1 915 m. Tunnel routier.

PUYS (chaîne des), groupe de volcans éteints de France, en Auvergne (Puy-de-Dôme), au-dessus de la Limagne ; 1 465 m au puy de Dôme.

PUY-SAINT-VINCENT (05290), comm. des Hautes-Alpes ; 272 hab. *(Traversouires)*. Sports d'hiver (alt. 1 400 - 2 700 m).

Pydna (bataille de) [168 av. J.-C.], victoire du consul Paul Émile le Macédonique sur les Macédoniens de Persée à Pydna (Macédoine). Elle mit fin à l'indépendance de la Macédoine.

PYGMALION MYTH. GR. Roi légendaire de Chypre. Amoureux d'une statue qu'il avait lui-même sculptée, il obtint d'Aphrodite qu'elle donnât vie à la statue, et il l'épousa.

PYGMÉES MYTH. GR. Peuple mythique de nains, que les Anciens situaient près des sources du Nil.

PYGMÉES, populations nomades de la Rép. dém. du Congo (ex-Zaïre), du Gabon, du Cameroun et de la République centrafricaine. De petite taille, ils vivent dans la forêt équatoriale et pratiquent la chasse et la cueillette, échangeant leurs produits avec les communautés d'agriculteurs voisines, dont ils ont adopté la langue. Ils comprennent notamment les Binga, les Mbuti et les Twa.

PYLADE MYTH. GR. Ami et conseiller d'Oreste. Les tragiques grecs en ont fait le type de l'ami fidèle.

PYLA-SUR-MER (33115 La Teste de Buch), station balnéaire de la Gironde (comm. de La Teste-de-Buch).

PÝLOS, anc. **Navarin,** v. de Grèce, dans le Péloponnèse, sur la mer Ionienne ; 3 000 hab. Port. – À 15 km au N., site de l'anc. Pýlos, cité homérique. Ruines du palais de Nestor.

PYM (John), *Brymore 1584 - Londres 1643,* homme d'État anglais. Député aux Communes, principal auteur de la *Pétition de droit* (1628), qui limitait le pouvoir royal, il fut le chef de l'opposition parlementaire à l'arbitraire de Charles Ier et au catholicisme.

PYONGYANG, cap. de la Corée du Nord ; 2 639 000 hab. Centre administratif et industriel. – Musées. Monuments anciens.

PYRAME, jeune Babylonien dont les amours avec Thisbé, rapportées par Ovide, se terminèrent tragiquement : à la suite d'une méprise, les jeunes gens se suicidèrent.

Pyramides (bataille des) [21 juill. 1798], bataille de la campagne d'Égypte. Victoire de Bonaparte sur les Mamelouks près des pyramides de Gizeh (le surlendemain, Bonaparte entrait au Caire).

PYRÉNÉES n.f. pl., chaîne de montagnes, aux confins de la France et de l'Espagne ; 3 404 m au pic d'Aneto. Elles s'étendent sur 430 km du golfe de Gascogne au golfe du Lion. Le versant nord appartient à la France, le versant sud à l'Espagne. Par leur âge, les Pyrénées se rattachent au système alpin, mais elles diffèrent des Alpes mêmes. Les sommets sont moins hauts et les cols plus élevés, d'où un aspect massif en rapport avec l'importance des roches cristallines et la faiblesse relative de l'érosion glaciaire (altitudes et latitude plus basses que dans les Alpes).
Cependant, la chaîne n'a jamais constitué une barrière humaine infranchissable (les Basques et les Catalans peuplent les deux versants). Les Pyrénées sont franchies par le rail ou surtout la route (Somport, tunnels de Bielsa et de Viella, col de Puymorens). Mais la circulation ouest-est demeure difficile en raison de la disposition méridienne des cours d'eau, qui explique le cloisonnement du relief. Celui-ci a imposé une économie de subsistance fondée sur les cultures vivrières, l'élevage transhumant, celui des ovins essentiellement (associé à l'industrie textile), l'exploitation de la forêt et du sous-sol. Cette économie est parfois animée par l'industrie (liée à l'hydroélectricité) et, auj. surtout, par le tourisme.

PYRÉNÉES (HAUTES-) [65], dép. de la Région Midi-Pyrénées ; ch.-l. de dép. *Tarbes ;* ch.-l. d'arrond. *Argelès-Gazost, Bagnères-de-Bigorre ;* 3 arrond. ; 34 cant. ; 474 comm. ; 4 464 km² ; 222 368 hab. Le dép. appartient à l'académie de Toulouse, à la cour d'appel de Pau, à la zone de défense Sud-Ouest. Le sud occupe une partie des Pyrénées centrales, région très montagneuse, peu peuplée, pays d'élevage. À l'E., le plateau de Lannemezan est souvent couvert de landes. À l'O., la longue vallée de l'Adour, plus favorisée, juxtapose céréales, vergers et prairies. Le nord est formé de collines (polyculture et élevage). L'industrie est représentée par l'électrochimie et l'électrométallurgie, les constructions électriques et aéronautiques (vers Tarbes), à côté des activités traditionnelles (textiles, travail du bois, industries extractives [marbre]). Le thermalisme et les sports d'hiver animent localement la montagne, alors que Lourdes demeure l'un des grands centres mondiaux de pèlerinage.

Pyrénées (parc national des), parc national créé en 1967 (près de 50 000 ha), dans les Pyrénées françaises, le long de la frontière espagnole.

Pyrénées (traité des) ou **paix des Pyrénées** (7 nov. 1659), traité signé dans l'île des Faisans, sur la Bidassoa, par Mazarin et Luis Méndez de Haro, mettant fin aux hostilités entre la France et l'Espagne, qui étaient en guerre depuis 1635. Cette dernière abandonnait à la France d'importants territoires, notamm. le Roussillon, l'Artois et plusieurs places fortes du Nord. Il fut stipulé que Louis XIV épouserait la fille de Philippe IV, Marie-Thérèse, qui renonçait à ses droits sur la couronne d'Espagne moyennant une dot de 500 000 écus d'or.

PYRÉNÉES-ATLANTIQUES n.f.pl. (64), dép. de la Région Aquitaine ; ch.-l. de dép. *Pau ;* ch.-l. d'arrond. *Bayonne, Oloron-Sainte-Marie ;* 3 arrond. ; 52 cant. ; 545 comm. ; 7 645 km² ; 600 018 hab. Le dép. appartient à l'académie de Bordeaux, à la cour d'appel de Pau, à la zone de défense Sud-Ouest. Il a porté jusqu'en 1969 le nom de *Basses-Pyrénées.* Le dép. s'étend au sud sur la partie occidentale de la chaîne pyrénéenne, la plus humide, ce qui explique le développement de l'élevage, tant dans les Pyrénées béarnaises (les plus élevées, ouvertes par les vallées d'Aspe et d'Ossau), à l'est, que dans les Pyrénées basques (où l'élevage est associé à la polyculture : céréales, arbres fruitiers), à l'ouest. Le tourisme est aussi présent. Les collines sableuses ou volcaniques du nord-est, aux sols médiocres, sont entaillées par des vallées plus favorisées, herbagères ou céréalières, portant localement des vignobles (Jurançon). L'industrie, représentée traditionnellement par la petite métallurgie, les textiles, le travail du bois, s'est diversifiée avec les constructions aéronautiques et l'exploitation du gisement de gaz naturel de Lacq, en voie d'épuisement. Le littoral (Côte d'Argent) est animé par la pêche (Saint-Jean-de-Luz) et le tourisme (Biarritz).

PYRÉNÉES-ORIENTALES (66), dép. de la Région Languedoc-Roussillon ; ch.-l. de dép. *Perpignan ;* ch.-l. d'arrond. *Céret, Prades ;* 3 arrond. ; 31 cant. ; 226 comm. ; 4 116 km² ; 392 803 hab. Le dép. appartient à l'académie et à la cour d'appel de Montpellier, à la zone de défense Sud. Le littoral, bas et bordé d'étangs au nord, est animé par un important tourisme estival. Dans l'intérieur (au N. des Albères qui portent des vignobles) s'étend la plaine du Roussillon, riche région agricole, où l'irrigation permet la présence de la vigne, des cultures fruitières (surtout) et maraîchères. La plaine est limitée vers l'intérieur par la partie orientale de la chaîne pyrénéenne, formée de lourds massifs (Canigou, Carlitte) ouverts par des bassins d'effondrement (Capcir, Cerdagne, Conflent, Vallespir), qui concentrent l'essentiel des activités (cultures céréalières et légumières, tourisme [Font-Romeu]). L'industrie, peu développée, est liée aux produits du sol (conserveries de fruits et de légumes, apéritifs). L'agglomération de Perpignan concentre plus de 40 % de la population.

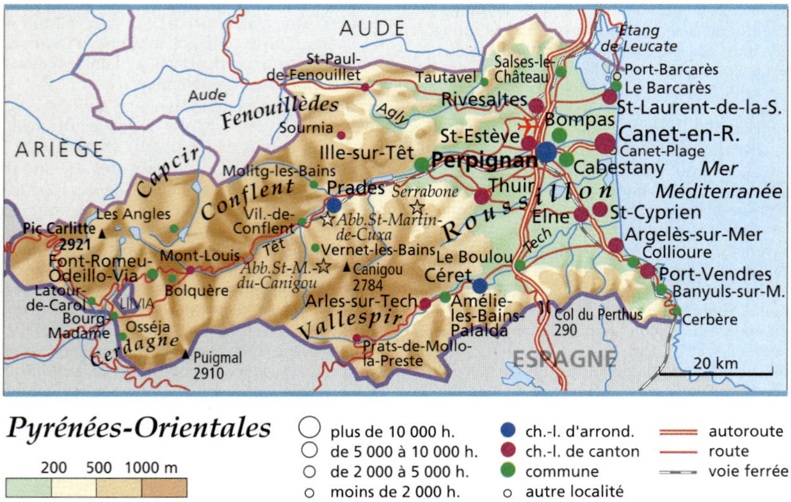

PYRRHA MYTH. GR. Fille d'Épiméthée et de Pandore, épouse de Deucalion.

PYRRHON, *Élis v. 365 - v. 275 av. J.-C.,* philosophe grec. Il suivit Alexandre en Asie et fonda à son retour l'école sceptique. Sa doctrine, le scepticisme, ou *pyrrhonisme,* vise l'ataraxie.

PYRRHOS, aussi appelé **NÉOPTOLÈME** MYTH. GR. Fils d'Achille. Après la prise de Troie, il épousa Andromaque, veuve d'Hector, et mourut victime de la jalousie d'Hermione. Il passait pour le fondateur du royaume d'Épire.

PYRRHOS II, en lat. **Pyrrhus,** *v. 318 - Argos 272 av. J.-C.,* roi d'Épire (295 - 272 av. J.-C.). Appelé en Italie méridionale par les habitants de Tarente, il fut vainqueur contre Rome à Héraclée (280) et à Ausculum (279), grâce à ses éléphants (ces succès, obtenus au prix de très lourdes pertes, sont à l'origine de l'expression « victoire à la Pyrrhus »). Vaincu par les Romains à Bénévent (275 av. J.-C.), il dut rentrer en Épire.

PYTHAGORE, *Samos v. 570 - Métaponte v. 480 av. J.-C.,* philosophe et mathématicien grec. Il est le fondateur d'une école mathématique et mystique, l'*école pythagoricienne* (v. partie n. comm. **pythagoricien**). Son existence est entourée de légendes et son enseignement, qui n'aurait été qu'oral, a été transmis par des traditions faisant une large place au secret.

PYTHÉAS, *IVe s. av. J.-C.,* navigateur et géographe grec de l'antique Marseille. Il détermina la latitude de Marseille et explora les côtes du nord de l'Europe.

PYTHON MYTH. GR. Serpent monstrueux, premier maître de Delphes. Il fut tué par Apollon, qui s'empara de l'oracle et fonda les *jeux Pythiques.*

Caractère Quick

QACENTINA → **CONSTANTINE.**

QADESH ou **KADESH,** ville de la Syrie ancienne, près de Homs. Sous ses murs, Ramsès II livra une dure bataille aux Hittites (v. 1299 av. J.-C.).

QADJAR, dynastie fondée par Agha Mohammad Chah, chef d'une tribu turkmène, et qui régna sur l'Iran de 1796 à 1925.

QALAT SIMAN ou **QALAAT SIMAN,** site archéologique de la Syrie du Nord. Vestiges de l'ensemble monumental (basiliques, édifices conventuels, etc.) élevé à la mémoire de saint Siméon le Stylite, chef-d'œuvre de l'art paléochrétien du ve s.

QATAR, État d'Asie, sur le golfe Persique ; 11 400 km^{2} ; 560 000 hab. *(Qatariens).* CAP. *al-Dawha.* LANGUE : *arabe.* MONNAIE : *riyal du Qatar.* (V. carte **Arabie.**) C'est une péninsule désertique, mais très riche en pétrole et surtout en gaz naturel. – Lié par un traité (1868) à la Grande-Bretagne, le Qatar devient indépendant en 1971, avec à sa tête l'émir Khalifa ibn Ahmad al-Thani (1972 - 1995) puis son fils Ahmad ibn Khalifa al-Thani (depuis 1995).

QAZVIN ou **KAZVIN,** v. d'Iran, au S. de l'Elbourz ; 278 826 hab. Capitale de la Perse au XVIe s. – Monuments anciens.

QIANLONG, *Pékin 1711 - id. 1799,* empereur chinois (1736 - 1796), de la dynastie Qing. Il poursuivit l'expansion en Asie centrale, au Tibet et en Birmanie, et porta l'Empire à son apogée.

QIN, première dynastie impériale chinoise (221 - 206 av. J.-C.). Elle réalisa l'unification du pays (221 av. J.-C.).

QING, dynastie mandchoue qui régna sur la Chine de 1644 à 1911.

QINGDAO, v. de Chine (Shandong) ; 2 240 000 hab. Port. Centre culturel et industriel.

QINGHAI n.m., prov. de la Chine de l'Ouest ; 720 000 km^{2} ; 4 460 000 hab. ; cap. *Xining.*

QINGHAI, vaste dépression marécageuse du centre-ouest de la Chine (prov. du Qinghai) [alt. 3 200 m].

QINLING n.m. pl., massif de la Chine centrale, entre les bassins du Huang He et du Yangzi Jiang ; 3 767 m.

QIN SHI HUANGDI, *259 - 210 av. J.-C.,* empereur chinois (221 - 210 av. J.-C.), fondateur de la dynastie Qin. Il pacifia puis unifia les pays chinois et fonda l'Empire en 221 av. J.-C. À proximité de Xi'an, à la périphérie de son tumulus, fut découverte (1974) une réplique en terre cuite de son armée.

QIQIHAR ou **TSITSIHAR,** v. de la Chine du Nord-Est (Heilongjiang) ; 1 330 000 hab. Carrefour ferroviaire et centre industriel.

QOM, v. d'Iran, au S.-S.-O. de Téhéran ; 681 253 hab. Ville sainte de l'islam chiite. – Monuments anciens.

QUADES, peuple germanique qui vivait dans l'actuelle Moravie et qui disparut au IVe s. apr. J.-C.

QUANTZ (Johann Joachim), *Oberscheden 1697 - Potsdam 1773,* compositeur et flûtiste allemand. Musicien de chambre et compositeur de la cour de Frédéric II de Prusse, il écrivit pour celui-ci sonates et concertos et laissa une importante méthode de flûte traversière.

QUAREGNON, comm. de Belgique (Hainaut) ; 19 572 hab.

QUARENGHI (Giacomo), *Valle Imagna, Bergame, 1744 - Saint-Pétersbourg 1817,* architecte italien. Il a bâti pour Catherine II, à Saint-Pétersbourg surtout, de nombreux édifices de style néoclassique palladien.

QUARTIER LATIN (le), partie de la rive gauche de Paris qui appartient aux Ve (Panthéon) et VIe (Luxembourg) arrondissements. Des activités universitaires s'y sont développées depuis le XIIe s.

QUARTON, CHARONTON ou **CHARRETON** (Enguerrand), *mentionné en Provence de 1444 à 1466,* peintre français originaire du diocèse de Laon. Il est l'auteur de la *Vierge de miséricorde* du musée Condé à Chantilly, du **Couronnement de la Vierge* de Villeneuve-lès-Avignon et probablement de la *Pietà d'Avignon* du Louvre.

Quasimodo, personnage de *Notre-Dame de Paris* (1831), roman de V. Hugo. C'est le sonneur de cloches de la cathédrale, dont l'extrême difformité et l'apparente méchanceté cachent la plus sublime délicatesse de sentiment.

QUASIMODO (Salvatore), *Syracuse 1901 - Naples 1968,* poète italien. Il est passé du symbolisme raffiné de l'école « hermétiste » *(Et soudain c'est le soir)* à une poésie d'inspiration sociale et populaire. (Prix Nobel 1959.)

Quatre Articles (Déclaration des) → **Déclaration du clergé de France.**

QUATRE-BRAS (les), hameau de Belgique (Brabant wallon). Défaite de Ney devant les Britanniques de Wellington (16 juin 1815).

QUATRE-CANTONS (lac des) ou **LAC DE LUCERNE,** en all. **Vierwaldstättersee,** lac de Suisse, traversé par la Reuss, entre les cantons d'Uri, Unterwald, Schwyz et Lucerne ; 114 km^{2}. Tourisme.

Quatre-Nations (collège des), établissement fondé à Paris en 1661 à l'initiative de Mazarin. Destiné à accueillir soixante « écoliers » originaires de quatre « nations » récemment réunies à la France (Alsace, Pays-Bas, Roussillon, province de Pignerol), le collège reçut la bibliothèque personnelle du cardinal (future bibliothèque Mazarine). Il fut supprimé en 1793 et ses locaux furent affectés à l'Institut de France (1806).

QUÉBEC, v. du Canada, cap. de la *prov. de Québec,* au confluent du Saint-Laurent et de la rivière Saint-Charles ; 175 039 hab. *(Québécois)* [près de 600 000 hab. dans l'agglomération]. Archevêché. Centre administratif, culturel (université), commercial et industriel. – Place Royale, en partie des XVIIe et XVIIIe s. ; monuments religieux ; musées, dont celui du Québec et celui de la Civilisation. – Fondée par le Français Champlain en 1608, Québec fut le berceau de la civilisation française en Amérique. Siège d'un évêché en 1674, elle fut prise par les Britanniques après la bataille des plaines d'Abraham (1759).

Québec (Acte de) [22 juin 1774], loi britannique concernant le statut du Canada. Il délimitait la province de Québec, admettait les catholiques aux fonctions publiques et rétablissait les anciennes lois françaises, tout en maintenant le droit criminel anglais, plus libéral.

QUÉBEC (province de), prov. de l'est du Canada ; 1 540 680 km^{2} ; 6 895 963 hab. ; cap. *Québec ;* v. princ. *Montréal.*

GÉOGRAPHIE

La province s'étend sur les bordures orientale (Nord-du-Québec) et méridionale (Laurentides) du bouclier canadien, limité au sud par les basses terres situées de part et d'autre du Saint-Laurent. Enfin, le sud-est appartient à l'extrémité septentrionale du système appalachien (Gaspésie). Le climat est rude, de type continental marqué, avec un long enneigement. Sa dégradation progressive vers le nord explique la concentration de l'agriculture (céréales, fourrages, élevage bovin, etc.) et de la population dans le sud, valorisé par la voie maritime du Saint-Laurent, qui est jalonnée par les principales villes (Montréal [près de la moitié de la population provinciale dans l'agglomération], Trois-Rivières, Québec). Le reste de la province est le domaine de l'exploitation de la forêt et surtout du riche sous-sol (fer, cuivre, or, amiante, etc.). La mise en valeur du potentiel hydroélectrique considérable a donné naissance à d'importantes industries du bois (papier), ainsi qu'à la métallurgie des non-ferreux.

HISTOIRE

1763 : après la défaite de la France et le traité de Paris, la Grande-Bretagne s'assure le contrôle des

■ **QUÉBEC.** Le château Frontenac (fin du XIXe s.), dominant le Saint-Laurent.

possessions françaises du Canada (Nouvelle-France) et crée la province de Québec. **1791 :** l'arrivée des « loyalistes » fuyant les États-Unis indépendants aboutit à la séparation du Bas-Canada (avec Québec pour capitale), francophone, et du Haut-Canada (actuel Ontario), anglophone. **1837 :** les parlementaires des deux Canadas réclament de réels pouvoirs. La rébellion éclate et est durement réprimée. **1840 :** les deux Canadas (auj. Québec et Ontario) sont réunis en une même province, le Canada-Uni. **1867 :** la province de Québec est restaurée dans le cadre de la Confédération canadienne, nouvellement créée. La vie politique est alors marquée par la division entre libéraux et conservateurs cléricaux, qui se succèdent au pouvoir. **1960 - 1966 :** sous le gouvernement libéral de Jean Lesage, des réformes modernisent la société. **1966 - 1970 :** l'Union nationale est au pouvoir ; le courant indépendantiste se développe. **1976 :** succédant aux libéraux (1970 - 1976), le Parti québécois, indépendantiste, remporte les élections. **1977 :** la loi 101 instaure le français comme la langue officielle. **1980 :** les Québécois se prononcent par référendum contre le projet de « souveraineté-association » du Parti québécois. **1985 :** les libéraux, à nouveau dirigés par Robert Bourassa, reprennent le pouvoir. **1990 :** l'échec du projet d'accord constitutionnel (dit « du lac Meech »), destiné à satisfaire les demandes minimales du Québec, ouvre une crise politique sans précédent, aggravée par des revendications amérindiennes. **1992 :** un nouveau projet de réforme constitutionnelle est élaboré à Charlottetown. Soumis à référendum, il est rejeté. **1993 :** un amendement à la loi 101 autorise un usage limité de l'anglais dans l'affichage commercial. **1994 :** Robert Bourassa démissionne ; Daniel Johnson, nouveau chef des libéraux, lui succède. Après la victoire des indépendantistes aux législatives de septembre, Jacques Parizeau, chef du Parti québécois, devient Premier ministre. **1995 :** le référendum sur la souveraineté du Québec (oct.) se solde par une très mince victoire des partisans du maintien de la province dans la Confédération canadienne. J. Parizeau annonce immédiatement sa démission. **1996 :** il est remplacé à la tête du Parti québécois et du gouvernement par Lucien Bouchard (reconduit dans ses fonctions au terme des législatives de nov. 1998). **2001 :** L. Bouchard démissionne ; Bernard Landry lui succède.

QUECHUA, principale famille ethnolinguistique amérindienne d'Amérique latine, représentée en Bolivie et au Pérou, ainsi qu'en Équateur, au Chili et en Argentine (env. 7,5 millions de locuteurs). Les Quechua comprennent de nombreux peuples de la cordillère des Andes, essentiellement ceux qui eurent les Incas pour souverains.

QUEDLINBURG, v. d'Allemagne (Saxe-Anhalt) ; 29 096 hab. Ville ancienne pittoresque ; église St-Servais, reconstruite autour de 1100 (trésor) ; château des XVIe-XVIIe s. (musée).

QUEENS, borough de New York (États-Unis) ; 1 951 598 hab.

QUEENSLAND, État du nord-est de l'Australie ; 1 727 500 km² ; 2 978 617 hab. ; cap. *Brisbane.*

Que faire ?, roman de N. G. Tchernychevski (1863). Ce livre fut longtemps, par sa célébration de l'union libre et du radicalisme politique, la bible de la jeunesse révolutionnaire russe.

Que faire ?, œuvre de Lénine (1902) [reprenant le titre du roman de N. G. Tchernychevski], où l'auteur affirme la nécessité de construire un parti révolutionnaire fortement organisé.

QUEIPO DE LLANO (Gonzalo), *Tordesillas 1875 - Séville 1951,* général espagnol. Il fut l'un des principaux lieutenants de Franco pendant la guerre civile de 1936 - 1939.

QUEIRÓS (José Maria **Eça de**), *Póvoa de Varzim 1845 - Neuilly-sur-Seine 1900,* écrivain portugais, auteur de romans réalistes *(le Crime du père Amaro).*

QUELIMANE, v. du Mozambique ; 78 500 hab. Port.

QUELLIN, QUELLINUS ou **QUELLIEN,** famille de sculpteurs et de peintres flamands d'Anvers, surtout du XVIIe s.

QUELUZ, v. du Portugal, banlieue ouest de Lisbonne ; 61 293 hab. Château royal de style rocaille (2e moitié du XVIIIe s.) ; beaux jardins.

QUEMOY, en chin. **Kinmen,** île taïwanaise, proche du continent ; 45 000 hab.

QUENEAU (Raymond), *Le Havre 1903 - Paris 1976,* écrivain français. Fondateur de l'*Oulipo, il a fait de son œuvre romanesque (*Pierrot mon ami,* 1942 ; *Zazie dans le métro,* 1959 ; *les Fleurs bleues,* 1965) et poétique (*les Ziaux,* 1943 ; *Cent Mille Milliards de poèmes,* 1961) une expérimentation systématique, à la fois humoristique et mélancolique, des possibilités de la langue parlée ou écrite (*Exercices de style,* 1947).

QUENTAL (Antero Tarquínio **de**), *Ponta Delgada, Açores, 1842 - id. 1891,* écrivain portugais, auteur de poèmes d'inspiration mystique et révolutionnaire.

Quentin Durward, roman historique de W. Scott (1823). Le récit des amours d'un archer écossais de Louis XI et d'une duchesse bourguignonne sert de prétexte à l'évocation de la lutte entre le roi de France et Charles le Téméraire.

QUERCIA (Jacopo **della**) → **JACOPO DELLA QUERCIA.**

QUERCY n.m., région du bassin d'Aquitaine, en bordure du Massif central. (Hab. *Quercinois* ou *Quercynois.*) Il est formé par le *haut Quercy* (ou *Causses du Quercy*), plateau calcaire entaillé par les vallées du Lot et de la Dordogne, et par le *bas Quercy,* autour de Montauban, pays de collines molassiques, vouées à la polyculture. – Le Quercy fut réuni au domaine royal au XVe s.

QUERÉTARO, v. du Mexique, cap. d'État, au N.-O. de Mexico ; 545 049 hab. Noyau urbain d'époque coloniale, bien conservé. – L'empereur Maximilien y fut fusillé (1867).

QUESNAY [ke-] (François), *Méré 1694 - Versailles 1774,* médecin et économiste français. Inspirateur de l'école des physiocrates, il démontre dans le *Tableau économique* (1758) que les produits de la terre sont les vraies richesses. Cette œuvre maîtresse est également la première à analyser le circuit économique.

QUESNEL [ke-] (Pasquier), *Paris 1634 - Amsterdam 1719,* théologien français. Oratorien (1657), prêtre (1659), il publia des livres de piété imprégnés d'esprit janséniste, et dut pour cela s'exiler. Après la mort d'Arnauld (1694), il passa pour le chef du jansénisme. Ses *Réflexions morales* (1671) furent condamnées par la bulle *Unigenitus* (1713).

QUESNOY [ke-] **(Le)** [59530], ch.-l. de cant. du Nord ; 5 089 hab. *(Quercitains).* Anc. place forte, à l'enceinte remaniée par Vauban.

QUESNOY-SUR-DEÛLE [ke-] (59890), ch.-l. de cant. du Nord ; 6 422 hab. *(Quesnoysiens).*

QUESTEMBERT [kɛstɑ̃bɛr] (56230), ch.-l. de cant. du Morbihan ; 6 107 hab. Halle en charpente de 1675.

QUÉTELET (Adolphe), *Gand 1796 - Bruxelles 1874,* astronome, mathématicien et statisticien belge. Il appliqua la théorie des probabilités aux sciences morales et politiques et à l'anthropométrie.

QUETIGNY (21800), comm. de la Côte-d'Or ; 9 875 hab. Produits pharmaceutiques.

QUETTA, v. du Pakistan, cap. du Baloutchistan ; 285 000 hab.

QUETZALCÓATL (du nahuatl *quetzal,* nom d'un oiseau, et *cóatl,* serpent), dieu de la Végétation et de son renouveau, dans le panthéon du Mexique précolombien des origines. Sous les Aztèques, devenu le dieu des prêtres, de la pensée religieuse et de l'art, il est représenté sous la forme d'un serpent recouvert de plumes de quetzal.

QUEUE-EN-BRIE (La) [94510], comm. du Val-de-Marne ; 10 904 hab.

QUEUILLE (Henri), *Neuvic-d'Ussel, Corrèze, 1884 - Paris 1970,* homme politique français. Radical-socialiste, plusieurs fois ministre entre 1924 et 1940, notamm. de l'Agriculture, il fut trois fois président du Conseil sous la IVe République.

QUEVEDO Y VILLEGAS (Francisco **Gómez de**), *Madrid 1580 - Villanueva de los Infantes 1645,* écrivain espagnol. Ses poésies, ses écrits politiques et satiriques et son roman picaresque (*Historia de don Pablo de Ségovie,* 1626) relèvent d'une esthétique baroque.

QUEYRAS n.m., région et vallée des Hautes-Alpes, que draine le Guil, affl. de la Durance (r. g.). Parc naturel régional (env. 60 000 ha).

QUÉZAC (48320), comm. de la Lozère, sur le Tarn ; 254 hab. Eau minérale.

QUEZALTENANGO, v. du Guatemala ; 93 000 hab.

QUEZÓN (Manuel), *Baler 1878 - Saranac Lake, État de New York, 1944,* homme politique philippin. Président du « Commonwealth des Philippines » (1935), il s'exila aux États-Unis lors de l'occupation japonaise (1942).

QUEZON CITY, v. des Philippines, banlieue de Manille ; 1 666 766 hab. Cap. des Philippines de 1948 à 1976.

QUFU, v. de Chine, au S.-O. de Zibo ; 545 000 hab. Lieu de naissance supposé de Confucius ; palais des descendants du maître, d'époque Ming, et surtout temple de Confucius, fondé au XIe s., avec des pavillons du XIIe s., tel celui des bibliothèques.

■ **QUFU.** Le Guiwenge, ou pavillon des bibliothèques (XIe-XIIe s.), l'un des bâtiments du temple de Confucius.

QUIBERON (56170), ch.-l. de cant. du Morbihan, à l'extrémité de la *presqu'île de Quiberon ;* 5 193 hab. *(Quiberonnais).* Pêche. Station balnéaire. Thalassothérapie. – En 1795, une petite armée d'émigrés y tenta un débarquement avec l'aide des Anglais, mais elle fut faite prisonnière par Hoche ; 748 émigrés furent fusillés près d'Auray.

QUICHÉ, peuple amérindien du Guatemala (env. 800 000). Essentiellement agriculteurs, les Quiché sont célèbres pour la beauté de leurs étoffes. Ils parlent le *quiché,* de la famille maya.

QUIERZY (02300), comm. de l'Aisne ; 346 hab. Charles II le Chauve y promulgua un capitulaire admettant l'hérédité de fait des charges comtales (877).

QUIÉVRAIN, comm. de Belgique (Hainaut), à la frontière française ; 6 928 hab.

QUILLAN [kijɑ̃] (11500), ch.-l. de cant. de l'Aude, sur l'Aude ; 3 691 hab. *(Quillanais).*

QUILMES, v. d'Argentine, banlieue de Buenos Aires ; 509 445 hab.

QUILON, v. d'Inde (Kerala) ; 362 572 hab. Port.

QUIMPER (29000), ch.-l. du Finistère, sur l'Odet, à 551 km à l'O. de Paris ; 67 127 hab. *(Quimpérois).* Évêché. Centre administratif et commercial. Bonneterie. – Cathédrale gothique des XIIIe-XVIe s. ; maisons anciennes ; musées. – Anc. cap. du comté de Cornouaille.

QUIMPERLÉ (29300), ch.-l. de cant. du Finistère, au confluent de l'Ellé et de l'Isole ; 11 532 hab. *(Quimperlois).* Papeterie. Agroalimentaire. – Églises Ste-Croix, remontant au XIe s., et N.-D.-et-St-Michel, des XIIIe-XVe s.

QUINAULT (Philippe), *Paris 1635 - id. 1688,* auteur dramatique français. Ses tragédies *(Astrate)* furent attaquées par Boileau pour leur préciosité. À partir de 1672, il composa les livrets des opéras de Lully *(Cadmus et Hermione, Armide).* [Acad. fr.]

QUINCTIUS CINCINNATUS (Lucius) → **CINCINNATUS.**

QUINCTIUS FLAMININUS (Titus) → **FLAMININUS.**

QUINE (Richard), *Detroit 1920 - Los Angeles 1989,* cinéaste américain, maître de la comédie musicale filmée (*Ma sœur est du tonnerre,* 1955 ; *Liaisons secrètes,* 1960 ; *Deux Têtes folles,* 1964).

QUINE (Willard **Van Orman,** dit Willard), *Akron 1908 - Boston 2000,* logicien américain. Sa théorie sur les fondements de la logique prend particulièrement en compte les aspects sémantiques (*Logic and the Reification of Universalia,* 1953).

QUINET (Edgar), *Bourg-en-Bresse 1803 - Paris 1875,* historien français. Professeur au Collège de France, il fut suspendu en 1846 pour son anticléricalisme. Député en 1848, proscrit après le coup d'État du 2 décembre 1851, rentré en France en 1870, député en 1871, il fut le maître à penser de la république laïque. On lui doit notamm. *les Révolutions d'Italie* (1852).

QUI NHON, v. du sud du Viêt Nam ; 214 000 hab. Port.

QUINN (Anthony), *Chihuahua, Mexique, 1915,* acteur américain. Il a su composer avec finesse des personnages marginaux ou brutaux (*Viva Zapata !,* E. Kazan, 1952 ; *La Strada,* F. Fellini, 1954 ; *Zorba le Grec,* M. Cacoyannis, 1964).

QUINTE-CURCE, en lat. **Quintus Curcius Rufus,** *Ier s. apr. J.-C.,* historien latin, auteur d'une *Histoire d'Alexandre,* pittoresque mais approximative.

QUINTILIEN, en lat. **Marcus Fabius Quintilianus,** *Calagurris Nassica, auj. Calahorra, Espagne, v. 30 - v. 100 apr. J.-C.,* rhéteur latin. Dans son ouvrage sur la formation de l'orateur *(De l'institution oratoire),* il réagit contre les tendances nouvelles représentées par Sénèque et prôna l'imitation de Cicéron.

QUINTILIUS VARUS (Publius) → **VARUS.**

QUINTIN (22800), ch.-l. de cant. des Côtes-d'Armor ; 2 930 hab. Maisons anciennes.

QUINTON (René), *Chaumes-en-Brie 1866 - Paris 1925,* physiologiste français. Il étudia l'eau de mer et préconisa son usage en thérapeutique.

Quinze-Vingts (les), hospice fondé à Paris par Saint Louis entre 1254 et 1261 (auj. services hospitaliers d'ophtalmologie). Il pouvait accueillir « quinze-vingts », soit 300 aveugles.

QUIRINAL [kui-] (mont), une des sept collines de Rome, au nord-ouest de la ville.

Quirinal (palais du), palais de Rome, sur le *mont Quirinal.* Il a été commencé en 1574 et agrandi à plusieurs reprises. Résidence d'été des papes avant 1870, auj. résidence des présidents de la République italienne.

QUIRINUS MYTH. ROM. Ancienne divinité qui faisait partie, avec Jupiter et Mars, de la triade primitive du panthéon de Rome.

QUISLING (Vidkun), *Fyresdal, Telemark, 1887 - Oslo 1945,* homme politique norvégien. Favorable au nazisme, chef du gouvernement après l'invasion allemande (févr. 1942), il fut condamné à mort et exécuté à la Libération.

QUISSAC [kɥisak] (30260), ch.-l. de cant. du Gard ; 2 309 hab.

QUITO, cap. de l'Équateur, dans les Andes, à 2 500 m d'alt. env. ; 1 100 847 hab. *(Quiténiens).* Centre culturel, financier et industriel. – Monuments d'époque coloniale (XVIe-XVIIIe s.) ; musées (archéologie, histoire, art équatorien, etc.).

QUMRAN, site archéologique de Cisjordanie, près de la rive ouest de la mer Morte. Après la découverte, dans les grottes des alentours, des *manuscrits de la mer *Morte,* des bâtiments, probables vestiges d'un couvent essénien ont été mis au jour.

QUNAYTRA, v. de Syrie, au S.-O. de Damas ; 42 000 hab.

Quotidien du peuple (le), en chin. **Renmin ribao,** quotidien chinois créé en 1948, organe du Parti communiste chinois.

Quo vadis ?, roman de H. Sienkiewicz (1896), qui évoque la Rome impériale au temps des persécutions des chrétiens par Néron.

QURAYCHITES ou **KORAÏCHITES,** tribu arabe à laquelle appartenait Mahomet.

QU YUAN, *v. 343 - v. 278 ? av. J.-C.,* poète chinois. Il est l'auteur du premier poème signé de la littérature chinoise *(Lisao).*

QUZHOU, v. de Chine, au S.-O. de Hangzhou ; 981 000 hab.

Caractère Rockwell

RÂ → RÊ.

RABAH, île croate de l'Adriatique. Tourisme.

RABAH, *prov. de Khartoum v. 1840 - Kousseri, Cameroun, 1900,* chef de guerre africain et musulman. Il se constitua un royaume esclavagiste dans les savanes centrafricaines et se fit proclamer émir du Bornou. Il fut défait et tué par les troupes françaises de la mission Foureau-Lamy (1900).

RABAN MAUR (bienheureux), *Mayence v. 780 - Winkel, Rhénanie, 856,* théologien, poète et homme de science allemand. Abbé de Fulda (822), archevêque de Mayence (847), il a laissé de nombreux écrits, dont le *De rerum naturis* (842 - 847). Il est l'initiateur des études théologiques en Allemagne.

RABANNE (Francisco **Rabane da Cuervo,** dit Paco), *Pasajes, près de Saint-Sébastien, 1934,* couturier espagnol. Depuis l'ouverture (1967) de sa maison de couture, à Paris, il a expérimenté des matières nouvelles, textiles ou non (rondelles de plastique, non-tissé, maille métallique, etc.).

RABASTENS [-tɛ̃s] (81800), ch.-l. de cant. du Tarn ; 4 280 hab. Église des XIIIe-XIVe s.

RABAT, cap. du Maroc, sur l'Atlantique, à l'embouchure du Bou Regreg ; 520 000 hab. (plus de 800 000 hab. dans l'agglomération). Centre administratif, commercial et industriel. — Remarquables remparts (XIIe s.), aux portes fortifiées ; monuments du XIIe au XVIIIe s. ; musées.

RABAUL, v. de Papouasie-Nouvelle-Guinée, en Nouvelle-Bretagne ; 17 000 hab. Port. — Base aéronavale japonaise de 1942 à 1945.

RABELAIS (François), *La Devinière, près de Chinon, v. 1494 - Paris 1553,* écrivain français. Tour à tour franciscain, bénédictin, étudiant errant, médecin, puis curé de Meudon, il a écrit une œuvre qui s'inscrit dans la lignée de la littérature d'almanach *(Horribles et Épouvantables Faits et Prouesses du très renommé *Pantagruel, Vie inestimable du grand *Gargantua)* et qui s'efforce de concilier culture savante et tradition populaire (*Tiers Livre,* 1546 ; *Quart Livre,* 1552 ; *Cinquième Livre,* 1564). Rabelais est le parfait modèle des humanistes de la Renaissance, qui luttent avec enthousiasme pour renouveler, à la lumière de la pensée antique, l'idéal philosophique et moral de leur temps. Écrivain pittoresque, il témoigne d'un don prodigieux de l'invention verbale.

RABEMANANJARA (Jacques), *Maroantsetra 1913,* écrivain malgache de langue française. Sa poésie, inséparable de son activisme politique anticolonialiste, mêle tradition et ouverture à la modernité *(Antsa, Lamba).*

RABIN (Yitzhak), *Jérusalem 1922 - Tel-Aviv-Jaffa 1995,* général et homme politique israélien. Chef d'état-major (1964 - 1967), Premier ministre travailliste (1974 - 1977), il est ensuite ministre de la Défense (1984 - 1990). En 1992, il prend la tête du Parti travailliste et redevient chef du gouvernement. Il relance les négociations israélo-arabes, qui aboutissent à l'accord de Washington (1993). Il est assassiné par un extrémiste israélien. (Prix Nobel de la paix 1994.)

■ **RABELAIS.** (Château de Versailles.)

■ YITZHAK **RABIN** en 1992.

■ **RABAT.** Le rempart des Oudaïa.

RACAN (Honorat **de Bueil,** seigneur **de**), *Aubigné, auj. Aubigné-Racan, Sarthe, 1589-Paris 1670,* poète français. Disciple de Malherbe, il est l'auteur de stances élégiaques et d'une pastorale dramatique *(les Bergeries).* [Acad. fr.]

RACHEL, personnage biblique, épouse préférée de Jacob, mère de Joseph et de Benjamin.

RACHEL (Élisabeth Rachel **Félix,** dite Mlle), *Mumpf, Suisse, 1821 - Le Cannet 1858,* actrice française. Elle contribua à relancer le goût pour la tragédie classique.

RACH GIA, v. du sud du Viêt Nam, sur le golfe de Thaïlande ; 138 000 hab. Port.

RACHI ou **RASHI** (**Salomon ben Isaac,** dit), *Troyes 1040-id. 1105,* rabbin et commentateur de la Bible et du Talmud. Il fonda à Troyes une école talmudique qui attira de nombreux élèves. Ses commentaires ont influencé toute la pensée juive et chrétienne du Moyen Âge et font encore autorité dans le judaïsme contemporain.

RACHMANINOV ou **RAKHMANINOV** (Sergueï Vassilievitch), *domaine d'Oneg, près de Novgorod, 1873 - Beverly Hills 1943,* compositeur et pianiste russe. L'un des plus grands virtuoses de son temps, il est l'auteur d'une œuvre pour piano considérable (4 concertos, préludes, études, sonates). Il écrivit également la monumentale *Liturgie de saint Jean Chrysostome,* la cantate *les Cloches,* ainsi que des opéras et des symphonies.

RACHT → RECHT.

RACINE (Jean), *La Ferté-Milon 1639 - Paris 1699,* poète tragique français. Orphelin, il est recueilli par les religieuses de Port-Royal, où il reçoit une éducation janséniste. Après avoir tenté de concilier ses aspirations littéraires avec la carrière ecclésiastique, il se consacre au théâtre. Il fait jouer *la Thébaïde* (1664), puis *Alexandre le Grand* (1665), mais c'est le succès de la tragédie **Andromaque* (1667) qui assure sa réputation. Il donne ensuite **Britannicus* (1669), **Bérénice* (1670), *Bajazet* (1672), **Mithridate* (1673), *Iphigénie en Aulide* (1674), **Phèdre* (1677). Nommé historiographe du roi, réconcilié avec les jansénistes, il renonce alors au théâtre. Mais, à la demande de Mme de Maintenon, il écrit encore pour les élèves de Saint-Cyr les tragédies bibliques **Esther* (1689) et **Athalie* (1691). Le théâtre de Racine peint la passion comme une force fatale, qui détruit celui qui en est possédé. Réalisant l'idéal de la tragédie classique, il présente une action simple, claire, dont les péripéties naissent de la passion même des personnages. Racine a aussi écrit une comédie, *les Plaideurs* (1668), spirituelle critique des

■ **RACINE.** (Château de Versailles.)

■ LE **RADEAU DE LA MÉDUSE,** par Géricault, 1819. (Louvre, Paris.)

mœurs judiciaires. (Acad. fr.) — **Louis R.,** *Paris 1692 - id. 1763,* écrivain français, fils de Jean, et auteur de poèmes d'inspiration janséniste *(la Religion)* et de *Mémoires* sur son père.

RACOVIȚĂ (Emil), *Iași 1868 - Bucarest 1947,* biologiste roumain. Il a créé la biospéléologie, étude scientifique des êtres vivants des grottes.

RADCLIFFE (Ann **Ward,** Mrs.), *Londres 1764 - id. 1823,* romancière britannique, auteur de romans gothiques (*les Mystères d'Udolphe,* 1794).

RADCLIFFE-BROWN (Alfred Reginald), *Birmingham 1881 - Londres 1955,* anthropologue britannique. Il a montré les rapports qui existent entre les systèmes de parenté et l'organisation sociale. Sa conception fonctionnaliste est à l'origine du structuralisme (*Structure et fonction dans les sociétés primitives,* 1952).

Radeau de la Méduse (le), grande toile manifeste de Géricault (1818 - 1819, Louvre), dans laquelle le peintre a pris pour sujet la suite du naufrage de la frégate *Méduse* sur la côte occidentale de l'Afrique (1816).

RADEGONDE (sainte), *en Thuringe v. 520 - Poitiers 587,* reine des Francs. Princesse germanique, elle épousa Clotaire Ier (538). Après l'assassinat de son frère par le roi, elle entra en religion et fonda le monastère de Sainte-Croix, à Poitiers.

RADETZKY VON RADETZ (Joseph, comte), *Trebnitz, auj. Třebenice, 1766 - Milan 1858,* maréchal autrichien. Après avoir réprimé la révolution italienne de 1848, il vainquit les Piémontais à Custoza (1848) et à Novare (1849).

radical et radical-socialiste (Parti), parti politique français fondé en 1901, qui a joué un rôle de premier plan, principalement sous la IIIe République. En 1973, une partie de ses adhérents a fondé le Mouvement des radicaux de gauche (MRG), qui, changeant plusieurs fois d'appellation à partir de 1994, a pris en 1998 le nom de *Parti radical de gauche* (PRG). L'autre tendance *(Parti radical)* est devenue en 1978 une des composantes de l'UDF.

RADIGUET (Raymond), *Saint-Maur-des-Fossés 1903 - Paris 1923,* écrivain français. Ses romans psychologiques d'une lucidité implacable (*le Diable au corps,* 1923 ; *le Bal du comte d'Orgel,* 1924) renouent avec la rigueur classique.

Radio France, société nationale de programmes de radiodiffusion, créée en 1974. Elle dirige France Inter, France Info, France Culture, France Musiques, France Bleu, Le Mouv' et FIP.

Radio France Internationale (RFI), société française de radiodiffusion vers l'étranger, créée en 1975 et indépendante depuis 1987.

radio-télévision (Union européenne de) [UER], organisation internationale, créée en 1950 (sous le nom de Union européenne de radiodiffusion), qui regroupe les organismes de radiodiffusion de l'Europe de l'Ouest et de l'Afrique du Nord. Elle gère l'Eurovision depuis 1962, et la Mondovision pour l'Europe. Son siège est à Genève.

RADISSON (Pierre Esprit), *Paris v. 1636 - en Grande-Bretagne v. 1710,* explorateur français. Marchand de fourrures, il contribua à la fondation de la Compagnie de la baie d'Hudson.

RADOM, v. de Pologne, au S. de Varsovie ; 229 700 hab. Centre industriel.

RADZIWIŁŁ, famille polonaise, originaire de Lituanie, qui joua un rôle important en Lituanie et en Pologne de la fin du XVe s. au début du XXe s.

RAEBURN (sir Henry), *Stockbridge, près d'Édimbourg, 1756 - Édimbourg 1823,* peintre britannique. Il fut le portraitiste, au style enlevé, des notables écossais.

RAEDER (Erich), *Wandsbek, auj. dans Hambourg, 1876 - Kiel 1960,* amiral allemand. Commandant en chef de la marine de 1935 à 1943, disgracié, il fut condamné à Nuremberg (1946) pour crimes de guerre et libéré en 1955.

RAF (Royal Air Force), nom donné depuis 1918 à l'armée de l'air britannique.

RAFFET (Denis Auguste Marie), *Paris 1804 - Gênes 1860,* peintre et dessinateur français. Élève de Gros et de Nicolas Charlet, il doit sa réputation, comme ce dernier, à ses lithographies de sujets militaires (soldats de la Révolution et de l'Empire).

RAFSANDJANI (Ali Akbar Hachemi), *Bahraman, à 60 km au N.-O. de Rafsandjan, prov. de Kerman, 1934,* homme politique iranien. Hodjatoleslam, il est président de la République de 1989 à 1997.

RAGLAN (James Henry **Somerset,** baron), *Badminton 1788 - devant Sébastopol 1855,* maréchal britannique. Il fut commandant des troupes britanniques de Crimée (1854).

RAGUSE, v. d'Italie (Sicile), ch.-l. de prov. ; 64 195 hab. Monuments baroques du XVIIIe s.

RAGUSE → **DUBROVNIK.**

RAGUSE (duc **de**) → **MARMONT.**

RAHMAN (Mujibur), *Tongipara 1920 - Dacca 1975,* homme politique du Bangladesh. Artisan de la sécession (1971) du Pakistan oriental, qui devient le Bangladesh, il est alors incarcéré puis forme le premier gouvernement bangladais en 1972. Président de la République (1975), il est renversé par un coup d'État et assassiné.

RAHNER (Karl), *Fribourg 1904 - Innsbruck 1984,* théologien et jésuite allemand. Il a mis en lumière la valeur pastorale de la théologie et replacé l'homme dans le message historique de la foi (*Écrits théologiques,* 1954 - 1984). Il a contribué à faire mûrir les idées de Vatican II.

RAIATEA, île de la Polynésie française, au N.-O. de Tahiti ; 10 063 hab.

RAIMOND de Peñafort (saint) → **RAYMOND de Peñafort** (saint).

RAIMOND, nom de sept comtes de Toulouse. — **Raimond IV,** dit Raimond **de Saint-Gilles,** *Toulouse 1042 - Tripoli 1105,* comte de Toulouse (1093 - 1105). Il participa à la première croisade et entreprit (1102 - 1105) la conquête du futur comté de Tripoli. — **Raimond VI,** *1156 - Toulouse 1222,* comte de Toulouse (1194 - 1222). Protecteur des albigeois, il fut l'adversaire de Simon de Montfort. — **Raimond VII,** *Beaucaire 1197 - Millau 1249,* comte de Toulouse (1222 - 1249). Il fut contraint par Saint Louis de signer le traité de Lorris, qui marquait la fin effective de l'indépendance du comté (1243).

RAIMOND BÉRENGER III, *1082 - 1131,* comte de Barcelone (1096 - 1131) et de Provence (1112/1113 - 1131). Il étendit son État en Méditerranée (Baléares) et au-delà des Pyrénées.

RAIMONDI (Marcantonio), dit en fr. **Marc-Antoine,** *Bologne 1480 - id. v. 1534,* graveur italien. Buriniste, installé à Rome vers 1510, il reproduisit et diffusa, notamm., les œuvres de Raphaël.

RAIMONDI (Ruggero), *Bologne 1941,* chanteur italien. Avec sa voix de basse et son talent de comédien, il s'illustre dans les rôles de composition (Scarpia, Boris Godounov, Méphisto, Don Juan).

RAIMU (Jules **Muraire,** dit), *Toulon 1883 - Neuilly-sur-Seine 1946,* acteur français. Rendu célèbre par sa création de César dans la pièce de M. Pagnol, *Marius* (1929), il a marqué de sa personnalité, mélange de naturel et de grandiloquence, de faconde et d'émotion, de nombreux rôles (*l'Étrange Monsieur Victor,* de J. Grémillon, 1938 ; *la Femme du boulanger,* de M. Pagnol, 1938).

RAINCY (Le) [93340], ch.-l. d'arrond. de la Seine-Saint-Denis ; 13 179 hab. Église de A. Perret (vitraux de M. Denis).

RAINIER (mont), sommet de la chaîne des Cascades, aux États-Unis ; 4 392 m. Parc national.

RAINIER III, *Monaco 1923,* prince de Monaco depuis 1949, de la maison de Grimaldi. Il a succédé à son grand-père Louis II. En 1956, il épousa l'actrice américaine Grace Kelly (1929 - 1982).

RAIPUR, v. d'Inde, cap. du Chhattisgarh ; 461 851 hab. Centre industriel. — Monuments anciens.

RAIS, RAYS ou **RETZ** (Gilles **de**), *v. 1400 - Nantes 1440,* homme de guerre français. Compagnon de Jeanne d'Arc, maréchal de France (1429), il se retira dans ses terres v. 1435. Il pratiqua l'alchimie et la magie noire, commettant d'innombrables crimes sur des enfants. Il fut exécuté.

RAISMES [rɛm] (59590), comm. du Nord ; 13 811 hab.

Raizet (le), aéroport de Pointe-à-Pitre.

RAJAHMUNDRY, v. d'Inde (Andhra Pradesh) ; 403 781 hab. Port sur l'estuaire de la Godavari.

RAJASTHAN, État du nord-ouest de l'Inde ; 342 000 km² ; 43 880 640 hab. ; cap. *Jaipur.*

RAJKOT, v. d'Inde (Gujerat) ; 651 007 hab.

RAJPUT, clans guerriers de l'Inde occidentale. Issus probablement des Huns qui envahirent l'Inde du Nord vers le Ve siècle, les Rajput se concentrèrent dans l'actuel Rajasthan, où ils se constituèrent en royaumes et principautés. Célèbres pour leur résistance aux dominations moghole et britannique, ils tendent auj. à être considérés comme une caste.

RAJSHAHI, v. du Bangladesh, sur le Gange ; 300 000 hab.

RAKHMANINOV → **RACHMANINOV.**

RÁKÓCZI, famille d'aristocrates hongrois. — **Ferenc II** ou **François II R.,** *Borsi 1676 - Rodosto 1735,* prince hongrois. Porté en 1703 à la tête de la révolte des Hongrois contre les Habsbourg, il fut vaincu par les impériaux (1708) et s'exila après la paix de Szatmár (1711), conclue à son insu.

RÁKOSI (Mátyás), *Ada 1892 - Gorki 1971,* homme politique hongrois. Premier secrétaire du Parti communiste (1945 - 1956), il lutta après 1953 contre la ligne libérale de I. Nagy. Il se réfugia en URSS après l'insurrection de 1956.

RALEIGH, v. des États-Unis, cap. de la Caroline du Nord ; 207 951 hab. Université.

RALEIGH ou **RALEGH** (sir Walter), *Hayes v. 1554 - Londres 1618,* navigateur et écrivain anglais. Favori d'Élisabeth Ire, il tenta à partir de 1584 de fonder une colonie en Amérique du Nord, dans une région qu'il baptisa « Virginie » (actuelle Caroline du Nord) en l'honneur de la « reine vierge ». Adepte d'une stratégie navale offensive, il multiplia les expéditions contre l'Espagne (Cadix, 1596). Disgracié et emprisonné sous Jacques Ier, de 1603 à 1616, il fut exécuté. Il est l'auteur d'une *Histoire du monde* (1614) et de poèmes.

RAMA, une des incarnations du dieu hindou Vishnou et héros du *Ramayana.*

■ **RAINIER III** de Monaco.

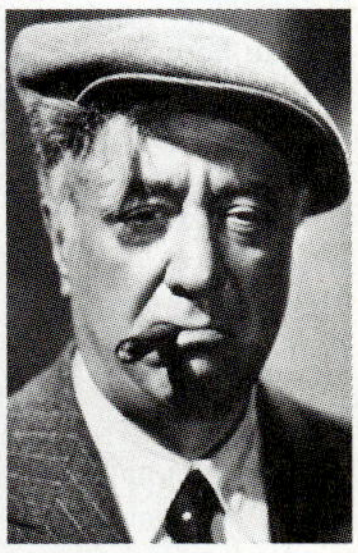

■ **RAIMU**

RAMADIER (Paul), *La Rochelle 1888-Rodez 1961,* homme politique français. Plusieurs fois ministre socialiste de 1936 à 1957, maire de Decazeville (1919 - 1959), il vota contre les pleins pouvoirs au maréchal Pétain (1940) et participa à la Résistance. Président du Conseil (1947), il écarta les ministres communistes du gouvernement, mettant fin au tripartisme (SFIO-MRP-PC).

RAMAKRISHNA ou **RAMAKRISNA** (**Gadadhar Chattopadhyaya,** dit), *Kamarpukur, Bengale-Occidental, 1836 - Calcutta 1886,* brahmane bengali. Il mena une vie d'ascèse et de retraite. Prétendant avoir contemplé Jésus puis Mahomet, il prêcha l'unité de toutes les religions.

RAMAN (sir **Chandrasekhara Venkata**), *Trichinopoly, auj. Tiruchirapalli, 1888 - Bangalore 1970,* physicien indien. Il a découvert, en 1928, l'effet de diffusion de la lumière par les molécules, les atomes et les ions, dans les milieux transparents, effet qui permet de déterminer la structure des composants d'une substance. (Prix Nobel 1930.)

RAMANUJA, *m. v. 1137,* philosophe indien. Il a insisté sur le culte de Vishnou et préconisé la méditation et la dévotion, ou *bhakti.* Il eut une influence considérable sur l'hindouisme.

RAMAT GAN, v. d'Israël, banlieue de Tel-Aviv-Jaffa ; 122 700 hab.

Ramayana, épopée indienne (premiers siècles av. J.-C. ?) attribuée à Valmiki, qui relate la vie de *Rama,* roi d'Ayodhya, incarnation de Vishnou.

R

RAMBERT (Miriam **Ramberg,** Dame Marie), *Varsovie 1888 - Londres 1982,* danseuse et chorégraphe britannique d'origine polonaise. Fondatrice et directrice de plusieurs troupes, elle joua un rôle majeur dans l'essor du ballet classique et de la danse moderne en Grande-Bretagne.

RAMBERVILLERS [-le] (88700), ch.-l. de cant. des Vosges ; 6 177 hab. Forêt domaniale. – Hôtel de ville de 1581.

RAMBOUILLET (78120), ch.-l. d'arrond. des Yvelines, dans la *forêt de Rambouillet* (13 200 ha) ; 25 424 hab. *(Rambolitains).* Électronique. – Hôtel de ville de 1787. Château des XIVe-XVIIIe s., auj. affecté à la présidence de la République ; beau parc ; bergerie nationale.

Rambouillet (hôtel de), anc. demeure de Paris, construite rue Saint-Thomas-du-Louvre (auj. disparue), sur les plans de la marquise de Rambouillet (1588 - 1665), qui y réunissait une société choisie d'aristocrates et de gens de lettres, modèle de la préciosité.

RAMBUTEAU (Claude Philibert **Barthelot,** comte **de**), *Mâcon 1781 - Champgrenon, près de Charnay-lès-Mâcon, 1869,* administrateur français. Préfet de la Seine (1833 - 1848), il entreprit d'importants travaux d'assainissement et d'urbanisme à Paris.

RAMEAU (Jean-Philippe), *Dijon 1683 - Paris 1764,* compositeur français. Claveciniste et organiste, il contribua à fixer la science de l'harmonie (*Traité de l'harmonie,* 1722). Dans ses tragédies lyriques (*Hippolyte et Aricie,* 1733 ; *Castor et Pollux,* 1737 ; *Dardanus,* 1739 ; *Abaris,* ou *les Boréades,* non représenté) et ses opéras-ballets (*les Indes galantes,* 1735 ; *les Fêtes d'Hébé,* 1739), il porta l'émotion et le sentiment dramatique à leur sommet grâce à la souplesse de sa rythmique, au relief et à la vigueur de son style instrumental, à la puissance ou à la tendresse de ses thèmes. On lui doit aussi cantates, livres de pièces de clavecin, suites et des *Pièces de clavecin en concerts.*

Ramillies (bataille de) [23 mai 1706], bataille de la guerre de la Succession d'Espagne. Victoire du duc de Marlborough sur les franco-espagnols du maréchal de Villeroi à Ramillies (Brabant).

RAMIRE, nom de deux rois d'Aragon et de trois rois de León (IXe-XIIe s.).

RAMON (Gaston), *Bellechaume, Yonne, 1886 - Garches 1963,* biologiste et vétérinaire français. Il obtint les premières anatoxines et fut le précurseur des vaccinations associées.

RAMONVILLE-SAINT-AGNE (31520), comm. de la Haute-Garonne ; 12 034 hab.

RAMÓN Y CAJAL (Santiago), *Petilla, Navarre, 1852 - Madrid 1934,* médecin et biologiste espagnol. Il découvrit la structure neuronale du système nerveux. (Prix Nobel 1906.)

RAMPAL (Jean-Pierre), *Marseille 1922 - Paris 2000,* flûtiste français. Tout en enseignant, il mena une brillante carrière internationale de soliste virtuose dans un répertoire ancien et contemporain.

RAMPUR, v. d'Inde (Uttar Pradesh) ; 242 752 hab.

RAMSAY (sir William), *Glasgow 1852 - High Wycombe, Buckinghamshire, 1916,* chimiste britannique. Il a attribué le mouvement brownien aux chocs entre molécules (1879) et a participé (notamm. avec Rayleigh) à la découverte des gaz rares. (Prix Nobel 1904.)

RAMSDEN (Jesse), *Salterhebble 1735 - Brighton 1800,* constructeur britannique d'instruments. Ses machines (tour à fileter, par ex.) transformèrent la fabrication des instruments d'astronomie et de géodésie et sont à l'origine de la mécanique de précision moderne.

RAMSÈS, nom porté par onze pharaons des XIXe et XXe dynasties égyptiennes. – **Ramsès Ier,** pharaon d'Égypte (v. 1320 - 1318 av. J.-C.). Il fonda la XIXe dynastie. – **Ramsès II,** pharaon d'Égypte (v. 1304 - 1236 av. J.-C.). Il remporta contre les Hittites la bataille de Qadesh (v. 1299 av. J.-C.), puis, au terme d'une longue lutte en Syrie et en Palestine, conclut avec eux un traité d'alliance (1283). Les monuments élevés par Ramsès II dans la vallée du Nil (salle hypostyle de Karnak, temples d'Abou-Simbel) illustrent la splendeur de son règne. – **Ramsès III,** pharaon d'Égypte (1198 - 1166 av. J.-C.). Fondateur de la XXe dynastie, il arrêta l'invasion des Peuples de la Mer et fit construire le temple de Médinet Habou, à Thèbes.

■ **RAMSÈS II.**
(Musée égyptien, Turin.)

RAMSEY (Norman Foster), *Washington 1915,* physicien américain. Auteur de travaux sur la spectroscopie atomique, il a pu, à partir de la mesure très précise de la fréquence des atomes, réaliser des horloges (au césium, par ex.) ainsi que le maser à hydrogène. (Prix Nobel 1989.)

RAMSGATE, v. de Grande-Bretagne (Angleterre), près de l'embouchure de la Tamise ; 40 000 hab. Station balnéaire. Centre de yachting.

RAMUS (Pierre **de La Ramée,** dit), *Cuts, Oise, 1515 - Paris 1572,* humaniste, mathématicien et philosophe français. En délicatesse avec la Sorbonne pour son opposition ouverte à l'aristotélisme, il mena d'importants travaux de logique, donnant à la notion de méthode une formulation nouvelle (*Dialectique,* 1555). Il fut le premier professeur de mathématiques du Collège royal (Collège de France). Converti au calvinisme, il fut assassiné au lendemain de la Saint-Barthélemy.

RAMUZ (Charles-Ferdinand), *Lausanne 1878 - Pully 1947,* écrivain suisse de langue française. Ses récits, qui expriment la poésie de la nature et de la vie quotidienne en pays vaudois, sont hantés par le sentiment du tragique et les menaces obscures (*la Grande Peur dans la montagne,* 1926 ; *Derborence,* 1934). Son *Histoire du soldat* (1918), fut mise en musique par I. Stravinsky.

■ JEAN-PHILIPPE **RAMEAU** par J. J. Caffieri. (Musée des Beaux-Arts, Dijon.)

■ CHARLES-FERDINAND **RAMUZ** par C. Cingria. (Coll. priv.)

RANAVALONA III, *Tananarive 1862 - Alger 1917,* reine de Madagascar (1883 - 1897). Sur l'initiative de Gallieni, elle fut déposée et exilée par les Français (1897), qui venaient d'établir leur protectorat sur le pays (1895).

RANCAGUA, v. du Chili central ; 187 134 hab.

RANCE n.f., fl. de France, en Bretagne, qui se jette dans la Manche ; 100 km. Elle passe à Dinan. Usine marémotrice sur son estuaire.

RANCÉ (Armand Jean **Le Bouthillier de**), *Paris 1626 - Soligny, près de Mortagne, 1700,* religieux français. Grand seigneur libertin, il se convertit (1660) et réforma l'abbaye cistercienne normande de Notre-Dame-de-la-Trappe, dont est issu l'ordre cistercien de la stricte observance, dit « des trappistes ».

RANCHI, v. d'Inde, cap. du Jharkhand ; 614 454 hab. Centre agricole et industriel.

RANDERS, v. du Danemark (Jylland) ; 61 506 hab. Port. – Noyau urbain ancien.

RANDSTAD HOLLAND, région de l'ouest des Pays-Bas, englobant notamm. les villes d'Amsterdam, La Haye, Rotterdam et Utrecht. Densément peuplée, cette région regroupe la majeure partie des activités du pays.

RANGOON, en birm. **Yangon,** cap. de la Birmanie, près de l'embouchure de l'Irrawaddy ; 2 650 000 hab. Port et principal centre économique du pays. – Célèbre pagode Shwedagon, haut lieu du bouddhisme ; musée national.

■ **RANGOON.** La pagode Shwedagon.

RANGPUR, v. du nord du Bangladesh ; 204 000 hab.

RANJIT SINGH, *au Pendjab 1780 - Lahore 1839,* fondateur de l'empire des sikhs. Il annexa Lahore (1799) et Amritsar (1802). Arrêté dans son expansion vers le sud-est par les Britanniques, il étendit ses possessions au nord-ouest, jusqu'au Cachemire (1819).

RANK (Otto **Rosenfeld,** dit Otto), *Vienne 1884 - New York 1939,* psychanalyste autrichien. Il s'éloigna de Freud en récusant le complexe d'Œdipe au profit de l'angoisse de la naissance (*Traumatisme de la naissance,* 1924).

RANKE (Leopold **von**), *Wiehe 1795 - Berlin 1886,* historien allemand. Auteur notamm. d'une *Histoire de la papauté pendant les XVIe et XVIIe siècles* (1834 - 1836) et d'une *Histoire d'Allemagne au temps de la Réforme* (1839 - 1847), il fut l'un des grands initiateurs de la science historique allemande au XIXe s.

RANKINE (William), *Édimbourg 1820 - Glasgow 1872,* physicien britannique. Professeur de mécanique, il a créé l'énergétique, en distinguant les énergies potentielle et cinétique.

RANST, comm. de Belgique (prov. d'Anvers), à l'E. d'Anvers ; 16 130 hab.

RANVIER (Louis), *Lyon 1835 - Vendranges, Loire, 1922,* histologiste français. Professeur d'anatomie générale, auteur de traités d'histologie et d'anatomie, il a donné son nom à plusieurs éléments cellulaires.

RAON-L'ÉTAPE [rɑ̃-] (88110), ch.-l. de cant. des Vosges, sur la Meurthe ; 6 937 hab. Textile.

RAOUL ou **RODOLPHE,** *m. à Auxerre en 936,* duc de Bourgogne (921 - 923) et roi de France (923-936), de la dynastie des Robertiens. Gendre et successeur par élection du roi Robert Ier, il battit définitivement les Normands en 930.

RAOULT (François), *Fournes-en-Weppes, Nord, 1830 - Grenoble 1901,* chimiste et physicien français. Il créa, en 1882, la cryoscopie, la tonométrie et l'ébulliométrie, et énonça les lois relatives aux solutions diluées (1882).

Rapallo (traité de) [16 avr. 1922], traité signé à Rapallo (prov. de Gênes) entre l'Allemagne et la Russie soviétique. Il prévoyait le rétablissement des relations diplomatiques et économiques entre les deux pays.

RAPHAËL, un des sept anges principaux de la tradition juive, dont la religion chrétienne fit des archanges. Il apparaît dans le livre de Tobie.

RAPHAËL (Raffaello **Sanzio** ou **Santi,** dit en fr.), *Urbino 1483 - Rome 1520,* peintre italien. Élève du Pérugin, il travailla à Pérouse, Florence, Rome et fut, à la cour des papes Jules II et Léon X, architecte en chef et surintendant des édifices (villa Madama, 1516 et suiv., notamm.). L'art de ce maître du classicisme allie précision du dessin, harmonie des lignes, délicatesse du coloris avec une ampleur spatiale et expressive toute nouvelle. Parmi ses chefs-d'œuvre, outre des portraits et des madones célèbres, signalons *le Mariage de la Vierge* (1504, Brera, Milan), *le Triomphe de Galatée* (1511, Farnésine), *la Transfiguration* (1518-1520, Pinacothèque vaticane) et une partie des fresques des « chambres » du Vatican (*l'*École d'Athènes, le Parnasse, Héliodore chassé du Temple,* etc.) [1509 - 1514], le reste de la décoration (comme celle des « loges ») étant exécuté, sous sa direction, par ses élèves, dont J. Romain. On lui doit encore les cartons de tapisserie des *Actes des apôtres.* Son influence a été considérable jusqu'à la fin du XIXe s.

RAPP (Jean, comte), *Colmar 1772 - Rheinweiler, Bade, 1821,* général français. Gouverneur de Dantzig, il défendit la ville pendant un an en 1813, après la retraite de Russie.

RAQQA, v. de Syrie, près de l'Euphrate ; 87 000 hab. Ruines de la cité médiévale.

RAROTONGA, l'une des îles Cook, en Polynésie ; 9 000 hab.

RAS AL-KHAYMA, l'un des Émirats arabes unis ; 116 000 hab. ; cap. *Ras al-Khayma.*

RASHI → **RACHI.**

RASK (Rasmus), *Brøndekilde, près d'Odense, 1787 - Copenhague 1832,* linguiste danois. Il a établi la parenté de nombreuses langues indo-européennes ; c'est l'un des fondateurs de la grammaire comparée.

Raskolnikov, personnage principal du roman *Crime et Châtiment* (1866) de Dostoïevski. Cet étudiant pauvre et fier trouve dans l'aveu le seul moyen de libérer sa conscience d'un crime que, par rejet de la morale commune, il estimait avoir le droit de commettre.

■ **RAPHAËL.**
La Belle Jardinière, 1508.
(Louvre, Paris.)

RASMUSSEN (Knud), *Jakobshavn, Groenland, 1879 - Copenhague 1933,* explorateur danois. Il dirigea plusieurs expéditions dans l'Arctique et étudia les Esquimaux.

RASMUSSEN (Poul Nyrup), *Esbjerg, Jylland, 1943,* homme politique danois. Leader du Parti social-démocrate depuis 1992, il est Premier ministre depuis 1993.

RASPAIL (François), *Carpentras 1794 - Arcueil 1878,* savant et homme politique français. Formé à la biologie et à la chimie, il publia des ouvrages de vulgarisation de la médecine. Gagné aux idées républicaines, il prit part aux journées de 1830 ; son adhésion aux sociétés secrètes, sous la monarchie de Juillet, le fit emprisonner. Fondateur de *l'Ami du peuple* (1848), il fut candidat socialiste à l'élection présidentielle (déc. 1848). Banni en 1849, il vécut en Belgique. De retour en France, il fut député en 1869, puis de 1876 à 1878.

RASPOUTINE (Grigori Iefimovitch), *Pokrovskoïe 1864 ou 1865 - Petrograd 1916,* aventurier russe. Ayant acquis une réputation de saint homme *(starets)* et guéri le tsarévitch Alexis atteint d'hémophilie, il fut protégé par l'impératrice Aleksandra Fiodorovna. Il contribua, par sa vie débauchée, à jeter le discrédit sur la cour de Nicolas II et fut assassiné par le prince Ioussoupov.

Rassemblement du peuple français → **RPF.**

Rassemblement pour la République → **RPR.**

RAS SHAMRA → **OUGARIT.**

RAS TANNURA, port pétrolier d'Arabie saoudite, sur le golfe Persique.

RASTATT ou **RASTADT,** v. d'Allemagne (Bade-Wurtemberg), au N. de Baden-Baden ; 48 574 hab. Monuments du XVIIIe s. ; musées. — traité de **Rastatt** (6 mars 1714), traité signé entre Louis XIV et Charles VI et qui mit fin à la guerre de la Succession d'Espagne. Louis XIV conservait l'Alsace, mais restituait les places tenues sur la rive droite du Rhin. L'empereur Charles VI s'assurait la Sardaigne, Naples, le Milanais, les présides de Toscane et les Pays-Bas espagnols. — congrès de **Rastatt** (9 déc. 1797 - 23 avr. 1799), congrès qui devait fixer le nouveau statut territorial de l'Allemagne et de l'Italie, après le traité de Campoformio (1797). Il n'aboutit pas et deux des envoyés du Directoire furent massacrés.

Rastignac, personnage créé par Balzac dans *le *Père Goriot.* Type de l'arriviste élégant, il reparaît dans la plupart des romans de *la *Comédie humaine* qui ont pour cadre la société parisienne.

RASTRELLI (Bartolomeo Francesco), *Paris ? v. 1700 - Saint-Pétersbourg 1771,* architecte d'origine italienne dont la carrière s'est déroulée en Russie. Il a réalisé pour la tsarine Élisabeth, à partir de 1741, une architecture brillante et animée (cathédrale Smolnyï et palais d'Hiver à Saint-Pétersbourg, Grand Palais à Tsarskoïe Selo).

RATEAU (Auguste), *Royan 1863 - Neuilly-sur-Seine 1930,* ingénieur français. Spécialiste des turbomachines, il conçut la turbine multicellulaire (1901) qui porte son nom.

RATHENAU (Walther), *Berlin 1867 - id. 1922,* industriel et homme politique allemand. Ministre des Affaires étrangères en 1922, il signa le traité de Rapallo. D'origine juive, partisan d'un accord négocié avec les Alliés sur la question des réparations, il fut assassiné par des nationalistes.

RÄTIKON n.m., massif des Alpes, aux confins de la Suisse, du Liechtenstein et de l'Autriche ; 2 965 m.

RATISBONNE, en all. **Regensburg,** v. d'Allemagne (Bavière), sur le Danube ; 125 337 hab. Université. Centre commercial. — Cathédrale gothique entreprise au XIIIe s. ; anc. hôtel de ville des XIVe-XVe s. ; église St-Emmeram, romane à décor baroque. Musées. — Ville libre en 1245, Ratisbonne, où se tint la diète de 1541 entre catholiques et protestants, devint en 1663 le siège permanent de la diète du Saint Empire *(Reichstag).* Elle fut annexée à la Bavière en 1810.

RATP (Régie autonome des transports parisiens), établissement public industriel et commercial, fondé en 1948. Elle exploite le métro, le RER, conjointement avec la SNCF, et les transports de surface en région parisienne.

RATSIRAKA (Didier), *Vatomandry 1936,* homme politique malgache. Officier de marine, il est président du Conseil suprême de la révolution (1975), puis président de la République (1976 - 1993 et depuis 1997).

RATTLE (sir Simon), *Liverpool 1955,* chef d'orchestre britannique. À la tête de l'Orchestre symphonique de Birmingham de 1980 à 1998, il donne des interprétations exceptionnelles des œuvres du XVIIIe au XXe siècle. Il a été désigné pour diriger l'Orchestre philharmonique de Berlin à partir de 2002.

RÄTTVIK, station d'été et de sports d'hiver de Suède (Dalécarlie), sur le lac Silijan. Église du XIVe s. (fresques du XVe s.). Ateliers d'artisanat.

RATZEL (Friedrich), *Karlsruhe 1844 - Ammerland 1904,* géographe allemand, auteur d'une *Anthropogéographie* (1882 - 1891).

RATZINGER (Joseph), *Marktl, Bavière, 1927,* prélat allemand. Archevêque de Munich et cardinal (1977), préfet de la Congrégation romaine pour la doctrine de la foi (depuis 1981), il impose le strict respect de la tradition. Il a présidé la commission de rédaction du « catéchisme universel » publié dans sa version définitive en 1998.

RAU, sigle de République *arabe unie.

RAU (Johannes), *Wuppertal 1931,* homme politique allemand. Social-démocrate (SPD), il est président de la République depuis 1999.

RAUMA, v. de Finlande, sur le golfe de Botnie ; 31 000 hab. Ensemble de maisons anciennes en bois, peintes et sculptées ; église de la Ste-Croix, des XVe-XVIe s. (peintures) ; musées. Centre de production dentellière.

RAUSCHENBERG (Robert), *Port Arthur, Texas, 1925,* peintre, plasticien et lithographe américain. Faisant la liaison entre expressionnisme abstrait et pop art, il a utilisé les objets (*combine paintings,* assemblages néo-dadaïstes), le report photographique, et s'est intéressé aux rapports entre l'art et la technologie.

■ ROBERT **RAUSCHENBERG.** *Tracer* (1964), impression sérigraphique sur toile. (Coll. priv.)

RAVACHOL (François Claudius **Kœnigstein,** dit), *Saint-Chamond 1859 - Montbrison 1892,* anarchiste français. Auteur de nombreux attentats, il fut guillotiné.

RAVAILLAC (François), *Touvre, près d'Angoulême, 1578 - Paris 1610,* extrémiste français. Domestique devenu un temps frère convers, il poignarda à mort le roi Henri IV (14 mai 1610), croyant ainsi sauver la religion catholique. Il mourut écartelé.

RAVEL (Maurice), *Ciboure 1875 - Paris 1937,* compositeur français. Il fut le plus classique des créateurs modernes français. Attiré par la musique symphonique (*la Valse ; Boléro,* 1928 ; *Daphnis et Chloé,* 1912), il a également écrit pour le piano (*Jeux d'eau ; Gaspard de la nuit ; Concerto pour la main gauche,* 1931), composé des cycles de mélodies (*Shéhérazade,* 1904) et, pour la scène, la fantaisie lyrique *l'Enfant et les sortilèges* (1925). Son œuvre est remarquable par la précision de son dessin mélodique et l'éclat de son orchestration.

RAVELLO, v. d'Italie (Campanie) ; 2 422 hab. Monuments de style arabo-normand (XIe-XIIIe s.) et jardins dans un site remarquable, au-dessus du golfe de Salerne.

RAVENNE, en ital. **Ravenna,** v. d'Italie (Émilie-Romagne), ch.-l. de prov., près de l'Adriatique ; 135 435 hab. Ville riche en monuments byzantins des Ve et VIe s. (S. Vitale, S. Apollinare Nuovo, mausolée de Galla Placidia, S. Apollinare in Classe, deux baptistères), célèbres pour leurs remarquables mosaïques, dont certaines à fonds d'or ; musées. – Tombeau de Dante. – Centre de l'Empire romain d'Occident de 402 à 476, Ravenne fut ensuite la capitale du roi des Ostrogoths Théodoric Ier (493). Reprise par Byzance (540), elle devint en 584 le siège d'un exarchat qui regroupait les possessions byzantines d'Italie. Conquise par les Lombards (751), elle fut donnée au pape par Pépin le Bref (756). Ravenne fut rattachée au Piémont en 1860.

■ **RAVENNE.** L'église Sant'Apollinare in Classe (VIe s.).

Ravensbrück, camp de concentration allemand réservé aux femmes, situé dans le Brandebourg (1939 - 1945).

RAVI n.f., riv. de l'Inde et du Pakistan, dans le Pendjab, affl. de la Chenab (r. g.) ; 725 km.

RAVOIRE (La) [73490], ch.-l. de cant. de la Savoie ; 7 147 hab.

RAWALPINDI, v. du Pakistan septentrional ; 928 000 hab. Centre industriel et touristique.

RAWA RUSKA, nom polonais de la ville ukrainienne de Rava Rouska, au nord de Lviv. Camp de représailles allemand pour prisonniers de guerre (1940 - 1945).

RAWLINGS (Jerry), *Accra 1947,* militaire et homme politique ghanéen. Il prend le pouvoir à la suite du putsch de 1981, et est confirmé à la tête de l'État par les présidentielles de 1992 et de 1996. Son mandat s'achève en 2001.

RAWLS (John), *Baltimore 1921,* philosophe américain. Il analyse les rapports difficiles entre la justice sociale et l'efficacité économique (*Théorie de la justice,* 1971).

RAY (Raymond **De Kremer,** dit Jean), *Gand 1887 - id. 1964,* écrivain belge de langue française. Ses récits d'aventures, fantastiques *(Malpertuis),* policiers *(Harry Dickson, le Sherlock Holmes américain)* font de lui un maître de l'étrange et de l'épouvante.

RAY ou **WRAY** (John), *Black-Notley, Essex, 1627 - id. 1705,* naturaliste anglais. Il a distingué le premier plantes monocotylédones et dicotylédones et a établi les bases d'une classification moderne des oiseaux et des poissons (1693).

RAY (Man) → **MAN RAY.**

RAY (Raymond Nicholas **Kienzle,** dit Nicholas), *Galesville, Wisconsin, 1911 - New York 1979,* cinéaste américain. Il peint avec lyrisme la solitude et le déchirement (*les Amants de la nuit,* 1949 ; *Johnny Guitare,* 1954 ; *la Fureur de vivre,* 1955 ; *Traquenard,* 1958 ; *Nick's Movie/Lightning Over Water,* avec W. Wenders, 1979).

RAY (Satyajit), *Calcutta 1921 - id. 1992,* cinéaste indien. Il peint avec un grand sens plastique l'homme indien entre les traditions et la réalité contemporaine (*la Complainte du sentier* [*Pather Pancali,* 1955] ; *l'Invaincu* [*Aparajito,* 1956] ; *le Salon de musique,* 1958 ; *le Monde d'Apu,* 1959 ; *Des jours et des nuits dans la forêt,* 1970 ; *Ganashatru,* 1988 ; *les Branches de l'arbre,* 1990).

RAYLEIGH (John William **Strutt,** lord), *près de Maldon, Essex, 1842 - Witham, Essex, 1919,* physicien britannique. Il a déterminé les dimensions de certaines molécules, découvert l'argon avec Ramsay (1894), étudié la diffusion de la lumière et le bleu du ciel et déterminé une valeur du nombre d'Avogadro. (Prix Nobel 1904.)

RAYMOND (Alex), *New Rochelle, État de New York, 1909 - Westport 1956,* dessinateur et scénariste américain de bandes dessinées. Dans un style réaliste, il a réalisé des séries d'aventures (*Jungle Jim,* 1934) et de science-fiction (*Flash Gordon,* 1934).

RAYMOND de Peñafort (saint), *près de Barcelone v. 1175 - Barcelone 1275,* religieux espagnol. Général des dominicains (1238), il fonda l'ordre de Notre-Dame-de-la-Merci (mercédaires). Il fut le plus grand canoniste de son temps.

RAYNAL (abbé Guillaume), *Lapanouse-de-Sévérac, Aveyron, 1713 - Paris 1796,* historien et philosophe français. Il s'éleva contre la colonisation et le clergé dans son *Histoire philosophique et politique des établissements et du commerce des Européens dans les deux Indes* (1770).

RAYNAUD (Fernand), *Clermont-Ferrand 1926 - Riom 1973,* artiste comique français. Il a incarné dans ses spectacles l'image du « Français moyen », avec ses manies et ses ridicules.

RAYNAUD (Jean-Pierre), *Colombes 1939,* artiste français. Froide et obsessionnelle, son œuvre poursuit une exploration des rapports entre le monde mental et le monde réel (« psycho-objets », assemblages des années 1963 - 1970 env. ; pièces et environnements en carrelages blancs à joints noirs, depuis 1973 ; motif répétitif du pot de fleur).

RAYOL-CANADEL-SUR-MER (83820), comm. du Var, sur la côte des Maures ; 706 hab. Stations balnéaires. Dans le *Domaine du Rayol,* jardins méditerranéens.

RAYS (Gilles **de**) → **RAIS.**

RAYSSE (Martial), *Golfe-Juan 1936,* peintre français. L'un des « nouveaux réalistes », il a donné à partir de 1959, dans ses panneaux et ses assemblages, une image à la fois clinquante et lyrique de la « société de consommation ». Dans les années 1970, il a renoué avec la tradition d'une peinture sensible, libre et chatoyante.

RAZ [rɑ] (pointe du), cap de Bretagne (Finistère), à l'extrémité de la Cornouaille, en face de l'île de Sein. Passage dangereux pour la navigation.

RAZILLY (Isaac **de**), *Oisseaumelle, près de Chinon, 1587 - La Hève, Acadie, 1635,* administrateur français. Gouverneur de l'Acadie, il développa la colonisation jusqu'aux rives du Saint-Laurent.

RAZINE (Stepan Timofeïevitch, dit Stenka), *Zimoveïskaïa v. 1630 - Moscou 1671,* cosaque du Don. Chef de la révolte paysanne de 1670 - 1671, il fut capturé et écartelé.

RDA, sigle de République démocratique allemande. (→ **Allemagne.**)

RÉ (île de), île de l'Atlantique, qui forme deux cantons de la Charente-Maritime (*Ars-en-Ré* et *Saint-Martin-de-Ré*) ; 85 km² ; 16 499 hab. *(Rétais).* Tourisme. L'île est reliée au continent par un pont depuis 1988.

RÊ, anc. **Râ,** dieu solaire de l'ancienne Égypte. Il était représenté sous la forme d'un homme à tête de faucon, portant un disque en guise de coiffure. Son culte et sa théologie, qui se développèrent à Héliopolis, marquèrent profondément l'histoire de l'Égypte.

READE (Charles), *Ipsden, Oxfordshire, 1814 - Londres 1884,* écrivain britannique, auteur de drames et de romans sociaux *(Argent comptant).*

READING, v. de Grande-Bretagne (Angleterre), ch.-l. du Berkshire ; 122 600 hab. Université. Centre européen de météorologie.

REAGAN (Ronald Wilson), *Tampico, Illinois, 1911,* homme politique américain. D'abord acteur de cinéma, il devient gouverneur de la Californie (1967 - 1974). Républicain, président des États-Unis de 1981 à 1989, il relance l'économie (baisse des impôts, réduction de l'inflation) et mène, à l'extérieur, une politique de fermeté (Moyen-Orient, Amérique centrale). Réélu en 1984, il est contesté en 1987 à l'occasion du scandale créé par la livraison d'armes à l'Iran *(Irangate).* La même année, il signe avec M. Gorbatchev un accord sur le démantèlement des missiles à moyenne portée en Europe.

■ MAURICE **RAVEL**

■ RONALD **REAGAN**

RÉALMONT (81120), ch.-l. de cant. du Tarn ; 2 904 hab. Bastide fondée en 1272.

RÉAUMUR (René Antoine **Ferchault de**), *La Rochelle 1683 - Saint-Julien-du-Terroux 1757,* physicien et naturaliste français. Il montra la possibilité de transformer la fonte en acier, étudia le phénomène de trempe et fonda, en 1722, la métallographie. Il construisit (v. 1730) un thermomètre à alcool. Il s'intéressa également aux sciences naturelles (mollusques, crustacés, insectes, etc.).

RÉBECCA, personnage biblique, femme d'Isaac, mère d'Esaü et de Jacob.

REBEL (Jean-Ferry), *Paris 1666 - id. 1747,* compositeur et violoniste français. Il fut l'un des créateurs de la sonate pour violon et l'un des maîtres de la symphonie chorégraphique *(les Éléments).*

REBEYROLLE (Paul), *Eymoutiers 1926,* peintre français. Son œuvre exprime, dans l'éloquence du travail de la matière picturale, un rapport généreux à la nature. Musée à Eymoutiers.

RÉCAMIER (Julie **Bernard,** Mme), *Lyon 1777 - Paris 1849,* femme de lettres française. Amie de Mme de Staël et de Chateaubriand, elle tint sous la Restauration, à l'Abbaye-aux-Bois, un salon célèbre.

RECCARED Ier, *m. à Tolède en 601,* roi des Wisigoths d'Espagne (586 - 601). Il abjura l'arianisme et se convertit au catholicisme (587).

recherche de la vérité (De la), traité de Malebranche (1674 - 1675), dans lequel l'auteur analyse le phénomène de l'erreur et expose sa théorie de la vision en Dieu.

recherche du temps perdu (À la) → **À la recherche du temps perdu.**

RECHT ou **RACHT,** v. d'Iran, près de la Caspienne ; 340 637 hab.

RECIFE, anc. **Pernambuco,** v. du Brésil, cap. de l'État de Pernambouc, sur l'Atlantique ; 1 290 149 hab. (2 859 469 hab. dans l'agglomération). Port. Centre commercial et industriel. – Églises baroques du XVIIIe s. ; musées.

RECKLINGHAUSEN, v. d'Allemagne (Rhénanie-du-Nord-Westphalie), dans la Ruhr ; 127 150 hab. Centre industriel. – Musée consacré aux icônes.

RECLUS (Élisée), *Sainte-Foy-la-Grande 1830 - Thourout, près de Bruges, 1905,* géographe français, auteur d'une *Géographie universelle* (1875 - 1894).

Reconquista n.f., mot espagnol désignant la reconquête de la péninsule Ibérique par les chrétiens sur les musulmans. Entreprise au milieu du VIIIe s. dans les Asturies, elle progressa à la fin du XIe s. et s'intensifia au XIIIe s., après la victoire de Las Navas de Tolosa (1212). Elle s'acheva avec la prise de Grenade (1492).

RED DEER, v. du Canada (Alberta) ; 58 134 hab.

REDDING (Otis), *Dawson, Géorgie, 1941 - Madison, Wisconsin, 1967,* chanteur américain de soul music. Interprète et compositeur, il s'est imposé dans les années 1960 comme l'un des musiciens majeurs du genre (*Respect,* 1965 ; *The Dock of the Bay,* composé avec S. Cropper).

REDFORD (Robert), *Santa Monica, Californie, 1937,* acteur et cinéaste américain. Il incarne les valeurs d'une Amérique qui se cherche dans un héroïsme ludique et décontracté : *la Poursuite impitoyable* (A. Penn, 1966), *Jeremiah Johnson* (S. Pollack, 1972), *les Hommes du président* (A. J. Pakula, 1976). Il a aussi réalisé des films (*Des gens comme les autres,* 1980).

REDON (35600), ch.-l. d'arrond. d'Ille-et-Vilaine, sur la Vilaine ; 10 545 hab. *(Redonnais).* Équipements automobiles. – Église St-Sauveur, romane et gothique.

REDON (Odilon), *Bordeaux 1840 - Paris 1916,* peintre, dessinateur et graveur français. Il a pratiqué un art symboliste et visionnaire dans ses « noirs » (*l'Araignée souriante,* 1881, Louvre), comme dans ses œuvres colorées d'après 1890 (série des *Chars d'Apollon*).

Redoute (la), entreprise française de distribution par correspondance, créée en 1922.

REDOUTÉ (Pierre Joseph), *Saint-Hubert 1759 - Paris 1840,* aquarelliste et graveur belge. Il se spécialisa, à Paris, dans les planches de botanique et de fleurs.

RED RIVER n.f., fl. des États-Unis, qui rejoint le golfe du Mexique ; 1 638 km.

RED RIVER n.f., riv. des États-Unis et du Canada, qui se jette dans le lac Winnipeg ; 860 km.

REED (sir Carol), *Londres 1906 - id. 1976,* cinéaste britannique. Ses meilleurs films ont pour thème l'homme traqué (*Huit Heures de sursis,* 1947 ; *Première Désillusion,* 1948 ; *le Troisième Homme,* 1949).

REEVES (Hubert), *Montréal 1932,* astrophysicien canadien. Spécialiste d'astrophysique nucléaire et de cosmologie, il contribue aussi très largement à la vulgarisation de l'astronomie.

Réforme (la), mouvement religieux qui, au XVIe s., a donné naissance en Europe aux Églises protestantes. Tout d'abord œuvre personnelle de Martin Luther, la Réforme déborda rapidement le cadre de l'Allemagne avec Zwingli et Bucer. Zurich et Strasbourg en devinrent les pôles importants, d'où furent diffusées en Alsace et en Suisse les idées nouvelles. Les pays francophones, tôt touchés, trouvèrent en Calvin l'homme capable de mener à bien ce renouvellement religieux. Par son action à Genève et auprès des huguenots français, Calvin fit de la Suisse et de la France les bastions d'un nouveau type de protestantisme, dont le rayonnement atteignit ensuite la Pologne, la Bohême, la Hongrie et les îles Britanniques, où il inspira la Réforme anglicane. Ainsi se constituèrent, au sein du protestantisme, trois grandes familles, luthérienne, calviniste et anglicane. En marge de celles-ci se développèrent, depuis les anabaptistes jusqu'aux méthodistes, des mouvements parallèles moins institutionnalisés, dits parfois « non conformistes ». La Réforme a inauguré une réflexion profonde sur la spiritualité et la théologie chrétiennes.

Réforme catholique ou **Contre-Réforme,** mouvement de réforme qui se produisit au XVIe s. au sein de l'Église catholique, en réaction à la Réforme protestante. Destinée à corriger les abus qui ternissaient l'image de l'Église, elle eut pour étape doctrinale essentielle le concile de Trente (1545 - 1563). Elle s'efforça d'organiser la reconquête religieuse des régions passées au protestantisme, notamm. en Europe centrale, en s'appuyant sur le nouvel ordre des Jésuites, et elle favorisa le développement d'un style artistique nouveau, mêlant sensibilité, mysticisme et majesté.

Régence (la) [1715 - 1723], gouvernement de Philippe d'Orléans pendant la minorité de Louis XV, après la mort de Louis XIV. À l'intérieur, cette période fut caractérisée par le relâchement des mœurs, un essai de polysynodie, la nomination de l'abbé Guillaume Dubois comme Premier ministre (1722) et l'échec du système de Law (1716 - 1720) pour résoudre le problème financier. À l'extérieur, elle fut marquée par la signature de la Quadruple-Alliance (1718).

REGENSBURG, nom all. de *Ratisbonne.

RÉGENT (le) → **ORLÉANS** (Philippe, duc **d'**).

REGER (Max), *Brand, Bavière, 1873 - Leipzig 1916,* compositeur allemand. Il a su adapter au langage romantique les formes classiques (chorals, sonates, suites, quatuors, pièces d'orgue).

REGGANE, v. d'Algérie, dans le Sahara ; 22 700 hab. Anc. centre d'expérimentation nucléaire français, laissé à disposition de la France par les accords d'Évian jusqu'en 1967. La première bombe atomique française y explosa le 13 févr. 1960.

REGGIANI (Serge), *Reggio nell' Emilia 1922,* acteur et chanteur français. Il joue au théâtre et au cinéma (*Casque d'or,* J. Becker, 1952 ; *le Doulos,* J.-P. Melville, 1962 ; *l'Apiculteur,* T. Angelopoulos, 1986) et s'impose comme chanteur dans un style expressif, fondé sur un réalisme populaire (*les Loups,* de A. Vidalie ; *Ma liberté,* de G. Moustaki).

REGGIO (duc **de**) → **OUDINOT.**

REGGIO DI CALABRIA, v. d'Italie (Calabre), ch.-l. de prov., sur le détroit de Messine ; 169 709 hab. Musée national (archéologie italogrecque). – Un séisme détruisit la ville en 1908.

REGGIO NELL'EMILIA, v. d'Italie (Émilie-Romagne), ch.-l. de prov. ; 131 419 hab. Monuments des XIIIe-XIXe s. ; musées.

Régie autonome des transports parisiens → **RATP.**

REGINA, v. du Canada, cap. de la Saskatchewan ; 179 178 hab. Archevêché. Université. Raffinage du pétrole. Métallurgie.

REGIOMONTANUS (Johann **Müller,** dit), *Königsberg 1436 - Rome 1476,* astronome et mathématicien allemand. Il est l'auteur d'un commentaire de l'*Almageste* de Ptolémée, de tables trigonométriques et d'éphémérides astronomiques.

REGNARD (Jean-François), *Paris 1655 - château de Grillon, près de Dourdan, 1709,* auteur dramatique français. Après une vie aventureuse (il fut esclave à Alger et voyagea en Laponie), il écrivit pour le Théâtre-Italien et la Comédie-Française des comédies restées célèbres (*le Joueur,* 1696 ; *le Légataire universel,* 1708).

REGNAULT (Victor), *Aix-la-Chapelle 1810 - Paris 1878,* physicien et chimiste français. Il étudia la compressibilité et la dilatation des fluides, les densités et les chaleurs spécifiques des gaz, et découvrit ou prépara divers composés chimiques.

REGNAULT ou **REGNAUD DE SAINT-JEAN-D'ANGÉLY** (Auguste, comte), *Paris 1794 - Cannes 1870,* maréchal de France. Il commanda la Garde impériale (1854 - 1869) et se distingua à Magenta.

RÉGNIER (Henri **de**), *Honfleur 1864 - Paris 1936,* écrivain français. Romancier et poète (*les Médailles d'argile*), il évolua de l'esthétique symboliste à un art plus classique. (Acad. fr.)

RÉGNIER (Mathurin), *Chartres 1573 - Rouen 1613,* poète français. Vigoureux satiriste, il défendit contre Malherbe la libre inspiration et la fantaisie. Il était le neveu de P. Desportes.

REGNITZ n.f., riv. d'Allemagne, affl. du Main (r. g.) ; 168 km. Elle passe à Fürth, où elle reçoit la *Pegnitz,* et à Bamberg. En amont de Fürth, elle porte aussi le nom de *Rednitz.*

REGULUS (Marcus Atilius), *IIIe s. av. J.-C.,* général romain. Pris par les Carthaginois (256 av. J.-C.) lors de la première guerre punique, il fut envoyé à Rome, sur parole, pour négocier la paix. Il dissuada le sénat d'accepter les conditions de l'adversaire et retourna à Carthage, où il périt sous la torture.

RÉGY (Claude), *Nîmes 1923,* metteur en scène de théâtre français. Attaché aux auteurs qui explorent un langage nouveau (M. Duras, N. Sarraute, H. Pinter, P. Handke), il fait de chacun de ses spectacles une expérience qui apparaît en décalage avec le sens premier du texte.

REHE → **JEHOL.**

Reich, mot all. signif. *empire.* On distingue le *Ier Reich,* ou Saint Empire romain germanique (962 - 1806), le *IIe Reich* (1871 - 1918), réalisé par Bismarck, et le *IIIe Reich* (1933 - 1945), ou régime national-socialiste, instauré par Hitler.

REICH (Wilhelm), *Dobrzcynica, Galicie, 1897 - pénitencier de Lewisburg, Pennsylvanie, 1957,* médecin et psychanalyste autrichien. Il tenta une synthèse entre marxisme et psychanalyse (*Matérialisme dialectique et psychanalyse,* 1929), critiqua la morale bourgeoise (*la Lutte sexuelle des jeunes,* 1932) et analysa le fascisme (*Psychologie de masse du fascisme,* 1933).

REICHA (Anton), *Prague 1770 - Paris 1836,* compositeur et théoricien tchèque naturalisé français. Auteur prolifique, il fut le maître de Gounod, Franck, Berlioz et Liszt.

REICHENBACH (Hans), *Hambourg 1891 - Los Angeles 1953,* philosophe et logicien allemand. Il rejoignit le cercle de Vienne et fut l'un des principaux initiateurs du positivisme logique. Il s'est consacré en particulier à l'étude de la notion de probabilité.

REICHSHOFFEN (67110), comm. du Bas-Rhin ; 5 269 hab. Constructions mécaniques.

Reichshoffen (charges de) [6 août 1870], bataille de la guerre franco-allemande. Ce nom est donné, improprement, aux charges de cuirassiers français sur les villages voisins de Morsbronn et Elsasshausen lors de la bataille de Frœschwiller.

Reichsrat n.m., dans l'empire d'Autriche, nom du conseil d'Empire (1848 - 1861) puis du Parlement (1861 - 1918) ; en Allemagne, organe législatif, sous la république de Weimar (1919 - 1934).

REICHSTADT (duc **de**) → **NAPOLÉON II.**

Reichstag n.m., diète du Saint Empire romain germanique jusqu'en 1806 ; chambre législative allemande (1867 - 1933). Siégeant à Berlin, le Reichstag subsista sous le régime nazi jusqu'en 1942, mais n'eut qu'un rôle purement formel. L'incendie du palais du Reichstag (1933) servit de prétexte aux nazis pour interdire le Parti communiste allemand. Le bâtiment, rénové par Norman Foster, abrite depuis 1999 le Bundestag.

REICHSTETT (67116), comm. du Bas-Rhin ; 4 900 hab. Raffinage du pétrole.

Reichswehr (mot all. signif. *défense de l'Empire*), nom, de 1921 à 1935, de l'armée concédée à l'Allemagne par le traité de Versailles.

REID (Thomas), *Strachan, Écosse, 1710 - Glasgow 1796,* philosophe britannique. Il établit sa philosophie sur la certitude du sens commun.

REID (Thomas Mayne), *Ballyroney 1818 - Londres 1883,* écrivain britannique. Ses récits d'aventures ont pour héros des Indiens (*les Chasseurs de scalp*).

REIGNIER (74930), ch.-l. de cant. de la Haute-Savoie ; 5 412 hab.

REILLE (Honoré, comte), *Antibes 1775 - Paris 1860,* maréchal de France. Il se distingua à Wagram et à Waterloo. Fait maréchal sous Louis-Philippe, il adhéra au coup d'État du 2 déc. 1851.

REIMS [rɛ̃s] (51100), ch.-l. d'arrond. de la Marne, sur la Vesle ; 191 325 hab. (*Rémois*). Archevêché. Académie et université. Cour d'appel. Constructions mécaniques et électriques. Verrerie. Chimie. Préparation du vin de Champagne. – La ville conserve sa cathédrale, chef-d'œuvre d'architecture et de sculpture gothiques (XIIIe s.), l'abbatiale St-Remi (XIe-XIIIe s.), un arc romain (porte de Mars), etc. Importants musées. – Métropole de la province romaine de Gaule Belgique, Reims fut le siège d'un évêché dès 290. Clovis y fut baptisé (v. 498) et la plupart des rois de France y furent sacrés. Reims posséda une université de 1548 à 1793. La ville et sa cathédrale furent bombardées pendant la Première Guerre mondiale. C'est à Reims que fut signée la capitulation de la Wehrmacht le 7 mai 1945.

■ **REIMS.** La cathédrale Notre-Dame (XIIIe s., tours des XIVe-XVe s.).

REIMS (Montagne de), plateau de France, dans le dép. de la Marne, entre Reims et Épernay. Vignobles sur les pentes. Parc naturel régional (env. 50 000 ha).

REINACH, comm. de Suisse (Bâle-Ville), banlieue de Bâle ; 17 905 hab.

REINE-CHARLOTTE (îles de la), archipel canadien (Colombie-Britannique) du Pacifique.

REINE-ÉLISABETH (îles de la), partie de l'archipel Arctique canadien, au N. des détroits de Lancaster et du Vicomte-Melville.

REINHARDT (Ad), *Buffalo 1913 - New York 1967,* peintre et théoricien américain. Abstrait radical, il annonce le minimalisme.

REINHARDT (Jean-Baptiste, dit Django), *Liberchies, Belgique, 1910 - Fontainebleau 1953,* musicien français de jazz. D'origine tsigane, autodidacte, virtuose de la guitare, il fonda en 1934 avec S. Grappelli le quintette de cordes du Hot Club de France, puis dirigea d'autres orchestres. Parmi ses compositions : *Nuages* (1940).

R

REINHARDT (Max **Goldmann,** dit Max), *Baden, près de Vienne, 1873 - New York 1943,* metteur en scène de théâtre autrichien. Directeur notamment du Deutsches Theater de Berlin (1905), maître de la lumière et du décor, il fut l'un des grands novateurs de la technique théâtrale.

REISER (Jean Marc), *Réhon, Meurthe-et-Moselle, 1941 - Paris 1983,* dessinateur d'humour français. Dénonciation de la bêtise et esprit anarchisant s'expriment par la verve de son graphisme (*Ils sont moches,* 1970 ; *Vive les femmes,* 1978).

REISZ (Karel), *Ostrava 1926,* cinéaste britannique d'origine tchèque. L'un des auteurs marquants du Free Cinema (*Samedi soir et dimanche matin,* 1960), il réalisa ensuite *Morgan* (1966), *les Guerriers de l'enfer* (1978), *la Maîtresse du lieutenant français* (1981), *Chacun sa chance* (1989).

REJ (Mikołaj), *Zórawno 1505 - Rejowiec 1569,* écrivain polonais. Poète et moraliste, il est considéré comme le père de la littérature nationale.

RÉJANE (Gabrielle **Réju,** dite), *Paris 1856 - id. 1920,* actrice française. Elle contribua au succès de nombreuses pièces (**Madame Sans-Gêne*).

RELECQ-KERHUON (Le) [29480], comm. du Finistère ; 11 227 hab. (*Relecquois* ou *Kerhorres*).

Religion (guerres de) [1562-1598], conflits armés qui, en France, opposèrent catholiques et protestants. Cette longue période de troubles fut l'aboutissement d'un état de tension dû aux progrès des idées de la Réforme et à leur répression systématique commencée sous le règne d'Henri II. Huit guerres confuses se succédèrent alors, provoquées par l'ambition politique de grandes familles (Guises, Bourbons) autant que par le différend religieux proprement dit. C'est le massacre de protestants à Wassy (1562) qui déclencha la révolte armée des protestants. Les épisodes les plus marquants des guerres de Religion furent le massacre de la Saint-Barthélemy (1572), l'assassinat du duc de Guise (1588) et celui d'Henri III (1589). Converti au catholicisme en 1593, Henri IV mit fin à ces guerres par le traité de Vervins et l'édit de Nantes (1598).

RELIZANE, anc. **Ghilizane,** v. de l'ouest de l'Algérie ; 83 800 hab.

REMARQUE (E. Paul **Remark,** dit Erich Maria), *Osnabrück 1898 - Locarno 1970,* romancier allemand naturalisé américain, auteur de romans de guerre (*À l'Ouest rien de nouveau,* 1929).

REMBRANDT (Rembrandt Harmenszoon **Van Rijn,** dit), *Leyde 1606 - Amsterdam 1669,* peintre et graveur néerlandais. Il se fixa à Amsterdam en 1631. La force expressive de ses compositions comme de ses portraits, servie par sa science du clair-obscur, et la valeur universelle de sa méditation sur la destinée humaine le font considérer comme l'un des plus grands maîtres. Parmi ses chefs-d'œuvre, citons : au Rijksmuseum d'Amsterdam, *la Mère de Rembrandt* (1631), *la *Ronde de nuit* (1642), *le Reniement de saint Pierre* (1660), *les Syndics des drapiers* (1662), *la Fiancée juive* (v. 1665) ; au Louvre, *les Pèlerins d'Emmaüs* (deux versions), *Hendrickje Stoffels* (v. 1654), *Bethsabée* (1654), *le Bœuf écorché* (1655), *Autoportrait au chevalet* (1660). Rembrandt est, en outre, un dessinateur prodigieux, et sans doute l'aquafortiste le plus célèbre qui soit (*les Trois Arbres, la Pièce aux cent florins, Jésus prêchant*).

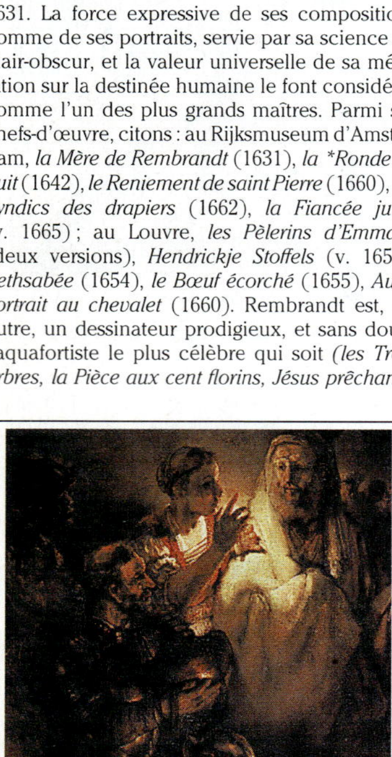

■ **REMBRANDT.** *Le Reniement de saint Pierre,* détail, 1660. (Rijksmuseum, Amsterdam.)

REMI ou **REMY** (saint), *Laon v. 437 - v. 530,* évêque de Reims. Il joua un rôle prépondérant dans la conversion de Clovis, qu'il baptisa probablement le 25 déc. 498.

REMICH, v. du Luxembourg, ch.-l. de cant. ; 2 590 hab. Vins.

REMINGTON (Eliphalet), *Suffield, Connecticut, 1793 - Ilion, New York, 1861,* industriel américain. Armurier, il mit au point un fusil à chargement par la culasse. — **Philo R.,** *Litchfield, New York, 1816 - Silver Springs, Floride, 1889,* industriel américain. Associé aux inventions de son père Eliphalet, il modifia la machine à écrire de C.L. Sholes, dont il entreprit la fabrication en série (1873).

REMIREMONT (88200), ch.-l. de cant. des Vosges, sur la Moselle ; 9 180 hab. (*Romarimontains*). Église des XIVe-XVIIIe s. sur crypte du XIe ; palais abbatial de 1752 (hôtel de ville) ; deux musées.

RÉMIRE-MONTJOLY (97354), comm. de la Guyane française ; 15 565 hab.

REMIZOV (Alekseï), *Moscou 1877 - Paris 1957,* écrivain russe. Il a peint avec lyrisme la souffrance humaine dans des romans (*Sœurs en croix*) et des recueils de souvenirs (*les Yeux tondus*) marqués par l'influence des légendes populaires.

REMSCHEID, v. d'Allemagne (Rhénanie-du-Nord-Westphalie), dans la Ruhr ; 123 610 hab.

REMUS MYTH. ROM. Frère jumeau de Romulus.

RÉMUSAT (Claire Élisabeth **Gravier de Vergennes,** comtesse **de**), *Paris 1780 - id. 1821,* femme de lettres française. Elle est l'auteur de *Mémoires* sur la cour de Napoléon Ier et d'un *Essai sur l'éducation des femmes.*

Renaissance, rénovation culturelle qui se produisit en Europe au XVe et au XVIe s., d'une part, dans les domaines littéraire, artistique et scientifique et, d'autre part, dans les domaines économique et social, avec les grandes découvertes et la naissance du capitalisme moderne.

LITTÉRATURE

La Renaissance prolonge les recherches philologiques et poétiques de Dante, Pétrarque et Boccace et prend son essor au XVe s. avec l'afflux des manuscrits grecs et des érudits chassés de Byzance. Facilitée par la découverte de l'imprimerie, qui fait connaître les œuvres antiques, elle s'épanouit d'abord en Italie, où elle a pour protecteurs les papes Jules II et Léon X, qui commanditent les écrivains et les artistes. C'est l'époque de l'Arioste, de Machiavel, de Bembo, du Tasse, de Trissino. Grâce à ses campagnes d'Italie, la France manifeste le même dynamisme rénovateur : François Ier fonde le Collège de France, Ronsard, Du Bellay et la Pléiade s'efforcent d'enrichir la langue et prêchent l'imitation des Grecs, des Latins et des Italiens tandis que s'élabore une morale humaniste, issue à la fois de l'enthousiasme de Rabelais et du scepticisme de Montaigne.

BEAUX-ARTS

C'est à Florence, dès la première moitié du quattrocento, que le retour aux sources antiques commence à se traduire par l'élaboration d'un système cohérent d'architecture et de décoration (plans, tracés modulaires, *ordres), par l'étude de la perspective et par l'adoption d'un répertoire nouveau de thèmes mythologiques et allégoriques, où le nu trouve une place importante. Œuvre des Brunelleschi, Donatello, Masaccio, L. B. Alberti, etc., cette *première Renaissance,* d'une robustesse et d'une saveur primitive qui en dénotent la spontanéité, gagne rapidement l'ensemble de l'Italie, trouvant des développements multiples dans les cours princières d'Urbino (Piero della Francesca), Ferrare, Mantoue, Milan... En 1494, l'arrivée des troupes françaises bouleverse l'équilibre italien, et Rome recueille le flambeau du modernisme, jusqu'à la dispersion des artistes après le pillage de 1527. C'est la *seconde Renaissance,* œuvre d'artistes d'origines diverses rassemblés par les papes et qui réalisent au plus haut degré les aspirations florentines d'universalisme, de polyvalence, de liberté créatrice : Bramante, Raphaël, Michel-Ange (Léonard de Vinci étant, lui, contraint à une carrière nomade). D'autres foyers contribuent à cet apogée classique de la Renaissance : Parme, avec le Corrège ; Venise, surtout, avec Giorgione, puis avec le long règne de Titien (et, un peu plus tard, celui de Palladio en architecture). À cette époque, le nouvel art commence à se diffuser en Europe. Dürer s'imprègne de la première Renaissance vénitienne (Giovanni Bellini), et le voyage de Gossart à Rome (1508) prépare, pour la peinture des Pays-Bas, la voie du « romanisme ». L'Espagne et la France sont d'abord touchées, surtout par le biais du décor : grotesques et rinceaux, médaillons, pilastres et ordres plaqués sur une architecture traditionnelle tendent à remplacer le répertoire gothique. Dans le deuxième tiers du XVIe s. environ se situe la phase *maniériste de la Renaissance, qui voit une exaspération des acquis antérieurs, en peinture et en sculpture notamment ; elle coïncide souvent, en architecture, avec la simple acquisition progressive du vocabulaire classique (Lescot et Delorme en France). Le désir d'égaler la « manière » des grands découvreurs du début du siècle conduit, dans une atmosphère de crise (crise politique de l'Italie, crise religieuse de la Réforme), à l'irréalisme fiévreux d'un Pontormo, à la grâce sophistiquée d'un Parmesan, à l'emphase d'un J. Romain, aux développements subtils de l'art de cour à *Fontainebleau. Ce dernier centre devient à son tour pôle d'attraction pour des Flamands comme J. Metsys. À la fin du siècle, Prague sera un autre foyer du maniérisme (Arcimboldo, Spranger). Une dernière phase se joue en Italie avec la conclusion du concile de Trente, en 1563. La réforme de l'art religieux est portée au premier plan, avec le retour d'un classicisme de tendance puriste en architecture (Vignole ; style grandiose de l'Escurial en Espagne), naturaliste en peinture (les Carrache). Et, tandis que partout en Europe s'est imposé le vocabulaire de la Renaissance, l'Italie, encore, verra naître à la fin du siècle les courants qui marqueront le début d'une ère nouvelle : le réalisme populiste et dramatique du Caravage, la poétique illusionniste du *baroque.

MUSIQUE

La Renaissance se situe du XVe s. au début du XVIIe s. et correspond à l'âge d'or de la polyphonie. Les musiciens italiens, anglais, bourguignons et franco-flamands s'expriment dans la messe, le motet, le madrigal, la chanson. Leur maître, Josquin Des Prés, représente l'aboutissement d'un style et l'ouverture d'une période marquée par la Réforme, qui apportera de nouvelles formes (psaume, choral) et la prédominance de la chanson française (Janequin). Cette perfection explique que les compositeurs se tournent vers de nouvelles voies, à la fin du XVIe s., en forgeant le style monodique qui aboutira à l'opéra (1600).

RENAIX [rǝnɛ], en néerl. **Ronse,** v. de Belgique (Flandre-Orientale) ; 23 998 hab. Textile. — Église gothique sur crypte romane ; musée.

RENAN (Ernest), *Tréguier 1823 - Paris 1892,* écrivain et historien français. Il se détourna de sa vocation ecclésiastique pour se consacrer à l'étude des langues sémitiques et à l'histoire des religions ; ses travaux d'exégèse consolidèrent ses conceptions rationalistes, qu'il exprima dans *l'Avenir de la science* (publié en 1890) et dans l'*Histoire des origines du christianisme* (1863 - 1881), dont le premier volume, *la Vie de Jésus,* eut un grand retentissement. Ses *Souvenirs d'enfance et de jeunesse* (1883), dont la *Prière sur l'Acropole* est le passage le plus célèbre, relatent comment il perdit la foi. (Acad. fr.)

RENARD (Charles), *Damblain, Vosges, 1847 - Meudon 1905,* officier et ingénieur français. Il construisit le premier ballon dirigeable ayant pu réaliser un parcours en circuit fermé (1884). Il imagina une série de nombres qui devint l'une des bases de la normalisation.

RENARD (Jean-Claude), *Toulon 1922,* poète français. Son œuvre méditative, tendue vers le sacré, compose un univers spirituel en marge de l'orthodoxie catholique (*la Terre du sacre, la Braise et la Rivière*).

RENARD (Jules), *Châlons, Mayenne, 1864 - Paris 1910,* écrivain français. Auteur de récits réalistes (*l'Écornifleur,* 1892), il créa le type de l'enfant souffre-douleur dans *Poil de carotte* (1894), se consacra en styliste précis à des textes brefs (*Histoires naturelles,* 1896), puis se tourna vers le théâtre, avec des pièces naturalistes amères et drôles (*le Pain de ménage,* 1898). Il a laissé un important *Journal* (1925 - 1927).

RENAU D'ÉLIÇAGARAY ou **ÉLISSAGARAY** (Bernard), dit **le Petit Renau,** *Armendarits, Pyrénées-Atlantiques, 1652 - Pougues 1719,* ingénieur militaire français. Il perfectionna la technique de

■ L'ART DE LA RENAISSANCE

Les artistes de la Renaissance ont voulu retrouver les prestiges et les vertus du grand art de l'Antiquité, qui aurait subi une éclipse au long des siècles obscurs du Moyen Âge. Cette conception, qui est responsable du terme même de *Renaissance,* revêt un aspect polémique, de nos jours écarté ; il faut en retenir l'extraordinaire bouillonnement intellectuel, lié au mouvement humaniste, qui a remis en cause les certitudes acquises et présidé à un nouveau système formel et iconographique. L'Italie fut le berceau du phénomène.

Le Primatice. *Danaé,* fresque encadrée de hauts-reliefs en stuc, décor d'une des travées de la galerie François-Ier, au château de Fontainebleau (v. 1535 - 1540 ; le reste de ce décor est dû au Rosso). Les artistes italiens ont donné le ton au nouveau Fontainebleau, réalisation majeure du maniérisme européen.

Brunelleschi. Nef de l'église S. Lorenzo à Florence, construite de 1420 env. à 1475. Rompant avec l'esthétique gothique, l'harmonieuse construction s'organise à partir d'un module de base de 4 m env. (correspondant au carré formé par chaque travée des bas-côtés) ; l'ordre corinthien est utilisé avec une grande pureté.

Léonard de Vinci. *La Vierge, l'Enfant Jésus et sainte Anne,* peinture sur bois (v. 1508 – 1510). Composition pyramidale dense, mais dynamique, associée par le sfumato à un vaste paysage cosmique et tellurique. Dans un mouvement de rotation, Marie semble chercher à retenir l'enfant qui tient l'agneau, symbole de la Passion. (Louvre, Paris.)

Piero della Francesca. Partie gauche d'une des fresques de l'église S. Francesco d'Arezzo, consacrée à la *Visite de la reine de Saba au roi Salomon* (autour de 1460 ?). Noblesse des figures, espace plus clairement défini qu'à l'époque gothique en même temps qu'exaltation de la surface murale par la richesse du coloris.

Sansovino (J. Tatti). La *Libreria Vecchia* à Venise (1537 et suiv.). À droite, le campanile de St-Marc (reconstruit au XXe s.), à gauche, la *Zecca,* de Sansovino aussi. Celui-ci a adapté le puissant classicisme de la seconde Renaissance au goût vénitien.

Raphaël. Grande loggia de la villa Madama, à Rome, œuvre inachevée de Raphaël et Sangallo le Jeune (v. 1516 - 1523). Elle s'inspire délibérément des villas romaines antiques ; le décor de grotesques de la loggia est dû à Giovanni da Udine et autres collaborateurs.

Verrocchio. Figure équestre ▷ de B. Colleoni, à Venise. En écho au Marc Aurèle (à Rome) et au Gattamelata de Donatello (à Padoue), la statue fut fondue v. 1490 par Alessandro Leopardi à partir du modèle en terre laissé par Verrocchio.

Titien. *Bacchus et Ariane* (1523). Cette toile précoce du maître vénitien est une exaltation de la joie de vivre païenne, soutenue par une brillante polychromie. (National Gallery, Londres.)

construction des navires et inventa la galiote à bombes.

RENAUD (Madeleine), *Paris 1900 - Neuilly-sur-Seine 1994,* actrice française. Elle a appartenu à la Comédie-Française (1921 - 1946) avant de fonder avec son mari J.-L. Barrault la compagnie « Renaud-Barrault » (1946). Interprète du répertoire traditionnel et moderne (Beckett), elle a également joué dans de nombreux films (*Maria Chapdelaine,* J. Duvivier, 1934 ; *Le ciel est à vous,* J. Grémillon, 1944 ; *le Plaisir,* M. Ophuls, 1952).

RENAUD DE CHÂTILLON, *m. à Hattin en 1187,* prince d'Antioche (1153 - 1160), seigneur d'Outre-Jourdain (1177 - 1187). Il fut capturé par Saladin à la bataille de Hattin et exécuté.

RENAUDOT (Théophraste), *Loudun 1586 - Paris 1653,* médecin et journaliste français. Il fonda en 1631 le journal *la Gazette.* Son nom a été donné à un prix littéraire créé en 1925 et décerné chaque année en même temps que le prix Goncourt.

RENAULT (Louis), *Paris 1877 - id. 1944,* industriel français. Il construisit une première voiture en 1898, puis, aidé de ses frères Marcel (1872 - 1903) et Fernand (1865 - 1909), il devint l'un des pionniers de l'industrie automobile. Pendant la Première Guerre mondiale, *Renault frères* travailla pour l'aviation, fabriqua des munitions et mit au point en 1918 le tank Renault.

Renault, société française dont l'origine remonte aux frères Renault. Nationalisée en 1945, la *Régie nationale des usines Renault* (redevenue *Renault* en 1995) a vu l'État se désengager largement de son capital en 1994, avant de retourner au secteur privé en 1996. Le groupe, qui fabrique des voitures, des véhicules industriels et des matériels agricoles, a renforcé son assise internationale par une politique d'alliances (en partic. avec le constructeur japonais Nissan, en 1999) et d'acquisitions (Dacia, 1999 ; Samsung, 2000).

René, roman de Chateaubriand, publié en 1802 dans *le Génie du christianisme,* puis à part en 1805. René y incarne le *mal du siècle.

RENÉ GOUPIL (saint), un des *Martyrs canadiens.

RENÉ Ier le Bon, *Angers 1409 - Aix-en-Provence 1480,* duc d'Anjou, de Bar (1430 - 1480) et de Lorraine (1431 - 1453), comte de Provence (1434 - 1480), roi effectif de Naples (1438 - 1442) et roi titulaire de Sicile (1434 - 1480). Il était le fils de Louis II, roi de Sicile et duc d'Anjou. Emprisonné deux fois par les Bourguignons, ayant dû abandonner Naples aux Aragonais (1442), il se retira, après 1455, à Angers puis à Aix-en-Provence, écrivit des poésies, des romans et des traités de morale, et s'entoura de gens de lettres et d'artistes. (Il est resté, pour la postérité, *le bon roi René.*)

RENÉ II, *1451 - Fains 1508,* duc de Lorraine (1473 - 1508) et de Bar (1480 - 1508). Petit-fils de René Ier le Bon, il s'allia avec les villes alsaciennes et les cantons suisses (1474) après l'invasion de ses terres par Charles le Téméraire. Il fut frustré de l'héritage de son grand-père par Louis XI.

RENÉE DE FRANCE, *Blois 1510 - Montargis 1575,* duchesse de Ferrare. Fille de Louis XII, épouse du duc de Ferrare Hercule II d'Este, elle tint une cour brillante, se convertit à la réforme et, rentrée en France après la mort de son époux (1559), protégea les protestants.

RENENS [rənɑ̃], v. de Suisse (cant. de Vaud), banlieue de Lausanne ; 18 019 hab. *(Renanais).*

RENGER-PATZSCH (Albert), *Würzburg 1897 - Wamel, Westphalie, 1966,* photographe allemand. Adepte de la « nouvelle objectivité », il est l'un des précurseurs du langage photographique contemporain par son écriture froide, très précise, et sa prédilection pour les gros plans.

■ GUIDO **RENI.** *Atalante et Hippomène.* (Galerie nationale de Capodimonte, Naples.)

RENI (Guido), parfois dit en fr. **le Guide,** *Calvenzano, près de Bologne, 1575 - Bologne 1642,* peintre italien. Actif à Rome et surtout à Bologne, influencé par les Carrache, mais fasciné par Raphaël, il porta le classicisme à un haut degré de raffinement et de lyrisme (*Samson victorieux, le Massacre des Innocents,* pinacothèque de Bologne ; *Nessus et Déjanire,* Louvre).

RENIER DE HUY, dinandier (et orfèvre ?) mosan travaillant à Liège au début du XIIe s. Il est l'auteur des fonts baptismaux en laiton, auj. à l'église St-Barthélemy de Liège, qui sont un chef-d'œuvre de l'art roman.

■ **RENIER DE HUY.** Fonts baptismaux en laiton exécutés vers 1107 - 1118 pour l'église Notre-Dame de Liège, aujourd'hui à Saint-Barthélemy.

RENNEQUIN (René **Sualem,** dit), *Jemeppe-sur-Meuse 1645 - Bougival 1708,* mécanicien wallon. Il construisit la machine hydraulique de Marly (1676 - 1682) pour alimenter en eau le château de Versailles.

RENNER (Karl), *Untertannowitz, Moravie, 1870 - Vienne 1950,* homme politique autrichien. Social-démocrate, il fut chancelier (1918 - 1920), puis président de la République (1945 - 1950).

RENNES, ch.-l. de la Région Bretagne et du dép. d'Ille-et-Vilaine, au confluent de l'Ille et de la Vilaine, à 344 km à l'O. de Paris ; 212 494 hab. *(Rennais).* Archevêché. Cour d'appel. Académie et université. Siège de la zone de défense Ouest. Constructions mécaniques (automobiles). Édition. Électronique. Siège de l'École supérieure d'électronique de l'armée de terre. — Palais de justice du XVIIe s., anc. parlement (ravagé lors d'un incendie en 1994 puis restauré), hôtel de ville du XVIIIe s. et autres monuments ; musée des Beaux-Arts et musée de Bretagne. — Festival musical (« Rencontres Trans Musicales »). — Capitale des ducs de Bretagne au Xe s., la ville devint définitivement le siège du parlement de Bretagne en 1561.

■ **RENÉ Ier LE BON** par N. Froment. (Louvre, Paris.)

■ **RENNES.** Le Théâtre municipal, place de la Mairie.

RENO, v. des États-Unis (Nevada) ; 254 667 hab. Centre touristique.

RENOIR (Auguste), *Limoges 1841 - Cagnes-sur-Mer 1919,* peintre français. Parmi les impressionnistes, il est celui qui a exécuté le plus d'œuvres d'après la figure humaine et les scènes d'une vie heureuse (*la Balançoire* et *le Moulin de la Galette,* 1876, musée d'Orsay ; *Mme Charpentier et ses enfants,* 1878, Metropolitan Museum, New York). Après la phase « ingresque » ou « acide » des années 1884 - 1887, sa vitalité sensuelle s'est affirmée dans ses portraits féminins et ses nus (*Jeunes Filles au piano,* diverses versions [1892] ; *Gabrielle à la rose* [1911], *les Baigneuses* [v. 1918], musée d'Orsay).

■ AUGUSTE **RENOIR.** *Deux Jeunes Filles assises,* 1892. (Musée d'Art de Philadelphie.)

RENOIR (Jean), *Paris 1894 - Beverly Hills, Californie, 1979,* cinéaste français. Fils d'Auguste Renoir, il a imposé un style sensuel et lumineux, mélange de réalisme et de théâtralité, qui fait de lui l'un des plus grands cinéastes français : *la Chienne* (1931), *Partie de campagne* (1936), *la Grande Illusion* (1937), *la Bête humaine* (1938), *la Règle du jeu* (1939), *le Fleuve* (1951), *le Carrosse d'or* (1953), *le Caporal épinglé* (1962).

RENOU (Louis), *Paris 1896 - Vernon 1966,* orientaliste français. Spécialiste du sanskrit (*Histoire de la langue sanskrite,* 1955), il est l'auteur d'importants travaux dans le domaine indo-aryen ancien (*l'Inde classique,* en collab., 1947).

RENQIU, v. de Chine, au S.-O. de Tianjin ; 591 000 hab.

RÉOLE (La) [33190], ch.-l. de cant. de la Gironde, sur la Garonne ; 4 340 hab. Anc. hôtel de ville roman et gothique, église gothique, bâtiments du XVIIIe s. de l'anc. monastère.

REPENTIGNY, v. du Canada (Québec), au N. de Montréal ; 56 555 hab. *(Repentignois).*

REPINE (Ilia Iefimovitch), *Tchougouiev, Ukraine orientale, 1844 - Kuokkala, auj. Repino, Carélie, 1930,* peintre russe. Membre de la Société des « ambulants », qui se donnait pour but d'atteindre l'ensemble du peuple, il est connu pour ses œuvres à sujet historique ou social (*les Haleurs de la Volga* [1873], Musée russe, Saint-Pétersbourg) et pour ses portraits.

Repubblica (La), quotidien italien de gauche, créé à Rome en 1976.

républicain (Parti), un des deux grands partis qui dominent la vie politique aux États-Unis, fondé en 1856 autour d'un programme anti-esclavagiste. L'issue de la guerre de Sécession consacra la supériorité des républicains sur les démocrates et leur maintien au pouvoir, pratiquement sans interruption de 1861 à 1913, puis de 1921 à 1933. Le Parti républicain a ensuite donné plusieurs présidents aux États-Unis : D. Eisenhower, R. Nixon, G. Ford, R. Reagan, G. Bush, G.W. Bush (depuis 2001).

Républicain lorrain (le), quotidien régional français créé en 1919 à Metz.

RÉPUBLIQUE (col de la), col routier de France (Loire), au S.-E. de Saint-Étienne ; 1 161 m.

République (la), dialogue de Platon, en dix livres. Une interrogation sur la justice mène Socrate à décrire un modèle idéal d'organisation politique. La cité, hiérarchisée selon la nature des hommes qui la composent, doit être gouvernée par ceux qui ont accédé à la connaissance du Vrai et du Bien, les « philosophes-rois ».

république (les Six Livres de la) ou **la République,** ouvrage de Jean Bodin (1576). À travers une enquête sur les formes possibles du pouvoir, l'auteur s'affirme partisan d'une monarchie apte à assurer l'équilibre des groupes sociaux.

République (Ire), régime politique de la France du 21 sept. 1792 au 18 mai 1804.

République (IIe), régime politique de la France du 25 févr. 1848 au 2 déc. 1852.

République (IIIe), régime politique de la France du 4 sept. 1870 au 10 juill. 1940.

République (IVe), régime politique de la France du 13 oct. 1946 au 4 oct. 1958.

République (Ve), régime politique de la France depuis le 4 oct. 1958.

REQUESENS Y ZÚÑIGA (Luis **de**), *Barcelone 1528 - Bruxelles 1576,* général et homme d'État espagnol. Gouverneur des Pays-Bas en 1573, il ne put dompter l'insurrection des provinces du Nord.

RÉQUISTA (12170), ch.-l. de cant. de l'Aveyron ; 2 196 hab.

Rerum novarum (15 mai 1891), encyclique promulguée par Léon XIII et relative à la condition des ouvriers, charte du catholicisme social.

Réseau ferré de France (RFF) → **SNCF.**

Réseau France Outre-mer (RFO), société nationale créée en 1982 et appelée jusqu'en 1999 Radio-télévision française d'outre-mer. Elle a pour mission d'assurer la diffusion de programmes de radio et de télévision dans les départements et territoires français d'outre-mer.

Résistance, action clandestine menée en Europe par des organisations civiles et militaires contre l'occupant allemand, au cours de la Seconde Guerre mondiale. En France, les mouvements de résistance furent unifiés en 1943 dans le *Conseil national de la Résistance (CNR).* Par son activité (renseignement, propagande, sauvetages, sabotages), la Résistance a contribué fortement à la libération du territoire et au soutien de l'action du général de Gaulle.

Résistance (médaille de la), décoration française. Elle fut créée à Alger en 1943 pour récompenser les services rendus dans la Résistance.

Résistance (parti de la), nom donné sous la monarchie de Juillet aux orléanistes de tendance conservatrice. Mené par Guizot, de Broglie et Casimir Perier, le parti gagna Louis-Philippe à ses idées dès 1831, aux dépens de son rival, le parti du Mouvement.

RESISTENCIA, v. d'Argentine, ch.-l. de prov., sur le Paraná ; 144 761 hab.

REȘIȚA, v. de l'ouest de la Roumanie ; 102 000 hab.

RESNAIS (Alain), *Vannes 1922,* cinéaste français. Il filme avec la même grâce les élans du cœur, le sillage d'une pensée ou les méandres de la mémoire (*Nuit et brouillard,* court-métrage, 1955 ; *Hiroshima mon amour,* 1959 ; *l'Année dernière à Marienbad,* 1961 ; *Mon oncle d'Amérique,* 1980 ; *Smoking/No Smoking,* 1993 ; *On connaît la chanson,* 1997).

RESPIGHI (Ottorino), *Bologne 1879-Rome 1936,* compositeur italien. Il renouvela le poème symphonique *(les Fontaines de Rome ; les Pins de Rome)* et écrivit des œuvres lyriques.

Restauration, régime politique de la France sous lequel régnèrent Louis XVIII (1814 - 1815 ; 1815 - 1824) et Charles X (1824 - 1830). On distingue la *première Restauration* (avr. 1814 - mars 1815) et la *seconde Restauration,* après les Cent-Jours (juill. 1815 - juill. 1830).

RESTIF ou **RÉTIF DE LA BRETONNE** (Nicolas **Restif,** dit), *Sacy, Yonne, 1734 - Paris 1806,* écrivain français. Autodidacte, il a décrit avec acuité, dans plus de 200 ouvrages qu'il imprima lui-même, les mœurs de la fin du XVIIIe s. (*le Paysan perverti ou les Dangers de la ville,* 1775 ; *la Vie de mon père,* 1779 ; *Monsieur Nicolas ou le Cœur humain dévoilé,* 1794-1797).

RESTOUT (Jean II), *Rouen 1692 - Paris 1768,* le plus important d'une famille de peintres français. Neveu de Jouvenet, académicien, il est l'auteur de tableaux surtout religieux, au style frémissant.

RETHEL (08300), ch.-l. d'arrond. des Ardennes, sur l'Aisne ; 8 679 hab. Église des XIIe-XVe s. – Défaite de Turenne (1650) pendant la Fronde.

Rethondes (armistices de), armistices signés dans une clairière de la forêt de Compiègne, près de Rethondes (Oise). L'armistice du *11 novembre 1918,* demandé par les Allemands aux Alliés, marquait la fin de la Première Guerre mondiale. Celui du *22 juin 1940* fut demandé par Pétain à Hitler après la défaite française (juin 1940).

RETIERS (35240), ch.-l. de cant. d'Ille-et-Vilaine ; 3 290 hab. Laiterie.

RETOURNAC (43130), ch.-l. de cant. de la Haute-Loire ; 2 321 hab. Église romane.

RETZ (Gilles **de**) → **RAIS.**

RETZ [rɛ] (Jean-François Paul **de Gondi,** cardinal **de**), *Montmirail 1613-Paris 1679,* prélat et écrivain français. Coadjuteur de l'archevêque de Paris, il joua un rôle important dans les troubles de la Fronde. Prisonnier au château de Vincennes (1652), puis à Nantes, il s'échappa (1654) et ne rentra en France qu'après avoir démissionné de l'archevêché de Paris, dont il était titulaire depuis 1654. Il a laissé un récit de la *Conjuration de Fiesque* et des *Mémoires,* l'un des premiers chefs-d'œuvre de la prose classique.

■ LE CARDINAL DE **RETZ** par R. Nanteuil. (Coll. priv.)

RETZ [rɛ] (pays de), région de l'ouest de la France (Loire-Atlantique), au S. de l'estuaire de la Loire.

REUBELL (Jean-François) → **REWBELL.**

REUCHLIN (Johannes), *Pforzheim 1455 - Stuttgart 1522,* humaniste allemand. Promoteur des études hébraïques et grecques en Occident, il fut poursuivi par l'Inquisition.

RÉUNION n.f. (974), île de l'océan Indien, formant un dép. français d'outre-mer, à l'E. de Madagascar ; ch.-l. *Saint-Denis ;* ch.-l. d'arrond. *Saint-Benoît, Saint-Paul, Saint-Pierre ;* 4 arrond. ; 49 cant. ; 24 comm. ; 2 511 km² ; 706 300 hab. *(Réunionnais).* Le dép. appartient à l'académie de la Réunion, à la cour d'appel de Saint-Denis, à la zone de défense Sud de l'océan Indien.

GÉOGRAPHIE

L'île possède un climat tropical tempéré par l'insularité et, dans l'intérieur, par le relief, mais elle est auj. affectée par des cyclones. Elle est formée par un grand massif volcanique (3 069 m au piton des Neiges), au pied duquel s'étendent les cultures : vanilliers, plantes à parfum et surtout canne à sucre, qui fournit les deux grands produits d'exportation, le sucre (principalement) et le rhum. L'essor démographique a aggravé le surpeuplement, combattu par l'émigration.

HISTOIRE

1528 : l'île est découverte par les Portugais. **1638 :** elle est occupée par la France et baptisée (1649) « île Bourbon ». **1664 - 1767 :** administrée par la Compagnie des Indes orientales, elle voit se développer la culture du caféier, qui fait appel à des esclaves venus d'Afrique. **1793 :** l'île prend son nom actuel. **Début du XIXe s. :** introduction de la culture de la canne à sucre. **1848 :** l'esclavage est aboli. **1946 :** l'île devient département d'outre-mer. **1983 :** le premier conseil régional est élu.

Réunions (politique des) [1679 - 1684], politique d'annexions menée par Louis XIV, en pleine paix, au lendemain des traités de Nimègue, pour renforcer la frontière du nord-est de la France. À l'issue de la guerre de la ligue d'Augsbourg (1688-1697), la France ne conserva de ces réunions que Sarrelouis, Strasbourg et l'Alsace.

REUS, v. d'Espagne (Catalogne) ; 87 670 hab.

REUSS n.f., riv. de Suisse, affl. de l'Aar (r. dr.) ; 160 km. Elle traverse le lac des Quatre-Cantons.

Reuters, agence de presse britannique, créée en 1851 à Londres par J. Reuter, et devenue l'une des plus grandes agences mondiales d'information. (Nom du siège à Paris : *Reuter.*)

R

REUTLINGEN, v. d'Allemagne (Bade-Wurtemberg) ; 107 607 hab. Églises gothiques.

REVAL ou **REVEL** → **TALLINN.**

REVARD (mont), plateau des Préalpes françaises, dominant Aix-les-Bains ; 1 537 m. Sports d'hiver.

Rêve dans le Pavillon rouge (le), roman chinois de Cao Xueqin (XVIIIe s.). Le récit des amours de deux adolescents s'inscrit dans une vaste fresque de l'aristocratie de l'époque.

Réveil (le), ensemble des mouvements religieux qui, avec pour foyer principal Genève, marquèrent le renouveau protestant en France et en Suisse au début du XIXe s.

REVEL (31250), ch.-l. de cant. de la Haute-Garonne ; 8 417 hab. *(Revélois).* Bastide du XIVe s.

REVEL (Jean-François), *Marseille 1924,* essayiste français. Philosophe, éditorialiste, il dénonce dans ses ouvrages les modes intellectuelles et les dérives qui menacent la démocratie (*Pourquoi des philosophes ?,* 1957 ; *la Tentation totalitaire,* 1976 ; *l'Absolutisme inefficace,* 1992). [Acad. fr.]

REVERDY (Pierre), *Narbonne 1889 - Solesmes 1960,* poète français. Maître sensible d'un art dépouillé et pur (*les Ardoises du toit,* 1918 ; *Plupart du temps,* 1945), il se fit le théoricien des peintres cubistes et influença les surréalistes. Il se retira dès 1926 près de l'abbaye de Solesmes.

REVERMONT n.m., rebord de l'ouest du Jura.

REVERS (Georges), *Saint-Malo 1891 - Saint-Mandé 1974,* général français. Chef de l'état-major de Darlan (1941 - 1942), puis de l'Organisation de résistance de l'armée (1943 - 1944), il fut chef d'état-major général de l'armée (1947 - 1950).

REVIGNY-SUR-ORNAIN (55800), ch.-l. de cant. de la Meuse ; 3 733 hab. Cimetière militaire. – Église gothique des xve-xvie s.

REVIN (08500), ch.-l. de cant. des Ardennes, sur la Meuse ; 9 141 hab. Électroménager. Centrale hydroélectrique.

révolution brabançonne (1789 - 1790), mouvement révolutionnaire qui éclata aux Pays-Bas autrichiens (actuelle Belgique) contre les réformes de Joseph II. Ayant chassé l'armée autrichienne, les provinces belges révoltées (notamm. le Brabant) déclarèrent leur indépendance et réunirent à Bruxelles les états généraux, qui proclamèrent les « États belgiques unis » (janv. 1790). Mais la désunion des Belges facilita la reconquête du pays par l'Autriche (déc. 1790), qui, toutefois, abandonna les réformes.

Révolution culturelle (la) [1966 - 1976], mouvement politique, idéologique et armé imposé en Chine par Mao Zedong pour relancer la dynamique révolutionnaire. Les autorités administratives et politiques officielles furent évincées, tels Deng Xiaoping et Liu Shaoqi, alors que les jeunes des écoles et des universités (fermées de 1966 à 1972) s'organisaient en associations de « gardes rouges », se réclamant de la pensée de Mao Zedong. Marquée par le déplacement massif de populations des campagnes vers les villes et des villes vers les champs, par des affrontements sanglants dans les provinces, l'incarcération ou la mise à mort d'artistes et d'intellectuels, la destruction d'œuvres d'art classiques (monuments et livres), la « Grande Révolution culturelle prolétarienne » prit fin avec la mort de Mao et l'arrestation de la « Bande des Quatre » en 1976.

Révolution française (1789 - 1799), ensemble des mouvements révolutionnaires qui mirent fin, en France, à l'Ancien Régime.

Les États généraux de l'Assemblée constituante. 1789 : réunion des États généraux (5 mai) ; serment du Jeu de paume (20 juin) ; renvoi de Necker (11 juill.) ; l'Assemblée nationale se déclare constituante (9 juill.) ; prise de la Bastille (14 juill.) ; abolition des privilèges (4 août) ; Déclaration des droits de l'homme et du citoyen (26 août) ; retour forcé du roi Louis XVI à Paris (5 - 6 oct.) ; les biens du clergé sont déclarés nationaux (2 nov.) ; décret établissant la création des départements (22 déc.). **1790 :** Constitution civile du clergé (12 juill.) ; fête de la Fédération (14 juill.). **1791 :** loi Le Chapelier (14 juin) ; fuite du roi, arrêté à Varennes (juin) ; fusillade du Champ-de-Mars (17 juill.) ; le roi accepte la Constitution (13 sept.).

L'Assemblée législative. 1791 : 1re séance de l'Assemblée législative (1er oct.). Veto du roi au décret contre les prêtres réfractaires (29 nov.). **1792 :** ministère girondin (mars) ; déclaration de guerre (20 avr.) ; premiers revers. Renvoi des Girondins (13 juin). Invasion des Tuileries (20 juin). L'Assemblée déclare « la patrie en danger » (11 juill.). Début de la première Terreur ; arrestation du roi et fin de la royauté (10 août). Début des massacres de Septembre (2 sept.). Victoire de Valmy, qui arrête l'invasion étrangère (20 sept.).

La Convention nationale. 1792 : proclamation de la république (22 sept.). Victoire de Jemmapes et occupation de la Belgique (6 nov.). **1793 :** exécution de Louis XVI (21 janv.). Levée de 300 000 hommes (24 févr.). Coalition contre la France et insurrection dans l'Ouest (mars). Création du Comité de salut public (6 avr.). Arrestation des Girondins (2 juin). Constitution de l'an I, ratifiée par référendum (24 juin). Début de la seconde Terreur (5 sept.). Loi des « suspects » (17 sept.). Le gouvernement déclaré révolutionnaire jusqu'à la paix. Culte de la Raison (nov.). **1794 :** Robespierre élimine les hébertistes, qui veulent poursuivre plus loin la Révolution (mars), puis Danton et ses amis, qui veulent la fin de la Terreur (avr.). Grande Terreur (juin). Fête de l'Être suprême (8 juin). La victoire de Fleurus élimine tout péril extérieur (26 juin). Chute et exécution de Robespierre et de ses amis (9 thermidor [27 juill.]). Convention thermidorienne. Réveil royaliste et vague contre-révolutionnaire, misère populaire. **1795 :** rappel des Girondins (8 mars). Traités de Bâle (5 avr. et 22 juill.) et de La Haye (16 mai), avantageux pour la France. Émeutes des sans-culottes : 12 germinal an III (1er avr.) et 1er prairial an III (20 mai). Suppression du Tribunal révolutionnaire (31 mai). Vote de la Constitution de l'an III, ratifiée par référendum (22 août). Révolte royaliste écrasée par Bonaparte (5 oct.).

Le Directoire. 1795 : 1re réunion du Directoire (2 nov.). **1796 :** Bonaparte à la tête de l'armée d'Italie (2 mars). Victoire d'Arcole (17 nov.). **1797 :** exécution de Babeuf, chef de la conspiration des Égaux (27 mai). Coup d'État du 18 Fructidor contre les royalistes (4 sept.). Traité de Campoformio (18 oct.). **1798 :** départ de Bonaparte pour l'Égypte (19 mai). Défaite d'Aboukir (1er août). Deuxième coalition contre la France (déc.). **1799 :** Bonaparte quitte l'Égypte (22 août). Victoire de Zurich (25 - 27 sept.). Coup d'État de Bonaparte (9 nov. [18 Brumaire]). Début du Consulat (9 - 10 nov.) ; fin de la Révolution.

révolution française de 1830 (27, 28, 29 juill. 1830), mouvement révolutionnaire appelé aussi *les Trois Glorieuses,* qui aboutit à l'abdication de Charles X et à l'instauration de la monarchie de Juillet, avec pour roi Louis-Philippe Ier.

révolution française de 1848 (22, 23 et 24 févr. 1848), mouvement révolutionnaire qui aboutit à l'abdication de Louis-Philippe (24 févr.) et à la proclamation de la IIe République. Elle s'inscrit dans un mouvement touchant une grande partie de l'Europe (⟶ **révolutions de 1848**).

revolutionibus orbium coelestium (De), ouvrage de Copernic, publié en 1543, dans lequel l'auteur expose sa conception héliocentrique de l'Univers.

révolution liégeoise (1789 - 1791), mouvement révolutionnaire d'inspiration démocratique qui fit écho, dans la principauté de Liège, au début de la Révolution française. Les insurgés prirent l'hôtel de ville (18 août 1789) et provoquèrent l'exil du prince-évêque (26 août). Celui-ci, momentanément rétabli par l'Autriche (févr. 1791), procéda à une sévère répression.

révolution russe de 1905, ensemble des manifestations qui ébranlèrent la Russie en 1905. Fin 1904, l'agitation lancée par les zemstvos gagne les milieux ouvriers, qui réclament une constitution. Après le Dimanche rouge (9 [22] janv. 1905), au cours duquel l'armée tire sur les manifestants, les grèves se multiplient et des mutineries éclatent (dont celle du cuirassé *Potemkine,* en juin). Aggravée par les défaites de la guerre russo-japonaise, cette crise oblige Nicolas II à promulguer le manifeste d'octobre promettant la réunion d'une douma d'État élue au suffrage universel. Les soviets de députés ouvriers tentent une insurrection qui est écrasée en déc. 1905 - janv. 1906.

révolution russe de 1917, ensemble des mouvements révolutionnaires qui, en Russie, amenèrent l'abdication de Nicolas II, la prise du pouvoir par les bolcheviques et la création de la république socialiste soviétique fédérative de Russie.

La révolution de Février. La population de Petrograd, exaspérée par de graves problèmes de ravitaillement, manifeste le 23 février (8 mars). À l'appel des bolcheviques, la grève devient générale le 25 févr. (10 mars). Les soldats se mutinent contre les officiers dans la nuit du 26 au 27 févr. (11 au 12 mars) et prennent, avec les ouvriers, l'Arsenal et les bâtiments publics. Le 2 mars (15 mars), la douma forme un gouvernement provisoire, reconnu par le Soviet des ouvriers et des soldats de Petrograd. Le même jour, Nicolas II abdique. Dès lors, le pouvoir est détenu par le gouvernement provisoire, dominé par les constitutionnels-démocrates (KD), et par les soviets, majoritairement mencheviques et sociaux-révolutionnaires (SR). Ouvriers et soldats manifestent en avril puis en juillet contre la poursuite de la guerre. Le 24 juill., Kerenski forme un nouveau gouvernement de coalition. Lénine fait adopter sa tactique d'insurrection armée par les bolcheviques (juill.-août).

La révolution d'Octobre. Le 24 oct., les bolcheviques s'emparent des points stratégiques de la capitale et du palais d'Hiver, puis arrêtent les membres du gouvernement provisoire. Petrograd est aux mains des insurgés le 25 oct. (7 nov.) ; enfin, le IIe congrès des soviets élit le Conseil des commissaires du peuple, constitué uniquement de bolcheviques et présidé par Lénine.

révolutions d'Angleterre, révolutions qui aboutirent au renversement de deux souverains Stuarts en Angleterre, au xviie s.

Première révolution d'Angleterre ou « Grande Rébellion » (1642 - 1649). Elle entraîna la chute puis l'exécution de Charles Ier et l'établissement d'une république sous la direction de Cromwell. **1640 :** afin de recueillir l'argent dont il a besoin pour vaincre l'Écosse, le roi Charles Ier convoque le Parlement. **1641 :** celui-ci refuse tout subside et adresse au roi la « Grande Remontrance », qui limite le pouvoir royal. **1642 :** ne pouvant obtenir l'arrestation des chefs de l'opposition parlementaire, le roi se retire à York, déclenchant la guerre civile. **1644 :** la victoire des parlementaires à Marston Moor est suivie de la réorganisation de leur armée, qui écrase celle du roi à Naseby (1645). **1646 :** le roi se rend aux presbytériens écossais. **1647 :** ceux-ci le livrent au Parlement anglais. Le roi se réfugie dans l'île de Wight. **1648 :** une seconde guerre civile éclate alors. Cromwell, victorieux, marche sur Londres et épure le Parlement, prêt à négocier avec le roi. **1649 :** le Parlement vote la mise en accusation de Charles Ier, qui est exécuté (janv.). Cromwell est dès lors le maître du pays.

Seconde révolution d'Angleterre, dite la « Glorieuse Révolution » (1688 - 1689). Elle provoqua le départ de Jacques II Stuart et l'avènement de Guillaume III de Nassau, prince d'Orange. **1688 :** Jacques II, catholique, octroie la liberté du culte aux catholiques et aux protestants dissidents (mai). La naissance d'un héritier, Jacques Édouard (juin), permet l'établissement d'une dynastie catholique. À l'appel de plusieurs notables whigs et tories, Guillaume III de Nassau, gendre de Jacques II, débarque le 5 nov. Jacques II s'enfuit en France. **1689 :** le Parlement reconnaît comme nouveaux souverains Marie II et Guillaume III. Cette révolution aboutit à instaurer en Angleterre une monarchie constitutionnelle.

révolutions de 1848, ensemble des mouvements libéraux et nationaux qui agitèrent l'Europe en 1848 - 1849. Les principales étapes du « printemps des peuples », hormis les journées de février à Paris, sont : l'insurrection de Palerme (12 janv. 1848) ; la promulgation de constitutions à Naples (10 févr.), en Toscane (17 févr.) et au Piémont (5 mars) ; la déclaration de guerre à l'Autriche par Charles-Albert, roi de Sardaigne (24 févr.) ; les révolutions qui éclatent à Vienne (13 mars), à Venise (17 - 22 mars), à Berlin (18 mars), à Milan (18 - 22 mars), à Munich (19 mars) ; la reconnaissance par Vienne du Statut hongrois (11 avr.) ; l'ouverture du Parlement de Francfort (18 mai), du Congrès panslave de Prague (2 juin) et de l'Assemblée constituante à Vienne (22 juill.). La réaction s'organise à partir de juin ; elle est victorieuse dans les États allemands, à Vienne (30 - 31 oct. 1848) et en Hongrie (capitulation de Világos, 13 août 1849). En Italie, Ferdinand II rétablit son pouvoir en Sicile (15 mai 1848) et Charles-Albert est défait par les Autrichiens (Custoza, 25 juill. 1848 ; Novare, 23 mars 1849). Les révolutions de 1848 ont aboli les derniers liens serviles en Europe centrale et accéléré le processus de formation d'ensembles nationaux.

révolutions démocratiques de 1989, ensemble des événements qui aboutirent à la chute des régimes communistes en Europe centrale et orientale. L'URSS ne s'y opposa pas, acceptant ainsi la perte du contrôle qu'elle exerçait sur cette partie de l'Europe depuis la fin de la Seconde Guerre mondiale. Commencés en Pologne (victoire de Solidarité aux élections de juin), poursuivis par la Hongrie (qui ouvrit le rideau de fer en mai), par la RDA (démantèlement du mur de Berlin en nov.) et par la Tchécoslovaquie, les mouvements de contestation des régimes en place et de lutte pour l'instauration de la démocratie furent pacifiques. Des évolutions plus confuses conduisirent au renversement des gouvernements de Bulgarie et de Roumanie.

Revue blanche (la), recueil bimensuel illustré, fondé à Liège et à Paris en 1889. Elle défendit le mouvement symboliste.

Revue des Deux Mondes (la), périodique littéraire, historique et artistique fondé en 1829. Elle fut notamm. dirigée par F. Brunetière (1894 - 1906).

REWBELL ou **REUBELL** (Jean-François), *Colmar 1747 - id. 1807,* homme politique français. Député à la Convention, représentant en mission sur le

Rhin (1793), membre des Cinq-Cents, puis directeur (1795 - 1799), il fut l'un des auteurs du coup d'État du 18 fructidor an V (4 sept. 1797).

REY (Jean), *Le Bugue v. 1583 - 1645,* chimiste et médecin français. Il observa l'augmentation de masse de l'étain et du plomb quand on les calcine et attribua cette action à l'air, énonçant, avant Lavoisier, le principe de conservation de la matière.

REYES (Alfonso), *Monterrey 1889 - Mexico 1959,* écrivain mexicain. Poète, essayiste et romancier, il est revenu aux sources de l'inspiration nationale et de la civilisation aztèque (*Vision de l'Anáhuac,* 1917).

REYKJAVÍK, cap. de l'Islande ; 101 824 hab. (154 000 hab. dans l'agglomération). Principal port. L'agglomération regroupe plus de la moitié de la population du pays. — Musée national.

REYMONT (Władysław Stanisław), *Kobiele Wielkie 1867 - Varsovie 1925,* écrivain polonais. Il est l'auteur de romans sur la Pologne rurale (*les Paysans,* 1904 - 1909) et de récits réalistes. (Prix Nobel 1924.)

REYNAUD (Émile), *Montreuil-sous-Bois 1844 - Ivry-sur-Seine 1918,* inventeur et dessinateur français. Créateur du « praxinoscope » (1876) et du « théâtre optique », avec lequel il assura de 1892 à 1900 plus de 10 000 projections publiques, il fut l'un des pionniers du dessin animé.

REYNAUD (Paul), *Barcelonnette 1878 - Neuilly 1966,* homme politique français. Plusieurs fois ministre sous la IIIe République, il succéda à Daladier comme président du Conseil en mars 1940. Opposé à l'armistice, il laissa la place au maréchal Pétain (16 juin). Interné en sept. 1940, il fut déporté en Allemagne (1942 - 1945). Il fut député du Nord de 1946 à 1962.

REYNOLDS (sir Joshua), *Plympton, Devon, 1723 - Londres 1792,* peintre britannique. Portraitiste fécond, admirateur des grands Italiens et de Rembrandt, il fut en 1768 cofondateur et président de la Royal Academy.

REYNOLDS (Osborne), *Belfast 1842 - Watchet, Somerset, 1912,* ingénieur britannique. Ses recherches concernent l'hydrodynamique (régimes d'écoulement des fluides visqueux), l'hydraulique et la mécanique (théorie de la lubrification).

REYNOSA, v. du nord du Mexique ; 283 000 hab.

REYRIEUX (01600), ch.-l. de cant. de l'Ain, dans la Dombes ; 3 722 hab. *(Talançonnais).*

REZA CHAH PAHLAVI, *Sevad Kuh 1878 - Johannesburg 1944,* chah d'Iran (1925 - 1941). Colonel du régiment iranien des Cosaques, Reza Khan organisa le coup d'État de 1921 et se fit proclamer chah (1925). S'inspirant des réformes de Mustafa Kemal, il imposa la modernisation et l'occidentalisation de l'Iran. Il dut abdiquer en 1941.

REZAYE → **OURMIA.**

REZÉ (44400), ch.-l. de cant. de la Loire-Atlantique, banlieue sud de Nantes ; 36 455 hab. *(Rezéens).* Unité d'habitation de Le Corbusier (1953).

Rezonville (bataille de) [16 août 1870], bataille de la guerre franco-allemande durant le siège de Metz.

RF, sigle de République française.

RFA, sigle de République fédérale d'Allemagne. (→ **Allemagne.**)

RFF (Réseau ferré de France) → **SNCF.**

RFI, sigle de *Radio France Internationale.

RFO, sigle de *Réseau France Outre-mer.

RG (Renseignements généraux), service de la Police nationale chargé de procéder à la recherche et à la centralisation des renseignements d'ordre politique et social à l'échelon national.

RHAB → **GHAB.**

RHADAMANTHE MYTH. GR. Un des trois juges des Enfers, avec Minos et Éaque.

RHADAMÈS → **GHADAMÈS.**

RHARB → **GHARB.**

RHAZNÉVIDES → **GHAZNÉVIDES.**

RHÉA MYTH. GR. Épouse de Cronos, mère de Zeus et des dieux olympiens.

RHEA SILVIA MYTH. ROM. Mère de Romulus et de Remus.

RHEE (Syngman), *prov. de Hwanghae 1875 - Honolulu 1965,* homme politique coréen, président de la république de Corée du Sud de 1948 à 1960.

RHÉNAN (Massif schisteux), massif d'Allemagne, de part et d'autre du Rhin, dans le prolongement de l'Ardenne. Il est composé de plateaux boisés, entaillés de vallées (Rhin, Moselle, Lahn) qui portent des cultures et des vignobles. Tourisme.

RHÉNANIE n.f., en all. **Rheinland,** région d'Allemagne, sur le Rhin, de la frontière française à la frontière néerlandaise. Annexée par la France (1793 - 1814), la région fut attribuée en 1815 à la Prusse. Démilitarisée à la suite du traité de Versailles (1919), la Rhénanie fut réoccupée par Hitler en 1936.

RHÉNANIE-DU-NORD-WESTPHALIE, en all. **Nordrhein-Westfalen,** Land d'Allemagne ; 34 070 km² ; 17 103 588 hab. ; cap. *Düsseldorf.* Le Land, de loin le plus peuplé d'Allemagne, s'étend au sud sur l'extrémité du Massif schisteux rhénan, au centre sur la Ruhr, au nord sur le bassin de Münster.

RHÉNANIE-PALATINAT, en all. **Rheinland-Pfalz,** Land d'Allemagne, s'étendant sur le Massif schisteux rhénan ; 19 847 km² ; 3 701 661 hab. ; cap. *Mayence.*

RHÉTIE n.f., anc. région des Alpes centrales, correspondant au Tyrol et au S. de la Bavière. Elle fut soumise par les Romains en 15 av. J.-C.

RHÉTIQUES (Alpes), partie des Alpes centrales (Italie et surtout Suisse). Elles comprennent les massifs de l'Albula, de la Bernina et de l'Ortler.

RHIN n.m., en all. **Rhein,** en néerl. **Rijn,** fl. d'Europe, né en Suisse et qui se jette dans la mer du Nord aux Pays-Bas ; 1 320 km. Il est formé de la réunion de deux torrents alpins (le *Rhin antérieur,* né dans le massif du Saint-Gothard, et le *Rhin postérieur,* issu du massif de l'Adula). Il traverse le lac de Constance, franchit le Jura (chutes de Schaffhouse), reçoit l'Aar (r. g.) avant d'atteindre Bâle. Il s'écoule ensuite vers le nord, dans une vallée élargie, en suivant le fossé d'effondrement d'Alsace et de Bade, et reçoit l'Ill (r. g.), le Neckar (r. dr.) et le Main (r. dr.). Après Mayence, le lit se resserre à travers le Massif schisteux rhénan : c'est le « Rhin héroïque », qui se grossit de la Moselle (r. g.) et de la Lahn (r. dr.). À Bonn, le Rhin entre définitivement en plaine, reçoit la Ruhr et la Lippe (r. dr.), pénètre aux Pays-Bas, où il rejoint la mer du Nord par trois bras principaux (le Lek, prolongé par le Nieuwe Waterweg, est le plus important).

Le régime se modifie d'amont en aval : hautes eaux d'été et maigres d'hiver en amont de Bâle, débit plus étale en aval, très régulier même à partir de Cologne. Le rôle économique du fleuve est considérable. C'est la plus importante artère navigable d'Europe, desservant la Suisse, la France de l'Est, une partie de l'Allemagne (dont la Ruhr) et les Pays-Bas. Le Rhin est relié au Danube par un canal empruntant partiellement la vallée du Main. Accessible aux convois poussés de 5 000 t jusqu'à Bâle, le fleuve est jalonné de ports actifs, dont les principaux, mis à part Rotterdam, sont Duisburg, Mannheim et Ludwigshafen, Strasbourg, Bâle. Le Rhin alimente aussi des centrales hydroélectriques et fournit l'eau de refroidissement de centrales nucléaires.

RHIN (BAS-) [67], dép. de la Région Alsace ; ch.-l. de dép. *Strasbourg ;* ch.-l. d'arrond. *Haguenau, Molsheim, Saverne, Sélestat, Wissembourg ;* 7 (Strasbourg est le ch.-l. de deux arrond.) arrond. ; 44 cant. ; 526 comm. ; 4 755 km² ; 1 026 120 hab. *(Bas-Rhinois).* Le dép. appartient à l'académie de Strasbourg, à la cour d'appel de Colmar, à la zone de défense Est. Il comprend une partie du Plateau lorrain (au nord-ouest) et des Vosges (au sud-ouest), régions d'élevage, localement de vignobles (collines sous-vosgiennes entre la Liepvrette et la Zorn). Le reste du dép. correspond à la moitié nord de la plaine d'Alsace, portant des cultures céréalières et industrielles (tabac, houblon) sur les sols lœssiques, des forêts (Haguenau) sur les terres sableuses et caillouteuses. L'industrie est représentée par la métallurgie, les activités alimentaires et textiles ; elle est surtout développée dans l'agglomération de Strasbourg (qui regroupe près de la moitié de la population totale), où elle bénéficie de l'énergie fournie par les centrales du grand canal d'Alsace et par le pétrole, raffiné à proximité (Reichstett).

RHIN (HAUT-) [68], dép. de la Région Alsace ; ch.-l. de dép. *Colmar ;* ch.-l. d'arrond. *Altkirch, Guebwiller, Mulhouse, Ribeauvillé, Thann ;* 6 ar-

Bas-Rhin

rond. ; 31 cant. ; 377 comm. ; 3 525 km² ; 708 025 hab. *(Haut-Rhinois).* Le dép. appartient à l'académie de Strasbourg, à la cour d'appel de Colmar, à la zone de défense Est. Les collines sous-vosgiennes, couvertes de vignobles renommés, séparent la partie la plus élevée des Vosges, région de forêts et d'élevage, de la moitié sud de la plaine d'Alsace, portant des cultures de céréales, de tabac, de houblon, sauf sur les secteurs marécageux (le Ried, entre Ill et Rhin, partiellement assaini et mis en valeur) ou forestiers (Hardt). Le Sundgau, pays céréalier aux sols lœssiques, occupe le sud du dép. L'industrie, développée, est représentée, en dehors de l'extraction de la potasse, des aménagements hydroélectriques du grand canal d'Alsace et de la centrale nucléaire de Fessenheim, par les constructions mécaniques, le textile, les produits alimentaires ; elle est localisée principalement dans les vallées vosgiennes, à Colmar et dans l'agglomération de Mulhouse.

RHINE (Joseph Banks), *Waterloo, Pennsylvanie, 1895 - Hillsborough, Caroline du Nord, 1980,* parapsychologue américain. Il privilégia dans ses expériences la méthode quantitative, fondée sur le calcul des probabilités.

RHODANIEN (Sillon) ou **COULOIR RHODANIEN,** région déprimée, correspondant à la vallée du Rhône, entre le Massif central et les Préalpes.

RHODE ISLAND, État des États-Unis, en Nouvelle-Angleterre ; 1 003 464 hab. ; cap. *Providence.*

RHODES, île grecque de la mer Égée (Dodécanèse), près de la Turquie ; 1 400 km² ; env. 80 000 hab. La ville de *Rhodes* (43 619 hab.), ch.-l. du Dodécanèse, est un centre touristique (vestiges antiques, remparts et quartiers médiévaux). – Escale commerciale importante entre l'Égypte, la Phénicie et la Grèce, Rhodes connut une grande prospérité, à partir du IVe s. av. J.-C., et devint une province romaine sous Vespasien. En 1309, les hospitaliers de Saint-Jean-de-Jérusalem, chassés de Chypre, s'y installèrent. Turque après le long siège de Soliman le Magnifique (1522), l'île passa à l'Italie en 1912 et à la Grèce en 1947.

RHODES (Cecil), *Bishop's Stortford 1853 - Muizenberg, près du Cap, 1902,* homme politique britannique. Établi en Afrique du Sud, il fonda la British South Africa Company qui obtint de la Couronne (1889) l'exploitation et l'administration d'une partie du bassin du Zambèze, berceau des futures Rhodésies. Premier ministre du Cap (1890), il échoua dans une opération contre les Boers (1895) et dut démissionner.

Rhodes (Colosse de), une des Sept Merveilles du monde antique. Cette statue d'Hélios, en bronze, haute de 32 m, à l'entrée du golfe de Rhodes, commémorait la victoire des Rhodiens sur Démétrios Ier Poliorcète (304 av. J.-C.). Elle fut détruite par un séisme en 227 av. J.-C.

RHODE-SAINT-GENÈSE, en néerl. **Sint-Genesius-Rode,** comm. de Belgique (Brabant flamand) ; 17 861 hab.

RHODES-EXTÉRIEURES, demi-canton de Suisse ; 243 km² ; 54 100 hab. ; ch.-l. *Herisau.* C'est une subdivision du canton d'Appenzell, à majorité protestante.

RHODÉSIE, région de l'Afrique orientale, dans le bassin du Zambèze. Elle a constitué deux territoires du Commonwealth, qui, de 1953 à 1963, furent intégrés en une Fédération, avec le Nyassaland. En 1964, la Rhodésie du Nord est devenue indépendante sous le nom de *Zambie,* et le Nyassaland a pris le nom de *Malawi ;* la Rhodésie du Sud constitue depuis 1980 le *Zimbabwe.*

RHODES-INTÉRIEURES, demi-canton de Suisse ; 172,5 km² ; 14 700 hab. ; ch.-l. *Appenzell.* C'est une subdivision du canton d'Appenzell, à majorité catholique.

RHODOPE n.m. ou **RHODOPES** n.m. pl., massif de Bulgarie et de Grèce.

RHÔMANOS ou **ROMANOS le Mélode,** *VIe s. apr. J.-C.,* poète byzantin. Ses hymnes ont fait de lui un classique de la poésie liturgique.

RHONDDA, v. de Grande-Bretagne, dans le pays de Galles ; 82 000 hab.

RHÔNE n.m., fl. de Suisse et de France, né à 1 750 m d'altitude, dans le massif de l'Aar-Gothard, et qui rejoint la Méditerranée par un vaste delta ; 812 km (dont 522 en France). Le Rhône draine d'abord le couloir du Valais, où il est alimenté par de grands glaciers, puis entre dans le lac Léman, où ses eaux se décantent. Au sortir du lac, à Genève, il reçoit l'Arve (r. g.), entre en France, traverse le Jura par des défilés (Bellegarde), remonte vers le nord-ouest, reçoit l'Ain (r. dr.), puis vient se heurter, à Lyon (au confluent de la Saône [r. dr.]), au Massif central. Il coule alors vers le S., entre le Massif central et les Alpes, tantôt s'encaissant, tantôt s'élargissant, et reçoit l'Isère (r. g.), puis, en aval d'Avignon, la Durance (r. g.). À partir d'Arles commence le delta.
Le Rhône, le plus abondant des fleuves français, possède un régime complexe, de type glaciaire en amont du confluent de l'Ain, avec atténuation des maigres hivernaux après Lyon et crues automnales dans le cours aval, avec l'apport des torrents cévenols. En raison de la rapidité de son cours, le fleuve a posé des problèmes difficiles à la navigation. La *Compagnie nationale du Rhône,* créée en 1934, a accompli une œuvre considérable, au triple point de vue de l'amélioration des conditions de navigation (en aval de Lyon), de la fourniture d'hydroélectricité (les centrales hydrauliques rhodaniennes sont les plus productives de France) et de l'extension de l'irrigation dans la vallée. Le fleuve alimente aussi partiellement les canaux d'irrigation des plaines du Languedoc et, surtout, fournit l'eau de refroidissement à plusieurs centrales nucléaires.

RHÔNE n.m. (69), dép. de la Région Rhône-Alpes ; ch.-l. de dép. *Lyon ;* ch.-l. d'arrond. *Villefranche-sur-Saône ;* 2 arrond. ; 51 cant. ; 293 comm. ; 3 249 km² ; 1 578 869 hab. *(Rhodaniens).* Le dép. appartient à l'académie et à la cour d'appel de Lyon, à la zone de défense Sud-Est. Il s'étend sur le Beaujolais et le Lyonnais, régions d'élevage, de petites industries textiles et mécaniques, et, localement, de vignobles. Il doit son importance économique à l'agglomération de Lyon, qui concentre la quasi-totalité des activités industrielles et de services, et plus de 80 % de la population totale.

RHÔNE (Côtes du), coteaux de la vallée du Rhône, au S. de Lyon. Vignobles.

RHÔNE-ALPES, Région administrative de France ; 43 698 km² ; 5 645 407 hab. *(Rhônalpins) ;* ch.-l. *Lyon ;* 8 dép. (Ain, Ardèche, Drôme, Isère, Loire, Rhône, Savoie et Haute-Savoie). Deuxième Région de France par la superficie et la population, Rhône-Alpes juxtapose ensembles montagneux, coupés de vallées (sites de Grenoble, Saint-Étienne, Chambéry, Annecy et naturellement Lyon), et basses terres. L'agriculture est dominée par l'élevage. L'industrie est diversifiée (production d'électricité, métallurgie, chimie, textile). L'agglomération de Lyon concentre près du quart de la population régionale.

Rhône au Rhin (canal du), canal de l'est de la France, de faible gabarit, joignant les deux fleuves par les vallées du Doubs et de l'Ill ; 320 km.

Rhône-Poulenc → **Aventis.**

RHURIDES → **GHURIDES.**

RHUYS [rɥis] (presqu'île de), presqu'île fermant le golfe du Morbihan vers le sud.

Rialto (pont du), pont de Venise, sur le Grand Canal, bordé de boutiques (XVIe s.).

RIANS (83560), ch.-l. de cant. du Var ; 3 667 hab.

RIANTEC (56670), comm. du Morbihan ; 4 837 hab. Station balnéaire.

RIAZAN, v. de Russie, au S.-E. de Moscou ; 515 000 hab. Anc. monastères du kremlin, auj. musées.

RIBALTA (Francisco), *Solsona, prov. de Lérida, 1565 - Valence 1628,* peintre espagnol. Il fut actif à Madrid, puis à Valence, où il régénéra l'école locale de peinture religieuse.

RIBBENTROP (Joachim **von**), *Wesel 1893 - Nuremberg 1946,* homme politique allemand. Ministre des Affaires étrangères du IIIe Reich (1938-1945), il signa le pacte germano-soviétique (1939). Il fut condamné à mort par le tribunal de Nuremberg et exécuté.

RIBEAUVILLÉ (68150), ch.-l. d'arrond. du Haut-Rhin ; 5 086 hab. *(Ribeauvilléens).* Textile. Vins. Électronique. – Souvenirs médiévaux.

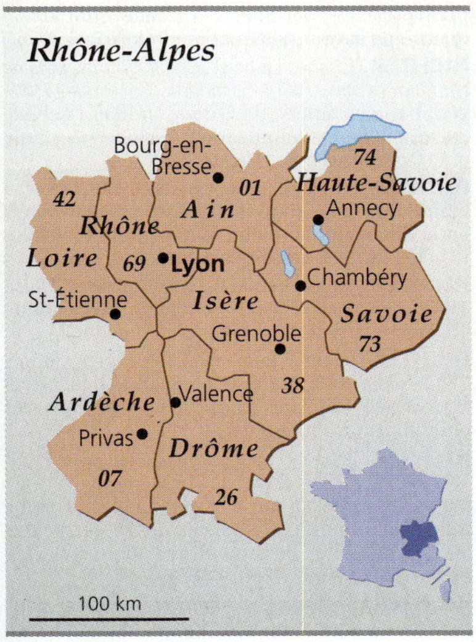

Rhône

RIBÉCOURT-DRESLINCOURT [-drɛ-] (60170), ch.-l. de cant. de l'Oise ; 4 262 hab. Industrie chimique.

RIBEIRÃO PRETO, v. du Brésil (État de São Paulo) ; 430 805 hab.

RIBEMONT (02240), ch.-l. de cant. de l'Aisne, sur l'Oise ; 2 147 hab. Église romane.

RIBERA (José **de**), dit en ital. **lo Spagnoletto,** *Játiva, prov. de Valence, 1591 - Naples 1652,* peintre espagnol de l'école italienne. Il travailla surtout à Naples, où son art puissant, parti d'une interprétation riche et nuancée du caravagisme, fit école (au Louvre : *le Pied-Bot, Adoration des bergers ;* au musée d'Amiens : *Miracle de saint Donat*).

RIBERA (Pedro **de**), *Madrid 1683 - id. 1742,* architecte espagnol. Il est le grand maître de l'art baroque « churrigueresque » à Madrid (façade-retable de l'hospice S. Fernando, 1722, notamm.).

RIBÉRAC (24600), ch.-l. de cant. de la Dordogne ; 4 181 hab.

RIBOT (Alexandre), *Saint-Omer 1842 - Paris 1923,* homme politique français. Un des chefs du Parti républicain modéré, ministre des Affaires étrangères (1890 - 1893), artisan de l'alliance franco-russe, il fut cinq fois président du Conseil entre 1892 et 1917. (Acad. fr.)

RIBOT (Théodule), *Guingamp 1839 - Paris 1916,* psychologue français, l'un des fondateurs de la psychologie expérimentale en France.

RICAMARIE (La) [42150], comm. de la Loire ; 8 507 hab. *(Ricamandois).*

RICARDO (David), *Londres 1772 - Gatcomb Park, Gloucestershire, 1823,* économiste britannique. Chef de file de l'école classique anglaise, il énonça la loi de la rente foncière, celle des rendements décroissants, et une théorie de la valeur fondée sur le travail. Son influence fut considérable.

■ JOSÉ DE **RIBERA.** *Archimède,* 1630. (Prado, Madrid.)

■ DAVID **RICARDO** par T. Phillips. (Coll. priv.)

RICCI (Lorenzo), *Florence 1703 - Rome 1775,* religieux italien. Général des jésuites à partir de 1758, il vit son ordre expulsé de divers pays catholiques et supprimé par Clément XIV (1773), qui le fit emprisonner au château Saint-Ange, où il mourut.

RICCI (Matteo), *Macerata 1552 - Pékin 1610,* savant et missionnaire italien. Jésuite, fondateur de la mission catholique en Chine, où il vécut à partir de 1582, astronome et mathématicien de l'empereur, il adopta une attitude syncrétiste qui fut à l'origine de la querelle des *rites chinois.

RICCI (Scipione **de'**), *Florence 1741 - id. 1809,* prélat italien. Évêque de Pistoia et de Prato (1780 - 1794), il fut, en Italie, le principal représentant du jansénisme.

RICCI (Sebastiano), *Belluno, Vénétie, 1659 - Venise 1734,* peintre italien. À Venise, au début du XVIIIe s., il élabora (avec Giovanni Antonio Pellegrini) une nouvelle peinture décorative, lumineuse, animée, qui influença tout le rococo européen. — **Marco R.,** *Belluno 1676 - Venise 1730,* peintre et graveur italien, neveu de Sebastiano. Il est l'initiateur de la peinture vénitienne de paysage du XVIIIe s.

RICCI-CURBASTRO (Gregorio), *Lugo 1853 - Bologne 1925,* mathématicien italien. Il créa, avec son élève T. Levi-Civita, le calcul tensoriel.

RICCOBONI (Luigi), *Modène 1676 - Paris 1753,* acteur et écrivain italien. En 1716, il reconstitua la Comédie-Italienne à l'hôtel de Bourgogne, où il joua un répertoire italien et français, et créa plusieurs pièces de Marivaux.

RICHARD Ier Cœur de Lion, *Oxford 1157 - Châlus 1199,* roi d'Angleterre (1189 - 1199), de la dynastie des Plantagenêts. Fils d'Henri II et d'Aliénor d'Aquitaine, il participe à la 3e croisade en 1190, prend Chypre et s'empare de Saint-Jean-d'Acre (1191). Mais les intrigues nouées entre son frère Jean sans Terre et Philippe II Auguste l'amènent à quitter la Palestine (1192). Fait prisonnier sur la route du retour par l'empereur germanique Henri VI, il est libéré contre une énorme rançon. Revenu dans son royaume (1194), il entreprend alors de récupérer ce que lui avait pris sur le continent Philippe Auguste et périt devant le château de Châlus.

RICHARD II, *Bordeaux 1367 - Pontefract 1400,* roi d'Angleterre (1377 - 1399), de la dynastie des Plantagenêts. Fils d'Édouard, le Prince Noir, il subit d'abord la régence de son oncle, Jean de Gand, duc de Lancastre, puis gouverna en souverain absolu à partir de 1389. Lorsque son cousin Henri de Lancastre (le futur Henri IV) prit l'offensive, il fut abandonné par ses barons. Capturé, il dut abdiquer et mourut en prison.

RICHARD III, *Fotheringhay 1452 - Bosworth 1485,* roi d'Angleterre (1483 - 1485), de la maison d'York. Devenu roi après avoir fait assassiner les enfants de son frère Édouard IV, dont il était le tuteur, il régna par la terreur, mais fut vaincu et tué à Bosworth par Henri VII Tudor. — Il a inspiré un drame à Shakespeare (v. 1592).

RICHARD (François), dit **Richard-Lenoir,** *Épinay-sur-Odon 1765 - Paris 1839,* industriel français. Associé, en 1797, avec le négociant J. Lenoir-Dufresne (1768 - 1806), il fonda en France la première filature de coton utilisant la mule-jenny.

RICHARD (Jean-Pierre), *Marseille 1922,* critique littéraire français. Il a élaboré une critique thématique subtile et savoureuse, explorant l'univers sensoriel et imaginaire des écrivains *(Littérature et Sensation, Poésie et Profondeur, Microlectures, Essais de critique buissonnière).*

RICHARD (Maurice), surnommé **le Rocket,** *Montréal 1921 - id. 2000,* joueur de hockey sur glace canadien. Véritable héros populaire au Québec, il fut la vedette du club Le Canadien de Montréal de 1942 à 1960.

RICHARDS BAY, port et centre industriel d'Afrique du Sud (Kwazulu-Natal), sur l'océan Indien.

RICHARDSON (sir Owen), *Dewsbury, Yorkshire, 1879 - Alton, Hampshire, 1959,* physicien britannique. Il a découvert les lois de l'émission des électrons par les métaux incandescents (1901). [Prix Nobel 1928.]

RICHARDSON (Samuel), *Macworth, Derbyshire, 1689 - Parson's Green 1761,* écrivain britannique. Ses romans épistolaires, qui allient le réalisme à une sentimentalité moralisante, eurent un grand succès au XVIIIe s. (*Paméla ou la Vertu récompensée,* 1740 ; *Clarisse Harlowe,* 1747-1748).

RICHARDSON (Cecil Antonio, dit Tony), *Shipley 1928 - Los Angeles 1991,* cinéaste britannique. Il est l'un des fondateurs, avec L. Anderson et K. Reisz, du mouvement Free Cinema, auquel se rattachent des films comme *Un goût de miel* (1961), *la Solitude du coureur de fond* (1962), *Tom Jones, entre l'alcôve et la potence* (1963), et dont il s'éloigna ensuite (*Ned Kelly,* 1970).

RICHELET (César Pierre), *Cheminon, près de Châlons-sur-Marne, 1626 - Paris 1698,* lexicographe français, auteur du premier *Dictionnaire français* (1680).

RICHELIEU n.m., riv. du Canada (Québec), émissaire du lac Champlain, affl. du Saint-Laurent (r. dr.) ; 130 km.

RICHELIEU (37120), ch.-l. de cant. d'Indre-et-Loire ; 2 194 hab. Ville bâtie sur un plan régulier par J. Lemercier pour le cardinal de Richelieu ; église, halle, musée à l'hôtel de ville.

RICHELIEU (Armand Emmanuel **Du Plessis,** duc **de**), *Paris 1766 - id. 1822,* homme politique français. Petit-fils de Louis François Armand de Richelieu, il émigra en 1790 et servit le tsar, qui lui confia le gouvernement de la province d'Odessa. Devenu Premier ministre à la Restauration (1815), il procéda à la dissolution de la « chambre introuvable », aux mains des ultraroyalistes (1816). Au congrès d'Aix-la-Chapelle (1818), il obtint des Alliés l'évacuation du territoire par les troupes étrangères et fit entrer la France dans la Quadruple-Alliance. Démissionnaire en 1818, il fut rappelé au pouvoir en 1820 - 1821. (Acad. fr.)

RICHELIEU (Armand Jean **Du Plessis,** cardinal **de**), *Paris 1585 - id. 1642,* prélat et homme d'État français. Évêque de Luçon (1606), député aux états généraux de 1614, il gagne la faveur de Marie de Médicis, qui le fait nommer secrétaire d'État à la Guerre et aux Affaires étrangères (1616). Il partage sa disgrâce après l'assassinat de Concini, mais réussit à réconcilier Louis XIII et sa mère. Cardinal (1622), il entre au Conseil du roi (1624) et en devient le chef et le principal ministre ; il gouverne la France pendant 18 ans en accord profond avec le roi. À l'intérieur, Richelieu réforme les finances, l'armée, la législation (code Michau), intervient dans tous les secteurs de l'activité politique, économique et culturelle (création de l'Académie française, 1634). Il participe au développement de la flotte marchande, encourage les manufactures royales et la constitution de compagnies à monopole, qui posent les jalons du premier empire colonial français (Canada, Sénégal, Madagascar). Mais la lourde fiscalité imposée par le cardinal pour financer la participation française à la guerre de Trente Ans provoque le mécontentement des corps locaux et de nombreuses jacqueries. Implacable envers toute forme d'opposition, Richelieu s'efforce de soumettre les nobles, à qui il interdit les duels (édit de 1626), et brise les complots tramés contre lui (exécution de Chalais en 1626, de Cinq-Mars et de De Thou en 1642). En obtenant la reddition de La Rochelle (1628), il réduit le parti protestant, auquel il accorde la grâce d'Alès (1629). En outre, il écarte de l'entourage royal les membres du parti dévot, qui avaient tenté d'obtenir son renvoi lors de la journée des Dupes (1630). À l'extérieur, déterminé à briser l'encerclement du royaume par les Habsbourg, il entreprend la lutte contre la maison d'Autriche en occupant la Valteline (1624 - 1625), Mantoue et Pignerol (1630) ; il s'assure contre elle l'alliance de la Suède (1631), déclare la guerre à l'Espagne (1635) et conquiert le Roussillon (1642). La politique du cardinal, poursuivie par Mazarin, triomphera aux traités de Westphalie (1648).

RICHELIEU (Louis François Armand **de Vignerot Du Plessis,** duc **de**), *Paris 1696 - id. 1788,* maréchal de France. Petit-neveu du cardinal, il se distingua à Fontenoy (1745), dirigea la conquête de Minorque (1756) et obtint en 1757 la reddition du duc de Cumberland à Kloster Zeven (Allemagne) pendant la guerre de Sept Ans. Ami de Voltaire, il incarna le libertin du XVIIIe s. (Acad. fr.)

RICHEMONT (Arthur **de Bretagne,** comte **de**) → **ARTHUR III.**

RICHEPIN (Jean), *Médéa, Algérie, 1849 - Paris 1926,* écrivain français. Il est l'auteur de poèmes *(la Chanson des gueux),* de romans et de drames. (Acad. fr.)

RICHER (Edmond), *Chaource 1559 - Paris 1631,* théologien français. Il fut le théoricien d'une tendance dure du gallicanisme (*De la puissance ecclésiastique et politique* [1611]), qui alimenta l'argumentation antiromaine des états généraux de 1614.

richesse des nations (Recherches sur la nature et les causes de la), œuvre d'Adam Smith (1776), considérée comme l'un des fondements de l'économie politique. Selon l'auteur, l'intérêt personnel est le moteur principal de l'activité économique, conduisant à l'intérêt général.

RICHET (Charles), *Paris 1850 - id. 1935,* physiologiste français. Il découvrit avec Portier le phénomène de l'anaphylaxie et s'intéressa aussi à la parapsychologie. (Prix Nobel 1913.) — **Charles R.,** *Paris 1882 - id. 1966,* médecin français, fils de Charles. Spécialiste de la nutrition, il a laissé des travaux sur la pathologie de la déportation et sur la faim dans le monde.

RICHIER (Germaine), *Grans, Bouches-du-Rhône, 1902 - Montpellier 1959,* sculpteur français. Son œuvre, expressionniste, est une sorte de poème de la genèse et de la métamorphose (*la Montagne,* bronze, 1956).

RICHIER (Ligier), *Saint-Mihiel v. 1500 - Genève 1567,* sculpteur français. Son chef-d'œuvre est la statue funéraire, dressée et décharnée, de René de Chalon (1547, église St-Étienne, Bar-le-Duc) ; dans le *Sépulcre* de Saint-Mihiel se manifeste une influence de l'art italien. Son fils Gérard (Saint-Mihiel 1534 - id. v. 1600) et deux de ses petits-fils furent également sculpteurs.

RICHMOND, v. du Canada (Colombie-Britannique), banlieue de Vancouver ; 126 624 hab.

RICHMOND, v. des États-Unis, cap. de la Virginie, sur la James River ; 203 056 hab. Capitole construit sur plans de T. Jefferson ; musées. — Capitale des sudistes pendant la guerre de Sécession, elle fut conquise par Grant en 1865.

RICHMOND UPON THAMES, borough résidentiel de la banlieue ouest de Londres. Parc.

RICHTER (Burton), *New York 1931,* physicien américain. Il a mis en évidence en 1974, indépendamment de S. Ting, la particule ψ (« psi ») qui permettait de confirmer l'existence du *charme,* quatrième saveur des quarks. (Prix Nobel 1976.)

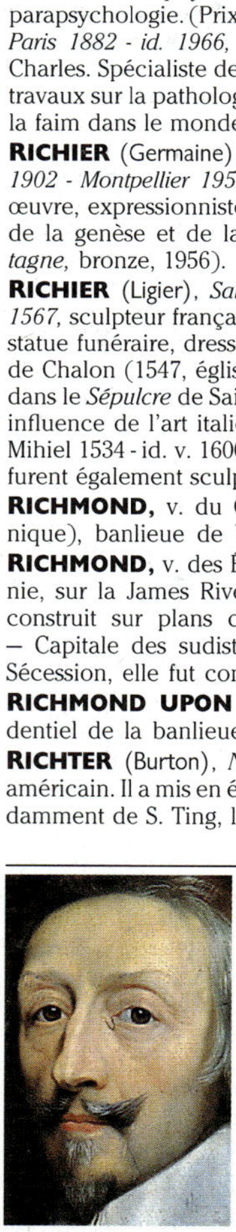

■ LE CARDINAL DE **RICHELIEU** par P. de Champaigne. (Rectorat de Paris.)

■ PAUL **RICŒUR**

RICHTER (Charles Francis), *Butler County, près de Hamilton, Ohio, 1900 - Pasadena, Californie, 1985,* géophysicien américain. Il créa, en 1935, l'échelle mesurant la magnitude des séismes (v. partie n. comm. **échelle de *Richter**).

RICHTER (Gerhard), *Dresde 1932,* peintre allemand. Dans une sorte d'enquête sur les rapports entre l'image et la réalité, il a exploité toutes les variétés esthétiques de l'art contemporain.

RICHTER (Hans Werner), *Bansin 1908 - Munich 1993,* écrivain allemand. Fondateur du *Groupe 47, il est l'auteur de romans *(les Vaincus).*

RICHTER (Jeremias Benjamin), *Hirschberg, Silésie, 1762 - Berlin 1807,* chimiste allemand. Il découvrit la loi des nombres proportionnels dans les combinaisons chimiques.

RICHTER (Johann Paul Friedrich), dit **Jean Paul,** *Wunsiedel 1763 - Bayreuth 1825,* écrivain allemand. Ses récits, qui mêlent idéalisme sentimental et ironie, font de lui l'un des représentants les plus originaux du romantisme allemand (*Hesperus,* 1795 ; *Titan,* 1800 - 1803).

RICHTER (Sviatoslav), *Jitomir 1915 - Moscou 1997,* pianiste russe. Il a joué l'intégrale du *Clavier bien tempéré* de J. S. Bach, sans négliger la musique du XXe s. (Hindemith, Bartók, Prokofiev), et a pratiqué autant la musique de chambre que le récital.

RICHTHOFEN (Ferdinand, baron **von**), *Carlsruhe, haute Silésie, 1833 - Berlin 1905,* géographe allemand. Il voyagea en Asie orientale et publia des études sur la Chine.

RICHTHOFEN (Manfred, baron **von**), *Breslau 1892 - Vaux-sur-Somme 1918,* aviateur allemand. As de la chasse allemande lors de la Première Guerre mondiale, surnommé le *Baron rouge* (selon la couleur de son avion), il fut abattu après 80 victoires.

RICIMER, *m. en 472,* général romain d'origine suève. Il fut de 456 à 472 le maître de l'Italie, nommant et déposant à son gré les empereurs.

RICŒUR (Paul), *Valence 1913,* philosophe français. Marqué par la phénoménologie et l'existentialisme, il a construit, en prenant en compte les apports de la psychanalyse, une philosophie de l'interprétation qui fait de lui un représentant majeur de l'herméneutique contemporaine. Il s'est attaché à explorer les questions de la volonté, du temps, de l'altérité, des valeurs, dans la perspective morale d'un humanisme chrétien (*Finitude et culpabilité,* 1960 ; *De l'interprétation. Essai sur Freud,* 1965 ; *Temps et récit,* 1983 - 1985 ; *Soi-même comme un autre,* 1990 ; *la Mémoire, l'Histoire, l'Oubli,* 2000).

RICORD (Philippe), *Baltimore 1800 - Paris 1889,* chirurgien français. Il étudia la syphilis et son traitement.

RIDGWAY (Matthew), *Fort Monroe, Virginie, 1895 - Fox Chapel, Pennsylvanie, 1993,* général américain. Il commanda les forces de l'ONU en Corée (1951 - 1952), puis les forces alliées du Pacte atlantique en Europe (1952 - 1953).

RIEC-SUR-BELON (29340), comm. du Finistère ; 4 104 hab. (*Riécois* ou *Rieccois*). Ostréiculture.

RIEDISHEIM [ridisɛm] (68400), comm. du Haut-Rhin ; 12 369 hab.

RIEFENSTAHL (Helene, dite Leni), *Berlin 1902,* actrice et cinéaste allemande. Marquée par l'idéologie nazie, elle est connue pour ses films sur les rassemblements de Nuremberg (*Triomphe de la volonté,* 1935) et les jeux Olympiques de Berlin (*les Dieux du stade,* 1936), où se manifeste son sens de la plastique et du rythme.

RIEGO (Rafael **del**), *Santa María de Tuñas, Asturies, 1785 - Madrid 1823,* général espagnol. Après avoir combattu Napoléon, il dirigea le soulèvement militaire de Cadix (1820), puis lutta contre l'expédition française (1823). Battu, il fut livré aux royalistes et pendu.

RIEHEN, comm. de Suisse (Bâle-Ville), banlieue de Bâle ; 19 914 hab. Église des XIVe et XVIIe s. Fondation Beyeler (art du XXe s.), dans un édifice de R. Piano.

RIEL (Louis), *Saint-Boniface, Manitoba, 1844 - Regina 1885,* métis canadien. De 1869 à 1873, il dirigea la résistance des métis de la région de la rivière Rouge (Manitoba), opposés au lotissement des terres en faveur des colons, puis participa à un nouveau soulèvement de l'Ouest (1884 - 1885). Vaincu, il fut pendu.

RIEMANN (Bernhard), *Breselenz, Hanovre, 1826 - Selasca, lac Majeur, 1866,* mathématicien allemand. Ses travaux eurent une influence durable, notamm. sur la théorie des nombres (en partic. l'étude de la répartition des nombres premiers), sur la théorie des fonctions de variables complexes, sur celle de l'intégration et sur les fondements de la géométrie. L'un des premiers à envisager une géométrie non euclidienne, il établit également les bases de la topologie.

RIEMENSCHNEIDER (Tilman), *Heiligenstadt, Thuringe, v. 1460 - Würzburg 1531,* sculpteur allemand. Installé à Würzburg, c'est un maître de la dernière floraison *gothique.

RIEMST [rimst], comm. de Belgique (Limbourg) ; 15 204 hab.

RIENZO ou **RIENZI** → **COLA DI RIENZO.**

RIESENER [rjɛsnɛr] (Jean-Henri), *Gladbeck, près d'Essen, 1734 - Paris 1806,* ébéniste français d'origine allemande. Formé dans l'atelier d'Œben, personnel et raffiné, il est l'un des principaux maîtres du style Louis XVI. Son fils Henri François (1767 - 1828) et son petit-fils Léon (1808 - 1878) furent peintres.

RIESENGEBIRGE → **KARKONOSZE.**

RIEUMES (31370), ch.-l. de cant. de la Haute-Garonne ; 2 680 hab.

RIEUPEYROUX (12240), ch.-l. de cant. de l'Aveyron ; 2 212 hab.

RIEZ (04500), ch.-l. de cant. des Alpes-de-Haute-Provence ; 1 699 hab. Commerce de l'essence de lavande. — Vestiges antiques, baptistère mérovingien (musée) et autres monuments.

RIF n.m., massif du nord du Maroc. (Hab. *Rifains.*) Il s'étire sur 350 km environ, dominant la Méditerranée.

Rif (guerre du), opérations militaires menées dans le Rif marocain par les Espagnols (1921 - 1924), puis par les Français (1925 - 1926), contre la révolte d'Abd el-Krim. Abandonné par les tribus, ce dernier se rendit en 1926.

RIFBJERG (Klaus), *Copenhague 1931,* écrivain danois. Il exprime avec acuité les crises sociales et esthétiques de son temps dans des poèmes *(Confrontation),* des romans *(l'Amateur d'opéra)* et des pièces de théâtre.

RIFT VALLEY n.f., grande fracture de l'écorce terrestre, de l'Asie occidentale (vallée du Jourdain) à l'Afrique méridionale (cours inférieur du Zambèze). C'est une série de fossés d'effondrement, partiellement occupés par la mer Rouge ou des lacs (du lac Turkana au lac Malawi en Afrique orientale). — Gisements préhistoriques, dont celui d'Olduvai.

RIGA, en lett. **Rīga,** cap. de la Lettonie, sur la Baltique, au fond du *golfe de Riga ;* 915 000 hab. Port. Centre industriel. — Cathédrale d'origine romane (XIIIe s.), château fort du XIVe s. et autres monuments ; musées.

RIGAUD (Hyacinthe **Rigau y Ros,** dit Hyacinthe), *Perpignan 1659 - Paris 1743,* peintre français. Il est l'auteur de portraits d'apparat : *Louis XIV, Bossuet, Louis XV* (Louvre et Versailles).

RIGI ou **RIGHI** n.m., montagne de Suisse, entre les lacs des Quatre-Cantons et de Zoug ; 1 798 m.

Rigveda, le plus ancien des recueils d'hymnes sacrés du védisme.

RIJEKA, anc. **Fiume,** v. de Croatie, sur l'Adriatique ; 168 000 hab. Principal port du pays. — Monuments du Moyen Âge au baroque ; musées.

RILA n.m., montagne de l'ouest de la Bulgarie, prolongeant le Rhodope ; 2 925 m. Célèbre monastère médiéval, reconstruit au XIXe s. ; musée.

RILEY (Terry), *Colfax, Californie, 1935,* compositeur américain. L'un des initiateurs de la musique répétitive (*A Rainbow in Curved Air,* 1969), il a ensuite été influencé par la musique indienne.

RILKE (Rainer Maria), *Prague 1875 - Montreux 1926,* écrivain autrichien. Il passa du symbolisme à la recherche de la signification concrète de l'art et de la mort dans ses poèmes (*le Livre d'heures,* 1905 ; *Élégies de Duino, Sonnets à Orphée,* 1923) et son roman (*les Cahiers de Malte Laurids Brigge,* 1910). Il fut un temps secrétaire de Rodin.

RILLIEUX-LA-PAPE (69140), ch.-l. de cant. du Rhône ; 28 740 hab. *(Rilliards).* Services bancaires. Jouets.

RIMBAUD (Arthur), *Charleville 1854 - Marseille 1891,* poète français. Génie précoce, il vient à Paris à l'âge de dix-sept ans, porteur, avec *le Bateau ivre,* de l'idée selon laquelle la poésie naît d'une « alchimie du verbe » et des sens. Sa liaison orageuse avec Verlaine se termine par une scène

■ RAINER MARIA **RILKE** en 1925.

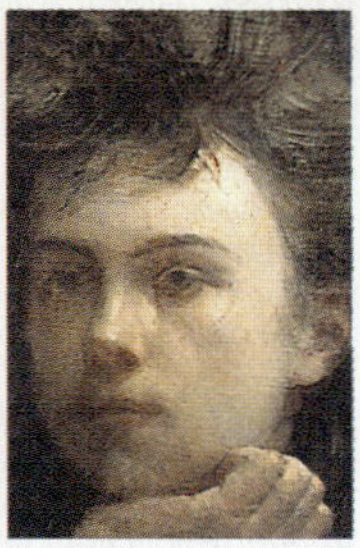

■ ARTHUR **RIMBAUD** par Fantin-Latour. (Louvre, Paris.)

violente : blessé d'un coup de revolver, Rimbaud compose, sous le choc, les poèmes en prose d'*Une saison en enfer* (1873), où il exprime ses « délires ». À vingt ans, il cesse quasiment toute activité d'écrivain. Il mène alors une existence errante (soldat puis déserteur, négociant) à Java, à Chypre, à Aden, au Harar. En 1886, *la Vogue* publie son recueil de proses et de vers libres *Illuminations.* Il meurt à l'hôpital de Marseille au moment où sa poésie commence à être reconnue comme l'aboutissement des recherches romantiques et baudelairiennes. Nourrie de révolte, auréolée de légende, revendiquée par le surréalisme, l'œuvre de Rimbaud a profondément influencé la poésie moderne.

RIMINI, v. d'Italie (Émilie-Romagne), sur l'Adriatique ; 128 119 hab. Station balnéaire. — Arc d'Auguste ; temple Malatesta, église du XIIIe s. rhabillée au XVe s. par L. B. Alberti ; musées.

RIMOUSKI, v. du Canada (Québec), sur la rive sud de l'estuaire du Saint-Laurent ; 32 397 hab. *(Rimouskois).* Ville princ. du Bas-Saint-Laurent.

RIMSKI-KORSAKOV (Nikolaï Andreïevitch), *Tikhvine 1844 - Lioubensk, près de Saint-Pétersbourg, 1908,* compositeur russe. Il révéla l'école russe à Paris au cours de l'exposition de 1889. Ses pages orchestrales (Ouverture de *la Grande Pâque russe, Shéhérazade*) témoignent d'une grande maîtrise des sonorités. Hormis son concerto pour piano et quelques œuvres de musique de chambre, il excella dans l'opéra, où, attaché aux mythes de la Russie païenne, il recherche cependant le réalisme populaire cher au groupe des Cinq, dont il avait fait partie (*Kitège,* 1907 ; *le Coq d'or,* 1909).

RINTALA (Paavo), *Viipuri 1930,* romancier finlandais. Son œuvre traite des conflits sociaux sur un mode épique *(Sur la ligne des tanneurs).*

RIO DE JANEIRO, État du Brésil ; 43 653 km² ; 12 584 108 hab. ; cap. *Rio de Janeiro.*

RIO DE JANEIRO, v. du Brésil, cap. de l'*État de Rio de Janeiro ;* 5 336 179 hab. *(Cariocas)* [9 600 528 hab. dans l'agglomération]. Archevêché. Université. Musées. Ce grand port, établi sur la baie de Guanabara, est dominé par des pitons abrupts. Centre commercial, industriel, touristique et culturel. Célèbre carnaval. — En 1992, la ville a accueilli la Conférence des Nations unies sur l'environnement et le développement (dite « Sommet de la Terre »).

RÍO DE LA PLATA → **PLATA** (Río de la).

RÍO DE LA PLATA (vice-royauté du), vice-royauté espagnole. Cette division de l'Empire espagnol fut créée en 1776 par la séparation du vice-royaume du Pérou, des provinces argentines, du Paraguay, de la Banda Oriental (actuel Uruguay) et de l'audience de Charcas, ou Haut-Pérou (actuelle Bolivie). Par Buenos Aires, capitale et résidence du vice-roi, transitait une grande partie des richesses de l'arrière-pays destinées à l'exportation vers l'Europe (minerai d'argent du Potosí). Le vice-royaume disparut en 1810.

RÍO DE ORO, anc. protectorat espagnol du Sahara, sur l'Atlantique, qui constitue auj. la partie sud du *Sahara occidental.

RIO GRANDE ou **RÍO BRAVO** ou **RÍO BRAVO DEL NORTE,** fl. d'Amérique du Nord, né dans les Rocheuses et qui se jette dans le golfe du Mexique ; 3 060 km. Il sert de frontière entre les États-Unis et le Mexique (en aval d'El Paso).

RIO GRANDE DO NORTE, État du nord-est du Brésil ; 2 413 618 hab. ; cap. *Natal.*

RIO GRANDE DO SUL, État du Brésil méridional ; 9 127 611 hab. ; cap. *Porto Alegre.*

RIOJA (La), v. d'Argentine, ch.-l. de prov., au pied des Andes ; 106 281 hab.

RIOJA (La), communauté autonome d'Espagne ; 265 323 hab. ; cap. *Logroño ;* 1 prov. *(Logroño).* Vignobles.

RIOM [rjɔ̃] (63200), ch.-l. d'arrond. du Puy-de-Dôme ; 19 324 hab. *(Riomois).* Cour d'appel. Constructions électriques. Chimie. Tabac. Armement. — Églises médiévales ; vieux hôtels ; deux musées. — Anc. capitale des ducs d'Auvergne. — À Mozac, à l'ouest de la ville, remarquable église, anc. abbatiale romane (chapiteaux). — procès de **Riom** (fév. - avr. 1942), procès qui se déroula à Riom afin de juger les hommes politiques de la IIIe République considérés comme responsables de la défaite de 1940 (L. Blum, É. Daladier, le général Gamelin...). Instruit devant la Cour suprême de justice instituée par le maréchal Pétain en 1940, le procès tourna au détriment du régime de Vichy et fut interrompu à la demande de Hitler.

RIOM-ÈS-MONTAGNES (15400), ch.-l. de cant. du Cantal ; 2 930 hab. Église romane.

RÍO MUNI → **MBINI.**

RIONI ou **RION** n.m., fl. de Géorgie, qui descend du Caucase et se jette dans la mer Noire ; 327 km. Son bassin inférieur constitue l'anc. Colchide.

RIOPELLE (Jean-Paul), *Montréal 1923,* peintre canadien. Il pratique un art non figuratif lyrique ou paysagiste.

RIORGES (42153), comm. de la Loire, banlieue de Roanne ; 10 290 hab.

RÍO TINTO → **MINAS DE RÍOTINTO.**

RIOURIK, chef varègue du IXe s. Il fut le maître de Novgorod à partir de 862.

RIOURIKIDES, dynastie issue de Riourik, qui régna en Russie de 882 à 1598.

RIPERT (Georges), *La Ciotat 1880 - Paris 1958,* juriste français. On lui doit d'importantes contributions au droit maritime et commercial, ainsi qu'un *Traité pratique de droit civil.*

RIQUET (Pierre Paul **de**), *Béziers 1604 - Toulouse 1680,* ingénieur français. Il a construit le canal du Midi (1666 - 1681).

Riquet à la houppe, conte en prose de Perrault (1697). Le prince Riquet, intelligent, mais laid, aime une princesse belle, mais bête. L'amour rend celle-ci intelligente et Riquet devient beau.

R

■ **RIO DE JANEIRO.** La statue du Christ (par Paul Landowski, 1926 - 1931) au sommet du Corcovado et dominant le lac Rodrigo de Freitas.

RIQUEWIHR (68340), comm. du Haut-Rhin ; 1 228 hab. Vins blancs. – Enceinte médiévale et maisons anciennes ; petits musées.

RISI (Dino), *Milan 1916*, cinéaste italien. Il réalise des comédies caustiques, amères et grinçantes (*le Fanfaron*, 1962 ; *les Monstres*, 1963 ; *Parfum de femme*, 1974 ; *les Nouveaux Monstres*, 1977).

RIS-ORANGIS (91130), ch.-l. de cant. de l'Essonne ; 24 612 hab. Maison de retraite des artistes lyriques.

Risorgimento n.m., mot ital. signif. « Renaissance ». Le terme s'est appliqué au mouvement idéologique et politique qui, au XIXe s., prôna l'unification de l'Italie, réalisée en 1860 - 1861.

RISOUL (05600), comm. des Hautes-Alpes, près de Guillestre ; 638 hab. Sports d'hiver (alt. 1 850 - 2 750 m) à *Risoul 1850*.

RIST (Charles), *Lausanne 1874 - Versailles 1955*, économiste français. Auteur d'ouvrages sur l'histoire des doctrines économiques et sur les problèmes monétaires, il se montra partisan de l'économie libérale.

rites chinois (querelle des) [1610 - 1742], grand débat qui opposa aux dominicains et aux pouvoirs ecclésiastiques les jésuites français et italiens de Chine, qui voulaient qu'on permît aux Chinois convertis au christianisme de continuer à pratiquer certains rites traditionnels. Le débat dura de la mort de Matteo Ricci, qui avait autorisé la pratique de ces rites, à la condamnation de celle-ci par le pape Benoît XIV.

R

RÍTSOS (Ghiánnis), *Malvoisie 1909 - Athènes 1990*, poète grec. Il réinterprète les mythes antiques à la lumière des luttes sociales et politiques modernes (*Épitaphe, Hélène, Erotica*).

RITTER (Carl), *Quedlinburg 1779 - Berlin 1859*, géographe allemand. Il a étudié les rapports entre les phénomènes physiques et humains.

RITTMANN (Alfred), *Bâle 1893 - Catane, Sicile, 1980*, géologue suisse. Il a consacré ses recherches aux volcans et peut être considéré comme le fondateur de la volcanologie en Europe.

RIVA-BELLA, station balnéaire du Calvados (comm. d'Ouistreham).

RIVALZ (Antoine), *Toulouse 1667 - id. 1735*, peintre français. Peintre de la ville de Toulouse (comme son père, Jean-Pierre [1625 - 1706]), il s'est distingué dans la peinture d'histoire autant que dans le portrait.

RIVAROL (Antoine **Rivarol,** dit le Comte **de**), *Bagnols-sur-Cèze 1753 - Berlin 1801*, écrivain français. Il a fait l'apologie de la langue française et du génie national dans son *Discours sur l'universalité de la langue française* (1784).

RIVAS (Ángel **de Saavedra,** duc **de**), *Cordoue 1791 - Madrid 1865*, homme politique et écrivain espagnol, auteur du drame romantique *Don Alvaro ou la Force du destin* (1835).

RIVE-DE-GIER [-ʒje] (42800), ch.-l. de cant. de la Loire ; 14 568 hab. *(Ripagériens)*. Métallurgie.

RIVERA (Diego), *Guanajuato 1886 - Mexico 1957*, peintre mexicain. Après une période cubiste, il s'est consacré à des compositions murales aux thèmes historiques et sociaux.

RIVERS (William Halse Rivers), *Luton, Kent, 1864 - Londres 1922*, anthropologue britannique. Partisan du diffusionnisme, il a replacé les problèmes de parenté dans le contexte de la société globale (*Histoire de la société mélanésienne*, 1914).

RIVES (38140), ch.-l. de cant. de l'Isère ; 5 681 hab.

RIVESALTES (66600), ch.-l. de cant. des Pyrénées-Orientales ; 8 163 hab. Vins liquoreux.

RIVET (Paul), *Wassigny, Ardennes, 1876 - Paris 1958*, ethnologue français. Il a créé le musée de l'Homme (1937).

RIVETTE (Jacques), *Rouen 1928*, cinéaste français. Également critique, il mène de film en film ses recherches sur le récit, la durée, l'improvisation, le thème du complot : *Paris nous appartient* (1961), *l'Amour fou* (1969), *Céline et Julie vont en bateau* (1974), *l'Amour par terre* (1984), *la Bande des Quatre* (1989), *la Belle Noiseuse* (1991), *Jeanne la Pucelle* (1994), *Secret Défense* (1998).

RIVIERA n.f., littoral italien du golfe de Gênes, de la frontière française à La Spezia. On distingue la *Riviera di Ponente*, à l'O. de Gênes, et la *Riviera di Levante*, à l'E. Le nom de *Riviera* est parfois étendu à la Côte d'Azur française, surtout entre Nice et la frontière italienne.

RIVIÈRE (Henri), *Paris 1827 - Hanoi 1883*, marin français. Il prit et défendit la citadelle de Hanoi (1882) ; il fut tué lors d'une sortie.

RIVIÈRE (Jacques), *Bordeaux 1886 - Paris 1925*, écrivain et critique français, directeur de *la Nouvelle Revue française* de 1919 à 1925.

RIVIÈRE-DU-LOUP, v. du Canada (Québec), sur la rive sud de l'estuaire du Saint-Laurent ; 14 954 hab. *(Louperivois)*.

RIVIÈRE-PILOTE (97211), comm. du sud de la Martinique ; 13 117 hab.

RIVNE, anc. **Rovno,** v. de l'ouest de l'Ukraine ; 239 000 hab.

Rivoli (bataille de) [14 janv. 1797], bataille de la campagne d'Italie. Victoire de Bonaparte sur les Autrichiens en Vénétie, sur l'Adige, au N.-O. de Vérone.

RIXENSART, comm. de Belgique (Brabant wallon) ; 20 934 hab. Château du XVIIe s., passé au XVIIIe s. à la famille de Merode.

RIXHEIM (68170), comm. du Haut-Rhin, banlieue est de Mulhouse ; 12 803 hab. Musée du Papier peint.

RIYAD, cap. de l'Arabie saoudite ; 1 308 000 hab. *(Riyadiens)*.

RIZAL (José), *Calamba 1861 - Manille 1896*, patriote et écrivain philippin. Auteur de romans dénonçant la situation coloniale, accusé à tort d'être l'instigateur de l'insurrection de 1896, il fut exécuté par les Espagnols.

RIZHAO, v. de Chine, au S.-O. de Qingdao ; 988 000 hab.

RMC, sigle de Radio *Monte-Carlo.

ROACH (Maxwell, dit Max), *Elizabeth City, Caroline du Nord, 1924*, musicien américain de jazz. Batteur, il a accompagné les plus grands musiciens du bop, dont Charlie Parker, a dirigé plusieurs formations et a développé un style mélodique et polyrythmique (*Drum Conversation*, 1953 ; *We insist ! Freedom Now Suite*, 1960).

ROANNE (42300), ch.-l. d'arrond. de la Loire, sur la Loire, dans la *plaine de Roanne* ou *Roannais* (entre les monts de la Madeleine et du Beaujolais) ; 40 121 hab. *(Roannais)*. Musée. – Métallurgie. Armement. Pneumatiques.

ROBBE-GRILLET (Alain), *Brest 1922*, écrivain français. Théoricien (*Pour un nouveau roman*, 1963) et membre du « *nouveau roman », il est l'auteur de récits qui rejettent la psychologie traditionnelle et opposent l'homme à une réalité impénétrable (*les Gommes*, 1953 ; *la Jalousie*, 1957 ; *Projet pour une révolution à New York*, 1970). Scénariste du film de A. Resnais *l'Année dernière à Marienbad*, il est aussi réalisateur (*Glissements progressifs du plaisir*, 1974).

ROBBINS (Jerome), *New York 1918 - id. 1998*, danseur et chorégraphe américain. Sa carrière se partagea entre la réalisation de comédies musicales à Broadway (*West Side Story*, 1957) et la création de ballets pour des troupes néoclassiques, dont le New York City Ballet qu'il codirigea (1969 - 1989), dans un style conjuguant des éléments de danse académique, moderne et jazz.

ROBERT (Le) [97231], comm. de la Martinique, sur la côte est ; 21 312 hab.

SAINTS

ROBERT BELLARMIN (saint), *Montepulciano 1542 - Rome 1621*, jésuite et théologien italien. Cardinal en 1599, il participa, en défenseur du molinisme, aux débats sur la grâce et rédigea notamm. un ouvrage sur les controverses concernant la foi chrétienne. Il fut l'un des théologiens les plus marquants de la Réforme catholique.

ROBERT DE MOLESMES (saint), *en Champagne v. 1029 - abbaye de Molesmes, Bourgogne, 1111*, moine bénédictin français. Il fonda l'abbaye de Molesmes puis celle de Cîteaux.

ARTOIS

ROBERT Ier le Vaillant, *1216 - Mansourah 1250*, comte d'Artois (1237 - 1250). Frère de Saint Louis, il mourut pendant la 7e croisade. – **Robert II le Noble,** *1250 - Courtrai 1302*, comte d'Artois (1250 - 1302). Fils posthume de Robert Ier le Vaillant, régent en Sicile pendant la captivité de Charles II (1284 - 1288), il fut ensuite l'un des chefs de l'armée de Philippe le Bel, et mourut à la bataille de Courtrai. – **Robert III,** *1287 - 1342*, comte d'Artois (1302 - 1309). Petit-fils de Robert II le Noble, privé de son comté par sa tante Mathilde (1309), il ne put obtenir le soutien du roi de France Philippe VI, son beau-frère, et passa au service du roi d'Angleterre.

ÉCOSSE

ROBERT Ier BRUCE, *Turnberry 1274 - château de Cardross, près de Dumbarton, 1329*, roi d'Écosse (1306 - 1329). Ayant pris la tête de la résistance écossaise (1306), il anéantit l'armée anglaise à Bannockburn (1314).

EMPIRE LATIN DE CONSTANTINOPLE

ROBERT DE COURTENAY, *m. en Morée en 1228*, empereur latin de Constantinople (1221 - 1228).

FRANCE

ROBERT le Fort, *m. à Brissarthe, Maine-et-Loire, en 866*, comte d'Anjou et de Blois, marquis de Neustrie. Il lutta contre les Normands et mourut au combat. Il est le fondateur de la dynastie des Robertiens, ancêtre de celle des Capétiens.

ROBERT Ier, *v. 866 - Soissons 923*, roi de France (922 - 923), de la dynastie des Robertiens. Fils de Robert le Fort, il fut élu par les grands à Reims et tué en combattant Charles III le Simple. – **Robert II le Pieux,** *Orléans v. 972 - Melun 1031*, roi de France (996 - 1031), de la dynastie des Capétiens. Fils et successeur d'Hugues Capet, il fut excommunié, malgré sa piété, pour avoir répudié sa femme (Rozala, fille de Bérenger II, roi d'Italie) et épousé sa cousine (Berthe, veuve du comte Eudes Ier de Blois). Il se maria une troisième fois avec Constance de Provence. Robert lutta contre l'anarchie féodale et annexa au domaine royal le duché de Bourgogne, les comtés de Dreux et de Melun.

NAPLES

ROBERT le Bon ou **le Sage,** *1278 - Naples 1343*, duc d'Anjou et roi de Naples (1309 - 1343). Chef du parti guelfe en Italie centrale, il s'opposa avec succès à l'empereur germanique Henri VII (1310 - 1313). Nommé vicaire impérial par le pape Clément V (1314), il fut jusqu'en 1324 maître de l'Italie.

NORMANDIE

ROBERT Ier le Magnifique ou **le Diable,** *v. 1010 - Nicée, Asie Mineure, 1035*, duc de Normandie (1027 - 1035), père de Guillaume le Bâtard (le futur Conquérant), son fils naturel et héritier.

ROBERT II Courteheuse, *v. 1054 - Cardiff 1134*, duc de Normandie (1087 - 1106). Fils de Guillaume Ier le Conquérant, il participa à la première croisade. Il chercha en vain à s'emparer de la couronne d'Angleterre.

SICILE

ROBERT GUISCARD, *v. 1015 - Céphalonie 1085*, comte (1057 - 1059), puis duc de Pouille, de Calabre et de Sicile (1059 - 1085). D'origine normande, il obtint du pape Nicolas II l'investiture ducale, chassa les Byzantins d'Italie (1071) et enleva la Sicile aux sarrasins avec son frère Roger.

DIVERS

ROBERT d'Arbrissel, *Arbrissel, Bretagne, v. 1047 - Orsan, Berry, 1117*, moine français fondateur de l'abbaye de Fontevraud.

ROBERT de Courçon, *Kedleston, Derby, v. 1160 - Damiette 1219*, théologien d'origine anglaise. Il prépara le quatrième concile de Latran ainsi que la croisade contre les albigeois, et réorganisa les études à l'université de Paris.

ROBERT (Hubert), *Paris 1733 - id. 1808*, peintre français. Ses vues de ruines ou de monuments romains librement regroupés s'agrémentent de scènes familières. Il s'occupa d'aménagement de parcs (Méréville, Versailles...) et fut chargé d'études relatives au futur musée du Louvre.

ROBERT (Léopold), *Les Éplatures, près de La Chaux-de-Fonds, 1794 - Venise 1835*, peintre suisse. Élève de David et de Gros, il travailla en Italie à partir de 1818 (*la Fille au tambourin*, Neuchâtel).

ROBERT (Paul), *Orléansville, auj. Chlef, Algérie, 1910 - Mougins 1980*, lexicographe et éditeur français. Il a dirigé la rédaction du *Dictionnaire alphabétique et analogique de la langue française* (1953 - 1964) et du *Petit Robert* (1967).

ROBERT-HOUDIN (Jean Eugène), *Blois 1805 - Saint-Gervais-la-Forêt 1871*, prestidigitateur français. En 1845, il fonda à Paris un théâtre d'automates et fut le premier grand illusionniste à figurer au programme d'un cirque.

ROBERTI (Ercole **de'**), *Ferrare v. 1450 - id. 1496*, peintre italien, élève, subtil et original, de F. del Cossa (*Madone et saints*, 1481, Brera, Milan).

ROBERTIENS, dynastie française issue de Robert le Fort, ancêtre de celle des Capétiens, et qui régna par intermittence de 888 (avènement d'Eudes, fils de Robert) à 936.

ROBERTS OF KANDAHAR (Frederick **Sleigh,** lord), *Cawnpore 1832 - Saint-Omer 1914,* maréchal britannique. Il se distingua en Afghanistan (1880) et lutta contre les Boers (1899).

ROBERTSON (sir William Robert), *Welbourn 1860 - Londres 1933,* maréchal britannique. Il fut chef de l'état-major impérial de 1916 à 1918.

ROBERVAL, v. du Canada (Québec), sur le lac Saint-Jean ; 11 929 hab. *(Robervalois).*

ROBERVAL (Gilles **Personne de**), *Roberval 1602 - Paris 1675,* mathématicien et physicien français. Précurseur de la géométrie infinitésimale, il donna la règle de composition des forces et imagina une balance à deux fléaux et plateaux libres (1670).

ROBESPIERRE (Augustin **de**), *Arras 1763 - Paris 1794,* homme politique français. Député à la Convention, il mourut sur l'échafaud avec son frère Maximilien.

ROBESPIERRE (Maximilien **de**), *Arras 1758 - Paris 1794,* homme politique français. De petite noblesse, orphelin, il est d'abord avocat à Arras. Député aux États généraux, orateur influent puis principal animateur du club des Jacobins, surnommé « l'Incorruptible », il s'oppose fermement à la guerre. Membre de la Commune après l'insurrection du 10 août 1792, puis député à la Convention, il devient le chef des Montagnards. Hostile aux Girondins, il provoque leur chute (mai-juin 1793). Entré au Comité de salut public (juill.), il est l'âme de la dictature, affirmant que le ressort de la démocratie est à la fois terreur et vertu ; il élimine les hébertistes (mars 1794) et les indulgents menés par Danton (avr.), puis inaugure la Grande Terreur (juin). Enfin, il impose le culte de l'Être suprême (8 juin). Mais une coalition allant des membres du Comité de salut public aux conventionnels modérés décide le 9 thermidor an II (27 juill.) de mettre fin aux excès de Robespierre, qui est guillotiné le 10 thermidor avec ses amis Saint-Just et Couthon.

■ **ROBESPIERRE.** (Musée Carnavalet, Paris.)

Robin des bois *(Robin Hood),* héros légendaire saxon, type du bandit au grand cœur. Il a inspiré de nombreux films.

ROBINSON (Abraham), *Waldenbourg, auj. Wałbrzych, Silésie, 1918 - New Haven, Connecticut, 1974,* logicien et ingénieur américain d'origine polonaise. Spécialiste de l'aéronautique pour avoir participé à l'effort de guerre des Alliés, il donna les fondements de l'*analyse *non standard.*

ROBINSON (Mary), *Ballina 1944,* femme politique irlandaise. Avocate, elle est présidente de la République d'Irlande de 1990 à 1997, puis haut-commissaire des Nations unies aux droits de l'homme.

ROBINSON (Walker **Smith,** dit Ray Sugar), *Detroit 1920 - Los Angeles 1989,* boxeur américain. Il fut plusieurs fois champion du monde (dans les poids welters et moyens).

ROBINSON (sir Robert), *Bufford, près de Chesterfield, 1886 - Great Missenden, près de Londres, 1975,* chimiste britannique. Il réalisa la synthèse d'hormones sexuelles ainsi que celle de la pénicilline. (Prix Nobel 1947.)

Robinson Crusoé, personnage principal du roman homonyme de D. Defoe (1719), inspiré de l'histoire du marin A. Selkirk. Robinson, naufragé sur une île déserte, vit de longues années dans un bonheur relatif, avant de rencontrer le Noir Vendredi, « bon sauvage » qu'il éduque et qui le suivra lorsqu'il regagnera sa patrie. Le thème du roman a été repris par de nombreux écrivains (*le Robinson suisse,* de Johann David Wyss, 1812 - 1827), musiciens et cinéastes (Buñuel, *Robinson Crusoé,* 1952 ; K. Annakin, *les Robinsons des mers du Sud,* produit par Disney, 1960).

ROBOAM Ier, roi de Juda (931 - 913 av. J.-C.). Il fut le successeur de Salomon. Son manque de sens politique provoqua la division du pays en deux royaumes : Israël et Juda.

ROBUCHON (Joël), *Poitiers 1945,* cuisinier français. Dans son restaurant parisien, il est devenu le symbole de la grande cuisine française, avant de se retirer en 1996.

ROCA (cabo da), cap du Portugal, à l'O. de Lisbonne, promontoire le plus occidental de l'Europe.

ROCAMADOUR (46500), comm. du Lot ; 631 hab. *(Amadouriens).* Site pittoresque. — Célèbre pèlerinage à la Vierge. — Fortifications médiévales, sanctuaires divers.

Rocambole, personnage principal de nombreux romans-feuilletons de Ponson du Terrail, et héros d'aventures extraordinaires et souvent invraisemblables (« rocambolesques »).

ROCARD (Michel), *Courbevoie 1930,* homme politique français. Secrétaire général du PSU (1967 - 1973), membre du PS depuis 1974, il a été ministre du Plan et de l'Aménagement du territoire (1981 - 1983), ministre de l'Agriculture (1983 - 1985), puis Premier ministre de 1988 à 1991. Il a dirigé le PS d'avr. 1993 à juin 1994.

ROCH [rɔk] (saint), *Montpellier v. 1295 - id. v. 1327,* saint légendaire, que l'on invoque contre la peste et les maladies contagieuses.

ROCHA (Glaúber), *Vitória da Conquista, Bahia, 1938 - Rio de Janeiro 1981,* cinéaste brésilien. Auteur de films lyriques, symboliques, baroques et contestataires (*le Dieu noir et le Diable blond,* 1963 ; *Terre en transe,* 1967 ; *Antônio das Mortes,* 1969), il fut l'un des fondateurs du mouvement Cinema nôvo.

Rochambeau, aéroport de Cayenne.

ROCHAMBEAU (Jean-Baptiste **de Vimeur,** comte **de**), *Vendôme 1725 - Thoré 1807,* maréchal de France. Il commanda les troupes royales pendant la guerre de l'Indépendance américaine, puis fut placé, en 1790, à la tête de l'armée du Nord. Il fut arrêté pendant la Terreur.

ROCHDALE, v. de Grande-Bretagne (Angleterre) ; 93 000 hab.

ROCHECHOUART (87600), ch.-l. d'arrond. de la Haute-Vienne ; 3 815 hab. *(Rochechouartais).* Cartonnages. — Château surtout du XVe s. (peintures médiévales ; musée d'Art contemporain).

ROCHEFORT, comm. de Belgique (prov. de Namur) ; 11 226 hab. Centre touristique.

ROCHEFORT (17300), ch.-l. d'arrond. de la Charente-Maritime, sur la Charente ; 27 544 hab. *(Rochefortais).* Aéronautique. Équipements automobiles. — Ville construite au XVIIe s. sur un plan en damier ; anc. Corderie royale (Centre international de la mer) ; musée d'Art et d'Histoire, musée de la Marine, maison de P. Loti. — La base navale, créée en 1666 par Colbert et fortifiée par Vauban, demeura importante jusqu'à la fin de la marine à voile (milieu du XIXe s.).

ROCHEFORT (Henri, marquis **de Rochefort-Luçay,** dit Henri), *Paris 1831 - Aix-les-Bains 1913,* journaliste et homme politique français. Adversaire du second Empire, pamphlétaire, il fonda l'hebdomadaire *la Lanterne* (1868), prit part à la Commune et fut déporté en Nouvelle-Calédonie. Rallié au général Boulanger, il milita en faveur d'un nationalisme intransigeant.

ROCHEFORT-EN-TERRE (56220), ch.-l. de cant. du Morbihan ; 709 hab. Centre d'excursions. — Église surtout des XVIe-XVIIe s., vieilles maisons.

ROCHEFOUCAULD (La) [16110], ch.-l. de cant. de la Charente ; 3 383 hab. *(Rupificaldiens).* Textile. — Château surtout des XIIe-XVIe s. et autres monuments.

ROCHE-LA-MOLIÈRE (42230), comm. de la Loire ; 10 152 hab.

ROCHELLE (La) [17000], ch.-l. de la Charente-Maritime, sur l'Atlantique, à 466 km au S.-O. de Paris ; 80 055 hab. *(Rochelais)* [plus de 110 000 hab. dans l'agglomération]. Évêché. Port de pêche. Constructions mécaniques. — Tours du vieux port, des XIVe et XVe s. ; autres édifices et belles demeures des XVIe-XVIIIe s. ; nombreux musées. — Festival musical (« Francofolies »). — Anc. capitale de l'Aunis, La Rochelle prit, grâce à son port, de l'importance durant la guerre de Cent Ans, puis après la découverte de l'Amérique. Gagnée au protestantisme au XVIe s., la ville fut assiégée par Richelieu (1627 - 1628), qui triompha de la résistance de son maire Jean Guiton.

ROCHE-POSAY (La) [86270], comm. de la Vienne ; 1 480 hab. Station thermale (maladies de la peau). — Restes de fortifications médiévales.

ROCHESERVIÈRE (85620), ch.-l. de cant. de la Vendée ; 2 286 hab.

ROCHESTER, v. des États-Unis (État de New York) ; 231 636 hab. (1 002 410 hab. dans l'agglomération). Industrie photographique. — Musée de la Photographie.

ROCHE-SUR-FORON (La) [74800], ch.-l. de cant. de la Haute-Savoie ; 9 197 hab. Vestiges féodaux.

ROCHE-SUR-YON (La) [85000], ch.-l. de la Vendée, à 419 km au S.-O. de Paris ; 52 947 hab. *(Yonnais).* Électroménager. Pneumatiques. Agroalimentaire. — Cette ville, créée par Napoléon Ier et appelée *Napoléon,* a porté le nom de *Bourbon-Vendée* sous la Restauration et celui de *Napoléon-Vendée* sous le second Empire.

ROCHET (Waldeck), *Sainte-Croix, Saône-et-Loire, 1905 - Nanterre 1983,* homme politique français. Il fut secrétaire général du PCF (1964 - 1972).

ROCHETTE (La) [73110], ch.-l. de cant. de la Savoie ; 3 195 hab. *(Rochettois).* Cartonnerie.

ROCHEUSES (montagnes), massif de l'ouest de l'Amérique du Nord (Canada et États-Unis). On étend parfois cette appellation à l'ensemble des hautes terres de l'Ouest américain, de la frontière du Mexique à l'Alaska, mais, en fait, elle s'applique seulement à leur partie orientale.

R

ROCKEFELLER (John Davison), *Richford, État de New York, 1839 - Ormond Beach, Floride, 1937,* industriel américain. L'un des premiers à avoir pressenti l'avenir du pétrole, il fonda la Standard Oil (1870) et acquit l'une des plus grosses fortunes du monde, dont il distribua une partie à plusieurs institutions, notamm. à l'université de Chicago.

ROCKFORD, v. des États-Unis (Illinois) ; 139 426 hab.

ROCK FOREST, v. du Canada (Québec), près de Sherbrooke ; 15 119 hab. *(Forestois).*

ROCQUENCOURT (78150), comm. des Yvelines ; 3 251 hab. Siège du quartier général du Shape de 1951 à 1967.

ROCROI (08230), ch.-l. de cant. des Ardennes ; 2 446 hab. Enceinte bastionnée des XVIe-XVIIe s. — bataille de **Rocroi** (10 - 19 mai 1643), bataille de la guerre de Trente Ans. Victoire écrasante des Français du duc d'Enghien (le futur prince de Condé) sur l'armée espagnole.

RODENBACH (Georges), *Tournai 1855 - Paris 1898,* écrivain belge de langue française. Il est l'auteur de poèmes symbolistes (*les Vies encloses*) et de romans (*Bruges-la-Morte,* 1892).

RODEZ [-dɛz] (12000), ch.-l. de l'Aveyron, sur l'Aveyron, à 615 km au S. de Paris ; 26 367 hab. *(Ruthénois).* Évêché. Centre administratif et commercial. Industrie alimentaire. — Anc. cap. du Rouergue. — Cathédrale des XIIIe-XVIe s. ; demeures anciennes ; musées Fenaille (archéologie) et des Beaux-Arts.

RODIÈRE (René), *Alger 1907 - Paris 1981,* juriste français, inspirateur des lois qui, de 1966 à 1969, ont réformé le droit maritime français.

RODIN (Auguste), *Paris 1840 - Meudon 1917,* sculpteur français. Il est l'auteur, réaliste et puissant, de figures ou de monuments représentatifs

■ AUGUSTE **RODIN.** *Les Bourgeois de Calais,* groupe en bronze (1884 - 1895), à Calais.

d'une science impeccable et d'une inspiration fiévreusement expressive, qui le font considérer comme l'un des maîtres de la sculpture de tous les temps (*Fugit amor, le *Baiser,* marbre ; *les Bourgeois de Calais,* le *Balzac,* bronze ; *le Penseur,* une des figures de la *Porte de l'Enfer*). Sa dernière résidence parisienne, l'hôtel Biron (VIIe arrond.), est devenue le *musée Rodin.*

RODNEY (George **Brydges,** baron), *Londres 1718 - id. 1792,* amiral britannique. Après s'être illustré contre les Espagnols pendant la guerre de l'Indépendance américaine, il battit l'escadre de De Grasse au large de la Dominique (1782), sauvant ainsi la Jamaïque de l'invasion française.

RODOGUNE, *IIe s. av. J.-C.,* princesse parthe. Elle épousa Démétrios II de Syrie, prisonnier de son père Mithridate Ier. – Son histoire a inspiré une tragédie à Corneille (1644 - 1645).

RODOLPHE (lac) → **TURKANA** (lac).

RODOLPHE Ier DE HABSBOURG, *Limburg an der Lahn 1218 - Spire 1291,* roi des Romains (1273 - 1291). Il étendit son domaine (Autriche, Styrie, Carniole) au détriment d'Otakar II de Bohême et fonda ainsi la puissance des Habsbourg. – **Rodolphe II de Habsbourg,** *Vienne 1552 - Prague 1612,* empereur germanique (1576 - 1612), roi de Hongrie (1572 - 1608) et de Bohême (1575 - 1611). Fils de Maximilien II, il favorisa la Réforme catholique. Il résida à Prague, entouré de savants et d'artistes, et fut peu à peu évincé par son frère Mathias, qui ne lui laissa que le titre impérial.

RODOLPHE DE HABSBOURG, *Laxenburg 1858 - Mayerling 1889,* archiduc d'Autriche. Fils unique de François-Joseph Ier, il se suicida avec Marie Vetsera dans le pavillon de chasse de Mayerling.

RODRIGUE ou **RODÉRIC,** *m. en 711,* dernier roi des Wisigoths d'Espagne (710 - 711). Il fut tué par les Arabes lors de la conquête de l'Espagne.

RODRIGUES (Amália), *Lisbonne 1920 - id. 1999,* chanteuse portugaise. Elle a fait connaître et apprécier le fado sur toutes les scènes du monde, s'affirmant comme un des grands symboles du renouveau culturel des pays de la Méditerranée.

RODTCHENKO (Aleksandr), *Saint-Pétersbourg 1891 - Moscou 1956,* peintre et photographe russe. Constructiviste, il participe à partir de 1920 à l'animation des nouveaux instituts d'art de Moscou. Peu après, il se consacre au design et à la photographie, pour laquelle il crée un style réaliste rehaussé d'inhabituelles perspectives dynamiques.

ROENTGEN (David), *Herrnhaag, près de Francfort, 1743 - Wiesbaden 1807,* le plus connu d'une famille d'ébénistes allemands. Il ouvrit une succursale à Paris et travailla pour Marie-Antoinette. On lui doit des meubles à secret, à inventions mécaniques, ornés de marqueterie.

ROESELARE → **ROULERS.**

ROETTIERS ou **ROËTTIERS,** famille flamande qui donna à la France et aux pays voisins, à la fin du XVIIe et au XVIIIe s., des graveurs en monnaies et médailles ainsi que des orfèvres.

ROGER Ier, *Normandie 1031 - Mileto, Calabre, 1101,* comte de Sicile (1062 - 1101). D'origine normande, il conquit, avec son frère Robert Guiscard, la Calabre (1061) puis la Sicile (1091). – **Roger II,** *v. 1095 - Palerme 1154,* premier roi de Sicile (1130 - 1154), fils de Roger Ier. Il fut en conflit avec la papauté.

ROGERS (Carl Ransom), *Oak Park, Illinois, 1902 - La Jolla, Californie, 1987,* psychopédagogue américain. Il a défini une méthode psychothérapique sans distanciation médicale entre le thérapeute et le malade, et non directive.

ROGERS (Virginia Katherine **McMath,** dite Ginger), *Independence, Missouri, 1911 - Rancho Mirage, près de Los Angeles, 1995,* danseuse et actrice américaine. Partenaire de Fred Astaire dans une série de comédies musicales filmées (*la Joyeuse Divorcée,* M. Sandrich, 1934 ; *Sur les ailes de la danse,* G. Stevens, 1936), elle joua aussi dans des films non musicaux de B. Wilder ou de H. Hawks (*Chérie, je me sens rajeunir,* 1952).

ROGIER (Charles Latour), *Saint-Quentin, France, 1800 - Bruxelles 1885,* homme politique belge. Libéral, chef du gouvernement (1847 - 1852 et 1857 - 1868), il pratiqua une politique économique libre-échangiste.

ROGNAC (13340), comm. des Bouches-du-Rhône, près de l'étang de Berre ; 11 719 hab.

ROHAN (Charles **de**) → **SOUBISE** (prince **de**).

ROHAN (Henri, duc **de**), *Blain 1579 - Königsfelden 1638,* général français. Gendre de Sully et chef des calvinistes, il défendit Montauban puis Montpellier contre les troupes de Louis XIII, mais dut accepter la paix d'Alès (1629). Rentré en France, après un exil en Italie, il commanda l'armée qui libéra la Valteline. Il est l'auteur de *Mémoires.*

Rohan (hôtel de), demeure parisienne, dans le Marais. Comme l'hôtel de *Soubise, contigu, il fut construit par Delamair (1705 - 1708) et est auj. affecté aux Archives nationales.

ROHAN (Louis René Édouard, prince **de**), *Paris 1734 - Ettenheim, Bade, 1803,* prélat français. Grand aumônier de France (1777), cardinal (1778), évêque de Strasbourg (1779), il fut compromis dans l'affaire du *Collier (1785 - 1786). [Acad. fr.]

ROHAN-CHABOT → **CHABOT.**

RÓHEIM (Géza), *Budapest 1891 - New York 1953,* anthropologue et psychanalyste hongrois. Il a conclu, contre Malinowski, à l'universalité de la structure œdipienne (*Origine et fonction de la culture,* 1943 ; *Psychanalyse et Anthropologie,* 1950).

RÖHM (Ernst), *Munich 1887 - id. 1934,* officier et homme politique allemand. Créateur en 1921 des Sections d'assaut (SA) du parti nazi, il fut assassiné sur l'ordre de Hitler lors de la Nuit des longs couteaux (30 juin 1934).

ROHMER (Jean-Marie Maurice **Schérer,** dit Éric), *Tulle 1920,* cinéaste français. L'œuvre de ce pionnier de la « nouvelle vague », organisée le plus souvent en cycles, se présente comme une série de variations sur les comportements affectifs et sociaux de ses contemporains (*Ma nuit chez Maud,* 1969 ; *la Marquise d'O.,* 1976 ; *les Nuits de la pleine lune,* 1984 ; *l'Ami de mon amie,* 1987 ; *Conte d'automne,* 1998).

ROHRBACH-LÈS-BITCHE [-bak-] (57410), ch.-l. de cant. de la Moselle ; 2 174 hab.

ROHRER (Heinrich), *Buchs, cant. de Saint-Gall, 1933,* physicien suisse. Avec G. Binnig, il a conçu en 1981, au centre de recherches d'IBM à Zurich, le premier microscope à balayage utilisant l'effet tunnel. (Prix Nobel 1986.)

ROHTAK, v. d'Inde (Haryana) ; 215 844 hab.

ROI DE ROME → **NAPOLÉON II.**

ROI-GUILLAUME (terre du), île de l'archipel Arctique canadien.

Roi Lear (le), tragédie en cinq actes, de Shakespeare (v. 1606). Un roi qui a déshérité sa plus jeune fille (Cordélia) au profit des deux aînées est payé d'ingratitude.

Rois (livres des), nom de deux livres bibliques rédigés entre le VIIe s. et la fin du VIe s. av. J.-C. Ils retracent l'histoire du règne de Salomon et celle des royaumes d'Israël et de Juda, mêlant légende, histoire et hagiographie.

ROIS (Vallée des), vallon d'Égypte, sur la rive occidentale du Nil, en face de Louqsor. Ce fut le lieu de sépulture des souverains du Nouvel Empire. Un important mobilier funéraire, dont celui de *Toutankhamon, a été tiré de ses hypogées.

ROISEL (80240), ch.-l. de cant. de la Somme ; 2 011 hab.

ROISSY-EN-BRIE (77680), ch.-l. de cant. de Seine-et-Marne ; 19 762 hab.

ROISSY-EN-FRANCE (95700), comm. du Val-d'Oise, au N.-E. de Paris ; 2 517 hab. Aéroport Charles-de-Gaulle.

ROJAS (Fernando **de**), *Puebla de Montalbán v. 1465 - Talavera de la Reina 1541,* auteur dramatique espagnol. On lui attribue *la Célestine,* ou *Tragi-comédie de Calixte et Mélibée* (1499), qui, par son extraordinaire réalisme psychologique, a influencé le théâtre et le roman espagnols.

ROJAS ZORRILLA (Francisco **de**), *Tolède 1607 - Madrid 1648,* auteur dramatique espagnol. Ses drames (*Hormis le roi, personne,* ou *García del Castañar*) et ses comédies influencèrent le théâtre français du XVIIe s.

ROKOSSOVSKI (Konstantine Konstantinovitch), *Velikie Louki, près de Poltava, 1896 - Moscou 1968,* maréchal soviétique. Il mena plusieurs offensives victorieuses pendant la Seconde Guerre mondiale. Devenu Polonais, il fut ministre de la Défense de Pologne de 1949 à 1956, puis vice-ministre de la Défense d'URSS (1958 - 1962).

Roland, personnage des chansons de geste *(la *Chanson de Roland),* l'un des douze pairs légendaires de Charlemagne, modèle du chevalier chrétien. Il a notamm. inspiré à Boiardo un poème épique inachevé (*Roland amoureux,* 1495), continué par l'Arioste (*Roland furieux,* 1532).

ROLAND (Marie-Désirée Pauline, dite Pauline), *Falaise 1805 - Lyon 1852,* militante française. Saint-simonienne, socialiste, engagée dans le mouvement d'émancipation de la femme, elle prit part à la révolution de 1848.

ROLAND DE LA PLATIÈRE (Jean-Marie), *Thizy, Rhône, 1734 - Bourg-Beaudouin, Eure, 1793,* homme politique français. Ministre de l'Intérieur (1792 - 1793) et ami des Girondins, il se donna la mort en apprenant l'exécution de sa femme. C'est lui qui tria les documents contenus dans l'*Armoire de fer.

ROLAND DE LA PLATIÈRE (Manon **Phlipon,** Mme), *Paris 1754 - id. 1793,* épouse de Jean-Marie Roland de La Platière. Elle assura la carrière de son mari, tenant à Paris un salon dont l'influence politique fut considérable et que fréquentaient surtout les Girondins. Elle périt sur l'échafaud.

Roland-Garros, stade de tennis, à Paris, au bois de Boulogne, où se déroulent les Internationaux de France (tournoi du Grand Chelem).

ROLIN (Nicolas), *Autun 1376 - id. 1462,* homme d'État bourguignon. Chancelier de Bourgogne, il fit construire l'hôtel-Dieu de Beaune. Jan Van Eyck a peint pour lui la *Vierge au donateur* (Louvre).

ROLLAND (Romain), *Clamecy 1866 - Vézelay 1944,* écrivain français. Le culte des êtres d'exception *(Beethoven, Tolstoï)* et un humanisme pacifiste, puis favorable à l'URSS, animent son œuvre romanesque (*Jean-Christophe,* 1904 - 1912) et dramatique *(Théâtre de la révolution).* Il fonda la revue *Europe* en 1923. (Prix Nobel 1915.)

ROLLE (Michel), *Ambert 1652 - Paris 1719,* mathématicien français. Ses travaux, consacrés à l'algèbre, comprennent notamm. le théorème qui porte son nom.

ROLLIN (Charles), *Paris 1661 - id. 1741,* pédagogue français. Ardent janséniste, il fut recteur de l'Université (1694 et 1720). Son *Traité des études* (1726 - 1728) met l'accent sur la formation humaine de l'élève, sur l'enseignement de l'histoire et de la langue française.

ROLLING STONES (The), groupe britannique de rock, fondé en 1962 à Londres. Ses principaux membres sont : **Mick Jagger,** *Dartford 1943,* chanteur et parolier, **Keith Richards,** *Richmond 1943,* guitariste et compositeur et **Brian Jones,** *Cheltenham 1942 - Londres 1969,* guitariste. Ils représentent le versant sulfureux et provocateur du rock (*Satisfaction,* 1965 ; *Paint it Black,* 1966 ; *Sympathy for the Devil,* 1968).

ROLLINS (Theodore Walter, dit Sonny), *New York 1930,* saxophoniste ténor et compositeur américain de jazz. Marqué par le be-bop, il affectionne les petites formations et développe un jeu caractérisé par un son puissant et l'influence des musiques caraïbes. Parmi ses compositions : *St Thomas,* 1957 ; *Don't Stop the Carnival.*

ROLLON, *m. v. 930/932 ?,* chef normand. Charles III le Simple lui accorda une partie de la Neustrie déjà occupée par les Normands, qui prit le nom de Normandie (traité de Saint-Clair-sur-Epte, 911).

ROMAGNE, anc. prov. d'Italie, sur l'Adriatique, qui forme auj., avec l'Émilie, la région d'*Émilie-Romagne.* Donnée à la papauté par Pépin le Bref (756), elle fut annexée en 1860 au royaume de Sardaigne.

ROMAINMÔTIER-ENVY, comm. de Suisse (cant. de Vaud) ; 428 hab. Église romane, anc. abbatiale, avec nef du début du XIe s. et narthex à étage d'env. 1100 ; mobilier ; fresques du XIIIe s.

ROMAIN Ier LÉCAPÈNE, *m. à Proti en 944,* empereur byzantin (920 - 944). Il fut renversé par ses fils. – **Romain II,** *939 - 963,* empereur byzantin (959 - 963). Il laissa gouverner sa femme, Théophano. – **Romain III Argyre,** *v. 970 - 1034,* empereur byzantin (1028 - 1034). – **Romain IV Diogène,** *m. en 1072,* empereur byzantin (1068 - 1071). Il fut battu et aveuglé par Michel VII.

ROMAIN (Giulio **Pippi,** dit Giulio **Romano,** en fr. Jules), *Rome 1499 - Mantoue 1546,* peintre et architecte italien. Élève et collaborateur de Raphaël, maniériste, il a notamm. construit et décoré le palais du Te, à Mantoue (1525 - 1534).

romaine (Question), ensemble des problèmes posés, au XIXe s., par l'existence des *États de l'Église, ou États pontificaux, dans une Italie en voie d'unification.

romaine (Ire République) [15 févr. 1798 - 29 sept. 1799], « république sœur » fondée à Rome par le Directoire à la place des États de l'Église.

ROMAINS (Jules), *Saint-Julien-Chapteuil 1885 - Paris 1972,* écrivain français. Principal représentant de l'*unanimisme, il est l'auteur de poèmes (*la Vie unanime,* 1908), d'essais, de pièces de théâtre (**Knock*) et de romans (*les Copains,* 1913 ; *les Hommes de bonne volonté,* 1932 - 1947). [Acad. fr.]

ROMAINVILLE (93230), ch.-l. de cant. de la Seine-Saint-Denis ; 24 010 hab. Produits pharmaceutiques. Parc départemental. — Église de 1787 par A. T. Brongniart.

Roman bourgeois (le), roman de A. Furetière (1666). C'est une transposition satirique des schémas de la littérature galante dans le milieu de la petite bourgeoisie parisienne et des gens de loi.

ROMANCHES, population de la Suisse (Grisons), parlant le romanche.

Roman comique (le), roman inachevé de P. Scarron (1651 - 1657), récit des aventures burlesques d'une troupe de comédiens ambulants.

Roman de la Rose, poème allégorique. La première partie, de Guillaume de Lorris (1230 - 1235), est un art d'aimer selon les règles de la société courtoise ; la seconde, satirique et encyclopédique, est de Jean de Meung (v. 1275).

Roman de Renart, série de récits, ou « branches », en vers (XIIe et XIIIe s.), dont le personnage central est le goupil Renart. Remplaçant les dames et les héros des chansons de geste par des animaux, ces récits évoluent de la parodie du roman de chevalerie à la satire sociale et politique.

ROMANDIE n.f., partie francophone de la Suisse correspondant à l'O. du pays, du Valais au canton du Jura.

ROMANÈCHE-THORINS [-rɛ̃] (71570), comm. de Saône-et-Loire ; 1 764 hab. Vins rouges.

ROMANIA, ensemble des pays de langue latine, puis romane, résultant du démembrement de l'Empire romain.

ROMANO (Giulio) → **ROMAIN** (Jules).

ROMANOS le Mélode → RHÔMANOS LE MÉLODE.

ROMANOV, dynastie qui régna sur la Russie de 1613 à 1917. Cette famille de boyards russes accéda au trône de Russie avec Michel Fiodorovitch (1613 - 1645) et y fut relayée par la branche des *Holstein-Romanov,* de Pierre III à Nicolas II (1762 - 1917).

ROMANS-SUR-ISÈRE [-mɑ̃-] (26100), ch.-l. de cant. de la Drôme, sur l'Isère ; 33 665 hab. (*Romanais*). Industrie de la chaussure. Combustibles nucléaires. — Collégiale des XIIe-XIVe s. ; maisons anciennes ; musée de la Chaussure.

ROMBAS [-ba] (57120), ch.-l. de cant. de la Moselle, sur l'Orne ; 10 837 hab.

ROME, cap. de l'Italie, cap. du Latium et ch.-l. de prov., sur le Tibre ; 2 693 383 hab. (*Romains*). Résidence papale et ville remarquable par l'abondance des monuments anciens et des œuvres d'art. La ville, cap. de l'Italie depuis 1870, est un centre politique, intellectuel, artistique, religieux et touristique, avec quelques industries.

HISTOIRE

Rome est née au VIIIe s. av. J.-C. du regroupement de plusieurs villages latins et sabins établis sur des collines, sept selon la tradition (Aventin, Palatin, Capitole, Quirinal, Viminal, Esquilin, Caelius). Les Étrusques contribuèrent largement (VIIe-VIe s. av. J.-C.) à faire de Rome une cité bien organisée, pourvue de remparts et de monuments. La ville devint bientôt la capitale d'un immense empire ; sous les empereurs, elle compta un million d'habitants. L'apparition des Barbares l'amena à organiser sa défense (IIIe s.) et à se replier dans l'enceinte fortifiée d'Aurélien. Constantin lui porta un coup fatal en faisant de Constantinople une seconde capitale (330). Privée de la présence impériale depuis l'installation des empereurs d'Occident à Ravenne (402), Rome déclina avant d'être mise à sac par les Barbares (en 410, 455, 472). Centre du christianisme, capitale des États pontificaux dès 756 et siège de la papauté (sauf à l'époque de la papauté d'Avignon et du Grand Schisme, entre 1309 et 1420), elle connut ensuite un regain de prestige. Mais ce ne fut qu'à partir du XVe s. que les papes renouvelèrent son visage, en en faisant le rendez-vous des grands artistes de la Renaissance. Au XIXe s., à partir de 1848, se posa la Question *romaine, réglée par les accords du Latran (1929), qui créèrent l'État du Vatican.

BEAUX-ARTS

La Rome républicaine laisse peu de vestiges en dehors des temples de Vesta et de la Fortune, au pied du Capitole. La Rome impériale s'épanouit autour des forums, avec les diverses basiliques (Aemilia, Julia, de Maxence), les arcs de triomphe de Septime Sévère, de Titus et de Constantin, l'immense *Colisée et, non loin, le théâtre de Marcellus. Citons encore le *Panthéon, les thermes de Dioclétien (église Ste-Marie-des-Anges et Musée national), ceux de Caracalla, aux belles mosaïques, et, parmi plusieurs demeures, la *Domus aurea* de Néron, dont les peintures murales ont pour parentes celles des débuts de l'art paléochrétien dans les catacombes (de saint Callixte, de saint Sébastien, de sainte Priscille, etc.). Les premières basiliques chrétiennes (en général très remaniées par la suite) sont imprégnées de la grandeur impériale : St-Jean-de-Latran, Ste-Marie-Majeure (mosaïques des IVe, Ve et XIIIe s.), St-Paul-hors-les-Murs, St-Laurent-hors-les-Murs (décors « cosmatesques », cloître roman), S. Clemente (mosaïques et fresques). Beaucoup de petites églises associent les traditions antique, paléochrétienne et byzantine : S. Sabina (Ve s.), S. Maria in Cosmedin (campanile du XIIe s.), S. Maria Antiqua (fresques des VIe-VIIIe s.), S. Prassede (IXe s.), S. Maria in Trastevere (XIIe s. ; mosaïques, certaines dues à P. Cavallini), etc. La première manifestation de la Renaissance est la construction du palais de Venise (v. 1455), suivie des décors initiaux de la chapelle *Sixtine. Les entreprises du pape Jules II, confiées au génie de Bramante, de Raphaël ou de Michel-Ange, font de Rome le grand foyer de la Renaissance classique : travaux du *Vatican, début de la reconstruction de la basilique *Saint-Pierre, esquisse d'un nouvel urbanisme où s'insèrent églises et demeures nobles (palais Farnèse). Commencée en 1568 par Vignole, l'église du Gesù sera le monument typique de la Contre-Réforme. C'est à Rome que le style baroque se dessine avec les œuvres de Maderno, puis explose dans celles de Bernin, de Borromini et de Pierre de Cortone (le palais Barberini, 1625 - 1639, doit aux quatre artistes). Un des lieux caractéristiques de l'expression baroque est la piazza Navona (anc. cirque de Domitien), avec les fontaines de Bernin et l'église S. Agnese. Le XVIIIe s. et le début du XIXe s. font écho aux créations antérieures en multipliant fontaines, perspectives, façades et escaliers monumentaux : fontaine de Trevi, 1732 ; piazza del Popolo, au pied des jardins du Pincio, 1816. – Principaux musées de Rome (outre ceux du Vatican) : musées de l'ensemble du Capitole, conçu par Michel-Ange (antiques) ; musée national des Thermes de Dioclétien (antiques) ; musée de la villa Giulia (art étrusque) ; galerie Borghèse (peinture et sculpture) ; galerie nationale d'Art ancien, dans les palais Barberini et Corsini ; galerie Doria-Pamphili.

■ **ROME.** La piazza Navona, avec, au premier plan, la fontaine du Maure, et, à gauche, l'église S. Agnese.

ROME, un des principaux États de l'Antiquité, issu de la ville du même nom. (*V. carte page 1639.*)

HISTOIRE

Rome : les origines et la royauté (753 - 509 av. J.-C.). VIIIe-VIIe s. av. J.-C. : premiers établissements sur le Palatin (753, date légendaire de la fondation de Rome par Romulus), qui s'étendent au VIIe s. sur les sept collines. Règne des rois latins et sabins. **VIe s. av. J.-C. :** les rois étrusques organisent la cité et lui donnent ses premiers monuments.

La République romaine (509 - 27 av. J.-C.). 509 av. J.-C. : les nobles romains chassent Tarquin le Superbe et fondent la République. **v. 390 av. J.-C. :** les Gaulois, installés dans la plaine du Pô, détruisent l'armée romaine à la bataille de l'Allia puis s'emparent de Rome, qu'ils brûlent, à l'exception du Capitole. **Ve - IIIe s. av. J.-C. :** Rome conquiert l'Italie. **264 - 146 :** les guerres puniques lui permettent d'anéantir sa grande rivale, Carthage. **IIe-Ier s. :** Rome réduit la Grèce en province romaine, puis conquiert l'Asie Mineure, la Judée, la Syrie, l'Espagne et la Gaule. **133 - 123 :** les Gracques échouent dans leur tentative de réformes agraires. Les luttes intestines ne tardent pas à affaiblir la République. **107 - 86 :** Marius, puis Sulla (82 - 79) gouvernent avec l'appui de l'armée. **60 :** Pompée, Crassus et Jules César imposent une alliance à trois (triumvirat), renouvelée en 55. **49 - 48 :** guerre civile. Pompée est vaincu par César à Pharsale (48). **48 - 44 :** César, dictateur, est assassiné aux ides de mars 44. **43 :** second triumvirat : Antoine, Octave, Lépide. **31 :** vainqueur d'Antoine à Actium, Octavien, neveu et fils adoptif de César, demeure le seul maître du monde romain. **27 :** il reçoit du sénat le titre d'Auguste.

L'Empire romain : le Haut-Empire (Ier - IIe s.). Auguste s'arroge l'essentiel des pouvoirs des anciens magistrats et gouverne avec l'appui d'une forte administration tout en sauvegardant les apparences des institutions républicaines (*principat*). Quatre grandes dynasties vont se succéder. **27 av. J.-C. - 68 apr. J.-C. :** les Julio-Claudiens, d'Auguste à Néron ; c'est une période capitale pour l'organisation de l'Empire. **69 - 96 :** les Flaviens, de Vespasien à Domitien ; la bourgeoisie des provinces accède au pouvoir. **96 - 192 :** les Antonins, de Nerva à Commode ; c'est le siècle d'or de l'Empire romain grâce à Trajan, Hadrien, Antonin et Marc Aurèle. **193 - 235 :** les Sévères, de Septime Sévère à Sévère Alexandre. **212 :** l'édit de Caracalla donne le droit de cité à tous les hommes libres de l'Empire. C'est aux Ier et IIe s. que s'affirme l'art monumental romain, marqué avant tout par les desseins politiques de l'État. Les villes s'organisent sur un plan similaire, autour du centre politique de chaque cité, le *forum.* Marchés, basiliques, thermes et théâtres en sont les éléments essentiels, ainsi que les aqueducs approvisionnant ces villes en eau.

L'Empire romain : l'Empire tardif ou Bas-Empire (IIIe - Ve s.). 235 - 284 : menacé par les Germains et par les Perses, l'Empire manque de se disloquer. Dans cette période d'anarchie militaire, les empereurs Gallien (260 - 268) puis Aurélien (270 - 275) sauvent la situation. **284 - 305 :** un redressement durable s'opère avec Dioclétien, qui établit le régime de la *tétrarchie* (293), système collégial de gouvernement par deux Augustes et deux Césars. Les chrétiens sont persécutés. **306 - 337 :** Constantin accorde aux chrétiens le droit de pratiquer leur religion (313). Il crée une nouvelle capitale, Constantinople, désormais rivale de Rome. **395 :** à la mort de Théodose, l'Empire romain est définitivement partagé entre l'empire d'Occident (cap. Rome) et l'empire d'Orient (cap. Constantinople). **Ve s. :** les invasions barbares touchent durement l'empire d'Occident. **410 :** sac de Rome par Alaric. **476 :** le roi barbare Odoacre dépose le dernier empereur, Romulus Augustule ; c'est la fin de l'empire d'Occident. En Orient, l'Empire *byzantin durera jusqu'en 1453.

Rome (concours de), concours qui fut organisé annuellement pour les jeunes artistes français par les autorités académiques, de 1664 à 1968 exclu. Le premier grand prix, dans chaque discipline, devenait pendant trois ans pensionnaire de l'Académie de France à Rome (à la villa *Médicis depuis 1803).

■ L'ART ROMAIN

Rome a su tirer parti du ferment de tous les peuples qu'elle a conquis et leur a imposé son dessein politique et sa civilisation, toujours servis par des artistes qui affirmaient sa puissance.

Autel de la paix △ d'Auguste (Ara Pacis Augustae). Marbre, 9 av. J.-C., champ de Mars de Rome ; détail : *la Terre féconde.* Le langage plastique est celui de la Grèce, alors que la symbolique de prospérité et d'abondance de cette *Terre féconde,* entourée des allégories des eaux douce et marine, appartient tout entière à Rome.

Bustes de Caton ▷ d'Utique et de sa fille Porcia. Marbre, Iᵉʳ s. av. J.-C. Sa participation au culte des ancêtres a valu à l'art du portrait sa vogue et son souci d'efficacité psychologique. Sous la République, c'est un réalisme viril qui traduit l'exaltation des valeurs austères et traditionnelles. (Musée Pio Clementino, Vatican.)

Le forum de Rome. Axe N.-O. /S.-O., avec au premier plan les colonnes du temple de Saturne. C'est aux Étrusques que l'on doit les premiers aménagements de la plaine marécageuse qui va devenir le Forum, au pied du Palatin, et cœur, dès les origines, de la vie politique, judiciaire et économique de Rome.

La maison du Faune, ▷ à Pompéi. Construite au IIᵉ s. av. J.-C. et réaménagée à la fin du siècle, cette luxueuse villa patricienne associe à l'atrium italique les éléments de l'architecture palatiale hellénistique (superficie de près de 3 000 m², deux péristyles successifs.)

L'insula d'Ostie. À l'opposé de la *domus* patricienne ou de la villa, l'insula est un immeuble de rapport à Rome et l'habitat le plus courant. Il était destiné au peuple et sa construction était réglementée. Ne présentant aucun confort, il pouvait atteindre 20 m de hauteur.

Peinture murale : Hercule en Arcadie reconnaît son fils Télèphe allaité par une biche. Iᵉʳ s. av. J.-C. Provenant de la basilique d'Herculanum, inspirée par un archétype grec, l'œuvre atteste le goût de la société d'alors pour le monde fabuleux du mythe. (Musée national, Naples.)

Rome (sac de) [août 410], conquête et pillage de Rome par le roi wisigoth Alaric. Pour la première fois depuis 390 av. J.-C., Rome était occupée par des troupes ennemies, et cet événement eut un retentissement considérable dans tout l'Empire.

Rome (sac de) [mai 1527], conquête et pillage de Rome par les troupes impériales de Charles Quint, menées par le connétable de Bourbon, à la suite de l'engagement du pape Clément VII contre l'empereur aux côtés du roi de France François Iᵉʳ.

Rome (traité de) [25 mars 1957], traité qui a créé la Communauté économique européenne (CEE).

ROMÉ DE L'ISLE (Jean-Baptiste), *Gray 1736-Paris 1790,* minéralogiste français. Il énonça la première loi de la cristallographie (celle de la constance des angles). Avec R. J. Haüy, il est l'un des fondateurs de cette discipline.

Roméo et **Juliette,** personnages légendaires, repris par Shakespeare dans sa tragédie *Roméo et Juliette* (v. 1595). À Vérone, malgré la haine qui sépare leurs deux familles, les Capulets et les Montaigus, Roméo et Juliette s'aiment et se marient secrètement ; mais la fatalité les entraîne dans la mort. — La tragédie de Shakespeare a inspiré de nombreux artistes. Sous ce titre, Berlioz a composé une symphonie dramatique (paroles de E. Deschamps, 1839) ; Gounod, un opéra (livret de J. Barbier et M. Carré, 1867). — La partition de ballet écrite par Prokofiev en 1938 a été empruntée par de nombreux chorégraphes, dont L. Lavrovski (1940), F. Ashton (1955), J. Cranko (1962), K. Mac-Millan (1965), J. Neumeïer (1971), I. Grigorovitch (1977), R. Noureïev (1980) et A. Preljocaj (1990) ; M. Béjart lui a préféré en 1966 la musique de Berlioz. Le drame a également été adapté au cinéma (F. Zeffirelli, 1968).

RÖMER (Olaus ou Ole), *Århus 1644-Copenhague 1710,* astronome danois. Grâce à ses observations des satellites de Jupiter, il prouva en 1676, à l'Observatoire de Paris, que la lumière se propage à une vitesse finie. Il est l'inventeur de la lunette méridienne (vers 1685).

ROMILLY (Jacqueline **de**), *Chartres 1913,* universitaire française, spécialiste de la civilisation grecque. (Acad. fr.)

ROMILLY-SUR-SEINE (10100), ch.-l. de cant. de l'Aube ; 15 004 hab. *(Romillons).* Industries mécaniques.

ROMMEL (Erwin), *Heidenheim, Wurtemberg, 1891 - Herrlingen, près d'Ulm, 1944,* maréchal allemand. Commandant le quartier général de Hitler en 1939, il se distingua en France (1940), en Libye et en Égypte, où il fut battu à El-Alamein (1942). Il commanda en 1944 le front de Normandie, mais, impliqué dans le complot des généraux contre Hitler (20 juill.), il fut arrêté et dut se suicider sur ordre de ce dernier. Habile tacticien, passé maître dans l'art de la manœuvre des blindés, Rommel fut l'un des plus brillants représentants de l'école allemande de la guerre éclair *(Blitzkrieg).*

ROMNEY (George), *Dalton in Furness, Lancashire, 1734 - Kendal, Cumbria, 1802,* peintre anglais, portraitiste au style ferme et direct.

ROMORANTIN-LANTHENAY (41200), ch.-l. d'arrond. de Loir-et-Cher, en Sologne, sur la Sauldre ; 19 077 hab. *(Romorantinais).* Construction automobile. Métallurgie. — Belles demeures des XVᵉ et XVIᵉ s. ; musée de Sologne (dans les anc. moulins sur la Sauldre), musée d'Archéologie et musée de la Course automobile.

ROMUALD (saint), *Ravenne v. 950 - Val-di-Castro, près de Fabriano, 1027,* moine italien. Ermite bénédictin, il fonda l'ordre des Camaldules.

ROMULUS, fondateur légendaire de Rome (753 av. J.-C.), dont il fut le premier roi. Après sa mort, il fut identifié au dieu Quirinus.

ROMULUS AUGUSTULE, *v. 461,* dernier empereur romain d'Occident (475 - 476). Il fut déposé par Odoacre.

Roncevaux (bataille de) [15 août 778], bataille qui eut lieu dans un vallon des Pyrénées proche du col de Roncevaux (en esp. *Roncesvalles*) ou d'Ibañeta, et au cours de laquelle l'arrière-garde de l'armée de Charlemagne (dont faisait partie le comte Roland) fut taillée en pièces par les montagnards basques (Vascons) alliés aux sarrasins.

RONCHAMP (70250), comm. de la Haute-Saône ; 3 061 hab. Chapelle par Le Corbusier (1950 - 1955).

RONCHIN (59790), comm. du Nord ; 18 105 hab. Constructions mécaniques.

■ LE MARÉCHAL **ROMMEL** par J. Gietze. (Bildarchiv Preussischer Kulturbesitz.)

■ LA **RONDE DE NUIT**, de Rembrandt, 1642. (Rijksmuseum, Amsterdam.)

■ **RONSARD.** (Musée de Blois.)

■ FRANKLIN **ROOSEVELT**

RONCONI (Luca), *Sousse 1933,* metteur en scène de théâtre et d'opéra italien. Auteur de spectacles d'avant-garde *(Orlando Furioso, Utopia),* il centre son travail sur les questions du lieu théâtral, de l'espace scénique et du rapport au public. À la tête du Teatro Stabile, à Turin, puis de l'Argentina, à Rome, il dirige depuis 1999 le Piccolo Teatro de Milan.

RONCQ (59223), comm. du Nord ; 12 794 hab. Agroalimentaire.

Ronde de nuit (la), surnom d'une grande toile de Rembrandt (1642, Rijksmuseum d'Amsterdam). Commandée par l'association des arquebusiers d'Amsterdam, elle est une représentation (en réalité diurne) de la *Sortie du capitaine Frans Banning Cocq et de son lieutenant [...].*

RONDÔNIA, État de l'ouest du Brésil ; 1 130 400 hab. ; cap. *Porto Velho.*

RONIS (Willy), *Paris 1910,* photographe français. Il aime à saisir les gens et les gestes simples, surtout à Paris (*Belleville-Ménilmontant,* 1954 ; *Sur le fil du hasard,* 1980 ; *Mon Paris,* 1985). Il a aussi travaillé pour la mode et l'industrie et a mené une carrière d'enseignant.

RONSARD (Pierre **de**), *château de la Possonnière, Couture-sur-Loir, 1524-Saint-Cosme-en-l'Isle, près de Tours, 1585,* poète français. En raison d'une surdité précoce, il doit abandonner la carrière des armes. Il s'adonne alors à l'étude des lettres latines et grecques, et se propose, avec le groupe de la *Pléiade, de renouveler l'inspiration et la forme de la poésie française. Érudite (*Odes,* 1550-1552) et lyrique (*Amours,* 1552 - 1578), sa poésie se fait épique dans les *Hymnes* (1555-1556). Poète de la cour de Charles IX, hostile à la Réforme (*Discours des misères de ce temps,* 1562 - 1563), Ronsard laisse inachevée son épopée *la Franciade* (1572). Critiquée par Malherbe, puis oubliée, son œuvre fut réhabilitée par Sainte-Beuve.

RONSE → **RENAIX.**

RÖNTGEN (Wilhelm Conrad), *Lennep, Rhénanie, 1845-Munich 1923,* physicien allemand. Il découvrit les rayons X (1895), étudia leur propagation et leur pouvoir de pénétration, et observa qu'ils ionisaient l'air. (Prix Nobel 1901.)

ROODEPOORT, v. d'Afrique du Sud, près de Johannesburg ; 162 632 hab.

ROON (Albrecht, comte **von**), *Pleushagen, près de Kołobrzeg, 1803-Berlin 1879,* maréchal prussien. Ministre de la Guerre de 1859 à 1873, il fut avec Moltke le réorganisateur de l'armée prussienne.

ROOSEVELT (Franklin Delano), *Hyde Park, État de New York, 1882 - Warm Springs 1945,* homme politique américain. Cousin et neveu par alliance de Theodore Roosevelt, démocrate, il est secrétaire adjoint à la Marine (1913-1920), gouverneur

L'EMPIRE ROMAIN D'AUGUSTE À TRAJAN

L'Empire à la mort d'Auguste (14 après J.-C.)

Annexions de la mort d'Auguste à l'avènement de Trajan (98 après J.-C.)

Conquêtes de Trajan (98-117 après J.-C.)

Limites des provinces à la mort d'Auguste

de l'État de New York (1929 - 1933), et devient président des États-Unis en 1933. Confronté à une très grave crise économique, il s'entoure d'un petit groupe de conseillers (son *brain-trust*) et fait voter les lois du New Deal (« Nouvelle Donne »). Il entreprend une politique de grands travaux (mise en valeur de la vallée du Tennessee) pour lutter contre le chômage et s'efforce de réglementer les conditions de travail et les salaires. Réélu en 1936 et 1940, il apporte, à partir de 1939, son aide à la Grande-Bretagne et à la France contre l'Allemagne et l'Italie, dirige avec énergie l'effort de guerre américain (déc. 1941) puis, par une diplomatie active, prépare l'après-guerre. Il est réélu en 1944, mais meurt en avril 1945.

ROOSEVELT (Theodore), *New York 1858 - Oyster Bay, État de New York, 1919,* homme politique américain. Républicain, il participa à la guerre hispano-américaine (1898). Gouverneur de l'État de New York (1898), il devint vice-président des États-Unis en 1900, puis président en 1901 après l'assassinat de McKinley, et fut réélu en 1904. Impérialiste convaincu, désireux de voir son pays affirmer sa puissance navale, il pratiqua une politique interventionniste en Amérique latine (Panamá, Cuba, Saint-Domingue). [Prix Nobel de la paix 1906.]

ROPS (Félicien), *Namur 1833 - Essonnes, France, 1898,* peintre et graveur belge. D'une imagination fantasque et souvent érotique, il est notamm. connu pour ses illustrations de Péladan, Barbey d'Aurevilly, etc. Musée à Namur.

R

ROQUEBRUNE-CAP-MARTIN (06190), comm. des Alpes-Maritimes, sur la Méditerranée ; 11 966 hab. *(Roquebrunois).* Station balnéaire. — Un donjon du XIIe s. domine le vieux bourg.

ROQUEBRUNE-SUR-ARGENS (83520), comm. du Var ; 11 540 hab. Bourg pittoresque.

ROQUECOURBE (81210), ch.-l. de cant. du Tarn ; 2 236 hab. *(Roquecourbins).* Place à cornières du XIVe s.

ROQUE-D'ANTHÉRON (La) [13640], comm. des Bouches-du-Rhône ; 4 545 hab. Station estivale. — Château du XVIIe s. — Festival international de piano. — Aux environs, anc. abbaye de *Silvacane.

ROQUEFORT-SUR-SOULZON (12250), comm. de l'Aveyron ; 702 hab. Fromages au lait de brebis affinés dans des grottes calcaires.

ROQUEMAURE (30150), ch.-l. de cant. du Gard, sur le Rhône ; 4 934 hab. *(Roquemaurois).* Église du XIVe s.

Roquette ou **Grande-Roquette** (la), anc. prison de Paris (1837 - 1900). Elle servit de dépôt pour les condamnés à mort. La *Petite-Roquette* fut destinée aux jeunes, puis aux femmes (1832 - 1974).

ROQUEVAIRE (13360), ch.-l. de cant. des Bouches-du-Rhône ; 7 924 hab. *(Roquevairois).*

RORAIMA, État du nord du Brésil ; 215 790 hab.

RØROS, v. de Norvège, au S.-E. de Trondheim ; 5 000 hab. Anc. ville minière (cuivre), de plan régulier, gardant un ensemble de vieilles maisons en bois ; musée de la Mine.

RORSCHACH (Hermann), *Zurich 1884 - Herisau 1922,* psychiatre suisse. Il créa en 1921 un test psychologique de personnalité qui porte son nom (v. partie n. comm.).

RORTY (Richard), *New York 1931,* philosophe américain. Opposant son relativisme aux prétentions de la science et de la philosophie, il défend un genre d'utopie libérale (*Philosophy and the Mirror of Nature,* 1979).

ROSA (Salvator), *Arenella, près de Naples, 1615 - Rome 1673,* peintre italien. Ses tableaux (paysages composés, marines, batailles) sont pleins de fougue et d'un chaleureux coloris.

ROSARIO, v. d'Argentine, sur le Paraná ; 1 078 374 hab. Centre commercial et industriel.

ROSAS (Juan Manuel **de**), *Buenos Aires 1793 - Southampton, Angleterre, 1877,* militaire et homme politique argentin. De 1829 à 1852, il imposa une dictature de fer à la province de Buenos-Aires, s'appuyant sur les *gauchos* et les forces rurales, et développant autour de lui un véritable culte de la personnalité. Il fut renversé par une coalition sud-américaine.

ROSCELIN, *Compiègne v. 1050 - Tours ou Besançon v. 1120,* philosophe français. Fondateur du nominalisme, maître d'Abélard, il relia les trois termes de la Trinité, mais dut abjurer sous la pression de saint Anselme.

ROSCOFF (29680), comm. du Finistère ; 3 688 hab. *(Roscovites).* Port. Station balnéaire. Laboratoire de biologie marine. Thalassothérapie. — Église de style gothique flamboyant.

ROSE (mont), massif des Alpes partagé entre la Suisse et l'Italie ; 4 634 m à la *pointe Dufour.*

Rose blanche (ordre de la), ordre national finlandais. Il fut créé en 1919 par C. G. Mannerheim.

Rose-Croix (fraternité de la), mouvement mystique dont le fondateur présumé est Christian Rosencreutz (XVe s.) et d'où sont issues plusieurs sociétés, toujours actives. En France, à la fin du XIXe s., le Sâr Péladan a tenté de favoriser le développement d'une Rose-Croix fidèle à l'orthodoxie catholique, dont il espérait un renouveau de l'art et de la philosophie.

ROSEMÈRE, v. du Canada (Québec), au N.-O. de Montréal ; 12 226 hab. *(Rosemèrois).*

Rosenberg (affaire), affaire judiciaire américaine. Accusés d'avoir livré des secrets atomiques à l'URSS, les époux Julius et Ethel Rosenberg furent condamnés à mort (1951) puis exécutés (1953), malgré une campagne d'opinion internationale en leur faveur.

ROSENBERG (Alfred), *Revel, auj. Tallinn, 1893 - Nuremberg 1946,* théoricien nazi et homme politique allemand. L'un des principaux idéologues du national-socialisme (*le Mythe du XXe siècle,* 1930), il fut condamné à mort par le tribunal de Nuremberg et exécuté.

ROSENZWEIG (Franz), *Kassel 1886 - Francfort-sur-le-Main 1929,* philosophe allemand. Il est à l'origine du renouveau de la pensée juive, et son œuvre marque une date dans les relations entre juifs et chrétiens (*l'Étoile de la Rédemption,* 1921).

ROSES (vallée des), partie de la vallée de la Tundža, en Bulgarie, autour de Kazanlăk.

Rosette (pierre de), fragment d'une stèle découverte à Rosette (en ar. Rachīd, sur la branche ouest du Nil), lors de la campagne de Bonaparte en Égypte en 1799 (auj. au British Museum). Comportant le texte, gravé en hiéroglyphes, en démotique et en grec, d'un décret de Ptolémée V, elle permit à Champollion de déchiffrer (1822) les hiéroglyphes.

ROSHEIM (67560), ch.-l. de cant. du Bas-Rhin ; 4 587 hab. Église romane remarquable.

ROSI (Francesco), *Naples 1922,* cinéaste italien. Spécialiste d'un cinéma d'analyse politique et sociale, il a réalisé *Salvatore Giuliano* (1961), *Main basse sur la ville* (1963), *l'Affaire Mattei* (1972), *Cadavres exquis* (1975), *Carmen* (1984), *Oublier Palerme* (1990), *la Trêve* (1997).

ROSIÈRES-EN-SANTERRE (80170), ch.-l. de cant. de la Somme ; 2 984 hab.

ROSKILDE, v. du Danemark (Sjaelland) ; 50 000 hab. Capitale du pays jusqu'en 1445. — Cathédrale romane et gothique (tombeaux royaux) ; musée des Bateaux vikings.

ROSLIN (Alexander), *Malmö 1718 - Paris 1793,* peintre suédois. Portraitiste de talent, il s'établit à Paris en 1752.

ROSNY (J.-H.), pseudonyme de deux romanciers français : **Joseph Henri Boex,** dit **Rosny aîné,** *Bruxelles 1856 - Paris 1940,* et **Séraphin Justin Boex,** dit **Rosny jeune,** *Bruxelles 1859 - Ploubazlanec 1948,* frère de Rosny aîné. Le premier est l'auteur de *la Guerre du feu* (1911). Le second écrivit, seul ou avec son frère, des romans réalistes ou fantastiques.

ROSNY-SOUS-BOIS [ro-] (93110), ch.-l. de cant. de la Seine-Saint-Denis, à l'E. de Paris ; 39 499 hab. *(Rosnéens).* Centre national d'information routière.

ROSPORDEN [-dɛ̃] (29140), ch.-l. de cant. du Finistère ; 6 577 hab. Église des XIVe-XVIIe s.

ROSS (banquise de), falaises de glace de l'Antarctique, en bordure de la *mer de Ross,* limitées par l'*île de Ross* (qui porte les volcans Erebus et Terror).

ROSS (sir John), *Balsarroch, Dumfries and Galloway, Écosse, 1777 - Londres 1856,* navigateur britannique. Il découvrit l'extrémité nord du continent américain (1829 - 1833). — sir **James Clarke R.,** *Londres 1800 - Aylesbury 1862,* navigateur britannique. Neveu de sir John, il localisa le pôle magnétique de l'hémisphère Nord (1831). Il longea la banquise qui porte son nom et découvrit la terre Victoria (1841).

ROSS (sir Ronald), *Almora, Inde, 1857 - Putney Heath, Londres, 1932,* médecin britannique. Ses recherches sur la transmission du paludisme par les moustiques améliorèrent la prophylaxie de cette maladie. (Prix Nobel 1902.)

ROSS (Scott), *Pittsburgh 1951 - Assas, Hérault, 1989,* claveciniste américain. Installé en France en 1965, il a travaillé notamm. avec Kenneth Gilbert. Pédagogue et concertiste, il a excellé dans la musique française (intégrale des œuvres de Couperin et de Rameau). Il a aussi enregistré toutes les sonates de Scarlatti.

Rossbach (bataille de) [5 nov. 1757], bataille de la guerre de Sept Ans. Victoire du roi de Prusse Frédéric II sur les Français et les impériaux à Rossbach (Saxe).

ROSSBY (Carl-Gustav Arvid), *Stockholm 1898 - id. 1957,* physicien américain d'origine suédoise. Il a étudié la dynamique de l'atmosphère et de l'océan. En 1940, il a proposé un premier essai de prévision à cinq jours, fondé sur son modèle de circulation atmosphérique générale.

ROSSELLINI (Roberto), *Rome 1906 - id. 1977,* cinéaste italien. Révélé par *Rome, ville ouverte* (1945) et *Paisà* (1946), films phares du néoréalisme, il s'efface, en témoin amoureux du réel, s'imposant comme l'un des grands maîtres du cinéma italien : *Europe 51* (1952), *Voyage en Italie* (1954), *le Général Della Rovere* (1959), *la Prise du pouvoir par Louis XIV* (1967, pour la télévision).

ROSSELLINO (Bernardo), *Settignano, près de Florence, 1409 - Florence 1464,* architecte et sculpteur italien. Disciple d'Alberti, il a construit le palais Rucellai à Florence (1446) et a travaillé à Pienza (prov. de Sienne) pour Pie II. — **Antonio R.,** *Settignano 1427 - Florence 1479,* sculpteur italien, frère et élève de Bernardo. Il est l'auteur de la chapelle du cardinal de Portugal à S. Miniato de Florence (1461), chef-d'œuvre de raffinement.

ROSSETTI (Dante Gabriel), *Londres 1828 - Birchington-on-Sea, Kent, 1882,* peintre et poète britannique de père italien. Un des initiateurs du mouvement préraphaélite, il s'est inspiré de légendes médiévales et de la poésie ancienne anglaise et italienne.

ROSSI (Aldo), *Milan 1931 - id. 1997,* architecte et théoricien italien. Il a défendu un concept d'architecture rationnelle incluant des composantes historiques, régionales et symboliques.

ROSSI (Luigi), *Torremaggiore, près de Foggia, v. 1597 - Rome 1653,* compositeur italien. Ses quelque 300 cantates ont beaucoup contribué à l'évolution du genre. Il a également composé des oratorios et des opéras (*Orfeo,* 1647).

ROSSI (Pellegrino, comte), *Carrare 1787 - Rome 1848,* homme politique italien naturalisé français. Ambassadeur de France à Rome (1845), il contribua à l'élection de Pie IX, qu'il encouragea dans ses orientations libérales, et milita pour une fédération italienne sous la présidence pontificale. Appelé à former à Rome un gouvernement constitutionnel (sept. 1848), il fut assassiné.

ROSSI (Constantin, dit Tino), *Ajaccio 1907 - Neuilly-sur-Seine 1983,* chanteur français. Il triompha en 1934 au Casino de Paris dans la revue *Parade de France* de Vincent Scotto. Chanteur de charme, il connut un succès mondial grâce à sa voix veloutée *(Tchi-Tchi ; Corse, île d'amour)* et participa à de nombreux films.

ROSSINI (Gioacchino), *Pesaro 1792 - Paris 1868,* compositeur italien. Il a écrit notamm. des opéras : *le Barbier de Séville, Otello* (1816), *la Pie voleuse* (1817), *le Comte Ory* (1828), *Guillaume Tell* (1829), et un *Stabat Mater.* Son sens inné de la mélodie et de l'effet théâtral lui a valu, à Paris, de grands succès sous la Restauration.

ROSSO (Giovanni Battista **de Rossi,** dit **le**), *Florence 1494 - Paris 1540,* peintre italien. En 1531,

■ GIOACCHINO **ROSSINI.** (Académie Rossini, Bologne.)

François Ier confia à ce grand artiste maniériste la direction des décors du château de Fontainebleau (fresques et stucs de la galerie François-Ier).

ROSTAND (Edmond), *Marseille 1868 - Paris 1918,* poète et auteur dramatique français. Il est célèbre pour ses comédies et ses drames héroïques (**Cyrano de Bergerac* ; *l'Aiglon*, 1900 ; *Chantecler*, 1910). [Acad. fr.]

ROSTAND (Jean), *Paris 1894 - Ville-d'Avray 1977,* biologiste et écrivain français, fils d'Edmond Rostand. Auteur d'importants travaux sur la parthénogenèse expérimentale, il contribua à faire connaître la génétique au grand public français. Défendant les valeurs de l'humanisme, du pacifisme et du mondialisme, il s'attacha à montrer la valeur culturelle de la biologie et sa portée humaine. (Acad. fr.)

ROSTOCK, v. d'Allemagne (Mecklembourg-Poméranie-Occidentale), sur la Warnow ; 237 307 hab. (avec son avant-port Warnemünde, sur la Baltique). Port. Centre industriel. – Église Notre-Dame (XIIIe-XVe s.) et autres monuments.

ROSTOPCHINE (Fiodor Vassilievitch, comte), *Livny, gouvernement d'Orel, 1763 - Moscou 1826,* général et homme politique russe. Gouverneur de Moscou en 1812, il fut soupçonné d'avoir incendié cette ville lors de l'entrée des Français. Il est le père de la comtesse de Ségur.

ROSTOV-SUR-LE-DON, v. de Russie, près de la mer d'Azov ; 1 027 000 hab. Port fluvial. Centre administratif, culturel et industriel.

ROSTOW (Walt Whitman), *New York 1916,* économiste américain. Il étudie, dans les *Étapes de la croissance économique* (1960), les stades conduisant l'économie à l'industrialisation. On lui doit le concept de « décollage » *(take-off)* appliqué au développement économique.

ROSTRENEN [-nɛ̃] (22110), ch.-l. de cant. des Côtes-d'Armor ; 3 925 hab. *(Rostrenois).*

ROSTROPOVITCH (Mstislav Leopoldovitch), *Bakou 1927,* violoncelliste et chef d'orchestre russe. Interprète remarquable, il a dirigé l'Orchestre national de Washington (1977 - 1994). Des compositeurs comme Chostakovitch, Dutilleux, Britten ou Lutosławski ont écrit pour lui.

ROTA (Nino), *Milan 1911 - Rome 1979,* compositeur italien. Il écrivit des musiques de film populaires et raffinées pour Fellini (16 films, dont *La Strada* et *La Dolce Vita*) et Visconti *(le Guépard)*, ainsi que des opéras et des pièces pour orchestre.

ROTH (Joseph), *Brody, Galicie, 1894 - Paris 1939,* écrivain et journaliste autrichien. Ses romans sont une peinture de la civilisation autrichienne à son déclin (*la Marche de Radetzky*, 1932).

ROTH (Philip), *Newark 1933,* romancier américain. Son œuvre compose une peinture ironique de la communauté juive et de la classe moyenne américaines (*Portnoy et son complexe*, 1969 ; *la Leçon d'anatomie*, 1983 ; *le Théâtre de Sabbath*, 1995 ; *Pastorale américaine*, 1997).

ROTHARI ou **ROTHARIS,** *m. en 652,* roi des Lombards (636 - 652). Il promulgua un édit (643) qui fut la base de la législation lombarde.

ROTHENBURG OB DER TAUBER, v. d'Allemagne (Bavière), à l'O. de Nuremberg ; 12 001 hab. Vieille ville bien conservée : enceinte, monuments et maisons de l'époque gothique et de la Renaissance.

ROTHÉNEUF, station balnéaire d'Ille-et-Vilaine (comm. de Saint-Malo). Rochers sculptés au début du XXe s. par l'abbé Adolphe Julien Fouéré.

ROTHKO (Mark), *Dvinsk, auj. Daugavpils, Lettonie, 1903 - New York 1970,* peintre américain d'origine russe, célèbre pour la formule d'abstraction chromatique qu'il a établie vers 1950.

ROTHSCHILD (Meyer Amschel), *Francfort-sur-le-Main 1743 - id. 1812,* banquier allemand. Il fut le fondateur d'une puissante dynastie financière de rayonnement international.

Rotonda (la), surnom de la célèbre villa Capra, construite près de Vicence par Palladio (v. 1566 - 1569 ?). Elle doit son appellation à la salle circulaire sous coupole (avec éclairage zénithal) qui en marque le centre, cantonnée par quatre appartements et s'ouvrant sur le paysage par quatre portiques ioniques parfaitement symétriques.

■ LA **ROTONDA**, villa édifiée par Palladio près de Vicence (v. 1566-1569 ?).

ROTROU (Jean **de**), *Dreux 1609 - id. 1650,* poète dramatique français. Ses comédies *(les Sosies)*, tragi-comédies *(Venceslas)* et tragédies *(le Véritable Saint Genest)* relèvent d'une esthétique baroque.

ROTSÉ → **LOZI.**

ROTTERDAM, v. des Pays-Bas (Hollande-Méridionale), sur la « Nouvelle Meuse » (Nieuwe Maas) ; 582 266 hab. (1 040 000 hab. dans l'agglomération). Premier port du monde, situé sur une branche du delta commun au Rhin et à la Meuse (transit vers l'Allemagne et la Suisse) et centre industriel (raffinage du pétrole et chimie principalement), commercial et financier. – Rotterdam prit son essor au XIXe s. avec l'aménagement du Rhin pour la navigation et le développement industriel de la Ruhr. – Riche musée d'art Boymans-Van Beuningen.

ROTY (Oscar), *Paris 1846 - id. 1911,* médailleur français. Il a notamm. créé le type monétaire (1897), puis philatélique de la *Semeuse.*

ROUAULT (Georges), *Paris 1871 - id. 1958,* peintre français. Il a pratiqué, en puissant coloriste, un expressionnisme tour à tour satirique et mystique. Il a gravé, notamm., la suite en noir et blanc du *Miserere* (1922 - 1927). Important fonds au MNAM.

ROUBAIX (59100), ch.-l. de cant. du Nord, au N.-E. de Lille ; 98 039 hab. *(Roubaisiens).* Textiles. Agroalimentaire. Vente par correspondance. – Musée d'Art et d'Industrie.

ROUBAUD (Jacques), *Caluire-et-Cuire 1932,* écrivain français. Membre de l'*Oulipo, il parvient à concilier, dans ses poèmes (∈, *Quelque chose noir*) et ses récits *(la Belle Hortense, le Grand Incendie de Londres)*, l'utilisation de contraintes formelles avec l'humour et le ton personnel de son lyrisme.

ROUBLEV ou **ROUBLIOV** (Andreï), *v. 1360 - Moscou 1427 ou 1430,* peintre russe. Grand représentant de l'école médiévale moscovite, il est surtout célèbre pour son icône de la *Trinité* (les trois anges à la table d'Abraham) [galerie Tretiakov]. Il a été canonisé par l'Église orthodoxe russe en 1988.

■ ANDREÏ **ROUBLEV.** Icône de la *Trinité.* (Galerie Tretiakov, Moscou.)

R

ROUBTSOVSK, v. de Russie, au pied de l'Altaï ; 172 500 hab.

ROUCH (Jean), *Paris 1917,* ethnologue et cinéaste français. Il a renouvelé la technique du film documentaire : *Moi, un Noir*, 1958 ; *Chronique d'un été*, en collab. avec E. Morin, 1960 ; *Cocorico, Monsieur Poulet*, 1974.

ROUD (Gustave), *Saint-Légier-la-Chiésaz 1897 - Moudon 1976,* poète suisse de langue française. Traducteur des romantiques allemands, marqué par Rimbaud, il est l'auteur de proses poétiques qui oscillent entre illuminations et rêveries méditatives (*Petit Traité de la marche en plaine*, 1932).

ROUEN, ch.-l. de la Région Haute-Normandie et du dép. de la Seine-Maritime, sur la Seine, à 123 km au N.-O. de Paris ; 108 758 hab. *(Rouennais)* [plus de 390 000 hab. dans l'agglomération]. Cour d'appel. Archevêché. Académie et université. Centre d'une agglomération industrielle (métallurgie, textile, produits chimiques et alimentaires), dont l'activité est liée à celle du port (trafic d'hydrocarbures, céréales, produits tropicaux). – Remarquables monuments : cathédrale gothique (XIIe-XVIe s.), églises St-Ouen (vitraux des

■ MSTISLAV **ROSTROPOVITCH**

■ **ROTTERDAM**

■ **ROUEN.** Détail de la cour du palais de justice : art gothique flamboyant, début du XVIe s.

XIVe-XVIe s.) et St-Maclou (flamboyante), Gros-Horloge (XVIe s.), palais de justice (en gothique flamboyant, très restauré), etc. ; église Ste-Jeanne-d'Arc (1979) ; importants musées (beaux-arts, céramique, ferronnerie...). – Centre de production de faïence du XVIe au XVIIIe s. – Évêché dès le IIIe s., Rouen devint l'une des principales villes du duché de Normandie (Xe s.). Importante ville drapière et grand port fluvial au Moyen Âge, elle fut rattachée au domaine royal de 1204 à 1419. Jeanne d'Arc y fut brûlée (1431) durant l'occupation anglaise (1419 - 1449). Érigée en cour souveraine en 1499, sa cour de justice, ou Échiquier, fut transformée en parlement par François Ier (1515). – Violents bombardements pendant la Seconde Guerre mondiale.

ROUERGUE n.m., région du sud de la France, correspondant à la majeure partie du dép. de l'Aveyron ; v. princ. *Rodez.* Il a été réuni à la Couronne en 1607 par Henri IV.

ROUFFACH [-fak] (68250), ch.-l. de cant. du Haut-Rhin ; 4 499 hab. Matériel de chauffage. – Église Notre-Dame (XIIIe-XIVe s.), autres monuments et ensemble de maisons anciennes.

ROUFFIGNAC (grotte de), grotte ornée située à Rouffignac-Saint-Cernin-de-Reilhac (Dordogne). Ensemble de figures pariétales datant du magdalénien.

rouge (Armée) → **Armée rouge.**

ROUGE (fleuve), en viet. **Sông Hông** ou **Sông Nhi Ha,** fl. du Viêt Nam, né en Chine (Yunnan), qui rejoint le golfe du Tonkin en un vaste delta (riziculture) ; 1 200 km. Il passe à Hanoi.

ROUGE (mer), long golfe de l'océan Indien, entre l'Arabie et l'Afrique, relié à la Méditerranée par le canal de Suez. C'est un fossé d'effondrement envahi par les eaux (anc. *golfe Arabique* ou *mer Érythrée*).

Rouge (place), place principale de Moscou (Russie), en bordure du Kremlin. Église Basile-le-Bienheureux ; mausolée de Lénine.

ROUGE (rivière) → **RED RIVER** [Canada].

ROUGÉ (44660), ch.-l. de cant. de la Loire-Atlantique ; 2 192 hab.

ROUGEMONT (Denis **de**), *Neuchâtel 1906 - Genève 1985,* essayiste suisse de langue française. Il a analysé les composantes de la civilisation occidentale (*l'Amour et l'Occident,* 1939) et défendu le fédéralisme européen.

ROUGET DE LISLE (Claude), *Lons-le-Saunier 1760 - Choisy-le-Roi 1836,* officier et compositeur français. Capitaine à Strasbourg, il écrivit en 1792 les paroles, et peut-être la musique, du *Chant de guerre pour l'armée du Rhin,* qui devint *la Marseillaise.*

Rougon-Macquart (les), série de romans de É. Zola. Ce cycle relate l'« Histoire naturelle et sociale d'une famille sous le second Empire » : *la Fortune des Rougon, la Curée* (1871), *le Ventre de Paris* (1873), *la Conquête de Plassans* (1874), *la Faute de l'abbé Mouret* (1875), *Son Excellence Eugène Rougon* (1876), *l'Assommoir* (1877), *Une page d'amour* (1878), *Nana* (1880), *Pot-Bouille* (1882), *Au Bonheur des dames* (1883), *la Joie de vivre* (1884), *Germinal* (1885), *l'Œuvre* (1886), *la Terre* (1887), *le Rêve* (1888), *la Bête humaine* (1890), *l'Argent* (1891), *la Débâcle* (1892), *le Docteur Pascal* (1893).

ROUHER (Eugène), *Riom 1814 - Paris 1884,* homme politique français. Avocat, député républicain (1848 - 1849), il servit la cause de Louis Napoléon. Plusieurs fois ministre, il exerça une influence prépondérante à la fin du second Empire, mais s'opposa à la libéralisation du régime. De 1872 à 1881, il fut le véritable chef du parti bonapartiste.

ROULERS, en néerl. **Roeselare,** v. de Belgique, ch.-l. d'arrond. de la Flandre-Occidentale ; 52 872 hab. Centre commercial et industriel.

ROUMAIN (Jacques), *Port-au-Prince 1907 - Mexico 1944,* écrivain haïtien. Son principal roman (*Gouverneurs de la rosée,* 1944) forme une fresque sociale lyrique, entre créole et français, marxisme et défense de la négritude.

ROUMANIE n.f., en roum. **România,** État d'Europe orientale, sur la mer Noire ; 237 000 km² ; 22 770 000 hab. *(Roumains).* CAP. *Bucarest.* LANGUE : *roumain.* MONNAIE : *leu.*

GÉOGRAPHIE

La partie orientale des Carpates forme un arc de cercle qui enserre le bassin de Transylvanie, d'où émergent les monts Apuseni. Plateaux et plaines (Moldavie, Munténie, Dobroudja, Valachie) entourent cet ensemble. Le climat est continental, avec des étés chauds, parfois humides, et des hivers toujours rigoureux. La population, en majeure partie urbanisée et en quasi-totalité de religion orthodoxe, compte (dans l'ouest) une minorité hongroise. Le secteur agricole fournit surtout du blé, du maïs et de la betterave à sucre. Les ressources énergétiques (gaz, pétrole, lignite, hydroélectricité) alimentent une industrie où dominent la métallurgie, la pétrochimie et la mécanique. Le tourisme est important sur la mer Noire. Le passage (partiel) à l'économie de marché a accru le chômage, aggravé encore par la faible compétitivité de l'industrie.

HISTOIRE

Les principautés de Moldavie, de Valachie et de Transylvanie. Les Daces sont les premiers habitants connus de l'actuelle Roumanie. **Ier s. av. J.-C. :** Burebista jette les bases de l'État dace. **106 apr. J.-C. :** Trajan conquiert la Dacie. **271 :** celle-ci est évacuée par les Romains. **VIe s. :** les Slaves s'établissent dans la région. **XIe s. :** le christianisme se développe ; l'Église adopte la liturgie slavonne. **Xe - XIIIe s. :** les invasions turco-mongoles perturbent la région, tandis que les Hongrois conquièrent la Transylvanie (XIe s.). **XIVe s. :** les principautés de Valachie et de Moldavie sont créées ; elles s'émancipent de la suzeraineté hongroise, la première v. 1330 sous Basarab Ier, la seconde v. 1359 sous Bogdan Ier. **1386 - 1418 :** sous Mircea le Vieux, la Valachie doit accepter de payer un tribut aux Ottomans. **1455 :** la Moldavie connaît le même sort. **1526 :** les Turcs, victorieux à Mohács, vassalisent la Transylvanie. **1599 - 1600 :** Michel le Brave (1593 - 1601) parvient à réunir sous son autorité la Valachie, la Transylvanie et la Moldavie. **1691 :** la Transylvanie est annexée par les Habsbourg. **1711 :** après l'échec de Dimitrie Cantemir qui s'était allié à la Russie contre les Ottomans, les Turcs imposent un régime plus dur à la Moldavie et à la Valachie, gouvernées désormais par des Phanariotes. **1775 :** la Moldavie perd la Bucovine, annexée par l'Autriche. **1812 :** elle perd la Bessarabie, cédée à la Russie. **1829 - 1856 :** la Moldavie et la Valachie sont soumises à un double protectorat, ottoman et russe. **1859 :** ces principautés élisent un seul prince, Alexandre-Jean Cuza (1859 - 1866), et Napoléon III soutient leur union.

La Roumanie contemporaine. 1866 : le pays prend le nom de Roumanie. Le pouvoir est confié au prince Charles de Hohenzollern-Sigmaringen (Charles Ier). **1878 :** l'indépendance du pays est reconnue. **1881 :** Charles Ier devient roi de Roumanie. **1914 :** Ferdinand Ier (1914 - 1927) lui succède. **1916 :** la Roumanie s'engage dans la Première Guerre mondiale aux côtés des Alliés. Elle est occupée par l'Allemagne. **1918 :** les troupes roumaines pénètrent en Transylvanie. **1919 - 1920 :** les traités de paix attribuent à la Roumanie la Dobroudja, la Bucovine, la Transylvanie et le Banat. **1921 :** la Roumanie adhère à la Petite-Entente. Dans les années 1930 se développe un mouvement fasciste encadré par la Garde de fer. **1940 :** I. Antonescu instaure la dictature. Bien qu'alliée de l'Allemagne, la Roumanie est dépouillée de la Bessarabie et de la Bucovine du Nord (annexées par l'URSS), d'une partie de la Transylvanie (récupérée par la Hongrie), de la Dobroudja méridionale (donnée à la Bulgarie). **1941 :** la Roumanie entre en guerre contre l'URSS. **1944 :** Antonescu est renversé. Un armistice est signé avec l'URSS. **1947 :** le traité de Paris entérine l'annexion de la Bessarabie et de la Bucovine du Nord par l'URSS. Le roi Michel (1927 - 1930 ; 1940 - 1947) abdique fin déc. et une république populaire est proclamée. Un régime de type soviétique est instauré. **1965 :** N. Ceauşescu devient secrétaire général du Parti communiste roumain. **1967 :** il accède à la présidence du Conseil d'État. **1968 :** il refuse de participer à l'invasion de la Tchécoslovaquie. **1974 :** Ceauşescu est président de la République. Le pays connaît des difficultés économiques qui engendrent un climat social d'autant plus sombre que le régime demeure centralisé et répressif. **1985 :** Ceauşescu relance le « programme de systématisation du territoire » (destruction de milliers de villages avant l'an 2000). **1987 :** la contestation se développe (émeutes ouvrières de Braşov). **1989 :** une insurrection (déc.) renverse le régime ; Ceauşescu et son épouse sont arrêtés et exécutés. Un Conseil du Front de salut national, présidé par Ion Iliescu, assure la direction du pays, qui prend officiellement le nom de république de Roumanie. **1990 :** les premières élections libres (mai) sont remportées par le Front de salut national ; Iliescu est élu à la présidence de la République. **1992 :** Iliescu est réélu à la tête de l'État. À l'issue des élections législatives, de nombreuses formations politiques sont représentées au Parlement, au sein duquel le parti d'Iliescu ne détient plus la majorité. **1995 :** la Roumanie dépose une demande d'adhésion à l'Union européenne. **1996 :** l'opposition démocratique remporte les législatives. Emil Constantinescu, leader de la Convention démocrate, est élu à la présidence de la République. **2000 :** Ion Iliescu revient à la tête de l'État, élu avec le soutien de ses adversaires démocrates pour faire barrage à la percée de l'extrême droite.

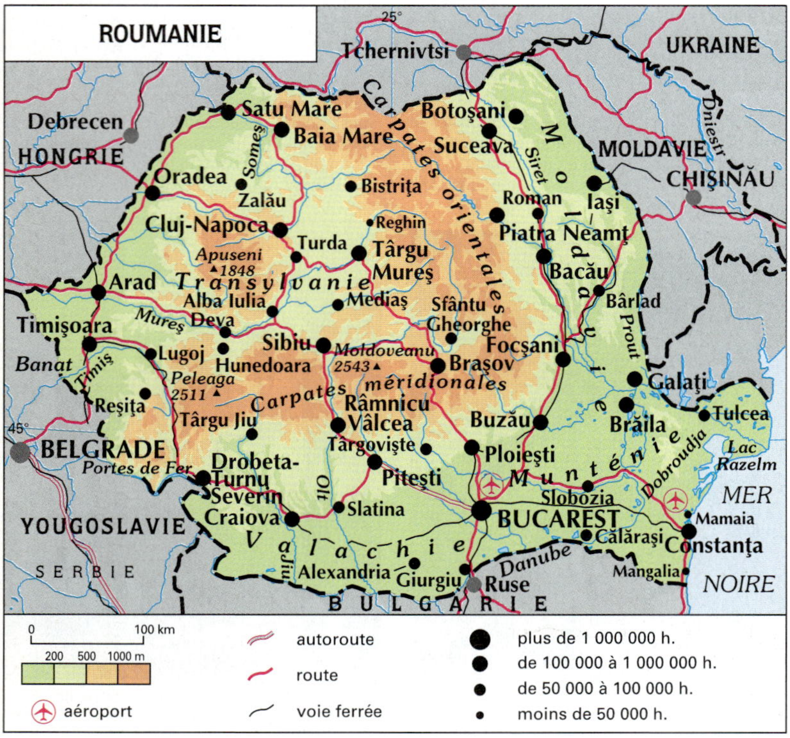

ROUMANILLE (Joseph), *Saint-Rémy-de-Provence 1818 - Avignon 1891,* écrivain français d'expression provençale, l'un des fondateurs du *félibrige.

ROUMÉLIE, nom donné par les Ottomans à l'ensemble de leurs provinces européennes jusqu'au milieu du XVIe s. Le congrès de Berlin (1878) créa une province de Roumélie-Orientale, qui s'unit en 1885 à la Bulgarie.

ROURKELA, v. d'Inde (Orissa) ; 398 692 hab. Sidérurgie.

ROUSSEAU (Jean-Baptiste), *Paris 1671 - Bruxelles 1741,* poète français, auteur d'*Odes* et de *Cantates.*

ROUSSEAU (Jean-Jacques), *Genève 1712 - Ermenonville 1778,* écrivain et philosophe de langue française. Orphelin de mère, abandonné à dix ans par son père, il poursuit son éducation en autodidacte. Accueilli par Mme de Warens, précepteur chez M. de Mably, il souffre néanmoins de solitude et se sent rejeté et calomnié. Sur cette expérience – celle d'un sujet à l'écoute de sa conscience intérieure – repose sa philosophie. Il poursuit dès lors dans la quête de soi-même le secret d'un bonheur « naturel » et de la compréhension entre les hommes. Les maux dont ceux-ci sont atteints relèvent, selon lui, des formes de leur communication et de leur organisation politique *(Essai sur l'origine des langues).* À partir de là, il procède par une critique des fondements d'une société corruptrice (**Discours sur les sciences et les arts ; *Discours sur l'origine et les fondements de l'inégalité parmi les hommes ; Lettre à d'Alembert sur les spectacles,* 1758) et expose ses principes éthiques sur la vie publique et privée dans des œuvres philosophiques *(Du *contrat social, *Émile),* romanesques *(*Julie ou la Nouvelle Héloïse)* et autobiographiques (*Rêveries du promeneur solitaire,* 1782 ; *Confessions,* 1782 - 1789).

■ JEAN-JACQUES **ROUSSEAU** par Quentin de La Tour. (Louvre, Paris.)

ROUSSEAU (Henri, dit **le Douanier**), *Laval 1844 - Paris 1910,* peintre français. Les tableaux, au dessin naïf, de cet autodidacte sont souvent d'une invention poétique étrange et d'une grande sûreté plastique (*la Charmeuse de serpents,* 1907, musée d'Orsay ; *le Rêve,* 1910, MOMA, New York). Apollinaire, Delaunay, Picasso l'ont admiré.

ROUSSEAU (Théodore), *Paris 1812 - Barbizon 1867,* peintre français. Interprète des beautés de la forêt de Fontainebleau, à la fois réaliste et romantique, il fut une personnalité dominante de l'école de Barbizon.

ROUSSEL (Albert), *Tourcoing 1869 - Royan 1937,* compositeur français. Influencé par Debussy et d'Indy, inspiré par ses voyages en Inde et en Extrême-Orient, il écrivit des mélodies, de la musique instrumentale (notamm. 4 symphonies), des musiques de ballets (*le Festin de l'araignée,* 1913 ; *Bacchus et Ariane,* 1931) et l'opéra-ballet *Padmâvatî* (1923).

ROUSSEL (Raymond), *Paris 1877 - Palerme 1933,* écrivain français. Son œuvre narrative, saluée par les surréalistes pour l'exubérance de ses fantasmes et par les adeptes du « nouveau roman » pour sa combinatoire formelle, constitue une exploration systématique du mécanisme de la création littéraire (*Impressions d'Afrique,* 1910 ; *Locus solus,* 1914).

ROUSSES (Grandes), massif des Alpes françaises, entre l'Arc et la Romanche ; 3 468 m.

ROUSSES (Les) [39220], comm. du Jura ; 3 008 hab. Sports d'hiver (alt. 1 100 - 1 680 m).

ROUSSILLON n.m., partie orientale, la plus peuplée, du dép. des Pyrénées-Orientales ; v. princ. *Perpignan.* Rattaché au royaume franc au VIIIe s., le Roussillon est aragonais à partir de 1172, puis annexé par la France de 1463 à 1493 et réuni définitivement à la Couronne en 1659 (traité des Pyrénées).

ROUSSILLON (38150), ch.-l. de cant. de l'Isère ; 7 568 hab. *(Roussillonnais).* Chimie.

ROUSSILLON (84220), comm. de Vaucluse ; 1 190 hab. Centre touristique.

ROUSSIN (André), *Marseille 1911 - Paris 1987,* auteur dramatique français. Ses comédies ont eu un grand succès *(la Petite Hutte, Lorsque l'enfant paraît).* [Acad. fr.]

ROUSSY (Gustave), *Vevey, Suisse, 1874 - Paris 1948,* médecin français. Spécialiste d'anatomie pathologique, il est l'auteur de travaux de cancérologie. Il fonda l'Institut du cancer à Villejuif.

ROUSTAN, *Tiflis 1780 - Dourdan 1845,* mamelouk de Napoléon Ier. Esclave donné à Bonaparte par le cheikh du Caire, il fut le valet de l'Empereur jusqu'à son départ pour l'île d'Elbe.

ROUSTAVI, v. de Géorgie ; 159 000 hab. Métallurgie.

ROUVIER (Maurice), *Aix-en-Provence 1842 - Neuilly 1911,* homme politique français. Président du Conseil (1887), ministre des Finances (1889 - 1892, 1902 - 1905), mis en cause dans le scandale des décorations, puis dans celui de Panamá, il revint à la présidence du Conseil en 1905 - 1906.

ROUVRAY (forêt du), forêt de la rive gauche de la Seine, en face de Rouen.

ROUVROY (62320), ch.-l. de cant. du Pas-de-Calais ; 9 119 hab.

ROUX (Émile), *Confolens 1853 - Paris 1933,* médecin français. Collaborateur de Pasteur, auteur de travaux sur les toxines, il introduisit en France la sérothérapie dans le traitement de la diphtérie. Il dirigea l'Institut Pasteur de 1904 jusqu'à sa mort.

ROUYN-NORANDA, v. du Canada, dans l'ouest du Québec ; 27 126 hab. *(Rouynorandiens).* Métallurgie. Centre universitaire.

ROVNO → RIVNE.

ROWLAND (Henry Augustus), *Honesdale, Pennsylvanie, 1848 - Baltimore 1901,* physicien américain. Il montra qu'une charge électrique mobile crée un champ magnétique (1876) et construisit des réseaux de diffraction pour étudier le spectre solaire (1882).

■ LE DOUANIER **ROUSSEAU.** *La Guerre,* ou *la Chevauchée de la Discorde,* 1894. (MNAM, Paris.)

ROWLANDSON (Thomas), *Londres 1756 - id. 1827,* peintre, dessinateur et graveur anglais. Il est le grand maître du dessin satirique et humoristique, genre florissant à son époque en Angleterre.

ROXANE ou **RHÔXANE,** *m. à Amphipolis v. 310 av. J.-C.,* épouse d'Alexandre le Grand. Elle fut mise à mort avec son fils par ordre de Cassandre.

ROXELANE, *v. 1505 - Edirne v. 1558,* épouse préférée de Soliman le Magnifique.

ROY (Gabrielle), *Saint-Boniface, Manitoba, 1909 - Québec 1983,* romancière canadienne de langue française. Son œuvre s'inscrit dans le courant du réalisme social *(Bonheur d'occasion).*

ROY (Maurice), *Québec 1905 - Montréal 1985,* prélat canadien. Archevêque de Québec (1947 - 1981) et primat du Canada, il fut nommé cardinal en 1965.

ROYA n.f., riv. de France et d'Italie, dans les Alpes, qui se jette dans la Méditerranée ; 60 km.

Royal Dutch-Shell, groupe pétrolier international, dont les origines remontent à la création aux Pays-Bas, en 1890, de la Royal Dutch Company, unie en 1907 à la société britannique Shell Transport and Trading Co. Outre le pétrole, ses activités concernent l'extraction de charbon et de métaux et l'industrie chimique.

Royal Shakespeare Company, troupe de théâtre britannique, dont les origines remontent à 1879. Disposant de plusieurs salles à Stratford-upon-Avon et à Londres, elle maintient, non sans innovation, la tradition shakespearienne, tout en s'ouvrant au répertoire contemporain.

R

ROYAN [rwajɑ̃] (17200), ch.-l. de cant. de la Charente-Maritime, à l'entrée de la Gironde ; 17 932 hab. *(Royannais).* La ville, bombardée par erreur lors de sa libération en 1945 et reconstruite selon des conceptions modernes, est une grande station balnéaire. — Église (1954) par Guillaume Gillet, d'une structure audacieuse.

ROYAT [rwaja] (63130), ch.-l. de cant. du Puy-de-Dôme ; 4 745 hab. Station thermale (maladies des artères). — Église romane fortifiée.

ROYAUME-UNI DE GRANDE-BRETAGNE ET D'IRLANDE DU NORD, nom officiel de la *Grande-Bretagne depuis 1923. Formé en 1707 par l'union de l'Angleterre et de l'Écosse, le royaume de Grande-Bretagne prit en 1801 le nom de *Royaume-Uni de Grande-Bretagne et d'Irlande,* après la réunion de la Grande-Bretagne et de l'Irlande (1800). Il reçut son nom actuel après la sécession de l'*Irlande en 1922.

Royaumes combattants, période de l'histoire de Chine (481 - 221 av. J.-C.) pendant laquelle le pays, morcelé en principautés, réglait ses querelles par la guerre.

ROYAUMONT, écart de la comm. d'Asnières-sur-Oise (Val-d'Oise). Importants restes d'une abbaye cistercienne fondée par Louis IX en 1228 (auj. centre culturel).

ROYE (80700), ch.-l. de cant. de la Somme ; 6 620 hab. *(Royens).*

ROYER-COLLARD (Pierre Paul), *Sompuis 1763 - Châteauvieux, Loir-et-Cher, 1845,* homme politique français. Avocat, député (1815), il fut sous la Restauration le chef des doctrinaires. (Acad. fr.)

ROZAY-EN-BRIE (77540), ch.-l. de cant. de Seine-et-Marne ; 2 656 hab. Église des XIIIe-XVIe s.

Rozebeke (bataille de) [27 nov. 1382], victoire du roi de France Charles VI sur les Gantois révoltés contre le comte de Flandre, près d'Audenarde (Belgique). Le chef des insurgés, Filips Van Artevelde, trouva la mort dans le combat.

RÓZEWICZ (Tadeusz), *Radomsko 1921,* écrivain polonais. Sa poésie *(Inquiétude)* et son théâtre *(le Fichier)* dénoncent la dimension absurde de la société moderne.

RPF (Rassemblement du peuple français), mouvement fondé en avr. 1947 par le général de Gaulle et qui joua un rôle politique important jusqu'en 1953.

RPR (Rassemblement pour la République), parti politique français, issu de l'UDR, fondé par Jacques Chirac en déc. 1976. Il se présente comme l'héritier du gaullisme.

RTBF, société de radiotélévision belge de langue française. Elle est issue de la partition en 1977 de l'Institut national belge de radiodiffusion, créé en 1946. Chaque région linguistique possède ainsi sa société de radio.

RTL (Radio-Télé-Luxembourg), société de radiodiffusion appartenant à *RTL Group* (groupe audiovisuel européen bâti en 2000 autour de la Compagnie luxembourgeoise de télédiffusion, ou CLT). Issue de la station Radio-Luxembourg (1933), elle a pris sa dénomination actuelle en 1966. Elle émet en plusieurs langues. En 1995, une deuxième station de radio a été créée, RTL2. Depuis janvier 1955, l'émetteur de Dudelange diffuse les images de Télé-Luxembourg (auj. *RTL-Télévision*).

RUANDA → RWANDA.

RUB AL-KHALI n.m., désert du sud de l'Arabie saoudite.

RUBBIA (Carlo), *Gorizia 1934,* physicien italien. Il a été à l'origine de la découverte au Cern, en 1983, des bosons intermédiaires W et Z. (Prix Nobel 1984.)

RUBEN, personnage biblique. Fils aîné de Jacob, il est l'ancêtre éponyme d'une tribu d'Israël établie à l'est du Jourdain.

RUBENS (Petrus Paulus), *Siegen, Westphalie, 1577 - Anvers 1640,* peintre flamand. Il travailla pour les Gonzague, l'archiduc Albert, Marie de Médicis (galerie du Luxembourg, 1622 - 1625, transférée au Louvre), Charles Ier d'Angleterre et Philippe IV d'Espagne. Chef d'un important atelier à Anvers, il a affirmé sa personnalité dans un style fougueux et coloré, aussi expressif dans la plénitude sensuelle que dans la violence, et qui répondait au goût de la Contre-Réforme. Caractéristique du courant baroque, son œuvre réalise une synthèse du réalisme flamand et de la grande manière italienne : *Saint Grégoire pape* (1607, musée de Grenoble), *la Descente de Croix* (1612, cathédrale d'Anvers), *la Mise au tombeau* (1616, église St-Géry, Cambrai), *le Combat des Amazones* (1617, Munich), *l'Adoration des Mages* (versions de Bruxelles, Malines, Lyon, Anvers), *le Coup de lance* (1620, Anvers), *le Jardin d'amour* (1635, Prado), *la Kermesse* (1636, Louvre), les divers portraits de sa seconde femme, Hélène Fourment.

■ **RUBENS.** *La Toilette de Vénus,* v. 1613. (Coll. Liechtenstein, Vaduz.)

RUBICON n.m., riv. séparant l'Italie de la Gaule Cisalpine. César le franchit avec son armée dans la nuit du 11 au 12 janv. 49 av. J.-C., sans l'autorisation du sénat, ce qui déclencha la guerre civile. *Franchir le Rubicon* signifie prendre une décision audacieuse et irrévocable.

RUBINSTEIN (Anton Grigorievitch), *Vykhvatintsy 1829 - Peterhof 1894,* pianiste et compositeur russe. Fondateur du conservatoire de Saint-Pétersbourg, il a imposé en Russie un enseignement musical officiel de haut niveau.

RUBINSTEIN (Artur), *Łódź 1887 - Genève 1982,* pianiste polonais. Il est célèbre pour ses interprétations de Chopin.

RUBINSTEIN (Ida), *Kharkov v. 1885 - Vence 1960,* danseuse et mécène russe. Elle commanda à Ravel le *Boléro,* qu'elle créa à l'Opéra de Paris en 1928 (chorégraphie de Bronislava Nijinska).

RUBROEK, RUYSBROEK ou **RUBRUQUIS** (Guillaume **de**), *Rubroek v. 1220 - apr. 1293,* franciscain flamand. Envoyé par Saint Louis en mission en Mongolie auprès du grand khan, qu'il rencontra en 1254, il a laissé une intéressante relation de voyage.

Ruchard (camp du), camp militaire d'Indre-et-Loire (comm. d'Avon-les-Roches).

Ruche (la), cité d'artistes sise à Paris, passage de Dantzig (XVe arrond.). Des artistes à leurs débuts (Léger) ou arrivant en France (Archipenko, Zadkine, Chagall, Soutine, Lipchitz...) en ont fait un des hauts lieux de l'art du XXe s.

RUDAKI (Abu Abd Allah Djafar), *près de Rudak, région de Samarkand, fin du IXe s. - 940,* poète persan, auteur de poésies lyriques.

RUDA ŚLĄSKA, v. de Pologne, en haute Silésie ; 171 600 hab. Houille. Métallurgie.

RUDE (François), *Dijon 1784 - Paris 1855,* sculpteur français. Un des maîtres de l'école romantique, bien que nourri de tradition classique, il est l'auteur de *la *Marseillaise* (arc de triomphe de l'Étoile, à Paris), d'une statue du maréchal Ney, d'un *Napoléon s'éveillant à l'immortalité.*

RUDNICKI (Adolf), *Varsovie 1912 - id. 1990,* écrivain polonais. Il a peint dans ses récits *(l'Époque des crématoires)* la tragédie du peuple juif.

RUE (80120), ch.-l. de cant. de la Somme ; 3 218 hab. Sucrerie. — Chapelle flamboyante du St-Esprit, des XVe-XVIe s. ; beffroi des XVe et XIXe s.

RUEFF (Jacques), *Paris 1896 - id. 1978,* économiste français. Spécialiste de l'économie monétaire, adepte fervent du libéralisme, il prôna l'instauration d'un véritable ordre monétaire international. (Acad. fr.)

RUEIL-MALMAISON (92500), ch.-l. de cant. des Hauts-de-Seine ; 74 671 hab. Institut français du pétrole. Électronique. — Château et musée de Malmaison, qui fut le séjour préféré de Bonaparte, puis de l'impératrice Joséphine après son divorce ; annexe : le château de Bois-Préau.

RUELLE-SUR-TOUVRE (16600), ch.-l. de cant. de la Charente ; 7 502 hab. Armement.

RUFFEC (16700), ch.-l. de cant. de la Charente ; 3 996 hab. Église à façade romane sculptée.

RUFFIÉ (Jacques), *Limoux 1921,* médecin français. Professeur au Collège de France, il s'est intéressé à l'hématologie, à l'immunologie et à la génétique, et créé l'*hémotypologie,* étude des facteurs héréditaires du sang.

RUFISQUE, v. du Sénégal, près de Dakar ; 50 000 hab. Port.

RUGBY, v. de Grande-Bretagne (Angleterre), sur l'Avon ; 59 000 hab. Collège célèbre (où naquit le rugby en 1823).

RÜGEN, île d'Allemagne (Mecklembourg-Poméranie-Occidentale), dans la Baltique, reliée au continent par une digue ; 926 km^2.

RUGGIERI (Cosimo), *m. à Paris en 1615,* astrologue florentin. Il fut le favori de Catherine de Médicis et l'auteur, après 1604, d'almanachs annuels réputés.

RUGLES (27250), ch.-l. de cant. de l'Eure ; 2 600 hab. Tréfilerie. — Églises Notre-Dame (d'origine préromane) et St-Germain (XIIIe-XVIe s.).

RUHLMANN (Émile Jacques), *Paris 1879 - id. 1933,* ébéniste et décorateur français. Son mobilier Arts déco, d'une grande élégance, est traité dans des bois et des matières rares.

RUHMKORFF (Heinrich Daniel), *Hanovre 1803 - Paris 1877,* constructeur allemand d'instruments de physique. Il réalisa, en 1851, la bobine d'induction qui porte son nom.

RUHR n.f., riv. d'Allemagne, affl. du Rhin (r. dr.), qu'elle rejoint à Duisburg ; 235 km.

RUHR n.f., région d'Allemagne (Rhénanie-du-Nord-Westphalie), traversée par la *Ruhr.* Elle est fortement industrialisée (houille, métallurgie, chimie), avec un développement plus récent de services, et urbanisée (Essen, Duisburg, Düsseldorf, Dortmund). — La Ruhr fut occupée par la France et la Belgique (1923 - 1925) à la suite de la non-exécution des clauses du traité de Versailles. Lourdement bombardée pendant la Seconde Guerre mondiale, elle fut pourvue d'un organisme allié de contrôle économique (1948 - 1952).

RUISDAEL ou **RUYSDAEL** (Jacob **Van**), *Haarlem 1628/1629 - id. 1682,* peintre néerlandais. Son œuvre marque à la fois un sommet de l'école paysagiste hollandaise et le dépassement de celle-ci par la force d'une vision dramatique ou lyrique qui préfigure le romantisme (*le Cimetière juif,* versions de Dresde et de Detroit ; *le Coup de soleil,* Louvre). Il était le neveu d'un autre paysagiste, Salomon **Van Ruysdael** (v. 1600 - 1670).

RUITZ [rɥi] (62620), comm. du Pas-de-Calais ; 1 606 hab. *(Ruitelots).* Industrie automobile.

RUIZ (Nevado del), volcan des Andes de Colombie ; 5 400 m. Éruption meurtrière en 1985.

RUIZ (Juan), plus souvent nommé **l'Archiprêtre de Hita,** *Alcalá de Henares ? v. 1285 - v. 1350,* poète espagnol. Son poème autobiographique *(Libro de buen amor)* mêle légendes, allégories et satires sur la société de son temps.

RUIZ DE ALARCÓN Y MENDOZA (Juan), *au Mexique 1581 - Madrid 1639,* poète dramatique espagnol. Il est l'auteur de comédies *(la Vérité suspecte)* et du drame *le Tisserand de Ségovie.*

RUMFORD (Benjamin **Thompson,** comte), *Woburn, Massachusetts, 1753 - Auteuil, France, 1814,* physicien et chimiste américain. Il imagina le calorimètre à eau, étudia les chaleurs de combustion et de vaporisation, et détruisit la théorie du *calorique* en montrant que la glace fondante garde une masse constante. Installé en France, il épousa la veuve de Lavoisier.

RUMILLY (74150), ch.-l. de cant. de la Haute-Savoie ; 11 617 hab. Articles ménagers et de sport. — Demeures anciennes.

RUMMEL n.m., fl. d'Algérie, qui se jette dans la Méditerranée ; 250 km. Ses gorges entourent Constantine. Il prend en aval le nom d'*oued el-Kebir.*

RUNDSTEDT (Gerd **von**), *Aschersleben 1875 - Hanovre 1953,* maréchal allemand. Il commanda un groupe d'armées en Pologne, en France et en Russie (1939 - 1941). En déc. 1944, il dirigea l'ultime offensive de la Wehrmacht dans les Ardennes.

RUNEBERG (Johan Ludvig), *Pietarsaari 1804 - Porvoo 1877,* poète finlandais d'expression suédoise. Ses poèmes lyriques et patriotiques (*Récits de l'enseigne Staal,* 1848 - 1860) lui valurent le titre de poète national.

RUNGIS (94150), comm. du Val-de-Marne ; 5 446 hab. Depuis 1969, un marché-gare y remplace les Halles de Paris.

RUPERT n.m., fl. du Canada (Québec), qui rejoint la baie James ; 483 km.

■ JACOB VAN **RUISDAEL.** *La Cascade.* (Rijksmuseum, Amsterdam.)

■ BERTRAND **RUSSELL**

RUPERT (Robert, comte palatin, dit **le Prince**), *Prague 1619-Londres 1682,* amiral anglais. Lors de la première révolution d'Angleterre, il offrit son aide à son oncle Charles Ier, qui le mit à la tête de la cavalerie royale puis de la flotte chargée de soulever l'Irlande (1648-1650). À la Restauration, il fut Premier lord de l'Amirauté (1673 - 1679).

RUSAFA ou **RÉSAFÉ,** site de Syrie, au S.-E. du lac Asad. Vestiges (basiliques, notamm.) élevés au VIe s. sur ce lieu de pèlerinage à saint Serge.

RUSE, v. de Bulgarie, sur le Danube ; 179 000 hab. Port fluvial et centre industriel.

RUSHDIE (Salman), *Bombay 1947,* écrivain britannique d'origine indienne. Magicien du verbe, il place l'imagination au centre de ses récits (*les Enfants de minuit,* 1981 ; *Haroun et la mer des histoires,* 1990 ; *la Terre sous ses pieds,* 1999). Son roman *les Versets sataniques* (1988), jugé blasphématoire contre l'islam, lui a valu d'être « condamné » à mort par une fatwa de R. Khomeyni en 1989.

RUSHMORE (mont), site des États-Unis, au S.-O. de Rapid City (Dakota du Sud). Les visages des présidents Washington, Jefferson, Lincoln et T. Roosevelt y sont sculptés, hauts d'une vingtaine de mètres, sur une paroi granitique.

RUSKA (Ernst), *Heidelberg 1906 - Berlin 1988,* physicien allemand. Il construisit, en 1931, le premier microscope électronique, qu'il perfectionna ensuite. (Prix Nobel 1986.)

RUSKIN (John), *Londres 1819 - Brantwood, Cumberland, 1900,* critique d'art et sociologue britannique. Alliant la prédication morale et les initiatives pratiques à la réflexion sur l'art, il exalta l'architecture gothique et soutint le mouvement préraphaélite ainsi que la renaissance des métiers d'art (*les Sept Lampes de l'architecture,* 1849).

RUSSELL (Bertrand, comte), *Trelleck, pays de Galles, 1872 - Penrhyndeudraeth, pays de Galles, 1970,* philosophe et logicien britannique. Fondateur du logicisme et de la théorie des types (*Principia mathematica,* en collab. avec A.N. Whitehead, 1910-1913), il se distingua également par la vigueur de ses engagements politiques, moraux et humanitaires. Il fonda notamm. en 1966 le « Tribunal Russell », pour condamner les crimes de guerre américains au Viêt Nam. (Prix Nobel de littérature 1950.)

RUSSELL (Henry Norris), *Oyster Bay, New York, 1877 - Princeton, New Jersey, 1957,* astrophysicien américain. Ses travaux de physique stellaire l'amenèrent à établir, indépendamment de E. Hertzsprung, une classification des étoiles en fonction de leur luminosité et de leur type spectral, le *diagramme de Hertzsprung-Russell* (1913).

RUSSELL (John, comte), *Londres 1792 - Pembroke Lodge, Richmond Park, 1878,* homme politique britannique. Chef du parti whig, Premier ministre (1846 - 1852 ; 1865 - 1866) et ministre des Affaires étrangères (1852 - 1855 ; 1860 - 1865), il lutta contre l'influence russe en Europe (guerre de Crimée, 1854) et compléta l'œuvre libre-échangiste de Peel.

RÜSSELSHEIM, v. d'Allemagne (Hesse), sur le Main ; 60 361 hab. Automobiles.

RUSSIE n.f., État fédéral d'Europe et d'Asie ; 17 075 000 km^2 ; 147 200 000 hab. *(Russes).* CAP. *Moscou.* LANGUE : *russe.* MONNAIE : *rouble russe.*

INSTITUTIONS

République fédérale (7 arrondissements fédéraux incluant : 21 républiques, 49 régions administratives [oblasts], 6 territoires administratifs [kraïs], 1 région autonome, 10 arrondissements autonomes [okrougs] et 2 villes autonomes [Moscou et Saint-Pétersbourg]). Constitution de 1993. Le président de la Fédération est élu au suffrage universel pour 4 ans ; il nomme le Premier ministre, responsable devant la Douma d'État. Le Parlement (Assemblée fédérale) est composé de la Douma d'État (450 membres, élus pour 4 ans), dotée des pouvoirs législatif et budgétaire, et du Conseil de la Fédération (178 membres, élus pour 4 ans), expression des pouvoirs des républiques et des régions.

GÉOGRAPHIE

La Russie est, de loin, le plus vaste pays du monde (plus de trente fois la superficie de la France), s'étendant sur environ 10 000 km d'ouest en est, de la Baltique au Pacifique (onze fuseaux horaires). Elle est formée essentiellement de plaines et de plateaux, la montagne apparaissant toutefois dans le Sud (Caucase, confins de la Mongolie et de la Chine) et l'Est (en bordure du Pacifique). L'Oural constitue une barrière traditionnelle entre la Russie d'Europe à l'O. et la Russie d'Asie (la Sibérie) à l'E. La latitude, mais surtout l'éloignement de l'océan et la disposition du relief expliquent la continentalité (forts écarts de température) du climat, marquée vers l'E., avec des hivers très rigoureux, ainsi que la disposition zonale des formations végétales : du nord au sud se succèdent la toundra, la taïga, les feuillus et les steppes herbacées.

La dureté des conditions climatiques a pour conséquences la relative faiblesse moyenne du peuplement (moins de 10 hab. au km^2), sa localisation préférentielle à l'O. de l'Oural et souvent à des latitudes méridionales, plus clémentes. Les Russes de souche représentent un peu plus de 80 % de la population totale ; les minorités totalisent cependant plus de 25 millions d'individus, bénéficiant parfois d'un statut, au moins théorique, d'autonomie. Il est vrai qu'un nombre presque égal de Russes vivent dans les territoires périphériques (au Kazakhstan et en Ukraine surtout). La majeure partie de la population est aujourd'hui urbanisée. Moscou et Saint-Pétersbourg dominent le réseau urbain, mais une dizaine d'autres villes comptent plus d'un million d'habitants.

Les ressources naturelles sont à la mesure de l'étendue du territoire. La Russie se situe parmi les premiers producteurs mondiaux de pétrole et de gaz naturel, de minerai de fer (et aussi d'acier). Mais la situation est moins brillante dans les branches élaborées (électronique, chimie, plastique, automobiles), dans l'agriculture aussi, où le volume de la production (blé et pomme de terre notamm.), du cheptel (bovins et porcins) ne doit pas masquer la faiblesse des rendements. En réalité, la Russie paie la rançon d'une planification centralisée et dirigiste (liée au développement tentaculaire de la bureaucratie), ainsi que le manque de stimulation, d'innovation, de responsabilité propre à l'appropriation collective des moyens de production et à leur gestion, ignorant les lois du marché dans un espace longtemps isolé commercialement. Elle subit les conséquences du déclin des échanges avec les territoires limitrophes et l'ancienne Europe de l'Est, à la fois clients et fournisseurs obligés. Elle souffre enfin de phénomènes plus « naturels » : les aléas climatiques, la distance (cause d'une fréquente dissociation spatiale des ressources, notamm. minérales et énergétiques, et des besoins).

Après la dissolution de l'URSS, la Russie s'est engagée sur la voie de l'économie de marché. Mais la faible compétitivité a multiplié les fermetures d'usines et accru le chômage. Les inégalités sociales se sont développées, ainsi que (localement) les tensions ethniques. Les problèmes de l'environnement sont à l'échelle du pays et de la négligence des autorités. Le pays connaît une grave crise financière, avec un effondrement du rouble (particulièrement depuis 1998), et l'aide internationale est une condition du progrès, sinon de la survie, de l'économie.

HISTOIRE

Les origines et les principautés médiévales. Ve s. apr. J.-C. : les Slaves de l'Est descendent vers le sud-est, où ils recueillent les vestiges des civilisations scythe et sarmate. **VIIIe-IXe s. :** des Normands, les Varègues, dominent les deux voies du commerce entre Baltique et mer Noire, le Dniepr et la Volga. Ils fondent des principautés dont les chefs sont semi-légendaires (Askold à Kiev, Riourik à Novgorod). **882 :** Oleg, prince riourikide, fonde l'État de Kiev. **989 :** Vladimir Ier (v. 980 - 1015) impose à ses sujets le « baptême de la Russie ». **1019 - 1054 :** sous Iaroslav le Sage, la Russie kiévienne connaît une brillante civilisation, inspirée de Byzance. **XIe s. :** les incursions des nomades (Petchenègues puis Coumans) provoquent la fuite d'une partie de la population vers la Galicie, la Volhynie ou le nord-est. **1169 :** Vladimir est choisie pour capitale du second État russe, la principauté de Vladimir-Souzdal. **1238 - 1240 :** les Mongols conquièrent presque tout le pays. **1242 :** Alexandre Nevski arrête les chevaliers Porte-Glaive. **XIVe s. :** la différenciation entre Biélorusses, Petits-Russes (ou Ukrainiens) et Grands-Russiens commence à se préciser.

L'État moscovite. XIVe s. : la principauté de Moscou acquiert la suprématie sur les autres principautés russes. **1326 :** le métropolite s'établit à Moscou. **1380 :** Dimitri Donskoï bat les Mongols à Koulikovo. **1425 - 1462 :** sous le règne de Vassili II, l'Église russe refuse l'union avec Rome. **1462 - 1505 :** Ivan III, qui prend le titre d'autocrate, organise un État puissant et centralisé, et met fin à la suzeraineté mongole (1480). **1533 - 1584 :** Ivan IV le Terrible, qui prend le titre de tsar (1547), reconquiert les khanats de Kazan et d'Astrakhan, et commence la conquête de la Sibérie. **1598 :** à la mort de Fédor Ier (ou Fiodor Ier), la dynastie riourikide s'éteint. **1605 - 1613 :** après le règne de Boris Godounov (1598 - 1605), la Russie connaît des troubles politiques et sociaux ; elle est envahie par les Suédois et les Polonais. **1613 :** Michel Fiodorovitch (1613 - 1645), élu par une assemblée nationale, fonde la dynastie des Romanov. **1645 - 1676 :** sous Alexis Mikhaïlovitch, l'annexion de l'Ukraine orientale entraîne une guerre avec la Pologne (1654 - 1667). **1649 :** le Code fait du servage une institution. **1666 - 1667 :** la condamnation des vieux-croyants par l'Église orthodoxe russe provoque le schisme, ou *raskol.*

L'Empire russe jusqu'au milieu du XIXe s. 1682 - 1725 : ayant écarté du pouvoir la régente Sophie (1689), Pierre le Grand entreprend l'occidentalisation du pays, auquel il donne un accès à la Baltique et une nouvelle capitale, Saint-Pétersbourg. Il crée l'Empire russe en 1721. **1725 - 1741 :** son œuvre est partiellement abandonnée par ses successeurs, Catherine Ire (1725 - 1727), Pierre II (1727 - 1730) et Anna Ivanovna (1730 - 1740), qui voient alterner révolutions de palais et ministres allemands. **1741 - 1762 :** sous Élisabeth Petrovna, l'influence française se développe. **1762 :** Pierre III restitue à Frédéric II les territoires conquis en Prusse par l'armée russe ; il est assassiné. **1762 - 1796 :** Catherine II mène une politique d'expansion et de prestige. Au traité de Kutchuk-Kaïnardji (1774), la Russie obtient un accès à la mer Noire ; à l'issue des trois partages de la Pologne, elle acquiert la Biélorussie, l'Ukraine occidentale et la Lituanie. Mais l'aggravation du servage provoque la révolte de Pougatchev (1773 - 1774). **1796 - 1801 :** règne de Paul Ier, qui participe aux deux premières coalitions contre la France. **1801 - 1825 :** règne d'Alexandre Ier qui, vaincu par Napoléon, s'allie ensuite avec lui (Tilsit, 1807) puis prend une part active à sa chute (campagne de Russie, 1812). En 1815, il participe au congrès de Vienne et adhère à la Sainte-Alliance. **1825 - 1835 :** Nicolas Ier mène une politique autoritaire en matant la conspiration décabriste (1825) et la révolte polonaise (1831). Il poursuit l'expansion dans le Caucase. L'intelligentsia se divise en slavophiles et en occidentalistes. **1854 - 1856 :** la Russie est battue par la France et la Grande-Bretagne, alliées de l'Empire ottoman pendant la guerre de Crimée.

La modernisation et le maintien de l'autocratie. 1860 : la Russie annexe la région comprise entre l'Amour, l'Oussouri et le Pacifique, puis conquiert l'Asie centrale (1865 - 1897). **1861 - 1864 :** Alexandre II (1855 - 1881) affranchit les serfs, qui représentaient encore un tiers de la population paysanne, et institue les zemstvos. Ces réformes ne satisfont pas l'intelligentsia révolutionnaire, qui adhère au nihilisme puis, dans les années 1870, au populisme. **1878 :** le congrès de Berlin restreint l'influence que la Russie a acquise dans les Balkans grâce à ses victoires sur les Ottomans. **1881 - 1894 :** Alexandre III limite l'application des réformes du règne précédent et poursuit une politique de russification et de prosélytisme orthodoxe. Le pays connaît une rapide industrialisation à la fin des années 1880. L'alliance franco-russe est conclue. **1894 :** Nicolas II accède au pouvoir. **1898 :** le parti ouvrier social-démocrate de Russie (POSDR) est fondé. **1901 :** le Parti social-révolutionnaire (SR) est créé. **1904 - 1905 :** la guerre russo-japonaise est un désastre pour la Russie et favorise la révolution de 1905. Après avoir fait des concessions libérales, Nicolas II revient à l'autocratisme. La Russie se rapproche de la Grande-Bretagne pour former avec elle et la France la Triple-Entente. **1915 :** engagée dans la Première Guerre mondiale, elle subit de lourdes pertes lors des offensives austro-allemandes en Pologne, en Galicie et en Lituanie. **1917 :** la révolution de Février abat le tsarisme ; la révolution d'Octobre donne le pouvoir aux bolcheviques.

La Russie soviétique. 1918 - 1920 : le nouveau régime se défend contre les armées blanches dirigées par Denikine, Koltchak, Ioudenitch et

R

Arrondissements Fédéraux
1 CENTRE
2 EXTRÊME-ORIENT
3 NORD-CAUCASE
4 NORD-OUEST
5 OURAL
6 SIBÉRIE
7 VOLGA
0
1000 km
0
200
1000
2000 m
aéroport
route
voie ferrée
plus de 5 000 000 h.
de 1 000 000 à 5 000 000 h.
de 100 000 à 1 000 0000 h.
moins de 100 000 h.
1- Rép. des Adygués
2- Rép. de l'Altaï
3- Rép. du Bachkortostan
4- Rép. de Bouriatie
5- Rép. de Carélie
6- Rép. du Daguestan
7- Rép. d'Ingouchie
8- Rép. de Kabardino-Balkarie
9- Rép. de Kalmoukie
10- Rép. des Karatchaïs-Tcherkesses
11- Rép. de Khakassie
12- Rép. des Komis
13- Rép. des Maris
14- Rép. de Mordovie
15- Rép. d'Ossétie du Nord
16- Rép. d'Oudmourtie
17- Rép. de Sakha (Iakoutie)
18- Rép. du Tatarstan
19- Rép. de Tchétchénie
20- Rép. de Tchouvachie
21- Rép. de Touva
OCÉAN GLACIAL ARCTIQUE
MER DE BARENTS
MER DE KARA
MER DES LAPTEV
MER DE SIBÉRIE ORIENTALE
MER D'OKHOTSK
Mer Caspienne
Mer d'Aral
Lac Baïkal
Lac Balkhach
Nouvelle-Zemble
Terre du Nord
Archipel de la Nlle-Sibérie
Î. Vrangel
Péninsule de Taïmyr
Presqu'île de Kola
KAMTCHATKA
Îles Kouriles
Sakhaline
Chaîne de l'Anadyr
Mts Koriakskie
Mts de Verkhoïansk
Mts Stanovoï
Mts Iablonovy
OURAL
PLATEAU DE SIBÉRIE CENTRALE
SIBÉRIE OCCIDENTALE
Cercle Polaire Arctique
Ob
Iénisseï
Lena
Olenek
Kotouï
Indiguirka
Aldan
Amour
Angara
Toungouska Inférieure
Toungouska Pierreuse
Petchora
Volga
Don
Dniepr
Irtych
Tobolsk
MOSCOU
St-Pétersbourg
Novossibirsk
Iekaterinbourg
Nijni Novgorod
Samara
Omsk
Kazan
Tcheliabinsk
Oufa
Perm
Rostov
Volgograd
Krasnoïarsk
Saratov
Voronej
Irkoutsk
Khabarovsk
Vladivostok
Nakhodka
Iakoutsk
Magadan
Petropavlovsk-Kamtchatski
Ioujno-Sakhalinsk
Sovietskaïa-Gavan
Komsomolsk
Birobidjan
Tchita
Oulan-Oude
Bratsk
Angarsk
Kyzyl
Abakan
Novokouznetsk
Kemerovo
Tomsk
Barnaoul
Atchinsk
Norilsk
Doudinka
Oust-Port
Nordvik
Tiksi
Vilioui'sk
Olekminsk
Gueijiga
Anadyr
Ouelen
Novyï-Port
Vorkouta
Sourgout
Nijne Vartovskoïe
Tioumen
Kourgan
Orenbourg
Syktyvkar
Arkhangelsk
Mourmansk
Petrozavodsk
Vologda
Iaroslavl
Kostroma
Ivanovo
Riazan
Toula
Orel
Koursk
Briansk
Smolensk
Tver
Rybinsk
Novgorod
Pskov
Velikié
Viatka
Ijevsk
Simbirsk
Saransk
Penza
Tambov
Astrakhan
Krasnodar
Maïkop
Kaliningrad
Dvina Sept.
SUÈDE
FINLANDE
ESTONIE
LETTONIE
LITUANIE
BIÉLORUSSIE
POLOGNE
UKRAINE
GÉORGIE
ARM.
AZERB.
IRAN
TURKMÉNISTAN
OUZBÉKISTAN
KAZAKHSTAN
MONGOLIE
CHINE
JAPON
STOCKHOLM
HELSINKI
TALLINN
RIGA
MINSK
KIEV
Kharkiv
BAKOU
Tabriz
ASTANA
Karagandy
Kostanaï
Semeï
OULAN-BATOR
Harbin

Wrangel. Il reconnaît l'indépendance de la Finlande, de la Pologne et des pays Baltes. La république socialiste fédérative soviétique de Russie (RSFSR), créée en 1918, organise sur son territoire des républiques ou régions autonomes en Crimée, dans le Caucase du Nord, dans l'Oural et en Asie centrale. **1922 :** la RSFSR adhère à l'URSS. Constituant dès lors le centre de l'Union soviétique, la Russie joue un rôle fédérateur à l'égard des républiques périphériques (au nombre de quatorze depuis la Seconde Guerre mondiale), dans lesquelles l'emploi de la langue russe et l'établissement des Russes sont considérés comme les vecteurs de la consolidation des valeurs soviétiques. Cependant, après 1985, les aspirations à la démocratie se développent rapidement, entraînant une rupture avec le système soviétique. **1990 :** le Soviet suprême, issu des premières élections républicaines libres de la RSFSR, élit Boris Ieltsine à sa présidence et proclame la souveraineté de la Russie. **1991 :** B. Ieltsine, élu président de la république de Russie au suffrage universel, s'oppose au putsch tenté contre M. Gorbatchev (août).

La Fédération de Russie. Après la dissolution de l'URSS (déc. 1991), la Russie adhère à la CEI, au sein de laquelle elle cherche à jouer un rôle prépondérant, et prend le nom officiel de Fédération de Russie. Elle succède à l'URSS comme puissance nucléaire et comme membre permanent du Conseil de sécurité de l'ONU. Des conflits d'intérêts l'opposent à l'Ukraine (statut de la Crimée, contrôle de la flotte de la mer Noire) et à la Géorgie, qui refuse d'adhérer à la CEI. À l'intérieur, l'introduction de l'économie de marché entraîne une forte hausse des prix et l'aggravation de la pauvreté et de la corruption. Le gouvernement central est confronté à la volonté d'indépendance de divers peuples de la région de la Volga et du Caucase du Nord (particulièrement des Tchétchènes), et au développement des pouvoirs régionaux dans toute la Fédération. **1993 :** le traité Start II est signé par les États-Unis et la Russie. B. Ieltsine dissout le Soviet suprême (sept.), puis, face à la rébellion des députés, fait intervenir l'armée (oct.). En décembre, il organise des élections législatives et un référendum sur un projet de constitution, qui est adopté. Les élections consacrent la montée de l'extrême droite nationaliste, qui arrive en deuxième position après la coalition rassemblant les réformateurs partisans de B. Ieltsine. Le Parti communiste et ses alliés remportent près d'un tiers des sièges. La Russie obtient l'adhésion de la Géorgie à la CEI. **1994 :** la Russie, l'Ukraine et les États-Unis signent un accord sur le démantèlement de l'arsenal nucléaire stationné en Ukraine. B. Ieltsine procède à un recentrage de la politique économique (recherche d'un équilibre entre le rythme des réformes et leur coût social) et renforce le rôle de la Russie dans l'ancien espace soviétique et dans les Balkans. À partir de décembre, il fait intervenir l'armée (qui se retirera en 1996) contre les indépendantistes de Tchétchénie. **1995 :** les élections législatives (déc.) sont marquées par un retour en force des communistes, qui, avec leurs alliés, contrôlent près de la moitié de la Douma. **1996 :** B. Ieltsine est réélu à la présidence de la Fédération. Mais, affaibli par la maladie, qui l'éloigne régulièrement de la vie publique, il ne peut assurer qu'une gestion incertaine du pouvoir, qui exacerbe les rivalités politiques dans un pays en proie à une grave crise économique et financière. **1999 :** les troupes russes lancent une nouvelle offensive en Tchétchénie. La coalition présidentielle, conduite par le Premier ministre Vladimir Poutine, fait jeu égal, lors des élections législatives (déc.), avec les communistes. B. Ieltsine démissionne (31 déc.) et nomme V. Poutine président par intérim. **2000 :** V. Poutine est élu président de la Russie (mars). Il s'efforce de restaurer l'autorité du pouvoir central sur tout le territoire de la Fédération.

Russie (campagne de) [24 juin - 30 déc. 1812], campagne de l'Empire. Cette expédition fut menée en Russie par les armées de Napoléon allié à la Prusse et à l'Autriche (600 000 hommes, dont 300 000 Français). Après avoir remporté la bataille de la Moskova et pris Moscou, ces armées durent entamer une longue et désastreuse retraite, marquée par le passage de la Berezina.

RUSSIE BLANCHE → BIÉLORUSSIE.

russo-japonaise (guerre) [févr. 1904 - sept. 1905], guerre entre la Russie et le Japon, qui se termina par la victoire de ce dernier. Les principaux épisodes en furent le siège de Port-Arthur par les Japonais et les défaites russes de Moukden et de Tsushima. Le traité de Portsmouth contraignit les Russes à évacuer la Mandchourie et établit le protectorat japonais sur la Corée.

russo-polonaise (guerre) → **polono-soviétique** (guerre).

russo-turques (guerres), guerres que se livrèrent les Empires ottoman et russe, particulièrement aux XVIIIe et XIXe s. Les guerres de 1736 - 1739, 1768 - 1774 et 1787 - 1791 permirent à la Russie d'acquérir le littoral septentrional de la mer Noire. Les guerres de 1828 - 1829 (intervention en faveur de l'indépendance grecque), 1853/1854 - 1856 (guerre de *Crimée) et de 1877 - 1878 (intervention dans les Balkans) contribuèrent à libérer les Balkans de la domination ottomane.

RUSTENBURG, v. d'Afrique du Sud, au N.-O. de Johannesburg. Centre minier (platine, chrome).

RUTEBEUF, poète français du XIIIe s. Il est l'auteur de poèmes satiriques et allégoriques *(Renart le Bestourné)* et du **Miracle de Théophile.*

RUTH, personnage biblique. Jeune Moabite, épouse de Booz et, par le fils qu'elle eut avec celui-ci, ancêtre de Jésus. Son histoire est racontée dans le livre biblique qui porte son nom (Ve s. av. J.-C.).

RUTHÉNIE SUBCARPATIQUE → UKRAINE SUBCARPATIQUE.

RUTHERFORD OF NELSON (Ernest, lord), *Nelson, Nouvelle-Zélande, 1871 - Cambridge 1937,* physicien britannique. Il découvrit en 1899 la radioactivité du thorium et donna en 1903, avec Soddy, la loi des transformations radioactives. Il distingua les rayons β et α, montrant que ces derniers sont constitués de noyaux d'hélium. Grâce aux rayons α du radium, il réalisa, en 1919, la première transmutation provoquée, celle de l'azote en oxygène. Il détermina la masse du neutron et proposa un modèle d'atome composé d'un noyau central et d'électrons satellites. (Prix Nobel de chimie 1908.)

RÜTLI ou **GRÜTLI** n.m., prairie de Suisse (canton d'Uri), sur la bordure sud-est du lac des Quatre-Cantons, devenue célèbre par le serment prêté, probablement le 1er août 1291, par les patriotes des cantons d'Uri, de Nidwald et de Schwyz, qui voulaient se débarrasser de la tyrannie d'Albert Ier de Habsbourg.

RUTULES, anc. peuple du Latium.

RUWENZORI n.m., massif d'Afrique entre la Rép. dém. du Congo (ex-Zaïre) et l'Ouganda ; 5 119 m au pic Marguerite.

Ruy Blas, drame en cinq actes, en vers, de V. Hugo (1838). À la cour d'Espagne, au XVIIe s., un valet se déguise en seigneur pour servir la vengeance de son maître. Il devient l'amant de la reine et un puissant ministre, puis se sacrifie pour ne pas compromettre la souveraine.

RUYSBROECK (Jan **Van**) → **VAN RUUSBROEC.**

RUYSBROEK (Guillaume **de**) → **RUBROEK.**

RUYSDAEL → RUISDAEL.

RUYTER (Michiel Adriaansz. **de**), *Flessingue 1607 - près de Syracuse 1676,* amiral néerlandais. Il sema la panique à Londres en incendiant les navires anglais sur la Tamise (1667), arrêta la flotte anglo-française en Zélande (1673), puis, envoyé au secours de l'Espagne contre les Siciliens révoltés, fut vaincu par Duquesne en 1676 devant le port sicilien d'Augusta.

RUŽIČKA (Leopold), *Vukovar, Croatie, 1887 - Zurich 1976,* chimiste suisse d'origine croate. Il est l'auteur de recherches sur la structure des terpènes, qui trouvent des applications dans l'industrie des parfums de synthèse, et sur les hormones stéroïdes. (Prix Nobel 1939.)

RUZZANTE ou **RUZANTE** (Angelo **Beolco**, dit), *Padoue v. 1500 - id. 1542,* acteur et auteur dramatique italien. Il composa des comédies en dialecte padouan *(la Moscheta).*

RWANDA, parfois **RUANDA** n.m., État d'Afrique centrale ; 26 338 km^2 ; 8 160 000 hab. *(Rwandais).* CAP. *Kigali.* LANGUES : *anglais, français* et *rwanda.* MONNAIE : *franc rwandais.* (V. carte **République démocratique du *Congo.**)

GÉOGRAPHIE

C'est un pays de hauts plateaux, proche de l'équateur, mais au climat tempéré par l'altitude. Le café et le thé constituaient les ressources commerciales du Rwanda, ravagé au milieu des années 1990 par le conflit opposant Hutu (majoritaires) et Tutsi.

HISTOIRE

XIVe - XIXe s. : le Rwanda entre dans l'histoire avec la dynastie des rois Nyiginya, issus du groupe pastoral et guerrier des Tutsi. **1894 :** les Allemands mènent une première expédition militaire. Ils tentent ensuite d'intégrer la région à l'Afrique-Orientale allemande, mais ne parviennent pas à la contrôler totalement. **1916 :** des affrontements germano-belges obligent l'Allemagne à se replier sur l'Urundi (Burundi actuel). **1923 :** la Belgique reçoit un mandat sur la région, qui prend le nom de Ruanda-Urundi et est rapidement rattachée au Congo belge. **1960 :** le Ruanda-Urundi est séparé du Congo belge. **1962 :** en même temps que le Burundi, le Rwanda devient indépendant, avec Kayibanda comme premier président. De graves conflits opposent les Hutu aux Tutsi, qui émigrent ou sont totalement évincés des affaires. **À partir de 1973 :** le pays est dirigé par le général Juvénal Habyarimana (hutu), qui s'est imposé au pouvoir par un coup d'État. **1991 :** en échange des aides belge et française contre les rebelles tutsi du FPR (Front patriotique rwandais), le régime s'engage sur la voie de la démocratisation (nouvelle Constitution restaurant le multipartisme). **1994 :** en dépit de l'accord de paix conclu en 1993 entre le gouvernement et les rebelles tutsi, la mort du président Habyarimana (probablement dans un attentat) est suivie d'atroces massacres. Tandis que la minorité tutsi est victime d'un véritable génocide, organisé par les milices extrémistes hutu, les populations hutu, elles-mêmes victimes de tueries, fuient devant la progression du FPR. Une opération militaire française (« opération Turquoise ») porte assistance aux réfugiés qui fuient à l'intérieur ou vers le Zaïre. Le FPR prend le contrôle du pays, qui reste le théâtre d'affrontements intercommunautaires permanents.

RYBINSK, v. de Russie, sur la Volga ; 252 000 hab. Centrale hydroélectrique.

RYBNIK, v. de Pologne, en haute Silésie ; 144 800 hab. Centre houiller.

RYDBERG (Johannes Robert), *Halmstad 1854 - Lund 1919,* physicien suédois. Il établit une relation entre les spectres des divers éléments chimiques, mettant en évidence l'existence d'une constante d'une importance capitale dans les théories sur la structure de l'atome.

RYDZ-ŚMIGŁY (Edward), *Brzezany, auj. Berejany, Ukraine, 1886 - Varsovie 1941,* maréchal polonais. Il commanda en chef les forces polonaises en 1939.

RYLE (Gilbert), *Brighton 1900 - Whitby, North Yorkshire, 1976,* philosophe et logicien britannique. Il a approfondi la philosophie analytique britannique par sa conception du langage *(la Notion d'esprit,* 1949).

Ryswick (traités de) [1697], traités signés à Ryswick, près de La Haye, mettant fin à la guerre de la ligue d'Augsbourg, et aux termes desquels Louis XIV restituait les territoires occupés (Lorraine, Palatinat, Catalogne) ou annexés grâce à sa politique des Réunions, sauf Sarrelouis et Strasbourg, et reconnaissait Guillaume III comme roi d'Angleterre. Le premier fut signé le 20 sept. entre la France, les Provinces-Unies, l'Angleterre et l'Espagne ; le second, le 30 oct., entre la France et le Saint Empire.

RYUKYU, archipel japonais du Pacifique, entre Kyushu et Taïwan ; 2 250 km^2 ; 1 222 398 hab. ; ch.-l. *Naha* (dans l'île d'Okinawa, la plus grande de l'archipel).

RZESZÓW, v. du sud-est de la Pologne, ch.-l. de voïévodie ; 154 800 hab.

R

Caractère Sabon

SA (abrév. de *Sturmabteilung*, section d'assaut), formation paramilitaire de l'Allemagne nazie, créée en 1921 par Ernst Röhm. Comptant environ 3 millions de membres en 1933, les SA perdirent leur importance après l'élimination de Röhm et de plusieurs centaines de ses subordonnés (« Nuit des longs couteaux », 30 juin 1934).

SAADI → SADI.

SAALE n.f., riv. d'Allemagne, affl. de l'Elbe (r. g.) ; 427 km. Elle passe à Iéna et à Halle.

SAAME → LAPONS.

SAAREMAA, île de l'Estonie, fermant le golfe de Riga ; 2 714 km^2.

SAARINEN (Eero), *Kirkkonummi 1910 - Ann Arbor, Michigan, 1961,* architecte et designer américain d'origine finlandaise. Avec son père, Eliel (1873 - 1950), établi aux États-Unis en 1923, il joua un rôle important dans l'évolution de l'architecture américaine moderne (aérogare TWA à New York-Idlewild, 1956).

■ EERO **SAARINEN.** Coques en béton armé de l'aérogare de la TWA (1956) à Idlewild.

SAAS FEE [sasfe], comm. de Suisse (Valais) ; 1 242 hab. Station d'été et de sports d'hiver (alt. 1 800 - 3 200 m).

SABA, en ar. **Saba',** anc. royaume du sud-ouest de l'Arabie (Yémen), dont la capitale était Marib. Il fut très prospère entre le VIIIe et le Ier s. av. J.-C.

SABA (reine de), reine légendaire d'Arabie, dont la Bible mentionne la visite au roi Salomon. Le Coran reprend cet épisode. La reine de Saba est aussi connue sous le nom de *Balkis* dans la littérature arabe.

SABA (Umberto **Poli,** dit Umberto), *Trieste 1883 - Gorizia 1957,* écrivain italien. Sa poésie, marquée par la double expérience de la psychanalyse et de la persécution raciste sous Mussolini, se fonde sur les souvenirs de l'enfance *(Il Canzoniere).*

SABADELL, v. d'Espagne, en Catalogne, dans la prov. de Barcelone ; 189 404 hab. Textile.

SABAH, anc. **Bornéo-Septentrional,** État de Malaisie, dans le nord de Bornéo ; 1 791 000 hab. ; cap. *Kota Kinabalu.* Protectorat (1888), puis colonie britannique (1946 - 1963).

SABATIER (Auguste), *Vallon-Pont-d'Arc 1839 - Paris 1901,* théologien protestant français, l'un des fondateurs de la faculté de théologie protestante de Paris (1877).

SABATIER (Paul), *Carcassonne 1854 - Toulouse 1941,* chimiste français. Auteur de travaux sur les hydrogénations catalytiques réalisées grâce au nickel réduit, il a effectué la synthèse de nombreux hydrocarbures. (Prix Nobel 1912.)

SÁBATO (Ernesto), *Rojas 1911,* écrivain argentin. Ses romans unissent le réalisme au fantastique et à la méditation philosophique *(le Tunnel, Alejandra, l'Ange des ténèbres).*

SABELLIUS, hérésiarque chrétien du IIIe s. Il est à l'origine d'une doctrine tendant à réduire la distinction des trois personnes de la Trinité (*sabellianisme, modalisme* ou *monarchianisme*).

SABIN (Albert Bruce), *Białystok 1906 - Washington 1993,* médecin américain d'origine russe. Il a mis au point le vaccin antipoliomyélitique par voie orale.

SABINS, anc. peuple d'Italie centrale. Selon la légende, l'enlèvement des Sabines par Romulus et ses hommes déclencha une guerre entre les Romains et les Sabins, qui, finalement, se réconcilièrent pour ne former qu'un seul peuple. Après Romulus, deux rois sabins, Numa Pompilius et Ancus Martius, gouvernèrent Rome.

SABINUS (Julius), *m. à Rome en 79 apr. J.-C.,* chef gaulois. Il tenta en 69 - 70 de rendre à la Gaule son indépendance. Vespasien l'envoya au supplice.

SABLÉ (Madeleine **de Souvré,** marquise **de**), *en Touraine 1599 - Port-Royal 1678,* femme de lettres française. Elle tint un salon qui fut un foyer de la préciosité, et lança la mode des maximes.

SABLES-D'OLONNE (Les) [85100], ch.-l. d'arrond. de la Vendée, sur l'Atlantique ; 16 035 hab. *(Sablais).* Station balnéaire et port de pêche. — Musée régional et d'art contemporain de l'anc. abbaye Ste-Croix.

SABLES-D'OR-LES-PINS (les) [22240 Fréhel], station balnéaire des Côtes-d'Armor (comm. de Fréhel).

SABLÉ-SUR-SARTHE (72300), ch.-l. de cant. de la Sarthe ; 13 560 hab. *(Saboliens).* Château du début du XVIIIe s.

SABRES (40630), ch.-l. de cant. des Landes ; 1 306 hab. *(Sabrais).* Église surtout du XVIe s. — À proximité (Marquèze), écomusée du parc régional des Landes de Gascogne.

SÁ-CARNEIRO (Mario **de**), *Lisbonne 1890 - Paris 1916,* écrivain portugais. L'un des principaux représentants, avec son ami F. Pessoa, du « modernisme » portugais, il est l'auteur de poèmes *(Dispersion)* et de récits *(la Confession de Lúcio)* marqués par un profond désarroi face au sentiment de l'irréalité de l'existence.

SACCHETTI (Franco), *Raguse, Dalmatie, v. 1332 - San Miniato 1400,* écrivain italien, auteur de contes réalistes *(les Trois Cents Nouvelles).*

Sacco et Vanzetti (affaire), affaire judiciaire américaine. L'exécution, en 1927, de deux anarchistes italiens immigrés, Nicola Sacco (né en 1891) et Bartolomeo Vanzetti (né en 1888), condamnés à mort (1921) sans preuves certaines pour un double assassinat, provoqua de vives protestations dans le monde entier.

Sacerdoce et de l'Empire (lutte du) [1157 - 1250], conflit qui opposa, en Allemagne et en Italie, l'autorité pontificale *(Sacerdoce)* à l'autorité laïque *(Empire).* Commencée par la lutte entre le pape Alexandre III et l'empereur Frédéric Ier Barberousse, elle se termina par la victoire apparente du pape Innocent IV sur l'empereur Frédéric II ; en fait, l'influence de la papauté en sortit diminuée.

SACHER-MASOCH (Leopold, chevalier **von**), *Lemberg 1836 - Lindheim, Hesse, 1895,* écrivain autrichien. Il est l'auteur de contes et de romans *(Vénus à la fourrure)* où s'exprime un érotisme dominé par la volupté de la souffrance, qui a été appelé le *masochisme.*

SACHS (Hans), *Nuremberg 1494 - id. 1576,* écrivain allemand. Il mit sa poésie *(le Rossignol de Wittenberg)* et son théâtre religieux ou profane au service de la Réforme. Wagner en a fait le héros de ses *Maîtres chanteurs de Nuremberg.*

SACHS (Leonie, dite Nelly), *Berlin 1891 - Stockholm 1970,* femme de lettres suédoise d'origine allemande. Sa poésie s'inspire de la tradition biblique et juive. (Prix Nobel 1966.)

Sachsenhausen → Oranienburg-Sachsenhausen.

SACLAY (91400), comm. de l'Essonne ; 2 910 hab. Centre d'études nucléaires.

SACRAMENTO, v. des États-Unis, cap. de la Californie, sur le *Sacramento* (620 km) ; 369 365 hab. (1 481 102 hab. dans l'agglomération).

SACRÉ (mont), colline au nord-est de Rome. Les plébéiens y firent sécession en 494 av. J.-C., jusqu'à la création des tribuns de la plèbe.

Sacré-Cœur (basilique du), église construite sur la butte Montmartre à Paris, de 1876 à 1912, d'après les plans de l'architecte Paul Abadie. Décidée par l'Assemblée nationale en 1873, sa réalisation visait à « expier » l'effondrement spirituel et moral jugé responsable de la défaite de 1870.

sacrées (guerres), les quatre guerres qui eurent lieu entre 590 et 339 av. J.-C. entre les cités grecques. Déclenchées par l'amphictyonie de

Delphes pour défendre les droits du temple d'Apollon, elles avaient pour véritable but de s'assurer le contrôle des richesses du sanctuaire. Elles se terminèrent par l'intervention de Philippe de Macédoine, qui soumit les cités grecques.

SADATE (Anouar **el-**), en ar. **Anwar al-Sādāt,** *Mit Aboul Kom, Ménoufieh, 1918 - Le Caire 1981,* homme politique égyptien. Il participa au coup d'État de 1952, puis devint président de l'Assemblée nationale (1960 - 1969). Il succéda à Nasser à la tête de l'État en 1970. Après la quatrième guerre israélo-arabe (1973), il rompit totalement avec l'URSS (1976), conclut les accords de Camp David (1978) et un traité de paix avec Israël (Washington, 1979). Il fut assassiné en 1981. (Prix Nobel de la paix 1978.)

SADE (Donatien Alphonse François, comte **de Sade,** dit **le Marquis de**), *Paris 1740 - Charenton-Saint-Maurice, auj. Saint-Maurice, 1814,* écrivain français. Son œuvre, qu'on a longtemps considérée uniquement sous l'angle du **sadisme,* forme le double névrotique et subversif des philosophies naturalistes et libérales du Siècle des lumières (*les Cent Vingt Journées de Sodome,* 1782 - 1785 ; *Justine ou les Malheurs de la vertu,* 1791 ; *la Philosophie dans le boudoir,* 1795). Depuis les surréalistes, de nombreux écrivains ont salué dans son œuvre la revendication d'une liberté absolue face à la contrainte sociale.

SÁ DE MIRANDA (Francisco **de**), *Coimbra v. 1480 - Quinta de Tapada 1558,* humaniste et écrivain portugais. Son œuvre théâtrale et poétique est marquée par l'influence italienne.

SADI ou **SAADI** (Mocharrafoddin), *Chiraz v. 1213 - id. 1292,* poète persan. Il est l'auteur des recueils lyriques et didactiques le **Golestan* et le *Bostan.*

SADIENS ou **SAADIENS,** dynastie qui régna sur le Maroc de 1554 à 1659.

SADOLET (Jacques), en ital. Iacopo **Sadoleto,** *Modène 1477 - Rome 1547,* cardinal et humaniste italien. Il prôna la conciliation à l'égard des protestants.

SADOUL (Georges), *Nancy 1904 - Paris 1967,* historien du cinéma et critique français. Il a écrit une *Histoire générale du cinéma* (1946 - 1954).

SADOVEANU (Mihail), *Paşcani, Moldavie, 1880 - Bucarest 1961,* romancier roumain. Son œuvre évoque la vie des campagnes moldaves.

Sadowa (bataille de) [3 juill. 1866], bataille de la guerre austro-prussienne. Victoire de l'armée prussienne de Frédéric-Charles sur les Autrichiens de Benedek à Sadowa (en tchèque Sadová), en Bohême orientale. Elle révéla la puissance des armements prussiens.

SAENREDAM (Pieter), *Assendelft, Hollande-Septentrionale, 1597 - Haarlem 1665,* peintre et dessinateur néerlandais. Ses tableaux sont des paysages urbains et surtout des intérieurs d'églises, remarquables par leur simplicité, leur transparence, leur poésie silencieuse.

SAFI, en ar. **Aṣfī,** v. du Maroc, sur l'Atlantique ; 197 000 hab. Monuments anciens. — Port. Centre commercial et industriel.

SAGAMIHARA, v. du Japon (Honshu) ; 531 542 hab.

SAGAN (Carl), *New York 1934 - Seattle 1996,* astrophysicien américain. Spécialiste de planétologie et d'exobiologie, il a joué un rôle majeur dans la mise au point des programmes américains de sondes planétaires. Il fut aussi un vulgarisateur très apprécié.

SAGAN (Françoise **Quoirez,** dite Françoise), *Cajarc, Lot, 1935,* femme de lettres française. Elle est l'auteur de romans (*Bonjour tristesse,* 1954), de pièces de théâtre (*Château en Suède)* et de recueils de souvenirs *(Avec mon meilleur souvenir).*

SAGAR ou **SAUGOR,** v. d'Inde (Madhya Pradesh) ; 256 878 hab.

SAGASTA (Práxedes Mateo), *Torrecilla de Cameros, Logroño, 1825 - Madrid 1903,* homme politique espagnol. Plusieurs fois Premier ministre de 1881 à 1902, il instaura le suffrage universel et dut liquider l'empire colonial après la guerre contre les États-Unis (1898).

SAGES (les Sept), nom donné par la tradition grecque à sept personnages, philosophes ou hommes d'État du VIe s. av. J.-C. : Bias de Priène, Chilon de Lacédémone, Cléobule de Lindos, Myson de Khênê (souvent remplacé par Périandre de Corinthe), Pittacos de Mytilène, Solon d'Athènes et Thalès de Milet.

■ ANOUAR EL-SADATE

■ **SAHARA.** Dunes dans le Sahara marocain.

Sagesse (livre de la), livre de l'Ancien Testament. Rédigé en grec v. 50 av. J.-C. par un Juif d'Alexandrie, il est une exhortation à la recherche de la véritable sagesse qui vient de Dieu.

SAGITTAIRE, constellation zodiacale, dont la direction correspond à celle du centre de la Galaxie. — **Sagittaire,** neuvième signe du zodiaque, que le Soleil quitte au solstice d'hiver.

SAGONE (20118), station balnéaire de Corse-du-Sud (comm. de Vico), sur le *golfe de Sagone.*

SAGONTE, en esp. **Sagunto,** v. d'Espagne (prov. de Valence) ; 55 457 hab. Sidérurgie. — Le siège de Sagonte, alliée de Rome, par Hannibal (219 av. J.-C.) déclencha la deuxième guerre punique.

SAGUENAY n.m., riv. du Canada (Québec), affl. du Saint-Laurent (r. g.) ; 200 km. Aménagements hydroélectriques.

SAGUENAY-LAC-SAINT-JEAN, région administrative du Québec (Canada) ; 106 284 km^2 ; 286 159 hab. ; v. princ. *Chicoutimi.*

SAHARA n.m., le plus vaste désert du monde, en Afrique. Il couvre plus de 8 millions de km^2 entre l'Afrique du Nord méditerranéenne et l'Afrique noire, l'Atlantique et la mer Rouge. De part et d'autre du tropique du Cancer, il s'étend sur le Maroc, l'Algérie, la Tunisie, la Libye, l'Égypte, le Soudan, le Tchad, le Niger, le Mali, la Mauritanie et le Sahara occidental. L'unité du Sahara est due à la sécheresse extrême du climat (moins de 100 mm d'eau par an), qui rend les cultures impossibles en dehors des oasis. Seul le Nil traverse le désert. Le relief présente des aspects variés : au centre et à l'est, les grands massifs, en partie volcaniques, du Hoggar, de l'Aïr et du Tibesti ; au nord, les dunes du Grand Erg ; dans d'autres régions, de vastes plaines et des plateaux couverts de pierres (les regs). Un million et demi de personnes environ vivent au Sahara, où le nomadisme a reculé, alors que s'est développée l'industrie extractive (hydrocarbures surtout).

HISTOIRE

L'abondance des fossiles et de l'outillage néolithique atteste une ère de vie foisonnante. Dans l'Antiquité, la sécheresse imposa l'abandon du cheval et son remplacement par le dromadaire à partir du IIe s. av. J.-C. Les Arabes s'infiltrèrent au Sahara à partir du VIIe s., implantant l'islam. À la fin du XIXe s., le Sahara fut, dans sa majeure partie, conquis par la France, qui prit Tombouctou en 1894. L'Espagne organisa à partir de 1884 sa colonie du Sahara occidental et l'Italie s'établit en Cyrénaïque et en Tripolitaine en 1911 - 1912. La décolonisation intervint entre 1951 et 1976.

SAHARA OCCIDENTAL, territoire d'Afrique, correspondant à l'anc. Sahara espagnol ; 266 000 km^2 ; 209 000 hab. Phosphates. — Il est administré par le Maroc (auquel s'est opposé le Front Polisario). Un référendum sur l'autodétermination de ses habitants est envisagé.

SAHARANPUR, v. d'Inde (Uttar Pradesh) ; 373 904 hab.

SAHEL n.m. (de l'arabe *sāḥil,* rivage), région de l'Afrique, bordant le Sahara au S. C'est une bande orientée ouest-est, étirée du Sénégal au Soudan, à la pluviosité réduite et surtout irrégulière, couverte d'une maigre steppe. Le terme a désigné autrefois les régions proches du littoral en Algérie et en Tunisie.

SAÏAN n.m., ensemble montagneux de Russie, dans le sud de la Sibérie occidentale.

SAÏDA, v. d'Algérie, ch.-l. de wilaya, au pied des *monts de Saïda ;* 81 000 hab.

SAÏDA → **SAYDA.**

SAID PACHA (Muhammad), *Le Caire 1822 - Alexandrie 1863,* vice-roi d'Égypte (1854 - 1863). Fils de Méhémet-Ali, il soutint le projet français du canal de Suez.

SAIGON → **HÔ CHI MINH-VILLE.**

SAIKAKU (**Ihara Saikaku,** dit), *Osaka 1642 - id. 1693,* romancier japonais. Il créa dans son pays le roman de mœurs réaliste et satirique (*Vie d'une amie de la volupté,* 1686).

SAILER (Toni), *Kitzbühel 1935,* skieur autrichien. Il a conquis trois titres olympiques en 1956.

SAILLAT-SUR-VIENNE (87720), comm. de la Haute-Vienne ; 931 hab. *(Saillatais).* Cellulose et extraits tannants.

SAINS-EN-GOHELLE [sɛ̃-] (62114), ch.-l. de cant. du Pas-de-Calais ; 6 135 hab.

SAINT-ACHEUL, faubourg d'Amiens, station préhistorique, éponyme du faciès *acheuléen* (paléolithique inférieur).

SAINT-AFFRIQUE (12400), ch.-l. de cant. de l'Aveyron , sur la Sorgues ; 8 412 hab.

SAINT-AGRÈVE (07320), ch.-l. de cant. de l'Ardèche ; 2 727 hab.

SAINT-AIGNAN (41110), ch.-l. de cant. de Loir-et-Cher, sur le Cher ; 3 674 hab. Collégiale en partie romane (peintures), château Renaissance, demeures anciennes. — Parc zoologique de Beauval.

SAINT-ALBAN-LEYSSE (73230), ch.-l. de cant. de la Savoie ; 5 253 hab.

SAINT ALBANS, v. de Grande-Bretagne (Angleterre), au N. de Londres ; 51 000 hab. Vestiges romains ; cathédrale des XIe-XIVe s., anc. église d'une abbaye bénédictine fondée en 793 et qui donna à l'Angleterre quelques-uns de ses historiens médiévaux (Roger of Wendover, notamm.). — Pendant la guerre des Deux-Roses, deux batailles s'y déroulèrent : l'une fut gagnée par le parti d'York (1455), l'autre par le parti de Lancastre (1461).

SAINT-AMAND-LES-EAUX (59230), ch.-l. de cant. du Nord, sur la Scarpe ; 17 331 hab. *(Amandinois).* Clocher-porche baroque (1626) de l'anc. abbaye (musée : faïences ; carillon).

SAINT-AMAND-MONTROND [-mɔ̃rɔ̃] (18200), ch.-l. d'arrond. du Cher, sur le Cher ; 11 950 hab. *(Saint-Amandois).* Église romane ; musée. Aux environs, anc. abbaye cistercienne de Noirlac (fondée en 1136), châteaux de Meillant et d'Ainay-le-Viel, tous deux des XIVe-XVIe s.

SAINT-AMANT (Marc Antoine **Girard,** sieur **de**), *Quevilly 1594 - Paris 1661,* poète français. Il est l'auteur de poèmes bachiques *(le Cidre),* satiriques et lyriques *(la Solitude).* [Acad. fr.]

SAINT-AMARIN (68550), ch.-l. de cant. du Haut-Rhin ; 2 470 hab.

SAINT-AMBROIX (30500), ch.-l. de cant. du Gard ; 3 416 hab.

SAINT-AMOUR (39160), ch.-l. de cant. du Jura ; 2 241 hab. Vins.

SAINT-AMOUR (Guillaume **de**) → **GUILLAUME DE SAINT-AMOUR.**

SAINT-ANDRÉ (97440), comm. du nord-est de la Réunion ; 43 577 hab.

Saint-André (ordre de), le plus élevé des ordres de la Russie tsariste. Créé en 1698 par Pierre le Grand, il fut supprimé en 1917.

SAINT-ANDRÉ-DE-CUBZAC (33240), ch.-l. de cant. de la Gironde, près de la Dordogne ; 7 344 hab. Château du Bouilh, de V. Louis.

SAINT-ANDRÉ-DE-L'EURE (27220), ch.-l. de cant. de l'Eure, dans la *plaine de Saint-André ;* 3 330 hab.

SAINT-ANDRÉ-LES-VERGERS (10120), comm. de l'Aube ; 11 297 hab. *(Dryats).* Métallurgie. – Église du XVIe s. (sculptures).

SAINT-ANDRÉ-LEZ-LILLE (59350), comm. du Nord ; 10 220 hab. Industrie agroalimentaire.

SAINT ANDREWS, v. de Grande-Bretagne (Écosse), sur la mer du Nord ; 12 000 hab. Université. Golf. – Cathédrale en ruine (XIIe-XIVe s.).

Saint-Ange (château), à Rome, mausolée d'Hadrien, achevé en 139. Il servit de sépulture aux empereurs jusqu'à Septime Sévère. Fortifié dès le Bas-Empire, il fut tour à tour citadelle papale, caserne, prison d'État. Il a été plusieurs fois altéré et remanié (seule la structure cylindrique centrale date de l'époque romaine).

SAINT-ANTOINE, v. du Canada (Québec), au N.-O. de Montréal ; 11 190 hab. *(Antoniens).*

SAINT-ANTOINE (faubourg), quartier de Paris (XIe-XIIe arrond.) qui s'étend de la Bastille à la Nation et qui est traversé par la rue du Faubourg-Saint-Antoine. Depuis le Moyen Âge, c'est le quartier des professionnels du meuble.

SAINT-ANTON → SANKT ANTON AM ARLBERG.

SAINT-APOLLINAIRE (21850), comm. de la Côte-d'Or ; 5 097 hab. Électronique.

SAINT-ARNAUD (Arnaud Jacques, dit Jacques Achille **Leroy de**), *Paris 1798 - en mer Noire 1854,* maréchal de France. Ministre de la Guerre, il organisa le coup d'État du 2 décembre 1851, puis fut vainqueur des Russes à l'Alma (1854), durant la guerre de Crimée.

SAINT-ARNOULT-EN-YVELINES (78730), ch.-l. de cant. des Yvelines ; 5 734 hab. Église des XIIe et XVIe s. Fondation Elsa Triolet-Louis Aragon.

SAINT-ASTIER (24110), ch.-l. de cant. de la Dordogne ; 5 660 hab. *(Astériens).* Carrières. – Église surtout des XVe-XVIe s.

SAINT-AUBIN, artistes parisiens du XVIIIe s., dont les plus connus sont trois frères, fils d'un brodeur du roi. – **Charles Germain de S.-A.,** *1721 - 1786,* dessinateur en broderie et graveur français. Il est l'auteur de dessins de fleurs et du recueil plein de fantaisie *Essai de papillonneries humaines.* – **Gabriel Jacques de S.-A.,** *1724 - 1780,* peintre, dessinateur et graveur français. Il a réalisé de vivants tableaux à l'eau-forte de la vie parisienne. – **Augustin de S.-A.,** *1736 - 1807,* dessinateur et graveur français. Il a excellé dans la vignette, l'ornement, le portrait.

SAINT-AUBIN-D'AUBIGNÉ (35250), ch.-l. de cant. d'Ille-et-Vilaine ; 2 528 hab.

SAINT-AUBIN-DU-CORMIER (35140), ch.-l. de cant. d'Ille-et-Vilaine ; 3 042 hab. Ruines d'un château fort.

SAINT-AUBIN-LÈS-ELBEUF (76410), comm. de la Seine-Maritime ; 8 393 hab. Chimie.

SAINT-AUBIN-SUR-MER (14750), comm. du Calvados ; 1 817 hab. Station balnéaire.

SAINT-AUGUSTIN-DE-DESMAURES, v. du Canada (Québec), au S.-O. de Québec ; 13 248 hab. *(Augustinois).*

SAINT-AVÉ (56890), comm. du Morbihan ; 8 519 hab. Chapelle du XVe s. (sculptures).

SAINT-AVERTIN (37550), ch.-l. de cant. d'Indre-et-Loire, banlieue de Tours ; 14 368 hab. *(Saint-Avertinois).*

SAINT-AVOLD (57500), ch.-l. de cant. de la Moselle ; 17 473 hab. (*Saint-Avoldiens* ou *Naboriens*). Cimetière militaire américain. Chimie. – Église du XVIIIe s.

SAINT-AYGULF (83600 **Fréjus**), station balnéaire du Var (comm. de Fréjus), sur la côte des Maures.

SAINT-BARTHÉLEMY (97133), une des Antilles françaises, dépendant de la Guadeloupe ; 25 km² ; 6 858 hab. ; ch.-l. *Gustavia.* Suédoise de 1784 à 1876.

Saint-Barthélemy (la), massacre de protestants qui eut lieu à Paris dans la nuit du 23 au 24 août 1572 et en province les jours suivants. Perpétré à l'instigation de Catherine de Médicis et des Guises, inquiets de l'ascendant pris par l'amiral de Coligny sur Charles IX et de sa politique de soutien aux Pays-Bas révoltés contre l'Espagne, ce massacre fit environ 3 000 victimes (à Paris). Le roi de Navarre (le futur Henri IV), qui venait d'épouser (le 18 août) Marguerite de Valois, sauva sa vie en abjurant. La Saint-Barthélemy, célébrée comme une victoire par le roi d'Espagne Philippe II et le pape Grégoire XIII, est restée un symbole de l'intolérance religieuse.

SAINT-BARTHÉLEMY-D'ANJOU (49124), comm. de Maine-et-Loire ; 10 231 hab. Industrie automobile. Liqueurs.

SAINT-BASILE-LE-GRAND, v. du Canada (Québec), à l'E. de Montréal ; 10 723 hab.

SAINT-BENOÎT (97470), ch.-l. d'arrond. de la Réunion, sur l'océan Indien ; 31 873 hab.

SAINT-BENOÎT-SUR-LOIRE (45730), comm. du Loiret ; 1 895 hab. Une communauté bénédictine s'y est réinstallée en 1947. – L'église est un remarquable édifice à clocher-porche et chœur romans du XIe s. (chapiteaux). Aux environs, église de Germigny-des-Prés, anc. oratoire carolingien.

SAINT-BERNARD (GRAND-), col des Alpes entre la Suisse et l'Italie ; 2 469 m. Il est franchi par une route et un tunnel routier (à 1 915 m d'alt.). – Bonaparte franchit le col en 1800. – Hospice et couvent fondés au Xe s. par saint Bernard de Menthon.

SAINT-BERNARD (PETIT-), col des Alpes entre la France (Tarentaise) et l'Italie (Val d'Aoste) ; 2 188 m. Hospice fondé par saint Bernard de Menthon.

SAINT-BERTHEVIN (53940), ch.-l. de cant. de la Mayenne ; 7 072 hab. *(Berthevinois).* Équipements automobiles.

SAINT-BERTRAND-DE-COMMINGES (31510), comm. de la Haute-Garonne ; 248 hab. Vestiges gallo-romains ; cathédrale romane (XIIe s. ; cloître) et gothique (XIVe s. ; jubé et stalles du XVIe s.). À Valcabrère, église St-Just, anc. cathédrale romane des XIe-XIIe s.

SAINT-BLAISE, site archéologique des Bouches-du-Rhône, dominant la Crau (comm. de Saint-Mitre-les-Remparts). Comptoir étrusque dès le VIIe s. av. J.-C., l'oppidum fut très fréquenté au IVe s. av. J.-C. Vestiges paléochrétiens.

SAINT-BONNET-LE-CHÂTEAU (42380), ch.-l. de cant. de la Loire ; 1 625 hab. Boules à jouer. – Bourg pittoresque avec église des XVe-XVIe s.

SAINT-BRÉVIN-LES-PINS (44250), comm. de la Loire-Atlantique, à l'entrée de l'estuaire de la Loire (r. g.) ; 9 790 hab. Station balnéaire.

SAINT-BRIAC-SUR-MER (35800), comm. d'Ille-et-Vilaine ; 2 107 hab. Station balnéaire.

SAINT-BRICE-EN-COGLÈS (35460), ch.-l. de cant. d'Ille-et-Vilaine ; 2 435 hab.

SAINT-BRICE-SOUS-FORÊT (95350), comm. du Val-d'Oise ; 12 652 hab.

SAINT-BRIEUC (22000), ch.-l. des Côtes-d'Armor, sur la Manche, à 443 km à l'O. de Paris ; 48 895 hab. *(Briochins).* Évêché. Métallurgie. Équipements automobiles. Agroalimentaire. – Cathédrale reconstruite aux XIVe-XVe s. ; musée.

SAINT-BRUNO-DE-MONTARVILLE, v. du Canada (Québec), banlieue est de Montréal ; 25 259 hab. *(Montarvillois).*

SAINT-CALAIS (72120), ch.-l. de cant. de la Sarthe ; 3 986 hab. Église des XVe-XVIe s.

SAINT-CAST-LE-GUILDO (22380), comm. des Côtes-d'Armor ; 3 291 hab. Station balnéaire.

SAINT CATHARINES, v. du Canada (Ontario), au S.-O. de Toronto ; 129 300 hab.

SAINT-CÉRÉ (46400), ch.-l. de cant. du Lot ; 3 701 hab. *(Saint-Céréens).* Château médiéval dit « les tours de St-Laurent » (musée Jean-Lurçat ; maisons anciennes). À proximité, château Renaissance de Montal.

SAINT-CHAMOND (42400), ch.-l. de cant. de la Loire ; 37 919 hab. (*Saint-Chamonais* ou *Couramiauds*). Armement.

SAINT-CHARLES-BORROMÉE, v. du Canada (Québec), à l'E. de Québec ; 10 164 hab. *(Charlois).*

SAINT-CHÉLY-D'APCHER [-apʃe] (48200), ch.-l. de cant. de la Lozère ; 5 156 hab. *(Barrabans).*

SAINT-CHÉRON (91530), ch.-l. de cant. de l'Essonne ; 4 477 hab.

SAINT CHRISTOPHER AND NEVIS → SAINT-KITTS-ET-NEVIS.

SAINT-CIERS-SUR-GIRONDE (33820), ch.-l. de cant. de la Gironde ; 3 140 hab.

SAINT-CIRQ-LAPOPIE (46330), comm. du Lot, au-dessus du Lot ; 216 hab. Vieux bourg pittoresque.

SAINT CLAIR, fl. et lac (1 270 km²) de l'Amérique du Nord, séparant le Canada (Ontario) et les États-Unis (Michigan).

Saint-Clair-sur-Epte (traité de) [911], traité signé à Saint-Clair-sur-Epte (auj. dans le Val-d'Oise) et par lequel Charles III le Simple donnait en fief la Normandie au chef normand Rollon.

SAINT-CLAUDE (39200), ch.-l. d'arrond. du Jura, sur la Bienne ; 12 798 hab. *(Sanclaudiens).* Évêché. Fabrication de pipes. – Cathédrale des XIVe-XVe s. (stalles sculptées). Musée de la pipe.

SAINT-CLAUDE (97120), comm. de la Guadeloupe ; 10 476 hab. Jardins tropicaux.

SAINT-CLOUD (92210), ch.-l. de cant. des Hauts-de-Seine, sur la Seine ; 28 395 hab. *(Clodoaldiens).* Aéronautique. Hippodrome. Bureau international des poids et mesures. – Anc. résidence royale et impériale, détruite en 1870 (beau parc) ; musées.

SAINT-CONSTANT, v. du Canada (Québec), banlieue sud de Montréal ; 19 535 hab. *(Constantins).*

SAINT-CYPRIEN (66750), ch.-l. de cant. des Pyrénées-Orientales ; 8 655 hab. Station balnéaire à *Saint-Cyprien-Plage.*

SAINT-CYRAN (abbé **de**) **→ DU VERGIER DE HAURANNE.**

SAINT-CYR-AU-MONT-D'OR (69450), comm. du Rhône ; 5 526 hab. École nationale supérieure de police, fondée en 1941.

Saint-Cyr-Coëtquidan, appellation courante donnée à l'ensemble des écoles militaires installées, depuis la Libération, au camp de Coëtquidan (Morbihan). L'École spéciale militaire des officiers de l'armée de terre a eu son siège à Saint-Cyr (Yvelines) de 1808 à 1940.

SAINT-CYR-L'ÉCOLE (78210), ch.-l. de cant. des Yvelines, près de Versailles ; 15 429 hab. *(Saint-Cyriens).* Base aérienne. Collège militaire.

SAINT-CYR-SUR-LOIRE (37540), ch.-l. de cant. d'Indre-et-Loire ; 16 421 hab. *(Saint-Cyriens).* Mécanique de précision.

SAINT-CYR-SUR-MER (83270), comm. du Var ; 9 012 hab. Station balnéaire.

SAINT-DENIS (93200), ch.-l. d'arrond. de la Seine-Saint-Denis ; 86 871 hab. *(Dionysiens).* Évêché. Centre industriel. Stade de France. – Remarquable abbatiale gothique (XIIe-XIIIe s.), cathédrale depuis 1966, abritant les sépultures des rois de France. Construite sur l'emplacement d'une première fondation de Dagobert (vers 630), l'abbaye connut un grand essor grâce à Suger, abbé en 1122 ; elle fut saccagée pendant la Révolution ; admirables tombeaux, notamm. de la Renaissance. Musée d'art et d'histoire dans un anc. carmel.

SAINT-DENIS (97400), ch.-l. de la Réunion ; 132 573 hab. Cour d'appel. Évêché. – Musée.

■ **SAINT-DENIS.** Le tombeau en marbre de Louis XII et d'Anne de Bretagne, œuvre principalement de Jean Juste, achevée en 1531, un des tombeaux royaux de la cathédrale de Saint-Denis.

SAINT DENIS (Ruth **Dennis,** dite Ruth), *Newark v. 1877 ? - Hollywood 1968,* danseuse américaine. Elle créa avec Ted Shawn, son mari, la Denishawn School (1915 - 1931), centre de formation des premiers chefs de file de la modern dance.

SAINT-DENIS-D'OLÉRON (17650), comm. de la Charente-Maritime, dans le nord de l'*île d'Oléron ;* 1 245 hab. Station balnéaire.

SAINT-DIDIER-EN-VELAY (43140), ch.-l. de cant. de la Haute-Loire ; 3 048 hab. *(Désidériens).*

SAINT-DIÉ-DES-VOSGES (88100), anc. **Saint-Dié,** ch.-l. d'arrond. des Vosges, sur la Meurthe ; 23 699 hab. *(Déodatiens).* Évêché. Constructions mécaniques. Festival international de géographie. — Cathédrale en partie romane, cloître gothique et église romane ; musée et bibliothèque.

SAINT-DIZIER (52100), ch.-l. d'arrond. de la Haute-Marne, sur la Marne ; 32 707 hab. *(Bragards).* Matériel agricole. Agroalimentaire.

SAINT-DOMINGUE, anc. nom de l'île d'Haïti.

SAINT-DOMINGUE, en esp. **Santo Domingo,** anc. **Ciudad Trujillo,** cap. de la République dominicaine ; 1 318 000 hab. *(Dominguois)* [1 556 000 hab. dans l'agglomération]. Nombreux monuments des XVIe-XVIIIe s. ; musées.

SAINT-DONAT-SUR-L'HERBASSE (26260), ch.-l. de cant. de la Drôme ; 3 174 hab. Chapelle romane et restes d'un cloître.

SAINT-DOULCHARD (18230), ch.-l. de cant. du Cher, banlieue de Bourges ; 9 313 hab. *(Dolchardiens).* Pneumatiques.

SAINTE-ADRESSE (76310), comm. de la Seine-Maritime ; 8 219 hab. Station balnéaire.

SAINTE-ANNE (97180), comm. de la Guadeloupe ; 20 491 hab.

SAINTE-ANNE (mont), montagne du Canada (Québec), au N.-E. de Québec. Tourisme (ski).

SAINTE-ANNE-D'AURAY (56400), comm. du Morbihan, près d'Auray ; 1 943 hab. Pèlerinage à sainte Anne, patronne de la Bretagne.

SAINTE-ANNE-DE-BEAUPRÉ, localité du Canada (Québec), sur le Saint-Laurent ; 3 145 hab. Pèlerinage.

SAINTE-ANNE-DES-PLAINES, v. du Canada (Québec), dans les Laurentides ; 11 773 hab.

SAINTE-BAUME n.f., chaîne du sud de la France en Provence ; 1 147 m. Pèlerinage à la grotte légendaire de sainte Marie Madeleine.

SAINTE-BEUVE (Charles Augustin), *Boulogne-sur-Mer 1804 - Paris 1869,* écrivain français. D'abord proche du romantisme, auteur de poèmes *(Vie, poésies et pensées de Joseph Delorme)* et d'un roman *(Volupté),* il s'est surtout consacré à la critique et à l'histoire littéraires en replaçant les écrivains dans leur milieu historique et social (*Critiques et portraits littéraires,* 1832 - 1839 ; *Port-Royal,* 1840 - 1859 ; *Causeries du lundi,* 1851 - 1862). [Acad. fr.]

SAINTE-CATHERINE, v. du Canada (Québec), au S. de Montréal ; 10 399 hab. *(Sainte-Catherinois).*

Sainte-Chapelle (la), chapelle à deux étages bâtie sous Saint Louis (1241 - 1248) dans le palais de la Cité à Paris, auj. dans l'enceinte du Palais de Justice. Chef-d'œuvre d'architecture gothique rayonnante (ensemble des vitraux, très restaurés, de la chapelle haute).

■ LA **SAINTE-CHAPELLE.** Chapelle haute de la Sainte-Chapelle de Paris, achevée en 1248.

SAINTE-CLAIRE-DEVILLE (Henri), *île Saint Thomas, Antilles, 1818 - Boulogne-sur-Seine 1881,* chimiste français. Il étudia les dissociations thermiques des gaz et inventa le premier procédé de fabrication industrielle de l'aluminium (1854). — **Charles S.-C.-D.,** *île Saint Thomas, Antilles, 1814 - Paris 1876,* géologue et météorologue français, frère de Henri. Il participa à plusieurs expéditions scientifiques au cours desquelles il étudia surtout les phénomènes météorologiques et volcaniques. Il fut, en France, l'un des fondateurs de la météorologie.

SAINTE-CROIX, en angl. **Saint Croix,** la plus grande des îles Vierges américaines ; 217 km^2 ; 50 139 hab.

SAINTE-ENIMIE (48210), ch.-l. de cant. de la Lozère ; 537 hab. Centre touristique de la région des gorges du Tarn. — Souvenirs médiévaux.

SAINTE-FOY, v. du Canada (Québec), banlieue sud-ouest de Québec ; 74 328 hab. *(Fidéens).* Aéroport. Université Laval.

SAINTE-FOY-LA-GRANDE (33220), ch.-l. de cant. de la Gironde, sur la Dordogne ; 2 893 hab. *(Foyens).* Bastide du XIIIe s.

SAINTE-FOY-LÈS-LYON (69110), ch.-l. de cant. du Rhône, près de la Saône ; 21 449 hab.

Sainte-Geneviève (abbaye), anc. abbaye parisienne fondée à l'emplacement d'une basilique érigée par Clovis et où fut déposé le corps de sainte Geneviève. En 1764 fut commencée, sous la direction de Soufflot, l'église monumentale qui allait devenir le *Panthéon. En 1802, les bâtiments de l'abbaye ont été affectés au lycée Napoléon, actuel lycée Henri-IV.

Sainte-Geneviève (bibliothèque), bibliothèque publique et universitaire de Paris. Elle a pour origine la bibliothèque de l'abbaye Sainte-Geneviève et s'est installée dans ses locaux actuels, dus à H. Labrouste, en 1850.

SAINTE-GENEVIÈVE-DES-BOIS (91700), ch.-l. de cant. de l'Essonne ; 32 324 hab. *(Génovéfains).*

SAINT-ÉGRÈVE (38120), ch.-l. de cant. de l'Isère, banlieue de Grenoble ; 15 691 hab. Électronique.

SAINTE-HÉLÈNE, en angl. **Saint Helena,** île britannique de l'Atlantique sud, à 1 850 km des côtes d'Afrique ; 122 km^2 ; 5 700 hab. ; ch.-l. *Jamestown.* Napoléon Ier y fut déporté de 1815 à 1821.

Sainte-Hélène (médaille de), décoration française, créée en 1857 pour les anciens soldats des campagnes de 1792 à 1815.

SAINTE-HERMINE (85210), ch.-l. de cant. de la Vendée ; 2 315 hab.

SAINTE-JULIE, v. du Canada (Québec), banlieue est de Montréal ; 22 097 hab. *(Julievillois).*

SAINT ELIAS, en fr. **Saint-Élie,** massif d'Amérique du Nord, aux confins du Canada et de l'Alaska, portant le point culminant du Canada ; 5 959 m au mont Logan.

SAINTE-LIVRADE-SUR-LOT (47110), ch.-l. de cant. de Lot-et-Garonne ; 6 222 hab.

SAINTE-LUCIE n.f., en angl. **Saint Lucia,** État des Petites Antilles ; 616 km^2 ; 150 000 hab. *(Saint-Luciens).* **CAP.** *Castries.* **LANGUE** : *anglais.* **MONNAIE** : *dollar des Caraïbes orientales.* (V. carte **Antilles.**) Tourisme. — État indépendant, dans le cadre du Commonwealth, depuis 1979.

SAINTE-MARIE, v. du Canada (Québec), sur la Chaudière ; 10 772 hab. *(Mariverains).*

SAINTE-MARIE (97230), comm. de la Martinique ; 20 218 hab. Musée du Rhum.

SAINTE-MARIE (97438), comm. de la Réunion ; 26 769 hab.

SAINTE-MARIE-AUX-MINES (68160), ch.-l. de cant. du Haut-Rhin ; 5 981 hab. *(Sainte-Mariens).* Anc. mines d'argent. Tunnel routier.

SAINTE-MARTHE, famille d'humanistes et d'érudits français. — **Charles de S.-M.,** *Fontevraud 1512 - Alençon 1555,* théologien français. Il résida à la cour de Marguerite d'Angoulême. — **Gaucher II,** dit **Scévole Ier de S.-M.,** *Loudun 1536 - id. 1623,* poète et administrateur français, neveu de Charles. — **Gaucher III,** dit **Scévole II de S.-M.,** *Loudun 1571 - Paris 1650,* fils de Gaucher II. Il publia, avec son frère jumeau Louis (Loudun 1571 - Paris 1656), le *Gallia christiana,* histoire des évêchés et des abbayes de France.

SAINTE-MAURE-DE-TOURAINE (37800), ch.-l. de cant. d'Indre-et-Loire, sur le *plateau de Sainte-Maure ;* 3 959 hab. Vestiges du château médiéval (musée).

SAINTE-MAXIME (83120), comm. du Var ; 11 978 hab. Station balnéaire. — Un des lieux du débarquement franco-américain, le 15 août 1944.

SAINTE-MENEHOULD [-mənu] (51800), ch.-l. d'arrond. de la Marne, sur l'Aisne ; 5 231 hab. *(Ménehildiens).* Cimetière militaire. Plastiques. — Église des XIIIe-XIVe s., hôtel de ville du XVIIIe s.

SAINTE-MÈRE-ÉGLISE (50480), ch.-l. de cant. de la Manche ; 1 612 hab. Une division aéroportée américaine y fut larguée le 6 juin 1944.

SAINT-ÉMILION (33330), comm. de la Gironde ; 2 444 hab. *(Saint-Émilionnais).* Vins rouges. — Monuments médiévaux, dont une église rupestre des XIe-XIIe s.

SAINT EMPIRE ROMAIN GERMANIQUE, désignation officielle de l'empire fondé en 962 par Otton Ier. Il comprenait les royaumes de Germanie, d'Italie et, à partir de 1032, celui de Bourgogne. Affaibli par la querelle des Investitures (1076 - 1122) et la lutte du Sacerdoce et de l'Empire (1157 - 1250), le Saint Empire perdit, de la fin du XIIIe s. au XVe s., ses possessions italiennes, bourguignonnes et suisses, tendant à se confondre avec le domaine germanique. Les sept Électeurs institués par la Bulle d'or (1356) devinrent les arbitres du pouvoir impérial. Les traités de Westphalie (1648) consacrèrent le morcellement territorial de l'Empire. Celui-ci ne put résister aux conquêtes napoléoniennes et fut dissous en 1806 lors de la renonciation de François II à la couronne impériale d'Allemagne.

S

Sainte-Odile (abbaye de), abbaye fondée au VIIe s. par sainte Odile, sur le mont du même nom (Bas-Rhin).

Sainte-Pélagie, anc. prison de Paris, ouverte en 1792 et démolie en 1898.

SAINTE-ROSE (97115), comm. de la Guadeloupe ; 17 639 hab. *(Sainte-Rosiens).*

SAINTES (17100), ch.-l. d'arrond. de la Charente-Maritime, sur la Charente ; 27 723 hab. *(Saintais).* Matériel téléphonique. — École technique de l'armée de l'air. — Vestiges romains ; belles églises en partie romanes (centre culturel à l'abbaye aux Dames) ; musées. — Festival musical (« Académies musicales »), consacré notamm. à la musique ancienne.

SAINTES (îles des), îlots des Antilles françaises, dépendant de la Guadeloupe ; 15 km^2 ; 3 036 hab. *(Saintois).* Pêche.

SAINTE-SAVINE (10300), ch.-l. de cant. de l'Aube, banlieue de Troyes ; 10 531 hab. Industrie automobile. — Église du XVIe s.

SAINTE-SIGOLÈNE (43600), ch.-l. de cant. de la Haute-Loire ; 5 559 hab. Matières plastiques.

SAINTES-MARIES-DE-LA-MER (13460), ch.-l. de cant. des Bouches-du-Rhône, en Camargue ; 2 509 hab. Église romane fortifiée. — Pèlerinage à Marie Jacobé, Marie Salomé et à leur servante noire, Sara, sur le tombeau de qui se rendent chaque année (mai) les gitans.

Sainte-Sophie, église de Constantinople. Dédiée à la Sagesse divine, elle est un chef-d'œuvre de l'architecture byzantine avec son immense coupole centrale de 31 m de diamètre, à 55 m du sol, unique en son genre. Bâtie (532 - 537), sur l'ordre de Justinien, par Anthémios de Tralles et Isidore de Milet, elle a été transformée par les Turcs en mosquée. Auj. musée.

■ **SAINTE-SOPHIE** de Constantinople, édifiée au VIe s. par Anthémios de Tralles et Isidore de Milet ; minarets construits par les Turcs au XVe s.

Saint-Esprit (ordre du), le plus illustre des ordres de chevalerie de la monarchie française. Créé par Henri III en 1578, supprimé en 1791, il fut rétabli de 1815 à 1830.

SAINT-ESTÈPHE (33250), comm. de la Gironde ; 1 819 hab. Vins rouges.

SAINT-ESTÈVE (66240), ch.-l. de cant. des Pyrénées-Orientales ; 9 982 hab.

SAINTE-SUZANNE (53270), ch.-l. de cant. de la Mayenne ; 1 027 hab. Bourg médiéval fortifié ; château du XVIIe s.

SAINTE-SUZANNE (97441), comm. de la Réunion ; 18 193 hab.

SAINTE-THÉRÈSE, v. du Canada (Québec), dans les Laurentides ; 26 373 hab. *(Térésiens).*

SAINT-ÉTIENNE, ch.-l. du dép. de la Loire, sur le Furan, à 517 m d'alt., à 462 km au S.-E. de Paris ; 183 522 hab. *(Stéphanois)* [près de 300 000 hab. dans l'agglomération]. Université. Évêché. Métallurgie. – Musée d'Art et d'Industrie et musée d'Art moderne.

SAINT-ÉTIENNE-DE-MONTLUC (44360), ch.-l. de cant. de la Loire-Atlantique ; 6 412 hab.

SAINT-ÉTIENNE-DE-SAINT-GEOIRS [-ʒwar] (38590), ch.-l. de cant. de l'Isère ; 2 282 hab. Vestiges médiévaux.

S

SAINT-ÉTIENNE-DE-TINÉE (06660), ch.-l. de cant. des Alpes-Maritimes ; 1 684 hab. Station d'altitude (1 144 m) et de sports d'hiver (Auron).

SAINT-ÉTIENNE-DU-ROUVRAY (76800), ch.-l. de cant. de la Seine-Maritime, dans la vallée de la Seine ; 29 561 hab. *(Stéphanais).* Électronique. Papeterie.

SAINT-EUSTACHE, v. du Canada (Québec), à l'O.-N.-O. de Montréal ; 41 409 hab. *(Eustachois).*

Saint-Eustache (église), grande église jouxtant le site des anciennes Halles, à Paris. Élevée de 1532 à 1637, elle est de structure gothique et de décor renaissant ; vitraux, œuvres d'art.

SAINTE-VICTOIRE (chaîne de la), massif du sud de la France, en Provence, à l'E. d'Aix-en-Provence ; 1 011 m. Motif de nombreuses œuvres de Cézanne.

SAINT-ÉVREMOND (Charles **de Marguetel de Saint-Denis de**), *Saint-Denis-le-Gast, Manche, v. 1614 - Londres 1703,* écrivain français. Compromis dans le procès de Fouquet, il dut s'exiler à Londres. Il est l'auteur de la satire *Comédie des académistes pour la réformation de la langue française* et d'essais qui témoignent de son scepticisme religieux et de son sens de l'analyse historique ou théâtrale.

SAINT-EXUPÉRY (Antoine **de**), *Lyon 1900 - disparu en mission en 1944,* aviateur et écrivain français. Ses romans (*Vol de nuit,* 1931 ; *Terre des hommes,* 1939 ; *Pilote de guerre,* 1942) et ses récits symboliques *(le *Petit Prince)* cherchent à définir le sens de l'action et des valeurs humanistes dans une société vouée au progrès technique.

■ ANTOINE DE **SAINT-EXUPÉRY**

SAINT-FARGEAU (89170), ch.-l. de cant. de l'Yonne ; 1 856 hab. Église des XIIIe-XVe s., important château des XVe-XVIIIe s.

SAINT-FARGEAU-PONTHIERRY (77310), comm. de Seine-et-Marne, sur la Seine ; 11 356 hab.

SAINT-FERRÉOL, écart de la comm. de Revel (Haute-Garonne). Centre touristique sur le *lac de Saint-Ferréol.*

SAINT-FLORENT (20217), comm. de la Haute-Corse, sur le *golfe de Saint-Florent ;* 1 501 hab. Tourisme. – Anc. cathédrale romane de Nebbio.

SAINT-FLORENTIN (89600), ch.-l. de cant. de l'Yonne, sur l'Armançon ; 5 846 hab. Église gothique et Renaissance.

SAINT-FLORENT-LE-VIEIL (49410), ch.-l. de cant. de Maine-et-Loire ; 2 690 hab. Dans l'église, tombeau par David d'Angers du marquis de Bonchamps, chef vendéen qui mourut en graciant 4 000 prisonniers de l'armée républicaine.

SAINT-FLORENT-SUR-CHER (18400), comm. du Cher ; 7 167 hab. Tôlerie.

SAINT-FLOUR (15100), ch.-l. d'arrond. du Cantal ; 7 570 hab. *(Sanflorains).* Évêché. Centre commercial. – Cathédrale du XVe s. ; musées.

SAINT-FONS [-fɔ̃] (69190), ch.-l. de cant. du Rhône, banlieue sud de Lyon ; 15 730 hab. *(Saint-Foniards).* Industrie chimique.

SAINT-FRANÇOIS n.m., riv. du Canada (Québec), émissaire du *lac Saint-François,* et affl. du Saint-Laurent (r. dr.) ; env. 200 km.

SAINT-FRANÇOIS-LONGCHAMP (73130), comm. de la Savoie ; 200 hab. Sports d'hiver (alt. 1 350 - 2 550 m).

SAINT-FULGENT (85250), ch.-l. de cant. de la Vendée ; 3 235 hab.

SAINT-GALL, en all. **Sankt Gallen,** v. de Suisse, ch.-l. du *canton de Saint-Gall ;* 75 237 hab. *(Saint-Gallois).* Centre commercial et industriel. – Anc. abbaye bénédictine, fondée au VIIIe s., qui connut un grand essor littéraire et artistique aux Xe-XIIe s. En 1451 - 1454, les abbés puis la ville de Saint-Gall se rattachèrent à la Confédération suisse. En 1805, l'abbaye fut supprimée. – Cathédrale, anc. abbatiale, reconstruite au XVIIIe s. (riches décors rococo) ; musées.

■ **SAINT-GALL.** La cathédrale, reconstruite à partir de 1755 par Peter Thumb.

SAINT-GALL (canton de), canton de Suisse ; 2 025 km² ; 437 000 hab. *(Saint-Gallois) ;* ch.-l. *Saint-Gall.* Il a été créé par l'Acte de médiation de 1803.

SAINT-GALMIER (42330), ch.-l. de cant. de la Loire ; 5 469 hab. Eaux minérales. – Église surtout du XVe s.

SAINT-GAUDENS [-dɛ̃s] (31800), ch.-l. d'arrond. de la Haute-Garonne, sur la Garonne ; 11 587 hab. *(Saint-Gaudinois).* Industrie du papier. – Collégiale des XIe-XIIe s.

SAINT-GAULTIER (36800), ch.-l. de cant. de l'Indre, sur la Creuse ; 2 015 hab. Église romane.

SAINT-GELAIS (Mellin **de**), *Angoulême 1491 - Paris 1558,* poète français. Poète de cour, il fut l'ami de C. Marot et l'adversaire de Ronsard.

SAINT-GENEST-MALIFAUX (42660), ch.-l. de cant. de la Loire ; 2 896 hab. *(Genésiens).*

SAINT-GENIEZ-D'OLT [-njedɔlt] (12130), ch.-l. de cant. de l'Aveyron ; 1 936 hab. Fraises. – Monuments anciens.

SAINT-GENIS-LAVAL (69230), ch.-l. de cant. du Rhône ; 19 790 hab.

SAINT GEORGE ou **SAINT-GEORGES** (canal), détroit entre la Grande-Bretagne (pays de Galles) et l'Irlande, et qui unit, au S., la mer d'Irlande à l'océan Atlantique.

SAINT-GEORGES, v. du Canada (Québec), au S. de Québec ; 20 043 hab. *(Georgiens).*

Saint-Georges (ordre de), ordre militaire russe, créé par Catherine II en 1769, supprimé en 1917.

SAINT-GEORGES-DE-DIDONNE (17110), comm. de la Charente-Maritime, sur la Gironde ; 5 133 hab. Station balnéaire.

SAINT-GEORGES-LÈS-BAILLARGEAUX (86130), ch.-l. de cant. de la Vienne ; 3 205 hab.

SAINT-GEORGES-SUR-LOIRE (49170), ch.-l. de cant. de Maine-et-Loire ; 3 060 hab. Vins. – Château de Serrant (XVIe-XVIIIe s.).

SAINT-GERMAIN (Claude Louis, comte **de**), *Vertamboz, Jura, 1707 - Paris 1778,* général et homme d'État français. Secrétaire d'État à la Guerre (1775 - 1777) sous Louis XVI, il réorganisa l'armée.

SAINT-GERMAIN (comte **de**), *1707 ? - Eckernförde, Schleswig-Holstein, 1784,* aventurier d'origine inconnue. Prétendant exister depuis plusieurs siècles, il eut, à Paris et dans les diverses cours européennes, un vif succès.

Saint-Germain-des-Prés (abbaye de), anc. abbaye parisienne, fondée sur la rive gauche de la Seine par Childebert Ier (558). Elle fut, de 1631 à 1790, le centre de la congrégation de Saint-Maur. – Son église (auj. paroissiale), une des plus anciennes de Paris, remonte aux XIe et XIIe s. Le quartier de Saint-Germain-des-Prés accueillit du XIIe au XVe s. une foire célèbre et, au lendemain de la Seconde Guerre mondiale, il fut le lieu de rendez-vous, dans ses cafés littéraires *(café de Flore, Aux Deux Magots),* des existentialistes.

SAINT-GERMAIN-EN-LAYE [-lɛ] (78100), ch.-l. d'arrond. des Yvelines, au-dessus de la Seine ; 40 162 hab. *(Saint-Germanois).* Château reconstruit par P. Chambiges pour François Ier, englobant la chapelle et le donjon d'époque gothique, et très restauré au XIXe s. Le musée des Antiquités nationales y est installé (riches collections allant de la préhistoire à l'époque gallo-romaine). Dans la ville, Musée municipal et musée du Prieuré (M. Denis et artistes nabis). – traité de **Saint-Germain-en-Laye** (10 sept. 1919), traité signé entre les Alliés et l'Autriche, après la Première Guerre mondiale. Il consacrait l'effondrement de la monarchie austro-hongroise.

SAINT-GERMAIN-LÈS-CORBEIL (91250), ch.-l. de cant. de l'Essonne ; 7 142 hab.

SAINT-GERVAIS-LES-BAINS (74170), ch.-l. de cant. de la Haute-Savoie ; 5 396 hab. (*Saint-Gervolains* ou *Saint-Gervelains*). Station thermale (ORL, affections cutanées) et de sports d'hiver (alt. 850 - 2 350 m).

SAINT-GHISLAIN, v. de Belgique (Hainaut) ; 22 098 hab. Monuments des XVIe-XVIIIe s.

SAINT-GILDAS-DE-RHUYS [-rɥis] (56730), comm. du Morbihan, sur la côte sud de la *presqu'île de Rhuys ;* 1 466 hab. Église en partie du XIe s., anc. abbatiale.

SAINT-GILDAS-DES-BOIS (44530), ch.-l. de cant. de la Loire-Atlantique ; 3 252 hab. Église des XIIe et XIIIe s., anc. abbatiale.

SAINT-GILLES (30800), ch.-l. de cant. du Gard, sur la *Costière de Saint-Gilles ;* 12 201 hab. *(Saint-Gillois).* Église romane et gothique, anc. abbatiale (façade sculptée antiquisante, milieu du XIIe s.).

SAINT-GILLES, en néerl. **Sint-Gillis,** comm. de Belgique (Bruxelles-Capitale), banlieue sud de Bruxelles ; 42 684 hab.

SAINT-GILLES-CROIX-DE-VIE (85800), ch.-l. de cant. de la Vendée ; 7 024 hab. *(Gillocruciens).* Pêche. Station balnéaire.

SAINT-GIRONS [-rɔ̃] (09200), ch.-l. d'arrond. de l'Ariège, sur le Salat ; 6 765 hab. *(Saint-Gironnais).* Fromages. – Église St-Valier, des XIIe-XVe s.

SAINT-GOBAIN (02410), comm. de l'Aisne ; 2 377 hab. *(Gobanais).* Site originel de la *Compagnie de Saint-Gobain.* Forêt de 4 200 ha.

Saint-Gobain (Compagnie de), groupe industriel français, dont les origines remontent à 1665. Saint-Gobain s'est intéressée à la chimie dès le XIXe s. et a fusionné en 1970 avec Pont-à-Mousson. C'est l'un des premiers producteurs mondiaux de vitrages, de flacons, de tuyaux en fonte, de produits isolants, de matériaux de construction.

SAINT-GOND (marais de), anc. marais au pied de la côte de l'Île-de-France, drainés par le Petit Morin. Combat victorieux de l'armée de Foch pendant la bataille de la Marne (1914).

SAINT-GOTHARD, anc. **Gothard,** en all. **Sankt Gotthard,** massif des Alpes suisses. Il est percé par un tunnel ferroviaire long de 15 km, emprunté par la ligne Bâle-Milan, et par un tunnel routier long de 16,9 km. Une route touristique utilise, en été, le *col du Saint-Gothard* (2 112 m).

SAINT-GRATIEN [-grasjɛ̃] (95210), ch.-l. de cant. du Val-d'Oise ; 19 333 hab. *(Gratiennois).*

SAINT-GUÉNOLÉ (29760), port de pêche et station balnéaire du Finistère (comm. de Penmarch). Musée préhistorique.

SAINT-GUILHEM-LE-DÉSERT [-gijɛm-] (34150), comm. de l'Hérault ; 249 hab. Remarquable église romane des XIe-XIIe s., anc. abbatiale ; musée lapidaire.

SAINT-HÉAND (42570), ch.-l. de cant. de la Loire ; 3 770 hab.

SAINT HELENS, v. de Grande-Bretagne (Angleterre), près de Liverpool ; 99 000 hab. Verrerie.

SAINT HELENS (mont), volcan actif du nord-ouest des États-Unis (État de Washington) ; 2 549 m.

SAINT-HÉLIER, cap. de l'île de Jersey ; 28 000 hab. Tourisme. — Château des XVIe-XVIIe s.

SAINT-HERBLAIN (44800), ch.-l. de cant. de la Loire-Atlantique, banlieue de Nantes ; 44 822 hab. *(Herblinois).* Stylos.

SAINT-HILAIRE-DU-HARCOUËT (50600), ch.-l. de cant. de la Manche ; 4 810 hab.

SAINT-HIPPOLYTE-DU-FORT (30170), ch.-l. de cant. du Gard ; 3 465 hab. Chaussures.

SAINT-HONORAT (île), une des îles des Lérins (Alpes-Maritimes). Monastère avec vestiges du haut Moyen Âge.

SAINT-HONORÉ-LES-BAINS (58360), comm. de la Nièvre ; 773 hab. Station thermale.

SAINT-HUBERT, v. de Belgique (prov. de Luxembourg) ; 5 689 hab. Tourisme. — Vaste basilique gothique du XVIe s.

SAINT-HUBERT, v. du Canada (Québec), au S.-E. de Montréal ; 78 141 hab. *(Hubertins).* Base aérienne.

SAINT-HYACINTHE, v. du Canada (Québec), à l'E. de Montréal ; 41 063 hab. *(Maskoutains).*

SAINT-IMIER, v. de Suisse (cant. de Berne), dans le *val de Saint-Imier ;* 4 921 hab. *(Imériens).* Horlogerie.

SAINT-ISMIER (38330), ch.-l. de cant. de l'Isère ; 6 208 hab.

SAINT-JACQUES-DE-COMPOSTELLE, en esp. **Santiago de Compostela,** v. d'Espagne, cap. de la Galice ; 87 807 hab. Ce pèlerinage - l'un des plus fréquentés de la chrétienté occidentale - autour de la dépouille de saint Jacques le Majeur, qui aurait été déposée là miraculeusement, prit de l'ampleur au XIe s. avec la Reconquista. — Cathédrale romane construite de 1078 à 1130 (porche de la Gloire, 1188 ; cloître gothique [musées] ; façade baroque du XVIIIe s.) ; anc. hôpital royal par E. Egas ; églises et monastères.

■ **SAINT-JACQUES-DE-COMPOSTELLE.** La cathédrale (XIe-XVIIIe s.).

SAINT-JACQUES-DE-LA-LANDE (35136), comm. d'Ille-et-Vilaine ; 7 913 hab. Aéroport de Rennes. Station météorologique.

Saint-Jacques-de-l'Épée ou **Santiago** (ordre militaire de), ordre militaire et religieux castillan. Il fut fondé v. 1170 pour protéger les pèlerins se rendant à Saint-Jacques-de-Compostelle. Une branche portugaise fut instituée en 1290.

SAINT-JACUT-DE-LA-MER (22750), comm. des Côtes-d'Armor ; 893 hab. *(Jaguens).* Station balnéaire.

SAINT-JAMES (50240), ch.-l. de cant. de la Manche ; 2 992 hab. *(Saint-Jamais).*

SAINT-JEAN (lac), lac du Canada (Québec), qui se déverse dans le Saint-Laurent par le Saguenay ; env. 1 040 km².

SAINT-JEAN (rivière), riv. des États-Unis et du Canada (Nouveau-Brunswick), qui rejoint la baie de Fundy ; 700 km env.

SAINT-JEAN-BRÉVELAY (56660), ch.-l. de cant. du Morbihan ; 2 532 hab.

SAINT-JEAN-CAP-FERRAT (06230), comm. des Alpes-Maritimes ; 1 907 hab. Station balnéaire. — Villa-musée « Île-de-France ».

SAINT-JEAN-CHRYSOSTOME, v. du Canada (Québec), au S.-E. de Québec ; 13 764 hab. *(Chrysostomiens).*

SAINT-JEAN-D'ACRE → **ACRE.**

SAINT-JEAN-D'ANGÉLY (17400), ch.-l. d'arrond. de la Charente-Maritime, sur la Boutonne ; 8 385 hab. *(Angériens).* Beffroi médiéval (« tour de l'Horloge ») ; restes d'une anc. abbaye (façade de l'abbatiale, XVIIIe s.).

SAINT-JEAN-DE-BOURNAY (38440), ch.-l. de cant. de l'Isère ; 3 943 hab.

SAINT-JEAN-DE-BRAYE (45800), ch.-l. de cant. du Loiret, banlieue d'Orléans ; 18 395 hab. *(Abraysiens).* Parfums.

Saint-Jean-de-Jérusalem (ordre souverain militaire et hospitalier de), ordre issu des Frères de l'hôpital Saint-Jean-de-Jérusalem, fondé v. 1070. Réfugié à Rhodes en 1309, puis à Malte de 1530 à 1798, reconstitué après la Révolution, l'ordre, doté d'un nouveau statut en 1961, dirige des œuvres hospitalières.

SAINT-JEAN-DE-LA-RUELLE (45140), ch.-l. de cant. du Loiret, banlieue d'Orléans ; 17 010 hab. Industrie automobile. Électroménager.

SAINT-JEAN-DE-LOSNE [-lon] (21170), ch.-l. de cant. de la Côte-d'Or, sur la Saône ; 1 270 hab. *(Saint-Jean-de-Losnais).* Port fluvial. — Siège mémorable en 1636 contre les impériaux pendant la guerre de Trente Ans.

SAINT-JEAN-DE-LUZ [-lyz] (64500), ch.-l. de cant. des Pyrénées-Atlantiques, sur la Nivelle ; 13 632 hab. *(Luziens).* Pêche. Station balnéaire. — Église basque typique, où fut célébré le mariage de Louis XIV (1660) ; demeures anciennes.

SAINT-JEAN-DE-MAURIENNE (73300), ch.-l. d'arrond. de la Savoie, sur l'Arc ; 9 373 hab. *(Saint-Jeannais).* Aluminium. — Cathédrale des XIe-XVe s.

SAINT-JEAN-DE-MONTS (85160), ch.-l. de cant. de la Vendée ; 7 050 hab. Station balnéaire.

SAINT-JEAN-DU-GARD (30270), ch.-l. de cant. du Gard ; 2 719 hab. Musée cévenol.

SAINT-JEAN-EN-ROYANS [-rwajɑ̃] (26190), ch.-l. de cant. de la Drôme ; 2 940 hab.

SAINT-JEAN-LE-BLANC (45650), ch.-l. de cant. du Loiret ; 8 658 hab.

SAINT-JEAN-PIED-DE-PORT (64220), ch.-l. de cant. des Pyrénées-Atlantiques ; 1 726 hab. Tourisme. — Place forte ancienne et pittoresque.

SAINT-JEAN-SUR-RICHELIEU, v. du Canada (Québec), au S.-E. de Montréal ; 39 724 hab. *(Johannais).* Musée régional.

SAINT-JEOIRE [-ʒwar] (74490), ch.-l. de cant. de la Haute-Savoie ; 2 815 hab.

SAINT-JÉRÔME, v. du Canada (Québec), dans les Laurentides ; 26 674 hab. *(Jérômiens).*

SAINT JOHN, v. du Canada (Nouveau-Brunswick), au fond de la baie de Fundy, à l'embouchure de la rivière Saint-Jean ; 68 254 hab. Port. Université. — Musée.

SAINT-JOHN PERSE (Alexis **Leger,** dit Alexis **Saint-Leger Leger,** puis), *Pointe-à-Pitre 1887 - Giens 1975,* diplomate et poète français. Ses recueils aux amples versets et aux mots éclatants emportent dans un mouvement épique une méditation sur les éléments, les civilisations et le destin humain (*Éloges,* 1911 ; *Anabase,* 1924 ; *Exil,* 1942 ; *Amers,* 1957 ; *Chronique,* 1960 ; *Oiseaux,* 1963). [Prix Nobel 1960.]

SAINT JOHN'S, cap. d'Antigua-et-Barbuda, sur l'île d'Antigua ; 36 000 hab.

SAINT JOHN'S → **ST. JOHN'S.**

SAINT-JOSEPH (97212), comm. de la Martinique ; 15 826 hab.

SAINT-JOSEPH (97480), comm. de la Réunion ; 30 771 hab.

SAINT-JOSSE-TEN-NOODE, en néerl. **Sint-Joost-ten-Noode,** comm. de Belgique (Bruxelles-Capitale), banlieue nord de Bruxelles ; 21 317 hab.

SAINT-JOUIN-DE-MARNES (79600), comm. des Deux-Sèvres ; 578 hab. Importante église (XIe-XIIIe s.) d'une anc. abbaye.

SAINT-JUÉRY (81160), comm. du Tarn ; 6 774 hab. Métallurgie au Saut-du-Tarn.

SAINT-JULIEN-DU-SAULT (89330), ch.-l. de cant. de l'Yonne ; 2 419 hab. Église des XIIIe-XVIe s.

SAINT-JULIEN-EN-GENEVOIS (74160), ch.-l. d'arrond. de la Haute-Savoie, près de Genève ; 9 272 hab. *(Saint-Juliennois).*

SAINT-JUNIEN (87200), ch.-l. de cant. de la Haute-Vienne, sur la Vienne ; 11 080 hab. *(Saint-Juniauds).* Belle église romane (tombeau de saint Junien et autres œuvres d'art).

SAINT-JUST (Louis Antoine), *Decize 1767 - Paris 1794,* homme politique français. Député à la Convention (1792), admirateur de Robespierre, membre de la Montagne et du club des Jacobins, il demande l'exécution sans jugement du roi et prône une république centralisatrice, égalitaire et vertueuse. Membre du Comité de salut public (30 mai 1793), il précipite la chute des Girondins et devient le théoricien et l'« Archange » de la Terreur, menant une lutte implacable contre les « ennemis de la République ». Envoyé en mission aux armées du Rhin et du Nord, il contribue à la victoire de Fleurus (26 juin 1794). Entraîné dans la chute de Robespierre (9 Thermidor), il est guillotiné.

S

■ **SAINT-JUST** par L. David. (Coll. priv.)

SAINT-JUST-EN-CHAUSSÉE (60130), ch.-l. de cant. de l'Oise ; 5 581 hab.

SAINT-JUST-SAINT-RAMBERT (42170), ch.-l. de cant. de la Loire ; 13 344 hab. *(Pontrambertois).* Église romane ; musée.

SAINT KILDA, petite île britannique inhabitée de l'Atlantique, au large de l'Écosse.

SAINT-KITTS-ET-NEVIS n.m., État fédéral des Petites Antilles ; 269 km² ; 50 000 hab. *(Kittitiens et Néviciens).* CAP. *Basseterre.* LANGUE : *anglais.* MONNAIE : *dollar des Caraïbes orientales.* (V. carte **Antilles.**) Il est formé des îles de Saint-Kitts (176 km²) et de Nevis. Canne à sucre. — État indépendant depuis 1983, dans le cadre du Commonwealth.

SAINT-LAMBERT, v. du Canada (Québec), banlieue sud-est de Montréal ; 22 148 hab. *(Lambertois).* Biscuiterie.

SAINT-LAMBERT (Jean François **de**), *Nancy 1716 - Paris 1803,* écrivain français. Il est l'auteur du poème descriptif *les Saisons.* (Acad. fr.)

SAINT-LARY-SOULAN (65170), comm. des Hautes-Pyrénées ; 1 042 hab. Sports d'hiver (alt. 830 - 2 450 m).

SAINT-LAURENT n.m., fl. d'Amérique du Nord, émissaire du lac Ontario et qui se jette dans l'Atlantique par un long estuaire s'ouvrant dans le *golfe du Saint-Laurent ;* 1 140 km. Drainant le sud-est du Canada, il passe à Montréal et à Québec. De grands travaux entre Montréal et le lac Ontario l'ont rendu accessible plus de huit mois par an.

SAINT-LAURENT, v. du Canada (Québec), banlieue de Montréal ; 73 638 hab. *(Laurentiens).*

SAINT-LAURENT (Louis Stephen), *Compton, Québec, 1882 - Québec 1973,* homme politique canadien. Leader du Parti libéral (1948 - 1958), Premier ministre (1948 - 1957), il obtint pour le Canada le droit de modifier sa Constitution en toute souveraineté (1949).

SAINT LAURENT (Yves), *Oran 1936,* couturier français. Il s'est imposé par ses interprétations originales du vêtement quotidien (caban, tailleur-pantalon, etc.), par la rigueur de son style et par son talent de coloriste.

SAINT-LAURENT-BLANGY (62223), comm. du Pas-de-Calais ; 5 657 hab. *(Imercuriens).* Textiles synthétiques.

SAINT-LAURENT-DE-LA-SALANQUE (66250), ch.-l. de cant. des Pyrénées-Orientales ; 7 995 hab.

SAINT-LAURENT-DES-EAUX, section de la comm. de *Saint-Laurent-Nouan.

SAINT-LAURENT-DU-MARONI (97320), ch.-l. d'arrond. de la Guyane française ; 19 416 hab. Port sur le Maroni. Anc. pénitencier.

SAINT-LAURENT-DU-PONT (38380), ch.-l. de cant. de l'Isère ; 4 293 hab.

SAINT-LAURENT-DU-VAR (06700), ch.-l. de cant. des Alpes-Maritimes, à l'O. de l'embouchure du Var ; 27 252 hab.

SAINT-LAURENT-MÉDOC (33112), ch.-l. de cant. de la Gironde ; 3 476 hab. Vins.

SAINT-LAURENT-NOUAN (41220), comm. de Loir-et-Cher ; 3 751 hab. Centrale nucléaire *(Saint-Laurent-des-Eaux)* sur la Loire.

Saint-Lazare (prison), anc. prison de Paris. D'abord léproserie (XIIe s.), donnée en 1632 aux prêtres de la Mission (lazaristes), elle est devenue maison de détention en 1779, réservée aux femmes de la fin de la Révolution à sa destruction, en 1935.

Saint-Lazare-de-Jérusalem (ordre de), ordre hospitalier puis aussi militaire, fondé à Jérusalem au XIIe s. Réuni à l'ordre de Notre-Dame-du-Mont-Carmel (1608), sécularisé par Clément XIV (1772), il survécut à la Révolution française.

SAINT-LÉON (Charles Victor Arthur **Michel,** dit Arthur), *Paris 1821 - id. 1870,* danseur, chorégraphe et violoniste français. Maître de ballet à Saint-Pétersbourg (1859 - 1869), il signa son chef-d'œuvre, *Coppelia,* à l'Opéra de Paris en 1870.

SAINT-LÉONARD, v. du Canada (Québec), banlieue nord de Montréal ; 74 063 hab. *(Léonardois).*

SAINT-LÉONARD-DE-NOBLAT (87400), ch.-l. de cant. de la Haute-Vienne, près de la Vienne ; 4 879 hab. *(Miaulétous).* Église romane au beau clocher limousin ; maisons médiévales.

SAINT-LEU (97436), comm. de la Réunion ; 25 526 hab.

SAINT-LEU-D'ESSERENT (60340), comm. de l'Oise ; 4 979 hab. Église gothique du XIIe s.

SAINT-LEU-LA-FORÊT (95320), ch.-l. de cant. du Val-d'Oise ; 15 243 hab. Dans l'église, tombeau de Louis Bonaparte.

SAINT-LIZIER (09190), ch.-l. de cant. de l'Ariège ; 1 640 hab. Cathédrale romane et gothique (peintures murales, trésor) ; beau cloître à étage (chapiteaux).

SAINT-LÔ (50000), ch.-l. du dép. de la Manche, sur la Vire, à 286 km à l'O. de Paris ; 21 585 hab. *(Saint-Lois).* Marché. Électroménager. — Musée. — La ville fut détruite lors de la bataille de Normandie en 1944.

SAINT LOUIS, v. des États-Unis (Missouri), près du confluent du Mississippi et du Missouri ; 396 685 hab. (2 444 099 hab. dans l'agglomération). Port fluvial, nœud ferroviaire, centre commercial et industriel. — Musée d'art.

SAINT-LOUIS (68300), comm. du Haut-Rhin, près de Bâle ; 20 321 hab. *(Ludoviciens).* Constructions mécaniques. Industrie pharmaceutique. Aéroport.

SAINT-LOUIS (97450), comm. de la Réunion ; 44 112 hab.

SAINT-LOUIS, v. du Sénégal ; 126 000 hab. Port. Point de transit avec la Mauritanie.

SAINT-LOUIS (île), île de la Seine, à Paris, en amont de l'île de la Cité. Hôtels particuliers (de *Lauzun, notamm.) et église du XVIIe s.

Saint-Louis (ordre royal et militaire de), ordre créé par Louis XIV en 1693. Fondé sur le mérite, il était accessible sans condition de naissance. Supprimé en 1792, il fut rétabli de 1814 à 1830.

SAINT-LOUIS-LÈS-BITCHE (57620), comm. de la Moselle ; 639 hab. Cristallerie.

SAINT-LOUP-SUR-SEMOUSE (70800), ch.-l. de cant. de la Haute-Saône ; 4 388 hab. *(Lupéens).* Meubles.

SAINT-LUC, v. du Canada (Québec), au S.-E. de Montréal ; 15 856 hab. *(Luçois).*

SAINT-LUNAIRE (35800), comm. d'Ille-et-Vilaine ; 2 307 hab. Station balnéaire. — Église en partie romane.

SAINT-LYS (31470), ch.-l. de cant. de la Haute-Garonne ; 5 512 hab.

SAINT-MACAIRE (33490), ch.-l. de cant. de la Gironde ; 1 656 hab. Portes fortifiées, église romane et gothique, maisons anciennes.

SAINT-MAIXENT-L'ÉCOLE (79400), ch.-l. de cant. des Deux-Sèvres, sur la Sèvre Niortaise ; 8 253 hab. *(Saint-Maixentais).* École militaire d'infanterie (1874 - 1940) et, depuis 1963, École nationale des sous-officiers de l'armée de terre. — Église St-Maixent, reconstruite au XVIIe s.

SAINT-MALO (35400), ch.-l. d'arrond. d'Ille-et-Vilaine, à l'embouchure de la Rance, sur une presqu'île ; 52 737 hab. *(Malouins).* Tourisme. Festival international du livre (« Étonnants Voyageurs »). — Saint-Malo fut, au XVIe s., le point de départ d'expéditions vers le Nouveau Monde. Aux XVIIe et XVIIIe s., la ville s'enrichit dans le commerce lointain et dans la course. Elle fut un grand port de pêche (morue de Terre-Neuve) au XIXe s. et au début du XXe s. — La vieille ville, partiellement détruite pendant la Seconde Guerre mondiale, a été reconstruite. Elle conserve de beaux remparts, en partie des XIIe-XIIIe s., une cathédrale remontant au XIIe s. et un château du XVe s. (musée).

SAINT-MANDÉ (94160), ch.-l. de cant. du Val-de-Marne ; 19 979 hab. *(Saint-Mandéens).*

SAINT-MANDRIER-SUR-MER (83430), ch.-l. de cant. du Var, sur la rade de Toulon ; 6 674 hab. Siège du Centre d'instruction navale.

Saint-Marc [sɛ̃mar] (place), en ital. **piazza San Marco,** la grand-place de Venise. Ce vaste quadrilatère est bordé à l'est par la basilique St-Marc, d'ascendance byzantine (XIe-XVe s. ; cinq coupoles, célèbres mosaïques), et, sur ses autres faces, par les bâtiments à arcades des « Procuraties » (XVIe et XIXe s.) ; le campanile de la basilique a été rebâti en 1912. Au sud, vers le quai, s'ouvre la « Piazzetta », qu'encadrent le palais des Doges (XIVe-XVe s.) et la bibliothèque (« Libreria » de Sansovino, XVIe s.).

SAINT-MARCELLIN (38160), ch.-l. de cant. de l'Isère ; 7 109 hab. *(Saint-Marcellinois).* Fromages. Matériel électrique. — Aux environs, importante abbatiale gothique de Saint-Antoine.

SAINT-MARIN n.m., en ital. **San Marino,** État d'Europe, enclavé dans le territoire italien ; 61 km^2 ; 25 000 hab. *(Saint-Marinais).* CAP. *Saint-Marin* (5 000 hab.). LANGUE : *italien.* MONNAIES : *euro* et *lire italienne.* (V. carte **Italie.**) Tourisme. — La ville fut autonome dès le IXe s. Son territoire devint une république au XIIIe s. Celle-ci, dont les rapports avec l'Italie sont régis par diverses conventions, est dirigée par un Grand Conseil (60 membres) et deux capitaines-régents, élus par ce Conseil pour six mois. En 1992, Saint-Marin a été admis à l'ONU.

SAINT-MARS-LA-JAILLE [-mar-] (44540), ch.-l. de cant. de la Loire-Atlantique ; 2 233 hab.

SAINT-MARTIN, une des Petites Antilles, partagée entre la France (97150) [ch.-l. *Marigot*] et les Pays-Bas (ch.-l. *Philipsburg*) ; 53 km^2 ; 29 126 hab. (pour la partie française).

Saint-Martin (canal), canal (en partie recouvert) qui traverse Paris, de la Villette à la Seine.

SAINT-MARTIN (Louis Claude **de**), *Amboise 1743 - Aulnay-sous-Bois 1803,* écrivain et théosophe français, dit « le philosophe inconnu ». Disciple de Martinez Pasqualis, traducteur de J. Böhme, il développa une doctrine personnelle (le *martinisme*) marquée par une conception originale de la régénération de l'homme (*le Ministère de l'homme-esprit,* 1802).

SAINT-MARTIN-BOULOGNE (62200), comm. du Pas-de-Calais ; 11 820 hab.

SAINT-MARTIN-DE-BELLEVILLE (73440), comm. de la Savoie, en Tarentaise ; 2 552 hab. Sports d'hiver (les Menuires, Val-Thorens).

SAINT-MARTIN-DE-CRAU (13310), comm. des Bouches-du-Rhône ; 11 282 hab.

SAINT-MARTIN-DE-LONDRES (34380), ch.-l. de cant. de l'Hérault ; 1 908 hab. Église romane.

SAINT-MARTIN-DE-RÉ (17410), ch.-l. de cant. de la Charente-Maritime, dans l'île de Ré ; 2 670 hab. Pêche. Station balnéaire. — Église en partie du XVe s. ; citadelle de Vauban (pénitencier) ; musée.

SAINT-MARTIN-DE-SEIGNANX [-sɛɲɑ̃s] (40390), ch.-l. de cant. des Landes ; 3 965 hab.

SAINT-MARTIN-D'HÈRES (38400), ch.-l. de cant. de l'Isère ; 35 927 hab. Centre universitaire.

Saint-Maur (congrégation bénédictine de), congrégation créée à Paris en 1618. Ses membres, les *mauristes,* se consacrèrent à des travaux d'érudition, notamm. à *Saint-Germain-des-Prés. Elle disparut en 1790.

SAINT-MAUR-DES-FOSSÉS (94100), ch.-l. de cant. du Val-de-Marne, dans une boucle de la Marne ; 73 613 hab. *(Saint-Mauriens).* Lunetterie. — Église des XIIe-XIVe s. ; musée.

SAINT-MAURICE n.m., riv. du Canada (Québec), affl. du Saint-Laurent (r. g.), rejoint à Trois-Rivières ; 520 km.

SAINT-MAURICE (94410), comm. du Val-de-Marne, au S.-E. de Paris ; 12 821 hab. *(Mauriciens).* Studios de cinéma.

SAINT-MAURICE, v. de Suisse (Valais), sur le Rhône ; 3 731 hab. *(Agaunois).* Abbaye d'Agaune, fondée au VIe s. (église des XVIIe-XXe s. ; riche trésor).

SAINT-MAURICE-L'EXIL (38550), comm. de l'Isère ; 5 667 hab. Centrale nucléaire sur le Rhône.

SAINT-MAX [-ma] (54130), comm. de Meurthe-et-Moselle ; 11 038 hab.

SAINT-MAXIMIN-LA-SAINTE-BAUME (83470), ch.-l. de cant. du Var ; 12 633 hab. Basilique Ste-Madeleine (XIIIe-XVIe s. ; grand orgue de 1773) ; centre culturel dans l'anc. couvent.

SAINT-MÉDARD-EN-JALLES (33160), comm. de la Gironde ; 25 938 hab. Industrie aérospatiale. Armement.

SAINT-MÉEN-LE-GRAND [-meɛ̃-] (35290), ch.-l. de cant. d'Ille-et-Vilaine ; 3 748 hab. *(Mévennais).* Église des XIIe-XIVe s., anc. abbatiale.

Saint-Michel (ordre de), ordre de chevalerie français. Créé par Louis XI en 1469, supprimé par la Révolution, il fut rétabli de 1815 à 1830.

SAINT-MICHEL-DE-MAURIENNE (73140), ch.-l. de cant. de la Savoie, sur l'Arc ; 2 978 hab. Centrales hydroélectriques. Métallurgie.

SAINT-MICHEL-L'OBSERVATOIRE ou **SAINT-MICHEL-DE-PROVENCE** (04870), comm. des Alpes-de-Haute-Provence ; 911 hab. Observatoire d'astrophysique du CNRS.

SAINT-MICHEL-SUR-ORGE (91240), ch.-l. de cant. de l'Essonne ; 20 543 hab.

SAINT-MIHIEL (55300), ch.-l. de cant. de la Meuse, sur la Meuse ; 5 344 hab. *(Sammiellois).* Groupe sculpté de L. Richier dans chacune des deux églises de la ville.

Saint-Mihiel (bataille de) [24 sept. 1914], bataille de la Première Guerre mondiale. Victoire des Allemands qui s'emparèrent de Saint-Mihiel (Meuse) dans le but d'isoler Verdun. Les Français tentèrent vainement de reprendre la ville en 1915. — bataille de **Saint-Mihiel** (12 - 15 sept. 1918), bataille de la Première Guerre mondiale. Victoire des Américains sur les Allemands, chassés définitivement des hauts de Meuse.

SAINT-MORITZ, en all. **Sankt Moritz,** en romanche **San Murezzan,** comm. de Suisse (Grisons) ; 5 426 hab. Grande station d'altitude et de sports d'hiver (alt. 1 856 - 3 303 m), dans la haute Engadine, au bord du *lac de Saint-Moritz.*

SAINT-NAZAIRE (44600), ch.-l. d'arrond. de la Loire-Atlantique, à l'embouchure de la Loire ; 68 616 hab. *(Nazairiens).* Avant-port de Nantes. Constructions navales et aéronautiques.

SAINT-NECTAIRE (63710), comm. du Puy-de-Dôme ; 685 hab. Station thermale (affections des reins). Fromages. — Belle église romane auvergnate (XIIe s. ; trésor).

SAINT-NICOLAS, en néerl. **Sint-Niklaas,** v. de Belgique, ch.-l. d'arrond. de la Flandre-Orientale ; 68 203 hab. Musée régional.

SAINT-NICOLAS-DE-LA-GRAVE (82210), ch.-l. de cant. de Tarn-et-Garonne ; 2 043 hab.

SAINT-NICOLAS-DE-PORT (54210), ch.-l. de cant. de la Meurthe-et-Moselle, sur la Meurthe ; 7 568 hab. *(Portois).* Vaste basilique de pèlerinage des XVe-XVIe s.

SAINT-NICOLAS-DE-REDON (44460), ch.-l. de cant. de la Loire-Atlantique ; 2 877 hab.

SAINT-NOM-LA-BRETÈCHE (78860), ch.-l. de cant. des Yvelines ; 5 062 hab. Golf.

Saint-Office (congrégation du), congrégation romaine créée par Paul III en 1542 sous le nom de *Congrégation de la Suprême Inquisition* pour combattre les progrès du protestantisme. Elle prit le nom de *Saint-Office* en 1908 et, en 1917, fut chargée de la censure des livres (ancien Index). Devenue en 1965 *Congrégation pour la doctrine de la foi,* elle reste compétente pour toutes les questions de foi et de morale.

SAINT-OGAN (Alain), *Colombes 1895 - Paris 1974,* dessinateur et journaliste français, créateur de la bande dessinée française moderne *(*Zig et Puce).*

SAINT-OMER (62500), ch.-l. d'arrond. du Pas-de-Calais, sur l'Aa ; 16 595 hab. *(Audomarois).* Importante basilique des XIIIe-XVe s. (œuvres d'art) ; vestiges de l'abbaye St-Bertin ; musées.

SAINTONGE n.f., anc. province de l'ouest de la France correspondant au sud de l'actuel dép. de la Charente-Maritime ; hab. *Saintongeais ;* cap. *Saintes.* Elle fut réunie à la Couronne en 1375 par Charles V.

SAINT-OUEN [sɛ̃twɛ̃] (93400), ch.-l. de cant. de la Seine-Saint-Denis, sur la Seine ; 40 015 hab. *(Audoniens).* Marché aux puces.

SAINT-OUEN-L'AUMÔNE (95310), ch.-l. de cant. du Val-d'Oise, sur l'Oise ; 19 904 hab. Restes de l'abbaye de Maubuisson (XIIIe s.).

SAINT-PALAIS (64120), ch.-l. de cant. des Pyrénées-Atlantiques ; 1 928 hab. *(Saint-Palaisiens).*

SAINT-PALAIS-SUR-MER (17420), comm. de la Charente-Maritime ; 3 471 hab. Station balnéaire.

SAINT PAUL, v. des États-Unis, cap. du Minnesota, sur le Mississippi ; 272 235 hab. Elle forme avec Minneapolis une conurbation de 2 464 124 hab.

SAINT-PAUL, île française du sud de l'océan Indien. Formée par un volcan, elle est inhabitée.

SAINT-PAUL ou **SAINT-PAUL-DE-VENCE** (06570), comm. des Alpes-Maritimes, au S. de Vence ; 2 888 hab. Anc. bourg fortifié ; centre touristique et artistique (fondation Maeght : art moderne).

SAINT-PAUL (97460), ch.-l. d'arrond. de la Réunion ; 88 980 hab.

SAINT-PAUL-DE-FENOUILLET (66220), ch.-l. de cant. des Pyrénées-Orientales ; 1 893 hab.

SAINT-PAUL-LÈS-DAX (40990), comm. des Landes ; 10 621 hab. Église au chevet roman sculpté.

SAINT-PAUL-TROIS-CHÂTEAUX (26130), ch.-l. de cant. de la Drôme ; 7 656 hab. Cathédrale romane des XIIe-XIIIe s.

SAINT-PÉRAY (07130), ch.-l. de cant. de l'Ardèche ; 6 661 hab. Vins blancs.

SAINT-PÈRE (89450), comm. de l'Yonne, au pied de la colline de Vézelay ; 388 hab. Église gothique ; musée relatif aux fouilles du site gallo-romain des Fontaines-Salées.

SAINT-PÈRE-EN-RETZ [-rɛ] (44320), ch.-l. de cant. de la Loire-Atlantique ; 3 549 hab.

SAINT-PÉTERSBOURG, de 1914 à 1924 **Petrograd,** et de 1924 à 1991 **Leningrad,** v. de Russie, à l'embouchure de la Neva ; 4 952 000 hab. Port et anc. cap. de la Russie. Centre industriel : constructions mécaniques, industries textiles et chimiques, etc. – Fondée par Pierre le Grand en 1703, Saint-Pétersbourg devint la capitale de la Russie en 1712. – Les principales constructions du XVIIIe s. et du début du XIXe sont l'œuvre des Italiens Rastrelli (palais d'Hiver) et Quarenghi (théâtre de l'Ermitage), des Français Vallin de La Mothe (académie des Beaux-Arts, Petit-Ermitage) et Thomas de Thomon (Bourse), des Russes Adrian Zakharov (Amirauté) et Karl Rossi, etc. Musée de l'*Ermitage et Musée russe. – Théâtre principal des révolutions de 1905 et de 1917, la ville fut évacuée en 1918 par le Conseil des commissaires du peuple, qui s'établit à Moscou. Elle soutint un difficile siège contre les Allemands de 1941 à 1944.

SAINT PETERSBURG, v. des États-Unis (Floride), sur la baie de Tampa ; 238 629 hab. Port.

SAINT PHALLE (Marie Agnès, dite Niki **de**), *Neuilly-sur-Seine 1930,* peintre et sculpteur français. Membre du groupe des « nouveaux réalistes » dans les années 1960, elle est connue pour ses « Nanas » hautes en couleur, opulentes jusqu'au gigantisme.

■ NIKI DE **SAINT PHALLE.** Sculptures géantes (années 1980) du « Jardin des Tarots » à Garavicchio (Toscane).

SAINT-PHILBERT-DE-GRAND-LIEU (44310), ch.-l. de cant. de la Loire-Atlantique ; 6 363 hab. Église des IXe-XIe s., anc. abbatiale.

SAINT-PIERRE, v. des îles Anglo-Normandes, ch.-l. de Guernesey ; 16 000 hab. Port. Centre touristique. – Église et château du XIIIe s. ; Hauteville House, maison de Victor Hugo.

SAINT-PIERRE (97250), ch.-l. d'arrond. de la Martinique ; 4 463 hab. C'était la ville la plus peuplée de l'île (26 000 hab.) avant sa destruction, le 8 mai 1902, par une « nuée ardente » lors de l'éruption de la montagne Pelée.

SAINT-PIERRE (97410), ch.-l. d'arrond. de la Réunion ; 69 849 hab.

SAINT-PIERRE, ch.-l. de l'archipel de *Saint-Pierre-et-Miquelon ;* 5 618 hab. Port et pêche.

Saint-Pierre, basilique de Rome, au Vatican, le plus vaste des temples chrétiens. Des fouilles ont permis de reconnaître dans ses fondations une tombe qui serait celle de saint Pierre. Consacrée

■ **SAINT-PÉTERSBOURG.** Le palais d'Hiver (1754 - 1762), par Bartolomeo Francesco Rastrelli.

■ LA BASILIQUE **SAINT-PIERRE,** à Rome : façade de C. Maderno, dôme de Michel-Ange et G. Della Porta.

en 326 sous Constantin, la basilique fut reconstruite à partir de 1506 sur les plans de Bramante, de Michel-Ange (édifice en croix grecque sous coupole), puis de Maderno (nef prolongée en croix latine et façade). Nombreuses œuvres d'art. Place avec colonnade de Bernin.

S

SAINT-PIERRE (Charles Irénée **Castel,** abbé **de**), *Saint-Pierre-Église 1658 - Paris 1743,* théoricien politique français. Il est l'auteur d'un *Projet de paix perpétuelle* (1713), préconisant une confédération des États européens, et d'un *Discours sur la polysynodie* (1718), critique de l'absolutisme de Louis XIV. (Acad. fr., exclu en 1718.)

SAINT-PIERRE (Eustache **de**) → **EUSTACHE DE SAINT-PIERRE.**

SAINT-PIERRE-D'ALBIGNY (73250), ch.-l. de cant. de la Savoie ; 3 309 hab.

SAINT-PIERRE-DES-CORPS (37700), ch.-l. de cant. d'Indre-et-Loire, banlieue de Tours ; 16 236 hab. *(Corpopétrussiens).* Gare de triage. Mécanique.

SAINT-PIERRE-D'IRUBE (64990), ch.-l. de cant. des Pyrénées-Atlantiques ; 3 958 hab.

SAINT-PIERRE-D'OLÉRON (17310), ch.-l. de cant. de la Charente-Maritime, au centre de l'*île d'Oléron ;* 6 032 hab. Lanterne des morts du XIIIe s. ; petit musée.

SAINT-PIERRE-ET-MIQUELON (97500), archipel français d'Amérique du Nord, au S. de Terre-Neuve, formant une collectivité territoriale ; ch.-l. *Saint-Pierre ;* 242 km² ; 6 316 hab. L'archipel est formé de l'*île Saint-Pierre* (26 km² ; 5 618 hab.) et de *Miquelon* (216 km² ; 698 hab.), qui est constituée en fait de deux îles reliées par un isthme sableux : *Miquelon,* ou *Grande Miquelon,* et Langlade, ou *Petite Miquelon.* Pêcheries et conserveries. – Fréquenté par des pêcheurs français dès le XVIe s., l'archipel fut disputé entre les Anglais et les Français, qui l'acquirent en 1814. Département d'outre-mer à partir de 1976, il devient une collectivité territoriale en 1985.

SAINT-PIERRE-LE-MOÛTIER (58240), ch.-l. de cant. de la Nièvre ; 2 058 hab. Église des XIIe-XVe s.

SAINT-PIERRE-MONTLIMART [-mɔ̃limar] (49110), comm. de Maine-et-Loire ; 3 119 hab. Chaussures.

SAINT-PIERRE-QUIBERON (56510), comm. du Morbihan, dans la presqu'île de Quiberon ; 2 221 hab. Centre touristique.

SAINT-PIERRE-SUR-DIVES (14170), ch.-l. de cant. du Calvados ; 4 020 hab. Anc. abbaye (église surtout du XIIIe s.) ; halles en charpente.

SAINT-POL-DE-LÉON (29250), ch.-l. de cant. du Finistère ; 7 400 hab. (*Saint-Politains* ou *Léonards*). Marché des primeurs. – Cathédrale (XIIIe-XVIe s.) et chapelle du Kreisker (XIVe-XVe s.).

SAINT-POL ROUX (Paul **Roux,** dit), *Saint-Henry, près de Marseille, 1861 - Brest 1940,* poète français. Héritier du symbolisme, il fut considéré par les surréalistes comme un maître de l'image luxuriante et rare (*les Reposoirs de la procession,* 1893-1907 ; *la Dame à la faulx,* 1899).

SAINT-POL-SUR-MER (59430), comm. du Nord, banlieue ouest de Dunkerque ; 23 618 hab. Plage.

SAINT-POL-SUR-TERNOISE (62130), ch.-l. de cant. du Pas-de-Calais ; 5 548 hab. Agroalimentaire.

SAINT-PONS-DE-THOMIÈRES [-pɔ̃-] (34220), ch.-l. de cant. de l'Hérault ; 2 511 hab. Église fortifiée en partie du XIIe s., anc. abbatiale, puis cathédrale (orgues de 1772) ; autres témoignages du passé ; petit musée de préhistoire.

SAINT-PORCHAIRE (17250), ch.-l. de cant. de la Charente-Maritime ; 1 364 hab. Château de la Roche-Courbon, des XVe-XVIIe s.

SAINT-POURÇAIN-SUR-SIOULE (03500), ch.-l. de cant. de l'Allier ; 5 482 hab. *(Saint-Pourcinois).* Vins. — Église des XIe-XIXe s., anc. abbatiale.

SAINT-PRIEST [-prijɛst] (69800), ch.-l. de cant. du Rhône, banlieue de Lyon ; 41 213 hab. *(San-Priots).* Constructions mécaniques.

Saint-Privat (bataille de) [18 août 1870], bataille de la guerre franco-allemande. Défaite des Français devant les Prussiens à Saint-Privat (auj. Saint-Privat-la-Montagne, Moselle), qui obligea Bazaine à se replier dans Metz.

SAINT-QUAY-PORTRIEUX (22410), comm. des Côtes-d'Armor ; 3 434 hab. *(Quinocéens).* Station balnéaire.

SAINT-QUENTIN (02100), ch.-l. d'arrond. de l'Aisne, sur la Somme ; 61 092 hab. *(Saint-Quentinois).* Industries mécaniques, électriques et alimentaires. — Grande église collégiale des XIIIe-XVe s. ; au musée, collection de pastels de Q. de La Tour. — La ville fut prise d'assaut et ravagée en 1557 par les Espagnols.

S

Saint-Quentin (canal de), canal unissant l'Escaut à l'Oise, de Cambrai à Chauny ; 92 km.

SAINT-QUENTIN-EN-YVELINES, v. nouvelle des Yvelines, entre Versailles et Rambouillet. Golf. — Écomusée et centre culturel dans l'anc. commanderie des templiers de La Villedieu.

SAINT-RAMBERT-EN-BUGEY (01230), ch.-l. de cant. de l'Ain, sur l'Albarine ; 2 090 hab.

SAINT-RAPHAËL (83700), ch.-l. de cant. du Var, sur la Méditerranée ; 31 196 hab. *(Raphaëlois).* Station balnéaire. — Église de style roman provençal ; musée (archéologie sous-marine). — Mémorial de l'armée française d'Afrique (1975). — Un des lieux du débarquement franco-américain du 15 août 1944.

SAINT-RAPHAËL-DE-L'ÎLE-BIZARD, v. du Canada (Québec), occupant l'*île Bizard,* à l'O. de Montréal ; 11 499 hab. *(Bizardiens).*

SAINT-RÉMY-DE-PROVENCE (13210), ch.-l. de cant. des Bouches-du-Rhône ; 10 007 hab. *(Saint-Rémois).* Dépôt archéologique et musée des Alpilles dans des demeures anciennes. À proximité, importants vestiges de l'antique *Glanum,* avec l'arc et le mausolée romains du « plateau des Antiques » ; anc. monastère de St-Paul-de-Mausole (XIIe-XIIIe s., cloître).

SAINT-RÉMY-SUR-DUROLLE (63550), ch.-l. de cant. du Puy-de-Dôme ; 1 960 hab.

SAINT-RENAN (29290), ch.-l. de cant. du Finistère ; 7 016 hab. Gisement d'étain.

SAINT-RIQUIER (80135), comm. de la Somme ; 1 209 hab. Grande église, rebâtie au XVIe s. en style flamboyant, d'une anc. abbaye d'origine carolingienne ; centre culturel dans les bâtiments abbatiaux, du XVIIe s.

SAINT-ROMAIN-DE-COLBOSC (76430), ch.-l. de cant. de la Seine-Maritime ; 4 007 hab.

SAINT-ROMAIN-EN-GAL (69560), comm. du Rhône, en face de Vienne ; 1 476 hab. Vestiges d'un remarquable ensemble urbain allant du Ier s. au début du IIIe s. ; musée archéologique.

SAINT-ROMUALD, v. du Canada (Québec), au S. de Québec ; 10 637 hab. *(Romualdiens).*

Saint-Sacrement (Compagnie du), congrégation de laïques et de prêtres, fondée vers 1630 par Henri de Lévis, duc de Ventadour. Créée dans un dessein de charité mais aussi pour lutter contre le libertinage ambiant, elle agissait dans le secret. Son zèle provoqua sa disparition en 1665.

SAINT-SAËNS [-sɑ̃s] (76680), ch.-l. de cant. de la Seine-Maritime ; 2 584 hab.

SAINT-SAËNS [-sɑ̃s] (Camille), *Paris 1835 - Alger 1921,* compositeur français. Virtuose du piano et de l'orgue, improvisateur-né, attaché à la perfection formelle et à l'école française, il écrivit notamm. des ouvrages lyriques (*Samson et Dalila,* 1877), une symphonie avec orgue, des poèmes symphoniques *(Danse macabre), le Carnaval des animaux,* 5 concertos pour piano, des pages pour orgue et de la musique de chambre.

SAINT-SAULVE [-solv] (59880), comm. du Nord ; 11 188 hab. Métallurgie.

SAINT-SAUVEUR (70300), ch.-l. de cant. de la Haute-Saône ; 2 456 hab.

SAINT-SAUVEUR-LE-VICOMTE (50390), ch.-l. de cant. de la Manche ; 2 242 hab. Restes d'un château féodal (souvenirs de Barbey d'Aurevilly).

SAINT-SAVIN (86310), ch.-l. de cant. de la Vienne, sur la Gartempe ; 1 020 hab. Anc. abbatiale (2e moitié du XIe s.) offrant le plus important ensemble de peintures pariétales romanes conservé en France (v. 1100).

SAINT-SAVINIEN (17350), ch.-l. de cant. de la Charente-Maritime ; 2 536 hab. Bourg pittoresque ; église romane et gothique.

SAINT-SÉBASTIEN, en esp. **San Sebastián,** v. d'Espagne (Pays basque), ch.-l. de la prov. de Guipúzcoa ; 171 439 hab. Station balnéaire. Port. — Festival international du film.

SAINT-SÉBASTIEN-SUR-LOIRE (44230), comm. de la Loire-Atlantique ; 26 024 hab.

Saint-Sépulcre, le plus important sanctuaire chrétien de Jérusalem, élevé sur le lieu où, selon la tradition, Jésus fut enseveli. La basilique construite par Constantin (IVe s.) a disparu. L'actuel édifice (en partie du XIXe s.) conserve des éléments de l'époque des croisés.

Saint-Sépulcre (ordre du), ordre pontifical dont les premiers statuts remontent au début du XIIe s. Il fut réorganisé en 1847 par Pie IX, qui le plaça sous l'autorité du patriarche latin de Jérusalem.

SAINT-SERVAN (35400 St Malo), station balnéaire d'Ille-et-Vilaine (comm. de Saint-Malo).

SAINT-SEVER [-səve] (40500), ch.-l. de cant. des Landes, sur l'Adour ; 4 608 hab. Église en partie romane (chapiteaux), anc. abbatiale bénédictine ; anc. couvent des Jacobins (musée).

SAINT-SIMON (Claude Henri **de Rouvroy,** comte **de**), *Paris 1760 - id. 1825,* philosophe et économiste français. Il prit part à la guerre de l'Indépendance américaine et, dès le début de la Révolution française, rompit avec son état nobiliaire. Se fondant sur une religion de la science et la constitution d'une nouvelle classe d'industriels, il chercha à définir un socialisme planificateur et technocratique (*le Catéchisme des industriels,* 1823 - 1824), qui eut une grande influence sur certains industriels du second Empire (les frères Pereire, F. de Lesseps).

SAINT-SIMON (Louis **de Rouvroy,** duc **de**), *Paris 1675 - id. 1755,* écrivain français. Dans ses *Mémoires,* qui vont de 1694 à 1723, il relate, dans un style imagé et elliptique, les incidents de la vie à la cour de Louis XIV, ses efforts pour défendre les prérogatives des ducs et pairs, et fait le portrait des grands personnages de son temps.

Saint-Sulpice (Compagnie des prêtres de), société de prêtres séculiers *(sulpiciens),* fondée à Vaugirard, en 1641, par Jean-Jacques Olier. Celui-ci, devenu curé de Saint-Sulpice de Paris en 1642, en fixa le siège dans sa paroisse. Les sulpiciens forment les futurs prêtres.

Saint-Sulpice (église), grande église située près du Luxembourg, à Paris. Elle fut reconstruite à partir de 1646 et terminée pour l'essentiel en 1745 par Servandoni, auteur de sa façade à l'antique. Chapelle peinte par Delacroix.

SAINT-SYMPHORIEN-D'OZON (69360), ch.-l. de cant. du Rhône ; 5 093 hab.

SAINT-SYMPHORIEN-SUR-COISE (69590), ch.-l. de cant. du Rhône ; 3 134 hab. *(Pelauds).* Imposante église des XIIIe-XVe s.

SAINT-THÉGONNEC (29410), ch.-l. de cant. du Finistère ; 2 316 hab. Pardon en septembre. — Bel enclos paroissial des XVIe-XVIIIe s.

SAINT THOMAS (île), la plus peuplée des îles Vierges américaines (Antilles) ; 48 166 hab. ; cap. *Charlotte Amalie.*

SAINT-TROJAN-LES-BAINS (17370), comm. de la Charente-Maritime, dans l'île d'Oléron ; 1 647 hab. Station balnéaire. Thalassothérapie.

SAINT-TROND, en néerl. **Sint-Truiden,** v. de Belgique (Limbourg) ; 36 994 hab. Collégiale Notre-Dame, gothique, et autres monuments du Grote Markt ; petits musées.

SAINT-TROPEZ [-pe] (83990), ch.-l. de cant. du Var, sur le *golfe de Saint-Tropez ;* 5 542 hab. *(Tropéziens).* Importante station balnéaire et touristique. Armement. — Citadelle des XVIe-XVIIe s. (Musée naval) ; musée de l'Annonciade (peinture moderne). — Un des lieux du débarquement franco-américain du 15 août 1944.

SAINT-VAAST-LA-HOUGUE [-va-] (50550), comm. de la Manche ; 2 128 hab. Station balnéaire. Ostréiculture. — Fort du XVIIe s.

SAINT-VALERY-EN-CAUX (76460), ch.-l. de cant. de la Seine-Maritime ; 4 962 hab. Port de pêche. Station balnéaire.

SAINT-VALERY-SUR-SOMME (80230), ch.-l. de cant. de la Somme ; 2 739 hab. Port et station balnéaire. — Fortifications médiévales de la ville haute ; église surtout du XIVe s.

SAINT-VALLIER (26240), ch.-l. de cant. de la Drôme ; 4 318 hab. Aéronautique.

SAINT-VALLIER (71230), comm. de Saône-et-Loire ; 9 761 hab. Confection.

SAINT-VARENT (79330), ch.-l. de cant. des Deux-Sèvres ; 2 516 hab.

SAINT-VAURY (23320), ch.-l. de cant. de la Creuse ; 2 058 hab.

SAINT-VÉRAN (05490), comm. des Hautes-Alpes, dans le Queyras ; 271 hab. Village entre 1 990 et 2 040 m d'altitude. Sports d'hiver. — Chalets alpestres typiques.

SAINT-VINCENT (cap), en port. **São Vicente,** cap du Portugal, à l'extrémité sud-ouest de la péninsule Ibérique.

Saint-Vincent-de-Paul (Société), organisation internationale de laïques catholiques, vouée à l'action charitable. Elle fut fondée à Paris, en 1833, par Frédéric Ozanam et six autres jeunes gens.

SAINT-VINCENT-DE-TYROSSE (40230), ch.-l. de cant. des Landes ; 5 531 hab. Agroalimentaire.

SAINT-VINCENT-ET-LES GRENADINES n.m., État des Petites Antilles ; 388 km² ; 120 000 hab. *(Saint-Vincentais-et-Grenadins).* CAP. *Kingstown.* LANGUE : *anglais.* MONNAIE : *dollar des Caraïbes orientales.* (V. carte **Antilles.**) Tourisme. — État formé de l'*île de Saint-Vincent* (345 km²) et d'une partie des Grenadines, indépendant depuis 1979 dans le cadre du Commonwealth.

SAINT-VRAIN (91770), comm. de l'Essonne ; 2 823 hab. Parc zoologique.

SAINT-VULBAS (01150), comm. de l'Ain, sur le Rhône ; 814 hab. Centrale nucléaire, dite « du Bugey ».

SAINT-YORRE (03270), comm. de l'Allier ; 2 897 hab. Eaux minérales. Conditionnement.

SAINT-YRIEIX-LA-PERCHE [-irje-] (87500), ch.-l. de cant. de la Haute-Vienne ; 7 787 hab. *(Arédiens).* Ancien centre de l'extraction du kaolin. — Collégiale romane et gothique.

SAÏS, v. anc. de la Basse-Égypte, sur le delta du Nil, dont les princes fondèrent la XXVIe dynastie (664 - 525 av. J.-C.).

SAISIES (col des), col routier des Alpes françaises, dans le nord de la Savoie ; 1 603 m. Sports d'hiver (alt. 1 603 - 1 950 m).

SAISSET (Bernard), *m. en 1314,* prélat français. Évêque de Pamiers, célèbre par ses démêlés avec Philippe le Bel, contre lequel il soutint le pape.

SAJAMA n.m., sommet des Andes, en Bolivie ; 6 520 m.

SAKAI, v. du Japon (Honshu) ; 807 765 hab. Centre industriel.

SAKALAVA ou **SAKALAVES,** population de l'ouest de Madagascar (env. 550 000).

SAKARYA n.m., fl. de Turquie, qui se jette dans la mer Noire ; 790 km. Aménagement hydroélectrique.

SAKHA, jusqu'en 1991 **Iakoutie,** république de Russie, en Sibérie ; 3 103 200 km² ; 1 093 000 hab. ; cap. *Iakoutsk.* Les Iakoutes de souche ne représentent que le tiers de la population de cet immense territoire, qui compte environ 50 % de Russes.

SAKHA → IAKOUTES.

SAKHALINE (île), île montagneuse de la Russie, à l'E. de l'Asie, entre la mer d'Okhotsk et celle du Japon ; 87 100 km² ; 693 000 hab. Pêcheries. Houille et pétrole. — Partagée en 1905 entre le Japon et la Russie, qui l'occupait depuis les années 1850, elle a été entièrement annexée par l'URSS en 1945.

SAKHAROV (Andreï Dmitrievitch), *Moscou 1921 - id. 1989,* physicien soviétique. Auteur de contributions importantes en physique des particules, il a joué un grand rôle dans la mise au point de la bombe H soviétique. Il fut, dans les années 1970 - 1980, un ardent défenseur des droits de l'homme en URSS. (Prix Nobel de la paix 1975.)

SAKKARAH → SAQQARAH.

SALABERRY-DE-VALLEYFIELD, anc. **Valleyfield,** v. du Canada (Québec), sur le Saint-Laurent ; 28 518 hab. *(Campivallensiens).* Centre industriel.

SALACROU (Armand), *Rouen 1899 - Le Havre 1989,* auteur dramatique français. Son théâtre, à mi-chemin du vaudeville et du drame symbolique, traite les problèmes humains et sociaux du monde moderne *(l'Inconnue d'Arras, l'Archipel Lenoir, Boulevard Durand).*

SALADIN Ier, en ar. **Ṣalāḥ al-Dīn Yūsuf,** *Takrit 1138 - Damas 1193,* sultan ayyubide d'Égypte (1171-1193) et de Syrie (1174-1193). Il réunit sous son autorité l'Égypte, le Hedjaz, la Syrie et la Mésopotamie et se fit le champion de la guerre sainte. Il remporta sur les Latins la bataille de Hattin et s'empara de Jérusalem (1187), ce qui provoqua la troisième croisade. Une paix de compromis fut conclue (1192), qui laissait la Syrie et la Palestine intérieure à Saladin, mais presque toute la côte aux Francs.

SALADO (río), riv. d'Argentine, affl. du Paraná (r. dr.) ; 2 000 km.

Salafiyya n.f., courant réformiste de l'islam qui, au XIXe s., prônait un retour à la religion pure des anciens *(salafi).*

Salagou, barrage et retenue (couvrant 1 000 ha env.) du dép. de l'Hérault, au pied des Cévennes.

SALAM (Abdus), *Jhang 1926 - Oxford 1996,* physicien pakistanais. Il proposa, en 1967, une théorie qui permet d'unifier l'interaction électromagnétique et l'interaction faible. (Prix Nobel 1979.)

SALAMANQUE, en esp. **Salamanca,** v. d'Espagne (Castille-León), ch.-l. de prov. ; 162 888 hab. Université. — L'une des villes d'Espagne les plus riches en monuments du Moyen Âge, de la Renaissance, etc. ; célèbre Plaza Mayor (XVIIIe s.) ; Musée provincial.

SALAMINE, ancienne v. de Chypre. Elle fut au Ier millénaire la cité la plus importante de l'île. — Nécropole des VIIIe-VIIe s. av. J.-C. et ruines du IIe s. au VIe s. apr. J.-C.

Salamine (bataille de) [sept. 480 av. J.-C.], bataille de la seconde guerre médique. Victoire de la flotte grecque commandée par Thémistocle sur la flotte du Perse Xerxès Ier, non loin des côtes de l'île de Salamine, dans le golfe d'Égine.

SALAN (Raoul), *Roquecourbe, Tarn, 1899 - Paris 1984,* général français. Commandant en chef en Indochine (1952 - 1953), puis en Algérie (1956 - 1958), il joua un rôle important dans l'appel au général de Gaulle (1958), dont il combattit ensuite la politique algérienne. En 1961, il participa au putsch d'*Alger, puis fonda l'OAS. Arrêté en 1962 et condamné à la détention perpétuelle, il fut libéré en 1968 et amnistié en 1982.

SALANG (col du), col d'Afghanistan, au N. de Kaboul. Tunnel routier.

SALAVAT, v. de Russie (Bachkortostan) ; 150 000 hab. Pétrochimie.

SALAZAR (António **de Oliveira**), *Vimieiro, près de Santa Comba Dão, 1889 - Lisbonne 1970,* homme politique portugais. Professeur d'économie politique, ministre des Finances (1928), président du Conseil en 1932, il dirigea la politique portugaise à partir de 1933. Il institua l'« État nouveau » (l'*Estado novo*), régime autoritaire fondé sur le nationalisme, le catholicisme, le corporatisme et l'anticommunisme. À partir de la fin des années 1950, il dut faire face à une opposition intérieure grandissante puis, après 1960, aux mouvements nationaux en Afrique portugaise. Il démissionna en 1968 pour raisons de santé.

SALAZIE (97433), comm. de la Réunion, à l'entrée du *cirque de Salazie ;* 7 618 hab. Tourisme.

SALBRIS [-bri] (41300), ch.-l. de cant. de Loir-et-Cher ; 6 179 hab. Armement.

SALDANHA (João Carlos **de Saldanha Oliveira e Daun,** duc **de**), *Azinhaga 1790 - Londres 1876,* homme politique et maréchal portugais. Petit-fils de Pombal, il fut en 1835, puis de 1846 à 1849 et de 1851 à 1856, le véritable maître du pays.

SALÉ, v. du Maroc, à l'embouchure du Bou Regreg, faubourg de Rabat ; 290 000 hab. Aéroport. — Fortifications du XIIIe s.

SALEM, v. des États-Unis, cap. de l'Oregon ; 107 786 hab. Musée Peabody.

SALEM, v. d'Inde (Tamil Nadu) ; 573 685 hab.

SALENGRO (Roger), *Lille 1890 - id. 1936,* homme politique français. Ministre de l'Intérieur du Front populaire (juin 1936), il se suicida après avoir été l'objet d'une campagne de calomnies menée par la presse d'extrême droite.

SALERNE, v. d'Italie (Campanie), ch.-l. de prov., sur le *golfe de Salerne ;* 153 436 hab. Centre commercial, industriel et touristique. — Cathédrale remontant à la fin du XIe s. ; musées. — École de médecine célèbre au Moyen Âge.

■ **SALERNE.** L'école de médecine. Miniature du *Canon Maior* ou *Canon de la médecine* (XIVe -XVe s.) d'Avicenne. (Bibliothèque municipale de Bologne.)

SALERNES (83690), ch.-l. de cant. du Var ; 3 343 hab.

SALERS [salɛrs] (15410), ch.-l. de cant. du Cantal ; 404 hab. *(Sagraniers).* Tourisme. La localité a donné son nom à une race bovine. — Restes d'enceinte, église et maisons surtout du XVe s.

SALETTE-FALLAVAUX (La) [38970], comm. de l'Isère ; 77 hab. Pèlerinage à la basilique N.-D.-de-la-Salette, construite sur le lieu où la Vierge serait apparue à deux jeunes bergers en 1846.

SALÈVE (mont), montagne des Alpes françaises (Haute-Savoie). Téléphérique.

SALGADO (Sebastião), *Aimorés, Minas Gerais, 1944,* photographe brésilien. Opposé à l'image « volée », il partage le quotidien des communautés dont il devient le témoin (*Sahel : l'homme en détresse,* 1986 ; *la Main de l'homme,* 1993 ; *Terra,* 1997 ; *Exodes,* 2000).

SALICETI ou **SALICETTI** (Antoine), *Saliceto, Corse, 1757 - Naples 1809,* homme politique français. Député de la Corse (1789 et 1792), favorable au rattachement à la France, il fut membre du Conseil des Cinq-Cents et ministre de Joseph Bonaparte à Naples.

SALIERI (Antonio), *Legnago 1750 - Vienne 1825,* compositeur italien. Il se fixa à Vienne et composa des opéras (*les Danaïdes,* 1784 ; *Falstaff,* 1799) et de la musique religieuse. La légende selon laquelle il aurait empoisonné à Vienne son rival, Mozart, est sans fondement.

SALIES-DE-BÉARN [salis-] (64270), ch.-l. de cant. des Pyrénées-Atlantiques ; 4 953 hab. *(Salisiens).* Station thermale. Literie. — Vieilles maisons.

SALIES-DU-SALAT [salis-] (31260), ch.-l. de cant. de la Haute-Garonne ; 2 034 hab. *(Salisiens).* Station thermale.

SALIH (Ali Abdallah al-), *Biet Alahamar, région de Sanaa, 1942,* homme politique yéménite. Président de la république arabe du Yémen (Yémen du Nord) à partir de 1978, il est président de la république du Yémen, unifiée, depuis 1990.

SALINAS DE GORTARI (Carlos), *Mexico 1948,* homme politique mexicain, président de la République de 1988 à 1994.

SALIN-DE-GIRAUD (13129), écart de la comm. d'Arles, dans la Camargue. Salines et industries chimiques.

SALINDRES (30340), comm. du Gard ; 3 124 hab. Alumine.

SALINGER (Jerome David), *New York 1919,* écrivain américain. Ses récits et son roman (*l'Attrape-cœur,* 1951) expriment les obsessions et la révolte de la jeunesse américaine contre le conformisme social.

SALINS-LES-BAINS (39110), ch.-l. de cant. du Jura ; 3 487 hab. Station thermale. — Église du XIIIe s., de type cistercien, et autres monuments ; galeries souterraines (XIIe s.) des salines.

Saliout, famille de stations orbitales soviétiques satellisées autour de la Terre entre 1971 et 1982.

SALISBURY, v. de Grande-Bretagne (Angleterre), sur l'Avon ; 36 000 hab. Importante cathédrale gothique du XIIIe s. ; maisons anciennes.

SALISBURY → HARARE.

SALISBURY (Robert **Cecil,** marquis **de**), *Hatfield 1830 - id. 1903,* homme politique britannique. Chef du parti conservateur après la mort de Disraeli (1881), ministre des Affaires étrangères et Premier ministre (1885 - 1892, 1895 - 1902), il combattit le nationalisme irlandais et favorisa le développement de l'Empire, surtout en Afrique ; il dut régler l'affaire de Fachoda (1898) et mena la guerre des Boers (1899 - 1902).

SALLANCHES (74700), ch.-l. de cant. de la Haute-Savoie ; 14 853 hab. Centre touristique et industriel (skis).

SALLAUMINES (62430), comm. du Pas-de-Calais ; 10 748 hab. Industrie automobile.

SALLÉ (Marie), *1707 ? - Paris 1756,* danseuse française. Élégante et raffinée, rivale de Camargo à l'Opéra de Paris, chorégraphe novatrice, elle participa à l'essor du ballet-pantomime (*Pygmalion,* 1734) et travailla avec Rameau.

SALLUIT, village du Canada, dans le nord du Québec, sur le détroit d'Hudson ; 820 hab. *(Sallumiuq).*

SALLUSTE, en lat. **Caius Sallustius Crispus,** *Amiternum, Sabine, 86 - v. 35 av. J.-C.,* historien romain. Protégé de César, gouverneur de Numidie (46), où il fit fortune, il se fit construire à Rome, sur le Quirinal, une maison superbe *(Horti Sallustiani).* À la mort du dictateur, en 44, il se retira et écrivit des ouvrages historiques *(Guerre de Jugurtha, Conjuration de Catilina, Histoires).*

S

SALMANASAR III, roi d'Assyrie (858 - 823 av. J.-C.). Successeur de son père, Assournazirpal II (883 - 858), il mena des campagnes en Ourartou et en Syrie, mais ne put vaincre les rois araméens. Les fouilles, notamm. celles de Nimroud, témoignent de son œuvre de constructeur.

Salo (république de) ou **République sociale italienne** (sept. 1943 - avr. 1945), régime politique établi par Mussolini après sa libération par les Allemands et qui avait pour centre la ville de Salo, sur la rive occidentale du lac de Garde.

SALOMÉ, *m. v. 72 apr. J.-C.,* princesse juive, fille d'Hérodiade. Poussée par sa mère, elle obtint de son beau-père, Hérode Antipas, la tête de saint Jean-Baptiste pour prix de sa danse.

SALOMON (îles), en angl. **Solomon Islands,** État d'Océanie, en Mélanésie ; 30 000 km² ; 390 000 hab. *(Salomonais).* **CAP.** *Honiara.* **LANGUE :** *anglais.* **MONNAIE :** *dollar des îles Salomon.* (V. carte **Océanie.**) Pêche. Exploitation du bois. Coprah. — Partagé en 1899 entre la Grande-Bretagne (partie orientale) et l'Allemagne (Bougainville et Buka), l'archipel a été, de 1942 à 1945, le théâtre de violents affrontements entre Américains et Japonais. L'ancienne partie allemande, sous tutelle australienne à partir de 1921, dépend depuis 1975 de la Papouasie-Nouvelle-Guinée. La partie britannique, qui constitue l'État actuel, a accédé à l'indépendance en 1978.

SALOMON, troisième roi des Hébreux (v. 970 - 931 av. J.-C.). Fils et successeur de David, il fortifia et organisa le royaume de son père, lui assura la prospérité économique et, surtout, fit bâtir le Temple de Jérusalem. Le réveil de l'antagonisme entre les tribus du Nord et celles du Sud provoqua, à sa mort, la scission en deux royaumes : Juda et Israël. La sagesse de Salomon est illustrée par le jugement qu'il prononça en présence de deux femmes qui se disputaient un nouveau-né : le roi ayant ordonné de fendre l'enfant en deux pour en donner la moitié à chacune, l'une des deux femmes poussa un cri, prouvant ainsi qu'elle était sa vraie mère.

SALOMON (Erich), *Berlin 1886 - Auschwitz 1944,* photographe allemand. Son utilisation du petit format, ses instantanés à la lumière ambiante en intérieur et son souci de la vérité font de lui le créateur du reportage photographique moderne.

SALON-DE-PROVENCE (13300), ch.-l. de cant. des Bouches-du-Rhône ; 38 137 hab. *(Salonais).* École de l'air et École militaire de l'air. — Centrale hydroélectrique sur la Durance canalisée. — Monuments anciens ; musées.

SALONE ou **SALONA,** auj. **Solin,** anc. cap. de la province romaine de Dalmatie, dans la banlieue de l'actuelle Split (Croatie). Vestiges romains et paléochrétiens.

SALONIQUE → THESSALONIQUE.

SALOUEN n.f. ou n.m., fl. d'Asie du Sud-Est, né au Tibet et qui rejoint l'océan Indien ; 2 800 km. Elle sépare la Birmanie de la Thaïlande.

SALOUM n.m., fl. du Sénégal, qui se jette dans l'Atlantique ; 250 km.

Salpêtrière (la), hôpital parisien (XIIIe arrond.). Bâtiments du XVIIe s. (chapelle par Bruant).

SALSES → LEUCATE (étang de).

SALSIGNE (11600), comm. de l'Aude, dans la Montagne Noire ; 359 hab. Gisement d'or.

SALT (Strategic Arms Limitation Talks), négociations menées de 1969 à 1979 entre les États-Unis et l'URSS sur la limitation des armements stratégiques.

SALTA, v. d'Argentine ; 373 857 hab.

SALTILLO, v. du nord-est du Mexique, cap. d'État ; 440 845 hab. Centre industriel. — Cathédrale du XVIIIe s.

SALT LAKE CITY, v. des États-Unis, cap. de l'Utah, près du Grand Lac Salé ; 159 936 hab. Centre commercial et industriel fondé en 1847 par les mormons.

SALTO, v. d'Uruguay, sur le fleuve Uruguay ; 81 000 hab. Port fluvial.

SALTYKOV-CHTCHEDRINE (Mikhaïl Ievgrafovitch **Saltykov**, dit), *Spas-Ougol 1826 - Saint-Pétersbourg 1889,* écrivain russe. Ses récits forment une satire de la société provinciale (*la Famille Golovlev,* 1880).

SALUCES, en ital. **Saluzzo,** v. d'Italie (Piémont) ; 15 829 hab. Monuments anciens. — Ce fut le chef-lieu d'un marquisat fondé en 1142, conquis par la Savoie en 1601.

salut (Armée du), organisation religieuse d'origine méthodiste, fondée par W. Booth à Londres, en 1865. Connue jusqu'en 1878 sous le nom de « Mission chrétienne », organisée sur le modèle militaire, elle joint le prosélytisme à l'action charitable et sociale.

SALUT (îles du), petit archipel de la Guyane française, au N. de Cayenne (île du Diable, etc.). Ancien établissement pénitentiaire.

SALVADOR n.m., en esp. **El Salvador,** État d'Amérique centrale, sur le Pacifique ; 21 000 km^2 ; 5 900 000 hab. *(Salvadoriens).* **CAP.** *San Salvador.* **LANGUE** : *espagnol.* **MONNAIE** : *colón salvadorien.* (V. carte **Amérique centrale.**)

GÉOGRAPHIE

Ce pays, au climat tropical, formé de massifs volcaniques ouverts par la vallée du Lempa, a pour ressources essentielles des cultures vivrières (maïs, riz) et commerciales (coton, agrumes et surtout café). La population, en grande majorité métissée, est très dense, bien qu'encore très largement rurale.

HISTOIRE

XVIe s. : conquise par l'Espagne, la région est rattachée à la capitainerie générale du Guatemala. **1822 :** après la proclamation de l'indépendance (1821), le pays est rattaché de force au Mexique. **1823 - 1838 :** il constitue une des Provinces-Unies d'Amérique centrale. **1841 :** le Salvador devient une république. **Fin du XIXe s. :** le pays connaît une succession de conflits entre libéraux et conservateurs. **1931 - 1944 :** le général Maximiliano Hernández Martínez impose sa dictature. **1950 - 1956 :** sous la présidence du colonel Óscar Osorio, des réformes sociales sont entreprises. **1969 :** la « guerre du football » oppose le Salvador au Honduras. **1972 :** les militaires imposent leur candidat contre celui de l'opposition, José Napoleón Duarte. Dès lors sévissent guérilla et terrorisme. **1980 - 1982 :** un putsch installe Duarte à la tête de l'État. **1984 - 1989 :** élu président de la République, ce dernier essaie d'engager un processus de paix dans le pays. **À partir de 1987 :** le Salvador signe avec le Costa Rica, le Guatemala, le Honduras et le Nicaragua des accords (1987 et 1989) visant à rétablir la paix en Amérique centrale. **1989 :** Alfredo Cristiani, candidat de l'Alliance républicaine nationaliste (ARENA, droite), est élu à la présidence de la République. **1992 :** les négociations entre le gouvernement et la guérilla aboutissent à un accord de paix qui met fin à onze ans de guerre civile. **1994 :** Armando Calderón Sol (ARENA) est élu à la tête de l'État. **1999 :** Francisco Flores (ARENA) lui succède. **2000 :** le Front Farabundo Marti de libération nationale (ex-mouvement de guérilla devenu un parti de gauche) gagne les élections législatives.

SALVADOR, anc. **Bahia,** v. du Brésil, cap. de l'État de Bahia ; 2 056 013 hab. (2 472 131 hab. dans l'agglomération). Centre industriel et commercial. — Nombreuses églises baroques (XVIIe-XVIIIe s.) de la ville haute ; nombreux musées.

SALVIATI (Francesco **de' Rossi,** dit Cecchino), *Florence 1510 - Rome 1563,* peintre italien. Maniériste de la seconde génération, il fut un décorateur fécond.

SALZACH n.f., riv. d'Autriche et d'Allemagne, affl. de l'Inn (r. dr.) ; 220 km. Elle passe à Salzbourg.

SALZBOURG, en all. **Salzburg,** v. d'Autriche, ch.-l. de la *prov. de Salzbourg,* sur la Salzach ; 144 000 hab. Archevêché. Université. — Monuments médiévaux et baroques ; musées. — Ville natale de Mozart, en l'honneur de qui est organisé un festival de musique annuel.

■ **SALZBOURG.** Un aspect de la ville, dominée par la forteresse du Hohensalzburg (XIe-XVIe s.).

SALZGITTER, v. d'Allemagne (Basse-Saxe) ; 117 684 hab. Métallurgie.

SALZKAMMERGUT n.m., région montagneuse d'Autriche, sur le cours supérieur de la Traun. Salines.

Sam (Oncle) ou **Uncle Sam,** personnification ironique des États-Unis, dont le nom est tiré des lettres *U.S.Am* (United States of America).

SAMANIDES, dynastie iranienne, qui régna en Transoxiane et au Khorasan de 874 à 999.

SAMAR, île des Philippines ; 470 000 hab.

SAMARA, de 1935 à 1990 **Kouïbychev,** v. de Russie, sur la Volga ; 1 239 000 hab. Port fluvial. Centrale hydroélectrique. Centre industriel.

SAMARIE, région de la Palestine centrale. (Hab. *Samaritains.*) — **Samarie,** anc. ville de Palestine, fondée v. 880 av. J.-C., cap. du royaume d'Israël. Sa destruction en 721 av. J.-C. par Sargon II marqua la fin du royaume d'Israël. Elle fut magnifiquement reconstruite par Hérode le Grand, qui lui donna le nom de *Sébasté* (auj. Sabastiyya).

SAMARINDA, v. d'Indonésie, dans l'est de Bornéo ; 335 000 hab. Port.

Samaritain (le Bon), personnage principal d'une parabole de l'Évangile, proposé comme un modèle de la véritable charité.

SAMARKAND, v. d'Ouzbékistan, en Asie centrale ; 366 000 hab. Agroalimentaire. Tourisme. — Monuments des XIVe-XVIIe s., dont les mausolées à coupole de la nécropole de Chah-e Zendeh et celui de Timur Lang, le Gur-e Mir. — Timur Lang en fit sa capitale à la fin du XIVe s. Samarkand fut conquise par les Russes en 1868.

SAMARRA, v. d'Iraq, au N. de Bagdad ; 63 000 hab. Capitale des califes abbassides de 836 à 892. — Vestiges de mosquées et de palais.

■ **SAMARKAND.** La place du Rigestan ; à gauche la madrasa d'Ulug̃ Beg (1417 - 1420) et au fond la madrasa Chir Dar (XVIIe s.).

SAMBIN (Hugues), *Gray 1518 - Dijon v. 1601,* menuisier, sculpteur et architecte français. Il est l'un des principaux protagonistes de la Renaissance en Bourgogne (armoire, au Louvre ; façade du palais de justice de Besançon ; etc.).

SAMBRE n.f., riv. de France et de Belgique, affluent de la Meuse (r. g.), à Namur ; 190 km. Elle passe à Maubeuge et à Charleroi.

SAMBREVILLE, comm. de Belgique (prov. de Namur) ; 27 372 hab.

SAMER [-me] (62830), ch.-l. de cant. du Pas-de-Calais ; 3 233 hab.

SAMET → LAPONS.

SAMMARTINI (Giovanni Battista), *Milan 1700 ou 1701 - id. 1775,* compositeur italien. Il a contribué au développement de l'art instrumental classique (sonates, symphonies, concertos).

SAMNITES, peuple italique établi dans le Samnium. Les Samnites furent soumis par Rome au IIIe s. av. J.-C., après trois longues guerres de 343 à 290 ; c'est au cours de cette lutte que les Romains subirent l'humiliante défaite des fourches Caudines (321 av. J.-C.).

SAMNIUM, dans l'Antiquité, région montagneuse de l'Italie centrale, habitée par les Samnites.

SAMOA n.f. pl., archipel d'Océanie, formé de l'État des *Samoa* et des *Samoa américaines.* Découvert en 1722 par les Néerlandais, l'archipel fut partagé en 1900 entre les Américains *(Samoa américaines)* et les Allemands (*Samoa occidentales,* auj. *Samoa*).

SAMOA, anc. **Samoa occidentales,** État d'Océanie ; 2 842 km^2 ; 175 000 hab. *(Samoans).* **CAP.** *Apia.* **LANGUES** : *samoan* et *anglais.* **MONNAIE** : *tala.* (V. carte **Océanie.**) Coprah. Bananes et agrumes. Pêche. Tourisme. — Sous tutelle néo-zélandaise à partir de 1920, les Samoa occidentales deviennent indépendantes en 1962, entrent dans le Commonwealth en 1970, à l'ONU en 1976, et prennent le nom de Samoa en 1997.

SAMOA AMÉRICAINES, parfois **Samoa orientales,** partie orientale et dépendance américaine de l'archipel des Samoa (197 km^2 ; 46 773 hab.). [V. carte **Océanie.**] Elles sont administrées par un gouverneur dépendant de Washington.

SAMOËNS [-mɔɛ̃s] (74340), ch.-l. de cant. de la Haute-Savoie ; 2 368 hab. Sports d'hiver (alt. 720 - 2 480 m). — Église du XVIe s. ; jardin botanique alpin.

SAMORY TOURÉ, *Manyambaladougou v. 1830 - N'Djolé 1900,* chef malinké. Il se constitua à partir de 1861 un empire à l'est du Niger, se heurtant dès 1882 aux Français. Sa politique d'islamisation forcée provoqua l'insurrection de 1888 - 1890. Après la reprise de l'offensive française (1891), il abandonna son ancien domaine et conquit une partie de la Côte d'Ivoire et du Ghana. Il fut arrêté par les Français en 1898.

SAMOS, île grecque de la mer Égée, proche de la Turquie ; 472,5 km^2 ; 41 850 hab. ; ch.-l. *Samos* (7 828 hab.). Vestiges, dont ceux du grand temple d'Héra, fondé au VIIIe s. av. J.-C. et ceux du tunnel qui alimentait la ville en eau ; musée. — Vins doux.

SAMOTHRACE, île grecque de la mer Égée, près des côtes de la Thrace ; 178 km^2 ; 3 000 hab. En 1863 y fut mise au jour la célèbre statue de la **Victoire* (Louvre). Vestiges antiques ; musée.

SAMOYÈDES, ensemble de peuples de Russie (toundra du nord de l'Europe au Ienisseï, presqu'île de Taïmyr, taïga de Sibérie occidentale) [env. 40 000]. Composés de quatre groupes (*Nenets, Enets, Nganasans et Selkoupes), ils se partagent entre chasseurs et pêcheurs (seminomades), et éleveurs de rennes (nomades). Formellement convertis à l'orthodoxie, ils restent chamanistes. Leurs langues forment un sous-groupe de la famille finno-ougrienne.

SAMPAIO (Jorge), *Lisbonne 1939,* homme politique portugais. Secrétaire général du Parti socialiste (1989 - 1992), maire de Lisbonne (1990 - 1995), il est président de la République depuis 1996.

SAMPIERO D'ORNANO ou **CORSO → ORNANO.**

SAMPRAS (Pete), *Washington 1971,* joueur de tennis américain. Ayant remporté quatre titres à Flushing Meadow (1990, 1993, 1995 et 1996), sept à Wimbledon (1993, 1994, 1995, 1997, 1998, 1999 et 2000) et deux aux Internationaux d'Australie (1994 et 1997), il détient le record du nombre de victoires en tournois du grand chelem (13).

SAMSON, *XIIe s. av. J.-C.,* un des Juges d'Israël. Âme de la résistance contre les Philistins, célèbre pour sa force herculéenne, qui résidait dans sa chevelure, il fut vaincu par Dalila, qui lui coupa les cheveux. Enfermé dans un temple philistin, il retrouva sa force et provoqua l'écroulement de l'édifice. – Son histoire a inspiré à Saint-Saëns un opéra en 3 actes, sur un livret de F. Lemaire (*Samson et Dalila,* 1877).

SAMSUN, v. de Turquie, sur la mer Noire ; 303 979 hab. Port.

SAMUEL, *XIe s. av. J.-C.,* le dernier des Juges d'Israël. Les deux livres bibliques qui portent son nom couvrent la période qui va de l'institution de la monarchie, dans laquelle il joua un rôle important, à la fin du règne de David.

SAMUELSON (Paul Anthony), *Gary, Indiana, 1915,* économiste américain. Auteur de *l'Économique* (1948), il a développé la théorie économique statique et dynamique. (Prix Nobel 1970.)

SAN → BOCHIMANS.

SANAA, cap. du Yémen, à 2 350 m d'alt. ; 428 000 hab. Pittoresque vieille ville aux maisons à étages construites en terre et en brique.

SANAGA n.f., principal fl. du Cameroun ; 520 km. Aménagements hydroélectriques.

SAN AGUSTÍN, v. de Colombie, au S. de Cali. Éponyme d'une culture précolombienne (VIe s. av. J.-C. - v. XIIe s. apr. J.-C.), elle est célèbre pour ses sculptures mégalithiques.

SANANDADJ, v. d'Iran, ch.-l. du Kurdistan iranien ; 244 039 hab.

SAN ANDREAS (faille de), fracture de l'écorce terrestre allant du golfe de Californie au N. de San Francisco.

SAN ANTONIO, v. des États-Unis (Texas) ; 935 933 hab. Centre touristique et industriel.

San-Antonio, policier truculent et burlesque, personnage principal d'une série de romans de Frédéric Dard.

SANARY-SUR-MER (83110), comm. du Var ; 17 177 hab. Station balnéaire.

SAN BERNARDINO n.m., col des Alpes suisses, entre la haute vallée du Rhin postérieur et la Moesa (affl. du Tessin) ; 2 065 m. Tunnel routier à 1 600 m d'alt.

SAN BERNARDINO, v. des États-Unis (Californie) ; 164 164 hab. Alimentation. Aéronautique.

SAN BERNARDO, v. du Chili, banlieue sud de Santiago ; 184 915 hab.

SANCERRE (18300), ch.-l. de cant. du Cher, près de la Loire ; 1 952 hab. Vins.

SANCERROIS n.m., région de collines s'étendant à l'O. de Sancerre. Vins blancs (surtout).

SANCHE, nom porté (XIe-XIIIe s.) par de nombreux souverains d'Aragon, de Castille, de León, de Navarre et de Portugal. – **Sanche Ier Ramírez,** *1043 - Huesca 1094,* roi d'Aragon (1063 - 1094) et de Navarre (Sanche V) [1076 - 1094]. Il mena vigoureusement la Reconquista. – **Sanche III Garcés el Grande** ou **el Mayor,** *v. 992 - 1035,* roi de Navarre (v. 1000 - 1035), comte de Castille (1028 - 1029). Dominant presque toute l'Espagne chrétienne, il prit, le premier, le titre de *rex Iberorum.* – **Sanche Ier o Povoador,** *Coimbra 1154 - id. 1211,* roi de Portugal (1185 - 1211), de la dynastie de Bourgogne. Il colonisa et organisa les territoires du Sud (Algarve) pris sur les Almohades.

Sancho Pança, écuyer de *Don Quichotte, dans le roman de Cervantès. Son bon sens s'oppose aux folles imaginations de son maître.

SANCHUNG, v. de Taïwan, banlieue nord-ouest de Taipei ; 375 996 hab.

SANCI, haut lieu de l'art bouddhique indien (Madhya Pradesh). Nombreux stupas aux vedika et toranas sculptés, sanctuaires et monastères, du IIe s. av. J.-C. au XIe s. apr. J.-C. Riche musée.

SANCOINS (18600), ch.-l. de cant. du Cher ; 3 618 hab. Marché.

SAN CRISTÓBAL, v. du Venezuela, cap. de l'État de Táchira ; 220 675 hab.

SANCY (puy de), point culminant du Massif central (France), dans les monts Dore ; 1 885 m. Téléphérique.

SAND (Aurore **Dupin,** baronne **Dudevant,** dite George), *Paris 1804 - Nohant 1876,* femme de lettres française. Sa vie et son œuvre évoluèrent au gré de ses passions (J. Sandeau, Musset, P. Leroux, Chopin) et de ses convictions humanitaires. Auteur de romans d'inspiration sentimentale (*Indiana,* 1832 ; *Lélia,* 1833), sociale (*le Compagnon du tour de France,* 1840 ; *Consuelo,* 1842 - 1843) et rustique (*la Mare au diable,* 1846 ; *François le Champi,* 1847 - 1848 ; *la Petite Fadette,* 1849), elle a laissé une importante autobiographie (*Histoire de ma vie,* 1854 - 1855) et une immense *Correspondance.*

SANDAGE (Allan Rex), *Iowa City 1926,* astrophysicien américain. Ses travaux portent sur l'Univers extragalactique et la cosmologie. Il a découvert le premier quasar (1960) en identifiant la contrepartie optique d'une radiosource compacte. (Prix Crafoord 1991.)

SANDBURG (Carl), *Galesburg, Illinois, 1878 - Flat Rock, Caroline du Sud, 1967,* poète américain. Marqué par l'*unanimisme, il trouve son inspiration dans la civilisation urbaine et industrielle de l'Amérique moderne (*Fumée et acier,* 1920).

SANDEAU (Julien, dit Jules), *Aubusson 1811 - Paris 1883,* écrivain français. Romancier (*Mademoiselle de La Seiglière, la Roche aux mouettes),* il fut l'amant de G. Sand, à qui il donna son nom de plume. (Acad. fr.)

SANDER (August), *Herdorf, Rhénanie-Palatinat, 1876 - Cologne 1964,* photographe allemand. Son témoignage sur toutes les couches sociales de l'Allemagne prénazie est d'un réalisme parfois féroce.

SANDGATE, station balnéaire de Grande-Bretagne (Angleterre), sur le pas de Calais.

Sandhurst (école militaire de), école militaire britannique interarmes de l'armée de terre. Créée en 1801 à Sandhurst, elle fut transférée en 1947 à Camberley (auj. Frimley Camberley).

SAN DIEGO, v. des États-Unis (Californie), sur le Pacifique *(baie de San Diego) ;* 1 110 549 hab. (2 498 016 hab. dans l'agglomération). Base navale et port de pêche (thon). Constructions aéronautiques. – Institut océanographique ; musées.

SANDOMIERZ, v. du sud-est de la Pologne, sur la Vistule ; 26 700 hab. Cathédrale et hôtel de ville des XIVe-XVIIe s.

SANDOUVILLE (76430), comm. de la Seine-Maritime ; 761 hab. Automobiles.

SANDWICH (îles) **→ HAWAII.**

SANEM, v. du Luxembourg méridional ; 11 534 hab. Métallurgie.

SAN FRANCISCO, v. des États-Unis (Californie), sur la *baie de San Francisco,* qui débouche dans le Pacifique par la Golden Gate ; 723 959 hab. (1 603 678 hab. dans l'agglomération). Port important, débouché de la région ouest des États-Unis. Centre industriel (raffinage du pétrole, construction navale et automobile). – Musées d'art. – Détruite par un séisme en 1906, la ville fut rapidement reconstruite.

San Francisco (conférences de), réunions internationales nées de la Seconde Guerre mondiale. La première conférence (25 avr.-26 juin 1945) établit la charte des Nations unies ; la seconde (4 - 8 sept. 1951) élabora le traité de paix (de San Francisco) entre le Japon et la plupart des Alliés.

SANGALLO (les), architectes florentins, maîtres de la Renaissance classique. – **Giuliano Giamberti,** dit **Giuliano da S.,** *Florence v. 1443 - id. 1516,* architecte italien. Il a donné les deux édifices les plus représentatifs de la fin du XVe s., la villa de Poggio a Caiano (entre Florence et Pistoia), qui annonce Palladio, et l'église S. Maria delle Carceri de Prato. – **Antonio Giamberti,** dit **Antonio da S. l'Ancien,** *Florence v. 1453 - id. v. 1534,* architecte italien, frère de Giuliano. Il collabora avec celui-ci (par ex. à St-Pierre de Rome), réalisa des forteresses, puis construisit à Montepulciano l'église S. Biagio (1518). – **Antonio Cordini,** dit **Antonio da S. le Jeune,** *Florence 1484 - Rome 1546,* architecte italien, neveu de Giuliano et d'Antonio. Il développa l'agence familiale au service des papes Médicis. Son palais Farnèse, à Rome, montre une maîtrise totale des leçons antiques.

■ GEORGE **SAND** par A. Charpentier.
(Musée Carnavalet, Paris.)

SANGATTE (62231), comm. du Pas-de-Calais ; 4 129 hab. Station balnéaire.

SANGER (Frederick), *Rendcombe, Gloucestershire, 1918,* biochimiste britannique. Il a étudié la structure des protéines et a établi celle de la molécule d'insuline (1955). Dans les années 1970 - 1980, il a déterminé la structure de plusieurs ADN, notamm. viraux. (Prix Nobel de chimie 1958 et 1980.)

SANGHA n.f., riv. d'Afrique centrale, affl. du Congo (r. dr.) ; 1 700 km env.

SAN GIMIGNANO, v. d'Italie (Toscane) ; 7 043 hab. Cité médiévale bien conservée, que dominent treize tours de palais. Cathédrale remontant au XIIe s. (œuvres d'art) ; églises, dont S. Agostino (fresques de Gozzoli) ; musées.

SANGLI, v. d'Inde (Maharashtra) ; 363 728 hab.

SANGNIER (Marc), *Paris 1873 - id. 1950,* journaliste et homme politique français. Il développa dans le Sillon, mouvement créé en 1894, les idées d'un catholicisme social et démocratique. Désavoué par Pie X (1910), il fonda la Jeune République (1912). Il fut le créateur de la Ligue française des auberges de la jeunesse (1929).

SANGUINAIRES (îles), îles de Corse, à l'entrée du golfe d'Ajaccio.

SANHADJA, l'un des principaux groupes de tribus berbères, selon une classification historique héritée d'*Ibn Khaldun ; la dynastie marocaine des Almoravides s'y rattache.

SAN JOSÉ, cap. du Costa Rica, à plus de 1 100 m d'alt. ; 297 000 hab. Musée national.

SAN JOSE, v. des États-Unis (Californie) ; 782 248 hab. (1 497 577 hab. dans l'agglomération). Musée de la Technologie.

SAN JOSÉ DE CÚCUTA → CÚCUTA.

SAN JUAN, v. d'Argentine, en bordure des Andes ; 119 399 hab.

SAN JUAN, cap. de Porto Rico ; 438 000 hab. (plus de 800 000 hab. dans l'agglomération). Noyau urbain remontant au XVIe s. ; musées.

SAN JUAN DE PASTO → PASTO.

SANJURJO (José), *Pampelune 1872 - Estoril 1936,* général espagnol. Il prépara le soulèvement militaire de 1936 avec Franco, mais périt dans un accident d'avion.

SANKT ANTON AM ARLBERG, station de sports d'hiver (alt. 1 304 - 2 811 m) d'Autriche (Tyrol) ; 2 100 hab.

SANKT FLORIAN, v. d'Autriche (Haute-Autriche), au S.-E. de Linz ; 15 000 hab. Célèbre abbaye reconstruite en style baroque (1686 - 1751) par Carlo Antonio Carlone et Jakob Prandtauer.

SANKT PÖLTEN, v. d'Autriche, ch.-l. de la Basse-Autriche ; 50 000 hab. Monuments baroques, dont la cathédrale (d'origine romane).

SAN LORENZO, v. du centre du Paraguay ; 133 000 hab.

SAN LUIS POTOSÍ, v. du Mexique, cap. de l'*État de San Luis Potosí ;* 525 819 hab. Métallurgie. – Cathédrale et églises baroques ; musées.

SAN MARTÍN (José **de**), *Yapeyú 1778 - Boulogne-sur-Mer 1850,* général et homme politique argentin. En 1817 - 1818, il libéra le Chili et contribua à l'indépendance du Pérou, dont il devint Protecteur (1821). En désaccord avec Bolívar, il démissionna (1822) et s'exila en Europe.

SAN-MARTINO-DI-LOTA (20200), ch.-l. de cant. de la Haute-Corse ; 2 785 hab.

SAN MIGUEL, v. du Salvador ; 183 000 hab.

SAN MIGUEL DE TUCUMÁN, v. du nord-ouest de l'Argentine ; 473 014 hab. Université. Tourisme. – Centre d'époque coloniale ; musées.

SANNAZZARO (Iacopo), *Naples 1455 - id. 1530,* poète et humaniste italien. Son roman en prose et en vers, *l'Arcadie,* eut une influence capitale sur le genre pastoral.

SANNOIS (95110), ch.-l. de cant. du Val-d'Oise, au pied des *buttes de Sannois ;* 25 887 hab.

SAN PEDRO, v. du sud-ouest de la Côte d'Ivoire ; 32 000 hab. Port.

SAN PEDRO SULA, v. du nord-ouest du Honduras ; 326 000 hab.

SANRAKU ou **KANO SANRAKU → KANO.**

SAN REMO ou **SANREMO,** v. d'Italie (Ligurie), sur la Méditerranée ; 55 786 hab. Station touristique et balnéaire.

San Remo (conférence de) [19 - 26 avr. 1920], conférence de la fin de la Première Guerre mondiale. Les Alliés, réunis à San Remo (Italie), devaient débattre de l'exécution du traité de Versailles et préparer le traité de Sèvres avec l'Empire ottoman.

S

SAN SALVADOR, cap. du Salvador ; 1 522 000 hab. dans l'agglomération. Située au pied du volcan *San Salvador,* elle fut plusieurs fois ravagée par des séismes.

SAN SALVADOR DE JUJUY, v. du nord-ouest de l'Argentine ; 181 318 hab.

SANSON, famille de bourreaux parisiens, d'origine florentine, dont les membres furent, de 1688 à 1847, exécuteurs des hautes œuvres à Paris. — **Charles S.,** *Paris 1740 - 1806,* guillotina Louis XVI.

SANSOVINO (Andrea **Contucci**, dit [**il**]), *Monte San Savino, Arezzo, 1460 - id. 1529,* sculpteur italien. D'un classicisme délicat, il a travaillé à Florence (*Baptême du Christ* du baptistère, 1502 - 1505), à Rome, à Lorette. — **Jacopo Tatti,** dit [**il**] **S.,** *Florence 1486 - Venise 1570,* sculpteur et architecte italien, fils adoptif d'Andrea. Il a surtout travaillé à Venise (*loggetta* du campanile de St-Marc [1536 - 1540], Libreria Vecchia).

San Stefano (traité de) [3 mars 1878], traité conclu à l'issue de la guerre russo-turque de 1877 - 1878. Signé entre la Russie victorieuse et l'Empire ottoman vaincu à San Stefano (auj. Yeşilköy, près d'Istanbul), il favorisait l'influence russe dans les Balkans. Il fut révisé au congrès de Berlin (1878).

SANTA ANA, v. des États-Unis (Californie) ; 293 742 hab.

SANTA ANA, v. du Salvador, au pied du *volcan de Santa Ana* (2 386 m) ; 208 000 hab.

SANTA ANNA (Antonio **López de**), *Jalapa 1794 - Mexico 1876,* général et homme politique mexicain. Président de la République (1833), battu et fait prisonnier par les Texans (San Jacinto, 1836), il dut reconnaître l'indépendance du Texas. De nouveau battu par les Américains (1847), il s'exila avant la signature du traité (1848) consacrant la perte du Nouveau-Mexique et de la Californie. Il se proclama dictateur à vie en 1853, mais fut évincé en 1855.

SANTA CATARINA, État du Brésil méridional ; 4 536 433 hab. ; cap. *Florianópolis.*

SANTA CLARA, v. de Cuba ; 203 800 hab. Mausolée de Che Guevara.

SANTA CRUZ, v. de Bolivie, à l'E. des Andes ; 694 616 hab.

SANTA CRUZ (îles), archipel d'Océanie, partie orientale de l'État des Salomon ; 16 500 hab.

SANTA CRUZ DE TENERIFE, ch.-l. des Canaries, et ch.-l. de prov., sur *l'île de Tenerife ;* 222 892 hab. Port. Raffinerie de pétrole.

SANTA FE, v. d'Argentine, près du Paraná ; 442 214 hab. Églises des XVIIe et XVIIIe s.

SANTA FE, v. des États-Unis, cap. du Nouveau-Mexique ; 55 859 hab. Musées, dont celui du Nouveau-Mexique.

SANTA FE DE BOGOTÁ → BOGOTÁ.

SANTA ISABEL → MALABO.

SANTA MARIA, v. du Brésil, à l'O. de Porto Alegre ; 217 565 hab.

SANTA MARTA, v. de Colombie, sur la mer des Antilles ; 286 400 hab. Port.

SANTA MONICA, v. des États-Unis (Californie), sur l'océan Pacifique ; 88 000 hab. Station balnéaire. Constructions aéronautiques.

SANTANDER, v. d'Espagne, ch.-l. de la Cantabrique, sur le golfe de Gascogne ; 191 079 hab. Port. — Musée de Préhistoire et d'Archéologie.

SANTANDER (Francisco **de Paula**), *Rosario de Cúcuta 1792 - Bogotá 1840,* homme politique colombien. Vice-président de la Grande-Colombie (1821 - 1828), il conspira contre Bolívar, s'exila, puis fut président de la république de la Nouvelle-Grenade (1833 - 1837). Il est le fondateur de la Colombie moderne.

SANTARÉM, v. du Brésil, au confluent de l'Amazone et du Tapajós ; 265 105 hab. Port fluvial.

SANTARÉM, v. du Portugal (Ribatejo), sur le Tage ; 23 690 hab. Églises du XIIIe au XVIIe s. ; musée d'Archéologie médiévale.

SANTER (Jacques), *Wasserbillig 1937,* homme politique luxembourgeois. Premier ministre du Luxembourg (1984 - 1995), il a été président de la Commission européenne de 1995 à 1999.

SANTERRE (Antoine), *Paris 1752 - id. 1809,* général français. Il commanda la Garde nationale de Paris (1792 - 1793) pendant la Révolution et fut général de division en Vendée.

SANTIAGO, cap. du Chili ; 4 385 000 hab. Archevêché. Université. Centre commercial et industriel, qui regroupe près du tiers de la population du Chili. — Beaux parcs. Musées. — La ville fut fondée en 1541 par Pedro de Valdivia.

■ **SANTIAGO.** La ville vue du Cerro San Cristóbal.

SANTIAGO, v. de Cuba ; 434 500 hab. Port. — Monuments d'époque coloniale. — Le 3 juill. 1898, lors de la guerre hispano-américaine, une escadre espagnole y fut détruite par la flotte américaine.

SANTIAGO ou **SANTIAGO DE LOS CABALLEROS,** v. de la République dominicaine ; 489 500 hab.

SANTIAGO DEL ESTERO, v. du nord de l'Argentine ; 201 709 hab.

SANTILLANA (Íñigo **López de Mendoza,** marquis **de**), *Carrión de los Condes 1398 - Guadalajara 1458,* homme de guerre et écrivain espagnol. Il introduisit le sonnet dans la poésie espagnole.

SÄNTIS n.m., sommet des Alpes suisses ; 2 502 m. Téléphérique.

SANTO ANDRÉ, v. du Brésil, banlieue industrielle de São Paulo ; 613 672 hab.

SANTORIN ou **THÍRA,** île de Grèce, qui donna son nom à un archipel du sud des Cyclades. Volcan actif. — Vestiges (habitat, peinture murale) d'Akrotíri, principal centre de la civilisation cycladique, détruit v. 1500 av. J.-C. par une éruption volcanique.

SANTOS, v. du Brésil (État de São Paulo) ; 428 526 hab. Port. Exportation du café.

SANTOS-DUMONT (Alberto), *Palmyra, auj. Santos Dumont, Minas Gerais, 1873 - São Paulo 1932,* aéronaute et aviateur brésilien. Après avoir créé plusieurs modèles de dirigeables (1898 - 1905), il s'illustra comme pionnier de l'aviation, effectuant le 23 octobre 1906 le premier vol propulsé homologué en Europe. Ses avions du type *Demoiselle* sont les précurseurs des ULM.

SAO, ancienne population africaine non musulmane. Formés de groupes distincts par leur langue et leur mode de vie, les Sao s'établirent à partir du Ier s. au S. du lac Tchad. Des tumulus ont livré des statuettes d'argile et des bronzes.

SÃO BERNARDO DO CAMPO, v. du Brésil, banlieue industrielle de São Paulo ; 565 171 hab.

SÃO FRANCISCO n.m., fl. du Brésil, né dans le Minas Gerais et qui rejoint l'Atlantique ; env. 3 100 km. Aménagements hydroélectriques.

SÃO GONÇALO, v. du Brésil, banlieue de Rio de Janeiro ; 747 891 hab.

SÃO JOÃO DE MERITI, v. du Brésil, banlieue de Rio de Janeiro ; 425 038 hab.

SÃO JOSÉ DOS CAMPOS, v. du Brésil, entre São Paulo et Rio de Janeiro ; 442 728 hab.

SÃO LUÍS ou **SÃO LUÍS DO MARANHÃO,** v. du nord du Brésil, cap. de l'État de Maranhão, sur l'Atlantique ; 695 780 hab. Vieux quartiers aux monuments des XVIIe-XVIIIe s.

SÃO MIGUEL, la plus grande île des Açores ; 747 km² ; 126 000 hab. ; ch.-l. *Ponta Delgada.*

SAÔNE [son] n.f., riv. de l'est de la France, née dans le dép. des Vosges, affl. du Rhône (r. dr.), qu'elle rejoint à Lyon ; 480 km ; bassin de près de 30 000 km². Elle passe à Chalon-sur-Saône et à Mâcon et régularise le régime du Rhône grâce à ses hautes eaux hivernales.

SAÔNE (HAUTE-) [70], dép. de la Région Franche-Comté ; ch.-l. de dép. *Vesoul ;* ch.-l. d'arrond. *Lure ;* 2 arrond. ; 32 cant. ; 545 comm. ; 5 360 km² ; 229 732 hab. *(Haut-Saônois).* Le dép. appartient à l'académie et à la cour d'appel de Besançon, à la zone de défense Est. Aux confins des Vosges et de la Lorraine, il s'étend principalement sur les plateaux et les plaines encadrant le cours supérieur de la Saône, souvent boisés, domaines d'une polyculture à base céréalière et surtout de l'élevage (plus riche cependant dans les fonds de vallée). L'industrie est représentée par la construction automobile (à Vesoul et à Lure), la petite métallurgie et le travail du bois. La densité de population n'atteint pas la moitié de la moyenne nationale.

SAÔNE-ET-LOIRE n.f. (71), dép. de la Région Bourgogne ; ch.-l. de dép. *Mâcon ;* ch.-l. d'arrond. *Autun, Chalon-sur-Saône, Charolles, Louhans ;* 5 arrond. ; 57 cant. ; 573 comm. ; 8 574 km² ; 544 893 hab. *(Saône-et-Loiriens).* Le dép. appar-

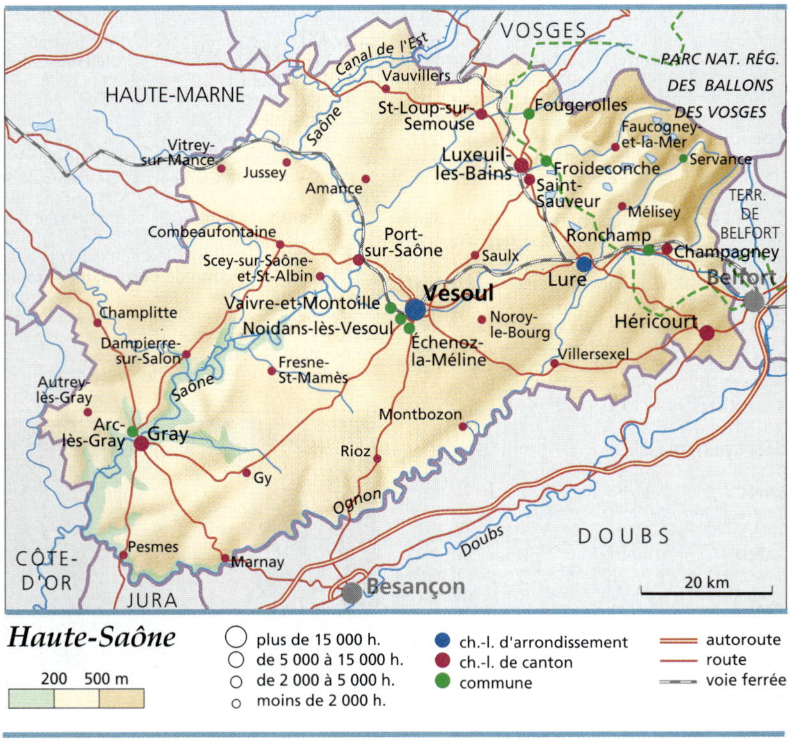

tient à l'académie et à la cour d'appel de Dijon, à la zone de défense Est. En dehors de la partie septentrionale de la Bresse, où l'élevage (bovins et volailles) est associé à la polyculture, et de la vallée de la Saône, qui juxtapose cultures céréalières, betteravières, maraîchères et prairies, il occupe le nord-est du Massif central. Le vignoble s'étend sur la côte chalonnaise et couvre le pied des monts du Mâconnais. L'élevage demeure la principale ressource du Charolais, séparé par le sillon Bourbince-Dheune des hauteurs boisées de l'Autunois, elles-mêmes limitées par le Morvan, également forestier. L'industrie, diversifiée, tient encore une place importante. Représentée surtout par la métallurgie de transformation, la chimie et le textile, elle est présente dans le sillon Bourbince-Dheune et dans la vallée de la Saône (grand axe de circulation).

SÃO PAULO, v. du Brésil, cap. de l'*État de São Paulo ;* 9 480 427 hab. *(Paulistes)* [15 199 423 hab. dans l'agglomération]. Université. Plus grande ville et métropole économique du Brésil (textile, métallurgie, constructions mécaniques et électriques, chimie, alimentation, édition). — Musées. Biennale d'art moderne.

SÃO PAULO (État de), État le plus peuplé du Brésil ; 248 256 km² ; 31 192 818 hab. ; cap. *São Paulo.* Café.

SÃO TOMÉ ET PRÍNCIPE n.m., État d'Afrique, dans le golfe de Guinée ; 964 km² ; 130 000 hab. *(Santoméens).* CAP. *São Tomé.* LANGUE : *portugais.* MONNAIE : *dobra.* Le pays est formé des îles *São Tomé* (836 km²), qui regroupe plus de 95 % de la population totale, et de *Príncipe* (ou *île du Prince ;* 128 km²). Production de cacao, café, huile de palme et coprah. — Ancienne colonie portugaise, indépendante depuis 1975.

SÃO VINCENTE, v. du Brésil, près de Santos ; 264 718 hab.

SAPIR (Edward), *Lauenburg, Allemagne, 1884 - New Haven, Connecticut, 1939,* linguiste américain. Il a dégagé la notion de phonème et proposé une nouvelle typologie des langues, fondée sur des critères formels (syntaxe et sémantique) et non plus historiques. C'est l'un des initiateurs du courant structuraliste.

SAPOR → **CHÂHPUHR.**

SAPPHO ou **SAPHO,** *Lesbos fin du* VII*e s. - id.* VI*e s. av. J.-C.,* poétesse grecque. Les fragments qui nous sont parvenus de ses neuf livres de poèmes, très célèbres dans l'Antiquité, chantent la passion et le désir.

SAPPORO, v. du Japon, ch.-l. de l'île de Hokkaido ; 1 671 742 hab. Centre administratif, commercial et industriel.

■ **SÃO PAULO**

■ **SAQQARAH.** Entrée de l'enceinte à redans qui entourait le complexe funéraire du roi Djoser et sa pyramide à degrés ; Ancien Empire, IIIe dynastie.

SAQQARAH ou **SAKKARAH,** village d'Égypte, faubourg de l'anc. Memphis. Immense nécropole aux nombreuses pyramides, dont celle à degrés, qui constitue un élément impressionnant du complexe funéraire de Djoser (XXVIIIe s. av. J.-C.). L'époque tardive est illustrée par le *Serapeum.

SARAGAT (Giuseppe), *Turin 1898 - Rome 1988,* homme politique italien. Fondateur du Parti socialiste démocratique italien (1947), il fut président de la République de 1964 à 1971.

SARAGOSSE, en esp. **Zaragoza,** v. d'Espagne, cap. de l'Aragon, sur l'Èbre ; 594 394 hab. Archevêché (1317). Université (1474). Centre administratif, commercial et industriel. — Aljafería, anc. palais des souverains arabes, puis des Rois Catholiques ; cathédrale des XIIe-XVIe s., au riche mobilier (musée de tapisseries) ; basilique du Pilar (XVIIe-XVIIIe s.). Musée provincial. — La ville soutint un siège héroïque contre les Français (1808 - 1809).

SARAH ou **SARA,** personnage biblique, épouse d'Abraham et mère d'Isaac.

S

Saône-et-Loire

200 500 m

○ plus de 50 000 h. ○ de 20 000 à 50 000 h. ○ de 2 000 à 20 000 h. ○ moins de 2 000 h.

● ch.-l. d'arrondissement ● ch.-l. de canton ● commune

autoroute — route — voie ferrée

SARAJEVO, cap. de la Bosnie-Herzégovine ; 415 600 hab. *(Sarajéviens).* Mosquées turques ; musées. – La ville a été gravement touchée par la guerre civile en ex-Yougoslavie (1992 - 1995).

Sarajevo (attentat de) [28 juin 1914], attentat qui fut à l'origine de la Première Guerre mondiale. Il fut perpétré par le Serbe G. Princip contre l'archiduc François-Ferdinand, héritier du trône d'Autriche.

SARAKOLÉ → SONINKÉ.

SARAMAGO (José), *Azinhaga, district de Santarém, 1922,* écrivain portugais. Il développe dans ses romans une vision singulière de l'histoire de son pays, mêlant dans un style baroque fiction et réalité (*le Dieu manchot,* 1982). [Prix Nobel 1998.]

SARAMAKA, société noire marronne du Suriname (env. 25 000). Descendants d'anciens esclaves ayant imposé leur émancipation aux Pays-Bas (1762), les Saramaka ont largement conservé leur culture et leurs croyances traditionnelles. Ils parlent un créole, le *saramaccan.*

SARAN (45770), comm. du Loiret ; 15 053 hab. *(Saranais).* Vente par correspondance.

SARANSK, v. de Russie, cap. de la Mordovie, à l'O. de la Volga ; 322 000 hab.

SARASATE (Pablo **de**), *Pampelune 1844 - Biarritz 1908,* violoniste espagnol. Lalo et Saint-Saëns composèrent pour lui respectivement la *Symphonie espagnole* et le *Concerto en si mineur.*

S

SARASIN (Jean-François), *Caen v. 1615 - Pézenas 1654,* poète français. Rival de Voiture, il fut l'un des meilleurs poètes de la société précieuse.

SARATOGA SPRINGS ou **SARATOGA,** v. des États-Unis (État de New York), au N. d'Albany ; 23 906 hab. Capitulation du général britannique Burgoyne (17 oct. 1777) lors de la guerre de l'Indépendance américaine.

SARATOV, v. de Russie, sur la Volga ; 1 155 000 hab. Port fluvial et centre industriel. – Monuments des XVIIe-XIXe s. ; musées.

SARAWAK, État de Malaisie, dans le nord-ouest de Bornéo ; 1 648 000 hab. ; cap. *Kuching.* Pétrole et gaz naturel.

SARAZIN ou **SARRAZIN** (Jacques), *Noyon 1588 - Paris 1660,* sculpteur français. Il travailla à Rome, puis à Paris, où il prépara la voie du classicisme officiel (caryatides du pavillon de l'Horloge, au Louvre ; œuvres religieuses, monuments).

SARCELLES (95200), ch.-l. de cant. du Val-d'Oise ; 58 241 hab. *(Sarcellois).* Église des XIIe-XVIe s.

SARDAIGNE n.f., île et région autonome d'Italie, au S. de la Corse ; 24 090 km^2 ; 1 637 705 hab. *(Sardes)* ; cap. *Cagliari ;* 4 prov. (*Cagliari, Nuoro, Oristano* et *Sassari*). L'île est formée surtout de plateaux et de moyennes montagnes ; le Campidano est la seule plaine notable. Les activités industrielles et le tourisme ne suffisent pas à combler le retard économique de l'île, ni à enrayer l'émigration.

HISTOIRE

1400 - 900 av. J.-C. : à l'âge du cuivre et surtout du bronze, la Sardaigne connaît une grande prospérité grâce à ses mines (fer, plomb, argent) ; la civilisation des *nuraghes s'y développe. **V. 700 av. J.-C.** (âge du fer) : la métallurgie est à son apogée, les Phéniciens installent leurs premiers comptoirs sur les côtes. **238 av. J.-C. :** l'île est conquise par Rome. **Ve s. :** elle est occupée par les Vandales, puis reconquise par les Byzantins (534). **VIe - VIIe s. :** alors que l'Église romaine y prend une grande influence, l'île est en butte aux incursions sarrasines. **XIe - XIIIe s. :** Gênes et Pise se disputent la Sardaigne, où Pise s'impose de 1239 à 1284, date à laquelle elle est défaite par Gênes à la Meloria. **1323 - 1324 :** Jacques II, roi d'Aragon, conquiert l'île. **1478 :** celle-ci, transformée en vice-royauté, est de plus en plus coupée de l'Italie et hispanisée. **1718 :** conquise par la Grande-Bretagne en 1708 et remise aux Habsbourg d'Autriche (1714), la Sardaigne est échangée par eux contre la Sicile et passe à la maison de Savoie sous le nom d'« États sardes ». Dès lors, son destin se confond avec celui de l'Italie. **1861 :** elle est intégrée au royaume d'Italie. **1948 :** elle reçoit le statut de région autonome.

SARDANAPALE, roi d'Assyrie, dans la tradition grecque. Sa légende est inspirée, entre autres, par Assourbanipal.

SARDES, anc. v. de l'Asie Mineure, dans la vallée du Pactole, résidence des rois de Lydie, puis capitale d'une satrapie. Vestiges hellénistiques du temple d'Artémis.

SARDOU (Victorien), *Paris 1831 - id. 1908,* auteur dramatique français. On lui doit des drames historiques (*la Tosca,* 1887) et des comédies (**Madame Sans-Gêne*). [Acad. fr.]

SARGASSES (mer des), vaste région de l'Atlantique, au N.-E. des Antilles, couverte d'algues.

SARGODHA, v. du Pakistan, dans le Pendjab ; 294 000 hab.

SARGON d'Akkad, *début du XXIIIe s. av. J.-C.,* roi d'Akkad. Fondateur de l'Empire akkadien, il conquit la basse Mésopotamie.

SARGON II, roi d'Assyrie (722/721 - 705 av. J.-C.). Il prit Samarie en 721, conquit Israël et la Syrie et rétablit l'autorité assyrienne sur Babylone. Il mena une campagne militaire à travers l'Ourartou, dont témoigne une tablette célèbre (Louvre). Il fit construire le palais de Dour-Sharroukên (auj. *Khursabad*).

SARH, anc. **Fort-Archambault,** v. du Tchad méridional ; 198 100 hab. Textile.

SARINE n.f., en all. **Saane,** riv. de Suisse, affl. de l'Aar (r. g.) ; 128 km.

SARLAT-LA-CANÉDA (24200), anc. **Sarlat,** ch.-l. d'arrond. de la Dordogne, dans le Périgord noir ; 10 423 hab. *(Sarladais).* Industries alimentaires. – Vieille ville pittoresque (demeures du Moyen Âge et de la Renaissance) ; musées.

SARMATES, peuple nomade d'origine iranienne. Ils occupèrent le pays des Scythes et atteignirent le Danube (Ier s. apr. J.-C.). Ils ont été ensuite submergés par les Goths, puis par les Huns.

SARMIENTO (Domingo Faustino), *San Juan 1811 - Asunción, Paraguay, 1888,* homme politique et écrivain argentin. Premier civil élu président de la République (1868 - 1874), il mit fin à la guerre du Paraguay (1870). Il est l'auteur de l'épopée historique et politique *Facundo* (1845), où il oppose la « barbarie » des gauchos à la « civilisation » des centres urbains en Argentine.

SARNATH, site de l'Inde (Uttar Pradesh, nord de Bénarès). Un des hauts lieux du bouddhisme, où le Bouddha effectua sa première prédication. Pilier commémoratif de l'empereur Ashoka (chapiteau sculpté, dans le musée).

SARNEN, comm. de Suisse, ch.-l. du demi-canton d'Obwald ; 8 398 hab.

SARNEY (José), *São Luís 1930,* homme politique brésilien. Vice-président, il succéda (1985 - 1990) au président élu, Tancredos Neves, mort peu après son investiture.

SARNIA, v. du Canada (Ontario), sur le lac Huron ; 70 938 hab. Chimie.

SAROYAN (William), *Fresno 1908 - id. 1981,* écrivain américain. Ses romans et ses pièces de théâtre *(Voilà-voici, vous savez qui)* témoignent d'une inspiration à la fois romantique et ironique.

SARRAIL [-raj] (Maurice), *Carcassonne 1856 - Paris 1929,* général français. Commandant de la IIIe armée à la bataille de la Marne (1914), puis des forces françaises d'Orient (1915 - 1917), il fut haut-commissaire en Syrie en 1924.

SARRALBE (57430), ch.-l. de cant. de la Moselle, sur la Sarre ; 4 605 hab. *(Sarralbigeois).* Chimie.

Sarrans, aménagement hydroélectrique du Massif central, sur la Truyère, avec une retenue couvrant environ 1 000 ha.

SARRAUT (Albert), *Bordeaux 1872 - Paris 1962,* homme politique français. Député, puis sénateur radical-socialiste, il fut gouverneur général de l'Indochine (1911 - 1914 et 1916 - 1919), ministre de l'Intérieur (1926 - 1928 et 1934 - 1935) et président du Conseil (oct.-nov. 1933 et janv.-juin 1936).

SARRAUTE (Nathalie), *Ivanovo, Russie, 1900 - Paris 1999,* femme de lettres française. Son refus de la psychologie traditionnelle et sa recherche des sensations à l'état naissant, des plus infimes mouvements psychiques (*Tropismes,* 1939 ; *Ici,* 1995), font d'elle l'un des initiateurs du « *nouveau roman » (*Portrait d'un inconnu,* 1948 ; *l'Ère du soupçon,* 1956 ; *le Planétarium,* 1959 ; *Enfance,* 1983). Elle a aussi écrit des pièces de théâtre (*Pour un oui ou pour un non,* 1982).

SARRE n.f., en all. **Saar,** riv. de France et d'Allemagne, née dans les Vosges, au pied du Donon, et qui rejoint la Moselle (r. dr.) ; 246 km. Elle passe à Sarreguemines, à Sarrebruck et à Sarrelouis.

SARRE n.f., en all. **Saarland,** Land d'Allemagne ; 2 568 km^2 ; 1 064 906 hab. *(Sarrois)* ; cap. *Sarrebruck.* La région devint en grande partie française sous Louis XIV, puis prussienne en 1814 - 1815. Les gisements houillers y furent exploités à partir de 1871. À la suite du traité de Versailles (1919), la Sarre fut séparée pendant quinze ans de l'Allemagne et confiée à la SDN, la propriété des gisements houillers étant transférée à la France. En 1935, un plébiscite décida son retour à l'Allemagne. En 1947, la Sarre, autonome, fut rattachée économiquement à la France, puis réintégrée à l'Allemagne le 1er janv. 1957 à la suite d'un référendum (oct. 1955).

SARREBOURG (57400), ch.-l. d'arrond. de la Moselle, sur la *Sarre ;* 14 044 hab. *(Sarrebourgeois).* Industrie du bois. Mobilier métallique. – Musée régional.

SARREBRUCK, en all. **Saarbrücken,** v. d'Allemagne, cap. de la *Sarre,* sur la *Sarre ;* 361 287 hab. Centre administratif, culturel et industriel.

SARREGUEMINES (57200), ch.-l. d'arrond. de la Moselle, sur la *Sarre ;* 23 774 hab. *(Sarregueminois).* Pneumatiques. Batteries. – Musée (faïences, archéologie). Musée des techniques faïencières, au Moulin de la Blies.

SARRELOUIS, en all. **Saarlouis,** v. d'Allemagne (Sarre) ; 38 347 hab.

SARRETTE (Bernard), *Bordeaux 1765 - Paris 1858,* officier français. Il fonda en 1795 le Conservatoire national de musique.

SARRE-UNION (67260), ch.-l. de cant. du Bas-Rhin, sur la *Sarre ;* 3 408 hab. Équipements électriques. – Monuments de Bockenheim (XVe-XVIIe s.) et de Villeneuve (XVIIIe s.).

SARTÈNE (20100), ch.-l. d'arrond. de la Corse-du-Sud ; 3 574 hab. *(Sartenais).*

SARTHE n.f., riv. de l'ouest de la France, née dans le Perche et qui se joint à la Mayenne pour former la Maine ; 285 km. Elle passe à Alençon et au Mans.

SARTHE n.f. (72), dép. de la Région Pays de la Loire ; ch.-l. de dép. *Le Mans ;* ch.-l. d'arrond. *La Flèche, Mamers ;* 3 arrond. ; 40 cant. ; 375 comm. ; 6 206 km^2 ; 529 851 hab. *(Sarthois).* Le dép. appartient à l'académie de Nantes, à la cour d'appel d'Angers, à la zone de défense Ouest. Correspondant au haut Maine, cette région bocagère, au relief peu accidenté (en dehors de ses confins septentrionaux), est formée de terrains souvent sableux (forêts de Bercé, de Vibraye) ou argileux. L'élevage (bovins, porcins, aviculture) a progressé aux dépens du blé. L'industrie est représentée par la construction automobile, l'alimentation, le travail du bois et les constructions électriques et électroniques. Le Mans concentre, avec ses banlieues, env. 40 % de la population.

SARTINE (Antoine **de**), comte **d'Alby,** *Barcelone 1729 - Tarragone 1801,* homme d'État français. Lieutenant général de police (1759 - 1774), il améliora la sécurité de Paris puis, comme secrétaire d'État à la Marine (1774 - 1780), développa les forces navales et les ports militaires.

SARTO (Andrea **del**) **→ ANDREA del Sarto.**

SARTRE (Jean-Paul), *Paris 1905 - id. 1980,* philosophe et écrivain français. Marqué par la phénoménologie et par Heidegger, il a élaboré une théorie existentialiste, d'abord axée sur le rapport de l'homme à sa liberté (*l'Être et le Néant,* 1943) puis soumise à l'influence du matérialisme dialectique et au culte de l'engagement (*Critique de la raison dialectique,* 1960 - 1985). – Sartre a développé ses idées dans des romans (*la Nausée,* 1938 ; *les Chemins de la liberté,* 1945 - 1949), des drames (*Huis clos,* 1944 ; *les Mains sales,* 1948 ; *le Diable et le Bon Dieu,* 1951), des nouvelles (*le Mur,* 1939), des essais (*Situations,* 1947 - 1976), un récit autobiographique (*les Mots,* 1964), une étude sur Flaubert (*l'Idiot de la famille,* 1971 - 1972). En 1964, il refusa le prix Nobel de littérature. Après sa mort ont paru notamm. *Cahiers pour une morale* (1983), *Carnets de la drôle de guerre* (1983-1995) et *Vérité et Existence* (1989).

■ JEAN-PAUL **SARTRE**

SARTROUVILLE (78500), ch.-l. de cant. des Yvelines ; 50 560 hab. *(Sartrouvillois).* Vieille église.

SARZEAU (56370), ch.-l. de cant. du Morbihan ; 6 271 hab. *(Sarzeautins).* Château de Suscinio (XIIIe-XVe s., musée).

SASEBO, v. du Japon (Kyushu) ; 244 677 hab. Port. Chantiers navals. Base militaire.

SASKATCHEWAN n.f., riv. du Canada, qui rejoint le lac Winnipeg ; 550 km. Elle est formée par la réunion de la *Saskatchewan du Nord* (1 220 km) et de la *Saskatchewan du Sud* (880 km).

SASKATCHEWAN n.f., prov. du centre du Canada ; 652 000 km^2 ; 988 928 hab. ; cap. *Regina.* La province, plus vaste que la France, associe cultures (céréales, plantes fourragères), élevage bovin et activités minières (pétrole et gaz naturel, charbon, uranium, potasse).

SASKATOON, v. du Canada (Saskatchewan) ; 186 058 hab. Musées.

SASOLBURG, v. d'Afrique du Sud (État libre). Chimie.

SASSANIDES, dynastie iranienne qui régna sur un empire s'étendant de la Mésopotamie à l'Indus, de 224/226 à la conquête arabe (651).

SASSARI, v. d'Italie (Sardaigne), ch.-l. de prov. ; 116 989 hab. Musée national (archéologie, ethnographie, etc.).

SASSENAGE (38360), comm. de l'Isère ; 9 964 hab. *(Sassenageois).* Grottes, dites *Cuves de Sassenage.* Fromages. — Château du XVIIe s.

SASSETTA (Stefano **di Giovanni,** dit [**il**]), *Sienne v. 1400 - id. 1450,* peintre italien. Maître de l'école siennoise du quattrocento, il adopta certains principes de la Renaissance florentine tout en conservant le sentiment religieux et le goût précieux de la fin du Moyen Âge.

SATAN, prince des démons, dans la tradition judéo-chrétienne.

SATAVAHANA, autre nom de la dynastie Andhra.

SATHONAY-CAMP (69580), comm. du Rhône ; 4 511 hab. Camp militaire.

SATIE (Alfred Erik **Leslie Satie,** dit Erik), *Honfleur 1866 - Paris 1925,* compositeur français. Précurseur du dadaïsme et du surréalisme (ballet *Parade,* 1917), il prôna d'abord le dépouillement (trois *Gymnopédies,* six *Gnossiennes,* pour piano), puis s'intéressa à la forme, mais avec humour et dérision *(Trois Morceaux en forme de poire),* avant de nier l'art pour expérimenter la « musique d'ameublement », entouré chez lui de quelques disciples (école d'Arcueil).

Satire Ménippée, pamphlet politique dirigé contre la Ligue. Publiée en 1594 et rédigée par plusieurs auteurs, prosateurs et poètes, elle se moquait des chefs ligueurs et se montrait favorable à la royauté légitime (Henri IV).

Satiricon, roman de Pétrone (Ier s. apr. J.-C.). C'est une peinture réaliste des vagabondages de deux jeunes libertins, accompagnés de leur « mignon », Giton, pendant le règne de Néron. — Le roman a inspiré F. Fellini (*Satyricon,* 1969).

SATLEDJ → SUTLEJ.

SATO EISAKU, *Tabuse, préf. de Yamaguchi, 1901 - Tokyo 1975,* homme politique japonais. Il fut Premier ministre de 1964 à 1972. (Prix Nobel de la paix 1974.)

SATORY, plateau au sud-ouest de Versailles (Yvelines). Établissement d'expériences des armements terrestres (notamm. blindés). — Les chefs de la Commune y furent fusillés en 1871.

SATPURA (monts), massif de l'Inde, dans le nord du Deccan ; env. 1 350 m.

SATU MARE, v. de Roumanie, sur le Someș ; 131 859 hab.

SATURNE, divinité italique et romaine identifiée au Cronos des Grecs. Chassé du ciel par Jupiter, Saturne se réfugia dans le Latium, où il fit régner l'âge d'or. Les fêtes célébrées en son honneur étaient les *saturnales.*

SATURNE, planète du système solaire, située au-delà de Jupiter. Demi-grand axe de son orbite : 1 429 400 000 km (9,6 fois celui de l'orbite terrestre). Diamètre équatorial : 120 660 km (9,4 fois celui de la Terre). Comme Jupiter, Saturne est constituée principalement d'hydrogène et d'hélium. Elle est entourée d'un vaste système d'anneaux formés d'une multitude de blocs de glace mêlée à des poussières, des fragments minéraux, etc. On lui connaît 30 satellites.

SATURNIN ou **SERNIN** (saint), *m. à Toulouse v. 250,* martyr. Il aurait été le premier évêque de Toulouse.

SAUGUES (43170), ch.-l. de cant. de la Haute-Loire ; 2 181 hab. Église médiévale, donjon.

SAUGUET (Henri), *Bordeaux 1901 - Paris 1989,* compositeur français, auteur de nombreux ballets (*la Chatte,* 1927 ; *les Forains,* 1945) et d'ouvrages lyriques (*la Chartreuse de Parme,* 1939).

SAUJON (17600), ch.-l. de cant. de la Charente-Maritime ; 5 510 hab. *(Saujonnais).*

SAÜL, premier roi des Hébreux (v. 1030 - 1010 av. J.-C.). Simple chef local, il parvint à établir son autorité sur l'ensemble des tribus israélites. Mais son échec contre les Philistins compromit l'unité nationale, réalisée par son successeur, David.

SAULDRE n.f., riv. de France, affl. du Cher (r. dr.) ; 166 km.

SAULIEU (21210), ch.-l. de cant. de la Côte-d'Or ; 2 969 hab. *(Sédélociens).* Basilique en partie romane (chapiteaux) ; musée (archéologie ; artisanat morvandiau ; œuvres du sculpteur animalier François Pompon).

SAULT-SAINTE-MARIE, v. du Canada (Ontario), sur la rivière *Sainte-Marie,* en face de la ville américaine (14 400 hab.) du même nom ; 72 822 hab. Métallurgie. — canal de **Sault-Sainte-Marie** ou **Soo Canal,** canal qui relie le lac Supérieur au lac Huron.

SAULXURES-SUR-MOSELOTTE [sosyr-] (88290), ch.-l. de cant. des Vosges ; 3 291 hab. *(Saulxurons).*

SAUMUR (49400), ch.-l. d'arrond. de Maine-et-Loire, dans le *Saumurois ;* 31 700 hab. *(Saumurois).* Vins blancs mousseux. Alimentation. Aluminium. — Château des XIVe-XVIe s. (musées des Arts décoratifs et du Cheval) ; églises N.-D.-de-Nantilly (en partie romane ; tapisseries), St-Pierre (gothique) et N.-D.-des-Ardilliers (rotonde du XVIIe s.). — École nationale d'équitation (avec le Cadre noir) ; École d'application de l'arme blindée cavalerie (musée des Blindés).

SAURA (Carlos), *Huesca 1932,* cinéaste espagnol. Observateur corrosif de la société franquiste, il a réalisé *le Jardin des délices* (1970), *Ana et les loups* (1972), *Cría cuervos* (1975), *Elisa vida mía* (1977), *Noces de sang* (1981), *Carmen* (1983), *la Nuit obscure* (1989).

SAUSSURE (Ferdinand **de**), *Genève 1857 - Vufflens, canton de Vaud, 1913,* linguiste suisse. Après des études à Leipzig, où il soutient une thèse sur l'*Emploi du génitif absolu en sanskrit* (1880), il enseigne la grammaire comparée à Paris puis à Genève. C'est là que, de 1907 à 1911,

■ **SATURNE.** La planète photographiée par le télescope spatial Hubble.

■ **SAUMUR.** Le château, vu par les frères de Limbourg dans les *Très Riches Heures* du duc de Berry (page du calendrier consacrée au mois de septembre).

S

■ FERDINAND DE **SAUSSURE**

■ PIERRE **SAVORGNAN DE BRAZZA**

il donne un cours dont les éléments seront publiés après sa mort d'après des notes d'étudiants (*Cours de linguistique générale*, 1916). Par la définition rigoureuse qu'il donne des concepts de la linguistique (la langue conçue comme une structure, l'opposition synchronie-diachronie, etc.), Saussure peut être considéré comme le fondateur de la linguistique structurale moderne.

SAUSSURE (Horace Bénédict **de**), *Conches, près de Genève, 1740 - id. 1799,* physicien et naturaliste suisse. Inventeur de plusieurs instruments de physique (hygromètre à cheveux, par ex.), il découvrit de nombreux minéraux, énonça les premières hypothèses de stratigraphie et de tectonique et posa les principes d'une météorologie rationnelle. Il réalisa, avec J. Balmat, la deuxième ascension du mont Blanc (1787).

S

SAUTERNES (33210), comm. de la Gironde ; 601 hab. Vins blancs.

SAUTET (Claude), *Montrouge 1924 - Paris 2000,* cinéaste français. Dans ses films doux-amers se reflètent les incertitudes de la société contemporaine (*les Choses de la vie,* 1970 ; *César et Rosalie,* 1972 ; *Vincent, François, Paul et les autres...,* 1974 ; *Quelques Jours avec moi,* 1988 ; *Nelly et M. Arnaud,* 1995).

SAUVAGE (Frédéric), *Boulogne-sur-Mer 1786 - Paris 1857,* inventeur français. Son idée d'utiliser l'hélice pour la propulsion des navires (1832) fut concrétisée par le constructeur Augustin **Normand** (1792 - 1871) en 1842.

SAUVETERRE (causse de), l'un des Grands Causses (France), entre le Tarn et le Lot.

SAUVEUR (Joseph), *La Flèche 1653 - Paris 1716,* mathématicien et physicien français. Il créa l'acoustique musicale, notamm. en expliquant le phénomène d'ondes stationnaires et en observant l'existence des harmoniques.

SAUVY (Alfred), *Villeneuve-de-la-Raho, Pyrénées-Orientales, 1898 - Paris 1990,* démographe et économiste français, auteur d'importants ouvrages sur la population et la croissance économique.

SAUZE (le) [04400 Enchastrayes], station de sports d'hiver (alt. 1 400 - 2 440 m) des Alpes-de-Haute-Provence (comm. d'Enchastrayes).

SAVAII, la plus vaste des îles Samoa ; 1 715 km².

SAVANNAH, v. des États-Unis (Géorgie), sur la *Savannah,* fleuve tributaire de l'Atlantique (505 km) ; 137 560 hab.

SAVANNAKHET, v. du Laos, sur le Mékong ; 97 000 hab.

SAVARD (Félix Antoine), *Québec 1895 - id. 1982,* prélat et écrivain canadien de langue française. Ses romans peignent la vie des paysans *(Menaud, maître-draveur ; l'Abatis).*

SAVART (Félix), *Mézières 1791 - Paris 1841,* physicien français. Il étudia les cordes vibrantes et, avec J.-B. Biot, les champs magnétiques créés par les courants.

SAVARY (Anne), duc **de Rovigo,** *Marcq, Ardennes, 1774 - Pau 1833,* général français. Il se distingua à Ostrołęka (1807) et fut ministre de la Police de 1810 à 1814.

SAVARY (Jérôme), *Buenos Aires 1942,* metteur en scène de théâtre et acteur français. Fondateur en 1965 de la Compagnie Jérôme Savary, qui devient en 1968 le Grand Magic Circus, il dirige le Théâtre national de Chaillot (1988 - 2000), puis le théâtre de l'Opéra-Comique (depuis 2000).

SAVE n.f., riv. de France (Midi-Pyrénées), qui descend du plateau de Lannemezan, affl. de la Garonne (r. g.) ; 150 km.

SAVE n.f., riv. d'Europe, née en Slovénie, affl. du Danube (r. dr.), qu'elle rejoint à Belgrade ; 945 km. Elle passe à Zagreb et sépare la Bosnie-Herzégovine de la Croatie, puis de la Yougoslavie.

SAVENAY (44260), ch.-l. de cant. de la Loire-Atlantique ; 6 114 hab. *(Savenaisiens).* Victoire de Kléber sur les vendéens (23 déc. 1793).

SAVERDUN (09700), ch.-l. de cant. de l'Ariège ; 3 768 hab. *(Saverdunois).* Anc. place forte.

SAVERNE (67700), ch.-l. d'arrond. du Bas-Rhin, sur la Zorn, près du *col de Saverne* (410 m, seuil entre la Lorraine et l'Alsace) ; 11 534 hab. *(Savernois).* Machines agricoles. Horlogerie. — Vaste palais Rohan (fin du XVIIIe s., musée) ; église des XIIe-XVe s. ; maisons anciennes.

SAVERY (Thomas), *Shilstone, Devon, v. 1650 - Londres 1715,* inventeur anglais. Il mit au point en 1698, pour le pompage des eaux de mine, une des premières machines à vapeur. Il travailla ensuite avec T. Newcomen.

SAVIGNAC (Raymond), *Paris 1907,* affichiste français. Un humour graphique moderne, aux moyens épurés, est à la base de son œuvre.

SAVIGNY (Friedrich Karl **von**), *Francfort-sur-le-Main 1779 - Berlin 1861,* juriste allemand. Chargé de la révision du droit prussien, auteur d'une philosophie originale du droit, il créa également l'école historique allemande.

SAVIGNY-LE-TEMPLE (77176), ch.-l. de cant. de Seine-et-Marne ; 22 445 hab.

SAVIGNY-SUR-BRAYE (41360), ch.-l. de cant. de Loir-et-Cher ; 2 238 hab. *(Saviniens).*

SAVIGNY-SUR-ORGE (91600), ch.-l. de cant. de l'Essonne ; 36 612 hab. *(Saviniens).*

SAVINIO (Andre **De Chirico,** dit Alberto), *Athènes 1891 - Rome 1952,* écrivain, compositeur et peintre italien. Frère de G. De Chirico, il a élaboré, dans des récits (*Toute la vie,* 1945) et des biographies imaginaires, une fantasmagorie personnelle proche du surréalisme et nourrie de culture classique.

SAVOIE n.f., partie nord des Alpes françaises. (Hab. *Savoyards.*) Elle a formé les dép. de la *Savoie* et de la *Haute-Savoie.*

HISTOIRE

122 - 118 av. J.-C. : la conquête romaine intègre la future Savoie dans la province de Narbonnaise.

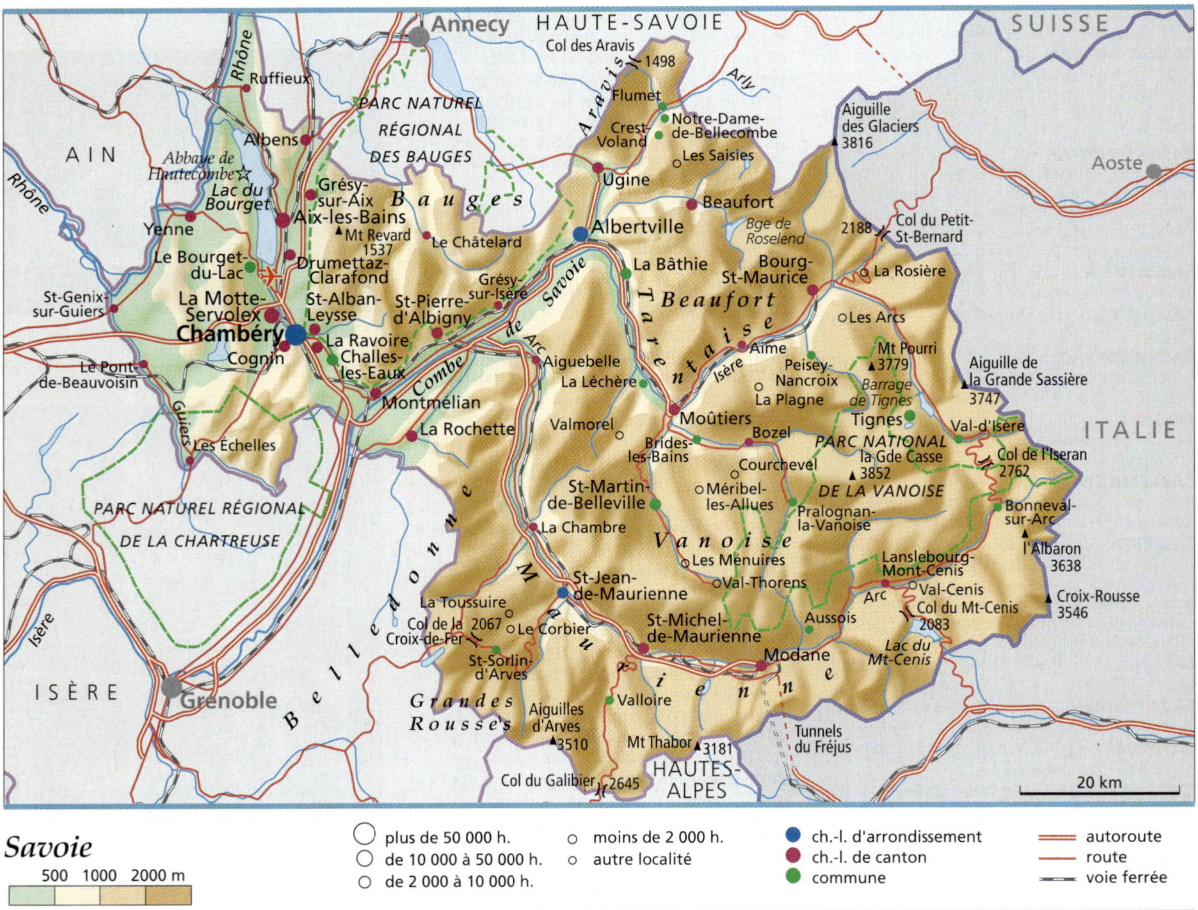

443 apr. J.-C. : les Burgondes vaincus par Aetius s'installent dans la région, où la christianisation se développe. **534 :** lors de l'annexion du royaume burgonde par les fils de Clovis la Savoie est incorporée au royaume mérovingien. **IXe - Xe s. :** la région appartient successivement à Lothaire (843), au royaume de Bourgogne (IXe-Xe s.) puis au Saint Empire (1032). Deux familles seigneuriales prennent alors de l'importance : celle des comtes de Genève, dans le nord ; celle des comtes de Savoie, issue d'Humbert Ier, dans le sud. **XIIe - XVe s. :** les comtes de Savoie accroissent leur emprise sur le pays et pratiquent une politique d'expansion, en particulier sous Pierre II (1263 - 1268). **XVe - XVIe s. :** au sein des États de la maison de Savoie, dont les chefs portent après 1416 le titre de duc, le Piémont, incorporé par Amédée VIII en 1419, acquiert la prédominance, tandis que la Savoie proprement dite, qui conserve sa langue, le français, et ses institutions, n'en constitue plus qu'une petite partie. **XVIIe s. :** la France mène une politique d'annexion en Savoie, obtenant la Bresse, le Bugey et le pays de Gex (1601) ainsi que, pour un temps, Pignerol (1631 - 1696). **1720 :** le duc de Savoie devient roi de Sardaigne. **1792 - 1814 :** la Savoie est annexée par la France. **1815 - 1860 :** l'État piémontais la récupère. **1860 :** un plébiscite, entérinant le traité de Turin, rend définitivement la Savoie à la France, alors que la maison de Savoie commence son règne sur l'Italie unifiée. **1947 :** le traité de Paris modifie très légèrement la frontière de la Savoie avec l'Italie, au profit de la France.

SAVOIE n.f. (73), dép. de la Région Rhône-Alpes ; ch.-l. de dép. *Chambéry ;* ch.-l. d'arrond. *Albertville, Saint-Jean-de-Maurienne ;* 3 arrond. ; 37 cant. ; 305 comm. ; 6 028 km^2 ; 373 258 hab. *(Savoyards).* Le dép. appartient à l'académie de Grenoble, à la cour d'appel de Chambéry, à la zone de défense Sud-Est. Montagneux, il s'étend d'ouest en est sur : une partie des Préalpes du Nord (Bauges et Chartreuse), régions d'élevage et d'exploitation forestière ; le nord du Sillon alpin (Val d'Arly et Combe de Savoie), où apparaissent les cultures céréalières et fruitières, le tabac ; les massifs centraux (Beaufortin) et la Vanoise, ouverte par les vallées de l'Isère supérieure (Tarentaise) et de l'Arc (Maurienne). L'agriculture, dominée par l'élevage, a beaucoup reculé devant l'industrie, représentée surtout (en dehors des branches alimentaires et du travail du bois) par l'électrométallurgie (aluminium) et l'électrochimie ; ces activités sont implantées en Tarentaise et principalement en Maurienne, près des aménagements hydroélectriques (La Bâthie). Le tourisme, très actif, anime le pourtour du lac du Bourget (Aix-les-Bains) et surtout la haute montagne (stations de sports d'hiver de Tignes, Courchevel, Val-d'Isère, etc.).

SAVOIE (HAUTE-) [74], dép. de la Région Rhône-Alpes ; ch.-l. de dép. *Annecy ;* ch.-l. d'arrond. *Bonneville, Thonon-les-Bains, Saint-Julien-en-Genevois ;* 4 arrond. ; 34 cant. ; 293 comm. ; 4 388 km^2 ; 631 679 hab. *(Haut-Savoyards).* Le dép. appartient à l'académie de Grenoble, à la cour d'appel de Chambéry, à la zone de défense Sud-Est. Il s'étend à l'E. sur une partie des massifs centraux alpins (massif du Mont-Blanc, portant le point culminant de la chaîne, 4 808 m). À l'O., il occupe l'extrémité des massifs préalpins du Nord (Chablais et Bornes), régions d'élevage, ouvertes par les vallées du Fier (cluse d'Annecy), de l'Arve et du Giffre (Faucigny), où apparaissent les cultures céréalières et les vergers. Aux branches traditionnelles de l'industrie (horlogerie, travail du bois, produits alimentaires) se sont ajoutées des activités modernes (roulements à billes, décolletage, électrométallurgie). Le tourisme est important, surtout sur les rives du Léman et du lac d'Annecy, ainsi que dans l'intérieur de la chaîne alpestre (stations de sports d'hiver de Chamonix-Mont-Blanc, de Megève, etc.).

SAVOIE (maison **de**), famille qui posséda la Savoie à titre de comté (XIe s.), puis de duché (1416), régna sur la Sardaigne à partir de 1720 et sur l'Italie de 1860 à 1946.

SAVONAROLE (Jérôme), en ital. Girolamo **Savonarola,** *Ferrare 1452 - Florence 1498,* dominicain italien. Prieur du couvent de Saint-Marc, à Florence (1491), prédicateur ardent qui combattait l'art et toutes les vanités, il établit à Florence (d'où les Français de Charles VIII avaient chassé Pierre de Médicis) une nouvelle constitution, mi-théocratique, mi-démocratique (1494 - 1497). Excommunié par Alexandre VI, abandonné par le peuple lassé de ses excès, il fut pendu puis brûlé.

Haute-Savoie

500 1000 2000 m

- plus de 50 000 h.
- de 10 000 à 50 000 h.
- de 2 000 à 10 000 h.
- moins de 2 000 h.
- ch.-l. d'arrondissement
- ch.-l. de canton
- commune
- autre localité
- autoroute
- route
- voie ferrée

■ **SAVONAROLE** par Fra Bartolomeo. (Musée de San Marco, Florence.)

SAVONE, en ital. **Savona,** v. d'Italie (Ligurie), ch.-l. de prov., sur le golfe de Gênes ; 67 137 hab. Port. – Cathédrale de la fin du XVIe s.

Savonnerie (la), manufacture parisienne de tapis, créée en 1604 avec privilège royal. Installée dans une anc. savonnerie de la colline de Chaillot en 1627, elle a été réunie aux Gobelins en 1826.

SAVORGNAN DE BRAZZA (Pierre), *Rome 1852 - Dakar 1905,* explorateur français d'origine italienne. Il mena à partir de 1875 plusieurs expéditions d'exploration des vallées de l'Ogooué et du Congo, puis organisa la colonie du Congo français (1886 - 1898).

SAVOY (Guy), *Nevers 1953,* cuisinier français. Propriétaire d'un restaurant parisien prestigieux, il a aussi ouvert plusieurs bistrots où l'on sert une cuisine plus traditionnelle.

SAX (Antoine Joseph, dit Adolphe), *Dinant 1814 - Paris 1894,* facteur belge d'instruments de musique. Il perfectionna les instruments à vent et créa les *saxophones.*

SAXE n.f., en all. **Sachsen,** Land d'Allemagne ; 18 337 km^2 ; 4 900 675 hab. *(Saxons) ;* cap. *Dresde.* S'étendant sur le versant nord-ouest de l'Erzgebirge et sur son avant-pays, la Saxe est parsemée de centres urbains (Leipzig, Dresde, Chemnitz, Zwickau), où les industries se sont développées à partir des ressources du sous-sol, aujourd'hui partiellement épuisées.

HISTOIRE

IXe s. : la Saxe s'organise en duché. **843 :** elle est intégrée au royaume de Germanie. **919 :** le duc de Saxe, Henri l'Oiseleur, élu roi de Germanie, fonde la dynastie saxonne. **962 - 1024 :** cette dernière règne sur le Saint Empire. **1142 - 1180 :** Henri le Lion porte le duché à son maximum d'extension. **1180 :** Frédéric Ier Barberousse brise sa puissance. **1260 :** le duché est partagé entre les duchés de Saxe-Lauenburg (Basse-Saxe), au N., et de Saxe-Wittenberg (Haute-Saxe), au S. **1356 :** le duc de Saxe-Wittenberg devient Électeur d'Empire. **1485 :** la Saxe est à nouveau partagée. Elle devient au XVIe s. un des bastions du luthéranisme. **1697 - 1763 :** les Électeurs de Saxe sont en même temps rois de Pologne (Auguste II et Auguste III). **1806 :** la Saxe devient un royaume et passe dans le camp napoléonien. **1815 :** au congrès de Vienne, le royaume de Saxe est amputé de la Lusace au profit de la Prusse. **1871 :** il est intégré à l'Empire allemand. **1918 :** la république est proclamée. **1949 - 1990 :** la Saxe est intégrée à la RDA et divisée à partir de 1952 entre divers districts.

SAXE (BASSE-), en all. **Niedersachsen,** Land d'Allemagne, sur la mer du Nord ; 47 344 km^2 ; 7 283 795 hab. ; cap. *Hanovre.*

SAXE (Maurice, comte **de**) → **MAURICE DE SAXE.**

SAXE-ANHALT, en all. **Sachsen-Anhalt,** Land d'Allemagne ; 20 445 km^2 ; 2 964 971 hab. ; cap. *Magdebourg.*

SAXE-COBOURG (Frédéric Josias, prince **de**) → **COBOURG.**

SAXE-WEIMAR (Bernard, duc **de**), *Weimar 1604 - Neuenburg 1639,* général allemand. Pendant la guerre de Trente Ans, il succéda à Gustave-Adolphe à la tête de l'armée suédoise (1632). Vaincu à Nördlingen (1634), il servit la France et enleva Brisach (1638) aux impériaux.

SAXONS, peuple germanique qui habitait la Frise et les pays de l'embouchure de l'Elbe. Au Ve s., les Saxons entreprirent la colonisation du sud de l'île de Bretagne, où ils fondèrent des royaumes. En Germanie, ils s'étendirent jusqu'à la Saale. Charlemagne les soumit (772 - 804) et leur imposa le christianisme.

SAY (Jean-Baptiste), *Lyon 1767-Paris 1832,* économiste français. Un des maîtres de la doctrine libre-échangiste, vulgarisateur d'Adam Smith, il publia un *Traité d'économie politique* (1803). Il a formulé la loi des *débouchés.

SAYDA ou **SAÏDA,** v. du Liban, sur la Méditerranée ; 105 000 hab. Port. C'est l'anc. *Sidon. – Ruines d'un château des croisés (XIIIᵉ s.). – La ville fut prise par les Arabes (637), qui en firent un des ports de Damas. Elle resta aux mains des croisés de 1110 à 1291.

SCAËR (29390), ch.-l. de cant. du Finistère ; 5 361 hab.

SCAEVOLA (Mucius) → **MUCIUS SCAEVOLA.**

SCALA (Della) ou **SCALIGERI** → **DELLA SCALA.**

SCALIGER [-ʒɛr] (Jules César), en ital. Giulio Cesare **Scaligero,** *Riva del Garda 1484 - Agen 1558,* humaniste et médecin italien. Il a ébauché dans une *Poétique* les principes du classicisme. – **Joseph Juste S.,** en ital. Giuseppe Giusto **Scaligero,** *Agen 1540 - Leyde 1609,* humaniste français d'origine italienne. Fils de Jules César Scaliger, il se convertit au protestantisme.

SCAMANDRE ou **XANTHE** n.m., fl. de la Troade.

SCANDERBEG → **SKANDERBEG.**

S

SCANDINAVIE n.f., région du nord de l'Europe qui englobe, au sens large : le Danemark, la Norvège, la Suède, la Finlande et, parfois, l'Islande. Des conditions naturelles rudes, les fonctions maritimes, la présence de la forêt, une faible densité de population (surtout au nord), des régimes politiques libéraux sont les principaux traits communs de ces États.

SCANIE n.f., extrémité méridionale et partie la plus fertile de la Suède ; v. princ. *Malmö.*

Scapa Flow, base navale de la flotte britannique, aménagée en 1914 dans l'archipel des Orcades, au nord de l'Écosse. La flotte allemande y fut rassemblée après la victoire alliée de 1918 et s'y saborda le 21 juin 1919.

Scapin, personnage de la comédie italienne, valet intelligent et rusé, repris par Molière dans *les Fourberies de Scapin* (1671).

Scaramouche, personnage de la comédie italienne, créé par l'acteur Tiberio **Fiorilli** (Naples v. 1600 - Paris 1694). Fanfaron et pleutre, tout de noir vêtu, il affirme être d'ascendance aristocratique.

SCARBOROUGH, v. du Canada (Ontario), banlieue de Toronto ; 524 598 hab.

SCARLATTI (Alessandro), *Palerme 1660 - Naples 1725,* compositeur italien. Il fut l'un des fondateurs de l'école napolitaine, maître de chapelle à la cour de Naples, auteur d'opéras remarquables par leurs ouvertures et la qualité mélodique de leurs airs. Il laissa également beaucoup de cantates, oratorios et pièces pour clavecin. – **Domenico S.,** *Naples 1685 - Madrid 1757,* claveciniste et compositeur italien. Fils d'Alessandro, il vécut à la cour de Lisbonne, puis à Madrid. Il écrivit des opéras, quelque 555 sonates pour son instrument (dont les *Essercizi per gravicembalo*), qui constituent son plus précieux message.

SCARPA (Antonio), *Motta di Livenza, Vénétie, 1752 - Pavie 1832,* chirurgien et anatomiste italien. Il a décrit de nombreuses structures anatomiques vasculaires et nerveuses, qui portent son nom.

SCARPE n.f., riv. du nord de la France, affl. de l'Escaut (r. g.) ; 100 km. Partiellement canalisée, elle passe à Arras et à Douai.

Scarpe-Escaut (parc naturel régional), parc naturel couvrant env. 43 000 ha sur le dép. du Nord.

SCARRON (Paul), *Paris 1610 - id. 1660,* écrivain français. Il lança la mode du burlesque *(le Virgile travesti),* puis donna des comédies imitées du théâtre espagnol *(Dom Japhet d'Arménie).* Mais il reste surtout l'auteur du *Roman comique.* Il épousa la petite-fille d'Agrippa d'Aubigné, future Mᵐᵉ de Maintenon.

SCEAUX (92330), ch.-l. de cant. des Hauts-de-Seine ; 19 850 hab. *(Scéens).* Ville surtout résidentielle. Institut universitaire de technologie. – Colbert y construisit un château, où la duchesse du Maine tint une cour brillante au XVIIIᵉ s. et qui fut remplacé en 1856 par un édifice qui abrite le musée de l'Île-de-France ; beau parc.

SCÈVE (Maurice), *Lyon 1501 - id. v. 1560,* poète français. Il est l'auteur de poésies amoureuses au langage épuré *(Délie)* et d'un poème épique et cosmique *(Microcosme).*

SCHACHT (Hjalmar), *Tingleff, Schleswig, 1877 - Munich 1970,* financier et homme politique allemand. Président de la Reichsbank de 1924 à 1930, puis de 1933 à 1939, il devint ministre de l'Économie (1934 - 1937). Incarcéré par les Allemands (1944 - 1945), il fut acquitté à Nuremberg (1946).

SCHAEFFER (Pierre), *Nancy 1910 - Les Milles, près d'Aix-en-Provence, 1995,* ingénieur et compositeur français. Initiateur de la musique concrète, il commença sa carrière musicale avec *Études de bruits* (1948) et fonda le Groupe de recherches musicales de Radio France en 1958. Il anima ensuite le Service de la recherche (devenu en 1975 l'INA, Institut national de l'audiovisuel). On lui doit un *Traité des objets musicaux* (1966).

SCHAERBEEK, en néerl. **Schaarbeek,** comm. de Belgique (Bruxelles-Capitale), banlieue nord de Bruxelles ; 102 702 hab.

SCHAFFHOUSE, en all. **Schaffhausen,** v. de Suisse, ch.-l. du *cant. de Schaffhouse,* en amont de l'endroit où le Rhin forme une chute ; 34 225 hab. *(Schaffhousois).* Cathédrale romane et autres témoins de la ville médiévale ; riche musée.

SCHAFFHOUSE (canton de), canton de Suisse ; 298,5 km² ; 73 600 hab. *(Schaffhousois)* ; ch.-l. *Schaffhouse.* Il entra dans la Confédération en 1501.

SCHARNHORST (Gerhard **von**), *Bordenau, Hanovre, 1755 - Prague 1813,* général prussien. Avec Gneisenau, il réorganisa l'armée prussienne de 1807 à 1813.

SCHATZMAN (Evry), *Neuilly-sur-Seine 1920,* astrophysicien français. Auteur d'importantes contributions à la théorie des étoiles, il a créé en 1954, à la Sorbonne, la première chaire d'astrophysique en France.

SCHAWLOW (Arthur Leonard), *Mount Vernon 1921 - Palo Alto 1999,* physicien américain. Associé à C. H. Townes, il a été à l'origine de l'invention du laser. (Prix Nobel 1981.)

SCHEEL (Walter), *Solingen 1919,* homme politique allemand. Président du Parti libéral (1968), vice-chancelier et ministre des Affaires étrangères (1969 - 1974), il a été président de la République fédérale de 1974 à 1979.

SCHEELE (Carl Wilhelm), *Stralsund 1742 - Köping 1786,* chimiste suédois. Il isola l'hydrogène (1768), découvrit l'oxygène (1773), peu de temps avant Priestley, et obtint le chlore ainsi que la glycérine et plusieurs acides minéraux (cyanhydrique, fluorhydrique) ; il isola aussi divers acides organiques, dont l'acide lactique.

SCHÉHADÉ (Georges), *Alexandrie 1907 - Paris 1989,* écrivain libanais. Poète délicat, il a créé un « théâtre de poésie » teinté d'humour *(Monsieur Bob'le,* 1951 ; *la Soirée des proverbes,* 1954).

Schéhérazade ou **Shéhérazade,** personnage des *Mille et Une Nuits.* Elle a inspiré à Rimski-Korsakov une suite symphonique composée en 1888 *(Shéhérazade).*

SCHEIDT (Samuel), *Halle 1587 - id. 1654,* compositeur allemand. On lui doit des œuvres de musique vocale et des pages pour orgue (*Tabulatura nova,* 3 vol., 1624).

SCHEINER (Christoph), *Wald, Souabe, 1575 - Neisse, Silésie, 1650,* jésuite et astronome allemand. Il fut l'un des premiers à observer les taches solaires à la lunette et put ainsi étudier la rotation du Soleil. Il est aussi l'auteur de travaux sur la vision et l'inventeur du pantographe (1603).

SCHELER (Max), *Munich 1874 - Francfort-sur-le-Main 1928,* philosophe allemand. Il est l'auteur d'analyses phénoménologiques ainsi que d'une approche nouvelle de la sympathie, l'*empathie* (*Nature et formes de la sympathie,* 1923).

■ ALESSANDRO **SCARLATTI.** (Bibliothèque musicale, Bologne.)

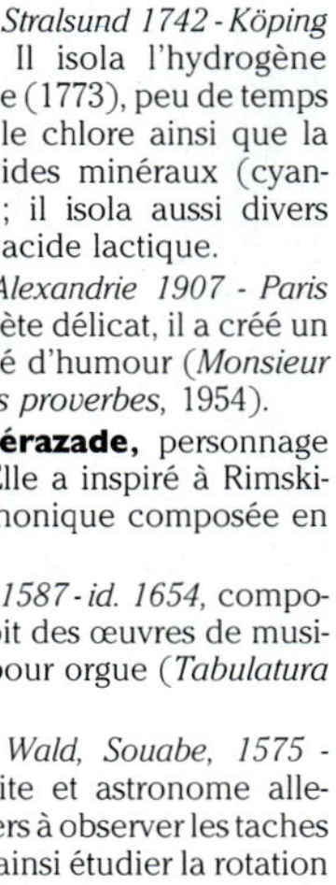

■ **SCHILLER** par F. Kugelpen. (Francfort.)

SCHELLING (Friedrich Wilhelm Joseph **von**), *Leonberg, Wurtemberg, 1775 - Bad Ragaz, Suisse, 1854,* philosophe allemand. Panthéiste, il inaugure, contre les philosophies du sujet (Kant, Fichte), les philosophies de l'absolu en ressaisissant le sens de l'art, des mythes et des rites (*Idées pour une philosophie de la nature,* 1797 ; *Philosophie de la mythologie,* 1842).

Schengen (accords de), accords signés en 1985 et en 1990 à Schengen (Luxembourg) par l'Allemagne, la Belgique, la France, le Luxembourg et les Pays-Bas, auxquels se sont joints par la suite les autres pays membres de l'Union européenne (Grande-Bretagne et Irlande exceptées), ainsi que l'Islande et la Norvège. Visant à instaurer, par la suppression progressive des frontières, la libre circulation des personnes à l'intérieur de l'espace communautaire ainsi défini *(espace Schengen)* et à améliorer, par une étroite coopération, la sécurité à l'intérieur de cet espace, ils connaissent une mise en application graduelle depuis 1995.

SCHERCHEN (Hermann), *Berlin 1891 - Florence 1966,* chef d'orchestre allemand. Il dirigea notamm. des œuvres de Bach et promut la musique contemporaine avec des œuvres de Schoenberg *(Pierrot lunaire),* Boulez et Xenakis *(Terretektohr).*

SCHERPENHEUVEL-ZICHEM → **MONTAIGU-ZICHEM.**

SCHIAPARELLI (Giovanni), *Savigliano 1835 - Milan 1910,* astronome italien. Il est resté célèbre pour sa découverte de prétendus canaux sur Mars (1877). Il a montré que les essaims de météorites sont formés de débris cométaires (1886).

SCHICKARD ou **SCHICKHARDT** (Wilhelm), *Herrenberg 1592 - Tübingen 1635,* savant allemand. Il inventa, avant B. Pascal, une machine à calculer (1623).

SCHIEDAM, v. des Pays-Bas (Hollande-Méridionale) ; 70 207 hab. Musée de la Distillerie.

SCHIELE (Egon), *Tulln, près de Vienne, 1890 - Vienne 1918,* peintre et dessinateur autrichien. Son graphisme d'une exceptionnelle tension, notamment dans l'érotisme et la morbidité, fait de lui un maître de l'expressionnisme.

SCHIFFLANGE, v. du Luxembourg méridional ; 6 859 hab. Métallurgie.

SCHILDE [skild], comm. de Belgique (prov. d'Anvers) ; 18 801 hab.

SCHILLER (Friedrich **von**), *Marbach 1759 - Weimar 1805,* écrivain allemand. Ses drames historiques (*les Brigands,* 1782 ; *la Conjuration de Fiesque,* 1783 ; *Don Carlos,* 1787 ; *Wallenstein,* 1798 - 1799 ; *Marie Stuart,* 1800 ; *la Pucelle d'Orléans,* 1801 ; *la Fiancée de Messine,* 1803 ; *Guillaume Tell,* 1804), qui apparaissent comme un compromis entre la tragédie classique et le drame shakespearien, et ses théories dramatiques ont exercé une grande influence, notamm. sur les écrivains romantiques français. Il a aussi écrit des poésies lyriques (*l'Hymne à la joie,* 1785 ; *Ballades,* 1798) et une *Histoire de la guerre de Trente Ans* (1791 - 1793).

SCHILTIGHEIM (67300), ch.-l. de cant. du Bas-Rhin, banlieue de Strasbourg ; 30 991 hab. *(Schilikois).* Brasserie.

SCHINER (Matthäus), *Mühlebach, Valais, v. 1465 - Rome 1522,* prélat suisse. Prince-évêque de Sion et cardinal, il engagea les Suisses aux côtés de l'empereur Maximilien et du pape Jules II, mais, après Marignan, il ne put empêcher ses compatriotes de conclure avec François Iᵉʳ la paix perpétuelle de 1516.

SCHINKEL (Karl Friedrich), *Neuruppin, Brandebourg, 1781 - Berlin 1841,* architecte et peintre allemand. Élève des architectes David et Friedrich Gilly, néoclassique (Corps de garde et Musée ancien à Berlin), il évolua vers un éclectisme d'inspiration romantique.

Schiphol, aéroport d'Amsterdam.

SCHIRMECK (67130), ch.-l. de cant. du Bas-Rhin, sur la Bruche ; 2 227 hab. *(Schirmeckois).* Industrie automobile.

schisme d'Occident (grand), conflit qui divisa l'Église de 1378 à 1417 et au cours duquel furent élus simultanément plusieurs papes. En 1378, à l'élection d'Urbain VI s'opposent la plupart des cardinaux non italiens, qui élisent un Français, Clément VII. Celui-ci s'établit à Avignon. La chrétienté est divisée. Diverses solutions de règlement ayant échoué, le schisme s'aggrave en 1409, quand un troisième pape, Alexandre V, est élu à Pise. Jean XXIII lui succède en 1410. Mais le concile de Constance (1414 - 1418) dépose les trois papes et provoque un conclave, qui aboutit à l'élection d'un pape unique, Martin V (1417).

schisme d'Orient, conflit qui aboutit à la séparation entre l'Église orientale et l'Église romaine. Une première rupture eut lieu de 863 à 867, sous le patriarche Photios, à la suite de divergences en matière de rites et, très partiellement, de doctrine. La scission définitive intervint en 1054, quand le patriarche Keroularios excommunia le pape Léon IX après avoir été excommunié par lui. Ces mesures ont été levées de part et d'autre en 1965, mais l'union n'a pas été rétablie.

SCHLEGEL (August Wilhelm **von**), *Hanovre 1767 - Bonn 1845,* écrivain allemand. Membre du premier groupe romantique allemand, il est l'auteur d'un *Cours de littérature dramatique,* où il condamne la tragédie classique. — **Friedrich von S.**, *Hanovre 1772 - Dresde 1829,* écrivain et orientaliste allemand. Il fonda avec son frère August Wilhelm la revue *Athenäum* (1798), qui fut l'organe de l'école romantique.

SCHLEICHER (August), *Meiningen 1821 - Iéna 1868,* linguiste allemand. Spécialiste de grammaire comparée, il a tenté de reconstruire l'indo-européen primitif (*Abrégé de grammaire comparée des langues indo-germaniques,* 1861 - 1862).

SCHLEIERMACHER (Friedrich), *Breslau 1768 - Berlin 1834,* théologien protestant allemand. Sa théologie de l'expérience religieuse, fondée sur le sentiment et l'intuition, influença les courants théologiques modernes, tant catholiques que protestants.

SCHLESWIG-HOLSTEIN n.m., Land d'Allemagne, entre la Baltique et la mer du Nord ; 15 727 km² ; 2 594 606 hab. ; cap. *Kiel.* En 1460, le duché de Schleswig (ou Slesvig) et le comté de Holstein (duché en 1474) devinrent propriété personnelle du roi de Danemark. En 1815, le congrès de Vienne donna les duchés de Holstein et de Lauenburg au roi de Danemark, à titre personnel, en compensation de la perte de la Norvège. Ceux-ci furent dans le même temps intégrés dans la Confédération germanique. Les tentatives faites à partir de 1843 - 1845 par le Danemark pour annexer les duchés aboutirent à la guerre des Duchés (1864), puis à la guerre austro-prussienne (1866). La Prusse, victorieuse, annexa les duchés. En 1920, le nord du Schleswig fut rendu au Danemark après plébiscite.

SCHLICK (Moritz), *Berlin 1882 - Vienne 1936,* logicien allemand. Néopositiviste, il est l'un des représentants les plus marquants du cercle de *Vienne.

SCHLIEFFEN (Alfred, comte **von**), *Berlin 1833 - id. 1913,* maréchal allemand. Chef de l'état-major de 1891 à 1906, il donna son nom au plan de campagne appliqué par l'Allemagne en 1914, et qui consistait à contenir le front de l'Est afin de détruire l'armée française à l'ouest.

SCHLIEMANN (Heinrich), *Neubukow 1822 - Naples 1890,* archéologue allemand. Il découvrit les ruines de Troie et de Mycènes.

SCHLŒSING (Jean-Jacques Théophile), *Marseille 1824 - Paris 1919,* chimiste et agronome français. Il a élucidé le processus de la fixation de l'azote du sol par les végétaux.

SCHLÖNDORFF (Volker), *Wiesbaden 1939,* cinéaste allemand. Révélé par *les Désarrois de l'élève Törless* (1966), qui affirmait le renouveau du cinéma allemand, il traite souvent les thèmes de la révolte, du pouvoir et de la répression (*l'Honneur perdu de Katharina Blum,* 1975 ; *le Tambour,* 1979 ; *Mort d'un commis voyageur,* 1985 ; *le Roi des Aulnes,* 1996 ; *les Légendes de Rita,* 2000).

SCHLUCHT [ʃlurt] (col de la), col du massif des Vosges (France) ; 1 139 m. Sports d'hiver.

SCHLUMBERGER (Conrad), *Guebwiller 1878 - Stockholm 1936,* physicien et industriel français. Avec son frère Marcel (Guebwiller 1884 - Le Val Richer 1953), il montra en 1927 qu'on peut identifier par leur résistivité électrique des formations géologiques. Tous deux fondèrent la société, portant leur nom, qui exploite cette technique.

SCHLÜTER (Poul), *Tønder 1929,* homme politique danois, président du Parti conservateur (1974 - 1993), Premier ministre de 1982 à 1993.

SCHMIDT (Bernhard), *Naissaar, Estonie, 1879 - Hambourg 1935,* opticien allemand. Il est l'inventeur d'un télescope photographique à grand champ (1930).

SCHMIDT (Helmut), *Hambourg 1918,* homme politique allemand. Social-démocrate, ministre de la Défense (1969 - 1972) et des Finances (1972 - 1974), il fut chancelier de la République fédérale de 1974 à 1982.

SCHMITT (Carl), *Plettenberg 1888 - id. 1985,* philosophe et juriste allemand. Spécialiste de droit constitutionnel, il est l'auteur de travaux sur la démocratie et sur la politique à l'époque moderne, qui sont restés une référence malgré sa compromission avec le nazisme (*la Notion de politique,* 1927 ; *Théorie de la constitution,* 1928).

SCHMITT (Florent), *Blâmont, Meurthe-et-Moselle, 1870 - Neuilly-sur-Seine 1958,* compositeur français. Il écrivit notamm. le grandiose *Psaume XLVII* (créé en 1907), une musique de ballet d'un grand lyrisme (*la Tragédie de Salomé,* 1907) et un quintette avec piano.

SCHNABEL (Artur), *Lipnik 1882 - Morschach, Suisse, 1951,* pianiste autrichien naturalisé américain. Il fut un interprète talentueux de Schubert et de Beethoven.

SCHNEBEL (Dieter), *Lahr 1930,* compositeur allemand. Il emploie des moyens de composition très personnels : participation collective de l'auditoire, utilisation des bruits et gestes environnants, renouvellement du travail sur la voix (*Maulwerke, Glossolalie*).

SCHNEIDER (Eugène), *Bidestroff 1805 - Paris 1875,* industriel et homme politique français. Il fut notamm. président du Corps législatif de 1867 à 1870. À partir de 1836, il dirigea les usines métallurgiques du Creusot avec son frère Adolphe (Nancy 1802 - Le Creusot 1845).

SCHNEIDER (Hortense), *Bordeaux 1833 - Paris 1920,* mezzo-soprano française. Pleine d'entrain et d'esprit, elle fut l'interprète préférée d'Offenbach, qui écrivit notamment pour elle *la Belle Hélène* et *la Grande Duchesse de Gerolstein.*

SCHNEIDER (Rosemarie **Albach-Retty**, dite Romy), *Vienne 1938 - Paris 1982,* actrice autrichienne. Révélée au cinéma dans des rôles d'ingénues romantiques (série des *Sissi,* 1956 - 1958), elle a ensuite composé des héroïnes tragiques, ambiguës et vulnérables (*le Procès,* O. Welles, 1962 ; *les Choses de la vie,* C. Sautet, 1970 ; *les Innocents aux mains sales,* C. Chabrol, 1975 ; *la Mort en direct,* B. Tavernier, 1980).

■ ROMY **SCHNEIDER** dans *la Banquière* de Francis Girod (1980).

SCHNEIDER (Vreni), *Elm, Glaris, 1964,* skieuse suisse. Championne olympique et championne du monde à trois reprises, elle a remporté la Coupe du monde en 1989, 1994 et 1995.

SCHNITTKE (Alfred), *Engels, auj. Pokrovsk, 1934 - Hambourg 1998,* compositeur et théoricien russe (d'origine) et allemand. Auteur de symphonies, de concertos et d'opéras, il se caractérise par un style très éclectique.

SCHNITZLER (Arthur), *Vienne 1862 - id. 1931,* écrivain autrichien. Son théâtre (*la Ronde,* 1900 ; *le Chemin solitaire,* 1904) et ses romans (*Mademoiselle Else*) évoquent l'atmosphère désenchantée de la Vienne de la fin du XIXe s.

SCHŒLCHER (97233), comm. de la Martinique ; 20 908 hab.

SCHŒLCHER (Victor), *Paris 1804 - Houilles 1893,* homme politique français. Député de la Martinique et de la Guadeloupe, sous-secrétaire d'État à la Marine (mars-mai 1848), il prépara le décret d'abolition de l'esclavage dans les colonies (27 avr. 1848). Il s'opposa au coup d'État du 2 déc. 1851 et fut proscrit.

SCHOENBERG ou **SCHÖNBERG** (Arnold), *Vienne 1874 - Los Angeles 1951,* compositeur autrichien naturalisé américain. Théoricien de l'atonalité, fondée sur le dodécaphonisme, il influença profondément la musique du XXe s. Il est l'auteur des *Gurrelieder,* du *Pierrot lunaire* (1912 ; 21 poèmes pour récitant et ensemble instrumental), de quatuors à cordes, du sextuor à cordes *la Nuit transfigurée* et d'opéras (*Erwartung ; Moïse et Aaron,* respectivement composés en 1909 et 1933, et créés en 1924 et 1959).

■ VICTOR **SCHŒLCHER** par Carjat.

■ GERHARD **SCHRÖDER**

S

SCHÖFFER (Peter), *Gernsheim, Hesse-Darmstadt, v. 1425 - Mayence 1502 ou 1503,* imprimeur allemand. Associé de Fust et de Gutenberg, il perfectionna avec eux l'imprimerie.

Schola cantorum, école de musique fondée à Paris, en 1894, par C. Bordes en collaboration avec A. Guilmant et V. d'Indy. D'abord spécialisée dans l'étude du chant liturgique et de la musique religieuse, elle devint ensuite une école supérieure d'enseignement musical.

SCHOLASTIQUE (sainte), *Nursie v. 480 - Piumarola, près du mont Cassin, v. 543 ou 547,* sœur de saint Benoît. Elle fonda un monastère de femmes près du mont Cassin.

SCHOLEM (Gershom), *Berlin 1897 - Jérusalem 1982,* philosophe israélien. Il est l'auteur de nombreuses recherches sur la tradition mystique juive (*les Grands Courants de la mystique juive,* 1941 ; *les Origines de la Kabbale,* 1962).

SCHOMBERG (Frédéric Armand, duc **de**), *Heidelberg 1615 - près de la Boyne 1690,* maréchal de France. D'origine allemande, il entra dans l'armée française (1650) après avoir servi la Suède puis la Hollande et participa avec Turenne aux campagnes contre Condé (1653 - 1658). Protestant, il s'exila à la révocation de l'édit de Nantes et fut tué en servant Guillaume III d'Orange contre Jacques II d'Angleterre.

Schönbrunn, château du XVIIIe s., dans un faubourg de Vienne, et anc. résidence d'été des Habsbourg. Appartements décorés ; jardins.

SCHONGAUER (Martin), *Colmar v. 1450 - Brisach 1491,* graveur et peintre alsacien. Il est l'auteur de célèbres burins (*la Mort de la Vierge, la Tentation de saint Antoine, la Grande Montée au Calvaire,* etc.), que Dürer admira.

SCHOPENHAUER (Arthur), *Dantzig 1788 - Francfort-sur-le-Main 1860,* philosophe allemand. Il discerne dans la soumission au vouloir-vivre, loi commune à tous les vivants, l'origine d'une souffrance dont il recherche avant tout l'apaisement, en particulier à travers l'expérience esthétique. Sa philosophie pessimiste a eu une large influence, notamm. sur Nietzsche (*le Monde comme volonté et comme représentation,* 1818).

SCHOTEN [skotɛn], comm. de Belgique (prov. d'Anvers) ; 31 094 hab.

SCHRIBAUX (Émile), *Richebourg, Haute-Marne, 1857 - Paris 1951,* agronome et botaniste français. Il fut à l'origine de la création de plusieurs variétés de blé et d'avoine.

SCHRIEFFER (John Robert), *Oak Park, Illinois, 1931,* physicien américain, l'un des auteurs de la théorie BCS (Bardeen, Cooper, *Schrieffer*) de la supraconductivité. (Prix Nobel 1972.)

SCHRÖDER (Gerhard), *Mossenberg, Rhénanie-du-Nord-Westphalie, 1944,* homme politique allemand. Social-démocrate(président du SPD depuis 1999), il devient chancelier après la victoire de son parti aux élections de 1998.

SCHRÖDINGER (Erwin), *Vienne 1887 - id. 1961*, physicien autrichien. Il a donné, en 1926, une formalisation nouvelle de la théorie quantique, introduisant en partic. l'équation fondamentale (qui porte son nom), à la base de tous les calculs de la spectroscopie. (Prix Nobel 1933.)

Schtroumpfs (les), personnages de bande dessinée créés en 1958 par Peyo dans l'hebdomadaire belge *Spirou*. Ces petits lutins bleus sont dotés d'un langage et d'une organisation sociale empreints d'humour et d'utopie.

■ **SCHTROUMPFS.** Extrait de *l'Œuf et les Schtroumpfs*, de Peyo. (© Éditions Dupuis - Peyo.)

SCHUBERT (Franz), *Lichtental, auj. dans Vienne, 1797 - Vienne 1828*, compositeur autrichien. Il doit sa célébrité à plus de 600 lieder, dont l'inspiration spontanée et profonde est proche de la veine populaire *(le Roi des Aulnes ; la Truite ; la Jeune Fille et la Mort ; la Belle Meunière ; le Voyage d'hiver)*. Il est aussi l'auteur de dix symphonies (dont l'« Inachevée »), de pages pour piano et de musique de chambre (quatuors, quintettes).

SCHULTZ (Theodore William), *Arlington, Dakota du Sud, 1902 - Evanston, Illinois, 1998*, économiste américain. Représentant de l'école libérale, il a partagé avec sir William Arthur Lewis le prix Nobel en 1979 pour leurs études sur les pays en voie de développement.

SCHULZ (Bruno), *Drohobycz, auj. Drogobytch, 1892 - id. 1942*, écrivain polonais. Sa prose lyrique construit de brefs récits, fragmentaires et fantastiques (*les Boutiques de cannelle*, 1934). D'origine juive, il fut assassiné par la Gestapo.

SCHULZ (Charles Monroe), *Minneapolis 1922 - Santa Rosa, Californie, 2000*, dessinateur américain. Il a créé la bande dessinée humoristique *Peanuts* (1950), dont les personnages principaux sont notamm. *Snoopy et les enfants Charlie Brown, Schroeder, Lucy et Linus.

SCHUMACHER (Michael), *Hürth, près de Cologne, 1969*, coureur automobile allemand. Il a remporté le championnat du monde des conducteurs en 1994, 1995 et 2000.

SCHUMAN (Robert), *Luxembourg 1886 - Scy-Chazelles, Moselle, 1963*, homme politique français. Député démocrate-chrétien (1945 - 1962), il participe à la fondation du MRP, dont il devient l'un des principaux dirigeants. Ministre des Finances (1946), président du Conseil (1947 - 1948), ministre des Affaires étrangères (1948 - 1953), il est l'auteur du plan de la Communauté européenne du charbon et de l'acier (1951) et l'initiateur de la réconciliation franco-allemande. Président du Parlement européen (1958 - 1960), il est considéré comme l'un des « pères de l'Europe ».

SCHUMANN (Maurice), *Paris 1911 - id. 1998*, homme politique français. Il fut le porte-parole de la France libre à la radio de Londres (1940 - 1944). Un des fondateurs du MRP, il se rallia à de Gaulle en 1958 et fut plusieurs fois ministre (notamm. des Affaires étrangères, 1969 - 1973). [Acad. fr.]

SCHUMANN (Robert), *Zwickau 1810 - Endenich, près de Bonn, 1856*, compositeur allemand. Il étudia le droit puis se consacra à la musique. Il écrivit d'abord des pièces pour piano (de 1829 à 1840) de caractère spontané, poétique et lyrique : *Carnaval, Études symphoniques, Scènes d'enfants, Kreisleriana, Huit Novelettes*. Il se consacra ensuite au lied, à l'époque de son mariage avec Clara Wieck *(les Amours du poète ; l'Amour et la vie d'une femme)*. À partir de 1841, il composa de la musique de chambre, pour orchestre (*Concerto pour piano*, quatre symphonies) et les *Scènes de Faust* pour soli, chœurs et orchestre, créées en 1862.

SCHUMPETER (Joseph), *Třešť, Moravie, 1883 - Taconic, Salisbury, Connecticut, 1950*, économiste autrichien. Il analyse dans ses ouvrages le processus d'évolution de l'économie capitaliste et met en lumière le rôle de l'entrepreneur.

SCHUSCHNIGG (Kurt **von**), *Riva, lac de Garde, 1897 - Muters 1977*, homme politique autrichien. Chancelier d'Autriche en 1934, il lutta contre l'Anschluss (1938) et fut déporté de 1938 à 1945 à Sachsenhausen puis à Dachau.

SCHÜSSEL (Wolfgang), *Vienne 1945*, homme politique autrichien. Président du Parti populaire (conservateur) depuis 1995, il devient chancelier en 2000.

SCHÜTZ (Heinrich), *Köstritz 1585 - Dresde 1672*, compositeur allemand. Maître de chapelle de l'Électeur de Saxe à Dresde, il a composé des œuvres religieuses dans lesquelles fusionnent le style polyphonique du motet protestant et le langage nouveau de Monteverdi (parution du recueil des *Psaumes de David* en 1619, de l'*Histoire de la joyeuse et victorieuse Résurrection de Notre-Seigneur Jésus-Christ* en 1623, du requiem *Musikalische Exequien* en 1636 ; composition de l'oratorio *les Sept Paroles du Christ en croix*, v. 1645, puis de 3 passions).

SCHWÄBISCH GMÜND, v. d'Allemagne (Bade-Wurtemberg) ; 63 701 hab. Église-halle Ste-Croix (XIVe s.), prototype du gothique allemand tardif, par Heinrich Parler et son fils Peter.

SCHWANN (Theodor), *Neuss am Rhein 1810 - Cologne 1882*, biologiste allemand. Auteur de la théorie cellulaire (1839), il est surtout connu pour ses observations sur les muscles et les nerfs, ainsi que pour sa découverte de la *gaine de myéline* entourant certaines fibres nerveuses.

SCHWARTZ (Laurent), *Paris 1915*, mathématicien français. Il a fondé la théorie des distributions, qui généralise la notion de fonction et répond tant aux besoins de l'analyse harmonique et de la théorie des équations aux dérivées partielles qu'à ceux des mathématiques appliquées. (Médaille Fields 1950.)

SCHWARTZ (Melvin), *New York 1932*, physicien américain. Ses recherches ont conduit, entre 1960 et 1962, à l'obtention du premier faisceau de neutrinos. (Prix Nobel 1988.)

SCHWARZENBERG (Karl Philipp, prince **zu**), *Vienne 1771 - Leipzig 1820*, général et diplomate autrichien. Il commanda les armées alliées qui vainquirent Napoléon à Leipzig (1813) et envahirent la France (1814). — **Felix S.**, *Krumau, auj. Český Krumlov, 1800 - Vienne 1852*, homme politique autrichien. Neveu de Karl Philipp, chancelier d'Autriche (1848 - 1852), il restaura l'autorité des Habsbourg après les révolutions de 1848 et s'opposa à l'hégémonie de la Prusse en Allemagne (Olmütz, 1850).

SCHWARZKOPF (Elisabeth), *Jarotschin 1915*, soprano allemande naturalisée britannique. Elle s'est distinguée dans l'interprétation des lieder romantiques, de Schubert à Hugo Wolf, et des opéras, notamm. de Mozart et de R. Strauss.

Schwechat, aéroport de Vienne (Autriche).

SCHWEDT, v. d'Allemagne (Brandebourg), sur l'Oder ; 49 594 hab. Raffinerie de pétrole. Pétrochimie.

■ FRANZ **SCHUBERT** par W. A. Rieder.

■ ROBERT **SCHUMANN.** Lithographie du XIXe s.

SCHWEINFURT, v. d'Allemagne (Bavière), sur le Main ; 55 284 hab.

SCHWEINFURTH (Georg), *Riga 1836 - Berlin 1925*, voyageur allemand. Il explora les pays du Nil, l'Érythrée, l'Arabie du Sud et fonda l'Institut égyptien du Caire.

SCHWEITZER (Albert), *Kaysersberg 1875 - Lambaréné 1965*, médecin, théologien protestant et musicologue français. Symbole du colonialisme à visage humain, il fonda l'hôpital de Lambaréné, au Gabon. (Prix Nobel de la paix 1952.)

SCHWERIN, v. d'Allemagne, cap. du Mecklembourg-Poméranie-Occidentale ; 122 189 hab. Centre industriel. — Cathédrale gothique ; musée.

SCHWINGER (Julian Seymour), *New York 1918 - Los Angeles 1994*, physicien américain. Il a calculé le moment magnétique de l'électron et contribué à la théorie des interactions du champ électromagnétique avec le photon. (Prix Nobel 1965.)

SCHWITTERS (Kurt), *Hanovre 1887 - Ambleside, Grande-Bretagne, 1948*, peintre, sculpteur et écrivain allemand. Sa contribution à dada et au constructivisme s'exprime dans ses collages, assemblages et constructions « Merz », faits de déchets divers et dont il transposa le principe dans la poésie phonétique.

SCHWOB (Marcel), *Chaville 1867 - Paris 1905*, écrivain français. Ses contes *(Cœur double)*, ses poèmes en prose *(le Livre de Monelle)* et ses traductions composent une œuvre hédoniste.

SCHWYZ, v. de Suisse, ch.-l. du *cant. de Schwyz* ; 12 872 hab. Monuments surtout des XVIIe-XVIIIe s.

SCHWYZ (canton de), canton de Suisse ; 908 km^2 ; 118 500 hab. ; ch.-l. *Schwyz*. Il entra dans la Confédération en 1291. — Le nom de la Suisse (all. *Schweiz*) dérive de celui du canton.

SCIASCIA (Leonardo), *Racalmuto, Agrigente, 1921 - Palerme 1989*, écrivain italien. Ses récits (*les Oncles de Sicile*, 1958 ; *Todo Modo*, 1974), ses essais historiques et critiques (*le Cliquet de la folie*, 1970) et son théâtre composent une satire des oppressions sociales et politiques en Sicile.

Science chrétienne, en angl. **Christian Science,** Église fondée en 1879, à Boston, par Mary Baker-Eddy (1821 - 1910) et qui s'attache à guérir les maladies par des moyens spirituels.

SCILLY (îles), anc. en fr. **îles Sorlingues,** îles de Grande-Bretagne (Angleterre), au large de la Cornouailles.

SCIONZIER [sjɔ̃zje] (74300), ch.-l. de cant. de la Haute-Savoie ; 6 207 hab.

SCIPION l'Africain, en lat. **Publius Cornelius Scipio Africanus,** *235 - Liternum 183 av. J.-C.*, général romain. Proconsul en 211, il mit fin à la domination de Carthage en Espagne. Consul en 205, il débarqua en Afrique et, par sa victoire de Zama (202) sur Hannibal, mit fin à la deuxième guerre punique. — **Scipion Émilien,** en lat. **Publius Cornelius Scipio Aemilianus,** *185 ou 184 - Rome 129 av. J.-C.*, général et homme politique romain. Fils de Paul Émile et petit-fils adoptif de Scipion l'Africain, consul en 147, il acheva la troisième guerre punique par la destruction de Carthage (146). En 133, il fit capituler Numance. Aristocrate, il s'opposa aux lois agraires des Gracques. Grand lettré, adepte du stoïcisme et de la culture grecque, il entretint un cercle brillant, où figurèrent Polybe et Térence.

SCOLA (Ettore), *Trevico, Campanie, 1931*, cinéaste italien. Il concilie la comédie et la critique sociale (*Drame de la jalousie*, 1970 ; *Nous nous sommes tant aimés*, 1974 ; *Une journée particulière*, 1977 ; *le Bal*, 1983 ; *Splendor*, 1989 ; *le Voyage du capitaine Fracasse*, 1990).

SCOPAS, sculpteur grec du IVe s. av. J.-C., né à Paros. Le rythme et l'intensité d'expression de ses œuvres (*Ménade*, Dresde) sont l'une des sources d'inspiration de la plastique hellénistique.

SCORPION, constellation zodiacale. — **Scorpion,** huitième signe du zodiaque, que le Soleil traverse du 23 octobre au 22 novembre.

SCORSESE (Martin), *New York 1942*, cinéaste américain. Il situe la plupart de ses films dans l'Amérique urbaine et nocturne des marginaux (*Taxi Driver*, 1976 ; *New York New York*, 1977 ; *la Couleur de l'argent*, 1986 ; *la Dernière Tentation du Christ*, 1988 ; *les Affranchis*, 1990 ; *les Nerfs à vif*, 1992 ; *Casino*, 1995 ; *À tombeau ouvert*, 1999).

SCOT (John Duns) → **DUNS SCOT.**

SCOT ÉRIGÈNE (Jean), *en Irlande v. 810 - v. 877*, philosophe et théologien irlandais. Son œuvre, néoplatonicienne, condamnée lors de deux conciles, ouvre la voie à une pensée rationnelle autonome (*De praedestinatione,* 851).

SCOTLAND, nom anglais de l'*Écosse.

Scotland Yard, siège de la police londonienne, le long de la Tamise, près de Westminster Bridge. Le ministre R. Peel l'organisa en 1829.

SCOTS, peuple originaire d'Irlande qui s'établit à partir du Ve s. au nord de l'île de Bretagne et qui donna son nom au pays (*Scotland,* Écosse).

SCOTT (Robert Falcon), *Devonport 1868 - dans l'Antarctique 1912,* capitaine et explorateur britannique. Il dirigea deux expéditions dans l'Antarctique (1901 - 1904 et 1910 - 1912) et périt en revenant d'un raid au cours duquel il avait, peu après Amundsen, atteint le pôle Sud.

SCOTT (sir Walter), *Édimbourg 1771 - Abbotsford 1832,* écrivain britannique. Poète passionné de légendes écossaises (*le Lai du dernier ménestrel,* 1805 ; *la Dame du lac,* 1810), il connut la célébrité grâce à ses romans historiques, qui exercèrent une profonde influence sur les écrivains romantiques (*Waverley,* 1814 ; *la Fiancée de Lammermoor,* 1819 ; **Ivanhoé* ; **Quentin Durward* ; *la Jolie Fille de Perth,* 1828).

SCOTTO (Vincent), *Marseille 1876 - Paris 1952,* compositeur français. Il a été un des maîtres de la chanson (*Sous les ponts de Paris, J'ai deux amours, le Plus Beau Tango du monde*) et de l'opérette (*Violettes impériales*) de l'entre-deux-guerres.

SCRANTON, v. des États-Unis (Pennsylvanie) ; 81 805 hab. Centre industriel.

SCRIABINE ou **SKRIABINE** (Aleksandr Nikolaïevitch), *Moscou 1872 - id. 1915,* compositeur et pianiste russe. Ses œuvres pour piano et pour orchestre, imprégnées de mysticisme théosophique et de philosophie hindoue, révèlent d'intéressantes recherches d'ordre harmonique (*Prométhée* ou *le Poème du feu,* pour piano, orgue, chœurs, orchestre et jeux de lumière).

SCRIBE (Eugène), *Paris 1791 - id. 1861,* auteur dramatique français. Ses comédies et ses vaudevilles (*Bertrand et Raton, le Verre d'eau*) s'inspirent des conflits sociaux et moraux de la bourgeoisie de son temps. Il a également écrit des livrets d'opéra pour F. A. Boieldieu (*la Dame blanche*), E. Auber (*la Muette de Portici*), G. Meyerbeer (*Robert le Diable*). [Acad. fr.]

SCUDÉRY (Georges **de**), *Le Havre 1601 - Paris 1667,* écrivain français. Auteur de pièces de théâtre, adversaire de Corneille dans la querelle du **Cid,* il publia sous son nom des romans dont la composition revient principalement à sa sœur. (Acad. fr.) — **Madeleine de S.,** *Le Havre 1607 - Paris 1701,* femme de lettres française, sœur de Georges. Ses romans (*Artamène ou le Grand Cyrus,* 1649 - 1653 ; *Clélie,* 1654 - 1660, où l'on trouve la « Carte du Tendre ») sont parmi les plus caractéristiques de la préciosité.

SCUTARI, en turc **Üsküdar,** faubourg asiatique d'Istanbul (Turquie), sur le Bosphore. Mosquées du XVIe s. Grand cimetière.

SCYLLA, écueil du détroit de Messine, en face de *Charybde.

SCYTHES, peuple de langue iranienne établi entre le Danube et le Don à partir du XIIe s. av. J.-C. Cavaliers et guerriers redoutables, les Scythes ravagèrent la Syrie et menacèrent l'Égypte. Ils disparurent au IIe s. av. J.-C.

SCYTHIE, pour les anciens Grecs, région de la Russie méridionale, habitée par les Scythes.

SDECE → **DGSE.**

SDN ou **Société des Nations,** organisme international créé par le traité de Versailles pour développer la coopération entre les nations et garantir la paix et la sécurité. La SDN, qui siégea à Genève de 1920 à 1946, se révéla incapable de remplir sa mission lors des crises de l'entre-deux-guerres. Elle fut remplacée en 1946 par l'ONU, créée l'année précédente.

SEABORG (Glenn Theodore), *Ishpeming, Michigan, 1912 - Lafayette, Californie, 1999,* chimiste américain. Il a découvert le plutonium (1941, avec E. M. McMillan), ainsi que plusieurs éléments transuraniens. (Prix Nobel 1951.)

Sea Launch, base spatiale flottante appartenant à un consortium international (États-Unis, Russie, Norvège, Ukraine). Elle est utilisée depuis 1999 pour lancer, à partir d'un point de l'océan Pacifique proche de l'équateur, des fusées russo-ukrainiennes Zenith.

SEARLE (John Rogers), *Denver, Colorado, 1932,* philosophe américain. Il est l'auteur d'une théorie qui met en lumière les intentions du discours (*les Actes du langage,* 1969).

SEATTLE, v. des États-Unis (État de Washington) ; 516 259 hab. (1 972 961 hab. dans l'agglomération). Port. Constructions navales et aéronautiques. Informatique. — Musées.

SEBASTIANI DE LA PORTA (Horace, comte), *La Porta, Corse, 1772 - Paris 1851,* maréchal de France. Il fut ministre des Affaires étrangères (1830) puis ambassadeur de France à Londres (1835 - 1839) sous Louis-Philippe.

SEBASTIANO DEL PIOMBO (Sebastiano **Luciani,** dit), *Venise ? v. 1485 - Rome 1547,* peintre italien. Ce disciple de Giorgione et ami de Michel-Ange se signale par la puissance monumentale de son style (portraits, tableaux religieux).

SÉBASTIEN (saint), *IIIe s.,* martyr romain. Officier dénoncé comme chrétien, il fut percé de flèches. On le représente souvent jeune et nu, lié à un arbre ou à une colonne. Patron des archers.

SÉBASTIEN, *Lisbonne 1554 - Alcaçar-Quivir 1578,* roi de Portugal (1557 - 1578), de la dynastie d'Aviz. Mystique et avide de gloire, il chercha à se constituer un grand domaine maghrébin et fut tué en combattant les Maures.

SÉBASTOPOL, v. d'Ukraine, en Crimée ; 366 000 hab. Port. Constructions navales. — Pendant la guerre de Crimée, la ville fut prise par les Franco-Britanniques en 1855, après un long siège. Elle fut occupée par les Allemands en 1942.

SEBHA, oasis de Libye, dans le Fezzan ; 76 200 hab.

SÉBILLET (Thomas), *Paris v. 1512 - id. 1589,* poète français, auteur d'un *Art poétique français.*

SEBOND ou **SEBONDE** (Ramón **Sibiuda,** en fr. Raymond), *Barcelone ? - Toulouse 1436,* médecin et théologien catalan d'expression latine. Il est l'auteur d'une *Théologie naturelle* (1484) montrant l'accord de la nature et de la révélation chrétienne. L'ouvrage fut traduit par Montaigne, qui introduisit en outre dans ses *Essais* une « Apologie de Raymond Sebond ».

SEBOU n.m., fl. du Maroc, né dans le Moyen Atlas, qui rejoint l'Atlantique ; 458 km.

SECCHI (Angelo), *Reggio Emilia 1818 - Rome 1878,* jésuite et astronome italien. Il eut le premier l'idée de classer les étoiles d'après l'aspect de leur spectre (1868), suggérant que celui-ci est lié à la température de leur surface.

Sécession (guerre de) [1861 - 1865], guerre civile qui, aux États-Unis, opposa une confédération d'États du Sud aux États du Nord. Dès 1850, la vie politique de l'Union est dominée par la question de l'esclavage des Noirs et de son abolition, les intérêts des planteurs du Sud (États confédérés) étant opposés à ceux des industriels du Nord et des nouveaux États de l'Ouest (dits fédéraux). Ces derniers triomphèrent après une longue lutte qui fit plus de 600 000 morts.

SECLIN (59113), ch.-l. de cant. du Nord ; 12 192 hab. (*Seclinois*). Métallurgie. — Collégiale du XIIIe s. ; hôpital des XVe et XVIIe s.

SECOND (Jan **Everaerts,** dit Jean), *La Haye 1511 - Tournai 1536,* humaniste flamand. Il est l'auteur des *Baisers,* petits poèmes érotiques en latin, souvent imités au XVIe s.

Secours catholique, organisation caritative française créée en 1946 pour lutter contre les diverses formes de la pauvreté et organiser des secours d'urgence en cas de catastrophe.

■ WALTER **SCOTT.** (National Portrait Gallery, Londres.)

■ MADELEINE DE **SCUDÉRY.** (Bibliothèque M. Durand, Paris.)

Secours populaire français (SPF), association de solidarité créée en 1945 (issue du Secours populaire de France et des colonies, fondé en 1936). Il mène une action humanitaire.

SECRÉTAN (Charles), *Lausanne 1815 - id. 1895,* philosophe suisse. Il a tenté un rapprochement entre le christianisme et la pensée rationaliste (*la Philosophie de la liberté,* 1848 - 1849).

SEDAINE (Michel Jean), *Paris 1719 - id. 1797,* auteur dramatique français. Il est l'un des meilleurs représentants de la « comédie sérieuse » (*le Philosophe sans le savoir,* 1765). [Acad. fr.]

SEDAN (08200), ch.-l. d'arrond. des Ardennes, sur la Meuse ; 21 117 hab. (*Sedanais*). Matières plastiques. — Point principal de la percée allemande vers l'ouest le 13 mai 1940. — Vaste forteresse des XVe-XVIIe s. (musée).

Sedan (bataille de) [1er sept. 1870], défaite des troupes françaises par les Prussiens lors de la guerre franco-allemande. La chute de la ville et la capitulation de Napoléon III (2 sept.) entraînèrent la proclamation de la république à Paris.

SÉDÉCIAS, *m. à Babylone en 586 av. J.-C.,* dernier roi de Juda (597 - 587 av. J.-C.). Après la destruction de Jérusalem (587) par Nabuchodonosor, il fut déporté à Babylone.

SÉE (Camille), *Colmar 1847 - Paris 1919,* homme politique français. Initiateur de la loi instituant les lycées pour les jeunes filles (1880), il créa l'École normale supérieure de Sèvres (1881).

SEEBECK (Thomas Johann), *Reval, auj. Tallinn, 1770 - Berlin 1831,* physicien allemand. Il découvrit (1821) et étudia la thermoélectricité. Il inventa aussi un polariscope.

SEECKT (Hans **von**), *Schleswig 1866 - Berlin 1936,* général allemand. Chef de la Reichswehr de 1920 à 1926, il reconstitua l'armée allemande.

SÉES (61500), ch.-l. de cant. de l'Orne ; 4 969 hab. (*Sagiens*). Évêché. — Belle cathédrale des XIIIe-XIVe s. et autres monuments ; musée.

SÉFARADES, Juifs originaires du pourtour méditerranéen, par distinction avec les *Ashkénazes. Issus des Juifs qui durent quitter la péninsule Ibérique au XVe s., ils parlaient le ladino. Depuis la Shoah, ils forment la majorité du peuple juif.

SEFÉRIS (Gheórghios **Seferiádhis,** dit Georges), *Smyrne 1900 - Athènes 1971,* diplomate et poète grec. Il unit les mythes antiques à une vision sombre de la Grèce moderne (*Strophe,* 1931 ; *Journal de bord,* 1940 - 1955). [Prix Nobel 1963.]

SÉFÉVIDES, dynastie fondée par Ismaïl Ier, chef de la confrérie Safawi, et qui régna sur l'Iran de 1501 à 1736. Elle imposa le chiisme duodécimain à l'Iran et parvint à limiter la poussée des Ottomans à l'ouest et des Ouzbeks à l'est.

SÉGALA n.m., ensemble de plateaux du sud-ouest du Massif central (France). Il était autrefois très pauvre (« pays du seigle »).

SEGALEN (Victor), *Brest 1878 - Huelgoat 1919,* écrivain français. Médecin de la marine, passionné d'art, d'ethnographie et d'archéologie, il est passé d'une « période maori » (*les Immémoriaux,* 1907) à une période chinoise, qui, avec la découverte des monuments funéraires des Han et le taoïsme, marqua ses poèmes (*Stèles,* 1912), ses proses (*Peintures,* 1916 ; *Équipée,* 1929) et son roman (*René Leys,* 1922).

SEGANTINI (Giovanni), *Arco, prov. de Trente, 1858 - Schafberg, Engadine, 1899,* peintre italien. Il est passé d'un naturalisme paysan au néo-impressionnisme et au *symbolisme.

SÉGESTE, anc. v. de la Sicile occidentale. Alliée d'Athènes, puis de Carthage, elle fut détruite par Agathocle, tyran de Syracuse, en 307 av. J.-C. Elle lutta aux côtés des Romains pendant les guerres puniques. — Temple dorique inachevé (fin du Ve s. av. J.-C.). Théâtre d'époque hellénistique.

SEGHERS (Netty **Radványi,** dite Anna), *Mayence 1900 - Berlin-Est 1983,* femme de lettres allemande. Romancière (*la Septième Croix,* 1942) et nouvelliste, adversaire du nazisme, elle s'établit après la guerre en RDA, dont elle fut l'une des principales figures littéraires. *(V. ill. page suivante.)*

SEGHERS (Hercules), *Haarlem 1589/1590 - Amsterdam ? v. 1638,* peintre et graveur néerlandais. L'un des grands paysagistes de son temps, il a, comme aquafortiste, travaillé ses planches et mêlé les procédés jusqu'à obtenir des épreuves d'un caractère visionnaire et dramatique.

SEGONZAC (16130), ch.-l. de cant. de la Charente ; 2 358 hab. (*Segonzacais*). Eaux-de-vie. — Église des XIIe et XIVe s.

S

■ ANNA **SEGHERS**

■ LA COMTESSE DE **SÉGUR** par Carjat.

SÉGOU, v. du Mali, sur le Niger ; 88 100 hab. Port fluvial et centre commercial. – Cap. d'un ancien royaume bamanan.

SEGOVIA (Andrés), *Linares, Andalousie, 1893 - Madrid 1987,* guitariste espagnol. Il a rénové la technique de la guitare classique et remis en honneur le répertoire ancien.

SÉGOVIE, en esp. **Segovia,** v. d'Espagne (Castille-León), ch.-l. de prov. ; 54 375 hab. Aqueduc romain, alcazar très restauré, églises romanes, cathédrale gothique du XVIe s. ; Musée provincial.

SEGRAIS (Jean **Regnault de**), *Caen 1624 - id. 1701,* écrivain français. Ami de Mme de La Fayette, il est l'auteur des *Nouvelles françaises* (1656 - 1657) et de poésies pastorales. (Acad. fr.)

SÈGRE n.f. ou n.m., riv. d'Espagne (Catalogne), affl. de l'Èbre (r. g.) ; 265 km.

SEGRÉ (49500), ch.-l. d'arrond. de Maine-et-Loire, dans le *Segréen ;* 7 155 hab. *(Segréens).* Équipements automobiles.

SEGRÈ (Emilio), *Tivoli 1905 - Lafayette, Californie, 1989,* physicien américain d'origine italienne. Il a découvert le technétium, premier élément artificiel, ainsi que l'astate, et a réalisé, à Berkeley, la production de l'antiproton. (Prix Nobel 1959.)

SÉGUIER (Antoine), *Paris 1552 - id. 1624,* homme d'État français. Président à mortier au parlement de Paris, il dirigea la Chambre de justice créée par Henri IV en 1607 pour rechercher les malversations des financiers. – **Pierre S.,** *Paris 1588 - Saint-Germain-en-Laye 1672,* homme d'État français. Neveu d'Antoine, il fut garde des Sceaux (1633), chancelier (1635) et de nouveau garde des Sceaux (1656). Il instruisit le procès de Cinq-Mars puis celui de Fouquet. (Acad. fr.)

SEGUIN (Édouard), *Clamecy 1812 - New York 1880,* médecin américain d'origine française. Élève d'Itard et d'Esquirol, il s'intéressa à l'éducation des enfants déficients mentaux et différencia le retard mental de la démence.

SEGUIN (Marc), *Annonay 1786 - id. 1875,* ingénieur français. Neveu de J. de Montgolfier, il construisit à Tournon le premier pont suspendu à câbles (1824) et adopta la chaudière tubulaire pour les locomotives (1827).

SÉGUIN (Philippe), *Tunis 1943,* homme politique français. Ministre des Affaires sociales et de l'Emploi (1986 - 1988), président de l'Assemblée nationale (1993 - 1997), il a été président du RPR de 1997 à 1999.

SÉGUR (Philippe Henri, marquis **de**), *Paris 1724 - id. 1801,* maréchal de France. Secrétaire d'État à la Guerre (1780 - 1787), il créa un corps permanent d'officiers d'état-major. – **Philippe Paul,** comte **de S.,** *Paris 1780 - id. 1873,* général et historien français. Petit-fils de Philippe Henri, il a laissé plusieurs ouvrages sur l'histoire militaire napoléonienne. (Acad. fr.)

SÉGUR (Sophie **Rostopchine,** comtesse **de**), *Saint-Pétersbourg 1799 - Paris 1874,* femme de lettres française d'origine russe. Elle est l'auteur d'ouvrages pour la jeunesse (*les Petites Filles modèles,* 1858 ; *les Malheurs de Sophie,* 1864 ; *le Général Dourakine,* 1866).

SEICHAMPS (54280), ch.-l. de cant. de Meurthe-et-Moselle ; 5 526 hab. *(Seichanais).*

SEICHES-SUR-LE-LOIR (49140), ch.-l. de cant. de Maine-et-Loire ; 2 444 hab.

SEIFERT (Jaroslav), *Prague 1901 - id. 1986,* poète tchèque. Il est passé de l'avant-garde « poétiste » (*Sur les ondes de la T.S.F.,* 1925) à un lyrisme néoclassique. (Prix Nobel 1984.)

SEIGNELAY (Jean-Baptiste **Colbert,** marquis **de**), *Paris 1651 - Versailles 1690,* homme d'État français. Fils de Colbert, il lui succéda à la Marine et à la Maison du roi (1683). Il poursuivit l'œuvre novatrice de son père.

SEIGNOBOS (Charles), *Lamastre 1854 - Ploubazlanec 1942,* historien français. Il est l'auteur d'ouvrages sur l'histoire contemporaine, en partic. celle de la France.

SEIGNOSSE (40510), comm. des Landes ; 2 464 hab. *(Seignossais).* Station balnéaire sur le littoral.

Seikan, tunnel ferroviaire du Japon, en partie sous-marin, long de 54 km. Il relie les îles de Honshu et de Hokkaido.

SEILLE ou **SEILLE LORRAINE** n.f., riv. de France, en Lorraine, affl. de la Moselle (r. dr.), qu'elle rejoint à Metz ; 130 km.

SEIN (île de) [29990], île et comm. du Finistère ; 246 hab. *(Sénans).* Pêche.

SEINE n.f., fl. de France, né sur le plateau de Langres, à 471 m d'alt., qui se jette dans la Manche par un vaste estuaire, sur lequel est établi Le Havre ; 776 km ; bassin de 78 650 km². La Seine traverse la Champagne et passe à Troyes. Entre son confluent avec l'Aube (r. dr.) et l'Yonne (r. g.) à Montereau-Fault-Yonne, elle longe la côte de l'Île-de-France. Peu en amont de Paris, elle reçoit son affluent le plus long, la Marne (r. dr.). Elle décrit alors de très grands méandres et reçoit l'Oise (r. dr.). Après le confluent de l'Eure (r. g.), elle forme de nouveau des méandres très allongés et passe à Rouen. Dans l'ensemble, elle a un régime régulier, avec de modestes écarts de débit. Toutefois, des crues redoutables peuvent se produire par suite de pluies exceptionnelles sur son bassin supérieur. Aujourd'hui, plusieurs réservoirs, dits « Seine » (lac d'Orient), « Marne » (lac du Der-Chantecoq) et « Aube » (lac du Temple), en limitent l'intensité. La Seine demeure une voie navigable utilisée surtout entre Paris et la Manche.

SEINE (basse), région de Haute-Normandie, de part et d'autre de la Seine, en aval de Rouen. Elle se caractérise par une navigation intense sur le fleuve et la présence de nombreuses industries dans la vallée (raffineries de pétrole et chimie ; usines métallurgiques et textiles).

SEINE n.f., anc. dép. du Bassin parisien, correspondant à la ville de Paris et à sa proche banlieue. La loi de 1964 a amené sa subdivision en quatre nouveaux départements (Hauts-de-Seine, Paris, Seine-Saint-Denis et Val-de-Marne).

SEINE-ET-MARNE n.f. (77), dép. de la Région Île-de-France ; ch.-l. de dép. *Melun ;* ch.-l. d'arrond. *Fontainebleau, Meaux, Provins, Torcy ;* 5 arrond. ; 43 cant. ; 514 comm. ; 5 915 km² ; 1 193 767 hab. *(Seine-et-Marnais).* Le dép. appartient à l'académie de Créteil, à la cour d'appel et à la zone de défense de Paris. La majeure partie

du dép. s'étend sur la Brie, région aux sols souvent limoneux portant de riches cultures (blé, maïs, betterave à sucre), associées à un important élevage bovin pour la viande et les produits laitiers (fromages) ; des forêts s'étendent là où le limon est absent (forêt d'Armainvilliers). Les céréales dominent sur les plateaux du nord (Goële, Multien) ; l'élevage l'emporte dans le Gâtinais, plus verdoyant, qui fait suite, au sud, à la vaste forêt de Fontainebleau (sur sols sableux). L'industrie, en dehors de l'extraction modeste du pétrole (traité sur place, à Grandpuits), est représentée par l'aéronautique, les constructions électriques, les matériaux de construction, la verrerie et l'imprimerie. Elle se localise surtout dans les vallées de la Seine et de la Marne, sites des principales villes (Melun et Meaux). L'ouest du dép. (englobant au moins en partie les villes nouvelles de Melun-Sénart et Marne-la-Vallée) appartient déjà à l'agglomération parisienne.

SEINE-ET-OISE n.f., anc. dép. du Bassin parisien (ch.-l. Versailles). Il a été partagé, par la loi de 1964, entre les trois dép. de l'Essonne, du Val-d'Oise et des Yvelines, principalement.

SEINE-MARITIME n.f. (76), dép. de la Région Haute-Normandie ; ch.-l. de dép. *Rouen ;* ch.-l. d'arrond. *Dieppe, Le Havre ;* 3 arrond. ; 69 cant. ; 745 comm. ; 6 278 km² ; 1 239 138 hab. Le dép. appartient à l'académie et à la cour d'appel de Rouen, à la zone de défense Ouest. Il a porté jusqu'en 1955 le nom de *Seine-Inférieure.* Le pays de Bray, dépression argileuse, région d'élevage bovin, limite à l'E. le pays de Caux, plateau crayeux, où les fréquents placages limoneux permettent les cultures céréalières, industrielles (betterave à sucre, lin, colza) et fourragères (associées à un important élevage pour les produits laitiers). L'extrémité sud-ouest de la Picardie constitue la partie nord-est du dép. L'industrie doit son importance aux usines de la basse Seine. Entre Rouen et Le Havre (deuxième port français) sont implantés les industries chimiques et automobiles, l'aéronautique, le raffinage du pétrole. Le littoral est jalonné de ports et de stations balnéaires (Dieppe, Fécamp, Le Tréport).

SEINE-SAINT-DENIS n.f. (93), dép. de la Région Île-de-France ; ch.-l. de dép. *Bobigny ;* ch.-l.

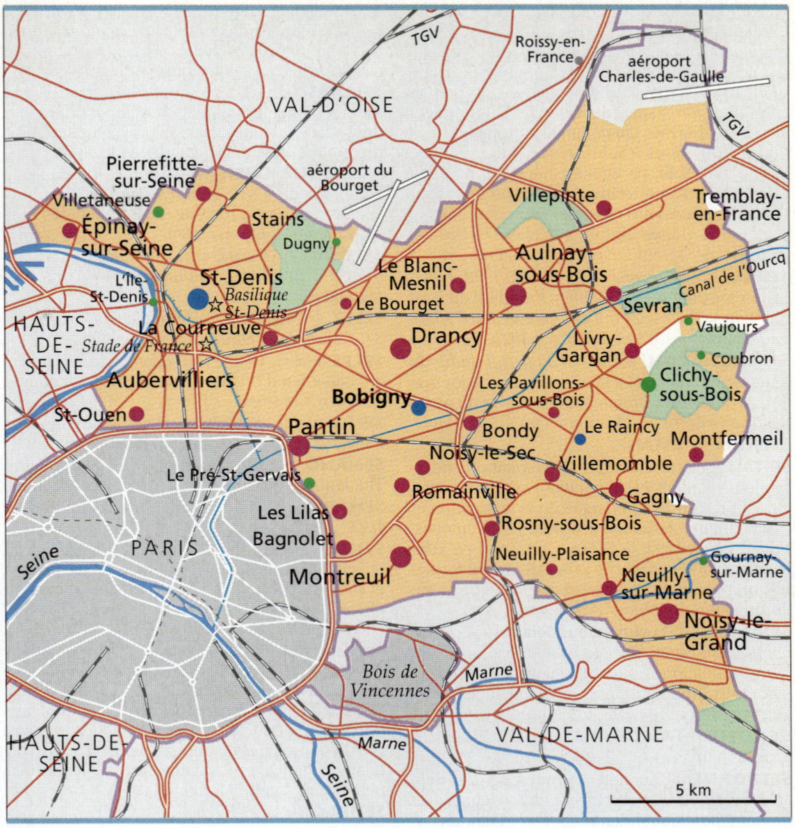

Seine-Saint-Denis plus de 50 000 h. ; de 20 000 à 50 000 h. ; de 10 000 à 20 000 h. ; moins de 10 000 h. ; ch.-l. d'arrondissement ; ch.-l. de canton ; commune ; autoroute ; route ; voie ferrée

Seine-Maritime 100 200 m ; plus de 50 000 h. ; de 20 000 à 50 000 h. ; de 5 000 à 20 000 h. ; moins de 5 000 h. ; ch.-l. d'arrondissement ; ch.-l. de canton ; commune ; autre localité ; autoroute ; route ; voie ferrée

d'arrond. *Le Raincy, Saint-Denis ;* 3 arrond. ; 40 cant. ; 40 comm. ; 236 km^2 ; 1 382 861 hab. *(Séquanodionysiens).* Le dép. appartient à l'académie de Créteil, à la cour d'appel et à la zone de défense de Paris. À l'O., près de Paris, de part et d'autre du canal de l'Ourcq, s'imbriquent étroitement usines (métallurgie surtout) et habitations ouvrières (Saint-Denis, Aubervilliers, Pantin). Au S.-E., particulièrement le long de la Marne, la fonction résidentielle prend le pas sur l'activité industrielle, pourtant présente. Dans le nord-est, la grande culture céréalière et betteravière recule devant l'expansion urbaine.

SEIPEL (Ignaz), *Vienne 1876 - Pernitz 1932,* prélat et homme politique autrichien. Président du Parti chrétien-social (1921), il fut chancelier d'Autriche de 1922 à 1924 et de 1926 à 1929.

SEI SHONAGON, *v. 965 - 1020 env.,* femme de lettres japonaise. Elle a laissé une sorte de journal *(Notes de chevet),* premier chef-d'œuvre du genre *zuihitsu* (« écrits au fil du pinceau »).

SÉISTAN → SISTAN.

SEITA (Société nationale d'exploitation industrielle des tabacs et allumettes), entreprise française créée en 1926, chargée de la fabrication et de la commercialisation des tabacs et allumettes. Privatisée en 1995, la SEITA a fusionné en 1999 avec la société espagnole Tabacalera pour former le groupe Altadis, acteur majeur de l'industrie européenne du tabac.

S

SÉJAN, en lat. **Lucius Aelius Seianus,** *Volsinies, auj. Bolsena, entre 20 et 16 av. J.-C. - 31 apr. J.-C.,* homme politique romain. Préfet du prétoire et favori de Tibère, il intrigua pour succéder à l'empereur, qui le fit mettre à mort.

SEKONDI-TAKORADI, v. du Ghana ; 255 000 hab. Port.

SELBORNE (Roundell **Palmer,** comte **de**), *Mixbury 1812 - près de Petersfield 1895,* juriste et homme politique britannique. Lord-chancelier (1872 - 1874, 1880 - 1885), il réforma le système judiciaire anglais et créa la Cour suprême (1873).

SELDJOUKIDES ou **SALDJUQIDES,** dynastie turque qui domina l'Orient musulman du XIe au XIIIe s. L'Empire seldjoukide, qui s'étendit à l'Iran, l'Iraq, la Syrie, l'Arménie et l'Asie Mineure, s'effrita au XIIe s. Seul le sultanat de Rum survécut en Anatolie jusqu'en 1308.

SÉLÉNÉ ou **SELÊNÊ** MYTH. GR. Personnification de la Lune, fille d'Hypérion, le Feu astral, et sœur d'Hélios.

SÉLESTAT (67600), ch.-l. d'arrond. du Bas-Rhin, sur l'Ill ; 17 514 hab. *(Sélestadiens).* Machines industrielles. — Église Ste-Foy, anc. abbatiale de style roman rhénan, et autres monuments ; demeures du XVIe s. ; Bibliothèque humaniste.

SÉLEUCIDES, dynastie hellénistique fondée par Séleucos Ier et qui régna de 312/305 à 64 av. J.-C. L'Empire séleucide, né des conquêtes d'Alexandre et qui s'étendit de l'Indus à la Méditerranée, se réduisit finalement à la Syrie, annexée à Rome par Pompée en 64 av. J.-C.

SÉLEUCIE, nom de diverses villes de l'Orient hellénistique fondées par Séleucos Ier. Les plus importantes furent *Séleucie de Piérie,* port d'Antioche, et *Séleucie du Tigre,* qui éclipsa Babylone.

SÉLEUCOS Ier Nikatôr, *Europos v. 355 - près de Lysimacheia 280 av. J.-C.,* général macédonien. Lieutenant d'Alexandre, roi fondateur de la dynastie des Séleucides en 305, il reconstitua l'empire d'Alexandre, à l'exception de l'Égypte et de la Grèce. Il établit sa capitale sur l'Oronte, à Antioche, qu'il fonda en 300.

SELIM Ier le Terrible, *Amasya 1466 - Çorlu 1520,* sultan ottoman (1512 - 1520). Il conquit la Syrie, la Palestine et l'Égypte (1516 - 1517) et se fit reconnaître protecteur des villes saintes d'Arabie. — **Selim III,** *Istanbul 1761 - id. 1808,* sultan ottoman (1789 - 1807). Il mena des guerres désastreuses contre l'Autriche et la Russie.

SÉLINONTE, anc. v. grecque de la Sicile occidentale. Très prospère jusqu'au Ve s. av. J.-C., elle fut détruite par les Carthaginois en 409 av. J.-C. et souffrit des guerres puniques. — Important ensemble de temples grecs.

SELKIRK (monts), chaîne de montagnes du Canada (Colombie-Britannique) ; 3 533 m.

SELKIRK (Alexander), *Largo, Fife, 1676 - en mer 1721,* marin écossais. S'étant querellé avec son capitaine, il fut débarqué dans l'île inhabitée de Más a Tierra (archipel Juan Fernández), où il survécut de 1704 à 1709. Son aventure inspira le *Robinson Crusoé* de Defoe.

SELLARS (Peter), *Pittsburgh 1957,* metteur en scène américain de théâtre et d'opéra. Il réalise des spectacles hétéroclites et provocateurs (*Ajax,* de Sophocle ; *Don Giovanni,* de Mozart).

SELLES-SUR-CHER (41130), ch.-l. de cant. de Loir-et-Cher ; 4 831 hab. *(Sellois).* Céramique. — Église en partie romane, anc. abbatiale ; château médiéval et renaissant.

SELONGEY (21260), ch.-l. de cant. de la Côte-d'Or ; 2 297 hab. *(Selongéens).* Appareils ménagers.

SELTZ (67470), ch.-l. de cant. du Bas-Rhin ; 3 026 hab. Anc. établissement romain.

SELYE (Hans), *Vienne 1907 - Montréal 1982,* médecin canadien d'origine autrichienne. Il découvrit et décrivit le stress.

SEM, personnage biblique. Fils aîné de Noé, il est l'ancêtre éponyme des peuples sémitiques.

SEMANG, peuple autochtone de Malaisie et de Thaïlande, que l'on inclut parmi les *Negritos.

SEMARANG, v. d'Indonésie, sur la côte nord de Java ; 1 249 230 hab. Port.

SEMBÈNE (Ousmane), *Ziguinchor 1923,* cinéaste et écrivain sénégalais. Auteur de romans épiques et sociaux *(l'Harmattan),* chef de file du cinéma africain, il tente de retrouver, par le récit visuel, l'art des griots (*Borom sarrett,* 1963 ; *la Noire de...,* 1966 ; *le Mandat,* 1968 ; *Emitaï,* 1971 ; *Xala,* 1974 ; *Ceddo,* 1977 ; *le Camp de Thiaroye,* 1988).

SEMBLANÇAY (Jacques **de Beaune,** baron **de**), *Tours v. 1445 - Paris 1527,* financier français. Banquier de Louis XII puis de François Ier, membre du conseil des Finances, il fut accusé d'avoir dilapidé l'argent réservé aux armées d'Italie et fut pendu au gibet de Montfaucon.

SÉMÉAC (65600), ch.-l. de cant. des Hautes-Pyrénées ; 4 878 hab. Électroménager.

SEMEÏ, anc. **Semipalatinsk,** v. du Kazakhstan, sur l'Irtych ; 344 700 hab. Centre industriel.

SÉMÉLÉ MYTH. GR. Déesse aimée de Zeus et mère de Dionysos.

SEMERU, volcan de Java ; 3 676 m. C'est le point culminant de l'île.

SÉMINOLES, peuple amérindien du sud-est des États-Unis (Floride, Oklahoma).

SEMIPALATINSK → SEMEÏ.

SÉMIRAMIS, reine légendaire d'Assyrie. La tradition grecque lui attribuait la fondation de Babylone et de ses jardins suspendus.

SEMMELWEIS (Ignác Fülöp), *Buda 1818 - Vienne 1865,* médecin hongrois. Il préconisa l'asepsie au cours de l'accouchement et reconnut, avant les travaux de Pasteur, le caractère infectieux de la fièvre puerpérale.

SEMMERING n.m., col des Alpes autrichiennes ; 980 m. Il est emprunté par la route et la voie ferrée de Vienne à Trieste et à Zagreb.

SEMOIS ou, en France, **SEMOY** n.f., riv. de Belgique et de France, née dans le Luxembourg belge, affl. de la Meuse (r. dr.) ; 198 km.

Sempach (bataille de) [9 juill. 1386], victoire des Suisses de la Confédération des huit cantons sur le duc d'Autriche, à Sempach (cant. de Lucerne). Elle signifiait pour l'Autriche l'effondrement de sa puissance en Suisse.

SEMPÉ (Jean-Jacques), *Bordeaux 1932,* dessinateur d'humour français. D'un graphisme détendu, son œuvre scrute avec acuité, mais aussi tendresse, notre mode de vie absurde et compliqué.

SEMPRUN (Jorge), *Madrid 1923,* écrivain espagnol d'expression castillane et française. Militant du Parti communiste espagnol, déporté en 1943 à Buchenwald, il nourrit de son expérience engagée une œuvre de mémoire *(la Deuxième Mort de Ramón Mercader, l'Écriture ou la vie).* Il est aussi scénariste (*Z* et *l'Aveu,* de Costa-Gavras). Il a été ministre de la Culture de 1988 à 1991.

SEMUR-EN-AUXOIS [-oswa] (21140), ch.-l. de cant. de la Côte-d'Or, sur l'Armançon ; 5 012 hab. *(Semurois).* Restes de fortifications, église de style gothique bourguignon, vieilles maisons ; musée.

SEMUR-EN-BRIONNAIS (71110), ch.-l. de cant. de Saône-et-Loire ; 748 hab. *(Semurois).* Église typique de l'art roman du Brionnais (XIIe s.).

SEN (Amartya Kumar), *Santiniketan, Bengale, 1933,* économiste indien. Il a développé la théorie du choix social et s'est intéressé à l'analyse du niveau de vie des populations, proposant des indices de mesure du développement (indice du développement humain, ou IDH) et de la pauvreté. (Prix Nobel 1998.)

SEN (Mrinal), *Faridpur, Bangladesh, 1923,* cinéaste indien. À l'origine du « nouveau cinéma indien » avec *Mr. Shome* (1969), il s'est livré à une critique radicale de la société indienne (*Calcutta 71,* 1972 ; *les Marginaux,* 1977 ; *Un jour comme un autre,* 1979 ; *les Ruines,* 1984 ; *Genesis,* 1986).

SENANAYAKE (Don Stephen), *Colombo 1884 - id. 1952,* homme politique cinghalais. Premier ministre (1947), il demeura à ce poste (1948 - 1952) après l'indépendance de Ceylan.

SENANCOUR (Étienne **Pivert de**), *Paris 1770 - Saint-Cloud 1846,* écrivain français. Il a analysé son inadaptation à la vie dans des essais et dans un roman autobiographique, épistolaire et méditatif (*Oberman,* 1804).

Sénanque (abbaye de), abbaye de la comm. de Gordes (Vaucluse), construite par les cisterciens dans la 2e moitié du XIIe s.

SÉNART (forêt de), forêt du dép. de l'Essonne.

Sénat, assemblée qui, avec l'Assemblée nationale, constitue le Parlement français. Sous le Consulat, le premier et le second Empire (sauf à partir de 1870, quand il devint une seconde chambre), le Sénat ne fut qu'un corps privilégié qui pouvait modifier la constitution par des sénatus-consultes inspirés par le pouvoir. Avec les lois constitutionnelles de 1875, le Sénat (300 membres) joua un rôle important : il exerçait le pouvoir législatif avec la Chambre des députés ; son président était le deuxième personnage de l'État. La Constitution de 1946 lui substitua un Conseil de la République, dont le rôle était réduit. Celle de 1958 rétablit un Sénat dont les membres (auj. — depuis 1989 — 321) sont élus au suffrage indirect pour neuf ans et renouvelables par tiers tous les trois ans. Il assure la représentation des collectivités territoriales de la République et des Français établis à l'étranger.

SENDAI, v. du Japon (Honshu) ; 918 398 hab. Métropole du nord de l'île. — Temple (XVIIe s.).

SENDERENS (Alain), *Hyères 1939,* cuisinier français. Il a travaillé notamm. à la Tour d'Argent, à Paris, avant d'ouvrir (1968) son Archestrate et d'y créer un art culinaire original et savoureux. Depuis 1985, il dirige Lucas Carton.

SENEFELDER (Alois), *Prague 1771 - Munich 1834,* dramaturge et inventeur autrichien. Cherchant à imprimer lui-même ses pièces, il mit au point la technique de la lithographie (1796 - 1799).

SENEFFE, comm. de Belgique (Hainaut) ; 10 167 hab. Château de style Louis XVI construit par Laurent Dewez (collection d'orfèvrerie).

SÉNÉGAL n.m., fl. d'Afrique, né dans le Fouta-Djalon, qui rejoint l'Atlantique ; 1 700 km. Il sépare le Sénégal et la Mauritanie.

SÉNÉGAL n.m., État d'Afrique occidentale, sur l'Atlantique ; 197 000 km^2 ; 8 530 000 hab. *(Sénégalais).* CAP. *Dakar.* LANGUE : *français.* MONNAIE : *franc CFA.*

INSTITUTIONS

République. Constitution de 2001. Président de la République, élu pour 5 ans, qui nomme le Premier ministre. Assemblée nationale, élue pour 5 ans.

GÉOGRAPHIE

C'est un pays plat, au climat tropical assez sec (la majeure partie du Sénégal appartient au Sahel). La population, formée de groupes variés (les Wolof constituant l'ethnie dominante) et islamisée en majeure partie, est concentrée dans l'ouest du pays. Les deux tiers des actifs travaillent dans l'agriculture (arachide, riz, mil, élevage) et la pêche. Les industries sont localisées dans la presqu'île du Cap-Vert. Le sous-sol recèle des phosphates, et le potentiel hydroélectrique est en cours d'aménagement. Le tourisme ne comble pas le déficit commercial.

HISTOIRE

Les origines et l'époque coloniale. Le pays, peuplé dès la préhistoire, a connu le passage de populations successives et des métissages. Parmi les royaumes qui apparaissent à partir du IXe s., le premier connu est celui de Tekrour (qui prend le nom de Fouta au XIVe s.), progressivement islamisé et vassalisé par le Mali. Au XIVe s. se constitue le royaume Dyolof. **V. 1456 :** les îles du Cap-Vert sont atteintes par le Vénitien Ca' da Mosto pour le compte du Portugal, qui installe des comptoirs sur les côtes (Rufisque). **XVIe s. :** les Hollandais fondent le comptoir de Gorée ; le royaume Dyolof se morcelle en plusieurs États. **XVIIe s. :** la France fonde Saint-Louis (1659) et occupe Gorée (1677). **1854 - 1865 :** le général Faidherbe entreprend la conquête de l'arrière-pays. **1857 :** Dakar est créée. **1879 - 1890 :** la France achève la conquête du Sénégal. **1895 :** le pays, intégré dans l'A.-O.F., dont le gouvernement général est fixé à Dakar, est doté d'un statut privilégié. Les habitants des « quatre communes » (Saint-Louis, Dakar, Rufisque, Gorée) jouissent de la citoyenneté française, et la colonie est représentée par des députés.

Le Sénégal indépendant. 1958 : par référendum, le Sénégal devient république autonome au sein de la Communauté. **1959 - 1960 :** il forme avec le Mali une éphémère fédération. **1960 :** il devient indépendant, et son premier président est Léopold S. Senghor. **1963 :** à la suite de troubles, les partis d'opposition sont interdits. **1976 :** un amendement constitutionnel institue un système à trois partis. **Depuis 1980 :** un mouvement séparatiste se développe en Casamance. **1981 :** Senghor se retire du pouvoir ; Abdou Diouf, Premier ministre depuis 1970, lui succède ; le multipartisme est légalisé. **1982 :** le pays forme avec la Gambie la confédération de Sénégambie (suspendue en 1989). **1989 :** des affrontements interethniques entre Sénégalais et Mauritaniens provoquent une vive tension avec la Mauritanie. **1992 :** le Sénégal rétablit ses relations diplomatiques avec la Mauritanie. **2000 :** vainqueur de l'élection présidentielle face à Abdou Diouf, le libéral Abdoulaye Wade, leader de l'opposition, accède à la tête de l'État.

SÉNÉGAMBIE, nom donné à l'union confédérale formée en 1982 entre le Sénégal et la Gambie (suspendue en 1989).

SÉNÈQUE, en lat. **Lucius Annaeus Seneca,** dit **Sénèque le Père** ou **le Rhéteur,** *Cordoue v. 60 av. J.-C. - Rome v. 39 apr. J.-C.,* écrivain latin. Ses *Controverses et déclamations* constituent un précieux document sur l'éducation oratoire au Ier s.

SÉNÈQUE, en lat. **Lucius Annaeus Seneca,** dit **Sénèque le Philosophe,** *Cordoue v. 4 av. J.-C. - Rome 65 apr. J.-C.,* philosophe latin. Fils de Sénèque le Rhéteur, précepteur de Néron, consul en 57, il fut compromis dans la conspiration de Calpurnius Pison et s'ouvrit les veines. — La pensée de ce stoïcien ainsi que son style concis et vif eurent une grande influence (*De la brièveté de la vie, De la tranquillité de l'âme, De la clémence, Des bienfaits, *Lettres à Lucilius*). On lui attribue également des tragédies (*Médée, les Troyennes, Agamemnon, Phèdre,* etc.).

■ LÉOPOLD SÉDAR **SENGHOR**

■ **SÉOUL.** La porte sud, reconstruite aux XIXe-XXe s., des murailles du XVIe s.

SENGHOR (Léopold Sédar), *Joal 1906,* homme politique et écrivain sénégalais. Agrégé de l'université, député à l'Assemblée nationale française (1946), chef du Bloc démocratique sénégalais (1948), il participe au gouvernement Edgar Faure (1955 - 1956). Président de la république du Sénégal depuis l'indépendance (1960), il quitte volontairement le pouvoir le 31 déc. 1980. — Il a publié des essais, où il définit la notion de « négritude », et des recueils de poèmes (*Éthiopiques,* 1956 ; *Nocturnes,* 1961). [Acad. fr.]

SENLIS (60300), ch.-l. d'arrond. de l'Oise, sur la Nonette ; 17 192 hab. *(Senlisiens).* Restes de l'enceinte gallo-romaine, belle cathédrale gothique des XIIe-XVIe s., autres monuments et ensemble urbain ancien ; musées d'Art et de la Vénerie.

SENNA (Ayrton), *São Paulo 1960 - Bologne 1994,* coureur automobile brésilien. Champion du monde des conducteurs en 1988, en 1990 et en 1991, il est mort des suites d'un accident survenu lors du Grand Prix de Saint-Marin, à Imola.

SENNACHÉRIB, roi d'Assyrie (705 - 680 av. J.-C.). Il maintint contre les Mèdes et les Araméens l'hégémonie assyrienne et rasa Babylone (689), qui avait repris son indépendance. Il entreprit de grands travaux à Ninive, sa capitale.

SENNE n.f., riv. de Belgique, aff. de la Dyle (r. g.) ; 103 km. Elle passe à Bruxelles.

SENNECEY-LE-GRAND (71240), ch.-l. de cant. de Saône-et-Loire ; 3 022 hab.

SENNETT (Michael **Sinnott**, dit Mack), *Richmond, Québec, 1880 - Hollywood 1960,* cinéaste américain. Il fut le grand pionnier du burlesque, produisant et réalisant d'innombrables petits films comiques. Fondateur de la Keystone Company en 1912, il lança la plupart des vedettes comiques du muet : Chaplin, Langdon, Fatty, W. C. Fields.

SÉNONAIS n.m., région du nord de l'Yonne, près de Sens.

SENONCHES (28250), ch.-l. de cant. d'Eure-et-Loir ; 3 181 hab. *(Senonchois).* Château des XIIe, XVe et XVIIe s. (musée). — Forêt.

SENONES (88210), ch.-l. de cant. des Vosges ; 2 945 hab. *(Senonais).* Bâtiments (XVIIIe s.) d'une anc. abbaye, fondée au VIIe s.

SENONES ou **SÉNONS,** peuple de la Gaule établi dans le bassin supérieur de l'Yonne. V. princ. *Agedincum* ou *Senones* (auj. Sens). Les Senones participèrent avec Vercingétorix à la grande offensive contre César.

SÉNOUFO ou **SENUFO,** peuple du nord de la Côte d'Ivoire et des régions adjacentes du Mali et du Burkina, de langue voltaïque.

Senousis ou **Sanusi,** confrérie musulmane, fondée en 1837 par Muhammad ibn Ali **al-Sanusi** (près de Mostaganem 1787 - en Cyrénaïque 1859). Les Senousis luttèrent contre l'Italie en Libye de 1919/1920 à 1930, date de leur dissolution.

SÉNOUSRET → **SÉSOSTRIS.**

SENS [sɑ̃s] (89100), ch.-l. d'arrond. de l'Yonne, sur l'Yonne ; 27 952 hab. *(Sénonais).* Archevêché. Équipements automobiles. — Cathédrale gothique précoce, construite de 1130 à la fin du XIIe s. (transept du XVIe s. ; trésor) ; autres monuments ; musée dans l'anc. archevêché et le palais synodal (préhistoire, archéologie gallo-romaine, etc.).

SEO DE URGEL, v. d'Espagne (Catalogne) ; 10 374 hab. Cathédrale romane du XIIe s. — L'évêque d'Urgel est coprince de l'Andorre avec le président de la République française.

SÉOUL, cap. de la Corée du Sud ; 10 612 577 hab. *(Séouliens).* Centre administratif et industriel. — Musée national.

Sept Ans (guerre de) [1756 - 1763], guerre qui opposa la Grande-Bretagne et la Prusse à la France, à l'Autriche et à leurs alliés. Ses causes sont, d'une part, la volonté de Marie-Thérèse d'Autriche de récupérer la Silésie, cédée à la Prusse, d'autre part, la rivalité franco-anglaise sur mer et dans les colonies. Elle fut marquée par les défaites françaises en Allemagne (Rossbach, 1757), au Canada (chutes de Québec et de Montréal) et en Inde (1761). Par le traité de Paris (10 févr. 1763), la France perdait le Canada, la Louisiane et ne conservait que cinq comptoirs en Inde. Par le traité de Hubertsbourg (15 févr. 1763), la Prusse gardait la Silésie.

Septante (version des), la plus ancienne des versions grecques de la Bible hébraïque. Elle fut établie entre 250 et 130 av. J.-C. au sein du judaïsme alexandrin pour les juifs de langue grecque. Selon la légende, 70 (ou 72) traducteurs, chacun travaillant de son côté, auraient abouti à un texte identique. La Septante fut très utilisée par l'Église chrétienne ancienne.

Sept Chefs (guerre des), conflit légendaire qui opposa les deux fils d'Œdipe, Étéocle et Polynice, pour la possession du trône de Thèbes. Sept chefs grecs y participèrent ; six devaient périr et les deux frères s'entre-tuèrent. — Ce thème a inspiré une tragédie à Eschyle (*les Sept contre Thèbes,* 467 av. J.-C.), à Euripide (*les Phéniciennes,* v. 409 av. J.-C.) et à Racine (*la Thébaïde,* 1664).

Septembre (massacres de) [2 - 6 sept. 1792], exécutions sommaires qui eurent lieu dans les prisons de Paris et de province. À l'annonce de l'invasion prussienne, la foule envahit les prisons et massacra plus d'un millier de personnes, principalement des aristocrates et des prêtres réfractaires.

septembre 1870 (révolution du 4), journée révolutionnaire qui suivit l'annonce du désastre de Sedan (2-3 sept. 1870) et qui marqua la chute du second Empire. L'invasion du Palais-Bourbon par la foule permit aux députés républicains (Gambetta, J. Favre et J. Ferry, notamm.) de faire acclamer les mesures suivantes : déchéance de la dynastie impériale, proclamation de la république et instauration du gouvernement de la Défense nationale.

SEPTÈMES-LES-VALLONS (13240), comm. des Bouches-du-Rhône ; 10 232 hab. *(Septémois).*

SEPT-ÎLES, petit archipel breton (Côtes-d'Armor) de la Manche, au large de Perros-Guirec. Réserve ornithologique.

SEPT-ÎLES, v. du Canada (Québec), sur la rive nord du Saint-Laurent ; 25 683 hab. *(Septiliens).* Port au débouché de la voie ferrée desservant les mines de fer du Nord-du-Québec et du Labrador.

SEPTIMANIE, anc. région côtière de la Gaule méridionale, entre le Rhône et les Pyrénées. Les Wisigoths s'y maintinrent après la bataille de Vouillé (507). La région fut rattachée au royaume franc en 759.

SEPTIME SÉVÈRE, en lat. **Lucius Septimius Severus Pertinax,** *Leptis Magna 146 - Eburacum, auj. York, 211,* empereur romain (193-211). Porté au pouvoir par les légions d'Illyrie, il gouverna en monarque absolu. Il enleva aux Parthes la Mésopotamie et fortifia la frontière nord de la Bretagne. Sous son règne, les cultes orientaux se développèrent.

S

SEPT-LAUX n.m. pl., partie du massif du Belledonne (France), en Isère. Ils sont parsemés de lacs *(laux),* et donnent leur nom à une station de sports d'hiver. Ski entre 1 350 et 2 400 m.

SÉQUANES ou **SÉQUANAIS,** peuple de la Gaule, établi dans la région arrosée par la Saône et le Doubs. Leur capitale était *Vesontio* (auj. *Besançon*).

SERAING, comm. de Belgique (prov. de Liège), sur la Meuse ; 60 838 hab. Métallurgie.

Serapeum, nécropole creusée près de Memphis, en Égypte, qui abritait les sépultures des taureaux Apis dans de longues galeries souterraines. Découverte (1850 - 1851) par A. Mariette, la nécropole a livré des stèles, des sarcophages et du beau mobilier funéraire du Nouvel Empire.

Séraphins (ordre des), ordre de chevalerie suédois. Créé au XIIIe s., il fut réorganisé en 1748 par le roi Frédéric Ier.

SÉRAPIS ou **SARAPIS,** dieu dont le culte, institué en Égypte à la fin du IVe s. av. J.-C., unissait les religions grecque et égyptienne. Il tenait à la fois d'Osiris et de Zeus.

SERBAN (Andreï), *Bucarest 1943,* metteur en scène roumain. Il a monté des tragédies antiques en grec ancien et en latin *(Médée, Électre, les Troyennes)* avant de se consacrer à l'opéra.

SERBIE, république fédérée de Yougoslavie ; 55 968 km^2 ; 5 744 000 hab. *(Serbes)* ; cap. *Belgrade.* Avec ses dépendances (Vojvodine et Kosovo), la Serbie couvre 88 361 km^2 et compte 9 464 000 hab. Situé sur la rive droite du Danube, ce pays de collines et de moyennes montagnes, encore largement rural, est peuplé à plus de 60 % de Serbes. Il englobe une importante minorité hongroise en Vojvodine et surtout une large majorité d'origine albanaise dans le Kosovo.

HISTOIRE

La Serbie médiévale et ottomane. La région, peuplée d'Illyriens, de Thraces puis de Celtes, est intégrée au IIe s. av. J.-C. à l'Empire romain. **VIe - VIIe s. :** elle est submergée par les Slaves. **2e moitié du IXe s. :** sous l'influence de Byzance, les Serbes sont christianisés. **V. 1170 - v. 1196 :** Étienne Nemanja émancipe les terres serbes de la tutelle byzantine. **1217 :** son fils Étienne Ier Nemanjić (v. 1196-1227) devient roi. Il crée une Église serbe indépendante. **1321 - 1331 :** Étienne VIII assure l'hégémonie serbe dans les Balkans. **1331 - 1355 :** Étienne IX Dušan domine la Macédoine et la Thessalie et prend le titre de tsar (1346). **1389 :** les Serbes sont défaits par les Turcs à Kosovo. **1389 - 1459 :** une principauté de Serbie, vassale des Ottomans, subsiste grâce au soutien des Hongrois. **1459 :** la Serbie est intégrée à l'Empire ottoman. **XVe - XIXe s. :** pour protester contre le joug ottoman, certains Serbes rejoignent les « hors-la-loi » *(haïdouks),* d'autres fuient vers le nord, la Hongrie ou l'Adriatique. L'Église serbe maintient la culture nationale. **1690 :** les Serbes délaissent le Kosovo pour la Vojvodine.

La libération et l'indépendance. 1804 - 1813 : les Serbes se révoltent sous la conduite de Karageorges. **1815 :** Miloš Obrenović est reconnu prince de Serbie par les Ottomans. **1830 :** il obtient l'autonomie complète. **1842 - 1889 :** des luttes violentes opposent les Karadjordjević et les Obrenović, qui détiennent tour à tour le pouvoir. **1867 :** les dernières troupes turques évacuent le pays. **1878 :** la Serbie obtient son indépendance au congrès de Berlin. **1882 :** Milan Obrenović est proclamé roi. **1889 :** il abdique en faveur de son fils Alexandre (1889 - 1903). **1903 :** assassinat d'Alexandre Obrenović ; Pierre Karadjordjević (1903 - 1921) lui succède. Il se rapproche de la Russie. **1908 :** il doit accepter l'annexion de la Bosnie-Herzégovine par l'Autriche. **1912 - 1913 :** la Serbie participe aux deux guerres balkaniques et obtient la majeure partie de la Macédoine. **1914 :** à la suite de l'attentat de Sarajevo, la Serbie rejette l'ultimatum autrichien, déclenchant ainsi la Première Guerre mondiale. **1915 - 1918 :** elle est occupée par les forces des puissances centrales et de la Bulgarie.

La Serbie au sein de la Yougoslavie. 1918 : le royaume des Serbes, Croates et Slovènes est créé. **1921 :** Alexandre Karadjordjević, qui en assumait la régence, devient roi. **1929 :** le royaume prend le nom de Yougoslavie. **1945 :** la Serbie constitue une des républiques fédérées de la Yougoslavie. De nombreux Serbes vivent en dehors de la république de Serbie, particulièrement en Croatie (Slavonie, Krajina) et en Bosnie-Herzégovine. **1986 :** Slobodan Milošević devient président de la Ligue communiste serbe. **1989 :** une révision de la Constitution réduit l'autonomie du Kosovo et de la Vojvodine. **1990 :** les premières élections libres sont remportées par le Parti socialiste serbe, continuateur de la Ligue communiste. S. Milošević est élu à la présidence de la république. **1991 - 1992 :** favorable au maintien de la fédération yougoslave, la Serbie s'oppose à l'indépendance de la Slovénie, de la Croatie (elle fait intervenir l'armée fédérale aux côtés des milices serbes de Croatie), de la Bosnie-Herzégovine (elle y soutient les Serbes partisans de la partition du pays) et de la Macédoine. Finalement, elle décide de former avec le Monténégro la république fédérale de Yougoslavie (avr. 1992), à l'encontre de laquelle l'ONU décrète un embargo. S. Milošević est réélu (déc.). **1995 :** au lendemain de l'accord de Dayton sur la Bosnie-Herzégovine (le président Milošević ayant négocié au nom des Serbes de Bosnie), l'embargo est levé. **1997 :** S. Milošević renonce à la présidence de la Serbie pour se faire élire (juill.) à la tête de la Yougoslavie. **1998 :** au *Kosovo, la lutte des troupes serbes contre les séparatistes albanais s'intensifie, s'accompagnant d'opérations de purification ethnique. **1999 :** pour mettre fin à cette répression, l'OTAN intervient militairement, soumettant la Serbie à des frappes aériennes (mars-juin) qui contraignent Belgrade à accepter le retrait de son armée et le déploiement d'une force multinationale de maintien de la paix au Kosovo (placé provisoirement sous administration civile internationale). **2000 :** la Serbie renoue avec la communauté internationale après l'accession de V. Koštunica à la présidence de la Yougoslavie.

SERCQ, en angl. **Sark,** une des îles Anglo-Normandes ; 600 hab.

SEREIN n.m., riv. de France, en Bourgogne, affl. de l'Yonne (r. dr.) ; 186 km. Il passe à Chablis.

SEREMBAN, v. de Malaisie ; 136 000 hab.

SERENA (La), v. du Chili ; 120 245 hab.

Serengeti (parc national du), le plus grand des parcs nationaux de Tanzanie (15 000 km^2), dans le nord-ouest du pays.

SERER ou **SÉRÈRES,** peuple du Sénégal (env. 950 000). Les Serer formèrent jadis deux royaumes dans la région du Siné et du Saloum.

SERGE, *m. en 638,* patriarche de Constantinople (610 - 638). Conseiller d'Héraclius Ier, il fut l'inspirateur du monothélisme.

SERGE de Radonège, *près de Rostov v. 1321 - monastère de la Trinité-Saint-Serge, Serguiev Possad, 1391,* saint orthodoxe russe. Il fit du monastère de la Trinité-Saint-Serge le centre de la renaissance nationale et religieuse de la Russie.

SERGENTS DE LA ROCHELLE (les Quatre), nom donné à quatre sous-officiers du 45e d'infanterie en garnison à La Rochelle. Suspects d'avoir tenu des réunions de carbonari, ils furent condamnés sans preuve et guillotinés en 1822.

SERGIPE, État du Brésil oriental ; 1 492 400 hab. ; cap. *Aracaju.*

SERGUIEV POSSAD, de 1930 à 1991 **Zagorsk,** v. de Russie, au N. de Moscou ; 115 600 hab. Monastère de la Trinité-Saint-Serge (XVe - XVIIIe s.).

SERLIO (Sebastiano), *Bologne 1475 - Lyon ou Fontainebleau 1554/1555,* architecte italien. Auteur d'un important traité d'architecture, il vint en 1541 travailler à Fontainebleau et donna peut-être les plans du château d'Ancy-le-Franc.

Serment des Horaces (le), grande toile de L. David (1784, Louvre), peinte à Rome, exposée au Salon parisien de 1785. Il apparut comme un manifeste de la nouvelle école classique.

SERNIN (saint) → **SATURNIN** (saint).

SERPA PINTO (Alexandre Alberto **da Rocha**), *Tendais 1846 - Lisbonne 1900,* explorateur portugais. Il voyagea dans les régions du cours supérieur du Zambèze et développa la colonisation au Mozambique et en Angola.

SERPOLLET (Léon), *Culoz 1858 - Paris 1907,* industriel français. Après avoir construit la première chaudière à vaporisation instantanée (1881) et un tricycle à vapeur (1887), il développa des automobiles à vapeur qui dépassèrent la vitesse de 120 km/h.

SERPOUKHOV, v. de Russie, au S. de Moscou ; 144 000 hab. Centre de recherches nucléaires.

SÉRRAI, v. de Grèce, en Macédoine ; 50 875 hab.

SERRANO Y DOMÍNGUEZ (Francisco), duc **de la Torre,** *Isla de León, auj. San Fernando, Cadix, 1810 - Madrid 1885,* maréchal et homme politique espagnol. Il contribua à la chute d'Isabelle II (1868) et fut régent du royaume (1869 - 1871), puis président du Conseil (1871, 1872).

SERRAULT (Michel), *Brunoy 1928,* acteur français. Il compose des personnages drôles, inquiétants et fascinants au théâtre et au cinéma *(Assassins et voleurs,* S. Guitry, 1957 ; *la Cage aux folles,* É. Molinaro, 1980 ; *les Fantômes du chapelier,* C. Chabrol, 1982 ; *Nelly et M. Arnaud,* C. Sautet, 1995).

SERRE (Jean-Pierre), *Bages, Pyrénées-Orientales, 1926,* mathématicien français. Il a étudié la théorie des nombres et la topologie algébrique, et a reformulé la théorie des espaces analytiques complexes, découverte avec H. Cartan en 1952. (Médaille Fields 1954.)

SERRE-CHEVALIER, station de sports d'hiver (alt. 1 200 - 2 800 m) des Hautes-Alpes, au-dessus de la Guisane.

SERRE-PONÇON, site de la vallée de la Durance (France), en aval du confluent de l'Ubaye. Grand barrage en terre formant un lac (env. 3 000 ha). Centrale hydroélectrique.

SERRES (Michel), *Agen 1930,* philosophe français. Historien des sciences, il s'intéresse notamm. aux problèmes de la communication (*Hermès,* 1969 - 1980) et s'attache à définir une philosophie qui s'adresse autant à la sensibilité qu'à l'intelligence (*les Cinq Sens,* 1985 ; *Statues,* 1987 ; *le Contrat naturel,* 1990). [Acad. fr.]

SERRES (Olivier **de**), *Villeneuve-de-Berg 1539 - Le Pradel, près de Villeneuve-de-Berg, 1619,* agronome français. Il est l'auteur du *Théâtre d'agriculture et mesnage des champs* (1600). Il améliora la productivité de l'agriculture grâce aux assolements, qui comprenaient des prairies artificielles et des plantes à racines pour le bétail. Il introduisit en France le mûrier, le houblon, la garance.

SERS (16410), comm. de la Charente, à l'E. d'Angoulême ; 685 hab. Groupe d'abris-sous-roche *(Roc de Sers)* qui a livré des bas-reliefs du gravettien et du solutréen (musée des Antiquités nationales, Saint-Germain-en-Laye).

SERTORIUS (Quintus), *Nursia v. 123 - en Espagne 72 av. J.-C.,* général romain. Lieutenant de Marius, il se constitua en Espagne un véritable État (80 av. J.-C.). D'abord vainqueur de Pompée, il s'allia à Mithridate (75), mais fut assassiné à l'instigation de son lieutenant Perpenna.

SÉRURIER (Jean Philibert, comte), *Laon 1742 - Paris 1819,* maréchal de France. Gouverneur des Invalides (1804), disgracié après les Cent-Jours, à nouveau en activité sous la Restauration, il fut nommé maréchal en 1819.

SÉRUSIER (Paul), *Paris 1864 - Morlaix 1927,* peintre français. Il a assuré la liaison entre les idées de Gauguin, qu'il rencontra à Pont-Aven, et le groupe des nabis.

SERVANCE (ballon de), sommet du massif des Vosges (France) ; 1 216 m.

■ **SEURAT.** *Les Poseuses,* petite version (sur bois, 1888) exécutée après la grande toile de 1887 - 1888, auj. dans la collection Barnes à Philadelphie. (Coll. Heinz Berggruen.)

■ LA MARQUISE DE **SÉVIGNÉ** par Claude Lefebvre. (Musée Carnavalet, Paris.)

SERVANDONI (Giovanni Niccolo), *Florence 1695 - Paris 1766,* architecte et décorateur italien. Il se fixa à Paris v. 1728. Proche du style rocaille dans ses décors (de fêtes notamm.), il fut l'un des premiers à le renier en architecture (façade de l'église St-Sulpice, 1733 et suiv.).

SERVANTY (Lucien), *Paris 1909 - Toulouse 1973,* ingénieur aéronautique français. Il a été à l'origine du *Triton,* premier avion à réaction français (1946), du *Trident,* monoplace supersonique (1953), et du *Concorde* (1969).

SERVET (Miguel, en fr. Michel), *Tudela, Navarre, ou Villanueva de Sigena, Huesca, 1511 - Genève 1553,* médecin et théologien espagnol. Niant le dogme de la Trinité et celui de la divinité de Jésus-Christ, il se réfugia à Genève pour échapper à l'Inquisition. Mais il fut arrêté et brûlé à la suite d'un procès où Calvin joua un rôle déterminant.

SERVIAN (34290), ch.-l. de cant. de l'Hérault, dans le Biterrois ; 3 405 hab. Église du XIIIe s.

Service distingué (ordre du) → **Distinguished Service Order.**

Service du travail obligatoire → **STO.**

Services militaires volontaires (médaille des), décoration française créée en 1975 pour récompenser les services rendus par les militaires n'appartenant pas à l'armée active.

SERVIUS TULLIUS, *traditionnellement 578 - 535 av. J.-C.,* sixième roi légendaire de Rome. On lui attribuait l'organisation du peuple en centuries et les remparts enserrant les sept collines de Rome.

SERVRANCKX (Victor), *Diegem, près de Bruxelles, 1897 - Vilvorde 1965,* peintre belge. Il a été un pionnier de l'art abstrait dans son pays, avec des phases mécanistes (*Opus 47,* 1923, musée d'Art moderne, Bruxelles), géométriques ou surréalisantes.

SÉSOSTRIS ou **SÉNOUSRET,** nom de trois pharaons de la XIIe dynastie (XXe-XIXe s. av. J.-C.). — **Sésostris III,** pharaon de la XIIe dynastie (v. 1878 av. J.-C.). Il fit campagne en Syrie et en Nubie, où il fonda des installations jusqu'à la 3e cataracte.

SESSHU, *prov. d'Okayama 1420 - Yamaguchi 1506,* moine peintre japonais. Lyrisme nippon, réalisme nuancé et spiritualité chinoise caractérisent son œuvre. Il est le créateur du paysage au Japon (*Paysage d'Amano-hashidate,* Tokyo).

SESTO SAN GIOVANNI, v. d'Italie (Lombardie), banlieue industrielle de Milan ; 85 175 hab.

SESTRIÈRES, en ital. **Sestriere,** station de sports d'hiver (alt. 2 033 m) d'Italie (Piémont), près du col de Montgenèvre.

SÈTE (34200), ch.-l. de cant. de l'Hérault ; 40 220 hab. *(Sétois).* École d'hydrographie. Port sur la Méditerranée et l'étang de Thau. — Musée municipal Paul-Valéry. Espace Brassens. Musée international des Arts modestes.

SETH, personnage biblique, troisième fils d'Adam et d'Ève, frère de Caïn et d'Abel.

SETH, dieu égyptien symbolisant la vaillance mais aussi les forces du mal, en particulier dans la légende de son frère Osiris, contre lequel il s'acharne par jalousie.

SÉTI Ier, pharaon de la XIXe dynastie (1294 - 1279 av. J.-C.). Il reconquit la Syrie au terme de plusieurs campagnes ; il est le père de Ramsès II.

SÉTIF, v. de l'est de l'Algérie, ch.-l. de wilaya ; 187 000 hab.

SETTAT, v. du Maroc ; 65 000 hab.

SETTONS (lac des), lac-réservoir du Morvan (Nièvre), alimenté par la Cure.

SETÚBAL, v. du Portugal, sur l'estuaire du Sado ; 83 548 hab. Port. — Anc. couvent de Jésus (église gothique et manuéline de la fin du XVe s. ; musée).

SEUDRE n.f., fl. côtier de France, en Charente-Maritime ; 69 km. Ostréiculture.

SEURAT (Georges), *Paris 1859 - id. 1891,* peintre et dessinateur français. Initiateur et maître du divisionnisme, il a cherché à reconstruire, selon une harmonie rigoureuse dont les bases se voulaient scientifiques, la forme, que Monet dissolvait (*Un dimanche après-midi à la Grande Jatte,* 1884/1885, Chicago ; *la Parade,* 1888, Metropolitan Museum, New York ; *le Cirque,* 1890/1891, musée d'Orsay). Il fut, avec Signac, l'un des fondateurs du Salon des indépendants (1884).

SEURRE (21250), ch.-l. de cant. de la Côte-d'Or ; 2 743 hab. *(Seurrois).* Composants électroniques. — Monuments anciens ; écomusée de la Saône.

SEVAN (lac), lac d'Arménie ; 1 416 km^2.

SÉVERAC (Déodat **de**), *Saint-Félix-de-Caraman 1872 - Céret 1921,* compositeur français. Il a exprimé son attachement au Roussillon dans un opéra (*le Cœur du moulin,* 1909) et dans des recueils pour piano (*En Languedoc, Cerdaña).*

SÉVÉRAC-LE-CHÂTEAU (12150), ch.-l. de cant. de l'Aveyron ; 2 524 hab. Restes d'un château et vieilles maisons, dans un site escarpé.

SÉVÈRE, en lat. **Flavius Valerius Severus,** *en Illyrie - Rome 307,* empereur romain (306 - 307). Nommé césar par Dioclétien, puis auguste par Galère, il fut vaincu par Maxence et mis à mort.

SÉVÈRE ALEXANDRE, en lat. **Marcus Aurelius Severus Alexander,** *Arca Caesarea, Phénicie, 205 ou 208 - Germanie 235,* empereur romain (222 - 235). Il écarta la menace perse (232) et combattit ensuite les Germains (234). Il fut tué au cours d'une sédition militaire.

SÉVÈRES (les), dynastie romaine (193 - 235) qui compta les empereurs Septime Sévère, Caracalla, Geta, Élagabal et Sévère Alexandre. À leur règne succéda l'anarchie militaire (235 - 270).

SÉVERIN (saint), *m. v. 482,* apôtre du Norique, originaire d'Orient. Il fonda de nombreux monastères dans la région du Danube. Son corps est vénéré à Naples.

SÉVERIN (saint), *m. v. 540,* ermite chrétien. Il vécut sur les bords de la Seine, à Paris, et forma saint Cloud à la vie monastique.

SEVERINI (Gino), *Cortona, prov. d'Arezzo, 1883 - Paris 1966,* peintre italien. Il s'installa en 1906 à Paris, où il devint le principal représentant du futurisme, également attiré par le cubisme. Après 1920, il se consacra notamm. à l'art sacré et à la mosaïque.

SEVERN n.f., fl. du sud de la Grande-Bretagne, qui se jette par un estuaire dans le canal de Bristol ; 290 km.

SEVERNAÏA ZEMLIA (« Terre du Nord »), archipel arctique de la Russie, entre la mer de Kara et la mer des Laptev.

SEVERODVINSK, v. de Russie, sur la mer Blanche ; 249 000 hab.

SEVESO, v. d'Italie (Lombardie), au N. de Milan ; 17 672 hab. Pollution par la dioxine en 1976.

SÉVIGNÉ (Marie **de Rabutin-Chantal,** marquise **de**), *Paris 1626 - Grignan 1696,* femme de lettres française. Pendant plus de trente ans, elle écrivit des *Lettres,* en majorité destinées à sa fille, Mme de Grignan (1646 - 1705), qui forment un témoignage pittoresque sur les mœurs du temps et qui, par leur style impressionniste, rompent avec le formalisme rhétorique du genre.

SÉVILLE, en esp. **Sevilla,** v. d'Espagne, cap. de l'Andalousie et ch.-l. de prov., sur le Guadalquivir ; 683 028 hab. *(Sévillans).* Archevêché. Centre commercial et touristique. — Alcazar surtout du XIVe s. (art mudéjar ; beaux décors et jardins) ; cathédrale du XVe s. (nombreuses œuvres d'art) avec tour de la *Giralda,* minaret de l'anc. Grande Mosquée, surélevé au XVIe s. ; édifices civils, palais et églises de l'époque mudéjare au baroque. Musée des Beaux-Arts (Zurbarán, Murillo, Valdés Leal, Martínez Montañés...) et Musée archéologique provincial. — Cité ibère puis romaine, Séville fut l'une des villes les plus florissantes de l'Espagne arabe. Après avoir appartenu au califat omeyyade (712 - 1031), la ville devint la capitale des Abbadides et connut une grande prospérité à l'époque almohade (XIIe s.). Conquise par Ferdinand III de Castille (1248), elle obtint au XVIe s. le monopole du commerce avec le Nouveau Monde.

■ **SÉVILLE.** La tour de la Giralda (XIIe s., surélevée au XVIe s.).

SEVRAN (93270), ch.-l. de cant. de la Seine-Saint-Denis ; 47 215 hab. *(Sevranais).* Parc forestier.

SÈVRE NANTAISE n.f., riv. de France, affl. de la Loire (r. g.), à Nantes ; 126 km.

SÈVRE NIORTAISE n.f., fl. de France, né dans les Deux-Sèvres et qui rejoint l'Atlantique ; 150 km. Elle passe à Niort.

SÈVRES (92310), ch.-l. de cant. des Hauts-de-Seine, sur la Seine ; 22 754 hab. *(Sévriens).* Pavillon de Breteuil, siège du Bureau international des poids et mesures. — Manufacture royale, puis nationale, de porcelaine, auparavant à Vincennes, installée en 1756 en bordure du parc de Saint-Cloud ; musée national de Céramique.

SÈVRES (DEUX-) [79], dép. de la Région Poitou-Charentes ; ch.-l. de dép. *Niort ;* ch.-l. d'arrond. *Bressuire, Parthenay ;* 3 arrond. ; 33 cant. ; 308 comm. ; 5 999 km^2 ; 344 392 hab. *(Deux-Sévriens).* Le dép. appartient à l'académie et à la cour d'appel de Poitiers, à la zone de défense Sud-Ouest. La moitié nord, en majeure partie dans le Massif armoricain, est une région surtout bocagère, vouée à l'élevage bovin pour la viande et les produits laitiers ; elle s'oppose à la partie méridionale, formée de plaines calcaires, découvertes, consacrées surtout aux céréales. L'industrie est représentée par quelques usines alimentaires et textiles, par des constructions mécaniques et, localement (à Niort, seule ville importante), par le travail du bois et du cuir.

Sèvres (traité de) [10 août 1920], traité signé après la Première Guerre mondiale entre les Alliés et l'Empire ottoman, dont il consacrait la défaite, et qui perdait les quatre cinquièmes de ses anciens territoires. Il fut révisé en 1923 par le traité de Lausanne, consécutif aux victoires turques.

SEX PISTOLS (The), groupe britannique de rock. Formé en 1975, il se dissout en 1978. Composé du chanteur Johnny Rotten, des bassistes Glen Matlock puis Sid Vicious, du guitariste Steve John et du batteur Paul Cook, il s'imposa comme le promoteur de la musique punk.

SEXTUS EMPIRICUS, *Mytilène ? IIe s.-IIIe s. apr. J.-C.*, philosophe, médecin et astronome grec. Il vécut à Alexandrie et à Athènes. En philosophie, il fut partisan du scepticisme, que son œuvre *(Hypotyposes pyrrhoniennes)* contribua à faire connaître, et dont il appliqua les principes dans son approche des sciences, promouvant notamm. l'empirisme en médecine.

SEYCHELLES n.f. pl., État insulaire d'Afrique, dans l'océan Indien ; 410 km² ; 74 000 hab. *(Seychellois)*. CAP. *Victoria*. LANGUES : *anglais, créole* et *français*. MONNAIE : *roupie des Seychelles*. C'est un archipel d'une trentaine d'îles et d'une soixantaine d'îlots. L'île principale est Mahé. Ce sont des îles coralliennes ou granitiques, au climat chaud, saisonnièrement humide, et dont le tourisme est devenu la ressource principale. – Occupées par les Français en 1756, les Seychelles passèrent sous le contrôle britannique en 1814. Depuis 1976, elles forment un État indépendant, membre du Commonwealth.

SEYMOUR (Edward), duc **de Somerset**, *v. 1500 - Londres 1552*, homme d'État anglais. Frère de Jeanne Seymour, il fut protecteur d'Angleterre (régent) pendant la minorité de son neveu Édouard VI. Il consolida la Réforme protestante et s'efforça d'aider les classes populaires. Il fut renversé par Dudley, emprisonné et exécuté.

SEYMOUR (Jeanne) → **JEANNE SEYMOUR.**

SEYNE-SUR-MER (La) [83500], ch.-l. de cant. du Var, sur la rade de Toulon ; 60 968 hab. *(Seynois)*.

SEYNOD (74600), ch.-l. de cant. de la Haute-Savoie ; 16 765 hab. *(Seynodiens)*.

SEYSSEL (74910), ch.-l. de cant. de la Haute-Savoie, sur le Rhône ; 1 887 hab. *(Seysselans)*. Il fait face à *Seyssel*, ch.-l. de cant. de l'Ain (01420 et 825 hab.). Barrage et centrale hydroélectrique, en aval de Génissiat.

SEYSSINET-PARISET (38170), comm. de l'Isère ; 13 207 hab.

SÉZANNE (51120), ch.-l. de cant. de la Marne ; 5 741 hab. *(Sézannais)*. Optique. – Église gothique du XVIe s.

SFAX, v. de Tunisie, sur le golfe de Gabès ; 232 000 hab. Port. Exportation de phosphates. Chimie. – Remparts du IXe s. Grande Mosquée (IXe-XIe s.).

SFIO (Section française de l'Internationale ouvrière), désignation du Parti socialiste français de 1905 à 1971.

SFORZA, seconde dynastie ducale de Milan (1450 - 1535), qui a pour nom le surnom de son fondateur. – **Muzio** ou **Giacomo Attendolo**, surnommé **S.**, *Cotignola 1369 - près de Pescara 1424*, condottiere italien. Il servit surtout les Visconti de Milan et la reine Jeanne II de Naples. – **François Ier S.**, *San Miniato 1401 - Milan 1466*, homme d'État italien. Fils de Muzio Attendolo, il épousa la fille de Philippe Marie Visconti. Il se fit proclamer duc de Milan (1450). – **Jean-Galéas S.**, *Abbiategrasso 1469 - Pavie 1494*, homme d'État italien. Petit-fils de François Ier Sforza, il régna sous la régence de sa mère, puis fut évincé par son oncle Ludovic (→ **Ludovic Sforza le More**). – **Maximilien S.**, *1493 - Paris 1530*, homme d'État italien. Fils de Ludovic le More, duc en 1512, il fut battu à Marignan (1515) et dut céder ses États au roi de France François Ier. – **François II S.**, *1492 ou 1495 - 1535*, homme d'État italien. Deuxième fils de Ludovic le More, il récupéra son duché grâce à Charles Quint, à qui il le légua en mourant.

Sganarelle, personnage comique créé par Molière, tour à tour mari jaloux (*Sganarelle ou le Cocu imaginaire*, 1660), tuteur (*l'École des maris*, 1661), valet (*Dom Juan*, 1665), père (*l'Amour médecin*, 1665), fagotier (*le Médecin malgré lui*, 1666).

SHAANXI, prov. de la Chine du Nord ; 32 882 000 hab. ; cap. *Xi'an*.

SHABA → **KATANGA.**

SHACKLETON (sir Ernest), *Kilkee, Irlande, 1874 - Géorgie du Sud 1922*, explorateur britannique. Il tenta, sans succès, d'atteindre le pôle Sud (1907 - 1915) et mourut lors d'une seconde expédition.

SHAFTESBURY (Anthony **Ashley Cooper**, comte **de**), *Wimborne 1621 - Amsterdam 1683*, homme d'État anglais. Chef de l'opposition whig à Charles II et partisan de Monmouth, il dut fuir en Hollande en 1682.

SHAHJAHANPUR, v. d'Inde (Uttar Pradesh) ; 260 260 hab.

SHÂHPUR → **CHÂHPUHR.**

SHAKESPEARE (William), *Stratford-on-Avon 1564 - id. 1616*, poète dramatique anglais. On connaît mal sa vie. Fils d'un commerçant ruiné, il se maria à dix-huit ans ; en 1594 il était acteur et actionnaire de la troupe du lord chambellan. Vers 1598, il s'installe au théâtre du Globe et, vers 1613, il se retire à Stratford. Son œuvre, qui comprend des poèmes (*Vénus et Adonis*, 1593) et un recueil de *Sonnets* (1609), est essentiellement dramatique. On peut distinguer dans son théâtre trois périodes : la jeunesse (1590 - 1600), marquée par un enthousiasme très élisabéthain, qui est l'époque des comédies légères et des fresques historiques (*Henri VI*, v. 1590 ; **Richard III ; la Mégère apprivoisée*, v. 1594 ; **Roméo et Juliette, le Songe d'une nuit d'été*, v. 1595 ; *le Marchand de Venise*, v. 1596 ; *Beaucoup de bruit pour rien*, v. 1598 ; *Jules César*, v. 1599 ; *Comme il vous plaira, les Joyeuses Commères de Windsor, la Nuit des rois*, v. 1600) ; une période (1600 - 1608) où, sous l'effet des déceptions politiques et personnelles, les tragédies sombres alternent avec quelques comédies (**Hamlet ; *Othello ; *Macbeth ; le *Roi Lear ; Antoine et Cléopâtre*, v. 1606 ; *Coriolan*, v. 1607 ; *Timon d'Athènes*, v. 1608) ; à partir de 1608, le retour à l'apaisement avec les pièces romanesques (*Cymbeline*, v. 1609 ; *Conte d'hiver*, v. 1610 ; *la Tempête*, v. 1611). Écrit pour un public composé d'hommes du peuple et d'aristocrates, ce théâtre étonne par la variété et la vigueur du style, par le foisonnement des personnages et leur diversité sociale et psychologique, par la maîtrise de la construction dramatique.

Shakuntala ou **Çakuntala**, drame sanskrit de Kalidasa (IVe-Ve s. apr. J.-C.). Il relate les amours de Shakuntala et du roi Vishvamitra.

SHAKYAMUNI → **BOUDDHA.**

SHAMASH, dieu mésopotamien qui, assimilé au soleil, régit la justice et la divination.

SHAMIR (Yitzhak), *en Pologne 1915*, homme politique israélien. Leader du Likoud (1983 - 1993), ministre des Affaires étrangères (1980 - 1986), il est Premier ministre en 1983 - 1984 et à nouveau de 1986 à 1992.

SHANDONG, prov. de la Chine orientale ; 83 430 000 hab. ; cap. *Jinan*.

SHANGHAI ou **CHANG-HAI**, v. de Chine, sur le Huangpu, au débouché du Yangzi Jiang ; 11 860 000 hab. dans le district municipal, qui couvre 6 000 km² et dépend du pouvoir central.

■ **SHAKESPEARE.** Gravure de Martin Droeshout. (Folger Shakespeare Library, Washington, DC.)

■ **SHANGHAI.** L'ancien quartier des « concessions internationales » (XIXe s.), au bord du Huangpu.

Premier port et centre industriel de Chine (chimie, métallurgie, constructions électriques, textile, alimentation). – Riche musée d'Art et d'Histoire, réinstallé en 1995.

SHANGRAO, v. de Chine, à l'E. de Nanchang ; 665 000 hab.

SHANKAR (Ravi), *Bénarès 1920,* sitariste et compositeur indien. Virtuose du sitar, il a fait connaître hors de son pays la musique savante indienne et l'art du raga et a écrit notamm. des concertos pour sitar et des ballets.

SHANNON n.m., principal fl. d'Irlande, qui se jette dans l'Atlantique ; 368 km. Il forme des lacs.

SHANNON (Claude Elwood), *Gaylord, Michigan, 1916 - Medford, Massachusetts, 2001,* mathématicien américain. Il fut, avec W. Weaver, à l'origine de la théorie de l'information qui fait appel, notamm., au codage et à la statistique. Leurs travaux ont des applications importantes en intelligence artificielle.

SHANTOU, v. de Chine (Guangdong) ; 718 000 hab. Port.

SHANXI, prov. de la Chine du Nord ; 28 759 000 hab. ; cap. *Taiyuan.* Mines de fer et de charbon.

SHAOXING, v. de Chine, au S.-E. de Hangzhou ; 1 091 000 hab.

SHAPE (Supreme Headquarters Allied Powers Europe), quartier général des forces alliées de l'OTAN en Europe. Installé en 1951 à Rocquencourt (Yvelines), il a été transféré en 1967 sur un territoire auj. intégré dans la comm. de Mons.

SHAPLEY (Harlow), *Nashville, Missouri, 1885 - Boulder, Colorado, 1972,* astrophysicien américain. Ses travaux lui permirent de déterminer la distance de nombreux amas globulaires et de préciser la structure de la Galaxie. Il découvrit, par la photographie, des milliers de galaxies, dont il montra la distribution fréquente en amas.

SHARAKU ou **TOSHUSAI SHARAKU,** dessinateur d'estampes japonais, actif à Edo en 1794 et 1795, célèbre pour ses portraits d'acteurs, dont la sobriété technique met en relief la richesse psychologique.

SHARON, plaine du littoral de l'État d'Israël, au S. du mont Carmel.

SHARON (Ariel), *Kefar Malal 1928,* général et homme politique israélien. Il participe, à des postes de commandement, aux guerres israéloarabes. Plusieurs fois ministre à partir de 1977, chef du Likoud (depuis 1999), il est élu Premier ministre en 2001.

SHAW (George Bernard), *Dublin 1856 - Ayot Saint Lawrence, Hertfordshire, 1950,* écrivain irlandais. Il est l'auteur de romans, d'essais et de pièces de théâtre (*le Héros et le Soldat,* 1894 ; *Pygmalion,* 1913 ; *Sainte Jeanne,* 1923), où le pessimisme est tempéré par l'humour. (Prix Nobel 1925.)

SHAWINIGAN, v. du Canada (Québec), sur le Saint-Maurice ; 20 723 hab. *(Shawiniganais).* Centre industriel.

SHAWINIGAN-SUD, v. du Canada (Québec) ; 12 038 hab. *(Shawiniganais).*

SHAWN (Ted), *Kansas City, Missouri, 1891 - Orlando, Floride, 1972,* danseur et chorégraphe américain. Il est l'un des fondateurs de la modern dance aux États-Unis.

SHEBELI → CHÉBÉLI.

SHEFFIELD, v. de Grande-Bretagne (Angleterre), dans le Yorkshire ; 536 000 hab. Centre métallurgique. – Musées.

SHELLEY (Percy Bysshe), *Field Place, Sussex, 1792 - au large de La Spezia 1822,* poète britannique. Il est l'auteur d'essais, de poèmes (*la Reine Mab,* 1813 ; *l'Ode au vent d'ouest,* 1819), de drames (*les Cenci,* 1819 ; *Prométhée délivré,* 1820), où l'inspiration romantique, marquée par le désir de lier l'homme et la nature en un même rythme vital, s'unit à l'influence de Platon. – **Mary Wollstonecraft,** dite **Mary S.,** *Londres 1797 - id. 1851,* femme de lettres britannique, épouse de P.B. Shelley. Elle est l'auteur du roman gothique **Frankenstein ou le Prométhée moderne.*

SHENYANG, anc. **Moukden,** v. de Chine, cap. du Liaoning ; 4 440 000 hab. Métropole de la Chine du Nord-Est, centre administratif, universitaire et industriel. – Palais et mausolées impériaux (XVIIe s.).

SHENZHEN, v. de Chine (Guangdong), près de Hongkong ; 1 500 000 hab. Centre industriel.

SHEN ZHOU, *Suzhou 1427 - 1509,* peintre chinois. Il est le plus important de l'école Wu (l'école des amateurs lettrés de Suzhou). Son œuvre est une interprétation féconde des maîtres du passé.

SHEPARD (Alan Bartlett), *East Derry, New Hampshire, 1923 - Monterey, Californie, 1998,* pilote et astronaute américain. Il fut le premier Américain à être envoyé dans l'espace (5 mai 1961, à bord d'une cabine Mercury).

SHEPP (Archie), *Fort Lauderdale, Floride, 1937,* saxophoniste et compositeur américain de jazz. L'un des plus talentueux représentants du free jazz, il est revenu aux sources de la musique afro-américaine et a intégré les influences du rhythm and blues, du bop et de la musique électronique (*Malcom, Malcom, Semper Malcom,* 1965 ; *Mama Rose,* 1982).

SHERATON (Thomas), *Stockton on Tees, Durham, 1751 - Londres 1806,* ébéniste et ornemaniste britannique. Il a publié des recueils de dessins influencés par les styles Adam et Louis XVI.

SHERBROOKE, v. du Canada (Québec), dans l'Estrie ; 79 432 hab. *(Sherbrookois).* Archevêché. Université. Centre commercial et industriel.

SHERIDAN (Richard Brinsley), *Dublin 1751 - Londres 1816,* auteur dramatique et homme politique britannique. Auteur de comédies de mœurs (*les Rivaux,* 1775 ; *l'École de la médisance,* 1777), il fit partie de plusieurs ministères whigs.

SHERMAN (William), *Lancaster, Ohio, 1820 - New York 1891,* général américain. Un des meilleurs chefs nordistes de la guerre de Sécession, il reste célèbre pour sa « Grande Marche vers la mer » du Tennessee à Savannah (1864).

SHERPA, peuple montagnard du Népal.

SHERRINGTON (sir Charles Scott), *Londres 1857 - Eastbourne 1952,* physiologiste britannique. Il reçut le prix Nobel en 1932 pour ses recherches sur le système nerveux.

SHETLAND, archipel de Grande-Bretagne, au N. de l'Écosse ; 1 433 km² ; 22 522 hab. ; ch.-l. *Lerwick.* Terminal pétrolier (Sullom Voe).

SHETLAND DU SUD, archipel britannique de l'Atlantique Sud, au S. des Falkland, dont il dépend.

SHIHEZI, v. du nord-ouest de la Chine, à l'O.-N.-O. d'Ouroumtsi ; 564 000 hab.

Shiji *(Mémoires historiques),* histoire de la Chine rédigée par Sima Qian vers la fin du IIe s. et le début du Ier s. av. J.-C. L'ouvrage se compose d'*Annales,* de *Tableaux chronologiques,* de monographies et de biographies.

SHIJIAZHUANG, v. de Chine, cap. du Hebei ; 1 070 000 hab. Carrefour ferroviaire et centre industriel.

Shijing, anthologie de poèmes chinois anciens, composés entre le VIe et le IIe s. av. J.-C., l'un des « classiques » chinois. Il rassemble des chants populaires, protocolaires et religieux, dont la sélection est attribuée à Confucius.

SHIKOKU, île du Japon, au S. de Honshu ; 18 800 km² ; 4 195 069 hab.

SHILLONG, v. d'Inde, cap. du Meghalaya, sur le *plateau de Shillong ;* 222 273 hab.

SHILLUK ou **CHILLOUK,** peuple du sud du Soudan, de langue nilo-saharienne.

SHIMAZAKI TOSON, *Magome 1872 - Oiso 1943,* écrivain japonais. D'abord poète romantique, il devint le chef de file du roman naturaliste *(Hakai [Transgression], Une famille).*

SHIMIZU, v. du Japon (Honshu) ; 241 523 hab. Port.

SHIMONOSEKI, v. du Japon (Honshu), sur le *détroit de Shimonoseki* qui sépare Honshu et Kyushu ; 262 635 hab. Port.

Shimonoseki (traité de) [17 avr. 1895], traité signé entre le Japon et la Chine à la fin de la guerre sino-japonaise (1894 - 1895). Vaincue, la Chine dut reconnaître l'indépendance de la Corée et céder Formose (Taïwan) au Japon.

SHI TAO, *prov. du Guangxi 1641 - v. 1720,* peintre, calligraphe et poète chinois. Le plus inventif des « individualistes » de l'époque Qing, il laisse aussi de célèbres *Propos sur la peinture.*

SHIVA, SIVA ou **ÇIVA,** l'un des trois grands dieux de l'hindouisme avec Brahma et Vishnou. Il symbolise les forces de destruction, particulièrement le temps qui annihile tout et néanmoins fait œuvre de régénération.

SHIZUOKA, v. du Japon (Honshu) ; 472 196 hab. Centre commercial et industriel.

SHKODËR ou **SHKODRA,** v. d'Albanie, sur le *lac de Shkodër ;* 81 800 hab. Citadelle médiévale.

SHLONSKY (Abraham), *Krementchoug, Ukraine, 1900 - Tel Aviv 1973,* poète israélien. Influencé par le symbolisme et le modernisme, il est l'un des fondateurs de la poésie israélienne moderne *(Pierres de la désolation, le Livre des échelles).*

Shoah n.f., mot hébreu signifiant « anéantissement » et par lequel on désigne l'extermination de plus de cinq millions de Juifs par les nazis durant la Seconde Guerre mondiale.

SHOCKLEY (William), *Londres 1910 - Palo Alto 1989,* physicien et technicien américain. Ses études sur les semi-conducteurs ont conduit à la mise au point des transistors. (Prix Nobel 1956.)

SHOLAPUR, v. d'Inde (Maharashtra) ; 620 499 hab.

SHOLES (Christopher Latham), *Mooresburg, Pennsylvanie, 1819 - Milwaukee, Wisconsin, 1890,* inventeur américain. Il mit au point avec Samuel Soulé et Carlos Glidden la première machine à écrire (1867), qui sera fabriquée par P. Remington.

SHONA, peuple du Zimbabwe et des régions frontalières du Mozambique, de langue bantoue.

SHOSHONE, peuple amérindien des Grandes Plaines des États-Unis (Idaho, Nevada, Utah, etc.) [env. 8 000], de langue uto-aztèque.

SHOTOKU TAISHI, *573 - 622,* nom posthume du prince Umayado, régent du Japon (600 - 622). Il favorisa le bouddhisme et fit entrer le Japon dans l'orbite culturelle de la Chine.

SHOWA TENNO → HIROHITO.

SHREVEPORT, v. des États-Unis (Louisiane) ; 198 525 hab.

SHREWSBURY, v. de Grande-Bretagne (Angleterre), ch.-l. du Salop, sur la Severn ; 56 200 hab. Noyau ancien (églises, maisons à colombages).

SHUAR → JIVARO.

SHUMWAY (Norman Edward), *Kalamazoo, Michigan, 1923,* chirurgien américain. Il est le précurseur de la chirurgie à cœur ouvert et des transplantations cardiaques.

SIALKOT, v. du Pakistan, au N. de Lahore ; 296 000 hab.

SIAM → THAÏLANDE.

SIAM (golfe de) ou **GOLFE DU SIAM,** anc. nom du golfe de Thaïlande.

SIBELIUS (Johan Julius Christian, dit Jean), *Hämeenlinna 1865 - Järvenpää 1957,* compositeur finlandais. Avec une grande richesse d'inspiration, il a écrit un concerto pour violon, sept symphonies, des poèmes symphoniques *(Tapiola),* des musiques de scène de caractère romantique.

SIBÉRIE, partie nord-est de l'Asie, entre l'Oural et le Pacifique.

GÉOGRAPHIE

La Sibérie est presque exclusivement russe, débordant toutefois au Kazakhstan. Les plateaux entre l'Ienisseï et la Lena séparent une partie occidentale, basse et marécageuse, d'une région orientale, souvent montagneuse. La rigueur du climat, aux hivers très froids et très longs, augmente avec la longitude et la latitude. Avec la disposition des reliefs, elle explique la succession zonale de la végétation : toundra, taïga, steppe. Les conditions climatiques, limitant considérablement les possibilités agricoles (les steppes du Sud-Ouest sont cependant partiellement mises en valeur), ont entravé le peuplement. Celui-ci (env. 25 000 000 hab.), amorcé avec la construction du Transsibérien, s'est développé rapidement, mais très localement, avec l'exploitation d'importantes ressources minières (charbon du Kouzbass, notamm.) et, plus récemment, avec l'édification de grandes centrales hydrauliques (Bratsk, Krasnoïarsk) et l'extraction des hydrocarbures, qui ont amené l'implantation de l'industrie lourde.

HISTOIRE

À partir de la fin du IIIe s. av. J.-C., des populations mongoles et turques se substituent aux anciennes populations autochtones. **1428 :** naissance du khanat mongol de Sibérie, par suite du démembrement de la Horde d'Or. **V. 1582 :** début de la colonisation russe. **1598 :** les Cosaques détruisent le khanat de Sibérie. **1639 :** les Russes atteignent la mer d'Okhotsk. **1860 :** la Chine reconnaît la domination russe sur les territoires de l'Amour et de l'Oussouri. **1891 - 1916 :** la construction du Transsibérien permet alors la mise en valeur de la Sibérie méridionale.

S

SIBIU, v. de Roumanie, en Transylvanie ; 169 696 hab. Vestiges médiévaux ; musées.

SICAMBRES, peuple germanique établi dans le bassin de la Ruhr. Une partie d'entre eux s'installa en Gaule, et, au IIIe s., se mêla aux Francs.

SICANES, population primitive de la Sicile, où elle s'établit au IIIe millénaire av. J.-C.

SICARD (Ambroise **Cucurron,** dit **l'abbé**), *Le Fousseret 1742 - Paris 1822,* pédagogue français. Prêtre, il s'intéressa à l'éducation des sourds-muets. (Acad. fr.)

SICHEM, cité cananéenne de la Palestine centrale, célèbre dans la Bible par le souvenir des patriarches. Métropole religieuse des Samaritains au retour de l'Exil, elle fut détruite en 128 av. J.-C. En 72 apr. J.-C., Vespasien fonda, près de son emplacement, Flavia Neapolis (auj. Naplouse).

SICHUAN, prov. de Chine ; 569 000 km² ; 107 218 000 hab. ; cap. *Chengdu.* C'est la province la plus peuplée de Chine.

SICIÉ (cap), cap du dép. du Var, au S.-O. de Toulon (alt. 358 m).

SICILE, grande île d'Italie, dans la Méditerranée ; 25 708 km² ; 4 961 383 hab. *(Siciliens)* ; cap. *Palerme* ; 9 prov. (*Agrigente, Caltanisetta, Catane, Enna, Messine, Palerme, Raguse, Syracuse* et *Trapani*).

GÉOGRAPHIE

Le nord de l'île, prolongement de l'Apennin, est montagneux, partiellement volcanique (Etna) et assez humide. Le centre et le sud, moins arrosés, sont formés de collines. Quelques petites plaines jalonnent le littoral, site des principales villes (Palerme, Catane, Messine). Malgré l'émigration, la densité de la population reste élevée. L'agriculture est variée, mais l'industrie demeure peu développée, beaucoup moins que le tourisme.

HISTOIRE

La préhistoire et l'Antiquité. IIIe - IIe millénaire : la Sicile est peuplée par les Sicanes (à l'O.) et les Sicules (à l'E.). **IXe s. av. J.-C. :** les Phéniciens colonisent l'île. **VIIIe s. av. J.-C. :** les Grecs établissent à leur tour des comptoirs commerciaux et des colonies de peuplement sur les côtes orientales. **Ve - IVe s. av. J.-C. :** Syracuse, fondée par Corinthe v. 734, est la principale cité de l'île, sur laquelle elle exerce son hégémonie. **212 av. J.-C. :** à l'issue de la première guerre punique, Rome conquiert la Sicile, qui devient l'un de ses greniers à blé. Auguste y installe des colonies (Palerme, Syracuse, Catane...).

Le Moyen Âge. Ve s. apr. J.-C. : l'île subit successivement les incursions des Vandales et des Ostrogoths. **535 :** Bélisaire reconquiert la Sicile pour le compte de Byzance. **IXe - Xe s. :** la conquête arabe la transforme en un émirat prospère et fait de Palerme un centre brillant de la culture islamique. **1061 - 1091 :** Roger de Hauteville, frère de Robert Guiscard, établit la domination normande sur l'ensemble de l'île. **XIIe s. :** la Sicile devient le centre d'une monarchie riche et puissante, qui étend ses possessions hors de l'île et voit s'épanouir une civilisation brillante et composite. **1194 - 1250 :** le royaume passe sous le gouvernement de la dynastie impériale des Hohenstaufen, dont Frédéric II (1197 - 1250) est le principal représentant. **1266 :** le pape couronne roi de Sicile Charles Ier d'Anjou, frère de Saint Louis. **1282 :** la révolte des Vêpres siciliennes fait passer la Sicile sous le pouvoir de Pierre III d'Aragon. La Sicile aragonaise (Sicile insulaire) se sépare alors de la Sicile péninsulaire (ou royaume de Naples). **1442 :** les royaumes de Naples et de Sicile sont réunis et forment le royaume des Deux-Siciles.

L'époque moderne et contemporaine. 1458 : séparée de Naples, la Sicile reste à l'Aragon. **1713 :** elle est attribuée à la maison de Savoie. **1718 :** celle-ci la cède aux Habsbourg contre la Sardaigne. **1734 :** le royaume des Deux-Siciles est reconstitué au profit de don Carlos de Bourbon et de sa descendance. **1860 :** après l'invasion de l'île par les troupes garibaldiennes et le soulèvement qu'elle suscite, la Sicile est incorporée par plébiscite au royaume d'Italie. **1948 :** éprouvée par la pauvreté et la Mafia, la Sicile reçoit un statut particulier d'autonomie.

SICILES (DEUX-) → DEUX-SICILES.

SICULES, peuple primitif de l'E. de la Sicile, où il s'établit vers la fin de l'âge du bronze.

SICYONE, v. de la Grèce ancienne (Péloponnèse). Elle connut une période brillante de 650 à 570 et au temps de la ligue Achéenne (IIIe s. av. J.-C.). — Vestiges hellénistiques et romains.

SIDI BEL ABBES, v. d'Algérie, ch.-l. de wilaya ; 187 000 hab. Centre de recrutement de la Légion étrangère française de 1843 à 1962.

Sidi-Brahim (combats de) [23 - 25 sept. 1845], épisode de la conquête de l'Algérie. Livrés par le 8e bataillon de chasseurs contre les cavaliers d'Abd el-Kader, ces combats sont à l'origine de la fête traditionnelle des chasseurs à pied.

SIDI-FERRUCH, station balnéaire d'Algérie, à l'O. d'Alger. Le corps expéditionnaire français débarqua sur ses plages le 14 juin 1830.

SIDNEY (sir Philip), *Penshurst 1554 - Arnhem 1586,* écrivain anglais, auteur de sonnets et d'un roman pastoral et chevaleresque (*l'Arcadie,* 1590).

SIDOBRE n.m., plateau granitique du sud-ouest du Massif central (France), dans le Tarn.

SIDOINE APOLLINAIRE (saint), *Lyon v. 431 - Clermont-Ferrand v. 487,* évêque de Clermont. D'abord préfet de Rome, il défendit l'Auvergne contre les Wisigoths après son retour en Gaule. — Il a laissé une importante œuvre poétique et épistolaire en latin.

SIDON, auj. **Sayda,** ville de Phénicie. Capitale d'un royaume cananéen (XVe s. av. J.-C.), elle devint la rivale de Tyr et fut à son apogée du XIIe au Xe s. av. J.-C. Elle fut détruite par les Assyriens (677) puis par les Perses (343). — Importantes nécropoles.

Siècle de Louis XIV (le), ouvrage historique de Voltaire (1751). Histoire du règne du Roi-Soleil, c'est aussi une critique du despotisme et de l'intolérance religieuse du monarque.

SIEGBAHN (Manne), *Örebro 1886 - Stockholm 1978,* physicien suédois. Il étudia les spectres de rayons X et découvrit, en 1925, leur réfraction. (Prix Nobel 1924.) — **Kai S.,** *Lund 1918,* physicien suédois. Fils de Manne, il a mis au point un dispositif permettant l'analyse chimique fine de la surface d'un matériau grâce aux rayons X. (Prix Nobel 1981.)

SIEGEN, v. d'Allemagne (Rhénanie-du-Nord-Westphalie) ; 111 845 hab. Monuments anciens.

Siegfried, héros de la mythologie germanique *(Chanson des *Nibelungen),* l'équivalent du Scandinave *Sigurd. On le retrouve dans la **Tétralogie* de Wagner.

SIEGFRIED (André), *Le Havre 1875 - Paris 1959,* géographe et sociologue français. Il fut le promoteur de la sociologie électorale. (Acad. fr.)

Siegfried (ligne), position fortifiée construite par l'Allemagne de 1936 à 1940 sur sa frontière occidentale. Elle fut conquise par les Alliés au cours de l'hiver 1944 - 1945.

Siemens, société allemande de constructions électriques fondée à Berlin en 1847. Elle est l'un des principaux producteurs de matériels électriques du monde.

SIEMENS, famille d'ingénieurs et d'industriels allemands. — **Werner von S.,** *Lenthe, près de Hanovre, 1816 - Berlin 1892.* Il établit la première grande ligne télégraphique européenne entre Berlin et Francfort (1848 - 1849), et réalisa la première locomotive électrique (1879). — **Wilhelm S.,** puis sir William **Siemens,** *Lenthe 1823 - Londres 1883,* métallurgiste britannique d'origine allemande. Frère de Werner, il émigra en 1844 en Grande-Bretagne et y perfectionna le procédé d'élaboration de l'acier. — **Friedrich S.,** *Menzendorf 1826 - Dresde 1904,* ingénieur allemand. Frère de Werner et de Wilhelm, il imagina avec ce dernier le four à récupérateur de chaleur pour la fonte de l'acier et du verre (1856).

SIENKIEWICZ (Henryk), *Wola Okrzejska 1846 - Vevey, Suisse, 1916,* écrivain polonais. Il est l'auteur de romans historiques *(Par le fer et par le feu, *Quo vadis ?).* [Prix Nobel 1905.]

SIENNE, en ital. **Siena,** v. d'Italie (Toscane), ch.-l. de prov. ; 56 969 hab. *(Siennois).* Archevêché. — L'aspect de la vieille ville demeure celui qu'ont modelé les XIIIe et XIVe s. Cathédrale des XIIe-XIVe s. (chaire de Nicola Pisano, dallage historié et nombreuses œuvres d'art) ; sur la célèbre place en éventail du Campo, Palais public du XIVe s., au campanile élancé (fresques de S. Martini et de A. Lorenzetti) ; autres églises et palais. Musées de l'Œuvre de la cathédrale (*Maestà* de Duccio) ; pinacothèque.

SIERENTZ (68150), ch.-l. de cant. du Haut-Rhin ; 2 473 hab.

SIERPIŃSKI (Wacław), *Varsovie 1882 - id. 1969,* mathématicien polonais. Il fut l'un des fondateurs de l'école mathématique polonaise moderne, qui contribua au progrès de la théorie des ensembles, de la topologie et des fondements logiques des mathématiques.

SIERRA LEONE n.f., État d'Afrique occidentale, sur l'Atlantique ; 72 000 km² ; 4 620 000 hab. *(Sierra-Léonais).* CAP. *Freetown.* LANGUE : *anglais.* MONNAIE : *leone.*

GÉOGRAPHIE

Dans ce pays formé surtout de plaines et de plateaux, proche de l'équateur, au climat tropical humide, les industries extractives dominent (bauxite, rutile et diamants) malgré la présence de cultures commerciales (caféiers, cacaoyers). L'islam a progressé dans une population formée majoritairement de Mendé et de Temné.

HISTOIRE

1462 : le Portugais Pedro de Sintra découvre la péninsule et lui donne son nom actuel (« Montagne du lion »). **XVIe s. :** des guerriers d'origine mandingue envahissent la région et fournissent des esclaves aux négriers européens. **XVIIe s. :** les commerçants britanniques évincent les Portugais. **1787 :** à la suite des campagnes antiesclavagistes, le gouvernement britannique crée Freetown pour les premiers esclaves libérés de la Nouvelle-Angleterre et des Antilles. **1808 :** la Sierra

■ **SIENNE.** La place du Campo ; au fond, la cathédrale.

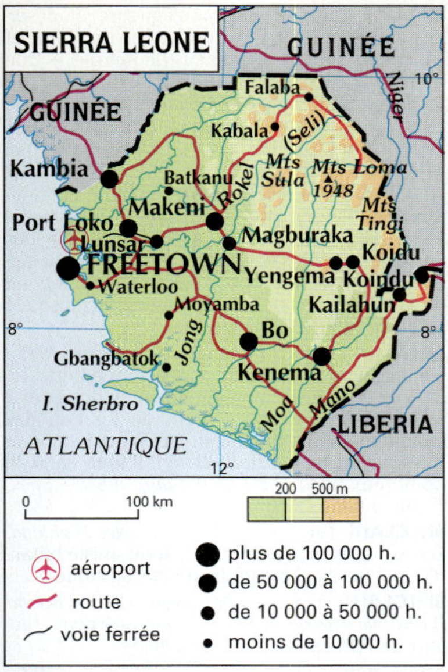

Leone devient colonie de la Couronne. **XIXe s. :** l'intérieur du pays constitue un protectorat, distinct de la colonie, tandis que la frontière est fixée avec le Liberia et la Guinée. **1951 :** la Constitution fait de la Sierra Leone un État unitaire. **1961 :** la Sierra Leone devient indépendante dans le cadre du Commonwealth. **1971 :** la république est proclamée ; son président est Siaka Stevens, qui instaure en 1978 un système de parti unique. **1985 :** le général Joseph Momoh succède à S. Stevens. **1992 :** en dépit de la transition démocratique engagée en 1991, le général Momoh est renversé par un coup d'État militaire. Le nouveau pouvoir, sous la conduite du capitaine Valentine Strasser, doit faire face à une rébellion dans l'est du pays. **1996 :** Strasser est écarté par un coup d'État militaire. Ahmed Tejan Kabbah est élu à la présidence de la République. Chassé à son tour du pouvoir par un putsch en 1997, il est rétabli en 1998 avec l'aide du Nigeria. Mais le pays continue d'être ravagé par les combats opposant rebelles et forces gouvernementales.

SIERRE, v. de Suisse (Valais) ; 14 143 hab. *(Sierrois).* Tourisme. — Monuments anciens.

SIEYÈS [sjejɛs] (Emmanuel Joseph), *Fréjus 1748 - Paris 1836,* homme politique français. Vicaire général de Chartres, il publie en 1789 une brochure, *Qu'est-ce que le tiers état ?,* qui lui vaut une grande popularité. Député du tiers aux États généraux, il se montre partisan d'une monarchie constitutionnelle, mais, en 1792, député à la Convention, il vote la mort du roi. Membre et président des Cinq-Cents (1795), puis membre du Directoire (mai 1799), il prépare avec Bonaparte le coup d'État de brumaire an VIII (nov. 1799), qui profite finalement à ce dernier. Devenu l'un des consuls provisoires, il présente un projet de constitution qui déplaît à Bonaparte et il est écarté du pouvoir bien que comblé d'honneurs.

SIGEAN (11130), ch.-l. de cant. de l'Aude, au S. de l'*étang de Sigean ;* 4 121 hab. *(Sigeanais).* Réserve zoologique.

SIGEAN ou **BAGES ET DE SIGEAN** (étang de), étang littoral de l'Aude, au S. de Narbonne. Salines.

SIGEBERT Ier, *535 - Vitry-en-Artois 575,* roi d'Austrasie (561 - 575), de la dynastie mérovingienne. Époux de Brunehaut, il fut assassiné par ordre de Frédégonde. — **Sigebert II,** *v. 601 - 613,* roi de Bourgogne et d'Austrasie (613), de la dynastie mérovingienne. — **Sigebert III,** *631 - 656,* roi d'Austrasie (634 - 656), de la dynastie mérovingienne. Fils de Dagobert Ier, il régna en fait sous la tutelle du maire du palais Grimoald.

SIGEBERT de Gembloux, *en Brabant v. 1030 - Gembloux 1112,* chroniqueur brabançon. Moine à l'abbaye bénédictine de Gembloux, il écrivit un *Chronicon* (ou *Chronographia*), chronique qui s'étend de 381 à 1111, particulièrement précieuse pour la période contemporaine de l'auteur.

SIGER de Brabant, *v. 1235 - Orvieto 1281 ou 1284,* théologien brabançon. Son enseignement à Paris, marqué par l'interprétation qu'Averroès donnait de l'aristotélisme, le fit accuser d'hérésie. Il mourut sans doute assassiné.

SIGIRIYA, site archéologique de Sri Lanka (Province centrale). Forteresse royale, dont les salles rupestres sont ornées de fresques (ve s.).

SIGISMOND (saint), *m. près d'Orléans en 523,* roi des Burgondes (516 - 523). Fils de Gondebaud, il fut tué par ordre de Clodomir. Converti de l'arianisme au catholicisme, il fonda le monastère d'Agaune à Saint-Maurice (Suisse).

SIGISMOND de Luxembourg, *Nuremberg 1368 - Znaim 1437,* roi de Hongrie (1387 - 1437), roi des Romains (1411 - 1433), empereur germanique (1433 - 1437) et roi de Bohême (1419 - 1437). Il convoqua le concile de Constance (1414 - 1418), qui mit fin au grand schisme d'Occident, et y laissa condamner le réformateur tchèque Jan Hus. Il ne fut reconnu roi de Bohême qu'en 1436.

SIGISMOND Ier JAGELLON, dit le **Vieux,** *Kozienice 1467 - Cracovie 1548,* grand-duc de Lituanie et roi de Pologne (1506 - 1548). — **Sigismond II Auguste Jagellon,** *Cracovie 1520 - Knyszyn 1572,* grand-duc de Lituanie et roi de Pologne (1548 - 1572). Il prépara l'Union de Lublin (1569). — **Sigismond III Vasa,** *Gripsholm 1566 - Varsovie 1632,* roi de Pologne (1587 - 1632) et roi de Suède (1592 - 1599). Il contribua au triomphe de la Réforme catholique en Pologne.

SIGMARINGEN, v. d'Allemagne (Bade-Wurtemberg), sur le Danube ; 16 451 hab. Cap. de l'anc. principauté de Hohenzollern. Siège d'une commission gouvernementale composée d'anciens membres du gouvernement de Vichy et résidence de Pétain (1944 - 1945).

SIGNAC (Paul), *Paris 1863 - id. 1935,* peintre français. Ami et continuateur de Seurat, il publia *D'Eugène Delacroix au néo-impressionnisme* (1899). La même recherche de la lumière caractérise ses toiles, divisionnistes, et ses aquarelles, d'une facture plus libre.

SIGNORELLI (Luca), *Cortona v. 1445 - id. 1523,* peintre italien. Héritier de Piero della Francesca, mais aussi de A. del Pollaiolo, il élabora un style d'une puissante tension, qui fait de lui le plus grand fresquiste toscan de la fin du xve s. (chapelle Sixtine, à Rome, v. 1480 ; cloître de Monte Oliveto Maggiore, près de Sienne ; chapelle S. Brizio de la cathédrale d'Orvieto, 1499-1504).

SIGNORET (Simone **Kaminker**, dite Simone), *Wiesbaden 1921 - Autheuil-Authouillet, Eure, 1985,* actrice française. De *Casque d'or* (J. Becker, 1952) à *la Vie devant soi* (M. Mizrahi, 1977) en passant par *Thérèse Raquin* (M. Carné, 1953) ou *la Veuve Couderc* (P. Granier-Deferre, 1971), elle a composé ses rôles avec noblesse et générosité. Elle était l'épouse d'Yves Montand.

SIGÜENZA, v. d'Espagne (Castille-La Manche), sur le Henares ; 4 775 hab. Imposante cathédrale romane et gothique (œuvres d'art) ; musée.

Sigurd, héros de la mythologie scandinave, un des personnages de l'**Edda.* C'est le *Siegfried germanique.

SIHANOUK → **NORODOM SIHANOUK.**

SIHANOUKVILLE, anc. **Kompong Som,** v. du Cambodge ; 61 000 hab. Port.

SIKASSO, v. du Mali ; 73 000 hab.

SIKELIANÓS (Ángelos), *Leucade 1884 - Athènes 1951,* poète grec. Il mêle symboles chrétiens et païens *(Prologue à la vie, Dédale en Crète).*

SIKHOTE-ALINE n.m., massif de la Russie, sur le Pacifique ; 2 078 m.

SIKKIM n.m., État de l'Inde, dans l'Himalaya oriental ; 7 100 km² ; 403 612 hab. ; cap. *Gangtok.*

HISTOIRE

V. 1641 : une dynastie tibétaine s'établit au Sikkim et y impose le bouddhisme comme religion d'État. **1774 - 1816 :** le pays est partiellement annexé par le Népal. **1861 - 1950 :** il est sous protectorat britannique. **1950 - 1974 :** le Sikkim passe sous protectorat indien. **1975 :** il devient un État de l'Union indienne.

■ **SIEYÈS** (gravure de L. A. Claessens).

■ SIMONE **SIGNORET** dans *Casque d'or* (1952).

SIKORSKI (Władysław), *Tuszów Narodowy 1881 - Gibraltar 1943,* général et homme politique polonais. Après la défaite de 1939, il dirigea le gouvernement polonais réfugié en France, puis à Londres (1940), mais il se heurta au gouvernement soviétique. Il périt dans un accident aérien.

SILÈNE MYTH. GR. Dieu qui appartenait à un groupe de divinités des bois, proches des satyres.

SILÉSIE, en polon. **Śląsk,** en all. **Schlesien,** région d'Europe, traversée par l'Odra, partagée entre la Pologne (principalement) et la République tchèque (vers Ostrava). En Pologne, la *haute Silésie,* à l'E., est une grande région houillère et industrielle (métallurgie, chimie), centrée sur Katowice. La *basse Silésie,* à l'O., autour de Wrocław, demeure plus rurale.

HISTOIRE

Fin du Xe s. : la Pologne annexe la région, qui est morcelée en un certain nombre de principautés. **XIIIe s. :** des colons allemands assurent sa mise en valeur. **XIVe s. :** les principautés silésiennes reconnaissent la suzeraineté de la Bohême. **1526 :** elles entrent avec cette dernière dans l'État autrichien des Habsbourg. **1742 :** la Prusse s'empare de la quasi-totalité de la Silésie. L'Autriche ne conserve que la partie méridionale de la haute Silésie. **1815 :** la Silésie s'agrandit d'une partie de la Lusace. L'exploitation des charbonnages lui vaut un essor économique considérable. **1921 :** un plébiscite aboutit au partage de l'ancienne Silésie autrichienne entre la Tchécoslovaquie et la Pologne. **1939 :** Hitler occupe l'ensemble de la Silésie. **1945 :** la fixation de la frontière Oder-Neisse inclut la Silésie dans le territoire administré par la Pologne ; la population allemande (3 millions de personnes) est expulsée.

SILHOUETTE (Étienne **de**), *Limoges 1709 - Bry-sur-Marne 1767,* homme d'État français. Contrôleur général des Finances de Louis XV (mars-nov. 1759), il voulut restaurer les finances en taxant les privilégiés et les riches. Ses ennemis donnèrent son nom à des dessins le représentant en quelques traits, pour évoquer ainsi l'état auquel ses mesures réduisaient ceux qu'elles touchaient.

SILICON VALLEY, petite région des États-Unis (Californie), au S.-S.-E. de San Francisco, entre San Jose et Palo Alto. Elle doit son nom au nombre des implantations de haute technologie.

SILIGURI, v. d'Inde, au pied de l'Himalaya ; 226 677 hab.

SILLANPÄÄ (Frans Eemil), *Hämeenkyrö 1888 - Helsinki 1964,* écrivain finlandais. Ses romans *(Sainte Misère)* et ses nouvelles *(Silja)* illustrent son déterminisme biologique. (Prix Nobel 1939.)

SILLÉ-LE-GUILLAUME (72140), ch.-l. de cant. de la Sarthe ; 2 657 hab. *(Silléens).* Forêt. Constructions électriques. — Église en partie du XIIIe s., château du xve s.

SILLERY, v. du Canada (Québec), sur le Saint-Laurent, en amont de Québec ; 13 082 hab. *(Sillerois).*

SILLERY (Nicolas **Brulart,** marquis **de**), *Sillery 1544 - id. 1624,* homme d'État français. Il remplit des missions diplomatiques pour Henri III puis pour Henri IV, pour qui il négocia le traité de Vervins (1598). Il fut garde des Sceaux (1604), puis chancelier (1607 - 1624).

SILLITOE (Alan), *Nottingham 1928,* écrivain britannique. Ses romans *(Samedi soir, dimanche matin)* et ses nouvelles *(la Solitude du coureur de fond)* font de lui l'un des auteurs les plus représentatifs du groupe des « *Jeunes Gens en colère ».

Sillon (le), mouvement social d'inspiration chrétienne fondé en 1894 par Marc Sangnier. Condamné par Pie X, il disparut en 1910, non sans avoir préparé la voie à la démocratie chrétienne.

SILLON ALPIN, nom donné à la dépression comprise entre les Préalpes françaises du Nord et les massifs centraux (val d'Arly, Combe de Savoie, Grésivaudan, vallée inférieure du Drac).

SILO, anc. v. de la Palestine, centre religieux des Hébreux jusqu'au règne de David.

SILOÉ (Gil **de**), sculpteur flamand, actif à Burgos dans le dernier quart du xve s. Il est l'auteur, à la chartreuse de Miraflores, d'un retable et de tombeaux d'un style gothique exubérant. — **Diego de S.,** *Burgos v. 1495 - Grenade 1563,* architecte et sculpteur espagnol, fils de Gil. Il séjourna en Italie,

S

travailla à Burgos, puis se fixa à Grenade, où, à partir de 1528, il fit triompher le style de la Renaissance classique dans la construction de la cathédrale. Ce style sera repris aux cathédrales de Málaga, de Jaén, de Guadix, œuvres de D. de Siloé ou de ses continuateurs.

SILONE (Secondo **Tranquilli,** dit Ignazio), *Pescina, L'Aquila, 1900 - Genève 1978,* écrivain italien. Ses romans reflètent son engagement socialiste et chrétien *(le Pain et le Vin, le Grain sous la neige).*

Silvacane (anc. abbaye de), dans le cant. de Lambesc, ensemble typique de l'architecture cistercienne provençale de la fin du XIIe s.

Silverstone, circuit automobile de Grande-Bretagne, au S.-O. de Northampton.

SILVESTRE (Israël), *Nancy 1621 - Paris 1691,* dessinateur et graveur français. Héritier de Callot, il travailla en Italie, puis fut au service de la Cour, à Paris, à partir de 1662 (vues urbaines, vie et mœurs du temps).

SILVESTRE DE SACY (Antoine Isaac), *Paris 1758 - id. 1838,* orientaliste français. Il fut un initiateur des études arabes (*Grammaire arabe,* 1810).

SIMA QIAN, *v. 145 - v. 86 av. J.-C.,* écrivain chinois, auteur du **Shiji.*

SIMA XIANGRU, *Chengdu 179 - Muling 117 av. J.-C.,* poète chinois. Il a illustré le genre *fu,* mélange de prose et de poésie.

S

SIMBIRSK, de 1924 à 1991 **Oulianovsk,** v. de Russie, sur la Volga ; 656 000 hab. Patrie de Lénine.

SIMENON (Georges), *Liège 1903 - Lausanne 1989,* écrivain belge de langue française. Ses nombreux romans policiers, dont le héros est le commissaire *Maigret, ont contribué à rénover le genre par leur sens de l'analyse psychologique et par la restitution à la fois réaliste et poétique de l'atmosphère d'une ville ou d'un milieu social.

SIMÉON, personnage biblique, deuxième fils de Jacob, ancêtre éponyme d'une tribu méridionale israélite, disparue au temps de David.

SIMÉON (saint), personnage de l'Évangile de saint Luc. Lors de la présentation de Jésus au Temple, il le proclama comme le Messie prédit par les Prophètes.

SIMÉON Stylite (saint), dit **l'Ancien,** *Sis, Cilicie, v. 390 - v. 459,* ascète syrien. Il vécut de longues années au sommet d'une colonne, partageant sa vie entre la prière et la prédication.

SIMÉON Ier le Grand, *m. en 927,* khan des Bulgares (893 - 927). Il fit en vain le siège de Constantinople (913) pour s'y faire couronner basileus, envahit la Thrace et la Macédoine, puis soumit la Serbie (924).

SIMFEROPOL, v. d'Ukraine, en Crimée ; 353 000 hab. Vestiges scythes ; musées.

SIMIAND (François), *Gières, près de Grenoble, 1873 - Saint-Raphaël 1935,* sociologue et économiste français. Il est le véritable précurseur de l'histoire économique et sociale en France (*le Salaire, l'évolution sociale et la monnaie,* 1932).

SIMITIS (Konstandínos, dit Kóstas), *Athènes 1936,* homme politique grec. Il est Premier ministre et président du PASOK (socialiste) depuis 1996.

SIMLA, v. d'Inde, cap. de l'Himachal Pradesh, à 2 205 m d'alt. ; 109 860 hab.

SIMMEL (Georg), *Berlin 1858 - Strasbourg 1918,* philosophe et sociologue allemand. D'inspiration kantienne, ayant abordé notamm. les questions de l'histoire et de la modernité, il apparaît comme le fondateur de la sociologie formelle (*Questions fondamentales de la sociologie,* 1917).

SIMMENTAL n.m., vallée de Suisse, dans les Alpes bernoises, drainée par la *Simme* (53 km).

SIMON (saint), dit **le Zélote,** apôtre de Jésus-Christ (Ier s.). Selon la tradition, il mourut martyr en Perse avec saint Jude.

SIMON (Claude), *Tananarive 1913,* écrivain français. Ses récits, qui tentent de saisir une réalité complexe et fragmentée en un flux langagier continu et ample, mêlant inextricablement époques et lieux, font de lui l'un des principaux représentants du « *nouveau roman » (*la Route des Flandres,* 1960 ; *la Bataille de Pharsale,* 1969 ; *Leçon de choses,* 1975 ; *les Géorgiques,* 1981 ; *l'Acacia,* 1989 ; *le Jardin des Plantes,* 1997 ; *le Tramway,* 2001). [Prix Nobel 1985.]

SIMON (Herbert A.), *Milwaukee 1916 - Pittsburgh 2001,* économiste américain. Ses travaux ont porté, notamm., sur le mécanisme de la prise de décision économique. (Prix Nobel 1978.)

SIMON (Jules **Suisse,** dit Jules), *Lorient 1814 - Paris 1896,* homme politique français. Professeur de philosophie à la Sorbonne, il fut suspendu lors du coup d'État du 2 déc. 1851. Député de l'opposition républicaine (1863 - 1870), ministre de l'Instruction publique dans le gouvernement de la Défense nationale (1870) et de 1871 à 1873, il devint président du Conseil en 1876, mais fut contraint à démissionner par Mac-Mahon en mai 1877. [Acad. fr.]

SIMON (François Joseph Michel, dit Michel), *Genève 1895 - Bry-sur-Marne 1975,* acteur français d'origine suisse. Il débuta au théâtre (*Jean de la Lune,* de M. Achard, 1929) et triompha au cinéma, imposant son anarchisme goguenard et sa sensibilité : *la Chienne* (J. Renoir, 1931) ; *Boudu sauvé des eaux* (*id.,* 1932) ; *l'Atalante* (J. Vigo, 1934) ; *Drôle de drame* (M. Carné, 1937) ; *la Vie d'un honnête homme* (Guitry, 1953).

SIMON (Richard), *Dieppe 1638 - id. 1712,* historien et oratorien français. Véritable fondateur de l'exégèse biblique (*Histoire critique du Vieux Testament,* 1678), il se heurta à l'incompréhension des théologiens de son temps.

SIMON le Magicien, personnage des Actes des Apôtres. Magicien converti au christianisme, il voulut acheter à saint Pierre les pouvoirs de l'Esprit Saint : d'où le nom de *simonie* donné au trafic des choses saintes. Les anciens auteurs ont vu en lui l'initiateur du gnosticisme.

SIMONIDE de Céos, *Iulis, île de Céos, auj. Kéa, v. 556 - Syracuse 467 av. J.-C.,* poète grec, auteur d'odes, d'élégies et d'épigrammes.

SIMONOV (Kirill Mikhaïlovitch, dit Konstantine), *Petrograd 1915 - Moscou 1979,* écrivain soviétique. Il est l'auteur de poèmes, de romans *(les Jours et les Nuits)* et de pièces de théâtre sur la Seconde Guerre mondiale.

SIMONSTOWN, v. d'Afrique du Sud, au S. du Cap. Anc. base navale britannique, transférée à l'Afrique du Sud en 1957.

Simplicius Simplicissimus (la Vie de l'aventurier), roman picaresque et baroque de H. J. C. von Grimmelshausen (1669), qui relate les aventures extravagantes d'un personnage ignorant et naïf pendant la guerre de Trente Ans.

SIMPLON n.m., col routier des Alpes suisses, entre le Valais et le Piémont ; 2 005 m. Tunnel ferroviaire de 19,8 km (à 700 m d'alt. moyenne).

SIMPSON (George Gaylord), *Chicago 1902 - Tucson 1984,* paléontologue américain. Spécialiste des vertébrés fossiles et des problèmes de l'évolution, il fut l'un des instigateurs et des défenseurs du néodarwinisme, et s'intéressa également aux principes généraux de la taxonomie.

■ GEORGES **SIMENON**

■ CLAUDE **SIMON**

■ MICHEL **SIMON** dans *l'Atalante* (1934).

SINAÏ n.m., péninsule montagneuse et désertique d'Égypte, entre les golfes de Suez et d'Aqaba ; 2 641 m. Gisements de pétrole. – Une tradition y a localisé la « montagne de Dieu », où Moïse reçut de Yahvé le Décalogue. Au Ve s., le Sinaï fut un centre du monachisme chrétien. – Enjeu de violents combats pendant les guerres israélo-arabes de 1967 et de 1973, la région, occupée par Israël, a été restituée à l'Égypte (1982).

SINAN (Mimar), *près de Kayseri 1489 - Istanbul 1588,* architecte turc. Sa synthèse géniale des traditions architecturales du Proche-Orient ancien et de Byzance font de lui le créateur fécond de l'architecture ottomane classique (mosquée Selimiye [1569 - 1574] à Edirne).

SINATRA (Frank), *Hoboken, New Jersey, 1915 - Los Angeles 1998,* chanteur et acteur américain. Sa voix chaude et la préférence qu'il donna aux mélodies sentimentales firent de lui l'un des chanteurs de charme les plus célèbres du monde *(Melancholy mood, Hello Dolly).* Il joua dans de nombreux films (*Tant qu'il y aura des hommes,* F. Zinnemann, 1953).

SINCLAIR (sir John), *Thurso Castle, Highland, Écosse, 1754 - Édimbourg 1835,* économiste britannique, l'un des fondateurs de la statistique.

SINCLAIR (Upton), *Baltimore 1878 - Bound Brook, New Jersey, 1968,* écrivain américain, auteur de romans sociaux *(la Jungle).*

SIND n.m., région du sud-est du Pakistan ; v. princ. *Karachi.* Aride, il est partiellement cultivé (riz, coton) grâce à l'irrigation.

SINDELFINGEN, v. d'Allemagne (Bade-Wurtemberg) ; 59 930 hab. Construction automobile.

SINGAPOUR n.f., en angl. **Singapore,** État d'Asie du Sud-Est ; 618 km² ; 2 870 000 hab. *(Singapouriens).* CAP. *Singapour.* LANGUES : *anglais, chinois, malais* et *tamoul.* MONNAIE : *dollar de Singapour.* Proche de l'équateur, c'est un important port de transit (caoutchouc, étain), un centre financier et industriel, une base navale. La population, très dense, est formée d'une forte majorité de Chinois (avec des minorités, malaise et indienne). – Musées. – L'île, britannique à partir de 1819 et occupée par les Japonais de 1942 à 1945, devient un des quatorze États de la Fédération de Malaisie (1963), puis se transforme en république indépendante (1965). Premier ministre à partir de 1959, Lee Kuan Yew préside au brillant essor économique de l'île. En 1990, il cède ses fonctions à Goh Chok Tong.

■ SINGAPOUR

SINGER (Isaac Bashevis), *Radzymin, près de Varsovie, 1904 - Miami 1991,* écrivain américain d'expression yiddish. Ses romans évoquent la vie des Juifs polonais *(la Corne du bélier, le Magicien de Lublin).* [Prix Nobel 1978.]

SINGER (Isaac Merrit), *Pittstown, New York, 1811 - Torquay, Devon, 1875,* inventeur américain. Il mit au point les premiers modèles pratiques de machine à coudre (1851).

SIN-KIANG → **XINJIANG.**

SIN-LE-NOBLE (59450), comm. du Nord ; 17 134 hab. *(Sinois).*

SINNAMARY n.m., fl. de la Guyane française ; 260 km.

Sinn Féin, mouvement nationaliste et républicain irlandais. Organisé à partir de 1902, notamm. par A. Griffith, il est dirigé de 1917 à 1926 par E. De Valera. Après l'insurrection de 1916, il milite pour la création d'une république d'Irlande unie et s'oppose à la partition de l'île selon le traité de Londres (1921). Le Sinn Féin, tout en ne présentant plus de candidats aux élections après 1927 (jusqu'en 1957), conserve un rôle notable en raison de ses liens avec l'IRA, dont il constitue la tribune politique. Présidé depuis 1983 par Gerry Adams, il prend part à partir de 1997 aux négociations sur l'avenir institutionnel de l'Irlande du Nord et cosigne l'accord de Stormont (1998). Il participe au gouvernement semi-autonome mis en place en 1999.

sino-japonaises (guerres), conflits provoqués par la volonté d'expansion du Japon et qui opposèrent ce dernier et la Chine en 1894 - 1895, puis de 1937 à 1945.

SINOP, anc. **Sinope,** v. de Turquie, sur la mer Noire ; 25 537 hab. Port. — Colonie de Milet (VIIe s. av. J.-C.), elle devint au IIe s. av. J.-C. la principale cité du royaume du Pont.

SINT-AGATHA-BERCHEM → BERCHEM-SAINTE-AGATHE.

SINT-GENESIUS-RODE → RHODE-SAINT-GENÈSE.

SINT-GILLIS → SAINT-GILLES.

SINT-GILLIS-WAAS, comm. de Belgique (Flandre-Orientale) ; 16 195 hab.

SINT-JANS-MOLENBEEK → MOLENBEEK-SAINT-JEAN.

SINT-JOOST-TEN-NOODE → SAINT-JOSSE-TEN-NOODE.

SINT-KATELIJNE-WAVER, comm. de Belgique (prov. d'Anvers) ; 18 266 hab.

SINT-LAMBRECHTS-WOLUWE → WOLUWE-SAINT-LAMBERT.

SINT-MARTENS-LATEM → LAETHEM-SAINT-MARTIN.

SINT-NIKLAAS → SAINT-NICOLAS.

SINT-PIETERS-LEEUW, comm. de Belgique (Brabant flamand) ; 28 959 hab.

SINT-PIETERS-WOLUWE → WOLUWE-SAINT-PIERRE.

SINTRA, station balnéaire du Portugal, à l'O. de Lisbonne. Site pittoresque ; anc. palais royal des XIVe-XVIe s. — En 1808, Junot y signa avec les Anglais une convention prévoyant l'évacuation du Portugal par les Français.

SINT-TRUIDEN → SAINT-TROND.

SINUIJU, v. de Corée du Nord, à la frontière chinoise ; 500 000 hab.

SION, une des collines de Jérusalem. Ce terme est souvent synonyme de Jérusalem.

SION, v. de Suisse, ch.-l. du Valais, sur le Rhône ; 25 336 hab. *(Sédunois).* Cathédrale et église de Valère, romanes et gothiques ; musées.

SION-VAUDÉMONT, hauteur de Lorraine (Meurthe-et-Moselle), au S. de Nancy. Pèlerinage. C'est la « Colline inspirée » de Barrès.

SIOUAH ou **SIWA,** oasis du nord-ouest de l'Égypte. C'est l'oasis d'Amon des Anciens, où Alexandre le Grand se rendit pour entendre l'oracle du dieu.

SIOULE n.f., riv. de France, en Auvergne, affl. de l'Allier (r. g.) ; 150 km. Gorges.

SIOUX, DAKOTA ou **LAKOTA,** ensemble de tribus amérindiennes des grandes plaines des États-Unis (principalement Dakota du Nord et du Sud) et du Canada (Alberta) [env. 110 000]. Ils se répartissent en quatre groupes (Santee, Teton, Yankton, Yanktonai). Ils s'illustrèrent sous la direction de leurs chefs Crazy Horse et Sitting Bull lors de la bataille de Little Big Horn (1876), où fut écrasée l'armée du général Custer. Après le massacre de Wounded Knee (1890), ils furent enfermés dans des réserves. Leurs langues appartiennent à la famille dite *siouenne.*

SIQUEIROS (David **Alfaro**), *Chihuahua 1896 - Cuernavaca 1974,* peintre mexicain, muraliste d'un expressionnisme violent.

SIRET n.m., riv. d'Ukraine et de Roumanie, née dans les Carpates, affl. du Danube (r. g.) ; 700 km.

SIREY (Jean-Baptiste), *Sarlat 1762 - Limoges 1845,* jurisconsulte français. Il est l'auteur en 1791 d'un *Recueil des lois et arrêts* dont la publication s'est poursuivie après sa mort sous le titre *Recueil Sirey,* puis *Recueil Dalloz-Sirey.*

SIRICE (saint), *Rome v. 320 - id. 399,* pape de 384 à 399. Il est l'auteur de la plus ancienne décrétale de l'histoire de l'Église.

SIRIUS, étoile α de la constellation du Grand Chien, la plus brillante du ciel.

SIRK (Detlev **Sierk,** dit Douglas), *Skagen 1900 - Lugano 1987,* cinéaste américain d'origine danoise. Ses mélodrames déchirants confinent à la tragédie moderne : *l'Aveu* (1944) ; *Écrit sur du vent* (1957) ; *le Temps d'aimer et le Temps de mourir* (1958) ; *Mirage de la vie* (1959).

SIRMIONE, v. d'Italie (Lombardie), sur le lac de Garde ; 5 231 hab. Ruines romaines.

Sirven (affaire) [1764 - 1771], affaire judiciaire due à l'intolérance religieuse, dont la victime fut le protestant français Pierre Paul **Sirven** (Castres 1709 - en Suisse 1777). Il fut accusé d'avoir tué sa fille pour l'empêcher de se convertir au catholicisme. Condamné à mort par contumace, il se réfugia en Suisse, où il sollicita l'aide de Voltaire, qui obtint sa réhabilitation en 1771.

SISLEY (Alfred), *Paris 1839 - Moret-sur-Loing 1899,* peintre britannique de l'école française, paysagiste, un des maîtres de l'*impressionnisme.

SISMONDI (Jean Charles Léonard **Simonde de**), *Genève 1773 - id. 1842,* historien et économiste suisse. Auteur des *Nouveaux Principes d'économie politique* (1819), il est l'un des précurseurs du courant social-démocrate en économie.

SISTAN ou **SÉISTAN,** région aride d'Iran et d'Afghanistan.

SISTERON (04200), ch.-l. de cant. des Alpes-de-Haute-Provence, sur la Durance ; 7 232 hab. *(Sisteronais).* Cathédrale romane ; citadelle.

SISYPHE MYTH. GR. Roi légendaire de Corinthe, célèbre pour ses crimes. Il fut condamné dans les Enfers à faire rouler sur la pente d'une montagne un rocher qui retombait toujours avant d'avoir atteint le sommet. — Albert Camus en a fait le symbole de l'absurde inhérent à la condition humaine (*le Mythe de Sisyphe,* 1942).

SITTING BULL (« Taureau assis »), *Grand River, Dakota du Sud, v. 1831 - id. 1890,* surnom donné à Tatanka Iyotake, chef des Sioux du Dakota. Il fut l'adversaire des colons américains dans la conquête de l'Ouest.

SITTWE, anc. **Akyab,** v. de Birmanie, sur le golfe du Bengale ; 143 000 hab. Port.

SIVA → SHIVA.

SIVAS, v. de Turquie, sur le Kızıl Irmak ; 221 512 hab. Centre industriel. — Monuments seldjoukides, dont la Gök medrese (1271).

SIWALIK n.f. pl., montagnes d'Inde, avant-monts de l'Himalaya.

Six (groupe des), association de six compositeurs français. Fondé à Paris en 1918, il comprenait Louis Durey, A. Honegger, D. Milhaud, F. Poulenc, G. Auric et Germaine Tailleferre, qui, réagissant contre l'influence de Debussy, prirent E. Satie comme chef de file.

SIX-FOURS-LES-PLAGES (83140), ch.-l. de cant. du Var ; 33 232 hab. *(Six-Fournais).*

Six-Jours (guerre des) → **israélo-arabes** (guerres).

Six-Nations (tournoi des), compétition annuelle de rugby qui, depuis 2000, oppose les équipes d'Angleterre, d'Écosse, du pays de Galles, d'Irlande, de France (anc. *tournoi des Cinq-Nations,* créé en 1910) et d'Italie.

SIXTE IV (Francesco **Della Rovere**), *Celle Ligure, près de Savone, 1414 - Rome 1484,* pape de 1471 à 1484. Il combattit les Turcs. Mécène, humaniste, il embellit Rome et commença notamm. la décoration de la chapelle *Sixtine.* — **Sixte V** ou **Sixte Quint** (Felice **Peretti**), *Grottammare, Marches, 1520 - Rome 1590,* pape de 1585 à 1590. Il travailla à la réforme de l'Église dans l'esprit du concile de Trente, intervint dans les querelles religieuses de la France (il soutint la Ligue et excommunia Henri de Navarre), finança contre l'Angleterre l'Invincible Armada (1588). Il donna au Sacré Collège sa forme définitive et partagea l'administration romaine entre quinze congrégations.

Sixtine (chapelle), grande chapelle construite au Vatican sur l'ordre de Sixte IV. Elle a été décorée de fresques par Botticelli, Ghirlandaio, Signorelli, le Pérugin, Cosimo Rosselli (1481 - 1482), ainsi que par Michel-Ange (*Création d'Adam* et autres scènes de la Genèse à la voûte, 1508 - 1512 ; pathétique *Jugement dernier* sur le mur du fond, 1536 - 1541).

SIYAD BARRE (Muhammad), *région du Haut-Djouba 1919 - Abuja, Nigeria, 1995,* général et homme politique somalien. En 1969, il s'empara du pouvoir et devint chef de l'État somalien. Il fut renversé en 1991.

SIZA (Álvaro), *Matosinhos, près de Porto, 1933,* architecte portugais. À Berlin ou à La Haye comme au Portugal, il s'inspire des divers courants de la modernité internationale tout en respectant le site et la tradition constructive locale. Après l'incendie de 1988, il dirige la reconstruction du quartier du Chiado à Lisbonne.

SJAELLAND, en all. **Seeland,** la plus grande des îles danoises, dans la Baltique ; 7 444 km² ; 2 142 000 hab. ; v. princ. *Copenhague.* Elle est reliée au littoral suédois par un pont-tunnel franchissant l'Øresund.

SJÖSTRÖM (Victor), *Silbodal 1879 - Stockholm 1960,* cinéaste et acteur suédois. Il fut l'un des grands pionniers de l'art cinématographique et un auteur lyrique et visionnaire (*les Proscrits,* 1917 ; *la Charrette fantôme,* 1920 ; *le Vent,* 1928).

SKAGERRAK, détroit entre le Danemark (Jylland) et la Norvège, qui unit la mer du Nord au Cattégat.

SKANDERBEG ou **SCANDERBEG** (Georges **Castriota,** dit), *1405 - Alessio, auj. Lezhë, 1468,* prince albanais. Chef de la lutte contre les Ottomans, il bénéficia du soutien de la papauté, de Naples et de Venise.

SKELLEFTEÅ, v. de Suède, sur le golfe de Botnie ; 75 258 hab. Port.

SKHIRRA (La), v. de Tunisie, sur le golfe de Gabès. Port pétrolier.

SKIKDA, anc. **Philippeville,** v. de l'Algérie orientale, ch.-l. de wilaya ; 141 000 hab. Port. Raffinerie de pétrole et pétrochimie. Liquéfaction et exportation du gaz naturel.

SKINNER (Burrhus Frederic), *Susquehanna, Pennsylvanie, 1904 - Cambridge, Massachusetts, 1990,* psychologue américain. Auteur de travaux sur l'apprentissage et les conditionnements opérants, il a développé un courant radical et autonome au sein du béhaviorisme.

SKOLEM (Albert), *Sandsvaer 1887 - Oslo 1963,* logicien norvégien. Il est l'auteur d'importants travaux en axiomatique.

SKOPJE, cap. de la Macédoine, sur le Vardar ; 563 300 hab. *(Skopiotes).* Ville reconstruite après le séisme de 1963. Université. Sidérurgie. — La ville fut la capitale de l'empire bulgare de Samuel (Xe s.). — Aux environs, monastères byzantins (XIIe-XIVe s.) aux remarquables fresques.

SKRIABINE → SCRIABINE.

SKYE, île de Grande-Bretagne (Écosse), dans les Hébrides ; 8 100 hab.

Skylab, station orbitale américaine. Placée en orbite autour de la Terre en 1973, elle est retombée dans l'atmosphère en 1979 après avoir été occupée en 1973 - 1974 par trois équipages successifs d'astronautes.

SKÝROS, île de Grèce, dans la mer Égée.

SLÁNSKÝ (Rudolf), *Nezvěstice, Plzeň, 1901 - Prague 1952,* homme politique tchécoslovaque. Secrétaire général du Parti communiste (1945 - 1951), accusé d'être le chef d'une conspiration contre l'État et le parti, il fut exécuté. Il a été réhabilité en 1968.

SLAUERHOFF (Jan Jacob), *Leeuwarden 1898 - Hilversum 1936,* écrivain néerlandais. Ses romans et ses poèmes *(Clair-Obscur)* mêlent l'exotisme à l'inspiration romantique.

SLAVEJKOV (Penčo), *Trjavna 1866 - Brunate, Italie, 1912,* écrivain bulgare, auteur de poèmes d'inspiration romantique ou satirique.

SLAVES, groupe ethnolinguistique de la branche orientale de la famille indo-européenne, parlant des langues de même origine (langues *slaves*) et occupant la majeure partie de l'Europe centrale et orientale. On distingue entre *Slaves orientaux* (Russes, Ukrainiens, Biélorusses), *Slaves occidentaux* (Polonais, Tchèques, Slovaques, Sorabes) et *Slaves méridionaux* (Serbes, Croates, Bulgares, Slovènes, Macédoniens).

SLAVIANSK → SLOVIANSK.

SLAVONIE, région de l'est de la Croatie, entre la Save et la Drave.

SLESVIG, nom danois du Schleswig (→ **SCHLESWIG-HOLSTEIN**).

SLIPHER (Vesto Melvin), *Mulberry, Indiana, 1875 - Flagstaff, Arizona, 1969,* astronome américain. Il appliqua la spectrographie à l'étude des planètes et des nébuleuses et fut le premier à déterminer la vitesse radiale de galaxies (1912 - 1914) et à déceler leur mouvement de rotation.

SLIVEN, v. de la Bulgarie orientale ; 114 600 hab. Centre industriel. — Musée archéologique.

S

SLOCHTEREN, v. des Pays-Bas (prov. de Groningue) ; 14 080 hab. Gisement de gaz naturel.

SLODTZ, famille de sculpteurs français. – **Sébastien S.,** *Anvers 1655-Paris 1726,* sculpteur français d'origine flamande. Il fut de ceux qui, à la fin du XVIIe s., tendirent à donner à l'art officiel plus de mouvement et d'expression. – **René Michel,** dit **Michel-Ange S.,** *Paris 1705 - id. 1764,* sculpteur français, le plus connu des fils de Sébastien. Pensionnaire de l'Académie de France, il fut retenu à Rome, par le succès, près de vingt ans. Rentré à Paris en 1747, il fut nommé dessinateur des Menus Plaisirs (décors éphémères pour la Cour) et composa le mausolée, baroque, de Languet de Gergy à l'église St-Sulpice.

SLOUGH, v. de Grande-Bretagne (Angleterre), à l'O. de Londres ; 98 600 hab.

SLOVAQUIE n.f., en slovaque **Slovensko,** État d'Europe orientale, au S. de la Pologne ; 49 000 km² ; 5 300 000 hab. *(Slovaques).* CAP. *Bratislava.* LANGUE : *slovaque.* MONNAIE : *koruna (couronne slovaque).*

GÉOGRAPHIE

Occupant l'extrémité nord-ouest des Carpates, la Slovaquie associe encore largement forêts et pâturages. Les cultures (céréales principalement) sont présentes surtout dans les plaines du Sud-Ouest, proches du Danube. L'industrie, autre qu'extractive, est implantée à Bratislava et à Košice, les principales villes. La population compte une importante minorité de Hongrois de souche (plus de 10 % du total), localisée le long de la frontière méridionale.

HISTOIRE

Xe s. : les Hongrois détruisent la Grande-Moravie et annexent la Slovaquie, qui constitue dès lors la Haute-Hongrie. **1526 :** celle-ci entre avec le reste de la Hongrie dans le domaine des Habsbourg. **Apr. 1540 :** la plaine hongroise étant occupée par les Ottomans, le gouvernement hongrois s'établit à Presbourg (auj. Bratislava) et y demeure jusqu'en 1848. **XIXe s. :** le mouvement national slovaque se développe. **1918 :** la Slovaquie est intégrée à l'État tchécoslovaque. **1939 :** un État slovaque séparé, sous protectorat allemand et gouverné par Mgr Tiso, est créé. **1945 - 1948 :** la région est réintégrée dans la Tchécoslovaquie et la centralisation rétablie. **1969 :** la Slovaquie est dotée du statut de république fédérée. **1990 :** les députés slovaques obtiennent que la Tchécoslovaquie prenne le nom de République fédérative tchèque et slovaque. **1992 :** le chef du gouvernement, Vladimir Mečiar, prépare avec son homologue tchèque la partition de la Fédération. **1er janv. 1993 :** la Slovaquie devient un État indépendant, dirigé par Michal Kováč (président) et V. Mečiar (Premier ministre). **1995 :** la Slovaquie dépose une demande d'adhésion à l'Union européenne. **1998 :** la fonction présidentielle reste vacante après le départ, en fin de mandat, de M. Kováč. L'opposition ayant remporté les élections législatives, Mikuláš Dzurinda remplace V. Mečiar à la tête du gouvernement. **1999 :** le démocrate Rudolf Schuster est élu à la présidence de la République (au suffrage universel).

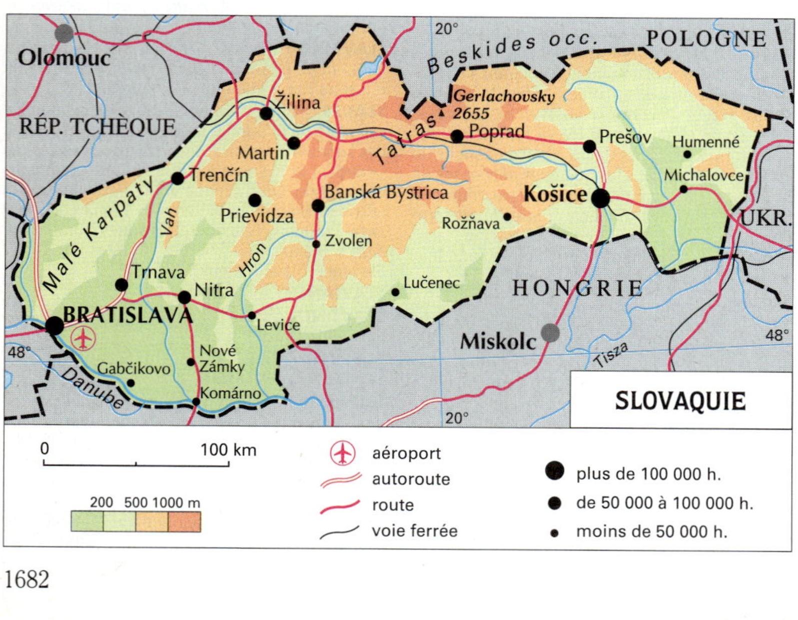

SLOVÉNIE n.f., en slovène **Slovenija,** État d'Europe centrale, au S. de l'Autriche ; 20 200 km² ; 1 914 000 hab. *(Slovènes).* CAP. *Ljubljana.* LANGUE : *slovène.* MONNAIE : *tolar.*

GÉOGRAPHIE

Aux confins de l'Italie, de l'Autriche et de la Hongrie, au pied des Alpes, ouvert par les vallées de la Drave et de la Save, le pays est peuplé à près de 95 % de Slovènes de souche. Il est relativement prospère, avec une industrie (constructions mécaniques, chimie, textile) et un tourisme actifs.

HISTOIRE

VIe s. : des tribus slaves (Slovènes) s'établissent dans la région. **788 :** celle-ci est incorporée à l'empire de Charlemagne. **1278 :** elle passe sous la domination des Habsbourg. **XIXe s. :** un mouvement culturel et national se développe. **1918 :** la Slovénie entre dans le royaume des Serbes, Croates et Slovènes, qui prend en 1929 le nom de Yougoslavie. **1941 - 1945 :** elle est partagée entre l'Allemagne, l'Italie et la Hongrie. **1945 :** la Slovénie devient une des républiques fédérées de Yougoslavie. **1990 :** l'opposition démocratique remporte les premières élections libres. **1991 :** la Slovénie proclame son indépendance (reconnue par la communauté internationale en 1992). **1996 :** la Slovénie dépose une demande d'adhésion à l'Union européenne.

SLOVIANSK, v. de l'est de l'Ukraine ; 137 000 hab.

SŁOWACKI (Juliusz), *Krzemieniec 1809 - Paris 1849,* écrivain polonais, auteur de poèmes *(le Roi-Esprit)* et de drames *(Kordian)* romantiques.

SŁUPSK, v. de Pologne ; 102 400 hab. Monuments anciens.

SLUTER (Claus), *Haarlem v. 1340/1350 - Dijon 1405/1406,* sculpteur néerlandais. Installé à Dijon en 1385, il succède à Jean de Marville (m. en 1389) comme imagier du duc Philippe le Hardi. La plus célèbre de ses œuvres conservées est l'ensemble des six prophètes du *Puits de Moïse* (anc. chartreuse de Champmol), sans doute achevé par son neveu Claus de Werve (v. 1380 - 1439). Sa puissance dramatique et son réalisme influenceront l'art européen du XVe s.

■ CLAUS **SLUTER.** Le prophète Jérémie. Détail du *Puits de Moïse* (1395 - 1404), dans la chartreuse de Champmol à Dijon.

Smalkalde (articles de), confession de foi rédigée par Luther en 1537. C'est un des textes fondamentaux du luthéranisme.

Smalkalde (ligue de) [1531 - 1547], ligue religieuse et politique formée par des villes et des princes protestants d'Allemagne. Destinée à parer aux menaces proférées par Charles Quint contre les luthériens, elle fut dissoute après la victoire de ce dernier à Mühlberg.

SMALLEY (Richard Errett), *Akron 1943,* chimiste américain. Il a découvert en 1985, en collaboration avec Robert F. Curl Jr. (né en 1933) et H. Kroto, les premiers fullerènes, les C_{60}, en forme de ballon de football. (Prix Nobel 1996.)

SMETANA (Bedřich), *Litomyšl 1824 - Prague 1884,* compositeur et pianiste tchèque. Principal représentant de la musique romantique de Bohême, il a écrit l'opéra *la Fiancée vendue* (1866) et des poèmes symphoniques (le recueil *Ma patrie* comprend *la Moldau*).

SMITH (Adam), *Kirkcaldy, Écosse, 1723 - Édimbourg 1790,* économiste britannique. Auteur des *Recherches sur la nature et les causes de la richesse des nations* (1776), il pense que la recherche par les hommes de leur intérêt personnel mène à la réalisation de l'intérêt général : il prône donc la liberté. Il approfondit la notion de valeur en distinguant valeur d'usage et valeur d'échange.

SMITH (Elizabeth, dite Bessie), *Chattanooga 1894 - Clarksdale, Mississippi, 1937,* chanteuse américaine de jazz. Surnommée l'Impératrice du blues, elle fut l'une des plus belles voix de l'art noir américain (*The Saint Louis Blues,* 1925 ; *Nobody Knows when you're down and out,* 1929).

SMITH (David), *Decatur, Indiana, 1906 - Bennington, Vermont, 1965,* sculpteur américain. Il a abordé en 1933 la sculpture en métal soudé et a atteint, après 1950, une rigueur abstraite annonciatrice de l'art minimal.

SMITH (Ian Douglas), *Selukwe 1919,* homme politique du Zimbabwe. Premier ministre de Rhodésie (1964 - 1979), il proclama unilatéralement l'indépendance de son pays (1965), rompant ainsi avec Londres.

SMITH (Joseph), *Sharon, Vermont, 1805 - Carthage, Illinois, 1844,* fondateur du mouvement religieux des mormons. Accusé de favoriser la polygamie, il mourut lynché par la foule.

SMITH (Michael), *Blackpool 1932 - Vancouver 2000,* biochimiste canadien d'origine britannique. Il mit au point, en 1978, une méthode de modification ponctuelle du message génétique de l'ADN (la « mutagenèse dirigée »), qui permet d'étudier très précisément les fonctions des protéines. (Prix Nobel de chimie 1993.)

SMITH (William Eugene), *Wichita, Kansas, 1918 - New York 1978,* photographe américain. Sa démarche intellectuelle et son regard humaniste – jamais voyeur – restent l'un des exemples les plus accomplis du photojournalisme (*Pittsburgh,* 1955 ; *Minamata,* 1972 - 1975).

SMOLENSK, v. de Russie, sur le Dniepr ; 352 000 hab. Centre industriel. – Fortifications et

■ ADAM **SMITH**. Dessin de J. Jackson, d'après Tassie. (© Hulton Deutsch.)

■ MÁRIO **SOARES**

églises anciennes ; musées. — Combats entre Soviétiques et Allemands en 1941 et en 1943.

SMOLLETT (Tobias George), *Cardross, près de Dumbarton, Écosse, 1721 - Livourne, Italie, 1771,* écrivain britannique. Il a adapté le roman picaresque à l'Angleterre (*les Aventures de Roderick Random,* 1748).

SMUTS (Jan Christiaan), *Bovenplaats 1870 - Irene 1950,* homme politique sud-africain. Après avoir combattu dans les rangs des Boers (1899 - 1902), il participa à l'unification des colonies britanniques d'Afrique du Sud (1910). Il fut Premier ministre de 1919 à 1924 et de 1939 à 1948.

SMYRNE → **IZMIR.**

SNAKE RIVER n.f., riv. des États-Unis, affl. de la Columbia (r. g.) ; 1 600 km. Aménagements pour la production d'électricité et l'irrigation.

SNCF (Société nationale des chemins de fer français), entreprise chargée de l'exploitation du transport ferroviaire en France, créée en 1937 comme société d'économie mixte, et devenue en 1983 un établissement public à caractère industriel et commercial. Depuis 1997, les infrastructures ferroviaires relèvent d'un autre établissement public industriel et commercial, le Réseau ferré de France (RFF). Ces deux établissements, placés sous l'égide du Conseil supérieur du service public ferroviaire, sont soumis au contrôle de l'État.

SNEL VAN ROYEN (Willebrord), dit Willebrordus **Snellius,** *Leyde 1580 - id. 1626,* astronome et mathématicien hollandais. Il découvrit, avant Descartes, la loi de la réfraction de la lumière (1620) et introduisit en géodésie la méthode de triangulation.

SNIJDERS ou **SNYDERS** (Frans), *Anvers 1579 - id. 1657,* peintre flamand. Ses natures mortes de victuailles ont une ampleur décorative et un dynamisme qui doivent beaucoup à Rubens. Il a également peint des animaux et des scènes de chasse.

SNOILSKY (Carl, comte), *Stockholm 1841 - id. 1903,* poète suédois, auteur de *Sonnets* et de poèmes historiques (*Images suédoises*).

Snoopy, personnage de bande dessinée créé en 1950 aux États-Unis par C. M. Schulz dans la série *Peanuts,* chien cabot et philosophe.

SNORRI STURLUSON, *Hvammur v. 1179 - Reykjaholt 1241,* écrivain islandais. Il est l'auteur de l'**Edda prosaïque* et d'un vaste recueil de sagas des rois de Norvège.

SNOWDON n.m., massif de Grande-Bretagne, dans le pays de Galles, portant le point culminant de la région ; 1 085 m.

SOARES (Mário), *Lisbonne 1924,* homme politique portugais. Secrétaire général du Parti socialiste (1973 - 1986), ministre des Affaires étrangères (1974 - 1975) puis Premier ministre (1976 - 1978 et 1983 - 1985), il a été président de la République de 1986 à 1996.

Sobibór, camp d'extermination allemand au N. de Lublin (1942 - 1943), où périrent 150 000 Juifs.

SOBOUL (Albert), *Ammi Moussa, Algérie, 1914 - Nîmes 1982,* historien français. Spécialiste de la Révolution française, il a poursuivi l'étude socio-économique de la Révolution dans une optique marxiste.

SOCHAUX (25600), ch.-l. de cant. du Doubs ; 4 552 hab. (*Sochaliens*). Construction automobile. — Musée Peugeot.

social-chrétien (Parti) [PSC], parti démocrate-chrétien de Belgique. En 1968, il s'est divisé entre une branche wallonne (Parti social-chrétien ou PSC) et une branche flamande (Christelijke Volkspartij ou CVP).

social-démocrate allemand (Parti) ou **SPD,** parti politique allemand. Fondé en 1875, mis hors la loi par Hitler (1933), il se reconstitue en 1945. À l'Est, il fusionne avec le Parti communiste pour former, en 1946, le SED (Parti socialiste unifié d'Allemagne). À l'Ouest, le SPD, anticommuniste, élimine toute référence au marxisme et est au pouvoir de 1969 à 1982. Le Parti social-démocrate est-allemand renaît en 1989 et fusionne en 1990 avec son homologue de RFA. Le SPD revient au pouvoir en 1998.

social-démocrate de Russie (Parti ouvrier) ou **POSDR,** parti politique russe. Fondé en 1898, il se scinda en 1903 en mencheviques et en bolcheviques. Ceux-ci lui donnèrent en mars 1918 le nom de Parti communiste (bolchevique) de Russie.

sociale (guerre) [du lat. *bellum sociale,* guerre des Alliés (91 - 89/88 av. J.-C.)], insurrection des cités italiennes contre la domination romaine. Les peuples d'Italie, alliés (*socii*) de Rome, ne jouissaient pas du droit de cité romaine, mais supportaient les mêmes charges que les citoyens. Ils formèrent une confédération et obtinrent, malgré leur défaite, la citoyenneté romaine.

socialiste (Parti) → **PS.**

socialiste unifié (Parti) → **PSU.**

social-révolutionnaire (Parti) → **S-R.**

SOCIÉTÉ (îles de la), principal archipel de la Polynésie française (Océanie) ; 1 647 km² ; 189 524 hab. ; ch.-l. *Papeete.* On distingue les îles du Vent, avec Tahiti et Moorea, et les îles Sous-le-Vent. Plantations de cocotiers. Pêche. Tourisme. — Découvert par les Britanniques Samuel Wallis (1767) et James Cook (1769), l'archipel fut d'abord placé sous protectorat français (1843), puis annexé par la France (1880 - 1888).

Société des Nations → **SDN.**

Société générale, banque française fondée en 1864. Un des premiers établissements bancaires français, elle fut nationalisée de 1946 à 1987.

Société nationale des chemins de fer français → **SNCF.**

Société nationale d'exploitation industrielle des tabacs et allumettes → **SEITA.**

SOCIN (Lelio **Socini** ou **Sozzini,** dit en fr. Lélius), *Sienne 1525 - Zurich 1562,* réformateur italien. Il niait la divinité de Jésus-Christ et le dogme de la Trinité, les estimant contraires au monothéisme. — **Fauste S.,** en ital. Fausto **Socini,** *Sienne 1539 - près de Cracovie 1604,* réformateur italien. Neveu de Lélius, il défendit les mêmes idées que son oncle, se réfugia en Pologne et y organisa une Église antitrinitaire, celle des « Frères polonais ».

SOCOTRA ou **SOCOTORA,** île de l'océan Indien, dépendance du Yémen ; 3 580 km² ; 15 000 hab.

SOCRATE, *Alôpekê, Attique, 470 - Athènes 399 av. J.-C.,* philosophe grec. Il n'a rien écrit et n'est connu qu'à travers les œuvres de trois de ses contemporains : Aristophane, qui se moque de lui, Xénophon, qui le présente comme un moraliste simplet, et Platon, son disciple, qui a fait de lui le personnage central de ses *Dialogues.* L'image qui subsiste de Socrate est celle d'un homme qui interroge, tout en enseignant (c'est l'*ironie socratique*), qui fait découvrir à son interlocuteur ce qu'il croyait ignorer (c'est la *maïeutique,* ou art d'accoucher les esprits) et qui le fait avancer sur la voie de la vérité (c'est la *dialectique*). Dans le contexte de la guerre du Péloponnèse et des désastres d'Athènes, il fut considéré comme un opposant à la Cité : il fut condamné à boire la ciguë, sous l'accusation d'impiété envers les dieux et de corruption de la jeunesse.

SODDY (Frederick), *Eastbourne 1877 - Brighton 1956,* chimiste britannique. Ses travaux sur la radioactivité lui permirent d'expliquer le mécanisme de désintégration des atomes et de donner la loi de filiation (1902). Il découvrit, en 1903, l'isotopie. (Prix Nobel 1921.)

SÖDERTÄLJE, v. de Suède ; 81 786 hab.

SODOMA (Giovanni Antonio **Bazzi,** dit [**il**], en fr. [**le**]), *Verceil 1477 - Sienne 1549,* peintre italien. Il est l'auteur de fresques au couvent de Monte Oliveto Maggiore (succédant à Signorelli), à Rome (villa Farnésine) et à Sienne.

SODOME, anc. v. cananéenne (auj. Sedom) qui fut, avec Gomorrhe et d'autres cités du sud de la mer Morte, détruite par un cataclysme au XIXe s. av. J.-C. La Bible rapporte l'histoire légendaire de cette catastrophe, qu'elle interprète comme une punition de Dieu à l'encontre des habitants de ces villes, infidèles et immoraux.

SOEKARNO → **SUKARNO.**

SOFIA, cap. de la Bulgarie, au pied du massif de la Vitosa ; 1 183 000 hab. (*Sofiotes*). Centre administratif et industriel. — Églises et mosquées anciennes ; musées d'Archéologie, d'Art sacré, etc.

Sofres, société française de sondages et d'études de marché créée en 1963.

SOGDIANE, anc. contrée d'Asie centrale, au N. de la Bactriane, qui correspond à l'Ouzbékistan ; v. princ. *Samarkand.*

SOGNEFJORD, le plus long fjord de Norvège, au N. de Bergen ; 200 km env.

SOHAG, v. d'Égypte, ch.-l. de prov., sur le Nil ; 141 000 hab.

SOHO, quartier du centre de Londres.

soie (route de la), voie de commerce qui reliait la région des capitales chinoises (proches de l'actuelle Xi'an) à l'Europe. Ouverte au IIe s. av. J.-C., elle fut abandonnée à la fin du XIIIe s. Les caravanes empruntaient divers itinéraires à travers l'Asie centrale. — Elle a été un lieu d'échanges entre les traditions hellénistiques (Aï-Khanoum) et celles du monde bouddhique, où elle était jalonnée de monastères (Bamiyan, Taxila, Yungang, Dunhuang, etc.).

SOIGNES (forêt de), forêt de Belgique, au S.-E. de Bruxelles.

SOIGNIES, v. de Belgique, ch.-l. d'arrond. du Hainaut ; 23 793 hab. (*Sonégiens*). Collégiale romane surtout des Xe-XIe s.

Soïouz ou **Soyouz,** vaisseau spatial russe de transport d'équipage. Mis en service en 1967, il est utilisé depuis 1971 pour la desserte de stations orbitales.

Soir (le), quotidien belge de langue française fondé à Bruxelles en 1887.

SOISSONS (02200), ch.-l. d'arrond. de l'Aisne, sur l'Aisne, dans le *Soissonnais ;* 30 672 hab. (*Soissonnais*). Évêché. Constructions électriques. Caoutchouc. — Belle cathédrale des XIIe-XIIIe s. (très restaurée), anc. abbaye St-Jean-des-Vignes et au-

■ FRANS **SNIJDERS.** Composition dite *le Cellier.* (Musée de Valenciennes.)

■ **SOCRATE.** (Musée du Capitole, Rome.)

S

tres monuments ; musée. — En 486, Clovis y vainquit le Romain Syagrius, victoire qui est à l'origine de l'anecdote célèbre dite *du vase de Soissons :* Clovis ayant réclamé à un soldat, en surplus de sa part de butin, un vase pris dans une église afin de le remettre à l'évêque de Reims, le soldat brisa le vase, rappelant au roi l'égalité des guerriers dans le partage des dépouilles. L'année suivante, alors que le roi passait en revue les troupes, il fendit le crâne du soldat en disant : « Ainsi as-tu fait du vase de Soissons. » Soissons fut dévastée pendant la Première Guerre mondiale.

SOISY-SOUS-MONTMORENCY (95230), ch.-l. de cant. du Val-d'Oise ; 16 888 hab. *(Soiséens).*

SOKOLOVSKI (Vassili Danilovitch), *Kozliki 1897 - Moscou 1968,* maréchal soviétique. Commandant les forces soviétiques en Allemagne (1946 - 1949), il fut chef d'état-major général (1952 - 1960).

SOKOTO, v. du Nigeria, cap. de l'*État de Sokoto ;* 186 000 hab. Elle fut au XIXe s. le centre de l'empire peul du Sokoto, fondé par Ousmane dan Fodio à partir de 1804.

SOLAL (Martial), *Alger 1927,* musicien de jazz français. Pianiste, compositeur et chef d'orchestre, il oscille entre classicisme et modernité (*Suite en ré bémol pour quartette de jazz,* 1959). Il a également écrit des musiques de film (*À bout de souffle,* J.-L. Godard, 1960 ; *Léon Morin, prêtre,* J.-P. Melville, 1961).

SOLANA MADARIAGA (Javier), *Madrid 1942,* homme politique espagnol. Ministre des Affaires étrangères de 1992 à 1995, il est ensuite secrétaire général de l'OTAN (1995 - 1999) puis haut représentant pour la politique étrangère et de sécurité commune (PESC) de l'Union européenne (depuis 1999).

SOLARIO ou **SOLARI** (Cristoforo), sculpteur et architecte italien, actif entre 1489 et 1520. D'origine lombarde, il travailla à Venise, à la chartreuse de Pavie (tombeaux) et au dôme de Milan. — **Andrea S.,** peintre italien, actif de 1495 à 1520 env., frère de Cristoforo. Son style combine une influence vénitienne à la tradition lombarde. Il travailla en France en 1507 - 1509.

SOLDAT INCONNU (le), soldat français d'identité inconnue, tombé pendant la Première Guerre mondiale et inhumé en 1920 sous l'Arc de Triomphe, à Paris. Il symbolise le sacrifice des Français morts à la guerre.

SÖLDEN, station de sports d'hiver (alt. 1 377 - 3 040 m) d'Autriche (Tyrol).

SOLEIL, étoile autour de laquelle gravite la Terre. (V. partie n. comm.)

Soleil (autoroute du), autoroute de France, reliant Paris à Marseille par Lyon.

Soleil (Théâtre du), troupe fondée en 1964 par Ariane Mnouchkine et installée depuis 1970 à la Cartoucherie de Vincennes.

SOLENZARA (20145 Sari Solenzara), station balnéaire de la Corse-du-Sud. Au N., base aérienne.

SOLESMES (59730), ch.-l. de cant. du Nord ; 4 907 hab.

SOLESMES [sɔlɛm] (72300), comm. de la Sarthe ; 1 425 hab. Son abbaye est, depuis 1837, l'abbaye mère de la congrégation bénédictine de France. Foyer de plain-chant grégorien. Dans l'abbatiale, célèbres groupes sculptés des XVe-XVIe s.

SOLEURE, en all. **Solothurn,** v. de Suisse, ch.-l. du *cant. de Soleure,* sur l'Aar ; 15 748 hab. *(Soleurois).* Cathédrale reconstruite au XVIIIe s. en style baroque italien ; musées.

SOLEURE (canton de), canton de Suisse ; 791 km² ; 236 400 hab. *(Soleurois) ;* ch.-l. *Soleure.* Il a été admis dans la Confédération en 1481.

Solferino (bataille de) [24 juin 1859], bataille de la campagne d'Italie. Victoire des troupes franco-piémontaises commandées par Napoléon III sur les Autrichiens de François-Joseph à Solferino (Lombardie, province de Mantoue). Le caractère sanglant de ce combat fut à l'origine de la fondation de la Croix-Rouge.

Solidarność, en fr. **Solidarité,** syndicat polonais indépendant, constitué à Gdańsk en 1980. Fer de lance de l'opposition au régime communiste, Solidarność, présidé par Lech Wałęsa (de 1981 à 1990), est mis hors la loi en 1982 et, après une période de clandestinité, redevient légal en 1989. Il exerce une influence durable sur la vie politique du pays.

SOLIGNY-LA-TRAPPE → **TRAPPE** (Notre-Dame de la).

SOLIHULL, v. de Grande-Bretagne (Angleterre), près de Birmingham ; 112 000 hab.

SOLIMAN Ier le Magnifique, en turc **Süleyman Ier Kanunî** (« le Législateur »), *Trébizonde 1494 - Szigetvár, Hongrie, 1566,* sultan ottoman (1520 - 1566). Fils de Selim Ier, il prit part à de nombreuses campagnes tant en Europe (prise de Belgrade, 1521 ; conquête de la Hongrie, 1526 ; siège de Vienne, 1529) qu'en Méditerranée (conquête de Rhodes, 1522) et en Orient (prise de Bagdad et de Tabriz, 1534). Il signa en 1528 un traité commercial avec François Ier, qu'il soutint contre Charles Quint. Il fut aussi un grand législateur.

SOLIMENA (Francesco), *Canale di Serino, prov. d'Avellino, 1657 - Barra, près de Naples, 1747,* peintre italien. Il est, avec L. Giordano, l'une des principales figures du baroque napolitain (fougueuses fresques pour les églises, allégories, portraits).

SOLINGEN, v. d'Allemagne (Rhénanie-du-Nord-Westphalie) ; 166 064 hab. Coutellerie.

SOLJENITSYNE (Aleksandr Issaïevitch), *Kislovodsk 1918,* écrivain russe. Son œuvre, qui dénonce le régime de Staline et le système de pensée sur lequel il est fondé, lui vaut en 1974 d'être expulsé d'URSS (*Une journée d'Ivan Denissovitch,* 1962 ; *le Pavillon des cancéreux,* 1968 ; *l'Archipel du Goulag,* 1973 - 1976). En 1994, il revient dans son pays après des années d'exil aux États-Unis. (Prix Nobel 1970.)

SOLLERS (Philippe), *Talence 1936,* écrivain français. Animateur de **Tel quel* (1960 - 1982), il est passé de l'utilisation des techniques d'écriture d'avant-garde (*le Parc,* 1961 ; *Nombres,* 1968) à une critique brillante, marquée par l'influence de G. Debord, de la société contemporaine, falsifiée et répressive (*Femmes,* 1983 ; *Portrait du joueur,* 1984 ; *la Fête à Venise,* 1991 ; *le Secret,* 1993 ; *Studio,* 1997 ; *Passion fixe,* 2000).

SOLLIÈS-PONT (83210), ch.-l. de cant. du Var ; 10 919 hab. *(Solliès-pontois).* Village perché de *Solliès-Ville ;* monuments anciens, musées.

SOLOGNE n.f., région de France (Centre) dans la boucle de la Loire. Sableuse et argileuse, longtemps marécageuse et insalubre, la Sologne a été assainie et, partiellement, boisée. Elle est devenue surtout un terrain de chasses, à proximité relative de Paris.

SOLOMÓS (Dionýsos, comte), *Zante 1798 - Corfou 1857,* poète grec. Après avoir écrit en italien, il adopta le grec, sa langue maternelle, dès le début de la guerre d'indépendance (1821). Son *Hymne à la liberté* (1823) est devenu l'hymne national grec. Il est considéré comme l'un des premiers grands poètes de la Grèce moderne.

SOLON, *v. 640 - v. 558 av. J.-C.,* homme politique athénien. Son nom reste attaché à la réforme sociale et politique qui provoqua l'essor d'Athènes. Il divisa les citoyens en quatre classes censitaires. Les riches eurent accès aux magistratures, les pauvres purent participer aux réunions de l'ecclésia et siégèrent désormais au tribunal de l'Héliée. Solon est l'un des Sept Sages de la Grèce.

SOLOTHURN → **SOLEURE.**

SOLOW (Robert Merton), *New York 1924,* économiste américain. Théoricien néoclassique, il a étudié la relation entre croissance et progrès technique. (Prix Nobel 1987.)

SOLTI (sir Georg), *Budapest 1912 - Antibes 1997,* chef d'orchestre hongrois naturalisé britannique. D'abord assistant de Toscanini à Salzbourg, il dirigea notamm. l'orchestre de Covent Garden à Londres puis celui de Chicago. Célèbre dans le répertoire lyrique (Wagner, Strauss), puis symphonique, il s'est affirmé par la précision et la qualité dramatique de sa direction.

SOLUTRÉ, écart de la commune de Solutré-Pouilly (Saône-et-Loire). Gisement paléolithique éponyme du faciès solutréen (paléolithique supérieur). Musée de Préhistoire.

SOLVAY (Ernest), *Rebecq-Rognon 1838 - Bruxelles 1922,* industriel belge. De 1861 à 1865, il réalisa la fabrication industrielle du carbonate de sodium (« soude Solvay »). À partir de 1911, il organisa des conseils scientifiques internationaux auxquels participèrent les plus grands physiciens et chimistes de l'époque.

SOMAIN (59490), comm. du Nord, à l'E. de Douai ; 12 129 hab. Gare de triage. Industrie automobile.

SOMALI, ensemble de peuples de Somalie et des régions orientales de Djibouti, de l'Éthiopie et du Kenya (env. 18 millions), de langue couchitique.

SOMALIE n.f., État d'Afrique, sur l'océan Indien ; 638 000 km² ; 9 500 000 hab. *(Somaliens).* **CAP.** *Muqdisho* (Mogadiscio). **LANGUES :** *somali* et *arabe.* **MONNAIE :** *shilling somalien.*

GÉOGRAPHIE

L'élevage nomade était la ressource essentielle de ce pays, en majeure partie aride. Seul le Sud, à une latitude équatoriale, possédait quelques cultures (canne à sucre, coton, banane), souvent irriguées. La sécheresse et surtout la guerre civile ont ruiné l'économie, provoqué des déplacements de populations, des famines et conduit à la désintégration de l'État.

HISTOIRE

La région est occupée par des populations nomades et pastorales, qui ont laissé des peintures rupestres. **Fin du IIIe millénaire - IIe millénaire :** ce premier peuplement est repoussé vers le sud par le dessèchement de la région. **IXe - XIIe s. apr. J.-C. :** des commerçants musulmans, puis des pasteurs, les Somali, repeuplent le pays, à partir des côtes. **XVe - XVIe s. :** les royaumes musulmans combattent l'Éthiopie chrétienne. **XIXe s. :** l'Égypte, la Grande-Bretagne, l'Italie se disputent la région. Finalement sont constituées la Somalie britannique (Somaliland, 1887) et la Somalie italienne (Somalia, 1905). **1925 :** la Somalie italienne s'accroît du Trans-Djouba et de Kismayou, cédés par les Britanniques. **1936 :** avec l'Éthiopie et l'Érythrée, la Somalie est incluse dans l'Afrique-Orientale italienne. **1940 :** la Grande-Bretagne doit évacuer

■ **SOLIMAN Ier LE MAGNIFIQUE.**
(Bibliothèque Millet, Istanbul.)

■ ALEKSANDR **SOLJENITSYNE**

le Somaliland. **1941 :** elle reconquiert l'ensemble du pays. **1950 :** après neuf ans d'administration britannique, l'Italie reçoit de l'ONU, pour dix ans, la tutelle sur son ancienne colonie (hormis l'Ogaden, restitué à l'Éthiopie). **1960 :** la république indépendante est proclamée ; son premier président est Aden Osman. Formé des anciens Somaliland et Somalia, le nouvel État exprime aussitôt des prétentions sur l'Ogaden. **1969 :** le général Siyad Barre s'empare du pouvoir et instaure un régime dictatorial. **1977 - 1978 :** un conflit oppose l'Éthiopie (soutenue par l'URSS) et la Somalie à propos de l'Ogaden, que l'armée somalienne doit évacuer. **1988 :** un accord de paix intervient entre la Somalie et l'Éthiopie. **1991 :** le général Siyad Barre est renversé. Le pays est déchiré par la guerre civile et ravagé par la famine. Une république indépendante (Somaliland) est proclamée dans le nord du pays. **1992 :** une force militaire internationale, à prépondérance américaine, intervient, sous l'égide de l'ONU, pour assurer la distribution de l'aide alimentaire. **1993 - 1994 :** les forces de l'ONU qui prennent le relais de cette opération ne parviennent pas à désarmer les milices. La famine est cependant jugulée. Les forces américaines et européennes se désengagent. **1995 :** la mission de l'ONU prend fin sans que la paix civile ait été rétablie.

SOMALIE (courant de), courant marin chaud de l'océan Indien. Il se dirige, en hiver, du N.-E. vers le S.-O. le long des côtes de la Somalie.

SOMALIS (Côte française des) ⟶ **DJIBOUTI** (république de).

SOMBART (Werner), *Ermsleben, Halle, 1863 - Berlin 1941,* économiste, sociologue et historien allemand. Auteur d'importants travaux sur le développement du capitalisme (*le Socialisme et le mouvement social au XIXe siècle,* 1896), il évolua vers un socialisme national proche du national-socialisme.

SOMERS ou **SOMMERS** (John, baron), *près de Worcester 1651 - Londres 1716,* homme politique anglais. Un des chefs whigs, il devint conseiller personnel de Guillaume III et fut lord-chancelier (1697 - 1700) puis président du Conseil privé (1708 - 1710).

SOMERSET, comté de Grande-Bretagne, dans le sud-ouest de l'Angleterre ; 459 000 hab. ; ch.-l. *Taunton.*

SOMEȘ n.m., en hongr. **Szamos,** riv. de Roumanie et de Hongrie, affl. de la Tisza (r. g.) ; 411 km.

SOMME n.f., fl. de France, en Picardie, qui se jette dans la Manche *(baie de Somme) ;* 245 km. Elle passe à Saint-Quentin, Péronne, Amiens, Abbeville. — Théâtre, de juill. à nov. 1916, d'une offensive franco-britannique victorieuse qui soulagea le front de Verdun.

SOMME n.f. (80), dép. de la Région Picardie ; ch.-l. de dép. *Amiens ;* ch.-l. d'arrond. *Abbeville, Montdidier, Péronne ;* 4 arrond. ; 46 cant. ; 783 comm. ; 6 170 km^2 ; 555 551 hab. Le dép. appartient à l'académie et à la cour d'appel d'Amiens, à la zone de défense Nord. En arrière du littoral, jalonné de petits ports et de stations balnéaires et bordé par des régions basses, où domine l'élevage, le département s'étend sur la plaine crayeuse, recouverte de limon, de la Picardie. Celle-ci porte des cultures céréalières, betteravières et fourragères (associées à l'élevage bovin) ; elle est entaillée par la vallée humide de la Somme. L'industrie, en dehors des usines alimentaires disséminées, est surtout présente dans le Vimeu (petite métallurgie) et dans l'agglomération d'Amiens (qui concentre près du tiers de la population du département).

SOMMERFELD (Arnold), *Königsberg 1868 - Munich 1951,* physicien allemand. Il a appliqué à l'atome, dès 1915, la mécanique relativiste conjointement à la théorie des quanta, expliquant ainsi la « structure fine » des raies spectrales. Il proposa un modèle d'atome avec des orbites elliptiques.

Somme théologique, en lat. **Summa theologiae,** principal ouvrage de saint Thomas d'Aquin (v. 1266 - v. 1273). L'auteur, empruntant la méthode scolastique de la discussion, y expose l'ensemble des questions concernant la foi chrétienne.

SOMMIÈRES (30250), ch.-l. de cant. du Gard ; 3 732 hab. *(Sommiérois).* Anc. place forte ; pont d'origine romaine ; demeures des XVIIe et XVIIIe s.

SOMOSIERRA (col de), passage de la sierra de Guadarrama (Espagne), reliant les deux Castilles ; 1 430 m.

SOMPORT (col du) ou **COL DE SOMPORT,** col routier de France (Pyrénées-Atlantiques), entre la vallée de l'Aragón et la vallée d'Aspe ; 1 632 m.

SONDE (archipel de la), îles d'Indonésie, prolongeant la presqu'île de Malacca jusqu'aux Moluques. Aux îles principales, Sumatra et Java, séparées par le *détroit de la Sonde,* font suite les petites *îles de la Sonde* (Bali, Timor, etc.).

Sonderbund n.m., ligue formée en 1845 par les sept cantons suisses catholiques pour défendre leurs droits sur leurs territoires. Elle fut dissoute après l'intervention de l'armée fédérale commandée par le général Dufour (1847).

SONG, dynastie qui régna sur la Chine de 960 à 1279. Constamment menacée par les populations du Nord et du Nord-Est, elle se réfugia dans le Sud en 1127. Elle fut éliminée par les Mongols.

songe de Poliphile (Discours du), ouvrage de l'humaniste Francesco **Colonna** (1433 - 1527), publié en 1499 par Alde Manuce. Illustré de gravures sur bois, il constitue un bilan esthétique de la Renaissance.

Songe du vergier (le), ouvrage anonyme français, parfois attribué à Évrard de Trémaugnon (v. 1378), qui traite des rapports des pouvoirs spirituel et temporel. Après une dispute imaginaire, un chevalier, défenseur des droits de la Couronne, l'emporte sur un clerc dévoué au pape.

SONGHAÏ ou **SONRHAÏ,** peuple du Mali et du Niger (env. 700 000). Les Songhaï fondèrent l'empire qui porte leur nom. Ils sont islamisés, et parlent une langue nilo-saharienne.

S

SONGHAÏ (Empire), empire africain qui, lors de son apogée (XVIe s.), s'étendait du Sénégal à la boucle du Niger. Il disparut après l'occupation marocaine (1591). Ses souverains les plus illustres furent Sonni Ali (1464 - 1492) et Askia Mohammed (1492 - 1528).

SÔNG HÔNG → **ROUGE** (fleuve).

SONGNAM, v. de la Corée du Sud, au S.-E. de Séoul ; 540 764 hab.

SONGYE, peuple du centre de la Rép. dém. du Congo (ex-Zaïre), de langue bantoue.

SONINKÉ, SARAKOLÉ ou **MARKA,** peuple du Mali, du Sénégal et de Mauritanie. Fondateurs de l'empire du *Ghana, ils se sont disséminés après la destruction de celui-ci. Agriculteurs et commerçants, ils pratiquent une forte et traditionnelle émigration vers les grandes villes africaines et vers la France. Islamisés, ils parlent le *soninké,* ou *soningokan,* de la famille mandé.

SONNINI DE MANONCOURT (Charles), *Lunéville 1751 - Paris 1812,* naturaliste français. Il est l'auteur des volumes sur les poissons et les cétacés de l'*Histoire naturelle* de Buffon (continuée par Lacepède) et d'une *Histoire naturelle des reptiles.*

Sony Corporation, société japonaise, dont les origines remontent à 1946. Ses activités concernent la télévision, la vidéo, l'électroacoustique, la Bureautique, les composants électroniques, le disque et le cinéma.

S

Sophia-Antipolis (nom déposé), complexe culturel et scientifique des Alpes-Maritimes, sur le plateau de *Valbonne.

SOPHIE ALEKSEÏEVNA, *Moscou 1657 - id. 1704,* princesse russe de la dynastie des Romanov, régente de Russie (1682 - 1689). Fille du tsar Alexis, elle se fit confier la régence de son frère Ivan V (1682), puis fut écartée du pouvoir par son demi-frère Pierre le Grand (1689).

SOPHOCLE, *Colone v. 495 - Athènes 406 av. J.-C.,* poète tragique grec. Il ne reste de lui que sept tragédies *(Ajax, Antigone, Œdipe roi, Électre, les Trachiniennes, Philoctète, Œdipe à Colone)* et un fragment d'un drame satyrique *(les Limiers).* Il renouvela la forme de la tragédie : il ajouta un troisième acteur et porta de douze à quinze le nombre des choreutes. Il substitua à la trilogie liée (trois épisodes du même mythe) la trilogie libre (chaque drame est autonome). Il modifia le sens du tragique, en faisant de l'évolution du héros et de son caractère une part essentielle de la manifestation du destin et de la volonté des dieux.

SOPHONISBE, *Carthage 235 - 203 av. J.-C.,* reine de Numidie. Épouse de Masinissa, elle s'empoisonna pour ne pas être livrée aux Romains. Son histoire a notamm. inspiré une tragédie à Trissino (v. 1515), à Mairet (1634), à Corneille (1663).

SOPOT, v. de Pologne, près de Gdańsk ; 45 800 hab. Station balnéaire.

SOPRON, v. de Hongrie, à la frontière autrichienne ; 55 083 hab. Monuments et maisons de l'époque gothique au baroque.

SORABES, peuple slave vivant en Allemagne orientale (Lusace) [env. 180 000]. Tombés au Xe s. sous la domination des Allemands, qui les appelaient *Wendes,* christianisés et réduits au servage, ils furent longtemps persécutés avant de se voir reconnaître (après la Seconde Guerre mondiale) leur autonomie culturelle et linguistique.

SORBON (Robert **de**), *Sorbon, près de Rethel, 1201 - Paris 1274,* théologien français. Chanoine de Paris (1258), maître de théologie et clerc de Saint Louis, il fonda le collège qui devint la Sorbonne (1253 - 1257).

Sorbonne (la), établissement public d'enseignement supérieur, à Paris (entre le Panthéon et la place Saint-Michel), auj. partagé entre plusieurs universités. Elle a pris le nom de son fondateur, Robert de Sorbon, qui avait voulu créer une école de théologie pour les écoliers pauvres (1257). Dès 1554, la Sorbonne devint le lieu des délibérations générales de la faculté de théologie, que l'on appela dès lors « Sorbonne ». Hostile aux jésuites au XVIe s., elle condamna les jansénistes au XVIIe s. Elle intervenait en tant que tribunal ecclésiastique de la censure. — La Sorbonne fut rebâtie par Richelieu sur plans de Lemercier ; la chapelle, édifiée de 1635 à 1653, abrite le tombeau du cardinal par Girardon (1694). Les bâtiments des facultés ont été reconstruits, de 1885 à 1901, par l'architecte Paul Nénot.

SOREL, v. du Canada (Québec), sur le Saint-Laurent ; 24 964 hab. *(Sorelois).*

SOREL (Agnès), *Fromenteau, Touraine, ou Froidmantel, Somme, v. 1422 - Anneville, Normandie, 1450,* favorite de Charles VII. Surnommée la Dame de Beauté (du nom de la seigneurie de Beauté-sur-Marne, que lui avait donnée le roi), elle fut la première maîtresse officielle d'un roi de France.

SOREL (Albert), *Honfleur 1842 - Paris 1906,* historien français. Spécialiste d'histoire diplomatique, il est l'auteur, notamm., de *l'Europe et la Révolution française* (1885 - 1904). [Acad. fr.]

SOREL (Charles), sieur **de Souvigny,** *Paris v. 1582 - id. 1674,* écrivain français. Il est l'auteur de *la Vraie Histoire comique de Francion* (1622), qui mêle le réalisme pittoresque à la liberté morale, et d'une parodie de roman pastoral *(le Berger extravagant).*

SOREL (Georges), *Cherbourg 1847 - Boulogne-sur-Seine 1922,* théoricien politique français. Marqué notamm. par Proudhon, il s'est fait le promoteur du syndicalisme révolutionnaire et l'apôtre, contre la décadence bourgeoise et démocratique, d'une violence prolétarienne devant mener à la grève générale (*Réflexions sur la violence,* 1908). Le fascisme italien a emprunté certains de ses thèmes.

Sorel (Julien), personnage principal du roman de Stendhal *le Rouge et le Noir* (1830). D'origine modeste, il lutte contre sa sentimentalité naturelle en s'obligeant à l'ambition et à l'énergie.

SØRENSEN (Søren), *Havrebjerg 1868 - Copenhague 1939,* chimiste danois. Auteur de travaux sur la théorie des ions, il a défini, en 1909, le pH (indice d'acidité) et a étudié la synthèse des acides aminés.

SORGUE DE VAUCLUSE n.f., riv. de France, qui sort de la *fontaine de Vaucluse,* affl. de l'Ouvèze (r. g.) ; 36 km.

SORGUES (84700), comm. de Vaucluse ; 17 681 hab. *(Sorguais).* Poudrerie.

SORIA, v. d'Espagne (Castille-León), ch.-l. de prov., sur le Douro ; 32 360 hab. Églises romanes ; musée de Numance.

SORLINGUES (îles) → **SCILLY** (îles).

SOROCABA, v. du Brésil (État de São Paulo) ; 377 270 hab.

SOROKIN (Pitirim), *Touria, près de Syktyvkar, 1889 - Winchester, Massachusetts, 1968,* sociologue américain d'origine russe. Il est l'initiateur des études sur le changement social (*la Dynamique sociale et culturelle,* 1937).

SORRENTE, en ital. **Sorrento,** v. d'Italie (Campanie), sur le golfe de Naples ; 17 015 hab. Célèbre par la beauté de son site. Tourisme. — Musée dans un palais du XVIIIe s.

SOSEKI → **NATSUME SOSEKI.**

Sosie, esclave d'Amphitryon dans la comédie *Amphitryon* de Plaute. Mercure réussit à faire douter Sosie, dont il a pris les traits, de sa propre identité. Le personnage de Sosie est repris par Molière (*Amphitryon,* 1668).

SOSNOWIEC, v. de Pologne, en haute Silésie ; 259 000 hab.

SOSPEL (06380), ch.-l. de cant. des Alpes-Maritimes ; 2 937 hab. Pont médiéval, vieilles maisons, église classique.

SOTATSU, *Kyoto 1re moitié du XVIIe s.,* peintre japonais. Une inspiration puisée dans la tradition de l'époque Heian, le sens de la couleur et du décor font de lui le précurseur de Korin et de l'art décoratif des Tokugawa.

SOTCHI, v. de Russie, sur la mer Noire ; 344 000 hab. Centre touristique.

Sotheby and Co. ou **Sotheby's,** la plus importante entreprise mondiale de vente aux enchères, fondée à Londres en 1733. Spécialisée dans les œuvres d'art, elle est auj. sous contrôle américain.

SOTHO, ensemble de peuples de langue bantoue répartis entre le Lesotho, l'est de l'Afrique du Sud, le sud du Zimbabwe et l'est du Botswana.

SOTO (Hernando **de**), *Barcarrota 1500 - sur les rives du Mississippi 1542,* conquistador espagnol. Compagnon de Pizarro, il explora à partir de 1539 la Floride, puis la région du Mississippi.

SOTTEVILLE-LÈS-ROUEN (76300), ch.-l. de cant. de la Seine-Maritime, sur la Seine ; 30 124 hab. *(Sottevillais).* Gare de triage.

SOTTSASS (Ettore), *Innsbruck 1917,* designer italien. Parti du design industriel, il s'est tourné vers le style Arts déco ainsi que vers les formes ludiques et gratuites, devenant un des maîtres du « nouveau design ».

SOUABE n.f., en all. **Schwaben,** région historique d'Allemagne, à cheval sur l'O. de la Bavière et le Bade-Wurtemberg. Le duché, créé au début du Xe s., fut acquis par les Hohenstaufen (1079). Après l'extinction de cette famille (1268), l'anarchie s'installa. La Grande Ligue souabe, constituée en 1488 avec le soutien des Habsbourg, fut disloquée en 1534. L'ancien duché fut démantelé aux traités de Westphalie (1648).

SOUABE-FRANCONIE (bassin de), bassin sédimentaire d'Allemagne (englobant le *Jura souabe et franconien), au N. du Danube, entre la Forêt-Noire et le massif de Bohême.

SOUBISE (Charles **de Rohan,** prince **de**), *Versailles 1715 - Paris 1787,* maréchal de France. Ami de Louis XV et protégé de la marquise de Pompadour puis de Mme Du Barry, il contribua à la victoire de Fontenoy (1745), mais fut vaincu à Rossbach par Frédéric II (1757).

Soubise (hôtel de), demeure parisienne, dans le Marais, auj. occupé par les Archives nationales et par le musée de l'Histoire de France. François de Rohan, prince de Soubise, le fit construire par Pierre Alexis Delamair, puis par Boffrand (1705 - 1745, beaux décors intérieurs).

SOUDAN, nom donné autrefois à la zone climatique de l'Afrique boréale, intermédiaire entre le Sahel et la zone équatoriale. Cette zone se caractérise par le passage, du N. au S., de la steppe à la savane, résultant de l'allongement de la saison des pluies (été).

SOUDAN n.m., en ar. **al-Sūdān,** État fédéral d'Afrique, sur la mer Rouge ; 2 506 000 km² ; 27 400 000 hab. *(Soudanais).* CAP. *Khartoum.* LANGUE : *arabe.* MONNAIE : *dinar soudanais.*

GÉOGRAPHIE

Le pays, le plus vaste d'Afrique, compte plus de 500 ethnies partagées entre des populations blanches, islamisées et arabophones, dans le Nord, et des populations noires, animistes ou chrétiennes, sans unité linguistique, dans le Sud. Cette diversité entraîne de graves tensions internes. L'irrigation (à partir du Nil et du Nil Bleu) a permis le développement de cultures (coton et sorgho notamm., puis arachide et canne à sucre), dans le Centre, alors que le Nord, désertique, est voué à l'élevage nomade. L'industrie est inexistante et le pays est lourdement endetté. Près des trois quarts de la population adulte sont analphabètes.

HISTOIRE

Antiquité : l'histoire du Soudan se confond avec celle de la *Nubie, qui en couvre la partie septentrionale. **V. 350 apr. J.-C. :** Méroé, capitale de la Nubie depuis le VIe s. av. J.-C. environ, est détruite par les Éthiopiens. **VIIe - XIVe s. :** converti au christianisme, le pays paie tribut aux Arabes, établis en Égypte depuis le VIIe s. **XVIe - XIXe s. :** des sultanats se constituent (celui des Fung, notamm.) ; de vastes zones sont dépeuplées par la traite. **1820 - 1840 :** Méhémet-Ali, vice-roi d'Égypte, conquiert la région. **1883 :** la Grande-Bretagne, qui a occupé l'Égypte en 1882, doit affronter l'insurrection du Mahdi, dont Kitchener écrase finalement les troupes à Omdurman (1898), avant d'obliger les Français de la colonne Marchand à se retirer de la ville de Fachoda. **1899 :** le Soudan devient condominium anglo-égyptien. **1956 :** la république indépendante du Soudan est proclamée. **1958 - 1969 :** des gouvernements militaires et civils se succèdent. **1969 :** Djafar al-Nimayri dirige un coup d'État militaire et met en place un régime d'inspiration socialiste. **1972 :** un accord est signé avec la rébellion sudiste, active depuis l'indépendance. **1977 :** un accord de réconciliation nationale permet le retour au Soudan des leaders de l'opposition islamique en exil. **1983 :** les combats reprennent dans le Sud après l'adoption de lois inspirées par la charia. **1985 :** une insurrection populaire renverse le régime de Nimayri. **1986 :** un gouvernement civil est formé, dirigé par Sadiq al-Mahdi. **1989 :** les militaires reprennent le pouvoir, sous la conduite du général Umar Hasan al-Bachir, et instaurent un régime autoritaire à tendance islamiste. **À partir de 1992 :** l'armée ne parvient pas à réduire la rébellion sudiste, dirigée par le colonel John Garang. Les populations du Sud sont durement touchées par la famine. **1996 :** le général al-Bachir est confirmé à la tête de l'État par une élection présidentielle (réélu en 2000).

SOUDAN FRANÇAIS, nom porté par le Mali de 1920 à 1958, avant son indépendance.

SOUFFLENHEIM (67620), comm. du Bas-Rhin ; 4 435 hab. Poterie et céramique.

SOUFFLOT (Germain), *Irancy, près d'Auxerre, 1713 - Paris 1780,* architecte français. Il a contribué à l'embellissement de Lyon (hôtel-Dieu), a rempli diverses charges officielles et a construit le *Panthéon à Paris, un des premiers monuments néoclassiques.

SOUFRIÈRE (la), volcan actif de la Guadeloupe ; 1 467 m.

Souge (camp de), camp militaire à l'ouest de Bordeaux.

SOUILLAC (46200), ch.-l. de cant. du Lot ; 4 430 hab. *(Souillagais).* Église romane, anc. abbatiale (sculptures, dont le célèbre relief d'*Isaïe* et le trumeau aux animaux enchevêtrés).

SOUILLY (55220), ch.-l. de cant. de la Meuse ; 281 hab. Quartier général de Pétain pendant la bataille de Verdun (1916).

SOUK AHRAS, v. d'Algérie, à proximité de la frontière tunisienne ; 83 000 hab.

SOUKHOUMI, v. de Géorgie, ch.-l. de l'Abkhazie, sur la mer Noire ; 121 000 hab.

SOULAC-SUR-MER (33780), comm. de la Gironde ; 2 819 hab. Station balnéaire.

SOULAGES (Pierre), *Rodez 1919,* peintre et graveur français. Des balafres immenses, associant le noir et la couleur, ont longtemps échafaudé le puissant clair-obscur de ses toiles. Depuis 1979, il élabore des monochromes noirs striés, accrochant la lumière, d'une composition rigoureuse. Il a également conçu (1987 - 1994) les vitraux de l'abbaye Ste-Foy de Conques.

SOULE (pays de), anc. prov. du Pays basque. La capitale était Mauléon (auj. Mauléon-Licharre, Pyrénées-Atlantiques).

SOULOUQUE (Faustin), *Petit-Goâve 1782 - id. 1867,* empereur d'Haïti (1849 - 1859). Il régna sous le nom de Faustin Ier. Son despotisme provoqua sa chute.

SOULT (Jean de Dieu Nicolas), duc **de Dalmatie,** *Saint-Amans-la-Bastide, auj. Saint-Amans-Soult, Tarn, 1769 - id. 1851,* maréchal de France. Il prit part aux guerres de la Révolution, puis s'illustra à Austerlitz (1805) et commanda en Espagne (1808 - 1811 et 1814). Rallié à Louis XVIII en 1814, il devint ministre de la Guerre, mais combattit aux côtés de l'Empereur pendant les Cent-Jours. Banni en 1816, il fut sous Louis-Philippe ministre de la Guerre (1830 - 1832), puis plusieurs fois président du Conseil. En 1847, il reçut le titre exceptionnel de maréchal général de France.

SOULTZ-HAUT-RHIN [sults-] (68360), ch.-l. de cant. du Haut-Rhin ; 6 728 hab. Église surtout des XIVe-XVe s. et autres témoignages du passé.

SOULTZ-SOUS-FORÊTS (67250), ch.-l. de cant. du Bas-Rhin ; 2 540 hab. Constructions mécaniques. — Église au chœur du XVe s.

SOUMAGNE, comm. de Belgique (prov. de Liège), à l'E. de Liège ; 13 651 hab. Église et château surtout du XVIIe s.

SOUMAROKOV (Aleksandr Petrovitch), *Saint-Pétersbourg 1717 - Moscou 1777,* auteur dramatique russe. Il écrivit des tragédies inspirées des classiques français (*Khorev,* 1749) et dirigea le premier théâtre russe.

SOUMGAIT, v. d'Azerbaïdjan, sur la Caspienne ; 236 200 hab. Centre industriel.

SOUMMAM n.f., nom du cours inférieur de l'oued Sahel (ou Sahel-Soummam), en Algérie.

SOUMY, v. du nord de l'Ukraine ; 301 000 hab.

SOUNDANAIS ou **SUNDANAIS,** peuple d'Indonésie (principalement ouest de Java) [env. 28 millions]. Proches des Javanais par leur culture et leur langue, ils s'en distinguent notamm. par l'expression artistique et l'architecture. Ils sont pour la plupart musulmans.

SOUNGARI n.m., en chin. **Songhua Jiang,** riv. de la Chine du Nord-Est, affl. de l'Amour (r. dr.) ; 1 800 km.

SOUNION ou **COLONNE** (cap), promontoire de l'extrémité sud-est de l'Attique (Grèce). Ruines monumentales du temple de Poséidon (milieu du Ve s. av. J.-C.).

SOUPAULT (Philippe), *Chaville 1897 - Paris 1990,* écrivain français. Poète et auteur de récits, il a participé à l'implantation du mouvement dada en France, puis à la naissance du surréalisme, à travers notamm. la première tentative d'écriture automatique (*les Champs magnétiques,* en collab. avec A. Breton, 1920).

SOUPHANOUVONG (prince), *Luang Prabang 1909 - Vientiane 1995,* homme politique laotien. Fondateur du Pathet Lao (1950), il fut président de la République populaire démocratique du Laos, de l'abolition de la monarchie (1975) à 1986.

SOURDEVAL (50150), ch.-l. de cant. de la Manche ; 3 104 hab.

SOURDIS (François **d'Escoubleau,** cardinal **de**), *1575 - Bordeaux 1628,* prélat français. Archevêque de Bordeaux, il fit appliquer dans son diocèse les réformes du concile de Trente. — **Henri d'Escoubleau de S.,** *1593 - Auteuil, Yvelines, 1645,* prélat français. Frère de François, il lui succéda à l'archevêché de Bordeaux, et surtout, se distingua lors de nombreuses batailles.

SOURGOUT, v. de Russie, en Sibérie occidentale ; 261 100 hab. Centre pétrolier.

SOUS (oued), fl. du Maroc méridional, qui draine la *plaine du Sous ;* 180 km.

SOUS-LE-VENT (îles), chapelet d'îles des Antilles, s'étendant le long de la côte du Venezuela et comprenant Curaçao, Aruba, Bonaire et Nueva Esparta. — îles **Sous-le-Vent,** en angl. **Leeward Islands,** nom donné par les Britanniques à la partie septentrionale des îles du *Vent (Antigua, Montserrat, îles Vierges).

SOUS-LE-VENT (îles), partie nord-ouest de l'archipel de la Société (Polynésie française), au N. de Tahiti, comprenant les îles Bora Bora, Huahine, Maupiti, Raïatea et Tahaa.

SOUSSE, en ar. **Sūsa,** v. de Tunisie, sur le golfe de Hammamet ; 83 500 hab. Port. Tourisme. — Un des plus anciens monuments islamiques, le *ribat* (couvent fortifié), y fut fondé au VIIIe s.

SOUSTELLE (Jacques), *Montpellier 1912 - Neuilly-sur-Seine 1990,* homme politique et ethnologue français. Rallié à la France libre en 1940, gouverneur général de l'Algérie (janv. 1955 - févr. 1956), partisan de l'Algérie française, il s'opposa ensuite à de Gaulle et s'exila (1961 - 1968). Spécialiste de l'Amérique précolombienne, il est notamm. l'auteur de *la Vie quotidienne des Aztèques* (1955).

SOUSTONS (40140), ch.-l. de cant. des Landes, près de l'*étang de Soustons ;* 5 872 hab.

SOUTERRAINE (La) [23300], ch.-l. de cant. de la Creuse ; 5 587 hab. *(Sostraniens).* Métallurgie. — Église des XIIe-XIIIe s.

SOUTHAMPTON, v. de Grande-Bretagne (Angleterre), sur la Manche ; 194 400 hab. Port de commerce et de voyageurs. Centre industriel.

SOUTH BEND, v. des États-Unis (Indiana) ; 105 511 hab.

SOUTHEND-ON-SEA, station balnéaire de Grande-Bretagne (Angleterre), à l'embouchure de la Tamise ; 153 700 hab. Musées.

SOUTHEY (Robert), *Bristol 1774 - Keswick 1843,* écrivain britannique, auteur de poèmes lyriques et épiques *(Jeanne d'Arc ; Roderick, le dernier des Goths)* et de biographies *(Vie de Nelson).*

SOUTHPORT, station balnéaire de Grande-Bretagne (Angleterre), sur la mer d'Irlande ; 90 000 hab.

S

SOUTH SHIELDS, v. de Grande-Bretagne (Angleterre), sur l'estuaire de la Tyne ; 101 000 hab. Port, station balnéaire et centre industriel.

South West Africa People's Organization → **SWAPO.**

SOUTINE (Chaïm), *Smilovitchi, près de Minsk, 1893 - Paris 1943,* peintre français d'origine lituanienne. Il a pratiqué, non sans raffinement de palette, un expressionnisme virulent.

SOUVANNA PHOUMA (prince), *Luang Prabang 1901 - Vientiane 1984,* homme politique laotien. Plusieurs fois Premier ministre à partir de 1951, il mena une politique neutraliste. Après le cessez-le-feu (1973), il dirigea un gouvernement provisoire d'union nationale, puis fut renversé en 1975.

SOUVIGNY (03210), ch.-l. de cant. de l'Allier ; 2 002 hab. Église clunisienne des XIe-XIIe et XVe s. (tombeaux des premiers ducs de Bourbon ; chapiteaux ; grand orgue) ; Musée lapidaire.

SOUVOROV (Aleksandr Vassilievitch, prince), *Moscou 1729 ou 1730 - Saint-Pétersbourg 1800,* général russe. Plusieurs fois vainqueur des Turcs (1787 - 1789), il réprima l'insurrection polonaise (1794). Il lutta ensuite avec succès contre les Français en Italie, mais fut arrêté par Masséna à Zurich (1799).

SOUZDAL, v. de Russie, au N.-E. de Moscou ; 10 000 hab. Un des foyers de civilisation de la *principauté de Vladimir-Souzdal ;* ville-musée aux multiples églises et monastères des XIIe-XVIIIe s.

SOWETO, banlieue de Johannesburg (Afrique du Sud) ; env. 2 000 000 hab. Soweto compte une grande majorité de Noirs. – De graves émeutes s'y produisirent en 1976.

SOYAUX (16800), ch.-l. de cant. de la Charente ; 10 762 hab. *(Sojaldiciens).*

SOYINKA (Wole), *Abeokuta 1934,* écrivain nigérian d'expression anglaise. Son théâtre, ses poèmes, ses romans et son autobiographie *(Aké, les années d'enfance,* 1981 ; *Ibadan, les années pagaille,* 1994) composent une satire de l'Afrique décolonisée et évoquent la disparition de la culture ancestrale. (Prix Nobel 1986.)

SPA, comm. de Belgique (prov. de Liège), dans l'Ardenne ; 10 140 hab. *(Spadois).* Station thermale. Tourisme. – Au S.-E., circuit automobile de *Spa-Francorchamps.* – Musée.

SPA (Société protectrice des animaux), association française fondée en 1845, qui a pour but d'apporter assistance aux animaux trouvés, abandonnés ou maltraités.

SPAAK (Paul Henri), *Schaerbeek 1899 - Bruxelles 1972,* homme politique belge. Député socialiste, il fut plusieurs fois ministre des Affaires étrangères et Premier ministre entre 1936 et 1949. Président de l'Assemblée consultative du Conseil de l'Europe (1949 - 1951) puis de celle de la CECA (1952 - 1954), secrétaire général de l'OTAN (1957 - 1961), il fut vice-Premier ministre (1961 - 1965) du gouvernement de Théo Lefèvre, et ministre des Affaires étrangères (1961 - 1966).

Spacelab, laboratoire spatial européen modulaire conçu pour fonctionner dans la soute de la navette spatiale américaine et utilisé de 1983 à 1998.

SPALATO → **SPLIT.**

SPALLANZANI (Lazzaro), *Scandiano 1729 - Pavie 1799,* biologiste italien. Il étudia la circulation du sang, la digestion, la fécondation et les animaux microscopiques.

SPANDAU, quartier de Berlin, sur la Spree. Lieu de détention (jusqu'à la mort de R. Hess, en 1987) des criminels de guerre allemands condamnés en 1946 au procès de Nuremberg.

SPANISH TOWN, v. de la Jamaïque, à l'O. de Kingston ; 92 000 hab. Cathédrale du XVIIIe s.

SPARTACUS, *m. en Lucanie en 71 av. J.-C.,* chef des esclaves révoltés contre Rome. Il mena le plus grand soulèvement d'esclaves de l'Antiquité et tint en échec l'armée romaine pendant deux ans (73 - 71) ; il fut vaincu et tué par Crassus.

SPARTE ou **LACÉDÉMONE,** v. de la Grèce ancienne dans le Péloponnèse, sur l'Eurotas. Organisée au IXe s. av. J.-C. en un État oligarchique et militaire, fondé sur la distinction entre les citoyens « égaux » *(homoioi),* les *ilotes* et les *périèques,* elle pratiqua jusqu'au VIe s. av. J.-C. une politique d'expansion, qui fit d'elle une puissante cité. Au Ve s. av. J.-C., elle vainquit Athènes lors de la guerre du Péloponnèse (431 - 404 av. J.-C.). Sa puissance lui fut ravie par Thèbes (bataille de Leuctres, 371 av. J.-C.). L'expansion de la Macédoine mit fin à son rôle politique. Intégrée à l'Empire romain en 146 av. J.-C., Sparte fut détruite par les Wisigoths au IVe s. de notre ère.

SPD → **social-démocrate allemand** (Parti).

SPEARMAN (Charles), *Londres 1863 - id. 1945,* psychologue britannique. Ses travaux sont à l'origine du développement des méthodes d'analyse factorielle en psychologie.

Spectator (The), périodique britannique, publié par Addison et Steele de 1711 à 1714. C'était un tableau des mœurs de la société anglaise.

SPEER (Albert), *Mannheim 1905 - Londres 1981,* architecte et homme politique allemand. Inspecteur général des bâtiments de Berlin (1937), ministre de l'Armement (1942), il fut condamné à vingt ans de prison à Nuremberg.

SPEKE (John Hanning), *Bideford 1827 - près de Corsham 1864,* voyageur britannique. Parti avec Burton (1855), il explora le centre de l'Afrique, où il découvrit le lac qu'il nomma Victoria.

SPEMANN (Hans), *Stuttgart 1869 - Fribourg-en-Brisgau 1941,* biologiste allemand. Précurseur de l'embryologie évolutive, il reçut le prix Nobel en 1935 pour ses recherches sur les mécanismes de l'évolution des êtres vivants.

SPENCER (Herbert), *Derby 1820 - Brighton 1903,* philosophe britannique. Il caractérise l'évolution par le passage de l'homogène à l'hétérogène, appliquant à la psychologie et à la sociologie les mêmes principes d'explication *(Premiers Principes,* 1862).

SPENGLER (Oswald), *Blankenburg, Harz, 1880 - Munich 1936,* philosophe allemand. Critiquant le mythe du progrès, il assimila les civilisations à des êtres vivants soumis à la croissance, à la maturité et au déclin *(le Déclin de l'Occident,* 1918 - 1922).

SPENSER (Edmund), *Londres 1552 - id. 1599,* poète anglais. Il est l'auteur du poème pastoral *le Calendrier du berger* et de l'épopée allégorique *la Reine des fées.*

SPERRY (Roger Wolcott), *Hartford 1913 - Pasadena 1994,* neurophysiologiste américain. Il a notamm. étudié le système visuel des vertébrés et les fonctions des hémisphères cérébraux de l'homme. (Prix Nobel 1981.)

SPEZIA (La), v. d'Italie (Ligurie), ch.-l. de prov., sur le *golfe de La Spezia ;* 101 701 hab. Port. Construction navale. – Musée naval.

SPIEGELMAN (Art), *Stockholm 1948,* dessinateur et scénariste américain de bandes dessinées, auteur d'un récit de la Shoah *(Maus,* 1972).

Spielberg (le), en tch. **Špilberk,** citadelle de Brno, en Moravie. Il servit aux Habsbourg de prison d'État (1742 - 1855), où furent détenus des patriotes italiens, dont S. Pellico.

SPIELBERG (Steven), *Cincinnati 1946,* cinéaste américain. Réalisateur de films d'aventures, de terreur ou de science-fiction *(les Dents de la mer,* 1975 ; *Rencontres du troisième type,* 1977 ; *les Aventuriers de l'arche perdue,* 1981 ; *E.T.,* 1982 ; *Indiana Jones et le temple maudit,* 1984 ; *Indiana Jones et la dernière croisade,* 1989 ; *Jurassic Park,* 1993 ; *le Monde perdu,* 1997), il aborde également l'Histoire (l'Holocauste dans *la Liste de Schindler,* 1994 ; la Seconde Guerre mondiale dans *Il faut sauver le soldat Ryan,* 1998) au travers de destins particuliers.

SPILLIAERT (Léon), *Ostende 1881 - Bruxelles 1946,* peintre belge. Inquiète, imaginative, son œuvre, synthétique dans la forme, est à la charnière du symbolisme et de l'expressionnisme.

SPINOLA (Ambrogio, marquis **de**), *Gênes 1569 - Castelnuevo Scrivia 1630,* homme de guerre italien. Commandant en chef l'armée espagnole aux Pays-Bas, il s'empara de Breda (1625).

SPÍNOLA (António Sebastião **Ribeiro de**), *Estremoz 1910 - Lisbonne 1996,* maréchal et homme politique portugais. Gouverneur de la Guinée (1968 - 1973), il prend la tête du coup d'État militaire de 1974, devient président de la République, mais, s'opposant aux forces de gauche, il doit démissionner et s'exiler (1975). Revenu au Portugal (1976), il est promu maréchal en 1981.

SPINOZA (Baruch), *Amsterdam 1632 - La Haye 1677,* philosophe hollandais. Il étudia pour devenir rabbin, mais fut exclu de la communauté juive en 1656 et devint artisan (il polissait des verres de lunettes). La publication des *Principes de la philosophie de Descartes* (1663) et, surtout, du **Tractatus theologico-politicus* (1670) lui attira l'hostilité des autorités religieuses. Ses autres œuvres parurent après sa mort : **Éthique, Traité de la réforme de l'entendement, Traité politique.* La pensée de Spinoza s'offre comme un message à

■ SPINOZA

la fois libérateur à l'égard de toutes les servitudes et porteur de la joie que procure la connaissance (béatitude). Pour arriver à cette connaissance de la nature, c'est-à-dire de Dieu, il faut accéder à celle des causalités qui donnent à chaque être, dont l'homme, sa spécificité. De cette nature, dite *substance,* l'homme ne peut percevoir que deux attributs : l'étendue et la pensée. Il existe trois modes de connaissance : la croyance, le raisonnement, l'intuition rationnelle. Spinoza conçoit la vie en société comme la réunion d'êtres qui se sont acceptés ; il existe donc un droit à l'insurrection quand la liberté publique est bafouée.

SPIRE, en all. **Speyer,** v. d'Allemagne (Rhénanie-Palatinat), sur le Rhin ; 49 310 hab. Prestigieuse cathédrale du XIe s., très restaurée. – Ville libre impériale en 1294, Spire accueillit plusieurs diètes, dont celle de 1529, où les princes réformés « protestèrent » contre la décision de Charles Quint restreignant la liberté religieuse.

SPIRE (André), *Nancy 1868 - Paris 1966,* écrivain français. Son œuvre lyrique *(Poèmes juifs),* prophétique et sarcastique, se double d'une théorisation du rythme *(Plaisir poétique et plaisir musculaire)* et d'un engagement sioniste.

Spirou, personnage de bande dessinée créé en 1938 par Rob-Vel (Paris 1909 - Saint-Malo 1991) et sa femme Davine, repris par plusieurs dessinateurs, dont Jijé et A. Franquin. Ce petit groom farceur a donné son nom à un hebdomadaire (1938), où ont été publiés les meilleurs auteurs belges de bandes dessinées.

SPIŠSKÉ PODHRADIE, v. de Slovaquie, au N.-O. de Košice ; 2 500 hab. Monuments anciens, dont la cathédrale romane (XIIIe s.) de Spišská Kapitula et, aux environs, la puissante forteresse de Spišský hrad, en partie des XIIe et XIIIe s.

SPITTELER (Carl), *Liestal 1845 - Lucerne 1924,* poète suisse de langue allemande, auteur de poèmes épiques et allégoriques *(Printemps olympien).* [Prix Nobel 1919.]

SPITZ (Mark), *Modesto, Californie, 1950,* nageur américain. Il conquit 7 titres olympiques en 1972.

SPITZ (René Arpad), *Vienne 1887 - Denver, Colorado, 1974,* médecin et psychanalyste américain d'origine hongroise. Il a étudié la relation mère-enfant et les carences affectives.

SPITZBERG ou **SPITSBERG** n.m., principale île du Svalbard. Gisement houiller.

SPLIT, en ital. **Spalato,** v. de Croatie, sur l'Adriatique ; 189 388 hab. Port. Tourisme. – Dioclétien y fit construire au début du IVe s. un vaste ensemble palatial rectangulaire, autour duquel les anciens habitants de Salone construisirent à partir du VIIe s. une nouvelle ville. Petites églises préromanes ; palais gothiques du XVe s. ; musées.

SPLÜGEN n.m., col des Alpes à la frontière italo-suisse, entre Coire et le lac de Côme ; 2 113 m.

SPOERRI (Daniel), *Galaţi 1930,* artiste suisse d'origine roumaine. « Tableaux-pièges », « Détrompe-l'œil », « Multiplicateurs d'art », « Objets ethnosyncrétiques » sont parmi les principales séries d'assemblages, ironiques et corrosifs, de ce signataire du manifeste des « nouveaux réalistes » (1960).

SPOKANE, v. des États-Unis (État de Washington) ; 177 196 hab.

SPOLÈTE, en ital. **Spoleto,** v. d'Italie (Ombrie) ; 37 057 hab. Cathédrale romane (remaniée aux XVIe-XVIIe s.) et autres monuments. – Siège d'un duché lombard puissant fondé en 571, sur lequel le Saint-Siège établit son autorité au XIIIe s.

SPONDE (Jean **de**), *Mauléon 1557 - Bordeaux 1595,* humaniste et poète français. Ses sonnets religieux, éloquents et denses, sont l'un des chefs-d'œuvre de la poésie baroque.

SPONTINI (Gaspare), *Maiolati, Ancône, 1774 - id. 1851,* compositeur italien naturalisé français. Auteur des opéras *la Vestale* (1807) et *Fernand Cortez* (deux versions, 1809, 1817), il révéla au public parisien *Don Giovanni* de Mozart.

SPORADES, îles grecques de la mer Égée. On distingue les *Sporades du Nord,* voisines de l'île d'Eubée, et les *Sporades du Sud,* ou Dodécanèse, proches de la Turquie et comprenant notamm. Samos et Rhodes.

SPORADES ÉQUATORIALES → LINE ISLANDS.

Spot (Satellite Pour l'Observation de la Terre), nom des satellites français destinés à l'observation civile et scientifique de la Terre (cartographie, prospection minière, gestion des forêts, hydrologie, etc.), lancés depuis 1986.

Spoutnik, nom des premiers satellites artificiels soviétiques. Spoutnik 1, placé sur orbite le 4 oct. 1957, fut le premier satellite artificiel de la Terre.

SPRANGER (Bartholomeus), *Anvers 1546 - Prague 1611,* peintre flamand naturalisé tchèque en 1593. Il fut actif à Rome, à Vienne, puis à la cour de Prague (1581). Par son génie précieux et sensuel, il contribua à faire de Prague une capitale du maniérisme tardif.

SPRATLY (îles), archipel de la mer de Chine méridionale, entre les Philippines et le Viêt Nam. Ces deux pays, ainsi que le Brunei, la Chine, la Malaisie et Taïwan les revendiquent.

SPREE n.f., riv. d'Allemagne, qui se jette dans la Havel (r. dr.) ; 403 km. Elle passe à Berlin.

SPRIMONT, comm. de Belgique (prov. de Liège), au S.-E. de Liège ; 11 107 hab.

Springer Verlag, groupe de presse et d'édition allemand. Fondé en 1945 par Axel Caesar Springer (1912 - 1985), il contrôle la majorité de la presse allemande (*Bild Zeitung, Die Welt,* etc.).

SPRINGFIELD, v. des États-Unis, cap. de l'Illinois ; 105 227 hab. Souvenirs de A. Lincoln.

SPRINGFIELD, v. des États-Unis (Massachusetts) ; 156 983 hab. Musée d'art.

SPRINGFIELD, v. des États-Unis (Missouri) ; 140 494 hab.

SPRINGS, v. d'Afrique du Sud, près de Johannesburg ; 153 974 hab. Mines d'or. Centre industriel.

SQUAW VALLEY, station de sports d'hiver des États-Unis (Californie), dans la sierra Nevada.

S-R ou **Parti social-révolutionnaire,** parti politique russe (1901 - 1922), né du rassemblement de groupes populistes. Après oct. 1917, il se scinda en S-R de gauche, qui soutinrent les bolcheviques, et S-R de droite, qui les combattirent.

SRAFFA (Piero), *Turin 1898 - Cambridge 1983,* économiste italien. Il a renouvelé l'étude de la formation des prix et diffusé la pensée de Ricardo.

SRI LANKA n.m., jusqu'en 1972 **Ceylan,** État insulaire d'Asie méridionale, au S.-E. de l'Inde ; 66 000 km² ; 18 580 000 hab. *(Sri Lankais).* CAP. *Colombo.* LANGUES : *cinghalais* et *tamoul.* MONNAIE : *roupie de Sri Lanka.*

GÉOGRAPHIE

Formée de plateaux et de collines entourant un massif montagneux central, l'île possède un climat tropical chaud, où la hauteur de pluies varie avec l'exposition à la mousson (l'Ouest est plus humide). L'agriculture, ressource presque exclusive, associe cultures vivrières (riz) et commerciales (caoutchouc et surtout thé). Mais la vie sociale et économique est désorganisée par la lutte entre majorité cinghalaise, bouddhiste, et minorité tamoule, hindouiste (env. 20 % de la population, concentrés dans le Nord) ; ce conflit a aussi provoqué un déclin du tourisme.

HISTOIRE

IIIe s. av. J.-C. : le bouddhisme est introduit à Ceylan, à partir de la capitale Anuradhapura. **Fin du Xe s. apr. J.-C. :** la monarchie d'Anuradhapura est renversée par un roi cola. **1070 :** l'île est reconquise par un prince cinghalais. À partir du XIVe s., les Cinghalais refluent vers le sud, tandis que les Tamoul constituent un royaume indépendant au nord, dans la presqu'île de Jaffna (XIVe-XVIe s.). **XVIe s. :** le Portugal occupe la côte tandis que le roi de Kandy domine le centre de Ceylan. **1658 :** les Hollandais évincent les Portugais. **1796 :** la Grande-Bretagne annexe l'île. **1815 :** elle s'empare du royaume de Kandy et développe une

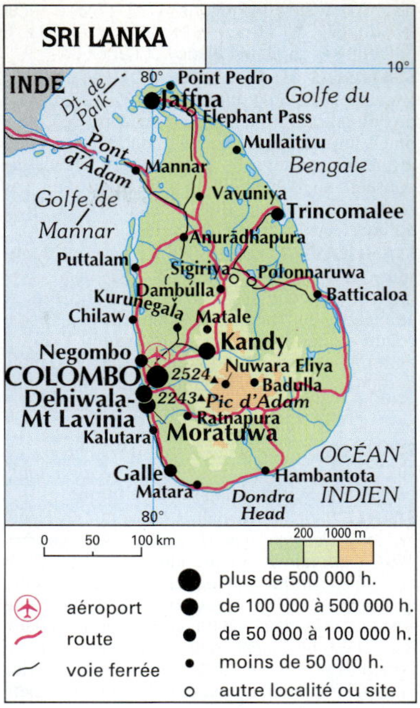

économie de plantation (café, thé). **1931 :** l'île de Ceylan est dotée d'un statut d'autonomie interne. **1948 :** elle accède à l'indépendance. **1948 - 1956 :** les conservateurs sont au pouvoir avec D. S. Senanayake (1948 - 1952), puis avec son fils, Dudley Senanayake (1952 - 1953), et J. Kotelawala (1953 - 1956). **1956 - 1965 :** la gauche – dirigée par Solomon Bandaranaike puis, après son assassinat (1959), par sa veuve, Sirimavo Bandaranaike – gouverne le pays. **1965 - 1970 :** D. Senanayake revient au pouvoir. **1970 - 1977 :** S. Bandaranaike lui succède. **Depuis 1974 :** des organisations tamoules militent pour la création d'un État tamoul indépendant. **1977 :** le conservateur J. R. Jayawardene devient Premier ministre. **1978 :** il est élu président de la République. Ranasinghe Premadasa devient Premier ministre. **Depuis 1983 :** des affrontements opposant Tamoul et Cinghalais menacent l'unité du pays. **1989 :** R. Premadasa devient président de la République. L'intervention des troupes indiennes (1987 - 1990), en accord avec Sri Lanka, ne parvient pas à résoudre le conflit intérieur lié au séparatisme tamoul. **1993 :** R. Premadasa est assassiné. Dingiri Banda Wijetunga lui succède à la tête de l'État. **1994 :** Chandrika Kumaratunga, leader de l'opposition de gauche, est élue à la présidence de la République. Sa mère, S. Bandaranaike, redevient Premier ministre. **1995 :** un accord de cessez-le-feu est conclu entre le gouvernement et les séparatistes tamouls ; ces derniers ayant rompu la trêve, l'armée lance contre eux une vaste offensive (prise de Jaffna en déc.). Les combats continuent depuis lors. **1999 :** C. Kumaratunga est réélue à la tête de l'État. **2000 :** S. Bandaranaike démissionne du poste de Premier ministre (août) et meurt peu après (oct.).

SRINAGAR, v. d'Inde, cap. (avec Jammu) de l'État de Jammu-et-Cachemire, à plus de 1 500 m d'alt. ; 594 775 hab. Tourisme. — Musée. Monuments anciens, dont la mosquée Madani du XVe s. ; jardins fondés par les empereurs moghols.

SS (sigle de *SchutzStaffel,* échelon de protection), organisation paramilitaire et policière nazie, créée en 1925 pour assurer la garde personnelle de Hitler. Dirigée par Himmler (1929), cette organisation permit à Hitler de briser Röhm et les SA en 1934. Les SS furent chargés de la sécurité intérieure du Reich puis, à partir de 1939, du contrôle des territoires occupés. Ils assurèrent également la gestion et la garde des camps de concentration (SS « tête de mort »). Ils constituèrent en outre, à partir de 1940, les *Waffen SS,* troupes de choc engagées dans toutes les batailles décisives et qui encadrèrent les volontaires étrangers de l'armée allemande.

SSR (Société suisse de radiodiffusion), entreprise nationale suisse de radiotélévision, fondée en 1931. Elle produit et diffuse, par l'intermédiaire de quatre sociétés régionales autonomes de droit privé, des émissions de radio et de télévision dans chacune des langues nationales.

■ Mme DE **STAËL**

■ **STALINE.** (Coll. priv.)

STAAL DE LAUNAY (Marguerite Jeanne **Cordier,** baronne **de**), *Paris 1684 - Gennevilliers 1750,* femme de lettres française, auteur de *Lettres* et de *Mémoires* sur l'époque de la Régence.

STABIES, v. de la Campanie ancienne, voisine de Pompéi, et détruite en 79 apr. J.-C. par l'éruption du Vésuve. Villas romaines (peintures murales). C'est l'actuelle *Castellamare di Stabia.*

STABROEK [stabruk], comm. de Belgique (prov. d'Anvers) ; 16 409 hab.

STACE, en lat. **Publius Papinius Statius,** *Naples v. 40 - id. 96,* poète latin. Il est l'auteur d'épopées *(la Thébaïde, l'Achilléide)* et de poésies de circonstance *(les Silves).*

STAËL [stal] (Germaine **Necker,** baronne **de Staël-Holstein,** dite Mme **de**), *Paris 1766 - id. 1817,* femme de lettres française. Fille de Necker, elle épousa le baron de Staël-Holstein, ambassadeur de Suède à Paris. Au début de la Révolution, elle ouvrit son salon à des hommes de tendances politiques différentes, puis émigra et fit la connaissance de B. Constant en 1794. Suspecte au Directoire, elle dut s'exiler à Coppet lorsque Bonaparte témoigna son hostilité à B. Constant. Elle parcourut alors l'Europe. Elle est l'auteur de romans (*Delphine,* 1802 ; *Corinne ou l'Italie,* 1807) et du livre *De l'Allemagne* (1810), qui ouvrit la voie au romantisme français.

STAËL (Nicolas **de**), *Saint-Pétersbourg 1914 - Antibes 1955,* peintre français d'origine russe. Plasticien audacieux et coloriste raffiné, il est passé de l'abstraction (1943) à une stylisation très personnelle du monde visible (1951).

STAFFA, une des îles Hébrides, où se trouve la grotte de Fingal (héros du cycle d'Ossian).

STAFFELFELDEN (68850), comm. du Haut-Rhin ; 3 584 hab. Potasse.

STAFFORD, v. de Grande-Bretagne (Angleterre), ch.-l. du *Staffordshire ;* 55 000 hab. Église gothique.

STAHL (Georg Ernst), *Ansbach 1660 - Berlin 1734,* médecin et chimiste allemand. Selon sa théorie, dite « animisme », l'âme pénètre toutes les parties

■ NICOLAS DE **STAËL.** *Portrait d'Anne,* 1953. (Musée d'Unterlinden, Colmar.)

du corps. En chimie, il proposa la théorie du phlogistique, fluide hypothétique expliquant la combustion.

STAINS [stɛ̃] (93240), ch.-l. de cant. de la Seine-Saint-Denis, au N. de Saint-Denis ; 33 076 hab. *(Stanois).*

STAKHANOV, anc. **Kadievka,** v. d'Ukraine ; 112 000 hab. Centre houiller.

STALINE (Iossif Vissarionovitch **Djougachvili,** dit Joseph), *Gori, Géorgie, 1879 - Moscou 1953,* homme politique soviétique. Ancien élève du séminaire orthodoxe de Tiflis, il milite à partir de 1898 dans la social-démocratie géorgienne, puis prend le parti des bolcheviques. En 1917, il se rallie aux « thèses d'avril » de Lénine et assure avec Sverdlov la direction du parti lorsque Lénine part pour la Finlande. Commissaire du peuple aux Nationalités (1917 - 1922), il met en œuvre une politique de centralisation. Secrétaire général du parti à partir de 1922, il élimine de 1924 à 1929 les autres candidats à la succession de Lénine. S'alliant d'abord avec Kamenev et Zinoviev contre Trotski, il les évince tous les trois en 1927 avant d'éliminer Boukharine et Rykov (1929). En 1929 - 1930, il engage l'URSS dans une politique de collectivisation totale et immédiate des terres, les koulaks étant déportés par millions dans les camps du Goulag. Pour développer l'industrie lourde, il recourt au travail forcé et à l'émulation socialiste, imposant sa volonté grâce à un appareil policier très puissant. Il fait procéder à des purges massives lors de procès truqués (« procès de Moscou », 1935 - 1938), liquidant ainsi la majorité des anciens dirigeants du parti, du Komintern et de l'Armée rouge. Malgré la signature du pacte germano-soviétique (août 1939), l'URSS est attaquée par l'Allemagne en juin 1941 et Staline redresse une situation initialement compromise en faisant appel au sentiment patriotique. Il place sous l'influence soviétique les pays européens libérés par son armée, crée le Kominform (1947) et engage contre l'Occident la « guerre froide ». Objet d'un culte, célébré tant en URSS que dans les partis communistes des démocraties populaires et des pays occidentaux, Staline, surnommé le « petit père des peuples », fait procéder à de nouvelles purges (« complot des blouses blanches »), avant de mourir en mars 1953. *(V. ill. page 1689.)*

S

Stalingrad (bataille de) [sept. 1942 - févr. 1943], bataille de la Seconde Guerre mondiale. Après de durs combats autour de Stalingrad (auj. Volgograd), les Soviétiques vainquirent la VIe armée allemande (commandée par Paulus), qui capitula le 2 février 1943. Cette bataille marqua le tournant décisif de la guerre sur le front russe.

STAMBOLIJSKI (Aleksandăr), *Slavovica 1879 - id. 1923,* homme politique bulgare. Chef de l'Union agrarienne à partir de 1905, il fut Premier ministre en 1919 - 1920 puis en 1920 - 1923. Il fut fusillé lors du coup d'État de 1923.

STAMFORD, v. des États-Unis (Connecticut) ; 108 056 hab. Port.

STAMITZ (Johann Wenzel) ou **STAMIC** (Jan Václav), *Německý Brod, Bohême, 1717 - Mannheim 1757,* compositeur et violoniste tchèque. Il fit de Mannheim l'un des foyers de l'art symphonique en Europe, à l'origine du style galant.

Stampa (la), quotidien italien de tendance libérale progressiste, créé à Turin en 1894.

Stamp Act (1765), loi britannique qui frappa d'un droit de timbre les actes publics dans les colonies de l'Amérique du Nord. Très impopulaire, le Stamp Act fut à l'origine de la guerre de l'Indépendance.

Standaard (De), quotidien belge de tendance catholique, créé en 1914 à Anvers.

STANHOPE (James, comte), *Paris 1673 - Londres 1721,* homme politique britannique. L'un des chefs du parti whig, secrétaire d'État (1714 - 1721), il dirigea la politique étrangère, privilégiant l'alliance avec la France.

STANISLAS (saint), *Szczepanow, près de Tarnów, 1030 - Cracovie 1079,* martyr polonais. Évêque de Cracovie (1072), il fut tué par le roi Boleslas II, qu'il avait excommunié. Il est le patron de la Pologne.

STANISLAS Ier LESZCZYŃSKI, *Lwów 1677 - Lunéville 1766,* roi de Pologne en titre de 1704 à 1766, en fait de 1704 à 1709 et de 1733 à 1736. Beau-père de Louis XV, il dut abdiquer à l'issue de la guerre de la Succession de Pologne (1733 - 1738) et reçut les duchés de Lorraine et de Bar (1738). Il embellit ses capitales, Nancy et Lunéville.

STANISLAS II AUGUSTE PONIATOWSKI, *Wołczyn 1732 - Saint-Pétersbourg 1798,* dernier roi de Pologne (1764 - 1795). Ancien favori de Catherine II, imposé par la Russie (1764), il dut accepter le premier partage de la Pologne (1772). Il se consacra au relèvement du pays, interrompu par le deuxième partage de la Pologne (1793), puis abdiqua lors du troisième partage (1795).

STANISLAVSKI (Konstantine Sergueïevitch **Alekseïev,** dit), *Moscou 1863 - id. 1938,* acteur et metteur en scène de théâtre russe. Fondateur et animateur du Théâtre d'art de Moscou, pédagogue et théoricien (*Ma vie dans l'art,* 1925), il entreprit une rénovation systématique de la pratique théâtrale et de l'art dramatique, fondant sa méthode sur la prise de conscience intérieure, par l'acteur, de son personnage.

STANKOVIĆ (Borisav), *Vranje 1875 - Belgrade 1927,* écrivain serbe. Ses récits *(le Sang impur)* peignent la Serbie sous influence turque.

STANLEY (John **Rowlands,** devenu sir Henry Morton), *Denbigh, pays de Galles, 1841 - Londres 1904,* explorateur britannique. Journaliste, il fut envoyé en Afrique à la recherche de Livingstone, qu'il retrouva (1871). Au cours d'un deuxième voyage (1874 - 1877), il traversa l'Afrique équatoriale d'est en ouest, découvrant le cours du Congo. Il se mit, en 1879, au service du roi des Belges, Léopold II, créant pour lui l'État indépendant du Congo (1885).

STANLEY (Wendell Meredith), *Ridgeville 1904 - Salamanque, Espagne, 1971,* biochimiste américain. Il a obtenu à l'état cristallisé le virus de la mosaïque du tabac. (Prix Nobel de chimie 1946.)

STANLEY POOL → MALEBO POOL.

STANLEYVILLE → KISANGANI.

STANOVOÏ (monts), chaîne de montagnes de Russie, en Sibérie orientale ; 2 412 m.

STANS, comm. de Suisse, ch.-l. du demi-canton de Nidwald ; 6 217 hab. Musée.

STANTON (Elizabeth), née Elizabeth **Cady,** *Johnstown, État de New York, 1815 - New York 1902,* féministe américaine. Elle dirigea avec L. Mott la première convention sur les droits de la femme aux États-Unis (1848), qui se prononça notamm. en faveur du vote des femmes.

STARA PLANINA n.f., nom bulgare du *mont Balkan.*

STARA ZAGORA, v. de Bulgarie ; 165 000 hab. Vestiges romains. Musée national.

STARCK (Philippe), *Paris 1949,* designer et architecte français. Créateur à la notoriété internationale de meubles et d'objets d'une structure simple, mais inventive, il est attaché à l'expression symbolique des formes comme de l'espace.

STARK (Johannes), *Schickenhof 1874 - Traunstein 1957,* physicien allemand. Il a découvert le dédoublement des raies spectrales sous l'influence d'un champ électrique. Sous le régime nazi, il soutint l'idée d'une « science allemande » contre une « science juive ». (Prix Nobel 1919.)

STAROBINSKI (Jean), *Genève 1920,* critique suisse de langue française. Une formation de médecin et de psychiatre, une attention à l'histoire des idées et une « sympathie » phénoménologique se conjuguent dans une œuvre subtile et brillante *(Jean-Jacques Rousseau, la transparence et l'obstacle ; l'Invention de la liberté ; Action et réaction).*

START (STrategic Arms Reduction Talks), négociations menées à partir de 1982 entre les États-Unis et l'URSS sur la réduction des armes stratégiques. Un premier traité (START I) est signé en 1991, auquel adhèrent, après la dissolution de l'URSS, la Russie (1992) puis le Kazakhstan, la Biélorussie et l'Ukraine (1993). D'autres négociations entre les États-Unis et la Russie, engagées en 1992, aboutissent en 1993 au traité START II, par lequel les deux pays s'engagent à procéder à de nouvelles et importantes réductions de leurs arsenaux.

Stasi n.f. (abrév. de *Staatssicherheitsdienst,* service de la sûreté intérieure de l'État), police politique de la RDA (1950 - 1989).

STASSFURT, v. d'Allemagne (Saxe-Anhalt) ; 24 025 hab. Mines de potasse et de sel.

STATEN ISLAND, île des États-Unis, au S.-O. de Manhattan ; 378 977 hab. C'est un borough de New York. — Village-musée de Richmondtown.

Station spatiale internationale, station orbitale. (V. partie n. comm. **station.**)

STAUDINGER (Hermann), *Worms 1881 - Fribourg-en-Brisgau 1965,* chimiste allemand. Il a établi le premier l'individualité des macromolécules, relié la masse molaire des polymères à certaines de leurs caractéristiques physiques et montré l'existence de réseaux. (Prix Nobel 1953.)

STAUFFENBERG (Claus **Schenk,** comte **von**), *Jettingen 1907 - Berlin 1944,* officier allemand. Il prépara et exécuta l'attentat du 20 juill. 1944, auquel échappa Hitler. Il fut fusillé.

STAVANGER, v. de Norvège, sur l'Atlantique ; 99 808 hab. Port pétrolier, de pêche, de commerce, de voyageurs. Centre industriel. — Cathédrale romane et gothique.

STAVELOT, v. de Belgique (prov. de Liège) ; 6 271 hab. Restes d'une ancienne abbaye (musées) ; monumentale châsse de saint Remacle (XIIIe s.) dans l'église paroissiale.

Stavisky (affaire) [1933 - 1934], scandale financier à l'origine duquel se trouvait Alexandre **Stavisky** (Slobodka, Ukraine, 1886 - Chamonix 1934), auteur d'une escroquerie au Crédit municipal de Bayonne. La mort suspecte (suicide ou assassinat) de Stavisky fut largement exploitée par la droite et contribua à la chute du ministère Chautemps et aux émeutes du 6 février 1934.

STAVROPOL, v. de Russie, au N. du Caucase ; 332 000 hab. Centre industriel. Gaz naturel et pétrole dans la région.

STEELE (sir Richard), *Dublin 1672 - Carmarthen, pays de Galles, 1729,* écrivain et journaliste irlandais. Avec Addison, il fonda *The Tatler (le Babillard),* puis *The Spectator.*

STEEMAN (Stanislas André), *Liège 1908 - Menton 1970,* écrivain belge de langue française. Ses romans policiers à énigmes mêlent complexité de l'intrigue et humour *(L'assassin habite au 21, Légitime Défense).*

STEEN (Jan), *Leyde v. 1626 - id. 1679,* peintre néerlandais, observateur fécond et varié des scènes de la vie populaire.

STEENVOORDE [stɛ̃vɔrd] (59114), ch.-l. de cant. du Nord ; 4 128 hab. Moulins à vent anciens.

STEFAN (Josef), *Sankt Peter, près de Klagenfurt, 1835 - Vienne 1893,* physicien autrichien. Il a donné la loi du rayonnement du corps noir, reliant la puissance rayonnée à la température.

STEFANÓPOULOS (Konstandínos, dit Kostís), *Patras 1926,* homme politique grec. Il est président de la République depuis 1995.

STEICHEN (Edward), *Luxembourg 1879 - West Redding, Connecticut, 1973,* photographe américain. C'est l'un des principaux adeptes de la « photographie pure ». Son travail direct, sans manipulations, et son style rigoureux ont puissamment influencé l'expression photographique.

STEIN (Edith), *Breslau 1891 - Auschwitz 1942,* philosophe et religieuse allemande. Disciple de Husserl, elle doit, en 1933, abandonner son enseignement à Münster en raison de ses origines juives. Convertie au catholicisme dès 1922, elle entre au Carmel à Cologne puis à Echt (Pays-Bas), où elle est arrêtée par les nazis et déportée. Elle a été béatifiée en 1987 et canonisée en 1998 sous le nom de sainte Bénédicte de la Croix.

STEIN (Gertrude), *Allegheny, Pennsylvanie, 1874 - Neuilly-sur-Seine 1946,* femme de lettres américaine. Établie à Paris et mêlée aux mouvements littéraires et picturaux d'avant-garde, elle a influencé les romanciers de la *Génération perdue (*l'Autobiographie d'Alice B. Toklas,* 1933 ; *l'Autobiographie de tout le monde,* 1938).

STEIN (Karl, baron **vom und zum**), *Nassau 1757 - Kappenberg 1831,* homme politique prussien. Ministre d'État (1804 - 1808), il fit d'importantes réformes libérales, abolissant notamm. le servage. Napoléon obtint son renvoi (1808).

STEIN (Peter), *Berlin 1937,* metteur en scène de théâtre et d'opéra allemand. Intendant de la Schaubühne de Berlin (1970 - 1985), influencé par Brecht, il fait de chaque mise en scène un travail collectif avec les acteurs (*le Prince de Hombourg, l'Orestie, Roberto Zucco, Faust* de Goethe [en version intégrale]).

STEINBECK (John), *Salinas, Californie, 1902 - New York 1968,* écrivain américain. Ses romans réalistes et critiques peignent les milieux populaires californiens (*Tortilla Flat,* 1935 ; *Des souris et des hommes,* 1937 ; *les Raisins de la colère,* 1939 ; *À l'est d'Éden,* 1952). [Prix Nobel 1962.]

STEINBERG (Saul), *Rîmnicu Sărat, Munténie, 1914 - New York 1999,* dessinateur américain d'origine roumaine. Il a renouvelé l'humour et la satire par son exceptionnelle invention plastique, influencée aussi bien par les anciennes traditions calligraphiques que par le cubisme.

STEINER (Rudolf), *Kraljević, Croatie, 1861 - Dornach, près de Bâle, 1925,* philosophe et pédagogue autrichien. Il est l'auteur d'un système, l'*anthroposophie,* et d'une pédagogie qui supprime le cloisonnement entre les matières traditionnelles et intègre l'activité artisanale.

STEINERT (Otto), *Sarrebruck 1915 - Essen 1978,* photographe allemand. Ses théories sur la photographie subjective (objectivité illusoire, irréalité partout présente et perceptible) sont à l'origine du renouveau de la photographie abstraite.

STEINKERQUE, auj. **Steenkerque,** anc. comm. de Belgique, auj. rattachée à Braine-le-Comte. Lors de la guerre de la ligue d'Augsbourg, le maréchal de Luxembourg y vainquit Guillaume III le 3 août 1692.

STEINLEN (Théophile Alexandre), *Lausanne 1859 - Paris 1923,* dessinateur, graveur et peintre français d'origine suisse. Il a représenté, dans un esprit libertaire, le peuple de Montmartre et la vie ouvrière.

Steinway, manufacture américaine de pianos, fondée à New York en 1853 par le facteur allemand Heinrich Engelhard **Steinweg** (Wolfshagen 1797 - New York 1871).

STEKENE, comm. de Belgique (Flandre-Orientale) ; 15 647 hab.

STELLA (Frank), *Malden, Massachusetts, 1936,* peintre et sculpteur américain. Parti d'un strict minimalisme, puis travaillant les formes et les bandes de couleur de ses « toiles découpées » *(shaped canvases)* des années 1960, il est parvenu au baroque débridé des reliefs métalliques polychromes entrepris à la fin des années 1970.

STELVIO (col du), col routier des Alpes italiennes, entre Milan et Innsbruck ; 2 757 m. Parc national.

STENAY (55700), ch.-l. de cant. de la Meuse ; 3 126 hab. *(Stenaisiens).* Musée.

STENDHAL (Henri **Beyle,** dit), *Grenoble 1783 - Paris 1842,* écrivain français. Officier de dragons, puis intendant militaire pendant les guerres de la Révolution et de l'Empire, il découvre l'Italie, qui marque profondément sa sensibilité. À la chute de l'Empire, il va vivre à Milan et écrit des opuscules sur la musique et la peinture ainsi qu'un récit de voyage, *Rome, Naples et Florence* (1817 - 1826), qu'il signe du nom de « Stendhal ». Il publie ensuite *De l'amour* (1822) et un essai sur le romantisme, où il défend la tragédie en prose et prône l'abandon des règles classiques (*Racine et Shakespeare,* 1823 - 1825). Méconnu, il fait paraître *Armance* (1827), *le Rouge et le Noir* (1830), puis il retourne en Italie comme consul à Civitavecchia, persuadé que son œuvre ne peut être immédiatement comprise. Pendant un congé à Paris, il publie *les Mémoires d'un touriste* (1838), *la Chartreuse de Parme* (1839) et les *Chroniques italiennes* (1839). Son œuvre posthume l'a définitivement consacré (*Lamiel,* 1889 ; *Vie de Henry Brulard,* 1890 ; *Lucien Leuwen,* 1894). Son style nerveux anime dans une action rapide des héros lyriques (Julien *Sorel) qui dissimulent une grande sensibilité sous un apparent cynisme.

STÉNON (Nicolas), en dan. Niels **Steensen,** *Copenhague 1638 - Schwerin 1686,* naturaliste danois. Il découvrit le canal excréteur de la glande parotide. Il a posé les bases de la stratigraphie, en observant les fossiles, et a fondé la tectonique.

■ **STENDHAL** par O.J. Södermark. (Château de Versailles.)

STENTOR MYTH. GR. Héros de la guerre de Troie, célèbre pour la force de sa voix.

STEPHENSON (George), *Wylam, près de Newcastle, 1781 - Tapton House, Chesterfield, 1848,* ingénieur britannique. Il créa la traction à vapeur sur voie ferrée (locomotive Rocket, 1829). Son œuvre capitale fut l'établissement du chemin de fer de Liverpool à Manchester (1826 - 1830).

STERLITAMAK, v. de Russie, au S. d'Oufa ; 252 200 hab. Centre industriel.

STERN (Isaac), *Kremenets, Ukraine, 1920,* violoniste russe naturalisé américain. Il a fondé, avec le pianiste Eugene Istomin et le violoncelliste Leonard Rose, un trio pour défendre le répertoire romantique, Beethoven en particulier.

STERN (Otto), *Sohrau, auj. Zory, 1888 - Berkeley 1969,* physicien américain d'origine allemande. Il a découvert, avec W. Gerlach, les propriétés magnétiques des atomes et vérifié le concept, introduit par de Broglie, d'onde associée à une particule. (Prix Nobel 1943.)

STERNBACH (Leo), *Abbazia, auj. Opatija, Croatie, 1908,* chimiste suisse. Il découvrit le premier anxiolytique spécifique, une benzodiazépine, le Librium.

STERNBERG (Josef **von**), *Vienne 1894 - Los Angeles 1969,* cinéaste américain d'origine autrichienne. Peintre des passions violentes et des atmosphères troubles, magicien de l'image et de la lumière, il a fait de Marlene Dietrich l'archétype de la femme fatale : *l'Ange bleu* (1930), *Cœurs brûlés* (id.), *Shanghai-Express* (1932), *l'Impératrice rouge* (1934), *la Femme et le Pantin* (1935).

STERNE (Laurence), *Clonmel, Irlande, 1713 - Londres 1768,* écrivain britannique. Il est l'auteur de *la Vie et les opinions de Tristram Shandy* (1759 - 1767), roman inventif et ouvert aux digressions (qui a notamm. influencé Diderot), ainsi que d'impressions de voyage pleines d'humour et de fantaisie (*le Voyage sentimental,* 1768).

STÉSICHORE, *v. 640 - v. 550 av. J.-C.,* poète lyrique grec. Il contribua au développement du lyrisme choral.

STETTIN → **SZCZECIN.**

STEVENAGE, v. de Grande-Bretagne (Angleterre), au N. de Londres ; 73 700 hab.

STEVENS (Alfred), *Bruxelles 1823 - Paris 1906,* peintre belge, portraitiste de la femme du monde.

STEVENS (John), *New York 1749 - Hoboken, New Jersey, 1838,* industriel américain. Il créa la première législation fédérale sur les brevets (1790) et contribua à l'essor de la navigation à vapeur et du transport ferroviaire aux États-Unis.

STEVENS (Siaka Probyn), *Moyamba 1905 - Freetown 1988,* homme politique de la Sierra Leone. Il fut Premier ministre (1968 - 1971) puis président de la République (1971 - 1985).

STEVENS (Stanley Smith), *Ogden 1906 - Vail, Colorado, 1973,* psychologue américain. Il a prôné la mesure directe des sensations en psychophysique et proposé une analyse des différentes sortes d'échelles utilisables en psychologie.

STEVENS (Wallace), *Reading, Pennsylvanie, 1879 - Hartford 1955,* poète américain. Son œuvre est orientée vers la connaissance sensuelle du monde *(Harmonium, les Aurores de l'automne).*

STEVENSON (Robert Louis **Balfour**), *Édimbourg, Écosse, 1850 - Vailima, îles Samoa, 1894,* écrivain britannique. Auteur à succès de romans d'aventures (*l'Île au trésor,* 1883) et de récits fantastiques (**Docteur Jekyll et Mister Hyde*), il est aussi apprécié pour la profondeur trouble de son œuvre et la modernité de ses réflexions sur le roman.

STEVIN (Simon), dit **Simon de Bruges,** *Bruges 1548 - Leyde ou La Haye 1620,* mathématicien et physicien flamand. Il reconnut les irrationnels comme nombres à part entière et introduisit les fractions décimales en Europe (1585). Il étudia l'hydrostatique et l'équilibre d'un corps sur un plan incliné, ce qui le conduisit à démontrer l'impossibilité du mouvement perpétuel (1586).

STEWART → **STUART.**

STEWART (Jackie), *Milton, comté de Dumbarton, Écosse, 1939,* coureur automobile britannique. Il a remporté le championnat du monde des conducteurs en 1969, 1971 et 1973.

STEWART (James), *Indiana, Pennsylvanie, 1908 - Beverly Hills 1997,* acteur américain. Pour les plus grands réalisateurs, il a su incarner l'innocence, la ténacité et le courage pudique (*Monsieur Smith au Sénat,* F. Capra, 1939 ; *Rendez-Vous,* E. Lubitsch, 1940 ; *l'Appât,* A. Mann, 1953 ; *Sueurs froides,* A. Hitchcock, 1958 ; *l'Homme qui tua Liberty Valance,* J. Ford, 1962).

STEYR, v. d'Autriche, au confluent de la *Steyr* et de l'Enns ; 39 542 hab. Métallurgie. — Ensemble de maisons et de monuments anciens.

STIBITZ (George Robert), *York, Pennsylvanie, 1904 - Hanover, New Jersey, 1995,* ingénieur américain. Il conçut le premier circuit électronique binaire (1937), puis réalisa (1939 - 1945) des calculateurs électromécaniques de plus en plus perfectionnés. Ses travaux favorisèrent la mise au point du premier ordinateur électronique.

STIEGLITZ (Alfred), *Hoboken 1864 - New York 1946,* photographe américain. Son œuvre franche et dépouillée est exemplaire de la « photographie pure », non manipulée, dont il fut un défenseur.

STIERNHIELM (Georg), *Vika 1598 - Stockholm 1672,* poète suédois. Il donna une forme savante à la poésie de son pays, et fut considéré comme le « Père de la poésie suédoise ».

STIFTER (Adalbert), *Oberplan, auj. Horní Planá, Bohême, 1805 - Linz 1868,* écrivain autrichien. Ses romans offrent une transposition poétique de la réalité quotidienne et de la beauté des paysages naturels *(l'Été de la Saint-Martin).*

STIGLER (George Joseph), *Renton, État de Washington, 1911 - Chicago 1991,* économiste américain. Défenseur de la libre concurrence, il a approfondi les théories de la production et des coûts, des oligopoles, de l'information et des structures industrielles. (Prix Nobel 1982.)

Stijl (De), revue et groupe artistiques néerlandais. *De Stijl* est fondé en 1917 par Mondrian et par un autre peintre, Theo Van Doesburg (1883 - 1931), sur les bases théoriques d'une abstraction strictement construite, dite *néoplasticisme.* Il se désagrégea à la mort de Van Doesburg. Y participèrent, entre autres, les architectes Jacobus Johannes Pieter Oud (1890 - 1963) et Gerrit Thomas Rietveld (1888 - 1964), le peintre et sculpteur belge Georges Vantongerloo (1886 - 1965).

STILICON, en lat. **Flavius Stilicho,** *v. 360 - Ravenne 408,* général romain d'origine vandale. Maître de la milice, beau-père et régent d'Honorius, il défendit avec succès l'Italie contre les Barbares. Les troupes romaines, révoltées contre lui, obtinrent sa tête de l'empereur.

STILLER (Mosche, dit Mauritz), *Helsinki 1883 - Stockholm 1928,* cinéaste suédois. Il fut, avec Sjöström, l'un des maîtres de l'école suédoise, à l'époque du cinéma muet : *le Trésor d'Arne* (1919), *À travers les rapides* (1921), *le Vieux Manoir* (1923), *la Légende de Gösta Berlin* (1924), qui révéla Greta Garbo.

STILWELL (Joseph), *Palatka, Floride, 1883 - San Francisco 1946,* général américain. Chef d'état-major de Jiang Jieshi (Tchang Kaï-chek) de 1941 à 1945, il fut en même temps adjoint de Mountbatten au commandement allié sur le théâtre d'opérations Inde-Chine-Birmanie.

STIRING-WENDEL (57350), ch.-l. de cant. de la Moselle ; 13 255 hab. *(Stiringeois).* Houille.

STIRLING, v. de Grande-Bretagne (Écosse) ; 30 000 hab. Université. — Château royal des XIIe-XVIe s., monuments et demeures anciennes.

STIRNER (Max), *Bayreuth 1806 - Berlin 1856,* philosophe allemand. Il défendit un individualisme libertaire (*l'Unique et sa propriété,* 1845), qui lui attira la critique de Marx. Il est l'un des penseurs de référence de l'anarchisme.

ST. JOHN'S, v. du Canada, cap. de la prov. de Terre-Neuve ; 95 770 hab. Archevêché.

STO (Service du travail obligatoire), service institué en France par une loi du gouvernement Laval

■ **STEVENSON** par W.B. Richmond. (National Portrait Gallery, Londres.)

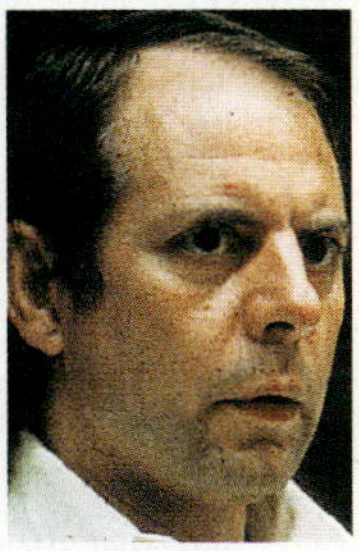

■ KARLHEINZ **STOCKHAUSEN**

S

■ **STOCKHOLM.** Un quartier sur le lac Mälaren.

(16 févr. 1943) pour fournir de la main-d'œuvre à l'effort de guerre allemand. Malgré les nombreux réfractaires qui gagnèrent le maquis, 875 000 Français furent envoyés en Allemagne.

STOCKHAUSEN (Karlheinz), *Mödrath, près de Cologne, 1928,* compositeur allemand. Il débute au Studio de musique électronique de Cologne *(Klavierstücke)* et, le premier, utilise simultanément la bande magnétique et les instruments traditionnels. Avec *Gruppen,* pour 3 orchestres (1958), il s'oriente vers la musique aléatoire. *Stimmung* (1968) reflète une période méditative, influencée par les musiques de l'Inde. *Inori* (1974) fait appel à la danse. Depuis l'achèvement de *Sirius,* en 1977, il n'envisage plus qu'une seule œuvre : *Licht,* vaste opéra dont l'exécution est répartie sur les sept soirées d'une semaine. *(V. ill. page 1691.)*

STOCKHOLM, cap. de la Suède ; 674 452 hab. *(Stockholmois)* [1 410 000 hab. dans l'agglomération]. La ville s'étend sur des îles et des presqu'îles du lac Mälaren et de la Baltique. Centre administratif, commercial, culturel et industriel. — Église des Chevaliers (XIIIe s.) ; édifices civils élevés à partir du XVIIe s., dont le château royal (par N. Tessin le Jeune), et, aux environs, celui de Drottningholm. Musées consacrés aux antiquités nationales, au folklore (musée en plein air de Skansen), aux arts suédois et européens (Musée national), à l'art moderne, au sculpteur Carl Milles, etc. — Fondée vers 1250, Stockholm affirma son rôle politique à partir de 1523, avec l'affranchissement du royaume par Gustave Ier Vasa.

STOCKPORT, v. de Grande-Bretagne (Angleterre), sur la Mersey ; 136 000 hab.

STOCKTON, v. des États-Unis (Californie), sur le San Joaquin ; 210 943 hab.

STOCKTON-ON-TEES, v. de Grande-Bretagne (Angleterre), sur la *Tees ;* 155 000 hab. Port.

STODOLA (Aurel), *Liptovský Mikuláš 1859 - Zurich 1942,* ingénieur suisse d'origine slovaque. Il développa les turbines à vapeur et à gaz.

STOETZEL (Jean), *Saint-Dié 1910 - Paris 1987,* psychosociologue français. Il a introduit les sondages en France en créant en 1938 l'Institut français d'opinion publique (IFOP) et contribué à l'étude scientifique de l'opinion.

STOFFLET (Jean), *Bathelémont, Meurthe-et-Moselle, 1753 - Angers 1796,* chef vendéen. Garde-chasse, il participa avec J. Cathelineau à la prise de Cholet (1793) et commanda en Anjou. Capturé, il fut exécuté.

STOJANOV (Petăr), *Plovdiv 1952,* homme politique bulgare. Leader de l'Union des forces démocratiques, il est président de la République depuis 1997.

STOKE-ON-TRENT, v. de Grande-Bretagne (Angleterre), près de Manchester ; 244 800 hab. Céramiques ; musées.

STOKES (sir George), *Skreen 1819 - Cambridge 1903,* physicien irlandais. Outre ses travaux d'hydrodynamique, il a aussi étudié la fluorescence et les rayons X, montrant que ceux-ci sont de même nature que la lumière (1896).

STOKOWSKI (Leopold), *Londres 1882 - Nether Wallop, Hampshire, 1977,* chef d'orchestre britannique naturalisé américain. De 1912 à 1938, il a dirigé le Philadelphia Orchestra, avec lequel il révéla Stravinsky.

STOLYPINE (Piotr Arkadievitch), *Dresde 1862 - Kiev 1911,* homme politique russe. Président du Conseil (1906), il réprima durement l'opposition, fit dissoudre la deuxième douma (1907) et favorisa le démantèlement de la commune rurale *(mir)* afin de lutter contre le paupérisme paysan. Il fut assassiné par un révolutionnaire.

STONE (sir John Richard Nicholas), *Londres 1913 - Cambridge 1991,* économiste britannique. Ses travaux sur la technique du calcul du revenu national sont à l'origine des systèmes de comptabilité nationale. (Prix Nobel 1984.)

STONEHENGE, site de Grande-Bretagne (Wiltshire). Cet ensemble mégalithique, composé de monolithes disposés sur une aire circulaire, a subi de nombreux réaménagements successifs entre le néolithique final (v. 2400 av. J.-C.) et le début de l'âge du bronze. Il est interprété comme un sanctuaire du culte solaire.

■ **STONEHENGE.** Le site de Stonehenge ; IIIe-IIe millénaire av. J.-C.

STONEY (George Johnstone), *Oakley Park, King's County, 1826 - Londres 1911,* physicien irlandais. Il émit l'hypothèse (1874) selon laquelle l'électricité est due à des corpuscules élémentaires, qu'il appela « électrons » (1891).

STOPH (Willi), *Berlin 1914 - id. 1999,* homme politique allemand. Il fut chef du gouvernement de la RDA de 1964 à 1973, puis de 1976 à 1989, et président du Conseil d'État de 1973 à 1976.

STORM (Theodor), *Husum 1817 - Hademarschen 1888,* écrivain allemand. Ses poèmes et ses nouvelles *(l'Homme au cheval blanc)* célèbrent le Schleswig et analysent la difficulté d'être.

STOSS (Veit), en polon. Wit **Stwosz,** *v. 1448 - id. 1533,* sculpteur sans doute d'origine souabe. Son chef-d'œuvre, gothique, est l'immense retable en bois polychrome de Notre-Dame de Cracovie (1477 - 1486, *Dormition de la Vierge* au centre).

STRABON, *Amasya v. 58 av. J.-C. - entre 21 et 25 apr. J.-C.,* géographe grec. Sa *Géographie* est une présentation du monde antique au début de l'Empire romain.

STRACHEY (Lytton), *Londres 1880 - près de Hungerford, Berkshire, 1932,* écrivain britannique. Il est l'auteur de biographies vivantes, raffinées et irrévérencieuses (*Victoriens éminents,* 1918).

STRADELLA (Alessandro), *Rome 1644 - Gênes 1682,* compositeur italien. Musicien novateur, il a abordé tous les genres du XVIIe s., dont le concerto grosso, l'opéra, la cantate, la symphonie, l'oratorio (*San Giovanni Battista,* 1675).

STRADIVARI (Antonio), dit **Stradivarius,** *Crémone ? 1644 - Crémone 1737,* luthier italien. Ses plus beaux violons sont sortis de son atelier de Crémone entre 1700 et 1725.

STRAFFORD (Thomas **Wentworth,** comte **de**), *Londres 1593 - id. 1641,* homme d'État anglais. Lord-député d'Irlande (1632 - 1639), il pratiqua une politique arbitraire et brutale. Devenu, avec Laud, le conseiller de Charles Ier, il fut mis en accusation par le Parlement, puis exécuté.

STRAITS SETTLEMENTS → **DÉTROITS** (établissement des).

STRALSUND, v. d'Allemagne (Mecklembourg-Poméranie-Occidentale), sur la Baltique ; 69 230 hab. Port. — Églises et hôtel de ville gothiques imposants ; Musée océanographique.

STRAND (Paul), *New York 1890 - Orgeval, France, 1976,* photographe et cinéaste américain. Un

■ **STRASBOURG.** L'Ill dans le quartier de la Petite France.

langage réaliste puissant et hiératique marque son œuvre. Il a notamm. réalisé, avec Fred Zinnemann et E. Gómez Muriel, le film *les Révoltés d'Alvarado* (1935).

STRASBOURG, cap. de l'Alsace et ch.-l. du dép. du Bas-Rhin, sur l'Ill et le Rhin, à 457 km à l'E. de Paris ; 267 051 hab. *(Strasbourgeois)* [env. 415 000 hab. dans l'agglomération]. Siège du Conseil de l'Europe et du Parlement européen. Académie et université. Archevêché. Port fluvial sur le Rhin et centre industriel (métallurgie surtout, industrie du bois et du papier). — Cathédrale reconstruite du XIIe au XVe s. (flèche haute de 142 m ; sculptures du XIIIe s., vitraux des XIIe-XIVe s.) ; musée de l'Œuvre. Autres monuments et maisons anciennes ; palais Rohan (XVIIIe s.), abritant le Musée archéologique, les musées des Beaux-Arts et des Arts décoratifs ; Musées alsacien, historique de la ville, musée d'Art moderne et contemporain. — Intégrée à la Lotharingie (843), allemande en 870, Strasbourg fut dominée par ses évêques jusqu'en 1201, date à laquelle elle devint ville libre d'Empire. Foyer intense d'humanisme et de réforme religieuse (Calvin) aux XVe et XVIe s., siège d'une université (1621), la ville fut annexée par Louis XIV en 1681. Prise par les Allemands en 1870, capitale du Reichsland d'Alsace-Lorraine à partir de 1871, elle revint à la France en 1918. Réoccupée par les Allemands pendant la Seconde Guerre mondiale, elle fut libérée par Leclerc en 1944.

Strasbourg (serments de) [842], serments prononcés par Louis le Germanique et Charles le Chauve, ligués contre Lothaire, pour confirmer leur alliance. C'est le plus ancien témoignage des langues française et allemande (texte conservé par l'historiographe Nithard).

STRATFORD-UPON-AVON ou **STRATFORD-ON-AVON,** v. de Grande-Bretagne (Angleterre), au S.-E. de Birmingham ; 20 000 hab. Shakespeare Memorial Theatre. Vieilles maisons, dont celle où naquit le dramaturge (musée).

■ PAUL **STRAND.** *Photographie, 1917.* (Musée d'Orsay, Paris.)

STRATON de Lampsaque, *m. v. 268 av. J.-C.,* philosophe grec. Élève et continuateur d'Aristote, il dirigea le Lycée, qu'il orienta vers les recherches physiques (raison pour laquelle il fut surnommé *le Physicien*).

STRATONICE, *m. en 254 av. J.-C.,* fille de Démétrios Poliorcète et épouse de Séleucos Ier Nikatôr. Ce dernier lui permit d'épouser son fils Antiochos Ier Sôtêr, à qui elle avait inspiré une vive passion.

STRAUSS (Botho), *Naumburg 1944,* écrivain allemand. Son œuvre théâtrale *(Trilogie du revoir, Grand et Petit, le Parc, le Temps et la Chambre)* et narrative *(le Jeune Homme)* met en scène, sous une forme fragmentaire, la tragédie de la solitude et de l'incommunicabilité modernes.

STRAUSS (David Friedrich), *Ludwigsburg 1808 - id. 1874,* théologien et exégète allemand. Il publia une *Vie de Jésus* (1835) où il soutient que les Évangiles sont des prédications, les éléments narratifs n'ayant qu'un rôle symbolique ou mythique. En dépit du scandale qu'elle causa, cette œuvre ouvrit à l'exégèse des voies nouvelles.

STRAUSS (Johann II), *Vienne 1825 - id. 1899,* compositeur autrichien. Fils de Johann **Strauss** (1804 - 1849), qui était directeur des bals de la Cour, il est l'auteur de valses célèbres (*le Beau Danube bleu,* 1867 ; *Sang viennois,* 1873) et d'opérettes (*la Chauve-Souris,* 1874).

STRAUSS (Leo), *Kirchhain, Allemagne, 1899 - Annapolis, Maryland, 1973,* philosophe américain d'origine allemande. Il a opposé la pensée politique de l'Antiquité à la pensée politique moderne, condamnée à faire le jeu des tyrannies par sa soumission à l'individualisme, à l'historicisme et au positivisme (*Droit naturel et Histoire,* 1950 ; *la Cité et l'Homme,* 1964).

STRAUSS (Richard), *Munich 1864 - Garmisch-Partenkirchen 1949,* compositeur et chef d'orchestre allemand. Il sut faire la synthèse de la tradition romantique et de l'idéal classique. Dans ses opéras, il prolongea et adapta la tradition wagnérienne sur des textes de O. Wilde (*Salomé,* 1905) et, surtout, de Hugo von Hofmannsthal (*Elektra,* 1909 ; *le Chevalier à la rose,* 1911 ; *Ariane à Naxos,* 1912). Il composa également des poèmes symphoniques à l'orchestration colorée *(Don Juan,* 1889 ; *Mort et Transfiguration,* 1890 ; *Till Eulenspiegel,* 1895), une magistrale étude pour 23 instruments, *Metamorphosen* (1945), et des lieder.

STRAVINSKY ou **STRAVINSKI** (Igor), *Oranienbaum, près de Saint-Pétersbourg, 1882 - New York 1971,* compositeur russe naturalisé français, puis américain. Il fut un créateur original dans les domaines du rythme et de l'orchestration. Sa musique est surtout destinée à la danse : *l'Oiseau de feu* (1910), *Petrouchka* (1911), *le Sacre du printemps* (1913), *Renard* (1916), *l'Histoire du Soldat* (1918), *Noces* (1923). Il composa également la *Symphonie de psaumes,* l'opéra *The Rake's Progress* (1951), des sonates, des concertos, abordant différentes esthétiques, du néoclassicisme au dodécaphonisme.

STRAWSON (Peter Frederick), *Londres 1919,* philosophe britannique. Partant d'une critique de Russell et de la logique formelle, il s'est attaché à décrire les schèmes conceptuels saisis au niveau du parler ordinaire (*les Individus,* 1959).

STREHLER (Giorgio), *Barcola, près de Trieste, 1921 - Lugano 1997,* acteur et metteur en scène de théâtre et d'opéra italien. Cofondateur (1947) et directeur du Piccolo Teatro de Milan jusqu'en 1996, directeur du Théâtre de l'Europe (à l'Odéon) de 1983 à 1990, il s'est attaché, à travers notamm. Brecht, Goldoni, Shakespeare, à renouveler le spectacle théâtral.

STREISAND (Barbara Joan, dite Barbra), *New York 1942,* chanteuse et actrice américaine. Capable de s'adapter à tous les styles, elle a renouvelé la comédie musicale dès les films *Funny Girl* (1968) et *Hello Dolly !* (1969).

STRESA, v. d'Italie (Piémont), sur le lac Majeur ; 4 636 hab. Centre touristique. — conférence de **Stresa,** conférence entre la France, la Grande-Bretagne et l'Italie, qui visait à faire face au réarmement allemand (11 - 14 avr. 1935). Elle resta sans lendemain, à la suite du refus par la France et par la Grande-Bretagne de reconnaître la conquête de l'Éthiopie par l'Italie.

STRESEMANN (Gustav), *Berlin 1878 - id. 1929,* homme politique allemand. Ministre des Affaires étrangères (1923 - 1929), il fit accepter à Poincaré le plan Dawes (1924) et l'évacuation de la Ruhr (1925). Après les accords de Locarno (1925), il obtint l'admission de l'Allemagne à la SDN. En 1928, il signa le pacte Briand-Kellogg. (Prix Nobel de la paix 1926.)

STRINDBERG (August), *Stockholm 1849 - id. 1912,* écrivain suédois. Après une enfance difficile, qu'il décrit dans *le Fils de la servante,* il publie le premier roman naturaliste suédois (*la Chambre rouge,* 1879). Une vie amoureuse et conjugale mouvementée accentue son déséquilibre nerveux et nourrit ses nouvelles *(Mariés),* ses récits autobiographiques *(Plaidoyer d'un fou, Inferno),* son théâtre (*Père,* 1887 ; *Mademoiselle Julie,* 1888). Auteur de pièces historiques *(Eric XIV, Christine)* et naturalistes (*la Danse de mort,* 1901), introducteur du symbolisme en Suède *(le Songe),* Strindberg évolue vers le mysticisme et crée le Théâtre-Intime, où il fait jouer les « Kammarspel » *(la Sonate des spectres, le Pélican).* Son œuvre a fortement influencé l'expressionnisme allemand.

STROHEIM (Erich Oswald **Stroheim,** dit Erich **von**), *Vienne 1885 - Maurepas, France, 1957,* cinéaste et acteur américain d'origine autrichienne. Le faste et les audaces de ses films (*Folies de femmes,* 1922 ; *les Rapaces,* 1925 ; *la Veuve joyeuse,* 1925 ; *la Symphonie nuptiale,* 1928 ; *Queen Kelly,* id.), leur réalisme implacable éloignèrent de lui l'industrie hollywoodienne. Stroheim se consacra ensuite à sa carrière d'acteur (*la Grande Illusion,* J. Renoir, 1937 ; *les Disparus de Saint-Agil,* Christian-Jaque, 1938 ; *Boulevard du crépuscule,* B. Wilder, 1950).

STROMBOLI, une des îles Éoliennes (Italie), formée par un volcan actif (alt. 926 m).

ŠTROSMAJER ou **STROSSMAYER** (Josip Juraj), *Osijek 1815 - Djakovo 1905,* prélat croate. Évêque de Djakovo (1849), fondateur de l'université de Zagreb (1874), il milita pour la réunion des Slaves du Sud dans un État.

STROZZI, famille florentine rivale des Médicis (XVe-XVIe s.) et qui, comme eux, bâtit sa fortune sur la banque. — **Filippo S.,** dit **il Vecchio,** *Florence 1428 - id. 1491,* commanditaire du *palais Strozzi* à Florence. — **Filippo S.,** *Florence 1489 - id. 1538,* homme politique florentin. Fils de Filippo il Vecchio, il combattit vainement les Médicis et se suicida en prison.

STROZZI (Bernardo), *Gênes 1581 - Venise 1644,* peintre italien. Il subit l'influence flamande (*la Cuisinière,* palazzo Rosso, Gênes), puis, fixé à Venise en 1630, s'orienta vers une manière plus claire et plus brillante, d'esprit baroque (décors monumentaux, portraits).

STRUENSEE (Johann Friedrich, comte **de**), *Halle 1737 - Copenhague 1772,* homme d'État danois. Médecin du roi Christian VII, conseiller d'État, il devint l'amant de la reine. Il réalisa d'importantes réformes avant d'être inculpé de complot contre le roi et décapité.

STRUMA n.f., en gr. **Strimónas,** fl. de Bulgarie et de Grèce, qui se jette dans la mer Égée ; 430 km. (Anc. Strymon.)

Struthof, camp de concentration établi par les Allemands de 1941 à 1944 dans un écart de la comm. de Natzwiler (Bas-Rhin). Nécropole nationale des victimes du système concentrationnaire nazi (1950).

STRUVE ou **STROUVE,** famille d'astronomes russes d'origine allemande. — **Friedrich Georg Wilhelm von S.,** *Altona, Holstein, 1793 - Saint-Pétersbourg 1864,* astronome russe. Il étudia surtout les étoiles doubles et multiples et supervisa la construction de l'observatoire de Poulkovo, près de Saint-Pétersbourg, et en fut le premier directeur (1839 - 1862). — **Otto von S.,** *Dorpat 1819 - Karlsruhe 1905,* astronome russe. Fils de Friedrich Georg Wilhelm, il lui succéda à Poulkovo (1862 - 1890) et découvrit aussi de nombreuses étoiles doubles. — **Otto S.,** *Kharkov 1897 - Berkeley 1963,* astronome russe naturalisé américain. Petit-fils d'Otto, il s'illustra par des travaux de spectroscopie et d'astrophysique stellaire.

STUART, dynastie écossaise qui régna sur l'Écosse à partir de 1371 et dont les souverains furent également rois d'Angleterre de 1603 à 1714. Les Stuarts sont issus de l'ancienne famille écossaise des *Stewart,* dont le nom est orthographié *Stuart* depuis 1542.

Studenica (monastère de), monastère de Serbie, au N. de Novi Pazar. Église byzantino-romane de la Vierge, de la fin du XIIe s. (peintures murales, sculptures, trésor), et église royale, du XIVe s. (précieuses peintures).

STURE, nom de deux familles suédoises d'origine danoise. — **Sten Gustafson S.,** dit **l'Ancien,** *1440 - Jönkäping 1503,* homme d'État suédois. Régent (1470), il vainquit le roi de Danemark Christian Ier à Brunkeberg (1471). — **Sten Svantesson S.,** dit **le Jeune,** *1493 ?-près de Stockholm 1520,* homme d'État suédois. Régent à partir de 1512, il vainquit les Danois à Brännkyrka (1518).

Sturm und Drang (de *Tempête et Élan,* tragédie de Klinger), mouvement littéraire créé en Allemagne vers 1770 par réaction contre le rationalisme et le classicisme *(*Aufklärung).* Goethe, Schiller, Lenz, Klinger, Herder y participèrent.

STURZO (Luigi), *Caltagirone, Sicile, 1871 - Rome 1959,* prêtre et homme politique italien. Fondateur du Parti populaire italien (1919), il dut s'exiler en 1924. Rentré en Italie (1946), il fut l'âme de la Démocratie chrétienne.

STUTTGART, v. d'Allemagne, cap. du Bade-Wurtemberg, sur le Neckar ; 594 406 hab. Centre industriel (automobile, électronique) et culturel. — Monuments, très restaurés : collégiale gothique, deux châteaux, etc. ; musées.

Stutthof, en polon. **Sztutowo,** camp de concentration allemand (1938 - 1944), établi près de Gdańsk (Pologne).

STYMPHALE (lac) MYTH. GR. Lac de la Grèce ancienne (Arcadie). Sur ses bords, Héraclès aurait tué de ses flèches des oiseaux qui se nourrissaient de chair humaine.

STYRIE, en all. **Steiermark,** prov. d'Autriche ; 1 184 600 hab. ; ch.-l. *Graz.* Duché en 1180, la Styrie passa aux Habsbourg en 1278. En 1919, sa partie méridionale, composée de districts slovènes, fut attribuée à la future Yougoslavie.

STYRON (William), *Newport News 1925,* écrivain américain. Ses récits dénoncent la cruauté de la société américaine *(Un lit de ténèbres, les Confessions de Nat Turner, le Choix de Sophie).*

STYX n.m. MYTH. GR. Le plus grand des fleuves des Enfers. Ses eaux rendaient invulnérable.

SUALEM (René) → **RENNEQUIN.**

SUARÈS (André), *Marseille 1868 - Saint-Maur-des-Fossés 1948,* écrivain français. Ses essais et ses récits (*le Voyage du condottiere,* 1910 - 1932) sont marqués par une mystique de la création artistique.

SUÁREZ (Adolfo), *Cebreros, prov. d'Ávila, 1932,* homme politique espagnol. Il fut président du gouvernement de 1976 à 1981.

SUÁREZ (Francisco), *Grenade 1548 - Lisbonne 1617,* théologien jésuite espagnol. Il se soucia d'instituer un droit des peuples à propos des indigènes de l'Amérique espagnole.

■ RICHARD **STRAUSS** par Max Liebermann, 1918. (Galerie nationale de Berlin.)

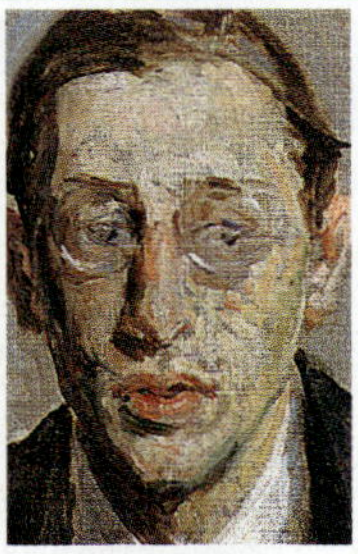

■ **STRAVINSKY** par J.-É. Blanche. (Musée des Beaux-Arts, Rouen.)

■ AUGUST **STRINDBERG.** (Musée August-Strindberg, Stockholm.)

S

SUBIACO, v. d'Italie (Latium) ; 8 981 hab. Monastère du XIIIe s. (fresques siennoises des XIIIe-XIVe s.) – Benoît de Nursie s'y réfugia dans la grotte du Sacro Speco et y fonda l'ordre des Bénédictins à la fin du Ve s. Centre d'une congrégation bénédictine depuis 1872.

SUBLEYRAS (Pierre), *Saint-Gilles, Gard, 1699 - Rome 1749,* peintre français. D'un classicisme raffiné, surtout peintre religieux et portraitiste, il fit carrière à Rome, où il fut envoyé après son grand prix de l'Académie royale de Paris (1727).

SUBOTICA, v. de Yougoslavie (Vojvodine) ; 100 219 hab.

Succession d'Autriche (guerre de la) [1740 - 1748], conflit qui opposa, en Europe, la Prusse, la France, la Bavière, la Saxe et l'Espagne à l'Autriche, et qui fut doublé par une guerre, en partie maritime et coloniale, opposant l'Angleterre, alliée de l'Autriche, à la France, alliée de la Prusse. Ce conflit eut pour origine la contestation de la pragmatique sanction de 1713 qui assurait le trône à Marie-Thérèse, fille de l'empereur Charles VI (m. en 1740). L'Autriche céda la Silésie à la Prusse (1742), puis accorda la paix à la Bavière, vaincue (1745). Marie-Thérèse parvint à faire élire son mari, François de Lorraine, empereur germanique (1745). La France continua la guerre en Flandre. La victoire de Fontenoy (1745) lui livra les Pays-Bas, mais elle ne conserva aucune de ses conquêtes à la paix d'Aix-la-Chapelle (1748) qui reconnut la pragmatique sanction et la cession de la Silésie à la Prusse.

S

Succession de Pologne (guerre de la) [1733 - 1738], conflit qui opposa la France, alliée de l'Espagne, de la Sardaigne et de la Bavière, à la Russie et à l'Autriche, à propos de la succession d'Auguste II, roi de Pologne (1733). La Russie et l'Autriche soutenaient Auguste III, tandis que Stanislas Leszczyński était proclamé roi de Pologne par la diète de Varsovie, avec l'appui de son gendre Louis XV. Auguste III chassa son compétiteur. La France intervint, puis consentit, par la paix de Vienne (1738), à reconnaître Auguste III comme roi de Pologne. Stanislas obtint en compensation les duchés de Lorraine et de Bar.

Succession d'Espagne (guerre de la) [1701 - 1714], conflit qui opposa la France et l'Espagne à une coalition européenne. Elle a pour origine le testament de Charles II, qui assurait la couronne d'Espagne à Philippe d'Anjou (Philippe V), petit-fils de Louis XIV, ce dernier prétendant maintenir les droits de Philippe V à la couronne de France. La France dut combattre à la fois l'Autriche, l'Angleterre et les Provinces-Unies (grande alliance de La Haye, 1701). Après des succès en Allemagne (1702 - 1703), elle essuya des revers : proclamation à Barcelone de l'archiduc Charles roi d'Espagne (1705) ; défaite d'Audenarde, qui amena l'invasion de la France du Nord, arrêtée par Villars à la bataille de Malplaquet (1709) et par la victoire de Denain (1712). La guerre prit fin par les traités d'Utrecht (1713) et de Rastatt (1714).

SUCEAVA, v. du nord-est de la Roumanie ; 114 355 hab. Église (XVIe s.) du couvent St-Georges, typique de l'art de la Bucovine ; aux environs, couvent de Dragomirna, église peinte d'Arbore, église de Voroneț, etc.

SUCHET (Louis), duc **d'Albufera,** *Lyon 1770 - Marseille 1826,* maréchal de France. Il se distingua en Italie (1800), à Austerlitz (1805) et en Espagne, où il commanda l'armée de Catalogne (1813).

SUCRE, anc. **Chuquisaca,** cap. constitutionnelle de la Bolivie, dans les Andes, à plus de 2 700 m d'alt. ; 130 952 hab. Cathédrale du XVIIe s.

SUCRE (Antonio José **de**), *Cumaná 1795 - Berruecos, Colombie, 1830,* patriote vénézuélien. Lieutenant de Bolívar, il remporta la victoire d'Ayacucho (1824). Élu président à vie de la Bolivie (1826), il se retira en 1828 à la suite d'un pronunciamiento. Il défendit la Colombie contre les Péruviens. Il fut assassiné.

SUCY-EN-BRIE (94370), ch.-l. de cant. du Val-de-Marne ; 25 030 hab. Flaconnage. – Église des XIIe-XIIIe s., château du XVIIe s.

SUD (île du), île la plus vaste (154 000 km² avec les dépendances), mais la moins peuplée (900 000 hab.) de la Nouvelle-Zélande.

SUD-AFRICAINE (Union) → **AFRIQUE DU SUD.**

SUDBURY, v. du Canada (Ontario) ; 89 255 hab. Centre minier (nickel et cuivre).

Süddeutsche Zeitung, quotidien libéral allemand créé à Munich en 1945.

SUDÈTES (monts des), massif, aux confins de la Pologne et de la République tchèque, où il forme la bordure nord-est de la Bohême. Sur le plan historique, le nom des *Sudètes* s'est appliqué à toute la bordure de la Bohême et à son importante population allemande. La région des Sudètes fut annexée par l'Allemagne de 1938 à 1945. Lors de sa restitution à la Tchécoslovaquie (1945), la population d'origine allemande a été transférée vers l'Allemagne.

SU DONGPO → **SU SHI.**

Sud-Ouest, quotidien régional français fondé à Bordeaux en 1944.

SUD-OUEST AFRICAIN → **NAMIBIE.**

SUE [sy] (Marie-Joseph, dit Eugène), *Paris 1804 - Annecy 1857,* écrivain français. Ses romans-feuilletons partent d'une évocation des bas-fonds parisiens pour déboucher sur l'affirmation de revendications sociales (*les Mystères de Paris,* 1842 - 1843 ; *le Juif errant,* 1844 - 1845).

SUÈDE n.f., en suéd. **Sverige,** État d'Europe du Nord ; 450 000 km² ; 8 820 000 hab. *(Suédois).* CAP. *Stockholm.* V. PRINC. *Göteborg* et *Malmö.* LANGUE : *suédois.* MONNAIE : *krona (couronne suédoise).*

INSTITUTIONS

Monarchie parlementaire. Constitution de 1975. Le souverain n'a qu'une autorité symbolique. Le Premier ministre est responsable devant le Parlement monocaméral, le *Riksdag,* élu pour 4 ans.

GÉOGRAPHIE

Vaste, formé surtout de plateaux s'abaissant de la frontière norvégienne vers le golfe de Botnie, le pays est peu peuplé. La population, stagnante, se

concentre dans le tiers méridional, région de plaines et de lacs fortement urbanisée et au climat plus clément. L'industrie bénéficie de l'extension de la forêt (industries du bois), qui couvre environ la moitié du territoire, de la présence de fer et du potentiel hydraulique. Elle est dominée par les constructions mécaniques et électriques, la chimie. L'agriculture (céréales, pommes de terre, élevage bovin et porcin) satisfait la plupart des besoins nationaux. L'importance du commerce extérieur (30 % de la production sont exportés), équilibré et effectué en priorité au sein de l'Union européenne, tient à l'étroitesse du marché intérieur et à la traditionnelle vocation maritime. Elle lie la prospérité du pays aux fluctuations de l'économie mondiale.

HISTOIRE

Les origines. V. 1800 av. J.-C. : peuplée dès le néolithique, la Suède établit des relations avec les pays méditerranéens. **IXe - XIe s. apr. J.-C.** : tandis que Danois et Norvégiens écument l'Ouest européen, les Suédois, appelés *Varègues,* commercent surtout en Russie. Le christianisme, prêché v. 830 par Anschaire, progresse après le baptême du roi Olof Skötkonung (1008).

Formation de la nation suédoise. 1157 : Erik le Saint (1156 - 1160) entreprend une croisade contre les Finnois. **1164** : création de l'archevêché d'Uppsala, qui devient la capitale religieuse de la Suède. **1250 - 1266** : Birger Jarl, fondateur de la dynastie des Folkung, établit sa capitale à Stockholm et renforce l'unité du pays. **1319 - 1363** : les Folkung unissent la Suède et la Norvège. **1397** : Marguerite Ire Valdemarsdotter fait couronner son petit-neveu Erik de Poméranie, corégent, roi de Suède, de Danemark et de Norvège (Union de Kalmar). Le pays devient un acteur important du commerce hanséatique. **1440 - 1520** : l'opposition nationale suédoise se regroupe autour des Sture. **1520 - 1523** : Gustave Ier Vasa chasse les Danois.

L'époque de la Réforme. 1523 - 1560 : Gustave Ier Vasa supprime les privilèges commerciaux de la Hanse et fait reconnaître l'hérédité de la Couronne (1544) ; le luthéranisme devient religion d'État. **1568 - 1592** : Jean III Vasa entreprend la construction d'un empire suédois en Baltique. **1607 - 1611** : cette politique d'expansion est poursuivie par Charles IX.

La période de grandeur. 1611 - 1632 : Gustave II Adolphe dote la Suède d'un régime parlementaire et forge une armée puissante, qui lui permet d'intervenir victorieusement dans la guerre de Trente Ans. **1632 - 1654** : la reine Christine lui succède sous la régence d'Oxenstierna. **1648** : les traités de Westphalie ratifient l'annexion par la Suède de la Poméranie et des îles danoises. **1654 - 1660** : Charles X Gustave écrase les Danois, qui doivent signer le traité de Roskilde (1658) ; la Suède est alors maîtresse de la Baltique. **1660 - 1697** : Charles XI établit une monarchie absolue. **1697 - 1718** : Charles XII, entraîné dans la guerre du Nord (1700 - 1721), épuise son pays dans de coûteuses campagnes. Les traités de Frederiksborg (1720) et de Nystad (1721) entérinent le recul suédois en Allemagne et en Baltique.

L'ère de la liberté et l'épopée gustavienne. XVIIIe s. : sous l'influence des idées nouvelles, l'économie et la culture suédoises se développent. Les règnes de Frédéric Ier (1720 - 1751) et d'Adolphe-Frédéric (1751 - 1771) sont marqués par l'opposition entre le parti des Bonnets, pacifiste, et le parti des Chapeaux, animé par l'esprit de revanche contre la Russie et profrançais. **1771 - 1792** : Gustave III règne en despote éclairé, puis (1789) restaure l'absolutisme. **1808** : Gustave IV Adolphe doit abandonner la Finlande à la Russie, ce qui provoque son abdication. **1809 - 1818** : son oncle Charles XIII poursuit sa politique antifrançaise et adopte (1810) comme successeur le maréchal français Bernadotte (Charles XIV). **1812** : celui-ci s'allie avec l'Angleterre et la Russie contre Napoléon.

L'union avec la Norvège. 1814 : par le traité de Kiel, la Norvège est unie à la Suède. **1818 - 1844** : Charles XIV pratique une politique résolument pacifiste. **1844 - 1859** : Oscar Ier accélère la modernisation du pays. **1859 - 1872** : Charles XV poursuit cette politique et octroie une constitution libérale (1865). **1872 - 1907** : sous Oscar II, la transformation économique et sociale est favorisée par l'adoption du libre-échange (1888). **1905** : la Norvège se sépare de la Suède.

La démocratie moderne. Sous le règne de Gustave V (1907 - 1950), la Suède connaît une prospérité économique sans précédent. Une législation politique et sociale très avancée est obtenue par le Parti social-démocrate, fondé en 1889, au pouvoir sans interruption de 1932 à 1976 (socialisme « à la suédoise »). La Suède reste neutre durant les deux guerres mondiales. **1950 - 1973 :** règne de Gustave VI Adolphe. **1973 :** Charles XVI Gustave devient roi de Suède. **1969 - 1976 :** le social-démocrate Olof Palme, Premier ministre, se heurte à une grave crise sociale et économique. **1976 - 1982 :** les partis conservateurs (libéraux et centristes) accèdent au pouvoir. **1982 :** O. Palme est de nouveau Premier ministre. **1986 :** il est assassiné ; I. Carlsson lui succède. **1991 :** Carl Bildt, leader des conservateurs, devient Premier ministre. **1994 :** les sociaux-démocrates reviennent au pouvoir. I. Carlsson redevient Premier ministre. **1995 :** la Suède adhère à l'Union européenne. **1996 :** I. Carlsson démissionne ; Göran Persson lui succède à la tête du Parti social-démocrate et du gouvernement.

SUENENS (Leo Jozef ou Léon Joseph), *Ixelles 1904 - Bruxelles 1996*, prélat belge. Archevêque de Malines-Bruxelles et primat de Belgique de 1961 à 1979, cardinal en 1982, il fut l'un des quatre « modérateurs » du concile Vatican II, où il joua un rôle majeur par son esprit d'ouverture.

SUESS (Eduard), *Londres 1831 - Vienne 1914*, géologue autrichien. Il a donné, avec *la Face de la Terre* (1885 - 1909), le premier exposé de géologie générale du globe, œuvre monumentale qui exerça une énorme influence.

SUÉTONE, en lat. **Caius Suetonius Tranquillus,** *v. 69 - v. 126*, historien latin. Protégé par Pline le Jeune, archiviste de l'empereur Hadrien, il fut disgracié et se consacra à la rédaction des *Vies des douze Césars* et du *De viris illustribus*.

SUÈVES, populations germaniques qui, au Ier s., se fixèrent en Souabe (*pays des Suèves*). Lors des grandes invasions, les Suèves atteignirent l'Espagne et fondèrent un royaume en Galice (début du Ve s.), qui fut détruit en 585 par les Wisigoths.

SUEZ, v. d'Égypte, sur la mer Rouge, au fond du *golfe de Suez*, à l'entrée sud du *canal de Suez ;* 392 000 hab. Port.

Suez (canal de), voie navigable, perçant l'*isthme de Suez*. Le canal mesure 161 km de Port-Saïd à Suez (195 km avec les chenaux en Méditerranée et en mer Rouge) ; il raccourcit presque de moitié le trajet entre le golfe Persique et la mer du Nord. – Il fut réalisé de 1859 à 1869 sous la direction de Ferdinand de Lesseps. La Grande-Bretagne en devint le principal actionnaire (1875) et en conserva le contrôle militaire jusqu'en 1954/1956. La nationalisation de la Compagnie du canal par Nasser (juill. 1956) provoqua en oct.-nov. une guerre, menée par Israël, la France et la Grande-Bretagne, qui cessa grâce à l'intervention de l'URSS, des États-Unis et de l'ONU. Le canal a été fermé à la navigation de 1967 à 1975 à la suite des guerres israélo-arabes.

SUEZ (isthme de), isthme entre la mer Rouge et la Méditerranée, séparant l'Asie et l'Afrique.

SUFFOLK, comté de Grande-Bretagne (Angleterre), sur la mer du Nord ; 629 900 hab. ; ch.-l. *Ipswich*.

SUFFREN DE SAINT-TROPEZ (Pierre André **de**), dit **le bailli de Suffren,** *Saint-Cannat, près d'Aix-en-Provence, 1729 - Paris 1788*, marin français. Commandeur et bailli de l'ordre de Malte, capitaine de vaisseau puis chef d'escadre dans la marine royale, il participa à la guerre de l'Indépendance américaine avant de servir glorieusement aux Indes contre la Grande-Bretagne (1782 - 1783). Après son retour en France (1784), il fut fait vice-amiral.

SUGER, *Saint-Denis ou Argenteuil v. 1081 - Saint-Denis 1151*, abbé et homme d'État français. Habile diplomate, il fut à la fois abbé de Saint-Denis (1122) et conseiller des rois Louis VI et Louis VII, ce dernier lui confiant même la régence du royaume (1147 - 1149) pendant la deuxième croisade. Il rénova son abbaye. Il a écrit des *Lettres* et une *Histoire de Louis le Gros*. On lui attribue en outre l'*Histoire de Louis VII*.

SUHARTO, *près de Jogjakarta 1921*, général et homme politique indonésien. Ayant évincé Sukarno en 1966 - 1967, il devient président de la République en 1968. Sous la pression de l'opposition, il abandonne le pouvoir en 1998.

SUHRAWARDI, *v. 1155 - Alep 1191*, philosophe et théologien iranien. Commentateur et interprète mystique d'Aristote, influencé par Avicenne, il a également intégré la gnose, l'hermétisme et le néoplatonisme dans la philosophie de l'islam et construit une métaphysique de l'illumination.

SUIPPES (51600), ch.-l. de cant. de la Marne ; 4 236 hab. *(Suippas)*.

SUISSE n.f., en all. **die Schweiz,** en ital. **Svizzera,** État fédéral d'Europe ; 41 293 km² ; 7 270 000 hab. *(Suisses)*. CAP. *Berne*. V. PRINC. *Zurich, Genève, Bâle* et *Lausanne*. LANGUES : *allemand, français, italien* et *romanche*. MONNAIE : *franc suisse*. *(V. carte page 1696.)*

INSTITUTIONS

République. Constitution de 1999. État fédéral : chaque canton a une souveraineté interne et une Constitution. L'Assemblée fédérale (Parlement), formée du Conseil national (élu pour 4 ans) et du Conseil des États (élu par les cantons), est l'autorité suprême et élit l'exécutif, le Conseil fédéral.

GÉOGRAPHIE

Le pays est formé de 23 cantons : Appenzell (demi-cantons : Rhodes-Extérieures et Rhodes-Intérieures), Argovie, Bâle (demi-cantons : Bâle-Ville et Bâle-Campagne), Berne, Fribourg, Genève, Glaris, Grisons, Jura, Lucerne, Neuchâtel, Saint-Gall, Schaffhouse, Schwyz, Soleure, Tessin, Thurgovie, Unterwald (demi-cantons : Obwald et Nidwald), Uri, Valais, Vaud, Zoug et Zurich.

Au cœur de l'Europe, comme en témoignent la diversité linguistique (les germanophones sont toutefois de loin les plus nombreux) et le partage, presque égal, entre catholiques et protestants, la Suisse est un pays densément peuplé, d'étendue restreinte, mais dont le rayonnement déborde largement les frontières. Le milieu naturel n'est pas toujours favorable à l'homme, et la population, fortement urbanisée, se concentre dans le Plateau, ou Moyen-Pays, entre le Jura et surtout les Alpes (qui occupent 60 % du territoire).

L'actuelle prospérité se rattache à la tradition commerciale et à la neutralité politique, propices à une activité financière réputée. L'industrie, liée à la présence de capitaux et à la qualité de la main-d'œuvre, est dominée par la métallurgie de transformation, la chimie, l'agroalimentaire (qui valorise notamm. la production laitière résultant du développement de l'élevage bovin). La balance commerciale est équilibrée, celle des services, excédentaire (en partie grâce au tourisme, principale activité de la montagne, avec l'élevage, et loin devant la fourniture d'hydroélectricité). Les réserves de change sont élevées, la monnaie est forte, le chômage encore réduit. La Suisse, siège d'organisations internationales, mais non membre de l'ONU, bordée par l'Allemagne, la France et l'Italie, mais restée en dehors de l'Union européenne, paraît demeurer à l'écart des turbulences politiques et économiques.

HISTOIRE

Les origines et la Confédération. IXe s. - Ier s. av. J.-C. : à l'âge du fer, les civilisations de Hallstatt et de La Tène se développent. **58 av. J.-C. :** le pays est conquis par César. **Ve s. :** l'Helvétie est envahie par les Burgondes et les Alamans, qui germanisent le Nord et le Centre. **VIIe - IXe s. :** elle est christianisée. **888 :** elle entre dans le royaume de Bourgogne. **1032 :** elle est intégrée avec celui-ci dans le Saint Empire. **XIe - XIIIe s. :** les Habsbourg acquièrent de grandes possessions dans la région. **Fin du XIIIe s. :** dans des circonstances devenues légendaires (Guillaume *Tell), les cantons défendent leurs libertés. **1291 :** les trois cantons forestiers (Uri, Schwyz, Unterwald) se lient en un pacte perpétuel ; c'est l'acte de naissance de la Confédération suisse. **1315 :** les cantons infligent au duc d'Autriche Léopold Ier la défaite de Morgarten. **1353 :** la Confédération comprend huit cantons après l'adhésion de Lucerne (1332), Zurich (1351), Glaris, Zoug (1352) et Berne (1353). Après les victoires de Sempach (1386) et de Näfels (1388), elle fait reconnaître son indépendance par les Habsbourg. **1476 :** la Confédération, soutenue par Louis XI, bat Charles le Téméraire à Grandson et à Morat. **1499 :** Maximilien Ier signe la paix de Bâle avec les Confédérés ; le Saint Empire n'exerce plus qu'une suzeraineté nominale. Des dissensions réapparaissent entre les cantons. **1513 :** la Confédération compte treize cantons après l'adhésion de Soleure et Fribourg (1481), Bâle et Schaffhouse (1501) puis Appenzell (1513). **1516 :** après leur défaite à Marignan, les Suisses signent avec la France une paix perpétuelle. **1519 :** la Réforme est introduite à Zurich par Zwingli. **1531 :** les catholiques battent les protestants à Kappel. Un équilibre s'établit entre les cantons : sept sont catholiques, quatre réformés et deux mixtes. **1536 :** Calvin fait de Genève la « Rome du protestantisme ». **1648 :** les traités de Westphalie reconnaissent *de jure* l'indépendance de la Confédération.

L'époque contemporaine. 1798 : le Directoire impose une République helvétique, qui devient vite ingouvernable. **1803 :** l'Acte de médiation, reconstituant l'organisation confédérale, est ratifié par Bonaparte. **1813 :** il est abrogé. **1815 :** vingt-deux cantons (dont le Valais, Neuchâtel et Genève) signent un nouveau pacte confédéral. À l'issue du congrès de Vienne, la neutralité de la Suisse est reconnue. **1845 - 1847 :** sept cantons catholiques forment une ligue (le *Sonderbund*), qui est réprimée militairement. **1848 :** une nouvelle Constitution instaure un État fédératif, doté d'un gouvernement central siégeant à Berne. **1874 :** le droit de référendum est introduit. **1891 :** celui d'initiative populaire l'est également. **1914 - 1918, 1939 - 1945 :** la neutralité et la vocation humanitaire de la Suisse sont respectées. **1979 :** un nouveau canton de langue française, le Jura, est créé. **1992 :** par référendum, les Suisses se prononcent pour l'adhésion de leur pays au FMI et à la Banque mondiale (mai) et contre la ratification du traité qui prévoyait leur intégration dans l'EEE (déc.). Une demande d'adhésion à la CEE, déposée en mai par le gouvernement, est suspendue en déc. **1999 :** une nouvelle Constitution est adoptée.

SUISSE NORMANDE, nom de la partie sud-est du Bocage normand (Calvados), la plus élevée de cette région.

SUISSE SAXONNE, région de l'Allemagne et de la République tchèque, de part et d'autre de l'Elbe.

SUITA, v. du Japon (Honshu) ; 345 206 hab.

SUKARNO ou **SOEKARNO,** *Surabaya, Java, 1901 - Jakarta 1970*, homme politique indonésien. Fondateur du Parti national indonésien (1927), il proclame en 1945 l'indépendance de la République indonésienne, dont il est le premier président. Il instaure après 1948 une forme de gouvernement dictatorial et cherche à s'imposer comme chef de file de l'Asie du Sud-Est révolutionnaire. Il est dépossédé de ses titres et fonctions par Suharto (1966 - 1967).

SUKHOTHAI, v. du nord de la Thaïlande ; 15 000 hab. Anc. cap. du premier royaume thaï (XIIIe-XVe s.). – Nombreux monuments. Musée.

SUKKUR, v. du Pakistan, sur l'Indus ; 190 551 hab. Barrage pour l'irrigation.

SULAWESI → CÉLÈBES.

SULLA ou **SYLLA** (Lucius Cornelius), *138 - Cumes 78 av. J.-C.*, général et homme d'État romain. Lieutenant de Marius, il fut consul en 88 av. J.-C. et mit fin à la guerre sociale. Dépossédé illégalement de son commandement par Marius, il s'empara de Rome avec son armée tandis que celui-ci s'exilait en Afrique. Vainqueur de Mithridate VI Eupator, roi du Pont (86), il devint le chef du Parti aristocratique et écrasa le parti de Marius (82). Il se fit attribuer une dictature à vie (82), proscrivit les opposants et renforça les pouvoirs du sénat. À l'apogée de sa puissance, il renonça soudain à ses pouvoirs et se retira en Campanie (79).

SULLANA, v. du nord du Pérou ; 150 100 hab.

SULLIVAN (Louis), *Boston 1856 - Chicago 1924*, architecte et théoricien américain. Son Wain-

■ **SUKARNO** en 1945.

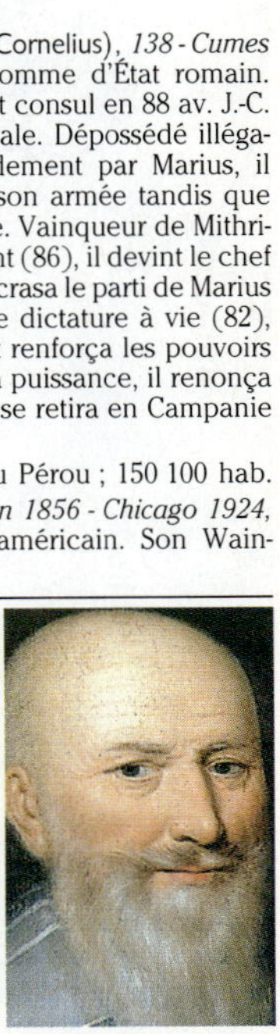

■ **SULLY.** Portrait attribué à F. Quesnel. (Musée Condé, Chantilly.)

S

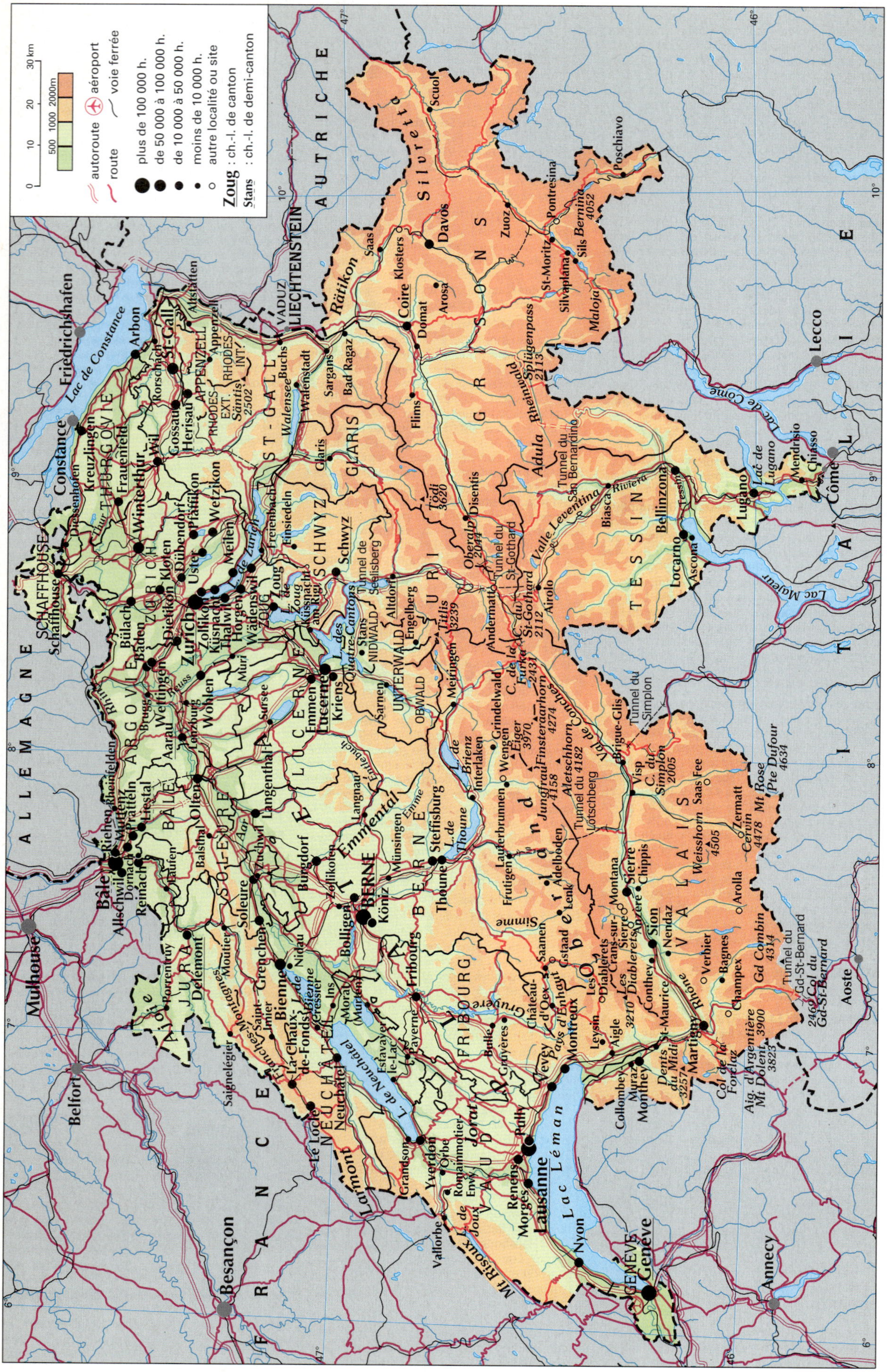
0
10
20
30 km
500
1000
2000m
autoroute
aéroport
route
voie ferrée
plus de 100 000 h.
de 50 000 à 100 000 h.
de 10 000 à 50 000 h.
moins de 10 000 h.
autre localité ou site
Zoug : ch.-l. de canton
Stans : ch.-l. de demi-canton
ALLEMAGNE
AUTRICHE
LIECHTENSTEIN
VADUZ
FRANCE
ITALIE
Friedrichshafen
Lac de Constance
Constance
Mulhouse
Belfort
Besançon
Annecy
Aoste
Lecco
Côme
Lac de Côme
Lac Majeur
Lac de Lugano
Lac Léman
L. de Neuchâtel
L. des Quatre-Cantons
L. de Zoug
L. de Zurich
L. de Thoune
L. de Brienz
L. de Bienne
Walensee
SCHAFFHOUSE
Schaffhouse
THURGOVIE
ZURICH
Zurich
ARGOVIE
BÂLE
Bâle
SOLEURE
Soleure
JURA
Delémont
NEUCHÂTEL
Neuchâtel
BERNE
Berne
FRIBOURG
Fribourg
VAUD
Lausanne
GENÈVE
Genève
VALAIS
Sion
LUCERNE
Lucerne
ZOUG
Zoug
SCHWYZ
Schwyz
URI
Altdorf
UNTERWALD
OBWALD
NIDWALD
Sarnen
Stans
GLARIS
Glaris
ST-GALL
St-Gall
APPENZELL
RHODES-EXT.
RHODES-INT.
Appenzell
Herisau
GRISONS
Coire
TESSIN
Bellinzona
Lugano
Locarno
Winterthur
Bienne
La Chaux-de-Fonds
Le Locle
Yverdon
Montreux
Vevey
Nyon
Morges
Thoune
Interlaken
Davos
St-Moritz
Zermatt
Martigny
Sierre
Brigue-Glis
Jungfrau
Eiger 3970
Finsteraarhorn 4274
Aletschhorn 4182
Mt Rose Pte Dufour 4634
Weisshorn 4505
Cervin 4478
Gd Combin 4314
Dents du Midi 3257
Diablerets 3210
Tödi 3620
Piz Bernina 4052
Säntis 2502
Titlis 3239
St-Gothard
Col du Simplon 2005
Tunnel du Simplon
Tunnel du St-Gothard
Col du Gd-St-Bernard
Tunnel du Gd-St-Bernard
Splügenpass 2113
Maloja
Rätikon
Silvretta
Adula
Emmental
Entlebuch
Mt Risoux
Mt Dolent 3823

wright Building de Saint Louis (avec l'ingénieur Dankmar Adler, 1890) a résolu les problèmes du gratte-ciel. Les magasins Carson, Pirie et Scott de Chicago (1899) associent au fonctionnalisme un décor d'esprit Art nouveau.

Sullom Voe, terminal pétrolier des Shetland.

Sully (hôtel de), anc. résidence parisienne, rue Saint-Antoine, dans le Marais. Construit dans un style pittoresque vers 1624, il fut acheté par Sully en 1634. Restauré, il abrite auj. le Centre des monuments nationaux.

SULLY (Maximilien **de Béthune**, baron **de Rosny**, duc **de**), *Rosny-sur-Seine 1559 - Villebon, Eure-et-Loir, 1641,* homme d'État français. Protestant, il devint, après avoir combattu aux côtés du futur Henri IV (1576 - 1590), son surintendant des Finances (1598). Principal ministre du royaume, il assainit les finances (création de la paulette en 1604) et favorisa l'agriculture (promotion du ver à soie) et le commerce, en développant notamm. le réseau de routes et de canaux. Après l'assassinat d'Henri IV (1610), il se consacra à ses Mémoires (*Économies royales,* 1638). *[V. ill. page 1695.]*

SULLY PRUDHOMME (René François Armand **Prudhomme,** dit), *Paris 1839 - Châtenay-Malabry 1907,* poète français. Il a évolué d'une inspiration intimiste *(les Solitudes)* à une veine plus didactique *(la Justice, les Vaines Tendresses).* [Prix Nobel 1901 ; Acad. fr.]

SULLY-SUR-LOIRE (45600), ch.-l. de cant. du Loiret ; 6 029 hab. Constructions mécaniques. — Château des XIVe-XVIe s., acquis en 1602 par Maximilien de Béthune (duc de Sully en 1606).

SULPICE (saint), *m. en 647,* évêque de Bourges.

SULPICE SÉVÈRE, *en Aquitaine v. 360 - v. 420,* historien chrétien d'expression latine, qui doit sa renommée à sa *Vie de saint Martin.*

SULU (archipel de), îles des Philippines limitant, au S., la *mer de Sulu.*

SULUK → TAUSUG.

SUMATRA, la plus grande des îles de la Sonde (Indonésie) ; 473 600 km^2 ; 36 505 703 hab. ; v. princ. *Medan* et *Palembang.* Cultures vivrières (riz) et commerciales (épices, café, hévéas). Pétrole et gaz naturel.

SUMAVA n.f., en all. **Böhmerwald,** massif de la République tchèque, rebord sud-ouest de la Bohême ; 1 380 m.

SUMBA, île d'Indonésie ; 11 153 km^2.

SUMBAWA ou **SUMBAVA,** île d'Indonésie, à l'E. de Java.

ŠUMEN, anc. **Kolarovgrad,** v. du nord-est de la Bulgarie ; 112 091 hab.

SUMER, région de la basse Mésopotamie antique, près du golfe Persique.

SUMÉRIENS, peuple d'origine mal connue, établi au IVe millénaire en basse Mésopotamie. Ils fondèrent les premières cités-États (Lagash, Ourouk, Our, etc.), où s'épanouirent la première architecture religieuse, la statuaire, la glyptique, et où fut utilisée l'écriture dès la fin du IVe millénaire. L'installation des Sémites akkadiens en Mésopotamie (fin du IIIe millénaire) élimina les Sumériens de la scène politique ; mais leur culture littéraire et religieuse a survécu à travers toutes les cultures du Proche-Orient.

SUMMER (James Batcheller), *Canton, Massachusetts, 1887 - Buffalo 1955,* biochimiste américain. Il fut le premier à cristalliser une enzyme (l'uréase) et à montrer sa nature protéique (1926). [Prix Nobel de chimie 1946.]

Sun (The), quotidien populaire britannique conservateur. Issu du *Daily Herald* en 1966, il a le plus fort tirage des quotidiens britanniques.

SUND → ØRESUND.

SUNDANAIS → SOUNDANAIS.

SUNDERLAND, v. de Grande-Bretagne (Angleterre), sur la mer du Nord ; 196 000 hab. Port. — Musées.

SUNDGAU n.m., petite région du sud de l'Alsace.

SUNDSVALL, v. de Suède, sur le golfe de Botnie ; 93 808 hab. Port. — Musées.

SUN YAT-SEN ou **SUN ZHONGSHAN,** *Xiangshan, Guangdong, 1866 - Pékin 1925,* homme politique chinois. Il fonda la Société pour la régénération de la Chine (1894), puis la Ligue jurée (1905), dont le programme politique est à l'origine de celui du Guomindang, qu'il créa en 1912. Lors de la révolution de 1911, il fut élu président de la République à Nankin, mais dut s'effacer devant Yuan Shikai (1912). Élu président de la République (1921), il s'imposa à Pékin en 1925 après avoir réalisé l'alliance du Guomindang et du Parti communiste chinois (1923 - 1924).

SUN ZI ou **SUN TSE,** *VIe - Ve s. av. J.-C.,* théoricien militaire chinois. Son *Art de la guerre,* où il privilégie le renseignement et la surprise, constitue le plus ancien traité de stratégie connu.

SUOCHE → YARKAND.

SUPERBAGNÈRES (31110 Bagnères de Luchon), station de sports d'hiver (alt. 630 - 2 260 m) de la Haute-Garonne, dans les Pyrénées, au S.-O. de Bagnères-de-Luchon.

SUPERBESSE → BESSE-ET-SAINT-ANASTAISE.

SUPERDÉVOLUY (05250 St Etienne en Devoluy), station de sports d'hiver (alt. 1 455 - 2 510 m) des Hautes-Alpes (comm. de St-Étienne-en-Dévoluy).

SUPÉRIEUR (lac), le plus vaste et le plus occidental des Grands Lacs de l'Amérique du Nord. Il est partagé entre les États-Unis et le Canada, et communique avec le lac Huron par la rivière Sainte-Marie ; 82 700 km^2.

SUPERLIORAN → LIORAN.

Superman, personnage de bande dessinée créé en 1938 aux États-Unis par le scénariste Jerry Siegel (1914 - 1996) et le dessinateur Joe Shuster (1914 - 1992) dans *Action Comics.* « Super-héros » venu d'une autre planète, il prend l'identité d'un modeste journaliste quand il ne combat pas les criminels. — Il a inspiré de nombreux films d'aventures.

SUPERVIELLE (Jules), *Montevideo, Uruguay, 1884 - Paris 1960,* écrivain français. Poète des espaces de la pampa *(Débarcadères, Gravitations)* et des rythmes du corps *(Oublieuse Mémoire, Naissances),* il nimbe de merveilleux son théâtre *(la Belle au bois)* et ses nouvelles *(l'Enfant de la haute mer).*

Supports/Surfaces ou **Support/Surface,** nom adopté en 1970 par un groupe de jeunes artistes français, dont l'action organisée couvre surtout les années 1969 - 1971. S'inspirant notamm. de Matisse, de la « nouvelle abstraction » et du *minimal art* américains, de Français tels que Hantaï et Buren, ces artistes (dont les peintres Louis Cane, Vincent Bioulès, Daniel Dezeuze, Claude Viallat, Jean-Pierre Pincemin, le sculpteur Toni Grand) ont développé, sur un fond d'engagement politique, des expériences et des théories relatives à la matérialité de l'art.

suprématie (Acte de) [1534], loi que fit voter Henri VIII, faisant du roi le chef suprême de l'Église d'Angleterre. Cette loi fut abolie par Marie Ire Tudor. En 1559, Élisabeth Ire fit voter une loi analogue.

SURABAYA, v. d'Indonésie (Java) ; 2 421 000 hab. Port. Centre industriel.

SURAKARTA, anc. **Solo,** v. d'Indonésie (Java) ; 504 176 hab.

SURAT, v. d'Inde (Gujerat) ; 1 517 076 hab. Port. — Monuments anciens (XVIe-XVIIe s.).

SURCOUF (Robert), *Saint-Malo 1773 - id. 1827,* marin français. Corsaire, il mena dans l'océan Indien une redoutable guerre au commerce britannique (1795 - 1801 et 1807 - 1809), puis se retira à Saint-Malo, où il devint un très riche armateur.

SÛRE n.f., riv. d'Europe, née en Belgique, affl. de la Moselle (r. g.) ; 170 km. Elle traverse le Luxembourg et sépare ce pays de l'Allemagne.

■ SUN YAT-SEN

■ ROBERT **SURCOUF.** (Musée de Saint-Malo.)

SURESNES [syrɛn] (92150), ch.-l. de cant. des Hauts-de-Seine, sur la Seine ; 40 594 hab. *(Suresnois).* Construction aéronautique. — Musée.

SURGÈRES (17700), ch.-l. de cant. de la Charente-Maritime ; 6 413 hab. Enceinte de l'anc. château ; église romane ; musée d'Histoire naturelle.

SURINAME ou **SURINAM** n.m., anc. **Guyane hollandaise,** État d'Amérique du Sud ; 163 265 km^2 ; 430 000 hab. *(Surinamiens).* **CAP.** *Paramaribo.* **LANGUE :** *néerlandais.* **MONNAIE :** *florin de Suriname.* (V. carte **Amérique du Sud.**)

GÉOGRAPHIE

Le territoire, au climat équatorial, occupe l'extrémité orientale du plateau des Guyanes, bordée au nord par une plaine marécageuse. La population, peu dense, mais diversifiée (Indiens et Indonésiens, créoles, Noirs), se concentre ponctuellement sur le littoral ou à proximité (près de la moitié vit à Paramaribo). La bauxite est la ressource essentielle et la principale exportation.

HISTOIRE

1667 : occupée par les Anglais, la région est cédée aux Hollandais en échange de La Nouvelle-Amsterdam. **XVIIIe s. :** elle se développe grâce aux plantations de canne à sucre. **1796-1816 :** occupation anglaise. **1863 :** l'esclavage est aboli. Le pays se peuple d'Indiens et d'Indonésiens. **1948 :** il prend le nom de Suriname. **1975 :** le Suriname accède à l'indépendance. Il est gouverné par le Premier ministre Henck Arron jusqu'en 1980 (coup d'État militaire). **1982 :** après un nouveau coup d'État, le pouvoir est assuré par le lieutenant-colonel Desi Bouterse. La guérilla se développe dans le sud et l'est du pays. **1987 :** une nouvelle Constitution est approuvée par référendum. **1988 :** Ramsewak Shankar est élu président de la République. **1990 :** les militaires reprennent le pouvoir. **1991 :** Ronald Venetiaan, candidat d'une coalition multiethnique hostile aux militaires, est élu chef de l'État. **1992 :** un accord de paix est signé entre le gouvernement et la guérilla. **1996 :** Jules Wijdensbosch, soutenu par Desi Bouterse, est élu président de la République. **2000 :** R. Venetiaan revient à la tête de l'État.

SURREY, comté de Grande-Bretagne (Angleterre), au S. de Londres ; 997 000 hab. ; ch.-l. *Kingston-upon-Thames.*

SURREY, v. du Canada (Colombie-Britannique), banlieue de Vancouver ; 189 384 hab.

SURREY (Henry **Howard,** comte **de**), *v. 1518 - Londres 1547,* homme politique et poète anglais. Il introduisit l'usage du vers blanc dans la poésie anglaise et créa la forme anglaise du sonnet.

SURYA, dieu-soleil du panthéon hindou.

SUSE, anc. capitale de l'Élam. Détruite v. 646 av. J.-C. par Assourbanipal, elle devint la capitale de l'Empire achéménide à la fin du VIe s. av. J.-C., avec Darios Ier. — Chapiteaux, reliefs, sculptures, orfèvrerie, etc., ont été recueillis, depuis 1884, dans les ruines des cités élamite et achéménide (ils sont en partie conservés au Louvre).

SUSE, en ital. **Susa,** v. d'Italie (Piémont) ; 6 709 hab. La ville est située au débouché des routes du Mont-Cenis et de Montgenèvre, dit *pas de Suse,* barricadé par le duc de Savoie et forcé par Louis XIII en 1629. — Arc d'Auguste ; cathédrale du XIe s.

SU SHI, dit aussi **Su Dongpo,** *au Sichuan 1036 - Changzhou 1101,* poète chinois. Peintre, calligraphe et homme politique, il est considéré comme le plus grand poète de la dynastie des Song *(la Falaise rouge).*

SUSIANE, nom grec de la satrapie perse, puis séleucide, qui avait Suse pour capitale et qui correspondait au Khuzestan actuel.

SUSO (bienheureux Heinrich **Seuse,** dit Heinrich), *Constance ou Überlingen v. 1295 - Ulm 1366,* mystique allemand. Disciple de Maître Eckart, poète autant que théologien, il célèbre l'abandon à la volonté divine dans le dépouillement *(Livre de la sagesse éternelle).*

suspects (loi des), loi votée par la Convention le 17 sept. 1793 et abrogée en oct. 1795. Définissant les suspects (partisans du fédéralisme, ennemis de la liberté, nobles, parents d'émigrés) et ordonnant leur arrestation, elle fut le moteur de la seconde Terreur.

SUSQUEHANNA n.f., fl. des États-Unis, tributaire de l'Atlantique, qui se jette dans la baie de Chesapeake ; 715 km.

SUSSEX, région de Grande-Bretagne (Angleterre), au S. de Londres, sur la Manche. Le Sussex est partagé en deux comtés (*East Sussex* et *West Sussex*). – Le royaume saxon du Sussex, fondé au ve s., devint vassal du Wessex au IXe s.

SUSTEN (col du), col des Alpes suisses, reliant les vallées de l'Aar et de la Reuss ; 2 224 m.

SUTHERLAND (Graham), *Londres 1903 - id. 1980,* peintre britannique, maître d'une tendance néoromantique teintée de surréalisme.

SUTLEJ ou **SATLEDJ** n.f., riv. de l'Inde et du Pakistan, dans le Pendjab, née en Chine ; 1 370 km.

SUVA, cap. des îles Fidji, sur l'île de Viti Levu ; 69 665 hab. Université.

SUWON, v. de Corée du Sud ; 635 000 hab.

SUZANNE, femme juive d'une grande beauté, dont l'histoire est racontée dans un appendice du livre biblique de Daniel. Convoitée par deux vieillards qui la surprennent au bain, elle est accusée par eux d'adultère, puis sauvée par Daniel, qui prouve la forfaiture des accusateurs.

SUZE-SUR-SARTHE (La) [72210], ch.-l. de cant. de la Sarthe ; 3 643 hab. Industrie automobile.

SUZHOU, v. de Chine (Jiangsu), sur le Grand Canal ; 740 000 hab. Centre industriel. – Pittoresque vieille ville ; célèbres jardins ; musées.

SUZUKA, v. du Japon, sur la baie d'Ise ; 174 105 hab. Circuit automobile.

S

SVALBARD n.m., archipel norvégien de l'océan Arctique, à l'E. du Groenland ; 62 700 km² ; 2 977 hab. ; v. princ. *Longyearbyen.* Le Spitzberg est l'île la plus vaste.

SVEALAND n.m., partie centrale de la Suède.

SVEN ou **SVEND,** nom de plusieurs rois de Danemark. – **Sven Ier Tveskägg** ou **Svend Ier Tveskaeg** (« Barbe fourchue »), *v. 960 - Gainsborough 1014,* roi de Danemark (986 - 1014). Il s'empara de toute l'Angleterre (1013).

SVERDLOVSK → IEKATERINBOURG.

SVERDRUP (îles), partie de l'archipel arctique canadien, à l'O. de l'île d'Ellesmere.

SVERDRUP (Harald Ulrik), *Sogndal 1888 - Oslo 1957,* climatologue et océanographe norvégien. Il mena plusieurs expéditions dans les régions polaires, notamm. avec R. Amundsen.

SVEVO (Ettore **Schmitz,** dit Italo), *Trieste 1861 - Motta di Livenza, Trévise, 1928,* écrivain italien. Influencé par la psychanalyse, rénovateur des techniques narratives, il est l'un des maîtres du roman européen de l'entre-deux-guerres (*la Conscience de Zeno,* 1923).

SVOBODA (Josef), *Čáslav 1920,* scénographe tchèque. Ses réalisations pour le théâtre ou l'opéra, souvent monumentales, sont caractérisées par une recherche minutieuse sur l'espace, le mouvement et la lumière.

SWAHILI ou **ARABO-SWAHILI,** ensemble de populations des îles et des centres côtiers de l'océan Indien, du Mozambique jusqu'en Tanzanie (env. 1 million). Descendants d'Arabes et de Perses immigrés dès la fin du premier millénaire et d'Africains, les Swahili jouèrent un rôle capital dans la traite des esclaves et de l'ivoire au XIXe s. Ils sont pour la plupart musulmans. Ils parlent une langue bantoue, le *kiswahili.*

SWAMMERDAM (Jan), *Amsterdam 1637 - id. 1680,* entomologiste hollandais. Il se consacra à l'étude de l'anatomie et des métamorphoses chez les insectes.

SWAN (sir Joseph Wilson), *Sunderland 1828 - Warlingham 1914,* chimiste britannique. Il réalisa une lampe à incandescence à filament de carbone, à la même époque que T. Edison. Il inventa plusieurs papiers photographiques.

SWANSEA, v. de Grande-Bretagne, dans le sud du pays de Galles, sur le canal de Bristol ; 168 000 hab. Port. – Musées.

SWAPO n.f. (South West Africa People's Organization, en fr. Organisation du peuple du Sud-Ouest africain), mouvement de libération de la Namibie, fondé en 1958. Engagée à partir de 1966 dans la lutte armée contre le gouvernement sud-africain, la SWAPO arrive au pouvoir avec l'accession de la Namibie à l'indépendance (1990).

SWARTE (Joost), *Heemstede 1947,* dessinateur et scénariste néerlandais de bandes dessinées. Chef de file de la bande dessinée néerlandaise, il adopte un graphisme épuré marqué par l'influence d'Hergé.

■ EMANUEL **SWEDENBORG**

■ JONATHAN **SWIFT** par C. Jervas. (National Portrait Gallery, Londres.)

SWATOW → SHANTOU.

SWAZI, peuple habitant le Swaziland, de langue bantoue.

SWAZILAND n.m., État d'Afrique australe ; 17 363 km² ; 880 000 hab. *(Swazi).* CAP. *Mbabane.* LANGUES : *swazi* et *anglais.* MONNAIE : *lilangeni.* (V. carte **Afrique du Sud.**) Ce pays enclavé, peuplé très majoritairement par l'ethnie swazi, est presque exclusivement agricole et dépend économiquement de l'Afrique du Sud. – Royaume bantou fondé en 1815, le Swaziland passa en 1902 sous protectorat britannique. Il devint indépendant en 1968. À Sobhuza II, proclamé roi en 1921, reconnu par la Grande-Bretagne en 1967 et décédé en 1982, ont succédé la reine Ntombi (1983 - 1986) puis Mswati III.

SWEDENBORG (Emanuel), *Stockholm 1688 - Londres 1772,* théosophe suédois. À la suite de visions qu'il aurait eues en 1743 et dont il fait le récit dans les *Arcanes célestes,* il développa une doctrine, dite *de la Nouvelle Jérusalem,* selon laquelle tout a un sens spirituel, que Dieu seul connaît.

SWEELINCK (Jan Pieterszoon), *Deventer 1562 - Amsterdam 1621,* organiste et compositeur néerlandais. Il apporta à l'art vocal (psaumes, chansons) mais surtout au clavecin et à l'orgue (toccatas, variations) des innovations annonciatrices de Bach.

SWIFT (Jonathan), *Dublin 1667 - id. 1745,* écrivain irlandais. Secrétaire d'un diplomate, puis précepteur d'une jeune fille, à qui il adressa le *Journal à Stella,* il entra dans le clergé anglican et s'engagea dans les luttes littéraires *(la Bataille des livres),* religieuses *(le Conte du tonneau)* et politiques *(Lettres de M. B., drapier).* Ses ambitions déçues lui inspirèrent une virulente satire de la société de son époque, *les Voyages de *Gulliver.*

SWINBURNE (Algernon Charles), *Londres 1837 - id. 1909,* poète britannique. Écrivain érudit, influencé par le préraphaélisme, et dramaturge *(Atalante en Calydon),* héritier de la tradition romantique *(Poésies et ballades),* il évolua vers un idéal humanitaire *(Chants d'avant l'aube).* Il a laissé une œuvre critique importante.

SWINDON, v. de Grande-Bretagne (Angleterre), à l'O. de Londres ; 91 000 hab.

SWINGS (Polydore, dit Pol), *Ransart 1906 - Esneux 1983,* astrophysicien belge. Il a contribué à préciser, par des études spectroscopiques, la composition chimique d'une grande variété d'objets célestes, en particulier des comètes.

SYAGRIUS (Afranius), *v. 430 - 486,* chef gallo-romain. Il gouverna l'étroit territoire que les Romains possédaient encore en Gaule, entre la Somme et la Loire. Vaincu par Clovis à Soissons (486), il lui fut livré peu après.

SYBARIS, anc. v. grecque de l'Italie péninsulaire, sur le golfe de Tarente. Sa prospérité était proverbiale. Sa rivale Crotone la détruisit en 510 av. J.-C. Ruines grecques et romaines.

SYDENHAM (Thomas), *Wynford Eagle 1624 - Londres 1689,* médecin anglais. Il a décrit la chorée infantile *(chorée de Sydenham)* et a préconisé l'usage du laudanum.

SYDNEY, v. d'Australie, cap. de la Nouvelle-Galles du Sud, sur le Pacifique ; 3 714 000 hab. Port. Grand centre industriel et commercial. Université. – Galerie d'art de l'État.

SYDNEY, v. du Canada (Nouvelle-Écosse) ; 26 063 hab. Port.

Sykes-Picot (accord) [16 mai 1916], accord secret franco-britannique relatif au démembrement et au partage entre les Alliés des provinces non turques de l'Empire ottoman (Syrie, Palestine, etc.).

SYKTYVKAR, v. de Russie, cap. de la république des Komis, à l'O. de l'Oural ; 233 000 hab.

SYLHET, v. du Bangladesh ; 167 000 hab.

SYLLA → SULLA.

Syllabus (8 déc. 1864), recueil de 80 propositions publié par Pie IX, résumant, selon lui, les principales « erreurs » du monde moderne (libéralisme, socialisme, naturalisme, etc.).

SYLT, île d'Allemagne, à l'O. de la côte du Schleswig-Holstein, à laquelle elle est reliée par une digue.

SYLVAIN MYTH. ROM. Divinité protectrice des bois et des champs.

SYLVESTER (James Joseph), *Londres 1814 - id. 1897,* mathématicien britannique. Il fonda, avec A. Cayley, la théorie des invariants algébriques et celle des déterminants.

SYLVESTRE Ier (saint), *m. à Rome en 335,* pape de 314 à 335. Sous son pontificat, le christianisme accéda avec Constantin Ier au statut de religion d'Empire. – **Sylvestre II** (Gerbert **d'Aurillac**), *en Auvergne v. 938 - Rome 1003,* pape de 999 à 1003. Célèbre pour son érudition (notamm. en mathématiques), il enseigna à Reims et eut pour élève le futur empereur Otton III. Il joua un rôle important dans la désignation d'Hugues Capet comme roi de France. Archevêque de Reims (991), puis de Ravenne (998), il fut le pape de l'an 1000.

SYMMAQUE, en lat. **Quintus Aurelius Symmachus,** *Rome v. 340 - v. 410,* orateur et homme politique romain. Préfet de Rome en 384, consul en 391, il fut l'un des derniers défenseurs du paganisme contre le christianisme.

SYNGE (John Millington), *Rathfarnham 1871 - Dublin 1909,* auteur dramatique irlandais. Ses drames mêlent la poésie des thèmes folkloriques à l'observation réaliste de la vie quotidienne de province (*le Baladin du monde occidental,* 1907).

■ **SYDNEY.** L'Opéra.

SYNGE (Richard Laurence Millington), *Liverpool 1914 - Norwich 1994,* biochimiste britannique. Avec A. J. P. Martin, il a créé, en 1944, l'analyse chromatographique sur papier. (Prix Nobel de chimie 1952.)

SYPHAX, *m. à Rome v. 202 av. J.-C.,* roi de la Numidie occidentale. Époux de Sophonisbe, il fut vaincu par Masinissa en 203 et livré à Scipion l'Africain.

SYRA → **SÝROS.**

SYRACUSE, v. des États-Unis (État de New York) ; 163 860 hab. Université.

SYRACUSE, v. d'Italie (Sicile), ch.-l. de prov. ; 126 136 hab. Port. — Vestiges grecs et romains (temples, théâtre, amphithéâtre, latomies, etc.) ; monuments du Moyen Âge et de l'époque baroque. Musées. — Colonie corinthienne fondée v. 734 av. J.-C., Syracuse imposa au Vᵉ s. av. J.-C. son hégémonie sur la Sicile en refoulant les Carthaginois. Avec Denys l'Ancien (405 - 367 av. J.-C.), son influence s'étendit aux cités grecques de l'Italie méridionale. Elle fut conquise par Rome au cours de la deuxième guerre punique, après l'un des plus longs sièges de l'Antiquité (213 - 212 av. J.-C.).

SYR-DARIA n.m., anc. **Iaxarte**, fl. de l'Asie centrale, né au Kirghizistan (sous le nom de *Naryn*) et qui se jette dans la mer d'Aral ; 3 019 km. Il traverse le Kazakhstan.

SYRIE, région historique de l'Asie occidentale, englobant les États actuels de la république de Syrie, du Liban, d'Israël et de Jordanie.

HISTOIRE

La Syrie antique. IIᵉ millénaire : par vagues successives s'infiltrent Cananéens (dont les Phéniciens sont un rameau), Amorrites, Hourrites, Araméens (auxquels appartiennent les Hébreux) et Peuples de la Mer. **539 av. J.-C. :** la prise de Babylone par Cyrus II met fin à la domination assyro-babylonienne et fait de la Syrie une satrapie perse. **332 :** le pays est conquis par Alexandre le Grand. La Syrie est intégrée au royaume séleucide, dont la capitale, Antioche, est fondée en 301. **64 - 63 av. J.-C. :** la Syrie devient une province romaine. **395 apr. J.-C. :** elle est rattachée à l'Empire romain d'Orient.

La Syrie musulmane. 636 : les Arabes, vainqueurs des Byzantins sur la rivière Yarmouk, conquièrent le pays. **661 - 750 :** les Omeyyades font de la Syrie et de Damas le centre de l'Empire musulman. **VIIIᵉ s. :** sous les Abbassides, Bagdad devient la capitale de l'empire au détriment de Damas. **1076 - 1077 :** les Turcs Seldjoukides prennent Damas puis Jérusalem. **XIᵉ - XIIIᵉ s. :** les croisés organisent la principauté d'Antioche (1098 - 1268), le royaume de Jérusalem (1099 - 1291) et le comté de Tripoli (1109 - 1289). Saladin (1171 - 1193) et ses successeurs ayyubides entretiennent des relations pacifiques avec les Francs. **1260 - 1291 :** les Mamelouks arrêtent les Mongols, puis reconquièrent les dernières possessions franques de Palestine et de Syrie. Ils gouvernent la région jusqu'à la conquête ottomane (1516).

La Syrie ottomane puis française. 1516 : les Ottomans s'emparent de la Syrie, qu'ils conserveront jusqu'en 1918. **1831 - 1840 :** ils sont momentanément chassés par Méhémet-Ali et Ibrahim Pacha. **1860 :** la France intervient au Liban en faveur des maronites. **1916 :** l'accord Sykes-Picot délimite les zones d'influence de la France et de la Grande-Bretagne au Moyen-Orient. Les Syriens rallient les forces anglo-françaises et hachémites. **1920 - 1943 :** la France exerce le mandat que lui a confié la SDN établissant une République syrienne (avec Damas et Alep), une république des Alaouites et un État druze.

SYRIE n.f., en ar. **Sūriya,** État d'Asie occidentale, sur la Méditerranée ; 185 000 km² ; 15 170 000 hab. *(Syriens).* CAP. *Damas.* V. PRINC. *Alep* et *Homs.* LANGUE : *arabe.* MONNAIE : *livre syrienne.*

GÉOGRAPHIE

Une barrière montagneuse (djabal Ansariyya, prolongé au sud par les chaînons de l'Anti-Liban et de l'Hermon) sépare une étroite plaine littorale, au climat méditerranéen, des plateaux de l'Est, désertiques. Les principales cultures (blé et orge surtout, coton, tabac, vigne, olivier) sont souvent liées à l'irrigation et proviennent du Ghab (dépression drainée par l'Oronte), des piémonts montagneux - sites des principales villes (Damas, Alep, Homs et Hama, en dehors du port de Lattaquié) - et de la vallée de l'Euphrate (barré à Tabqa). L'élevage ovin est la ressource essentielle des nomades de la Syrie orientale, où s'est développée l'extraction du pétrole (premier produit d'exportation). Le développement économique, réel, est ralenti par la forte croissance démographique et dépend surtout de l'évolution des cours du pétrole et de la situation géopolitique régionale. La population, en majeure partie arabe, compte une petite minorité kurde. Elle est auj. en quasi-totalité islamisée.

HISTOIRE

1941 : le général Catroux, au nom de la France libre, proclame l'indépendance du pays. **1943 - 1944 :** le mandat français sur la Syrie prend fin. **1946 :** les dernières troupes françaises et britanniques quittent le pays. **1948 :** la Syrie participe à la première guerre israélo-arabe. **1949 - 1956 :** des putschs portent au pouvoir des chefs d'État favorables ou hostiles aux Hachémites. **1958 - 1961 :** l'Égypte et la Syrie forment la République arabe unie. **1963 :** le parti Baath prend le pouvoir. **1967 :** la guerre des Six-Jours entraîne l'occupation du Golan par Israël. **1970 :** Hafiz al-Asad accède au pouvoir. **1973 :** la Syrie s'engage dans la quatrième guerre israélo-arabe. **À partir de 1976 :** elle intervient au Liban. **1980 :** l'opposition islamiste des Frères musulmans se développe. **À partir de 1985 :** la Syrie renforce sa tutelle sur le Liban, consacrée en 1991 par un traité de fraternité syro-libanais. **1991 :** lors de la guerre du Golfe, la Syrie participe à la force multinationale. Elle prend part à la conférence de paix sur le Proche-Orient, ouverte à Madrid en octobre. **1994 :** des négociations s'engagent entre la Syrie et Israël sur la restitution du Golan et sur la normalisation des relations entre les deux pays. **2000 :** Hafiz al-Asad meurt ; son fils Bachar lui succède à la tête du parti Baath et de l'État.

SYRIE (désert de), région aride de l'Asie, aux confins de la Syrie, de l'Iraq et de la Jordanie.

SYRINX MYTH. GR. Nymphe d'Arcadie, qui, pour échapper à l'amour de Pan, obtint d'être changée en roseau. De ce roseau Pan fit une flûte.

SÝROS ou **SYRA,** une des îles Cyclades (Grèce) ; ch.-l. *Ermoúpolis.*

SYRTE (golfe de), échancrure du littoral de la Libye, entre Benghazi et Misourata.

SYZRAN, v. de Russie, sur la Volga ; 174 000 hab. Centre d'un bassin pétrolier.

SZASZ (Thomas Stephen), *Budapest 1920,* psychiatre et psychanalyste américain d'origine hongroise. Sa critique des institutions psychiatriques se nourrit d'une conception humaniste et individualiste du sujet (*Fabriquer la folie,* 1970).

SZCZECIN, en all. **Stettin,** v. de Pologne, ch.-l. de voïévodie, sur l'Odra, près de la Baltique ; 414 200 hab. Port. Centre industriel. — Églises gothiques et château de la Renaissance.

SZEGED, v. de Hongrie, au confluent de la Tisza et du Maros (Mureş) ; 175 301 hab. Université.

SZÉKESFEHÉRVÁR, anc. **Albe Royale,** v. de Hongrie, au N.-E. du lac Balaton ; 108 958 hab. Monuments baroques et néoclassiques.

SZENT-GYÖRGYI (Albert), *Budapest 1893 - Woods Hole, Massachusetts, 1986,* biochimiste américain d'origine hongroise. Il obtint le prix Nobel de médecine en 1937 pour sa découverte de la vitamine C.

SZIGLIGETI (József **Szathmáry,** dit Ede), *Váradolaszi 1814 - Budapest 1878,* auteur dramatique hongrois, créateur du drame populaire dans son pays.

SZILARD (Leo), *Budapest 1898 - La Jolla, Californie, 1964,* physicien américain d'origine hongroise. Collaborateur de E. Fermi, il a réalisé la réaction des rayons γ sur le béryllium et participé à la construction de la première pile atomique (Chicago, 1942).

SZOLNOK, v. de Hongrie, sur la Tisza ; 78 328 hab.

SZOMBATHELY, v. de Hongrie ; 85 617 hab. Vestiges romains ; monuments gothiques et baroques ; musée.

SZYMANOWSKI (Karol), *Tymoszówka 1882 - Lausanne 1937,* compositeur polonais. L'un des chefs de l'école symphonique et dramatique polonaise, il écrivit deux concertos pour violon.

SZYMBORSKA (Wisława), *Bnin, auj. dans Kórnik, près de Poznań, 1923,* poétesse et critique polonaise. Elle livre une poésie limpide, sobre et caustique, d'inspiration philosophique (*Cas où,* 1972 ; *les Gens sur le pont,* 1986). [Prix Nobel 1996.]

S

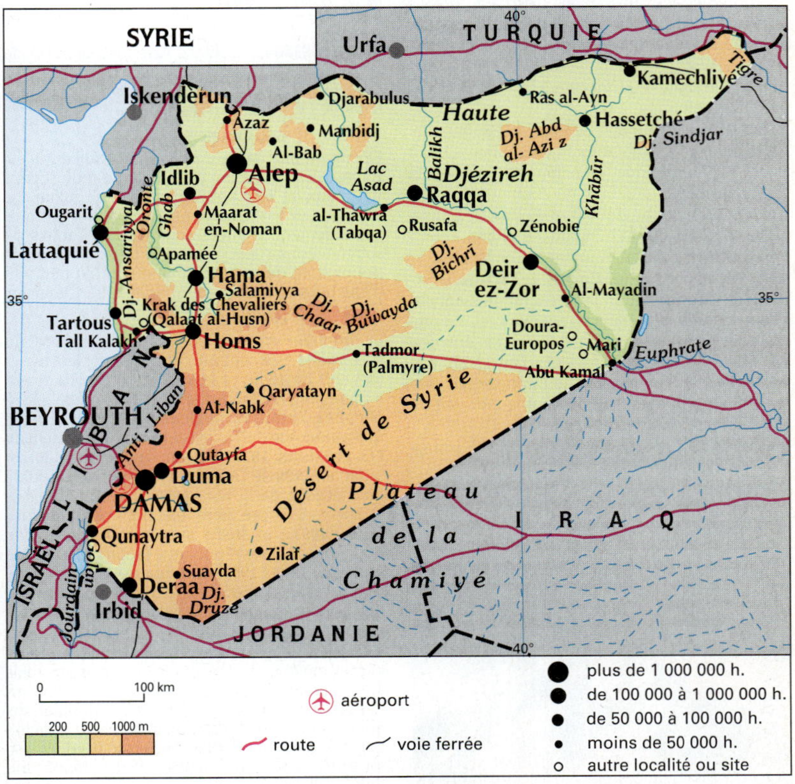

Caractère Trump

TABARIN (Antoine **Girard,** dit), *Paris 1584 - id. 1633,* bateleur français, célèbre joueur de farces.

TABARKA, port et station balnéaire du nord de la Tunisie (Kroumirie), sur la Méditerranée ; 12 000 hab. Pêche. – Festival de jazz.

TABARLY (Éric), *Nantes 1931 - en mer, au large des côtes du pays de Galles, 1998,* officier de marine et navigateur français. Vainqueur, notamment, de la course transatlantique en solitaire en 1964 et en 1976 (respectivement sur *Pen Duick II* et sur *Pen Duick VI*), il fut à l'origine de nombreuses innovations en matière de conception et d'architecture des voiliers.

Table ronde (cycle de la), autre nom du *cycle d'*Arthur.*

TABORA, v. de Tanzanie ; 214 000 hab.

TABOUROT (Jehan), *Dijon 1519 ou 1520 - Langres 1595 ou 1596,* écrivain français. Il est l'auteur, sous le pseudonyme de Thoinot Arbeau, du premier ouvrage de notation chorégraphique (*Orchésographie,* 1588).

Tabqa (al-), site d'un important barrage de Syrie, sur l'Euphrate.

TABRIZ, anc. **Tauris,** v. d'Iran ; 1 088 985 hab. Principal centre de l'Azerbaïdjan iranien. – Beau décor de céramique émaillée (XVe s.) de la mosquée Bleue.

TACHKENT, cap. de l'Ouzbékistan, en Asie centrale ; 2 113 000 hab. Nœud ferroviaire, centre administratif, culturel et industriel. – Musées.

TACITE, en lat. **Publius Cornelius Tacitus,** *v. 55 - v. 120,* historien latin. Tout en remplissant les charges d'une carrière qu'il acheva comme proconsul d'Asie (v. 110 - 113), il écrivit les *Annales,* les *Histoires,* la *Vie d'Agricola* (qui était son beau-père), *la Germanie* et le *Dialogue des orateurs.* Son style expressif, dense et concis fait de lui un maître de la prose latine.

TACOMA, v. des États-Unis (État de Washington) ; 176 664 hab.

TADEMAÏT (plateau du), région du Sahara algérien, au N. d'In Salah.

■ ÉRIC **TABARLY**

■ Le **TADJ MAHALL** (1631 - 1641), près d'Agra.

TADJIKISTAN n.m., État d'Asie centrale, à l'O. de la Chine ; 143 000 km² ; 6 270 000 hab. *(Tadjiks).* CAP. *Douchanbe.* LANGUE : *tadjik.* MONNAIE : *somoni.* (V. carte **Kazakhstan.**)

GÉOGRAPHIE

Occupant une partie du Pamir, le Tadjikistan est un territoire montagneux, au climat rude (hivers rigoureux et étés souvent arides). Il juxtapose élevage (ovins) largement dominant et cultures généralement irriguées (coton). Les Tadjiks de souche constituent près des deux tiers de la population, qui comporte une notable minorité d'Ouzbeks et qui est en quasi-totalité islamisée.

HISTOIRE

La frontière entre, d'une part, les régions du sud-est de l'Asie centrale conquises par les Russes (à partir de 1865) et le khanat de Boukhara, et, d'autre part, l'Afghanistan est fixée de 1886 à 1895 par une commission anglo-russe. **1924 :** la république autonome du Tadjikistan est créée au sein de l'Ouzbékistan. **1925 :** le Pamir septentrional lui est rattaché. **1929 :** le Tadjikistan devient une république fédérée de l'URSS. **1990 :** les communistes remportent les premières élections républicaines libres. **1991 :** le Soviet suprême proclame l'indépendance de la république (sept.), qui adhère à la CEI. **1992 - 1997 :** une guerre civile oppose islamistes et démocrates aux procommunistes. Ces derniers se maintiennent au pouvoir, mais la paix intérieure reste très fragile.

TADJIKS, peuple vivant principalement au Tadjikistan, en Afghanistan et en Ouzbékistan, mais aussi au Kirghizistan, au Kazakhstan, en Iran et en Russie (env. 7,5 millions). Issus des populations qui occupaient les plateaux iraniens au néolithique et qui se sont déplacées vers le nord et l'est, tôt sédentarisés, les Tadjiks ont développé une riche culture (littérature) marquée, à partir du Xe s., par leur relation complexe avec les peuples turcs d'Asie centrale. En majorité musulmans sunnites, ils parlent le *tadjik,* forme du persan.

Tadj Mahall ou **Taj Mahal,** mausolée élevé au XVIIe s. près d'Agra, en Inde, par l'empereur Chah Djahan. Construit en marbre blanc incrusté de pierres de couleur pour célébrer la mémoire de son épouse, Mumtaz Mahall, c'est l'une des plus belles œuvres de l'architecture moghole.

TADOUSSAC, village du Canada (Québec), à l'embouchure du Saguenay ; 830 hab. *(Tadoussaciens).* Centre touristique dans un site remarquable ; chapelle en bois de 1747.

TAEGU, v. de Corée du Sud ; 2 229 000 hab. Centre commercial et industriel.

TAEJON, v. de Corée du Sud ; 1 062 000 hab.

TAFILALET ou **TAFILELT** n.m., région du Sahara marocain, au S. du Haut Atlas. Nombreuses oasis.

Tafna (traité de la) [30 mai 1837], traité signé entre Bugeaud et Abd el-Kader. L'autorité de ce dernier était reconnue par la France sur près des deux tiers de l'Algérie.

TAFT (William Howard), *Cincinnati 1857 - Washington 1930,* homme politique américain. Il fut président républicain des États-Unis de 1909 à 1913. – **Robert Alphonso T.,** *Cincinnati 1889 - New York 1953,* homme politique américain, fils de William Howard. Sénateur républicain, il inspira la loi *Taft-Hartley* limitant le droit de grève (1947).

TAGAL ou **TAGALOG,** peuple des Philippines (île de Luçon) [env. 27 millions]. D'origine malaise, ils ont été christianisés sous les dominations espagnole puis américaine. Ils parlent le *tagal* (ou *tagalog, pilipino, filipino, philippin*), devenu en 1959 langue nationale des Philippines.

TAGANROG, v. de Russie, sur la mer d'Azov ; 291 000 hab. Port. – Maison-musée A.-Tchekhov.

TAGE n.m., en esp. **Tajo,** en port. **Tejo,** le plus long fl. de la péninsule Ibérique, né en Espagne et qui rejoint l'Atlantique par un estuaire sur lequel est établie Lisbonne ; 1 120 km. Il passe à Tolède, avant de traverser le Portugal (où il parcourt 210 km). Hydroélectricité.

TAGLIONI (les), famille de danseurs italiens des XVIIIe et XIXe s. – **Filippo T.,** *Milan 1777 - Côme 1871,* chorégraphe italien, initiateur du ballet romantique (*la Sylphide,* 1832 ; *l'Ombre,* 1839). – **Maria** ou **Marie T.,** *Stockholm 1804 - Marseille 1884,* danseuse italienne. Fille de Filippo, elle fut la première à maîtriser assez la technique des pointes pour lui donner une dimension poétique et incarna la ballerine romantique idéale en créant *la Sylphide* et *le Pas de quatre* (1845).

TAGORE (Rabindranath), *Calcutta 1861 - Shantiniketan 1941,* écrivain indien. Il est l'auteur de poèmes d'inspiration mystique ou patriotique (*Gitanjali,* 1910, traduit par Gide sous le titre de *l'Offrande lyrique*), de romans et de drames. (Prix Nobel 1913.)

TAHITI, principale île de la Polynésie française, dans l'archipel de la Société ; 1 042 km² ; 150 721 hab. ; ch.-l. *Papeete.* Coprah. Tourisme. – Découverte par S. Wallis en 1767, dirigée par la dynastie des Pomaré à partir de la fin du XVIIIe s., l'île devint protectorat français en 1843, puis colonie française en 1880. En 1959, elle a été intégrée à la Polynésie française.

TAI'AN, v. de Chine, au S.-E. de Jinan ; 1 275 000 hab.

TAICHUNG, v. de Taïwan ; 802 000 hab. Zone franche industrielle.

TAIF, v. d'Arabie saoudite, dans le Hedjaz ; 300 000 hab.

TAIFAS (royaumes de), petits États musulmans de l'Espagne médiévale, formés après la disparition du califat de Cordoue (1031).

Taillebourg (bataille de) [21 juill. 1242], victoire de Saint Louis sur Henri III d'Angleterre, à Taillebourg, au nord de Saintes.

TAÏMYR (péninsule de), presqu'île du nord de la Russie, dans l'océan Arctique.

TAINAN, v. de Taïwan ; 692 000 hab. Port.

TAINE (Hippolyte), *Vouziers 1828 - Paris 1893,* philosophe, historien et critique français. Il a essayé d'expliquer par la triple influence de la race, du milieu et de l'époque les œuvres artistiques et les faits historiques (*Origines de la France contemporaine,* 1875 - 1894) et littéraires (*Essai sur les Fables de La Fontaine,* 1853 ; *les Philosophes français du* XIXe *siècle,* 1857 ; *Histoire de la littérature anglaise,* 1864 - 1872 ; *De l'intelligence,* 1870 ; *Philosophie de l'art,* 1882). [Acad. fr.]

TAIN-L'HERMITAGE (26600), ch.-l. de cant. de la Drôme ; 5 740 hab. Vignobles.

TAIPEI, cap. de Taïwan ; 2 706 000 hab. (6 130 000 hab. dans l'agglomération). Centre commercial et industriel. – Musée national (riche collection de peinture chinoise ancienne).

Taiping, mouvement politique et religieux qui agita la Chine de 1851 à 1864. Fondé par Hong Xiuquan (1814 - 1864), qui voulait sauver la Chine de la décadence, il fut appuyé par les sociétés secrètes hostiles aux Qing. Il fut anéanti en 1864.

TAIROV (Aleksandr Iakovlevitch **Kornblit,** dit Aleksandr Iakovlevitch), *Romny, Poltava, 1885 - Moscou 1950,* acteur et metteur en scène de théâtre soviétique. Fondateur du « Théâtre de chambre » de Moscou, inspiré du *Kammerspiel* allemand, il associa à la technique dramatique les autres modes d'expression : danse, musique, cinéma.

TAISHO TENNO, nom posthume de **Yoshihito,** *Tokyo 1879 - Hayama 1926,* empereur du Japon de 1912 à 1926. Dès 1921, il laissa la régence à son fils Hirohito.

TAÏWAN n.f., anc. **Formose,** État d'Asie orientale, séparé de la Chine continentale par le *détroit de Taïwan ;* 36 000 km² ; 20 900 000 hab. *(Taïwanais).* CAP. *Taipei.* LANGUE : *chinois.* MONNAIE : *dollar de Taïwan.*

GÉOGRAPHIE

L'île, traversée par le tropique et abondamment arrosée par la mousson en été, est formée, à l'est, de montagnes élevées et, à l'ouest, de collines et de plaines intensément mises en valeur (canne à sucre, riz, légumes et fruits). Le secteur industriel (textiles, matériel électrique et électronique, plastiques, jouets), à vocation exportatrice, est devenu le moteur d'une économie qui a récemment connu un essor spectaculaire.

HISTOIRE

Depuis le XIIe s., des marchands et des pirates chinois fréquentent l'île. **XVIIe s. :** celle-ci est peuplée par des immigrants chinois ; les Hollandais s'établissent dans le Sud (1624), les Espagnols dans le Nord (1626 - 1642). **1683 :** l'île passe sous le contrôle des empereurs Qing. **1895 :** le traité de Shimonoseki cède Formose au Japon. **1945 :** l'île est restituée à la Chine. **1949 :** elle sert de refuge au gouvernement du Guomindang, présidé par Jiang Jieshi (Tchang Kaï-chek). **1950 - 1971 :** ce gouvernement représente la Chine au Conseil de sécurité de l'ONU. **1975 :** Chiang Chin-kuo (Jiang Jingguo) succède à son père, Jiang Jieshi. **1979 :** les États-Unis reconnaissent la République populaire de Chine et rompent leurs relations diplomatiques avec Taïwan. L'île refuse l'« intégration pacifique » que lui propose la Chine populaire. **1987 :** un processus de démocratisation est engagé. **1988 :** mort de Chiang Chin-kuo. Lee Teng-hui lui succède. **1991 :** l'état de guerre avec la Chine est levé. **1995 :** la Chine accentue très fortement sa pression sur Taïwan. **1996 :** Lee Teng-hui remporte la première élection présidentielle au suffrage universel. **2000 :** Chen Shui-bian, leader du Parti démocratique progressiste (de tendance indépendantiste), est élu à la présidence de la République, mettant un terme à un demi-siècle de pouvoir du Guomindang.

TAIYUAN, v. de Chine, cap. du Shanxi ; 1 700 000 hab. Sidérurgie. Chimie. – Musée de la prov. du Shanxi ; monastère (coll. de peintures sur soie) ; à proximité, dans un parc, le *Jinci,* temple des Ancêtres aux nombreux bâtiments d'époque Song et Ming.

■ **TAIYUAN.** Le pavillon de la terrasse du Miroir de l'eau, époque Ming, dans le temple du Jinci.

Taizé (Communauté de), communauté chrétienne fondée en 1940 à Taizé (Saône-et-Loire) par des protestants suisses autour du pasteur Roger Schutz. Œcuménique, devenue interconfessionnelle en 1969, elle accueille des jeunes du monde entier et les rassemble en des « conciles » périodiques sur tous les continents.

TAIZZ, v. du Yémen ; 178 000 hab.

TAJÍN (El), centre religieux précolombien de l'État de Veracruz (Mexique), florissant du VIIe au Xe s., avant d'être abandonné. Nombreux vestiges architecturaux, dont la pyramide aux 365 niches.

TAKAMATSU, v. du Japon (Shikoku) ; 329 684 hab. Port. – Célèbre jardin du XVIIIe s. dans le parc de Ritsurin.

TAKAOKA, v. du Japon (Honshu) ; 175 466 hab.

TAKASAKI, v. du Japon (Honshu) ; 236 461 hab.

TAKATSUKI, v. du Japon (Honshu) ; 359 867 hab.

TAKIS (Panayiótis **Vassilákis,** dit), *Athènes 1925,* artiste grec. Installé en France, il s'est orienté vers une poétique fondée sur les ressources de la technologie : « Sculptures électromagnétiques », « Télélumières », « Sculptures musicales », etc.

TAKLA-MAKAN ou **TAKLIMAKAN,** désert de Chine, dans le sud du Xinjiang.

TAKORADI, v. du Ghana ; 61 527 hab. Principal port du pays.

TALANT (21240), comm. de la Côte-d'Or, banlieue N.-O. de Dijon ; 12 332 hab. Église gothique (statues) ; maisons anciennes.

TALAT PAŞA (Mehmed), *Edirne 1874 - Berlin 1921,* homme politique ottoman. Membre du mouvement jeune-turc, il forma avec Enver et Djamal le triumvirat qui présida à partir de 1913 aux destinées de l'Empire ottoman, et fut grand vizir (1917 - 1918). Il fut assassiné par un Arménien.

TALAVERA DE LA REINA, v. d'Espagne (Castille-La Manche), sur le Tage ; 68 700 hab. Églises des XIIe-XVe s. ; céramiques.

TALBOT (John), comte **de Shrewsbury,** *v. 1384 - Castillon 1453,* homme de guerre anglais. Il combattit en Normandie et s'empara de Bordeaux. Il fut tué à la bataille de Castillon.

TALBOT (William Henry Fox), *Lacock Abbey, près de Chippenham, 1800 - id. 1877,* physicien britannique. Le premier, il mit au point, de 1835 à 1841, la photographie avec négatif et sur papier (*calotypie,* ou *talbotypie*). En 1851, il imagina un procédé de photographie instantanée.

TALCA, v. du Chili central ; 171 467 hab.

TALCAHUANO, v. du Chili central ; 246 566 hab. Port. Pêche et traitement du poisson. Chantiers navals. Université.

TALENCE (33400), ch.-l. de cant. de la Gironde, banlieue sud-ouest de Bordeaux ; 38 421 hab. Centre universitaire.

TALLAHASSEE, v. des États-Unis, cap. de la Floride ; 124 773 hab. Université.

TALLEMANT DES RÉAUX (Gédéon), *La Rochelle 1619 - Paris 1692,* mémorialiste français. Ses *Historiettes* forment un témoignage savoureux sur la société mondaine de son temps.

TALLEYRAND-PÉRIGORD [talrã- ou talerã-] (Charles Maurice **de**), *Paris 1754 - id. 1838,* homme politique français. Devenu boiteux dans son enfance, il est destiné à une carrière ecclésiastique et devient évêque d'Autun (1788). Député aux États généraux et à l'Assemblée constituante (1789), il rompt avec l'Église après avoir soutenu la Constitution civile du clergé. Réfugié en Angleterre puis aux États-Unis (1792 - 1796), il est ministre des Relations extérieures du Directoire, puis du Consulat et de l'Empire (1797 - 1807) ; il inspire le traité de Lunéville (1801), le Concordat (1801), la paix d'Amiens (1802) et le traité de Presbourg (1805). Grand chambellan d'Empire et prince de Bénévent, il quitte les Affaires étrangères (1807) parce qu'il est opposé à la rupture avec l'Autriche ; il est disgracié en 1809. Chef du gouvernement provisoire en avril 1814, il fait voter par le Sénat la déchéance de Napoléon et la proclamation de Louis XVIII. Ministre des Affaires étrangères sous la première Restauration, il joue un rôle essentiel au congrès de Vienne (1814 - 1815). De nouveau chef du gouvernement de juill. à sept. 1815, il passe, à la fin de la Restauration, dans l'opposition libérale. Louis-Philippe fait de lui son ambassadeur à Londres (1830 - 1835).

TALLIEN (Jean Lambert), *Paris 1767 - id. 1820,* homme politique français. Député montagnard à la Convention, il revint à des positions plus modérées après sa rencontre avec Thérésa Cabarrus. Il fut l'un des instigateurs du 9 Thermidor. – **Thérésa Cabarrus,** Mme **T.,** marquise **de Fontenay,** *Carabanchel Alto, près de Madrid, 1773 - Chimay 1835,* femme de Jean Lambert Tallien. Elle fut surnommée *Notre-Dame de Thermidor.*

TALLINN, anc. **Reval** ou **Revel,** cap. de l'Estonie, sur le golfe de Finlande ; 502 400 hab. Centre industriel. Université. – Citadelle médiévale ; musée dans un palais baroque du XVIIIe s.

■ MARIA **TAGLIONI.** Lithographie (vers 1840) de Belliard.

■ **TALLEYRAND** par A. Scheffer. (Musée Condé, Chantilly.)

T

TALLOIRES (74290), comm. de la Haute-Savoie, sur le lac d'Annecy ; 1 471 hab.

TALLON (Roger), *Paris 1929,* designer français. Ses réalisations concernent l'ensemble de la production industrielle : équipement ménager ; luminaires ; téléphones ; métro de Mexico (1969) ; TGV Atlantique (1986 - 1988).

TALMA (François Joseph), *Paris 1763 - id. 1826,* acteur français. Il fut l'acteur tragique préféré de Napoléon Ier. Soucieux de vérité historique dans les costumes et les décors, il rendit aussi la diction plus naturelle.

TALMONT-SAINT-HILAIRE (85440), ch.-l. de cant. de la Vendée ; 5 455 hab. Forteresse remontant au XIe s. ; musée de l'Automobile.

Talmud (mot hébreu signifiant *étude*), compilation de commentaires sur la Loi mosaïque fixant l'enseignement des grandes écoles rabbiniques. Il est constitué par la *Mishna* (IIe-IIIe s.), codification de la Loi orale, et par la *Gemara* (IVe-VIe s.), commentaire de la Mishna, émanant des écoles de Palestine et de Babylone. Le Talmud est un des ouvrages les plus importants du judaïsme.

TALON (Jean), *Châlons-sur-Marne 1625 - 1694,* administrateur français. Premier intendant de la Nouvelle-France (1665 - 1668 et 1670 - 1672), il amorça l'essor du Canada.

T

TALON (Omer), *Paris 1595 - id. 1652,* magistrat français. Avocat général au parlement de Paris (1631), il défendit les droits du parlement, mais resta fidèle à la royauté pendant la Fronde.

TAMALE, v. du Ghana ; 135 952 hab.

TAMANRASSET ou **TAMANGHASSET,** v. d'Algérie, ch.-l. de wilaya, dans le Hoggar ; 38 100 hab. Oasis.

TAMARIS, station balnéaire du Var (comm. de La Seyne-sur-Mer).

TAMATAVE → **TOAMASINA.**

TAMAYO (Rufino), *Oaxaca 1899 - Mexico 1991,* peintre mexicain. Ses toiles témoignent d'une riche invention symbolique et chromatique (*Prométhée,* 1958, maison de l'Unesco à Paris).

TAMBOV, v. de Russie, au S.-E. de Moscou ; 310 000 hab. Centre industriel.

TAMERLAN → **TIMUR LANG.**

TAMIL NADU, anc. **État de Madras,** État de l'Inde ; 130 000 km² ; 55 638 318 hab. ; cap. *Madras.*

TAMISE n.f., en angl. **Thames,** fl. de Grande-Bretagne, en Angleterre, qui rejoint la mer du Nord ; 338 km. Elle traverse Londres.

TAMISE, en néerl. **Temse,** comm. de Belgique (Flandre-Orientale) ; 23 839 hab.

TAMMERFORS → **TAMPERE.**

TAMMOUZ, dieu assyro-babylonien du Printemps et de la Fertilité, appelé aussi *Doumouzi-Abzou.* Ses traits se retrouvent chez d'autres divinités du Proche-Orient (Adonis, Osiris).

TAMOUL ou **TAMIL,** peuple de l'Inde méridionale et de Sri Lanka, de religion hindouiste et parlant une langue dravidienne.

TAMPA, v. des États-Unis (Floride), sur le golfe du Mexique ; 280 015 hab. Port.

TAMPERE, en suéd. **Tammerfors,** v. de Finlande ; 176 149 hab. Centre industriel. — Monuments des XIXe et XXe s. ; musées.

TAMPICO, v. du Mexique ; 271 636 hab. Port. Raffinage et exportation du pétrole.

TAMPON (Le) [97430], comm. de la Réunion ; 61 258 hab.

TANA n.f. ou **TENO** n.m., fl. de Finlande et de Norvège ; 310 km. Elle sert de frontière entre les deux pays.

TANA (lac), lac d'Éthiopie (env. 3 000 km²), dont est issu le Nil Bleu.

TANAGRA, village de Grèce (Béotie). Centre de production d'élégantes statuettes de terre cuite, principalement au IVe s. av. J.-C.

TANAÏS, nom anc. du Don.

Tanaka (plan), plan japonais d'expansion territoriale rédigé par le général Tanaka (1863 - 1929) et partiellement réalisé pendant la Seconde Guerre mondiale.

TANANARIVE → **ANTANANARIVO.**

TANCARVILLE (76430), comm. de la Seine-Maritime, sur l'estuaire de la Seine ; 1 253 hab. Pont routier. — canal de **Tancarville,** canal qui aboutit à l'arrière-port du Havre (26 km).

TANCRÈDE DE HAUTEVILLE, *m. à Antioche en 1112,* prince de Galilée (1099 - 1112), prince d'Antioche (1111 - 1112). Petit-fils de Robert Guiscard, il accompagna son oncle Bohémond Ier à la première croisade et administra la principauté d'Antioche pendant l'absence de celui-ci (à partir de 1101), avant de lui succéder. Le Tasse a fait de lui le modèle du chevalier dans *la Jérusalem délivrée* (1581).

TANEGASHIMA, île du Japon, au S. de Kyushu. Base de lancement d'engins spatiaux.

TANEZROUFT n.m. (« Pays de la soif »), région très aride du Sahara algérien, à l'O. du Hoggar.

TANG, dynastie qui a régné sur la Chine de 618 à 907. Fondée par Tang Gaozu (618 - 626), cette dynastie étendit le territoire de l'empire en Asie centrale, au Viêt Nam, en Mongolie et en Mandchourie méridionale.

TANGA, v. de Tanzanie ; 172 000 hab. Port.

TANGANYIKA, nom que prit la partie de l'Afrique-Orientale allemande qui passa sous tutelle britannique en 1920. Ce territoire constitue auj. la partie principale de la Tanzanie.

TANGANYIKA (lac), grand lac de l'Afrique orientale, entre la Rép. dém. du Congo (ex-Zaïre), le Burundi, la Tanzanie et la Zambie, qui se déverse dans le Congo (r. dr.) par la Lukuga ; 31 900 km².

TANGE KENZO, *Imabari 1913,* architecte et urbaniste japonais. Utilisateur audacieux du béton armé, alliant progressivement à la pureté des formes un expressionnisme aux effets saisissants, il a exercé une influence internationale.

TANGER, en ar. **Ṭandja,** v. du Maroc, ch.-l. de prov., sur le détroit de Gibraltar ; 370 000 hab. Tanger fut zone internationale de 1923 à 1956, sauf pendant l'occupation espagnole (1940 - 1945). C'est un port franc depuis 1962. — Anc. palais des sultans ; musées.

TANGSHAN, v. de Chine (Hebei), à l'E. de Pékin ; 1 080 000 hab. Elle fut détruite par un séisme en 1976.

TANG TAIZONG, nom posthume de **Li Shimin,** empereur de Chine (627 - 649), de la dynastie des Tang. Il étendit considérablement l'Empire.

TANGUY (Yves), *Paris 1900 - Woodbury, Connecticut, 1955,* peintre français naturalisé américain. Autodidacte, l'un des plus purs « rêveurs » du surréalisme (*À quatre heures d'été, l'espoir,* 1929, MNAM), il s'installa aux États-Unis en 1939.

TANINGES (74440), ch.-l. de cant. de la Haute-Savoie ; 3 184 hab. Bourg pittoresque.

TANIS, v. de l'Égypte ancienne, dans le delta du Nil. Elle fut peut-être la capitale des Hyksos, et fut sûrement celle des XXIe et XXIIIe dynasties. — Dans le temple, tombes inviolées des XXIe et XXIIe dynasties, découvertes par Pierre Montet.

TANIT, importante divinité du panthéon carthaginois, déesse de la Fertilité.

TANIZAKI JUNICHIRO, *Tokyo 1886 - Yugarawa 1965,* écrivain japonais. Influencé par le réalisme occidental, il retrouva les formes d'expression traditionnelles dans des romans qui mêlent érotisme et fascination de la mort (*la Confession impudique,* 1956 ; *Journal d'un vieux fou,* 1961).

TANJORE → **THANJAVUR.**

TANJUNG KARANG-TELUK BETUNG, v. d'Indonésie (Sumatra) ; 458 000 hab. Port.

TANLAY (89407), comm. de l'Yonne ; 1 190 hab. Important château des XVIe et XVIIe s.

Tannenberg (bataille de) [15 juill. 1410] → **Grunwald.**

Tannenberg (bataille de) [26 - 29 août 1914], bataille de la Première Guerre mondiale. Victoire décisive des Allemands de Hindenburg sur l'armée russe à Tannenberg (auj. *Stębark,* Pologne).

TANNER (Alain), *Genève 1929,* cinéaste suisse. Figure marquante du nouveau cinéma suisse, il a réalisé *Charles mort ou vif* (1969), *la Salamandre* (1971), *les Années lumière* (1981), *la Vallée fantôme* (1987), *la Femme de Rose Hill* (1989), *le Journal de Lady M* (1993).

TANNHÄUSER, *Tannhausen ? v. 1200 - v. 1268,* poète allemand. Chanteur errant, auteur de poèmes lyriques et de chansons, il est le héros légendaire de récits populaires, qui inspirèrent de nombreux écrivains romantiques. Sur ce thème, R. Wagner composa le livret et la musique d'un opéra en trois actes (trois versions créées en 1845, 1861, 1875).

TANTAH ou **TANTA,** v. d'Égypte, au centre du delta du Nil ; 337 000 hab. Carrefour routier et ferroviaire.

TANTALE MYTH. GR. Roi de Phrygie ou de Lydie. Pour avoir offensé les dieux, il fut précipité dans les Enfers et condamné à une faim et à une soif dévorantes.

TANUCCI (Bernardo, marquis), *Stia, Toscane, 1698 - Naples 1783,* homme politique napolitain. Principal ministre (à Naples) de Charles III puis de Ferdinand IV (1754 - 1777), il pratiqua le despotisme éclairé.

TANZANIE n.f., État d'Afrique orientale, sur l'océan Indien ; 940 000 km² ; 30 540 000 hab. *(Tanzaniens).* CAP. *Dar es-Salaam* (Dodoma étant la capitale désignée). LANGUES : *swahili* et *anglais.* MONNAIE : *shilling tanzanien.*

GÉOGRAPHIE

La partie continentale de l'État (l'ancien Tanganyika) est formée d'une plaine côtière, limitée par un vaste plateau coupé de fossés d'effondrement et dominé par de hauts massifs volcaniques (Kilimandjaro). L'élevage (bovins surtout) et les cultures vivrières (manioc, maïs) sont complétés par des cultures commerciales (café, coton, sisal, thé, noix de cajou, clous de girofle des îles de Zanzibar et de Pemba). Mais les échanges sont déficitaires et le pays est très endetté. La population, qui augmente rapidement, est formée majoritairement de groupes bantous et se partage entre chrétiens, musulmans et animistes.

HISTOIRE

Les origines et l'époque coloniale. XIIe s. : le pays est alors peuplé de Bantous, et la côte, intégrée au commerce arabe, est animée par des ports prospères, Kilwa et Zanzibar. **Fin du XIIIe s. :** le pouvoir est aux mains de la dynastie Mahdali. **1498 :** après la découverte du pays par Vasco de Gama, le Portugal installe des garnisons dans les ports. **1652 - fin du XVIIIe s. :** la domination arabe remplace celle du Portugal. **XIXe s. :** le sultanat d'Oman s'établit à Zanzibar et sur la côte ; les Arabes contrôlent les routes commerciales de l'intérieur, où les populations échangent ivoire et esclaves contre des armes, et où s'aventurent des explorateurs britanniques (Speke, Burton, Livingstone et Stanley). **1891 :** l'Allemagne impose son protectorat (Afrique-Orientale allemande). Elle réprime en 1905 - 1906 la révolte des ethnies du Sud *(maji-maji).*

Le XXe siècle. 1920 - 1946 : amputée de la région nord-ouest (Ruanda-Urundi), qui est confiée à la Belgique, l'Afrique-Orientale allemande, rebaptisée « territoire du Tanganyika », est donnée par la SDN en mandat à la Grande-Bretagne. **1946 :** le Tanganyika passe sous tutelle de l'ONU. **1958 :** le parti nationaliste de Julius Nyerere, la Tanganyika African Nationalist Union (TANU), remporte son premier grand succès électoral. **1961 :** l'indépendance est proclamée (elle exclut le sultanat de Zanzibar, qui reste protectorat britannique jusqu'en 1963). **1962 :** Nyerere est élu président de la nouvelle république. **1964 :** la Tanzanie est créée, par réunion de Zanzibar et du Tanganyika. **1965 - 1967 :** Nyerere instaure un régime socialiste à parti unique et signe un traité d'amitié avec la Chine (1966). **1977 :** une nouvelle Constitution instaure un régime plus libéral. **1985 :** Nyerere se retire ; les élections lui donnent pour successeur Ali Hassan Mwinyi. **1992 :** ce dernier restaure le multipartisme et engage le pays sur la voie du libéralisme économique. **1995 :** Benjamin Mkapa est élu à la présidence de la République (réélu en 2000).

TAO QIAN, dit aussi **Tao Yuanming,** *au Jiangxi v. 365 - id. 427,* écrivain chinois. L'un des poètes les plus aimés de la littérature chinoise, il a célébré, dans un style lumineux et transparent, l'union profonde entre la nature et l'homme.

TAORMINA, v. d'Italie (Sicile) ; 9 979 hab. Ruines antiques (théâtre) dans un site magnifique, sur la mer Ionienne. — Tourisme.

Tao-tö-king ou **Daodejing** *(le Livre de la Voie et de la Vertu),* principal texte du taoïsme, attribué à Laozi. C'est sans doute la compilation de textes antérieurs, effectuée au IIIe s. av. J.-C.

TAOYUAN, v. de Taïwan ; 241 000 hab. Aéroport.

TAO YUANMING → **TAO QIAN.**

TAPAJÓS n.m., riv. du Brésil, affl. de l'Amazone (r. dr.) ; 1 784 km.

TÀPIES (Antoni), *Barcelone 1923,* peintre espagnol. Son œuvre a oscillé d'une sorte d'ascèse (la nudité du mur) à la paraphrase ironique du réel (objets ou détritus piégés dans l'épaisseur de la matière, voire assemblés en trois dimensions), en passant par l'intensité vitale des graffitis et des lacérations. Fondation à Barcelone.

TARANIS, dieu celte du Ciel et du Tonnerre, équivalent du Jupiter romain.

TARANTINO (Quentin), *Knoxville 1963,* cinéaste américain. Révélé au Festival de Cannes par ses films noirs (*Reservoir Dogs,* 1992 ; *Pulp Fiction,* 1994), il conjugue avec habileté esthétisme et extrême violence (*Jackie Brown,* 1997).

TARARE (69170), ch.-l. de cant. de l'ouest du Rhône ; 10 638 hab. *(Katariens).* Matières plastiques.

TARASCON (13150), ch.-l. de cant. des Bouches-du-Rhône ; 12 991 hab. *(Tarasconnais).* Papeterie. — Église des XIIe-XIVe s. (œuvres d'art), remarquable château fort du XVe s.

TARASCON-SUR-ARIÈGE (09400), ch.-l. de cant. de l'Ariège ; 3 520 hab. Église gothique reconstruite au XVIIe s.

TARASCOS ou **TARASQUES,** peuple amérindien du Mexique (région du lac Pátzcuaro, dans le Michoacán) [env. 100 000]. Ils formèrent jadis un empire puissant face aux Aztèques. Leur langue appartient à la famille maya.

Tarass Boulba, récit de Gogol (1835). Tarass Boulba, incarnation de l'héroïsme du peuple cosaque, tue son fils Andreï, qui, par amour pour une Polonaise, a trahi son pays et les siens.

TARAZ, anc. **Djamboul,** puis **Jambyl,** v. du sud-est du Kazakhstan ; 312 300 hab.

Tarbela, barrage aménagé sur l'Indus, au Pakistan, au N.-O. de Rawalpindi.

TARBES (65000), ch.-l. du dép. des Hautes-Pyrénées, sur l'Adour, à 771 km au S.-O. de Paris ; 49 343 hab. *(Tarbais)* [plus de 80 000 hab. dans l'agglomération]. Évêché. Aéronautique. Armement. — Anc. ch.-l. de la Bigorre. — Cathédrale en partie romane ; musée et jardin Massey.

TARDE (Gabriel **de**), *Sarlat 1843 - Paris 1904,* sociologue français. Il jeta les bases de la psychosociologie et de l'école française de criminologie.

TARDI (Jacques), *Valence 1946,* dessinateur et scénariste de bandes dessinées français. Inspiré par les ambiances du début du XXe s. et la banlieue parisienne, il crée notamm. *Adèle Blanc-Sec* (1976) et adapte *Nestor Burma* (d'après Léo Malet, à partir de 1981). En 1988, il illustre *Voyage au bout de la nuit,* de Céline.

TARDIEU (André), *Paris 1876 - Menton 1945,* homme politique français. Appartenant à la droite, plusieurs fois ministre, président du Conseil (1929 - 1930, 1932), il mena une politique économique et sociale novatrice.

TARDIEU (Jean), *Saint-Germain-de-Joux, Ain, 1903 - Créteil 1995,* écrivain français. Poète *(Formeries)* et auteur dramatique *(Théâtre de chambre),* il a conduit une recherche de l'identité à travers une recomposition cocasse du langage et la fascination pour la peinture.

TARENTAISE n.f., région des Alpes françaises (Savoie), formée par la vallée supérieure de l'Isère ; v. princ. *Bourg-Saint-Maurice* et *Moûtiers.* Élevage de bovins (race « tarine »). Aménagements hydroélectriques. Tourisme en amont.

TARENTE, en ital. **Taranto,** v. d'Italie (Pouille), ch.-l. de prov., sur le *golfe de Tarente,* formé par la mer Ionienne ; 232 200 hab. *(Tarentins).* Port. Archevêché. Centre industriel. — Musée national (archéologie). — Fondée v. 708 av. J.-C. par des colons venus de Sparte, ce fut une des villes les plus illustres de la Grande-Grèce. Elle fut conquise par les Romains en 272 av. J.-C. malgré l'intervention de Pyrrhos d'Épire. Ralliée à Hannibal, elle fut reprise par Rome en 209 av. J.-C.

TÂRGOVIȘTE, v. de Roumanie, en Munténie ; 98 000 hab. Églises valaques typiques (XVIe-XVIIe s.) ; musées.

TÂRGU MUREȘ, v. de Roumanie, en Transylvanie, sur le Mureș ; 163 625 hab. Édifices baroques du XVIIIe s. — À proximité, hydrocarbures.

TARIM n.m., fl. de Chine, dans le Xinjiang, issu du Karakorum et qui s'achève dans la dépression du Lob Nor ; 2 179 km.

TARIQ IBN ZIYAD, chef d'origine berbère. Il conquit l'Espagne, après avoir franchi le détroit de Gibraltar (auquel il donna son nom *djabal al-Tariq*) et vainquit le roi wisigoth Rodrigue en 711.

TARKOVSKI (Andreï), *Moscou 1932 - Paris 1986,* cinéaste soviétique. Prophétique, visionnaire, il recueille dans ses images la trace saisissante d'une expérience spirituelle : *l'Enfance d'Ivan* (1962), *Andreï Roublev* (1966), *Solaris* (1972), *le Miroir* (1974), *Stalker* (1979), *Nostalghia* (1983), *le Sacrifice* (1986).

TARN n.m., riv. du sud de la France, née au S. du mont Lozère, affl. de la Garonne (r. dr.) ; 375 km ; bassin de 12 000 km². Il traverse les Grands Causses en de pittoresques cañons *(gorges du Tarn),* passe à Millau, Albi et Montauban.

TARN n.m. (81), dép. de la Région Midi-Pyrénées ; ch.-l. de dép. *Albi* ; ch.-l. d'arrond. *Castres* ; 2 arrond. ; 46 cant. ; 324 comm. ; 5 758 km² ; 343 402 hab. *(Tarnais).* Le dép. appartient à l'académie et à la cour d'appel de Toulouse, à la zone de défense Sud-Ouest. Il s'étend au nord-est et à l'est sur les confins du Massif central : Ségala, transformé en terre à blé par le chaulage ; monts de Lacaune, où s'est développé l'élevage des brebis ; hauteurs du Sidobre et de la Montagne Noire, souvent forestières. Le centre et l'ouest appartiennent au bassin d'Aquitaine (Lauragais et surtout Albigeois). Plateaux et collines sont le

domaine de la polyculture à base céréalière (à laquelle est associé l'élevage des brebis) et sont entaillés par les vallées du Tarn et de l'Agout, qui portent des cultures maraîchères et, localement, des vignobles (Gaillac). L'industrie est représentée surtout par les constructions mécaniques, la chimie, la verrerie, nées de l'extraction houillère (région d'Albi et de Carmaux). Les activités traditionnelles, telles que le textile (Castres), le délainage des peaux (Mazamet) et la mégisserie (Graulhet), ont reculé.

TARN-ET-GARONNE n.m. (82), dép. de la Région Midi-Pyrénées ; ch.-l. de dép. *Montauban ;* ch.-l. d'arrond. *Castelsarrasin ;* 2 arrond. ; 30 cant. ; 195 comm. ; 3 718 km² ; 206 034 hab. *(Tarn-et-Garonnais).* Le dép. appartient à l'académie et à la cour d'appel de Toulouse, à la zone de défense Sud-Ouest. Entre le bas Quercy, domaine de la polyculture et de l'élevage, et la Lomagne, surtout consacrée au blé, la vaste plaine alluviale construite au confluent de la Garonne et du Tarn constitue la partie vitale du dép. Elle porte des cultures, céréalières (blé, maïs), fruitières (prunes, chasselas, pêches), maraîchères (oignons, artichauts, etc.), des prairies (dans les vallées). L'industrie est représentée par l'agroalimentaire, les constructions électriques et mécaniques et la centrale nucléaire de Golfech.

TARNIER (Stéphane), *Aiserey, Côte-d'Or, 1828 - Paris 1897,* chirurgien-accoucheur français. Il mit au point un modèle de forceps, et appliqua à l'obstétrique les notions d'asepsie que Semmelweis avait tenté d'introduire sans succès.

TARNOBRZEG, v. de Pologne, sur la Vistule ; 49 900 hab. Gisement de soufre. Chimie.

TARNOS (40220), comm. des Landes ; 10 310 hab. Industrie aéronautique.

TĂRNOVO → VELIKO TĂRNOVO.

TARNÓW, v. de la Pologne méridionale ; 113 000 hab. Centre industriel. – Hôtel de ville des XIVe-XVIe s. (musée), cathédrale gothique du XVIe.

TAROUDANNT, v. du Maroc méridional ; 36 000 hab. Tourisme.

TARPEIA MYTH. ROM. Jeune vestale qui, selon la légende, livra la citadelle de Rome aux Sabins, avant d'être tuée par eux.

TARPÉIENNE (roche), extrémité sud-ouest du Capitole, d'où l'on précipitait les condamnés coupables de trahison.

TARQUIN l'Ancien, en lat. **Lucius Tarquinius Priscus,** *616 - 579 av. J.-C.,* cinquième roi légendaire de Rome (616 - 578 av. J.-C.). Premier roi étrusque, il aurait mené de grands travaux (Grand Cirque, temple de Jupiter Capitolin).

TARQUIN le Superbe, en lat. **Lucius Tarquinius Superbus,** *534 à 509 av. J.-C.,* dernier roi légendaire de Rome (534 - 509 av. J.-C.). La tradition le présente comme un tyran. Après le viol de Lucrèce par son fils Sextus, les Romains révoltés le chassèrent et la république fut instaurée.

TARQUINIA, v. d'Italie (Latium) ; 13 784 hab. Nécropoles aux tombes (VIe-Ier s. av. J.-C.) ornées de peintures. Tarquinia fut une des plus importantes cités étrusques.

TARRACONAISE, anc. province romaine du N. de l'Espagne.

TARRAGONE, en esp. **Tarragona,** v. d'Espagne (Catalogne), ch.-l. de prov., sur la Méditerranée ; 110 153 hab. Port. Centre touristique et industriel. – Vestiges romains et paléochrétiens ; cathédrale surtout romane (fin XIIe et XIIIe s.) ; musées, dont l'important Musée archéologique.

TARRASA, v. d'Espagne (Catalogne), près de Barcelone ; 158 063 hab. Églises d'origine wisigothique, restaurées aux IXe et XIIe s. ; musées.

TARSKI (Alfred), *Varsovie 1902 - Berkeley 1983,* logicien et mathématicien américain d'origine polonaise. Il a fondé la sémantique logique moderne, démontrant notamm. la nécessité de la distinction entre langage et métalangage.

TARSUS, v. de Turquie, à l'O. d'Adana ; 187 508 hab. Vestiges de l'antique *Tarse,* patrie de saint Paul.

TARTAGLIA (Niccolo **Fontana,** dit), *Brescia v. 1499 - Venise 1557,* mathématicien italien. Il fut l'un des premiers algébristes à résoudre les équations du 3e degré et à en établir la théorie. Il appliqua les mathématiques à l'art militaire et développa l'arithmétique commerciale.

TARTARE MYTH. GR. ET ROM. Région des Enfers, lieu de châtiment des grands coupables.

Tartarin de Tarascon (Aventures prodigieuses de), roman de A. Daudet (1872). Pour mériter la réputation que lui valent ses illusoires récits de chasse, un petit-bourgeois tarasconnais, naïf et vaniteux, part pour l'Algérie, où il finit par tuer un lion. Ses aventures se continuent dans *Tartarin sur les Alpes* (1885) et *Port-Tarascon* (1890).

TARTAS (40400), ch.-l. de cant. des Landes ; 2 912 hab. *(Tarusates).* Papeterie.

TARTINI (Giuseppe), *Pirano 1692 - Padoue 1770,* compositeur et violoniste italien. On lui doit des concertos et des sonates pour son instrument *(le Trille du diable),* et des traités.

TARTU, anc. **Dorpat,** v. d'Estonie ; 115 000 hab. Université.

Tartuffe (le) ou **Tartufe,** comédie de Molière, en cinq actes et en vers. Les deux premières versions furent interdites (1664 et 1667), et la pièce ne fut autorisée qu'en 1669. Faux dévot, Tartuffe a conquis la confiance d'Orgon dont il obtient la promesse d'épouser la fille. Démasqué alors qu'il tente de séduire Elmire, femme d'Orgon, l'hypocrite essaie de nuire à ce dernier, mais la justice du roi met fin à l'imposture.

TARVIS (col de), en ital. **Tarvisio,** col des Alpes reliant l'Italie (Frioul) à l'Autriche (Carinthie) ; 812 m.

Tarzan, personnage d'une série de romans de E. R. Burroughs, créé en 1912, popularisé par le cinéma dès 1918, puis par la bande dessinée (H. Foster, 1929 ; B. Hogarth, 1937). Enfant sauvage devenu roi de la jungle, il met sa force au service des plus démunis.

■ **TARZAN.** Dessin de B. Hogarth (1937), extrait de l'hebdomadaire *Junior.*

TASCHER DE LA PAGERIE (Marie-Josèphe) → **JOSÉPHINE.**

TASCHEREAU (Elzéar Alexandre), *Sainte-Marie 1820 - Québec 1898,* prélat canadien. Archevêque de Québec (1871), il fut le premier cardinal canadien (1886).

TASCHEREAU (Louis Alexandre), *Québec 1867 - id. 1952,* avocat et homme politique canadien. Libéral, il fut Premier ministre de la province de Québec de 1920 à 1936.

TASMAN (Abel Janszoon), *Lutjegast, Groningue, 1603 - Batavia 1659,* navigateur néerlandais. Il découvrit le littoral sud de la terre de Van Diemen (auj. *Tasmanie*), la Nouvelle-Zélande et les îles Fidji (1642 - 1643).

TASMANIE, anc. **terre de Van Diemen,** État insulaire du sud-est de l'Australie ; 68 000 km² ; 452 847 hab. *(Tasmaniens) ;* cap. *Hobart.* Île séparée du continent par le détroit de Bass. – Peuplée de Mélanésiens, l'île fut abordée par A. Tasman en 1642. Occupée par les Britanniques au début du XIXe s., elle entra en 1901 dans le Commonwealth australien.

Tass (Telegrafnoïe Aguentstvo Sovietskovo Soïouza), agence de presse russe. Organisée en 1925, elle a fusionné, en 1992, avec l'agence russe RIA-Novosti pour former l'Agence d'information télégraphique de Russie (ITAR-Tass).

TASSE (Torquato **Tasso,** en fr. **le**), *Sorrente 1544 - Rome 1595,* poète italien. Il est l'auteur de la pastorale *Aminta* (1573) et du poème épique *la Jérusalem délivrée* (1581), où se mêlent les épisodes héroïques et romanesques. Sa vie mouvementée et marquée par la folie a notamm. inspiré Goethe (*Torquato Tasso,* composé en 1789).

TASSILI DES AJJER → AJJER (tassili des).

TASSILON III, *v. 741 - apr. 794,* duc de Bavière (748 - 788). Il voulut s'affranchir de la tutelle franque, mais Charlemagne le vainquit et s'empara de son duché.

TASSIN-LA-DEMI-LUNE (69160), ch.-l. de cant. du Rhône ; 16 133 hab. *(Tassilunois).*

TASSONI (Alessandro), *Modène 1565 - id. 1635,* écrivain italien, auteur du poème héroï-comique *le Seau enlevé* (1622).

TATA (Jamsetji Nasarwanji), *Navsari, Gujerat, 1839 - Bad Nauheim 1904,* industriel indien. Il contribua à l'industrialisation de son pays.

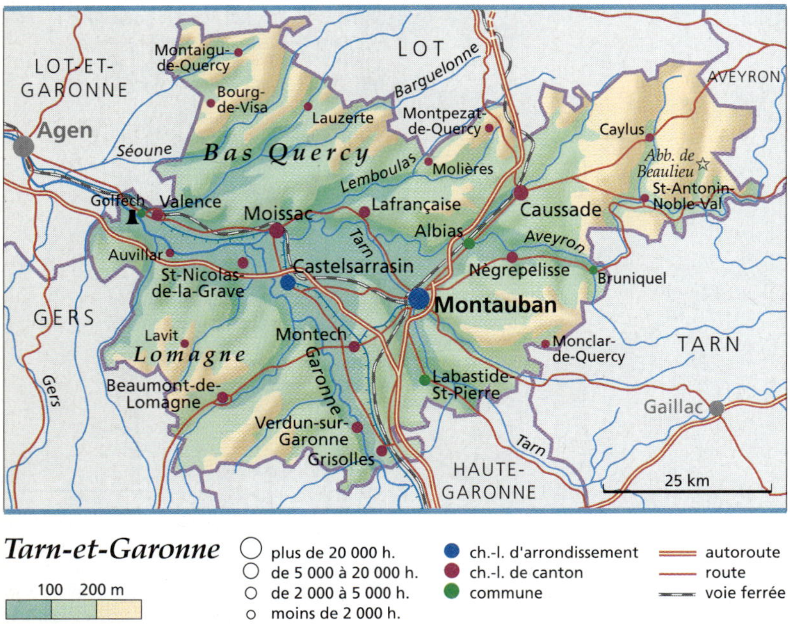

■ LE **TASSE** par A. Allori. (Offices, Florence.)

TATABÁNYA, v. de Hongrie, à l'O. de Budapest ; 74 277 hab. Lignite.

TATARIE (détroit de) ou **MANCHE DE TATARIE,** détroit du Pacifique, entre la Sibérie et l'île de Sakhaline.

TATARS, peuple composite réparti sur le territoire de l'ancienne URSS (principalement en Russie, dans les républiques du Tatarstan et du Bachkortostan) [plus de 6 millions]. Les Russes ont appliqué le nom de *Tatars* aux populations d'origine mongole ou turque qui les dominèrent du XIIIe aux XVe-XVIe s. (*Horde d'Or) et, plus généralement, à toutes les populations de semblable origine et de religion musulmane qu'ils eurent à combattre. Sont auj. comptabilisés comme Tatars trois grands groupes (les *Tatars de la Volga* et *de l'Oural,* dont les principaux sont les *Tatars de Kazan ;* les *Tatars de la région d'Astrakhan ;* les *Tatars de Sibérie*), auxquels on adjoint les *Tatars de Lituanie* (descendants de Tatars enrôlés pour combattre les chevaliers Teutoniques). En revanche, les *Tatars de Crimée* (env. 400 000) sont considérés comme un peuple à part. Issus de la fusion d'éléments turcs venus d'Asie et de populations autochtones, ils dominèrent la presqu'île jusqu'à la conquête russe (1783). Ils furent déportés, principalement en Ouzbékistan, en 1944. Leur retour est massif depuis 1990.

TATARSTAN ou **TATARIE,** république de Russie, sur la Volga moyenne ; 3 696 000 hab. ; cap. *Kazan.* Les Tatars de souche, guère plus nombreux que les Russes, forment à peine la moitié de la population. Gisements de pétrole.

Tate (The), ensemble de musées issus de la *Tate Gallery,* musée national fondé à Londres en 1897 à partir des œuvres données à l'État par l'industriel sir Henry Tate. Depuis 2000, les collections sont présentées à Londres dans deux musées : la *Tate Britain,* qui, sur le site originel de la Tate Gallery (Millbank), est un haut lieu de l'art britannique – abritant notamm. le fonds Turner, dans la « Clore Gallery » –, et la *Tate Modern* (Bankside), consacrée à l'art moderne et contemporain international. Autres musées à Liverpool et à St Ives, en Cornouailles.

TATI (Jacques **Tatischeff,** dit Jacques), *Le Pecq 1907 - Paris 1982,* cinéaste français. Reposant sur une observation minutieuse et ironique de la réalité quotidienne, ses œuvres (*Jour de fête,* 1949 ; *les Vacances de M. Hulot,* 1953 ; *Mon oncle,* 1958 ; *Playtime,* 1967 ; *Trafic,* 1971) ont renouvelé le film d'humour français.

TATIEN, *en Syrie v. 120 - apr. 173,* apologiste chrétien syrien. Disciple de saint Justin et adepte d'un ascétisme extrême (il fonda la secte des encratites), il fusionna dans son *Diatessaron* le texte des quatre Évangiles.

TATIUS MYTH. ROM. Roi légendaire des Sabins. Il régna avec Romulus sur les Romains et les Sabins réunis.

TATLINE (Vladimir Ievgrafovitch), *Moscou 1885 - id. 1953,* peintre, sculpteur et architecte russe. Un des principaux maîtres du *constructivisme.

TATRAS ou **TATRY** n.m. pl., partie la plus élevée des Carpates, aux confins de la Pologne et de la Slovaquie ; 2 655 m. Parc national.

TATUM (Arthur, dit Art), *Toledo, Ohio, 1910 - Los Angeles 1956,* pianiste américain de jazz. Sa profonde musicalité, son sens du swing et la richesse de ses conceptions harmoniques en font l'un des plus brillants solistes virtuoses de l'histoire du jazz (*Tenderly, Tea for Two*).

TAUBATÉ, v. du Brésil (São Paulo) ; 205 070 hab.

TAUBE (Henry), *Neudorf, Saskatchewan, 1915,* chimiste américain d'origine canadienne. Ses travaux de chimie minérale posent les fondements de la réactivité des complexes. Il a étudié les réactions de transfert d'électrons dans les complexes métalliques. (Prix Nobel 1983.)

TAUERN n.m. pl., massif des Alpes autrichiennes. On distingue les *Hohe Tauern* (culminant au Grossglockner, à 3 796 m), à l'O., et les *Niedere Tauern,* à l'E.

TAULÉ (29670), ch.-l. de cant. du Finistère ; 2 853 hab. *(Taulésiens).*

TAULER (Jean), *Strasbourg v. 1300 - id. 1361,* mystique alsacien. Dominicain, disciple et continuateur de Maître Eckart, il fut, par ses sermons, l'un des maîtres de la spiritualité chrétienne.

TAUNUS n.m., partie du Massif schisteux rhénan (Allemagne), au-dessus de Francfort-sur-le-Main ; 880 m.

TAUPO (lac), lac le plus vaste (606 km^2) de la Nouvelle-Zélande.

TAUREAU, constellation zodiacale. Son étoile la plus brillante est Aldébaran. – **Taureau,** deuxième signe du zodiaque, que le Soleil traverse du 20 avril au 20 mai.

TAURIDE, anc. nom de la Chersonèse Taurique des Grecs.

TAURUS n.m., système montagneux de Turquie, dominant la Méditerranée ; 3 734 m à l'Aladağ.

TAUSUG ou **SULUK,** peuple des Philippines (archipel Sulu) et de Malaisie (Bornéo) [env. 600 000]. Appartenant à l'ensemble malais, islamisés au XIVe s., organisés en sultanat jusqu'en 1915, ils sont de langue indonésienne.

TAUTAVEL (66720), comm. des Pyrénées-Orientales ; 857 hab. La « caune » (grotte) de l'Arago a livré, en 1971, un crâne humain daté de plus de 300 000 ans, aux caractères intermédiaires entre *Homo erectus* et l'homme de Neandertal.

TAVANT (37220), comm. d'Indre-et-Loire ; 244 hab. Remarquables peintures murales dans la crypte de l'église, romane.

TAVAUX (39500), comm. du Jura ; 4 401 hab. Industrie chimique.

TAVERNIER (Bertrand), *Lyon 1941,* cinéaste français. Alternant sujets contemporains et historiques, cet ancien critique met sa connaissance du cinéma américain au service d'un éclairage intime sur les Français : *l'Horloger de Saint-Paul* (1974), *le Juge et l'Assassin* (1976), *Coup de torchon* (1981), *Un dimanche à la campagne* (1984), *la Vie et rien d'autre* (1989), *l'Appât* (1995), *Capitaine Conan* (1996), *Ça commence aujourd'hui* (1999).

TAVERNIER (Jean-Baptiste), *Paris 1605 - Smolensk ? 1689,* voyageur français. Auteur de récits de voyages en Turquie, en Perse et aux Indes.

TAVERNY (95150), ch.-l. de cant. du Val-d'Oise ; 26 092 hab. *(Tabernaciens).* Église gothique du XIIIe s. (beau mobilier). – Poste de commandement des forces nucléaires stratégiques.

TAVIANI (les frères), cinéastes italiens. **Paolo T.,** *San Miniato, prov. de Pise, 1931* et **Vittorio T.,** *San Miniato 1929.* Auteurs lyriques et rigoureux, privilégiant les thèmes sociohistoriques, ils ont réalisé *Sous le signe du scorpion* (1969), *Allonsanfan* (1974), *Padre padrone* (1977), *Kaos* (1984), *Good Morning Babilonia* (1987), *Fiorile* (1993), *les Affinités électives* (1996).

TAVOLIERE n.m., plaine d'Italie, dans la Pouille.

TAVOY, v. de Birmanie ; 102 000 hab. Port.

TAWFIQ (Muhammad), *Le Caire 1852 - Hélouân 1892,* khédive d'Égypte (1879 - 1892). Fils d'Ismaïl Pacha, il céda en 1881 au mouvement nationaliste d'Urabi Pacha, ce qui provoqua l'intervention des Britanniques (1882).

TAXCO DE ALARCÓN, v. du Mexique, au S.-O. de Mexico ; 27 000 hab. Ville pittoresque, anc. centre minier ; église baroque S. Prisca (XVIIIe s.).

TAXILA, site archéologique du Pakistan, au nord-ouest de Rawalpindi, sur la route de la soie. Vestiges du VIe s. av. J.-C. au XIe s. apr. J.-C.

TAY n.f., fl. de Grande-Bretagne, en Écosse, qui rejoint la mer du Nord par un large estuaire *(Firth of Tay),* sur lequel est établie Dundee ; 193 km.

TAYGÈTE n.m., montagne de Grèce, dans le sud du Péloponnèse ; 2 404 m.

TAYLOR (Brook), *Edmonton, Middlesex, 1685 - Londres 1731,* mathématicien anglais. Il est l'un des fondateurs du calcul des différences finies, qu'il utilise dans l'interpolation et la sommation des séries. Son nom est resté attaché à un développement en série d'une fonction.

TAYLOR (Cecil Percival), *New York 1929 ?,* pianiste et compositeur américain de jazz. Figure du free jazz, il a créé un monde sonore torrentiel dans lequel le piano tient une fonction de percussion (*Unit Structures,* 1966 ; *Indent ;* 1972).

TAYLOR (Charles), *Montréal 1931,* philosophe canadien. Parti d'une critique du béhaviorisme (*l'Explication du comportement,* 1964), il a développé une vaste approche anthropologique du sujet (*Sources of the Self, the Making of Modern Identity,* 1989) associée à une réflexion d'ordre éthique et politique.

TAYLOR (Frederick Winslow), *Philadelphie 1856 - id. 1915,* ingénieur et économiste américain. Promoteur de l'organisation scientifique du travail, il réalisa la première mesure pratique du temps d'exécution d'un travail. Ses recherches aboutirent à un ensemble de principes et de procédés, le « taylorisme ». Il mit au point la composition des aciers à coupe rapide.

TAYLOR (Isidore, baron), *Bruxelles 1789 - Paris 1879,* écrivain, administrateur et philanthrope français. Il fut notamm. inspecteur des beaux-arts (1838). Ses *Voyages pittoresques et romantiques de l'ancienne France* (1820 - 1863) sont illustrés par de nombreux artistes et par lui-même.

TAYLOR (Joseph), *Philadelphie 1941,* astrophysicien américain. Avec son élève R. Hulse, il a découvert le premier pulsar binaire (1974) puis, en l'étudiant, a pu établir l'existence des ondes gravitationnelles. (Prix Nobel de physique 1993.)

TAYLOR (Elizabeth, dite Liz), *Londres 1932,* actrice américaine d'origine britannique. Débutant au cinéma à l'âge de dix ans, elle est l'une des dernières grandes stars d'Hollywood (*Soudain l'été dernier,* J. Mankiewicz, 1959 ; *Qui a peur de Virginia Woolf ?,* M. Nichols, 1966 ; *l'Oiseau bleu,* G. Cukor, 1976 ; *Toscanini,* F. Zeffirelli, 1988).

■ ELIZABETH **TAYLOR** dans *la Chatte sur un toit brûlant* de Richard Brooks (1958).

TAYLOR (Paul), *Allegheny, Pennsylvanie, 1930,* danseur et chorégraphe américain. Il représente souvent le versant humoristique de la modern dance (*Three Epitaphs,* 1956 ; *Aureole,* 1962 ; *Esplanade,* 1975 ; *Speaking in Tongues,* 1988 ; *Arabesque,* 1999).

TAYLOR (Richard Edward), *Medicine Hat, Alberta, 1929,* physicien canadien. Il a participé aux recherches qui, entre 1967 et 1973, ont abouti à la mise en évidence expérimentale des quarks. (Prix Nobel 1990.)

TAZA, v. du Maroc, ch.-l. de prov., entre le Rif et le Moyen Atlas, dans le *couloir de Taza ;* 77 000 hab.

TAZIEFF (Haroun), *Varsovie 1914 - Paris 1998,* géologue français d'origine polonaise. Spécialiste de volcanologie, il a vulgarisé cette discipline dans de nombreux livres et films. Il fut secrétaire d'État, chargé de la prévention des risques majeurs (1984 - 1986).

TAZOULT, anc. **Lambèse,** v. d'Algérie, dans la wilaya de Batna, au N. de l'Aurès ; 9 000 hab. Importantes ruines romaines.

TBILISSI, anc. **Tiflis,** cap. de la Géorgie, sur la haute Koura ; 1 279 000 hab. Centre administratif, culturel et industriel. – Cathédrale de Sion et basilique d'Antchiskhati, remontant au VIe s. Riches musées.

TCHAD (lac), grand lac, peu profond et marécageux, de l'Afrique centrale, aux confins du Nigeria, du Niger, du Cameroun et du *Tchad.* Sa superficie varie entre 13 000 km^2 et 26 000 km^2.

TCHAD n.m., État d'Afrique, au S. de la Libye, à l'E. du lac Tchad ; 1 284 000 km^2 ; 6 540 000 hab. *(Tchadiens).* CAP. *N'Djamena.* LANGUES : *arabe* et *français.* MONNAIE : *franc CFA.*

GÉOGRAPHIE

Au nord, le Tchad (qui couvre plus du double de la superficie de la France) s'étend sur le Sahara méridional, partiellement montagneux et volcanique (Tibesti), peu peuplé, domaine de l'élevage transhumant (bovin, ovin et caprin). La population juxtapose surtout Noirs et Arabes. Elle est auj. en majeure partie islamisée. Plus de la moitié se concentre dans les vallées du Chari et du Logone (mil, arachide, coton). Le pays, enclavé, sans transports intérieurs, est tributaire de l'aide internationale (France en tête).

HISTOIRE

Les origines et l'époque coloniale. Préhistoire : des populations de chasseurs et éleveurs, qui ont laissé des gravures rupestres, vivent dans la région. Ceux-ci en sont chassés après 7000 av. J.-C. par l'assèchement du climat. **Fin du IXe s. apr. J.-C. :** création du royaume du Kanem, rapidement islamisé. Après une première apogée au XIIIe s., il renaît au XVIe avec pour centre le Bornou. Il vassalise les autres royaumes, notamm. celui, esclavagiste, du Baguirmi, apparu au XVIe s. Les Arabes s'implantent dans le pays. **XIXe s. :** le lac Tchad est le point de convergence des explorateurs européens. Les ambitions des pays occidentaux se heurtent à celles des négriers arabes (notamm. de Rabah) et l'emportent finalement : entre 1884 et 1899, les frontières du Tchad sont artificiellement fixées (accords franco-allemand et franco-britannique) ; entre 1895 et 1900, les missions françaises de Lamy, Foureau et Gentil éliminent les dernières résistances. **1920 :** le Tchad devient colonie française. **1940 :** avec son gouverneur, Félix Éboué, il se rallie à la France libre. **1958 :** le Tchad devient république autonome, au sein de la Communauté.

L'État indépendant. 1960 : l'indépendance du Tchad est proclamée. **1962 :** François Tombalbaye devient président de la République. **1968 :** le Nord islamisé fait sécession, conduit par le Front de libération nationale du Tchad (Frolinat). **1969 :** la France apporte son aide au gouvernement tchadien contre la rébellion soutenue par la Libye. **1975 :** un coup d'État, au cours duquel Tombalbaye est assassiné, amène au pouvoir Félix Malloum, qui ne parvient pas à rétablir la situation. **1979 :** Malloum doit se retirer. Une guerre civile touche tout le pays et particulièrement la capitale, N'Djamena. **1980 :** après sa rupture avec Hissène Habré, avec qui il avait formé un gouvernement d'union nationale, Goukouni Oueddei, aidé par la Libye, devient président. **1981 :** un accord de fusion est signé entre la Libye et le Tchad. La France se rapproche peu à peu de Goukouni Oueddei. **1982 :** les forces de Hissène Habré occupent N'Djamena évacuée par la Libye. H. Habré devient président de la République. **1983 :** la France reporte son aide sur Hissène Habré, alors que la Libye occupe les palmeraies du nord du pays. **1984 :** les forces françaises se retirent en vertu d'un accord franco-libyen, que la Libye ne respecte pas. **1986 :** la France met en place un dispositif de protection militaire du Tchad au sud du 16e parallèle. Une partie de l'opposition tchadienne se rallie au président. **1987 :** les troupes de H. Habré remportent d'importantes victoires sur les Libyens (reconquête de Faya-Largeau). **1988 :** le Tchad et la Libye rétablissent leurs relations diplomatiques, mais la paix intérieure reste fragile. **1990 :** H. Habré est renversé par Idriss Déby. **1994 :** la bande d'Aozou, occupée par la Libye depuis 1973, est évacuée et rendue au Tchad. **1996 :** I. Déby remporte l'élection présidentielle.

TCHAÏKOVSKI (Piotr Ilitch), *Votkinsk 1840-Saint-Pétersbourg 1893,* compositeur russe. Il mena de front des activités de pédagogue au Conservatoire de Moscou, de chef d'orchestre et de compositeur. Son œuvre, nourrie d'art vocal italien et de romantisme allemand, se situe en marge du mouvement nationaliste du groupe des Cinq. Elle comprend des pièces pour piano, six symphonies dont la *Pathétique* (1893), des fantaisies-ouvertures (*Roméo et Juliette,* 1870), des ballets (*le Lac des cygnes,* 1876 ; *la Belle au bois dormant,* 1890 ; *Casse-Noisette,* 1892), des concertos dont trois pour piano et des opéras (*Eugène Onéguine,* 1879 ; *la Dame de pique,* 1890).

TCHANG KAÏ-CHEK → **JIANG JIESHI.**

■ **TCHAÏKOVSKI** par M. Serov.

■ **TCHEKHOV** par I. E. Bras. (Galerie Tretiakov, Moscou.)

TCHARDJOOU, v. du Turkménistan, sur l'Amou-Daria ; 161 000 hab.

TCHEBOKSARY, v. de Russie, cap. de la Tchouvachie, sur la Volga ; 436 000 hab.

TCHEBYCHEV (Pafnouti Lvovitch), *Okatovo 1821 - Saint-Pétersbourg 1894,* mathématicien russe. Fondateur et directeur d'une importante école mathématique, il s'intéressa aux problèmes d'approximation, notamm. en probabilités, aux fonctions elliptiques et à la théorie des nombres.

TCHÉCOSLOVAQUIE, en tch. **Československo,** ancien État de l'Europe centrale, formé de la réunion de la Bohême et de la Moravie (qui constituent la République tchèque) et de la Slovaquie. Cap. *Prague.*

HISTOIRE

1918 : la république de Tchécoslovaquie, réunissant les Tchèques et les Slovaques de l'ancienne Autriche-Hongrie, est créée. **1919-1920 :** l'Ukraine subcarpatique lui est rattachée ; les traités de Saint-Germain et de Trianon fixent les frontières de l'État tchécoslovaque. Celui-ci est présidé de 1918 à 1935 par T. Masaryk. **1935 - 1938 :** E. Beneš est président de la République. **1938 :** le pays doit accepter les décisions de la conférence de Munich et céder à l'Allemagne les Sudètes. **1939 :** l'Allemagne occupe la Bohême-Moravie et y instaure son protectorat ; la Slovaquie forme un État séparé. **1940 :** Beneš constitue à Londres un gouvernement en exil. **1945 :** Prague est libérée par l'armée soviétique. L'URSS se fait céder l'Ukraine subcarpatique. Beneš revient à la présidence de la République. **1946 :** le communiste K. Gottwald devient président du Conseil. **1947 :** l'URSS oblige la Tchécoslovaquie à renoncer au plan Marshall. **Févr. 1948 :** les communistes s'emparent du pouvoir (« coup de Prague »). **1948 - 1953 :** Gottwald préside à l'alignement sur l'URSS. Des procès (1952 - 1954) condamnent Slánský et les « nationalistes slovaques ». **1953 - 1957 :** A. Novotný assume la direction du Parti communiste et A. Zápotocký celle de l'État. **1957 - 1968 :** Novotný cumule l'une et l'autre. La fronde des intellectuels et le mécontentement slovaque se développent à partir de 1962 - 1963. **1968 :** lors du « printemps de Prague », le parti, dirigé par Dubček, tente de s'orienter vers un « socialisme à visage humain ». L'intervention soviétique, en août, met un terme au cours novateur. **1969 :** la Tchécoslovaquie devient un État fédéral formé des Républiques tchèque et slovaque. G. Husák remplace Dubček à la tête du parti. C'est le début de la « normalisation ». **1975 :** Husák succède à Svoboda à la présidence de la République. **1987 :** Miloš Jakeš succède à Husák à la tête du parti. **1989 :** d'importantes manifestations contre le régime (nov.) entraînent la démission des principaux dirigeants (M. Jakeš, G. Husák), l'abolition du rôle dirigeant du parti et la formation d'un gouvernement d'entente nationale, dirigé par Marian Čalfa, où les communistes sont minoritaires. Le dissident Václav Havel est élu à la présidence de la République. Le rideau de fer entre la Tchécoslovaquie et l'Autriche est démantelé. Cette transition, pacifique, est désignée sous le nom de « Révolution de velours ». **1990 :** le pays prend le nom de « République fédérative tchèque et slovaque ». Les premières élections libres (juin) sont remportées par les mouvements démocratiques (dont le Forum civique). **1991 :** les troupes soviétiques achèvent leur retrait du pays. **1992 :** V. Havel démissionne. Le processus de partition de la Tchécoslovaquie en deux États indépendants est négocié par le gouvernement tchèque de V. Klaus et le gouvernement slovaque de V. Mečiar. **1993 :** la Tchécoslovaquie est divisée en deux États, la Slovaquie et la République tchèque (1er janv.).

Tcheka n.f. (abrév. des mots russes signifiant Commission extraordinaire), organisation chargée de combattre la contre-révolution et le sabotage en Russie soviétique (fin 1917 - 1922).

TCHEKHOV (Anton Pavlovitch), *Taganrog 1860 - Badenweiler, Allemagne, 1904,* écrivain russe. Auteur de contes et de nouvelles *(la Salle n° 6, la Dame au petit chien),* il a peint dans son théâtre l'enlisement de la vie dans les conventions de la société provinciale ou dans les vocations illusoires (*la Mouette,* 1896 ; *Oncle Vania,* 1897 ; *les Trois Sœurs,* 1901 ; *la Cerisaie,* 1904).

TCHELIABINSK, v. de Russie, dans l'Oural ; 1 148 000 hab. Métallurgie.

TCHÈQUE (République), en tch. **Česká republika,** État d'Europe centrale ; 79 000 km² ; 10 300 000 hab. *(Tchèques).* CAP. *Prague.* LANGUE : *tchèque.* MONNAIE : *koruna (couronne tchèque).*

GÉOGRAPHIE

Le pays est constitué de la Bohême, quadrilatère de moyennes montagnes entourant la fertile plaine du Polabí, drainée par l'Elbe (Labe) et la Vltava, et de la Moravie, ouverte par la Morava et l'Odra supérieur. Il associe cultures (céréales, betterave à sucre), activités extractives (charbon surtout) et industries de transformation (constructions mécaniques, chimie, verrerie, agroalimentaire). Celles-ci sont localisées en priorité dans les principales villes (Prague, Ostrava, Brno, Plzeň). Anciennement urbanisé, possédant une tradition commerciale et industrielle développée dès le XIXe s., le nouvel État, ethniquement homogène, converti à l'économie de marché, est auj. proche géographiquement et économiquement de l'Allemagne, devenue le principal partenaire commercial et le premier investisseur.

HISTOIRE

Les Tchèques, après avoir créé des États (la Bohême et la Moravie), sont dominés par les Habsbourg d'Autriche. En 1918, ils forment avec les Slovaques la république de Tchécoslovaquie. **1969 :** après l'entrée en vigueur du statut fédéral de la Tchécoslovaquie, la République tchèque est dotée d'institutions propres. **1992 :** V. Klaus, chef du gouvernement, prépare avec son homologue slovaque la partition de la Fédération. **1993 :** la République tchèque devient indépendante (1er janv.). Václav Havel est élu à la tête du nouvel État. Le libéral V. Klaus dirige toujours le gouvernement. **1996 :** la Rép. tchèque dépose une demande d'adhésion à l'Union européenne. **1997 :** V. Klaus démissionne. **1998 :** V. Havel est réélu à la présidence. Les sociaux-démocrates remportent les législatives ; leur leader, Miloš Zeman, devient Premier ministre. **1999 :** la République tchèque est intégrée dans l'OTAN.

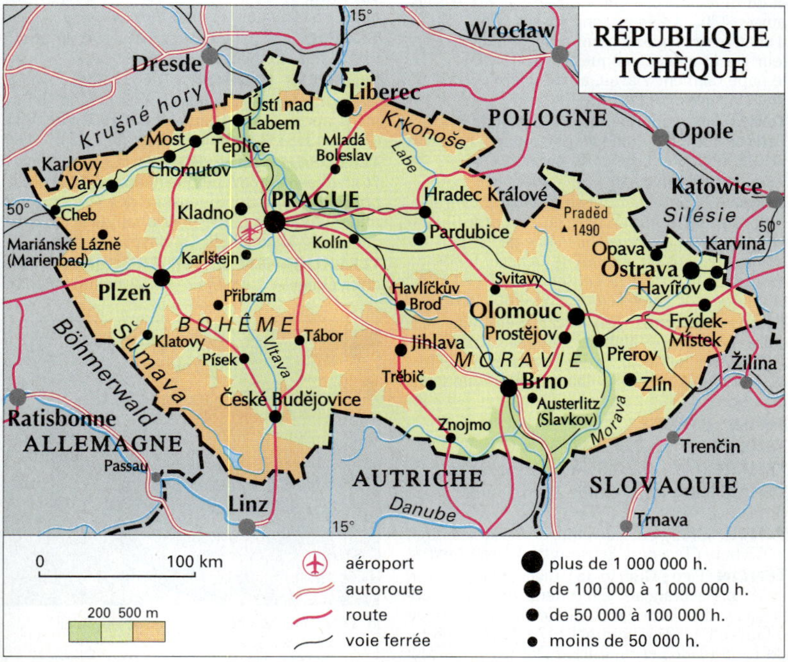

TCHÉRÉMISSES → **MARIS.**

TCHEREMKHOVO, v. de Russie, à l'O. du lac Baïkal ; 73 600 hab. Houille.

TCHERENKOV (Pavel Alekseïevitch), *Tchigla, région de Voronej, 1904 - Moscou 1990,* physicien soviétique. Il a découvert, en 1934, l'émission de lumière par les particules chargées se déplaçant dans un milieu à une vitesse supérieure à celle de la lumière dans ce milieu. (Prix Nobel 1958.)

TCHEREPOVETS, v. de Russie, à l'E. de Saint-Pétersbourg ; 315 900 hab. Centre industriel.

TCHERKASSY, v. d'Ukraine, sur le Dniepr ; 302 000 hab. Centre industriel.

TCHERKESSES ou **CIRCASSIENS,** peuple caucasien de Russie (république des Karatchaïs-Tcherkesses) [env. 55 000]. Ils constituent, avec les *Adyguéens et les *Kabardes, l'un des trois peuples constitutifs des *Adygués. (Au sens large, « Tcherkesses » ou « Circassiens » désigne fréquemment l'ensemble des Adygués.)

TCHERNENKO (Konstantine Oustinovitch), *Bolchaïa Tes, gouv. de l'Ienisseï, 1911 - Moscou 1985,* homme politique soviétique. Il est secrétaire général du PCUS et président du Praesidium du Soviet suprême en 1984 - 1985.

TCHERNIHIV, anc. **Tchernigov,** v. du nord de l'Ukraine ; 306 000 hab. Centre industriel. — Cathédrales et églises, notamm. des XIe-XIIIe s.

TCHERNIKHOVSKY (Saül), *Mikhaïlovka, Ukraine, 1875-Jérusalem 1943,* poète d'expression hébraïque. Il allie la tradition juive aux principes esthétiques occidentaux *(Visions et mélodies).*

TCHERNIVTSI, anc. **Tchernovtsy,** v. du sud-ouest de l'Ukraine ; 259 000 hab. Centre industriel. — Musée régional d'Histoire.

TCHERNOBYL, en ukr. **Tchornobyl,** v. d'Ukraine. L'explosion, le 26 avril 1986, d'un des réacteurs de la centrale nucléaire de cette ville provoqua un accident majeur, avec une pollution radioactive importante et étendue. (La centrale a été fermée en déc. 2000.)

TCHERNYCHEVSKI (Nikolaï Gavrilovitch), *Saratov 1828-id. 1889,* écrivain russe. Son roman **Que faire ?* illustre sa conception de la littérature comme moyen d'action sociale.

TCHERRAPOUNDJI → **CHERRAPUNJI.**

TCHERSKI (monts), massif de Russie, en Sibérie orientale ; 3 147 m.

TCHÉTCHÈNES, peuple caucasien de Russie (Tchétchénie, Ingouchie) [env. 900 000]. Montagnards issus (comme leurs parents, les *Ingouches) d'un peuple de l'Antiquité – les Gargares –, les Tchétchènes furent païens, chrétiens, puis se convertirent à l'islam (vers 1790), pour une large part en réaction à l'invasion russe. Au premier rang dans les luttes armées contre le colonisateur (en particulier en 1828 - 1859), ils eurent à subir massacres, déportations et exil forcé vers l'Empire ottoman. En 1944, accusés faussement de collaboration avec les Allemands, ils furent tous déportés en Asie centrale, avant d'être « réhabilités » et autorisés à revenir sur leurs terres (1956). Ils parlent le *tchétchène,* langue caucasienne, et se reconnaissent sous le nom de *Nokhtchi.*

TCHÉTCHÉNIE, république de Russie, en bordure du Caucase ; 980 000 hab. ; cap. *Groznyï.* Ayant proclamé une république indépendante en 1991, les Tchétchènes opposent une forte résistance à l'armée russe qui, à partir de déc. 1994, intervient pour réintégrer la Tchétchénie dans la Fédération de Russie. En 1996, un accord de paix est conclu et les troupes russes se retirent mais, en 1999, elles engagent une nouvelle offensive, soumettant la république à une guerre meurtrière.

TCHIATOURA, v. de Géorgie ; 25 000 hab. Manganèse.

TCHICAYA U TAM'SI (Gérald), *Mpili 1931 - Bazancourt, Oise, 1988,* écrivain congolais. Poète exigeant *(Épitomé)* et dramaturge acerbe *(le Zulu),* il est l'auteur de récits *(les Cancrelats)* sur le Congo à l'époque coloniale.

TCHIMKENT → **CHYMKENT.**

TCHIRTCHIK, v. d'Ouzbékistan ; 158 000 hab.

TCHISTIAKOVO → **TOREZ.**

TCHITA, v. de Russie, à l'E. du lac Baïkal ; 366 000 hab. Centre industriel.

TCHITCHERINE (Gueorgui Vassilievitch), *Karaoul 1872 - Moscou 1936,* homme politique soviétique. Commissaire du peuple aux Affaires étrangères (1918 - 1930), il signa le traité de Rapallo (1922).

TCHOIBALSAN (Khorlogyn), *Tsetsenkhanski, auj. Vostotchni, 1895 - Moscou 1952,* homme politique mongol. Commandant en chef de l'armée populaire (1924 - 1928), il fut Premier ministre et premier secrétaire du parti (1939 - 1952). Il instaura en Mongolie un régime stalinien.

TCHOUDES (lac des) → **PEÏPOUS** (lac).

TCHOUKTCHES, peuple autochtone de Russie (dans le nord-est de la Sibérie) [env. 15 000]. Ils se divisent en éleveurs de rennes et en chasseurs d'animaux marins. Leur culture (marquée par le chamanisme) et leur langue (le *tchouktche,* de la famille paléosibérienne) sont très menacées.

TCHOUVACHES, peuple vivant en Russie (surtout Tchouvachie) ainsi qu'en Ukraine et au Kazakhstan (env. 1,9 million). Ils descendent des Bulgares de la Volga, avec assimilation d'éléments finno-ougriens ; leur territoire a été incorporé à la Russie en 1551. Traditionnellement agriculteurs et apiculteurs, ils sont majoritairement convertis à l'orthodoxie. Ils parlent le *tchouvache,* de la famille des langues turques.

TCHOUVACHIE, république de Russie, à l'E. de Moscou ; 1 359 000 hab. ; cap. *Tcheboksary.* La population est constituée d'env. deux tiers de Tchouvaches et de plus de 25 % de Russes.

TÉBESSA, v. de l'est de l'Algérie, ch.-l. de wilaya, au N. des *monts de Tébessa ;* 111 700 hab. Ruines romaines.

TÉCHINÉ (André), *Valence d'Agen 1943,* cinéaste français. Ses films, parfois maniérés mais toujours romanesques (*Paulina s'en va,* 1975 ; *Rendez-vous,* 1985 ; *les Voleurs,* 1996 ; *Alice et Martin,* 1998), sont justes et inspirés dans l'évocation de la province (*la Matiouette ou l'Arrière-Pays,* 1983 ; *Ma saison préférée,* 1993 ; *les Roseaux sauvages,* 1994).

TECTOSAGES, anc. peuple de la Gaule Narbonnaise.

TECUMSEH, *Old Piqua, Ohio, 1768 - région du lac Érié 1813,* chef indien. En 1812, il soutint les Britanniques contre les Américains.

TEDDER (Arthur), *Glenguin, Central, Écosse, 1890 - Banstead, près de Londres, 1967,* maréchal britannique. Commandant l'aviation alliée en Tunisie et en Italie (1943), il fut l'adjoint d'Eisenhower dans le commandement des forces qui libérèrent l'Europe occidentale (1944 - 1945).

TEGAL, v. d'Indonésie, sur la côte nord de Java ; 229 553 hab.

TÉGÉE, anc. cité grecque d'Arcadie, soumise à Sparte v. 550 av. J.-C.

TÉGLATH-PHALASAR III, roi d'Assyrie de 745 à 727 av. J.-C. Il fit de l'Assyrie un empire fortement organisé. Vainqueur de l'Empire mède, de l'Ourartou, d'Israël et de Damas, il se proclama roi de Babylone.

TEGNÉR (Esaias), *Kyrkerud 1782 - près de Växjö 1846,* poète suédois. Il est l'auteur de poèmes patriotiques et d'une adaptation (1820 - 1825) de la *Saga de Frithiof.*

TEGUCIGALPA, cap. du Honduras ; 670 000 hab. Cathédrale de la fin du XVIIIe s.

TÉHÉRAN, cap. de l'Iran ; 6 475 527 hab. *(Téhéranais).* Centre administratif, commercial et industriel. – Palais et jardin du Golestan (XVIIIe-XIXe s.) ; musées. – conférence de **Téhéran** (28 nov.-1er déc. 1943), conférence entre Staline, Churchill et Roosevelt. Staline se rallia au plan américain de débarquement en Provence.

■ **TÉHÉRAN** et la chaîne de l'Elbourz.

TEHUANTEPEC, isthme du Mexique, large de 210 km, entre le golfe du Mexique et le Pacifique. Traditionnelle limite entre l'Amérique du Nord et l'Amérique centrale.

TEIL (Le) [07400], comm. de l'Ardèche, sur le Rhône, en face de Montélimar ; 8 295 hab. Carrières de pierre à chaux. – À Mélas, église des Xe (?)-XIIe s.

TEILHARD DE CHARDIN (Pierre), *Sarcenat, Puy-de-Dôme, 1881-New York 1955,* jésuite, théologien et paléontologue français. Parallèlement à son œuvre scientifique (découverte du sinanthrope, 1929), il a cherché à adapter le catholicisme à la science moderne en élaborant une conception originale de l'évolution *(le Phénomène humain,* 1955).

TEISSERENC [tɛsrɛ̃k] **DE BORT** (Léon), *Paris 1855-Cannes 1913,* météorologue français. Grâce à ses recherches expérimentales sur la haute atmosphère, notamm. par l'utilisation de ballons, il a mis en évidence une « couche isotherme », appelée plus tard *stratosphère.*

TEISSIER (Georges), *Paris 1900 - Roscoff 1972,* zoologiste français. Auteur de travaux d'embryologie et de génétique évolutive, il fut le promoteur de la biométrie.

TEKAKWITHA (Catherine), *Ossernenon, auj. Auriesville, État de New York, 1656 - Montréal 1680,* jeune Iroquoise. Convertie au catholicisme à vingt ans, elle fit vœu de virginité. Béatifiée en 1980.

TE KANAWA (Dame Kiri), *Gisborne, Auckland, 1944,* soprano néo-zélandaise. Elle a débuté à Covent Garden et s'est illustrée dans les opéras de Mozart, Verdi et Strauss.

TÉKÉ ou **BATÉKÉ,** peuple de l'ouest de la Rép. dém. du Congo (ex-Zaïre), du sud du Congo et du sud-est du Gabon, de langue bantoue.

TEL-AVIV-JAFFA, v. d'Israël, sur la Méditerranée ; 339 000 hab. (1 735 000 hab. dans l'agglomération). Centre administratif, culturel et industriel, Tel-Aviv, principale ville du pays, a été la capitale de l'État d'Israël (jusqu'en 1980). – Fondée en 1909, elle a été le centre du mouvement d'immigration juive en Palestine. – Musées.

TELČ, v. de la République tchèque, en Moravie ; 7 000 hab. Château reconstruit à la Renaissance (XVIe s.), place à arcades Renaissance et baroque.

télécommunications (Union internationale des) [UIT], institution spécialisée de l'ONU depuis 1947, dont l'origine remonte à 1865, et qui est chargée d'établir la réglementation internationale des télécommunications. Siège : Genève.

TELEMANN (Georg Philipp), *Magdebourg 1681 - Hambourg 1767,* compositeur allemand. Il réalise une synthèse de l'art musical européen, notamm. par ses opéras, ses Passions, sa musique instrumentale (sonates, suites, concertos, ouvertures).

TÉLÉMAQUE MYTH. GR. Personnage de *l'Odyssée,* fils d'Ulysse et de Pénélope. Son éducation fut assurée par Mentor. Il défendit son père contre les prétendants et l'aida à récupérer le trône d'Ithaque. – Fénelon a repris le personnage dans un ouvrage écrit pour l'éducation du duc de Bourgogne *(les Aventures de Télémaque,* 1699).

TELEMARK n.m., région du sud de la Norvège.

TELL n.m., ensemble des régions humides d'Afrique du Nord, dominant les plaines littorales.

TELL (Guillaume) → **GUILLAUME TELL.**

TELLER (Edward), *Budapest 1908,* physicien américain d'origine hongroise. Il participa à la mise au point de la première bombe atomique puis, contre l'avis de J. R. Oppenheimer, dirigea la réalisation de la bombe H américaine. Il inspira l'Initiative de défense stratégique (« guerre des étoiles ») du président Reagan (1983).

TELLIER (Charles), *Amiens 1828 - Paris 1913,* ingénieur français. Il aménagea le *Frigorifique,* premier navire qui réussit le transport à longue distance de viandes conservées par ses procédés de refroidissement (1876).

TELLO, nom actuel des ruines de la ville sumérienne de *Girsou.

Tel quel, revue littéraire française (1960 - 1982) animée par P. Sollers. Son principe était d'unir systématiquement la pratique littéraire à la réflexion théorique.

TELUK BETUNG → TANJUNG KARANG-TELUK BETUNG.

TEMA, v. du Ghana ; 109 975 hab. Port et centre industriel.

TEMESVÁR → TIMIȘOARA.

TEMIN (Howard), *Philadelphie 1934 - Madison 1994,* biochimiste américain. Il a découvert la transcriptase inverse, enzyme qui explique la cancérisation des cellules par des virus à ARN, et les effets des rétrovirus dans le sida. (Prix Nobel de médecine 1975.)

TEMIRTAOU, v. du Kazakhstan ; 213 000 hab.

TÉMISCAMINGUE (lac), lac du Canada, partagé entre le Québec et l'Ontario ; 306 km^2.

TEMNE, peuple de la Sierra Leone, parlant une langue du groupe ouest-atlantique.

TEMPELHOF, quartier du sud de Berlin. Aéroport.

Temple (le), anc. monastère fortifié des Templiers, à Paris, construit au XIIIe s., rasé en 1808. L'enclos jouissait du droit d'asile. Louis XVI et sa famille y furent emprisonnés pendant la Révolution. Pichegru, Moreau, Cadoudal y furent aussi enfermés.

TEMPLE (sir William), *Londres 1628 - près de Farnham 1699,* diplomate et écrivain anglais. Ambassadeur à La Haye (1668 - 1671, 1674 - 1679), il négocia notamment la Triple-Alliance avec les Provinces-Unies et la Suède (1668), et le mariage de Marie II Stuart avec Guillaume III de Nassau (1677). Ses essais politiques font de lui un maître de la prose anglaise.

Templiers ou **Chevaliers du Temple,** ordre militaire et religieux fondé en 1119 à Jérusalem par Hugues de Payns, et voué essentiellement à la protection des pèlerins. Les Templiers acquirent d'importantes richesses et devinrent les banquiers de la papauté et de nombreux princes. Philippe le Bel, désirant s'emparer de leurs biens et détruire leur puissance, fit arrêter 138 d'entre eux en 1307. Après un long procès (1307 - 1314), il en fit périr un grand nombre sur le bûcher, dont leur grand maître, Jacques de Molay. Dès 1312, le pape Clément V avait, à l'instigation du roi de France, supprimé l'ordre.

Temps (le), quotidien français libéral, fondé à Paris en 1861. Il eut une grande influence sous la IIIe République et cessa de paraître en 1942. Sa formule fut reprise par *le Monde.*

Temps (le), quotidien suisse de langue française. Il est issu de la fusion, en 1998, du *Journal de Genève et Gazette de Lausanne* (lui-même né en 1991 du rapprochement du *Journal de Genève,* fondé en 1826, et de la *Gazette de Lausanne,* créée en 1798) et du *Nouveau Quotidien* de Lausanne (1991).

Temps modernes (les), revue mensuelle française, politique et littéraire, fondée en 1945 par J.-P. Sartre. R. Aron, S. de Beauvoir, M. Leiris, M. Merleau-Ponty, J. Paulhan, R. Étiemble y ont collaboré.

TEMSE → TAMISE.

TEMUCO, v. du Chili ; 240 880 hab.

TÉNARE (cap), anc. nom du cap Matapan.

TENASSERIM n.m., partie méridionale de la Birmanie.

TENCE (43190), ch.-l. de cant. de la Haute-Loire ; 2 955 hab. *(Tençois).* Église surtout des XVe-XVIe s.

TENCIN (Pierre **Guérin de**), *Grenoble 1679 - Lyon 1758,* prélat français. Oratorien, diplomate, adversaire des jansénistes, il devint archevêque d'Embrun (1724), cardinal (1739), archevêque de Lyon (1740) et ministre d'État (1742 - 1751). – **Claudine Alexandrine Guérin,** marquise **de T.,** *Grenoble 1682 - Paris 1749,* femme de lettres française, sœur de Pierre. Mère de d'Alembert, romancière, elle tint un salon célèbre.

TENDE (06430), ch.-l. de cant. des Alpes-Maritimes, au S. du *col de Tende* (1 871 m) ; 1 890 hab. *(Tendasques).* Un tunnel, emprunté par la route de Nice à Turin, s'ouvre, au N. de la commune, à 1 279 m d'alt. – Tende fut cédée par l'Italie à la France en 1947 à la suite d'un référendum. – Église des XVe-XVIe s.

TÈNE (La), village suisse, à l'extrémité orientale du lac de Neuchâtel, devenu site éponyme du second âge du fer (450 av. J.-C.-fin du Ier s. av. J.-C.). Riche nécropole.

TÉNÉRÉ n.m., région du Sahara nigérien.

TENERIFE ou **TÉNÉRIFFE,** la plus grande des îles Canaries ; 1 919 km^2 ; 685 583 hab. ; ch.-l. *Santa Cruz de Tenerife.* Vignobles. Orangers. Bananiers. Tourisme. – Observatoire astronomique.

TENIENTE (El), v. du Chili central. Cuivre.

TENIERS (David II, dit **le Jeune**), *Anvers 1610 - Bruxelles 1690,* membre le plus connu d'une famille de peintres flamands du XVIIe s. Fécond, raffiné, il excelle notamment dans la scène de genre populaire, dont il est le meilleur représentant après Brouwer.

TENNESSEE n.m., riv. de l'est des États-Unis, affl. de l'Ohio (r. g.) ; 1 600 km. Son bassin a été mis en valeur par la *Tennessee Valley Authority (TVA) :* hydroélectricité, irrigation, lutte contre l'érosion, développement industriel, etc.

TENNESSEE, État des États-Unis, entre le Mississippi et les Appalaches ; 4 877 185 hab. ; cap. *Nashville ;* v. princ. *Memphis.* Il est drainé par le *Tennessee.*

TENNYSON (Alfred, lord), *Somersby 1809 - Aldworth 1892,* poète britannique. Auteur des *Idylles du roi* (1859 - 1885), d'*Enoch Arden* (1864), il est le plus grand poète de l'ère victorienne.

TENOCHTITLÁN, cap. des Aztèques. Fondée en 1325, elle fut prise par les Espagnols de Cortés en 1521. Mexico est située à son emplacement.

TÊNOS → TÍNOS.

TENSIFT (oued), fl. du Maroc, qui rejoint l'Atlantique ; 260 km.

TENZIN GYATSO, *Taktser, prov. du Qinghai, 1935,* quatorzième dalaï-lama du Tibet. Intronisé en 1940, il exerce son pouvoir à titre personnel à partir de 1950. Il s'exile en Inde en 1959. (Prix Nobel de la paix 1989.)

TEOTIHUACÁN, site archéologique du Mexique, au nord-est de Mexico. Imposants vestiges d'une métropole précolombienne fondée au IVe s. av. notre ère et dont l'apogée se situe à l'époque classique (250 - 650 apr. J.-C.) ; grandes pyramides, temples et palais de cette période.

TEPIC, v. du Mexique, près du Pacifique ; 238 101 hab. Cathédrale du XVIIIe s.

TEPLICE, v. de la République tchèque, en Bohême ; 53 039 hab. Station thermale.

TERAMO, v. d'Italie (Abruzzes), ch.-l. de prov. ; 51 432 hab. Cathédrale des XIIe et XIVe s.

TERAUCHI HISAICHI, *Tokyo 1879 - Saigon 1946,* maréchal japonais. Il commanda les armées japonaises en Chine, puis dans le Pacifique (1942 - 1945). Il capitula à Saigon (1945).

TERBORCH ou **TER BORCH** (Gerard), *Zwolle 1617-Deventer 1681,* peintre néerlandais. D'abord portraitiste, il a donné ensuite des scènes d'intimité bourgeoise d'une poésie raffinée *(les Soins maternels,* Mauritshuis, La Haye).

TERBRUGGHEN ou **TER BRUGGHEN** (Hendrik), *Deventer 1588-Utrecht 1629,* peintre néerlan-

■ **TEOTIHUACÁN.** La pyramide du Soleil et le palais du Soleil.

dais. Installé à Utrecht après avoir travaillé en Italie, c'est un caravagesque adepte de la « manière claire » (scènes diurnes : *le Duo*, Louvre).

TERCEIRA, île des Açores ; ch.-l. *Angra do Heroísmo.*

Tercio n.m., nom de la Légion étrangère espagnole. (V. partie n. comm. **légion.**)

TERECHKOVA (Valentina Vladimirovna), *Maslennikovo, près de Iaroslavl, 1937,* cosmonaute russe. Première femme cosmonaute, elle a effectué 48 révolutions autour de la Terre (16 - 19 juin 1963).

TÉRENCE, en lat. **Publius Terentius Afer,** *Carthage v. 185 - 159 av. J.-C.,* poète comique latin. Esclave affranchi, membre du cercle de Scipion Émilien, il composa six comédies *(l'Andrienne, l'Eunuque, l'Hécyre, l'Heautontimoroumenos, Phormion, les Adelphes)* imitées de Ménandre et fondées sur l'analyse psychologique. Il devint un modèle pour les classiques français, notamment pour Molière.

TERESA (Agnes Gonxha **Bajaxhiu**, dite Mère), *Uskŭb, auj. Skopje, 1910 - Calcutta 1997,* religieuse indienne d'origine albanaise. Son action en faveur des déshérités lui a valu le prix Nobel de la paix (1979).

■ MÈRE **TERESA**

TERESINA, v. du Brésil, cap. de l'État de Piauí, sur le Parnaíba ; 598 449 hab.

TERGNIER (02700), ch.-l. de cant. de l'Aisne, sur le canal de Saint-Quentin ; 15 289 hab. Centre ferroviaire. Métallurgie.

TERMONDE, en néerl. **Dendermonde,** v. de Belgique, ch.-l. d'arrond. de la Flandre-Orientale ; 42 499 hab. Textile. Mécanique. – Église gothique Notre-Dame (beau mobilier) ; musée.

TERNAUX (Guillaume, baron), *Sedan 1763 - Saint-Ouen 1833,* fabricant français. Il fonda en France de très grandes manufactures de textiles.

TERNEUZEN, v. des Pays-Bas (Zélande), sur l'estuaire de l'Escaut occidental, à la tête du *canal Terneuzen-Gand ;* 35 065 hab. Port.

TERNI, v. d'Italie (Ombrie), ch.-l. de prov. ; 107 333 hab. Métallurgie. – Musées.

TERNOPIL, v. d'Ukraine ; 218 000 hab.

TERPSICHORE [-kɔr] MYTH. GR. Muse de la Danse, du Chant choral et de la Poésie lyrique. Son attribut est la lyre.

TERRASSON-LAVILLEDIEU (24120), ch.-l. de cant. de la Dordogne ; 6 302 hab. Églises et pont du Moyen Âge ; « Jardins de l'imaginaire » (années 1990).

TERRAY (Joseph Marie), *Boën 1715 - Paris 1778,* ecclésiastique et homme d'État français. Contrôleur général des Finances de 1769 à 1774, il forma avec Maupeou et d'Aiguillon un « triumvirat » qui se rendit impopulaire par ses mesures fiscales.

TERRE, planète du système solaire. (V. partie n. comm.)

TERREBONNE, v. du Canada (Québec), banlieue nord de Montréal ; 44 425 hab. *(Terrebonniens).*

TERRE DE FEU, en esp. **Tierra del Fuego,** anc. **archipel de Magellan,** groupe d'îles au S. de l'Amérique méridionale (Argentine et Chili), séparées du continent par le détroit de Magellan. On donne aussi le nom de *Terre de Feu* à la principale île de l'archipel.

TERRE-NEUVE, en angl. **Newfoundland,** île du Canada oriental ; 112 299 km² (hab. *Terre-Neuviens*) ; v. princ. *St. John's.* Découverte en 1497 par Jean Cabot, l'île fut disputée dès le XVIe s. entre colons français et anglais. Elle fut cédée à la Grande-Bretagne par le traité d'Utrecht (1713), mais la France conserva le monopole de la pêche sur la côte nord jusqu'en 1904. Dominion (à partir de 1917) auquel est rattachée la côte nord-est du Labrador en 1927, l'île est devenue la dixième province du Canada en 1949.

TERRE-NEUVE, en angl. **Newfoundland,** prov. de l'est du Canada ; 406 000 km² ; 568 474 hab. ; cap. *St. John's.* Elle englobe l'*île de Terre-Neuve* et l'est de la péninsule du Labrador. La province associe sylviculture, extraction minière (fer, aux confins du Québec) et pêche (sur les *bancs de Terre-Neuve* notamm.).

Terreur (la), nom donné à deux périodes de la Révolution française. La *première Terreur* (10 août-20 sept. 1792) eut pour cause l'invasion prussienne et se manifesta par l'arrestation du roi et les massacres de *Septembre. La *seconde Terreur* (5 sept. 1793 - 28 juill. 1794) suivit l'élimination des Girondins par les Montagnards. Elle se solda par l'incarcération de nombreux suspects, dont beaucoup furent guillotinés. Elle connut sa plus grande flambée (la *Grande Terreur,* juin-juill. 1794) lorsque Robespierre, par la loi du 10 juin 1794, enleva toutes garanties judiciaires aux accusés. Elle s'acheva avec la chute de Robespierre, le 9 Thermidor. Le Tribunal révolutionnaire fut l'un des instruments de la Terreur.

Terreur blanche (la), nom donné aux mouvements contre-révolutionnaires français dirigés par les royalistes contre leurs adversaires. La *première Terreur blanche* (mai-juin 1795) consista en représailles meurtrières contre les anciens partisans de Robespierre. La *seconde Terreur blanche* (été 1815), qui eut lieu dans le midi de la France à la suite de Waterloo, s'exerça contre les bonapartistes, les républicains et les protestants.

Tertry (bataille de) [v. 687], victoire de Pépin de Herstal sur Thierry III, roi de Neustrie, à Tertry, dans la Somme. Elle assura à Pépin de Herstal la domination sur la Neustrie.

TERTULLIEN, *Carthage v. 155 - id. v. 222,* le premier des écrivains chrétiens de langue latine. Païen converti, il exerça en Afrique du Nord un véritable magistère doctrinal. Auteur d'une *Apologétique* et du *Contre Marcion,* il pratiqua un ascétisme qui le fit dévier vers l'hérésie montaniste. Il eut une grande influence sur la formation de la langue théologique latine.

TERUEL, v. d'Espagne (Aragon), ch.-l. de prov. ; 28 487 hab. Églises aux tours mudéjares des XIIe-XIIIe s. ; cathédrale gothico-mudéjare reconstruite à la Renaissance. – Combats pendant la guerre civile, de 1936 à 1938, entre nationalistes et républicains.

TERVUREN, comm. de Belgique (Brabant flamand) ; 19 488 hab. Musée royal de l'Afrique centrale, en bordure du parc de l'anc. domaine des ducs de Brabant.

TERZIEFF (Laurent), *Toulouse 1935,* comédien français. Au cinéma *(les Tricheurs,* M. Carné, 1958 ; *la Prisonnière,* H. G. Clouzot, 1968 ; *la Voie lactée,* L. Buñuel, 1969 ; *Médée,* P. P. Pasolini, 1970) comme au théâtre, où souvent il signe aussi la mise en scène (*Ce que voit Fox* en 1988 ; *Temps contre temps* en 1993), il choisit ses auteurs et ses rôles avec exigence.

TESLA (Nikola), *Smiljan, Croatie, 1856 - New York 1943,* ingénieur et physicien américain d'origine serbe. Il réalisa le premier moteur asynchrone à champ tournant, imagina les courants polyphasés et les commutatrices, et inventa le couplage de deux circuits oscillants par induction mutuelle.

TESSAI, *Kyoto 1837 - id. 1924,* peintre japonais. Inspiré par les textes anciens, ce lettré, qui n'ignore pas l'art occidental, renouvelle l'art pictural japonais de son temps.

TESSIER (Gaston), *Paris 1887 - id. 1960,* syndicaliste français. Premier secrétaire général (1919 - 1948) puis président (1948 - 1953) de la CFTC, il présida la Confédération internationale des syndicats chrétiens à partir de 1947. – **Jacques T.,** *Paris 1914 - id. 1997,* syndicaliste français. Fils de Gaston, il fut secrétaire général (1964) puis président (1970 - 1981) de la CFTC, après la scission de la CFDT.

TESSIN n.m., en ital. **Ticino,** riv. de Suisse et d'Italie, affl. du Pô (r. g.) ; 248 km. Il traverse le lac Majeur et passe à Pavie. – Hannibal battit P. Cornelius Scipio sur ses bords (218 av. J.-C.).

TESSIN, canton de Suisse, sur le versant méridional des Alpes ; 2 813 km² ; 298 000 hab. *(Tessinois) ;* ch.-l. *Bellinzona.* Tourisme (lac Majeur). – Le canton du Tessin fut formé en 1803 par l'union des cantons de Bellinzona et de Lugano.

TESSIN (Nicodemus), dit **le Jeune,** *Nyköping 1654 - Stockholm 1728,* architecte suédois. Il acheva la décoration du château de Drottningholm, près de Stockholm (entrepris en 1662 par son père, Nicodemus l'Ancien), et construisit à partir de 1697 le château royal de la capitale suédoise, synthèse des styles italien et français.

Test Act (1673), loi votée par le Parlement anglais, imposant à tout candidat à un office public l'appartenance à la religion anglicane. Il fut abrogé en 1828 - 1829.

TESTE-DE-BUCH (La) [33260], ch.-l. de cant. de la Gironde, sur le bassin d'Arcachon ; 23 819 hab. Station balnéaire. Ostréiculture.

TÊT [tɛt] n.f., fl. côtier de France, dans les Pyrénées-Orientales, qui se jette dans la Méditerranée ; 120 km. Elle passe à Prades et à Perpignan.

TETELA, peuple du centre de la Rép. dém. du Congo (ex-Zaïre), de langue bantoue.

TÉTHYS MYTH. GR. Déesse de la Mer.

TÉTHYS (la), mer des temps géologiques. Elle sépara le Gondwana de la Laurasie à partir du mésozoïque et pendant la majeure partie du cénozoïque.

TÉTOUAN, v. du Maroc, près de la Méditerranée ; 199 615 hab. Cap. du protectorat espagnol au Maroc (1913 - 1956).

Tétralogie (la), titre sous lequel est communément désigné le cycle d'opéras de Richard Wagner, *l'Anneau du Nibelung.* Ce festival scénique regroupe dans l'ordre *l'Or du Rhin, la Walkyrie, Siegfried* et *le Crépuscule des dieux,* sur des livrets de Wagner lui-même, inspirés d'une vieille épopée germanique. Créé dans son intégralité à Bayreuth en 1876, il est articulé sur un jeu de figures musicales (leitmotivs), liées aux personnages, et sur le rôle initiatique de l'orchestre.

TETUN, peuple d'Indonésie (Timor) [env. 480 000]. Issus du métissage de populations autochtones et de populations mongoloïdes, cultivateurs sur brûlis et éleveurs, les Tetun sont christianisés et parlent une langue malayo-polynésienne.

TETZEL (Johannes), *Pirna v. 1465 - Leipzig 1519,* dominicain allemand. Les excès de sa prédication sur les indulgences décidèrent Luther à publier ses 95 thèses (1517), point de départ de la Réforme.

TEUTATÈS ou **TOUTATIS,** dieu celte de la tribu, qu'il protégeait contre la guerre, et dieu de la Guerre elle-même.

Teutonique (ordre), ordre hospitalier (1190) puis ordre militaire (1198), fondé en Terre sainte et recrutant des membres dans l'aristocratie allemande. Ayant absorbé en 1237 les chevaliers Porte-Glaive, l'ordre propagea la culture germanique en Prusse et se constitua un vaste État. Sa puissance fut brisée par les Polonais à Tannenberg (1410). Après le traité de Toruń (1466), l'ordre ne conserva plus que la Prusse-Orientale, sous suzeraineté polonaise. Il fut sécularisé en 1525 par son grand maître Albert de Brandebourg.

TEUTONS, anc. peuple germanique qui envahit la Gaule avec les Cimbres (IIe s. av. J.-C.). Ils furent vaincus par Marius près d'Aix-en-Provence (102 av. J.-C.).

TEWKESBURY, v. de Grande-Bretagne (Angleterre, dans le Gloucestershire) ; 9 000 hab. Église romane et gothique, anc. abbatiale. – Édouard IV d'York y triompha des lancastriens, conduits par la reine Marguerite (3 mai 1471).

TEXAS n.m., État des États-Unis ; 690 000 km² ; 16 986 510 hab. *(Texans) ;* cap. *Austin ;* v. princ. *Houston, Dallas.* C'est le plus vaste (en dehors de l'Alaska) des États unis d'Amérique. Grands gisements de pétrole et de gaz naturel. – Espagnol puis mexicain (1821), le Texas devint une république indépendante de fait en 1836. Il fut incorporé aux États-Unis en 1845.

TEXEL, île néerlandaise de la mer du Nord.

TEYJAT (24300), comm. de la Dordogne ; 326 hab. *(Teyjatois).* La grotte de la Mairie possède de remarquables gravures pariétales (magdalénien).

TEZCATLIPOCA, divinité guerrière précolombienne. D'origine toltèque, elle avait comme animal emblématique le jaguar.

TEZUKA OSAMU, *Osaka 1926 - 1989,* dessinateur et scénariste japonais de bandes dessinées. Créateur prolifique, il est considéré comme le fondateur du *manga japonais.

TF1 (Télévision Française 1), chaîne de télévision française. Héritière de la première chaîne, constituée en société nationale de programmes (1974), elle a été privatisée en 1987. Le groupe contrôle également auj. la totalité de la chaîne Eurosport.

THABIT IBN QURRA, *Harran, Turquie, 836 - Bagdad 901,* savant arabe. Mathématicien astronome, médecin, il commenta et traduisit Archimède, Euclide et Apollonios. Il anticipa des théorèmes généraux de trigonométrie sphérique ou de théorie des nombres, et prépara l'extension aux réels positifs du concept de nombre.

THABOR ou **TABOR** (mont), montagne d'Israël, à l'O. du Jourdain et du lac de Tibériade ; 588 m.

THABOR (mont), sommet des Alpes françaises, en Savoie, au S.-O. de Modane ; 3 181 m.

THACKERAY (William Makepeace), *Calcutta 1811-Londres 1863,* écrivain britannique. Journaliste et caricaturiste, il est l'auteur d'essais *(le Livre des snobs)* et de romans (*Mémoires de Barry Lyndon du royaume d'Irlande,* 1844 ; *la Foire aux vanités,* 1847 - 1848) qui font la satire des hypocrisies et des ridicules de la société britannique.

THAÏLANDE n.f., en thaï **Muang Thai,** anc. **Siam,** État d'Asie du Sud-Est ; 514 000 km² ; 59 410 000 hab. *(Thaïlandais).* CAP. *Bangkok.* LANGUE : *thaï.* MONNAIE : *baht.*

GÉOGRAPHIE

La population, formée pour 80 % de Thaïs (minorités de Chinois, de Malais, de Khmers), est en quasi-totalité bouddhiste. Elle se concentre dans la plaine centrale (drainée par la Chao Phraya), partie vitale du pays, domaine de la culture intensive du riz et site des grandes villes, parmi lesquelles émerge Bangkok. Le Nord et l'Ouest, montagneux, fournissent du bois de teck, tandis que des plantations d'hévéas et des mines d'étain sont situées au sud de l'isthme de Kra. La pêche est active. Le secteur industriel s'est développé (agroalimentaire, textile, montage automobile). Le tourisme a progressé et la croissance économique récente a été notable. Mais le pays doit auj. absorber les effets de la grave crise financière à laquelle il a été confronté en 1997 - 1998.

T

HISTOIRE

Des royaumes thaïs à la monarchie Chakri. **VIIe s. :** le royaume de Dvaravati, de culture bouddhique et peuplé de Môn, se développe. **XIe-XIIe s. :** les Khmers conquièrent la région. **XIIIe s. :** les Thaïs, connus sous le nom de Syam (Siamois), fondent les royaumes de Sukhothai et de Lan Na (cap. Chiangmai). **V. 1350 :** ils créent le royaume d'Ayuthia. **1569 - 1592 :** le Siam est occupé par les Birmans. **XVIe - XVIIe s. :** il entretient des relations avec l'Occident, notamm. avec la France de Louis XIV. **1767 :** les Birmans mettent à sac Ayuthia. **1782 :** Rama Ier est couronné à Bangkok, la nouvelle capitale, et fonde la dynastie Chakri. **1782 - 1851 :** Rama Ier, II, III dominent en partie le Cambodge, le Laos et la Malaisie. **1893 - 1909 :** la Thaïlande doit reculer ses frontières au profit de l'Indochine française et de la Malaisie.

La Thaïlande contemporaine. **1932 :** un coup d'État provoque l'abdication de Rama VII (1935). **1938 :** le maréchal Pibul Songgram s'empare du pouvoir. Le pays prend le nom de Thaïlande. **1941 - 1944 :** Pibul Songgram s'allie au Japon. **1948 :** il revient au pouvoir. **1950 :** Bhumibol Adulyadej est couronné roi sous le nom de Rama IX. **1957 - 1973 :** le pouvoir demeure dominé par les militaires, Sarit Thanarat (1957 - 1963) puis Thanom Kittikachorn (1963 - 1973). La guérilla communiste se développe à partir de 1962. **1976 :** l'armée reprend le pouvoir. **1979 :** après l'invasion du Cambodge par le Viêt Nam, des réfugiés affluent. **1980 :** le général Prem Tinsulanond devient Premier ministre. **1988 :** Chatichai Choonhavan, chef du parti Chart Thai, lui succède. **1991 :** il est renversé par un coup d'État militaire. **1992 :** des manifestations d'opposition au régime sont suivies par une révision constitutionnelle qui réduit le rôle des militaires. À l'issue des élections législatives, le leader du Parti démocrate, Chuan Leekpai, est nommé Premier ministre. **1995 :** le Chart Thai remporte les élections ; son leader, Banharn Silpa-Archa, devient Premier ministre. **1996 :** à l'issue de nouvelles élections, Chaovalith Yongchaiyuth devient Premier ministre. **1997 :** Chuan Leekpai revient à la tête du gouvernement. **2001 :** fondateur d'un nouveau parti, qui obtient une large victoire aux élections, l'homme d'affaires Thaksin Shinawatra est nommé Premier ministre.

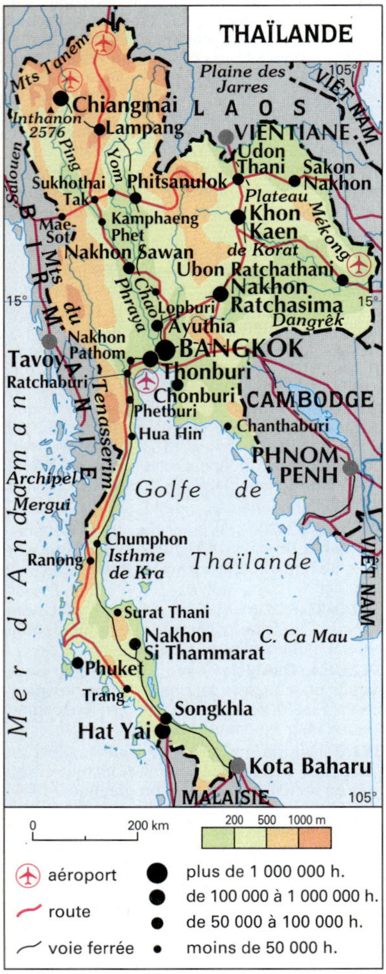

THAÏLANDE (golfe de), anc. **golfe du Siam** ou **de Siam,** golfe de l'Asie du Sud-Est bordant notamment la *Thaïlande.*

THAÏS, ensemble de peuples vivant en Thaïlande, en Birmanie, au Laos, au Viêt Nam et en Chine du Sud [env. 70 millions]. Venus de Chine en Asie du Sud-Est, bouddhistes influencés par le brahmanisme, avec une persistance de croyances animistes, les Thaïs parlent des langues *thaïes,* famille qui comprend le thaï proprement dit, ou *siamois,* parlé en Thaïlande.

THAÏS, courtisane grecque du IVe s. av. J.-C. Elle fut l'amie de Ménandre, d'Alexandre, puis de Ptolémée Ier.

THAÏS (sainte), courtisane égyptienne repentie (IVe s.). Selon la *Légende dorée,* elle aurait été convertie par un anachorète. — Sa légende a inspiré à A. France un roman (*Thaïs,* 1890) d'après lequel L. Gallet a rédigé le livret de la comédie lyrique en 3 actes et 6 tableaux de J. Massenet (*Thaïs,* 1894).

THALÈS, *Milet v. 625 - v. 547 av. J.-C.,* savant et philosophe grec de l'école ionienne, l'un des Sept *Sages de la Grèce. Il aurait rapporté d'Égypte et de Babylone les éléments de la géométrie et de l'algèbre. On lui attribue la première mesure exacte du temps, à l'aide du *gnomon,* et certaines connaissances sur les rapports des angles avec les triangles auxquels ils appartiennent, ainsi que sur le calcul des proportions (v. partie n. comm. **théorème de *Thalès**). Il dut sa célébrité à la prédiction d'une éclipse de Soleil. Pour lui, l'eau était l'élément premier de l'Univers.

THALIE MYTH. GR. Muse de la Comédie.

THALWIL, v. de Suisse (cant. de Zurich) ; 15 647 hab.

THAMES → **TAMISE.**

THANA, v. d'Inde (Maharashtra) ; 803 369 hab.

THANJAVUR ou **TANJORE,** v. d'Inde (Tamil Nadu) ; 200 216 hab. Monuments anciens, dont le grandiose sanctuaire shivaïte de Brihadishvara élevé vers l'an 1000 (musée). — Elle fut la dernière capitale de la dynastie des Cola.

THANN (68800), ch.-l. d'arrond. du Haut-Rhin, sur la Thur ; 8 145 hab. *(Thannois).* Industrie chimique. — Belle collégiale des XIVe-XVIe s.

THANT (Sithu U), *Pantanaw 1909 - New York 1974,* homme politique birman. Il fut secrétaire général de l'ONU de 1961 à 1971.

THAON-LES-VOSGES [tɑ̃-] (88150), comm. des Vosges ; 8 038 hab. *(Thaonnais).* Constructions mécaniques.

Thapsus (bataille de) [46 av. J.-C.], victoire décisive de J. César sur les partisans de Pompée, à Thapsus, en Afrique proconsulaire (auj. Tunisie).

THAR (désert de), région aride du Pakistan et de l'Inde, entre l'Indus et les monts Aravalli.

THARU, population aborigène de l'Inde et du Népal, vivant dans les plaines marécageuses à la frontière des deux pays.

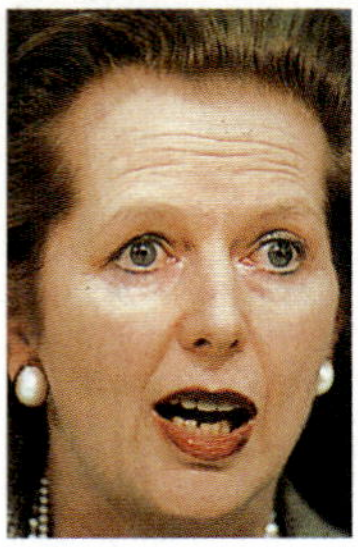

■ MARGARET **THATCHER**

■ L'IMPÉRATRICE **THÉODORA.** (Église San Vitale, Ravenne.)

THÁSSOS, île grecque du nord de la mer Égée. Nombreux vestiges antiques.

THATCHER (Margaret), *Grantham 1925,* femme politique britannique. Succédant à E. Heath à la tête du Parti conservateur (1975), elle devient Premier ministre en 1979 après la victoire de son parti aux élections. Elle mène une politique de rigueur fondée sur un libéralisme strict, combat avec succès l'invasion des Falkland par l'Argentine et s'oppose à un renforcement de l'intégration européenne. Reconduite au terme des élections de 1983 et 1987, elle est le premier chef du gouvernement britannique, depuis 1945, à obtenir un troisième mandat. Elle démissionne en 1990.

THAU (étang de), lagune de l'Hérault, communiquant avec la mer par le canal de Sète ; 7 400 ha. Bassin industriel du port de Sète.

Théâtre-Libre, théâtre parisien créé en 1887 par André Antoine, afin de rénover le spectacle par une mise en scène réaliste et par l'interprétation de jeunes auteurs naturalistes (Zola, Curel) et de dramaturges étrangers (Ibsen, Strindberg). En 1897, il prit le nom de *Théâtre-Antoine.*

Théâtre national populaire (TNP), théâtre subventionné, fondé par l'État en 1920 à l'instigation de Firmin Gémier, son premier directeur. Installé au Trocadéro à Paris, puis au palais de Chaillot, le TNP a été dirigé par Jean Vilar (1951 - 1963), puis par G. Wilson (jusqu'en 1972). Depuis 1972, son siège est à Villeurbanne, où il est dirigé par R. Planchon (jusqu'en 2001).

THÉBAÏDE n.f., partie méridionale de l'Égypte ancienne, qui avait Thèbes pour capitale. Elle fut aux premiers siècles chrétiens un centre important du monachisme.

THÈBES, v. de l'Égypte ancienne. Des princes thébains réunifièrent l'Égypte et fondèrent la XIe dynastie, au XXIIe s. av. J.-C. De même, les princes thébains de la XVIIIe dynastie chassèrent les Hyksos (v. 1580). Au Nouvel Empire, Thèbes fut la capitale de l'Égypte et une grande métropole religieuse grâce au puissant clergé du dieu Amon. Elle fut détruite en 663 av. J.-C. lors de l'invasion assyrienne. — Il reste d'elle les sanctuaires de Louqsor et de Karnak. En face se trouve l'immense nécropole de la rive occidentale (temples funéraires de Deir el-Bahari, hypogées de la Vallée des Rois, des Reines, des Nobles, etc.).

THÈBES, en gr. **Thívai,** v. de Grèce ; 18 191 hab. *(Thébains).* La légende y a situé le cycle d'Œdipe. — À partir du VIIe s. av. J.-C., la ville domina une confédération des villes de Béotie. Durant les guerres médiques, Thèbes s'allia aux Perses. Grâce à Épaminondas et à Pélopidas, elle eut un moment l'hégémonie sur les cités grecques (371 - 362 av. J.-C.). Alexandre la détruisit en 336 av. J.-C.

Thélème (abbaye de), communauté laïque imaginée par Rabelais dans *Gargantua.* Contre-pied exact de l'institution monacale, elle est régie par le précepte : « Fais ce que voudras. »

THÉMIS MYTH. GR. Déesse de la Justice. Ses attributs sont le glaive et la balance.

THÉMISTOCLE, *Athènes v. 528 - Magnésie du Méandre v. 462 av. J.-C.,* général et homme politique athénien. Il fit d'Athènes la grande puissance navale du monde hellénique, aménageant Le Pirée et réorganisant la flotte athénienne. Par la victoire de Salamine (480 av. J.-C.), il délivra la Grèce du péril perse (guerres médiques). En butte à la malveillance de ses adversaires politiques et aux intrigues de Sparte, il fut banni, à l'instigation de Cimon (partisan d'un partage de l'hégémonie sur la Grèce entre Sparte et Athènes), et se réfugia auprès d'Artaxerxès Ier.

THENARD (Louis Jacques, baron), *La Louptière, Aube, 1777-Paris 1857,* chimiste français. Collaborateur de Gay-Lussac, il découvrit le bore (avec ce dernier) en 1808 et l'eau oxygénée en 1818 ; il étudia les esters (1807) et établit une classification des métaux.

THÉOCRITE, *Syracuse ? v. 310 - v. 250 av. J.-C.,* poète grec. Créateur de la poésie bucolique *(Idylles),* il exprime, au sein d'une civilisation raffinée, la nostalgie d'une innocence « naturelle ».

THÉODAT ou **THÉODAHAT,** *m. à Ravenne en 536,* roi des Ostrogoths (534 - 536), neveu de Théodoric le Grand.

THÉODEBALD ou **THIBAUD,** *m. en 555,* roi d'Austrasie (547/548 - 555), de la dynastie mérovingienne. Il laissa son royaume à Clotaire Ier.

théodicée (Essais de), ouvrage de Leibniz (1710). L'auteur s'efforce de résoudre les problèmes posés par l'existence du mal et de démontrer que le monde que Dieu a créé est le meilleur de tous les mondes possibles.

THÉODORA, *Constantinople début VIe s. - id. 548,* impératrice byzantine (527 - 548). Femme de Justinien Ier, elle fut l'âme de son gouvernement. En 532, elle sauva l'empire en décidant Justinien à briser la sédition Nika.

THÉODORA, *m. en 867,* impératrice régente de Byzance (842 - 856) pendant la minorité de son fils Michel III. Elle convoqua un concile qui rétablit définitivement le culte des images (843).

THÉODORE Ier LASCARIS, *m. en 1222,* premier empereur byzantin de Nicée (1204, en fait 1208 - 1222). — **Théodore II Doukas Lascaris,** *1222 - 1258,* empereur byzantin de Nicée (1254 - 1258), petit-fils de Théodore Ier Lascaris.

THÉODORIC Ier, *m. en 451,* roi des Wisigoths (418 - 451). Il fut tué en combattant Attila aux champs Catalauniques. — **Théodoric II,** *m. en 466,* roi des Wisigoths (453 - 466). Fils de Théodoric Ier, il fut le maître de la Gaule et de l'Espagne.

THÉODORIC le Grand, *en Pannonie v. 454 - Ravenne 526,* roi des Ostrogoths (493 - 526). Élevé à Constantinople, imprégné de culture gréco-romaine, il fit renaître un temps l'empire d'Occident. L'empereur Zénon l'ayant envoyé enlever l'Italie à Odoacre (493), Théodoric se rendit maître de la péninsule et des côtes dalmates. Aidé par deux ministres de valeur, Cassiodore et Boèce, il tenta sans succès la fusion des Romains et des Goths. Sous son règne, Ravenne fut une brillante capitale.

THÉODOROS II ou **THÉODORE II,** *Sarge, Kouara, 1818 - Magdala 1868,* empereur d'Éthiopie (1855 - 1868). Vaincu par l'armée britannique à Magdala, il se donna la mort.

THÉODOSE Ier, dit **le Grand,** en lat. **Flavius Theodosius,** *Cauca, Espagne, v. 347 - Milan 395,* empereur romain (379 - 395). Proclamé auguste en 379, il reçoit le gouvernement de l'Orient. Il conclut un accord avec les Goths (382), les installant dans le territoire impérial, et introduit un grand nombre de Barbares dans l'armée. Il refuse le titre de Grand Pontife, fait du christianisme une religion d'État (380) et interdit toute pratique païenne. À sa mort, l'Empire est partagé entre ses deux fils, Honorius et Arcadius. — **Théodose II,** *401 - 450,* empereur romain d'Orient (408 - 450). Petit-fils de Théodose Ier, il donna son nom au *Code Théodosien.*

Théodosien (Code), code de lois rédigé sur l'ordre de Théodose II de 435 à 438, et qui réunit les constitutions impériales depuis Constantin.

THÉODULF ou **THÉODULFE,** *en Catalogne v. 750 - Angers ? 821,* évêque d'Orléans. Il fut aussi abbé de Fleury (Saint-Benoît-sur-Loire), dont il fit un très brillant centre de culture. Constructeur de l'église de Germigny-des-Prés, poète et théologien, il fut l'un des principaux représentants de la renaissance carolingienne.

Théogonie ou **Généalogie des dieux,** poème mythologique d'Hésiode (VIIIe s. av. J.-C.), qui raconte la création du monde, du chaos initial au règne de Zeus.

THÉON d'Alexandrie, *fin du IVe s. apr. J.-C.,* savant grec. Seul ou avec sa fille Hypatie, il diffusa les œuvres majeures des mathématiques et de l'astronomie grecques.

THÉOPHRASTE, *Eresos, Lesbos, v. 372 - Athènes 287 av. J.-C.,* philosophe grec. Disciple de Platon puis d'Aristote, remarquable par ses travaux de botanique *(Histoire des plantes),* il est l'auteur des *Caractères,* recueil d'études morales et de portraits pittoresques, dont La Bruyère a emprunté la manière et le style.

■ **THÉRÈSE D'ÁVILA.** (Académie royale de la langue, Madrid.)

■ ADOLPHE **THIERS** par L. Bonnat. (Château de Versailles.)

Théorie générale de l'emploi, de l'intérêt et de la monnaie, ouvrage de J. M. Keynes (1936). L'auteur y introduit l'idée d'un sous-emploi permanent et met en valeur le rôle de l'État, seul capable d'élever la demande au niveau requis pour la réalisation du plein emploi. L'ouvrage a eu une influence considérable.

théosophique (Société), société religieuse fondée en 1875 à New York par Elena Blavatsky (1831 - 1891) et dont le siège est à Adyar, près de Madras, en Inde, depuis 1886. Affirmant l'éternité de l'Univers et l'universalité du divin, elle vise à développer en l'homme les pouvoirs qu'il détient en lui de façon latente.

THÉOULE-SUR-MER (06590), comm. des Alpes-Maritimes ; 1 304 hab. Station balnéaire.

THÉRAMÈNE, *Céos av. 450 - Athènes 404 av. J.-C.,* homme politique athénien. Il contribua au renversement de la démocratie en 411. Membre du gouvernement des Trente, il s'opposa aux excès de Critias et fut condamné à mort.

THÉRÈSE d'Ávila (sainte), *Ávila 1515 - Alba de Tormes, prov. de León, 1582,* mystique espagnole. Entrée au carmel d'Ávila (1536), elle entreprit, à partir de 1554, la réforme de son ordre avec l'aide de saint Jean de la Croix et ouvrit une quinzaine de monastères réformés. Ses écrits comptent parmi les chefs-d'œuvre de la langue castillane et du mysticisme chrétien. Son *Livre des demeures* ou *Château intérieur* (1577 - 1588) résume sa doctrine sur l'oraison, moyen privilégié pour rencontrer le Christ. Thérèse fut canonisée en 1622 et proclamée docteur de l'Église en 1970.

THÉRÈSE de l'Enfant-Jésus (sainte) [Thérèse **Martin**], dite sainte **Thérèse de Lisieux,** *Alençon 1873 - Lisieux 1897,* religieuse française. Entrée en 1888 au carmel de Lisieux, elle y mena une vie sans relief, mais son autobiographie, l'*Histoire d'une âme* (1897), témoigne d'une haute spiritualité fondée sur l'abandon à Dieu. Elle fut canonisée en 1925 et proclamée docteur de l'Église en 1997.

thermidor an II (journées des 9 et 10) [27 - 28 juill. 1794], journées révolutionnaires qui entraînèrent la chute de Robespierre et la fin de la Convention montagnarde. Arrêtés lors d'une séance de la Convention, Robespierre et ses amis furent momentanément libérés par la Commune de Paris, puis exécutés entre le 10 et le 12 thermidor.

Thermopyles (combat des) [480 av. J.-C.], bataille de la deuxième guerre médique. Le roi Léonidas et 300 Spartiates se firent massacrer sans parvenir à arrêter l'armée de Xerxès Ier au défilé des Thermopyles, en Locride orientale.

THÉSÉE MYTH. GR. Roi légendaire d'Athènes. Il aurait délivré la ville du joug de Minos en tuant le Minotaure. Les historiens grecs lui attribuaient le regroupement des villes de l'Attique en une seule cité autour d'Athènes. Son personnage apparaît dans de nombreuses légendes : expédition des Argonautes, lutte contre les Amazones, contre les Centaures.

THESSALIE n.f., région de Grèce, au S. du mont Olympe, sur la mer Égée ; 731 230 hab. ; v. princ. *Lárissa* et *Vólos* et, autrefois, Pharsale, Phères. (Hab. *Thessaliens.*)

THESSALONIQUE ou **SALONIQUE,** en gr. **Thessaloníki,** v. de Grèce (Macédoine), au fond du *golfe de Thessalonique* formé par la mer Égée ; 377 951 hab. (739 998 hab. dans l'agglomération). Centre industriel. — Églises byzantines, dont celle de Ste-Sophie (VIIIe s.). Musée archéologique (trésors de Verghína). — De 1204 à 1224, Thessalonique fut la capitale d'un royaume latin. Sous la domination ottomane (1430 - 1913), elle s'appela *Salonique.* Base d'opérations des forces alliées d'Orient (1915 - 1918).

THETFORD MINES, v. du Canada (Québec), dans l'Estrie ; 18 669 hab. *(Thetfordois).* Amiante. Métallurgie. Plastiques.

THÉTIS MYTH. GR. Une des Néréides. Elle était la mère d'Achille.

THEUX, comm. de Belgique (prov. de Liège), au S. de Verviers ; 10 065 hab. Église des XIe-XVIe s. ; maisons anciennes.

THIAIS (94320), ch.-l. de cant. du Val-de-Marne, au S. de Paris ; 28 502 hab. *(Thiaisiens).* Cimetière parisien. Centre commercial.

THIBAUD → **THÉODEBALD.**

THIBAUD, nom de plusieurs comtes de Champagne. — **Thibaud IV le Chansonnier,** *Troyes 1201 - Pampelune 1253,* comte de Troyes et de Meaux (1201 - 1253), roi de Navarre (1234 - 1253) [Thibaud Ier]. Ennemi, puis allié de Blanche de Castille, il mena une croisade en Terre sainte. — Il est l'auteur de chansons qui enrichissent la tradition courtoise par l'usage de l'allégorie.

THIBAUD (Jacques), *Bordeaux 1880 - dans un accident d'avion près de Barcelonnette 1953,* violoniste français. Il forma avec P. Casals et A. Cortot un trio célèbre et fonda avec Marguerite Long un concours international d'interprétation.

THIBAUDET (Albert), *Tournus 1874 - Genève 1936,* critique littéraire français. Ses chroniques dans *la *Nouvelle Revue française* et ses essais *(Histoire de la littérature française de 1789 à nos jours)* sont marqués par l'influence de Bergson.

Thibault (les), roman de R. Martin du Gard (1922 - 1940), saga d'une famille française au début du XXe s.

THIÈLE → **ORBE.**

THIÉRACHE n.f., région occupant principalement l'extrémité nord-est du dép. de l'Aisne. Élevage bovin.

THIERRY Ier ou **THIERRI Ier,** *m. en 533 ou 534,* roi d'Austrasie (511 - v. 534), de la dynastie mérovingienne. Fils de Clovis, il ajouta à son domaine l'Albigeois, le Rouergue et l'Auvergne (507 - 508). — **Thierry II,** *587 - Metz 613,* roi de Bourgogne (595/596 - 613) et d'Austrasie (612 - 613), de la dynastie mérovingienne, fils de Childebert II. — **Thierry III,** *m. en 690 ou 691,* roi de Neustrie et de Bourgogne (673 et 675 - 690/691), de la dynastie mérovingienne. Fils de Clovis II, il fut détrôné par Childéric II, remonta sur le trône en 675, mais fut vaincu à Tertry (v. 687) par Pépin de Herstal. — **Thierry IV,** *m. en 737,* roi des Francs (721 - 737), de la dynastie mérovingienne. Charles Martel gouverna en son nom.

THIERRY (Augustin), *Blois 1795 - Paris 1856,* historien français. L'un des créateurs de l'histoire moderne, il est l'auteur notamm. des *Lettres sur l'histoire de France,* des *Récits des temps mérovingiens* (1835 - 1840), de *l'Essai sur la formation et les progrès de l'histoire du tiers état.*

THIERRY D'ARGENLIEU (Georges), *Brest 1889 - carmel du Relecq-Kerhuon 1964,* amiral français. Ancien officier de marine devenu carme en 1920 (en relig. Louis de la Trinité), il rejoignit de Gaulle à Londres (1940). Il fut haut-commissaire en Indochine (1945 - 1947) et grand chancelier de l'ordre de la Libération (1940 - 1958).

THIERS (63300), ch.-l. d'arrond. du Puy-de-Dôme, sur la Durolle (affluent de la Dore) ; 13 950 hab. *(Thiernois).* Centre de coutellerie. Constructions mécaniques. — Église St-Genès, en partie du XIe s. ; maison des Couteliers (musée) et autres maisons anciennes.

THIERS (Adolphe), *Marseille 1797 - Saint-Germain-en-Laye 1877,* homme politique, journaliste et historien français. Il publie une *Histoire de la Révolution* (1823 - 1827), fonde le journal *le National* (1830), où il défend la thèse d'une monarchie parlementaire à l'anglaise, et contribue à l'établissement de la monarchie de Juillet. Ministre des Finances (1830 - 1831), puis de l'Intérieur (1832 - 1836), deux fois président du Conseil et ministre des Affaires étrangères (1836, 1840), il s'oppose à la Grande-Bretagne et doit se retirer devant Guizot (1840). Il entreprend alors la rédaction de l'*Histoire du Consulat et de l'Empire* (1845 - 1862). Député et âme de la réaction

T

conservatrice sous la IIe République, mais hostile au rétablissement de l'Empire, il est proscrit après le coup d'État du 2 décembre 1851. Rentré en France en 1852, élu député en 1863, il stigmatise la politique impériale. Nommé chef du pouvoir exécutif (févr. 1871), il conclut le traité de Francfort avec la Prusse et écrase l'insurrection de la Commune. Président de la République (août 1871), il réorganise la France vaincue. Mais, ayant préconisé ouvertement le régime républicain, il est renversé par une coalition des partis monarchiste et conservateur (24 mai 1873). Il demeure le chef de l'opposition républicaine. (Acad. fr.)

THIÈS, v. du Sénégal, au N.-E. de Dakar ; 185 000 hab. Industries mécaniques et textiles.

THILL (Georges), *Paris 1897 - Lorgues 1984,* ténor français. Il chanta les rôles importants de Wagner, Verdi ou de l'opéra comique français.

THILLOT (Le) [88160], ch.-l. de cant. des Vosges, sur la Moselle ; 4 029 hab. *(Thillotins).*

THIMBU ou **THIMPHU,** cap. du Bhoutan ; 30 000 hab.

THIMONNIER (Barthélemy), *L'Arbresle 1793 - Amplepuis 1857,* tailleur et inventeur français. Il réalisa la première machine à coudre, qu'il fit breveter en 1830.

THIMPHU → THIMBU.

THIO, comm. de Nouvelle-Calédonie ; 2 614 hab. Nickel.

THIONVILLE (57100), ch.-l. d'arrond. de la Moselle, sur la Moselle ; 42 205 hab. *(Thionvillois).* Anc. place forte ; musée dans la *tour aux Puces.*

THIRY (Marcel), *Charleroi 1897 - Fraiture-en-Condroz 1977,* écrivain belge de langue française. Ses recueils lyriques *(Plongeantes Proues)* et ses récits *(Nouvelles du grand possible)* témoignent de sa passion de l'insolite.

THISBÉ → PYRAME.

THIVIERS (24800), ch.-l. de cant. de la Dordogne ; 3 625 hab. *(Thibériens).*

THIZY (69240), ch.-l. de cant. du Rhône ; 2 594 hab. *(Thizerots).*

THOIRY (78770), comm. des Yvelines ; 974 hab. Château des XVIe-XVIIe s. ; parc zoologique.

THOM (René), *Montbéliard 1923,* mathématicien français. Ses travaux portent sur la topologie différentielle. Il est le créateur de la *théorie des catastrophes.* (Médaille Fields 1958.)

THOMAS (saint), surnommé **Didyme,** un des douze Apôtres de Jésus (Ier s.). Une tradition veut qu'il ait évangélisé la Perse et l'Inde. Son attitude dubitative à l'annonce de la résurrection du Christ *(Évangile de Jean)* a fait de lui le modèle de l'incrédule, qui ne croit que ce qu'il voit.

THOMAS d'Aquin (saint), *Roccasecca, Aquino, prov. de Frosinone, 1225 - abbaye de Fossanova, prov. de Latina, 1274,* théologien italien. Dominicain, maître en théologie (1256), il enseigna surtout à Paris, où il avait été l'élève d'Albert le Grand et avait découvert l'œuvre d'Aristote. L'essentiel de son enseignement *(thomisme)* se trouve dans la *Somme théologique* (v. 1266 - v. 1273), qui s'attache à restaurer, en harmonie avec la foi, l'autonomie de la nature et de la raison. Docteur de l'Église (1567).

THOMAS BECKET ou **BECKETT** (saint), *Londres 1118 - Canterbury 1170,* prélat anglais. Ami du roi Henri II Plantagenêt, il fut fait par lui chancelier d'Angleterre (1155), puis archevêque de Canterbury (1162). Défenseur du clergé contre le roi, il excommunia ce dernier, qui le fit assassiner dans la cathédrale de Canterbury.

THOMAS MORE ou **MORUS** (saint), *Londres 1478 - id. 1535,* humaniste et homme politique anglais. Il est l'auteur de l'**Utopie* (1516). Juriste devenu chancelier du royaume (1529), il resta catholique au début de la Réforme et désavoua Henri VIII lors de son divorce. Disgracié (1532), emprisonné, il fut exécuté. Il fut canonisé en 1935.

THOMAS (Albert), *Champigny-sur-Marne 1878 - Paris 1932,* homme politique français. Député socialiste (1910), ministre de l'Armement (1916 - 1917), il organisa et présida le Bureau international du travail (1920 - 1932).

THOMAS (Ambroise), *Metz 1811 - Paris 1896,* compositeur français, auteur de l'opéra *Mignon* (d'après *Wilhelm Meister* de Goethe, 1866).

THOMAS (Dylan Marlais), *Swansea 1914 - New York 1953,* poète britannique. Poète bohème et indépendant, il est également l'auteur d'un drame radiophonique (*Au bois lacté,* 1953) et de récits (*Portrait de l'artiste en jeune chien,* 1940 ; *Aventures dans le commerce des peaux,* 1955).

THOMAS (Sidney Gilchrist), *Londres 1850 - Paris 1885,* métallurgiste britannique. Il découvrit, en collaboration avec son cousin Percy Gilchrist, un procédé d'affinage des fontes phosphoreuses (breveté en 1877), qui est auj. abandonné.

THOMAS A KEMPIS (Thomas **Hemerken,** dit), *Kempen, Rhénanie, 1379 ou 1380 - monastère de Sint Agnietenberg, près de Zwolle, 1471,* écrivain mystique allemand. Il est le principal représentant de la **Devotio moderna.* On lui attribue l'**Imitation de Jésus-Christ.*

THOMAS d'Angleterre, trouvère anglo-normand (XIIe s.), auteur d'un **Tristan.*

THOMAS de Celano, en ital. Tommaso **da Celano,** *Celano, prov. de L'Aquila, v. 1190 - près de L'Aquila v. 1260,* franciscain italien, l'un des premiers disciples de François d'Assise, et son premier biographe. On lui attribue une *Vie de sainte Claire* et des hymnes *(Dies irae).*

THOMIRE (Pierre Philippe), *Paris 1751 - id. 1843,* fondeur et ciseleur français, maître du bronze d'ameublement sous l'Empire.

THOMPSON (sir John Eric Sidney), *Londres 1898 - Cambridge 1975,* archéologue britannique. Ses travaux sont à l'origine des premiers déchiffrements de la langue maya.

THOMSEN (Christian Jürgensen), *Copenhague 1788 - id. 1865,* archéologue danois. Il est l'auteur d'un *Guide des antiquités nordiques* (1836), le premier ouvrage systématique de préhistoire européenne mettant en évidence la succession des âges de la pierre, du bronze et du fer.

Thomson, société française créée en 1893 et filiale, à ses débuts, de la Thomson-Houston Company. Le groupe est spécialisé dans l'électronique professionnelle (civile et militaire) et grand public.

THOMSON (Elihu), *Manchester 1853 - Swampscott, Massachusetts, 1937,* ingénieur américain d'origine britannique. Il est l'auteur de nombreuses inventions dans le domaine des applications industrielles de l'électricité. Il fut, avec Edwin Houston, l'un des fondateurs de la Thomson-Houston Company (1883).

THOMSON (James), *Ednam, Écosse, 1700 - Richmond 1748,* poète britannique, auteur des *Saisons* (1726 - 1730).

THOMSON (sir Joseph John), *Cheetham Hill, près de Manchester, 1856 - Cambridge 1940,* physicien britannique. Élève de Maxwell, il détermina le quotient e/m de la charge par la masse de l'électron (1897), puis la valeur de cette charge. Il inventa le spectrographe de masse, qui devait servir à la découverte des isotopes. (Prix Nobel 1906.) — sir **George Paget T.,** *Cambridge 1892 - id. 1975,* physicien britannique. Fils de Joseph John, il a découvert, parallèlement à C. J. Davisson, la diffraction des électrons rapides dans les cristaux, confirmant ainsi le principe fondamental de la mécanique ondulatoire. (Prix Nobel 1937.)

THONBURI, v. de Thaïlande, banlieue de Bangkok ; 695 000 hab. Anc. cap. de la Thaïlande (1767 - 1782). — Temples (XVIIe-XIXe s.).

THÔNES (74230), ch.-l. de cant. de la Haute-Savoie ; 5 533 hab. *(Thônains).* Église du XVIIe s.

THÔNEX, comm. de Suisse (cant. de Genève), banlieue de Genève ; 10 180 hab. *(Thonésiens).*

THONGA → TSONGA.

THONON-LES-BAINS (74200), ch.-l. d'arrond. de la Haute-Savoie, sur le lac Léman ; 29 952 hab. *(Thononais).* Station thermale (affections urinaires). Électronique. — Église St-Hippolyte, du XVIe s. ; musée du Chablais dans le château de Sonnaz ; château de Ripaille, des XIVe-XVIIIe s.

THOR ou **TOR,** dieu guerrier nord-germanique, maître du Tonnerre. On trouve son emblème, le marteau, sur les pierres runiques.

Thora → Torah.

THORBECKE (Johan Rudolf), *Zwolle 1798 - La Haye 1872,* homme politique néerlandais. Député libéral, principal rédacteur de la loi constitutionnelle de 1848, il fut plusieurs fois chef du gouvernement (1849 - 1853, 1862 - 1866 et 1871 - 1872) et se montra partisan du libre-échange.

THOREAU (Henry), *Concord, Massachusetts, 1817 - id. 1862,* écrivain américain. Disciple d'Emerson, influencé par les mystiques hindous et les idéalistes allemands, il créa une prose qui fait largement appel à la langue populaire (*Walden ou la Vie dans les bois,* 1854).

THORENS-GLIÈRES (74570), ch.-l. de cant. de la Haute-Savoie ; 2 595 hab. Château médiéval (souvenirs de saint François de Sales).

THOREZ (Maurice), *Noyelles-Godault 1900 - en mer Noire 1964,* homme politique français. Mineur, membre du Parti communiste en 1920, il devint secrétaire général du PCF en 1930. Élu député d'Ivry en 1932, il fut l'un des artisans du Front populaire. En oct. 1939, il abandonna son régiment et se réfugia en URSS. Amnistié en 1944, il fut ministre d'État (1945 - 1946) puis vice-président du Conseil (1946 - 1947). Sa carrière est retracée dans *Fils du peuple* (1937).

THOREZ → TOREZ.

THORIGNY-SUR-MARNE (77400), ch.-l. de cant. de Seine-et-Marne ; 9 095 hab.

THORNDIKE (Edward Lee), *Williamsburg, Massachusetts, 1874 - Montrose, État de New York, 1949,* psychologue américain. Ses travaux sur le comportement et l'apprentissage ont marqué la pédagogie américaine.

THORONET (Le) [83340], comm. du Var ; 1 539 hab. Anc. abbaye cistercienne (église et cloître, v. 1160 - 1180), d'une perfection austère.

THORVALDSEN (Bertel), *Copenhague 1770 - id. 1844,* sculpteur danois. Fixé à Rome, il fut un maître du néoclassicisme. Musée à Copenhague.

THOT, dieu égyptien du Savoir et de l'Écriture, représenté avec une tête d'ibis. Il fut assimilé, à l'époque gréco-romaine, à Hermès Trismégiste.

THOU (Jacques **de**), *Paris 1553 - id. 1617,* historien et magistrat français. Il soutint la politique d'Henri IV et publia en latin une *Histoire universelle* (1604 - 1608), traduite plus tard en français (1734). — **François de T.,** *Paris 1607 - Lyon 1642,* magistrat français. Fils de Jacques, il fut décapité avec son ami Cinq-Mars, dont il n'avait pas dénoncé le complot.

THOUARS (79100), ch.-l. de cant. des Deux-Sèvres ; 11 158 hab. *(Thouarsais).* Restes de fortifications médiévales, deux églises en partie romanes, château du XVIIe s.

THOUNE, en all. **Thun,** v. de Suisse (cant. de Berne), près du *lac de Thoune* (48 km²) formé par l'Aar ; 38 211 hab. Château en partie de la fin du XIIe s. (musée), église gothique et baroque.

THOUROTTE (60150), comm. de l'Oise ; 5 412 hab. Verrerie.

THOUTMOSIS ou **THOUTMÈS,** nom de quatre pharaons de la XVIIIe dynastie. — **Thoutmosis III,** pharaon égyptien (v. 1484 - 1450 av. J.-C.). D'abord tenu à l'écart du pouvoir par sa tante Hatshepsout, régente du royaume, il conquit la Palestine et la Syrie jusqu'à l'Euphrate et soumit définitivement la Nubie.

THRACE n.f., région (du sud-est de l'Europe occupant l'extrémité nord-est de la Grèce, la Turquie d'Europe et le sud de la Bulgarie). Le partage de cette région eut lieu en 1919 et en 1923.

THRASYBULE, *v. 445 - Aspendos 388 av. J.-C.,* général athénien. Avec l'aide des Thébains, il chassa les Trente d'Athènes (403 av. J.-C.) et rétablit la démocratie.

THUCYDIDE, *Athènes v. 460 - apr. 395 av. J.-C.,* historien grec. Auteur de l'*Histoire de la guerre du Péloponnèse,* il relate les faits avec rigueur et en

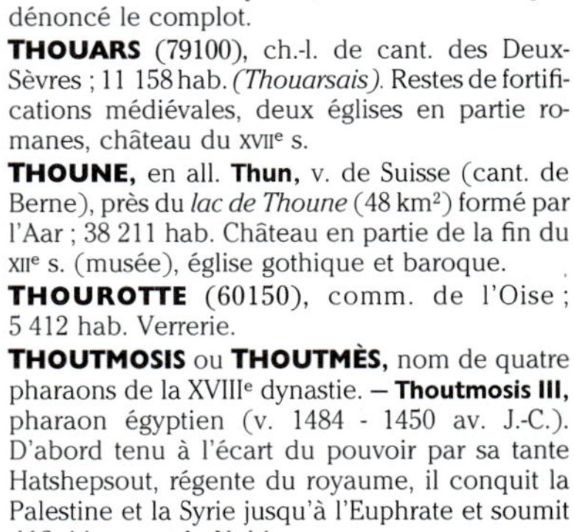

■ **THOT.** Anubis, à gauche, et Thot ; détail d'un décor en bois peint ; époque saïte. (Louvre, Paris.)

explique les causes profondes. À la différence d'Hérodote, il donne aux faits économiques et sociaux leur importance véritable.

THUIN, v. de Belgique, ch.-l. d'arrond. du Hainaut ; 14 268 hab. Tourisme. – Restes d'enceinte médiévale de la ville haute.

THUIR (66300), ch.-l. de cant. des Pyrénées-Orientales ; 7 329 hab. Apéritifs.

THULÉ, nom donné par les Anciens à une île du nord de l'Europe (l'Islande ou l'une des Shetland). Sa légende a inspiré notamm. Goethe dans sa ballade du *Roi de Thulé* dans *Faust* (1808-1832), popularisée par Berlioz (*la Damnation de Faust,* 1846), puis par Gounod (*Faust,* 1859).

THULÉ, station du nord-ouest du Groenland. Base aérienne américaine.

THULÉ (culture de), culture préhistorique des Inuits. Depuis l'Arctique central, elle s'est étendue aux côtes de l'Alaska et de Sibérie. Dès la fin du Ier millénaire de notre ère, les Inuits poursuivaient les baleines jusqu'au Groenland ; fondée sur cette chasse intensive, la civilisation de Thulé s'est maintenue jusqu'au XIVe s.

■ CULTURE DE **THULÉ.** Peigne en ivoire de morse, Xe-XIIIe s. (Musée canadien des Civilisations, Ottawa.)

THUN → THOUNE.

THUNDER BAY, v. du Canada (Ontario), sur le lac Supérieur ; 109 333 hab. Elle a été formée par la fusion de Port Arthur et de Fort William.

THURET (Gustave Adolphe), *Paris 1817 - Nice 1875,* botaniste français. Fondateur du jardin botanique d'Antibes, il a décrit, le premier, la fécondation chez les algues.

THURGOVIE, en all. **Thurgau,** canton de Suisse, sur le lac de Constance ; 991 km^2 ; 217 100 hab. *(Thurgoviens)* ; ch.-l. *Frauenfeld.* La Thurgovie est canton libre depuis 1803.

THURINGE, en all. **Thüringen,** Land d'Allemagne, qui s'étend sur le *Thüringerwald* (« forêt de Thuringe ») et sur le *bassin de Thuringe ;* 16 251 km^2 ; 2 683 877 hab. ; cap. *Erfurt.* Incorporée à la Germanie à la fin de l'époque carolingienne, la Thuringe est érigée en landgraviat en 1130. Son histoire se confond après 1264 avec celle de la Misnie puis de la Saxe. L'État de Thuringe est reconstitué en 1920. Son territoire fait partie de la RDA de 1949 à 1990.

THURROCK, v. de Grande-Bretagne (Angleterre), sur l'estuaire de la Tamise ; 126 000 hab.

THURSTONE (Louis Leon), *Chicago 1887 - Chapel Hill, Caroline du Nord, 1955,* psychologue américain. Ses importantes contributions à la psychologie différentielle ont porté surtout sur les méthodes de l'analyse factorielle.

THYESTE MYTH. GR. Fils de Pélops, frère d'Atrée et père d'Égisthe. La haine qui l'opposa à son frère marque le début du destin tragique des Atrides.

THYSSEN (August), *Eschweiler 1842 - château de Landsberg, auj. dans Essen, 1926,* industriel allemand. Il fonda à Mülheim, en 1871, une société qui fut à l'origine d'un important konzern sidérurgique. Le groupe Thyssen a fusionné en 1998 avec Krupp (Thyssen Krupp AG).

TIAHUANACO, site archéologique de la rive bolivienne du lac Titicaca. Entre le Ve s. av. J.-C. et le XIIe s. apr. J.-C., il fut le centre d'une civilisation originale qui a laissé d'imposants vestiges, dont les monolithes de la porte du Soleil.

Tian'anmen, grande place publique de Pékin, théâtre, au printemps 1989, de manifestations d'étudiants réclamant la libéralisation du régime, qui se soldèrent par l'intervention de l'armée (3-4 juin) et par une répression sanglante.

TIANJIN ou **T'IEN-TSIN,** v. de la Chine du Nord ; 4 950 000 hab. (5 540 000 hab. dans l'agglomération). Municipalité dépendant du pouvoir central. Important port, à l'embouchure du Hai He. Centre commercial et industriel. – Les traités qui y furent signés en 1858 ouvrirent la Chine aux Européens. Celui du 9 juin 1885, conclu entre la France et la Chine, reconnut le protectorat français sur l'Annam et le Tonkin.

TIAN SHAN n.m., chaîne montagneuse de Chine (Xinjiang) et du Kirghizistan ; 7 439 m au pic Pobedy.

TIARET, v. d'Algérie, ch.-l. de wilaya, au pied de l'Ouarsenis ; 105 500 hab.

TIBÈRE, en lat. **Tiberius Julius Caesar,** *Rome v. 42 av. J.-C. - Misène 37 apr. J.-C.,* empereur romain (14 - 37 apr. J.-C.). Fils de Livie, il fut adopté par Auguste (4 apr. J.-C.), à qui il succéda. Il exerça une rigoureuse administration financière. En politique extérieure, il ramena la frontière de l'Empire sur le Rhin (17). Mais en 27, aigri et malade, Tibère se retira à Capri, laissant au préfet du prétoire Séjan la direction des affaires. Le règne de Tibère, après l'exécution de Séjan (31), qui convoitait le trône, a été présenté par les partisans du sénat comme une époque de terreur.

TIBÉRIADE, v. de Galilée, fondée v. 18 apr. J.-C., sur les bords du lac de Génésareth, auj. *lac de Tibériade,* ou mer de Galilée. Après la ruine de Jérusalem en 70, elle devint un centre important de la vie intellectuelle et nationale juive. L'actuelle ville israélienne de *Tibériade* (37 600 hab.) est située un peu au nord de la ville antique.

TIBESTI n.m., massif du nord du Tchad, dans le Sahara ; 3 415 m.

TIBET, région autonome de l'ouest de la Chine, au N. de l'Himalaya ; 1 221 000 km^2 ; 2 220 000 hab. *(Tibétains)* ; cap. *Lhassa.* Le Tibet est formé de hauts plateaux désertiques, dominés par de puissantes chaînes ouest-est (Kunlun, Transhimalaya). L'élevage fournit l'essentiel des ressources (moutons, chèvres, yacks).

HISTOIRE

VIIe s. : le roi Srong-btsan-Sgam-po donne à son royaume une organisation centralisée et fonde Lhassa. **VIIIe s. :** les Tibétains font des incursions en Chine et agrandissent leur empire. **1042 :** le bouddhiste indien Atisha arrive à Lhassa ; il est à l'origine de la création des sectes lamaïques du Tibet. **1207 :** le pays se soumet aux Mongols. **1447 :** le monastère de Tashilhunpo, dont les chefs prennent le titre de panchen-lama, est fondé. **1543-1583 :** le prince mongol Altan Khan organise l'Église tibétaine sous l'autorité du dalaï-lama. **1642 :** le dalaï-lama recouvre le pouvoir temporel et instaure un régime théocratique. **1751 :** les empereurs Qing établissent leur domination sur le pays. **1912 :** les Tibétains, avec l'aide des Britanniques, chassent les Chinois. **1950 :** la Chine populaire occupe le Tibet. **1959 :** le dalaï-lama part en exil. **1965 :** le Tibet est doté du statut de région autonome. La résistance tibétaine reste vive (jacquerie de 1970, émeutes depuis 1987).

TIBRE n.m., en lat. **Tiberis,** en ital. **Tevere,** fl. d'Italie, qui se jette dans la mer Tyrrhénienne ; 396 km. Il passe à Rome.

TIBULLE, en lat. **Albius Tibullus,** *v. 50 - 19 ou 18 av. J.-C.,* poète latin, auteur d'*Élégies.*

TIBUR → TIVOLI.

TIDIKELT, groupe d'oasis du Sahara algérien, au S. du Tademaït ; v. princ. *In Salah.*

TIECK (Ludwig), *Berlin 1773 - id. 1853,* écrivain allemand. Il orienta le romantisme allemand vers le fantastique (*Phantasus,* 1812 - 1816).

TIELT [tilt], v. de Belgique, ch.-l. d'arrond. de la Flandre-Occidentale ; 19 339 hab. Textile.

TIENEN → TIRLEMONT.

T'IEN-TSIN → TIANJIN.

TIEPOLO (Giovanni Battista ou Giambattista), *Venise 1696 - Madrid 1770,* peintre et graveur italien. Fresquiste virtuose, aimant le mouvement et le faste, doué d'un sens raffiné de la couleur claire, il fut le dernier des grands décorateurs baroques italiens (travaux à Udine, à Venise et en Vénétie, à Würzburg, à Madrid). Aquafortiste, il est l'auteur des suites des *Capricci* et des *Scherzi di fantasia.* – **Giovan Domenico** ou **Giandomenico T.,** *Venise 1727 - id. 1804,* peintre italien, fils de Giovanni Battista. Il collabora avec son père et, comme peintre de chevalet, se montra un observateur sensible et ironique de la vie vénitienne.

TIERCÉ (49125), ch.-l. de cant. de Maine-et-Loire ; 3 651 hab.

TIFFANY (Louis Comfort), *New York 1848 - id. 1933,* décorateur et verrier américain. D'abord peintre, il fonda en 1878 sa firme d'arts décoratifs et de verrerie. À partir de 1890, il influença l'Art nouveau européen avec ses vitraux et ses vases en verre soufflé aux irisations variées.

TIFLIS → TBILISSI.

TIGHINA, anc. **Bender,** v. de Moldavie, sur le Dniestr ; 141 000 hab.

TIGNES (73320), comm. de la Savoie, dans la haute vallée de l'Isère, la plus haute d'Europe (2 100 m) ; 2 238 hab. *(Tignards).* Sports d'hiver (alt. 1 550 - 3 650 m).

TIGRANE II le Grand, *v. 121 - v. 54 av. J.-C.,* roi d'Arménie (95 - 54 av. J.-C.). Allié de Mithridate, il conquit la Syrie, le nord de la Mésopotamie et une partie de l'Asie Mineure. Battu par Pompée, il devint vassal de Rome (66).

TIGRE n.m., fl. de Turquie et d'Iraq, qui forme avec l'Euphrate le Chatt al-Arab ; 1 950 km. Il passe à Bagdad.

TIGRÉ n.m., région du nord de l'Éthiopie.

TIGRÉENS, TIGRÉ ou **TIGRINYA,** peuple vivant au nord de l'Éthiopie et en Érythrée, christianisé et de langue sémitique.

Tihange, centrale nucléaire de Belgique (comm. de Huy), sur la Meuse.

TIJUANA, v. du Mexique (Basse-Californie) ; 742 686 hab. Centre touristique et industriel.

TIKAL, centre cérémoniel maya du Guatemala (forêt du Petén). Cette cité, hérissée de temples, fut peut-être la capitale politique de la période classique (250 à 950 apr. J.-C.).

TIKAR, peuple du Cameroun.

TILBURG, v. des Pays-Bas (Brabant-Septentrional) ; 158 846 hab. Centre industriel.

TILDEN (William Tatem), *Philadelphie 1893 - Hollywood 1953,* joueur de tennis américain. Vainqueur à trois reprises à Wimbledon (1920, 1921, 1930), il a remporté sept fois la Coupe Davis (de 1920 à 1926).

Till Eulenspiegel, en fr. **Till l'Espiègle → Uilenspiegel.**

TILLICH (Paul), *Starzeddel, Prusse, 1886 - Chicago 1965,* théologien protestant américain d'origine allemande. Sa *Théologie systématique* (1951 - 1966) propose une pensée religieuse dépouillée de son dogmatisme et de ses symboles, incompréhensibles pour l'homme d'aujourd'hui.

TILLIER (Claude), *Clamecy 1801 - Nevers 1844,* écrivain français, auteur du roman *Mon oncle Benjamin* (1843).

TILLIEUX (Maurice), *Huy 1922 - près de Tours 1978,* dessinateur et scénariste belge de bandes dessinées. Représentant de la bande dessinée classique francophone, il a animé *Gil Jourdan* dans le journal de *Spirou* (1956 - 1978).

TILLY (Jean **t'Serclaes,** comte **de**), *château de Tilly, Brabant, 1559 - Ingolstadt 1632,* général wallon au service du Saint Empire. Commandant l'armée de la Ligue catholique pendant la guerre de Trente Ans, il gagna la bataille de la Montagne Blanche (1620) sur les Tchèques et celle de Lutter (1626) sur les Danois. Il remplaça Wallenstein comme chef des troupes impériales (1630). Il fut battu (Breitenfeld, 1631) et tué par les Suédois.

Tilsit (traités de), traités signés à Tilsit (auj. Sovietsk), en Prusse-Orientale, d'une part entre Napoléon Ier et la Russie d'Alexandre Ier (7 juillet 1807), et d'autre part entre Napoléon Ier et la Prusse (9 juillet). Mettant fin à la quatrième coalition, ils consacraient la défaite de la Prusse et créaient une alliance secrète entre la France et la Russie contre l'Angleterre.

Times (The), quotidien britannique conservateur modéré, fondé en 1785.

TIMGAD, v. d'Algérie, à l'E. de Batna ; 9 000 hab. Colonie romaine fondée en 100 apr. J.-C., la cité fut ruinée par les Maures au VIe s. – Imposants vestiges de l'époque trajane (mosaïques).

TIMIȘOARA, en hongr. **Temesvár,** v. de Roumanie, dans le Banat ; 334 278 hab. Centre industriel. Université. – Églises du XVIIIe s. ; musée du Banat dans l'anc. château.

TIMMERMANS (Felix), *Lier 1886 - id. 1947,* écrivain belge de langue néerlandaise. Ses contes et ses romans (*Pallieter,* 1916) retrouvent la verve du folklore flamand.

TIMMINS, v. du Canada (Ontario), au N. de Sudbury ; 30 386 hab. Centre minier.

TIMOCHENKO (Semen Konstantinovitch), *Fourmanka 1895 - Moscou 1970,* maréchal soviétique. Compagnon de Staline et de Vorochilov (1919), il devint commissaire à la Défense en 1940, coordonna en 1943 - 1944 la reconquête de l'Ukraine, puis supervisa les opérations en Roumanie et en Hongrie.

TIMOLÉON, *Corinthe v. 410 - Syracuse v. 336 av. J.-C.,* homme politique grec. Envoyé à Syracuse pour chasser le tyran Denys le Jeune, il vainquit ensuite les Carthaginois (341 ou 339 av. J.-C.). Il organisa à Syracuse une démocratie modérée, puis abdiqua (337 - 336).

TIMOR, île d'Indonésie, au N. de la *mer de Timor ;* 30 000 km² ; 1 600 000 hab. L'île est partagée à partir du XVIIe s. entre les Portugais et les Hollandais. La république indépendante d'Indonésie englobe la partie néerlandaise en 1950 et occupe la partie portugaise (Timor-Oriental) en 1975. Un mouvement de guérilla se développe alors, qui s'oppose à cette annexion. En 1999, un référendum sur un plan d'autonomie du Timor-Oriental est organisé par l'Indonésie, sous l'égide de l'ONU ; les Timorais de l'Est se prononcent massivement contre ce projet, optant de ce fait pour l'indépendance, ce qui déclenche une vague de terreur menée par des milices anti-indépendantistes soutenues par l'armée indonésienne. Une force multinationale est envoyée sur place et le territoire est placé sous administration provisoire de l'ONU.

TIMOTHÉE (saint), *m. à Éphèse en 97 ?,* disciple de Paul. La tradition en fait le premier évêque d'Éphèse, où il serait mort martyrisé. Les deux lettres de Paul dites *Épîtres à Timothée* concernent la vie spirituelle et matérielle des Églises ; leur authenticité est mise en doute.

TIMURIDES ou **TIMOURIDES,** dynastie issue de Timur Lang, qui régna sur le Khorasan et la Transoxiane de 1405 à 1507. Sa capitale, Harat, fut un brillant foyer de culture.

TIMUR LANG, en fr. **Tamerlan,** *Kech, près de Samarkand, 1336 - Otrar 1405,* émir de Transoxiane (1370 - 1405). Se déclarant l'héritier et le continuateur de Gengis Khan, il instaura un immense et éphémère Empire turc fondé sur la force militaire, sur la terreur et sur un système juridico-religieux alliant les lois mongole et islamique. Guerrier intrépide, il conquit le Kharezm (1379 - 1388), l'Iran et l'Afghanistan (1381 - 1387). Il vainquit la Horde d'Or (1391 - 1395), le sultanat de Delhi (1398 - 1399) et les Ottomans (1402). Il fit de Samarkand un grand centre intellectuel et artistique.

TINBERGEN (Jan), *La Haye 1903 - id. 1994,* économiste et statisticien néerlandais. Un des fondateurs de l'économétrie, il créa le Bureau central de planification néerlandais, qu'il dirigea jusqu'en 1955. (Prix Nobel 1969.)

TINBERGEN (Nikolaas), *La Haye 1907 - Oxford 1988,* éthologue britannique d'origine néerlandaise. Ses recherches sur les comportements instinctifs d'animaux dans leur milieu naturel font de lui l'un des fondateurs de l'éthologie moderne. (Prix Nobel 1973.)

TINCHEBRAY (61800), ch.-l. de cant. de l'Orne ; 3 092 hab. *(Tinchebrayens).* Deux églises (XIIe-XIIIe et XVIIe s.) ; Musée ethnographique.

TINDEMANS (Léo), *Zwijndrecht 1922,* homme politique belge. Social-chrétien, plusieurs fois ministre, président du Conseil de 1974 à 1978, il a été ministre des Affaires étrangères de 1981 à 1989.

TINDOUF, oasis du Sahara algérien, aux confins du Maroc.

TING (Samuel Chao Chung), *Ann Arbor, Michigan, 1936,* physicien américain. Il a mis en évidence, en 1974, indépendamment de B. Richter, la particule J qui confirmait l'existence du *charme,* quatrième saveur des quarks. (Prix Nobel 1976.)

TINGUELY (Jean), *Fribourg 1925 - Berne 1991,* sculpteur suisse. L'un des « nouveaux réalistes », il est l'auteur de machines d'esprit dadaïste, dérisoires et inquiétantes (« Metamatics », robots dessinateurs, 1955 - 1959 ; « Rotozazas », ludiques ou destructeurs, 1967 et suiv. ; *Mengele,* idole macabre, 1986). Avec N. de Saint Phalle, il a élaboré notamm. la *Fontaine Stravinsky,* près du CNAC G.-P. à Paris (1983). Musée à Bâle.

TÍNOS ou **TÊNOS,** île grecque des Cyclades ; 195 km² ; 10 000 hab.

TINQUEUX (51430), comm. de la Marne, banlieue de Reims ; 10 221 hab. *(Aquatintiens).*

TINTÉNIAC (35190), ch.-l. de cant. d'Ille-et-Vilaine ; 2 677 hab. Musée de l'Outil et des Métiers.

Tintin, personnage de bande dessinée créé en 1929 par Hergé dans l'hebdomadaire belge *le Petit Vingtième.* Jeune reporter accompagné de son chien Milou, il connaît toutes sortes d'aventures auxquelles participent le capitaine Haddock, grand amateur de whisky, le savant sourd et distrait Tournesol et les policiers farfelus Dupond(t).

■ **TINTIN.** Le capitaine Haddock, le professeur Tournesol, Tintin et Milou dans *les Bijoux de la Castafiore,* par Hergé.
(© Éditions Casterman 1963.)

TINTO (río), fl. de l'Espagne méridionale, qui se jette dans l'Atlantique ; 80 km. Il a donné son nom à des mines de cuivre.

TINTORET (Iacopo **Robusti,** dit **il Tintoretto,** en fr. [**le**]), *Venise 1518 - id. 1594,* peintre italien. Ses nombreuses œuvres religieuses sont remarquables par la fougue inventive, la virtuosité maniériste des raccourcis et des éclairages (palais des Doges et Scuola di S. Rocco, à Venise).

TIOUMEN, v. de Russie, en Sibérie occidentale ; 494 000 hab. Centre d'une région pétrolière.

TIOURATAM, v. du Kazakhstan, à l'E. de la mer d'Aral, sur le Syr-Daria. À proximité, cosmodrome désigné officiellement sous le nom de *Baïkonour* jusqu'en 1992.

TIPAZA ou **TIPASA,** v. d'Algérie, sur la Méditerranée ; 15 756 hab. Ruines romaines et paléochrétiennes.

TIPPERARY, v. du sud de l'Irlande ; 4 783 hab.

TIPPETT (sir Michael), *Londres 1905 - id. 1998,* compositeur britannique. Il est l'auteur de ballets, de symphonies, d'œuvres dramatiques, oratorios *(A Child of our Time)* ou opéras (*The Midsummer Marriage,* 1955 ; *King Priam,* 1962 ; *The Ice Break,* 1977).

TIPPOO SAHIB ou **TIPU SAHIB,** *Devanhalli 1749 - Seringapatam 1799,* sultan du Mysore. Allié de la France, il chassa les Britanniques du Mysore (1784), mais fut tué en défendant Seringapatam.

TIRAN (détroit de), détroit entre le golfe d'Aqaba et la mer Rouge.

TIRANA, cap. de l'Albanie ; 238 000 hab. *(Tiranais).* Musée d'Archéologie et d'Ethnographie ; galerie des Beaux-Arts.

■ LE **TINTORET.** *La Montée au calvaire,* une des scènes du Nouveau Testament peintes entre 1564 et 1587 à la Scuola di S. Rocco, à Venise.

TIRASPOL, v. de Moldavie, sur le Dniestr ; 186 000 hab.

TIRÉSIAS MYTH. GR. Devin aveugle de Thèbes. Dans l'Antiquité, son tombeau était le siège d'un oracle réputé.

TIRIDATE, nom porté par des souverains parthes arsacides et par des rois d'Arménie. – **Tiridate II** (ou **III**), roi d'Arménie (287 - 330 env. apr. J.-C.). Il adopta le christianisme comme religion officielle dans son pays.

TIRLEMONT, en néerl. **Tienen,** v. de Belgique (Brabant flamand) ; 31 567 hab. Églises médiévales.

TIRNOVO → **VELIKO TĂRNOVO.**

TIRPITZ (Alfred **von**), *Küstrin 1849 - Ebenhausen, Bavière, 1930,* amiral allemand. Ministre de la Marine depuis 1898, il créa la flotte de haute mer allemande et dirigea la guerre sous-marine de 1914 jusqu'à sa démission en 1916.

TIRSO DE MOLINA (Fray Gabriel **Téllez,** dit), *Madrid v. 1583 - Soria 1648,* auteur dramatique espagnol. Auteur de nombreuses pièces, comédies, drames historiques ou religieux *(le Damné par manque de foi),* il fut le premier à fixer le type populaire de *Don Juan dans *le Trompeur de Séville et le Convive de pierre* (v. 1625).

TIRUCHIRAPALLI, anc. **Trichinopoly,** v. de l'Inde méridionale (Tamil Nadu) ; 711 120 hab. Centre industriel et universitaire. – Sanctuaires rupestres shivaïtes (VIIe s.). À Srirangam, immense temple dédié à Vishnou, de Ranganatha Swami (X^e-XVIe s.), aux nombreuses enceintes scandées de gopura, qui est un célèbre lieu de pèlerinage.

TIRUNELVELI, v. de l'extrémité sud de l'Inde ; 365 932 hab.

TIRUPPUR, v. d'Inde, à l'E.-N.-E. de Coimbatore ; 305 546 hab.

TIRYNTHE, anc. ville de l'Argolide, célèbre par ses puissantes fortifications en appareil cyclopéen, vestiges du palais du XIIIe s. av. J.-C.

TISO (Jozef), *Velká Bytča 1887 - Bratislava 1947,* ecclésiastique et homme politique slovaque. Chef du gouvernement autonome slovaque (1938), puis chef de l'État slovaque indépendant (1939 - 1945), il fut condamné à mort et exécuté.

TISSANDIER (Gaston), *Paris 1843 - id. 1899,* aéronaute et savant français. Il effectua plusieurs ascensions en ballon au-delà de 5 000 m d'altitude pour étudier l'atmosphère. En 1883, avec son frère Albert, il expérimenta avec succès un dirigeable muni d'une hélice entraînée par un moteur électrique.

TISSAPHERNE, *m. à Colosses en 395 av. J.-C.,* satrape perse. Il prit une part importante à la défaite de Cyrus le Jeune à Counaxa en 401, mais, vaincu par Agésilas II, roi de Sparte, il fut destitué et mis à mort par Artaxerxès II.

TISSERAND (Félix), *Nuits-Saint-Georges 1845 - Paris 1896,* astronome français. Son *Traité de mécanique céleste* (1889 - 1896) constitue une mise à jour de l'œuvre de Laplace en ce domaine.

TISZA n.f., riv. d'Europe, née en Ukraine, qui traverse la Hongrie, avant de rejoindre le Danube (r. g.) en Yougoslavie ; 966 km.

TISZA (Kálmán), *Geszt 1830 - Budapest 1902,* homme politique hongrois. Chef du Parti libéral hongrois, il dirigea le gouvernement de 1875 à 1890. – **István T.,** *Budapest 1861 - id. 1918,* homme politique hongrois. Fils de Kálmán, chef du gouvernement de 1903 à 1905 et de 1913 à 1917, il fut assassiné.

TITAN, principal satellite de la planète Saturne, découvert en 1655 par C. Huygens. Diamètre : 5 150 km. Il possède une épaisse atmosphère à base d'azote, qui renferme aussi du méthane et divers autres composés organiques produits sous l'action du rayonnement solaire.

Titanic, paquebot transatlantique britannique qui, lors de son premier voyage, coula dans la nuit du 14 au 15 avr. 1912, après avoir heurté un iceberg au S. de Terre-Neuve. Plus de 1 500 personnes périrent dans ce naufrage. Localisée en 1985 par 4 000 m de fond, son épave a été visitée à plusieurs reprises depuis 1986. – La tragédie a inspiré les cinéastes, de J. Negulesco (*Titanic,* 1953, un des premiers films catastrophe) à James Cameron (*Titanic,* 1997).

TITANS MYTH. GR. Divinités primitives, nées d'Ouranos et de Gaia, qui, au nombre de douze, gouvernaient le monde avant Zeus et les dieux olympiens. Ayant détrôné leur père sous la conduite du plus jeune d'entre eux, Cronos, les Titans furent à leur tour vaincus par Zeus.

TITCHENER (Edward Bradford), *Chichester 1867 - Ithaca, État de New York, 1927,* psychologue américain d'origine britannique, principal représentant de la psychologie expérimentale aux États-Unis.

TITE (saint), *Ier s.*, disciple de Paul. L'authenticité de sa lettre, dite *Épître à Tite,* est contestée.

TITE-LIVE, en lat. **Titus Livius,** *Padoue 59 av. J.-C. - Rome 17 apr. J.-C.,* historien latin. Il est l'auteur d'une *Histoire de Rome* (des origines jusqu'à 9 av. J.-C.) inachevée, en 142 livres, dont 35 sont conservés. Dans ce chef-d'œuvre, il utilise, outre l'œuvre des historiens antérieurs, les anciennes annales de Rome et s'efforce de faire revivre dans un style vivant le passé romain.

TITELOUZE (Jehan), *Saint-Omer 1563 ? - Rouen 1633,* compositeur français. Organiste de la cathédrale de Rouen, il créa par ses versets et ses « recherches » sur des thèmes de plain-chant l'école d'orgue française classique.

TITICACA (lac), lac des Andes (alt. 3 812 m), entre la Bolivie et le Pérou ; 8 340 km².

TITIEN (Tiziano **Vecellio,** dit en fr.), *Pieve di Cadore, Vénétie, 1488/1490 - Venise 1576,* peintre italien. Après une première période influencée par son maître Giorgione, il devint un artiste international, travaillant pour les papes, pour François Ier et surtout pour Charles Quint et Philippe II. À la fin de sa vie, son art atteignit un haut degré de lyrisme, allié à l'audace de ses innovations techniques. Son influence fut immense sur l'art européen. Hormis ses portraits, citons : *l'Amour sacré et l'Amour profane* (v. 1515, gal. Borghèse, Rome), *Bacchanale* (1518 - 1519, Prado), *la Mise au tombeau* (1523 - 1525, Louvre), *la Vénus d'Urbino* (1538, Offices), *Danaé* (Naples et Prado), *la Nymphe et le berger* (v. 1570, Vienne), *Pietà* (achevée par Palma le Jeune, Accademia de Venise).

TITISEE, petit lac de la Forêt-Noire (Allemagne).

TITO (Josip **Broz,** dit), *Kumrovec, Croatie, 1892 - Ljubljana 1980,* maréchal et homme politique yougoslave. Croate, secrétaire général du Parti communiste yougoslave à partir de 1936, il organise la lutte contre l'occupation allemande pendant la Seconde Guerre mondiale et est reconnu par tous les Alliés comme chef de la résistance. Devenu chef du gouvernement après la proclamation de la république (1945), il rompt avec Staline en 1948 et s'impose comme l'un des leaders du neutralisme et des pays non-alignés. À l'intérieur, il s'éloigne du modèle soviétique pour mettre en place un socialisme autogestionnaire. Président de la République (1953), président à vie en 1974, chef charismatique et autoritaire, Tito a réussi à maintenir sous sa férule une Yougoslavie agitée par les particularismes.

■ TITO

TITOGRAD → **PODGORICA.**

TITUS, en lat. **Titus Flavius Vespasianus,** *Rome 39 apr. J.-C. - Aquae Cutiliae, Sabine, 81,* empereur romain (79 - 81). Fils de Vespasien, il s'empara de Jérusalem (70). Son règne, très libéral, fut marqué par de grandes constructions (Colisée, arc de Titus) et par l'éruption du Vésuve (79), qui détruisit Pompéi, Herculanum et Stabies.

TIV, peuple de l'ouest du Nigeria.

TIVA → **TOUVA.**

TIVOLI, anc. **Tibur,** v. d'Italie (Latium), à l'E. de Rome ; 50 559 hab. Un des principaux lieux de villégiature des Romains, où Mécène, Horace, Catulle et Hadrien (villa *Hadriana) eurent leurs résidences. Petits temples romains ; jardins de la villa d'*Este.

TIZI OUZOU, v. d'Algérie, ch.-l. de wilaya, en Grande Kabylie ; 93 000 hab.

TJIREBON → **CIREBON.**

TLALNEPANTLA, v. du Mexique, banlieue nord de Mexico ; 702 270 hab.

TLALOC, dieu de la Pluie, le plus ancien des dieux dans le panthéon du Mexique précolombien. Il est représenté les yeux cernés de serpents et la bouche garnie de crocs.

TLAPANÈQUES, peuple amérindien du centre-ouest du Mexique (État de Guerrero).

Tlatelolco (traité de) [14 fév. 1967], traité visant à l'interdiction des armes nucléaires en Amérique latine.

TLEMCEN, v. de l'ouest de l'Algérie, ch.-l. de wilaya ; 108 145 hab. Centre artisanal et industriel. — Grande Mosquée (XIe-XIIe s.). Tlemcen fut la capitale du Maghreb central du XIIIe au XVIe s.

TLINGIT, peuple amérindien de la côte nord-ouest des États-Unis (Alaska) et du Canada (îles de la Reine-Charlotte) [env. 15 000]. Les Tlingit sont célèbres pour leur pratique du potlatch, leurs totems et leurs masques en bois.

TNP, sigle de *Théâtre national populaire.

TNP → **non-prolifération des armes nucléaires** (traité sur la).

TOAMASINA, anc. **Tamatave,** v. de Madagascar, sur l'océan Indien ; 145 000 hab. Port.

TOBA (lac), lac d'Indonésie (Sumatra) ; 1 240 km².

TOBAGO, l'une des Petites Antilles ; 301 km² ; 46 400 hab. (→ **Trinité-et-Tobago**).

TOBEY (Mark), *Centerville, Wisconsin, 1890 - Bâle 1976,* peintre américain. Féru d'art extrême-oriental, il a transposé la calligraphie zen dans une sorte de foisonnement non figuratif.

Tobie (livre de), livre de l'Ancien Testament composé aux IIIe-IIe s. av. J.-C. Ce roman édifiant d'une famille juive déportée à Babylone (Tobie est le nom du père, aveugle, et celui du fils, qui part en voyage chercher le remède à la cécité de son père) évoque la vie religieuse des communautés juives en exil à l'époque hellénistique.

TOBIN (James), *Champaign, Illinois, 1918,* économiste américain. On lui doit notamm. une théorie générale de l'équilibre pour les avoirs financiers et réels. Il a proposé au début des années 1970 l'instauration d'une taxe sur les mouvements internationaux de capitaux (dite *taxe Tobin*) pour limiter la spéculation. (Prix Nobel 1981.)

TOBOL n.m., riv. de Russie, en Sibérie, affl. de l'Irtych (r. g.) ; 1 591 km.

TOBROUK, v. de Libye, en Cyrénaïque ; 75 282 hab. — bataille de **Tobrouk** (1941 - 1942), bataille de la campagne de Libye. Enjeu stratégique entre les Britanniques et les forces de l'Axe, la ville fut libérée par Montgomery en nov. 1942.

TOCANTINS n.m., fl. du Brésil, qui se jette dans l'Atlantique ; 2 416 km.

TOCANTINS n.m., État du Brésil ; 920 133 hab. ; cap. *Palmas.*

TOCQUEVILLE (Charles Alexis **Clérel de**), *Paris 1805 - Cannes 1859,* historien et homme politique français. Magistrat, il étudia aux États-Unis le système pénitentiaire et en revint avec un ouvrage politique capital, *De la démocratie en Amérique* (1835 - 1840), livre de référence des partisans du libéralisme politique. Il fut ministre des Affaires étrangères du 2 juin au 30 oct. 1849. En 1856, il publia *l'Ancien Régime et la Révolution,* qui mettait en évidence les éléments de continuité existant entre la Révolution et la monarchie française (centralisation administrative et désagrégation des corps constitués). [Acad. fr.]

TODD (Alexander Robertus, baron), *Glasgow 1907 - Cambridge 1997,* chimiste britannique. Il a réalisé la synthèse des vitamines E et B1 puis, en 1955, élucidé la constitution de la vitamine B12. Il a également étudié la structure des nucléotides et, notamm., les quatre bases de l'ADN. (Prix Nobel 1957.)

TÖDI n.m., sommet des Alpes suisses, au N.-E. du massif de l'Aar-Gothard ; 3 620 m.

TODT (Fritz), *Pforzheim 1891 - Rastenburg 1942,* général et ingénieur allemand. Constructeur des autoroutes (1933 - 1938), puis de la ligne Siegfried (1938 - 1940), il donna son nom à une organisation paramilitaire qui, avec l'appoint forcé de travailleurs étrangers, réalisa notamm. le mur de l'Atlantique.

TOGLIATTI → **TOLIATTI.**

TOGLIATTI (Palmiro), *Gênes 1893 - Yalta 1964,* homme politique italien. Il contribua à la création du Parti communiste italien (1921), dont il fut le secrétaire général de 1927 à sa mort. Exilé au temps du fascisme, il fut vice-président du Conseil en 1944 - 1945 et ministre de la Justice en 1945 - 1946. Il prit position pour la déstalinisation et le polycentrisme dans le mouvement communiste.

TOGO n.m., État d'Afrique occidentale, sur le golfe de Guinée ; 56 600 km² ; 4 400 000 hab. *(Togolais).* CAP. *Lomé.* LANGUE : *français.* MONNAIE : *franc CFA.*

GÉOGRAPHIE

Pays au climat tropical, de moins en moins humide du sud (forêts) au nord (savanes), le Togo demeure essentiellement rural. Les exportations de produits agricoles (palmistes, café, cacao, coton) viennent cependant loin derrière celles des phosphates du lac Togo, seule ressource notable du sous-sol. Le manioc et le maïs constituent les bases de l'alimentation.

HISTOIRE

Avant le XVe s., l'histoire du Togo, peuplé de populations mêlées, n'est dominée par aucun grand royaume. **XVe - XVIe s. :** la côte est visitée par les Portugais, puis par les Danois. Des missionnaires portugais arrivent, mais un protectorat de fait est exercé par le Danemark. Le commerce des esclaves est prospère. **Seconde moitié du XIXe s. :** il est remplacé par le commerce d'huile de palme. **1884 :** l'explorateur Nachtigal établit le protectorat allemand sur le pays, auquel il donne son nom actuel. **1897 :** la capitale est établie à Lomé. **1914 :** les Alliés conquièrent aisément le protectorat. **1919 :** le Togo est partagé entre la France (qui obtient la côte de Lomé) et la Grande-Bretagne (qui obtient les terres de l'Ouest). **1922 :** le partage est confirmé par l'octroi de mandats de la SDN. **1946 :** le pays passe sous la tutelle de l'ONU. **1956 - 1957 :** le nord du Togo britannique est rattaché à la Côte-de-l'Or, qui devient l'État indépendant du Ghana. Le reste du pays forme une république autonome. **1960 :** cette république devient indépendante. Sylvanus Olympio est son premier président. **1963 :** Olympio est assassiné. **1967 :** un coup d'État amène au pouvoir le lieutenant-

■ LE **TOKAIDO.** *Quarante-Sixième Relais : Kameyama ;* estampe de la suite d'Hiroshige : *Cinquante-Trois Relais du Tokaido,* 1833 - 1834. (Museum of Art, Atami.)

■ **TOKYO.** Le quartier de Ginza.

■ LÉON **TOLSTOÏ** par I. N. Kramskoï. (Galerie Tretiakov, Moscou.)

colonel Étienne Eyadéma, qui gouverne avec un parti unique. **1991 :** le multipartisme est restauré. **1993 :** É. Eyadéma est confirmé à la tête de l'État lors d'une élection présidentielle pluraliste (réélu en 1998), mais son pouvoir est largement contesté par une opposition puissante.

TOGO HEIHACHIRO, *Kagoshima 1847 - Tokyo 1934,* amiral japonais. Il vainquit les Russes à Port-Arthur et à Tsushima (1905).

Toison d'or MYTH. GR. Toison merveilleuse d'un bélier ailé, gardée en Colchide par un dragon. C'est pour la conquérir que Jason organisa l'expédition des Argonautes.

Toison d'or (ordre de la), ordre fondé en 1429 par Philippe le Bon, duc de Bourgogne. Il est passé à la maison de Habsbourg après le mariage de Marie de Bourgogne, fille de Charles le Téméraire, avec l'archiduc Maximilien d'Autriche, puis à l'Espagne (XVIe s.).

TOJO HIDEKI, *Tokyo 1884 - id. 1948,* général et homme politique japonais. Chef de l'état-major de l'armée (1938) puis chef du gouvernement de 1941 à 1944, il lança son pays dans la Seconde Guerre mondiale. Il fut exécuté comme criminel de guerre par les Américains.

TOJOLABAL, peuple amérindien du Mexique (Chiapas), de la famille maya.

Tokaido (le) ou **Cinquante-Trois Relais du Tokaido,** célèbre suite d'estampes réalisée (1833 - 1834) par Hiroshige. L'œuvre immortalise les relais qui, depuis le XVIIe s., jalonnent la route entre Kyoto et Edo. Commerçants affairés, longs cortèges officiels ou paysans y sont représentés au cœur de paysages où s'affirment le lyrisme et la vision poétique de l'artiste.

TOKAJ ou **TOKAY,** v. de la Hongrie septentrionale ; 5 358 hab. Vins blancs.

TOKIMUNE ou **HOJO TOKIMUNE,** *1251 - 1284,* homme d'État japonais. Régent Hojo de Kamakura (1268 - 1284), il repoussa les invasions des Mongols.

TOKOROZAWA, v. du Japon (Honshu), banlieue nord-ouest de Tokyo ; 303 040 hab.

TOKUGAWA, clan aristocratique japonais, issu des Minamoto et qui constitua la troisième, la dernière et la plus importante dynastie shogunale (1603 - 1867).

TOKUGAWA IEYASU, *1542 - 1616,* homme d'État japonais. Fondateur de la dynastie des Tokugawa, il se proclama shogun héréditaire (1603) après avoir vaincu les fidèles de Toyotomi Hideyoshi.

TOKUSHIMA, v. du Japon (Shikoku) ; 263 356 hab. Centre industriel. – Jardin du XVIe s.

TOKYO, anc. **Edo** ou **Yedo,** cap. du Japon (Honshu) ; 11 855 563 hab. (*Tokyotes* ou *Tokyoïtes*). Port au fond d'une baie du Pacifique. Grand centre administratif, culturel, commercial et industriel. – Jardins paysagers. Musées, dont le Musée national. Centre olympique et autres édifices dus à Tange Kenzo. – Dotée d'un château en 1457, la ville devint la capitale du Japon en 1868. Détruite par le séisme de 1923, reconstruite, elle fut bombardée par l'aviation américaine en 1945 (« typhon de feu » du 9 - 10 mars).

TOLBIAC, anc. ville de Gaule (auj. *Zülpich,* à l'ouest de Bonn). Les Francs du Rhin y remportèrent une victoire sur les Alamans en 496.

TOLBOUKHINE (Fiodor Ivanovitch), *Androniki 1894 - Moscou 1949,* maréchal soviétique. Il se distingua à Stalingrad (1942), entra à Sofia et à Belgrade (1944), puis en Autriche (1945).

TOLEARA ou **TOLIARA,** anc. **Tuléar,** v. de Madagascar, sur le canal de Mozambique ; 61 000 hab. Port.

TOLÈDE, en esp. **Toledo,** v. d'Espagne, cap. de Castille-La Manche et ch.-l. de prov., sur le Tage ; 59 802 hab. Centre touristique. Archevêché. – Importants vestiges mauresques ; églises mudéjares, cathédrale gothique (œuvres d'art) et autres édifices religieux. Musées, dont celui de l'hôpital de la S. Cruz, par E. Egas; maison du Greco. – Cap. des Wisigoths (v. 554), siège de nombreux conciles, Tolède fut conquise par les Arabes en 711. Reprise par Alphonse VI de León et de Castille en 1085, elle resta un important foyer culturel. Ce fut la capitale des rois castillans, puis de l'Espagne jusqu'en 1561.

TOLEDO, v. des États-Unis (Ohio), sur le Maumee, près du lac Érié ; 332 943 hab. Port. Centre industriel. Université. – Musée d'art.

Tolentino (traité de) [19 févr. 1797], traité signé à Tolentino (Marches) par Bonaparte et le pape Pie VI lors de la campagne d'Italie. Il consacrait la réunion d'Avignon à la France.

TOLIATTI ou **TOGLIATTI,** anc. **Stavropol,** v. de Russie, sur la Volga ; 666 000 hab. Construction automobile.

TOLIMA (Nevado del), volcan des Andes de Colombie ; 5 215 m.

TOLKIEN (John Ronald Reuel), *Bloemfontein, Afrique du Sud, 1892 - Bournemouth 1973,* écrivain britannique, auteur d'une épopée fantastique et allégorique (*le Seigneur des anneaux,* 1954 - 1955).

TOLLAN → **TULA.**

TOLLER (Ernst), *Samotschin, auj. Szamocin, Posnanie, 1893 - New York 1939,* auteur dramatique allemand. Ses drames expressionnistes (*l'Homme-Masse ; Hinkemann ; Hop là, nous vivons !*) reflètent ses convictions sociales et pacifistes.

TOLMAN (Edward Chace), *West Newton, Massachusetts, 1886 - Berkeley 1959,* psychologue américain. Il s'est démarqué du béhaviorisme traditionnel en privilégiant la notion de but dans l'analyse du comportement de tout être vivant (*Purposive Behavior in Animals and Men,* 1932).

TOLSTOÏ (Alekseï Nikolaïevitch), *Nikolaïevsk 1883 - Moscou 1945,* écrivain russe. Il est l'auteur de récits retraçant l'itinéraire des intellectuels russes de sa génération (*le Chemin des tourments*) et de romans historiques (*le Pain, Ivan le Terrible*).

■ **TOLÈDE.** Intérieur de l'église Santa María la Blanca, ancienne synagogue, XIIIe s.

TOLSTOÏ (Lev Nikolaïevitch, en fr. Léon, comte), *Iasnaïa Poliana, gouvernement de Toula, 1828 - Astapovo, gouvernement de Riazan, 1910,* écrivain russe. Son œuvre, qui présente une peinture d'une étonnante diversité de la société et de l'âme russes, est une tentative d'analyse personnelle et d'ascèse, à la lumière d'élans mystiques et de refus contestataires qui firent de lui l'idole de la jeunesse russe (*Guerre et Paix,* 1865 - 1869 ; **Anna Karenine ; la Sonate à Kreutzer,* 1890 ; *Résurrection,* 1899).

TOLTÈQUES, peuple indien qui s'installa vers le milieu du Xe s. au N. de l'actuelle Mexico. Les Toltèques ont dominé tout le Mexique central, jusqu'à env. 1160, avec Tula pour capitale. Leurs vestiges révèlent des conceptions architecturales neuves : temple vaste, où est accueilli le guerrier, glorifié par une sculpture austère et rigide. Guerre et mort inspirent cet art jusque dans son répertoire décoratif qui associe l'aigle et le jaguar, symboles, comme plus tard chez les Aztèques, des ordres militaires.

TOLUCA ou **TOLUCA DE LERDO,** v. du Mexique, cap. de l'État de Mexico ; 487 630 hab.

TOMAKOMAI, v. du Japon (Hokkaido) ; 160 118 hab. Port.

TOMAR, v. du Portugal (Estrémadure) ; 14 003 hab. Ce fut le siège principal des Templiers. Église et couvent des XIIe-XVIe s.

TOMASI DI LAMPEDUSA (Giuseppe), *Palerme 1896 - Rome 1957,* écrivain italien. Il fut révélé par la publication posthume du *Guépard* (1958, adapté au cinéma par L. Visconti en 1963), fresque romanesque d'une noblesse en crise.

TOMBLAINE (54510), ch.-l. de cant. de Meurthe-et-Moselle, banlieue de Nancy ; 8 181 hab. *(Tomblainois).*

TOMBOUCTOU, v. du Mali, près du fleuve Niger ; 32 000 hab. Centre commercial. – Mosquée du XIVe s. – Fondée v. 1100, la ville devint aux XVe-XVIe s. un important centre religieux et intellectuel. Elle fut visitée par R. Caillié en 1828.

Tom Jones, héros de *Histoire de Tom Jones, enfant trouvé,* roman de H. Fielding (1749). Recueilli et élevé par un brave homme, il doit affronter la jalousie du neveu et héritier de ce dernier. Le livre a inspiré un opéra-comique à Danican-Philidor (*Tom Jones,* 1765) et un film à T. Richardson (*Tom Jones, entre l'alcôve et la potence,* 1963).

TOMONAGA SHINICHIRO, *Kyoto 1906 - Tokyo 1979,* physicien japonais. Il a proposé, en 1945, une formulation relativiste de la théorie des champs, utilisée par R. Feynman et J. Schwinger. (Prix Nobel 1965.)

TOMSK, v. de Russie, en Sibérie occidentale, sur le *Tom* (827 km, affluent de droite de l'Ob) ; 505 000 hab. Université. Pétrochimie.

TONGA n.f.pl., anc. **îles des Amis,** État d'Océanie ; 700 km² ; 103 000 hab. *(Tonguiens).* CAP. *Nukualofa.* LANGUES : *tongan* et *anglais.* MONNAIE : *pa'anga.* (V. carte **Océanie.**) C'est un archipel d'environ 170 îles et îlots, coralliens ou volcaniques, entre 15° S. et le tropique du Capricorne. Plus des deux tiers des habitants vivent sur l'île de *Tongatapu.* – Découvertes par les Hollandais en 1616, les îles Tonga, protectorat britannique en 1900, sont devenues indépendantes, dans le cadre du Commonwealth, en 1970. Elles ont été admises au sein de l'ONU en 1999.

TONGHUA, v. de la Chine du Nord-Est (Jilin) ; 290 000 hab. Centre industriel.

TONGRES, en néerl. **Tongeren,** v. de Belgique, ch.-l. d'arrond. du Limbourg ; 29 451 hab. Anc. ville romaine. – Basilique Notre-Dame, gothique pour l'essentiel (trésor) ; musées.

TONKIN, région du nord du Viêt Nam, correspondant au delta du Sông Hông (fleuve Rouge) et aux montagnes qui l'entourent ; v. princ. *Hanoi* et *Haiphong*. Le delta est très densément peuplé ; l'endiguement et l'irrigation y permettent la culture intensive du riz.

TONLÉ SAP n.m., lac du Cambodge, qui s'écoule vers le Mékong (dont il reçoit les eaux lors des crues). Sa superficie varie de 2 700 km^2 à 10 000 km^2. Pêche.

TONNAY-CHARENTE (17430), ch.-l. de cant. de la Charente-Maritime ; 6 864 hab. *(Tonnacquois)*. Port sur la Charente.

TONNEINS [-nɛ̃s] (47400), ch.-l. de cant. de Lot-et-Garonne, sur la Garonne ; 9 438 hab. *(Tonneinquais)*. Tabac.

TONNERRE (89700), ch.-l. de cant. de l'Yonne, dans le *Tonnerrois*, sur l'Armançon ; 6 275 hab. *(Tonnerrois)*. Électronique. – Hôpital fondé en 1293 (grande salle ; *Mise au tombeau* de 1453).

TÖNNIES (Ferdinand), *Riep, auj. dans Oldenswort, Schleswig, 1855 - Kiel 1936,* sociologue allemand. Il a analysé la crise de la modernité, marquée par la disparition de la « communauté », naturelle et organique, au profit de la « société », dirigée vers un objectif (*Communauté et Société*, 1887).

TOPEKA, v. des États-Unis, cap. du Kansas, sur la Kansas River ; 119 883 hab.

TOPELIUS (Zacharias), *Kuddnäs 1818 - Sipoo 1898,* écrivain finlandais de langue suédoise. Chrétien et patriote, il est l'auteur de poèmes *(Fleurs de la lande)* et de contes.

TÖPFFER (Rodolphe), *Genève 1799 - id. 1846,* dessinateur et écrivain suisse de langue française. Auteur de récits pleins de fantaisie *(Voyages en zigzag, Nouvelles genevoises)*, il est, par ses « histoires en images » (*Histoire de M. Jabot*, 1833), le précurseur de la bande dessinée.

Topkapı, palais des sultans ottomans à Istanbul. Construit du XVe au XIXe s., il est devenu l'un des plus riches musées d'art islamique.

TOPOR (Roland), *Paris 1938 - id. 1997,* dessinateur et écrivain français d'origine polonaise. Il a développé, à travers l'anachronisme du style, un humour décapant fondé sur le fantasme et l'absurde.

TOR → THOR.

Torah, Tora ou **Thora** n.f., nom donné dans le judaïsme aux cinq premiers livres de la Bible, ou *Pentateuque*, qui contiennent l'essentiel de la Loi mosaïque. Dans le langage courant, ce terme désigne l'ensemble de la Loi juive.

TORAJA, peuple d'Indonésie (Célèbes) [env. 600 000]. Habitants des zones montagneuses, les Toraja sont réputés pour leurs maisons en bois décorées de gravures polychromes et pour leurs rituels funéraires. Ils ont adopté un christianisme qui tolère les rites anciens. Ils parlent une langue malayo-polynésienne.

TORBAY, station balnéaire de Grande-Bretagne (Angleterre), sur la Manche ; 116 000 hab.

TORCELLO, petite île de la lagune de Venise. Cathédrale des VIIe-XIe s., de style vénéto-byzantin (mosaïques des XIIe-XIIIe s. : *Jugement dernier*).

TORCY (77200), ch.-l. d'arrond. de Seine-et-Marne ; 21 693 hab.

TORCY (Jean-Baptiste **Colbert,** marquis **de**), *Paris 1665 - id. 1746,* homme d'État et diplomate français. Neveu de Jean-Baptiste Colbert, il succéda à son père Charles Colbert de Croissy comme secrétaire d'État aux Affaires étrangères (1696) et prit une grande part aux négociations qui précédèrent l'ouverture de la guerre de la Succession d'Espagne, puis à celles du traité d'Utrecht (1713). Le Régent l'écarta dès 1715.

Tordesillas (traité de) [7 juin 1494], traité signé, à Tordesillas (Vieille-Castille), entre l'Espagne et le Portugal. Il fixait la ligne de démarcation séparant les possessions coloniales des deux pays à 370 lieues à l'ouest des îles du Cap-Vert.

TORELLI (Giuseppe), *Vérone 1658 - Bologne 1709,* compositeur et violoniste italien. Il innova dans les genres du concerto grosso (dont il imposa le cadre) et de la sonate.

TOREZ ou **THOREZ,** anc. **Tchistiakovo,** v. d'Ukraine ; 116 000 hab. Centre houiller.

TORGA (Adolfo Correia **da Rocha,** dit Miguel), *São Martinho de Anta, Trás-os-Montes, 1907 - Coimbra 1995,* écrivain portugais. Poète *(Poèmes ibériques)*, conteur *(Lapidaires)* et romancier *(la Création du monde)*, il nourrit un humanisme lucide de son enracinement dans sa province natale.

TORGAU, v. d'Allemagne (Saxe), sur l'Elbe ; 21 434 hab. Château médiéval et Renaissance. – Point de jonction entre les armées soviétique et américaine (25 avr. 1945).

TORHOUT, v. de Belgique (Flandre-Occidentale) ; 18 166 hab.

TORIGNI-SUR-VIRE (50160), ch.-l. de cant. de la Manche ; 2 628 hab. Château du XVIe s.

TORNE n.m., fl. de Suède et de Finlande, qui rejoint le golfe de Botnie ; 510 km. Il sert de frontière entre ces deux pays.

TORNGAT (monts), massif du Canada (Québec), entre la baie d'Ungava et la mer du Labrador. Il culmine au mont D'Iberville (1 622 m).

TORONTO, v. du Canada, cap. de l'Ontario, sur le lac Ontario ; 635 395 hab. *(Torontais)* [3 550 733 hab. dans l'agglomération, la plus peuplée du Canada]. Archevêché. Universités. Centre financier, commercial et industriel. – Musées. – Festival international du film.

■ **TORONTO.** L'hôtel de ville (1958), construit par Viljo Revell.

TORQUEMADA (Tomás **de**), *Valladolid 1420 - Ávila 1498,* dominicain et inquisiteur espagnol. Inquisiteur général pour l'ensemble de la péninsule Ibérique (1483), il est resté célèbre pour son intolérance et sa rigueur. Son *Instruction* (1484) servit de base au droit propre à l'Inquisition.

TORRANCE, v. des États-Unis (Californie) ; 133 107 hab.

TORRE ANNUNZIATA, v. d'Italie (Campanie), sur le golfe de Naples ; 50 346 hab. Station balnéaire et thermale. – Ruines romaines.

TORRE DEL GRECO, v. d'Italie (Campanie), sur le golfe de Naples ; 101 456 hab.

TORREMOLINOS, station balnéaire d'Espagne (Andalousie), sur la Costa del Sol ; 27 543 hab.

TORREÓN, v. du nord du Mexique ; 459 809 hab.

TORRES (détroit de), bras de mer entre l'Australie et la Nouvelle-Guinée, reliant le Pacifique à l'océan Indien.

TORRES (Luis **Váez de**), navigateur portugais du XVIIe s., au service de l'Espagne. Il découvrit en 1606 le détroit qui porte son nom.

TORRES QUEVEDO (Leonardo), *Santa Cruz, près de Santander, 1852 - Madrid 1936,* ingénieur et mathématicien espagnol. Auteur de travaux sur les machines à calculer et les automates, il fut l'un des premiers à utiliser les ondes hertziennes pour la télécommande. Il construisit un téléphérique surplombant les chutes du Niagara.

TORRES RESTREPO (Camilo), *Bogotá 1929 - région de San Vincente de Chucuri 1966,* prêtre et révolutionnaire colombien. Convaincu de la nécessité de réformes sociales radicales, il rompit avec la hiérarchie catholique et inspira un mouvement dont l'échec le conduisit à rejoindre la guérilla (1965). Il fut tué lors d'un accrochage avec l'armée.

TORRICELLI (Evangelista), *Faenza 1608 - Florence 1647,* mathématicien et physicien italien. Il fut l'un des élèves de Galilée. En 1641, il énonça implicitement le principe de la conservation de l'énergie ; en 1643, il mit en évidence la pression atmosphérique au moyen d'un tube à mercure puis formula la loi sur l'écoulement des liquides. En 1644, il calcula l'aire de la cycloïde.

TORRINGTON → BYNG.

TORSTENSSON (Lennart), comte **d'Ortala,** *château de Torstena 1603 - Stockholm 1651,* maréchal suédois. Il s'illustra dans la guerre de Trente Ans (victoires de Breitenfeld [1642] et de Jankowitz [1645]).

TORTELIER (Paul), *Paris 1914 - Villarceaux, Val-d'Oise, 1990,* violoncelliste et chef d'orchestre français. Il a enseigné au Conservatoire de Paris (1957 - 1969) et écrit une méthode de violoncelle.

TORTOSA, v. d'Espagne (Catalogne), sur l'Èbre ; 32 000 hab. Cathédrale gothique entreprise en 1347 et autres monuments.

TORTUE (île de la), île au nord d'Haïti. Française de 1665 à 1804, elle fut l'une des bases des boucaniers.

TORUŃ, v. de Pologne, sur la Vistule ; 202 000 hab. Noyau gothique ; Musée poméranien. – Fondée en 1233 par les chevaliers Teutoniques, elle appartint à la Hanse, puis fut annexée par la Pologne (1454).

TORY (Geoffroy), *Bourges v. 1480 - Paris apr. 1533,* typographe, graveur et écrivain français. Il réforma l'art typographique. On lui doit le *Champfleury*, traité de calligraphie et de typographie.

TOSA, lignée de peintres japonais, dont l'origine remonte au XIVe s. Les Tosa perpétuèrent (avec brio pendant les XVe et XVIe s., puis avec formalisme jusqu'au XIXe s.) la tradition de la peinture profane nipponne, ou *Yamato-e*, à la cour de Kyoto. – **Tosa Mitsunobu,** *v. 1430 - v. 1522,* principal représentant des Tosa, il créa le *Yamato-e*, dû à l'association de coloris vifs et de jeux d'encre.

TOSCANE, région de l'Italie centrale ; 3 510 114 hab. *(Toscans)* ; cap. *Florence* ; 9 prov. (*Arezzo, Florence, Grosseto, Livourne, Lucques, Massa et Carrare, Pise, Pistoia* et *Sienne*).

HISTOIRE

Son territoire correspond à l'ancienne Étrurie. **1115 :** la comtesse Mathilde lègue la Toscane à la papauté. **XIIe - XIVe s. :** à la faveur des luttes d'influence entre papauté et Empire, des républiques urbaines se développent (Florence, Sienne, Pise, Lucques). **1569 :** le grand-duché de Toscane est constitué au profit des Médicis. **1737 :** à la mort de Jean-Gaston de Médicis, la Toscane passe dans la mouvance des Habsbourg. **1807 :** Napoléon Ier réunit la Toscane à la France et la confie à sa sœur Élisa. **1814 :** retour du grand-duc autrichien Ferdinand III. **1848 - 1849 :** échec de la révolution (restauration du grand-duc Léopold II). **1859 :** Léopold II est chassé du pays. **1860 :** la Toscane se rattache au Piémont.

TOSCANINI (Arturo), *Parme 1867 - New York 1957,* chef d'orchestre italien. Directeur de la Scala de Milan (1898 - 1903 ; 1920 - 1929), du Metropolitan Opera de New York, puis de l'Orchestre symphonique de New York, il créa de nombreuses œuvres lyriques, dont *la Bohème*, de Puccini (1896).

TotalFinaElf, groupe pétrolier français. Il est né de la fusion, en deux temps – 1999 et 2000 –, de Total (dont les origines remontent à la Compagnie française des pétroles, ou CFP, créée en 1924) et de Petrofina (société belge fondée en 1920), puis de Elf Aquitaine (groupe issu de la Société nationale des pétroles d'Aquitaine, ou SNPA, créée en 1941). Compagnie pétrolière de premier plan au niveau mondial, TotalFinaElf est aussi un acteur majeur dans la chimie.

TOTILA ou **BADUILA,** *m. à Caprara en 552,* roi des Ostrogoths (541 - 552). Il s'opposa aux Byzantins, s'installa à Rome (549) et étendit sa domination sur l'Italie du Sud, la Sicile, la Sardaigne et la Corse. Mais il fut battu par Narsès en 552.

TOTO (Antonio **de Curtis Gagliardi Ducas Comneno di Bisanzio,** dit), *Naples 1898 - Rome 1967,* acteur italien. Il fut, sur la scène et à l'écran (série des *Toto*), l'un des acteurs comiques les plus populaires d'Italie.

TOTONAQUES, peuple indien anciennement établi dans la région du golfe du Mexique et vivant auj. dans les États de Veracruz et de Puebla. Dominés par les Aztèques, les Totonaques s'allièrent aux colons espagnols, mais, affaiblis, ils déclinèrent après la conquête.

TOUAREG, peuple berbère vivant au Niger, au Mali, au Burkina, en Algérie et en Libye (plus de 2 millions). Pasteurs nomades, les Touareg occupent les zones désertiques du Sahara et les zones semi-désertiques du Sahel. Constitués par des populations berbères ayant migré du nord vers le sud, organisés en tribus, ils se divisent en plusieurs ensembles (principalement Kel Ahaggar, Kel Ajjer, Kel Ayr, Kel Tademakket, Tagaragarayt). Les hommes portent un voile indigo *(tagelmust)*, d'où leur surnom d'« hommes bleus ». La sécheresse et le contexte politique tendant à les marginaliser, ils cherchent à imposer leur autonomie, voire leur indépendance, au Mali et au Niger. En 1990, leur soulèvement armé a entraîné une violente répression. Musulmans sunnites, ils parlent une langue berbère *(tamacheq)* et utilisent un alphabet propre *(tifinagh)*.

TOUAT n.m., groupe d'oasis du Sahara algérien ; ch.-l. *Adrar.*

TOUBKAL (djebel), sommet du Haut Atlas (Maroc), point culminant de l'Afrique du Nord ; 4 165 m.

TOUBOU, peuple nomade du Tchad, du Niger et du sud de la Libye (env. 700 000). Comprenant notamm. les Teda, chameliers, au nord, et les Daza, éleveurs de bovins, au sud, les Toubou, musulmans, parlent une langue nilo-saharienne.

TOUCOULEUR, peuple vivant au Sénégal, ainsi qu'au Mali et en Mauritanie. Musulmans, les Toucouleur sont célèbres par l'épopée conquérante d'*El-Hadj Omar.

TOUCY (89130), ch.-l. de cant. de l'Yonne ; 2 743 hab. *(Toucycois).* Vestiges féodaux, église des XIIe-XVIe s. Monument à Pierre Larousse.

TOUGGOURT, oasis du Sahara algérien ; 70 645 hab. Centre commercial et touristique.

TOUKHATCHEVSKI (Mikhaïl Nikolaïevitch), *Aleksandrovskoïe, gouvernement de Smolensk, 1893 - Moscou 1937,* maréchal soviétique. Ancien officier tsariste rallié à la révolution russe, il commanda le front ouest contre les Polonais (1920). Chef d'état-major général (1925 - 1928), adjoint au commissaire du peuple à la Défense (1931), fait maréchal en 1935, il fut l'un des créateurs de l'Armée rouge. Accusé de trahison en 1937, il fut fusillé. Il a été réhabilité en 1961.

TOUL (54200), ch.-l. d'arrond. de Meurthe-et-Moselle, sur la Moselle ; 17 419 hab. *(Toulois).* Pneumatiques. – Cathédrale et église St-Gengoult, des XIIIe-XVe s. ; musée. – Toul fut l'un des Trois-Évêchés lorrains, qu'Henri II occupa en 1552. Le traité de Westphalie (1648) en confirma la possession à la France.

TOULA, v. de Russie, au S. de Moscou ; 541 000 hab. Centre industriel. – Kremlin du XVIe s.

TOULON, ch.-l. du dép. du Var, sur la Méditerranée, à 840 km au S.-E. de Paris ; 166 442 hab. *(Toulonnais)* [près de 470 000 hab. dans l'agglomération]. Siège de région maritime. Base navale. Centre administratif et commercial. Armement. – Musées. – En 1793, les royalistes livrèrent le port aux Britanniques, mais Dugommier, aidé de Bonaparte, le leur reprit. Le 27 nov. 1942, la flotte française s'y saborda pour ne pas tomber entre les mains des Allemands.

TOULOUGES (66350), ch.-l. de cant. des Pyrénées-Orientales ; 5 462 hab.

TOULOUSE, ch.-l. de la Région Midi-Pyrénées et du dép. de la Haute-Garonne, à 679 km au S. de Paris ; 398 423 hab. *(Toulousains)* [env. 750 000 hab. dans l'agglomération]. Archevêché. Cour d'appel. Académie et université. Écoles aéronautiques. Centre commercial et industriel (constructions aéronautiques, chimie, etc.). – Cité de l'espace. – Académie des jeux Floraux. – Basilique romane St-Sernin, vaste église de pèlerinage consacrée en 1096 (sculptures, peintures murales) ; cathédrale gothique ; église des Jacobins (XIIIe-XIVe s.) ; hôtels de la Renaissance ; Capitole (XVIIIe s.) ; etc. Musées, dont celui des Augustins (sculpture languedocienne ; peinture), le musée Saint-Raymond (archéologie gauloise et romaine), le musée de l'hôtel d'Assézat (Fondation Bemberg) et l'Espace d'art moderne et contemporain Les Abattoirs. – Romaine à partir de 120/100 av. J.-C., Toulouse fut capitale du royaume wisigothique (Ve s.) puis du royaume franc d'Aquitaine et, enfin, du *comté de Toulouse,* fondé par Raimond Ier (852 - 864). Au XIIe s., ses magistrats municipaux, les *capitouls,* assurèrent son émancipation vis-à-vis des comtes. Elle souffrit lors de la croisade contre les albigeois (XIIIe s.), et Simon de Montfort fut tué en faisant le siège de la ville (1218). L'ordre des Dominicains et une université (1229) y furent fondés pour combattre l'hérésie. Le comté de Toulouse, qui atteignit les confins de la Provence, entra dans le domaine royal en 1271.

TOULOUSE (Louis Alexandre **de Bourbon,** comte **de**), *Versailles 1678 - Rambouillet 1737,* prince français. Troisième fils légitimé de Louis XIV et de Mme de Montespan, amiral de France (1683), il joua un rôle politique au début de la Régence. Il tint, avec son épouse Marie Victoire Sophie de Noailles, un salon brillant dans son château de Rambouillet.

■ **TOULOUSE.** La basilique Saint-Sernin (XIe-XIIe s.) vue du chevet.

TOULOUSE-LAUTREC (Henri **de**), *Albi 1864 - château de Malromé, Saint-André-du-Bois, Gironde, 1901,* peintre et lithographe français. Il a peint des scènes de music-hall et de divers lieux de plaisir parisiens, des portraits, etc. Dessinateur au trait synthétique et fulgurant, il est l'un des pères de l'*affiche moderne (*la Goulue au Moulin-Rouge,* 1891 ; *Aristide Bruant,* 1892 et 1893). Une partie de son œuvre est conservée au musée d'Albi.

TOUNGOUSES, appellation qui désignait un ensemble de peuples de Sibérie (Évenkes, Evènes, etc.) et, parfois, les seuls Evenkes.

TOUNGOUSKA n.f., nom de trois riv. de Russie, en Sibérie, affl. de l'Ienisseï (r. dr.). On distingue la *Toungouska inférieure* (2 989 km), la *Toungouska moyenne* ou *pierreuse* (1 865 km), la *Toungouska supérieure,* ou Angara.

Toungouska (cataclysme de la), cataclysme survenu le 30 juin 1908 dans la région de la Toungouska pierreuse, en Sibérie centrale, à 800 km au nord-ouest du lac Baïkal, et qui aurait été provoqué par l'explosion dans la haute atmosphère d'un fragment de noyau cométaire.

TOUQUET-PARIS-PLAGE (Le) [62520], comm. du Pas-de-Calais ; 5 640 hab. Station balnéaire. Thalassothérapie. Aérodrome.

TOURAINE, région du sud-ouest du Bassin parisien, de part et d'autre de la vallée de la Loire, ayant formé le dép. d'Indre-et-Loire ; hab. *Tourangeaux* ; v. princ. *Tours.* La Touraine fut annexée au domaine royal en 1259.

TOURAINE (Alain), *Hermanville-sur-Mer, Calvados, 1925,* sociologue français. Il s'est intéressé à la sociologie du travail (*la Conscience ouvrière,* 1966), puis à la sociologie générale (*Production de la société,* 1973 ; *Pourrons-nous vivre ensemble ? Égaux et différents,* 1997).

TOURANE → **DA NANG.**

TOURCOING (59200), ch.-l. de cant. du Nord ; 94 204 hab. *(Tourquennois).* Textile. Électronique. – Monuments surtout du XIXe s. ; musée ; Studio national des arts contemporains (au Fresnoy).

Tour de France, course cycliste annuelle par étapes (qui suivait approximativement, à l'origine, le contour de la France), créée en 1903. Un Tour de France féminin (Grande Boucle féminine internationale), plus court, est disputé depuis 1984.

TOUR-DE-PEILZ (La), comm. de Suisse (Vaud), près de Vevey ; 10 197 hab. *(Boélans).*

TOUR-DU-PIN (La) [38110], ch.-l. d'arrond. de l'Isère, sur la Bourbre ; 6 787 hab. *(Turripinois).* Constructions mécaniques.

TOURÉ (Sékou), *Faranah 1922 - Cleveland, Ohio, 1984,* homme politique guinéen. Président de la Confédération générale des travailleurs d'Afrique noire (1956), il refusa l'entrée de la Guinée dans la Communauté et fit accéder son pays à l'indépendance (1958). Il exerça un pouvoir dictatorial jusqu'à sa mort.

TOURFAN, oasis de la Chine (Xinjiang), anc. étape sur la route de la *soie. Mosquée (XVIIIe s.). À proximité, grottes « des Mille Bouddhas », ensemble monastique (VIe-Xe s.) et vestiges des anc. cités caravanières de Yar (Jiahoe) et Kotcho (Gaochang).

TOURGUENIEV (Ivan Sergueïevitch), *Orel 1818 - Bougival 1883,* écrivain russe. Ses romans, ses nouvelles (*Récits d'un chasseur,* 1852 ; *Pères et fils,* 1862 ; *les Eaux printanières,* 1872), ses pièces de théâtre (*Un mois à la campagne,* 1879) sont marqués par la pensée occidentale.

■ **TOURGUENIEV** par I. I. Repine. (Galerie Tretiakov, Moscou.)

■ **TRAJAN.** (Musée archéologique, Venise.)

TOURLAVILLE (50110), ch.-l. de cant. de la Manche, banlieue de Cherbourg ; 17 918 hab. Constructions électroniques. – Château du XVIe s.

TOURMALET (col du), col routier des Pyrénées françaises (Hautes-Pyrénées), reliant la vallée de Campan à celle de Gavarnie ; 2 115 m.

TOURNAI, v. de Belgique, ch.-l. d'arrond. du Hainaut ; 67 732 hab. *(Tournaisiens).* Centre industriel. – Imposante cathédrale romane et gothique (trésor) et autres églises ; musées. Production de tapisseries aux XVe-XVIIIe s., de porcelaines aux XVIIIe et XIXe s. – Capitale des rois mérovingiens au Ve s., Tournai eut un évêché dès le VIe s. Elle connut une grande prospérité durant tout le XVe s. grâce à la tapisserie de haute lisse.

TOURNAN-EN-BRIE (77220), ch.-l. de cant. de Seine-et-Marne ; 7 644 hab. *(Tournanais).*

TOURNEFEUILLE (31170), ch.-l. de cant. de la Haute-Garonne ; 22 983 hab.

TOURNEFORT (Joseph **Pitton de**), *Aix-en-Provence 1656 - Paris 1708,* botaniste et voyageur français. Sa classification du règne végétal fait de lui le précurseur de Linné.

TOURNEMIRE (Charles), *Bordeaux 1870 - Arcachon 1939,* compositeur et organiste français. Élève de Franck, il a laissé de la musique de chambre, huit symphonies et un recueil de musique pour orgue *(l'Orgue mystique).*

TOURNEUR (Cyril), *v. 1575 - Kinsale, Irlande, 1626,* auteur dramatique anglais. *La Tragédie du vengeur,* qu'on lui attribue, illustre le goût pour l'horreur typique du théâtre élisabéthain.

TOURNIER (Michel), *Paris 1924,* écrivain français. Ses romans (*Vendredi ou les Limbes du Pacifique,* 1967 ; *le Roi des Aulnes,* 1970 ; *les Météores,* 1975) et ses nouvelles manifestent son goût pour les légendes.

TOURNON (François **de**), *Tournon 1489 - Paris 1562,* prélat et homme d'État français. Cardinal en 1530, il joua un rôle politique important sous le règne de François Ier. Adversaire de la Réforme, il fonda le collège de Tournon (1536), dont il confia la direction aux jésuites (1560).

■ **TOURNAI.** La cathédrale Notre-Dame, essentiellement des XIIe et XIIIe s.

TOURNON-SUR-RHÔNE (07300), anc. **Tournon**, ch.-l. d'arrond. de l'Ardèche ; 10 607 hab. *(Tournonais).* Construction automobile. – Château des XIVe-XVIe s. (musée) et autres monuments.

TOURNUS [-ny] (71700), ch.-l. de cant. de Saône-et-Loire, sur la Saône ; 6 745 hab. *(Tournusiens).* Articles ménagers. – Église romane St-Philibert, avec narthex à étages datant env. de l'an 1000 ; Musée bourguignon et musée Greuze.

TOURNY (Louis, marquis **de**), *Paris 1695 - id. 1760,* administrateur français. Intendant du Limousin (1730), puis de la Guyenne (1743 - 1757), il a embelli Bordeaux.

TOURS [tur], ch.-l. du dép. d'Indre-et-Loire, sur la Loire, à 225 km au S.-O. de Paris ; 137 046 hab. *(Tourangeaux)* [plus de 300 000 hab. dans l'agglomération]. Archevêché. Université. Industries mécaniques et électroniques, édition. – École d'application du train. Base aérienne militaire. – Cathédrale St-Gatien (XIIIe-XVIe s.), églises, vieux hôtels ; musées des Beaux-Arts, du Compagnonnage, etc. Aux env., restes du château de Plessis-lès-Tours, résidence de Louis XI. – Anc. capitale de la Touraine. Évêché au IIIe s., Tours devint un grand centre religieux grâce à ses évêques saint Martin (371 - 397) et saint Grégoire de Tours (573 - 594). La ville fut (du 12 sept. au 9 déc. 1870) le siège de la délégation du gouvernement de la Défense nationale (Gambetta).

Tours (congrès de) [25 - 30 déc. 1920], congrès national du parti socialiste SFIO, au cours duquel fut votée l'adhésion à l'Internationale communiste (IIIe Internationale), née à Moscou en 1919. Il marqua la scission entre les socialistes (L. Blum, M. Sembat, minoritaires) et les communistes français (motion Cachin-Frossard).

TOURVILLE (Anne **de Costentin,** comte **de**), *Tourville, Manche, 1642 - Paris 1701,* maréchal de France. Vice-amiral, il vainquit la flotte anglo-hollandaise à Beachy Head (1690). Il essuya ensuite un échec près de la Hougue (1692), mais détruisit en partie une flotte marchande anglo-hollandaise au large de Lagos (1693).

TOUSSAINES (signal de), sommet de l'ouest de la France, dans les monts d'Arrée ; 384 m. Point culminant de la Bretagne.

TOUSSAINT LOUVERTURE, *Saint-Domingue 1743 - fort de Joux, près de Pontarlier, 1803,* homme politique et général haïtien. Il rallia le gouvernement français qui venait d'abolir l'esclavage (1794) et proclama son intention d'établir une république noire. Maître de l'île en 1801, il capitula devant l'expédition de Leclerc, et mourut pendant son internement en France.

TOUSSUIRE (la) [73300 Fontcouverte la Toussuire], station de sports d'hiver (alt. 1 450 - 2 400 m) de Savoie (comm. de Fontcouverte), au S.-O. de Saint-Jean-de-Maurienne.

TOUSSUS-LE-NOBLE [tusy-] (78117), comm. des Yvelines ; 717 hab. *(Nobeltussois).* Aéroport.

TOUTANKHAMON, pharaon de la XVIIIe dynastie (v. 1354 - 1346 av. J.-C.). Gendre d'Aménophis IV Akhenaton, il dut, sous la pression du clergé, rétablir le culte du dieu Amon. Il mourut à 18 ans. Son riche tombeau, dans la Vallée des Rois, fut découvert en 1922.

TOUTATIS → **TEUTATÈS.**

TOUVA ou **TIVA,** république de Russie, dans le bassin supérieur de l'Ienisseï ; 306 000 hab. ; cap. *Kyzyl.* La population comprend près de deux tiers de Touvas (ou Tivas), qui parlent une langue de la famille turque, et un tiers de Russes.

TOUVET (Le) [38660], ch.-l. de cant. de l'Isère, au pied de la Chartreuse ; 2 846 hab.

TOWNES (Charles Hard), *Greenville, Caroline du Sud, 1915,* physicien américain. Il a réalisé, en 1954, la première émission maser et a été à l'origine, en 1958, avec A. L. Schawlow, de l'invention du laser. (Prix Nobel 1964.)

TOWNSVILLE, v. d'Australie (Queensland), sur la mer de Corail ; 109 700 hab. Port. Métallurgie. Pétrochimie.

TOYAMA, v. du Japon (Honshu), près de la *baie de Toyama* (mer du Japon) ; 321 254 hab.

TOYNBEE (Arnold), *Londres 1889 - York 1975,* historien britannique. Il est l'auteur d'ouvrages sur les civilisations, dont il a établi une théorie cyclique (*Study of History,* 12 vol., 1934 - 1961).

TOYOHASHI, v. du Japon (Honshu) ; 337 982 hab.

TOYONAKA, v. du Japon (Honshu), banlieue d'Osaka ; 409 837 hab.

TOYOTA, v. du Japon (Honshu) ; 332 336 hab. Automobiles.

TOYOTOMI HIDEYOSHI, *Nakamura 1536 - Fushimi 1598,* homme d'État japonais. Successeur d'Oda Nobunaga (1582), Premier ministre (1585 - 1598), il pacifia et unifia le Japon, mais échoua dans ses expéditions en Corée (1592, 1597).

TOZEUR, v. de Tunisie, dans une oasis, au bord du chott el-Djérid ; 21 600 hab. Tourisme.

Tractatus logico-philosophicus, œuvre de L. Wittgenstein (1921), qui cherche à définir un univers logiquement parfait de par le langage employé pour le décrire. Il est à l'origine des idées du cercle de Vienne.

Tractatus theologico-politicus, traité de Spinoza (publié en 1670). L'auteur y fonde les éléments de la critique biblique et distingue révélation et raison.

TRACY, v. du Canada (Québec), sur le Saint-Laurent ; 13 568 hab. *(Traciens).*

TRACY (Spencer), *Milwaukee, Wisconsin, 1900 - Los Angeles 1967,* acteur américain. Par la retenue et la justesse de son jeu, il s'est imposé dans des rôles attachants ou odieux (*Ceux de la zone,* F. Borzage, 1933 ; *Furie,* F. Lang, 1936 ; *Madame porte la culotte,* G. Cukor, 1949 ; *la Dernière Fanfare,* J. Ford, 1958).

Trafalgar (bataille de) [21 oct. 1805], bataille navale de l'Empire. Nelson y vainquit une flotte franco-espagnole commandée par Villeneuve, au large du *cap de Trafalgar* (nord-ouest du détroit de Gibraltar). La flotte britannique fut dès lors la maîtresse incontestée des mers.

Trafalgar Square, place de Londres, près de la Tamise. Colonne en l'honneur de Nelson.

TRAJAN, en lat. **Marcus Ulpius Traianus,** *Italica 53 - Sélinonte de Cilicie 117,* empereur romain (98 - 117). Adopté par Nerva, il lui succéda en 98. Par la conquête de la Dacie (campagnes de 101 - 102 et 105 - 107), il assura la sécurité des frontières sur le Danube. En Orient, il lutta contre les Parthes et étendit l'Empire jusqu'à l'Arménie, la Mésopotamie et le nord-ouest de l'Arabie. Il fut un excellent administrateur et un grand bâtisseur.

Trajane (colonne), colonne triomphale (hauteur : 39 m ; diamètre : 4 m), érigée en 113, sur le forum de Trajan à Rome, pour commémorer les victoires de l'empereur sur les Daces. Elle porte un décor en bas relief (où sont représentés près de 2 500 personnages) qui se déroule en hélice sur toute la hauteur.

TRAKL (Georg), *Salzbourg 1887 - Cracovie 1914,* poète autrichien. Influencé par Rimbaud, Hölderlin et les expressionnistes, il est le poète de l'angoisse de la mort et du regret de l'innocence *(Crépuscule et Déclin, Sébastien en rêve).*

Tranchée des baïonnettes, tranchée française, près de Douaumont. Pendant la Première Guerre mondiale, après un violent bombardement (juin 1916), seules émergèrent les baïonnettes de ses défenseurs. Monument.

TRANCHE-SUR-MER (La) [85360], comm. de la Vendée ; 2 540 hab. *(Tranchais).* Station balnéaire. Tulipes.

Transamazoniennes (routes), routes ouvertes dans la partie amazonienne du Brésil depuis 1970, la plus importante reliant Imperatriz à la frontière péruvienne.

TRANSCAUCASIE, région d'Asie, au S. du Caucase. Elle est composée des trois républiques de Géorgie, d'Arménie et d'Azerbaïdjan.

■ COLONNE **TRAJANE**

Transgabonais n.m., voie ferrée du Gabon, reliant l'agglomération de Libreville à Franceville.

TRANSHIMALAYA n.m., système montagneux de la Chine (Tibet), au N. de l'Himalaya.

TRANSJORDANIE, anc. État du Proche-Orient. Émirat créé en 1921 et placé sous mandat britannique en 1922, érigé en royaume en 1946, il devint le royaume de Jordanie en 1949.

TRANSKEI n.m., anc. bantoustan d'Afrique du Sud.

TRANSLEITHANIE, partie de l'Autriche-Hongrie (1867 - 1918), située à l'est de la *Leitha* (par oppos. à la Cisleithanie) et administrée par la Hongrie. Elle comprenait, outre la Hongrie, la Transylvanie et la Croatie-Slavonie.

TRANSNISTRIE, région de la république de Moldavie, sur la rive est du Dniestr. Elle est peuplée majoritairement de russophones.

TRANSOXIANE, anc. nom de la région d'Asie centrale située au nord-est de l'Oxus (Amou-Daria) et dont la ville principale fut Samarkand.

Transsibérien n.m., grande voie ferrée de Russie, reliant Moscou à Vladivostok (9 297 km). Il a été construit entre 1891 et 1916.

TRANSVAAL n.m., anc. prov. d'Afrique du Sud, partie nord-est du pays (v. princ. *Johannesburg* et *Pretoria*), ayant formé en 1994 les provinces de Transvaal-Est (auj. Mpumalanga), Transvaal-Nord (auj. Province du Nord), Pretoria-Witwatersrand-Vereeniging (auj. Gauteng) et une partie de la province du Nord-Ouest. Le Transvaal, où les Boers s'installent lors du Grand *Trek (1834 - 1839), obtient son indépendance, reconnue par les Britanniques en 1852. Un État afrikaner, appelé « république d'Afrique du Sud », y est organisé en 1857. Annexée temporairement par les Britanniques (1877 - 1881), cette république conserve son indépendance jusqu'à la victoire anglaise dans la guerre des Boers (1902), qui en fait alors une colonie de la Couronne. Le Transvaal devient l'une des quatre provinces de l'Union sud-africaine, créée en 1910. Son Premier ministre, le général Louis Botha, est alors nommé Premier ministre du nouvel État.

TRANSYLVANIE, en roum. **Transilvania** ou **Ardeal,** en hongr. **Erdély,** région de la Roumanie située à l'intérieur de l'arc formé par les Carpates ; hab. *Transylvaniens* ; v. princ. *Brașov* et *Cluj-Napoca.* Intégrée au royaume de Hongrie au début du XIe s., la Transylvanie devint en 1526 une principauté vassale des Ottomans. Annexée par les Habsbourg (1691), elle fut rattachée à la Hongrie (1867). Sa réunion à la Roumanie (1918) fut entérinée par le traité de Trianon (1920).

TRANSYLVANIE (Alpes de), partie sud des Carpates (Roumanie), entre la Transylvanie et la Valachie, portant le point culminant de la Roumanie ; 2 543 m au Moldoveanu.

TRAPANI, v. d'Italie (Sicile), ch.-l. de prov. ; 69 273 hab. Port. – Églises (du gothique au baroque) ; musée.

Trappe (Notre-Dame de la), abbaye cistercienne fondée en 1140 à Soligny (Orne). En 1664, l'abbé Armand de Rancé la réforma et y installa les cisterciens de la stricte observance, appelés dès lors *trappistes.*

TRAPPES (78190), ch.-l. de cant. des Yvelines, près de Versailles ; 28 956 hab. *(Trappistes).* Gare de triage. Centre météorologique.

TRASIMÈNE (lac), lac d'Italie (Ombrie), à l'O. de Pérouse. – bataille du lac **Trasimène** (217 av. J.-C.), bataille de la deuxième guerre punique. Victoire d'Hannibal sur le consul romain Caius Flaminius.

TRÁS-OS-MONTES, anc. prov. du N. du Portugal.

TRAUNER (Alexandre), *Budapest 1906 - Omonville-la-Petite, Manche, 1993,* décorateur de cinéma français d'origine hongroise. Il créa les décors de nombreux films : *le Quai des brumes* (M. Carné, 1938), *les Enfants du paradis* (id., 1945), *la Garçonnière* (B. Wilder, 1960), *Monsieur Klein* (J. Losey, 1976), *Coup de torchon* (B. Tavernier, 1981).

travailliste (Parti) *[Labour Party],* parti socialiste britannique. Fondé en 1893, il prit son nom actuel en 1906 et fut pour la première fois au pouvoir en 1924. Ses principaux leaders ont été : J. Ramsay MacDonald, C. Attlee, H. Gaitskell, H. Wilson, J. Callaghan, M. Foot, Neil Kinnock, John Smith et, depuis 1994, Tony Blair.

TRAVANCORE, région historique de l'Inde, dans le sud de l'État de Kerala.

T

Travaux et les Jours (les), poème didactique d'Hésiode (VIIIe s. av. J.-C.). Édictant des sentences morales et des préceptes d'économie domestique, Hésiode entend démontrer les vertus du travail et de la justice.

Traviata (la) ⟶ **Dame aux camélias.**

TRÉBEURDEN (22560), comm. des Côtes-d'Armor ; 3 540 hab. Station balnéaire.

TRÉBIE n.f., en ital. **Trebbia,** riv. d'Italie, affl. du Pô (r. dr.) ; 115 km. – bataille de la **Trébie** (218 av. J.-C.), bataille de la deuxième guerre punique. Victoire d'Hannibal sur le consul romain Sempronius Longus.

TRÉBIZONDE, en turc **Trabzon,** v. de Turquie, sur la mer Noire ; 143 941 hab. Port. – Monastères et églises (transformées en mosquées à l'époque ottomane) de style byzantin des XIIIe-XIVe s. – Capitale d'un empire grec (1204 - 1461) fondé par Alexis et David Comnène, et qui combattit les Latins, l'empire de Nicée et les Seldjoukides, la ville fut conquise par les Ottomans en 1461.

Treblinka, camp d'extermination allemand (1942 - 1945), situé à 80 km de Varsovie. Près de 750 000 Juifs y périrent.

TŘEBOŇ (le Maître du retable de), *actif à Prague v. 1380 - 1390,* peintre tchèque. Figure majeure de l'art *gothique de son temps (« beau style ») en Europe centrale, il a exercé une influence sur la peinture allemande (en Bavière notamm.).

TRÉBOUL, station balnéaire du Finistère (comm. de Douarnenez).

TRÉFOUËL (Jacques), *Le Raincy 1897 - Paris 1977,* chimiste et bactériologiste français. Directeur de l'Institut Pasteur (1940 - 1964), il a étudié le mode d'action des sulfamides. Ses travaux ont permis la découverte de nombreux bactériostatiques.

TRÉGASTEL (22730), comm. des Côtes-d'Armor ; 2 291 hab. Station balnéaire. – Église du XVIe s.

TRÉGORROIS ou **TRÉGOR** n.m., région de Bretagne (Côtes-d'Armor), à l'O. de la baie de Saint-Brieuc.

TRÉGUIER (22220), ch.-l. de cant. des Côtes-d'Armor ; 2 947 hab. (*Trégorrois* ou *Trégorois*). Cathédrale des XIVe-XVe s. (cloître) ; maisons à colombages, dont la maison natale de Renan.

Trek (le Grand) [1834 - 1839], mouvement d'émigration des Boers du Cap vers le Vaal et l'Orange provoqué par la poussée des Britanniques en Afrique du Sud.

TRÉLAZÉ (49800), comm. de Maine-et-Loire ; 11 156 hab. *(Trélazéens).* Ardoisières.

TRÉLON (59132), ch.-l. de cant. du Nord ; 2 908 hab. *(Trélonais).* Musée-atelier du Verre.

TREMBLADE (La) [17390], ch.-l. de cant. de la Charente-Maritime ; 4 719 hab. *(Trembladais).* Parcs à huîtres.

TREMBLANT (mont), montagne du Canada (Québec), au N. de Montréal ; 968 m. Ski.

TREMBLAY (Michel), *Montréal 1942,* écrivain canadien de langue française. Son œuvre théâtrale *(les Belles-Sœurs)* et romanesque exprime la révolte des nouvelles générations contre la société québécoise traditionnelle.

TREMBLAY-EN-FRANCE (93290), anc. **Tremblay-lès-Gonesse,** ch.-l. de cant. de la Seine-Saint-Denis ; 34 018 hab. *(Tremblaysiens).* Circuit pour motos.

TRENET (Charles), *Narbonne 1913 - Créteil 2001,* chanteur français. On lui doit des chansons pleines de poésie et de fantaisie *(Y a de la joie, Douce France, la Mer),* souvent influencées par le jazz.

TRENT n.f., riv. de Grande-Bretagne, en Angleterre, qui rejoint l'Ouse pour former le Humber ; 270 km.

TRENTE, en ital. **Trento,** v. d'Italie, cap. du *Trentin-Haut-Adige* et ch.-l. de prov., sur l'Adige ; 101 430 hab. Cathédrale romano-gothique et château du Buonconsiglio (musée), des XIIIe-XVIe s.

Trente (les), les trente membres d'un conseil oligarchique imposé par les Spartiates aux Athéniens (404 av. J.-C.). Ils se signalèrent par leur despotisme et de nombreuses exécutions. Critias en fut l'animateur. Thrasybule les chassa (déc. 404 ou janv. 403), et la démocratie fut rétablie.

Trente (combat des) [27 mars 1351], combat entre Français et Anglais, lors de la guerre de la Succession de Bretagne. Faisant suite à un défi lancé aux Anglais par Jean de Beaumanoir, il opposa, en combat singulier, près de Ploërmel, trente combattants désignés pour chaque armée. Les Français furent victorieux.

Trente (concile de), concile œcuménique qui se tint à Trente de 1545 à 1547, puis à Bologne de 1547 à 1549, et de nouveau à Trente en 1551 - 1552 et en 1562 - 1563. Convoqué par Paul III en 1545 et clos par Pie IV, il fut la pièce maîtresse de la Réforme catholique (ou Contre-Réforme), par laquelle l'Église romaine opposa aux protestants une révision complète de sa discipline et une réaffirmation solennelle de ses dogmes.

Trente Ans (guerre de) [1618 - 1648], grand conflit religieux et politique qui ravagea l'Europe et surtout le Saint Empire. Opposant une grande partie des pays européens, elle eut pour causes essentielles l'antagonisme des protestants et des catholiques et les inquiétudes suscitées en Europe par les ambitions de la maison d'Autriche. Le conflit éclata en Bohême, où les protestants se rebellèrent contre l'autorité des Habsbourg (défenestration de Prague, 1618).

La période palatine (1618 - 1623). Le roi de Bohême, Ferdinand de Habsbourg, partisan d'une restauration catholique, est déposé au profit de l'électeur palatin Frédéric V, calviniste. En 1620, les Tchèques sont vaincus à la Montagne Blanche par les troupes de Ferdinand, devenu empereur sous le nom de Ferdinand II, et par les troupes catholiques commandées par Tilly.

La période danoise (1625 - 1629). Christian IV de Danemark reprend les hostilités contre Ferdinand II, avec l'appui des princes protestants. Battu par Wallenstein en 1629, il signe la paix de Lübeck.

La période suédoise (1630 - 1635). Aidé financièrement par Richelieu, le roi de Suède Gustave II Adolphe, prince protestant, devient le chef du parti opposé à l'empereur. Vainqueur de Tilly à Breitenfeld (1631), il est tué à Lützen, où les Suédois l'emportent néanmoins sur Wallenstein.

La période française (1635 - 1648). Richelieu, après avoir soutenu secrètement les adversaires des Habsbourg, intervient directement en s'alliant à la Suède, aux Pays-Bas et aux protestants allemands. Les victoires françaises de Rocroi (1643) puis de Lens (1648) amènent les Habsbourg à signer les traités de Westphalie. L'Allemagne sort ruinée et dévastée de ces trente années de guerre.

Trente Glorieuses (les), nom donné, d'après un ouvrage de J. Fourastié (1979), aux trente années de croissance de l'économie française entre la fin de la Seconde Guerre mondiale et 1975.

TRENTIN n.m., région historique de l'Italie *(Vénétie tridentine),* faisant auj. partie du *Trentin-Haut-Adige.* Annexée au Tyrol en 1816, la région fut restituée à l'Italie par le traité de Saint-Germain-en-Laye (1919).

TRENTIN-HAUT-ADIGE n.m., en ital. **Trentino-Alto Adige,** région autonome du nord-est de l'Italie ; 886 914 hab. ; ch.-l. *Trente* ; 2 prov. (*Trente* et *Bolzano*). Il correspond au bassin supérieur de l'Adige, entre l'Ortler, l'Adamello et les Dolomites.

■ LES **TRÈS RICHES HEURES.** *Le Mois d'août* (à l'arrière-plan, le château d'Étampes), miniature (v. 1413 - 1416) des frères de Limbourg. (Musée Condé, Chantilly.)

TRENTON, v. des États-Unis, cap. du New Jersey, sur la Delaware ; 88 675 hab.

TRÉPASSÉS (baie des), baie du Finistère, entre les pointes du Raz et du Van.

TRÉPORT (Le) [76470], comm. de la Seine-Maritime, sur la Manche ; 5 995 hab. Station balnéaire. – Église des XIVe-XVIe s.

Trésor de la langue française, dictionnaire publié de 1971 à 1994 par le CNRS (16 vol.).

Très Riches Heures, manuscrit enluminé par les frères de Limbourg, de 1413 à 1416, pour le duc Jean de Berry (château de Chantilly). Ce livre d'heures est célèbre pour ses peintures en pleine page qui unissent des qualités flamandes (observation précise du réel, apportant un témoignage précieux sur la vie de l'époque) et italiennes (valeurs plastiques nouvelles).

TRES ZAPOTES, centre religieux des Olmèques (Mexique, au sud de l'État de Veracruz). Plusieurs têtes colossales et la plus ancienne stèle gravée (31 av. J.-C.) y ont été découvertes.

TRETS [trɛ] (13530), ch.-l. de cant. des Bouches-du-Rhône ; 9 395 hab. *(Tretsois).* Monuments médiévaux.

TRÈVES, en all. **Trier,** v. d'Allemagne (Rhénanie-Palatinat), sur la Moselle ; 99 183 hab. Vestiges romains (Porta nigra, thermes, basilique), cathédrale (IVe-XIIe s. ; trésor) et autres monuments ; musées. – Fondée par Auguste v. 15 av. J.-C., la ville fut intégrée au Saint Empire au Xe s. Ses archevêques devinrent princes électeurs en 1257.

TRÉVIRES, peuple gaulois, établi dans la vallée inférieure de la Moselle.

TRÉVISE, en ital. **Treviso,** v. d'Italie (Vénétie), ch.-l. de prov. ; 83 222 hab. *(Trévisans).* Bel ensemble monumental du Moyen Âge et de la Renaissance ; musées.

TREVITHICK (Richard), *Illogan, Cornouailles, 1771 - Dartford, Kent, 1833,* ingénieur britannique. Il construisit et fit fonctionner en 1803 la première locomotive à vapeur.

TRÉVOUX (01600), ch.-l. de cant. de l'Ain, sur la Saône ; 6 597 hab. *(Trévoltiens).* La ville fut renommée pour son imprimerie, qui publia à partir de 1701 le *Journal de Trévoux,* puis le *Dictionnaire de Trévoux* (1re éd. 1704), rédigés par les jésuites pour combattre jansénistes et philosophes.

TRIANGLE D'OR, nom parfois donné à la région de l'Asie du Sud-Est aux confins de la Birmanie, de la Thaïlande et du Laos. Production d'opium.

Trianon (le Grand et le Petit), nom de deux châteaux royaux bâtis dans le parc de Versailles, le premier par J. H.-Mansart en 1687, le second par J. A. Gabriel en 1762.

Trianon (traité de) [4 juin 1920], traité signé au lendemain de la Première Guerre mondiale. Il régla le sort de la Hongrie, dont le territoire était réduit au centre de la plaine moyenne du Danube.

TRIBONIEN, *m. v. 545,* juriste et homme d'État byzantin. Il présida à la rédaction du *Code Justinien,* du *Digeste* et des *Institutes.*

TRIBOULET (**Févrial** ou **Le Feurial,** dit), *Blois v. 1498 - v. 1536,* bouffon de Louis XII puis de François Ier.

Tribunal pénal international pour l'ex-Yougoslavie (TPIY ou, couramment, TPI), juridiction internationale créée en 1993 sous l'égide des Nations unies pour juger les personnes présumées responsables de crimes (génocide, crimes contre l'humanité) commis dans l'ex-Yougoslavie à partir de 1991. Son siège est à La Haye. – Sur le même modèle a été créé en 1994 le **Tribunal pénal international pour le Rwanda** (TPIR), qui siège à Arusha (Tanzanie). – Ces instances devraient préfigurer la mise en place d'une Cour pénale internationale, permanente, dont le principe a été adopté en 1998.

Tribunal révolutionnaire, tribunal criminel d'exception, qui fonctionna à Paris, du 10 mars 1793 au 31 mai 1795. Il fut un instrument de la Terreur ; après la chute de Robespierre, ses attributions furent réduites. Il y eut quelques tribunaux révolutionnaires en province.

Tribunat, une des assemblées instituées par la Constitution de l'an VIII (1800). Composé de 100 membres nommés par le Sénat, il discutait les projets de loi et transmettait ensuite des vœux au Corps législatif, qui, seul, avait le droit de voter les lois. Considéré par Napoléon Ier comme un élément d'opposition, le Tribunat vit sa compétence réduite, avant de disparaître (1807).

Tribune de Genève (la), quotidien suisse de langue française, fondé en 1879.

TRICASTIN n.m., anc. pays du bas Dauphiné ; cap. *Saint-Paul-Trois-Châteaux*. Ce nom a été donné à la centrale et à l'usine d'enrichissement de l'uranium, construites partiellement sur la comm. de *Saint-Paul-Trois-Châteaux*.

TRICHINOPOLY → **TIRUCHIRAPALLI.**

TRICHUR, v. d'Inde, au N. de Cochin ; 274 898 hab. Pèlerinage shivaïte ; temples.

TRIEL-SUR-SEINE (78510), ch.-l. de cant. des Yvelines ; 11 189 hab. *(Triellois)*. Église gothique et Renaissance (vitraux du XVIe s.).

TRIESTE, v. d'Italie, cap. du Frioul-Vénétie Julienne et ch.-l. de prov., sur l'Adriatique, dans le *golfe de Trieste ;* 229 216 hab. Port. Centre industriel (raffinage du pétrole notamm.). – Vestiges romains ; cathédrale des XIe et XIVe s. ; château des XVe-XVIIe s. Musées. – Trieste, l'un des foyers de l'irrédentisme et principal débouché maritime de l'Autriche, fut cédée à l'Italie en 1919 - 1920. Elle fut prise par les Yougoslaves en 1945. Le traité de paix de 1947 créa le *Territoire libre de Trieste,* puis la ville revint à l'Italie en 1954.

TRIMBLE (David), *Belfast 1944,* homme politique nord-irlandais. Dirigeant protestant modéré, leader de l'Ulster Unionist Party depuis 1995, il est l'un des principaux artisans de l'accord conclu en 1998. En 1999, il devient Premier ministre du gouvernement semi-autonome d'Irlande du Nord. (Prix Nobel de la paix 1998.)

TRIMURTI, triade divine hindouiste, composée des dieux Brahma, Vishnou et Shiva.

TRINITÉ (La) [06340], comm. des Alpes-Maritimes ; 10 091 hab. *(Trinitaires)*.

TRINITÉ (La) [97220], ch.-l. d'arrond. de la Martinique ; 13 067 hab.

TRINITÉ-ET-TOBAGO n.f., en angl. **Trinidad and Tobago,** État des Antilles, à proximité du Venezuela ; 5 128 km² ; 1 320 000 hab. *(Trinidadiens)*. CAP. *Port of Spain.* LANGUE : *anglais.* MONNAIE : *dollar de Trinité-et-Tobago.* (V. carte **Venezuela.**) L'*île de la Trinité* couvre 4 827 km² et concentre environ 95 % de la population totale, qui juxtapose Noirs et Indiens, structure héritée de la colonisation et du développement des plantations (canne à sucre, cacao). Mais le pétrole et le gaz naturel sont devenus les ressources essentielles. – Découverte par C. Colomb en 1498, la Trinité fut disputée par les grandes puissances, avant d'être cédée à la Grande-Bretagne en 1802. Depuis 1962, elle constitue avec Tobago un État indépendant, membre du Commonwealth.

TRINITÉ-SUR-MER (La) [56470], comm. du Morbihan ; 1 569 hab. *(Trinitains)*. Petit port et station balnéaire.

TRINTIGNANT (Jean-Louis), *Piolenc, Vaucluse, 1930,* acteur français. Exigeant et subtil, il témoigne dans des rôles très divers d'une rare intelligence du texte et de ses personnages (*Et Dieu créa la femme,* R. Vadim, 1956 ; *Ma nuit chez Maud,* É. Rohmer, 1969 ; *le Voyage de noces,* N. Trintignant, 1976 ; *Vivement dimanche !,* F. Truffaut, 1983 ; *Trois Couleurs : Rouge,* K. Kieślowski, 1994).

TRIOLET (Elsa), *Moscou 1896 - Saint-Arnoult-en-Yvelines 1970,* femme de lettres française d'origine russe. Épouse et inspiratrice de L. Aragon, elle est l'auteur de romans et de nouvelles.

tripartite (pacte) [27 sept. 1940], pacte signé entre l'Allemagne, l'Italie et le Japon et qui prévoyait l'instauration d'un ordre nouveau en Europe et en Extrême-Orient. La Hongrie, la Roumanie et la Slovaquie y adhérèrent en nov. 1940, suivies par la Bulgarie en mars 1941.

Triplice → **Alliance** (Triple-).

TRIPOLI, v. du nord du Liban ; 240 000 hab. Port.

TRIPOLI, cap. de la Libye, sur la Méditerranée ; 858 000 hab. *(Tripolitains)*.

TRIPOLI (comté de), État latin du Levant fondé en Syrie par les comtes de Toulouse entre 1102 et 1109, et reconquis par les musulmans de 1268 à 1289.

TRÍPOLIS, v. de Grèce, ch.-l. de l'Arcadie, dans le Péloponnèse ; 21 772 hab.

TRIPOLITAINE, anc. province du nord-ouest de la Libye, sur la Méditerranée ; v. princ. *Tripoli.* Elle fut sous la domination de Carthage (Ve s. av. J.-C.), puis de Rome (106 av. J.-C.), avant d'être conquise par les Arabes (643). Elle devint ottomane en 1551 et fut cédée à l'Italie en 1912 puis réunie à la Cyrénaïque pour constituer la Libye italienne (1934). Sous contrôle britannique à partir de 1943, elle fut intégrée au royaume de Libye, indépendant en 1951.

TRIPURA, État du nord-est de l'Inde ; 10 500 km² ; 2 744 827 hab. ; cap. *Agartala.*

TRISSINO (Gian Giorgio), en fr. **le Trissin,** *Vicence 1478 - Rome 1550,* écrivain italien. Il est l'auteur de la première tragédie classique italienne (*Sophonisbe,* composée v. 1515).

TRISTAN (Flore **Tristan-Moscoso,** dite Flora), *Paris 1803 - Bordeaux 1844,* femme de lettres française. Socialiste, elle fut l'une des initiatrices du féminisme en France.

TRISTAN DA CUNHA, archipel britannique de l'Atlantique sud. L'île principale porte aussi le nom de *Tristan da Cunha.* – L'archipel a été découvert en 1506.

Tristan et Iseut, héros d'une légende du Moyen Âge, connue par de nombreuses versions (XIIe et XIIIe s.), notamm. celles de Béroul, de Thomas d'Angleterre et de Gottfried de Strasbourg. Le récit des amours de Tristan et d'*Iseut la Blonde inaugure en Europe le thème de la passion fatale, et celui de la mort comme pouvant seule unir deux êtres qui s'aiment. – Ce thème a inspiré à Wagner un drame lyrique en trois actes (*Tristan et Isolde,* 1865, livret du compositeur).

TRISTAN L'HERMITE → **L'HERMITE.**

TRISTAN L'HERMITE (François **L'Hermite,** dit), *château de Soliers, Marche, v. 1601 - Paris 1655,* écrivain français. Il est l'auteur de tragédies *(Marianne),* d'une autobiographie romanesque *(le Page disgracié)* et de poésies lyriques *(les Amours)*. [Acad. fr.]

TRISTÃO ou **TRISTAM** (Nuno), *m. au Río de Oro en 1447,* navigateur portugais. Il atteignit l'embouchure du Sénégal en 1444.

TRITH-SAINT-LÉGER [tri-] (59125), comm. du Nord, sur l'Escaut ; 6 285 hab. Constructions mécaniques.

TRIVANDRUM, v. d'Inde, cap. du Kerala ; 825 682 hab. Université.

TRIVULCE (Giangiacomo), en ital. **Trivulzio,** *Milan 1448 - Arpajon 1518,* homme de guerre italien. Condottiere au service des Sforza, il fut ensuite l'un des meilleurs généraux de Charles VIII. Maréchal de France en 1499, il contribua aux victoires d'Agnadel (1509) et de Marignan (1515).

TRNKA (Jiří), *Plzeň 1912 - Prague 1969,* cinéaste tchécoslovaque d'animation. Surtout connu pour ses films de marionnettes, il s'est aussi intéressé au dessin animé et à la technique des papiers découpés (*le Diable à ressorts et les SS,* 1946 ; *le Rossignol de l'empereur de Chine,* 1948 ; *les Vieilles Légendes tchèques,* 1952 ; *la Main,* 1965).

TROADE n.f., anc. contrée du nord-ouest de l'Asie Mineure ; v. princ. *Troie.*

TROARN (14670), ch.-l. de cant. du Calvados ; 3 247 hab. Vestiges d'une abbaye médiévale.

Trocadéro (bataille de) [31 août 1823], bataille qui eut lieu au cours de l'intervention française en Espagne. La prise du fort de Trocadéro ouvrit aux Français les portes de Cadix.

Trocadéro (palais du) → **Chaillot** (palais de).

TROCHU (Louis), *Le Palais, Belle-Île, 1815 - Tours 1896,* général français. Gouverneur militaire de Paris en 1870, il présida le gouvernement de la Défense nationale (sept. 1870 - janv. 1871).

TROIE ou **ILION,** cité antique de l'Asie Mineure, située à l'emplacement de l'actuelle Hisarlık, près des Dardanelles. Déjà florissante au IIIe millénaire, elle subit plusieurs dévastations dues à des guerres ou à des catastrophes naturelles avant d'être détruite à la fin du XIIIe ou au début du XIIe s. av. J.-C. – Découverte au XIXe s. par Schliemann, Troie comprend neuf couches archéologiques superposées, depuis le simple village fortifié du IVe millénaire jusqu'à la bourgade de *Troie IX,* qui disparaît vers 400 apr. J.-C., en passant par *Troie II,* ville ceinte de remparts (2300 - 2100 av. J.-C.) et dont la prospérité est attestée par les nombreux objets précieux recueillis à ce niveau.

Troie (cheval de), gigantesque cheval de bois que les Grecs auraient abandonné devant Troie qu'ils assiégeaient. Les Troyens firent rentrer le cheval dans leur ville, ignorant que des guerriers grecs y étaient cachés. Ce stratagème permit aux Grecs de s'emparer de Troie.

Troie (guerre de), guerre légendaire qui évoque les expéditions des Achéens sur les côtes d'Asie Mineure, au XIIIe s. av. J.-C. Elle a été racontée, sous une forme poétique, dans *l'Iliade* d'Homère.

Trois Contes, recueil de contes de Flaubert (1877) qui ont pour titre : *Un cœur simple ; la Légende de saint Julien l'Hospitalier* ; *Hérodias.*

TROIS-ÉVÊCHÉS (les), gouvernement de l'anc. France, constitué en territoire lorrain par les trois villes de Metz, Toul et Verdun. Appartenant au Saint Empire germanique, cette région fut conquise sur Charles Quint par Henri II en 1552. Son appartenance à la France fut reconnue *de facto* au traité du Cateau-Cambrésis (1559), et *de jure* aux traités de Westphalie (1648).

Trois-Gorges (barrage des), barrage en construction sur le Yangzi Jiang, dans la région de Yichang (gorges Qutang, Wu et Xiling). La réalisation de cet ouvrage hydraulique, le plus grand du monde, devrait s'achever vers 2009.

TROISGROS (Pierre), *Chalon-sur-Saône 1928,* cuisinier français. Avec son frère Jean (Chalon-sur-Saône 1926 - id. 1983), il fait, à partir de 1954, de l'hôtel familial, à Roanne, un haut lieu gastronomique.

Trois Mousquetaires (les), roman de A. Dumas (1844). Athos, Porthos et Aramis, auxquels se joint d'*Artagnan, sont aussi les héros de *Vingt Ans après* (1845) et du *Vicomte de Bragelonne* (1850).

TROIS-RIVIÈRES, v. du Canada (Québec), au confluent du Saint-Laurent et du Saint-Maurice ; 51 412 hab. *(Trifluviens)* [plus de 110 000 hab. dans l'agglomération]. Université. Évêché. Papier journal. – Monuments du XVIIIe s. ; musées.

TROIS-VALLÉES (les), région de Savoie, dans la Vanoise. Stations de sports d'hiver (Courchevel, Méribel-les-Allues, les Menuires).

TROLLOPE (Anthony), *Londres 1815 - id. 1882,* écrivain britannique. Ses romans évoquent la vie de province *(les Tours de Barchester)*.

TROMP (Maarten), *Brielle 1598 - Ter Heijde 1653,* amiral hollandais. Il écrasa la flotte espagnole au large du comté de Kent (1639). – **Cornelis T.,** *Rotterdam 1629 - Amsterdam 1691,* amiral hollandais. Fils de Maarten, il vainquit la flotte anglaise de Monck à Dunkerque (1666) et les Suédois à l'île d'Öland (1676).

TROMSØ, v. de Norvège, sur le *fjord de Tromsø ;* 52 000 hab. Port. – Musées.

TRONÇAIS (forêt de), forêt de l'Allier, à l'E. de la vallée du Cher ; 10 400 ha.

TRONCHET (François), *Paris 1726 - id. 1806,* juriste et homme politique français. Il fut l'un des défenseurs de Louis XVI devant la Convention et participa à la rédaction du Code civil (1800).

TRONDHEIM, v. de la Norvège centrale ; 139 630 hab. Port. Université. Métallurgie. – Cathédrale des XIIe-XIVe s. ; musées. – Fondée au Xe s., elle fut la capitale de la Norvège jusqu'au XIVe s.

Troppau (congrès de) [20 oct. - 30 déc. 1820], congrès européen réuni à Troppau (auj. Opava, Rép. tchèque) à l'initiative de Metternich, qui y fit admettre le principe d'une action de la Sainte-Alliance contre les révolutions.

TROTSKI (Lev Davidovitch **Bronstein,** dit Lev, en fr. Léon), *Ianovka, Ukraine, 1879 - Coyoacán, Mexique, 1940,* homme politique soviétique. Étudiant en mathématiques, puis en droit, il est arrêté pour son activité révolutionnaire (1898) et déporté en Sibérie (1900). Évadé, il rejoint Lénine à Londres. Membre du Parti ouvrier social-démocrate russe, il adhère en 1903 à la fraction menchevique, opposée à Lénine. Il préside le soviet de Saint-Pétersbourg pendant la révolution de 1905. Arrêté, il s'échappe et vit en exil à partir de 1907, principalement à Vienne. De retour en Russie (mai 1917), il rallie les bolcheviques (août) et devient l'un des organisateurs de la révolution d'Octobre. Commissaire du peuple à la Guerre (1918 - 1925), il crée l'Armée rouge, qu'il dirige pendant la guerre civile (1918 - 1920). À partir de 1925, il dénonce le pouvoir grandissant de Staline et s'oppose à la « construction du socialisme dans un seul pays » au nom de « la révolution permanente ». Relevé de ses fonctions (1925), il est exilé à Alma-Ata (1927), puis expulsé du territoire soviétique (1929). Il s'installe en France (1933 - 1935), en Norvège, puis au Mexique (1936). Il fonde la IVe Internationale en 1938, mais est assassiné en août 1940, à l'instigation de Staline.

TROUBETSKOÏ (Nikolaï Sergueïevitch), *Moscou 1890 - Vienne 1938,* linguiste russe. En relation avec R. Jakobson, il participa aux travaux du cercle linguistique de Prague. Influencé par Saussure et par Baudouin de Courtenay, il définit rigoureusement la notion de phonème et établit la distinction entre phonétique et phonologie (*Principes de phonologie,* 1939).

T

■ LÉON **TROTSKI**

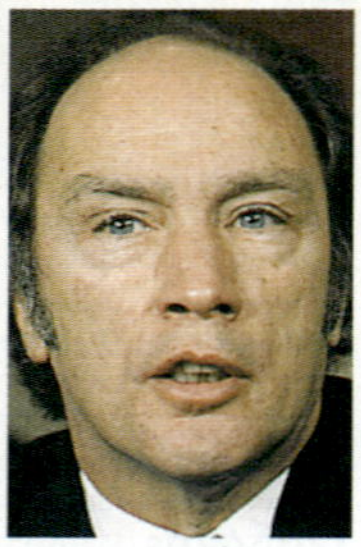

■ PIERRE ELLIOTT **TRUDEAU**

troubles (temps des), période de l'histoire de la Russie marquée par l'instabilité politique dans un contexte de grave crise économique. Pour certains historiens, cette crise débute en 1598 (mort de Fédor Ier), pour d'autres, en 1605 (mort de Boris Godounov). Elle s'achève à l'avènement de Michel III Fiodorovitch (1613).

TROUSSEAU (Armand), *Tours 1801 - Paris 1867,* médecin français. Il fut l'auteur des célèbres volumes de *Clinique médicale de l'Hôtel-Dieu.*

TROUVILLE-SUR-MER (14360), ch.-l. de cant. du Calvados, à l'embouchure de la Touques ; 5 555 hab. *(Trouvillais).* Station balnéaire.

TROYAT (Lev **Tarassov,** dit Henri), *Moscou 1911,* écrivain français d'origine russe. Ses cycles romanesques *(Tant que la terre durera ; les Semailles et les Moissons ; les Eygletière)* et ses biographies évoquent l'histoire de la France et de la Russie. (Acad. fr.)

Troyens (les) → **Énéide.**

TROYES (10000), ch.-l. du dép. de l'Aube, sur la Seine, à 158 km au S.-E. de Paris ; 62 612 hab. *(Troyens)* [env. 130 000 hab. dans l'agglomération]. Évêché. Centre commercial. Centre de la bonneterie. Constructions mécaniques. Agroalimentaire. – Anc. cap. de la Champagne. – Cathédrale (XIIIe-XVIe s.), église St-Urbain (XIIIe s.) et autres églises médiévales (sculptures et vitraux, surtout du XVIe s.) ; musées.

Troyes (traité de) [21 mai 1420], traité signé à Troyes par les rois de France et d'Angleterre, Charles VI et Henri V. Conclu avec la complicité d'Isabeau de Bavière et l'appui du duc de Bourgogne, il faisait d'Henri V d'Angleterre l'héritier du trône de France à la mort de Charles VI, au détriment du Dauphin, le futur Charles VII.

TRUCHTERSHEIM (67370), ch.-l. de cant. du Bas-Rhin ; 2 402 hab. « Maison du Kochersberg ».

TRUCIAL STATES → ÉMIRATS ARABES UNIS.

TRUDAINE (Daniel Charles), *Paris 1703 - id. 1769,* administrateur français. Intendant en Auvergne (1730), directeur des Ponts et Chaussées (1743), il fonda (avec J. R. Perronet) l'École des ponts et chaussées (1747) puis le corps des ingénieurs des Ponts et Chaussées (1750).

TRUDEAU (Pierre Elliott), *Montréal 1919 - id. 2000,* homme politique canadien. Chef du Parti libéral et Premier ministre du Canada de 1968 à 1979 et de 1980 à 1984, il œuvra pour le renforcement de la souveraineté canadienne.

TRUFFAUT (François), *Paris 1932 - Neuilly-sur-Seine 1984,* cinéaste français. Critique de cinéma d'une rare lucidité, il devient avec *les Quatre Cents Coups* (1959) le cinéaste le plus populaire de la « nouvelle vague ». Son intelligence du récit, sa sensibilité romanesque et la vérité de ses personnages font de lui un maître du cinéma français (*Jules et Jim,* 1962 ; *Baisers volés,* 1968 ; *l'Enfant sauvage,* 1970 ; *la Nuit américaine,* 1973 ; *le Dernier Métro,* 1980 ; *la Femme d'à côté,* 1981).

TRUJILLO, v. du Pérou ; 509 000 hab. Port. Centre commercial, industriel et touristique. – Noyau urbain d'époque coloniale.

TRUJILLO Y MOLINA (Rafael), *San Cristóbal 1891 - Ciudad Trujillo, auj. Santo Domingo, 1961,* homme politique dominicain. Président de 1930 à 1952, il établit une dictature policière. Il conserva la réalité du pouvoir jusqu'à son assassinat.

TRUMAN (Harry S.), *Lamar, Missouri, 1884 - Kansas City 1972,* homme politique américain. Sénateur démocrate (1935), vice-président de F. D. Roosevelt, il est président des États-Unis de 1945 à 1953. Il met fin à la Seconde Guerre mondiale en utilisant la bombe atomique contre le Japon (1945). Pour limiter l'expansion du communisme, il crée la CIA (1947), favorise l'aide à l'Europe occidentale (plan Marshall, 1947) et contribue à la fondation de l'OTAN (1949). Il réagit à l'attaque de la Corée du Sud par la Corée du Nord (juin 1950) en envoyant des troupes américaines sous les ordres de MacArthur, mais il refuse de faire bombarder les bases chinoises. Il signe la paix avec le Japon (1951).

TRUYÈRE n.f., riv. de France, dans le Massif central, affl. du Lot (r. dr.) ; 160 km. Gorges. Aménagements hydroélectriques.

Tsahal (mot hébreu signif. *force de défense d'Israël*), appellation donnée à l'armée israélienne.

TSARITSYNE, anc. nom de *Volgograd.

TSARSKOÏE SELO, auj. **Pouchkine,** v. de Russie, près de Saint-Pétersbourg ; 50 000 hab. Anc. résidence d'été des tsars (palais et parcs du XVIIIe s.).

TSELINOGRAD → ASTANA.

TS'EU-HI → CIXI.

TSHIKAPA, v. de la Rép. dém. du Congo (ex-Zaïre), sur le Kasaï ; 105 000 hab. Production de diamants.

TSHOKWE → CHOKWE.

TSIGANES ou **TZIGANES,** ensemble de peuples vivant dans le monde entier, surtout en Europe (où ils sont env. 8 millions, dont env. 2 millions dans l'Union européenne). Les Tsiganes ont migré depuis l'Inde par vagues successives à partir du IXe s., se différenciant en plusieurs groupes : les *Rom* ou *Roma,* les *Manuš* ou *Sinti* (Manouches), les *Calé* (Gitans) ; certains se reconnaissent simplement sous le nom de *Voyageurs.* Nomades, semi-nomades ou sédentarisés, ils partagent une identité marquée par les persécutions (depuis l'exigence d'assimilation jusqu'au génocide perpétré par les nazis). Ils se sont dotés d'organisations représentatives pour la défense de leurs droits et de leur culture. Ils sont chrétiens (avec progression du pentecôtisme) et de langue indo-européenne.

TS'ING-TAO → QINGDAO.

TSIOLKOVSKI (Konstantine Edouardovitch), *Ijevskoïe 1857 - Kalouga 1935,* savant russe. Précurseur et théoricien de l'astronautique, il fut le premier à énoncer les lois du mouvement d'une fusée (1903) ; il eut aussi l'idée du moteur-fusée à hydrogène et à oxygène liquides, des fusées à étages et des stations orbitales.

TSIRANANA (Philibert), *Anahidrano 1910 - Antananarivo 1978,* homme politique malgache. Il fut président de la république de Madagascar de 1959 à 1972.

TSITSIHAR → QIQIHAR.

TSONGA ou **THONGA,** peuple du sud du Mozambique et des régions limitrophes de l'Afrique du Sud et du Zimbabwe, de langue bantoue.

TSU, v. du Japon (Honshu) ; 157 177 hab.

TSUBOUCHI SHOYO, *Ota 1859 - Atami 1935,* écrivain japonais. Théoricien du réalisme romanesque (*la Moelle du roman,* 1885), il est aussi l'un des fondateurs du théâtre japonais moderne.

TSUGARU (détroit de), détroit séparant les îles de Honshu et de Hokkaido. Il est traversé par un tunnel sous-marin.

TSUSHIMA, archipel japonais, entre la Corée et le Japon, au N.-O. du *détroit de Tsushima.* Pendant la guerre russo-japonaise, les Japonais y détruisirent une escadre russe (27 - 28 mai 1905).

TSVETAÏEVA (Marina Ivanovna), *Moscou 1892 - Ielabouga 1941,* poétesse russe. Ses poèmes, ses essais autobiographiques et critiques (*Mon Pouchkine,* 1937), passionnés et nourris de tradition populaire, manifestent une grande audace syntaxique et rythmique.

■ FRANÇOIS **TRUFFAUT** en 1983.

■ HARRY **TRUMAN**

TSWANA, peuple du Botswana et de l'Afrique du Sud, de langue bantoue.

TUAMOTU (îles), archipel de la Polynésie française, à l'E. de Tahiti ; 880 km^2 ; 14 283 hab.

TUBIANA (Maurice), *Constantine 1920,* médecin radiothérapeute français, directeur de l'Institut Gustave-Roussy de Villejuif de 1982 à 1988.

TÜBINGEN, v. d'Allemagne (Bade-Wurtemberg), sur le Neckar ; 83 553 hab. Université. – Monuments médiévaux ; collections antiques de l'Institut archéologique.

TUBIZE, en néerl. **Tubeke,** comm. de Belgique (Brabant wallon) ; 20 555 hab. Musée.

TUBMAN (William), *Harper 1895 - Londres 1971,* homme politique libérien, tout-puissant président de la République libérienne de 1944 à sa mort.

TUBUAI, une des îles Australes (Polynésie française) ; 2 049 hab. Elle donne parfois son nom à l'archipel.

TUBY ou **TUBI** (Jean-Baptiste), *Rome v. 1635 - Paris 1700,* sculpteur français d'origine italienne. Collaborateur de Le Brun et de Coyzevox, il a réalisé le groupe *Apollon sur son char* (bassin d'Apollon, à Versailles).

TUCANO ou **TUKANO,** peuple amérindien de l'est de la Colombie et du nord-est du Brésil (env. 7 000).

TUC-D'AUDOUBERT (le), site de la comm. de Montesquieu-Avantès (Ariège). Une grotte a livré des figures de bisons modelées dans l'argile et des gravures pariétales (magdalénien moyen).

TUCSON, v. des États-Unis (Arizona) ; 405 390 hab. Centre touristique et industriel.

TUDJMAN (Franjo), *Veliko Trgovišće, nord de la Croatie, 1922 - Zagreb 1999,* homme politique croate. Leader de l'Union démocratique croate, à la tête de la république à partir de 1990, il est le premier président de la Croatie indépendante, élu au suffrage universel en 1992. Réélu en 1997, il meurt au cours de son mandat.

TUDOR, famille anglaise, originaire du pays de Galles, qui, de 1485 à 1603, donna cinq souverains à l'Angleterre : Henri VII, Henri VIII, Édouard VI, Marie Ire Tudor et Élisabeth Ire.

TUDOR (William **Cook,** dit Antony), *Londres 1909 - New York 1987,* danseur et chorégraphe britannique. Il fonda sa propre compagnie, le London Ballet, et fut directeur associé de l'American Ballet Theatre (1974). Parmi ses créations : *Pillar of Fire* (1942), *The Leaves are Fading* (1975).

TU DUC (**Hoang Nham,** dit), *1830 - 1883,* empereur du Viêt Nam (1848 - 1883). Il dut céder à la France la Cochinchine (1862 - 1867) et ne put résister à l'intervention française en Annam et au Tonkin (1883).

Tuileries (palais des), anc. palais de Paris, à l'ouest du Louvre. Commencé en 1564 par Delorme pour Catherine de Médicis, l'édifice fut continué et modifié, notamm., sous Henri IV et au début du règne personnel de Louis XIV. Abandonné par ce dernier, comme le Louvre, au profit de Versailles, le palais fut, sous la Révolution, le siège du pouvoir exécutif puis, dès l'Empire, la résidence des souverains. Partiellement incendié en 1871, il a été démoli en 1882. Jardins tracés primitivement par Le Nôtre (statuaire) ; musée de l'Orangerie (*Nymphéas* de C. Monet) et galerie nationale du Jeu de paume.

TULA ou **TOLLAN,** anc. métropole de la civilisation toltèque, située près de l'actuel village de Tula, au Mexique (État de Hidalgo). Pyramide dominée par des atlantes en basalte.

TULÉAR → TOLEARA.

TULLE (19000), ch.-l. du dép. de la Corrèze, sur la Corrèze, à 463 km au S. de Paris ; 16 906 hab. *(Tullistes).* Évêché. Manufacture d'armes. Industrie automobile. – Centre d'instruction des gendarmes auxiliaires. – Cathédrale des XIIe-XIVe s. ; musée dans le cloître.

TULLINS [tylɛ̃s] (38210), ch.-l. de cant. de l'Isère ; 7 200 hab.

TULLUS HOSTILIUS, troisième roi de Rome, que la tradition fait régner v. 673 - 640 av. J.-C. Il conquit Albe (combat légendaire des Horaces et des Curiaces) et fit construire la Curie.

TULSA, v. des États-Unis (Oklahoma), sur l'Arkansas ; 367 302 hab. Centre pétrolier.

TULSI DAS, *Rajpur ? v. 1532 - Bénarès ? v. 1623,* poète mystique indien d'expression hindi.

TULUNIDES, dynastie de gouverneurs autonomes de l'Égypte et de la Syrie (868 - 905), fondée par Ahmad ibn Tulun (m. en 884), officier du gouverneur abbasside d'Égypte.

TUNIS, en ar. **Tūnus,** cap. de la Tunisie, au fond du *golfe de Tunis,* sur la Méditerranée ; 774 000 hab. *(Tunisois).* Centre administratif, commercial, culturel et industriel. – Monuments anciens, dont la Grande Mosquée al-Zaytuna (IXe-XVIIe s.). Musée du Bardo. – Tunis se développa à partir du faubourg de *Tynes,* après la conquête arabe de Carthage (v. 698), et devint la brillante capitale économique de l'Ifriqiya (Tunisie et Algérie orientale). Résidence des Hafsides (1229 - 1574), assiégée vainement par Saint Louis en 1270, elle demeura la capitale de la Tunisie sous les dominations ottomane (1574 - 1881) puis française, et après l'indépendance (1956).

TUNISIE n.f., État d'Afrique, sur la Méditerranée ; 164 000 km² ; 9 060 000 hab. *(Tunisiens).* CAP. *Tunis.* LANGUE : *arabe.* MONNAIE : *dinar tunisien.*

GÉOGRAPHIE

À la partie septentrionale, assez bien arrosée, essentiellement montagneuse, ouverte par la vallée de la Medjerda, s'opposent le Centre et le Sud, formés de plateaux et de plaines steppiques et désertiques. La plus grande pluviosité explique la concentration des cultures (céréales, vigne, olivier) et de l'élevage bovin dans le Nord et sur le littoral, qui regroupent la majeure partie d'une population arabe et islamisée. Le Sud est le domaine de l'élevage nomade des ovins, en dehors des oasis, qui fournissent des dattes. La pêche et l'industrie (excepté l'extraction des phosphates et du pétrole, et le textile) jouent un rôle secondaire. Le tourisme balnéaire et les envois des émigrés ne comblent pas le déficit commercial et le sous-emploi demeure important. À part Kairouan, les principales villes sont des ports (Tunis, Sfax, Sousse, Bizerte, Gabès).

HISTOIRE

La Tunisie antique. V. 814 av. J.-C. : les Phéniciens fondent Utique et Carthage. **146 av. J.-C. :** Carthage est détruite et la province romaine d'Afrique est constituée. **193 - 235 apr. J.-C. :** celle-ci connaît une grande prospérité sous le règne des Sévères. **IIIe - IVe s. :** le christianisme est florissant. **429 - 533 :** les Vandales occupent le pays. **533 :** les Byzantins rétablissent leur domination sur la région de Carthage.

La Tunisie musulmane. 669 - 705 : les Arabes conquièrent le pays et fondent Kairouan (670), où résident les gouverneurs omeyyades de l'Ifriqiya. **800 - 909 :** les Aghlabides gouvernent le pays. **909 :** ils sont éliminés par les Fatimides. **969 :** ceux-ci conquièrent l'Égypte et laissent l'Ifriqiya à leurs vassaux zirides. **Seconde moitié du XIe s. :** les invasions des Banu Hilal ruinent le pays. **1160 - 1229 :** les Almohades règnent sur la Tunisie. **1229 - 1574 :** sous les Hafsides, la capitale, Tunis, se développe grâce au commerce et aux établissements fondés par diverses nations chrétiennes. Conquise par Charles Quint en 1535, elle est reprise en 1556 - 1558 par les corsaires turcs. **1574 :** la Tunisie est intégrée à l'Empire ottoman ; la régence de Tunis est gouvernée par un dey, puis, à partir du XVIIIe s., par un bey. **1869 :** l'endettement conduit à la banqueroute, et une commission financière anglo-franco-italienne est créée.

Le protectorat français. 1881 : le bey Muhammad al-Saduq (1859 - 1882) signe le traité du Bardo, qui établit le protectorat français sur la Tunisie. **1920 :** le Destour est fondé. **1934 :** le Néo-Destour d'Habib Bourguiba, nationaliste et laïque, s'en sépare. **Nov. 1942 - mai 1943 :** le pays est occupé par les Allemands. **1954 :** Mendès France accorde l'autonomie interne.

La Tunisie indépendante. 1956 : la Tunisie accède à l'indépendance. Bourguiba promulgue le code du statut personnel, moderniste et laïque. **1957 :** il proclame la république, en devient le président et sera régulièrement réélu. **1963 :** la France évacue Bizerte. **1964 :** le Néo-Destour prend le nom de Parti socialiste destourien. Les terres des colons sont nationalisées. **1970 - 1978 :** l'opposition syndicale et étudiante au régime de parti unique de Bourguiba (élu président à vie en 1975) se développe ; des grèves et des émeutes éclatent. **1979 :** Tunis devient (jusqu'en 1990) le siège de la Ligue arabe. **1982 :** la Tunisie accueille (jusqu'en 1994) les organes directeurs de l'OLP. **1983 :** le multipartisme est instauré officiellement. **1987 :** le gouvernement doit faire face à la montée de l'islamisme. Bourguiba est destitué par son Premier ministre, Zine el-Abidine Ben Ali, qui le remplace à la tête de l'État. **1988 :** le Parti socialiste destourien devient le Rassemblement constitutionnel démocratique (RCD). **1989 :** Ben Ali est élu à la présidence de la République. Le gouvernement renforce sa politique répressive à l'égard des islamistes. **1994** et **1999 :** Ben Ali est plébiscité à la tête de l'État et les élections législatives confirment la position de quasi-monopole du RCD. **2000 :** mort de Bourguiba.

TÚPAC AMARU II (José Gabriel **Condorcanqui,** dit), *Tungasuca, Pérou, v. 1740 - Cuzco 1781,* noble péruvien. Métis, descendant en ligne directe du dernier souverain inca Túpac Amaru Ier, il souleva les Indiens contre l'administration coloniale (1780 - 1781) et fut exécuté.

TUPI, ensemble ethnolinguistique amérindien du Brésil. On distingue les Tupi proprement dits (nombreux groupes dispersés du sud du cours inférieur de l'Amazone au littoral atlantique et au Chaco), des Tupinamba et des Tupi-Guarani.

TUPINAMBA, peuple amérindien du Brésil. D'origine tupi, les Tupinamba migrèrent, après l'arrivée des Européens, de la forêt amazonienne vers le littoral atlantique.

TUPOLEV ou **TOUPOLEV** (Andreï Nikolaïevitch), *Poustomazovo 1888 - Moscou 1972,* constructeur aéronautique soviétique. Plus de 120 types d'avions civils et militaires ont été conçus et réalisés sous sa direction.

TURA (Cosme ou Cosimo), *Ferrare v. 1430 - id. 1495,* peintre italien, chef de l'école de Ferrare. Acuité graphique et puissance du modelé concourent au caractère hallucinant de son art.

TURATI (Filippo), *Canzo 1857 - Paris 1932,* homme politique italien. Il fut en 1892 l'un des leaders du Parti socialiste, au sein duquel il joua un rôle considérable. Exclu en 1922, il s'opposa au fascisme, puis s'exila en France en 1926.

TURBALLE (La) [44420], comm. de la Loire-Atlantique ; 4 102 hab. Pêche. Station balnéaire.

TURBIE (La) [06320], comm. des Alpes-Maritimes ; 3 043 hab. Ruines d'un monument romain en l'honneur d'Auguste (« trophée des Alpes »).

TURBIGO, localité d'Italie (Lombardie), sur le Tessin ; 7 276 hab. – bataille de **Turbigo** (1800), bataille de la deuxième campagne d'Italie. Victoire de Bonaparte sur les Autrichiens.

TURCKHEIM (68230), comm. du Haut-Rhin ; 3 662 hab. Restes de fortifications et ensemble urbain ancien. – Victoire de Turenne sur les impériaux (1675) pendant la guerre de Hollande.

TURCS, ensemble des peuples parlant des langues turques. Sans doute originaires de l'Altaï, les Turcs vivent auj. en Turquie, en Azerbaïdjan, au Turkménistan, en Ouzbékistan et au Kirghizistan ainsi qu'en Chine (Xinjiang). Dans le passé, les

■ **TUNIS.** La place de l'Indépendance, avec la cathédrale Saint-Vincent-de-Paul (XIXe s.) et l'avenue Habib-Bourguiba.

T

■ **TURENNE,** peinture attribuée à Le Brun. (Château de Versailles.)

■ **TURGOT.** (Château de Versailles.)

principaux empires turcs furent ceux des Tujue (VIe-VIIIe s.), des Ouïgours (v. 745 - 840), des Seldjoukides (XIe-XIIIe s.) et des Ottomans, qui régnèrent du début du XIVe s. à 1922. De nos jours, Turcs et turcophones, disséminés du Xinjiang chinois à la Turquie, du N. de l'Iran à l'Asie centrale et au Caucase, sont tous musulmans.

TURENNE (Henri **de La Tour d'Auvergne,** vicomte **de**), *Sedan 1611 - Sasbach, Bade, 1675,* maréchal de France. Commandant de l'armée d'Allemagne pendant la guerre de Trente Ans, lieutenant général (1642), puis maréchal de France (1643), il occupe le Rhin de Philippsburg à Mayence ; avec Condé, il remporte la victoire de Nördlingen (1645) et gagne la bataille de Zusmarshausen (1648). Pendant la Fronde, il s'oppose d'abord à Mazarin, puis, battu à Rethel (1650), se rallie à la Cour et vainc Condé au faubourg Saint-Antoine (1652). Par la suite, ses succès à Arras (1654) et aux Dunes (1658) obligent Philippe IV à signer la paix des Pyrénées (1659), ce qui vaut à Turenne le titre de maréchal général des camps et armées du roi (1660). Tacticien prudent, sachant analyser dans l'instant la situation de ses armées, il est commandant de l'armée française pendant les guerres de Dévolution (1667) et de Hollande (1672). Il conquiert l'Alsace après avoir écrasé les impériaux à Turckheim (5 janv. 1675), mais est tué au cours de la bataille de Sasbach (27 juill.), remportée par ses troupes. Protestant, il avait été converti au catholicisme par Bossuet.

TURGOT (Anne Robert Jacques), baron **de Laulne,** *Paris 1727 - id. 1781,* homme d'État et économiste français. Intendant de la généralité de Limoges (1761), il transforme le Limousin. Influencé par les physiocrates, il place, dans ses *Réflexions sur la formation et la distribution des richesses* (1766), la question céréalière au centre de l'économie nationale. Nommé par Louis XVI contrôleur général des Finances et secrétaire d'État à la Marine (1774), il supprime les douanes intérieures et cherche à établir la liberté du commerce et de l'industrie par l'élimination des maîtrises et des jurandes. En 1776, il présente un projet d'impôt en argent touchant tous les propriétaires fonciers (sauf les ecclésiastiques) qui provoque sa disgrâce.

TURIN, en ital. **Torino,** v. d'Italie, cap. du Piémont et ch.-l. de prov. ; 962 507 hab. *(Turinois)* [env. 2 000 000 hab. dans l'agglomération]. Archevêché. Université. Centre administratif, culturel, touristique et industriel (automobiles surtout). – Cathédrale de la Renaissance ; sobre palais Ducal, puis Royal, du XVIIe s. ; monuments baroques par Guarini (palais Carignan...) et Juvarra. Musées (égyptien, galerie Sabauda, etc.).

TURING (Alan Mathison), *Londres 1912 - Wilmslow, Cheshire, 1954,* mathématicien britannique. Il a élaboré, en 1936 - 1938, le concept théorique d'une machine à calculer « universelle » *(machine de Turing)* qui simule les procédures de traitement de l'information à leur niveau le plus analytique. À partir de 1950, il s'intéressa à l'intelligence artificielle.

TURKANA (lac), anc. **lac Rodolphe,** lac du nord du Kenya ; 8 500 km².

TURKESTAN, dénomination historique des territoires d'Asie centrale, peuplés majoritairement de Turcs. Il correspond à l'ensemble formé par le sud du Kazakhstan, le Kirghizistan, l'Ouzbékistan, le Tadjikistan et le Turkménistan. Sa partie orientale correspond à l'actuel Xinjiang.

TURKMÈNES, peuple vivant surtout au Turkménistan, en Afghanistan, en Iran, en Iraq et en Turquie (env. 6 millions). Les Turkmènes se sont constitués comme groupe autonome au temps de la confédération Oghouz (Xe s.), alliance de peuples turcs d'Asie centrale, et de l'expansion des Seldjoukides (Xe-XIe s.). Ils se répartissent en grandes tribus. Traditionnellement pasteurs seminomades (pratiquant aussi l'agriculture et le commerce), ils sont réputés pour leurs tapis, leurs bijoux et la beauté de leurs chevaux. Musulmans sunnites, ils parlent une langue turque, le *turkmène.*

TURKMÉNISTAN n.m., État d'Asie centrale, sur la Caspienne ; 488 000 km² ; 4 200 000 hab. *(Turkmènes).* CAP. *Achgabat.* LANGUE : *turkmène.* MONNAIE : *manat.* (V. carte **Kazakhstan.**) De la Caspienne à l'Afghanistan, le Turkménistan est en grande partie désertique (Karakoum). Peuplé à près de 75 % de Turkmènes de souche (minorités de Russes et d'Ouzbeks), il juxtapose élevage ovin, cultures irriguées (coton principalement) et industries extractives. – Conquis par les Russes de 1863 à 1885, l'est de la Caspienne est intégré au Turkestan à partir de 1897. **1924 :** la république socialiste soviétique du Turkménistan est créée. **1990 :** les communistes remportent les premières élections républicaines libres. **1991 :** le Soviet suprême proclame l'indépendance du pays (oct.), qui adhère à la CEI.

TURKS (îles), archipel, au N. d'Haïti, formant avec les îles Caicos, voisines, une colonie britannique (430 km² ; 7 000 hab.).

TURKU, en suéd. **Åbo,** v. de Finlande, sur la Baltique ; 159 916 hab. Port. Centre culturel et industriel. – Cathédrale et château remontant à la fin du XIIIe s. ; urbanisme moderne ; musées.

TURLUPIN (Henri **Le Grand,** dit **Belleville** ou), *Paris 1587 - id. 1637,* acteur français. Farceur sur les tréteaux du Pont-Neuf, à Paris, il fit partie de la troupe de l'Hôtel de Bourgogne.

TURNER (Annie Mae, dite Tina), née **Bullock,** *Brownsville, Tennessee, 1938,* chanteuse américaine. Diva de la soul dans le groupe de son mari, Ike Turner, elle a connu une seconde consécration en solo dans les années 1980 *(Private Dancer, Break Every Rule).*

TURNER (William), *Londres 1775 - id. 1851,* peintre britannique. Paysagiste, influencé par Claude Lorrain, il tendit, surtout après ses voyages en Italie (1819 et 1828), à dissoudre les formes dans le frémissement de l'atmosphère et de la lumière (*l'Incendie du Parlement,* 1835, versions de Philadelphie et de Cleveland ; *Pluie, vapeur, vitesse,* 1844, National Gallery de Londres). Important fonds Turner dans une annexe de la Tate Britain.

TURNHOUT, v. de Belgique (prov. d'Anvers) ; 37 874 hab. Monuments anciens ; musée du Jeu de cartes.

TURQUIE n.f., en turc **Türkiye,** État d'Asie, englobant l'extrémité sud-est de l'Europe balkanique ; 780 000 km² ; 63 120 000 hab. *(Turcs).* CAP. *Ankara.* V. PRINC. *Istanbul* et *Izmir.* LANGUE : *turc.* MONNAIE : *livre turque.*

INSTITUTIONS

République depuis 1923. Constitution de 1982. Le président de la République, élu pour 7 ans, nomme le Premier ministre. L'Assemblée nationale est élue pour 5 ans.

GÉOGRAPHIE

Excepté dans sa partie européenne (moins du trentième de la superficie totale), la Turquie est un pays de hautes terres. Les chaînes Pontiques, au N., le Taurus, au S., enserrent le lourd plateau anatolien, qui s'élève par gradins au-dessus de la mer Égée et cède la place, vers l'est, au massif arménien, socle affecté par le volcanisme (mont Ararat). En dehors du littoral, souvent méditerranéen, le climat est caractérisé par des hivers rudes et des étés chauds et, la plupart du temps, secs. Ces traits se répercutent sur l'hydrographie (lacs salés, fréquent endoréisme), la végétation (souvent steppique), la population (groupée surtout près du littoral, en partic. sur le pourtour de la mer de Marmara) et l'économie.

La population, en quasi-totalité islamisée, comportant une importante minorité kurde, est en majeure partie urbanisée.

Le pays, encore largement rural, produit des céréales (orge et, surtout, blé), du tabac, des fruits et du coton, qui assurent l'essentiel des exportations avec les produits d'un élevage bovin et surtout ovin très développé (fabrication de tapis). Les ressources du sous-sol sont variées, mais peu abondantes (sauf le chrome) ou insuffisamment exploitées. L'industrialisation demeure limitée (la sidérurgie et le textile sont les principales branches). Le déficit de la balance commerciale n'est pas comblé par les revenus du tourisme et les envois des travailleurs émigrés (notamm. en Allemagne). Le pays doit en outre faire face aux séquelles des séismes meurtriers qui ont touché le nord-ouest du territoire en 1999.

HISTOIRE

1918 : l'Empire ottoman est défait et occupé par les Alliés. Mustafa Kemal, dit Atatürk, entreprend de construire un État national turc à partir de l'Anatolie. **1920 :** il est élu président par la Grande Assemblée nationale d'Ankara (avr.). Les Grecs, soutenus par la Grande-Bretagne, débarquent en Asie Mineure (juin). Le sultan Mehmed VI signe le traité de Sèvres (août). **1922 :** les Grecs, battus, signent l'armistice de Mudanya. Mustafa Kemal abolit le sultanat. **1923 :** le traité de Lausanne fixe les frontières de la Turquie. Grecs et Turcs échangent leurs minorités (1 400 000 Grecs d'Asie contre 400 000 Turcs d'Europe). Arméniens et Kurdes sont abandonnés par les Alliés, qui les soutenaient. La république est instaurée ; Mustafa Kemal en devient le président et gouverne avec le parti républicain du Peuple, qu'il vient de créer. Il entreprend la « révolution nationale » pour faire de la Turquie un État laïque, moderne et occidentalisé. **1924 :** le califat est aboli. **1938 :** à la mort de Mustafa Kemal, Ismet Inönü devient président de la République. **1947 :** restée neutre jusqu'en 1945, la Turquie bénéficie du plan Marshall. **1950 :** A. Menderes, à la tête du Parti démocratique, accède au pouvoir. Il rompt avec le dirigisme étatique et tolère le retour aux traditions islamiques. **1952 :** la Turquie devient membre de l'OTAN. **1960 :** le général Gürsel prend le pouvoir et demeure à la présidence de la République de 1961 à 1966. **1961 - 1971 :** des gouvernements de coalition sont formés par I. Inönü (1961 - 1965), puis S. Demirel (1965 - 1971). **1970 - 1972 :** des troubles graves éclatent ; l'ordre est restauré par l'armée. **1974 :** Bülent Ecevit, Premier ministre, fait débarquer les forces turques à Chypre. **1975 - 1980 :** Demirel et Ecevit alternent au pouvoir. **1980 :** l'aggravation des troubles, causés par la double agitation des

■ WILLIAM **TURNER.** *The Fighting Téméraire,* 1838. (National Gallery, Londres.)

■ DESMOND **TUTU**

marxistes et des intégristes musulmans, ainsi que par les séparatistes kurdes, provoque un coup d'État militaire, dirigé par Kenan Evren. **1983 :** les partis politiques sont à nouveau autorisés et un gouvernement civil est formé par Turgut Özal. **1987 :** la Turquie dépose une demande d'adhésion à la CEE. **1989 :** T. Özal est élu à la présidence de la République. **1991 :** S. Demirel revient à la tête du gouvernement. La rébellion kurde s'intensifie. **1993 :** après la mort de T. Özal, S. Demirel est élu à la présidence de la République. Mme Tansu Çiller est nommée à la tête du gouvernement ; elle mène une politique de fermeté face à la radicalisation de la rébellion kurde. **1995 :** les islamistes, conduits par Necmettin Erbakan, arrivent en tête aux élections législatives. **1996 :** ils accèdent au pouvoir après l'éclatement d'un gouvernement d'union entre les partis traditionnels. **1997 :** sous la pression des tenants de la laïcité, les islamistes doivent se retirer (leur parti sera dissous au début de 1998). Un gouvernement de coalition est mis en place, dirigé par Mesut Yilmaz. **1999 :** B. Ecevit redevient Premier ministre. Le chef de la rébellion kurde, Abdullah Öcalan, est arrêté. Le parti au pouvoir remporte les élections, marquées par une percée de l'extrême droite nationaliste et par un recul des islamistes. **2000 :** Ahmet Necdet Sezer est élu président de la République.

TUTICORIN, en tamoul **Tuttukudi,** v. d'Inde (Tamil Nadu), à l'extrémité sud du Deccan ; 284 193 hab. Port.

TUTSI, population vivant au Rwanda, au Burundi et à l'extrême est de la Rép. dém. du Congo (ex-Zaïre). Les Tutsi composent, avec les Hutu (et quelques pygmées Twa), les sociétés de la région et parlent les mêmes langues bantoues. Éleveurs, ils pénétrèrent à partir du XVIe s. dans les terres cultivées par les Hutu et imposèrent leur domination. Hutu et Tutsi étaient unis par des contrats de clientélisme, mais, depuis la fin des années 1950, les deux groupes sont en état d'hostilité. De nombreux massacres ont été commis, culminant avec le génocide de 1994 (env. 500 000 victimes, essentiellement tutsi).

TUTU (Desmond), *Klerksdorp, Transvaal, 1931,* évêque noir sud-africain. Évêque de Johannesburg (1985 - 1986), chef de l'Église anglicane d'Afrique australe et archevêque du Cap (1986 - 1996), il lutta activement mais pacifiquement contre l'apartheid. (Prix Nobel de la paix 1984.)

TUVALU n.m., anc. **îles Ellice,** État d'Océanie, au N. des Fidji ; 24 km² ; 10 000 hab. *(Tuvaluans).* CAP. *Funafuti.* LANGUES : *tuvaluan* et *anglais.* MONNAIE : *dollar australien.* (V. carte **Océanie.**) C'est un archipel de neuf atolls, proche de l'équateur. Coprah et pêche. — Devenu indépendant, dans le cadre du Commonwealth, en 1978, Tuvalu a été admis au sein de l'ONU en 2000.

TUXTLA GUTIÉRREZ, v. du Mexique, cap. du Chiapas ; 295 615 hab.

Tuyên Quang (siège de) [1884 - 1885], siège que soutint, au Tonkin, contre les Chinois, une garnison française, aux ordres du commandant Dominé (1848 - 1921). Le sergent Bobillot (1860 - 1885) s'y distingua par sa conduite héroïque.

TUZLA, v. de Bosnie-Herzégovine ; 132 000 hab.

TVER, de 1933 à 1990 **Kalinine,** v. de Russie, sur la Volga ; 456 000 hab. Centrale nucléaire. — Musée régional de Peinture.

TWAIN (Samuel Langhorne **Clemens,** dit Mark), *Florida, Missouri, 1835-Redding, Connecticut, 1910,* écrivain américain. Premier grand écrivain de l'ouest des États-Unis, humoriste, il voulut dans ses romans « découvrir » l'Amérique à travers ses paysages et son folklore (*les Aventures de Tom Sawyer,* 1876 ; *les Aventures de Huckleberry Finn,* 1884).

TWEED n.f., fl. de Grande-Bretagne, qui se jette dans la mer du Nord ; 156 km. Son cours inférieur sépare l'Angleterre et l'Écosse.

TWICKENHAM, agglomération de la banlieue sud-ouest de Londres. Stade de rugby.

TYARD ou **THIARD** (Pontus **de**), *château de Bissy, Mâconnais, 1521 - Bragny-sur-Saône 1605,* poète français, évêque de Chalon-sur-Saône. Marqué par l'héritage de M. Scève, il fut membre de la Pléiade *(Livre des vers lyriques).*

TYLER (John), *Charles City County, Virginie, 1790 - Richmond 1862,* homme politique américain. Président des États-Unis de 1841 à 1845, il fit voter la réunion du Texas au territoire américain (1845).

TYLER (Wat ou Walter), *m. en 1381,* agitateur anglais. L'un des meneurs des paysans révoltés du Kent (1381), il obtint de Richard II d'importantes mesures sociales (notamm. l'affranchissement des serfs). Mais, à cause des pillages et des meurtres commis par les insurgés, il fut tué par le maire de Londres.

TYLOR (sir Edward Burnett), *Camberwell, Londres, 1832 - Wellington, Somerset, 1917,* anthropologue britannique. Évolutionniste, il s'est intéressé à la mythologie comparée et a proposé une théorie de l'animisme (*la Civilisation primitive,* 1871).

TYNDALL (John), *Leighlin Bridge 1820 - Hindhead 1893,* physicien irlandais. Il a découvert le phénomène de regel de la glace, qui lui permit de comprendre la marche des glaciers, ainsi que l'effet dû à la diffusion de la lumière par les colloïdes, qui explique la couleur bleue du ciel.

TYNDARE MYTH. GR. Roi de Sparte, époux de Léda (qui fut aimée de Zeus). Il eut Ménélas pour successeur.

TYNEMOUTH, v. de Grande-Bretagne (Angleterre), sur l'estuaire de la *Tyne ;* 60 000 hab. Port. Station balnéaire.

TYR, auj. **Sour,** v. du Liban, au S. de Beyrouth ; 14 000 hab. Ruines phéniciennes, hellénistiques et romaines. — Port de la Phénicie, Tyr fonda (à partir du XIe s. av. J.-C.) sur les rives de la Méditerranée de nombreux comptoirs, dont Carthage (814 av. J.-C., selon la tradition). Rivale de Sidon, elle lutta longtemps contre les empires assyrien et babylonien. Soumise par Alexandre (332 av. J.-C.), elle fut disputée par les Lagides et les Séleucides. Malgré la concurrence d'Alexandrie, elle demeura un centre culturel et commercial important jusqu'à l'invasion arabe (638 apr. J.-C.).

■ MARK **TWAIN**

■ TRISTAN **TZARA**

TYROL, prov. d'Autriche, occupant la haute vallée de l'Inn ; 630 400 hab. ; cap. *Innsbruck.* Le tourisme d'été et d'hiver constitue la principale activité. — Partie du patrimoine héréditaire des Habsbourg à partir de 1363, le Tyrol fut cédé à la Bavière en 1805, mais rendu à l'Autriche en 1814. En 1919, le traité de Saint-Germain céda à l'Italie, outre le Trentin, la province de Bolzano, dont la population allemande devait poser la question du Haut-Adige. Les accords austro-italiens de 1946 (complétés en 1969 et 1992) assurent une large autonomie à la région et l'égalité des droits entre les communautés allemande et italienne.

TYRRHÉNIENNE (mer), partie de la Méditerranée comprise entre la péninsule italienne, la Corse, la Sardaigne et la Sicile.

TYRTÉE, *en Attique* VIIe *s. av. J.-C.,* poète lyrique grec. Il contribua par ses chants à ranimer le courage des Spartiates dans la deuxième guerre de Messénie.

TZARA (Tristan), *Moinești 1896 - Paris 1963,* écrivain français d'origine roumaine. L'un des fondateurs du groupe dada (*Sept Manifestes dada,* 1924), il a traversé le surréalisme (*l'Homme approximatif,* 1931), puis le communisme, en maintenant dans sa poésie une imagination puissante et libre.

TZELTAL ou **TZELTALES,** peuple amérindien du Mexique (Chiapas). Cultivateurs sur brûlis, éleveurs, salariés dans les plantations de caféiers, les Tzeltal sont catholiques et de langue maya.

TZIN TZUN TZAN, site archéologique du Mexique (Michoacán). Anc. cap. de l'empire des Tarasques, dont l'architecture associe des pyramides rectangulaires et circulaires.

TZOTZIL ou **TZOTZILES,** peuple amérindien du Mexique (Chiapas) [env. 150 000]. Agriculteurs dont le catholicisme est mêlé de croyances anciennes, les Tzotzil sont de langue maya.

T

Caractère Univers

U2, groupe irlandais de rock. Fondé en 1978, il est composé du chanteur Bono (Paul Hewson), du guitariste The Edge (Dave Evans), du bassiste Adam Clayton et du batteur Larry Mullen. Il a jeté les bases de la new wave, puis a écrit un des chapitres les plus exaltants de l'histoire du rock *(The Unforgettable Fire, The Joshua Tree).*

UBAYE [ybaj] n.f., torrent des Alpes du Sud, qui rejoint la Durance (r. g.), dans le lac formé par le barrage de Serre-Ponçon ; 80 km.

UBE, v. du Japon (Honshu) ; 175 053 hab. Port.

UBERABA, v. du Brésil, dans l'ouest du Minas Gerais ; 210 803 hab.

UBERLÂNDIA, v. du Brésil, dans l'ouest du Minas Gerais ; 366 711 hab.

Ubu roi, comédie burlesque de A. Jarry (1896). Poussé par sa femme, le « père Ubu », caricature bouffonne de la stupidité bourgeoise et de la sauvagerie humaine, accède à un pouvoir absolu et libère ses pires instincts.

UCAYALI n.m., riv. du Pérou ; 1 600 km. L'une des branches mères de l'Amazone.

UCCELLO (Paolo **di Dono,** dit Paolo), *Florence ? 1397 - Florence 1475,* peintre italien. Son traitement de la figure et de la perspective revêt un caractère de jeu intellectuel aigu et complexe (fresques de la *Vie de Noé,* cloître Vert de S. Maria Novella, Florence ; trois panneaux de la *Bataille de San Romano,* Florence, Londres et Paris).

UCCLE, en néerl. **Ukkel,** comm. de Belgique (Bruxelles-Capitale), banlieue sud de Bruxelles ; 73 721 hab. Musée D. et A. Van Buuren.

UDAIPUR, v. d'Inde (Rajasthan) ; 307 682 hab. Anc. cap. rajput. Nombreux monuments, dont l'immense palais royal (XVIe-XVIIIe s.). Musée.

UDERZO (Albert), *Fismes 1927,* dessinateur français de bandes dessinées. Dans des séries réalistes *(Tanguy et Laverdure,* avec J.-M. Charlier, 1959) ou humoristiques *(*Astérix),* il a ouvert la bande dessinée française à un public plus adulte.

UDF (Union pour la démocratie française), formation politique française, créée en 1978 par le Parti républicain, le Centre des démocrates sociaux et le Parti radical. Après le départ de Démocratie libérale (ex-Parti républicain) en 1998, Force démocrate (nom pris par le Centre des démocrates sociaux en 1995), le Parti radical et les autres membres de l'UDF ont transformé la confédération en un parti unifié *(nouvelle UDF).*

UDINE, v. d'Italie (Frioul-Vénétie Julienne), ch.-l. de prov. ; 99 157 hab. Monuments du Moyen Âge au XVIIIe s. ; musées.

UDR (Union des démocrates pour la République), formation politique française. En 1958, l'Union pour la Nouvelle République (UNR) fut créée pour soutenir la politique du général de Gaulle. En 1968 lui succéda l'Union pour la défense de la République, remplacée en 1971 par l'Union des démocrates pour la République (UDR), avant de devenir en 1976 le RPR.

UE, sigle de *Union européenne.

UEDA AKINARI, *Osaka 1734 - Kyoto 1809,* écrivain japonais. Il a donné un style nouveau aux légendes traditionnelles (*Contes de pluie et de lune,* 1776).

UÉLÉ, riv. de la Rép. dém. du Congo (ex-Zaïre), branche mère de l'Oubangui (r. g.) ; 1 300 km.

UEM (Union économique et monétaire) → **Union européenne.**

■ **UCCELLO.** Un des trois panneaux de la *Bataille de San Romano,* vers 1456. (National Gallery, Londres.)

UGARIT → **OUGARIT.**

UGINE (73400), ch.-l. de cant. de la Savoie ; 7 228 hab. *(Uginois).* Électrométallurgie.

UGOLIN → **GHERARDESCA.**

UHLAND (Ludwig), *Tübingen 1787 - id. 1862,* poète allemand, auteur de poésies populaires inspirées des légendes souabes.

UHLENBECK (George Eugene), *Batavia, auj. Jakarta, 1900 - Boulder 1988,* physicien américain d'origine néerlandaise. Il énonça, avec S. A. Goudsmit, la théorie du spin de l'électron (1925).

UHURU (pic) → **KILIMANDJARO.**

UICN-Union mondiale pour la nature (Union internationale pour la conservation de la nature et des ressources naturelles-Union mondiale pour la nature), organisation internationale fondée en 1948 sous l'égide de l'ONU. Rassemblant plus de 900 organisations gouvernementales et non gouvernementales, elle supervise de nombreux programmes de protection et d'utilisation rationnelle des ressources naturelles et publie notamm. une « Liste rouge des espèces menacées ». Son siège est à Gland (Suisse).

Uilenspiegel ou **Ulenspiegel** (Till), puis **Till Eulenspiegel,** en fr. **Till l'Espiègle,** personnage légendaire, d'origine allemande (XIVe s.), célèbre pour ses facéties. C. De Coster en fit le symbole de la résistance des Pays-Bas contre l'Espagne (*la Légende et les aventures d'Ulenspiegel et de Lamme Goedzak,* 1867).

Uitlanders, nom donné par les Boers aux immigrants attirés à partir de 1884 par les gisements d'or et de diamants du Transvaal et de l'Orange.

UJI, v. du Japon (Honshu) ; 177 010 hab. Remarquable villa de Fujiwara Yorichimi, devenue (1053) le temple bouddhique du Byodo-in (pavillon du Phénix abritant le bouddha de *Jocho).

UJJAIN, v. d'Inde (Madhya Pradesh) ; 367 154 hab. Université. – Monuments anciens, dont un observatoire du XVIIIe s. – C'est l'une des villes saintes de l'Inde.

UJUNG PANDANG, anc. **Macassar,** v. d'Indonésie, dans le sud de Célèbes, sur le *détroit de Macassar* (qui sépare les îles de Bornéo et de Célèbes) ; 913 000 hab. Port.

UK, sigle de United Kingdom.

UKRAINE n.f., État d'Europe orientale, sur la mer Noire ; 604 000 km^2 ; 51 300 000 hab. *(Ukrainiens).* CAP. *Kiev.* LANGUE : *ukrainien.* MONNAIE : *hrivna.*

GÉOGRAPHIE

Un peu plus grande que la France (c'est le plus vaste État d'Europe, Russie exceptée), mais un peu moins peuplée, l'Ukraine est un pays de relief peu accidenté, s'étendant sur la zone des riches terres noires. Elle englobe la majeure partie du bassin houiller du Donbass, avec de grands gisements de fer et d'importants aménagements hydroélectriques. C'est une région agricole, productrice notamm. de blé, de sucre et d'orge, et possédant un notable troupeau bovin. Outre le charbon et le fer (base d'une sidérurgie active), le sous-sol recèle aussi du manganèse, un peu de pétrole et, surtout, du gaz naturel. Peuplée de près de 75 % d'Ukrainiens de souche, l'Ukraine compte une forte minorité russe, concentrée dans l'est du pays (Crimée incluse). Plus des deux tiers de la population sont urbanisés.

HISTOIRE

IXe - XIIe s. : l'État de Kiev se développe. **XIIe s. :** la Galicie-Volhynie recueille les traditions kiéviennes. **1238 - 1240 :** la conquête mongole ruine la région de Kiev. **XIIIe - XIVe s. :** la Lituanie et la Pologne annexent toutes les régions où se développe la civilisation ukrainienne, hormis la Ruthénie subcarpatique, sous domination hongroise depuis le XIe s. **XVe - XVIe s. :** des communautés cosaques s'organisent sur le Don et le Dniepr. **1654 :** l'hetman (chef) des Cosaques Khmelnitski se place sous la protection de la Moscovie. **1667 :** l'Ukraine est partagée entre la Pologne et la Russie. **1709 :** Pierre le Grand écrase à Poltava l'hetman Mazeppa, qui a tenté de constituer une Ukraine réunifiée et indépendante. **1793 - 1795 :** à la suite des partages de la Pologne, toute l'Ukraine est sous la domination des Empires russe et autrichien. **XIXe s. :** l'Ukraine devient la région industrielle la plus riche de l'Empire russe. **Fin 1917 - début 1918 :** une république soviétique est créée à Kharkov par les bolcheviques, et une république indépendante est proclamée à Kiev par les nationalistes. **1919-1920 :** les armées russes blanches puis les Polonais interviennent en Ukraine. **1922 :** la république soviétique d'Ukraine adhère à l'Union soviétique. **1939 - 1940 :** l'URSS annexe les territoires polonais peuplés d'Ukrainiens, ainsi que la Bucovine du Nord et la Bessarabie. **1941 - 1944 :** un régime d'occupation très rigoureux est imposé par les nazis. **1945 :** l'Ukraine s'agrandit de la Ruthénie subcarpatique. **1954 :** la Crimée lui est rattachée. **1991 :** l'Ukraine accède à l'indépendance et adhère à la CEI. Le communiste Leonid Kravtchouk est élu à la présidence de la République. Des conflits d'intérêt opposent l'Ukraine à la Russie, notamm. sur le statut de la Crimée et sur le contrôle de la flotte de la mer Noire. **1994 :** Leonid Koutchma est élu à la tête de l'État (réélu en 1999).

UKRAINE SUBCARPATIQUE ou **RUTHÉNIE SUBCARPATIQUE,** région d'Ukraine. Annexée à la Hongrie au XIe s., elle fut rattachée à la Tchécoslovaquie de 1919 à 1938, puis cédée à l'URSS et rattachée à l'Ukraine (1945).

ULBRICHT (Walter), *Leipzig 1893 - Berlin 1973,* homme politique allemand. L'un des fondateurs du Parti communiste allemand (1919), il fut premier secrétaire du Parti socialiste unifié (SED) de 1950 à 1971, puis président du Conseil d'État de la RDA de 1960 à sa mort.

ULFILAS, ULFILA ou **WULFILA,** *v. 311 - Constantinople 383,* évêque et apôtre des Goths. Il traduisit en gotique le Nouveau Testament. Sa prédication fut marquée par une forme d'arianisme que les Goths transmirent en Occident au Ve s.

ULHASNAGAR, v. d'Inde (Maharashtra) ; 369 077 hab.

ULIS (Les) [91940], ch.-l. de cant. de l'Essonne ; 25 947 hab. *(Ulissiens).*

ULLMANN (Liv), *Tokyo 1938,* actrice norvégienne. Révélée au cinéma dans des films d'Ingmar Bergman (*Persona,* 1966), elle incarne, sous une apparente douceur, des personnages complexes, voire violents (*Cris et Chuchotements,* I. Bergman, 1972 ; *Scènes de la vie conjugale,* id., 1973 ; *Sonate d'automne,* id., 1978 ; *la Diagonale du fou,* R. Dembo, 1984). Elle a aussi réalisé plusieurs films (*Infidèle,* scénario de I. Bergman, 2000).

ULM, v. d'Allemagne (Bade-Wurtemberg), sur le Danube ; 114 839 hab. Colossale église gothique commencée à la fin du XIVe s. (œuvres d'art) ; musée. — L'armée autrichienne y capitula devant les Français de Napoléon (20 oct. 1805).

ULPIEN, en lat. **Domitius Ulpianus,** *Tyr - Rome 228,* jurisconsulte romain. Préfet du prétoire sous Sévère Alexandre, il a laissé des écrits présents dans les compilations juridiques du temps de Justinien.

ULSAN, v. de Corée du Sud ; 683 000 hab. Port. Centre industriel.

ULSTER n.f., région du nord de l'Irlande. Elle englobe la *province de l'Ulster* (république d'Irlande) et l'Irlande du Nord (cap. Belfast), unie à la Grande-Bretagne.

ULSTER, prov. de la république d'Irlande ; 232 000 hab. Elle est formée de trois comtés, limitrophes de l'Irlande du Nord.

ULURU ou **AYERS ROCK,** montagne sacrée des Aborigènes, dans le centre de l'Australie ; 867 m.

ULYSSE, en gr. **Odusseus** MYTH. GR. Héros grec, roi légendaire d'Ithaque, fils de Laërte, époux de Pénélope, père de Télémaque, et l'un des principaux acteurs des poèmes homériques. *L'Iliade* le présente comme un guerrier habile et rusé, auteur du stratagème du cheval de Troie. Le retour d'Ulysse dans sa patrie est le thème de *l'*Odyssée,* dont J. Joyce a donné dans son roman *Ulysse* (1922) une version moderne et parodique, le personnage légendaire s'incarnant dans celui de Léopold Bloom.

UMAR Ier ou **OMAR Ier** (Abu Hafsa ibn al-Khattab), *La Mecque v. 581 - Médine 644,* deuxième calife des musulmans (634 - 644). Il conquit la Syrie, la Perse, l'Égypte et la Mésopotamie.

UME ÄLV n.m., fl. de Suède, qui se jette dans le golfe de Botnie peu en aval d'*Umeå* (94 912 hab.) ; 460 km.

UNAMUNO (Miguel **de**), *Bilbao 1864 - Salamanque 1936,* écrivain espagnol. Essayiste (*le Sentiment tragique de la vie,* 1912 ; *l'Agonie du christianisme,* 1924), romancier (*Brouillard,* 1914) et poète, il apporte un témoignage important sur l'Espagne de son temps.

UNDSET (Sigrid), *Kalundborg, Danemark, 1882 - Lillehammer 1949,* romancière norvégienne, auteur de romans historiques *(Kristin Lavransdatter)* et de récits inspirés par ses convictions religieuses *(le Buisson ardent).* [Prix Nobel 1928.]

Unesco (United Nations Educational, Scientific and Cultural Organization, en fr. Organisation des Nations unies pour l'éducation, la science et la culture), institution de l'ONU créée en 1945 - 1946 pour contribuer au maintien de la paix et de la sécurité internationales, en resserrant, par l'éducation, la science, la culture et la communication, la collaboration entre nations pour le respect des droits de l'homme et des libertés fondamentales. Le siège de l'Unesco, à Paris, est l'œuvre des architectes Breuer, Nervi et Zehrfuss.

UNGARETTI (Giuseppe), *Alexandrie, Égypte, 1888 - Milan 1970,* poète italien. Chef de file de l'« hermétisme », oscillant entre modernité et classicisme, influences françaises et traditions nationales, il a créé une poésie dépouillée et dense (*Vie d'un homme,* 1969).

U

UNGAVA (péninsule d'), extrémité nord de la province de Québec (Canada), entre la baie d'Hudson (à l'O.) et la *baie d'Ungava* (à l'E.).

UNGERSHEIM (68190), comm. du Haut-Rhin ; 1 648 hab. Vaste écomusée : maisons traditionnelles reconstituées. Anc. mine de potasse.

Unicef (United Nations International Children's Emergency Fund, en fr. Fonds des Nations unies pour l'enfance), organisme humanitaire de l'ONU qui promeut l'aide à l'enfance, notamm. dans les pays en développement. Institué en 1946, il est devenu un organe permanent de l'ONU en 1953. Siège : New York. (Prix Nobel de la paix 1965.)

Unigenitus (bulle) [8 sept. 1713], constitution promulguée par le pape Clément XI et qui condamnait le jansénisme. Plusieurs prélats français refusèrent de recevoir la bulle, qui fut l'objet de longues polémiques.

UNION (L') [31240], comm. de la Haute-Garonne ; 12 291 hab. *(Unionais).*

union (Acte d') [1707], loi établissant l'union de l'Angleterre et de l'Écosse, formant ainsi le royaume de Grande-Bretagne. — Acte d'**union** (1800), loi établissant l'union de la Grande-Bretagne et de l'Irlande, formant désormais le Royaume-Uni de Grande-Bretagne et d'Irlande.

Union des démocrates pour la République → UDR.

UNION DES RÉPUBLIQUES SOCIALISTES SOVIÉTIQUES → URSS.

Union européenne (UE), union entre plusieurs États européens (auj. au nombre de 15), instituée par le traité de Maastricht en 1992 et entrée en vigueur le 1er nov. 1993. Point d'aboutissement actuel du processus de construction européenne engagé peu après la Seconde Guerre mondiale, l'Union européenne repose sur trois piliers : les Communautés européennes (CECA, CE et Euratom), la politique étrangère et de sécurité commune, ou PESC, et la coopération dans les domaines de la justice et des affaires intérieures. La **CECA** (Communauté européenne du charbon et de l'acier) est créée par le traité du 18 avril 1951, à l'initiative du plan Schuman (1949), élaboré par J. Monnet et R. Schuman, pour instaurer un marché commun du charbon et de l'acier. La **CEE** (Communauté économique européenne) est créée par le *traité de Rome* (25 mars 1957) pour établir progressivement une union douanière et économique et un « Marché commun ». En 1979, le système monétaire européen (SME), appelé à stabiliser le taux de change des monnaies participantes (avec une unité de compte européenne : l'écu, ou ECU [European Currency Unit]), entre en application. L'*Acte unique européen* (signé en 1985 et ratifié en 1986 - 1987), ouvrant sur la perspective du « grand marché intérieur » — qui prend effet le 1er janv. 1993 —, traduit la volonté de poursuivre l'œuvre entreprise. Le *traité de Maastricht* (7 févr. 1992) consacre la naissance de l'Union européenne, avec pour cadre institutionnel unique la Communauté européenne, ou **CE**, qui succède à la CEE. Il fixe au 1er janv. 1999 au plus tard le terme ultime de l'Union économique et monétaire, ou UEM (conçue dès 1988 et engagée en 1990), avec l'adoption d'une monnaie unique, et jette les bases d'une union politique. Il est révisé et complété par le *traité d'Amsterdam* (2 oct. 1997). Le 1er janv. 1999, l'euro devient la monnaie officielle unique de la majorité des États de l'Union. Le *traité de Nice* (26 févr. 2001) réaménage les institutions de l'Union européenne dans la perspective de son élargissement aux pays d'Europe centrale et orientale ainsi qu'à Chypre et à Malte. L'**Euratom** (Communauté européenne de l'énergie atomique) est créée par le traité du 25 mars 1957 pour développer les industries nucléaires.
États membres : Allemagne, Belgique, France, Italie, Luxembourg, Pays-Bas (1958), Grande-Bretagne, Danemark, Irlande (1973), Grèce (1981), Espagne, Portugal (1986), Autriche, Finlande et Suède (1995). **Organes principaux :** le Parlement européen, le Conseil des ministres, le Conseil européen, la Commission, la Cour de justice, la Cour des comptes, le Comité économique et social, le Comité des régions, la Banque centrale européenne et la Banque européenne d'investissement. **Monnaie :** *euro.*

UNION FRANÇAISE, nom donné, de 1946 à 1958, à l'ensemble formé par la République française et les territoires et États associés d'outre-mer.

Union Jack, drapeau du Royaume-Uni. Il rassemble la croix de Saint-Georges anglaise (rouge sur fond blanc), la croix de Saint-André écossaise (blanche sur fond bleu) et la croix de Saint-Patrick irlandaise (rouge sur fond blanc).

Union mondiale pour la nature → UICN-Union mondiale pour la nature.

Union postale universelle (UPU), organisme international chargé d'assurer les relations postales entre ses États membres. Créée en 1874, devenue une institution spécialisée de l'ONU en 1948, elle englobe la quasi-totalité des pays. Elle participe à l'élaboration du droit postal international. Siège : Berne.

Union pour la démocratie française → UDF.

UNION SUD-AFRICAINE → AFRIQUE DU SUD.

UNITA (Union nationale pour l'indépendance totale de l'Angola), organisation de lutte armée contre le gouvernement angolais, créée par Jonas Savimbi en 1965.

UNITED KINGDOM, nom angl. du *Royaume-Uni de Grande-Bretagne et d'Irlande du Nord.

UNITED STATES OF AMERICA ou **USA,** nom amér. des *États-Unis.

UNKEI, *Kyoto v. 1148 - 1223,* sculpteur japonais. Il est à l'origine du renouveau de la sculpture de l'époque Kamakura et de l'épanouissement du réalisme.

UNR → UDR.

UNSA-Éducation (Union nationale des syndicats indépendants-Éducation), organisation syndicale de personnels de l'enseignement. Ce groupement de syndicats, issu de la CGT en 1948 et appelé jusqu'en 2000 Fédération de l'Éducation nationale (FEN), a vu sa position affaiblie par la création en 1993, au terme d'une scission, de la Fédération syndicale unitaire (FSU).

Unter den Linden (« Sous les tilleuls »), avenue de Berlin, qui part de la porte de Brandebourg.

UNTERWALD, en all. **Unterwalden** (« Sous les forêts »), canton de Suisse, au S. du lac des Quatre-Cantons ; 767 km² ; 66 200 hab. Il est formé des demi-cantons de *Nidwald* et d'*Obwald.* — Créé en 1291, l'Unterwald est l'un des trois premiers cantons de la Confédération.

Upanishad, mot sanskrit désignant les textes sacrés hindous considérés comme révélés et qui datent de la fin de la période védique (entre 700 et 300 av. J.-C.). Réinterprétant les *Veda,* ils insistent sur la nécessité de se libérer du cycle des renaissances par la connaissance de l'illusion.

UPDIKE (John), *Shillington, Pennsylvanie, 1932,* écrivain américain. Ses nouvelles et ses romans composent une peinture ironique des fantasmes et des mythes de la société américaine (*Cœur de lièvre,* 1960 ; *le Centaure,* 1963 ; *Couples,* 1968 ; *les Sorcières d'Eastwick,* 1984).

UPOLU, île des Samoa.

UPPSALA, v. de Suède, au N. de Stockholm ; 167 508 hab. Université (1477). — C'est l'une des anc. capitales de la Scandinavie. Siège de l'archevêque primat du royaume. — Cathédrale gothique entreprise à la fin du XIIIe s. ; château fondé par G. Vasa ; musées.

UQBA IBN NAFI, *v. 630 - 683,* général arabe. Il conquit la Tunisie (670), fonda Kairouan, puis soumit le Maghreb central jusqu'à Tanger.

UR → OUR.

URABI PACHA ou **ARABI PACHA,** *près de Zagazig 1839 - Le Caire 1911,* officier égyptien. Chef de la résistance nationaliste, il fut imposé comme ministre de la Guerre en 1881. Battu par les Britanniques (sept. 1882), il fut déporté jusqu'en 1901.

URANIE MYTH. GR. Muse de l'Astronomie.

URANUS, planète du système solaire, située au-delà de Saturne. Elle a été découverte par W. Herschel en 1781. Demi-grand axe de son orbite : 2 875 000 000 km (19,2 fois celui de l'orbite terrestre). Diamètre équatorial : 51 100 km (4 fois celui de la Terre). Uranus possède une épaisse atmosphère d'hydrogène, d'hélium et de méthane ; elle est entourée de fins anneaux de matière sombre. On lui connaît 21 satellites.

URAWA, v. du Japon (Honshu) ; 418 271 hab.

URBAIN II (bienheureux) [Odon ou Eudes **de Lagery**], *Châtillon-sur-Marne v. 1042 - Rome 1099,* pape de 1088 à 1099. Il lança la première croisade au concile de Clermont (1095). — bienheureux **Urbain V** (Guillaume **de Grimoard**), *château de Grizac, Lozère, 1310 - Avignon 1370,* pape d'Avignon (1362 - 1370). Il résida en Avignon pendant presque tout son pontificat, malgré un bref retour à Rome (1367 - 1370). — **Urbain VI** (Bartolomeo **Prignano**), *Naples v. 1318 - Rome 1389,* pape de 1378 à 1389. Son élection, imposée par le peuple romain, qui souhaitait un pape italien, marqua le début du Grand Schisme. — **Urbain VIII** (Maffeo **Barberini**), *Florence 1568 - Rome 1644,* pape de 1623 à 1644. Il fit condamner Galilée (1633) et l'*Augustinus* de Jansénius (1643).

URBAIN (Georges), *Paris 1872 - id. 1938,* chimiste français. Il étudia de nombreuses terres rares, parmi lesquelles il caractérisa, notamm., le lutécium.

URBINO, v. d'Italie (Marches) ; 15 125 hab. Archevêché. — Palais ducal remodelé par L. Laurana, chef-d'œuvre de la Renaissance (auj. galerie nationale des Marches : Piero della Francesca, P. Berruguete, Barocci, etc. ; majoliques d'Urbino). — Anc. capitale du duché d'Urbino, créé en 1443, réuni en 1631 aux États de l'Église.

UREY (Harold Clayton), *Walkerton, Indiana, 1893 - La Jolla, Californie, 1981,* chimiste américain. Il découvrit, en 1931, l'eau lourde et le deutérium. (Prix Nobel 1934.)

URFA, anc. **Édesse,** v. de Turquie, près de la frontière syrienne ; 276 528 hab. Barrage.

URFÉ (Honoré **d'**), *Marseille 1567 - Villefranche-sur-Mer 1625,* écrivain français, auteur de *l'*Astrée.*

URGEL → SEO DE URGEL.

URI n.m., canton de Suisse ; 1 077 km² ; 35 700 hab. *(Uranais)* ; ch.-l. *Altdorf.* Il est drainé par la Reuss. — Créé en 1291, l'Uri est l'un des trois premiers cantons de la Confédération.

URIAGE (38410), station thermale de l'Isère (comm. de Saint-Martin-d'Uriage). Rhumatismes et maladies de la peau.

URRAQUE, en esp. **Urraca,** *1081 - Saldaña 1126,* reine de Castille et de León. Fille d'Alphonse VI, elle épousa Raimond de Bourgogne (avec qui elle eut Alphonse VII), puis Alphonse Ier d'Aragon (1109). Son mariage ayant été annulé, elle entra en guerre contre ce dernier (1110), qui dut reconnaître l'indépendance de la Castille.

URSINS (Marie-Anne **de La Trémoille,** princesse **des**), *Paris 1642 - Rome 1722,* princesse française. Elle joua un grand rôle dans les intrigues de la cour du roi d'Espagne Philippe V. Elle fut disgraciée en 1714.

URSS (Union des républiques socialistes soviétiques, en russe SSSR [Soïouz Sovietskikh Sotsialistitcheskikh Respoublik]), ancien État d'Europe et d'Asie.

HISTOIRE

Les débuts du régime soviétique. 1917 : au lendemain de la révolution d'Octobre est formé le Conseil des commissaires du peuple, composé uniquement de bolcheviques et présidé par Lénine. **1918 :** la république socialiste fédérative soviétique de Russie (RSFSR) est proclamée. L'Allemagne lui impose le traité de Brest-Litovsk. La guerre civile oppose l'Armée rouge et les armées blanches. Le « communisme de guerre » est instauré et les nationalisations sont généralisées. **1919 :** l'Internationale communiste est fondée à Moscou. **1920 :** la Russie soviétique reconnaît l'indépendance des États baltes. La dernière armée blanche évacue la Crimée. L'Armée rouge occupe l'Arménie. **1921 :** elle occupe la Géorgie ; la paix est signée avec la Pologne. La nouvelle politique économique (NEP) est adoptée. **1922 :** Staline devient secrétaire général du Parti communiste. La Russie, la Transcaucasie (formée par la réunion de l'Azerbaïdjan, de l'Arménie et de la Géorgie), l'Ukraine et la Biélorussie s'unissent au sein de l'URSS. **1924 :** Lénine meurt. **1925 - 1927 :** Staline élimine de la direction du parti Zinoviev, Kamenev et Trotski.

La période stalinienne. 1929 : la NEP est abandonnée. Le premier plan quinquennal donne la priorité à l'industrie lourde, et la collectivisation massive des terres est entreprise. **1930 :** les koulaks sont liquidés. **1934 :** l'URSS est admise à la SDN. **1936 :** une Constitution précise l'organisation de l'URSS en 11 républiques fédérées : Russie, Ukraine, Biélorussie, Kazakhstan, Kirghizistan, Ouzbékistan, Tadjikistan, Turkménistan, Arménie, Azerbaïdjan, Géorgie. **1936 - 1938 :** la police politique (Guépéou) envoie au goulag de nombreux déportés et fait disparaître la vieille garde du parti. **1939 :** le pacte germano-soviétique est conclu. **1939 - 1940 :** l'URSS annexe la Pologne

L'URSS EN 1990
L'ORGANISATION FÉDÉRALE
Frontières de l'URSS en 1990
Capitale fédérale
Frontières des républiques fédérées
Capitale de république
Les quinze républiques fédérées:
République socialiste fédérative soviétique de Russie (RSFSR)
Autres républiques socialistes soviétiques (RSS)
Républiques socialistes soviétiques autonomes (RSSA)
Régions autonomes (RA)
1000 km
OCÉAN ARCTIQUE
R S F S R
Mourmansk
Novaïa Zemlia (Nlle-Zemble)
Nlle-Sibérie
Anadyr
Nijne Kolymsk
LETTONIE
ESTONIE
LITUANIE
Tallin
Kaliningrad
Riga
Leningrad
CARÉLIE
Arkhangelsk
Vilnious
BIÉLORUSSIE
Minsk
Moscou
RSSA DES KOMIS
Doudinka
IAKOUTIE
Palana
Kamtchatka
Petropavlovsk
Kiev
Kichinev
UKRAINE
Kharkov
MOLDAVIE
Crimée
Mer Noire
Rostov
Volgograd
Iakoutsk
Okhotsk
Tobolsk
Omsk
Krasnoïarsk
RSSA DE BOURIATIE
RA DES JUIFS (BIROBIDJAN)
Ile Sakhaline
Iles Kouriles
RA DE KHAKASSIE
L. Baïkal
Irkoutsk
Khabarovsk
TOUVA
HAUT-ALTAÏ
Vladivostok
Tbilissi
Erevan
D.
Mer Caspienne
Bakou
KAZAKHSTAN
M. d'Aral
KARAKALPAKIE
L. Balkhach
OUZBÉKISTAN
Achkhabad
Alma-Ata
Tachkent
Frounze
TURKMÉNISTAN
Douchanbe
KIRGHIZISTAN
TADJIKISTAN
HAUT-BADAKHCHAN
Makhatchkala
DAGUESTAN
Batoumi
GÉORGIE
ARMÉNIE
AZERBAÏDJAN
250 km
Oka
Volga
Gorki (Nijni-Novgorod)
RSSA DES MARIS
RSSA DES OUDMOURTES
Kama
RSSA DE MORDOVIE
Kazan
RSSA DU TATARSTAN
RSSA DES TCHOUVACHES
Kouïbychev
Oufa
RSSA DE BACHKIRIE
250 km
1 RSS de Géorgie
2 RSS d'Azerbaïdjan
3 RSS d'Arménie
4 RSSA du Tatarstan
5 RSSA de Bachkirie
6 RSSA des Tchétchènes-Ingouches
7 RSSA de Kabardino-Balkarie
8 RSSA des Maris
9 RSSA de Mordovie
10 RSSA d'Ossétie du Nord
11 RSSA des Oudmourtes
12 RSSA des Tchouvaches
13 RSSA d'Abkhazie
14 RSSA d'Adjarie
15 RSSA du Nakhitchevan
16 RSSA des Kalmouks
17 RA des Adygués
18 RA des Karatchaïs-Tcherkesses
19 RA d'Ossétie du Sud
20 RA du Haut-Karabakh

orientale, les États baltes, la Carélie, la Bessarabie et la Bucovine du Nord. **1941 :** l'Allemagne envahit l'URSS. **1943 :** l'Armée rouge remporte la bataille de Stalingrad. **1944 - 1945 :** les forces soviétiques progressent en Europe orientale et, conformément aux accords de Yalta (févr. 1945), occupent la partie orientale de l'Allemagne. **1947-1949 :** le Kominform est créé et des régimes calqués sur celui de l'URSS sont instaurés sur l'ensemble de l'Europe de l'Est. Les Soviétiques font le blocus de Berlin-Ouest (1948 - 1949). La guerre froide se développe. **1950 :** traité d'amitié avec la Chine populaire. **1953 :** mort de Staline.

Les limites de la déstalinisation et de la détente. **1953 :** N. Khrouchtchev est élu premier secrétaire du parti. **1955 :** l'URSS signe avec sept démocraties populaires le pacte de Varsovie. Les relations avec la Chine commencent à se détériorer. **1956 :** le XXe Congrès dénonce certains aspects du stalinisme. L'armée soviétique écrase la tentative de libéralisation de la Hongrie. **1957 :** le premier satellite artificiel de la Terre (Spoutnik I) est lancé. **1962 :** l'installation à Cuba de missiles soviétiques provoque une grave crise entre l'URSS et les États-Unis. **1964 :** Khrouchtchev est destitué ; L. Brejnev le remplace à la tête du parti. **1968 :** l'URSS intervient militairement en Tchécoslovaquie. **1969 :** la tension avec la Chine s'accroît. **1972 - 1979 :** l'URSS signe les accords SALT I et SALT II, qui tentent de limiter la course aux armements nucléaires. **1979 :** les troupes soviétiques occupent l'Afghanistan. **1982 :** à la mort de Brejnev, I. Andropov devient secrétaire général du parti. **1984 :** P. Tchernenko lui succède.

U

La perestroïka. **1985 - 1987 :** M. Gorbatchev assume la direction du parti et renouvelle ses cadres. Il met en œuvre la restructuration *(perestroïka)*, promouvant des réformes en vue d'une plus grande efficacité économique et d'une démocratisation des institutions, et relance la déstalinisation. Il renoue le dialogue avec les États-Unis (rencontres avec Reagan), avec lesquels il signe (1987) un accord sur l'élimination des missiles de moyenne portée en Europe. **1989 :** l'URSS achève le retrait de ses troupes d'Afghanistan (févr.) et poursuit le rapprochement avec la Chine. Les premières élections à candidatures multiples ont lieu (mars). Les revendications nationales se développent, notamm. dans les pays Baltes et au Caucase. Les tensions entre les nationalités s'aggravent et s'exacerbent en Arménie et en Azerbaïdjan. **1990 :** le rôle dirigeant du parti est aboli et un régime présidentiel est instauré. Gorbatchev est élu à la présidence de l'URSS par le Congrès des députés du peuple (mars). L'URSS, en signant le traité de Moscou, accepte l'unification de l'Allemagne. La désorganisation économique, qui met en cause l'efficacité de la réforme visant à l'instauration d'une économie de marché, et les tensions entre le gouvernement central et les républiques fédérées menacent la survie de la fédération soviétique.

La dissolution de l'Union soviétique. **1991 :** la tentative de coup d'État (août) des conservateurs contre Gorbatchev échoue grâce à la résistance menée par B. Ieltsine. La restauration de l'indépendance des pays Baltes (Estonie, Lettonie, Lituanie), reconnue par la communauté internationale (sept.), est suivie par la dissolution de l'URSS et la démission de Gorbatchev (déc.). La Russie, l'Ukraine, la Biélorussie, la Moldavie, les républiques d'Asie centrale et celles du Caucase (excepté la Géorgie), qui ont proclamé leur indépendance, créent la Communauté d'États indépendants (CEI). **1993 :** la Géorgie rejoint la CEI.

URSSAF (Unions de recouvrement des cotisations de sécurité sociale et d'allocations familiales), organismes français, en principe départementaux, obligatoires depuis 1960, chargés du recouvrement des cotisations de sécurité sociale et d'allocations familiales.

URSULE, *IIIe s. ?,* martyre. Cette sainte connut une grande popularité, liée à l'histoire des onze mille vierges qui auraient été martyrisées avec elle à Cologne.

URUGUAY n.m., fl. d'Amérique du Sud, qui, avec le Paraná, forme le Río de la Plata ; 1 580 km ; bassin de 350 000 km². Il sépare l'Argentine du Brésil, puis de l'Uruguay.

URUGUAY n.m., État d'Amérique du Sud, sur l'Atlantique ; 177 500 km² ; 3 200 000 hab. *(Uruguayens)*. CAP. *Montevideo*. LANGUE : *espagnol*. MONNAIE : *peso uruguayen*.

GÉOGRAPHIE

Formé de plaines et de bas plateaux, l'Uruguay possède un climat tempéré, qui explique la prépondérance d'un peuplement d'origine européenne (espagnole surtout). L'élevage (bovins et ovins), avec les industries qui en dépendent (laines et peaux, viande), constitue la principale ressource du pays, loin devant les cultures (céréales, agrumes, canne à sucre, riz, produits maraîchers) et la pêche. Le potentiel hydroélectrique est l'unique source énergétique. Montevideo regroupe près de la moitié de la population totale, part qui explique le taux très élevé d'urbanisation.

HISTOIRE

XVIe s. : les Espagnols explorent le littoral. **V. 1726 :** ils fondent la forteresse de Montevideo. **1821 :** après l'échec du soulèvement de José Artigas, le pays est rattaché au Brésil. **1828 :** l'Uruguay accède à l'indépendance et forme un État-tampon entre ses deux puissants voisins, l'Argentine et le Brésil. **1838 - 1865 :** la vie politique est marquée par les luttes entre les *colorados* (libéraux) et les *blancos* (conservateurs), et par la « grande guerre » (1839 - 1851) contre l'Argentine. **1890 :** l'arrivée au pouvoir des « civilistes » ouvre une ère de démocratisation. La population s'accroît rapidement (90 000 hab. en 1850, 1 million en 1900), grâce à une immigration massive. **1919 :** une constitution libérale est mise en place. **1933-1942 :** frappé par la crise économique mondiale, l'Uruguay connaît la dictature du président Terra. **1966 :** une réforme constitutionnelle renforce le rôle du président. La guérilla urbaine des Tupamaros se développe. **1972 - 1976 :** le président Bordaberry laisse l'armée mener la répression. **1976 - 1984 :** les militaires dirigent le pays. **1984 :** le pouvoir civil est rétabli avec l'élection à la présidence de Julio Sanguinetti (parti Colorado), qui entre en fonctions en 1985. **1990 :** Luis Lacalle (Parti national-Blanco) devient président de la République. **1995 :** J. Sanguinetti revient à la tête de l'État. **2000 :** Jorge Batlle (Colorado) lui succède.

URUNDI → BURUNDI.

USA, sigle de United States of America (*États-Unis d'Amérique).

USA Today, quotidien américain créé en 1982.

USHUAIA, v. d'Argentine, ch.-l. de la prov. de la Terre de Feu ; 29 696 hab. C'est l'agglomération la plus méridionale du monde.

USINGER (Robert), *Fort Bragg, Californie, 1912 - San Francisco 1968,* entomologiste américain. Spécialiste des hémiptères, il stoppa pendant la Seconde Guerre mondiale l'expansion de la fièvre jaune dans le Pacifique, grâce à l'éradication des moustiques. Il milita pour la protection de la faune des îles Galápagos.

ÜSKÜDAR → SCUTARI.

USSEL (19200), ch.-l. d'arrond. de la Corrèze ; 11 316 hab. *(Ussellois)*. Métallurgie. — Maisons anciennes ; musée du Pays d'Ussel.

USTARITZ [-rits] (64480), ch.-l. de cant. des Pyrénées-Atlantiques ; 5 357 hab. *(Uztariztar)*.

USTER, comm. de Suisse (cant. de Zurich) ; 25 182 hab. Constructions mécaniques et électriques.

ÚSTÍ NAD LABEM, v. de la République tchèque, en Bohême, sur l'Elbe ; 99 739 hab. Centre industriel. — Château fort des XIVe-XVIe s.

UTAH, État des États-Unis, dans les montagnes Rocheuses ; 1 722 850 hab. ; cap. *Salt Lake City*. Ressources minières (cuivre). — L'Utah est peuplé en majeure partie par les mormons, qui l'ont colonisé à partir de 1847.

UTAMARO, *1753 - Edo 1806,* graveur et peintre japonais. L'un des grands maîtres de l'estampe japonaise, il est célèbre pour la sensualité et l'élégance de ses représentations féminines.

UTHMAN IBN AFFAN, *m. à Médine en 656,* troisième calife (644 - 656). Il fit établir la version définitive du Coran. Il fut assassiné lors du conflit entre les Omeyyades et les partisans d'Ali.

UTIQUE, anc. v. d'Afrique du Nord, au N.-O. de Carthage. Elle prit parti pour Rome lors de la troisième guerre punique et devint la capitale de la province romaine d'Afrique.

Utopie, essai en latin écrit par Thomas More (1516), traduit en anglais en 1551. Après une critique sévère de la société anglaise et européenne, l'auteur décrit une île imaginaire où règne un communisme idéal.

UTRECHT, v. des Pays-Bas, ch.-l. de la *prov. d'Utrecht,* au S. de l'IJsselmeer ; 231 231 hab. (500 000 hab. dans l'agglomération). Université. Centre administratif, commercial (foire) et industriel. — Cathédrale gothique et autres monuments ; musées (peintres d'Utrecht, comme Van Scorel, Terbrugghen, Van Honthorst). — Au début du XVIIIe s., la diffusion du jansénisme y provoqua un schisme et la formation de l'Église des vieux-catholiques (1723).

Utrecht (traités d') [1713 - 1715], ensemble de traités qui mirent fin, avec celui de Rastatt, à la guerre de la Succession d'Espagne. Philippe V conservait la couronne d'Espagne, mais renonçait à la couronne de France. L'intégrité du territoire français était préservée, mais Louis XIV abandonnait plusieurs places (Tournai, Ypres, etc.) aux Provinces-Unies ; il reconnaissait la succession protestante en Angleterre et l'Électeur de Brandebourg comme roi de Prusse. L'Angleterre recevait d'importantes bases maritimes (Gibraltar, Minorque, Terre-Neuve, Acadie).

Utrecht (Union d') [23 janv. 1579], union des sept provinces protestantes des Pays-Bas contre l'Espagne, en réponse à l'Union d'Arras formée par les provinces catholiques (6 janv. 1579). Elle regroupait Hollande, Zélande, Utrecht, Gueldre, Overijssel, Frise et Groningue.

UTRILLO (Maurice), *Paris 1883 - Dax 1955,* peintre français, fils de Suzanne Valadon. Il a peint, d'abord dans une gamme de teintes sourdes et raffinées, puis en couleurs vives, des paysages urbains (principalement Montmartre), souvent inspirés de cartes postales.

UTSUNOMIYA, v. du Japon (Honshu) ; 426 795 hab.

UTTARANCHAL, État de l'Inde ; 55 850 km² ; 7 045 000 hab. ; cap. *Dehra Dun*.

UTTAR PRADESH, État de l'Inde, dans la plaine du Gange ; 238 500 km² ; 132 067 000 hab. ; cap. *Lucknow* ; v. princ. *Kanpur, Bénarès, Agra, Allahabad*. C'est l'État le plus peuplé de l'Inde.

UXELLODUNUM, oppidum de la Gaule, dans le pays des Cadurques (Quercy), dont César s'empara en 51 av. J.-C. Il est le symbole de l'ultime résistance gauloise. — Plusieurs sites du midi de la France, dont le Puy-d'Issolud, près de Vayrac (Lot), prétendent correspondre à cet oppidum.

UXMAL, site archéologique du Mexique (Yucatán), au S. de Mérida. Beaux vestiges d'un centre cérémoniel maya florissant entre 600 et 950.

UZERCHE (19140), ch.-l. de cant. de la Corrèze, sur la Vézère ; 3 145 hab. Belle église romane, vieilles maisons.

UZÈS (30700), ch.-l. de cant. du Gard ; 8 386 hab. *(Uzétiens)*. Cathédrale avec clocher roman cylindrique (« tour Fenestrelle »), château des ducs (XIe-XVIe s.), nombreuses vieilles demeures.

V

Caractère Versailles

VAAL n.m., riv. d'Afrique du Sud, affl. de l'Orange (r. dr.) ; 1 200 km.

VAASA, v. de Finlande ; 55 000 hab. Port.

VACCARÈS (étang de), le plus grand étang (6 000 ha) de la Camargue (Bouches-du-Rhône). Réserve botanique et zoologique.

VADODARA, anc. **Baroda,** v. d'Inde (Gujerat) ; 1 115 265 hab. Chimie. – Musée.

VADUZ, cap. du Liechtenstein ; 5 000 hab. Tourisme.

VAGANOVA (Agrippina Iakovlevna), *Saint-Pétersbourg 1879 - id. 1951,* danseuse soviétique. Son enseignement (à partir de 1919) et son traité *les Fondements de la danse classique* (1934) eurent une grande influence.

VÁH n.m., riv. de Slovaquie, affl. du Danube (r. g.) ; 378 km. Centrales hydroélectriques.

VAILLAND (Roger), *Acy-en-Multien, Oise, 1907 - Meillonnas, Ain, 1965,* écrivain français. Cofondateur d'une revue proche du surréalisme *(le Grand Jeu),* il s'affirma dans ses romans *(Drôle de jeu, la Loi)* et son théâtre comme un moraliste ironique et libertin et comme un écrivain engagé.

VAILLANT (Auguste), *Mézières v. 1861 - Paris 1894,* anarchiste français. Il lança une bombe à la Chambre des députés (déc. 1893). Condamné à mort, il fut exécuté.

VAILLANT (Édouard), *Vierzon 1840 - Saint-Mandé 1915,* homme politique français. Responsable de l'Éducation publique durant la Commune (1871), proche de Blanqui, il dut se réfugier en Angleterre. Revenu en France en 1880, député à partir de 1893, membre de la SFIO à partir de 1905, il fut un chef de file proche de Jaurès.

VAILLANT (Jean-Baptiste Philibert), *Dijon 1790 - Paris 1872,* maréchal de France. Ministre de la Guerre (1854 - 1859), il commanda en chef l'armée d'Italie (1859).

VAILLANT-COUTURIER (Paul), *Paris 1892 - id. 1937,* journaliste et homme politique français. Membre du comité central du PCF (1925 - 1926, 1932 - 1936), il fut rédacteur en chef de *l'Humanité* (1928 - 1937).

VAIR (Guillaume **du**) → **DU VAIR** (Guillaume).

VAIRES-SUR-MARNE (77360), ch.-l. de cant. de Seine-et-Marne ; 11 842 hab. Gare de triage. Centrale thermique.

VAISON-LA-ROMAINE (84110), ch.-l. de cant. de Vaucluse ; 5 986 hab. *(Vaisonnais).* Tourisme. – Ruines romaines : théâtre, thermes, etc. ; musée. Anc. cathédrale romane ; maisons médiévales.

VAJPAYEE (Atal Bihari), *Gwalior 1924,* homme politique indien. Leader du Bharatiya Janata Party (BJP), parti hindouiste nationaliste, il est Premier ministre depuis 1998.

VAKHTANGOV (Ievgueni), *Vladikavkaz 1883 - Moscou 1922,* metteur en scène et acteur russe. Disciple de Stanislavski et de Meyerhold, il fut favorable à la révolution d'Octobre. En 1913, il fonda à Moscou un théâtre (depuis 1926, Théâtre Vakhtangov), où il monta Tchekhov, Maeterlinck, Gozzi et où il forma des acteurs.

VALACHIE, anc. principauté danubienne, qui a formé avec la Moldavie le royaume de Roumanie. **V. 1310 - 1352 :** Basarab Ier crée la voïévodie de Valachie. **1396 :** les Ottomans soumettent celle-ci au tribut. **1774 :** la Valachie passe sous la protection de la Russie. **1859 :** Alexandre Cuza est élu prince de Moldavie et de Valachie. L'union des deux principautés devient définitive en 1862.

VALADON (Marie-Clémentine, dite Suzanne), *Bessines-sur-Gartempe 1865 - Paris 1938,* peintre français. Elle est l'auteur de nus, de natures mortes et de paysages d'un style ferme et intense. Elle conseilla son fils, Utrillo.

VALAIS n.m., canton de Suisse, dans la vallée du Rhône ; 5 225 km² ; 266 700 hab. *(Valaisans) ;* ch.-l. *Sion.* Possession des évêques de Sion depuis 999, le Valais appartint à la République helvétique (1799), puis fut annexé à la France (1810) pour former le département du Simplon. Il entra dans la Confédération suisse en 1815.

VAL-ANDRÉ (le), station balnéaire des Côtes-d'Armor (comm. de Pléneuf-Val-André).

VAL-BÉLAIR, v. du Canada (Québec), à l'O. de Québec ; 17 951 hab. *(Bélairois).*

VALBERG, station de sports d'hiver (alt. 1 650 - 2 025 m) des Alpes-Maritimes (comm. de Guillaumes), au pied de la *croix de Valberg* (1 829 m).

VALBONNE (06560), comm. des Alpes-Maritimes, en bordure du *plateau de Valbonne ;* 11 244 hab. Anc. abbaye remontant à 1199.

Valbonne (camp de la), camp militaire situé à 25 km au nord-est de Lyon (Ain).

VALBONNE (plateau de), site d'un complexe culturel et scientifique (Sophia-Antipolis), au N. de Cannes.

VAL-CENIS (73480 Lanslebourg Mont Cenis), station de sports d'hiver (alt. 1 400 - 2 800 m) de la Savoie (comm. de Lanslebourg-Mont-Cenis et Lanslevillard), en Maurienne. À Lanslevillard, peintures murales dans une chapelle du XVe s.

VALDAHON (25800), comm. du Doubs ; 4 949 hab. Camp militaire.

VALDAÏ n.m., plateau du nord-ouest de la Russie, où naissent la Volga et le Dniepr ; 343 m.

VAL D'ARLY → **FLUMET.**

Val-de-Grâce (le), anc. couvent de Paris (Ve arrond.), construit au XVIIe s. d'après des plans de F. Mansart. Un dôme majestueux, dont la coupole est peinte par P. Mignard, surmonte la chapelle. Transformé en hôpital d'instruction et en école du Service de santé des armées (musée en annexe), l'ensemble a été agrandi, restauré et modernisé de 1975 à 1993.

VAL DE LOIRE → **LOIRE** [fl.].

VALDEMAR Ier le Grand, *Slesvig 1131 - Vordingborg 1182,* roi de Danemark (1157 - 1182). Il restitua au Danemark sa puissance et son unité intérieure. – **Valdemar II Sejr** (le Victorieux), *1170 - Vordingborg 1241,* roi de Danemark (1202 - 1241). Il fit codifier les lois et établir un inventaire fiscal du royaume. – **Valdemar IV Atterdag,** *v. 1320 - 1375,* roi de Danemark (1340 - 1375). Il rétablit l'unité du royaume, mais ne put empêcher la Hanse d'y étendre son influence.

VAL-DE-MARNE n.m. (94), dép. de la Région Île-de-France ; ch.-l. de dép. *Créteil ;* ch.-l. d'arrond. *L'Haÿ-les-Roses, Nogent-sur-Marne ;* 3 arrond. ; 49 cant. ; 47 comm. ; 245 km² ; 1 227 250 hab. *(Val-de-Marnais).* Le dép. appartient à l'académie de Créteil, à la cour d'appel et à la zone de défense de Paris. La vallée de la Seine, jalonnée de centres industriels (Villeneuve-Saint-Georges, Vitry-sur-Seine, Alfortville, Ivry-sur-Seine), sépare deux secteurs à caractère plus résidentiel (Arcueil, Cachan, L'Haÿ-les-Roses à l'O., vallée de la Marne et communes limitrophes du bois de Vincennes à l'E.). Le sud-est, plus éloigné de Paris, est encore partiellement rural, malgré l'urbanisation progressive. *(V. carte page 1732.)*

VAL-DE-MEUSE (Le) [52140], ch.-l. de cant. de la Haute-Marne ; 2 290 hab.

VAL-DE-REUIL (27100), anc. **Le Vaudreuil,** ch.-l. de cant. de l'Eure ; 13 796 hab. *(Rolivalois).* Bassin d'essais de carènes.

VALDÉS (Juan **de**), *Cuenca v. 1499 - Naples 1541,* humaniste espagnol, auteur d'un *Dialogue de la langue* (v. 1536), relatif au castillan de l'époque.

VALDÉS LEAL (Juan **de**), *Séville 1622 - id. 1690,* peintre espagnol. Il est le dernier maître andalou du Siècle d'or, et le plus résolument baroque.

VALDEZ, port pétrolier des États-Unis (Alaska), sur le golfe de l'Alaska.

VAL-D'ISÈRE (73150), comm. de Savoie, en Tarentaise ; 1 660 hab. *(Avalins).* Station de sports d'hiver (alt. 1 850 - 3 550 m).

VALDIVIA, v. du Chili ; 120 706 hab. Port.

VALDIVIA (Pedro **de**), *La Serena, prov. de Badajoz, 1497 - Tucapel, Chili, 1553,* conquistador espagnol. Compagnon de Pizarro, il acheva la conquête du Chili, où il fonda Santiago (1541).

VALDO ou **VALDÈS** (Pierre), dit Pierre **de Vaux,** *Lyon 1140 - en Bohême ? v. 1217,* fondateur du mouvement religieux dit « des vaudois ». Riche marchand lyonnais, il se convertit en 1176 à la pauvreté absolue et créa un groupe dit « des pauvres du Christ » ou « des pauvres de Lyon ».

VALDOIE (90300), ch.-l. de cant. du Territoire de Belfort ; 4 945 hab.

VAL-D'OISE n.m. (95), dép. de la Région Île-de-France ; ch.-l. de dép. *Pontoise ;* ch.-l. d'arrond. *Argenteuil, Montmorency ;* 3 arrond. ; 39 cant. ; 185 comm. ; 1 246 km² ; 1 105 464 hab. *(Valdoisiens).* Le dép. appartient à l'académie et à la cour d'appel de Versailles, à la zone de défense de Paris. En dehors de son extrémité méridionale et de la vallée de l'Oise (Persan, Beaumont et Cergy-Pontoise), secteurs correspondant à des axes de circulation où l'industrie (métallurgie, chimie) et les services se sont développés, le dép. a encore une vocation largement agricole. À l'O. de l'Oise, les plateaux du Vexin français portent des cultures céréalières et betteravières. À l'E., au-delà des massifs forestiers (Montmorency, L'Isle-Adam), apparaissent les plateaux dénudés du pays de France, domaines de la grande culture. La proximité de Paris, l'aménagement de la ville nouvelle de Cergy-Pontoise expliquent l'importance des grands ensembles résidentiels (Sarcelles) et des lotissements.

VAL-D'OR, v. du Canada (Québec), dans l'Abitibi ; 24 227 hab. *(Valdoriens).* Or et cuivre.

VALÉE (Sylvain Charles, comte), *Brienne-le-Château 1773 - Paris 1846,* maréchal de France. Il réorganisa l'artillerie (1822), prit Constantine (1837) et fut gouverneur général de l'Algérie (1837 - 1840).

VALENÇAY (36600), ch.-l. de cant. de l'Indre ; 2 941 hab. *(Valencéens).* Fromages. — Château des XVIe-XVIIIe s., qui a appartenu à Talleyrand.

VALENCE, en esp. **Valencia,** v. d'Espagne, cap. de la *communauté autonome de Valence* et ch.-l. de prov. ; 752 909 hab. Port à l'embouchure du Turia, sur la Méditerranée. Entourée d'une riche huerta (agrumes, primeurs, riz), c'est un centre industriel diversifié. — Cathédrale (XIIIe-XVIIIe s.), *Lonja de la Seda* (halle de la soie, gothique de la fin du XVe s.), palais de *Dos Aguas* (portail baroque du XVIIIe s.) et autres monuments. Musées. — Valence fut la capitale d'un royaume maure indépendant de 1021 à 1238 (sauf pendant le règne du Cid Campeador [1094 - 1099]).

VALENCE (26000), ch.-l. du dép. de la Drôme, sur le Rhône, à 560 km au S.-E. de Paris ; 66 568 hab. *(Valentinois).* Évêché. Constructions mécaniques. Aéronautique. Chimie. — Cathédrale en partie romane ; musée.

VALENCE ou **VALENCE-D'AGEN** (82400), ch.-l. de cant. de Tarn-et-Garonne ; 4 967 hab. *(Valenciens).* Bastide de la fin du XIIIe s.

VALENCE (communauté autonome de), région administrative d'Espagne ; 23 305 km^2 ; 3 898 241 hab. ; 3 prov. (*Alicante, Castellón de la Plana* et *Valence*).

VALENCIA, v. du Venezuela, à l'O. de Caracas ; 903 621 hab.

VALENCIENNES (59300), ch.-l. d'arrond. du Nord, sur l'Escaut ; 42 343 hab. *(Valenciennois)* [plus de 340 000 hab. dans l'agglomération]. Construction automobile. Matériel ferroviaire. Chimie. Infographie et création numérique. — Riche musée des Beaux-Arts (peinture, fonds Carpeaux).

VALENCIENNES (Achille), *Paris 1794 - id. 1865,* zoologiste français. Il a publié, entre 1828 et 1848, une *Histoire naturelle des poissons,* en 22 vol.

VALENCIENNES (Pierre Henri **de**), *Toulouse 1750 - Paris 1819,* peintre français. Maître du paysage historique, bon pédagogue, il a rapporté de ses voyages en Italie de nombreuses esquisses peintes sur le motif (Louvre).

VALENS ou **FLAVIUS VALENS,** *Cibalae, Pannonie, v. 328 - Hadrianopolis (Andrinople) 378,* empereur romain (364 - 378). Associé à son frère Valentinien Ier, il gouverna les provinces orientales de l'Empire. Il se rallia à l'arianisme et fut vaincu puis tué par les Wisigoths.

VALENSOLE (04210), ch.-l. de cant. des Alpes-de-Haute-Provence, sur le *plateau de Valensole ;* 2 358 hab. Culture de la lavande.

VALENTIA, île des côtes occidentales de l'Irlande. Tête de ligne de câbles transatlantiques. Station météorologique.

VALENTIGNEY (25700), ch.-l. de cant. du Doubs ; 12 741 hab. *(Boroillots).* Industrie automobile.

VALENTIN (saint), *IIIe s.,* martyr romain. À la suite d'une tradition médiévale, la Saint-Valentin, célébrée le 14 février (début de la période des amours chez les oiseaux), est devenue la fête des amoureux.

VALENTIN, *m. v. 160,* gnostique d'origine égyptienne. Sa doctrine, répandue en Italie, à Rome et en Orient, fut combattue par saint Irénée et Tertullien.

VALENTIN (Valentin **de Boulogne,** dit), *Coulommiers 1590/1591 - Rome 1632,* peintre français.

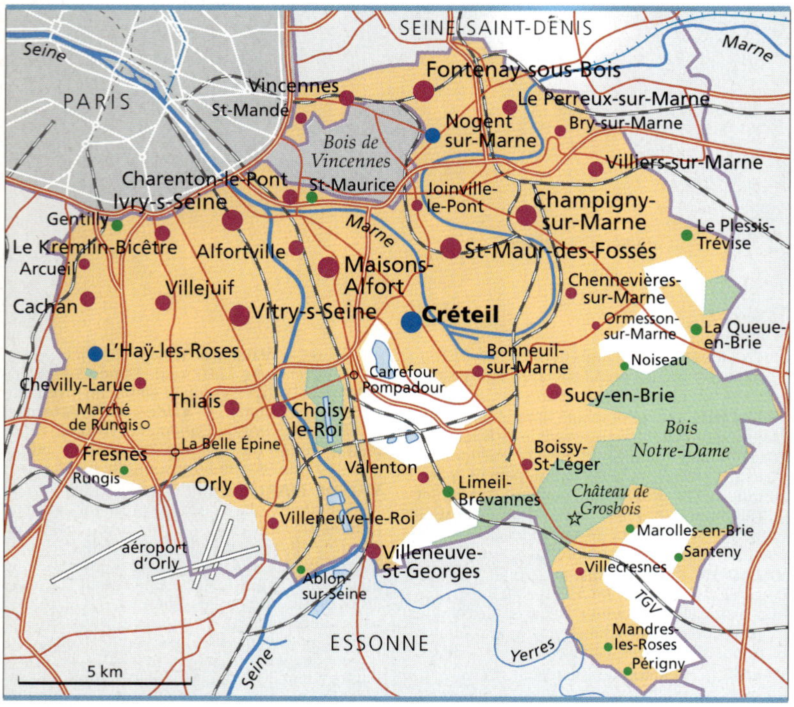

Val-de-Marne

plus de 50 000 h.	ch.-l. d'arrondissement	autoroute
de 20 000 à 50 000 h.	ch.-l. de canton	route
de 10 000 à 20 000 h.	commune	voie ferrée
moins de 10 000 h.	autre localité	

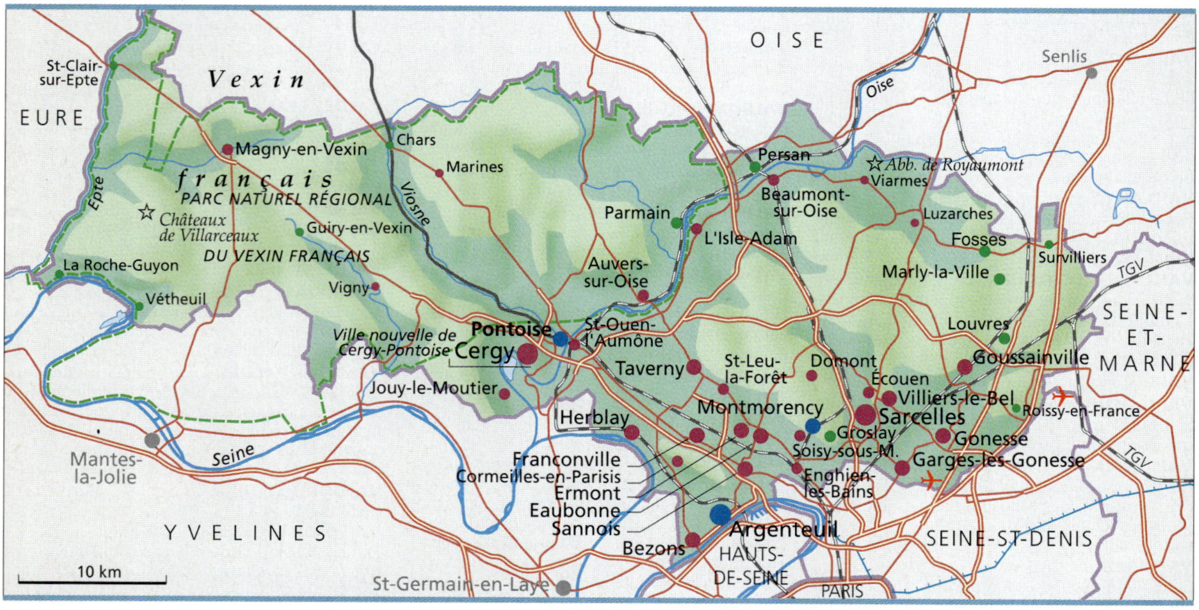

Val-d'Oise

100 m

plus de 50 000 h.	de 5 000 à 20 000 h.	ch.-l. d'arrondissement	autoroute
de 20 000 à 50 000 h.	moins de 5 000 h.	ch.-l. de canton	route
		commune	voie ferrée

Installé à Rome, il a interprété la leçon du Caravage avec une noblesse grave (*Judith*, musée de Toulouse ; *Réunion dans un cabaret*, deux *Concert*, etc., Louvre).

VALENTINIEN Ier, en lat. **Flavius Valentinianus**, *Cibalae, Pannonie, 321 - Brigetio, Pannonie, 375*, empereur romain (364 - 375). Associé à son frère Valens, il s'installa à Milan. Il contint les Barbares hors de l'Empire, dont il fortifia les frontières, et s'efforça d'améliorer la condition des classes populaires. — **Valentinien II**, en lat. **Flavius Valentinianus**, *v. 371 - Vienne 392*, empereur romain (375 - 392). Fils de Valentinien Ier, il régna sur l'Occident. Son tuteur, Arbogast, l'aurait fait assassiner. — **Valentinien III**, en lat. **Flavius Placidus Valentinianus**, *Ravenne 419 - Rome 455*, empereur romain d'Occident (425 - 455). Successeur d'Honorius, il perdit la Bretagne et laissa les Vandales s'installer en Afrique. Il fut assassiné par les fidèles d'Aetius, qu'il avait tué, malgré sa victoire sur Attila (451).

VALENTINO (Rodolfo **Guglielmi**, dit Rudolph), *Castellaneta, prov. de Tarente, 1895 - New York 1926*, acteur américain d'origine italienne. Incarnation du séducteur latin, il fut l'une des premières grandes stars hollywoodiennes (*les Quatre Cavaliers de l'Apocalypse*, R. Ingram, 1921 ; *le Cheikh*, G. Melford, 1921 ; *Arènes sanglantes*, F. Niblo, 1922).

VALENTON (94460), ch.-l. de cant. du Val-de-Marne ; 11 489 hab.

VALERA (Eamon **de**) → **DE VALERA.**

VALERA Y ALCALÁ GALIANO (Juan), *Cabra 1824 - Madrid 1905*, écrivain espagnol. Ses romans évoquent la société andalouse ou madrilène (*Pepita Jiménez*, 1874).

VALÈRE MAXIME, en lat. **Valerius Maximus**, *Ier s. av. J.-C. - Ier s. apr. J.-C.*, historien romain. Ses *Faits et dits mémorables*, dédiés à Tibère, sont une compilation d'anecdotes morales.

VALÉRIEN, en lat. **Publius Licinius Valerianus**, *m. en 260*, empereur romain (253 - 260). Il associa à l'Empire son fils Gallien, à qui il confia l'Occident. Il persécuta les chrétiens (édits de 257 et 258) et fut vaincu par les Perses à Édesse. Fait prisonnier par le roi sassanide Châhpuhr Ier, il fut mis à mort.

VALÉRIEN (mont), butte de la banlieue ouest de Paris ; 161 m. Fort qui joua un grand rôle au cours du siège de Paris (1871), et où de nombreux Français furent fusillés par les Allemands lors de la Seconde Guerre mondiale. Mémorial.

VALERIUS PUBLICOLA (Publius), *m. en 503 av. J.-C.*, homme politique romain. Selon la tradition, il fut un des consuls de la première année de la République. Ses mesures en faveur du peuple le firent surnommer *Publicola* (« Ami du peuple »).

VALÉRY (Paul), *Sète 1871 - Paris 1945*, écrivain français. Disciple de Mallarmé, il publie des poèmes, puis se tourne vers l'étude des mathématiques et retrouve le goût de la création artistique en cherchant à établir l'unité créatrice de l'esprit (*Introduction à la méthode de Léonard de Vinci*, 1895). Il se compose une éthique intellectuelle (*la Soirée avec M. Teste*, 1896) et revient à la poésie (*la Jeune Parque*, 1917 ; *Charmes*, 1922, où figure *le Cimetière marin*), dont, à partir de 1937, il enseignera l'art au Collège de France. Il poursuit cependant ses réflexions sur le langage, la peinture, la musique, les sciences, qui donnent matière à des essais (*Variété*, 1924 - 1944), à des dialogues de forme socratique (*l'Âme et la Danse*, 1923) et à une abondante œuvre posthume (*Mon Faust*). Ses *Cahiers* furent le laboratoire de son œuvre. (Acad. fr.)

VALETTE (La), cap. de Malte, sur la côte est de l'île ; 9 000 hab. (102 000 hab. dans l'agglomération). Port. Tourisme. — Ville neuve, fortifiée, construite à partir de 1566 ; beaux monuments.

VALETTE-DU-VAR (La) [83160], ch.-l. de cant. du Var ; 21 990 hab. Église des XIIe-XVIe s.

Valeur militaire (croix de la), décoration militaire française. Elle fut créée en 1956, à l'occasion de la guerre d'Algérie, pour récompenser les actions d'éclat dans les opérations de sécurité et de maintien de l'ordre.

VAL-HALL → **WALHALLA.**

VALKYRIES → **WALKYRIES.**

VALLA ou **DELLA VALLE** (Lorenzo), dit **Laurentius Vallensis**, *Rome 1407 - Naples 1457*, humaniste italien. Il chercha à concilier sagesse antique et foi chrétienne (*De la volupté*, 1431).

VALLADOLID, v. d'Espagne, cap. de la communauté autonome de Castille-León et ch.-l. de prov. ; 330 700 hab. Archevêché. Centre industriel. — Église S. Pablo et collège S. Gregorio aux façades-retables tapissées d'un fantastique décor sculpté (fin du XVe s.) ; cathédrale du style de la Contre-Réforme ; musée national de Sculptures polychromes (A. Berruguete, Juan de Juni, etc.).

VALLAURIS [-ris] (06220), ch.-l. de cant. des Alpes-Maritimes, près du golfe Juan ; 25 931 hab. (*Vallauriens*). Céramiques, dont Picasso relança la fabrication. Château-musée (chapelle romane décorée par Picasso : *la Guerre* et *la Paix*, 1952 ; musée Magnelli ; musée de la Céramique).

VALLEDUPAR, v. du nord de la Colombie ; 252 000 hab.

VALLE-INCLÁN (Ramón María **del**), *Villanueva de Arosa 1866 - Saint-Jacques-de-Compostelle 1936*, écrivain espagnol. Après des récits (*Sonates*) et des comédies (*le Marquis de Bradomín*) de facture moderniste, il évolua vers un art satirique et expressionniste avec ses *Comédies barbares* (1907 - 1922) et ses *esperpentos*, courtes farces en prose qui mettent en scène des personnages affligés de difformités physiques et morales.

VALLEJO (César), *Santiago de Chuco 1892 - Paris 1938*, poète péruvien. Son œuvre chante la souffrance et la solidarité humaines (*les Hérauts noirs*, 1918 ; *Trilce*, 1922 ; *Poèmes humains*, 1939).

VALLERY-RADOT (Pasteur) → **PASTEUR VALLERY-RADOT.**

VALLÈS (Jules), *Le Puy 1832 - Paris 1885*, écrivain français. Journaliste engagé (*l'Argent*, *la Rue*), il fit paraître *le Cri du peuple* et fut membre de la Commune. Ces expériences se retrouvent dans son cycle romanesque autobiographique de Jacques Vingtras (*l'Enfant*, *le Bachelier*, *l'Insurgé*, 1879 - 1886).

VALLESPIR n.m., région des Pyrénées orientales, parcourue par le Tech.

VALLET (44330), ch.-l. de cant. de la Loire-Atlantique ; 7 047 hab. (*Valletais*). Muscadet.

VALLEYFIELD → **SALABERRY-DE-VALLEYFIELD.**

■ **VALENTIN DE BOULOGNE.** *La Diseuse de bonne aventure.* (Louvre, Paris.)

■ PAUL **VALÉRY**

VALLOIRE (73450), comm. de Savoie ; 1 263 hab. Sports d'hiver (alt. 1 430 - 2 600 m). — Église baroque du XVIIe s.

VALLON-PONT-D'ARC (07150), ch.-l. de cant. de l'Ardèche ; 2 074 hab. (*Vallonnais*). Aux environs, grotte ornée, dite « grotte Chauvet » : sanctuaire paléolithique, dont certaines peintures rupestres remarquables comptent parmi les plus anciennes connues (-30 000 à – 25 000) et appartiennent à l'aurignacien.

VALLORBE, v. de Suisse (Vaud) ; 3 271 hab. (*Vallorbiers*). Gare internationale.

VALLORCINE (74660), comm. de Haute-Savoie ; 396 hab. Centre touristique.

VALLOTTON (Félix), *Lausanne 1865 - Paris 1925*, peintre et graveur français d'origine suisse. Lié aux nabis, il est l'auteur de mordantes gravures sur bois et de toiles à la fois réalistes et audacieusement stylisées.

■ FÉLIX **VALLOTTON.** *J'accuse*, couverture du périodique *le Cri de Paris*, 23 janvier 1898 ; gravure sur bois.

VALMIKI, sage indien qui aurait vécu au IVe s. av. J.-C., à qui l'on attribue le *Ramayana*.

VALMOREL (73260 Aigueblanche), station de sports d'hiver (alt. 1 400 - 2 550 m) de la Savoie (comm. des Avanchers-Valmorel), près de Moûtiers.

Valmy (bataille de) [20 sept. 1792], victoire de Dumouriez et de Kellermann sur les Prussiens près de Sainte-Menehould (Marne). Elle marqua l'arrêt de l'invasion et rendit confiance à l'armée française.

VALOGNES (50700), ch.-l. de cant. de la Manche ; 7 815 hab. (*Valognais*). Demeures anciennes ayant échappé aux destructions de 1944.

VALOIS n.m., région du sud-est du Val-d'Oise.

VALOIS, dynastie de rois qui régna sur la France de 1328 à 1589, depuis l'avènement de Philippe VI, cousin du dernier des Capétiens directs, Charles IV le Bel, jusqu'à la mort d'Henri III, qui n'avait pas de descendance.

VALOIS (Ninette **de**) → **DE VALOIS.**

VALPARAÍSO, v. du Chili ; 276 737 hab. (600 000 hab. dans l'agglomération). Principal port du pays. Centre industriel.

VALRAS-PLAGE (34350), comm. de l'Hérault ; 3 668 hab. Station balnéaire.

VALRÉAS [-as] (84600), ch.-l. de cant. de Vaucluse, enclavé dans la Drôme ; 9 683 hab. (*Valréassiens*). Église romane, hôtel de ville dans un château des XVe-XVIIIe s.

VALROMEY, anc. pays de France (auj. dans l'Ain), cédé par la Savoie à la France (1601).

VAL-SAINT-LAMBERT, écart de la comm. belge de Seraing. Cristallerie.

VALS-LES-BAINS (07600), ch.-l. de cant. de l'Ardèche ; 3 635 hab. (*Valsois*). Station thermale (eaux minérales gazeuses).

VALTAT (Louis), *Dieppe 1869 - Paris 1952,* peintre français, précurseur du fauvisme.

VALTELINE n.f., en ital. **Valtellina,** région d'Italie, formée par la haute vallée de l'Adda ; v. princ. *Sondrio.* Pendant la guerre de Trente Ans, Richelieu l'occupa (1635 - 1637) pour empêcher la jonction entre les possessions des Habsbourg d'Espagne et celles des Habsbourg d'Autriche.

VAL-THORENS, station de sports d'hiver (alt. 2 300 - 3 300 m) de Savoie (comm. de Saint-Martin-de-Belleville), dans la Vanoise.

VAN, v. de Turquie, ch.-l. de prov., près du *lac de Van ;* 153 111 hab.

VAN (lac de), lac de la Turquie orientale (alt. 1 646 m) ; 3 700 km².

VAN ACKER (Achille), *Bruges 1898 - id. 1975,* homme politique belge. Socialiste, il fut Premier ministre en 1945 - 1946 et de 1954 à 1958.

VANADZOR, anc. **Kirovakan,** v. d'Arménie ; 159 000 hab.

VAN ALLEN (James Alfred), *Mount Pleasant, Iowa, 1914,* physicien américain. Il a découvert les ceintures de rayonnement entourant la Terre, auxquelles on a donné son nom. (Prix Crafoord 1989.)

VAN ARTEVELDE (Jacob), *Gand v. 1290 - id. 1345,* bourgeois de Gand. Chef des Flamands révoltés contre le comte de Flandre, il se heurta au particularisme des villes flamandes et périt dans une émeute. — **Filips Van A.,** *Gand 1340 - Rozebeke 1382,* bourgeois de Gand. Fils de Jacob, capitaine des Gantois, il écrasa l'armée du comte de Flandre (1382), mais fut tué à la bataille de Rozebeke, remportée par le roi de France.

V

VAN BENEDEN (Edouard), *Louvain 1846 - Liège 1910,* embryologiste belge. Il a étudié la morphologie cellulaire, la fécondation, l'embryologie des mammifères, et a découvert la réduction chromatique, ou *méiose,* des cellules reproductrices.

VANBRUGH (sir John), *Londres 1664 - id. 1726,* architecte et auteur dramatique anglais. À la fois palladien et baroque, il a notamm. élevé le palais de Blenheim, près d'Oxford (1705).

VAN BUREN (Martin), *Kinderhook, État de New York, 1782 - id. 1862,* homme politique américain. Président des États-Unis de 1837 à 1841, il poursuivit l'œuvre de Jackson et réorganisa le Parti démocrate.

VAN CAMPEN (Jacob), *Haarlem 1595 - près d'Amersfoort 1657,* architecte et peintre néerlandais. Il a donné les plans du Mauritshuis, à La Haye, et de l'anc. hôtel de ville d'Amsterdam (1648), au style inspiré de Palladio.

VAN CLEVE (Joos), *Clèves ? v. 1490 - Anvers v. 1541,* peintre flamand. Maître à Anvers en 1511, auteur de tableaux religieux (retables de *la Mort de Marie,* Munich et Cologne), il fut aussi un excellent portraitiste.

VAN COEHOORN (Menno, baron), *Britsum, près de Leeuwarden, 1641 - La Haye 1704,* ingénieur militaire néerlandais. Surnommé le *Vauban hollandais,* il dessina les fortifications de Nimègue, de Breda et de Bergen op Zoom. Son œuvre fit école au XVIIIe s.

VANCOUVER, v. du Canada (Colombie-Britannique), sur le détroit de Géorgie, en face de l'*île de Vancouver ;* 471 844 hab. (1 409 361 hab. dans l'agglomération, la troisième du pays). Archevêché. Université. Port. Débouché canadien sur le Pacifique, centre industriel (bois, construction navale, mécanique, alimentation) et touristique (musées, dont le musée d'Anthropologie ; parcs).

VANCOUVER (George), *King's Lynn 1757 - Richmond 1798,* navigateur britannique. Il fit le premier relevé exact de la côte ouest du Canada (1791 - 1795).

VANCOUVER (île de), île canadienne de la côte de la Colombie-Britannique ; 32 137 km² ; v. princ. *Victoria.*

VANDALES, peuple germanique établi au sud de la Baltique au Ier s. apr. J.-C. Au début du Ve s., avec d'autres peuples barbares, ils envahirent la Gaule (407), l'Espagne (409). Sous la conduite de Geiséric (428 - 477), ils conquirent l'Afrique romaine, et fondèrent un royaume qui s'étendit à la Sicile, et où la plupart des institutions romaines d'Afrique furent conservées. Cet État disparut en 533 lors de la conquête byzantine de l'Afrique.

VAN DAM (José), *Bruxelles 1940,* baryton-basse belge. Il a notamm. créé le rôle-titre de l'opéra d'Olivier Messiaen *Saint François d'Assise* (1983, repris en 1992).

VAN DE GRAAFF (Robert Jemison), *Tuscaloosa, Alabama, 1901 - Boston 1967,* physicien américain. Il a réalisé les premières grandes machines électrostatiques, destinées à l'accélération des particules.

Vandenberg, base militaire américaine de lancement de missiles et d'engins spatiaux, en Californie du Sud, sur la côte du Pacifique.

VAN DEN BERGHE (Frits), *Gand 1883 - id. 1939,* peintre belge. Membre de la seconde école de Laethem-Saint-Martin, il a donné à partir de 1925 - 1926 une version personnelle du surréalisme, hallucinante et sarcastique.

VAN DEN BOSCH (Johannes, comte), *Herwijnen, Gueldre, 1780 - La Haye 1844,* administrateur néerlandais. Gouverneur des Indes néerlandaises (1830 - 1833), il y imposa un système de cultures forcées, obligeant les paysans javanais à consacrer un cinquième de leurs terres à des cultures choisies par le gouvernement. Il fut ministre des Colonies de 1835 à 1839.

VAN DE POELE (Karel Joseph), *Lichtervelde 1846 - Lynn, Massachusetts, 1892,* technicien belge. Parmi ses inventions (concernant pour la plupart des applications de l'électricité) figure la traction électrique par trolley (1885).

VAN DER GOES (Hugo), *m. au monastère d'Auderghem, en forêt de Soignes, en 1482,* peintre flamand, maître à Gand en 1467. Monumental et pathétique, il a imprimé au réalisme flamand la marque de son esprit angoissé (*Triptyque Portinari,* v. 1475, Offices ; *la Mort de la Vierge,* Bruges).

VAN DER MEER (Simon), *La Haye 1925,* ingénieur néerlandais. Il a conçu un système de production de faisceaux très fins d'antiprotons, qui, dans le supersynchrotron à protons du Cern, a permis la découverte des bosons intermédiaires. (Prix Nobel de physique, 1984.)

VAN DER MEERSCH (Jan André), *Menin 1734 - Dadizeele 1792,* général flamand. Après avoir servi la France, puis l'Autriche, il se plaça en 1789 à la tête des insurgés brabançons.

VAN DER MEULEN (Adam Frans), *Bruxelles 1632 - Paris 1690,* peintre flamand, appelé en France par Le Brun (1664). Ses tableaux panoramiques relatent l'histoire militaire du règne de Louis XIV.

VANDERSTEEN (Willebrord, dit Willy), *Anvers 1913 - Edegem 1990,* dessinateur et scénariste belge de bandes dessinées. Les séries *Bob et Bobette* (1945) et *Bessy* (1952) font de ce créateur de langue néerlandaise l'une des grandes figures de la bande dessinée belge.

VANDERVELDE (Émile), *Ixelles 1866 - Bruxelles 1938,* homme politique belge. Député socialiste (1894), président de la IIe Internationale (1900), il fut notamm. ministre des Affaires étrangères (1925 - 1927) et signa les accords de Locarno (1925).

■ HUGO **VAN DER GOES.** Volet droit du *Triptyque Portinari* (v. 1475) représentant sainte Marguerite et sainte Madeleine, avec Marie Portinari et sa fille. (Offices, Florence.)

VAN DER WAALS (Johannes Diderik), *Leyde 1837 - Amsterdam 1923,* physicien néerlandais. Il étudia la continuité des états liquides et gazeux (1873) et les forces d'attraction d'origine électrostatique entre molécules. Il donna aussi une équation d'état des fluides. (Prix Nobel 1910.)

VAN DER WEYDEN (Rogier **de La Pasture,** ou Rogier), *Tournai v. 1400 - Bruxelles 1464,* peintre des Pays-Bas du Sud. Il est le plus célèbre des « primitifs flamands » après J. Van Eyck (*Descente de Croix,* v. 1435 ?, Prado ; *Saint Luc peignant la Vierge,* version de Boston notamm. ; retable du *Jugement dernier,* v. 1445 - 1450, hôtel-Dieu de Beaune ; *Triptyque Braque,* Louvre ; portrait de *l'Homme à la flèche,* Bruxelles).

VAN DE VELDE, famille de peintres paysagistes néerlandais du XVIIe s., dont les deux principaux sont : **Esaias Van de V.,** *Amsterdam v. 1590 - La Haye 1630,* qui inaugura la vision réaliste du paysage hollandais, et **Willem Van de V. le Jeune,** *Leyde 1633 - Greenwich 1707,* neveu d'Esaias, peintre de marines d'une grande qualité poétique.

VAN DE VELDE (Henry), *Anvers 1863 - Zurich 1957,* architecte, décorateur et peintre belge. Il fut l'un des principaux animateurs du mouvement moderniste en Europe, à la fois attaché à un Art nouveau retenu et au fonctionnalisme.

VAN DE WOESTIJNE (Karel), *Gand 1878 - Zwijnaarde 1929,* écrivain belge de langue néerlandaise. Ses poèmes *(l'Ombre dorée)* et ses récits *(Janus au double visage)* témoignent d'une lutte constante entre le mysticisme et la sensualité. — **Gustaaf Van de W.,** *Gand 1881 - Uccle 1947,* peintre belge, frère de Karel. Il fit partie du premier groupe de Laethem-Saint-Martin.

VAN DIEMEN (Anthony), *Culemborg 1593 - Batavia 1645,* administrateur néerlandais. Gouverneur général de la Compagnie des Indes néerlandaises (1636 - 1645), il étendit l'influence de celle-ci à Ceylan et à Malacca.

VAN DIJK (Peter), *Brême 1929 - Paris 1997,* danseur et chorégraphe allemand. Grand interprète *(Giselle, Petrouchka),* chorégraphe *(la Symphonie inachevée),* il s'est affirmé comme directeur de troupe (Ballet de l'Opéra de Hambourg, 1962 - 1970 ; Ballet du Rhin, 1974 - 1978).

VANDŒUVRE-LÈS-NANCY (54500), ch.-l. de cant. de Meurthe-et-Moselle, banlieue de Nancy ; 32 473 hab. *(Vandopériens).*

VAN DONGEN (Kees), *Delfshaven, près de Rotterdam, 1877 - Monte-Carlo 1968,* peintre français d'origine néerlandaise. L'un des fauves, grand coloriste, il est l'auteur de scènes de la vie contemporaine et de portraits d'une valeur synthétique percutante.

VAN DYCK ou **VAN DIJCK** (Antoon ou Anthonie), *Anvers 1599 - Londres 1641,* peintre flamand. Collaborateur de Rubens d'env. 1618 à 1621, il travailla ensuite à Gênes, puis de nouveau à Anvers (peintures religieuses, portraits) ; en 1632, il devint le peintre de Charles Ier et de la cour d'Angleterre. Le succès de ses portraits, pleins de virtuosité et de distinction, fut immense.

VANEL (Charles), *Rennes 1892 - Cannes 1989,* acteur français. Au cours d'une carrière exceptionnellement longue et prolifique, il a joué notamm. dans *le Grand Jeu* (J. Feyder, 1934), *la Belle Équipe* (J. Duvivier, 1936), *Le ciel est à vous*

■ WILLEM **VAN DE VELDE LE JEUNE.** *La Mer par temps calme.* (Musée Condé, Chantilly.)

(J. Grémillon, 1944), *le Salaire de la peur* (H. G. Clouzot, 1953), *Trois Frères* (F. Rosi, 1981).

VÄNERN (lac), le plus grand lac de Scandinavie (Suède), se déversant dans le Cattégat par le Göta älv ; 5 585 km^2.

VANES, divinités nord-germaniques agraires, opposées aux dieux *Ases.*

VAN EYCK (Jan), *v. 1390 - Bruges 1441,* peintre flamand. Il travaille pour Jean de Bavière, futur comte de Hollande (miniatures des *Très Belles Heures de Notre-Dame,* Turin), puis pour Philippe le Bon (1425). Chargé de missions diplomatiques, il se fixe à Bruges vers 1430. Sa renommée grandit avec l'inauguration en 1432, à Gand, du retable de *l'*Agneau mystique* (entrepris par un Hubert Van Eyck, sans doute son frère aîné). Associant diverses techniques (dont l'huile) pour donner à la matière picturale un pouvoir de suggestion inédit, dégagé - au profit d'un réalisme attentif -, du maniérisme ornemental propre au style gothique international, il est, avec le Maître de Flémalle, le fondateur de la grande école flamande, tant par ses tableaux religieux (*Vierge au chancelier Rolin,* Louvre) que par ses portraits ; celui d'*Arnolfini et sa femme* (National Gallery, Londres) est le premier exemple de scène intimiste bourgeoise dans la peinture.

■ JAN **VAN EYCK.** *Arnolfini et sa femme,* 1434. (National Gallery, Londres.)

VAN GENNEP (Arnold), *Ludwigsburg 1873 - Épernay 1957,* anthropologue français. Il est à l'origine d'une méthode rigoureuse d'analyse des faits recueillis sur le terrain. Il a écrit un *Manuel de folklore français contemporain* (1937 - 1958).

VAN GOGH (Vincent), *Groot-Zundert, Brabant, 1853 - Auvers-sur-Oise 1890,* peintre néerlandais. Sa vie, marquée d'inquiétude spirituelle, fut brève et tragique. Après des séjours dans le Borinage et à Nuenen (près d'Eindhoven), il vécut à Paris (1886 - 1887), puis partit pour la Provence. Interné un moment (1889) à l'asile psychiatrique de Saint-Rémy-de-Provence, il s'installa ensuite à Auvers-sur-Oise (1890), où il mit fin à ses jours. Il a cherché à obtenir le maximum d'intensité et de vibration chromatique dans ses natures mortes et ses bouquets *(Tournesols),* ses portraits, ses paysages (les *Pont de Langlois,* les *Champ de blé aux cyprès, la Nuit étoilée* [MOMA, New York], etc.), et fut ainsi le précurseur des fauves et des expressionnistes. Il est représenté au musée d'Orsay (*Campement de Bohémiens, la Chambre, l'Église d'Auvers,* autoportraits), mais mieux encore au musée national Van Gogh d'Amsterdam et au musée Kröller-Müller d'Otterlo.

VAN GOYEN (Jan), *Leyde 1596 - La Haye 1656,* peintre néerlandais. L'un des meilleurs paysagistes de son pays, élève de E. Van de Velde, il est renommé pour ses vues fluviales aux miroitements argentés ou dorés.

VAN HEEMSKERCK (Maarten), *Heemskerk, près de Haarlem, 1498 - Haarlem 1574,* peintre et décorateur néerlandais. Italianisant, il est l'auteur de grands retables d'un expressionnisme tourmenté, de portraits, de dessins pour la tapisserie, le vitrail, la gravure.

VAN HELMONT (Jan Baptist), *Bruxelles 1579 - Vilvorde 1644,* médecin et chimiste flamand. Alchimiste disciple de Paracelse, il découvrit le gaz carbonique et imagina le terme de « gaz ». Il élucida le rôle du suc gastrique dans la digestion.

VAN HONTHORST (Gerrit), *Utrecht 1590 - id. 1656,* peintre néerlandais. Passé par Rome, caravagesque, il s'est consacré à des scènes de genre d'un réalisme expressif, souvent des nocturnes éclairés à la bougie.

VANIER, v. du Canada (Québec), banlieue ouest de Québec ; 11 321 hab. *(Vaniérois).*

VANIKORO, île de la Mélanésie, au N. de Vanuatu, dépendance des Salomon. C'est là, probablement, que La Pérouse et son équipage périrent dans un naufrage (1788).

VANINI (Giulio Cesare), *Taurisano, Lecce, 1585 - Toulouse 1619,* philosophe italien. Prêtre, il voyagea à travers l'Europe, proposant une philosophie naturaliste et faisant état de son athéisme (*l'Amphithéâtre de l'éternelle Providence,* 1615). Il fut brûlé vif.

VAN LAER ou **VAN LAAR** (Pieter), dit **(il) Bamboccio,** *Haarlem 1599 - id. 1642,* peintre néerlandais. Installé à Rome, il excella à représenter des scènes de la vie populaire, qu'on appela, d'après son surnom, *bambochades.*

VAN LEEUWENHOEK (Antonie), *Delft 1632 - id. 1723,* naturaliste néerlandais. Un des fondateurs de la microbiologie, il observa et décrivit, avec des microscopes de sa fabrication, les spermatozoïdes, de nombreux protistes, les globules du sang et bien d'autres structures microscopiques.

VAN LOO ou **VANLOO,** famille de peintres français d'origine néerlandaise. — **Jean-Baptiste Van L.,** *Aix-en-Provence 1684 - id. 1745,* peintre français. Il travailla en Italie, à Paris (académicien en 1731) et à Londres comme peintre d'histoire, décorateur, portraitiste. — **Charles-André,** dit **Carle Van L.,** *Nice 1705 - Paris 1765,* peintre français, frère de Jean-Baptiste. Formé en Italie, professeur à l'Académie royale de Paris en 1737, premier peintre du roi en 1762, il représente le « grand style » au sein de l'esthétique rococo (tableaux religieux ou mythologiques, « turqueries », panneaux décoratifs). — **Louis Michel Van L.,** *Toulon 1707 - Paris 1771,* peintre français, fils de Jean-Baptiste. Il fit carrière à la cour d'Espagne. — **Charles Amédée Van L.,** *Rivoli, Piémont, 1719 - Paris 1795,* peintre français, frère de Louis Michel. Il fut surtout actif à la cour de Prusse. — **César Van L.,** *Paris 1743 - id. 1821,* peintre français, fils de Carle. C'est un paysagiste de goût préromantique.

VAN MANDER (Carel), *Meulebeke, Flandre-Occidentale, 1548 - Amsterdam 1606,* peintre et écrivain d'art flamand. Il fonda, avec Goltzins, une académie d'art à Haarlem (1587). Son *Livre de peinture* (1604) est un témoignage sur les peintres flamands, hollandais et allemands des XVe et XVIe s.

VAN MUSSCHENBROEK (Petrus), *Leyde 1692 - id. 1761,* physicien néerlandais. Il inventa (accidentellement) la « bouteille de Leyde », premier condensateur électrique (1746).

VANNES (56000), ch.-l. du dép. du Morbihan, près de l'Atlantique, à 450 km à l'O.-S.-O. de Paris ; 54 773 hab. *(Vannetais).* Agroalimentaire. Pneumatiques. — Remparts, cathédrale des XIIIe-XVIIIe s. (trésor), maisons anciennes ; musées.

■ **VAN GOGH.** *L'Église d'Auvers-sur-Oise,* 1890. (Musée d'Orsay, Paris.)

■ ANTONIE **VAN LEEUWENHOEK.** (Rijksmuseum voor de Geschiedenis der Natuurwetenschappen, Leyde.)

VANOISE (massif de la), massif des Alpes françaises (Savoie), entre les vallées de l'Arc et de l'Isère ; 3 852 m. Parc national (52 800 ha).

VAN ORLEY (Barend ou Bernard), *Bruxelles v. 1488 - id. 1541,* peintre et décorateur des Pays-Bas du Sud. Artiste officiel au style de transition, il est l'auteur de retables, de portraits ainsi que de cartons pour des vitraux et des tapisseries (*Chasses de Maximilien,* Louvre).

VAN OSTADE (Adriaen), *Haarlem 1610 - id. 1685,* peintre néerlandais. Il est l'auteur de scènes d'intérieur dans l'esprit de Brouwer. — **Isaac Van O.,** *Haarlem 1621 - id. 1649,* peintre néerlandais, frère d'Adriaen. Après avoir subi l'influence de son aîné, il se spécialisa dans le paysage.

VAN RUISDAEL ou **RUYSDAEL** → **RUISDAEL.**

VAN RUUSBROEC ou **VAN RUYSBROECK** (Jan), dit **l'Admirable,** *Ruusbroec, près de Bruxelles, 1293 - Groenendaal, près de Bruxelles, 1381,* théologien et écrivain brabançon. Ses écrits mystiques, qui comptent parmi les premiers chefs-d'œuvre en néerlandais, marquèrent profondément le courant de la *Devotio moderna.*

VAN RYSSELBERGHE (Théodore, dit Théo), *Gand 1862 - Saint-Clair, Var, 1926,* peintre belge. Ami de Signac et de nombreux écrivains, il fut l'un des initiateurs du néo-impressionnisme en Belgique. Il s'installa à Paris en 1898.

VANS (Les) [07140], ch.-l. de cant. de l'Ardèche ; 2 708 hab. *(Vanséens).* Église du XVIIe s.

VAN SCHENDEL (Arthur), *Batavia 1874 - Amsterdam 1946,* romancier néerlandais. Son œuvre est une peinture de la province hollandaise (*l'Homme de l'eau,* 1933).

VAN SCOREL (Jan), *Schoorl, près d'Alkmaar, 1495 - Utrecht 1562,* peintre néerlandais. Après des séjours à Venise, Rome, etc., il s'installa à Utrecht v. 1525. Il fut l'un des premiers à introduire l'influence italienne aux Pays-Bas. Réalisme nordique et expressionnisme n'en marquent pas moins son œuvre (retables, tel le *Polyptyque de Marchiennes* du musée de Douai ; portraits).

VANTAA, v. de Finlande, banlieue d'Helsinki ; 157 274 hab. Aéroport.

VAN'T HOFF (Jacobus Henricus), *Rotterdam 1852 - Berlin 1911,* chimiste néerlandais. Créateur, avec A. Le Bel, de la stéréochimie, il formula la théorie du carbone asymétrique. Il posa, en 1884, les fondements de la cinétique chimique. En 1886, il signala l'analogie entre les solutions et les gaz, et donna une théorie de la pression osmotique. (Prix Nobel 1901.)

VANUA LEVU, une des îles Fidji ; 5 535 km^2.

VANUATU n.m., anc. **Nouvelles-Hébrides,** État d'Océanie, au N.-E. de la Nouvelle-Calédonie ; 12 200 km^2 ; 174 000 hab. *(Vanuatuans).* CAP. *Port-Vila.* LANGUES : *anglais, bichlamar* et *français.* MONNAIE : *vatu.* Le climat tropical humide explique l'extension de la forêt, qui couvre environ 75 % du territoire. Pêche. Coprah. — Découvert en 1606 par les Portugais, l'archipel fut tardivement colonisé. La commission navale franco-britannique, instaurée en 1887 à la suite de la rivalité entre les deux pays, aboutit à l'établissement d'un condominium (1906), qui remplaça l'administration militaire par deux hauts-commissaires

V

résidents. L'indépendance de l'archipel, qui prit le nom de *Vanuatu,* intervint en 1980.

VAN VELDE (Bram), *Zoeterwoude, près de Leyde, 1895 - Grimaud, Var, 1981,* peintre et lithographe néerlandais. L'orientation de son œuvre, à partir de 1945 surtout, a fait de lui l'un des principaux représentants de l'abstraction lyrique européenne. Son frère Geer (Lisse, près de Leyde, 1898 - Cachan 1977) fut également peintre.

VANVES (92170), ch.-l. de cant. des Hauts-de-Seine, au S. de Paris ; 25 712 hab. Centre national d'enseignement à distance. – Église gothique.

VAN VLECK (John Hasbrouck), *Middletown 1899 - Cambridge, Massachusetts, 1980,* physicien américain. Ses travaux ont porté sur la structure de la matière désordonnée, le magnétisme, le comportement des impuretés dans les cristaux et les propriétés semi-conductrices des solides amorphes. (Prix Nobel 1977.)

VAN ZEELAND (Paul), *Soignies 1893 - Bruxelles 1973,* homme politique belge. Membre du Parti catholique, Premier ministre de 1935 à 1937, il fut ministre des Affaires étrangères de 1949 à 1954.

VANZETTI, un des deux protagonistes de l'affaire *Sacco et Vanzetti.

VAR n.m., fl. du sud-est de la France, qui rejoint la Méditerranée ; 120 km. Il s'écoule presque entièrement dans les Alpes-Maritimes.

VAR n.m. (83), dép. de la Région Provence-Alpes-Côte d'Azur ; ch.-l. de dép. *Toulon ;* ch.-l. d'arrond. *Brignoles, Draguignan ;* 3 arrond. ; 43 cant. ; 153 comm. ; 5 973 km² ; 898 441 hab. *(Varois).* Le dép. appartient à l'académie de Nice, à la cour d'appel d'Aix-en-Provence, à la zone de défense Sud. Une dépression, domaine des cultures fruitières et du vignoble, importante voie de passage, sépare le massif des Maures, peu peuplé, des plateaux et chaînons calcaires du nord. Les cultures fruitières et légumières (souvent irriguées) se sont ajoutées à la vigne et à l'élevage ovin. L'industrie est peu développée. L'importance du secteur tertiaire est partiellement liée à celle du tourisme estival, florissant notamm. sur le littoral, qui concentre plus de 80 % de la population (plus de 50 % dans la seule agglomération de Toulon).

VARADES (44370), ch.-l. de cant. de la Loire-Atlantique ; 3 374 hab.

VARANASI → **BÉNARÈS.**

VARDA (Agnès), *Ixelles, Belgique, 1928,* cinéaste française. Après *la Pointe courte* (1955), qui annonçait la « nouvelle vague », elle a réalisé notamment *Cléo de 5 à 7* (1962), *le Bonheur* (1965), *Sans toit ni loi* (1985), *Jacquot de Nantes* (1991, à la mémoire de J. Demy, son époux), *les Glaneurs et la Glaneuse* (2000).

VARDAR n.m., fl. de Yougoslavie, de Macédoine et de Grèce, qui se jette dans la mer Égée ; 420 km.

VARÈGUES, Vikings qui, aux VIIIe-IXe s., pénétrèrent en Russie. Ils y pratiquèrent un commerce actif entre la Baltique, la mer Noire et la Caspienne. Intervenant dans la vie des cités des Slaves orientaux, ils ont donné à ceux-ci leur première dynastie, les Riourikides.

VARENNES, v. du Canada (Québec), sur le Saint-Laurent ; 15 809 hab. *(Varennois).*

Varennes (la fuite à) [20 - 25 juin 1791], épisode de la Révolution française. Alors qu'ils cherchaient à gagner l'étranger, Louis XVI et sa famille furent arrêtés à Varennes (auj. *Varennes-en-Argonne,* Meuse), après avoir été reconnus par J.-B. *Drouet.

VARENNES-SUR-ALLIER (03150), ch.-l. de cant. de l'Allier ; 4 316 hab. *(Varennois).*

VARENNES-VAUZELLES (58640), comm. de la Nièvre, banlieue de Nevers ; 10 489 hab.

VARÈSE, v. d'Italie (Lombardie), ch.-l. de prov., près du *lac de Varèse ;* 85 461 hab. Centre touristique et industriel. – Anc. palais d'Este (XVIIIe s.), avec beaux jardins ; musée.

VARÈSE (Edgard), *Paris 1883 - New York 1965,* compositeur français naturalisé américain. Également acousticien, il a renouvelé le matériel orchestral dans des œuvres qui combinent vents et percussions (*Hyperprism,* 1923 ; *Intégrales,* 1925) ou sont entièrement écrites pour des percussions (*Ionisation,* 1933), puis a abordé l'électroacoustique dans *Déserts* (1954), pour orchestre et bande magnétique.

VARGA (Ievgueni), *Budapest 1879 - Moscou 1964,* homme politique et économiste russe d'origine hongroise. Il fut le grand spécialiste des questions économiques mondiales au sein des organismes dirigeants de l'Internationale communiste.

VARGAS (Getúlio), *São Borja, Rio Grande do Sul, 1883 - Rio de Janeiro 1954,* homme politique brésilien. Président de la République en 1934, il institua un régime corporatiste, autoritaire et nationaliste, l'« État nouveau ». Ses mesures sociales le rendirent très populaire. Déposé en 1945, il fut réélu en 1950 et se suicida en 1954.

VARGAS LLOSA (Mario), *Arequipa 1936,* écrivain péruvien (d'origine) et espagnol. Ses romans, qui forment une peinture ironique et satirique de la société péruvienne, acquièrent une dimension universelle *(la Ville et les Chiens, Éloge de la marâtre).* Candidat à l'élection présidentielle de 1990 au Pérou, il est battu.

VARIGNON (Pierre), *Caen 1654 - Paris 1722,* mathématicien français. Auteur d'un traité de statique, il y énonça la règle de composition des forces concourantes et fut l'un des premiers, en France, à adopter le calcul infinitésimal.

VARILHES [varij] (09120), ch.-l. de cant. de l'Ariège ; 2 793 hab. *(Varilhois).*

VARIN ou **WARIN** (Jean), *Liège 1604 - Paris 1672,* médailleur et sculpteur français d'origine wallonne. Artiste et technicien d'une égale valeur, il fut nommé « tailleur général des Monnaies de France » en 1646.

VARLIN (Louis Eugène), *Claye-Souilly 1839 - Paris 1871,* homme politique et syndicaliste français. Ouvrier relieur, secrétaire de la section française de la Ire Internationale, membre de la Commune et délégué aux Finances (1871), il fut fusillé par les « Versaillais ».

VARNA, v. de Bulgarie, sur la mer Noire ; 295 000 hab. Port, station balnéaire et centre industriel. – Au musée : vestiges du riche mobilier (cuivre et or) de la nécropole chalcolithique (v. 4000 av. notre ère).

Varna (bataille de) [10 nov. 1444], victoire des Ottomans de Murad II sur les forces chrétiennes de Ladislas III Jagellon et János Hunyadi.

VARRON, en lat. **Terentius Varro,** *m. en 216 av. J.-C.,* consul romain. Il livra et perdit la bataille de Cannes contre Hannibal, en 216 av. J.-C.

VARRON, en lat. **Marcus Terentius Varro,** *Reate, auj. Rieti, 116 - 27 av. J.-C.,* écrivain latin. Lieutenant de Pompée pendant la guerre civile, il se réconcilia avec César, qui le chargea d'organiser la première bibliothèque publique de Rome. De son œuvre ne nous sont parvenus que des fragments : les trois livres d'un traité d'économie rurale, une partie d'un traité de grammaire, des *Satires Ménippées.*

VARS (col de), col routier des Alpes françaises, au S. de Guillestre ; 2 111 m. À proximité, sports d'hiver (alt. 1 650 - 2 750 m).

VARSOVIE, en polon. **Warszawa,** cap. de la Pologne, ch.-l. de voïévodie, sur la Vistule ; 1 653 500 hab. *(Varsoviens).* Métropole politique, culturelle, commerciale et industrielle, la ville a été reconstruite après la Seconde Guerre mondiale. – Musées. – Capitale de la Pologne en 1596, cédée à la Prusse en 1795, capitale du grand-duché de Varsovie (1807), du royaume de Pologne (1815), dont le souverain était l'empereur de Russie, Varsovie se révolta en 1830 et en 1863. Capitale de la République polonaise en 1918, elle fut occupée par les Allemands dès 1939. Elle subit d'énormes destructions et pertes humaines lors de l'anéantissement du ghetto de Varsovie (1943) et de l'écrasement de l'insurrection de 1944. La ville fut libérée par les forces polono-soviétiques en janv. 1945.

Varsovie (convention de), convention instituant en 1929 un régime juridique du transport aérien international et qui a unifié notamm. les règles de responsabilité du transporteur.

Varsovie (pacte de), alliance militaire qui regroupait autour de l'Union soviétique l'Albanie (jusqu'en 1968), la RDA, la Bulgarie, la Hongrie, la Pologne, la Roumanie et la Tchécoslovaquie.

■ **VARSOVIE.** La place du Marché.

Créé en 1955 pour faire pièce à l'entrée de la RFA dans l'OTAN, il fut dissous en 1991. Le commandement suprême des forces du pacte était assuré par un général soviétique.

VARUS ou **PUBLIUS QUINTILIUS VARUS,** *v. 46 av. J.-C. - Teutoburger Wald 9 apr. J.-C.,* général romain. Les Germains d'Arminius massacrèrent ses légions dans le Teutoburger Wald (Rhénanie du Nord).

VASA → GUSTAVE Ier VASA.

Vasaloppet n. f., célèbre course de ski nordique, disputée chaque année en Suède sur 85,8 km.

VASARELY (Victor), *Pécs 1908 - Paris 1997,* peintre français d'origine hongroise, l'un des maîtres de l'art cinétique « virtuel » (op art).

VASARI (Giorgio), *Arezzo 1511 - Florence 1574,* peintre, architecte et écrivain d'art italien. Il est l'auteur d'un célèbre et précieux recueil de *Vies* d'artistes qui privilégie l'école florentine.

VASCO DE GAMA → GAMA.

VASCONS, ancien peuple d'Espagne qui occupait la Navarre actuelle et une partie des provinces voisines. De ce nom dérivent les noms de *Gascons* et de *Basques.*

VASSIEUX-EN-VERCORS (26420), comm. de la Drôme ; 293 hab. Le village fut incendié par les Allemands et la Milice en juillet 1944. Soixante-quinze habitants furent massacrés.

VASSILEVSKI (Aleksandr Mikhaïlovitch), *Novaïa Goltchikha 1895 - Moscou 1977,* maréchal soviétique. Il fut chef d'état-major de l'Armée rouge de 1942 à 1947, puis ministre adjoint et ministre de la Défense (1947 - 1953).

VASSILI Ier, *1371 - 1425,* grand-prince de Vladimir et de Moscou (1389 - 1425). — **Vassili II l'Aveugle**, *1415 - 1462,* grand-prince de Vladimir et de Moscou (1425 - 1462). Son règne fut marqué par une succession de graves crises politiques. Il refusa l'union de l'Église russe avec Rome, souscrite en 1439. — **Vassili III**, *1479 - 1533,* grand-prince de Vladimir et de Moscou (1503 - 1533). Fils d'Ivan III et de Zoé (Sophie) Paléologue, nièce du dernier empereur de Byzance, il poursuivit l'œuvre de son père.

VASSILI CHOUÏSKI, *1552 - Gotsynin, près de Varsovie, 1612,* tsar de Russie (1606 - 1610). Il fut renversé lors de l'invasion polonaise (1610).

VASSILIEV (Vladimir), *Moscou 1940,* danseur et chorégraphe russe. Technicien et virtuose de la danse classique, il créa les rôles-titres de *Spartacus* et *Ivan le Terrible* (Grigorovitch, 1968 et 1975), la version de *Petrouchka* de M. Béjart (1977) et s'illustra aussi comme chorégraphe (*Icare,* 1971 ; *Macbeth,* 1980 ; *Roméo et Juliette,* 1990), avant de diriger le Théâtre Bolchoï de Moscou (1995 - 2000).

VASSIVIÈRE (lac de), lac du Limousin, aux confins de la Creuse et de la Haute-Vienne ; env. 10 km². Centre nautique. — Centre d'art contemporain avec édifice de A. Rossi, sculptures, etc.

VÄSTERÅS, v. de Suède, près du lac Mälaren ; 119 761 hab. Centre industriel. — Cathédrale du XIIIe s., château remontant au XIVe s.

VATAN (36150), ch.-l. de cant. de l'Indre ; 2 000 hab. *(Vatanais).*

VATÉ, île de l'archipel de Vanuatu, où se trouve la capitale, Port-Vila ; 915 km².

VATEL, *m. à Chantilly en 1671,* maître d'hôtel du Grand Condé. Sa mort tragique a été rendue célèbre par Mme de Sévigné. À un dîner que Condé offrait à Louis XIV à Chantilly, le poisson n'ayant pas été livré à temps, Vatel se crut déshonoré et se transperça de son épée.

Vatican, résidence des papes, à Rome. Ensemble d'époques et de styles divers (notamm. de la Renaissance : XVe et XVIe s.) ; importants musées (antiques, peintures...) ; bibliothèque conservant de précieux manuscrits. C'est au Vatican que se trouvent la chapelle *Sixtine, les « Chambres » et les « Loges » de Raphaël.

VATICAN n.m. (État de la Cité du), État d'Europe, à Rome ; 0,44 km² ; environ 700 hab. LANGUE : *italien.* MONNAIES : *euro* et *lire italienne.* Il englobe la place et la basilique Saint-Pierre, le palais du Vatican et ses annexes, les jardins du Vatican. S'ajoute à ce domaine la pleine propriété de bâtiments, à Rome et à Castel Gandolfo (droits extraterritoriaux). La souveraineté temporelle du Vatican a été reconnue au pape par les accords du Latran conclus entre le Saint-Siège et Mussolini (11 févr. 1929). Le pape exerce ses pouvoirs, à la fois législatifs et exécutifs, par l'intermédiaire d'une commission de cardinaux.

Vatican (premier concile du) [8 déc. 1869 - 18 juill. 1870], concile œcuménique tenu dans la basilique Saint-Pierre-de-Rome, sous Pie IX. Le dogme de l'infaillibilité pontificale y fut proclamé, ce qui provoqua le schisme des vieux-catholiques.

Vatican (deuxième concile du) [11 oct. 1962 - 8 déc. 1965], concile œcuménique tenu dans la basilique Saint-Pierre de Rome, en quatre sessions, sous les pontificats de Jean XXIII et de Paul VI. Jean XXIII annonça, le 25 janv. 1959, son intention de convoquer un concile qui devait assurer le renouveau de l'Église face au monde moderne *(aggiornamento)* et relancer le mouvement en faveur de l'unité des Églises chrétiennes. Avec près de 2 400 participants (évêques, théologiens, observateurs non catholiques), les travaux et conclusions du concile, d'esprit plus pastoral que dogmatique, eurent un grand retentissement.

VATNAJÖKULL, région englacée d'Islande.

VATTEL (Emmer **de**), *Couvet 1714 - Neuchâtel 1767,* juriste suisse. Ses travaux sur le droit naturel (*le Droit des gens...,* 1758) font de lui l'un des fondateurs du droit international moderne.

VÄTTERN (lac), lac de Suède, se déversant dans la Baltique ; 1 912 km².

VAUBAN (Sébastien **Le Prestre de**), *Saint-Léger-de-Foucheret, auj. Saint-Léger-Vauban, Yonne, 1633 - Paris 1707,* maréchal de France. Commissaire général des fortifications (1678), il fortifia de nombreuses places des frontières françaises et dirigea plusieurs sièges (Lille, 1667 ; Namur, 1692). Son œuvre militaire est marquée par la recherche constante de l'innovation et par un effort d'adaptation permanent. Il a rédigé un *Traité de défense des places* (1706). Ses critiques de la politique de Louis XIV lui firent perdre la faveur du roi, et son *Projet d'une dîme royale,* préconisant un impôt sur le revenu, fut saisi peu avant sa mort.

VAUCANSON (Jacques **de**), *Grenoble 1709 - Paris 1782,* inventeur français. Après avoir créé trois automates célèbres, il fut chargé, à partir de 1741, de réorganiser l'industrie de la soie. Il créa de nombreuses machines préfigurant les machines-outils ainsi qu'un outillage perfectionné (notamm. un tour à charioter), pour les fabriquer.

VAUCLUSE n.m. (84), dép. de la Région Provence-Alpes-Côte d'Azur ; ch.-l. de dép. *Avignon ;* ch.-l. d'arrond. *Carpentras, Apt ;* 3 arrond. ; 24 cant. ; 151 comm. ; 3 567 km² ; 499 685 hab. *(Vauclusiens).* Le dép. appartient à l'académie d'Aix-en-Provence-Marseille, à la cour d'appel de Nîmes, à la zone de défense Sud. L'ouest est formé par la plaine du Comtat, transformée par l'irrigation en une riche région maraîchère et fruitière (fraises, melons, pêches, abricots, tomates), portant localement des vignobles (Châteauneuf-du-Pape). Densément peuplé, surtout dans la vallée du Rhône, grand axe de circulation, il s'oppose à l'E., constitué de hauteurs calcaires arides (Ventoux, monts de Vaucluse, Lubéron), domaines de l'élevage ovin et de la culture de la lavande et qui se dépeuplent. L'industrie, partiellement liée à l'agriculture (agroalimentaire), est moins développée que le secteur tertiaire. Le tourisme est très actif (Avignon, Orange, Vaison-la-Romaine, fontaine de Vaucluse). *[V. carte page 1738.]*

VAUCLUSE (fontaine de), source abondante de France, dans le Vaucluse, à l'E. d'Avignon (comm. de *Fontaine-de-Vaucluse*). Elle a été immortalisée par les vers de Pétrarque.

VAUCOULEURS (55140), ch.-l. de cant. de la Meuse, sur la Meuse ; 2 319 hab. *(Valcolorois).* Le capitaine de Vaucouleurs, Robert de Baudricourt, accorda à Jeanne d'Arc une escorte pour aller trouver Charles VII à Chinon (1429).

VAUD, canton de Suisse ; 3 212 km² ; 596 700 hab. *(Vaudois) ;* ch.-l. *Lausanne.* C'est un des cantons francophones. — Il fut créé en 1803.

VAUDÉMONT → SION-VAUDÉMONT.

VAUDREUIL (Le) → VAL-DE-REUIL.

VAUDREUIL (Philippe **de Rigaud,** marquis **de**), *en Gascogne 1643 - Québec 1725,* administrateur français. Gouverneur du Canada (1703 - 1725), il ne put empêcher les Anglais de s'emparer de l'Acadie et de Terre-Neuve (1713). — **Pierre de Rigaud de Cavagnal,** marquis **de V.,** *Québec 1698 - Muides-sur-Loire 1778,* administrateur français. Fils de Philippe, il fut le dernier gouverneur de la Nouvelle-France (1755 - 1760).

VAUDREUIL-DORION, v. du Canada (Québec), banlieue ouest de Montréal ; 18 595 hab.

VAUGELAS [-la] (Claude **Favre,** seigneur **de**), *Meximieux, Ain, 1585 - Paris 1650,* grammairien français. Il s'est attaché, dans ses *Remarques sur la langue française* (1647), à régler et à unifier la langue en se référant au « bon usage », celui de la Cour. (Acad. fr.)

VAUGHAN, v. du Canada (Ontario), banlieue de Toronto ; 103 535 hab.

VAUGHAN (Sarah), *Newark, New Jersey, 1924 - Los Angeles 1990,* chanteuse américaine de jazz. Son registre de voix étendu, sa technique très travaillée lui ont permis d'interpréter un large répertoire (romances populaires, improvisations virtuoses, bop, swing).

V

Vatican

basilique St-Pierre, palais du Vatican et musées

autres bâtiments de la cité du Vatican

a galerie des candélabres
b galerie des tapisseries
c galerie des cartes géographiques
d galerie lapidaire
e musée égyptien et étrusque
f appartements des Borgia

VAUGHAN WILLIAMS (Ralph), *Down Ampney, Gloucestershire, 1872 - Londres 1958,* compositeur britannique. Puisant son inspiration dans le folklore, il est à l'origine d'une école musicale authentiquement nationale (six opéras, neuf symphonies, soixante mélodies, trois ballets).

VAUGNERAY (69670), ch.-l. de cant. du Rhône ; 4 241 hab. *(Valnigrins).*

VAULX-EN-VELIN [vo-] (69120), ch.-l. de cant. du Rhône ; 39 466 hab. *(Vaudais).* Métallurgie.

VAUQUELIN (Nicolas Louis), *Saint-André-d'Hébertot, Calvados, 1763 - id. 1829,* chimiste français. Élève de Fourcroy, il découvrit le chrome (1798) et étudia les sels de platine.

VAUQUELIN DE LA FRESNAYE (Jean), *La Fresnaye-au-Sauvage, Orne, 1536 - Caen 1606,* poète français, auteur d'un *Art poétique* (1605).

VAURÉAL (95000), comm. du Val-d'Oise ; 16 387 hab. Église du XVIe s.

Vautrin, personnage des romans *le Père Goriot* (1834 - 1835), *Illusions perdues* (1837 - 1843), *Splendeurs et misères des courtisanes* (1838 - 1847) et du drame *Vautrin* (1840), de H. de Balzac. Forçat évadé, il mène contre la justice et la société une lutte gigantesque, réalisant ses rêves de puissance par l'intermédiaire de jeunes gens (*Rastignac, Rubempré) qu'il pousse dans les sphères du pouvoir et de l'argent. Il finit par devenir chef de la Sûreté. *Vidocq a en partie inspiré ce personnage.

V

VAUVENARGUES (Luc **de Clapiers,** marquis **de**), *Aix-en-Provence 1715 - Paris 1747,* moraliste français. Il est l'auteur d'une *Introduction à la connaissance de l'esprit humain* (1746), accompagnée de *Réflexions et Maximes,* où il tente de réconcilier la raison et le sentiment.

VAUVERT (30600), ch.-l. de cant. du Gard ; 10 392 hab.

Vaux (fort de), fort situé sur un éperon des hauts de Meuse, au sud du village de *Vaux-devant-Damloup* (55400 Étain), dominant Verdun. L'un des hauts lieux de la bataille de Verdun, il succomba après une héroïque résistance le 7 juin 1916, mais il fut réoccupé par les Français de Mangin le 2 nov. suivant.

Vaux-le-Vicomte, château de la commune de Maincy (Seine-et-Marne), près de Melun. Il a été bâti par Le Vau pour le surintendant Fouquet et décoré par Le Brun, avec des jardins de Le Nôtre (1656 - 1661). Il prélude à l'art de Versailles.

VAZOV (Ivan), *Sopot, auj. Vazovgrad, 1850 - Sofia 1921,* écrivain bulgare. Par ses romans (*Sous le joug,* 1890), ses poèmes *(l'Épopée des oubliés)* et drames historiques *(Borislav),* il est l'un des plus grands noms de la littérature bulgare moderne.

VEAUCHE (42340), comm. de la Loire ; 8 164 hab. Verrerie. – Église des Xe-XVIe s.

VEBLEN (Thorstein Bunde), *comté de Manitowoc, Wisconsin, 1857 - près de Menlo Park, Californie, 1929,* économiste et sociologue américain. Il a dénoncé l'exploitation de la masse exercée par la « classe oisive ».

Veda, livres sacrés de l'hindouisme, écrits en sanskrit à partir de 1800 av. J.-C. Attribués à la révélation de Brahma, les quatre Veda sont des recueils de prières, d'hymnes, de formules se rapportant au sacrifice et à l'entretien du feu sacré.

VEDEL (Georges), *Auch 1910,* juriste français. Professeur de droit, membre du Conseil constitutionnel (1980 - 1989), il a joué un grand rôle dans l'élaboration doctrinale du droit public (*Traité de droit administratif,* 1959). [Acad. fr.]

VÉDRINES (Jules), *Saint-Denis 1881 - Saint-Rambert-d'Albon 1919,* aviateur français. Il participa à de nombreuses courses aériennes (victoire sur « Paris-Madrid » en 1911), exécuta des missions audacieuses pendant la Première Guerre mondiale et réussit en 1919 à atterrir sur le toit des Galeries Lafayette, à Paris.

VEGA CARPIO (Félix Lope **de**), *Madrid 1562 - id. 1635,* écrivain espagnol. Il a écrit 1 800 pièces profanes, 400 drames religieux, de nombreux intermèdes, un roman pastoral *(l'Arcadie),* des poèmes mystiques *(le Romancero spirituel)* et burlesques. Son génie dramatique est nourri de toutes les traditions historiques, religieuses et populaires de l'Espagne : *l'Alcade de Zalamea* (1600), *Peribáñez et le Commandeur d'Ocaña* (1614), *le Chien du jardinier* (1618), *Fuenteovejuna* (1618), *le Cavalier d'Olmedo* (1641).

VÉGÈCE, en lat. **Flavius Vegetius Renatus,** *fin du IVe s. apr. J.-C.,* écrivain latin, auteur d'un *Traité de l'art militaire.*

Vehme ou **Sainte-Vehme,** ensemble des tribunaux secrets apparus en Westphalie au XIe s., pour condamner malfaiteurs et chevaliers-brigands, qui se répandirent dans le Saint Empire au XIIIe s. et disparurent au XVIe s.

VÉIES, en lat. **Veii,** en ital. **Veio,** cité étrusque qui fut soumise définitivement par Rome après un long siège (début du IVe s. av. J.-C.). Importants vestiges (notamm. statues en terre cuite, dont le célèbre *Apollon de Véies,* v. 510 - 490 av. J.-C.) et nécropole aux tombes ornées de peintures murales.

VEIL (Simone), *Nice 1927,* femme politique française. Ministre de la Santé (1974 - 1979), elle libéralise l'accès à la contraception (1974) et fait voter la loi sur l'interruption volontaire de grossesse (1975). Premier président de l'Assemblée européenne (1979 - 1982), elle est ensuite ministre des Affaires sociales, de la Santé et de la Ville (1993 - 1995). Elle est membre du Conseil constitutionnel depuis 1998.

VEKSLER (Vladimir Iossifovitch), *Jitomir 1907 - Moscou 1966,* physicien soviétique. Étudiant la production de hautes énergies, il a formulé le principe du synchrotron.

VELATE ou **BELATE** (col de), col routier des Pyrénées espagnoles, entre Pampelune et Bayonne ; 847 m.

VELAY n.m., région du Massif central, entre l'Allier supérieur et le Vivarais. (Hab. *Vellaves.*) Il est formé de massifs et de plateaux, parfois volcaniques *(monts du Velay),* encadrant le bassin du Puy, drainé par la Loire.

VELÁZQUEZ (Diego **de Silva**), en fr. **Vélasquez,** *Séville 1599 - Madrid 1660,* peintre espagnol. Artiste préféré du roi Philippe IV, il est considéré comme l'un des plus grands coloristes de tous les temps. La plupart de ses toiles sont au musée du Prado : scènes de genre ; remarquables portraits (reines et infantes, nains de la Cour) ; œuvres profanes innovant par l'iconographie et la composition (*la Forge de Vulcain,* v. 1630 ; *la Reddition de Breda,* 1635), et qui atteignent en dernier lieu à une virtuosité unique dans le traitement de la lumière et de l'espace (*les *Ménines* et *les Fileuses,* v. 1656 - 1657).

Vél' d'Hiv (rafle du) [16 - 17 juill. 1942], arrestation de Juifs étrangers qui eut lieu à Paris, sur ordre des autorités allemandes, avec la collaboration de la police parisienne. Cette opération entraîna l'arrestation de 12 884 personnes (dont 5 802 femmes et 4 051 enfants), la plupart ayant été entassées dans l'enceinte du Vél' d'Hiv (vélodrome d'Hiver) avant leur déportation.

■ LOPE DE **VEGA** par F. Pacheco.

■ **VELÁZQUEZ.** *L'Infante Marguerite* (1654), à l'âge de trois ans. (Louvre, Paris.)

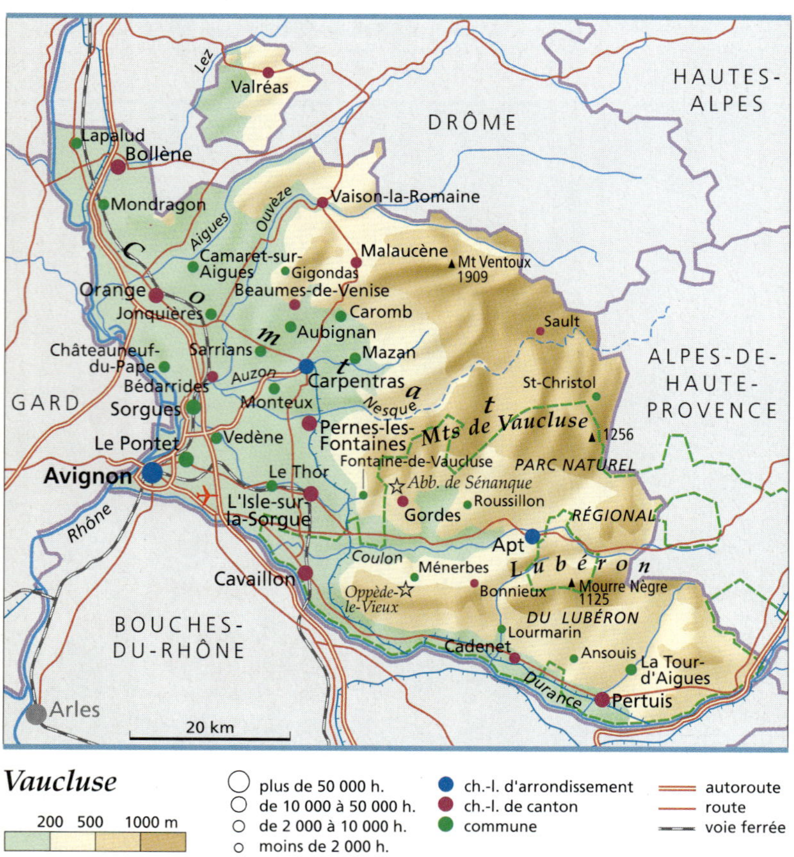

VÉLEZ DE GUEVARA (Luis), *Écija 1579 - Madrid 1644,* écrivain espagnol. Il est l'auteur de pièces de théâtre et du roman satirique *le Diable boiteux* (1641), qui fut imité par A. R. Lesage.

VELIKI NOVGOROD, anc. **Novgorod,** v. de Russie, au S. de Saint-Pétersbourg ; 235 000 hab. Dans l'enceinte du Kremlin, cathédrale Ste-Sophie (v. 1050), inspirée de celle de Kiev ; autres églises médiévales. École d'icônes florissante du XIIe au XVe s. (collection au musée d'Art et d'Histoire). – Se libérant de la tutelle de Kiev au XIIe s., la ville devint une cité marchande libre (1136 - 1478), où la Hanse fonda un comptoir (XIIIe s.). Annexée par Ivan III (1478), elle fut ruinée par Ivan IV (1570).

VELIKO TĂRNOVO, anc. **Tarnovo** ou **Tirnovo,** v. de la Bulgarie septentrionale ; 74 165 hab. Elle fut la capitale du second Empire bulgare (1187 - 1393). – Églises de cette période.

VÉLIZY-VILLACOUBLAY (78140), ch.-l. de cant. des Yvelines ; 21 076 hab. *(Véliziens).* Industrie aéronautique. Armement. Électronique. – Base aérienne militaire. Siège de la IIe région aérienne.

VELLÉDA, prophétesse germanique qui contribua à la révolte de Civilis et des Bataves contre les Romains en 69 - 70. Elle fut ensuite capturée et figura dans le triomphe de Domitien. – Son personnage a inspiré à Chateaubriand un épisode de l'épopée *les Martyrs* (1809).

VELLUR ou **VELLORE,** v. d'Inde (Tamil Nadu) ; 304 713 hab. Forteresse du XVIe s. enchâssant un temple du style de Vijayanagar.

VELPEAU (Alfred), *Parçay, Indre-et-Loire, 1795 - Paris 1867,* chirurgien français. Célèbre pour ses qualités de clinicien, il a donné son nom à une bande de contention.

VELSEN, v. des Pays-Bas (Hollande-Septentrionale) ; 60 135 hab.

VELUWE n.f., région de collines boisées des Pays-Bas, au N. du Rhin. Parc national.

VELVET UNDERGROUND (The), groupe américain de rock. Formé à New York en 1965, soutenu par Andy Warhol, il comptait notamm. parmi ses membres le guitariste et chanteur Lou Reed, le claviériste, bassiste et chanteur John Cale et la chanteuse Nico. Sa musique et ses textes, inspirés notamm. par la mythologie de la drogue, influencèrent nombre de groupes de rock.

VENAISSIN (Comtat) → **COMTAT VENAISSIN.**

VENANCE FORTUNAT (saint), *Trévise v. 530 - Poitiers v. 600,* poète latin et évêque de Poitiers (v. 597). Il est l'auteur d'hymnes, dont certains *(Pange lingua, Vexilla regis)* ont été adoptés par la liturgie chrétienne.

VENAREY-LÈS-LAUMES (21150), ch.-l. de cant. de la Côte-d'Or ; 3 372 hab.

VENCE (06140), ch.-l. de cant. des Alpes-Maritimes ; 17 184 hab. *(Vençois).* Centre commercial, touristique et artisanal. – Cathédrale en partie romane ; chapelle du Rosaire, conçue et décorée par Matisse (1950).

VENCESLAS (saint), *v. 907 - Stará Boleslav 935,* duc de Bohême (924 - 935). Assassiné par son frère Boleslav le Cruel, il est le saint patron de la Bohême.

VENCESLAS IV, *Nuremberg 1361 - Prague 1419,* roi de Bohême (1378 - 1419), roi des Romains (1376 - 1400), de la maison de Luxembourg. Déposé par les princes allemands (1400), il adopta en Bohême une attitude bienveillante à l'égard du mouvement hussite naissant.

VENDÉE n.f. (85), dép. de la Région Pays de la Loire ; ch.-l. de dép. *La Roche-sur-Yon ;* ch.-l. d'arrond. *Fontenay-le-Comte, Les Sables-d'Olonne ;* 3 arrond. ; 31 cant. ; 282 comm. ; 6 720 km² ; 539 664 hab. *(Vendéens).* Le dép. appartient à l'académie de Nantes, à la cour d'appel de Poitiers, à la zone de défense Ouest. Le Bocage vendéen occupe la majeure partie du dép. Il est formé de hauteurs dominant des plateaux où les céréales ont reculé devant l'élevage et les plantes fourragères. Cette région sépare le Marais breton, transformé en polder (élevage de bovins et de volailles), du Marais poitevin (où se retrouve le même type d'économie, avec des cultures sur les terres relativement hautes), qui est prolongé à l'E. par la Plaine, où l'élevage bovin (pour le lait) a progressé. Le littoral est animé par la pêche, l'ostréiculture, la mytiliculture et le tourisme estival (Les Sables-d'Olonne, Saint-Jean-de-Monts, îles d'Yeu et de Noirmoutier). L'industrie s'est développée (constructions mécaniques et électriques, alimentation, mobilier), malgré la faiblesse de l'urbanisation.

Vendée (guerre de) [1793 - 1796], insurrection contre-révolutionnaire qui bouleversa les départements de Vendée, de Loire-Inférieure (auj. Loire-Atlantique) et de Maine-et-Loire. Elle a pour origine l'opposition de la population à la levée de 300 000 hommes décidée par la Convention le 23 févr. 1793. Les insurgés, en majorité paysans, se donnent pour chefs Cathelineau, Charette, Stofflet, Lescure, Bonchamps et La Rochejaquelein, et forment l'« armée catholique et royale ». Ils connaissent d'abord quelques succès à Cholet (mars), à Fontenay (mai) et à Saumur (juin). La Convention décide de détruire la Vendée et y envoie une armée commandée par Kléber et Marceau. Défaits à Cholet (sept.), les vendéens franchissent la Loire et gagnent Granville, où ils espèrent recevoir l'aide des Anglais. À leur retour, ils subissent les désastres du Mans et de Savenay (déc.). Cruautés et massacres de part et d'autre font de ce combat une guerre sans merci. Les républicains poursuivent l'extermination des vendéens (massacres des « colonnes infernales » de Turreau, de janv. à avr. 1794). Apaisée par les thermidoriens, l'insurrection reprend provisoirement lors du débarquement de Quiberon (juin 1795). En 1796, Hoche pacifie le pays.

vendémiaire an IV (journée du 13) [5 oct. 1795], journée révolutionnaire parisienne marquée par le soulèvement des royalistes. Elle fut provoquée par le décret visant à maintenir dans la future assemblée les deux tiers des membres de la Convention. Bonaparte ordonna de tirer sur les insurgés et écrasa le mouvement.

VENDEUVRE-SUR-BARSE (10140), ch.-l. de cant. de l'Aube ; 2 704 hab. *(Vendeuvrois).* Château des XIIe-XVIIe s.

VENDÔME (41100), ch.-l. d'arrond. de Loir-et-Cher, sur le Loir ; 18 510 hab. *(Vendômois).* Constructions automobiles et électriques. Aéronautique. – Église de la Trinité (XIe-XVIe s.), anc. abbatiale, avec clocher roman isolé et façade flamboyante ; autres monuments ; musées.

VENDÔME (famille **de**), famille comtale mentionnée dès le XIe s., qui fut élevée au duché-pairie par François Ier (1515). – **César de Bourbon,** duc **de V.,** *Coucy-le-Château-Auffrique 1594 - Paris 1665,* prince français. Fils légitimé d'Henri IV et de Gabrielle d'Estrées, il participa à plusieurs complots contre Louis XIII, qui lui valurent la prison et l'exil. Rentré en grâce, il battit la flotte espagnole devant Barcelone (1655). – **Louis Joseph de Bourbon,** duc **de Penthièvre,** puis duc **de V.,** *Paris 1654 - Vinaroz 1712,* prince français.

V

Vendée

Petit-fils de César, lieutenant général (1688), il prit Barcelone (1697), puis remporta la victoire de Villaviciosa (1710), qui consolida le trône de Philippe V. — **Philippe de Bourbon,** dit **le Prieur de Vendôme,** *Paris 1655 - id. 1727,* prince français. Frère de Louis Joseph, il fut grand prieur de France et lieutenant général (1693). Disgracié, il résida au Temple après 1715, où il mena la vie d'un libertin. Avec lui s'éteignit la famille de Vendôme.

Vendôme (place), place du Ier arrond. de Paris. C'est l'anc. place Louis-le-Grand, construite à la fin du XVIIe s. par J. H.-Mansart. Au milieu s'élève la colonne de la Grande Armée (1806 - 1810), imitée de la colonne Trajane de Rome et dont le bronze provient de 1 200 canons pris à l'ennemi ; au sommet, statue à l'antique de Napoléon.

VÉNÈTES, nom porté, dans l'Antiquité, par des peuples indo-européens de l'Europe du Nord. Au Ier millénaire av. J.-C., un groupe s'installa en Italie du Nord (actuelle Vénétie) et un autre en Gaule, dans l'Armorique (région de Vannes).

VÉNÉTIE, en ital. **Veneto,** région de l'Italie du Nord ; 4 363 157 hab. ; cap. *Venise ;* 7 prov. *(Belluno, Padoue, Rovigo, Trévise, Venise, Vérone* et *Vicence).* Anc. territoire de la république de Venise, elle comprenait en outre la *Vénétie Tridentine* (Trentin-Haut-Adige) et la *Vénétie Julienne.* Elle fut cédée à l'Autriche par le traité de Campoformio en 1797, intégrée au royaume d'Italie en 1805, rendue aux Habsbourg en 1815, et, enfin, réunie à l'Italie en 1866.

VÉNÉTIE JULIENNE → FRIOUL-VÉNÉTIE JULIENNE.

VENEZIANO → DOMENICO VENEZIANO et PAOLO VENEZIANO.

VENEZUELA n.m., État fédéral d'Amérique du Sud ; 912 050 km² ; 22 300 000 hab. *(Vénézuéliens).* CAP. *Caracas.* V. PRINC. *Maracaibo.* LANGUE : *espagnol.* MONNAIE : *bolívar.*

GÉOGRAPHIE

Les Llanos, plaines du bassin de l'Orénoque, séparent l'extrémité septentrionale des Andes (cordillère de Mérida) des lourds massifs de la Guyane vénézuélienne. La population, qui s'accroît rapidement, se concentre près du littoral, dans la région de Caracas (20 % du total) et autour du golfe de Maracaibo, centre de l'exploitation du pétrole. Celle-ci demeure le fondement de l'économie, malgré l'extraction du fer et de la bauxite (à la base d'une notable production d'aluminium). Les productions agricoles (céréales, canne à sucre, café, cacao, élevage bovin) ne couvrent qu'un peu plus de la moitié des besoins. La balance commerciale est excédentaire, mais le pays, trop dépendant du pétrole, est endetté et le sous-emploi est important. Près de la moitié des échanges s'effectuent avec les États-Unis, restés très influents.

HISTOIRE

1498 : la contrée est découverte par Christophe Colomb. **XVIIIe s. :** la culture du cacao et du café enrichit le pays, qui accède (1777) au rang de capitainerie générale. **1811 - 1812 :** Miranda proclame l'indépendance du Venezuela ; vaincu, il est livré aux Espagnols. **1821 - 1830 :** après la victoire de Carabobo, Bolívar organise la fédération de la Grande-Colombie (Venezuela, Colombie, puis Équateur). **1830 - 1848 :** après la démission de Bolívar, le Venezuela fait sécession. José Antonio Páez exerce une dictature militaire. **1858 - 1870 :** le pays est agité par la guerre civile. **1870 - 1887 :** A. Guzmán Blanco laïcise l'État et modernise l'économie. **1910 - 1935 :** la longue dictature de Juan Vicente Gómez s'accompagne de l'essor pétrolier (1920). **1935 - 1941 :** sous la présidence de López Contreras s'amorce un processus de démocratisation. **1948 - 1958 :** l'armée impose le général Marco Pérez Jiménez comme président. **1959 - 1964 :** Rómulo Betancourt consolide les institutions démocratiques, malgré l'opposition des militaires conservateurs et d'une guérilla castriste. Il est remplacé par Raúl Leoni, à qui succède Rafael Caldera Rodríguez (1969 - 1974). **1974 - 1979 :** sous la présidence de Carlos Andrés Pérez Rodríguez, l'industrie pétrolière est nationalisée. **1979 - 1984 :** présidence de Herrera Campins. **1984 :** Jaime Lusinchi est élu président de la République. **1989 :** C. A. Pérez Rodríguez revient au pouvoir. **1993 :** accusé de corruption, il est destitué. **1994 :** R. Caldera Rodríguez retrouve la présidence de la République. **1999 :** Hugo Chávez Frías lui succède à la tête de l'État et met en œuvre un programme de « révolution bolivarienne ». Le pays est touché par des inondations catastrophiques.

VENISE, en ital. **Venezia,** v. d'Italie, cap. de la Vénétie et ch.-l. de prov., bâtie sur un groupe d'îlots, au milieu de la *lagune de Venise ;* 334 000 hab. *(Vénitiens).* Centre administratif, culturel, touristique et industriel (artisanat d'art, métallurgie, chimie). — Ville captivante, Venise est célèbre pour ses canaux et ses nombreux monuments et de magnifiques ensembles archi-

■ **VENISE.** Ornementation (XIIe s.-XVe s.) de la façade et des coupoles de Saint-Marc (XIe s.).

tecturaux : la place *Saint-Marc, avec la basilique du même nom, le palais des Doges (XIVe-XVe s. ; riches décors peints), 90 églises (dont le Redentore, de Palladio, et la Salute, de Longhena), les palais du Grand Canal (notamm. du gothique au baroque), le pont du Rialto, etc. Elle possède des musées (dont l'Accademia), où brille l'école vénitienne de peinture (les Bellini et Carpaccio ; Giorgione, Titien, Véronèse, le Tintoret ; Canaletto et F. Guardi, Piazzetta, les Tiepolo, les Ricci). Biennale d'art. Festival de cinéma.

HISTOIRE

VIe s. : les îlots de la lagune, jusqu'alors refuges temporaires des populations côtières contre les envahisseurs barbares (Ostrogoths, Lombards), se transforment en un lieu de peuplement permanent. **IXe s. :** le duc de Venise (doge) se rend en fait indépendant des Byzantins. **1082 :** Constantinople octroie d'importants privilèges commerciaux à Venise. **1143 :** le Grand Conseil est créé, consacrant le caractère aristocratique de la république. **1204 :** Venise détourne la quatrième croisade sur Constantinople et s'assure des principales escales sur les routes du Levant. **1204 - 1453 :** apogée de Venise, qui contrôle les côtes de l'Adriatique et les routes méditerranéennes. **XVe s. :** les expéditions françaises en Italie précipitent le déclin de la république. **1797 :** Bonaparte abolit l'État vénitien. La Vénétie devient autrichienne. **1815 :** le royaume lombard-vénitien autrichien est constitué. **1848 - 1849 :** échec de la révolution conduite par Daniele Manin. **1866 :** Venise est intégrée au royaume d'Italie.

VÉNISSIEUX (69200), ch.-l. de cant. du Rhône, banlieue de Lyon ; 56 487 hab. *(Vénissians).* Constructions automobiles et mécaniques.

VENIZÉLOS (Elefthérios), *La Canée, Crète, 1864 - Paris 1936,* homme politique grec. Il dirige l'émancipation de la Crète, puis devient Premier ministre (1910), accordant au pays une constitution libérale et obtenant, à l'issue des guerres balkaniques (1912 - 1913), d'importants avantages territoriaux. Partisan de l'Entente, il doit démissionner (1915), mais forme à Thessalonique un gouvernement dissident (1916), puis déclare la guerre aux Empires centraux (1917). Président du Conseil (1928 - 1932), il s'exile à la suite d'un coup d'État (1935) de ses partisans en Crète.

VENLO, v. des Pays-Bas (Limbourg), sur la Meuse ; 64 392 hab. Monuments anciens, musées.

VENT (îles du), partie orientale des Antilles, directement exposée à l'alizé, formant un chapelet d'îles entre Porto Rico et la Trinité, et englobant les Antilles françaises. Les Britanniques appellent « îles du Vent » (Windward Islands) les États membres du Commonwealth qui constituent la partie sud de cet archipel et qui comprennent l'île de Grenade, Saint-Vincent-et-les Grenadines, Sainte-Lucie, la Dominique.

VENTA (La), site archéologique du Mexique (État de Tabasco). Métropole de la civilisation olmèque, entre 1000 et 600 av. notre ère. Vestiges (reconstitution à Villahermosa).

VENTOUX (mont), montagne des Préalpes françaises, dans le Vaucluse ; 1 909 m.

VENTURA (Angiolino, dit Lino), *Parme 1919 - Saint-Cloud 1987,* acteur français d'origine italienne. Son physique de catcheur et son naturel ont fait de lui l'interprète idéal du film noir ou policier : *Classe tous risques* (C. Sautet, 1960) ; *le Deuxième Souffle* (J.-P. Melville, 1966) ; *Cadavres exquis* (F. Rosi, 1976).

VENTURI (Adolfo), *Modène 1856 - Santa Margherita Ligure 1941,* historien de l'art italien. Il a écrit une monumentale *Histoire de l'art italien* (1901 - 1941). — **Lionello V.,** *Modène 1885 - Rome 1961,* historien de l'art italien, fils d'Adolfo. Il s'expatria de 1932 à 1945. Son *Histoire de la critique d'art* (1936) reprend et élargit celle de B. Croce.

VENTURI (Giovanni Battista), *Bibbiano, près de Reggio Emilia, 1746 - Reggio Emilia 1822,* physicien italien. Il a construit la tuyère à cônes divergents qui porte son nom et a étudié l'étendue des sons audibles.

VENTURI (Robert), *Philadelphie 1925,* architecte américain. Un des théoriciens du postmodernisme, il souligne les notions de complexité et d'ambiguïté en architecture, et met en pratique dans ses constructions un historicisme teinté d'humour.

VÉNUS, déesse italique des Jardins, puis de l'Amour et de la Beauté, par son assimilation à l'Aphrodite des Grecs.

VÉNUS, planète du système solaire, située entre Mercure et la Terre. Visible tantôt dès le coucher du Soleil, tantôt avant son lever, elle est observée depuis l'Antiquité et traditionnellement appelée l'*étoile du Berger.* Demi-grand axe de son orbite : 108 200 000 km (0,72 fois celui de l'orbite terrestre). Diamètre équatorial : 12 102 km (0,95 fois celui de la Terre). Vénus est entourée d'une épaisse atmosphère de gaz carbonique. Sa surface, très chaude (470 °C env.), recèle de nombreuses structures volcaniques.

Vêpres siciliennes (30 mars - fin avr. 1282), insurrection menée par les Siciliens contre Charles Ier d'Anjou. L'émeute débuta le lundi de Pâques au moment où les cloches appelaient les fidèles aux vêpres. Les Siciliens, soutenus par Pierre III d'Aragon, massacrèrent les Français qui se trouvaient dans l'île. La maison d'Aragon put ainsi remplacer celle d'Anjou sur le trône de Sicile. — Cet événement a inspiré un opéra à G. Verdi (*les Vêpres siciliennes,* 1855).

VERACRUZ, v. du Mexique (État de Veracruz), sur le golfe du Mexique ; 327 522 hab. Port et station balnéaire. Centre industriel.

VERBIER, station de sports d'hiver (alt. 1 500 - 3 023 m) de Suisse (Valais), dominant la vallée d'Entremont.

VERBRUGGEN, famille de sculpteurs flamands. Les plus connus, nés et morts à Anvers, sont Pieter le Vieux (1615 - 1686) et ses fils Pieter le Jeune (v. 1640 - 1691) et Hendrik Frans (1655 - 1724), tous voués à l'art baroque religieux (stalles et confessionnaux de Grimbergen, par Hendrik Frans).

VERCEIL, en ital. **Vercelli,** v. d'Italie (Piémont), ch.-l. de prov. ; 48 597 hab. Église médiévale S. Andrea, autres monuments et musées (peintres de l'école piémontaise, dont G. Ferrari). — Victoire de Marius sur les Cimbres (101 av. J.-C.).

VERCHÈRES (Madeleine **Jarret de**), *Verchères, Québec, 1678 - La Pérade 1747,* héroïne canadienne. En 1692, aidée de deux soldats, elle lutta courageusement contre les Iroquois qui attaquaient le fort de Verchères (Québec).

VERCINGÉTORIX, *en pays arverne v. 72 - Rome 46 av. J.-C.,* chef gaulois. Issu d'une noble famille arverne, il est un moment l'ami de César. Mais, quand éclate en 52 la grande révolte de la Gaule, Vercingétorix, malgré l'opposition de nombreux chefs, convainc les Gaulois de réaliser leur union. Il défend avec succès Gergovie, mais est enfermé par César dans Alésia. Une armée gauloise venue à son secours ne peut le délivrer, et il se rend à son vainqueur. Conduit à Rome, il est exécuté au terme d'une captivité de six années, après avoir figuré dans le triomphe de César.

VERCORS n.m., massif des Préalpes françaises, dans les dép. de la Drôme et de l'Isère ; 2 341 m. (Hab. *Vertacomiriens.*) Parc naturel régional, couvrant env. 175 000 ha. — En juin et juillet 1944, 3 500 maquisards français y résistèrent aux assauts des Allemands, qui se livrèrent ensuite à de sanglantes représailles.

VERCORS (Jean **Bruller,** dit), *Paris 1902 - id. 1991,* écrivain et dessinateur français. Célèbre pour son récit sur la Résistance, *le Silence de la mer,* écrit dans la clandestinité (1942), il a poursuivi une méditation amère sur la condition humaine *(Zoo ou l'Assassin philanthrope).*

VERDAGUER I SANTALÓ (Jacint), *Folgarolas 1845 - Vallvidrera 1902,* poète espagnol d'expression catalane. Il est l'auteur de *l'Atlàntida* et du *Canigou,* épopées qui mêlent les légendes locales au merveilleux chrétien et antique.

VERDI (Giuseppe), *Le Roncole 1813 - Milan 1901,* compositeur italien. Musicien romantique ou remarquable dramaturge, il imposa, face au germanisme de Wagner (qui l'influencera néanmoins quant au rôle de l'orchestre et à la continuité de la ligne mélodique), la tradition italienne (héritée de Bellini, Rossini et Donizetti) dans de nombreux opéras : *Nabucco* (1842), *Rigoletto* (1851), *la Traviata* (1853), *le Trouvère* (1853), *les Vêpres siciliennes* (1855), *Un bal masqué* (1859), *Don Carlos* (1867), *Aïda* (1871), *Otello* (1887), *Falstaff* (1893) et un *Requiem* (1874) célèbre. Dans ses dernières œuvres, il donna de plus en plus d'importance à l'orchestre et développa un style de chant fondé sur une ligne mélodique continue, entre le récitatif et l'arioso.

■ GIUSEPPE **VERDI** par G. Barchetta. (Scala, Milan.)

■ **VERLAINE** par Fantin-Latour. (Louvre, Paris.)

VERDON n.m., riv. de France, affl. de la Durance (r. g.) ; 175 km. Gorges longées par une route touristique. Aménagements pour la production hydroélectrique et surtout l'irrigation. Parc naturel régional, couvrant env. 180 000 ha sur les dép. des Alpes-de-Haute-Provence et du Var.

VERDON-SUR-MER (Le) [33123], comm. de la Gironde, près de la pointe de Grave ; 1 296 hab. Avant-port de Bordeaux.

VERDUN, v. du Canada (Québec), banlieue sud de Montréal ; 62 112 hab. *(Verdunois).*

VERDUN (55100), ch.-l. d'arrond. de la Meuse ; 21 267 hab. *(Verdunois).* Évêché. — Cathédrale de tradition carolingienne, en partie des XIe et XIIe s., et autres monuments ; musées. — En 1552, Henri II réunit à la Couronne les Trois-Évêchés, dont Verdun faisait partie.

Verdun (traité de) [843], traité signé à Verdun entre les fils de l'empereur Louis le Pieux, qui partagea l'Empire carolingien en trois ensembles territoriaux. Louis le Germanique reçut la partie orientale (future Allemagne), Charles le Chauve, la partie occidentale (futur royaume de France), et Lothaire, la zone intermédiaire de la mer du Nord au sud de l'Italie, avec le titre impérial et les capitales Aix-la-Chapelle et Rome.

Verdun (bataille de) [févr.-déc. 1916], bataille de la Première Guerre mondiale. Combats les plus meurtriers de cette guerre, où les Français résistèrent victorieusement aux violentes offensives allemandes menées en direction de Verdun sur les deux rives de la Meuse (Douaumont, Vaux, cote 304, Mort-Homme). Les pertes humaines furent très lourdes (tués et blessés : 362 000 Français, 336 000 Allemands).

VERDUN-SUR-GARONNE (82600), ch.-l. de cant. de Tarn-et-Garonne ; 3 111 hab. *(Verdunois).* Église du XVe s., à deux vaisseaux.

VEREENIGING, v. d'Afrique du Sud, au S. de Johannesburg ; 149 000 hab. Métallurgie. — traité de **Vereeniging** (31 mai 1902), traité qui mit fin à la guerre des Boers par l'annexion des républiques d'Orange et du Transvaal à l'Empire britannique. Négocié à Vereeniging, il fut signé à Pretoria.

VERFEIL (31590), ch.-l. de cant. de la Haute-Garonne ; 2 535 hab. *(Verfeillois).*

VERGA (Giovanni), *Catane 1840 - id. 1922,* écrivain italien. Le vérisme de ses nouvelles et romans est fondé sur le scientisme et une sympathie profonde pour la réalité sicilienne et sa misère.

VERGENNES (Charles **Gravier,** comte **de**), *Dijon 1719 - Versailles 1787,* homme d'État et diplomate français. Ambassadeur à Constantinople (1754 - 1768) puis à Stockholm, ministre des Affaires étrangères de Louis XVI (1774 - 1787), il rétablit le prestige de la France, terni après la guerre de Sept Ans. Il fut l'un des artisans de l'indépendance des États-Unis (1783) et signa un traité de commerce avec l'Angleterre (1786).

VERGÈZE (30310), comm. du Gard ; 3 687 hab. Eau minérale gazeuse.

VERGNIAUD (Pierre Victurnien), *Limoges 1753 - Paris 1793,* homme politique français. Membre de la Convention, l'un des chefs des Girondins, adversaire acharné de la Commune, il fut guillotiné par les Montagnards.

VERHAEREN (Émile), *Sint-Amands 1855 - Rouen 1916,* poète belge de langue française. Il évolua du naturalisme (*les Flamandes,* 1883) au mysticisme et traversa une crise spirituelle (*les Flambeaux noirs,* 1891). Puis il célébra la poésie de la foule et des cités industrielles (*les Villes tentaculaires,* 1895 ; *les Rythmes souverains,* 1910) aussi bien que les paysages de son pays natal (*Toute la Flandre,* 1904 - 1911). Il écrivit aussi des contes, des critiques littéraires et des pièces de théâtre.

■ ÉMILE **VERHAEREN** par Albin.

VERHOFSTADT (Guy), *Termonde 1953,* homme politique belge. Libéral flamand, il est Premier ministre depuis 1999.

Veritas ou **Bureau Veritas** (le), société française de classification des navires, fondée en 1828 à Anvers et qui a son siège à Paris depuis 1832.

VERKHOÏANSK, village de Russie, en Sibérie orientale, au N. des *monts de Verkhoïansk.* C'est l'un des points les plus froids du globe, où l'on a relevé des températures proches de − 70 °C.

VERLAINE (Paul), *Metz 1844 - Paris 1896,* poète français. D'abord « poète-fonctionnaire », il supporte mal son mariage et s'adonne à l'absinthe, écrivant des poèmes où se mêlent mélancolie et désirs (*Poèmes saturniens,* 1866 ; *Fêtes galantes,* 1869). Après un répit (*la Bonne Chanson,* 1870), il rencontre Rimbaud, qui le fascine et bouleverse sa vie jusqu'à le conduire en prison (1873). Il aspire alors à une poésie musicale (*Romances sans paroles,* 1874) et revient au catholicisme (*Sagesse,* 1881). Promu initiateur du symbolisme, contribuant à faire connaître *les Poètes maudits* (1884), il mène une vie errante d'hôpitaux en cafés (*Jadis et Naguère,* 1884 ; *Parallèlement,* 1889). Il a laissé une poésie tantôt nostalgique et crépusculaire, tantôt vive et libre, animée par le ton parlé et l'imprévu des rythmes impairs.

VERMANDOIS n.m., anc. pays de la France du Nord, au N.-E. de l'Aisne, réuni à la Couronne en 1213.

VERMEER (Johannes), dit **Vermeer de Delft,** *Delft 1632 - id. 1675,* peintre néerlandais. Longtemps oublié, il est considéré comme l'un

■ **VERMEER.** *L'Astronome* ou *l'Astrologue,* 1668 (?). [Louvre, Paris.]

des plus grands peintres du XVIIe s. Son œuvre, peu abondante, comprend des scènes d'intérieur, quelques portraits et deux paysages urbains qui témoignent d'une des visions les plus intériorisées qui soient. Son goût pour l'essence silencieuse des choses est servi par la rigueur d'une technique aussi subtile dans les jeux de la lumière et de l'espace que dans le rendu des matières et les accords chromatiques (*Gentilhomme et dame buvant du vin,* Berlin ; *Vue de Delft,* La Haye ; *la Dentellière,* Louvre ; *la Laitière* et *la Lettre d'amour,* Amsterdam ; *l'Atelier,* Vienne ; *Dame debout à l'épinette,* National Gallery de Londres).

VERMONT, État des États-Unis, en Nouvelle-Angleterre ; 562 758 hab. ; cap. *Montpelier.*

VERNANT (Jean-Pierre), *Provins 1914,* philosophe et historien français. Il s'est spécialisé dans l'étude des sociétés antiques (*les Origines de la pensée grecque,* 1962 ; *Mythe et société en Grèce ancienne,* 1974 ; *l'Univers, les dieux, les hommes : récits grecs des origines,* 1999).

VERNE (Jules), *Nantes 1828 - Amiens 1905,* écrivain français. Sa série des *Voyages extraordinaires,* destinée à l'adolescence, inaugure le genre du roman scientifique d'anticipation (*Cinq Semaines en ballon,* 1863 ; *Voyage au centre de la Terre,* 1864 ; *De la Terre à la Lune,* 1865 ; *Vingt Mille Lieues sous les mers,* 1870 ; *le Tour du monde en quatre-vingts jours,* 1873 ; *Michel Strogoff,* 1876).

VERNEAU (Jean), *Vignot, Meuse, 1890 - Buchenwald 1944,* général français. Successeur du général Frère à la tête de l'Organisation de résistance de l'armée (ORA) [1943], il fut arrêté par la Gestapo et mourut en déportation.

VERNES (Charles **Dewisme,** dit Henri), *Ath 1918,* romancier et scénariste de bandes dessinées belge de langue française. Ses romans d'aventures pour la jeunesse mettent en scène, à partir de 1953, le personnage de Bob Morane, qu'il adapte en bande dessinée à partir de 1959 (divers dessinateurs).

VERNET (Joseph), *Avignon 1714 - Paris 1789,* peintre français. Il a exécuté, notamm. en Italie, de nombreux paysages (surtout des marines), tantôt d'une harmonie classique (série officielle des *Ports de France*), tantôt d'une veine préromantique. — **Antoine Charles Horace V.,** dit Carle **Vernet,** *Bordeaux 1758 - Paris 1836,* peintre et lithographe français, fils de Joseph. Il a composé des scènes de chasse, de courses, de la vie élégante ou populaire. — **Horace V.,** *Paris 1789 - id. 1863,* peintre français de batailles, fils de Carle.

VERNET-LES-BAINS (66820), comm. des Pyrénées-Orientales ; 1 561 hab. Station thermale. — Aux environs, abbaye de St-Martin-du-Canigou, avec parties romanes et préromanes.

VERNEUIL-SUR-AVRE (27130), ch.-l. de cant. de l'Eure ; 6 969 hab. *(Vernoliens).* Donjon du XIIe s. ; deux églises médiévales (œuvres d'art).

VERNEUIL-SUR-SEINE (78480), comm. des Yvelines ; 14 786 hab. Église du XIIIe s.

VERNIER, comm. de Suisse (cant. de Genève), banlieue de Genève ; 28 482 hab. *(Verniolans).*

VERNON (27200), ch.-l. de cant. de l'Eure, sur la Seine ; 25 003 hab. *(Vernonnais).* Aéronautique. Métallurgie. — Église des XIe-XVIe s. ; musée.

VERNOUILLET (28500), comm. d'Eure-et-Loir ; 11 720 hab.

VERNOUILLET (78540), comm. des Yvelines ; 9 559 hab. Église des XIIe-XIIIe s.

VERNOUX-EN-VIVARAIS (07240), ch.-l. de cant. de l'Ardèche ; 1 788 hab.

VÉRONE, en ital. **Verona,** v. d'Italie (Vénétie), ch.-l. de prov., sur l'Adige ; 252 689 hab. *(Véronais).* Centre commercial et touristique. — Arènes romaines, église romane S. Zeno, cathédrale, monuments gothiques et Renaissance des places delle Erbe et dei Signori ; musée du Castelvecchio (peintures des écoles véronaise et vénitienne). — La ville, république indépendante aux XIIIe et XIVe s., fut longtemps sous la domination de Venise. Le 17 avr. 1797, elle se révolta contre Bonaparte (« Pâques véronaises »). Elle fut rattachée au royaume d'Italie en 1866.

VÉRONÈSE (Paolo **Caliari,** dit **il Veronese,** en fr.), *Vérone 1528 - Venise 1588,* peintre italien, l'un des maîtres de l'école vénitienne. Ses tableaux se distinguent par leur mouvement, leur ampleur harmonieuse, la richesse de leur coloris clair. Les plus spectaculaires, ornés d'architectures somptueuses, sont d'immenses toiles peintes pour des réfectoires de communautés religieuses, tels *les Noces de Cana* du Louvre et *le Repas chez Lévi* de l'Accademia de Venise.

VÉRONIQUE (sainte), femme juive qui, selon la tradition chrétienne, aurait essuyé le visage de Jésus montant au Calvaire avec un linge qui conserva les traits du Sauveur.

VERPILLIÈRE (La) [38290], ch.-l. de cant. de l'Isère ; 5 810 hab. Constructions mécaniques et automobiles.

VERRAZZANO ou **VERRAZANO** (Giovanni **da**), en fr. Jean **de Verrazane,** *Val di Greve, près de Florence, 1485 - Antilles 1528,* navigateur et explorateur d'origine italienne. Au service de François Ier, il explora, en 1524, la côte atlantique des États-Unis actuels (des Carolines au Maine) et reconnut le site de New York. Il fit un second voyage au Brésil en 1526 - 1527 puis un troisième aux Antilles, où il fut tué et dévoré par des cannibales.

VERRÈS (Caius Licinius), *Rome v. 119 - 43 av. J.-C.,* homme politique romain. Propréteur en Sicile (73 - 71), il se rendit odieux par ses malversations ; après avoir quitté sa charge, il fut accusé de concussion par les Siciliens, et Cicéron se fit l'avocat de l'accusation *(Verrines).* Verrès s'exila avant d'être condamné (70). Cette affaire illustre le pillage des provinces à la fin de la République.

VERRIÈRES-LE-BUISSON (91370), comm. de l'Essonne ; 16 156 hab. Laboratoires de recherche.

VERROCCHIO (Andrea **di Cione,** dit [**il**]), *Florence 1435 - Venise 1488,* sculpteur, peintre et orfèvre italien. À partir de 1465, il dirigea à Florence un important atelier, rival de celui des Pollaiolo. Sa statue équestre du condottiere B. Colleoni à Venise, fondue après sa mort, est célèbre. Léonard de Vinci fut son élève.

VERSAILLES (78000), ch.-l. du dép. des Yvelines, à 14 km au S.-O. de Paris ; 88 476 hab. *(Versaillais).* Évêché. Cour d'appel. Académie. Écoles nationales supérieures d'Horticulture et du Paysage. — École supérieure technique du Génie. Armement. — Extension d'un rendez-vous de chasse de Louis XIII, le palais royal, dû à la volonté de Louis XIV, a été construit à partir des années 1660 par Le Vau, D'Orbay, J. H.-Mansart, puis J. A. Gabriel, et décoré initialement sous la direction de Le Brun. Il fut le foyer de l'art classique français, dans sa version la plus opulente. Ses jardins et ses plans d'eau, dessinés par Le Nôtre, ont été enrichis de toute une statuaire élaborée sous la direction de Coyzevox et de Girardon. Le château comporte, outre les appartements des XVIIe et XVIIIe s., un musée de peintures et de sculptures relatives à l'histoire de France ; il accueille un centre de musique baroque. Dans le parc se trouvent le Grand et le Petit*Trianon ; sur la place d'Armes donnent les Grandes et Petites Écuries. Dans la ville, cathédrale St-Louis et église Notre-Dame, nombreux hôtels particuliers des XVIIe et XVIIIe s. ; musée Lambinet. — C'est à Versailles, cité royale à partir de 1662, que fut signé, en 1783, le traité qui mettait fin à la guerre de l'Indépendance américaine. Le palais fut transformé par Louis-Philippe en musée (1837). L'Empire allemand fut proclamé (18 janv. 1871) dans le château, et l'Assemblée nationale puis le Parlement français y siégèrent de 1871 à 1879.

Versailles (traité de) [28 juin 1919], traité qui mit fin à la Première Guerre mondiale, conclu entre l'Allemagne et les puissances alliées et associées. Ses principales clauses étaient : la restitution de l'Alsace-Lorraine à la France ; l'administration de la Sarre par la SDN ; l'organisation d'un plébiscite au Slesvig et en Silésie ; la création du « couloir de Dantzig » donnant à la Pologne un accès à la mer ; la limitation du potentiel militaire allemand ; le versement par l'Allemagne de 20 milliards de marks-or au titre des réparations.

VERSEAU, constellation zodiacale. — **Verseau,** onzième signe du zodiaque, que le Soleil traverse du 20 janvier au 19 février.

VERT (cap), promontoire de la côte du Sénégal, le plus occidental de l'Afrique.

VERTAIZON (63910), ch.-l. de cant. du Puy-de-Dôme ; 2 329 hab.

VERTOU (44120), ch.-l. de cant. de la Loire-Atlantique, sur la Sèvre Nantaise ; 20 773 hab. *(Vertaviens).* Agroalimentaire.

VERTOV (Denis Arkadevitch **Kaufman,** dit Dziga), *Białystok 1895 - Moscou 1954,* cinéaste soviétique. Il fut l'un des grands pionniers du documentaire, prônant un cinéma qui saisit « la vie à l'improviste », le « ciné-œil » (Kino-Glaz) : *Soviet en avant !* (1926), *l'Homme à la caméra* (1929), *Trois Chants sur Lénine* (1934).

Verts (les), nom de partis écologistes de l'Europe occidentale. En Allemagne *(Die Grünen),* ce parti a été fondé en 1980 ; en France, en 1984.

VERTUMNE, dieu peut-être d'origine étrusque ou italique, protecteur de la végétation, et particulièrement des arbres fruitiers.

VERTUS [-ty] (51130), ch.-l. de cant. de la Marne ; 2 616 hab. *(Vertusiens).* Vins de Champagne. — Église du XIIe s.

VERUS ou **LUCIUS AELIUS AURELIUS CEIONIUS COMMODUS VERUS,** *Rome 130 - 169,* empereur romain (161 - 169). Associé à l'Empire par Marc Aurèle, il conduisit victorieusement la campagne contre les Parthes (161 - 166).

VERVIERS, v. de Belgique, ch.-l. d'arrond. de la prov. de Liège, sur la Vesdre ; 53 482 hab. Centre industriel. — Monuments des XVIe-XIXe s. ; musées.

VERVINS (02140), ch.-l. d'arrond. de l'Aisne ; 2 861 hab. *(Vervinois).* Église des XIIe-XVIe s. (beau mobilier). — Anc. capitale de la Thiérache. Le 2 mai 1598, Henri IV et Philippe II y signèrent un traité qui mit fin à la guerre franco-espagnole.

VERWOERD (Hendrick Frensch), *Amsterdam 1901 - Le Cap 1966,* homme politique sud-africain. Premier ministre de l'Afrique du Sud (1958 - 1966), il consolida l'apartheid. Promoteur de la politique des Bantoustans, il fut à l'origine de la proclamation de la république et du retrait de l'Afrique du Sud du Commonwealth. Il fut assassiné.

VESAAS (Tarjei), *Ytre Vinje 1897 - Oslo 1970,* écrivain norvégien. Poète, auteur dramatique, il peint dans ses romans la vie paysanne (*le Grand Jeu,* 1934), puis évolue vers un symbolisme allégorique et lyrique (*le Germe,* 1940 ; *les Oiseaux,* 1957).

VÉSALE (André), en néerl. Andries **Van Wesel,** *Bruxelles 1514 ou 1515 - île de Zante 1564,* anatomiste flamand. Il fut l'un des premiers à pratiquer la dissection du corps humain et combattit les positions traditionnelles de Galien.

VESCOVATO (20215), ch.-l. de cant. de la Haute-Corse ; 2 369 hab.

VÉSINET (Le) [78110], ch.-l. de cant. des Yvelines ; 16 223 hab. *(Vésigondins).*

VESLE [vɛl] n.f., riv. de France, en Champagne, affl. de l'Aisne (r. g.) ; 143 km. Elle passe à Reims.

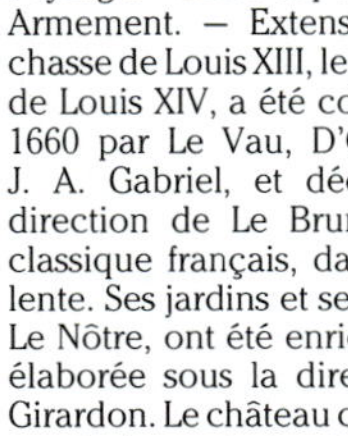

■ JULES **VERNE** par Nadar.

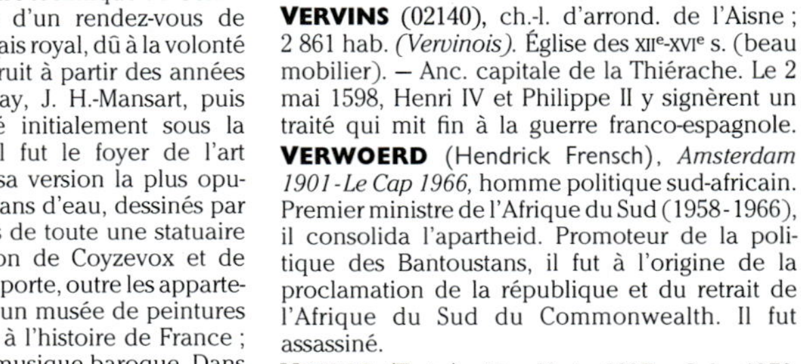

■ **VERSAILLES.** Façade du château donnant sur les jardins.

■ ANDRÉ **VÉSALE** par Poncet. (Musée des Beaux-Arts, Orléans.)

VESOUL (70000), ch.-l. du dép. de la Haute-Saône, sur le Durgeon, à 362 km au S.-E. de Paris ; 18 882 hab. *(Vésuliens).* Constructions automobiles. – Église du XVIIIᵉ s. ; musée.

VESPASIEN, en lat. **Titus Flavius Vespasianus,** *près de Reate, auj. Rieti, 9 - Aquae Cutiliae, Sabine, 79,* empereur romain (69 - 79), fondateur de la dynastie des Flaviens. Son règne mit fin à la guerre civile qui avait suivi la mort de Néron. Issu de la bourgeoisie italienne, énergique et menant une vie simple, il entreprit la pacification de la Judée (66 - 69), mit de l'ordre dans l'administration, rétablit les finances, commença l'édification du Colisée, ou amphithéâtre flavien, et reconstruisit le Capitole. Il réprima le soulèvement gaulois, envoya Agricola en Bretagne (actuelle Angleterre) [77 - 84] et entreprit la conquête des champs Décumates. Il affaiblit l'opposition de l'aristocratie en favorisant l'entrée des provinciaux au sénat. Il instaura la succession héréditaire en faveur de ses fils Titus et Domitien.

VESPUCCI (Amerigo), en fr. Améric **Vespuce,** *Florence 1454 - Séville 1512,* navigateur italien. Il fit plusieurs voyages au Nouveau Monde (1499 et 1501 - 1502). Le géographe Martin **Waldseemüller** (v. 1470 - Saint-Dié entre 1518 et 1521) lui attribua la découverte du Nouveau Continent, désigné d'après le prénom de Vespucci.

VESTA MYTH. ROM. Déesse du Foyer domestique. Son culte était desservi par le collège des vestales.

VESTDIJK (Simon), *Harlingen 1898 - Utrecht 1971,* écrivain néerlandais. Poète et essayiste, il est l'auteur de romans psychologiques *(Anton Wachter,* 1934 - 1960) et historiques *(l'Île au rhum,* 1940).

VESTERÅLEN, archipel norvégien, au N. des îles Lofoten ; 35 000 hab.

VESTMANNAEYJAR, archipel volcanique au large de la côte sud de l'Islande.

VESTRIS (Gaétan), *Florence 1729 - Paris 1808,* danseur italien. Surnommé le « Dieu de la danse » (ainsi que son fils, Auguste), il débuta en Italie et, à partir de 1748, fit carrière à l'Opéra de Paris, où il tint les rôles principaux de plus de 70 ballets et opéras. – **Auguste V.,** *Paris 1760 - id. 1842,* danseur français. Il fit carrière à l'Opéra de Paris (1775 - 1816). Sa forte personnalité et ses prouesses techniques d'un niveau alors inégalé, alliées à une pantomime très expressive, le rendirent célèbre.

VÉSUVE n.m., en ital. **Vesuvio,** volcan actif d'Italie, à 8 km au S.-E. de Naples ; 1 277 m. L'éruption de l'an 79 apr. J.-C. ensevelit Herculanum, Pompéi et Stabies.

VESZPRÉM, v. de Hongrie, près du lac Balaton ; 63 867 hab. Monuments médiévaux et urbanisme du XVIIIᵉ s. ; musée.

VEUILLOT (Louis), *Boynes, Loiret, 1813 - Paris 1883,* journaliste et écrivain français. Rédacteur en chef (1848) de *l'Univers,* il en fit la tribune du catholicisme ultramontain et intransigeant.

VEURNE → **FURNES.**

VEVEY, v. de Suisse (Vaud), sur le lac Léman ; 15 968 hab. *(Veveysans).* Centre touristique et industriel. – Temple St-Martin, remontant aux XIIᵉ et XVᵉ s., et autres monuments ; musées (peinture, tradition vigneronne, etc.).

VEXIN n.m., région aux confins de l'Eure *(Vexin normand)* et du Val-d'Oise *(Vexin français,* qui constitue un parc naturel régional, couvrant env. 55 000 ha), débordant sur le sud-ouest de l'Oise. Formé de plateaux calcaires, souvent limoneux, le Vexin est une riche région agricole.

VEYNE (Paul), *Aix-en-Provence 1930,* historien français. Spécialiste de l'Antiquité, il est l'auteur d'ouvrages théoriques *(Comment on écrit l'histoire,* 1971) et de recherches sur la culture antique *(le Pain et le Cirque,* 1976 ; *Les Grecs ont-ils cru à leurs mythes ?,* 1983).

VEYNES (05400), ch.-l. de cant. des Hautes-Alpes ; 3 254 hab. *(Veynois).* Demeures anciennes.

VEYRE-MONTON (63960), ch.-l. de cant. du Puy-de-Dôme ; 3 503 hab.

VÉZELAY (89450), ch.-l. de cant. de l'Yonne, en bordure du Morvan ; 507 hab. *(Vézeliens).* Remarquable basilique romane de la Madeleine, anc. abbatiale (sculptures des portails intérieurs ; chœur gothique). – Saint Bernard y prêcha la deuxième croisade, le 31 mars 1146.

VÉZÈRE n.f., riv. de France, née sur le plateau de Millevaches, affl. de la Dordogne (r. dr.) ; 192 km. Sur ses bords, stations préhistoriques des Eyzies, de la Madeleine, etc. Gorges.

VIALA (Joseph Agricol), *Avignon 1780 - près d'Avignon 1793,* jeune patriote français. Il fut tué en défendant le passage de la Durance aux royalistes. Son héroïsme a été célébré par M. J. Chénier dans *le Chant du départ.*

VIAN (Boris), *Ville-d'Avray 1920 - Paris 1959,* écrivain français. Ingénieur, trompettiste et critique de jazz, parolier et compositeur *(le Déserteur),* il fut une figure du Saint-Germain-des-Prés de l'après-guerre. Ses poèmes *(Cantilènes en gelée),* ses romans *(l'Automne à Pékin, l'Écume des jours)* et ses pièces de théâtre, d'une grande invention verbale, tiennent à la fois de l'humour et de l'absurde.

VIANDEN, ch.-l. de cant. du Luxembourg ; 1 471 hab. Centrale hydroélectrique sur l'Our. – Imposant château en ruine remontant à 1096, dans un site remarquable.

VIANNEY (Jean-Marie) → **JEAN-MARIE VIANNEY** (saint).

VIARDOT-GARCÍA (Pauline), *Paris 1821 - id. 1910,* mezzo-soprano française d'origine espagnole. Sœur cadette de la Malibran, elle créa des opéras de Gounod et de Meyerbeer.

VIAREGGIO, station balnéaire d'Italie (Toscane), sur la mer Tyrrhénienne ; 57 099 hab.

VIARMES (95270), ch.-l. de cant. du Val-d'Oise ; 4 711 hab. Mairie dans un château du XVIIIᵉ s.

VIATKA, de 1934 à 1991 **Kirov,** v. de Russie, sur la *Viatka ;* 491 200 hab. Métallurgie.

VIATKA n.f., riv. de Russie, affl. de la Kama (r. dr.) ; 1 314 km.

VIAU (Théophile **de**), *Clairac 1590 - Paris 1626,* poète français. Libertin, poursuivi par les jésuites et emprisonné deux ans, il est l'auteur de pièces de théâtre et de poésies lyriques qui s'écartent de l'idéal de régularité prôné par Malherbe.

VIAUR n.m., riv. de France, dans le Massif central, affl. de l'Aveyron (r. g.) ; 155 km. Il est franchi par un grand viaduc ferroviaire (ligne de Rodez à Albi) qui le domine de 120 m.

■ **VÉZELAY.** Portail central intérieur (apr. 1120) de la basilique de la Madeleine.

■ **VESPASIEN.** (Musée du Capitole, Rome.)

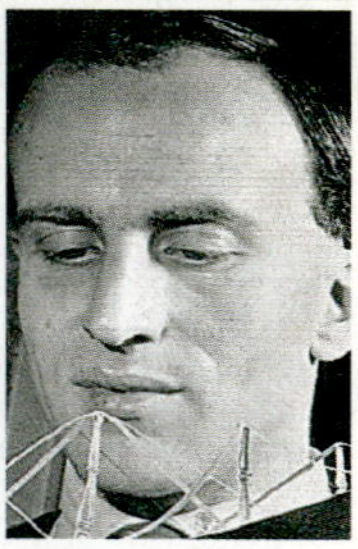

■ BORIS **VIAN**

VIBRAYE [vibrɛ] (72320), ch.-l. de cant. de la Sarthe ; 2 618 hab. *(Vibraysiens).* Forêt. Produits pharmaceutiques.

VIC, étang littoral de l'Hérault, au S. de Montpellier ; environ 1 300 ha.

VICAT (Louis), *Nevers 1786 - Grenoble 1861,* ingénieur français. Spécialiste de l'étude des chaux et des mortiers, il détermina la composition des ciments naturels et indiqua la technique de fabrication des ciments artificiels.

V

VIC-BILH n.m., petite région du N.-E. des Pyrénées-Atlantiques. Pétrole.

VIC-EN-BIGORRE (65500), ch.-l. de cant. des Hautes-Pyrénées ; 5 245 hab. *(Vicquois).* Belles demeures du XVIIIᵉ s.

VICENCE, en ital. **Vicenza,** v. d'Italie (Vénétie), ch.-l. de prov. ; 107 076 hab. *(Vicentins).* Églises et palais surtout du XIIᵉ au XVIᵉ s. ; édifices de Palladio, dont le palais Chiericati (musée) et la villa la *Rotonda.

VICENTE (Gil), *Guimarães v. 1465 - v. 1536,* auteur dramatique portugais d'expression portugaise et castillane. Ses pièces religieuses *(la Trilogie des barques,* 1516 - 1519), ses farces *(Inês Pereira)* et ses comédies font de lui le créateur du théâtre portugais.

VIC-FEZENSAC (32190), ch.-l. de cant. du Gers ; 3 712 hab. *(Vicois).* Eaux-de-vie. – Église romane et gothique. Arènes. – Festival de musique latino.

VICHY (03200), ch.-l. d'arrond. de l'Allier, sur l'Allier ; 26 915 hab. *(Vichyssois).* Station thermale (rhumatismes et troubles digestifs).

Vichy (gouvernement de), gouvernement de l'État français (juill. 1940 - août 1944). Nommé président du Conseil le 16 juin 1940, le maréchal Pétain, après avoir demandé l'armistice – signé le 22 juin –, devient, par un vote de l'Assemblée nationale (à l'exception de 80 députés), chef de l'État français (juill.). Il instaure, sous la devise « Travail, Famille, Patrie » et l'emblème de la francisque, un régime autoritaire, corporatiste, antisémite et anticommuniste (la « révolution nationale »), qui pratique dès l'automne 1940 une politique de collaboration avec l'Allemagne. Après l'invasion de la zone libre par les Allemands (nov. 1942), le régime, de plus en plus inféodé à l'occupant, ne cesse de perdre du crédit auprès des Français. La Libération entraîne son effondrement, tandis que le maréchal Pétain et le chef du gouvernement, Pierre Laval, sont transférés en Allemagne.

VICKSBURG, v. des États-Unis (Mississippi), sur le Mississippi ; 25 434 hab. Place sudiste pendant la guerre de Sécession, sa capitulation (1863) ouvrit la voie du Mississippi aux nordistes.

VIC-LE-COMTE (63270), ch.-l. de cant. du Puy-de-Dôme ; 4 457 hab. *(Vicomtois).* Sainte-chapelle de 1510, chœur de l'actuelle église.

VICO (Giambattista), *Naples 1668 - id. 1744,* historien et philosophe italien. Ses *Principes de la philosophie de l'histoire* (1725) distinguent dans l'histoire cyclique de chaque peuple trois âges : l'âge divin, l'âge héroïque et l'âge humain.

VICQ D'AZYR (Félix), *Valognes 1748 - Paris 1794,* médecin français. Il fut l'auteur des premiers travaux d'anatomie comparée, à usage vétérinaire principalement. (Acad. fr.)

VIC-SUR-CÈRE (15800), ch.-l. de cant. du Cantal ; 1 954 hab. *(Vicois).* Eaux minérales. – Maisons anciennes.

Victoire de Samothrace, marbre hellénistique (Louvre), du début du IIᵉ s. av. J.-C., commémorant une victoire navale de Démétrios Iᵉʳ

Poliorcète. Représentant une femme ailée posée sur une proue de galère, c'est l'un des plus fougueux chefs-d'œuvre de l'art grec finissant.

VICTOR (Claude **Perrin**, dit), duc **de Bellune,** *Lamarche, Vosges, 1764 - Paris 1841,* maréchal de France. Il se distingua à Friedland (1807) et pendant la campagne de France (1814). Il fut ministre de la Guerre de Louis XVIII (1821 - 1823).

VICTOR (Paul-Émile), *Genève 1907 - Bora Bora 1995,* explorateur français. Il a dirigé de nombreuses expéditions au Groenland, en Laponie et en terre Adélie, et a créé en 1947 les Expéditions polaires françaises (relayées en 1992 par l'Institut français pour la recherche et la technologie polaires).

VICTOR-AMÉDÉE Ier, *Turin 1587 - Verceil 1637,* duc de Savoie (1630 - 1637). Époux de Christine de France, fille d'Henri IV, il dut céder Pignerol à la France (1630). — **Victor-Amédée II,** *Turin 1666 - Rivoli 1732,* duc de Savoie (1675), roi de Sicile (1713), puis de Sardaigne (1720). Il fonda une monarchie absolue et centralisée, avant d'abdiquer en 1730. — **Victor-Amédée III,** *Turin 1726 - Moncalieri 1796,* roi de Sardaigne (1773 - 1796). Il lutta contre la Révolution française, qui lui imposa le traité de Paris et lui enleva la Savoie et Nice (1796).

VICTOR-EMMANUEL Ier, *Turin 1759 - Moncalieri 1824,* roi de Sardaigne (1802 - 1821). Les traités de 1815 lui rendirent tous ses États, mais l'insurrection de 1821 l'obligea à abdiquer. — **Victor-Emmanuel II,** *Turin 1820 - Rome 1878,* roi de Sardaigne (1849), puis roi d'Italie (1861). Fils de Charles-Albert, qui abdiqua en sa faveur, il fut l'allié de la France contre l'Autriche (1859) et le véritable créateur, avec son ministre Cavour, de l'unité italienne. Il dut céder à la France la Savoie et Nice (1860). — **Victor-Emmanuel III,** *Naples 1869 - Alexandrie, Égypte, 1947,* roi d'Italie (1900 - 1946), empereur d'Éthiopie (1936) et roi d'Albanie (1939). Fils d'Humbert Ier, il laissa, de 1922 à 1943, le pouvoir réel à Mussolini, favorisant ainsi le développement du fascisme en Italie. En 1943, en accord avec le Grand Conseil fasciste, il fit arrêter Mussolini, mais il ne put rallier les partis politiques. Il abdiqua en faveur de son fils Humbert (II), avant de s'exiler (1946).

VICTORIA, État du sud-est de l'Australie ; 4 243 719 hab. ; cap. *Melbourne.*

VICTORIA, grande île de l'archipel Arctique canadien (Territoires du Nord-Ouest et Nunavut) ; 212 000 km².

VICTORIA, v. du Canada, cap. de la Colombie-Britannique, dans l'île de Vancouver ; 71 228 hab. (262 223 hab. dans l'agglomération). Port. Université. — Musées.

VICTORIA, cap. des Seychelles, sur l'île de Mahé ; 23 000 hab.

VICTORIA (chutes), chutes du Zambèze, aux confins du Zimbabwe et de la Zambie. Elles sont hautes de 108 m.

VICTORIA (lac), anc. **Victoria Nyanza,** grand lac de l'Afrique équatoriale, d'où sort le Nil ; 68 100 km².

VICTORIA Ire, *Londres 1819 - Osborne, île de Wight, 1901,* reine de Grande-Bretagne et d'Irlande (1837 - 1901) et impératrice des Indes (1876 - 1901). Petite-fille de George III, elle succède à son oncle Guillaume IV, mort sans héritier. Habilement conseillée par son Premier ministre lord Melbourne, par son oncle Léopold Ier de Belgique puis par Albert de Saxe-Cobourg-Gotha (qu'elle épouse en 1840), Victoria redonne rapidement à la Couronne, alors fort déconsidérée, dignité et prestige. Bien que respectant scrupuleusement les règles du régime parlementaire, la reine se trouve plusieurs fois en conflit avec ses principaux ministres (Wellington, Palmerston, Disraeli puis Gladstone). Victoria a fortement marqué de son empreinte personnelle la vie politique de la Grande-Bretagne, qui connut, sous son règne *(l'ère victorienne),* l'apogée de sa puissance politique et économique.

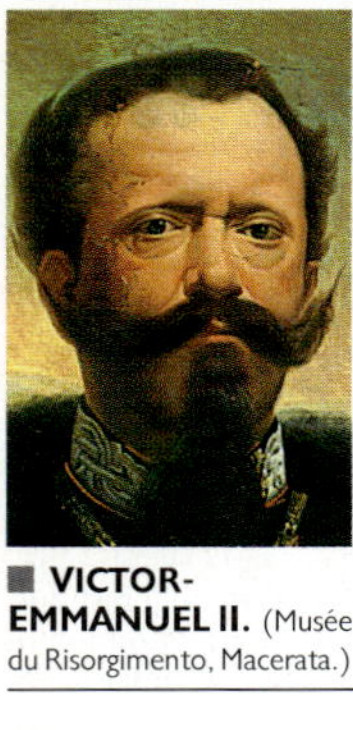

■ **VICTOR-EMMANUEL II.** (Musée du Risorgimento, Macerata.)

■ **VICTORIA Ire** v. 1870.

VICTORIA (Tomás Luis **de**), *Ávila 1548 - Madrid 1611,* compositeur espagnol. Il vécut une grande partie de sa vie à Rome, où il enseignait au collège germanique. Il fut l'un des plus grands maîtres de la polyphonie religieuse (messes, motets, *Officium defunctorum* à six voix).

Victoria and Albert Museum, musée de Londres, fondé en 1852 et installé en 1909 dans un édifice neuf du quartier de South Kensington. Vastes collections relatives aux arts décoratifs et aux beaux-arts du monde entier.

Victoria Cross, la plus haute distinction militaire britannique, instituée en 1856 par la reine Victoria.

VICTORIAVILLE, v. du Canada (Québec), dans l'Estrie ; 38 191 hab. *(Victoriavillois).*

VIDAL DE LA BLACHE (Paul), *Pézenas 1845 - Tamaris, Var, 1918,* géographe français. Fondateur de l'école géographique française, il a étudié les rapports entre éléments naturels et éléments humains. Auteur d'un *Tableau de la géographie de la France* (1903), il conçut une grande *Géographie universelle.*

VIDOCQ (François), *Arras 1775 - Paris 1857,* aventurier français. Ancien bagnard, il dirigea, sous l'Empire et la Restauration, la brigade de sûreté, recrutée parmi les forçats libérés. Balzac s'est inspiré de lui pour le personnage de Vautrin.

VIDOR (King), *Galveston 1894 - Pablo Robles 1982,* cinéaste américain. Son œuvre abondante témoigne d'un lyrisme et d'une grande vigueur épique : *la Foule* (1928), *Hallelujah* (1929), *Notre pain quotidien* (1934), *Duel au soleil* (1947).

VIEDMA, v. d'Argentine ; 40 452 hab.

VIEIL-ARMAND → HARTMANNSWILLER-KOPF.

VIEILLEVILLE (François **de Scepeaux,** seigneur **de**), comte **de Durtal,** *1510 - Durtal, Maine-et-Loire, 1571,* maréchal de France. Il participa aux expéditions d'Italie, joua un rôle militaire et diplomatique sous Henri II puis Charles IX, et lutta contre les protestants au début des guerres de Religion.

VIEIRA (António), *Lisbonne 1608 - Bahia 1697,* écrivain portugais. Jésuite, défenseur des Indiens du Brésil, il est l'un des classiques de la prose portugaise *(Sermons, Correspondance).*

VIEIRA DA SILVA (Maria Elena), *Lisbonne 1908 - Paris 1992,* peintre française d'origine portugaise. Ses perspectives disloquées et son graphisme aigu engendrent un espace frémissant, souvent labyrinthique.

VIELÉ-GRIFFIN (Francis), *Norfolk, Virginie, 1864 - Bergerac 1937,* poète français d'origine américaine, d'inspiration symboliste *(Joies).*

VIELLA ou **VIELHA,** v. d'Espagne (Catalogne), ch.-l. du Val d'Aran ; 3 109 hab. Tunnel routier long de 5 km sous le *col de Viella.*

VIEN (Joseph Marie), *Montpellier 1716 - Paris 1809,* peintre français, précurseur du néoclassicisme.

VIENNE n.f., riv. de France, née sur le plateau de Millevaches, affl. de la Loire (r. g.) ; 350 km ; bassin de plus de 20 000 km². Elle passe à Limoges, Châtellerault et Chinon.

VIENNE (38200), ch.-l. d'arrond. de l'Isère, sur le Rhône ; 30 749 hab. *(Viennois).* Vestiges gallo-romains (temple d'Auguste et de Livie, grand théâtre, etc.) ; églises médiévales, dont St-Pierre (VIe et IXe-XIIe s.), auj. Musée lapidaire antique, et la cathédrale St-Maurice (XIIe-XVIe s.) ; musée des Beaux-Arts et d'Archéologie.

VIENNE n.f. (86), dép. de la Région Poitou-Charentes ; ch.-l. de dép. *Poitiers ;* ch.-l. d'arrond. *Châtellerault, Montmorillon ;* 3 arrond. ; 38 cant. ; 281 comm. ; 6 990 km² ; 399 024 hab. *(Viennois).* Le dép. appartient à l'académie et à la cour d'appel de Poitiers, à la zone de défense Sud-Ouest. La majeure partie du dép. s'étend sur les plaines du haut Poitou (ou *seuil du Poitou*), où l'économie rurale varie avec la nature des sols : élevage (bovins, porcs) sur les terres de brandes, améliorées, du sud-est ; cultures céréalières et fourragères, localement vigne, à l'ouest du Clain, où affleurent les calcaires ; céréales et élevage bovin dans le nord. L'industrie est représentée par l'industrie automobile, les constructions électriques et mécaniques, les pneumatiques, et se localise surtout à Châtellerault et à Poitiers, desservies par autoroute.

VIENNE, en all. **Wien,** cap. de l'Autriche, sur le Danube ; 1 533 176 hab. *(Viennois).* Université. Centre administratif, culturel et commercial. — Cathédrale reconstruite aux XIVe-XVIe s. ; nombreux édifices baroques, dus notamment à J. B. Fischer von Erlach et à Hildebrandt ; œuvres de O. Wagner et de J. Hoffmann. Nombreux musées, dont le *Kunsthistorisches Museum, l'*Albertina et, dans les deux palais du Belvédère, le musée du Baroque et la galerie d'Art autrichien des XIXe-XXe s. (œuvres de Klimt, Kokoschka et autres artistes de l'école de Vienne). — Forteresse romaine à la frontière de la Pannonie, la ville se développa au Moyen Âge grâce aux Babenberg, puis aux Habsbourg, qui l'acquirent en 1276. Résidence des empereurs du Saint Empire (partiellement après 1438, définitivement à partir de 1611), elle fut assiégée par les Turcs (1529, 1683). De nombreux traités y furent signés, notamm. celui de 1738 qui mit fin à la guerre de la Succession de Pologne. Vienne fut au XIXe s. l'un des principaux foyers culturels de l'Europe. Après l'effondrement de l'Empire austro-hongrois (1918), elle devint la capitale de la République autrichienne.

Vienne (cercle de), groupe d'intellectuels d'entre les deux guerres, qui se donnèrent comme mission la constitution d'un savoir organisé à partir des découvertes de la science et formalisé selon les vues de Russell et de Wittgenstein. Ses principaux membres furent les physiciens M. Schlick et P. Frank, le mathématicien H. Hahn, les logiciens K. Gödel et R. Carnap, l'économiste O. Neurath.

Vienne (congrès de) [1814 - 1815], congrès réuni à Vienne (Autriche) afin de réorganiser l'Europe après la chute de Napoléon. Les décisions y furent prises par les quatre grands vainqueurs : Autriche (Metternich), Russie (Nesselrode), Grande-Bretagne (Castlereagh), Prusse (Hardenberg). Talleyrand y représentait la France de Louis XVIII. L'acte final, signé en juin 1815, s'inspirait des principes du droit monarchique et de l'équilibre européen, mais ignorait le principe des nationalités. (V. carte **Europe.**)

VIENNE (HAUTE-) [87], dép. de la Région Limousin ; ch.-l. de dép. *Limoges ;* ch.-l. d'arrond. *Bellac, Rochechouart ;* 3 arrond. ; 42 cant. ; 201 comm. ; 5 520 km² ; 353 893 hab. *(Haut-Viennois).* Le dép. appartient à l'académie et à la cour d'appel de Limoges, à la zone de défense Sud-Ouest. Il s'étend sur la majeure partie du Limousin, formé ici de lourds plateaux, entaillés par des vallées profondes (Vienne, Gartempe). L'amélioration des communications de la région, longtemps isolée, a permis l'essor d'un important élevage bovin, pour la viande, favorisé par l'humidité du climat et l'extension des prairies naturelles. En dehors des branches extractives (gisements d'uranium), l'industrie est représentée principalement par la porcelaine (née de la présence du kaolin à Saint-Yrieix), les constructions électriques et mécaniques, la papeterie. Elle se localise essentiellement à Limoges, dont l'agglomération groupe la moitié de la population totale du département.

VIENNE (Jean **de**), *v. 1341 - Nicopolis 1396,* amiral de France. Il se distingua pendant la guerre de

■ **VIENNE.** Le Burgtheater, édifié par Semper et Hasenauer entre 1874 et 1888 sur le Ring (boulevard entourant la vieille ville).

Vienne

100 200 m

plus de 50 000 h.
de 10 000 à 50 000 h.
de 2 000 à 10 000 h.
moins de 2 000 h.
ch.-l. d'arrondissement
ch.-l. de canton
commune
autoroute
route
voie ferrée

Haute-Vienne

200 500 m

plus de 20 000 h.
de 5 000 à 20 000 h.
de 2 000 à 5 000 h.
moins de 2 000 h.
ch.-l. d'arrondissement
ch.-l. de canton
commune
autoroute
route
voie ferrée

Cent Ans, organisa la marine de Charles V et mourut en combattant les Turcs.

VIENNOISE (la), diocèse de la Gaule romaine, qui s'étendait de l'Aquitaine aux Alpes ; cap. *Vienne.*

VIENTIANE, cap. du Laos, sur le Mékong ; 377 000 hab. *(Vientianais).*

VIERGE, constellation zodiacale. Son étoile la plus brillante est *Spica* (l'Épi). — **Vierge,** sixième signe du zodiaque, que le Soleil quitte à l'équinoxe d'automne.

Vierge aux rochers (la), œuvre de Léonard de Vinci, entreprise vers 1482 - 1483. Le peintre en a réalisé deux versions (huiles sur toile), conservées l'une au Louvre (coll. de François Ier) et l'autre à la National Gallery de Londres.

VIERGES (îles), en angl. **Virgin Islands,** archipel des Petites Antilles, partagé entre la Grande-Bretagne (Tortola, Anegada, Virgin Gorda, etc.) et les États-Unis (Saint Thomas, Sainte-Croix et Saint John).

VIERNE (Louis), *Poitiers 1870-Paris 1937,* compositeur et organiste français. Organiste de Notre-Dame de Paris (1900 - 1937), improvisateur réputé, il a écrit 6 symphonies, 24 *Pièces en style libre,* des *Pièces de fantaisie* (4 vol., 1926 - 1927).

VIERZON (18100), ch.-l. d'arrond. du Cher, sur le Cher ; 30 743 hab. *(Vierzonnais).* Gare de triage. Constructions mécaniques. — Église des XIIe et XVe s.

Vies parallèles, recueil de récits biographiques de Plutarque (Ier s. apr. J.-C.), traduit par J. Amyot sous le titre de *Vies des hommes illustres* (1559). Elles sont consacrées aux grands hommes de la Grèce et de Rome.

Viêt-cong (du vietnamien *Viêt* Nam et *công*-san, rouge), nom donné pendant la guerre du Viêt Nam aux communistes et à leurs alliés, qui se regroupèrent tous en 1960 dans le Front national de libération du Viêt Nam du Sud.

VIÈTE (François), *Fontenay-le-Comte 1540 - Paris 1603,* mathématicien français. Son œuvre est capitale pour la symbolisation en algèbre et son application à la géométrie. Il introduisit notamm. l'usage des lettres pour représenter les quantités connues ou inconnues et donna la solution géométrique de l'équation du 3e degré.

Viêt-minh (Front de l'indépendance du Viêt Nam), formation politique vietnamienne, issue en 1941 de la réunion du Parti communiste indochinois et d'éléments nationalistes. Le Viêt-minh dirigea le premier gouvernement vietnamien en 1945, et composa d'abord avec la France (1946), avant de prendre la tête de la lutte armée contre les forces françaises et leurs alliés vietnamiens. Il s'imposa dans le Viêt Nam du Nord avec Hô Chi Minh.

■ LA **VIERGE AUX ROCHERS,** de Léonard de Vinci. (Louvre, Paris.)

V

VIÊT NAM ou **VIETNAM** n.m., État d'Asie du Sud-Est ; 335 000 km^2 ; 76 160 000 hab. *(Vietnamiens).* CAP. *Hanoi.* V. PRINC. *Hô Chi Minh-Ville* et *Haiphong.* LANGUE : *vietnamien.* MONNAIE : *dông.*

GÉOGRAPHIE

Le pays s'étire sur près de 1 500 km. Une étroite bande de plateaux et de montagnes (l'Annam) sépare les deltas du fleuve Rouge (Tonkin) et du Mékong (Cochinchine). C'est dans les régions basses, chaudes et arrosées en été (par la mousson) que se concentre une population nombreuse, toujours majoritairement rurale et qui s'accroît rapidement. Les hautes terres sont peuplées de minorités, qui représentent 10 à 15 % d'une population en majeure partie bouddhiste. Le riz est la base de l'alimentation ; le caoutchouc, le thé, le coprah sont les principales cultures commerciales. Le sous-sol recèle du charbon et du pétrole, mais l'industrie est peu développée, souffrant de la faiblesse de l'infrastructure (transports notamm.) et du manque de capitaux. L'économie s'est toutefois récemment ouverte et largement privatisée : le Viêt Nam sort de son isolement.

HISTOIRE

Des origines à l'empire du Viêt Nam. Au néolithique, le brassage des Muong, des Viêt et d'éléments chinois dans le bassin du fleuve Rouge donne naissance au peuple vietnamien. **208 av. J.-C. :** le royaume du Nam Viêt est créé. **111 av. J.-C. :** il est annexé à l'Empire chinois des Han. **IIe s. apr. J.-C. :** le pays est pénétré par le bouddhisme. **939 apr. J.-C. :** Ngô Quyên fonde la première dynastie nationale. **968-980 :** la dynastie des Dinh règne sur le pays, appelé Dai Cô Viêt, encore vassal de la Chine. **980 - 1225 :** sous les dynasties impériales des Lê antérieurs (980 - 1009) puis des Ly (1010 - 1225), le pays, devenu le Dai Viêt (1054), s'organise et adopte des structures mandarinales et féodales. Il s'étend vers le sud au détriment du Champa. **1225 - 1413 :** sous la dynastie des Trân, les Mongols sont repoussés (1257, 1287), mais la Chine rétablit sa domination (1406). **1428 :** Lê Loi reconquiert l'indépendance et fonde la dynastie des Lê postérieurs (1428 - 1789). **1471 :** le Dai Viêt remporte une victoire décisive sur le Champa. **XVIe - XVIIe s. :** les clans seigneuriaux rivaux, Mac, Nguyên (qui gouvernent le Sud) et Trinh (qui dominent le Nord), s'affrontent. Les jésuites diffusent le catholicisme et latinisent la langue vietnamienne. **1773 - 1792 :** les trois frères Tây Son dirigent la révolte contre les Nguyên et les Trinh.

L'empire du Viêt Nam et la domination française. Nguyên Anh, survivant de la famille Nguyên, reconquiert la Cochinchine, la région de Huê et celle de Hanoi avec l'aide des Français. **1802 :** devenu empereur sous le nom de Gia Long, il fonde l'empire du Viêt Nam. **1859 - 1883 :** la France conquiert la Cochinchine, qu'elle érige en colonie, et impose son protectorat à l'Annam et au Tonkin. **1885 :** la Chine reconnaît ces conquêtes au traité de Tianjin. **1885 - 1896 :** un soulèvement nationaliste agite le pays, qui est intégré à l'Union indochinoise, formée par la France en 1887. **1930 :** Hô Chi Minh crée le Parti communiste indochinois. **1932 :** Bao Dai devient empereur. **1941 :** le Front de l'indépendance du Viêt Nam (Viêt-minh) est fondé. **1945 :** les Japonais mettent fin à l'autorité française : Bao Dai abdique et une république indépendante est proclamée. La France reconnaît le nouvel État mais refuse d'y inclure la Cochinchine. **1946 - 1954 :** la guerre d'Indochine oppose la France, qui a rappelé Bao Dai et reconnu l'indépendance du Viêt Nam au sein de l'Union française, au Viêt-minh. **1954 :** la défaite française de Diên Biên Phu conduit aux accords de Genève, qui partagent le pays en deux de part et d'autre du 17e parallèle.

Nord et Sud Viêt Nam. 1955 : dans le Sud, l'empereur Bao Dai est déposé par Ngô Dinh Diêm. La république du Viêt Nam est instaurée à Saigon. Elle bénéficie de l'aide américaine. Dans le Nord, la république démocratique du Viêt Nam (cap. Hanoi) est dirigée par Hô Chi Minh. **1956 :** les communistes rallient les opposants au régime de Ngô Dinh Diêm au sein du Viêt-cong. **1960 :** le Front national de libération du Viêt Nam du Sud est créé. **1963 :** assassinat de Ngô Dinh Diêm. **1964 :** les États-Unis interviennent directement dans la guerre du Viêt Nam aux côtés des Sud-Vietnamiens. **1969 :** à la mort d'Hô Chi Minh, Pham Van Dông devient Premier ministre et Lê Duan premier secrétaire du parti des Travailleurs (communiste). **1973 - 1975 :** en dépit des accords de Paris et du retrait américain, la guerre continue. **1975 :** les troupes du Nord prennent Saigon.

Le Viêt Nam réunifié. 1976 : le Viêt Nam devient une république socialiste que des milliers d'opposants tentent de fuir *(boat people).* **1978 :** le Viêt Nam signe un traité d'amitié avec l'URSS et envahit le Cambodge, dont le régime des Khmers rouges était soutenu par la Chine. **1979 :** un conflit armé éclate avec la Chine. **1986 :** Nguyên Van Linh remplace Lê Duan à la tête du Parti communiste. **1987 :** Pham Hung succède au Premier ministre Pham Van Dông. **1988 :** après le décès de Pham Hung, Do Muoi devient Premier ministre. **1989 :** les troupes vietnamiennes se retirent totalement du Cambodge. **1991 :** Do Muoi est nommé secrétaire général du Parti tandis que Vo Van Kiet devient chef du gouvernement. La signature de l'accord de paix sur le Cambodge est suivie par la normalisation des relations avec la Chine. **1992 :** une nouvelle Constitution est adoptée ; l'Assemblée nationale, issue des élections, élit le général Lê Duc Anh à la tête de l'État et reconduit Vo Van Kiet à la tête du gouvernement. **1994 :** l'embargo imposé par les États-Unis depuis 1975 est levé. **1995 :** le Viêt Nam devient membre de l'ASEAN. **1997 :** après de nouvelles élections, les instances dirigeantes sont renouvelées ; Trân Duc Luong devient président de la République, Phan Van Khai, Premier ministre, et le général Lê Kha Phieu, secrétaire général du Parti.

Viêt Nam (guerre du), nom donné par les Américains au conflit qui opposa de 1954 à 1975 le Viêt Nam du Nord au Viêt Nam du Sud. Ce conflit, où intervinrent l'URSS, la Chine populaire et les États-Unis, impliqua tous les États de la péninsule indochinoise (⟶ **Indochine** [guerres d']).

VIEUX-CONDÉ (59690), comm. du Nord ; 10 764 hab. *(Vieux-Condéens).* Industrie automobile.

Vieux de la montagne, nom donné par les croisés et par les historiens occidentaux aux chefs de la secte chiite ismaélienne des *Assassins.

VIF (38450), ch.-l. de cant. de l'Isère ; 6 500 hab. *(Vifois).*

VIGAN (Le) [30120], ch.-l. d'arrond. du Gard, dans les Cévennes ; 4 536 hab. *(Viganais).* Bonneterie. — Musée cévenol.

VIGÉE-LEBRUN (Élisabeth **Vigée,** Mme), *Paris 1755 - id. 1842,* peintre français. Elle a laissé des portraits délicats et flatteurs, notamm. ceux de la reine Marie-Antoinette.

VIGEVANO, v. d'Italie (Lombardie) ; 60 165 hab. Place ducale et monuments des XIVe-XVIe s.

VIGNEAULT (Gilles), *Natashquan, Québec, 1928,* chanteur canadien d'expression française. Il écrit, compose et interprète des chansons qui évoquent les diverses facettes de son pays et de sa culture *(Mon pays, Tam ti delam).*

VIGNEMALE n.m., point culminant des Pyrénées françaises (Hautes-Pyrénées), à la frontière espagnole, au S. de Cauterets ; 3 298 m.

VIGNEUX-SUR-SEINE (91270), ch.-l. de cant. de l'Essonne ; 25 776 hab. *(Vigneusiens).*

VIGNOBLE n.m., région viticole, partie de la bordure occidentale du Jura, dans le dép. du même nom.

VIGNOLE (Iacopo **Barozzi,** dit **il Vignola,** en fr.), *Vignola, Modène, 1507 - Rome 1573,* architecte italien. Travaillant surtout à Rome, il a réalisé une œuvre considérable, de transition entre Renaissance maniériste et baroque : villa Giulia (Rome), palais Farnèse de Caprarola, etc., et église du Gesù (Rome, commencée en 1568), œuvre type de la Contre-Réforme, qui sera le modèle le plus suivi pendant deux siècles dans l'Occident catholique. Son traité intitulé *Règle des cinq ordres* (1562), interprétation simple et vigoureuse de Vitruve, n'aura pas moins de succès.

VIGNOLES (Charles Blacker), *Woodbrook, Irlande, 1793 - Hythe, Hampshire, 1875,* ingénieur britannique. Il introduisit en Grande-Bretagne le rail à patin, dû en réalité à l'Américain Robert Stevens et qui, depuis, porte à tort son nom.

VIGNON (Claude), *Tours 1593 - Paris 1670,* peintre français. Ayant fréquenté à Rome les caravagesques, averti de la peinture vénitienne, audacieux et varié, il s'installa à Paris vers 1627 et enseigna à l'Académie royale à partir de 1651 *(Adoration des Mages* et *Décollation de saint Jean-Baptiste,* église St-Gervais, Paris).

VIGNORY (52320), ch.-l. de cant. de la Haute-Marne ; 311 hab. Église en partie du XIe s.

VIGNY (Alfred, comte **de**), *Loches 1797 - Paris 1863,* écrivain français. Auteur de recueils lyriques (*Poèmes antiques et modernes,* 1826), d'un roman historique (*Cinq-Mars,* 1826), il illustre la conception romantique du théâtre (*Chatterton,* 1835). Dans des ouvrages à thèse (*Stello,* 1832 ; *Servitude et Grandeur militaires,* 1835) et quelques grands poèmes *(la Mort du loup, la Maison du berger, le Mont des Oliviers),* il exprime la solitude à laquelle condamne le génie, l'indifférence de la nature et des hommes, et exalte la résignation stoïque qu'il convient de leur opposer. (Acad. fr.)

VIGO, v. d'Espagne (Galice), sur l'Atlantique ; 276 109 hab. Port. Pêche. Construction automobile.

VIGO (Jean), *Paris 1905 - id. 1934,* cinéaste français. Trois films (*À propos de Nice,* 1930 ; *Zéro de conduite,* 1933 ; *l'Atalante,* 1934) lui suffirent pour affirmer une vision du monde personnelle, toute de révolte, d'amour et de poésie.

VIHIERS [vije] (49310), ch.-l. de cant. de Maine-et-Loire ; 4 093 hab. *(Vihiersois).*

VIIPURI ⟶ **VYBORG.**

VIJAYANAGAR, cap. (auj. en ruine) d'un grand empire du même nom (1336 - 1565), située sur l'actuel village de Hampi, dans le Karnataka (Inde). Cet empire se souleva pour la défense de l'hindouisme et atteignit son apogée au début du XVIe s. — Remarquables exemples d'architectures du XVIe s. aux décors sculptés.

■ ALFRED DE **VIGNY.**
(Musée Renan, Paris.)

VIJAYAVADA ou **BEZWADA,** v. d'Inde (Andhra Pradesh), sur la Krishna ; 845 305 hab.

VIKINGS, guerriers, navigateurs et marchands des pays scandinaves qui, du VIIIe au XIe s., entreprirent des expéditions maritimes et fluviales de la Russie à l'Atlantique (→ **Normands**).

VILA → **PORT-VILA.**

VILAINE n.f., fl. de France, en Bretagne, qui rejoint l'Atlantique ; 225 km. Elle passe à Vitré, Rennes et Redon. Barrage à Arzal.

VILA NOVA DE GAIA, v. du Portugal, sur le Douro ; 67 992 hab. Commerce de vins (porto).

VILAR (Jean), *Sète 1912 - id. 1971,* acteur et metteur en scène de théâtre français. Fondateur du Festival d'Avignon (1947), directeur du Théâtre national populaire (1951 - 1963), il a donné une vie nouvelle aux œuvres classiques et rendu accessibles à un très large public les pièces d'auteurs contemporains.

■ JEAN **VILAR** dans les coulisses du TNP au début des années 1960.

VILIOUÏ n.m., riv. de Russie, en Sibérie, affl. de la Lena (r. g.) ; 2 650 km ; bassin de 454 000 km^2.

VILLA (Doroteo **Arango,** dit Francisco **Villa,** et surnommé Pancho), *San Juan del Río 1878 - Parral 1923,* révolutionnaire mexicain. Paysan pauvre devenu voleur de bétail, il fut l'un des principaux chefs de la révolution, à la tête de la division du Nord, avant de se rallier au président Obregón (1920). Il mourut assassiné.

VILLACH, v. d'Autriche (Carinthie) ; 55 165 hab. Église St-Jacques, des XIVe-XVe s. ; musée.

VILLACOUBLAY → **VÉLIZY-VILLACOUBLAY.**

VILLAFRANCA DI VERONA, v. d'Italie (Vénétie) ; 26 632 hab. En 1859, Napoléon III y conclut avec François-Joseph l'armistice et les préliminaires de paix qui mirent fin à la campagne d'Italie.

VILLAHERMOSA, v. du Mexique, cap. de l'État de Tabasco ; 390 161 hab. Parc archéologique : reconstitution de La *Venta ; musée (civilisations olmèque et maya).

VILLAINES-LA-JUHEL (53700), ch.-l. de cant. de la Mayenne ; 3 221 hab. Constructions électriques.

VILLA-LOBOS (Heitor), *Rio de Janeiro 1887 - id. 1959,* compositeur brésilien. Sa musique symphonique, sa musique de chambre et ses opéras entendent évoquer l'âme brésilienne (*Choros,* 1920 - 1929), qu'il tente d'associer à son amour pour J.-S. Bach (9 *Bachianas brasileiras*).

VILLANDRY (37510), comm. d'Indre-et-Loire, sur le Cher ; 928 hab. *(Colombiens).* Château des XIVe et XVIe s., jardin aux parterres Renaissance.

VILLARD de Honnecourt, *début du XIIIe s.,* architecte français. Son carnet de croquis (BNF, Paris) constitue une source précieuse de connaissance sur les conceptions artistiques et les techniques de son temps.

VILLARD-DE-LANS [-lɑ̃s] (38250), ch.-l. de cant. de l'Isère, dans le Vercors ; 4 014 hab. *(Villardiens).* Station d'altitude et de sports d'hiver (alt. 1 050 - 2 170 m).

VILLARS (Claude Louis Hector, duc **de**), *Moulins 1653 - Turin 1734,* maréchal de France. Lieutenant général au service de Louis XIV (1693), il s'illustra brillamment contre les Autrichiens lors de la guerre de la Succession d'Espagne, durant laquelle il devint maréchal (1702). Après la défaite de Malplaquet, où il résista vaillamment (1709), il remporta la victoire de Denain (1712), qui facilita les négociations de Rastatt (1714). Il lutta également contre les camisards, obtenant la soumission de Cavalier (1704). [Acad. fr.]

VILLARS-LES-DOMBES (01330), ch.-l. de cant. de l'Ain ; 4 250 hab. *(Villardois).* Parc ornithologique.

VILLAVICENCIO, v. de Colombie, au S.-E. de Bogotá ; 223 026 hab.

Villaviciosa (bataille de) [10 déc. 1710], bataille de la guerre de la Succession d'Espagne. Victoire des Français du duc de Vendôme sur les impériaux à Villaviciosa de Tajuña, au N.-E. de Guadalajara (Espagne). Elle consolida Philippe V sur le trône d'Espagne.

VILLEBON-SUR-YVETTE (91140), ch.-l. de cant. de l'Essonne ; 9 501 hab.

VILLECRESNES [vilkrɛn] (94440), ch.-l. de cant. du Val-de-Marne ; 8 443 hab. *(Villecresnois).*

VILLE-D'AVRAY (92410), comm. des Hauts-de-Seine ; 11 573 hab. Église de la fin du XVIIIe s. (peintures de Corot).

VILLEDIEU-LES-POÊLES (50800), ch.-l. de cant. de la Manche ; 4 318 hab. Objets en cuivre et en aluminium. — Église des XVe-XVIe s.

VILLEFONTAINE (38090), ch.-l. de cant. du nord-ouest de l'Isère ; 18 034 hab. *(Villards).*

VILLEFRANCHE-DE-CONFLENT (66500), comm. des Pyrénées-Orientales ; 228 hab. Enceinte médiévale et classique, église des XIIe-XIIIe s., ensemble de maisons anciennes.

VILLEFRANCHE-DE-LAURAGAIS (31290), ch.-l. de cant. de la Haute-Garonne, sur l'Hers et le canal du Midi ; 3 384 hab. *(Villefranchois).* Église de style gothique méridional (XIIIe-XIVe s.).

VILLEFRANCHE-DE-ROUERGUE (12200), ch.-l. d'arrond. de l'Aveyron, sur l'Aveyron ; 13 078 hab. *(Villefranchois).* Bastide du XIIIe s. ; monuments religieux, dont l'anc. chartreuse.

VILLEFRANCHE-SUR-MER (06230), ch.-l. de cant. des Alpes-Maritimes ; 6 877 hab. Rade sur la Méditerranée. Station balnéaire. — Vieille ville pittoresque ; anc. citadelle du XVIe s. (musée).

VILLEFRANCHE-SUR-SAÔNE (69400), ch.-l. d'arrond. du Rhône ; 31 213 hab. *(Caladois).* Anc. cap. du Beaujolais. — Industrie agroalimentaire. — Église des XIIe-XVIe s., maisons anciennes.

VILLEHARDOUIN, famille française d'origine champenoise, dont une branche s'illustra en Orient, à partir du XIIIe s., à la tête de la principauté d'Achaïe. — **Geoffroi de V.,** *1148 - en Thrace v. 1213,* chroniqueur français. Il prit part à la quatrième croisade, qui aboutit à la prise de Constantinople (1204), et devint le principal conseiller du roi de Thessalonique. Il laissa une remarquable *Histoire de la conquête de Constantinople.* — **Geoffroi Ier de V.,** prince d'Achaïe (v. 1209 - 1228/1230), neveu de Geoffroi. — **Geoffroi II de V.,** prince d'Achaïe (v. 1228/1230 - 1246), fils de Geoffroi Ier. — **Guillaume II de V.,** prince d'Achaïe (v. 1246 - 1278), second fils de Geoffroi Ier.

VILLEJUIF (94800), ch.-l. de cant. du Val-de-Marne ; 47 613 hab. *(Villejuifois).* Hôpital psychiatrique. Institut Gustave-Roussy (traitement du cancer).

VILLÈLE (Jean-Baptiste Guillaume Joseph, comte **de**), *Toulouse 1773 - id. 1854,* homme d'État français. Chef des ultras sous la Restauration, président du Conseil en 1822, il se rendit impopulaire en faisant voter des lois réactionnaires. Devant l'opposition parlementaire, il fit dissoudre la Chambre des députés (1827), mais démissionna après la victoire électorale des libéraux (1828).

VILLEMAIN (Abel François), *Paris 1790 - id. 1870,* critique et homme politique français. Ministre de l'Instruction publique de 1839 à 1844, il fut aussi un pionnier de la littérature comparée. (Acad. fr.)

VILLEMIN (Jean Antoine), *Prey, Vosges, 1827 - Paris 1892,* médecin militaire français. Il démontra la transmissibilité de la tuberculose.

VILLEMOMBLE (93250), ch.-l. de cant. de la Seine-Saint-Denis, à l'E. de Paris ; 27 230 hab. *(Villemomblois).*

VILLEMUR-SUR-TARN (31340), ch.-l. de cant. de la Haute-Garonne ; 5 018 hab. *(Villemuriens).* Construction aéronautique.

VILLENAUXE-LA-GRANDE (10370), ch.-l. de cant. de l'Aube ; 2 696 hab. Église des XIIIe-XVIe s.

VILLENAVE-D'ORNON (33140), ch.-l. de cant. de la Gironde, dans les Graves ; 27 846 hab. Vins rouges. — Église des XIe-XIIe et XVIe s.

VILLENEUVE (Jacques), *Saint-Jean-sur-Richelieu, Québec, 1971,* coureur automobile canadien. Fils du coureur automobile Gilles Villeneuve (Berthierville, Québec, 1950 - dans un accident, sur le circuit de Zolder, Belgique, 1982), il remporte le titre de champion du monde des conducteurs en 1997.

VILLENEUVE (Pierre Charles **de**), *Valensole 1763 - Rennes 1806,* marin français. Commandant l'escadre de Toulon, il fut capturé après avoir été battu par Nelson à Trafalgar (1805). Libéré, il se suicida.

VILLENEUVE-D'ASCQ (59650), ch.-l. de cant. du Nord, banlieue est de Lille ; 65 706 hab. Musée d'Art moderne du Nord. — Centre universitaire.

VILLENEUVE-DE-BERG (07170), ch.-l. de cant. de l'Ardèche ; 2 592 hab. Bastide royale de la fin du XIIIe s. ; hôtels particuliers des XVIIe et XVIIIe s.

VILLENEUVE-DE-MARSAN (40190), ch.-l. de cant. des Landes ; 2 158 hab. Église fortifiée.

VILLENEUVE-LA-GARENNE (92390), ch.-l. de cant. des Hauts-de-Seine, sur la Seine ; 22 438 hab. *(Villénogarennois).*

VILLENEUVE-LE-ROI (94290), ch.-l. de cant. du Val-de-Marne, sur la Seine, près d'Orly ; 18 376 hab. *(Villeneuvois).* Constructions mécaniques. — Église des XIIe et XVIIe s.

VILLENEUVE-LÈS-AVIGNON (30400), ch.-l. de cant. du Gard, sur le Rhône ; 12 078 hab. *(Villeneuvois).* Résidence d'été des papes au XIVe s. — Fort Saint-André ; anc. chartreuse, fondée en 1356, auj. centre culturel ; musée (*Couronnement de la Vierge* de E. Quarton).

VILLENEUVE-LOUBET (06270), comm. des Alpes-Maritimes ; 13 104 hab. *(Villeneuvois).* Électronique. — Musée de l'Art culinaire dans la maison natale de A. Escoffier.

VILLENEUVE-SAINT-GEORGES (94190), ch.-l. de cant. du Val-de-Marne, sur la Seine ; 28 942 hab. *(Villeneuvois).* Gare de triage. — Église des XIIIe-XVIe s.

VILLENEUVE-SUR-LOT (47300), ch.-l. d'arrond. de Lot-et-Garonne, sur le Lot ; 24 134 hab. *(Villeneuvois).* Centrale hydroélectrique. — Bastide du XIIIe s.

VILLENEUVE-SUR-YONNE (89500), ch.-l. de cant. de l'Yonne ; 5 488 hab. *(Villeneuviens).* Anc. place forte royale ; église des XIIIe-XVIe s., ensemble de demeures classiques, vieux pont sur l'Yonne.

VILLEPARISIS (77270), comm. de Seine-et-Marne ; 21 493 hab. *(Villeparisiens).*

VILLEPINTE (93420), ch.-l. de cant. de la Seine-Saint-Denis, au N.-E. de Paris ; 33 902 hab. *(Villepintois).* Parc des expositions.

VILLEQUIER (76490), comm. de la Seine-Maritime, sur la Seine ; 832 hab. Sépulture de Léopoldine Hugo et de son mari, noyés dans la Seine, ainsi que de Mme Victor Hugo et de sa dernière fille, Adèle.

VILLEREST (42300), comm. de la Loire ; 4 384 hab. Barrage sur la Loire. — Restes d'enceinte, maisons gothiques et Renaissance.

VILLERMÉ (Louis René), *Paris 1782 - id. 1863,* médecin français. Ses enquêtes, notamm. son *Tableau de l'état physique et moral des ouvriers dans les fabriques de coton, de laine et de soie* (1840), ont été à l'origine de la loi de 1841 portant limitation du travail des enfants.

VILLEROI (François **de Neufville,** duc **de**), *Lyon 1644 - Paris 1730,* maréchal de France. Il fut battu en Italie (1701 - 1702), puis à Ramillies (1706), et devint gouverneur de Louis XV (1716 - 1722).

VILLERS-BOCAGE [-bɔkaʒ] (14310), ch.-l. de cant. du Calvados ; 2 922 hab.

VILLERS-COTTERÊTS (02600), ch.-l. de cant. de l'Aisne ; 10 123 hab. *(Cotteréziens).* Château reconstruit pour François Ier. — En 1539, le roi y signa une ordonnance qui imposait l'usage du français dans les actes officiels et de justice. — Point de départ de la première contre-offensive victorieuse de Foch en juill. 1918.

VILLERSEXEL (70110), ch.-l. de cant. de la Haute-Saône ; 1 588 hab. *(Villersexellois).* Bourbaki y battit les Prussiens le 8 janv. 1871.

VILLERS-LA-VILLE, comm. de Belgique (Brabant wallon) ; 8 204 hab. Ruines imposantes (XIIIe-XVIIIe s.) d'une abbaye cistercienne.

VILLERS-LE-LAC (25130), comm. du Doubs ; 4 311 hab. *(Villeriers).* Horlogerie et décolletage.

VILLERS-LÈS-NANCY (54600), ch.-l. de cant. de Meurthe-et-Moselle ; 16 039 hab.

VILLERS-SEMEUSE (08000), ch.-l. de cant. des Ardennes ; 3 620 hab.

VILLERS-SUR-MER (14640), comm. du Calvados ; 2 340 hab. Station balnéaire.

VILLERUPT [-ry] (54190), ch.-l. de cant. de Meurthe-et-Moselle ; 9 822 hab. *(Villeruptiens).*

VILLETANEUSE (93430), comm. de la Seine-Saint-Denis, près de Saint-Denis ; 11 419 hab. Centre universitaire.

V

Villette (parc de la), établissement public créé en 1979, à Paris, dans le quartier du même nom (XIXe arrond.). Sur le site de l'ancien marché national de la viande sont aménagés la **Cité des sciences et de l'industrie,* la *Cité de la musique* (incluant le Conservatoire national supérieur de musique et de danse de Paris et le musée de la Musique) ainsi que la *Grande Halle,* la salle de concert le *Zénith* et un parc de près de 35 ha.

VILLEURBANNE (69100), ch.-l. de cant. du Rhône, banlieue est de Lyon ; 127 299 hab. *(Villeurbannais).* Centre industriel. – Théâtre national populaire. – Institut d'Art contemporain.

VILLIERS DE L'ISLE-ADAM (Auguste, comte **de**), *Saint-Brieuc 1838 - Paris 1889,* écrivain français. Auteur de vers romantiques, de romans *(Isis)* et de drames *(Axel),* il exprime dans des contes à la limite du fantastique son désir d'absolu et son dégoût de la vulgarité quotidienne (*Contes cruels,* 1883 ; *l'Ève future,* 1886 ; *Tribulat Bonhomet,* 1887 ; *Histoires insolites,* 1888).

VILLIERS DE L'ISLE-ADAM (Philippe **de**), *Beauvais 1464 - Malte 1534,* grand maître de l'ordre de Saint-Jean-de-Jérusalem. Il soutint dans Rhodes (1522) un siège fameux contre Soliman II le Magnifique. En 1530, Charles Quint lui céda l'île de Malte pour y installer son ordre.

V

VILLIERS-LE-BEL (95400), ch.-l. de cant. du Val-d'Oise ; 26 330 hab. *(Beauvillésois).* Église gothique et Renaissance.

VILLIERS-SUR-MARNE (94350), ch.-l. de cant. du Val-de-Marne ; 26 757 hab. Église du XVIe s.

VILLON [vijɔ̃ ou -lɔ̃] (François), *Paris 1431 - apr. 1463,* poète français. Il mena une vie aventureuse et risqua plusieurs fois la potence. Auteur du *Lais,* ou *Petit Testament,* et du *Grand Testament,* de l'*Épitaphe Villon* (dite *Ballade des pendus*), il apparaît comme le premier en date des grands poètes lyriques français modernes.

■ FRANÇOIS **VILLON.** Détail d'une gravure de l'édition princeps des œuvres du poète. (BNF, Paris.)

■ JACQUES **VILLON.** *Portrait de Marcel Duchamp,* 1951. (Fondation Sonja Henie, Oslo.)

VILLON (Gaston **Duchamp,** dit Jacques), *Damville, Eure, 1875 - Puteaux 1963,* peintre et graveur français, frère de M. Duchamp et de Duchamp-Villon. Proche du cubisme dans les années 1911 - 1912, il en est venu à exprimer l'espace et les formes par un agencement de plans subtilement colorés.

VILNIUS, en polon. **Wilno,** cap. de la Lituanie ; 596 900 hab. Noyau monumental ancien ; musées. – Enlevée à la Lituanie en 1920, la ville fit partie de la Pologne jusqu'en 1939.

VILVORDE, en néerl. **Vilvoorde,** comm. de Belgique, ch.-l. d'arrond. (avec Hal) du Brabant flamand ; 32 894 hab. Centre industriel. – Église gothique Notre-Dame (XIVe-XVe s.).

VIMEU n.m., région de la Picardie, entre la Somme et la Bresle. Serrurerie et robinetterie.

VIMINAL (mont), une des sept collines de Rome, au nord-est de la ville.

VIMOUTIERS (61120), ch.-l. de cant. de l'Orne ; 4 556 hab. *(Vimonastériens).*

VIMY (62580), ch.-l. de cant. du Pas-de-Calais ; 4 750 hab. *(Vimynois).* Monument commémorant les violents combats de 1915 et 1917, où s'illustrèrent les Canadiens.

VIÑA DEL MAR, v. du Chili, près de Valparaíso ; 302 765 hab. Station balnéaire.

VINAVER (Michel), *Paris 1927,* auteur dramatique français. Traitant souvent de sujets politiques *(les Coréens)* ou du monde des affaires *(À la renverse),* son « théâtre du quotidien » repose sur un art du dialogue fragmentaire et ambigu.

VINAY (38470), ch.-l. de cant. de l'Isère ; 3 575 hab. *(Vinois).*

VINCENNES (94300), ch.-l. de cant. du Val-de-Marne, à l'E. de Paris, au N. du *bois de Vincennes ;* 43 937 hab. *(Vincennois).* Château fort quadrangulaire du XIVe s. (puissant donjon [musée] ; sainte-chapelle achevée au XVIe s. ; pavillons du XVIIe s.), qui fut résidence royale et abrita une manufacture de porcelaine. – Dans les fossés du château, le duc d'Enghien fut fusillé (1804). – Le château abrite le Service historique de l'armée de terre (1946), de l'armée de l'air et de la marine (1974). – bois de **Vincennes,** bois appartenant à la Ville de Paris, qui englobe notamm. un parc zoologique, un parc floral, un hippodrome, l'Institut national du sport et de l'éducation physique.

VINCENT (saint), *Huesca ? - Valence 304,* diacre et martyr. Son culte, très populaire en Espagne, se répandit en France, où il est devenu le patron des vignerons.

VINCENT (Hyacinthe), *Bordeaux 1862 - Paris 1950,* médecin militaire français. Il a découvert une variété d'angine et contribué à la prévention de la fièvre typhoïde et au traitement de la gangrène gazeuse.

VINCENT DE BEAUVAIS, *v. 1190 - Beauvais 1264,* dominicain français. Précepteur et bibliothécaire à la cour de Saint Louis, il est l'auteur du *Speculum majus,* véritable encyclopédie qui embrasse l'ensemble des connaissances du temps.

VINCENT de Lérins (saint), *m. à Saint-Honorat v. 450,* écrivain ecclésiastique. Moine de Lérins, adversaire de la pensée de saint Augustin sur la grâce, il défendit une forme adoucie du pélagianisme (semi-pélagianisme).

VINCENT DE PAUL (saint), *Pouy, auj. Saint-Vincent-de-Paul, 1581 - Paris 1660,* prêtre français. Il occupa des postes d'aumônier, de précepteur et de curé avant d'être aumônier général des galères (1619). La misère matérielle et spirituelle du temps l'amena à fonder un institut missionnaire pour les campagnes, les Prêtres de la Mission ou lazaristes (1625), et à multiplier les fondations de charité : œuvre des Enfants trouvés, Dames de Charité et surtout congrégation des Filles de la Charité, fondée en 1633 avec Louise de Marillac et qui devint extrêmement populaire.

VINCENT FERRIER (saint), *Valence, Espagne, 1350 - Vannes 1419,* dominicain et prédicateur espagnol. Il travailla à éteindre le grand schisme d'Occident et joua le rôle d'un médiateur dans la guerre de Cent Ans. Il parcourut l'Europe, attirant les foules par ses miracles et sa prédication.

VINCI (Léonard **de**) → **LÉONARD de Vinci.**

VINDEX (Caius Julius), *Ier s. apr. J.-C.,* général romain d'origine gauloise qui se souleva contre Néron en faveur de Galba. Vaincu (68), il se tua.

VINDHYA (monts), hauteurs de l'Inde continentale, au-dessus de la Narbada.

VINET (Alexandre), *Ouchy 1797 - Clarens 1847,* critique et théologien protestant suisse. Auteur d'études sur Pascal et sur la littérature française des XVIIe et XVIIIe s., il défendit dans son œuvre théologique l'indépendance des Églises vis-à-vis de l'État et la liberté intérieure du chrétien.

VINEUIL (41350), ch.-l. de cant. de Loir-et-Cher, près de la Loire ; 6 806 hab. *(Vinoliens).*

VINLAND, le plus occidental des pays découverts par les Vikings vers l'an 1000, situé sans doute en Amérique du Nord, peut-être à Terre-Neuve.

VINNYTSIA, anc. **Vinnitsa,** v. d'Ukraine ; 381 000 hab. Centre industriel.

VINOGRADOV (Ivan Matveïevitch), *Milolioub 1891 - Moscou 1983,* mathématicien soviétique. Il est le principal représentant de l'école soviétique en théorie des nombres.

VINOY (Joseph), *Saint-Étienne-de-Saint-Geoirs 1800 - Paris 1880,* général français. Successeur de Trochu à la tête de l'armée de Paris, il signa l'armistice qui mit fin au siège de la capitale en 1871.

VINSON (mont), point culminant de l'Antarctique dans la partie ouest du continent ; 4 897 m.

VINTIMILLE, en ital. **Ventimiglia,** v. d'Italie (Ligurie), sur le golfe de Gênes, à l'embouchure de la Roya ; 25 221 hab. Gare internationale entre la France et l'Italie. Fleurs.

VIOLLET-LE-DUC (Eugène), *Paris 1814 - Lausanne 1879,* architecte et théoricien français. Il restaura un grand nombre de monuments du Moyen Âge, dont l'abbatiale de Vézelay, Notre-Dame de Paris et d'autres cathédrales, le château de Pierrefonds, la cité de Carcassonne. Il est notamm. l'auteur du monumental *Dictionnaire raisonné de l'architecture française du XIe au XVIe siècle* (1854 - 1868) et des *Entretiens sur l'architecture,* qui ont jeté les bases d'un nouveau rationalisme, incluant l'emploi du métal.

VIONNET (Madeleine), *Chilleurs-aux-Bois 1876 - Chassagne 1975,* couturière française. Sa maison de couture a été en activité entre 1912 et 1940, mais ses idées (coupe en biais appliquée à tout le vêtement, savantes combinaisons de drapés et de panneaux libres) se sont perpétuées.

VIOTTI (Giovanni Battista), *Fontanetto da Po 1755 - Londres 1824,* compositeur et violoniste piémontais. Il fut directeur de l'Opéra de Paris (1819 - 1821) et l'un des créateurs, par ses concertos, de l'école moderne de violon.

VIRCHOW (Rudolf), *Schivelbein, Poméranie, 1821 - Berlin 1902,* médecin et homme politique allemand. Il créa la pathologie cellulaire. Il lança l'expression de « Kulturkampf » et soutint Bismarck dans sa lutte contre les catholiques.

VIRE (14500), ch.-l. d'arrond. du Calvados, sur la *Vire ;* 13 861 hab. *(Virois).* Marché. Laiterie. Articles de table. Industrie automobile. – Église des XIIIe-XVe s. ; restes de fortifications ; musée.

VIRET (Pierre), *Orbe 1511 - Orthez 1571,* réformateur suisse. Pasteur à Lausanne, il en fut chassé par les autorités bernoises en 1559. La reine de Navarre l'appela en Béarn pour enseigner la théologie au collège d'Orthez.

VIRGILE, en lat. **Publius Vergilius Maro,** *Andes, auj. Pietole, près de Mantoue, v. 70 - Brindes 19 av. J.-C.,* poète latin. D'origine provinciale et modeste, membre du cercle cultivé d'Asinius Pollio, il composa les **Bucoliques* (42 - 39 av. J.-C.). Ami d'Octave, il rencontra Mécène et Horace et s'établit à Rome, où il publia les **Géorgiques* (39 - 29 av. J.-C.). Il entreprit ensuite une grande épopée nationale, *l'*Énéide,* qu'il ne put terminer. Son influence fut immense sur les littératures latine et occidentale.

VIRGINIA BEACH, v. des États-Unis (Virginie) ; 393 069 hab. Station balnéaire.

VIRGINIE, État des États-Unis, sur l'Atlantique ; 6 187 358 hab. ; cap. *Richmond.*

VIRGINIE-OCCIDENTALE, État des États-Unis ; 1 793 477 hab. ; cap. *Charleston.*

VIRIAT, ch.-l. de cant. de l'Ain ; 5 420 hab. *(Viriates).*

VIRIATHE, *m. en 139 av. J.-C.,* chef des Lusitains révoltés contre la domination romaine. Il tint les troupes romaines en échec de 148 à 143 av. J.-C. Rome n'en triompha qu'en le faisant assassiner.

VIROFLAY (78220), ch.-l. de cant. des Yvelines ; 15 365 hab. *(Viroflaysiens).*

■ SAINT **VINCENT DE PAUL** par S. Bourdon. (Église Saint-Étienne-du-Mont, Paris.)

■ LUCHINO **VISCONTI** en 1973.

VIRTON, v. de Belgique, ch.-l. d'arrond. de la prov. de Luxembourg ; 10 720 hab. Tourisme. – Musée régional dans un anc. couvent.

VIRUNGA (chaîne des), massif volcanique, aux confins du Rwanda, de l'Ouganda et de la Rép. dém. du Congo (ex-Zaïre) ; 4 507 m au Karisimbi.

VIRY-CHÂTILLON (91170), ch.-l. de cant. de l'Essonne, sur la Seine ; 30 529 hab. *(Castelvirois).*

VIS, anc. **Lissa,** île de l'Adriatique ; ch.-l. *Vis.*

VISAKHAPATNAM ou **VISHAKHAPATNAM,** v. d'Inde (Andhra Pradesh), sur le golfe du Bengale ; 1 051 918 hab. Port. Centre industriel.

VISAYA ou **BISAYAN,** population malaise des Philippines *(archipel des Visayas)* [11 millions].

VISAYAS (archipel des), groupe d'îles des Philippines entre Luçon et Mindanao.

VISBY, v. de Suède, dans l'île de Gotland ; 21 000 hab. Centre touristique. Enceinte médiévale, cathédrale des XIIe-XIIIe s., églises romanes et gothiques en ruine, etc. ; musée.

VISCHER, famille de fondeurs et de sculpteurs de Nuremberg des XVe-XVIe s. – **Peter V.,** dit **l'Ancien,** *v. 1460 - 1529,* et ses quatre fils ont eu une importante production de sculptures funéraires, dont le style, décoratif et animé, évolua vers une adhésion progressive à l'italianisme (mausolée ou « châsse » de saint Sebald [1488 - 1519], en laiton, Nuremberg).

VISCONTI, famille italienne, dont la branche la plus connue domina Milan de 1277 à 1447. – **Mathieu Ier V.,** *Invorio 1250 - Crescenzago 1322,* vicaire impérial de Lombardie (1294). – **Jean-Galéas V.,** *1351 - Melegnano 1402,* duc de Milan (1395) et de Lombardie (1397). Il maria sa fille, Valentine, à Louis, duc d'Orléans, frère du roi de France Charles VI. – **Jean-Marie V.,** *1389 - 1412,* duc de Milan (1402 - 1412). – **Philippe-Marie V.,** *1392 - 1447,* duc de Milan (1412 - 1447). Dernier membre de la branche ducale des Visconti, il laissa, à sa mort, le duché à François Sforza, qui avait épousé sa fille naturelle Blanche-Marie.

VISCONTI (Louis Tullius Joachim), *Rome 1791 - Paris 1853,* architecte français d'origine italienne. Il a réalisé le tombeau de Napoléon Ier aux Invalides et a donné, dans un style néo-Renaissance, les plans du nouveau Louvre (dont Hector Lefuel poursuivit les travaux).

VISCONTI (Luchino), *Milan 1906 - Rome 1976,* metteur en scène de théâtre et cinéaste italien. Il sut concilier le faste d'un art raffiné et lyrique et la rigueur du constat social : *Ossessione* (1943), film fondateur du néoréalisme, *La terre tremble* (1950), *Senso* (1954), *Rocco et ses frères* (1960), *le Guépard* (1963), *Mort à Venise* (1971).

VISÉ, v. de Belgique (prov. de Liège), sur la Meuse ; 17 019 hab. Dans l'église, châsse de saint Hadelin, une des plus anciennes du pays mosan (XIe-XIIe s., argent et bronze sur âme de bois).

VISHNOU ou **VISHNU,** deuxième dieu de la triade hindoue *(trimurti).* Sa fonction est d'assurer la conservation de l'univers créé. On lui attribue dix incarnations majeures (ses *avatara*), qui font de lui une divinité très populaire.

VISIGOTHS → **WISIGOTHS.**

Visitation Sainte-Marie (ordre de la), ordre de moniales, fondé à Annecy par François de Sales et Jeanne de Chantal en 1610.

VISO (mont), massif des Alpes, aux confins de la France et de l'Italie ; 3 841 m.

VISTULE n.f., en polon. **Wisła,** principal fl. de Pologne, né dans les Carpates et qui rejoint la Baltique dans le golfe de Gdańsk ; 1 068 km ; bassin de 194 000 km^2. Elle passe à Cracovie et à Varsovie.

VITAL (saint), *m. à Ravenne au Ier s.,* martyr milanais. Patron de Ravenne.

VITEBSK, v. de Biélorussie, sur la Dvina occidentale ; 369 200 hab. Port. Centre industriel.

VITELLIUS (Aulus), *15 apr. J.-C. - Rome 69,* empereur romain (69). Proclamé empereur par les légions de Germanie, il battit Othon (69) mais, vaincu par les partisans de Vespasien à Crémone, il fut massacré par le peuple.

VITERBE, en ital. **Viterbo,** v. d'Italie (Latium), ch.-l. de prov. ; 58 353 hab. Quartier médiéval. Anc. palais des papes, du XIIIe s.

VITEZ (Antoine), *Paris 1930 - id. 1990,* metteur en scène de théâtre français. Directeur du Théâtre national de Chaillot (1981 - 1988), puis administrateur général de la Comédie-Française (1988 - 1990), il a contribué à renouveler la formation et le travail de l'acteur, donné une nouvelle interprétation des classiques et créé les œuvres d'auteurs modernes (*le Soulier de satin,* P. Claudel, 1987).

VITIGÈS, *m. en Asie en 542,* roi des Ostrogoths d'Italie (536 - 540). Il fut vaincu par les Byzantins.

VITI LEVU, la plus grande des îles Fidji ; 10 400 km^2.

VITIM n.m., riv. de Russie, en Sibérie, affl. de la Lena (r. dr.) ; 1 837 km ; bassin de 225 000 km^2.

VITÓRIA, v. du Brésil, cap. de l'État d'Espírito Santo, sur l'*île Vitória ;* 258 245 hab. Port.

VITORIA, v. d'Espagne, cap. du Pays basque et ch.-l. de la prov. d'Álava ; 206 116 hab. Centre industriel. – Églises et belles demeures de la vieille ville ; musées. – Victoire de Wellington sur les Français (21 juin 1813).

VITRAC (Roger), *Pinsac, Lot, 1899 - Paris 1952,* écrivain français. Poète, ami de A. Artaud, il fut l'un des initiateurs du théâtre surréaliste (*Victor ou les Enfants au pouvoir,* 1928).

VITRÉ (35500), ch.-l. de cant. d'Ille-et-Vilaine, sur la Vilaine ; 15 908 hab. *(Vitréens).* Agroalimentaire. Plastiques. – Château des XIVe-XVe s. et fortifications, église de style gothique flamboyant.

VITROLLES (13127), ch.-l. de cant. des Bouches-du-Rhône, près de l'étang de Berre ; 37 087 hab. *(Vitrollais).* Constructions mécaniques.

VITRUVE, en lat. **Vitruvius,** ingénieur militaire et architecte romain du Ier s. av. J.-C. Les copies et les adaptations de son traité *De architectura* ont nourri, à partir du XVe s., l'évolution du classicisme européen.

VITRY (Philippe **de**) → **PHILIPPE de Vitry.**

VITRY-EN-ARTOIS (62490), ch.-l. de cant. du Pas-de-Calais ; 4 646 hab.

VITRY-LE-FRANÇOIS (51300), ch.-l. d'arrond. de la Marne, sur la Marne ; 17 234 hab. *(Vitryats).* Matériaux de construction. Métallurgie. – Église classique des XVIIe-XIXe s. – En 1545, François Ier bâtit cette ville pour les habitants de *Vitry-en-Perthois,* appelée « Vitry-le-Brûlé », que Charles Quint avait détruite en 1544. Violents bombardements pendant la Seconde Guerre mondiale.

VITRY-SUR-SEINE (94400), ch.-l. de cant. du Val-de-Marne, sur la Seine ; 79 322 hab. *(Vitriots).* Chimie. – Église des XIIIe et XIVe s.

■ **VISHNOU.** Bronze. Art des Cola, XIIe s. (Musée national, Madras.)

VITTEL (88800), ch.-l. de cant. des Vosges ; 6 267 hab. *(Vittellois).* Station thermale. Eaux minérales. – Église des XIIe-XVIe s.

VITTORINI (Elio), *Syracuse 1908 - Milan 1966,* écrivain italien. Ses romans mêlent engagement politique et veine poétique *(Conversation en Sicile, les Femmes de Messine).*

Vittorio Veneto (bataille de) [24 oct. 1918], bataille de la Première Guerre mondiale. Victoire des Italiens sur les Autrichiens à Vittorio Veneto (Vénétie), qui entraîna la signature de l'armistice de Villa Giusti (3 nov.), près de Padoue.

VIVALDI (Antonio), dit **Il Prete rosso** *(le Prêtre roux), Venise 1678 - Vienne 1741,* compositeur et violoniste italien. Ordonné prêtre, il fut exempté de ses devoirs ecclésiastiques et nommé maître de violon à l'Ospedale della Pietà de Venise, hospice pour orphelines et enfants illégitimes pour lesquels il écrivit ses œuvres. Célèbre virtuose, il a marqué de sa personnalité l'écriture du violon. Il fixa également la forme du concerto en trois parties. Il écrivit des opéras et de la musique religieuse, mais sa réputation lui vient surtout de sa musique instrumentale : sonates, concertos pour un ou plusieurs solistes *(La Notte),* dont certains regroupés en recueils (*L'Estro armonico,* 1711 ; *Il Cimento dell'armonia,* v. 1725, qui comporte « les Quatre Saisons »).

■ ANTONIO **VIVALDI.** (Musée municipal, Bologne.)

VIVARAIS n.m., région de la bordure orientale du Massif central, entre la Loire et le Rhône, correspondant à l'actuel dép. de l'Ardèche.

VIVARINI, famille de peintres vénitiens. Elle comprend Antonio (Murano v. 1420 - apr. 1470), son frère Bartolomeo (Murano v. 1430 - apr. 1491) et Alvise (Venise v. 1445 - id. v. 1505), fils d'Antonio.

Vivendi Universal, groupe de communication français né de la fusion, en 2000, du groupe Vivendi, de sa filiale Canal + et du groupe canadien Seagram (propriétaire d'Universal). Présent dans le cinéma et la télévision (Universal Studios, Canal +), la musique (Universal Music), l'édition (Vivendi Universal Publishing, anc. Havas), les télécommunications (Cegetel) et Internet (portail Vizzavi), ainsi que dans l'environnement, métier d'origine de Vivendi (issu en 1998 de la Compagnie générale des eaux, créée en 1853), il figure parmi les tout premiers groupes mondiaux dans ces secteurs d'activités.

VIVIANI (René), *Sidi bel Abbès 1863 - Le Plessis-Robinson 1925,* homme politique français. Socialiste, il fut le premier ministre du Travail (1906 - 1910). Président du Conseil (1914 - 1915), il ordonna la mobilisation générale (1er août 1914).

VIVIER (Robert), *Chênée-lès-Liège 1894 - La Celle-Saint-Cloud 1989,* écrivain belge de langue française. Romancier *(Folle qui s'ennuie),* il est passé, dans sa poésie, du symbolisme (*la Route incertaine,* 1921) à une forme plus classique.

VIVIERS (07220), ch.-l. de cant. de l'Ardèche, près du Rhône ; 3 480 hab. *(Vivarois).* Évêché. Cimenterie. – Cathédrale des XIIe-XVIIe s., maisons anciennes.

VIVONNE (86370), ch.-l. de cant. de la Vienne ; 3 055 hab. *(Vivonnois).* Église gothique.

VIX (21400), comm. de la Côte-d'Or ; 107 hab. Site d'un oppidum gaulois qui a livré en 1953 une sépulture du Ve s. av. J.-C., au riche mobilier funéraire, dont un grand cratère de bronze d'origine grecque (musée de Châtillon-sur-Seine).

VIZILLE (38220), ch.-l. de cant. de l'Isère, sur la Romanche ; 7 634 hab. *(Vizillois).* Château de

Lesdiguières, reconstruit de 1611 à 1620, où se tinrent en juill. 1788 les états du Dauphiné qui préludèrent à la convocation des états généraux de 1789 ; auj. musée de la Révolution.

VLAARDINGEN, v. des Pays-Bas (Hollande-Méridionale), sur la Meuse, banlieue de Rotterdam ; 73 719 hab. Port. Centre industriel.

VLADIKAVKAZ, de 1954 à 1990 **Ordjonikidze,** v. de Russie, cap. de l'Ossétie du Nord, dans le Caucase ; 306 000 hab. Musées.

VLADIMIR, v. de Russie, au N.-E. de Moscou ; 355 600 hab. Remarquables églises du XIIe s.

VLADIMIR Ier le Saint ou **le Grand,** *m. en 1015,* grand-prince de Kiev (980 - 1015). Il reçut le baptême et imposa à son peuple le christianisme de rite byzantin (v. 988). — **Vladimir II Monomaque,** *1053 - 1125,* grand-prince de Kiev (1113 - 1125). Il a laissé une *Instruction* qui est l'une des premières œuvres de la littérature russe.

VLADIMIR-SOUZDAL (principauté de), État russe qui se développa au XIIe s. quand le prince André Bogolioubski (1157 - 1174) délaissa Kiev pour Vladimir. Son essor fut interrompu en 1238 par la conquête mongole.

VLADIVOSTOK, v. de Russie, sur la mer du Japon, au terminus du Transsibérien ; 648 000 hab. Port. Centre industriel. — La ville fut fondée en 1860.

V

VLAMINCK (Maurice **de**), *Paris 1876 - Rueil-la-Gadelière, Eure-et-Loir, 1958,* peintre français. Surtout paysagiste, il fut l'un des maîtres du fauvisme.

VLASSOV (Andreï Andreïevitch), *Lomakino, prov. de Nijni Novgorod, 1900 - Moscou 1946,* général soviétique. Il combattit dans l'Armée rouge, fut fait prisonnier par les Allemands, passa à leur service (1942) et leva une armée dite « de la libération russe ». Capturé par les Américains en 1945, remis aux Soviétiques, il fut pendu en 1946.

VLISSINGEN → FLESSINGUE.

VLORË ou **VLORA,** v. d'Albanie ; 73 800 hab.

VLT (angl. *Very Large Telescope*), ensemble de 4 télescopes européens de 8,20 m de diamètre chacun, construits sur le Cerro Paranal, au Chili. Depuis 1998, ils sont progressivement mis en service.

VLTAVA n.f., en all. **die Moldau,** riv. de la République tchèque, en Bohême, affl. de l'Elbe (r. g.) ; 434 km. Elle passe à Prague. Hydroélectricité.

VOGELHERD, site archéologique d'Allemagne (Bade-Wurtemberg). Vestiges préhistoriques du paléolithique moyen au paléolithique supérieur (restes humains, sculptures d'animaux miniatures datés de l'aurignacien).

VOGOULES → MANSIS.

VOGÜÉ [vɔgɥe] (Eugène Melchior, vicomte **de**), *Nice 1848 - Paris 1910,* écrivain français. Il révéla au public français la littérature russe (*le Roman russe,* 1886 ; *Maxime Gorki,* 1905). [Acad. fr.]

VOIE LACTÉE (la), bande composée d'une multitude d'étoiles. (V. partie n. comm. **lacté,e.**)

VOIRON (38500), ch.-l. de cant. de l'Isère ; 20 442 hab. *(Voironnais).* Liqueur.

VOISARD (Alexandre), *Porrentruy 1930,* écrivain suisse de langue française. Poète régionaliste *(Liberté à l'aube),* il est l'auteur de récits oniriques marqués par le surréalisme *(l'Année des treize lunes).*

VOISIN (Catherine **Monvoisin,** née **Deshayes,** dite **la**), *Paris v. 1640 - id. 1680,* aventurière française. Avorteuse et diseuse de bonne aventure, elle fut compromise comme sorcière dans l'affaire des Poisons, décapitée et brûlée.

VOISIN (les frères), aviateurs et industriels français. — **Gabriel V.,** *Belleville-sur-Saône 1880 - Ozenay, Saône-et-Loire, 1973.* Il fonda, en 1906, avec son frère Charles, la première entreprise industrielle de construction aéronautique en France. À partir de 1918, il se consacra à la construction automobile et tenta d'améliorer l'aérodynamisme des carrosseries. — **Charles V.,** *Lyon 1882 - Corselles, Rhône, dans un accident d'automobile, 1912,* l'un des premiers aviateurs français (vol de 80 m, à Bagatelle, le 30 mars 1907).

VOISINS-LE-BRETONNEUX (78960), comm. des Yvelines ; 12 400 hab.

VOITURE (Vincent), *Amiens 1597 - Paris 1648,* écrivain français. Par sa poésie, ses *Lettres* et son art de la conversation, il fut l'un des modèles de la préciosité. (Acad. fr.)

Voix du Nord (la), journal et mouvement de la Résistance créés à Lille en 1941. Le journal est le plus important quotidien du nord de la France.

VOJVODINE, en serbe **Vojvodina,** région de Yougoslavie, en Serbie, au N. du Danube ; 2 043 000 hab. ; ch.-l. *Novi Sad.* Elle compte une importante minorité hongroise.

Volcans d'Auvergne (parc naturel régional des), parc naturel englobant les massifs des monts Dôme, des monts Dore et du Cantal. Il couvre env. 395 000 ha sur les dép. du Cantal et du Puy-de-Dôme. Au N., sur la comm. de Saint-Ours (Puy-de-Dôme), parc européen du volcanisme (« Vulcania »).

VOLGA n.f., fl. de Russie, né sur le plateau du Valdaï et qui se jette dans la Caspienne par un large delta ; 3 690 km ; bassin de 1 360 000 km². C'est le plus long fleuve d'Europe. La Volga passe à Iaroslav, Nijni Novgorod, Kazan, Samara, Saratov, Volgograd et Astrakhan. Importante voie navigable (plus de la moitié du trafic fluvial russe) reliée à la mer Blanche et à la Baltique *(canal Volga-Baltique),* à la mer d'Azov et à la mer Noire *(canal Volga-Don),* elle est coupée d'importants aménagements hydroélectriques.

VOLGA (république des Allemands de la) [1924 - 1945], anc. république autonome de la RSFS de Russie (URSS), située sur le cours inférieur de la Volga. Elle était peuplée de descendants de colons allemands établis par Catherine II.

VOLGOGRAD, anc. **Tsaritsyne,** puis, de 1925 à 1961, **Stalingrad,** v. de Russie, sur la Volga ; 1 007 300 hab. Centre industriel. Aménagement hydroélectrique sur la Volga — Grand monument commémorant la bataille de *Stalingrad.

VOLHYNIE n.f., en polon. **Wołyń,** région du nord-ouest de l'Ukraine. Rattachée à la Lituanie (XIVe s.) puis à la Pologne (1569), elle fut annexée par la Russie en 1793 - 1795. De nouveau partagée entre l'URSS et la Pologne (1921), elle revint tout entière à l'Union soviétique en 1939.

VOLJSKI, v. de Russie, sur la Volga, en face de Volgograd ; 278 400 hab.

VÖLKLINGEN, v. d'Allemagne (Sarre) ; 43 880 hab. Houille. Métallurgie. — Musée de l'Industrie dans une ancienne usine sidérurgique.

Volkswagen, société allemande de construction automobile, fondée en 1937 à Wolfsburg pour la production d'une voiture populaire.

VOLLARD (Ambroise), *Saint-Denis, île de la Réunion, 1868 - Paris 1939,* marchand de tableaux et éditeur d'estampes français. Il s'intéressa notamm. à Cézanne (qu'il exposa en 1895), Gauguin, Bonnard, Picasso, Rouault. Il a publié un volume de *Souvenirs* (1937).

VOLNAY (21190), comm. de la Côte-d'Or ; 331 hab. Vins de la côte de Beaune.

VOLNEY (Constantin François **de Chassebœuf,** comte **de**), *Craon, Anjou, 1757 - Paris 1820,* philosophe français. Il montre que les peuples, malgré leur diversité, sont unis dans la fraternité et le progrès (*les Ruines ou Méditation sur les révolutions des empires,* 1791). [Acad. fr.]

VOLOGDA, v. de Russie ; 289 200 hab.

VOLOGÈSE Ier, *m. en 77 apr. J.-C.,* roi arsacide des Perses (50/51 - v. 77 apr. J.-C.). Il lutta contre Rome (54 - 63).

VÓLOS, v. de Grèce (Thessalie), sur le *golfe de Vólos ;* 77 907 hab. Port.

Volpone ou le Renard, comédie en cinq actes et en vers de B. Jonson (1606). Un riche marchand vénitien feint d'être moribond pour se faire couvrir de cadeaux par de faux amis qui ne s'intéressent qu'à son héritage. J. Romains et S. Zweig ont donné en 1928 une libre adaptation de cette œuvre *(Volpone),* portée à l'écran par Maurice Tourneur en 1940.

VOLSQUES, peuple de l'Italie ancienne, dans le sud-est du Latium. Ennemis acharnés de Rome, ils ne furent soumis qu'au cours du IVe s. av. J.-C.

■ ALESSANDRO **VOLTA.** Gravure de A. Tardieu.

■ **VOLTAIRE** par Quentin de La Tour. (Château de Versailles.)

VOLTA n.f., fl. du Ghana. Elle est formée par la réunion du Mouhoun (anc. *Volta Noire*), du Nakambe (anc. *Volta Blanche*) et du Nazinon (anc. *Volta Rouge*), issus tous trois du Burkina. Le barrage d'Akosombo a créé le *lac Volta* (plus de 8 000 km²).

VOLTA (Alessandro, comte), *Côme 1745 - id. 1827,* physicien italien. Il imagina l'eudiomètre (1776) et, reprenant les expériences de Galvani, il découvrit la pile électrique (1800). Bonaparte le nomma comte et sénateur du royaume d'Italie.

VOLTA (HAUTE-) → BURKINA.

VOLTAIRE (François Marie **Arouet,** dit), *Paris 1694 - id. 1778,* écrivain français. Ses débuts dans les lettres (vers contre le Régent) sont aussi le commencement de ses démêlés avec le pouvoir (il sera embastillé). Après un exil de trois ans en Angleterre, dont il vante l'esprit de liberté dans les *Lettres philosophiques* (1734), il ne cessera plus de chercher la sécurité, à Cirey, chez Mme Du Châtelet, auprès de Frédéric de Prusse (1750 - 1753), puis dans ses domaines des Délices (1755) et de Ferney (1759). Admirateur du XVIIe s., il cherche à égaler les écrivains classiques dans l'épopée (*la Henriade,* 1728) ou la tragédie (*Zaïre,* 1732). Mais il est surtout pour l'Europe un prince de l'esprit et des idées philosophiques, qu'il diffuse par ses poèmes (*Poème sur le désastre de Lisbonne,* 1756), ses contes *(*Zadig, *Candide),* ses essais historiques (*le Siècle de Louis XIV,* 1751), son *Dictionnaire philosophique* (1764) et ses campagnes en faveur des victimes d'erreurs judiciaires (Calas, Sirven, Lally-Tollendal). Idole d'une bourgeoisie libérale anticléricale, il reste un maître du récit vif et spirituel. (Acad. fr.)

VOLTA REDONDA, v. du Brésil, au N.-O. de Rio de Janeiro ; 220 086 hab. Sidérurgie.

VOLTERRA, v. d'Italie (Toscane) ; 12 885 hab. Porte de l'Arc, enceinte et nécropole, vestiges de *Velathri* (en lat. *Volaterrae*), puissante cité étrusque prise par les Romains en 81 - 80 av. J.-C. — Monuments médiévaux, dont la cathédrale. Musées.

VOLTERRA (Vito), *Ancône 1860 - Rome 1940,* mathématicien et physicien italien. Il fut l'un des créateurs de l'analyse fonctionnelle, qu'il appliqua à des problèmes de biologie (évolution des populations, par ex.) et de physique.

VOLUBILIS, site archéologique du Maroc, au N. de Meknès. Imposantes ruines romaines (thermes, temple, arc de Caracalla, etc.).

VOLVIC (63530), comm. du Puy-de-Dôme ; 4 412 hab. *(Volvicois).* Eaux minérales. — Église à chœur roman, maisons anciennes ; ruines du château fort de Tournoël.

VÔ NGUYÊN GIAP, *An Xa 1912,* général vietnamien. Il commanda les forces du Viêt-minh contre les Français (1947 - 1954), notamm. lors du siège de Diên Biên Phu. Ministre de la Défense du Viêt Nam du Nord à partir de 1954 (et, de 1976 à 1980, du Viêt Nam réunifié), il dirigea l'effort de guerre contre les Américains pendant la guerre du Viêt Nam (1964 - 1975). Il fut vice-Premier ministre de 1976 à 1991.

VORARLBERG, prov. de l'ouest de l'Autriche ; 333 000 hab. ; ch.-l. *Bregenz.*

VOREPPE (38340), comm. de l'Isère, dans la *cluse de Voreppe* (entre la Chartreuse et le Vercors) ; 9 564 hab. Papeterie.

VOROCHILOV (Kliment Iefremovitch), *Verkhneïe, Ukraine, 1881 - Moscou 1969,* maréchal soviétique. Défenseur de Tsaritsyne (auj. Volgograd) contre les Russes blancs, il devint commissaire du peuple pour la Défense (1925 - 1940), puis président du Praesidium du Soviet suprême de l'URSS (1953 - 1960).

VOROCHILOVGRAD → LOUHANSK.

VORONEJ, v. de Russie, près du Don ; 900 000 hab. Centre industriel.

VÖRÖSMARTY (Mihály), *Kápolnásnyék 1800 - Pest 1855,* poète hongrois. Romantique, il est l'auteur de tragédies et de poèmes épiques (*la Fuite de Zalan,* 1825).

VORSTER (Balthazar Johannes), *Jamestown 1915 - Le Cap 1983,* homme politique sud-africain. Premier ministre (1966 - 1978), président de la République (1978 - 1979), il a mené une rigoureuse politique d'apartheid.

VOSGES n.f.pl., massif de l'est de la France, partagé entre la Lorraine (versant ouest) et l'Al-

sace (versant est) ; 1 424 m au Grand Ballon. (Hab. *Vosgiens.*) D'abord unies à la Forêt-Noire, les Vosges en ont été séparées par la formation du fossé rhénan. Les hautes Vosges, au sud, aux sommets (« ballons ») parfois arrondis et aux cols élevés (Bussang, Schlucht), s'opposent aux basses Vosges, au nord, aux formes tabulaires, plus franchissables (col de Saverne).
La population et les activités se concentrent dans les vallées (Meurthe, Moselle, Thur, Fecht, etc.), sites des principales villes (Saint-Dié-des-Vosges, Remiremont, Thann). L'élevage bovin (fromages) et les cultures (céréales, arbres fruitiers, vigne) sont surtout développés sur le versant alsacien, au climat d'abri. L'élevage transhumant sur les pâturages d'altitude, ou « hautes chaumes », a décliné comme le traditionnel textile. L'exploitation de la forêt, alimentant scieries et papeteries, constitue auj. la principale ressource de la montagne, qui bénéficie, en outre, de l'essor du tourisme.

VOSGES n.f.pl. (88), dép. de la Région Lorraine ; ch.-l. de dép. *Épinal ;* ch.-l. d'arrond. *Neufchâteau, Saint-Dié-des-Vosges ;* 3 arrond. ; 31 cant. ; 515 comm. ; 5 874 km² ; 380 952 hab. *(Vosgiens).* Le dép. appartient à l'académie de Nancy-Metz, à la cour d'appel de Nancy, à la zone de défense Est. Il s'étend principalement à l'est sur les hautes Vosges, région d'élevage et de forêts, à l'ouest sur le Plateau lorrain, gréseux et calcaire, pays découvert, d'habitat groupé, où la polyculture à base céréalière a reculé devant l'élevage, favorisé par l'humidité du climat. Malgré son déclin, le textile, développé après 1870 avec le repli d'Alsaciens et représenté dans les principales villes (Épinal, Saint-Dié-des-Vosges, Remiremont), demeure la branche majeure d'une industrie complétée par le travail du bois, la papeterie, la verrerie, le tourisme et le thermalisme (Vittel, Contrexéville, Plombières-les-Bains).

Vosges (place des), anc. **place Royale,** dans le Marais, à Paris. Commencée en 1605 sous Henri IV, elle fut inaugurée en 1612.

Vosges du Nord (parc naturel régional des), parc naturel englobant l'extrémité nord du massif des Vosges (Bas-Rhin et Moselle), à la frontière de l'Allemagne ; env. 122 000 ha.

VOSNE-ROMANÉE [von-] (21700), comm. de la Côte-d'Or ; 467 hab. Vins rouges.

VOSS (Johann Heinrich), *Sommersdorf, Mecklembourg, 1751-Heidelberg 1826,* poète allemand. Ses idylles paysannes ou bourgeoises (*Louise,* 1795) sont marquées par un souci de réalisme.

VOSSIUS (Gerardus Johannis), *Heidelberg 1577 - Amsterdam 1649,* humaniste hollandais, auteur d'ouvrages pédagogiques pour l'étude du grec et du latin et de travaux sur l'étude des religions.

VOTYAKS → **OUDMOURTES.**

VOUET (Simon), *Paris 1590 - id. 1649,* peintre français. Après une importante période romaine (1614 - 1627), il fit à Paris, grâce à son style aisé et décoratif (coloris vif, mouvement des compositions), une carrière officielle brillante (*le Temps vaincu par l'Amour, Vénus et l'Espérance,* musée de Bourges ; *Présentation au Temple,* allégorie dite *la Richesse,* Louvre).

VOUGEOT (21640), comm. de la Côte-d'Or ; 196 hab. Vins rouges du *clos Vougeot* (cellier du XIIe s., château du XVIe).

Vouglans, aménagement hydroélectrique sur l'Ain. Barrage et lac de retenue (env. 1 500 ha) ; centrale.

VOUILLÉ (86190), ch.-l. de cant. de la Vienne ; 2 846 hab. *(Vouglaisiens).* Clovis y vainquit et tua Alaric II, roi des Wisigoths (507).

VOULTE-SUR-RHÔNE (La) [07800], ch.-l. de cant. de l'Ardèche ; 5 244 hab. *(Voultains).* Château des XIVe-XVIe s.

VOUVRAY (37210), ch.-l. de cant. d'Indre-et-Loire, sur la Loire ; 3 110 hab. *(Vouvrillons).* Vins blancs et vins mousseux.

VOUZIERS (08400), ch.-l. d'arrond. des Ardennes, sur l'Aisne ; 5 047 hab. *(Vouzinois).* Église aux portails Renaissance.

VOVES (28150), ch.-l. de cant. d'Eure-et-Loir, en Beauce ; 2 979 hab.

Voyager I et 2, sondes spatiales automatiques américaines. Lancées en 1977, elles ont toutes deux survolé Jupiter (1979), puis Saturne (1980, 1981). Voyager 2 s'est approchée ensuite d'Uranus (1986), puis de Neptune (1989).

VOYER (Marc René **de**), marquis **d'Argenson,** *Venise 1652 - Paris 1721,* homme d'État français. Il fut lieutenant général de police (1697 - 1718) puis garde des Sceaux (1718 - 1720). [Acad. fr.] — **René Louis de V.,** marquis **d'Argenson,** *Paris 1694 - id. 1757,* homme d'État français. Fils de Marc René, il fut secrétaire d'État aux Affaires étrangères (1744 - 1747) pendant la guerre de la Succession d'Autriche. Il était surnommé *la Bête* en raison de ses manières très frustes.

VOYNET (Dominique), *Montbéliard 1958,* femme politique française. Écologiste, cofondatrice (1984) et porte-parole (à partir de 1991) du parti des Verts, elle est ministre de l'Aménagement du territoire et de l'Environnement depuis 1997.

VRACA, v. du nord-ouest de la Bulgarie, au pied du Balkan ; 85 174 hab.

VRANGEL ou **WRANGEL** (île), île russe, dans la mer de Sibérie orientale ; 7 300 km².

VRANGEL (Piotr) → **WRANGEL.**

VRANITZKY (Franz), *Vienne 1937,* homme politique autrichien. Président du SPÖ (Parti socialiste, devenu en 1991 Parti social-démocrate) de 1988 à 1997, il a été chancelier de 1986 à 1997.

VREDEMAN DE VRIES (Hans), *Leeuwarden 1527 - ? v. 1604,* dessinateur, peintre et architecte néerlandais. Il publia à Anvers des traités d'architecture et de perspective ainsi que des recueils gravés d'ornements de style maniériste italien et bellifontain, qui firent florès en Europe du Nord.

VRIES (Hugo **De**) → **DE VRIES.**

VROUBEL (Mikhaïl), *Omsk 1856 - Saint-Pétersbourg 1910,* peintre russe, importante figure du symbolisme et de l'Art nouveau.

Vue de Delft, toile de Vermeer (v. 1660), au Mauritshuis de La Haye. Proust l'a célébrée dans sa *Recherche* (*la Prisonnière,* 1923).

Vuelta (la), tour d'Espagne cycliste.

VUILLARD (Édouard), *Cuiseaux 1868 - La Baule 1940,* peintre français. Membre du groupe des nabis, il évolua vers un intimisme nuancé.

VUILLEMIN (Jules), *Pierrefontaine-les-Varans, Doubs, 1920 - Les Fourgs, Doubs, 2001,* philosophe français. Ses travaux, marqués par la double influence du criticisme kantien et de la pensée analytique, ont porté sur le rapport de la philosophie et de la science (*la Logique et le monde sensible,* 1971).

V

VULCAIN MYTH. ROM. Dieu du Feu et du Travail des métaux, identifié au dieu grec Héphaïstos.

Vulgate, traduction latine de la Bible adoptée par l'Église catholique. Elle est l'œuvre de saint Jérôme qui y travailla à partir du texte hébreu. Elle fit l'objet de plusieurs révisions jusqu'à celle du pape Clément VIII, qui en promulgua (1592) le texte définitif, reconnu comme officiel par l'Église latine pendant plus de trois siècles.

VULPIAN (Alfred), *Paris 1826 - id. 1887,* médecin et physiologiste français, auteur de travaux sur le système nerveux.

VUNG TAU, v. du sud du Viêt Nam ; 123 528 hab. Port.

VYBORG, en finn. **Viipuri,** v. de Russie, sur le golfe de Finlande ; 81 100 hab. La ville a été cédée par la Finlande à l'URSS en 1947.

VYGOTSKI (Lev Semenovitch), *Orcha, Biélorussie, 1896 - Moscou 1934,* psychologue soviétique. Il a défendu la thèse d'une genèse sociale du psychisme, structurée par des systèmes de signes (*Pensée et Langage,* 1934).

Caractère Walbaum

WAAL n.m., bras méridional du delta du Rhin, qui se confond avec la Meuse (en aval de Nimègue).

WAAS → **WAES.**

WACE, *Jersey v. 1100 - v. 1175,* poète anglo-normand. Il est l'auteur du *Roman de Brut,* première œuvre en langue vulgaire, qui raconte les aventures du roi Arthur, et du *Roman de Rou,* ou *Geste des Normands.*

WACKENRODER (Wilhelm Heinrich), *Berlin 1773 - id. 1798,* poète allemand, l'un des promoteurs du romantisme (*Effusions sentimentales d'un moine ami des arts,* 1797).

WACO, v. des États-Unis (Texas), au S. de Dallas ; 103 590 hab.

WADDEN (mer des) ou **WADDENZEE,** partie de la mer du Nord comprise entre le continent et l'archipel de la Frise occidentale.

WADE (Abdoulaye), *Saint-Louis 1926,* homme politique sénégalais. Principal opposant à L.S. Senghor puis à A. Diouf, il est président de la République depuis 2000.

WÄDENSWIL, v. de Suisse (cant. de Zurich) ; 19 440 hab. Maisons anciennes.

WAES [was], en néerl. **Waas,** région de Belgique (Flandre-Orientale), sur l'Escaut (r. g.), à la frontière néerlandaise.

Wafd, parti nationaliste égyptien fondé en 1918 - 1923, qui milita pour l'indépendance de l'Égypte et l'abolition de la monarchie. Interdit en 1953, il fut reconstitué en 1977 et légalisé en 1983.

WAGNER (Otto), *Penzing, près de Vienne, 1841 - Vienne 1918,* architecte autrichien. D'abord éclectique, il devint dans les années 1890 le chef de file de l'école moderniste viennoise (stations du métro de Vienne ; église Am Steinhof, 1905).

WAGNER (Richard), *Leipzig 1813 - Venise 1883,* compositeur allemand. Maître de chapelle de la cour de Dresde, il dut se réfugier en Suisse (1849 - 1861) en raison de ses sympathies révolutionnaires. Il bénéficia de l'aide de F. Liszt (dont il épousa la fille, Cosima) et de Louis II de Bavière pour mener son œuvre à bien, composant les opéras *le Vaisseau fantôme* (1843), *Tannhäuser* (1845, 2e version, 1861), *Lohengrin* (1850), *l'Anneau du Nibelung,* dit la **Tétralogie* (1876), *Tristan et Isolde* (1865), *les Maîtres chanteurs de Nuremberg* (1868), *Parsifal* (1882). S'éloignant de l'opéra italien, il renonce aux fioritures vocales et intensifie le soutien orchestral des opéras. Partisan d'un théâtre mythique (il utilise les légendes germaniques), voire mystique et symbolique, il parvient à une fusion étroite entre texte et musique, entre voix et instruments, et à une profonde unité thématique, grâce à l'emploi du leitmotiv.

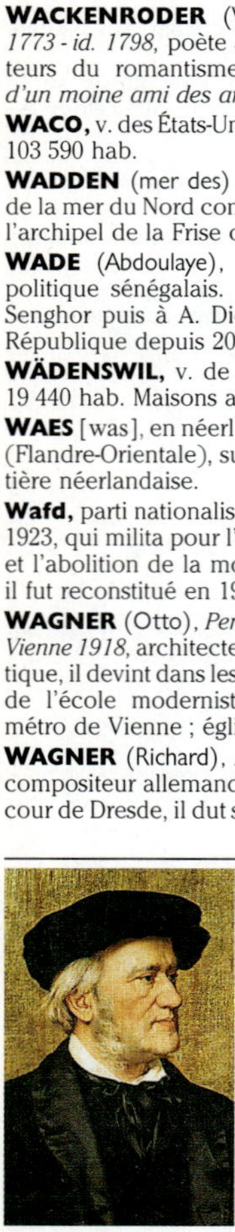

■ RICHARD **WAGNER.** Peinture anonyme du XIXe s. (Conservatoire de musique, Bologne.)

■ **WALLENSTEIN** par A. Van Dyck. (Bayerisches National Museum, Munich.)

WAGNER-JAUREGG (Julius), *Wels, Haute-Autriche, 1857 - Vienne 1940,* psychiatre autrichien. Il reçut le prix Nobel en 1927 pour ses recherches sur le traitement de la paralysie générale syphilitique par inoculation du paludisme.

Wagram (bataille de) [6 juill. 1809], bataille de l'Empire. Victoire de Napoléon sur les Autrichiens de l'archiduc Charles, à Wagram, au N.-E. de Vienne. Elle préluda à la paix de Vienne (14 oct. 1809), signée avec l'Autriche.

WAIKIKI, plage d'Honolulu (Hawaii).

WAJDA (Andrzej), *Suwałki 1926,* cinéaste polonais. Dominée par le thème national, son œuvre allie une grande lucidité critique à un art baroque et romantique : *Cendres et Diamant* (1958), *le Bois de bouleaux* (1970), *la Terre de la grande promesse* (1975), *l'Homme de marbre* (1976), *Korczak* (1989), *Pan Tadeusz* (1999).

WAKAYAMA, v. du Japon (Honshu) ; 396 553 hab. Port. Centre industriel.

WAKE (île de), atoll du Pacifique, au N.-N.-O. des îles Marshall. Base aérienne américaine sur le trajet Hawaii-Philippines, l'île fut occupée par les Japonais de 1941 à 1945.

WAKHAN n.m., extrémité nord-est de l'Afghanistan.

WAKSMAN (Selman Abraham), *Prilouki, près de Kiev, 1888 - Hyannis, Massachusetts, 1973,* microbiologiste américain d'origine russe. Il reçut le prix Nobel en 1952 pour sa découverte, avec Albert Schatz, de la streptomycine.

WAŁBRZYCH, v. de Pologne, en basse Silésie ; 141 200 hab. Houille. Centre industriel.

WALBURGE (sainte) → **WALPURGIS.**

WALCOTT (Derek), *Castries, Sainte-Lucie, 1930,* écrivain antillais de langue anglaise. Poète (*Another Life,* 1973) et dramaturge, influencé par les avant-gardes poétiques, il se tourne ensuite vers les traditions orales antillaises. (Prix Nobel 1992.)

WALCOURT, comm. de Belgique (prov. de Namur), au S. de Charleroi ; 15 765 hab. Basilique des XIIIe-XVIe s. (beau mobilier).

WALDECK-ROUSSEAU (Pierre), *Nantes 1846 - Corbeil 1904,* homme politique français. Ministre de l'Intérieur (1881 - 1882 ; 1883 - 1885), il fit voter la loi autorisant les syndicats (1884). Président du Conseil, il fit gracier Dreyfus (1899) et fut le maître d'œuvre de la loi de 1901 sur les associations.

WALDERSEE (Alfred, comte **von**), *Potsdam 1832 - Hanovre 1904,* maréchal allemand. Il commanda en 1900 les troupes internationales envoyées en Chine pendant la guerre des Boxers.

WALDHEIM (Kurt), *Sankt Andrä-Wördern 1918,* homme politique autrichien. Secrétaire général de l'ONU de 1972 à 1981, il a été président de la République de 1986 à 1992. Ses activités durant la Seconde Guerre mondiale ont fait l'objet d'une vive controverse (1986).

WALENSEE ou **WALLENSEE,** lac de Suisse ; 30 km^2 env.

WALES, nom angl. du pays de *Galles.

WAŁĘSA (Lech), *Popowo 1943,* homme politique polonais. Il est le principal leader des mouvements revendicatifs de 1980, qui ont abouti à la création du syndicat Solidarność (qu'il préside de 1981 à 1990). Arrêté en 1981, il est libéré en 1982. Il est président de la République de 1990 à 1995. (Prix Nobel de la paix 1983.)

WALEWSKI (Alexandre Joseph **Colonna,** comte), *Walewice, Pologne, 1810 - Strasbourg 1868,* homme politique français. Fils naturel de Napoléon Ier et de la comtesse Walewska, il fut ministre des Affaires étrangères de Napoléon III (1855 - 1860) et présida le congrès de Paris (1856).

WALHALLA ou **VAL-HALL** n.m., séjour paradisiaque réservé aux guerriers morts en héros dans la mythologie nord-germanique.

Walkyrie (la), deuxième partie (première journée après le Prologue) de la **Tétralogie.*

WALKYRIES ou **VALKYRIES,** divinités féminines de la mythologie nord-germanique. Messagères de Wotan (Odin) et hôtesses du Walhalla, elles y conduisent les héros morts au combat.

WALLACE (Alfred Russel), *Usk, Monmouthshire, 1823 - Broadstone, Dorset, 1913,* naturaliste britannique. Il conçut, indépendamment et en même temps que Darwin, le principe de la sélection naturelle. Il est le fondateur de la géographie zoologique ou *biogéographie.*

WALLACE (sir Richard), *Londres 1818 - Paris 1890,* philanthrope britannique. Il dota Paris de cinquante petites fontaines d'eau potable. Sa collection de tableaux et d'objets d'art, léguée à la Grande-Bretagne, est riche en pièces du XVIIIe s. français (Wallace Collection, Londres).

WALLACE (sir William), *près de Paisley 1270 - Londres 1305,* héros de l'indépendance écossaise. À partir de 1297, il lutta contre Édouard Ier. Capturé, il fut décapité.

WALLASEY, v. de Grande-Bretagne (Angleterre), sur la mer d'Irlande ; 90 000 hab.

WALLENSEE → **WALENSEE.**

WALLENSTEIN ou **WALDSTEIN** (Albrecht Wenzel Eusebius **von**), *Hermanič 1583 - Eger, auj. Cheb,*

1634, général d'origine tchèque. Catholique, il mit, en 1618, une armée à la disposition de l'empereur germanique et combattit avec succès pendant la guerre de Trente Ans. Mais les princes de la Ligue catholique contraignirent Ferdinand II à le congédier (1630). Rappelé en 1631, vaincu à Lützen (1632), Wallenstein entama des négociations secrètes avec les protestants. Révoqué par l'empereur, il fut assassiné. – Son histoire a inspiré à Schiller une trilogie dramatique (*le Camp de Wallenstein, les Piccolomini, la Mort de Wallenstein,* 1798 - 1799), mise en musique par V. d'Indy (version définitive créée en 1888).

WALLER (Thomas, dit Fats), *New York 1904 - Kansas City 1943,* pianiste, chanteur et compositeur américain de jazz. Il fut l'un des grands maîtres du « piano stride », style issu du ragtime. Parmi ses interprétations : *Handful of Keys, Ain't Misbehavin'.*

WALLIS (John), *Ashford 1616 - Oxford 1703,* mathématicien anglais. Membre fondateur de la Royal Society, il a libéré l'arithmétique et l'algèbre de la représentation géométrique, et a reconnu les notions alors contestées de nombre négatif, irrationnel, de limite, etc.

WALLIS-ET-FUTUNA, territoire français d'outre-mer, au N.-E. des Fidji ; ch.-l. *Mata-Utu ;* 255 km² ; 14 166 hab. Le territoire est formé des îles *Wallis* (96 km² ; 9 528 hab.), de *Futuna* et d'Alofi. – L'archipel, découvert en 1767 par le Britannique Samuel Wallis, devint protectorat français d'outre-mer en 1959.

WALLON (Henri), *Valenciennes 1812 - Paris 1904,* historien et homme politique français. Professeur à la Sorbonne, député de 1871 à 1875, il fit adopter à une voix de majorité, le 30 janv. 1875, l'amendement aux lois constitutionnelles qui, en évoquant l'élection du « président de la République », instaurait le régime républicain. Ministre de l'Instruction publique en 1875 - 1876, il contribua au vote de la loi instaurant la liberté de l'enseignement supérieur (juill. 1875).

WALLON (Henri), *Paris 1879 - id. 1962,* psychologue français. Engagé dans la lutte antifasciste et la défense du rationalisme, il fonda le groupe français d'Éducation nouvelle. Outre ses importants travaux sur le développement de l'enfant (*l'Évolution psychologique de l'enfant,* 1941), il est l'auteur, avec P. Langevin, d'un projet de réforme de l'enseignement qui inspira la réforme de l'éducation de l'après-guerre.

WALLONIE [walɔni] ou **RÉGION WALLONNE,** région de la Belgique ; 16 847 km² ; 3 255 711 hab. *(Wallons)* ; cap. *Namur ;* 5 prov. *(Brabant wallon, Hainaut, Liège, Luxembourg, Namur).* À partir de la fin du XIXᵉ s., la Wallonie s'est affirmée comme une entité culturelle dans les régions de Belgique où sont traditionnellement parlés le français et des dialectes romans, principalement le wallon ; il existe une minorité germanophone (env. 70 000 hab.). Elle est devenue une région partiellement autonome (1970), puis l'une des trois Régions de l'État fédéral de Belgique (1993).

Wall Street, rue de New York, dans le sud de Manhattan, où est située la Bourse.

Wall Street (krach de) [1929], mouvement de panique boursière qui fut à l'origine de la crise économique de 1929. Le « jeudi noir » (24 oct. 1929) et les jours suivants, la Bourse de New York (Wall Street) connut un effondrement spectaculaire du cours des actions qui entraîna, aux États-Unis, une crise sans précédent. Celle-ci se répercuta, à des degrés variables, aux économies des pays occidentaux.

Wall Street Journal (The), quotidien américain économique et financier, créé en 1889 à New York par H. Dow et E. D. Jones.

WALPOLE (Robert), Iᵉʳ comte **d'Orford,** *Houghton 1676 - Londres 1745,* homme politique britannique. L'un des chefs du Parti whig, premier lord du Trésor et chancelier de l'Échiquier (1715 - 1717 ; 1721 - 1742), il contrôla en fait la politique du pays et jeta les bases du régime parlementaire britannique. – **Horace W.,** 4ᵉ comte **d'Orford,** *Londres 1717 - id. 1797,* écrivain britannique, fils de Robert. Il fut l'un des initiateurs du roman gothique (*le Château d'Otrante,* 1764).

WALPURGIS ou **WALBURGE** (sainte), *dans le Wessex v. 710 - Heidenheim, Allemagne, 779,* religieuse bénédictine anglaise. Elle fut abbesse du monastère de Heidenheim. Ses restes furent transportés en 870 à Eichstätt, où son tombeau devint un centre de pèlerinage. La fête commémorant ce transfert, célébrée le 1ᵉʳ mai, fut associée au folklore païen du retour du printemps. Ainsi naquit la légende selon laquelle, durant la « nuit de Walpurgis », les sorcières se donnaient rendez-vous sur le Brocken.

WALRAS (Léon), *Évreux 1834 - Clarens, Suisse, 1910,* économiste français. Il a contribué à introduire en économie la méthode mathématique et le calcul à la marge. Chef de file de l'école de Lausanne (qui mit en place un modèle d'équilibre général), il a exercé une influence considérable sur la pensée économique.

WALSALL, v. de Grande-Bretagne (Angleterre), dans les Midlands ; 179 000 hab. Métallurgie.

WALSCHAP (Gerard), *Londerzeel 1898 - Anvers 1989,* écrivain belge de langue néerlandaise. Ses romans mettent en scène le conflit entre l'instinct et la morale catholique (*Adélaïde,* 1929).

WALSER (Martin), *Wasserburg 1927,* écrivain allemand. Ses romans (*Mi-temps,* 1960 ; *Au-delà de l'amour,* 1976 ; *Dorn ou le Musée de l'enfance,* 1991) et son théâtre (*Chêne et lapins angora,* 1962 ; *le Cygne noir,* 1964) dénoncent l'absurdité du monde contemporain.

WALSER (Robert), *Bienne 1878 - Herisau 1956,* écrivain suisse de langue allemande. Peintre des gens simples et sans ambition, interné en 1929, il ne fut reconnu comme l'un des plus grands écrivains suisses qu'après sa mort (*les Enfants Tanner,* 1907 ; *l'Institut Benjamenta,* 1909).

WALSH (Raoul), *New York 1887 - Simi Valley, Californie, 1980,* cinéaste américain. Il a excellé dans les westerns et les films de guerre et d'aventures : *le Voleur de Bagdad* (1924), *Gentleman Jim* (1942), *Aventures en Birmanie* (1945), *L'enfer est à lui* (1949), *la Femme à abattre* (1952), *la Charge de la huitième brigade* (1964).

WALTARI (Mika), *Helsinki 1908 - id. 1979,* écrivain finlandais, auteur de romans historiques (*Sinouhé l'Égyptien,* 1945).

WALTER (Bruno Walter **Schlesinger,** dit Bruno), *Berlin 1876 - Hollywood 1962,* chef d'orchestre allemand naturalisé américain. Il fit connaître Bruckner et Mahler (création du *Chant de la Terre* et de la *Neuvième Symphonie*) et excella dans l'interprétation de Mozart et de Beethoven.

WALTER TYLER → TYLER.

WALTHER von der Vogelweide, *v. 1170 - Würzburg ? v. 1230,* poète allemand. Il est le premier des minnesänger à avoir fait de ses poésies une arme politique, dirigée contre la papauté.

WALVIS BAY, v. de Namibie, sur l'Atlantique ; 12 383 hab. Base de pêche. Zone franche.

WANG MENG, *Wuxing, Zhejiang, v. 1308 - 1385,* peintre chinois, l'un des plus réputés de la dynastie Yuan. Rochers, arbres et torrents envahissent ses paysages à la touche énergique et leur confèrent puissance et intensité dramatique.

WANG WEI, *Taiyuan, Shanxi, 699 - 759,* peintre, calligraphe et poète chinois, créateur présumé de la peinture monochrome à l'encre. Son œuvre de poète paysagiste (connue par des copies) a été à l'origine de la peinture lettrée chinoise.

Wannsee (conférence de) [20 janv. 1942], conférence qui réunit à Wannsee (banlieue de Berlin) de hauts responsables du régime nazi (notamm. Heydrich et Eichmann) pour organiser la mise en application de la « solution finale » en Europe.

WANTZENAU (La) [67610], comm. du Bas-Rhin ; 5 501 hab. Caoutchouc.

WANZE, comm. de Belgique (prov. de Liège), près de Huy ; 11 589 hab.

■ ROBERT **WALPOLE,** d'après J.-B. Van Loo. (National Portrait Gallery, Londres.)

■ **WANG MENG.** *Paysage,* 1367. (Musée Cernuschi, Paris.)

WARANGAL, v. d'Inde (Andhra Pradesh) ; 466 877 hab. Temple de Hanamkonda (XIIᵉ s.).

WARBURG (Otto), *Fribourg-en-Brisgau 1883 - Berlin 1970,* biochimiste et physiologiste allemand. Ses recherches ont porté sur les enzymes des oxydations cellulaires, en particulier dans les chaînes respiratoires. (Prix Nobel 1931.)

WAREGEM [warəgɛm], comm. de Belgique (Flandre-Occidentale) ; 34 902 hab.

WAREMME [warɛm], comm. de Belgique, ch.-l. d'arrond. de la prov. de Liège ; 12 640 hab.

WARENS [varɑ̃] (Louise Éléonore **de La Tour du Pil,** baronne **de**), *Vevey, Suisse, 1700 - Chambéry 1762,* protectrice de J.-J. Rousseau, qu'elle accueillit aux Charmettes.

WARHOL (Andy), *Pittsburgh 1928 - New York 1987,* peintre et cinéaste américain d'origine slovaque. Comme plasticien, il est l'un des représentants du pop art, procédant par multiplication d'une même image à base photographique (boîte de soupe, portrait de Marilyn Monroe, etc.), avec permutations de coloris. Il fut l'un des chefs de file de la contre-culture, tant par ses attitudes que par ses œuvres. Musée à Pittsburgh.

WARIN (Jean) **→ VARIN.**

WARNEMÜNDE, avant-port de Rostock (Allemagne).

WARREN, v. des États-Unis (Michigan), banlieue nord de Detroit ; 144 864 hab.

WARREN (Earl), *Los Angeles 1891 - Washington 1974,* juriste américain. Président de la Cour suprême des États-Unis (1953 - 1969), il fut l'instigateur d'un arrêt (1954) condamnant la ségrégation raciale dans les écoles, ainsi que de réformes constitutionnelles (séparation des Églises et de l'État, liberté de la presse, droits des accusés).

WARREN (Robert Penn), *Guthrie, Kentucky, 1905 - Stratton, Vermont, 1989,* écrivain américain. Ses romans (*les Fous du roi,* 1946) et ses poèmes, enracinés dans le Sud américain, posent le problème de la liberté humaine.

WARRINGTON, v. de Grande-Bretagne (Angleterre), sur la Mersey ; 205 000 hab. Elle a fusionné avec Runcorn. Centre industriel.

WARTA n.f., riv. de Pologne, affl. de l'Oder (r. dr.) ; 808 km.

Wartburg (château de la), château fort de Thuringe, près d'Eisenach. Il est fameux pour les concours des minnesänger, évoqués par Wagner dans *Tannhäuser,* et pour les séjours qu'y firent sainte Élisabeth de Hongrie, puis Luther (1521).

WARTBURG (Walther **von**), *Riedholz, Soleure, 1888 - Bâle 1971,* linguiste suisse. Auteur de travaux sur les langues romanes, il dirigea à partir de 1922 la réalisation d'un monumental *Dictionnaire étymologique du français et de ses dialectes.*

WARWICK (Richard **Neville,** comte **de**), dit **le Faiseur de rois,** *1428 - Barnet 1471,* seigneur anglais. Neveu de Richard d'York (1411 - 1460), il joua un rôle prépondérant au début de la guerre des Deux-Roses. Poussant son oncle à revendiquer le trône d'Angleterre, il contribua à la victoire de Saint Albans (1455) puis, victorieux à Northampton (1460), captura le roi Henri VI. L'année suivante, il fit couronner roi son cousin Édouard IV mais, bientôt opposé à la politique bourguignonne de celui-ci, rétablit Henri VI sur le trône (1470). Il fut vaincu par Édouard IV et tué.

WARWICKSHIRE, comté de Grande-Bretagne (Angleterre) ; ch.-l. *Warwick.*

WASATCH (monts), massif de l'ouest des États-Unis (Utah) ; 3 750 m.

WASH n.m., golfe formé par la mer du Nord, sur la côte est de la Grande-Bretagne (Angleterre).

WASHINGTON, État des États-Unis, sur le Pacifique ; 4 866 692 hab. ; cap. *Olympia ;* v. princ. *Seattle.*

WASHINGTON, cap. des États-Unis, dans le district fédéral de Columbia, sur le Potomac ; 606 900 hab. *(Washingtoniens)* [3 923 574 hab. dans l'agglomération]. Édifiée sur un site choisi par G. Washington en 1790, la ville est le siège de la Maison-Blanche, résidence du président des États-Unis depuis 1800. – Très importants musées, dont ceux de la Smithsonian Institution.

W

Washington (accord de) ou **accord d'Oslo** (13 sept. 1993), accord israélo-palestinien négocié secrètement dans la capitale norvégienne, Oslo, en marge des négociations multilatérales sur la paix au Proche-Orient engagées en 1991, et signé solennellement à Washington. Précédé par la reconnaissance mutuelle entre Israël et l'OLP (9 sept.), cet accord consiste en une déclaration de principes sur des modalités intérimaires d'autonomie pour les territoires occupés, s'appliquant, avec plusieurs échéances, à une période de cinq ans, au terme de laquelle devait entrer en vigueur le statut définitif, préalablement négocié, de ces territoires.

WASHINGTON (George), *comté de Westmoreland, Virginie, 1732 - Mount Vernon 1799,* homme politique américain. Riche propriétaire, représentant de la Virginie aux congrès de Philadelphie (1774 et 1775), il prend position en faveur de l'indépendance. Commandant en chef (1775), aidé militairement par la France, il bat les Britanniques à Yorktown (1781) et devient le héros de l'indépendance américaine. Premier président des États-Unis (1789), réélu en 1792, il se montre partisan d'un fédéralisme fort, de l'indépendance financière du pays et proclame, à l'extérieur, la neutralité des États-Unis (1793). Il se retire de la vie politique en 1797.

Washington Post (The), quotidien américain de tradition libérale. Créé en 1877, il a joué un rôle déterminant dans l'affaire du Watergate.

WASITI (Yahya ibn Mahmud, dit **al-**), calligraphe et miniaturiste arabe, originaire d'Iraq, actif au début du XIIIe s. C'est l'un des principaux représentants de l'école de Bagdad.

WASQUEHAL [waskal] (59290), comm. du Nord ; 18 716 hab. *(Wasquehaliens).* Chimie.

WASSELONNE (67310), ch.-l. de cant. du Bas-Rhin ; 5 576 hab. *(Wasselonnais).*

WASSERBILLIG, v. du Luxembourg, sur la Moselle ; 3 000 hab. Port fluvial.

WASSERMANN (August **von**), *Bamberg 1866 - Berlin 1925,* médecin allemand. Il a mis au point une réaction sérologique, devenue désuète, permettant de déceler l'existence de la syphilis.

WASSY (52130), ch.-l. de cant. de la Haute-Marne ; 3 554 hab. *(Wasseyens).* Église romane et gothique. – Le 1er mars 1562, le massacre d'une soixantaine de protestants de cette ville par les gens du duc François Ier de Guise déclencha les guerres de Religion.

WATERBURY, v. des États-Unis (Connecticut) ; 108 961 hab.

WATERFORD, en gaél. **Port Láirge,** v. d'Irlande (Munster) ; 40 345 hab. Port. Verrerie.

Watergate (scandale du) [1972 - 1974], affaire d'espionnage politique américaine. Pendant la campagne présidentielle de 1972, cinq individus furent appréhendés par la police, alors qu'ils inspectaient le siège du Parti démocrate (immeuble du *Watergate,* Washington). Une enquête du

■ GEORGE **WASHINGTON** par G. Healy. (Château de Versailles.)

■ **WASHINGTON.** La Maison-Blanche, édifiée (1792 - 1800) par James Hoban.

Washington Post révéla la responsabilité de la Maison-Blanche dans l'affaire et cinq collaborateurs de Nixon furent inculpés. Accusé d'avoir entravé l'action de la justice, Nixon dut démissionner (1974).

WATERLOO [watɛrlo], comm. de Belgique (Brabant wallon), au S. de Bruxelles ; 27 860 hab. Musée.

WATERLOO, v. du Canada (Ontario) ; 71 181 hab. Université.

Waterloo (bataille de) [18 juin 1815], bataille de l'Empire. Victoire décisive remportée par les Britanniques de Wellington et les Prussiens de Blücher sur Napoléon, au sud de Waterloo (Belgique). Ce désastre allait provoquer la chute de l'Empereur.

WATERMAEL-BOITSFORT [watɛrmalbwafɔr], en néerl. **Watermaal-Bosvoorde,** comm. de Belgique (Bruxelles-Capitale), banlieue sud-est de Bruxelles ; 24 567 hab.

WATSON (James Dewey), *Chicago 1928,* biologiste américain. Il précisa en 1953, avec Crick et Wilkins, la structure de l'ADN. (Prix Nobel 1962.)

WATSON (John Broadus), *Greenville, Caroline du Sud, 1878 - New York 1958,* psychologue américain. Il fut le fondateur et le principal théoricien du béhaviorisme (*le Béhaviorisme,* 1925).

WATSON-WATT (sir Robert Alexander), *Brechin, Angus, Écosse, 1892 - Inverness 1973,* physicien britannique. Il conçut le système de détection et de mesure de la distance d'un obstacle au moyen d'ondes hertziennes, ou radar (1935).

WATT (James), *Greenock, Écosse, 1736 - Heathfield, près de Birmingham, 1819,* ingénieur britannique. Il apporta de multiples améliorations à la machine atmosphérique de T. Newcomen, créant la machine à vapeur utilisable industriellement. Il imagina ainsi le condenseur (1769), l'action alternative de la vapeur sur les deux faces du piston (1780), le volant, le régulateur à boules, etc.

WATTASIDES ou **WATTASSIDES,** dynastie qui régna au Maroc de 1472 à 1554.

WATTEAU (Antoine), *Valenciennes 1684 - Nogent-sur-Marne 1721,* peintre français. Rompant avec l'académisme du XVIIe s., empruntant à Rubens et aux Vénitiens, il a développé, dans l'ambiance d'une société raffinée, son art des scènes de comédie (*l'Amour au théâtre français* [v. 1712 ?], musée de Berlin-Dahlem) et surtout des « fêtes galantes », genre créé par lui et dont le **Pèlerinage à l'île de Cythère* est le chef-d'œuvre. Watteau est un dessinateur et un coloriste de premier ordre ; sa touche est d'une nervosité originale, son inspiration, d'une poésie nostalgique et pénétrante (*l'Indifférent* et *la Finette, Nymphe et Satyre, Gilles* [ou *Pierrot*], Louvre ; *les Champs-Élysées,* Wallace Collection, Londres ; *les Plaisirs d'amour,* Dresde ; *l'*Enseigne de Gersaint,* Berlin).

WATTIGNIES [wa-] (59139), comm. du Nord, au S. de Lille ; 14 617 hab.

WATTIGNIES-LA-VICTOIRE (59680), comm. du Nord ; 240 hab. Victoire de Jourdan sur les Autrichiens (16 oct. 1793).

WATTRELOS [watrəlo] (59150), comm. du Nord, près de Roubaix ; 42 984 hab. *(Wattrelosiens).* Filature.

WAT TYLER → **TYLER.**

WAUGH (Evelyn), *Londres 1903 - Combe Florey, près de Taunton, Somerset, 1966,* écrivain britannique. Ses romans présentent un tableau féroce des préjugés et impostures de la société anglaise (*le Cher Disparu, Retour à Brideshead).*

WAVELL (Archibald Percival, comte), *Colchester 1883 - Londres 1950,* maréchal britannique. Commandant au Moyen-Orient en 1939, il vainquit les Italiens en Libye (1941) et fut vice-roi des Indes de 1943 à 1947.

WAVRE [wavr], v. de Belgique, ch.-l. du Brabant wallon ; 28 565 hab. Église des XVe-XVIIe s. ; musée.

WAYNE (Marion Michael **Morrison,** dit John), *Winterset, Iowa, 1907 - Los Angeles 1979,* acteur américain. L'un des acteurs les plus populaires du western, il a tourné notamm. sous la direction de J. Ford (*la Chevauchée fantastique,* 1939 ;

■ JAMES **WATT** par C. F. Van Breda. (National Portrait Gallery, Londres.)

■ ANTOINE **WATTEAU.** *L'Amour au théâtre français.* (Galerie de peinture de Berlin-Dahlem.)

■ JOHN **WAYNE** dans *El Dorado* (1967), de Howard Hawks.

■ MAX **WEBER** vers 1917.

l'Homme tranquille, 1952) et de H. Hawks (*la Rivière rouge,* 1948 ; *Rio Bravo,* 1959).

WAZIRISTAN, région du nord-ouest du Pakistan.

WEALD n.m., région humide et boisée du sud-est de l'Angleterre.

WEAVER (Warren), *Reedsburg, Wisconsin, 1894 - New Milford 1978,* mathématicien américain. Il est l'auteur, avec C. Shannon, de la *Théorie mathématique de la communication* (1949), dont il a élargi l'objet à la communication sociale.

WEBB (Sidney), baron **Passfield,** *Londres 1859 - Liphook 1947,* homme politique et économiste britannique. L'un des fondateurs de la Fabian Society (1884), il marqua profondément le mouvement travailliste. — **Beatrice W.,** née Beatrice **Potter,** *près de Gloucester 1858 - Liphook 1943,* réformatrice et économiste britannique. Femme de Sidney Webb, elle réalisa de nombreux travaux en collaboration avec son mari.

WEBER (Carl Maria **von**), *Eutin 1786 - Londres 1826,* compositeur et chef d'orchestre allemand. Auteur d'opéras (*Freischütz,* 1821 ; *Euryanthe,* 1823 ; *Oberon,* 1826), il est l'un des créateurs du style national allemand. Il composa aussi des œuvres brillantes pour piano (*l'Invitation à la valse*) et pour clarinette.

WEBER (Max), *Erfurt 1864 - Munich 1920,* sociologue allemand. Promoteur d'une sociologie « compréhensive » qui étudie les phénomènes sociaux en se référant à des « types idéaux », il s'est attaché à rendre compte de l'avènement du capitalisme et, plus généralement, du passage à la modernité (*l'Éthique protestante et l'esprit du capitalisme,* 1901, rééd. 1920 ; *Sociologie de la religion,* 1920 ; *Économie et société,* 1922).

WEBER (Wilhelm Eduard), *Wittenberg 1804 - Göttingen 1891,* physicien allemand. Ses travaux ont surtout porté sur l'électricité et le magnétisme. Il donna, en 1846, la loi des forces exercées par les particules électrisées en mouvement.

WEBERN (Anton **von**), *Vienne 1883 - Mittersill 1945,* compositeur autrichien. Un des pionniers du dodécaphonisme sériel (*Bagatelles,* pour quatuor à cordes, composées entre 1911 et 1913), il se forgea un style personnel caractérisé par l'abandon du développement et la rigueur (*Six Pièces,* pour orchestre, op. 6 ; *Symphonie,* op. 21).

WEBSTER (John), *Londres v. 1580 - id. v. 1624,* auteur dramatique anglais. Le réalisme de ses tragédies est marqué par le goût de l'atroce (*la Duchesse de Malfi,* 1614).

WEBSTER (Noah), *West Hartford, Connecticut, 1758 - New Haven, Connecticut, 1843,* lexicographe américain. Son *American Dictionary of the English Language* paru en 1828 a été, depuis, constamment mis à jour et réédité.

WEDEKIND (Frank), *Hanovre 1864 - Munich 1918,* auteur dramatique allemand. Il est l'un des principaux précurseurs de l'expressionnisme (*l'Éveil du printemps,* 1891 ; *Lulu,* 1913).

WEDGWOOD (Josiah), *Burslem, Staffordshire, 1730 - id. 1795,* céramiste et industriel britannique. Créateur, vers 1760, de la faïence fine, il fonda en 1768, à Burslem, la manufacture Etruria, où il produisit des modèles de style néoclassique. Son nom reste attaché à des grès fins et mats ornés de bas-reliefs à l'antique se détachant en blanc sur un fond coloré.

WEENIX (Jan Baptist), *Amsterdam 1621 - près d'Utrecht 1663,* peintre néerlandais. Il est l'auteur de paysages dans le goût italien, de bambochades et de natures mortes de gibier. — **Jan W.,** *Amsterdam v. 1640 - id. 1719,* peintre néerlandais, fils de Jan Baptist et son continuateur.

WEGENER (Alfred), *Berlin 1880 - au Groenland 1930,* météorologue et géophysicien allemand. Il participa, comme météorologue, aux expéditions polaires danoises au Groenland. En 1915, il exposa sa théorie de la « dérive des continents », que la théorie de la tectonique des plaques a confortée cinquante ans plus tard.

WEHNELT (Arthur), *Rio de Janeiro 1871 - Berlin 1944,* physicien allemand. Auteur de travaux sur l'émission thermoélectronique, il perfectionna les tubes électroniques par l'invention du dispositif qui porte son nom.

Wehrmacht (mot all. signif. *force de défense*), nom donné de 1935 à 1945 à l'ensemble des forces armées allemandes. De 1939 à 1945, près de 18 millions d'hommes passèrent dans ses rangs.

WEIDMAN (Charles), *Lincoln, Nebraska, 1901 - New York 1975,* danseur et chorégraphe américain. Collaborateur de D. Humphrey, il fut l'un des chefs de file de la modern dance aux États-Unis, créa son école (1945) et sa compagnie (1948). Parmi ses chorégraphies : *Quest* (1936), *Flickers* (1941), *Is Sex necessary ?* (1959).

WEIERSTRASS (Karl), *Ostenfelde 1815 - Berlin 1897,* mathématicien allemand. Un des grands rénovateurs de l'analyse, il développa la théorie des fonctions analytiques et construisit, notamment, une fonction continue qui n'est dérivable en aucun point. Pour pallier l'absence de fondement logique de l'arithmétique, il élabora une construction des nombres réels.

WEIFANG, v. de Chine (Shandong) ; 428 522 hab. Pittoresque vieille ville.

WEIL (André), *Paris 1906 - Princeton, New Jersey, 1998,* mathématicien français. Frère de Simone Weil, il fut l'un des membres fondateurs du groupe Nicolas *Bourbaki. Il a apporté une contribution capitale dans de nombreux domaines des mathématiques contemporaines tels que la géométrie algébrique et, surtout, la théorie des nombres.

WEIL (Éric), *Parchim, district de Schwerin, 1904 - Nice 1977,* philosophe français d'origine allemande. Il s'est efforcé de penser, dans la postérité de Hegel, le caractère nécessairement systématique de la réflexion philosophique, en particulier dans son application au politique (*Philosophie politique,* 1956).

■ ANTON VON **WEBERN** vers 1930.

■ AUGUST **WEISMANN**

WEIL (Simone), *Paris 1909 - Ashford, Kent, 1943,* philosophe française, sœur d'André Weil. Sa vie et son œuvre (*la Pesanteur et la Grâce,* 1947) révèlent son mysticisme chrétien et son ardente recherche de la justice sociale.

WEILL (Kurt), *Dessau 1900 - New York 1950,* compositeur allemand naturalisé américain. Il écrivit la musique de certaines pièces de B. Brecht (*l'Opéra de quat' sous,* 1928 [version cinématographique, G. W. Pabst, 1931] ; *Grandeur et Décadence de la ville de Mahagonny,* 1930).

WEIMAR, v. d'Allemagne (Thuringe) ; 62 766 hab. Centre universitaire, touristique et industriel. — Monuments surtout du XVIIIe s. ; musées. — La ville fut, sous le règne de Charles-Auguste (1775 - 1828), un foyer intellectuel autour de Goethe.

Weimar (république de), régime politique de l'Allemagne de 1919 à 1933. L'insurrection spartakiste réprimée (janv. 1919), l'Assemblée constituante, réunie à Weimar, promulgue une constitution démocratique qui crée une fédération de 17 États autonomes. Le premier président de la République est F. Ebert (1919 - 1925), qui doit faire face à une situation financière et économique catastrophique et à l'opposition des communistes et des nationalistes. Le second président, le maréchal Hindenburg (m. en 1934), fait évoluer la république vers un régime de type présidentiel ; la crise mondiale, qui s'amorce en 1930, favorise le succès du national-socialisme, dont le leader, Adolf Hitler, accède au pouvoir en 1933.

W

WEINBERG (Steven), *New York 1933,* physicien américain. Sa théorie électrofaible (1967) permet d'unifier l'interaction électromagnétique et l'interaction faible. (Prix Nobel 1979.)

WEIPA, port d'Australie (Queensland). Extraction, traitement et exportation de bauxite.

WEISMANN (August), *Francfort-sur-le-Main 1834 - Fribourg-en-Brisgau 1914,* biologiste allemand. Il a établi l'indépendance précoce, dans l'embryon, de la lignée cellulaire germinale, ou *germen,* par rapport au *soma.*

WEISS (Peter), *Nowawes, près de Berlin, 1916 - Stockholm 1982,* écrivain suédois d'origine allemande. Son théâtre est engagé dans les luttes sociales et politiques contemporaines (*Marat-Sade,* 1964 ; *Hölderlin,* 1971).

WEISS (Pierre), *Mulhouse 1865 - Lyon 1940,* physicien français. Il est le créateur de la théorie du ferromagnétisme.

WEISSHORN n.m., sommet des Alpes suisses (Valais), au-dessus de Zermatt ; 4 505 m.

WEISSMULLER (John, dit Johnny), *Winbar, Pennsylvanie, 1904 - Acapulco 1984,* nageur américain. Premier homme à nager le 100 m nage libre en moins d'une minute, cinq fois champion olympique (1924 et 1928), il interpréta Tarzan à l'écran.

WEITLING (Wilhelm), *Magdebourg 1808 - New York 1871,* révolutionnaire allemand. Partisan d'un communisme chrétien, il s'opposa à Marx et participa à la révolution de 1848 (*l'Évangile d'un pauvre pécheur,* 1845).

WEIZMANN (Chaïm), *Motyl, Biélorussie, 1874 - Rehovot 1952,* homme politique israélien. Il fut le premier président de l'État d'Israël (1949 - 1952). *(V. ill. page suivante.)*

WEIZSÄCKER (Carl, baron **von**), *Kiel 1912,* physicien et philosophe allemand, frère de Richard von Weizsäcker. En 1938, il détermina, indépendamment de Bethe, le cycle de réactions nucléaires au sein des étoiles. Après la guerre, il se consacra surtout à la philosophie des sciences.

WEIZSÄCKER (Richard, baron **von**), *Stuttgart 1920,* homme politique allemand, frère de Carl von Weizsäcker. Chrétien-démocrate, il a présidé la République fédérale de 1984 à 1994.

WELHAVEN (Johan Sebastian), *Bergen 1807 - Christiania 1873,* écrivain norvégien. Poète de la nature et du folklore norvégiens, il s'opposa cependant au « norvégianisme » de Wergeland.

Welland (canal), canal du Canada (Ontario), qui relie les lacs Érié et Ontario en évitant à la navigation les chutes du Niagara ; 44 km.

WELLES (Orson), *Kenosha, Wisconsin, 1915 - Los Angeles 1985,* cinéaste et acteur américain. Il débuta au théâtre puis à la radio avant de révolutionner la mise en scène cinématographique avec *Citizen Kane* (1941). Génie exubé-

■ ORSON **WELLES,** auteur et interprète de *Citizen Kane* (1941).

rant et singulier, il a réalisé aussi *la Splendeur des Amberson* (1942), *la Dame de Shanghai* (1948), *le Procès* (1962), *Vérités et Mensonges* (1975).

WELLESLEY (Richard **Colley,** marquis), *château de Dangan, près de Trim, Irlande, 1760 - Londres 1842,* homme politique britannique. Il fut gouverneur général de l'Inde, où il étendit la suzeraineté britannique (1797 - 1805), puis ministre des Affaires étrangères (1809 - 1812). Lord-lieutenant d'Irlande (1821 - 1828, 1833 - 1834), il prit la défense des catholiques irlandais.

W

WELLINGTON, cap. de la Nouvelle-Zélande, dans l'île du Nord, sur le détroit de Cook ; 325 700 hab. Port.

WELLINGTON (Arthur **Wellesley,** duc **de**), *Dublin 1769 - Walmer Castle, Kent, 1852,* général britannique. Commandant les troupes britanniques au Portugal et en Espagne, il battit les Français à Vitoria (1813), puis envahit le sud de la France jusqu'à Toulouse (1814). À la tête des forces alliées aux Pays-Bas, il remporta la victoire de Waterloo (1815), puis commanda les forces d'occupation en France (1815 - 1818). Premier ministre de 1828 à 1830, il commanda les troupes britanniques en 1827 - 1828 et de 1842 à 1852.

WELLS, v. de Grande-Bretagne (Angleterre, dans le Somerset) ; 8 600 hab. Importante cathédrale gothique (fin XIIe-fin XIVe s.) ; statues de la façade ouest, du XIIIe s.

WELLS (Herbert George), *Bromley 1866 - Londres 1946,* écrivain britannique. Il est l'auteur de romans satiriques et de récits de science-fiction (*la Machine à explorer le temps,* 1895 ; *l'Homme invisible,* 1897 ; *la Guerre des mondes,* 1898).

WELS, v. d'Autriche (Haute-Autriche) ; 53 042 hab. Centre commercial. — Église du XIVe s. et belle place aux maisons des XVIe-XVIIIe s.

Welt (Die), quotidien allemand de tendance conservatrice, fondé en 1946 en tant que journal allemand du gouvernement britannique. Il est contrôlé par le groupe A. Springer depuis 1953.

WELWYN GARDEN CITY, agglomération résidentielle (« cité-jardin », créée en 1920) de la région nord de Londres.

WEMBLEY, agglomération de la banlieue nord-ouest de Londres. Stade de football.

WENDAKE, réserve du Canada (Québec), au N.-O. de Québec, peuplée de Hurons ; 2 648 hab. Centre artisanal. Tourisme.

WENDEL, famille d'industriels français originaires de Bruges, qui s'installèrent à Hayange (Lorraine) au début du XVIIIe s. Les Wendel ont fondé, en 1781 - 1785, les forges du Creusot, développées, après la Révolution, par les frères Schneider. La société de Wendel acquit, en 1879, le procédé Thomas, qui permit de transformer en acier le minerai phosphoreux lorrain.

WENDERS (Wim), *Düsseldorf 1945,* cinéaste allemand. Cinéaste de l'errance, il filme le monde tel que le voit l'étranger, l'homme à la recherche de ses racines (*Alice dans les villes,* 1973 ; *Au fil du temps,* 1976 ; *Paris, Texas,* 1984 ; *les Ailes du désir,* 1987 ; *Lisbonne Story,* 1995 ; *The Million Dollar Hotel,* 2000).

WENDES, nom donné au Moyen Âge par les Allemands aux Slaves établis entre l'Oder et l'Elbe.

WENGEN, station d'été et de sports d'hiver (alt. 1 300 - 3 454 m) de Suisse (cant. de Berne), au pied de la Jungfrau. Descente du Lauberhorn.

WENZHOU, v. de Chine (Zhejiang) ; 401 871 hab. Port. — Vieille cité ; beau jardin. Dans les environs, monastères bouddhiques dans le massif du Yandangshan.

WEÖRES (Sándor), *Szombathely 1913 - Budapest 1989,* poète hongrois. Une virtuosité formelle, des aspirations métaphysiques élevées caractérisent son œuvre (*la Tour du silence*).

WERFEL (Franz), *Prague 1890 - Beverly Hills, Californie, 1945,* écrivain autrichien, auteur de recueils de poèmes, de drames et romans expressionnistes ainsi que de biographies romancées.

WERGELAND (Henrik), *Kristiansand 1808 - Christiania 1845,* poète norvégien. Il défendit l'idée d'une culture spécifiquement norvégienne (*la Création, l'Homme et le Messie,* 1830) et est considéré comme le père du romantisme en Norvège.

WERNER (Abraham Gottlob), *Wehrau, Saxe, 1749 - Dresde 1817,* naturaliste allemand. L'un des créateurs de la minéralogie, il est le principal défenseur de la théorie du neptunisme, qui attribuait aux roches une origine marine.

WERNER (Alfred), *Mulhouse 1866 - Zurich 1919,* chimiste suisse. Il est l'auteur de travaux sur les organométalliques, complexes organiques de divers métaux. (Prix Nobel 1913.)

WERNICKE (Carl), *Tarnowitz 1848 - Thüringer Wald 1905,* neurologue allemand. Il fut l'un des premiers à décrire les aphasies.

WERTHEIMER (Max), *Prague 1880 - New York 1943,* psychologue allemand. Il fut l'un des promoteurs du gestaltisme.

Werther (les Souffrances du jeune), roman épistolaire de Goethe (1774). L'hypersensibilité de Werther contribua à créer l'image du héros romantique. — Le roman a inspiré le drame lyrique de Jules Massenet (1892), sur un livret de É. Blau et P. Milliet.

WERVIK [wɛrvik], v. de Belgique (Flandre-Occidentale), sur la Lys ; 17 986 hab. Église des XIVe-XVe s.

WESER n.f., fl. d'Allemagne, formé par la réunion de la Werra et de la Fulda et qui se jette dans la mer du Nord ; 440 km. Elle passe à Brême.

WESLEY (John), *Epworth 1703 - Londres 1791,* réformateur britannique. Il fonda en Angleterre, avec son frère Charles (1707 - 1788), le *méthodisme.

WESSEX, royaume saxon, fondé à la fin du Ve s. en Angleterre. Au IXe s., son roi Alfred le Grand et ses successeurs réalisèrent l'unité anglo-saxonne.

WEST (Morris), *Melbourne 1916 - Sydney 1999,* romancier australien. Ses romans évoquent les passions sourdes et les déchirements de la conscience (*la Seconde Victoire, les Bouffons de Dieu*).

WEST BROMWICH, v. de Grande-Bretagne (Angleterre), près de Birmingham ; 155 000 hab.

WEST END, quartiers résidentiels de l'ouest de Londres.

WESTERLO [wɛstɛrlo], comm. de Belgique (prov. d'Anvers), en Campine ; 20 607 hab.

WESTERWALD n.m., partie du Massif schisteux rhénan (Allemagne) ; 657 m.

WESTER WEMYSS (Rosslyn **Erskine,** lord), *Wemyss Castle, Fife, Écosse, 1864 - Cannes 1933,* amiral britannique. Premier lord de l'amirauté en 1918, il signa l'armistice de Rethondes pour la Grande-Bretagne.

WESTINGHOUSE (George), *Central Bridge, New York, 1846 - id. 1914,* inventeur et industriel américain. Il inventa le frein à air comprimé (1872), adopté sur les chemins de fer du monde entier. L'un des premiers, il préconisa l'emploi de l'électricité dans le domaine ferroviaire. Il introduisit aux États-Unis le système de transport de l'électricité par courant alternatif monophasé à haute tension et créa, en 1886, la *Westinghouse Electric Corporation,* firme de construction électromécanique.

Westminster (City of), borough du centre de Londres, autour de *Westminster Abbey ;* 174 718 hab. De celle-ci subsiste la splendide église (surtout des XIIIe-XVe s.), qui renferme les tombeaux des rois et des grands hommes de la Grande-Bretagne. Le *palais de Westminster* a été construit à partir de 1840 sur plans de Charles Barry, en style néogothique, pour servir de siège au Parlement.

WESTMOUNT, v. du Canada (Québec), banlieue nord de Montréal ; 20 508 hab. (*Westmountais*).

WESTON (Edward), *Highland Park, Illinois, 1886 - Carmel, Californie, 1958,* photographe américain. En réaction au pictorialisme, il a fondé avec Ansel Adams le Groupe f. 64 (diaphragme le plus étroit qui donne le meilleur piqué). Son œuvre est marquée par la rigueur et le rendu de la matière.

WESTPHALIE, en all. **Westfalen,** région historique d'Allemagne, qui fait partie, depuis 1946, du Land de *Rhénanie-du-Nord-Westphalie. Elle fut érigée en duché en 1180. Napoléon Ier créa le *royaume de Westphalie* (1807 - 1813), comprenant

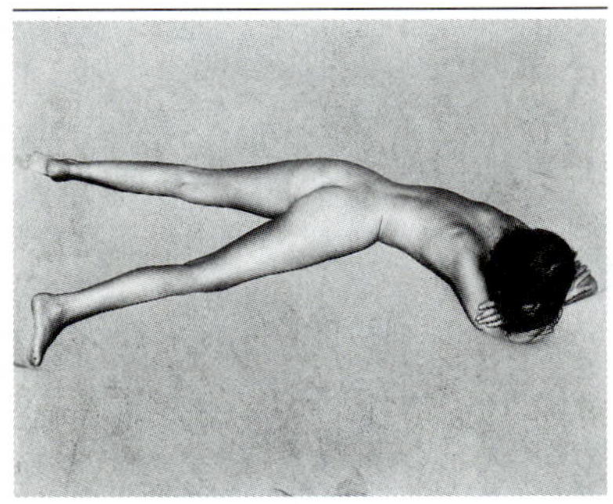

■ EDWARD **WESTON.** *Nude,* 1936. (Center for Creative Photography, Tucson, Arizona.)

■ CHAÏM **WEIZMANN**

■ JOHN **WESLEY** par N. Home. (National Portrait Gallery, Londres.)

■ **WESTMINSTER.** L'église (XIIIe-XVe s.) de l'ancienne abbaye.

les territoires de la Hesse électorale, du Hanovre et du Brunswick, et le confia à son frère Jérôme.

Westphalie (traités de) [1648], traités qui mirent fin à la guerre de Trente Ans. Ils furent signés à Münster (où étaient réunies les délégations catholiques) entre l'Espagne et les Provinces-Unies et entre l'Empire germanique et la France ; à Osnabrück (délégations protestantes) entre l'Empire et la Suède. Ils donnaient aux princes allemands la liberté de religion dans leurs États, dont la souveraineté fut largement reconnue. La France se vit confirmer la possession des Trois-Évêchés et reçut la majeure partie de l'Alsace. La Suède, autre bénéficiaire de ces traités, reçut la Poméranie occidentale. Le Saint Empire dut reconnaître l'indépendance de la Confédération suisse et la pleine souveraineté des Provinces-Unies.

West Point, terrain militaire des États-Unis (New York), sur l'Hudson. Académie militaire, créée en 1802, destinée à la formation des officiers des armées de terre et de l'air. Les femmes y sont admises depuis la guerre du Viêt Nam.

WESTWOOD (Vivienne), *Glossop 1941,* créatrice de mode britannique. Originalité de la coupe, provocation, style rocker, citations et parodies des formes du passé s'allient dans ses réalisations.

WETTEREN [wɛtərən], comm. de Belgique (Flandre-Orientale) ; 22 655 hab.

WETTERHORN n.m., sommet de l'Oberland bernois (Suisse) ; 3 701 m.

WETTINGEN, comm. de Suisse (Argovie), sur la Limmat ; 17 706 hab. Église, reconstruite au XVIe s., d'une anc. abbaye (mobilier baroque ; vitraux, notamm. d'après Holbein le Jeune, dans le cloître).

WETZIKON, comm. de Suisse (cant. de Zurich) ; 16 696 hab. Industries mécaniques et alimentaires.

WEVELGEM [wevəlgɛm], comm. de Belgique (Flandre-Occidentale) ; 30 566 hab.

WEYGAND (Maxime), *Bruxelles 1867-Paris 1965,* général français. Chef d'état-major de Foch de 1914 à 1923, il anima la résistance des Polonais à l'Armée rouge pendant la guerre polono-soviétique de 1920, fut haut-commissaire en Syrie (1923), puis chef d'état-major de l'armée (1930). Succédant à Gamelin, il reçut au milieu de la débâcle le commandement de tous les théâtres d'opération (mai 1940) et préconisa l'armistice. Délégué général en Afrique du Nord (1940), il fut rappelé sur l'ordre de Hitler (1941), puis arrêté par la Gestapo et interné en Allemagne (1942 - 1945). Libéré par les Alliés (1945) et traduit en Haute Cour, il obtint, en 1948, un non-lieu sur tous les chefs d'accusation. (Acad. fr.)

WEYL (Hermann), *Elmshorn 1885 - Zurich 1955,* mathématicien américain d'origine allemande. On lui doit la première présentation rigoureuse de la théorie des fonctions de Riemann et d'importants résultats sur les groupes de Lie, sur la théorie des nombres et en physique mathématique.

WHARTON (Edith **Newbold Jones,** Mrs.), *New York 1862 - Saint-Brice, Seine-et-Marne, 1937,* romancière américaine. Elle dépeint les mœurs de la haute société américaine (*le Temps de l'innocence,* 1920).

WHEATSTONE (sir Charles), *Gloucester 1802 - Paris 1875,* physicien britannique. Il inventa le stéréoscope (1838), un télégraphe électrique à cadran et, en 1844, un appareil de mesure des résistances électriques *(pont de Wheatstone).*

WHEELER (sir Robert Eric Mortimer), *Édimbourg 1890 - Leatherhead 1976,* archéologue britannique, célèbre pour sa méthode de fouilles (information stratigraphique généralisée à l'ensemble d'un chantier et préservée pendant les travaux).

WHIPPLE (George Hoyt), *Ashland, New Hampshire, 1878 - Rochester 1976,* médecin américain. Il est l'auteur de travaux sur les anémies. (Prix Nobel 1934.)

WHISTLER (James Abbott **McNeill**), *Lowell, Massachusetts, 1834 - Londres 1903,* peintre et graveur américain. Installé à Londres après quelques années parisiennes (1855 - 1859), admirateur de l'art japonais et de Manet, il a poussé jusqu'à un extrême raffinement l'étude des harmonies chromatiques (*Jeune Fille en blanc,* 1862, National Gallery de Washington ; *Nocturne en bleu et argent,* 1872, Tate Britain).

WHITBY, v. du Canada (Ontario) ; 46 932 hab. Sidérurgie.

WHITE (Kenneth), *Glasgow 1936,* écrivain britannique. Poète et romancier voyageur, il cherche un art de vivre dans le contact avec la nature et le retour sur soi *(les Limbes incandescents).*

WHITE (Patrick), *Londres 1912 - Sydney 1990,* écrivain australien. Romancier *(l'Arbre de l'homme, Une ceinture de feuilles)* et dramaturge, il privilégie l'expérience intérieure, spirituelle autant que psychologique. (Prix Nobel 1973.)

Whitehall, avenue de Londres, entre Trafalgar Square et Westminster, siège des principaux ministères. Elle fut percée sur l'emplacement d'un ancien palais qui portait ce nom, incendié en 1698 et dont un bâtiment *(Banqueting House),* dû à I. Jones, a été préservé.

WHITEHEAD (Alfred North), *Ramsgate 1861 - Cambridge, Massachusetts, 1947,* logicien et mathématicien britannique. Un des fondateurs de la logique mathématique, il est, avec B. Russell, l'auteur des *Principia mathematica* (1910 - 1913).

WHITEHEAD (Robert), *Bolton-Le-Moors, Lancashire, 1823 - Beckett Park, Berkshire, 1905,* ingénieur britannique. Spécialiste des constructions navales, il inventa les torpilles automobiles (1867), puis les dota d'un servomoteur (1876).

WHITEHORSE, v. du Canada, ch.-l. du Yukon ; 19 157 hab.

WHITMAN (Walt), *West Hills 1819 - Camden 1892,* poète américain. Dans *Feuilles d'herbe* (1855 - 1892), il exalte, dans les termes les plus directs de la langue populaire, la sensualité et la liberté. Son lyrisme des vastes espaces est représentatif d'une sensibilité américaine.

■ WALT **WHITMAN**

WHITNEY (mont), point culminant des États-Unis (en dehors de l'Alaska), dans la sierra Nevada ; 4 418 m.

WHITNEY (William Dwight), *Northampton, Massachusetts, 1827 - New Haven, Connecticut, 1894,* linguiste américain. Ses études de linguistique générale *(Language and the Study of Language)* ont influencé F. de Saussure.

WHITTLE (sir Frank), *Coventry 1907 - Columbia, Maryland, 1996,* ingénieur britannique. Il apporta de nombreux perfectionnements à la turbine à gaz, qu'il souhaitait utiliser pour la propulsion des avions, et mit au point le turboréacteur, réalisé en 1941 par Rolls Royce.

WHO (The), groupe britannique de rock (1964 - 1982). Composé du guitariste et compositeur Pete Townsend, du chanteur Roger Daltrey, du bassiste John Entwistle et du batteur Keith Moon (décédé en 1978 et remplacé par Kenny Jones), il a exprimé l'énergie revendicatrice et dévastatrice de la jeunesse (*My Generation ; Tommy,* opéra rock, 1969, et film de K. Russell, 1975).

WHORF (Benjamin Lee), *Winthrop, Massachusetts, 1897 - Wethersfield, Connecticut, 1941,* linguiste américain. Disciple de E. Sapir, il a émis l'hypothèse que le langage est en relation causale avec le système de représentation du monde.

WHYALLA, v. d'Australie (Australie-Méridionale) ; 25 740 hab. Port et centre minier (fer). Sidérurgie.

WHYMPER (Edward), *Londres 1840 - Chamonix 1911,* alpiniste britannique. Il effectua la première ascension du mont Cervin (1865).

WICHITA, v. des États-Unis (Kansas) ; 304 011 hab. Centre commercial et industriel. – Musées.

WICKSELL (Knut), *Stockholm 1851 - Stocksund, près de Stockholm, 1926,* économiste suédois. Chef de file de la première école suédoise, spécialisée dans les théories sur l'équilibre monétaire, il annonce Keynes.

WIDAL (Fernand), *Dellys, auj. Delles, Algérie, 1862 - Paris 1929,* médecin français, auteur de travaux sur la typhoïde et les maladies des reins.

WIDOR (Charles-Marie), *Lyon 1844 - Paris 1937,* compositeur et organiste français. Organiste de St-Sulpice à Paris, professeur au Conservatoire, il est l'initiateur d'un style d'orgue très symphonique (10 symphonies pour orgue).

WIECHERT (Ernst), *Kleinort, Prusse-Orientale, 1887 - Uerikon, canton de Zurich, 1950,* écrivain allemand. Ses nouvelles et ses récits sont empreints d'une inquiétude romantique (*Missa sine nomine,* 1950).

WIELAND (Christoph Martin), *Oberholzheim 1733 - Weimar 1813,* écrivain allemand. Souvent comparé à Voltaire, il exerça par ses poèmes *(Oberon),* ses essais et ses récits *(Agathon, les Abdéritains)* une influence profonde sur Goethe et les écrivains allemands.

WIELAND (Heinrich), *Pforzheim 1877 - Munich 1957,* chimiste allemand. Pionnier de la chimie des substances naturelles, il a proposé une théorie de l'oxydation biologique. (Prix Nobel 1927.)

WIELICZKA, v. de Pologne, près de Cracovie ; 17 700 hab. Mines de sel exploitées depuis le Moyen Âge ; spectaculaire « grotte de cristal ».

WIEN (Wilhelm), *Gaffken 1864 - Munich 1928,* physicien allemand. Il a donné la loi relative au maximum d'émission du corps noir à une température donnée. (Prix Nobel 1911.)

WIENE (Robert), *Breslau ou en Saxe 1873 ou 1881 - Paris 1938,* cinéaste allemand. Auteur du *Cabinet du docteur Caligari* (1919), film manifeste du courant expressionniste, il réalisa aussi *Raskolnikov* (1923) et *les Mains d'Orlac* (1925).

WIENER (Norbert), *Columbia, Missouri, 1894 - Stockholm 1964,* mathématicien américain. Pendant la Seconde Guerre mondiale, participant à l'élaboration de systèmes de défense, il travailla sur les problèmes de communication et de commande. Élargissant ses réflexions à la neurophysiologie, à la régulation biochimique ou aux ordinateurs, il fonda la cybernétique (1948).

WIENERWALD n.m., massif boisé d'Autriche, près de Vienne.

WIERTZ (Antoine), *Dinant 1806 - Bruxelles 1865,* peintre belge. Il est le principal représentant du romantisme dans son pays (*la Belle Rosine,* musée Wiertz, Bruxelles).

WIES, village d'Allemagne (Bavière), près d'Oberammergau. Église de pèlerinage, chef-d'œuvre du rococo bavarois (milieu du XVIIIe s.), par D. et J. B. Zimmermann.

WIESBADEN, v. d'Allemagne, cap. de la Hesse ; 270 873 hab. Station thermale. Ville de congrès, centre administratif et industriel. – Musée. – Anc. cap. du duché de Nassau.

WIESEL (Elie), *Sighet, Roumanie, 1928,* écrivain américain d'expression française. Ses essais, romans et pièces de théâtre célèbrent le peuple juif, dans sa grandeur et ses souffrances (*le Mendiant de Jérusalem,* 1968 ; *Signes d'exode,* 1985). [Prix Nobel de la paix 1986.]

WIGHT (île de), île et comté anglais de la Manche ; 381 km² ; 126 600 hab. ; v. princ. *Newport.* Navigation de plaisance. Tourisme.

WIGMAN (Marie **Wiegmann,** dite Mary), *Hanovre 1886 - Berlin 1973,* danseuse et chorégraphe

■ MARY **WIGMAN** dans *le Chant du destin* (1935).

W

allemande. Son rôle fut déterminant pour l'essor de la danse expressionniste (*Hexentanz I,* 1914 ; *Das Totenmahl,* 1930 ; *le Sacre du printemps,* 1957).

WIGNER (Eugene Paul), *Budapest 1902-Princeton 1995,* physicien américain d'origine hongroise. Il a contribué au développement de la physique théorique et fut l'un des promoteurs du programme de recherche nucléaire américain. (Prix Nobel 1963.)

WIL, comm. de Suisse (Saint-Gall) ; 16 450 hab. Ensemble de maisons et monuments anciens.

WILDE (Oscar Fingal O'Flahertie Wills), *Dublin 1854-Paris 1900,* écrivain irlandais. Esthète volontiers provocateur, il est célèbre autant par son personnage que par son œuvre : contes *(le Crime de lord Arthur Savile),* théâtre *(l'Éventail de lady Windermere,* 1892 ; *De l'importance d'être constant,* 1895), roman *(le Portrait de Dorian Gray,* 1891). Il fut emprisonné pour une affaire de mœurs (*Ballade de la geôle de Reading,* 1898) et vécut ensuite en France.

■ OSCAR **WILDE**

■ THOMAS WOODROW **WILSON**

WILDER (Samuel, dit Billy), *Sucha, au sud de Cracovie, 1906,* cinéaste américain d'origine autrichienne. Dans la lignée de Lubitsch, il a réalisé des films noirs ou dramatiques (*Assurance sur la mort,* 1944 ; *Boulevard du crépuscule,* 1950 ; *Fedora,* 1978) et des comédies légères (*Certains l'aiment chaud,* 1959 ; *Embrasse-moi, idiot,* 1964).

WILDER (Thornton Niven), *Madison, Wisconsin, 1897 - Hamden, Connecticut, 1975,* écrivain américain. Ses romans et ses pièces de théâtre *(Notre petite ville)* composent un tableau de l'Amérique et analysent les valeurs spirituelles.

WILES (Andrew John), *Cambridge 1953,* mathématicien britannique. En 1993, il a proposé la première démonstration intégrale du « grand théorème de Fermat », qu'il a complétée en 1994 avec l'un de ses collaborateurs, Richard Taylor.

WILHELMINE, *La Haye 1880 - château Het Loo 1962,* reine des Pays-Bas (1890 - 1948). Fille de Guillaume III, elle régna d'abord sous la régence de sa mère, Emma (1890 - 1898). Elle dut se réfugier à Londres de 1940 à 1945. En 1948, elle abdiqua en faveur de sa fille, Juliana.

Wilhelm Meister, roman de Goethe en deux parties : *les Années d'apprentissage de Wilhelm Meister* (1796) et *les Années de voyage de Wilhelm Meister* (1821). C'est le modèle du roman de formation.

WILHELMSHAVEN, v. d'Allemagne (Basse-Saxe), sur la mer du Nord ; 91 680 hab. Port pétrolier. Centre industriel.

WILKES (John), *Londres 1725 - id. 1797,* homme politique et journaliste britannique. Hostile aux tories et à George III, il se rendit populaire par ses écrits contre le gouvernement. Il fut lord-maire de la Cité de Londres (1774).

WILKINS (Maurice Hugh Frederick), *Pongaroa, Nouvelle-Zélande, 1916,* biophysicien britannique. Par des expériences de diffraction des rayons X, il confirma les découvertes de Crick et Watson sur la structure de l'ADN. (Prix Nobel de physiologie ou de médecine 1962.)

WILKINSON (John), *Little Clifton, Cumberland, 1728-Bradley, Staffordshire, 1808,* industriel britannique. On lui doit le premier pont en fonte (1776-1779) et le premier navire en fer (1787).

WILLAERT (Adriaan), *Bruges ou Roulers v. 1485 - Venise 1562,* compositeur flamand. Maître de chapelle à St-Marc de Venise, il est l'auteur de grands motets à double chœur, de madrigaux expressifs, de chansons françaises et de ricercari.

WILLEBROEK [wiləbruk], comm. de Belgique (prov. d'Anvers) ; 22 146 hab.

WILLEMSTAD, ch.-l. des Antilles néerlandaises, dans l'île de Curaçao ; 43 547 hab. Raffinerie de pétrole.

WILLIAMS (Thomas Lanier, dit Tennessee), *Columbus, Mississippi, 1911 - New York 1983,* auteur dramatique américain. Ses pièces, souvent adaptées au cinéma, mettent en scène des héros culpabilisés et frustrés *(la Ménagerie de verre, Un tramway nommé Désir, la Chatte sur un toit brûlant, Soudain l'été dernier).*

WILLIAMS (William Carlos), *Rutherford, New Jersey, 1883 - id. 1963,* écrivain américain. Poète (*Paterson,* 1946 - 1958) et romancier, il a expérimenté, pour s'accorder avec le dynamisme concret du monde américain, collages, intonations orales et rythmes syncopés.

WILLIBRORD ou **WILLIBROD** (saint), *en Northumbrie 658 - Echternach 739,* moine anglais. Archevêque d'Utrecht, il évangélisa la Frise, la Flandre et le Luxembourg. Pèlerinage sur sa tombe.

WILLSTÄTTER (Richard), *Karlsruhe 1872 - Muralto, Locarno, 1942,* chimiste allemand. Ses travaux portent sur la constitution et la synthèse de divers alcaloïdes, en partic. de la cocaïne, sur la chlorophylle et les pigments végétaux et animaux. (Prix Nobel 1915.)

WILMINGTON, v. des États-Unis (Delaware) ; 71 529 hab. Industrie chimique. — Musées.

WILSON (mont), sommet des États-Unis (Californie), dominant Los Angeles ; 1 740 m. Observatoire d'astrophysique.

WILSON (Angus Frank **Johnstone-Wilson,** dit Angus), *Bexhill 1913 - Bury Saint Edmunds 1991,* écrivain britannique, auteur de romans d'inspiration satirique (*la Ciguë et après,* 1952).

WILSON (Charles Thomson Rees), *Glencorse, Écosse, 1869 - Carlops, Borders, 1959,* physicien britannique. Il inventa, en 1912, la chambre humide à condensation pour la détection des particules chargées. (Prix Nobel 1927.)

WILSON (Edmund), *Red Bank, New Jersey, 1895 - Talcottville, État de New York, 1972,* écrivain américain. Critique littéraire, romancier et nouvelliste (*Mémoires du comté d'Hécate,* 1946), il a analysé la culture et les problèmes de civilisation américains.

WILSON (Edward Osborne), *Birmingham, Alabama, 1929,* biologiste américain. Ses études sur les insectes sociaux, en particulier les fourmis, l'ont conduit à élaborer une vaste synthèse unissant l'écologie, la génétique et l'éthologie et à fonder la théorie de la sociobiologie (*Sociobiology : The New Synthesis,* 1975). Il est le père des études sur la biodiversité.

WILSON (Harold), baron **Wilson of Rievaulx,** *Huddersfield 1916 - Londres 1995,* homme politique britannique. Leader du Parti travailliste (1963), il fut Premier ministre de 1964 à 1970. De nouveau au pouvoir en 1974, il démissionna en 1976.

WILSON (sir Henry Hughes), *Edgeworthstown, Irlande, 1864 - Londres 1922,* maréchal britannique. Ami de Foch, promoteur de la coopération militaire franco-britannique pendant la Première Guerre mondiale, il fut chef d'état-major impérial de 1918 à 1922.

WILSON (Henry Maitland, baron), *Stowlangtoft Hall 1881 - près d'Aylesbury 1964,* maréchal britannique. Commandant les forces britanniques en Grèce (1941) puis au Moyen-Orient (1943), il remplaça Eisenhower en 1944 comme commandant interallié en Méditerranée.

WILSON (John Tuzo), *Ottawa 1908 - Toronto 1993,* physicien canadien. Il a fourni deux grandes contributions à la théorie de la tectonique des plaques en montrant l'existence des points chauds et celle des failles transformantes.

WILSON (Robert, dit Bob), *Waco, Texas, 1941,* metteur en scène de théâtre et d'opéra américain. Il recherche dans son théâtre, où la parole est souvent détournée et le temps distendu *(le Regard du sourd, Einstein on the Beach, Orlando, la Maladie de la mort, le Songe, POEtry),* une nouvelle forme de « spectacle total », fondée sur une esthétique de l'image.

WILSON (Theodore **Shaw,** dit Teddy), *Austin, Texas, 1912 - New Britain, Connecticut, 1986,* pianiste américain de jazz. Également arrangeur et chef d'orchestre (big band, 1939 - 1940, puis petits ensembles), il mit son éblouissante technique pianistique au service du swing, jouant notamm. avec L. Armstrong, B. Carter, B. Goodman, B. Holiday et L. Young.

WILSON (Thomas Woodrow), *Staunton, Virginie, 1856 - Washington 1924,* homme politique américain. Professeur de sciences politiques à Princeton, leader du Parti démocrate, il fut élu, en 1912, président des États-Unis ; il appliqua alors un programme réformiste et antitrust. Réélu en 1916, il engagea son pays dans la guerre aux côtés des Alliés (1917). À la conférence de la Paix (janv. 1919), il imposa son programme en « quatorze points », fondé sur le droit des peuples à disposer d'eux-mêmes et la sécurité collective. Mais, s'il fut le créateur de la Société des Nations (SDN), il ne put obtenir l'adhésion de ses concitoyens à celle-ci. (Prix Nobel de la paix 1919.)

WILTSHIRE, comté du sud de l'Angleterre ; 553 300 hab. ; ch.-l. *Trowbridge.*

WILTZ, ch.-l. de cant. du Luxembourg ; 3 957 hab. Château surtout des XIIIe-XVIIe s.

WIMBLEDON, quartier de la banlieue sud-ouest de Londres. Site d'un championnat international de tennis, créé en 1877.

WIMEREUX (62930), comm. du Pas-de-Calais ; 7 587 hab. *(Wimereusiens).* Station balnéaire.

WIMPFFEN (Emmanuel Félix **de**), *Laon 1811 - Paris 1884,* général français. Il succéda à Ducrot comme commandant en chef de l'armée de Châlons (sept. 1870), mais ne put éviter la capitulation de Sedan.

WINCHESTER, v. de Grande-Bretagne (Angleterre), ch.-l. du Hampshire ; 31 000 hab. Vaste cathédrale romane et gothique. Centre monastique d'enluminure de manuscrits aux Xe-XIIe s.

WINCKELMANN (Johann Joachim), *Stendal, Brandebourg, 1717 - Trieste 1768,* historien de l'art et archéologue allemand. Il fut l'un des principaux inspirateurs de l'art néoclassique.

WINDHOEK, cap. de la Namibie ; 125 000 hab.

WINDISCHGRÄTZ (Alfred, prince **zu**), *Bruxelles 1787 - Vienne 1862,* maréchal autrichien. Il réprima, en 1848, les insurrections de Prague et de Vienne, mais fut battu par les Hongrois en 1849.

WINDSOR, v. du Canada (Ontario), sur la rivière Detroit, en face de Detroit ; 191 435 hab. Port et centre de l'industrie automobile canadienne.

WINDSOR ou **NEW WINDSOR,** v. de Grande-Bretagne (Angleterre), à l'O. de Londres ; 30 000 hab. Château royal construit et remanié du XIIe au XIXe s. (œuvres d'art, collection de dessins). — La maison royale britannique de Hanovre-Saxe-Cobourg-Gotha a pris en 1917 le nom de *maison de Windsor.*

WINDSOR (duc **de**) → **ÉDOUARD VIII.**

WINDWARD ISLANDS → **VENT** (îles du).

WINGLES [wɛ̃gl] (62410), ch.-l. de cant. du Pas-de-Calais ; 8 728 hab. *(Winglois).* Chimie. Verrerie.

WINNICOTT (Donald Woods), *Plymouth 1896 - Londres 1971,* pédiatre et psychanalyste britannique. Il a montré que le développement le plus précoce du nourrisson dépend notamm. des liens corporels entre la mère et l'enfant, qui traduisent leurs états affectifs. L'enfant passe ensuite au monde extérieur par l'intermédiaire d'« objets transitionnels » (*Jeu et réalité : l'espace potentiel,* 1971).

WINNIPEG, v. du Canada, cap. du Manitoba ; 610 773 hab. *(Winnipeguiens).* Nœud ferroviaire et centre industriel et commercial. Université. Archevêché. — Musées.

WINNIPEG (lac), lac du Canada (Manitoba), s'écoulant vers la baie d'Hudson par le Nelson ; 24 500 km².

WINNIPEGOSIS, lac du Canada (Manitoba), à l'O. du lac Winnipeg ; 5 440 km².

WINOGRAND (Gary), *New York 1928 - Mexico 1984,* photographe américain. Il a marqué toute une génération de créateurs, par sa pratique du petit format et son écriture brutale où dynamique et invention se font écho.

WINSTEIN (Saul), *Montréal 1912 - Los Angeles 1969,* chimiste américain d'origine canadienne.

Il a contribué à définir la chimie organique physique, notamm. par l'étude des carbocations.

WINSTON-SALEM, v. des États-Unis (Caroline du Nord) ; 143 485 hab. Tabac. – Musées.

WINTERHALTER (Franz Xaver), *Menzenschwand, Forêt-Noire, 1805-Francfort-sur-le-Main 1873,* peintre allemand. Installé en France, il y a exécuté, sous la protection de la reine Marie-Amélie, puis de l'impératrice Eugénie, d'élégants portraits et des scènes de cour.

WINTERTHUR, v. de Suisse (cant. de Zurich) ; 86 959 hab. Centre industriel. – Ensembles de peintures du musée des Beaux-Arts ainsi que de la fondation et de la collection Reinhart.

WINTZENHEIM (68000), ch.-l. de cant. du Haut-Rhin ; 7 581 hab. Mairie dans un manoir gothique.

WISCONSIN n.m., riv. des États-Unis, affl. du Mississippi (r. g.) ; 690 km.

WISCONSIN, État des États-Unis, entre le lac Supérieur et le lac Michigan ; 4 891 769 hab. ; cap. *Madison.*

WISEMAN (Nicholas Patrick), *Séville 1802 - Londres 1865,* prélat catholique britannique. Recteur du collège anglais de Rome (1828), il contribua au succès du mouvement d'Oxford. Archevêque de Westminster et cardinal (1850), il écrivit le roman historique *Fabiola* (1854).

WISIGOTHS ou **VISIGOTHS** (« Goths sages »), branche des Goths installée au IVe s. dans la région danubienne et convertie à l'arianisme. Vainqueurs de l'empereur Valens à Andrinople (378), ils prirent Rome et la mirent à sac en 410 ; établis dans le sud-ouest de la Gaule (v. 418), ils conquirent une bonne partie de l'Espagne (412 - 476), puis furent chassés de la Gaule par Clovis, après la bataille de Vouillé (507). En 589, leur roi Reccared se convertit au catholicisme. En 711, les Wisigoths furent submergés par les Arabes ; seule une minorité d'entre eux se réfugia dans les Asturies, où elle fonda un royaume (718).

WISMAR, v. d'Allemagne (Mecklembourg-Poméranie-Occidentale), sur la Baltique ; 53 149 hab. Port. Centre industriel. – Église gothique St-Nicolas, en brique, des XIVe-XVe s. ; maisons anciennes. – Point de jonction des forces britanniques et soviétiques le 3 mai 1945.

WISSANT [wisã] (62179), comm. du Pas-de-Calais ; 1 205 hab. Station balnéaire.

WISSEMBOURG (67160), ch.-l. d'arrond. du Bas-Rhin, sur la Lauter ; 8 397 hab. *(Wissembourgeois).* Outillage. – Église gothique (tour romane), maisons anciennes, musée.

Wissembourg (bataille de) [4 août 1870], bataille de la guerre franco-allemande. Victoire des Prussiens sur les Français de Mac-Mahon, qui furent contraints à la retraite.

WITKIEWICZ (Stanisław Ignacy), dit **Witkacy,** *Varsovie 1885 - Jeziory 1939,* écrivain et peintre polonais. Son œuvre romanesque *(l'Inassouvissement)* et théâtrale *(la Poule d'eau)* affirme « l'inadaptation absolue de l'homme à la fonction de l'existence ». Il fut un précurseur du théâtre de l'absurde. – Sa peinture est expressionniste.

WITT (Johan **de Witt,** en fr. Jean **de**), *Dordrecht 1625 - La Haye 1672,* homme d'État hollandais. Pensionnaire de Hollande (1653 - 1672), il dirigea la politique extérieure des Provinces-Unies. Il conclut la paix avec Cromwell (1654) et fit voter l'Acte d'exclusion contre la maison d'Orange (1667). En 1668, il s'allia à l'Angleterre et à la Suède contre la France, mais l'invasion victorieuse de Louis XIV (1672) lui fut imputée par les orangistes, qui le laissèrent assassiner, ainsi que son frère **Cornelis** (Dordrecht 1623 - La Haye 1672), par la population de La Haye.

WITTE ou **VITTE** (Sergueï Ioulievitch, comte), *Tiflis 1849 - Petrograd 1915,* homme d'État russe. Ministre des Finances de 1892 à 1903, il favorisa l'industrialisation grâce aux capitaux français. Rappelé par Nicolas II lors de la révolution de 1905, il incita le tsar à promulguer le « manifeste d'octobre », puis fut révoqué quand l'ordre fut rétabli (1906).

WITTELSBACH, famille princière qui régna sur la Bavière de 1180 à 1918.

WITTELSHEIM (68310), comm. du Haut-Rhin ; 10 297 hab. Potasse.

WITTEN, v. d'Allemagne (Rhénanie-du-Nord-Westphalie), dans la Ruhr ; 105 807 hab. Centre industriel.

WITTENBERG, v. d'Allemagne (Saxe-Anhalt), sur l'Elbe ; 53 374 hab. Le 31 oct. 1517, Luther afficha ses 95 thèses sur les portes de l'église du château, déclenchant ainsi le mouvement de la Réforme.

WITTENHEIM (68270), ch.-l. de cant. du Haut-Rhin ; 15 159 hab. Potasse.

WITTGENSTEIN (Ludwig), *Vienne 1889 - Cambridge 1951,* philosophe et logicien britannique d'origine autrichienne. Sa première théorie pose qu'il existe une relation biunivoque entre les mots et les choses et que les propositions qui enchaînent les mots constituent des « images » de la réalité (*Tractatus logico-philosophicus,* 1921). Cette théorie, baptisée « atomisme logique », influença fortement le cercle de Vienne, mais fut progressivement abandonnée par Wittgenstein lui-même au profit d'une conception plus restreinte et plus concrète, qualifiée de « jeu de langage », où il met en lumière l'aspect humain du langage, c'est-à-dire imprécis, variable suivant les situations (*Investigations philosophiques,* 1936 - 1949, publié en 1953).

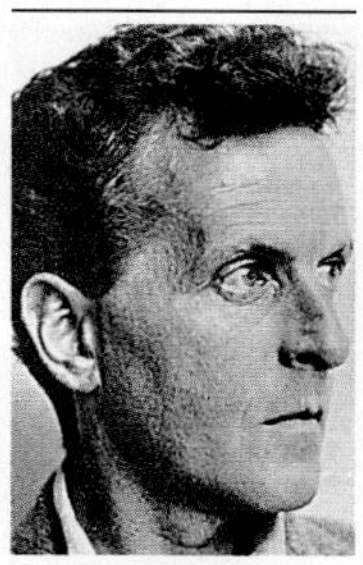

■ LUDWIG **WITTGENSTEIN**

WITTIG (Georg), *Berlin 1897 - Heidelberg 1987,* chimiste allemand. Il mit au point la réaction (qui porte son nom) permettant de synthétiser des composés carbonés grâce à l'utilisation transitoire d'un atome étranger. (Prix Nobel 1979.)

WITWATERSRAND n.m., en abrégé **Rand,** région d'Afrique du Sud, à l'O. de Johannesburg. Importantes mines d'or.

WITZ (Konrad), *Rottweil ? v. 1400 - Bâle ou Genève v. 1445,* peintre originaire de la Souabe. Installé à Bâle en 1431, il a composé, sous l'influence des arts bourguignon et flamand, des panneaux de retables remarquables par leur puissance plastique et par l'attention portée au réel (*Pêche miraculeuse,* musée d'Art et d'Histoire, Genève).

WŁOCŁAWEK, v. de Pologne, sur la Vistule ; 122 800 hab.

WOËVRE [vwavr] n.f., région de la Lorraine, au pied des Côtes de Meuse.

WÖHLER (Friedrich), *Eschersheim 1800 - Göttingen 1882,* chimiste allemand. Il isola l'aluminium (1827), le bore, et réalisa une préparation de l'acétylène ainsi que, en 1828, la première synthèse de chimie organique, celle de l'urée.

WOIPPY (57140), ch.-l. de cant. de la Moselle ; 13 867 hab. Gare de triage. Matériel agricole.

WOLF (Christa), *Landsberg 1929,* femme de lettres allemande. Ses récits et ses essais évoquent, directement (*le Ciel partagé,* 1963 ; *Trame d'enfance,* 1976) ou transposés à la lumière des mythes grecs (*Cassandre,* 1983 ; *Médée,* 1996), les problèmes de l'Allemagne de l'Est et de la société contemporaine.

WOLF (Hugo), *Windischgraz, auj. Slovenj Gradec, Slovénie, 1860 - Vienne 1903,* compositeur autrichien. Il fut l'un des maîtres du lied postromantique (*Spaniches Liederbuch,* 1891 ; *Italienisches Liederbuch,* 1892).

WOLFE (James), *Westerham 1727 - Québec 1759,* général britannique. Il vainquit Montcalm devant Québec (bataille des plaines d'Abraham), mais fut mortellement blessé au cours du combat.

WOLFE (Thomas Clayton), *Asheville, Caroline du Nord, 1900 - Baltimore 1938,* écrivain américain, auteur de romans lyriques et autobiographiques (*l'Ange exilé,* 1929).

WOLFE (Tom), *Richmond 1931,* écrivain et journaliste américain. Son œuvre critique et romanesque (*Acid Test,* 1968 ; *l'Étoffe des héros,* 1979 ; *le Bûcher des vanités,* 1987 ; *Un homme, un vrai,* 1998) est une peinture acerbe de l'Amérique contemporaine.

WOLFF ou **WOLF** (Christian, baron **von**), *Breslau 1679 - Halle 1754,* philosophe allemand. Disciple convaincu de Leibniz, auteur d'un système totalement rationaliste (*Philosophie première,* 1729), il eut une influence considérable sur l'Aufklärung et sur Kant.

WOLFF (Étienne), *Auxerre 1904 - Paris 1996,* biologiste français, auteur d'importants travaux de tératologie et de cancérologie. (Acad. fr.)

WÖLFFLIN (Heinrich), *Winterthur 1864 - Zurich 1945,* historien de l'art et professeur suisse. Ses *Principes fondamentaux de l'histoire de l'art* (1915) ont renouvelé l'étude stylistique de l'œuvre.

WOLFRAM von Eschenbach, *Eschenbach, Bavière, v. 1170 - v. 1220,* poète allemand, auteur de poèmes épiques *(Parzival).*

WOLFSBURG, v. d'Allemagne (Basse-Saxe) ; 128 032 hab. Automobiles.

WOLIN, île polonaise qui ferme le golfe de Szczecin. Parc national.

WOLINSKI (Georges), *Tunis 1934,* dessinateur français, satiriste cinglant des mœurs de ses contemporains (*Je ne veux pas mourir idiot,* album de 1968).

WOLLASTON (William Hyde), *East Dereham, Norfolk, 1766 - Londres 1828,* chimiste et physicien britannique. Il découvrit le palladium et le rhodium (1803). En électricité, il perfectionna la pile de Volta.

W

WOLLONGONG, anc. **Greater Wollongong,** v. d'Australie (Nouvelle-Galles du Sud) ; 239 900 hab. Centre houiller et industriel. Université.

WOLLSTONECRAFT (Mary **Godwin,** née), *Londres 1759 - id. 1797,* militante et femme de lettres britannique. Elle soutint la Révolution française, se lia aux radicaux anglais et fut l'épouse de W. Godwin (1797). Ses écrits font d'elle l'une des pionnières du féminisme (*A Vindication of the Rights of Woman,* 1792).

WOLOF ou **OUOLOF,** peuple du Sénégal et de Gambie, de langue ouest-atlantique.

WOLS (Wolfgang **Schultze,** dit), *Berlin 1913 - Paris 1951,* dessinateur et peintre allemand. Installé à Paris en 1932, d'abord photographe, il fut l'un des créateurs, vers 1945 - 1946, de la peinture informelle.

WOLSELEY (Garnet Joseph, vicomte), *Golden Bridge, comté de Dublin, 1833 - Menton 1913,* maréchal britannique. Il se distingua dans les campagnes coloniales, notamm. au Transvaal (1879) et en Égypte (1884). Il fut commandant en chef de l'armée britannique de 1895 à 1901.

WOLSEY (Thomas), *Ipswich v. 1475 - Leicester 1530,* prélat et homme d'État anglais. Archevêque d'York (1514), cardinal et lord-chancelier du roi Henri VIII (1515), il dirigea pendant près de quinze ans la politique anglaise. N'ayant pu obtenir du pape le divorce du roi, il fut disgracié (1529).

WOLUWE-SAINT-LAMBERT [wɔlywe-], en néerl. **Sint-Lambrechts-Woluwe,** comm. de Belgique (Bruxelles-Capitale), banlieue est de Bruxelles ; 47 963 hab.

WOLUWE-SAINT-PIERRE, en néerl. **Sint-Pieters-Woluwe,** comm. de Belgique (Bruxelles-Capitale), banlieue est de Bruxelles ; 38 160 hab.

WOLVERHAMPTON, v. de Grande-Bretagne (Angleterre), dans les Midlands ; 239 800 hab. Métallurgie. – Église gothique St Peter.

WONSAN, v. de Corée du Nord, sur la mer du Japon ; 350 000 hab. Port. Centre industriel.

WOOD (Robert Williams), *Concord, Massachusetts, 1868 - Amityville, New York, 1955,* physicien américain. Il étudia certaines radiations ultraviolettes (*lumière de Wood,* ou *lumière noire*) capables d'induire des fluorescences, et qui sont utilisées dans les lampes qui portent son nom.

WOODSTOCK, v. du Canada (Ontario) ; 30 075 hab.

Woodstock (Festival de), festival de rock qui eut lieu à Bethel (près de Woodstock, État de New York) du 15 au 17 août 1969. Le « Woodstock Music and Arts Festival », symbole de l'éclectisme du rock, de la musique psychédélique et d'une jeunesse pacifiste qui prônait la liberté des mœurs et la vie en communauté, regroupa plus de 400 000 personnes.

WOODWARD (Robert Burns), *Boston 1917 - Cambridge, Massachusetts, 1979,* chimiste américain.

■ VIRGINIA **WOOLF** par F. Dodd. (National Portrait Gallery, Londres.)

■ JOHN **WYCLIFFE**

Il a réalisé la synthèse de diverses substances naturelles : quinine (1944), cholestérol et cortisone (1951), strychnine (1955) et, surtout, chlorophylle (1961). [Prix Nobel 1965.]

WOOLF (Virginia), *Londres 1882 - Lewes 1941,* romancière britannique. Dans ses romans, pratiquement dépourvus d'intrigue, elle rend sensible la vie mouvante de la conscience (*Mrs. Dalloway,* 1925 ; *Orlando,* 1928 ; *les Vagues,* 1931).

WORCESTER, v. des États-Unis (Massachusetts) ; 169 759 hab. Centre universitaire et industriel. – Musée d'art.

WORCESTER, v. de Grande-Bretagne (Angleterre), sur la Severn ; 81 000 hab. Cathédrale gothique (crypte romane de 1084) ; musées (porcelaines de Worcester, notamm.). – Charles II y fut battu par Cromwell (1651).

WORDSWORTH (William), *Cockermouth 1770 - Rydal Mount 1850,* poète britannique. Auteur, avec son ami Coleridge, des *Ballades lyriques* (1798), véritable manifeste du romantisme, il fut un grand poète de la nature et du sacré (*le Prélude,* 1850).

WORMHOUT (59470), ch.-l. de cant. du Nord ; 5 157 hab. Église du XVIe s.

WORMS, v. d'Allemagne (Rhénanie-Palatinat), sur le Rhin ; 79 155 hab. Cathédrale romane à deux absides opposées (XIIe-XIIIe s.). – Un concordat y fut conclu en 1122 entre Calixte II et l'empereur Henri V, mettant fin à la querelle des Investitures. En 1521 s'y tint une diète qui mit Luther au ban de l'Empire.

WORTH (Charles Frédéric), *Bourn, Lincolnshire, 1825 - Paris 1895,* couturier français. Couturier de l'impératrice Eugénie, il fut le premier à présenter ses modèles sur des mannequins vivants, puis à délivrer la femme de la crinoline.

WORTHING, v. de Grande-Bretagne (Angleterre), sur la Manche ; 94 100 hab. Station balnéaire.

WOTAN ou **ODIN,** grand dieu du panthéon nord-germanique, dieu de la Guerre et du Savoir.

WOUNDED KNEE, site de la réserve indienne de Pine Ridge (Dakota du Sud), États-Unis. Le 29 déc. 1890, l'armée américaine y massacra plus de 200 Indiens Sioux, achevant ainsi la conquête de l'Amérique du Nord par les Blancs.

WOUTERS (Rik), *Malines 1882 - Amsterdam 1916,* peintre et sculpteur belge, principal représentant du « fauvisme brabançon ».

WOUWERMAN (Philips), *Haarlem 1619 - id. 1668,* peintre néerlandais, auteur de scènes de genre avec chevaux (chasses, escarmouches, haltes devant une auberge).

Woyzeck, personnage principal du drame inachevé de G. Büchner (composé en 1836, publié en 1879 et représenté en 1913). Soldat faible d'esprit et de caractère, il est humilié par tous, y compris par son épouse infidèle, Maria, qu'il tue avant de mourir à son tour. Le drame a inspiré à Alban Berg un opéra (*Wozzeck,* 1925) utilisant le *Sprechgesang* (parlé/chanté).

WRANGEL (île) → **VRANGEL.**

WRANGEL (Carl Gustaf), *Skokloster 1613 - Spieker 1676,* général suédois. Il prit part à la guerre de Trente Ans et aux expéditions du règne de Charles X Gustave.

WRANGEL ou **VRANGEL** (Piotr Nikolaïevitch, baron), *Novo-Aleksandrovsk 1878 - Bruxelles 1928,* général russe. Successeur de Denikine à la tête des armées blanches d'Ukraine (1920), il combattit l'Armée rouge et organisa un gouvernement qui fut reconnu par la France en août 1920.

WRAY (John) → **RAY.**

WREN (sir Christopher), *East Knoyle, Wiltshire, 1632 - Hampton Court 1723,* architecte et mathématicien anglais. Il a laissé des travaux en astronomie, en géométrie (étude de la cycloïde) et en mécanique (loi des chocs). – Après l'incendie de Londres (1666), il fut chargé de reconstruire de nombreuses églises ainsi que la cathédrale St Paul (1675 - 1710), à la structure savante et au style grandiose et élégant. Il fut « Surveyor general » des bâtiments royaux.

WRIGHT (Frank Lloyd), *Richland Center, Wisconsin, 1867 - Taliesin West, près de Phoenix, Arizona, 1959,* architecte américain. Il débuta comme collaborateur de Sullivan. Aussi inventif dans ses grands édifices (musée Guggenheim, New York, 1943 et suiv.) que dans ses maisons particulières (« maisons de la prairie » du début du siècle, maisons « usoniennes » après 1945), maître du courant organique, il a exercé une immense influence.

■ FRANK LLOYD **WRIGHT.** Hall central de l'immeuble de la Johnson Wax (1936 - 1939) à Racine, Wisconsin.

WRIGHT (les frères), précurseurs de l'aviation américains. – **Wilbur W.,** *Millville, Indiana, 1867 - Dayton, Ohio, 1912.* En sept. 1904, il effectua le premier virage en vol, puis le premier vol en circuit fermé. – **Orville W.,** *Dayton 1871 - id. 1948.* Le 17 déc. 1903 à Kitty Hawk, à bord d'un avion à deux hélices, il réussit le premier vol propulsé et soutenu d'un appareil plus lourd que l'air.

WRIGHT (Richard), *Natchez, Mississippi, 1908 - Paris 1960,* écrivain noir américain. Ses récits dénoncent la ségrégation raciale (*les Enfants de l'oncle Tom,* 1938 ; *Black Boy,* 1945).

WROCŁAW, en all. **Breslau,** v. de Pologne, ch.-l. de voïévodie, en basse Silésie, sur l'Odra ; 643 600 hab. Centre administratif, culturel et industriel. – Cathédrale et hôtel de ville gothiques, et autres monuments ; musée de Silésie.

■ ORVILLE ET WILBUR **WRIGHT**

WROŃSKI (Józef Maria **Hoene-**), *Wolsztyn, près de Poznań, 1776 - Neuilly 1853,* mathématicien et philosophe polonais. Établi en France (1801), il créa une religion qui repose sur la preuve mathématique (*Messianisme ou la Réforme absolue du savoir humain,* 1847).

WUHAN, v. de la Chine centrale, cap. du Hubei ; 3 790 000 hab. Carrefour ferroviaire et centre industriel. – Riche musée ; pavillon de la Grue jaune fondé sous les Song et restauré.

WUHU, v. de Chine (Anhui), sur le Yangzi Jiang ; 350 000 hab. Port fluvial.

WULFILA → **ULFILAS.**

WULUMUQI → **OUROUMTSI.**

WUNDT (Wilhelm), *Neckarau, auj. dans Mannheim, 1832 - Grossbothen, près de Leipzig, 1920,* psychologue et physiologiste allemand, l'un des fondateurs de la psychologie expérimentale (*Éléments de psychologie physiologique,* 1873 - 1874).

WUPPERTAL, v. d'Allemagne (Rhénanie-du-Nord-Westphalie), dans la Ruhr, sur la *Wupper ;* 386 625 hab. Centre industriel. Université.

WURTEMBERG, en all. **Württemberg,** anc. État de l'Allemagne du Sud-Ouest. Il s'étendait sur la bordure nord-est de la Forêt-Noire et sur la partie méridionale du bassin de Souabe-Franconie, auj. partie du *Bade-Wurtemberg.* Issu du duché de Souabe, le Wurtemberg fut comté en 1135, duché en 1495, puis tomba sous la suzeraineté des Habsbourg (1520 - 1599). Érigé en royaume en 1805, il fit partie de l'Empire allemand de 1871 à 1918. République, le Wurtemberg fut intégré au IIIe Reich en 1934.

WURTZ (Adolphe), *près de Strasbourg 1817 - Paris 1884,* chimiste français. Il découvrit les amines (1849), le glycol (1855) et établit la formule de la glycérine. Il a imaginé une méthode de synthèse générale en chimie organique. Il fut le promoteur de la théorie atomique en France.

WÜRZBURG, v. d'Allemagne (Bavière), sur le Main ; 128 875 hab. Centre commercial, universitaire et industriel. – Églises des XIIe-XIVe s. ; magnifique Résidence des princes évêques, construite à partir de 1719 par J. B. Neumann (fresques de Tiepolo) ; musée.

WUUSTWEZEL, comm. de Belgique (prov. d'Anvers), près des Pays-Bas ; 15 339 hab.

WUXI, v. de Chine (Jiangsu) ; 827 000 hab. Parc Xihui : jardin et gracieux pavillons du XVIIIe s.

WU ZHEN, *Jiaxing, Zhejiang, 1280 - 1354,* peintre, calligraphe et poète chinois de l'époque Yuan. Inspiré par le taoïsme, il est célèbre pour ses représentations de bambous.

WUZHOU, v. de Chine (Guangxi), sur le Xi Jiang ; 261 500 hab.

WWF (World Wide Fund for Nature, en fr. Fonds mondial pour la nature), organisation internationale de protection de la nature. Fondé en 1961 et appelé *World Wildlife Fund* jusqu'en 1986, le WWF collecte des capitaux et finance des projets de sauvegarde des espèces et de protection de l'environnement. Son siège est à Gland (Suisse).

WYCHERLEY (William), *Clive 1640 - Londres 1716,* auteur dramatique anglais. Il a écrit des comédies satiriques inspirées de Molière (*la Provinciale, l'Homme sans détours*).

WYCLIFFE ou **WYCLIF** (John), *North Riding of Yorkshire v. 1330 - Lutterworth, Leicestershire, 1384,* théologien anglais précurseur de la Réforme. Chef d'un mouvement hostile au pape et au clergé, il se rapprocha des vaudois, voyant dans une Église pauvre la seule qui soit conforme à l'Évangile. Niant la transsubstantiation dans l'eucharistie, il mit l'accent sur l'autorité exclusive de la Bible. Il fut condamné comme hérétique, à titre posthume, par le concile de Constance (1415).

WYLER (William), *Mulhouse 1902 - Los Angeles 1981,* cinéaste américain d'origine suisse. Spécialiste des drames psychologiques et des adaptations d'œuvres littéraires, il a réalisé *la Vipère* (1941), *les Plus Belles Années de notre vie* (1946), *Ben Hur* (1959), *l'Obsédé* (1965).

WYOMING, État des États-Unis, dans les Rocheuses ; 453 588 hab. ; cap. *Cheyenne.*

WYSPIAŃSKI (Stanisław), *Cracovie 1869 - id. 1907,* auteur dramatique, peintre et décorateur polonais. Ses pièces, d'une grande imagination scénique, ont marqué le théâtre polonais (*la Varsovienne,* 1898 ; *les Noces,* 1901).

Calligraphie

XAINTRAILLES [sɛ̃-] ou **SAINTRAILLES** (Jean **Poton,** seigneur **de**), *v. 1400 - Bordeaux 1461,* maréchal de France. Grand écuyer de Charles VII, compagnon de Jeanne d'Arc, il continua après la mort de celle-ci la lutte contre l'Angleterre en Normandie et en Guyenne.

XÁNTHI ou **XANTE,** v. de Grèce (Thrace) ; 37 462 hab.

XANTHOS, anc. ville de Lycie (auj. au sud-ouest de la Turquie). Vestiges datant du ve s. av. J.-C. à l'époque byzantine.

XENAKIS (Iannis), *Brăila, Roumanie, 1922 - Paris 2001,* compositeur français d'origine grecque. Créateur du CEMAMU (Centre d'études de mathématique et automatique musicales), il eut recours à l'ordinateur dans certaines de ses œuvres (*Metastasis,* 1955 ; *Nomos Alpha,* pour violoncelle seul, 1966 ; *Polytope* de Cluny, 1972 ; *Jonchaies,* 1977).

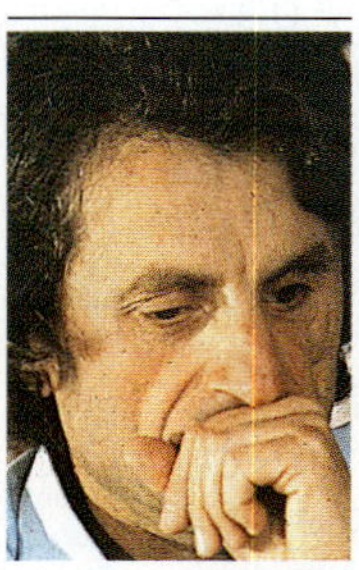

■ IANNIS **XENAKIS**

XÉNOCRATE, *Chalcédoine v. 400 - 314 av. J.-C.,* philosophe grec. Il s'efforça de concilier la doctrine de son maître Platon avec le pythagorisme.

XÉNOPHANE, *Colophon fin du vie s. av. J.-C.,* philosophe grec. Il est le fondateur présumé de l'école *éléate.

XÉNOPHON, *Erkhia, Attique, v. 430 - v. 355 av. J.-C.,* écrivain, philosophe et homme politique grec. Il dirigea la retraite des Dix Mille (dont il fit le récit dans *l'*Anabase*). Disciple de Socrate, il est l'auteur de traités consacrés à ce dernier *(les Mémorables),* de récits historiques *(les Helléniques),* d'ouvrages d'économie domestique et de politique *(l'Économique, la Constitution des Lacédémoniens),* ainsi que d'une vie romancée de Cyrus le Grand *(la Cyropédie).*

XERES → JEREZ DE LA FRONTERA.

XERTIGNY (88220), ch.-l. de cant. des Vosges ; 2 856 hab.

XERXÈS Ier, roi perse achéménide (486 - 465 av. J.-C.). Fils de Darios Ier, il réprima durement les révoltes de Babylone et de l'Égypte, mais ne put soumettre les Grecs, qui le défirent à Salamine (480 av. J.-C.), lors de la seconde guerre médique. Victime d'intrigues de palais, il fut assassiné.

XHOSA ou **XOSA,** peuple du sud-est de l'Afrique du Sud, de langue bantoue.

XIA GUI, peintre chinois originaire de Qiantang (Zhejiang), actif vers 1190 - 1225. Son écriture à la fois elliptique et expressive fait de lui l'un des principaux paysagistes des Song du Sud.

XIAMEN ou **AMOY,** v. de Chine (Fujian), dans une île en face de Taïwan ; 260 000 hab. Port.

XI'AN ou **SIAN,** v. de Chine, cap. du Shaanxi ; 2 790 000 hab. Centre industriel. – Capitale de la Chine, sous les Zhou, et, sous le nom de *Changan,* sous les Han et les Tang, elle garde de cette époque sa configuration urbaine. – Riche musée. Monuments anciens, dont la Grande Pagode des oies sauvages (Dayanta), d'époque Tang. Aux env., nombreuses nécropoles (tumulus impériaux, dont celui de Qin Shi Huangdi, avec son armée de terre cuite).

XIANGTAN, v. de Chine (Hunan), sur le Xiang Jiang ; 281 000 hab. Port. Centre industriel.

XIANYANG, v. de Chine (Shaanxi), au N.-O. de Xi'an ; 70 000 hab. Anc. cap. de Qin Shi Huangdi. Important site archéologique (nécropoles au riche mobilier funéraire). Riche musée.

XI JIANG n.m., fl. de Chine méridionale ; 2 000 km. Canton est établie sur une des branches de son delta.

XINGU n.m., riv. du Brésil, affl. de l'Amazone (r. dr.) ; 2 266 km.

XINING, v. de Chine, cap. du Qinghai ; 551 776 hab. Centre commercial et industriel. – Dans les env., vaste ensemble du *Kumbum,* monastère lamaïque fondé en 1560.

XINJI, v. de Chine, à l'E. de Shijiazhuang ; 532 000 hab.

XINJIANG ou **SIN-KIANG** (région autonome ouïgoure du), région du nord-ouest de la Chine ; 1 646 800 km² ; 13 082 000 hab. ; cap. *Ouroumtsi.* Région aride, vide en dehors des oasis (sur l'ancienne route de la soie). Élevage ovin. Extraction du pétrole.

XINXIANG, v. de Chine, dans le nord du Henan ; 411 000 hab.

XINYU, v. de Chine, au S.-O. de Nanchang ; 622 000 hab.

XIXABANGMA, SHISHA PANGMA ou **GOSAINTHAN** n.m., sommet de l'Himalaya (Tibet) ; 8 046 m.

XUANHUA, v. de Chine (Hebei), au N.-O. de Pékin ; 200 000 hab.

XUZHOU, v. de Chine (Jiangsu) ; 805 695 hab. Centre d'une région charbonnière.

Yaciretá, barrage sur le Paraná, à la frontière de l'Argentine et du Paraguay.

YAFO → JAFFA.

YAHVÉ ou **JAHVÉ** (« Celui qui est »), nom que le peuple d'Israël a privilégié pour désigner son Dieu. Apparaissant pour la première fois dans le livre biblique de la Genèse (II, 4), il est mentionné comme ayant été révélé à Moïse (Exode, III, 14) avec cette signification : « Je suis ».

YAKOUTES → IAKOUTES.

Yale (université), université américaine, fondée en 1701 et installée à New Haven (Connecticut). Elle doit son nom à *Elihu Yale,* l'un de ses bienfaiteurs. Musées.

YALONG JIANG n.m., riv. de la Chine centrale, affl. du Yangzi Jiang (r. g.) ; 1 100 km.

YALTA ou **IALTA,** v. d'Ukraine, en Crimée, sur la mer Noire ; 89 300 hab. Station balnéaire.

Yalta (conférence de) [4 - 11 févr. 1945], conférence qui réunit Churchill, Roosevelt et Staline en vue de régler les problèmes posés par l'imminente défaite de l'Allemagne nazie. Elle admit le principe d'une amputation de la Pologne orientale au bénéfice de l'URSS, qui s'engagea en outre à attaquer le Japon. Elle prévoyait également la formation de gouvernements démocratiques dans l'Europe libérée.

YALU n.m., fl. d'Asie orientale, qui se jette dans la mer Jaune ; 790 km. Il sert de frontière entre la Chine et la Corée du Nord.

YAMAGATA, v. du Japon (Honshu) ; 249 487 hab. Centre industriel.

YAMAGUCHI, v. du Japon (Honshu) ; 129 461 hab. Centre industriel.

YAMAMOTO ISOROKU, *Nagaoka 1884 - dans les îles Salomon 1943,* amiral japonais. Commandant en chef de la flotte japonaise, il dirigea l'attaque sur Pearl Harbor (déc. 1941). Il commanda ensuite les opérations navales contre les Américains, de 1941 à 1943.

YAMASKA n.f., rivière du Canada (Québec), affl. du Saint-Laurent (r. dr.) ; 160 km.

YAMOUSSOUKRO, cap. de la Côte d'Ivoire, au centre du pays ; 106 786 hab. *(Yamoussoukrois).* Université. – Basilique Notre-Dame-de-la-Paix.

YAMUNA, JUMNA ou **JAMNA** n.f., riv. d'Inde, affl. du Gange (r. dr.) ; 1 370 km. Elle passe à Delhi et à Agra.

YAN'AN, v. de Chine, au nord de Xi'an ; 87 000 hab. Siège du gouvernement communiste chinois après la Longue Marche (1935).

YANAON, un des anc. établissements français dans l'Inde, sur le delta de la Godavari, qui fut rattaché à l'Inde en 1954.

YANGQUAN, v. de Chine (Shanxi) ; 200 000 hab. Métallurgie.

YANGZHOU, v. de Chine, au N.-E. de Nankin ; 321 500 hab. Musée. Monuments anciens des époques Tang et Song. Jardins jalonnés de pavillons (XVIIIe et XIXe s.).

YANGZI JIANG n.m., le plus long fl. de Chine, né au Tibet et qui rejoint la mer de Chine orientale par un estuaire au sud duquel s'est développée Shanghai ; 5 980 km ; bassin de 1 830 000 km^2. Il coule d'abord en gorges, mais, partiellement régularisé en aval de Yichang (et, à terme, en amont, avec le gigantesque projet d'aménagement du barrage des Trois-Gorges), il devient la principale voie navigable de Chine, passant à Wuhan et à Nankin. C'est l'anc. *fleuve Bleu.*

YANOMAMI ou **YANOMANI,** peuple amérindien vivant dans les régions frontalières entre le Venezuela et le Brésil (env. 7 500). Le mode de vie traditionnel et l'existence des Yanomami sont menacés par les garimpeiros (chercheurs d'or) qui pillent leur territoire.

YANTAI, v. de Chine (Shandong) ; 452 000 hab. Port. Pêche. Centre industriel. — Musée.

YAO, v. du Japon (Honshu), banlieue d'Osaka ; 277 568 hab.

YAOUNDÉ, cap. du Cameroun, à env. 700 m d'alt. ; 750 000 hab. *(Yaoundéens).*

YAPURÁ → **JAPURÁ.**

YARKAND ou **SUOCHE,** v. de Chine (Xinjiang) ; 100 000 hab. Oasis.

YARMOUTH → **GREAT YARMOUTH.**

Y

YAŞAR KEMAL (Kemal Sadık **Gökçeli,** dit), *Osmaniye, près d'Adana, 1923,* écrivain turc. Ses romans évoquent les paysans d'Anatolie (*Mémed le Mince,* 1955 ; *Terre de fer, ciel de cuivre,* 1963 ; *Meurtre au marché des forgerons,* 1973).

YATSUSHIRO, v. du Japon (Kyushu) ; 108 135 hab. Port.

YAVARI → **JAVARI.**

YAZD → **YEZD.**

YAZDGARD III, *617 - près de Merv 651,* dernier roi sassanide de Perse (632 - 651). Il fut vaincu par l'invasion arabe.

YAZILIKAYA, site archéologique de Turquie, à 3 km de Boğazköy. Sanctuaire rupestre hittite (XIIIe s. av. J.-C.). Reliefs sculptés.

YEATS (William Butler), *Sandymount 1865 - Roquebrune-Cap-Martin 1939,* écrivain irlandais. Cofondateur de l'Abbey Theatre, il est l'auteur d'essais, de poèmes et de drames (*la Comtesse Kathleen,* 1892 ; *Deirdre,* 1907) inspirés de l'esprit national et marqués par l'occultisme. (Prix Nobel 1923.)

YEDO → **EDO.**

YEKE, peuple du sud-est de la Rép. dém. du Congo (ex-Zaïre). Les Yeke fondèrent au XIXe s. un vaste royaume. Ils parlent une langue bantoue.

YELLOWKNIFE, v. du Canada, ch.-l. des Territoires du Nord-Ouest, sur la rive nord du Grand Lac des Esclaves ; 17 275 hab. À proximité, gisements aurifères.

YELLOWSTONE n.m., riv. des États-Unis, affl. du Missouri (r. dr.) ; 1 080 km ; bassin de 181 300 km^2. Il traverse le *parc national de Yellowstone* (Wyoming surtout), aux nombreux geysers.

YÉMEN n.m., en ar. **al-Yaman,** État d'Asie, sur la mer Rouge et le golfe d'Aden ; 485 000 km^2 ; 15 070 000 hab. *(Yéménites).* CAP. *Sanaa.* LANGUE : *arabe.* MONNAIE : *rial yéménite.* (V. carte Arabie.)

GÉOGRAPHIE

Presque aussi vaste que la France, le Yémen est en grande partie désertique. La population, islamisée, se concentre sur les hauteurs de l'ouest (dominant la mer Rouge), plus arrosées, et en quelques points du littoral, sites des deux grandes villes, la capitale et le port principal, Aden. L'émigration a traditionnellement pallié la faiblesse des ressources (élevage ovin et caprin, pêche, cultures du millet, du sorgho, du qat). Mais l'extraction du pétrole, récente, constitue aujourd'hui la richesse essentielle.

HISTOIRE

L'Antiquité. Ier millénaire av. J.-C. : divers royaumes se développent en Arabie du Sud, dont ceux de Saba et de l'Hadramaout. **VIe s. apr. J.-C. :** la région est occupée par les Éthiopiens puis par les Perses Sassanides.

Au sein du monde musulman. Après 628 : le Yémen devient une province de l'empire musulman. **893 :** les imams zaydites, professant un chiisme modéré, deviennent les maîtres du pays, où leur dynastie va se perpétuer jusqu'en 1962. **1570 - 1635 :** le Yémen est intégré à l'Empire ottoman qui, après 1635, n'a plus d'autorité réelle. **1839 :** les Britanniques conquièrent Aden et établissent leur protectorat sur le sud du Yémen. **1871 :** les Ottomans organisent, après la conquête de Sanaa, le vilayet du Yémen. **1920 :** l'indépendance du royaume gouverné par les imams zaydites est reconnue. **1959 - 1963 :** Aden et la plupart des sultanats du protectorat britannique d'Aden forment la fédération de l'Arabie du Sud. **1967 :** celle-ci accède à l'indépendance.

La république arabe du Yémen, ou Yémen du Nord. 1962 : la république est proclamée à l'issue d'un coup d'État. **1962 - 1970 :** la guerre civile oppose les royalistes, qui s'appuient sur l'Arabie saoudite, et les républicains, soutenus par l'Égypte. **À partir de 1972 :** des affrontements éclatent sporadiquement à la frontière des deux Yémens. **1974 :** le colonel Ibrahim al-Hamdi prend le pouvoir et parvient à établir l'autorité du gouvernement central sur tout le Yémen septentrional. **1977 :** il est assassiné. **1978 :** Ali Abdallah al-Salih devient président de la République.

La république démocratique et populaire du Yémen, ou Yémen du Sud. 1970 : Ali Rubayyi, au pouvoir depuis 1969, instaure une république démocratique et populaire, marxiste-léniniste. **1978 :** il est assassiné. **1978 - 1986 :** Ali Nasir Muhammad, Premier ministre, cumule à partir de 1980 la présidence du parti et celle de l'État. **1986 :** Abu Bakr al-Attas le renverse et prend le pouvoir.

L'unification. À la suite des accords signés en 1988 et en 1989 entre les deux Yémens, l'unification est proclamée en mai 1990. La république du Yémen, nouvellement créée, a pour président Ali Abdallah al-Salih. Des tensions entre le Nord et le Sud dégénèrent en 1994 en une guerre civile ; la victoire des nordistes renforce l'autorité du président et de son parti, le Congrès populaire général.

YENNE (73170), ch.-l. de cant. de la Savoie ; 2 642 hab. *(Yennois).* Église romane et gothique.

YEPES (Narciso), *Marchena, près de Lorca, 1927 - Murcie 1997,* guitariste et compositeur espagnol. Célèbre pour son interprétation du *Concerto d'Aranjuez* (J. Rodrigo) et pour la musique du film *Jeux interdits* (R. Clément), il inventa en 1964 la guitare à dix cordes.

YERRES (91330), ch.-l. de cant. de l'Essonne, sur l'*Yerres* ; 27 744 hab. *(Yerrois).*

YERSIN (Alexandre), *Aubonne, cant. de Vaud, Suisse, 1863 - Nha Trang, Viêt Nam, 1943,* bactériologiste français d'origine suisse. Il découvrit le bacille de la peste (1894).

YESO → **HOKKAIDO.**

YEU (île d'), île de la côte française de l'Atlantique (Vendée), formant la commune et le canton de *L'Île-d'Yeu* (85350) ; 23 km^2 ; 4 868 hab. ; ch.-l. *Port-Joinville.*

YEZD ou **YAZD,** v. d'Iran, à l'E. d'Ispahan ; 275 298 hab. Mausolée du XIe s.

YGGDRASIL, arbre de vie (un frêne) qui, dans la mythologie nord-germanique, soutient le monde.

YIBIN, v. de Chine (Sichuan), sur le Yangzi Jiang ; 190 000 hab.

YICHANG, v. de Chine (Hubei), sur le Yangzi Jiang ; 200 000 hab. Port fluvial.

YICHUN, v. de la Chine du Nord-Est, au N.-E. de Harbin ; 756 000 hab.

Yijing (le « Livre des mutations »), manuel anonyme chinois de divination, le plus ancien des classiques chinois.

YINCHUAN, v. de Chine, cap. du Ningxia ; 357 000 hab. Centre administratif et industriel.

YINGCHENG, v. de Chine, au N.-O. de Wuhan ; 546 000 hab.

YINGKOU, v. de Chine (Liaoning) ; 422 000 hab. Port.

yin/yang (école du), école philosophique chinoise (IVe-IIIe s. av. J.-C.). Elle établissait une opposition dialectique entre deux principes de la réalité : le *yin* (femme, passivité, ombre, absorption, Terre) et le *yang* (mâle, activité, lumière, pénétration, Ciel).

YMIR ou **YMER,** géant de la mythologie nord-germanique.

YOCCOZ (Jean-Christophe), *Paris 1957,* mathématicien français. Spécialiste de la théorie des systèmes dynamiques, on lui doit aussi, dans le cadre de la théorie des objets fractals de Mandelbrot, l'invention des « puzzles de Yoccoz ». (Médaille Fields 1994.)

YOFF, banlieue de Dakar. Aéroport.

YOKKAICHI, v. du Japon (Honshu) ; 274 180 hab. Port. Centre industriel.

YOKOHAMA, v. du Japon (Honshu), sur la baie de Tokyo ; 3 220 331 hab. Port. Centre industriel (pétrochimie, sidérurgie, chantiers navals, automobile). — Parc de Sankei.

YOKOSUKA, v. du Japon (Honshu), sur la baie de Tokyo ; 433 358 hab. Port. Centre industriel.

Yomiuri Shimbun, quotidien japonais créé en 1874.

YONKERS, v. des États-Unis (État de New York), sur l'Hudson ; 195 000 hab.

YONNE n.f., riv. de France, dans le Bassin parisien, née dans le Morvan, affl. de la Seine (r. g.), rejointe à Montereau-Fault-Yonne ; 293 km ; bassin de 11 000 km². Elle passe à Auxerre et Sens.

YONNE n.f. (89), dép. de la Région Bourgogne ; ch.-l. de dép. *Auxerre ;* ch.-l. d'arrond. *Avallon, Sens ;* 3 arrond. ; 42 cant. ; 453 comm. ; 7 427 km² ; 333 221 hab. *(Icaunais).* Le dép. appartient à l'académie de Dijon, à la cour d'appel de Paris, à la zone de défense Est. Il est formé de plateaux et de plaines calcaires (Sénonais, Auxerrois, Tonnerrois), voués surtout aux cultures céréalières, localement à la vigne (Chablis), ou argileux et marneux (pays d'Othe, Puisaye), régions d'élevage bovin. La vallée de l'Yonne, voie de passage importante (avec celle de l'Armançon), est jalonnée par les principales villes (Auxerre et Sens) et juxtapose peupleraies et prairies. L'industrie est représentée par les constructions mécaniques et électriques, le travail du bois, l'agroalimentaire.

YORCK VON WARTENBURG (Ludwig, comte), *Potsdam 1759-Klein Oels, auj. Oleśniczka, Pologne, 1830,* feld-maréchal prussien. Commandant en 1812 le corps prussien de la Grande Armée contre les Russes, il négocia avec eux une convention préparant le passage de la Prusse aux côtés des ennemis de la France.

YORITOMO → **MINAMOTO.**

YORK, v. du Canada (Ontario), banlieue de Toronto ; 140 525 hab.

YORK, v. de Grande-Bretagne (Angleterre), sur l'Ouse ; 100 600 hab. Prestigieuse cathédrale gothique des XIIIe-XVe s. (vitraux) et autres monuments ; ensembles de maisons anciennes ; musées. — Capitale de la Bretagne romaine, puis du royaume angle (VIe s.) de Northumbrie, évêché, puis archevêché dès le VIIe s., York fut un important établissement danois (IXe s.). Elle fut la deuxième ville du royaume au Moyen Âge.

YORK (maison d'), branche de la famille des Plantagenêts, qui régna sur l'Angleterre de 1461 à 1485. Issue d'Edmond de Langley (1341 - 1402), fils d'Édouard III, duc d'York en 1385, elle fut la rivale des Lancastres lors de la guerre des Deux-Roses (elle portait sur ses armes la rose blanche). Elle donna trois rois à l'Angleterre (Édouard IV, Édouard V et Richard III) et fut supplantée par les Tudors en 1485.

YORKSHIRE, région de Grande-Bretagne, dans le nord-est de l'Angleterre ; v. princ. *Leeds.*

YORKTOWN, village des États-Unis (Virginie), au S.-E. de Richmond ; 400 hab. Le 19 oct. 1781, les Franco-Américains de Washington et Rochambeau y firent capituler l'armée britannique de Cornwallis.

YORUBA, peuple vivant au sud-ouest du Nigeria (env. 25 millions), au centre du Bénin (env. 1 million) et au Togo (env. 700 000). Les Yoruba s'organisèrent en royaumes indépendants, le principal étant celui d'Oyo ; leur capitale culturelle était *Ife. Majoritairement christianisés ou islamisés, ils parlent une langue kwa.

Yosemite National Park, parc national des États-Unis (Californie), sur le versant occidental de la sierra Nevada.

YOSHIHITO → **TAISHO TENNO.**

YOUGOSLAVIE n.f., en serbe **Jugoslavija,** anc. État de l'Europe méridionale, composé à partir de la Seconde Guerre mondiale de six républiques : Bosnie-Herzégovine, Croatie, Macédoine, Monténégro, Serbie et Slovénie.

HISTOIRE

1918 : le royaume des Serbes, Croates et Slovènes est créé au profit de Pierre Ier Karadjordjević. Il réunit les Slaves du Sud qui, avant la Première Guerre mondiale, étaient divisés entre la Serbie et l'Empire austro-hongrois. **1919 - 1920 :** les traités de Neuilly-sur-Seine, de Saint-Germain-en-Laye, de Trianon et de Rapallo fixent ses frontières. **1921 :** une Constitution centraliste et parlementaire est adoptée. **1929 :** Alexandre Ier (1921 - 1934) établit un régime autoritaire. Le pays prend le nom de Yougoslavie. **1934 :** Alexandre Ier est assassiné par un extrémiste croate. Son cousin Paul assume la régence au nom de Pierre II. **1941 :** Paul signe avec l'Axe le pacte tripartite et est renversé par une révolution à Belgrade. La Yougoslavie est occupée par l'Allemagne. La résistance est organisée par D. Mihailović, Serbe de tendance royaliste et nationaliste, d'une part, par le Croate et communiste J. Broz Tito, d'autre part. Pierre II se réfugie à Londres. **1943 :** Tito crée le Comité national de libération. **1945 - 1946 :** la république populaire fédérative est créée, constituée de six républiques. Tito dirige le gouvernement. **1948 - 1949 :** Staline exclut la Yougoslavie du monde socialiste et du Kominform. **1950 :** l'autogestion est instaurée. **1955 :** Khrouchtchev renoue les relations avec la Yougoslavie. **1961 :** une conférence des pays non-alignés se réunit à Belgrade. **1963 :** la république socialiste fédérative de Yougoslavie (RSFY) est instaurée. **1971 :** le développement du nationalisme (croate) entraîne le limogeage des dirigeants croates. **1974 :** une nouvelle constitution renforce les droits des républiques. **1980 :** après la mort de Tito, les fonctions présidentielles sont exercées collégialement. **À partir de 1988 :** les tensions interethniques se développent (notamm. au Kosovo) et la situation économique, politique et sociale se détériore. **1990 :** la Ligue communiste yougoslave renonce au monopole politique. La Croatie et la Slovénie, désormais dirigées par l'opposition démocratique, s'opposent à la Serbie et cherchent à redéfinir leur statut dans la fédération yougoslave. **1991 :** elles proclament leur indépendance (juin). Après des affrontements, l'armée fédérale se retire de Slovénie ; des combats meurtriers opposent les Croates à l'armée fédérale et aux Serbes de Croatie. La Macédoine proclame son indépendance (sept.). **1992 :** la communauté internationale reconnaît l'indépendance de la Croatie et de la Slovénie (janv.), puis celle de la Bosnie-Herzégovine (avr.), où éclate une guerre particulièrement meurtrière. La Serbie et le Monténégro créent la république fédérale de Yougoslavie (avr.).

YOUGOSLAVIE n.f. (république fédérale de), en serbe **Jugoslavija,** État fédéral de l'Europe balkanique ; 102 200 km² ; 10 870 000 hab. *(Yougoslaves).* CAP. *Belgrade.* LANGUE : *serbe.* MONNAIE : *dinar yougoslave.*

GÉOGRAPHIE

Le pays est formé de la Serbie (avec ses dépendances, Kosovo et Vojvodine) et du Monténégro. Du Danube à l'Adriatique, la Yougoslavie juxtapose une partie septentrionale basse, intensément cultivée (céréales notamm.), et une partie méridionale plus étendue, appartenant aux Alpes dinariques, au relief accidenté, encore largement forestière et pastorale. L'activité extractive (lignite, cuivre, plomb) y est localement présente ; les industries de transformation (constructions mécaniques, chimie, agroalimentaire) sont surtout développées dans la région de Belgrade. La population est majoritairement serbe et orthodoxe, mais comprend des minorités importantes, au nord (Hongrois dans l'extrémité septentrionale de la Vojvodine) et surtout au sud (Albanais, islamisés, au Kosovo).

HISTOIRE

1992 : après l'éclatement de la république fédérative socialiste de Yougoslavie, la Serbie et le Monténégro instaurent (avr.) la république fédérale de Yougoslavie. De nombreux Serbes vivant en Croatie et en Bosnie-Herzégovine revendiquent leur rattachement au nouvel État. **1992 - 1995 :** la fédération est sanctionnée pour son implication dans la guerre (→ **Bosnie-Herzégovine** et **Serbie**). **1996 :** elle est reconnue, tardivement, par la communauté internationale. **1997 :** Slobodan Milošević est élu à la présidence de la république fédérale de Yougoslavie. **1999 :** en réponse à la répression serbe au *Kosovo, l'OTAN intervient militairement en Yougoslavie (frappes aériennes touchant, de mars à juin, la Serbie et, plus ponctuellement, le Monténégro). **2000 :** tardant à reconnaître sa défaite à l'élection présidentielle (sept.) face à Vojislav Koštunica, principal leader de l'opposition démocratique, S. Milošević est chassé du pouvoir par un mouvement de contestation à fort soutien populaire (oct.). L'arrivée de V. Koštunica à la tête de l'État est suivie de la réintégration de la Yougoslavie au sein de la communauté internationale.

Y

YOUNG (Arthur), *Londres 1741 - id. 1820,* agronome britannique. Ses *Voyages en France* (1792) restent un modèle d'observation.

YOUNG (Brigham), *Whitingham, Vermont, 1801 - Salt Lake City 1877,* chef religieux américain. À la tête des mormons après la mort de Smith, il fonda en 1847 l'actuelle ville de Salt Lake City.

YOUNG (Edward), *Upham 1683 - Welwyn 1765,* poète britannique. Ses *Plaintes ou Pensées nocturnes sur la vie, la mort et l'immortalité* (1742-1745), connues sous le nom de *Nuits,* inaugurèrent le genre sombre et mélancolique développé par le romantisme.

YOUNG (Lester), *Woodville, Mississippi, 1909 - New York 1959,* saxophoniste et clarinettiste américain de jazz. Surnommé « Prez » (Président), il fut un remarquable saxophoniste ténor (*Lester leaps in,* 1939 ; *These Foolish Things,* 1945).

Young (plan), plan signé en 1929 par les Alliés en vue de régler la question des réparations dues par l'Allemagne aux Alliés. Conçu par l'expert américain Owen D. Young (1874 - 1962) pour succéder au plan Dawes, il réduisait le montant des réparations et échelonnait son versement sur 59 annuités. Il fut interrompu dès 1931.

YOUNG (Thomas), *Milverton 1773 - Londres 1829,* médecin, physicien et philologue britannique. Il découvrit l'accommodation de l'œil ainsi que les interférences lumineuses (expérience des *fentes de Young,* 1801), qu'il attribua à une nature ondulatoire de la lumière. En égyptologie, il fut l'un des premiers à déchiffrer les hiéroglyphes.

YOURCENAR (Marguerite **de Crayencour,** dite Marguerite), *Bruxelles 1903 - Mount Desert Island,*

■ THOMAS **YOUNG.** Gravure d'après un portrait de sir T. Lawrence.

■ MARGUERITE **YOURCENAR**

Maine, États-Unis, 1987, femme de lettres de nationalités française et américaine. Elle est l'auteur de poèmes, d'essais, de pièces de théâtre, de romans historiques *(Mémoires d'Hadrien, l'Œuvre au noir)* ou autobiographiques *(le Labyrinthe du monde)* dans lesquels les problèmes modernes se lisent à travers les mythes antiques. Elle fut la première femme élue à l'Académie française (1980).

YOUSSOUFIA, anc. **Louis-Gentil,** v. du Maroc ; 22 000 hab. Phosphates.

YPORT (76111), comm. de la Seine-Maritime ; 1 033 hab. Station balnéaire.

YPRES, en néerl. **Ieper,** v. de Belgique, ch.-l. d'arrond. de la Flandre-Occidentale ; 35 235 hab. *(Yprois).* Monuments gothiques (halle aux draps, cathédrale) reconstruits après 1918. — Fondée au Xe s., Ypres fut l'un des grands centres drapiers du monde occidental du XIIe au XVe s. et participa aux grandes révoltes du XIVe s. contre le pouvoir comtal. — En saillant sur le front allié, la ville fut de 1914 à 1918 l'objet de violentes attaques allemandes. Les Allemands y utilisèrent pour la première fois les gaz asphyxiants : vagues de chlore en avril 1915 et *ypérite* en juillet 1917.

YPSILANTI, famille grecque phanariote qui donna à la Moldavie et à la Valachie plusieurs princes entre 1774 et 1806. — **Alexandre Y.,** *Istanbul 1792 - Vienne 1828,* chef de l'Hétairie (1820 - 1821). Il prépara la révolte des peuples des Balkans contre les Ottomans.

Y

YS, cité légendaire bretonne, qui aurait été engloutie par les flots au IVe ou au Ve s.

YSAYE [izai] (Eugène), *Liège 1858 - Bruxelles 1931,* violoniste belge. Également chef d'orchestre et compositeur, il fut un grand interprète et créa la sonate de Frank, le *Poème* de Chausson, le quatuor de Debussy.

Ysengrin ou **Isengrin,** nom souvent donné au loup dans la littérature médiévale, notamm. dans le **Roman de Renart*.

YSER n.m., fl. côtier de France et de Belgique, né en France et qui rejoint la mer du Nord ; 78 km. Sa vallée fut le théâtre d'une bataille acharnée au cours de laquelle les troupes belges et alliées arrêtèrent les Allemands (oct.-nov. 1914).

YSSINGEAUX (43200), ch.-l. d'arrond. de la Haute-Loire ; 7 063 hab. *(Yssingelais).* Hôtel de ville dans un château du XVe s.

YUAN, dynastie mongole qui régna en Chine de 1279 à 1368.

YUAN SHIKAI, *Xiangcheng, Henan, 1859 - Pékin 1916,* homme politique chinois. Chef de l'armée et Premier ministre à la chute de l'empire (1911), premier président de la République (1913 - 1916), il gouverna en dictateur. Il tenta en vain de se faire reconnaître empereur en 1915 - 1916.

YUCATÁN n.m., presqu'île du Mexique, entre le golfe du Mexique et la mer des Antilles. Il est constitué de bas plateaux calcaires, forestiers, peu peuplés. — Il fut l'un des centres de la civilisation des Mayas.

YUEYANG, v. de Chine, au N. de Changsha, sur le lac Dongting ; 972 000 hab.

YUKAWA HIDEKI, *Tokyo 1907 - Kyoto 1981,* physicien japonais. Pour expliquer les forces nucléaires, il émit, en 1935, l'hypothèse du méson, particule découverte l'année suivante dans les rayons cosmiques. (Prix Nobel 1949.)

YUKON n.m., fl. du Canada et des États-Unis (Alaska), qui se jette dans la mer de Béring ; 3 185 km. Il donne son nom à une division administrative de l'Alaska et à un territoire du Canada.

YUKON, territoire fédéré du nord-ouest du Canada, entre les Territoires du Nord-Ouest et l'Alaska ; 482 515 km² ; 27 797 hab. ; ch.-l. *Whitehorse.* Ressources minières : or, argent, plomb, zinc, cuivre.

YUMEN, centre pétrolier de Chine (Gansu).

YUN (Isang), *Tongyong 1917 - Berlin 1995,* compositeur coréen naturalisé allemand. Il a tenté une synthèse entre les musiques extrême-orientale et occidentale dodécaphonique.

YUNGANG, site de Chine (Shanxi) abritant un ensemble de monastères bouddhiques rupestres ornés de sculptures (milieu du Ve s.-VIIe s.).

YUNNAN ou **YUN-NAN,** prov. de Chine, limitrophe du Viêt Nam ; 36 973 000 hab. ; cap. *Kunming.*

YUNUS EMRE, *v. 1238 - v. 1320,* poète mystique turc, héros de nombreuses légendes.

YUPANQUI (Héctor Roberto **Chavero,** dit Atahualpa), *El Campo de la Cruz, Argentine, 1908 - Nîmes 1992,* chanteur, guitariste et écrivain argentin. Représentant de la tradition musicale argentine, il participa à sa renaissance, célébrant et défendant dans ses chansons les opprimés, indiens et paysans.

YU'PIT, nom que se donnent les Esquimaux de Sibérie (arrondissement autonome des Tchouktches) et de la côte sud et sud-ouest de l'Alaska. Ils parlent le *yupik.*

YUROK, peuple amérindien de la côte ouest des États-Unis (Californie), de la famille algonquienne.

Yuste, monastère d'Espagne (Estrémadure), où se retira Charles Quint en 1556 et où il mourut (1558).

YUTZ (57110), ch.-l. de cant. de la Moselle ; 14 867 hab. Métallurgie.

YVAIN (Maurice), *Paris 1891 - Suresnes 1965,* compositeur français. Il fut l'auteur d'opérettes et de chansons pour Mistinguett *(Mon homme)* et Maurice Chevalier.

Yvain ou le Chevalier au lion, roman courtois de Chrétien de Troyes (v. 1177). Un chevalier, accompagné d'un lion, se lance dans de folles aventures pour reconquérir l'estime de sa dame.

YVELINES n.f.pl. (78), dép. de la Région Île-de-France ; ch.-l. de dép. *Versailles ;* ch.-l. d'arrond. *Mantes-la-Jolie, Rambouillet, Saint-Germain-en-Laye ;* 4 arrond. ; 39 cant. ; 262 comm. ; 2 284 km² ; 1 354 304 hab. *(Yvelinois).* Le dép. appartient à l'académie et à la cour d'appel de Versailles, à la zone de défense de Paris. La forêt de Rambouillet sépare l'extrémité nord-est de la Beauce, céréalière, des plateaux limoneux du Mantois, également céréaliers, entaillés de vallons (qui portent des vergers) et limités au nord par la vallée de la Seine. Celle-ci s'est urbanisée et industrialisée, comme le nord-est, où cependant l'industrie s'efface largement devant les services et la fonction résidentielle (Versailles, Saint-Germain-en-Laye, Chevreuse), celle-ci liée au maintien des forêts (Saint-Germain, Marly).

YVERDON-LES-BAINS, v. de Suisse (Vaud), sur le lac de Neuchâtel ; 22 758 hab. Station thermale. — Château du XIIIe s. (musée).

YVES (saint), *Kermartin, Bretagne, 1253 - Louannec 1303,* prêtre et patron des gens de loi. Son tombeau, à Tréguier, fait l'objet d'un pèlerinage.

YVES de Chartres (saint), *en Beauvaisis v. 1040 - Chartres 1116,* théologien, canoniste et évêque de Chartres. Son œuvre eut une grande influence sur l'élaboration du droit canon.

YVETOT (76190), ch.-l. de cant. de la Seine-Maritime, dans le pays de Caux ; 11 038 hab. *(Yvetotais).* Bonneterie. — Église circulaire à paroi-vitrail (1956).

YZEURE (03400), ch.-l. de cant. de l'Allier ; 13 262 hab. *(Yzeuriens).* Constructions mécaniques. — Église en partie romane.

Caractère Zapf

ZAANSTAD, v. des Pays-Bas, banlieue d'Amsterdam ; 131 273 hab.

ZAB n.m. (Grand et Petit), riv. d'Iraq, dans le Kurdistan, affl. du Tigre (r. g.).

ZAB (monts du) ou **MONTS DES ZIBAN,** massif d'Algérie, entre les Ouled Nail et l'Aurès. Les oasis du Zab ou des Ziban s'allongent au S. des monts du Zab et de l'Aurès.

ZABRZE, v. de Pologne, en haute Silésie ; 205 800 hab. Centre minier (charbon) et industriel.

ZABULON, personnage biblique. Dixième fils de Jacob, ancêtre éponyme d'une tribu israélite de Galilée.

ZACATECAS, v. du Mexique, au N. de Guadalajara ; 100 051 hab. Vieux quartiers de style colonial, avec une cathédrale baroque du XVIIIe s.

ZACHARIE [-ka-], prophète biblique de la fin du VIe s. av. J.-C.

ZACHARIE [-ka-] (saint), prêtre juif (Ier s.). Époux d'Élisabeth et père de Jean-Baptiste (Évangile de Luc).

ZACHARIE [-ka-] (saint), *m. à Rome en 752,* pape de 741 à 752. S'appuyant sur Pépin le Bref, il travailla à la première réforme de l'Église.

ZACHÉE [-ʃe], personnage de l'Évangile de Luc. Publicain ou chef des collecteurs d'impôts de Jéricho, converti par le Christ, il a été confondu avec saint Amadour, à l'origine du pèlerinage de Rocamadour, site où il aurait été enterré.

ZADAR, v. de Croatie, en Dalmatie, sur l'Adriatique ; 76 343 hab. Port. — Église St-Donat, rotonde du IXe s. ; cathédrale romane ; musées.

ZADEK (Peter), *Berlin 1926,* metteur en scène allemand. Ses principales réalisations reposent sur une actualisation radicale des classiques, mêlant le tragique et le comique *(Othello, le Misanthrope, le Marchand de Venise, la Cerisaie, Hamlet).*

Zadig ou la Destinée, conte philosophique de Voltaire (1748). Après de multiples épreuves, Zadig devient roi de Babylone et, philosophe, inaugure une ère de paix et de vertu.

ZADKINE (Ossip), *Vitebsk 1890-Neuilly-sur-Seine 1967,* sculpteur français d'origine russe. Il a pratiqué une sorte de cubisme de tendance tantôt baroque et décorative, tantôt expressionniste (*la Ville détruite,* 1947-1951, Rotterdam). Musée dans son atelier, à Paris.

ZAFFARINES (îles), en esp. **Chafarinas,** îles espagnoles de la côte méditerranéenne du Maroc.

ZAGAZIG, v. d'Égypte, sur le delta du Nil ; 255 000 hab.

ZAGORSK → **SERGUIEV POSSAD.**

ZAGREB, en all. **Agram,** cap. de la Croatie, sur la Save ; 707 770 hab. *(Zagrébois).* Centre administratif, commercial (foire internationale), culturel et industriel. — Cathédrale gothique et autres monuments ; musées.

ZAGROS n.m., chaîne de l'Iran, dominant la Mésopotamie irakienne et le golfe Persique.

ZAHEDAN, v. d'Iran, dans le Baloutchistan ; 361 323 hab.

ZAHER CHAH (Mohammad), *Kaboul 1914,* roi d'Afghanistan (1933-1973). Il fut renversé par un coup d'État et dut s'exiler.

ZAHLÉ ou **ZAHLEH,** v. du Liban, dans la Beqaa ; 60 000 hab.

ZAÏRE (république du), nom porté de 1971 à 1997 par la République démocratique du *Congo.

ZAKOPANE, v. de Pologne, dans les Tatras ; 28 600 hab. Centre touristique. Sports d'hiver.

ZÁKROS, site archéologique de Crète orientale. Vestiges d'une ville et d'un palais minoens du XVIe s. av. J.-C.

ZÁKYNTHOS ou **ZANTE,** une des îles Ioniennes (Grèce) ; ch.-l. *Zákynthos* ou *Zante.* Citadelle vénitienne ; musée.

Zama (bataille de) [202 av. J.-C.], bataille en Numidie, qui mit fin à la deuxième guerre punique. Victoire de Scipion l'Africain sur Hannibal, qui obligea Carthage à demander la paix.

ZAMBÈZE n.m., fl. d'Afrique australe, qui se jette dans l'océan Indien ; 2 660 km. Son cours est entrecoupé de rapides et de chutes. Importants barrages (Kariba et Cabora Bassa).

ZAMBIE n.f., État d'Afrique australe ; 746 000 km² ; 9 720 000 hab. *(Zambiens).* CAP. *Lusaka.* LANGUE : *anglais.* MONNAIE : *kwacha.*

GÉOGRAPHIE

La Zambie, au climat tropical tempéré par l'altitude, est formée surtout de collines et de plateaux. La majorité de la population vit de l'agriculture (maïs surtout), mais ce sont les mines (cuivre en tête, cobalt, or, argent, etc.) de la Copper Belt qui fournissent l'essentiel des ressources commerciales du pays, qui souffre de son enclavement et est lourdement endetté.

HISTOIRE

Le pays, peuplé sans doute d'abord par des Pygmées puis par des Bantous, est divisé en chefferies jusqu'à l'arrivée des Européens. **1853-1873 :** Livingstone explore la région. **1899 :** le pays est entièrement occupé par les Britanniques, à l'initiative de Cecil Rhodes, qui dirige la British

South Africa Company. **1911 :** la zone d'occupation britannique est divisée en deux régions, la Rhodésie du Nord (actuelle Zambie) et la Rhodésie du Sud (actuel Zimbabwe). **1924 :** un an après l'accession à l'autonomie de la Rhodésie du Sud, la Rhodésie du Nord devient colonie de la Couronne et se dote d'un Conseil législatif. La même année, d'importants gisements de cuivre sont découverts. **1948 :** un mouvement nationaliste se constitue, animé par Kenneth Kaunda. **1953 :** une fédération d'Afrique-Centrale est néanmoins instaurée, unissant les deux Rhodésies et le Nyassaland. **1963 :** les progrès de la revendication nationaliste aboutissent à la dissolution de la fédération. **1964 :** la Rhodésie du Nord accède à l'indépendance sous le nom de Zambie dans le cadre du Commonwealth. K. Kaunda y devient chef de l'État. **1972 :** il instaure un régime de parti unique. **1990 :** la contestation de plus en plus vive du régime conduit K. Kaunda à revenir au multipartisme. **1991 :** l'opposition remporte les élections législatives et présidentielles ; Frederick Chiluba est élu à la tête de l'État face à K. Kaunda. **1996 :** il est confirmé dans ses fonctions.

ZAMBOANGA, v. des Philippines (Mindanao) ; 442 345 hab. Port.

ZAMENHOF (Lejzer Ludwik), *Białystok 1859 - Varsovie 1917,* linguiste polonais. Il est le créateur de l'espéranto.

Z

ZAMIATINE (Ievgueni Ivanovitch), *Lebedian, près de Tambov, 1884 - Paris 1937,* écrivain soviétique. Ses récits satiriques pourfendent les conformismes et le totalitarisme (*la Caverne,* 1921).

ZAMORA, v. d'Espagne (Castille-León), ch.-l. de prov., sur le Douro ; 64 476 hab. Églises romanes du XIIe s., dont la cathédrale ; musées.

ZAMOŚĆ, v. du sud-est de la Pologne ; 64 300 hab. Ensemble urbain en damier (fin XVIe s.) ; monuments de style Renaissance.

ZANDÉ, peuple du nord de la Rép. dém. du Congo (ex-Zaïre) et des régions adjacentes du Soudan et de la République centrafricaine.

ZANDJAN, v. d'Iran, au N.-O. de Téhéran ; 254 100 hab.

ZANGWILL (Israel), *Londres 1864 - Midhurst 1926,* écrivain britannique. Propagandiste de la cause sioniste, il a fait dans ses récits une chronique réaliste et humoristique de la vie des communautés juives (*les Enfants du ghetto,* 1892).

ZANTE → ZÁKYNTHOS.

ZANZIBAR, île de l'océan Indien, près de la côte d'Afrique ; 1 658 km² ; 376 000 hab. ; ch.-l. *Zanzibar* (158 000 hab.). Zanzibar et l'île voisine de Pemba forment la Tanzanie insulaire.

HISTOIRE

1503 : les Portugais s'installent à Zanzibar. **XVIIe s. :** ils sont remplacés par les sultans d'Oman, qui donnent à Zanzibar un grand essor. **1873 :** cet essor est brisé par la suppression du marché d'esclaves. **1890 :** les îles de Zanzibar et de Pemba passent sous protectorat britannique. **1963 :** le sultanat accède à l'indépendance. **1964 :** la république est proclamée et Zanzibar s'unit au Tanganyika pour constituer la Tanzanie.

ZANZOTTO (Andrea), *Pieve di Soligo, Trévise, 1921,* poète italien. Son écriture désarticulée, traversée de citations, construit une quête de soi ironique et angoissée, à travers l'évocation des paysages de sa Vénétie (*le Galaté au bois,* 1978).

ZAO WOU-KI, *Pékin 1921,* peintre français d'origine chinoise. D'un lyrisme intense, ses œuvres tiennent du « paysagisme abstrait » et de la calligraphie.

ZAOZHUANG, v. de Chine, au S.-O. de Qingdao ; 1 244 000 hab.

ZAPATA (Emiliano), *Anenecuilco, Morelos, v. 1879 - hacienda de Chinameca, Morelos, 1919,* révolutionnaire mexicain. Paysan indien, il souleva les péons du sud du pays (1911) et voulut réaliser une réforme agraire (plan d'Ayala), mais fut assassiné.

ZÁPOLYA ou **SZAPOLYAI,** famille hongroise dont les membres les plus importants sont Jean, roi de Hongrie (1526 - 1540), et Jean Sigismond, prince de Transylvanie (1541 - 1571).

ZAPOPAN, v. du Mexique, banlieue nord-ouest de Guadalajara ; 668 323 hab.

ZAPORIJJIA, anc. **Zaporojie,** v. d'Ukraine, sur le Dniepr ; 897 000 hab. Port fluvial et centre industriel.

ZAPOROGUES, cosaques établis au-delà des rapides du Dniepr (XVIe-XVIIIe s.).

ZAPOTÈQUES, anc. peuple de la vallée d'Oaxaca (Mexique). Fondateurs d'une civilisation qui fut à son apogée à l'époque classique (300 - 900), ils avaient pour principal centre *Monte Albán, dont les vestiges témoignent d'une religion complexe et d'un art raffiné.

■ ART DES **ZAPOTÈQUES :** urne funéraire de Monte Albán. Terre cuite polychrome.

ZARATHUSHTRA, ZARATHOUSTRA ou **ZOROASTRE,** *Iran VIIe - VIe s. av. J.-C.,* réformateur du mazdéisme. En butte à l'opposition du clergé mazdéen, il connut de grandes épreuves, mais la protection du roi Vishtaspa assura le succès de sa doctrine. Sa réforme, le *zoroastrisme,* met l'accent sur la transcendance divine et prêche une morale d'action fondée sur la certitude du triomphe de la justice.

ZARIA, v. du Nigeria ; 345 000 hab. Anc. cap. d'un royaume haoussa.

ZARQA, v. de Jordanie, banlieue d'Amman ; 605 000 hab. Raffinage du pétrole.

ZÁTOPEK (Emil), *Kopřivnice 1922 - Prague 2000,* athlète tchèque. Champion olympique du 10 000 m en 1948, il réalisa le triplé (5 000 m, 10 000 m et marathon) en 1952.

ZAVATTA (Achille), *La Goulette, Tunisie, 1915 - Ouzouer-des-Champs, Loiret, 1993,* auguste et directeur de cirque français.

ZAVENTEM, comm. de Belgique (Brabant flamand) ; 26 062 hab. À proximité, aéroport de Bruxelles.

ZAWIYA, v. de Libye, à l'O. de Tripoli, sur la Méditerranée ; 220 075 hab.

ZAY (Jean), *Orléans 1904 - Molles, Allier, 1944,* homme politique français. Ministre (radical-socialiste) de l'Éducation nationale (1936 - 1939), il présida à d'importantes réformes. Partisan de la Résistance dès juin 1940, il fut assassiné par des miliciens.

ZAZZO (René), *Paris 1910 - id. 1995,* psychologue français. Auteur de travaux sur les jumeaux et sur l'examen psychologique de l'enfant, il fut aussi un précurseur de la psychologie scolaire.

ZEAMI MOTOKIYO, *1363 - 1443,* acteur et écrivain japonais. Comme son père, **Kanami** (1333 - 1384), il fut acteur et auteur de nô. Il écrivit d'importants traités de théorie théâtrale.

■ ACHILLE ZAVATTA

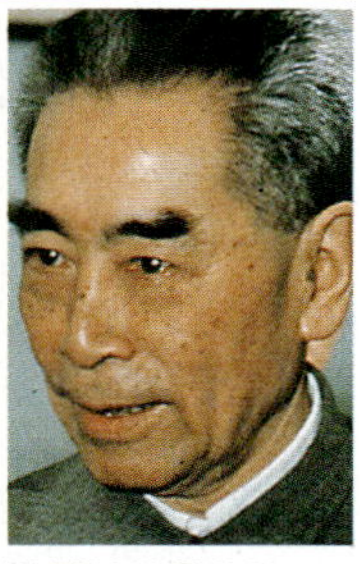

■ **ZHOU ENLAI**

ZÉDÉ (Gustave), *Paris 1825 - id. 1891,* ingénieur français. Il établit les plans du premier sous-marin français, le *Gymnote* (1887).

ZEDELGEM, comm. de Belgique (Flandre-Occidentale) ; 20 454 hab.

ZEDILLO PONCE DE LEÓN (Ernesto), *Mexico 1951,* homme politique mexicain. Il a été président de la République de 1994 à 2000.

ZEEBRUGGE [zebryʒ], port de Belgique, sur la mer du Nord. Il est relié à Bruges, dont il constitue le débouché maritime, par un canal de 10 km. Port pétrolier et centre industriel. – Pendant la Première Guerre mondiale, les Allemands y aménagèrent une base navale, qui fut obstruée en 1918 par les Britanniques.

ZEEMAN (Pieter), *Zonnemaire, Zélande, 1865 - Amsterdam 1943,* physicien néerlandais. Il découvrit, en 1896, l'action des champs magnétiques sur l'émission de la lumière *(effet Zeeman)* et étudia la propagation de la lumière dans les milieux en mouvement, confirmant ainsi les théories relativistes. (Prix Nobel 1902.)

ZEHRFUSS (Bernard), *Angers 1911 - Neuilly-sur-Seine 1996,* architecte français. Il est l'un des auteurs du CNIT, à la Défense (1958), et des édifices de l'Unesco, à Paris.

ZEIST, v. des Pays-Bas, près du delta du Rhin ; 59 357 hab. Château reconstruit au XVIIe s.

ZÉLANDE, en néerl. **Zeeland,** prov. des Pays-Bas, à l'embouchure de l'Escaut et de la Meuse ; 359 200 hab. *(Zélandais)* ; ch.-l. *Middelburg.*

ZELE [zel], comm. de Belgique (Flandre-Orientale) ; 20 097 hab. Église d'env. 1700 (mobilier).

ŻELEŃSKI (Tadeusz), dit **Boy,** *Varsovie 1874 - Lwów 1941,* écrivain polonais, traducteur et auteur d'ouvrages critiques et politiques.

ZELENTCHOUK, localité de Russie, au N. du Caucase. À 2 070 m d'alt., observatoire astronomique (télescope de 6 m de diamètre).

ŽELEV (Želju) ou **JELEV** (Jeliou), *Veselinovo, près de Šumen, 1935,* philosophe et homme politique bulgare. Opposant au régime communiste, il a été président de la République de 1990 à 1997.

ZELL AM SEE, v. d'Autriche (prov. de Salzbourg), au bord du *lac de Zell ;* 7 500 hab. Tourisme.

ZELZATE, comm. de Belgique (Flandre-Orientale) ; 12 373 hab. Sidérurgie.

ZEMAN (Karel), *Ostroměř 1910 - Gottwaldov 1989,* cinéaste d'animation tchécoslovaque. Ses films combinent les marionnettes, le jeu d'acteur et le dessin animé (*Aventures fantastiques,* 1958 ; *le Baron de Crac,* 1961 ; *l'Apprenti sorcier,* 1977).

ZEMST, comm. de Belgique (Brabant flamand) ; 18 992 hab.

ZÉNÈTES ou **ZENATA,** l'un des principaux groupes de tribus berbères du Maroc oriental et de l'Algérie (Aurès).

ZENICA, v. de Bosnie-Herzégovine ; 96 238 hab. Sidérurgie.

ZÉNOBIE, *m. en Italie v. 274,* reine de Palmyre (267 - 272). Elle gouverna après la mort de son époux, Odenath, et étendit son autorité de l'Asie Mineure à l'Égypte. L'empereur Aurélien la vainquit après deux ans de campagne (271 - 272).

ZÉNON, *v. 426 - 491,* empereur romain d'Orient (474 - 491). Son Édit d'union avec les monophysites, ou *Henotikon* (482), provoqua avec Rome un schisme qui dura jusqu'à Justinien.

ZÉNON de Kition ou **de Citium,** *Kition, Chypre, v. 335 - v. 264 av. J.-C.,* philosophe grec. Il est le fondateur du stoïcisme.

ZÉNON d'Élée, *Élée entre 490 et 485 - v. 430 av. J.-C.,* philosophe grec de l'école éléate. Disciple de Parménide, il proposa, pour établir l'impossibilité du mouvement et, de ce fait, l'unité de l'Être, des paradoxes restés célèbres, tels celui d'Achille qui ne rattrape jamais la tortue ou celui de la flèche qui vole et qui est immobile.

ZEPPELIN (Ferdinand, comte **von**), *Constance 1838 - Berlin 1917,* officier puis industriel allemand. Il construisit de grands dirigeables rigides, dont le premier fut essayé en 1900 au-dessus du lac de Constance.

ZERAVCHAN (chaîne du), massif du Tadjikistan. Ses torrents alimentent les oasis de Samarkand et de Boukhara.

ZERMATT, comm. de Suisse (Valais), au pied du Cervin ; 4 225 hab. Grand centre touristique.

ZERMATTEN (Maurice), *Saint-Martin, près de Sion, 1910,* écrivain suisse de langue française. Ses romans mêlent foi et régionalisme valaisan *(la Colère de Dieu, À l'est du grand couloir).*

ZERMELO (Ernst), *Berlin 1871 - Fribourg-en-Brisgau 1953,* mathématicien et logicien allemand. Disciple de Cantor, il développa la théorie des ensembles, dont il donna, en 1908, une première axiomatisation, qui fut complétée, dans les années 20, par Fraenkel et Skolem.

ZERNIKE (Frederik), *Amsterdam 1888 - Naarden 1966,* physicien néerlandais. Il imagina le microscope à contraste de phase qui permet de rendre visibles des détails parfaitement transparents. (Prix Nobel 1953.)

ŻEROMSKI (Stefan), *Strawczyn 1864 - Varsovie 1925,* écrivain polonais. Ses romans *(les Cendres,* 1904) et ses drames combattent les oppressions politiques et sociales.

ZEROUAL (Liamine), *Batna 1941,* militaire et homme politique algérien. Ministre de la Défense (1993 - 1999), il est nommé à la tête de l'État en 1994. Confirmé dans ses fonctions par une élection présidentielle en 1995, il se retire en 1999.

ZETKIN (Clara), *Wiederau 1857 - Arkhangelskoïe, près de Moscou, 1933,* révolutionnaire allemande. Membre du Parti social-démocrate à partir de 1878, elle participa au mouvement spartakiste, puis adhéra au Parti communiste allemand (1919). Elle fut député au Reichstag de 1920 à 1933.

ZETLAND → SHETLAND.

ZEUS MYTH. GR. Divinité suprême de l'Olympe, fils de Cronos et de Rhéa. Dieu du Ciel et maître des dieux, il fait régner sur la Terre l'ordre et la justice. Son attribut est le foudre. Célèbres sanctuaires à Dodone, à Olympie et en Crète. Les Romains l'assimilèrent à Jupiter.

ZEUXIS, *seconde moitié du* V*e s. av. J.-C.,* peintre grec. Connu par les auteurs anciens, il a été, comme Polygnote, un artiste novateur.

ZHANJIANG, v. de Chine (Guangdong) ; 401 000 hab. Port. Centre industriel.

ZHAO MENGFU, *Huzhou, Zhejiang, 1254 - 1322,* peintre chinois, célèbre pour son style archaïsant et ses représentations de chevaux très réalistes.

ZHAO ZIYANG, *district de Huaxian, Henan, 1919,* homme politique chinois. Successeur de Hua Guofeng à la tête du gouvernement (1980 - 1987) et secrétaire général du Parti communiste (1987 - 1989), il est limogé en 1989.

ZHEJIANG, prov. du sud-est de la Chine ; 41 445 930 hab. ; cap. *Hangzhou.*

ZHENGZHOU, v. de Chine, cap. du Henan ; 1 730 000 hab. Centre industriel. — Cap. de la dynastie Shang, dont elle conserve une nécropole (mobilier funéraire au musée).

ZHOU ENLAI ou **CHOU EN-LAI,** *Huai'an, Jiangsu, 1898 - Pékin 1976,* homme politique chinois. Il participa à la fondation du Parti communiste chinois (1921). Ministre des Affaires étrangères (1949 - 1958) et Premier ministre (1949 - 1976), il joua un rôle prépondérant en politique extérieure et prépara le rapprochement sino-américain (1972).

ZHOUKOUDIAN, village de Chine, au S.-O. de Pékin. Ce site préhistorique, formé d'un ensemble de grottes occupées par intervalles entre 400 000 et 30 000 ans, a livré notamm. les premiers restes du sinanthrope (forme d'*Homo erectus*), en 1921.

Zhuangzi, ouvrage fondamental du taoïsme dit « philosophique ». Son auteur, *Zhuangzi,* vivait à la fin du IVe s. av. J.-C.

ZHU DA, dit aussi **Bada Shanren,** *Nanchang 1625 - ? 1705,* peintre chinois, l'un des plus féconds parmi les peintres individualistes de l'époque Ming.

ZHU DE, *Manchang, Sichuan, 1886 - Pékin 1976,* homme politique et maréchal chinois. Compagnon de Mao Zedong, commandant de l'armée rouge à partir de 1931, il dirigea la Longue Marche (1934 - 1935) puis lutta contre les Japonais de 1937 à 1945. Après la Seconde Guerre mondiale, il conquit la Chine continentale (1946 - 1949) en éliminant l'armée nationaliste de Jiang Jieshi.

ZHU RONGJI, *Changsha 1928,* homme politique chinois. Il est Premier ministre depuis 1998.

ZHU XI, *You Xi, Fujian, v. 1130 - 1200,* philosophe chinois. Sa conception du confucianisme fit autorité jusqu'au XXe s. ; elle est liée à une réflexion sur les rapports du *li,* principe « formel », et du *qi,* principe « matériel ». Il écrivit aussi une histoire de la Chine.

ZIA UL-HAQ (Mohammad), *Jullundur 1924 - dans un accident d'avion, près de Bahawalpur, 1988,* officier et homme politique pakistanais. Chef d'état-major de l'armée en 1976, il dirigea le coup d'État militaire de juill. 1977. Il fut président de la République de 1978 à sa mort.

ZIBAN → ZAB (monts du).

ZIBO, v. de Chine (Shandong) ; 2 460 000 hab. Centre industriel.

ZIDANE (Zinedine), *Marseille 1972,* footballeur français. Milieu de terrain offensif, il est le meneur de jeu de l'équipe de France, avec laquelle il est devenu champion du monde (1998) et champion d'Europe (2000).

ZIELONA GÓRA, v. de Pologne, en Silésie ; 144 900 hab. Centre industriel.

Zig et Puce, personnages de bande dessinée créés en 1925 par A. Saint-Ogan dans le quotidien français *Excelsior.* Ces deux jeunes garçons sont accompagnés par le pingouin Alfred.

ZIGONG, v. de Chine (Sichuan) ; 393 000 hab. Pétrole et gaz naturel.

ZIGUINCHOR, v. du Sénégal, sur l'estuaire de la Casamance ; 124 000 hab. Port. Pêche.

ŽILINA, v. du nord-ouest de la Slovaquie ; 83 853 hab. Monuments anciens.

ZIMBABWE, site d'une ancienne ville du sud de l'actuel Zimbabwe. Fondée vers le Ve s. apr. J.-C., elle s'est développée à partir des Xe-XIe s. Elle fut la capitale d'un État qui devint au XVe s. l'empire du Monomotapa. Son apogée se situe du XIIIe au XVe s. Ruines imposantes.

ZIMBABWE n.m., État d'Afrique australe ; 390 000 km² ; 11 520 000 hab. *(Zimbabwéens).* CAP. *Harare.* LANGUE : *anglais.* MONNAIE : *dollar du Zimbabwe.*

GÉOGRAPHIE

C'est une région de plateaux, domaine de la forêt claire et de la savane. Héritage de la colonisation, le pays, demeuré en majeure partie rural, juxtapose cultures vivrières (maïs) et commerciales (coton, tabac) à côté de l'élevage (bovins principalement). Le sous-sol fournit surtout du chrome, du nickel, du platine et du charbon. Le départ d'une grande partie de la minorité blanche a désorganisé le pays. Celui-ci, enclavé, subissant une rapide croissance démographique, est partiellement dépendant de l'Afrique du Sud voisine.

HISTOIRE

Les origines et l'époque coloniale. IIIe - XVIe s. : peuplé par des Bochiman puis par des Bantous, l'actuel Zimbabwe fournit au XVe s. le cadre de l'empire du Monomotapa (capitale Zimbabwe), qui tire sa richesse de l'exploitation de l'or. **XVIe s. :** les Portugais supplantent progressivement les musulmans dans le commerce des minerais. **1885 - 1886 :** Cecil Rhodes, pour le compte de la Grande-Bretagne, occupe de vastes régions, qui prennent en 1895 le nom de Rhodésie et parmi lesquelles figure l'actuel Zimbabwe. **1911 :** la Rhodésie est morcelée ; l'unification des régions du nord forme la Rhodésie du Nord (actuelle Zambie), celle des régions du sud constitue la Rhodésie du Sud (le futur Zimbabwe). **1923 :** la Rhodésie du Sud devient colonie de la Couronne britannique, dotée de l'autonomie interne. **1940 - 1953 :** la Seconde Guerre mondiale provoque une expansion économique rapide et l'arrivée de nombreux immigrants blancs. **1953 - 1963 :** une fédération unit le Nyassaland et les deux Rhodésies.

L'indépendance. 1965 - 1978 : le Premier ministre Ian Smith, chef de la minorité blanche, proclame unilatéralement (1965) l'indépendance de la Rhodésie du Sud, puis instaure (1970) la République rhodésienne. Le nouvel État modèle sa politique sur celle de l'Afrique du Sud (apartheid) malgré une opposition intérieure grandissante et, à partir de 1972, la naissance d'une guérilla soutenue par le Mozambique. **1978 :** Ian Smith signe un accord avec les opposants les plus modérés. **1979 :** un gouvernement multiracial est constitué. **1980 :** des élections reconnues par la communauté internationale portent au pouvoir Robert Mugabe, chef de l'aile radicale du mouvement nationaliste. L'indépendance du Zimbabwe entraîne un exode des Blancs, qui continuent néanmoins à contrôler l'essentiel de la richesse économique du pays. **1987 :** établissement d'un régime présidentiel. Mugabe devient chef de l'État. Il est reconduit dans ses fonctions en 1990 et 1996 mais il doit faire face, dans un contexte de grave crise économique, à une opposition grandissante. **2000 :** des « vétérans » (combattants de l'indépendance) attaquent les fermiers blancs et occupent leurs terres, entraînant le pays dans la violence.

ZIMMERMANN (Bernd Alois), *Bliesheim, près de Cologne, 1918 - Königsdorf, auj. dans Cologne, 1970,* compositeur allemand. Il est notamm. l'auteur de l'opéra *les Soldats,* d'œuvres inspirées par

■ GRIGORI **ZINOVIEV**

■ ÉMILE **ZOLA** par É. Manet. (Musée d'Orsay, Paris.)

le ballet *(Concerto pour violoncelle, en forme de pas de trois)* et de grandes fresques qui mêlent voix, orchestre et bande magnétique (*Requiem pour un jeune poète,* 1969).

ZIMMERMANN (Dominikus), *Gaispoint, auj. dans Wessobrunn, Bavière, 1685 - Wies 1766,* architecte et stucateur allemand. Son chef-d'œuvre est l'abbatiale de Wies (1746 et suiv.), une des créations les plus exubérantes et raffinées du rococo germanique. — **Johann Baptist Z.,** *Gaispoint, auj. dans Wessobrunn, 1680 - Munich 1758,* peintre et stucateur allemand, frère aîné de Dominikus. Il a assuré la riche décoration (fresques, stucs) de plusieurs des édifices construits par son frère (Steinhausen, en Souabe, Wies, etc.).

Z

ZINDER, v. du sud du Niger ; 120 900 hab.

ZINOVIEV (Grigori Ievseïevitch), *Ielizavetgrad 1883 - 1936,* homme politique soviétique. Proche collaborateur de Lénine à partir de 1902 - 1903, membre du bureau politique du parti (1917 - 1926), il dirigea le comité exécutif de l'Internationale communiste (1919 - 1926). Il rejoignit Trotski dans l'opposition à Staline (1926) et fut exclu du parti (1927). Jugé lors des procès de Moscou (1935 - 1936), il fut exécuté. Il a été réhabilité en 1988.

ZINZENDORF (Nikolaus Ludwig, comte **von**), *Dresde 1700 - Herrnhut 1760,* chef religieux saxon. Restaurateur de l'Église des Frères moraves, il influença le renouveau protestant du XVIIIe s.

ZIRIDES, dynastie berbère, dont une branche régna dans l'est de l'Afrique du Nord de 972 à 1167 et une autre en Espagne (Grenade) de 1025 à 1090.

ZITA (sainte), *Monsagrati, près de Lucques, 1218 - Lucques 1278,* patronne des gens de maison.

ZITA DE BOURBON-PARME, *Villa Pianore, près de Viareggio, 1892 - abbaye de Zizers, Grisons, 1989,* impératrice d'Autriche. Elle épousa en 1911 Charles Ier.

ŽIVKOV ou **JIVKOV** (Todor), *Pravec 1911 - Sofia 1998,* homme politique bulgare. Premier secrétaire du Parti communiste à partir de 1954, président du Conseil de 1962 à 1971, chef de l'État à partir de 1971, il démissionna de toutes ses fonctions en 1989.

ŽIŽKA (Jan), *Trocnov v. 1360 ou 1370 - près de Přibyslav 1424,* patriote tchèque. Chef hussite, puis taborite (1420), il devint aveugle, mais poursuivit la lutte contre l'empereur Sigismond.

ZLATOOUST, v. de Russie, dans l'Oural ; 210 700 hab. Métallurgie.

ZLÍN, de 1948 à 1990 **Gottwaldov,** v. de la République tchèque, en Moravie ; 84 634 hab. Chaussures.

ZOÉ Porphyrogénète, *v. 978 - 1050,* impératrice byzantine. Fille de Constantin VIII, elle fit assassiner son mari, Romain III Argyre (1034), pour épouser et faire couronner empereur Michel IV, avec qui elle régna jusqu'en 1041. Après la mort de ce dernier (1041), elle épousa Constantin IX Monomaque (1042).

ZOERSEL [zursɛl], comm. de Belgique (prov. d'Anvers) ; 18 177 hab.

ZOETERMEER, v. des Pays-Bas, à l'E. de La Haye ; 102 937 hab.

ZOG Ier ou **ZOGU Ier** (Ahmed **Zogu,** dit), *Burgajet 1895 - Suresnes 1961,* roi d'Albanie (1928 - 1939). Président de la République (1925), il institua la monarchie (1928) et s'exila lors de l'invasion italienne (1939).

Zohar ou **Sefer ha-Zohar** (le « Livre de la splendeur »), ouvrage fondamental de la littérature kabbalistique juive. Écrit en araméen, vraisemblablement dû à Moïse de León, qui en aurait rédigé la plus grande part entre 1270 et 1300, il a exercé une influence majeure sur la pensée juive et au-delà.

ZOLA (Émile), *Paris 1840 - id. 1902,* écrivain français. Chef de l'école naturaliste, il voulut appliquer la rigueur scientifique à la description des faits humains et sociaux. Accordant une importance capitale aux déterminations héréditaires des passions humaines, il entreprit un grand cycle romanesque reposant sur son expérience vécue et sur une minutieuse enquête préalable, *les *Rougon-Macquart, histoire naturelle et sociale d'une famille sous le second Empire* (1871 - 1893). Attiré par les théories socialistes, puis évoluant vers une vision messianique de l'avenir humain (*les Quatre Évangiles,* 1899 - 1903), il prit parti en faveur de Dreyfus (*J'accuse,* 1898). Il a laissé aussi des ouvrages de critique d'art (*Édouard Manet,* 1867) et de critique littéraire (*le Roman expérimental,* 1880).

Zolder (le), circuit automobile de Belgique, dans le Limbourg, au N. de Hasselt.

Zollverein (Deutscher) [« Union douanière allemande »], association douanière entrée en vigueur en 1834 sous l'impulsion de la Prusse. De 1834 à 1867, elle engloba l'ensemble des États allemands, jouant ainsi un rôle déterminant dans la formation de l'unité allemande.

ZOMBA, v. du Malawi ; 53 000 hab. Anc. capitale du Malawi.

ZONGULDAK, v. de Turquie, sur la mer Noire ; 116 725 hab. Port. Centre houiller.

ZONHOVEN [zɔnovɛn], comm. de Belgique (Limbourg) ; 17 378 hab.

ZORN (Anders), *Mora, Dalécarlie, 1860 - id. 1920,* peintre et graveur suédois. Il est spécialement estimé pour ses portraits à l'eau-forte aux hachures énergiques.

ZORN (Fritz **Angst,** dit Fritz), *Meilen 1944 - ? 1976,* écrivain suisse de langue allemande. Son autobiographie posthume (*Mars,* 1977) relie l'évocation de son cancer à celle d'une existence vide et étouffante dans la bourgeoisie de Zurich.

ZOROASTRE → **ZARATHUSHTRA.**

ZOROBABEL, prince juif, gouverneur de la province de Judée entre 520 et 518 av. J.-C. sous la domination perse. Il aida les exilés juifs à rentrer dans leur patrie et à reconstruire le Temple de Jérusalem.

ZORRILLA Y MORAL (José), *Valladolid 1817 - Madrid 1893,* écrivain espagnol. Ses poésies et ses drames romantiques (*Don Juan Tenorio,* 1844) empruntent leurs thèmes aux légendes et aux traditions populaires de l'Espagne.

Zorro, personnage créé par l'Américain Johnston McCulley dans son roman *The Curse of Capistrano* (1919). Cavalier vêtu de noir, représentant l'archétype du justicier masqué, il fut popularisé par le cinéma.

ZOTTEGEM, comm. de Belgique (Flandre-Orientale) ; 24 503 hab. Château des comtes d'Egmont.

ZOUG, en all. **Zug,** v. de Suisse, ch.-l. du *canton de Zoug,* sur le *lac de Zoug ;* 21 705 hab. Centre commercial, touristique et industriel. — Noyau ancien pittoresque.

ZOUG (canton de), canton de Suisse ; 239 km² ; 88 600 hab. ; ch.-l. *Zoug.* Il est entré dans la Confédération suisse en 1352.

ZOUG (lac de), lac de Suisse, entre les cant. de Zoug, de Lucerne et de Schwyz ; 38 km².

ZOULOUS ou **ZULU,** peuple d'Afrique du Sud (Kwazulu-Natal) [env. 7 millions]. Leur organisation sociale repose sur un système de classes d'âge, avec une forte militarisation, qui permit au début du XIXe s. au grand stratège Chaka (ou Shaka) de dominer l'ensemble des Ngoni (dont les Zoulous n'étaient jusqu'alors que l'un des clans), de fonder un royaume unifié et de mener des guerres victorieuses, à l'origine d'importants mouvements de populations. Les Zoulous repoussèrent les troupes anglaises en 1879, mais furent placés sous protectorat britannique en 1887 puis annexés en 1899. De 1972 à 1994, leur territoire fut érigé en un bantoustan appelé *Kwazulu.* Leur principal parti politique est l'*Inkatha,* fondé en 1928. Ils parlent une langue bantoue.

ZRENJANIN, v. de Yougoslavie (Vojvodine) ; 81 382 hab. Monuments de style baroque.

ZSIGMONDY (Richard), *Vienne 1865 - Göttingen 1929,* chimiste autrichien. Il a imaginé l'*ultramicroscope. (Prix Nobel 1925.)

ZUCCARI (Taddeo), *Sant'Angelo in Vado, Urbino, 1529 - Rome 1566,* peintre italien. Représentant du maniérisme tardif, il a réalisé de nombreux décors monumentaux (fresques) à Rome et dans la région. — **Federico Z.,** *Sant' Angelo in Vado v. 1540 - Ancône 1609,* peintre et théoricien italien, frère de Taddeo. Il collabora avec celui-ci et évolua vers un éclectisme académique.

ZUG → **ZOUG.**

ZUGSPITZE n.f., sommet des Alpes, à la frontière de l'Autriche et de l'Allemagne (dont il constitue le point culminant) ; 2 963 m.

ZUIDERZEE, anc. golfe des Pays-Bas, fermé par une digue et constituant auj. un lac intérieur (lac d'IJssel, ou IJsselmeer). De grands polders y ont été reconquis. C'est l'ancien lac Flevo, qu'un raz de marée réunit à la mer du Nord au XIIIe s.

ZULIA, État du Venezuela ; 2 235 305 hab. ; cap. *Maracaibo.* Pétrole.

ZÜLPICH → **TOLBIAC.**

ZULU → **ZOULOUS.**

ZUÑI, peuple amérindien du sud-ouest des États-Unis (Nouveau-Mexique, Arizona), appartenant à l'ensemble Pueblo.

ZURBARÁN (Francisco **de**), *Fuente de Cantos, Badajoz, 1598 - Madrid 1664,* peintre espagnol. Surtout peintre religieux (sans oublier cependant ses natures mortes et ses portraits), il a notamm. travaillé pour les couvents de Séville, et a donné de grands ensembles pour la chartreuse de Jerez (musées de Cadix, de Grenoble, etc.) et pour le monastère de Guadalupe. Ses qualités plastiques (statisme monumental, beauté du coloris), sa spiritualité alliée à une simplicité rustique l'ont fait partic. apprécier au XXe siècle.

■ **ZURBARÁN.** *L'Annonciation.* (Grenoble.)

ZURBRIGGEN (Pirmin), *Saas-Almagell, Valais, 1963,* skieur suisse. Champion olympique (1988), il a remporté la coupe du monde en 1984, 1987, 1988 et 1990.

ZURICH, en all. **Zürich,** v. de Suisse, du *canton de Zurich,* sur la Limmat, qui sort à cet endroit du *lac de Zurich ;* 365 043 hab. (plus de 800 000 hab.

■ **ZURICH.** Les bords de la Limmat avec, à droite, les tours de la cathédrale (XIIe-XIIIe s.).

dans l'agglomération). Université. Zurich est la plus grande ville de la Suisse et le principal centre industriel de la Confédération, son grand centre financier. – Cathédrale romane des XIIe-XIIIe s. et autres monuments ; importants musées. – Ville impériale libre en 1218, Zurich adhéra à la Confédération en 1351 ; Zwingli en fit un des centres de la Réforme (1523). En 1830, la ville se dota d'une constitution libérale qui supprima l'antagonisme entre elle et le reste du canton. Victoire de Masséna sur les Autrichiens et les Russes en 1799. Traité signé à la suite de la victoire des Franco-Sardes sur les Autrichiens (1859).

ZURICH (canton de), canton de Suisse ; 1 729 km² ; 1 162 100 hab. ; ch.-l. *Zurich.* C'est le plus peuplé du pays.

ZURICH (lac de), lac de Suisse, entre les cant. de Zurich, de Schwyz et de Saint-Gall ; 90 km².

ZUSE (Konrad), *Berlin 1910 - Hünfeld 1995,* ingénieur allemand. Il réalisa, à partir de 1938, différents modèles de calculateurs électromécaniques programmables. L'un d'eux, le Z3 (1941), qui utilisait la numération binaire et le procédé de calcul en virgule flottante, peut être considéré comme le premier ordinateur.

ZWEIG (Stefan), *Vienne 1881 - Petrópolis, Brésil, 1942,* écrivain autrichien. S'enracinant dans le milieu viennois et le freudisme, ses drames, ses récits (*Amok,* 1922 ; *la Confusion des sentiments,* 1926) et ses essais littéraires s'élargissent à toute la culture européenne.

ZWEVEGEM, comm. de Belgique (Flandre-Occidentale) ; 23 053 hab.

ZWICKAU, v. d'Allemagne (Saxe), au S. de Leipzig ; 107 988 hab. Centre industriel. – Cathédrale du XVe s.

ZWICKY (Fritz), *Varna, Bulgarie, 1898 - Pasadena 1974,* astrophysicien suisse. Il a étudié les supernovae, prédit l'existence des étoiles à neutrons (1935), étudié la répartition des galaxies dans l'Univers, postulant dès 1933 la présence de matière obscure inobservée, et dressé un catalogue photographique de galaxies.

ZWIJNDRECHT [zwindrɛʃt], comm. de Belgique (prov. d'Anvers) ; 18 239 hab. Chimie.

Zwin, réserve naturelle de Belgique (Flandre-Occidentale) sur la mer du Nord.

ZWINGLI (Ulrich ou Huldrych), *Wildhaus, cant. de Saint-Gall, 1484 - Kappel 1531,* réformateur suisse. Curé de Glaris, il subit l'influence d'Érasme, puis adhéra vers 1520 à la Réforme, qu'il introduisit à Zurich. Parallèlement à la réforme du culte et de la constitution de l'Église, il s'efforça d'instituer un véritable État chrétien, idée qui sera reprise par Calvin à Genève. Il mourut en 1531 au cours d'un affrontement entre catholiques et protestants (bataille de Kappel).

■ ULRICH **ZWINGLI.**
(Bibliothèque de Zurich.)

ZWOLLE, v. des Pays-Bas, ch.-l. de l'Overijssel, sur l'IJssel ; 95 572 hab. Centre administratif, commercial et industriel. – Grande Église, gothique, et autres monuments.

ZWORYKIN (Vladimir), *Mourom 1889 - Princeton 1982,* ingénieur américain d'origine russe. Auteur de travaux d'optique électronique, il reste surtout connu pour son invention de l'iconoscope (1934), premier d'une longue lignée de tubes électroniques utilisés en télévision.

ZYRIÈNES → **KOMIS.**

Z

INSTITUT DE FRANCE

Institut en mars 2001

L'Institut se compose de cinq classes : l'Académie française, l'Académie des inscriptions et belles-lettres, l'Académie des sciences, l'Académie des beaux-arts et l'Académie des sciences morales et politiques. Chaque Académie a son régime indépendant, c'est-à-dire que les candidats sont élus par les académiciens de la classe dont ils demandent à faire partie. Des prix, créés par l'État ou par des fondations privées, sont décernés par les Académies.

Chancelier de l'Institut : Pierre Messmer.

ACADÉMIE FRANÇAISE *40 membres*

	né en	élu en
Henri Troyat, écrivain	1911	1959
Maurice Druon, écrivain	1918	1966
Claude Lévi-Strauss, ethnologue	1908	1973
Jean d'Ormesson, écrivain	1925	1973
Jean Bernard, médecin	1907	1975
Ambroise-Marie Carré, O.P.	1908	1975
Félicien Marceau, écrivain	1913	1975
Maurice Rheims, écrivain	1910	1976
Michel Déon, écrivain	1919	1978
Jean Dutourd, écrivain	1920	1978
Alain Decaux, historien	1925	1979
Jacques de Bourbon Busset, écrivain	1912	1981
Pierre Moinot, écrivain	1920	1982
Léopold Sédar Senghor, homme politique et écrivain	1906	1983
Michel Mohrt, écrivain	1914	1985
Bertrand Poirot-Delpech, écrivain	1929	1986
Pierre-Jean Remy, écrivain	1937	1988
Jacqueline de Romilly, helléniste	1913	1988
Jean-Denis Bredin, écrivain	1929	1989
Michel Serres, philosophe	1930	1990
Hélène Carrère d'Encausse, historienne	1929	1990
Jean-François Deniau, homme politique	1928	1992
Marc Fumaroli, écrivain	1932	1995
Jean-Marie Lustiger, cardinal	1926	1995
Pierre Rosenberg, historien de l'art	1936	1995
Hector Bianciotti, écrivain	1930	1996
François Jacob, biologiste	1920	1996
Jean-François Revel, philosophe et essayiste	1924	1997
Jean-Marie Rouart, écrivain	1943	1997
Georges Vedel, juriste	1910	1998
Erik Orsenna, écrivain	1947	1998
René Rémond, historien	1918	1998
Pierre Messmer, homme politique	1916	1999
René de Obaldia, écrivain	1918	1999
Florence Delay, écrivain	1941	2000
Gabriel de Broglie, haut fonctionnaire	1931	2001
X***, X***, X***, X***.		

Secrétaire perpétuel : Hélène Carrère d'Encausse.

ACADÉMIE DES INSCRIPTIONS ET BELLES-LETTRES *55 membres*

Pierre Amandry, Jean-Pierre Babelon, Robert-Henri Bautier, Louis Bazin, Paul Bernard, Colette Caillat, Jean-Pierre Callu, André Caquot, François Chamoux, Philippe Contamine, Gilbert Dagron, Jean Delumeau, Robert Étienne, Maurice Euzennat, Jean Favier, Pierre-Sylvain Filliozat, Jacques Fontaine, Marc Fumaroli, Paul Garelli, Jacques Gernet, Daniel Gimaret, André Gouron, Bernard Guenée, Jean Irigoin, Jean-François Jarrige, Jacques Jouanna, Juliette de La Genière, Gilbert Lazard, Jean Leclant, Georges Le Rider, Jean Marcadé, Henri Metzger, Alain Michel, Claude Nicolet, Marc Philonenko, Bernard Pottier, Emmanuel Poulle, Francis Rapp, Jean Richard, Albert Rigaudière, Jacqueline de Romilly, Jean Schneider, Pierre Toubert, Robert Turcan, André Vauchez, Philippe Wolff, Michel Zink, X***, X***, X***, X***, X***, X***, X***, X***, X***.

Secrétaire perpétuel : Jean Leclant.

ACADÉMIE DES SCIENCES *nombre de membres non défini*

Mathématique
Jean-Michel Bismut, Jean-Michel Bony, Haïm Brezis, Henri Cartan, Gustave Choquet, Alain Connes, Mikhaël Gromov, Jean-Pierre Kahane, Pierre Lelong, Pierre-Louis Lions, Bernard Malgrange, Paul Malliavin, Laurent Schwartz, Jean-Pierre Serre, René Thom, Jacques Tits, Michèle Vergne, Jean-Christophe Yoccoz.

Physique
Anatole Abragam, Pierre Aigrain, Roger Balian, Félix Bertaut, André Blanc-Lapierre, Marie-Anne Bouchiat, Édouard Brézin, Jean Brossel, Georges Charpak, Claude Cohen-Tannoudji, Thibault Damour, Michel Davier, Jacques Friedel, Pierre-Gilles de Gennes, Serge Haroche, Pierre Jacquinot, André Maréchal, Philippe Nozières, Yves Quéré, David Ruelle, Ionel Solomon.

Sciences mécaniques - informatique
Huy Duong Bui, Henri Cabannes, Yvonne Choquet-Bruhat, Philippe Ciarlet, Robert Dautray, Olivier Faugeras, Alexandre Favre, Paul Germain, Gilles Kahn, Jacques-Louis Lions, Yves Meyer, René Moreau, Maurice Roseau, Jean Salençon.

Sciences de l'univers
Claude Allègre, Jean Aubouin, Jacques Blamont, Yves Coppens, Georges Courtès, Hubert Curien, Jean-François Denisse, Jean Dercourt, Pierre Encrenaz, Charles Fehrenbach, Jean Kovalevsky, Antoine Labeyrie, Jean-Louis Le Mouël, Pierre Léna, Xavier Le Pichon, Claude Lorius, Jean-Claude Pecker, Évry Schatzman, Gérard Wlérick.

Chimie
Robert Corriu, Fernand Gallais, Marc Julia, Henri Kagan, Jean-Yves Lallemand, Jean-Marie Lehn, Daniel Mansuy, François Mathey, Bernard Meunier, Jean Normant, Guy Ourisson, Pierre Potier, Michel Pouchard, Jean-Pierre Sauvage.

Biologie cellulaire et moléculaire
Pierre Chambon, Jean-Pierre Changeux, François Gros, Marianne Grunberg-Manago, Claude Hélène, François Jacob, Philippe Kourilsky, Michel Lazdunski, Roger Monier, Dino Moras, François Morel, Bernard Roques, Piotr Slonimski, Moshe Yaniv.

Biologie animale et végétale
André Adoutte, Ivan Assenmacher, Jean-Louis Bonnemain, Pierre Buser, André Cauderon, Pierre Dejours, Jean Dorst, Roland Douce, Henri Duranton, Maurice Fontaine, Jules Hoffmann, Pierre Joliot, Nicole Le Douarin, Yvon Le Maho, Paul Ozenda, Michel Thellier, Constantin Vago.

Biologie humaine et sciences médicales
Jean-François Bach, Étienne Émile Baulieu, Jean Bernard, André Capron, Alain Carpentier, Pierre Corvol, Jean Dausset, Jacques Glowinski, Michel Jouvet, Pierre Karli, Yves Laporte, Guy Lazorthes, Jean-Louis Mandel, Luc Montagnier, Jean Rosa, Jacques Ruffié, Pierre Tiollais, Maurice Tubiana, Jean Weissenbach.

Secrétaires perpétuels :
Sciences mathématiques et physiques, et leurs applications : Jean Dercourt.
Sciences chimiques, naturelles, biologiques et médicales, et leurs applications : Nicole Le Douarin.

ACADÉMIE DES BEAUX-ARTS *55 membres*

Peinture, *10 membres*
Pierre Carron, Chu Teh-chun, Arnaud d'Hauterives, Georges Mathieu, Guy de Rougemont, X***, X***, X***, X***, X***.

Sculpture, *8 membres*
Claude Abeille, Jean Cardot, Eugène Dodeigne, Albert Féraud, Gérard Lanvin, Antoine Poncet, François Stahly, X***.

Architecture, *9 membres*
Paul Andreu, Jean Balladur, Michel Folliasson, Christian Langlois, Maurice Novarina, Marc Saltet, Roger Taillibert, André Wogenscky, X***.

Gravure, *4 membres*
Raymond Corbin, Jean-Marie Granier, René Quillivic, Pierre-Yves Trémois.

Composition musicale, *8 membres*
Marius Constant, Daniel-Lesur, Jean-Louis Florentz, Serge Nigg, Laurent Petitgirard, Jean Prodromidès, X***, X***.

Créations artistiques dans le cinéma et l'audiovisuel, *6 membres*
Jeanne Moreau, Gérard Oury, Roman Polanski, Pierre Schoendoerffer, Henri Verneuil, X***.

10 membres libres :
Maurice Béjart, André Bettencourt, Pierre Cardin, Michel David-Weill, Pierre Dehaye, Henri Loyrette, Marcel Marceau, François-Bernard Michel, Gérald Van der Kemp, Daniel Wildenstein.

Secrétaire perpétuel : Arnaud d'Hauterives.

ACADÉMIE DES SCIENCES MORALES ET POLITIQUES *50 membres*

Philosophie, *8 membres*
Roger Arnaldez, Alain Besançon, Bernard d'Espagnat, Lucien Israël, Olivier Lacombe, Jean Mesnard, Jean-Marie Zemb, X***.

Morale et sociologie, *8 membres*
Gérald Antoine, Jean Baechler, Raymond Boudon, Jean Cazeneuve, Jean Cluzel, Michel Crozier, X***, X***.

Secrétaire perpétuel : Jean Cluzel.

Législation, droit public et jurisprudence, *8 membres*
Jacques Boré, André Damien, Roland Drago, Jean Foyer, Alain Plantey, François Terré, Jean-Marc Varaut, Prosper Weil.

Économie politique, statistique et finances, *8 membres*
Michel Albert, Maurice Allais, Pierre Bauchet, Marcel Boiteux, Jean-Claude Casanova, Yvon Gattaz, Pierre Tabatoni, X***.

Histoire et géographie, *8 membres*
Henri Amouroux, Raymond Barre, Pierre Chaunu, Claude Dulong-Sainteny, Jacques Dupâquier, Pierre George, Emmanuel Le Roy Ladurie, Jean Tulard.

Section générale, *10 membres*
Édouard Bonnefous, Gabriel de Broglie, Bernard Destremau, Roger Etchegaray, Jacques de Larosière, Jacques Leprette, Pierre Messmer, Thierry de Montbrial, Alice Saunier-Seïté, Raymond Triboulet.

ACADÉMIE DES GONCOURT

membres de l'Académie des Goncourt

premier couvert
Léon Daudet, prenant la place de son père, Alphonse Daudet, décédé ; Jean de La Varende (1942), démissionne en 1945 ; Colette (1945) ; Jean Giono (1954) ; Bernard Clavel (1971), démissionne en 1977 ; André Stil (1977).

deuxième couvert
Joris-Karl Huysmans ; Jules Renard (1908) ; Judith Gautier (1910) ; Henry Céard (1918) ; Pol Neveux (1924) ; Sacha Guitry (1939), démissionne en 1948 ; Armand Salacrou (1949) ; Edmonde Charles-Roux (1983).

troisième couvert
Octave Mirbeau ; Jean Ajalbert (1917) ; Alexandre Arnoux (1947) ; Jean Cayrol (1973), démissionne en 1995 ; Didier Decoin (1995).

quatrième couvert
Joseph-Henri Rosny aîné ; Pierre Champion (1941) ; André Billy (1943) ; Robert Sabatier (1971).

cinquième couvert
Joseph-Henri Rosny jeune ; Gérard Bauër (1948) ; Louis Aragon (1967), démissionne en 1968 ; Armand Lanoux (1969) ; Daniel Boulanger (1983).

sixième couvert
Léon Hennique ; Léo Larguier (1936) ; Raymond Queneau (1951) ; François Nourissier (1977).

septième couvert
Paul Margueritte ; Émile Bergerat (1919) ; Raoul Ponchon (1924) ; René Benjamin (1938) ; Philippe Hériat (1949) ; Michel Tournier (1972).

huitième couvert
Gustave Geffroy ; Georges Courteline (1926) ; Roland Dorgelès (1929) ; Emmanuel Robles (1973) ; Françoise Chandernagor (1995).

neuvième couvert
Élémir Bourges ; Gaston Chérau (1926) ; Francis Carco (1937) ; Hervé Bazin (1958) ; Jorge Semprun (1996).

dixième couvert
Lucien Descaves ; Pierre Mac Orlan (1950) ; Françoise Mallet-Joris (1970).

Lauréats du prix Goncourt

1903 John-Antoine Nau, *Force ennemie.*
1904 Léon Frapié, *la Maternelle.*
1905 Claude Farrère, *les Civilisés.*
1906 Jérôme et Jean Tharaud, *Dingley, l'illustre écrivain.*
1907 Émile Moselly, *Terres lorraines.*
1908 Francis de Miomandre, *Écrit sur de l'eau.*
1909 Marius et Ary Leblond, *En France.*
1910 Louis Pergaud, *De Goupil à Margot.*
1911 Alphonse de Châteaubriant, *Monsieur des Lourdines.*
1912 André Savignon, *les Filles de la pluie.*
1913 Marc Elder, *le Peuple de la mer.*
1914 Prix décerné en 1916.
1915 René Benjamin, *Gaspard.*
1916 Henri Barbusse, *le Feu.*
1916 Adrien Bertrand, *l'Appel du sol.*
1917 Henri Malherbe, *la Flamme au poing.*
1918 Georges Duhamel, *Civilisation.*
1919 Marcel Proust, *À l'ombre des jeunes filles en fleurs.*
1920 Ernest Pérochon, *Nêne.*
1921 René Maran, *Batouala.*
1922 Henri Béraud, *le Vitriol de lune ; le Martyre de l'obèse.*
1923 Lucien Fabre, *Rabevel ou le Mal des ardents.*
1924 Thierry Sandre, *le Chèvrefeuille ; le Purgatoire ; le Chapitre XIII d'Athénée.*
1925 Maurice Genevoix, *Raboliot.*
1926 Henri Deberly, *le Supplice de Phèdre.*
1927 Maurice Bedel, *Jérôme 60° latitude Nord.*
1928 Maurice Constantin-Weyer, *Un homme se penche sur son passé.*
1929 Marcel Arland, *l'Ordre.*
1930 Henri Fauconnier, *Malaisie.*
1931 Jean Fayard, *Mal d'amour.*
1932 Guy Mazeline, *les Loups.*
1933 André Malraux, *la Condition humaine.*
1934 Roger Vercel, *Capitaine Conan.*
1935 Joseph Peyré, *Sang et Lumières.*
1936 Maxence Van der Meersch, *l'Empreinte du dieu.*
1937 Charles Plisnier (1), *Faux Passeports.*
1938 Henri Troyat, *l'Araigne.*
1939 Philippe Hériat, *les Enfants gâtés.*
1940 Francis Ambrière (2), *les Grandes Vacances.*
1941 Henri Pourrat, *Vent de mars.*
1942 Marc Bernard, *Pareils à des enfants.*
1943 Marius Grout, *Passage de l'homme.*
1944 Elsa Triolet, *Le premier accroc coûte deux cents francs.*
1945 Jean-Louis Bory, *Mon village à l'heure allemande.*
1946 Jean-Jacques Gautier, *Histoire d'un fait divers.*
1947 Jean-Louis Curtis, *les Forêts de la nuit.*
1948 Maurice Druon, *les Grandes Familles.*
1949 Robert Merle, *Week-End à Zuydcoote.*
1950 Paul Colin, *les Jeux sauvages.*
1951 Julien Gracq (3), *le Rivage des Syrtes.*
1952 Béatrix Beck, *Léon Morin, prêtre.*
1953 Pierre Gascar, *le Temps des morts ; les Bêtes.*
1954 Simone de Beauvoir, *les Mandarins.*
1955 Roger Ikor, *les Eaux mêlées.*
1956 Romain Gary, *les Racines du ciel.*
1957 Roger Vailland, *la Loi.*
1958 Francis Walder (1), *Saint-Germain ou la Négociation.*
1959 André Schwarz-Bart, *le Dernier des justes.*
1960 Vintila Horia (3), *Dieu est né en exil.*
1961 Jean Cau, *la Pitié de Dieu.*
1962 Anna Langfus, *les Bagages de sable.*
1963 Armand Lanoux, *Quand la mer se retire.*
1964 Georges Conchon, *l'État sauvage.*
1965 Jacques Borel, *l'Adoration.*
1966 Edmonde Charles-Roux, *Oublier Palerme.*
1967 A. Pieyre de Mandiargues, *la Marge.*
1968 Bernard Clavel, *les Fruits de l'hiver.*
1969 Félicien Marceau, *Creezy.*
1970 Michel Tournier, *le Roi des Aulnes.*
1971 Jacques Laurent, *les Bêtises.*
1972 Jean Carrière, *l'Épervier de Maheux.*
1973 Jacques Chessex (1), *l'Ogre.*
1974 Pascal Lainé, *la Dentellière.*
1975 Émile Ajar (4), *la Vie devant soi.*
1976 Patrick Grainville, *les Flamboyants.*
1977 Didier Decoin, *John l'Enfer.*
1978 Patrick Modiano, *Rue des boutiques obscures.*
1979 Antonine Maillet, *Pélagie la Charrette.*
1980 Yves Navarre, *le Jardin d'acclimatation.*
1981 Lucien Bodard, *Anne-Marie.*
1982 Dominique Fernandez, *Dans la main de l'Ange.*
1983 Frédérick Tristan, *les Égarés.*
1984 Marguerite Duras, *l'Amant.*
1985 Yann Queffélec, *les Noces barbares.*
1986 Michel Host, *Valet de nuit.*
1987 Tahar Ben Jelloun (1), *la Nuit sacrée.*
1988 Erik Orsenna, *l'Exposition coloniale.*
1989 Jean Vautrin, *Un grand pas vers le Bon Dieu.*
1990 Jean Rouaud, *les Champs d'honneur.*
1991 Pierre Combescot, *les Filles du Calvaire.*
1992 Patrick Chamoiseau, *Texaco.*
1993 Amin Maalouf (1), *le Rocher de Tanios.*
1994 Didier Van Cauwelaert, *Un aller simple.*
1995 Andreï Makine, *le Testament français.*
1996 Pascale Roze, *le Chasseur Zéro.*
1997 Patrick Rambaud, *la Bataille.*
1998 Paule Constant, *Confidence pour confidence.*
1999 Jean Echenoz, *Je m'en vais.*
2000 Jean-Jacques Schuhl, *Ingrid Caven.*

(1) écrivain étranger (2) prix réservé à un prisonnier ou à un déporté politique et décerné en juin 1946 (3) décline le prix (4) pseudonyme littéraire de Romain Gary

LISTE DES LAURÉATS DE LA MÉDAILLE FIELDS

1936 L. Ahlfors (Finl.), J. Douglas (É-U)
1950 A. Selberg (Norv.), L. Schwartz (Fr.)
1954 Kodaira Kunihiko (Jap.), J.-P. Serre (Fr.)
1958 K. F. Roth (G-B), R. Thom (Fr.)
1962 L. Hörmander (Suède), J. W. Milnor (É-U)
1966 M. F. Atiyah (G-B), P. J. Cohen (É-U), A. Grothendieck (Fr.), S. Smale (É-U)
1970 A. Baker (G-B), Hironaka Heisuke (Jap.), S. P. Novikov (URSS), J. G. Thompson (G-B)
1974 E. Bombieri (It.), D. B. Mumford (É-U)
1978 P. Deligne (Belg.), C. Fefferman (É-U), D. Quillen (É-U), G. A. Margoulis (URSS)
1982 A. Connes (Fr.), W. P. Thurston (É-U), S.-T. Yau (É-U)
1986 G. Faltings (RFA), M. H. Freedman (É-U), S. K. Donaldson (G-B)
1990 V. Drinfeld (URSS), V. F. R. Jones (N-Z), Mori Shigefumi (Jap.), E. Witten (É-U)
1994 P.-L. Lions (Fr.), J.-C. Yoccoz (Fr.), J. Bourgain (Belg.), I. I. Zelmanov (Russie)
1998 M. Kontsevitch (Russie), R. E. Borcherds (G-B), W. T. Gowers (G-B), C. T. McMullen (É-U)

LISTE DES LAURÉATS DES PRIX NOBEL

physique

1901 W. C. Röntgen (All.)
1902 H. A. Lorentz (P-B)
P. Zeeman (P-B)
1903 H. Becquerel,
P. Curie, M. Curie (Fr.)
1904 J. W. S. Rayleigh (G-B)
1905 P.E.A. Lenard (All.)
1906 J. J. Thomson (G-B)
1907 A. A. Michelson (É-U)
1908 G. Lippmann (Fr.)
1909 G. Marconi (Ital.)
K. F. Braun (All.)
1910 J. D. Van der Waals (P-B)
1911 W. Wien (All.)
1912 N. G. Dalén (Suède)
1913 H. Kamerlingh Onnes (P-B)
1914 M. von Laue (All.)
1915 W. Bragg, L. Bragg (G-B)
1916 NON ATTRIBUÉ
1917 C. G. Barkla (G-B)
1918 M. Planck (All.)
1919 J. Stark (All.)
1920 C. É. Guillaume (Suisse)
1921 A. Einstein (Suisse, All.)
1922 N. Bohr (Dan.)
1923 R. A. Millikan (É-U)
1924 M. Siegbahn (Suède)
1925 J. Franck, G. Hertz (All.)
1926 J. Perrin (Fr.)
1927 A. H. Compton (É-U)
C. T. R. Wilson (G-B)
1928 O. W. Richardson (G-B)
1929 L. de Broglie (Fr.)
1930 C. V. Raman (Inde)
1931 NON ATTRIBUÉ
1932 W. Heisenberg (All.)
1933 E. Schrödinger (Autr.)
P. Dirac (G-B)
1934 NON ATTRIBUÉ
1935 J. Chadwick (G-B)
1936 V. Hess (Autr.)
C. D. Anderson (É-U)
1937 C. J. Davisson (É-U)
G. P. Thomson (G-B)
1938 E. Fermi (Ital.)
1939 E. O. Lawrence (É-U)
1940 à 1942 NON ATTRIBUÉ
1943 O. Stern (É-U)
1944 I. I. Rabi (É-U)
1945 W. Pauli (Autr.)
1946 P. W. Bridgman (É-U)
1947 E. V. Appleton (G-B)
1948 P. M. S. Blackett (G-B)
1949 Yukawa Hideki (Jap.)
1950 C. F. Powell (G-B)
1951 J. D. Cockcroft (G-B)
E. T. S. Walton (Irl.)
1952 F. Bloch, E. M. Purcell (É-U)
1953 F. Zernike (P-B)
1954 M. Born (G-B)
W. Bothe (RFA)
1955 W. E. Lamb, P. Kusch (É-U)
1956 W. B. Shockley, J. Bardeen,
W. H. Brattain (É-U)
1957 Yang Chen Ning (Chine, É-U)
Lee Tsung-dao (Chine, É-U)
1958 P. A. Tcherenkov (URSS)
I. M. Frank (URSS)
I. E. Tamm (URSS)
1959 E. Segrè (É-U)
O. Chamberlain (É-U)
1960 D. A. Glaser (É-U)
1961 R. Hofstadter (É-U)
R. Mössbauer (RFA)
1962 L. D. Landau (URSS)
1963 E. P. Wigner (É-U)
M. Goeppert-Mayer (É-U)
H. D. Jensen (RFA)
1964 C. H. Townes (É-U)
N. G. Bassov (URSS)
A. M. Prokhorov (URSS)
1965 Tomonaga Shinichiro (Jap.)
J. Schwinger (É-U)
R. P. Feynman (É-U)
1966 A. Kastler (Fr.)
1967 H. A. Bethe (É-U)
1968 L. Alvarez (É-U)
1969 M. Gell-Mann (É-U)
1970 H. Alfvén (Suède)
L. Néel (Fr.)
1971 D. Gabor (G-B)
1972 J. Bardeen, L. N. Cooper,
J. R. Schrieffer (É-U)
1973 Esaki Leo (Jap.)
I. Giaever (É-U)
B. D. Josephson (G-B)
1974 M. Ryle, A. Hewish (G-B)
1975 J. Rainwater (É-U)
A. Bohr (Dan.)
B. R. Mottelson (Dan.)
1976 B. Richter (É-U)
S. C. C. Ting (É-U)
1977 P. W. Anderson (É-U)
N. F. Mott (G-B)
J. H. Van Vleck (É-U)
1978 P. L. Kapitsa (URSS)
A. A. Penzias (É-U)
R. W. Wilson (É-U)
1979 S. L. Glashow (É-U)
A. Salam (Pak.)
S. Weinberg (É-U)
1980 J. W. Cronin (É-U)
V. L. Fitch (É-U)
1981 N. Bloembergen (É-U)
A. L. Schawlow (É-U)
K. Siegbahn (Suède)
1982 K. G. Wilson (É-U)
1983 S. Chandrasekhar (É-U)
W. A. Fowler (É-U)
1984 C. Rubbia (Ital.)
S. Van der Meer (P-B)
1985 K. von Klitzing (RFA)
1986 G. Binnig (RFA)
H. Rohrer (Suisse)
E. Ruska (RFA)
1987 J. G. Bednorz (RFA)
K. A. Müller (Suisse)
1988 L. M. Lederman (É-U)
M. Schwartz (É-U)
J. Steinberger (É-U)
1989 H. G. Dehmelt (É-U)
W. Paul (RFA)
N. F. Ramsey (É-U)
1990 J. I. Friedman (É-U)
H. W. Kendall (É-U)
R. E. Taylor (Can.)
1991 P.-G. de Gennes (Fr.)
1992 G. Charpak (Fr.)
1993 R. A. Hulse (É-U)
J. H. Taylor (É-U)
1994 C. G. Shull (É-U)
B. N. Brockhouse (Can.)
1995 M. L. Perl (É-U)
F. Reines (É-U)
1996 D. Lee (É-U)
D. Osheroff (É-U)
R. Richardson (É-U)
1997 S. Chu (É-U)
C. Cohen-Tannoudji (Fr.)
W. D. Phillips (É-U)
1998 R. B. Laughlin (É-U)
H. L. Störmer (All.)
D. C. Tsui (É-U)
1999 G. 't Hooft (P-B)
M. J. G. Veltman (P-B)
2000 J. I. Alferov (Russie)
H. Kroemer (All.)
J. S. Kilby (É-U)

chimie

1901 J. H. Van't Hoff (P-B)
1902 E. H. Fischer (All.)
1903 S. A. Arrhenius (Suède)
1904 W. Ramsay (G-B)
1905 A. von Baeyer (All.)
1906 H. Moissan (Fr.)
1907 E. Buchner (All.)
1908 E. Rutherford of Nelson (G-B)
1909 W. Ostwald (All.)
1910 O. Wallach (All.)
1911 M. Curie (Fr.)
1912 V. Grignard (Fr.)
P. Sabatier (Fr.)
1913 A. Werner (Suisse)
1914 T. W. Richards (É-U)
1915 R. M. Willstätter (All.)
1916 et 1917 NON ATTRIBUÉ
1918 F. Haber (All.)
1919 NON ATTRIBUÉ
1920 W. H. Nernst (All.)
1921 F. Soddy (G-B)
1922 F. W. Aston (G-B)
1923 F. Pregl (Autr.)
1924 NON ATTRIBUÉ
1925 R. Zsigmondy (Autr.)
1926 T. Svedberg (Suède)
1927 H. Wieland (All.)
1928 A. Windaus (All.)
1929 A. Harden (G-B)
H. von Euler-Chelpin (All.)
1930 H. Fischer (All.)
1931 C. Bosch (All.)
F. Bergius (All.)
1932 I. Langmuir (É-U)
1933 NON ATTRIBUÉ
1934 H. C. Urey (É-U)
1935 J. F. Joliot-Curie (Fr.)
I. Joliot-Curie (Fr.)
1936 P. J. W. Debye (P-B)
1937 N. Haworth (G-B)
P. Karrer (Suisse)
1938 R. Kuhn (All.)
1939 A. F. J. Butenandt (All.)
L. Ružička (Suisse)
1940 à 1942 NON ATTRIBUÉ
1943 G. de Hevesy (Suède)
1944 O. Hahn (All.)
1945 A. I. Virtanen (Finl.)
1946 J. B. Sumner (É-U)
J. H. Northrop (É-U)
W. M. Stanley (É-U)
1947 R. Robinson (G-B)
1948 A. Tiselius (Suède)
1949 W. F. Giauque (É-U)
1950 O. Diels (RFA)
K. Alder (RFA)
1951 E. M. McMillan (É-U)
G. T. Seaborg (É-U)
1952 A. J. P. Martin (G-B)
R. L. M. Synge (G-B)
1953 H. Staudinger (RFA)
1954 L. C. Pauling (É-U)
1955 V. Du Vigneaud (É-U)
1956 C. N. Hinshelwood (G-B)
N. N. Semenov (URSS)
1957 A. R. Todd (G-B)
1958 F. Sanger (G-B)
1959 J. Heyrovský (Tchéc.)
1960 W. F. Libby (É-U)
1961 M. Calvin (É-U)
1962 J. C. Kendrew (G-B)
M. F. Perutz (G-B)
1963 G. Natta (Ital.)
K. W. Ziegler (RFA)
1964 D. M. Hodgkin (G-B)
1965 R. B. Woodward (É-U)
1966 R. S. Mulliken (É-U)
1967 M. Eigen (RFA)
R. G. W. Norrish (G-B)
G. Porter (G-B)
1968 L. Onsager (É-U)
1969 D. H. R. Barton (G-B)
O. Hassel (Norv.)
1970 L. F. Leloir (Argent.)
1971 G. Herzberg (Can.)
1972 C. B. Anfinsen (É-U)
S. Moore (É-U)
W. Stein (É-U)
1973 E. O. Fischer (RFA)
G. Wilkinson (G-B)
1974 P. J. Flory (É-U)
1975 V. Prelog (Suisse)
J. W. Cornforth (Austr.)
1976 W. N. Lipscomb (É-U)
1977 I. Prigogine (Belg.)
1978 P. D. Mitchell (G-B)
1979 H. C. Brown (É-U)
G. Wittig (RFA)
1980 F. Sanger (G-B)
P. Berg (É-U)
W. Gilbert (É-U)
1981 R. Hoffmann (É-U)
Fukui Kenishi (Jap.)
1982 A. Klug (G-B)
1983 H. Taube (É-U)
1984 B. Merrifield (É-U)
1985 H. A. Hauptman (É-U)
J. Karle (É-U)
1986 D. R. Herschbach (É-U)
J. C. Polanyi (Can.)
Y. T. Lee (É-U)
1987 D. J. Cram (É-U)
J.-M. Lehn (Fr.)
C. J. Pedersen (É-U)
1988 J. Deisenhofer (RFA)
R. Huber (RFA)
H. Michel (RFA)
1989 S. Altman (Can., É-U)
T. R. Cech (É-U)
1990 E. J. Corey (É-U)
1991 R. R. Ernst (Suisse)
1992 R. A. Marcus (É-U)
1993 K. B. Mullis (É-U)
M. Smith (Can.)
1994 G. A. Olah (É-U)
1995 P. Crutzen (P-B)
M. J. Molina (É-U)
F. S. Rowland (É-U)
1996 R. Curl (É-U)
H. Kroto (G-B)
R. E. Smalley (É-U)
1997 P. D. Boyer (É-U)
J. C. Skou (Dan.)
J. E. Walker (G-B)
1998 W. Kohn (É-U)
J. A. Pople (G-B)
1999 A. H. Zewail (Égypte, É-U)
2000 A. J. Heeger (É-U)
A. G. MacDiarmid (É-U)
Shirakawa Hideki (Jap.)

physiologie ou médecine

1901 E. von Behring (All.)
1902 R. Ross (G-B)
1903 N. R. Finsen (Dan.)
1904 I. P. Pavlov (Russie)
1905 R. Koch (All.)
1906 C. Golgi (Ital.)
S. Ramón y Cajal (Esp.)
1907 A. Laveran (Fr.)
1908 P. Ehrlich (All.)
I. I. Metchnikov (Russie)
1909 E. T. Kocher (Suisse)
1910 A. Kossel (All.)
1911 A. Gullstrand (Suède)
1912 A. Carrel (Fr.)
1913 C. Richet (Fr.)
1914 R. Bárány (Autr.)
1915 à 1918 NON ATTRIBUÉ
1919 J. Bordet (Belg.)
1920 A. Krogh (Dan.)
1921 NON ATTRIBUÉ
1922 A. V. Hill (G-B)
O. Meyerhof (All.)
1923 F. G. Banting (Can.)
J. Macleod (G-B)
1924 W. Einthoven (P-B)
1925 NON ATTRIBUÉ
1926 J. Fibiger (Dan.)
1927 J. Wagner-Jauregg (Autr.)
1928 C. Nicolle (Fr.)
1929 C. Eijkman (P-B)
F. G. Hopkins (G-B)
1930 K. Landsteiner (Autr.)
1931 O. Warburg (All.)
1932 C. Sherrington (G-B)
E. D. Adrian (G-B)
1933 T. H. Morgan (É-U)
1934 G. Whipple, W. Murphy,
G. Minot (É-U)
1935 H. Spemann (All.)
1936 H. Dale (G-B)
O. Loewi (All.)
1937 A. Szent-Györgyi (Hongr.)
1938 C. Heymans (Belg.)
1939 G. Domagk (All.)
1940 à 1942 NON ATTRIBUÉ
1943 E. A. Doisy (É-U)
H. Dam (Dan.)
1944 J. Erlanger (É-U)
H. S. Gasser (É-U)
1945 A. Fleming (G-B)
E. B. Chain (G-B)
H. W. Florey (Austr., G-B)
1946 H. J. Muller (É-U)
1947 C. F. Cori, G. T. Cori (É-U)
B. A. Houssay (Argent.)
1948 P. H. Müller (Suisse)
1949 A. C. Moniz (Port.)
W. R. Hess (Suisse)
1950 P. S. Hench (É-U)
E. C. Kendall (É-U)
T. Reichstein (Suisse)
1951 M. Theiler (Un. sud-afr.)
1952 S. A. Waksman (É-U)
1953 H. A. Krebs (G-B)
F. A. Lipmann (É-U)
1954 J. Enders, T. Weller,
F. Robbins (É-U)
1955 H. Theorell (Suède)
1956 A. Cournand (É-U)
W. Forssmann (RFA)
D. W. Richards (É-U)

1957 D. Bovet (Ital.)
1958 G. Beadle (É-U)
E. Tatum (É-U)
J. Lederberg (É-U)
1959 S. Ochoa (É-U)
A. Kornberg (É-U)
1960 M. Burnet (Austr.)
P. Medawar (G-B)
1961 G. von Békésy (É-U)
1962 M. Wilkins (G-B)
F. Crick (G-B)
J. Watson (É-U)
1963 A. Hodgkin (G-B)
A. F. Huxley (G-B)
J. C. Eccles (Austr.)
1964 K. Bloch (É-U)
F. Lynen (RFA)
1965 F. Jacob (Fr.)
A. Lwoff (Fr.)
J. Monod (Fr.)
1966 P. Rous (É-U)
C. Huggins (É-U)
1967 R. Granit (Suède)
H. K. Hartline (É-U)
G. Wald (É-U)
1968 R. W. Holley (É-U)
H. G. Khorana (É-U)
M. Nirenberg (É-U)
1969 M. Delbrück (É-U)
A. D. Hershey (É-U)
S. Luria (É-U)
1970 J. Axelrod (É-U)
B. Katz (G-B)
U. von Euler (Suède)
1971 E. W. Sutherland (É-U)
1972 G. M. Edelman (É-U)
R. R. Porter (G-B)
1973 K. Lorenz (Autr.)
K. von Frisch (Autr.)
N. Tinbergen (G-B)
1974 A. Claude (Belg., É-U)
C. de Duve (Belg.)
G. Palade (É-U)
1975 H. Temin (É-U)
R. Dulbecco (É-U)
D. Baltimore (É-U)
1976 C. Gajdusek (É-U)
B. Blumberg (É-U)
1977 R. Guillemin, A. Schally,
R. Yalow (É-U)
1978 W. Arber (Suisse)
D. Nathans (É-U)
H. Smith (É-U)
1979 A. M. Cormack (É-U)
G. Hounsfield (G-B)
1980 J. Dausset (Fr.)
G. D. Snell (É-U)
B. Benacerraf (É-U)
1981 D. H. Hubel (É-U)
R. W. Sperry (É-U)
T. N. Wiesel (Suède)
1982 S. K. Bergström (Suède)
B. I. Samuelsson (Suède)
J. R. Vane (G-B)
1983 B. McClintock (É-U)
1984 N. Jerne (Dan.)
G. J. F. Köhler (RFA)
C. Milstein (Argent., G-B)
1985 M. S. Brown (É-U)
J. L. Goldstein (É-U)
1986 S. Cohen (É-U)
R. Levi-Montalcini
(Ital., É-U)
1987 Tonegawa Susumu (Jap.)
1988 J. Black (G-B)
G. Elion (É-U)
G. H. Hitchings (É-U)
1989 M. Bishop (É-U)
H. Varmus (É-U)
1990 J. E. Murray (É-U)
E. D. Thomas (É-U)
1991 E. Neher (All.)
B. Sakmann (All.)
1992 E. Fischer, E. Krebs (É-U)
1993 R. J. Roberts (G-B)
P. A. Scharp (É-U)
1994 A. G. Gilman (É-U)
M. Rodbell (É-U)
1995 E. B. Lewis (É-U)
C. Nüsslein-Volhard (RFA)
E. F. Wieschaus (É-U)
1996 P. Doherty (Austr.)
R. Zinkernagel (Suisse)
1997 S. B. Prusiner (É-U)
1998 R. F. Furchgott (É-U)
F. Murad (É-U)
L. J. Ignarro (É-U)
1999 G. Blobel (É-U)
2000 A. Carlsson (Suède)
P. Greengard (É-U)
E. R. Kandel (É-U)

littérature

1901 R. Sully Prudhomme (Fr.)
1902 T. Mommsen (All.)
1903 B. Bjørnson (Norv.)
1904 F. Mistral (Fr.)
J. Echegaray (Esp.)
1905 H. Sienkiewicz (Pol.)
1906 G. Carducci (Ital.)
1907 R. Kipling (G-B)
1908 R. C. Eucken (All.)
1909 S. Lagerlöf (Suède)
1910 P. von Heyse (All.)
1911 M. Maeterlinck (Belg.)
1912 G. Hauptmann (All.)
1913 R. Tagore (Inde)
1914 NON ATTRIBUÉ
1915 R. Rolland (Fr.)
1916 V. von Heidenstam (Suède)
1917 K. Gjellerup (Dan.)
H. Pontoppidan (Dan.)
1918 NON ATTRIBUÉ
1919 C. Spitteler (Suisse)
1920 K. Hamsun (Norv.)
1921 A. France (Fr.)
1922 J. Benavente (Esp.)
1923 W. B. Yeats (Irl.)
1924 W. S. Reymont (Pol.)
1925 G. B. Shaw (Irl.)
1926 G. Deledda (Ital.)
1927 H. Bergson (Fr.)
1928 S. Undset (Norv.)
1929 T. Mann (All.)
1930 S. Lewis (É-U)
1931 E. A. Karlfeldt (Suède)
1932 J. Galsworthy (G-B)
1933 I. A. Bounine (URSS)
1934 L. Pirandello (Ital.)
1935 NON ATTRIBUÉ
1936 E. O'Neill (É-U)
1937 R. Martin du Gard (Fr.)
1938 P. Buck (É-U)
1939 F. E. Sillanpää (Finl.)
1940 à 1943 NON ATTRIBUÉ
1944 J. V. Jensen (Dan.)
1945 G. Mistral (Chili)
1946 H. Hesse (Suisse)
1947 A. Gide (Fr.)
1948 T. S. Eliot (G-B)
1949 W. Faulkner (É-U)
1950 B. Russell (G-B)
1951 P. Lagerkvist (Suède)
1952 F. Mauriac (Fr.)
1953 W. L. Churchill (G-B)
1954 E. Hemingway (É-U)
1955 H. K. Laxness (Isl.)
1956 J. R. Jiménez (Esp.)
1957 A. Camus (Fr.)
1958 B. L. Pasternak (URSS)
1959 S. Quasimodo (Ital.)
1960 Saint-John Perse (Fr.)
1961 I. Andrić (Youg.)
1962 J. Steinbeck (É-U)
1963 G. Seféris (Grèce)
1964 J.-P. Sartre (Fr.)
[décline le prix]
1965 M. A. Cholokhov (URSS)
1966 N. Sachs (Suède)
S. J. Agnon (Isr.)
1967 M. A. Asturias (Guat.)
1968 Kawabata Yasunari (Jap.)
1969 S. Beckett (Irl.)
1970 A. Soljenitsyne (URSS)
1971 P. Neruda (Chili)
1972 H. Böll (RFA)
1973 P. White (Austr.)
1974 E. Johnson (Suède)
H. Martinson (Suède)
1975 E. Montale (Ital.)
1976 S. Bellow (É-U)
1977 V. Aleixandre (Esp.)
1978 I. B. Singer (É-U)
1979 O. Elýtis (Grèce)
1980 C. Miłosz (É-U)
1981 E. Canetti (G-B)
1982 G. García Márquez (Colomb.)
1983 W. Golding (G-B)
1984 J. Seifert (Tchéc.)
1985 C. Simon (Fr.)
1986 W. Soyinka (Nigeria)
1987 J. Brodsky (É-U)
1988 N. Mahfuz (Égypte)
1989 C. J. Cela (Esp.)
1990 O. Paz (Mex.)
1991 N. Gordimer (Afr. du S.)
1992 D. Walcott (Sainte-Lucie)
1993 T. Morrison (É-U)
1994 Oe Kenzaburo (Jap.)
1995 S. Heaney (Irl.)
1996 W. Szymborska (Pol.)
1997 Dario Fo (Ital.)
1998 J. Saramago (Port.)
1999 G. Grass (All.)
2000 Gao Xingjian (Fr.)

paix

1901 H. Dunant (Suisse)
F. Passy (Fr.)
1902 É. Ducommun (Suisse)
C. A. Gobat (Suisse)
1903 W. R. Cremer (G-B)
1904 Institut de droit
international de Gand
1905 B. von Suttner (Autr.)
1906 T. Roosevelt (É-U)
1907 E. T. Moneta (Ital.)
L. Renault (Fr.)
1908 K. P. Arnoldson (Suède)
F. Bajer (Dan.)
1909 A. Beernaert (Belg.)
P. d'Estournelles (Fr.)
1910 Bureau international
permanent de la paix
1911 T. M. C. Asser (P-B)
A. H. Fried (Autr.)
1912 E. Root (É-U)
1913 H. La Fontaine (Belg.)
1914 à 1916 NON ATTRIBUÉ
1917 Comité international de la
Croix-Rouge, à Genève
1918 NON ATTRIBUÉ
1919 T. W. Wilson (É-U)
1920 L. Bourgeois (Fr.)
1921 H. Branting (Suède)
C. L. Lange (Norv.)
1922 F. Nansen (Norv.)
1923 et 1924 NON ATTRIBUÉ
1925 A. Chamberlain (G-B)
C. G. Dawes (É-U)
1926 A. Briand (Fr.)
G. Stresemann (All.)
1927 F. Buisson (Fr.)
L. Quidde (All.)
1928 NON ATTRIBUÉ
1929 F. B. Kellogg (É-U)
1930 N. Söderblom (Suède)
1931 J. Addams (É-U)
N. M. Butler (É-U)
1932 NON ATTRIBUÉ
1933 N. Angell (G-B)
1934 A. Henderson (G-B)
1935 C. von Ossietzky (All.)
1936 C. Saavedra Lamas (Argent.)
1937 E. Cecil of Chelwood (G-B)
1938 Office international Nansen
pour les réfugiés
1939 à 1943 NON ATTRIBUÉ
1944 Comité international
de la Croix-Rouge
1945 C. Hull (É-U)
1946 E. G. Balch, J. R. Mott (É-U)
1947 The Friends Service
Council (G-B)
The American Friends
Service Committee (É-U)
1948 NON ATTRIBUÉ
1949 J. Boyd Orr (G-B)
1950 R. Bunche (É-U)
1951 L. Jouhaux (Fr.)
1952 A. Schweitzer (Fr.)
1953 G. C. Marshall (É-U)
1954 Haut-Commissariat des
Nations unies
pour les réfugiés (HCR)
1955 et 1956 NON ATTRIBUÉ
1957 L. B. Pearson (Can.)
1958 D. G. Pire (Belg.)
1959 P. J. Noel-Baker (G-B)
1960 A. J. Luthuli (Un. sud-afr.)
1961 D. Hammarskjöld (Suède)
1962 L. C. Pauling (É-U)
1963 Comité international
de la Croix-Rouge
1963 Ligue internationale des
sociétés de la Croix-Rouge
1964 M. L. King (É-U)
1965 Unicef
1966 et 1967 NON ATTRIBUÉ
1968 R. Cassin (Fr.)
1969 Organisation internationale
du travail
1970 N. E. Borlaug (É-U)
1971 W. Brandt (RFA)
1972 NON ATTRIBUÉ
1973 H. Kissinger (É-U)
Lê Duc Tho (Viêt N.)
1974 Sato Eisaku (Jap.)
S. MacBride (Irl.)
1975 A. Sakharov (URSS)
1976 M. Corrigan (Irl.)
B. Williams (Irl.)
1977 Amnesty International
1978 M. Begin (Isr.)
A. el-Sadate (Égypte)
1979 Mère Teresa (Inde)
1980 A. Pérez Esquivel (Argent.)
1981 HCR
1982 A. Myrdal (Suède)
A. García Robles (Mex.)
1983 L. Wałęsa (Pol.)
1984 D. M. Tutu (Afr. du S.)
1985 Internationale des médecins
pour la prévention de la
guerre nucléaire
1986 E. Wiesel (É-U)
1987 Ó. Arias Sánchez (Costa Rica)
1988 Forces de l'ONU pour le
maintien de la paix
1989 Tenzin Gyatso (Tibet)
1990 M. S. Gorbatchev (URSS)
1991 Aung San Suu Kyi (Birm.)
1992 R. Menchú (Guat.)
1993 F. W. De Klerk (Afr. du S.)
N. R. Mandela (Afr. du S.)
1994 Y. Arafat
Y. Rabin (Isr.)
S. Peres (Isr.)
1995 J. Rotblat (G-B)
Organisation Pugwash
1996 C. F. X. Belo, J. Ramos-Horta
(Timor-Oriental)
1997 Campagne internationale
pour l'interdiction des
mines antipersonnel
J. Williams (É-U)
1998 J. Hume (Irl. du Nord)
D. Trimble (Irl. du Nord)
1999 Médecins sans frontières
2000 Kim Dae-jung (Corée du S.)

sciences économiques

1969 J. Tinbergen (P-B)
R. Frisch (Norv.)
1970 P. A. Samuelson (É-U)
1971 S. Kuznets (É-U)
1972 J. R. Hicks (G-B)
K. J. Arrow (É-U)
1973 W. Leontief (É-U)
1974 F. A. von Hayek (G-B)
K. G. Myrdal (Suède)
1975 T. C. Koopmans (É-U)
L. V. Kantorovitch (URSS)
1976 M. Friedman (É-U)
1977 B. Ohlin (Suède)
J. E. Meade (G-B)
1978 H. A. Simon (É-U)
1979 W. A. Lewis (G-B)
T. W. Schultz (É-U)
1980 L. R. Klein (É-U)
1981 J. Tobin (É-U)
1982 G. J. Stigler (É-U)
1983 G. Debreu (É-U)
1984 J. R. N. Stone (G-B)
1985 F. Modigliani (É-U)
1986 J. M. Buchanan (É-U)
1987 R. M. Solow (É-U)
1988 M. Allais (Fr.)
1989 T. Haavelmo (Norv.)
1990 H. M. Markowitz (É-U)
M. H. Miller (É-U)
W. Sharpe (É-U)
1991 R. Coase (G-B)
1992 G. S. Becker (É-U)
1993 R. W. Fogel (É-U)
D. C. North (É-U)
1994 J. C. Harsanyi (É-U)
R. Selten (All.)
J. F. Nash (É-U)
1995 R. E. Lucas Jr. (É-U)
1996 J. Mirrlees (G-B)
W. Vickrey (Can.)
1997 R. C. Merton (É-U)
M. S. Scholes (É-U)
1998 Amartya Sen (Inde)
1999 R. A. Mundell (Can.)
2000 J. J. Heckman (É-U)
D. L. McFadden (É-U)

CRÉDITS PHOTOGRAPHIQUES

Les sources de photographies ont été classées par ordre alphabétique des noms des organismes (agences photographiques, musées, entreprises, etc.) et/ou des photographes ayant fourni les documents reproduits. Ces noms sont suivis du folio de la page où se trouve la photographie et, éventuellement, d'une lettre indiquant la position de celle-ci dans la page, la lecture se faisant horizontalement et de haut en bas. Pour les autres tables récapitulatives, seuls sont donnés le folio et la lettre de position dans la page, le principe de lecture restant le même.

Les droits de reproduction des illustrations sont réservés en notre comptabilité pour les auteurs ou ayants droit dont nous n'avons pas trouvé les coordonnées malgré nos recherches et dans les cas éventuels où des mentions n'auraient pas été spécifiées.

PARTIE NOMS COMMUNS

sources des photographies

Aérospatiale 995 / *Alcatel* 918
Airship Industries 338
AKG, Paris 120b, f, 623a, 724a
Altitude *Arthus-Bertrand* 195, 206a / *Gottschalk* 388 / *Jourdan* 1019 / *Wark* 174
Archipress *Boegly* 131, 583 / *Couturier* 224a / *Eustache* 661
Artephot *Babey* 535e / *Bauer* 655, 851c / *Held* 677d, 686 / *Held (A.)* 535a, 735, 893 / *Kersting* 483e, f / *Lavaud* 189 / *Nimatallah* 511, 577a / *Oronoz* 899d, 993 / *Phédon-Salou* 483c / *Roland* 427 / *Scandibild* 386 / *Schneiders* 483g
Atlas Photo 95a
Berlin (A.) 382
Bernand 220a, c, 297b, 891 / *Gély* 114d, e
Bessy (Y.) 696
Bibliothèque des Arts décoratifs, Paris 43c
Bibliothèque nationale de France, Paris 40, 399a, b, c, d, 656a, 677c, 899c
Bios *Bretagnolle* 118 / *Grospas* 197c / *Munoz* 443 / *Seitre* 987 / *Still Pictures/DRA* 894
Boeing Aircraft 104d
Bottin (J.) 561a
Cameraphoto 981c
Canada-France-Hawaii Telescope 689
Caterpillar 761a
Cats 67d, e, f
Cedri *Marmounier* 640
Charmet (J.-L.) 529
Chauvelin (J.) 253c
Chirol (S.) 899e
Ciel et Espace 457 / *Brunier* 851b / *Nasa* 688, 1076a / *NOAO* 986 / *NPO Energya* 74 / *Watabe* 274
Cinéstar 218b, f
Citroën 244b
C.N.R.I. 197b, d, 424, 851a, 915a, 959a / *Barraquer* 887 / *Bories* 922b / *Burns/ACE/Phototake* 1069 / *GJLP* 922a / *Model* 212 / *Phototake* 915c / *Pol* 358 / *White* 915b
Coll. Cahiers du Cinéma 67a
Coll. C.A.M.-F.C.G. 30e
Coll. Christophe L. 67b, 218a, e, 297c, 923
Coll. Lalique, Paris 88c
Coll. Larousse 48, 87b, 104a, c, 105a, c, 116a, b, c, d, e, f, 162, 168a, b, 224d, 305, 414a, c, 497, 519, 806b, d, e, 861a, 897, 970e, 979a, 1075a, b, c, d, e, f / *Bricaud* 989 / *Passek* 43d
Coll. Marinie 1081a
Coll. Max Bill 30c
Coll. Musée de la Musique Publimage 225
Constructions mécaniques de Normandie 629b
Cosmos 975 / *Espenak Fred* 448 / *Fishman* 293b / *Gorgoni* 584 / *Perri* 425 / *SPL* 717, 732 / *SPL/Dowsett* 110 / *SPL/Finch* 99 / *SPL/Fleming* 586b, 781c, d / *SPL/Greim* 379 / *SPL/Kulyk* 559 / *SPL/NOAA* 292 / *SPL/NRSC Ltd* 525 / *SPL/Patterson* 60a / *SPL/Royal Observatory, Edinburgh/AATB* 703 / *SPL/Royal Observatory, Edinburgh* 707 / *SPL/Royer* 237
Dagli Orti (G.) 156, 371b, 663, 692b
Dassault Aviation *Robineau* 105b
Descharnes & Descharnes 979b
Diaf *Gerard* 60b / *Pratt-Pries* 566d / *Travert* 585
Diathèque C.N.A.C. G. Pompidou, Paris. 979c
DR 67c, 399e
Edimages *Jourdes* 43e
Edimedia 432 / *Guillemot/CDA* 371a, 970a
Enguerand *Masson* 114c / *Pacciani/Masson* 114b
Ernoult Features *Bowater* 494 / *Ernoult* 104b, 520 / *Malglaive (de)* 143
ESA *PAF D. (GFZ Postdam)* 473
Eurelios *Plailly* 114a
Explorer 348b / *Bauer* 348a / *Bildagentur Schuster/Gerard* 947 / *Boutin* 120g / *Bras* 357 / *Cambazard* 483a / *Clément* 234 / *CNES/Spot Image* 95b, 400, 435 / *Cochin* 755b / *Delaborde* 575a / *Delu* 290b / *Duboutin* 221a / *Errath* 803 / *Hellier/Harding* 561c / *Jalain* 761b / *Klerm (de)* 569 / *Le Toquin* 290a / *Loirat* 624 / *Mathiaut* 124 / *Plisson (P.)* 185a / *Rapa* 996 / *Tétrel* 834 / *Tovi* 1017 / *Villarosa* 963b
Fabbri 30b, 483d / *Baguzzi* 805a
Fondation Dina Vierny - Musée Maillol 326d
Frederic L. 914
Froissardey 561b
Galerie des Archives 1065
Galerie Yvon Lambert, Paris *Morain* 431
Gamma *Gaillarde* 1039 / *Le Bot* 628b
Giraudon 43b, 81, 414e, 493, 812, 970b, c, f, 1034, 1048, 1072a / *Lauros* 62b, 78, 79b, 91, 120e, 137, 287a, 293a, 414f, 419b, 430a, 449, 460a, 535b, d, f, 609b, 621a, 671b, 677a, 759, 806c, 861b, d, 899b, 900a, b, c, 916, 926a, 970g, 979d, 990, 991b, 1042, 1068, 1072b, c
Gontier (Ph.) 984
Grapus, Montreuil 43f
Gray (Camilla) 253b
Grouchy (de) 183a
Hassia 566c, 656c
Held (S.) 183c, 297a, 323a
Hinz (H.) 30a
Hoa-Qui *De Wilde* 738 / *Denis-Huot* 157 / *Farhi* 920 / *Huet M.* 633 / *Renaudeau* 168c, 577b / *Thibaut* 206b / *Wild* 323b / *Wojtek Buss* 965b
Institut du monde arabe, Paris *Hammadi* 728
Institut royal du patrimoine artistique, Bruxelles 414d
International Harvester 159b
Jacana *Berthoule* 490a / *Brun* 724b / *Claye* 781a / *Giannoni* 419c / *König* 197a / *Varin* 57b
Jacob (P.) 220b, d
Japan Marine Science and Technology Center 955
Jerrican *DR* 628a / *Gontier* 192b / *Guignard* 650 / *Isopress/Zamboni* 649
Jonsson (R.) 105d
Josse (H.) 777, 991a
Jungheirrich France 474
Kersting (A.F.) 899g
Kharbine Tapabor 218c
Kipa *Euryaum* 297d / *Prebois* 218d
Knoll 324a
Leloir (J.-P.) 125, 248
Lénars (C.) 183b, 290c
Levassort (M.) 561g
Magnum *Capa* 121 / *Lessing* 526b, 533
M.A.N. *Atelier Flad* 805d
Marine nationale 629a
Maylin 1086
Mazin (R.) 113, 128, 159a, 224c
Météo-France *Lepine* 27
Metropolitan Museum of Art, New York 87a
M.N.A.M.-Centre G.-Pompidou, Paris 414b, 757, 861c / *Hatala* 926c / *Migeat* 30d, 244a, 656d, 926e
Mobilier national, Paris 991c
Montagner (J.-P.) 1015
Morain (A.) 30f, 926b
Musée de l'Armée, Paris 305
Musée de l'Automobile, Coll. Schlumpf, Mulhouse 101a, b, c
Musée de l'Ermitage, Leningrad *DR* 965a
Musée de l'Homme *Delaplanche* 575c
Musée des Arts décoratifs, Paris 63, 87d, 88a, b, d / *Sully-Jaulmes* 566c
Musée Toulouse-Lautrec, Albi 43a
Musées royaux des Beaux-Arts, Bruxelles 326b
Museum Ludwig, Cologne 805c
Muséum national d'histoire naturelle, Paris *Serrette/Paléontologie* 526a
Museum of Modern Art, New York 460b, 805b
Nilsson (L.) 373
Nippon Kokan 628c
Novosti *Rodionov* 561f
Österreichische Nationalbibliothek, Vienne 656b
Philadelphia Museum of Art 287b, 295a
Pierre (J.) 295b
Pitch 221b / *Binois* 967b / *Delatre* 221c, 967a / *Gonnet* 332 / *Petzold* 446 / *Vienne* 57a
Pix *Bavaria* 852 / *C.L.B.* 200 / *Le Divenah* 344 / *Ledanois* 1066
Presse-Sports 94a, b, c, 906a / *Bongarts* 68 / *Leech* 906b / *Nicolle* 152c / *Watel* 152b
Prodis 788
Puig 677b
Rampazzi (G.) 981d
Rapho *Ducasse* 52 / *Everts* 120d / *Koch* 1018 / *Marry* 962 / *Michaud (R.)* 273a, 806a / *Michel* 673a / *Pupkewitz* 49a / *Seynes (de)* 51, 561e / *Weiss* 62a
REA *Leimdorfer* 870 / *Moschetti* 808
Réunion des musées nationaux, Paris 31a, 79a, 192a, 224b, 238, 252, 419a, 535c, 618, 685, 692a, 820, 926d, 981b, 1053, 1083a / *Arnaudet* 349 / *Blot* 93 / *Larrieu* 173 / *Lewandowski* 279, 561d
Richier 240
Roger-Viollet 31b
Römisch Germanisches Museum – Kunstgewerbe dept. 490b
Ronald Cecil Sportes & Ass. 324b
S.A.M. 499, 945 / *Bedeau* 632 / *Buguin* 755a / *Joch* 800
Scala 96a, 120a, c, 210, 273b, 326a, c, 483b, 623b, 802, 899a, 917, 981a, 1035
Schambach et Pottkampes 414g
Scope *Fouchez* 50 / *Guillard* 108, 899f / *Sudres J.D.* 130
Sea and See *Allisy* 576 / *Fevrier* 815, 1083b
SEP 1041
Siemens *Pressbild* 430b
Sirpa ECPA 185b, 629c, 671a
Spot Image 312
Stedelijk Museum, Amsterdam 253a
Studio Pyrénées, Céret 297e
Sully-Jaulmes 187
Sygma *Plisson (G.)* 521 / *Robert* 42
Table Lumineuse, Lille 87c
TempSport 513, 571 / *Liewig* 123b / *Lungt* 500a / *Rogers* 481
Tétrel (P.) *Loirat* 705
The Art Institute of Chicago 287c
The Baltimore Museum of Art 253d
Thomson-CSF 942
Tim 179
Top *Desjardins* 566b / *Freeman* 970d / *Hinous* 87e, 461 / *Tripelon-Jarry* 586a
Vandystadt 96b, 106, 122, 322, 442b, 445, 496, 575b, 673b / *Allsport* 609c, 944a / *Allsport/Cavataio* 977 / *Allsport/Dunn* 123a, 1073b / *Allsport/Powell* 1076b / *Barutel* 746 / *Brunskill* 1000b / *Bruty* 442a / *Cannon* 152a / *Duffy* 1081b / *Givois* 49b, 141 / *Guichaoua* 963b / *Hans* 1000c / *Levine* 1076c / *Loubat* 172 / *Martin* 37, 626, 687a, b, c, d, 919, 1000a / *Martinez* 1073a / *Martini* 959b / *Mason* 285 / *Moulu* 1043 / *Petit* 974 / *Petit-Wind* 789 / *Powell* 340 / *Prior* 500b / *Sporting Pictures* 944b / *Vandystadt (G.)* 609a, 764
Viard (M.) 781b, 843, 1016
Volkswagen 101d
Yamaha 779
Zalkind (S.) 1024
ZEFA *Damm* 170
© Dargaud Éditeur-Greg 116e
© Éditions Pierre Horay, Paris 116a, 116b, 116c
© Les Humanoïdes Associés 116f
© Picasso administration 91, 287c
© Ronald Cecil Sportes 324b
© Succession H. Matisse 326d, 414c
© TIM 179
© Walt Disney. Par autorisation spéciale de TWDCF. 67e, 67f

artistes représentés par l'ADAGP

© ADAGP, Paris, 2001 : 30a, c, d, e, f, 43b, d, e, 87d, 88a, c, 244a, 253a, d, 287a, b, 295b, 414a, b, d, e, f, g, 431, 460a, 535d, 656d, 661, 805c, 861c, 926a, b, d, e, 979a, d
© Fondation Gala-Salvador Dali / ADAGP, Paris, 2001 : 979b
© Munch Museet / Munch Ellingsen Group / ADAGP, Paris, 2001 : 399e
© Succession Marcel Duchamp / ADAGP, Paris, 2001 : 295a

droits réservés

30b, 67a, b, c, d, 87a, c, e, 88b, d, 116d, 253b, c, 460b, 519, 584, 685, 686, 757, 805a, b, 926c, 979c, 1065

PARTIE NOMS PROPRES

sources des photographies

Académie royale des sciences, Stockholm 1182b
Actualit 1626c
Ader, Picard et Tajan 1399c
ADN-Zentralbild, Berlin 1391b
AFP 1395c, 1531a, 1566a, 1571
AKG, Paris 1261a, 1371d, 1495, 1514a, 1639b, 1724c / *Lessing* 1296a
Albin Michel *Rush/Bassoul* 1364a
Algar 1351d
Alpenland 1439b, 1519b
Altitude *Arthus-Bertrand* 1133c, 1167b, 1698c / *Bourseiller* 1499a / *Rossi* 1167a, 1386b, 1420
Ambassade d'Israël 1113b
Ambassade de Finlande 1105
Ambassade de la Rép. tchèque 1254a
Ambassade de RFA 1387a
Ambassade du Canada 1570c
Anders 1754d
Angeli 1172a
APN 1349b, 1423, 1606b, 1706b, 1718a
APPM *Monier* 1283b, 1414, 1680c
Archipress *Cesar/BNF* 1578a / *Couturier* 1257 / *Denance* 1228 / *Franck* 1298b
Archives I.R.L. 1234d, 1344b, 1435a
Archives Larbor 1249c, 1621b / *Duval* 1535c / *Pérony* 1530
Archives nationales du Québec *Bouchard* 1467a
Archives publiques du Canada 1531d, 1576b
Arsicaud 1165b
Artephot 1286a, 1333c, 1387d, 1390b, 1391d, 1428d, 1493a, 1554a / *Agraci* 1497a / *AKG Berlin* 1199b, 1304b, 1399a, 1441a, 1445c, 1448b, 1465a, 1507a, 1550c, 1668b / *Artothek* 1235a, 1752b / *Babey* 1610a / *Bapier* 1430b / *Bridgeman* 1368a, 1644a / *Cauboue* 1206d, 1272b, 1679a / *Cercle d'art* 1289b / *Coll. Sirot* 1354c / *Fabbri* 1532c / *Faillet* 1258b, 1435b, 1482f, 1726 / *Held* 1119a / *Held (A.)* 1154, 1284b / *Kersting* 1756e / *Lalance* 1282 / *Lavaud* 1582a / *Mandel* 1355a / *Meyer* 1329a / *Nimatallah* 1180a, 1188c, 1245b, 1259c, 1323b, 1343b, 1392d, 1474c, 1486a, 1511b, 1590, 1592b, 1704b, 1741a, 1749c / *Ogawa* 1428b, c / *Orion Press* 1388c / *Oronoz* 1212b, 1229c, 1247a, 1260, 1305a, 1309, 1375b, 1406c, 1418a, 1436c, 1482d, 1502a, c, 1592c, 1631b, 1675a, 1688, 1711a / *Percheron* 1209e, 1284d, 1307b, 1518h, 1536c / *Phedon-Salou* 1113c, 1249e, 1266a, 1281c, 1474a, 1543a, 1655a, 1692c / *Roland* 1196b, 1343a, 1568a / *Schneiders* 1362b, 1383b, 1652a / *Shogakukan* 1418b / *Takase* 1237c / *Terebenin* 1607a / *Tréla* 1299b, 1350c, 1364b, 1395a, 1433a, 1609c / *Varga* 1453, 1482e, 1619a, 1689a / *Vision* 1498b / *Vivien/"La Différence"* 1589a / *WPS* 1276a, 1279b, 1284a, 1399b, 1447b, 1539c, 1599b, 1669a, 1691b / *Zucconi* 1490b
Artistes Associés 1232a
Associated Press 1756c
Atlas Photo *Veyres* 1651b
Bahier (C.) – Migeat (P.) 1230
Bassano 1744b
Bavaria Verlag Bildagentur *Eschen* 1670a
Bayerische Staatsgemmäldesammlungen 1481c
Bernand 1170c, 1174a, 1200d, 1213b, 1215a, 1435c, 1590a
Bibliothèque apostolique, Vatican 1392a
Bibliothèque nationale de France, Paris 1136b, 1155b, 1180b, 1244f, 1299a, 1350a, 1381b, 1429c, 1481a, 1482c
Bibliothèque universitaire et cantonale, Lausanne 1620d
Bildarchiv Jürgens 1570a
Bildarchiv Preussischer Kulturbesitz 1179b, 1354e, 1404d, 1443b, 1487b, 1561d, 1633a, 1639a, 1693a, 1701b, 1755b, c, d / *Anders* 1127a
Bios *Ruoso* 1649b
Bottin (J.) 1208, 1246c, 1452c, 1653b
Boucaud 1620b
Boutin 1268, 1306, 1484a
Boyer (J.) 1106a
Brassaï 1493d
Bridgeman Art Library 1214b
British Council, Londres 1404b, 1445d, 1758a
British Museum, Londres 1151b, 1587c
Brooklyn Museum, New York 1482b
Brunel (F.) 1116, 1410e, 1412a
BSI 1716c
Bulloz 1252b, 1391c, 1483a, 1498a, 1639c, 1653a, 1675c / *Ciccione* 1592d
Bundespressedienst 1759
Bureau français de diffusion de la presse 1348
Burgevin 1585c
Carjat 1170a, 1276d, 1667a, 1670b
Cedri *Bevilacqua* 1638c / *Sappa* 1106b, 1276e, 1471, 1487a, 1519c, 1534a, 1718d / *Sioen* 1480, 1661b
Centre culturel 1289a
Centre culturel américain 1583c
Centre des monuments nationaux 1542 / *Nadar* 1563b, 1664b
Charmet (J.-L.) 1265, 1551, 1657, 1669b, 1689b, 1743a
Château de Gripsholm 1382b
Ciel et Espace *Nasa* 1506b, 1663a
Cinémathèque française 1457
Citroën 1248
C.N.A.C.-Centre G.-Pompidou, Paris 1447d, 1452a / *Ando Tadao* 1133a / *Hatala* 1748b
C.N.M.H.S. Paris *Feuillie* 1211
Coll. Christophe L. 1146, 1151a, 1167c, 1179a, 1204a, 1393a, 1464b, 1619d, 1705, 1749d
Coll. Fildier 1186a
Coll. Larousse 1118a, 1132b, 1151d, 1163b, 1171b, 1182a, 1191d, 1203a, 1209c, 1213a, 1223b, 1231b, 1249b, 1254a, 1278b, 1294c, 1295a, 1326a, 1330d, 1345a, 1350b, 1359c, 1397a, 1401b, 1435f, 1450a, 1455d, 1459b, c, 1468a, 1474b, d, 1488b, 1490c, 1499c, 1515b, 1523a, 1541b, 1582b, 1589b, d, 1592e, 1600a, 1610b, 1627, 1632a, 1664a, 1668a, 1677a, 1695a, 1698a, 1714a, 1742b, 1750a, 1753a, 1763a / *Atget* 1152c / *DR* 1162b / *Manuel* 1622b / *Prud'homme* 1252c
Coll. Marinie (A.) 1531b / *DR* 1397c, 1679b
Coll. Passek (J.-L.) *Artistes associés* 1124a / *Franfilmdis* 1680d / *Galba Films* 1443a / *Sofar Film* 1351a / *Warner Bros* 1189a, 1259a, 1755a
Compagnie française de distribution 1280b
Condominas (L.) 1655b
Coqueux (P.) 1641c
Courtauld Institute Galleries, Londres 1229b
Cunha (J. da) 1372a
Dagli Orti (G.) 1168a, 1173c, 1180d, 1190, 1191f, 1193b, 1195b, 1205b, 1244c, 1250, 1263c, 1297, 1301b, c, d, e, 1315c, e, 1325b, 1352, 1365b, 1371b, 1393b, 1404c, 1426b, 1431c, 1432a, 1438, 1442a, 1454b, 1459a, 1486c, 1494a, 1512b, 1515a, 1518a, b, d, f, 1528a, 1547a, 1603a, 1625b, g, 1638f, 1650, 1651a, 1668c, 1683d, 1708b, 1710b, 1718c, 1719, 1724a, 1743b, 1744a, 1752a, 1754a
Dazy (R.) 1697a
Delius (M.) 1595e
De Lorenzo (M.) 1323c
Delphin 1481b
Det Nationalhistoriske Museum pa Frederiksborg 1199a
Diaf *Duchene* 1575c / *Guittot* 1618c / *Gyssels* 1472a / *Lalmand* 1506c / *Mazin* 1506a / *Morandi* 1446e / *Pratt-Pries* 1570b, 1692a / *Régent* 1641e / *Schoenahl* 1407 / *Somelet* 1678 / *Travert* 1152d
DITE/USIS Documentation iconographique Th. Eteve 1329d, 1357, 1365d, 1402c, 1473b, 1582d, 1601, 1725a, 1757a, 1758b / *Nasa* 1327
Documentation C.C.I. 1760c
DR 1186b, 1187d, 1189c, 1333b, 1391e, 1490a, 1756a
Edimedia 1169c, 1173b, 1429b, 1522b, 1741c / *Archives Snark* 1333e / *Hinous* 1682
Enguerand *Masson* 1221a, 1381a
Erlanger de Rosen 1331b
ESO 1492d
Explorer 1620c / *Baumgartner* 1617 / *Boutin* 1189b, 1219b, 1520, 1567a, 1723 / *Cambazard* 1458b / *Charmet* 1706a / *Claquin* 1484c / *Claye* 1266b / *Fournie* 1398a / *Fox* 1473c / *Gerard* 1478 / *Hervy* 1273b / *Jahan* 1187c / *Kalicanin* 1566b / *Kremer* 1120 / *Labat* 1117c / *Lénars* 1425a / *Loirat* 1209d, f / *Morath* 1161c / *Nacivet* 1400 / *Nègre* 1212c / *Nou* 1410f / *Romer* 1637 / *Roy* 1126, 1655c / *Souricat* 1366 / *Tétrel* 1460b / *Thomas* 1121a / *Tovy Adina* 1240a / *Veiller* 1553a / *Wolf* 1568b
Fabbri 1507b
Fay Godwin's Photo 1467c
Films du Carrosse 1281a
Fleming 1631a, 1698b, 1754c, 1760a
Fondation Maeght 1199d / *Germain* 1358b
Freund (G.) 1160b, 1249a, 1303c, 1304a, 1359d, 1360a, 1435d, 1497b, 1733c, 1763b
Gad-Borel Boissonnas 1294e
Gamma 1446d, 1677b, 1680a / *Achache* 1174b / *Apesteguy* 1406b / *Burnett* 1494b / *Campion* 1660 / *De Keerle* 1724d / *Denize* 1493f / *Depardon* 1124b, 1603c / *Deville* 1497d / *Ducasse* 1324e / *Duclos* 1362a / *Evans* 1622c / *Farza* 1513a / *Guenet* 1441b / *Halebian* 1325a / *Laurent* 1385a / *Lochon* 1709 / *Maitre* 1708a / *Mali* 1761 / *Maous* 1448e / *Markel/Liaison* 1210a / *Mathieu* 1390a / *Perrin* 1439a / *Piel* 1667b / *Rey* 1140d / *Rougemont* 1365c / *Rudling* 1540, 1582c / *Saola/Vallet-Rosenfeld* 1266c / *Simon* 1388b / *Toucheteau* 1183b / *UPI* 1210b / *Vioujard* 1170b, 1197a, 1243a, 1368c
Garanger (M.) 1769
Giraudon 1113a, 1134b, 1139b, 1155a, 1171c, 1187b, 1235b, d, 1294f, 1298c, 1334, 1342, 1387b, 1402a, 1502d, 1531c, 1577a, 1595a, 1596c, 1597b, 1603b, 1611, 1640, 1659, 1663b, 1683c, 1712, 1720, 1733b, 1738b / *Alinari* 1225b, 1275, 1595d / *Bridgeman* 1388a, 1398d, 1577b, 1735b / *Bridgeman Art Library* 1349a / *Bridgeman/Giraudon* 1258a, 1270a, 1274b / *Lauros* 1119b, 1140c, 1142b, 1161b, 1162a, 1165a, 1169a, 1181b, 1184, 1191b, c, g, h, 1192c, 1194a, 1195a, 1221b, 1225d, 1234a, c, 1235c, 1243b, 1244a, 1245a, c, 1255a, b, 1261b, 1276b, 1278c, 1279a, c, 1285a, 1291a, 1293a, b, 1294a, b, d, 1305b, 1316, 1329b, 1331a, 1333d, 1343d, 1350d, 1353, 1354a, b, 1370, 1374, 1382a, 1386a, 1393c, 1403a, 1410g, 1412b, 1418c, 1424b, 1426a, 1428a, 1430a, 1432c, 1434, 1449a, 1454a, 1460a, 1464a, 1465c, 1469b, 1470, 1482a, 1483b, 1486b, 1492a, 1500c, 1503a, c, 1508b, 1509b, 1512a, 1513b, 1519a, 1522c, 1525, 1527d, 1528b, 1532b, 1533a, 1535a, 1541a, 1544a, b, 1549a, 1564c, 1567b, c, d, 1574, 1581, 1585d, 1594d, 1595b, 1596a, b, 1598b, 1618a, 1621a, 1625a, 1626d, 1633b, 1635a, 1643a, 1675b, 1689c, 1691a, 1693b, 1695b, 1701c, 1711b, 1724b, 1734b, 1741b, d, 1746, 1749a, 1768b / *Lorette* 1466b, c
Gribayedoff 1271
Guiley-Lagache 1172b
Halberstadt 1345b
Hede (M.) 1160a
Held (S.) 1194b, 1195c, 1199e, 1244d, 1272c, 1361, 1401c, 1410d, 1415f, 1433b, 1442c, 1564a, 1585a, 1591b, 1701a
Hoa-Qui 1406a / *Collart* 1128b / *Denis-Huot* 1446a / *Huet* 1111b / *Kervella* 1193a / *Noirot* 1387e / *Renaudeau* 1111d / *Wojtek Buss* 1138, 1205c
Hulton Deutsch Collection 1497c, 1683a
Hulton Picture Library 1599a / *BBC* 1475a, 1508a, 1760b
Image Bank *Sund* 1549c
Imapress 1351b, 1384a, 1397d, 1436a, 1462b, 1500b, 1573, 1639d, 1710a, 1743c / *Adam* 1360d / *Bristol* 1432b / *Fischbeck* 1766c / *Gysembergh* 1445a / *Harvey* 1404a / *Karsh* 1302c, 1443c, 1445b, 1468b, 1545b, 1595f, 1715 / *Lacroix* 1527a / *Launois* 1722d / *Mc Cabe* 1431b / *Snowdon* 1401d / *Steffen* 1447c
Imperial War Museum, Londres 1330c, 1435e
Interfoto M.T.I. *Lajos* 1449b
Izis 1180e
Josse (H.) 1191a, 1214a, 1225a, 1251a, 1252a, 1303a, e, 1363a, 1404e, 1431a, 1455e, 1461c, 1482g, 1502b, 1503b, 1532a, 1550b, 1666b, 1750b
Jourdes 1205a
Juge (B.) 1499c
Keystone 1132c, 1187e, 1188b, 1283a, 1343c, 1346a, 1351c, 1365a, 1379, 1397b, 1429d, 1451a, 1456b, 1461a, 1463b, 1465b, 1475b, 1489a, b, 1515c, 1526b, 1537a, 1547c, 1553b, 1597c, 1649a, 1722b, 1768a / *Aubert* 1683b / *Boccon-Gibod* 1363b
Kharbine Tapabor 1173a, 1704a, 1733a
Kipa 1134a / *Cauchetier* 1535b / *Gaudenti* 1536a / *Lefranc* 1527b / *Morell* 1722c / *Sunset* 1479b
Klein (W.) 1448a
Kleinhemper 1391f
Kohler (F.) 1455b
Kunsthaus Zurich 1398e
Lam (W.) 1455a
Legouhy 1251d
Leloir (J.-P.) 1147a, 1329c, 1594a, 1691c
Lénars (C.) 1238, 1303b, 1324c, 1415a, 1511c, 1549b, 1561a, e, f, 1766a
Levassort (M.) 1132a, 1397e, 1716d
Lido (S.) 1114a
Ligey (A. et P.) 1511a
Loirat (L.Y.) 1575a, 1580
Lorette (P.) 1117a, 1152a
Magnin 1534b
Magnum 1177b, 1415h / *Abbas* 1183c / *Barbey* 1544c / *Berry* 1583a / *Burri* 1554b / *Freed* 1179d / *Glinn* 1108a / *Haas* 1446c / *Halsman* 1246a / *Lessing* 1128a, 1204b, 1227a, 1272a, 1524b, 1539b, 1592a / *Manos* 1153a / *Mc Cullin* 1172d / *Riboud* 1134d, 1200c, 1281d, 1398c / *Suyin* 1606a
Maison de l'Argentine 1263b
Man Ray 1202a
Manuel (H.) 1296b, 1323a, 1594b
Marmounier (S.) 1180c, 1326b
Masson (C.) 1557a
Max Planck Institut Für Aeronomie 1583b
Mayer 1139a
Maylin (M.L.) 1371a
Mazin (R.) 1159, 1164, 1330b, 1484d, 1578b
Meauxsonne (J.-C.) 1252d
Metropolitan Museum of Art, New York 1299c, 1330a
Meyer 1237b, 1448c
Michaud 1280a, 1415g
Ministère de la Culture, France *Kertesz* 1444
M.N.A.M.-Centre G.-Pompidou, Paris 1147b, 1293c, 1440, 1545a / *Migeat* 1153b
MOA Museum of Art, Atami 1716a
Monde et Camera 1652b
Monier (L.) 1442b, 1463c, 1632b
Morain A. 1118b
Munchow (A.) 1115
Musée Andersen 1133b
Musée August-Strinberg, Stockholm 1693c
Musée Barbier-Mueller, Genève 1111c
Musée canadien des Civilisations, Ottawa 1713
Musée de Berlin-Dahlem 1234b
Musée de Grenoble 1768c
Musée de l'Air 1760d
Musée de l'Homme, Paris *Ponsard* 1561c
Musée de Montluçon 1455c
Musée des Beaux-Arts, Strasbourg 1391a
Musée du séminaire de Québec 1461b
Musée du Vatican 1458a
Musée Guimet, Paris 1410c
Musée Kröller-Müller, Otterloo 1529b
Musée national du palais de Taipei, Taiwan 1244e
Musée royal de l'Afrique centrale, Tervuren 1111a
Musées royaux des Beaux-Arts, Bruxelles 1277a
Museum Ludwig, Cologne *Weston* 1756b
Muséum national d'histoire naturelle, Paris 1735a
Museum of Fine Arts, Springfield 1233
Museum of Modern Art, New York 1526a
Nadar père 1270b, 1547b / *Nadar* 1742a
NASA *JPL* 1437a
Nasjonalgalleriet, Oslo *Vaering* 1405
National Gallery of Art, Washington 1187a, 1424a
National Gallery, Londres 1375a, 1595g, 1625h
National Museum, Stockholm 1473a
National Portrait Gallery, Londres 1162c, 1276c, 1286b, 1344a, 1360e, 1385b, 1392c, 1395d, 1398b, 1425b, 1547d, 1576a, 1753b, 1756d
Nou (J.-L.) 1198, 1410a, h
O'Sughru 1191e
Objectif 2000 *Civet* 1439c / *Jannel* 1389
Office du tourisme suisse 1437b
Österreichische Nationalbibliothek, Vienne 1493e
Pagès (F.) 1227c
Paris-Match *Le Tac* 1479c
Petersen 1267a
Philadelphia Museum of Art 1626b
Philippot (J.-C.) 1697b
Pic (R.) 1200b
Pitch *Cordier* 1182c
Pix 1197c, 1550a, 1565a, b / *Ancenay* 1577c / *Guiziou* 1165c / *Hicks* 1321 / *Sonnet* 1302a / *Thompson* 1142a / *Vincent* 1557b

Popperfoto 1532d
Presse-Sports 1516 / *Tiedemann* 1585b
Quilici (F.) 1200a
Ramos (D.) 1738a
Rapho 1251b, 1274c / *Berli* 1359b, 1492c / *Berlitz* 1533c / *Berretty* 1354d / *Black Star* 1644c / *Brack* 1224 / *Butler* 1177c / *Charles* 1736 / *Charliat* 1633c / *De Sazo* 1635b / *Doisneau* 1287b, 1380b, 1608b / *Everts* 1350e, 1524a / *Frédéric* 1240c / *Funk* 1206a, 1658a / *Gerster* 1163a, 1518c, 1692b / *Goldman* 1206b, 1431d / *Granham* 1212a / *Halin* 1355b / *Heyman* 1392b / *Joly* 1206c / *Koch* 1415c, 1452b, 1602, 1615, 1700a / *Larrieu* 1252e / *Lawson* 1638d / *Le Diascorn* 1191i / *Luider* 1641d / *Martel (J.-C.)* 1402b / *Martel (O.)* 1219a / *Michaud (R. et S.)* 1324d, 1410b, 1684a / *Michaud (R.)* 1209a / *Niepce* 1626e / *Pavlovsky* 1662 / *Repérant* 1172c / *Ross (B.)* 1661a / *Ross (J.)* 1301a / *Santos* 1673a / *Sappa* 1658b / *Sazo* 1623 / *Serraillier* 1472b, 1754b / *Silberstein* 1419, 1450b, 1717 / *Sioen* 1183a / *Staquet* 1259b / *Tulane* 1526c / *Yamashita* 1346b, 1673b
Réunion des musées nationaux, Paris 1136a, 1232b, 1273a, 1277b, 1301g, 1315d, 1401a, 1415b, d, e, 1428f, 1447a, 1456a, 1484b, 1518e, g, 1519d, 1529c, 1545c, 1575b, 1609b, 1625c, 1643b, 1735c / *Arnaudet* 1237a, 1619b / *Lewandowski* 1127c, 1301f, 1371c, 1479a / *Strand* 1692d
Reuters/MAXPPP 1594c
Rijksmuseum Foundation, Amsterdam 1596d, 1624, 1644b
Riviere (C.) 1240b
Roger-Viollet 1179c, 1180f, 1188a, 1202b, 1245d, 1284c, 1299d, 1302b, 1324b, 1326d, 1395b, 1429a, 1451b, 1493f, 1564b, 1589c, 1597d, 1600b, 1748a / *Boyer* 1501 / *Harlingue* 1203b, 1324a, 1425c / *Lipnitzki* 1168b, 1169b, 1251c, 1263a, 1294g, 1360b, 1552
Rol 1152b
Rouvre (D.) 1111e
Sarramon (C.) 1463a
Scala 1118c, 1127b, 1134c, 1151c, 1177d, 1178, 1181a, 1205d, 1209b, 1220a, 1221c, 1222, 1227b, 1229a, 1246b, 1267b, 1278a, 1287a, 1288, 1298a, 1307a, 1315b, 1358a, 1359a, 1360f, g, 1371e, 1383a, 1384b, 1394, 1413, 1436d, 1466a, 1488a, 1500a, 1503d, 1507c, 1522a, 1595c, 1598a, 1609a, 1620a, 1622a, 1625d, e, f, 1626a, 1638a, b, e, 1641a, 1665, 1666a, 1714b, 1734a, 1743d, 1745
Schaarwächter, Berlin 1380a
Schwarze Werner 1437c
Scope *Barde* 1121b, 1488c, 1718a / *Guillard* 1131, 1220b, 1332, 1543b / *Sierpinski* 1529a, 1533b
Seattle Art Museum *Macapia* 1428e
Secrétariat à l'information, Lisbonne 1215b
Sipa Press 1225c, 1684b / *Ammar* 1177a / *Baumann* 1517 / *Charlier* 1117b / *Chesnot-Stevens* 1539a / *Corbis/Bettmann* 1303d / *Goess* 1291b / *Megret* 1700b / *New Press* 1197b / *Robert* 1351e / *Sichov* 1607b
Sirpa ECPA 1436b
Staatliche Museen, Berlin 1333a, 1399d / *Graf* 1561b
Stanimirovitch 1563a
Stenders Forlag 1387c
Stierlin (H.) 1315a
Stills 1232c / *Catarina* 1424c / *Retna/Putland* 1597a
S.V.Z. *Giegel* 1768d
Sygma 1140b, 1207, 1587d, 1667c, 1749b / *Andanson* 1680b / *Bassouls* 1192b, 1229d, 1587a / *Bisson* 1196a / *Compoint* 1119c / *Goldberg* 1515d / *Grassart* 1347 / *Hernandez* 1140a / *Langevin* 1281b, 1536b, 1556 / *Ledru* 1199c, 1619c / *Milner* 1587b, 1618b / *Neema* 1527c / *Philippot* 1493b / *Robert (P.)* 1192a / *Rosenstiehl* 1403b / *Roux* 1108b, 1177e / *Schachmes* 1295b, 1766b / *Siemoneit* 1446b / *Simonpietri* 1514b / *Vauthey* 1469a / *Wyman* 1249d
Tajan (H.) 1523a
Tallandier 1274a, 1368b, 1467b, 1490d, 1492b, 1722a
Tétrel (P.) 1546b
The Art Institute of Chicago 1326c, 1537b
The Nelson-Atkins Museum of Art 1244b
Thote (A.) 1247b
Todd (A.) 1372b
Top *Desjardins (D.)* 1231a / *Desjardins (M.)* 1188d, 1641b / *Guillemot* 1462a / *Hinous* 1236 / *Jalain* 1161a, 1608a / *Martinot* 1158, 1546a / *Mazin* 1468c
TWA 1648
Tweedy (E.) 1223a
Ullstein-Bilderdienst 1757b
Verroust (J.) 1740
VISA *Bevilacqua* 1156
Vloo 1171a / *Heaton* 1716b / *Messerschmidt* 1744c
Voering (O.) 1186c
Walt Disney Productions 1285b
Weidener 1448d
Weill (E.B.) 1725b
Weiss (S.) 1747
Wolf (A.) 1553c
© Ando Tadao 1133a
© C.C.P., Tucson, Arizona 1756b
© Centre des monuments nationaux 1180f
© Éditions A. René/Goscinny-Uderzo
© Éditions Casterman 1963 1714a
© Éditions Dupuis-Peyo 1668a
© Éditions Pierre Horay, Paris 1474b
© Hachette Livre / Gautier Languereau 1173a
© 2001 Kunsthaus Zurich. Tous droits réservés. 1398e
© Otto von Spreckelsen 1142a
© Picasso administration 1375b, 1594d
© Rogers & Piano 1228
© Succession H. Matisse 1509a
© Walt Disney. Par autorisation spéciale de TWDCF. 1523b

artistes représentés par l'ADAGP

© ADAGP, Paris, 2001 : 1118b, 1139a, 1147b, 1153b, 1162a, 1165a, 1173b, 1192c, 1196b, 1199d, 1230, 1257, 1274b, 1278a, 1293a, b, c, 1305b, 1307a, 1358b, 1404e, 1424b, 1434, 1440, 1447d, 1452a, 1455a, 1464a, 1492a, 1493a, d, 1523a, 1526a, 1529b, c, 1530, 1533a, 1545a, 1568a, 1578a, 1610b, 1621a, 1633c, 1655b, 1689c, 1693a, b, 1748b, 1760c
© FLC / ADAGP, Paris, 2001 : 1463a
© Man Ray Trust / ADAGP, Paris, 2001 : 1202a

droits réservés

1105, 1287b, 1534b, 1557b, 1565b, 1601, 1692d, 1704a

PLANCHES HORS-TEXTE

La lecture des crédits, sur chacune des planches, se fait de gauche à droite et de haut en bas.

1852-2002 les cent cinquante ans de Larousse : 5. Ph. © Archives Larbor sauf les première (semeuse, ph. © J.M.Verdié) et cinquième photos (Toucy, ph. © Édition des Grands Économats français). **6.** Ph. © Archives Larbor sauf les deuxième (vitrail, ph. © J.M.Verdié) et sixième photos (C.Augé, ph. © tableau de Laubadère, 1909). **7.** Ph. © Archives Larbor. **8.** Ph. © Archives Larbor.

Pour faciliter la lecture, les chiffres romains de la pagination sont ici remplacés par des chiffres arabes.
17. Kunsthistorisches Museum, Vienne -ph. © Bridgeman Art Library ; musée du Louvre, Paris -ph. © Archives Larbor. **18.** Ph. © W.Wisniewski/Jacana ; ph. © A. et M. Shah/Jacana ; ph. © J.Vertut ; ph. © M.Danegger/Jacana ; bibl. nat. Marciana, Venise -ph. © Giraudon ; musée de l'Homme, Paris -ph. © musée de l'Homme ; ph. © J.Vertut ; ph. © S.Westmorland/Getty One Stone ; musée des Antiquités nat., St-Germain-en-Laye -ph. © RMN ; musée des Antiquités nat., St-Germain-en-Laye -ph. © R.G.Ojeda/RMN ; musée des Arts d'Afrique et d'Océanie, Paris -ph. © Arnaudet/RMN. **19.** Ph. © S.Chenn/Corbis ; BNF, Paris -ph. © Archives Larbor ; musée des Antiquités nat., St-Germain-en-Laye -ph. © RMN ; ph. © J.Vertut ; ph. © M.Roux/CNRS ; ph. © DR ; ph. © Dagli Orti ; musée du Louvre, Paris -ph. © Archives Larbor ; musée de l'Homme, Paris -ph. © D.Ponsard/musée de l'Homme. **20.** Musée du Louvre, Paris -ph. © H.Lewandowski/RMN ; musée du Louvre, Paris -ph. © Archives Larbor ; musée du Louvre, Paris -ph. © H.Lewandowski/RMN ; musée du Louvre, Paris -ph. © Archives Larbor ; British Museum, Londres -ph. © E.Lessing/AKG, Paris ; musée du Louvre, Paris -ph. © E.Lessing/AKG, Paris ; BNF, Paris -ph. © Archives Larbor ; musée nat. d'Archéologie, Florence -ph. © Giraudon ; musée du Louvre, Paris -ph. © Archives Larbor ; Musée archéologique, Alep -ph. © Dagli Orti. **21.** British Museum, Londres -ph. © Bridgeman Art Library ; British Museum, Londres -ph. © Bridgeman Art Library ; ph. © Bridgeman Art Library ; Ashmolean Museum, Oxford -ph. © Bridgeman Art Library ; National Museum, Alep -ph. © Dagli Orti ; musée du Louvre, Paris -ph. © Archives Larbor ; musée du Louvre, Paris -ph. © H.Lewandowski/RMN ; British Museum, Londres -ph. © Archives Larbor ; Musée nat., Athènes -ph. © Dagli Orti ; National Museum, Delhi -ph. © J.L.Nou/AKG, Paris. **22.** Musée nat., Damas -ph. © Dagli Orti ; ph. © E.Lessing/AKG, Paris ; musée nat. d'Archéologie, Beyrouth -ph. © E.Lessing/AKG, Paris ; British Museum, Londres -ph. © British Museum ; musée du Louvre, Paris -ph. © Chuzeville/RMN ; musée du Louvre, Paris -ph. © H.Lewandowski/RMN ; Musée archéologique, Palerme -ph. © Dagli Orti ; musée d'Israël, Jérusalem -ph. © Bridgeman Art Library ; Musée nat., Villa Giulia, Rome -ph. © Scala ; Musée nat., Villa Giulia, Rome -ph. © Dagli Orti. **23.** Musée nat., San'â -ph. © P.Maillard ; British Museum, Londres -ph. © British Museum ; musée des Arts turcs et islamiques, Istanbul -ph. © Dagli Orti ; BNF, Paris -ph. © BNF ; musée du Louvre, Paris -ph. © H.Lewandowski/RMN ; Musée archéologique, Amman -ph. © J.L.Nou/AKG, Paris ; musée des Arts turcs et islamiques, Istanbul -ph. © Dagli Orti ; BNF, Paris -ph. © Archives Larbor ; Bibl. nat., Tunis -ph. © J.L.Nou/AKG, Paris ; Royal Asiatic Society, Londres -ph. © Bridgeman Art Library ; ph. © J.L.Nou/AKG, Paris. **24.** BNF, Paris -ph. © BNF ; National Palace Museum, Taipeh -ph. © W.Forman/AKG, Paris ; Metropolitan Museum of Art, New York -ph. © Val/Artephot ; BNF, Paris -ph. © BNF ; BNF, Paris -ph. © Archives Larbor ; coll. part., Paris -ph. © Dagli Orti ; musée des Arts asiatiques Guimet, Paris -ph. © RMN ; ph. © F.Deron/AFP ; BNF, Paris -ph. © BNF ; ph. © DR. **25.** Ph. © Dagli Orti ; ph. © D.Ponsard/musée de l'Homme ; ph. © Lauros/Giraudon ; Museo de America, Madrid -ph. © Giraudon ; ph. © DR ; British Museum, Londres -ph. © Bridgeman Art Library ; BNF, Paris -ph. © BNF ; ph. © Glasgow University Library ; BNF, Paris -ph. © Archives Larbor. **26.** Ph. © C.Simon/AFP ; ph. © C.Lénars ; institut d'Études orientales, St-Petersbourg -ph. © Giraudon ; ph. © Manaud/Hoa Qui ; ph. © O.Martel/Gamma ; ph. © R.Viollet/DR ; ph. © Gellie/Hoa Qui ; ph. © J.M.Loubat/Gamma ; ph. © J.Nasrallah/AFP. **27.** Ph. © Hulton/Stone ; ph. © Hulton/Getty One Stone ; ph. © S.Maze/Corbis ; ph. © T.Hadebe/AFP ; ph. © Hulton/Getty One Stone ; Guildhall Library, Londres -ph. © Bridgeman Art Library ; ph. © Hulton/Stone ; ph. © Hulton/Getty One Stone ; ph. © Raveendran/AFP ; ph. © H.Halberstadt/Resear/Explorer. **28.** Ph. © R.Viollet ; musée nat. d'Archéologie, Lima -ph. © Dagli Orti ; Staatsarchiv, Hambourg -ph. © AKG, Paris ; ph. © P.Almasy/Corbis-Sygma ; bibl. des Arts décoratifs, Paris -ph. © Dagli Orti ; bibl. des Arts décoratifs, Paris -ph. © J.L.Charmet ; ph. © Hulton/Getty One Stone ; ph. © F.Elkoury/Rapho. **29.** Musée d'Art et d'Histoire, Langres -ph. © Dagli Orti ; BNF, Paris -ph. © Archives Nathan ; BNF, Paris -ph. © Archives Larbor ; Bibl. publique et universitaire, Genève -ph. © Dagli Orti ; BNF, Paris -ph. © Archives Larbor ; BNF, Paris -ph. © Archives Larbor ; BNF, Paris -ph. © Archives Larbor ; BNF, Paris -ph. © Archives Larbor ; bibl. de l'Arsenal, Paris -ph. © Giraudon. **30.** BNF, Paris -ph. © R.Viollet ; BNF, Paris -ph. © Archives Larbor ; Bibl. historique de la ville de Paris -ph. © J.L.Charmet ; BNF, Paris -ph. © Archives Larbor ; ph. © Lauros/Giraudon ; BNF, Paris -ph. © Archives Larbor ; BNF, Paris -ph. © Giraudon. **31.** Musée nat. des châteaux de Versailles et de Trianon -ph. © Dagli Orti ; anc. à la Nationalgalerie, Berlin (perte de guerre) -ph. © AKG, Paris ; BNF, Paris -ph. © BNF ; ph. © Jourdes/Edimages ; BNF, Paris -ph. © Archives Larbor ; musée des Beaux-Arts, Besançon -ph. © Dagli Orti ; musée nat. de la Coopération franco-américaine, Blérancourt -ph. © C.Jean/RMN. **32.** Musée d'Histoire et des Guerres de Vendée, Cholet -ph. © Studio Golder, Cholet/Archives Larbor ; musée nat. des châteaux de Versailles et de Trianon -ph. © photos12.com –ARJ ; musée Carnavalet, Paris -ph. © Archives Larbor ; coll. part. -ph. © J.L.Charmet/Archives Larbor/DR ; musée nat. de l'Éducation, Rouen -ph. © Archives Larbor ; musée de la Voiture, Compiègne -ph. © Arnaudet/RMN ; musée Bernadotte, Pau -ph. © M.L.Perony/Archives Larbor ; ph. © Harlingue-Viollet. **33.** Musée nat. de Céramique, Sèvres -ph. © RMN ; ph. © DR ; Cabinet des dessins et des estampes, Florence -ph. © Scala ; musée Correr, Venise -ph. © Dagli Orti ; coll. privée -ph. © Bridgeman Art Library © ADAGP, 2001 ; musée Magnin, Dijon -ph. © F. Raux/RMN. **34.** Ph. © J.Vertut ; British Library, Londres -ph. © British Library/Archives Larbor ; ph. © L.Birmingham/Gamma ; ph. © N.Cirani/2001 by Wara, Centro camuno di studi preistorici, Capo di Ponte, Italy ; ph. © C.Lenars ; ph. © D.Blum/Gamma ; ph. © 2001 by Wara, Centro camuno di studi preistorici, Capo di Ponte, Italy ; ph. © C.Lenars ; ph. © Djamdjian/Gamma ; croquis d'après un relevé de V.S. Wakankar -ph. © 2001 by Wara,Centro camuno di studi preistorici, Capo di Ponte, Italy ; ph. © P.Bahn/Eurelios. **35.** Ph. © 2001 by Wara, Centro camuno di studi preistorici, Capo di Ponte, Italy ; ph. © J.-D.Lajoux ; ph. © J.Vertut ; ph. © 2001 by Wara, Centro camuno di studi preistorici, Capo di Ponte, Italy ; ph. © G.Martin/Gamma ; ph. © MCC/DRAC Rhône-Alpes/SRA/Eurelios ; ph. © J.Vertut ; ph. © J.Vertut ; ph. © H.Cosquer/Gamma ; ph. © Y.Arthus-Bertrand/Altitude. **36.** British Museum, Londres -ph. © Archives Larbor ; Musée archéologique, Herakleion -ph. © Dagli Orti ; musée nat. d'Archéologie, Naples -ph. © Dagli Orti ; chapelle Saint-Gilles, Montoire -ph. © Dagli Orti ; S. Maria foris Portas, Castelseprio -ph. © Scala ; ph. © Dagli Orti ; église St-Pantéleimon, Nerezi -ph. © AKG, Paris ; église abbatiale, Saint-Savin -ph. © Dagli Orti ; chapelle Scrovegni, Padoue -ph. © Cameraphoto/AKG, Paris ; Musée archéologique, Alep -ph. © Dagli Orti ; chapelle Sixtine, Rome -ph. © musée du Vatican. **37.** Académie Carrara, Bergame -ph. © Dagli Orti ; SS Annunziata, Florence -ph. © Scala ; musée de la Renaissance, Écouen -ph. © G.Blot/RMN ; musée du Louvre, Paris -ph. © RMN ; British Library, Londres -ph. © Bridgeman Art Library ; Herculanum -ph. © Dagli Orti ; musée des Offices, Florence -ph. © Scala ; bibl. de Topkapi, Istanbul -ph. © Dagli Orti ; musée nat. des Indes, New-Delhi -ph. © Bridgeman Art Library ; musée d'Orsay, Paris -ph.© H.Lewandowski/RMN © ADAGP, 2001. **38.** Musée E.Delacroix, Paris -ph. © H.Lewandowski/RMN ; musée des Offices, Florence -ph. © Scala ; maison Vasari, Florence -ph. © Scala ; musée du Louvre, Paris -ph. © H.Josse/Archives Larbor ; musée E.Delacroix, Paris -ph. © RMN ; Rijksmuseum, Amsterdam -ph. © AKG, Paris ; musée du Louvre, Paris -ph. © J.G.Berizzi/RMN ; Palais ducal, Urbino -ph. © Dagli Orti ; musée Picasso, Paris -ph. B.Hatala/RMN © Succession Picasso, 2001 ; Tate Gallery, Londres -ph. © AKG © ADAGP, 2001 ; National Gallery, Londres -ph. © Bridgeman Art Library. **39.** Fitzwilliam Museum, université de Cambridge -ph. © Bridgeman Art Library ; musée des Antiquités égyptiennes, Berlin -ph. © E.Lessing/AKG, Paris ; Sir John Soane's museum, Londres -ph. © Bridgeman Art Library ; Kunsthistorisches museum, Vienne -ph. © E.Lessing/AKG, Paris ; musée A.Lécuyer, St-Quentin -ph. © H.Lewandowski/RMN ; musée nat. d'Art, Bucarest -ph. © G.Blot/RMN ; Kunsthistorisches

museum, Vienne -ph. © E.Lessing/AKG, Paris ; musée du Louvre, Paris -ph. © H.Lewandowski/RMN ; couvent de ste Catherine, Sinaï -ph. © R.Percheron/Artephot ; musée du Louvre, Paris -ph. © G.Blot/RMN ; Fischer Fine Art Ltd, Londres -ph. © Bridgeman Art Library. **40.** BNF, Paris -ph. © Archives Larbor ; musée des Beaux-Arts, Lille -ph. © Quecq d'Henripret/RMN © héritiers Matisse ; musée du Louvre, Paris -ph. © M.Bellot/RMN ; BNF, Paris -ph. © E.Lessing/AKG, Paris ; ph. © Paul-Klee-Stiftung, Kunstmuseum, Bern ; musée Condé, Chantilly -ph. © H.Bréjat/RMN ; musée du Louvre, Paris -ph. © RMN ; bibl. der Rijksuniversiteit, Utrecht -ph. © Bridgeman Art Library ; musée du Louvre, Paris -ph. © RMN ; musée Guimet, Paris -ph. © RMN ; musée Picasso, Paris -ph. © RMN © Picasso Administration ; musée du Louvre, Paris -ph. © J.Schormans/RMN. **41.** Musée A.Lécuyer, St-Quentin -ph. © G.Blot/RMN ; BNF, Paris -ph. © AKG, Paris ; musée du Louvre, Paris -ph. © M.Bellot/RMN ; musée du Louvre, Paris -ph. © J.G.Berizzi/RMN ; Galleria dell' Academia, Venise -ph. © Archives Larbor ; MNAMGP, Paris -ph. © L.Joubert/Archives Larbor © ADAGP, Paris, 2001 ; coll. privée -ph. © Bridgeman Art Library ; coll. privée -ph. © Bridgeman Art Library ; ph. © Mercurius Art Publishing, 1995 ; ph. © R.Roland/Artephot © ADAGP, 2001 ; musée des Beaux-Arts, Dijon -ph. © Bridgeman Art Library ; ph. © Galerie Maeght, Paris. **42.** Musée des Antiquités nat., St-Germain-en-Laye -ph. © L.Hamon/RMN ; musée du Louvre, Paris -ph. © RMN ; musée d'Écouen -ph. © RMN ; Rijksmuseum Van Oudheden, Leyde -ph. © E.Lessing/Magnum ; musée du Louvre, Paris -ph. © Dagli Orti ; musée nat. de Céramique, Sèvres -ph. © RMN ; musée nat. de Céramique, Sèvres -ph. © C.Jean/RMN ; musée du Louvre, Paris -ph. © Chuzeville/RMN ; musée des Beaux-Arts, Lillle -ph. © RMN ; musée de Bagdad -ph. © Dagli Orti ; musée de la Madrasa, Karatay -ph. © E.Ertem/Sipa Press ; château de Rambouillet -ph. © Dagli Orti ; Klosternenburg, Autriche -ph. © E.Lessing/AKG, Paris ; Musée municipal, Limoges -ph. © E.Lessing/Magnum ; Tiroler Landesmuseum, Innsbruck -ph. © Dagli Orti. **43.** Musée du Caire -ph. © Archives Larbor ; British Museum, Londres -ph. © Bridgeman Art Library ; ph. © Scala ; musée du Louvre, Paris -ph. © J.Schormans/RMN ; Musée archéologique, Pella -ph. © Dagli Orti ; ph. © L.Psihoyos/Rapho ; Musée nat., Naples -ph. © Scala ; ph. © Le Diascorn/Rapho ; mausolée Galla Placida, Ravenne -ph. © Dagli Orti ; Duomo, Sienne -ph. © Scala ; ph. © Scala ; église St-Dominique, Bologne -ph. © Dagli Orti. **44.** Cathédrale de Cologne -ph. © E.Lessing/Magnum ; musée du Moyen Âge, Paris -ph. © RMN ; musée de l'Ermitage, St-Petersbourg -ph. © E.Lessing/Magnum ; église de Cluny -ph. © Bourbonnais/Explorer ; Abegg-Siftung, Riggisberg, Bern -ph. © E.Lessing/Magnum ; musée du Berry, Bourges -ph. © M.Bellot/RMN ; musée F.Léger, Biot -ph. © G.Blot/RMN © ADAGP, 2001 ; musée du Moyen Âge, Paris -ph. © G.Blot/RMN ; Musée égyptien, Le Caire -ph. © Scala. **45.** Musée du Louvre, Paris -ph. © E.Lessing/Magnum ; musée des Arts décoratifs, Saumur -ph. © Dagli Orti ; ph. © Archives Larbor ; musée historique des Tissus, Lyon -ph. © Basset/Archives Larbor ; musée de Cluny, Paris -ph. © H.Josse/Archives Larbor ; musée des Arts décoratifs, Paris -ph. © E.Lessing/Magnum ; bibl. Forney, Paris -ph. © J.L.Charmet/Archives Larbor. **46.** Musée d'Archéologie, Herakleion -ph. © Dagli Orti ; musée du Louvre, Paris -ph. © Chuzeville/RMN ; BNF, Paris -ph. © Archives Larbor ; musée du Louvre, Paris -ph. © M.Bellot/RMN ; musée des Arts asiatiques Guimet, Paris -ph. © T.Ollivier/RMN ; ph. © Hulton Getty ; ph. AKG © M.C.Escher's «Sky an Water I» © 2001 Cordon Art B.V.-Baarn-Holland, all rights reserved ; BNF, Paris -ph. © Archives Larbor ; musée des Traditions populaires, Paris -ph. © G.Blot/RMN ; musée des Arts décoratifs, Paris -ph. © Dagli Orti ; musée des Arts asiatiques Guimet, Paris -ph. © T.Ollivier/RMN ; coll. part., Paris -ph. © L.Joubert/Archives Larbor. **47.** Musée nat. de Céramique, Sèvres -ph. © M.Beck-Coppola/RMN ; BNF, Paris -ph. © Jeanbor/Archives Larbor ; ph. © musée de la Poste, Paris ; ph. © Archives Larbor ; BNF, Paris -ph. © Archives Larbor ; ph. © DR ; musée d'Orsay, Paris -ph. © RMN ; coll. part. -ph. © Archives Larbor ; musée nat. de Céramique, Sèvres -ph. © M.Beck-Coppola/RMN ; BNF, Paris -ph. © Archives Nathan ; ph. © Éditions Casterman ; musée d'Orsay, Paris -ph. © H.Lewandowski/RMN ; ph. © J.L.Charmet. **48.** Ph. © Archives Larbor ; musée d'Orsay, Paris -ph. © B.Hatala/RMN ; ph. © Archives Larbor ; ph. © BSIP ; ph. © Kobbeh/Figmag/Gamma ; ph. © Archives Larbor ; ph. © R.Curtis/photo Researchesr/Cosmos ; ph. © SPL/Cosmos ; ph. © Christophe L. ; ph. © Christophe L. ; ph. © B.Collier/Corbis-Sygma. **49.** Ph. © Dagli Orti. **50.** Nasa -ph. © Ciel et Espace ; Niedersächlisches Museum, Hanovre -ph. © AKG, Paris ; musée du Louvre, Paris -ph. © Dagli Orti ; musée Mc Gregor, Kimberley -ph. © AKG, Paris ; ph. © DRAC Rhône-Alpes ; ph. © Dagli Orti ; ph. © Dagli Orti. **51.** Ph. © Dagli Orti ; musée de Damas -ph. © Dagli Orti ; ph. © D.Lezama/Corbis-Sygma ; musée du Louvre, Paris -ph. © Dagli Orti ; musée de Damas -ph. © C.Lenars ; musée du Trentin, Trente -ph. © Dagli Orti ; musée du Bardo, Tunis -ph. © AKG, Paris ; musée du Louvre, Paris -ph. © Dagli Orti. **52.** Ph. © S.Held ; musée du Capitole -ph. © Dagli Orti ; Musée nat., Athènes -ph. © Dagli Orti ; musée de l'Agora, Athènes -ph. © Dagli Orti ; Antikensammlung, Berlin -ph. © Archives Larbor ; musée civique du Frioule -ph. © Dagli Orti ; musée du Louvre, Paris -ph. © Dagli Orti ; musée du Louvre, Paris -ph. © Dagli Orti. **53.** Musée Pergamon, Berlin -ph. © AKG, Paris ; ph. © S.Held ; École américaine d'études classiques, Athènes -ph. © AKG, Paris ; musée du Louvre, Paris -ph. © E.Lessing/Magnum ; musée de l'Acropole, Athènes -ph. © Dagli Orti ; musée Martin von Wagner, Würzburg -ph. © Archives Larbor ; ph. © Archives Larbor ; ph. © Giraudon. **54.** Ph. © Dagli Orti ; BNF, Paris -ph. © Archives Larbor ; musée du Capitole, Rome -ph. © Archives Larbor ; ph. © S.Held ; musée des Antiquités nat., St-Germain-en-Laye -ph. © RMN ; musée du Louvre, Paris -ph. © RMN ; BNF, Paris -ph. © Archives Larbor ; BNF, Paris -ph. © Giraudon. **55.** Ph. © AKG, Paris ; ph. © A. Ronan/Picture Library ; galerie F.Antonovich -ph. © Dagli Orti ; musée du Capitole, Rome -ph. © Dagli Orti ; ph. © Dagli Orti ; musée civique d'Archéologie, Pavie -ph. © Dagli Orti ; Archiv fur Kunst und Gesischte -ph. © AKG, Paris ; musée de X'ian -ph. © AKG, Paris. **56.** Musée du Louvre, Paris -ph. © Dagli Orti ; Musée archéologique, Naples -ph. © Dagli Orti ; Musée archéologique, Naples -ph. © Giraudon ; ph. © Dagli Orti ; Bibl. civique, Vérone -ph. © Dagli Orti ; musée du Louvre, Paris -ph. © Dagli Orti. **57.** Musée du Louvre, Paris -ph. © Dagli Orti ; catacombe de Priscille, Rome -ph. © Scala ; BNF, Paris -ph. © Archives Larbor ; ph. © Michaud/Rapho ; ph. © Dagli Orti ; coll. Stapleton -ph. © Bridgeman Art Library. **58.** Pierpont Morgan Library -ph. © Giraudon ; Bibl. municipale, Castres -ph. © Dagli Orti ; ph. © Giraudon ; ph. © J.L.Charmet ; ph. © E. Lessing/Magnum ; ph. © Giraudon. **59.** Ph. © S.Held ; ph. © S.Held ; Bibl. municipale, Castres -ph. © Dagli Orti ; ph. © K.Ogawa/Artephot ; BNF, Paris -ph. © H.Josse. **60.** Ph. © Archives Larbor ; Kunsthistorisches Museum, Vienne -ph. © AKG, Paris ; ph. © Ria-Novosti Agence ; ph. © Archives Larbor ; Musée nat., Damas -ph. © Dagli Orti ; BNF, Paris -ph. © Giraudon. **61.** British Library, Londres -ph. © AKG, Paris ; BNF, Paris -ph. © Archives Larbor ; ph. © Corbis-Sygma ; musée Guimet, Paris -ph. © Dagli Orti ; abbaye de Fontevrault -ph. © E.Lessing/Magnum ; ph. © Scala ; ph. © T.Leconte-Diaf. **62.** BNF, Paris -ph. © Archives Larbor ; musée Condé, Chantilly -ph. © Dagli Orti ; ph. © AKG, Paris ; BNF, Paris -ph. © Archives Larbor ; BNF, Paris -ph. © Giraudon ; British Museum, Londres -ph. © Bridgeman Art Library. **63.** Église St-Nazaire, Carcassonne -ph. © Dagli Orti ; ph. © R.Mazin ; BNF, Paris -ph. © Archives Larbor ; ph. © AKG, Paris ; ph. © J.Guillard-Scope ; Bodleian Library, Oxford -ph. © Archives Larbor ; ph. © Dagli Orti ; BNF, Paris -ph. © Archives Larbor. **64.** Ph. © E.Lessing/AKG, Paris ; ph. © R.Mazin ; ph. © Bridgeman Art Library ; BNF, Paris -ph. © Archives Larbor ; ph. © AKG, Paris. **65.** Ph. © S.Held ; ph. © Scala ; palais Medicis-Riccardi, Florence -ph. © Dagli Orti ; ph. © R.Viollet ; ph. © AKG, Paris ; BNF, Paris -ph. © Archives Larbor ; ph. © Explorer ; coll. part. -ph. © Bridgeman Art Library. **66.** Bibl. du musée Correr, Venise -ph. © Dagli Orti ; église St-Pierre-aux-Liens, Rome -ph. © Giraudon ; musée du Louvre, Paris -ph. © Dagli Orti ; église Ste-Marie-des-Grâces, Milan -ph. © Giraudon ; Galerie Borghese, Rome -ph. © Archives Larbor ; BNF, Paris -ph. © Archives Larbor. **67.** Museen der Bildenden Kunste, Leipzig -ph. © AKG, Paris ; palais de Topkapi, Istanbul -ph. © Dagli Orti ; chapelle Sixtine, Vatican -ph. © Scala ; villa Farnese, Caprarola -ph. © Dagli Orti ; ph. © Bridgeman Art Library ; BNF, Paris -ph. © Archives Larbor ; Bibl. publique et universitaire, Genève -ph. © Dagli Orti. **68.** Musée des Offices, Florence -ph. © Dagli Orti ; Narodni Galerie, Prague -ph. © E.Lessing/AKG, Paris ; Bibl. publique et universitaire, Genève -ph. © Dagli Orti ; ph. © Ria-Novosti Agence ; ph. © Parra-Bordas/DIAF ; ph. © C.Gerstenberg/Corbis-Sygma. **69.** Ph. © AKG, Paris ; coll. part., New York -ph. © AKG, Paris ; musée zoologique «La specola», Florence -ph. © Dagli Orti ; église San-Tomé -ph. © Giraudon ; ph. © E. Lessing/Magnum ; ph. © Archives Larbor/DR. **70.** Stiftung Maximilianum, Münich -ph. © AKG, Paris ; tribunal de Galilée, Florence -ph. © Scala ; musée du Louvre, Paris -ph. © RMN ; Bibl. nat., Madrid -ph. © Artephot/Oronoz ; musée Tessé, Le Mans -ph. © Giraudon. **71.** Ph. © Archives Larbor ; bibl. de l'Arsenal, Paris -ph. © Archives Larbor ; bibl. de l'Arsenal, Paris -ph. © Archives Larbor ; musée de Boerhaave, Leyde -ph. © Archives Larbor ; British Library, Londres -ph. © Giraudon ; Archives historiques de la marine -ph. © Giraudon ; bibl. de la Comédie française -ph. © Archives Larbor. **72.** Ph. © AKG, Paris ; BNF, Paris -ph. © Archives Larbor ; MAAO, Paris -ph. © Dagli Orti ; Tate Gallery, Londres -ph. © AKG, Paris. **73.** Ph. © S.Cordier/Explorer ; Archives nationales -ph. © Archives Larbor ; BNF, Paris -ph. © Giraudon ; bibl. municipale de Versailles -ph. © J.Vigne ; ph. © Archives Larbor ; coll. Worshipful Company of Clockmakers -ph. © Bridgeman Art Library. **74.** Ph. © AKG, Paris ; ph. © Giraudon ; Bibl. nordique, Paris -ph. © Archives Larbor ; musée des Arts et Métiers, Cnam -ph. © Giraudon ; BNF, Paris -ph. © Giraudon ; ph. © R.Viollet ; ph. © Bridgeman Art Library. **75.** Ph. © AKG, Paris ; coll. Burstein -ph. © Corbis-Sygma ; Austrian Archives -ph. © Corbis-Sygma ; ph. © Getty Images SARL ; ph. © Musée de la marine, Paris ; BNF, Paris -ph. © Archives Larbor ; BNF, Paris -ph. © Giraudon. **76.** Musée Carnavalet, Paris -ph. © Archives Larbor ; ph. © R.Viollet ; ph. © J.Bottet/Archives Larbor ; musée zoologique «La specola», Florence -ph. © Dagli Orti ; musée des Arts et Métiers, Cnam -ph. © Archives Larbor ; ph. © R.Viollet ; Towneley Hall, Burnley -ph. © Bridgeman Art Library. **77.** Science museum, Londres -ph. © Bridgeman Art Library ; musée du Prado, Madrid -ph. © H.Josse ; ph. © Archives Larbor ; ph. © R.Viollet ; Historisches museum der Stadt, Vienne -ph. © Archives Larbor. **78.** Institut de la Coopération, Madrid -ph. © Artephot/Oronoz ; ph. © Dite ; BNF, Paris -ph. © Archives Larbor ; musée Guimet, Paris -ph. © RMN ; ph. © R.Viollet ; ph. © Getty Images SARL. **79.** Ph. © musée des Arts et Métiers, Cnam ; BNF, Paris -ph. © Archives Larbor ; Africana Museum, Johannesburg -ph. © Bridgeman Art Library ; ph. © J.L.Charmet ; ph. © Bettmann/Corbis-Sygma ; Royal Geographical Society, Londres -ph. © Bridgeman Art Library. **80.** Ph. © J.L.Charmet ; musée de la Marine, Paris -ph. © Giraudon ; musée d'Orsay, Paris -ph. © Archives Larbor ; ph. © Dite ; BNF, Paris -ph. © Archives Larbor ; ph. © Bettmann / Corbis-Sygma ; ph. © National Portrait Gallery, Londres. **81.** Ph. © R.Viollet ; ph. © Archives Larbor ; ph. © librairie J.Doucet / Archives Larbor ; ph. © Getty Images SARL ; ph. © Archives Larbor. **82.** Ph. © Bridgeman Art Library ; musée Carnavalet, Paris -ph. © Dagli Orti ; ph. © AKG, Paris ; musée de la Scala, Milan -ph. © Cortat/Archives Larbor ; National Portrait Gallery, Washington -ph. © Archives Larbor. **83.** Ph. © AKG, Paris ; ph. © R.Viollet ; musée Marmottan, Paris -ph. © Giraudon ; ph. © AKG, Paris ; ph. © SPL-Cosmos ; coll. part. -ph. © Dagli Orti. **84.** Ph. © AKG, Paris ; ph. © Archives Larbor ; ph. © R.Viollet ; ph. © Archives Larbor ; ph. © Dagli Orti/Corbis-Sygma ; ph. © Christophe L. ; Menil Collection, Houston -ph. © Archives Larbor. **85.** Ph. © Dite ; ph. © Archives Larbor ; ph. © Dite ; Académie des sciences, Paris -ph. © Archives Larbor ; ph. © Bridgeman Art Library ; ph. © R.Viollet ; ph. © Bridgeman Art Library ; ph. © Archives Larbor ; ph. © R.Viollet. **86.** Ph. © Hulton Deutsch/Corbis-Sygma ; ph. © Archives Larbor ; ph. © Bildarchiv Preussischer ; ph. © R.Viollet ; musée Ludwig, Cologne -ph. © Giraudon/ADAGP. **87.** Ph. © Betmann/Corbis-Sygma ; ph. © Dite ; ph. © Getty Images SARL ; ph. © Bildarchiv Preussischer ; ph. © Christophe L. ; ph. © Dite ; ph. © Keystone. **88.** Ph. © Imperial War Museum ; ph. © Rue des Archives ; ph. © Dite ; ph. © Christophe L. ; ph. © Dite ; ph. © H.Cartier-Bresson/Magnum. **89.** Ph. © AKG, Paris ; ph. © Musée de l'air et de l'espace ; ph. © Keystone ; ph. © Archives Humanités-Keystone ; ph. © Corbis-Sygma ; ph. © Christophe L. **90.** Ph. © Dite ; ph. © Keystone ; ph. © Christophe L. ; ph. © Plailly/Eurelios ; ph. © S. Brunie/Ciel et Espace ; ph. © R.Viollet ; ph. © Keystone ; ph. © Keystone. **91.** Ph. © Gastaud/Sipa Press ; ph. © R.Viollet ; musée de la Marine -ph. © Archives Larbor ; ph. © AFP ; ph. © Christophe L. ; ph. © A. Berrington Bown/SPL/Cosmos ; ph. © Keystone. **92.** Ph. © Rue des Archives ; ph. © Keystone ; ph. © Christophe L. ; ph. © Ria-Novosti Agence ; ph. © Archives Larbor ; ph. © M. Le Gal/France Telecom ; ph. © Keystone ; Niedersachiches Landesmuseum, Hanovre -ph. © Giraudon/ADAGP. **93.** Ph. © AFP ; ph. © AFP ; ph. © T.Spencer/Imapress ; ph. © R.Ressmeyer/Sygma ; ph. © Ch.E.Rotkin/Sygma ; ph. © S.Brand/Sygma. **94.** Ph. © Archives Larbor ; ph. © S. Fraser/SPL-Cosmos ; ph. © INTEL Corporation ; ph. © Ciel et Espace ; ph. © Keystone ; ph. © AFP. **95.** Ph. © Brassai/G.Brassai ; ph. © Arianespace ; ph. © AFP-SNCF ; ph. © A.Keler/Sygma ; ph. © Christophe L. ; ph. © Ciel et Espace ; ph. © Clément/AFP ; ph. © M.Milner/Sygma. **96.** Ph. © F.Lert/Sipa Press ; ph. © R.Bossu/Corbis-Sygma ; ph. © L.Stone/Sygma ; ph. © De Keele/Sygma ; ph. © Y.Kontos/Sygma ; Nasa -ph. © Archives Larbor.

COUVERTURE

Ire de couv. et dos (de gauche à droite et de haut en bas) : ph. © Frederic/Jacana ; ph. © Skyvisual/Sipa Image ; musée du Caire -ph. © Archives Larbor ; ph. © J.Raga/Explorer ; ph. © Jouan/Rius/Hoa Qui ; ph. © M.Moch/Archipress ; ph. © Archives Larbor ; ph. Nasa © Archives Larbor ; ph. © Ciel et Espace ; ph. © J.Raga / Explorer ; ph. © Hutchinson –DR ; ph. © W.Wisniewski/Jacana ; ph. © Archives Larbor ; ph. © Serena/NF/Hoa Qui ; ph. © Archives Larbor ; ph. © H.Josse/Archives Larbor ; Austrian Archives -ph. © Corbis-Sygma ; ph. © Rapa/Explorer ; Archives Larbor © dessin Masako Taëron –DR ; ph. © C.Vaisse/Hoa Qui ; ph. © BSIP ; ph. © Archives Larbor ; ph. © S.Cordier/Explorer ; ph. © M.Danegger/Jacana ; ph. © W.Layer/Jacana ; ph. © Dagli Orti ; ph. © H.Josse/Archives Larbor ; ph. © Archives Larbor ; musée du Louvre -ph. © Dagli Orti ; ph. © C.Lenars ; BNF, Paris -ph. © Archives Larbor ; ph. © C.Roux/Archives Larbor ; ph. © S.Cordier/Jacana ; ph. © Rouxaime/Jacana ; J.L.Joubert © Archives Larbor ; ph. © Ria-Novosti ; ph. © Rue des archives ; ph. © SPL/Cosmos ; musée du Capitole, Rome -ph. © Archives Larbor.

1776-1

NORD-PAS-DE-CALAIS
Lille
Pas-de-Calais
Nord
HAUTE-NORMANDIE
Somme
Amiens
PICARDIE
Seine-Maritime
Rouen
Oise
Aisne
Ardennes
BASSE-NORMANDIE
Caen
Calvados
Manche
Eure
ÎLE-DE-FRANCE
Paris
Châlons-en-Champagne
Marne
CHAMPAGNE-ARDENNE
Aube
Meuse
Moselle
Metz
LORRAINE
Meurthe-et-Moselle
Vosges
Bas-Rhin
Strasbourg
ALSACE
Haut-Rhin
Territoire de Belfort
Orne
Finistère
Côtes-d'Armor
BRETAGNE
Ille-et-Vilaine
Rennes
Morbihan
Mayenne
Sarthe
PAYS DE LA LOIRE
Loire-Atlantique
Nantes
Maine-et-Loire
Vendée
Eure-et-Loir
Loiret
Orléans
Loir-et-Cher
CENTRE
Indre-et-Loire
Indre
Cher
Yonne
BOURGOGNE
Dijon
Côte-d'Or
Nièvre
Saône-et-Loire
Haute-Marne
Haute-Saône
Besançon
Doubs
FRANCHE-COMTÉ
Jura
Deux-Sèvres
Poitiers
Vienne
POITOU-CHARENTES
Charente-Maritime
Charente
Haute-Vienne
Creuse
Limoges
LIMOUSIN
Corrèze
Allier
Puy-de-Dôme
Clermont-Ferrand
AUVERGNE
Cantal
Haute-Loire
Loire
Rhône
Lyon
Ain
Haute-Savoie
Savoie
RHÔNE-ALPES
Isère
Ardèche
Drôme
Hautes-Alpes
Bordeaux
Dordogne
Gironde
AQUITAINE
Lot-et-Garonne
Landes
Pyrénées-Atlantiques
Lot
Aveyron
Lozère
Tarn-et-Garonne
Tarn
MIDI-PYRÉNÉES
Gers
Toulouse
Haute-Garonne
Hautes-Pyrénées
Ariège
Gard
Montpellier
Hérault
Aude
LANGUEDOC-ROUSSILLON
Pyrénées-Orientales
Vaucluse
Alpes-de-Haute-Provence
Alpes-Maritimes
Monaco
Bouches-du-Rhône
Var
Marseille
PROVENCE-ALPES-CÔTE D'AZUR
Haute-Corse
CORSE
(Collectivité territoriale)
Ajaccio
Corse-du-Sud
■ Chef-lieu de région
150 km

ÎLE-DE-FRANCE
Val-d'Oise
Pontoise
Mantes-la-Jolie
Seine
Montmorency
Argenteuil
Meaux
St-Germain-en-Laye
Paris
Marne
Versailles
Yvelines
Palaiseau
Rambouillet
Évry
Seine-et-Marne
Provins
Melun
Essonne
Étampes
Seine
Fontainebleau
50 km
Seine-Saint-Denis
St-Denis
Nanterre
Bobigny
Le Raincy
Paris
Boulogne-Billancourt
Nogent-sur-Marne
Hauts-de-Seine
Créteil
L'Haÿ-les-Roses
Antony
Val-de-Marne
10 km
● Chef-lieu de département
● Chef-lieu d'arrondissement

GRANDE-BRETAGNE
Manche
Îles
Anglo-Normandes
Ouessant
Île de Sein
Île de Groix
Belle-Île
Île de de Noirmoutier
Île d'Yeu
Île de Ré
Île d'Oléron
OCÉAN
ATLANTIQUE
Boulogne-sur-M
Le Touquet-Paris-Pl
Saint-Valery-sur-Somme
Le Tréport
Dieppe
St-Valery-en-Caux
Neufchâtel-en-Br
Fécamp
76
Seine-Maritime
Bolbec
Yvetot
Le Havre
HAUTE-NORMANDIE
Rouen
Honfleur
Pont-Audemer
Elbeuf
Les Andelys
Louviers
Gaillon
Bernay
Eure
Vernon
Évreux
27
Eure
Breteuil
Dreux
Chartres
La Loupe
Eure-et-Loir
28
Nogent-le-Rotrou
Châteaudun
Cherbourg
Valognes
Ste-Mère-Église
Carentan
Isigny-s/-Mer
Bayeux
Deauville
Cabourg
Caen
Villers-Bocage
Lisieux
Manche
50
St-Lô
Coutances
Calvados
14
BASSE-NORMANDIE
Granville
Villedieu-les-Poêles
Vire
Falaise
Orne
Flers
Argentan
L'Aigle
Avranches
Mortain
Domfront
Bagnoles-de-l'Orne
Orne
61
Sées
Mortagne-au-Perche
Alençon
Bellême
Sarthe
Mamers
Bonnétable
Roscoff
Perros-Guirec
Lannion
St-Pol-de-Léon
Morlaix
Guingamp
St-Quay-Portrieux
St-Malo
Dinard
Le Mont-St-Michel
Brest
Landerneau
St-Brieuc
Lamballe
Côtes-d'Armor
Dinan
Combourg
Fougères
Crozon
Finistère
29
Rostrenen
22
BRETAGNE
Douarnenez
Châteaulin
Loudéac
Ille-et-Vilaine
35
Rennes
Vitré
Ernée
Mayenne
Mayenne
53
Audierne
Quimper
Pontivy
Josselin
Pont-l'Abbé
Concarneau
Guilvinec
Pont-Aven
Hennebont
56
Ploërmel
Lorient
Morbihan
Auray
Vannes
La Trinité-sur-Mer
Quiberon
Redon
Vilaine
Bain-de-Bretagne
Laval
Sillé-le-Guillaume
Le Mans
La Ferté-Bernard
PAYS
Craon
Château-Gontier
Sablé-sur-Sarthe
Sarthe
72
Vendôme
Loir
Loir-et-Cher
Chambord
Châteaubriant
Segré
La Flèche
Château-du-Loir
Le Lude
Blois
DE LA
Angers
Baugé
Indre-et-Loire
CE
44
Loire-Atlantique
La Turballe
Donges
Saint-Nazaire
Ancenis
Maine-et-Loire
49
Tours
Amboise
41
La Baule-Escoublac
Paimbœuf
Loire
Nantes
Saumur
Bourgueil
Chenonceaux
Rezé
LOIRE
Azay-le-Rideau
Pornic
Cholet
Montreuil-Bellay
Chinon
Valençay
Clisson
37
Loches
36
Mortagne-sur-Sèvre
Thouars
Loudun
Descartes
St-Jean-de-Monts
Pouzauges
Bressuire
Châtellerault
Châteauroux
Vendée
Creuse
Indre
St-Gilles-Croix-de-Vie
La Roche-sur-Yon
85
Deux-Sèvres
86
Vienne
Le Blanc
Parthenay
Fontenay-le-Comte
St-Savin
Les Sables-d'Olonne
Luçon
79
Poitiers
Argenton-sur-Creuse
Lusignan
St-Maixent-l'École
Montmorillon
Niort
POITOU-
Vienne
87
La Rochelle
Surgères
Melle
Civray
Haute-Vienne
Bellac
Tonnay-Charente
Saint-Jean-d'Angély
Ruffec
Confolens
Oradour-sur-Glane
Rochefort
CHARENTES
Rochechouart
Limoges
Marennes
Saintes
Charente
Aix-sur-Vienne
Cognac
16
LIM
Royan
Charente-Maritime
Charente
Angoulême
St-Yrieix-la-Perche
Gironde
17
Nontron
Lesparre-Médoc
Jonzac
Barbezieux-St-Hilaire
Uzerche
Brantôme
Ribérac
Pauillac
Castelnau-de-Médoc
Blaye
Périgueux
Isle
Brive-la-Gaillarde
Montpon-Ménestérol
Dordogne
24
Vézère
Libourne
Les Eyzies-de-Tayac-Sireuil
Mérignac
Pessac
Talence
Bordeaux
Bergerac
Dordogne
Sarlat-la-Canéda
Arcachon
Gironde
Gourdon

BELGIQUE
PAYS-BAS
ALLEMAGNE
LUXEMBOURG
SUISSE
ITALIE
Lac Léman
Dunkerque
St-Omer
NORD-PAS-DE-CALAIS
Armentières
Tourcoing
Roubaix
Lille
Béthune
Montreuil
Liévin
Lens
62
Pas-de-Calais
Hesdin
Arras
Douai
Anzin
Valenciennes
Denain
Maubeuge
Nord
59
Cambrai
Avesnes-sur-Helpe
Givet
Doullens
80
Albert
Péronne
Fourmies
Rocroi
Revin
Somme
Amiens
St-Quentin
Guise
Hirson
Aisne
Vervins
Charleville-Mézières
Sedan
Montdidier
Roye
Tergnier
02
Sissonne
Ardennes
Montmédy
Longwy
Breteuil
Oise
Noyon
Chauny
Laon
Rethel
08
Stenay
Thionville
PICARDIE
Clermont
Vouziers
Étain
Briey
Boulay-Moselle
Forbach
Soissons
Fismes
Reims
Verdun
Metz
St-Avold
Sarreguemines
Wissembourg
60
Compiègne
Creil
Villers-Cotterêts
Chantilly
Senlis
Château-Thierry
51
Marne
Ste-Menehould
Pont-à-Mousson
Moselle
57
Haguenau
Val-d'Oise
95
Épernay
Châlons-en-Champagne
Meuse
LORRAINE
Bas-Rhin
Bobigny
Meaux
Montmirail
CHAMPAGNE-
55
St-Mihiel
Meurthe-
Château-Salins
Saverne
PARIS
93
92
94
Seine-
77
Sézanne
Fère-Champenoise
Bar-le-Duc
Commercy
Nancy
Sarrebourg
Strasbourg
Créteil
et-Marne
Vitry-le-François
St-Dizier
Ligny-en-Barrois
Toul
et-Moselle
Lunéville
Molsheim
Évry
ÎLE-DE-FRANCE
Provins
54
Baccarat
67
Essonne
Melun
Aube
Brienne-le-Château
Marne
ALSACE
91
Fontainebleau
Nogent-sur-Seine
ARDENNE
Neufchâteau
Saint-Dié-des-Vosges
Sélestat
Malesherbes
Montereau-Fault-Yonne
10
Troyes
Aube
Bar-sur-Aube
Colombey-les-Deux-Églises
Vosges
Épinal
Ribeauvillé
Pithiviers
Nemours
Sens
Vittel
88
Gérardmer
Colmar
Loiret
Courtenay
Yonne
Bar-sur-Seine
Chaumont
52
Remiremont
Haut-Rhin
Orléans
45
Montargis
Joigny
Haute-
Bourbonne-les-Bains
Luxeuil-les-Bains
Guebwiller
Yonne
Tonnerre
Châtillon-sur-Seine
Langres
Marne
Thann
68
Jargeau
Auxerre
Chablis
Haute-Saône
Lure
90
Mulhouse
La Ferté-St-Aubin
Gien
Montbard
70
St-Louis
89
Briare
Vesoul
Ronchamp
Belfort
Côte-d'Or
Altkirch
Sochaux
Avallon
FRANCHE-
Montbéliard
Salbris
Clamecy
Semur-en-Auxois
21
Gray
Baume-les-Dames
Sancerre
Cosne-Cours-sur-Loire
Vézelay
Saulieu
Dijon
Besançon
Romorantin-Lanthenay
Cher
Corbigny
Doubs
Vierzon
18
BOURGOGNE
Nuits-St-Georges
Auxonne
COMTÉ
25
Nièvre
Dole
Arc-et-Senans
Bourges
58
Beaune
Nevers
Château-Chinon
Autun
Pontarlier
St-Florent-sur-Cher
Imphy
Chagny
Arbois
Jura
Issoudun
Decize
Le Creusot
71
Chalon-sur-Saône
39
St-Amand-Montrond
Montceau-les-Mines
Saône-et-Loire
Lons-le-Saunier
Louhans
Bourbon-l'Archambault
Digoin
Tournus
Morez
Évian-les-Bains
Châteauroux
Allier
Moulins
Charolles
Thonon-les-Bains
03
Paray-le-Monial
Cluny
St-Claude
Gex
Morzine
Montluçon
St-Pourçain-sur-Sioule
Mâcon
Oyonnax
Creuse
Commentry
Bourg-en-Bresse
St-Julien-en-G.
Cluses
23
Gannat
Vichy
Roanne
Villefranche-sur-Saône
Ain
Nantua
Bonneville
Guéret
01
Bellegarde-sur-Valserine
Haute-Savoie
Chamonix
Aubusson
63
Châtelguyon
Trévoux
Annecy
74
Volvic
Riom
Loire
Tarare
Megève
Clermont-Ferrand
Thiers
42
Rhône
Belley
Ugine
Villeurbanne
69
Lyon
Aix-les-Bains
Albertville
Puy-de-Dôme
Montbrison
Givors
Bourgoin-Jallieu
Bourg-St-Maurice
La Bourboule
Rive-de-Gier
La Tour-du-Pin
Chambéry
Savoie
Ussel
Le Mont-Dore
St-Chamond
Vienne
Moûtiers
Val-d'Isère
Corrèze
Issoire
Ambert
St-Étienne
Isère
73
Courchevel
Bort-les-Orgues
Firminy
Modane
RHÔNE-ALPES
Brioude
La Chaise-Dieu
Annonay
St-Jean-de-Maurienne
Tulle
Yssingeaux
Grenoble
L'Alpe-d'Huez
Mauriac
AUVERGNE
Haute-Loire
Tournon-sur-Rhône
Romans-sur-Isère
38
Langeac
Le Bourg-d'Oisans
Argentat
Cantal
Le Puy-en-Velay
43
Briançon
15
St-Flour
07
Valence
La Mure
05
Aurillac
Ardèche
Crest
St-Céré
St-Chély-d'Apcher
Privas
Die
Hautes-Alpes
Vars
Langogne
Lozère
Vals-les-Bains
Drôme

Pont-l'Abbé
Guilvinec
Concarneau
Pont-Aven
Lorient
Île de Groix
La Trinité-sur-Mer
Quiberon
Belle-Île
Josselin
Hennebont
Ploërmel
Morbihan
56
Auray
Vannes
Vilaine
35
Bain-de-Bretagne
Redon
Laval
PAYS DE LA LOIRE
Craon
Château-Gontier
Segré
Sablé-sur-Sarthe
Le Mans
Sarthe
72
La Flèche
Le Lude
La Ferté-Bernard
Vendôme
Châteaudun
Loir-et-Cher
Chambord
Château-du-Loir
Blois
Châteaubriant
44
Loire-Atlantique
La Turballe
Saint-Nazaire
Donges
Paimbœuf
La Baule-Escoublac
Pornic
Ancenis
Nantes
Rezé
Loire
Clisson
Angers
Maine-et-Loire
49
Baugé
Saumur
Cholet
Montreuil-Bellay
Indre-et-Loire
Tours
Amboise
Bourgueil
Azay-le-Rideau
Chenonceaux
Chinon
37
Loches
Valençay
Île de Noirmoutier
Mortagne-sur-Sèvre
Thouars
Loudun
Descartes
Châteauroux
St-Jean-de-Monts
Pouzauges
Bressuire
Châtellerault
Creuse
Indre
Vendée
85
Île d'Yeu
St-Gilles-Croix-de-Vie
La Roche-sur-Yon
Deux-Sèvres
Parthenay
86
Vienne
Le Blanc
Les Sables-d'Olonne
Fontenay-le-Comte
Luçon
79
St-Savin
Poitiers
Argenton-sur-Creuse
Lusignan
Montmorillon
Île de Ré
St-Maixent-l'École
Niort
POITOU-CHARENTES
87
La Rochelle
Surgères
Melle
Civray
Haute-Vienne
Bellac
Tonnay-Charente
Saint-Jean-d'Angély
Ruffec
Confolens
Oradour-sur-Glane
Île d'Oléron
Rochefort
Rochechouart
Limoges
Marennes
Saintes
Charente
Cognac
16
Aixe-sur-Vienne
LIMOUSIN
OCÉAN
Royan
Charente-Maritime
Angoulême
St-Yrieix-la-Perche
17
Gironde
Jonzac
Barbezieux-St-Hilaire
Nontron
Uzerche
Lesparre-Médoc
Ribérac
Brantôme
ATLANTIQUE
Pauillac
Castelnau-de-Médoc
Blaye
Périgueux
Isle
Brive-la-Gaillarde
Montpon-Ménestérol
Dordogne
Libourne
24
Vézère
Les Eyzies-de-Tayac-Sireuil
Mérignac
Pessac
Talence
Bordeaux
Bergerac
Sarlat-la-Canéda
Gourdon
Arcachon
Gironde
Garonne
33
Langon
47
Villeneuve-sur-Lot
Fumel
Lot
Cahors
Bazas
Marmande
Lot-et-Garonne
AQUITAINE
Mimizan
Labouheyre
Landes
Agen
Tarn-et-Garonne
82
Roquefort
Nérac
Castelsarrasin
Moissac
Morcenx
40
Condom
Montauban
Mont-de-Marsan
Lectoure
Soustons
Tartas
St-Sever
Eauze
MIDI-PYRÉNÉES
Hossegor
Dax
Adour
Vic-Fezensac
Baïse
Fleurance
Capbreton
St-Vincent-de-Tyrosse
Hagetmau
Gers
Auch
Toulouse
32
L'Isle-Jourdain
Biarritz
Gave de Pau
Orthez
Mirande
31
Muret
St-Jean-de-Luz
Bayonne
Pyrénées-Atlantiques
Hendaye
Cambo-les-Bains
Pau
Tarbes
Haute-Garonne
64
Oloron-Ste-Marie
Hautes-Pyrénées
St-Gaudens
Pamiers
St-Jean-Pied-de-Port
Argelès-Gazost
Bagnères-de-Bigorre
Garonne
Ariège
Laruns
St-Girons
Foix
Cauterets
65
Bagnères-de-Luchon
09
St-Lary-Soulan
ANDORRE
ESPAGNE
Limite de région
Limite de département
Rouen Chef-lieu de région
Chef-lieu de département
Chef-lieu d'arrondissement
Autoroute ou grande route
100 km

Loiret
Orléans
45
Courtenay
Montargis
Jargeau
La Ferté-St-Aubin
Gien
Briare
Joigny
Yonne
Auxerre
89
Chablis
Tonnerre
Bar-sur-Seine
Châtillon-sur-Seine
Montbard
Chaumont
52
Haute-Marne
Langres
Bourbonne-les-Bains
Luxeuil-les-Bains
Remiremont
Haut-Rhin
Guebwiller
Thann
68
Mulhouse
St-Louis
Altkirch
Haute-Saône
70
Vesoul
Lure
Ronchamp
90
Belfort
Sochaux
Montbéliard
Côte-d'Or
21
Semur-en-Auxois
Dijon
Saulieu
Avallon
Vézelay
Clamecy
Cosne-Cours-sur-Loire
Sancerre
Salbris
Romorantin-Lanthenay
Cher
18
Vierzon
Bourges
St-Florent-sur-Cher
St-Amand-Montrond
Corbigny
BOURGOGNE
Nièvre
58
Nevers
Château-Chinon
Imphy
Decize
Autun
Nuits-St-Georges
Beaune
Auxonne
FRANCHE-COMTÉ
Gray
Besançon
Baume-les-Dames
Doubs
25
Dole
Arc-et-Senans
Pontarlier
Arbois
Jura
39
Lons-le-Saunier
SUISSE
Chagny
71
Le Creusot
Chalon-sur-Saône
Saône-et-Loire
Montceau-les-Mines
Louhans
Tournus
Morez
Lac Léman
Évian-les-Bains
Thonon-les-Bains
Bourbon-l'Archambault
Allier
03
Moulins
Digoin
Charolles
Paray-le-Monial
Cluny
Mâcon
St-Claude
Gex
Montluçon
St-Pourçain-sur-Sioule
Commentry
Creuse
23
Guéret
Aubusson
Bourganeuf
Gannat
Vichy
Roanne
Villefranche-sur-Saône
Bourg-en-Bresse
Ain
01
Trévoux
Oyonnax
Nantua
Bellegarde-sur-Valserine
St-Julien-en-G.
Bonneville
Morzine
Cluses
Haute-Savoie
74
Annecy
Chamonix
Megève
Ugine
Albertville
Bourg-St-Maurice
Val-d'Isère
Savoie
73
Moûtiers
Courchevel
Modane
St-Jean-de-Maurienne
63
Châtelguyon
Volvic
Riom
Clermont-Ferrand
Thiers
Loire
42
Tarare
Rhône
69
Lyon
Villeurbanne
Belley
Aix-les-Bains
Chambéry
Puy-de-Dôme
La Bourboule
Le Mont-Dore
Ussel
Corrèze
19
Bort-les-Orgues
Tulle
Issoire
Ambert
Montbrison
St-Étienne
Rive-de-Gier
St-Chamond
Givors
Vienne
Bourgoin-Jallieu
La Tour-du-Pin
Isère
Firminy
RHÔNE-ALPES
Annonay
Brioude
La Chaise-Dieu
Yssingeaux
AUVERGNE
Mauriac
Cantal
15
St-Flour
Langeac
Haute-Loire
43
Le Puy-en-Velay
Tournon-sur-Rhône
Romans-sur-Isère
Grenoble
38
L'Alpe-d'Huez
Le Bourg-d'Oisans
Briançon
ITALIE
Argentat
Aurillac
St-Céré
St-Chély-d'Apcher
Langogne
Lozère
Vals-les-Bains
07
Ardèche
Privas
Valence
Crest
Die
La Mure
05
Hautes-Alpes
Vars
Gap
Embrun
Figeac
Conques
Decazeville
Laguiole
Marvejols
Mende
48
Espalion
Villefranche-de-Rouergue
Rodez
Aveyron
Najac
Florac
Aubenas
Montélimar
Largentière
Drôme
26
Veynes
Barcelonnette
Valréas
Pierrelatte
Nyons
Bollène
Buis-les-Baronnies
Sisteron
Alpes-de-Haute-Provence
04
Digne-les-Bains
PROVENCE-
Bagnols-sur-Cèze
Orange
Carpentras
84
Vaucluse
Avignon
Apt
Forcalquier
Manosque
Castellane
Puget-Théniers
06
Tende
Alpes-Maritimes
Carmaux
12
Millau
Roquefort-sur-Soulzon
St-Affrique
Le Vigan
Alès
Gard
Uzès
30
Ganges
Nîmes
Albi
Tarn
81
Lacaune
Lavaur
Castres
Mazamet
LANGUEDOC-
Lodève
34
Lunel
Arles
13
Salon-de-Provence
ALPES-CÔTE D'AZUR
Durance
Bouches-du-Rhône
Aix-en-Provence
Var
83
Draguignan
Grasse
Vence
Nice
MONACO
Menton
Antibes
Cannes
Bédarieux
Montpellier
Aigues-Mortes
Le Grau-du-Roi
Saintes-Maries-de-la-Mer
Istres
Fos-sur-Mer
Martigues
Marignane
Marseille
Aubagne
Brignoles
Fréjus
St-Raphaël
Ste-Maxime
Cavalaire-sur-Mer
St-Tropez
La Ciotat
Toulon
Hyères
Le Lavandou
St-Pons
Hérault
Palavas-les-Flots
Béziers
Sète
Agde
Villefranche-de-Lauragais
ROUSSILLON
Carcassonne
Narbonne
Aude
11
Limoux
Quillan
Port-la-Nouvelle
Leucate
Ax-les-Thermes
66
Pyrénées-Orientales
Prades
Perpignan
Font-Romeu
Bourg-Madame
Amélie-les-Bains
Céret
Collioure
Port-Vendres
Banyuls-sur-Mer
Mer Méditerranée
Bastia
Calvi
Haute-Corse
2B
Corte
Porto
CORSE
Aléria
Ajaccio
Corse-du-Sud
2A
Propriano
Sartène
Porto-Vecchio
Bonifacio

PAYS-BAS
ALLEMAGNE
LUXEMBOURG
FRANCE
Mer du Nord
Escaut occidental
25 km
FLANDRE
WALLONIE
Anvers
Limbourg
Flandre-Orientale
Flandre-Occidentale
Brabant flamand
Brabant wallon
Hainaut
Namur
Liège
Luxembourg
BRUXELLES
Anvers
Bruges
Gand
Hasselt
Louvain
Wavre
Mons
Namur
Liège
Arlon
Knokke-Heist
Zeebrugge
Blankenberge
Ostende
Middelkerke
Koksijde
La Panne
Furnes
Dixmude
Poperinge
Ypres
Comines-Warneton
Menin
Wevelgem
Courtrai
Izegem
Roulers
Torhout
Jabbeke
Zedelgem
Oostkamp
Tielt
Waregem
Anzegem
Harelbeke
Zwevegem
Mouscron
Maldegem
Eeklo
Aalter
Nevele
Deinze
Gavere
Audenarde
Brakel
Renaix
Evergem
Merelbeke
Herzele
Zottegem
Grammont
Lokeren
Hamme
Termonde
Alost
St-Nicolas
Beveren
Tamise
Bornem
Hoboken
Brasschaat
Kapellen
Kalmthout
Schoten
Brecht
Hoogstraten
Turnhout
Arendonk
Lille
Herentals
Mol
Geel
Balen
Lommel
Neerpelt
Maaseik
Houthalen-Helchteren
Heusden-Zolder
Beringen
Tessenderlo
Westerlo
Heist-op-den-Berg
Nijlen
Lierre
Mortsel
Edegem
Boom
Malines
Zemst
Vilvorde
Lebbeke
Merchten
Grimbergen
Asse
Ninove
Halle
Zaventem
Overijse
Aarschot
Diest
Tirlemont
St-Trond
Tongres
Bilsen
Genk
Maasmechelen
Lanaken
Riemst
Fourons
Visé
Oupeye
Herstal
Ans
Seraing
Flémalle
Waremme
Hannut
Huy
Amay
Esneux
Herve
Dison
Verviers
Spa
Eupen
Malmédy
Stavelot
St-Vith
Meuse
Ourthe
Durbuy
La Roche-en-Ardenne
Houffalize
Bastogne
Marche-en-Famenne
St-Hubert
Neufchâteau
Bertrix
Florenville
Bouillon
Virton
Aubange
Semois
Ciney
Rochefort
Beauraing
Gedinne
Dinant
Ohey
Andenne
Éghezée
Gembloux
Sambreville
Philippeville
Couvin
Chimay
Châtelet
Fleurus
Charleroi
Thuin
Courcelles
Binche
Sambre
La Louvière
Soignies
Braine-le-Comte
Nivelles
Genappe
Ottignies-Louvain-la-Neuve
Waterloo
Braine-l'Alleud
Tubize
Enghien
Lessines
Ath
Dendre
Quaregnon
Frameries
Dour
St-Ghislain
Péruwelz
Tournai
Escaut
Lys
Yser
Limite de région
Limite de province
Chef-lieu de province
Chef-lieu d'arrondissement
Autoroute ou grande route
BRUXELLES-CAPITALE
5 km
Jette
Ganshoren
Koekelberg
Berchem-Ste-Agathe
Molenbeek-Saint-Jean
Anderlecht
St-Gilles
Forest
Uccle
Ixelles
Etterbeek
Auderghem
Watermael-Boitsfort
St-Josse-ten-Noode
Schaerbeek
Evere
Woluwe-St-Lambert
Woluwe-St-Pierre

OCÉAN ARCTIQUE
Îles de la Reine-Élisabeth
Ellesmere
Eureka
Axel Heiberg
Îles Sverdrup
Grise Fiord
Devon
Cornwallis
Bathurst
Mackenzie King
Prince-Patrick
Melville
GROENLAND (DANEMARK)
Baie de Baffin
Île de Baffin
Cercle polaire arctique
Iqaluit
Lake Harbour
Hall Beach
Arctic Bay
Somerset
Prince-de-Galles
Taloyoak
Repulse Bay
Southampton
Chesterfield Inlet
Arviat
Back
NUNAVUT
Bathurst Inlet
Cambridge Bay
Victoria
Banks
Sachs Harbour
Kugluktuk
Echo Bay
Mer de Beaufort
Inuvik
Aklavik
Mackenzie
Grand Lac de l'Ours
Tulita
TERRITOIRES DU NORD-OUEST
Yellowknife
Grand Lac des Esclaves
Fort Resolution
Fort Smith
Uranium City
Fort Simpson
YUKON
Dawson
Whitehorse
Yukon
ALASKA (ÉTATS-UNIS)
Mer du Labrador
TERRE-NEUVE
Nain
Rigolet
Happy Valley-Goose Bay
Churchill
Labrador City
Schefferville
La Tabatière
Gander
Bonavista
St. John's
Île de Terre-Neuve
Corner Brook
St-Pierre-et-Miquelon (FRANCE)
Sydney
NOUVELLE-ÉCOSSE
Dartmouth
Halifax
Yarmouth
ÎLE-DU-PRINCE-ÉDOUARD
Charlottetown
Moncton
NOUVEAU-BRUNSWICK
Fredericton
Gaspé
Île d'Anticosti
Saint-Laurent
Sept-Îles
Baie-Comeau
Chicoutimi
Jonquière
Québec
Trois-Rivières
Montréal
Sherbrooke
OTTAWA
Kingston
Lac Ontario
Toronto
Hamilton
London
Windsor
Lac Érié
Lac Huron
QUÉBEC
La Grande Rivière
Chisasibi
Kangirsuk
Inukjuak
Ivujivik
Baie d'Hudson
Baie James
Fort Albany
Albany
ONTARIO
Sault Ste. Marie
Lac Supérieur
Lac Michigan
Thunder Bay
Churchill
Nelson
Thompson
MANITOBA
Lynn Lake
Lac Winnipeg
The Pas
Winnipeg
Lac Reindeer
Fond du Lac
Lac Athabasca
La Ronge
Saskatchewan
SASKATCHEWAN
Prince Albert
Saskatoon
Regina
Athabasca
Fort McMurray
Peace
Pine Point
Hay
Fort Vermilion
ALBERTA
Edmonton
Red Deer
Calgary
Lethbridge
Columbia
Kelowna
Fort Nelson
COLOMBIE-BRITANNIQUE
Prince George
Fraser
Kamloops
Vancouver
Victoria
Île de Vancouver
Prince Rupert
Îles de la Reine-Charlotte
OCÉAN PACIFIQUE
OCÉAN ATLANTIQUE
ÉTATS-UNIS
Limite de province ou de territoire
Capitale de province ou chef-lieu de territoire
Autoroute ou grande route
500 km

Limite de canton
Limite de demi-canton
Chef-lieu de canton ou de demi-canton
Autoroute ou grande route
25 km
ALLEMAGNE
AUTRICHE
LIECHTENSTEIN
ITALIE
FRANCE
Lac de Constance
Lac de Côme
Lac Majeur
L. de Lugano
Lac Léman
L. de Neuchâtel
L. de Bienne
L. de Joux
L. de Thoune
L. de Brienz
L. de Zurich
L. des Quatre Cantons
Walensee
Rhin
Rhin antérieur
Rhin postérieur
Rhône
Inn
Adda
Maira
Tessin
Aar
Reuss
Thur
Emme
Sarine
Doubs
SCHAFFHOUSE
THURGOVIE
APPENZELL
Rhodes-Ext.
Rhodes-Int.
ST-GALL
ZURICH
ARGOVIE
BÂLE-CAMPAGNE
BÂLE-VILLE
SOLEURE
JURA
BERNE
LUCERNE
ZOUG
SCHWYZ
GLARIS
URI
UNTERWALD
Nidwald
Obwald
GRISONS
TESSIN
VALAIS
FRIBOURG
VAUD
NEUCHÂTEL
GENÈVE
Schaffhouse
Frauenfeld
St-Gall
Herisau
Appenzell
Zurich
Aarau
Liestal
Bâle
Soleure
Delémont
BERNE
Lucerne
Zoug
Schwyz
Glaris
Altdorf
Stans
Sarnen
Coire
Bellinzona
Sion
Fribourg
Lausanne
Neuchâtel
Genève
Kreuzlingen
Arbon
Wil
Winterthur
Bülach
Kloten
Dübendorf
Uster
Wetzikon
Küsnacht
Thalwil
Horgen
Dietikon
Baden
Rapperswil
Einsiedeln
Baar
Brunnen
Buchs
Walenstadt
Bad Ragaz
Riehen
Pratteln
Reinach
Olten
Zofingen
Sursee
Langenthal
Burgdorf
Kriens
Engelberg
Meiringen
Brienz
Interlaken
Grindelwald
Wengen
Steffisburg
Thoune
Spiez
Frutigen
Adelboden
Lenk
Gstaad
Saanen
Château-d'Œx
Köniz
Granges
Moutier
Bienne
Porrentruy
St-Imier
La Chaux-de-Fonds
Le Locle
Morat
Payerne
Bulle
Yverdon
Orbe
Vallorbe
Morges
Nyon
Vevey
Montreux
Leysin
Aigle
Bex
Monthey
St-Maurice
Martigny
Verbier
Évolène
Arolla
Montana
Crans
Sierre
Visp
Zermatt
Saas Fee
Brigue-Glis
Münster
Andermatt
Airolo
Disentis
Flims
Arosa
Davos
Klosters
Scuol
St-Moritz
Maloja
Poschiavo
Bignasco
Locarno
Lugano
Chiasso
Biasca

PETIT LAROUSSE

SUPPLÉMENT

ATLAS DU MONDE

ATLAS DU MONDE

FRONTIÈRES

- Internationale
- Internationale contestée
- Ligne de cessez-le-feu
- Régionale
- Autre limite administrative
- Maritime (Internationale)
- Ligne de changement de date

TRANSPORTS

- Autoroute / Voie rapide
- En construction
- Route principale
- Autre route
- En construction
- Chemin
- Tunnel routier
- Car-ferry
- Grande ligne ferroviaire
- Autre ligne ferroviaire
- En construction
- Tunnel ferroviaire
- Ferry-boat
- Canal
- Aéroport international
- Autre aéroport

TYPES DE LACS

- Eau douce
- Eau salée
- Saisonnier
- Lac asséché

GLACIERS, MARAIS, SABLES

- Glacier
- Marais, marécage
- Désert de sable, dune

AUTRES SYMBOLES

- Cours d'eau
- Cours d'eau saisonnier
- Col, gorge
- Barrage et retenue
- Chutes, rapides
- Aqueduc
- Récif
- 4231 Sommet, altitude
- 217 Profondeur
- Puits
- Gisement de pétrole
- Gisement de gaz
- Gaz / Pétrole — Oléoduc / Gazoduc
- Vanoise — Parc national
- ÉPHÈSE — Site historique

PAYS ET RÉGIONS

FRANCE	État indépendant
FLORIDE	État, province ou région autonome
Gibraltar (G.-B.)	Dépendance
Rhône-Alpes	Région administrative
ANJOU	Région historique
Adour *Aubrac*	Termes de géographie physique

VILLES OU AGGLOMÉRATIONS

Les carrés individualisent les capitales	*Population*
Paris	Plus de 5 000 000 h.
Lyon	Plus de 1 000 000 h.
Bordeaux	Plus de 500 000 h.
Rennes	Plus de 100 000 h.
Bourges	Plus de 50 000 h.
Chaumont	Plus de 10 000 h.
Ruffec	Moins de 10 000 h.

Superficie bâtie

Altitude

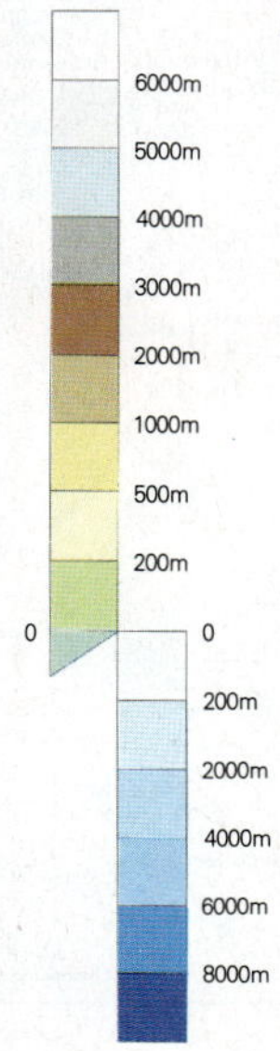

Niveau de la mer

Profondeur

FRANCE, BELGIQUE ET SUISSE ; RÉGION PARISIENNE

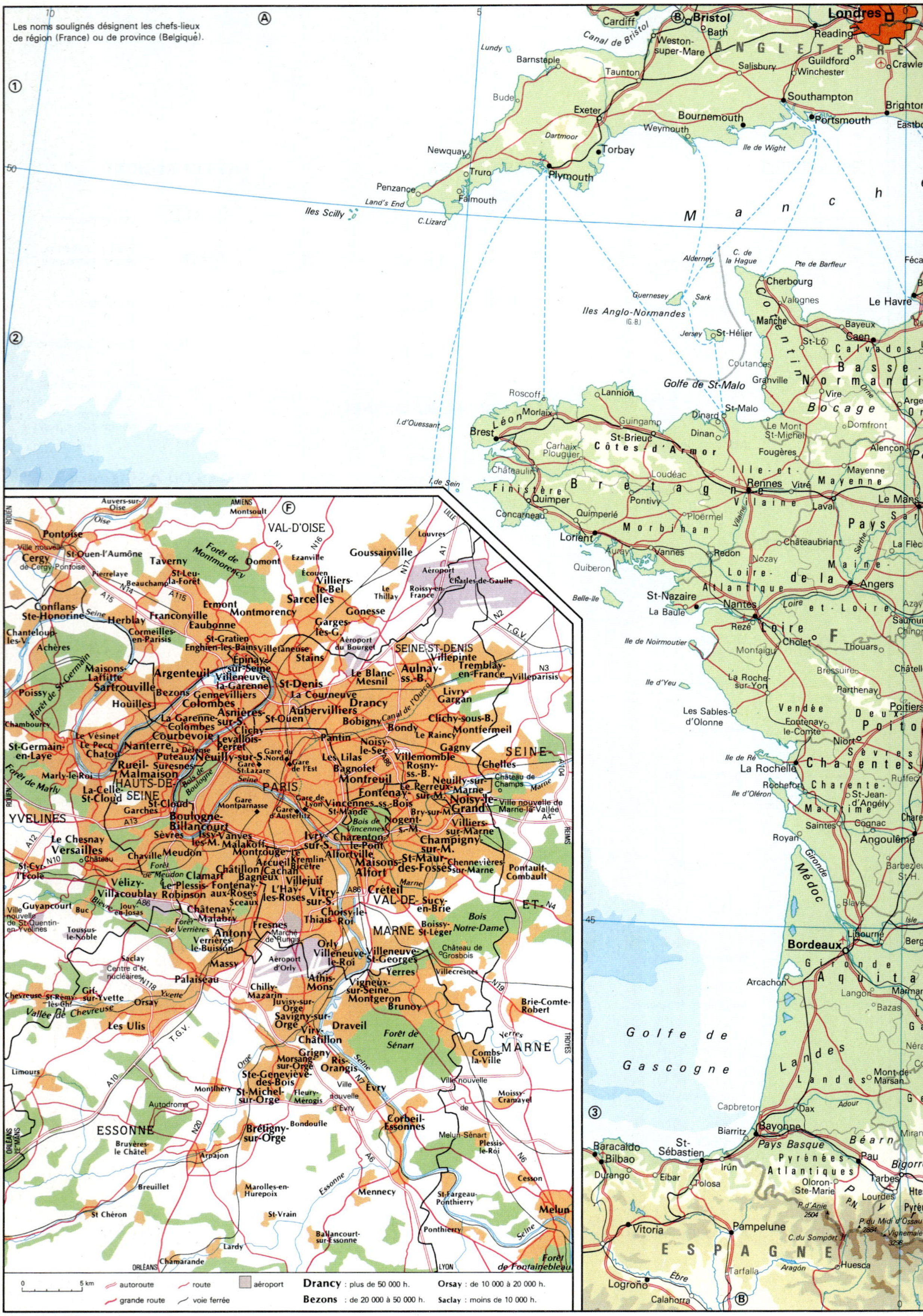

0
50
100
150 km
Southend-on-Sea
Canterbury
Douvres
Pas de Calais
Calais
Dunkerque
Ostende
Bruges
Gand
Anvers (Antwerpen)
Breda
Eindhoven
Duisburg
Krefeld
Düsseldorf
Wuppertal
Hagen
Mönchengladbach
Cologne
Bonn
Bad-Godesberg
Aix-la-Ch.
Maastricht
Liège
Verviers
Bruxelles
Louvain
Namur
Charleroi
Mons
Tournai
Lille
Roubaix
Tourcoing
Douai
Valenciennes
Cambrai
Arras
Lens
Béthune
Boulogne-sur-Mer
Nord
Pas-de-Calais
Abbeville
Amiens
Somme
Dieppe
Le Tréport
Rouen
Haute-Normandie
Évreux
Beauvais
Oise
Picardie
Compiègne
Soissons
Laon
Aisne
St-Quentin
Charleville-Mézières
Ardennes
Sedan
Reims
Marne
Châlons-en-Champagne
Épernay
Champagne
Paris
Versailles
Meaux
Melun
Fontainebleau
Chartres
Orléans
Blois
Tours
Bourges
Vierzon
Châteauroux
Sologne
Loiret
Loir-et-Cher
Indre
Cher
Nevers
Nièvre
Auxerre
Yonne
Troyes
Aube
Sens
Dijon
Côte-d'Or
Bourgogne
Beaune
Chalon-s-S.
Mâcon
Lyon
Villeurbanne
St-Étienne
Clermont-Ferrand
Vichy
Moulins
Allier
Montluçon
Limoges
Limousin
Auvergne
Massif Central
Cantal
Aurillac
Le Puy-en-Velay
Lozère
Mende
Rodez
Aveyron
Millau
Albi
Tarn
Montauban
Toulouse
Carcassonne
Narbonne
Perpignan
Béziers
Sète
Montpellier
Nîmes
Alès
Avignon
Arles
Marseille
Toulon
Aix-en-Provence
Nice
Cannes
Monaco
Grasse
Fréjus
St-Raphaël
St-Tropez
Hyères
Golfe du Lion
MÉDITERRANÉE
Côte d'Azur
Provence
Alpes-Maritimes
Grenoble
Chambéry
Annecy
Genève
Lausanne
Berne
Zurich
Lucerne
Bâle
Mulhouse
Colmar
Alsace
Strasbourg
Nancy
Metz
Moselle
Lorraine
Vosges
Épinal
Luxembourg
Trèves
Sarrebruck
Kaiserslautern
Mannheim
Heidelberg
Ludwigshafen
Karlsruhe
Stuttgart
Pforzheim
Ulm
Augsburg
Würzburg
Francfort
Mayence
Wiesbaden
Darmstadt
Offenbach
Coblence (Koblenz)
Kassel
Marburg
Giessen
ALLEMAGNE
Erlangen
Fürth
Nuremberg
Fribourg
Constance
St-Gall
LIECHTENSTEIN
SUISSE
Milan
Turin
Gênes
Côme
Bergame
Brescia
Novare
Asti
Alessandria
Plaisance
Crémone
Pavie
ITALIE
La Spezia
G. de Gênes
Savona
Cuneo
Aoste
Mt Blanc 4808
Ajaccio
Bastia
Corse
Bonifacio
Bouches de Bonifacio
Corte
Calvi
Porto-Vecchio
Sartène
Propriano
ANDORRE
Andorre-la-V.
Pyrénées Orientales

ÎLES BRITANNIQUES

ESPAGNE ET PORTUGAL

ITALIE ET BALKANS

0 50 100 150 200 km
Budapest
Miskolc
Nyíregyháza
Debrecen
Szolnok
Kecskemét
Szeged
Pécs
Székesfehérvár
Esztergom
Eger
Salgótarján
Oradea
Arad
Timişoara
Cluj-Napoca
Satu Mare
Baia Mare
Suceava
Iaşi
Chişinău
Tiraspol
Odessa
UKRAINE
MOLDAVIE
Bacău
Piatra-Neamţ
Târgu Mureş
Sibiu
Braşov
Galaţi
Brăila
Tulcea
Sulina
Constanţa
Bucarest
Ploieşti
Piteşti
Craiova
Râmnicu Vâlcea
Dobreta-Turnu-Severin
Resita
Carpates orientales
Carpates méridionales
(Alpes de Transylvanie)
Mts Apuseni
Mts Métallifères
DOBROUDJA
VALACHIE
Subotica
Novi Sad
Belgrade
Osijek
Vojvodine
YOUGOSLAVIE
SERBIE
Niš
Kragujevac
Sarajevo
Tuzla
Zenica
Mostar
Podgorica
MONTÉNÉGRO
Kosovo
Priština
Skopje
MACÉDOINE
Tirana
Durrës
Elbasan
Vlorë
ALBANIE
Sofia
Plovdiv
Varna
Burgas
Ruse
Pleven
Stara Zagora
Veliko Târnovo
Stara Planina (Balkan)
Rhodopes
BULGARIE
MER NOIRE
Istanbul
Bosphore
Mer de Marmara
Edirne
Bursa
Izmir
Manisa
Balıkesir
Aydın
Denizli
TURQUIE
Thessalonique (Salonique)
Chalcidique
Kaválla
Lárissa
Vólos
Ioánnina
Corfou
Patras
Athènes
Le Pirée
Péloponnèse
Corinthe
Sparte
Kalamáta
Tripolis
Mt Olympe 2917
GRÈCE
Pinde
MER ÉGÉE
SPORADES DU NORD
Cyclades
DODÉCANÈSE
Eubée
Lesbos
Khíos
Sámos
Límnos
Rhodes
Kárpathos
Crète
Iráklion
Khaniá
Mer de Crète
ÎLES IONIENNES
MER IONIENNE
Canal d'Otrante
Brindisi
Lecce
Otrante
Céphalonie
Zante
Leucade

EUROPE CENTRALE

0 50 100 150 200 km

EUROPE ORIENTALE ET ASIE DU NORD

0 200 400 600 800 km
ARCTIQUE
SEVERNAYA ZEMLYA (TERRE DU NORD)
MER DES LAPTEV
ARCHIPEL DE NOUVELLE-SIBÉRIE
MER DE SIBÉRIE ORIENTALE
I. Vrangel
Dt de Béring
Péninsule Chukotskiy
Mts Chukotskiy
Golfe d'Anadyr
MER DE BÉRING
Plateau de l'Anadyr
Plaine de la Kolyma
Hauteurs de la Kolyma
Monts des Koryaks
KAMTCHATKA
Monts Sredinnyy
Petropavlovsk-Kamchatskiy
Mts Byrranga
Péninsule Taymyr
Monts Putorana
Monts Orulgan
Monts Tcherski
Monts de Verkhoïansk
Iakoutie
Plateau de Sibérie Centrale
RUSSIE
Iakoutsk
Magadan
Golfe Shelekhova
MER D'OKHOTSK
SAKHALINE
Iles Kouriles
Mts Dioudgour
Hauteurs de l'Aldan
Monts Stanovoï
Lac Baïkal
Irkoutsk
Oulan-Oude
Rép. de Bouriatie
Monts Iablonovyi
Tchita
Khabarovsk
Vladivostok
Sikhote Alin
Harbin
Qiqihar
Changchun
Jilin
Shenyang
MANDCHOURIE
Grand Khingan
MONGOLIE
Oulan-Bator
GOBI
MONGOLIE-INTÉRIEURE
Pékin (Beijing)
Tianjin
Dalian
Qingdao
Jinan
Taiyuan
Pyongyang
CORÉE DU NORD
Séoul
CORÉE DU SUD
Pusan
MER DU JAPON
JAPON
HOKKAIDO
Sapporo
HONSHU
Tōkyō
Yokohama
Nagoya
Kyoto
Osaka
Hiroshima
Kobe
Fukuoka
Kita-Kyushu
KYUSHU
SHIKOKU
MER JAUNE
Rép. de Touva
Kyzyl
Abakan
Krasnoïarsk
Bratsk
Yuzhno-Sakhalinsk
Komsomol'sk-na-Amure
Ordos
Ala Shan
Qilian Shan
Yinchuan
Baotou
Hohhot
Datong

EXTRÊME-ORIENT

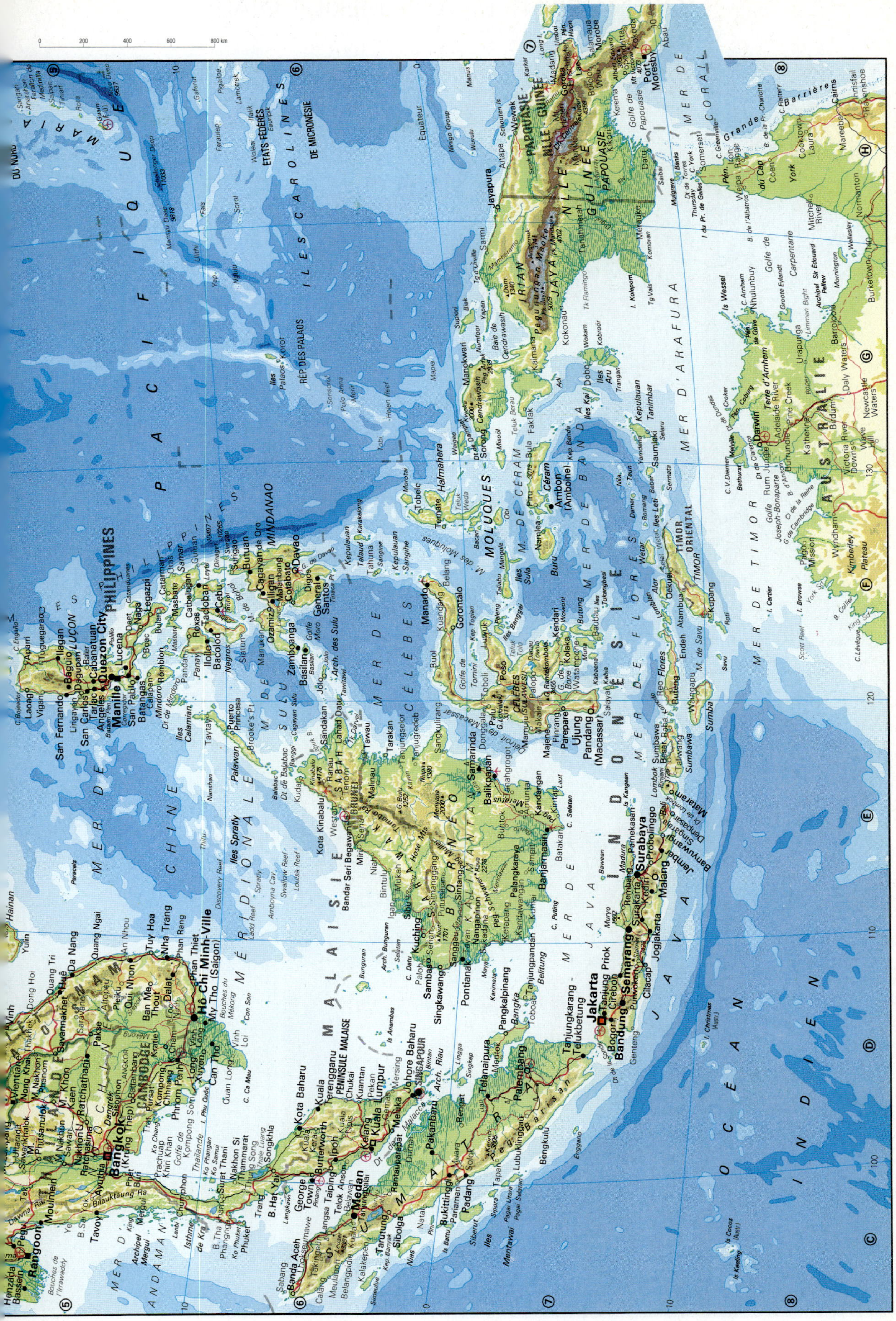
PHILIPPINES
Manille
Quezon City
LUÇON
MINDANAO
Davao
Zamboanga
Palawan
MER DE CHINE MÉRIDIONALE
MER DE SULU
MER DE CÉLÈBES
MALAISIE
BORNÉO
BRUNEI
Kota Kinabalu
Bandar Seri Begawan
Kuching
Pontianak
Banjarmasin
Balikpapan
Samarinda
CÉLÈBES (SULAWESI)
Manado
Ujung Pandang (Macassar)
MOLUQUES
Halmahera
Céram
Ambon (Amboine)
Buru
MER DE BANDA
MER DE FLORES
MER DE JAVA
INDONÉSIE
Jakarta
Bandung
Semarang
Surabaya
Malang
Jogjakarta
JAVA
Bali
Lombok
Sumbawa
Flores
Sumba
TIMOR ORIENTAL
TIMOR
MER DE TIMOR
MER D'ARAFURA
SUMATRA
Medan
Padang
Palembang
Pekanbaru
Banda Aceh
SINGAPOUR
Kuala Lumpur
Johore Baharu
PÉNINSULE MALAISE
Bangkok (Krung Thep)
THAÏLANDE
CAMBODGE
Phnom Penh
Hô Chi Minh-Ville (Saigon)
Da Nang
Rangoon
MER D'ANDAMAN
PAPOUASIE NLLE GUINÉE
IRIAN JAYA
NLLE GUINÉE
Jayapura
Port Moresby
MER DE CORAIL
AUSTRALIE
Darwin
Terre d'Arnhem
Golfe de Carpentarie
Pén. du Cap York
RÉP. DES PALAOS
ÉTATS FÉDÉRÉS DE MICRONÉSIE
ÎLES CAROLINES
OCÉAN PACIFIQUE
OCÉAN INDIEN
Guam
Équateur

MOYEN-ORIENT ET ASIE MÉRIDIONALE

GOLFE DU BENGALE
OCÉAN INDIEN
TIBET
MONGOLIE INTÉRIEURE
XINJIANG (SINKIANG)
INDE
Bombay
Delhi
Calcutta
Madras
Bangalore
Hyderabad
Dacca
Rangoon
Bangkok
Kunming
Chengdu
Chongqing
Lanzhou
Xi'an
Pékin (Beijing)
Lhassa
Colombo
SRI LANKA (CEYLAN)
MALDIVES
LAQUEDIVES
ILES ANDAMAN
ILES NICOBAR
MER D'ANDAMAN

AFRIQUE DU NORD ET DE L'OUEST

AFRIQUE DU NORD-EST

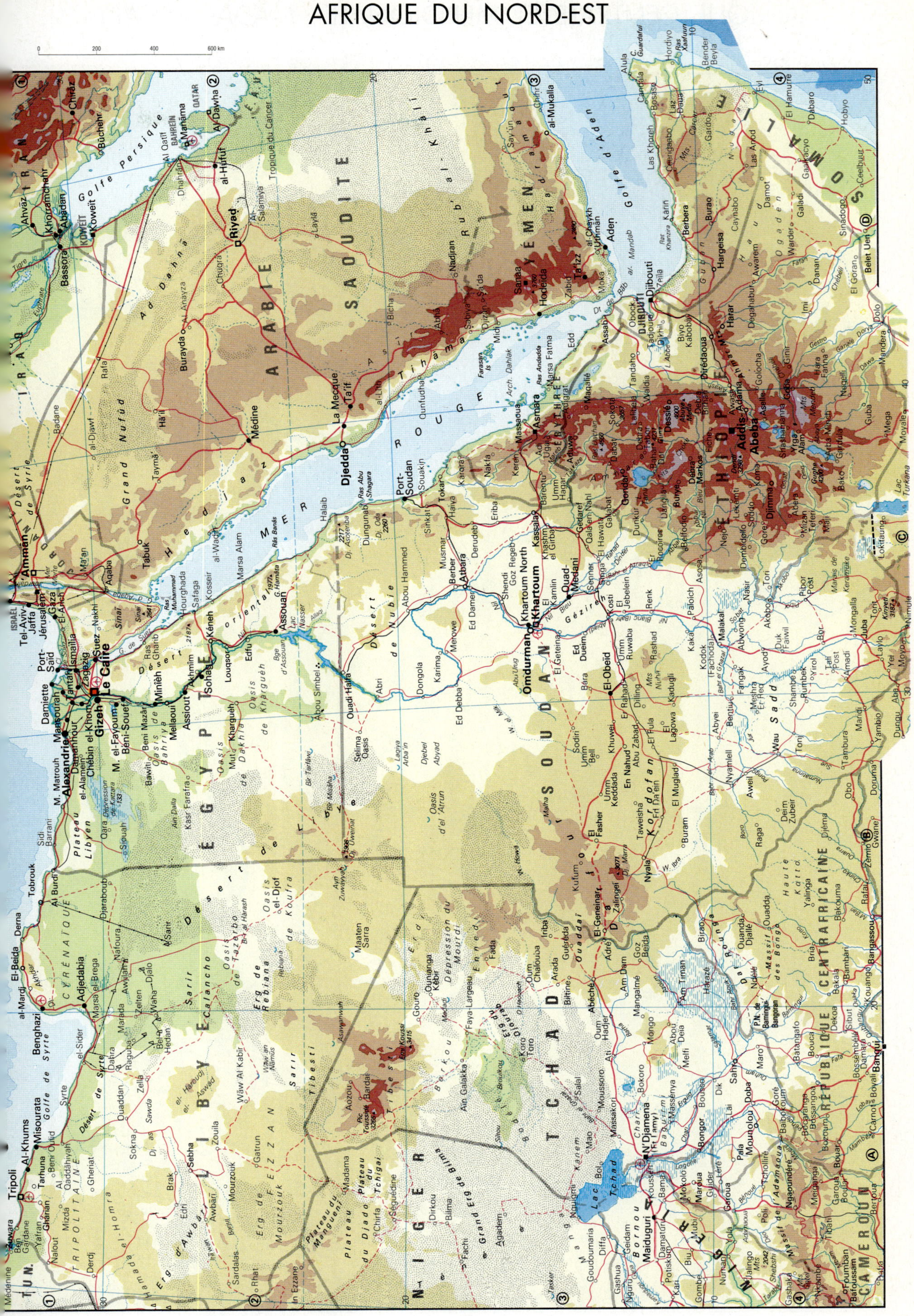

AFRIQUE CENTRALE ET MÉRIDIONALE ; MADAGASCAR

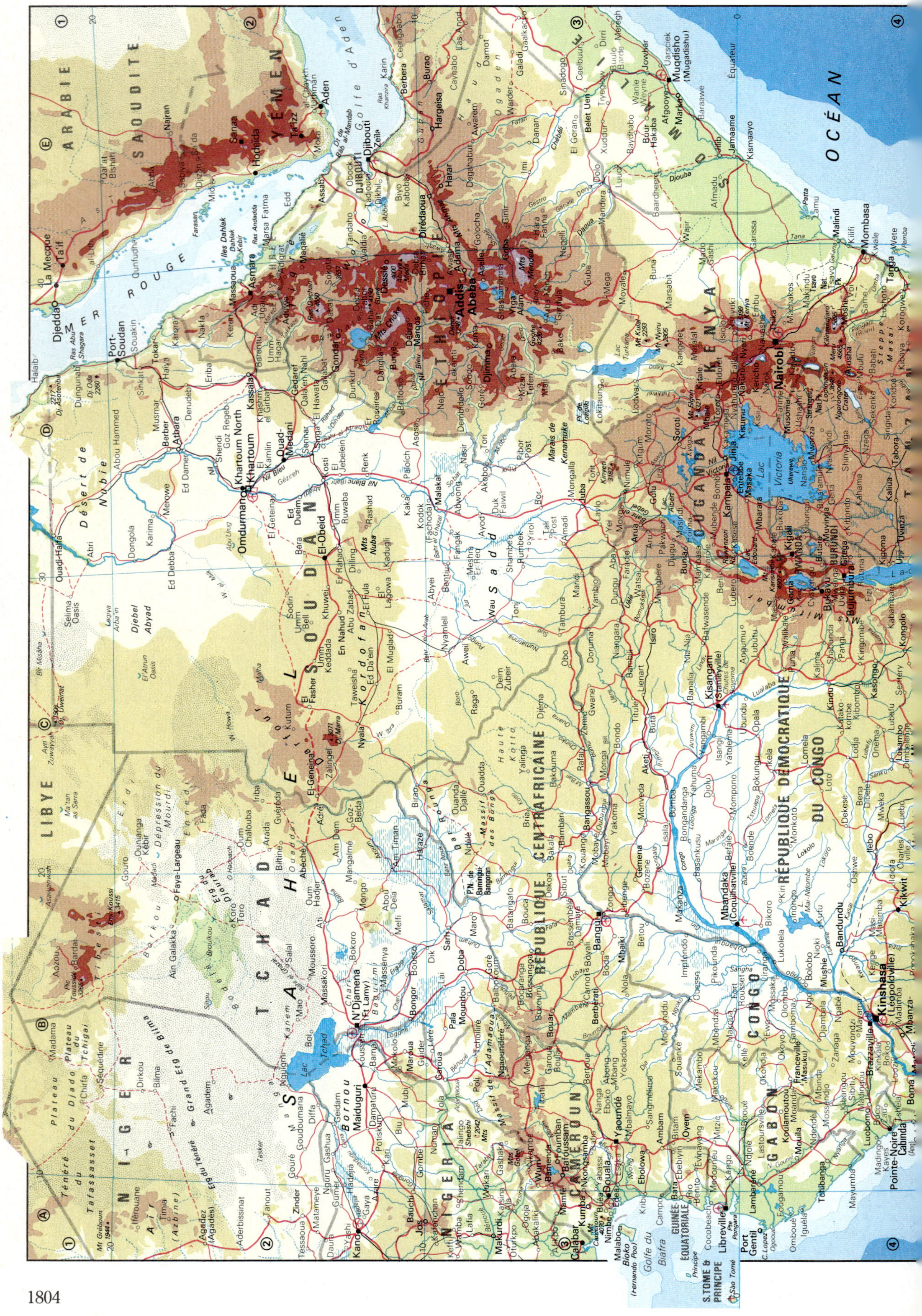

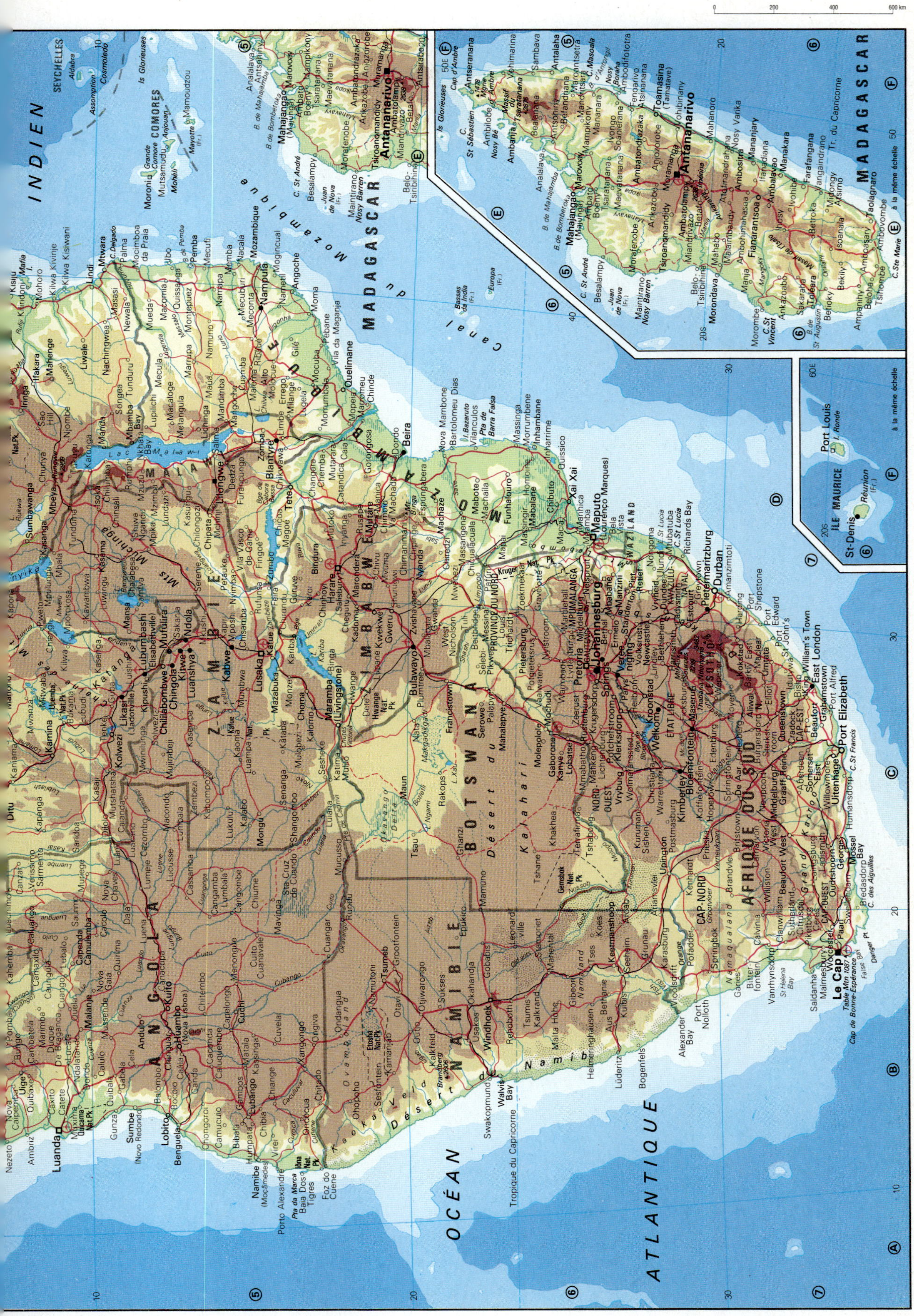
0 200 400 600 km
OCÉAN
ATLANTIQUE
INDIEN
Canal de Mozambique
ANGOLA
ZAMBIE
NAMIBIE
BOTSWANA
ZIMBABWE
MOZAMBIQUE
MALAWI
AFRIQUE DU SUD
LESOTHO
SWAZILAND
MADAGASCAR
COMORES
SEYCHELLES
ILE MAURICE
Réunion
Désert du Kalahari
Tropique du Capricorne
Tr. du Capricorne
à la même échelle
Luanda
Lusaka
Harare
Windhoek
Gaborone
Pretoria
Johannesburg
Maputo
Antananarivo
Le Cap
Port Louis
St-Denis

AUSTRALIE ET PACIFIQUE DU SUD-OUEST

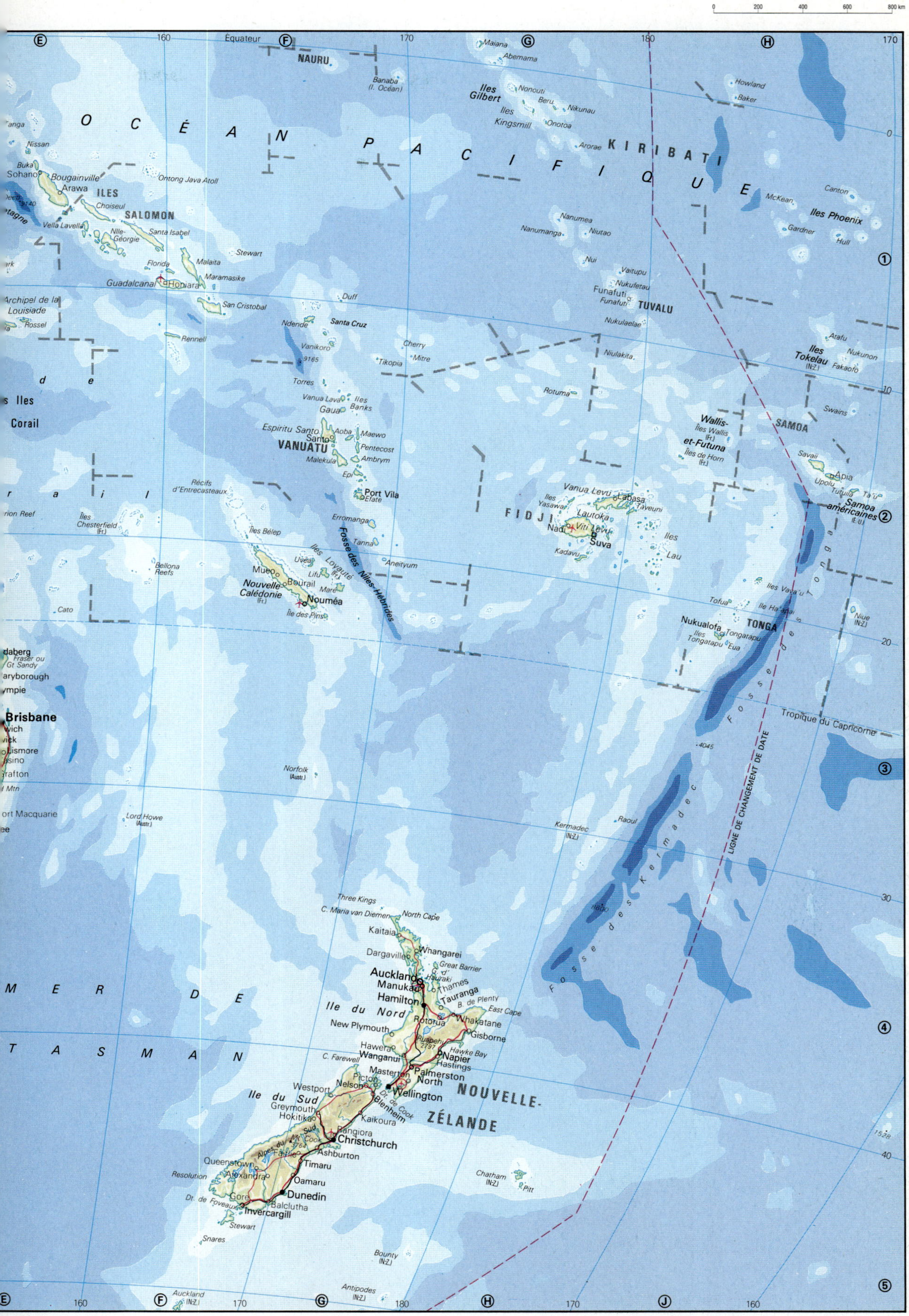
0 200 400 600 800 km
Équateur
NAURU
Banaba (I. Océan)
Maiana
Abemama
Iles Gilbert
Iles Kingsmill
Nonouti
Beru
Nikunau
Onotoa
Arorae
KIRIBATI
Howland
Baker
OCÉAN PACIFIQUE
Nissan
Buka
Sohano
Bougainville
Arawa
ILES SALOMON
Choiseul
Vella Lavella
Nlle-Géorgie
Santa Isabel
Ontong Java Atoll
Stewart
Malaita
Maramasike
Florida
Guadalcanal
Honiara
San Cristobal
Rennell
Archipel de la Louisiade
Rossel
McKean
Canton
Iles Phoenix
Gardner
Hull
Nanumea
Nanumanga
Niutao
Nui
Vaitupu
Nukufetau
Funafuti
TUVALU
Nukulaelae
Niulakita
Duff
Ndende
Santa Cruz
Vanikoro
Cherry
Mitre
Tikopia
Torres
Vanua Lava
Gaua
Iles Banks
Espiritu Santo
Santo
Aoba
Maewo
Pentecost
Ambrym
VANUATU
Malekula
Epi
Port Vila
Efate
Erromanga
Tanna
Aneityum
Fosse des Nlles-Hébrides
Atafu
Nukunon
Fakaofo
Iles Tokelau (N-Z.)
Swains
Rotuma
Wallis-et-Futuna
Iles Wallis (Fr.)
Iles de Horn (Fr.)
SAMOA
Savaii
Upolu
Apia
Tutuila
Samoa américaines (E.-U.)
Vanua Levu
Labasa
Taveuni
Iles Yasawa
Lautoka
FIDJI
Nadi
Viti Levu
Suva
Kadavu
Iles Lau
Iles Vava'u
Ile Ha'apai
Tofua
Nukualofa
Tongatapu
Eua
Iles Tongatapu
TONGA
Niue (N-Z.)
Fosse des Tonga
Tropique du Capricorne
4045
LIGNE DE CHANGEMENT DE DATE
Iles Chesterfield (Fr.)
Récifs d'Entrecasteaux
Iles Bélep
Bellona Reefs
Iles Loyauté
Ouvéa
Lifu
Maré
Mueo
Bourail
Nouvelle-Calédonie (Fr.)
Nouméa
Île des Pins
Cato
Brisbane
Lismore
Norfolk (Austr.)
Lord Howe (Austr.)
Kermadec (N-Z.)
Raoul
Fosse des Kermadec
MER DE TASMAN
Three Kings
C. Maria van Diemen
North Cape
Kaitaia
Whangarei
Dargaville
Great Barrier
Auckland
Manukau
Hamilton
Thames
Tauranga
B. de Plenty
East Cape
Ile du Nord
Rotorua
Whakatane
New Plymouth
Gisborne
Ruapehu
2797
Hawera
Wanganui
Napier
Hawke Bay
Hastings
C. Farewell
Nelson
Picton
Masterton
Palmerston North
Wellington
NOUVELLE-ZÉLANDE
Westport
Greymouth
Hokitika
Ile du Sud
Blenheim
Dt. de Cook
Kaikoura
Rangiora
Christchurch
Ashburton
Timaru
Queenstown
Alexandra
Oamaru
Dunedin
Resolution
Gore
Balclutha
Invercargill
Dt. de Foveaux
Stewart
Snares
Chatham (N-Z.)
Pitt
Bounty (N-Z.)
Antipodes (N-Z.)
Auckland (N-Z.)
1528

CANADA

0 200 400 600 km

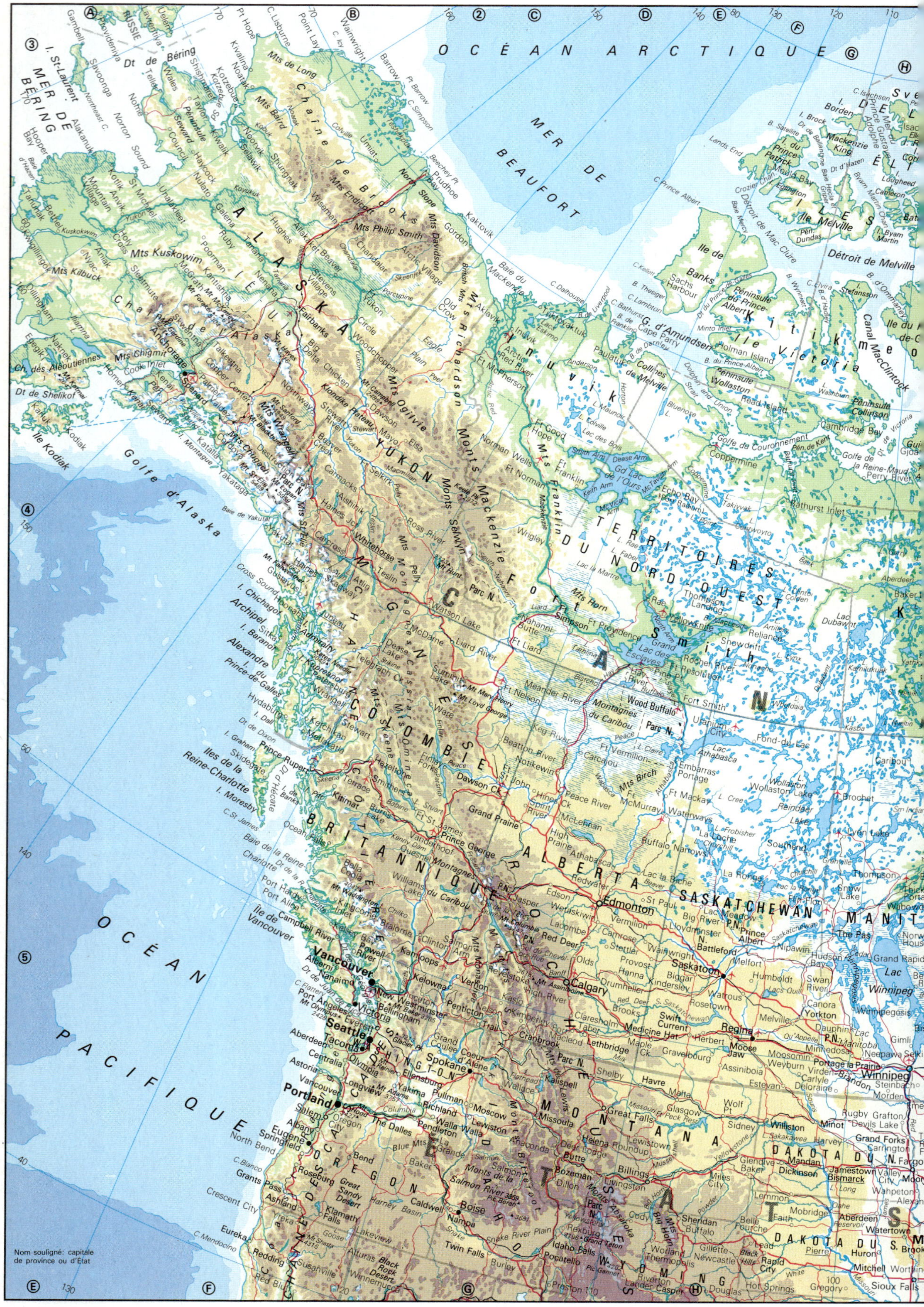

GROENLAND
(Danemark)
BAIE DE BAFFIN
ÎLE DE BAFFIN
ÎLE ELLESMERE
Île Devon
Passage Lancaster
DÉTROIT DE DAVIS
DÉTROIT DU DANEMARK
ISLANDE
Reykjavik
BASSIN DE FOXE
Péninsule de Melville
NUNAVUT
DÉTROIT D'HUDSON
MER DU LABRADOR
TERRE-NEUVE
BAIE D'HUDSON
Baie d'Ungava
Labrador
Nord du Québec
QUÉBEC
ONTARIO
Baie James
Golfe du Saint-Laurent
Cercle polaire arctique
OCÉAN ATLANTIQUE
LAC SUPÉRIEUR
L. Michigan
L. Huron
L. Ontario
L. Érié
Montréal
Québec
Ottawa
Toronto
Boston
Providence
Halifax
St John's
Detroit
Buffalo
Milwaukee
St Paul
Thunder Bay
NOUVEAU-BRUNSWICK
NOUVELLE-ÉCOSSE
ÎLE-DU-PRINCE-ÉDOUARD
Anticosti
Cap-Breton
Nuuk (Godthåb)
Iqaluit
Churchill
Cap Farvel

ÉTATS-UNIS

COLOMBIE BRITANNIQUE
ALBERTA
SASKATCHEWAN
MANIT
WASHINGTON
OREGON
IDAHO
MONTANA
DAKOTA DU N.
DAKOTA DU S.
WYOMING
NEBRASKA
NEVADA
UTAH
COLORADO
KANSAS
CALIFORNIE
ARIZONA
NOUVEAU MEXIQUE
OKLAHOMA
TEXAS
ÉTATS-UNIS
MEXIQUE
BASSE CALIFORNIE
Golfe de Californie
OCÉAN PACIFIQUE
SIERRA MADRE OCCIDENTALE
Sierra Madre Orientale
Montagnes Rocheuses
Tropique du Cancer
Ile Vancouver
Edmonton
Calgary
Vancouver
Victoria
Seattle
Spokane
Portland
Salem
Boise
Helena
Regina
Saskatoon
Bismarck
Pierre
Cheyenne
Salt Lake City
Denver
Carson City
Sacramento
San Francisco
San Jose
Reno
Las Vegas
Los Angeles
San Diego
Tijuana
Mexicali
Phoenix
Tucson
Santa Fe
Albuquerque
El Paso
Ciudad Juarez
Hermosillo
Chihuahua
Monterrey
Saltillo
Torreon
Durango
Culiacán
Mazatlán
La Paz
Austin
San Antonio
Oklahoma City
Nom souligné:
capitale d'État ou de province

0 100 200 300 400 500 km
O N T A R I O
Q U É B E C
Baie James
Golfe du Saint-Laurent
I. d'Anticosti
Péninsule de Gaspésie
NOUVEAU BRUNSWICK
N.-ÉCOSSE
Is de la Madeleine
Î. DU PRINCE-ÉDOUARD
Halifax
Québec
Montréal
Ottawa
Toronto
LAC SUPÉRIEUR
LAC HURON
L. MICHIGAN
L. ONTARIO
L A C É R I É
MICHIGAN
WISCONSIN
MINNESOTA
IOWA
ILLINOIS
INDIANA
OHIO
PENNSYLVANIE
NEW YORK
VERMONT
NEW HAMPSHIRE
MAINE
MASS
CONN
N.J.
MD
DEL.
VIRGINIE
KENTUCKY
TENNESSEE
MISSOURI
ARKANSAS
MISSISSIPPI
ALABAMA
GÉORGIE
CAROLINE DU NORD
CAROLINE DU SUD
LOUISIANE
FLORIDE
A P P A L A C H E S
Thunder Bay
Duluth
St Paul
Minneapolis
Milwaukee
Chicago
Detroit
Cleveland
Buffalo
Pittsburgh
Indianapolis
Cincinnati
Columbus
St Louis
Kansas City
Louisville
Nashville
Memphis
Chattanooga
Atlanta
Birmingham
Montgomery
Jackson
Shreveport
La Nouvelle-Orléans
Mobile
Tallahassee
Jacksonville
Orlando
Tampa
St Petersburg
Miami
Key West
Savannah
Charleston
Charlotte
Raleigh
Wilmington
Richmond
Norfolk
Washington
Baltimore
Philadelphie
New York
Boston
Providence
Hartford
Albany
Portland
Bangor
O C É A N
A T L A N T I Q U E
G O L F E   D U   M E X I Q U E
Détroit de Floride
BAHAMAS
Grand Bahama
Andros
Nassau
Eleuthera
CUBA
La Havane
Matanzas
Cienfuegos
Camagüey
Holguín

MEXIQUE ET AMÉRIQUE CENTRALE

ANTILLES

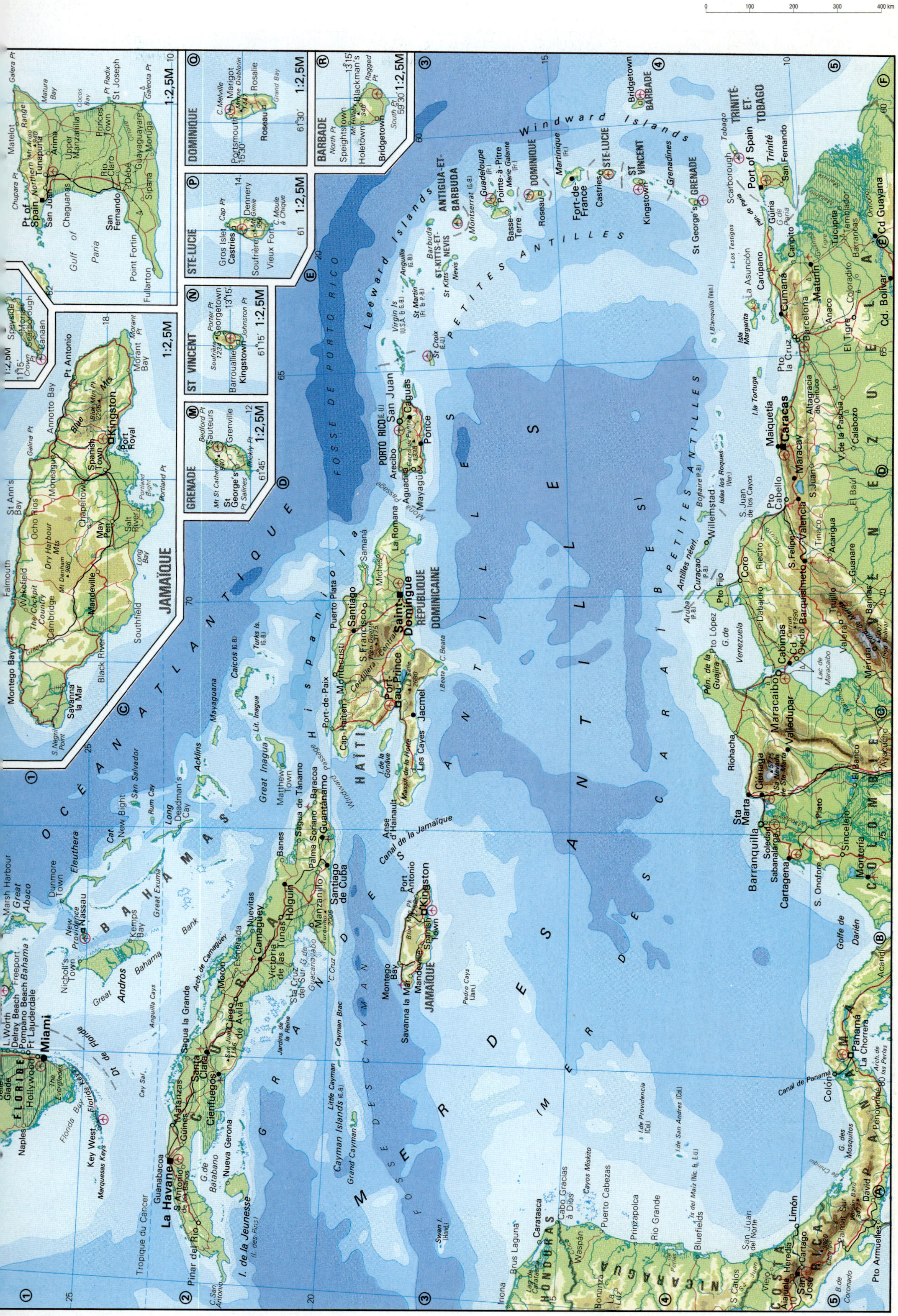
0 100 200 300 400 km
OCÉAN ATLANTIQUE
MER DES ANTILLES
MER DES CARAÏBES
GRANDES ANTILLES
PETITES ANTILLES
BAHAMAS
FOSSE DE PORTO RICO
FOSSE DES CAYMAN
Leeward Islands
Windward Islands
Hispaniola
Tropique du Cancer
La Havane
Cienfuegos
Santa Clara
Camagüey
Holguín
Santiago de Cuba
Guantánamo
Nassau
Miami
Key West
JAMAÏQUE
Kingston
Montego Bay
HAÏTI
Port-au-Prince
RÉPUBLIQUE DOMINICAINE
Saint-Domingue
Santiago
PORTO RICO
San Juan
Ponce
ANTIGUA-ET-BARBUDA
ST-KITTS-ET-NEVIS
Guadeloupe
DOMINIQUE
Roseau
Martinique
Fort-de-France
STE-LUCIE
Castries
ST VINCENT
Kingstown
GRENADE
St George's
BARBADE
Bridgetown
TRINITÉ-ET-TOBAGO
Port of Spain
Caracas
Maracaibo
Valencia
Barquisimeto
Barranquilla
Cartagena
Sta Marta
Panamá
Colón
Canal de Panama
Limón
HONDURAS
NICARAGUA
COSTA RICA
PANAMÁ
COLOMBIE
VENEZUELA
Antilles néerl.
Curaçao
Willemstad
Aruba
Bonaire
Cayman Islands
JAMAÏQUE 1:2,5M
GRENADE 1:2,5M
ST VINCENT 1:2,5M
STE-LUCIE 1:2,5M
DOMINIQUE 1:2,5M
BARBADE 1:2,5M

AMÉRIQUE DU SUD (PARTIE NORD)

0 200 400 600 km
OCÉAN ATLANTIQUE
Équateur
BARBADE
Bridgetown
Georgetown
New Amsterdam
Paramaribo
Nieuw Amsterdam
Nieuw Nickerie
Marienburg
Albina
Sinnamary
I. du Diable
Kourou
Cayenne
C. Orange
SURINAME
GUYANE FRANÇAISE
Oiapoque
Serra Tumucumaque
Amapá
Ile de Maracá
AMAPÁ
Sa do Navio
Macapá
Pto Santana
C. Maguarinho
I. de Marajó
B. de Marajó
Salinópolis
Bragança
Capanema
Belém
Abaetetuba
Cametá
Amazone
Oriximiná
Obidos
Monte Alegre
Santarém
Altamira
Itacoatiara
Aveiro
Itaituba
Parc National de l'Amazone
Pimenta
Tucuruí
PARÁ
Marabá
Jacareacanga
S. Félix
Serra do Cachimbo
Cachimbo
Alcântara
B. de São Marcos
São Luís
Rosário
Parnaíba
Camocim
Acaraú
Pinheiro
Monção
Chapadinha
Bacabal
Coroatá
Codó
Caxias
MARANHÃO
Imperatriz
Grajaú
Pto Franco
Carolina
Araguaína
Balsas
Itapipoca
Caucaia
Fortaleza (Ceará)
Sobral
Piripiri
Campo Maior
Teresina
Crateús
Quixadá
Aracati
Areia Branca
Macau
Mossoró
CEARÁ
Natal
Iguatu
Picos
Crato
Caicó
Patos
Sousa
Floriano
Oeiras
PIAUÍ
Cabedelo
João Pessoa
Campina Grande
PARAÍBA
PERNAMBUCO
Olinda
Recife (Pernambuco)
Jaboatão
Barreiros
Garanhuns
Palmeira dos Índ.
ALAGOAS
Maceió
Arapiraca
Penedo
Propriá
SERGIPE
Aracajú
Estância
Petrolina
Juazeiro
Paulistana
S. Raimundo Nonato
Barrage de Sobradinho
Barra
Jacobina
Sen. do Bonfim
BAHIA
Barreiras
Ibotirama
Bom Jesus da Lapa
Chapada Diamantina
Feira de S.
Alagoinhas
Salvador (Bahia)
Cachoeira
Valença
Jequié
Vitória da Conquista
Itabuna
Ilhéus
Caetité
Canavieiras
Belmonte
Pôrto Seguro
TOCANTINS
C. do Araguaia
São Félix
GOIÁS
Uruaçu
Ceres
Jaraguá
Formosa
Brasília
Anápolis
Goiânia
São Francisco
Januária
Montes Claros
Salinas
Pirapora
Teófilo Otôni
Governador Valadares
MINAS GERAIS
Belo Horizonte
Uberlândia
Uberaba
Araguari
Patos de Minas
Divinópolis
ESPÍRITO SANTO
São Mateus
Linhares
Colatina
Vitória
Vila Velha
Cachoeiro de Itapemirim
Juiz de Fora
Volta Redonda
Petrópolis
Nova Friburgo
Campos
S. João da Barra
Niterói
Rio de Janeiro
SÃO PAULO
São Paulo
Santos
São Vicente
Campinas
Sorocaba
Jundiaí
Ribeirão Preto
Araraquara
São Carlos
Bauru
Marília
Araçatuba
Pres. Prudente
Piracicaba
Limeira
Franca
MATO GROSSO
Cuiabá
Cáceres
Rondonópolis
Pto Artur
Planalto de Mato Grosso
Serra Formosa
MATO GROSSO DO SUL
Corumbá
Campo Grande
Aquidauana
Três Lagoas
Dourados
Ponta Porã
PARAGUAY
Pedro J. Caballero
Concepción
Asunción
Londrina
Maringá
Apucarana
Umuarama
Paranavaí
Toledo
Cascavel
Guaíra
PARANÁ

AMÉRIQUE DU SUD (PARTIE SUD)

INDEX
DE L'ATLAS DU MONDE

Dans l'index, le premier chiffre indique la page, la lettre et le dernier chiffre précisent la section de la carte où le nom peut être trouvé. Par exemple, Berlin 1794 C2 signifie que Berlin peut être trouvé page 1794, à l'intersection de la colonne C et de la bande 2.

A

B

C

G

H

I

M

N

O

P

Q

R

S

T

LES DRAPEAUX DU MONDE

AFGHANISTAN

Adopté en 1992. Les couleurs sont celles de la Pierre noire (Kaba) de La Mecque et le vert de l'islam.

AFRIQUE DU SUD

Adopté en 1994. Les couleurs rouge-orangé, blanc et bleu (empruntées au « Prinsenvlag » des Pays-Bas) figuraient sur le drapeau depuis 1928. Le V couché – noir, or et vert – prolongé par une ligne horizontale symbolise la convergence des divers éléments de la société sud-africaine vers un même but.

ALBANIE

L'aigle noire bicéphale rappelle l'Empire austro-hongrois ; l'étendard rouge fut celui de Skanderbeg, héros de la résistance contre les Turcs. L'étoile rouge du communisme, ajoutée en 1945, a été supprimée en 1992.

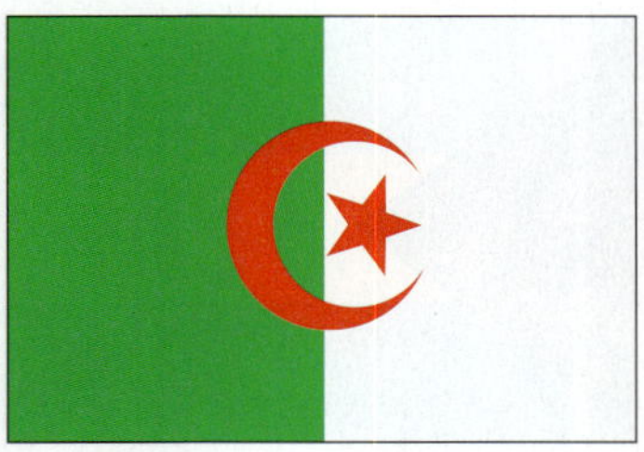

ALGÉRIE

Apparu lors d'une manifestation antifrançaise en 1925 et adopté officiellement en 1962, ce drapeau porte le vert et les astres de l'islam, le rouge du socialisme, le blanc de la pureté et de l'honnêteté.

ALLEMAGNE

Adopté en 1949 en RFA et confirmé en 1990 pour l'Allemagne unie. Les couleurs sont celles de la république de Weimar. L'origine de ce drapeau remonte au blason impérial, dont il reprend le noir de l'aigle, le rouge de ses serres et de sa langue, le jaune de l'or du champ.

ANDORRE

Créé en 1866. Les couleurs rouge et or sont celles du comte de Foix, qui, le premier, partagea la souveraineté avec l'évêque d'Urgel.

ANGOLA

Adopté en 1975. Les couleurs représentent : le rouge, le sang versé pour la liberté ; le jaune, les trésors de la nature ; la machette, les paysans et les combats pour la liberté ; la roue dentée, les ouvriers ; l'étoile, le progrès et la liberté.

ANTIGUA-ET-BARBUDA

Adopté en 1967. Les couleurs sont le noir du peuple africain, le bleu de la mer et de l'espoir, le blanc du sable des plages. Le soleil levant symbolise la liberté ; le champ rouge, le dynamisme du peuple.

ARABIE SAOUDITE

Adopté en 1973. L'épée est celle de la justice, et la phrase (la chahada) se lit « Il n'y a de dieu que Dieu et Mahomet est son prophète ». Le vert est la couleur de l'islam.

ARGENTINE

Créé en 1816. Les couleurs sont celles de la cocarde portée au début de la révolte du 25 mai 1810 et le soleil, au centre, est le « soleil de mai ».

ARMÉNIE

Azur, gueules et or viennent du blason des Lusignan, ces Poitevins qui firent souche en Arménie avant 1375. En 1918, les députés arméniens, yézidis (kurdes) et tatars (azéris) adoptèrent ce drapeau à l'unanimité, et le catholicos le bénit. En usage de 1918 à 1921, il a été repris en 1989.

AUSTRALIE

En 1935, l'Union Jack, qui exprime les liens particuliers avec la Grande-Bretagne, fut complété par l'étoile du Commonwealth et la constellation de la Croix du Sud. Le drapeau a été adopté officiellement en 1954.

AUTRICHE

Adoptées par la république en 1945, les couleurs rappellent que le duc Léopold V fut blessé au combat en 1191. Il était couvert de sang, et seule la buffleterie du ceinturon était restée blanche.

AZERBAÏDJAN

Apparu en 1990. Le vert et le croissant évoquent l'islam. L'étoile à huit pointes est aussi d'inspiration musulmane.

BAHAMAS

Adopté en 1973. La couleur jaune évoque le sable de l'île, tandis que les bandes bleues symbolisent la mer qui l'entoure. Le triangle noir représente l'unité du peuple.

BAHREÏN

Le rouge et le blanc dentelé dérivent du blason de sir Charles Belgrave, transformé en drapeau en 1933. Celui-ci a été adopté en 1972. Le rouge et le blanc symbolisent maintenant l'islam kharidjite et la paix.

BANGLADESH

Adopté en 1972. Le vert représente la nature ; le rouge, le sang versé pour la liberté.

BARBADE

Adopté en 1966. Le jaune et les deux bandes bleues évoquent le sable des plages entre ciel et mer. Le trident noir exprime l'alliance du peuple avec la mer.

BELGIQUE

Créé pendant la révolution de 1789 et officiellement adopté en 1830. Les couleurs reprennent celles du duché de Brabant.

BELIZE

Depuis 1981, le drapeau comporte le blason de l'État entouré par une couronne végétale qui broche un disque blanc, réaffirmant la vocation forestière du pays.

BÉNIN

Dans la couleur verte du drapeau, adopté en 1990, se lit l'espoir du renouveau. Le rouge exprime le courage des aïeux. Des plus riches trésors le jaune est le présage.

BHOUTAN

Druk Yul, le nom tibétain du Bhoutan, signifie « empire du Dragon ». Le jaune est attribué à la monarchie, l'orange, au bouddhisme. Ce drapeau est attesté depuis deux siècles.

BIÉLORUSSIE

Adopté en 1995. L'ornement à motifs rouges sur fond blanc s'inspire des couleurs et des broderies des costumes populaires. Le vert représente les forêts qui couvrent une grande partie du territoire du pays ; le rouge symbolise la liberté.

BIRMANIE

Le riz et la roue dentée représentent l'agriculture et l'industrie. Les quatorze régions sont représentées par un même nombre de dents et d'étoiles.

BOLIVIE

Adopté en 1888. Les couleurs avaient été choisies par le premier président en 1851. Le rouge signifie la bravoure militaire ; le jaune, les richesses minières ; le vert, la fertilité de la terre.

BOSNIE-HERZÉGOVINE

Adopté en 1998. Le triangle représente les trois communautés (Musulmans, Serbes et Croates) ; le jaune symbolise le soleil et l'espoir ; le bleu et les étoiles, l'Europe.

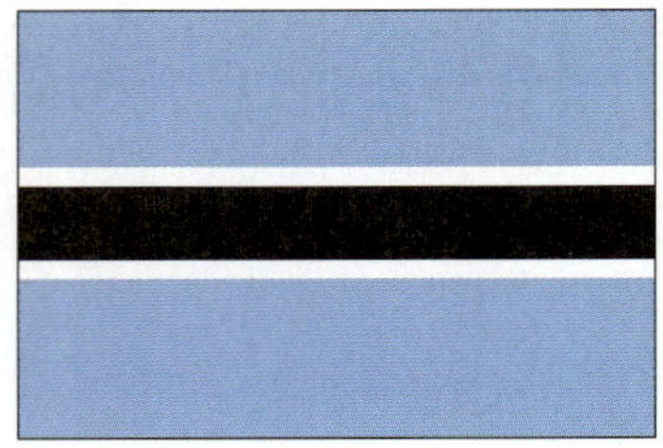

BOTSWANA

Tricolore, bleu, blanc, noir, le bleu pour l'eau, rare dans ce pays, les bandes noire et blanches pour les différentes ethnies.

BRÉSIL

Créé en 1889 et adopté officiellement en 1968. Le vert évoque les feuilles de tabac et de café ; le fond bleu du cercle, la couleur du ciel. Les étoiles représentent à la fois la constellation de la Croix du Sud et les États de la fédération ; celle qui se trouve au-dessus de la devise affirme l'unité indivisible.

BRUNEI

Créé en 1906, à l'établissement du protectorat, et modifié en 1959 lors de l'accession à l'autonomie interne. Le croissant de lune du blason et l'inscription rappellent l'appartenance de Brunei à l'islam.

BULGARIE

Créé en 1878 sur le modèle du drapeau impérial russe. Le blanc symbolise l'innocence ; le vert, la verdure et la beauté du paysage bulgare ; le rouge, le sang des héros tombés pour la patrie au long de toutes les guerres de son histoire.

BURKINA

Adopté en 1984. Il reprend les couleurs panafricaines inaugurées en Éthiopie. L'étoile au centre exprimait les principes révolutionnaires du nouveau régime.

BURUNDI

Adopté en 1967. Les couleurs symbolisent : le vert, l'espérance ; le rouge, les combats pour l'indépendance ; le blanc, l'amour de la paix. Les trois étoiles rouges représentent les mots « unité, travail, progrès » et les trois ethnies du pays.

CAMBODGE

Le temple d'Angkor est représenté sur un fond rouge (symbolisant le sang versé pour la patrie) bordé de bandes bleues (qui sont les couleurs royales).

CAMEROUN

Adopté en 1975. Trois des couleurs panafricaines sont reprises et agencées selon le modèle tricolore français. Le vert représente les richesses forestières, l'espoir et la foi en l'avenir ; le rouge, l'indépendance ; le jaune, la savane. L'étoile, au centre, rappelle l'unité nationale.

CANADA

A remplacé en 1965 le Red Ensign canadien, en usage depuis 1870, et l'Union Jack. Le rouge et le blanc ont été attribués comme couleurs officielles au Canada par le roi George V en 1921. La feuille d'érable est de longue date un emblème du Canada.

CAP-VERT

Adopté officiellement en 1992. Le champ d'azur représente l'immensité de l'océan ; la fasce de gueules bordée d'argent signifie le travail qui protège la paix ; la couronne de dix étoiles ordonne emblématiquement les îles qui forment l'archipel.

CENTRAFRICAINE (RÉPUBLIQUE)

Adopté en 1958. Parmi les cinq couleurs, trois représentent les ressources naturelles (coton, forêts, diamant), le rouge symbolisant l'union des peuples et le blanc, la paix.

CHILI

Adopté en 1817. Le blanc évoque la neige de la cordillère des Andes ; le bleu, le ciel ; le rouge, le sang versé pour la patrie. L'étoile symbolise le progrès et l'honneur du pays.

CHINE

Adopté en 1949. Les étoiles symbolisent l'union des nationalités chinoise, mandchoue, tibétaine, mongole, et du Xinjiang, autour du Parti.

CHYPRE

Ce drapeau est celui de la république de Chypre. Le fond blanc et les rameaux d'olivier expriment le désir de paix. La communauté turque du nord de l'île en a adopté un autre, portant le croissant de l'islam.

COLOMBIE

Adopté en 1861 en souvenir de la bannière de guerre qui servit en 1807 lors d'une expédition contre le Venezuela. Le jaune représente l'or, et le bleu, l'isthme de Panamá (qui appartenait alors à la Colombie).

COMORES

Adopté en 1978 et remanié en 1997. Le croissant de lune et la couleur verte symbolisent l'islam. Les quatre étoiles représentent les îles principales de l'archipel : Ngazidja (anc. Grande Comore), Ndzouani (anc. Anjouan), Moili (anc. Mohéli) et Mayotte (qui appartient à la France).

CONGO

Adopté lors de l'indépendance en 1960, abandonné en 1969, repris officiellement en 1992. Le vert figure la forêt ; le jaune, la savane ; le rouge, le sang versé par les martyrs congolais.

CONGO (RÉPUBLIQUE DÉMOCRATIQUE DU)

Adopté lors de l'indépendance en 1960, abandonné, puis repris en 1997. Les six étoiles alignées le long de la hampe symbolisent les provinces constitutives de l'État, et l'étoile centrale représente l'unité nationale.

CORÉE DU NORD

Adopté en 1948. L'étoile et la couleur rouge symbolisent le communisme ; le blanc, la pureté, la force et la dignité ; le bleu, l'espoir et l'amour de la paix.

CORÉE DU SUD

Adopté officiellement en 1883. Les symboles et le drapeau lui-même sont appelés « Taeguk ». Le blanc du fond est la couleur traditionnelle de la Corée. Dans un cercle s'inscrivent en bleu et en rouge les symboles du yin et du yang, dénommés en coréen « um » et « yang ». Les motifs noirs symbolisent les quatre éléments.

COSTA RICA

Créé en 1848 et plusieurs fois remanié. Les couleurs reprennent celles du drapeau français. Le blanc symbolise la paix qui règne depuis 1821, le bleu est la couleur du ciel et le rouge représente le sang versé par les Costaricains pour défendre la souveraineté nationale.

CÔTE D'IVOIRE

Adopté en 1959. Les couleurs, dont la disposition s'inspire du drapeau français, signifient : l'orange, la savane du Nord ; le vert, la forêt du Sud ; le blanc, l'unité du Nord et du Sud.

CROATIE

Adopté en 1990. Les trois couleurs panslaves datent de la Russie de Pierre le Grand. Le blason échiqueté de gueules et d'argent reprend les couleurs de la Croatie indépendante de 1941. La couronne civique est émaillée aux blasons des provinces constitutives : Croatie, Dubrovnik, Dalmatie, Istrie et Slavonie.

CUBA

Adopté en 1902. Les cinq bandes représentent les cinq provinces entre lesquelles l'île était alors subdivisée. Le triangle rouge symbolise le sang versé pour la liberté ; l'étoile, l'égalité et la liberté.

DANEMARK

Connu sous le nom danois de « Dannebrog » (du vieux frison « dan », rouge, et « broge », étoffe), ce drapeau à croix d'argent sur champ de gueules est resté inchangé depuis son adoption par le roi Valdemar II.

DJIBOUTI

Adopté en 1977. Le bleu du ciel et de la mer est la couleur tribale des Issa. Le vert représente les Afar et leur foi en l'islam. Le blanc de la paix soutient l'étoile rouge de l'unité et de l'indépendance.

DOMINICAINE (RÉPUBLIQUE)

Adopté en 1844. Le bleu symbolise la liberté et le rouge, le sang versé pendant la guerre révolutionnaire. La croix des armoiries traduit la foi du peuple dominicain.

DOMINIQUE

Le perroquet est entouré de dix étoiles qui symbolisent les paroisses de l'île.

ÉGYPTE

Adopté en 1984. Le rouge représente le sang versé par les martyrs ; le blanc, la révolution de 1952 ; le noir, l'époque monarchique ; l'aigle, symbole de l'acuité visuelle, remonterait au XIIe s., à l'époque de Saladin.

ÉMIRATS ARABES UNIS

Adopté en 1971. Le rouge sert de trait d'union aux couleurs panarabiques vert, blanc, noir, qui sont les couleurs traditionnelles des dynasties omeyyade, abbasside et fatimide.

ÉQUATEUR

Adopté en 1900. Sont juxtaposés le rouge du sang versé, le bleu du ciel et de la mer, et le jaune du soleil.

ÉRYTHRÉE

Adopté en 1993. Les couleurs sont celles du Front populaire de libération de l'Érythrée.

ESPAGNE

Le « sang et or » remonte aux Rois Catholiques. Le blason a été ajouté en décembre 1981.

ESTONIE

Ces couleurs, reprises en 1989, datent de 1905, lorsque l'association des étudiants anima la révolution. Symbolique et forces naturelles s'allient pour donner une lecture combinée : le bleu pour le ciel et la confiance ; le noir pour la terre et le sombre passé ; le blanc pour la neige et la liberté.

ÉTATS-UNIS

Les 13 colonies révoltées en 1775 sont représentées par les bandes horizontales qui étaient, à l'origine, répétées sur le canton bleu sous forme d'étoiles réparties en cercle. C'est en 1950 que le drapeau actuel, où les étoiles figurent les États, a été établi. Il porte le nom de Stars and Stripes (« les étoiles et les bandes »).

ÉTHIOPIE

Les couleurs panafricaines représentent : le vert, travail, fertilité et développement ; le jaune, espoir, égalité et justice ; le rouge, sens du sacrifice et héroïsme. Le fond bleu de l'emblème central symbolise la paix ; les cinq traits formant l'étoile figurent l'égalité des peuples et des religions ; les rayons jaunes, leurs perspectives d'avenir.

FIDJI

À l'Union Jack est adjoint un blason créé en 1908, meublé d'une croix de Saint-Georges, d'un léopard britannique, d'une colombe de la paix et des richesses agricoles du pays : canne à sucre, cocotier, bananier.

FINLANDE

Créé en 1870 par le poète Zacharias Topelius (1818-1898) à l'image du bleu des lacs et du blanc de la neige. Rendu officiel en 1918.

FRANCE

La Fayette a intercalé, le 4 octobre 1789, le blanc royal, inspiré de la chemise de la Sainte Vierge conservée à Chartres, entre les deux couleurs de la Ville de Paris : le bleu de la « capâ » de saint Martin et le rouge de l'oriflamme de saint Denis.

GABON

Adopté en 1960. Les couleurs sont le vert de la forêt qui couvre le pays, le jaune du soleil et le bleu de la mer qui délimite le pays à l'ouest.

GAMBIE

Adopté en 1965. Sont représentés le soleil par le rouge, la paix par le blanc, la rivière Gambie par le bleu, l'agriculture par le vert.

GÉORGIE

En usage de 1918 à 1921, puis revendiqué entre 1941 et 1944 par les indépendantistes, ce drapeau a été repris en 1989. Le franc canton représente les hordes tatares du Mouton Blanc et du Mouton Noir. Le champ vient de la bannière byzantine des Anges.

GHANA

Créé en 1957 aux couleurs du panafricanisme, modifié en 1964, puis repris sous cette forme en 1966. Le rouge commémore le sang versé pour la liberté ; le jaune, les richesses minières du pays (anc. Côte-de-l'Or) ; le vert, la végétation. L'étoile noire est « l'étoile conduisant la liberté de l'Afrique ».

GRANDE-BRETAGNE

Définitivement fixé le 1er mai 1801, l'« Union Jack » (pavillon de l'Union) superpose les croix de Saint-Georges (rouge sur fond blanc), de Saint-André (X blanc sur fond bleu) et de Saint-Patrick (X rouge sur fond blanc).

GRÈCE

Adopté en 1822. Le bleu représente la mer et l'apport des îles à la révolution pour l'indépendance de 1821 ; le blanc, la terre et l'apport de la Grèce continentale à cette même révolution ; la croix, la croyance en Dieu et le rôle de l'Église. Une autre version donne le bleu et blanc bavarois à l'initiative du premier roi, Otton Ier.

GRENADE

Dans le triangle vert situé du côté de la hampe figure une noix de muscade, importante richesse de l'île.

GUATEMALA

Créé en 1871 et officialisé en 1968. Les trois bandes signifient que la mer des Caraïbes et le Pacifique entourent le pays. Le bleu exprime également la foi et la justice ; le blanc, la raison.

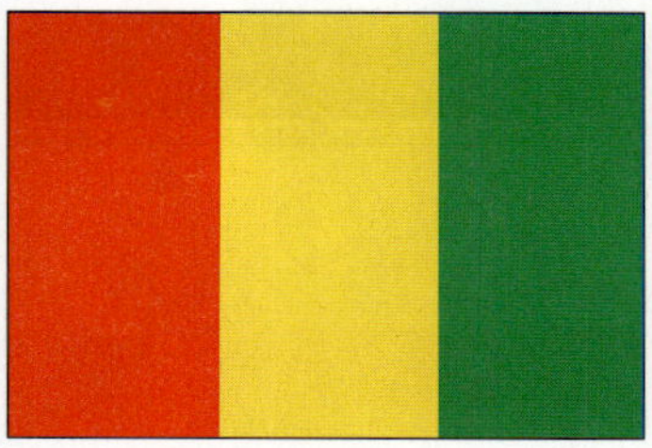

GUINÉE

Les couleurs adoptées lors de l'indépendance, en 1958, reprennent trois des couleurs du panafricanisme. Elles expriment en rouge le sang des combats pour la liberté, en jaune le soleil et les richesses minières, en vert la végétation et les ressources naturelles.

GUINÉE-BISSAU

Adopté en 1973. Sont reprises les quatre couleurs panafricaines inventées en Éthiopie. L'étoile noire au centre de la bande verticale rouge représente l'Afrique ainsi que le parti africain de l'Indépendance de la Guinée portugaise et des îles du Cap-Vert, fondé par Amilcar Cabral en 1956.

GUINÉE ÉQUATORIALE

Élaboré en 1968 puis officialisé dix ans plus tard. Le bleu évoque la mer ; le vert, la végétation ; le blanc, l'amour pour la liberté. Le blason de l'État porte un arbre sommé de six étoiles figurant les cinq îles et le territoire continental du pays.

GUYANA

Adopté en 1966. Le vert symbolise la végétation ; le blanc, l'eau ; le jaune, les richesses minérales ; le noir, la persévérance ; le rouge, l'enthousiasme du peuple prêt au sacrifice.

HAÏTI

Le libérateur Dessalines conquit un drapeau français en mai 1803, et il en ôta le blanc, laissant le bleu, qui représente les Noirs, et le rouge, qui représente les métis.

HONDURAS

La bande blanche représente la pureté et la paix ; les cinq étoiles, l'Amérique centrale (celle du milieu étant le Honduras) ; les bandes bleues, le ciel et les océans.

HONGRIE

Déclaré officiel en 1957. Le rouge vient de la bannière du duc Árpád (IXe s.); le blanc, de la croix introduite par saint Étienne en l'an mille ; le vert, du blason hongrois au XVe s. La forme tricolore est apparue pendant la révolution de 1848, à l'imitation de la France.

INDE

Adopté officiellement en 1949. Au centre figure la roue d'Ashoka. Les couleurs symbolisent les hindous et les musulmans réconciliés par le blanc de la paix.

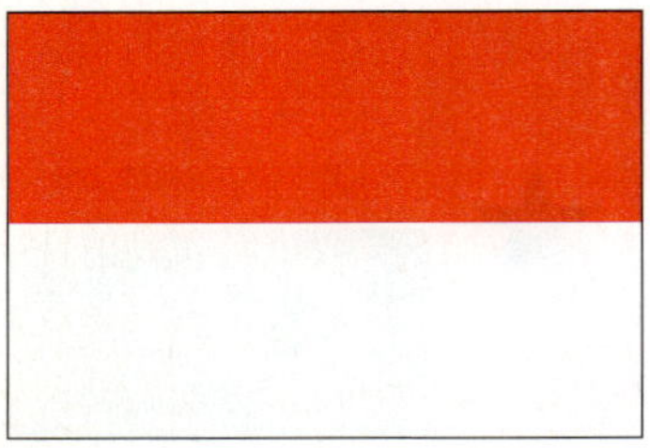

INDONÉSIE

Adopté en 1945. Les couleurs auraient été celles du prince Raden Vijaya, fondateur de l'empire du Majapahit en 1293.

IRAN

Adopté en 1980. Les couleurs sont le vert de l'islam, le blanc de la paix, le rouge du courage ; la frise reprend la devise « Allah est grand » (en arabe, *Allāh akbar*). Au centre figure l'emblème de l'État.

IRAQ

Adopté en 1963. Les couleurs sont les mêmes que celles des drapeaux de l'Égypte et de la Syrie, avec lesquelles il avait été prévu que l'Iraq forme une fédération.

IRLANDE

Créé pendant la révolution de 1848, à l'imitation du drapeau français, il ne fut officiellement hissé sur la poste de Dublin qu'en 1916. Le vert représente la souche gaélique et anglo-normande du peuple ; l'orange, le parti protestant des colons, soutien de Guillaume d'Orange. Le blanc du centre signifie la trêve durable entre eux.

ISLANDE

Reconnu en 1919 par le roi Christian X. La croix scandinave, rouge bordée de blanc, sépare les quatre cantons bleus.

ISRAËL

Adopté en 1948 (mais créé lors du congrès sioniste de Boston en 1891). L'étoile de David est posée sur un drapeau inspiré du tallith, le châle rituel de prière.

ITALIE

Créé en 1796 par des membres de la milice milanaise affiliés à la franc-maçonnerie. Il s'agit de couleurs décrites par Dante. La version actuelle a été fixée en 1946.

JAMAÏQUE

Adopté en 1962. Les couleurs sont le vert pour l'espoir, le jaune pour la lumière du soleil et les trésors de la nature, le noir pour les deuils et les détresses du passé et du présent.

JAPON

Créé en 1854. Le disque rouge sur fond blanc symbolise le soleil levant.

JORDANIE

Emblème de la révolte contre les Turcs en 1921. L'étoile à sept branches sur fond rouge représente les sept surates fondamentales de la loi islamique.

KAZAKHSTAN

Créé en 1992. Le bleu vient de l'ancienne fasce déclinant le drapeau rouge en 1953, imposée après Staline. Le pal développe une broderie populaire surdimensionnée. Le soleil reprend l'emblème du khanat de Khiva. Le gerfaut planant sous le soleil évoque l'esprit gardien de Gengis Khan.

KENYA

Adopté en 1963. Le rouge marque le prix du sang versé pour l'indépendance, le noir représente le peuple africain, le vert souligne la vocation agricole, le blanc exprime la paix. Le centre porte un trophée traditionnel des Masai.

KIRGHIZISTAN

Créé en 1992. Le soleil est orné de six courbes qui représentent ensemble « l'Invincible Seigneur des sept climats », dit aussi sahib Qiran (« Seigneur de la très fortunée conjoncture céleste »), titres de Timur Lang. Le fond rouge serait un hommage à Attila.

KIRIBATI

Créé en 1979. La frégate, symbole de force et de liberté, le soleil levant et les flots du Pacifique y sont représentés.

KOWEÏT

Adopté en 1963. Le vert chante la nature ; le blanc, la vertu ; le rouge, la bravoure ; le noir, les cavaliers koweïtiens qui soulèvent des tourbillons de sable sur les champs de bataille.

LAOS

Adopté en 1975. Le disque blanc symbolise la foi en l'avenir ; le bleu, le progrès ; le rouge, le sang des martyrs de l'indépendance.

LESOTHO

Adopté en 1987. Le triangle blanc (symbole de la pureté), portant l'emblème de la monarchie, et le triangle vert (symbole de l'agriculture) sont séparés par une bande diagonale bleue (symbole de la pluie et de l'eau).

LETTONIE

En usage de 1919 à 1940. Réveillées en 1989, ces couleurs, disposées comme celles de Léopold V, archiduc d'Autriche au ceinturon d'arme blanc sur la cotte de mailles sanglante, symbolisent le linceul des héros.

LIBAN

Adopté en 1943. Le rouge du sacrifice et le blanc de la paix portent le cèdre de la sainteté, de l'éternité et de la paix.

LIBERIA

Créé dès 1827 et officiellement adopté lors de l'indépendance, en 1847, c'est le premier drapeau d'une nation indépendante en Afrique ; il s'inspire directement du drapeau des États-Unis, le « Stars and Stripes ».

LIBYE

Adopté en 1977, en commémoration de la « révolution verte » de 1969.

LIECHTENSTEIN

Adopté en 1937. Le bleu représente le ciel et porte en outre la couronne princière ; le rouge symbolise le feu.

LITUANIE

En usage de 1919 à 1940. Réveillées en 1989, les couleurs évoquent : le jaune, les blés ; le vert, les prairies et les forêts ; le rouge, à la fois le sang des héros et le gueules du blason du grand-duché.

LUXEMBOURG

Ces couleurs figurent sur le blason ducal (représentant un lion rouge sur burelles d'argent et d'azur) depuis 1288 et ont été confirmées en 1972.

MACÉDOINE

Un soleil à seize rayons évoquant Alexandre de Macédoine, sur champ de gueules, couleur de la pourpre souveraine, avait été adopté comme emblème national en octobre 1992, ce qui suscita les protestations de la Grèce. Depuis 1995, les rayons sont au nombre de huit et s'étendent jusqu'aux limites du drapeau.

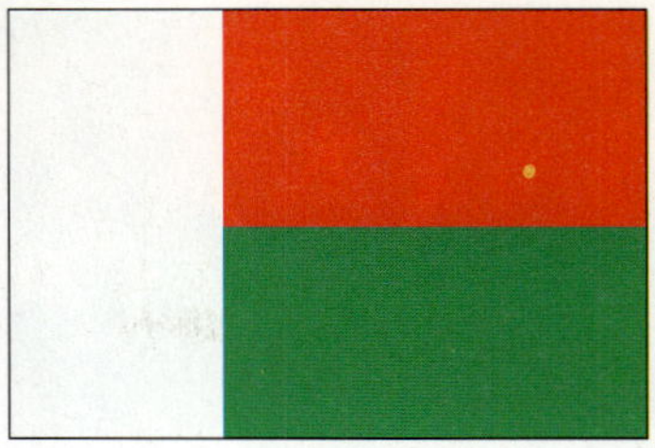

MADAGASCAR

Adopté en 1958. Le blanc et le rouge étaient les couleurs de la monarchie des Hova. Le vert a été rajouté à la demande des habitants de la côte ; il signifie l'espoir en un avenir meilleur.

MALAISIE

Adopté en 1963. Le pavillon bleu foncé, situé dans la partie supérieure, symbolise l'unité des peuples de la Malaisie. Le croissant évoque l'islam ; l'étoile à quatorze branches, les treize États de la fédération et le territoire fédéral. Le jaune est la couleur royale.

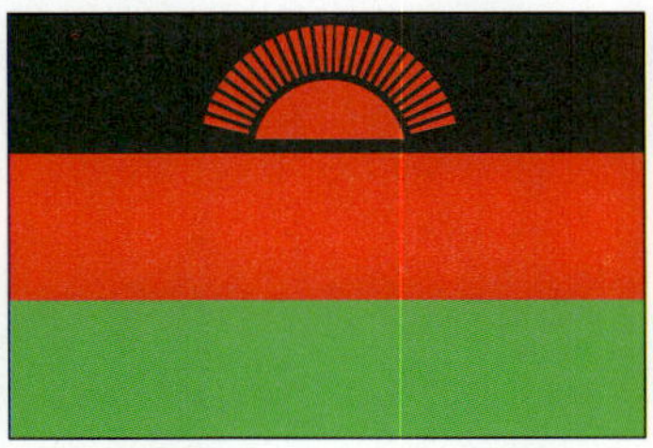

MALAWI

Les couleurs, adoptées en 1964, rappellent le continent africain par le noir, le sang versé pour l'indépendance par le rouge, la végétation par le vert. Le soleil levant symbolise l'espoir dans le développement de l'Afrique.

MALDIVES

Adopté en 1965. Le rouge figure sur les drapeaux de nombreux pays de l'océan Indien, le croissant sur fond vert symbolise l'islam.

MALI

Trois des couleurs panafricaines ont été disposées suivant le modèle tricolore français en 1961.

MALTE

Adopté en 1964. Son origine remonte à la bannière du comte normand Roger Ier de Sicile. L'île a été décorée de la croix de Saint-Georges pour sa résistance valeureuse en 1943.

MAROC

L'étoile chérifienne verte a été posée en 1915 sur le fond rouge attesté depuis trois siècles comme symbole dynastique.

MARSHALL (ÎLES)

Le fond bleu symbolise le Pacifique ; l'étoile blanche, la chrétienté. Les bandes blanche et orange représentent les deux groupes d'îles : celles du Levant (îles Ratak) et celles du Couchant (îles Ralik).

MAURICE

Adopté en 1968. Le rouge signifie le sang versé pendant les combats pour l'indépendance ; le bleu, la mer qui entoure cet État insulaire ; le jaune, le soleil et la lumière d'or de l'indépendance ; le vert, la fertilité de la végétation.

MAURITANIE

L'étoile, le croissant et le vert ont été adoptés par la République islamique de Mauritanie en 1959.

MEXIQUE

Créé en 1821 selon le modèle du drapeau français et adopté officiellement en 1968. Le vert exprime l'indépendance ; le blanc, la pureté de la religion, et le rouge, l'unité. Le blason rappelle la légende de la fondation de Mexico, construite par les Aztèques là où un aigle, perché sur un cactus, dévora un serpent.

MICRONÉSIE (ÉTATS FÉDÉRÉS DE)

Le fond bleu symbolise le Pacifique, et les quatre étoiles, chacun des États de la fédération.

MOLDAVIE

Adopté en 1989. Les couleurs sont celles du drapeau de la Roumanie traditionnelle. Au centre figure l'écu moldave ; l'aigle portant le sceptre et la palme vient de l'aigle roumaine des Hohenzollern.

MONACO

Adopté par ordonnance du prince Charles III en 1881. Son origine remonte à la dévolution du duché aux Grimaldi en 1297. Les couleurs rappellent les deux dernières phases du grand œuvre alchimique.

MONGOLIE

Le rouge du socialisme et l'étoile du communisme avaient été joints en 1949 au bleu, couleur de la Mongolie (et symbole du ciel), et à l'emblème traditionnel (« soyombo »). En 1992, l'étoile du communisme a été supprimée.

MOZAMBIQUE

Les symboles de la révolution (livre et fusil), associés à la houe, figurant sur le fond d'une étoile d'or représentent les forces vives du pays. Les couleurs vert, rouge, noir, or symbolisent la fertilité, les combats pour la libération, le continent africain et les richesses du sous-sol.

NAMIBIE

Adopté en 1990. Le bleu symbolise la couleur du ciel de Namibie ; le soleil, la vie et l'énergie ; le rouge, la plus importante ressource de la Namibie, son peuple.

NAURU
Adopté en 1968. Les couleurs évoquent le bleu de l'océan et la ligne de l'équateur, tandis que l'étoile représente l'île à l'ouest de la ligne internationale de changement de date.

NÉPAL
Adopté en 1961. C'est le seul drapeau au monde de cette forme. La couleur rouge, couleur traditionnelle du pays, est entourée par le bleu de l'Univers et porte le Soleil et la Lune en signe d'espoir et d'intégration du pays aux destinées cosmiques.

NICARAGUA
Créé en 1821 et adopté officiellement en 1971. Les couleurs symbolisent la chaîne de montagnes entourée des deux mers (mer des Antilles et océan Pacifique).

NIGER
Les couleurs orange, blanc, vert choisies en 1959 représentent : la première, la savane ; la deuxième, la pureté ; la troisième, la végétation dans la vallée du Niger. Le disque du centre schématise le soleil.

NIGERIA
Les couleurs adoptées lors de l'indépendance du pays, le 1er octobre 1960, expriment, par le blanc, l'amour de la paix et, par le vert, la soif de progrès qu'inspirent au peuple les richesses végétales et pétrolières.

NORVÈGE
Adopté par le Parlement, le Storting, en 1821. La croix suédoise et danoise prend les « couleurs de la liberté », inspirées des drapeaux des deux pays libéraux de cette époque, les États-Unis et la Grande-Bretagne, et en hommage à la France, qui avait renoncé à ces trois couleurs sous la Restauration de Louis XVIII.

NOUVELLE-ZÉLANDE
Créé en 1926. La Croix du Sud est jointe à l'Union Jack.

OMAN
Adopté en 1970. À la couleur rouge des kharidjites s'ajoutent le blanc de l'imamat, le vert du Dhofar et de l'islam.

OUGANDA
Adopté en 1962. L'emblème de la grue couronnée remonte à la domination britannique. Les couleurs noir, jaune, rouge, réparties en bandes, sont celles du parti indépendantiste.

OUZBÉKISTAN

Créé en 1991. Le croissant, le vert et le blanc font référence à l'islam et aux couleurs des briques émaillées ornant les mosquées de Samarkand. Les douze étoiles figurent les mosquées de la capitale, en image zodiacale.

PAKISTAN

Adopté en 1947. L'étoile, le croissant et la couleur verte symbolisent l'islam, tandis que la bande verticale blanche représente les minorités religieuses.

PALAOS

Le disque jaune représente la lune, sur le fond bleu du Pacifique.

PANAMÁ

Adopté en 1903. Le bleu rappelle la vocation maritime du pays ; le rouge, les luttes fratricides qui doivent céder la place à l'union au service du pays ; le blanc réaffirme la concorde.

PAPOUASIE-NOUVELLE-GUINÉE

Adopté en 1971. Sont représentés l'oiseau de paradis et la Croix du Sud. Les couleurs rouge et noir apparaissent souvent dans l'art des tribus du pays.

PARAGUAY

Le rouge symbolise l'héroïsme, l'égalité et la justice ; le blanc, la pureté, l'union et la paix ; le bleu, la quiétude, la vérité et la liberté. L'avers porte en son centre « l'étoile de mai », qui évoque la naissance de la république et l'idéal républicain. Le revers porte un écusson différent (lion et bonnet phrygien).

PAYS-BAS

Le « Prinsenvlag » (« bannière du prince »), orange, blanc et bleu, fut brandi par les partisans de Guillaume d'Orange lors de la révolte des Pays-Bas contre Philippe II d'Espagne. Par la suite, la bande orange a été remplacée dans le drapeau par une bande rouge.

PÉROU

Le général argentin José de San Martín aperçut un vol de flamants en 1820 au cours d'une campagne contre les Espagnols, ce qu'il considéra de bon augure. Les couleurs de ces oiseaux furent adoptées comme couleurs nationales par les Péruviens en 1825.

PHILIPPINES

Créé en 1898. Les trois étoiles représentent les trois grands territoires et les huit rayons de soleil, les huit provinces. Le rouge symbolise le courage ; le bleu, l'idéalisme ; le blanc, l'amour de la paix.

POLOGNE

Adopté par le Parlement en 1831, puis confirmé en 1919 et en 1952. Les couleurs rappellent les émaux du blason du XIIIe s., qui représentait une aigle d'argent sur champ de gueules.

PORTUGAL

Les cinq blasons apparents figurent les cinq plaies du Christ et commémorent la victoire d'Ourique, en 1139, sur cinq rois maures. Les sept châteaux furent ceux conquis par Alphonse Henriques. La sphère armillaire symbolise l'épopée maritime des Portugais. Les fonds vert et rouge évoquent l'espoir et la révolution.

QATAR

Ce drapeau aux proportions inhabituelles existe depuis 1949. Le brun typique est dû à l'effet du soleil sur les pigments naturels des étoffes locales.

QUÉBEC

Officiellement adopté en 1948. La fleur de lys et la croix blanche rappellent la France d'Ancien Régime.

ROUMANIE

Les trois couleurs, bleu, jaune, rouge, furent fixées par la révolution de 1848.

RUSSIE

Adopté comme seul emblème national en 1896, interdit en 1918 et rétabli en 1991. Le rouge, selon la tradition byzantine, symbolisait la dignité impériale ; le bleu évoquait la Vierge, protectrice de la Russie ; le blanc, la liberté. Signe aussi de l'alliance entre Russie blanche (Biélorussie), petite Russie (Ukraine) et grande Russie.

RWANDA

Ces trois couleurs panafricaines, identiques à celles choisies pour le drapeau guinéen, ont été différenciées en 1961 par l'adjonction du « R » noir puis adoptées en 1962.

SAINTE-LUCIE

Adopté en 1979. Les couleurs représentent : le bleu, la mer ; le jaune, le soleil et le sable des plages ; le noir, les volcans. Le triangle symbolise l'île.

SAINT-KITTS-ET-NEVIS

Formé de deux triangles, l'un vert, l'autre rouge, séparés par une large bande noire diagonale, bordée de jaune. Les étoiles symbolisent l'espoir et la liberté.

SAINT-MARIN

Adopté en 1797-1798. Le bleu représente l'immensité du ciel et de la mer au pied du mont Titano ; le blanc, la pureté de la neige et les sommets recouverts de neige.

SAINT-VINCENT-ET-LES GRENADINES

Drapeau de l'opposition depuis 1979, devenu celui de l'État en 1985, il dessine la lettre V avec trois diamants sur un champ d'or.

SALOMON (ÎLES)

Adopté en 1977. Le jaune représente le soleil ; le bleu, la mer ; le vert, la terre ; les cinq étoiles, les cinq districts.

SALVADOR

Adopté en 1823. Les couleurs figurent le bleu du ciel et le blanc des nuages.

SAMOA

Adopté en 1949. Les étoiles figurent la Croix du Sud. Le rouge représente le courage ; le blanc, la pureté ; le bleu, la liberté.

SÃO TOMÉ ET PRÍNCIPE

Les quatre couleurs panafricaines y sont représentées. Le triangle rouge symbolise la lutte pour l'indépendance. Les étoiles figurent les deux îles qui constituent l'État.

SÉNÉGAL

Les couleurs choisies en 1960 reprennent trois des couleurs panafricaines, disposées selon le modèle tricolore français, en y ajoutant l'étoile à cinq branches de la liberté et du progrès.

SEYCHELLES

Officiellement adopté en 1996. Le bleu représente le ciel et la mer alentour ; le jaune, le soleil, source de lumière et de vie ; le rouge, le peuple et sa détermination à œuvrer pour l'avenir dans l'unité et l'amour ; le blanc, la justice sociale et l'harmonie ; le vert, la terre et l'environnement.

SIERRA LEONE

Les couleurs ont été choisies en 1961. Le vert représente les richesses de la nature ; le blanc, l'unité et la justice ; le bleu, la mer et l'espoir.

SINGAPOUR

Adopté en 1959. Sont juxtaposés le croissant, symbole d'un pays jeune, et les cinq étoiles de la démocratie, de la paix, du progrès, de la justice et de l'égalité. Le rouge symbolise la fraternité, et le blanc, la pureté.

SLOVAQUIE

Officiellement adopté en 1992. Le blason de gueules à la croix patriarcale d'argent issant des trois monts d'azur broche le drapeau aux couleurs panslaves, en souvenir de saint Étienne et des montagnes du pays.

SLOVÉNIE

Les trois couleurs rappellent le panslavisme d'inspiration russe. Le blason montre le « Triglav » (les « Trois Têtes »), sommet des Alpes Juliennes.

SOMALIE

Les couleurs, choisies en 1954, reprennent le bleu et le blanc du drapeau des Nations unies, qui contrôlèrent le pays après le départ des Italiens ; les cinq branches de l'étoile représentent les régions auj. séparées (les Somalies italienne, française, britannique, les territoires somaliens d'Éthiopie et du Kenya).

SOUDAN

Les couleurs, choisies en 1971, représentent : le rouge, le sang des patriotes versé pour l'indépendance ; le blanc, l'amour de la paix ; le noir, la couleur éponyme du pays « soudan » ; le vert, l'islam.

SRI LANKA

Adopté en 1978. Le vert et l'orange représentent la foi des deux communautés minoritaires musulmane et hindoue. Le lion passant armé entre quatre feuilles de pipul (figuier sacré des bouddhistes) était l'emblème des anciens rois de Kandy.

SUÈDE

La forme actuelle date de 1906. Attesté depuis le roi Jean III Vasa en 1569 mais certainement bien antérieur. La croix d'or sur champ d'azur symbolise le soleil du Christ sur le bleu du ciel.

SUISSE

La forme actuelle a été fixée par un décret de l'Assemblée fédérale de 1899, complété par une ordonnance du Conseil fédéral datant de 1913. L'origine du drapeau remonte à la bannière rouge des montagnards de Schwyz, emblème de leur liberté impériale, orné d'un crucifix.

SURINAME

Adopté en 1975. Le vert représente la fertilité du sol et l'espoir de progrès ; le blanc, la droiture et la liberté ; le rouge, l'amour et la foi dans le progrès. L'étoile symbolise l'unité du peuple prêt au sacrifice, ainsi que son altruisme.

SWAZILAND

Adopté en 1940, l'emblème national du royaume de Swaziland rappelle les batailles du passé par le rouge, la paix par le bleu. Le trophée d'armes avec le bouclier swazi (qui est également présent sur les armoiries) figurait sur l'insigne du bataillon de pionniers swazi.

SYRIE

Ce drapeau avait été créé à l'usage de la République arabe unie, qui réunit la Syrie à l'Égypte de 1958 à 1961. Les deux étoiles vertes témoignent de cet événement.

TADJIKISTAN

Adopté en 1993 et substitué au drapeau rouge à fasces de couleurs portant la faucille et le marteau qui avait été officialisé en 1953.

TAÏWAN

Adopté en 1928. L'étoile représente les douze périodes de deux heures qui forment la journée et qui symbolisent l'esprit de progrès. Les couleurs figurent les trois principes du peuple : le bleu, la démocratie ; le blanc, la vitalité du peuple ; le rouge, le nationalisme.

TANZANIE

Adopté en 1961. Le noir est la couleur du peuple, le vert celle de l'agriculture, le jaune celle des richesses minérales, le bleu ciel est celle de l'union de 1964 avec le Zanzibar.

TCHAD

Les couleurs adoptées en 1959 sont disposées selon le modèle tricolore français et représentent : le bleu, le ciel et la région sud du pays ; le jaune, le soleil et la région nord ; le rouge, le progrès et l'unité.

TCHÈQUE (RÉPUBLIQUE)

Drapeau de la Tchécoslovaquie, conservé par la République tchèque indépendante en 1993. Les couleurs dérivent de l'héraldique féodale, s'inspirant des émaux du blason de Bohême-Moravie au lion d'argent sur champ de gueules.

THAÏLANDE

Créé en 1917. Le rouge du sang des héros, le blanc de l'unité du peuple, le bleu de la monarchie ont servi d'emblème aux contingents thaïlandais qui participèrent à la Première Guerre mondiale.

TOGO

Les couleurs adoptées en 1960 reprennent trois des couleurs panafricaines et un dessin inspiré du drapeau du Liberia. Les bandes symbolisent les diverses ethnies ; et l'étoile, l'espoir.

TONGA

Adopté en 1875. Il symbolise la Croix et le sang du Christ.

TRINITÉ-ET-TOBAGO

Adopté en 1962. Le noir symbolise le peuple uni dans l'effort ; le rouge, la vitalité du pays et le courage du peuple, tandis que le blanc affirme la pureté des aspirations et l'égalité de tous les hommes.

TUNISIE

En usage depuis 1835. Le rouge du drapeau du bey de Tunis propage la lumière sur tout le monde musulman.

TURKMÉNISTAN

Adopté en 1992. Le champ vert évoque l'étendard de guerre du Prophète, assorti du croissant de l'islam. Les étoiles et les motifs de tapis (éléments de l'art populaire) représentent les cinq provinces constitutives. Les deux branches d'olivier (ajoutées en 1997) symbolisent la politique de neutralité du pays.

TURQUIE

Adopté en 1936. Le croissant de lune symbolisait la déesse protectrice de Byzance. Une légende plus tardive attribue à un rêve du sultan Osman Ier (1299-1326) la vision d'une lune immense, signe que Dieu lui ordonnait de conquérir le monde païen. L'étoile a été rajoutée en 1844 au drapeau créé en 1793.

TUVALU

À l'Union Jack sont adjointes, sur un fond bleu évoquant la couleur de l'océan, neuf étoiles qui symbolisent les atolls de l'archipel.

UKRAINE

Représentant le ciel et les blés, les deux couleurs, bleu et jaune, reprises en 1990, viennent de l'État indépendant de 1918 et 1919. Elles seraient, d'après certains mythes, celles de l'ancien État de Kiev et du trident de saint Vladimir.

URUGUAY

Adopté en 1830. Les couleurs rassemblent en cinq bandes blanches et quatre bleues les neuf provinces du pays. Le soleil rayonnant de la liberté brille sur toutes les nations latino-américaines indépendantes.

VANUATU

Adopté en 1980. Le symbole jaune sur fond noir figure une canine de porc encerclant deux feuilles de fougère entrecroisées. Le Y jaune schématise la géographie de l'île.

VATICAN

Reconnu aux accords du Latran en 1929. Les armoiries pontificales figurent la tiare, symbole du triple pouvoir temporel, juridique et spirituel du pape, et les clefs de saint Pierre, autre emblème de l'autorité papale. Les fonds du drapeau, d'or et d'argent, étaient les couleurs de la cocarde de la gendarmerie pontificale depuis 1808.

VENEZUELA

Adopté en 1811. Le rouge représente l'union ; le jaune, les vertus militaires ; le bleu, la liberté. Les sept étoiles ajoutées au drapeau en 1817 symbolisent les provinces qui constituaient l'État au moment de l'indépendance.

VIÊT NAM

L'étoile d'or rassemble les ouvriers, les paysans, les intellectuels, les jeunes et les soldats, sur le fond rouge de la révolution. Ce drapeau, dont l'origine remonte aux combats contre les occupants japonais en 1940, a été adopté par la république démocratique du Viêt Nam en 1955, puis par le pays réunifié en 1976.

YÉMEN

Adopté en 1990. Les couleurs sont le rouge de la révolution, le blanc du progrès, le noir des jours sombres du passé.

YOUGOSLAVIE

Adopté, en 1943, par le Conseil de libération nationale, pour la République socialiste fédérative de Yougoslavie. Aux anciennes couleurs du royaume de Serbie s'ajoutait l'étoile du communisme. Celle-ci a été supprimée en 1992.

ZAMBIE

Adopté en 1964. Le vert symbolise l'agriculture ; le rouge, le sang versé pour l'indépendance ; le noir représente le peuple, et l'orange, les richesses minières, notamment le cuivre. L'aigle, enfin, est le symbole de la liberté retrouvée.

ZIMBABWE

Adopté lors de l'indépendance en 1980. Le noir, qui représente les ethnies du pays, est entouré des trois autres couleurs panafricaines (jaune, vert, rouge), répétées deux fois ; à côté, un triangle blanc, symbole de paix, porte l'étoile rouge de la révolution et l'oiseau zimbabwe d'or.

ORGANISATIONS INTERNATIONALES

UNION EUROPÉENNE

Adopté en 1955 par le Conseil de l'Europe et repris par la Communauté européenne (devenue l'Union européenne), l'idée étant de ne pas mettre en cause, par des emblèmes distincts, la complémentarité, la solidarité et le sentiment d'unité de l'Europe démocratique.

Sur un fond bleu, couleur de la culture européenne depuis le XVIIIe s. au moins et couleur du ciel, figurent douze étoiles d'or à cinq rais, dont les pointes ne se touchent pas. Elles représentent les peuples d'Europe et forment un cercle en signe d'union. Elles ont toujours été au nombre de douze, symbole de la perfection et de la plénitude.

CROISSANT-ROUGE

Adopté à partir de 1876 et reconnu à Genève en 1949. La croix chrétienne est remplacée par le croissant de l'islam.

CROIX-ROUGE

Adopté lors de la convention de Genève en 1863, avec peut-être l'influence du drapeau suisse. La croix, symbole de secours et de soin depuis les croisades, est rouge, couleur de la guerre et du sang qui coule. Le blanc symbolise la paix et la neutralité.

OLYMPIQUES (JEUX)

Conçu par Pierre de Coubertin en 1913 et hissé pour la première fois aux Jeux d'Anvers, en 1920. Les cinq anneaux entrelacés représentent l'union des cinq continents et la rencontre des athlètes du monde entier. Les six couleurs (fond blanc y compris) reprennent les couleurs des drapeaux de toutes les nations.

ONU

Adopté en 1947. Le fond bleu et les rameaux d'olivier sont des symboles de paix reconnus. Plusieurs agences des Nations unies ont leurs propres drapeaux, tous à emblèmes blancs sur fond bleu.

Photogravure et photocomposition :
MAURY imprimeur S.A. - MALESHERBES
Impression : BREPOLS - TURNHOUT - Dépôt légal Juillet 2001
Imprimé en Belgique - 530402-01 - Juillet 2001.

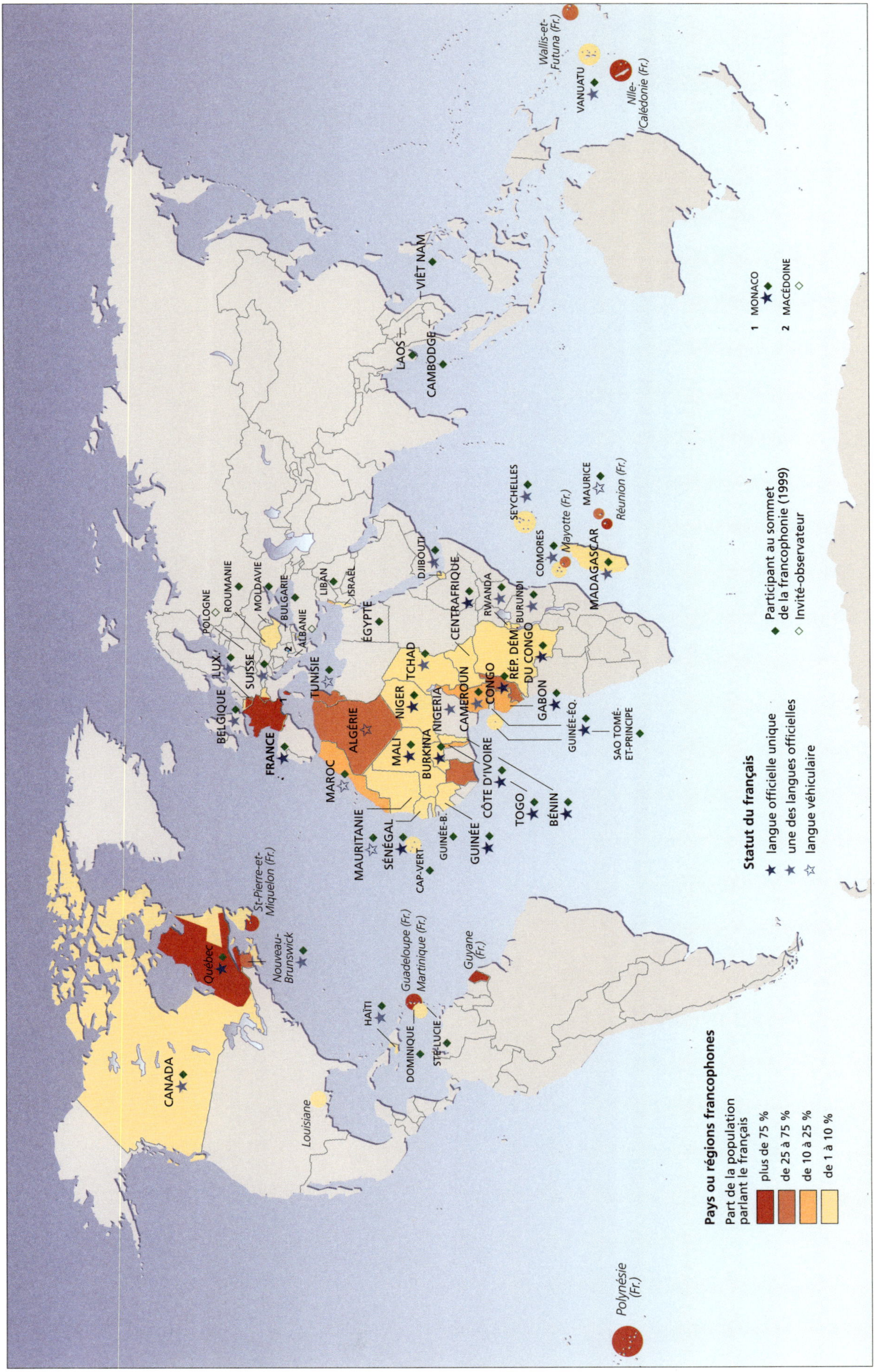
Pays ou régions francophones
Part de la population parlant le français
plus de 75 %
de 25 à 75 %
de 10 à 25 %
de 1 à 10 %
Statut du français
langue officielle unique
une des langues officielles
langue véhiculaire
Participant au sommet de la francophonie (1999)
Invité-observateur
1 MONACO
2 MACÉDOINE
CANADA
Québec
Nouveau-Brunswick
St-Pierre-et-Miquelon (Fr.)
Louisiane
HAÏTI
DOMINIQUE
STE-LUCIE
Guadeloupe (Fr.)
Martinique (Fr.)
Guyane (Fr.)
Polynésie (Fr.)
FRANCE
BELGIQUE
LUX.
SUISSE
POLOGNE
ROUMANIE
MOLDAVIE
BULGARIE
ALBANIE
LIBAN
ISRAËL
ÉGYPTE
TUNISIE
MAROC
ALGÉRIE
MAURITANIE
SÉNÉGAL
CAP-VERT
GUINÉE-B.
GUINÉE
MALI
BURKINA
NIGER
TCHAD
NIGERIA
CÔTE D'IVOIRE
TOGO
BÉNIN
CAMEROUN
CENTRAFRIQUE
CONGO
RÉP. DÉM. DU CONGO
GABON
GUINÉE-ÉQ.
SAO TOMÉ-ET-PRINCIPE
RWANDA
BURUNDI
DJIBOUTI
SEYCHELLES
COMORES
Mayotte (Fr.)
MADAGASCAR
MAURICE
Réunion (Fr.)
LAOS
CAMBODGE
VIÊT NAM
VANUATU
Nlle-Calédonie (Fr.)
Wallis-et-Futuna (Fr.)

Villes ou agglomérations
plus de 5 000 000 h.
de 1 000 000 à 5 000 000 h.
moins de 1 000 000 h.
Berlin capitale d'État
Frontière internationale
Frontière intérieure (entre républiques)
Pays membre de l'Union européenne
Pays membre de la zone euro
Pays candidat à l'adhésion à l'Union européenne
Pays dont la candidature est suspendue
0
500 km
Reykjavík
ISLANDE
Cercle polaire arctique
Mer de Norvège
Îles Féroé (Dan.)
Shetland
Orcades
Hébrides
NORVÈG
Bergen
Mer du Nord
Skagerrak
Göteborg
DANEMARK
Copenhague
Glasgow
Édimbourg
Belfast
IRLANDE
Dublin
GRANDE-BRETAGNE
Manchester
Liverpool
Birmingham
Cardiff
Tamise
Londres
OCÉAN ATLANTIQUE
Manche
Amsterdam
PAYS-BAS
La Haye
Rotterdam
Anvers
Bruxelles
Lille
BELG.
Liège
Maastricht
Cologne
Bonn
LUX.
Luxembourg
Hanovre
Brême
Elbe
ALLEMAGNE
Leipzig
Francfort
Main
Nuremberg
Stuttgart
Munich
Inn
Salzbourg
Brest
Seine
Meuse
Paris
Nantes
Loire
Strasbourg
Rhin
FRANCE
Saône
Bâle
Zurich
Berne
SUISSE
LIECH.
Genève
Bordeaux
Garonne
Lyon
Rhône
Golfe de Gascogne
Bilbao
Toulouse
Marseille
Nice
MONACO
Milan
Adige
Turin
Venise
Trieste
Pô
Gênes
Florence
ITALIE
Tibre
VATICAN
Rome
Porto
PORTUGAL
Duero
Èbre
Tage
Lisbonne
Saragosse
ANDORRE
Madrid
ESPAGNE
Barcelone
Valence
Baléares
Palma de Majorque
Séville
Guadalquivir
Grenade
Cadix
Malaga
Détroit de Gibraltar
Gibraltar (G.-B.)
Ceuta (Esp.)
Melilla (Esp.)
Corse
Ajaccio
Sardaigne
Cagliari
Mer Tyrrhénienne
Naples
Palerme
Sicile
La Valette
MALTE
MAROC
ALGÉRIE
TUNISIE